GWB

GWB-Vergaberecht einschließlich WRegG
Kommentar

MWK

MÜLLER-WREDE **KOMMENTAR**

GWB

GWB-Vergaberecht einschließlich WRegG | Kommentar

herausgegeben von **Malte Müller-Wrede,** Berlin

bearbeitet von

Steffen Amelung
Rechtsanwalt, Frankfurt am Main

Dr. Thorsten Anger
Richter am Oberlandesgericht Düsseldorf

Prof. Dr. Elisabeth Badenhausen-Fähnle
Hochschule für öffentliche Verwaltung und Finanzen Ludwigsburg

Dagmar Baecker
Rechtsanwältin, Frankfurt am Main

Hendrik Beiersdorf
Vergabekammer Rheinland-Pfalz

Tobias Birk
Friedrich-Schiller-Universität Jena

Dr. Christian Braun
Rechtsanwalt, Leipzig

Gunnar Conrad
Rechtsanwalt, gematik GmbH, Berlin

Dr. Alexander Csaki
Rechtsanwalt, Düsseldorf

Frederic Delcuvé
Rechtsanwalt, Berlin

Norbert Dippel
Rechtsanwalt, cosinex GmbH, Bochum

Dr. Benjamin Baron von Engelhardt
Bundeskanzleramt

Prof. Dr. Michael Eßig
Universität der Bundeswehr München

Dr. Gundula Fehns-Böer
Richterin am Oberlandesgericht Frankfurt am Main

Dr. Daniel Fülling
Bundesministerium für Wirtschaft und Klimaschutz

Michael Gaus
Vergabekammer Niedersachsen

Katja Gnittke
Rechtsanwältin, Berlin

Dr. Katrin Hansen
Juristin, DAK-Gesundheit, Hamburg

Oliver Hattig
Rechtsanwalt, Köln

Dr. Hans Heller
Rechtsanwalt, Berlin

Veit Hirsch
Bundesministerium des Innern und für Heimat

Dr. Andreas Hövelberndt
Rechtsanwalt, Wirtschaftsbetriebe Duisburg

Jakob Hofmann
Sächsisches Staatsministerium für Regionalentwicklung

Mirko Jularic
Vertretung des Landes Nordrhein-Westfalen bei der Europäischen Union

Wiltrud Kadenbach
Vergabekammer des Freistaates Sachsen

Dr. Hendrik Kaelble
Bundesministerium für Wirtschaft und Klimaschutz

Prof. Dr. Matthias Knauff
Friedrich-Schiller-Universität Jena; Richter am Thüringer Oberlandesgericht

Dr. Christian Lantermann
Rechtsanwalt, Köln

Sebastian Lischka
Richter am Brandenburgischen Oberlandesgericht

Dr. Johannes Lux
Vergabekammer des Landes Berlin

Dr. Bettina Maaser-Siemers
Finanzbehörde Hamburg

Rüdiger Meixner
Hessisches Ministerium für Wirtschaft, Energie, Verkehr und Wohnen

Dr. Ute Mockel
Richterin am Oberlandesgericht Frankfurt am Main

Hans-Peter Müller
Dipl. Verwaltungswirt, Bonn

Malte Müller-Wrede
Rechtsanwalt, Berlin

Tatyana V. Peshteryanu
Richterin am Amtsgericht Frankfurt am Main

Dr. Melanie Plauth
Rechtsanwältin, Berlin

Magnus Radu
Richter am Kammergericht

Dr. Robin Ricken
Rechtsanwalt, Stadtwerke Essen AG

Dr. Marc Röbke
Rechtsanwalt, Berlin

Dr. Johanna Schlichting
Rechtsanwältin, Berlin

Annette Schmidt
Ministerium für Wirtschaft, Industrie, Klimaschutz und Energie des Landes Nordrhein-Westfalen

Dr. Kai-Uwe Schneevogl
Rechtsanwalt, Frankfurt am Main

Holger Schröder
Rechtsanwalt, Nürnberg

Simon Schwerdtfeger
Bundesministerium für Wirtschaft und Klimaschutz

Sebastian Spinzig
Vergabekammer Westfalen

Matthias Steck
Vergabekammer Südbayern

Dr. Frank Sterner
Rechtsanwalt, Überlingen

Dr. Jörg Stoye
Rechtsanwalt, Frankfurt am Main

Christian Sudbrock
Verband kommunaler Unternehmen e.V.

Patrick Thomas
Rechtsanwalt, Frankfurt am Main

Dr. Tobias Traupel
Ministerium für Wirtschaft, Industrie, Klimaschutz und Energie des Landes Nordrhein-Westfalen

Dr. Bettina Tugendreich
Rechtsanwältin, Berlin

Prof. Dr. Christian-David Wagner
Rechtsanwalt, Leipzig; Hochschule Harz

Phillip Zeller
Bundesamt für Ausrüstung, Informationstechnik und Nutzung der Bundeswehr

2., aktualisierte und erweiterte Auflage

Reguvis

Bibliografische Information der Deutschen Nationalbibliothek
Die Deutsche Nationalbibliothek verzeichnet diese Publikation in der Deutschen Nationalbibliografie; detaillierte bibliografische Daten sind im Internet über http://dnb.d-nb.de abrufbar.

Reguvis Fachmedien GmbH
Amsterdamer Straße 192
50735 Köln
www.reguvis.de

Beratung und Bestellung:
Tel.: +49 (0) 221 97668-240
Fax: +49 (0) 221 97668-271
E-Mail: vergabe@reguvis.de

ISBN (Print): 978-3-8462-1093-2

ISBN (E-Book): 978-3-8462-1094-9

Herstellung: Günter Fabritius
Produktmanagement: Gabriele Heymann-Heß
Lektorat: Rechtsanwalt Frederic Delcuvé und Gabriele Heymann-Heß
Satz: Cicero Computer GmbH, Bonn
Druck und buchbinderische Verarbeitung: Druckerei C. H. Beck, Nördlingen

Printed in Germany

Vorwort

Der Ihnen vorliegende Kommentar in seiner zweiten Auflage folgt der Zielsetzung und Anlage der ersten Auflage. Leitend ist der Gedanke, dass das Recht und die Praxis bei der öffentlichen Auftragsvergabe nah beieinander liegen. Es ist mir daher auch mit dieser Auflage ein Anliegen, dass der Kommentar als eine umfassende, praktisch orientierte und zugleich fachlich fundierte Arbeitshilfe zur Auslegung und Anwendung der kommentierten Vorschriften dient. Er soll damit eine gute Arbeitsgrundlage für Vergabepraxis und Wissenschaft gleichermaßen sein.

Für die Neuauflage gab es Anlass in mehrfacher Hinsicht. Der Gesetzgeber und die Rechtsprechung haben auch in den vergangenen Jahren für eine hochdynamische Entwicklung des Kartellvergaberechts Sorge getragen. Es sind eine Fülle an bedeutsamen Entscheidungen der Nachprüfungsinstanzen ergangen, die für die Auslegung der kommentierten Vorschriften von Bedeutung sind, und zahlreiche Änderungen an den Vorschriften vorgenommen worden, zuletzt durch das GWB-Digitalisierungsgesetz. Mit dem Wettbewerbsregistergesetz ist zudem ein neues Regelwerk auf die Bühne getreten, das für die Vergabepraxis von Bedeutung ist und zahlreiche neue Rechtsfragen aufwirft. In Ansehung der engen Verzahnung dieses Gesetzes mit der Eignungsprüfung nach den kartellvergaberechtlichen Vorschriften erschien es mir förderlich, eine Kommentierung dieses Gesetzes in den Kommentar aufzunehmen.

Der Kommentar beschränkt sich auf die Kommentierung der vergaberechtlichen Vorschriften des Gesetzes gegen Wettbewerbsbeschränkungen und der Vorschriften des Wettbewerbsregistergesetzes. Wie bereits in der Erstauflage bleibt er damit dem Ansatz treu, die Kommentierung der Vergabevorschriften auf Verordnungsebene eigenständigen Werken zu überlassen. Diese Beschränkung gibt den erforderlichen Raum für eine umfassende und tiefgründige Kommentierung der einzelnen Vorschriften, die alle praxisrelevanten Facetten ausleuchtet.

Die Autorinnen und Autoren stehen für diesen hohen Anspruch. Ihnen gebührt mein herzlicher Dank für das große Engagement und die fachliche Bereicherung dieses Titels. Auch danke ich Frau Gabriele Heymann-Heß für die äußerst engagierte Betreuung vonseiten des Verlages und Herrn Rechtsanwalt Frederic Delcuvé, der mich in meiner Herausgebertätigkeit durch die Konzeption, Organisation und Lektorierung dieses Titels unterstützt hat.

Berlin, Oktober 2022 | Malte Müller-Wrede

Inhaltsverzeichnis

Vorwort ... V
Autorinnen und Autoren ... XI
Abkürzungsverzeichnis ... XXV
Regelwerkeverzeichnis ... XXXI
Literaturverzeichnis ... LI

Gesetz gegen Wettbewerbsbeschränkungen (GWB)

Teil 4 Vergabe von öffentlichen Aufträgen und Konzessionen

Kapitel 1 Vergabeverfahren

Abschnitt 1 Grundsätze, Definitionen und Anwendungsbereich

§ 97 GWB Grundsätze der Vergabe ... 7
§ 98 GWB Auftraggeber ... 101
§ 99 GWB Öffentliche Auftraggeber ... 105
§ 100 GWB Sektorenauftraggeber ... 141
§ 101 GWB Konzessionsgeber ... 157
§ 102 GWB Sektorentätigkeiten ... 171
§ 103 GWB Öffentliche Aufträge, Rahmenvereinbarungen und Wettbewerbe ... 187
§ 104 GWB Verteidigungs- oder sicherheitsspezifische öffentliche Aufträge ... 227
§ 105 GWB Konzessionen ... 239
§ 106 GWB Schwellenwerte ... 289
§ 107 GWB Allgemeine Ausnahmen ... 297
§ 108 GWB Ausnahmen bei öffentlich-öffentlicher Zusammenarbeit ... 339
§ 109 GWB Ausnahmen für Vergaben auf der Grundlage internationaler Verfahrensregeln ... 375
§ 110 GWB Vergabe von öffentlichen Aufträgen und Konzessionen, die verschiedene Leistungen zum Gegenstand haben ... 381
§ 111 GWB Vergabe von öffentlichen Aufträgen und Konzessionen, deren Teile unterschiedlichen rechtlichen Regelungen unterliegen ... 393
§ 112 GWB Vergabe von öffentlichen Aufträgen und Konzessionen, die verschiedene Tätigkeiten umfassen ... 413
§ 113 GWB Verordnungsermächtigung ... 427
§ 114 GWB Monitoring und Vergabestatistik ... 443

Abschnitt 2 Vergabe von öffentlichen Aufträgen durch öffentliche Auftraggeber

Unterabschnitt 1 Anwendungsbereich

§ 115 GWB Anwendungsbereich ... 457
§ 116 GWB Besondere Ausnahmen ... 459
§ 117 GWB Besondere Ausnahmen für Vergaben, die Verteidigungs- oder Sicherheitsaspekte umfassen ... 487
§ 118 GWB Bestimmten Auftragnehmern vorbehaltene öffentliche Aufträge ... 499

Unterabschnitt 2 Vergabeverfahren und Auftragsausführung

§ 119 GWB Verfahrensarten ... 513
§ 120 GWB Besondere Methoden und Instrumente in Vergabeverfahren ... 547
§ 121 GWB Leistungsbeschreibung ... 563

§ 122 GWB Eignung ... 595
§ 123 GWB Zwingende Ausschlussgründe ... 633
§ 124 GWB Fakultative Ausschlussgründe ... 655
§ 125 GWB Selbstreinigung ... 713
§ 126 GWB Zulässiger Zeitraum für Ausschlüsse ... 753
§ 127 GWB Zuschlag ... 771
§ 128 GWB Auftragsausführung ... 845
§ 129 GWB Zwingend zu berücksichtigende Ausführungsbedingungen ... 877
§ 130 GWB Vergabe von öffentlichen Aufträgen über soziale und andere besondere Dienstleistungen ... 883
§ 131 GWB Vergabe von öffentlichen Aufträgen über Personenverkehrsleistungen im Eisenbahnverkehr ... 901
§ 132 GWB Auftragsänderungen während der Vertragslaufzeit ... 921
§ 133 GWB Kündigung von öffentlichen Aufträgen in besonderen Fällen ... 949
§ 134 GWB Informations- und Wartepflicht ... 963
§ 135 GWB Unwirksamkeit ... 999

Abschnitt 3 Vergabe von öffentlichen Aufträgen in besonderen Bereichen und von Konzessionen

Unterabschnitt 1 Vergabe von öffentlichen Aufträgen durch Sektorenauftraggeber

§ 136 GWB Anwendungsbereich ... 1043
§ 137 GWB Besondere Ausnahmen ... 1049
§ 138 GWB Besondere Ausnahme für die Vergabe an verbundene Unternehmen ... 1061
§ 139 GWB Besondere Ausnahme für die Vergabe durch oder an ein Gemeinschaftsunternehmen ... 1073
§ 140 GWB Besondere Ausnahme für unmittelbar dem Wettbewerb ausgesetzte Tätigkeiten ... 1079
§ 141 GWB Verfahrensarten ... 1091
§ 142 GWB Sonstige anwendbare Vorschriften ... 1101
§ 143 GWB Regelung für Auftraggeber nach dem Bundesberggesetz ... 1113

Unterabschnitt 2 Vergabe von verteidigungs- oder sicherheitsspezifischen öffentlichen Aufträgen

§ 144 GWB Anwendungsbereich ... 1123
§ 145 GWB Besondere Ausnahmen für die Vergabe von verteidigungs- oder sicherheitsspezifischen öffentlichen Aufträgen ... 1127
§ 146 GWB Verfahrensarten ... 1143
§ 147 GWB Sonstige anwendbare Vorschriften ... 1147

Unterabschnitt 3 Vergabe von Konzessionen

§ 148 GWB Anwendungsbereich ... 1155
§ 149 GWB Besondere Ausnahmen ... 1181
§ 150 GWB Besondere Ausnahmen für die Vergabe von Konzessionen in den Bereichen Verteidigung und Sicherheit ... 1221
§ 151 GWB Verfahren ... 1235
§ 152 GWB Anforderungen im Konzessionsvergabeverfahren ... 1245
§ 153 GWB Vergabe von Konzessionen über soziale und andere besondere Dienstleistungen ... 1267
§ 154 GWB Sonstige anwendbare Vorschriften ... 1285

Kapitel 2 Nachprüfungsverfahren

Abschnitt 1 Nachprüfungsbehörden

§ 155 GWB Grundsatz ... 1323
§ 156 GWB Vergabekammern ... 1339
§ 157 GWB Besetzung, Unabhängigkeit ... 1353
§ 158 GWB Einrichtung, Organisation ... 1365
§ 159 GWB Abgrenzung der Zuständigkeit der Vergabekammern ... 1375

Abschnitt 2 Verfahren vor der Vergabekammer

§ 160 GWB Einleitung, Antrag ... 1395
§ 161 GWB Form, Inhalt ... 1429
§ 162 GWB Verfahrensbeteiligte, Beiladung ... 1445
§ 163 GWB Untersuchungsgrundsatz ... 1459
§ 164 GWB Aufbewahrung vertraulicher Unterlagen ... 1471
§ 165 GWB Akteneinsicht ... 1479
§ 166 GWB Mündliche Verhandlung ... 1495
§ 167 GWB Beschleunigung ... 1507
§ 168 GWB Entscheidung der Vergabekammer ... 1523
§ 169 GWB Aussetzung des Vergabeverfahrens ... 1543
§ 170 GWB Ausschluss von abweichendem Landesrecht ... 1565

Abschnitt 3 Sofortige Beschwerde

§ 171 GWB Zulässigkeit, Zuständigkeit ... 1571
§ 172 GWB Frist, Form, Inhalt ... 1591
§ 173 GWB Wirkung ... 1601
§ 174 GWB Beteiligte am Beschwerdeverfahren ... 1621
§ 175 GWB Verfahrensvorschriften ... 1625
§ 176 GWB Vorabentscheidung über den Zuschlag ... 1645
§ 177 GWB Ende des Vergabeverfahrens nach Entscheidung des Beschwerdegerichts ... 1663
§ 178 GWB Beschwerdeentscheidung ... 1669
§ 179 GWB Bindungswirkung und Vorlagepflicht ... 1689
§ 180 GWB Schadensersatz bei Rechtsmissbrauch ... 1707
§ 181 GWB Anspruch auf Ersatz des Vertrauensschadens ... 1725
§ 182 GWB Kosten des Verfahrens vor der Vergabekammer ... 1761
§ 183 GWB Korrekturmechanismus der Kommission ... 1823
§ 184 GWB Unterrichtungspflichten der Nachprüfungsinstanzen ... 1827

Teil 6 Übergangs- und Schlussbestimmungen

§ 187 GWB Übergangs- und Schlussbestimmungen ... 1831

Gesetz zur Einrichtung und zum Betrieb eines Registers zum Schutz des Wettbewerbs um öffentliche Aufträge und Konzessionen (Wettbewerbsregistergesetz – WRegG)

§ 1 WRegG Einrichtung des Wettbewerbsregisters ... 1837
§ 2 WRegG Eintragungsvoraussetzungen ... 1849
§ 3 WRegG Inhalt der Eintragung in das Wettbewerbsregister ... 1887
§ 4 WRegG Mitteilungen ... 1897

§ 5 WRegG Gelegenheit zur Stellungnahme vor Eintragung in das Wettbewerbsregister; Auskunftsanspruch ... 1903
§ 6 WRegG Abfragepflicht für Auftraggeber; Entscheidung über einen Ausschluss vom Vergabeverfahren ... 1925
§ 7 WRegG Löschung der Eintragung aus dem Wettbewerbsregister nach Fristablauf; Rechtswirkung der Löschung ... 1957
§ 8 WRegG Vorzeitige Löschung der Eintragung aus dem Wettbewerbsregister wegen Selbstreinigung; Gebühren und Auslagen ... 1969
§ 9 WRegG Elektronische Datenübermittlung ... 1987
§ 10 WRegG Verordnungsermächtigung ... 1995
§ 11 WRegG Rechtsweg ... 2001
§ 12 WRegG Anwendungsbestimmungen; Verkündung von Rechtsverordnungen ... 2009

Stichwortverzeichnis ... 2015

Autorinnen und Autoren

Steffen Amelung

§§ 120, 130 GWB

Steffen Amelung ist Rechtsanwalt und Counsel im Frankfurter Büro von Clifford Chance. Er ist dort seit 2002 im Bereich des deutschen und europäischen Vergaberechts tätig und leitet seit 2007 die deutsche Vergaberechtspraxis der Sozietät. Er berät und vertritt Bieter ebenso wie öffentliche Auftraggeber schwerpunktmäßig in den Bereichen Öffentlich-Private Partnerschaften, Pharma/Medizintechnik, Energie und ÖPNV. Steffen Amelung ist Lehrbeauftragter an der Deutschen Universität für Verwaltungswissenschaften Speyer auf dem Gebiet der Öffentlich-Privaten Partnerschaften und publiziert regelmäßig in namhaften Fachzeitschriften.

Dr. Thorsten Anger

§§ 178, 179 GWB

Richter am Oberlandesgericht Dr. Thorsten Anger gehörte nach vorausgegangener Tätigkeit im Staatshaftungssenat von Januar 2017 bis Juli 2021 dem Vergabesenat des Oberlandesgerichts Düsseldorf an. Im Jahr 2018 übernahm er in diesem Senat den stellvertretenden Vorsitz. Er war zugleich stellvertretender Vorsitzender des u.a. mit Energiekartellsachen befassten 2. Kartellsenats sowie des 27. Zivilsenats des Oberlandesgerichts Düsseldorf, der für Schadensersatzansprüche aus Vergaberechtsverletzungen zuständig ist. Seit August 2021 ist er stellvertretender Vorsitzender des für Handelssachen zuständigen 16. Zivilsenats des Oberlandesgerichts Düsseldorf und seit Anfang April 2020 zudem wissenschaftlicher Mitarbeiter bei dem Verfassungsgerichtshof für das Land Nordrhein-Westfalen.

Prof. Dr. Elisabeth Badenhausen-Fähnle

§§ 98, 99 GWB

Elisabeth Badenhausen-Fähnle ist Inhaberin einer Professur für Öffentliches Recht an der Hochschule für öffentliche Verwaltung und Finanzen in Ludwigsburg. Als Juristin schloss sie ihr Studium an der Julius-Maximilians-Universität Würzburg ab und arbeitete als Wissenschaftliche Mitarbeiterin am Lehrstuhl für Öffentliches Recht, insbesondere Öffentliches Wirtschaftsrecht von Herrn Prof. Dr. Mathias Knauff LL.M. Eur. an der Friedrich-Schiller-Universität Jena. Bis 2021 war sie Richterin am Verwaltungsgericht in Stuttgart.

Dagmar Baecker

§§ 2, 6 WRegG

Dagmar Baecker ist als Gruppenleiterin verantwortlich für die fachliche und rechtliche Umsetzung der EFRE-Förderung bei der Wirtschafts- und Infrastrukturbank Hessen (WIBank), rechtlich unselbstständige Anstalt in der Landesbank Hessen Thüringen Girozentrale. Sie studierte Rechtswissenschaften an den Universitäten in Trier und Heidelberg sowie Finanzbetriebswirtschaft an der Verwaltungs- und Wirtschaftsakademie in Wiesbaden. Sie ist Rechtsanwältin und verfügt über eine zwanzigjährige Berufserfahrung in der Wirtschaftsförderung. Dagmar Baecker ist Referentin und Trainerin auf Fachveranstaltungen zum Thema Vergaberecht an der Schnittstelle zum Zuwendungsrecht. Im Jahre 2020 veröffentlichte sie als Mitautorin in der Schriftenreihe des forum vergabe e.V. den Band 65 „Vergaberecht bei Zuwendungen“.

Hendrik Beiersdorf

§§ 166, 167 GWB

Hendrik Beiersdorf trat als Volljurist im Jahre 2003 in die Finanzverwaltung Rheinland-Pfalz ein und war dort zunächst in einem Finanzamt tätig. 2004 folgte eine Abordnung an den Landesbetrieb Liegenschafts- und Baubetreuung (LBB), dem die Aufgaben der staatlichen Hochbauverwaltung in Rheinland-Pfalz übertragen sind. Seine Aufgaben bestanden insbesondere in der juristischen Beratung hinsichtlich der Vergabe, Durchführung und Abrechnung von großen Baumaßnahmen für das Land sowie den Bund. Ab 2009 leitete er im LBB die Stabsstelle Recht und Verträge. 2016 folgte der Wechsel zu der Vergabekammer Rheinland-Pfalz in Mainz. Seit Februar 2017 ist Herr Beiersdorf dort Vorsitzender der 2. Vergabekammer.

Tobias Birk

§§ 98, 99 GWB

Seit dem Abschluss des Referendariats nach dem Studium der Rechtswissenschaften ist Tobias Birk wissenschaftlicher Mitarbeiter am Lehrstuhl für Öffentliches Recht, insbesondere Öffentliches Wirtschaftsrecht von Herrn Prof. Dr. Matthias Knauff LL.M Eur. an der Friedrich-Schiller-Universität Jena. Neben einem Lehrauftrag an der Fachhochschule Erfurt im Bereich des Baurechts promoviert er zum Thema Landesvergaberecht.

Dr. Christian Braun

§§ 101, 105 GWB

Rechtsanwalt Dr. Christian Braun ist Fachanwalt für Verwaltungsrecht und Fachanwalt für Vergaberecht. Er ist Partner der Sozietät Braun & Zwetkow in Leipzig. Zum Vergaberecht ist er über das Verwaltungsrecht gekommen, wobei er gleichermaßen Auftraggeber und Auftragnehmer vertritt. Ein Tätigkeitsschwerpunkt liegt seit vielen Jahren in der forensischen Tätigkeit im Vergabe- und Konzessionsrecht. Er referiert und publiziert zahlreich regelmäßig zu der gesamten Breite dieser Rechtsgebiete. Dr. Christian Braun ist Lehrbeauftragter an der Freien Universität Berlin, zudem Prüfer im Zweiten Juristischen Staatsexamen und Dozent an verschiedenen Fortbildungsakademien. Er ist Mitglied in der Arbeitsgemeinschaft Verwaltungsrecht, der Arbeitsgemeinschaft für Vergaberecht des DAV, Mitgründer und Mitorganisator der Berliner Konzessionsrechtstage.

Gunnar Conrad

§ 124 GWB

Gunnar Conrad ist Rechtsanwalt (Syndikusrechtsanwalt) und Fachanwalt für Vergaberecht und widmet sich beruflich der Digitalisierung des deutschen Gesundheitswesens. Er leitet den Rechtsbereich der gematik GmbH, der nationalen digitalen Gesundheitsagentur, und verantwortet in diesem Zusammenhang u.a. die vergaberechtliche Beratung des Einkaufs und der Fachbereiche bei den zahlreichen Vergabeverfahren des Unternehmens. Zuvor war er Rechtsanwalt und Salary Partner bei der Sozietät Müller-Wrede & Partner in Berlin. Im Rahmen seiner anwaltlichen Tätigkeit betreute er schwerpunktmäßig vergaberechtliche Beratungs- und Prozessmandate. Er studierte Rechtswissenschaften an der Freien Universität Berlin und der Humboldt-Universität zu Berlin. Bereits während seines Studiums spezialisierte sich Herr Conrad auf das Vergaberecht, unter anderem durch die Tätigkeit als wissenschaftlicher Mitarbeiter in mehreren auf das Bau- und Vergaberecht spezialisierten Rechtsanwaltskanzleien. Während seines Referendariats in Berlin absolvierte Herr Conrad zudem mehrere vergaberechtliche Stationen.

Dr. Alexander Csaki

§ 3 WRegG

Dr. Alexander Csaki ist seit August 2007 für Bird & Bird als Rechtsanwalt tätig. Er gehört der Praxisgruppe Öffentliches Wirtschaftsrecht an und ist Mitglied der internationalen Sektorengruppe life science. Er berät sowohl private Unternehmen als auch die öffentliche Hand umfassend in vergabe-, sozial- und europarechtlichen Fragen. Dabei beschäftigt er sich insbesondere mit dem Abschluss von Selektivverträgen durch Gesetzliche Krankenkassen sowie Fragen der Arzneimittelzulassung, der Austauschbarkeit von Arzneimitteln und deren Preisfindung. Herr Dr. Csaki studierte Rechtswissenschaften an den Universitäten Bayreuth und Münster. Vor und während seines Referendariats arbeitete er im Europäischen Parlament in Brüssel und Straßburg sowie in der Staatskanzlei des Landes Nordrhein-Westfalen. Er promovierte nach Abschluss des Referendariats an der Universität Münster im Europa- und Völkerrecht und arbeitete promotionsbegleitend bei einer internationalen Anwaltssozietät im Vergabe- und Kommunalrecht. Herr Dr. Csaki ist regelmäßig Autor von vergaberechtlichen Beiträgen. Er hält Vorträge zum Vergabe- und Gesundheitsrecht.

Frederic Delcuvé

§§ 97, 107, 127, 154 GWB

Frederic Delcuvé ist seit 2019 Rechtsanwalt in der Praxisgruppe Vergaberecht der Sozietät Müller-Wrede & Partner in Berlin. Nach Abschluss seines Studiums der Rechtswissenschaften an der Universität Potsdam war er zunächst im Vergabereferat der Verwaltung des Deutschen Bundestages und anschließend als wissenschaftlicher Mitarbeiter in der zuvor genannten Praxisgruppe tätig. Das Rechtsreferendariat absolvierte Herr Delcuvé in Berlin mit Stationen bei der Rechtsabteilung der Deutsche Bahn AG und bei dem Bundesministerium für Wirtschaft und Energie.

Norbert Dippel

§§ 104, 146, 147 GWB

Norbert Dippel ist Rechtsanwalt und Fachanwalt für Vergaberecht sowie Justiziar der cosinex GmbH in Bochum. Davor war er zwölf Jahre Leiter der Abteilung Recht und Vergabe der HIL Heeresinstandsetzungslogistik GmbH, jeweils drei Jahre in einer vergaberechtlich spezialisierten Kanzlei sowie bei einem eVergabe-Anbieter tätig. Norbert Dippel ist Autor und Mitherausgeber verschiedener vergaberechtlicher Publikationen (bspw. VSVgV-Kommentar, juris Praxiskommentar zum Vergaberecht, VOB/A-Kommentar). Er hält regelmäßig Seminare zu vergaberechtlichen Themen und ist Mitglied der Praxisgruppe Vergaberecht von Transparency International.

Dr. Benjamin Baron von Engelhardt

§§ 103, 108, 132 GWB

Dr. Benjamin von Engelhardt ist seit 2016 im Bundeskanzleramt für Außenwirtschaft, internationale Wirtschaftspolitik und internationale Wirtschaftsbeziehungen zuständig, zuvor war er Referent im Bundesministerium für Wirtschaft und Energie. Von 2011 bis 2015 war er abgeordnet an die Ständige Vertretung der Bundesrepublik Deutschland bei der Europäischen Union in Brüssel und verhandelte dort u.a. die neuen EU-Vergaberechtsrichtlinien und die EU-Strukturfonds-Verordnungen für die Förderperiode 2014 bis 2020 und betreute das Beihilfe- und Wettbewerbsrecht sowie als Rechtsberater Vertragsverletzungsverfahren. Er studierte Rechtswissenschaften mit wirtschaftswissenschaftlicher Zusatzausbildung in Bayreuth, Grenoble und Freiburg. Nach Referendariat in Berlin und New York sowie einem Forschungsaufenthalt an der Harvard Law School wurde er mit einer Arbeit über die Word Trade Organization an der Humboldt-Universität zu Berlin promoviert.

Prof. Dr. Michael Eßig

§ 127 GWB

Prof. Dr. Michael Eßig ist seit 2003 Professor für Materialwirtschaft und Distribution sowie Vizepräsident für Forschung an der Universität der Bundeswehr München. Daneben hat er Lehraufträge unter anderem an der University of San Diego sowie der Universität St. Gallen.

Dr. Gundula Fehns-Böer

§§ 97, 118 GWB

Dr. Gundula Fehns-Böer ist Mitglied des Vergabesenats beim Oberlandesgericht Frankfurt am Main.

Dr. Daniel Fülling

§ 133 GWB

Dr. Daniel Fülling ist als Referent im Bundesministerium für Wirtschaft und Klimaschutz tätig und war mit der Umsetzung der EU-Vergaberichtlinien in deutsches Recht befasst.

Michael Gaus

§§ 162, 163 GWB

Michael Gaus ist seit 2010 einer der Vorsitzenden der Vergabekammer Niedersachsen beim Niedersächsischen Ministerium für Wirtschaft, Arbeit, Verkehr und Digitalisierung. Zuvor war er acht Jahre Leiter der Außenstelle Lüneburg des Landesliegenschaftsfonds Niedersachsen im Finanzministerium.

Herr Gaus schloss 1988 sein Jurastudium mit den Themenschwerpunkten Umweltrecht und Gesellschaftsrecht an der Justus-Liebig-Universität in Gießen ab. Während und nach seinem Referendariat arbeitete er in einer Celler Kanzlei mit umweltrechtlichem Schwerpunkt. 1991 erhielt er die Zulassung als Rechtsanwalt. 1992 nahm er seinen Dienst bei der Bezirksregierung Lüneburg auf, bis er 2002 in das Finanzministerium wechselte.

Er befasst sich verstärkt mit der Berücksichtigung des Umweltschutzes bei der öffentlichen Vergabe sowie der Vergabe von Leistungen im Zusammenhang mit der Infrastruktur der Energieversorgung. Daneben hat er sich lange in der Referendarausbildung engagiert. Heute prüft er im Justizprüfungsamt.

Katja Gnittke

§§ 122, 123, 134, 135, 180, 181 GWB

Rechtsanwältin Katja Gnittke ist Partnerin der Kanzlei WMRC Rechtsanwälte Wichert und Partner mbB in Berlin. Ihr Schwerpunkt ist das Vergaberecht. Frau Gnittke ist seit dem Jahr 2000 im Vergaberecht tätig. Zu ihren Mandanten zählen vorwiegend öffentliche Auftraggeber, darunter viele Kommunen und kommunale Gesellschaften aber auch Bundesländer. Sie unterstützt ihre Mandanten bei der Durchführung und Vorbereitung von Vergabeverfahren und vertritt diese in Nachprüfungs- und Beschwerdeverfahren. Die Tätigkeit von Frau Gnittke betrifft eine Vielzahl von Beschaffungsgegenständen (von ÖPNV- und SPNV-Leistungen über Abfallentsorgungsleistungen und freiberufliche Leistungen bis hin zu Leistungen der Subventionsmittlung). Zu den vergaberechtlichen und haushaltsrechtlichen Anforderungen, die sich aus Nebenbestimmungen zum Zuwendungsbescheid ergeben, berät Frau Gnittke Zuwendungsempfänger. Sie nimmt zu aktuellen vergaberechtlichen Themen in Veröffentlichungen und Vorträgen Stellung.

Dr. Katrin Hansen

§ 153 GWB

Dr. Katrin Hansen arbeitet als Juristin bei der DAK-Gesundheit in Hamburg. Nach ihrer Ausbildung zur Sozialversicherungsfachangestellten bei der Techniker Krankenkasse und dem Studium der Rechtswissenschaft an der Universität Hamburg absolvierte sie 2004 ihr erstes juristisches Staatsexamen. Sie promovierte 2008 am Institut für Gesundheits- und Medizinrecht (IGMR) in Bremen über die Anwendbarkeit des Kartell- und Vergaberechts auf ausgewählte Selektivverträge des SGB V, absolvierte 2009 ihr zweites juristisches Staatsexamen und arbeitet seitdem als Juristin bei der DAK-Gesundheit. Ihr berufliches Interesse gilt seit vielen Jahren dem Aufeinandertreffen von staatlich reguliertem Gesundheitssystem und Wettbewerb sowie der daraus resultierenden Frage nach einer sinnvollen und praxisorientierten vergabe-, kartell- und lauterkeitsrechtlichen Regulierung dieses Bereiches.

Oliver Hattig

§§ 122, 123, 134, 135, 180, 181 GWB

Rechtsanwalt Oliver Hattig ist Partner der Sozietät Hattig und Dr. Leupolt Rechtsanwälte in Köln. Zuvor war er im Kölner und Brüsseler Büro einer auf das öffentliche Wirtschaftsrecht spezialisierten Kanzlei tätig sowie wissenschaftlicher Mitarbeiter am Lehrstuhl für Deutsches und Europäisches Öffentliches Recht (Prof. Dr. Jarass) an der Universität Münster. Sein Tätigkeitsschwerpunkt liegt im Vergaberecht. Als Experte für das europäische Vergaberecht ist Oliver Hattig in verschiedenen Projekten der Europäischen Kommission tätig. Er hält regelmäßig Vorträge zu vergaberechtlichen Themen und ist Autor zahlreicher Veröffentlichungen auf diesem Gebiet.

Dr. Hans Heller

§§ 148, 149, 151, 152 GWB

Dr. Hans Heller ist seit 2015 Rechtsanwalt und Partner in der Kanzlei Raue in Berlin. Zu seinen Schwerpunkten gehören das Vergaberecht, Kartellrecht, Energierecht, Europäische Beihilferecht, Europarecht und Öffentliche Recht.

Veit Hirsch

§ 113 GWB

Veit Hirsch ist als Referent im Referat „Öffentliches Auftragswesen, Digitalisierung öffentlicher Einkauf" im Bundesministerium des Innern und für Heimat u.a. zuständig für die vergaberechtliche Beratung des Ministeriums und seines Geschäftsbereichs. Nach dem Studium der Rechtswissenschaften in Leipzig und dem Referendariat in Berlin arbeitete Veit Hirsch mehrere Jahre als Rechtsanwalt in der Kanzlei Müller-Wrede & Partner mit dem Tätigkeitsschwerpunkt Vergaberecht und zuvor in der Praxisgruppe Öffentliches Wirtschaftsrecht einer internationalen Großkanzlei am Standort Frankfurt am Main. Veit Hirsch ist Autor mehrerer Fachveröffentlichungen und hat eine Vielzahl von Schulungen und Vorträge zum Vergaberecht gehalten.

Dr. Andreas Hövelberndt

§§ 110, 111, 112 GWB

Herr Dr. Hövelberndt ist Rechtsanwalt und stellvertretender Leiter des Stabsbereiches Rechts der Wirtschaftsbetriebe Duisburg. In dieser Funktion berät er das Unternehmen und dessen Tochtergesellschaften bei der Konzeption und Durchführung nationaler und europaweiter Vergabeverfahren. Vor seiner Tätigkeit für die Wirtschaftsbetriebe Duisburg war er im Dezernat „Öffentliches Wirtschaftsrecht" einer im In- und Ausland vertretenen Wirtschaftskanzlei am Standort Düsseldorf tätig. Zuvor promovierte Herr Dr. Hövelberndt an der Ruhr-Universität Bochum unter Betreuung durch Herrn Prof.

Dr. Martin Burgi, an dessen Lehrstuhl er zeitweilig tätig war, zu einer wirtschaftsverwaltungsrechtlichen Thematik. Herr Dr. Hövelberndt ist Autor diverser Fachveröffentlichungen zu vergabe- und wirtschaftsverwaltungsrechtlichen Fragestellungen.

Jakob Hofmann

§§ 160, 164 GWB

Jakob Hofmann ist im Sächsischen Staatsministerium für Regionalentwicklung in der Abteilung Stadtentwicklung, Bau- und Wohnungswesen tätig. Zuvor war er Rechtsreferent in der Landesdirektion Sachsen. Bis 2015 war er hauptamtliches Mitglied bei der Vergabekammer des Freistaates Sachsen, seit 2012 auch stellvertretender Vorsitzender. Die Zuständigkeit erstreckte sich auf Verfahren aus sämtlichen Vergabe- und Vertragsordnungen.

Mirko Jularic

§§ 106, 170, 187 GWB

Mirko Jularic hat nach dem rechtswissenschaftlichen Studium in Münster einige Zeit in Österreich und Kroatien verbracht. Im Anschluss an ein Master-Programm zum europäischen Recht mit Schwerpunkt Südosteuropa in Graz (LL.M.) absolvierte er sein Rechtsreferendariat in Münster und war in dieser Zeit als wissenschaftliche Hilfskraft bei Herrn Prof. Dr. Heinrich Dörner mit versicherungsrechtlichen Fragestellungen betraut. Aus dieser Zeit stammen einige versicherungsrechtliche Veröffentlichungen. Auf das Referendariat folgte eine Tätigkeit als Berater der Rechtsabteilung der Deutsch-Kroatischen Industrie- und Handelskammer (AHK Kroatien), welche ihren Schwerpunkt in wirtschaftsbezogenen Fragen des Beitritts Kroatiens zur Europäischen Union hatte. Während dieser Zeit schloss er den Masterstudiengang „Versicherungsrecht" (LL.M.) in Münster ab. Nach Abschluss der Tätigkeit in Zagreb begann Mirko Jularic seine Tätigkeit im Wirtschaftsministerium Nordrhein-Westfalen. Dort war er zunächst mit Grundsatzfragen der Branchen- und Industriepolitik befasst, bevor er zum Vergaberecht wechselte und u.a. die Vergaberechtsmodernisierung begleitete. Anschließend war er bis zu seinem Wechsel nach Brüssel im Bereich der Außenwirtschaft tätig und betreute neben bilateralen Beziehungen mit europäischen Staaten verschiedene Fragen der Handelspolitik und des Außenwirtschaftsrechts. In Brüssel leitet er bei der Vertretung des Landes Nordrhein-Westfalen bei der Europäischen Union den Fachbereich „Wirtschaft, Innovation, Strukturpolitik und Außenhandel".

Wiltrud Kadenbach

§§ 168, 169 GWB

Wiltrud Kadenbach ist seit Januar 2006 Vorsitzende der 1. Vergabekammer des Freistaates Sachsen bei der Landesdirektion Sachsen, Dienststelle Leipzig, der sie seit September 2004 angehört.

Zuvor war sie zwischen 1996 und 2003 als Justiziarin in einer kommunalen Wohnungsbaugesellschaft in den Bereichen des Miet-, Bau- und Vergaberechts tätig. 2003 wechselte sie zum Freistaat Sachsen, wo sie zunächst als Referentin im Bereich „Wasserrechtliche Planfeststellungsverfahren, Hochwasserschutz" tätig war.

Frau Kadenbach referiert regelmäßig zu vergaberechtlichen Themen und ist Mitautorin mehrerer Kommentare zum Vergaberecht.

Dr. Hendrik Kaelble

§§ 103, 108, 132 GWB

Dr. Hendrik Kaelble ist Referatsleiter in der Europaabteilung des Bundesministeriums für Wirtschaft und Energie. Er war zuvor Referent im Bundeskanzleramt, Referat für EU-Wirtschafts- und Finanzpolitik, und im Bundesministerium für Wirtschaft und Technologie im Referat EU-Binnenmarkt sowie Rechtsanwalt in der Kanzlei Müller-Wrede & Partner mit den Tätigkeitsschwerpunkten Vergaberecht,

Public Private Partnerships. Dr. Kaelble promovierte nach seinem Studium der Rechtswissenschaften an der Humboldt-Universität zu Berlin im Bereich des Vergabe- und Beihilfenrechts.

Prof. Dr. Matthias Knauff

§ 119 GWB

Prof. Dr. Matthias Knauff, LL.M. Eur., ist Inhaber des Lehrstuhls für Öffentliches Recht, insbesondere Öffentliches Wirtschaftsrecht, und geschäftsführender Direktor des Instituts für Energiewirtschaftsrecht an der Friedrich-Schiller-Universität Jena sowie Richter am Thüringer Oberlandesgericht (Vergabesenat). Nach akademischer Ausbildung an der Universität Würzburg hatte er von 2011 bis 2013 eine Professur an der EBS Universität für Wirtschaft und Recht in Wiesbaden inne. Seither lehrt und forscht er in Jena. Das Vergaberecht bildet einen seiner Forschungsschwerpunkte.

Dr. Christian Lantermann

§ 1 WRegG

Dr. Christian Lantermann studierte Rechtswissenschaften an der Ruhr-Universität Bochum und promovierte im Anschluss bei Herrn Prof. Dr. Martin Burgi zum Thema „Vergaberegister - Ein rechtmäßiges und effektives Mittel zur Korruptionsbekämpfung?". Seinen beruflichen Werdegang startete er im Mai 2006 bei der Wirtschaftsprüfungsgesellschaft KPMG im Bereich „Forensic Services" und setzte ihn als Mitarbeiter der Abteilung „Recht und Vergabe" der Heeresinstandsetzungslogistik GmbH in Bonn u.a. als Antikorruptionsbeauftragter ab 2007 fort. Anschließend war er fast neun Jahre für die Generali Deutschland AG im Bereich Anti-Fraud-Management/Compliance tätig und absolvierte 2013 eine Zusatzausbildung zum „Certified Fraud Manager" an der Frankfurt School of Finance & Management. Aktuell ist er als Chief Compliance Officer für die DEUTZ AG in Köln tätig und ehrenamtlich seit neun Jahren Vorstandsmitglied von Transparency International Deutschland e.V.

Sebastian Lischka

§§ 171, 172 GWB

Sebastian Lischka ist Richter am Brandenburgischen Oberlandesgericht. Er veröffentlicht regelmäßig zu vergaberechtlichen Themen.

Dr. Johannes Lux

§§ 97, 176, 177 GWB

Dr. Johannes Lux ist bei der Senatsverwaltung für Justiz, Vielfalt und Antidiskriminierung tätig und seit 2017 Vorsitzender der Vergabekammer des Landes Berlin, 2. Beschlussabteilung.

Herr Dr. Lux beschäftigt sich bereits seit 2004 mit dem Vergaberecht. Er wurde 2009 mit einer vergaberechtlichen Arbeit promoviert. Seit 2010 ist er Richter im Land Berlin, seit 2014 Richter am Verwaltungsgericht Berlin.

Herr Dr. Lux veröffentlicht regelmäßig zu vergabe- und verwaltungsrechtlichen Themen in Fachzeitschriften und ist u.a. Mitautor mehrerer Kommentare zum Vergaberecht.

Dr. Bettina Maaser-Siemers

§§ 158, 159 GWB

Frau Dr. Maaser-Siemers ist Vorsitzende der Vergabekammer bei der Finanzbehörde der Freien und Hansestadt Hamburg. Zuvor war sie Abteilungsleiterin der Grundsatzabteilung für Vergaberecht sowie Grundsatzreferentin für das Bauvergaberecht. Vor ihrem Eintritt in den Staatsdienst war Frau Dr. Maaser-Siemers als Anwältin bei einer internationalen Wirtschaftskanzlei und als wissenschaftliche

Mitarbeiterin der Universität Hamburg tätig. Sie ist Mitorganisatorin des Hamburger Vergabetags sowie der Regionalgruppe Nord des forum vergabe e.V., Dozentin beim Fachanwaltskurs Vergaberecht des Hamburger Vergabeinstituts und der Bucerius Law School sowie Referentin bei zahlreichen vergaberechtlichen Fortbildungsveranstaltungen.

Rüdiger Meixner

§§ 5, 9 WRegG

Volljurist (Prädikatsexamina), Ministerialrat, Leiter des Referats „Landeskartellbehörde, Wettbewerbsrecht" im Hessischen Ministerium für Wirtschaft, Energie, Verkehr und Wohnen, Autor zahlreicher juristischer Publikationen in verschiedenen Rechtsgebieten, z.T. zitiert in Verfassungsjudikatur (BVerfG) und höchstrichterlicher Rechtsprechung (BVerwG, BGH).

Dr. Ute Mockel

§§ 174, 175 GWB

Dr. Ute Mockel ist Vorsitzende Richterin am Oberlandesgericht Frankfurt am Main. Sie war dort 10 Jahre lang Mitglied des Vergabesenates und des Kartellsenates. Seit Ende 2020 ist sie Vorsitzende eines u.a. für Insolvenzrecht und Notarhaftung zuständigen Zivilsenats.

Hans-Peter Müller

§§ 114, 183, 184 GWB

1983 absolvierte er an der Fachhochschule des Bundes für öffentliche Verwaltung, Mannheim, sein Examen als Dipl. Verwaltungswirt. Im Oktober 1988 wechselte er nach fünfjähriger Abteilungsleitertätigkeit beim Kreiswehrersatzamt Neuwied zum Bundeswirtschaftsministerium. Von dort wurde er von 1996 bis 2001 zur Deutschen NATO-Vertretung, Brüssel abgeordnet und vertrat die Bundesrepublik als Vizepräsident im NATO-Industrieplanungsausschuss (Civil Emergency Planning).

Im August 2001 kehrte er ins Bundeswirtschaftsministerium, Dienstort Bonn, zurück und war seitdem im für die Vergaberechtsgesetzgebung zuständigen Referat für das öffentliche Auftragswesen zuständig, insbesondere für das Sektorenvergaberecht, die Regelungen zur Auftragswertschätzung, Rahmenvereinbarungen, die Vergabe freiberuflicher Leistungen sowie das Preisrecht bei öffentlichen Aufträgen. Seit dem 1. Januar 2021 ist Herr Müller im vorzeitigen Ruhestand. Berufsbegleitend schloss er ein Zusatzstudium Wirtschafts- und Arbeitsrecht an der Fernuniversität Hagen ab und studierte ebenfalls berufsbegleitend Rechtswissenschaften an der Friedrich-Wilhelm-Universität, Bonn. Schließlich ist er Autor diverser Fachveröffentlichungen zum Vergabe- und Preisrecht bei öffentlichen Aufträgen.

Malte Müller-Wrede

§§ 97, 127 GWB

Rechtsanwalt Malte Müller-Wrede ist Fachanwalt für Vergaberecht und Gründungspartner der Sozietät Müller-Wrede & Partner in Berlin. Zu seinen Tätigkeitsschwerpunkten zählen das Vergaberecht, das Recht der öffentlich-privaten Partnerschaften, das Recht des ÖPNV und SPNV, das Architekten- und Ingenieurrecht, das private Baurecht und Vertragsgestaltungen. Er vertritt Auftraggeber und Unternehmen in Nachprüfungs- und Beschwerdeverfahren und hat hierbei zahlreiche vergaberechtliche Grundsatzentscheidungen erstritten. Herr Müller-Wrede ist Vorsitzender des Fachanwaltsausschusses Vergaberecht der Rechtsanwaltskammer Berlin. Er referiert und publiziert regelmäßig zu vergaberechtlichen Themen. Er ist Herausgeber mehrerer vergaberechtlicher Standardwerke und Mitglied des Herausgeberbeirates der Fachzeitschrift Vergaberecht.

Tatyana Peshteryanu

§ 110 GWB

Tatyana W. Peshteryanu ist Richterin am Amtsgericht Frankfurt am Main. Zuvor war sie als Rechtsanwältin und Fachanwältin für Vergaberecht und bei einer nationalen Wirtschaftskanzlei in Frankfurt am Main tätig. Ihr Tätigkeitsbereich umfasste insbesondere die rechtliche Beratung der öffentlichen Hand bei allen Fragen des deutschen und europäischen Vergaberechts sowie des Bau-, Architekten- und Ingenieurrechts. Frau Peshteryanu studierte Rechtswissenschaften an der Universität Mannheim und wurde im Jahr 2012 zur Anwaltschaft zugelassen. Sie veröffentlicht als Autorin regelmäßig Beiträge zu ausgewählten Themen des Vergaberechts.

Dr. Melanie Plauth

§§ 107, 127 GWB

Dr. Melanie Plauth ist Rechtsanwältin und Salary-Partnerin in der Sozietät Müller-Wrede & Partner und verfügt über langjährige Berufserfahrung und vertiefte Kenntnisse im Vergaberecht. Bereits nach dem Studium der Rechtswissenschaften in Berlin und Bologna arbeitete sie mehrere Jahre promotionsbegleitend als Wissenschaftliche Mitarbeiterin in der Praxisgruppe Vergaberecht der Sozietät Müller-Wrede & Partner. Ihre Dissertation fertigte sie zu einer vergaberechtlichen Fragestellung („Die Rechtspflicht zur Transparenz im europäisierten Vergaberecht") an. Während des Rechtsreferendariats absolvierte sie unter anderem Stationen bei der Vergabekammer Berlin und im Binnenmarktreferat des Bundeswirtschaftsministeriums. Zu den Tätigkeitsschwerpunkten von Frau Dr. Plauth gehören neben dem Vergaberecht auch hiermit in Zusammenhang stehende Fragstellungen beispielsweise des Zuwendungs- und Europarechts.

Magnus Radu

§§ 125, 126, 128, 129, 182 GWB

Magnus Radu ist seit 2012 Mitglied des für Staats- und Notarhaftungsrecht sowie das Notarkostenrecht zuständigen 9. Zivilsenats des Kammergerichts; seit 2013 ist er zugleich Mitglied des Vergabesenats des Kammergerichts und seit 2014 dort auch als Güterichter tätig.

Er war seit 1997 zunächst als Staatsanwalt bei der Staatsanwaltschaft am Landgericht Berlin tätig und dann seit 1999 als Richter am Amtsgericht (Amtsgericht Tempelhof-Kreuzberg) insbesondere mit allgemeinen Zivilsachen und Wohnungseigentumssachen befasst. Von 2007 bis 2011 war er an die Senatsverwaltung für Justiz des Landes Berlin abgeordnet, wo er zunächst als Dezernent im Zivilrechtsreferat und in den Jahren 2010 und 2011 als Leiter des Büros der Senatorin tätig war.

Dr. Robin Ricken

§§ 141, 142 GWB

Dr. Robin Ricken leitet als Rechtsanwalt (Syndikusrechtsanwalt) den Rechtsbereich der Stadtwerke Essen AG, zu welchem auch die Zentrale Vergabestelle gehört. Die Stadtwerke Essen AG ist ein mehrheitlich kommunal beherrschtes Ver- und Entsorgungsunternehmen, welches neben der Versorgung mit Wasser, Strom, Gas und Wärme die Abwasserbeseitigung auf dem Gebiet der Stadt Essen durchführt und den Essener Stadthafen betreibt. Er studierte Rechtswissenschaft an der Ruhr-Universität Bochum und schloss sein Studium 2008 mit der Ersten Prüfung ab. Anschließend arbeitete er als Wissenschaftlicher Mitarbeiter am Bochumer Lehrstuhl von Herrn Professor Dr. Martin Burgi und promovierte zum Thema „Beurteilungsspielräume und Ermessen im Vergaberecht". Nach dem Referendariat am Landgericht Essen und dem Zweiten Staatsexamen, welches er Ende 2014 ablegte, arbeitete Herr Dr. Ricken zunächst als Compliance Officer bei einem kommunalen Unternehmen und im Public Sector Team von Baker Tilly in Dortmund, bevor er im November 2016 als Syndikusrechtsanwalt zur Stadtwerke Essen AG wechselte. Zunächst mit dem Aufbau einer Zentralen Vergabestelle betraut, übernahm er im Oktober 2017 die Gesamtleitung des Fachbereichs Recht. In dieser Funktion betreut er u.a. europaweite und nationale Ausschreibungen sowohl für die Entwässerungssparte als auch für Sektorentätigkeiten.

Dr. Marc Röbke

§§ 100, 102, 136, 137, 138 GWB

Dr. Marc Röbke ist Rechtsanwalt und Partner bei LUTZ | ABEL Rechtsanwalts PartG mbB. Er berät öffentliche Auftraggeber und Unternehmen vergaberechtlich und zu Fragen des Beihilfe- und des Zuwendungsrechts. Dr. Marc Röbke verfügt über besondere Erfahrung in der Beratung von Projekten des öffentlichen Nahverkehrs, der Verkehrsinfrastruktur und der Energiewirtschaft sowie von IT-Beschaffungsvorhaben. Dr. Marc Röbke studierte Rechtswissenschaften an den Universitäten Potsdam und Toulouse, Frankreich und wurde im Jahr 2007 zur Anwaltschaft in Deutschland zugelassen. Vor seinem Wechsel zu LUTZ | ABEL Rechtsanwalts PartG mbB im Jahr 2020 war er in nationalen und internationalen Wirtschaftskanzleien und in der Rechtsabteilung der Deutschen Bahn AG tätig.

Dr. Johanna Schlichting

§ 4 WRegG

Dr. Johanna Schlichting ist seit 2018 als Syndikusrechtsanwältin in der Rechtsabteilung der Deutsche Bahn AG in Berlin tätig. Dort berät sie den Konzerneinkauf bei Beschaffungsvorgängen. Der Schwerpunkt ihrer Tätigkeit liegt dabei im Sektorenvergaberecht, darüber hinaus ist sie zuständig für vergaberechtliche Grundsatzfragen. Nach ihrem Studium der Rechtswissenschaften an der Universität Potsdam und der Université Paris Nanterre mit anschließendem Rechtsreferendariat in Berlin verfasste sie eine Dissertation im Vergaberecht. Bevor sie als Senior Legal Counsel in die Rechtsabteilung der Deutsche Bahn AG wechselte, war sie als Rechtsanwältin in Berlin tätig und dort ebenfalls auf das Vergaberecht spezialisiert.

Annette Schmidt

§ 121 GWB

Annette Schmidt ist langjährig mit dem Vergaberecht befasst und leitet das Vergabegrundsatzreferat sowie die Zentrale Vergabestelle im Wirtschaftsministerium Nordrhein-Westfalen. Neben Vortragstätigkeiten im Vergaberecht hat Frau Schmidt Beiträge zu Fachveröffentlichungen im Vergaberecht verfasst. Nach dem Studium der Rechtswissenschaften war sie in verschiedenen Bereichen des genannten Ministeriums tätig, davon langjährig im Justiziariat, welches sie zuletzt auch geleitet hat.

Dr. Kai-Uwe Schneevogl

§§ 115, 116 GWB

Dr. Kai-Uwe Schneevogl ist Partner im Frankfurter Büro der Sozietät GÖRG Partnerschaft von Rechtsanwälten mbB. Er ist Fachanwalt für Vergaberecht und ist seit mehr als 20 Jahren im Bereich des deutschen und europäischen Vergaberechts sowie im Immobilien- und Spezialanlagenbau tätig. Er ist spezialisiert auf die Beratung von Bundes- und Landesministerien, Behörden, anderen öffentlichen Auftraggebern sowie Auftragnehmern bei der Vergabe öffentlicher Aufträge und Realisierung von komplexen Beschaffungsvorhaben. Dr. Kai-Uwe Schneevogl hat zu diesem Themenkreis umfangreich publiziert und hält dazu regelmäßig Vorträge. Ferner ist er Mitmentor und Kommentator an verschiedenen vergaberechtlichen Standardwerken.

Holger Schröder

§§ 131, 143 GWB

Holger Schröder ist Rechtsanwalt und Fachanwalt für Vergaberecht und Partner bei der Rödl GmbH Rechtsanwaltsgesellschaft Steuerberatungsgesellschaft, Nürnberg. Herr Schröder verantwortet bei der Rödl GmbH Rechtsanwaltsgesellschaft Steuerberatungsgesellschaft den Bereich der vergaberechtlichen Beratung. Er ist seit über 20 Jahren auf den Bereich des Vergaberechts spezialisiert und betreut zahlreiche Verfahren zur Vergabe von Bau-, Dienst- und Lieferleistungen. Er ist Lehrbeauftragter für Vergaberecht an der Hochschule für Wirtschaft und Umwelt Nürtingen-Geislingen (HfWU) und ist ständiges Mitglied im gemeinsamen Fachprüfungsausschuss „Fachanwalt für Vergaberecht" der Rechtsanwaltskammer Nürnberg und Rechtsanwaltskammer Bamberg. Herr Schröder ist Autor zahlreicher Fachveröffentlichungen und wirkt an Kommentaren sowie Handbüchern zum Vergaberecht, Recht des öffentlichen Personenverkehrs und EU-Beihilferechts mit.

Simon Schwerdtfeger

§§ 7, 8 WRegG

Simon Schwerdtfeger ist seit 2016 Referent im Bundesministerium für Wirtschaft und Energie, seit 2019 in dem für das Vergaberecht zuständigen Referat „Öffentliche Aufträge, Immobilienwirtschaft". Dort ist er unter anderem mit der Umsetzung des Wettbewerbsregisters, Fragen der strategischen Beschaffung und internationalen Bezügen des Vergaberechts befasst. Zuvor war er als wissenschaftlicher Mitarbeiter für eine auf Vergaberecht spezialisierte Rechtsanwaltskanzlei in Berlin tätig. Er studierte Rechts- und Politikwissenschaften in Köln, Paris und Aix-en-Provence. Sein Referendariat absolvierte er in Berlin und New York.

Sebastian Spinzig

§§ 155, 156, 157 GWB

Sebastian Spinzig ist Vorsitzender des 2. Spruchkörpers der Vergabekammer Westfalen. Während des Studiums der Rechtswissenschaften an der Universität Potsdam, welches er 2008 abschloss, arbeitete er in der Vergabestelle der Verwaltung des Deutschen Bundestages. Anschließend absolvierte er ein Auslandspraktikum bei der Honorarkonsulin von Eldorado in Argentinien. Neben dem Referendariat in Berlin war er als wissenschaftlicher Mitarbeiter für eine auf Bau- und Vergaberecht spezialisierte Kanzlei tätig. Nach dem Referendariat war er bei den Landesförderbanken der Länder Nordrhein-Westfalen Hamburg im Bereich der EFRE-Förderung insbesondere für Fragen des Vergaberecht zuständig. Seit Anfang 2015 ist er beim Ministerium für Inneres des Landes Nordrhein-Westfalen beschäftigt und dort seit Ende 2017 in der Vergabekammer Westfalen und ab Anfang 2018 als Vorsitzender des 2. Spruchkörpers tätig.

Matthias Steck

§§ 161, 165 GWB

Matthias Steck ist seit 2012 Vorsitzender der Vergabekammer Südbayern. Nach dem Studium der Rechtswissenschaften und dem zweiten juristischen Staatsexamen war er seit 2002 als juristischer Staatsbeamter im höheren nichttechnischen Verwaltungsdienst des Freistaats Bayern an verschiedenen Stellen tätig. Neben der Bearbeitung von durchschnittlich 50 bis 60 Nachprüfungsanträgen jährlich tritt Matthias Steck regelmäßig als Referent auf vergaberechtlichen Fortbildungsveranstaltungen auf und ist Mitherausgeber des „Praxiskommentar Vergaberecht" (Dieckert/Osseforth/Steck) sowie Mitautor weiterer vergaberechtlicher Kommentierungen.

Dr. Frank Sterner

§§ 107, 109, 117, 144, 145, 150 GWB

Dr. Frank Sterner ist Rechtsanwalt und Syndikusrechtsanwalt. Er hat sich u.a. auf das Vergabe- und Vertragsrecht im Verteidigungsbereich spezialisiert. Dr. Frank Sterner berät bei Geschäften mit der Bundeswehr, Systemherstellern, Lieferanten und Kooperationspartnern sowie zu Fragen des Außenwirtschaftsrechts. Nach dem Studium der Rechtswissenschaften an der Universität Marburg studierte er Europarecht an der Université Libre de Bruxelles (Licence spéciale en droit européen) und promovierte 1996 zum Thema „Rechtsbindungen und Rechtsschutz bei der Vergabe öffentlicher Aufträge" an der Universität Mannheim, an der er auch als wissenschaftlicher Mitarbeiter tätig war. Dr. Frank Sterner ist Mitherausgeber des Praxiskommentars „VSVgV - Beschaffung im Verteidigungs- und Sicherheitsbereich" (2. Auflage 2018) und Vorsitzender des Ausschusses Wirtschaft und Recht im Bundesverband der Sicherheits- und Verteidigungsindustrie.

Dr. Jörg Stoye

§§ 173, 175 GWB

Dr. Jörg Stoye ist Fachanwalt für Vergaberecht und Gesellschafter der Kanzlei HFK Rechtsanwälte. Er berät überwiegend die Auftraggeberseite, aber auch Unternehmen insbesondere bei Verkehrsinfrastrukturprojekten und sonstigen Bauvorhaben sowie in den Bereichen der IT-/TK-Beschaffung und der gebäudenahen Dienstleistungen. Dabei übernimmt Dr. Stoye auch die Federführung in interdisziplinären Beraterteams, etwa im Rahmen von Planfeststellungsverfahren, zu Fragen des Claim-Managements, der Compliance und des Zuwendungsrechts. Ein weiterer Schwerpunkt seiner Tätigkeit ist die Führung von Vergabenachprüfungsverfahren und vergaberechtlichen Schadensersatzprozessen. Er ist Mitglied im Fachanwaltsausschuss für Vergaberecht der Rechtsanwaltskammern Frankfurt am Main und Kassel.

Christian Sudbrock

§§ 139, 140, 149 GWB

Christian Sudbrock ist seit 2008 in der Rechtsabteilung des Verbandes kommunaler Unternehmen e. V. (VKU) in Berlin als Fachgebietsleiter Wirtschaftsrecht tätig. Zu den Schwerpunkten seiner Tätigkeit gehört die Beratung kommunaler Unternehmen aus den Bereichen der Energie- und Trinkwasserversorgung, der Abfallwirtschaft und der Abwasserbeseitigung zu Fragen des Vergaberechts und anderen Bereichen des Öffentlichen Wirtschaftsrechts.

Herr Sudbrock hat nach dem Studium der Rechtswissenschaften in Münster und Referendariat u.a. in Brüssel und in Speyer ein Master of Laws-Studium in Wellington/Neuseeland mit dem Schwerpunkt Inernational Economic Law absolviert.

Patrick Thomas

§§ 173, 175 GWB

Patrick Thomas ist Rechtsanwalt und Partner bei der Ernst & Young Law GmbH Rechtsanwaltsgesellschaft Steuerberatungsgesellschaft. Als Fachanwalt für Vergaberecht berät er öffentliche Auftraggeber sowie Unternehmen in allen Fragen des öffentlichen Wirtschaftsrechts und insbesondere des Vergaberechts. Seine Tätigkeitsschwerpunkte liegen in der Begleitung komplexer Infrastrukturvorhaben im Verkehrs- und Energiesektor sowie im Bereich Verteidigung und Sicherheit. Zudem führt er regelmäßig Nachprüfungsverfahren vor den Vergabekammern und -senaten. Herr Thomas studierte Rechtswissenschaften mit wirtschaftswissenschaftlicher Zusatzausbildung an den Universitäten Bayreuth und Würzburg.

Dr. Tobias Traupel

§ 121 GWB

Dr. Tobias Traupel ist Leiter der für das Vergaberecht zuständigen Abteilung „Europa und Recht" im Ministerium für Wirtschaft, Innovation, Digitalisierung und Energie des Landes Nordrhein-Westfalen. Zuvor leitete er die Abteilung „Standortmarketing und -entwicklung" im selben Ministerium. Von 2013 bis 2016 betreute das europäische Beihilferecht in der Vertretung des Landes Rheinland-Pfalz bei der Europäischen Union. Dr. Traupel leitete viele Jahre die Gruppe „Wirtschaftsrecht" im Ministerium für Wirtschaft, Energie, Industrie, Mittelstand und Handwerk des Landes Nordrhein-Westfalen. Nach einer Tätigkeit als Richter am Landgericht Düsseldorf und einer Abordnung zum Bundesministerium der Justiz, wo er in den völkerrechtlichen Referaten tätig war, war Dr. Traupel seit 1993 in den für Wirtschaft zuständigen Ressorts der Landesregierung von Nordrhein-Westfalen bis zu seiner Ernennung zum Gruppenleiter u. a. langjährig als Justiziar und zuletzt als Referatsleiter für das materielle Vergaberecht federführend in der nordrhein-westfälischen Landesregierung tätig.

Er war als Experte für das europäische Beihilferecht und PPP in den Twinning-Projekten der Europäischen Union für die Beitrittskandidaten tätig und war mehrere Jahre Vertreter der Bundesländer im Kommissionsgremium „Multilaterale Sitzungen zu beihilferechtlichen Fragen". Er ist Mitherausgeber der „European Procurement & Public Private Partnership Law Review" und ist Prüfungsvorsitzender für Wirtschaftsprüfer in Nordrhein-Westfalen.

Dr. Bettina Tugendreich

§§ 148, 149, 151, 152 GWB

Dr. Bettina Tugendreich ist Rechtsanwältin und Partnerin in der Kanzlei RAUE in Berlin. Ihre Tätigkeitsschwerpunkte umfassen das Vergaberecht, Kartellrecht, Energierecht und das allgemeine Öffentliche Wirtschaftsrecht. Ihr Studium absolvierte sie an der Humboldt-Universität zu Berlin sowie der Hofstra University in New York (USA). Sie war wissenschaftliche Mitarbeiterin am Lehrstuhl für Bürgerliches Recht, Handels-, Wirtschafts- und Europarecht von Prof. Dr. Hans-Peter Schwintowski an der Humboldt-Universität zu Berlin. Im Anschluss an das Referendariat nahm sie ihre anwaltliche Tätigkeit im Berliner Büro der US-amerikanischen Kanzlei Hogan & Hartson RAUE LLP auf, aus der im Jahr 2010 die Kanzlei RAUE hervorging. Sie ist Autorin zahlreicher Veröffentlichungen und war zudem in der Zeit von 2011 bis 2019 Lehrbeauftragte an der Hochschule für Technik und Wirtschaft Berlin (HTW Berlin) im Vergabe- und Beihilfenrecht.

Prof. Dr. Christian-David Wagner

§ 97 GWB

Rechtsanwalt Prof. Dr. Christian-David Wagner ist Fachanwalt für Vergaberecht in eigener Kanzlei und Honorarprofessor für Vergaberecht an der Hochschule Harz mit einem Lehrauftrag für Vergabe und E-Vergabe. Prof. Dr. Wagner ist seit Beginn seiner Berufstätigkeit 2003 auf das Vergaberecht spezialisiert. Weitere Schwerpunkte seiner Beratungstätigkeit sind eng damit verbundene Geschäftsfelder wie das EU-Beihilfe- und staatliche Zuwendungsrecht. Prof. Dr. Wagner berät sowohl Auftraggeber als auch Bieterunternehmen, beginnend bei klassischen Auftraggebern wie Bund, Land und Kommunen, über Forschungs- und staatliche Beteiligungsgesellschaften bis hin zu Unternehmen aus dem ITK-, Bau-, Medizin- und Marketingbereich. Er begleitet seine Mandanten in sämtlichen Phasen des Vergabeverfahrens und vertritt deren Interessen regelmäßig vor den Vergabekammern der Länder und den Vergabesenaten der Oberlandesgerichte. Darüber hinaus berät Prof. Dr. Wagner Unternehmen und öffentliche Auftraggeber im Rahmen von Umstrukturierungsmaßnahmen oder im Zusammenhang mit der Implementierung von neuen Organisationsstrukturen.

Philipp Zeller

§§ 10, 11, 12 WRegG

Philipp Zeller, LL.B. ist seit 2019 Referent beim Bundesamt für Ausrüstung, Informationstechnik und Nutzung der Bundeswehr (BAAINBw). Als Vergabe- und Vertragsjurist ist er im Bereich der Beschaffung von Informationstechnik tätig. Die im Beitrag dargestellten Rechtsansichten sind persönlicher Natur.

Zeller studierte an den Universitäten Osnabrück und Halle-Wittenberg und schloss an letzterer 2016 das erste Staatsexamen ab. Während seines Referendariats in Sachsen-Anhalt absolvierte er im Jahr 2018 das Ergänzungsstudium zusammen mit der Zusatzausbildung „On the Rhine Studies" an der Deutschen Universität für Verwaltungswissenschaften Speyer.

Als Autor mehrerer Veröffentlichungen ist er in den Bereichen Verfassungs-, Hochschul- und Vergaberecht tätig gewesen.

Abkürzungsverzeichnis

A

a.A.	anderer Ansicht
a.a.O.	am angegebenen Ort
ABl.	Amtsblatt
Abs.	Absatz
Abschn.	Abschnitt
a.E.	am Ende
a.F.	alte Fassung
AG	Aktiengesellschaft
Alt.	Alternative
a.M.	anderer Meinung
Anh.	Anhang
Anm.	Anmerkung
AnwZert BauR	AnwaltZertifikat - Bau- und Architektenrecht (Zeitschrift)
Art.	Artikel
Aufl.	Auflage

B

BAnz.	Bundesanzeiger
BayObLG	Bayerisches Oberstes Landesgericht
BayVerfGH	Bayrischer Verfassungsgerichtshof
BayVGH	Bayerischer Verwaltungsgerichtshof
BFH	Bundesfinanzhof
BGBl.	Bundesgesetzblatt
BGH	Bundesgerichtshof
BR-Drs.	Drucksachen des Bundesrates
bspw.	beispielsweise
BT-Drs.	Drucksachen des Bundestages
BVerfG	Bundesverfassungsgericht
BVerwG	Bundesverwaltungsgericht
bzgl.	bezüglich
bzw.	beziehungsweise

C

ca.	circa
CB	Compliance Berater (Zeitschrift)
CCZ	Corporate Compliance Zeitschrift
c.i.c.	culpa in contrahendo
CEN	Comité Européen de Normalisation = Europäisches Komitee für Normung
CENELEC	Europäisches Institut für Elektronische Normung
COVuR	COVID-19 und Recht (Zeitschrift)
CPV	Common Procurement Vocabulary

D

DAWI	Dienstleistungen von allgemeinem wirtschaftlichen Interesse
DB	Der Betrieb (Zeitschrift)
ders./dies.	derselbe/dieselbe
d.h.	das heißt
DIN	Deutsches Institut für Normung
DNotZ	Deutsche Notar-Zeitschrift
DÖV	Die Öffentliche Verwaltung (Zeitschrift)
Drs.	Drucksache
DVP	Deutsche Verwaltungspraxis – Fachzeitschrift für die öffentliche Verwaltung

E

EFRE — Europäischer Fonds für regionale Entwicklung
EFSF — Europäische Finanzstabilisierungsfazilität
EG — Europäische Gemeinschaft
EN — Europäische Norm
endg. — endgültig
EnWZ — Zeitschrift für das gesamte Recht der Energiewirtschaft
EPPPL — European Procurement & PPP Law Review (Zeitschrift)
ESM — Europäischer Stabilitätsmechanismus
EU — Europäische Union
EuG — Gericht der Europäischen Union
EuGH — Europäischer Gerichtshof
EuR — Zeitschrift Europarecht
EURATOM — Europäische Atomgemeinschaft
EuZA — Europäische Zeitschrift für Arbeitsrecht
EuZW — Europäische Zeitschrift für Wirtschaftsrecht
e.V. — Eingetragener Verein
EWG — Europäische Wirtschaftsgemeinschaft
EWeRK — Zeitschrift des Instituts für Energie- und Wettbewerbsrecht in der Kommunalen Wirtschaft e.V.
EWR — Europäischer Wirtschaftsraum
EWS — Europäisches Wirtschafts- und Steuerrecht (Zeitschrift)

F

f. — und die folgende Seite
ff. — und die folgenden Seiten
FIW — Forschungsinstitut für Wirtschaftsverfassung und Wettbewerb
Fn. — Fußnote

G

GBl. — Gesetzblatt
GbR — Gesellschaft bürgerlichen Rechts
GewA — Gewerbearchiv (Zeitschrift)
GewArch — Gewerbearchiv – Zeitschrift für Wirtschaftsverwaltungsrecht
GewO — Gewerbeordnung
GG — Grundgesetz
ggf. — gegebenenfalls
GGW — G+G Wissenschaft (Zeitschrift)
GmbH — Gesellschaft mit beschränkter Haftung
GmbHR — Zeitschrift für Gesellschafts-, Unternehmens- und Steuerrecht
GPA — Agreement on Government Procurement
GRUR — Gewerblicher Rechtsschutz und Urheberrecht (Zeitschrift)

H

h.M. — herrschende Meinung
Hs. — Halbsatz

I

IBR — Immobilien- & Baurecht (Zeitschrift)
i.d.F. — in der Fassung
i.d.R. — in der Regel
i.e.S. — im engeren Sinne
i.w.S. — im weiteren Sinne
ILO — International Labour Organization

IR — InfrastrukturRecht – Energie, Verkehr, Abfall, Wasser (Zeitschrift)
i.S.d. — im Sinne der/des
i.S.v. — im Sinne von
IT — Informationstechnologie
ITRB — Der IT-Rechtsberater (Zeitschrift)
i.V.m. — in Verbindung mit

J

JR — Juristische Rundschau (Zeitschrift)
jurisPR — juris PraxisReport (Zeitschrift)
jurisPR-Compl — juris PraxisReport Compliance & Investigations (Zeitschrift)
jurisPR-StrafR — Juris PraxisReport Strafrecht (Zeitschrift)
jurisPR-VergR — Juris PraxisReport Vergaberecht (Zeitschrift)
JuS — Juristische Schulung – Zeitschrift für Studium und Referendariat
JZ — JuristenZeitung

K

Kap. — Kapitel
KG — Kammergericht, Kommanditgesellschaft
KMU — Kleine und mittlere Unternehmen
KOM — Europäische Kommission
KommJur — Kommunaljurist – Rechtsberater für Gemeinden, Landkreise, Gemeindeverbände und kommunale Wirtschaftsunternehmen (Zeitschrift)
KommP BY — Kommunalpraxis Bayern (Zeitschrift)
KriPoZ — Kriminalpolitische Zeitschrift

L

LG — Landgericht
lit. — littera(e)
LKV — Landes- und Kommunalverwaltung – Verwaltungsrechts-Zeitschrift
Ls. — Leitsatz
LT-Drs. — Drucksachen des Landtags

M

m. Anm. — mit Anmerkung
Mio. — Millionen
MMR — MultiMedia und Recht – Zeitschrift für Informations-, Telekommunikations- und Medienrecht
Mrd. — Milliarden
m.w.A. — mit weiteren Angaben
m.w.N. — mit weiteren Nachweisen

N

n.F. — neue Fassung
N&R — Netzwirtschaften und Recht – Energie, Verkehr und andere Netzwirtschaften
NJW — Neue Juristische Wochenschrift
Nr. — Nummer
NStZ — Neue Zeitschrift für Strafrecht
NUTS — Nomenclature des Unités Territorales Statistiques
NVwZ — Neue Zeitschrift für Verwaltungsrecht
NZA — Neue Zeitschrift für Arbeitsrecht
NZA-RR — Rechtsprechungs-Report Arbeitsrecht (Zeitschrift)
NZBau — Neue Zeitschrift für Bau- und Vergaberecht
NZG — Neue Zeitschrift für Gesellschaftsrecht

NZS	Neue Zeitschrift für Sozialrecht
NZWiSt	Neue Zeitschrift für Wirtschafts-, Steuer- und Unternehmensstrafrecht

O

OHG	Offene Handelsgesellschaft
OLG	Oberlandesgericht
ÖPNV	Öffentlicher Personennahverkehr
ÖPP	Öffentlich-private Partnerschaft
OVG	Oberverwaltungsgericht

P

PPP	Public Private Partnership

R

RdE	Recht der Energiewirtschaft (Zeitschrift)
RL	Richtlinie
Rn.	Randnummer
RNotZ	Rheinische Notar-Zeitschrift
RPA	Zeitschrift für Vergaberecht – Recht und Praxis der öffentlichen Auftragsvergabe
Rs.	Rechtssache(n)
Rz.	Randziffer

S

S.	Satz/Sätze, Seite(n)
s.	siehe
SGb	Die Sozialgerichtsbarkeit – Zeitschrift für das aktuelle Sozialrecht
SIMAP	Système d'Information pour les Marchés Publics
Slg.	Sammlung der Rechtsprechung des Europäischen Gerichtshofs
sog.	sogenannte(r)
Spiegelstr.	Spiegelstrich
StV	Strafverteidiger (Zeitschrift)

T

TED	Tenders Electronic Daily
TS	Technische Spezifikation

U

u.a.	unter anderem
UAbs.	Unterabsatz
UBWV	Unterrichtsblätter für die Bundeswehrverwaltung (Zeitschrift)
UN	United Nations
usw.	und so weiter

V

v.	von/vom
Var.	Variante
verb. Rs.	Verbundene Rechtssachen
VerfGH	Verfassungsgerichtshof
VergabeR	Vergaberecht – Zeitschrift für das gesamte Vergaberecht
VersorgW	Versorgungswirtschaft (Zeitschrift)
VerwArch	Verwaltungsarchiv – Zeitschrift für Verwaltungslehre, Verwaltungsrecht und Verwaltungspolitik
VG	Verwaltungsgericht
VGH	Verwaltungsgerichtshof
vgl.	vergleiche
v.H.	von Hundert
VHB	Vergabehandbuch
VK	Vergabekammer
VO	Verordnung
VO (EG)	Verordnung der Europäischen Gemeinschaften

VO (EU)	Verordnung der Europäischen Union
VO (EWG, Euratom)	Verordnung der Europäischen Wirtschaftsgemeinschaft und der Europäischen Atomgemeinschaft
Vorbem.	Vorbemerkung
VPR	Vergabepraxis & -recht (Zeitschrift)
VR	Verwaltungsrundschau – Zeitschrift für Verwaltung in Praxis und Wissenschaft
VÜA	Vergabeüberwachungsausschuss
VV	Verwaltungsvorschriften

W

wistra	Zeitschrift für Wirtschafts- und Steuerstrafrecht
WM	Zeitschrift für Wirtschafts- und Bankrecht
WRP	Wettbewerb in Recht und Praxis (Zeitschrift)
WTO	World Trade Organisation
WuW	Wirtschaft und Wettbewerb (Zeitschrift)

Z

ZAR	Zeitschrift für Ausländerrecht und Ausländerpolitik
z.B.	zum Beispiel
ZESAR	Zeitschrift für europäisches Sozial- und Arbeitsrecht
ZfBR	Zeitschrift für deutsches und internationales Vergaberecht
ZfWG	Zeitschrift für Wett- und Glücksspielrecht
ZG	Zeitschrift für Gesetzgebung
ZHR	Zeitschrift für das Gesamte Handels- und Wirtschaftsrecht
Ziff.	Ziffer
ZIP	Zeitschrift für Wirtschaftsrecht
ZIS	Zeitschrift für Internationale Strafrechtsdogmatik
ZLW	Zeitschrift für Luft- und Weltraumrecht
ZRFC	Risk, Fraud & Compliance (Zeitschrift)
z.T.	zum Teil
ZVgR	Zeitschrift für deutsches und internationales Vergaberecht
ZWeR	Zeitschrift für Wettbewerbsrecht

Regelwerkeverzeichnis

A

AEG	Allgemeines Eisenbahngesetz v. 27.12.1993, BGBl. I S. 2378, zuletzt geändert durch Gesetz v. 15.9.2021
AEntG	Gesetz über zwingende Arbeitsbedingungen für grenzüberschreitend entsandte und für regelmäßig im Inland beschäftigte Arbeitnehmer und Arbeitnehmerinnen (Arbeitnehmer-Entsendegesetz) v. 20.4.2009, BGBl. I S. 799, zuletzt geändert durch Gesetz v. 12.12.2021
AEUV	Vertrag über die Arbeitsweise der Europäischen Union v. 9.5.2008, ABl. Nr. C 115 S. 47, zuletzt geändert durch Beschluss v. 11.7.2012
AG GlüStV NRW	Gesetz zur Ausführung des Glücksspielstaatsvertrags NRW v. 13.11.2012, GVBl. S. 524, zuletzt geändert durch Gesetz v. 23.6.2021
AktG	Aktiengesetz v. 6.9.1965, BGBl. I S. 1089, zuletzt geändert durch Gesetz v. 30.6.2021
AO	Abgabenordnung v. 1.10.2002, BGBl. I S. 3866, zuletzt geändert durch Gesetz v. 5.10.2021
ArbGG	Arbeitsgerichtsgesetz v. 2.7.1979, BGBl. I S. 853, 1036, zuletzt geändert durch Gesetz v. 5.10.2021
ArbZG	Arbeitszeitgesetz v. 6.6.1994, BGBl. I S. 1170, 1171, zuletzt geändert durch Gesetz v. 22.12.2020
AÜG	Arbeitnehmerüberlassungsgesetz v. 3.2.1995, BGBl. I S. 158, zuletzt geändert durch Gesetz v. 18.3.2022
AufenthG	Gesetz über den Aufenthalt, die Erwerbstätigkeit und die Integration von Ausländern im Bundesgebiet (Aufenthaltsgesetz) v. 25.2.2008, BGBl. I S. 162, zuletzt geändert durch Gesetz v. 9.7.2021
AVV Klima	Allgemeine Verwaltungsvorschrift zur Beschaffung klimafreundlicher Leistungen v. 19.10.2021, BAnz AT B1
AZRG	Gesetz über das Ausländerzentralregister v. 2.9.1994, BGBl. I S. 2265, zuletzt geändert durch Gesetz v. 9.7.2021

B

BADV	Verordnung über Bodenabfertigungsdienste auf Flugplätzen (Bodenabfertigungsdienst-Verordnung) v. 10.12.1997, BGBl. I S. 2885, zuletzt geändert durch Verordnung v. 6.12.2018
BayESG	Gesetz über die Rechtsverhältnisse der nichtbundeseigenen Eisenbahnen und der Seilbahnen in Bayern (Bayerisches Eisenbahn- und Seilbahngesetz) v. 9.8.2003, GVBl. S. 598, BayRS 932-1-B, zuletzt geändert durch Verordnung v. 26.3.2019
BayGO	Gemeindeordnung für den Freistaat Bayern v. 22.8.1998, GVBl. S. 796, BayRS 2020-1-1-I, zuletzt geändert durch Gesetz v. 9.3.2021
BayRDG	Bayrisches Rettungsdienstgesetz v. 22.7.2008, GVBl. S. 429, zuletzt geändert durch Gesetz v. 22.4.2022

BBankG	Gesetz über die Deutsche Bundesbank v. 22.10.1992, BGBl. S. 1782, zuletzt geändert durch Gesetz v. 28.6.2021
BBergG	Bundesberggesetz v. 13.8.1980, BGBl. I S. 1310, zuletzt geändert durch Gesetz v. 14.6.2021
BBG	Bundesbeamtengesetz v. 5.2.2009, BGBl. I S. 160, zuletzt geändert durch Gesetz v. 28.6.2021
BbgKVerf	Kommunalverfassung des Landes Brandenburg v. 18.12.2007, GVBl. I S. 286, zuletzt geändert durch Gesetz v. 23.6.2021
BbgVergG	Brandenburgisches Vergabegesetz v. 29.9.2016, GVBl. I S. 16, zuletzt geändert durch Gesetz v. 13.4.2021
BDSG	Bundesdatenschutzgesetz v. 30.6.2017, BGBl. I S. 2097, zuletzt geändert durch Gesetz v. 23.6.2021
BEEG	Gesetz zum Elterngeld und zur Elternzeit (Bundeselterngeld- und Elternzeitgesetz) v. 27.1.2015, BGBl. I S. 33, zuletzt geändert durch Gesetz v. 18.3.2022
BeglG Rheinland-Pfalz	Landesgesetz über die Beglaubigungsbefugnis Rheinland-Pfalz v. 21.7.1978, GVBl. S. 597, zuletzt geändert durch Gesetz v. 4.4.2017
BeglV	Beglaubigungsverordnung v. 13.3.2003, BGBl. I S. 361
BerlAVG	Berliner Ausschreibungs- und Vergabegesetz v. 22.4.2020, GVBl. I S. 276
BetrVG	Betriebsverfassungsgesetz v. 25.9.2001, BGBl. I S. 2518, zuletzt geändert durch Gesetz v. 10.12.2021
BeurkG	Beurkundungsgesetz v. 28.8.1969, BGBl. I S. 1513, zuletzt geändert durch Gesetz v. 21.12.2021
BGB	Bürgerliches Gesetzbuch v. 2.1.2002, BGBl. I S. 42, zuletzt geändert durch Gesetz v. 21.12.2021
BGebG	Bundesgebührengesetz v. 7.8.2013, BGBl. I S. 3154, zuletzt geändert durch Gesetz v. 10.3.2017 BGBl. I S. 417
BGG	Gesetz zur Gleichstellung von Menschen mit Behinderungen (Behindertengleichstellungsgesetz) v. 27.4.2002, BGBl. I S. 1467, 1468, zuletzt geändert durch Gesetz v. 2.6.2021
BHO	Bundeshaushaltsordnung v. 19.8.1969, BGBl. I S. 1284, zuletzt geändert durch Gesetz v. 20.8.2021
BImSchG	Gesetz zum Schutz vor schädlichen Umwelteinwirkungen durch Luftverunreinigungen, Geräusche, Erschütterungen und ähnliche Vorgänge (Bundes-Immissionsschutzgesetz) v. 17.5.2013, BGBl. I S. 1274, zuletzt geändert durch Gesetz v. 24.9.2021
BITV 2.0	Verordnung zur Schaffung barrierefreier Informationstechnik nach dem Behindertengleichstellungsgesetz (Barrierefreie-Informationstechnik-Verordnung) v. 12.9.2011, BGBl. I S. 1843, zuletzt geändert durch Verordnung v. 21.5.2019
BMG	Bundesmeldegesetz v. 3.5.2013, BGBl. I S. 1084, zuletzt geändert durch Gesetz v. 28.3.2021
BNDG	Gesetz über den Bundesnachrichtendienst v. 20.12.1990, BGBl. I S. 2954, 2979, zuletzt geändert durch Gesetz v. 5.7.2021
BNotO	Bundesnotarordnung v. 24.2.1961, BGBl. I S. 97, zuletzt geändert durch Gesetz v. 21.12.2021

BRAO	Bundesrechtsanwaltsordnung v. 1.8.1959, BGBl. I S. 565, zuletzt geändert durch Gesetz v. 1.6.2017
Bremisches TtVG	Bremisches Gesetz zur Sicherung von Tariftreue, Sozialstandards und Wettbewerb bei öffentlicher Auftragsvergabe (Tariftreue- und Vergabegesetz) v. 30.01.2015, Brem.Gbl. S. 145, zuletzt geändert durch Gesetz v. 1.3.2022
BremKorG	Bremisches Korruptionsregistergesetz v. 18.12.2015, Brem.Gbl. S. 646, zuletzt geändert durch Gesetz v. 18.12.2018
BuchPrG	Buchpreisbindungsgesetz v. 2.9.2002, BGBl. I S. 3448, zuletzt geändert durch Gesetz v. 26.11.2020
BVergG	Bundesvergabegesetz v. 11.8.1993, BGBl. I S. 1473, zuletzt geändert durch Gesetz v. 20.11.2019
BZRÄndG	Gesetz zur Änderung des Bundeszentralregistergesetzes v. 18.7.2017, BGBl. I S. 2732, zuletzt geändert durch Gesetz v. 20.11.2019
BZRG	Gesetz über das Zentralregister und das Erziehungsregister (Bundeszentralregistergesetz) v. 21.9.1984, zuletzt geändert 16.6.2021

D

DRiG	Deutsches Richtergesetz v. 19.4.1972, BGBl. I S. 713, zuletzt geändert durch Gesetz v. 25.6.2021

E

EEG	Gesetz für den Ausbau erneuerbarer Energien (Erneuerbare-Energien-Gesetz) v. 21.7.2014, BGBl. I S. 1066, zuletzt geändert durch Gesetz v. 16.7.2021
EGovG	Gesetz zur Förderung der elektronischen Verwaltung (E-Government-Gesetz) v. 25.7.2013, BGBl. S. 2749, zuletzt geändert durch Gesetz v. 16.7.2021
EGV	Vertrag zur Gründung der Europäischen Gemeinschaft v. 24.12.2002, Abl. Nr. C 325 S. 1
eIDKG	Gesetz über eine Karte für Unionsbürger und Angehörige des Europäischen Wirtschaftsraums mit Funktion zum elektronischen Identitätsnachweis (eID-Karte-Gesetz – eIDKG) v. 21.6.2019 BGBl. I S. 846, zuletzt geändert durch Gesetz v. 5.7.2021
EntgFG	Entgeltfortzahlungsgesetz v. 26.5.1994, BGBl. I S. 1014, 1065, zuletzt geändert durch Gesetz v. 22.11.2019
Entscheidung 2004/73/EG	Entscheidung der Kommission v. 15.1.2004 über einen Antrag Deutschlands das spezielle Regime in Artikel 3 der Richtlinie 93/38/EWG anzuwenden, ABl. Nr. L 16 S. 57
Entscheidung 93/327/EWG	Entscheidung der Kommission v. 13.5.1993 zur Festlegung der Voraussetzungen, unter denen die öffentlichen Auftraggeber, die geographisch abgegrenzte Gebiete zum Zwecke der Suche oder Förderung von Erdöl, Gas, Kohle oder anderen Festbrennstoffen nutzen, der Kommission Auskunft über die von ihnen vergebenen Aufträge zu erteilen haben, ABl. Nr. L 129 S. 25
EnVKV	Verordnung zur Kennzeichnung von energieverbrauchsrelevanten Produkten mit Angaben über den Verbrauch an Energie und an anderen wichtigen Ressourcen (Energieverbrauchskennzeichnungsver-

	ordnung) v. 30.10.1997, BGBl. I S. 2616, zuletzt geändert durch Verordnung v. 19.2.2021
EnWG	Gesetz über die Elektrizitäts- und Gasversorgung (Energiewirtschaftsgesetz) v. 7.7.2005, BGBl. I S. 1970, 3621, zuletzt geändert durch Gesetz v. 26.4.2022
ERechV	Verordnung über die elektronische Rechnungsstellung im öffentlichen Auftragswesen des Bundes v. 13.10.2017, BGBl. I S. 3555, zuletzt geändert durch Verordnung v. 19.6.2020
ERegG	Eisenbahnregulierungsgesetz v. 29.8.2016. BGBl. I S. 2082, zuletzt geändert durch Gesetz v. 9.6.2021
ERVV	Verordnung über die technischen Rahmenbedingungen des elektronischen Rechtsverkehrs und über das besondere elektronische Behördenpostfach (Elektronischer-Rechtsverkehr-Verordnung) v. 24.11.2017, BGBl. I S. 3803, zuletzt geändert durch Gesetz v. 5.10.2021
EuGVVO	Verordnung (EU) Nr. 1215/ 2012 des Europäischen Parlaments und des Rates vom 12. Dezember 2012 über die gerichtliche Zuständigkeit und die Anerkennung und Vollstreckung von Entscheidungen in Zivil- und Handelssachen (ABl. L 351 v. 20.12.2012, S. 1), zuletzt geändert durch delegierte Verordnung (EU) 2015/ 281 der Kommission vom 26. November 2014 zur Ersetzung der Anhänge I und II der Verordnung (EU) Nr. 1215/ 2012 des Europäischen Parlaments und des Rates über die gerichtliche Zuständigkeit und die Anerkennung und Vollstreckung von Entscheidungen in Zivil- und Handelssachen vom 26.11.2014 (ABl. L 54 vom 25.2.2015) m.W.v. 26.2.2015
ESMV	Vertrag zur Einrichtung des Europäischen Stabilitätsmechanismus zwischen dem Königreich Belgien, der Bundesrepublik Deutschland, der Republik Estland, Irland, der Hellenischen Republik, dem Königreich Spanien, der Französischen Republik, der italienischen Republik, der Republik Zypern, dem Großherzogtum Luxemburg, Malta, dem Königreich der Niederlande, der Republik Österreich, der Portugiesischen Republik, der Republik Slowenien, der Slowakischen Republik und der Republik Finnland v. 2.2.2012, BGBl. II S. 982, zuletzt geändert durch Bekanntmachung v. 16.12.2020
EuRAG	Gesetz über die Tätigkeit europäischer Rechtsanwälte in Deutschland v. 9.3.2000, BGBl. I S. 182, 1349, zuletzt geändert durch Gesetz v. 5.10.2021
EUV	Vertrag über die Europäische Union v. 13.12.2007, Abl. Nr. C 306 S. 1, zuletzt geändert durch EU-Beitrittsakte

F

FamFG	Gesetz über das Verfahren in Familiensachen und in den Angelegenheiten der freiwilligen Gerichtsbarkeit v. 17.12.2008, BGBl. I S. 2586, 2587, zuletzt geändert durch Gesetz v. 6.10.2021
FernstrPrivFinG	Gesetz über den Bau und die Finanzierung von Bundesfernstraßen durch Private (Fernstraßenbauprivatfinanzierungsgesetz) v. 6.1.2006, BGBl. I S. 49, zuletzt geändert durch Gesetz v. 20.11.2019

FFV Berlin	Verordnung zur Änderung der Verordnung über die Förderung von Frauen und die Vereinbarkeit von Beruf und Familie bei der Vergabe öffentlicher Aufträge (Frauenförderverordnung) v. 19.7.2011, GVBl. S. 362
FKVO	Verordnung (EG) Nr. 139/2004 des Rates v. 20.1.2004 über die Kontrolle von Unternehmenszusammenschlüssen, Abl. Nr. L 24 S. 1
FStrG	Bundesfernstraßengesetz v. 28.6.2007, BGBl. I S. 1206, zuletzt geändert durch Gesetz v. 10.9.2021
FüPoG	Gesetz für die gleichberechtigte Teilhabe von Frauen und Männern an Führungspositionen in der Privatwirtschaft und im öffentlichen Dienst v. 24.4.2015, BGBl. I S. 642, zuletzt geändert durch Gesetz v. 7.8.2021
FVG	Finanzverwaltungsgesetz v. 4.4.2006, BGBl. I S. 846, 1202, zuletzt geändert durch Gesetz v. 25.6.2021

G

GemO BW	Gemeindeordnung Baden-Württemberg v. 24.7.2000, GBl. S. 698, zuletzt geändert durch Gesetz v. 2.12.2020
GemO RP	Gemeindeordnung Rheinland-Pfalz v. 31.1.1994, GVBl. S. 153, zuletzt geändert durch Gesetz v. 27.1.2022
GeschGehG	Gesetz zum Schutz von Geschäftsgeheimnissen v. 18.4.2019, BGBl. I S. 466
GewAbfV	Verordnung über die Bewirtschaftung von gewerblichen Siedlungsabfällen und von bestimmten Bau- und Abbruchabfällen (Gewerbeabfallverordnung) v. 18.4.2017, BGBl. I S. 896, zuletzt geändert durch Verordnung v. 28.4.2022
GewO	Gewerbeordnung v. 22.2.1999, BGBl. I S. 202, zuletzt geändert durch Gesetz v. 10.8.2021
GG	Grundgesetz für die Bundesrepublik Deutschland v. 23.5.1949, BGBl. S. 1, zuletzt geändert durch Gesetz v. 29.9.2020
GGO	Gemeinsame Geschäftsordnung der Bundesministerien v. 1.1.2000, GMBl. S. 526, zuletzt geändert durch Gesetz v. 1.9.2011
GKG	Gerichtskostengesetz v. 27.2.2014, BGBl. I S. 154, zuletzt geändert durch Gesetz v. 25.6.2021
GlüStV	Staatsvertrag zur Neuregulierung des Glücksspielwesens in Deutschland (Glücksspielstaatsvertrag) v. 29.10.2020, GVBl. 2021 S. 325
GlüStV NRW	Gesetz zur Ausführung des Glücksspielstaatsvertrags v. 13.11.2012, GV NRW S. 524
GmbHG	Gesetz betreffend die Gesellschaften mit beschränkter Haftung v. 20.4.1892, BGBl. III Nr. 4123-1, zuletzt geändert durch Gesetz v. 10.8.2021
GNotKG	Gerichts- und Notarkostengesetz v. 23.7.2013, BGBl. I S. 2586, zuletzt geändert durch Gesetz v. 10.8.2021
GO NRW	Gemeindeordnung Nordrhein-Westfalen v. 17.10.1994, GV. NW. S. 270
GO SH	Gemeindeordnung Schleswig-Holstein v. 1.4.2001, GVOBl. 2003, S. 57, zuletzt geändert durch Gesetz v. 4.3.2022
GRCh	Charta der Grundrechte der Europäischen Union v. 12.12.2007, Abl. Nr. C 303 S. 1

GRfW Hamburg	Gesetz zur Einrichtung eines Registers zum Schutz fairen Wettbewerbs v. 1.10.2013, HmbGVbl. Nr. 40 S. 417
GVG	Gerichtsverfassungsgesetz v. 9.5.1975, BGBl. I S. 1077, zuletzt geändert durch Gesetz v. 7.7.2021
GVVG-ÄndG	Gesetz zur Änderung der Verfolgung der Vorbereitung von schweren staatsgefährdenden Gewalttaten v. 12.6.2015, BGBl. I S. 926
GWB	Gesetz gegen Wettbewerbsbeschränkungen v. 26.6.2013, BGBl. I S. 1750, zuletzt geändert durch Gesetz v. 27.7.2021
GWB-DigitalisierungsG	Gesetz zur Änderung des Gesetzes gegen Wettbewerbsbeschränkungen für ein fokussiertes, proaktives und digitales Wettbewerbsrecht 4.0 und anderer Bestimmungen v. 18.1.2021

H

HeilBerG NRW	Heilberufsgesetz Nordrhein-Westfalen v. 9.5.2000, GV. NRW S. 403, zuletzt geändert durch Gesetz v. 1.2.2022
HGB	Handelsgesetzbuch v. 10.5.1897, RGBl. S. 219, zuletzt geändert durch Gesetz v. 10.8.2021
HGO	Hessische Gemeindeordnung v. 1.4.2005, GVBl. I S. 142, zuletzt geändert durch Gesetz v. 7.5.2020
HGrG	Gesetz über die Grundsätze des Haushaltsrechts des Bundes und der Länder (Haushaltsgrundsätzegesetz) v. 19.8.1969, BGBl. I S. 1273, zuletzt geändert durch Gesetz v. 14.8.2017
HmbVgG	Hamburgisches Vergabegesetz v. 13.2.2006, HmbGVBl. S. 57, zuletzt geändert durch Gesetz am 18.7.2017
HOAI	Verordnung über die Honorare für Architekten und Ingenieurleistungen (Honorarordnung für Architekten und Ingenieure) v. 10.7.2013, BGBl. I S. 2276, zuletzt geändert durch Verordnung v. 2.12.2020
HVgG	Hessisches Vergabegesetz v. 25.3.2013, GVBl. S. 121
HVTG	Hessisches Vergabe- und Tariftreuegesetz v. 12.7.2021, GVBl. S. 338

I

IFG	Informationsfreiheitsgesetz v. 5.9.2005, BGBl. I S. 2722, zuletzt geändert durch Verordnung v. 19.6.2020
InsO	Insolvenzordnung v. 5.10.1994, BGBl. I S. 2866, zuletzt geändert durch Gesetz v. 10.8.2021

J

JVEG	Gesetz über die Vergütung von Sachverständigen, Dolmetscherinnen, Dolmetschern, Übersetzerinnen und Übersetzern sowie die Entschädigung von ehrenamtlichen Richterinnen, ehrenamtlichen Richtern, Zeuginnen, Zeugen und Dritten (Justizvergütungs- und Entschädigungsgesetz) v. 5.5.2004, BGBl. I S. 718, zuletzt geändert durch Gesetz v. 25.6.2021

K

KonzVgV	Verordnung über die Vergabe von Konzessionen (Konzessionsvergabeverordnung) v. 12.4.2016, BGBl. I S. 624,

	683, zuletzt geändert durch Gesetz v. 10.7.2018
KorruptionsbG NRW	Gesetz zur Verbesserung der Korruptionsbekämpfung und zur Errichtung und Führung eines Vergaberegisters in Nordrhein-Westfalen (Korruptionsbekämpfungsgesetz) v. 16.12.2004, GV. NRW S. 8, zuletzt geändert durch Gesetz v. 14.9.2021
2. KostRMoG	Zweites Gesetz zur Modernisierung des Kostenrechts (2. Kostenmodernisierungsgesetz) v. 23.7.2013, BGBl. I S. 2586
KRG Berlin	Gesetz über die Einrichtung und Führung eines Registers über korruptionsauffällige Unternehmen in Berlin (Korruptionsregistergesetz) v. 19.4.2006, GVBl. S. 358, zuletzt geändert durch Gesetz v. 1.12.2010
KrWaffKontrG	Gesetz über die Kontrolle von Kriegswaffen v. 22.11.1990, BGBl. I S. 2506, zuletzt geändert durch Gesetz v. 2.6.2021
KrWG	Kreislaufwirtschaftsgesetz v. 24.2.2012, BGBl. I S. 212, zuletzt geändert durch Gesetz v. 10.8.2021
KSG	Bundes-Klimaschutzgesetz v. 12.12.2019, BGBl. I S. 2513, zuletzt geändert durch Gesetz v. 18.8.2021
KV MV	Kommunalverfassung für das Land Mecklenburg-Vorpommern v. 13.7.2011, GVOBl. M-V S. 777, zuletzt geändert durch Gesetz v. 23.7.2019
KVG LSA	Kommunalverfassungsgesetz des Landes Sachsen-Anhalt v. 17.6.2014, GVBl. LSA S. 288, zuletzt geändert durch Gesetz v. 19.3.2021
KWG	Gesetz über das Kreditwesen (Kreditwesengesetz) v. 9.9.1998, BGBl. I S. 2776, zuletzt geändert durch Gesetz v. 10.8.2021

L

LaMiLoG	Mindestlohngesetz für das Land Bremen (Landesmindestlohngesetz) v. 23.7.2012, Brem.Gbl. 2012, S. 300
LastG	Gesetz zur Lastentragung im Bund-Länder-Verhältnis bei Verletzung von supranationalen oder völkerrechtlichen Verpflichtungen (Lastentragungsgesetz) v. 5.9.2006, BGBl. I S. 2098, 2105
LHO Berlin	Landeshaushaltsordnung v. 30.1.2009, GVBl. S. 31, 486, zuletzt geändert durch Gesetz v. 2.2.2018
LKreisO NRW	Landkreisordnung Nordrhein-Westfalen v. 14.7.1994, GV. NW. S. 270, zuletzt geändert durch Gesetz v. 13.4.2022
LkSG	Gesetz über die unternehmerischen Sorgfaltspflichten zur Vermeidung von Menschenrechtsverletzungen in Lieferketten (Lieferkettensorgfaltspflichtengesetz) v. 16.7.2021, BGBl. I S. 2959
LSeilbG BW	Gesetz über Seilbahnen, Schleppaufzüge und Vergnügungsbahnen in Baden-Württemberg (Landesseilbahngesetz) v. 20.11.2003, GBl. 2004 S. 10, zuletzt geändert durch Gesetz v. 11.2.2020
LSeilbG RP	Landesseilbahngesetz Rheinland-Pfalz v. 15.10.2004, GVBl. S. 447, zuletzt geändert durch Gesetz v. 22.12.2015
LSeilbG Sachsen	Landesseilbahngesetz Sachsen v. 12.3.1998, SächsGVBl. S. 97, 102, zuletzt geändert durch Gesetz v. 24.2.2016
LTTG Rheinland-Pfalz	Landesgesetz zur Gewährleistung von Tariftreue und Mindestentgelt bei öffentlichen Auftragsvergaben (Landesta-

	riftreuegesetz Rheinland-Pfalz) v. 1.12.2010, GVBl. S. 426, zuletzt geändert durch Gesetz v. 19.3.2016
LuftSiG	Luftsicherheitsgesetz v. 11.1.2005, BGBl. I S. 78, zuletzt geändert durch Gesetz v. 22.4.2020
LuftVG	Luftverkehrsgesetz v. 10.5.2007, BGBl. I S. 698, zuletzt geändert durch Gesetz v. 10.4.2021
LuftVZO	Luftverkehrs-Zulassungs-Ordnung v. 19.6.1964, BGBl. I S. 370, zuletzt geändert durch Verordnung v. 7.12.2021
LVG LSA	Landesvergabegesetz des Landes Sachsen-Anhalt v. 19.11.2012, GVBl. LSA S. 536, zuletzt geändert durch Gesetz v. 27.10.2015

M

MediationsG	Mediationsgesetz v. 21.7.2012, BGBl. I S. 1577, zuletzt geändert durch Verordnung v. 31.8.2015
MFG Bremen	Bremisches Gesetz zur Förderung von kleinsten, kleinen und mittleren Unternehmen (Mittelstandsförderungsgesetz) v. 28.3.2006, Brem.Gbl. S. 939, zuletzt geändert durch Gesetz v. 14.12.2021
MFG Nordrhein-Westfalen	Gesetz zur Förderung des Mittelstandes in Nordrhein-Westfalen (Mittelstandsförderungsgesetz) v. 18.12.2012, GV.NRW. S. 673, zuletzt geändert durch Gesetz v. 25.3.2022
MFG Rheinland-Pfalz	Mittelstandsförderungsgesetz Rheinland-Pfalz v. 9.3.2011, GVBl. S. 66, zuletzt geändert durch Gesetz v. 8.4.2022
MFG Thüringen	Thüringer Gesetz zur Förderung und Stärkung kleiner und mittlerer Unternehmen und der Freien Berufe (Thüringer Mittelstandsförderungsgesetz) v. 18.4.2011, GVBl. S. 74
MiLoG	Gesetz zur Regelung eines allgemeinen Mindestlohns (Mindestlohngesetz) v. 16.8.2014, BGBl. I S. 1348, zuletzt geändert durch Gesetz v. 10.7.2020
MiLoV3	Dritte Verordnung zur Anpassung der Höhe des Mindestlohns (Dritte Mindestlohnanpassungsverordnung) v. 9.11.2020, BGBl. I S. 2356
MitbestG	Gesetz über die Mitbestimmung der Arbeitnehmer (Mitbestimmungsgesetz) v. 4.5.1976, BGBl. I S. 1153, zuletzt geändert durch Gesetz v. 7.8.2021

N

NATO Truppenstatut	NATO-Truppenstatut v. 19.6.1951, BGBl. II S. 1961, 1190, zuletzt geändert durch Verordnung v. 31.8.2015
NKomVG	Niedersächsisches Kommunalverfassungsgesetz v. 17.12.2010, Nds. GVBl. S. 191, zuletzt geändert durch Gesetz v. 23.3.2022
NTVergG	Niedersächsisches Gesetz zur Sicherung von Tariftreue und Wettbewerb bei der Vergabe öffentlicher Aufträge (Niedersächsisches Tariftreue- und Vergabegesetz) v. 31.10.2012, Nds. GVBl. S. 259, zuletzt geändert durch Gesetz v. 20.11.2019
NWertVO	Verordnung über Auftragswertgrenzen und Verfahrenserleichterungen zum Niedersächsischen Tariftreue- und Vergabegesetz (Niedersächsische Wertgrenzenverordnung) v. 3.4.2020, Nds. GVBl. S. 60, zuletzt geändert durch Verordnung v. 16.3.2021

O

OBG NRW	Gesetz über Aufbau und Befugnisse der Ordnungsbehörden (Ordnungsbehördengesetz Nordrhein-Westfalen) v. 13.5.1980, GV. NRW. S. 234, zuletzt geändert durch Gesetz v. 30.6.2020
OGerG Hessen	Ortsgerichtsgesetz Hessen v. 2.4.1980, GVBl. I S. 114, zuletzt geändert durch Gesetz v. 23.7.2015
ÖPNVG Bayern	Gesetz über den öffentlichen Personennahverkehr in Bayern v. 30.7.1996, GVBl. S. 336, zuletzt geändert durch Verordnung v. 26.3.2019
ÖPNVG Berlin	Gesetz über die Aufgaben und die Weiterentwicklung des öffentlichen Personennahverkehrs im Land Berlin v. 27.6.1995, zuletzt geändert durch Gesetz v. 19.6.2006
ÖPNVG Brandenburg	Gesetz über den öffentlichen Personennahverkehr im Land Brandenburg v. 26.10.1995, GVBl. I S. 252, zuletzt geändert durch Gesetz v. 14.12.2017
ÖPNVG NRW	Gesetz über den öffentlichen Personennahverkehr in Nordrhein-Westfalen v. 7.3.1995, GV. NW. S. 196, zuletzt geändert durch Gesetz v. 19.12.2019
ÖPNVG Sachsen	Gesetz über den öffentlichen Personennahverkehr im Freistaat Sachsen v. 14.12.1995, SächsGVBl. S. 412, 449, zuletzt geändert durch Gesetz v. 27.1.2012
OWiG	Gesetz über Ordnungswidrigkeiten v. 19.2.1987, BGBl. I S. 602, zuletzt geändert durch Gesetz v. 5.10.2021
OZG	Onlinezugangsgesetz v. 14.8.2017, BGBl. I S. 3122, 3138, zuletzt geändert durch Gesetz v. 28.6.2021

P

PAuswG	Gesetz über Personalausweise und den elektronischen Identitätsnachweis (Personalausweisgesetz – PAuswG) v. 18.6.2009, BGBl. I S. 1346, zuletzt geändert durch Gesetz v. 5.7.2021
PBefG	Personenbeförderungsgesetz v. 8.8.1990, BGBl. I S. 1960, zuletzt geändert durch Gesetz v. 16.4.2021
PkwKW-EnVKV	Verordnung über die Verbraucherinformationen zu Kraftstoffverbrauch, CO2-Emmissionen und Stromverbrauch neuer Personenkraftwagen v. 28.5.2004, BGBl. I S. 1037, zuletzt geändert durch Verordnung v. 19.6.2020

R

RDG	Gesetz über außergerichtliche Rechtsdienstleistungen v. 12.12.2007, BGBl. I S. 2840, zuletzt geändert durch Gesetz v. 10.8.2021
RDGEG	Einführungsgesetz zum Rechtsdienstleistungsgesetz v. 12.12.2007, BGBl. I S. 2840, 2846, zuletzt geändert durch Gesetz v. 10.8.2021
RL 71/305/EWG	Richtlinie 71/305/EWG des Rates vom 26.7.1971 über die Koordinierung der Verfahren zur Vergabe öffentlicher Bauaufträge, ABl. Nr. L 185 S. 5
RL 77/249/EWG	Richtlinie 77/249/EWG des Rates vom 22.3.1977 zur Erleichterung der tatsächlichen Ausübung des freien Dienstleistungsverkehrs der Rechtsanwälte, ABl. Nr. L 78 S. 17, zuletzt geändert durch Richtlinie v. 13.5.2013
RL 89/440/EWG	Richtlinie des Rates vom 18.7.1989 zur Änderung der Richtlinie 71/305/EWG über die Koordination der Verfah-

	ren zur Vergabe öffentlicher Bauaufträge, ABl. Nr. L 210 S. 1
RL 89/665/ EWG	Richtlinie 89/665/EWG des Rates v. 21.12.1989 zur Koordinierung der Rechts- und Verwaltungsvorschriften für die Anwendung der Nachprüfungsverfahren im Rahmen der Vergabe öffentlicher Liefer- und Bauaufträge, ABl. Nr. L 395 S. 33, zuletzt geändert durch Richtlinie v. 26.2.2014
RL 92/13/ EWG	Richtlinie 92/13/EWG des Rates v. 25.2.1992 zur Koordinierung der Rechts- und Verwaltungsvorschriften für die Anwendung der Gemeinschaftsvorschriften über die Auftragsvergabe durch Auftraggeber im Bereich der Wasser-, Energie- und Verkehrsversorgung sowie im Telekommunikationssektor, ABl. Nr. L 76 S. 14, zuletzt geändert durch Richtlinie v. 26.2.2014
RL 92/50/ EWG	Richtlinie 92/50/EWG des Rates v. 18.6.1992 über die Koordinierung der Verfahren zur Vergabe öffentlicher Dienstleistungsaufträge, ABl. Nr. L 209 S. 1, zuletzt geändert durch Richtlinie v. 31.3.2004
RL 93/6/ EWG	Richtlinie 93/6/EWG des Rates v. 15.3.1993 über die angemessene Eigenkapitalausstattung von Wertpapierfirmen und Kreditinstituten, ABl. Nr. L 14 S. 1
RL 93/22/ EWG	Richtlinie 93/22/EWG des Rates über Wertpapierdienstleistungen v. 10.5.1993, ABl. Nr. L 141 S. 27-46
RL 93/34/ EWG	Richtlinie 93/34/EWG des Rates v. 14.6.1993 über vorgeschriebene Angaben an zweirädrigen oder dreirädrigen Kraftfahrzeugen, ABl. Nr. L 188 S. 38-43
RL 93/36/ EWG	Richtlinie 93/36/EWG des Rates v. 14.6.1993 über die Koordinierung der Verfahren zur Vergabe öffentlicher Lieferaufträge, ABl. Nr. L 199 S. 1-53
RL 93/37/ EWG	Richtlinie 93/37/EWG des Rates v. 14.6.1993 zur Koordinierung der Verfahren zur Vergabe öffentlicher Bauaufträge, ABl. Nr. L 199 S. 54-83, aufgehoben durch Richtlinie v. 31.3.2004
RL 93/38/ EWG	Richtlinie 93/38/EWG des Rates v. 14.6.1993 zur Koordinierung der Auftragsvergabe durch Auftraggeber im Bereich der Wasser-, Energie- und Verkehrsversorgung sowie im Telekommunikationssektor, ABl. Nr. L 199 S. 84-138, aufgehoben durch Richtlinie v. 31.3.2004
RL 97/52/EG	Richtlinie 97/52/EG des Europäischen Parlaments und des Rates v. 13.10.1997 zur Änderung der Richtlinien 92/50/ EWG, 93/36/EWG und 93/37/ EWG über die Koordinierung der Verfahren zur Vergabe öffentlicher Dienstleistungs-, Liefer- und Bauaufträge, ABl. Nr. L 328 S. 1-59
RL 98/34/EG	Richtlinie 98/34/EG des Europäischen Parlaments und des Rates v. 22.6.1998 über ein Informationsverfahren auf dem Gebiet der Normen und technischen Vorschriften, ABl. Nr. L 204 S. 37-48
RL 1999/62/ EG	Richtlinie 1999/62/EG des Europäischen Parlaments und des Rates v. 17.6.1999 über die Erhebung von Gebühren für die Benutzung bestimmter Verkehrswege durch schwere Nutzfahrzeuge, ABl. Nr. L 187 S. 42-50, zuletzt geändert durch Richtlinie v. 24.3.2022
RL 2001/23/ EG	Richtlinie 2001/23/EG des Rates v. 12.3.2001 zur Angleichung der Rechtsvorschriften der Mitgliedstaaten über die

	Wahrung von Ansprüchen der Arbeitnehmer beim Übergang von Unternehmen, Betrieben oder Unternehmens- oder Betriebsteilen, ABl. Nr. L 82 S. 16, zuletzt geändert durch Richtlinie v. 6.10.2015
RL 2002/21/EG	Richtlinie 2002/21/EG des Europäischen Parlaments und des Rates v. 7.3.2002 über einen gemeinsamen Rechtsrahmen für elektronische Kommunikationsnetze und -dienste (Rahmenrichtlinie), ABl. Nr. L 108 S. 33, zuletzt geändert durch Richtlinie v. 25.11.2009
RL 2004/17/EG	Richtlinie 2004/17/EG des Europäischen Parlaments und des Rates v. 31.3.2004 zur Koordinierung der Zuschlagserteilung durch Auftraggeber im Bereich der Wasser-, Energie- und Verkehrsversorgung sowie der Postdienste
RL 2004/18/EG	Richtlinie 2004/18/EG des Europäischen Parlaments und des Rates vom 31.3.2004 über die Koordinierung der Verfahren zur Vergabe öffentlicher Bauaufträge, Lieferaufträge und Dienstleistungsaufträge, ABl. Nr. L 134 S. 114, zuletzt geändert durch Verordnung v. 16.12.2015
RL 2006/123/EG	Richtlinie 2006/123/EG des Europäischen Parlaments und des Rates v. 12.12.2006 über Dienstleistungen im Binnenmarkt, ABl. Nr. L 376 S. 36
RL 2007/66/EG	Richtlinie 2007/66/EG des Europäischen Parlaments und des Rates v. 11.12.2007 zur Änderung der Richtlinien 89/665/EWG und 92/13/EWG des Rates im Hinblick auf die Verbesserung der Wirksamkeit der Nachprüfungsverfahren bezüglich der Vergabe öffentlicher Aufträge, ABl. Nr. L 335 S. 31
RL 2009/28/EG	Richtlinie 2009/28/EG des Europäischen Parlaments und des Rates v. 23.4.2009 zur Förderung der Nutzung von Energie aus erneuerbaren Quellen und zur Änderung und anschließenden Aufhebung der Richtlinien 2001/77/EG und 2003/30/EG, ABl. Nr. L 140 S. 16, zuletzt geändert durch Richtlinie v. 9.9.2015
RL 2009/29/EG	Richtlinie 2009/29/EG des Europäischen Parlaments und des Rates v. 23.4.2009 zur Änderung der Richtlinie 2003/87/EG zwecks Verbesserung und Ausweitung des Gemeinschaftssystems für den Handel mit Treibhausgasemissionszertifikaten, ABl. Nr. L 140 S. 63
RL 2009/33/EG	Richtlinie 2009/33/EG des Europäischen Parlaments und des Rates v. 23.4.2009 über die Förderung sauberer und energieeffizienter Straßenfahrzeuge, ABl. Nr. L 120 S. 5, zuletzt geändert durch Richtlinie v. 12.7.2019
RL 2009/72/EG	Richtlinie 2009/72/EG des Europäischen Parlaments und des Rates v. 13.7.2009 über gemeinsame Vorschriften für den Elektrizitätsbinnenmarkt und zur Aufhebung der Richtlinie 2003/54/EG, ABl. Nr. L 211 S. 55
RL 2009/73/EG	Richtlinie 2009/73/EG des Europäischen Parlaments und des Rates vom 13.07.2009 über gemeinsame Vorschriften für den Erdgasbinnenmarkt und zur Aufhebung der Richtlinie 2003/55/EG, ABl. Nr. L 211 S. 94, zuletzt geändert durch Richtlinie v. 3.5.2019
RL 2009/81/EG	Richtlinie 2009/81/EG des Europäischen Parlaments und des Rates v. 13.7.2009 über die Koordinierung der Verfahren zur Vergabe bestimmter

	Bau-, Liefer- und Dienstleistungsaufträge in den Bereichen Verteidigung und Sicherheit und zur Änderung der Richtlinien 2004/17/EG und 2004/18/EG, ABl. Nr. L 216 S. 76, zuletzt geändert durch Verordnung v. 11.11.2021
RL 2009/125/EG	Richtlinie 2009/125/EG des Europäischen Parlaments und des Rates v. 21.10.2009 zur Schaffung eines Rahmens für die Festlegung von Anforderungen an die umweltgerechte Gestaltung energieverbrauchsrelevanter Produkte (Ökodesign-Richtlinie), ABl. Nr. L 285 S. 10, zuletzt geändert durch Richtlinie v. 25.10.2012
RL 2010/13/EU	Richtlinie 2010/13/EU des Europäischen Parlaments und des Rates v. 10.3.2010 zur Koordinierung bestimmter Rechts- und Verwaltungsvorschriften der Mitgliedstaaten über die Bereitstellung audiovisueller Mediendienste, ABl. Nr. L 95 S. 1
RL 2010/30/EG	Richtlinie 2010/30/EU des Europäischen Parlaments und des Rates vom 10.5.2010 über die Angabe des Verbrauchs an Energie und anderen Ressourcen durch energieverbrauchsrelevante Produkte mittels einheitlicher Etiketten und Produktinformationen (Neufassung), ABl. Nr. L 153 S. 1
RL 2010/31/EG	Richtlinie 2010/31/EU des Europäischen Parlaments und des Rates v. 19.6.2010 über die Gesamtenergieeffizienz von Gebäuden (Neufassung), ABl. Nr. L 153 S. 13, zuletzt geändert durch Verordnung v. 11.12.2018
RL 2011/76/EU	Richtlinie 2011/76/EU des Europäischen Parlaments und des Rates v. 27.9.2011 zur Änderung der Richtlinie 1999/62/EG über die Erhebung von Gebühren für die Benutzung bestimmter Verkehrswege durch schwere Nutzfahrzeuge, ABl. Nr. L 269 S. 1
RL 2012/27/EG	Richtlinie 2012/27/EU des Europäischen Parlaments und des Rates v. 25.10.2012 zur Energieeffizienz, zur Änderung der Richtlinien 2009/125/EG und 2010/30/EU und zur Aufhebung der Richtlinien 2004/8/EG und 2006/32/EG, ABl. Nr. L 315 S. 1, zuletzt geändert durch Richtlinie v. 5.6.2019
RL 2012/34/EU	Richtlinie 2012/34/EU des Europäischen Parlaments und des Rates vom 21.11.2012 zur Schaffung eines einheitlichen europäischen Eisenbahnraums (Neufassung), ABl. Nr. L 343 S. 32, zuletzt geändert durch Beschluss v. 4.9.2017
RL 2013/34/EU	Richtlinie 2013/34/EU des europäischen Parlaments und des Rates v. 26.6.2013 über den Jahresabschluss, den konsolidierten Abschluss und damit verbundene Berichte von Unternehmen bestimmter Rechtsformen und zur Änderung der Richtlinie 2006/43/EG des Europäischen Parlaments und des Rates und zur Aufhebung der Richtlinien 78/660/EWG und 83/349/EWG des Rates, ABl. Nr. L 182 S. 19, zuletzt geändert durch Richtlinie v. 21.11.2014
RL 2014/18/EU	Richtlinie 2014/18/EU Europäischen Parlaments und des Rates v. 26.2.2014 über die öffentliche Auftragsvergabe und zur Aufhebung der Richtlinie 2004/18/EG, ABl. Nr. L 94 S. 65, zuletzt geändert durch Verordnung v. 19.12.2017
RL 2014/23/EU	Richtlinie 2014/23/EU des Europäischen Parlaments und des Rates vom 26.2.2014 über

	die Konzessionsvergabe, ABl. Nr. L 94 S. 1, zuletzt geändert durch Verordnung v. 25.11.2015
RL 2014/24/EU	Richtlinie 2014/24/EU des Europäischen Parlaments und des Rates v. 26.2.2014 über die öffentliche Auftragsvergabe und zur Aufhebung der Richtlinie 2004/18/EG, ABl. Nr. L 94 S. 65, zuletzt geändert durch Verordnung v. 25.11.2015
RL 2014/25/EU	Richtlinie 2014/25/EU des Europäischen Parlaments und des Rates vom 26.2.2014 über die Vergabe von Aufträgen durch Auftraggeber im Bereich der Wasser-, Energie- und Verkehrsversorgung sowie der Postdienste und zur Aufhebung der Richtlinie 2004/17/EG, ABl. Nr. L 94 S. 243, zuletzt geändert durch Verordnung v. 25.11.2015
RL 2014/55/EU	Richtlinie 2014/55/EU des Europäischen Parlaments und des Rates vom 16.4.2014 über die elektronische Rechnungsstellung bei öffentlichen Aufträgen, ABl. Nr. L 133 S. 1
RL 2014/65/EU	Richtlinie 2014/65/EU des Europäischen Parlaments und des Rates vom 15. Mai 2014 über Märkte für Finanzinstrumente sowie zur Änderung der Richtlinien 2002/92/EG und 2011/61/EU Text von Bedeutung für den EWR, ABl. Nr. L 173 S. 349
RL 2016/943/EU	Richtlinie 2016/943/EU des Europäischen Parlamentes und des Rates v. 8.6.2016 über den Schutz vertraulichen Know-hows und vertraulicher Geschäftsinformationen (Geschäftsgeheimnisse) vor rechtswidrigem Erwerb sowie rechtswidriger Nutzung und Offenlegung, ABl. Nr. L 157 S. 1
RL 2018/957/EU	Richtlinie 2018/957/EU des Europäischen Parlaments und des Rates v. 28.6.2018 zur Änderung der Richtlinie 96/71/EG über die Entsendung von Arbeitnehmern im Rahmen der Erbringung von Dienstleistungen, ABl. Nr. L 173 S. 16
RL 2019/1/EU	Richtlinie 2019/1/EU des Europäischen Parlaments und des Rates v. 11.12.2018 zur Stärkung der Wettbewerbsbehörden der Mitgliedstaaten im Hinblick auf eine wirksamere Durchsetzung der Wettbewerbsvorschriften und zur Gewährleistung des reibungslosen Funktionierens des Binnenmarkts, ABl. Nr. L 11 S. 3
RL 2019/1161/EU	Richtlinie (EU) 2019/1161 des Europäischen Parlaments und des Rates v. 20.6.2019 zur Änderung der Richtlinie 2009/33/EG über die Förderung sauberer und energieeffizienter Straßenfahrzeuge, ABl. Nr. L 188 S. 116
RVG	Gesetz über die Vergütung der Rechtsanwältinnen und Rechtsanwälte (Rechtsanwaltsvergütungsgesetz) v. 5.5.2004, BGBl. I S. 718, zuletzt geändert durch Gesetz v. 10.8.2021

S

SaarlKSVG	Saarländisches Kommunalselbstverwaltungsgesetz v. 27.6.1997, Amtsbl. S. 682, zuletzt geändert durch Gesetz v. 19.6.2019
SaarlTTG	Saarländisches Tariftreuegesetz v. 6.2.2013, Amtsbl. I S. 84
SächsBRKG	Sächsisches Gesetz über den Brandschutz, Rettungsdienst und Katastrophenschutz v. 24.6.2004, SächsGVBl. S. 245, 647, zuletzt geändert durch Gesetz v. 25.6.2019

SächsGO	Sächsische Gemeindeordnung v. 9.3.2018, SächsGVBl. S. 62, zuletzt geändert durch Gesetz v. 9.2.2022
SächsStrG	Sächsisches Straßengesetz v. 21.1.1993, SächsGVBl. S. 93, zuletzt geändert durch Gesetz v. 20.8.2019
SächsVergabeG	Sächsisches Vergabegesetz v. 14.2.2013, SächsGVBl. S. 109, zuletzt geändert durch Gesetz v. 5.4.2019
SaubFahrzeugeBeschG	Gesetz über die Beschaffung sauberer Straßenfahrzeuge (Saubere-Fahrzeuge-Beschaffungs-Gesetz) v. 9.6.2021, BGBl. I S. 1691
SchwarzArbG	Gesetz zur Bekämpfung der Schwarzarbeit und illegalen Beschäftigung (Schwarzarbeitsbekämpfungsgesetz) v. 23.7.2004, BGBl. I S. 1842, zuletzt geändert durch Gesetz v. 25.6.2021
SektVO	Verordnung über die Vergabe von öffentlichen Aufträgen im Bereich des Verkehrs, der Trinkwasserversorgung und der Energieversorgung (Sektorenverordnung) v. 12.4.2016, BGBl. S. 624, 657, zuletzt geändert durch Gesetz v. 9.6.2021
SGB III	Sozialgesetzbuch Drittes Buch – Arbeitsförderung v. 24.3.1997, BGBl. I S. 594, 595, zuletzt geändert durch Gesetz v. 23.5.2022
SGB IX	Sozialgesetzbuch Neuntes Buch – Rehabilitation und Teilhabe von Menschen mit Behinderungen v. 23.12.2016, BGBl. I S. 3234, zuletzt geändert durch Gesetz v. 23.5.2022
SGB XII	Sozialgesetzbuch Zwölftes Buch – Sozialhilfe v. 27.12.2003, BGBl. I S. 3022, zuletzt geändert durch Gesetz v. 13.12.2016
SGG	Sozialgerichtsgesetz v. 23.9.1975, BGBl. I S. 2535, zuletzt geändert durch Gesetz v. 5.10.2021
SigG	Gesetz über Rahmenbedingungen für elektronische Signaturen (Signaturgesetz) v. 16.5.2001, BGBl. I S. 3074
StAG	Staatsangehörigkeitsgesetz v. 22.7.1913, BGBl. III S. 1, zuletzt geändert durch Gesetz v. 12.8.2021
StGB	Strafgesetzbuch v. 13.11.1998, BGBl. I S. 3322, zuletzt geändert durch Gesetz v. 22.11.2021
StPO	Strafprozessordnung v. 7.4.1987, BGBl. I S. 1074, 1319, zuletzt geändert durch Gesetz v. 25.3.2022
StrÄndG	Sechsundfünfzigstes Strafrechtsänderungsgesetz – Strafbarkeit nicht genehmigter Kraftfahrzeugrennen im Straßenverkehr v. 30.9.2017, BGBl. I S. 3532
SÜG	Gesetz über die Voraussetzungen und das Verfahren von Sicherheitsüberprüfungen des Bundes und den Schutz von Verschlusssachen (Sicherheitsüberprüfungsgesetz) v. 20.4.1994, BGBl. I S. 867, zuletzt geändert durch Gesetz v. 7.12.2011
StVG	Straßenverkehrsgesetz v. 5.3.2003, BGBl. I S. 310, zuletzt geändert durch Gesetz v. 12.7.2021

T

TEHG	Gesetz über den Handel mit Berechtigungen zur Emission von Treibhausgasen (Treibhausgas-Emissionshandelsgesetz) v. 21.7.2011, BGBl. I S. 1475, zuletzt geändert durch Gesetz v. 10.8.2021

ThürKO	Thüringer Kommunalordnung v.28.1.2003, GVBl. S. 41, zuletzt geändert durch Gesetz v. 27.2.2022
ThürVgG	Thüringer Vergabegesetz v. 23.1.2020, GVBl. S. 29
TKG	Telekommunikationsgesetz v. 23.6.2021, BGBl. I S. 1858, zuletzt geändert durch Gesetz v. 10.9.2021
TrinkwV	Verordnung über die Qualität von Wasser für den menschlichen Gebrauch (Trinkwasserverordnung) v. 10.3.2016, BGBl. I S. 459, zuletzt geändert durch Verordnung v. 22.9.2021
TVgG NRW	Gesetz über die Sicherung von Tariftreue und Mindestlohn bei der Vergabe öffentlicher Aufträge (Tariftreue- und Vergabegesetz Nordrhein-Westfalen) v. 22.3.2018, GV. NRW. S. 173

U

UrhG	Gesetz über Urheberrecht und verwandte Schutzrechte (Urheberrechtsgesetz) v. 9.9.1965, BGBl. I S. 1273, zuletzt geändert durch Gesetz v. 23.6.2021
UStG	Umsatzsteuergesetz v. 21.2.2005, BGBl. I S. 386, zuletzt geändert durch Gesetz v. 21.12.2021
UVgO	Unterschwellenvergabeordnung v. 2.2.2017, BAnz AT B1
UWG	Gesetz gegen den unlauteren Wettbewerb v. 3.3.2010, BGBl. I S. 254, zuletzt geändert durch Gesetz v. 10.8.2021

V

VergRModG 2009	Gesetz zur Modernisierung des Vergaberechts v. 20.4.2009, BGBl. I S. 790
VergRModG 2016	Gesetz zur Modernisierung des Vergaberechts v. 17.2.2016, BGBl. I S. 203
VergRModVO	Verordnung zur Modernisierung des Vergaberechts v. 12.4.2016, BGBl. I S. 624
VergRVÄndG	Gesetz zur Änderung des Vergaberechts für die Bereiche Verteidigung und Sicherheit v. 7.12.2011, BGBl. I S. 2570
VergStatVO	Verordnung zur Statistik über die Vergabe öffentlicher Aufträge und Konzessionen (Vergabestatistikverordnung) v. 12.4.2016, BGBl. I S. 624, 681, zuletzt geändert durch Gesetz v. 25.3.2020
VerpackG	Verpackungsgesetz – Gesetz über das Inverkehrbringen, die Rücknahme und die hochwertige Verwertung von Verpackungen v. 5.7.2017, BGBl. I S. 2234, zuletzt geändert durch Gesetz v. 22.9.2021
VgG Bln	Berliner Vergabegesetz v. 9.7.1999, GVBl. S. 369, zuletzt geändert durch Gesetz v. 19.3.2008
VgG M-V	Gesetz über die Vergabe öffentlicher Aufträge in Mecklenburg-Vorpommern v. 7.7.2011, GVOBl. M-V S. 411, zuletzt geändert durch Gesetz v. 12.7.2018
VgRÄG	Vergaberechtsänderungsgesetz v. 26.8.1998, BGBl. I S. 2512, zuletzt geändert durch Gesetz v. 25.4.2007
VGSH	Vergabegesetz Schleswig-Holstein v. 8.2.2019, GVOBl. S. 40
VgV	Verordnung über die Vergabe öffentlicher Aufträge (Vergabeverordnung) v. 12.4.2016, BGBl. I S. 624, zuletzt geändert durch Gesetz v. 9.6.2021
VkBkmG	Gesetz über die Verkündung von Rechtsverordnungen und Bekanntmachungen (Verkündigungs- und Bekanntma-

	chungsgesetz) v. 30.1.1950, BGBl. III Nr. 114-1, zuletzt geändert durch Gesetz v. 11.6.2019
VO (EWG) 1191/69	Verordnung (EWG) Nr. 1191/69 des Rates v. 26.6.1969 über das Vorgehen der Mitgliedstaaten bei mit dem Begriff des öffentlichen Dienstes verbundenen Verpflichtungen auf dem Gebiet des Eisenbahn-, Straßen- und Binnenschiffsverkehrs, ABl. Nr. L 156 S. 1, zuletzt geändert durch Verordnung v. 3.12.2007
VO (EG) 1103/97	Verordnung (EG) Nr. 1103/97 des Rates v. 17.6.1997 über bestimmte Vorschriften im Zusammenhang mit der Einführung des Euro, ABl. Nr. L 162 S. 1, zuletzt geändert durch Verordnung v. 29.11.2000
VO (EG) 2580/2001	Verordnung (EG) Nr. 2580/2001 des Rates v. 27.12.2001 über spezifische, gegen bestimmte Personen und Organisationen gerichtete restriktive Maßnahmen zur Bekämpfung des Terrorismus, ABl. Nr. L S. 70, zuletzt geändert durch Verordnung v. 12.4.2022
VO (EG) 996/2002	Berichtigung der Verordnung (EG) Nr. 996/2002 der Kommission v. 11.6.2002 zur Änderung der Verordnungen (EG) Nr. 1464/95 und (EG) Nr. 779/96 hinsichtlich besonderer Bestimmungen für die Einfuhrlizenzen bei Präferenzzuckereinfuhren aus bestimmten Ländern des westlichen Balkans, ABl. Nr. L 152 S. 14
VO (EG) 1059/2003	Verordnung des Europäischen Parlaments und des Rates v. 26.5.2003 über die Schaffung einer gemeinsamen Klassifikation der Gebietseinheiten für die Statistik (NUTS), ABl. Nr. L 154 S. 1, zuletzt geändert durch Verordnung v. 24.10.2019
VO (EG) 864/2007	Verordnung (EG) NR. 864/2007 des Europäischen Parlaments und des Rates v. 11.7.2007 über das außervertragliche Schuldverhältnis anzuwendende Recht (Rom II), ABl. Nr. L 199 S. 40, zuletzt geändert durch Verordnung v. 11.1.2009
VO (EG) 1370/2007	Verordnung (EG) Nr. 1370/2007 des Europäischen Parlaments und des Rates v. 23.10.2007 über öffentliche Personenverkehrsdienste auf Schiene und Straße und zur Aufhebung der Verordnungen (EWG) Nr. 1191/69 und (EWG) Nr. 1107/70 des Rates, ABl. Nr. L 315 S. 1, zuletzt geändert durch Verordnung v. 24.12.2017
VO (EG) 106/2008	Verordnung des Europäischen Parlaments und des Rates v. 15.1.2008 über ein gemeinschaftliches Kennzeichnungsprogramm für Strom sparende Bürogeräte, ABl. Nr. L 39 S. 1, zuletzt geändert durch Verordnung v. 1.8.2019
VO (EG) 1008/2008	Verordnung (EG) Nr. 1008/2008 des Europäischen Parlaments und des Rates v. 24.9.2008 über gemeinsame Vorschriften für die Durchführung von Luftverkehrsdiensten in der Gemeinschaft, ABl. Nr. L 293 S. 3, zuletzt geändert durch Verordnung v. 18.12.2020
VO (EG) 213/2008	Verordnung (EG) Nr. 213/2008 der Kommission v. 28.11.2007 zur Änderung der Verordnung (EG) Nr. 2195/2002 des Europäischen Parlaments und des Rates über das Gemeinsame Vokabular für öffentliche Aufträge (CPV) und der Vergaberichtlinien des Europäischen Parlaments und des Rates 2004/17/EG und 2004/18/EG im Hinblick auf die Überarbei-

	tung des Vokabulars, ABl. Nr. L 74 S. 1
VO (EG) 593/2008	Verordnung (EG) Nr. 593/2008 des europäischen Parlaments und des Rates v. 17.6.2008 über das auf vertragliche Schuldverhältnisse anzuwendende Recht (Rom I), ABl. Nr. L 177 S. 6
VO (EG) 1150/2009	Verordnung (EG) Nr. 1150/2009 der Kommission v. 10.11.2009 zur Änderung der Verordnung (EG) Nr. 1564/2005 zur Einführung von Standardformularen für die Veröffentlichung von Vergabebekanntmachungen im Rahmen von Verfahren zur Vergabe öffentlicher Aufträge gemäß den Richtlinien 89/665/EWG und 92/13/EWG des Rates, ABl. Nr. L 313 S. 3
VO (EU) 407/2010	Verordnung (EU) Nr. 407/2010 des Rates v. 11.5.2010 zur Einführung eines europäischen Finanzstabilisierungsmechanismus, ABl. Nr. L 118 S. 1, zuletzt geändert durch Verordnung v. 8.8.2015
VO (EU, Euratom) 966/2012	Verordnung (EU, Euratom) Nr. 966/2012 des Europäischen Parlaments und des Rates v. 25.10.2012 über die Haushaltsordnung für den Gesamthaushaltsplan der Union und zur Aufhebung der Verordnung (EG, Euratom) Nr. 1605/2002 des Rates, ABl. Nr. L 298 S. 1
VO (EU) 1215/2012	Verordnung (EU) Nr. 1215/2012 des Europäischen Parlaments v. 12.12.2012 über die gerichtliche Zuständigkeit und Anerkennung und Vollstreckung von Entscheidungen in Zivil- und Handelssachen, ABl. Nr. L 351 S. 1, zuletzt geändert durch Verordnung v. 26.11.2014
VO (EU) 1268/2012	Delegierte Verordnung (EU) Nr. 1268/2012 der Kommission v. 29.10.2012 über die Anwendungsbestimmungen für die Verordnung (EU, Euratom) Nr. 966/2012 des Europäischen Parlaments und des Rates über die Haushaltsordnung für den Gesamthaushaltsplan der Union, ABl. Nr. L 362 S. 1, zuletzt geändert durch Verordnung v. 12.10.2018
VO (EU) 651/2014	Verordnung (EU) Nr. 651/2014 der Kommission v. 17.6.2014 zur Feststellung der Vereinbarkeit bestimmter Gruppen von Beihilfen mit dem Binnenmarkt in Anwendung der Artikel 107 und 108 des Vertrags über die Arbeitsweise der Europäischen Union, ABl. Nr. L 187 S. 1, zuletzt geändert durch Verordnung v. 23.7.2021
VO (EU) 2015/1986	Durchführungsverordnung (EU) 2015/1986 der Kommission v. 11.11.2015 zur Einführung von Standardformularen für die Veröffentlichung von Vergabebekanntmachungen für öffentliche Aufträge und zur Aufhebung der Durchführungsverordnung (EU) Nr. 842/2011, ABl. Nr. L 296 S. 1
VO (EU) 2015/2170	Delegierte Verordnung (EU) 2015/2170 der Kommission v. 24.11.2015 zur Änderung der Richtlinie 2014/24/EU des Europäischen Parlaments und des Rates im Hinblick auf die Schwellenwerte für Auftragsvergabeverfahren, ABl. Nr. L 307 S. 5
VO (EU) 2015/2172	Delegierte Verordnung (EU) 2015/2172 der Kommission v. 24.11.2015 zur Änderung der Richtlinie 2014/23/EU des Europäischen Parlaments und des Rates im Hinblick auf die Schwellenwerte für Vergabeverfahren, ABl. Nr. L 307 Nr. 9
VO (EU) 2015/2340	Verordnung (EU) 2015/2340 der Kommission v. 15. 12.2015 zur Änderung der Richtlinie 2009/81/EG des Europäischen Parlaments und

	des Rates im Hinblick auf die Schwellenwerte für Auftragsvergabeverfahren, ABl. Nr. L 330 S. 14
VO (EU) 2016/7	Durchführungsverordnung (EU) 2016/7 der Kommission v. 5.1.2016 zur Einführung des Standardformulars für die Einheitliche Europäische Eigenerklärung, ABl. Nr. L 3 S. 16
VO (EU) 2016/670	Verordnung (EU) 2016/670 des Europäischen Parlaments und des Rates v. 27.4.2016 zum Schutz natürlicher Personen bei der Verarbeitung personenbezogener Daten, zum freien Datenverkehr und zur Aufhebung der Richtlinie 95/46/EG, ABl. Nr. 127 S. 2
VO (EU) 2016/2338	Verordnung (EU) 2016/2338 des Europäischen Parlaments und des Rates v. 14.12.2016 zur Änderung der Verordnung (EG) Nr. 1370/2007 hinsichtlich der Öffnung des Marktes für inländische Schienenpersonenverkehrsdienste, ABl. Nr. L 354 S. 22
VO (EU) 2017/2364	Delegierte Verordnung (EU) 2017/2364 der Kommission v. 18.12.2017 zur Änderung der Richtlinie 2014/25/EU des Europäischen Parlaments und des Rates im Hinblick auf die Schwellenwerte für Auftragsvergabeverfahren, ABl. Nr. L 337 S. 17
VO (EU) 2017/2365	Delegierte Verordnung (EU) 2017/2365 der Kommission v. 18.12.2017 zur Änderung der Richtlinie 2014/24/EU des Europäischen Parlaments und des Rates im Hinblick auf die Schwellenwerte für Auftragsvergabeverfahren, ABl. Nr. L 337 S. 19
VO (EU) 2017/2366	Delegierte Verordnung (EU) 2017/2366 der Kommission v. 18.12.2017 zur Änderung der Richtlinie 2014/23/EU des Europäischen Parlaments und des Rates im Hinblick auf die Schwellenwerte für Auftragsvergabeverfahren, ABl. Nr. L 337 S. 21
VO (EU) 2017/2367	Verordnung (EU) 2017/2367 der Kommission v. 18.12.2017 zur Änderung der Richtlinie 2009/81/EG des Europäischen Parlaments und des Rates im Hinblick auf die Schwellenwerte für Auftragsvergabeverfahren, ABl Nr. L 337 S. 22
VO (EU) 2019/1827	Delegierte Verordnung (EU) 2019/1827 der Kommission v. 30.10.2019 zur Änderung der Richtlinie 2014/23/EU des Europäischen Parlaments und des Rates im Hinblick auf den Schwellenwert für Konzessionen, ABl. Nr. L 279 S. 23
VO (EU) 2019/1828	Delegierte Verordnung (EU) 2019/1828 der Kommission v. 30.10.2019 zur Änderung der Richtlinie 2014/24/EU des Europäischen Parlaments und des Rates im Hinblick auf die Schwellenwerte für die Vergabe öffentlicher Liefer-, Dienstleistungs- und Bauaufträge sowie für Wettbewerbe, ABl. Nr. L 279 S. 25
VO (EU) 2019/1829	Delegierte Verordnung (EU) 2019/1829 der Kommission v. 30.10.2019 zur Änderung der Richtlinie 2014/25/EU des Europäischen Parlaments und des Rates im Hinblick auf die Schwellenwerte für Liefer-, Dienstleistungs- und Bauaufträge sowie für Wettbewerbe, ABl. Nr. L 279 S. 27
VO (EU) 2019/1830	Delegierte Verordnung (EU) 2019/1830 der Kommission v. 30.10.2019 zur Änderung der Richtlinie 2009/81/EG des Europäischen Parlaments und des Rates im Hinblick auf die Schwellenwerte für Liefer-, Dienstleistungs- und Bauaufträge, ABl. Nr. L 279 S. 29

VO (EWG, Euratom) 1182/71	Verordnung (EWG, Euratom) Nr. 1182/71 des Rates v. 3.6.1971 zur Festlegung der Regeln für die Fristen, Daten und Termine, ABl. Nr. L 124 S. 1, zuletzt geändert durch Verordnung v. 8.6.1971
VO PR 30/53	Verordnung PR Nr. 30/53 über die Preise bei öffentlichen Aufträgen v. 21.11.1953, BAnz. Nr. 244, zuletzt geändert durch Verordnung v. 25.11.2021
VOB/A	Vergabe- und Vertragsordnung für Bauleistungen Teil A v. 31.1.2019, BAnz AT Nr. B2
VOB/A 2012	Vergabe- und Vertragsordnung für Bauleistungen Teil A (VOB/A), Allgemeine Bestimmungen für die Vergabe von Bauleistungen v. 24.10.2011, BAnz. Nr. 182a
VOB/A 2016	Vergabe- und Vertragsordnung für Bauleistungen Teil A (VOB/A), Allgemeine Bestimmungen für die Vergabe von Bauleistungen v. 1.7.2016, BAnz. AT 19.1.2016 B3, 3, zuletzt geändert durch Änderungsbekanntmachung v. 22.6.2016
VOB/B	Vergabe- und Vertragsordnung für Bauleistungen Teil B: Allgemeine Vertragsbedingungen für die Ausführung von Bauleistungen v. 31.7.2009, BAnz. Nr. 155a, zuletzt geändert durch Bekanntmachung v. 7.1.2016
VOB/C	Vergabe- und Vertragsordnung für Bauleistungen Teil C: Allgemeine Technische Vertragsbedingungen für Bauleistungen (ATV) – Allgemeine Regelungen für Bauarbeiten jeder Art
VOF	Vergabeverordnung für freiberufliche Leistungen v. 12.5.1997, BAnz. Nr. 164a, zuletzt geändert durch Verordnung v. 18.11.2009
VOL/A	Vergabe- und Vertragsordnung für Leistungen – Teil A – Allgemeine Bestimmungen für die Vergabe von Leistungen v. 20.11.2009, BAnz Nr. 196a, zuletzt geändert durch Unterschwellenvergabeordnung v. 2.2.2017
VSA	Allgemeine Verwaltungsvorschriften (des Bundesministeriums des Innern, für Bau und Heimat) zum materiellen Geheimschutz (Verschlusssachenanweisung) v. 10.8.2018, GMBl. 2018 Nr. 44-47, S. 826
VSVgV	Vergabeverordnung für die Bereiche Verteidigung und Sicherheit zur Umsetzung der Richtlinie 2009/81/EG des Europäischen Parlaments und des Rates v. 13.7.2009 über die Koordinierung der Verfahren zur Vergabe bestimmter Bau-, Liefer- und Dienstleistungsaufträge in den Bereichen Verteidigung und Sicherheit und zur Änderung der Richtlinien 2004/17/EG und 2004/18/EG v. 12.7.2012, BGBl. I S. 1509, zuletzt geändert durch Gesetz v. 12.11.2020
VV-BHO	Allgemeine Verwaltungsvorschriften zur Bundeshaushaltsordnung v. 14.3.2001, GMBl. Nr. 16/17/18 S. 307, zuletzt geändert durch Rundschreiben v. 9.6.2021
VwGO	Verwaltungsgerichtsordnung v. 19.3.1991, BGBl. I S. 686, zuletzt geändert durch Gesetz v. 8.10.2021
VwKostG	Verwaltungskostengesetz v. 23.6.1970, BGBl. I S. 281, ersetzt durch Art. 5 I S. 2 des Gesetzes v. 7.8.2013, BGBl. I S. 3154
VwV Baden-Württemberg	Verwaltungsvorschrift der Landesregierung und der Ministerien zur Verhütung unrechtmäßiger und unlauterer Einwirkungen auf das

	Verwaltungshandeln und zur Verfolgung damit zusammenhängender Straftaten und Dienstvergehen (Korruptionsverhütung und -bekämpfung) v. 15.1.2013, GABl. S. 65, zuletzt geändert durch Vorschrift v. 30.11.2021
VwVfG	Verwaltungsverfahrensgesetz v. 23.1.2003, BGBl. I S. 102, zuletzt geändert durch Gesetz v. 25.6.2021

W

WaffRG	Gesetz über das nationale Waffenregister (Waffenregistergesetz) v. 17.2.2020, BGBl. I S. 166, 184
WHG	Wasserhaushaltsgesetz v. 31.7.2009, BGBl. I S. 2585, zuletzt geändert durch Gesetz v. 18.8.2021
WRegG	Gesetz zur Einrichtung und zum Betrieb eines Registers zum Schutz des Wettbewerbs um öffentliche Aufträge und Konzessionen (Wettbewerbsregistergesetz) v. 18.6.2017, BGBl. S. 2739, zuletzt geändert durch Gesetz v. 10.8.2021
WRegV	Verordnung über den Betrieb des Registers zum Schutz des Wettbewerbs um öffentliche Aufträge und Konzessionen (Wettbewerbsregisterverordnung) v. 16.4.2021, BGBl. I S. 809
WRV	Weimarer Reichsverfassung v. 11.8.1919, BGBl. III, Gl.Nr. 401-2

Z

ZPO	Zivilprozessordnung v. 5.12.2005, BGBl. I S. 3202, zuletzt geändert durch Gesetz v. 5.10.2021
ZustVO-Justiz	Verordnung zur Regelung von Zuständigkeiten in der Gerichtsbarkeit und der Justizverwaltung v. 18.12.2009, Nds. GVBl. S. 506, zuletzt geändert durch Verordnung v. 27.1.2022

Literaturverzeichnis

Abate	Die rechtssichere Umsetzung sozialer und ökologischer Zwecke in der Vergabepraxis, KommJur 2012, 41
Achenbach/Ransiek/Rönnau	Handbuch Wirtschaftsrecht, 5. Auflage, Heidelberg 2019
Adams	Die Pflicht zur eVergabe als Herausforderung begreifen, Vergabe-Fokus 2015, 12
Ahlers	Die Zulässigkeit der „konsentierten Videoverhandlung" vor Vergabekammern, NZBau 2020, 628
Ahlers/Böhme	Die Inhouse-Fähigkeit von Konstellationen mittelbarer gemeinsamer Kontrolle am Beispiel interkommunaler IT-Dienstleister, NZBau 2021, 433
Alexander	Vergaberechtlicher Schadensersatz gemäß § 126 GWB, WRP 2009, 28
Amelung/Heise	Zuständigkeit der Sozialgerichtsbarkeit für die Überprüfung von Vergabekammer-Entscheidungen, NZBau 2008, 489
Amelung/Janson	Vergabe von Rettungsdienstleistungen: Keine generelle Freistellung vom Vergaberecht, NZBau 2016, 23
André/Sailer	Zwischen Stillstand und Erneuerung – vergabespezifischer Unterschwellenrechtsschutz in der rechtspolitischen Debatte, NZBau 2011, 394
Antweiler	Ausschreibungspflicht und „Bereichsausnahme" bei der Vergabe von Rettungsdienstleistungen, VergabeR 2015, 275
	Anmerkung zu OLG Celle, EuGH-Vorlage v. 17.12.2014 – 13 Verg 3/13, VergabeR 2015, 191
	Bieterrechtsschutz unter Zumutbarkeitsvorbehalt, VergabeR 2011, 306
	Chancen des Pimärrechtsschutzes unterhalb der Schwellenwerte, VergabeR 2008, 352
	Erledigung des Nachprüfungsverfahrens i. S. von § 114 II 2 GWB, NZBau 2005, 35
Appel	Bundesfachplanung versus landesplanerische Ziele der Raumordnung, NVwZ 2013, 457
Aumont/Kaelble	Die Vergabe von Dienstleistungen von allgemeinem wirtschaftlichen Interesse an Private, NZBau 2006, 280
Ax/Schneider/Bischoff	Vergaberecht 2006: Kommentar zu den Regierungsentwürfen vom 18. und 29. März 2005, Berlin 2005
Bacher/Hempel/Wagner-von Papp	BeckOK Kartellrecht, Kommentar, 4. Auflage, München 2022
Badenhausen/Fähnle	Die neue Vergabeart der Innovationspartnerschaft – Fünftes Rad am Wagen?, VergabeR 2015, 743
Badenhausen/Knauff	Die neue Richtlinie über die Konzessionsvergabe, NZBau 2014, 395

Bader/Ronellenfitsch	Beck-OK VwVfG, Kommentar, 50. Auflage 2021, 47. Auflage, München 2020
Bamberger/Roth	Bürgerliches Gesetzbuch: BGB, Kommentar, 3. Auflage, München 2012
Bannenberg/Schaupensteiner	Korruption in Deutschland, 3. Auflage, München 2007
Bartsch/v. Gehlen	Keine zutreffende Ermittlung des besten Preis-Leistungs-Verhältnisses mit Interpolationsformeln, NZBau 2015, 523
Bartsch/v. Gehlen/Hirsch	Mit Preisgewichtung vorbei am wirtschaftlichsten Angebot?, NZBau 2012, 393
Bauer	Möglichkeiten einer aufgabenorientierten Risikozuweisung bei der Ausgestaltung von Infrastrukturprojekten, NZBau 2018, 647
Baumann	Zertifikate und Gütezeichen im Vergabeverfahren, VergabeR 2015, 367
Baumbach/Hopt	Handelsgesetzbuch: HGB, Kommentar, 40. Auflage, München 2021
Baumbach/Lauterbach/Albers/Hartmann	Zivilprozessordnung, Kommentar, 72. Auflage, München 2014
Bayreuther	Konzessionsvergabe im öffentlichen Personenverkehr – Betriebsübergang durch behördliche Anordnung?, NZA 2009, 582
Bechtold/Bosch	Gesetz gegen Wettbewerbsbeschränkungen, Kommentar, 8. Auflage, München 2015
Begenisic/Fritz	Angebote mit unterschiedlichen Umsatzsteuersätzen im Vergabeverfahren, VergabeR 2016, 32
Behrens	Zulassung zum Vergabewettbewerb bei vorausgegangener Beratung des Auftraggebers – Zur Projektantenproblematik auf der Grundlage der Neuregelung des § 4 V VgV, NZBau 2006, 752
Benedict	„Vergabefremde" Aspekte nach Beentjes und Nord-Pas-de-Calais: Europarechtliche Vorgaben für die Anwendung von § 97 IV GWB, NJW 2001, 947
Beneke	Nachhaltige Beschaffung als ganzheitlicher Ansatz, VergabeR 2018, 227
Berstermann/Petersen	Das Preisrecht – Bedeutungsloses Relikt aus dem letzten Jahrtausend oder praxisrelevante Ergänzung des Vergaberechts?, ZfBR 2007, 767
Best	Betrug durch Kartellabsprachen bei freihändiger Vergabe, GA 2003, 157
Beuttenmüller	Vergabefremde Kriterien im öffentlichen Auftragswesen, Baden-Baden 2007
Bieback	Leistungserbringungsrecht im SGB II sowie SGB III und XII – Insbesondere die Verpflichtung zum Einsatz des Vergaberechts, NZS 2007, 505
Birk	Die einheitliche europäische Eigenerklärung als Eignungsnachweis im Vergaberecht, VR 2020, 84
Bischof	Vergaberechtsreform 2016. Ein erster Überblick, ITRB 2015, 211

Bitterich	Rechtsschutz bei Verletzung aus dem EG-Vertrag abgeleiteten „Grundanforderungen" an die Vergabe öffentlicher Aufträge, NVwZ 2007, 890
	Kündigung vergaberechtswidrig zu Stande gekommener Verträge durch öffentliche Auftraggeber, NJW 2006, 1845
	Einschränkung der Abschlussfreiheit öffentlicher Auftraggeber nach Einleitung eines Vergabeverfahrens, NZBau 2006, 757
Boesen	Getrennt oder zusammen? – Losaufteilung und Gesamtvergabe nach der Reform des GWB in der Rechtsprechung, VergabeR 2011, 364
	Vergaberecht, Kommentar zum 4. Teil des GWB, Köln 2000
Bogdanowicz	Cross-border Interest and Concession Contracts: a Critical Approach, EPPPL 2015, 83
Boggräfe	Die Zwangsvollstreckung in bewegliches Leasinggut, Köln 1976
Bombien	Der Wettbewerbliche Dialog – Rechtliche Analyse und Vergleich mit dem Verhandlungsverfahren, Hamburg 2011
Böhme	Verzicht auf einen Teilnahmewettbewerb nach erfolglosem Verhandlungsverfahren mit Teilnahmewettbewerb oder wettbewerblichem Dialog?, NZBau 2020, 486
Bömer	Keine Anwendung der Vergaberichtlinie 2014/24/EU auf den Abschluss von Arbeitsverhältnissen, EuZA 2020, 96
Bonitz	Die vergaberechtliche Zulässigkeit von Landesmindestlohnvorgaben, NZBau 2016, 418
Börner	Keine Ausschreibungspflicht kommunaler Versorgungsunternehmen für den Bezug von Erdgas, DB 1998, 610
Bornheim/Flitterer	Sind Landesentwicklungsgesellschaften öffentliche Auftraggeber?, VergabeR 2006, 37
Bosch/Colbus/Harbusch	Berücksichtigung von Compliance-Programmen in Kartellbußgeldverfahren, WuW 2009, 740
Brackmann/Berger	Die Bewertung des Angebotspreises, VergabeR 2015, 313
Brandt/Domgörgen	Handbuch Verwaltungsverfahren und Verwaltungsprozess, 4. Auflage, Heidelberg 2018
Brauer	Das Verfahren vor der Vergabekammer, NZBau 2009, 297
Braun	Insolvenzordnung: InsO, Kommentar, 9. Auflage, München 2022
Braun	Vergabe in Zeiten der COVID-19 Krise, VergabeR 2020, 433
	Neues von der Konzessionsvergabe, VergabeR 2020, 251
	Stand der Konzessionsvergabe, NZBau 2019, 622
	Umgehungsverbote und Grenzen des Konzessionsrechts, NZBau 2016, 711
	Konzessionsvergaben für Sportwetten – Maßstab für alle verwaltungsrechtlichen Konzessionsauswahlverfahren, NZBau 2016, 266
	Anmerkung zu EuGH, Urteil v. 28.1.2016 – Rs. C 50/14, EuZW 2016, 304

	Die zutreffende Gebotsrechtsprechung des BGH, NZBau 2015, 355
	Anmerkung zu OLG Jena, Beschluss v. 22.7.2015 – 2 Verg 2/15, VergabeR 2015, 793
	Materielle Vorgaben für ein Vergabeverwaltungsrecht, VergabeR 2014, 324
	Die neuen Vergaberichtlinien – Änderungen zum bisherigen Stand, KommunalPraxis Spezial 3/2014, 9
	Anmerkung zu OLG Hamburg, Beschluss v. 31.3.2014 – 1 Verg 4/13, VergabeR 2014, 675
	Anmerkung zu OLG Naumburg, Beschluss v. 22.12.2011 – 2 Verg 10/11, VergabeR 2012, 456
	Zulassung auf Märkten und Veranstaltungen, NVwZ 2009, 747
	Ausschreibungspflichtigkeit des Verkaufs von Gesellschaftsanteilen, VergabeR 2006, 657
Braun	Beschleunigungsgebot und Ablehnungsfiktion im Vergaberegime des GWB, NZBau 2003, 134
Braun/Buchmann	Beleihung als Ausstiegsmöglichkeit aus der Ausschreibungsverpflichtung, NZBau 2007, 691
Braun/Zwetkow	Keine Bestätigung der Bereichsausnahme für Vergaben von Rettungsdienstleistungen, NZBau 2020, 219
	Beschaffungsfreiheit versus Technologieneutralität bei Breitbandausschreibungen, VergabeR 2015, 521
Brauser/Jung	Europäisches Vergaberecht 3.0, VergabeR 2013, 285
Brockhoff	Öffentlich-öffentliche Zusammenarbeit nach den neuen Vergaberichtlinien, VergabeR 2014, 625
Brosius-Gersdorf	Der Gesetzgeber als Verordnungsgeber, Änderungen der Bundespflegesatzverordnung durch das Beitragssicherungsgesetz zwischen Gesetzesrecht und Parlamentsverordnung, ZG 2007, 305
Brüggemann/Vogel	Wettbewerbsregister und Selbstreinigung im Spannungsfeld zwischen Arbeits- und Vergaberecht – Risiko Fremdpersonaleinsatz, NZBau 2018, 263
Brüning	Interkommunale Zusammenarbeit in der Entsorgungswirtschaft aus vergaberechtlicher Sicht, DVBl. 2009, 1539
	Die Dienstleistungskondition im Nachprüfungsverfahren, NVwZ 2012, 216
	Die Wege des Rechts sind verschlungen – Wettbewerbsrelevante Betätigung der öffentlichen Hand und Rechtsschutz, NVwZ 2012, 671
	Zum Verhältnis von öffentlichem Preisrecht und Vergaberecht, ZfBR 2012, 642
Brüning/Pfannkuch	Neuausschreibungspflicht bei Vertragsänderung, VergabeR 2015, 144
Büdenbender	Der neue Ausschlussgrund des „spekulativen Angebots“ – Vergaberechtlicher Hintergrund und Grenzen, ZfBR 2020, 30

Bühs	Geltung des Vergabeprimärrechts auch für Rettungsdienstvergaben!, NZBau 2021, 312
	Rettungsdienstvergabe wieder vor dem EuGH – Zum Vorlagebeschluss des OLG Düsseldorf vom 12.6.2017 und der sog. Bereichsausnahme Rettungsdienst, EuZW 2017, 804
Bulla/Schneider	Das novellierte Vergaberecht zwischen Beschleunigungsgrundsatz und effektivem Bieterschutz, VergabeR 2011, 664
Bultmann	Dienstleistungskonzession und Dienstleistungsvertrag – warum kompliziert, wenn es auch einfach geht?, NVwZ 2011, 72
Bungenberg/Schelhaas,	Die Modernisierung des deutschen Vergaberechts, WuW 2017, 72
Bunte	Kartellrecht, Kommentar, 14. Auflage, Köln 2021
Burgi	20 Jahre Rechtsschutz durch Vergabekammern – Bilanz, Reformimpulse und Praxisprobleme, NZBau 2020, 3
	Ökologische und soziale Beschaffung im künftigen Vergaberecht: Kompetenzen, Inhalte, Verhältnismäßigkeit, NZBau 2015, 597
	Ausschluss und Vergabesperre als Rechtsfolgen von Unzuverlässigkeit, NZBau 2014, 595
	Schwerwiegender Verstoß bei falscher Vergabeart – „Fernwärme-Übernahme-Station", NVwZ 2013, 1083
	Privatisierung und Rekommunalisierung aus rechtswissenschaftlicher Sicht, NdsVBl. 2012, 225
	Die Förderung sozialer und technischer Innovationen durch das Vergaberecht, NZBau 2011, 577
	Die Bedeutung der allgemeinen Vergabegrundsätze im Wettbewerb, Transparenz und Gleichbehandlung, NZBau 2008, 29
	Hilfsmittelverträge und Arzneimittel-Rabattverträge als öffentliche Lieferaufträge?, NZBau 2008, 480
	Die Beleihung als kartellvergaberechtlicher Ausnahmetatbestand (am Beispiel des Subventionsmittlers nach § 44 III BHO), NVwZ 2007, 383
	Mittelstandsfreundliche Vergabe – Möglichkeiten und Grenzen (Teil 2), NZBau 2006, 693
	Mittelstandsfreundliche Vergabe - Möglichkeiten und Grenzen (Teil 1), NZBau 2006, 606
	Warum die „kommunale Zusammenarbeit" kein vergaberechtspflichtiger Beschaffungsvorgang ist, NZBau 2005, 208
	Das Kartellvergaberecht als Sanktions- und Rechtsschutzinstrument bei Verstößen gegen das kommunale Wirtschaftsrecht?, NZBau 2003, 543
	Vergabefremde Zwecke und Verfassungsrecht, NZBau 2001, 64
Burgi/Dreher	Beck'scher Vergaberechtskommentar, 3. Auflage, München 2019
Burgi/Dreher/Opitz	Beck'scher Vergaberechtskommentar, 4. Auflage, München 2022

Burgi/Gölnitz	Die Modernisierung des Vergaberechts als Daueraufgabe, DÖV 2009, 829
Byok	Die Entwicklung des Vergaberechts seit 2018, NJW 2019, 1650
	Wettbewerbsregister gegen Wirtschaftskriminalität, BB 2017, Heft 26 Umschlagteil I
	Reformierter Regelungsrahmen für Beschaffungen im Sicherheits- und Verteidigungssektor, NVwZ 2012, 70
Byok/Goodarzi	Messegesellschaften und Auftragsvergabe, NVwZ 2006, 281
Byok/Jaeger	Vergaberecht, Kommentar, 4. Auflage 2018, 2. Auflage, Frankfurt am Main 2005
Callies/Ruffert	EUV/AEUV, Kommentar, 6. Auflage, München 2022
Chen	Ist das Zuschlagsverbot des § 169 I GWB europarechtskonform?, VergabeR 2019, 145
Classen	Zur Abgrenzung von Dienstleistungskonzessionen gegenüber Miet- und Pachtverträgen nach der Richtlinie 2014/23/EU, VergabeR 2016, 13
Conrad	Anmerkung zu OLG Rostock, Beschluss v. 1.9.2021 – 17 Verg 2/21, COVuR 2021, 164
	Das Konzernprivileg bei Sektorenaufträgen, AnwZert BauR 12/2015 Anm. 2
	Rechtsfragen des Vergleichs im Vergabenachprüfungsverfahren, ZfBR 2014, 658
Conzelmann	Das Wettbewerbsregister beim Bundeskartellamt, ZRFC 2019, 33
Crass	Der öffentliche Auftraggeber, München 2004
Dabringhausen	Die europäische Neuregelung der Inhouse-Geschäfte – Fortschritt oder Flop?, VergabeR 2014, 512
Dageförde	Die Vorabinformationspflicht im Vergaberechtsschutz: Eine unendliche Geschichte, NZBau 2020, 72
Dageförde/Dross	Reform des europäischen Vergaberechts – Umweltkriterien in den neuen Vergaberichtlinien, NVwZ 2005, 19
Daub/Eberstein	VOL/A, Kommentar, 5. Auflage, Düsseldorf 2000
Däubler/Wedde/Weichert/Sommer	EU-DSGVO und BDSG, Kommentar, 2. Auflage, Frankfurt am Main 2020
Deckers	Anmerkung zu EuGH, Urteil v. 18.10.2018 – Rs. C-606/17, VergabeR 2019, 374
Degenhart	Anmerkung zu EuGH, Urteil v. 13.12.2007 – Rs. C-337/06, JZ 2008, 568
Delcuvé	Schulbenotung von Angeboten – Roma locuta, causa finita?, NZBau 2017, 646
Deling	Kriterien der „Binnenmarktrelevanz" und ihre Konsequenzen unterhalb der Schwellenwerte – Teil II: Handlungs- und Prüfererfordernisse auf Grund der „Unterschwellenmitteilung" sowie auf Grund richterrechtlicher Rechtsfortbildung für die vergaberechtliche Praxis, NZBau 2012, 17

	Kriterien der „Binnenmarktrelevanz" und ihre Konsequenzen unterhalb der Schwellenwerte, NZBau 2011, 725
Dicks	Ungewöhnliche und unzumutbare Wagnisse, NZBau 2014, 731
	Nochmals: Primärrechtsschutz bei Aufträgen unterhalb der Schwellenwerte, VergabeR 2012, 531
	Die mangelhafte, insbesondere unvollständige Leistungsbeschreibung und die Rechtsfolgen im Vergaberecht, IBR 2008, 1360
Dieckmann	Effektiver Primärrechtsschutz durch Zuschlagsverbote im deutschen Vergaberecht – Reichweite und Regelungsdefizite im Lichte praktischer Erfahrungen, VergabeR 2005, 10
Diederichs	Das Wettbewerbsregister – eine erste Betrachtung, VergabeR 2018, 623
Diederichs	Wirtschaftlichkeitsuntersuchungen bei PPP-Projekten, NZBau 2009, 547
Diemon-Wies	Vergabe von Konzessionen – Überblick über die neuen Regelungen im GWB-Entwurf, VergabeR 2016, 162
	Die Vergabe von Busdienstleistungen im ÖPNV nach der VO (EG) 1370/2007, dem GWB oder dem PBefG?, VergabeR 2014, 305
	Soziale und ökologische Kriterien in der Vergabepraxis, VergabeR 2010 (Sonderheft 2a), 317
Diemon-Wies/Graiche	Vergabefremde Aspekte – Handhabung bei der Ausschreibung gem. § 97 IV GWB, NZBau 2009, 409
Diemon-Wies/Hesse	Präzisierte Kriterien für die Abgrenzung von Dienstleistungsauftrag und Dienstleistungskonzession, NZBau 2012, 341
Diercks	Beschaffung von Spezialbedarf, VergabeR 2003, 518
Dierkes/Scharf	Die interkommunale Zusammenarbeit – Zum nachträglichen Wegfall ihrer Privilegierungsvoraussetzungen sowie zu den Folgen bei der Einbindung Dritter im Rahmen der Leistungserfüllung, VergabeR 2014, 752
Dierkes/Skrobanek	Neue europäische Vorgaben für Wasserkonzessionen?, Zeitschrift für Wasserrecht 2013, 183
Dietlein	Anmerkung zu VK Düsseldorf, Beschluss v. 21.3.2013 – VK-33/2012-L, NZBau 2013, 536
	Anteils- und Grundstücksveräußerungen als Herausforderung für das Vergaberecht, NZBau 2004, 472
	Der Begriff des „funktionalen" Auftraggebers nach § 98 Nr. 2 GWB, NZBau 2002, 136
Dietlein/Heinemann	„Public-private-partnership" und Vergaberecht im Bereich der Bundeswehr, NVwZ 2003, 1080
Dietlein/Peters	Rechtsfragen des Gebots der Trennung von Sportwetten und Spielhallen nach § 21 Abs. 2 GlüStV 2012, ZfWG 2015, 158
Dietrich	Dienstleistungen von allgemeinem wirtschaftlichem Interesse, Baden-Baden 2012
Dippel/Sterner/Zeiss	VSVgV – Beschaffung im Verteidigungs- und Sicherheitsbereich, Kommentar, 2. Auflage Köln 2018

Dippel/Zeiss	Vergabefremde Aspekte - Rechtsschutz im Vergabenachprüfungsverfahren wegen Verstoßes gegen das EG-Beihilfenrecht, NZBau 2002, 376
Diringer	Die Beteiligung sog. Projektanten am Vergabeverfahren, VergabeR 2010 (Sonderheft 2a), 361
Dirksen	Fristablauf nach § 107 Abs. 3 Satz 1 Nr. 4 GWB – Muss der Auftraggeber auf die 15-Tage-Frist hinweisen?, VergabeR 2013, 410
Dittmann	Qualität durch Eignungs- und/oder Zuschlagskriterien?, NZBau 2013, 746
Dobmann	Das Verhandlungsverfahren – Eine Bestandsaufnahme, VergabeR 2013, 175
	Perspektiven für die Tariftreuegesetze nach der Entscheidung des Bundesverfassungsgerichts, VergabeR 2007, 167
Donat/Plauth	Anmerkung zu OLG Hamburg, Beschluss v. 1.11.2017 – 1 Verg 2/17, VergabeR 2018, 42
Donhauser	Anmerkung zu OLG Frankfurt, Beschluss v. 16.4.2018 – 11 Verg 1/18, VergabeR 2018, 578
	Förderung des Breitbandausbaus in Bayern – Aktuelle Entwicklungen und neue Herausforderungen, KommP BY 2014, 206
	Ausschreibungspflichten bei Lieferverträgen für Strom und Gas, VergabeR 2013, 531
Donhauser/Hölzlwimmer	Die neue Richtlinie über die Konzessionsvergabe und ihre Auswirkungen auf die Vergabe von Wegenutzungskonzessionen nach § 46 EnWG, VergabeR 2015, 509
Dölling	Handbuch der Korruptionsprävention, München 2007
Dörr	Die Vergabe von Planungsleistungen unter der neuen HOAI, ZfBR 2021, 360
	Das deutsche Vergaberecht unter dem Einfluss von Art. 19 IV GG, DÖV 2001, 1014
Dörr/Hoffjan	Studie im Auftrag des Bundesministeriums für Wirtschaft und Energie, Die Bedeutung der Verordnung PR Nr. 30/53 über die Preise bei öffentlichen Aufträgen, 2015
Dreher	Die Open-House-Verfahren – Entwicklung und Stand der vergaberechtsfreien Zulassungsverfahren, NZBau 2019, 275
	Landesvergabegesetze ohne Landeskompetenz, NZBau 2014, 1
	Mietverträge mit Neubau- oder Umbauverpflichtungen im Kartellvergaberecht, NZBau 2009, 542
	Öffentlich-rechtliche Anstalten und Körperschaften im Kartellvergaberecht – Der Auftraggeberbegriff vor dem Hintergrund von Selbstverwaltung, Rechtsaufsicht und Finanzierung durch Zwangsbeiträge, NZBau 2005, 297
	Die Berücksichtigung mittelständischer Interessen bei der Vergabe öffentlicher Aufträge, NZBau 2005, 427
	Kartellrechtscompliance, ZWeR 2004, 75

	Das In-house-Geschäft – Offene und neue Rechtsfragen der Anwendbarkeit der In-house-Grundsätze, NZBau 2004, 14
	Public Private Partnerships und Kartellvergaberecht, NZBau 2002, 245
	Die Zukunft des untergesetzlichen Vergaberechts – Zur Neuordnung von Vergabeverordnung und Verdingungsordnungen, NVwZ 1999, 1265
	Der Anwendungsbereich des Kartellvergaberechts, DB 1998, 2579
Dreher/Burkhart	Vergaberechtliche Privilegierung öffentlich-öffentlicher Zusammenarbeit – Extension oder Reduktion?, NZBau 2018, 441
Dreher/Engel	Wettbewerbsregister und wettbewerbliche Vergaben, ZWeR 2019, 3
Dreher/Glöckle	Der Vergleich im Vergabenachprüfungsverfahren – Teil 2, NZBau 2015, 529
Dreher/Hoffmann	Die erfolgreiche Selbstreinigung zur Wiedererlangung der kartellvergaberechtlichen Zuverlässigkeit und die vergaberechtliche Compliance, NZBau 2014, 67 (Teil 1), 150 (Teil 2)
	Sachverhaltsaufklärung und Schadenswiedergutmachung bei der vergaberechtlichen Selbstreinigung, NZBau 2012, 265
	Die schwebende Wirksamkeit nach § 101b I GWB, NZBau 2010, 201
	Die Informations- und Wartepflicht sowie die Unwirksamkeitsfolge nach den neuen §§ 101a und 101b GWB, NZBau 2009, 216
Dreher/Motzke	Beck'scher Vergaberechtskommentar, 2. Auflage, München 2013
Dreher/Opitz	Die Vergabe von Bank- und Finanzdienstleistungen, WM 2002, 413
Dreier	Grundgesetz, Kommentar, 3. Auflage, Tübingen 2018
Drügemöller/Conrad	Anteilsverkauf und De-facto-Vergabe öffentlicher Aufträge, ZfBR 2008, 651
Drömann	Das Konzernprivileg im Lichte der neuen Sektorenkoordinierungsrichtlinie, NZBau 2015, 202
	Wettbewerblicher Dialog und ÖPP-Beschaffungen – Zur „besonderen Komplexität" so genannter Betreibermodelle, NZBau 2007, 751
Ebenroth/Boujong/Joost/Strohn	Handelsgesetzbuch: HGB, Kommentar, 4. Auflage, München 2020
Egger	Europäisches Vergaberecht, Baden-Baden 2008
Eichhorn/Mark	Das Prinzip Wirtschaftlichkeit, 4. Auflage, Wiesbaden 2015
Endler	Privatisierungen und Vergaberecht, NZBau 2002, 125
Epping/Hillgruber	BeckOK Grundgesetz, Kommentar, 51. Edition, München 2022
Erman	BGB Kommentar, 16. Auflage, Köln 2020

Eschenbruch/Hunger — Selbstverwaltungskörperschaften als öffentliche Auftraggeber – Unterliegen Selbstverwaltungsinstitutionen der Freiberufler wie Rechtsanwalts- und Ärztekammern und deren Versorgungseinrichtungen dem Kartellvergaberecht?, NZBau 2003, 471

Eschenbruch/Opitz/Röwekamp — Sektorenverordnung: SektVO, Kommentar, 2. Auflage, München 2019

Fandrey — Direktvergabe von Verkehrsleistungen – Beauftragung ohne Durchführung eines vorherigen Vergabeverfahrens im Bereich straßengebundener Beförderung nach den Vorgaben der Verordnung (EG) Nr. 1370/2007, 2010

Faßbender — Die neuen Regelungen für eine mittelstandsgerechte Auftragsvergabe, NZBau 2010, 529

Die Bindungswirkung technischer Normen der Europäischen Gemeinschaft bei der Vergabe öffentlicher Aufträge, VergabeR 2003, 381

Favier/Schüler — Etablierte Regeln für das Verhandlungsverfahren mit Teilnahmewettbewerb auf dem Prüfstand des neuen Rechts, ZfBR 2016, 761

Fehling — Struktur und Entwicklungslinien des Öffentlichen Wirtschaftsrechts, JuS 2014, 1057

Forschungs- und Innovationsförderung durch wettbewerbliche Verfahren, NZBau 2012, 673

Fehling/Kastner/Störmer — Verwaltungsrecht Handkommentar, 5. Auflage, Baden-Baden 2021

Fett — Die Hauptsacheentscheidung durch die Vergabekammer im Eilverfahren, NZBau 2005, 141

Fink — Vergabe „Stadion Widmannsdorf" – Eine Einschätzung der Zuständigkeitsfrage, RPA 2005, 158

Fischer — Strafgesetzbuch: StGB, Kommentar, 69. Auflage, München 2022

Fleckenstein — Abhandlungen – Abbau von Hemmnissen für Public Private Partnership: Das ÖPP-Beschleunigungsgesetz, DVBl. 2006, 75

Franke/Höfler — Die Vergabe von Versicherungsdienstleistungen durch private Sektorenauftraggeber, BB 1998, 433

Frank-Fahle/Schuldt — Geschäftspartner-Compliance und Korruptionsprävention im internationalen Anlagenbau: Rechtliche Rahmenbedingungen, Auswirkungen von Compliance-Verstößen und Schutzmaßnahmen, ZfBR 2018, 419

Frenz — Handbuch Europarecht, Band 3, 2. Auflage, Berlin/Heidelberg/New York 2021

Ökologische und innovative Vergabe in der Kreislaufwirtschaft, VergabeR 2018, 10

Einheitliche Europäische Eigenerklärung, GewA 2018, 184

Mittelstandsförderung in der Auftragsvergabe und Unionsrecht, GewA 2018, 95

Soziale Vergabekriterien im Spiegel aktueller Judikatur von EuGH und BVerfG, NZS 2011, 321

	Vergaberecht und institutionalisierte PPP, NZBau 2008, 673
	Neues zu In-House-Geschäften, VergabeR 2007 (Sonderheft 2a), 304
Freund	Korruption in der Auftragsvergabe, VergabeR 2007 (Sonderheft 2a), 311
Freund/Kallmeyer/Kraft	Korruption und Kartelle bei Auftragsvergaben, München 2008
Friauf	Kommentar zur Gewerbeordnung, Stand September 2018, Köln
Friton/Stein	(K)ein Ende der Schulnotenrechtsprechung, NZBau 2017, 267
Fritz	Erfahrungen mit dem Wettbewerblichen Dialog in Deutschland, VergabeR 2008, 379
Fuchs/van der Hout/Opitz	HOAI-Urteil des EuGH: Vertrags. Und vergaberechtliche Konsequenzen, NZBau 2019, 483
Fülling/Freiberg	Das neue Wettbewerbsregister, NZBau 2018, 259
Funk/Tomerius	Aktuelle Ansatzpunkte umwelt- und klimaschützender Beschaffung in Kommunen – Überblick und Wege im Dschungel des Vergaberechts (Teil 2), KommJur 2016, 47
Gabriel	Hilfsmittelverträge mit Beitritt – Vergaberecht ohne Zutritt: Rückschritt, Fortschritt oder Fehltritt?, NZBau 2020, 286
	Offenes Haus, geschlossene Tür: Der Vergaberechtsschutz bei Open-House -Verfahren vor dem Aus, NZBau 2019, 568
	Vergaberechtliche Vorgaben beim Abschluss von Verträgen zur integrierten Versorgung (§§ 140a ff. SGB V), NZS 2007, 344
	Einflussnahme von Unternehmen auf öffentliche Auftragsvergaben: Persuasion, Kollusion oder Korruption?, VergabeR 2006, 173
Gabriel/Bärenbrinker	Der „No Spy"-Erlass des Bundesinnenministeriums: Resümee nach 1,5 Jahren Anwendung und Ausblick für die weitere Praxis, VergabeR 2016, 166
Gabriel/Krohn/Neun	Handbuch des Vergaberechts, 3. Auflage, München2021
Gabriel/Mertens/Prieß/Stein	BeckOK Vergaberecht, 24. Edition 2022, München
Gabriel/Voll	Das Ende der Inländerdiskriminierung im Vergabe(primär)recht, NZBau 2014, 155
Ganske/Raffi	Neuer Ausschlusstatbestand vom Vergabeverfahren für sog. Spekulationsangebote, ZfBR 2019, 651
Gass/Willenbruch	Neue Fristen: Chancen und Risiken, BehördenSpiegel 2/2010, 21
von Gehlen	Vertragsnichtigkeit bei unzulässiger De-facto-Vergabe, NZBau 2005, 503
Geitel	BGH: Spekulationsangebote sind auszuschließen! (BGH, Urt. V. 19.06.2018 2018 – X ZR 100/16 – Uferstützmauer), Vergabeblog.de vom 29/10/2018, Nr. 38817
Geiger	Der Abschied von der Gesetzgebungskunst – Am Beispiel des Rechtsmittelbereinigungsgesetzes im Verwaltungsprozess, NJW 2002, 1248

Gentsch	Staatliche Beschaffung und Korruptionsprävention, Baden-Baden 2012
Geppert/Schütz	Beck'scher TKG-Kommentar, 4. Auflage, München 2013
Gerlach	Geltung der AEUV-Grundsätze auch bei Inhouse-Vergaben nach der Richtlinie 2014/24/EU, NZBau 2020, 426
	Entscheidungsspielräume der Verwaltung – Die Lehre vom einheitlichen administrativen Entscheidungsspielraum und ihre Ausprägungen im Kartellvergaberecht, Baden-Baden 2018
Gerner	Die neue EU-Richtlinie über die öffentliche Auftragsvergabe im Bereich sozialer Dienstleistungen und deren Umsetzung in nationales Recht, NZS 2016, 492
Gesterkamp	Rechtsfragen zur Vergabe von Wasserkonzessionen, VergabeR 2020, 705
Giebler	Organisationsfragen der kommunalen Wasserwirtschaft, DÖV 2020, 476
Gielen	Anmerkung zu OLG Rostock, Beschluss v. 1.9.2021 – 17 Verg 2/21, VergabeR 2021, 337
Giesberts	Flughafenparks durch Outsourcing – Anzeige- und Genehmigungspflicht nach LuftVG?, ZLW 2005, 553
Giesberts/Reinhardt	Umweltrecht, 2. Auflage, München 2018
Göb/Nebel	Aktuelle gesellschaftsrechtliche Fragen in Krise und Insolvenz, NZI 2020, 619
Goldbrunner	Anmerkung zu OLG Düsseldorf, Beschluss v. 19.6.2013 – VII-Verg 55/12, VergabeR 2014, 167
Goodarzi	Die Vergabe von Postzustellungsdienstleistungen, NVwZ 2007, 396
	Ausschreibungspflichtigkeit des Erwerbs von Emissionszertifikaten durch Stadtwerke und andere öffentliche Anlagenbetreiber, NVwZ 2004, 949
Goodarzi/Junker	Öffentliche Ausschreibungen im Gesundheitswesen, NZS 2007, 632
Goodarzi/Meister	Aktuelle Entwicklungen bei der Ausschreibung von Postdienstleistungen, NVwZ 2010, 669
Goodarzi/Skorbek	Vergaberechtlich anfechtbare Versorgungsaufträge durch Krankenkassen und deren Vermarktung, NZS 2014, 804
Görlich/Conrad	Die neuen Kündigungstatbestände für öffentliche Aufträge, VergabeR 2016, 567
Gottschalk/Lubner	Die Einführung des bundesweiten Wettbewerbsregisters – ein komplizierter rechtlicher Dreiklang, NZWiSt 2018, 96
Grabitz/Hilf/Nettesheim	Recht der Europäischen Union, Kommentar, 75. Auflage, München 2022
Graef	Rechtsfragen zur Kommunikation und Informationsübermittlung im neuen Vergaberecht, NZBau 2008, 34
Graef/Haberstroh	Das vergaberechtliche Konzernprivileg für Sektorenauftraggeber, VersorgW 2011, 309

Graf	Ordnungswidrigkeitengesetz: OWiG, Kommentar, München 2022
Grasböck	Anmerkung zu BVA, Bescheid v. 24.11.2004 – 06N-92/04-39, ZVB 2005, 189
Greb	Das Konzernprivileg für Sektorenauftraggeber nach den §§ 138, 139 GWB, VergabeR 2016, 303
	Inhouse-Vergabe nach aktuellem und künftigem Recht, VergabeR 2015, 289
	Das Konzernprivileg für Sektorenauftraggeber, VergabeR 2009, 140
Greb/Müller	Kommentar zum Sektorenvergaberecht, 2. Auflage, Köln 2017
Greb/Stenzel	Die nachträgliche Vertragsanpassung als vergaberechtsrelevanter Vorgang, NZBau 2012, 404
Gröning	Die Untätigkeitsbeschwerde nach § 172 Abs. 2 GWB – was gilt nach BGH „Fahrscheindrucker"?, VergabeR 2021, 552
	Grenzen des Angebotsausschlusses wegen Änderungen an den Vergabeunterlagen, NZBau 2020, 275
	Anwendbarkeit und Ausnahmebestimmungen im künftigen Vergaberecht, NZBau 2015, 690
	Die neue Richtlinie für die öffentliche Auftragsvergabe – ein Überblick, VergabeR 2014, 339
	Ersatz des Vertrauensschadens ohne Vertrauen? - Zur Dogmatik des vergaberechtlichen Schadensersatzanspruchs auf das negative Interesse, GRUR 2009, 266
	Rechtsschutzqualität und Verfahrensbeschleunigung im Entwurf für ein Vergaberechtsänderungsgesetz, ZIP 1998, 370
von der Groeben/Schwarze/Hatje	Europäisches Unionsrecht, 7. Auflage, München 2015
Grube/Wahrendorf/Flint	SGB XII, Kommentar, 7. Auflage, München 2020
Grubert	Die Zurechnung von Verstößen im Kartell- und Vergaberecht, Berlin 2019
Gruneberg/Wilden	Höhere Hürden für In-House-Geschäfte – Verschärfung des Wesentlichkeitskriteriums, VergabeR 2012, 149
Gruneberg/Wilden-Beck	Möglichkeiten interkommunaler Kooperationen nach der Piepenbrock Entscheidung des EuGH, VergabeR 2014, 99
Grützner/Helms/Momsen	§ 299 StGB – Neue und ungelöste Probleme nach Schaffung des Geschäftsherrenmodells, ZIS 2018, 299
Guckelberger	Bundeswehr und Vergaberecht, ZfBR 2005, 34
Günther	Die Auftraggebereigenschaft der Personenverkehrsgesellschaften der Deutschen Bahn AG, ZfBR 2008, 454
Gyulai-Schmidt	Strategische Nutzung des Vergaberechts für mehr Qualität am Beispiel von deutschen, österreichischen und ungarischen Umsetzungsmaßnahmen, ZfBR 2019, 762

Haak	Vergaberecht in der Energiewende – Teil I, Energieeffiziente Beschaffung und Ausschreibungsmodelle nach dem EEG 2014, NZBau 2015, 11
Hagenbruch	Anwendbarkeit der VO Nr. 1370/2007 auf die Direktvergabe in Form von Verwaltungsakten und gesellschaftsrechtlichen Weisungen, EuZW 2020, 1019
Hailbronner	Die Anwendbarkeit des öffentlichen Vergaberechts auf die Vergabe von Finanzdienstleistungen durch öffentlich-rechtliche Kreditinstitute, WM 2002, 1674
von Hammerstein/Heller	Anmerkung zu OLG Stuttgart, Urteil v. 26.3.2020 – 2 U 82/19, EWeRK 2020, 130
Hattenhauer/Butzert	Erneuerbare-Energien-Projekte in den Vereinigten Arabischen Emiraten (VAE), ZfBR 2020, 129
	Die Wirtschaftlichkeit als treibende Kraft in der historischen Entstehung von Vergabeverfahren und ihre Bedeutung im heutigen Vergaberecht, ZfBR 2018, 229
	Die Etablierung ökologischer, sozialer, innovativer und qualitativer Aspekte im Vergabeverfahren, ZfBR 2017, 129
Hattig/Maibaum	Praxiskommentar Kartellvergaberecht, 2. Auflage, Köln 2014
Hattig/Oest	Die Prüfung der Angemessenheit der Angebotspreise durch den Auftraggeber nach Wegfall der verbindlichen Preisspannen in der HOAI, ZfBR 2021, 364
Hattig/Ruhland	Kooperationen der Kommunen mit öffentlichen und privaten Partnern und ihr Verhältnis zum Vergaberecht, VergabeR 2005, 425
Häublein/Hoffmann-Theinert	HGB, Kommentar, Baden-Baden 2017
Haus/Erne	Das Wettbewerbsregister – Ein Grund mehr zur (Vor-)Sorge bei der Vermeidung von Rechtsverstößen im Unternehmen, NZG 2017, 1167
Hausmann/Queisner	Die Zulässigkeit von Bietergemeinschaften im Vergabeverfahren, NZBau 2015, 402
	Autonomie trotz mittelbarer staatlicher Finanzierung? Die Rechtsprechung des EuGH zu dem Kriterium der überwiegenden Finanzierung einer Einrichtung durch öffentliche Stellen, VergabeR 2014, 1
Heiermann	Der vergaberechtliche Grundsatz der Unveränderlichkeit der Bietergemeinschaft im Lichte der neueren Rechtsprechung des Bundesgerichtshofes zur Rechtsfähigkeit der Gesellschaft bürgerlichen Rechts, ZfBR 2007, 759
	Der wettbewerbliche Dialog, ZfBR 2005, 766
Heiermann/Englert	Baurecht als Herausforderung – Festschrift für Horst Franke, Köln 2009
Heiermann/Tschäpe	Die Dezentralisierung der Energieversorgung durch lokale Windenergieanlagen – Gemeinden und Gemeindebürger werden zu Öffentlichen Auftraggebern, ZfBR Beilage 2012, 110

Heiermann/Zeiss/Summa	Juris PraxisKommentar Vergaberecht, 5. Auflage, Saarbrücken 2016
Heise	Der Begriff des „öffentlichen Auftraggebers" im neuen Vergaberecht, LKV 1999, 210
Heiß	Die neue EG-Verordnung für den öffentlichen Personenverkehr – ein Überblick unter Berücksichtigung der Situation in Deutschland, VerwArch 2009, 113
Heller	Wasserkonzessionen nach der Vergaberechtsreform, EWeRK 2016, 210
Henssler/Kilian	Das deutsche Notariat im Europarecht, NJW 2012, 481
Hentschke/Geßner	Vermeidung von Manipulationen bei der Vergabe öffentlicher Aufträge, LKV 2005, 425
Herberger/Martinek/Rüßmann/Weth/Würdinger	Juris PraxisKommentar BGB, 9. Auflage, Saarbrücken 2019
Hermes	Gleichheit durch Verfahren bei der staatlichen Auftragsvergabe, JZ 1997, 909
Herrlinger/Valdini	Das neue Bundeswettbewerbsregister im Überblick, WuW 4/2018, 195
Herthen-Koch	Die Vergabe von Wasserkonzessionen, EWerK 2013, 248
Hertwig	Praxis des Vergaberechts, 7. Auflage, München 2021
	Praxis der öffentlichen Auftragsvergabe, 6. Auflage, München 2016
	Vergaberecht und staatliche (Grundstücks-)Verkäufe, NZBau 2011, 9
	Uneingeschränkte Relevanz des Gemeindewirtschaftsrechts im Vergabenachprüfungsverfahren, NZBau 2009, 355
Hesshaus	Schadensersatzansprüche des Auftraggebers wegen Blockierung der Auftragsvergabe durch Nachprüfungsverfahren, VergabeR 2008, 372
Hessler/Strohn	Gesellschaftsrecht, 5. Auflage, München 2021
Hettich	Kein Angebotsausschluss trotz Beifügung von Bieter-AGB, NZBau 2020, 80
Hettich/Soudry	Das neue Vergaberecht, Köln 2014
Heuvels	Mittelbare Staatsfinanzierung und Begriff des funktionalen Auftraggebers, NZBau 2008, 166
Heuvels/Höß/Kuß/Wagner	Vergaberecht, Gesamtkommentar zum Recht der öffentlichen Auftragsvergabe, 2. Auflage, Stuttgart 2021
Heyne	Vergaberechtliche Auftraggebereigenschaft der Kammern trotz „Nein" des EuGH?, NVwZ 2014, 621
	Die Vergaberechtsgebundenheit von Kammern und ihrer Einrichtungen, GewArch 2010, 54
Hiéramente	Die Reform des Geldwäschetatbestands als Allheilmittel bei der Bekämpfung der Wirtschaftskriminalität?, jurisPR-StrafR 21/2020 Anm. 1

Hildebrandt/Conrad	Rechtsfragen der Rückforderung von Zuwendungen bei Verstößen gegen das Vergaberecht, ZfBR 2013, 130
Hillen	Die gerichtliche Kontrolle von Wirtschaftlichkeit im Vergaberecht, Baden-Baden 2018
Höfer/Nolte	Das neue EU Vergaberecht und die Erbringung sozialer Leistungen, NZS 2015, 441
Hofmann/Schulz/Gottberg	Zulässige Inhouse-Vergabe im Konzern öffentliche Verwaltung, KommJur 2017, 245
Hofmann/Zimmermann	Rechtsrahmen für die Vergabe von Wegenutzungsverträgen im Energiebereich nach der neuen Konzessionsvergaberichtlinie – Droht eine Fortsetzung der gegenwärtig bestehenden Rechtsunsicherheit?, NZBau 2016, 71
Hoffmann-Riem/Schmidt-Aßmann/Voßkuhle	Grundlagen des Verwaltungsrechts, Band II, 2. Auflage, München 2012
Höfler	Beschaffung und Betrieb von Waffensystemen im Spannungsfeld von Vergabe- und Beihilfenrecht, NZBau 2015, 736
Hohensee/Leinemann	Stand der Umsetzung der UVgO in den einzelnen Bundesländern, VergabeNews 6/2020, 82
Hohenstein-Bartholl/Jacob	Strom- und Gaskonzessionsverträge vermitteln keine Dienstleistungskonzessionen – Abhandlung aus vergabe- und energiewirtschaftsrechtlicher Sicht, RdE 2017, 454
Hömke/Metz	Vergaberechtlicher Rechtsschutz im Unterschwellenbereich – Neue Entwicklungen zur Informations- und Wartepflicht, IR 2020, 131
Hooghoff	Das neue Wettbewerbsregister beim Bundeskartellamt – Grundlagen und Stand der Aufbauarbeiten, FIW Jahrbuch 2019, 129
Hopf	Korruption und Korruptionsprävention in der öffentlichen Verwaltung, UBWV 2005, 250
Hopt	Handelsgesetzbuch: HGB, Kommentar, 41. Auflage, München 2022
Holle/Wohlrab	Die Delle im Ei des Kolumbus, NZBau 2009, 432
Hölzl	Die Ausschreibungspflichtigkeit von Gebäudemietverträgen und die Unionsrechtsfestigkeit bestandskräftiger Entscheidungen, NZBau 2015, 412
	Verhandlungsverfahren: Was geht?, NZBau 2013, 558
	Anmerkung zu EuGH, Urteil v. 7.6.2012 – Rs. C-615/10, NZBau 2012, 509
	Neu: Der Konkurrent im Sicherheits- und Verteidigungsbereich, VergabeR 2012, 141
Hölzl/Eichler	Rechtswege für die Überprüfung der Vergabe von Rabattverträgen – Alea iacta est: Der Gesetzgeber hat gewürfelt, NVwZ 2009, 27
Hölzl/Ritzenhoff	Compliance leicht gemacht!, NZBau 2012, 28
Hörich/Bergmann	§§ 98 b, 98 c AufenthG – Ein Beispiel misslungener 1:1-Umsetzung von Richtlinien!, ZAR 2012, 327

Horn — Vergabe von Breitbandkabelnetzen, VergabeR 2013, 337

Ausschreibungspflichten bei Grundstücksgeschäften der öffentlichen Hand, VergabeR 2008, 158

Horváth/Gleich/Seiter — Controlling, 14. Auflage, München 2020

Hövelberndt — Übernahme eines wirtschaftlichen Risikos als Voraussetzung der Dienstleistungskonzession, NZBau 2010, 599

Hübner — Anmerkung zu EuGH, Urteil v. 7.9.2016 – Rs. C-549/14, EuZW 2016, 871

Öffentliche Lieferaufträge über fair gehandelte und Bio-Produkte, VergabeR 2012, 545

Huck/Müller — VwVfG, Kommentar, 3. Auflage, München 2020

Hünemörder/Diemieff — Anmerkung zu OLG Celle, Beschluss v. 30.1.2020 – 13 Verg 14/19, VergabeR 2020, 651

Immenga/Mestmäcker — Wettbewerbsrecht, Kommentar, 6. Auflage, München 2021

Isensee/Kirchhoff — Handbuch des Staatsrechts, 3. Auflage, Heidelberg 2014

Jacob/Schmidt — Zur Bereichsausnahme bei Wasserkonzessionen, RdE 2016, 114

Jaeger — Bestätigung der Bereichsausnahme für Vergaben von Rettungsdienstleistungen, NZBau 2020, 7

Und doch: Bestätigung der Bereichsausnahme für Vergaben von Rettungsdienstleistungen, NZBau 2020, 223

Bereichsausnahme für die Vergabe von Rettungsdienstleistungen?, NZBau 2018, 14

Die Vergabe von Rettungsdienstleistungsaufträgen und -konzessionen nach neuem Vergaberecht, ZWeR 2016, 205

Die neue Basisvergaberichtlinie der EU vom 26.2.2014 – ein Überblick, NZBau 2014, 259

Neuerungen zur Rügeobliegenheit (§ 107 III GWB) durch das Vergaberechtsmodernisierungsgesetz, NZBau 2009, 558

Die Rechtsprechung der OLG-Vergabesenate im Jahre 2000, NZBau 2001, 289

Public Private Partnership und Vergaberecht, NZBau 2001, 6

Jaeger/Gräf — Bildung von Bietergemeinschaften durch konkurrierende Unternehmen, NZBau 2012, 213

Jansen/Geitel — OLG Düsseldorf: Informieren und Warten auch außerhalb des GWB – Pflicht oder Kür auf dem Weg zu einem effektiven Primärrechtsschutz?, VergabeR 2018, 376

Jarass/Pieroth — Grundgesetz für die Bundesrepublik Deutschland: GG, Kommentar, 16. Auflage, München 2020

Jasper — Anmerkung zu BGH, Urteil v. 8.9.1998 – X ZR 109/96, VergabeR 2010, 775

Jauernig — BGB, Kommentar, 18. Auflage, München 2020

Jennert — Der Begriff der Dienstleistungskonzession im Gemeinschaftsrecht – Zugleich ein Beitrag zum Entgeltlichkeitsbegriff des Dienstleistungsauftrags, NZBau 2005, 131

	Vergabefremde Kriterien - keine Beihilfen, sondern gemeinwirtschaftliche Pflichten, NZBau 2003, 417
Kaiser	Die Nichtigkeit so genannter de-facto-Verträge oder: „In dubio pro submissione publica", NZBau 2005, 311
Kalinowsky	Der Anspruch der Bieter auf Einhaltung des Vergaberechts nach § 97 Abs. 7 GWB, Berlin 2000
Kämper/Heßhaus	Möglichkeiten und Grenzen von Auftraggebergemeinschaften, NZBau 2003, 303
Kapellmann/Messerschmidt	VOB Teile A und B, Kommentar, 7. Auflage, München 2020
Kapsa	Das Verbot der reformatio in peius im Zivilprozeß, Berlin 1976
Katz	Kommunales Konzessionierungsverfahren am Beispiel der Strom-/Gas- und Wasserkonzessionsverträge, KommJur 2018, 1
Keller/Hellstern	Öffentliches Interesse und Wettbewerb in der Daseinsvorsorge, NZBau 2018, 323
Keller-Stoltenhoff/Leizen/Ley	Handbuch für die IT-Beschaffung, Heidelberg 2017
Kermel	Praxishandbuch der Konzessionsverträge, Berlin 2012
Kermel/Wagner	Rechtsschutz bei Konzessionierungen nach § 46 EnWG – Parallelen zum Kartellvergaberecht?, RdE 2014, 222
Kern/Brandt	Anmerkung zu EuGH, Urteil v. 22.12.2010 – Rs. C-215/09, EuZW 2011, 259
Kieselmann/Pajunk	Bestätigung der Bereichsausnahme Rettungsdienst, NZBau 2021, 174
Kingreen	Sozialhilferechtliche Leistungserbringung durch öffentliche Ausschreibungen, VergabeR 2007, Sonderheft 2a 354
Kilian/Heussen	Computerrechts-Handbuch, 35. Ergänzungslieferung 2020, München
Kirchner	Zur reformatio in peius bezüglich der Kostenentscheidung (§ 308 Abs. 2 ZPO), NJW 1972, 2295
Kiser	Emissionshandel und Vergaberecht, VergabeR 2004, 683
Klammer	Die Änderung der Vergabeunterlagen und darauf basierende Schadensersatzansprüche, AnwZert BauR 24/2019 Anm. 2
Klees	Welcher Unternehmerbegriff gilt im GWB?, EWS 2010, 1
Klimisch/Ebrecht	Stellung und Rechte der Dialogteilnehmer im wettbewerblichen Dialog, NZBau 2011, 203
Kling	Vergaberecht und Kartellrecht – Eine Analyse der Entscheidungspraxis im Zeitraum 2015 bis 2018, NZBau 2018, 715
Klipstein/Kuljanin	E-Vergabe, Köln 2020
Klöck	Die Anwendbarkeit des Vergaberechts auf Beschaffungen durch die gesetzlichen Krankenkassen, NZS 2008, 178
Kloepfer	Katastrophenrecht: Grundlagen und Perspektiven, Baden-Baden 2008
Kment	Energiewirtschaftsgesetz, 2. Auflage, Baden-Baden 2019

Kment/Vorwalter	Streitfragen der energiewirtschaftlichen Konzession, EnWZ 2015, 387
Knauff	Neuerungen im EU-Verkehrsmarktrecht, N&R 2018, 26
	Strukturfragen des neuen Vergaberechts, NZBau 2016, 195
	Neues zur Inhouse-Vergabe, EuZW 2014, 486
	Das Kaskadensystem im Vergaberecht – ein Regelungsmodell mit Zukunft?, NZBau 2010, 657
	Vertragsverlängerungen und Vergaberecht – Zugleich ein Beitrag zu § 13 S. 6 VgV, NZBau 2007, 347
	Der Kommissionsvorschlag für eine Novelle der VO 1191/69 – Grundaussagen, Probleme und Auswirkungen im ÖPNV, DVBl 2006, 339
	Im wettbewerblichen Dialog zur Public Private Partnership?, NZBau 2005, 249
	Neues europäisches Vergabeverfahrensrecht: Der wettbewerbliche Dialog, VergabeR 2004, 287
	Dispositionsfreiheiten öffentlicher Auftraggeber, Baden-Baden 2004
Knauff/Badenhausen	Die neue Richtlinie über die Konzessionsvergabe, NZBau 2014, 395
Knispel	Zur Bedeutung des europäischen Wettbewerbsrechts für die gesetzliche Krankenversicherung, GGW 2/2001, 7
Koenig/Hentschel	Der Public Private Partnership-Infrastrukturträger als öffentlicher Auftraggeber (§ 98 GWB), ZfBR 2005, 442
	Die Auswahl des Insolvenzverwalters – nationale und EG-vergaberechtliche Vorgaben, ZIP 2005, 1937
Koenig/Kühling	Diskriminierungsfreiheit, Transparenz und Wettbewerbsoffenheit des Ausschreibungsverfahrens – Konvergenz von EG-Beihilfenrecht und Vergaberecht, NVwZ 2003, 779
Köhler/Bornkamm/Feddersen	Gesetz gegen den unlauteren Wettbewerb (UWG), Kommentar, 40. Auflage, München 2022
Köhler	Anmerkung zu OLG München, Beschluss v. 20.3.2014 – Verg 17/13, VergabeR 2014, 714
	Anmerkung zu KG, Beschluss v. 21.12.2009 – 2 Verg 11/09, VergabeR 2010, 508
Kokew	Ärztekammer kein öffentlicher Aufraggeber iSv § 98 Nr. 2 GWB, NZBau 2014, 96
Kolpatzik	„Berater als Bieter" vs. „Bieter als Berater", VergabeR 2007, 279
Körber	Kartellrechtlicher Anspruch auf Einräumung von Wegenutzungsrechten für die Verlegung von Fernwärmeleitungen, Jena 2020
	Zukunft der Verteilernetze, Baden-Baden 2020
Körber/Kühling	Ausschreibung von Fernwärmenetzten, Baden-Baden 2016
Korte	Bekämpfung der Korruption und Schutz des freien Wettbewerbs mit den Mitteln des Strafrechts, NStZ 1997, 513

Köster	Kommunale Wirtschaftsförderung durch Vergabe öffentlicher Aufträge? – Möglichkeiten und Grenzen im Umgang mit den Vergabeerlassen zur Beschleunigung von Investitionen durch Vereinfachungen im Vergaberecht, NZBau 2010, 473
Kopp/Ramsauer	VwVfG Kommentar, 22. Auflage, München 2021
Krajewski/Wethkamp	Die vergaberechtsfreie Übertragung öffentlicher Aufgaben, DVBl. 2008, 355
Kramer	Abwehrrechte gegen das Marktverhalten interner Betreiber und privilegierter Unternehmer nach der neuen VO (EG) 1370/2007, IR 2010, 80
	Gleichbehandlung im Verhandlungsverfahren nach der VOL/A, NZBau 2005, 138
Krämer	Nicht immer leicht zu handhaben, VergabeNavigator 2013, 7
Krampen-Lietzke	Folgen der (Teil-)Rechtsfähigkeit der Wohnungseigentümergemeinschaft, RNotZ 2013, 575
Kratzenberg	Der Begriff des „Öffentlichen Auftraggebers" und der Entwurf des Gesetzes zur Modernisierung des Vergaberechts, NZBau 2009, 103
Kraus	Anmerkung zu EuGH, Urteil v. 10.11.2011 – Rs. C-348/10, VergabeR 2012, 171
Kraus/Bronnen	Wie viele Äpfel sind eine Birne?, VergabeR 2017, 559
Kreßner	Die Auftragssperre im Vergaberecht, Köln 2006
Krist	Anmerkung zu OVG Niedersachen, Urteil v. 29.10.2018 – 10 ME 363/18, VergabeR 2019, 242
	Keine regelmäßige Rückforderung von Zuwendungen bei folgenlosen (schweren) Vergabeverstößen, NZBau 2013, 481
Krohn	Vertragsänderungen und Vergaberecht – Wann besteht eine Pflicht zur Neuausschreibung?, NZBau 2008, 619
	Interkommunale Zusammenarbeit und Vergaberecht, NZBau 2006, 610
	Anmerkung zu EuGH, Urteil v. 4.12.2003 – Rs. C-448/01, NZBau 2004, 92
Krönke	Sozial verantwortliche Beschaffung nach dem neuen Vergaberecht, VergabeR 2017, 101
	Das neue Vergaberecht aus verwaltungsrechtlicher Perspektive, NVwZ 2016, 568
Krüger/Rauscher	Münchener Kommentar zur Zivilprozessordnung, 6. Auflage, München 2020
Krutisch	Materielle Privatisierung – Wann unterliegen Veräußerungen von Geschäftsanteilen dem Vergaberecht?, NZBau 2003, 650
Kugele	VwVfG, Kommentar, Köln 2014
Kuhlmann	Das Verbot der reformatio in peius im Zivilprozessrecht, Berlin 2010
Kühn	Rügefristen bei nachträglich verlängerter Angebotsfrist, VergabeR 2015, 22

Kühnen	Das Verfahren vor dem Vergabesenat, NZBau 2009, 357
Kulartz/Boecker	Vergaberechtsfreie Zusammenarbeit öffentlicher Auftraggeber, NZBau 2020, 16
Kulartz/Kus/Portz/Prieß	GWB-Vergaberecht, Kommentar, 4. Auflage, Köln 2016
Kulartz/Scholz	Zuschlagskriterien – Grenzen bei der Gewichtung?, VergabeR 2014, 109
Kullack/Terner	Die neue „klassische" Vergabekoordinierungsrichtlinie – 1. Teil, ZfBR 2004, 244
Kupczyk	Die Projektantenproblematik im Vergaberecht, NZBau 2010, 21
Kupfer	Die Neufassung des Rechts zur Vergabe von Energiekonzessionen – Novellierung des § 46 EnWG, NVwZ 2017, 428
Kus	Losvergabe und Ausführungskriterien, NZBau 2009, 21
	Die richtige Verfahrensart bei PPP-Modellen, insbesondere Verhandlungsverfahren und Wettbewerblicher Dialog, VergabeR 2006, 851
Landmann/Rohmer	Umweltrecht, 97. Auflage, München 2022
	GewO Band 1, 86. Auflage, München 2021
Langen/Bunte	Kartellrecht, 14. Auflage, Köln 2022
Lantermann	Vergaberegister – Ein rechtmäßiges und effektives Mittel zur Korruptionsprävention?, 2007
Latzel	Soziale Aspekte bei der Vergabe öffentlicher Aufträge nach der Richtlinie 2014/24/EU, NZBau 2014, 673
Latzenhofer	„Haltet den Auftraggeber" – Probleme des Auftraggeberwechsels im Vergabeverfahren, RPA 2005, 147
Laufhütte	Leipziger Kommentar zum Strafgesetzbuch: StGB, Band 13: §§ 331 bis 358, 12. Auflage 2009
Lausen	Anmerkung zu OLG Celle, Beschluss v. 13.10.2016 – 13 Verg 6/16, jurisPR-Verg 1/2017 Anm. 4
	Die Beiladung im Nachprüfungsverfahren, VergabeR 2002, 117
Lausen/Pustal	Berücksichtigung von Nachhaltigkeitskriterien im Vergabeverfahren, NZBau 2022, 3
Laux	Wirksamkeit der Nutzung von E-Vergabe im Beschaffungsmanagement der öffentlichen Verwaltung – Band 4 von Kasseler Management-Forum, Kassel 2010
Leinemann/Maibaum	Die neue europäische einheitliche Vergabekoordinierungsrichtlinie für Lieferaufträge, Dienstleistungsaufträge und Bauaufträge – ein Optionsmodell, VergabeR 2004, 275
Leinemann/Kirch	VSVgV, Kommentar, München 2013
Linke	Die Notfalldirektvergabe nach Art. 5 Abs. 5 Verordnung (EG) Nr. 1370/2007 im öffentlichen Personenverkehr – oder: vergaberechtliche Grenzen von Ausnahmetatbeständen, VergabeR 2019, 739

	Marktöffnung im öffentlichen Schienenpersonenverkehr – Der neue Ansatz der EU bei der Novellierung der VO (EG) Nr. 1370/2007, NZBau 2017, 331
	VO (EG) 1370 /2007 Verordnung über öffentliche Personenverkehrsdienste Kommentar, 2. Auflage, München 2019
Loewenheim/Meessen/Riesenkampff	Kartellrecht, Kommentar, 2. Auflage, München 2009
Loewenheim/Meessen/Riesenkampff/Kersting/Meyer-Lindemann	Kartellrecht, Kommentar, 4. Auflage, München 2020
Lorbacher	Anmerkung zu BGH, Beschluss v. 24.2.2003 – X ZB 12/02, VergabeR 2003, 428
Lorff	Unterliegen die gesetzlichen Krankenversicherungsleistungen der EU-Ausschreibungspflicht, ZESAR 2007, 104
Losch	„Inhouse in der Klemme? – Wege zur Gestaltung ausschreibungsfreier Auftragsvergaben“, VergabeR 2012, 687
Lotze/Dierkes	Wasserkonzessionen – eine unendliche Geschichte?, RdE 2017, 165
Luthe	Die Vergabe sozialer Dienstleistungen nach § 130 GWB, SGb 2016, 489
Lux	Gesellschaftsrechtliche Veränderungen bei Bietern im Vergabeverfahren, NZBau 2012, 680
	Bietergemeinschaften im Schnittfeld von Gesellschafts- und Vergaberecht, Baden-Baden 2009
	Einführung in das Vergaberecht, JuS 2006, 969
Maaßen/Schreiber	Vergaberechtliche Fragen der Einrichtung von GeoTLDs - Notwendigkeit eines transparenten Auswahlverfahrens, MMR 2011, 363
Macht/Städler	Die Informationspflichten des öffentlichen Auftraggebers für ausgeschiedene Bewerber – Sinn oder Unsinn?, NZBau 2012, 143
Machwirth	Rahmenvereinbarungen nach der neuen VOL/A, VergabeR 2007 (Sonderheft 2a), 385
Mager	Neue Maßgaben zur Inhouse-Vergabe und zu den Anforderungen vergabefreier Vertragsänderungen, NZBau 2012, 25
Mager/Ganschow	Das Aus für den vergabespezifischen Mindestlohn?, NZBau 2015, 79
Mager/Lotz	Grundsätzliche Unzulässigkeit von Bietergemeinschaften?, NZBau 2014, 328
Mager/Weßler	Konkretisierte Kriterien für die Inhouse-Vergabe, NZBau 2017, 342
von Mangoldt/Klein/Starck	Kommentar zum Grundgesetz, 7. Auflage, München 2018
Manz/Schönwälder	(No) Limits in der Vergabe?, VergabeR 2013, 852
	Die vergaberechtliche Gretchenfrage: Wie hältst Du's mit dem Mittelstand?, NZBau 2012, 465
Marx	Vergaberecht für Versorgungsbetriebe, Baden-Baden 2011

Marx/Hölzl	Interimsaufträge – Schneller als das Vergaberecht erlaubt? - Zu den Voraussetzungen und Möglichkeiten der Vergabe von Interimsaufträgen, NZBau 2010, 535
Matthey	Das Recht der Auftragsvergabe in den Sektoren, Baden-Baden 2001
Maunz/Düring	Grundgesetz Kommentar, 91. Ergänzungslieferung April 2020, München
Maurer	Vertragsauslegung, Strategien zu Sach- und Bauzeitnachträgen und Vertragsabwicklung, ZfBR 2019, 659
Maurer/Waldhoff	Allgemeines Verwaltungsrecht, 20. Auflage, München 2020
Meißner	Landesvergabegesetze und (k)ein Ende?, ZfBR 2014, 453
	Ökologische und soziale Aspekte der Landesvergabegesetze, VergabeR 2012, 301
Mellert/Frey	Korruption auf kommunaler Ebene – Erscheinungsformen, Ursachen und Präventionsmöglichkeiten, KommJur 2016, 281
Michallik	Problemfelder bei der Berücksichtigung mittelständischer Interessen im Vergaberecht, VergabeR 2011, 683
Michel	Die Projektantenregelung des ÖPP-Beschleunigungsgesetzes - ein Reparaturfall im „Reparaturgesetz"?, NZBau 2006, 689
	Das Vergabeverfahren zwischen Kooperation, Wettbewerb, Transparenz und Gleichbehandlung: Lösungsansätze für die Projektantenproblematik, 2011
Mittelsdorf	Zur Reichweite individueller strafrechtlicher Verantwortung im Unternehmen für Fehlverhalten von unterstellten Mitarbeitern, ZIS 2011, 123
Mohr	Energiewirtschaftliche Konzessionsverträge und Unionsrecht, RdE 2016, 269
Momsen/Grützner	Wirtschafts- und Steuerstrafrecht, 2. Auflage, München 2020
Moos/Scheftig/Arning	Die neue Datenschutz-Grundverordnung, Berlin/Boston 2018
Mösinger	Die Dienstleistungskonzession: Wesen und Abgrenzung zu ausschreibungsfreien Verträgen, NZBau 2015, 545
	Gleichbehandlung der Teilnehmer im Wettbewerblichen Dialog, NZBau 2009, 695
Mösinger/Juraschek	Keine Flucht in Sicherheitsinteressen!, NZBau 2019, 93
Mösinger/Thomas	Verteidigungs- und Sicherheitsvergaben, München 2014
Motzke/Pietzcker/Prieß	Beck'scher VOB-Kommentar, VOB/A, 1. Auflage, München 2002
Müller	Anmerkung zu OLG Rostock, Beschluss v. 1.9.2021 – 17 Verg 2/21, jurisPR-VergR 2/2021 Anm. 1
	Anmerkung zu BGH, Urteil v. 8.12.2020 – XIII ZR 19/19, jurisPR-VergR 4/2021 Anm. 2
Müller	Öffentlich-rechtliche Dienstleistungskonzessionen künftig ein Beschaffungsvorgang?, NVwZ 2016, 266
Müller	Das Preisrecht bei öffentlichen Aufträgen- vorbeugendes Instrumentarium gegen Wettbewerbsverstöße, NZBau 2011, 720

Müller/Ernst	Elektronische Vergabe ante portas - Übersicht über aktuelle und zukünftige Rechtsfragen, NJW 2004, 1768
Müller/Klostermann	Die neuen Vergaberichtlinien - Besteht eine rechtliche oder faktische Vorwirkung der Richtlinien vor Ablauf der Frist zur Umsetzung durch die Mitgliedsstaaten?, ZfBR 2014, 347
Müller/Veil	Wettbewerblicher Dialog und Verhandlungsverfahren im Vergleich, VergabeR 2007, 298
Müller-Wrede	SektVO einschließlich VergStatVO, Kommentar, 2. Auflage, Köln 2018
	VgV/UVgO einschließlich VergStatVO, Kommentar, 5. Auflage, Köln 2017
	GWB-Vergaberecht, 1. Auflage, Köln 2016
	Die Neuregelung zur In-House-Vergabe, VergabeR 2016, 292
	Vergabe- und Vertragsordnung für Leistungen – VOL/A, 4. Auflage, Köln 2014
	Kommentar zum VOF, 5. Auflage, Köln 2014
	Taschenkommentar GWB-Vergaberecht, 2. Auflage, Köln 2014
	Anmerkung zu OLG Düsseldorf, Beschluss v. 11.12.2013 – VII-Verg 22/13, VergabeR 2014, 407
	Kompendium des Vergaberechts, 2. Auflage, Köln 2013
	Der Architektenwettbewerb, Köln 2012
	Nachhaltige Beschaffung, VergabeR 2012, 416
	ÖPP- Beschleunigungsgesetz, Köln 2006
	Örtliche Präsenz, Ortsnähe und Ortsansässigkeit als Wertungskriterien – eine Verletzung des Diskriminierungsverbotes?, VergabeR 2005, 32
	Grundsätze der Losvergabe unter dem Einfluss mittelständischer Interessen, NZBau 2004, 643
Müller-Wrede/Braun	KonzVgV einschließlich VergStatVO und Sonderregelungen, Kommentar, Köln 2019
Müller-Wrede/Greb	Anmerkung zu EuGH, Urteil v. 13.1.2005 – Rs. C-84/03, VergabeR 2005, 184
Müller-Wrede/Lux	Die Behandlung von Projektanten im Vergabeverfahren- Zugleich eine Anmerkung zu OLG Düsseldorf, Beschl. vom 25.10.2005 - Verg 67/05[2] und VK Bund, Beschl. vom 06.06.2005 - VK 2 - 33/05[3], ZfBR 2006, 327
Musielak/Voit	Zivilprozessordnung (ZPO), Kommentar, 18. Auflage, München 2021
Mutschler-Siebert/Dorschfeldt	Die Vergabe von SPNV-Leistungen nach der Vergaberechtsreform, VergabeR 2016, 385
Mylich	Kreditsicherheiten für Gesellschafterdarlehen – Perspektiven und offene Fragen trotz und wegen der zwingenden Anwendung von § 135 I Nr. 1 InsO, ZIP 2019, 2233

Nettesheim	Das neue Dienstleistungsrecht des ÜPNV – Die Verordnung (EG) Nr. 1370/2007, NVwZ 2009, 1449
Neumann/Pahlen/Greiner/Winkler/Jabben	Sozialgesetzbuch IX, Kommentar, 14. Auflage, München 2020
Neun/Otting	Die EU-Vergaberechtsreform 2014, EuZW 2014, 446
Noch	Hinterm Horizont, VergabeNavigator 4/2020, 30
	Vergaberecht kompakt, 8. Auflage, Köln 2019
	Anmerkung zu OLG Koblenz, Beschluss v. 10.7.2018 – Verg 1/18, VergabeR 2018, 671
	Anmerkung zu OLG Dresden, Beschluss v. 18.9.2009 – WVerg 0003/09, VergabeR 2010, 90
	Begriff des öffentlichen Auftraggebers, NVwZ 1999, 1083
Odendahl	Die Berücksichtigung vergabefremder Kriterien im öffentlichen Auftragswesen - Rechtslage nach EG- und WTO-Recht -, EuZW 2004, 647
Ohle/Gregoritza	Grenzen des Anwendungsbereichs von Auftragssperren der öffentlichen Hand- am Beispiel der Gesetzes- und Verordnungslage des Landes Berlin, ZfBR 2003, 16
Ohrtmann	Compliance im Beschaffungswesen, VergabeR 2015, 327
	Bietergemeinschaften, VergabeR 2008, 426
	Vom Vergaberecht befreit – Private Energieerzeuger sind keine Sektorenauftraggeber mehr, VergabeR 2007, 565
	Korruption im Vergaberecht – Konsequenzen und Prävention - Teil 2: Konsequenzen und Selbstreinigung, NZBau 2007, 278
Olfert/Rahn	Einführung in die Betriebswirtschaftslehre, 13. Auflage, Herne 2021
Ollmann	Das Aus für das (bisherige) Verhandlungsverfahren, VergabeR 2016, 413
	Die kleine Vergaberechtsreform, VergabeR 2008, 447
	Wettbewerblicher Dialog eingeführt – Änderungen des Vergaberechts durch das ÖPP-Beschleunigungsgesetz, VergabeR 2005, 685
	Das neue Vergaberecht, VergabeR 2004, 669
Opheys	Effektiver Rechtsschutz im Vergabeverfahren – Die Zulässigkeit eines Nachprüfungsantrags bezüglich geplanter De-facto-Vergaben, NZBau 2017, 714
Opitz	Besteht ein Netz für Schienenverkehrsleistungen?, VPR 2019, 115
	Die neue Richtlinie über die Konzessionsvergabe, NVwZ 2014, 753
	Was bringt die neue Sektorenvergaberichtlinie?, VergabeR 2014, 369
	Wie funktioniert der wettbewerbliche Dialog? – Rechtliche und praktische Probleme, VergabeR 2006, 451

	Das Eilverfahren, NZBau 2005, 213
	Das Legislativpaket: Die neuen Regelungen zur Berücksichtigung umwelt- und sozialpolitischer Belange bei der Vergabe öffentlicher Aufträge, VergabeR 2004, 421
	Die Entwicklung des EG-Vergaberechts in den Jahren 2001 und 2002 – Teil 1 – Die Rechtstatsachen und der Rechtsrahmen, NZBau 2003, 183
	Vertrauensschutz gegenüber dem relativen Sektorenauftraggeber, NZBau 2002, 19
Orlowski	Zulässigkeit und Grenzen der In-house-Vergabe, NZBau 2007, 80
Ortner	Das Gebot der Berücksichtigung mittelständischer Interessen im Vergaberecht, VergabeR 2011, 677
	Wirtschaftliche Betätigung des Staates und Vergaberecht, VergabeR 2009, 852
Ory/Weth	Juris PraxisKommentar: Elektronischer Rechtsverkehr, Saarbrücken 2021
Ossenbühl	Der verfassungsrechtliche Rahmen offener Gesetzgebung und konkretisierender Rechtsetzung, DVBl. 1999, 1
Otting	Es gibt keine ungeschriebenen Eignungskriterien!, VPR 2021, 3
	Neues Vergaberegime für Rechtsdienstleistungen, Anwaltsblatt 2014, 304
Otting/Olgemöller	Innovation und Bürgerbeteiligung im Wettbewerblichen Dialog, NVwZ 2011, 1225
Otting/ Tresselt	Grenzen der Loslimitierung, VergabeR 2009, 585
Otto	Wettbewerbsbeschränkende Absprachen bei Ausschreibungen, § 298 StGB, wistra 1999, 41
Pache	Der Staat als Kunde – System und Defizite des neuen deutschen Vergaberechts, DVBl. 2001, 1781
Palandt	Bürgerliches Gesetzbuch: BGB, Kommentar, 80. Auflage, München 2021
Pattar	Sozialhilferechtliches Dreiecksverhältnis – Rechtsbeziehungen zwischen Hilfebedürftigen, Sozialhilfeträgern und Einrichtungsträgern – Einführung in die rechtlichen Grundlagen, Sozialrecht aktuell 2012, 85
Pauka	Entbürokratisierung oder Mehraufwand? – Die Regelungen der Einheitlichen Europäischen Eigenerklärung (EEE) in der VKR, VergabeR 2015, 505
	Ein bisschen „Mehr an Eignung" – Personenbezogene Zuschlagskriterien nach der 7. ÄVOVgV, NZBau 2015, 18
Pauka/Chrobot	Öffentliches Preisrecht und Vergaberecht, VergabeR 2011, 405
Pautsch/Hoffmann	VwVfG, Kommentar, 2. Auflage, Berlin 2021
Pechtl	Preispolitik: Behavorial Pricing und Preissysteme, 2. Auflage, Stuttgart 2014
Peshteryanu	Anmerkung zu BGH, Beschluss v. 14.7.2020 – XIII ZB 135/19, jurisPR-VergR 11/2020 Anm. 1

Peters	Die Vergabe ohne Ausschreibung und die vorzeitige Vergabe nach Ausschreibung, NZBau 2011, 7
Petersen	Vergaberechtliche Zulässigkeit personenbezogener Zuschlagskriterien, VergabeR 2015, 8
Pfannkuch	Anmerkung zu OLG Rostock, Beschluss v. 6.2.2019 – 17 Verg 6/18, VergabeR 2020, 219
	Aktuelle Anforderungen an Rahmenvereinbarungen im Vergaberecht, KommJur 2019, 241
	Das bundesrechtliche Wettbewerbsregistergesetz – Überblick und Bedeutung im Vergabeverfahren, ZfBR 2018, 342
	Beihilferechtliche Risiken bei der Inhouse-Vergabe, NZBau 2015, 743
	Landesrechtlicher vergabespezifischer und bundesweiter Mindestlohn im Vergabeverfahren, VergabeR 2015, 631
Pielow	Gewerbeordnung: GewO, Kommentar, 2. Auflage, München 2016
Pielow/Booz	Industrie- und Handelskammern als öffentliche Auftraggeber?, GewArch 2015, 12
Pieth/Eigen	Korruption im internationalen Geschäftsverkehr: Bestandsaufnahme, Bekämpfung und Prävention, Neuwied 1999
Pietzcker	Auf der Suche nach den Grenzen des Vergaberechts, VergabeR 2010, 735
	Grenzen des Vergaberechts, NVwZ 2007, 1225
	Vergabeverordnung und Kaskadenprinzip aus verfassungsrechtlicher und europarechtlicher Sicht, NZBau 2000, 64
	Die neue Gestalt des Vergaberechts, ZHR 162 (1998), 437
	Bindungswirkung der Entscheidung der Vergabekammer für das Verwaltungsgericht gem. § 179 Abs. 1 GWB, VergabeR 2019, 607
Plagemann	Anwaltshandbuch Sozialrecht, 5. Auflage, München 2018
Plath	BDSG/DSGVO, 3. Auflage 2018
Pollmann	Der verfassungsrechtliche Gleichbehandlungsgrundsatz im öffentlichen Vergaberecht, Berlin 2009
Portner/Rechten	Das Open-House-Modell – Möglichkeiten für eine praxisgerechte Verfahrensausgestaltung, NZBau 2017, 587
Portz	Kein „pacta sunt servanda" bei vergaberechtswidrigen Verträgen – Anmerkung zu EuGH, Urteil v. 18.7.2007 – C-503/04 (Kommission/Deutschland), KommJur 2007, 335
Poschmann	Vertragsänderungen unter dem Blickwinkel des Vergaberechts, Berlin 2010
Posser/Wolff	VwGO, Kommentar, 2. Auflage, München 2014
Prieß	Die Vergabe von Rettungsdienstleistungen nach den neuen Vergaberichtlinien, NZBau 2015, 343

	Exclusio corruptoris? – Die gemeinschaftsrechtlichen Grenzen des Ausschlusses vom Vergabeverfahren wegen Korruptionsdelikten, NZBau 2009, 587
	Handbuch des europäischen Vergaberechts, 3. Auflage, Köln 2005
	Anmerkung zu EuGH, Urteil v. 8.9.2005 – Rs. C-129/04, VergabeR 2005, 751
	Die Leistungsbeschreibung - Kernstück des Vergabeverfahrens (Teil 1), NZBau 2004, 20
Prieß/Bonitz	Das Sonderregime für Schadensersatz bei Vergabefehlern, NZBau 2013, 477
Prieß/Friton	Ausschluss bleibt Ausnahme, NZBau 2009, 300
Prieß/Gabriel	Beendigung des Dogmas durch Kündigung: Keine Bestandsgarantie für vergaberechtswidrige Verträge, NZBau 2006, 219
Prieß/Hölzl	Zulässiges Führen der Berufsbezeichnung „Freier Architekt", NZBau 2011, 45
Prieß/Marx/Hölzl	Unternehmen des Schienengüterverkehrs: Auftraggeber i.S. von § 98 GWB?, VergabeR 2012, 425
	Kodifizierung des europäischen Rechtes zur Vergabe von Dienstleistungskonzessionen nicht notwendig – Überlegungen am Beispiel der europäischen Regeln für die Trinkwasserversorgung, NVwZ 2011, 65
Prieß/Lau/Kratzenberg	Wettbewerb – Transparenz – Gleichbehandlung: 15 Jahre GWB-Vergaberecht, Festschrift für Fridhelm Marx, München 2013
Prieß/Simonis	Die künftige Relevanz des Primärvergabe- und Beihilfenrechts – Ein Zwischenruf, NZBau 2015, 731
Prieß/Stein	Die neue EU-Konzessionsvergaberichtlinie, VergabeR 2014, 499
	Die neue EU-Sektorenrichtlinie, NZBau 2014, 323
	Nicht nur sauber, sondern rein: Die Wiederherstellung der Zuverlässigkeit durch Selbstreinigung, NZBau 2008, 230
Probst/Tews	Ausschreibung von (nachrangigen) Sicherheitsdienstleistungen auf deutschen Flughäfen, VergabeR 2011, 818
Puhl	Grundfragen des kartellvergaberechtlichen Auftraggeberbegriffs, Baden-Baden 2012
Pünder	Beschränkungen der In-House-Vergabe im öffentlichen Personenverkehr, NJW 2010, 263
	Die Vergabe von Personenverkehrsdienstleistungen in Europa und die völkerrechtlichen Vorgaben des WTO-Beschaffungsübereinkommens, EuR 2007, 564
Pünder/Franzius	Auftragsvergabe im wettbewerblichen Dialog, ZfBR 2006, 20
Pünder/Schellenberg	Vergaberecht, Kommentar, 3. Auflage, Baden-Baden 2019
Pünder/Prieß	Vergaberecht im Umbruch, Köln 2005
Pünder/Prieß/Arrowsmith	Self-Cleaning in Public Procurement Law, Köln 2010

Püstow/Meiners	Vorrang des Unionsrechts bei vergaberechtswidrigen Verträgen, EuZW 2016, 325
	Die Innovationspartnerschaft – Mehr Rechtssicherheit für ein innovatives Vertragsmodell, NZBau 2016, 406
Ramsauer	Die Dogmatik der subjektiven öffentlichen Rechte, JuS 2012, 769
Ransiek	Zur strafrechtlichen Verantwortung von Unternehmen, NZWiSt 2012, 45
Rechten	Die Novelle des EU-Vergaberechts, NZBau 2004, 366
	Der Auftraggeberbegriff im Wandel, NZBau 2014, 667
Rechten/Röbke	Sozialstandards bei der Vergabe öffentlicher Aufträge in Berlin und Brandenburg, LKV 2011, 337
Redecker/von Oertzen	VwGO, Kommentar, 17. Auflage, Stuttgart 2021
Redmann	Landesvergaberecht 2.0, LKV 2012, 295
Regler	Anmerkung zu EuGH, Urteil v. 25.3.2010 – Rs. C-451/08, DNotZ 2010, 528
Reichling/Scheumann	Die Vergabe von IT-Leistungen – Besondere Anforderungen und besondere Flexibilität? (Teil I), GewArch 2019, 7
Reidt/Glahs	Tariftreue- und Mindestentgeltpflichten von Auftragnehmern und Nachunternehmern im Öffentlichen Personenverkehr – beispielhaft dargestellt anhand des Niedersächsischen Tariftreue- und Vergabegesetzes, VergabeR 2015, 641
Reidt/Stickler/Glahs	Vergaberecht, Kommentar, 4. Auflage, Köln 2018
Reimnitz	Der neue Wettbewerbliche Dialog – Eine Alternative zum Verhandlungsverfahren unter Berücksichtigung von Public Private Partnership-Modellen, Frankfurt 2008
Renner/Rubach-Larsen/Sterner	Rechtsschutz bei der Vergabe von Rüstungsaufträgen, NZBau 2007, 407
Rennert	Konzessionen vor dem Verwaltungsgericht, NZBau 2019, 411
Reuber	Kein allgemeines Bewerbungsverbot wegen Vorbefassung, VergabeR 2005, 271
Rhein	Eignung per Datenbank, VergabeNavigator 2015, 9
Rieder/Dammann de Chapto	Das neue Wettbewerbsregister beim Bundeskartellamt – Ein Anlass für (noch) mehr Compliance in Unternehmen, NZBau 2018, 8
Riese	Vergaberecht – Grundlagen, Verfahren, Rechtsschutz, Berlin 1998
Riese/van den Eikel	Der Handel von Emissionszertifikaten durch Stadtwerke: Ein vergaberechtliches Problem?, NVwZ 2005, 758
Risch	Die Vergabe von Konzessionen im Rettungsdienst – Teil 2, KommJur 2017, 129
Ristelhuber/Deuster	Direktvergaben an kommunale Aktiengesellschaften, VergabeR 2018, 99

Rittwage	Vergleichsvereinbarungen bei der Vergabe öffentlicher Aufträge, NZBau 2007, 484
	Einzel- und Gesamtsrechtsnachfolge bei öffentlichen Aufträgen, VergabeR 2006, 327
Röbke	Unmittelbare Anwendbarkeit des Vergabesekundärrechts gegenüber privatrechtlich organisierten öffentlichen Auftraggebern, NZBau 2014, 609
	Hilfsmittel- und Arzneimittelrabattverträgen im Spannungsfeld zwischen GWB und dem Recht der GKV, NZBau 2010, 346
	Vergaberechtliche Ausschreibungspflicht für Rettungsdienstleistungen, NZBau 2008, 702
Rödl	Bezifferte Mindestentgeltvorgaben im Vergaberecht, EuZW 2011, 292
Rogowski	Prävention besser als Sanktion, Stadt und Gemeinde 2003, 192
Römermann	Ein Jahr im Zeichen der Compliance: nun auch für mittelständische GmbH, GmbHR 2014, 1
Rosenkötter	Die Innovationspartnerschaft, VergabeR 2016, 196
	Die Verteidigungsrichtlinie 2009/81/EG und ihre Umsetzung, VergabeR 2012 (Sonderheft 2a), 267
Rosenkötter/Plantiko	Die Befreiung der Sektorentätigkeiten vom Vergaberechtsregime, NZBau 2010, 78
Roth	Selbstreinigung und Wiedergutmachung im Vergaberecht, NZBau 2016, 672
	Private Projektgesellschaften als öffentliche Auftraggeber?, NZBau 2013, 685
	Methodik und Bekanntgabe von Wertungsverfahren zur Ermittlung des wirtschaftlichsten Angebots, NZBau 2011, 75
Roth/Erben	Scientology-Schutzklausel im Vergaberecht, NZBau 2013, 409
Roth/Lamm	Die Umsetzung der Verteidigungsgüter-Beschaffungsrichtlinie in Deutschland Ein Überblick über die Regelungen des GWB, der VSVgV und des dritten Abschnitts der VOB/A (VOB/A-VS), NZBau 2012, 609
Roth/Lamm/Weyand	Zulässigkeit der Bevorzugung von anerkannten Werkstätten für behinderte Menschen im Vergabeverfahren – Wie effektiv sind die Regelungen in Deutschland für eine sozialorientierte Beschaffung?, DÖV 2011, 545
Roth/Landwehr	Kein „Freibrief" für Direktvergaben bei pandemiebedingtem Dringlichkeitsbedarf, NZBau 2021, 441
Röwekamp/Kus/Potz/Prieß	GWB-Vergaberecht, Kommentar, 5. Auflage, Köln 2020
Ruge	Schwarze und weiße Liste – Korruptionsbekämpfung im Vergaberecht, DVP 2005, 96
Ruthig	Vergaberechtsfreier Bevölkerungsschutz, NZBau 2016, 3
	Vergaberechtsnovelle ohne Gesetzgeber - Zum GWB-Vergaberecht nach Ablauf der Umsetzungsfrist - Teil I, NZBau 2006, 137
Sachs	Grundgesetz: GG, Kommentar, 9. Auflage, München 2021

Säcker	Berliner Kommentar zum Energierecht, 5. Auflage, Frankfurt am Main 2022
Säcker	Münchener Kommentar zum Wettbewerbsrecht, Band 3 und 4, 3. Auflage, München 2018
Säcker/Ganske/Knauff	Münchener Kommentar zum Wettbewerbsrecht, Band 3 und 4, 4. Auflage, München 2022
Säcker/Rixecker/Oetker/Limperg	Münchener Kommentar zum Bürgerlichen Gesetzbuch, 9. Auflage, München 2021
Sauer	Das Recht der Vergabe von Strom- und Gas-Konzessionsverträgen im EnWG, Baden-Baden 2012
	Die Vergabe von Wegenutzungsverträgen für die Verlegung und den Betrieb von Fernwärmenetzen, IR 2018, 4
Saxinger	Die Novellierung der Verordnung (EG) Nr. 1370/2007 und ihre Auswirkungen auf den straßengebundenen ÖPNV, GewArch 2017, 463
Saxinger/Winnes	Recht des öffentlichen Personenverkehrs, 17. Ergänzungslieferung Stand 12/2018, Köln
Schäfer/Uechtritz/Zuber	Rechtsgestaltung in der kommunalen Praxis, Baden-Baden 2015
Schäling	Fehlerhafte Wahl des Vergabeverfahrens führt zum Widerruf der Zuwendung!, IBR 2013, 294
Schaller	Die Einheitliche Europäische Eigenerklärung, NZBau 2020, 19
Scharen	Patentschutz und öffentliche Vergabe, GRUR 2009, 345
Scharf/Dierkes	Zur Frage der Ausschreibungspflicht von Anteilskäufen durch die öffentliche Hand, VergabeR 2011, 543
Schaub/Koch	Arbeitsrecht von A-Z, 26. Auflage, München 2022
Scheffler	Anmerkung zu EuGH, Urteil v. 11.7.2006 – Rs. C-205/03, EuZW 2006, 601
Schenke/Klimpel	Verhandlungsverfahren versus wettbewerblicher Dialog: Neuere Entwicklungen im Vergaberecht Öffentlich Privater Partnerschaften (ÖPP)-Public Private Partnership (PPP), DVBl. 2006, 1492
Scherer-Leydecker	Das Wettbewerbsregister: Die bundesweite schwarze Liste für die Vergabe öffentlicher Aufträge, CB 2017, 261
	Verteidigungs- und sicherheitsrelevante Aufträge – Eine neue Auftragskategorie im Vergaberecht, NZBau 2012, 533
Schimanek	Die Ausschreibungspflicht von Privatisierungen, NZBau 2005, 304
	Anmerkung zu VK Ansbach, Beschluss v. 26.7.2018 – RMF-SG21-3194-3-19, jurisPR-VergR 11/2018 Anm. 3
Schindler	Zulässigkeit der Beschränkung der Angebotsabgabe auf elektronische Form durch öffentlichen Auftraggeber, NZBau 2008, 746
Schlette	Der Begriff des „öffentlichen Auftraggebers" im EG-Vergaberecht – Zur Entscheidung des EuGH in den Fällen Mannesmann Anlagenbau Austria AG und Gemeente Arnhem, EuR 2000, 119
Schlichting	Die Verfolgung öffentlicher Interessen mithilfe der Vergabesperre, Baden-Baden 2018

Schmidt — HOAI 2021 – Was folgt aus dem Wegfall des verbindlichen Preisrechts?, NJW 2021, 2491

Schmidt — Handelsrecht, 6. Auflage, Köln 2014

Schmidt — Wider den Ausschlussautomatismus: Kein zwingender Ausschluss einer Bietergemeinschaft bei Insolvenz eines Mitgliedsunternehmens, NZBau 2008, 41

Schneider — Das Ende der Prüfung der „rechtlichen Leistungsfähigkeit" im Vergabeverfahren – OLG Düsseldorf gibt bisherige Rechtsprechung auf (OLG Düsseldorf, Beschl. v. 14.10.2020 – Verg 36/19), Vergabeblog.de vom 19/11/2020, Nr. 45694

Der Wettbewerbliche Dialog im Spannungsfeld der Grundsätze des Vergaberechts, Berlin 2009

Schneider — Die Rechtswidrigkeit der UfAB II Formel im Vergabeverfahren, NZBau 2002, 555

Schnieders — EuGH „Bundesdruckerei" – Vorbote neuen Ungemachs für die deutsche Tariftreuegesetzgebung?, VergabeR 2015, 136

Schoch/Schneider/Bier — Verwaltungsrecht, Kommentar, 41. Ergänzungslieferung 2021, München

Schoof/Leinemann — Das Wettbewerbsregister nimmt Gestalt an, VergabeNews 2/21, 18

Schreyer-Leydecker — Verteidigungs- und sicherheitsrelevante Aufträge – Eine neue Auftragskategorie im Vergaberecht, NZBau 2012, 533

Schröder — Das Verfahren zur Vergabe von Wasserkonzessionen, NVwZ 2017, 504

Das Konzessionsvergabeverfahren nach der RL 2014/23/EU, NZBau 2015, 351

„Grüne" Zuschlagskriterien, NZBau 2014, 467

Rechtlich privilegierte Sektorenauftraggeber nach § 98 Nr. 4 GWB, NZBau 2012, 541

Das so genannte Wesentlichkeitskriterium beim In-House-Geschäft, NVwZ 2011, 776

Die elektronische Auktion nach § 101 IV 1 GWB – Rückkehr des Lizitationsverfahrens?, NZBau 2010, 411

Inhalt, Gestaltung und Praxisfragen des wettbewerblichen Vergabeverfahrens nach der europäischen ÖPNV-Verordnung, NVwZ 2008, 1288

Ausschreibungen bei der Grundsicherung für Arbeitsuchende (SGB II), VergabeR 2007 (Sonderheft 2a), 418

Voraussetzungen, Strukturen und Verfahrensabläufe des Wettbewerblichen Dialogs in der Vergabepraxis, NZBau 2007, 216

In-house-Vergabe zwischen Beteiligungsunternehmen der öffentlichen Hand?, NZBau 2005, 127

Die vergaberechtliche Stellung des Kommunalunternehmens als Anstalt des öffentlichen Rechts, NZBau 2003, 596

Schrotz/Ahlhaus	Anmerkung zu OLG Düsseldorf, Beschluss v. 28.7.2011 – VII-Verg 20/11, NVwZ 2012, 63
Schrotz/Raddatz	Anmerkung zu EuGH, Urteil v. 13.6.2013 – Rs. C-386/11, NVwZ 2013. 933
Schulte/Just	Kartellrecht, Kommentar, 2. Auflage, Köln 2016
Schulte/Voll	Das Bietergemeinschaftskartell im Vergaberecht – Drum prüfe, wer sich (ewig) bindet, ZfBR 2013, 223
Schütte	Verhandlungen im Vergabeverfahren, ZfBR 2004, 237
Schwab	Das neue Arbeitnehmer-Entsendegesetz, NZA-RR 2010, 225
Schwab/Giesemann	Mit mehr Regeln zu mehr Rechtssicherheit?, VergabeR 2014, 351
Schwabe	Forderung nach sozialversicherungspflichtigem Personal in Vergabeverfahren?, NZBau 2013, 753
Seelinger/Gürer	Das neue Wettbewerbsregister – ein Überblick aus kartellrechtlichem Blickwinkel, BB 2017, 1731
Seidel	Anmerkung zu OLG Düsseldorf, Beschluss v. 28.7.2011 – VII-Verg 20/11, VergabeR 2012, 45
Shirvani	Zur unionsrechtskonformen Auslegung von § 101b GWB, VergabeR 2013, 669
Siebler/Wellmann	Vorzeitige Verlängerung von Wasserkonzessionen?, VersorgW 2015, 172
Siedler/Zeitler/Dahme/Knopp	Wasserhaushaltsgesetz, Abwasserabgabengesetz: WHG, Kommentar, 56. Auflage, München 2021
Siegel	Neue Ziele im Vergaberecht, VergabeR 2022, 14
	Die Konzessionsvergabe im Unterschwellenbereich, NZBau 2019, 353
	Die Ausschreibungspflicht horizontaler öffentlich-öffentlicher Kooperationen, NZBau 2018, 507
	Mindestlöhne im Vergaberecht und der EuGH, EuZW 2016, 101
	Der neue Rechtsrahmen für die Vergabe von Dienstleistungskonzessionen, VergabeR 2015, 265
	Wie fair ist das Vergaberecht? – Der faire Handel vor dem EuGH, VergabeR 2013, 370
Siegel/Wellmann	Vorzeitige Verlängerung von Wasserkonzessionen?, VersorgungsW 2015, 172
Sitsen	Ist die Zweiteilung des Vergaberechts noch verfassungskonform?, ZfBR 2018, 654
	Die Sektorenauftraggebereigenschaft privater Eisenbahnverkehrsunternehmen nach der Vergaberechtsreform 2016, VergabeR 2016, 553
	Vergaben im Verteidigungs- und Sicherheitsbereich – Rechtsschutzmöglichkeiten übergangener Bieter, Schriftenreihe forum vergabe e.V. 2012, 118
Spindler/Schuster	Recht der elektronischen Medien, 4. Auflage, München 2019

Steck	Ermittlung des besten Preis-Leistungs-Verhältnisses, VergabeR 2017, 240
Steiling	Die Auftraggebereigenschaft der Ärztekammern, NZBau 2012, 146
Stein/Friton	Internationale Korruption, zwingender Ausschluss und Selbstreinigung, VergabeR 2010, 151
Stein/Friton/Huttenlauch	Kartellrechtsverstöße als Ausschlussgründe, WuW 2012, 38
Stein/Wolters	Gesteigerte Bewertungsanforderungen infolge der „Schulnoten-Rechtsprechung", NZBau 2020, 339
	Anmerkung zu EuGH, Urteil v. 24.10.2018 – Rs. C-124/17, jurisPR-Compl 2/2019 Anm. 2, 8
Steinberg	Die neue Vergabe- und Vertragsordnung für Bauleistungen - europarechtliche Genese und nationale Umsetzung, NVwZ 2006, 1349
Steinicke/Vesterdorf	Brussels Commentary on EU Public Procurement Law, München 2018
Stelkens/Bonk/Sachs	Verwaltungsverfahrensgesetz (VwVfG), Kommentar, 9. Auflage, München 2018
Stickler	Bedarf die Vergabe von Darlehensverträgen durch die öffentliche Hand einer europaweiten Ausschreibung?, VergabeR 2008, 177
Stickler/Feske	Die In-House-Vergabe von ÖSPV-Dienstleistungen nach der VO (EG) 1370/2007, VergabeR 2010, 1
Stolz	Die Einheitliche Europäische Eigenerklärung, VergabeR 2016, 155
	Die Vergabe von Architekten- und Ingenieurleistungen nach der Vergaberechtsreform 2016, VergabeR 2016, 351
Stoye/von Münchhausen	Primärrechtsschutz in der GWB-Novelle – Kleine Vergaberechtsreform mit großen Einschnitten im Rechtsschutz, VergabeR 2008, 871
Stoye/Plantiko	Der reine Preiswettbewerb – wann ist der sinnvoll, wann verboten?, VergabeR 2015, 309
Stoye/Schrammel	Die HOAI 2021 als flexibler Rechtsrahmen im Preis- und Leistungswettbewerb um öffentliche Planungsaufträge, NJW 2021, 197
von Strenge	Auftraggebereigenschaft wegen Beherrschung durch ausländische Gebietskörperschaften, NZBau 2011, 17
Stumpf/ Götz	Voraussetzungen und Rahmenbedingungen der Dringlichkeitsvergabe, VergabeR 2016, 561
Sudbrock	Wasserkonzessionen, In-House-Geschäfte und interkommunale Kooperationen nach den neuen EU-Vergaberichtlinien, KommJur 2014, 41
Sule	„Rechts auf Wasser" – Zur ersten der Europäischen Kommission vorgelegten Europäischen Bürgerinitiative nach dem Lissabonner Vertrag, EuZW 2014, 725

Summa	Nachprüfungsantrag abgelehnt – oder doch nicht?, VPR 2020, 235
	Verlängerung der aufschiebenden Wirkung der sofortigen Beschwerde durch BGH?, VPR 2019, 202
	Austausch des „Eignungsverleihers" nach Angebotsabgabe?, VPR 2017, 217
	Vergaberecht und ILO-Kernarbeitsnormen, VergabeR 2016, 147
	Die Umsetzung der neuen Vergaberichtlinien – ein erster Eindruck, NZBau 2015, 329
	Die Entscheidung über die Auftragsvergabe – Ein Ausblick auf das künftige Unionsrecht, NZBau 2012, 729
Tausendpfund	Gestaltungs- und Konkretisierungsmöglichkeiten des Bieters im Vergaberecht, Baden-Baden 2009
Tegeler	Dienstleistungskonzessionen – KonzVgV regelt Vergabeverfahren, VergabeFokus 2016, 16
Terwiesche/Lompa	Neues Vergaberecht – Keine Ausschreibungspflicht der Kommunen für Rechtsberatungsleistungen unterhalb des Schwellenwertes, KommJur 2015, 407
Theurer/Trutzel/Braun/Weber	Die Pflicht zur Losaufteilung: Von der Norm zur Praxis – Forschungsgutachten der auftragsberatungsstellen in Deutschland, VergabeR 2014, 301
Theobald/Kühling	Energierecht, 115. Auflage, München 2022
Thieme/Corell	Deutsches Vergaberecht zwischen nationaler Tradition und europäischer Integration, DVBl. 1999, 884
Thommen/Achleitner	Allgemeine Betriebswirtschaftslehre, Wiesbaden 2020
Tomerius	Drittgeschäfte kommunaler Entsorgungsunternehmen und Inhouse-Fähigkeit, VergabeR 2015,373
	Kommunale Flächenentwicklung in öffentlich-privater Partnerschaft und Vergaberecht: Entwicklungslinien in Literatur und Rechtsprechung zwei Jahre nach dem EuGH-Urteil „Helmut Müller", ZfBR 2012, 332
Trybus	Buying Defence and Security in Europe – The EU Defence and Security Procurement Directive in Context, Cambridge 2014
Tschäpe	Zur Anzahl der Teilnehmer während des Verhandlungsverfahrens, ZfBR 2014, 538
Tugendreich	Mindestlohnvorgaben im Kontext des Vergaberechts, NZBau 2015, 395
	Strategische Partnerschaften im Zusammenhang mit der Vergabe von Wegenutzungsverträgennach § 46 EnWG – Möglichkeiten und Grenzen im Lichte des Vergabe-, Energiewirtschafts- und Kartellrecht, ZfBR 2014, 547
	Der Anwendungsbereich von Präqualifikationsverfahren im deutschen Vergaberecht, NZBau 2011, 467
Tugendreich/Heller	Freistellung vom Vergaberecht für den Strom- und Gaseinzelhandel, NZBau 2017, 387

Ullrich	Rechtsschutz in den Vergabeverfahren zwischenstaatlicher Organisationen in Deutschland, VergabeR 2002, 331
Ulmer	Die höchstrichterlich „enträtselte" Gesellschaft bürgerlichen Rechts, ZIP 2001, 585
Ulshöfer	Kartell- und Submissionsabsprachen von Bietern – Selbstreinigung und Schadenswiedergutmachung, VergabeR 2016, 327
Vavra	Binnenmarktrelevanz öffentlicher Aufträge, VergabeR 2013, 384
Vogel	Unrecht und Schuld in einem Unternehmensstrafrecht, StV 2012, 427
Vogt	E-Vergabe – Systematische Darstellung der Vorschriften des Vergaberechts im Lichte der europäischen Richtlinien, Berlin 2019
Voll	Der novellierte Regelungsrahmen zur Vergabe verteidigungs- und sicherheitsrelevanter öffentlicher Aufträge, NVwZ 2013, 120
	Sicherheit als Argument im Vergaberecht, Baden-Baden 2020
Vollkommer	Anmerkung zu BGH, Urteil v. 8.10.1986 – VIII ZR 41/86, JR 1987, 225
Vorwerk/Wolf	Beck'scher Online-Kommentar ZPO, 42. Edition, München 2021
Wachinger	Direktvergabe und Wettbewerb im Busverkehr nach der novellierten EU-Marktöffnungsverordnung, IR 2007, 265
Wagner	Beschaffung von Emissionszertifikaten durch öffentliche Auftraggeber, NZBau 2007, 623
Wagner/Pfohl	Vergabefremde Aspekte in den Landesvergabegesetzen – ein Überblick, VergabeR 2015, 389
	Die neue Richtlinie 2014/23/EU über die Konzessionsvergabe: Anwendungsbereich, Ausnahmevorschriften und materielle Regelungen, ZfBR 2014, 745
Wagner/Raddatz	Ausschreibungspflicht mittelbar staatlich finanzierter Einrichtungen – Zur Reichweite des § 98 Nr. 2 GWB, NZBau 2010, 731
Wagner/Wiegand	Auftraggebereigenschaft gemischtwirtschaftlicher Gesellschaften und Nichtigkeit von De-facto-Vergaben, NZBau 2003, 369
Waldhorst/Kahnau	Die Nichtanwendbarkeit des Vergaberechts im Leistungserbringungsrecht der §§ 75 ff. SGB XII bei stationären und teilstationären Leistungen, Gemeindehaushalt 2015, 115
Wallrabenstein	Das Wettbewerbsrecht der gesetzlichen Krankenversicherung, NZS 2015, 48
Wanderwitz	Digitale Vergabe, VergabeR 2019, 26
Wankmüller	Der versteckte Vorrang des offenen Verfahrens nach dem Gesetzesentwurf der Bundesregierung zur Modernisierung des Vergaberechts, Vergabeblog.de vom 01/11/2015, Nr. 23996
Weber/Schäfer/Hausmann	Praxishandbuch Public Private Partnership, 2. Auflage, München 2018
Wegener/ Hahn	Ausschreibung von Öko- und Fair-Trade-Produkten mittels Gütezeichen, NZBau 2012, 684
Weiß	Stand und Perspektiven des Rechts der Strom- und Gaskonzessionsvergabe, NVwZ 2014, 1415

Weyand	Vergaberecht, 4. Auflage, München 2013
Wieland	Der Abschluss von Konzessionsverträgen als Teil der gemeindlichen Selbstverwaltung, DÖV 2015, 169
von Wietersheim	Legal update: Weitere Entwicklungen im Vergaberecht, jurisPR-VergR 9/2021, Anm. 1
	Vergaben im Bereich Verteidigung und Sicherheit, Köln 2013
Wilke	Das Beschwerdeverfahren vor dem Vergabesenat beim OLG, NZBau 2005, 326
Willenbruch	Anmerkung zu OLG Düsseldorf, Beschluss v. 15.7.2015 – Verg 11/15, VergabeR 2016, 237
	Eignungskriterien: Neue Rechtsprechung zu Möglichkeiten und Grenzen in rechtlicher und praktischer Hinsicht, VergabeR 2015, 322
	Die Praxis des Verhandlungsverfahrens nach §§ 3a Nr. 1 VOB/A und VOL/A, NZBau 2003, 422
Willenbruch/Wieddekind	Vergaberecht, Kommentar, 4. Auflage, Köln 2017
Wimmer	Zuverlässigkeit im Vergaberecht, Baden-Baden 2012
Wirth	Das neue Wettbewerbsregister, CCZ 2018, 181
Witte/Wagner	Die Gesetzesinitiative Nordrhein-Westfalens zur Einführung eines Unternehmensstrafrechts, BB 2014, 643
Wittig/Schimanek	Sondervergaberecht für Verkehrsdienstleistungen – Die neue EU-Verordnung über öffentliche Personenverkehrsdienste auf Schiene und Straße, NZBau 2008, 222
Wolf/Wolters	Wirkung und Voraussetzungen der freiwilligen ex ante-Transparenzbekanntmachung, NZBau 2019, 560
Wolters	Das Gesetz zur Einführung eines Wettbewerbsregisters, KriPoZ 2017, 244
Wrede/Klotz	Freistellung vom EU-Vergaberecht für die deutsche Energiewirtschaft, RdE 2017, 287
Würfel	Dienstleistungskonzession und Betriebsrisiko, NZBau 2012, 752
Zeiss	Sektorenverordnung verfassungswidrig – Gebührenerhebung durch Bundeskartellamt unzulässig?, NVwZ 2010, 556
	Energieeffizienz in der Beschaffungspraxis, NZBau 2012, 201
Ziegler	Wettbewerb ohne Wettbewerb? – Zur Beschaffung in „defekten" Märkten, ZfBR 2018, 37
Ziekow	Inhouse-Geschäft und öffentlich-öffentliche Kooperationen: Neues vom europäischen Vergaberecht?, NZBau 2015, 258
	Das Gebot der vornehmlichen Berücksichtigung mittelständischer Interessen bei der Vergabe öffentlicher Aufträge – Mittelstandsschutz ernst genommen, GewA 2013, 417
	Die Wirkung von Bereichsausnahmen vom Vergaberecht, VergabeR 2007, 711
	Die vergaberechtliche Auftraggebereigenschaft konzernverbundener Unternehmen, NZBau 2004, 181

	Ausschreibungspflicht bei Auftragnehmerwechsel, VergabeR 2004, 430
	Beleihung – Ende einer lieb gewonnenen Ausnahme von der Ausschreibungspflicht?, DVBl. 2003, 435
	Der funktionelle Auftraggeberbegriff des § 98 Nr. 2 GWB, VergabeR 2003, 483
	Vergabefremde Zwecke und Europarecht, NZBau 2001, 72
Ziekow/Völlink	Vergaberecht, Kommentar, 4. Auflage, München 2020
Zimmermann	Anmerkung zu OLG Celle, Urteil v. 18.1.2018 – 11 U 121/17, jurisPR-VergR 3/2018 Anm. 1
Zimmermann	Von der EU-Verfassung zum Vertrag von Lissabon – Zu den kommunalen Rechten im EU-Reformvertrag, KommJur 2008, 41
Zöller	Zehn Jahre 11. September – Zehn Jahre Gesetzgebung zum materiellen Terrorismusstrafrecht in Deutschland, StV 2012, 364
Zöller	ZPO – Zivilprozessordnung, Kommentar, 34. Auflage, Köln 2022
Zuber	Anm. zu OLG Düsseldorf: Anforderungen an die Vergabe einer Wasserkonzession, IR 2018, 263

Kommentar

zum Gesetz gegen Wettbewerbsbeschränkungen (GWB)

und

zum Gesetz zur Einrichtung und zum Betrieb eines Registers zum Schutz des Wettbewerbs um öffentliche Aufträge und Konzessionen (Wettbewerbsregistergesetz – WRegG)

Kommentar

zum Gesetz gegen Wettbewerbsbeschränkungen (GWB)

In der Fassung der Bekanntmachung vom 26. Juni 2013 (BGBl. I S. 1750, 3245), das zuletzt durch Artikel 2 des Gesetzes vom 19. Juli 2022 (BGBl. I S. 1214) geändert worden ist.

Teil 4

Vergabe von öffentlichen Aufträgen und Konzessionen

Kapitel 1
Vergabeverfahren

Abschnitt 1
Grundsätze, Definitionen und Anwendungsbereich

§ 97 GWB
Grundsätze der Vergabe

(1) Öffentliche Aufträge und Konzessionen werden im Wettbewerb und im Wege transparenter Verfahren vergeben. Dabei werden die Grundsätze der Wirtschaftlichkeit und der Verhältnismäßigkeit gewahrt.

(2) Die Teilnehmer an einem Vergabeverfahren sind gleich zu behandeln, es sei denn, eine Ungleichbehandlung ist aufgrund dieses Gesetzes ausdrücklich geboten oder gestattet.

(3) Bei der Vergabe werden Aspekte der Qualität und der Innovation sowie soziale und umweltbezogene Aspekte nach Maßgabe dieses Teils berücksichtigt.

(4) Mittelständische Interessen sind bei der Vergabe öffentlicher Aufträge vornehmlich zu berücksichtigen. Leistungen sind in der Menge aufgeteilt (Teillose) und getrennt nach Art oder Fachgebiet (Fachlose) zu vergeben. Mehrere Teil- oder Fachlose dürfen zusammen vergeben werden, wenn wirtschaftliche oder technische Gründe dies erfordern. Wird ein Unternehmen, das nicht öffentlicher Auftraggeber oder Sektorenauftraggeber ist, mit der Wahrnehmung oder Durchführung einer öffentlichen Aufgabe betraut, verpflichtet der öffentliche Auftraggeber oder Sektorenauftraggeber das Unternehmen, sofern es Unteraufträge vergibt, nach den Sätzen 1 bis 3 zu verfahren.

(5) Für das Senden, Empfangen, Weiterleiten und Speichern von Daten in einem Vergabeverfahren verwenden Auftraggeber und Unternehmen grundsätzlich elektronische Mittel nach Maßgabe der aufgrund des § 113 erlassenen Verordnungen.

(6) Unternehmen haben Anspruch darauf, dass die Bestimmungen über das Vergabeverfahren eingehalten werden.

Übersicht

		Rn.
A.	Allgemeines	1
B.	Allgemeine Vergabegrundsätze (Abs. 1 und 2)	7
I.	Wettbewerb, Transparenz, Wirtschaftlichkeit und Verhältnismäßigkeit (Abs. 1)	10
1.	Wettbewerb	11
a)	Anwendungsfälle	14
aa)	Verfahrensarten	15
bb)	Leistungsbeschreibung und Anforderungen an Unternehmen	17
cc)	Wettbewerbswidrige Verhaltensweisen von Unternehmen	20
b)	Einschränkungen	23
c)	Rechtsschutz	26
2.	Transparenz	28
a)	Transparente Vergabe	29
b)	Angebotstransparenz	33
c)	Rechtsschutz	36
3.	Wirtschaftlichkeit	37
4.	Verhältnismäßigkeit	42
II.	Gleichbehandlung (Abs. 2)	46
1.	Anwendungsfälle	52
a)	Bevorzugung ortsansässiger oder einheimischer Unternehmen	53
b)	Wissensvorsprünge und Beteiligung von Projektanten	55
c)	Zuschneiden von Eignungsanforderungen und Leistungsbeschreibung	57
d)	Ausschluss von Angeboten	59
e)	Angebotsaufklärung, Nachforderung und (Nach-)Verhandlung	60
f)	Behandlung von Bietergemeinschaften	62
2.	Rechtsschutz	65
C.	Strategische Ziele (Abs. 3)	66
I.	Allgemeines	66
1.	Terminologie	69
2.	Unionsrechtlicher Hintergrund	72
3.	Vergleich zur Vorgängerregelung	75
II.	Anwendungsbereich	77
III.	Regelungsgehalt	78
1.	Aspekte	79
a)	Die einzelnen Aspekte	81
aa)	Soziale Aspekte	82
bb)	Umweltbezogene Aspekte	89
cc)	Aspekte der Innovation	95
dd)	Aspekte der Qualität	100
b)	Kein abschließender Charakter	103
c)	Öffnungsklausel für die Länder	107
2.	Anknüpfungspunkte für die Berücksichtigung der Aspekte	108

a) Leistungsbeschreibung ... 109
b) Ausschlussgründe/Eignung ... 114
aa) Ausschlussgründe ... 115
bb) Eignungskriterien ... 118
c) Zuschlagskriterien ... 122
d) Ausführungsbedingungen ... 127
3. Verbindung zum Auftrag ... 131
a) Grundsätze ... 131
b) Einzelne Anknüpfungspunkte ... 133
4. Weitere Anforderungen ... 141
a) Verhältnismäßigkeit ... 142
b) Wirksamer Wettbewerb ... 145
c) Transparenz ... 148
d) Einhaltung der europarechtlichen Grundfreiheiten ... 152
e) Beihilfeverbot ... 155
f) Verfassungsrechtliche Grenzen ... 158
IV. Rechtsschutz ... 159
D. Mittelstandsschutz (Abs. 4) ... 160
I. Allgemeines ... 160
1. Anwendungsbereich ... 161
2. Historie ... 164
3. Unionsrechtlicher Hintergrund ... 167
II. Mittelstandsklausel (S. 1) ... 173
1. Regelungsgehalt ... 174
2. Begriff der mittelständischen Interessen ... 175
a) Absoluter Mittelstandsbegriff ... 179
b) Relativer Mittelstandsbegriff ... 183
c) Maßstab für die Berücksichtigung ... 186
2. Vornehmliche Berücksichtigung ... 187
III. Grundsatz der Unterteilung in Lose (S. 2) ... 190
1. Sinn und Zweck ... 194
2. Bestimmungsrecht über den Auftragsgegenstand ... 198
3. Teilung in Teillose ... 201
4. Trennung nach Fachlosen ... 206
a) Trennbarkeit nach Art oder Fachgebiet ... 207
b) Rechtsprechung ... 212
5. Anzahl der Lose und Loszuschnitt ... 220
a) Teillose ... 220
b) Fachlose ... 223
IV. Zusammenvergabe von Losen (S. 3) ... 225
1. Maßstab des Erforderns ... 230
2. Wirtschaftliche Gründe ... 233
3. Technische Gründe ... 239
4. Nichtverschulden ... 244
V. Verpflichtung von Unterauftragnehmern (S. 4) ... 245
VI. Loslimitierung ... 251
VII. Koppelungsnachlass ... 252
VIII. Dokumentation ... 253
IX. Rechtsschutz ... 257
E. Grundsatz der elektronischen Kommunikation (Abs. 5) ... 260
I. Allgemeines ... 260
1. Unionsrechtlicher Hintergrund ... 261
2. Historie ... 265
3. Umsetzung ... 270
II. Anwendungsbereich ... 275
1. Persönlicher Anwendungsbereich ... 275
2. Sachlicher Anwendungsbereich ... 276
a) Regel-Ausnahme-Verhältnis ... 276
b) Weitere Ausnahmen im Oberschwellenbereich ... 278
c) Ausnahmen im Bereich der nationalen Vergaben ... 280
d) Landesrechtliche Ausnahmeregelungen im Bereich nationaler Vergaben ... 283
III. Regelungsinhalt ... 285
1. Elektronische Mittel ... 286
2. Speichern von Daten ... 288
IV. E-Vergabe i.e.S. in der Beschaffungspraxis ... 290
1. Bereitstellung der Vergabeunterlagen ... 290
2. Bekanntgabe der Eignungskriterien mittels Verlinkung ... 295
3. Umgang mit technischen Problemen ... 300
4. Textform nach § 126b BGB ... 302
5. Wahrung des Geheimwettbewerbs ... 305
6. Zugang des Informationsschreiben gemäß § 134 GWB ... 308
F. Anspruch auf Einhaltung der Vergabebestimmungen (Abs. 6) ... 309
I. Allgemeines ... 310
1. Unionsrechtlicher Hintergrund ... 310
2. Historie ... 311
II. Anspruch ... 312
III. Bestimmungen über das Vergabeverfahren ... 315
Anlage
Gesetzesbegründung

A. Allgemeines

§ 97 GWB enthält die wesentlichen Grundsätze des Vergabeverfahrens und ist damit die zentrale Vorschrift des materiellen Vergaberechts.[1] Die Grundsätze sind bei der Anwendung und Auslegung sämtlicher vergaberechtlicher Vorschriften zu beachten. 1

Die herausragenden **Grundsätze** des Vergabeverfahrens – Gleichbehandlung, Transparenz, Wettbewerb, Wirtschaftlichkeit und Verhältnismäßigkeit – werden in Absatz 1 und Absatz 2 geregelt. Nach Maßgabe des Absatz 3 werden bei der Vergabe strategische Ziele verfolgt. Aus Absatz 4 folgt die Vorgabe einer mittelstandsfreundlichen Ausrichtung des Vergabeverfahrens. Absatz 5 regelt den Grundsatz der elektronischen Kommunikation. Absatz 6 schließlich gibt den Unternehmen ein subjektives Recht auf Einhaltung der Bestimmungen des Vergabeverfahrens. 2

§ 97 GWB ist bereits seit der Ablösung der sogenannten haushaltsrechtlichen Lösung mit dem **VgRÄG** die Eingangs- und Kernnorm des Teil 4 GWB. Die Vorschrift hat seitdem nur wenige Änderungen erfahren und ist seit dem Inkrafttreten des Vergaberechtsmodernisierungsgesetzes im Jahr 2016 unverändert geblieben. 3

§ 97 Abs. 4 S. 1 GWB a.F. enthielt zuvor den Grundsatz der Vergabe öffentlicher Aufträge an **geeignete Unternehmen**. Danach waren Aufträge an fachkundige, leistungsfähige sowie gesetzestreue und zuverlässige Unternehmen zu vergeben. Eine entsprechende Regelung in § 97 GWB gibt es seit dem Inkrafttreten des VergRModG 2016 nicht mehr. Ihr Regelungsgehalt findet sich vielmehr jetzt in § 122 Abs. 1 GWB wieder.[2] Die Ausgliederung des Grundsatzes der Vergabe öffentlicher Aufträge an geeignete Unternehmen aus § 97 GWB ist jedoch eine rein gesetzessystematische Entscheidung. Für eine Herabsetzung der Bedeutung dieses Grundsatzes bieten hingegen weder die Gesetzesmaterialien einen Anhaltspunkt noch die Vergaberichtlinien einen Anlass. Die vormals in § 97 Abs. 4a GWB a.F. geregelte Zulassung von Präqualifikationssystemen wird nunmehr insbesondere durch § 122 Abs. 3 GWB in Verbindung mit § 48 Abs. 8 VgV, § 6b EU Abs. 1 S. 1 Nr. 1 VOB/A, § 48 SektVO fortgeschrieben. 4

Nach § 97 Abs. 4 S. 2 und 3 GWB a.F. konnten Auftraggeber **zusätzliche Anforderungen** an Auftragnehmer stellen, die insbesondere soziale, umweltbezogene oder innovative Aspekte betreffen, wenn sie im sachlichen Zusammenhang mit dem Auftragsgegenstand stehen und sich aus der Leistungsbeschreibung ergeben; andere oder weitergehende Anforderungen durften nur an Auftragnehmer gestellt werden, wenn dies durch Bundes- oder Landesgesetz vorgesehen ist. Eine entsprechende Regelung enthält § 97 GWB nicht mehr. Die Zulässigkeit der Vorgabe von Ausführungsbedingungen richtet sich nunmehr nach § 128 Abs. 2 GWB und § 129 GWB.[3] 5

§ 97 Abs. 6 GWB a.F. enthielt die **Verordnungsermächtigung**. Danach wurde die Bundesregierung ermächtigt, durch Rechtsverordnung mit Zustimmung des Bundesrates nähere Bestimmungen über das bei der Vergabe einzuhaltende Verfahren zu treffen, insbesondere über die Bekanntmachung, den Ablauf und die Arten der Vergabe, über die Auswahl und Prüfung der Unternehmen und Angebote, über den Abschluss des Vertrages und sonstige Fragen des Vergabeverfahren. Die Vorschrift wurde durch § 127 GWB a.F. ergänzt, der weitere Details der Verordnungsermächtigung enthielt. § 113 GWB fasst die Verordnungsermächtigung nunmehr in einer zentralen Vorschrift zusammen.[4] 6

B. Allgemeine Vergabegrundsätze (Abs. 1 und 2)

Die in § 97 Abs. 1 und 2 GWB zum Ausdruck kommende Trias von Wettbewerb, Gleichbehandlung und Transparenz bestimmt ganz praktisch jedes Vergabeverfahren. Aber auch die 7

---

1 Vgl. Gesetzesbegründung zu § 97 GWB, VergRModG 2016, BT-Drs. 18/6281, 67.
2 Vgl. Gesetzesbegründung zu § 97 und § 122 GWB, VergRModG 2016, BT-Drs. 18/6281, 67, 100.
3 Vgl. Gesetzesbegründung zu § 128 und § 129 GWB, VergRModG 2016, BT-Drs. 18/6281, 113 f.
4 Vgl. Gesetzesbegründung zu § 97 und § 113 GWB, VergRModG 2016, BT-Drs. 18/6281, 67, 88.

anderen in Abs. 1 geregelten Grundsätze – Wirtschaftlichkeit und Verhältnismäßigkeit – sind von nicht zu unterschätzender Bedeutung.

8 § 97 Abs. 1 und 2 GWB sind mit dem **VergRModG 2016** in einigen Punkten verändert worden. Seitdem werden – entsprechend der generellen Ausweitung des Anwendungsbereichs des Vierten Teils des GWB – neben öffentlichen Aufträgen auch Konzessionen ausdrücklich in § 97 Abs. 1 GWB erfasst. Zudem hat der Gesetzgeber die Wahrung der Grundsätze der Wirtschaftlichkeit und der Verhältnismäßigkeit in § 97 Abs. 1 S. 2 GWB ausdrücklich aufgenommen. In § 97 Abs. 2 GWB ist darüber hinaus der Begriff der Benachteiligung durch den Begriff der Ungleichbehandlung ersetzt worden, ohne dass dies inhaltlich eine Änderung bedeutete. Denn die Benachteiligung eines Teilnehmers ist zwangsläufig mit der Bevorzugung anderer Teilnehmer und umgekehrt verbunden. Der Begriff der Ungleichbehandlung als Oberbegriff umfasst nunmehr unzweifelhaft von vorneherein beide Konstellationen.

9 Dem **europäischen Primärrecht** kann mit den Art. 8, 10 und 18 f. AEUV der Grundsatz der Gleichbehandlung beziehungsweise Nichtdiskriminierung entnommen werden. Die übrigen in § 97 Abs. 1 GWB aufgeführten Grundsätze können dem Primärrecht zwar nicht expressis verbis entnommen werden. Jedoch sehen die neuen Vergaberichtlinien neben dem Gleichbehandlungsgebot[5] auch die Grundsätze des Wettbewerbs[6], der Transparenz[7] und der Verhältnismäßigkeit[8] sowie der Wirtschaftlichkeit[9] vor.

I. Wettbewerb, Transparenz, Wirtschaftlichkeit und Verhältnismäßigkeit (Abs. 1)

10 § 97 Abs. 1 GWB kann als Überschrift des modernen Vergaberechts verstanden werden. Denn in Abkehr von der früheren, rein haushaltsrechtlich determinierten und damit häufig wenig wettbewerblichen Vergabe sind öffentliche Aufträge (vgl. die Legaldefinition in § 103 GWB) und nunmehr auch Konzessionen (vgl. § 105 GWB) im Wettbewerb und im Wege transparenter Vergabeverfahren zu vergeben. Wirtschaftlichkeit und Verhältnismäßigkeit sind dabei zu wahren.

1. Wettbewerb

11 Nach § 97 Abs. 1 S. 1 GWB werden öffentliche Aufträge und Konzessionen „im Wettbewerb" vergeben. Was unter **Wettbewerb** zu verstehen ist, definiert das GWB nicht. Einzelnen Vorschriften des GWB ist allerdings zu entnehmen, welche Anforderungen an eine Vergabe im Wettbewerb zu stellen sind. Daraus kann wiederum auf den Wettbewerbsbegriff im Sinne des GWB rückgeschlossen werden, der sich von der allgemeinen Definition nicht unterscheiden dürfte. Danach wird Wettbewerb als Konkurrenz alternativer Anbieter verstanden. Demzufolge ist das Kriterium für das Bestehen von Wettbewerb auf einem bestimmten Markt das Vorhandensein von Alternativen für die Marktgegenseite.[10] Die Vergaberichtlinien und ihre nationale Umsetzung im GWB und den nachrangigen Verordnungen sehen daher eine Ausgestaltung der Vergabe öffentlicher Aufträge und Konzessionen vor, die die Auftraggeber in die Lage versetzen soll, verschiedene Angebote miteinander zu vergleichen und auf Grund objektiver Kriterien das günstigste Angebot auszuwählen.[11]

12 Idealiter stehen mithin dem auf Auftraggeberseite durch die Durchführung von ordnungsgemäßen Vergabeverfahren nach diesen Bestimmungen entstehenden Mehraufwand auch viele **Vorteile** gegenüber: es gibt eine Angebotskonkurrenz, die dem Auftraggeber eine echte

5 Vgl. Art. 18 Abs. 1 RL 2014/24/EU; Art. 36 Abs. 1 UAbs. 1 RL 2014/25/EU; Art. 3 Abs. 1 RL 2014/23/EU.
6 Vgl. Art. 18 Abs. 1 UAbs. 2 RL 2014/24/EU; Art. 36 Abs. 1 UAbs. 2 RL 2014/25/EU; abgeschwächt u.a. in Erwägungsgründen 8 und 51 und Art. 37 Abs. 3 S. 2 RL 2014/23/EU; Erwägungsgrund 15 Abs. 2 und Art. 18 Abs. 2 RL 2009/81/EG.
7 Vgl. Art. 18 Abs. 1 RL 2014/24/EU; Art. 36 Abs. 1 UAbs. 2 RL 2014/25/EU; Art. 3 RL 2014/23/EU.
8 Vgl. Art. 18 Abs. 1 RL 2014/24/EU; Art. 36 Abs. 1 UAbs. 2 RL 2014/25/EU; Art. 3 Abs. 1 RL 2014/23/EU.
9 Vgl. u.a. Erwägungsgründe 89 ff. und Art. 67 Abs. 1 RL 2014/24/EU; Erwägungsgründe 94 ff. und Art. 82 Abs. 1 RL 2014/25/EU; Erwägungsgrund 73 und Art. 41 Abs. 1 RL 2014/23/EU.
10 Vgl. *Köhler*, in: Köhler/Bornkamm/Feddersen, UWG, Einl. Rn. 1.3.
11 Vgl. EuGH, Urteil v. 7.10.2004 – Rs. C-247/02 (Sintesi), Rn. 37.

Auswahl unter verschiedenen Lösungen bietet; der Wettbewerbsdruck führt zu besseren Angeboten und insbesondere niedrigeren Preisen; die Abhängigkeit von einzelnen Unternehmen sinkt.[12] Wenngleich diese Stoßrichtung des Wettbewerbsprinzips unzweifelhaft von wesentlicher Bedeutung für die Auftraggeber ist, so dient der Wettbewerb mindestens gleichermaßen auch der Unternehmensseite. Erst durch die mit den Vergaberichtlinien und ihrer nationalen Umsetzung erfolgte wettbewerbliche Öffnung der Beschaffungsmärkte in Abkehr vom sogenannten Hoflieferantentum ist es allen – einschließlich kleinen und mittleren – Unternehmen möglich, sich europaweit um attraktive öffentliche Aufträge zu bewerben.[13]

In der Formulierung des § 97 Abs. 1 S. 1 GWB steckt daher zweierlei: Zum einen wird damit das in den §§ 119 Abs. 2, 141 Abs. 1, 146 S. 1 GWB zum Ausdruck kommende Regel-Ausnahme-System der **Verfahrensarten** begründet, wonach wettbewerbliche Verfahren grundsätzlich Vorrang genießen. Zum anderen soll damit aber ebenfalls deutlich gemacht werden, dass auch innerhalb der jeweiligen **Vergabeverfahren** die Konkurrenz der Unternehmen nicht behindert werden soll. 13

a) Anwendungsfälle

Im Einzelnen hat der Wettbewerbsgrundsatz unter anderem Einfluss in folgenden Bereichen:[14] 14

aa) Verfahrensarten

Die Betonung des Wettbewerbs findet einen starken Ausdruck darin, dass das Vergaberecht nach Abkehr von der sog. haushaltsrechtlichen Lösung nunmehr im Wettbewerbsrecht verankert ist. Zweifelsohne verlangt der Wettbewerbsgrundsatz dabei zunächst, dass öffentliche Aufträge überhaupt nach den §§ 97 ff. GWB vergeben werden. Damit geht zugleich das Ende des sog. Hoflieferantentums einher.[15] Ein Zwang zur Privatisierung ist damit freilich nicht verbunden.[16] Allerdings muss der Wettbewerbsgedanke bereits dann mitgedacht werden, wenn der **Anwendungsbereich** des Vergaberechts in Frage steht. Dies wirkt sich etwa bei der Anwendung der Ausnahmetatbestände vom Teil 4 GWB (§§ 107 ff. GWB, §§ 116 f. GWB, §§ 137 ff. GWB, § 145 GWB, § 149 f. GWB) aus: diese sind entsprechend des schon durch die Vergaberichtlinien vorgegebenen Ziels der Öffnung der Beschaffungsmärkte grundsätzlich eng auszulegen.[17] 15

Nach dem Willen des Gesetzgebers des GWB soll der Wettbewerbsgrundsatz – sobald sein Anwendungsbereich durch die Entscheidung zur Vergabe eröffnet ist – einen breitestmöglichen Wettbewerb unter den Unternehmen eröffnen.[18] Ausfluss dieser Absicht ist die insbesondere in § 119 Abs. 2 GWB verankerte **Hierarchie der Verfahrensarten**. Danach sind – wenngleich unter Abschwächung der früheren, grundsätzlich das offene Verfahren präferierenden Rechtslage – das offene oder das nicht offene Verfahren mit Teilnahmewettbewerb vorrangig anzuwenden, welche einer unbeschränkten Vielzahl von Unternehmen die Möglichkeit der Teilnahme bieten. Die Anwendbarkeit anderer, in der Regel weniger wettbewerblicher Verfahrensarten steht hingegen unter dem Vorbehalt des Vorliegens der jeweiligen Tatbestandsmerkmale der aufgrund des GWB erlassenen Ausnahmevorschriften.[19] Über diese 16

12 Zu dem in den letzten Jahren anzutreffenden Phänomen gesättigter bzw. *„defekter"* Märkte vgl. allerdings *Ziegler*, ZfBR 2018, 37.

13 Vgl. EuGH, Urteil v. 27.11.2019 – Rs. C-402/18 (Tedeschi), Rn. 39, 59; Urteil v. 14.9.2017 – Rs. C-223/16 (Casertana Costruzioni), Rn. 31.

14 Im Folgenden findet sich nur eine Auswahl möglicher Einflussbereiche des Wettbewerbsgrundsatzes, zumal eine trennscharfe Abgrenzung zum Transparenz- und Gleichbehandlungsgrundsatz ohnehin nicht immer möglich ist. Zur auch unter Wettbewerbsgesichtspunkten relevanten Projektanten-Konstellation vgl. unten Rn. 55 f.

15 Vgl. OLG Düsseldorf, Beschluss v. 17.11.2008 – VII-Verg 53/08.

16 Vgl. etwa *Burgi*, NZBau 2005, 208 (210); *Pietzcker*, NVwZ 2007, 1225 (1227). Zu Konzessionen vgl. nunmehr insbesondere Art. 2 und 4 RL 2014/23/EU.

17 Vgl. EuGH, Urteil v. 8.12.2016 – Rs. C-553/15 (Undis Servizi), Rn. 29 m.w.N.

18 Vgl. OLG Düsseldorf, Beschluss v. 17.11.2008 – VII-Verg 53/08. An dieser Absicht hat auch die Gleichstellung von offenem und nicht offenem Verfahren nichts geändert, vgl. Gesetzesbegründung zu § 97 Abs. 1 GWB, VergRModG 2016, BT-Drs. 18/6281, 67: *„Organisation größtmöglichen Wettbewerbs"*.

19 Vgl. dazu im Einzelnen *Knauff* in § 119 GWB Rn. 50 ff.

bereits begrenzten Ausnahmetatbestände hinaus kann aus dem Wettbewerbsgrundsatz wegen dessen bloßer Auffangfunktion[20] aber keine Pflicht zu einer möglichst wettbewerblichen Vergabeverfahrensart abgeleitet werden. Öffentliche Auftraggeber sind vielmehr berechtigt, das Vorliegen eines Ausnahmetatbestandes zur Anwendung des weniger wettbewerblichen Verfahrens zu nutzen, auch wenn es ihnen im konkreten Einzelfall möglich wäre, bspw. ein offenes Verfahren durchzuführen. Selbstverständlich steht es ihnen aber ebenfalls frei, gleichwohl das wettbewerblichere Verfahren zu wählen.[21] So können auch Planungsleistungen trotz § 74 VgV durchaus im offenen Verfahren vergeben werden.[22]

bb) Leistungsbeschreibung und Anforderungen an Unternehmen

17 Es liegt auf der Hand, dass die Bestimmung des **Auftragsgegenstandes**, die konkrete Leistungsbeschreibung und die vom Auftraggeber an die Unternehmen gestellten Anforderungen maßgeblichen Einfluss auf die Verwirklichung eines echten Wettbewerbs haben.[23] Denn je enger der Auftraggeber die Anforderungen an den Auftragsgegenstand und die Unternehmen formuliert, desto weniger Unternehmen werden in der Lage sein, diese zu erfüllen.[24] Insofern ist allerdings zu bedenken, dass die Bestimmung des Auftragsgegenstandes grundsätzlich das Kernrecht des Auftraggebers darstellt und in dessen souveräne Entscheidungsgewalt fällt.[25] Es ist auch nicht der Anspruch des Vergaberechts, Auftraggeber zu verpflichten, die Leistung generell so zuzuschneiden, dass sich stets sämtliche Unternehmen an der Beschaffung beteiligen können.[26] Ihre Grenzen findet die Entscheidungsgewalt des Auftraggebers allerdings in den auf dem Diskriminierungsverbot und dem Wettbewerbsgrundsatz beruhenden Regelungen insbesondere zur Gleichwertigkeit angebotener Produkte und zur Produktneutralität der Ausschreibung, die Art. 42 RL 2014/24/EU umsetzen.[27] Diese Vorschriften sind entsprechend wettbewerbsfreundlich auszulegen. So hat der EuGH etwa entschieden, dass die vom Auftraggeber verlangten Nachweise der Gleichwertigkeit angebotener Produkte nicht über das hinausgehen dürfen, was notwendig ist, um eine sachgerechte Prüfung der Angebote vorzunehmen, damit die Öffnung der öffentlichen Beschaffungsmärkte für den Wettbewerb nicht in ungerechtfertigter Weise behindert wird.[28]

18 Gleiches gilt hinsichtlich der Anforderungen an die **Eignung** der Unternehmen. Auch insofern liegt es zunächst im Ermessen des Auftraggebers, welche konkreten auftragsbezogenen (vgl. § 122 Abs. 4 S. 1 GWB) Anforderungen er an die Unternehmen stellt und welche Nachweise er fordert beziehungsweise zulässt.[29] Begrenzt wird sein Ermessen allerdings durch die Vorschriften, die sich mit den Anforderungen an die Eignung der Unternehmen beschäftigen und selbst wiederum wettbewerbsfreundlich auszulegen sind. Unter diesem Gesichtspunkt sind insbesondere Mindestanforderungen an Unternehmen kritisch zu beleuchten. Diese sind vergaberechtswidrig, wenn sie nicht sachlich begründet werden, sondern sich als lediglich aus-

---

20 Vgl. *Burgi*, NZBau 2008, 29 (31 ff.).

21 Vgl. OLG Düsseldorf, Beschluss v. 20.10.2008 – VII-Verg 46/08.

22 Vgl. VK Westfalen, Beschluss v. 23.1.2018 – VK 1-29/17; *Sauer*, in: Säcker/Ganske/Knauff, Wettbewerbsrecht, § 74 VgV Rn. 5.

23 Vgl. OLG Naumburg, Beschluss v. 20.9.2012 – 2 Verg 4/12.

24 Vgl. etwa OLG Düsseldorf, Beschluss v. 9.7.2012 – VII-Verg 18/12.

25 Vgl. OLG Jena, Beschluss v. 25.6.2014 – 2 Verg 2/14; OLG Karlsruhe, Beschluss v. 15.11.2013 – 15 Verg 5/13; OLG Düsseldorf, Beschluss v. 27.6.2012 – VII-Verg 7/12; sowie besonders anschaulich OLG Koblenz, Beschluss v. 5.9.2002 – 1 Verg 2/02: *„Verlangt ein Aufgabenträger die Ausstattung der Zugtoiletten mit goldenen Armaturen, so ist das mit hoher Wahrscheinlichkeit ein Fall für Aufsichtsbehörde oder Rechnungshof. Vergaberechtlich wäre dagegen nichts einzuwenden, weil allein der Auftraggeber entscheidet, was er haben will und wie er es haben will."*

26 Vgl. VK Bund, Beschluss v. 19.5.2020 – VK 1-28/20 m.w.N.; Beschluss v. 22.8.2019 – VK 1-51/19; VK Westfalen, Beschluss v. 4.9.2019 – VK 2-22/19.

27 *Antweiler*, VergabeR 2011, 306 (324) weist zu Recht darauf hin, dass nicht der Wettbewerbsgrundsatz durch das Leistungsbestimmungsrecht des Auftraggebers, sondern umgekehrt das Leistungsbestimmungsrecht durch die vergaberechtlichen Vorschriften wie den Wettbewerbs- und Gleichbehandlungsgrundsatz eingeschränkt wird.

28 Vgl. EuGH, Urteil v. 12.7.2018 – Rs. C-14/17 (VAR und ATM), Rn. 34.

29 Vgl. OLG Karlsruhe, Beschluss v. 4.5.2012 – 15 Verg 3/12. Dementsprechend ist auch eine zahlenmäßige Begrenzung einzureichender Referenzen nicht per se vergaberechtswidrig, vgl. OLG Düsseldorf, Beschluss v. 21.10.2015 – VII-Verg 28/14.

grenzend und damit wettbewerbsbeschränkend erweisen.[30] So sieht § 45 Abs. 1 S. 2 Nr. 1 VgV zwar vor, dass ein Auftraggeber einen bestimmten Mindestjahresumsatz zur Sicherstellung der wirtschaftlichen und finanziellen Leistungsfähigkeit fordern kann. Dieser darf nach § 45 Abs. 2 S. 1 VgV sogar das Zweifache des geschätzten Auftragswertes überschreiten. Dies bedeutet im Umkehrschluss jedoch nicht, dass der Auftraggeber frei wäre, stets einen Mindestjahresumsatz bis zur Grenze des zweifachen Auftragswertes ohne weitere Anforderungen vorzuschreiben.[31] Neben Gleichbehandlungs- und Verhältnismäßigkeitsaspekten gilt es hier vielmehr das Verbot nicht gerechtfertigter Wettbewerbsbeschränkungen zu beachten. Denn es ist offenkundig, dass zu hohe Anforderungen in diesem Bereich zu einer Abschottung gegenüber einer Vielzahl von Unternehmen führen können.

Auftraggeber sollten daher bereits bei der Konzeption ihrer Vergabeverfahren ganz grundsätzlich im Blick haben, dass die **Fehlerfolgen** im Bereich der Vergabeunterlagen und der Anforderungen an die Unternehmen häufig drastisch sind. Denn insoweit kann selbst der subjektiv-individuelle Rechtsschutz einzelner Unternehmen – quasi überschießend – objektiv-allgemeine Wirkungen nach sich ziehen. Stellen die Nachprüfungsinstanzen – oder der Auftraggeber selbst – fest, dass beispielsweise Teile der Leistungsbeschreibung ungenau sind oder Mindestanforderungen bestimmte Unternehmen diskriminieren, so wird sich die Frage, ob eine Korrektur des Vergabefehlers im laufenden Vergabeverfahren möglich ist, häufig daran entscheiden, ob sich bei von Anfang an vergaberechtskonformer Gestaltung auch andere Unternehmen für das Vergabeverfahren interessiert hätten. Kann dies im konkreten Fall nicht ausgeschlossen werden, gebietet es der Wettbewerbsgrundsatz in der Regel, das Verfahren mit den geänderten Bestimmungen erneut bekannt zu machen. Eine bloße Korrektur inter partes scheidet dann aus.[32] 19

cc) Wettbewerbswidrige Verhaltensweisen von Unternehmen

Ein breites Anwendungsfeld ergibt sich für den Wettbewerbsgrundsatz im Hinblick auf die Sicherstellung der Konkurrenz unter den Unternehmen vor allem bezüglich wettbewerbswidriger Verhaltensweisen der beteiligten Akteure. § 124 Abs. 1 Nr. 4 GWB sieht etwa einen fakultativen Ausschlussgrund für den Fall vor, dass der öffentliche Auftraggeber über hinreichende Anhaltspunkte dafür verfügt, dass ein Unternehmen Vereinbarungen mit anderen Unternehmen getroffen hat, die eine Verhinderung, Einschränkung oder Verfälschung des Wettbewerbs bezwecken oder bewirken. Ebenso hat der öffentliche Auftraggeber nach § 124 Abs. 1 Nr. 6 GWB gegebenenfalls von ihm mitverursachten Wettbewerbsverzerrungen wegen der Vorbefassung eines Unternehmens durch einen Ausschluss zu begegnen. 20

Im Ergebnis wird damit dem öffentlichen Auftraggeber das Mandat erteilt, Wettbewerbsbeschränkungen unter den Unternehmen vergaberechtlich zu sanktionieren.[33] Letztlich inkorporiert die Vorschrift auf diese Weise auch die allgemeinen kartellrechtlichen Vorgaben (§ 1 GWB) in den Bereich des Vergaberechts.[34] Es ergeben sich insofern jedoch gewisse **Einschränkungen**: Zum einen kann ein Ausschluss im Vergabeverfahren unter Berücksichtigung des Grundsatzes der Verhältnismäßigkeit (§ 97 Abs. 1 S. 2 GWB) nur in Betracht kommen, wenn ein Bezug des wettbewerbswidrigen Verhaltens zum Vergabeverfahren auszumachen ist. Dies bedeutet jedoch nicht, dass die Wettbewerbsbeschränkung gerade im konkreten Vergabeverfahren erfolgt sein müsste. Zu verlangen ist aber, dass zumindest insofern eine Verbindung zum Vergabeverfahren besteht, als die Zuverlässigkeit und Gesetzestreue des betroffe- 21

30 Vgl. OLG Düsseldorf, Beschluss v. 27.6.2018 – VII-Verg 4/18; OLG Koblenz, Beschluss v. 13.6.2012 – 1 Verg 2/12.
31 Vgl. auch OLG Jena, Beschluss v. 2.8.2017 – 2 Verg 2/17.
32 Vgl. etwa VK Berlin, Beschluss v. 13.3.2020 – VK-B1-36/19.
33 Zu der damit einhergehenden Frage, welcher Beweismaßstab insoweit gilt, vgl. etwa *Friton*, in: Gabriel/Mertens/Prieß/Stein, Vergaberecht, § 124 GWB Rn. 47 ff.
34 Vgl. Gesetzesbegründung zu § 124 Abs. 1 Nr. 4 GWB, VergRModG 2016, BT-Drs. 18/6281, 106; ferner OLG Düsseldorf, Beschluss v. 29.7.2015 – VII-Verg 5/15: *„Behauptete Verstöße gegen Kartellrecht sind im Vergabeverfahren und in Nachprüfungsverfahren grundsätzlich zu überprüfen und zwar im Wege einer Inzidenzprüfung innerhalb einer vergaberechtlichen Anknüpfungsnorm“*. Vgl. ferner *Kling*, NZBau 2018, 715 (721).

nen Unternehmens[35] aufgrund seines wettbewerbswidrigen Handelns in anderem Zusammenhang auch bezüglich des in Rede stehenden Auftrags zumindest fragwürdig erscheint.[36] Zum anderen fordert § 124 Abs. 1 Nr. 4 GWB ausdrücklich eine Vereinbarung, d.h. eine Abrede unter mindestens zwei Unternehmen. Während beispielsweise Preisabsprachen von zwei Unternehmen somit unzweifelhaft von dem Tatbestand erfasst sind, unterfällt ein gegebenenfalls kartellrechtswidrig in Marktverdrängungsabsicht abgegebenes Angebot („Dumping") schon nach dem Wortlaut nicht der Ausschlussnorm.[37]

22 Gleiches gilt für das Problem der Kenntnis fremder Angebotsinhalte: Erfolgt eine gemeinsame Angebotsabstimmung oder ermöglicht ein Unternehmen einem anderen Unternehmen jedenfalls Kenntnis von seinem Angebot beziehungsweise wesentlichen Angebotsteilen, so stellt dies eine wettbewerbsbeschränkende Abrede dar.[38] Erlangt ein Unternehmen hingegen ohne Mitwirkung des anderen Unternehmens auf sonstige Weise – etwa durch Diebstahl – Kenntnis von dem fremden Angebot, so ist der Tatbestand des § 124 Abs. 1 Nr. 4 GWB nicht erfüllt. Nichtsdestotrotz liegt hierin ein klarer Verstoß gegen den Wettbewerbsgrundsatz. Denn Voraussetzung jedes Wettbewerbs ist es, dass die Unternehmen ihre Angebote in Unkenntnis der jeweils anderen Angebote abgeben.[39] Dieser als **Geheimwettbewerb** bezeichnete Grundsatz findet in den Vergabevorschriften allerdings keine ausdrückliche Stütze.[40] Daraus resultiert das Folgeproblem, dass bei bloß einseitigen Verstößen dagegen ein Ausschluss des betreffenden Unternehmens besonders begründet werden muss. Aufhänger dafür könnte beispielsweise eine „schwere Verfehlung" im Sinne des § 124 Abs. 1 Nr. 3 GWB oder eine unzulässige Vorteilsverschaffung nach § 124 Abs. 1 Nr. 9 lit. b GWB sein.[41]

b) Einschränkungen

23 Auch wenn es sich um einen der wichtigsten Pfeiler des Vergaberechts handelt, findet auch das Wettbewerbsprinzip nicht uneingeschränkt Anwendung. Zum einen muss der Grundsatz nicht bemüht werden, wenn es **keines** (weiteren) **Wettbewerbs bedarf**. Dies ist etwa bei der Vergabe von Einzelaufträgen auf der Grundlage einer Rahmenvereinbarung mit nur einem Unternehmen (§ 21 Abs. 3 VgV, § 4a EU Abs. 3 und § 4a VS Abs. 3 VOB/A, § 14 Abs. 3 VSVgV) oder in den Konstellationen des § 100 Abs. 2 S. 2 GWB (vorbehaltene Rechte aufgrund eines vorangegangenen wettbewerblichen Verfahrens) oder des § 140 GWB (unmittelbar dem Wettbewerb ausgesetzte Tätigkeiten) der Fall.

24 Auf der anderen Seite wird der Wettbewerbsgrundsatz auch dort eingeschränkt, wo Wettbewerb generell oder zumindest ein breiter **Wettbewerb abträglich** wäre. So soll beispielsweise mit der Regelung des § 118 GWB ermöglicht werden, Werkstätten für Menschen mit Behinderungen oder Integrationsunternehmen öffentliche Aufträge zur Erfüllung ihrer sozialen Aufgaben zu erteilen, die sie in einer Wettbewerbssituation mit Wirtschaftsunternehmen etwa wegen bestehender Effizienzunterschiede nicht erhalten könnten. Auch die Tatbestände zur Anwendbarkeit beispielsweise des Verhandlungsverfahrens ohne Teilnahmewettbewerb beruhen vor allem auf dem Gedanken, dass es in diesen Fallgestaltungen eines (breiten) Wettbewerbs nicht bedarf oder jener zumindest gegenüber übrigen Zielen, etwa der Wirtschaftlichkeit der Beschaffung ausnahmsweise abträglich wäre. So kann die Organisation eines breiten Wettbewerbs durch ein offenes oder nicht offenes Verfahren bei besonders dringlichen Beschaffungen (vgl. Art. 32 Abs. 2 lit. c RL 2014/24/EU, § 14 Abs. 4 Nr. 3 VgV, § 3a EU Abs. 3 Nr. 4 und § 3a VS Abs. 2 Nr. 4 VOB/A, § 13 Abs. 2 Nr. 4 SektVO, § 12 Abs. 1 Nr. 1 lit. b VSVgV)

---

35 Die Begriffe der Zuverlässigkeit und Gesetzestreue aus § 97 Abs. 4 GWB a.F. werden nunmehr zwar nicht mehr ausdrücklich vom GWB verwendet, finden sich implizit aber in den §§ 123 ff. GWB.

36 Zum Sonderfall der sog. Selbstreinigung vgl. *Radu* zu § 125 GWB sowie Gesetzesbegründung zu § 125 Abs. 1 GWB, VergRModG 2016, BT-Drs. 18/6281, 107 f.

37 Vgl. zum Ausschluss unangemessen niedriger Angebote aber BGH, Beschluss v. 31.1.2017 – X ZB 10/16; zu Unterpreisangeboten vgl. ferner *Müller-Wrede*, VergabeR 2011, 46.

38 Vgl. etwa VK Bund, Beschluss v. 23.1.2015 – VK 1-122/14.

39 Vgl. etwa OLG Düsseldorf, Beschluss v. 13.4.2011 – VII-Verg 4/11; OLG München, Beschluss v. 11.8.2008 – Verg 16/08.

40 Vgl. OLG Düsseldorf, Beschluss v. 4.2.2013 – VII-Verg 31/12: *„dem Wettbewerbsprinzip immanent"*.

41 Vgl. auch *Opitz*, in: Burgi/Dreher/Opitz, Vergaberecht, § 124 GWB Rn. 67.

ausscheiden, um den Beschaffungszweck nicht zu vereiteln. Es liegt auf der Hand, dass etwa bei einer plötzlich auftretenden Pandemie die kurzfristig notwendige Beschaffung von persönlicher Schutzausrüstung für medizinisches Personal zeitlich häufig nicht die Durchführung wettbewerblicher Verfahren erlauben wird.[42]

Eine nicht unproblematische Einschränkung des Wettbewerbs stellt auch die sog. **Loslimitierung** dar: Dabei gibt der Auftraggeber bei Vergabeverfahren nach Losen vor, dass entweder sich jedes Unternehmen nur an der Vergabe einer begrenzten Anzahl an Losen beteiligen (Angebotslimitierung) oder nur mit einer bestimmten Maximalanzahl von Losen beauftragt werden darf (Zuschlagslimitierung).[43] Zu beachten ist, dass verbundene Unternehmen diesbezüglich als ein Unternehmen gewertet werden.[44] Diese Beschränkung des Wettbewerbs kann sich anbieten, um eine möglichst breite Streuung unter den Auftragnehmern zu erreichen – was insbesondere im Hinblick auf mögliche Insolvenzrisiken o.Ä. sinnvoll sein kann[45] – und zugleich kleinen und mittleren Unternehmen eine denkbar weitgehende Beteiligungsmöglichkeit einzuräumen.[46] Aufgrund der mit der Loslimitierung verbundenen Beschränkung des Wettbewerbs sowie der Gefahr einer unwirtschaftlichen Vergabe durch die Verhinderung von Rabatteffekten durch Mehrlos-/Gesamtvergaben ist eine solche allerdings nur zulässig, wenn sie durch sachliche Gründe – etwa die Vermeidung der Abhängigkeit von nur einem Auftragnehmer[47] – gerechtfertigt ist.[48] An dieser Anforderung hat auch die auf Art. 46 RL 2014/24/EU und Art. 65 RL 2014/25/EU gestützte ausdrückliche Aufnahme der Loslimitierung in § 30 VgV, § 5 EU Abs. 2 Nr. 3 VOB/A, § 27 SektVO nichts geändert.[49] Denn auch danach wird die Loslimitierung den Auftraggebern nur als Möglichkeit eröffnet. Die Ermessensentscheidung, ob und gegebenenfalls in welcher Ausgestaltung von einer solchen Gebrauch gemacht wird, bleibt damit insbesondere unter Wettbewerbsgesichtspunkten rechtfertigungsbedürftig und überprüfbar.[50] 25

c) Rechtsschutz

Wettbewerb ist kein Selbstzweck. Indem er die Ermittlung des wirtschaftlichsten Angebotes ermöglicht, dient er vielmehr den Auftraggebern, effizient zu beschaffen. Spiegelbildlich profitieren aber auch die Unternehmen von einer wettbewerblichen Vergabe, indem sie sich darauf verlassen können, der Marktgegenseite ihr Angebot unter einheitlichen Rahmenbedingungen unterbreiten zu können. Insofern der Wettbewerbsgrundsatz demnach auch die wirtschaftliche Entfaltung der Unternehmen fördert, kommt ihm **unternehmensschützender Charakter** im Sinne des § 97 Abs. 6 GWB zu.[51] Unternehmen haben demzufolge Anspruch darauf, dass Auftraggeber die aus dem Wettbewerbsgrundsatz resultierenden konkreten Vorgaben einhalten. 26

42 Zur SARS-CoV-2-Pandemie vgl. Leitlinien der Europäischen Kommission zur Nutzung des Rahmens für die Vergabe öffentlicher Aufträge in der durch die COVID-19-Krise verursachten Notsituation, EU-ABl. C 108 I/01 v. 1.4.2020.

43 Zur Abgrenzung, Gestaltungsvarianten und dem Verhältnis von Angebots- und Zuschlagslimitierung vgl. *Kadenbach*, in: Müller-Wrede, VgV/UVgO, § 30 VgV Rn. 6 ff. m.w.N. Vgl. auch *Pilarski*, Vergabeblog.de vom 2.7.2020, Nr. 44386.

44 Vgl. OLG Düsseldorf, Beschluss v. 15.6.2000 – Verg 6/00.

45 Vgl. dazu etwa OLG Düsseldorf, Beschluss v. 7.12.2011 – VII-Verg 99/11.

46 Für eine Zulässigkeit der Loslimitierung unter diesen Gesichtspunkten vgl. schon OLG Karlsruhe, Beschluss v. 25.7.2014 – 15 Verg 4/14; *Müller-Wrede*, NZBau 2004, 643 (647); *Röbke*, NZBau 2010, 346 (350 f.); a.A. *Burgi*, NZBau 2006, 693 (697), demzufolge es an der gesetzlichen Grundlage dafür fehlte.

47 Dies entspricht auch dem Ziel des Kartellvergaberechts, Hoflieferantentum zu verhindern, vgl. VK Bund, Beschluss v. 11.11.2011 – VK 2-133/11.

48 Vgl. VK Brandenburg, Beschluss v. 23.2.2010 – VK 8/10; *Dreher*, NZBau 2005, 427 (431); *Ziegler*, ZfBR 2018, 37 (39); in diese Richtung wohl auch OLG Düsseldorf, Beschluss v. 7.11.2012 – VII-Verg 24/12, das allerdings eine Dokumentation dieser Gründe wegen ihrer allgemeinen Bekanntheit *„in den mit Vergaberecht befassten Kreisen"* zu Unrecht nicht für notwendig erachtet; a.A. zu Recht VK Südbayern, Beschluss v. 25.6.2010 – Z3-3-3194-1-30-05/10; *Tomerius*, in: Pünder/Schellenberg, Vergaberecht, § 30 VgV Rn. 5.

49 A.A. *Voppel*, in: Voppel/Osenbrück/Bubert, VgV, § 30 Rn. 31 f.

50 Vgl. *Ziekow*, in: Ziekow/Völlink, Vergaberecht, § 30 VgV Rn. 5.

51 Vgl. u.a. BGH, Beschluss v. 1.2.2005 – X ZB 27/04; OLG Düsseldorf, Beschluss v. 4.2.2013 – VII-Verg 31/12; OLG Frankfurt, Beschluss v. 5.3.2012 – 11 Verg 3/12; VK Sachsen, Beschluss v. 4.2.2013 – 1/SVK/039-12.

27 Klarzustellen ist insoweit allerdings, dass sich dieses Recht stets nur auf ein **Mehr an Wettbewerb** zugunsten des den Anspruch geltend machenden Unternehmens richten kann. Hingegen können Unternehmen sich grundsätzlich nicht auf ein subjektives Recht auf Verengung des Wettbewerbs zu ihren Gunsten berufen – ein Schutz vor Konkurrenz ist einer Marktsituation gerade fremd.[52] Es ist Unternehmen folglich verwehrt, unter Berufung auf den Wettbewerbsgrundsatz eine Einschränkung desselben zu verlangen, also beispielsweise einem Auftraggeber die Aufstellung von Mindestanforderungen, eine Produktvorgabe oder Loslimitierung diktieren zu wollen. Hat ein Auftraggeber sich jedoch im Rahmen seines Leistungsbestimmungsrechts bereits entschieden, derartige Vorgaben aufzustellen, können Unternehmen sich selbstverständlich nach den oben stehenden Maßstäben auch auf deren Einhaltung berufen.

2. Transparenz

28 Nach § 97 Abs. 1 S. 1 GWB sind öffentliche Aufträge und Konzessionen im Wege transparenter Verfahren zu vergeben. Im Bereich der staatlichen Auftraggeber beruht die Verpflichtung zur Transparenz bereits auf dem aus Art. 20 Abs. 3 GG abgeleiteten rechtsstaatlichen Erfordernis der Vorhersehbarkeit und Messbarkeit staatlichen Handelns.[53] Dieses überkommene verfassungsrechtliche Prinzip ist durch die europäischen Vorgaben und die Rechtsprechung des EuGH zu einem der bedeutendsten Vergabegrundsätze der letzten Jahre avanciert. Im Wesentlichen soll der Grundsatz der Transparenz die Gefahr einer Günstlingswirtschaft oder willkürlicher Entscheidungen des Auftraggebers ausschließen.[54] Er erschöpft sich darin jedoch nicht, ihm werden mittlerweile vielmehr zwei Stoßrichtungen zugesprochen: Die Pflicht des öffentlichen Auftraggebers, transparent zu vergeben, wird gespiegelt von der Pflicht der Unternehmen, transparent anzubieten.

a) Transparente Vergabe

29 Die Pflicht zur Transparenz richtet sich zuvörderst an den Auftraggeber. Dieser soll sein gesamtes Handeln für die beteiligten Unternehmen sichtbar und nachvollziehbar machen. Dabei wird zwischen Ex-ante- und Ex-post-Transparenz unterschieden.

30 Die Verpflichtung zur Herstellung von **Transparenz ex-ante** nimmt die Vorhersehbarkeit des Ablaufs des Vergabeverfahrens in den Blick. Ausfluss dessen sind vor allem die auf Verordnungsebene zu findenden Regelungen zur Bekanntmachungspflicht sowie die Bestimmungen zur Abfrage von Nachweisen und zur Angebotsgestaltung. Kerngehalt dieser Vorschriften ist, dass die Prüfung und Wertung der Teilnahmeanträge und Angebote nur auf solche Kriterien gestützt werden darf, die vorher bekannt gemacht (vgl. §§ 122 Abs. 4 S. 2, 127 Abs. 5 GWB) worden sind.[55] Auch ein Ausschluss eines Unternehmens wegen fehlender Nachweise darf nur auf eine klare und unmissverständliche Anforderung derartiger Unterlagen gestützt werden.[56] Denn alle Unternehmen sollen durch die Verlautbarungen des Auftraggebers in die Lage versetzt werden, dessen Forderungen an sie gleich zu verstehen[57] und ihre Bewerbung beziehungsweise ihr Angebot daran auszurichten.[58] Insofern ist der Transparenzgrundsatz in erster Linie als Gebot der Klarheit und Widerspruchsfreiheit der Bekanntmachung und der Vergabeunterlagen zu verstehen.[59] Denn stehen mehrere, in Einzelheiten hinsichtlich der angebotenen Leistung voneinander abweichende Angebote auf der Grundlage missverständlicher Vergabeunterlagen miteinander im Wettbewerb, so kann daraus eine dem Transparenz-

52 Vgl. *Fehling*, JuS 2014, 1057 (1063); *Ramsauer*, JuS 2012, 769 (776).
53 Vgl. dazu BVerfG, Beschluss v. 9.8.1978 – 2 BvR 831/76 m.w.N.
54 Vgl. EuGH, Urteil v. 29.4.2004 – Rs. C-496/99 P (CAS Succhi di Frutta); BGH, Urteil v. 22.7.2010 – VII ZR 213/08.
55 Vgl. schon BGH, Urteil v. 3.6.2004 – X ZR 30/03; VK Schleswig-Holstein, Beschluss v. 20.7.2012 – VK-SH 16/12; VK Bund, Beschluss v. 29.3.2012 – VK 2-175/11.
56 Vgl. BGH, Urteil v. 3.4.2012 – X ZR 130/10; OLG Düsseldorf, Beschluss v. 31.10.2012 – VII-Verg 17/12.
57 Vgl. OLG Düsseldorf, Urteil v. 22.6.2010 – 21 U 54/09.
58 Vgl. VK Bund, Beschluss v. 3.3.2015 – VK 1-4/15.
59 Vgl. VK Bund, Beschluss v. 4.7.2011 – VK 2-61/11.

und Gleichbehandlungsgrundsatz entsprechende Vergabeentscheidung nicht mehr abgeleitet werden.[60] Allein aus dem Umstand, dass Vergabeunterlagen ausgelegt werden müssen, folgt allerdings noch kein Verstoß gegen den Transparenzgrundsatz, sofern das Ergebnis der Auslegung eindeutig ist.[61]

Die Verpflichtung zur Schaffung von **Ex-post-Transparenz** dient demgegenüber insbesondere der Nachprüfbarkeit der Einhaltung der Vergabebestimmungen durch den öffentlichen Auftraggeber.[62] Dabei sind vor allem zwei Bereiche von überragender Bedeutung. Zum einen ist dies die jetzt in § 134 GWB zu findende Regelung zur Vorabinformation, mit der die Unternehmen über die beabsichtigte Zuschlagserteilung informiert werden und damit überhaupt erst die Möglichkeit erhalten, Primärrechtsschutz zu suchen.[63] Auf der anderen Seite wirkt die auf Verordnungsebene geregelte Pflicht zur zeitnahen Dokumentation des Vergabeverfahrens möglichen Manipulationen entgegen.[64] 31

Regelmäßig besteht eine erhebliche **Wechselwirkung** zwischen der Ex-Ante- und der Ex-Post-Transparenz. Verkürzt ließe sich diese so beschreiben, dass die Anforderungen an die Ex-Post-Transparenz sich nach der vom Auftraggeber der Ex-Ante-Transparenz gewidmeten Intensität richten: je mehr der Auftraggeber im Vorfeld festlegt, bekannt macht, mitteilt, dokumentiert etc., umso weniger ausführlich wird er seine Entscheidungen im Nachgang begründen, mitteilen und dokumentieren müssen. Umgekehrt gilt, dass die Anforderungen an die Ex-Post-Transparenz umso mehr steigen, je weniger der Auftraggeber im Voraus getan hat. Besonders plastisch kann dies an der in den letzten Jahren unter dem Begriff Schulnotenrechtsprechung[65] bekannt gewordenen Entwicklung aufgezeigt werden. Nach längerer, vor zahlreichen Nachprüfungsinstanzen geführter Diskussion hat der BGH im Jahr 2017 zutreffend entschieden, dass – vereinfacht dargestellt – einem Auftraggeber bei qualitativen Wertungskriterien eine Bewertung anhand von Noten oder Punktwerten auch ohne vorherige Bekanntgabe präziser Zielerreichungsmaßstäbe möglich sein muss, wenn er der Gefahr, dass die Offenheit des Wertungsschemas zu einer nicht hinreichend transparenten Vergabe führt, durch eingehende Dokumentation des Wertungsprozesses begegnet.[66] Diese Dokumentation muss hinsichtlich der für die Zuschlagserteilung maßgeblichen Erwägungen in allen Schritten so umfänglich und detailliert sein, dass nachvollziehbar ist, welche konkreten qualitativen Eigenschaften eines Angebots mit welchem Gewicht in die Benotung eingegangen sind.[67] 32

b) Angebotstransparenz

Die als Angebotstransparenz bezeichnete Obliegenheit der Unternehmen, ihrerseits den Vergabeunterlagen entsprechende sowie für den Auftraggeber unmissverständliche und damit vergleichbare Angebote einzureichen, ist die Kehrseite der Pflicht des Auftraggebers, für alle Unternehmen gültige Anforderungen aufzustellen, die eine objektive Vergleichbarkeit der Angebote gewährleisten. Besondere Relevanz erlangt die Angebotstransparenz vor allem in den folgenden zwei Bereichen. 33

Zum einen folgt daraus, dass die Unternehmen jeden in der Leistungsbeschreibung vorgesehenen **Preis** so wie gefordert vollständig und mit dem Betrag anzugeben haben, der für die betreffende Leistung beansprucht wird.[68] Diesen Grundsatz hat der BGH insbesondere zu sog. 34

---

60 Vgl. BGH, Urteil v. 10.9.2009 – VII ZR 82/08; OLG Frankfurt, Beschluss v. 24.7.2012 – 11 Verg 6/12.

61 Vgl. BGH, Urteil v. 22.7.2010 – VII ZR 213/08; OLG Düsseldorf, Beschluss v. 5.11.2014 – VII-Verg 21/14.

62 Vgl. etwa EuGH, Urteil v. 11.1.2005 – Rs. C-26/03 (Stadt Halle); Urteil v. 7.12.2000 – Rs. C-324/98 (Telaustria); EuG, Urteil v. 20.5.2010 – T-258/06 (Unterschwellenmitteilung), Rn. 77; *Koenig/Kühling*, NVwZ 2003, 779 (783).

63 Vgl. schon BGH, Urteil v. 22.2.2005 – KZR 36/03.

64 Vgl. etwa BGH, Beschluss v. 8.2.2011 – X ZB 4/10.

65 Vgl. dazu etwa *Delcuvé*, NZBau 2017, 646; *Friton/Stein*, NZBau 2017, 267.

66 Vgl. BGH, Beschluss v. 4.4.2017 – X ZB 3/17; *Stein/Wolters*, NZBau 2020, 339.

67 Vgl. auch VK Bund, Beschluss v. 12.4.2019 – VK 1-11/19.

68 Vgl. BGH, Beschluss v. 18.5.2004 – X ZB 7/04. Die Entscheidung erging allerdings unter der alten Rechtslage, die insbesondere die Möglichkeiten etwa des § 56 Abs. 3 S. 2 VgV oder § 16a EU Abs. 2 S. 3 VOB/A noch nicht kannte.

Mischkalkulationen entwickelt.[69] Mit einer – in vielen Aspekten fragwürdigen[70] – neueren Entscheidung zu Preisverlagerungen in Angeboten hat er seine diesbezügliche Rechtsprechung jedoch mit anderer Akzentuierung fortgeschrieben.[71] Den Gesichtspunkt einer intransparenten Änderung der Vergabeunterlagen durch die Bieter in solchen Fallgestaltungen hat er dabei leider nicht aufgegriffen, wenngleich hierin der wesentliche, weil auch verobjektivierbare Aspekt zu sehen ist.[72]

35 Auch bei dem anderen praxisrelevanten Anwendungsfall der Angebotstransparenz, dem Ausschluss von Angeboten, die unter Beifügung eigener **Allgemeiner Geschäftsbedingungen** (AGB) der anbietenden Unternehmen eingereicht werden, hat der BGH mit einer jüngeren Entscheidung[73] einige Fragen aufgeworfen.[74] Bislang war es ganz herrschende Meinung, dass die Beifügung eigener AGB regelmäßig bedeutet, dass das Angebot von den Vorgaben der Vergabeunterlagen abweicht und schon aus diesem Grund mangels übereinstimmender Willenserklärungen von Auftraggeber und Unternehmen ausgeschlossen werden muss.[75] Dabei hat das KG – durchaus nachvollziehbar – sogar vertreten, dass es einem Auftraggeber nicht zugemutet werden kann zu überprüfen, inwieweit sich bei der Geltung der AGB eines Bieters tatsächlich Änderungen ergeben beziehungsweise ob diese wirtschaftlich ins Gewicht fallen oder nicht.[76] Der BGH sieht hingegen nunmehr jedenfalls bei Vorliegen sogenannter Abwehrklauseln – unter Umständen aber auch ohne solche – die Möglichkeit, mit eigenen AGB versehene Angebote im Verfahren zu belassen, wenn nach bloßer Streichung des Hinzugefügten ein dem maßgeblichen Inhalt der Vergabeunterlagen vollständig entsprechendes Angebot vorliegt. Diese Entscheidung führt aufgrund der ihr zugrundeliegenden Fehlannahme, Unternehmen wollten in der Regel ein Angebot entsprechend der Vorgaben des Auftraggebers abgeben,[77] zu einer die Rechtssicherheit beeinträchtigenden Situation, in der dem Auftraggeber erhebliche Anstrengungen auferlegt werden und im schlimmsten Fall gleichwohl im Ergebnis unklar bleibt, was Vertragsinhalt wird und was nicht. Nur wenn Änderungen an den Vergabeunterlagen ausgeschlossen werden, wird aber ein transparenter und diskriminierungsfreier Wettbewerb der Bieter gewährleistet.[78]

c) Rechtsschutz

36 In jeder seiner vorgenannten Gestalten dient das Transparenzgebot vorrangig den Interessen der beteiligten Unternehmen, sodass es selbst sowie seine Ausprägungen in konkreten Vergabevorschriften zu den Bestimmungen gehören, auf deren Einhaltung Unternehmen nach § 97 Abs. 6 GWB einen Anspruch haben.[79] Zwar mag die sog. Angebotstransparenz vorrangig die Interessen des Auftraggebers an einer wirtschaftlichen Vergabe stützen. Sie dient auf der anderen Seite aber auch dem Schutz der beteiligten Unternehmen vor Wettbewerbsverzerrungen durch intransparente Angebotsgestaltung.

---

69 Vgl. dazu auch OLG Rostock, Beschluss v. 9.10.2013 – 17 Verg 6/13; OLG Koblenz, Beschluss v. 18.9.2013 – 1 Verg 6/13; VK Niedersachsen, Beschluss v. 10.9.2015 – VgK-32/15.

70 Vgl. unter anderem die Besprechungen von *Büdenbender*, ZfBR 2020, 30; *Ganske/Rafii*, ZfBR 2019, 651; *Geitel*, Vergabeblog.de vom 29.10.2018, Nr. 38817. Kritisch auch *Summa*, in: Heiermann/Zeiss/Summa, Vergaberecht, § 16 VOB/A Rn. 91.2.

71 Vgl. BGH, Urteil v. 19.6.2018 – X ZR 100/16.

72 Vgl. überzeugend zum Ausschluss von Mischkalkulationen/Spekulationsangeboten unter dem Gesichtspunkt der Änderung der Vergabeunterlagen auch schon *Opitz*, in: Burgi/Dreher, Vergaberecht, § 16 VOB/A-EU Rn. 81 ff.

73 BGH, Urteil v. 18.6.2019 – X ZR 86/17; dazu *Gröning*, NZBau 2020, 275.

74 Kritische Betrachtungen zu der Entscheidung finden sich etwa bei *Hettich*, NZBau 2020, 80.

75 Vgl. OLG München, Beschluss v. 21.2.2008 – Verg 01/08; VK Bund, Beschluss v. 6.6.2013 – VK 3-35/13.

76 Vgl. KG, Beschluss v. 9.12.2004 – 2 Verg 18/04.

77 Zutreffend OLG Koblenz, Beschluss v. 30.3.2012 – 1 Verg 1/12: *„Die Praxis zeigt, dass es auch keinen Erfahrungssatz des Inhalts gibt, dass Unternehmen immer genau das anbieten wollen, was der Auftraggeber über die Leistungsbeschreibung ‚bestellt' hat und Abweichungen im Angebot auf einem – vom Auftraggeber als solches erkennbarem – Versehen beruhen."* Ebenso OLG Düsseldorf, Beschluss v. 22.3.2017 – VII-Verg 54/16; OLG Schleswig, Beschluss v. 11.5.2016 – 54 Verg 3/16; VK Bund, Beschluss v. 27.9.2019 – VK 2-70/19.

78 So zutreffend OLG Naumburg, Beschluss v. 12.9.2016 – 7 Verg 5/15.

79 Vgl. u.a. BGH, Beschluss v. 1.2.2005 – X ZB 27/04; OLG Düsseldorf, Beschluss v. 21.10.2015 – VII-Verg 28/14; OLG Naumburg, Beschluss v. 30.4.2014 – 2 Verg 2/14 (mehrdeutiger Bekanntmachungstext); OLG München, Beschluss v. 20.3.2014 – Verg 17/13 (unklare Vergabeunterlagen); KG, Beschluss v. 24.10.2013 – Verg 11/13 (zum Vergabevermerk); OLG Frankfurt, Beschluss v. 24.7.2012 – 11 Verg 6/12; Beschluss v. 5.3.2012 – 11 Verg 3/12.

3. Wirtschaftlichkeit

Auch wenn mit dem Abschied von der sog. haushaltsrechtlichen Lösung und der Einführung des Kartellvergaberechts[80] die haushaltsrechtlichen Vorgaben jedenfalls oberhalb der Schwellenwerte etwas in den Hintergrund geraten sind, beanspruchen die in § 6 Abs. 1 HGrG und § 7 Abs. 1 S. 1 BHO sowie den entsprechenden Regelungen der Landeshaushaltsordnungen verankerten Grundsätze der Wirtschaftlichkeit[81] und Sparsamkeit auch in diesem Bereich weiterhin Geltung.[82] Mit dem VergRModG 2016 ist der Grundsatz der Wirtschaftlichkeit sogar ausdrücklich als solcher in § 97 Abs. 1 S. 2 GWB aufgenommen und damit hervorgehoben[83] worden, während er sich zuvor lediglich in Einzelbestimmungen insbesondere zur Zuschlagserteilung wiederfand.[84] Insofern etwas konträr deutet jedoch der Sprachgebrauch der Regelung („gewahrt") darauf hin, dass die Wirtschaftlichkeit der Beschaffung jedenfalls kein vorrangiges Ziel im Vergabeverfahren darstellen soll. 37

Naturgemäß ist der Grundsatz der Wirtschaftlichkeit[85] insbesondere im Rahmen der **Zuschlagsentscheidung** relevant, die nach § 127 Abs. 1 GWB und den entsprechenden Regelungen der aufgrund des GWB erlassenen Verordnungen auf das wirtschaftlichste Angebot gerichtet sein muss. 38

Rechtswirkungen entfaltet er aber schon im Vorfeld der Vergabe und kann vor allem auf die Ermittlung des zu vergebenden Bedarfs Einfluss nehmen. Denn wenngleich die Bestimmung des Bedarfs ein Kernrecht des öffentlichen Auftraggebers gegenüber den Bietern darstellt, so befreit sie ihn nicht von seiner haushalterischen Verantwortung, die von dem Bundes- und den Landesrechnungshöfen überprüft wird. So ist beispielsweise die Frage, ob Aufträge konventionell oder als öffentlich-private Partnerschaft (ÖPP) vergeben werden, bereits Gegenstand zahlreicher Untersuchungen und Diskussionen gewesen.[86] Zumindest im Rahmen der **Bedarfsermittlung** kann daher auch keinesfalls von einem Nachrang des Grundsatzes der Wirtschaftlichkeit etwa gegenüber dem Wettbewerbsprinzip ausgegangen werden. In dieser Phase gilt vielmehr, dass nur im Wettbewerb vergeben werden soll, was auch wirtschaftlich ist. Projekte, die sich die öffentliche Hand aus eigenen Mitteln nicht leisten kann, darf sie sich unter haushalterischen Gesichtspunkten somit ebenso wenig alternativ finanziert über die Vergabe im Wettbewerb in einer ÖPP leisten.[87] 39

In seiner konkreten Anwendung wirkt das Wirtschaftlichkeitsgebot wie folgt: Das Prinzip der **Wirtschaftlichkeit** im engeren Sinne gebietet, stets die günstigste Relation zwischen dem verfolgten Zweck und den einzusetzenden Mitteln anzustreben, während nach dem Grundsatz der Sparsamkeit die aufzuwendenden Mittel auf den zur Erfüllung der jeweiligen Aufgaben notwendigen Umfang zu beschränken sind.[88] Das Handeln staatlicher Stellen soll mithin allgemein danach ausgerichtet sein, die bestmögliche Ausnutzung von Ressourcen zu bewirken.[89] Jedoch findet sich das Sparsamkeitsgebot in den vergaberechtlichen Vorschriften nicht ausdrücklich wieder, da es sich ausschließlich an die öffentliche Hand richtet. Dagegen ist der Grundsatz der Wirtschaftlichkeit im engeren Sinne in mehreren Bestimmungen anzutreffen. 40

---

80 Vgl. zur Rechtsentwicklung etwa *Dörr*, in: Burgi/Dreher/Opitz, Vergaberecht, Einl. Rn. 45 ff.

81 Dieser wird zudem Art. 114 Abs. 2 S. 1 GG entnommen, vgl. *Hattenhauer/Butzert*, ZfBR 2018, 229.

82 Vgl. etwa *Knauff*, in: Säcker/Ganske/Knauff, Wettbewerbsrecht, § 97 GWB Rn. 35 f.; *Bartsch/v. Gehlen/Hirsch*, NZBau 2012, 393 (402); *Zeiss*, NZBau 2012, 201 (203).

83 So ausdrücklich die Gesetzesbegründung zu § 97 Abs. 1 GWB, VergRModG 2016, BT-Drs. 18/6281, 68.

84 Zur historischen Bedeutung vgl. aber *Hattenhauer/Butzert*, ZfBR 2018, 229.

85 Der als Oberbegriff auch des Grundsatzes der Sparsamkeit anzusehen ist, vgl. BVerwG, Urteil v. 13.9.2005 – 2 WD 31/04.

86 Vgl. etwa Präsidentinnen und Präsidenten der Rechnungshöfe des Bundes und der Länder, Gemeinsamer Erfahrungsbericht zur Wirtschaftlichkeit von ÖPP-Projekten; Bundesbeauftragter für Wirtschaftlichkeit in der Verwaltung, Gutachten zu Öffentlich Privaten Partnerschaften (ÖPP) im Bundesfernstraßenbau; dazu *Diederichs*, NZBau 2009, 547.

87 Vgl. ausdrücklich Präsidentinnen und Präsidenten der Rechnungshöfe des Bundes und der Länder, Gemeinsamer Erfahrungsbericht zur Wirtschaftlichkeit von ÖPP-Projekten, S. 43.

88 Vgl. OVG Münster, Beschluss v. 26.10.1990 – 15 A 1099/87 m.w.N.

89 Vgl. ausführlich BVerwG, Urteil v. 13.9.2005 – 2 WD 31/04 m.w.N.

So regelt § 127 Abs. 1 S. 3 GWB ausdrücklich, dass sich das wirtschaftlichste Angebot nach dem besten Preis-Leistungs-Verhältnis bestimmt.[90]

41 Für sich genommen ist der Grundsatz der Wirtschaftlichkeit regelmäßig nicht **unternehmensschützend**. Er dient vielmehr allein der haushaltsrechtlichen Verpflichtung der Auftraggeber zu einem wirtschaftlichen Einkauf. Hat die (Un-)Wirtschaftlichkeit der Beschaffung hingegen Rückwirkungen auf den Wettbewerb, so können die Unternehmen daraus in Verbindung mit dem Gleichbehandlungs-, Transparenz- und Wettbewerbsgrundsatz durchaus subjektive Rechte im Sinne des § 97 Abs. 6 GWB ableiten. Exemplarisch zeigt sich dies an der über Jahre geführten Diskussion über Unterpreisangebote. Die wohl herrschende Auffassung nahm zu Recht einen unternehmensschützenden Charakter der Vorschriften zur Preisprüfung und Wirtschaftlichkeit zumindest im Hinblick auf in Marktverdrängungsabsicht abgegebene Unterpreisangebote an, da dadurch einerseits die Wirtschaftlichkeit der Beschaffung in Frage steht – der Anbieter könnte infolge des Angebots in wirtschaftliche Schwierigkeiten geraten, die wiederum Rückwirkungen auf den Auftraggeber hätten – und andererseits auch die Gefahr einer – gegebenenfalls kartellrechtswidrigen – Wettbewerbsbeschränkung besteht.[91] Der BGH hat dies bestätigt und ausgeführt, dass sich auch die anderen Teilnehmer am Vergabeverfahren auf die Vorschriften über den Ausschluss unangemessen niedriger Angebote berufen können. Denn solle ein an sich wegen seines zu niedrigen Preises auszuschließendes Angebot den Zuschlag erhalten, gehe es in der Sache um eine Auftragserteilung unter Verstoß gegen den Wettbewerbsgrundsatz konkretisierende Regelungen, was unmittelbar die Position der übrigen Unternehmen im Wettbewerb betreffe.[92]

4. Verhältnismäßigkeit

42 Bei dem mit dem VergRModG 2016 erstmalig ausdrücklich im GWB-Vergaberecht aufgenommenen Grundsatz der **Verhältnismäßigkeit** handelt es sich um ein sowohl europa- als auch verfassungsrechtlich determiniertes Gebot. Nach der Rechtsprechung des EuGH handelt es sich bei der Verhältnismäßigkeit um einen allgemeinen Grundsatz des Gemeinschaftsrechts, wonach vergaberechtliche Maßnahmen nicht über das hinausgehen dürfen, was zur Erreichung des angestrebten Ziels erforderlich ist.[93] Dieser Formulierung entspricht die auch als Übermaßverbot aus dem Rechtsstaatsprinzip abgeleitete verfassungsrechtliche Vorgabe, wonach Grundrechtseingriffe – und um solche handelt es sich regelmäßig bei vergaberechtlichen Maßnahmen öffentlicher (staatlicher) Auftraggeber[94] – geeignet, erforderlich und angemessen zur Erreichung des angestrebten Zwecks sein müssen.[95] Naturgemäß spielt der Verhältnismäßigkeitsgrundsatz daher stets dort eine Rolle, wo Auftraggeber nicht gebundene Entscheidungen treffen (etwa bei zwingenden Ausschlussgründen), sondern ihnen ein Beurteilungs- oder Ermessensspielraum zukommt.[96]

43 Besondere Bedeutung hat der Verhältnismäßigkeitsgrundsatz dementsprechend vor allem im Hinblick auf die an die Unternehmen zu stellenden **Anforderungen** und den **Ausschluss** von Unternehmen aus dem Vergabeverfahren. Bei Letzterem handelt es sich um den massivsten Eingriff in die Rechte der beteiligten Unternehmen. Der Auftraggeber ist daher – zumindest bei fakultativen Ausschlussgründen im Sinne von § 124 GWB – stets gehalten, mögliche mildere Maßnahmen zu prüfen, bevor er einen Ausschluss aus dem Vergabeverfahren aus-

---

90 Vgl. ausführlich *Eßig* zu § 127 GWB Rn. 102 ff.

91 Vgl. etwa OLG Bremen, Beschluss v. 24.5.2006 – Verg 1/06; OLG Düsseldorf, Beschluss v. 4.9.2002 – Verg 37/02; VK Sachsen, Beschluss v. 18.3.2015 – 1/SVK/001-15; VK Bund, Beschluss v. 19.7.2013 – VK 1-54/13.

92 Vgl. BGH, Beschluss v. 31.1.2017 – X ZB 10/16.

93 Vgl. EuGH, Urteil v. 14.5.2020 – Rs. C-263/19 (T-Systems Magyarorszag) m.w.N.; Urteil v. 23.12.2009 – Rs. C-376/08 (Serrantoni) m.w.N.

94 Vgl. BVerfG, Beschluss v. 13.6.2006 – 1 BvR 1160/03; *Fehling*, in: Pünder/Schellenberg, Vergaberecht, § 97 Rn. 39 f.; *Dörr*, DÖV 2001, 1014.

95 Vgl. etwa *Sachs*, in: Sachs, GG, Art. 20 Rn. 149 ff. m.w.N. Ebenso OLG Düsseldorf, Beschluss v. 28.3.2018 – VII-Verg 54/17.

96 Vgl. daher auch zutreffend *Knauff*, in: Säcker/Ganske/Knauff, Wettbewerbsrecht, § 97 GWB Rn. 42: *„Den Vorrang des positiven Rechts kann der Verhältnismäßigkeitsgrundsatz (jedenfalls in seiner vergaberechtlichen Ausprägung) nicht in Frage stellen."*

spricht.[97] Bezüglich der an die Unternehmen zu stellenden Anforderungen konkretisiert § 122 Abs. 4 GWB den Verhältnismäßigkeitsgrundsatz dahin, dass Eignungskriterien in einem angemessenen Verhältnis zum Auftragsgegenstand stehen müssen.[98] Die Forderung nach einem bisherigen Mindestumsatz im Milliardenbereich widerspräche bei einem niedrig siebenstelligen Auftragsvolumen mithin beispielsweise dieser Maßgabe (vgl. auch § 45 Abs. 2 S. 1 VgV).[99]

Von größerer Praxisrelevanz ist schließlich noch, dass der Verhältnismäßigkeitsgrundsatz selbstverständlich auch im Rahmen des Aufhebungsermessens des Auftraggebers herangezogen wird, weshalb stets zu prüfen ist, ob nicht weniger einschneidende Maßnahmen als Alternative zu einer **Aufhebung** in Betracht kommen und gegebenenfalls als mildere Mittel geboten sind.[100] 44

Der Verhältnismäßigkeitsgrundsatz hat allein die Interessen der beteiligten Unternehmen im Blick, die vor überzogenen Anforderungen der Auftraggeber geschützt werden sollen. Das Verhältnismäßigkeitsgebot ist daher ebenso wie seine konkreten Ausprägungen **individualschützend** im Sinne des § 97 Abs. 6 GWB.[101] Als allgemeiner rechtsstaatlicher Grundsatz bindet es allerdings auch die Nachprüfungsinstanzen selbst.[102] Diese dürfen nur mit Maßnahmen in ein Vergabeverfahren eingreifen, die zur Herstellung der Rechtmäßigkeit des Vergabeverfahrens geeignet, erforderlich und angemessen sind.[103] 45

II. Gleichbehandlung (Abs. 2)

Nach § 97 Abs. 2 GWB sind die Teilnehmer an einem Vergabeverfahren gleich zu behandeln, es sei denn, eine Ungleichbehandlung ist aufgrund des GWB ausdrücklich geboten oder gestattet. Mit dem VergRModG 2016 ist dabei der bisherige Begriff der Benachteiligung durch den Begriff der Ungleichbehandlung ersetzt worden, ohne dass dies inhaltlich eine Änderung bedeutete. 46

Der Gleichbehandlungsgrundsatz ist nicht nur europa- und verfassungsrechtlich verankert, er spielt auch im Vergaberecht eine überragende Rolle.[104] Denn er selbst kann zwar auch isoliert herangezogen werden. Jedenfalls die anderen **Vergabegrundsätze** sind ohne ihn aber kaum denkbar. Denn die Beachtung des Gleichbehandlungsgrundsatzes ist zum einen Grundvoraussetzung für das Entstehen echten Wettbewerbs,[105] seine Folge zum anderen die Verpflichtung zur Transparenz.[106] 47

Ganz allgemein gebietet der **Gleichbehandlungsgrundsatz**, im Wesentlichen gleich gelagerte Sachverhalte gleich und wesentlich ungleiche Sachverhalte ungleich zu behandeln.[107] Negativ formuliert *„verbietet der Gleichheitssatz nur, dass wesentlich Gleiches ungleich, nicht dagegen, dass wesentlich Ungleiches entsprechend der bestehenden Ungleichheit ungleich behandelt wird."*[108] Dementsprechend ist der Gleichbehandlungsgrundsatz *„verletzt, wenn* 48

97 Vgl. auch *Ohrtmann*, in: Byok/Jaeger, Vergaberecht, § 124 GWB Rn. 2; *Stolz*, in: Ziekow/Völlink, Vergaberecht, § 124 GWB Rn. 2.
98 Vgl. auch OLG Düsseldorf, Beschluss v. 27.6.2018 – VII-Verg 4/18.
99 Vgl. auch OLG Jena, Beschluss v. 2.8.2017 – 2 Verg 2/17.
100 Vgl. OLG Düsseldorf, Beschluss v. 29.8.2018 – VII-Verg 14/17; VK Thüringen, Beschluss v. 28.2.2020 – 250-4002-21/2020-E-002-IK.
101 Vgl. etwa VK Bund, Beschluss v. 7.5.2020 – VK 2-31/20 (Verhältnismäßigkeit einer Aufhebung).
102 Vgl. OLG Frankfurt, Beschluss v. 26.1.2017 – 11 Verg 1/17; VK Bund, Beschluss v. 30.4.2018 – VK 2-34/18; *Dörr*, in: Burgi/Dreher/Opitz, Vergaberecht, § 97 Abs. 1 GWB Rn. 66 m.w.N.; *Steck*, in: Ziekow/Völlink, Vergaberecht, § 168 GWB Rn. 10.
103 Vgl. etwa VK Berlin, Beschluss v. 13.3.2020 – VK-B1-36/19; VK Bund, Beschluss v. 27.1.2017 – VK 2-131/16.
104 Vgl. etwa EuGH, Urteil v. 24.5.2016 – Rs. C-396/14 (MT Højgaard) m.w.N.: *„Der Gleichbehandlungsgrundsatz und die Transparenzpflicht … bilden die Grundlage der Unionsvorschriften über die Verfahren zur Vergabe öffentlicher Aufträge"*. Ebenso EuGH, Urteil v. 12.7.2018 – Rs. C-14/17 (VAR und ATM).
105 Vgl. EuGH, Urteil v. 11.5.2017 – Rs. C-131/16 (Archus).
106 Vgl. EuGH, Urteil v. 19.6.2008 – Rs. C-454/06 (pressetext) m.w.N.; *Knauff*, in: Säcker/Ganske/Knauff, Wettbewerbsrecht, § 97 GWB Rn. 57.
107 Vgl. OLG Karlsruhe, Beschluss v. 25.7.2014 – 15 Verg 4/14; VK Schleswig-Holstein, Beschluss v. 20.7.2012 – VK-SH 16/12.
108 BVerfG, Urteil v. 23.10.1951 – 2 BVG 1/51.

eine Gruppe von Normadressaten im Vergleich zu anderen Normadressaten anders behandelt wird, obwohl zwischen beiden Gruppen keine Unterschiede von solcher Art und solchem Gewicht bestehen, dass sie die ungleiche Behandlung rechtfertigen könnten".[109]

49 Insofern ist § 97 Abs. 2 Hs. 2 GWB, wonach eine **Ungleichbehandlung** nur zulässig ist, wenn sie aufgrund des GWB ausdrücklich geboten oder gestattet ist, missverständlich. Denn dadurch könnte der Eindruck erweckt werden, dass nur, wenn das GWB oder die aufgrund des GWB im Verordnungswege erlassenen Regelungen eine Differenzierung ausdrücklich vorsähen, eine solche zulässig wäre. Dies ist aber mitnichten der Fall und würde anderenfalls auch zu einer unsinnigen Überregulierung führen. Es genügt vielmehr, dass hinreichende tatsächliche Unterschiede bestehen, um eine Ungleichbehandlung von zwei Konstellationen zu rechtfertigen.[110] Echte Ungleichbehandlungen, d.h. abweichende Beurteilungen vergleichbarer Sachverhalte, bedürfen hingegen einer Regelung im GWB bzw. in den aufgrund des GWB erlassenen Verordnungen und kommen schon wegen der begrenzenden Wirkung des Verhältnismäßigkeitsgebots nur in Ausnahmefällen in Betracht.[111] Beispielhaft kann insofern die auf Art. 85 RL 2014/25/EU basierende Regelung in § 55 SektVO zur Diskriminierung von Angeboten von Waren genannt werden, die überwiegend aus Drittländern stammen.[112]

50 Personell erfasst der Gleichbehandlungsgrundsatz nicht nur die Unternehmen, die bereits durch die Abgabe eines Teilnahmeantrags oder eines Angebots am Vergabeverfahren beteiligt sind. Er wirkt vielmehr bereits im **Vorfeld** der Beteiligung der Unternehmen – etwa im Hinblick auf die Formulierung der Anforderungen der Bekanntmachung oder der Leistungsbeschreibung – und untersagt dem Auftraggeber, durch diskriminierende Vergabebedingungen bestimmte möglicherweise interessierte Unternehmen ohne sachlichen Grund von vorneherein von einer Beteiligung abzuhalten.[113]

51 In sachlicher Hinsicht erfasst der Gleichbehandlungsgrundsatz dementsprechend auch sämtliche **Stadien des Vergabeverfahrens**. Dies beginnt mit der Aufstellung der Anforderungen an die Leistung und an die Unternehmen, geht über die Prüfung und Wertung der Teilnahmeanträge und Angebote und mündet schließlich in der Vergabeentscheidung des Auftraggebers.[114] Zusammenfassend ist es für den Auftraggeber generell entscheidend, den Unternehmen die gleichen Informationen zukommen zu lassen, gleiche Anforderungen an sämtliche Unternehmen zu stellen, die Teilnahmeanträge und Angebote gleichmäßig zu bewerten und allen Unternehmen die gleichen Fristen einzuräumen.[115]

1. Anwendungsfälle

52 Im Einzelnen sind beispielsweise folgende Konstellationen praxisrelevant:

a) Bevorzugung ortsansässiger oder einheimischer Unternehmen

53 Es dürfte offenkundig sein, dass die Bevorzugung ortsansässiger oder einheimischer Unternehmen im diametralen Widerspruch zu dem Ziel der Vergaberichtlinien stünde, eine Öffnung des Marktes öffentlicher Aufträge für sämtliche europäische Unternehmen zu erreichen.[116] Es kann mithin **nicht rechtmäßig** sein, eine Vergabeentscheidung zwischen mehreren Unternehmen alleine damit zu rechtfertigen, dass das ausgewählte Unternehmen aus der eigenen

109 BVerfG, Beschluss v. 22.3.2000 – 1 BvR 1136/96 m.w.N.
110 Selbstverständlich bleibt allerdings der Vorbehalt des Gesetzes im Einzelfall zu beachten.
111 Vgl. *Dörr*, in: Burgi/Dreher/Opitz, Vergaberecht, § 97 Abs. 2 GWB Rn. 16 ff.
112 Vgl. OLG Brandenburg, Beschluss v. 2.6.2020 – 19 Verg 1/20; *Röwekamp*, in: Eschenbruch/Opitz/Röwekamp, SektVO, § 55 Rn. 2.
113 Vgl. schon EuGH, Urteil v. 5.10.2000 – Rs. C-16/98 (Kommission/Französische Republik); ferner etwa OLG Karlsruhe, Beschluss v. 25.7.2014 – 15 Verg 4/14; OLG Naumburg, Beschluss v. 16.9.2002 – 1 Verg 2/02; VK Sachsen, Beschluss v. 27.6.2014 – 1/SVK/020-13; *Ziekow*, in: Ziekow/Völlink, Vergaberecht, § 97 GWB Rn. 20 ff.
114 Vgl. etwa EuGH, Urteil v. 11.5.2017 – Rs. C-131/16 (Archus).
115 Vgl. etwa OLG Frankfurt, Beschluss v. 5.3.2014 – 11 Verg 2/14.
116 Zu tatsächlichen Vorbehalten insbesondere kommunaler Mandatsträger gegen Vergaben an ortsfremde Unternehmen vgl. etwa *Köster*, NZBau 2010, 473 (475).

Region/dem eigenen Land stammt.[117] Gleichermaßen verbieten sich entsprechende Eignungsanforderungen, die ortsansässige Unternehmen bevorzugen und insbesondere auf eine Präsenz vor Ort schon zum Zeitpunkt der Angebotsabgabe und nicht erst der -ausführung abstellen.[118] Insofern ist auch zu berücksichtigen, dass ortsansässige Unternehmen ohnehin vielfach (natürliche) Wettbewerbsvorteile genießen, da sie beispielsweise kürzere Lieferwege haben.

Nichtsdestotrotz gibt es auf der anderen Seite kein generelles Verbot, ortsbezogene Kriterien zu berücksichtigen. Entscheidend ist insofern vielmehr, ob eine bestimmte Anforderung durch den Gegenstand des Auftrags **gerechtfertigt** und **verhältnismäßig** ist.[119] So begegnet beispielsweise bei der Vergabe von Serviceverträgen die Forderung nach einer kurzfristigen Verfügbarkeit, die in der Regel nur mit einer Präsenz vor Ort machbar sein wird, keinen Bedenken – bei der Vergabe eines Auftrags zur Wartung, Instandhaltung und gegebenenfalls Reparatur von Fahrstühlen etwa dürfte sowohl die Auftragsbezogenheit als auch die Notwendigkeit einer derartigen Forderung auf der Hand liegen. 54

b) Wissensvorsprünge und Beteiligung von Projektanten

Unter Gleichbehandlungsgesichtspunkten kann es ebenfalls problematisch sein, wenn einzelne Unternehmen **Wissensvorsprünge** gegenüber anderen Unternehmen haben. Insofern muss allerdings nach der Quelle des Wissensvorsprungs differenziert werden. Hat sich ein Unternehmen beispielsweise durch eigene Forschung einen Technologievorsprung vor anderen Unternehmen erarbeitet, so ist dies Ausdruck des freien Wettbewerbs auf dem Markt und generell erwünscht.[120] Stammt das überlegene Wissen allerdings aus der Sphäre des Auftraggebers, so stellt dies in der Regel eine nicht gerechtfertigte Benachteiligung anderer Unternehmen dar. Demzufolge hat ein Auftraggeber zuvörderst dafür zu sorgen, dass Informationsvorsprünge gar nicht erst entstehen. Das bedeutet etwa in laufenden Vergabeverfahren, dass Antworten auf Bieterfragen in der Regel allen Unternehmen zeitgleich zur Verfügung gestellt werden müssen.[121] Ist ein Wissensvorsprung eines Unternehmens hingegen schon gegeben, muss der Auftraggeber dafür sorgen, dass dieser ausgeglichen wird, etwa durch entsprechende Information auch der anderen am Vergabeverfahren beteiligten oder interessierten Unternehmen.[122] Praktisch kann dies auch dann geboten sein, wenn ein Vergabeverfahren aufgrund eines Nachprüfungsverfahrens in ein Stadium vor Angebotsabgabe zurückversetzt wird und (nur) die am Nachprüfungsverfahren beteiligten Unternehmen in dessen Rahmen Wissen erlangt haben, das ihnen Wettbewerbsvorteile bei der neuerlichen Bewerbung oder Angebotsabgabe bringt.[123] 55

Ein weiteres praktisch besonders relevantes Beispiel ist insofern die Beteiligung von vorbefassten Unternehmen (sog. **Projektanten)** am Vergabeverfahren.[124] Dabei handelt es sich entsprechend der Legaldefinitionen in § 7 Abs. 1 VgV, § 7 Abs. 1 SektVO um Unternehmen, die den Auftraggeber bereits im Vorfeld der Vergabe unterstützt haben,[125] etwa durch Erarbeitung des Leistungsverzeichnisses oder Ähnlichem. Naturgemäß wissen diese Unternehmen besonders genau, welche Anforderungen der Auftraggeber dementsprechend erfüllt sehen möchte. Anlass für einen Ausschluss dieser Unternehmen vom Wettbewerb nach § 124 Abs. 1 56

---

117 Vgl. VK Sachsen, Beschluss v. 21.8.2018 – 1/SVK/016-18; VK Baden-Württemberg, Beschluss v. 14.11.2013 – 1 VK 37/13; VK Bund, Beschluss v. 19.7.2013 – VK 1-51/13; ausführlich *Müller-Wrede*, VergabeR 2005, 32.

118 Vgl. VK Bund, Beschluss v. 23.7.2015 – VK 1-55/15 m.w.N.

119 Vgl. auch EuGH, Urteil v. 22.10.2015 – Rs. C-552/13 (Grupo Hospitalario Quirón); Urteil v. 27.10.2005 – Rs. C-234/03 (Insalud); OLG Koblenz, Beschluss v. 20.4.2016 – Verg 1/16; *Ziekow*, in: Ziekow/Völlink, Vergaberecht, § 97 GWB Rn. 12.

120 Vgl. VK Bund, Beschluss v. 19.5.2020 – VK 1-28/20; VK Baden-Württemberg, Beschluss v. 6.9.2019 – 1 VK-39/19.

121 Vgl. etwa VK Sachsen, Beschluss v. 24.8.2016 – 1/SVK/017-16.

122 Vgl. OLG München, Beschluss v. 25.7.2013 – Verg 7/13.

123 Vgl. VK Berlin, Beschluss v. 13.3.2020 – VK-B1-36/19.

124 Vgl. etwa VK Niedersachsen, Beschluss v. 27.1.2017 – VgK-49/2016; ausführlich zum Umgang mit Projektanten vgl. *Michel*, Das Vergabeverfahren zwischen Kooperation, Wettbewerb, Transparenz und Gleichbehandlung, S. 29 ff.

125 Vgl. auch § 10 Abs. 2 VSVgV.

Nr. 6 GWB besteht gleichwohl im Regelfall nicht.[126] Der Auftraggeber hat die Leistung des Projektanten vielmehr sorgfältig zu überwachen und zu dokumentieren und die Dokumentation sämtlichen interessierten Unternehmen zur Verfügung zu stellen, um den Wettbewerbsvorteil des Projektanten auszugleichen.[127] Ein Ausschluss kommt dann nur als ultima ratio in Betracht, wenn anders die durch die Vorbefassung bewirkte Wettbewerbsverzerrung nicht beseitigt werden kann.[128]

c) Zuschneiden von Eignungsanforderungen und Leistungsbeschreibung

57 Zwar kommt dem Auftraggeber bei der Bestimmung der Anforderungen an die Eignung der Unternehmen und die zu erbringende Leistung ein weiter **Spielraum** zu.[129] Dieser wird aber sowohl vom Wettbewerbs- und Transparenzgrundsatz als auch vom Gleichbehandlungsgrundsatz begrenzt. Letzterer verlangt, dass der Auftraggeber die Anforderungen nicht so formuliert, dass einzelne Unternehmen bereits dadurch ohne sachlichen Grund bevorzugt oder benachteiligt werden.[130]

58 Denkbar ist dies beispielsweise für den Fall eines bis ins Detail auf das Fabrikat eines Anbieters zugeschnittenen **Leistungsverzeichnisses**, ohne dass insofern eine etwa auf Art. 42 Abs. 4 RL 2014/24/EU (Verweis auf bestimmte Marken, Produktionen etc.) gestützte Rechtfertigung nach den aufgrund des GWB erlassenen Verordnungen vorläge.[131] Ebenso sind besondere **Mindestanforderungen** im Bereich der Eignungsnachweise, die ersichtlich nur von einem Unternehmen erfüllt werden können, problematisch.[132] Insofern ist aber stets zu fragen, ob eine derartige Anforderung gegebenenfalls durch den Auftragsgegenstand gerechtfertigt ist.[133] Dann handelte es sich zwar um eine Ungleichbehandlung der Unternehmen, diese wäre jedoch durch Sachgründe gerechtfertigt.

d) Ausschluss von Angeboten

59 Der Gleichbehandlungsgrundsatz gebietet, dass der Auftraggeber Ausschlusstatbestände gleichmäßig anwendet.[134] So kann eine nicht gerechtfertigte Diskriminierung insbesondere darin liegen, dass der Auftraggeber ein Unternehmen wegen des Fehlens eines Nachweises ausschließt und ein anderes Unternehmen mit vergleichbarem Mangel in seinem Angebot im Verfahren belässt.[135] Denn der Auftraggeber unterliegt im Rahmen des Vergabeverfahrens einer Selbstbindung dahin gehend, dass er die Entscheidung, wem er den Auftrag erteilt, und die hierzu nötigen Wertungen selbst nach einheitlichem Maßstab zu treffen hat.[136] Dementsprechend ist es ihm versagt, nachträglich auf einzelne in den Ausschreibungsunterlagen verlangte Nachweise zu verzichten und weniger strenge Anforderungen gegenüber bestimmten Unternehmen zu stellen.[137]

---

126 Vgl. schon EuGH, Urteil v. 3.3.2005 – Verb. Rs. C-21/03 und C-34/03 (Fabricom); *Müller-Wrede/Lux*, ZfBR 2006, 327 m.w.N. Gleiches gilt für den bisherigen Auftragnehmer einer erneut ausgeschriebenen Leistung, vgl. OLG Bremen, Beschluss v. 9.10.2012 – Verg 1/12.
127 Vgl. OLG München, Beschluss v. 19.12.2013 – Verg 12/13; OLG Brandenburg, Beschluss v. 19.12.2011 – Verg W 17/11; *Michel*, Das Vergabeverfahren zwischen Kooperation, Wettbewerb, Transparenz und Gleichbehandlung, S. 124 ff.
128 Vgl. *Opitz*, in: Burgi/Dreher/Opitz, Vergaberecht, § 124 GWB Rn. 89.
129 Vgl. oben Rn. 17 ff.
130 Vgl. OLG Celle, Beschluss v. 31.3.2020 – 13 Verg 13/19; OLG Naumburg, Beschluss v. 20.9.2012 – 2 Verg 4/12.
131 Vgl. OLG München, Beschluss v. 26.3.2020 – Verg 22/19; OLG Rostock, Beschluss v. 17.7.2019 – 17 Verg 1/19.
132 Vgl. etwa OLG Düsseldorf, Beschluss v. 9.7.2012 – VII-Verg 18/12.
133 Vgl. etwa OLG Düsseldorf, Beschluss v. 27.6.2012 – VII-Verg 7/12.
134 Für die Prüfung von Ausschlusstatbeständen auch bei Nachunternehmern vgl. EuGH, Urteil v. 30.1.2020 – Rs. C-395/18 (Tim SpA).
135 Vgl. OLG Karlsruhe, Beschluss v. 6.2.2007 – 17 Verg 5/06; OLG Düsseldorf, Beschluss v. 14.10.2005 – VII-Verg 40/05.
136 Vgl. BGH, Beschluss v. 26.9.2006 – X ZB 14/06.
137 Vgl. OLG Frankfurt, Beschluss v. 26.10.2011 – 11 Verg 7/11.

e) Angebotsaufklärung, Nachforderung und (Nach-)Verhandlung

Auch im Hinblick auf eine mögliche **Aufklärung** eines unklaren Angebots (vgl. § 15 Abs. 5 S. 1 VgV, § 15 EU VOB/A) sowie bei einer zulässigen **Nachforderung** von Unterlagen (vgl. § 56 Abs. 2 VgV, § 16a EU VOB/A, § 51 Abs. 2 SektVO) ist der Auftraggeber zu einer einheitlichen Handhabung gegenüber allen Unternehmen verpflichtet.[138] Denn insofern kommt dem Auftraggeber hinsichtlich des Obs der Aufklärung beziehungsweise Nachforderung – jedenfalls außerhalb der VOB/A[139] – ein Ermessen zu, welches er pflichtgemäß auszuüben hat.[140] 60

Gleiches gilt hinsichtlich möglicher **(Nach-)Verhandlungen**. Soweit diese zulässig sind, hat der Auftraggeber darauf zu achten, stets sämtliche noch beteiligten Unternehmen gleichberechtigt in die Verhandlungen einzubeziehen.[141] Dies bedeutet auch im Verhandlungsverfahren, dass es grundsätzlich unzulässig ist, nur einem Unternehmen die Möglichkeit einzuräumen, sein Angebot im Wege von Nachverhandlungen nachzubessern.[142] 61

f) Behandlung von Bietergemeinschaften

Bietergemeinschaften, d.h. Zusammenschlüsse von zwei oder mehr Unternehmen zur gemeinsamen Bewerbung um den Auftrag, haben ebenso wie andere Unternehmereinsatzformen auch einen Anspruch auf Gleichbehandlung im Vergabeverfahren.[143] 62

Nach einer insbesondere früher vielfach auch in der Rechtsprechung vertretenen Auffassung soll eine **Änderung im Mitgliederbestand** einer Bietergemeinschaft während eines laufenden Vergabeverfahrens allerdings zu einem zwingenden Ausschluss der Bietergemeinschaft führen.[144] Dabei wird jedoch übersehen, dass es sich bei Bietergemeinschaften in der Regel um Gesellschaften bürgerlichen Rechts handelt.[145] Stellt man dies in den Vordergrund, so lässt sich die vorstehend geschilderte Behandlung von Bietergemeinschaften nicht begründen. Denn sie führt zu einer mangels sachlichen Grundes nicht gerechtfertigten Schlechterstellung von Bietergemeinschaften gegenüber anderen Gesellschaften bürgerlichen Rechts.[146] Nach zutreffender Auffassung kommt es vielmehr generell – und damit auch bei Bietergemeinschaften – darauf an, wie der Wechsel im Mitgliederbestand des am Vergabeverfahren beteiligten Unternehmens genau gestaltet ist. Nur bei einem identitätsändernden Wechsel hat ein Ausschluss vom Vergabeverfahren zu erfolgen.[147] 63

Auch im Hinblick auf die Anforderungen an die **Eignung** der Unternehmen und deren Nachweis sind Bietergemeinschaften anderen Gesellschaften gleichzustellen. Dies bedeutet, dass 64

138 Vgl. schon EuGH, Urteil v. 10.10.2013 – Rs. C-336/12 (Manova), Rn. 30 ff. m.w.N.; zur Nachforderung vgl. VK Sachsen, Beschluss v. 29.11.2019 – 1/SVK/032-19.

139 Vgl. zu der von den übrigen Regelwerken abweichenden Muss-Regelung in der VOB/A etwa *Steck*, in: Ziekow/Völlink, Vergaberecht, § 16a VOB/A-EU Rn. 1, 8 ff.

140 Vgl. OLG München, Beschluss v. 17.9.2015 – Verg 3/15; OLG Karlsruhe, Beschluss v. 23.3.2011 – 15 Verg 2/11; *Dörn*, in: Burgi/Dreher, Vergaberecht, § 15 VgV Rn. 31.

141 Vgl. OLG Düsseldorf, Beschluss v. 19.7.2006 – VII-Verg 27/06.

142 Vgl. *Hirsch/Kaelble*, in: Müller-Wrede, VgV/UVgO, § 17 VgV Rn. 79.

143 Zur generellen vergaberechtlichen Zulässigkeit von Bietergemeinschaften vgl. einerseits etwa OLG Düsseldorf, Beschluss v. 17.1.2018 – VII-Verg 39/17; Beschluss v. 17.12.2014 – VII-Verg 22/14; VK Südbayern, Beschluss v. 1.2.2016 – Z3-3-3194-1-58-11/15; andererseits KG, Beschluss v. 24.10.2013 – Verg 11/13; ferner *Hausmann/Queisner*, NZBau 2015, 402; *Mager/Lotz*, NZBau 2014, 328. Zur besonderen Konstellation konzernverbundener Unternehmen als Bietergemeinschaftsmitglieder vgl. OLG Düsseldorf, Beschluss v. 29.7.2015 – VII-Verg 5/15.

144 Vgl. OLG Düsseldorf, Beschluss v. 24.5.2005 – VII-Verg 28/05; Beschluss v. 26.1.2005 – VII-Verg 45/04; VG Köln, Urteil v. 21.11.2013 – 16 K 6287/11; *Prieß*, VergabeR 2005, 751 (754); *Rittwage*, NZBau 2007, 484; *Schmidt*, NZBau 2008, 41.

145 Vgl. ausführlich *Lux*, Bietergemeinschaften im Schnittfeld von Gesellschafts- und Vergaberecht, S. 46 ff.

146 Insoweit kann auch VK Hessen, Beschluss v. 14.5.2020 – 69d-VK-2-22/2020, mit der Auffassung nicht überzeugen, (nur) bei einer Bietergemeinschaft sei es regelmäßig im Interesse des Auftraggebers, eine Erklärung über die gesamtschuldnerische Haftung der Partner zu verlangen.

147 Vgl. OLG Celle, Beschluss v. 5.9.2007 – 13 Verg 9/07; VK Thüringen, Beschluss v. 14.1.2015 – 250-4003-7807/2014-E-011-G; *Heiermann*, ZfBR 2007, 759; *Lux*, NZBau 2012, 680 (682).

nur die Bietergemeinschaft selbst als Subjekt der Eignungsprüfung zu beurteilen ist, nicht hingegen die einzelnen an ihr beteiligten Unternehmen jeweils einzeln.[148] Da die Bietergemeinschaft in der Regel jedoch nur ein Zweckbündnis ohne eigene Ressourcen darstellt, wird sie – das ist ja gerade ihr Gründungsanlass – auf die Ressourcen ihrer Mitglieder zugreifen.[149] Formal betrachtet geschieht dies im Wege der Eignungsleihe. Nichtsdestotrotz bedarf es eines über die Bietergemeinschaftserklärung hinausgehenden weiteren Verfügbarkeitsnachweises im Sinne von § 47 Abs. 1 S. 1 VgV in der Regel nicht, da es bereits der Vereinbarung einer Bietergemeinschaft immanent ist, dass sie über die Kapazitäten ihrer einzelnen Mitglieder tatsächlich verfügen kann.[150] Dies entspricht auch der gesellschaftsrechtlichen Lage, wonach die Gesellschafter einer Gesellschaft bürgerlichen Rechts – also auch einer regelhaften Bietergemeinschaft – im Außenverhältnis für die Verbindlichkeiten der Gesellschaft ohnehin selbst sämtlich gesamtschuldnerisch haften.[151] Im Ergebnis kommt es damit gleichwohl regelmäßig auf die Eignung der Mitglieder der Bietergemeinschaft an. Entscheidend ist aber, dass – wie auch in anderen Konstellationen der Eignungsleihe – eine Zusammenrechnung der Ressourcen, also der Fachkunde und Leistungsfähigkeit der beteiligten Unternehmen stattfindet.[152] Insofern dürfen Bietergemeinschaften gegenüber anderen Unternehmen nicht benachteiligt werden. Spiegelbildlich kann allerdings auch das Vorliegen eines Ausschlusstatbestands gegenüber nur einem an der Bietergemeinschaft beteiligten Unternehmen gegebenenfalls – je nach Tatbestand und Zurechnungsnorm – den Ausschluss der Gemeinschaft insgesamt zur Folge haben. Insofern wird vertreten, der Verweis des § 47 Abs. 4 VgV,[153] wonach die Regelungen zur Eignungsleihe auch auf Bietergemeinschaften Anwendung finden, führe dazu, dass der Bietergemeinschaft nach § 47 Abs. 2 S. 3 VgV Gelegenheit gegeben werden müsse, einen Eignungsmangel bei einem Bietergemeinschaftsmitglied zu beheben, oder den Auftraggeber sogar berechtige vorzuschreiben, dass das Mitglied der Bietergemeinschaft, bei dem ein fakultativer Ausschlussgrund vorliege, ersetzt werden müsse.[154] Diese Auffassung beruht allerdings auf einem aus der fehlenden Unterscheidung von Bietergemeinschaft und ihren Mitgliedern resultierenden Missverständnis des § 47 Abs. 4 VgV. Dieser stellt lediglich – im Ergebnis jedenfalls im deutschen Recht verzichtbar[155] – klar, dass Bietergemeinschaften auch in dieser Hinsicht mit anderen Unternehmen gleichzustellen sind.[156] Keinesfalls werden damit aber nach den vorstehenden Maßstäben – jedenfalls bei identitätsändernden Mitgliederwechseln – unzulässige Eingriffe in den Bietergemeinschaftsbestand legalisiert.

2. Rechtsschutz

65 Das Gebot, alle Teilnehmer am Vergabeverfahren grundsätzlich gleich zu behandeln und nur in dem Vorbehalt des Gesetzes genügenden Ausnahmefällen einzelne Unternehmen zu diskriminieren, ist insgesamt unternehmensschützend im Sinne von § 97 Abs. 6 GWB.[157]

---

148 Vgl. ausführlich *Lux*, Bietergemeinschaften im Schnittfeld von Gesellschafts- und Vergaberecht, S. 127 ff.
149 Vgl. auch *Opitz*, in: Eschenbruch/Opitz/Röwekamp, SektVO, § 50 Rn. 25.
150 Vgl. OLG Naumburg, Beschluss v. 30.4.2007 – 1 Verg 1/07; vgl. auch VK Hessen, Beschluss v. 14.5.2020 – 69d-VK-2-22/2020.
151 Vgl. grundlegend BGH, Urteil v. 29.1.2001 – II ZR 331/00; ferner *K. Schmidt*, in: K. Schmidt, HGB, § 128 Rn. 4 m.w.N.
152 Vgl. VK Niedersachsen, Beschluss v. 10.7.2012 – VgK-21/2012.
153 Eine entsprechende Regelung findet sich auch in § 47 SektVO.
154 Vgl. *Mager*, in: Burgi/Dreher, Vergaberecht, § 47 VgV Rn. 41 f.
155 In anderen Rechtsordnungen mag eine solche Klarstellung mangels vergleichbarer gesellschaftsrechtlicher Situation hingegen gegebenenfalls sinnvoll sein, vgl. auch Art. 63 Abs. 1 UAbs. 4 RL 2014/24/EU.
156 Richtigerweise fehlt es daher an einer vergleichbaren Regelung auch in § 6d EU VOB/A.
157 Vgl. u.a. BGH, Beschluss v. 1.2.2005 – X ZB 27/04; OLG München, Beschluss v. 26.3.2020 – Verg 22/19; OLG Düsseldorf, Beschluss v. 28.6.2017 – VII-Verg 2/17; VGH Kassel, Beschluss v. 23.7.2012 – 8 B 2244/11; OLG Frankfurt, Beschluss v. 5.3.2012 – 11 Verg 3/12; OLG Karlsruhe, Beschluss v. 15.10.2008 – 15 Verg 9/08.

C. Strategische Ziele (Abs. 3)

I. Allgemeines

§ 97 Abs. 3 GWB öffnet der erstmals mit dem VergRModG 2009[158] gesetzlich normierten Möglichkeit einer sog. politikorientierten Vergabe[159] weiteren Raum. Der Gesetzgeber betont mit dieser Vorschrift die erhebliche wirtschaftliche Bedeutung der öffentlichen Beschaffung für die Stärkung und Förderung der in § 97 Abs. 3 GWB aufgeführten politisch motivierten Aspekte. Jährlich werden öffentliche Aufträge mit einem Volumen von ca. 18 % des europäischen Bruttoinlandsprodukts vergeben.[160] Nachhaltigkeit und Innovationen sollen, so der Wille des Richtlinien- und des Gesetzgebers, mit diesem Potenzial durch die öffentlichen Auftraggeber gefördert und weiterentwickelt werden.[161] Der öffentlichen Auftragsvergabe werden dabei als marktwirtschaftliches Instrument eine Schlüsselrolle und eine Vorbildfunktion[162] zur Erzielung intelligenten, nachhaltigen und integrativen Wachstums zugemessen.[163] 66

§ 97 Abs. 3 GWB wurde als weiterer Baustein zur Verwirklichung der von der Europäischen Kommission erarbeiteten Strategie „**Europa 2020**: Eine Strategie für intelligentes, nachhaltiges und integratives Wachstum"[164] in das GWB integriert und dient nunmehr der Realisierung der in der sog. Agenda 2030 der Vereinten Nationen sowie der in Umsetzung hierzu ergangenen deutschen Nachhaltigkeitsstrategie festgelegten Ziele.[165] 67

Der **zwingende Charakter** von § 97 Abs. 3 GWB bezieht sich dabei allein auf die – an sich selbstverständliche – Feststellung, bei der Berücksichtigung der aufgeführten Aspekte gemäß den in Teil 4 GWB normierten Regelungen zu verfahren. Sofern die in § 97 Abs. 3 GWB aufgeführten Aspekte nicht bereits Gegenstand von zwingenden Normen[166] oder anderen verpflichtenden Regelungen im Sinne von §§ 128 Abs. 1, 129 GWB sind, bleibt es die gestalterische Entscheidung des einzelnen öffentlichen Auftraggebers, ob und, wenn ja, in welcher Form er diese Aspekte in sein Beschaffungsvorhaben integriert.[167] 68

1. Terminologie

Der Gesetzgeber verwendet – im Einklang mit der Europäischen Kommission[168] – zur Umschreibung der in § 97 Abs. 3 GWB aufgeführten Aspekte den Begriff der „**strategischen** 69

---

158 § 97 Abs. 4 S. 2 GWB a.F.: „Für die Auftragsausführung können zusätzliche Anforderungen an Auftragnehmer gestellt werden, die insbesondere soziale, umweltbezogene oder innovative Aspekte betreffen, wenn sie im sachlichen Zusammenhang mit dem Auftragsgegenstand stehen und sich aus der Leistungsbeschreibung ergeben."

159 Zur Terminologie siehe unter Rn. 69 ff.

160 Presseerklärung des Europäischen Parlaments v. 15.1.2014, http://www.europarl.europa.eu/news/de/news-room/content/20140110IPR32386/html/%C3%96ffentliche-Auftragsvergabe-Bessere-Qualit%C3%A4t-und-mehr-Leistung-f%C3%BCr-den-Preis (abgerufen am 29.3.2022).

161 Gesetzesbegründung, VergRModG 2016, BT-Drs. 18/6281, 55 bis 57.

162 Antwort der Bundesregierung auf eine Große Anfrage: Ökologische, soziale und menschenrechtliche Kriterien in der öffentlichen Beschaffung als Beitrag für eine nachhaltige Entwicklung weltweit, BT-Drs. 19/7567, 1; Pressemitteilung des Bundesministeriums für Wirtschaft und Energie v. 8.7.2015, https://www.bmwk.de/Redaktion/DE/Pressemitteilungen/2015/20150708-gabriel-weg-frei-groesste-reform-vergaberecht-zehn-jahren.html (abgerufen am 29.3.2022).

163 Erwägungsgrund 3 RL 2014/23/EU; Erwägungsgründe 2 und 95 RL 2014/24/EU; Erwägungsgrund 4 RL 2014/25/EU.

164 Europäische Kommission, Mitteilung der Kommission v. 3.3.2010 – Europa 2020, Eine Strategie für intelligentes, nachhaltiges und integratives Wachstum, KOM (2010) 2020 endg.

165 Sustainable Development Goals (SDGs) v. 25.9.2015, gemäß des dortigen Nachhaltigkeitsziels 12 für nachhaltige Konsum- und Produktionsmuster soll die nachhaltige, verantwortungsvolle öffentliche Beschaffung gestärkt werden: https://sdgs.un.org (abgerufen am 29.3.2022); vgl. auch *Beneke*, VergabeR 2018, 227 (229).

166 Vgl. etwa § 121 Abs. 2 GWB, §§ 67, 68 VgV; Regelungen in den Landesvergabegesetzen siehe tabellarische Auflistung bei *Meißner*, ZfBR 2014, 453, sowie *Kühnast*, in: Säcker/Ganske/Knauff, Wettbewerbsrecht, § 97 GWB Rn. 207, und außerhalb des Vergaberechts etwa §§ 6 bis 8, 45 KrWG, dazu *Frenz*, VergabeR 2018, 10.

167 Auch *Hattenhauer/Butzert*, ZfBR 2017, 129 (133); *Burgi*, Vergaberecht, § 7 Rn. 21: *„Stärkere Betonung des Dürfens anstatt des Müssens"*.

168 Erwägungsgrund 123 RL 2014/24/EU.

Ziele".[169] Vergleichbar sind die in der Literatur gebräuchlichen Bezeichnungen als vergaberechtliche „Sekundär-Zwecke",[170] Ziele einer „politikorientierten Vergabe"[171] bzw. „nichtmonetäre Aspekte".[172] Diese Formulierungen sollen zum Ausdruck bringen, dass es sich um nicht primär an einer sparsamen Mittelverwendung orientierte Zielsetzungen handelt, die gleichwohl mit den vergaberechtlichen Grundsätzen nicht im Widerspruch stehen. Soziale, ökologische und innovative Aspekte sollen vielmehr – nach dem Willen des Gesetzgebers – im Einklang mit dem das Vergaberecht prägenden Wirtschaftlichkeitsgrundsatz gestärkt werden.[173]

70 Die vor Einführung des § 97 Abs. 3 GWB in Rechtsprechung[174] und Literatur[175] häufig verwendete Bezeichnung als sogenannte **vergabefremde Kriterien** dürfte damit überholt sein. Sie bringt jedoch weiterhin die bestehenden Probleme bei der Berücksichtigung dieser Ziele zum Ausdruck.[176] Mit dieser Formulierung soll zwar nicht – mehr[177] – die Frage ihrer rechtlichen Zulässigkeit umschrieben werden. Diese war im Hinblick auf die europarechtlichen Grundlagen[178] und die schon früh hierzu ergangene Rechtsprechung des EuGH[179] auch vor Einführung des § 97 Abs. 3 GWB nicht mehr ernsthaft zu bezweifeln. Der Begrifflichkeit wohnt jedoch eine kritische Konnotation inne.[180] Sie bringt zum einen die Befürchtung zum Ausdruck, dass die Integration der in § 97 Abs. 3 GWB benannten Aspekte in ein Vergabeverfahren zu Zielkonflikten führt: Die Förderung politisch motivierter Aspekte kann insbesondere mit dem Grundsatz der sparsamen Haushaltsführung[181] kontrastieren oder aber der Mittelstandsförderung gemäß § 97 Abs. 4 GWB abträglich sein.[182] Die Eingliederung politikorientierter Vorgaben in ein Beschaffungswesen wird zum anderen in vielen Fällen mit einem finanziellen Mehraufwand für den Bieter und erhöhten bürokratischen Prüfungen seitens des Auftraggebers verbunden sein.[183] Schließlich wird die Gefahr einer Wettbewerbsverfälschung gesehen, sofern im Vergaberecht verdeckt politische Ziele verfolgt werden, statt transparent durch entsprechende Gesetzgebung in die Wirtschaftsabläufe einzugreifen.[184] Schließlich steht im Raum, dass etwa eine Verpflichtung zur Lieferung heimischer Produkte durch die „ökologische Hintertür" zur Diskriminierung führen kann.[185]

---

169 Bundeskabinett, Beschluss v. 7.1.2015 – Eckpunkte zur Reform des Vergaberechts, https://www.bmwk.de/Redaktion/DE/Downloads/E/eckpunkte-zur-reform-des-vergaberechts.html.

170 *Benedict*, NJW 2001, 947; *Latzel*, NZBau 2014, 673.

171 *Dreher*, in: Immenga/Mestmäcker, Wettbewerbsrecht, § 97 GWB Rn. 130.

172 *Opitz*, in: Burgi/Dreher/Opitz, Vergaberecht, § 97 Abs. 3 GWB Rn. 10.

173 Bundeskabinett, Beschluss v. 7.1.2015 – Eckpunkte zur Reform des Vergaberechts, https://www.bmwk.de/Redaktion/DE/Downloads/E/eckpunkte-zur-reform-des-vergaberechts.html; auch Erwägungsgrund 3 RL 2014/23/EU, Erwägungsgründe 2 und 92 RL 2014/24/EU, Erwägungsgrund 4 RL 2014/25/EU. *Kau*, in: Byok/Jaeger, Vergaberecht, § 97 GWB Rn. 97: *„terminologische(r) und normative(r) Neuanfang"*; *Wiedemann*, in: Kulartz/Kus/Portz/Prieß, GWB-Vergaberecht, § 97 Rn. 78; *Hattenhauer/Butzert*, ZfBR 2017, 129 und *Bungenberg/Schelhaas*, WuW 2017, 72 (77) sprechen von *„Aufwertung"*.

174 Vgl. nur EuGH, Urteil v. 17.9.2002 – Rs. C-513/99 (Concordia), Rn. 57, 64; OLG Koblenz, Beschluss v. 4.2.2015 – 1 Verg 7/13; OLG Rostock, Beschluss v. 30.5.2005 – 17 Verg 4/05; BayObLG, Beschluss v. 20.12.1999 – Verg 8/99; OLG Jena, Beschluss v. 13.10.1999 – 6 Verg 1/99.

175 *Wagner*, in: Langen/Bunte, Kartellrecht, § 97 GWB Rn. 91; *Latzel*, NZBau 2014, 673; *Odendahl*, EuZW 2004, 647; *Roth/Erben*, NZBau 2013, 409 (412); *Wagner/Pfohl*, VergabeR 2015, 389. Weiterhin für die Begrifflichkeit „vergabefremd" *Frenz*, in: Willenbruch/Wieddekind, Vergaberecht, § 97 GWB Rn. 85. Zur Entstehung des Begriffs ausführlich *Burgi*, NZBau 2001, 64; *Ziekow*, NZBau 2001, 72; zu den Umsetzungsproblemen des § 97 Abs. 3 GWB näher *Hattenhauer/Butzert*, ZfBR 2020, 129 (133 f).

176 *Wagner*, in: Langen/Bunte, Kartellrecht, § 97 GWB Rn. 80.

177 Ausführlich zur früheren Rechtslage: *Beuttenmüller*, Vergabefremde Kriterien im öffentlichen Auftragswesen, S. 43 ff.

178 Art. 38 S. 2 RL 2004/17/EG; Art. 26 S. 2 RL 2004/18/EG; nunmehr u.a. Art. 18 Abs. 2 RL 2014/24/EU; Art. 30 Abs. 3 RL 2014/23/EU und Art. 36 Abs. 2 RL 2014/25/EU.

179 EuGH, Urteil v. 4.12.2003 – Rs. C-448/01 (Wienstrom), Rn 40; Urteil v. 20.9.1988 – Rs. 31/87 (Beentjes), Rn. 30 ff.

180 *Burgi*, NZBau 2015, 597 (598).

181 *Opitz*, in: Burgi/Dreher/Opitz, Vergaberecht, § 97 Abs. 3 GWB Rn. 23: Verteuerung des Einkaufs.

182 *Dreher*, in: Immenga/Mestmäcker, Wettbewerbsrecht, § 97 GWB Rn. 137.

183 Vgl. auch *Wiedemann*, in: Kulartz/Kus/Portz/Prieß, GWB-Vergaberecht, § 97 Rn. 94 ff.; *Burgi*, Vergaberecht, § 7 Rn. 5.

184 *Opitz*, in: Burgi/Dreher/Opitz, Vergaberecht, § 97 Abs. 3 GWB Rn. 26, sieht ein Verfassungsproblem.

185 *Burgi*, Vergaberecht, § 7 Rn. 5.

Vorzugswürdig erscheinen die Bezeichnungen der in § 97 Abs. 3 GWB aufgeführten Zwecke als strategische Ziele bzw. politikorientierte Vergabegrundsätze.[186] Sie bringen hinreichend zum Ausdruck, dass den Aspekten des § 97 Abs. 3 GWB primär politische Zielsetzungen zugrunde liegen, ohne gleichzeitig eine – negative – Wertung zur Frage der Vereinbarkeit dieser strategischen Aspekte mit den übrigen Grundsätzen des Vergaberechts auszudrücken. Die Aspekte können damit als Ausdruck der staatlichen sozialen und umweltpolitischen Verantwortung verstanden werden, deren Berücksichtigung im Vergabeverfahren zum elementaren Bestandteil einer modernen Vergabepolitik werden könnte.[187] Das gesetzgeberische Ziel, die in § 97 Abs. 3 GWB aufgeführten Aspekte im Einklang mit dem Wirtschaftlichkeitsgrundsatz zu verwirklichen, findet seinen ausdrücklichen Niederschlag in § 127 Abs. 1 S. 1 GWB. Im Hinblick auf die weiten Gestaltungsmöglichkeiten bei der Ermittlung des günstigsten Preis-Leistungs-Verhältnisses[188] erscheint die gleichzeitige Verfolgung strategischer Ziele unter Beibehaltung des Wirtschaftlichkeitsgrundsatzes grundsätzlich möglich. Der erstmals in § 97 Abs. 3 GWB normierte Aspekt der Qualität, der auf die Beschaffung hochwertiger und damit prinzipiell auch langlebiger Produkte/Leistungen gerichtet ist, ist in besonderer Weise geeignet, nicht nur das strategische Ziel der Nachhaltigkeit zu fördern, sondern auch dem Ziel der langfristig sparsamen Mittelverwendung zu dienen.[189] Denkbare Konflikte mit anderen vergaberechtlichen Zielsetzungen – etwa dem Mittelstandsschutz – können insbesondere durch die strikte Anwendung des Verhältnismäßigkeitsgrundsatzes entschärft werden.[190] Die unstreitig mit der Einbindung strategischer Ziele erhöhten Anforderungen an die Nachweisführung sollen durch eine großzügige Anwendung der Einheitlichen Europäischen Eigenerklärung[191] abgemildert werden. **71**

2. Unionsrechtlicher Hintergrund

§ 97 Abs. 3 GWB beruht auf der Umsetzung der **allgemeinen Vorgaben** der Richtlinie über die öffentliche Auftragsvergabe (RL 2014/24/EU), der Richtlinie über die Vergabe von Aufträgen in den Bereichen Wasser-, Energie- und Verkehrsversorgung sowie der Postdienste (RL 2014/25/EU) und der Richtlinie über die Vergabe von Konzessionen (RL 2014/23/EU), deren Ziel u.a. darin liegt, arbeitsrechtliche, soziale und ökologische Überlegungen effektiver in die Vergabeverfahren einzubeziehen.[192] **72**

Die nunmehr in § 97 Abs. 3 GWB aufgeführten Aspekte sollen in allen relevanten **Phasen des Vergabeverfahrens** Anwendung finden.[193] Bereits im Rahmen der allgemeinen „Grundsätze über die Auftragsvergabe" werden die Mitgliedstaaten verpflichtet, „geeignete Maßnahmen (zu treffen), um dafür zu sorgen, dass die Wirtschaftsteilnehmer bei der Ausführung öffentlicher Aufträge die geltenden umwelt-, sozial- und arbeitsrechtlichen Verpflichtungen einhalten (...)";[194] bei der Bestimmung des für die Zuschlagserteilung maßgeblichen Kriteriums des wirtschaftlich günstigsten Angebots können „qualitative, umweltbezogene und/oder soziale Aspekte" bewertet werden;[195] schließlich können die besonderen Bedingungen für die Aus- **73**

---

186 Auch *Wiedemann*, in: Kulartz/Kus/Portz/Prieß, GWB-Vergaberecht, § 97 Rn. 79; *Kühnast*, in: Säcker/Ganske/Knauff, Wettbewerbsrecht, § 97 GWB Rn. 81; *Burgi*, Vergaberecht, § 6 Rn. 12; *Bungenberg/Schelhaas*, WuW 2017, 72 (77); *Gyulai-Schmidt*, ZfBR 2019, 762: *„Paradigmenwechsel"*; *Hattenhauer/Butzert*, ZfBR 2017, 129 (133); *Siegel*, VergabeR 2022, 14.

187 *Fehling*, in: Pünder/Schellenberg, Vergaberecht, § 97 GWB Rn. 97; *Kühnast*, in: Säcker/Ganske/Knauff, Wettbewerbsrecht, § 97 GWB Rn. 84; *Frenz*, VergabeR 2018, 10. *Hattenhauer/Butzert*, ZfBR 2017, 129 (133), verweisen zudem auf die Chance, durch innovatives, ökologisches und soziales Handeln neue Gewerbezweige zu erschließen und Wirtschaftswachstum und Konkurrenzfähigkeit zu verbessern.

188 Gesetzesbegründung zu § 127 Abs. 1 GWB, VergRModG 2016, BT-Drs. 18/6281, 111, 112.

189 Siehe auch Erwägungsgrund 94 RL 2014/24/EU zum Zusammenhang zwischen Qualität und wirtschaftlichem Wert.

190 Siehe hierzu unten Rn. 141 ff.

191 Grundlage Art. 59 RL 2014/24/EU; Art. 80 Abs. 3 RL 2014/25/EU; zur erhofften Vereinfachung *Neun/Otting*, EuZW 2014, 446 (450).

192 Erwägungsgrund 55 RL 2014/23/EU; Erwägungsgrund 2 RL 2014/24/EU; Erwägungsgrund 52 RL 2014/25/EU.

193 Erwägungsgrund 58 RL 2014/23; Erwägungsgrund 40 RL 2014/24/EU; Erwägungsgrund 55 RL 2014/25/EU.

194 Art. 30 Abs. 3 RL 2014/23/EU; Art. 18 Abs. 2 RL 2014/24/EU; Art. 36 Abs. 2 RL 2014/25/EU.

195 Art. 41 Abs. 2 UAbs. 1 S. 2 RL 2014/23/EU; Art. 67 Abs. 2 RL 2014/24/EU; Art. 82 Abs. 2 RL 2014/25/EU; Art. 41 Abs. 2 UAbs. 1 S. 2 RL 2014/23/EU.

führung eines Auftrages „wirtschaftliche, innovationsbezogene, umweltbezogene, soziale oder beschäftigungspolitische Belange" umfassen.[196] Von einer grundsätzlichen Verpflichtung der Mitgliedstaaten zur Berücksichtigung strategischer Ziele wurde im Hinblick auf die unterschiedlichen Ausgangsbedingungen bewusst abgesehen; sektorenweise finden sich allerdings[197] zwingende Vorschriften.

74 § 97 Abs. 3 GWB liegt keine **eigenständige Regelung** der Vergabemodernisierungsrichtlinien zugrunde. Die Regelung ist Ausdruck des Bemühens des deutschen Gesetzgebers, das Vergaberecht durch klare Regeln einfacher zu gestalten.[198] Da die in § 97 Abs. 3 GWB genannten Aspekte nunmehr das gesamte Vergaberecht durchziehen, untermauert § 97 Abs. 3 GWB im Rahmen des allgemeinen Teils an prägnanter Stelle und in klaren Worten die grundsätzliche Bedeutung der strategischen Ziele.

3. Vergleich zur Vorgängerregelung

75 § 97 Abs. 3 GWB ersetzt formal **§ 97 Abs. 4 S. 2 GWB a.F.**,[199] unterscheidet sich inhaltlich indes weitreichend von § 97 Abs. 4 S. 2 GWB a.F. Mit der Normierung der strategischen Ziele in einem eigenen Absatz korrigiert der Gesetzgeber zunächst die systematisch verfehlte Stellung[200] der Berücksichtigungsfähigkeit von „sozialen, umweltbezogenen oder innovativen Aspekten" im Rahmen der besonderen Auftragsbedingungen gemäß § 97 Abs. 4 S. 2 GWB 2009. § 97 Abs. 4 S. 1 GWB a.F. befasste sich mit der Eignung der Bieter. Die in § 97 Abs. 4 S. 2 GWB a.F. erwähnten Anforderungen betrafen dagegen ausschließlich die Auftragsausführung und standen in keinem Zusammenhang zur Eignungsprüfung.[201]

76 Die Stellung innerhalb eines eigenen Absatzes von § 97 GWB betont nunmehr auch die hohe Priorität der strategischen Ziele im Vergaberecht. Die Aspekte des **§ 97 Abs. 3 GWB** erhalten einen vergleichbaren Rang wie die in § 97 Abs. 1 GWB genannten Grundsätze der Transparenz, der Verhältnismäßigkeit und des Wettbewerbsgrundsatzes, des in § 97 Abs. 2 GWB aufgeführten Gebots der Gleichbehandlung sowie des weiterhin in § 97 Abs. 4 GWB normierten Mittelstandsschutzes. Die Formulierung des § 97 Abs. 3 GWB unterstreicht zudem das gesetzgeberische Ziel, den in § 97 Abs. 3 GWB genannten Aspekten **in jeder Phase des Vergabeverfahrens** von der Definition der Leistung über die Festlegung von Eignungs- und Zuschlagskriterien bis hin zur Vorgabe von Ausführungsbedingungen Bedeutung zu verschaffen.[202]

II. Anwendungsbereich

77 § 97 Abs. 3 GWB findet gemäß seiner Stellung im – neu geschaffenen – allgemeinen Teil der vergaberechtlichen Vorschriften (Abschnitt 1) sowohl auf die Vergabe von öffentlichen Aufträgen durch öffentliche Auftraggeber (Abschnitt 2) als auch auf die Vergabe von öffentlichen Aufträgen in besonderen Bereichen und von Konzessionen (Abschnitt 3) Anwendung. Neben der Vergabe öffentlicher Aufträge durch öffentliche Auftraggeber i.S.v. §§ 115 ff. GWB gelten die Grundsätze damit auch für die Vergabe von öffentlichen Aufträgen durch Sektorenauftraggeber gemäß §§ 136 ff. GWB sowie für die Vergabe von verteidigungs- oder sicherheitsspezifischen öffentlichen Aufträgen i.S.v. §§ 144 ff. GWB und schließlich die Vergabe von Konzessionen gemäß §§ 148 ff. GWB.

196 Art. 36 RL 2014/23/EU; Art. 70 S. 2 RL 2014/24/EU; Art. 87 RL 2014/25/EU.
197 *Gyulai-Schmidt*, ZfBR 2019, 762 (765).
198 Gesetzesbegründung, VergRModG 2016, BT-Drs. 18/6281, 1.
199 § 97 Abs. 4 S. 2 GWB diente der Umsetzung von Art. 26 RL 2004/18/EG bzw. Art. 38 RL 2007/17/EG.
200 Zu § 97 Abs. 4 GWB a.F. *Dreher*, in: Immenga/Mestmäcker, Wettbewerbsrecht, § 97 GWB Rn. 233.
201 Zu § 97 Abs. 4 GWB a.F. *Dreher*, in: Immenga/Mestmäcker, Wettbewerbsrecht, § 97 GWB Rn. 233.
202 Gesetzesbegründung zu § 97 Abs. 3 GWB, VergRModG 2016, BT-Drs. 18/6281, 68.

III. Regelungsgehalt

§ 97 Abs. 3 GWB beschränkt sich auf die Formulierung eines allgemeinen Grundsatzes des Vergabeverfahrens.[203] Die erwähnten Aspekte sollen im Vergabeverfahren Berücksichtigung finden, soweit dies in den nachfolgenden Regelungen – und gemäß § 113 GWB erlassener Rechtsverordnungen – vorgesehen ist.[204] § 97 Abs. 3 GWB selbst sind keine eigenständigen Vorgaben zu entnehmen, in welchem Stadium eines Vergabeverfahrens, in welcher Form und unter welchen Voraussetzungen die genannten Aspekte Relevanz erlangen.[205] 78

1. Aspekte

Der Gesetzgeber behält die bereits in § 97 Abs. 4 S. 2 GWB a.F. verwendete – und auf Art. 38 S. 2 RL 2004/17/EG, Art. 26 S. 2 RL 2004/18/EG zurückgehende – Bezeichnung der einzelnen strategischen Ziele als „**Aspekte**" in § 97 Abs. 3 GWB bei. Diese weite Formulierung verdeutlicht, dass es nicht – nur – um die Beachtung bereits geltender verpflichtender Regelungen gemäß §§ 128 Abs. 1, 129 GWB geht. Den erwähnten Aspekten kann vielmehr aufgrund einer eigenen Gestaltungsentscheidung des öffentlichen Auftraggebers – korrespondierend zur Finanzierungshoheit – im Rahmen des einzelnen Beschaffungsvorhabens Bedeutung verliehen werden. Die Auftraggeber erhalten durch die nunmehrigen Regelungen des Teil 4 GWB das gesamte Vergabeverfahren umfassende Optionen, strategische Ziele unabhängig von parlamentarisch legitimierten Vorgaben individuell auftragsbezogen zu fördern. 79

Dieser **Spielraum** des Auftraggebers bezieht sich zum einen auf die Möglichkeit, bereits bestehende Regelungen effektiver durchzusetzen. Denkbar wäre etwa, dass ein Auftraggeber Verstöße eines Bieters gegen das MiLoG in der Vergangenheit über die Sollvorgabe einer Vergabesperre gemäß § 19 MiLoG, § 124 Abs. 2 GWB hinaus zum zwingenden Ausschlussgrund erklärt. Zum anderen besteht die Möglichkeit, noch nicht als Verpflichtungen geltende Standards – etwa in Form von umweltbezogenen Anforderungen – in das konkrete Vergabeverfahren zu integrieren.[206] 80

a) Die einzelnen Aspekte

§ 97 Abs. 3 GWB bezieht sich ausdrücklich auf vier konkret bezeichnete Aspekte. Die Reihenfolge der in § 97 Abs. 3 GWB aufgeführten Aspekte wurde gegenüber § 97 Abs. 3 GWB-RefE geändert,[207] ohne dass Anhaltspunkte dafür bestehen, dass dies auf eine verschobene inhaltliche Gewichtung zurückzuführen ist. Alle vier Aspekte dürften vielmehr die gleiche Bedeutung genießen.[208] 81

aa) Soziale Aspekte

Die Berücksichtigungsfähigkeit sozialer Gesichtspunkte war Ausgangspunkt der Entwicklung, strategische Ziele in öffentliche Beschaffungsvorhaben zu integrieren.[209] Schon 1988 erkannte der EuGH im Rahmen des „Beentjes"-Urteil, dass das Erfordernis der Einstellung von Langzeitarbeitslosen als Kriterium in einem Vergabeverfahren keinen grundsätzlichen Bedenken unterliegt.[210] Dies bestätigte er mit dem Urteil „Kommission/Frankreich".[211] Entsprechend 82

---

203 *Wagner*, in: Langen/Bunte, Kartellrecht, § 97 GWB Rn. 82: Praktischer Ertrag der Vorschrift ist überschaubar.
204 Gesetzesbegründung zu § 97 Abs. 3 GWB, VergRModG 2016, BT-Drs. 18/6281, 68.
205 Auch *Fehling*, in: Pünder/Schellenberg, Vergaberecht, § 97 GWB Rn. 94; *Kühnast*, in: Säcker/Ganske/Knauff, Wettbewerbsrecht, § 97 GWB Rn. 93; *Wiedemann*, in: Kulartz/Kus/Portz/Prieß, GWB-Vergaberecht, § 97 Rn. 108: Kein eigener unmittelbarer Anwendungsbefehl. *Opitz*, in: Burgi/Dreher/Opitz, Vergaberecht, § 97 Abs. 3 GWB Rn. 12, verweist zudem auf die Begrenzungsfunktion: Außer im Bereich von § 129 GWB ist kein Raum mehr für additives Ländervergaberecht.
206 *Latzel*, NZBau 2014, 673: *„Was über „hard law" nicht erreicht wird, soll wenigstens bei der Vergabe bzw. Ausführung öffentlicher Aufträge gelten."*
207 RefE VergRModG 2016 erwähnte die Aspekte der Qualität und der Innovation hinter den sozialen und umweltbezogenen Aspekten.
208 *Kau*, in: Byok/Jaeger, Vergaberecht, § 97 GWB Rn. 98.
209 *Frenz*, NZS 2011, 321; *Beuttenmüller*, Vergabefremde Kriterien, S. 74.
210 EuGH, Urteil v. 20.9.1988 – Rs. 31/87 (Beentjes), Rn. 30 ff., als besondere Ausführungsbedingung.
211 EuGH, Urteil v. 26.9.2000 – Rs. C-225/98 (Kommission/Frankreich), Rn. 50, als Zuschlagskriterium.

konnten gemäß Art. 26 S. 2 RL 2004/18/EG bzw. Art. 38 S. 2 RL 2004/17/EG soziale Kriterien zusätzliche Bedingungen für die Ausführung eines Auftrages bilden. Auch § 97 Abs. 4 S. 2 GWB a.F. nahm bereits auf die Berücksichtigungsfähigkeit sozialer Aspekte Bezug.

83 Zu diesen sozialen Aspekten zählen etwa Maßnahmen zum Schutz der **Gesundheit** der am Produktionsprozess beteiligten Arbeitskräfte, zur Förderung der sozialen **Integration** von benachteiligten Personen oder Angehörigen sozial schwacher Gruppen unter dem für die Ausführung des Auftrags eingesetzten Personen oder zur Schulung im Hinblick auf die für den betreffenden Auftrag benötigten Fähigkeiten.[212] Auch die Umsetzung von Ausbildungsmaßnahmen für Arbeitslose oder Jugendliche im Zuge der Ausführung des zu vergebenden Auftrags unterfällt dem Bereich der sozialen Aspekte.[213]

84 Eine Ausführungsbedingung, wonach **fair gehandelter** Tee und Kaffee von kleinen Erzeugern aus Entwicklungsländern geliefert werden sollte, kann eine zulässige Berücksichtigung sozialer Aspekte darstellen.[214] Grundsätzlich wird mit dem am 23. Juli 2021 in Kraft getretenen LkSG die Verbesserung der Menschenrechtslage entlang von Lieferketten bezweckt. Demgegenüber ist die Bevorzugung einheimischer Produkte im Hinblick auf eine den Grundfreiheiten der Europäischen Union zuwiderlaufende Inländerbevorzugung unzulässig.[215] Den Bereich der sozialen Aspekte tangieren auch die sog. Scientology-Klauseln bzw. **Sektenfilter**.[216] Hierunter fallen insbesondere Eigenerklärungen der Bieter, mit denen sie sich verpflichten, nicht die „Technologie von L. Ron Hubbard“ zu verwenden.

85 Dem sozialen Bereich sind schließlich auch Vorgaben eines Auftraggebers bezogen auf die **Bekämpfung illegalen Verhaltens**[217] oder die Förderung der Vorgaben aus den acht **ILO-Kernarbeitsnormen**[218] zuzurechnen.[219] Hinsichtlich der Länder, die – wie die Bundesrepublik Deutschland[220] – alle Übereinkommen ratifiziert haben, sollen auf die Einhaltung der ILO-Kernarbeitsnormen bezogene Verpflichtungserklärungen zu einer Effektuierung der tatsächlichen Durchsetzung führen.[221] Wird die Einhaltung der Kernarbeitsnormen als besondere Auftragsbedingung formuliert, kann sowohl im Rahmen der Eignungsentscheidung prognostisch erfasst werden, ob der Bieter diese Vorgabe erfüllen wird, als auch bei Auftragsausführung auf vertragliche Mittel zur Durchsetzung und/oder Sanktion zurückgegriffen werden.[222] Durch das LkSG werden zukünftig jedenfalls Unternehmen ab einer bestimmten Größe Sorgfaltspflichten im Hinblick auf die international anerkannten Menschenrechte treffen.

86 Ein weiterer Anwendungsbereich für die Einbindung sozialer Aspekte in einen Beschaffungsvorgang sind Fragen des **Mindestlohnes** bzw. der **Tariftreueerklärungen**. Nach dem MiLoG hat jeder Arbeitnehmer in Deutschland einen Anspruch auf Mindestentgelt, derzeit in Höhe von EUR 10,45 brutto pro Stunde.[223] § 128 Abs. 1 GWB nimmt ausdrücklich auf diese Verpflichtung Bezug.[224] Soweit in den Landesvergabegesetzen gemäß § 129 GWB eigenstän-

212 Erwägungsgründe 64 und 66 RL 2014/23/EU; Erwägungsgrund 99 RL 2014/24/EU; Erwägungsgründe 98 und 104 RL 2014/25/EU.

213 Erwägungsgrund 66 RL 2014/23/EU; Erwägungsgrund 99 RL 2014/24/EU; Erwägungsgrund 104 RL 2014/25/EU; so bereits auch die Gesetzesbegründung zu § 97 Abs. 4 S. 2 GWB a.F., VergRModG 2009, BT-Drs. 16/10117, 16 f.

214 EuGH, Urteil v. 10.5.2012 – Rs. C-368/10 (Max Havelaar), Rn. 89 f.

215 VK Bund, Beschluss v. 12.11.2009 – VK 3-208/09.

216 Im Einzelnen *Roth/Erben*, NZBau 2013, 409 (410).

217 *Odendahl*, EuZW 2004, 647.

218 Übereinkommen Nr. 87 über die Vereinigungsfreiheit und den Schutz des Vereinigungsrechtes; Übereinkommen Nr. 98 über die Anwendung der Grundsätze des Vereinigungsrechtes und des Rechtes zu Kollektivverhandlungen; Übereinkommen Nr. 29 über Zwangs- oder Pflichtarbeit; Übereinkommen Nr. 105 über die Abschaffung der Zwangsarbeit; Übereinkommen Nr. 138 über das Mindestalter für die Zulassung zur Beschäftigung; Übereinkommen Nr. 111 über die Diskriminierung in Beschäftigung und Beruf; Übereinkommen Nr. 100 über die Gleichheit des Entgelts männlicher und weiblicher Arbeitskräfte für gleichwertige Arbeit und Übereinkommen Nr. 182 über das Verbot und unverzügliche Maßnahmen zur Beseitigung der schlimmsten Formen der Kinderarbeit.

219 Siehe dazu *Radu* in § 128 GWB Rn. 40.

220 http://www.ilo.org/berlin/arbeits-und-standards/kernarbeitsnormen/lang--de/index.htm (abgerufen am 29.3.2022).

221 *Burgi*, NZBau 2015, 597 (598).

222 Vertragsstrafe, Kündigung, Vergabesperre für künftige Ausschreibungen.

223 § 1 Abs. 2 MiLoG i.V.m. MiLoV3 v. 9.11.2020 (BGBl. 2020 I S. 2356).

224 Siehe dazu im Einzelnen *Radu* in § 128 GWB Rn. 11.

dige Regelungen zum Mindestlohn und/oder zu Tariftreueerklärungen vorhanden sind,[225] ist im Einzelfall zu prüfen, ob die Vorschriften insbesondere mit den Vorgaben der Arbeitnehmerentsende-Richtlinie[226] und der Dienstleistungsfreiheit gemäß Art. 56 AEUV[227] im Hinblick auf die mit derartigen Regelungen verbundenen prohibitiven Wirkungen – unter Berücksichtigung des Verhältnismäßigkeitsgrundsatzes[228] – vereinbar sind.[229]

87 Das auf die Gleichbehandlung von Mann und Frau nach Art. 8 AEUV gestützte Kriterium der **Frauenförderung** fällt ebenfalls unter den Bereich der sozialen Aspekte.[230] Die Kriterien der **Zugänglichkeit** für Personen mit einer Behinderung oder aber eines „Designs für alle"[231] können als soziale Anforderung unmittelbar die betreffende Ware oder Dienstleistung charakterisieren.[232] Gemäß § 121 Abs. 2 GWB ist bei der Beschaffung von Leistungen, die zur Nutzung durch natürliche Personen vorgesehen sind, auf die allgemeine Zugänglichkeit zu achten, sofern kein begründeter Ausnahmefall vorliegt.[233] Dies umfasst etwa die Barrierefreiheit von Gebäuden und Internetauftritten.[234]

88 Schließlich berücksichtigt der Gesetzgeber mit **§ 118 GWB** explizit soziale Aspekte, indem er es öffentlichen Auftraggebern ermöglicht, das Recht zur Teilnahme an Vergabeverfahren Werkstätten für Menschen mit Behinderungen oder Sozialunternehmen vorzubehalten oder aber zu bestimmen, dass öffentliche Aufträge im Rahmen geschützter Beschäftigungsverhältnisse durchzuführen sind.

bb) Umweltbezogene Aspekte

89 § 97 Abs. 3 GWB dient auch der „Ökologisierung" von Beschaffungsaufträgen.[235] Es geht um nachhaltige, energieeffiziente und ressourcenschonende „grüne"[236] Beschaffung.[237] Umweltbezogene Aspekte i.S.d. § 97 Abs. 3 GWB ermöglichen es unter anderem, Zielvorgaben aus dem „EU-2030-Klima- und Energierahmen"[238] zu berücksichtigen bzw. effektiver anzuwenden, sowie die bereits in Art. 11 AEUV niedergelegte Verpflichtung, die Erfordernisse des Umweltschutzes und einer nachhaltigen Entwicklung zu fördern, umzusetzen.[239]

90 Auch dieser Gesichtspunkt ist seit Langem europarechtlich anerkannt. Der **EuGH** hielt es bereits 2002 für zulässig, im Rahmen der Zuschlagsentscheidung für städtische Busverkehrsdienstleistungen Umweltschutzkriterien in Form der Höhe der Stickoxidimmissionen und des Lärmpegels von Bussen zu bewerten.[240] Auch die Festlegung eines Zuschlagskriteriums, wonach Strom aus erneuerbaren Energieträgern zu verwenden ist, begegnete keinen Bedenken.[241] Bereits nach Art. 38 S. 2 RL 2004/17/EG, Art. 26 S. 2 RL 2004/18/EG konnten Ausfüh-

---

225 *Wagner*, in: Langen/Bunte, Kartellrecht, § 97 GWB Rn. 98; *Wagner/Pfohl*, VergabeR 2015, 389 ff.

226 Hierzu EuGH, Urteil v. 3.4.2008 – Rs. C-346/06 (Rüffert), Rn. 20 bis 35.

227 Zur Zulässigkeit von § 3 Abs. 1 LTTG Rheinland-Pfalz nach Art. 26 RL 2004/18/EG EuGH, Urteil v. 17.11.2015 – Rs. C-115/14 (RegioPost); zur Unzulässigkeit von § 4 Abs. 3 TVgG NRW, EuGH, Urteil v. 18.9.2014 – Rs. C-549/13 (Bundesdruckerei), Rn. 36; ähnlich bereits Urteil v. 24.1.2002 – Rs. C-164/99 (Portugaia Construções); alle jedoch vor Inkrafttreten des MiLoG.

228 Siehe dazu § 97 GWB Rn. 142.

229 Siehe dazu *Radu* in § 128 GWB Rn. 48 ff.

230 Erwägungsgrund 65 RL 2014/23/EU; Erwägungsgrund 98 RL 2014/24/EU; Erwägungsgrund 98 RL 2014/25/EU: verstärkte Beteiligung von Frauen im Erwerbsleben, Vereinbarkeit von Arbeit und Privatleben, Gleichstellung von Frauen und Männern; siehe hierzu auch *Radu* in § 128 GWB Rn. 40.

231 Definition des „Design für alle" in Anhang VII RL 2014/24/EU.

232 Erwägungsgrund 67 RL 2014/23/EU; Erwägungsgrund 99 RL 2014/24/EU; Erwägungsgrund 84 RL 2014/25/EU.

233 Vgl. auch BITV 2.0.

234 Siehe auch § 31 Abs. 5 VgV.

235 *Haak*, NZBau 2015, 11 (12); im Ergebnis auch *Kau*, in: Byok/Jaeger, Vergaberecht, § 97 GWB Rn. 137 (§ 97 Abs. 3 GWB *„dient auch"* wie oben ausgeführt der Ökologisierung; ob eine solche Ökologisierung damit tatsächlich einhergeht, bleibt offen).

236 So schon *Wiedemann*, in: Kulartz/Marx/Portz/Prieß, VOL/A, § 16 Rn. 330.

237 Gesetzesbegründung zu § 97 Abs. 3 GWB, VergRModG 2016, BT-Drs. 18/6281, 68; auch *Haak*, NZBau 2015, 11 (13).

238 Europäische Kommission, Mitteilung der Kommission an das Europäische Parlament, den Rat, den Europäischen Wirtschafts- und Sozialausschuss und den Ausschuss der Regionen, Ein Rahmen für die Klima- und Energiepolitik im Zeitraum 2020–2030 – SWD (2017) 15 final.

239 Erwägungsgrund 91 RL 2014/24/EU; Erwägungsgrund 96 RL 2014/25/EU.

240 EuGH, Urteil v. 17.9.2002 – Rs. C-513/99 (Concordia), Rn. 57, 64.

241 EuGH, Urteil v. 4.12.2003 – Rs. C-448/01 (Wienstrom), Rn. 40.

rungsbedingungen unter Berücksichtigung von umweltbezogenen Aspekten aufgestellt werden.

91 Die nunmehr in § 97 Abs. 3 GWB geregelte Möglichkeit, umweltbezogene Aspekte zu berücksichtigen, erweitert diesen Spielraum. Die Anforderungen können sich auf das **Produkt** selbst oder aber den **Produktionsprozess** beziehen.[242] Auch lediglich mittelbar mit dem zu beschaffenden Produkt in Verbindung stehende Lebenszykluskosten[243] können ausdrücklich berücksichtigt werden; neu ist die Bezugnahme auf sog. Klimaleistungsstufen.[244]

92 Umweltbezogene Aspekte i.S.d. § 97 Abs. 3 GWB sind bereits Bestandteil zahlreicher europäischer[245] und nationaler[246] **Regelungen** und Maßnahmen-Pakete zum Thema Energiewende. Verpflichtende Regelungen prägen ein Vergabeverfahren von der Definition des Beschaffungsgegenstands bis zu den maßgeblichen Ausführungsbedingungen gemäß § 128 Abs. 1 GWB. Ihr Ziel ist insbesondere der Wechsel der Bereitstellung von fossilen Brenn- und Kernbrennstoffen auf erneuerbare Energiequellen sowie der Reduktion des Stromverbrauchs durch Energieeffizienz und Energieeinsparung.[247] In Umsetzung dieser Vorgaben sehen etwa § 67 VgV, § 8c EU VOB/A und die §§ 58, 59 SektVO vor, dass der Auftraggeber bei energieverbrauchsrelevanten Liefer-, Dienst- oder Bauleistungen in der Leistungsbeschreibung Anforderungen an das höchste Leistungsniveau und die höchste Energieeffizienz stellen sollte; Bieter sollen Angaben zum Energieverbrauch tätigen.[248] Mit dem SaubFahrzeugeBeschG wurde die RL (EU) 2019/1161 über die Förderung sauberer Straßenfahrzeuge zur Unterstützung einer emissionsarmen Mobilität umgesetzt.[249] Das Gesetz legt Mindestanteile an saubere Fahrzeugen innerhalb der Kategorien der leichten und schweren Nutzfahrzeuge bei der Beschaffung verbindlich fest und dient damit dem Umwelt- und Klimaschutz.[250] § 13 KSG verpflichtet zudem die Träger öffentlicher Aufgaben grundsätzlich dazu, bei ihren Planungen und Entscheidungen den Zweck des Klimaschutzgesetzes und die zu seiner Erfüllung festgelegten Ziele zu berücksichtigten.[251] Das LkSG bezweckt neben der Verbesserung der Menschenrechtslage entlang von Lieferketten auch die Gestaltung der Globalisierung im Sinne einer nachhaltigen Entwicklung gemäß der Agenda 2030.[252] Schließlich sind Bundesbehörden im Sinne des Umweltschutzes gemäß § 45 KrWG verpflichtet, möglichst Erzeugnisse zu beschaffen, die sich durch Langlebigkeit, Reparaturfreundlichkeit und Wiederverwendbarkeit oder -verwertbarkeit auszeichnen.[253]

93 Zum Bereich der umweltbezogenen Aspekte zählen auch Vorgaben zur **Herstellung** der zu beschaffenden Ware ohne giftige Chemikalien, die Nutzung ökologischer Baustoffe, die **Lie-**

---

242 Siehe auch *Müller-Wrede/Plauth* in § 127 GWB Rn. 09 ff.; *Gyulai-Schmidt*, ZfBR 2019, 762 (763).

243 Siehe auch *Müller-Wrede/Delcuvé* in § 127 GWB Rn. 133; § 53 SektVO; § 59 VgV.

244 Art. 36 Abs. 1 RL 2014/23/EU.

245 Vgl. etwa RL 2009/28/EG (Erneuerbare-Energien-Richtlinie); RL 2009/29/EG (Emissionshandels-Richtlinie); RL 2009/33/EG (Richtlinie über die Förderung sauberer und energieeffizienter Straßenfahrzeuge); RL 2009/125/EG (Ökodesign-Richtlinie); RL 2010/30/EU (Energieverbrauchskennzeichnungs-Richtlinie); RL 2010/31/EU (EU-Gebäuderichtlinie EPBD); RL 2012/27/EU (Energieeffizienzrichtlinie); VO (EG) 106/2008 (Energy-Star-Verordnung).

246 Vgl. etwa EEG 2014; EnVKV, PKW-EnVKV Eckpunkte für eine erfolgreiche Umsetzung der Energiewende v. 1.7.2015, https://www.bmwk.de/Redaktion/DE/Downloads/E/eckpunkte-energiewende.html; *Funk/Tomerius*, KommJur 2016, 47 (51).

247 Bundeskabinett, Beschluss v. 7.1.2015 – Eckpunkte zur Reform des Vergaberechts, https://www.bmwk.de/Redaktion/DE/Downloads/E/eckpunkte-zur-reform-des-vergaberechts.html; *Haak*, NZBau 2015, 11.

248 Gesetzesbegründung zu § 97 Abs. 3 GWB, VergRModG 2016, BT-Dr. 18/6281, 68; zu den einzelnen Produktgruppen und dem Stand der Verabschiedung von Durchführungsmaßnahmen für die Ökodesign-Richtlinie (2009/125/EG) und die Energieverbrauchskennzeichnungs-Richtlinie (210/30/EG) vgl. Umweltbundesamt, Übersicht über den Stand der Prozesse zur Verabschiedung von Durchführungsmaßnahmen, Stand März 2018, https://www.umweltbundesamt.de/sites/default/files/medien/376/dokumente/erp-rl_uebersicht_ueber_den_stand_der_verabschiedung_von_durchfuehrungsmassnahmen.pdf (abgerufen am 29.3.2022).

249 Aufgehoben werden konnten damit §§ 68 VgV, 59 SektVO, in denen die Beschaffung von Straßenfahrzeugen bislang geregelt war.

250 Siegel, VergabeR 2022, 14 (15).

251 Einzelheiten für die Umsetzung auf Bundesebene regelt die Allgemeine Verwaltungsvorschrift zur Beschaffung klimafreundlicher Leistungen vom 15.9.2021; vgl. näher dazu Siegel, VergabeR 2022, 14 (18 f.).

252 Gesetzesbegründung, LkSG, BT-Drs. 19/28649, 1.

253 Vgl. hierzu auch *Hattenhauer/Butzert*, ZfBR 2017, 129 (130).

ferung oder **Verwendung** fair gehandelter Waren,[254] Anforderungen an die Anlieferung, Verpackung und **Entsorgung** von Waren und sowie die Abfallminimierung und Ressourceneffizienz.[255] Zwingend einzuhalten ist stets das Regelungsgeflecht der §§ 6 bis 8 KrWG bei der Vorgabe von Entsorgungswegen im Abfallbereich.[256] Denkbar sind Verpflichtungen zur Verwendung von Recyclingstoffen, von FSC-zertifizierten Hölzern oder nachhaltig erzeugtem Palmöl zum Schutz der Tropenwälder. Umweltbezogene Aspekte können sich auch darauf beziehen, den Schadstoffausstoß von Dienst-oder Transportfahrzeugen[257] zu begrenzen, die Brennstoffzellentechnologie zu fördern oder die Verwendung von Strom aus erneuerbaren Energiequellen vorzuschreiben.[258]

Es bleibt abzuwarten, in welchem Umfang die Auftraggeber den Spielraum zu weiteren umweltbezogenen Anforderungen nutzen werden. Bereits jetzt stellt sich das Geflecht der zwingenden Vorgaben als unübersichtlich und kostenintensiv dar. Die Bereitschaft, weitere Anforderungen in ein Beschaffungsvorhaben zu integrieren, dürfte voraussichtlich mit der sinkenden Spürbarkeit der damit bewirkten Erfolge abnehmen. 94

cc) Aspekte der Innovation

Aspekte der Innovation hatte der deutsche Gesetzgeber ebenfalls – über die ausdrücklichen Vorgaben der damals umzusetzenden Richtlinien[259] hinaus – bereits in § 97 Abs. 4 S. 2 GWB a.F. integriert.[260] An diesem Aspekt hält § 97 Abs. 3 GWB fest. Innovation als Förderung von Neuem[261] wird seitens des Richtliniengebers als Motor für Veränderungen bezeichnet.[262] Insbesondere soll die Beschaffung von Forschungs- und Entwicklungsleistungen für neue Lösungen gestärkt werden.[263] 95

Es besteht ein enger Bezug zwischen Innovation und **Nachhaltigkeit**.[264] Nachhaltigkeit wiederum bezieht sich häufig auf umweltbezogene oder soziale Kriterien; in den Richtlinienerwägungen werden Begriffskombinationen in Form der „Öko-Innovationen"[265] und auch der „sozialen Nachhaltigkeit"[266] verwendet. Der in § 97 Abs. 3 GWB enthaltene Aspekt der Innovation weist damit Überschneidungen insbesondere zu den ebenfalls in § 97 Abs. 3 GWB ausdrücklich erwähnten umweltbezogenen und sozialen Aspekten auf.[267] 96

Innovationen sollen nicht nur zu einem optimalen Preis-Leistungs-Verhältnis beitragen, sondern – so der Wunsch des Richtliniengebers – auch helfen, den „großen gesellschaftlichen Herausforderungen" zu begegnen.[268] Dabei wird unter **Innovation** gemäß Art. 5 Nr. 13 RL 2014/23/EU, Art. 2 Nr. 22 RL 2014/24/EU, Art. 2 Nr. 18 RL 2014/25/EU „die Realisierung von neuen oder deutlich verbesserten Waren, Dienstleistungen oder Verfahren, einschließlich – aber nicht beschränkt auf – Produktions-, Bau- oder Konstruktionsverfahren, eine neue Vermarktungsmethode oder ein neues Organisationsverfahren in Bezug auf Geschäftspraxis, Abläufe am Arbeitsplatz oder externe Beziehungen, unter anderem mit dem Ziel, zur Bewälti- 97

---

254 EuGH, Urteil v. 10.5.2012 – Rs. C-368/10 (Max Havelaar), Rn. 89 f.; *Kühnast*, in: Säcker/Ganske/Knauff, Wettbewerbsrecht, § 97 GWB Rn. 210: „fair gehandelt" umfasst insoweit soziale und ökologische Kriterien.

255 Erwägungsgrund 97 RL 2014/24/EU; Erwägungsgrund 102 RL 2014/25/EU; hierzu auch: *Funk/Tomerius*, KommJur 2016, 47 (50); *Frenz*, VergabeR 2018, 10 (13).

256 OLG München, Beschluss v. 9.3.2018 – Verg 10/17.

257 OLG Frankfurt, Beschluss v. 29.3.2018 – 11 Verg 16/17; OLG Rostock, Beschluss v. 30.5.2005 – 17 Verg 4/05.

258 Schon Gesetzesbegründung zu § 97 Abs. 4 S. 2 GWB a.F., VergRModG 2009, BT-Drs. 16/10117, 16 f.

259 Art. 38 S. 2 RL 2004/17/EG und Art. 26 S. 2 RL 2004/18/EG erwähnten „insbesondere soziale und umweltbezogene Aspekte".

260 RL 2004/17/EG und RL 2004/18/EG.

261 Erwägungsgrund 47 RL 2014/24/EU, Erwägungsgrund 57 RL 2014/25/EU: *„neue Ideen"*.

262 Erwägungsgrund 95 RL 2014/24/EU; Erwägungsgrund 100 RL 2014/25/EU.

263 *Lausen*, in: Burgi/Dreher/Opitz, Vergaberecht, § 116 GWB Rn. 40; deshalb werden diese Dienstleistungen weitestgehend gemäß § 116 Abs. 1 Nr. 2 GWB vom Kartellvergaberecht freigestellt; zur Bedeutung dieser Dienstleistungen allgemein: *Püstow/Meiners*, NZBau 2016, 406 (411).

264 Gesetzesbegründung zu § 97 Abs. 3 GWB, VergRModG 2016, BT-Drs. 18/6281, 68: Hinter der Formulierung der innovativen Aspekte findet sich dort der Klammerzusatz *„nachhaltig"*.

265 Erwägungsgrund 47 RL 2014/24/EU; Erwägungsgrund 57 RL 2014/25/EU.

266 Erwägungsgrund 95 RL 2014/24/EU.

267 Auch *Burgi*, Vergaberecht, § 7 Rn. 25; *Hattenhauer/Butzert*, ZfBR 2017, 129 (131).

268 Erwägungsgrund 47 RL 2014/24/EU; Erwägungsgrund 57 RL 2014/25/EU.

gung gesellschaftlicher Herausforderungen beizutragen oder die Strategie Europa 2020 für intelligentes, nachhaltiges und integratives Wachstum zu unterstützen" verstanden.

98 Flankierend zur Förderung von Aspekten der Innovation im Rahmen eines Beschaffungsvorhabens sollen bei der Verfahrensgestaltung „so oft wie möglich" Varianten, d.h. **Nebenangebote**,[269] zugelassen werden.[270] Die **funktionale Leistungsbeschreibung** ist ein weiterer Weg, Innovationen zu fördern. Zudem wurde mit der sogenannten **Innovationspartnerschaft** gemäß § 119 Abs. 7 GWB Rechtssicherheit für ein innovatives Vertragsmodell geschaffen,[271] welches zur Anwendung kommen kann, wenn der Bedarf an der Entwicklung eines innovativen Produkts bzw. einer innovativen Dienstleistung nicht durch bereits auf dem Markt verfügbare Lösungen befriedigt werden kann.[272] Zur Förderung innovativer Aspekte ermöglicht zudem § 14 Abs. 3 Nr. 2, Abs. 4 Nr. 4 VgV Durchbrechungen des Grundsatzes nach § 119 Abs. 2 GWB, Aufträge im offen oder nicht offenen Verfahren mit Teilnahmewettbewerb zu vergeben. Gemäß Art. 41 Abs. 3 RL 2014/23/EU kann schließlich ausnahmsweise die Reihenfolge der Zuschlagsbedingungen geändert werden, um einer nicht vorhersehbaren innovativen Lösung Rechnung zu tragen.

99 Integriert der Auftraggeber Aspekte der Innovation in sein Beschaffungsvorhaben, stehen nicht konkrete Beschaffungsgegenstände bzw. Leistungen im Vordergrund der Ausschreibung, sondern die **Entwicklung** (teilweiser) **neuer Lösungen** bzw. Lösungskonzepte.[273] Je größer dabei der den Bietern eingeräumte Spielraum ist, desto größer kann die Innovationswirkung ausfallen.[274] Um die am Markt möglichen Umsetzungsmöglichkeiten zu nutzen, könnte ein Auftraggeber etwa eine Ausschreibung auf die Verpflichtung zur Entwicklung einer Energiedienstleistung für Raumklima beschränken, statt eine konkrete Klimaanlage auszuschreiben.[275]

dd) Aspekte der Qualität

100 Neu und ohne weitere nähere gesetzgeberische Begründung wurden in § 97 Abs. 3 GWB die Aspekte der Qualität aufgenommen. Der Gesetzgeber greift mit dieser Formulierung indes ebenfalls auf Zielsetzungen in den Vergabemodernisierungsrichtlinien zurück. Mit der Vergaberechtsreform soll eine stärkere Ausrichtung der öffentlichen Auftragsvergabe auf die Qualität gefördert werden.[276]

101 Dies kann etwa durch die Festlegung angemessener **Qualitätsstandards** in Form von technischen Spezifikationen in der Leistungsbeschreibung, bei den Zuschlagskriterien[277] oder durch Bedingungen für die Auftragsausführung erfolgen.[278] Ganzheitliche Ansätze bei der Straßeninfrastrukturbetreuung[279] oder bei ÖPP-Projekten[280] dienen der Sicherstellung eines hohen Qualitätsstandards bei der Auftragsausführung und dem erwünschten Erfolg. Denkbar ist auch die Verknüpfung der Vergütungshöhe mit den Ergebnissen unabhängig gemessener Nutzerzufriedenheit.[281] Die nicht abschließend aufgeführten möglichen Zuschlagskriterien

---

269 Art. 45 RL 2014/24/EU; Art. 64 RL 2014/25/EU; *Burgi*, Vergaberecht, § 7 Rn. 28: Chance, Leistungen abzufragen, an die der Auftraggeber nicht gedacht hat.

270 Erwägungsgrund 48 RL 2014/24/EU; Erwägungsgrund 58 RL 2014/25/EU; auch § 19 VgV; § 18 SektVO; kritisch *Summa*, in: Heiermann/Zeiss, Vergaberecht, § 97 GWB Rn. 190.

271 Hierzu ausführlich *Badenhausen-Fähnle*, VergabeR 2015, 743; *Neun/Otting*, EuZW 2014, 446 (449); *Püstow/Meiners*, NZBau 2016, 406 (406 f.); Grundlage ist Art. 31 RL 2014/24/EU und Art. 49 RL 2014/25/EU.

272 Siehe auch *Knauff* in § 119 GWB Rn. 81 ff.; Erwägungsgrund 49 RL 2014/24/EU.

273 *Opitz*, in: Burgi/Dreher/Opitz, Vergaberecht, § 97 Abs. 3 GWB Rn. 18; *Burgi*, NZBau 2011, 577 (579).

274 *Burgi*, NZBau 2011, 577 (579).

275 *Burgi*, NZBau 2011, 577 (579) mit weiteren Beispielen.

276 Etwa Erwägungsgründe 90, 94 und 104 RL 2014/24/EU; Erwägungsgründe 95 und 97 RL 2014/25/EU. Zur geschichtlichen Einordnung der Qualitätsaspekte: *Opitz*, in: Burgi/Dreher/Opitz, Vergaberecht, § 97 Abs. 3 GWB Rn. 13.

277 Vgl. OLG Düsseldorf, Beschluss v. 27.6.2018 – VII Verg 59/17: Qualitätsanforderungen in der Leistungsbeschreibung und Gewichtung der Qualität bei den Zuschlagskriterien.

278 Erwägungsgrund 90 RL 2014/24/EU; Erwägungsgrund 95 RL 2014/25/EU.

279 Vgl. OLG Frankfurt, Beschluss v. 14.5.2018 – 11 Verg 4/15: Verknüpfung von Instandsetzungs- und Betriebsdienstleistungen.

280 Vgl. Püstow/Meiners, NZBau 2016, 406 (409): ganzheitliche Verantwortung für Planung, Bau und Betrieb.

281 *Püstow/Meiners*, NZBau 2016, 406 (409).

sollen die Auftraggeber ermutigen, „qualitativ hochwertige" Leistungen bzw. Produkte zu erhalten.[282]

Vorgaben zur Einhaltung eines Qualitätsniveaus bei den im Rahmen der Auftragsausführung eingesetzten **Mitarbeitern** sollen etwa gemäß § 58 Abs. 2 S. 2 Nr. 2 VgV und § 52 Abs. 2 S. 2 Nr. 2 SektVO nunmehr unter bestimmten Voraussetzungen ein zulässiges Zuschlagskriterium darstellen können.[283] Zugrunde liegt die Erwägung, dass Erfahrung, Qualifikation und Organisation des bei der Auftragsausführung einzusetzenden Personals das Niveau der Auftragsausführung und damit den wirtschaftlichen Wert der Leistung maßgeblich bestimmen.[284] Die Schwierigkeit, dass Anforderungen an die Qualifikation des Personals zur unzulässigen Vermengung von Eignungs- und Zuschlagskriterien führen können,[285] bleibt indes bestehen. Im Einzelnen werden die Voraussetzungen, unter denen Aspekte der Qualität in die Vergabeverfahren integriert werden können, im Rahmen der nach § 113 GWB erlassenen Rechtsverordnungen geregelt.[286] 102

b) Kein abschließender Charakter

Die Aufzählung der konkret benannten vier Aspekte in § 97 Abs. 3 GWB vermittelt den Eindruck der Abgeschlossenheit. Der in § 97 Abs. 4 S. 2 GWB a.F.[287] enthaltene Zusatz „insbesondere" findet sich nicht mehr. Die Erwägungen des Richtlinien- und des Gesetzgebers sowie die Regelungen in Teil 4 GWB sprechen jedoch dafür, dass über die in § 97 Abs. 3 GWB bezeichneten strategischen Ziele hinaus weitere politikorientierte Aspekte in Teil 4 GWB Berücksichtigung finden können. 103

Dies bezieht sich zunächst auf die in § 97 Abs. 3 GWB nicht erwähnten **arbeitsrechtlichen Aspekte**, die zwar Überschneidungen mit den sozialen Aspekten aufweisen, jedoch sowohl aus Sicht des Gesetzgebers[288] als auch des EU-Richtliniengebers[289] neben diesen Aspekten stehen. Die Vergabemodernisierungsrichtlinien bezwecken u.a. eine sogenannte verschärfte Arbeitsrechtstreue.[290] Auch im Rahmen der Gesetzesbegründung wird darauf hingewiesen, dass ein Anreiz geschaffen werden soll, internationale Standards zur Unternehmensverantwortung einzuhalten.[291] Entsprechend findet sich in § 128 Abs. 1 GWB die explizite Forderung, dass Unternehmen bei der Ausführung des öffentlichen Auftrags die geltenden Verpflichtungen unter anderem im Bereich des Arbeitsrechts einzuhalten haben. Gemäß § 124 Abs. 1 Nr. 1, Abs. 2 GWB können Verstöße gegen arbeitsrechtliche Verpflichtungen zudem zum Ausschluss führen. Denkbar wäre darüber hinaus, dass die Auftraggeber zur Effektuierung der Durchsetzung einen Verstoß gegen arbeitsrechtliche Vorschriften zum obligatorischen Ausschlussgrund erklären.[292] Schließlich erstreckt sich die Prüfung ungewöhnlich niedriger Angebote gemäß § 60 Abs. 2 S. 2 Nr. 4 VgV und § 54 Abs. 2 S. 2 Nr. 4 SektVO ausdrücklich auch auf die Einhaltung der Verpflichtungen nach § 128 Abs. 1 GWB, insbesondere der geltenden umwelt-, sozial- und arbeitsrechtlichen Vorschriften. Soweit die Bundesrepublik Deutschland zudem die in Art. 30 Abs. 3 RL 2014/23/EU, Art. 18 Abs. 2 RL 2014/18/EU, Art. 36 Abs. 2 RL 2014/25/EU ausdrücklich in Bezug genommenen internationalen arbeits- 104

282 Erwägungsgrund 92 RL 2014/24/EU; Erwägungsgrund 97 RL 2014/25/EU.

283 Art. 67 Abs. 2 lit. b RL 2014/24/EU; siehe auch Erwägungsgrund 94 RL 2014/24/EU; Erwägungsgrund 99 RL 2014/25/EU; so auch schon zu § 97 GWB a.F. *Wagner*, in: Langen/Bunte, Kartellrecht, § 97 GWB Rn. 64; a.A. *Latzel*, NZBau 2014, 673 (678), wonach es sich weiterhin um ein Eignungskriterium handeln sollte.

284 Erwägungsgrund 94 RL 2014/24/EU; Erwägungsgrund 99 RL 2014/25/EU.

285 Hierzu EuGH, Urteil v. 12.11.2009 – Rs. C-199/07 (ERGA OSE), Rn. 56; OLG Celle, Beschluss v. 12.1.2012 – 13 Verg 9/11; grundsätzlich zur Abgrenzung: *von Bechtolsheim*, in: Gabriel/Mertens/Prieß/Stein, Vergaberecht, § 127 GWB Rn. 7; *Lausen*, in: Burgi/Dreher, Vergaberecht, § 58 VgV Rn. 35 bis 37.

286 Etwa §§ 46, 49, 58 Abs. 2 VgV; §§ 49, 52 Abs. 2 SektVO.

287 Entsprechend Art. 38 S. 2 RL 2004/17/EG; Art. 26 S. 2 RL 2004/18/EG.

288 Vgl. § 128 Abs. 2 S. 3 GWB.

289 Vgl. Art. 18 Abs. 2 RL 2014/24/EU.

290 Gesetzesbegründung, VergRModG 2016, BT-Drs. 18/6281, 1; vgl. auch *Burgi*, NZBau 2015, 597 (600); *Latzel*, NZBau 2014, 673 (680).

291 Gesetzesbegründung, VergRModG 2016, BT-Drs. 18/6281, 1.

292 Vgl. auch *Latzel*, NZBau 2014, 673 (675); Die grundsätzliche Verpflichtung zur Einhaltung der ILO-Kernarbeitsnormen im Rahmen der besonderen Ausführungsbedingungen kann im Hinblick auf den erforderlichen Auftragsbezug dagegen problematisch sein.

rechtlichen Vorschriften gemäß Anhang X (ILO-Kernarbeitsnormen) ratifiziert und in deutsche Gesetze umgesetzt hat, bleibt es erklärtes Ziel, ihre Einhaltung durch die Unternehmen zu verbessern. Es erscheint insoweit wenig kohärent, dass in § 97 Abs. 3 GWB auf einen Verweis des strategischen Ziels der arbeitsrechtlichen Aspekte bzw. einen Hinweis auf den allein beispielhaften Charakter verzichtet wurde.

105 Aus § 128 Abs. 2 S. 3 GWB folgt ebenfalls, dass das Gebiet möglicher, in ein Vergabeverfahren zu integrierender strategischer Ziele nicht auf die vier in § 97 Abs. 3 GWB genannten Aspekte beschränkt ist. § 128 Abs. 2 S. 3 GWB nennt als denkbare Regelungsgegenstände der Ausführungsbedingungen über § 97 Abs. 3 GWB hinaus explizit **wirtschaftliche** und **beschäftigungspolitische Belange** sowie den Schutz der **Vertraulichkeit von Informationen**. Zudem verdeutlicht der dort vorhandene „insbesondere"-Zusatz, dass diese Aufzählung – wie bereits in § 97 Abs. 4 S. 2 GWB a.F.[293] – nicht abschließend ist.

106 Schließlich eröffnet der in § 97 Abs. 3 GWB genannte Aspekt der **Innovation** Raum für die Einbindung vielfältiger Aspekte. Diesem Aspekt ist keine inhaltliche Beschränkung auf bestimmte Ziele zu entnehmen; einzige Voraussetzung für das Vorliegen eines innovativen Aspekts ist der Bezug auf etwas – teilweise – Neues.[294] Der Formulierung kommt damit ein weiter, einer Öffnungsklausel vergleichbarer Anwendungsbereich zu;[295] deren Ausformung allerdings im Rahmen der jeweiligen Einzelnormen erfolgt,[296] so dass die Frage der abschließenden Aufzählung sich praktisch kaum auswirken dürfte.[297]

c) Öffnungsklausel für die Länder

107 § 97 Abs. 3 GWB enthält keine der früheren Regelung in § 97 Abs. 4 S. 3 GWB entsprechende Öffnungsklausel für ergänzende Regelungen der Länder mehr. Diese Möglichkeit findet sich nunmehr in § 129 GWB im Zusammenhang mit der Formulierung von zwingend zu berücksichtigenden Ausführungsbedingungen.[298]

2. Anknüpfungspunkte für die Berücksichtigung der Aspekte

108 § 97 Abs. 3 GWB bezieht sich auf die Feststellung, dass die genannten Aspekte nach Maßgabe des Teil 4 des GWB Berücksichtigung finden; dies schließt das gesamte – im Ablauf erstmals im GWB skizzierte – Vergabeverfahren von der Bedarfsfestlegung bis zur Auftragsausführung ein. Neben der Möglichkeit, bereits durch Beschränkungen des Bieterkreises gemäß § 118 GWB sozialen Aspekten nach § 97 Abs. 3 GWB Geltung zu verschaffen, bietet sich insbesondere die Einbindung strategischer Aspekte im Rahmen der Leistungsbeschreibung, der Abfassung von Eignungs- und Zuschlagskriterien und der Formulierung besonderer Ausführungsbedingungen an.

a) Leistungsbeschreibung

109 Formal eröffnet die Leistungsbeschreibung gemäß § 121 GWB[299] den zeitlich ersten Anknüpfungspunkt für die Einbindung strategischer Ziele im Sinne des § 97 Abs. 3 GWB.[300] Die Leistungsbeschreibung dient als *„Kernstück der Vergabeunterlagen"*[301] der Definition der Beschaffenheit bzw. des Ergebnisses der auftragsgegenständlichen Ware oder Leistung.

---

293 Dazu *Ziekow*, in: Ziekow/Völlink, Vergaberecht, 2. Auflage, § 97 GWB Rn. 86.
294 Kritisch zum Begriff der Innovation *Wagner/Pfohl*, VergabeR 2015, 389 (391).
295 A.A. *Masing*, in: Reidt/Stickler/Glahs, Vergaberecht, § 97 GWB Rn. 77 für abschließenden Charakter.
296 *Wiedemann*, in: Kulartz/Kus/Portz/Prieß, GWB-Vergaberecht, § 97 Rn. 105, insoweit trotz grundsätzlich abschließender Aufzählung für die Möglichkeit der Berücksichtigung weiterer Aspekte in den Einzelregelungen und Verordnungen.
297 *Fehling*, in: Pünder/Schellenberg, Vergaberecht, § 97 GWB Rn. 101. Mehr Spielraum: *Kühnast*, in: Säcker/Ganske/Knauff, Wettbewerbsrecht, § 97 GWB Rn. 98.
298 Siehe dazu *Radu* in § 129 GWB. Die erhoffte Abkehr von der „Kleinstaaterei" ist damit nur so weit gelungen, wie der Bund unter großzügiger Auslegung von Art. 74 Abs. 1 Nr. 11 GG von seiner Gesetzgebungskompetenz in Teil 4 GWB Gebrauch gemacht hat; vgl. hierzu auch *Burgi*, NZBau 2015, 567 (599, 601, 602); *Summa*, NZBau 2015, 329 (330).
299 Siehe dazu *Traupel/Schmidt* in § 121 GWB.
300 Auch *Burgi*, Vergaberecht, § 7 Rn. 25; *Hattenhauer/Butzert*, ZfBR 2017, 129.
301 VK Niedersachsen, Beschluss v. 12.4.2002 – 203-VgK-05/02.

Ihr vorgelagert erfolgt die grundsätzlich der Beschaffungsautonomie des öffentlichen Auftraggebers unterliegende **Festlegung des Beschaffungsgegenstands,**[302] die nur in engen Grenzen vergaberechtlich überprüfbar ist.[303] Die Festlegung des Beschaffungsgegenstands selbst kann jedoch bereits in besonderer Weise die in § 97 Abs. 3 GWB erwähnten Aspekte im Rahmen eines Beschaffungsvorgangs berücksichtigen.[304] **110**

Der erstmals in das GWB integrierten Regelung zur Leistungsbeschreibung in **§ 121 GWB** lässt sich keine ausdrückliche Bezugnahme auf die Aspekte des § 97 Abs. 3 GWB entnehmen. Die Berücksichtigungsfähigkeit folgt jedoch aus den gemäß § 113 GWB zur Konkretisierung der in Teil 4 GWB verfassten Regelungen erlassenen VergRModVO. **111**

Die in der Leistungsbeschreibung zu formulierenden Merkmale des Auftragsgegenstandes können in Form von **Leistungs-** oder **Funktionsanforderungen**, die sich ausdrücklich auf Umweltmerkmale[305] oder die Beschreibung einer zu lösenden Aufgabe (innovative Aspekte) beziehen können, formuliert werden.[306] In § 31 Abs. 3 VgV, § 28 Abs. 3 SektVO und § 15 Abs. 2 KonzVgV wird zudem darauf verwiesen, dass – entsprechend § 127 Abs. 3 GWB – die Merkmale der Leistungsbeschreibung keine materiellen Bestandteile der Leistung umschreiben müssen, sondern insbesondere auch den Herstellungsprozess oder Lebenszyklus betreffen können.[307] Ausweislich der Gesetzesbegründung dienen diese Regelungen ausdrücklich der Klarstellung, dass bei einer Leistungsbeschreibung auch zusätzliche Kriterien wie etwa soziale,[308] umweltbezogene und qualitative Aspekte Berücksichtigung finden können.[309] Durch das Instrument der funktionalen Leistungsbeschreibungen (Funktionsanforderungen) werden zudem innovative Konzepte angeregt, da der Bieter selbst Lösungskonzepte für die vorgegebenen Funktionen entwickeln muss.[310] Dem Willen des Richtliniengebers nach soll – insbesondere zur Förderung der Innovation – gerade das Instrument der funktionalen Leistungsbeschreibung breit angewendet werden.[311] Die geforderten Eigenschaften müssen zudem weiterhin gemäß § 121 Abs. 1 GWB eindeutig und erschöpfend beschrieben werden.[312] **112**

Ausweislich der Begründung zur VergRModVO ist nunmehr eine **Öffnung der Leistungsbeschreibung** für alle in § 97 Abs. 3 GWB genannten strategischen Aspekte beabsichtigt.[313] Die Formulierung, dass in die Leistungsbeschreibung „auch zusätzliche Kriterien wie etwa soziale, umweltbezogene und qualitative Aspekte“[314] aufgenommen werden können, dürfte zu einer signifikanten Erweiterung des bisherigen Rahmens führen. Bislang[315] war es lediglich möglich, technische Spezifikationen insbesondere in Form von Leistungs- und Funktionsanforderungen zu formulieren und über dieses Instrument Innovationen zu fördern.[316] Ausdrücklich geregelt war zudem die Option, technische Spezifikationen hinsichtlich konkret zu benennender Um- **113**

---

302 *Dörr*, in: Burgi/Dreher/Opitz, Vergaberecht, Einl. Rn. 5.
303 OLG Düsseldorf, Beschluss v. 16.10.2019 – VII-Verg 66/18 (swissphone).
304 Etwa OLG Frankfurt, Beschluss v. 29.3.2018 – 11 Verg 16/17: Anreiz für ortsnahe Errichtung und Betrieb einer Restabfallentsorgungsanlage zur Reduzierung von Transportemissionen und Nutzung der bei der Verbrennung gewonnenen Wärme im Stadtgebiet; OLG München, Beschluss v. 9.3.2018 – Verg 10/17, zur Berücksichtigung ökologischer Zielsetzungen bei der Vorgabe eines Entsorgungskonzepts für Straßenaufbruch. Vgl. auch *Gyulali-Schmidt*, ZfBR 2019, 762 (763).
305 OLG Schleswig, Beschluss v. 13.6.2019 – 54 Verg 2/19, zu unterschiedlichen Vergabebedingungen hinsichtlich des Strompreises bei batteriebetriebenen und wasserstoffbetriebenen Fahrzeugen.
306 § 31 Abs. 2 S. 1 Nr. 1 VgV entsprechend Art. 42 Abs. 3 lit. a RL 2014/24/EU i.V.m. Anhang VII sowie § 28 Abs. 2 S. 1 Nr. 1 SektVO entsprechend Art. 60 RL 2014/25/EU.
307 Entsprechend Art. 36 Abs. 1 UAbs. 2 RL 2014/23/EU; Art. 42 Abs. 1 UAbs. 2 RL 2014/44/EU; Art. 60 Abs. 1 UAbs. 2 RL 2014/25/EU.
308 Hierzu *Krönke*, VergabeR 2017, 101 (106).
309 Gesetzesbegründung zu § 121 GWB, VergRModG 2016, BT-Drs. 18/6281, 100.
310 *Burgi*, NZBau 2015, 597 (600).
311 Erwägungsgrund 74 RL 2014/24/EU; Erwägungsgrund 83 RL 2014/25/EU.
312 Siehe dazu *Traupel/Schmidt* in § 121 GWB Rn. 24 ff.
313 Verordnungsbegründung, VergRModVO zu § 31 Abs. 3 VgV, VergRModVO, BR-Drs. 87/16, 185.
314 Verordnungsbegründung zu § 31 Abs. 3 VgV, VergRModVO, BR-Drs. 87/16, 185.
315 Ausführlich zur Rechtslage vor Inkrafttreten der Vergaberechtsreform *Dreher*, in: Immenga/Mestmäcker, Wettbewerbsrecht, § 97 GWB Rn. 239 und § 99 GWB Rn. 26 ff.
316 Vgl. § 7 EG Abs. 4 Nr. 2 VOB/A 2012; § 8 EG Abs. 2 Nr. 3 VOL/A; näher *Burgi*, NZBau 2011, 577 (581), wonach diese Möglichkeit indes stets unterschätzt wurde.

welteigenschaften[317] und nutzerbezogene sozialpolitische orientierte Spezifikationen – insbesondere in Form der Zugänglichkeit für Behinderte – aufzustellen.[318] Auch zukünftig dürften insbesondere Umweltaspekte in der Leistungsbeschreibung Berücksichtigung finden.[319]

b) Ausschlussgründe/Eignung

114 Zeitlich nächster Anknüpfungspunkt für die Einbindung strategischer Aspekte gemäß § 97 Abs. 3 GWB in das Vergabeverfahren ist die Prüfung von Ausschlussgründen und der Eignung des Bieters, deren Grundlagen nunmehr in den §§ 122 bis 126 im GWB-Vergaberecht normiert sind. Bedeutung erlangen die Aspekte des § 97 Abs. 3 GWB hier einerseits bei der Prüfung, ob die Eignung eines Bieters infolge eines absoluten oder fakultativen Ausschlussgrundes von vornherein zu verneinen ist, und andererseits bei der Bestimmung positiver Eignungskriterien.

aa) Ausschlussgründe

115 Soziale Aspekte werden zunächst über den **zwingenden Ausschlussgrund** des § 123 Abs. 4 GWB bei nachgewiesener Nichterfüllung von Pflichten zur Zahlung von Sozialversicherungsbeiträgen berücksichtigt.[320] Nach § 123 Abs. 1 Nr. 10 GWB sind Bieter zudem zwingend im Falle einer rechtskräftigen Verurteilung wegen Kinderarbeit und anderer Formen des Menschenhandels von einem Verfahren auszuschließen. Angeknüpft wird an eine – in der Praxis eher seltene – strafgerichtliche Verurteilung nach § 233 StGB bzw. § 233a StGB.[321] Zum 1. Januar 2023 wird zudem ein neuer Ausschlussgrund nach § 22 LkSG in Kraft treten. Unternehmen, die dem LkSG gemäß dessen § 1 unterfallen, sind demnach von der Teilnahme an Vergabeverfahren ausgeschlossen, sofern ein Verstoß gegen die Sorgfaltspflichten dieses Gesetzes rechtskräftig festgestellt wurde.[322]

116 Die in § 97 Abs. 3 GWB genannten Aspekte erlangen schließlich prägnant im Rahmen des **fakultativen Ausschlussgrundes** nach § 124 Abs. 1 Nr. 1 GWB Bedeutung. Gemäß § 124 Abs. 1 Nr. 1 GWB können Unternehmen zu jedem Zeitpunkt des Vergabeverfahrens von der Teilnahme ausgeschlossen werden, wenn sie nachweislich bei der Ausführung öffentlicher Aufträge gegen umwelt-[323], sozial-[324] oder arbeitsrechtliche Verpflichtungen verstoßen haben.[325] Derartige Verstöße stellen die zu fordernde Gesetzestreue des Bieters nachhaltig in Frage. Soweit der Wortlaut des § 124 Abs. 1 GWB dem öffentlichen Auftraggeber ein Ermessen einräumt, ob er diesen Verstoß zum Anlass eines Ausschlusses nimmt, ist im Hinblick auf die Forderungen des Richtliniengebers, auf die Einhaltung bestehender Verpflichtungen zu achten,[326] von einem weitgehend gebundenen Ermessen auszugehen. Ein nachgewiesener – jedenfalls schwerwiegender – Verstoß dürfte regelmäßig zum Ausschluss führen.[327] Über § 124 Abs. 1 Nr. 3 GWB können soziale Aspekte etwa durch Verstöße gegen die ILO-Kernarbeitsnormen einen fakultativen Ausschlussgrund bilden.[328] Zum anderen kann gemäß § 124 Nr. 8 GWB ein Bieter vom Verfahren ausgeschlossen werden, wenn er die erforderlichen Nachweise nicht vorlegen kann. Diese Nachweise können sich etwa auf Angaben beziehen, die zur Berücksichtigung von Aspekten des § 97 Abs. 3 GWB aufgestellt wurden.

317 Vgl. Art. 23 Abs. 3 lit. b RL 2004/18/EG nebst Anhang VI Nr. 1 RL 2004/18/EG, Art. 34 Abs. 3 lit. b RL 2004/17/EG; § 8 EG Abs. 5 VOL/A, § 4 Abs. 6 Nr. 1 VgV a.F. verweist auf § 8 EG VOL/A; § 7 EG Abs. 7 VOB/A 2012; auch *Burgi*, NZBau 2015, 597 (600).

318 Art. 23 Abs. 1 RL 2004/18/EG; Art. 34 Abs. 1 RL 2004/17/EG.

319 Vgl. auch *Hattenhauer/Butzert*, ZfBR 2017, 129 (130).

320 Hierzu *Gnittke/Hattig* in § 123 GWB Rn. 47 ff.

321 *Fehling*, in: Pünder/Schellenberg, Vergaberecht, § 97 GWB Rn. 118; *Krönke*, VergabeR 2017, 101 (111).

322 Näher hierzu Siegel, VergabeR 2022, 14 (21 f.).

323 Erwägungsgrund 43 RL 2014718/EG erwähnt explizit Umweltstraftaten; vgl. zum Verdacht der illegalen Abfalllagerung: OLG Celle, Beschluss v. 13.5.2019 – 13 Verg 2/19, NVwZ 2019, 1460 (1461).

324 Etwa gegen die ILO-Kernarbeitsnormen; vgl. zur Bedeutung sozialer Aspekte im Einzelnen: *Krönke*, VergabeR 2017, 101 (111).

325 *Beneke*, VergabeR 2018, 227 (233); *Hattenhauer/Butzert*, ZfBR 2017, 129 (131).

326 Art. 30 Abs. 3 RL 2014/23/EU; Art. 18 Abs. 2 RL 2014/24/EU; Art. 36 Abs. 2 RL 2014/25/EU.

327 So schon für § 97 Abs. 4 S. 1 GWB a.F.: *Frenz*, in: Willenbruch/Wieddekind, Vergaberecht, 2. Auflage, § 97 GWB Rn. 35; nunmehr auch *Hattenhauer/Butzert*, ZfBR 2017, 129 (131); *Krönke*, VergabeR 2017, 101 (114).

328 *Fehling*, in: Pünder/Schellenberg, Vergaberecht, § 97 GWB Rn. 119; näher *Krönke*, VergabeR 2017, 101 (112).

117 Schließlich sind Bieter von einer Teilnahme am Vergabeverfahren gemäß § 124 Abs. 2 GWB ausgeschlossen, soweit dies **spezialgesetzlich** geregelt ist. Dies umfasst insbesondere die im Falle eines Verstoßes gegen die Vorgaben der §§ 1, 3 MiLoG in § 19 MiLoG vorgesehene Vergabesperre.[329]

bb) Eignungskriterien

118 Die Berücksichtigung der in § 97 Abs. 3 GWB genannten Aspekte kann zudem bei der positiven Abfassung der **Eignungskriterien** gemäß § 123 Abs. 2 GWB erfolgen. Eignungskriterien legen fest, welche persönlichen und fachlichen Anforderungen öffentliche Auftraggeber an die Bieter stellen, damit diese sich überhaupt an einem Wettbewerb um öffentliche Aufträge beteiligen können. In Abgrenzung zu den Zuschlagskriterien beziehen sie sich – jedenfalls im Schwerpunkt[330] – auf Eigenschaften des Unternehmers, nicht der Wirtschaftlichkeit der angebotenen Leistung.[331] Ebenso wie im Rahmen der Leistungsbeschreibung gemäß § 121 GWB findet sich auch in § 122 GWB kein ausdrücklicher Hinweis auf die in § 97 Abs. 3 GWB genannten Aspekte.

119 Im Hinblick auf den abschließenden Charakter möglicher Eignungskategorien für die zulässigen Eignungskriterien[332] des § 122 Abs. 2 GWB besteht weiterhin nur beschränkter Raum für die Einbindung strategischer Aspekte in die Eignungsprüfung.[333] **Anknüpfungspunkte** bieten insbesondere zu formulierende Anforderungen an die technische Leistungsfähigkeit i.S.d. § 122 Abs. 2 Nr. 3 GWB oder umweltbezogene Vorgaben für ein Umweltmanagement.[334] Welche Kriterien konkret zulässig sind, ergibt sich erst aus den gemäß § 113 GWB erlassenen Vergabeverordnungen.[335]

120 **Qualitative Aspekte** gemäß § 97 Abs. 3 GWB soll etwa § 46 Abs. 1 S. 1 VgV aufgreifen, wonach der öffentliche Auftraggeber u.a. Anforderungen stellen kann, die sicherstellen, dass der Bieter über die erforderlichen Mittel und ausreichenden Erfahrungen verfügt, um den Auftrag in angemessener Qualität auszuführen. § 46 Abs. 3 Nr. 2 und 3 VgV sowie § 49 Abs. 1 SektVO beziehen sich auf Anforderungen hinsichtlich der Qualitätskontrolle, Qualitätssicherung sowie entsprechender Qualitätssicherungssysteme.[336] Die Regelungen in § 46 Abs. 3 Nr. 1 und 2 VgV betreffen im Hinblick auf zu fordernde Referenzen u.a. die Erfahrungen und hinsichtlich der Angabe zu technischen Fachkräften die Qualifikationen der Mitarbeiter.[337] Beide Gesichtspunkte werden ausdrücklich – in Umsetzung von Art. 67 Abs. 2 lit. b RL 2014/24/EU, Art. 82 Abs. 2 lit. b RL 2014/25/EU – auch im Rahmen von § 58 Abs. 2 S. 2 Nr. 2 VgV und § 52 Abs. 2 S. 2 Nr. 2 SektVO als mögliche Zuschlagskriterien benannt. Die Problematik der Abgrenzung bzw. unzulässigen Vermengung von Eignungs- und Zuschlagskriterien bleibt damit bestehen.[338] Wesentlich für die Einordnung ist nach der Judikatur des EuGH insbesondere, ob es um das Personal und die Erfahrung der Bieter im Allgemeinen geht (Eignungskriterium), oder aber um das Personal und die Erfahrung der Personen, die ein bestimmtes Team bilden, welche ganz konkret den Auftrag auszuführen haben (Zuschlagskriterien).[339]

---

329 § 124 Abs. 2 GWB nimmt zudem Bezug auf § 21 AEntG, § 98 AufenthG, § 21 SchwarzArbG.
330 OLG Celle, Beschluss v. 12.1.2012 – 13 Verg 9/11.
331 Zur Abgrenzung auch *Hausmann/van Hoff*, in: Röwekamp/Kus/Portz/Prieß, GWB-Vergaberecht, § 122 Rn. 6.
332 Grundlegend hierzu bereits EuGH, Urteil v. 20.9.1988 – Rs. 31/87 (Beentjes), Rn. 17.
333 Keinen Raum für soziale und innovative Aspekte: *Fehling*, in: Pünder/Schellenberg, Vergaberecht, § 97 GWB Rn. 118; *Krönke*, VergabeR 2017, 101 (111).
334 *Fehling*, in: Pünder/Schellenberg, Vergaberecht, § 97 GWB Rn. 118.
335 Gesetzesbegründung zu § 113 GWB, VergRModG 2016, BT-Drs. 18/6281, 88.
336 Vgl. Art. 62 RL 2014/24/EU; zuvor schon § 7 EG Abs. 3 lit. b und c VOL/A; hierzu auch *Hattenhauer/Butzert*, ZfBR 2017, 129 (131).
337 Art. 58 Abs. 4 RL 2014/24/EU.
338 Vgl. EuGH, Urteil v. 26.3.2015 – Rs. C-601/13 (Ambisig), Rn. 35; Urteil v. 12.11.2009 – Rs. C-199/07 (Kommission/Hellenische Republik), Rn. 51 ff.; Urteil v. 24.1.2008 – Rs. C-532/06 (Lianakis), Rn. 26 ff.; OLG Düsseldorf, Beschluss v. 29.4.2014 – VII-Verg 35/14; Beschluss v. 16.5.2011 – VII-Verg 44/11; vgl. auch *Latzel*, NZBau 2014, 673 (678); *Willenbruch*, VergabeR 2015, 322 (326).
339 EuGH, Urteil v. 26.3.2015 – Rs. C-601/13 (Ambisig), Rn. 26.

121 Die **umweltbezogenen Eignungskriterien** finden sich in § 46 Abs. 3 Nr. 7 VgV und § 49 Abs. 2 SektVO, wonach Angaben zu Umweltmanagementmaßnahmen,[340] die das Unternehmen während der Auftragsausführung anwendet, gefordert werden dürfen. Schließlich verweist § 46 Abs. 3 Nr. 4 VgV durch die dort erwähnten Angaben zu einem Lieferkettenmanagement- und -überwachungssystem darauf, dass neben umweltbezogenen Aspekten auch **soziale Aspekte** die Eignung des Bieters mitbestimmen können. Dies gilt auch für die Forderung nach dem Vorhandensein eines Arbeitsschutzmanagementsystems.[341]

c) Zuschlagskriterien

122 Eine maßgebliche Bedeutung kommt den Aspekten des § 97 Abs. 3 GWB bei der Zuschlagserteilung zu.[342] Gemäß § 127 Abs. 1 S. 1 GWB wird der Zuschlag – wie bereits gemäß § 97 Abs. 5 GWB a.F. – auf das wirtschaftlichste Angebot erteilt. Grundlage der Ermittlung des wirtschaftlichsten Angebots ist die Bewertung, ob und wieweit das Angebot die aufgestellten Zuschlagskriterien erfüllt. Die Aufzählung der Zuschlagskriterien in § 127 GWB ist – dies betont der Gesetzgeber ausdrücklich – nicht abschließend; es bleibt dem freien Ermessen des öffentlichen Auftraggebers überlassen, auf welche Kriterien für die Erteilung des Zuschlags er tatsächlich abstellen möchte.[343]

123 Gemäß § 127 Abs. 1 S. 4 GWB kann das wirtschaftlichste Angebot, d.h. das beste Preis-Leistungs-Verhältnis im Sinne von § 127 Abs. 1 S. 3 GWB, ausdrücklich unter Berücksichtigung qualitativer, umweltbezogener oder sozialer **Aspekte** ermittelt werden.[344] Damit wird erstmals explizit formuliert, dass die genannten strategischen Aspekte die Zuschlagsentscheidung beeinflussen können. So kann nunmehr ein zu beschaffendes Produkt aus fairem Handel im Rahmen der Zuschlagswertung mit einer höheren Punktzahl versehen werden als ein konventionell gehandeltes Produkt.[345] Auch hier soll die weitere Konkretisierung auf Ebene der Rechtsverordnungen erfolgen;[346] Anknüpfungspunkte sind etwa § 58 Abs. 2 S. 2 Nr. 1 VgV, § 52 Abs. 2 S. 2 Nr. 1 SektVO, § 31 Abs. 1 KonzVgV.[347]

124 Erstmals[348] findet sich in § 58 Abs. 2 S. 2 Nr. 1 VgV, § 52 Abs. 2 S. 2 Nr. 2 SektVO und § 16d EU Abs. 2 Nr. 2 S. 2 lit. b VOB/A die Bestimmung, dass die Qualifikation des konkret einzusetzenden **Personals**[349] ein zulässiges Zuschlagskriterium darstellt, sofern die Qualität des Personals erheblichen Einfluss auf das Niveau der Auftragsausführung haben kann.[350] In – im Einzelfall problematischer – Abgrenzung zu Eignungskriterien dürfte sich dies unter Berücksichtigung der Rechtsprechung des EuGH[351] nicht auf allgemeine Vorerfahrungen des Bieters, sondern die Qualifikation der tatsächlich nachfolgend mit der Auftragsausführung zu betrauenden Mitarbeiter beziehen. Die Regelung ist nicht dahingehend zu verstehen, dass die Qualifikation der Mitarbeiter stets ein zulässiges Zuschlagskriterium darstellt. Die ausdrückliche Erwähnung im Rahmen der Zuschlagskriterien könnte jedoch zu einer Lockerung der strikten Trennung zwischen Eignungs- und Zuschlagskriterien führen.[352]

125 Im Übrigen beschränken sich § 58 Abs. 2 S. 2 VgV, § 52 Abs. 2 S. 2 SektVO, § 31 Abs. 1 KonzVgV und § 16d EU Abs. 2 Nr. 1 S. 3 VOB/A im Wesentlichen auf eine Wiederholung von

---

340 Hierzu auch Erwägungsgrund 67 RL 2014/23/EU; Erwägungsgrund 88 RL 2014/24/EU; Erwägungsgrund 93 RL 2014/25/EU.
341 VK Bund, Beschluss v. 11.6.2012 – VK 3-51/12.
342 Vgl. auch *Gyulai-Schmidt*, ZfBR 2019, 762 (766); für soziale Aspekte: *Krönke*, VergabeR 2017, 101 (114).
343 Gesetzesbegründung zu § 127 Abs. 1 GWB, VergRModG 2016, BT-Drs. 18/6281, 112.
344 Siehe hierzu *Müller-Wrede/Delcuvé* in § 127 GWB Rn. 22 ff.
345 Gesetzesbegründung zu § 127 Abs. 1 und 4 GWB, VergRModG 2016, BT-Drs. 18/6281, 111, 112.
346 Gesetzesbegründung zu § 127 Abs. 1 GWB, VergRModG 2016, BT-Drs. 18/6281, 111.
347 Hierzu auch *Hattenhauer/Butzert*, ZfBR 2020, 129 (132).
348 Mit sehr eingeschränktem Anwendungsbereich zuvor schon in § 4 Abs. 2 S. 2 bis 4 und § 5 Abs. 1 S. 2 bis 4 VgV a.F.
349 Art. 67 Abs. 2 lit. b RL 2014/24/EU; § 58 Abs. 2 S. 2 Nr. 2 VgV.
350 Vgl. auch EuGH, Urteil v. 26.3.2015 – Rs. C-601/13 (Ambisig), Rn. 26 ausdrücklich zur Zulässigkeit als Zuschlagskriterien, sofern es sich um das im konkreten Auftrag einzusetzende Team handelt; OLG Düsseldorf, Beschluss v. 21.10.2015 – VII-Verg 28/14.
351 EuGH, Urteil v. 26.3.2015 – Rs. C-601/13 (Ambisig), Rn. 26.
352 *Petersen*, VergabeR 2015, 8 (19).

§ 127 GWB, soweit betont wird, dass „auch qualitative, umweltbezogene oder soziale Zuschlagskriterien berücksichtigt werden" können, „insbesondere die Qualität (...), Zugänglichkeit der Leistung insbesondere für Menschen mit Behinderungen, ihrer Übereinstimmung mit Anforderungen des Designs für alle, soziale, umweltbezogener und innovativer Eigenschaften sowie Vertriebs- und Handelsbedingungen". Es bleibt der **Gestaltungsentscheidung** des einzelnen Auftraggebers überlassen, ob und wie er diese strategischen Aspekte als Zuschlagskriterien berücksichtigen möchte.[353] Der Regelung des § 127 GWB dürfte damit überwiegend klarstellender Charakter zukommen. Schon die in § 97 Abs. 4 S. 1 GWB a.F. aufgeführten Grundsätze für die Auftragsvergabe umfassten unter Berücksichtigung der Vorgaben in Art. 55 Abs. 1 lit. a RL 2004/17/EG, Art. 53 Abs. 1 lit. a RL 2004/18/EG u.a. „Qualität (...), Umwelteigenschaften,[354] Betriebskosten, Rentabilität, Kundendienst und technische Hilfe (...)". Erwägungsgrund 46 RL 2004/18/EG wies zudem darauf hin, dass Kriterien zur Erfüllung sozialer Anforderungen, etwa in Bezug auf die Bedürfnisse besonders benachteiligter Bevölkerungsgruppen, im Rahmen der Zuschlagserteilung berücksichtigt werden konnten. Gemäß klarstellender Rechtsprechung des EuGH handelte es sich zudem nicht um eine abschließende Auflistung.[355]

Möglich ist es gemäß § 58 Abs. 2 S. 3 VgV nunmehr auch, die Betrachtung des Preis-Leistungs-Verhältnisses durch die Vorgabe von **Festpreisen** und **Festkosten** so auszugestalten, dass das wirtschaftlichste Angebot ausschließlich nach qualitativen, umweltbezogenen oder sozialen Zuschlagskriterien ermittelt wird.[356] Den Aspekten des § 97 Abs. 3 GWB käme auf diese Weise eine große Bedeutung für die Zuschlagsentscheidung zu; es bleibt abzuwarten, inwieweit diese Chance genutzt wird. **126**

d) Ausführungsbedingungen

Schließlich besteht ein letzter und wichtiger Anknüpfungspunkt für die Einbeziehung der strategischen Aspekte des § 97 Abs. 3 GWB in der Abfassung besonderer **Ausführungsbedingungen** gemäß § 128 Abs. 2 GWB.[357] Diese Bedingungen stellen Verhaltensanweisungen an das ausführende Unternehmen für die Ausführung des Auftrages dar; sie beziehen sich auf die Art und Weise der Durchführung des Auftrages. Regelungstechnisch handelt es sich um Vertragsbedingungen, die dem Auftragnehmer zwingend zur Beachtung und Einhaltung vorgegeben werden.[358] Die Abgrenzung zu Leistungsanforderungen i.S.v. § 121 GWB, die ebenfalls die Auftragsausführung betreffen, bleibt im Einzelfall problematisch.[359] Gleiches gilt für eine Trennung zum Bereich der Eignungskriterien.[360] **127**

§ 128 Abs. 2 S. 2 GWB erwähnt explizit, dass derartige **besondere Bedingungen** für die Ausführung eines Auftrages „insbesondere wirtschaftliche, innovationsbezogene, umweltbezogene, soziale oder beschäftigungspolitische Belange oder den Schutz der Vertraulichkeit von Informationen umfassen" können. Dem insoweit deutlichen Wortlaut nach handelt es sich um eine lediglich beispielhafte Aufzählung.[361] Der Gesetzgeber misst Ausführungsbedin- **128**

353 Zu umweltbezogenen Zuschlagskriterien (Transportemissionen): OLG Frankfurt, Beschluss v. 29.3.2018 – 11 Verg 15/17; abstrakte Beispiele: *Funk/Tomerius*, KommJur 2016, 47 (49).

354 Vgl. entsprechend bereits § 19 EG Abs. 9 VOL/A; § 16 EG Abs. 7 VOB/A 2012.

355 EuGH, Urteil v. 10.5.2012 – Rs. C-368/10 (Max Havelaar), Rn. 84.

356 *Beneke*, VergabeR 2018, 227 (234).

357 Nach *Burgi*, Vergaberecht, § 19 Rn. 11, wichtigstes Instrument der Verfolgung strategischer Ziele. Hierzu auch *Hattenhauer/Butzert*, ZfBR 2020, 129 (132).

358 Gesetzesbegründung zu § 128 Abs. 2 GWB, VergRModG 2016, BT-Drs. 18/6281, 113.

359 Schon zu § 97 Abs. 4 S. 2 GWB a.F. kritisch *Dreher*, in: Immenga/Mestmäcker, Wettbewerbsrecht, § 97 GWB Rn. 261; *Diehr*, in: Reidt/Stickler/Glahs, Vergaberecht, 3. Auflage, § 97 GWB Rn. 88 ff.

360 EuGH, Urteil v. 10.5.2012 – Rs. C-368/10 (Max Havelaar), Rn. 103 ff.; VK Bund, Beschluss v. 24.6.2014 – VK 2-39/14, zur sog. „No-Spy-Klausel" gemäß Erlass des Bundesinnenministeriums vom 30.4.2014, die als Ausführungsbedingung, mangels Bieterbezogenheit jedoch nicht als Eignungskriterium eingeordnet wurde.

361 Gesetzesbegründung zu § 128 Abs. 2 GWB, VergRModG 2016, BT-Drs. 18/6281, 114: Insoweit kommt der fehlenden Erwähnung qualitativer Aspekte in § 128 Abs. 2 GWB wohl keine regulative Bedeutung zu; *Hattenhauer/Butzert*, ZfBR 2017, 129 (133) ordnet sie dagegen allein § 128 Abs. 1 GWB zu.

gungen eine „wichtige Steuerungswirkung zu",[362] von der die öffentlichen Auftraggeber durch eigene gestalterische Entscheidungen in weitem Umfang Gebrauch machen können.

129 Die Eingliederung der Aspekte nach § 97 Abs. 3 GWB in die Ausführungsbedingungen verschafft dem öffentlichen Auftraggeber – über die vergaberechtliche Möglichkeit eines Ausschlusses im Fall der Verweigerung der entsprechenden Verpflichtungserklärung hinaus[363] – vertragliche **Sanktionsmittel** für den Fall der Nichterfüllung.[364] Wird etwa die Beschäftigung eines festgelegten Anteils Langzeitarbeitsloser oder die Umsetzung einer Ausbildungsmaßnahme für Arbeitslose während der Auftragsausführung gefordert, kann sich der Auftraggeber für den Fall der Pflichtverletzung das Fordern einer Vertragsstrafe oder die Ausübungen eines außerordentlichen Kündigungsrechts vorbehalten. Denkbar ist auch eine Vergabesperre für zukünftige Verfahren.

130 Der Gesetzgeber knüpft mit § 128 Abs. 2 GWB an die frühere Regelung in **§ 97 Abs. 4 S. 2 GWB a.F.** an. Ausführungsbedingungen boten schon nach Art. 38 S. 2 RL 2004/17/EG und Art. 26 S. 2 RL 2004/18/EG einen Regelungsort für die Berücksichtigung strategischer Ziele.[365] Der in § 97 Abs. 4 S. 2 GWB a.F. vorhandene Zusatz „insbesondere" verdeutlichte dabei auch, dass die ausdrückliche Erwähnung sozialer und umweltbezogener Aspekte nicht abschließend aufzufassen war. Die weitergehende Anregung der Ausschüsse des Bundesrates, öffentliche Auftraggeber zu verpflichten, in besonderen Ausführungsbedingungen allen offensichtlich durch die Ausführung nachteilig berührten umweltbezogenen Belangen im Rahmen des wirtschaftlich Vertretbaren Rechnung zu tragen,[366] wurde nicht übernommen.

3. Verbindung zum Auftrag

a) Grundsätze

131 Da § 97 Abs. 3 GWB auf die Darstellung der konkreten Anforderungen an die Verfolgung strategischer Ziele innerhalb eines Beschaffungsvorhabens verzichtet, finden sich – anders als in § 97 Abs. 4 S. 2 GWB a.F. – auch keine Angaben, ob eine Verbindung zwischen den Aspekten des § 97 Abs. 3 GWB und dem Auftrag erforderlich ist. Dies ergibt sich jedoch aus den einzelnen Vorschriften, die sich mit Anknüpfungspunkten für die Einbindung der strategischen Ziele befassen.

132 Grundsätzlich ist an die Stelle des Bezugs zum Auftrag[367]/Auftragsgegenstand[368] bzw. des sachlichen Zusammenhangs[369] der Begriff der **Verbindung** getreten.[370] Diese Verbindung muss sich nicht auf das Produkt bzw. die Leistung selbst beziehen; die aus § 97 Abs. 3 GWB abgeleiteten Kriterien müssen insbesondere nicht dazu dienen, die Leistung näher zu bestimmen oder zwingende Voraussetzung für die Erbringung der Leistung sein.[371] Die strategische Anforderung kann vielmehr auch produktions- bzw. unternehmensbezogen formuliert werden.[372] Ausreichend ist jeglicher Bezug zwischen den auf § 97 Abs. 3 GWB gestützten Kriterien und dem Inhalt der ausgeschriebenen Leistung.[373] Mit dieser Erweiterung verliert die frühere Frage, wieweit der Bezug zum Auftragsgegenstand reichen muss, an Bedeutung.[374] Ein

---

362 Gesetzesbegründung zu § 128 Abs. 2 GWB, VergRModG 2016, BT-Drs. 18/6281, 113.
363 OLG Düsseldorf, Beschluss v. 15.7.2015 – VII-Verg 11/15.
364 Dazu auch *Hattenhauer/Butzert*, ZfBR 2017, 129 (132).
365 Die Bestimmungen dienten der Kodifizierung des „Beentjes"-Urteils des EuGH v. 20.9.1988 – Rs. 31/87, Rn. 37.
366 Empfehlungen der Ausschüsse, BR-Drs. 367/1/15, 10 f.
367 Art. 26 RL 2004/18/EG bzw. Art. 38 RL 2004/17/EG.
368 Art. 55 Abs. 1 lit. a RL 2004/17/EG; Art. 53 Abs. 1 lit. a RL 2004/18/EG.
369 So § 97 Abs. 4 S. 2 GWB a.F.
370 Vgl. nur Art. 36 Abs. 1 UAbs. 2, Art. 41 Abs. 2 RL 2014/23/EU; Art. 43 Abs. 1 lit. a; Art. 58 Abs. 1 S. 4; Art. 67 Abs. 2 S. 1 RL 2014/24/EU; Art. 60 Abs. 1 UAbs. 2, 82 Abs. 2 RL 2014/25/EU sowie §§ 127 Abs. 3 S. 1 GWB, 128 Abs. 2 S. 1 GWB.
371 OLG Rostock, Beschluss v. 6.3.2009 – 17 Verg 1/09.
372 *Frenz*, VergabeR 2018, 10 (11); *Wagner/Pfohl*, VergabeR 2015, 389 (390).
373 Schon OLG Düsseldorf, Beschluss v. 19.11.2014 – VII-Verg 30/14 unter Bezug auf die Vorwirkung der neuen EU-Richtlinien.
374 Im Einzelnen auch *Burgi*, NZBau 2015, 597 (601 f.).

enger, unmittelbarer Zusammenhang der Kriterien zum Auftragsgegenstand selbst ist nicht mehr erforderlich.[375]

b) Einzelne Anknüpfungspunkte

Im Einzelnen gilt für die Anknüpfungspunkte zur Einbeziehung der strategischen Aspekte Folgendes: **133**

Hinsichtlich der **Leistungsbeschreibung** gemäß § 121 GWB lässt sich § 121 Abs. 1 S. 2 GWB zunächst nur entnehmen, dass sich die Funktions- oder Leistungsanforderungen nicht auf das Produkt selbst, sondern auch auf den Produktionsprozess beziehen können. Den Richtlinienvorgaben gemäß dürfen Anforderungen an den Produktionsprozess und die Produktionsmethoden jedoch nicht losgelöst vom Auftragsgegenstand gefordert werden. Sie sind vielmehr konkret auf den „spezifischen Prozess" oder die „spezifische Methode zur Produktion" bezogen zu formulieren;[376] die geforderten Merkmale müssen – so die Richtlinienvorgaben[377] – „in Verbindung" mit dem Auftragsgegenstand stehen.[378] Begrenzend wirken in der Praxis damit insbesondere das Verbot allgemein unternehmenspolitischer Vorgaben und der Verhältnismäßigkeitsgrundsatz.[379] **134**

Eignungskriterien müssen gemäß § 122 Abs. 4 S. 1 GWB ebenfalls ausdrücklich mit dem Auftragsgegenstand in Verbindung stehen.[380] Auch hier gilt grundsätzlich ein weites Verständnis für die Bestimmung der erforderlichen Verbindung.[381] **135**

Die zwingenden **Ausschlussgründe** nach § 123 Abs. 1 Nr. 10 und Abs. 4 GWB beruhen auf der Berücksichtigung sozialer Erwägungen, ohne dass ein konkreter Bezug zum Auftragsgegenstand gefordert wird. Der fakultative Ausschlussgrund nach § 124 Abs. 1 Nr. 1 GWB enthält ebenfalls keinen Verweis auf eine geforderte Verbindung zwischen dem Verstoß des Unternehmens gegen geltende umwelt-, sozial- oder arbeitsrechtliche Verpflichtungen bei der Ausführung eines öffentlichen Auftrages und dem nunmehr zu vergebenden Auftrag. Folgen aus einem nachgewiesenen Verstoß entsprechend § 124 Abs. 1 Nr. 1 GWB Anhaltspunkte für die Unzuverlässigkeit des Bieters, soll den Erwägungsgründen der Richtlinien gemäß der Ausschluss eines Bieters nach § 124 Abs. 1 Nr. 1 GWB immer möglich sein, ohne dass es darauf ankommt, ob ein gleichartiger Verstoß erneut zu befürchten ist.[382] Gleiches gilt für die Sollvorgabe einer Vergabesperre gemäß § 124 Abs. 2 GWB, § 19 MiLoG und den Ausschlussgrund nach § 124 Abs. 1 Nr. 3 GWB. **136**

Wird ein Bieter gemäß § 124 Abs. 1 Nr. 8 GWB dagegen infolge fehlender Vorlage von **Eignungsnachweisen**, die sich auf die Aspekte des § 97 Abs. 3 GWB beziehen, vom Verfahren ausgeschlossen, liegt zwingend eine Verbindung zum Auftrag vor. Eignungsnachweise dürfen gemäß § 122 Abs. 4 S. 1 GWB nur gefordert werden, wenn sie in Verbindung zum Auftragsgegenstand stehen. **137**

375 So noch für § 97 Abs. 4 S. 2 GWB a.F. OLG Düsseldorf, Beschluss v. 17.1.2013 – VII-Verg 35/12; OLG Rostock, Beschluss v. 6.3.2009 – 17 Verg 1/09.

376 Art. 36 Abs. 1 UAbs. 2 RL 2014/23/EU; Art. 42 Abs. 1 UAbs. 2 RL 2014/24/EU; Art. 60 Abs. 1 UAbs. 2 RL 2014/25/EU.

377 Art. 36 Abs. 1 UAbs. 2 RL 2014/23/EU; Art. 42 Abs. 1 UAbs. 2 RL 2014/24/EU; Art. 60 Abs. 1 UAbs. 2 RL 2014/25/EU.

378 Demnach dürften weiterhin Bedingungen, unter denen der Lieferant die zu beschaffenden Produkte/Leistungen vom Erzeuger erworben hat, allein über besondere Auftragsbedingungen zu regeln sein; vgl. schon EuGH, Urteil v. 10.5.2012 – Rs. C-368/10 (Max Havelaar), Rn. 70, 74 f.; allgemein zum weiten Verständnis der geforderten Verbindung: *Krönke*, VergabeR 2017, 101 (103).

379 *Krönke*, VergabeR 2017, 101 (118).

380 Entsprechend Art. 58 Abs. 1 S. 4 RL 2014/24/EU; unzulässig bleiben dürfte ein Eignungskriterium, welches sich auf die Straffreiheit des einzusetzenden Reinigungspersonals bezieht, vgl. OLG Düsseldorf, Beschluss v. 5.12.2012 – VII-Verg 29/12; siehe im Einzelnen hierzu *Gnittke/Hattig* zu § 122 GWB Rn. 76 ff.

381 Siehe oben Rn. 125; vgl. auch *Beneke*, VergabeR 2018, 227 (234): *„fast in jedem Fall gegeben"*; *Funk/Tomerius*, KommJur 2016, 47 (48).

382 Erwägungsgrund 70 RL 2014/23/EU; Erwägungsgrund 101 RL 2014/24/EU; Erwägungsgrund 106 RL 2014/25/EU.

138 Auch die **Zuschlagskriterien** müssen dem eindeutigen Wortlaut des § 127 Abs. 3 S. 1 GWB nach „mit dem Auftragsgegenstand in Verbindung stehen".[383] Diese Verbindung ist gemäß § 127 Abs. 3 S. 2 GWB bereits anzunehmen, wenn sich ein Zuschlagskriterium auf den Herstellungs-, Bereitstellungs- oder Entsorgungsprozess, den Handel mit der Leistung oder ein anderes Stadium im Lebenszyklus der Leistung bezieht.[384] In § 127 Abs. 3 S. 2 GWB wird zudem klargestellt, dass die Anforderung sich nicht unmittelbar auf die materielle Eigenschaft des Auftragsgegenstandes auswirken muss.[385]

139 Besondere **Bedingungen für** die **Auftragsausführung** dürfen schließlich gemäß § 128 Abs. 2 S. 1 GWB ebenfalls nur festgelegt werden, wenn sie mit dem Auftragsgegenstand in Verbindung stehen. Hinsichtlich des Vorliegens einer derartigen Verbindung verweist § 128 Abs. 2 S. 1 GWB auf die Regelungen in § 127 Abs. 3 GWB. Die Zulässigkeit von Zuschlagskriterien wird mithin am gleichen Maßstab geprüft wie die Zulässigkeit zusätzlicher Bedingungen für die Auftragsausführung.[386] Auch hier tritt der Begriff der Verbindung nunmehr an die Stelle des nach § 97 Abs. 4 S. 2 GWB a.F. geforderten „sachlichen Zusammenhangs".[387]

140 Grundsätzlich ist demnach die erforderliche Verbindung zwischen den geforderten strategischen Kriterien und dem Auftrag wesentlich weniger restriktiv als zuvor zu verstehen. Abzugrenzen ist aber weiterhin zu – **unzulässigen** – **Kriterien**, die lediglich die allgemeine Betriebsorganisation betreffen.[388] Dem Auftraggeber ist es weiterhin nicht gestattet, von den Bietern eine bestimmte Politik der sozialen oder ökologischen Verantwortung zu verlangen.[389] Vom Auftrag losgelöste Vorgaben hinsichtlich allgemeiner Tariftreue,[390] zur Gleichstellung von Männern und Frauen festgelegter Beschäftigungsquoten[391] oder aber grundsätzliche umweltbezogene Organisationsmaßnahmen bleiben unzulässig.[392] Nicht das allgemeine Umwelt- und Sozialverhalten eines Bieters oder seine Betriebsorganisation, sondern nur bei der Auftragsausführung eingesetzte Produktionsfaktoren dürfen Berücksichtigung finden.[393] Die **Grenzziehung** zwischen allgemeinen produktbezogenen Anforderungen der Leistungsbeschreibung und zulässigen Anforderungen infolge einer Verbindung zum Auftrag wird in Einzelfällen allerdings problematisch sein: Soll etwa Fisch aus nachhaltiger Fischwirtschaft geliefert werden oder Strom aus erneuerbaren Energien verwendet werden, dürfte ein Bieter kaum allein für den konkreten Auftrag seinen Produktionsprozess entsprechend ausrichten.[394] Dennoch lässt sich auch bei einer vollständigen Betriebsumstellung formal ein konkreter Auftragsbezug nicht verneinen lassen: Gerade der konkret zu beschaffende Fisch bzw. die für die Produktion des zu beschaffenden Gegenstandes verwendete Energie müssen den aufgestellten Anforderungen genügen. Zukünftig dürfte nur noch in seltenen Fällen die geforderte Verbindung zum Auftrag fehlen; ein Korrektiv zur Eindämmung weitgefasster strategischer Aspekte bietet jedoch der Verhältnismäßigkeitsgrundsatz.[395]

---

383 Schon Art. 55 RL 2004/17/EU und Art. 53 RL 2004/18/EG forderten, dass die Zuschlagskriterien mit dem Auftragsgegenstand zusammenhängen müssen.

384 Siehe hierzu *Müller-Wrede/Plauth* in § 127 GWB Rn. 209 ff.

385 EuGH, Urteil v. 10.5.2012 – Rs. C-368/10 (Max Havelaar), Rn. 89, 91. Nunmehr auch Erwägungsgrund 64 RL 2014/23/EU; Erwägungsgrund 93 RL 2014/24/EU; Erwägungsgrund 102 RL 2014/25/EU.

386 *Radu* in § 128 GWB Rn. 28.

387 Vgl. dazu OLG Düsseldorf, Beschluss v. 15.7.2015 – VII-Verg 11/15; OLG Schleswig, Beschluss v. 29.4.2010 – 1 Verg 2/08; OLG Saarbrücken, Beschluss v. 13.11.2002 – 5 Verg 1/02.

388 Erwägungsgrund 65 RL 2014/23/EU; Erwägungsgrund 97 RL 2014/24/EU; Erwägungsgrund 102 RL 2014/25/EU; entsprechend sind weiterhin Vorgaben unzulässig, die die allgemeine Einkaufspolitik der Bieter betreffen, vgl. schon EuGH, Urteil v. 10.5.2012 – Rs. C-368/10 (Max Havelaar), Rn. 90.

389 Erwägungsgrund 65 RL 2014/23/EU; Erwägungsgrund 97 RL 2014/24/EU; Erwägungsgrund 102 RL 2014/25/EU. Auch *Radu* in § 128 GWB Rn. 29.

390 OLG Düsseldorf, Beschluss v. 30.12.2010 – VII-Verg 24/10.

391 *Opitz*, in: Burgi/Dreher/Opitz, Vergaberecht, § 128 GWB Rn. 25.

392 Schon zu § 97 Abs. 4 S. 2 GWB a.F.: *Dreher*, in: Immenga/Mestmäcker, Wettbewerbsrecht, § 97 GWB Rn. 263. Unzulässig ist die Forderung, dass das Produkt selbst in einem energetisch vorteilhaft gebauten Standort hergestellt wurde.

393 *Opitz*, in: Burgi/Dreher/Opitz, Vergaberecht, § 128 GWB Rn. 25.

394 Schon zu § 97 Abs. 4 S. 2 GWB a.F.: *Dreher*, in: Immenga/Mestmäcker, Wettbewerbsrecht, § 99 GWB Rn. 33.

395 Vgl. auch *Latzel*, NZBau 2014, 673 (681), regt demgegenüber den Erlass ermessensleitender Regeln an.

4. Weitere Anforderungen

Die Einbindung der strategischen Ziele in einen Beschaffungsvorgang ist zudem an die Einhaltung allgemeiner vergaberechtlicher Grundsätze gebunden. In den Erwägungsgründen der Richtlinien wird ausdrücklich darauf hingewiesen, dass die Vergabe stets im Einklang mit den „Grundsätzen des freien Warenverkehrs, der Niederlassungsfreiheit und der Dienstleistungsfreiheit sowie den sich daraus ableitenden Grundsätzen wie Gleichbehandlung, Nichtdiskriminierung, gegenseitige Anerkennung, Verhältnismäßigkeit und Transparenz" zu erfolgen hat.[396] § 97 GWB betont entsprechend die Grundsätze der Verhältnismäßigkeit, des Wettbewerbsgebots und der Transparenz bereits im ersten Absatz; § 97 Abs. 2 GWB verweist auf das Gleichbehandlungsgebot. 141

a) Verhältnismäßigkeit

Der in § 97 Abs. 1 S. 2 GWB erstmals ausdrücklich erwähnte Verhältnismäßigkeitsgrundsatz prägt seiner systematischen Stellung nach alle Schritte des Vergabeverfahrens. Im Zusammenwirken mit der Berücksichtigung strategischer Ziele nach § 97 Abs. 3 GWB kommt ihm maßgebliche Bedeutung bei der Bestimmung der erforderlichen Schranken dieser Option zu.[397] So betont § 122 Abs. 4 S. 1 GWB ausdrücklich, dass Eignungskriterien im angemessenen Verhältnis zum Auftragsgegenstand stehen müssen; dies erstreckt sich auch auf das Maß der geforderten Nachweise. Art. 36 Abs. 1 UAbs. 2 RL 2014/23/EU, Art. 42 Abs. 1 UAbs 2 RL 2014/24/EU und Art. 60 Abs. 1 UAbs. 2 RL 2014/25/EU verweisen explizit darauf, dass technische Spezifikationen zu Wert und Zielen des Auftragsgegenstandes verhältnismäßig sein müssen. 142

Im Rahmen der Einbindung **strategischer Aspekte** ist demnach stets zu prüfen, ob das geforderte Kriterium zur Erreichung des Zwecks geeignet, den Bietern zumutbar und verhältnismäßig im engeren Sinne ist. Fordert der Auftraggeber etwa zur Vermeidung einer Infiltration mit Inhalten der „Technologie von L. Ron Hubbard" eine Erklärung, dass diese Methoden bei der Auftragsausführung keine Anwendung finden, erscheint dies im Rahmen eines Auftrags zur Ausstattung mit IT-Geräten weder geeignet noch zumutbar, im Rahmen eines auf Beratung oder Schulungsleistungen gerichteten Auftrages dagegen durchaus.[398] Mindestlohnklauseln innerhalb der Landesvergabegesetze dürfte es nach Inkrafttreten des bundesweiten Mindestlohngesetzes – unabhängig von Kompetenzfragen – an der Erforderlichkeit fehlen.[399] Soweit der EuGH zudem Mindestlohnklauseln und Tariftreueerklärungen in Landesvergabegesetzen in früheren Entscheidungen als nicht geeignetes Mittel eingestuft hat, da das mit ihnen verfolgte Ziel des Arbeitnehmerschutzes nicht erreicht werden könne, sofern derartige Klauseln nur Arbeitnehmer innerhalb öffentlicher Aufträge, nicht jedoch der privaten Wirtschaft erfassten,[400] hält er daran allerdings offensichtlich nicht mehr fest. Der Vorbildfunktion des öffentlichen Auftraggebers entsprechend sowie gemäß den Regelungen im Rahmen der Vergabemodernisierungsrichtlinien sind demnach – so jüngst der EuGH – auch allein im Rahmen öffentlicher Aufträge anwendbare Regelungen geeignet, das Ziel des Arbeitnehmerschutzes zu fördern.[401] 143

Die Verhältnismäßigkeitsprüfung erlaubt es auch, bei Konflikten der Einbindung strategischer Aspekte in ein Vergabeverfahren mit **anderen Zielen des Vergaberechts** zu einem Ausgleich zu gelangen.[402] Eine technische Spezifikation etwa, die auf einen lückenlosen Nachweis der Lieferkette hinsichtlich fair gehandelter Materialien gerichtet ist, dürfte für kleinere und mittlere Unternehmen mit erheblichem Mehraufwand verbunden sein. Eine Abwägung zwi- 144

---

396 Erwägungsgrund 3 RL 2014/23/EU; Erwägungsgrund 1 RL 2014/24/EU; Erwägungsgrund 2 RL 2014/25/EU.

397 *Wiedemann*, in: Kulartz/Kus/Portz/Prieß, GWB-Vergaberecht, § 97 Rn. 108; *Kühnast*, in: Säcker/Ganske/Knauff, Wettbewerbsrecht, § 97 GWB Rn. 104; *Burgi*, Vergaberecht, § 7 Rn. 16; *Krönke*, VergabeR 2017, 101 (103 f.); *Willenbruch*, VergabeR 2015, 322 (324).

398 *Roth/Erben*, NZBau 2013, 409 (413).

399 So jedenfalls mittelbar EuGH, Urteil v. 17.11.2015 – Rs. C-115/14 (RegioPost), Rn. 62.

400 EuGH, Urteil v. 18.9.2014 – Rs. C-549/13 (Bundesdruckerei), Rn. 32.

401 EuGH, Urteil v. 17.11.2015 – Rs. C-115/14 (RegioPost), Rn. 71 ff.

402 Erwägungsgrund 4 RL 2014/23/EU; Erwägungsgrund 1 RL 2014/24/EU; Erwägungsgrund 2 RL 2014/25/EU.

schen den erhofften Vorteilen mit dem Nachteil möglicher mittelstandsunfreundlicher Auswirkungen könnte dazu führen, dass erst ab einem bestimmten Leistungs-/Umsatzvolumen derart umfangreiche Nachweisketten als angemessen anzusehen sind.

b) Wirksamer Wettbewerb

145 Zu berücksichtigen ist zudem der allgemeine Wettbewerbsgrundsatz gemäß § 97 Abs. 1 S. 2 GWB.[403]

146 § 127 Abs. 4 S. 1 GWB fordert ausdrücklich, die nach § 97 Abs. 3 GWB aufgestellten Merkmale so festzulegen, dass weiterhin die Möglichkeit eines wirksamen Wettbewerbs gewährleistet wird. Der **Zuschlag** muss auf der Grundlage objektiver Kriterien im effektiven Wettbewerb erteilt werden.[404]

147 Für die Formulierung **technischer Spezifikationen** normieren dies die Richtlinien bereits ausdrücklich in Art. 36 Abs. 2 RL 2014/23/EU, Art. 42 Abs. 2 RL 2014/24/EU und Art. 60 Abs. 2 RL 2014/25/EU. In der Praxis bedeutet dies insbesondere, dass nicht durch spezielle produkt- oder produktionsspezifische Anforderungen nur noch ein denkbarer Bieter den Zuschlag erhalten kann. Nationale Umsetzung findet dieser Grundsatz im Gebot der produktneutralen Ausschreibung gemäß § 31 Abs. 6 VgV, § 28 Abs. 4 SektVO, § 15 Abs. 8 VSVgV, § 7 EU Abs. 2 und § 7 VS Abs. 2 VOB/A.

c) Transparenz

148 Zu beachten ist zudem der Grundsatz der Transparenz gemäß § 97 Abs. 1 S. 1 GWB.[405] Dieser hat in mehrfacher Weise Auswirkungen auf die Möglichkeiten, strategische Aspekte i.S.d. § 97 Abs. 3 GWB im Vergabeverfahren zu berücksichtigen:

149 Der Grundsatz der Transparenz erfordert es, allen Bietern in gleicher Weise **Zugang zu den Informationen**, die sich auf die Einbindung strategischer Aspekte beziehen, zu gewähren.[406] Entsprechend sind die Leistungsbeschreibung gemäß § 121 Abs. 3 GWB, Eignungskriterien gemäß § 123 Abs. 4 S. 2 GWB, Zuschlagskriterien gemäß § 127 Abs. 5 GWB und besondere Bedingungen für die Auftragsausführungen nach § 128 Abs. 2 S. 2 GWB in der Auftragsbekanntmachung[407] oder den Vergabeunterlagen bekannt zu machen. Sie sind zudem umfassend und verständlich zu umschreiben.

150 Zur Transparenz gehört auch der Grundsatz der **Rückverfolgbarkeit**[408] und einer möglichen **Überprüfbarkeit** der geforderten strategischen Kriterien. Umweltbezogene, soziale oder sonstige spezifische Merkmale eines Beschaffungsverfahrens dürfen nur auf der Grundlage objektiv überprüfbarer Kriterien und unter Anwendung eines Verfahrens, in dem sich die Akteure beteiligen können, definiert und angenommen werden. Ausdrücklich fordert dies § 127 Abs. 4 S. 1 GWB für die Zuschlagsentscheidung;[409] dies gilt jedoch auch für die Leistungsbeschreibung und die Eignungskriterien.[410] Zulässig bleiben jedoch Kriterien, bei deren Anwendung ein der Nachprüfung nur begrenzt zugänglicher Beurteilungsspielraum verbleibt.[411]

---

403 Auch *Wiedemann*, in: Kulartz/Kus/Portz/Prieß, GWB-Vergaberecht, § 97 Rn. 108; *Kühnast*, in: Säcker/Ganske/Knauff, Wettbewerbsrecht, § 97 GWB Rn. 105.

404 Erwägungsgrund 67 RL 2014/23/EU; Erwägungsgrund 90 RL 2014/24/EU; Erwägungsgrund 95 RL 2014/25/EU.

405 Vgl. auch Erwägungsgrund 73 RL 2014/23/EU; Erwägungsgründe 1 und 90 RL 2014/24/EU; Erwägungsgründe 2 und 95 RL 2014/25/EU; zuvor bereits EuGH, Urteil v. 10.5.2012 – Rs. C-368/10 (Max Havelaar), Rn. 62; Urteil v. 4.12.2003 – Rs. C-448/01 (Wienstrom), Rn. 38; Urteil v. 17.9.2002 – Rs. C-513/99 (Concordia), Rn. 62 und 64. Hierzu auch: *Kühnast*, in: Säcker/Ganske/Knauff, Wettbewerbsrecht, § 97 GWB Rn. 106.

406 Schon zuvor EuGH, Urteil v. 10.5.2012 – Rs. C-168/10 (Kommission/Niederlande), Rn. 87, 88.

407 Bzw. der Vorinformation gemäß Art. 48 RL 2014/24/EU oder Aufforderung zur Interessenbestätigung; ausdrücklich hierzu auch Erwägungsgrund 104 RL 2014/24/EU im Zusammenhang mit den Ausführungsbedingungen.

408 Erwägungsgründe 67 und 68 RL 2014/23/EU; Erwägungsgründe 75 und 126 RL 2014/24/EU; Erwägungsgrund 95 RL 2014/25/EU.

409 Hierzu schon EuGH, Urteil v. 4.12.2003 – Rs. C-448/01 (Wienstrom), Rn. 33; *Diemon-Wies/Graiche*, NZBau 2009, 409 (413).

410 Zur alten Rechtslage bereits *Diemon-Wies/Graiche*, NZBau 2009, 409 (413).

411 Schon OLG München, Beschluss v. 2.11.2012 – Verg 26/12.

Ob **nach** der **Zuschlagserteilung** die gestellten besonderen Ausführungsbedingungen bei der Vertragsdurchführung tatsächlich eingehalten werden, richtet sich dagegen nicht mehr nach dem GWB-Vergaberecht, sondern allgemein zivilrechtlichem Vertragsrecht.[412] **151**

d) Einhaltung der europarechtlichen Grundfreiheiten

Die Kriterien im Sinne von § 97 Abs. 3 GWB dürfen schließlich nicht zu einer Beschränkung der europäischen Grundfreiheiten führen.[413] Zu achten sind insbesondere die Grundsätze des freien Warenverkehrs, der Niederlassungs- und der Dienstleistungsfreiheit sowie der Nichtdiskriminierung.[414] **152**

Wirtschaftsteilnehmer aus anderen Mitgliedstaaten oder aus Drittstaaten, die Partei des GPA oder der Freihandelsübereinkommen sind, denen die Union angehört, dürfen nicht unmittelbar oder mittelbar entgegen Art. 18 AEUV diskriminiert werden.[415] Eine unmittelbar an die Staatsangehörigkeit anknüpfende **Diskriminierung** dürfte selten sein; denkbar wäre sie am ehesten bei der Bevorzugung ortsansässiger oder regional verwurzelter Unternehmen.[416] Als versteckte Diskriminierung wäre etwa eine auf soziale Aspekte gestützte Anforderung unzulässig, wonach ein festgelegter Prozentsatz der ausgeschriebenen Arbeiten von Unternehmen mit Sitz im Inland zu erbringen ist.[417] **153**

Zu berücksichtigen ist zudem das Verbot der Beschränkung der **Niederlassungs- und Dienstleistungsfreiheit** gemäß Art. 49, 56 AEUV. Grundsätzlich ist jede Anwendung nationaler Regelungen, die – wie im Fall der Einbindung strategischer Aspekte – zusätzliche administrative und wirtschaftliche Kosten und Belastungen verursacht, geeignet, Dienstleistungen von in anderen Mitgliedstaaten ansässigen Personen oder Unternehmen zu unterbinden, zu behindern oder weniger attraktiv zu machen;[418] der Niedriglohnvorteil anderer Mitgliedstaaten kann durch derartige Klauseln eliminiert werden.[419] Der EuGH hat deshalb bereits wiederholt die in zahlreichen Landesvergabegesetzen enthaltenen Regelungen zum Mindestlohn bzw. zur Tariftreue unter dem Gesichtspunkt ihrer Vereinbarkeit mit der Dienstleistungsfreiheit überprüft.[420] Maßstab ist dabei insbesondere, ob eine derartige Maßnahme durch die Ziele des Arbeitnehmerschutzes – unter Einhaltung der Vorgaben der Arbeitnehmerentsenderichtlinie – gerechtfertigt und verhältnismäßig ist.[421] **154**

e) Beihilfeverbot

Zu prüfen ist zudem, ob die Berücksichtigung der strategischen Aspekte im Einzelfall mit einer Begünstigung entgegen dem in Art. 107 AEUV verankertem Beihilfeverbot verbunden ist.[422] **155**

Der EuGH fasst unter **Beihilfen** alle staatlichen *„Maßnahmen, die in verschiedener Form Belastungen vermindern, welche ein Unternehmen normalerweise zu tragen hat"*.[423] Bedeutung **156**

---

412 *Fehling*, in: Pünder/Schellenberg, Vergaberecht, § 97 GWB Rn. 161; *Ziekow*, in: Ziekow/Völlink, Vergaberecht, § 97 GWB Rn. 149; a.A. *Diemon-Wies/Graiche*, NZBau 2009, 409 (413).

413 Erwägungsgrund 55 RL 2014/23/EU; Erwägungsgrund 1 RL 2014/24/EU; Erwägungsgrund 52 RL 2014/25/EU; vgl. auch *Kühnast*, in: Säcker/Ganske/Knauff, Wettbewerbsrecht, § 97 GWB Rn. 101.

414 Art. 3 Abs. 1 RL 2014/23/EU; Art. 18 Abs. 1 RL 2014/24/EU; Art. 36 Abs. 1 RL 2014/25/EU; zuvor schon EuGH, Urteil v. 10.5.2012 – Rs. C-368/10 (Max Havelaar), Rn. 56; Urteil v. 17.9.2002 – Rs. C-513/99 (Concordia), Rn. 64.

415 Erwägungsgründe 66 und 73 RL 2014/23/EU; Erwägungsgrund 98 RL 2014/24/EU; Erwägungsgrund 95 RL 2014/25/EU; vor der Reform schon EuGH, Urteil v. 10.5.2012 – Rs. C-368/10 (Max Havelaar), Rn. 95; *Fehling*, in: Pünder/Schellenberg, Vergaberecht, § 97 GWB Rn. 102 ff.; *Wiedemann*, in: Kulartz/Kus/Portz/Prieß, GWB-Vergaberecht, § 97 Rn. 108; *Latzel*, NZBau 2014, 673 (674).

416 *Ziekow*, in: Ziekow/Völlink, Vergaberecht, § 97 GWB Rn. 13.

417 EuGH, Urteil v. 3.6.1992 – Rs. C-360/89 (Kommission/Italien), Rn. 11; OLG Düsseldorf, Beschluss v. 25.6.2014 – VII-Verg 38/13 zur Anforderung verbindlicher Lieferzusagen im Fall des Einsatzes von Reimporten.

418 EuGH, Urteil v. 24.1.2002 – Rs. C-164/99 (Portugaia Construções), Rn. 18.

419 EuGH, Urteil v. 17.11.2015 – Rs. C-115/14 (RegioPost), Rn. 69; Urteil v. 18.9.2014 – Rs. C-549/13 (Bundesdruckerei), Rn. 30; Urteil v. 3.4.2008 – Rs. C-306/06 (Rüffert), Rn. 37; näher hierzu *Latzel*, NZBau 2014, 673 (674).

420 EuGH, Urteil v. 17.11.2015 – Rs. C-115/14 (RegioPost); Urteil v. 18.9.2014 – Rs. C-549/13 (Bundesdruckerei); Urteil v. 3.4.2008 – Rs. C-306/06 (Rüffert).

421 EuGH, Urteil v. 17.11.2015 – Rs. C-115/14 (RegioPost), Rn. 70.

422 *Kau*, in: Byok/Jaeger, Vergaberecht, § 97 GWB Rn. 106; *Fehling*, in: Pünder/Schellenberg, Vergaberecht, § 97 GWB Rn. 108; *Dippel/Zeiss*, NZBau 2002, 376; *Jennert*, NZBau 2003, 417.

423 EuGH, Urteil v. 23.2.1961 – Rs. 30/59 (De Gezamenlijke Steenkolenmijnen), Rn. 42.

erlangt demnach, ob es an einer äquivalenten Gegenleistung fehlt, d.h. ein Unternehmen eine wirtschaftliche Vergünstigung erhält, die es unter normalen Marktbedingungen nicht erhalten hätte.[424] Bedenken begegnet dabei die Ansicht, dass jede Beachtung von politischen und sozialen Sekundärzwecken in Höhe der Differenz zu einem Angebot, welches derartige Aspekte nicht berücksichtigt, eine derartige wirtschaftliche Begünstigung beinhaltet.[425]

157 Eine **Begünstigung** im Sinne von Art. 107 Abs. 1 AEUV dürfte nur vorliegen, wenn es sich um eine marktunübliche Zahlung handelt.[426] Verursacht die zu beschaffende Leistung unter Berücksichtigung der strategischen Aspekte eine Mehrvergütung, ist demnach zu prüfen, ob und wieweit es sich um einen finanziellen Ausgleich für die durch die Erfüllung der auferlegten Pflichten entstandenen Mehrkosten handelt.[427] Gemäß Art. 107 Abs. 3 lit. b AEUV ist zudem eine Vergünstigung jedenfalls dann als mit dem Binnenmarkt vereinbar anzusehen, wenn sie der Förderung wichtiger Vorhaben von gemeinsamem europäischem Interesse dient. Hierzu dürften gemäß den Erwägungen der Vergabemodernisierungsrichtlinien die zur Forcierung der Strategie 2020 in ein Vergabeverfahren integrierten Vorgaben zur Berücksichtigung strategischer Aspekte zählen.

f) Verfassungsrechtliche Grenzen

158 Die Zulässigkeit der Einbindung strategischer Aspekte kann schließlich am Gleichbehandlungsgebot gemäß Art. 3 GG, § 97 Abs. 2 GWB sowie am Maßstab der Glaubens- und Religionsfreiheit nach Art. 4 Abs. 1 GG[428] sowie der über Art. 9 GG geschützte Vereinigungsfreiheit – insbesondere im Zusammenhang mit den Tariftreueerklärungen – zu prüfen sein.[429]

IV. Rechtsschutz

159 § 97 Abs. 3 GWB kommt kein unternehmensschützender Charakter i.S.d. § 97 Abs. 6 GWB zu.[430] Die Vorschrift verweist lediglich allgemein auf die Maßgeblichkeit der Berücksichtigung der strategischen Aspekte in Teil 4 GWB; sie enthält indes keine eigenständigen im Interesse der Unternehmen formulierten Regelungen. Der Rechtsschutz im Zusammenhang mit der Implementierung strategischer Zielsetzungen in ein konkretes Vergabeverfahren richtet sich nach dem jeweiligen Anknüpfungspunkt der Einbindung strategischer Aspekte; insbesondere der Leistungsbeschreibung, der Formulierung der Eignungs- und Zuschlagskriterien sowie besonderer Ausführungsbestimmungen.

D. Mittelstandsschutz (Abs. 4)

I. Allgemeines

160 Nach § 97 Abs. 4 GWB sind mittelständische Interessen bei der Vergabe von öffentlichen Aufträgen vornehmlich zu berücksichtigen. § 97 Abs. 4 S. 1 GWB enthält die sog. Mittelstandsklausel, wonach mittelständische Interessen vornehmlich zu berücksichtigen sind. § 97 Abs. 4 S. 2 bis 4 GWB konkretisiert dies auf das Gebot der losweisen Unterteilung von öffentlichen Aufträgen.

424 EuGH, Urteil v. 26.9.1999 – Rs. C-256/97 (Demenagements-Manutention Transport SA), Rn. 19.
425 So *Dippel/Zeiss*, NZBau 2002, 376 (377 ff.).
426 *Opitz*, in: Burgi/Dreher/Opitz, Vergaberecht, § 97 Abs. 3 GWB Rn. 23.
427 *Jennert*, NZBau 2003, 417 (419).
428 Siehe für Sektenfilter Rn. 84.
429 Zur Vereinbarkeit von § 1 Abs. 1 S. 2 Berliner Vergabegesetz 1999 mit Art. 9 Abs. 3 GG siehe BVerfG, Beschluss v. 11.7.2006 – 1 BvL 4/00; Vorlage zu Art. 9 Abs. 3 GG vom VG Düsseldorf, Beschluss v. 27.8.2015 – 6 K 2793/13 zum VerfGH NRW (Beschluss v. 21.6.2016 – VerfGH NRW 10/15).
430 Auch *Kühnast*, in: Säcker/Ganske/Knauff, Wettbewerbsrecht, § 97 GWB Rn. 99.

1. Anwendungsbereich

§ 97 Abs. 4 S. 1 GWB ist ausweislich seines Wortlauts („Vergabe öffentlicher Aufträge") ausschließlich auf die Vergabe von **öffentlichen Aufträgen** im Sinne von § 103 Abs. 1 GWB anzuwenden. Nach § 103 Abs. 1 GWB sind öffentliche Aufträge entgeltliche Verträge zwischen öffentlichen Auftraggebern oder Sektorenauftraggebern und Unternehmen über die Beschaffung von Leistungen, welche die Lieferung von Waren, die Ausführung von Bauleistungen oder die Erbringung von Dienstleistungen zum Gegenstand haben. Da auch verteidigungs- oder sicherheitsspezifische öffentliche Aufträge nach § 104 Abs. 1 GWB als öffentliche Aufträge im Sinne von § 103 Abs. 1 GWB anzusehen sind, werden auch sie von § 97 Abs. 4 GWB erfasst. Entsprechendes gilt für öffentliche Aufträge über soziale und andere besondere Dienstleistungen nach § 130 GWB und über Personenverkehrsleistungen im Eisenbahnverkehr nach § 131 GWB. Über § 103 Abs. 5 S. 2 GWB gilt die Regelung auch für den Abschluss von Rahmenvereinbarungen. **161**

Der Anwendungsbereich des § 97 Abs. 4 S. 1 GWB markiert auch den Anwendungsbereich von **§ 97 Abs. 4 S. 2 bis 4 GWB**. Ausdrücklich ist dies den Regelungen nicht zu entnehmen, folgt aber aus der inneren Systematik des § 97 Abs. 4 GWB. § 97 Abs. 4 S. 1 GWB bestimmt das Regelungsziel von § 97 Abs. 4 GWB und erfüllt daher eine Klammerwirkung für § 97 Abs. 4 S. 2 bis 4 GWB. **162**

Konzessionen nach § 105 GWB sind demgegenüber keine öffentlichen Aufträge. Im Umkehrschluss ergibt sich hieraus, dass die Vergabe von Konzessionen nicht den Vorgaben des § 97 Abs. 4 GWB unterliegt.[431] Konzessionsgeber sind gleichwohl nicht daran gehindert, eine Konzession in Lose zu unterteilen. Zwar fehlt es an einer ausdrücklichen Regelung zur Zulässigkeit der losweisen Unterteilung bei der Konzessionsvergabe. Der Zuschnitt des Konzessionsgegenstands unterliegt jedoch dem Bestimmungsrecht des Konzessionsgebers, der daher auch über eine Unterteilung der Konzession entscheiden kann. Zudem ergibt sich die Zulässigkeit der losweisen Unterteilung implizit aus § 2 Abs. 6 KonzVgV bzw. Art. 8 Abs. 5 und 6 RL 2014/23/EU. **163**

2. Historie

Die ursprüngliche Fassung von § 97 Abs. 4 GWB ist mit dem **VgRÄG** in § 97 Abs. 3 GWB a.F. eingeführt worden. Sie verlangte lediglich, dass „mittelständische Interessen [...] vornehmlich durch Teilung der Aufträge in Fach- und Teillose angemessen zu berücksichtigen" sind. Diese Fassung war im Regierungsentwurf[432] zunächst nicht vorgesehen, sondern ist erst auf Beschlussempfehlung des Ausschusses für Wirtschaft[433] in das Gesetzgebungsverfahren eingeführt worden.[434] In der Begründung[435] wird im Wesentlichen die Gesetzesfassung repetiert: *„Bei der Vergabe öffentlicher Aufträge sollen mittelständische Interessen angemessen berücksichtigt werden"*. **164**

Die Vorschrift ist durch das **VergRModG 2009** stark verändert worden. Der Gesetzgeber[436] konstatierte, dass mittelständische Unternehmen trotz der bisherigen Regelung die vielfach wenig mittelstandsgerechte Ausgestaltung der Auftragsvergaben beklagen würden. Die Bündelung von Nachfragemacht und Zusammenfassung teilbarer Leistungen seien zunehmende Praxis. Auch scheine die Zunahme elektronischer Beschaffungsformen diese Tendenz zu befördern. Gerade bei der öffentlichen Auftragsvergabe, die vielfach mit einer marktstarken Stellung eines Auftraggebers einhergehe, sei es im Interesse der vorwiegend mittelständisch strukturierten Wirtschaft geboten, auf mittelständische Interessen bei der Ausgestaltung der Vergabeverfahren *„besonders zu achten"*, um so die Nachteile der mittelständischen Wirt- **165**

---

431 Soweit im Folgenden daher von Auftraggebern gesprochen wird, sind damit lediglich öffentliche Auftraggeber nach § 99 GWB und Sektorenauftraggeber nach § 100 GWB gemeint.
432 Gesetzentwurf der Bundesregierung, VgRÄG, BR-Drs. 646/97.
433 Beschlussempfehlung und Bericht des Ausschusses für Wirtschaft, VgRÄG, BT-Drs. 13/10328, 4.
434 Siehe Gesetzesbeschluss des Deutschen Bundestages, VgRÄG, BR-Drs. 372/98, 1.
435 Beschlussempfehlung und Bericht des Ausschusses für Wirtschaft, VgRÄG, BT-Drs. 13/10328, 28.
436 Gesetzesbegründung zu § 97 Abs. 3 GWB a.F., VergRModG 2009, BT-Drs. 16/10117, 15.

schaft gerade bei der Vergabe großer Aufträge mit einem Volumen, das die Kapazitäten mittelständischer Unternehmen überfordern könnte, auszugleichen. Die Mittelstandsklausel des § 97 Abs. 3 GWB a.F. werde daher *„in ihrer Wirkung verstärkt. Dies soll dadurch verwirklicht werden, dass eine Losvergabe stattzufinden hat."* Das Gebot der Unterteilung von öffentlichen Aufträgen ist hierzu in einen eigenen Satz ausgegliedert (§ 97 Abs. 3 S. 2 GWB a.F.) und zu einer Verpflichtung verstärkt worden. In § 97 Abs. 3 S. 1 GWB a.F. ist die Vorgabe verblieben, dass mittelständische Interessen zu berücksichtigen sind. Diese waren indes nicht mehr „angemessen", wie es noch die Vorgängerregelung forderte, sondern nunmehr „vornehmlich" zu berücksichtigen. In § 97 Abs. 3 S. 3 GWB a.F. wurde ergänzend geregelt, dass die Zusammenvergabe von Losen zulässig ist, wenn wirtschaftliche oder technische Gründe dies erfordern. Ebenfalls neu aufgenommen wurde die Regelung in § 97 Abs. 3 S. 4 GWB a.F., wonach der Auftraggeber ein Unternehmen, das nicht öffentlicher Auftraggeber ist und mit der Wahrnehmung oder Durchführung einer öffentlichen Aufgabe wird, verpflichtet, nach den § 97 Abs. 3 S. 1 bis 3 GWB a.F. zu verfahren, sofern es Unteraufträge an Dritte vergibt. Der ursprüngliche Gesetzesentwurf sah diese Regelung nicht vor. Sie ist erst auf Beschlussempfehlung des Ausschusses für Wirtschaft und Technologie[437] in das Gesetzgebungsverfahren eingegangen, um die *„mittelstandsfreundliche Auftragsvergabe auch im Rahmen einer Öffentlich-Privaten-Zusammenarbeit sicherzustellen"*.[438]

166 Die Regelungen in § 97 Abs. 3 GWB a.F. wurden vom **VergRModG 2016** im Wesentlichen unverändert in § 97 Abs. 4 GWB übernommen.[439] Lediglich in § 97 Abs. 4 S. 4 GWB, der § 97 Abs. 3 S. 4 GWB a.F. entspricht, nennt der Gesetzgeber neben dem öffentlichen Auftraggeber nun auch den Sektorenauftraggeber. Sektorenauftraggeber waren aber auch von der Vorgängerregelung erfasst. Die ausdrückliche Erwähnung in § 97 Abs. 4 S. 3 GWB ist lediglich Folge der Terminologie des § 98 GWB, wonach zwischen öffentlichem Auftraggeber, Sektorenauftraggeber und Konzessionsgeber zu unterscheiden ist.

3. Unionsrechtlicher Hintergrund

167 Die Berücksichtigung mittelständischer Interessen und das Gebot der Aufteilung des öffentlichen Auftrags in Lose waren seit jeher Angelegenheiten des deutschen und weniger des europäischen Vergaberechts.

168 Die früher für das allgemeine Auftragsvergaberecht geltende **RL 2004/18/EG** enthält keine zentrale Regelung hierzu. Lediglich aus den Regelungen zur Schätzung des Auftragswerts in Art. 9 Abs. 5 RL 2004/18/EG ist abzuleiten, dass eine losweise Vergabe von Aufträgen unionsrechtlich auf Grundlage dieser Richtlinie zulässig ist. Ein Gebot der Berücksichtigung mittelständischer Interessen und der losweisen Unterteilung von öffentlichen Aufträgen ließ sich hieraus aber nicht schlussfolgern. Erwägungsgrund 32 RL 2004/18/EG sah lediglich vor, dass Bestimmungen über Unteraufträge vorgesehen werden sollten, um den Zugang von kleinen und mittleren Unternehmen zu öffentlichen Aufträgen zu fördern. Die Rechtslage der früher für das Sektorenvergaberecht maßgeblichen **RL 2004/17/EG** entspricht derjenigen der RL 2004/18/EG. Auch die RL 2004/17/EG enthält keine zentrale Regelung zur losweisen Unterteilung von öffentlichen Aufträgen, sondern setzt die Zulässigkeit einer solchen Unterteilung lediglich in Art. 17 Abs. 6 RL 2004/17/EG voraus. Auch nach diesem Richtlinienrecht bestand daher weder das Gebot der Berücksichtigung mittelständischer Interessen noch der losweisen Unterteilung von öffentlichen Aufträgen. Entsprechend zu Erwägungsgrund 32 RL 2004/18/EG sieht auch Erwägungsgrund 43 RL 2004/17/EG lediglich vor, dass es angebracht ist, Bestimmungen über Unteraufträge vorzusehen, um die Beteiligung von kleinen und mittleren Unternehmen an öffentlichen Aufträgen zu fördern.

---

437 Beschlussempfehlung und Bericht des Ausschusses für Wirtschaft, VergRModG 2009, BT-Drs. 16/11428, 6.

438 Beschlussempfehlung und Bericht des Ausschusses für Wirtschaft, VergRModG 2009, BT-Drs. 16/11428, 33.

439 Vgl. Gesetzesbegründung zu § 97 Abs. 4 GWB, VergRModG 2016, BT-Drs. 18/6281, 68, wonach die Regelung *„wortgleich"* der Vorgängerregelung in § 97 Abs. 3 GWB a.F. entspreche, was für § 97 Abs. 4 S. 3 GWB allerdings nicht zutrifft.

169 Die nach wie vor geltende **RL 2009/81/EG** zur Vergabe von öffentlichen Aufträgen in den Bereichen Verteidigung und Sicherheit entspricht insoweit dem Recht der Richtlinien 2004/17/EG und 2004/18/EG. Eine zentrale Regelung über die losweise Unterteilung von öffentlichen Aufträgen ist auch in dieser Richtlinie nicht zu finden. Lediglich den Regelungen zur Schätzung des Auftragswerts in Art. 9 Abs. 5 RL 2009/81/EG ist zu entnehmen, dass die Richtlinie von der Zulässigkeit der losweisen Unterteilung von öffentlichen Aufträgen ausgeht. Ein Gebot der Berücksichtigung mittelständischer Interessen und der losweisen Unterteilung von öffentlichen Aufträgen ist hieraus indes nicht abzuleiten. Der deutsche Gesetzgeber geht daher mit den Regelungen in § 97 Abs. 4 GWB über die unionsrechtlichen Vorgaben hinaus. Diese Regelungen stehen mit den unionsrechtlichen Vorgaben nicht im Widerspruch, da sie zu einem breiteren Wettbewerb beitragen.

170 Die gültige **RL 2014/24/EU** enthält eine zentrale Regelung zur „Unterteilung von Aufträgen in Lose" in Art. 46 RL 2014/24/EU. Diese Vorschrift sieht in Unterabsatz 1 von Absatz 1 vor, dass die öffentlichen Auftraggeber einen Auftrag in Form mehrerer Lose vergeben sowie Größe und Gegenstand der Lose bestimmen können. Nach dem Wortlaut dieser Regelung („können") steht die Entscheidung über die losweise Unterteilung im Ermessen des öffentlichen Auftraggebers.[440] Die RL 2014/24/EU verlangt indes in Art. 46 Abs. 1 UAbs. 2 RL 2014/24/EU eine Begründung für den Fall, dass der öffentliche Auftraggeber den öffentlichen Auftrag nicht in Lose unterteilt, und statuiert damit implizit ein Regel-Ausnahme-Verhältnis.[441] Es sind dann die „wichtigsten Gründe" in den Auftragsunterlagen oder dem Vergabevermerk anzugeben. Nach Art. 46 Abs. 4 S. 1 RL 2014/24/EU können die Mitgliedstaaten der Europäischen Union diese Vorgabe dadurch umsetzen, indem sie die Vergabe von Aufträgen in Form von getrennten Losen unter Bedingungen vorschreiben, die gemäß ihren nationalen Rechtsvorschriften und unter Beachtung des Unionsrechts zu bestimmen sind. Von diesem Spielraum hat der deutsche Gesetzgeber durch die Regelungen in § 97 Abs. 4 S. 2 und 3 GWB Gebrauch gemacht.[442] Ein allgemeines Gebot der Berücksichtigung mittelständischer Interessen, wie es in § 97 Abs. 4 S. 1 GWB geregelt ist, hat indes keine Grundlage in der RL 2014/24/EU.

171 Die Rechtslage nach der **RL 2014/25/EU** stellt sich weitgehend entsprechend zu derjenigen nach der RL 2014/24/EU dar, die mit Art. 65 RL 2014/25/EU ebenfalls eine zentrale Regelung zur „Unterteilung von Aufträgen in Losen" enthält. In Entsprechung zu Art. 46 Abs. 1 UAbs. 1 RL 2014/24/EU können Sektorenauftraggeber nach Art. 65 Abs. 1 UAbs. 1 RL 2014/25/EU beschließen, einen Auftrag in Form mehrerer Lose zu vergeben, und Größe und Gegenstand der Lose bestimmen. Ausweislich des Wortlauts („können") wird auch dem Sektorenauftraggeber ein Ermessensspielraum hierüber eingeräumt. Anders als nach Art. 46 Abs. 1 UAbs. 2 RL 2014/24/EU gibt Art. 65 RL 2014/25/EU dem Sektorenauftraggeber keine Begründungspflicht dafür auf, dass er auf die losweise Unterteilung des öffentlichen Auftrags verzichtet. Allerdings räumt Art. 65 Abs. 4 S. 1 RL 2014/25/EU die Möglichkeit ein, im nationalen Recht einen strengeren Maßstab aufzustellen und die Vergabe von Aufträgen in Form von getrennten Losen unter Bedingungen vorzuschreiben, „die gemäß ihren nationalen Rechtsvorschriften und unter Achtung des Unionsrechts anzugeben sind." Während Art. 46 Abs. 4 S. 1 RL 2014/24/EU davon spricht, die Bedingungen im Einklang mit den nationalen Rechtsvorschriften und unter Beachtung des Unionsrechts zu „bestimmen", verlangt Art. 65 Abs. 4 S. 1 RL 2014/25/EU, die Bedingungen „anzugeben". Hierbei handelt es sich jedoch um ein redaktionelles Versehen, wie der englischen und französischen Sprachfassung zu entnehmen ist, die in beiden Richtlinien nahezu gleichlautend sind („specified", „définir" bzw. „définies"). Von dem in Art. 65 Abs. 4 S. 1 GWB eingeräumten Spielraum hat der deutsche Gesetzgeber durch die Regelungen in § 97 Abs. 4 S. 2 und 3 GWB Gebrauch gemacht. Ein allgemeines Gebot der Berücksichtigung mittelständischer Interessen, wie es in § 97 Abs. 4 S. 1 GWB geregelt ist, hat indes keine Grundlage in der RL 2014/25/EU.

---

440 So auch *Jaeger*, NZBau 2014, 259 (265).
441 Vgl. VK Bund, Beschluss v. 29.1.2018 – VK 2-138/17.
442 Vgl. Gesetzesbegründung zu § 97 Abs. 4 GWB, VergRModG 2016, BT-Drs. 18/6281, 68.

172 Die **RL 2014/23/EU** enthält keine zentrale Regelung über die Unterteilung von Konzessionen in Lose. Aus einzelnen Regelungen dieser Richtlinie ist jedoch abzuleiten, dass dies auch nach diesem Richtlinienrecht zulässig ist, vgl. Art. 8 Abs. 5 und 6 RL 2014/23/EU. Ein Gebot der Berücksichtigung mittelständischer Interessen und der losweisen Unterteilung von Konzessionen lässt sich hieraus aber nicht schlussfolgern.

II. Mittelstandsklausel (S. 1)

173 § 97 Abs. 4 S. 1 GWB enthält die sog. Mittelstandsklausel. Danach sind mittelständische Interessen vornehmlich zu berücksichtigen.

1. Regelungsgehalt

174 Nach zutreffender Rechtsprechung[443] geht der Regelungsgehalt der Vorschrift nicht über den eines Programmsatzes hinaus, der mit dem Gebot der losweisen Unterteilung von öffentlichen Aufträgen nach § 97 Abs. 4 S. 2 GWB eine konkrete Bedeutung erhält und bei der Auslegung dieser Bestimmung zu berücksichtigen ist.[444] Dies war in der ursprünglichen Fassung der Regelung nach dem VgRÄG noch anders gelegen.[445] Diese Regelung war dahingehend formuliert, dass die Berücksichtigung mittelständischer Interessen vornehmlich durch die Unterteilung des öffentlichen Auftrags in Lose zu erfolgen hat. Damit enthielt die Regelung eine konkrete Handlungsanweisung. Mit dem VergRModG 2009 wurde diese Handlungsanweisung jedoch aus der Mittelstandsklausel extrahiert und eigenständig in § 97 Abs. 3 S. 2 und 3 GWB a.F. geregelt, welcher der Regelung in § 97 Abs. 4 S. 2 und 3 GWB entspricht. Ein eigenständiger Rechtsgehalt ist der Regelung in § 97 Abs. 4 S. 1 GWB nicht verblieben. Die Berücksichtigung von mittelständischen Interessen geht über das Gebot der losweisen Unterteilung von öffentlichen Aufträgen in den Grundsätzen des Wettbewerbs und der Verhältnismäßigkeit nach § 97 Abs. 1 GWB auf. Da der Wettbewerbsgrundsatz einen möglichst umfangreichen Wettbewerb ermöglichen will, sind solche Verfahrensanforderungen, die mittelständischen Unternehmen den Zugang zum Vergabeverfahren bzw. die erfolgreiche Beteiligung am Vergabeverfahren verwehren oder erschweren, an diesem Grundsatz und unter Berücksichtigung der Verhältnismäßigkeit zu messen. Sofern von der Gegenansicht[446] etwa angenommen wird, mittelständische Interessen seien auf Grundlage der Mittelstandsklausel bei der Aufstellung der Eignungskriterien zu berücksichtigen, so wird übersehen, dass solche Kriterien – nach den Grundsätzen des Wettbewerbs und der Verhältnismäßigkeit, aber auch explizit nach § 122 Abs. 4 S. 1 GWB – ohnehin zu dem Auftragsgegenstand in einem angemessenen Verhältnis stehen müssen und daher keine Unternehmen, insbesondere nicht mittelständische Unternehmen aufgrund zu hoher Eignungshürden von der Teilnahme am Vergabeverfahren ausschließen dürfen, ohne dass dies im Hinblick auf die Anforderungen des Auftragsgegenstands zu rechtfertigen wäre. Der nach Grundsätzen des Wettbewerbs und Verhältnismäßigkeit rechtmäßige Ausschluss mittelständischer Unternehmen vom Vergabeverfahren kann durch den Grundsatz der Berücksichtigung mittelständischer Interessen nicht in Frage gestellt werden. Letztlich geben auch die Gesetzesmaterialien und die bisherige Rechtsprechung keinen Anhaltspunkt dafür, dass der Regelung eine materielle Bedeutung zukommt. Nach der Rechtsprechung des OLG Düsseldorf[447] genügt vielmehr im Ausgangspunkt die Berücksichtigung des Gebots der losweisen Unterteilung von öffentlichen Aufträgen nach § 97 Abs. 4 S. 1 GWB, um mittelständischen Interessen hinreichend Rechnung zu tragen.

---

443 VK Bund, Beschluss v. 17.8.2015 – VK 2-35/15. Differenzierend noch VK Bund, Beschluss v. 20.4.2009 – VK 2-36/09, wonach die Regelung nicht lediglich einen Programmsatz enthalte, sich aber in dem Gebot der Aufteilung des öffentlichen Auftrags in Lose erschöpfe. A.A. für die Qualität eines Rechtssatzes OLG Düsseldorf, Beschluss v. 24.11.2011 – VII-Verg 62/11.

444 Siehe auch *Kus*, NZBau 2009, 21 f.; a.A. *Knauff*, in: Säcker/Ganske/Knauff, Wettbewerbsrecht, § 97 GWB Rn. 220; *Michallik*, VergabeR 2011, 683 (690); *Ortner*, VergabeR, 2011, 677 (679).

445 Vgl. VK Sachsen-Anhalt, Beschluss v. 24.2.2000 – VK Hal 02/00.

446 Siehe beispielsweise *Michallik*, VergabeR 2011, 683 (690); *Ortner*, VergabeR 2011, 677 (679).

447 OLG Düsseldorf, Beschluss v. 28.3.2018 – VII-Verg 54/17.

2. Begriff der mittelständischen Interessen

175 Eine Definition des Begriffs der **mittelständischen Interessen** ist weder § 97 Abs. 4 GWB noch sonstigen vergaberechtlichen Bestimmungen zu entnehmen.[448] Aus den Gesetzesmaterialen[449] ist immerhin zu schließen, dass es mittelständische Unternehmen sind, die Träger dieser Interessen sind, und dass diese Interessen darauf gerichtet sind, sich ohne Nachteile an der Vergabe großer Aufträge beteiligen zu können. Interessenverbände sind als geschützte Interessenträger folglich nicht erfasst, da das Kartellvergaberecht nur die Interessenbeziehung zwischen dem Auftraggeber und den Unternehmen reguliert.[450]

176 Um dem gesetzlichen Auftrag zur Berücksichtigung dieser Interessen nachzukommen, müssen dem Rechtsanwender die Eigenschaften dieser **mittelständischen Unternehmen** bekannt sein. Hierzu schweigt sich das Gesetz indes aus. Eine einheitliche begriffliche Festlegung des mittelständischen Unternehmens existiert nicht. Eine höchstrichterliche Festlegung ist bislang nicht erfolgt.[451] Teilweise[452] wird nur von *„kleineren"* Unternehmen gesprochen. Aus gesetzessystematischen Gründen ist es vorzugswürdig, auf den Begriff der kleinen und mittleren Unternehmen (sog. KMU) im Sinne des § 3 Nr. 2 GWB zurückzugreifen.[453]

177 Anhand welcher **Kriterien** der Maßstab eines mittelständischen Unternehmens zu bestimmen ist, wird gesetzlich nicht vorgegeben. Einigkeit herrscht dahingehend, dass wirtschaftliche Kennzahlen von Bedeutung sind. Im Einzelnen sind die Maßstäbe indes nicht einheitlich. Teilweise[454] wird auf *„die Größe hinsichtlich Umsatz, Beschäftigten, Finanzkraft und [weitere] Merkmale"* abgestellt. Die herrschende Rechtsprechung[455] rekurriert – unter Bezugnahme auf die Empfehlung 2003/361/EG der Europäischen Kommission – maßgeblich auf die Mitarbeiterzahl und den Umsatz oder die Bilanzsumme der Unternehmen. Die Europäische Kommission hat in Erwägungsgrund 4 der Empfehlung 2003/361/EG betont, dass das Kriterium der Mitarbeiterzahl *„mit Sicherheit eines der aussagekräftigsten [ist] und [daher] als Hauptkriterium festgeschrieben werden"* müsse. Demgegenüber hat das OLG Karlsruhe[456] die Anzahl der Mitarbeiter jedenfalls in einem Verfahren über die Vergabe von Reinigungsleistungen *„keine tragende Rolle"* zugesprochen, *„da diese jeweils für den gewonnenen Auftrag eingestellt werden"*. Im Schrifttum[457] werden auch Kriterien wie Produktions- und Forschungskapazitäten, Wertschöpfungstiefe, Eigenkapital und besondere Kundenbeziehung angeführt.

178 Unterschieden wird in der Bestimmung des mittelständischen Unternehmens zwischen einem absoluten und einem relativen Mittelstandsbegriff.

a) Absoluter Mittelstandsbegriff

179 Der Gesetzgeber hat von einer Festlegung absoluter Maßstäbe (sog. absoluter Mittelstandsbegriff) im kartellrechtlichen Zusammenhang Abstand genommen, da *„keine eindeutig faßbare Größenvorstellung abgeleitet werden kann"* und sich *„angesichts der äußerst weit auseinanderliegenden Marktvolumina absolute Größengrenzen wettbewerbspolitisch nicht über-*

---

448 Vgl. VK Bund, Beschluss v. 12.12.2014 – VK 2-101/14.

449 Vgl. Gesetzesbegründung zu § 97 Abs. 3 GWB a.F., VergRModG 2009, BT-Drs. 16/10117, 15.

450 Vgl. *Knauff*, in: Säcker/Ganske/Knauff, Wettbewerbsrecht, § 97 GWB Rn. 230.

451 Der BGH, Beschluss v. 8.2.2011 – X ZB 4/10, hat offengelassen, wie der Begriff im vergaberechtlichen Sinne zu begreifen ist. Auch das BVerfG, Beschluss v. 11.4.1967 – 1 BvL 25/64, hatte einst eingeräumt, dass *„es schwierig ist, eine zureichend genaue Bestimmung des Begriffs ‚Mittelstand' oder ‚Mittelschichten' zu finden"*.

452 OLG Brandenburg, Beschluss v. 27.11.2008 – Verg W 15/08; VK Sachsen, Beschluss v. 23.11.2016 – 1/SVK/026-16; VK Südbayern, Beschluss v. 12.8.2013 – Z3-3-3194-1-18-07/13; VK Bund, Beschluss v. 27.9.2011 – VK 2-100/11.

453 Siehe auch VK Sachsen, Beschluss v. 23.11.2016 – 1/SVK/026-16, und VK Bund, Beschluss v. 27.9.2011 – VK 2-100/11.

454 VK Baden-Württemberg, Beschluss v. 18.2.2011 – 1 VK 02/11.

455 OLG Karlsruhe, Beschluss v. 6.4.2011 – 15 Verg 3/11; OLG Düsseldorf, Beschluss v. 8.9.2004 – VII-Verg 38/04; VK Baden-Württemberg, Beschluss v. 18.2.2011 – 1 VK 02/11; VK Bund, Beschluss v. 4.3.2009 – VK 2-202/08 und 205/08.

456 OLG Karlsruhe, Beschluss v. 6.4.2011 – 15 Verg 3/11.

457 Zu § 3 GWB: *Müller*, in: Bacher/Hempel/Wagner-von Papp, Kartellrecht, § 3 GWB Rn. 24; *Ellger/Fuchs*, in: Immenga/Mestmäcker, Wettbewerbsrecht, § 3 GWB Rn. 49.

zeugend rechtfertigen" lassen.[458] In der Rechtsprechung,[459] Verwaltungspraxis und Forschung finden sich gleichwohl absolute Ansätze zur Bestimmung des mittelständischen Unternehmens.

180 Die **Europäische Kommission** hat die Empfehlung 2003/361/EG[460] betreffend die Definition der Kleinstunternehmen sowie der kleinen und mittleren Unternehmen veröffentlicht. Nach Art. 2 Abs. 1 dieser Empfehlung in Titel I des Anhangs ist wie folgt zu kategorisieren:

- Kleinstunternehmen: bis zu 9 Beschäftigte und ein Jahresumsatz von bis zu 2 Millionen Euro oder eine jährliche Bilanzsumme von bis zu 2 Millionen Euro
- Kleinunternehmen: bis zu 49 Beschäftigte und ein Jahresumsatz von bis zu 10 Millionen Euro oder eine jährliche Bilanzsumme von bis zu 10 Millionen Euro
- mittlere Unternehmen: bis zu 249 Beschäftigte und ein Jahresumsatz von bis zu 50 Millionen Euro oder eine jährliche Bilanzsumme von bis zu 43 Millionen Euro.

In die Berechnung werden grundsätzlich sog. Partnerunternehmen (Art. 3 Abs. 2 Empfehlung 2003/361/EG) und verbundene Unternehmen (Art. 3 Abs. 3 Empfehlung 2003/361/EG) einbezogen. Nach der Definition der Europäischen Kommission sind Kleinstunternehmen von dem Begriff der KMU ausgenommen, sodass der Begriff nur kleine und mittlere Unternehmen erfasst. Diese Differenzierung wird in Art. 1 Abs. 1 Empfehlung 2003/361/EG und – noch deutlicher – in der englischen Sprachfassung („micro, small and medium-sized enterprises (SMEs)") erkennbar.

181 Eine Definition des KMU hat auch das **Institut für Mittelstandsforschung** entwickelt.[461] Sie entspricht im Wesentlichen derjenigen der Europäischen Kommission. Danach sei folgendermaßen zu klassifizieren:

- Kleinstunternehmen: bis zu 9 Beschäftigte und ein Jahresumsatz von bis zu 2 Millionen Euro
- Kleinunternehmen: bis zu 49 Beschäftigte und ein Jahresumsatz von bis zu 10 Millionen Euro
- mittlere Unternehmen: bis zu 499 Beschäftigte und ein Jahresumsatz von bis zu 50 Millionen Euro.

Nicht zweifelsfrei ergibt sich aus den Publikationen des Instituts für Mittelstandsforschung, ob Kleinstunternehmen unter den Begriff der KMU fallen.

182 Sowohl der Mittelstandsbegriff des Instituts für Mittelstandsforschung als auch der Europäischen Kommission entfalten keine rechtliche **Bindungswirkung**. Sie können folglich nur als Anhaltspunkt für die Bestimmung des mittelständischen Unternehmens herangezogen werden.[462]

b) Relativer Mittelstandsbegriff

183 In der Rechtsprechung[463] werden die Maßstäbe der Empfehlung 2003/361/EG der Europäischen Kommission ergänzend herangezogen. Maßgeblich sei die Struktur des konkreten

458 Gesetzesbegründung, 5. Gesetz zur Änderung des Gesetzes gegen Wettbewerbsbeschränkungen, BT-Drs. 11/4610, 16.

459 Siehe VK Sachsen-Anhalt, Beschluss v. 24.2.2000 – VK Hal 02/00: *„Handwerksunternehmen und Industrieunternehmen mit einem Jahresumsatz bis zu 10 Mio. DM oder bis zu 65 Beschäftigten, Einzelunternehmen mit einem Jahresumsatz bis zu 15 Mio. DM, sonstige Gewerbe mit einem Jahresumsatz bis zu 1 Mio. DM, Freie Berufe mit einem Jahresumsatz bis zu 1 Mio. DM."*

460 Europäische Kommission, Empfehlung der Europäischen Kommission vom 6. Mai 2003 betreffend die Definition der Kleinstunternehmen sowie der kleinen und mittleren Unternehmen (2003/361/EG).

461 Siehe https://www.ifm-bonn.org/definitionen-/kmu-definition-des-ifm-bonn (abgerufen am 26.9.2022).

462 Vgl. zur Empfehlung der Europäischen Kommission OLG Karlsruhe, Beschluss v. 6.4.2011 – 15 Verg 3/11; OLG Düsseldorf, Beschluss v. 8.9.2004 – VII-Verg 38/04; VK Baden-Württemberg, Beschluss v. 18.2.2011 – 1 VK 02/11; VK Bund, Beschluss v. 4.3.2009 – VK 2-202/08 und 205/08.

463 Vgl. OLG Düsseldorf, Beschluss v. 21.3.2012 – VII-Verg 92/11, NZBau 2012, 515 (516 f.); OLG Karlsruhe, Beschluss v. 6.4.2011 – Verg 3/11, NZBau 2011, 567 (571); VK Niedersachsen, Beschluss v. 30.9.2015 – VgK-30/2015; VK Bund, Beschluss v. 12.12.2014 – VK 2-101/14; Beschluss v. 18.10.2012 – VK 2-77/12.

Marktes (sog. **relativer Mittelstandsbegriff**).[464] Für diesen relativen Ansatz spricht der Sinn und Zweck der Regelung, der ausweislich der Gesetzesbegründung[465] darin liegt, dass die strukturellen Größennachteile von mittelständischen Unternehmen im Vergabeverfahren ausgeglichen werden sollen. Der Ressourceneinsatz (Kapital, Mitarbeiterzahlen) unterscheidet sich in den verschiedenen Branchen erheblich. Unternehmen, die beispielsweise im Reinigungsgewerbe tätig werden, benötigen hierfür einen anderen Kapitalstock als Unternehmen im Verkehrsgewerbe oder in der Rüstungsindustrie.[466] Dies muss in der Bestimmung des Mittelstandsbegriffs berücksichtigt werden. Ein Unternehmen mit höheren Umsatzzahlen als den Schwellenwerten der Empfehlung 2003/361/EG kann daher auf einem Markt, auf dem Unternehmen mit noch höheren Umsatzzahlen tätig sind, noch als mittelständisch angesehen werden; umgekehrt können Unternehmen mit Umsätzen noch im Rahmen jener Schwellenwerte aufgrund der konkreten Größenverteilung in einem Markt gegebenenfalls bereits als nicht mehr dem Mittelstand dieses Marktes zuzurechnende „Großunternehmen" zu betrachten sein.[467] Nach der Rechtsprechung des OLG Düsseldorf ist für die Bestimmung des Mittelstandsbegriffs aufgrund des Wettbewerbsgrundsatzes nach § 97 Abs. 1 S. 1 GWB ein weiter Maßstab anzulegen.[468] Die Rechtsprechung des OLG Karlsruhe[469] steht mit dem relativen Mittelstandsbegriff nur scheinbar im Widerspruch. Nach dieser Rechtsprechung kann zwar nicht auf die konkrete Marktstruktur abgestellt werden, da der Mittelstandsbegriff *„ein allgemein gebräuchlicher volkswirtschaftlicher Begriff"* sei. Letztlich rekurriert aber auch diese Rechtsprechung – nicht ohne Widerspruch – *„auf die Größe und die Leistungsfähigkeit der Unternehmen des Wirtschaftszweigs"* ab, sodass eine Divergenz nicht gegeben ist.[470]

Allgemeingültige **Relationswerte**, anhand derer der Mittelstand für den jeweiligen Markt bestimmt werden kann, sind in der Rechtsprechung nicht zu finden. Im Schrifttum werden als grober Richtwert mittlere Unternehmen danach bestimmt, dass sie weniger als 50 % des Gesamtumsatzes vom umsatzstärksten Unternehmen aufweisen.[471] Kleine Unternehmen sollen hingegen solche sein, die 10 % des Jahresumsatzes vom umsatzstärksten Unternehmen aufweisen.[472] 184

Aufgrund des Maßstabs der jeweiligen Marktstrukturen ist die bisherige **Rechtsprechung** demgemäß kasuistisch. Für die Gebäudereinigungsbranche hat die VK Bund als mittelständische Unternehmen solche angesehen, die einen Umsatz von bis zu 5 Millionen Euro jährlich erwirtschaften.[473] Für die Vergabe von Leistungen des Schienenpersonennahverkehrs hat das OLG Düsseldorf entschieden, dass die üblichen Definitionen für ein mittelständisches Unternehmen in diesem Bereich nicht passen, da der Schienenpersonennahverkehr erhebliche Investitionen und Finanzmittel erfordert.[474] Es hat daher angenommen, dass sämtliche privaten Konkurrenten der Deutsche Bahn AG bei der Vergabe von Schienenpersonennahverkehrsleistungen als mittelständische Unternehmen anzusehen seien. 185

464 Vgl. OLG Schleswig, Beschluss v. 25.1.2013 – 1 Verg 6/12; OLG Düsseldorf, Beschluss v. 21.3.2012 – VII-Verg 92/11, NZBau 2012, 515 (516 f.); VK Sachsen, Beschluss v. 26.7.2016 – 1/SVK/014-16.
465 Gesetzesbegründung zu § 97 Abs. 3 GWB a.F., VergRModG 2009, BT-Drs. 16/10117, 15.
466 Vgl. OLG Düsseldorf, Beschluss v. 21.3.2012 – VII-Verg 92/11.
467 Vgl. VK Bund, Beschluss v. 18.10.2012 – VK 2-77/12; siehe auch Bundeskartellamt, Merkblatt des Bundeskartellamtes über Kooperationsmöglichkeiten für kleinere und mittlere Unternehmen (Stand März 2007), Rn. 12.
468 Vgl. OLG Düsseldorf, Beschluss v. 21.7.2010 – VII-Verg 19/10.
469 OLG Karlsruhe, Beschluss v. 6.4.2011 – 15 Verg 3/11.
470 Vgl. OLG Düsseldorf, Beschluss v. 21.3.2012 – VII-Verg 92/11.
471 *Nordemann/Grave*, in: Loewenheim/Meessen/Riesenkampff/Kersting/Meyer-Lindemann, Kartellrecht, § 3 GWB Rn. 17.
472 *Nordemann/Grave*, in: Loewenheim/Meessen/Riesenkampff/Kersting/Meyer-Lindemann, Kartellrecht, § 3 GWB Rn. 17.
473 VK Bund, Beschluss v. 4.3.2009 – VK 2-202/08 und 205/08.
474 OLG Düsseldorf, Beschluss v. 21.7.2010 – VII-Verg 19/10.

c) Maßstab für die Berücksichtigung

186 Nach hiesiger Auffassung genügt es für die Berücksichtigung von mittelständischen Interessen, wenn das Vergabeverfahren nicht nur Großunternehmen zugänglich ist.[475] Folglich ist es erforderlich, aber auch ausreichend, dass zumindest die Interessen der größten mittelständischen Unternehmen berücksichtigt sind. Denn § 97 Abs. 4 S. 1 GWB stellt lediglich darauf ab, *dass* mittelständische Interessen berücksichtigt sind. Aus der Regelung folgt nicht, dass das Vergabeverfahren einer bestimmten Anzahl oder Kategorie von mittelständischen Unternehmen zugänglich sein muss. Demgegenüber wird in der Rechtsprechung darauf abgestellt, dass die Interessen von Kleinunternehmen,[476] mittleren Unternehmen[477] oder *„durchschnittlich kleinere[n] oder mittlere[n] Unternehmen"*[478] zu berücksichtigen sind. Zu Kleinstunternehmen hatte die VK Bund[479] hingegen entschieden, dass diese außer Acht gelassen werden können.

2. Vornehmliche Berücksichtigung

187 Mittelständische Interessen können nur dann berücksichtigt werden, wenn der konkrete Markt überhaupt mittelständische Strukturen aufweist. Es sind daher die jeweiligen Verhältnisse im betroffenen sachlich und räumlich relevanten Markt und damit die jeweils herrschenden wettbewerblichen Rahmenbedingungen zu ermitteln, um Unternehmen im jeweiligen Einzelfall zutreffend als **mittelständische** Unternehmen identifizieren und damit die **Marktstruktur** gegebenenfalls als mittelständisch geprägt qualifizieren zu können.[480] Wird dabei festgestellt, dass auf dem konkreten Markt keine mittelständische Unternehmen agieren, gibt es auch keine mittelständischen Interessen, die zu berücksichtigen sein können.

188 Die von § 97 Abs. 4 S. 1 GWB geforderte **vornehmliche Berücksichtigung** wird durch den konkreten Handlungsbefehl zur losweisen Unterteilung von öffentlichen Aufträgen nach § 97 Abs. 4 S. 2 GWB umgesetzt. Dieses Verständnis wird bestätigt durch die Gesetzesbegründung zum VergRModG 2016, wonach *„die Interessen mittelständischer Unternehmen vornehmlich zu berücksichtigen [sind], indem öffentliche Aufträge in Form von Losen vergeben werden müssen."*[481] Die Korrelation zwischen der vornehmlichen Berücksichtigung und dem Losaufteilungsgebot ergab sich aus der ursprünglichen Fassung der Regelung nach dem VgRÄG (§ 106 Abs. 3 GWB a.F.) noch ausdrücklich und ist erst mit dem VergRModG 2009 (§ 97 Abs. 3 GWB a.F.) durch die semantische Separierung von Mittelstandsklausel und Losaufteilungsgebot verunklart worden. Nach dem Willen des Gesetzgebers sollte die Mittelstandsklausel mit dem VergRModG 2009 zwar in ihrer *„Wirkung verstärkt"* werden. Dies sollte nach den Gesetzmaterialien indes dadurch geschehen, dass die losweise Unterteilung von öffentlichen Aufträgen nunmehr grundsätzlich zwingend zu erfolgen hatte.[482] Eine verstärkende Wirkung der Mittelstandsklausel außerhalb des Losaufteilungsgebots war daher nicht beabsichtigt. Daher kann dem Begriff „vornehmlich" eine Bedeutung dahingehend, dass generell mittelständischen Interessen bei Abwägungsentscheidungen ein besonderes Gewicht zukä-

---

475 Dieser Maßstab findet sich auch bei OLG Schleswig, Beschluss v. 30.10.2012 – 1 Verg 5/12; VK Bund, Beschluss v. 27.9.2011 – VK 2-100/11.

476 VK Sachsen, Beschluss v. 26.7.2016 – 1/SVK/014-16; VK Südbayern, Beschluss v. 12.8.2013 – Z3-3-3194-1-18-07/13.

477 OLG Düsseldorf, Beschluss v. 8.9.2004 – VII-Verg 38/04; VK Bund, Beschluss v. 27.9.2011 – VK 2-100/11; VK Nordbayern, Beschluss v. 19.5.2009 – 21.VK-3194-14/09.

478 VK Bund, Beschluss v. 4.3.2009 – VK 2-202/08 und 205/08; ablehnend auch OLG Karlsruhe, Beschluss v. 6.4.2011 – 15 Verg 3/11.

479 So VK Bund, Beschluss v. 18.10.2012 – VK 2-77/12; offen gelassen noch bei VK Bund, Beschluss v. 4.3.2009 – VK 2-202/08 und 205/08.

480 So wohl auch VK Bund, Beschluss v. 18.10.2012 – VK 2-77/12.

481 Gesetzesbegründung zu § 97 Abs. 4 GWB, VergRModG 2016, BT-Drs. 18/6281, 68; siehe auch OLG Düsseldorf, Beschluss v. 16.10.2019 – VII-Verg 66/18; OLG Schleswig, Beschluss v. 30.10.2012 – 1 Verg 5/12; VK Rheinland, Beschluss v. 17.2.2020 – VK 56/19-L: *„Allerdings sind nach § 97 Abs. 4 S. 1 und 2 GWB bei der Vergabe mittelständische Interessen vornehmlich durch Teilung der Aufträge in Fach- und Teillose angemessen zu berücksichtigen."*

482 Vgl. Gesetzesbegründung zu § 97 Abs. 3 GWB a.F., VergRModG 2009, BT-Drs. 16/10117, 15.

me[483] oder über § 97 Abs. 4 S. 2 GWB hinaus zu berücksichtigen seien,[484] nicht entnommen werden. Das hiesige Verständnis steht auch im Einklang mit der Rechtsprechung des BGH[485] zu der gleichlautenden Regelung in § 2 EG Abs. 2 VOL/A. Danach solle mit der Regelung, mittelständische Interessen bei der Vergabe öffentlicher Aufträge vornehmlich zu berücksichtigen, *„lediglich betont werden, dass der Mittelstand gerade auch bei den gemeinschaftsweiten Vergaben über eine Losvergabe vornehmlich berücksichtigen werden soll."*

Aus der programmatischen Vorgabe zur Berücksichtigung mittelständischer Interessen kann nicht abgeleitet werden, dass eine **Bevorzugung** mittelständischer Unternehmen zulässig ist.[486] Dies stellt vielmehr einen Verstoß gegen den allgemeinen Gleichbehandlungsgrundsatz dar. Auch die in § 97 Abs. 4 GWB vorgesehene losweise Unterteilung von öffentlichen Aufträgen bedeutet keine Bevorzugung mittelständischer Unternehmen, da es Großunternehmen unbenommen bleibt, sich auf die jeweiligen Lose zu bewerben. 189

III. Grundsatz der Unterteilung in Lose (S. 2)

Nach § 97 Abs. 4 S. 2 GWB sind Leistungen in der Menge aufgeteilt (Teillose) und getrennt nach Art oder Fachgebiet (Fachlose) zu vergeben. 190

Die Regelung konkretisiert den Grundsatz der Berücksichtigung mittelständischer Interessen nach § 97 Abs. 4 S. 1 GWB und enthält das **zwingende Gebot** der Losvergabe („sind [...] zu vergeben").[487] Hiervon darf Auftraggeber nur ausnahmsweise abweichen, wenn wirtschaftliche oder technische Gründe nach § 97 Abs. 4 S. 3 GWB dies erfordern. 191

Das Gebot der losweisen Unterteilung besteht hinsichtlich der **Fach-** und **Teillose** unabhängig voneinander. Der Auftraggeber ist nach dem Wortlaut („und") daher grundsätzlich verpflichtet, öffentliche Aufträge sowohl in Teil- als auch in Fachlose aufzuteilen.[488] Die Aufteilung eines öffentlichen Auftrags in Teillose stellt die Trennung in Fachlose daher nicht schon entbehrlich. Begrifflich differenziert das Gesetz zwischen der „Teilung" in Teillose und der „Trennung" nach Fachlosen, ohne dass hiermit Unterschiedliches gemeint ist. 192

§ 97 Abs. 4 S. 2 GWB verpflichtet nicht dazu, dass die einzelnen Lose in einem **Vergabeverfahren** ausgeschrieben werden. Auftraggeber können die von den Losen erfassten Leistungen auch gesondert ausschreiben, sodass es sich der Sache nach um einzelne öffentliche Aufträge und nicht um Lose eines öffentlichen Auftrags handelt. Auch hierdurch wird dem Gebot der losweisen Unterteilung von öffentlichen Aufträgen Rechnung getragen.[489] 193

1. Sinn und Zweck

Der Zweck des Grundsatzes der losweisen Unterteilung von öffentlichen Aufträgen ist es ausweislich der Gesetzesbegründung, *„die Nachteile der mittelständischen Wirtschaft gerade bei der Vergabe großer Aufträge mit einem Volumen, das die Kapazitäten mittelständischer Unternehmen überfordern könnte, auszugleichen."*[490] Die Regelung dient nach der gesetzgeberischen Intention und ihrer systematischen Stellung nach § 97 Abs. 4 S. 1 GWB dem **Mittelstandsschutz**. Die Aufteilung des öffentlichen Auftrags in Lose soll das Volumen des öffentlichen Auftrags verringern, sodass mittelständische Unternehmen zumindest einen Teil des öffentlichen Auftrags bewältigen und sich daher mit Erfolgsaussichten um diesen Teil bewer- 194

483 So allerdings *Knauff*, in: Säcker/Ganske/Knauff, Wettbewerbsrecht, § 97 GWB Rn. 241, wonach *„mittelständische Interessen einen die Interessenabwägung prägenden und im Zweifelsfall auch ausschlaggebenden Charakter"* haben sollen.

484 *Kau*, in: Byok/Jaeger, Vergaberecht, § 97 GWB Rn. 142.

485 BGH, Beschluss v. 8.2.2011 – X ZB 4/10.

486 Vgl. VK Bund, Beschluss v. 30.1.2003 – VK 1-01/03; siehe auch *Burgi*, NZBau 2006, 606; *Kus*, NZBau 2009, 21 (22); *Michallik*, VergabeR 2011, 683 (691).

487 VK Sachsen, Beschluss v. 22.10.2020 – 1/SVK/023-20.

488 Vgl. OLG Schleswig, Beschluss v. 25.1.2013 – 1 Verg 6/12; OLG Koblenz, Beschluss v. 4.4.2012 – 1 Verg 2/11; VK Sachsen, Beschluss v. 26.7.2016 – 1/SVK/014-16.

489 Vgl. VK Bund, Beschluss v. 4.3.2009 – VK 2-202/08 und 205/08.

490 Vgl. Gesetzesbegründung zu § 97 Abs. 3 GWB a.F., VergRModG 2009, BT-Drs. 16/10117, 15; siehe auch OLG Frankfurt, Beschluss v. 14.5.2018 – 11 Verg 4/18.

ben können.[491] Ungenau ist hingegen der in Rechtsprechung anzutreffende Maßstab, dass die Unterteilung in Lose mittelständische Unternehmen in den Stand versetzen soll, überhaupt Angebote abgeben bzw. sich am Wettbewerb beteiligen zu können.[492] Die rechtliche Möglichkeit zur Abgabe eines Angebots bzw. Beteiligung am Vergabeverfahren bleibt mittelständischen Unternehmen unbenommen, auch wenn sie nicht in der Lage sein sollten, den Auftrag bewältigen zu können.

195 Zweifelhaft ist diejenige Rechtsprechung[493], wonach der Zweck der Unterteilung des öffentlichen Auftrags in einer **wirtschaftlichen Beschaffung** liege. Dies wird damit begründet, dass es sich bei dem Gebot der losweisen Unterteilung von öffentlichen Aufträgen um eine *„Ausprägung des […] Wirtschaftlichkeitsgebots"* handele.[494] Für den Baubereich läge dem die Erwägung zugrunde, *„dass ein auf der Grundlage der wirtschaftlichsten Angebote für einzelne Fachlose hergestelltes Bauvorhaben in der Regel insgesamt nach Preis, Qualität und Lebensdauer von höherer Wirtschaftlichkeit ist."*[495] Dieser Erfahrungssatz ist weder für die Vergabe von Bau- noch für die Vergabe von Liefer- oder Dienstleistungsaufträgen allgemeingültig und findet auch in den Gesetzesmaterialien keinen Ansatzpunkt. Das Gesetz geht umgekehrt in § 97 Abs. 4 S. 3 GWB vielmehr davon aus, dass es sich bei den wirtschaftlichen Interessen um solche Interessen handelt, die dem Gebot der Unterteilung von öffentlichen Aufträgen in Lose zuwiderlaufen können und daher nicht durch dieses Gebot gefördert werden.

196 Auch diejenige Rechtsprechung[496] überzeugt nicht, wonach das Gebot der losweisen Unterteilung von öffentlichen Aufträgen dem **Schutz des Wettbewerbs** dient, was wahlweise mit *„Wettbewerbsförderung"*[497], *„Erhaltung eines breit gestreuten Marktes"*[498] bzw. *„Beteiligung möglichst vieler Unternehmen"*[499] paraphrasiert wird. Diese Zwecksetzung des Wettbewerbsschutzes wird damit begründet, dass es sich bei dem Gebot der Losunterteilung um eine *„Ausprägung des Wettbewerbs[gebots]"* handele.[500] Dies lässt jedoch mitnichten den Schluss zu, dass § 97 Abs. 4 S. 2 GWB alle potenziellen Marktteilnehmer schützt. Vielmehr dient § 97 Abs. 4 S. 2 GWB lediglich einem partikularen Wettbewerbsschutz, nämlich eingeschränkt in Bezug auf mittelständische Unternehmen. Sofern ein hierüber hinausgehender Wettbewerbsschutz bestehen soll, wäre dies auf Grundlage von § 97 Abs. 1 GWB, nicht aber von § 97 Abs. 4 S. 2 GWB zu begründen. Die Beschränkung auf den Mittelstandsschutz wird durch die Systematik und Genese von § 97 Abs. 4 GWB bestätigt. Bei der Mittelstandsklausel in § 97 Abs. 4 S. 1 GWB auf der einen und dem Gebot der losweisen Unterteilung von öffentlichen Aufträgen nach § 97 Abs. 4 S. 2 GWB auf der anderen Seite handelt es sich zwar um eigenständige Regelungen.[501] Das ändert aber nichts daran, dass § 97 Abs. 4 S. 1 GWB seiner systematischen Stellung und seiner Genese nach den gedanklichen Rahmen für die in § 97 Abs. 4 GWB enthaltenen weiteren Regelungen setzt. Die ursprüngliche Regelung in § 97 Abs. 3 GWB a.F. forderte ausdrücklich, „mittelständische Interessen […] vornehmlich durch Teilung der Aufträge in Fach- und Teillose […] zu berücksichtigen". An dieser Zielsetzung hat sich durch das VergRModG 2009 nichts geändert, vielmehr sollte die Mittelstandsklausel durch die Statuierung einer Pflicht zur losweisen Unterteilung von öffentlichen Aufträgen *„in*

---

491 Vgl. OLG Düsseldorf, Beschluss v. 21.3.2012 – VII-Verg 92/11; VK Sachsen, Beschluss v. 22.10.2020 – 1/SVK/023-20; VK Bund, Beschluss v. 31.10.2016 – VK 1-90/16.

492 So aber OLG Schleswig, Beschluss v. 30.10.2012 – 1 Verg 5/12; OLG Karlsruhe, Beschluss v. 6.4.2011 – 15 Verg 3/11; VK Bund, Beschluss v. 31.10.2016 – VK 1-90/16.

493 OLG Düsseldorf, Beschluss v. 11.7.2007 – VII-Verg 10/07; VK Bund, Beschluss v. 10.3.2022 – VK 1-19/22; VK Brandenburg, Beschluss v. 5.8.2015 – VK 11/15; VK Rheinland-Pfalz, Beschluss v. 23.11.2011 – VK 2-34/11.

494 OLG Düsseldorf, Beschluss v. 11.7.2007 – VII-Verg 10/07.

495 OLG Düsseldorf, Beschluss v. 11.7.2007 – VII-Verg 10/07.

496 OLG Düsseldorf, Beschluss v. 11.7.2007 – VII-Verg 10/07; VK Brandenburg, Beschluss v. 5.8.2015 – VK 11/15; VK Rheinland-Pfalz, Beschluss v. 23.11.2011 – VK 2-34/11; wohl auch OLG Schleswig, Beschluss v. 4.5.2001 – 6 Verg 2/01 (*„effektiver Wettbewerb"*); in diese Richtung auch BGH, Beschluss v. 8.2.2011 – X ZB 4/10.

497 OLG Düsseldorf, Beschluss v. 11.7.2007 – VII-Verg 10/07.

498 OLG Düsseldorf, Beschluss v. 11.7.2007 – VII-Verg 10/07.

499 OLG Düsseldorf, Beschluss v. 11.1.2012 – VII-Verg 52/11; siehe auch VK Sachsen, Beschluss v. 23.11.2016 – 1/SVK/026-16.

500 OLG Düsseldorf, Beschluss v. 11.7.2007 – VII-Verg 10/07.

501 Hierauf verweisend VK Bund, Beschluss v. 17.08.2015 – VK 2-35/15.

ihrer Wirkung verstärkt"[502] werden.[503] Entsprechend stellt auch die Gesetzesbegründung zur aktuellen Fassung der Vorschrift[504] diesen Zusammenhang eindeutig her (*„sind mittelständische Interessen vornehmlich zu berücksichtigen, indem öffentliche Aufträge in Form von Losen vergeben werden müssen"*). Mit der sprachlichen Neuregelung durch das VergRModG 2009 hat der Gesetzgeber daher mitnichten das Gebot der Trennung nach *Fachlosen* von der Zweckbestimmung des § 97 Abs. 4 S. 1 GWB entkoppeln wollen.[505] Vor diesem Hintergrund überzeugt diejenige Lesart[506] nicht, die den Sinnzusammenhang zwischen § 97 Abs. 4 S. 1 und 2 GWB negiert und dem Gebot der losweisen Unterteilung wettbewerbsschützende Funktion zuspricht.

Nichts anderes gilt entgegen der Rechtsprechung[507] für das Gebot der Trennung von öffentlichen Aufträgen nach **Fachlosen**. Die systemischen und genetischen Argumente gelten uneingeschränkt auch für dieses Gebot. Nur faktisch hat dieses Gebot eine überschießende Wirkung, da von der Trennung auch solche Unternehmen profitieren können, die zwar fachlich spezialisiert, jedoch nicht als mittelständisches Unternehmen anzusehen sind. Das ändert aber nichts an der rechtlichen Bewertung des Normzwecks. Unzutreffend ist ebenfalls die in der Rechtsprechung[508] anzufindende Zielsetzung, dass das Gebot der Unterteilung in Fachlose einer fachlich hochstehende Auftragsausführung durch spezialisierte Unternehmen diene. Die zu erreichende Qualität der Auftragsausführung ist durch entsprechende Leistungsanforderungen in der Leistungsbeschreibung zu formulieren und durch die Aufstellung angemessener Eignungskriterien sicherzustellen. Den Gesetzesmaterialien sind keine Anhaltspunkte dafür zu entnehmen, dass dem Gesetzgeber mit dem Gebot der Unterteilung in Fachlose an einer Qualitätssicherung gelegen war. 197

2. Bestimmungsrecht über den Auftragsgegenstand

Unmittelbaren Einfluss auf die Frage der Teil- bzw. Trennbarkeit des Auftrags und die Rechtfertigung der Zusammenfassung von Leistungen hat die vorausgehende Ermittlung und **Bestimmung des Beschaffungsbedarfs** durch den Auftraggeber.[509] Diese Beschaffungsentscheidung ist der vergaberechtlich zu beurteilenden Frage nach der Art und Weise der Beschaffung vorgelagert.[510] Es unterliegt diesem Bestimmungsrecht, welche Qualität und welchen Umfang die zu vergebende Leistung haben soll und aus welchen Bestandteilen sie sich zusammensetzt.[511] Mit anderen Worten: *„Der [...] Auftraggeber muss als späterer Nutzer der nachgefragten Leistung schließlich am besten wissen, was er braucht."*[512] Die Bestimmung des Beschaffungsbedarfs beinhaltet insbesondere die Festlegung des Umfangs, der Auftragsbestandteile einschließlich der Schnittstellen und das Qualitätsniveau. Damit werden wesentliche Parameter für die Feststellung der Teil- bzw. Trennbarkeit des öffentlichen Auftrags und gegebenenfalls die Rechtfertigung der Zusammenvergabe von Losen nach § 97 Abs. 4 S. 2 und 3 GWB festgelegt. Das Bestimmungsrecht ist durch die Nachprüfungsinstanzen nur eingeschränkt daraufhin überprüfbar, ob die Beschaffungsentscheidung auf sachgerechten und auftragsbezogenen Gründen beruhen.[513] 198

502 Gesetzesbegründung zu § 97 Abs. 3 GWB a.F., VergRModG 2009, BT-Drs. 16/10117, 15.
503 Vgl. auch OLG Celle, Beschluss v. 26.4.2010 – 13 Verg 4/10.
504 Gesetzesbegründung zu § 97 Abs. 4 GWB, VergRModG 2016, BT-Drs. 18/6281, 68.
505 Siehe VK Rheinland, Beschluss v. 17.2.2020 – VK 56/19-L; VK Rheinland, Beschluss v. 17.2.2020 – VK 56/19-L; VK Bund, Beschluss v. 17.8.2015 – VK 2-35/15.
506 OLG Düsseldorf, Beschluss v. 11.1.2012 – VII-Verg 52/11; VK Bund, Beschluss v. 17.8.2015 – VK 2-35/15; VK Baden-Württemberg, Beschluss v. 18.2.2011 – 1 VK 02/11.
507 OLG Düsseldorf, Beschluss v. 11.1.2012 – VII-Verg 52/11; VK Bund, Beschluss v. 17.8.2015 – VK 2-35/15; VK Baden-Württemberg, Beschluss v. 18.2.2011 – 1 VK 02/11.
508 OLG Düsseldorf, Beschluss v. 11.1.2012 – VII-Verg 52/11.
509 Vgl. *Manz/Schönwälder*, NZBau 2012, 465.
510 Vgl. OLG Düsseldorf, Beschluss v. 1.8.2012 – VII-Verg 10/12, NZBau 2012, 785 (789); Beschluss v. 27.6.2012 – VII-Verg 7/12; Beschluss v. 17.2.2010 – VII-Verg 42/09; OLG München, Beschluss v. 9.9.2010 – Verg 10/10; OLG Celle, Beschluss v. 26.4.2010 – Verg 4/10, *Scharen*, GRUR 2009, 345.
511 VK Rheinland, Beschluss v. 17.2.2020 – VK 56/19-L.
512 VK Bund, Beschluss v. 8.1.2004 – VK 1-117/03.
513 Vgl. zu den zulässigen Grenzen des Leistungsbestimmungsrechts des öffentlichen Auftraggebers: OLG Düsseldorf, Beschluss v. 1.8.2012 – VII-Verg 10/12, NZBau 2012, 785 (789 f.); Beschluss v. 27.6.2012 – VII-Verg 7/12.

199 Da die Beschaffungsentscheidung des Auftraggebers dem Vergabeverfahren vorgelagert ist, muss der Auftraggeber nicht bereits bei der Beschaffungsentscheidung das **Gebot der Losaufteilung** berücksichtigen und seinen Beschaffungsgegenstand möglichst mittelstandsfreundlich zuschneiden. Als Gegenstand der Unterteilung sieht § 97 Abs. 4 S. 2 GWB die „Leistungen" vor. Diese müssen vom Auftraggeber im Rahmen seiner Beschaffungsentscheidung zunächst festgelegt werden. Erst dann stellt sich die Frage, ob diese Leistungen nach den gesetzlichen Vorgaben aufzuteilen sind.[514]

200 Umgekehrt erfasst nach Teilen der Rechtsprechung[515] das Bestimmungsrecht des Auftraggebers über den Beschaffungsgegenstand auch die Fragestellung, ob der Auftragsgegenstand überhaupt in einzelne Lose aufgeteilt werden kann. Diese Rechtsprechung vollzieht eine sog. **Zwei-Stufen-Prüfung**. Im Rahmen einer ersten Stufe wird die Prüfung aufgegeben, ob das der Ausschreibung zugrunde gelegte Leistungsprofil der Gestaltungsfreiheit des Auftraggebers unterfällt. Maßgeblich dafür sind die mit dem Beschaffungsprojekt verfolgten Zwecke im Rahmen einer funktionalen Betrachtung.[516] Eine Zerlegung in Teil- oder Fachlose kommt somit nicht in Betracht, wenn diese in ihrer Summe den mit dem Beschaffungsprojekt verfolgten (übergeordneten) Zwecken nicht mehr entsprechen und die Unterteilung in Lose daher *„keinen Sinn macht"*.[517] Erst wenn dies verneint würde, sei in das Prüfungsprogramm nach § 97 Abs. 4 S. 2 und 3 GWB einzutreten. Die Rechtsprechung hat den „Sinn" einer losweisen Unterteilung von öffentlichen Aufträgen bei komplexen Dienstleistungsaufträgen verneint, die technische, wirtschaftliche und juristische Beratungsleistungen sowie Projektmanagementleistungen für ÖPP-Projekte umfassen,[518] und bei Bauleistungen, bei denen alle Einzelleistungen in enger räumlicher, technischer und baubetrieblicher Verbindung stehen.[519] Anders wurde hingegen bei Leistungen des Gebäudemanagements entschieden, das sich aus Reinigungsdiensten, Hausmeister- bzw. Wartungsdiensten sowie Gebäudebewachungs- und Empfangsdienstleistungen zusammensetzt, da es an der erforderlichen Verflechtung der Leistungen fehle.[520] Mit der Zwei-Stufen-Prüfung führt die Rechtsprechung eine Evidenzkontrolle ein, die sich im Regelungskonzept des § 97 Abs. 4 S. 2 und 3 GWB indes nicht klar abbilden lässt.[521] Es ist auch fraglich, ob ein Bedürfnis für eine solche vorgelagerte Prüfungsstufe überhaupt besteht, da sich die von der Rechtsprechung behandelten Sachverhalte wohl auch auf Ebene der Rechtfertigung aus technischen Gründen lösen lassen dürften, wenngleich mit möglicherweise höherem Begründungsaufwand.

3. Teilung in Teillose

201 § 97 Abs. 4 S. 2 GWB sieht zunächst die Teilung des öffentlichen Auftrags in **Teillose** vor. Nach der Legaldefinition sind dies Lose, die nach der Menge des Auftrags aufgeteilt sind.

202 Die Aufteilung des Auftrags in Teillose setzt voraus, dass der öffentliche Auftrag überhaupt **teilbar** ist. Das verlangt zunächst, dass der Auftragsgegenstand tatsächlich in der Menge aufgeteilt werden kann.[522] Die Teilung muss dabei nicht zwingend zu einer qualitativen Identität der Lose führen, insofern dürfte es nur auf eine wesentliche Gleichartigkeit ankommen.[523] Ei-

514 Vgl. OLG Schleswig, Beschluss v. 30.10.2012 – 1 Verg 5/12.
515 OLG Celle, Beschluss v. 26.4.2010 – 13 Verg 4/10; OLG Jena, Beschluss v. 6.6.2007 – 9 Verg 3/07; OLG Brandenburg, Beschluss v. 27.11.2008 – Verg W 15/08; VK Sachsen, Beschluss v. 22.10.2020 – 1/SVK/023-20; VK Südbayern, Beschluss v. 12.8.2016 – Z3-3-3194-1-27-07-16; VK Niedersachsen, Beschluss v. 8.8.2014 – VgK-22/2014; VK Baden-Württemberg, Beschluss v. 29.7.2013 – 1 VK 25/13; wohl auch OLG Düsseldorf, Beschluss v. 16.10.2019 – VII-Verg 66/18; offengelassen von OLG Frankfurt, Beschluss v. 14.5.2018 – 11 Verg 4/18.
516 Vgl. OLG Celle, Beschluss v. 26.4.2010 – 13 Verg 4/10.
517 VK Südbayern, Beschluss v. 12.8.2016 – Z3-3-3194-1-27-07-16; ferner OLG Celle, Beschluss v. 26.4.2010 – 13 Verg 4/10; VK Sachsen, Beschluss v. 22.10.2020 – 1/SVK/023-20; VK Brandenburg, Beschluss v. 5.8.2015 – VK 11/15; VK Niedersachsen, Beschluss v. 8.8.2014 – VgK-22/2014.
518 OLG Celle, Beschluss v. 26.4.2010 – 13 Verg 4/10; OLG Jena, Beschluss v. 6.6.2007 – 9 Verg 3/07.
519 OLG Brandenburg, Beschluss v. 27.11.2008 – Verg W 15/08.
520 Vgl. OLG Jena, Beschluss v. 6.6.2007 – 9 Verg 3/07.
521 *Antweiler*, in: Burgi/Dreher/Opitz, Vergaberecht, § 97 Abs. 4 GWB Rn. 54; *Kus*, in: Röwekamp/Kus/Portz/Prieß, GWB-Vergaberecht, § 97 Rn. 196; *Manz/Schönwälder*, NZBau 2012, 465 (466).
522 Vgl. VK Sachsen-Anhalt, Beschluss v. 24.2.2000 – VK Hal 02/00.
523 So wohl auch *Ziekow*, GewA 2013, 417 (418).

nigkeit herrscht insoweit, dass diese tatsächliche Teilbarkeit des öffentlichen Auftrags nicht bereits genügt, um eine entsprechende Verpflichtung des Auftraggebers zur Aufteilung des öffentlichen Auftrags in Teillose zu begründen. Die Teilbarkeit des öffentlichen Auftrags ist vielmehr auch normativ zu bestimmen. Die Maßstäbe in der Rechtsprechung sind hierfür indes nicht einheitlich. Teilweise wurde lediglich auf die *„Zweckmäßigkeit"* der Aufteilung abgestellt,[524] die jedenfalls *„bei größere[n] Einzel- oder Gesamtprojekte[n]"* gegeben sei.[525] Dieser Maßstab ist indes vage und bietet keine verlässliche Abgrenzungsmöglichkeit. Andere[526] bemessen die Teilbarkeit anhand der Marktüblichkeit. Dieser Ansatz kann sich auf die Gesetzesmaterialien stützen, wonach der Grundsatz der Losvergabe *„keine marktunübliche Trennung in Einzelteile"* verlange.[527] Auch dieser Ansatz überzeugt jedoch nicht, da der Maßstab der Marktüblichkeit eine im Schwerpunkt retrospektive Betrachtung einführt, die aktuellen Marktgegebenheiten und damit dem Sinn und Zweck der Regelung nicht gerecht wird. Überzeugender ist es daher, die Teilbarkeit anhand der Leistungsfähigkeit der mittelständischen Unternehmen des konkreten relevanten Marktes zu beurteilen.[528] Dabei ist auf die Auslegungsmaßstab nach § 97 Abs. 4 S. 1 GWB zurückzugreifen. Eine Teilbarkeit des öffentlichen Auftrags ist gemäß der hiesigen Auffassung[529] erst abzulehnen, wenn das Auftragsvolumen nicht nur von Großunternehmen, sondern zumindest auch von den größten mittelständischen Unternehmen bewältigt werden kann.[530] Dies ist abstrakt auf Grundlage einer sorgfältigen Untersuchung des entsprechenden Marktes festzustellen.[531] Es ist daher unerheblich, dass einzelne mittelständische Unternehmen bei einer Aufteilung des öffentlichen Auftrags möglicherweise bessere Chancen auf die Auftragserteilung hätten.[532]

Der Maßstab der Möglichkeit zur erfolgreichen Beteiligung von mittelständischen Unterneh- **203**
men verlangt nach der überwiegenden Rechtsprechung, dass die mittelständischen Unternehmen in die Lage versetzt werden, sich **eigenständig** mit Erfolgsaussichten zu bewerben. Dem entspreche ein Auftragsvolumen nicht, für das sich mittelständische Unternehmen der Fähigkeiten anderer Unternehmen bedienen müssen. Es genügt danach nicht, dass sich die mittelständischen Unternehmen erst durch Eingehung einer Bewerber- bzw. Bietergemeinschaft[533] oder durch die Einbindung von Unterauftragnehmer[534] mit Erfolgsaussichten am Vergabeverfahren beteiligen könnten. Diese Einschränkung lässt sich dem Wortlaut des § 97 Abs. 4 S. 2 GWB zwar nicht entnehmen. Sie kann sich aber darauf stützen, dass die Instrumentarien zur Überwindung von Kapazitätsgrenzen – Eingehung einer Bewerber- oder Bietergemeinschaft, Einbindung von Unterauftragnehmern und Eignungsverleihern – gesetzlich vorgesehen sind und das Gebot des § 97 Abs. 4 S. 2 GWB daher über diese Maßnahmen hinausgehen dürfte.

In der **Rechtsprechung** haben sich keine festen Maßstäbe entwickelt, anhand derer die Teil- **204**
barkeit eines öffentlichen Auftrages zu bemessen ist. Für die Gebäudereinigungsbranche hat

524 VK Nordbayern, Beschluss v. 19.5.2009 – 21.VK-3194-14/09; VK Sachsen-Anhalt, Beschluss v. 24.2.2000 – VK Hal 02/00.
525 VK Sachsen-Anhalt, Beschluss v. 24.2.2000 – VK Hal 02/00.
526 VK Saarland, Beschluss v. 7.9.2009 – 3 VK 01/2009; *Fehling*, in: Pünder/Schellenberg, Vergaberecht, § 97 GWB Rn. 139; *Manz/Schönwälder*, NZBau 2012, 465 (467).
527 Vgl. Beschlussempfehlung und Bericht des Ausschusses für Wirtschaft und Technologie (9. Ausschuss), VergRModG 2009, BT-Drs. 16/11428, 33; ablehnend zu diesem Kriterium *Faßbender*, NZBau 2010, 529 (532).
528 Vgl. OLG Düsseldorf, Beschluss v. 25.4.2012 – VII-Verg 100/11; VK Sachsen, Beschluss v. 23.11.2016 – 1/SVK/026-16.
529 Siehe oben Rn. 186.
530 Siehe auch OLG Schleswig, Beschluss v. 30.10.2012 – 1 Verg 5/12; VK Bund, Beschluss v. 27.9.2011 – VK 2-100/11; a.A. noch VK Bund, Beschluss v. 4.3.2009 – VK 2-202/08 und 205/08.
531 Siehe den Vorschlag für eine Formel zur Berechnung der optimalen Losgröße: *Theurer/Trutzel/Braun/Weber*, VergabeR 2014, 301.
532 Vgl. OLG Düsseldorf, Beschluss v. 25.4.2012 – VII-Verg 100/11.
533 Vgl. OLG Schleswig, Beschluss v. 30.10.2012 – 1 Verg 5/12; OLG Karlsruhe, Beschluss v. 6.4.2011 – 15 Verg 3/11; OLG Düsseldorf, Beschluss v. 8.9.2004 – VII-Verg 38/0; VK Sachsen, Beschluss v. 23.11.2016 – 1/SVK/026-16; VK Bund, Beschluss v. 31.10.2016 – VK 1-90/16; VK Nordbayern, Beschluss v. 19.5.2009 – 21.VK-3194-14/09; a.A. OLG Brandenburg, Beschluss v. 27.11.2008 – Verg W 15/08; OLG Schleswig, Beschluss v. 14.8.2000 – 6 Verg 2/2000.
534 Vgl. VK Baden-Württemberg, Beschluss v. 29.7.2013 – 1 VK 25/13; VK Nordbayern, Beschluss v. 19.5.2009 – 21.VK-3194-14/09; a.A. OLG Brandenburg, Beschluss v. 27.11.2008 – Verg W 15/08.

die VK Bund eine Reinigungsfläche von 52.000 qm hat die Kammer vor diesem Hintergrund als zu groß angesehen, um mittelständischen Unternehmen den erforderlichen Zugang zu ermöglichen.[535] Demgegenüber hat das OLG Karlsruhe eine Reinigungsfläche von 82.000 qm bis 90.000 qm als mittelstandskonform eingeordnet und sogar festgehalten, dass selbst eine zu reinigende Fläche von 255.000 qm von mittelständischen Unternehmen geleistet werden könnte.[536] Für Postdienstleistungen hat die VK Sachsen[537] ein bundes- und teilweise auch weltweites Versandvolumen von täglich 8.000 Briefen und die VK Bund[538] ein jährliches bundesweites Versandvolumen von 52.000 Briefen als für mittelständische Unternehmen leistbar betrachtet. Für die Vergabe von IT-Produkten hat das OLG Düsseldorf[539] einen Auftragswert von 570.000 Euro netto als indiziell angesehen, dass der öffentliche Auftrag von mittelständischen Unternehmen erbracht werden kann.

205 Die **Feststellung** der konkreten Marktverhältnisse zur Beurteilung der Teilbarkeit des öffentlichen Auftrags bereitet in der Praxis einige Schwierigkeiten. Die Anforderungen an diese Marktanalyse dürfen nicht überspannt werden und müssen sich in einem zumutbaren Rahmen halten.[540] Eine Sektoruntersuchung nach § 32e GWB ist durch den Auftraggeber allein schon deshalb nicht umsetzbar, dass ihm Ermittlungsbefugnisse entsprechend §§ 57 ff. GWB nicht zustehen. Auch zeigen die Erfahrungen aus der Entscheidungspraxis der Beschlussabteilungen des Bundeskartellamtes, dass sorgfältige Marktermittlungen selbst unter Nutzung der gesetzlichen Ermittlungsbefugnisse der §§ 57 ff. GWB zum Teil mehrere Monate andauern können, was mit dem vergaberechtlichen Beschleunigungsgrundsatz nicht vereinbar wäre.[541] Zumutbar ist Auftraggebern bei der Marktanalyse, vergangene Ausschreibungen auszuwerten und auf der Plattform Tenders Electronic Daily zu recherchieren. Zudem könnte eine Befragung bei den betroffenen Berufsverbänden erfolgen.[542] Der Aufwand zur Einholung eines umfassenden Gutachtens ist hingegen nicht zumutbar, zumal dieses nicht nur Erkundigungen über die inländischen Verhältnisse, sondern auch derer auf europäischer Ebene einzuholen hätte.[543] Die Sachverhaltsaufklärung gilt nach der Rechtsprechung der VK Bund[544] als vollständig, wenn sie im Ergebnis plausibel und belastbar ist, was bedeuten soll, dass sie *„im Vergabeverfahren oder im Vergabenachprüfungsverfahren mit hinreichend überzeugenden Tatsachenfeststellungen belegt und insoweit von Bietern oder Dritten nicht erfolgreich widerlegt werden kann"*. Dies ist zweifelhaft. Wenn es am Ende darauf ankommen soll, ob die vom Auftraggeber nach den mit ihm zumutbaren Maßnahmen ermittelten Marktkenntnisse widerlegt werden können, führt dies darauf hinaus, dass Auftraggeber doch eine abschließende Sicherheit über die Marktverhältnisse durch Begutachtungen o.Ä. gewinnen müssten. Dies aber widerspricht den Maßstäben der Zumutbarkeit und Beschleunigung.

4. Trennung nach Fachlosen

206 Neben der Teilung des Auftrags in Teillose sieht § 97 Abs. 4 S. 2 GWB die Trennung des öffentlichen Auftrags in Fachlose vor. Dies sind nach der Legaldefinition solche Lose, die nach Art oder Fachgebiet bestimmt werden.

a) Trennbarkeit nach Art oder Fachgebiet

207 Die Trennung hat nach **Art** oder **Fachgebiet** stattzufinden. Beide Begriffe stehen ausweislich des Gesetzeswortlauts („oder") in einem alternativen Verhältnis. Der Auftraggeber erfüllt die Verpflichtung zur Trennung des Auftrags in Fachlose daher bereits, wenn die Trennung entweder nach der Art oder nach dem Fachgebiet erfolgt. Was mit den Begrifflichkeiten jeweils ge-

535 VK Bund, Beschluss v. 4.3.2009 – VK 2-202/08 und 205/08.
536 OLG Karlsruhe, Beschluss v. 6.4.2011 – 15 Verg 3/11.
537 VK Sachsen, Beschluss v. 23.11.2016 – 1/SVK/026-16.
538 VK Bund, Beschluss v. 10.3.2022 – VK 1-19/22.
539 OLG Düsseldorf, Beschluss v. 25.4.2012 – VII-Verg 100/11.
540 Vgl. OLG Karlsruhe, Beschluss v. 6.4.2011 – 15 Verg 3/11.
541 Vgl. VK Bund, Beschluss v. 18.10.2012 – VK 2-77/12.
542 OLG Karlsruhe, Beschluss v. 6.4.2011 – 15 Verg 3/11.
543 VK Bund, Beschluss v. 18.10.2012 – VK 2-77/12.
544 Vgl. VK Bund, Beschluss v. 18.10.2012 – VK 2-77/12.

meint ist, wird vom Gesetz nicht erläutert. Die Art einer Leistung bezeichnet das Wesen der Leistung mit ihren grundlegenden Spezifikationen. Demgegenüber stellt das Fachgebiet auf einen bestimmten Arbeitsbereich ab, welcher der Leistung zuzuordnen ist. Beide Begriffe lassen sich kaum trennscharf voneinander abgrenzen, da die bestimmte Art einer Leistung zugleich die Grundlage dafür bildet, dass sich ein entsprechender Arbeitsbereich hierfür entwickelt. Eine klare Abgrenzung ist in der Rechtsanwendung aber auch nicht geboten, da es für die Erfüllung der Verpflichtung zur Trennung des öffentlichen Auftrags nach Fachlosen nicht darauf ankommt, ob die jeweiligen Lose nach der Art oder dem Fachgebiet abgetrennt sind.

Voraussetzung für die Bildung von Fachlosen ist, dass sich einzelne Leistungen der Art oder dem Fachgebiet nach abtrennen lassen. Für die **Trennbarkeit** des öffentlichen Auftrags ist maßgeblich darauf abzustellen, dass für die jeweilige Leistung ein eigener Markt mit spezialisierten Fachunternehmen besteht.[545] Diese Einordnung findet Rückhalt in den gesetzgeberischen Erwägungen. Hiernach brauche die Aufteilung in Fachlose nur so zu erfolgen, wie dies *„marktüblich"* ist.[546] Allein die tatsächlich-technische Möglichkeit, dass mehrere Abschnitte einer Leistung von Unternehmen erbracht werden können, begründet daher noch nicht das Vorliegen eines Fachloses.[547] Ob ein eigener Markt mit spezialisierten Fachunternehmen besteht, bestimmt sich nach einer Gesamtschau anhand gefestigter Spezialisierungen und der gewerblichen Vorschriften unter Berücksichtigung der allgemein oder regional üblichen Arbeitsteilung.[548] 208

Bei welcher **Anzahl** an spezialisierten Fachunternehmen von einem „Markt" gesprochen werden kann, ist nur in Ansehung der Verhältnisse des konkreten Markts zu bewerten. Die bloße Existenz einzelner spezialisierter Fachunternehmen genügt in der Regel nicht bereits für die Annahme, dass sich ein eigener Markt entwickelt hat.[549] Die VK Niedersachsen[550] etwa hat eine Anzahl von zwanzig Unternehmen für die Annahme eines etablierten Marktes bezüglich Schleifarbeiten für Estrich nicht ausreichen lassen. Nach der Rechtsprechung[551] kann eine Fachlosvergabe desto eher unterbleiben, *„je mehr Unternehmen (noch) Gesamtleistungen aus einer Hand anbieten"*.[552] Teilweise wird auch verlangt, dass eine hinreichend große Anzahl an Fachunternehmen bestehen solle, damit *„jeder öffentliche Auftraggeber, der Lose bildet, diese auch jederzeit im Wettbewerb vergeben kann."*[553] Dies dürfte indes selten gegeben sein, da nicht nur die Spezialisten, sondern auch die Generalisten sich um kleine Lose bewerben können. 209

Im Speziellen für die Vergabe von **Bauleistungen** kommt es etwa darauf an, ob die jeweiligen Leistungen *„von einem bestimmten Handwerks- oder Gewerbezweig ausgeführt werden."*[554] Regelmäßig liefern „Gewerke" einen Anhaltspunkt, wie sie etwa im Handwerksrecht bestehen, vgl. Anlage A und B HandwO.[555] Für Bauleistungen mit besonderen fachlichen Anforderungen z. B. im Denkmalschutz oder bei Restaurierungen sowie bei verschiedenen maschinen- und elektrotechnische Anlagen (Aufzugbau, küchentechnische Anlagen, Medizintechnik) sei nach dem Positionspapier des Deutschen Verdingungsausschuss für Bauleistungen eine Zu- 210

---

545 Vgl. OLG München, Beschluss v. 9.4.2015 – Verg 1/15; OLG Koblenz, Beschluss v. 16.9.2013 – 1 Verg 5/13; OLG Naumburg, Beschluss v. 14.3.2013 – 2 Verg 8/12; OLG Düsseldorf, Beschluss v. 11.1.2012 – VII-Verg 52/11; VK Bund, Beschluss v. 7.12.2015 – VK 2-105/15; VK Brandenburg, Beschluss v. 28.7.2011 – VK 18/11.

546 Vgl. Beschlussempfehlung und Bericht des Ausschusses für Wirtschaft und Technologie (9. Ausschuss), VergRModG 2009, BT-Drs. 16/11428, 33.

547 OLG Koblenz, Beschluss v. 16.9.2013 – 1 Verg 5/13; VK Niedersachsen, Beschluss v. 8.8.2014 – VgK-22/2014.

548 Vgl. OLG Düsseldorf, Beschluss v. 13.3.2020 – VII-Verg 10/20; OLG Schleswig, Beschluss v. 25.1.2013 – 1 Verg 6/13; OLG Koblenz, Beschluss v. 16.9.2013 – 1 Verg 5/13; VK Bund, Beschluss v. 10.3.2022 – VK 1-19/22; VK Niedersachsen, Beschluss v. 8.8.2014 – VgK-22/2014.

549 OLG Koblenz, Beschluss v. 16.9.2013 – 1 Verg 5/13; VK Niedersachsen, Beschluss v. 8.8.2014 – VgK-22/2014.

550 VK Niedersachsen, Beschluss v. 8.8.2014 – VgK-22/2014.

551 OLG Düsseldorf, Beschluss v. 23.3.2011 – VII-Verg 63/10.

552 Kritisch hierzu *Ziekow*, GewA 2013, 417 (418).

553 VK Niedersachsen, Beschluss v. 8.8.2014 – VgK-22/2014.

554 OLG Düsseldorf, Beschluss v. 11.7.2007 – VII-Verg 10/07; siehe auch VK Niedersachsen, Beschluss v. 8.8.2014 – VgK-22/2014; VK Baden-Württemberg, Beschluss v. 18.2.2011 – 1 VK 02/11.

555 OLG Schleswig, Beschluss v. 30.10.2012 – 1 Verg 5/12.

sammenfassung mit anderen Fachlosen in der Regel nicht sachgerecht.[556] Allgemein sei es nach diesem Papier hingegen üblich, Erd-, Maurer-, Beton- und Stahlbetonarbeiten zusammen als ein Fachlos zu vergeben. Bei der Beschaffung von **Lieferleistungen** kommt es für die Feststellung eines eigenen Marktes auf die jeweiligen zu beschaffenden Produkte an. Nach den Gesetzesmaterialien[557] gilt etwa als marktunüblich, die Beschaffung von Fenstern in Rahmen, Scheiben, Griffe und Beschläge zu trennen. Marktüblich sei es hingegen, die Beschaffung von Computern nach Rechner, Eingabegeräten und Monitor zu trennen. Bei **Dienstleistungen** ergibt sich die Fachlosqualität aus den unterschiedlichen Anforderungen an die Dienstleistung selbst. Dies kann sich insbesondere in unterschiedlichen Ausbildungsanforderungen[558], Genehmigungserfordernissen[559] oder an den wettbewerblichen Verhältnissen[560] ausdrücken. Entscheidend kann es dabei auch sein, an welchem Objekt die Dienstleistung ausgeführt wird.[561]

211 Die **Feststellung** darüber, ob es sich bei bestimmten Teilen eines öffentlichen Auftrags um Fachlose handelt, kann auftraggeberseitig wegen der dynamischen Entwicklung von Märkten schwierig sein. Eine umfassende Markterforschung und Marktbeobachtung während der Vorbereitung des Vergabeverfahrens kann Auftraggebern aufgrund des Kosten- und Zeitaufwandes hingegen nicht zugemutet werden. Es dürfte daher genügen, dass der Auftraggeber die Marktanalyse auf Grundlage der ihm zur Verfügung stehenden und angemessen zugänglichen Informationen nachvollziehbar ableitet.[562] Hierzu dürfte es insbesondere erforderlich sein, die Fachlos-Bekanntmachungen im Supplement der Europäischen Union zu sichten.[563] Zutreffend lässt es auch die Rechtsprechung[564] jedenfalls bei sich im Umbruch befindlichen Marktverhältnissen genügen, wenn sich der Auftraggeber bei der Feststellung davon leiten lässt, wie er nach seinen bisherigen Erfahrungen einen möglichst großen Bieterkreis ansprechen kann.

b) Rechtsprechung

212 Eine Auftrennung in Fachlose wird bei **Postdienstleistungen** und damit im Zusammenhang stehenden Leistungen verlangt. So wurden Druck- und Kuvertierungsleistungen zum einen und Versandleistungen zum anderen jeweils als Fachlos eingeordnet, was sich daraus ergebe, dass gesonderte Genehmigungserfordernisse hinsichtlich des Postversands nach § 5 PostG bestünden.[565] Auch die Versandleistungen können je nach Versandgut in Fachlose zu unterteilen sein. Dies hat die Rechtsprechung[566] für Leistungen der Paket- und Päckchenbeförderung auf der einen und der Briefbeförderung auf der anderen Seite angenommen. Diese seien aufgrund der unterschiedlichen logistischen und technischen Anforderungen trennbar. Denn die Verbindung der Paket- und Päckchenbeförderung mit modernen Systemen des Versandhandels oder der sonstigen Warendistribution erfordere eine Leistungsstruktur, die sich stark von derjenigen für die Briefbeförderung unterscheide. Weiterhin können unterschiedliche Zustellstrukturen eine Trennbarkeit nach Fachlosen begründen. Die VK Bund[567] hat in einer Entscheidung die Trennung eines öffentlichen Auftrags für die werktägliche Abholung von Postsendungen zum einen und die einmalige Abholung von Postsendungen verlangt, da diese Leis-

556 Vgl. Deutscher Verdingungsausschuss für Bauleistungen, Erläuterungen zur Zusammenfassung von Fachlosen, Bildung von Teillosen (Stand: 30.8.2000).
557 Vgl. Beschlussempfehlung und Bericht des Ausschusses für Wirtschaft und Technologie (9. Ausschuss), VergRModG 2009, BT-Drs. 16/11428, 33.
558 Vgl. OLG Düsseldorf, Beschluss v. 8.9.2011 – VII-Verg 48/11.
559 VK Bund, Beschluss v. 10.3.2022 – VK 1-19/22.
560 Vgl. VK Bund, Beschluss v. 29.1.2018 – VK 2-138/17 (*„Zustellwettbewerb vs. Konsolidierungswettbewerb“*).
561 OLG Düsseldorf, Beschluss v. 23.3.2011 – VII-Verg 63/10 (für die Reinigung von Räumen und Fenstern); anders OLG Schleswig, Beschluss v. 25.1.2013 – 1 Verg 6/12.
562 Siehe auch *Ziekow*, GewA 2013, 417 (418): *„Vorgehen auf der Grundlage der für ihn erkennbaren Entwicklungen“*.
563 Siehe VK Südbayern, Beschluss v. 12.8.2016 – Z3-3-3194-1-27-07-16; VK Brandenburg, Beschluss v. 5.8.2015 – VK 11/15.
564 OLG Düsseldorf, Beschluss v. 23.3.2011 – VII-Verg 63/10.
565 VK Bund, Beschluss v. 10.3.2022 – VK 1-19/22; Beschluss v. 8.6.2020 – VK 2-41/20.
566 OLG Schleswig, Beschluss v. 25.1.2013 – 1 Verg 6/12.
567 VK Bund, Beschluss v. 29.1.2018 – VK 2-138/17.

tungen unterschiedliche Zustellstrukturen ansprechen und daher jeweils *„dem Charakter nach Fachlosen jedenfalls angenähert"* seien.

Bei Leistungen der **Gebäudereinigung** ist nach der Rechtsprechung[568] davon auszugehen, dass Glasreinigungsleistungen von den Unterhaltsreinigungsleistungen trennbar seien. Die Gebäudereinigung teile sich in organisatorischer Hinsicht, im Hinblick auf Qualifikation und Entlohnung des eingesetzten Personals sowie im Marktauftritt in zwei voneinander getrennte Fachbereiche der Glas- und Unterhaltsreinigung. Das Segment der Unterhaltsreinigung werde im Wesentlichen von den großen Unternehmen der Branche abgedeckt, während mittelständische Unternehmen sich im Allgemeinen auf die Glasreinigung beschränkten. **213**

Leistungen zur **Unterbringung** stehen in der Praxis häufig mit einem Bündel an weiteren Leistungen im Zusammenhang, die jeweils einem eigenen Markt zuzuordnen sein können. So hat die VK Südbayern[569] einzelne Fachlose jeweils für die Bereiche Management, Reinigung, Catering und Objektbetreuung mit Hausmeistertätigkeit angenommen. **214**

Für **Rettungsdienstleistungen** hat das OLG Naumburg die Trennbarkeit von Leistungen der Notfallrettung und des qualifizierten Krankentransports verneint.[570] Zwar hätten nach den landesgesetzlichen Regelungen für beide Leistungen unterschiedliche Mindestanforderungen an die technische Ausstattung und personelle Besetzung bestanden. Der Senat erkannte allerdings keine sich aus diesen unterschiedlichen Anforderungen an die technische und personelle Leistungsfähigkeit bei der Losbildung zu berücksichtigende Spezialisierung. **215**

Für Leistungen der **Abfallentsorgung** kann sich ebenfalls die Frage nach einer Losaufteilung stellen. Nach der Rechtsprechung der VK Brandenburg[571] handelt es sich bei der Entsorgung von Sperrmüll zum einen und der Entsorgung von gemischten Siedlungsabfällen nicht um qualitativ abgrenzbare Fachgebiete. Allein die formale Zuordnung von Sperrmüll und gemischten Siedlungsabfällen zu unterschiedlichen Abfallschlüsseln führe nicht zu einer qualitativen Abgrenzbarkeit. Dies folge bereits daraus, dass sowohl gemischte Siedlungsabfälle als auch Sperrmüll Unterformen „anderer Siedlungsabfälle" nach Abfallschlüssel 20 03 AVV seien. Demgegenüber stellen nach der Rechtsprechung[572] die Abfallfraktionen Hausmüll, Altpapier, Bioabfall und Sperrmüll jeweils einen eigenen Markt dar und müssen daher durch entsprechende Fachlose abgebildet werden. Nicht jedes Unternehmen könne alle vier Bereiche abdecken und verfüge über die nötige Ausstattung. Die zeitliche Beanspruchung an das Einsammeln der Abfälle sei unterschiedlich, je nachdem ob es um das Sammeln von Sperrmüll gehe oder das in viel kürzeren Abständen erforderliche Sammeln des Restmülls. **216**

Fragen zur Auftrennung des Auftragsgegenstandes stellen sich auch bei der Vergabe von **Straßenbauarbeiten**. Ein eigenes Fachlos hat die Rechtsprechung[573] für die Errichtung von Lärmschutzwänden bei dem Ausbau einer Autobahnstrecke angenommen, da sich hierfür ein Markt gebildet habe, auf dem Anbieter solche Arbeiten als eigenständigen Auftrag inklusive aller anfallenden Arbeiten anböten. Es bestehe daher ein baugewerblicher Fachzweig. Auch für Verkehrssicherungsleistungen wird von einem Fachlos ausgegangen.[574] Für diese Leistungen habe sich ein eigener Markt spezialisierter Fachunternehmen entwickelt, die Lösungen für Verkehrssicherungsmaßnahmen anbieten und solche Arbeiten als eigenständigen Auftrag übernehmen. Es gebe hierfür eine Vielzahl eigens geschaffener technischer Regelwerke, Richtlinien und zusätzlicher technischer Vertragsbedingungen. **217**

---

568 OLG Koblenz, Beschluss v. 4.4.2012 – 1 Verg 2/11; OLG Düsseldorf, Beschluss v. 11.1.2012 – VII-Verg 52/11; Beschluss v. 23.3.2011 – VII-Verg 63/10.

569 VK Südbayern, Beschluss v. 12.8.2016 – Z3-3-3194-1-27-07/16.

570 Vgl. OLG Naumburg, Beschluss v. 14.3.2013 – 2 Verg 8/12 (obiter dictum).

571 VK Brandenburg, Beschluss v. 28.7.2011 – VK 18/11.

572 VK Brandenburg, Beschluss v. 28.7.2011 – VK 18/11; VK Baden-Württemberg, Beschluss v. 18.02.2011 – 1 VK 02/11.

573 OLG München, Beschluss v. 9.4.2015 – Verg 1/15; OLG Düsseldorf, Beschluss v. 11.7.2007 – VII-Verg 10/07; VK Sachsen, Beschluss v. 25.9.2009 – 1/SVK/038-09.

574 Vgl. VK Brandenburg, Beschluss v. 5.8.2015 – VK 11/15; wohl auch VK Bund, Beschluss v. 15.7.2021 – VK 2-73/21; VK Baden-Württemberg, Beschluss v. 24.9.2019 – 1 VK 51/19.

218 Mit der Einteilung nach Fachgebieten hatte sich die VK Niedersachsen[575] für das **Verlegen** und das **Schleifen** von Estrich zu befassen. Sie verneinte eine Verpflichtung des Auftraggebers zur Trennung nach Fachlosen. Die Anzahl von zwanzig Unternehmen, die auf das Schleifen von Estrich spezialisiert seien, sei nicht derartig groß, dass von einem etablierten Schleifermarkt auszugehen sei. Auch existierte für das Schleifen weder eine spezielle DIN noch eine Erwähnung in den Gewerbeverzeichnissen der HandwO.

219 Die Anforderungen an **Wartungsleistungen** werden maßgeblich durch den Wartungsgegenstand bestimmt. So hat die Rechtsprechung[576] eigenständige Fachlose für die Wartung von Rauch-Wärme-Abzugsanlagen zum einen und die Wartung von Brandmeldeanlagen angenommen. Während Brandmeldeanlagen rein elektronisch (fernmelde- und informationstechnisch) zu warten seien, komme bei den Lüftungsanlagen eine mechanische Komponente hinzu, was sich entsprechend in den Ausbildungsanforderungen und damit letztlich der Qualifikation des Personals niederschlage.

5. Anzahl der Lose und Loszuschnitt

a) Teillose

220 § 97 Abs. 4 S. 2 GWB trifft keine konkreten Vorgaben über die **Anzahl** der zu bildenden Teillose. Die Regelung verlangt lediglich, *dass* Leistungen nach Losen zu vergeben sind. Anders als es der Wortlaut von § 97 Abs. 4 S. 2 GWB suggeriert, kommt der Auftraggeber dieser Verpflichtung nicht schon dadurch nach, dass er überhaupt den öffentlichen Auftrag in Lose unterteilt. Andererseits kann theoretisch jede einzelne Mengeneinheit eines öffentlichen Auftrags in einem gesonderten Los ausgeschrieben werden. Dies wäre indes nicht praktikabel und ist von Gesetzes wegen nicht gewollt. Die Teilung der Menge muss sich vielmehr an dem Gesetzeszweck orientieren, die mittelständischen Interessen zu schützen.[577] Sie muss daher insoweit erfolgen, dass eine Losgröße erreicht wird, die von mittelständischen Unternehmen auf dem konkreten Markt bewältigt werden kann. Dabei ist auf den Auslegungsmaßstab nach § 97 Abs. 4 S. 1 GWB zurückzugreifen. Eine weitere Teilung des öffentlichen Auftrags ist daher nach hiesiger Auffassung[578] nicht erforderlich, wenn das Auftragsvolumen der jeweiligen Lose nicht nur von Großunternehmen, sondern zumindest auch von den größten mittelständischen Unternehmen bewältigt werden kann.

221 Vorgaben dazu, wie der öffentliche Auftrag in der Menge zu teilen ist (sog. **Loszuschnitt**), existieren ebenfalls nicht. Der Auftraggeber verfügt daher bezüglich des Loszuschnitts über einen Ermessensspielraum.[579] Seine Entscheidung ist von den Nachprüfungsinstanzen nur darauf zu überprüfen, ob sie auf vollständiger und zutreffender Sachverhaltsermittlung und nicht auf einer Ermessensfehlbetätigung, namentlich auf Willkür, beruht. Eingeschränkt wird dieser Spielraum durch den Gesetzeszweck, mittelständische Interessen zu berücksichtigen. Der Zuschnitt muss in einer Weise geschehen, dass mittelständische Unternehmen auf dem konkreten Markt das Volumen des jeweiligen Loses bewältigen können.[580] Dabei ist auf den Auslegungsmaßstab nach § 97 Abs. 4 S. 1 GWB zurückzugreifen. Die Lose sind daher nach hiesiger Auffassung[581] so zuzuschneiden, dass das Auftragsvolumen der jeweiligen Lose nicht nur von Großunternehmen, sondern zumindest auch von den größten mittelständischen Unternehmen des relevanten Marktes bewältigt werden kann. Der Auftraggeber ist nicht verpflichtet, den Loszuschnitt so zu gestalten, dass bestimmte Unternehmen und deren einzel-

575 VK Niedersachsen, Beschluss v. 8.8.2014 – VgK-22/2014.
576 OLG Düsseldorf, Beschluss v. 8.9.2011 – VII-Verg 48/11.
577 Vgl. OLG Schleswig, Beschluss v. 25.1.2013 – 1 Verg 6/12.
578 Siehe hierzu oben Rn. 186.
579 OLG Frankfurt, Beschluss v. 14.5.2018 – 11 Verg 4/18; OLG Düsseldorf, Beschluss v. 11.1.2012 – VII-Verg 52/11; OLG Karlsruhe, Beschluss v. 6.4.2011 – 15 Verg 3/11; VK Bund, Beschluss v. 18.10.2012 – VK 2-77/12.
580 Vgl. OLG Schleswig, Beschluss v. 25.1.2013 – 1 Verg 6/12; OLG Düsseldorf, Beschluss v. 21.3.2012 – VII-Verg 92/11; VK Nordbayern, Beschluss v. 19.5.2009 – 21.VK-3194-14/09.
581 Siehe hierzu oben Rn. 186.

wirtschaftliche Interessen bedient werden,[582] und erst Recht nicht, dass die Interessen jedes am konkreten relevanten Markt tätigen mittelständischen Unternehmens berücksichtigt werden.[583] Es gibt daher keinen Anspruch der Unternehmen auf einen *„Wunschzuschnitt"*.[584]

Der Auftraggeber kann den Loszuschnitt an **räumliche Gegebenheiten** ausrichten (sog. Gebiets- oder Regionallose).[585] Bei der Vergabe von Verkehrsdienstleistungen kann die Unterteilung nach Strecken vorgenommen werden.[586] Entsprechendes gilt für Straßenbauarbeiten, die in Streckenabschnitten unterteilt werden können.[587] Je nach Auftragsgegenstand und betroffenen Markt kann die räumliche Aufteilung des Auftrags sogar geboten sein. Dies spielt insbesondere bei Postdienstleistungen aufgrund des stark regionalen Marktes eine große Rolle. **222**

b) Fachlose

§ 97 Abs. 4 S. 2 GWB gibt keine konkrete **Anzahl**, insbesondere keine Höchst- oder Mindestanzahl der getrennt zu vergebenden Fachlose vor. Sofern für bestimmte Leistungen der Charakter eines Fachloses festgestellt wurde, ist dieses Fachlos nach der Regelung getrennt zu vergeben, unabhängig davon, wie viele Fachlose im Übrigen getrennt vergeben werden. **223**

Der Maßstab der Trennung des öffentlichen Auftrags nach Fachlosen hat auch zur Folge, dass der **Loszuschnitt** bereits durch die Feststellung der jeweiligen Fachlose vorgegeben ist. Sofern daher generell[588] oder spezifisch in Bezug für Fachlose[589] davon gesprochen wird, dass dem Auftraggeber ein Ermessensspielraum zukommt, ist dies unzutreffend. Der Auftraggeber muss den Loszuschnitt der Fachlose an dem festgestellten Fachcharakter der jeweiligen Leistungen orientieren. Ein Entscheidungsspielraum wird dem Auftraggeber hierüber nicht eröffnet. **224**

IV. Zusammenvergabe von Losen (S. 3)

Ist die vom Auftraggeber im Rahmen seiner Gestaltungskompetenz festgelegte Leistung teilbar, so kann unter den Voraussetzungen des § 97 Abs. 4 S. 3 GWB gleichwohl von einer losweisen Unterteilung des öffentlichen Auftrags abgesehen werden. Nach dem Wortlaut der Vorschrift dürfen mehrere Lose zusammen vergeben werden, wenn wirtschaftliche oder technische Gründe dies erfordern. Damit statuiert der Gesetzgeber eine Ausnahme von dem grundsätzlichen Gebot der losweisen Unterteilung des öffentlichen Auftrags.[590] **225**

Aufgrund des Ausnahmecharakters der Vorschrift verlangt die Rechtsprechung[591] eine restriktive **Auslegung**. Dem kann nicht gefolgt werden. Eine Auslegungsregel, dass Ausnahmevorschriften stets eng auszulegen seien, gibt es nicht.[592] Vor dem Hintergrund, dass das Gebot der Losunterteilung einen erheblichen Eingriff in das grundsätzliche Bestimmungsrecht des Auftraggebers über den Auftragsgegenstand darstellt, ist eine restriktive Auslegung der Regelung nicht angezeigt. Andernfalls bestünde die Gefahr, dass dem Auftraggeber wirtschaftlich unvernünftige oder technisch nicht gewollte Lösungen aufgedrängt werden. **226**

---

582 OLG Düsseldorf, Beschluss v. 21.12.2016 – VII-Verg 26/16; OLG Schleswig, Beschluss v. 25.1.2013 – 1 Verg 6/12.
583 OLG Karlsruhe Beschluss v. 6.4.2011 – 15 Verg 3/11.
584 OLG Schleswig, Beschluss v. 25.1.2013 – 1 Verg 6/12.
585 OLG Koblenz, Beschluss v. 16.9.2013 – 1 Verg 5/13; OLG Düsseldorf, Beschluss v. 23.3.2011 – VII-Verg 63/10; VK Baden-Württemberg, Beschluss v. 18.2.2011 – 1 VK 02/11; vgl. auch VK Sachsen-Anhalt, Beschluss v. 24.2.2000 – VK Hal 02/00.
586 OLG Düsseldorf, Beschluss v. 21.7.2010 – VII-Verg 19/10.
587 Vgl. Beschlussempfehlung und Bericht des Ausschusses für Wirtschaft und Technologie (9. Ausschuss), VergRModG 2009, BT-Drs. 16/11428, 33.
588 Siehe etwa VK Bund, Beschluss v. 18.10.2012 – VK 2–77/12; *Dreher*, in: Immenga/Mestmäcker, Wettbewerbsrecht, § 97 GWB Rn. 151.
589 Siehe VK Rheinland-Pfalz, Beschluss v. 23.11.2011 – VK 2-34/11.
590 Vgl. Gesetzesbegründung zu § 97 Abs. 3 GWB a.F., VergRModG 2009, BT-Drs. 16/10117, 15; OLG Düsseldorf, Beschluss v. 23.3.2011 – VII-Verg 63/10; VK Sachsen, Beschluss v. 22.10.2020 – 1/SVK/023-20; VK Rheinland-Pfalz, Beschluss v. 23.11.2011 – VK 2-34/11.
591 VK Rheinland-Pfalz, Beschluss v. 23.11.2011 – VK 2-34/11; VK Brandenburg, Beschluss v. 5.8.2015 – VK 11/15.
592 Vgl. BVerwG, Urteil v. 27.11.2014 – 7 C 20.12.

227 Die Regelung berechtigt den Auftraggeber dazu, die Lose **zusammen** zu **vergeben**. Diese Formulierung ist missverständlich. Gemeint ist nicht die bloße gemeinsame Vergabe der Lose innerhalb eines Vergabeverfahrens, was in der Praxis den Regelfall bildet und in den Standardformularen für die Bekanntmachung nach der VO 2015/1986 auch vorgesehen ist, sondern der Verzicht auf die losweise Unterteilung des öffentlichen Auftrags.

228 Die in § 97 Abs. 4 S. 3 GWB genannten Arten von **Gründen** – wirtschaftliche oder technischer Art – stehen in einem alternativen, indes nicht einander ausschließenden Verhältnis zueinander. Für die Rechtfertigung der Zusammenvergabe müssen daher nicht sowohl wirtschaftliche als auch technische Gründe vorliegen. Die Formulierung der Regelung spricht dafür, dass diese Aufzählung abschließend ist.[593] Andere Gründe als solche wirtschaftlicher oder technischer Art sind daher nicht geeignet, die Zusammenvergabe von Losen zu rechtfertigen. Die wirtschaftlichen und technischen Gründe können jeweils sowohl den Verzicht auf die Teilung in Teillose als auch die Trennung in Fachlose rechtfertigen. Anders als es der Wortlaut mit der Pluralform suggeriert, kann die Zusammenvergabe auch durch einen einzelnen wirtschaftlichen oder technischen Grund gerechtfertigt sein. Ob es sich im Einzelnen um wirtschaftliche oder technische Gründe handelt, ist für die Rechtfertigung der Zusammenvergabe irrelevant, sodass es einer strikten Abgrenzung nicht bedarf. Die jeweiligen Gründe müssen sich auf die konkrete Zusammenfassung der Leistung beziehen, sodass solche Überlegungen, die das gesamte Vorhaben betreffen, nur berücksichtigt werden, wenn sie gerade auch die zusammengefassten Leistungen erfassen.[594] So trifft die Entscheidung über die Bildung eines Fachloses für ein bestimmtes Fachgewerk keine Aussage darüber, ob Fachlose auch für andere Fachgewerke zu bilden sind, oder ob der „Rest" des geplanten Projekts zusammen vergeben werden kann.[595]

229 Die **Feststellungslast** darüber, dass wirtschaftliche oder technische Gründe vorliegen, die für eine Zusammenvergabe der Lose sprechen, liegt beim Auftraggeber.[596] Kann der Auftraggeber die Gründe für die Zusammenvergabe nicht plausibel darstellen, geht dies zu seinen Lasten.[597]

1. Maßstab des Erforderns

230 Wirtschaftliche oder technische Gründe müssen die Zusammenvergabe von Losen erfordern. Der Begriff des **Erforderns** suggeriert, dass es sich um Gründe handeln muss, die eine Zusammenvergabe unausweichlich gebieten. Aus dem Umstand, dass auch wirtschaftliche Gründe die Zusammenvergabe erfordern können, folgt jedoch, dass dies nicht gemeint sein kann.[598] Umgekehrt können auch nicht bloße Zweckmäßigkeitserwägungen ausreichen.[599] Die Rechtsprechung legt den Begriff des Erforderns dahingehend aus, dass die Gründe für eine Zusammenvergabe nicht lediglich anerkennenswert sind, sondern *„überwiegen"* müssen.[600] Dies verlangt, dass den Interessen gegen die losweise Unterteilung des öffentlichen Auftrags ein – wenn auch nur geringfügig[601] – höheres Gewicht beizumessen ist als den mittelständischen

593 Vgl. VK Bund, Beschluss v. 8.6.2020 – VK 2-41/20; *Kau*, in: Röwekamp/Kus/Portz/Prieß, GWB-Vergaberecht, § 97 Rn. 57.

594 OLG München, Beschluss v. 9.4.2015 – Verg 1/15; VK Baden-Württemberg, Beschluss v. 24.9.2019 – 1 VK 51/19; VK Südbayern, Beschluss v. 12.8.2016 – Z3-3-3194-1-27-07/16.

595 OLG München, Beschluss v. 9.4.2015 – Verg 1/15.

596 Vgl. OLG Koblenz, Beschluss v. 4.4.2012 – 1 Verg 2/11.

597 Vgl. OLG Koblenz, Beschluss v. 4.4.2012 – 1 Verg 2/11.

598 Siehe im Ergebnis auch OLG Frankfurt, Beschluss v. 14.5.2018 – 11 Verg 4/18; OLG Düsseldorf, Beschluss v. 21.12.2016 – VII-Verg 26/16.

599 Vgl. OLG Koblenz, Beschluss v. 4.4.2012 – 1 Verg 2/11; VK Brandenburg, Beschluss v. 5.8.2015 – VK 11/15.

600 Vgl. OLG Düsseldorf, Beschluss v. 13.3.2020 – VII-Verg 10/20; OLG Frankfurt, Beschluss v. 14.5.2018 – 11 Verg 4/18; KG, Beschluss v. 26.3.2019 – Verg 16/16; VK Bund, Beschluss v. 10.3.2022 – VK 1-19/22; Beschluss v. 15.7.2021 – VK 2-73/21; VK Sachsen, Beschluss v. 22.10.2020 – 1/SVK/023-20; VK Brandenburg, Beschluss v. 5.8.2015 – VK 11/15; VK Schleswig-Holstein, Beschluss v. 19.10.2012 – VK-SH 28/12; VK Rheinland-Pfalz, Beschluss v. 23.11.2011 – VK 2-34/11; einschränkend (*„cum grano salis"*) für die Teillosbildung VK Sachsen, Beschluss v. 22.10.2020 – 1/SVK/023-20, wobei ungewiss bleibt, worin die Einschränkung liegen soll.

601 Vgl. VK Baden-Württemberg, Beschluss v. 24.9.2019 – 1 VK 51/19, wonach *„bloßes Überwiegen [...] hierbei ausreichend"* ist.

Interessen. Dies sei im Rahmen einer umfassenden Abwägung der widerstreitenden Belange anhand der konkreten Umstände und Interessen des Einzelfalls festzustellen, bei der sich der Auftraggeber mit dem grundsätzlichen Gebot der losweisen Unterteilung des öffentlichen Auftrags einerseits und den im konkreten Fall dagegen sprechenden Gründen andererseits auseinanderzusetzen habe.[602] Diese Maßstäbe der Rechtsprechung sind indes zweifelhaft. Anders als etwa in §§ 169, 176 GWB hat der Gesetzgeber einen Abwägungsprozess nicht angeordnet.[603] Es ist auch im Ausgangspunkt unklar, welches Gewicht den mittelständischen Interessen überhaupt zukommen soll, das überwogen sein muss. Richtigerweise ist die Zusammenvergabe von Losen bereits erforderlich, wenn hierfür sachlich nachvollziehbare Gründe wirtschaftlicher oder technischer Art bestehen. Eine strengere Auslegung ist wegen des Bestimmungsrecht des Auftraggebers über den Beschaffungsgegenstand nicht anzulegen, da dem Auftraggeber keine wirtschaftlich oder technisch nachteiligen Beschaffungen aufgezwungen werden dürfen. Aufgrund der Gesetzessystematik sind indes solche Nachteile vom Auftraggeber hinzunehmen, die **teilungsimmanent** sind, das heißt, die zwangsläufig mit einer losweisen Unterteilung eines öffentlichen Auftrags einhergehen. Solche Nachteile können eine Zusammenvergabe von Losen nur begründen, wenn sie über das übliche Maß hinausgehen. Diese Abgrenzung findet sich auch in der Rechtsprechung.[604] Zu den teilungsimmanenten Nachteilen zählt die Rechtsprechung den Ausschreibungs-, Prüfungs-, Aufsichts- und Koordinierungsaufwand und den höheren Aufwand bei Gewährleistungen.[605] Es genügt daher beispielsweise zur Begründung der Zusammenvergabe von Leistungen nicht, dass andernfalls mit unterschiedlichen Ansprechpartnern kommuniziert werden müsse[606] oder die Schlüsselverwaltung bei der Vergabe von Reinigungsdienstleistungen aufwendiger ist.[607]

Bei der Einschätzung steht dem Auftraggeber nach der Rechtsprechung[608] ein **Beurteilungsspielraum** für die Abwägung zu, der nur beschränkt der Prüfung durch die Nachprüfungsinstanzen zugänglich ist. Die Entscheidung des Auftraggebers für den Verzicht auf eine losweise Unterteilung ist nur darauf zu überprüfen, ob sie auf vollständiger und zutreffender Sachverhaltsermittlung und nicht auf einer Fehlbeurteilung, namentlich auf Willkür, beruhe. Ein solcher Beurteilungsspielraum ist dem Auftraggeber auch nach der hiesigen Auffassung[609] zuzuerkennen, nach der eine Interessensabwägung nicht zu erfolgen hat.[610] Ob dem Auftraggeber 231

---

602 OLG Frankfurt, Beschluss v. 14.5.2018 – 11 Verg 4/18; OLG Düsseldorf, Beschluss v. 21.3.2012 – VII-Verg 92/11; VK Bund, Beschluss v. 15.7.2021 – VK 2-73/21; VK Baden-Württemberg, Beschluss v. 24.9.2019 – 1 VK 51/19; VK Südbayern, Beschluss v. 12.8.2016 – Z3-3-3194-1-27-07-16; VK Brandenburg, Beschluss v. 5.8.2015 – VK 11/15; VK Rheinland-Pfalz, Beschluss v. 23.11.2011 – VK 2-34/11; einschränkend (*„cum grano salis"*) für die Teillosbildung VK Sachsen, Beschluss v. 22.10.2020 – 1/SVK/023-20, wobei ungewiss bleibt, worin die Einschränkung liegen soll.

603 So zutreffend *Frenz*, GewA 2018, 95 (96).

604 Vgl. OLG Düsseldorf, Beschluss v. 13.3.2020 – VII-Verg 10/20; KG, Beschluss v. 26.3.2019 – Verg 16/16; OLG Frankfurt, Beschluss v. 14.5.2018 – 11 Verg 4/18; OLG München, Beschluss v. 9.4.2015 – Verg 1/15; OLG Koblenz, Beschluss v. 4.4.2012 – 1 Verg 2/11, NZBau 2012, 598 (599); VK Bund, Beschluss v. 10.3.2022 – VK 1-19/22; Beschluss v. 8.6.2020 – VK 2-41/20; VK Südbayern, Beschluss v. 12.8.2016 – Z3-3-3194-1-27-07/16; VK Brandenburg, Beschluss v. 5.8.2015 – VK 11/15; VK Schleswig-Holstein, Beschluss v. 19.10.2012 – VK-SH 28/12; VK Sachsen, Beschluss v. 25.9.2009 – 1/SVK/038-09.

605 Vgl. OLG Düsseldorf, Beschluss v. 13.3.2020 – VII-Verg 10/20; KG, Beschluss v. 26.3.2019 – Verg 16/16; OLG Frankfurt, Beschluss v. 14.5.2018 – 11 Verg 4/18; OLG München, Beschluss v. 9.4.2015 – Verg 1/15; OLG Koblenz, Beschluss v. 4.4.2012 – 1 Verg 2/11, NZBau 2012, 598 (599); VK Bund, Beschluss v. 10.3.2022 – VK 1-19/22; Beschluss v. 8.6.2020 – VK 2-41/20; VK Südbayern, Beschluss v. 12.8.2016 – Z3-3-3194-1-27-07/16; VK Brandenburg, Beschluss v. 5.8.2015 – VK 11/15; VK Schleswig-Holstein, Beschluss v. 19.10.2012 – VK-SH 28/12; VK Sachsen, Beschluss v. 25.9.2009 – 1/SVK/038-09.

606 Vgl. VK Rheinland-Pfalz, Beschluss v. 23.11.2011 – VK 2-34/11; VK Sachsen, Beschluss v. 30.4.2008 – 1/SVK/020-08.

607 VK Rheinland-Pfalz, Beschluss v. 23.11.2011 – VK 2-34/11.

608 Vgl. OLG Düsseldorf, Beschluss v. 24.3.2021 – VII-Verg 10/20; Beschluss v. 1.6.2016 – VII-Verg 6/16 (*„Einschätzungsprärogative"*); OLG München, Beschluss v. 25.3.2019 – Verg 10/18; OLG Frankfurt, Beschluss v. 14.5.2018 – 11 Verg 4/18; OLG Schleswig, Beschluss v. 25.1.2013 – 1 Verg 6/12 (*„Einschätzungsspielraum"*); VK Bund, Beschluss v. 10.3.2022 – VK 1-19/22; Beschluss v. 15.7.2021 – VK 2-73/21; VK Sachsen, Beschluss v. 22.10.2020 – 1/SVK/023-20; VK Saarland, Beschluss v. 7.9.2009 – 3 VK 01/2009; a.A. KG, Beschluss v. 26.3.2019 – Verg 16/16; *Frenz*, VergabeR 2011, 13 (15).

609 Siehe zuvor Rn. 230.

610 So auch *Frenz*, GewA 2018, 95 (96); a.A. wohl *Knauff*, in: Säcker/Ganske/Knauff, Wettbewerbsrecht, § 97 GWB Rn. 254.

ein Beurteilungsspielraum zusteht, richtet sich nach dem Sinn und Zweck der Vorschrift und unter Berücksichtigung der Eigenart der einschlägigen Materie.[611] Der Begriff des Erforderns ist ein unbestimmter Rechtsbegriff und setzt eine Bewertung des Auftraggebers voraus. Er gibt ihm die Prüfung auf, ob er mit dem konkreten Beschaffungsvorhaben seine wirtschaftlichen und technischen Zielsetzungen auch bei einer Unterteilung des öffentlichen Auftrags im gebotenen Rahmen erreichen kann. Diese Frage kann jedoch nur der Auftraggeber selbst beantworten, wofür ihm ein Beurteilungsspielraum zuzuerkennen ist.

232 Nach der Rechtsprechung der VK Bund[612] stehe dieser Beurteilungsspielraum *„indes umso mehr einer Überprüfung offen, je gewichtiger das Ziel des Schutzes und der Förderung des Wettbewerbs auf den betroffenen Märkten ist."* Dies gelte namentlich für ehemalige **Monopolmärkte**, für die der Gesetzgeber das Gebot, privaten Wettbewerb zu fördern, ausdrücklich spezialgesetzlich normiert hat. So liege der Fall bei Postdienstleistungen, für die nach Art. 87f Abs. 1 und Abs. 2 S. 1 GG i.V.m. § 1 PostG ein grundlegendes Fördergebot gelte, dem auch bei der öffentlichen Auftragsvergabe in Gestalt des Gebots zur losweisen Unterteilung eine besondere Bedeutung zukomme. Die Einführung eines solchen marktspezifischen Beurteilungsspielraums ist indes zweifelhaft. Das tatsächliche Vorliegen einer bestimmten Marktstruktur kann nicht dazu führen, dass sich der rechtliche Prüfungsrahmen der Nachprüfungsinstanzen verschiebt.

2. Wirtschaftliche Gründe

233 Die Zusammenfassung mehrerer Lose kann zunächst durch wirtschaftliche Gründe gerechtfertigt sein. Hierunter sind die Aufwände des Auftraggebers zu verstehen, die aufgrund der Unterteilung des öffentlichen Auftrags in Lose entstehen können.

234 Da die wirtschaftlichen Gründe nach § 97 Abs. 4 S. 3 GWB eine Zusammenfassung der Lose **erfordern** müssen, genügt nicht schon jeder Aufwand für den Verzicht auf die losweise Unterteilung des öffentlichen Auftrags. Typische Aufwände, die mit einer Unterteilung des öffentlichen Auftrags in Zusammenhang stehen, genügen daher nicht.[613] Erforderlich ist vielmehr ein *„unverhältnismäßige[r] Aufwand"*[614] *bzw. „unverhältnismäßige Kostennachteile"*[615]. Der zusätzliche Aufwand ist umso eher als unverhältnismäßig anzusehen, je mehr Lose der Auftraggeber ohnehin schon gebildet hat und je kleiner ein zusätzliches Los ist.[616] In der Rechtsprechung hat sich für die Unverhältnismäßigkeit bislang kein genereller Maßstab herausgebildet. In Einzelfallentscheidungen wurde eine unverhältnismäßige Teuerung vom OLG Düsseldorf[617] um 50 % und von der VK Bund[618] um 40 % angenommen. Das OLG Frankfurt hat eine Kostensteigerung von 21 % als *„nicht zu vernachlässigenden Wert"* angesehen, der für eine Zusammenvergabe von Losen sprechen könne.[619]

235 Dem Auftraggeber ist bei der **Prognose** über die zu erwartenden Aufwände einer losweisen Unterteilung des öffentlichen Auftrags ein Prognosespielraum zuzugestehen, der von den Nachprüfungsinstanzen nur beschränkt überprüfbar ist.[620] Die wirtschaftlichen Gründe müssen tatsachengestützt und plausibel sein.[621] Die allgemeine Berufung auf nach der Erfahrung zu erwartende Kostennachteile wird hierfür ebenso wenig ausreichend sein[622] wie bloße Spe-

611 OLG München, Beschluss v. 25.3.2019 – Verg 10/18.
612 VK Bund, Beschluss v. 8.6.2020 – VK 2-41/20.
613 Siehe oben Rn. 230.
614 VK Sachsen, Beschluss v. 22.10.2020 – 1/SVK/023-20.
615 OLG Düsseldorf, Beschluss v. 11.7.2007 – VII-Verg 10/07; VK Nordbayern, Beschluss v. 19.5.2009 – 21.VK-3194-14/09; VK Sachsen, Beschluss v. 30.4.2008 – 1/SVK/020-08.
616 Vgl. OLG Düsseldorf, Beschluss v. 11.1.2012 – VII-Verg 52/11; VK Schleswig-Holstein, Beschluss v. 19.10.2012 – VK-SH 28/12.
617 OLG Düsseldorf, Beschluss v. 8.9.2011 – VII-Verg 48/11.
618 VK Bund, Beschluss v. 10.3.2022 – VK 1-19/22.
619 OLG Frankfurt, Beschluss v. 14.5.2018 – 11 Verg 4/18.
620 Vgl. OLG Koblenz, Beschluss v. 4.4.2012 – 1 Verg 2/11.
621 Vgl. OLG Koblenz, Beschluss v. 4.4.2012 – 1 Verg 2/11.
622 Vgl. OLG Düsseldorf, Beschluss v. 8.9.2004 – VII-Verg 38/04; VK Nordbayern, Beschluss v. 19.5.2009 – 21.VK-3194-14/09; VK Bund, Beschluss v. 4.3.2009 – VK 2-202/08 und 205/08.

kulationen.[623] Die Rechtsprechung verlangt, dass die Kostennachteile konkret zu prüfen und zu berechnen sind.[624]

Der **berücksichtigungsfähige Mehraufwand** kann in sämtlichen Aufwänden liegen, die ursächlich darauf zurückzuführen sind, dass die Leistungen von unterschiedlichen Auftragnehmern ausgeführt werden. Der Mehraufwand kann vor allem in dem Aufwand für die gesonderte Abwicklung des Vertrages bestehen.[625] Dieser kann insbesondere in der gesonderten Einrichtung von technischen Vorkehrungen und Vorhaltung von Kapazitäten sowie der Schulung von Mitarbeitern liegen. Berücksichtigungsfähig ist auch der Aufwand der Durchführung des Vergabeverfahrens für ein weiteres Los.[626] Dieser Mehraufwand wird sich vor allem in einem personellen Aufwand ausdrücken. Der Mehraufwand dahingehend, dass der Auftraggeber die Lose in gesonderten Vergabeverfahren ausschreibt, soll hingegen nicht berücksichtigungsfähig sein.[627] **236**

Zu den wirtschaftlichen Gründen kann auch die **Verzögerung** des Gesamtvorhabens zählen.[628] Da die wirtschaftlichen Gründe den Verzicht auf die losweise Unterteilung erfordern müssen, wird eine *„starke Verzögerung"*[629] verlangt. Für die Fragestellung, unter welchen Umständen eine solche Verzögerung gegeben ist, haben sich bislang keine konkreten Leitplanken herausgebildet. Jedenfalls bei einer Verzögerung um *„mehrere Jahre"* hat die Rechtsprechung dies angenommen.[630] **237**

Nach § 5 Nr. 1 S. 2 VOL/A war vorgesehen, die einzelnen Lose so zu bemessen, dass eine unwirtschaftliche Zersplitterung vermieden wird. Im geltenden GWB-Vergaberecht findet sich diese Regelung nicht wieder. Die Rechtsprechung[631] geht jedoch zutreffend davon aus, dass Auftraggeber auch ohne eine solche Regelung nicht verpflichtet sind, den öffentlichen Auftrag in **Splitterlose** aufzuteilen. Eine Zersplitterung ist in der Regel anzunehmen, wenn das Volumen des konkreten Loses lediglich einen unerheblichen Anteil an dem Gesamtauftragsvolumen ausmacht, wobei die Rechtsprechung[632] darauf abstellt, wie viele Lose – seien es Fach- oder Teillose – ohnehin gebildet sind. Ein einheitlicher Verhältniswert hat sich hierfür bislang nicht herausgebildet. Das OLG Düsseldorf hat bei einer Unterteilung in 16 Gebietslose eine Zersplitterung bei weniger als 10 % des Auftragsvolumens angenommen,[633] bei einer Unterteilung in nur vier Gebietslose einen Anteil von 6 % am Auftragsvolumen jedoch nicht als Splitterlos angesehen.[634] Das OLG Koblenz hat eine Zersplitterung bei mindestens rund 7% des Gesamtvolumens abgelehnt.[635] Im Übrigen hat die Rechtsprechung ein Splitterlos bei einem Verhältniswert von jedenfalls 0,7 %[636] bis 1 %[637] angenommen. **238**

623 Vgl. OLG Koblenz, Beschluss v. 4.4.2012 – 1 Verg 2/11.
624 Vgl. OLG Düsseldorf, Beschluss v. 8.9.2004 – VII-Verg 38/04; VK Nordbayern, Beschluss v. 19.5.2009 – 21.VK-3194-14/09; VK Bund, Beschluss v. 4.3.2009 – VK 2-202/08 und 205/08.
625 Vgl. OLG Düsseldorf, Beschluss v. 11.1.2012 – VII-Verg 52/11; VK Schleswig-Holstein, Beschluss v. 19.10.2012 – VK-SH 28/12.
626 Vgl. OLG Düsseldorf, Beschluss v. 11.1.2012 – VII-Verg 52/11; VK Schleswig-Holstein, Beschluss v. 19.10.2012 – VK-SH 28/12.
627 Vgl. VK Bund, Beschluss v. 4.3.2009 – VK 2-202/08 und 205/08.
628 Vgl. OLG Düsseldorf, Beschluss v. 13.3.2020 – VII-Verg 10/20; OLG München, Beschluss v. 9.4.2015 – Verg 1/15; VK Baden-Württemberg, Beschluss v. 24.9.2019 – 1 VK 51/19.
629 OLG Düsseldorf, Beschluss v. 8.9.2004 – VII-Verg 38/04; VK Nordbayern, Beschluss v. 19.5.2009 – 21.VK-3194-14/09; VK Sachsen, Beschluss v. 30.4.2008 – 1/SVK/020-08.
630 OLG Düsseldorf, Beschluss v. 13.3.2020 – VII-Verg 10/20.
631 Vgl. KG, Beschluss v. 26.3.2019 – Verg 16/16; OLG Düsseldorf, Beschluss v. 21.12.2016 – VII-Verg 26/16; OLG Schleswig, Beschluss v. 25.1.2013 – 1 Verg 6/12; OLG Koblenz, Beschluss v. 4.4.2012 – 1 Verg 2/11; VK Sachsen, Beschluss v. 30.4.2008 – 1/SVK/020-08.
632 OLG Düsseldorf, Beschluss v. 21.12.2016 – VII-Verg 26/16; Beschluss v. 11.1.2012 – VII-Verg 52/11; VK Schleswig-Holstein, Beschluss v. 19.10.2012 – VK-SH 28/12.
633 OLG Düsseldorf, Beschluss v. 21.12.2016 – VII-Verg 26/16.
634 OLG Düsseldorf, Beschluss v. 11.1.2012 – VII-Verg 52/11.
635 OLG Koblenz, Beschluss v. 4.4.2012 – 1 Verg 2/11.
636 OLG Schleswig, Beschluss v. 25.1.2013 – 1 Verg 6/12.
637 VK Schleswig-Holstein, Beschluss v. 19.10.2012 – VK-SH 28/12.

3. Technische Gründe

239 Unter **technischen Gründen** sind solche Gründe zu verstehen, die eine Zusammenvergabe der Lose erforderlich machen, um das mit der Vergabe angestrebte Qualitätsniveau zu erreichen.[638] Ob technische Gründe die Unterlassung der Bildung von Losen erfordern, ist anhand des von dem Auftraggeber definierten Bedarfs zu prüfen.[639] Maßgeblich ist daher die Frage, ob dieser Bedarf bei einer losweisen Unterteilung auf verschiedene Auftragnehmer in der gleichen Qualität erreicht werden kann. Dies kann etwa aufgrund von zeitlichen, logistischen, bau- oder sicherheitstechnischen Rahmenbedingungen oder system-, herstellungs- oder kooperationsbedingten Strukturen nicht der Fall sein.[640]

240 Der Qualitätsmangel kann vor allem darin liegen, dass bei dem Verzicht auf eine losweise Unterteilung weniger Schnittstellen und störungsanfällige Kompatibilitätsprobleme gegeben sind.[641] Eine höhere Anzahl an Schnittstellen kann dazu führen, dass es mehr potentielle Fehlerquellen und mithin mehr potenzielle **Funktionsbeeinträchtigungen** gibt. Das vom Auftraggeber beabsichtigte Qualitätsniveau kann hierdurch nicht mehr erreicht werden. Exemplarisch sind hierzu die folgenden Entscheidungen in der Rechtsprechung zu nennen:

- Vertriebsdienstleistungen für SPNV: Dem Auftraggeber ging es bei der Vergabe von Vertriebsdienstleistungen für den SPNV neben einer reibungslosen Zusammenarbeit der einzelnen Vertriebswege auch um eine Qualitätsverbesserung durch einen kundenfreundlichen Vertrieb. In technischer Hinsicht ging es darum, die Schnittstellen so gering wie möglich zu halten und durch Einsatz eines Vertriebshintergrundsystems, auf das die einzelnen Vertriebswege zugreifen können, ein einheitliches System aufbauen und pflegen zu können. Eine losweise Unterteilung nach Vertriebswegen würde dazu führen, dass jeder Auftragnehmer sein eigenes, auf den von ihm zu betreuenden Vertriebsweg zugeschnittenes Betriebssystem installiert. Diese Vertriebssysteme müssten wegen des erforderlichen Datenaustauschs (z. B. Fahrkartenpreise, Tarife, Fahrpläne) zu einer funktionierenden und kontrollierbaren Einheit zusammengeführt werden. Je mehr Leistungserbringer verschiedene Systeme installieren, desto mehr Schnittstellen müssen eingerichtet werden. Vor diesem Hintergrund hat das OLG Düsseldorf[642] den Verzicht auf eine losweise Unterteilung zugelassen.
- Lieferung von Hör- und Sprechanlagen für Schulen: Das OLG Düsseldorf[643] hat den Verzicht auf eine losweise Unterteilung bei einer Vergabe über die Lieferung von Hör- und Sprechanlagen zugelassen. Bei einer losweisen Unterteilung hätte die Gefahr bestanden, dass in jeder Schule unterschiedliche Systeme eingesetzt werden müssten. Die Ermöglichung eines Erfahrungsaustauschs zwischen den einzelnen Schulen sowie einheitliche Schulung, leichterer Schulwechsel für Lehrer und Schüler, die Möglichkeit des Austauschs von Anlagen oder Anlagenteilen zwischen den Schulen wäre bei verschiedenen Anbietern nicht möglich. Demgegenüber äußerte die Vorinstanz[644] im Hinblick auf die enge Auslegung der technischen Gründe noch Zweifel, dass diese Erwägungen als hinreichende technische Gründe anzusehen seien.
- Druck, Kuvertierung und Versand von Zustellungsurkunden: Für die Vergabe von Druck-, Kuvertierungs- und Versandleistungen von Zustellungsurkunden ließ die VK Bund[645] die Verringerung von Schnittstellenrisiken indes nicht zur Rechtfertigung der unterbliebenen Losunterteilung ausreichen. Die Kammer erkannte zwar ein berechtigtes Interesse an einer lückenlosen Nachvollziehbarkeit des Verarbeitungsweges der Sendungen an, die durch

638 Vgl. OLG Düsseldorf, Beschluss v. 1.6.2016 – VII-Verg 6/16; OLG Koblenz, Beschluss v. 4.4.2012 – 1 Verg 2/11.
639 Vgl. OLG Düsseldorf, Beschluss v. 30.11.2009 – VII-Verg 43/09.
640 Vgl. VK Sachsen, Beschluss v. 22.10.2020 – 1/SVK/023-20.
641 OLG Düsseldorf, Beschluss v. 1.6.2016 – VII-Verg 6/16; OLG Brandenburg, Beschluss v. 27.11.2008 – Verg W 15/08; VK Bund, Beschluss v. 10.3.2022 – VK 1-19/22.
642 OLG Düsseldorf, Beschluss v. 1.6.2016 – VII-Verg 6/16.
643 OLG Düsseldorf, Beschluss v. 30.11.2009 – VII-Verg 43/09.
644 VK Münster, Beschluss v. 7.10.2009 – VK 18/09.
645 VK Bund, Beschluss v. 10.3.2022 – VK 1-19/22.

eine Mehrzahl technischer Schnittstellen zwischen dem Auftraggeber und verschiedenen Auftragnehmern sowie gegebenenfalls auch zwischen diesen Auftragnehmern und den daraus womöglich resultierenden Inkompatibilitäten gefährdet werden könnte. Sie fand aber, dass sich der Auftraggeber hätte vertiefter mit den Möglichkeiten zur Verhinderung von Inkompatibilitäten auseinandersetzen müssen, z.B. durch Vorgabe von Standards an die Auftragnehmer oder den Betrieb einer eigenen Plattform.

Bei der Vergabe von sicherheitsrelevanten Leitungen liegt es dem Auftraggeber gerade daran ein möglichst hohes **Sicherheitsniveau** zu erreichen. Die Rechtsprechung hat in solchen Fällen zutreffend darauf erkannt, dass Auftraggeber keine Sicherheitsrisiken aufgrund der losweisen Unterteilung in Kauf nehmen müssen: **241**

- Leistungen für digitale Alarmierungssysteme: Für die Errichtung eines digitalen Alarmierungssystems hat die Rechtsprechung[646] den Verzicht auf eine losweise Unterteilung in die Lieferung von digitalen Meldeempfängern einerseits und sonstige Endgeräte bzw. digitale Sirenensteuerempfänger andererseits aus Gründen der Systemsicherheit und zur Vermeidung von Fehlern bei der Alarmierung für gerechtfertigt angesehen. Im Hinblick auf den Zweck der Gefahrenabwehr und die Zielsetzung, ein Höchstmaß an Betriebssicherheit herzustellen, sei es im Rahmen der Interessenabwägung zu berücksichtigen, dass die Verwendung von Komponenten unterschiedlicher Lieferanten die Fehlersuche und die Behebung etwaiger Störungen erschwere. Nicht als gerechtfertigt angesehen wurde hingegen die unterlassene Bildung von Losen für die Montage der Antennenmasten mit damit verbundenen Blitzschutz- und Elektrikerarbeiten sowie für die Serviceleistungen (Instandhaltung, Wartung und Pflege) an dem Alarmierungssystem.[647]
- Beschaffung und Betrieb eines Notruf-App-Systems: Die VK Rheinland[648] hat den Verzicht auf die losweise Unterteilung für „App, Sever, Notrufabfrageanwendung" als gerechtfertigt angesehen. Sie ließ die Begründung hierfür ausreichen, dass es sich um ein System mit kritischer Infrastruktur handelt, das im Hinblick auf den zu gewährleistenden Datenschutz und die Informationssicherheit mit möglichst wenig Anbietern zu bedienen ist, die Funktionsfähigkeit und damit verbundene Ausfallsicherheit stets zu gewährleisten sei sowie bei Systemausfällen ein möglichst schneller Support und ein möglichst reibungsloses Fehlermanagement gewährleistet sein müsse, was bei Einschaltung mehrerer Unternehmen risikobehaftet sei.
- Errichtung von sicherheitstechnischen Anlagen für Fluggastterminal: Das OLG Brandenburg[649] hat den Verzicht auf die losweise Unterteilung der Errichtung von sicherheitstechnischen Anlagen für Fluggastterminal zugelassen, da alle Einzelleistungen in enger räumlicher, technischer und baubetrieblicher Verbindung stünden und eine Aufspaltung des Fluggastterminals in weitere Gewerke und Bereiche nicht sachgerecht sei, weil Bauteile, Erschließung und technische Anlagen umfassend aufeinander abgestimmt sein müssten und anderenfalls die Funktionsfähigkeit des Fluggastterminals gefährdet wäre. Bei einer losweisen Unterteilung würden erhebliche technische Schnittstellen bestehen und sich daraus wiederum Sicherheitsrisiken ergeben. Es sei ein legitimes Anliegen des Auftraggebers, Sicherheitsrisiken bei einem Verkehrsinfrastrukturprojekt, das Drehscheibe für viele Millionen Passagiere im Jahr sein solle, zu vermeiden, weil nur so die Sicherheitstechnik mit den geringstmöglichen Sicherheitsrisiken erlangt werden könne.
- Erneuerung der Sicherheitstechnik in einer Justizvollzugsanstalt: Das OLG München[650] hat den Verzicht auf eine losweise Unterteilung der Erneuerung von Sicherheitstechnik in einer Justizvollzugsanstalt in die Erneuerung der Beleuchtung des Sicherheitsstreifens, des Sicherheitszauns, Videoüberwachungsanlage und der Umrüstung von Außenabschluss- und

646 OLG Karlsruhe, Beschluss v. 11.11.2020 – 15 Verg 6/20; OLG Düsseldorf, Beschluss v. 16.10.2019 – VII-Verg 66/18.
647 OLG Karlsruhe, Beschluss v. 11.11.2020 – 15 Verg 6/20.
648 VK Rheinland, Beschluss v. 17.2.2020 – VK 56/19-L.
649 OLG Brandenburg, Beschluss v. 27.11.2008 – Verg W 15/08.
650 OLG München, Beschluss v. 25.3.2019 – Verg 10/18.

Innentüren angesichts der besonderen Bedeutung einer Videoüberwachungsanlage und der weiteren Sicherheitsanlagen für die sichere Unterbringung von Gefangenen und Untersuchungsgefangenen in der Justizvollzugsanstalt als gerechtfertigt angesehen, da andernfalls die Funktionsweise der Gesamtleistung gefährdet wäre.

242 Entsprechendes gilt für **grundlegende Versorgungsleistungen**. Insbesondere für Leistungen der Daseinsvorsorge muss eine reibungslose Kontinuität der Leistungserbringung sichergestellt sein. Risikopotentiale, die mit einer Unterteilung des öffentlichen Auftrags an verschiedene Auftragnehmer einhergehen, sind ein hinreichender Grund für den Verzicht auf die losweise Unterteilung des öffentlichen Auftrags. Zu solchen grundlegenden Versorgungsleistungen gehören auch Leistungen, die wesentliche **staatliche Funktionen** sicherstellen. So hat die VK Hessen[651] im Zusammenhang mit der Durchführung von Wahlen zugelassen, dass die Beförderung und Zustellung von Wahlbenachrichtigungen und Wahlunterlagen sowie die Bereitstellung von Einlieferungsmöglichkeiten nicht losweise vergeben wird. Es diene der Sicherheit der Durchführung der Wahlen und der Gewährung des verfassungsrechtlichen geschützten Rechtsgutes in Bezug auf die Ermöglichung und Durchführung des Wahlrechts. Fehler im Zusammenhang mit der Durchführung der Versendung und Rücksendung von Wahlunterlagen seien geeignet, das Wahlverfahren und die Wahl im Nachhinein zu gefährden, wenn solche Fehler ergebnisrelevant sind und im Rahmen von Wahlanfechtungen dazu führen können, dass Wahlen wiederholt werden müssen.

243 Dass eine Mehrzahl von Auftraggebern auch eine Mehrzahl von Gewährleistungsgegnern bedeutet, entspricht dem Wesen einer losweisen Vergabe und wird vom Gesetz hingenommen.[652] Nach der Rechtsprechung[653] genügt ein höherer Aufwand bei **Gewährleistungen** aufseiten des Auftraggebers grundsätzlich nicht. So hat es die VK Rheinland-Pfalz[654] für die Zusammenfassung von Unterhalts- und Glasreinigung nicht ausreichen lassen, dass Reinigungsspuren, beispielsweise Wischwasserrückstände oder Trittspuren zurückbleiben können und dann die Frage entsteht, welches Reinigungsunternehmen die Verantwortung dafür trägt. Für die VK Schleswig-Holstein[655] stand es bei der Vergabe von Diktiergeräten einer Trennung in Fachlosen nach Gerätetypen (analog oder digital) nicht entgegen, dass aufseiten des Auftraggebers aufgrund der Mehrzahl an Lieferanten ein Reklamationsaufwand entsteht. Ebenso ist bei Versanddienstleistungen der Aufwand hinzunehmen, den verantwortlichen Auftragnehmer im Falle einer unterbliebenen Zustellung zu ermitteln.[656] Ausnahmsweise ist der Gewährleistungsaufwand als hinreichender technischer Grund jedenfalls dann anzusehen, wenn die Verursacherermittlung im Falle einer Schlechtleistung aufgrund der Unterteilung des öffentlichen Auftrags derartig schwierig würde, dass dem Auftraggeber die Geltendmachung von Gewährleistungsansprüchen *„in unzumutbarer Weise erschwert oder im Extremfall sogar unmöglich gemacht wird"*.[657] Die VK Niedersachsen[658] hat dies für die Trennung von Estricharbeiten in Schleif- und Verlegearbeiten angenommen.

---

651 VK Hessen, Beschluss v. 19.2.2009 – 69d-VK-01/2009.

652 Vgl. OLG Düsseldorf, Beschluss v. 11.7.2007 – VII-Verg 10/07.

653 Vgl. OLG Düsseldorf, Beschluss v. 13.3.2020 – VII-Verg 10/20; KG, Beschluss v. 26.3.2019 – Verg 16/16; OLG Frankfurt, Beschluss v. 14.5.2018 – 11 Verg 4/18; OLG München, Beschluss v. 9.4.2015 – Verg 1/15; OLG Koblenz, Beschluss v. 4.4.2012 – 1 Verg 2/11, NZBau 2012, 598 (599); VK Bund, Beschluss v. 10.3.2022 – VK 1-19/22; Beschluss v. 8.6.2020 – VK 2-41/20; VK Südbayern, Beschluss v. 12.8.2016 – Z3-3-3194-1-27-07/16; VK Brandenburg, Beschluss v. 5.8.2015 – VK 11/15; VK Schleswig-Holstein, Beschluss v. 19.10.2012 – VK-SH 28/12; VK Sachsen, Beschluss v. 25.9.2009 – 1/SVK/038-09.

654 VK Rheinland-Pfalz, Beschluss v. 23.11.2011 – VK 2-34/11.

655 VK Schleswig-Holstein, Beschluss v. 19.10.2012 – VK-SH 28/12.

656 VK Bund, Beschluss v. 10.3.2022 – VK 1-19/22.

657 VK Niedersachsen, Beschluss v. 8.8.2014 – VgK-22/2014; unklar OLG München, Beschluss v. 25.3.2019 – Verg 10/18, wonach der Gewährleistungsaufwand den Verzicht auf die Unterteilung in Lose rechtfertigen können soll, wenn dies *„mit konkret projekt- bzw. auftragsbezogenen Gründen"* zusammenhängt.

658 VK Niedersachsen, Beschluss v. 8.8.2014 – VgK-22/2014.

4. Nichtverschulden

Keine Aussage trifft § 97 Abs. 4 S. 3 GWB darüber, ob es für die Rechtfertigung der Zusammenfassung von Leistungen von Schaden ist, dass die jeweiligen technischen oder wirtschaftlichen Gründe durch den Auftraggeber verursacht sind. Nach der Rechtsprechung der VK Brandenburg[659] dürfen die Gründe nicht durch den Auftraggeber veranlasst sein. Dem ist zu widersprechen. Das Verschuldensprinzip ist kein das Vergaberecht tragender Grundsatz. Ohne eine legislative Entscheidung zur Berücksichtigung dieses Prinzips können Auftraggebern nicht ausdrücklich vorgesehene Rechtspositionen abgesprochen werden. Der Gesetzgeber hat das Verschuldensprinzip nur vereinzelt vorgesehen, vgl. etwa § 14 Abs. 4 Nr. 3 VgV. **244**

V. Verpflichtung von Unterauftragnehmern (S. 4)

Nach § 97 Abs. 4 S. 4 GWB verpflichtet der öffentliche Auftraggeber oder Sektorenauftraggeber diejenigen Unternehmen, die nicht öffentlicher Auftraggeber oder Sektorenauftraggeber sind und mit der Wahrnehmung oder Durchführung einer öffentlichen Aufgabe betraut sind, nach § 97 Abs. 4 S. 1 bis 3 GWB zu verfahren, wenn sie Unteraufträge vergeben. **245**

Hintergrund dieser Regelung ist der Wunsch, eine mittelstandsfreundliche Vergabe auch im Rahmen von öffentlich-privaten Partnerschaften sicherzustellen.[660] **246**

Die Regelung beschränkt sich nach dem Wortlaut entgegen der gesetzgeberischen Intention nicht auf **öffentlich-private Partnerschaften**, sondern greift immer dann ein, wenn ein Unternehmen, das nicht öffentlicher Auftraggeber oder Sektorenauftraggeber ist, mit der Wahrnehmung oder Durchführung einer öffentlichen Aufgabe betraut wird. **247**

Der Begriff der **öffentlichen Aufgabe** ist dem Vergaberecht fremd. Er wird beispielsweise in § 56 Abs. 1 S. 1 VwVfG verwendet. Dort wird ein weites Begriffsverständnis angelegt, wonach die „öffentliche Aufgabe" nicht auf die öffentlich-rechtliche Verwaltungstätigkeit im Sinne von § 1 VwVfG beschränkt ist, sondern etwa auch Aufgaben der Daseinsvorsorge sowie solche Aufgaben, die zum Verwaltungsprivatrecht gehören und mit privatrechtlichen Formen und Handlungsmitteln im öffentlichen Interesse wahrgenommen werden, erfasst.[661] Angesichts dieser Begriffsbestimmung ist davon auszugehen, dass zumindest öffentliche Auftraggeber auch stets öffentliche Aufgaben wahrnehmen. Vergeben öffentliche Auftraggeber einen öffentlichen Auftrag, um ihrer öffentlichen Aufgabe nachzukommen, betrauen sie den Auftragnehmer folglich mit der Wahrnehmung oder Durchführung einer öffentlichen Aufgabe. Legt man dies zugrunde, so ist nach § 97 Abs. 4 S. 4 GWB stets eine vertragliche Verpflichtung des im Vergabeverfahren ausgewählten Unternehmens zur Einhaltung der Grundsätze der Losvergabe bei der Beauftragung von Unterauftragnehmern anzunehmen. Eine im Bereich der Daseinsvorsorge tätige Behörde, deren öffentliche Aufgabe in der Bereitstellung und Aufrechterhaltung von Infrastruktur besteht, müsste bei der Vergabe von Straßenbauarbeiten demnach den Auftragnehmer verpflichten, bei einer Unterbeauftragung den Grundsatz der Losvergabe anzuwenden. **248**

Die Begründung der Verpflichtung zur Unterteilung des Unterauftrages in Lose setzt in **zeitlicher Hinsicht** voraus, dass das Unternehmen bereits mit der Wahrnehmung oder Durchführung einer öffentlichen Aufgabe betraut ist. Folglich sind solche Unteraufträge, die erst nach Zuschlagserteilung begründet werden, von der Regelung nicht erfasst.[662] **249**

Diese sehr weit gehende Verpflichtung läuft **faktisch** jedoch ins Leere. Denn der öffentliche Auftraggeber oder Sektorenauftraggeber ist bereits nach § 97 Abs. 4 S. 2 GWB verpflichtet, den öffentlichen Auftrag in Lose zu unterteilen. Besteht diese Verpflichtung ausnahmsweise **250**

659 VK Brandenburg, Beschluss v. 5.8.2015 – VK 11/15.
660 Vgl. Beschlussempfehlung und Bericht des Ausschusses für Wirtschaft und Technologie, VergRModG 2009, BT-Drs. 16/11428.
661 Vgl. nur *Fehling*, in: Fehling/Kastner/Störmer, Verwaltungsrecht, § 56 VwVfG Rn. 24; *Huck*, in: Huck/Müller, VwVfG, § 56 Rn. 8.
662 Siehe auch *Ziekow*, in: Ziekow/Völlink, Vergaberecht, § 97 GWB Rn. 102.

nicht, so kann auch der Auftragnehmer kaum zu einer solchen verpflichtet sein, da auch er nur dem Maßstab von § 97 Abs. 4 S. 1 bis 3 GWB und damit keinem strengeren Maßstab als der öffentliche Auftraggeber oder der Sektorenauftraggeber unterliegt. Anderenfalls entstünde die paradoxe Situation, dass der dem Auftraggeber zukommende Vorteil einer Gesamtvergabe beispielsweise aus wirtschaftlichen Gründen nicht an den Auftragnehmer weitergegeben wird, was in der Konsequenz wiederum zu einer Verteuerung der Leistung und damit im Ergebnis zu einer unwirtschaftlichen Vergabe führen könnte.

VI. Loslimitierung

251 Aus Sicht des Auftraggebers kann es gute Gründe dafür geben, die Anzahl der Lose zu limitieren, um die ein einzelnes Unternehmen sich erfolgreich bewerben kann. Solche Gründe können darin liegen, dass der Auftraggeber die Abhängigkeit zu einzelnen Unternehmen zu meiden oder wirtschaftliche Risiken zu streuen sucht.[663] Die Limitierung kann auch einer mittel- und langfristigen Sicherstellung einer wirtschaftlichen Beschaffung im Wettbewerb dienen.[664] Die Zulässigkeit einer Loslimitierung war nach früherer Rechtslage mangels einer Rechtsgrundlage nicht abschließend geklärt.[665] Durch die VergRModVO hat das Rechtsinstitut der Loslimitierung in § 30 VgV und § 27 SektVO eine rechtliche Grundlage erhalten.

VII. Koppelungsnachlass

252 Auch wenn ein öffentlicher Auftrag in Losen ausgeschrieben ist, so zwingt dies den Auftraggeber nicht, den öffentlichen Auftrag an unterschiedliche Unternehmen zu vergeben. Der Auftraggeber hat stets unabhängig von der losweisen Unterteilung das wirtschaftlichste Angebot zu wählen.[666] Daraus ergibt sich, dass einzelne Interessenten kein subjektives Recht auf eine Beschränkung der Losanzahl je Bieter haben können, wenn dies zu einer unwirtschaftlichen Vergabe führen würde. Die Auftraggeber sind vielmehr berechtigt, die Unternehmen aufzufordern anzugeben, inwieweit sich der Preis bei Beauftragung mehrerer oder aller Lose reduziert (sog. Koppelungsnachlass).[667] Überwiegend[668] wird in diesem Zusammenhang vertreten, dass der vom Gesetzgeber verfolgte Mittelstandsschutz es verbiete, ein solches Mehrfachangebot zu bezuschlagen, sofern dieses nicht auch bezogen auf jedes einzelne Los das wirtschaftlichste Angebot sei. Diese Auffassung ist abzulehnen. Die vom Gesetzgeber verfolgte Förderung des Mittelstands durch Herstellung einer Chancengleichheit gegenüber Großunternehmen[669] gebietet kein Verbot der Bezuschlagung von Mehrfachangeboten. Der Mittelstand erhält durch eine losweise Unterteilung die Möglichkeit, zumindest einen Teil des Auftragsvolumens bewältigen zu können und sich am Vergabeverfahren mit Erfolgsaussicht zu beteiligen. Darauf beschränkt sich der Förderaspekt des Gebots der losweisen Unterteilung aber auch.[670] Ein Schutz vor Wettbewerb durch Bevorzugung mittelständischer Unternehmen ist nicht zu gewähren. Der Auftraggeber ist angesichts des Wirtschaftlichkeitsgrundsatzes nicht gehalten, ein in der Gesamtschau unwirtschaftlicheres Angebot zu bezuschlagen. Ein

663 Vgl. OLG Düsseldorf, Beschluss v. 15.6.2000 – Verg 6/00; VK Bund, Beschluss v. 30.11.2012 – VK 2-131/12.
664 Vgl. VK Bund, Beschluss v. 11.11.2011 – VK 2-133/11.
665 Für eine grundsätzliche Zulässigkeit *Manz/Schönwalder*, VergabeR 2013, 852 (860); hierfür im Einzelfall OLG Düsseldorf, Beschluss v. 7.11.2012 – VII-Verg 24/12; Beschluss v. 15.6.2000 – Verg 6/00; VK Bund, Beschluss v. 30.11.2012 – VK 2-131/12; Beschluss v. 11.11.2011 – VK 2-133/11; VK Sachsen, Beschluss v. 14.3.2007 – 1/SVK/006–07; hiergegen *Burgi*, NZBau 2006, 693 (697); *Otting/Tresselt*, VergabeR 2009, 585 (594); einschränkend auch VK Südbayern, Beschluss v. 25.6.2010 – Z3-3-3194-1-30-05/10 (wenn keine Wettbewerbsbeschränkung vorliegt); offen gelassen von LSG Baden-Württemberg, Beschluss v. 23.1.2009 – L 11 WB 5971/08.
666 Vgl. BGH, Urteil v. 17.2.1999 – X ZR 101/97, BauR 1999, 736 (740).
667 So auch OLG Düsseldorf, Beschluss v. 28.3.2018 – VII-Verg 54/17.
668 OLG Frankfurt, Beschluss v. 9.5.2017 – 11 Verg 5/17; VK Saarland, Beschluss v. 12.01.2009 – 1 VK 07/2008; VK Bund, Beschluss v. 5.2.2008 – VK 3-08/08; offenlassend OLG Düsseldorf, Beschluss v. 28.3.2018 – VII-Verg 54/17; OLG Naumburg, Beschluss v. 14.3.2013 – 2 Verg 8/12.
669 Vgl. Gesetzesbegründung zu § 97 Abs. 3 GWB a.F., VergRModG 2009, BT-Drs. 16/10117, 15.
670 Siehe bereits *Müller-Wrede*, NZBau 2004, 643 (648).

Zuschlag auf das Gesamtangebot ist gerechtfertigt, wenn das Gesamtangebot im Vergleich zur Summe der wirtschaftlich günstigsten Einzellosangebote das wirtschaftlichste Angebot ist.

VIII. Dokumentation

253 Soweit der Auftraggeber den öffentlichen Auftrag nach Maßgabe von § 97 Abs. 4 S. 2 GWB in Lose unterteilt, bedarf es keiner Dokumentation. Nur für den Fall, dass der Auftraggeber von diesem Prinzip abweicht, sind die Gründe hierfür zu dokumentieren.[671] Dies folgt aus dem Transparenzgrundsatz nach § 97 Abs. 1 S. 1 GWB[672] und ist untergesetzlich teilweise auch ausdrücklich geregelt, vgl. § 8 Abs. 2 S. 2 Nr. 11 VgV, § 5 EU Abs. 2 Nr. 2 VOB/A. Eine insoweit fehlende Dokumentation hat nach der Rechtsprechung zu Lasten des Auftraggebers die Vermutung des Nichtvorliegens der zu dokumentierenden Tatsache zur Folge.[673]

254 Konkrete inhaltliche **Anforderungen** an die Dokumentation der Zusammenvergabe von Losen sind gesetzlich nicht vorgegeben. Die Dokumentation kommt ihrem Zweck zur Herstellung der Verfahrenstransparenz indes nur nach, wenn diejenigen wirtschaftlichen und technischen Gründe angeben sind, die für eine Zusammenführung der Leistungen angeführt werden. Die Rechtsprechung verlangt *„eine ausführliche Begründung des Entscheidungsprozesses mit seinem Für und Wider sowie eine detaillierte Begründung der getroffenen Entscheidung."*[674]

255 Diese Dokumentationsanforderungen stehen im Einklang mit den **unionalen Vorgaben** und gehen teilweise hierüber hinaus. Für das allgemeine Auftragsvergaberecht sieht Art. 46 Abs. 1 UAbs. 2 S. 1 RL 2014/24/EU vor, dass öffentliche Auftraggeber die wichtigsten Gründe für ihre Entscheidung angeben, keine Unterteilung in Lose vorzunehmen. Diese Begründung wird nach Art. 46 Abs. 1 UAbs. 2 S. 2 RL 2014/24/EU in die Auftragsunterlagen oder den Vergabevermerk nach Art. 84 RL 2014/24/EU aufgenommen. Demgegenüber sind für das Sektorenvergaberecht in Art. 65 RL 2014/25/EU und für das Recht über die Vergabe von öffentlichen Aufträgen in den Bereichen Verteidigung und Sicherheit nach der RL 2009/81/EG keine Regelungen zur Dokumentation einer unterbliebenen Losaufteilung vorgesehen.

256 Die **Nachholung** von Erwägungen zur Zusammenvergabe von Losen im Nachprüfungsverfahren ist nach früherer Rechtsprechung[675] und Teilen des Schrifttums[676] unzulässig, *„um ein in jeder Hinsicht transparentes Vergabeverfahren zu gewährleisten und zugleich etwaigen Manipulationsmöglichkeiten so weit wie möglich vorzubeugen."* Nach der zutreffenden Rechtsprechung des BGH[677] ist es hingegen zulässig, dass der Auftraggeber die Gründe für die Zusammenvergabe von Losen erstmals im Nachprüfungsverfahren vorbringt.[678] Andernfalls müsste der Auftraggeber das Vergabeverfahren wegen mangelnder Dokumentation aufheben und in einem erneuten Vergabeverfahren zugrunde legen. Dies wäre mit dem vergaberechtlichen Beschleunigungsgrundsatz nicht zu vereinbaren. Eine Wiederholung von Verfahrensabschnitten sollte vielmehr Fällen vorbehalten bleiben, in denen zu besorgen ist, dass die Berücksichtigung der nachgeschobenen Dokumentation lediglich im Nachprüfungsverfahren nicht ausreichen könnte, *„um eine wettbewerbskonforme Auftragserteilung zu gewährleis-*

---

671 OLG Düsseldorf, Beschluss v. 17.3.2004 – VII-Verg 1/04; VK Sachsen, Beschluss v. 22.10.2020 – 1/SVK/023-20; VK Baden-Württemberg, Beschluss v. 24.9.2019 – 1 VK 51/19.

672 OLG Düsseldorf, Beschluss v. 17.3.2004 – VII-Verg 1/04; VK Baden-Württemberg, Beschluss v. 24.9.2019 – 1 VK 51/19.

673 Vgl. VK Sachsen, Beschluss v. 22.10.2020 – 1/SVK/023-20; VK Baden-Württemberg, Beschluss v. 24.9.2019 – 1 VK 51/19.

674 Vgl. VK Sachsen, Beschluss v. 22.10.2020 – 1/SVK/023-20; VK Baden-Württemberg, Beschluss v. 24.9.2019 – 1 VK 51/19.

675 OLG Düsseldorf, Beschluss v. 17.3.2004 – VII-Verg 1/04; VK Nordbayern, Beschluss v. 19.5.2009 – 21.VK-3194-14/09.

676 *Antweiler*, in: Burgi/Dreher/Opitz, Vergaberecht, § 97 Abs. 4 GWB Rn. 57; *Knauff*, in: Säcker/Ganske/Knauff, Wettbewerbsrecht, § 97 GWB Rn. 255.

677 BGH, Beschluss v. 8.2.2011 – X ZB 4/10.

678 Einschränkend VK Baden-Württemberg, Beschluss v. 24.9.2019 – 1 VK 51/19; offengelassen von VK Rheinland-Pfalz, Beschluss v. 23.11.2011 – VK 2-34/11.

ten". Nach Teilen der Rechtsprechung[679] setzt dies voraus, dass die Heilung der Dokumentation nur insoweit möglich ist, wie nur nachvollziehbare Lücken geschlossen werden und nicht ein gänzlich neuer und bislang unbekannter Sachverhalt vorgetragen wird. Das sei gegeben, wenn die Dokumentation keinerlei Befassung mit der Zusammenfassung der fraglichen Leistungen enthält.[680] Dies überzeugt jedoch nicht. Bringt der Auftraggeber im Nachprüfungsverfahren solche Gründe vor, welche den Verzicht auf eine losweise Unterteilung stützen, bleibt eine wettbewerbskonforme Auftragserteilung weiterhin möglich, unabhängig davon, wieviel er zuvor bereits zu Papier gebracht hat.

IX. Rechtsschutz

257 Die Unternehmen haben gemäß § 97 Abs. 6 GWB grundsätzlich einen **Anspruch** darauf, dass der Auftraggeber das in § 97 Abs. 4 S. 2 GWB zum Ausdruck kommende Gebot der Losaufteilung beachtet.[681] Eine subjektive Rechtsposition verleiht die Regelung allerdings nach richtiger Ansicht nur mittelständischen Unternehmen.[682] Dies gilt sowohl hinsichtlich der Teilung in Teillose als auch der Trennung in Fachlose.[683] Dies folgt aus dem Zweck der Regelungen in § 97 Abs. 4 GWB, die nach hiesiger Auffassung[684] ausschließlich dem Mittelstandsschutz dienen. Folglich scheiden Großunternehmen als Anspruchsteller nach zutreffender Rechtsprechung[685] aus.

258 Die Einreichung eines Teilnahmeantrags oder Angebots im Vergabeverfahren ist der Beleg dafür, dass ein Unternehmen ein **Interesse** am Auftrag im Sinne von § 160 Abs. 2 S. 1 GWB hat. Fehlt es an einem solchen Teilnahmeantrag oder Angebot, steht dies der Feststellung des Auftragsinteresses nach der Rechtsprechung[686] jedoch nicht entgegen. Die Unternehmen können einen vermeintlichen Verstoß gegen die unterbliebene losweise Unterteilung im Nachprüfungsverfahren nur mit der Behauptung erfolgreich geltend machen, dass sie das ausgeschriebene Auftragsvolumen nicht bewältigen können. Von dem Unternehmen könne daher nicht verlangt werden, ein aus seiner Sicht sinnlosen Teilnahmeantrag bzw. sinnloses Angebot abzugeben, nur um sein Interesse am Auftrag zu dokumentieren. Das Auftragsinteresse sei vielmehr darin zu sehen, dass das Unternehmen die unterbliebene Losaufteilung gerügt und mit einem Nachprüfungsantrag beanstandet hat. Vereinzelt[687] wurde für den Nachweis des Auftragsinteresses hingegen eine erhöhte Darlegungslast und Begründungspflicht angenommen.

259 Ist der Verstoß gegen das Gebot der Unterteilung des öffentlichen Auftrags in der Auftragsbekanntmachung erkennbar, obliegt es den Unternehmen diesen Verstoß nach § 160 Abs. 3 S. 1 Nr. 2 GWB bis zum Ablauf der in der Bekanntmachung benannten Frist zur Bewerbung oder zur Angebotsabgabe gegenüber dem Auftraggeber zu **rügen**. Bei Verstößen gegen das Gebot der Losunterteilung, die erst in den Vergabeunterlagen erkennbar sind, obliegt es den Unternehmen, diese Verstöße nach § 160 Abs. 3 S. 2 Nr. 3 GWB spätestens bis zum Ablauf der Frist zur Bewerbung oder zur Angebotsabgabe gegenüber dem Auftraggeber zu rügen. Die Rechtsprechung geht davon aus, dass ein durchschnittlich fachkundiger Bieter das in § 97

---

679 OLG München, Beschluss v. 25.3.2019 – Verg 10/18; VK Baden-Württemberg, Beschluss v. 24.9.2019 – 1 VK 51/19.

680 VK Baden-Württemberg, Beschluss v. 24.9.2019 – 1 VK 51/19.

681 Vgl. OLG Düsseldorf, Beschluss v. 21.3.2012 – VII-Verg 92/11; VK Baden-Württemberg, 24.9.2019 – 1 VK 51/19; VK Südbayern, Beschluss v. 12.8.2016 – Z3-3-3194-1-27-07/16; VK Sachsen, Beschluss v. 26.7.2016 – 1/SVK/014-16; VK Brandenburg, Beschluss v. 5.8.2015 – VK 11/15.

682 VK Hessen, Beschluss v. 19.2.2009 – 69d VK-01/2009; *Müller-Wrede*, NZBau 2004, 643 (647); a.A. OLG Düsseldorf, Beschluss v. 11.7.2007 – VII-Verg 10/07; VK Sachsen, Beschluss v. 4.2.2013 – 1/SVK/039-12; für die Unterteilung in Teillose: VK Baden-Württemberg, Beschluss v. 18.2.2011 – 1 VK 02/11.

683 A.A. für die Trennung in Fachlose: VK Bund, Beschluss v. 17.8.2015 – VK 2-35/15; VK Baden-Württemberg, Beschluss v. 18.2.2011 – 1 VK 02/11.

684 Siehe hierzu Rn. 194 ff.

685 VK Düsseldorf, Beschluss v. 22.10.2003 – VK-29/2003-L; a.A. VK Rheinland-Pfalz, Beschluss v. 23.11.2011 – VK 2-34/11.

686 OLG Schleswig, Beschluss v. 25.1.2013 – 1 Verg 6/12; OLG Jena, Beschluss v. 6.6.2007 – 9 Verg 3/07; VK Sachsen, Beschluss v. 22.10.2020 – 1/SVK/023-20; VK Südbayern, Beschluss v. 27.3.2017 – Z3-3-3194-1-03-02/17; VK Bund, Beschluss v. 29.7.2009 – VK 2-87/09; VK Sachsen, Beschluss v. 7.2.2003 – 1/SVK/007-03.

687 VK Saarland, Beschluss v. 7.9.2009 – 3 VK 01/2009.

Abs. 3 S. 2 GWB enthaltene Gebot zur losweisen Vergabe kennt.[688] Allerdings sei die Frage, ob der Verzicht auf eine Losunterteilung zulässig ist, *„nicht einfach zu beantworten und dürfte bei lebensnaher und realistischer Betrachtung die Kognitionsmöglichkeiten der Bieter überschätzen."*

E. Grundsatz der elektronischen Kommunikation (Abs. 5)

I. Allgemeines

Mit der Vergaberechtsreform des Jahres 2016 hat die elektronische Kommunikation im Vergabeverfahren eine neue Bedeutung erlangt. § 97 Abs. 5 GWB verpflichtet gleichermaßen Auftraggeber und Unternehmen, dass sie für „das Senden, Empfangen, Weiterleiten und Speichern von Daten in einem Vergabeverfahren grundsätzlich elektronische Mittel verwenden". **260**

1. Unionsrechtlicher Hintergrund

Die Regelung des § 97 Abs. 5 GWB setzt die unionsrechtlichen Vorgaben aus Art. 22 Abs. 1 UAbs. 1 S. 1 RL 2014/24/EU und Art. 40 Abs. 1 UAbs. 1 S. 1 RL 2014/25/EU um. Danach „gewährleisten die Mitgliedsstaaten, dass die gesamte Kommunikation und der gesamte Informationsaustausch nach dieser Richtlinie, insbesondere die elektronische Einreichung von Angeboten, unter Anwendung elektronischer Kommunikationsmittel gemäß den Anforderungen dieses Artikels erfolgen." Der EU-Gesetzgeber sieht in der elektronischen Kommunikation ein wirksames Mittel, Effizienz, Schnelligkeit und Transparenz von Vergabeverfahren zu steigern. Zudem meint er, dass die elektronische Kommunikation die Möglichkeit von Wirtschaftsteilnehmern zur Teilnahme an Vergabeverfahren im gesamten Binnenmarkt stark verbessert.[689] Auch der nationale Gesetzgeber sieht als vorwiegendes Ziel der nunmehr zwingenden elektronischen Vergabe einerseits die Vereinfachung der Vergabeverfahren und andererseits eine Effizienzsteigerung und Stärkung der Transparenz der Verfahren. Eine medienbruchfreie Auftragsvergabe biete zugleich erhebliche Einsparpotenziale für Unternehmen und Auftraggeber.[690] **261**

Anders als die Richtlinien für öffentliche Aufträge und Sektorenaufträge wird die verpflichtende Einführung der E-Vergabe für die Vergabe von **Konzessionen** europarechtlich nicht zwingend vorgeschrieben. Nach Art. 29 Abs. 1 RL 2014/23/EU besteht weiterhin eine Wahlfreiheit hinsichtlich der Kommunikationsmittel. Allerdings räumt Art. 29 Abs. 1 RL 2014/23/EU den Mitgliedsstaaten die Möglichkeit ein, über die Vorgaben des Art. 33 Abs. 2 und des Art. 34 RL 2014/23/EU die Verwendung elektronischer Kommunikationsmittel für die Konzessionsvergabe verbindlich vorzuschreiben. Von dieser Möglichkeit hat der deutsche Gesetzgeber Gebrauch gemacht.[691] **262**

Dem Ziel einer Effizienzsteigerung sowie Vereinfachung der Vergabeverfahren dienen noch weitere elektronische Instrumente, die der EU-Gesetzgeber mit der Reform der Vergaberichtlinien umgesetzt hat. Zum einen hat der EU-Gesetzgeber mit der Neufassung der Richtlinie für öffentliche Aufträge das Online-Dokumentenarchiv (**e-Certis**) eingeführt. Um grenzübergreifende Ausschreibungen zu erleichtern, müssen die Mitgliedstaaten dafür sorgen, dass die Information über Bescheinigung und andere Formen dokumentarischer Nachweise in dem von der Kommission eingerichteten Online-Dokumentenarchiv kontinuierlich aktualisiert werden.[692] Der EU-Gesetzgeber sieht darin insbesondere einen Nutzen für KMU. Zum anderen wurde mit der Reform des Jahres 2014 die „Einheitliche Europäische Eigeneerklärung" (**EEE**) eingeführt. Ziel war es, mit der EEE den Verwaltungsaufwand im Zusammenhang mit der Bei- **263**

---

688 Vgl. OLG Düsseldorf, Beschluss v. 1.6.2016 – VII-Verg 6/16.
689 Erwägungsgründe 52 ff. RL 2014/24/EU; Erwägungsgrund 74 RL 2014/23/EU; Erwägungsgründe 63 ff. RL 2014/25/EU.
690 Vgl. Gesetzesbegründung, VergRModG 2016, BT-Drs. 18/6281, 1, 56.
691 Siehe Rn. 273; Verordnungsbegründung zu § 7 KonzVgV, VergRModVO, BR-Drs. 87/16, 282.
692 Vgl. Art. 61 Abs. 1 RL 2014/24/EU.

bringung einer Vielzahl von Bescheinigungen oder anderen Dokumenten, die die Ausschluss- und Eignungskriterien betreffen, zu reduzieren.[693]

264 Flankiert werden die europäischen Regelungen zur elektronischen Vergabe zudem von den Regelungen zur elektronischen Rechnungsstellung (sog. **E-Invoicing**).[694] Gemäß Art. 1 RL 2014/55/EU gilt diese Richtlinie für elektronische Rechnungen, die nach Erfüllung von in den Anwendungsbereich der neuen Vergaberichtlinien (RL 2014/23/EU, RL 2014/24/EU, RL 2014/25/EU sowie RL 2009/81/EG) fallenden öffentlichen Aufträgen ausgestellt wurden. Öffentliche Auftraggeber werden entsprechend verpflichtet, elektronische Rechnungen für öffentliche Aufträge zu akzeptieren. Auf diese Weise soll eine vollständige Digitalisierung der öffentlichen Auftragsvergabe (sog. end-to-end e-procurement) möglich werden. Der Bund hat die Vorgaben mit Änderung des EGovG und dem Erlass der ERechV für Bundeseinrichtungen umgesetzt. Oberste Bundesbehörden und Verfassungsorgane sowie andere Bundeseinrichtungen sind danach verpflichtet, E-Rechnungen zu empfangen und zu verarbeiten. Seit Ende November 2020 sind darüber hinaus Auftragnehmer verpflichtet, bei Geschäften mit Behörden, die dem Bund zuzurechnen sind, E-Rechnungen zu stellen. Für Einrichtungen auf Landes- und Kommunalebene sind die rechtlichen Umsetzungen der jeweiligen Bundesländer maßgeblich.

2. Historie

265 Die Anfänge der nunmehr verbindlichen elektronischen Vergabe sind bereits in der **RL 97/52/EG** zu erblicken. Durch diese wurden die Vorschriften über die Angebotsübermittlung unter anderem insoweit ergänzt, als die Mitgliedstaaten fortan zulassen konnten, dass Angebote auf andere Weise (als die herkömmlich bekannten Arten) übermittelt werden konnten (vgl. Art. 1 Nr. 7, Art. 2 Nr. 5 und Art. 3 Nr. 5 RL 97/52/EG). Nähere Bestimmungen, wie dies konkret auszugestalten sei, enthielt die Richtlinie hingegen nicht.

266 National wurde von dieser Möglichkeit durch die Umsetzung in **§ 15 VgV a.F.**[695] Gebrauch gemacht. § 15 VgV a.F. war als „elektronische Angebotsabgabe" überschrieben und bildete damit quasi den Grundstein für die nationale E-Vergabe. Inhaltlich enthielt aber auch § 15 VgV a.F. – wie die ihr zugrunde liegende europäische Norm – lediglich die Möglichkeit, Angebote auch in anderer Form als schriftlich per Post oder direkt einzureichen, sofern dabei die Vertraulichkeit der Angebote gewahrt blieb. Konkrete Ausgestaltungen der „anders gearteten" Übermittlung wurden also auch auf nationaler Ebene offengelassen.

267 In einem zweiten Schritt führten die **Richtlinien 2004/17/EG** und **2004/18/EG** für Auftraggeber die optionale Verwendung elektronischer Kommunikationsmittel ein (vgl. Art. 48 RL 2004/17/EG sowie Art. 42 RL 2004/18/EG). Damit wurden elektronische Mittel den klassischen Mitteln zur Kommunikation und Informationsübermittlung erstmals ausdrücklich gleichgesetzt. Ferner wurde die Verwendung elektronischer Kommunikationsmittel dahin gehend konkretisiert, als die Richtlinien bereits Grundsätzliches zur Ausgestaltung der elektronischen Übermittlung von Informationen regelten (vgl. Art. 42 Abs. 4 RL 2004/18/EG und Art. 48 Abs. 4 RL 2004/17/EG). Parallel zu den Regelungen der Richtlinien 2004/17/EG sowie 2004/18/EG veröffentlichte die Europäische Kommission den „Aktionsplan zur Umsetzung und Anwendung der Rechtsvorschriften über die elektronische Vergabe öffentlicher Aufträge"[696]. Er sollte den Mitgliedstaaten entsprechend seinem Titel quasi als „Leitlinie" bei der Umsetzung der E-Vergabe-Regelungen der Vergaberichtlinien dienen. Die europäischen Vorgaben hinsichtlich elektronischer Kommunikation und Informationsübermittlung wurden auf nationaler Ebene teilweise im GWB, teilweise in den Vergabeordnungen umgesetzt (vgl. § 13 EG Abs. 2 und 3 VOL/A sowie § 11 EG VOB/A 2012 – die Grundsätze zur Informations-

693 Erwägungsgrund 84 RL 2014/24/EU.

694 Vgl. Erwägungsgrund 10 RL 2014/55/EU über die elektronische Rechnungsstellung bei öffentlichen Aufträgen.

695 BGBl. I 2001 S. 110.

696 Europäische Kommission, Mitteilung der Europäischen Kommission v. 29.12.2004 – Aktionsplan zur Umsetzung und Anwendung der Rechtsvorschriften über die elektronische Vergabe öffentlicher Aufträge (KOM(2004) 841 endgültig).

übermittlung aufstellen). Obwohl der rechtliche Rahmen für die Durchführung elektronischer Vergabeverfahren geschaffen war, verlief die Umsetzung nicht im erhofften Umfang. Gemessen am Gesamtbeschaffungsvolumen wurden im Jahre 2010 wertmäßig weniger als 5 % des gesamten Beschaffungsvolumens auf elektronischem Wege beschafft.[697] Ursächlich für die schleppende Umsetzung der elektronischen Vergabe waren unter anderen die Formvorgaben betreffend die Einreichung der Angebote. So mussten elektronisch übermittelte Angebote mit einer „fortgeschrittenen elektronischen Signatur" nach dem SigG und den Anforderungen der Auftraggeber oder mit einer „qualifizierten elektronischen Signatur" nach dem SigG versehen sein.[698] Die Schaffung der dafür erforderlichen organisatorischen und technischen Voraussetzungen wurde sowohl von Auftraggeber- als auch Unternehmensseite als unzumutbar angesehen. Vor allem sah man die Gefahr, dass sich Unternehmen aufgrund des damit verbundenen Verwaltungsaufwands nicht mehr an Vergabeverfahren beteiligen würden.

Vor diesem Hintergrund der unzureichenden Umsetzung sah sich die **Europäische Kommission** veranlasst, im Jahre 2010 zunächst das Grünbuch zum Ausbau der e-Beschaffung in der EU[699] herauszugeben. Dem folgte im Jahre 2012 die Mitteilung „Eine Strategie für die e-Vergabe"[700]. Unter Ziffer 6 dieser Mitteilung zog die Europäische Kommission den Schluss, dass die Umstellung auf die vollständige E-Vergabe vorwiegend keine technische oder technologische Herausforderung sei. Es handele sich dabei vielmehr um eine wirtschaftliche und politische Herausforderung, die ohne ein starkes Engagement auf oberster politischer Ebene nicht zu bewältigen sei. Insbesondere durch die Verabschiedung des überarbeiteten Legislativpakets zum öffentlichen Auftragswesen sollte von den Mitgliedstaaten der Europäischen Union und dem Europäischen Parlament ein klares politisches Signal ihrer Entschlossenheit, sich der Herausforderung stellen zu wollen, ausgehen. Selbiges wurde schließlich am 28. März 2014 gesetzt, als die neuen europäischen Vergaberichtlinien im Amtsblatt der Europäischen Union veröffentlicht wurden.[701] 268

Auf **nationaler Ebene** hat der Gesetzgeber die Akzeptanzprobleme der elektronischen Kommunikation dadurch erheblich reduziert, dass er die verpflichtende Nutzung der elektronischen Signatur aufgegeben hat. Nach §§ 53 Abs. 1 VgV, 43 Abs. 1 SektVO sowie § 11 EU Abs. 5 VOB/A übermitteln die Unternehmen ihre Interessensbekundungen, Interessensbestätigungen, Teilnahmeanträge und Angebote nunmehr grundsätzlich in Textform nach § 126b BGB. Eine Einreichung mittels einer elektronischen Signatur oder elektronischen Siegels dürfen Auftraggeber nur verlangen, soweit die zu übermittelnden Daten erhöhte Anforderungen an die Sicherheit stellen. Die Beachtung dieses normierten Regel-Ausnahme-Verhältnisses ist insofern von Bedeutung, als dessen Missachtung einen Verstoß gegen das Wettbewerbsprinzip darstellt. 269

3. Umsetzung

§ 97 Abs. 5 GWB formuliert lediglich den Grundsatz zugunsten der elektronischen Kommunikation. Darüber hinaus hat er keinen eigenen **Regelungsgehalt**. Die konkrete Ausgestaltung erfolgt in den Verordnungen, die auf der Grundlage von § 113 S. 2 Nr. 4 GWB erlassen werden. Dementsprechend werden Art und Umfang und die technischen Anforderungen an die elektronische Kommunikation in der VgV, der SektVO sowie der KonzVgV geregelt. 270

Hierbei ist die **strukturelle Umsetzung** nahezu gleich gewählt. Zunächst werden in einem jeweils eigenen Zweiten Unterabschnitt „Kommunikation" zu Abschnitt 1 die Grundsätze der Kommunikation, die Anforderungen sowohl an die verwendeten elektronischen Mittel als auch der Einsatz der elektronischen Mittel im Vergabeverfahren sowie der Einsatz alternativer 271

697 Vgl. Europäische Kommission, Mitteilung der Europäischen Kommission v. 20.9.2011 – Grünbuch zum Ausbau der e-Beschaffung in der EU (KOM(2010) 571 endgültig), S. 11.

698 Vgl. nur § 16 EG Abs. 1 VOL/A.

699 Europäische Kommission, Mitteilung der Europäischen Kommission v. 18.10.2010 – Grünbuch zum Ausbau der e-Beschaffung in der EU (KOM(2010) 571 final).

700 Europäische Kommission, Mitteilung der Europäischen Kommission v. 20.4.2012 – Eine Strategie für die e-Vergabe (COM(2012) 179 final).

701 Vgl. ABl. EU Nr. L 94/65, L 94/1 und L 94/243 v. 28.3.2014.

elektronischer Mittel bei der Kommunikation geregelt (vgl. §§ 9 ff. VgV, §§ 9 ff. SektVO, §§ 7 ff. KonzVgV). Im Unterschied zur SektVO kann die Bundesregierung mit Zustimmung des Bundesrats gemäß der wortgleichen § 13 VgV sowie § 11 KonzVgV allgemeine Verwaltungsvorschriften über die zu verwendenden elektronischen Mittel sowie über die einzuhaltenden technischen Standards (Basisdienste für die elektronische Auftragsvergabe) erlassen.

272 Weitergehende Regelungen finden sich in der VgV im Vierten Unterabschnitt „Veröffentlichung, Transparenz" (vgl. §§ 37 ff. VgV) und Fünften Unterabschnitt „Einreichung, Form und Umgang mit Angeboten, Teilnahmeanträgen, Interessenbekundungen und Interessenbestätigungen" (vgl. §§ 52 ff. VgV) zu Abschnitt 2. In der SektVO werden die Anforderungen an die E-Vergabe allein im Vierten Unterabschnitt „Veröffentlichung, Transparenz" zu Abschnitt 2 geregelt (vgl. §§ 35 ff. SektVO). Die KonzVgV trifft weitergehende Bestimmungen zur Durchführung elektronischer Vergabeverfahren wiederum im Zweiten Unterabschnitt „Vorbereitung des Vergabeverfahrens" (vgl. § 14 ff. KonzVgV) sowie im Vierten Unterabschnitt „Auswahlverfahren und Zuschlag" (vgl. § 28 KonzVgV) zu Abschnitt 2.

273 Die Regelungen zur E-Vergabe im Rahmen der **KonzVgV** zeigen, dass der Gesetzgeber von der in Art. 29 Abs. 1 UAbs. 2 RL 2014/23/EU eröffneten Option Gebrauch gemacht hat, über die dort gemachten Vorgaben hinauszugehen und die Verwendung elektronischer Mittel für die Konzessionsvergabe insgesamt verbindlich vorzuschreiben. Nach Art. 29 Abs. 1 RL 2014/23/EU wäre der nationale Gesetzgeber lediglich verpflichtet gewesen, die elektronische Bekanntmachung und die elektronische Verfügbarkeit von Vergabeunterlagen vorzuschreiben. Ansonsten lässt Art. 29 Abs. 1 RL 2014/23/EU die Wahl zwischen elektronischen Mitteln, Post, Fax, mündlicher Mitteilung oder persönlicher Übermittlung.

274 Die Regelungen der Vergabe(ver-)ordnungen enthalten rechtliche Vorgaben hinsichtlich der Bekanntmachung, der Bereitstellung der Vergabeunterlagen, ergänzender Informationen für die Unternehmen, der Kommunikation zwischen Vergabestelle und Unternehmen sowie der Einreichung der Interessensbekundungen, Interessensbestätigungen, Teilnahmeanträgen und Angeboten. Die rechtlichen Vorgaben beschränken sich mithin auf das Vergabeverfahren als solches. Die Regelungen der Vergabe(ver-)ordnungen betreffen weder die internen Prozesse der Auftraggeber vor Durchführung des Vergabeverfahrens noch finden sich verpflichtende Vorgaben zur elektronischen Verarbeitung und Bewertung von Angeboten. Ebenso wenig besteht eine Verpflichtung zur elektronischen Abwicklung des mit dem Zuschlag zustande gekommenen Vertragsverhältnisses. Diese klare Abgrenzung ermöglicht es, zwischen der **E-Vergabe im engeren Sinne**, d.h. der elektronischen Kommunikation zwischen Auftraggeber auf der einen und Unternehmen auf der anderen Seite im laufenden Vergabeverfahren sowie der E-Vergabe im weiteren Sinne, nämlich der darüber hinaus gehenden Unterstützung der internen Prozesse der Vergabestellen, zu unterscheiden.[702] In Analogie zur Unterscheidung zwischen der E-Vergabe im engeren Sinne auf der einen und der E-Vergabe im weiteren Sinne auf der anderen Seite kann auch zwischen den am Markt gängigen Lösungen unterschieden werden. Für die E-Vergabe im engeren Sinne kommen in der Regel sogenannte Vergabeplattformen bzw. Vergabemarktplätze zur Anwendung. Sofern die technischen Lösungen auch eine Abbildung der internen Prozesse einer Vergabestelle darstellen, wird zumeist von sogenannten Vergabemanagementsystemen gesprochen. Von Vergabeplattformen bzw. Vergabemanagementsystemen zu unterscheiden sind sogenannte Bekanntmachungsportale. Diese gewährleisten keine Kommunikation zwischen den Beteiligten am Vergabeverfahren. Sie beschränken sich allein auf die Bekanntmachung der jeweiligen Beschaffungsmaßnahmen.

II. Anwendungsbereich

1. Persönlicher Anwendungsbereich

275 Nach dem Wortlaut des § 97 Abs. 5 GWB werden Auftraggeber, d.h. öffentliche Auftraggeber (vgl. § 99 GWB), Sektorenauftraggeber (vgl. § 100 GWB) sowie Konzessionsgeber (vgl.

702 *Klippstein*, in: Klippstein/Kuljanin, E-Vergabe, S. 19, 20.

§ 101 GWB) zur elektronischen Vergabe verpflichtet. Betreffend die Konzessionsgeber hat der Gesetzgeber dabei von der Möglichkeit gemäß Art. 29 Abs. 1 RL 2014/23/EU Gebrauch gemacht.

2. Sachlicher Anwendungsbereich

a) Regel-Ausnahme-Verhältnis

276 Sachlich betroffen sind von der E-Vergabe im engeren Sinne die Vergaben öffentlicher Aufträge sowie von Konzessionen im Oberschwellenbereich. Die **Wahlfreiheit** der Kommunikationsmittel, wie sie z. B. in § 13 EG VOL/A zum Ausdruck kam, ist damit abgeschafft und zwar unabhängig davon, ob es sich im Einzelfall um eine Liefer- oder Dienstleistung oder eine Bauleistung handelt. Lediglich in Bezug auf die Übersendung des Informationsschreibens gemäß § 134 GWB haben Auftraggeber weiterhin eine echte Wahl zwischen einer postalischen Übersendung des Informationsschreibens und dessen Übersendung auf elektronischem Wege. Dies ist auch zutreffend, als nach Art. 22 Abs. 1 UAbs. 1 S. 1 RL 2014/24/EU und Art. 40 Abs. 1 UAbs. 1 S. 1 RL 2014/25/EU lediglich der Informationsaustausch „nach diese(n) Richtlinie(n)" unter Verwendung elektronischer Kommunikationsmittel erfolgen muss. § 134 GWB beruht hingegen auf Art. 2a Abs. 2 RL 89/665/EWG und Art. 2a Abs. 2 RL 92/13/EWG.

277 Für Vergaben im **Verteidigungs- und Sicherheitsbereich** nach der VSVgV besteht hin gegen keine Verpflichtung zur elektronischen Kommunikation. Nach § 19 Abs. 1 VSVgV haben Auftraggeber weiterhin ein Wahlrecht hinsichtlich der Kommunikationsmittel. Hintergrund ist, dass die der VSVgV zugrunde liegende RL 2009/81/EG nicht Gegenstand des Reformpaketes aus dem Jahre 2014 war. Es bestand mithin auch keine Notwendigkeit, die Regelungen des § 19 Abs. 1 VSVgV zu ändern. Im Gegenteil wird in der Gesetzesbegründung zu § 97 Abs. 5 GWB ausdrücklich festgehalten, dass mit der grundsätzlichen Vorgabe zur Nutzung elektronischer Mittel Ausnahmen wie z. B. im Anwendungsbereich der Richtlinie 2009/81/EG erfasst sind.

b) Weitere Ausnahmen im Oberschwellenbereich

278 Bereits der Wortlaut des § 97 Abs. 5 GWB („grundsätzlich") lässt **Ausnahmen** von der E-Vergabe im engeren Sinne zu. Danach kann von der elektronischen Kommunikation abgesehen werden, wenn die Angebote besonders schutzwürdige Daten enthalten, die bei der Verwendung allgemein verfügbarer oder alternativer elektronischer Mittel nicht angemessen geschützt werden können, oder wenn die Sicherheit der elektronischen Mittel nicht gewährleistet werden kann (vgl. § 53 Abs. 4 VgV). Ausnahmen von E-Vergabe im engeren Sinne sind auch dann möglich, wenn z. B. die Vorlage physischer oder maßstabsgetreue Modelle, die nicht elektronisch vorgelegt werden können, Gegenstand des Vergabeverfahrens sind (vgl. § 53 Abs. 2 VgV).

279 Sofern Auftraggeber von den Ausnahmetatbeständen Gebrauch machen wollen, sind im Vergabevermerk die **Gründe** anzugeben, warum die Angebote mithilfe anderer als elektronischer Mittel eingereicht werden können (vgl. § 53 Abs. 2 S. 3 VgV). Zudem beschränkt sich der Verzicht auf die Verwendung elektronischer Mittel allein auf die Angebotsbestandteile oder Angebote, in denen die Ausnahmeregelung greift. Beispielsweise befreit die Vorlage von Mustern und Modellen nicht von der elektronischen Kommunikation in Gänze. Der verpflichtende Einsatz elektronischer Mittel ist allein bezüglich der Muster und Modelle ausgesetzt.

c) Ausnahmen im Bereich der nationalen Vergaben

280 Bereits aus der Stellung des § 97 Abs. 5 GWB im Teil 4 GWB folgt, dass die elektronische Kommunikation „nur" für den Oberschwellenbereich verpflichtend vorgegeben wird.

281 Allerdings gelten im Regelungsbereich der **UVgO** für Dienst- und Lieferleistungen weitgehend gleichlautende Vorschriften über die elektronische Kommunikation wie im Bereich der VgV. Mit anderen Worten finde das Regel-Ausnahme-Verhältnis des Oberschwellenbereichs auch im Rahmen der UVgO Anwendung, sofern die UVgO uneingeschränkt Anwendung findet. Er-

weitert werden die Ausnahmeregelungen durch § 38 Abs. 4 UVgO. Danach ist der Auftraggeber zur Akzeptanz oder Vorgabe elektronisch eingereichter Teilnahmeanträge oder Angebote nicht verpflichtet, wenn der geschätzte Auftragswert ohne Umsatzsteuer 25.000 € nicht überschreitet oder eine Beschränkte Ausschreibung ohne Teilnahmewettbewerb oder eine Verhandlungsvergabe ohne Teilnahmewettbewerb durchgeführt wird. In der Vergabepraxis hat sich jedoch gezeigt, dass von diesen Ausnahmen nur in begrenztem Umfang Gebrauch gemacht wird.

282 Anders ist dies im unterschwelligen Bereich von Bauvergaben. Dort ist die elektronische Vergabe noch immer nicht verpflichtend. Nach §§ 11, 13 Abs. 1 Nr. 1 **VOB/A** kann der öffentliche Auftraggeber frei darüber entscheiden, ob er eine elektronische Kommunikation und/oder elektronische Angebote akzeptiert oder nicht.

d) Landesrechtliche Ausnahmeregelungen im Bereich nationaler Vergaben

283 Im Bereich der nationalen Vergaben folgen weitere Ausnahmen von der verpflichtenden Anwendung der elektronischen Vergabe aus den Landesvergabegesetzen und aus den Verwaltungsvorschriften zum Haushaltvergaberecht. Vor dem Hintergrund, dass für den Bereich der Bauvergaben die Wahlfreiheit bereits in der VOB/A geregelt ist, betreffen die landesrechtlichen Ausnahmen (überwiegend) den Bereich der Liefer- und Dienstleistungen.

284 Eine Sonderstellung nehmen dabei die **Bundesländer** Sachsen sowie Sachsen-Anhalt ein. Da beide Bundesländer noch nicht die UVgO umgesetzt haben, gelten weiterhin die Regelungen des ersten Abschnitts der VOL/A[703], der seinerseits die E-Vergabe nicht verpflichtend vorschreibt. Im Übrigen gelten folgende (Ausnahme-)Regelungen, dies sich in Bezug auf Landes- bzw. Kommunalebene teilweise unterscheiden:

Baden-Württemberg	• Landesebene: Es gelten die UVgO-Regelungen zur E-Vergabe.[704] • Kommunalebene: Es gilt die Empfehlung, Vergabeverfahren mithilfe elektronischer Mittel nach Maßgabe der UVgO durchzuführen.[705]
Bayern	• Landesebene: Bei Beschränkter Ausschreibung sowie Verhandlungsvergabe ohne Teilnahmewettbewerb kann die elektronische Kommunikation (einschließlich Angebotsabgabe) grundsätzlich per einfacher E-Mail erfolgen.[706] • Kommunalebene: Es gilt eine Empfehlung zur elektronischen Kommunikation bei Durchführung von Vergabeverfahren unterhalb der Schwellenwerte.[707]
Berlin	• Abweichend von § 38 Abs. 4 Nr. 2 UVgO sind Beschränkte Ausschreibungen und Verhandlungsverfahren ohne Teilnahmewettbewerb grundsätzlich im Rahmen der elektronischen Auftragsvergabe durchzuführen, wenn der voraussichtliche Auftragswert von 25.000 Euro erreicht wird.[708]

703 § 1 Abs. 2 SächsVergabeG; § 1 Abs. 2 LVG LSA, Ziffer 2.2 VV zu § 55 LHO LSA.
704 Ziffer 3 VV zu § 55 LHO Baden-Württemberg i.V.m. Ziffer 7.7 BW VwV Beschaffung.
705 Ziffer 4.1 VergabeVwV (Verwaltungsvorschrift des Innenministeriums über die Vergabe von Aufträgen im kommunalen Bereich).
706 Ziffer 2.3 VV zu § 55 LHO Bayern i.V.m. Ziffer 1.5 VVöA (Verwaltungsvorschrift zum öffentlichen Auftragswesen).
707 Bayerisches Staatsministerium des Innern und für Integration, Ziffer 4.2 der Bekanntmachung „Vergabe von Aufträgen im kommunalen Bereich" v. 31.7.2018, zuletzt geändert durch Bekanntmachung v. 14.12.2021.
708 Ziffer 8.1. und 8.2 der AV zu § 55 LHO Berlin.

Brandenburg	• Landesebene: E-Vergaben sind grundsätzlich durchzuführen, wobei einige Regelungen der UVgO nicht verpflichtend sind.[709] • Kommunalebene: Die E-Vergabe ist Kommunen weitgehend freigestellt.[710]
Bremen	• Es ist die UVgO ab einem Auftragswert von 50.000 Euro (mit Ausnahme von der Vergabe freiberuflicher Leistungen) anzuwenden.[711]
Hamburg	• Die E-Vergabe-Regelungen der UVgO gelten grundsätzlich ab Auftragswert von 100.000 Euro.[712]
Hessen	• Landes- und Kommunalebene: Die E-Vergabe ist weitgehend freigestellt.[713]
Mecklenburg-Vorpommern	• Landes- und Kommunalebene: Die UVgO ist ausnahmslos anwendbar.[714]
Niedersachsen	• Landesebene: Grundsätzlich ist die UVgO ausnahmslos anwendbar.[715] • Kommunalebene: Es besteht eine Soll-Orientierung am Verfahrensrecht des Gesetzes.[716]
Nordrhein-Westfalen	• Landesebene: Verhandlungsverfahren oder Freihändige Vergaben bis zu einem Auftragswert von 25.000 Euro ohne Umsatzsteuer können per E-Mail abgewickelt werden.[717] • Kommunalebene: Es besteht eine Soll-Anwendung der UVgO.[718] Bis zu einem geschätzten Auftragswert von 25.000 Euro können Vergabeverfahren mittels E-Mail abgewickelt werden.[719]
Rheinland-Pfalz	• Landes- und Kommunalebene: Die E-Vergabe-Regelungen der UVgO gelten mit gewissen (zeitlich begrenzten) Einschränkungen.[720]
Saarland	• Landesebene: Die UVgO gilt ausnahmslos.[721] • Kommunalebene: Die UVgO wird zur Anwendung empfohlen.[722]

709 Ziffer 4.2 VV-LHO zu § 55 LHO Brandenburg (§ 7 Abs. 1, § 28 Abs. 2 Nr. 9 Alt. 1, § 29 Abs. 1 und § 38 Abs. 2 und 3 UVgO insoweit nicht verpflichtend).
710 § 30 Abs. 3 Nr. 1 KomHKV.
711 § 7 Brem TtVG.
712 § 2a Abs. 1 HmbVgG; Ziffer 6 HmbVgRL.
713 Hessisches Ministerium für Wirtschaft, Energie, Verkehr, Wohnen, Gemeinsamer Runderlass zum öffentlichen Auftragswesen (Vergabeerlass), Ziffer 2.1 und 2.1.1 lit. a, f und g.
714 § 2 Abs. 1 Nr. 3 VgG M-V.
715 Ziffer 2 VV zu § 55 LHO Niedersachsen; bzw. im Anwendungsbereich des NTVergG § 3 Abs. 1 NTVergG, nach dessen Absatz 3 das zuständige Ministerium Abweichungen zur Verfahrenserleichterung regeln kann.
716 § 28 KomHKVO.
717 Ebenso in Fällen des § 12 Abs. 3 UVgO – Ziff. 3 VV zu § 55 LHO Nordrhein-Westfalen.
718 Ministerium für Heimat, Kommunales, Bau und Gleichstellung, Runderlass des Ministeriums für Heimat, Kommunales, Bau und Gleichstellung, Vergabegrundsätze für Gemeinden nach § 26 der Kommunalhaushaltsverordnung Nordrhein-Westfalen (Kommunale Vergabegrundsätze) – 304-48.07.01/01-169/18, Ziffer 5.1.
719 Ministerium für Heimat, Kommunales, Bau und Gleichstellung, Runderlass des Ministeriums für Heimat, Kommunales, Bau und Gleichstellung, Vergabegrundsätze für Gemeinden nach § 26 der Kommunalhaushaltsverordnung Nordrhein-Westfalen (Kommunale Vergabegrundsätze) – 304-48.07.01/01-169/18, Ziffer 7.
720 Ministerium für Wirtschaft, Verkehr, Landwirtschaft und Weinbau, Ministerium der Finanzen und Ministerium des Innern und für Sport, Verwaltungsvorschrift v. 6.9.2021, Ziffer 3.2 und 13.
721 Ziffer 2 VV-LHO zu § 55 LHO Saarland.
722 Bekanntgabe der Vergabegrundsätze für die Gemeinden, Gemeindeverbände, kommunalen Eigenbetriebe und kommunale Zweckverbände (Vergabeerlass 2020) v. 7. April 2020, Ziffer 2.5.

Schleswig-Holstein	• Landes- und Kommunalebene: Die E-Vergabe gilt (einstweilen) fakultativ.[723]
Thüringen	• Landes- und Kommunalebene: Die UVgO gilt hinsichtlich E-Vergabe ausnahmslos.[724]

III. Regelungsinhalt

285 § 97 Abs. 5 GWB regelt, dass Auftraggeber und Unternehmen für das Senden, Empfangen, Weiterleiten und Speichern von Daten in einem Vergabeverfahren grundsätzlich elektronische Mittel nach Maßgabe der aufgrund des § 113 GWB erlassenen Verordnungen verwenden. § 97 Abs. 5 GWB formuliert damit lediglich den Grundsatz zugunsten der elektronischen Kommunikation. Darüber hinaus hat er keinen eigenen Regelungsgehalt. Die konkrete Ausgestaltung ist vielmehr den Verordnungen überlassen, die auf der Grundlage von § 113 S. 2 Nr. 4 GWB erlassen werden.

1. Elektronische Mittel

286 Der **Begriff** der „elektronischen Mittel" wird weder im GWB selbst noch in der zugehörigen Gesetzesbegründung[725] näher definiert. In der Gesetzesbegründung[726] heißt es lediglich, dass mit der Pflicht zur Einführung der elektronischen Kommunikation nicht die Pflicht zur Verwendung spezifischer Programme oder Hilfsmittel verbunden ist, wie zum Beispiel das Programm zur Gebäudedatenmodellierung. Zur Begriffsbestimmung ist daher auf die dem § 97 Abs. 5 GWB zugrunde liegenden Richtlinien zurückzugreifen. Danach sind unter „elektronischen Mitteln" der nahezu wortgleichen Definitionen der Richtlinien elektronische Vorrichtungen für die Verarbeitung (einschließlich digitaler Kompression) und Speicherung von Daten, die über Kabel, per Funk oder auf optischem oder einem anderen elektromagnetischen Weg übertragen, weitergeleitet und empfangen werden, zu verstehen (Art. 2 Nr. 19 RL 2014/24/EU; Art. 5 Nr. 9 RL 2014/23/EU; Art. 2 Nr. 15 RL 2014/25/EU). Da § 97 Abs. 5 GWB der Umsetzung dieser Richtlinien dient, sind die hier genannten „elektronischen Mittel" in eben diesem Sinne zu verstehen.

287 Da die **mündliche Kommunikation** in Art. 22 Abs. 2 RL 2014/24/EU eine eigenständige Regelung erfahren hat, werden vom Begriff der „elektronischen Mittel" keine Geräte erfasst, die im Zusammenhang mit der mündlichen Kommunikation zur Anwendung kommen und zwar selbst dann nicht, wenn das gesprochene Wort über Kabel, per Funk etc. übertragen wird. Daher zählen weder Telefone, einschließlich IP-Telefonie, noch Webcam zu den elektronischen Mitteln im Sinne des § 97 Abs. 5 GWB.[727]

2. Speichern von Daten

288 § 97 Abs. 5 GWB setzt die Regelungen der Art. 22 Abs. 1 UAbs. 1 S. 1 RL 2014/24/EU sowie Art. 40 Abs. 1 UAbs. 1 S. 1 RL 2014/25/EU nicht eins zu eins um. Während Art. 22 Abs. 1 UAbs. 1 S. 1 RL 2014/24/EU sowie der gleichlautende Art. 40 Abs. 1 UAbs. 1 S. 1 RL 2014/25/EU Auftraggeber lediglich dazu verpflichtet, dass „die gesamte Kommunikation und der gesamte Informationsaustausch [...] unter Anwendung elektronischer Kommunikationsmittel [...] erfolgen", müssen Auftraggeber nach § 97 Abs. 5 GWB auch für das „Speichern von Daten in einem Vergabeverfahren [...] elektronische Mittel verwenden".

289 Fraglich ist, ob § 97 Abs. 5 GWB damit mehr als nur die Pflicht zur E-Vergabe statuiert. Die inhaltliche Erweiterung auf die **Speicherung** von Daten könnte dahin gehend verstanden werden, dass Auftraggeber gemäß § 97 Abs. 5 GWB nunmehr auch verpflichtet sind, eine

723 § 5 Abs. 1 VGSH i.V.m. § 3 Abs. 2 SHVgVO; Ziff. 2 der VV zu § 55 LHO Schleswig-Holstein.
724 § 1 Abs. 2 ThürVgG.
725 Gesetzesbegründung zu § 97 Abs. 5 GWB, VergRModG 2016, BT-Drs. 18/6821, 68 f.
726 Gesetzesbegründung zu § 97 Abs. 5 GWB, VergRModG 2016, BT-Drs. 18/6821, 69.
727 So auch *Wichmann*, in: Ziekow/Völlink, Vergaberecht, § 9 VgV Rn. 6.

elektronische Vergabeakte zu führen. In Anlehnung an § 6 S. 1 EGovG ist eine elektronische Akte eine logische Zusammenfassung eines sachlich zusammengehörigen oder verfahrensgleichen Vorgangs und/oder Dokuments, die alle bearbeitungs- und aktenrelevanten E-Mails, sonstigen elektronisch erstellten Unterlagen sowie gescannten Papierdokumente umfasst und so eine vollständige Information über die Geschäftsvorfälle eines Sachverhalts ermöglicht.[728] Der vergaberechtlich relevante Inhalt folgt dabei aus § 8 VgV, § 8 SektVO und § 6 KonzVgV. Eine derart weite Auslegung ist jedoch nicht vertretbar. Die elektronische Vergabe betrifft nur das externe Verhältnis zwischen Auftraggeber und den Unternehmen. Interne Verhältnisse sollen gerade nicht von den verpflichtenden Regelungen zur elektronischen Kommunikation erfasst werden.

IV. E-Vergabe i.e.S. in der Beschaffungspraxis

1. Bereitstellung der Vergabeunterlagen

Nach § 41 Abs. 1 VgV ist in der Auftragsbekanntmachung eine Adresse anzugeben, unter der die Vergabeunterlagen unentgeltlich, uneingeschränkt, vollständig und direkt abgerufen werden könne. Erforderlich hierfür ist eine Internetadresse, unter der die Unterlagen heruntergeladen werden können.[729] **290**

Das Merkmal der „**Unentgeltlichkeit**" ist erfüllt, wenn die Bieter/Bewerber für die Einsicht und den Download der Vergabeunterlagen kein Entgelt zahlen müssen. Etwas anderes gilt, wenn die Unternehmen von den Vergabeplattformanbietern Mehrdienste, wie etwa Such- und Benachrichtigungsdienste, in Anspruch nehmen. Für derartige Mehrdienste dürfen Plattformanbieter Entgelte verlangen. **291**

Uneingeschränkte Abrufbarkeit bedeutet, dass die elektronische Adresse einen eindeutig und vollständig beschriebenen medienbruchfreien Weg zu den Vergabeunterlagen enthalten muss. Insofern müssen in der Bekanntmachung alle Informationen angegeben werden, die es Interessenten ohne wesentliche Zwischenschritte und ohne wesentlichen Zeitverlust ermöglichen, mit elektronischen Mitteln an die Vergabeunterlagen zu gelangen.[730] **292**

Vollständige Abrufbarkeit setzt voraus, dass sämtliche Vergabeunterlagen, und nicht nur Teile davon, über die angegebene Adresse abgerufen werden können. Für sog. zweistufige Verfahren, wie z. B. das Verhandlungsverfahren, wird dies in Teilen der Rechtsprechung dahingehend eingeschränkt, dass nur diejenigen Vergabeunterlagen bereit gestellt werden müssen, die „erforderlich" seien, um Bewerbern eine Entscheidung über die Teilnahme am Verfahren zu ermöglichen.[731] Insbesondere sei es nicht erforderlich, diejenigen Vergabeunterlagen bekanntzumachen, die erst für die Angebotsphase relevant sind.[732] Diese Ansicht überzeugt nicht.[733] Zum einen widerspricht sie dem eindeutigen Wortlaut des §§ 41 VgV. Zum anderen ist es mit dem Sinn und Zweck der elektronischen Vergabe nicht in Einklang zu bringen, den Unternehmen die finanzielle und zeitliche Belastung des Teilnahmewettbewerbs aufzubürden und ihnen erst danach diejenigen Tatsachen bekanntzumachen, die aus ihrer Sicht für eine weitere Teilnahme am Vergabeverfahren entscheidend sind. Die Beschaffungspraxis zeigt nämlich, dass Unternehmen ihre Teilnahme am Vergabeverfahren gerade von den vertraglichen Regelungen, wie etwa Haftungsbegrenzungen, Vertragsstrafenregelungen etc. anhängig machen (müssen). Die Unternehmen darüber im Unklaren zu lassen, erhöht den Verwaltungsaufwand anstelle ihn zu reduzieren. **293**

Direkte Abrufbarkeit ist gegeben, wenn sich die Interessenten ohne vorherige Registrierung über die bekanntgemachte öffentliche Auftragsvergaben informieren oder Vergabeunterla- **294**

728 Vgl. Bundesministerium des Inneren, Referat O2, Mini-Kommentar zum Gesetz zur Förderung der elektronischen Verwaltung sowie zur Änderung weiterer Vorschriften, Art. 1 § 6 Ziff. 1.
729 OLG Düsseldorf, Beschluss v. 13.5.2019 – VII-Verg 47/18.
730 OLG Düsseldorf, Beschluss v. 13.5.2019 – VII-Verg 47/18.
731 OLG Düsseldorf, Beschluss v. 17.10.2018 – VII-Verg 26/18.
732 VK Bund, Beschluss v. 4.9.2019 – VK 2 64/19.
733 OLG München, Beschluss v. 13.3.2017 – Verg 15/16.

gen abrufen können (vgl. § 9 Abs. 3 S. 2 VgV). Unternehmen sollten jedoch von der Möglichkeit einer freiwilligen Registrierung Gebrauch machen (vgl. § 9 Abs. 3 S. 2 Hs. 2 VgV). Gegenüber den registrierten Unternehmen besteht nämlich eine Bringschuld des Auftraggebers. Er muss elektronisch (z. B. per E-Mail) über die Änderung der Vergabeunterlagen oder Antworten auf Bieterfragen informieren. Haben sich Unternehmen nicht registriert, haben diese eine Holschuld. Sie müssen sich selbst über Änderungen informieren.[734] Demgegenüber ist das Merkmal der direkten Abrufbarkeit nicht erfüllt, wenn Interessenten erst weiteren „Links" folgen müssen, um schließlich selbst über eine Recherche in einer Suchmaske auf die relevanten Unterlagen, wie etwa Technische Lieferbedingungen, zu stoßen.[735] Zumutbar sind allenfalls zwei Klicks.[736]

2. Bekanntgabe der Eignungskriterien mittels Verlinkung

295 Nach dem Wortlaut des § 122 Abs. 4 S. 2 GWB sind die geforderten Eignungskriterien bereits in der Auftragsbekanntmachung anzugeben. Sinn und Zweck der Regelungen ist, dass Unternehmen bereits aus der Auftragsbekanntmachung die in persönlicher und wirtschaftlicher Hinsicht gestellten Anforderungen ersehen können, um anhand dieser Angaben zu entscheiden, ob sie sich an der Ausschreibung beteiligen können und wollen. Nur wenn diese Angaben frei zugänglich und transparent sind, können sie diesem Zweck der Auftragsbekanntmachung gerecht werden.[737] Auch wenn es keine gesetzliche Grundlage dafür gibt, ist es in der Vergabepraxis üblich, dass auf die Eignungskriterien über Links verwiesen wird. Eine derartige Verlinkung genügt den Anforderungen des § 122 Abs. 4 S. 2 GWB nicht, wenn

- der Link auf die Startseite einer Vergabeplattform verweist,[738]
- der Link auf die Vergabeunterlagen als Ganzes verweist[739] oder
- ein Link, der zwar zu den aufgestellten Unterlagen führt, sich jedoch an einer Stelle der Auftragsbekanntmachung befindet, an der er von potenziellen Bietern übersehen werden kann.[740]

296 An einer unzureichenden Bekanntmachung im Sinne des § 122 Abs. 4 S. 2 GWB ändert auch nichts, dass das **Standardformular 2** im Abschnitt III die Möglichkeit enthält, die Textzeile „Eignungskriterien gemäß Auftragsunterlagen" ankreuzen zu können. Dieses Standardformular dient lediglich als Hilfsmittel zur praktischen Umsetzung des Rechts. Geltendes Recht kann es aber weder ändern noch außer Kraft setzen.[741]

297 Eine dem Sinn und Zweck des § 122 Abs. 4 GWB genügende Verlinkung wird in der Rechtsprechung hingegen dann angenommen, wenn der Link unmittelbar auf das Dokument führt, sog. **Deep-Link**.[742] Im Falle eines sog. Deep-Link ist gewährleistet, dass man ohne Weiteres die geforderten Eignungskriterien und Eignungsnachweise öffnen und ausdrucken kann.[743]

298 Es ist auch nicht zu beanstanden, wenn der Link nicht dort veröffentlicht wurde, wo auch die Kriterien erwähnt worden sind, sondern zu Beginn des Bekanntmachungstextes. Der Link muss sich nur an einer genügend exponierten **Stelle** befinden, sodass ein interessierter Bürger den Zugang zu den Kriterien finden kann.[744] Verallgemeinerungswürdig ist diese Ansicht jedoch nicht. Zu Recht fordern andere Stimmen, dass sich der Link dort befinden muss, wo er von potenziellen Bietern erwartet wird, also regelmäßig unter Abschnitt III.1 des Standardformulars.[745] Es lassen sich keine transparenten Grenzen ziehen, wann noch von einer exponier-

734 VK Südbayern, Beschluss v. 17.10.2016 – Z3-3-3194-1-36-09/16.
735 VK Südbayern, Beschluss v. 5.6.2018 – Z3-3-3194-1-12-04/18.
736 VK Südbayern, Beschluss v. 27.2.2019 – Z3-3-3194-1-44-11/18.
737 OLG Düsseldorf, Beschluss v. 11.7.2018 – VII-Verg 24/18; VK Bund, Beschluss v. 4.10.2019 – VK 1-73/19.
738 OLG München, Beschluss v. 25.2.2019 – Verg 11/18.
739 VK Bund, Beschluss v. 4.10.2019 – VK 1-73/19; VK Sachsen, Beschluss v. 5.7.2019 – 1/SVK/011-19.
740 OLG Düsseldorf, Beschluss v. 11.7.2018 – VII-Verg 24/18.
741 VK Rheinland-Pfalz, Beschluss v. 9.8.2018 – VK 2-11/18.
742 OLG Düsseldorf, Beschluss v. 11.7.2018 – VII-Verg 24/18; OLG Naumburg, Beschluss v. 1.3.2021 – 7 Verg 1/21.
743 VK Rheinland-Pfalz, Beschluss v. 9.8.2018 – VK 2-11/18.
744 OLG Frankfurt/M., Beschluss v. 30.3.2021 – 11 Verg 18/20.
745 VK Südbayern, Beschluss v. 27.2.2019 – Z3-3-3194-1-44-11/18.

ten Stelle gesprochen werden kann. Zumal das Standardformular hier eine klare Vorgabe macht und die Rechtsprechung zur Verlinkung von Eignungskriterien letztlich ein „Entgegenkommen" darstellt, das weder dem Wortlaut des § 122 Abs. 4 S. 2 GWB noch dem Wortlaut des § 48 Abs. 1 VgV entnommen werden kann. Vor diesem Hintergrund sollte die Verlinkung auf die Eignungskriterien die absolute Ausnahme sein.

Sofern Auftraggeber dennoch die Möglichkeit einer Verlinkung wahrnehmen, ist darauf zu achten, dass die Verlinkung im Nachhinein, d.h. gegebenenfalls auch während eines Nachprüfungsverfahrens, noch nachvollzogen werden kann. **Funktioniert** der Link nach Ablauf der Angebotsabgabefrist nicht mehr, gehen derartige Unklarheiten zu Lasten des Auftraggebers.[746] 299

3. Umgang mit technischen Problemen

Treten beim Betrieb der verwendeten elektronischen Mittel technische Schwierigkeiten auf, 300 z.B. bei der Angebotseinreichung, so ist für deren Folgenbeurteilung zu prüfen, wessen Sphäre sie zuzuordnen sind. Schwierigkeiten auf Auftraggeberseite gehen ebenso zu dessen Lasten, wie vom Bieter zu verantwortende Schwierigkeiten zu Lasten des Bieters gehen.[747] Der **Verantwortungsbereich** des Auftraggebers beginnt oder endet dabei am Übergabepunkt, also dort, wo die Daten seinen technischen Einflussbereich betreten bzw. verlassen.[748]

So hat der **Bieter** dafür zu sorgen, dass seine Hard- und Software korrekt installiert ist und 301 auf dem aktuellsten Stand gehalten wird. Ebenso hat der Bieter dafür Sorge zu tragen, dass seine allgemeine Netzwerkumgebung und Internetverbindung leistungsfähig genug sind, die erforderliche Datenmenge zu transportieren und in erforderlichem Maß mit der Vergabeplattform zu kommunizieren.[749] Ist für das Hochladen der Angebote eine App erforderlich, stellt diese eine Anwendungssoftware dar, die auf dem PC des Nutzers implementiert wird. Entsprechend hat der Auftraggeber auf deren Funktionieren keinen Einfluss, die App liegt in der Sphäre des Bieters. Ein Nicht-Vertreten-Müssen des Bieters wäre in dieser Konstellation nur dann anzunehmen, wenn erwiesenermaßen eine von der Vergabestelle zu vertretende Fehlfunktion des elektronischen Systems vorgelegen hätte.[750] Die Bieter müssen mithin gewährleisten, dass erstens die von ihnen eingesetzte Technik voll funktionsfähig ist und, dass zweitens die Angebotsabgabe rechtzeitig begonnen wird. Die Übermittlung der Angebote „auf den letzten Drücker" wird bei technischen Problemen zu Lasten der Unternehmen berücksichtigt.[751] Zwar tragen die Bieter das Risiko dafür, dass die von ihnen zum Einsatz kommende IT-Infrastruktur voll funktionsfähig ist. Allerdings korrespondiert dazu die Verpflichtung der Auftraggeber, den Bieterunternehmen sämtliche notwendigen Informationen über die technischen Parameter der von ihnen ausgewählten Plattform-Software zu übermitteln (vgl. § 11 Abs. 3 Nr. 2 VgV).

4. Textform nach § 126b BGB

Die **Textform** nach § 126b BGB verlangt – als Formerfordernis mit den niedrigsten Vorga- 302 ben – eine lesbare Erklärung, in der die Person des Erklärenden genannt ist und die auf einem dauerhaften Datenträger abgegeben wird.

Bezüglich der **Nennung der Person** des Erklärenden genügt bei natürlichen Personen jeden- 303 falls die Namensnennung (§ 12 BGB), bei juristischen Personen und Handelsgesellschaften der Firmenname (§ 17 HGB). Auch im vergaberechtlichen Kontext ist es bei juristischen Personen und Handelsgesellschaften nicht erforderlich, neben dem Firmennamen auch noch die den Namen der für die Firma handelnden Person zu benennen.[752] Es ist nicht nachvollziehbar,

---

746 VK Südbayern, Beschluss v. 27.2.2019 – Z3-3-3194-1-44-11/18.
747 VK Südbayern, Beschluss v. 14.10.2019 – Z3-3-3194-1-15-05/19.
748 VK Südbayern, Beschluss v. 19.3.2018 – Z3-3-3194-1-54-11/17.
749 VK Sachsen, Beschluss v. 27.2.2020 – 1/SVK/041-19.
750 VK Bund, Beschluss v. 29.5.2020 – VK 2-19/20.
751 VK Bund Beschluss v. 29.5.2020 – VK 2-19/20.
752 So für den Bereich des Verbraucherschutzes BGH, Urteil v. 7.7.2010 – VIII ZR 321/09.

wenn die aus Gründen der Vereinfachung zur Regel gemachte Textform im Sinne des § 126b BGB wieder zunichte gemacht wird, indem der Name der handelnden Person verlangt wird. Es sollte daher auf wenige Fälle beschränkt bleiben, dass bei juristischen Personen und Handelsgesellschaften neben der Firma auch der Name der für die Firma handelnden Person verlangt wird. In Frage kämen z. B. Vergabeverfahren mit einem überdurchschnittlich hohen Auftragswert oder Verfahren, die auf Seiten des Auftraggebers mit einem übermäßigen Aufwand an Personal- und Zeitressourcen verbunden sind. In diesen Fällen ist zumindest nachvollziehbar, dass Auftraggeber Kenntnis darüber haben möchten, wer für das Bieterunternehmen gehandelt hat. Allerdings müsste sich der Auftraggeber dann auch Nachweise über die Vertretungsbefugnis der für die Firma handelnden Person vorlegen lassen. Andernfalls ist die Nennung der handelnden Person nur von geringer Bedeutung und bloße Förmelei.

304 Fordert der Auftraggeber einerseits die elektronische Übermittlung der Angebote in Textform nach § 126b BGB und finden sich andererseits auf einzelnen Formularen **Unterschriftenzeilen**, muss der Bieter die auszufüllenden Formblätter nicht ausdrucken, unterschreiben und anschließend wieder einscannen. Den Anforderungen an die Textform ist in diesen Konstellationen genüge getan, wenn die Textfelder auf den Formblättern sämtlich maschinenschriftlich ausgefüllt werden.[753]

5. Wahrung des Geheimwettbewerbs

305 Zum Schutz des Geheimwettbewerbs dürfen Auftraggeber erst nach Ablauf der Angebotsfrist vom Inhalt der Angebote Kenntnis nehmen. Bis zu diesem Zeitpunkt sind Angebote verschlüsselt aufzubewahren (vgl. §§ 54, 55 VgV, § 13 EU Abs. 1 Nr. 2, § 14 EU Abs. 1 VOB/A). Nach dem eindeutigen Wortlaut des § 13 EU Abs. 1 Nr. 2 VOB/A ist die Datenintegrität und Vertraulichkeit nicht nur durch verschlüsselte Aufbewahrung sicherzustellen, vielmehr sind Angebote verschlüsselt zu übermitteln.

306 Sofern ein Angebot **unverschlüsselt** übermittelt wird, führt dies zum Ausschluss vom weiteren Verfahren und zwar unabhängig davon, ob den Bieter ein Verschulden trifft. Grundsätzlich kann der Mangel einer unverschlüsselten Angebotseinreichung auch nicht dadurch geheilt werden, dass das Angebot nochmals verschlüsselt eingereicht wird. Das nachfolgend verschlüsselte Angebot ist mit dem Mangel irreversibel „infiziert".[754] Zwar finden sich in der Rechtsprechung Stimmen, die eine „Infizierung" nicht in jedem Fall annehmen. Insbesondere sei ein Angebotsausschluss dann unverhältnismäßig, wenn der Auftraggeber vom ersten, unverschlüsselten Angebot keine Kenntnis genommen hätte und der Bieter das Angebot noch rechtzeitig, mithin vor Ablauf der Angebotsabgabefrist, verschlüsselt eingereicht habe. Eine rein abstrakte Gefährdung des Geheimschutzes sei für einen Angebotsausschluss nicht ausreichend.[755] Dies mag zwar im Einzelfall zutreffend sein. Allerdings kann dies nur dann gelten, wenn der Auftraggeber ohne Zweifel nachweisen kann, dass er tatsächlich keine Kenntnis vom Angebotsinhalt hatte. Hier sind hohe Anforderungen zu stellen. Zudem ist eine derartige Betrachtung nur im Rahmen der VgV denkbar. Im Bereich der VOB/A steht der eindeutige Wortlaut des § 13 EU Abs. 1 Nr. 2 VOB/A dem entgegen. Bieter sollten daher tunlichst vermeiden, ungefragt unverschlüsselte Angebote einzureichen. Dies gilt selbst dann, wenn die Vergabeplattform nicht erreichbar ist. Denn auch im Anwendungsbereich der VgV gilt, dass das Angebot letztendlich verschlüsselt eingereicht werden muss. Das Erfordernis einer verschlüsselten Angebotsübermittlung wird von den Plattformanbietern dergestalt gelöst, dass strukturell zwischen der Abgabe von Angeboten auf der einen und der sonstigen Kommunikation auf der anderen Seite unterschieden wird. Eine solche systematische Trennung ist nicht zu beanstanden. Ein derartiger struktureller Aufbau einer Vergabeplattform ist ausreichend deutlich, um die Unternehmen hinzuleiten, ihre Angebote im Bereich „Angebote" abzugeben.[756]

---

753 OLG Naumburg, Beschluss v. 4.10.2019 – 7 Verg 3/19.
754 OLG Karlsruhe, Beschluss v. 17.3.2017 – 15 Verg 2/17.
755 OLG Frankfurt, Beschluss v. 18.2.2020 – 11 Verg 7/19 (im Bereich der VgV).
756 VK Niedersachsen, Beschluss v. 11.12.2018 – VgK-50/2018.

Selbstverständlich müssen auch elektronisch eingereichte **Teilnahmeanträge** verschlüsselt sein. Diese Verpflichtung wird verletzt, wenn der Bewerber seinen Teilnahmeantrag in der für den Auftraggeber jederzeit frei zugänglichen Rubrik „Bieterkommunikation" im Web-Frontend („Projektraum") des Vergabeportals einstellt.[757] **307**

6. Zugang des Informationsschreiben gemäß § 134 GWB

Der Informationspflicht des § 134 GWB war lange Zeit nicht genüge getan, wenn ein Auftraggeber auf der von ihm genutzten E-Vergabeplattform eine Information nach Maßgabe des § 134 GWB einstellt und die Bieter ohne nähere Angabe lediglich per Mail darüber informiert, dass eine Information betreffend das Vergabeverfahren bereitgestellt worden sei.[758] Zu Recht wird dies inzwischen differenzierter betrachtet. Danach sind die Vorgaben des § 134 GWB erfüllt, sofern die Information **308**

1. den Machtbereich des Sendenden derart verlassen hat, dass sie von diesem nicht mehr gelöscht, verändert oder zurückgerufen werden kann,
2. in Textform, mithin speicherbar und für eine angemessene Dauer verfügbar ist, und
3. in einem nur dem Empfänger zuzurechnenden sicheren Bereich vergleichbar einem Postfach (Benutzerkonto), über das die gesamte Verfahrenskommunikation abgewickelt wird, eingelegt wird.[759]

Unter den vorstehenden Bedingungen vermag das Einstellen einer Vorabinformation in das Postfach des Bieters auf einer Vergabeplattform nunmehr auch die Wartefrist des § 134 Abs. 2 GWB auszulösen. In die Entscheidungen der VK Saarland[760] und VK Sachsen[761] reiht sich thematisch nun auch ein Beschluss der VK Münster[762] ein. Danach gilt eine Nachricht, die in das Postfach eines Bieters auf einer Vergabeplattform eingestellt wird, als zugegangen – zumindest dann, wenn es nur auf das Versenden und den Zugang der Nachricht ankommt und darüber hinaus keine weiteren Inhalte oder Formerfordernisse zu beachten sind.

F. Anspruch auf Einhaltung der Vergabebestimmungen (Abs. 6)

Gemäß § 97 Abs. 6 GWB haben die Unternehmen einen Anspruch darauf, dass die Bestimmungen über das Vergabeverfahren eingehalten werden. **309**

I. Allgemeines

1. Unionsrechtlicher Hintergrund

Die Vorschrift ist die Reaktion des deutschen Gesetzgebers auf die Forderungen der Europäischen Kommission und des EuGH.[763] Diese bemängelten die haushaltsrechtliche Lösung, nach der den Unternehmen keine einklagbare Ansprüche auf die Einhaltung der Vergabebestimmungen zustehen sollten.[764] Der mit den europäischen Vergaberichtlinien beabsichtigte Schutz der Unternehmen werde nicht wirksam erreicht, *„wenn der Bieter sich nicht gegenüber dem Auftraggeber auf diese Vorschrift berufen und gegebenenfalls deren Verletzung vor den nationalen Gerichten geltend machen kann."*[765] **310**

---

757 VK Niedersachsen, Beschluss v. 11.12.2018 – VgK-50/18.
758 VK Südbayern, Beschluss v. 29.3.2019 – Z3-3-3194-1-07-03/19.
759 VK Saarland, Beschluss v. 22.3.2021 – 1 VK 6/20; VK Sachsen, Beschluss v. 27.8.2021 – 1/SVK/043-20.
760 VK Saarland, Beschluss v. 22.3.2021 – 1 VK 6/20.
761 VK Sachsen, Beschluss v. 27.8.2021 – 1/SVK/043-20.
762 VK Münster Beschluss v. 31.3.2021 – VK 1-09/21.
763 Vgl. dazu EuGH, Urteil v. 11.8.1995 – Rs. C-433/93.
764 Vgl. Beschlussempfehlung und Bericht des Ausschusses für Wirtschaft, Zweites Gesetz zur Änderung des Haushaltsgrundsätzegesetzes, BT-Drs. 12/4636, 12.
765 EuGH, Urteil v. 11.8.1995 – Rs. C-433/93, Rn. 19.

2. Historie

311 § 97 Abs. 6 GWB entspricht weitestgehend der Vorgängerregelung in § 97 Abs. 7 GWB a.F. Lediglich der Wortlaut hat sich geringfügig dahingehend verändert, dass der Anspruchsinhalt nur noch passivisch formuliert ist und nicht mehr benannt wird, gegen wen die Unternehmen einen Anspruch auf Einhaltung der Vergabebestimmungen haben. Der Hintergrund dieser Änderung ist nicht überliefert. Eine inhaltliche Bedeutung kommt ihr aber offensichtlich nicht zu. Ausweislich der Gesetzesbegründung[766] geht der Gesetzgeber – irrtümlich – sogar davon aus, die Regelung aus § 97 Abs. 7 GWB a.F. *„wortgleich"* übernommen zu haben.

II. Anspruch

312 Der Anspruch der Unternehmen auf die Einhaltung der Vergabebestimmungen ist ein **subjektives Recht**. Dieses Recht können Unternehmen unter den Voraussetzungen der §§ 160 ff. GWB vor den Vergabekammern geltend machen. Die Vergabekammer kann im Fall eines festgestellten Verstoßes mittels geeigneter Maßnahmen den Auftraggeber zur Einhaltung der Bestimmungen des Vergabeverfahrens zwingen (§ 168 Abs. 1 S. 1 GWB). Das subjektive Recht ist nach der Gesetzesbegründung konstitutiv.[767] Der Anspruch der Unternehmen folgt daher nicht aus den objektiven Verfahrenspflichten der Auftraggeber nach den vergaberechtlichen Bestimmungen. Erst § 97 Abs. 6 GWB verleiht den Unternehmen eine subjektive Rechtsposition.

313 Nach der Regelung haben die **Unternehmen** einen Anspruch auf die Einhaltung der Vergabebestimmungen. Zur Auslegung des Begriffs kann auf die Begriffsbestimmung in § 2 Abs. 4 WRegG zurückgegriffen werden. Danach ist ein Unternehmen jede natürliche oder juristische Person oder eine Gruppe solcher Personen, die auf dem Markt die Lieferung von Waren, die Ausführung von Bauleistungen oder die Erbringung von sonstigen Leistungen anbietet.[768] Hierzu können insbesondere auch öffentliche Einrichtungen gehören, die sich auf dem Markt betätigen.[769] Anspruchsinhaber sind entgegen der Gesetzesbegründung[770] nicht allein die Verfahrensteilnehmer. Die formale Stellung eines Unternehmens als Bewerber oder Bieter ist nicht erforderlich.[771] Vielmehr muss der Rechtsschutz durch ein Nachprüfungsverfahren und mithin auch eine subjektive Rechtsposition auch jedem potentiellen Teilnehmer zur Verfügung stehen.[772]

314 § 97 Abs. 6 GWB teilt nicht mit, **gegen wen** das Unternehmen den Anspruch auf Einhaltung der Vergabebestimmungen hat. Die Vorgängerregelung in § 97 Abs. 7 GWB a.F. benannte hierzu noch ausdrücklich den „Auftraggeber". Der Anspruch richtet sich gegen den jeweiligen Pflichtenträger. Nach §§ 98 ff. GWB sind die Auftraggeber verpflichtet, öffentliche Aufträge und Konzessionen nach den Bestimmungen des Teil 4 des GWB zu vergeben. Hieraus ergibt sich zwanglos, dass der Anspruch gegen den Auftraggeber gerichtet ist, auch wenn dies nicht mehr ausdrücklich geregelt ist. Der Auftraggeber bleibt zur Einhaltung der Vergabebestimmungen auch dann verpflichtet, wenn er sich bei der Verfahrensdurchführung eines Dritten bedient. Der Anspruch ist nicht gegen die Dritten gerichtet.

---

766 Gesetzesbegründung zu § 97 Abs. 6 GWB, VergRModG 2016, BT-Drs. 18/6281, 69.

767 Vgl. Gesetzesbegründung zu § 97 Abs. 6 GWB, VergRModG 2016, BT-Drs. 18/6281, 69.

768 Vgl. auch die Bestimmung des Begriffs „Unternehmer" in Art. 1 Abs. 8 UAbs. 1 RL 2004/18/EG.

769 Vgl. zur Frage der Beteiligung solcher Einrichtungen am Vergabeverfahren: EuGH, Urteil v. 6.10.2015 – Rs. C-203/14 (Consorci Sanitari del Maresme); Urteil v. 18.12.2014 – Rs. C-568/13 (Data Medical Service); OLG Düsseldorf, Beschluss v. 7.8.2013 – VII-Verg 14/13.

770 So aber die Gesetzesbegründung zu § 97 Abs. 6 GWB, VergRModG 2016, BT-Drs. 18/6281, 69.

771 Vgl. EuGH, Urteil v. 11.1.2005 – Rs. C-26/03 (Stadt Halle), Rn. 40.

772 EuGH, Urteil v. 11.1.2005 – Rs. C-26/03 (Stadt Halle), Rn. 40; Urteil v. 24.6.2004 – Rs. C-212/02 (Kommission/Österreich), Rn. 24.

III. Bestimmungen über das Vergabeverfahren

§ 97 Abs. 6 GWB gibt den Unternehmen einen Anspruch auf die Einhaltung der **Bestimmungen über das Vergabeverfahren**. Welche Bestimmungen dies sind, wird vom Gesetz nicht spezifiziert. Die Systematik des Gesetzes streitet dafür, dass es sich hierbei jedenfalls um Bestimmungen handelt, die in Teil 4 GWB enthalten sind. Hierzu sind auch die Regelungen in den Verordnungen zu zählen, die aufgrund von § 113 und § 114 Abs. 2 S. 3 GWB ergangen sind. Dies sind die Bestimmungen in der VgV, SektVO, VSVgV, KonzVgV, VergStatVO und in den Abschnitten 2 und 3 VOB/A, die über § 2 S. 2 VgV bzw. § 2 Abs. 2 S. 2 VSVgV einbezogen sind. Hierüber hinaus sind alle weiteren Bestimmungen erfasst, die den rechtlichen Rahmen der Verfahrensdurchführung betreffen. Dies gilt beispielsweise für die in § 124 Abs. 2 GWB genannten Bestimmungen und die Bestimmungen des WRegG. Unzutreffend, da ungenau ist der Ansatz in der Rechtsprechung[773], wonach *„alle Regelungen, die mit dem formellen und materiellen Vergaberecht in Zusammenhang stehen"*, zu den Bestimmungen über das Vergabeverfahren zählen. Dies kann nämlich jedenfalls nicht für solche Bestimmungen gelten, die ausschließlich Vergabeverfahren außerhalb des Anwendungsbereichs von Teil 4 GWB betreffen. 315

Unerheblich ist, ob es sich hierbei um Bestimmungen handelt, die auf **unionsrechtliche Vorgaben** zurückgehen. Eine Einschränkung auf solche Bestimmungen ist im Gesetzgebungsprozess erwogen, jedoch aufgrund der *„bei einer solchen Zerlegung erhebliche[n] praktische Probleme, die einen schnellen Rechtsschutz bei Vergabeverfahren nicht mehr erwarten ließen"*[774], verworfen worden. § 97 Abs. 6 GWB ist darüber hinaus unionsrechtskonform dahingehend auszulegen, dass auch die Unternehmen einen Anspruch auf die Einhaltung derjenigen Bestimmungen der EU-Vergaberichtlinien haben, denen aufgrund defizitärer Umsetzung eine unmittelbare Wirkung zukommt. 316

Für Bestimmungen, die nicht das Vergabeverfahren betreffen (sog. **außervergaberechtliche Bestimmungen**), gibt § 97 Abs. 6 GWB e contrario keinen Anspruch auf Einhaltung. Solche Bestimmungen können jedoch als Anknüpfungsnormen im Rahmen einer Inzidentkontrolle zu prüfen sein.[775] So können etwa Bestimmungen des Umsatzsteuerrechts bei der Prüfung eines ungewöhnlich niedrigen Angebots (z. B. nach § 60 VgV),[776] entsorgungsrechtliche Bestimmungen bei der Prüfung des Vorliegens einer Bereichsausnahme nach § 116 Abs. 1 Nr. 6 GWB[777] oder kartellrechtliche Bestimmungen bei der Prüfung der Zulässigkeit einer Einkaufsgemeinschaft[778] zu berücksichtigen sein. 317

Die vom Wortlaut her sehr weit gefasste Norm ist mit der h.M.[779] nach ihrem Sinn und Zweck zu **begrenzen**. Der in § 97 Abs. 6 GWB festgelegte Anspruch kann nur so weit gehen, wie das jeweilige Unternehmen durch die Missachtung vergaberechtlicher Bestimmungen in seinen berechtigten Belangen nachteilig betroffen ist. Die angebliche Missachtung von Normen, die lediglich Ordnungsfunktion haben oder lediglich den Interessen der Allgemeinheit dienen. können daher nicht zu einer Überprüfung des Vergabeverfahrens führen.[780] Dies entspricht der gesetzgeberischen Intention, wonach der Anspruch *„nur soweit gehen [könne], soweit eine bestimmte vergaberechtliche Vorschrift gerade auch den Schutz des potentiellen Auf-* 318

---

773 OLG Karlsruhe, Beschluss v. 1.4.2011 – 15 Verg 1/11.

774 Gesetzesbegründung zu § 106 Abs. 6 GWB-E, VgRÄG, BT-Drs. 13/9340, 14 f.

775 Vgl. BGH, Beschluss v. 18.6.2012 – X ZB 9/11; OLG Düsseldorf, Beschluss v. 1.8.2012 – VII-Verg 105/11.

776 Vgl. OLG Düsseldorf, Beschluss v. 6.2.2013 – VII-Verg 32/12.

777 Vgl. OLG Düsseldorf, Beschluss v. 6.2.2013 – VII-Verg 32/12.

778 Vgl. VK Baden-Württemberg, Beschluss v. 7.1.2003 – 1 VK 68/02; anders VK Düsseldorf, Beschluss v. 31.10.2007 – VK-31/07-L.

779 KG, Beschluss v. 7.8.2015 – Verg 1/15; OLG Karlsruhe, Beschluss v. 22.7.2011 – 15 Verg 8/11; OLG Düsseldorf, Beschluss v. 17.3.2004 – VII-Verg 3/04; VK Niedersachsen, Beschluss v. 1.2.2016 – VgK-51/2015; *Ziekow*, in: Ziekow/Völlink, Vergaberecht, § 97 GWB Rn. 110; a.A. OLG Brandenburg, Beschluss v. 3.8.1999 – 6 Verg 1/99; *Dörr*, in: Burgi/Dreher/Opitz, Vergaberecht, § 97 Abs. 6 GWB Rn. 35 ff., *Bungenberg/Schelhaas*, in: Gabriel/Mertens/Prieß/Stein, Vergaberecht, § 97 GWB Rn. 11 ff.; offen gelassen von BGH, Beschluss v. 26.9.2006 – X ZB 14/06.

780 Siehe eingehend zum Anspruch der Bieter: *Kalinowsky*, Der Anspruch der Bieter auf Einhaltung des Vergaberechts nach § 97 Abs. 7 GWB.

tragnehmers bezweckt."[781] Der unternehmensschützende Charakter ist jedenfalls für solche Bestimmungen zu bejahen, welche die vergaberechtlichen Grundsätze aus § 97 Abs. 1 und 2 GWB konkretisieren,[782] was für die meisten Bestimmungen anzunehmen sein dürfte. Abgelehnt wurde der unternehmensschützende Charakter hingegen in der Rechtsprechung insbesondere für

- die Vorgabe zur Berücksichtigung der Energieeffizienz (§ 4 Abs. 4 bis 6 lit. b VgV a.F.), da diese nicht dem Schutz des Wettbewerbs, sondern allgemeinen umweltpolitischen Zielen diene.[783]
- die Vorgabe, dass für die Vergabe von Bauleistungen eine einheitliche Ausführung und zweifelsfreie umfassende Haftung für Mängelansprüche erreicht werden soll, weil dies lediglich im Interesse des Auftraggebers an einer reibungslosen Abwicklung des Auftrags liege.[784]
- die Vorgabe, wonach öffentliche Aufträge über Dienstleistungen, für deren Erbringung ein Mindestentgelt durch einen für allgemeinverbindlich erklärten Tarifvertrag festgesetzt ist, nur an Unternehmen vergeben werden dürfen, die bei Angebotsabgabe schriftlich erklären, ihren Arbeitnehmerinnen und Arbeitnehmern bei der Ausführung der Leistung mindestens dieses Mindestentgelt nach den dort jeweils vorgesehenen Bedingungen zu zahlen (§ 4 Abs. 1 NTVergG a.F.).[785]
- die Vorgabe, wonach bei der Vergabe von Verträgen zur Hilfsmittelversorgung die Qualität der Hilfsmittel sowie die notwendige Beratung der Versicherten und sonstige erforderliche Dienstleistungen sicherzustellen und für eine wohnortnahe Versorgung der Versicherten zu sorgen ist (§ 127 Abs. 1 S. 2 SGB V a.F.), weil diese allein den Interessen der Versicherten zur Sicherstellung der Qualität der Hilfsmittel, der Beratung und einer wohnortnahe Versorgung sowie im Interesse der Krankenkasse der Förderung des Preiswettbewerbs im Hilfsmittelbereich und damit einer sparsamen Mittelverwendung diene.[786]
- die Vorschriften über die Vergabebekanntmachung.[787]

Darüber hinaus ist der unternehmensschützende Charakter für Regelungen zu Statistikzwecken wie denjenigen der VergStatVO oder allgemein beschaffungssteuernden Vorschriften wie denjenigen des SaubFahrzeugBeschG abzulehnen.

Anlage

Gesetzesbegründung – VergRModG 2016 (BT-Drs. 18/6281)

Seite 67

Zu Beginn des Teils 4 führt § 97 wie bisher in die wesentlichen Grundsätze der Vergabe ein. Dabei wurde die Vorschrift zur Umsetzung der Richtlinie 2014/23/EU um Aspekte der Konzessionsvergabe ergänzt. Im Unterschied zu früher sind die bislang in § 97 Absatz 6 und § 127 GWB enthaltenen Verordnungsermächtigungen und die bislang in § 97 Absatz 4 bis 6 GWB enthaltenen Vorgaben zu Eignung, Zuschlag und Ausführungsbedingungen öffentlicher Aufträge nunmehr in § 113 und §§ 122 ff. geregelt.

781 Gesetzesbegründung zu § 106 Abs. 6 GWB a.F., VgRÄG, BT-Drs. 13/9340, 14.
782 Vgl. auch *Knauff*, in: Säcker/Ganske/Knauff, Wettbewerbsrecht, § 97 GWB Rn. 403.
783 Vgl. VK Rheinland-Pfalz, Beschluss v. 13.11.2015 – VK 1-16/15.
784 Für § 5 EG Abs. 1 VOB/A KG, Beschluss v. 7.8.2015 – Verg 1/15; siehe zu § 5 EU Abs. 1 VOB/A *Stickler*, in: Kapellmann/Messerschmidt, VOB, § 5 EU VOB/A Rn. 32.
785 VK Niedersachsen, Beschluss v. 1.2.2016 – VgK-51/2015.
786 VK Bund, Beschluss v. 17.4.2014 – VK 1-22/14.
787 Vgl. zu § 17 Abs. 1 VOF 2000 OLG Jena, Beschluss v. 16.1.2002 – 6 Verg 7/01; zu § 39 VgV *Conrad*, in: Müller-Wrede, VgV/UVgO, § 39 VgV Rn. 76; zu § 38 SektVO *Knauff*, in: Müller-Wrede, SektVO, § 38 Rn. 37; *Hofmann*, in: Müller-Wrede, KonzVgV, § 21 Rn. 16.

Zu Absatz 1

§ 97 Absatz 1 entspricht zu Wettbewerb und Transparenz der bisherigen Regelung und wurde zum Zwecke der Klarstellung um den Grundsatz der Wirtschaftlichkeit und Verhältnismäßigkeit ergänzt. Gemäß § 97 Absatz 1 Satz 1 werden öffentliche Aufträge und Konzessionen im Wettbewerb und im Wege transparenter Verfahren vergeben. Nach wie vor gewährleistet die Organisation größtmöglichen Wettbewerbs die breite Beteiligung der Wirtschaft an der Versorgung der öffentlichen Hand und sorgt für einen sparsamen, effizienten und effektiven Einsatz von öffentlichen Mitteln. Die Einhaltung transparenter Verfahren dient zugleich auch der Korruptionsprävention und der Verhinderung anderer unlauterer Verhaltensweisen. In § 97 Absatz 1 Satz 2 wird nunmehr klargestellt, dass bei der Vergabe die Grundsätze der Wirtschaftlichkeit und der Verhältnismäßigkeit gewahrt

Seite 68

werden. Damit wird der Grundsatz der Wirtschaftlichkeit, der bislang im Hinblick auf verschiedene Aspekte der Zuschlagserteilung in § 97 Absatz 5 und § 101 Absatz 6 GWB („wirtschaftlichstes Angebot") und § 115 Absatz 2 Satz 1, § 118 Absatz 2 Satz 1, § 121 Absatz 1 Satz 2 GWB („wirtschaftliche Erfüllung der Aufgaben des Auftraggebers") berücksichtigt war, als allgemeiner Grundsatz des Vergabeverfahrens hervorgehoben. Auch Artikel 41 der Richtlinie 2014/23/EU, Artikel 67 der Richtlinie 2014/24/EU, Artikel 82 der Richtlinie 2014/25/EU stellen im Zusammenhang mit dem Zuschlag auf das wirtschaftlich günstigste Angebot bzw. auf den wirtschaftlichen Gesamtvorteil ab. Dass öffentliche Auftraggeber bei ihren Beschaffungsaktivitäten auch den Grundsatz der Verhältnismäßigkeit wahren müssen, insbesondere bei den Anforderungen an die Leistungsbeschreibung, die Eignung, den Zuschlag und die Ausführungsbedingungen, folgt ausdrücklich aus Artikel 3 Absatz 1 der Richtlinie 2014/23/EU, Artikel 18 Absatz 1 der Richtlinie 2014/24/EU und Artikel 36 der Richtlinie 2014/25/EU. Durch die klarstellende Aufnahme des Verhältnismäßigkeitsgrundsatzes mit Blick auf die Anforderungen an das Vergabeverfahren wird das umfassende Leistungsbestimmungsrecht des öffentlichen Auftraggebers nicht angetastet; dieser bestimmt auch weiterhin selbst, welche konkrete Leistung seinem Beschaffungsbedarf am besten entspricht.

Zu Absatz 2

§ 97 Absatz 2 greift den Regelungsgehalt des bisherigen § 97 Absatz 2 GWB fast wörtlich auf. Danach gehört die Gleichbehandlung der Bieter zu den elementaren Grundsätzen des deutschen Vergaberechts. Nach dem Gleichbehandlungsgrundsatz müssen etwa alle am Verfahren beteiligten Unternehmen denselben Zugang zu Informationen haben; an sie sind dieselben Bewertungsmaßstäbe zu legen. Eine Ungleichbehandlung ist nur dann gestattet, wenn sie aufgrund dieses Gesetzes ausdrücklich geboten oder gestattet ist. Eine Diskriminierung aufgrund der Herkunft eines Bieters ist auszuschließen, wobei nicht zwischen Bietern aus Deutschland, aus EU-Staaten oder aus Nicht-EU-Staaten unterschieden wird.

Zu Absatz 3

Durch die Richtlinien 2014/23/EU, 2014/24/EU und 2014/25/EU wird die Einbeziehung strategischer Ziele bei der Beschaffung umfassend gestärkt. In jeder Phase eines Verfahrens, von der Definition der Leistung über die Festlegung von Eignungs- und Zuschlagskriterien bis hin zur Vorgabe von Ausführungsbedingungen, können qualitative, soziale, umweltbezogene oder innovative (nachhaltige) Aspekte einbezogen werden. Mit Blick auf die Beschaffung energieverbrauchsrelevanter Waren oder die Berücksichtigung der Belange von Menschen mit Behinderung bei der Definition der Leistung sind vom öffentlichen Auftraggeber sogar zwingende Vorgaben zu machen. Diesem Umstand trägt § 97 Absatz 3 Rechnung, indem bereits bei den Grundsätzen der Auftragsvergabe auf diese Möglichkeit für den Auftraggeber hingewiesen wird. Die konkrete Ausgestaltung der Möglichkeiten zur Einbeziehung strategischer Ziele erfolgt bei den jeweiligen gesetzlichen Einzelvorschriften sowie in den Rechtsverordnungen, die auf der Grundlage dieses Teils erlassen werden.

Zu Absatz 4

§ 97 Absatz 4 entspricht wortgleich dem bisherigen § 97 Absatz 3 GWB. Danach sind die Interessen mittelständischer Unternehmen vornehmlich zu berücksichtigen, indem öffentliche Aufträge in Form von Losen vergeben werden müssen, sofern nicht eine Gesamtvergabe aus wirtschaftlichen oder technischen Gründen erforderlich ist. Damit geht Absatz 4 zwar über die von Artikel 46 der Richtlinie 2014/24/EU geforderte bloße Begründungspflicht zur Losaufteilung hinaus. Artikel 46 Absatz 4 der Richtlinie 2014/24/EU stellt aber klar, dass strengere Anforderungen an die Losaufteilung – wie sie im GWB vorgesehen werden – zulässig sind.

Zu Absatz 5

§ 97 Absatz 5 setzt den Grundsatz der elektronischen Kommunikation im Vergabeverfahren des Artikels 29 Absatz 1 der Richtlinie 2014/23/EU, Artikels 22 Absatz 1 Unterabsatz 1 Satz 1 der Richtlinie 2014/24/EU und Artikels 40 Absatz 1 Unterabsatz 1 Satz 1 der Richtlinie 2014/25/EU um. In jedem Stadium eines Vergabeverfahrens sollen sowohl die Auftraggeber als auch die Unternehmen grundsätzlich elektronische Mittel nutzen. Mit dieser grundsätzlichen Vorgabe zur Nutzung elektronischer Mittel sind Ausnahmen wie zum Beispiel im Anwendungsbereich der Richtlinie 2009/81/EG ebenso erfasst wie die in den Richtlinien 2014/24/EU und 2014/25/EU vorgesehenen Übergangsfristen. Die elektronische Kommunikation betrifft insbesondere die elektronische Erstellung und Bereitstellung der Bekanntmachung und der Vergabeunterlagen, die elektronische Angebotsabgabe sowie die elektronische Vorbereitung des Zuschlags.

Die Umstellung auf die elektronische Kommunikation ist zwingend, und zwar unabhängig vom Liefer- oder Leistungsgegenstand, der der Vergabe zugrunde liegt. Es ist im Zusammenhang mit der Einführung der elektronischen Kommunikation unerheblich, ob im Einzelfall eine Bau- oder Dienstleistung oder eine Lieferung vergeben wird.

Seite 69

Mit der Pflicht zur Umstellung auf den Einsatz von IKT im Vergabeverfahren ist nicht die Pflicht zur Verwendung spezifischer Programme oder Hilfsmittel der IKT, wie zum Beispiel Programmen zur Gebäudedatenmodellierung (so genannte BIM-Systeme), verbunden. Die Entscheidung über den Einsatz solcher spezifischen Programme oder Hilfsmittel der IKT treffen allein die Auftraggeber. Die öffentlichen Auftraggeber müssen, von spezifischen Sonderfällen abgesehen, elektronische Kommunikationsmittel nutzen, die nichtdiskriminierend, allgemein verfügbar sowie mit den allgemein verbreiteten Erzeugnissen der Informations- und Kommunikationstechnologien kompatibel sind und den Zugang der Wirtschaftsteilnehmer zum Vergabeverfahren nicht einschränken. Dabei ist den besonderen Bedürfnissen von Menschen mit Behinderungen hinreichend Rechnung zu tragen.

Ab dem 18. April 2016 dürfen EU-weite Bekanntmachungen nur noch elektronisch beim Amt für Veröffentlichungen der Europäischen Union eingereicht werden. Die Bekanntmachungen müssen zwingend eine Internetadresse enthalten, unter der sämtliche Vergabeunterlagen unentgeltlich, uneingeschränkt und vollständig direkt mithilfe von IKT abgerufen werden können. Ausnahmen gelten ausschließlich für diejenigen Bestandteile der Vergabeunterlagen, die nicht mithilfe allgemein verfügbarer IKT elektronisch abgebildet werden können oder hinsichtlich derer durch die neuen EU-Vergaberichtlinien eng umrissene Sicherheitsbedenken geltend gemacht werden können.

Im weiteren Verfahren ist bis spätestens 18. April 2017 (zentrale Beschaffungsstellen) bzw. 18. Oktober 2018 (andere als zentrale Beschaffungsstellen) auch das Einreichungsverfahren ausnahmslos IKT-basiert auszugestalten. Andere als elektronische Angebote dürfen nach den vorgenannten Stichtagen, außer in wenigen Ausnahmefällen, nicht mehr entgegengenommen und im Vergabeverfahren berücksichtigt werden. Es wird in diesem Zusammenhang nicht zwischen zentralen und anderen als zentralen Beschaffungsstellen auf den verschiedenen Verwaltungsebenen unterschieden.

§ 97 Absatz 5 beschränkt sich auf den Grundsatz der elektronischen Kommunikation, die Ausgestaltung erfolgt in den Verordnungen, die auf der Grundlage von § 113 Satz 2 Nummer 4 erlassen werden. Die unterschiedlichen Umsetzungsfristen für die Einführung der elektronischen Kommunikation, die die EU-Richtlinien ermöglichen, werden dabei voll ausgeschöpft. Auch die Ausnahmen von der elektronischen Kommunikation werden auf Verordnungsebene geregelt.

Zu Absatz 6

§ 97 Absatz 6 entspricht wortgleich dem bisherigen § 97 Absatz 7 und vermittelt den Verfahrensteilnehmern ein konstitutiv wirkendes subjektives Recht auf Einhaltung der Bestimmungen des Vergabeverfahrens.

§ 98 GWB
Auftraggeber

Auftraggeber im Sinne dieses Teils sind öffentliche Auftraggeber im Sinne des § 99, Sektorenauftraggeber im Sinne des § 100 und Konzessionsgeber im Sinne des § 101.

Übersicht Rn.

A. Allgemeines 1
I. Historie 2
II. Unionsrechtlicher Hintergrund 4
B. Bedeutung und Tragweite der Vorschrift 6
C. Allgemeine Vorgaben 10
D. Rechtsschutz 14
Anlage
Gesetzesbegründung

A. Allgemeines

§ 98 GWB ist eine Ausgangsnorm, die den für die Bestimmungen des Teil 4 GWB maßgeblichen Begriff des Auftraggebers definiert. **1**

I. Historie

Der Begriff des öffentlichen Auftraggebers im **nationalen Recht** erfuhr im Rahmen der Entwicklung des Vergaberechts stetige Änderungen. Ausgangspunkt der Definition war zunächst lediglich die Verwirklichung haushaltsrechtlicher Ziele. Eine Außenwirkung in Form einer Rechts- oder Anspruchsgrundlage bestand daher lange Zeit nicht. Erstmals wurde 1993 in § 57a HGrG eine verbindliche Regelung geschaffen. Die Norm enthielt eine Definition des Auftraggeberbegriffs entsprechend der zeitgenössischen Vergaberichtlinie, ein subjektives Recht vermittelte diese Regelung (freilich in Widerspruch zur RL 89/665/EWG) nicht. 1999 wurde der Auftraggeberbegriff erstmals in seiner heutigen Form im GWB normativ fixiert. In den Jahren 2006, 2009 und schließlich 2016 wurde der Begriff mehrmals überarbeitet, um den Anforderungen der jeweils gültigen EU-Richtlinien zu entsprechen. Er umfasst nunmehr auch Sektoren- und Konzessionsauftraggeber. Die historisch dem staatlichen Bereich zugeordneten Anbieter von Telekommunikation- und Postdienstleistungen sind vom Bereich der Norm nicht (mehr) erfasst. Hintergrund ist eine umfangreiche Liberalisierung auf dem Markt. **2**

Der **europäische Normgeber** war seit seiner Genese eine treibende Kraft im Hinblick auf die Regelung des Vergaberechts. Eine, wenngleich institutionelle, Definition des Begriffs des öffentlichen Auftraggebers war bereits in Art. 1b der Baukoordinierungsrichtlinie von 1971 enthalten. Im Rahmen der ersten genuinen Vergaberichtlinie RL 89/440 EWG wurde der noch heute gültige funktionelle Auftraggeberbegriff normiert. Bis 2004 existierten im europäischen Vergaberecht drei getrennte Richtlinien für den Bau- (RL 93/37/EWG), Liefer- (RL 93/36/EWG) und Dienstleistungsbereich (RL 92/50/EWG). Erst im Rahmen der Vergabekoordinierungsrichtlinie 2004/18/EG wurden die bisher getrennten Gebiete einheitlich geregelt. Seit der letzten größeren Überarbeitung des europäischen Vergaberechts in Form der Vergaberichtlinie (RL 2014/24/EU), Sektorenrichtlinie (RL 2014/25/EU) und Konzessionsrichtlinie (RL 2014/23/EU) ist der Begriff des Auftraggebers wiederum dreigeteilt. Das auch hier von einem institutionellen Auftraggeberbegriff ausgegangen wird, ergibt sich aus Erwägungsgrund 10 RL 2014/24/EU. Hier verweist der Richtliniengeber ausdrücklich auf die einen funktionellen Auftraggeberbegriff verwendende Rechtsprechung des EuGH.[1] **3**

1 Etwa EuGH, Urteil v. 12.11.1998 – Rs. C-360-96 (Gemeente Arnhemu), Rn. 61.

II. Unionsrechtlicher Hintergrund

4 § 98 GWB hat als Ausgangsnorm, die eher der besseren Lesbarkeit des Gesetzes als einer tatsächlichen Regelung dient, keinen direkten europäischen Hintergrund. Hintergrund der **Regelungen** der §§ 99 bis 101 GWB ist Art. 2 Abs. 1 Nr. 1 bis 4 RL 2014/24 EU für den „klassischen" Auftraggeberbegriff, Art. 6 und 7 RL 2014/23/EU bezüglich des Konzessionsgebers sowie Art. 3 und 4 RL 2014/25/EU bezüglich des Sektorenauftraggebers.

5 Aufgrund des Verweises auf die hergebrachte **Rechtsprechung** des EuGH in Erwägungsgrund 10 RL 2014/24/EU stellen auch richterrechtlich entwickelte Vorgaben bezüglich der Definition des öffentlichen Auftraggebers einen Teil des relevanten europäischen Hintergrundes dar.

B. Bedeutung und Tragweite der Vorschrift

6 § 98 GWB enthält als „Ausgangsnorm" eine übersichtliche Zusammenfassung sämtlicher Auftraggeberbegriffe des GWB. Nach dem Willen des Gesetzgebers soll so ein einheitlicher Auftraggeberbegriff für den Teil 4 GWB geschaffen werden.[2] Dieser wird in den folgenden Vorschriften einheitlich verwendet, wenn nicht Sonderregelungen für Sektorenauftraggeber oder Konzessionsgeber gelten. Der Auftraggeberbegriff wird abschließend in den §§ 98 bis 101 GWB normiert. Er bestimmt den subjektiven Anwendungsbereich des Vergaberechts. Die den §§ 98 bis 101 GWB unterfallenden Stellen müssen bei Auftrags- oder Konzessionsvergaben (§§ 103 ff. GWB), welche die jeweils einschlägigen Schwellenwerte erreichen oder überschreiten, die Vorschriften des Teil 4 GWB anwenden.

7 **Materiellrechtliche Vorgaben** des Auftraggebers finden sich in den Folgevorschriften. Das Gesetz unterscheidet zwischen dem öffentlichen Auftraggeber (§ 99 GWB), dem Sektorenauftraggeber (§ 100 GWB) und dem Konzessionsgeber (§ 101 GWB). Die §§ 99 bis 101 GWB enthalten nähere Konkretisierungen und Tatbestandsvoraussetzungen der verschiedenen in § 98 GWB aufgeführten Auftraggeberbegriffe. § 99 GWB bezieht sich ausschließlich auf den „klassischen" öffentlichen Auftraggeber, wie ihn der EuGH seit der „Beentje"-Entscheidung definiert.[3] Regelungen über den Sektorenauftraggeber der bestimmte Versorgungsleistungen erbringt und auch von Privaten erfüllt werden kann (§ 102 GWB), finden sich in § 100 GWB. § 101 GWB normiert Vorgaben für den Begriff des Konzessionsgebers, bei dem als Gegenleistung keine Geldleistung, sondern die Gewährung von besonderen oder ausschließlichen Rechten steht.[4] Die systematische Trennung der Auftraggeberbegriffe in den §§ 99 bis 101 GWB stellt sich als Fortsetzung der Aufteilung in den Richtlinien 2014/23/EU, 2014/24/EU und 2014/25/EU dar.

8 In den dem GWB nachgeordneten **Verordnungen** der VgV, KonzVgV, VSVgV und SektVO wird nicht auf den Begriff des Auftraggebers im Sinne von § 98 GWB verwiesen. Stattdessen wird der persönliche Anwendungsbereich durch einen Verweis auf die mit §§ 99 bis 101 GWB korrespondierenden Auftraggeberbegriffe (öffentlicher Auftraggeber, Sektorenauftraggeber und Konzessionsgeber) definiert. § 1 VergStatVO knüpft hingegen direkt an § 98 GWB an. Der persönliche Anwendungsbereich der VergStatVO erstreckt sich auf alle Auftraggeber i.S.d. § 98 GWB. Danach haben Auftraggeber i.S.d. § 98 GWB bei der Vergabe öffentlicher Aufträge oder einer Konzession Informationen im Umfang des § 2 VergStatVO an das Bundesministerium für Wirtschaft und Energie zu übermitteln.

9 Die **UVgO** verwendet den Begriff des Auftraggebers ebenfalls. Dieser ist allerdings entgegen des ungünstig gewählten Wortlauts nicht zwingend identisch mit dem Auftraggeberbegriff des § 98 GWB. Die Definition des Begriffs des Auftraggebers im Sinne der UVgO bleibt dem individuellen Anwendungsbefehl der einzelnen Länder bzw. dem Bund vorbehalten.[5]

---

2 Gesetzesbegründung zu § 98 GWB, VergRModG 2016, BT-Drs. 18/6281, 69.
3 EuGH, Urteil v. 20.9.1988 – Rs. 31/87 (Beentjes), Rn. 11.
4 *Mohr*, in: Säcker, Wettbewerbsrecht, § 101 GWB Rn. 56.
5 Amtliche Begründung zur UVgO, BAnz AT 07.02.2017 B2 S. 2.

C. Allgemeine Vorgaben

Die nationalen Behörden und Gerichte sind verpflichtet, die in den **europäischen Richtlinien** definierten Kriterien des Auftraggeberbegriffs europarechtskonform auszulegen. Dabei sind auch der Zusammenhang und die Ziele zu berücksichtigen, die die Regelung verfolgt.[6] In Übereinstimmung mit der europäischen Rechtsprechung muss gewährleistet sein, dass sich die vom Anwendungsbereich erfassten Auftraggeber bei Beschaffungsvorgängen nicht von anderen als wirtschaftlichen Erwägungen leiten lassen.[7] 10

Eine Einordnung zu einem bestimmten Auftraggeberbegriff i.S.d. § 98 GWB hat für den jeweils konkreten Einzelfall und für jedes **Rechtssubjekt** gesondert zu erfolgen.[8] Als Auftraggeber kommt stets nur ein Rechtssubjekt in Betracht, da für den Abschluss von Beschaffungsverträgen Rechtsfähigkeit vorliegen muss.[9] Davon unberührt bleibt die Möglichkeit der Auftraggeber, sich zu einer Einkaufskooperation zusammenzuschließen, die selbst kein Rechtssubjekt ist.[10] Eine normative Ausprägung dieses Grundsatzes findet sich etwa in § 120 Abs. 4 GWB, § 4 VgV oder § 4 SektVO. 11

Unter bestimmten Umständen ist eine **Zurechnung** einer fremden Auftraggebereigenschaft geboten, wenn andernfalls eine Umgehung des Vergaberechts droht. Ein solcher Fall kann bei einer In-House-Vergabe vorliegen, wenn die Tochtergesellschaft Aufträge weitervergibt.[11] Nach Sinn und Zweck der Vergaberichtlinien, welcher in der Vermeidung der Bevorzugung einheimischer Bieter oder Bewerber bei der Vergabe liegt, ist sie *„wie eine eigene Dienststelle"* zu behandeln.[12] Auch bei einer De-facto-Vergabe an ein Gemeinschaftsunternehmen des Auftraggebers mit einem privaten Partner und einer darauffolgenden Weitervergabe ohne Ausschreibung[13] sowie dem Fall einer mittelbaren Stellvertretung[14] ist eine solche Zurechnung von der Rechtsprechung angenommen worden. Im Rahmen eines Beschaffungsvorgangs ist auch die rechtsgeschäftliche Vertretung öffentlicher Auftraggeber möglich.[15] 12

Nach Art. 2 Abs. 1 Nr. 16 und Art. 37 RL 2014/24/EU können die Mitgliedstaaten festlegen, dass die öffentlichen Auftraggeber Lieferungen und/oder Dienstleistungen von **zentralen Beschaffungsstellen** erwerben dürfen, die zentralisierte Beschaffungstätigkeiten nach Art. 2 Abs. 1 Nr. 14 lit. a RL 2014/24/EU anbieten. Die zentralen Beschaffungsstellen, die für öffentliche Auftraggeber Lieferungen und/oder Dienstleistungen erwerben, öffentliche Aufträge vergeben oder Rahmenvereinbarungen für Bauleistungen, Lieferungen oder Dienstleistungen schließen, sind selbst öffentliche Auftraggeber gemäß Art. 2 Abs. 1 Nr. 16 RL 2014/24/EU, § 120 Abs. 4 S. 1 GWB. Den mit der Etablierung zentraler Beschaffungsstellen in der Praxis verbundenen positiven Effekten der Verbesserung des Wettbewerbs und Rationalisierung des Beschaffungswesens[16] stehen grundsätzlich negative Auswirkungen einer übermächtigen Zentralbeschaffung wie die Verringerung der Chancen für mittelständische Unternehmen gegenüber.[17] Die Zentralisierung von Beschaffungen darf deshalb zu keiner unzulässigen Konzentration des Marktsegments führen. Zentrale Beschaffungsstellen sind nach wie vor nur in den Grenzen des Kartellrechts zulässig. Wettbewerb und Transparenz und die Möglichkeit des 13

---

6 EuGH, Urteil v. 4.3.1999 – Rs. C-258/97 (Hospital Ingenieure), Rn. 25.
7 EuGH, Urteil v. 10.4.2008 – Rs. C-393/06 (Fernwärme Wien), Rn. 37; Urteil v. 13.12.2006 – Rs. C-337/06 (Bayerischer Rundfunk), Rn. 36; Urteil v. 22.5.2003 – Rs. C-18/01 (Korhonen), Rn. 52; Urteil v. 27.2.2003 – Rs. C-373/00 (Adolf Truley), Rn. 42 f.; Urteil v. 12.12.2002 – Rs. C-470/99 (Universale-Bau), Rn. 52 f.; Urteil v. 3.10.2000 – Rs. C-380/98 (University of Cambridge), Rn. 17.
8 *Dörr,* in: Burgi/Dreher, Vergaberecht, § 98 GWB Rn. 19.
9 *Dörr,* in: Burgi/Dreher, Vergaberecht, § 98 GWB Rn. 24.
10 Zu den Möglichkeiten und Grenzen der Bildung von Einkaufsgemeinschaften *Kämper/Heßhaus,* NZBau 2003, 303 ff.
11 Zur In-House-Vergabe umfassend *Knauff,* EuZW 2014, 486 ff.
12 *Wagner,* in: Langen/Bunte, Kartellrecht, § 98 GWB Rn. 6.
13 KG, Beschluss v. 27.7.2006 – 2 Verg 05/06; kritisch *Wagner,* in: Langen/Bunte, Kartellrecht, § 98 GWB Rn. 7.
14 VK Bund, Beschluss. v. 15.5.2018 – VK 2 2-30/18; Beschluss v. 8.6.2006 – VK 2-114/05.
15 *Dörr,* in: Burgi/Dreher, Vergaberecht, § 98 GWB Rn. 26.
16 Vgl. Erwägungsgrund 73 RL 2014/24/EU; Gesetzesbegründung zu § 120 Abs. 4 GWB, VergRModG 2016, BT-Drs. 18/6281, 99.
17 *Hailbronner,* in: Grabitz/Hilf, Das Recht der Europäischen Union, B 6 Rn. 12; *Rechten,* NZBau 2004, 366 (372).

Marktzugangs für KMU sind aufrechtzuerhalten. § 120 Abs. 4 GWB stellt klar, dass die zentrale Beschaffungsstelle unter zwei Gesichtspunkten ins Spiel kommen kann. Einerseits kann diese selbst Liefer- und Dienstleistungen beschaffen und an den öffentlichen Auftraggeber weiterveräußern. Andererseits kann sie als Vermittler auftreten, bei der die Beschaffungsstelle im Namen und auf Rechnung anderer öffentlicher Auftraggeber das Vergabeverfahren durchführt. Sofern die Durchführung der Vergabeverfahren ausschließlich bei der zentralen Beschaffungsstelle liegt, ist auch sie allein für die Rechtmäßigkeit des Verfahrens verantwortlich. Andernfalls bleibt die Verantwortung beim öffentlichen Auftraggeber für Maßnahmen, die er selbst durchführt oder anweist.[18]

D. Rechtsschutz

14 Mangels materiellem Regelungsgehalt ist gegen eine Einordnung als Auftraggeber im Sinne von § 98 GWB kein Rechtsschutz statthaft. Möglich ist es allerdings, die Einstufung als öffentliche Auftraggeber, Sektorenauftraggeber oder Konzessionsgeber gerichtlich zu überprüfen.[19]

Anlage

Gesetzesbegründung – VergRModG 2016 (BT-Drs. 18/6281)

Seite 69

Der neue § 98 definiert als übergeordnete Kategorie den Begriff der Auftraggeber im Sinne des Teils 4. Der Begriff umfasst alle Auftraggeber im Sinne der folgenden §§ 99 bis 101, nämlich öffentliche Auftraggeber im Sinne des § 99, Sektorenauftraggeber im Sinne des § 100 und Konzessionsgeber im Sinne des § 101.

18 Gesetzesbegründung zu § 120 Abs. 4 GWB, BT-Drs. 18/6281, 99.
19 Auf die Ausführungen zu den §§ 99 bis 101 GWB wird Bezug genommen.

§ 99 GWB
Öffentliche Auftraggeber

Öffentliche Auftraggeber sind

1. **Gebietskörperschaften sowie deren Sondervermögen,**
2. **andere juristische Personen des öffentlichen und des privaten Rechts, die zu dem besonderen Zweck gegründet wurden, im Allgemeininteresse liegende Aufgaben nichtgewerblicher Art zu erfüllen, sofern**
   a) **sie überwiegend von Stellen nach Nummer 1 oder 3 einzeln oder gemeinsam durch Beteiligung oder auf sonstige Weise finanziert werden,**
   b) **ihre Leitung der Aufsicht durch Stellen nach Nummer 1 oder 3 unterliegt oder**
   c) **mehr als die Hälfte der Mitglieder eines ihrer zur Geschäftsführung oder zur Aufsicht berufenen Organe durch Stellen nach Nummer 1 oder 3 bestimmt worden sind;**

   dasselbe gilt, wenn diese juristische Person einer anderen juristischen Person des öffentlichen oder privaten Rechts einzeln oder gemeinsam mit anderen die überwiegende Finanzierung gewährt, über deren Leitung die Aufsicht ausübt oder die Mehrheit der Mitglieder eines zur Geschäftsführung oder Aufsicht berufenen Organs bestimmt hat,
3. **Verbände, deren Mitglieder unter Nummer 1 oder 2 fallen,**
4. **natürliche oder juristische Personen des privaten Rechts sowie juristische Personen des öffentlichen Rechts, soweit sie nicht unter Nummer 2 fallen, in den Fällen, in denen sie für Tiefbaumaßnahmen, für die Errichtung von Krankenhäusern, Sport-, Erholungs- oder Freizeiteinrichtungen, Schul-, Hochschul- oder Verwaltungsgebäuden oder für damit in Verbindung stehende Dienstleistungen und Wettbewerbe von Stellen, die unter die Nummern 1, 2 oder 3 fallen, Mittel erhalten, mit denen diese Vorhaben zu mehr als 50 Prozent subventioniert werden.**

Übersicht Rn.

A. Allgemeines ... 1
I. Historie ... 2
II. Unionsrechtlicher Hintergrund ... 5
B. Institutionelle Auftraggeber (Nr. 1) ... 9
I. Gebietskörperschaften ... 13
II. Sondervermögen ... 24
C. Funktionelle Auftraggeber (Nr. 2) ... 28
I. Entwicklung zum funktionalen Auftraggeberbegriff ... 28
II. Änderungen durch das VergRModG 2016 ... 30
III. Voraussetzungen ... 35
1. Rechtspersönlichkeit ... 41
a) Juristische Personen des öffentlichen Rechts ... 44
b) Juristische Personen des privaten Rechts ... 48
2. Besonderer Organisationszweck ... 51
a) Besonderer Gründungszweck ... 52
b) Erfüllung im Allgemeininteresse liegender Aufgaben ... 57
c) Nichtgewerblicher Art ... 66
3. Staatliche Beherrschung ... 74
a) Überwiegende Finanzierung (Hs. 1 lit. a.) ... 80
aa) Ausgangspunkt Gesamtfinanzierung ... 82
bb) Staatliche Leistung ... 83
cc) Überwiegen der staatlichen Leistung ... 88
b) Aufsicht über die Leitung (Hs. 1 lit. b) ... 91
c) Bestimmung der Mitglieder eines zur Geschäftsführung oder zur Aufsicht berufenen Organs (Hs. 1 lit. c) ... 100
IV. Auftraggeber „sui generis"? ... 105
V. Mediatisierte Staatsverbundenheit (Hs. 2) ... 108
VI. Praxisentscheidungen ... 110
D. Verbände (Nr. 3) ... 111
E. Subventionierte Auftraggeber (Nr. 4) ... 116
I. Rechtspersönlichkeit ... 117

II. Geförderte Maßnahme 118
1. Tiefbaumaßnahmen oder Errichtung bestimmter Bauwerke 119
2. In Verbindung stehende Dienstleistungen und Wettbewerbe 124
III. Subvention in Höhe von mehr als 50 Prozent 127
Anlage
Gesetzesbegründung

A. Allgemeines

1 § 99 GWB regelt den Begriff des öffentlichen Auftraggebers. Die Vorschrift stellt den ersten Teil der aus den §§ 99 bis 101 GWB bestehenden Normengruppe dar, welche den persönlichen Anwendungsbereich des GWB-Vergaberegimes bestimmen.

I. Historie

2 Die Vorschrift stellt den ersten Teil der aus den §§ 99 bis 101 GWB bestehenden Normengruppe dar, welche den persönlichen Anwendungsbereich des GWB Vergaberegimes bestimmen.[1] Bei der Überführung in eine separate Norm im Rahmen der Vergaberechtsreform 2016 ergaben sich für den Begriff des öffentlichen Auftraggebers wenig inhaltliche Änderungen. Im Fokus stand vielmehr die Verbesserung der Lesbarkeit und Verständlichkeit durch eine Verlagerung der Sektorenauftraggeber und Konzessionsgeber in eigene Normen.[2]

3 § 99 GWB normiert den klassischen öffentlichen Auftraggeber wie er in Ansätzen schon in § 57a HGrG normiert war. Dabei hat der **Begriff** des öffentlichen Auftraggebers allerdings seitdem eine Reihe von Änderungen erfahren. Im Rahmen der VergRModG 2016 wurden die Nr. 2 und 4 ergänzt bzw. neugefasst. Die Neufassung von Nr. 2 umfasst in Umsetzung von Art. 2 Abs. 1 Nr. 4 RL 2014/24/EU nun auch das Tatbestandsmerkmal „Aufsicht über die Leitung“. § 99 Nr. 4 GWB weist nunmehr einen sprachlichen Gleichlauf mit Art. 13a RL 2014/24/EU auf und spricht ebenfalls von „subventioniert“ anstatt von finanziert. Diese Unterscheidung ist insofern von Bedeutung, als dass der Begriff der Subvention enger auszulegen ist, weil er eine marktinadäquate Begünstigung voraussetzt.[3] Grundlage der aktuellen Regelung ist wie auch schon bei der Vorgängerrichtlinie ein funktionelles Verständnis des Auftraggeberbegriffes. Umfasst sind damit nicht nur institutionelle Auftraggeber wie Bund, Länder und deren Untergliederungen, sondern auch andere juristische Personen des öffentlichen und privaten Rechts, sofern sie ein besonderes Näheverhältnis zum Staat aufweisen. Hintergrund dieser Regelung ist die Bestrebung, eine „Flucht ins Privatrecht“ durch die Auftraggeber zu verhindern.[4]

4 Im Vergleich zur Vorgängervorschrift entfallen ist der Auftraggeber kraft **Baukonzession** gemäß § 99 Nr. 6 GWB a.F. Grundlage dieser Vorschrift war Art. 63 Abs. 1 RL 2004/18/EG. Diese Regelung wurde inhaltlich nicht in die aktuelle Richtlinie übernommen und wurde entsprechend auch nicht im § 99 GWB geregelt.

II. Unionsrechtlicher Hintergrund

5 Die **Definition** des öffentlichen Auftraggebers findet ihre Grundlage in Art. 2 Abs. 1 Nr. 1 und 4 und Art. 13 UAbs. 2 RL 2014/24/EU. Seine Definition soll nach dem Willen des Richtliniengebers der vom EuGH entwickelten Definition entsprechen.[5] Daher kann weiterhin auf die bereits ergangene Rechtsprechung zu dem Begriff zurückgegriffen werden. Ausgangspunkt einer Anwendung der Norm ist zunächst eine Betrachtung aus der Perspektive des Binnen-

1 Bezüglich der Genese wird auf die Ausführungen zu § 98 GWB verwiesen, dort Rn. 1 f.
2 *Reider*, in: Säcker, Wettbewerbsrecht, § 99 GWB Rn. 2.
3 *Dörr*, in: Burgi/Dreher, Vergaberecht, § 99 GWB Rn. 3.
4 EuGH, Urteil v. 20.9.1988 – Rs. 31/87 (Beentjes).
5 Erwägungsgrund 10 RL 24/2014 EU.

markts.[6] Bei mehreren möglichen Auslegungsmöglichkeiten ist daher diejenige zu wählen, die einen diskriminierungsfreien europäischen Wettbewerb besser fördert. Ziel des gesamten europäischen Vergaberechts ist es, die Begünstigung von einheimischen Mitbewerbern zu verhindern; der öffentliche Auftraggeber soll sich allein von wirtschaftlichen Erwägungen leiten lassen.[7]

Bei der Anwendung der Norm ist zu beachten, dass der entscheidende Zweck der §§ 98 ff. GWB ist, den europäischen Auftraggeberbegriff umzusetzen.[8] Mithin ist das schon nach den allgemeinen Regeln zu beachtende Gebot der **richtlinienkonformen Auslegung**, inklusive der schon angesprochenen Rechtsprechung des EuGH, hier von besonderer Bedeutung.[9] Die Begrifflichkeiten des § 99 GWB sind daher stets funktionell zu betrachten. 6

Ebenfalls relevant sind die **Vorgängerrichtlinien** (RL 2004/18/EG bzw. 2004/17/EG). In deren informatorischen Anhängen werden exemplarisch diverse öffentliche Auftraggeber in den Mitgliedstaaten aufgeführt. Diese Auflistung entfaltet zwar keine Rechts-, wohl aber eine Indizwirkung.[10] Ist ein Auftraggeber trotz der Aufführung auf dieser Liste der Ansicht, nicht dem Vergaberecht zu unterfallen, sind an die entsprechende Begründung besonders hohe Anforderungen zu stellen. Ist eine richtlinienkonforme Auslegung nicht möglich, setzt sich das Unionsrecht aufgrund des Anwendungsvorrangs durch.[11] 7

Im Verhältnis der RL 2014/24/EU zur RL 2014/25/EU gilt bei Überschneidungen der Anwendungsbereiche ein **Vorrang der RL 2014/25/EU**.[12] Grundlage dieses Vorrangs ist der speziellere Anwendungsbereich der RL 2014/25/EU im Vergleich zur RL 2014/24/EU. Während sich die RL 2014/24/EU auf alle wirtschaftlichen Bereiche bezieht, ist Voraussetzung zur Eröffnung des Anwendungsbereichs der RL 2014/25/EU ein Bezug zu einem besonderen Sektor des Wirtschaftslebens. 8

B. Institutionelle Auftraggeber (Nr. 1)

Nach § 99 Nr. 1 GWB sind Gebietskörperschaften und deren Sondervermögen als öffentliche Auftraggeber zu qualifizieren. Die Regelung normiert unter Anknüpfung an Art. 2 Abs. 1 Nr. 1 RL 2014/24/EU den klassischen öffentlichen Auftraggeber.[13] 9

Die Vorschrift entspricht der **vorherigen Regelung** in § 98 Nr. 1 GWB a.F. Sie ist mit dem VergRModG 2016 unverändert übernommen worden. 10

§ 99 Nr. 1 GWB knüpft an die Formulierungen der **RL 2014/24/EU** (Art. 2 Abs. 1 Nr. 1), der **RL 2015/25/EU** (Art. 3 Nr. 1) und der **RL 2014/23/EU** (Art. 6 Abs. 1) an, wonach der Staat und die Gebietskörperschaften öffentliche Auftraggeber sind. Die neuen Richtlinien konkretisieren den Begriff der Gebietskörperschaften erstmals näher. Im Sektorenbereich stellt Art. 3 Nr. 2 RL 2014/25/EU klar, dass von den *„‚Gebietskörperschaften' […] alle Behörden der Verwaltungseinheiten [umfasst sind,] die nicht erschöpfend gemäß der Bezugnahme der Verordnung (EG) Nr. 1059/2003 des Europäischen Parlaments und des Rates unter NUTS 1 und 2 aufgeführt sind."* Eine entsprechende Regelung findet sich in Art. 2 Abs. 2 RL 2014/24/EU. Gleiches regelt auch Art. 6 Abs. 2 RL 2014/23/EU für Konzessionsvergaben bei der Erläuterung des Begriffs der „Regionale[n] Gebietskörperschaften". Nach dessen Abs. 3 sind *„‚Lokale Gebietskörperschaften' […] alle Behörden der Verwaltungseinheiten der NUTS-Ebene 3 und kleinerer Verwaltungseinheiten im Sinne der Verordnung (EG) Nr. 1059/2003."* 11

6 *Wieddekind*, in: Willenbruch/Wieddekind, Vergaberecht, § 99 GWB Rn. 4.
7 EuGH, Urteil v. 13.12.2007 – Rs. C-337/06 (Bayerischer Rundfunk).
8 Gesetzesbegründung zu § 99 GWB, VergRModG 2016, BT-Drs. 18/6281, 69.
9 *Dörr*, in: Burgi/Dreher, Vergaberecht, § 99 GWB Rn. 7.
10 EuGH, Urteil v. 11.6.2009 – Rs. C-300/07 (Oymans), Rn. 45.
11 *Ruffert*, in: Callies/Ruffert, EUV/AEUV, Art. 1 Rn. 16.
12 *Pünder*, in: Pünder/Schellenberg, Vergaberecht, § 100 GWB Rn. 4.
13 *Dörr*, in: Burgi/Dreher, Vergaberecht, § 99 GWB Rn. 6.

12 Die Bindung der von § 99 Nr. 1 GWB erfassten klassischen Auftraggeber an das Vergaberecht ergibt sich aus ihrer **institutionellen Zugehörigkeit** zur öffentlichen Hand.[14] Sie ist daher – anders als für Sektorenauftraggeber nach § 100 GWB – nicht auftragsgebunden und besteht daher unabhängig von einer Zwecksetzung.[15]

I. Gebietskörperschaften

13 Wenn eine **Gebietskörperschaft** als Vergabestelle auftritt, ist diese als öffentlicher Auftraggeber einzuordnen.[16] Der Begriff der Gebietskörperschaften betrifft die territorial bezogenen staatlichen Erscheinungsformen.[17] Zu den Gebietskörperschaften i.S.d. § 99 Nr. 1 GWB zählen die institutionellen, rechtsformabhängigen Auftraggeber wie Bund, Länder, Kreise und Gemeinden.[18] Diese waren durch das Haushaltsrecht schon immer zur Anwendung des Vergaberechts verpflichtet.[19] Innerhalb derselben Gebietskörperschaft kann es eine Vielzahl von Vergabestellen geben, die im Namen des öffentlichen Auftraggebers im Vergabeverfahren auftreten.[20] Die Gebietskörperschaften sind abzugrenzen von Realkörperschaften (z. B. Jagd- und Fischereigenossenschaft, Landwirtschaftskammer), Verbandskörperschaft (z. B. Bundesrechtsanwaltskammer oder Gemeindeverbände) und Personalkörperschaften (z. B. Notar- und Rechtsanwaltskammern).

14 Für den Begriff der Gebietskörperschaft nimmt die RL 2014/24/EU in Art. 2 Abs. 2 und die RL 2014/25/EU in Art. 3 Nr. 2 und 3 erstmals Bezug auf die VO (EG) 1059/2003 und stellt klar, dass dieser Begriff alle Behörden der Verwaltungseinheiten umfasst, die nicht erschöpfend gemäß der VO (EG) 1059/2003 unter **NUTS** 1 und 2 aufgeführt sind, sowie sämtliche Behörden, die unter NUTS 3 fallen, und kleinere Verwaltungseinheiten i.S.d. VO (EG) 1059/2003. Gleiches regelt Art. 6 Abs. 2 RL 2014/23/EU für Konzessionsvergaben.

15 Dabei kann es sich auch um eine Gebietskörperschaft handeln, die nicht im Geltungsbereich des Grundgesetzes angesiedelt, mithin **ausländisch**, ist.[21] Die Auslegung des Begriffes Gebietskörperschaft ist nicht auf deutsche Gebietskörperschaften beschränkt.[22] Einen Begriff, der den Binnenmarkt durch Festlegung einheitlicher Kriterien fördern soll, auf ein nationales Verständnis zu begrenzen, kann nicht mit dem Sinn und Zweck der RL 2014/24/EU in Einklang gebracht werden. Für ein solches Verständnis spricht auch eine Betrachtung von Anhang III RL 2004/18/EG. Die hier aufgeführten juristischen Personen stellen einen öffentlichen Auftraggeber dar, unabhängig von der Frage, in welchem Mitgliedsstaat sie operieren. Ungeklärt ist, ob auch Gebietskörperschaften aus Drittstaaten öffentliche Auftraggeber sein können. Hierfür spricht wohl der Sinn und Zweck der RL 2014/24/EU. Diese soll den Wettbewerb innerhalb der Union fördern. Die Erreichung dieses Ziels wird von staatlichen Akteuren gefährdet, die Aufträge aus anderen als wirtschaftlich ökonomischen Gründen vergeben, unabhängig von ihrer Herkunft.[23] Dieser Gefahr kann begegnet werden, indem auch Gebietskörperschaften aus Drittstaaten dem Vergaberecht unterstellt werden.

16 Eine Vergabe durch eine Gebietskörperschaft ist auch dann gegeben, wenn ihre unabhängigen **Staatsorgane** wie die Parlamente sowie die für den Staat handelnden Organe und Untergliederungen wie etwa Ministerien, Behörden, und nicht rechtsfähige Stiftungen – wenn sie nicht Sondervermögen sind – eine Auftragsvergabe durchführen.[24]

---

14 *Werner*, in: Byok/Jaeger, Vergaberecht, § 99 GWB Rn. 5.
15 *Dörr*, in: Burgi/Dreher, Vergaberecht, § 99 GWB Rn. 9.
16 EuGH, Urteil v. 18.11.2004 – Rs. C-126/03 (Heizkraftwerk München), Rn. 18.
17 *Reider*, in: Säcker, Wettbewerbsrecht, § 99 GWB Rn. 5.
18 *Dörr*, in: Burgi/Dreher, Vergaberecht, § 99 GWB Rn. 7.
19 Für den Bund siehe § 55 Abs. 1 BHO.
20 *Dörr*, in: Burgi/Dreher, Vergaberecht, § 99 GWB Rn. 8.
21 Ausführlich *von Strenge*, NZBau 2011, 17.
22 VK Niedersachsen, Beschluss v. 27.9.2019, Rn. 63.
23 EuGH, Urteil v. 27.2.2003 – Rs. C-373/00 (Adolf Truley), Rn. 42; Urteil v. 12.12.2002 – Rs. C-470/99 (Universale-Bau), Rn. 52; Urteil v. 3.10.2000 – Rs. C-380/98 (University of Cambridge), Rn. 17.
24 EuGH, Urteil v. 17.9.1998 – Rs. C-323/96 (Kommission/Belgien), Rn. 27; *Reider*, in: Säcker, Wettbewerbsrecht, § 99 GWB Rn. 6; zur Auftraggebereigenschaft von Gemeinden bei dem Betrieb von Windenergieanlagen *Heiermann/Tschäpe*, ZfBR 2010, Sonderausgabe, 110 ff.

Gleichsam nicht als Gebietskörperschaften anzusehen sind bloße **Verwaltungsgliederungen** wie etwa Regierungsbezirke oder Verwaltungsgemeinschaften. Sie stellen lediglich organisatorische Aufteilungen innerhalb oder zwischen Gebietskörperschaften dar.[25] 17

Ebenso als Gebietskörperschaften einzuordnende **Gemeindeverbände** werden demgegenüber von dem Auftraggeberbegriff des § 99 Nr. 3 GWB erfasst. 18

Auch **Landkreise** werden teils dem Auftraggeberbegriff des § 99 Nr. 3 GWB zugeordnet.[26] 19 Unter Berücksichtigung, dass die Landkreise zu den Gemeindeverbänden i.S.d. Art. 28 Abs. 2 S. 2 GG zählen, ist dies auf der einen Seite folgerichtig.[27] Auf der anderen Seite sprechen die Landkreisordnungen von den Kreisen als Gebietskörperschaften.[28] In der Praxis kann eine Einordnung unter § 99 Nr. 1 oder 3 GWB dahinstehen. Die Regelungen des § 99 Nr. 1 und 3 GWB sind gleichrangig und ziehen keine unterschiedlichen Rechtsfolgen nach sich.[29]

Keine öffentlichen Auftraggeber i.S.d. § 99 Nr. 1 GWB stellen die von den Gebietskörperschaften zu trennenden **Personal-**, **Real-** und **Verbandskörperschaften** dar. Der als Bundkörperschaft einzuordnende Zweckverband leitet seine Rechte von den Mitgliedern ab und ist ebenfalls kein Auftraggeber i.S.d. § 99 Nr. 1 GWB.[30] 20

Die Gebietskörperschaft bleibt auch dann Auftraggeber, wenn sie die Beschaffungsentscheidung selbst trifft, die Durchführung der Auftragsvergabe aber auf ein privates Unternehmen **überträgt**, welches diese im eigenen Namen auf Kosten des Auftraggebers ausführt. Die öffentliche Hand wird nur „mittelbar" vertreten und bleibt Zahlender der Leistung.[31] Handelt es sich bei dem „Beauftragten" ebenfalls um einen öffentlichen Auftraggeber, so kann der dahinterstehende Verwaltungsträger ebenfalls öffentlicher Auftraggeber sein.[32] Bei der Zusammenarbeit von mehreren Gebietskörperschaften, die rechtlich nicht zu der Begründung einer neuen Rechtspersönlichkeit führen („**Einkaufskooperationen**", etwa bei einer Zusammenfassung von Eigenbetrieben mehrerer Gebietskörperschaften in interkommunale Kooperation in Verbänden)[33], bleiben die beteiligten öffentlichen Auftraggeber jeweils eigenständige Auftraggeber. Es handelt sich lediglich um eine verwaltungsorganisatorische Ausgliederung der dem öffentlichen Auftraggeber obliegenden Aufgabe und nicht um einen dem Vergaberecht unterfallenden Beschaffungsvorgang.[34] Etwas anderes gilt freilich dann, wenn die Gebietskörperschaft mit einer von ihr formal zu trennenden und mit Entscheidungsautonomie ausgestatteten Einrichtung einen Vertrag abschließt. 21

Abzugrenzen ist die einfache Einkaufskooperation von den **zentralen Beschaffungsstellen** 22 gemäß § 120 Abs. 4 GWB. Während im Fall einer Einkaufskooperation die dahinterstehenden juristischen Personen Auftraggeber bleiben, stellt die zentrale Beschaffungsstelle einen eigenen Auftraggeber dar.[35] Voraussetzung für die Annahme einer zentralen Beschaffungsstelle ist allerdings die dauerhafte Durchführung von Beschaffungstätigkeiten einschließlich der damit verbundenen Beratungs- und Unterstützungsleistung.[36] Insbesondere an dem Merkmal der Dauerhaftigkeit fehlt es bei Einkaufskooperationen.

Keine Gebietskörperschaften sind **Religionsgemeinschaften,** die als Körperschaft des öffentlichen Rechts organisiert sind.[37] Zwar besteht teilweise eine regional begrenzte Zuständig- 23

25 *Ziekow*, in: Ziekow/Völlink, Vergaberecht, § 99 GWB Rn. 27.
26 OLG Düsseldorf, Beschluss v. 6.7.2011 – VII-Verg 39/11; *Werner*, in: Byok/Jaeger, Vergaberecht, § 99 GWB Rn. 14.
27 *Pünder*, in: Pünder/Schellenberg, Vergaberecht, § 99 GWB Rn. 5.
28 § 1 Abs. 2 LKreisO NW, § 1 Abs. 1 LKreisO ND.
29 *Reider*, in: Säcker, Wettbewerbsrecht, § 99 GWB Rn. 47.
30 *Brüning*, DVBl. 2009, 1539 (1540).
31 Vgl. z. B. VK Rheinland-Pfalz, Beschluss v. 11.12.2008 – VK 38/08; VK Bund, Beschluss v. 8.6.2006 – VK 2-114/05, Rn. 41; a.A. OLG Dresden, Urteil v. 9.3.2004 – 20 U 1544/03, Rn. 14, wonach ein privates Unternehmen, das eine „Ausschreibung im Auftrag" und „in enger Abstimmung" mit einer Gemeinde vorgenommen hat, selbst öffentlicher Auftraggeber ist.
32 *Wieddekind*, in: Willenbruch/Wieddekind, Vergaberecht, § 99 GWB Rn. 5.
33 *Dörr*, in: Burgi/Dreher, Vergaberecht, § 99 GWB Rn. 25.
34 *Werner*, in: Byok/Jaeger, Vergaberecht, § 99 GWB Rn. 14.
35 *Seidel*, in: Burgi/Dreher, Vergaberecht, § 120 GWB Rn. 21.
36 *Horn*, in: Heiermann/Zeiss/Summa, Vergaberecht, § 120 GWB Rn. 25.
37 OLG Celle, Beschluss v. 25.8.2011 – 13 Verg 5/11.

keit, es fehlt den Religionsgemeinschaften und ihren Untergliederungen allerdings an dem, für die Annahme staatlicher Erscheinungsform nötigen, hoheitlichen Charakter.

II. Sondervermögen

24 **Sondervermögen** i.S.d. § 99 Nr. 1 GWB ist das von dem sonstigen Vermögen der Gebietskörperschaften getrennte, im Außenrechtsverhältnis rechtlich unselbstständige,[38] aber haushaltsrechtlich und organisatorisch verselbstständigte Vermögen.[39] Die Sondervermögen sind Ausdruck einer bloß organisationsrechtlichen Dekonzentration. Die Vergabe von Aufträgen muss daher auch die Gebietskörperschaften binden.[40] Das Handeln der Sondervermögen ist ihnen rechtlich zuzurechnen.[41]

25 Die ehemaligen Sondervermögen wie Deutsche Bundesbahn und Deutsche Bundespost stellen nach ihrer **Privatisierung** keine Sondervermögen mehr dar. Etwas anderes gilt für das „Bundeseisenbahnvermögen", das die nicht bahnnotwendigen Bahnliegenschaften verwaltet.[42] Hier handelt das Sondervermögen aufgrund eines ausdrücklichen gesetzlichen Auftrags und mit eigenem Marktzugang. Daher ist in diesem Fall das Sondervermögen selbst und nicht die dahinterstehende Körperschaft Auftraggeber.[43]

26 Zu den Sondervermögen der **Länder** zählen etwa deren Bau- und Liegenschaftsbetriebe.[44] Demgegenüber werden nach Landesrecht ausgestaltete, nicht rechtsfähige („fiduziarische") Stiftungen als Sondervermögen eingeordnet.[45]

27 Auch **Eigen-** und **Regiebetriebe**, wie etwa kommunale Versorgungswerke[46], zählen zu den Sondervermögen. Bei rechtlicher Verselbstständigung stellen sie jedoch nur öffentliche Auftraggeber dar, wenn sie unter eine der anderen Kategorien des § 99 GWB fallen.[47] Oberhalb der Schwellenwerte fallen Eigenbetriebe selbst dann in den Anwendungsbereich des § 99 Nr. 1 GWB, wenn das diesem gegenüber niederrangige Kommunalrecht des Landes diese von dem Vergaberecht ausschließt.[48]

C. Funktionelle Auftraggeber (Nr. 2)

I. Entwicklung zum funktionalen Auftraggeberbegriff

28 Den Begriff des öffentlichen Auftraggebers unterzogen Rechtsprechung und Gesetzgebung im Laufe der Jahre einem Wandel.[49] Vorgaben zum Auftraggeberbegriff fanden sich in Deutschland zunächst nur im Haushaltsrecht des Bundes (§ 55 BHO), der Länder (jeweils § 55 LHO) und der kommunalen Gebietskörperschaften.[50] Ursprünglich fand eine rein **institutionelle Bestimmung** des Auftraggeberbegriffs statt. Erfasst waren lediglich staatliche Institutionen und seine Untergliederungen wie Gebietskörperschaften, sonstige Körperschaften und Einrichtungen des öffentlichen Rechts. Für juristische Personen des Privatrechts bestand keine Pflicht zur Ausschreibung öffentlicher Aufträge und zur Anwendung der Verdingungsverord-

38 OLG Düsseldorf, Beschluss v. 2.6.2010 – VII-Verg 7/10; *Dörr*, in: Burgi/Dreher, Vergaberecht, § 99 GWB Rn. 10.
39 Vgl. z. B. VK Niedersachsen, Beschluss v. 30.9.2015 – VgK-30/15; *Pünder*, in: Pünder/Schellenberg, Vergaberecht, § 99 GWB Rn. 9.
40 *Pünder*, in: Pünder/Schellenberg, Vergaberecht, § 99 GWB Rn. 8.
41 *Werner*, in: Byok/Jaeger, Vergaberecht, § 99 GWB Rn. 12.
42 *Bungenberg/Schelhaas*, in: Gabriel/Mertens/Prieß/Stein, Vergaberecht, § 99 GWB Rn. 19a.
43 *Ziekow*, in: Ziekow/Völlink, Vergaberecht, § 99 GWB Rn. 31.
44 VK Düsseldorf, Beschluss v. 29.3.2007 – VK-08/2007-B, Rn. 44.
45 *Pünder*, in: Pünder/Schellenberg, Vergaberecht, § 99 GWB Rn. 11.
46 *Heiermann/Tschäpe*, ZfBR Sonderausgabe 2012, 110 (111).
47 *Reider*, in: Säcker, Wettbewerbsrecht, § 99 GWB Rn. 7.
48 *Zeiss*, in: Heiermann/Zeiss/Summa, Vergaberecht, § 99 GWB Rn. 14, etwa im Fall des hessischen Eigenbetriebsgesetzes bis 2014.
49 Umfassend zum Wandel des Auftraggeberbegriffs *Rechten*, NZBau 2014, 667 ff.
50 Zur Entwicklungsgeschichte umfassend *Dörr*, in: Burgi/Dreher, Vergaberecht, Einleitung Rn. 43 ff.

nungen.[51] Der Grund für die Beschränkung auf öffentlich-rechtliche Organisationsformen bestand in der Schwierigkeit, eine für alle Mitgliedstaaten passende Regelung zu finden.[52]

29 Um einer „Flucht ins Privatrecht" entgegenzuwirken und eine diskriminierungsfreie Beschaffung zu erreichen, entschied der EuGH im Jahr 1988 in der Rechtssache „Beentjes", dass der Begriff des „Staates" in der RL 71/305/EWG **funktional** zu verstehen sei.[53] Der funktionale Auftraggeberbegriff findet in § 99 Nr. 2 GWB seinen Niederschlag.[54] Die vergaberechtliche Bindung erstreckt sich auf privatrechtlich organisierte Stellen, wenn sie zu dem besonderen Zweck gegründet worden sind, im Allgemeininteresse liegende Aufgaben zu erfüllen, und eine besondere Staatsverbundenheit aufweisen.[55]

II. Änderungen durch das VergRModG 2016

30 Abgesehen von punktuellen **strukturellen und textuellen Änderungen** zur besseren Lesbarkeit entspricht die Regelung der Vorgängervorschrift des § 98 Nr. 2 GWB a.F. Statt der bisherigen durchgehenden Aufzählung der Tatbestandsmerkmale im Fließtext der Norm werden diese mit Buchstaben (lit. a bis c) optisch voneinander getrennt.

31 § 98 Nr. 2 S. 2 GWB a.F., der den Fall der **vermittelten Staatsverbundenheit** regelt, bei dem die Beherrschung durch einen öffentlichen Auftraggeber nach § 99 Nr. 2 Hs. 1 GWB erfolgt, wird ergänzt und erstreckt sich anders als bisher auf den in § 99 Nr. 2 Hs. 1 lit. b GWB enthaltenen Beherrschungstatbestand.

32 Mit Blick darauf, dass Art. 2 Abs. 1 Nr. 4 RL 2014/24/EU keine Unterscheidung trifft, und zur Angleichung an § 99 Nr. 2 Hs. 1 GWB erfasst der Anwendungsbereich des **§ 99 Nr. 2 Hs. 2 GWB** neben dem Beherrschungstatbestand der „überwiegenden Finanzierung" (Hs. 1 lit. a) und der Bestimmung der „Mehrheit der Mitglieder eines zur Geschäftsführung oder Aufsicht berufenen Organs" (Hs. 1 lit. c) nun auch das Merkmal „über deren Leitung die Aufsicht ausübt" (Hs. 1 lit. b).

33 Zugleich wird der Wortlaut dieser Bestimmung klarer gefasst. Die bisherige Nennung der beiden „**Stellen**" in § 99 Nr. 2 Hs. 2 GWB wird einerseits durch „diese juristische Person" und andererseits durch „einer anderen juristischen Person des öffentlichen oder privaten Rechts" ersetzt. Damit wird zumindest verdeutlicht, dass die Auftraggeber i.S.d. § 99 Nr. 2 GWB gemeint sind, wenngleich es noch klarer gewesen wäre, § 99 Nr. 2 GWB wörtlich zu erwähnen.

34 Auch nach dem VergRModG 2016 weiterhin nicht geregelt ist der Fall, wenn Auftraggeber i.S.v. § 99 Nr. 1 und 3 GWB **gemeinsam** eine Beherrschung ausüben. Diesbezüglich sind die Regelungen des VergRModG 2016 unvollständig.

III. Voraussetzungen

35 Die Vorschrift des § 99 Nr. 2 GWB knüpft an den aus den RL 2004/18/EG und 2004/17/EG stammenden Begriff der **Einrichtungen des öffentlichen Rechts** an, der ausdrücklich in Art. 2 Abs. 1 Nr. 1 RL 2014/24/EU sowie Art. 3 Nr. 1 RL 2014/25/EU beibehalten und in Art. 6 RL 2014/23/EU aufgenommen wird.[56] Umgesetzt wird der Begriff der Einrichtung des öffentlichen Rechts in § 99 Nr. 2 GWB mit der Wendung „andere juristische Personen des öffentlichen und des privaten Rechts". Insgesamt stellt die Einordnung als Einrichtung des öffentli-

51 *Pünder*, in: Pünder/Schellenberg, Vergaberecht, § 99 GWB Rn. 9 f.
52 *Reider*, in: Säcker, Wettbewerbsrecht, § 99 GWB Rn. 3.
53 EuGH, Urteil v. 20.9.1988 – Rs. 31/87 (Beentjes), Rn. 8 und 11.
54 Als projektbezogene Auftraggeber können ebenfalls Private den Bindungen des Vergaberechts unterliegen (§ 99 Nr. 4 GWB).
55 Vgl. auch OLG Düsseldorf, Beschluss v. 19.6.2013 – VII-Verg 55/12, Rn. 21; dazu *Goldbrunner*, VergabeR 2014, 167 ff.
56 Erwägungsgrund 10 RL 2014/24/EU.

chen Rechts i.S.d. EU-Richtlinien aufgrund der unbestimmten Rechtsbegriffe nach wie vor eines der Hauptprobleme im Kartellvergaberecht dar.[57]

36 § 99 Nr. 2 GWB übernimmt die drei nach dem EuGH und in Art. 2 Abs. 1 Nr. 4 lit. a bis c RL 2014/24/EU für das Vorliegen einer Einrichtung des öffentlichen Rechts erforderlichen **Voraussetzungen** der Rechtspersönlichkeit, des besonderen Organisationszwecks und der staatlichen Beherrschung.[58] Diese müssen kumulativ vorliegen.[59] Ein Unternehmen wird nicht schon deshalb zum öffentlichen Auftraggeber, wenn es durch die öffentliche Hand finanziert wird oder diese die Mehrheit der Anteile hält.[60] Es bedarf entsprechend der Richtlinien neben dem einflussbezogenen Kriterium der Beherrschung überdies eines aufgabenbezogenen Kriteriums der Gründung der juristischen Person zu dem Zweck, im Allgemeininteresse liegende Aufgaben nichtgewerblicher Art zu erfüllen.[61]

37 Die Zuordnung der Einrichtung des öffentlichen Rechts als öffentlicher Auftraggeber beruht auf dem von dem EuGH in der Rechtssache „Beentjes"[62] angestoßenen **funktionalen Begriffsverständnis**.[63] Der Auftraggeber soll seine Bindung an das Vergaberecht nicht durch die Verlagerung seiner Aufgaben auf selbstständige Rechtsträger insbesondere durch Privatisierung[64] auf solche in Privatrechtsform umgehen können.[65] Die Erfüllung der Aufgabe in privatrechtlicher Rechtsform der Einrichtung stellt kein Kriterium dar, das die Einstufung als öffentlicher Auftraggeber entfallen lässt.[66]

38 Unter Berücksichtigung der mit den Richtlinien verfolgten Ziele einer Öffnung für den Wettbewerb und der Gewährleistung von Transparenz bei Beschaffungsvorgängen sind die einzelnen Merkmale nach dem EuGH weit **auszulegen**.[67] Das Vergaberecht soll jede Auftragsvergabe erfassen, bei der sich der Auftraggeber von anderen als wirtschaftlichen und wettbewerblichen Erwägungen leiten lässt.[68]

39 Für die Beurteilung der Auftraggebereigenschaft ist auf das zum **Zeitpunkt** der Vergabehandlung des Auftrages maßgebliche Recht abzustellen und zu prüfen, ob der in Zukunft liegende Sachverhalt dem Vergaberecht unterliegt.[69] Demgegenüber kommt es für das Merkmal der überwiegenden Finanzierung auf den Beginn des jeweiligen Haushaltsjahres an.[70]

40 Die nach § 99 Nr. 2 GWB begründete Auftraggebereigenschaft kann während des Vergabeverfahrens – etwa durch materielle Privatisierung – wieder **entfallen**. Bei mehrstufigen Privatisierungsprozessen ist auf den Gesamtvorgang abzustellen.[71] Im Fall von Verschmelzungen, Spaltungen und Umwandlungsvorgängen geht die öffentliche Auftraggebereigenschaft nur

---

57 *Dreher*, in: Immenga/Mestmäcker, Wettbewerbsrecht, § 99 GWB Rn. 8; *Pünder*, in: Pünder/Schellenberg, Vergaberecht, § 99 GWB Rn. 13; *Kratzenberg*, NZBau 2009, 103 (105).

58 EuGH, Urteil v. 16.10.2003 – Rs. C-283/00 (SIEPSA), Rn. 69, 74; Urteil v. 10.11.1998 – Rs. C-360/96 (BFI Holding), Rn. 29.

59 EuGH, Urteil v. 11.6.2009 – Rs. C-300/07 (Oymanns), Rn. 48; Urteil v. 10.4.2008 – Rs. C-393/06 (Fernwärme Wien), Rn. 36; Urteil v. 16.10.2003 – Rs. C-283/00 (SIEPSA), Rn. 69, 74; Urteil v. 22.5.2003 – Rs. C-18/01 (Korhonen), Rn. 32; Urteil v. 10.11.1998 – Rs. C-360/96 (BFI Holding), Rn. 29; Urteil v. 15.1.1998 – Rs. C-44/96 (Mannesmann Anlagenbau), Rn. 21.

60 EuGH, Urteil v. 15.1.1998 – Rs. C-44/96 (Mannesmann Anlagenbau), Rn. 39.

61 *Dörr*, in: Burgi/Dreher, Vergaberecht, § 99 GWB Rn. 12; *Werner*, in: Byok/Jaeger, Vergaberecht, § 99 GWB Rn. 40, § 98 GWB Rn. 88; *Dreher*, in: Immenga/Mestmäcker, Wettbewerbsrecht, § 99 GWB Rn. 9.

62 EuGH, Urteil v. 20.9.1988 – Rs. 31/87 (Beentjes), Rn. 11.

63 *Dörr*, in: Burgi/Dreher, Vergaberecht, § 99 GWB Rn. 11; *Werner*, in: Byok/Jaeger, Vergaberecht, § 99 GWB Rn. 18; *Dietlein*, NZBau 2002, 136 (137 f.); zu den Voraussetzungen im Überblick *Noch*, NVwZ 1999, 1083 (1084 ff.).

64 Zur Privatisierung und Vergaberecht *Endler*, NZBau 2002, 125 ff.; zur Privatisierung und ÖPP *Dreher*, in: Immenga/Mestmäcker, Wettbewerbsrecht, § 99 GWB Rn. 36; zur Privatisierung und Ausschreibungspflicht *Schimanek*, NZBau 2005, 304 (304 ff.); vgl. auch zur Privatisierung und Rekommunalisierung *Burgi*, NdsVBl. 2012, 225 ff.

65 *Reider*, in: Säcker, Wettbewerbsrecht, § 99 GWB Rn. 9.

66 EuGH, Urteil v. 13.1.2005 – Rs. C-84/03 (Kommission/Spanien), Rn. 28; vgl. *Werner*, in: Byok/Jaeger, Vergaberecht, § 99 Rn. 18.

67 EuGH, Urteil v. 15.5.2003 – Rs. C-214/00 (Kommission/Spanien), Rn. 53; *Noch*, NVwZ 1999, 1083 (1085).

68 EuGH, Urteil v. 12.9.2013 – Rs. C-526/11 (Ärztekammer Westfalen-Lippe), Rn. 20; Urteil v. 16.10.2003 – Rs. C-283/00 (SIEPSA), Rn. 73; Urteil v. 27.2.2003 – Rs. C-373/00 (Adolf Truley), Rn. 43.

69 *Werner*, in: Byok/Jaeger, Vergaberecht, § 99 GWB Rn. 40; *Wieddekind*, in: Willenbruch/Wieddekind, Vergaberecht, § 99 GWB Rn. 12.

70 EuGH, Urteil v. 3.10.2000 – Rs. C-380/98 (University of Cambridge), Rn. 44.

71 EuGH, Urteil v. 10.11.2005 – Rs. C-29/04 (Kommission/Österreich), Rn. 38 ff.

dann auf den neuen Rechtsträger über, wenn dieser die Voraussetzungen des § 99 GWB selbst erfüllt.[72]

1. Rechtspersönlichkeit

41 Nach Art. 2 Abs. 1 Nr. 4 lit. b RL 2014/24/EU bedarf es für das Vorliegen einer Auftraggebereigenschaft einer Einrichtung mit „**Rechtspersönlichkeit**". Diese ist auch nach deutschem Recht Voraussetzung dafür, dass eine Partei einen mit der Auftragsvergabe gleichbedeutenden Beschaffungsvertrag abschließen kann.[73] Das Merkmal der „Rechtspersönlichkeit" hat der deutsche Gesetzgeber mit der „juristischen Person" des öffentlichen oder privaten Rechts umgesetzt.[74] Beide Begriffe sind nicht identisch. Vielmehr ist der Begriff der Rechtspersönlichkeit weiter, da dieser auch die rechtsfähige Personengesellschaft erfasst (§ 14 Abs. 2 BGB), die gerade keine juristische Person ist.[75] Von Bedeutung ist demnach allein die Frage, ob die Einrichtung in der Lage ist, Rechte nach außen im eigenen Namen wahrzunehmen und gleichermaßen Aufträge selbstständig erteilen kann.[76]

42 Juristische Personen des **öffentlichen** und des **privaten Rechts** unterscheiden sich durch ihre Entstehung. Während Erstere auf einem staatlichen Hoheitsakt beruhen, sind Letztere regelmäßig auf einen privatrechtlichen Gründungsakt zurückzuführen.[77] Die Form der Errichtung durch formelles Gesetz, verwaltungsrechtliche Vorschriften oder andere Errichtungsakte ist unerheblich.[78]

43 Nicht von § 99 Nr. 2 GWB erfasst sind **natürliche Personen**, auch wenn diese zur öffentlichen Aufgabenerfüllung etwa als Vertreter ermächtigt sind[79] oder sich an einer Gesamtausschreibung öffentlicher Auftraggeber mit einem eigenen Los beteiligen.[80]

a) Juristische Personen des öffentlichen Rechts

44 Neben den Gebietskörperschaften zählen zu den **juristischen Personen des öffentlichen Rechts** die Träger der mittelbaren Staatsverwaltung, d.h. Körperschaften, Anstalten – soweit ihnen Außenrechtsfähigkeit zukommt[81] – und Stiftungen des öffentlichen Rechts[82]. Unter Anstalten sind organisatorische Zusammenfassungen sachlicher und personeller Mittel zu verstehen, die vom sonstigen Behördenaufbau losgelöst und einem bestimmten Nutzungszweck gewidmet sind.[83] Als Körperschaften bezeichnet man gemeinschaftlich strukturierte juristische Personen. § 99 Nr. 2 GWB bezieht sich nicht auf die Gebietskörperschaften, da diese bereits unter § 99 Nr. 1 GWB fallen.[84] Unter Stiftungen des öffentlichen Rechts sind Vermögensbestände zu fassen, die mit eigener Rechtspersönlichkeit ausgestattet sind und einem bestimmten Stiftungszweck dienen.

45 Eine nicht abschließende Aufzählung verschiedener Kategorien juristischer Personen des öffentlichen Rechts fand sich vormals in **Anhang III RL 2004/18/EG**. Dazu zählten etwa Einrichtungen wie Hochschulen, Kammern, Wirtschaftsvereinigungen, Sozialversicherungen, Versorgungsanstalten, Kultur-, Wohlfahrts- und Hilfsstiftungen sowie Genossenschaften. Mit der

---

72 OLG Naumburg, Urteil v. 17.3.2005 – 1 Verg 3/05, Leitsatz.
73 *Dörr*, in: Burgi/Dreher, Vergaberecht, § 99 GWB Rn. 15.
74 *Dreher*, in: Immenga/Mestmäcker, Wettbewerbsrecht, § 99 GWB Rn. 9.
75 Kritisch zur in diesem Kontext auch verwendeten Rechtsfigur der Teilrechtsfähigkeit; *Krampen-Lietzke*, BRNotZ 2013, 575 (578 f.); *Schmidt*, in: Schmidt, Münchener Kommentar zum HGB, § 105 Rn. 7; *Ulmer*, ZIP 2001, 585 (588).
76 *Ziekow*, in: Ziekow/Völlink, Vergaberecht, § 99 GWB Rn. 38.
77 *Schöpflin*, in: Bamberger/Roth, BGB, § 21 Rn. 4.
78 EuGH, Urteil v. 10.11.1998 – Rs. C-360/96 (BFI Holding), Rn. 59 und 63.
79 *Bungenberg/Schelhaas*, in: Gabriel/Mertens/Prieß/Stein, Vergaberecht, § 99 GWB Rn. 25; *Reider*, in: Säcker, Wettbewerbsrecht, § 99 GWB Rn. 25.
80 VK Sachsen, Beschluss v. 16.11.2006 – 1/SVK/97/06.
81 Anderenfalls sind sie „Sondervermögen" i.S.d. § 99 Nr. 1 GWB; *Pünder*, in: Pünder/Schellenberg, Vergaberecht, § 99 GWB Rn. 20.
82 VK Niedersachsen, Beschluss v. 25.2.2011 – VgK-70/2010 und VgK-72/2010 (Stiftung des öffentlichen Rechts nach § 55 Niedersächsisches HochschulG).
83 *Leuschner*, in: Säcker/Rixecker/Oetker/Limperg, BGB, § 89 Rn. 11.
84 *Pünder*, in: Pünder/Schellenberg, Vergaberecht, § 99 GWB Rn. 16.

Vergaberechtsnovelle ist Anhang III entfallen. Die Auflistung einer Vergabestelle in dem Verzeichnis entbehrte eine Einzelfallprüfung der Auftraggebereigenschaft ohnehin nicht.[85] Ihr kam lediglich eine Indizwirkung zu.[86] Künftig bedarf es daher auch weiterhin einer Prüfung der materiellen Kriterien im konkreten Einzelfall.[87]

46 Von praxisrechtlicher Bedeutung im Rahmen des § 99 Nr. 2 GWB sind Kommunalunternehmen in der Rechtsform der **Anstalt des öffentlichen Rechts**.[88] Zu den rechtsfähigen Anstalten zählen darüber hinaus auch die öffentlichen Rundfunkanstalten.[89]

47 **Religionsgemeinschaften** sind als Körperschaften des öffentlichen Rechts organisiert. Sie stellen insofern eine juristische Person des öffentlichen Rechts dar. Kirchen sind gleichwohl nicht vom Vergaberecht verpflichtet. Sie sind, anders als gewöhnliche juristische Personen des öffentlichen Rechts, nicht in den Staat eingegliedert.[90]

b) Juristische Personen des privaten Rechts

48 Im Hinblick auf den in der RL 2014/24/EU enthaltenen Wortlaut der Einrichtungen des öffentlichen Rechts erfasst § 99 Nr. 2 GWB auch **juristische Personen des privaten Rechts**. Bei den juristischen Personen des Privatrechts handelt es sich etwa um Aktiengesellschaften, Gesellschaften mit beschränkter Haftung, Genossenschaften und eingetragene Vereine.[91]

49 Nicht zu den juristischen Personen des Privatrechts zählen die **Handelsgesellschaften** wie OHG, KG und Mischformen wie die GmbH & Co. KG. Im Hinblick auf den Sinn und Zweck der RL 2014/24/EU und unter Berücksichtigung der funktionalen Auslegung des Auftraggeberbegriffs, alle dem Staat zurechenbare Rechtsträger zu erfassen, muss der Begriff der juristischen Person des Privatrechts weit ausgelegt werden.[92] Die Unterscheidung zwischen juristischen Personen und anderen Rechtsträgern ist eine Besonderheit des deutschen Rechts. Der Begriff der juristischen Person muss dahin gehend verstanden werden, dass auch eine „Teilrechtsfähigkeit"[93] bzw. eine „rechtsfähige Personengesellschaft" nach § 14 Abs. 2 BGB genügt, andernfalls wäre eine einheitliche Auslegung des Unionsrechts gefährdet.[94] Für die Erfüllung des Merkmals der „juristischen Person" nach § 99 Nr. 2 GWB reicht es demzufolge aus, wenn der Rechtsträger in der Lage ist, Rechte und Pflichten zu begründen.

50 Auch **Personengesellschaften** können unter ihrer Firma Rechte und Verbindlichkeiten eingehen (§§ 124 Abs. 2, 161 Abs. 2 HGB). Diese ist eine Gesamthand mit der Fähigkeit selbstständiger Rechtsträgerschaft.[95] Um einer Umgehung des Vergaberechts entgegenzuwirken, sind entgegen des Wortlauts des GWB insofern auch Gesellschaftsformen wie die KG, GmbH & Co. KG etc. von dem Begriff der juristischen Person umfasst.[96] Häufig bedienen sich die klassischen öffentlichen Auftraggeber gerade solcher Rechtsformen zur Übertragung öffentlicher Aufgaben. In Anlehnung daran sind **Vor-** und **Gründungsgesellschaften** Adressa-

---

85 EuGH, Urteil v. 12.9.2013 – Rs. C-526/11 (Ärztekammer Westfalen-Lippe), Rn. 18.

86 EuGH, Urteil v. 11.6.2009 – Rs. C-300/07 (Oymanns), Rn. 45; KG, Beschluss v. 11.11.2004 – 2 Verg 16/04, Rn. 21; BayObLG, Beschluss v. 24.5.2004 – Verg 6/04, Rn. 20; *Dörr*, in: Burgi/Dreher, Vergaberecht, § 99 GWB Rn. 18.

87 Zu bisher diskutierten Einzelfällen der öffentlichen Auftraggebereigenschaft *Werner*, in: Byok/Jaeger, Vergaberecht, § 99 GWB Rn. 114.

88 Zur landesrechtlichen Ausgestaltung der Kommunalunternehmen als Anstalt des öffentlichen Rechts im Überblick *Schröder*, NZBau 2003, 596 ff.

89 *Pünder*, in: Pünder/Schellenberg, Vergaberecht, § 99 GWB Rn. 17.

90 OLG Celle, Beschluss v. 25.8.2011 – 13 Verg 5/11; OVG Koblenz, Beschluss v. 23.2.2006 – 2 E 10208/06; VK Ansbach, Beschluss v. 24.7.2001 – 320 BK 2194-21/01; *Pünder*, in: Pünder/Schellenberg, Vergaberecht, § 99 GWB Rn. 29.

91 Zum eingetragenen Verein VK Brandenburg, Beschluss v. 28.3.2008 – VK 6/08; Beschluss v. 7.4.2008 – VK 7/08.

92 So auch *Pünder*, in: Pünder/Schellenberg, Vergaberecht, § 99 GWB Rn. 20.

93 Der Begriff der „Teilrechtsfähigkeit" wird missverständlich verwendet; *Wertenbruch*, in: Ebenroth/Boujong/Joost/Strohn, HGB, § 105 Rn. 13.

94 *Dreher*, in: Immenga/Mestmäcker, Wettbewerbsrecht, § 99 GWB Rn. 31.

95 *Roth*, in: Baumbach/Hopt, HGB, § 124 Rn. 1.

96 Vgl. OLG Bremen, Beschluss v. 24.5.2006 – Verg 1/2006, Rn. 80 für eine GmbH & Co. KG; VK Münster, Beschluss v. 24.6.2002 – K 03/02; *Werner*, in: Byok/Jaeger, Vergaberecht, § 99 GWB Rn. 36; *Masing*, in: Reidt/Stickler/Glahs, Vergaberecht, § 99 GWB Rn. 20.

ten des Vergaberechts.[97] Auf sie findet grundsätzlich das Recht der später eingetragenen Gesellschaft Anwendung.[98] Sie können bereits Träger von Rechten und Pflichten sein.[99] Ebenso können **gemischt-wirtschaftliche Unternehmen** als öffentliche Auftraggeber nach § 99 Nr. 2 GWB eingestuft werden.[100] Nachdem der BGH die „Rechtsfähigkeit" der Gesellschaft bürgerlichen Rechts anerkannt hat,[101] kann auch diese öffentlicher Auftraggeber i.S.d. § 99 Nr. 2 GWB sein.[102] Insofern kommt es auf die konkrete Rechtsform nicht an. Auch in einem anderen EU-Mitgliedstaat gegründete Gesellschaften, deren Rechtsfähigkeit in Deutschland anerkannt werden muss, können daher als Auftraggeber erfasst werden.[103]

2. Besonderer Organisationszweck

Nach § 99 Nr. 2 GWB, welcher auf Art. 2 Nr. 4 lit. a RL 2014/24/EU basiert, bedarf es zusätzlich **51** zu dem Merkmal der Rechtspersönlichkeit auch der Gründung der juristischen Person zu dem Zweck, eine im Allgemeininteresse liegende Aufgabe nichtgewerblicher Art wahrzunehmen.

a) Besonderer Gründungszweck

Ebenso wie das Merkmal der juristischen Person ist das Vorliegen eines besonderen Grün- **52** dungszwecks nach dem funktionalen Verständnis des Auftraggeberbegriffs weit auszulegen.[104] Die Errichtung des Unternehmens ist also mit der betreffenden Aufgabenerfüllung verknüpft.[105] Diese objektive Ausrichtung auf eine bestimmte Tätigkeit und eine bestimmte Wettbewerbsform erfordert die objektiv nachweisbare Festlegung und Übernahme der Tätigkeiten. Der **Gründungszweck** ist daher auf der Grundlage ausdrücklicher Festlegungen zu folgern, die sich aus einem Gründungsvertrag, einer Satzung, einer Verwaltungsrichtlinie, einem Verwaltungsakt oder einem Gesetz ergeben können.[106]

Unter Berücksichtigung einer weiten Auslegung des Tatbestandsmerkmals ist auch eine fakti- **53** sche bzw. **tatsächliche Übernahme** ausreichend, sofern diese feststellbar ist.[107] Würde allein eine objektiv nachweisbare Festlegung des Gründungszwecks genügen, bestünde die Gefahr einer Umgehung des Vergaberechts. Es kann jedoch für die Anwendung dessen gerade nicht darauf ankommen, ob der Gründungszweck in dem Errichtungsgesetz, der Satzung oder dem Gesellschaftsvertrag festgelegt wird oder das Unternehmen den Organisationszweck nur tatsächlich ausführt.[108]

Aus diesem Grund kann die Zwecksetzung auch **nachträglich** erfolgen.[109] Die Auftraggeber- **54** eigenschaft kann dadurch begründet werden, dass das Unternehmen eine Zeit nach seiner Gründung ihren Organisationszweck ändert und eine Gemeinwohlaufgabe wahrnimmt. Dies gilt selbst dann, wenn die ursprüngliche Grundlage der Gründung nicht an den neuen Zweck angepasst wird.[110] Ein Vergleich der verschiedenen Sprachfassungen der RL 2014/24/EU er-

97 *Werner*, in: Byok/Jaeger, Vergaberecht, § 99 GWB Rn. 34; *Reider*, in: Säcker, Wettbewerbsrecht, § 99 GWB Rn. 12; *Wieddekind*, in: Willenbruch/Wieddekind, Vergaberecht, § 99 GWB Rn. 14.
98 Vgl. BGH, Beschluss v. 16.3.2002 – II ZB 17/91, Rn. 4; Urteil v. 29.10.1992 – I ZR 264/90, Rn. 16 f.
99 Vgl. *Altmeppen*, in: Altmeppen, GmbHG, § 11 Rn. 39; *Schäfer*, in: Henssler/Strohn, Gesellschaftsrecht, § 11 GmbHG Rn. 7.
100 OLG Düsseldorf, Beschluss v. 30.4.2003 – VII-Verg 67/02; das OLG Düsseldorf, Beschluss v. 19.6.2013 – VII-Verg 55/12, ordnete auch eine zur Ausführung eines öffentlich ausgeschriebenen ÖPP-Projekts vom privaten Partner gegründete Projektgesellschaft als öffentlichen Auftraggeber nach § 98 Nr. 2 GWB a.F. ein; kritisch und im Ergebnis ablehnend *Roth*, NZBau 2013, 685 ff.
101 BGH, Urteil v. 29.1.2001 – II ZR 331/00.
102 OLG Celle, Beschluss v. 14.9.2006 – 13 Verg 3/06; OLG Düsseldorf, Beschluss v. 6.7.2005 – VII-Verg 22/05, Rn. 17; VK Bremen, Beschluss v. 20.6.2012 – 16 VK 1/12, Rn. 72.
103 *Dörr*, in: Burgi/Dreher, Vergaberecht, § 99 GWB Rn. 22.
104 *Bungenberg/Schelhaas*, in: Gabriel/Mertens/Prieß/Stein, Vergaberecht, § 99 GWB Rn. 45.
105 *Dörr*, in: Burgi/Dreher, Vergaberecht, § 99 GWB Rn. 29.
106 *Masing*, in: Reidt/Stickler/Glahs, Vergaberecht, § 99 GWB Rn. 25; *Dietlein*, NZBau 2002, 136 (138).
107 EuGH, Urteil v. 12.12.2002 – Rs. C-470/99 (Universale-Bau), Rn. 63; OLG Düsseldorf, Beschluss v. 9.4.2003 – VII-Verg 66/02, Rn. 11; a.A. *Dietlein*, NZBau 2002, 136 (138).
108 Vgl. VK Bund, Beschluss v. 21.1.2004 – VK 2 - 126/03, Rn. 63, im Hinblick auf die tatsächliche Wahrnehmung von Gemeinwohlaufgaben durch die Deutsche Bahn.
109 VK Bund, Beschluss v. 8.6.2006 – Verg 2-114/05, Rn. 36; *Werner*, in: Byok/Jaeger, Vergaberecht, § 99 GWB Rn. 41; *Weyand*, Vergaberecht, § 98 GWB Rn. 44.
110 EuGH, Urteil v. 12.12.2002 – Rs. C-470/99 (Universale-Bau), Rn. 57.

gibt, dass die inhaltliche Ausgestaltung des Rechtsträgers nicht an einen bestimmten Zeitpunkt anknüpft.[111] Gleichbedeutend mit einer „Gründung" bzw. Errichtung eines Unternehmens ist damit auch die Übernahme durch einen Mehrheitsgesellschafter, eine Umfirmierung sowie der Beschluss eines neuen Gesellschaftsvertrages.[112]

55 Unerheblich ist es für das Vorliegen der Auftraggebereigenschaft, wenn der öffentliche Auftraggeber im Nachhinein **auch gewerbliche Tätigkeiten** wahrnimmt, sofern daneben weiterhin auch im Allgemeininteresse liegende Aufgaben erbracht werden.[113] Dies gilt selbst dann, wenn die gemeinwohlorientierten Tätigkeiten nur zu einem geringen Teil bestehen bleiben.[114] Sobald im Allgemeininteresse liegende Tätigkeiten wahrgenommen werden, wird die Einrichtung „infiziert".[115] Für die Auftraggebereigenschaft spielt es keine Rolle, ob die in Rede stehende Tätigkeit in einem nicht gemeinwohlorientierten Geschäftsfeld vollzogen wird. Auch die nur teilweise Wahrnehmung von gemeinwohlorientierten Tätigkeiten genügt.[116] Einer solchen Infektion kann der Auftraggeber nur entgegenwirken, wenn er die Wahrnehmung der Aufgaben rechtlich verselbstständigt und diese von selbstständigen Tochterunternehmen oder sonstigen verbundenen Unternehmen erbracht werden.[117] Die Eigenschaft einer juristischen Person färbt mithin nicht auf die anderen juristischen Personen ab.[118] Beschränkt sich die Trennung der Aufgabenerfüllung auf den rein internen Bereich, genügt dies jedoch nicht.[119] In Bezug auf den Umfang der Aufgabenwahrnehmung ist eine gewisse *„Bagatellgrenze"*[120] bzw. *„Spürbarkeit"* der Marktverhältnisse[121] zu verlangen.[122] Anderenfalls käme es zu einer übermäßigen Konzern- und Holdingbildung.

56 Problematischer ist der Fall zu behandeln, in dem eine gemeinwohlorientierte Zwecksetzung ausdrücklich erfolgt ist, das Unternehmen jedoch tatsächlich nur **Aufgaben aus anderen Zwecken** erbringt oder der **Gründungszweck nachträglich wegfällt**. Der aufgrund des funktionalen Begriffsverständnisses einzuordnende öffentliche Auftraggeber wird also rein gewerblich tätig. Nach strikter Anwendung der Rechtsprechung des EuGH, die auf die tatsächliche Tätigkeit abstellt, käme es zu einem Wegfall der Auftraggebereigenschaft. Dagegen spricht jedoch der Aspekt der Rechtssicherheit.[123] Ohne jegliche Dokumentation und Kenntnis von Außenstehenden könnte der öffentliche Auftraggeber den im Allgemeininteresse liegenden Zweck nach Belieben aufgeben und unter Umgehung des Vergaberechts wieder aufnehmen. Das Vorliegen eines gemeinwohlorientierten Gründungszwecks ist daher rein formal zu betrachten.[124] Der ursprünglich festgelegte Gründungszweck wird dem Unternehmen zugerechnet.[125] Entscheidend ist der objektiv niedergelegte Zweck in den Rechtsquellen der Errich-

---

111 *Dörr*, in: Burgi/Dreher, Vergaberecht, § 99 GWB Rn. 42, in Bezug auf die RL 2004/18/EG. Für die RL 2014/24/EU gilt mangels textueller Änderungen in Art. 2 Nr. 4 RL 2014/24/EU das Gleiche.

112 VÜA Bund, Beschluss v. 17.11.1998 – 1 VÜ 15/98.

113 *Dörr*, in: Burgi/Dreher, Vergaberecht, § 99 GWB Rn. 42; *Werner*, in: Byok/Jaeger, Vergaberecht, § 99 GWB Rn. 43; *Pünder*, in: Pünder/Schellenberg, Vergaberecht, § 99 GWB Rn. 25.

114 EuGH, Urteil v. 10.4.2008 – Rs. C-393/06 (Fernwärme Wien), Rn. 47; Urteil v. 12.12.2002 – Rs. C-470/99 (Universale-Bau), Rn. 54 f.; Urteil v. 10.11.1998 – Rs. C-360/96 (BFI Holding), Rn. 55; Urteil v. 15.1.1998 – Rs. C-44/96 (Mannesmann Anlagenbau Austria), Rn. 25; OLG Dresden, Urteil v. 9.3.2004 – 20 U 1544/03 (Stadtreinigung); OLG Düsseldorf, Beschluss v. 30.4.2003 – VII-Verg 67/02 (Bekleidungsmanagement der Bundeswehr); VK Westfalen, Beschluss v. 28.10.2016 – VK 1-33/16 Rn. 93; *Zeiss*, in: Heiermann/Zeiss/Summa, Vergaberecht, § 99 GWB Rn. 39; *Dietlein*, NZBau 2002, 136 (138).

115 *Pünder*, in: Pünder/Schellenberg, Vergaberecht, § 99 GWB Rn. 25.

116 EuGH, Urteil v. 15.1.1998 – Rs. C-44/96 (Mannesmann Anlagenbau), Rn. 25; *Werner*, in: Byok/Jaeger, Vergaberecht, § 99 GWB Rn. 44; *Crass*, Der öffentliche Auftraggeber, S. 78.

117 EuGH, Urteil v. 10.11.1998 – Rs. C-360/96 (BFI Holding), Rn. 56; *Dreher*, in: Immenga/Mestmäcker, Wettbewerbsrecht, § 99 GWB Rn. 38; *Pünder*, in: Pünder/Schellenberg, Vergaberecht, § 99 GWB Rn. 38.

118 VK Thüringen, Beschluss v. 7.2.2019 – 250-4003-262/2019-E-001-EIC, Rn. 64.

119 EuGH, Urteil v. 10.4.2008 – Rs. C-393/06 (Fernwärme Wien), Rn. 49 ff.

120 *Pünder*, in: Pünder/Schellenberg, Vergaberecht, § 99 GWB Rn. 25.

121 *Werner*, in: Byok/Jaeger, Vergaberecht, § 99 GWB Rn. 45; *Crass*, Der öffentliche Auftraggeber, S. 78.

122 Kritisch *Masing*, in: Reidt/Stickler/Glahs, Vergaberecht, § 99 GWB Rn. 29.

123 *Dreher*, in: Immenga/Mestmäcker, Wettbewerbsrecht, § 99 GWB Rn. 37.

124 Vgl. auch KG, Beschluss v. 6.2.2003 – 2 Verg 1/03; *Werner*, in: Byok/Jaeger, Vergaberecht, § 99 GWB Rn. 41; *Crass*, Der öffentliche Auftraggeber, S. 77; a.A. *Pünder*, in: Pünder/Schellenberg, Vergaberecht, § 99 GWB Rn. 26; *Reider*, in: Säcker, Wettbewerbsrecht, § 99 GWB Rn. 17.

125 *Werner*, in: Byok/Jaeger, Vergaberecht, § 99 GWB Rn. 40.

tung, zumal dieser nach wie vor wahrgenommen werden kann.[126] Dem gemeinwohlorientierten Zweck kann sich das Unternehmen ohne weiteres durch förmliche Änderung etwa in der Satzung oder im Handelsregister entledigen.[127]

b) Erfüllung im Allgemeininteresse liegender Aufgaben

Der ursprünglich aus der Baukoordinierungsrichtlinie stammende **Begriff** der im Allgemeininteresse liegenden Aufgabe stellt einen autonomen Rechtsbegriff des Unionsrechts dar und findet sich in Art. 2 Nr. 4 lit. a RL 2014/24/EU sowie § 99 Nr. 2 GWB.[128] Entsprechend der Ziele der RL 2014/24/EU, Wettbewerb zwischen den Mitgliedstaaten zu gewährleisten und Transparenz zu schaffen, ist der Begriff weit auszulegen.[129] Eine allgemeingültige Definition trifft die RL 2014/14/EU gleichwohl nicht.[130] Es handelt sich vielmehr – mitunter aufgrund des unterschiedlichen Verständnisses der Mitgliedstaaten – um einen schillernden und schwer greifbaren Begriff.[131] 57

Unter Anwendung systematischer Überlegungen sind Tätigkeiten erfasst, die über private oder Einzelinteressen hinausgehen und der **Befriedigung kollektiver Bedürfnisse** dienen.[132] Juristische Personen des öffentlichen Rechts werden zur Erfüllung von Gemeinwohlbelangen gegründet und nehmen daher per definitionem im Allgemeininteresse liegende Aufgaben wahr.[133] Wenn Gebietskörperschaften privatwirtschaftlich tätig werden, kann auch das Kommunalrecht eine Rolle spielen.[134] Eine Vielzahl von Kommunal- und Gemeindeordnungen knüpft die Gründung wirtschaftlich geprägter Unternehmen an die Voraussetzung des Vorliegens eines öffentlichen Zwecks,[135] sodass diese Voraussetzungen auch noch zu prüfen sind. 58

Die Bestimmung, welche Tätigkeiten im **Einzelfall** als im Allgemeininteresse liegend angesehen werden, bereitet als wohl umstrittenstes Tatbestandsmerkmal Schwierigkeiten.[136] Wie im Rahmen des Art. 106 Abs. 2 AEUV erschweren auch mitgliedstaatliche Traditionen und Gegebenheiten eine allgemeingültige Definition. Die Bestimmung dessen, was unter das Allgemeininteresse fällt, liegt nach dem Prinzip der begrenzten Einzelermächtigung in den Grenzen der Berücksichtigung unionsrechtlicher Vorgaben bei jedem Mitgliedstaat selbst.[137] Etwas anderes gilt freilich für die durch Unionsrecht harmonisierten Bereiche. Insofern spielen auch im Rahmen des § 99 Nr. 2 GWB nicht selten politische Entscheidungen der Mitgliedstaaten eine Rolle.[138] Dies bestätigt auch die umfangreiche Spruchpraxis. Anders als im Rahmen des Art. 106 Abs. 2 AEUV weist der EuGH nicht darauf hin, dass die Entscheidung darüber, ob eine Tätigkeit eine Dienstleistung von allgemeinem wirtschaftlichem Interesse darstellt, dem mitgliedstaatlichen Gericht vorbehalten sei.[139] Vielmehr befindet der EuGH in dem Urteil 59

126 A.A. *Masing*, in: Reidt/Stickler/Glahs, Vergaberecht, § 99 GWB Rn. 27.
127 Vgl. KG, Beschluss v. 6.2.2003 – 2 Verg 1/03; *Dörr*, in: Burgi/Dreher, Vergaberecht, § 99 GWB Rn. 44.
128 EuGH, Urteil v. 27.2.2003 – Rs. C-373/00 (Adolf Truley), Rn. 45; *Reider*, in: Säcker, Wettbewerbsrecht, § 99 GWB Rn. 15.
129 OLG Brandenburg, Beschluss v. 6.12.2016 – 6 Verg 4/16, Rn. 45; *Bungenberg/Schelhaas*, in: Gabriel/Mertens/Stein/Prieß, Vergaberecht, § 99 GWB Rn. 50; *Dreher*, in: Immenga/Mestmäcker, Wettbewerbsrecht, § 99 GWB Rn. 42.
130 Umfassende Beispiele, in denen das Allgemeininteresse von der Rechtsprechung bejaht wurde, finden sich bei *Weyand*, Vergaberecht, § 98 GWB Rn. 50; *Wieddekind*, in: Willenbruch/Wieddekind, Vergaberecht, § 99 GWB Rn. 22 ff.
131 *Dietlein*, NZBau 2002, 136 (138); *Pietzecker*, ZHR 162 (1998), 437 (445).
132 *Bungenberg/Schelhaas*, in: Gabriel/Mertens/Prieß/Stein, Vergaberecht, § 99 GWB Rn. 52; *Pünder*, in: Pünder/Schellenberg, Vergaberecht, § 99 GWB Rn. 27 f.; *Wieddekind*, in: Willenbruch/Wieddekind, Vergaberecht, § 99 GWB Rn. 20.
133 *Heise*, LKV 1999, 210 (211).
134 *Werner*, in: Byok/Jaeger, Vergaberecht, § 99 GWB Rn. 53.
135 Vgl. § 102 Abs. 1 Nr. 1 bis 3 GO BW; Art. 87 Abs. 1 S. 1 Nr. 1, 2 und 4 BayGO; § 91 Abs. 2 Nr. 1 und 2, Abs. 3 S. 1 BbgKVerf; § 121 Abs. 1 S. 1 Nr. 1 bis 3 HGO; § 68 Abs. 2 S. 1 Nr. 1 bis 3 KV MV; § 136 Abs. 1 S. 2 Nr. 1 bis 3 NKomVG; § 107 Abs. 1 S. 1 Nr. 1 bis 3 GO NRW; § 85 Abs. 1 S. 1 Nr. 1 bis 3 GO RP; § 108 Abs. 1 Nr. 1 bis 3 SaarlKSVG; § 94a Abs. 1 S. 1 Nr. 1 bis 3 SächsGO; § 128 Abs. 1 S. 1 Nr. 1 bis 3 KVG LSA; § 101 Abs. 1 Nr. 1 bis 3 GO SH; § 71 Abs. 2 Nr. 1, 2 sowie 4 ThürKO.
136 *Werner*, in: Byok/Jaeger, Vergaberecht, § 99 GWB Rn. 59; *Schlette*, EuR 2000, 119.
137 *Dietrich*, Dienstleistungen von allgemeinem wirtschaftlichem Interesse, S. 166 f.
138 Vgl. *Pünder*, in: Pünder/Schellenberg, Vergaberecht, § 99 GWB Rn. 27 f.; *Dietlein*, NZBau 2002, 136 (139).
139 EuGH, Urteil v. 19.5.1993 – Rs. C-320/91 (Corbeau), Rn. 19 f.

„Agorà" in Bezug auf Messeveranstaltungen und im Urteil „BFI-Holding" hinsichtlich der Behandlung von Haushaltsabfällen selbst über das Vorliegen einer „unbestreitbar" im Allgemeininteresse liegenden Aufgabe.[140] Ebenso erkennt er die Beheizung eines städtischen Ballungsgebiets mittels eines umweltfreundlichen Verfahrens und die Aufgaben der gesetzlichen Krankenkassen als im Allgemeininteresse liegende Tätigkeiten an.[141] Im Bereich des Vergaberechts sieht der EuGH sich also – zumindest auch – selbst für die Bestimmung des Allgemeininteresses zuständig.[142]

60 Nach dem **EuGH** geht es bei den im Allgemeininteresse liegenden Aufgaben um solche, die *„eng mit der öffentlichen Ordnung und dem institutionellen Funktionieren des Staates verknüpft sind"* und eine *„Versorgungsgarantie"* verlangen.[143] Erfasst sind Tätigkeiten, die der Staat *„aus Gründen des Allgemeininteresses selbst erfüllen oder bei denen er einen entscheidenden Einfluss behalten möchte"*.[144] Dies sind im Allgemeinen Aufgaben, die *„auf andere Art als durch das Anbieten von Waren oder Dienstleistungen auf dem Markt erfüllt werden"*.[145] Dazu zählen – ähnlich wie bei Art. 106 Abs. 2 AEUV – insbesondere Aufgaben, die auch dann erfüllt werden müssen, wenn deren Erbringung unwirtschaftlich ist. Von der individuellen Aufgabenerfüllung grenzen sie sich auch durch ihre Zweckverfolgung ab, *„nicht nur im Interesse dieses [bestimmten] Personenkreises"* zu stehen, sondern überdies Kollektivinteressen zu verfolgen.[146] Es geht um Aufgaben, für deren Erfüllung der Staat eine besondere Pflicht und bei Privaten eine Gewährleistungsverantwortung trägt, auch wenn deren Ausführung aus wirtschaftlichen Gesichtspunkten unrentabel ist.[147] Es genügt, wenn zumindest ein Teil des „Ob" und des „Wie" der Aufgabenerfüllung im Verantwortungsbereich des Staates liegt.[148] Die Pflicht zur Aufgabenerfüllung kann sich aus der Verfassung, insbesondere aus Grund- und Schutzpflichten ergeben.[149] Nach diesen Erwägungen ist auf im Allgemeininteresse liegende Aufgaben zu schließen, wenn diese auf eine rechtliche Entscheidung des Gemeinwesens zurückzuführen sind.[150] Durch Gesetze wie etwa das Kreislaufwirtschaftsgesetz, das Rundfunkgesetz, die Gemeindeordnungen etc. wird dieser Wille nach außen getragen.

61 Für **juristische Personen des öffentlichen Rechts** besteht aufgrund ihres Gründungszwecks und der Anforderungen des Grundgesetzes, der Landesverfassungen, des Haushaltsrechts sowie der Gemeindeordnungen[151] bereits eine Vermutung, dass sie gemeinwohlbezogene Tätigkeiten erfüllen.[152] Genuin staatliche Aufgaben liegen damit im Allgemeininteresse.[153] Eine solche Vermutung gilt auch für Private, wenn der Staat ihnen zur Überwindung des Wettbewerbs- und Gleichheitsprinzips Sonderrechte einräumt.[154] Die Einräumung dieses Sonderstatus kann nur gerechtfertigt werden, wenn diese zur Erbringung von gemeinwohlbezogenen Tätigkeiten erforderlich ist.

---

140 EuGH, Urteil v. 10.5.2011 – Rs. C-223/99 (Agorà und Excelsior), Rn. 33; Urteil v. 10.11.1998 – Rs. C-360/96 (BFI Holding), Rn. 52.

141 EuGH, Urteil v. 11.6.2009 – Rs. C-300/07 (Oymanns), Rn. 49; Urteil v. 10.4.2008 – Rs. C-393/06 (Fernwärme Wien), Rn. 39.

142 *Dreher*, in: Immenga/Mestmäcker, Wettbewerbsrecht, § 99 GWB Rn. 40.

143 EuGH, Urteil v. 15.1.1998 – Rs. C-44/96 (Mannesmann Anlagenbau), Rn. 24.

144 EuGH, Urteil v. 10.5.2011 – Rs. C-223/99 (Agorà und Excelsior), Rn. 37; Urteil v. 27.2.2003 – Rs. C-373/00 (Adolf Truley), Rn. 50; Urteil v. 10.11.1998 – Rs. C-360/96 (BFI Holding), Rn. 51.

145 EuGH, Urteil v. 10.5.2011 – Rs. C-223/99 (Agorà und Excelsior), Rn. 37; Urteil v. 27.2.2003 – Rs. C-373/00 (Adolf Truley) Rn. 50.

146 EuGH, Urteil v. 10.5.2011 – Rs. C-223/99 (Agorà und Excelsior), Rn. 33 f.; *Masing*, in: Reidt/Stickler/Glahs, Vergaberecht, § 99 GWB Rn. 33.

147 VK Münster, Beschluss v. 22.6.2002 – VK 03/02; *Ziekow*, NZBau 2004, 181 (182).

148 Vgl. BayObLG, Beschluss v. 10.9.2002 – Verg 23/02, Rn. 8.

149 *Pünder*, in: Pünder/Schellenberg, Vergaberecht, § 99 GWB Rn. 27.

150 *Dietlein*, NZBau 2002, 136 (139).

151 *Werner*, in: Byok/Jaeger, Vergaberecht, § 99 GWB Rn. 51; *Pünder*, in: Pünder/Schellenberg, Vergaberecht, § 99 GWB Rn. 28.

152 So schon VÜA Bund, Beschluss v. 12.4.1995 – 1 VÜ 1/95; BayObLG, Beschluss v. 10.9.2002 – Verg 23/02; Beschluss v. 21.10.2004, Verg 17/04, Rn. 12; sowie etwa *Wieddekind*, in: Willenbruch/Wieddekind, Vergaberecht, § 99 GWB Rn. 20; *Puhl*, Grundfragen des kartellvergaberechtlichen Auftraggeberbegriffs, S. 64 f.; *Dreher*, DB 1998, 2579 (2582).

153 *Werner*, in: Byok/Jaeger, Vergaberecht, § 99 GWB Rn. 54; *Weyand*, Vergaberecht, § 98 GWB Rn. 46.

154 *Dreher*, in: Immenga/Mestmäcker, Wettbewerbsrecht, § 99 GWB Rn. 49.

Ohne Bedeutung für die Frage, ob eine Tätigkeit in der Erfüllung im Allgemeininteresse liegender Aufgaben liegt, ist das Vorliegen **weiterer Motive** oder Beweggründe auf Seiten des Auftraggebers. Selbst utilitaristische Motive wie Gewinnstreben werden, wenn überhaupt, erst im Rahmen des Tatbestandsmerkmals der Nichtgewerblichkeit geprüft.[155] 62

Kriterien für die Einordnung einer im Allgemeininteresse liegenden Aufgabe können daher sein, wenn: 63

- die Einrichtung hoheitlich handelt,
- die Einrichtung Aufgaben der Daseinsvorsorge erfüllt,
- es um Aufgaben geht, die über Privatinteressen hinausgehen,
- die Aufgabe eng mit dem institutionellen Funktionieren des Staates und der öffentlichen Ordnung verknüpft ist,
- mit den Aufgaben Belange des Staates wahrgenommen werden oder
- der Staat sich bei der Aufgabenerfüllung eine Einflussnahme vorbehalten will.[156]

Die Erbringung einer im Allgemeininteresse liegenden Aufgabe ist für jedes selbstständige **Rechtssubjekt** zu prüfen.[157] Die „Infizierungstheorie" findet auf dieses tätigkeitsbezogene Merkmal in Bezug auf ein anderes Rechtssubjekt keine Anwendung.[158] Dies bedeutet, dass ein Unternehmen, das von einem öffentlichen Auftraggeber gegründet wurde, nicht bereits aus diesem Umstand zum öffentlichen Auftraggeber wird. Das Tochter- oder Schwesterunternehmen muss selbst im Allgemeinwohl liegende Aufgaben erfüllen.[159] Letzteres ist zu bejahen, wenn die Muttergesellschaft ihre Pflicht zur Erbringung gemeinwohlbezogener Aufgaben auf die Tochtergesellschaft überträgt. 64

Mangels einer Tätigkeit im Allgemeininteresse stellen öffentlich-rechtliche **Kirchengemeinschaften** keine öffentlichen Auftraggeber im Sinne von § 99 Nr. 2 GWB dar.[160] Ihnen kommt gemäß Art. 140 GG i.V.m. Art. 137 Abs. 3 S. 1 WRV ein erhebliches Selbstbestimmungsrecht zu. Dieses Selbstbestimmungsrecht in Verbindung mit der Religionsfreiheit und der staatskirchenrechtlichen Neutralität verhindert, dass der Staat durch das Vergaberecht Einfluss auf die öffentlich-rechtlichen Religionsgemeinschaften nimmt. Keine andere Bewertung ist angezeigt, weil der Staat die Kirche durch die Kirchensteuer finanziert. Die Kirchensteuer ist eine kirchliche Abgabe, die lediglich durch den Staat eingezogen wird.[161] Ob eine Tätigkeit im nicht originär kirchlichen Bereich, also etwa im Schul-, Gesundheits- oder Sozialwesen von § 99 Nr. 2 GWB umfasst ist, ist umstritten.[162] Für eine Unterwerfung dieser Tätigkeit unter das Vergaberecht kann angeführt werden, die Tätigkeit sei zwar religiös motiviert, diene aber hauptsächlich einem weit verstandenen Allgemeininteresse. Dagegen muss allerdings gesagt werden, dass im Ergebnis wohl alle Handlungen der Religionsgemeinschaften zumindest mittelbar religiös motiviert und damit vom Geltungsbereich des Vergaberechts ausgeschlossen sind. Eine Ausnahme kann demnach nur gemacht werden, wenn ein Beschaffungsvorgang selbst mittelbar evident nicht religiös motiviert ist. 65

---

155 *Ziekow*, in: Ziekow/Völlink, Vergaberecht, § 99 GWB Rn. 58.

156 *Masing*, in: Reidt/Stickler/Glahs, Vergaberecht, § 99 GWB Rn. 33; *Wieddekind*, in: Willenbruch/Wieddekind, Vergaberecht, § 99 GWB Rn. 20.

157 *Dörr*, in: Burgi/Dreher, Vergaberecht, § 99 GWB Rn. 31.

158 *Eschenbruch*, in: Röwekamp/Kus/Portz/Prieß, GWB-Vergaberecht, § 99 Rn. 67.

159 EuGH, Urteil v. 15.1.1998 – Rs. C-44/96 (Mannesmann Anlagenbau), Rn. 39; siehe zur vergaberechtlichen Auftraggebereigenschaft konzernverbundener Unternehmen auch *Ziekow*, NZBau 2004, 181 ff.

160 VK Ansbach, Beschluss v. 30.1.2019 – RMF-SG-21-3194-3-40; VK Niedersachsen, Beschluss v. 25.4.2018 – VgK-07/2018.

161 *Pünder*, in: Pünder/Schellenberg, Vergaberecht, § 99 GWB Rn. 29.

162 Ablehnend *Pünder*, in: Pünder/Schellenberg, Vergaberecht, § 99 GWB Rn. 29; *Wieddekind*, in: Willenbruch/Wieddekind, Vergaberecht, § 99 GWB Rn. 23; zustimmend OLG Brandenburg, Beschluss v. 30.11.2004 – Verg W 10/04; *Dörr*, in: Burgi/Dreher, Vergaberecht, § 99 GWB Rn. 19, 90.

c) Nichtgewerblicher Art

66 Das Merkmal der **Nichtgewerblichkeit** nach § 99 Nr. 2 GWB geht auf Art. 2 Nr. 4 lit. a RL 2014/24/EU zurück. Während der EuGH zunächst das Merkmal „nichtgewerblicher Art" mit demjenigen der „im Allgemeininteresse liegenden Aufgabe" zusammen geprüft hatte, stellte er im Urteil „Korhonen" ausdrücklich fest, dass es sich um selbstständig zu prüfende Tatbestandsmerkmale handelt.[163] Im Gegensatz zum tätigkeitsbezogenen Merkmal der im Allgemeininteresse liegenden Aufgabe ist die Nichtgewerblichkeit objektiv zu bestimmen und bezieht sich auf die Wettbewerbsstellung des Unternehmens im Hinblick auf die gemeinwohlbezogene Aufgabe.[164] Das Merkmal der Nichtgewerblichkeit dient der Präzisierung der im Allgemeininteresse liegenden Aufgabe.[165]

67 Für die Frage der Nichtgewerblichkeit ist eine **Gesamtbetrachtung** anzustellen, im Rahmen derer *„alle erheblichen rechtlichen und tatsächlichen Gesichtspunkte, wie etwa die Umstände, die zur Gründung der betreffenden Einrichtung geführt haben, und die Voraussetzungen, unter denen sie ihre Tätigkeit ausübt, zu berücksichtigen [sind]"*.[166] Die Gesamtbetrachtung ist auf das wirtschaftliche Umfeld, d.h. den Sektor, für den die Gesellschaft gegründet wurde, zu richten.[167] Für die Beurteilung, ob das Unternehmen eine nichtgewerbliche Tätigkeit ausführt, kann es alternativ oder kumulativ auf die drei Kriterien der Gewinnerzielung, des Vorliegens eines entwickelten Wettbewerbs und der Übernahme eines wirtschaftlichen und finanziellen Risikos ankommen.[168] Es handelt sich um eine Einzelfallprüfung, die entsprechend einer teleologisch-europarechtlichen Auslegung des Merkmals der „Nichtgewerblichkeit" durchzuführen ist.[169] Bei der Auslegung des Begriffs ist auch die Frage zu berücksichtigen, ob es sich bei der zu bewertenden Tätigkeit um einen finanz- und investitionsstarken Bereich handelt, welcher für die Bevorzugung regionaler Anbieter prädestiniert ist.[170] In einem solchen Fall muss § 99 Nr. 2 GWB zum Schutz des Wettbewerbs weit ausgelegt werden.[171]

68 Entsprechend dem **Sinn und Zweck** der Vergaberichtlinien soll die Bevorzugung inländischer Unternehmen bei der öffentlichen Auftragsvergabe vermieden und zudem verhindert werden, dass *„eine vom Staat, von Gebietskörperschaften oder sonstigen Einrichtungen des öffentlichen Rechts finanzierte oder kontrollierte Stelle sich von anderen als wirtschaftlichen Überlegungen leiten lässt."*[172] Nur solche Einrichtungen, die sich an Leistungs-, Effizienz- und Wirtschaftlichkeitskriterien nicht orientieren, gefährden eine wettbewerbsorientierte und transparente Auftragsvergabe.[173] In Erwägungsgrund 10 RL 2014/24/EU wird klargestellt, dass eine Einrichtung, die *„gewinnorientiert ist und die mit der Ausübung ihrer Tätigkeit einhergehenden Verluste trägt, nicht als ‚Einrichtung des öffentlichen Rechts' angesehen werden sollte, da die im Allgemeininteresse liegenden Aufgaben, zu deren Erfüllung sie geschaffen oder mit deren Erfüllung sie beauftragt worden ist, als von gewerblicher Art anzusehen sind."*

69 Nichtgewerblichkeit erfordert mithin ein Tätigwerden ganz oder zumindest teilweise außerhalb der **Marktmechanismen**.[174] Dies ist entsprechend der Argumentation des EuGH der Fall, wenn der Staat einerseits die Erbringung der Tätigkeit aus Gründen des Allgemeininteresses entweder selbst erfüllen oder bei dieser einen entscheidenden Einfluss behalten möchte

163 EuGH, Urteil v. 22.5.2003 – Rs. C-18/01 (Korhonen), Rn. 40.
164 *Werner*, in: Byok/Jaeger, Vergaberecht, § 99 GWB Rn. 60 f.; *Weyand*, Vergaberecht, § 98 GWB Rn. 53.
165 *Wieddekind*, in: Willenbruch/Wieddekind, Vergaberecht, § 99 GWB Rn. 23.
166 EuGH, Urteil v. 10.4.2008 – Rs. C-393/06 (Fernwärme Wien), Rn. 41.
167 EuGH, Urteil v. 10.4.2008 – Rs. C-393/06 (Fernwärme Wien), Rn. 43; VK Sachsen, Beschluss v. 27.5.2021 – 1/SVK/004-21, juris Rn. 148.
168 VK Düsseldorf, Beschluss v. 21.3.2013 – VK-33/2012-L; *Werner*, in: Byok/Jaeger, Vergaberecht, § 99 GWB Rn. 60.
169 *Dreher*, in: Immenga/Mestmäcker, Wettbewerbsrecht, § 99 GWB Rn. 63.
170 OLG Rostock, Beschluss v. 2.10.2019 – 17 Verg 3/19.
171 *Zeiss*, in: Heiermann/Zeiss/Summa, Vergaberecht, § 99 GWB Rn. 21.
172 EuGH, Urteil v. 27.2.2003 – Rs. C-373/00 (Adolf Truley), Rn. 42; Urteil v. 12.12.2002 – Rs. C-470/99 (Universale-Bau), Rn. 52; Urteil v. 3.10.2000 – Rs. C-380/98 (University of Cambridge), Rn. 17.
173 *Bungenberg/Schelhaas*, in: Gabriel/Mertens/Prieß/Stein, Vergaberecht, § 99 GWB Rn. 62; *Dörr*, in: Burgi/Dreher, Vergaberecht, § 99 GWB Rn. 37; *Wieddekind*, in: Willenbruch/Wieddekind, Vergaberecht, § 99 GWB Rn. 27.
174 OLG Düsseldorf, Beschluss v. 30.4.2003 – VII-Verg 67/02 (Bekleidungsmanagement der Bundeswehr), Rn. 27; *Dörr*, in: Burgi/Dreher, Vergaberecht, § 99 GWB Rn. 36; *Zeiss*, in: Heiermann/Zeiss/Summa, Vergaberecht, § 99 GWB Rn. 41; *Dreher*, in: Immenga/Mestmäcker, Wettbewerbsrecht, § 99 GWB Rn. 63.

und diese andererseits auf andere Art als durch das Anbieten von Waren oder Dienstleistungen auf dem Markt erfüllt.[175] An dem Merkmal eines Wettbewerbs kann es fehlen, wenn dem Unternehmen eine Sonderstellung auf dem Markt oder sonstige Privilegien eingeräumt werden, die den Wettbewerb verfälschen.[176] Eine Wettbewerbsbeschränkung kann etwa bei der Einräumung von ausschließlichen Rechten zur Leistungserbringung vorliegen.[177] Bei dem Bestehen eines Monopols, das jegliche Konkurrenz ausschließt, ist das Merkmal der Nichtgewerblichkeit jedenfalls anzunehmen.[178] Übt die Einrichtung die Tätigkeit unter Wettbewerbsbedingungen aus, so kann dies auf der anderen Seite darauf hinweisen, dass es sich um eine gewerbliche Tätigkeit handelt.[179] Allein das Vorliegen eines Wettbewerbs genügt jedoch nicht, die Tätigkeit als gewerblich einzuordnen.[180] Die Existenz eines Wettbewerbs zieht lediglich eine Indizwirkung in Bezug auf das Bestehen einer gewerblichen Tätigkeit nach sich.[181]

Unter Berücksichtigung der anzustellenden Gesamtbetrachtung schließt allein das Vorhan- 70
densein einer **Gewinnerzielungsabsicht** der juristischen Person die Nichtgewerblichkeit nicht von vornherein aus, sondern lässt diese lediglich weniger wahrscheinlich werden.[182] Ebenso wenig lässt aber das Fehlen einer Gewinnorientierung auf eine nichtgewerbliche Tätigkeit schließen.[183] Als einziges Kriterium ist das Merkmal der Gewinnerzielung mitunter auch schon deshalb untauglich, weil bei privatwirtschaftlichem Handeln, etwa in Form einer GmbH, eine Gewinnerzielung regelmäßig zu bejahen sein wird.[184] Die Gewinnerzielungsabsicht kann dann keine Rolle spielen, wenn diese nicht Hauptziel, sondern allenfalls mittelbarer Unternehmenszweck sein soll.[185] An ihr fehlt es auch, wenn das Unternehmen mit der Tätigkeit unmittelbar gemeinnützige und mildtätige Motive verfolgt.[186] Relevanter Faktor für die Feststellung einer Gewinnerzielungsabsicht ist die Aufgabe, die im Allgemeininteresse erfüllt werden soll, nicht die juristische Person als Ganzes.[187]

Das dritte Indiz zur Bejahung der Nichtgewerblichkeit stellt die **Übernahme des wirtschaft-** 71
lichen Risikos durch die öffentliche Hand dar.[188] Dieses ist in jedem Einzelfall gesondert zu prüfen.[189] An einem Insolvenz- und Verlustrisiko für die öffentliche Einrichtung und damit der Gewerblichkeit fehlt es, wenn dieses durch Verlustausgleich oder Patronatserklärungen durch den Staat aufgefangen wird.[190] Gleiches gilt, wenn die Satzung der Einrichtung für deren Verluste Ausgleichsmechanismen festlegt.[191]

---

175 OLG Düsseldorf, Beschluss v. 13.8.2007 – VII-Verg 16/07 (Endlager Konrad), Rn. 10.

176 OLG Hamburg, Beschluss v. 25.1.2007 – 1 Verg 5/06; KG, Beschluss v. 27.7.2006 – 2 Verg 5/06; VK Baden-Württemberg, Beschluss v. 19.4.2005 – 1 VK 11/05; *Dreher*, in: Immenga/Mestmäcker, Wettbewerbsrecht, § 99 GWB Rn. 64.

177 Vgl. z. B. für die Endlagerung radioaktiver Abfälle OLG Düsseldorf, Beschluss v. 13.8.2007 – VII-Verg 16/07 (Endlager Konrad), Rn. 10.

178 EuGH, Urteil v. 10.4.2008 – Rs. C-393/06 (Fernwärme Wien), Rn. 44; *Bungenberg/Schelhaas*, in: Gabriel/Mertens/Prieß/Stein, Vergaberecht, § 99 GWB Rn. 63a.

179 EuGH, Urteil v. 22.5.2003 – Rs. C-18/01 (Korhonen), Rn. 49; Urteil v. 10.11.1998 – Rs. C-360/96 (BFI Holding), Rn. 49.

180 EuGH, Urteil v. 22.5.2003 – Rs. C-18/01 (Korhonen), Rn. 50.

181 *Masing*, in: Reidt/Stickler/Glahs, Vergaberecht, § 99 GWB Rn. 42; *Wieddekind*, in: Willenbruch/Wieddekind, Vergaberecht, § 99 GWB Rn. 26.

182 EuGH, Urteil v. 10.5.2011 – Rs. C-223/99 (Agorà und Excelsior), Rn. 39 f.; Urteil v. 16.10.2003 – Rs. C-283/00 (SIEPSA), Rn. 82; OLG Düsseldorf, Beschluss v. 13.8.2007 – VII-Verg 16/07 (Endlager Konrad), Rn. 10; *Wieddekind*, in: Willenbruch/Wieddekind, Vergaberecht, § 99 GWB Rn. 25; *Goldbrunner*, VergabeR 2014, 167.

183 EuGH, Urteil v. 10.5.2011 – Rs. C-223/99 (Agorà und Excelsior), Rn. 40; unklar insofern EuGH, Urteil v. 11.6.2009 – Rs. C-300/07 (Oymanns), Rn. 49.

184 Missverständlich *Dreher*, in: Immenga/Mestmäcker, Wettbewerbsrecht, § 99 GWB Rn. 62, 65.

185 EuGH, Urteil v. 16.10.2003 – Rs. C-283/00 (SIEPSA), Rn. 88 ff.; OLG Rostock, Beschluss v. 2.10.2019 – 17 Verg 3/19, Rn. 70

186 BayObLG, Beschluss v. 10.9.2002 – Verg 23/02 (Bayerisches Rotes Kreuz), Rn. 9; VK Baden-Württemberg, Beschluss v. 17.6.2011 – 1 VK 29/11 (Kreisklinik), Rn. 81.

187 OLG Rostock, Beschluss v. 2.10.2019 – 17 Verg 3/19, Rn. 70.

188 *Wieddekind*, in: Willenbruch/Wieddekind, Vergaberecht, § 99 GWB Rn. 27.

189 *Braun*, VergabeR 2014, 674 (675); *Goldbrunner*, VergabeR 2014, 167 (168).

190 EuGH, Urteil v. 10.5.2011 – Rs. C-223/99 (Agorà und Excelsior), Rn. 40; Urteil v. 16.10.2003 – Rs. C-283/00 (SIEPSA), Rn. 91; Urteil v. 22.5.2003 – Rs. C-18/01 (Korhonen), Rn. 51; OLG Hamburg, Beschluss v. 25.1.2007 – 1 Verg 5/06, VergabeR 2007, 358 – (Messegesellschaft Hamburg); *Pünder*, in: Pünder/Schellenberg, Vergaberecht, § 99 GWB Rn. 35; *Reider*, in: Säcker, Wettbewerbsrecht, § 99 GWB Rn. 16.

191 *Werner*, in: Byok/Jaeger, Vergaberecht, § 99 GWB Rn. 65.

72 Nicht entscheidend für das Vorliegen der Nichtgewerblichkeit ist, ob die Tätigkeit dem klassischen **Gewerbebegriff** des Verwaltungsrechts entspricht, als gemeinnützig einzuordnen ist oder als Gewerbebetrieb oder gemeinnütziger Betrieb in steuerrechtlicher Hinsicht anzusehen ist. Dies ergibt sich schon daraus, dass es sich bei diesen Aspekten um aus der deutschen Rechtsordnung stammende Begrifflichkeiten handelt, die aufgrund der autonomen und einheitlichen Auslegung des Unionsrechts nicht ohne Weiteres herangezogen werden können. Unerheblich für die Beurteilung der Gewerblichkeit ist überdies, ob die Tätigkeit auch von einem Privatunternehmen durchgeführt werden kann.[192]

73 Bei dem Merkmal der Nichtgewerblichkeit kommt die „**Infizierungstheorie**" zur Anwendung. Dies bedeutet, dass es für das Vorliegen dieses Tatbestandsmerkmals genügt, wenn das Unternehmen in einem Bereich nichtgewerblich tätig wird.[193] Dabei ist für die Annahme einer nichtgewerblichen Tätigkeit schon ausreichend, dass ein relativ kleiner Teil des Unternehmens nichtgewerblich handelt und das Unternehmen ansonsten mit Gewinnerzielungsabsicht unter Marktbedingungen tätig ist.[194] Eine solche nichtgewerbliche Tätigkeit bleibt nur außer Acht, wenn sie dermaßen untergeordnet ist, dass die Ziele des EU-Vergaberechts erkennbar nicht berührt werden. Unerheblich ist, ob die die gewerbliche Tätigkeit ausführende juristische Person mit einer anderen juristischen Person verbunden ist.[195] Für jede juristische Person ist das Kriterium der Nichtgewerblichkeit gesondert festzustellen.[196]

3. Staatliche Beherrschung

74 Als weitere Voraussetzung der Auftraggebereigenschaft verlangt § 99 Nr. 2 GWB eine besondere Staatsverbundenheit der Rechtsträger.[197] Es sollen solche Einrichtungen erfasst werden, auf die der Staat bei vergaberechtlichen Entscheidungen einen besonderen Einfluss ausüben kann.[198] Eine potenzielle Einflussnahme ist ausreichend.[199]

75 Die in § 99 Nr. 2 GWB genannten **Voraussetzungen** stellen dabei nicht lediglich Regelbeispiele oder Indizien für eine staatliche Beherrschung dar. Sind sie nicht erfüllt, kann eine staatliche Beherrschung nicht angenommen werden, selbst wenn ein staatlicher Einfluss sich aus anderen Anhaltspunkten ergeben könnte.[200] Die Voraussetzung der staatlichen Beherrschung knüpft an Art. 2 Nr. 4 RL 2014/24/EU an, der drei Fallgestaltungen der engen Beziehung der staatlichen Einrichtung mit der staatlichen Sphäre kennt.[201] Eine enge Verbundenheit kann sich alternativ[202] aus einer überwiegenden Finanzierung (lit. a), einer Aufsicht über die Leitung (lit. b) oder durch eine mehrheitliche Organbesetzung (lit. c) der Einrichtung ergeben. Das Vorliegen einer der Tatbestandsvariante führt zu einer unwiderleglichen Vermutung im Hinblick auf die vergaberechtliche Zurechnung der Einrichtung zum Staat.[203]

76 Insgesamt muss bei jedem Tatbestandsmerkmal der **Einfluss** gleichrangig sein. Dies erfordert eine Kausalität zwischen dem Einfluss auf die Auftragsvergabe und der besonderen Verbundenheit zwischen Staat und Einrichtung.[204]

---

192 EuGH, Urteil v. 10.5.2011 – Rs. C-223/99 (Agorà und Excelsior), Rn. 38.
193 *Eschenbruch*, in: Röwekamp/Kus/Portz/Prieß, GWB-Vergaberecht, § 99 Rn. 67.
194 OLG Brandenburg, Beschluss v. 6.12.2016 – 6 Verg 4/16.
195 EuGH, Urteil v. 10.11.1998 – Rs. C-360/96 (BFI Holding), Rn. 57.
196 *Wieddekind*, in: Willenbruch/Wieddekind, Vergaberecht, § 99 GWB Rn. 28.
197 *Dörr*, in: Burgi/Dreher, Vergaberecht, § 99 GWB Rn. 46; *Werner*, in: Byok/Jaeger, Vergaberecht, § 99 GWB Rn. 66.
198 EuGH, Urteil v. 1.2.2001 – Rs. C-237/99 (Kommission/Frankreich), Rn. 48.
199 *Dreher*, NZBau 2005, 297 (302); vgl. auch OLG Düsseldorf, Beschluss v. 30.4.2003 – VII-Verg 67/02 (Bekleidungsmanagement der Bundeswehr).
200 VK Thüringen, Beschluss v. 7.2.2019 – 250-4003-262/2019-E-001-EIC, Rn. 54
201 EuGH, Urteil v. 27.2.2003 – Rs. C-373/00 (Adolf Truley), Rn. 68; Urteil v. 3.10.2000 – Rs. C-380/98 (University of Cambridge), Rn. 20; Urteil v. 15.1.1998 – Rs. C-44/96 (Mannesmann Anlagenbau), Rn. 20.
202 EuGH, Urteil v. 27.2.2003 – Rs. C-373/00 (Adolf Truley), Rn. 68; Urteil v. 1.2.2001 – Rs. C-237/99 (Kommission/Frankreich), Rn. 44.
203 *Pünder*, in: Pünder/Schellenberg, Vergaberecht, § 99 GWB Rn. 63.
204 *Dreher*, in: Immenga/Mestmäcker, Wettbewerbsrecht, § 99 GWB Rn. 78.

Entsprechend dem Sinn und Zweck der Vergaberichtlinien ist auch dieses Tatbestandsmerkmal **funktional** und autonom auszulegen.[205] 77

Als dem Anwendungsbereich des § 99 Nr. 2 GWB unterfallende öffentliche Auftraggeber sind daher auch von Gebietskörperschaften **anderer Mitgliedstaaten** der Europäischen Union beherrschte Einrichtungen anzusehen.[206] Zwar ist dies dem Wortlaut nicht explizit zu entnehmen, die europarechtlichen Vorgaben beschränken sich in ihrem Wortlaut jedoch nicht auf die Körperschaften des jeweiligen Mitgliedstaats.[207] 78

Anders als das Merkmal der Gewerblichkeit ist die Staatsgebundenheit nicht **tätigkeitsbezogen**, sondern bezieht sich auf den Aufgabenträger als solchen.[208] 79

a) Überwiegende Finanzierung (Hs. 1 lit. a.)

Nach § 99 Nr. 2 Hs. 1 lit. a GWB liegt ein Beherrschungstatbestand vor, wenn die Einrichtung überwiegend von Stellen nach § 99 Nr. 1 oder 3 GWB einzeln oder gemeinsam durch Beteiligung oder auf sonstige Weise finanziert wird. In Anknüpfung an das Urteil des EuGH in der Rechtssache „University of Cambridge" setzt dieser Beherrschungstatbestand voraus, dass mehr als die Hälfte der Finanzmittel der Einrichtung von der öffentlichen Hand stammen.[209] 80

Durch die Finanzierung muss kein über die Finanzierung selbst hinausgehender **Einfluss** ausgeübt werden. Die Finanzierung selbst konstituiert die Auftraggebereigenschaft.[210] Ob der Staat entweder durch vertragliche Vereinbarung oder im Rahmen der tatsächlichen Gegebenheiten weiteren Einfluss ausüben kann, ist ohne Bedeutung. 81

aa) Ausgangspunkt Gesamtfinanzierung

Ausgangspunkt der Berechnung ist die Gesamtfinanzierung des potentiellen Auftragnehmers. Dabei sind alle finanziellen Ressourcen zu berücksichtigen, die einer Institution zur Verfügung stehen, unabhängig davon, ob sie aus öffentlichen Quellen oder gewerblichem Tätigwerden stammen.[211] Der Begriff der „Finanzierung" ist entsprechend der funktionalen Auslegung weit zu verstehen. Er umfasst jeden *„Transfer von Finanzmitteln [...], der ohne spezifische Gegenleistung mit dem Ziel vorgenommenen wird, die Tätigkeiten der betreffenden Einrichtung zu unterstützen."*[212] Hierunter können jegliche finanzielle Vorteile, die zur Sicherstellung des Geschäftsbetriebs der Einrichtung beitragen, fallen, wie etwa Darlehen,[213] verlorene Zuschüsse, indirekte Zuwendungen,[214] Bürgschaften, Garantien oder auch unentgeltliche Überlassungen von Personal oder Sachmitteln.[215] 82

bb) Staatliche Leistung

Umstritten ist, ob die von § 99 Nr. 2 GWB erfassten Finanzmittel sich auch auf **Subventionen** erstrecken oder diese bereits von § 99 Nr. 4 abgedeckt werden. Mit Blick darauf, dass § 99 Nr. 4 GWB die Einbeziehung von privaten Personen und juristischen Personen, die keine im Allgemeininteresse liegenden Aufgaben wahrnehmen, bezweckt, sind auch Subventionen öffentlicher Auftraggeber als Finanzquellen i.S.d. § 99 Nr. 2 GWB einzubeziehen.[216] 83

205 *Reider*, in: Säcker, Wettbewerbsrecht, § 99 GWB Rn. 50; vgl. auch EuGH, Urteil v. 13.12.2006 – Rs. C-337/06 (Bayerischer Rundfunk), Rn. 40, zum Merkmal der überwiegenden Finanzierung.
206 Umfassend *von Strenge*, NZBau 2011, 17 (18 ff.).
207 *Wieddekind*, in: Willenbruch/Wieddekind, Vergaberecht, § 99 GWB Rn. 49.
208 *Werner*, in: Byok/Jaeger, Vergaberecht, § 99 GWB Rn. 68.
209 EuGH, Urteil v. 3.10.2000 – Rs. C-380/98 (University of Cambridge), Rn. 27 ff.; ein Berechnungsmodell findet sich bei *Zeiss*, in: Heiermann/Zeiss/Summa, Vergaberecht, § 99 GWB Rn. 61.
210 EuGH Urteil v. 13.12.2007 – Rs. C-337/06 (Bayerischer Rundfunk); *Zeiss*, in: Heiermann/Zeiss/Summa, Vergaberecht, § 99 GWB Rn. 56; *Wieddekind*, in: Willenbruch/Wieddekind, Vergaberecht, § 99 GWB Rn. 34.
211 EuGH, Urteil v. 3.10.2000 – Rs. C-380/98 (University of Cambridge), Rn. 36.
212 EuGH, Urteil v. 12.9.2013 – Rs. C-526/11 (Ärztekammer Westfalen-Lippe), Rn. 22.
213 *Dörr*, in: Burgi/Dreher, Vergaberecht, § 99 GWB Rn. 50.
214 EuGH, Urteil v. 3.10.2000 – Rs. C-380/98 (University of Cambridge), Rn. 22.
215 OLG Düsseldorf, Beschluss v. 30.4.2003 – VII-Verg 67/02 (Bekleidungsmanagement der Bundeswehr), Rn. 35; *Dietlein/Heinemann*, NVwZ 2003, 1080 ff.; *Wagner/Wiegand*, NZBau 2003, 369 ff., näher *Dietlein*, NZBau 2002, 136 (140).
216 *Dietlein*, NZBau 2002, 136 (140).

84 Voraussetzung dieses Tatbestandsmerkmals ist stets, dass die Finanzierung der Einrichtung ohne spezifische **Gegenleistung** erfolgt.[217] Bei Leistungen, die auf eine Gegenleistung bezogen sind, wie etwa solche der Krankenversicherung an private Leistungserbringer, ist diese Anforderung gerade nicht erfüllt.[218] Für die Feststellung des Vorliegens einer Gegenleistung bietet sich ein Rückgriff auf die im europäischen Beihilferecht bekannte Prüfung eines auf dem Markt adäquaten Entgelts an.[219] Erhält die Einrichtung ein Entgelt, das über demjenigen eines marktadäquaten liegt, fehlt es an einer spezifischen Gegenleistung.[220] Gleiches gilt, wenn der Beitrag unabhängig von der Inanspruchnahme der Leistung erfolgt.[221]

85 Eine Gegenleistung und damit keine überwiegende Finanzierung soll dann vorliegen, wenn die juristische Person Mittel im Rahmen einer **Leistungsvereinbarung** gemäß §§ 75 ff. SGB XII erhält.[222] Gegenstand einer solchen Leistung ist gerade, dass die Einrichtung eine Gegenleistung für die Bezahlung erbringt, auch wenn die Leistung im Wesentlichen durch die Regeln des SGB determiniert ist.

86 Umstritten war lange Zeit, ob eine staatliche Finanzierung auch dann gegeben ist, wenn die Finanzmittel auf gesetzlicher Grundlage beruhten und unmittelbar von den Bürgern durch Zwangsbeiträge erbracht wurden. Gegen eine solche Form der **mittelbaren Finanzierung** wandten Stimmen aus der Literatur[223] ein, es fehle an einer Kontrolle über die Vergabeentscheidung und der unmittelbaren Herkunft der Finanzmittel aus dem staatlichen Haushalt entsprechend der unionsrechtlichen Vorgaben für die Bestimmung von Beihilfen.[224] Für die Erfassung auch mittelbarer Finanzierungen spricht jedoch, dass die Möglichkeit der direkten Einflussnahme des Staates auf die Vergabeentscheidung für das Vorliegen des Tatbestandsmerkmals der Finanzierung durch den Staat nach § 99 Nr. 2 GWB unerheblich ist.[225] Das Ausreichen einer indirekten Finanzierung für § 99 Nr. 2 GWB hat der EuGH in dem Urteil zu den deutschen Rundfunkgebühren nunmehr ausdrücklich anerkannt. Danach genügt es für die Bejahung einer Zurechnungsbasis, wenn die Garantie der Finanzierung durch gesetzlich eingeführte hoheitliche Zwangsmittel sichergestellt wird.[226] Entsprechend können auch die Beitragsfinanzierung der gesetzlichen Krankenkassen[227] sowie die Zwangsbeiträge berufsständischer Kammern[228] eine für § 99 Nr. 2 Hs. 1 lit. a GWB ausreichende mittelbare Finanzierung darstellen. Voraussetzung ist jedoch, dass bei einer mittelbaren Finanzierungsweise noch eine ausreichend „**enge Verbindung**" zu einer staatlichen Stelle besteht, die es ihr ermöglicht, die Beschaffungsentscheidungen der betreffenden Einrichtung zu beeinflussen, und die Möglichkeit eröffnet, dass diese sich von anderen als wirtschaftlichen Überlegungen leiten lässt.[229] Für die Frage einer engen Verbindung kommt es maßgeblich auf den Einfluss der staatlichen Stelle bei der Finanzierung bzw. bei der Bestimmung der Beiträge und Gebühren der Einrichtung an. Ein ausreichender Einfluss ist nach dem Urteil des EuGH zu den Rundfunkanstalten jedenfalls zu bejahen, wenn die Einziehung der Gebühr durch hoheitliche Befugnisse erfolgt und Grund

217 EuGH, Urteil v. 11.6.2009 – Rs. C-300/07 (Oymanns), Rn. 53; Urteil v. 13.12.2006 – Rs. C-337/06 (Bayerischer Rundfunk), Rn. 45; Urteil v. 3.10.2000 – Rs. C-380/98 (University of Cambridge), Rn. 21.
218 OLG Naumburg, Beschluss v. 17.3.2005 – 1 Verg 3/05, Rn. 34; VK Nordbayern, Beschluss v. 23.7.2009 – 21.VK-3194-25/09, Rn. 58.
219 *Dörr*, in: Burgi/Dreher, Vergaberecht, § 99 GWB Rn. 51.
220 Vgl. auch *Puhl*, Grundfragen des kartellvergaberechtlichen Auftraggeberbegriffs, S. 130 ff.; *Koenig/Hentschel*, ZfBR 2005, 442 ff.
221 EuGH, Urteil v. 13.12.2006 – Rs. C-337/06 (Bayerischer Rundfunk), Rn. 45.
222 VK Südbayern, Beschluss v. 4.9.2017 – Z3-3-3194-1-31-06/17, Rn. 177.
223 Vgl. *Buhr*, Die Richtlinie 2004/18/EG und das deutsche Vergaberecht, S. 84; *Dreher*, NZBau 2005, 297 (301 f.); *Eschenbruch/Hunger*, NZBau 2003, 471 (474 f.); vgl. aber *Opitz*, NVwZ 2003, 1087 (1090). Für Nachweise aus der Spruchpraxis *Weyand*, Vergaberecht, § 98 GWB Rn. 85.
224 EuGH, Urteil v. 13.3.2001 – Rs. C-379/98 (Preussen-Elektra), Rn. 58.
225 EuGH, Urteil v. 13.12.2006 – Rs. C-337/06 (Bayerischer Rundfunk), Rn. 52.
226 EuGH, Urteil v. 13.12.2006 – Rs. C-337/06 (Bayerischer Rundfunk), Rn. 41 ff.; hierzu *Degenhart*, JZ 2008, 568 ff.; *Heuvels*, NZBau 2008, 166 ff.
227 EuGH, Urteil v. 11.6.2009 – Rs. C-300/07 (Oymanns), Rn. 50 ff.; vgl. auch OLG Düsseldorf, Beschluss v. 23.5.2007 – VII-Verg 50/06.
228 *Steiling*, NZBau 2012, 146 (148).
229 EuGH, Urteil v. 12.9.2013 – Rs. C-526/11 (Ärztekammer Westfalen-Lippe), Rn. 20.

und Höhe der Gebühr, d.h. die Finanzierung der Einrichtung, gesetzlich festgelegt sind.[230] In dem Urteil zu den Krankenkassen ging der EuGH im Hinblick auf die Beteiligung der Einrichtung bei der Beitragsfestsetzung noch weiter.[231] Einer Staatsverbundenheit steht es danach nicht entgegen, wenn die zwangsweise eingezogenen Beiträge von der Einrichtung selbst und nicht von dem öffentlichen Auftraggeber festgelegt werden, sofern jedoch dem Beitragsempfänger bei der Bestimmung der Beitragshöhe nur ein geringer Spielraum verbleibt und die Festlegung des Beitrags der staatlichen Genehmigung bedarf.[232] Entscheidend ist insofern, dass der Spielraum des Beitragsempfängers bei der Bestimmung des Leistungsumfangs „äußerst begrenzt" ist. Dies ist anzunehmen, wenn der Gebührensatz in „gewissem Umfang" gesetzlich vorgegeben ist.[233] Von einer solchen engen Verbindung ist nach dem EuGH in dem Urteil zur Ärztekammer Westfalen-Lippe demgegenüber nicht mehr auszugehen, wenn die Aufgaben der Einrichtung zwar im Gesetz aufgezählt sind, ihr dieses jedoch eine erhebliche Autonomie bei der *„Bestimmung des Wesens, des Umfangs und der Durchführungsmodalitäten der von ihr zur Erfüllung ihrer Aufgaben ausgeübten Tätigkeiten, somit bei der Festsetzung des dafür erforderlichen Haushalts und infolgedessen bei der Festlegung der Höhe der Beiträge einräumt, die sie von ihren Mitgliedern erhebt."*[234] An der fehlenden Verbindung ändere auch die notwendige Genehmigung der Beitragssatzung durch die Aufsichtsbehörde nichts, da diese lediglich prüfe, ob der Haushalt ausgeglichen sei. Damit schränkt der EuGH das Tatbestandsmerkmal der überwiegenden Finanzierung ein, indem er für die Staatsverbundenheit ein „**qualifiziertes Näheverhältnis**" fordert. Erforderlich ist, dass der öffentliche Auftraggeber die Vergabeentscheidung entsprechend dem Sinn und Zweck der Vergaberichtlinien dahin gehend beeinflussen kann, dass diese sich von anderen als wirtschaftlichen Erwägungen leiten und damit der Bevorzugung einheimischer Bieter oder Bewerber bei der Auftragsvergabe einen Boden bereiten kann. Dabei ist eine tatsächliche Einflussnahme nicht notwendig. Vielmehr genügt die Gefahr einer solchen. Ausreichend ist danach, dass die Einrichtung eine durch vergabefremde Zwecke geprägte Haltung einnimmt.[235] Eine organisatorische und haushaltsrechtliche Autonomie der Einrichtung steht einer Staatsverbundenheit jedoch entgegen.[236] Mit dem Urteil „Ärztekammer Westfalen-Lippe" erteilt der EuGH einer formellen Prüfung der Staatsverbundenheit eine Absage. Vielmehr muss in jedem Einzelfall materiell geprüft werden, ob der Institution bei einem staatlich eingeführten Finanzierungssystem eine Autonomie bei der Ausgestaltung der Beitragssetzung zukommt.[237] Eine solche Autonomie kann dann angenommen werden, wenn die Einrichtung zwar aufgrund staatlicher Gestattung zur Beitragserhebung verpflichtet ist, aber frei bei der Festlegung der Höhe der Beiträge ist.[238] Unter Anwendung der Rechtsprechung des EuGH können nunmehr auch andere, durch staatlich festgelegte **Zwangsbeiträge** finanzierte Einrichtungen unter den Auftraggeberbegriff des Art. 99 Nr. 2 Hs. 1 lit. a GWB fallen.[239] Dabei ist jedoch auf Grundlage der Rechtsprechung des EuGH in jedem Einzelfall zu prüfen, ob es sich um eine hoheitliche Beitragsbemessung handelt, die das Maß an Selbstbestimmung der Einrichtung zumindest einschränkt. Im Hinblick auf Kammerorganisationen wird eine jeweils gesonderte Prüfung er-

230 EuGH, Urteil v. 13.12.2006 – Rs. C-337/06 (Bayerischer Rundfunk), Rn. 48.
231 Im Überblick *Hausmann/Queisner*, VergabeR 2014, 1 (4).
232 EuGH, Urteil v. 11.6.2009 – Rs. C-300/07 (Oymanns), Rn. 48; vgl. auch KG, Beschluss v. 29.2.2012 – Verg 8/11, im Hinblick auf die Finanzierung eines kommunalen Versorgungsunternehmens durch gesetzlich angeordnete Zwangsbeiträge für Straßenanlieger.
233 Vgl. § 6 Abs. 4 HeilBerG NRW.
234 EuGH, Urteil v. 12.9.2013 – Rs. C-526/11 (Ärztekammer Westfalen-Lippe), Rn. 27; dazu *Hausmann/Queisner*, VergabeR 2014, 1 ff.; *Heyne*, NVwZ 2014, 621 ff.; *Kokew*, NZBau 2014, 96 ff.; zuvor *Steiling*, NZBau 2012, 146 ff.
235 *Hausmann/Queisner*, VergabeR 2014, 1 (3).
236 EuGH, Urteil v. 12.9.2013 – Rs. C-526/11 (Ärztekammer Westfalen-Lippe), Rn. 27.
237 Zur Einordnung der Rechtsanwaltskammern und IHKs als öffentliche Auftraggeber nach den Kriterien des EuGH-Urteils zu den Ärztekammern *Hausmann/Queisner*, VergabeR 2014, 1 (6 ff.); zu IHKs auch *Pielow/Bootz*, GewArch 2015, 12 ff.
238 EuGH, Urteil. v. 12.9.2013 – Rs. C-526/11 (Ärztekammer Westfalen-Lippe), Rn. 25.
239 *Wagner/Raddatz*, NZBau 2010, 731 (733 f.).

forderlich sein, wohingegen Sozialversicherungsträger die Kriterien einer mittelbaren staatlichen Finanzierung regelmäßig erfüllen werden.[240]

87 Die Finanzierung muss **zugunsten des Rechtsträgers** erfolgen, d.h. bei privaten Rechtsträgern gesellschaftsbezogen sein.[241] Die besondere Staatsnähe wird nicht schon durch die Finanzierung eines konkreten Auftrags begründet, sondern muss an die Aktivitäten der juristischen Person als Ganzes anknüpfen.[242] Eine Finanzierung einzelner Aufgabenbereiche genügt gerade nicht.[243]

cc) Überwiegen der staatlichen Leistung

88 Entsprechend Erwägungsgrund 10 RL 2014/24/EU ist nach der Rechtsprechung des EuGH[244] unter „**überwiegend**" finanziert *„eine Finanzierung in Höhe von mehr als der Hälfte zu verstehen [...], worunter auch Zahlungen von Nutzern fallen können, die nach den Vorschriften des öffentlichen Rechts auferlegt, berechnet und erhoben werden."* Für die Berechnung der Finanzierung des laufenden Betriebs der Einrichtung ist die Gesamtheit der Mittel einzubeziehen, über die die Einrichtung verfügt. Die aus gewerblicher Tätigkeit stammenden Mittel werden eingeschlossen.[245]

89 Als **Berechnungszeitraum** ist auf das Wirtschaftsjahr abzustellen, in dem der Auftrag erteilt wird.[246] Unter den Gesichtspunkten der Rechtssicherheit und Transparenz sind die zu Beginn des Haushaltsjahres veranschlagten Finanzierungsgrundlagen der Berechnung zugrunde zu legen.[247] Dies gilt auch dann, wenn die Finanzierungsbeiträge sich später ändern oder die Laufzeit des Auftrags über das Wirtschaftsjahr hinausgeht.[248]

90 Im Fall der Gesellschafterstellung öffentlicher Auftraggeber muss der staatliche **Gesellschaftsanteil** mehr als 50 % ausmachen.[249] Eine öffentliche Stammeinlage von genau 50 % ist nicht genügend.[250] Aus Gründen des eindeutigen Wortlauts sowie der praktischen Wirksamkeit ist auch eine Mehrheitsbeteiligung der öffentlichen Hand ausreichend, wenn die Einrichtung in sonstiger Weise durch privates Kapital finanziert wird.[251]

b) Aufsicht über die Leitung (Hs. 1 lit. b)

91 Eine besondere Staatsnähe ist auch dann gegeben, wenn die Leitung der Einrichtung einer Aufsicht durch Stellen nach § 99 Nr. 1 oder 3 GWB unterliegt. Das Merkmal ist funktional und damit unabhängig von den formellen Modalitäten seiner Anwendung zu verstehen.[252]

92 Voraussetzung ist, dass die öffentliche Hand durch die Ausübung von Aufsichtsbefugnissen auf das Vergabeverhalten des Unternehmens einwirken kann.[253] Für die Frage der Aufsicht ist auf den Rechtsträger selbst und nicht auf die einzelne, von der juristischen Person durchgeführte Vergabe abzustellen.[254] Besonders in dieser Variante muss der **Einfluss** gleichwertig zu den im Rahmen der anderen Tatbestandsmerkmale der „Finanzierung" oder „überwiegenden

---

240 *Wieddekind*, in: Willenbruch/Wieddekind, Vergaberecht, § 99 GWB Rn. 67.
241 *Werner*, in: Byok/Jaeger, Vergaberecht, § 99 GWB; *Dreher*, in: Immenga/Mestmäcker, Wettbewerbsrecht, § 99 GWB Rn. 80.
242 VK Nordbayern, Beschluss v. 31.7.2014 – 21.VK-3194-25/14, Rn. 56; *Masing*, in: Reidt/Stickler/Glahs, Vergaberecht, § 99 GWB Rn. 50.
243 BayObLG, Beschluss v. 10.9.2002 – Verg 23/02 (Bayerisches Rotes Kreuz), Rn. 10.
244 EuGH, Urteil v. 13.12.2006 – Rs. C-337/06 (Bayerischer Rundfunk), Rn. 33; Urteil v. 3.10.2000 – Rs. C-380/98 (University of Cambridge), Rn. 33.
245 EuGH, Urteil v. 3.10.2000 – Rs. C-380/98 (University of Cambridge), Rn. 36; *Wieddekind*, in: Willenbruch/Wieddekind, Vergaberecht, § 99 GWB Rn. 34.
246 VK Nordbayern, Beschluss v. 23.7.2009 – 21.VK-3194-25/09; VK Düsseldorf, Beschluss v. 18.6.2007 – VK-14-2007-L; *Masing*, in: Reidt/Stickler/Glahs, Vergaberecht, § 99 GWB Rn. 54.
247 EuGH, Urteil v. 3.10.2000 – Rs. C-380/98 (University of Cambridge), Rn. 41.
248 EuGH, Urteil v. 3.10.2000 – Rs. C-380/98 (University of Cambridge), Rn. 42 ff.; *Pünder*, in: Pünder/Schellenberg, Vergaberecht, § 99 GWB Rn. 47.
249 *Dörr*, in: Burgi/Dreher, Vergaberecht, § 99 GWB Rn. 54.
250 Vgl. VK Baden-Württemberg, Beschluss v. 16.12.2009 – 1 VK 63/09, Rn. 39.
251 *Dörr*, in: Burgi/Dreher, Vergaberecht, § 99 GWB Rn. 55.
252 EuGH, Urteil v. 1.2.2001 – Rs. C-237/99 (Kommission/Frankreich), Rn. 43.
253 *Werner*, in: Byok/Jaeger, Vergaberecht, § 99 GWB Rn. 75.
254 VK Südbayern, Beschluss v. 27.3.2014 – Z3-3-3194-1-01-01/14, Rn. 167.

Organbesetzung" erlangten Verbindungen sein.[255] Schon die Möglichkeit der staatlichen Einflussnahme durch die konkrete Gestaltung der staatlichen Aufsicht impliziert eine ständige Kontrolle und die Einwirkung auf die Beschaffungsentscheidungen.[256]

An einer solchen Einflussnahme in Bezug auf öffentliche Aufträge fehlt es im Fall einer **nachträglichen Überprüfung**.[257] Eine Einwirkung auf die Beschaffungsentscheidungen ist dann nicht mehr möglich.[258] Die öffentliche Hand muss eigene Entscheidungen gerade auch gegen den Willen der unternehmerischen Entscheidungsträger durchsetzen können.[259] Erforderlich sind Aufsichtsrechte über *„die laufende Gebarung auf ihre ziffernmäßige Richtigkeit, Ordnungsmäßigkeit, Sparsamkeit, Wirtschaftlichkeit und Zweckmäßigkeit"*.[260] 93

Die **Fachaufsicht** erfüllt diese Vorgaben in der Regel unproblematisch, da sie eine aktive Gestaltung der Leitung der beaufsichtigten juristischen Person und der Erteilung von Zweckmäßigkeitserwägungen getragenen Weisungen ermöglicht.[261] Demgegenüber ist bei der **Rechtsaufsicht** nur die Überprüfung der Rechtmäßigkeit von Entscheidungen möglich. Die Aufsicht beschränkt sich auf eine nachträgliche Rechtmäßigkeitskontrolle oder die Verhinderung von rechtswidrigen Handlungen. Mangels einer gestaltenden Wirkung auf unternehmerische Entscheidungen wird die erforderliche Staatsgebundenheit bei dem Vorliegen einer Rechtsaufsicht teils per se verneint.[262] Allerdings ist die Einordnung als Fach- oder Rechtsaufsicht für die Bejahung des Tatbestandsmerkmals nicht entscheidend, da es auf eine autonome unionsrechtliche Auslegung ankommt und auf das konkrete Aufsichtsverhältnis unter Berücksichtigung aller zur Verfügung stehenden Aufsichtsmittel abzustellen ist.[263] Eine qualifizierte Rechtsaufsicht kann genügen, sofern diese sich auf die Wirtschaftlichkeit der Geschäftsführung erstreckt und durch Eingriffsmöglichkeiten eine laufende Einflussnahme eröffnet.[264] Sogar eine einfache Rechtsaufsicht wurde in der Vergangenheit als ausreichend erachtet, wenn die von ihr kontrollierten Regelungen eine hohe Detaildichte aufweisen und die Handlungsmöglichkeiten des Auftraggebers erheblich eingrenzen.[265] Umgekehrt kann eine ausreichende Aufsicht über die Leitung auch bei einer Fachaufsicht fehlen.[266] Die Voraussetzung einer tatsächlichen Einflussmöglichkeit ist folglich anhand einer Gesamtbetrachtung im Einzelfall festzustellen. Der Unterscheidung zwischen Fach- und Rechtsaufsicht kommt hierbei allenfalls Indizcharakter zu.[267] 94

---

255 EuGH, Urteil v. 27.2.2003 – Rs. C-373/00 (Adolf Truley), Rn. 69; Urteil v. 1.2.2001 – Rs. C-237/99 (Kommission/Frankreich), Rn. 49.

256 EuGH, Urteil v. 1.2.2001 – Rs. C-237/99 (Kommission/Frankreich), Rn. 56.

257 EuGH, Urteil v. 12.9.2013 – Rs. C-526/11 (Ärztekammer Westfalen-Lippe), Rn. 29; Urteil v. 27.2.2003 – Rs. C-373/00 (Adolf Truley), Rn. 70; Urteil v. 1.2.2001 – Rs. C-237/99 (Kommission/Frankreich), Rn. 53 ff.; BayObLG, Beschluss v. 24.5.2004 – Verg 6/04 (AOK Bayern); *Werner*, in: Byok/Jaeger, Vergaberecht, § 99 GWB Rn. 85; *Dietlein*, NZBau 2002, 136 (141).

258 EuGH, Urteil v. 27.2.2003 – Rs. C-373/00 (Adolf Truley), Rn. 70.

259 *Pünder*, in: Pünder/Schellenberg, Vergaberecht, § 99 GWB Rn. 57; *Reider*, in: Säcker Wettbewerbsrecht, § 99 GWB Rn. 20.

260 EuGH, Urteil v. 27.2.2003 – Rs. C-373/00 (Adolf Truley), Rn. 73.

261 *Werner*, in: Byok/Jaeger, Vergaberecht, § 99 GWB Rn. 82; *Bungenberg/Schelhaas*, in: Gabriel/Mertens/Stein/Prieß, Vergaberecht, § 99 GWB Rn. 82; *Zeiss*, in: Heiermann/Zeiss/Summa, Vergaberecht, § 99 GWB Rn. 69 f.; *Pünder*, in: Pünder/Schellenberg, Vergaberecht, § 99 GWB Rn. 58; *Wieddekind*, in: Willenbruch/Wieddekind, Vergaberecht, § 99 GWB Rn. 41.

262 BayObLG, Beschluss v. 24.5.2004 – Verg 6/04; *Dietlein*, NZBau 2002, 136 (141); wohl auch *Werner*, in: Byok/Jaeger, Vergaberecht, § 98 GWB Rn. 82 f.; a.A. OLG Düsseldorf, Beschluss v. 6.7.2005 – VII-Verg 22/05.

263 *Heyne*, GewArch 2010, 54 (56); *Steiling*, NZBau 2012, 146 (148); dagegen jedoch noch *Dreher*, NZBau 2005, 297 (299); *Eschenbruch/Hunger*, NZBau 2003, 471 (474).

264 Vgl. z. B. für die gesetzlichen Krankenkassen OLG Düsseldorf, Beschluss v. 23.5.2007 – VII-Verg 50/06; vgl. VK Bund, Beschluss v. 26.5.2009 – VK 2-30/09; *Gabriel*, NZS 2007, 344 (347); *Klöck*, NZS 2008, 178 (181 f.); a.A. BayObLG, Beschluss v. 24.5.2004 – Verg 6/04; für Rentenversicherungsträger z. B BayObLG, Beschluss v. 21.10.2004 – Verg 17/04; für Unfallversicherungsträger OLG Düsseldorf, Beschluss v. 22.6.2005 – VII-Verg 22/05.

265 *Dörr*, in: Burgi/Dreher, Vergaberecht, § 99 GWB Rn. 58.

266 *Werner*, in: Byok/Jaeger, Vergaberecht, § 99 GWB Rn. 82.

267 VK Südbayern, Beschluss v. 27.3.2014 – Z3-3-3194-1-01-01/14, Rn. 163 f.; *Zeiss*, in: Heiermann/Zeiss/Summa, Vergaberecht, § 99 GWB Rn. 150; *Pünder*, in: Pünder/Schellenberg, Vergaberecht, § 99 GWB Rn. 59; *Wieddekind*, in: Willenbruch/Wieddekind, Vergaberecht, § 99 GWB Rn. 43.

95 Ein ausreichender Einwirkungsgrad ist gegeben, wenn die Befugnis besteht, Leitungsorgane ihres Amtes zu entheben und einen Verwalter zu ernennen, da sie zur **Geschäftspolitik** und nicht zur bloßen Rechtmäßigkeitskontrolle gehören.[268] Die Möglichkeit der Einwirkung auf die Vergabepolitik des Unternehmens insgesamt ist ausreichend.[269] Dazu kann auch die Überwachung hinreichend detaillierter Regelungen für die Geschäftsführung zählen, sofern dies zu einer ständigen Kontrolle führt.[270] Nicht erforderlich ist eine „Kontrolle wie über eine eigene Dienststelle", wie sie im Rahmen der In-House-Vergabe vorliegen muss.[271]

96 Die Frage nach dem Bestehen von für § 99 Nr. 2 Hs. 1 lit. b GWB ausreichenden Aufsichtsbefugnissen wird teils unter Rückgriff auf die **Vermutungsregelung** des § 17 Abs. 2 AktG beantwortet.[272] Bei Vorliegen der Voraussetzungen wird in der Regel bereits § 99 Nr. 2 Hs. 1 lit. a GWB gegeben sein. Möglich ist auch die Heranziehung von Art. 3 Abs. 2 lit. b FKVO. Dieser stellt auf den „bestimmenden Einfluss" ab, der gegeben ist, wenn auf die geschäftspolitischen Entscheidungen in Form der Durchsetzung und Anordnung von Maßnahmen Einfluss genommen werden kann.[273] Diese Vermutung muss auch für das Vergaberecht gelten.[274] Damit steht es der Verwirklichung des Merkmals der Leitung über die Aufsicht nicht entgegen, wenn die öffentliche Hand nur eine Minderheitenbeteiligung an dem Unternehmen innehat.[275] Insgesamt ist auf eine Zusammenschau an bestehenden Einflussmöglichkeiten abzustellen.[276]

97 Bei **juristischen Personen des privaten Rechts** kommt die Variante des § 99 Nr. 2 Hs. 1 lit. b GWB nur selten zur Anwendung. Die Aufsicht über die Leitung erfolgt durch die gesetzlichen Organe.[277] Üben öffentliche Auftraggeber eine Allein- oder Mehrheitsgesellschafterstellung aus, werden bereits die Tatbestandsvarianten i.S.d. § 99 Nr. 2 Hs. 1 lit. a und c GWB vorliegen. Ist die öffentliche Hand jedoch nur Minderheitsgesellschafter, kann die Aufsichtsbefugnis über die Leitung auch aus vertraglichen Gestaltungen folgen.[278] Daneben können sich Einwirkungsmöglichkeiten aus dem Gesetz ergeben.[279] Die Voraussetzung des § 99 Nr. 2 Hs. 1 lit. b GWB kann auch im Fall der Beleihung juristischer Personen des Privatrechts mit Hoheitsrechten gegeben sein.[280]

98 Im Rahmen der Prüfung von § 99 Nr. 2 Hs. 1 lit. b GWB sind auch Fälle staatlicher Beherrschung im Rahmen von **Holdingstrukturen** erfasst.[281] Unternehmen, die die sonstigen Voraussetzungen der Vorschrift erfüllen, aber durch eine Holdinggesellschaft des öffentlichen Auftraggebers gehalten werden, erfüllen nicht die Anforderungen im Hinblick auf eine Finanzierung durch den Auftraggeber; mithin erhalten sie finanzielle Zuwendungen regelmäßig nur durch die Holdinggesellschaft. Ein ausreichendes Maß an öffentlicher Einflussnahme liegt allerdings schon deshalb vor, weil der öffentliche Auftraggeber als überwiegender oder alleini-

268 EuGH, Urteil v. 1.2.2001 – Rs. C-237/99 (Kommission/Frankreich), Rn. 54 f.
269 OLG Düsseldorf, Beschluss v. 19.6.2013 – VII-Verg 55/12, Rn. 38; Beschluss v. 30.4.2003 – VII-Verg 67/02, Rn. 29.
270 EuGH, Urteil v. 1.2.2001 – Rs. C-237/99 (Kommission/Frankreich), Rn. 52.
271 EuGH, Urteil v. 18.11.1999 – Rs. C-107/98 (Teckal), Rn. 50; umfassend zur In-House-Vergabe *Knauff*, EuZW 2014, 486 ff.
272 *Ziekow*, VergabeR 2003, 483 (501); zurückhaltend *Bungenberg/Schelhaas*, in: Gabriel/Mertens/Prieß/Stein, Vergaberecht, § 99 GWB Rn. 85; *Buhr*, Die Richtlinie 2004/18/EG und das deutsche Vergaberecht, S. 85; *Dietlein*, NZBau 2002, 136 (141); *Dreher*, DB 1998, 2579 (2583); dazu *Werner*, in: Byok/Jaeger, Vergaberecht, § 99 GWB Rn. 74.
273 Vgl. dazu *Körber*, in: Immenga/Mestmäcker, Wettbewerbsrecht, Art. 3 FKVO Rn. 27 ff.
274 *Bungenberg*, in: Loewenheim/Meessen/Riesenkampff, Kartellrecht, § 98 GWB Rn. 32; *Pünder*, in: Pünder/Schellenberg, Vergaberecht, § 99 GWB Rn. 56; *Buhr*, Die Richtlinie 2004/18/EG und das deutsche Vergaberecht, S. 85 f.
275 *Werner*, in: Byok/Jaeger, Vergaberecht, § 99 GWB Rn. 81; *Pünder*, in: Pünder/Schellenberg, Vergaberecht, § 99 GWB Rn. 57.
276 EuGH, Urteil v. 1.2.2001 – Rs. C-237/99 (Kommission/Frankreich), Rn. 48, 59; *Dreher*, NZBau 2005, 297 (300 Fn. 27); ausführlich *Puhl*, Grundfragen des kartellvergaberechtlichen Auftraggeberbegriffs, S. 165 ff.
277 *Dreher*, in: Immenga/Mestmäcker, Wettbewerbsrecht, § 99 GWB Rn. 86.
278 OLG Düsseldorf, Beschluss v. 19.6.2013 – VII-Verg 55/12, Rn. 38 ff.; Beschluss v. 13.8.2007 – VII-Verg 16/07 (Endlager Konrad), Rn. 11 ff.; Beschluss v. 30.4.2003 – VII-Verg 67/02, Rn. 30 f.
279 EuGH, Urteil v. 1.2.2001 – Rs. C-237/99 (Kommission/Frankreich), Rn. 53.
280 *Dreher*, in: Immenga/Mestmäcker, Wettbewerbsrecht, § 99 GWB Rn. 86.
281 *Masing*, in: Reidt/Stickler/Glahs, Vergaberecht, § 99 GWB Rn. 59.

ger Eigentümer der Holdinggesellschaft auch über die Handlungen der Tochtergesellschaften bestimmen kann.[282]

Nicht von Bedeutung ist die Frage, ob die aufsichtführende Körperschaft die ihr zustehende Befugnis tatsächlich ausübt. Schon allein die Möglichkeit einer Beeinflussung bedeutet regelmäßig eine ständige Kontrolle, welche ein an die **staatlichen Bedürfnisse angepasstes Beschaffungsverhalten** wahrscheinlich werden lässt.[283] Für eine solche Bewertung spricht auch eine Betrachtung der für die Auslegung relevanten englischen und französischen Fassungen des Art. 2 Abs. 1 Nr. 4 lit. c RL 2014/24 EU.[284] Diese verlangen lediglich, dass der potentielle Auftraggeber der staatlichen Aufsicht „unterstehen" müsse. Dass diese Aufsicht auch ausgeübt wird, wird nicht gefordert. 99

c) Bestimmung der Mitglieder eines zur Geschäftsführung oder zur Aufsicht berufenen Organs (Hs. 1 lit. c)

Ein Zurechnungstatbestand ist nach § 99 Nr. 2 Hs. 1 lit. c GWB auch gegeben, wenn „mehr als die Hälfte der Mitglieder eines ihrer zur Geschäftsführung oder zur Aufsicht berufenen Organe [der Einrichtung] durch Stellen nach Nummer 1 oder 3 bestimmt worden sind". 100

Die Vorschrift regelt Fälle, in denen der potenzielle staatliche Einfluss sich aus der Besetzung der wesentlichen **Organe** ergibt.[285] Erfasst sind einerseits die gesetzlichen Vertretungs- und Aufsichtsorgane (Aufsichtsrat, Geschäftsführung) und andererseits fakultative Aufsichts- oder Beiräte, sofern sie nach der Satzung oder dem Gesellschaftsvertrag Einfluss auf die Geschäftspolitik und insbesondere das Vergabeverfahren ausüben können.[286] Ein Einbezug Letzterer gebietet schon die funktionale Auslegung des Tatbestandsmerkmals. Die Bestimmung rein beratender Organe genügt nicht.[287] 101

Nach dem Wortlaut bedarf es einer **tatsächlichen Bestimmung** der Mitglieder, d.h. eines Auswahlaktes der Gremienbesetzungen.[288] Die bloße vertragliche oder gesetzliche Möglichkeit einer Bestimmung, ohne dass hiervon Gebrauch gemacht wurde, ist nicht ausreichend.[289] Mehrere öffentliche Auftraggeber können die Mitglieder auch gemeinsam bestimmen, vorausgesetzt, die bestimmten Organmitglieder stellen die Mehrheit dar.[290] 102

Nach dem Wortlaut genügt eine **Besetzung** der Leitungs- oder der Aufsichtsebene.[291] Einer Weisungsabhängigkeit bedarf es nicht.[292] 103

Die öffentlichen Auftraggeber müssen die „**Mehrheit**" der Mitglieder des zur Geschäftsführung oder Aufsicht berufenen Organs bestimmen. Die Voraussetzung ist erfüllt, wenn mehr als die Hälfte der vorgesehenen Mitgliederzahl bestimmt wird.[293] Liegt eine mehrheitliche Organbesetzung vor, so wird vermutet, dass die öffentlichen Auftraggeber auf die Beschaffungsentscheidung Einfluss nehmen können.[294] Ausreichend ist ebenfalls, wenn sich die Einflussmöglichkeit erst aus einer Kombination mehrere rechtlichen und faktischen Faktoren ergibt.[295] Das Merkmal der mehrheitlichen Organmitglieder erfordert im Hinblick auf das 104

282 *Burgi*, NZBau 2004, 181 (186).
283 EuGH Urteil v. 1.2.2001 – Rs. C-237/99 (Kommission/Frankreich), Rn. 56.
284 *Dörr*, in: Burgi/Dreher, Vergaberecht, § 99 GWB Rn. 59.
285 *Dörr*, in: Burgi/Dreher, Vergaberecht, § 99 GWB Rn. 60.
286 *Dörr*, in: Burgi/Dreher, Vergaberecht, § 99 GWB Rn. 60; *Reider*, in: Säcker, Wettbewerbsrecht, § 99 GWB Rn. 20; *Dietlein*, NZBau 2002, 136 (141).
287 *Pünder*, in: Pünder/Schellenberg, Vergaberecht, § 99 GWB Rn. 63.
288 *Dörr*, in: Burgi/Dreher, Vergaberecht, § 99 GWB Rn. 61; *Masing*, in: Reidt/Stickler/Glahs, Vergaberecht, § 99 GWB Rn. 63.
289 *Dörr*, in: Burgi/Dreher, Vergaberecht, § 99 GWB Rn. 60; *Reider*, in: Säcker, Wettbewerbsrecht, § 99 GWB Rn. 21; *Dietlein*, NZBau 2002, 136 (141).
290 *Dörr*, in: Burgi/Dreher, Vergaberecht, § 99 GWB Rn. 18; *Dreher*, in: Immenga/Mestmäcker, Wettbewerbsrecht, § 99 GWB Rn. 86.
291 *Reider*, in: Säcker, Wettbewerbsrecht, § 99 GWB Rn. 21.
292 *Zeiss*, in: Heiermann/Zeiss/Summa, Vergaberecht, § 99 GWB Rn. 78.
293 *Dörr*, in: Burgi/Dreher, Vergaberecht, § 99 GWB Rn. 62.
294 *Pünder*, in: Pünder/Schellenberg, Vergaberecht, § 99 GWB Rn. 63.
295 *Wieddekind*, in: Willenbruch/Wieddekind, Vergaberecht, § 99 GWB Rn. 45.

deutsche Gesellschafts- und Mitbestimmungsrecht einer teleologischen Erweiterung.[296] Wenn nach § 7 Abs. 1 MitbestG die Anteilseigner die Hälfte der Aufsichtsratsmitglieder benennen, genügt dies wegen des Zweitstimmenrechts des Aufsichtsratsvorsitzenden (§ 29 Abs. 2 S. 1 MitbestG).[297]

IV. Auftraggeber „sui generis"?

105 Nach einer vom OLG Düsseldorf[298] entwickelten Ansicht soll eine Einrichtung auch dann dem Vergaberecht unterliegen, wenn die Voraussetzungen des § 99 GWB nicht vorliegen. Voraussetzung für eine solche Einstufung ist, dass ein staatlicher Auftraggeber einer juristischen Person vertraglich eine **Aufgabe überträgt**, zu der eigentlich er verpflichtet gewesen wäre (etwa soziale Transferleistungen §§ 5, 6, 33, 41 ff. SGB IX). Grundlage dieser Rechtsprechung, welche noch auf Basis der RL 2004/18/EG ergangen ist, ist zunächst die Feststellung, dass die Frage, ob ein öffentlicher Auftraggeber im Sinne des § 98 GWB a.F. vorliegt, nicht zur Disposition desselbigen stehen dürfe. Dem Vergaberecht könne nur Geltung verschafft werden, wenn Aufträge, die zur Erfüllung einer öffentlich-rechtlichen Pflicht erteilt werden, vom Vergaberecht umfasst sind. Der öffentliche Auftraggeber müsse daher eine entsprechende Vertragsklausel verwenden, die die Verpflichtung zur öffentlichen Ausschreibung regelt. Andernfalls würde eine entsprechende Pflicht, wie im vom Gericht zu bewertendem Fall, fingiert werden. Dogmatisch begründete das Gericht diese Bewertung damit, dass die praktische Wirksamkeit der RL 2004/18/EG im Sinne des „effet utile" nur so sichergestellt sei. Dies ergebe sich auch aus einer analogen Anwendung des § 98 Nr. 6 GWB a.F. bzw. der Anwendung des darin enthaltenen Rechtssatzes.

106 Diese Rechtsprechung ist zu Recht auf **Bedenken** gestoßen.[299] So bedarf es einer richtlinienkonformen Auslegung im Sinne des „effet utile" Grundsatzes schon deshalb nicht, weil sowohl die RL 2004/18/EG als auch die RL 2014/24/EU sich lediglich auf einen öffentlichen Auftraggeber beziehen.[300] Eine Verpflichtung Dritter ist nicht vorgesehen. Gegen die vom OLG Düsseldorf entworfene Rechtsprechung spricht auch, dass gerade weil die Stellung als Auftraggeber nicht zur Disposition desselbigen steht, eine entsprechende vertragliche Vereinbarung nicht in Frage kommen sollte.[301] Auch die Annahme einer planwidrigen Regelungslücke ist abzulehnen. Ausweislich des § 99 Abs. 4 GWB n.F. (§ 98 Nr. 6 GWB a.F.) war es dem Gesetzgeber bei Schaffung der Norm bewusst, dass es Fälle geben kann, in denen nicht-öffentliche Auftraggeber aufgrund einer vertraglichen Vereinbarung eine eigentlich dem öffentlichen Auftraggeber obliegende Aufgabe erledigen. Es kann deshalb angenommen werden, dass eine entsprechende Norm erlassen worden wäre, wenn der Gesetzgeber dies für nötig erachtet hätte.

107 Eine Übertragung dieser Rechtsprechung auf **andere Fallgestaltungen** erscheint möglich. Voraussetzung wäre, dass eine juristische Person des Privatrechts aufgrund einer vertraglichen Vereinbarung mit einem Auftraggeber im Sinne von § 99 Nr. 1 GWB einen Auftrag vergibt, der, würde der öffentliche Auftraggeber ihn selber abschließen, vergaberechtliche Relevanz haben würde. Dazu ist allerdings zu bemerken, dass weder das OLG Düsseldorf noch die ihm nachgeordneten Vergabekammern über die initiale Entscheidung hinaus erneut mit dem Begriff gearbeitet haben.

---

296 *Dörr*, in: Burgi/Dreher, Vergaberecht, § 99 GWB Rn. 62; *Dreher*, in: Immenga/Mestmäcker, Wettbewerbsrecht, § 99 GWB Rn. 91.
297 *Dörr*, in: Burgi/Dreher, Vergaberecht, § 99 GWB Rn. 62.
298 OLG Düsseldorf, Beschluss. v. 15.7.2015 – VII-Verg 11/15.
299 OLG Celle, Beschluss v. 13.10.2016 – 13 Verg 6/16; Willenbruch, VergabeR 2016, 237 (238).
300 *Lausen*, jurisPR-Verg 1/2017 Anm. 4.
301 *Eschenbruch*, in: Röwekamp/Kus/Portz/Prieß, GWB-Vergaberecht, § 99 Rn. 200.

V. Mediatisierte Staatsverbundenheit (Hs. 2)

§ 99 Nr. 2 Hs. 2 GWB regelt die Fälle, in denen ein öffentlicher Auftraggeber nach § 99 Nr. 2 Hs. 1 GWB einem anderen Auftraggeber einzeln oder gemeinsam mit anderen öffentlichen Auftraggebern die überwiegende Finanzierung gewährt, über deren Leitung die Aufsicht ausübt oder die Mehrheit eines zur Geschäftsführung oder Aufsicht berufenen Organs bestimmt hat. Die besondere Staatsbezogenheit der juristischen Person ergibt sich nicht durch eine unmittelbare Beherrschung durch einen institutionellen öffentlichen Auftraggeber i.S.d. § 99 Nr. 1 oder 3 GWB, sondern mittelbar durch die Zwischenschaltung eines funktionalen Auftraggebers i.S.d. § 99 Nr. 2 GWB, über den die institutionellen Auftraggeber ihre Beherrschung ausüben.[302] Dieser Tatbestand verhindert, dass die Qualifikation eines Auftraggebers nach § 99 Nr. 2 GWB durch gesellschaftliche Ausgliederungen umgangen wird.[303] 108

Mit der Aufnahme der von § 99 Nr. 2 Hs. 1 lit. b GWB in den Text der Vorschrift bedarf es nunmehr keiner Entscheidung mehr darüber, ob die Vorschrift wegen des Wortlauts von Art. 2 Abs. 1 Nr. 4 lit. c RL 2014/24/EU **richtlinienkonform** ausgelegt werden muss[304] oder die Richtlinie unmittelbar anzuwenden ist.[305] Dieser Streit bestand in Fällen, in denen ein öffentlicher Auftraggeber gemäß § 99 Nr. 2 GWB zugleich die Aufsicht über die Leitung einer juristischen Person inne hatte. Nach wie vor ist jedoch § 99 Nr. 2 Hs. 2 GWB dahingehend richtlinienkonform auszulegen, dass die Beherrschung nur zusammen durch öffentliche Auftraggeber i.S.d. § 99 Nr. 1 und/oder 3 GWB erfolgt. Eine richtlinienkonforme Auslegung scheitert nicht am engen Wortlaut der deutschen Norm des § 99 Nr. 2 Hs. 2 GWB.[306] 109

VI. Praxisentscheidungen

Als öffentliche Einrichtungen i.S.d. Voraussetzungen des § 99 Nr. 2 GWB hat die Rechtsprechung etwa eingeordnet: 110

- Bayerische Rote Kreuz,[307]
- Bekleidungsmanagement Bundeswehr,[308]
- Berufsgenossenschaften,[309]
- Bestattungsunternehmen,[310]
- Betreiber einer kommunalen EDV-Zentrale zur Unterstützung der Verwaltungstätigkeit der beteiligten Unternehmen, insofern im geringen Umfang auch Dritte versorgt werden,[311]
- Bremische Großmarkt-GmbH,[312]
- DB-Netz AG,[313]
- Deutsche Gesellschaft für Technische Zusammenarbeit mbH,[314]

---

302 *Dreher*, in: Immenga/Mestmäcker, Wettbewerbsrecht, § 99 GWB Rn. 93; *Pünder*, in: Pünder/Schellenberg, Vergaberecht, § 99 GWB Rn. 65.

303 *Reider*, in: Säcker, Wettbewerbsrecht, § 99 GWB Rn. 22.

304 *Dreher*, in: Immenga/Mestmäcker, Wettbewerbsrecht, § 99 GWB Rn. 94; *Pünder*, in: Pünder/Schellenberg, Vergaberecht, § 99 GWB Rn. 66; *Masing*, in: Reidt/Stickler/Glahs, Vergaberecht, § 99 GWB Rn. 67 f.

305 *Dörr*, in: Burgi/Dreher, Vergaberecht, § 99 GWB Rn. 64; *Bungenberg/Schelhaas*, in: Gabriel/Mertens/Stein/Prieß, § 99 GWB Rn. 96.

306 Nun zustimmend *Dörr*, in: Burgi/Dreher, Vergaberecht, § 99 GWB Rn. 65; ebenso *Dreher*, in: Immenga/Mestmäcker, Wettbewerbsrecht, § 99 GWB Rn. 94; *Bungenberg*, in: Loewenheim/Meesen/Riesenkampff, Kartellrecht, § 98 GWB Rn. 34.

307 VK Südbayern, Beschluss v. 27.3.2014 – Z3-3-3194-1-01-01/14, Rn. 160, 185; anders noch BayObLG, Beschluss v. 10.9.2002 – Verg 23/02, Rn. 10, 12.

308 OLG Düsseldorf, Beschluss v. 30.4.2003 – VII-Verg 67/02, Rn. 23 bis 37.

309 VK Südbayern, Beschluss v. 7.3.2014 – Z3-3-3194-1-02-01/14, Rn. 88.

310 EuGH, Urteil v. 27.2.2003 – Rs. C-373/00 (Adolf Truley).

311 OLG Celle, Beschluss v. 14.9.2006 – 13 Verg 3/06, Rn. 10 bis 15.

312 VK Bremen, Beschluss v. 23.8.2001 – VK 3/01, Rn. 66 bis 82.

313 OLG Düsseldorf, Beschluss v. 30.11.2009 – VII-Verg 41/09; VK Bund, Beschluss v. 21.1.2004 – VK 2-126/03.

314 VK Bund, Beschluss v. 11.9.2002 – VK 2-42/02.

- Deutsche Gesellschaft zum Bau und Betrieb von Endlagern für Abfallstoffe,[315]
- Deutsche Welle,[316]
- Einrichtung zur Sportausübung,[317]
- Private Förderschule aufgrund der umfangreichen staatlichen Fach- und Rechtsaufsicht,[318]
- Gemeinde-Unfallversicherungen,[319]
- Staatliche Glücksspielunternehmen,[320] insbesondere Gemeinsame Klassenlotterie der Länder,[321]
- Handwerkskammern,[322]
- Informationstechnik-Unternehmen für die Bundeswehr,[323]
- Krankenhaus, dessen Anteile von einer Stadtgemeinde gehalten werden,[324] und eine griechische Krankenhausgesellschaft[325] sowie das Institut für das Entgeltsystem im Krankenhaus[326], Universitätskliniken[327] sowie ein akademisches Lehrkrankenhaus[328], privatrechtliche Betreibergesellschaft eines Krankenhauses,[329]
- Gesetzliche Krankenkassen,[330]
- Landesbanken[331] bis zum Jahr 2005 (heute kann es wegen der grundlegenden Neuordnung des Banksektors an der Nichtgewerblichkeit fehlen)[332],
- Landesentwicklungsgesellschaften,[333]
- Landesversicherungsanstalten,[334]
- Landwirtschaftskammern,[335]

---

315 OLG Düsseldorf, Beschluss v. 13.8.2007 – VII-Verg 16/07, Rn. 7.

316 VK Bund, Beschluss v. 3.4.2006 – VK 2-14/06; Beschluss v. 19.10.2004 – VK 3-191/04.

317 VK Düsseldorf, Beschluss v. 11.2.2004 – VK 43/2003.

318 VK Südbayern, Beschluss v. 4.9.2017 – Z3-3-3194-1-31-06/17, Rn. 180.

319 VK Rheinland-Pfalz, Beschluss v. 1.2.2005 – VK 01/05.

320 VK Münster, Beschluss v. 24.6.2002 – VK 03/02. Zur Unionsrechtswidrigkeit des deutschen Glücksspielmonopols aber EuGH, Urteil v. 8.9.2010 – Rs. C-46/08 (Carmen Media Group).

321 OLG Hamburg, Beschluss v. 31.3.2014 – 1 Verg 4/13, Rn. 43.

322 VK Bund, Beschluss v. 16.11.2018 – VK 1 - 99/18; VK Rheinland-Pfalz, Beschluss v. 22.10.2010 – VK 2-34/10; VK Baden-Württemberg, Beschluss v. 28.12.2009 – 1 VK 61/09; im Hinblick auf die EuGH-Rechtsprechung ablehnend *Pielow/Booz*, GewArch 2015, 12 ff.; siehe zum Meinungsstand auch *Steiling*, NZBau 2012, 146 (147) m.w.N.

323 OLG Düsseldorf, Beschluss v. 19.6.2013 – VII-Verg 55/12, Rn. 21.

324 VK Niedersachen, Beschluss v. 17.8.2009 – VgK-36/2009.

325 EuGH, Urteil v. 14.6.2007 – Rs. C-6/05 (Medipac-Kazantzidis).

326 OLG Düsseldorf, Beschluss v. 29.4.2015 – VII-Verg 35/14.

327 VK Baden-Württemberg, Beschluss v. 16.11.2004 – VK 69/04; Beschluss v. 23.12.2009 – 1 VK 63/09.

328 OLG Naumburg, Beschluss v. 17.2.2004 – 1 Verg 15/03 (Krankenhaus-Catering).

329 OLG Naumburg, Beschluss v. 17.2.2004 – 1 Verg 15/03; vgl. auch OLG Saarbrücken, Beschluss v. 20.9.2006 – 1 Verg 3/06; VG München, Urteil v. 17.10.2007 – M 7 K 05.5966 (Kreisklinik); VK Baden-Württemberg, Beschluss v. 17.6.2011 – 1 VK 29/11 (Kreisklinik).

330 EuGH, Urteil v. 11.6.2009 – Rs. C-300/07 (Oymanns), Rn. 50 bis 57; OLG Düsseldorf, Beschluss v. 23.5.2007 – VII-Verg 50/06 (EuGH-Vorlage); vgl. auch OLG Düsseldorf, Beschluss v. 19.12.2007 – VII-Verg 51/07; LSG Nordrhein-Westfalen, Beschluss v. 28.4.2009 – L 21 KR 40/09 SFB; VK Bund, Beschluss v. 18.12.2009 – VK 1–209/09; Beschluss v. 12.11.2009 – VK 3-193/09; Beschluss v. 27.8.2008 – VK 1-102/08; Beschluss v. 14.9.2007 – VK 1-101/07; Beschluss v. 9.5.2007 – VK 1-26/07; Beschluss v. 5.9.2001 – VK 1-23/01; VK Mecklenburg-Vorpommern, Beschluss v. 25.1.2008 – 2 VK 5/07; Beschluss v. 12.11.2007 – 1 VK 6/07; VK Düsseldorf, Beschluss v. 31.10.2007 – VK-31/07; Beschluss v. 31.8.2006 – VK-38/2006; VK Hamburg, Beschluss v. 21.4.2004 – VgK FB 1/04; dagegen noch BayObLG, Beschluss v. 24.5.2004 – Verg 6/04.

331 Vgl. z. B VK Münster, Beschluss v. 24.6.2002 – VK 03/02; VK Baden-Württemberg, Beschluss v. 6.6.2001 – 1 VK 6/01; weitere Nachweise *Zeiss*, in: Heiermann/Zeiss/Summa, Vergaberecht, § 99 GWB Rn. 91.

332 Z. B. für Sparkassen OLG Rostock, Beschluss v. 15.6.2005 – 17 Verg 3/05.

333 VK Baden-Württemberg, Beschluss v. 6.6.2001 – 1 VK 6/01.

334 BayObLG, Beschluss v. 21.10.2004 – Verg 17/04; VK Niedersachsen, Beschluss v. 10.3.2003 – 203-VgK-01/2003; grundsätzlich auch VK Baden-Württemberg, Beschluss v. 27.12.2004 – 1 VK 79/04.

335 OLG Düsseldorf, Beschluss v. 2.6.2010 – VII-Verg 7/10.

- Messegesellschaften sind in einiger Regelmäßigkeit Gegenstand gerichtlicher Verfahren. Dass die staatlichen Messegesellschaften im Allgemeininteresse handeln ist anerkannt. [336] Problematisch ist dabei die Frage der Nichtgewerblichkeit. Dazu wird darauf abgestellt, ob die Gesellschaft das wirtschaftliche Risiko ihrer Tätigkeit trifft. Das wird immer dann zu verneinen sein, wenn die Gesellschaft mit der dahinterstehenden Gebietskörperschaft eine Verlustausgleichsvereinbarung getroffen hat.[337]
- Kommunale Nahverkehrsunternehmen,[338]
- Private Projektgesellschaft zur Ausführung eines öffentlich ausgeschriebenen ÖPP-Projekts, die auf der Unterauftragsebene tätig wurde (BWI-Services)[339],
- Projektgesellschaften zur Realisierung von Bauvorhaben,[340]
- Öffentlich-rechtliche Religionsgemeinschaften (umstritten),[341]
- Öffentlich-rechtliche Rundfunkanstalten,[342]
- Stadtreinigungsbetriebe,[343]
- Strafvollzugsanstalten,[344]
- Kommunale Unfallversicherungsträger,[345]
- Universitäten[346], Hochschulen[347] und Studentenwerke[348],
- Verband der privaten Krankenversicherung und Deutsche Krankenhausgesellschaft[349] und
- Wirtschaftsförderungsgesellschaften zur wirtschaftlichen und sozialen Entwicklung einer Gemeinde.[350]
- Umstritten bei staatlichen Wohnungsbauunternehmen. Teile der Rechtsprechung bejahen das Merkmal.[351] Sie verweisen dabei im Wesentlichen darauf, dass sozialer Wohnungsbau als Ausprägung des Sozialstaatsprinzips im Allgemeininteresse liege. Dass die Gesellschaften teilweise unter Marktbedingungen agieren würden, könne das nicht ändern. Insbesondere das OLG Hamburg vertritt allerdings, dass Wohnungsbaugesellschaften gewerblich handeln, da auch der Markt für Sozialwohnung nach Marktbedingungen aufgebaut ist.[352]

---

336 EuGH, Urteil v. 10.5.2001 – verb. Rs. C-223/99, C-260/99 (Agorà und Excelsior); OLG Düsseldorf, Beschluss v. 21.3.2018 – VII-Verg 50/16; OLG Hamburg, Beschluss v. 19.12.2003 – 1 Verg 6/03.

337 Zu dem Komplex ausführlich *Byok/Goodarzi*, NVwZ 2006, 281.

338 Vgl. nur BGH, Beschluss v. 19.12.2000 – X ZB 14/00; BayObLG, Beschluss v. 5.11.2002 – Verg 22/02; VK Düsseldorf, Beschluss v. 2.3.2007 – VK-05/2007.

339 OLG Düsseldorf, Beschluss v. 19.6.2013 – VII-Verg 55/12; kritisch und im Ergebnis ablehnend *Roth*, NZBau 2013, 685 ff.

340 EuGH, Urteil v. 22.5.2003 – Rs. C-18/01 (Korhonen).

341 EuGH, Urteil v. 12.12.2002 – Rs. C-470/99 (Universale-Bau), Rn. 56 ff.

342 EuGH, Urteil v. 22.5.2003 – Rs. C-337/06 (Bayerischer Rundfunk); OLG Düsseldorf, Beschluss v. 21.7.2006 – VII-Verg 13/06 (EuGH-Vorlage).

343 KG, Beschluss v. 29.2.2012 – Verg 8/11.

344 EuGH, Urteil v. 16.10.2003 – Rs. C-283/00 (SIEPSA).

345 OLG Düsseldorf, Beschluss v. 22.6.2005 – VII-Verg 22/05; VK Rheinland-Pfalz, Beschluss v. 1.2.2005 – VK 1/05.

346 EuGH, Urteil v. 3.10.2000 – Rs. C-380/98 (University of Cambridge).

347 Vgl. VK Niedersachsen, Beschluss v. 1.2.2008 – VgK 48/07.

348 VK Niedersachsen, Beschluss v. 14.6.2005 – VgK-22/2005.

349 VK Bund, Beschluss v. 24.10.2014 – VK 2-85/14.

350 EuGH, Urteil v. 10.5.2001 – Verb. Rs. C-223/99 und C-260/99 (Agorà und Excelsior), Rn. 34; Urteil v. 22.5.2003 – Rs. C-18/01 (Korhonen), Rn. 45.

351 EuGH, Urteil v 1.2.2001 – Rs. C-237/99; OLG Rostock, Beschluss v. 2.10.2019 – 17 Verg 3/19, Rn. 70; OLG Brandenburg, Beschluss v. 6.12.2016 – 6 Verg 4/16, Rn. 49; OLG Karlsruhe, Urteil v. 17.4.2008 – 8 U 228/06; VK Sachsen, Beschluss v. 11.6.2021 – 1/SVK/006-21, Rn. 79; VK Rheinland-Pfalz, Beschluss v. 21.12.2017 – VK 1 24/17, Rn. 31.

352 OLG Hamburg, Beschluss v. 11.2.2019 – 1 Verg 3/15 Rn. 49.

Eine Auftraggebereigenschaft nach § 99 Nr. 2 GWB lehnte die Rechtsprechung dagegen ab bei:

- Berufskammer der Ärzte,[353]
- Diakoniewerk[354] und
- Kreisvereinigung der Lebenshilfe e.V.[355]

D. Verbände (Nr. 3)

111 Nach § 99 Nr. 3 GWB sind Verbände, deren Mitglieder zumindest zum Teil unter § 99 Nr. 1 oder 2 GWB fallen, auch öffentliche Auftraggeber.[356] Die Regelung entspricht der Vorgängernorm des § 98 Nr. 3 GWB a.F.

112 Es handelt sich um **Verbände** der Gebietskörperschaften sowie der juristischen Personen des öffentlichen und des privaten Rechts.[357] Der Verbandsbegriff erfordert eine gewisse verfestigte Kooperation von öffentlichen Auftraggebern i.S.d. § 99 Nr. 1 oder 2 GWB.[358] Der Verband muss zudem zumindest „Rechtsfähigkeit" besitzen, da anderenfalls keine Beschaffungsverträge abgeschlossen werden können. Damit ist er von den formlosen Einkaufskooperationen mehrerer Auftraggeber zu unterscheiden.

113 Der Anwendungsfall des § 99 Nr. 3 GWB ist **rechtsformunabhängig**.[359] Ebenso wenig kommt es entsprechend der Infizierungstheorie auf die konkrete **Mitgliederzahl** im Fall der gemischten Verbandsmitgliedschaft an. Bereits bei der Mitgliedschaft von zwei Auftraggebern nach § 99 Nr. 1 oder 2 GWB besteht die Gefahr, dass Beschaffungsvorgänge von anderen als wirtschaftlichen Erwägungen getragen sind.[360] In qualitativer Hinsicht setzt die Vorschrift voraus, dass öffentliche Auftraggeber i.S.d. § 99 Nr. 1 und 2 GWB den Verbandszweck prägen.[361]

114 Verbände i.S.d. § 99 Nr. 3 GWB sind zum **Beispiel** kommunale Zweckverbände, etwa Abwasser-, Abfall-, Wasserversorgungs- und Planungsverbände, Schulverbände und Caritasverbände[362] sowie öffentlich-rechtliche Verbände wie Bundesrechtsanwaltskammer, Bundesnotarkammer, kassenärztliche Vereinigungen als auch privatrechtliche Verbände, etwa Bundesärztekammer und Bundesarchitektenkammer.[363] Auch eine BGB-Gesellschaft[364] oder ein eingetragener Verein[365], bestehend aus Gebietskörperschaften, kann selbst öffentlicher Auftraggeber i.S.d. § 99 Nr. 3 GWB sein.

115 **Abgrenzungsschwierigkeiten** können im Verhältnis zu § 99 Nr. 1 GWB bestehen, wenn der Verband ein Zusammenschluss von Gebietskörperschaften ist.[366] Werden die Gebietskörperschaften demokratisch durch die Bewohner legitimiert, wie bei den Landkreisen, handelt es sich um öffentliche Auftraggeber i.S.d. § 99 Nr. 1 GWB. Andernfalls liegen die Voraussetzungen des § 99 Nr. 3 GWB vor.[367] Möglich ist auch, dass sowohl die Voraussetzungen der § 99 Nr. 2 GWB als auch der § 99 Nr. 3 GWB vorliegen. In diesem Fall geht § 99 Nr. 3 GWB – aller-

---

353 EuGH, Urteil v. 12.9.2013 – Rs. C-526/11 (Ärztekammer Westfalen-Lippe), Rn. 30 f.; differenzierend *Heyne*, NVwZ 2014, 621 ff.
354 VK Nordbayern, Beschluss v. 25.10.2001 – 320.VK-3194-35/01 zitiert nach *Eschenbruch*, in: Röwekamp/Kus/Portz/Prieß, GWB-Vergaberecht, § 99 Rn. 20.
355 VK Nordbayern, Beschluss v. 31.7.2014 – 21.VK-3194-25/14, Rn. 50 ff.
356 *Krohn/Schneider*, in: Gabriel/Krohn/Neun, Handbuch Vergaberecht, § 3 Rn. 70.
357 *Wieddekind*, in: Willenbruch/Wieddekind, Vergaberecht, § 99 GWB Rn. 71.
358 *Dörr*, in: Burgi/Dreher, Vergaberecht, § 99 GWB Rn. 101.
359 OLG München, Beschluss v. 20.3.2014 – Verg 17/13, Rn. 119.
360 *Köhler*, VergabeR 2014, 714.
361 So *Dreher*, in: Immenga/Mestmäcker, Wettbewerbsrecht, § 99 GWB Rn. 160.
362 *Werner*, in: Byok/Jaeger, Vergaberecht, § 99 GWB Rn. 98.
363 *Zeiss*, in: Heiermann/Zeiss/Summa, Vergaberecht, § 99 GWB Rn. 108.
364 VK Bremen, Beschluss v. 22.6.2012 – 16 VK 1/12, Rn. 73; *Wieddekind*, in: Willenbruch/Wieddekind, Vergaberecht, § 99 GWB Rn. 71.
365 OLG München, Beschluss v. 20.3.2014 – Verg 17/13, Rn. 119.
366 *Zeiss*, in: Heiermann/Zeiss/Summa, Vergaberecht, § 99 GWB Rn. 106.
367 *Dörr*, in: Burgi/Dreher, Vergaberecht, § 99 GWB Rn. 103.

dings wegen der Geltung gleicher Vergabevorschriften für die Auftraggeber nach § 99 Nr. 1 bis 3 GWB ohne rechtliche Konsequenzen nach sich zu ziehen– als speziellere Norm vor.[368]

E. Subventionierte Auftraggeber (Nr. 4)

Um zu verhindern, dass die Bindungen an das Vergaberecht durch die Verlagerung der Beschaffungsvorgänge an private Dritte umgangen werden, erfasst § 99 Nr. 4 GWB entsprechend des Art. 2 Abs. 1 Nr. 5 RL 2014/24/EU den Fall, in dem öffentliche Auftraggeber Dritte subventionieren, die ihrerseits Aufträge im eigenen Namen vergeben, welche im öffentlichen Interesse liegen.[369] Die Vergabe erfolgt also nicht unmittelbar selbst durch den öffentlichen Auftraggeber, sondern durch von diesem finanzierte Dritte. Letztere werden selbst als öffentliche Auftraggeber eingestuft, wenn die für das Gesamtprojekt erforderlichen Mittel zu mehr als 50 % von Auftraggebern i.S.d. § 99 Nr. 1 bis 3 GWB stammen und es sich um geförderte Projekte i.S.d. § 99 Nr. 4 GWB handelt. Aufträge des Dritten, die unabhängig von den dort aufgeführten Projekten vergeben werden, unterliegen den Bindungen des Vergaberechts nicht. Die sich durch die Finanzierung ergebende besondere Staatsverbundenheit ist damit „projektbezogen". 116

I. Rechtspersönlichkeit

Auftraggeber i.S.d. § 99 Nr. 4 GWB können alle juristischen Personen des privaten sowie seit der Vergaberechtsreform 2009 ausdrücklich des öffentlichen Rechts sein, soweit diese nicht schon unter § 99 Nr. 2 GWB fallen. Daneben gilt die Vorschrift auch für natürliche Personen.[370] 117

II. Geförderte Maßnahme

Es werden nur die in der Norm aufgeführten Bauaufträge und mit ihnen in Verbindung stehende Dienstleistungsaufträge und Wettbewerbe erfasst. Lieferaufträge sind von vornherein ausgenommen. Die Definitionen der Begriffe finden sich in Art. 2 RL 2014/24/EU und § 103 GWB. Für „Bauaufträge" ist diese in Art. 2 Abs. 1 Nr. 6 RL 2014/24/EU (mit Anhang II) und § 103 Abs. 3 GWB, für „Dienstleistungsaufträge" in Art. 2 Abs. 1 Nr. 9 RL 2014/24/EU (mit Anhang XIV) und § 103 Abs. 4 GWB sowie für „Wettbewerbe" in Art. 2 Abs. 1 Nr. 21 RL 2014/24/EU und § 103 Abs. 6 GWB geregelt. Auf die konkrete Überschrift des Vertrages oder dessen Ausgestaltung kommt es nicht an, wenn es sich um ein einschlägiges Bauprojekt oder eine damit in Verbindung stehende Dienstleistung handelt.[371] Tendenziell werden die Tatbestandsmerkmale weit ausgelegt.[372] 118

1. Tiefbaumaßnahmen oder Errichtung bestimmter Bauwerke

Entsprechend der Regelung des Art. 13 RL 2014/24/EU finden die Bindungen des Vergaberechts nur auf Bauaufträge i.S.d. § 103 Abs. 3 GWB Anwendung, die Tiefbaumaßnahmen oder die Errichtung bestimmter Einrichtungen von Krankenhäusern, Sport-, Erholungs- oder Freizeiteinrichtungen, Schul-, Hochschul- und Verwaltungsgebäuden zum Gegenstand haben. Die Aufzählung der Bauvorhaben ist abschließend.[373] 119

---

368 *Eschenbruch*, in: Röwekamp/Kus/Portz/Prieß, GWB-Vergaberecht, § 99 Rn. 282; *Weyand*, Vergaberecht, § 98 GWB Rn. 144.
369 *Werner*, in: Byok/Jaeger, Vergaberecht, § 99 GWB Rn. 102; *Bungenberg/Schelhaas*, in: Gabriel/Mertens/Prieß/Stein, Vergaberecht, § 99 GWB Rn. 103.
370 *Werner*, in: Byok/Jaeger, Vergaberecht, § 99 GWB Rn. 104.
371 *Wieddekind*, in: Willenbruch/Wieddekind, Vergaberecht, § 99 GWB Rn. 86.
372 *Rechten*, NZBau 2014, 667 (670).
373 Vgl. OLG Düsseldorf, Beschluss v. 13.1.2014 – VII-Verg 11/13 (Seniorenhaus B.); BayObLG, Beschluss v. 29.10.2004 – Verg 22/04; VK Brandenburg, Beschluss v. 7.12.2010 – VK 60/10; Beschluss v. 11.3.2009 – VK 7/09; Beschluss v. 13.12.2006 – 1 VK 53/06; VK Bund, Beschluss v. 8.6.2006 – VK 2-114/05; VK Niedersachsen, Beschluss v. 8.11.2002 – 203-VgK-24/2002; VK Berlin, Beschluss v. 15.1.2002 – VK-B2-40/01; *Wieddekind*, in: Willenbruch/Wieddekind, Vergaberecht, § 99 GWB Rn. 77.

120 Ferner muss der Bauauftrag den von der Europäischen Kommission festgelegten **Schwellenwert** überschreiten, den das deutsche Recht in § 106 Abs. 2 Nr. 1 GWB übernimmt. Sofern die nächste Überprüfung der Schwellenwerte durch die Europäische Kommission nach Ablauf von zwei Jahren eine Erhöhung der Schwellenwerte zur Folge hat, sind die unionsrechtlichen Schwellenwerte wegen der nur statischen Übernahme im deutschen Recht unmittelbar anzuwenden.[374]

121 Für die Bestimmung der erfassten **Tiefbauarbeiten** kann nach Art. 13 lit. a sublit. i RL 2014/24/EU auf die Auflistung in Anhang II RL 2014/24/EU zurückgegriffen werden. Dieser führt entsprechend der „statischen Systematik der Wirtschaftszweige" NACE[375] alle Tätigkeiten des Baugewerbes auf. Unter Tiefbaumaßnahmen sind die Planung und Errichtung von Bauwerken an oder unter der Erdoberfläche zu verstehen. Dazu zählen etwa Brunnen- und Schachtbau, Wasserbau, Straßenbau, Erdbau, Eisenbahnbau, Brücken- und Tunnelbau.[376] Tätigkeiten, die im Bergbau anfallen, gehören nicht zu Tiefbaumaßnahmen i.S.d. § 99 Nr. 4 GWB.[377] Auch spezielle Sanierungsmaßnahmen bei der Neuerschließung von Grundstücken können erfasst sein.[378]

122 Daneben beinhaltet § 99 Nr. 4 GWB die Errichtung von **Krankenhäusern, Sport-, Erholungs- oder Freizeiteinrichtungen, Schul-, Hochschul-** oder **Verwaltungsgebäuden**. Die Begriffe sind anhand ihres Nutzungszwecks, unabhängig von einer bestimmten Gebäudeart zu bestimmen und extensiv auszulegen.[379] Zu den Krankenhäusern zählen auch Altenpflegeheime, die pflegerische und medizinische Versorgung gewährleisten.[380] Unter die Schulgebäude fallen auch Berufsschulen.[381] Ebenfalls erfasst sind Privatschulen, nicht aber Gebäude, in denen nur gelegentlich Unterrichtseinheiten abgehalten werden.[382] Betroffen sind ebenso Gebäude, die in einem untrennbaren Zusammenhang mit den aufgeführten Projekten stehen. Der Bau eines Studentenwohnheims, der eng mit einem Hochschulbetrieb verbunden ist, ist etwa als Hochschulgebäude zu qualifizieren.[383] Bühnen, Opernhäuser oder Museen, Ausstellungszentren, Bibliotheken oder Theater sind unter die Kategorie der Freizeit- oder Bildungseinrichtungen zu subsumieren.[384] Als Verwaltungsgebäude sind alle Bauwerke zu verstehen, die in Abgrenzung zum rein privaten und wirtschaftlichen Interesse, einem Allgemeininteresse zu dienen bestimmt sind.[385]

123 Der Begriff der **Errichtung** bezieht sich nicht nur auf die Schaffung eines Neubaus, sondern beinhaltet entsprechend dem Oberbegriff des Bauauftrags nach Art. 13 RL 2014/24/EU sämtliche Bauaufträge und damit auch An- und Umbauten oder Renovierungsarbeiten.[386] Nach dem Sinn und Zweck der Richtlinie, Transparenz und Wettbewerb zu gewährleisten, ist es ohne Belang, ob die Gebäude neu errichtet oder erneuert werden.[387]

---

374 *Dörr*, in: Burgi/Dreher, Vergaberecht, § 99 GWB Rn. 101; allgemein zur unmittelbaren Anwendbarkeit des Vergabesekundärrechts gegenüber privatrechtlich organisierten öffentlichen Auftraggebern EuGH, Urteil v. 12.12.2013 – Rs. C-425/12 (Portgás), Rn. 38; siehe dazu *Röbke*, NZBau 2014, 609 ff.

375 Nomenclature statistique des activités économiques dans les Communautés européennes.

376 VK Brandenburg, Beschluss v. 21.12.2004 – VK 64/04.

377 VK Thüringen, Beschluss v. 6.2.2015 – 250-4004-8454/2014-E-069-WE, juris Rn. 107, 121.

378 *Dörr*, in: Burgi/Dreher, Vergaberecht, § 99 GWB Rn. 112.

379 VK Nordbayern, Beschluss v. 30.9.2015 – 21.VK-3194-33/15, Rn. 39; *Zeiss*, in: Heiermann/Zeiss/Summa, Vergaberecht, § 99 GWB Rn. 127; *Wieddekind*, in: Willenbruch/Wieddekind, Vergaberecht, § 99 GWB Rn. 77.

380 So OLG Düsseldorf, Beschluss v. 13.1.2014 – VII-Verg 11/13.

381 Vgl. BayObLG, Beschluss v. 29.10.2004 – Verg 22/04.

382 *Dörr*, in: Burgi/Dreher, Vergaberecht, § 99 GWB Rn. 114.

383 OLG München, Beschluss v. 10.11.2010 – Verg 19/10 (Baustelleneinrichtung); VK Nordbayern, Beschluss v. 30.9.2015 – 21 VK-3194-33/15, juris Rn. 39.

384 *Masing*, in: Reidt/Stickler/Glahs, Vergaberecht, § 99 GWB Rn. 101; *Wieddekind*, in: Willenbruch/Wieddekind, Vergaberecht, § 99 GWB Rn. 82; a.A. *Werner*, in: Byok/Jaeger, Vergaberecht, § 99 GWB Rn. 105.

385 *Pünder*, in: Pünder/Schellenberg, Vergaberecht, § 99 GWB Rn. 76.

386 OLG Jena, Beschluss v. 30.5.2002 – 6 Verg 3/02; VK Niedersachsen, Beschluss v. 28.7.2011 – VgK 27/2011; *Werner*, in: Byok/Jaeger, Vergaberecht, § 99 GWB Rn. 105; *Bungenberg/Schelhaas*, in: Gabriel/Mertens/Prieß/Stein, Vergaberecht, § 99 GWB Rn. 106; *Reider*, in: Säcker, Wettbewerbsrecht, § 99 GWB Rn. 51.

387 *Dörr*, in: Burgi/Dreher, Vergaberecht, § 99 GWB Rn. 115.

2. In Verbindung stehende Dienstleistungen und Wettbewerbe

Dienstleistungsaufträge und Wettbewerbe unterfallen nur dann der Vorschrift des § 99 Nr. 4 GWB, wenn diese mit den aufgezählten Bauvorhaben in Verbindung stehen. Hierunter sind etwa die Vergabe von Architekten- oder Ingenieurleistungen zu verstehen.[388] Demgegenüber heißt es in Art. 13 lit. b RL 2014/24/EU, dass die Dienstleistungsaufträge mit einem aufgelisteten Bauauftrag verbunden sind. 124

Das Merkmal der bestehenden **Verbindung** bedeutet, dass auch das Bauvorhaben überwiegend subventioniert sein muss. Die Vorschrift findet keine Anwendung auf isolierte Dienstleistungsaufträge, die zu mehr als 50 Prozent von einem öffentlichen Auftraggeber subventioniert sind.[389] Die überwiegende Subventionierung muss sich also sowohl auf das Bauvorhaben als auch auf die Dienstleistung beziehen.[390] Dies ergibt sich zwar nicht direkt aus dem Normtext, wohl aber bei einer Betrachtung von Art. 13 S. 1 lit. b RL 2014/24/EU. Insofern ist hier eine richtlinienkonforme Auslegung der Vorschrift nötig. 125

In Anknüpfung an Art. 13 RL 2014/24/EU unterfallen der Vorschrift nur Dienstleistungsaufträge, die den jeweiligen **Schwellenwert** überschreiten. 126

III. Subvention in Höhe von mehr als 50 Prozent

Die von § 99 Nr. 4 GWB erfassten Bauprojekte müssen zu mehr als 50 Prozent durch öffentliche Auftraggeber nach § 99 Nr. 1 bis 3 GWB subventioniert werden. Seit der Neufassung des § 98 GWB durch das VergRModG 2016 spricht die deutsche Regelung nunmehr auch von „subventionieren" und passt sich dem Art. 13 RL 2014/24/EU an. 127

Die Regelung verlangt eine Subventionierung von mehr als **50 Prozent**. Eine nur hälftige Subventionierung genügt daher nicht. 128

Der Begriff der **Subvention** ist mithilfe des in Art. 107 Abs. 1 AEUV manifestierten Beihilfebegriffs und der dazu ergangenen Rechtsprechung zu bestimmen.[391] Eine Beihilfe ist als Begünstigung bestimmter Unternehmen oder Produktionszweige zu verstehen, die den Wettbewerb verfälschen oder zu verfälschen drohen.[392] Dazu zählen Maßnahmen, durch die Unternehmen einen wirtschaftlichen Vorteil erhalten, den sie unter normalen Marktbedingungen nicht erhalten hätten.[393] Auch im Rahmen des § 99 Nr. 4 GWB ist maßgeblich, ob der Auftraggeber einen Vorteil ohne entsprechende Gegenleistung erhält. Diese Voraussetzung ist bei verlorenen Zuschüssen, Krediten zu marktunüblichen Zinsen,[394] der Gewährung von Bürgschaften zu niedrigeren Zinssätzen und Garantien sowie der Übernahme von Bonitätsrisiken des Auftraggebers erfüllt.[395] 129

Es bedarf nach Art. 13 RL 2014/24/EU einer **direkten Subventionierung** des konkreten Bauvorhabens.[396] Die Unterstützung des Unternehmens mit öffentlichen Mitteln als solches ist dagegen unerheblich.[397] Der Vorteil muss sich überdies unmittelbar negativ im Haushalt des för- 130

388 *Masing*, in: Reidt/Stickler/Glahs, Vergaberecht, § 99 GWB Rn. 102.
389 VK Hamburg, Beschluss v. 27.9.2021 – 60.29-319/2021.009, juris Rn. 73; *Pünder*, in: Pünder/Schellenberg, Vergaberecht, § 99 GWB Rn. 77.
390 Vgl. VK Nordbayern, Beschluss v. 23.7.2009 – 21.VK-3194-25/09; *Wieddekind*, in: Willenbruch/Wieddekind, Vergaberecht, § 99 GWB Rn. 86 f.
391 *Werner*, in: Byok/Jaeger, Vergaberecht, § 99 GWB Rn. 107 f.; *Dreher*, in: Immenga/Mestmäcker, Wettbewerbsrecht, § 99 GWB Rn. 165; *Pünder*, in: Pünder/Schellenberg, Vergaberecht, § 99 GWB Rn. 78.
392 *Von Wallenberg/Schütte*, in: Grabitz/Hilf/Nettesheim, Das Recht der Europäischen Union, Art. 107 AEUV Rn. 46.
393 EuGH, Urteil v. 29.4.1999 – Rs. C-342/96 (Spanien/Kommission), Rn. 41; Urteil v. 11.7.1996 – Rs. C-39/94 (SFEI), Rn. 60.
394 Siehe VK Rheinland-Pfalz, Beschluss v. 11.12.2008 – VK 38/08 (Containerterminal); *Puhl*, Grundfragen des kartellvergaberechtlichen Auftraggeberbegriffs, S. 224 ff.
395 *Dörr*, in: Burgi/Dreher, Vergaberecht, § 99 GWB Rn. 116; *Wieddekind*, in: Willenbruch/Wieddekind, Vergaberecht, § 99 GWB Rn. 88.
396 *Weyand*, Vergaberecht, § 98 GWB Rn. 187.
397 *Pünder*, in: Pünder/Schellenberg, Vergaberecht, § 99 GWB Rn. 78.

dernden öffentlichen Auftraggebers niederschlagen, sodass mittelbare Begünstigungen über die Finanzierung Dritter nicht zu berücksichtigen sind.[398]

131 Anknüpfungspunkt der überwiegenden Finanzierung ist der einzelne **Bauauftrag** in seiner Gesamtheit und damit sämtliche Projektkosten unter Einschluss der Kosten für die Indexierung, Vorfinanzierung sowie die Umsatzsteuerbeträge; insofern ist auf das Gesamtvolumen des Auftrags abzustellen.[399] Ohne Bedeutung ist die Frage, ob einzelne Baumodule von der Förderung ausgeschlossen sind. So muss etwa der Auftrag für die Errichtung eines Hubschrauberlandeplatzes ebenso öffentlich ausgeschrieben werden wie die restliche Sanierung eines Krankenhauses, auch wenn der Landeplatz ausdrücklich von der Subventionierung ausgeschlossen ist.[400] Es kommt einerseits nicht auf die nach dem Zuwendungsbescheid benannten „förderfähigen Kosten" an, andererseits ist der Begriff des Auftragswerts i.S.d. § 3 VgV unbeachtlich, da der Vorhabenbegriff i.S.d. § 99 Nr. 4 GWB weiter ist.[401] Bei Fördermitteln müssen diese bereits veranschlagt sein, wobei auch die Auskunft des Auftraggebers, Fördermittel voraussichtlich in entsprechender Höhe bereitzustellen, genügt.[402] Umfasst sind auch EU-Fördermittel.[403]

132 Bei der Finanzierung durch **mehrere öffentliche Auftraggeber** werden die Subventionsbeträge addiert. Anderenfalls stände zu befürchten, dass mehrere öffentliche Auftraggeber ein Vorhaben zu mehr als 50 Prozent finanzieren und so staatlichen Einfluss ausüben könnten, ohne dass die Regeln des Vergaberechts eingreifen würden.

133 Anders als im Kontext des § 99 Nr. 1 und 2 GWB können **Religionsgemeinschaften** öffentliche Auftraggeber gemäß § 99 Nr. 4 sein.[404] Art. 137 WRV bzw. die religiöse Neutralität des Staates stehen dem nicht entgegen, weil der Anknüpfungspunkt nicht die religiöse Tätigkeit sondern die staatliche Subventionierung ist.

134 Maßgeblicher **Zeitpunkt** für die Berechnung ist die Ausschreibung.[405] Wann das ist, ist in Abhängigkeit von der gewählten Verfahrensart zu bestimmen. Im offenen Verfahren gemäß § 15 Abs. 1 VgV ist es wohl die Aufforderung zur Abgabe von Angeboten. In anderen Verfahren der Moment, in dem die Teilnehmer zum ersten Mal Zugriff auf die Vergabeunterlagen haben. Ergeben sich im Laufe des Vergabeverfahrens Änderungen, berührt dies die Auftraggebereigenschaft nicht mehr.[406]

Anlage

Gesetzesbegründung – VergRModG 2016 (BT-Drs. 18/6281)

Seite 69

§ 99 definiert nunmehr ausschließlich die öffentlichen Auftraggeber. Die Begriffe Sektorenauftraggeber und Konzessionsgeber werden in § 100 bzw. § 101 definiert.

Die Neustrukturierung der Definitionen des öffentlichen Auftraggebers verbessert die Übersichtlichkeit und Lesbarkeit für den Rechtsanwender. Im Sinne einer übersichtlichen und klar strukturierten Regelung ist eine Trennung zwischen den Begriffen des öffentlichen Auftraggebers nach § 99 und des Sektorenauftraggebers nach § 100 angezeigt. Der bisherige § 98 Nummer 4 wird deshalb in § 100 überführt.

398 *Dreher*, in: Immenga/Mestmäcker, Wettbewerbsrecht, § 99 GWB Rn. 166.
399 OLG Celle, Beschluss v. 25.8.2011 – 13 Verg 5/11 (Bistum); VK Niedersachsen, Beschluss v. 28.7.2011 – VgK 27/2011.
400 OLG Celle, Beschluss v. 29.11.2016 – 13 Verg 8/16.
401 VK Nordbayern, Beschluss v. 30.9.2015 – 21.VK-3194-33/15, Rn. 41 f.
402 VK Hamburg, Beschluss v. 27.9.2006 – VK BSU 3/06; *Wieddekind*, in: Willenbruch/Wieddekind, Vergaberecht, § 99 GWB Rn. 88.
403 VK Bund, Beschluss v. 3.7.2007 – VK 2-45/2007 und 2-57/2007.
404 VK Niedersachsen, Beschluss v. 25.4.2018 – VgK-07/2018.
405 *Dörr*, in: Burgi/Dreher, Vergaberecht, § 99 GWB Rn. 119; *Weyand*, Vergaberecht, § 98 GWB Rn. 188.
406 OLG München, Beschluss v. 10.11.2010 – Verg 19/10; VK Niedersachsen, Beschluss v. 28.7.2011 – VgK 27/2011.

Die Neustrukturierung wird zudem erforderlich durch die Umsetzung der neuen Richtlinie über die Vergabe von Konzessionen (Richtlinie 2014/23/EU). Die Richtlinie 2014/23/EU unterscheidet in ihren Artikeln 6 und 7 zwischen „öffentlichen Auftraggebern" einerseits und „Auftraggebern", die einer Sektorentätigkeit nachgehen und zum Zwecke dieser Tätigkeit Konzessionen vergeben, andererseits. Die Richtlinie 2014/23/EU behält diese Unterscheidung auch in den materiellen Regelungen bei. Diese Systematik erfordert auch im nationalen Recht eine klare Trennung zwischen diesen beiden Kategorien von Konzessionsgebern.

Der bisherige § 98 Nummer 6 GWB kann künftig entfallen. Die Regelung diente bislang der Umsetzung des Artikel 63 Absatz 1 der Richtlinie 2004/18/EG des Europäischen Parlaments und des Rates vom 31.3.2004 über die Koordinierung der Verfahren zur Vergabe öffentlicher Bauaufträge, Lieferaufträge und Dienstleistungsaufträge (ABl. L 134 vom 30.4.2004, S. 114). Eine vergleichbare Regelung ist in der neuen Richtlinie 2014/24/EU nicht mehr enthalten. Die Vergabe von Konzessionen ist nun abschließend in der Richtlinie 2014/23/EU geregelt, die ebenfalls nicht normiert, dass natürliche oder juristische Personen des privaten Rechts, die mit Stellen nach

Seite 70

§ 99 Nummern 1 bis 3 eine Baukonzession geschlossen haben, hinsichtlich der Aufträge an Dritte öffentliche Auftraggeber sein sollen.

Zu Nummer 1

§ 99 Nummer 1 entspricht dem bisherigen § 98 Nummer 1 GWB.

Zu Nummer 2

§ 99 Nummer 2 entspricht im Wesentlichen dem bisherigen § 98 Nummer 2 GWB. Die Vorschrift wurde zum besseren Verständnis neu strukturiert. Darüber hinaus wurde zum Zwecke der Angleichung der Halbsätze 1 und 2 das Tatbestandsmerkmal „oder über die Leitung die Aufsicht ausübt" in Halbsatz 2 ergänzt. Halbsatz 2 regelt den Fall der vermittelten Staatsverbundenheit, in dem die Beherrschung nicht durch Gebietskörperschaften nach § 99 Nummer 1 oder deren Verbände nach § 99 Nummer 3, sondern durch einen öffentlichen Auftraggeber nach § 99 Nummer 2 Halbsatz 1 erfolgt. Nach dem bisherigen Wortlaut des § 98 Nummer 2 Satz 2 GWB waren als Beherrschungstatbestände lediglich die „überwiegende Finanzierung" und die „Bestimmung der Mehrheit der Mitglieder eines zur Geschäftsführung oder Aufsicht berufenen Organs" vorgesehen. Der in dem bisherigen § 98 Nummer 2 Satz 1 GWB darüber hinaus vorgesehene Beherrschungstatbestand der „Ausübung der Aufsicht über die Leitung" war bislang in § 98 Nummer 2 Satz 2 GWB nicht enthalten. Da die Richtlinie 2014/24/EU in Artikel 2 Absatz 1 Nummer 4 hierbei keinen Unterschied macht, wird der neue Halbsatz 2 in § 99 Nummer 2 entsprechend angepasst.

Zu Nummer 3

§ 99 Nummer 3 entspricht dem bisherigen § 98 Nummer 3 GWB.

Zu Nummer 4

§ 99 Nummer 4 entspricht im Wesentlichen dem bisherigen § 98 Nummer 5 GWB und betrifft bestimmte Bauvorhaben, die überwiegend von öffentlichen Auftraggebern gemäß § 99 Nummer 1 bis 3 subventioniert werden. Das Verb „finanzieren" wird durch „subventionieren" ersetzt. Damit wird § 99 Nummer 4 an den Wortlaut des Artikel 13 der Richtlinie 2014/24/EU angepasst, der insofern weiter zu verstehen ist als die bisherige Regelung in § 98 Nummer 5 GWB. Nach Artikel 13 der Richtlinie 2014/24/EU kommt es nämlich in erster Linie nicht auf eine direkte Finanzierung durch einen öffentlichen Auftraggeber an. Entscheidend ist vielmehr, ob die Leistung als Subvention betrachtet werden kann. Der Begriff „subventionieren" beschränkt sich dabei nicht auf positive Leistungen, sondern umfasst auch sonstige Begünstigungen (z. B. Steuernachlässe, so EuGH, Urteil vom 26.9.2013, C 115/12, Frankreich / Kommission). Die Richtlinie über die Vergabe von Konzessionen (Richtlinie

2014/23/EU) und die Richtlinie über die Vergabe von Aufträgen im Bereich der Wasser- Energie- und Verkehrsversorgung (Richtlinie 2014/25/EU) enthalten keine vergleichbare Regelung zu Artikel 13 der Richtlinie 2014/24/EU, so dass eine Umsetzung nur im Rahmen des § 99 erforderlich ist.

§ 100 GWB
Sektorenauftraggeber

(1) Sektorenauftraggeber sind

1. öffentliche Auftraggeber gemäß § 99 Nummer 1 bis 3, die eine Sektorentätigkeit gemäß § 102 ausüben,

2. natürliche oder juristische Personen des privaten Rechts, die eine Sektorentätigkeit gemäß § 102 ausüben, wenn

a) diese Tätigkeit auf der Grundlage von besonderen oder ausschließlichen Rechten ausgeübt wird, die von einer zuständigen Behörde gewährt wurden, oder

b) öffentliche Auftraggeber gemäß § 99 Nummer 1 bis 3 auf diese Personen einzeln oder gemeinsam einen beherrschenden Einfluss ausüben können.

(2) Besondere oder ausschließliche Rechte im Sinne von Absatz 1 Nummer 2 Buchstabe a sind Rechte, die dazu führen, dass die Ausübung dieser Tätigkeit einem oder mehreren Unternehmen vorbehalten wird und dass die Möglichkeit anderer Unternehmen, diese Tätigkeit auszuüben, erheblich beeinträchtigt wird. Keine besonderen oder ausschließlichen Rechte in diesem Sinne sind Rechte, die aufgrund eines Verfahrens nach den Vorschriften dieses Teils oder aufgrund eines sonstigen Verfahrens gewährt wurden, das angemessen bekannt gemacht wurde und auf objektiven Kriterien beruht.

(3) Die Ausübung eines beherrschenden Einflusses im Sinne von Absatz 1 Nummer 2 Buchstabe b wird vermutet, wenn ein öffentlicher Auftraggeber gemäß § 99 Nummer 1 bis 3

1. unmittelbar oder mittelbar die Mehrheit des gezeichneten Kapitals des Unternehmens besitzt,

2. über die Mehrheit der mit den Anteilen am Unternehmen verbundenen Stimmrechte verfügt oder

3. mehr als die Hälfte der Mitglieder des Verwaltungs-, Leitungs- oder Aufsichtsorgans des Unternehmens bestellen kann.

Übersicht Rn.

A. Allgemeines ... 1
I. Unionsrechtlicher Hintergrund ... 2
II. Historie ... 7
III. Überblick ... 9
B. Öffentlicher Auftraggeber (Abs. 1 Nr. 1) ... 10
C. Natürliche oder juristische Personen des privaten Rechts (Abs. 1 Nr. 2) ... 12
I. Sektorenauftraggeber aufgrund besonderer oder ausschließlicher Rechte (Abs. 1 Nr. 2 lit. a, Abs. 2) .. 13
1. Besondere oder ausschließliche Rechte (Abs. 2 S. 1) ... 13
2. Gewährung durch zuständige Behörde ... 18
3. Negativabgrenzung (Abs. 2 S. 2) ... 23
II. Sektorenauftraggeber aufgrund Beherrschung (Abs. 1 Nr. 2 lit. b, Abs. 3) ... 26
1. Beherrschungsmöglichkeit ... 27
2. Widerlegbarkeit ... 34
3. Hoheitsträger aus anderen EU-Mitgliedstaaten ... 35
D. Auftragsunabhängig: Ausübung einer Sektorentätigkeit ... 37
E. Auftragsvergabe zum Zwecke der Ausübung einer Sektorentätigkeit ... 39
I. Weites Verständnis ... 39
II. Gemischte Aufträge ... 40
F. Rechtsschutz ... 42
Anlage
Gesetzesbegründung

A. Allgemeines

1 § 100 GWB definiert den persönlichen Anwendungsbereich des Sektorenvergaberechts.

I. Unionsrechtlicher Hintergrund

2 § 100 GWB dient der Umsetzung von Art. 4 RL 2014/25/EU.[1] Nach Art. 4 Abs. 1 RL 2014/25/EU sind Auftraggeber i.S.d. RL 2014/25/EU öffentliche Auftraggeber oder öffentliche Unternehmen, die eine Tätigkeit i.S.d. Art. 8 bis 14 RL 2014/25/EU ausüben, oder Stellen, die, ohne öffentliche Auftraggeber oder öffentliche Unternehmen zu sein, eine solche Tätigkeit auf der Grundlage von besonderen oder ausschließlichen Rechten ausüben, die von einer zuständigen Behörde eines Mitgliedstaats gewährt wurden.

3 Der Begriff des **öffentlichen Auftraggebers** wird in Art. 3 Nr. 1 RL 2014/25/EU wortlaut- und inhaltsgleich zu Art. 2 Abs. 1 Nr. 1 RL 2014/24/EU verwendet. Öffentliche Unternehmen sind gemäß Art. 4 Abs. 2 RL 2014/25/EU solche, auf die öffentliche Auftraggeber aufgrund der Eigentumsverhältnisse, der finanziellen Beteiligung oder der für das Unternehmen geltenden Bestimmungen unmittelbar oder mittelbar einen beherrschenden Einfluss ausüben können. Der Begriff des öffentlichen Unternehmens ist in § 100 GWB nicht übernommen worden, inhaltlich ist er aber durch § 100 Abs. 1 Nr. 2 lit. b GWB abgedeckt.[2]

4 Wichtige **Auslegungsleitlinien** enthalten insbesondere die Erwägungsgründe 12, 19 und 20 RL 2014/25/EU. Erwägungsgrund 12 RL 2014/25/EU stellt klar, dass mit Einführung der RL 2014/25/EU der persönliche Geltungsbereich der Richtlinie im Vergleich zum früheren Recht der RL 2004/17/EG unverändert bleiben sollte. Nach dem Willen des Richtliniengebers sollten allenfalls einige auf die Rechtsprechung des EuGH zurückgehende Erläuterungen in den Richtlinientext aufgenommen werden.

5 Erwägungsgrund 19 RL 2014/25/EU zeigt die **Zielrichtung** des Sektorenvergaberechts auf, die auch und gerade bei der Bestimmung des persönlichen Anwendungsbereichs zu beachten ist: In den Versorgungssektoren soll eine „wirkliche Marktöffnung" erreicht werden. Daher soll es nicht auf die Rechtsstellung des Auftraggebers bei der Definition des persönlichen Anwendungsbereichs ankommen. Auch im „privaten Sektor" tätige Unternehmen in den Bereichen der Wasser-, Energie- und Verkehrsversorgung sowie der Postdienste[3] sollen grundsätzlich erfasst sein, wenn sie aufgrund besonderer oder ausschließlicher Rechte tätig sind, die von der zuständigen Behörde gewährt wurden. Mit der Erstreckung des Anwendungsbereichs des Vergaberechts auf private Auftraggeber sollen bestehende Monopole in den Versorgungssektoren, die auf staatlich verliehenen besonderen oder ausschließlichen Rechten beruhen, durchbrochen werden. Unternehmen, von denen vermutet wird, dass sie sich bei der Beschaffung von Waren, Bau- und Dienstleistungen aufgrund einer staatlich begründeten Vorzugsstellung in dem jeweiligen Versorgungssektor nicht ausschließlich von markt- oder betriebswirtschaftlichen Erwägungen leiten lassen, sollen zu einem eben solchen Einkaufsverhalten angehalten werden.[4] Damit tritt neben die grundfreiheitenrechtliche Ausrichtung des europäischen Vergaberechts[5] ein durch Art. 106 AEUV begründeter wettbewerbsrechtlicher Zweck.[6]

6 Zur Frage, wann derartige **besondere** oder **ausschließlich Rechte** vorliegen bzw. nicht vorliegen, enthält Erwägungsgrund 20 RL 2014/25/EU wichtige Anhaltspunkte.

---

1 Gesetzesbegründung zu § 100 GWB, VergRModG 2016, BT-Drs. 18/6281, 70.
2 *Wolters*, in: Eschenbruch/Opitz/Röwekamp, SektVO, § 100 GWB Rn. 11.
3 Siehe hierzu § 102 GWB Rn. 50.
4 *Dörr*, in: Burgi/Dreher, Vergaberecht, § 100 GWB Rn. 7; *Wolters*, in: Eschenbruch/Opitz/Röwekamp, SektVO, § 100 GWB Rn. 52.
5 Erwägungsgrund 1 RL 2014/24/EU.
6 Erwägungsgrund 2 RL 2014/25/EU und bereits Erwägungsgrund 3 RL 2004/17/EG; vgl. auch *Dreher*, in: Immenga/Mestmäcker, Wettbewerbsrecht, § 98 GWB Rn. 178.

II. Historie

7 § 100 GWB erweitert den Begriff des Sektorenauftraggebers gegenüber § 98 Nr. 4 GWB in der Fassung vor Inkrafttreten des **VergRModG 2016** tatbestandlich dahingehend, dass öffentliche Auftraggeber i.S.v. § 99 Nr. 1 bis 3 GWB, die eine Sektorentätigkeit ausüben, nunmehr ausdrücklich in den persönlichen Anwendungsbereich des Sektorenvergaberechts einbezogen werden.[7]

8 Die Pflicht öffentlicher Auftraggeber, die eine Sektorentätigkeit ausüben, das Sektorenvergaberecht anzuwenden, kann auch als eine Frage des sachlichen Anwendungsbereichs angesehen werden,[8] die der Normgeber nach früherem Recht durch die Sektorenverordnung gelöst hat.[9] Die Einbeziehung öffentlicher Auftraggeber i.S.v. § 99 Nr. 1 bis 3 GWB in den durch § 100 GWB neu definierten persönlichen Anwendungsbereich des Sektorenvergaberechts ist der **Neugestaltung des Auftraggeberbegriffs** in §§ 98 ff. GWB geschuldet. Während Sektorenauftraggeber nach früherem Recht auch öffentliche Auftraggeber i.S.v. § 98 GWB a.F. waren, wurde durch das VergRModG 2016 erstmals ein übergreifender Auftraggeberbegriff eingeführt, der öffentliche Auftraggeber, Sektorenauftraggeber und Konzessionsgeber umfasst und gleichzeitig in §§ 99 ff. GWB voneinander abgrenzt. Damit folgt der Gesetzgeber der Definitionssystematik des Richtliniengebers, der in Art. 4 RL 2014/25/EU öffentliche Auftraggeber i.S.d. RL 2014/24/EU dem Auftraggeberbegriff des Sektorenvergaberechts unterordnet.

III. Überblick

9 Neben öffentlichen Auftraggebern i.S.v. § 99 Nr. 1 bis 3 GWB (§ 100 Abs. 1 Nr. 1 GWB) werden gemäß § 100 Abs. 1 Nr. 2 GWB auch natürliche oder juristische Personen des privaten Rechts von dem persönlichen Anwendungsbereich des Sektorenvergaberechts erfasst. Voraussetzung ist neben der Ausübung einer Sektorentätigkeit i.S.v. § 102 GWB, dass die Ausübung eines beherrschenden Einflusses auf die natürliche oder juristische Person des Privatrechts einzeln oder gemeinsam durch öffentliche Auftraggeber gemäß § 99 Nr. 1 bis 3 GWB möglich ist (§ 100 Abs. 1 Nr. 2 lit. a GWB) oder dass die Sektorentätigkeit auf der Grundlage von besonderen oder ausschließlichen Rechten ausgeübt wird, die von einer zuständigen Behörde gewährt wurden (§ 100 Abs. 1 Nr. 2 lit. b GWB). Unter diesen Voraussetzungen können auch öffentliche Auftraggeber i.S.v. § 99 Nr. 4 GWB als Sektorenauftraggeber zu qualifizieren sein. In § 100 Abs. 2 und 3 GWB werden die Voraussetzungen von § 100 Abs. 1 Nr. 2 lit. a und b GWB näher konkretisiert.

B. Öffentlicher Auftraggeber (Abs. 1 Nr. 1)

10 Erstmals hat der Gesetzgeber öffentliche Auftraggeber i.S.v. § 99 Nr. 1 bis 3 GWB ausdrücklich in den persönlichen Anwendungsbereich des Sektorenvergaberechts einbezogen. Sektorenauftraggeber sind demnach[10]

- Gebietskörperschaften sowie deren Sondervermögen,
- andere juristische Personen des öffentlichen und des privaten Rechts, die zu dem besonderen Zweck gegründet wurden, im Allgemeininteresse liegende Aufgaben nichtgewerblicher Art zu erfüllen, sofern sie überwiegend von Stellen nach § 99 Nr. 1 oder Nr. 3 GWB einzeln oder gemeinsam durch Beteiligung oder auf sonstige Weise finanziert werden, ihre Leitung der Aufsicht durch Stellen nach § 99 Nr. 1 oder 3 GWB unterliegt oder mehr als die Hälfte der Mitglieder eines ihrer zur Geschäftsführung oder zur Aufsicht berufenen Organe durch Stellen nach § 99 Nr. 1 oder 3 GWB bestimmt worden sind; dasselbe gilt, wenn

---

7 Vgl. zum bisherigen Recht etwa VK Hessen, Beschluss v. 28.2.2011 – 69d-VK-47/2010.
8 Vgl. insoweit auch Gesetzesbegründung zu § 100 GWB, VergRModG 2016, BT-Drs. 18/6281, 70.
9 Vgl. § 1 Abs. 1 S. 1 und 2 SektVO.
10 Wegen der Einzelheiten siehe *Badenhausen-Fähnle/Birk* in § 99 GWB.

diese juristische Person einer anderen juristischen Person des öffentlichen oder privaten Rechts einzeln oder gemeinsam mit anderen die überwiegende Finanzierung gewährt, über deren Leitung die Aufsicht ausübt oder die Mehrheit der Mitglieder eines zur Geschäftsführung oder Aufsicht berufenen Organs bestimmt hat, und

- Verbände, deren Mitglieder unter § 99 Nr. 1 oder 3 GWB fallen.

11 Die Einbeziehung öffentlicher Auftraggeber in den Anwendungsbereich des Sektorenvergaberechts geht auf die bis zur Entscheidung des EuGH in der Rechtssache **„Fernwärme Wien"**[11] umstrittene Frage zurück, ob öffentliche Auftraggeber, die zumindest auch im Bereich der Versorgungssektoren tätig sind, das Vergaberecht der RL 2004/18/EG oder das Sektorenvergaberecht der RL 2004/17/EG anwenden müssen.[12] Der EuGH entschied, dass öffentliche Auftraggeber alle Aufträge, die mit der Ausübung einer Sektorentätigkeit in einem Zusammenhang stehen, nach den Verfahrensregeln des Sektorenvergaberechts vergeben, und alle Aufträge, die einen solchen Zusammenhang nicht aufweisen, nach den Verfahrensregeln der RL 2004/18/EG.[13] Eine „Infizierung" von Aufträgen ohne Zusammenhang mit der Ausübung einer Sektorentätigkeit findet nicht statt.[14] Hintergrund ist, dass öffentliche Auftraggeber erst und nur dann von den Verfahrenserleichterungen des Sektorenvergaberechts profitieren sollen, wenn die Auftragsvergabe der Ausübung der Sektorentätigkeit dient.[15] Dabei handelt es sich allerdings weniger um eine Frage des persönlichen als des sachlichen Anwendungsbereichs des Sektorenvergaberechts.

C. Natürliche oder juristische Personen des privaten Rechts (Abs. 1 Nr. 2)

12 Sektorenauftraggeber sind ferner natürliche oder juristische Personen des privaten Rechts, die auftragsunabhängig eine Sektorentätigkeit gemäß § 102 GWB ausüben, wenn diese Tätigkeit auf der Grundlage von besonderen oder ausschließlichen Rechten ausgeübt wird, die von einer zuständigen Behörde gewährt wurden, oder öffentliche Auftraggeber gemäß § 99 Nr. 1 bis 3 GWB auf diese Personen einzeln oder gemeinsam einen beherrschenden Einfluss ausüben können.

I. Sektorenauftraggeber aufgrund besonderer oder ausschließlicher Rechte (Abs. 1 Nr. 2 lit. a, Abs. 2)

1. Besondere oder ausschließliche Rechte (Abs. 2 S. 1)

13 **Besondere** oder **ausschließliche Rechte** sind nach der Definition in § 100 Abs. 2 S. 1 GWB Rechte, die dazu führen, dass die Ausübung der Sektorentätigkeit einem oder mehreren Unternehmen vorbehalten wird und dass die Möglichkeit anderer Unternehmen, diese Tätigkeit auszuüben, erheblich beeinträchtigt wird. Besondere unterscheiden sich von ausschließlichen Rechten dadurch, dass ausschließliche Rechte eine exklusive Stellung am Markt vermitteln, während über besondere Rechte mehreren Unternehmen eine Vorzugsstellung verliehen wird.[16] Der Richtliniengeber legt dem Begriff der besonderen oder ausschließlichen Rechte grundsätzlich ein enges Verständnis zugrunde. Es sollen nur solche privaten Auftraggeber in den Versorgungssektoren in den Anwendungsbereich des Sektorenvergaberechts einbezogen werden, die aufgrund einer staatlich verliehenen Rechtsposition eine besondere Marktmacht bei der Beschaffung von Leistungen innehaben, sodass eine staatliche Lenkung des Beschaffungsverhaltens geboten erscheint.

---

11 EuGH, Urteil v. 10.4.2008 – Rs. C-393/06 (Fernwärme Wien).
12 Vgl. die Nachweise bei *Opitz*, in: Eschenbruch/Opitz/Röwekamp, SektVO, Einleitung – Teil 1 Rn. 16.
13 EuGH, Urteil v. 10.4.2008 – Rs. C-393/06 (Fernwärme Wien), Rn. 58; siehe hierzu schon *Opitz*, NZBau 2002, 19 (21).
14 EuGH, Urteil v. 10.4.2008 – Rs. C-393/06 (Fernwärme Wien), Rn. 31; vgl. *Werner*, in: Byok/Jaeger, Vergaberecht, § 100 GWB Rn. 10, sowie auch *Matthey*, Das Recht der Auftragsvergabe in den Sektoren, S. 117.
15 *Gabriel*, in: Säcker, Wettbewerbsrecht, § 100 GWB Rn. 9.
16 *Dreher*, in: Immenga/Mestmäcker, Wettbewerbsrecht, GWB § 100 Rn. 18.

14 Unter Geltung der RL 90/531/EWG (dort Art. 2 Abs. 3 UAbs. 2 lit. a und b) und der RL 93/38/EWG (dort Art. 2 Abs. 1 lit. b und Abs. 3) galten als Beispiele für besondere oder ausschließliche Rechte in diesem Sinne noch die rechtliche Begünstigung zum Bau von Netzen und Einrichtungen auf, unter oder über öffentlichen **Wegenetzen**, und die Versorgung eines Netzes mit Trinkwasser, Elektrizität, Gas oder Wärme, das seinerseits von rechtlich privilegierten Auftraggebern betrieben wird. Hierzu zählen beispielsweise die durch das EnWG verliehenen Möglichkeiten und Rechte, insbesondere die Möglichkeit der Enteignung gemäß § 45 EnWG oder Wegenutzungsrechte gemäß § 46 EnWG. Derartige Rechte begründen bereits seit Inkrafttreten der RL 2004/17/EG ausweislich Erwägungsgrund 25 dieser Richtlinie keine besonderen oder ausschließlichen Rechtspositionen mehr.[17] Der Richtliniengeber wollte den persönlichen Anwendungsbereich des Sektorenvergaberechts seinem Zweck entsprechend einschränken.[18] Da nach Erwägungsgrund 12 RL 2014/25/EU der persönliche Geltungsbereich der RL 2014/25/EU im Vergleich zur Vorgängerrichtlinie unverändert bleiben sollte, sind vereinzelte Versuche einer extensiven Auslegung[19] zurückzuweisen.

15 Wesentlicher Grund für die Regulierung der Auftragsvergaben in den Versorgungssektoren ist die staatlich gelenkte Abschottung der betreffenden Märkte.[20] Zu weitgehend erscheint es daher, soweit vertreten wird, wenn jedes **Monopol** oder **Oligopol** ein besonderes oder ausschließliches Recht begründet.[21] Dabei wird übersehen, dass die Möglichkeit anderer Unternehmen, eine Sektorentätigkeit auszuüben, auch aus anderen als aus Rechtsgründen erheblich beeinträchtigt sein kann. Monopole und Oligopole können, müssen aber nicht zwingend rechtlich begründet sein.[22] Erforderlich ist tatbestandlich gemäß § 100 Abs. 2 S. 1 GWB eine Rechtsposition, aus der heraus der Rechteinhaber die Sektorentätigkeit ausübt und die Möglichkeit anderer Unternehmen, diese Tätigkeit auszuüben, beschränken kann.[23] § 100 Abs. 2 S. 1 GWB ist insoweit auch im Lichte von Art. 4 Abs. 3 RL 2014/25/EU auszulegen, wonach besondere oder ausschließliche Rechte solche Rechte sind, die eine zuständige Behörde eines Mitgliedstaats gewährt hat, um die Ausübung einer Sektorentätigkeit auf eine oder mehrere Stellen zu beschränken, wodurch die Möglichkeit anderer Stellen zur Ausübung dieser Tätigkeit wesentlich eingeschränkt wird. Daraus folgt, dass eine Monopol- oder Oligopolstellung allein nicht ausreicht.[24] Sie muss ursächlich auf eine Rechtsposition zurückzuführen sein,[25] mit der die zuständige Behörde zielgerichtet andere Stellen von der Ausübung der Sektorentätigkeit ausschließen wollte. Aus der Rechtsposition heraus wird der Rechteinhaber auch andere potenzielle Marktteilnehmer gegebenenfalls auch im Klagewege auf Unterlassung in Anspruch nehmen können.[26]

16 Wenn grundsätzlich jedermann Anspruch auf Erteilung einer Genehmigung zur Ausübung der jeweiligen Sektorentätigkeit hat, ist die Annahme einer staatlich gelenkten Marktabschottung verfehlt.[27] Das betrifft beispielsweise die Genehmigung zum Netzbetrieb nach § 4 EnWG. Eine faktische Oligopolstellung begründet keine Dritte ausschließende Rechtsposition. Im besonderen Fall der **Übertragungsnetzbetreiber** i.S.v. § 3 Nr. 10 EnWG mögen die faktischen Hürden für potenzielle Antragsteller zwar hoch sein, rechtlich hat aber grundsätzlich

---

17 OLG Celle, Beschluss v. 8.8.2013 – 13 Verg 7/13 m.w.N.; ebenso *Opitz*, in: Röwekamp/Kus/Portz/Prieß, GWB-Vergaberecht, § 100 GWB Rn. 37; *Ohrtmann*, VergabeR 2007, 565 (569 f.).

18 Vgl. *Ohrtmann*, VergabeR 2007, 565 (572); zur Historie siehe insbesondere *Schröder*, NZBau 2012, 541; a.A. VK Niedersachsen, Beschluss v. 30.9.2015 – VgK-30/2015: *„Tatsächlich wurden nur die erläuternden Beispielsfälle in den Regelwerken verändert."*.

19 VK Niedersachsen, Beschluss v. 13.5.2016 – VgK-10/2016 und Beschluss v. 30.9.2015 – VgK-30/2015.

20 Erwägungsgrund 1 RL 2014/25/EU.

21 VK Niedersachsen, Beschluss v. 30.9.2015 – VgK-30/2015.

22 Vgl. zum Monopolbegriff *Berg*, in: von der Groeben/Schwarze/Hatje, Europäisches Unionsrecht, Art. 37 AEUV Rn. 10 ff.

23 OLG München, Beschluss v. 28.8.2019 – Verg 15/19.

24 OLG München, Beschluss v. 28.8.2019 – Verg 15/19; VK Berlin, Beschluss v. 22.1.2020 – VK B 1-38/19.

25 OLG München, Beschluss v. 28.8.2019 – Verg 15/19.

26 A.A. VK Niedersachsen, Beschluss v. 30.9.2015 – VgK-30/2015.

27 Vgl. auch EuGH, Urteil v. 12.12.2013 – Rs. C-327/12 (SOA Nazionale Costruttori), Rn. 42; VK Arnsberg, Beschluss v. 17.11.2014 – VK 16/14; *Pünder*, in: Pünder/Schellenberg, Vergaberecht, § 98 GWB Rn. 85; *Ziekow*, in: Ziekow/Völlink, Vergaberecht, § 98 GWB Rn. 140; *Matthey*, Das Recht der Auftragsvergabe in den Sektoren, S. 92 m.w.N.; *Ohrtmann*, VergabeR 2007, 565 (567 f.); *Schröder*, NZBau 2012, 541 (544).

jedermann, der die Voraussetzungen erfüllt, einen Anspruch auf Erteilung einer Genehmigung nach § 4 EnWG zum Betrieb eines Übertragungsnetzes. Daraus folgt im Umkehrschluss, dass die aktuellen Genehmigungsinhaber keine besondere oder ausschließliche Rechtsposition innehaben.[28] Für **grundversorgende Energieversorgungsunternehmen** gilt gleichermaßen: Der Grundversorgerstatus wird nicht i.S.v. § 100 Abs. 1 Nr. 2 lit. a GWB gewährt; er folgt gemäß § 36 Abs. 2 S. 1 EnWG aus den objektiven Marktgegebenheiten, ist daher grundsätzlich jedem Versorger zugänglich und begründet keine Rechtsposition.[29]

17 Allenfalls dann, wenn einem Unternehmen durch behördliche Entscheidung[30] in einem bestimmten **geografischen Gebiet** vorbehalten wurde, eine nur begrenzt nutzbare Ressource zu verwenden, hierauf entsprechende Investitionen getätigt wurden und damit für eine Region das Potenzial der Nutzung weitgehend erschöpft ist, wenn dem oder den Unternehmen dadurch[31] eine Vorzugsstellung auf dem Markt eingeräumt wird, sodass ein freier Wettbewerb insoweit also nicht stattfindet oder erheblich eingeschränkt ist, liegt es nahe, das Vorliegen besonderer oder ausschließlicher Rechte anzunehmen.[32] Beispiele hierfür sind die Nutzung von Wasserkraft auf österreichisch-bayerischen Grenzflüssen aufgrund eines Staatsvertrages, der gleichzeitig die Erteilung von wasserrechtlichen Erlaubnissen an Dritte ausschließt,[33] der Betrieb von Verkehrsflughäfen aufgrund von § 38 Abs. 2 Nr. 1 LuftVZO,[34] weil Flughäfen nur unter Berücksichtigung der Belange der Raumordnung (§ 6 Abs. 2 S. 1 LuftVG) genehmigt werden und daher auf bestimmte geografische Bereiche in Deutschland beschränkt sind,[35] oder Linienverkehrsgenehmigungen nach § 13 PBefG aufgrund der damit einhergehenden, andere Verkehrsunternehmen ausschließenden Wirkung.[36]

2. Gewährung durch zuständige Behörde

18 Die Definition des Begriffs der besonderen oder ausschließlichen Rechte nach § 100 Abs. 2 S. 1 GWB ist dem früheren Art. 86 Abs. 1 EGV (jetzt Art. 106 Abs. 1 AEUV) entnommen und auch in diesem Sinne auszulegen.[37] Entscheidend ist demnach insbesondere, ob dem betreffenden Unternehmen von einer zuständigen Behörde eines Mitgliedstaats besondere oder ausschließliche Rechte gewährt worden sind. Nicht ausreichend ist es, wenn andere Unternehmen aus anderen Gründen als einem staatlich gewährten besonderen oder ausschließlichen Recht von einer Sektorentätigkeit abgehalten werden und dadurch ein oder mehrere Unternehmen reflexartig bevorteilt werden.[38] Das ergab sich bereits aus Erwägungsgrund 1 RL 2014/25/EU. Sinn und Zweck des Sektorenvergaberechts und der wesentliche Grund dafür, die Auftragsvergaben in diesem Bereich zu regeln, ist die Abschottung der Märkte, die darauf zurückzuführen ist, dass die Mitgliedstaaten über die Gewährung besonderer oder ausschließlicher Rechte Einfluss auf das Verhalten von Auftraggebern nehmen, die in den Versorgungssektoren tätig sind.[39]

19 Art. 4 Abs. 3 RL 2014/25/EU definiert besondere oder ausschließliche Rechte im Sinne der Richtlinie als Rechte, die eine zuständige Behörde eines Mitgliedstaates im Wege einer Rechts- oder Verwaltungsvorschrift gewährt hat, um die Ausübung einer Sektorentätigkeit auf eine oder mehrere Stellen zu beschränken, wodurch die Möglichkeit anderer Stellen zur Ausübung

---

28 OLG München, Beschluss v. 28.8.2019 – Verg 15/19, juris Rn. 6 f.
29 *Schröder*, NZBau 2012, 541 (544).
30 Siehe hierzu Rn. 18 ff.
31 Siehe hierzu Rn. 21 ff.
32 *Pünder*, in: Pünder/Schellenberg, Vergaberecht, § 100 GWB Rn. 14.
33 OLG München, Beschluss v. 12.5.2011 – Verg 26/10; a.A. nunmehr *Gabriel*, in: Säcker, Wettbewerbsrecht, § 100 GWB Rn. 26.
34 OLG Düsseldorf, Beschluss v. 24.3.2010 – VII-Verg 58/09.
35 *Schröder*, NZBau 2012, 541 (545).
36 *Schröder*, NZBau 2012, 541 (545).
37 OLG München, Beschluss v. 12.5.2011 – Verg 26/10; OLG Düsseldorf, Beschluss v. 24.3.2010 – VII-Verg 58/09; VK Niedersachsen, Beschluss v. 8.11.2002 – VgK-24/2002; anders *Opitz*, in: Röwekamp/Kus/Portz/Prieß, GWB-Vergaberecht, § 100 Rn. 37.
38 *Ziekow*, in: Ziekow/Völlink, Vergaberecht, § 100 GWB Rn. 11; *Schröder*, NZBau 2012, 541 (543).
39 Siehe bereits Erwägungsgrund 3 RL 2004/17/EG.

dieser Tätigkeit wesentlich eingeschränkt wird.[40] § 100 Abs. 2 S. 1 GWB ist daher im Lichte der RL 2014/25/EU dahingehend auszulegen, dass alle drei **Voraussetzungen**:

- Verleihung eines besonderen oder ausschließlichen Rechtes durch die zuständige Behörde eines Mitgliedsstaates,
- Ausübung der Sektorentätigkeit ist einem oder mehreren Unternehmen vorbehalten und
- die Möglichkeit anderer Unternehmen, diese Tätigkeit auszuüben, ist erheblich beeinträchtigt,

kumulativ erfüllt sein müssen.[41]

Nach Art. 4 Abs. 3 RL 2014/25/EU muss die Gewährung des besonderen oder ausschließlichen Rechts durch die zuständige Behörde eines Mitgliedsstaates zudem **ursächlich** dafür sein, dass die Möglichkeit anderer Stellen zur Ausübung der Sektorentätigkeit wesentlich eingeschränkt wird („wodurch"). Alle Tatbestandsvorrausetzungen müssen also durch eine Kausalkette miteinander verbunden sein.[42] Dieses Kausalitätserfordernis zwischen der Rechtegewährung und der Ausschließlichkeitsstellung wird durch die Aufteilung der Voraussetzungen auf § 100 Abs. 1 Nr. 2 lit. a GWB und § 100 Abs. 2 S. 1 GWB nur unzureichend umgesetzt. Aus dem Kausalitätserfordernis folgt, dass allgemeine Tätigkeitsgenehmigungen in der Regel selbst dann keine besonderen oder ausschließlichen Rechtspositionen verleihen, wenn der Genehmigungsinhaber mit anderen, insbesondere wirtschaftlichen und damit nicht-rechtlichen Mitteln die Möglichkeit anderer Unternehmen, die Sektorentätigkeit auszuüben, erheblich beeinträchtigt. 20

Die Vorzugsstellung muss nicht nur rechtlich begründet, sondern aktiv durch den Staat gewährt worden sein. Erforderlich ist eine nach außen tretende Bevorzugung eines privaten Unternehmens, die auf einer bewussten, rechtlich begründeten Entscheidung einer staatlichen Instanz beruht.[43] Dabei ist die **Form des Begründungsaktes** ohne Bedeutung.[44] Art. 4 Abs. 3 RL 2014/25/EU verlangt zwar, dass das besondere oder ausschließliche Recht im Wege einer Rechts- oder Verwaltungsvorschrift gewährt worden sein muss. Daraus folgt jedoch nicht, dass bei Rechteübertragung über einen privatrechtlichen Vertrag keine besonderen oder ausschließlichen Rechte übertragen werden können. Aus Erwägungsgrund 20 RL 2014/25/EU kann vielmehr abgeleitet werden, dass es auf die Form der Rechteübertragung nicht ankommt („in beliebiger Form")[45] und angesichts der unterschiedlichen Gestaltungsmöglichkeiten[46] in den Mitgliedstaaten und infolgedessen auch aufgrund der anderenfalls eröffneten Umgehungsmöglichkeiten nicht ankommen kann. Möglich ist daher die Übertragung per Gesetz, Verwaltungsakt oder im Vertragswege.[47] 21

Von einer Gewährung besonderer oder ausschließlicher Rechte ist nur dann nicht auszugehen, wenn der Staat die faktische Vorzugsstellung eines Auftraggebers lediglich passiv **duldet** und sie damit gegebenenfalls lenkt oder fördert.[48] Das OLG München vertritt in diesem Zusammenhang die Auffassung, dass es der Gewährung eines Rechts auch nicht gleichzusetzen 22

40 So bereits Art. 2 Abs. 3 RL 2004/17/EG.

41 *Dörr*, in: Dreher/Motzke, Vergaberecht, § 98 GWB Rn. 155.

42 *Dörr*, in: Burgi/Dreher, Vergaberecht, § 100 GWB Rn. 24; *Schröder*, NZBau 2012, 541 (543).

43 *Dörr*, in: Burgi/Dreher, Vergaberecht, § 100 GWB Rn. 26; *Schröder*, NZBau 2012, 541 (543).

44 *Dörr*, in: Burgi/Dreher, Vergaberecht, § 100 GWB Rn. 26; *Pünder*, in: Pünder/Schellenberg, Vergaberecht, § 100 GWB Rn. 12; *Ziekow*, in: Ziekow/Völlink Vergaberecht § 100 GWB Rn. 11.

45 Siehe bereits Erwägungsgrund 25 S. 4 RL 2004/17/EG.

46 *Pünder*, in: Pünder/Schellenberg, Vergaberecht, § 100 GWB Rn. 12; *Gabriel*, in: Säcker, Wettbewerbsrecht, § 100 GWB Rn. 29.

47 OLG München, Beschluss v. 12.5.2011 – Verg 26/10: Herausgehobene und privilegierte Marktstellung infolge eines Staatsvertrages zwischen der Republik Österreich und dem Freistaat Bayern zum Betrieb von Wasserkraftwerken aus österreichisch-bayerischen Grenzflüssen; VK Niedersachsen, Beschluss v. 8.11.2002 – VgK-24/2002: Sonderrechte aufgrund eines Betriebs- und Überlassungsvertrages mit dem Land Niedersachsen zum Betrieb eines Mehrzweckterminals in einem Landeshafen; vgl. auch *Schröder*, NZBau 2012, 541 (542); a.A. im Hinblick auf die Gewährung im Wege eines zivilrechtlichen Vertrags *Holle/Wohlrab*, NZBau 2009, 432 (432 f.).

48 OLG München, Beschluss v. 28.8.2019 – Verg 15/19; a.A. VK Niedersachsen, Beschluss v. 30.9.2015 – VgK-30/2015 (obiter dictum); vgl. auch VG Düsseldorf, Urteil v. 11.2.2009 – 20 K 2335/08, das besondere oder ausschließliche Rechte im entschiedenen Fall aus Gewohnheitsrecht (*„kraft Herkommens"*) ableitet.

sei, wenn Unternehmen, die bei Einführung der Genehmigungspflicht nach § 4 EnWG bzw. § 3 EnWG (1998) Energieversorgungsnetze bereits betrieben, von der Genehmigungspflicht befreit wurden.[49] Darauf kommt es im Hinblick auf § 4 EnWG bereits nicht an, weil aus einer Genehmigung zum Netzbetrieb nach § 4 EnWG, die grundsätzlich allen Unternehmen erteilt werden kann, keine besondere oder ausschließliche Rechtsposition abgeleitet werden kann.[50] Dasselbe muss für eine Befreiung von der Genehmigungspflicht gelten.

3. Negativabgrenzung (Abs. 2 S. 2)

23 Keine besonderen oder ausschließlichen Rechte sind nach § 100 Abs. 2 S. 2 GWB Rechte, die aufgrund eines Verfahrens nach den Vorschriften des Teil 4 GWB oder aufgrund eines sonstigen Verfahrens gewährt wurden, das angemessen bekannt gemacht wurde und auf objektiven Kriterien beruht. Diese Regelung geht auf Erwägungsgrund 20 und Art. 4 Abs. 3 UAbs. 2 und 3 RL 2014/25/EU zurück.[51] Rechte, die im Ergebnis derartiger Verfahren verliehen werden, begründen keine spezifisch staatliche verliehene Vorzugsstellung des Auftragnehmers oder Konzessionärs und damit kein besonderes oder ausschließliches Recht i.S.v. § 100 Abs. 1 Nr. 2 lit. b GWB.[52] Es fehlt jedenfalls dann an der für die Annahme besonderer oder ausschließlicher Rechte konstitutiven Marktabschottung, wenn der Auftraggeber ein Vergabeverfahren zur Beschaffung von Leistungen unter Anwendung des Vergaberechts durchführt.[53] Das trifft allerdings nicht auf Vergabeverfahren zu, die ohne Bekanntmachung der Vergabeabsicht des Auftraggebers durchgeführt worden sind. Ein solches Verfahren wurde nicht i.S.v. § 100 Abs. 2 S. 2 GWB „angemessen bekannt gemacht".[54] Missverständlich ist insoweit die Gesetzesbegründung,[55] wonach „trotz" Vorliegens besonderer oder ausschließlicher Rechte das Vergaberecht nicht zur Anwendung kommen solle, wenn bereits die Gewährung besonderer oder ausschließlicher Rechte in einem wettbewerblichen Vergabeverfahren nach Teil 4 GWB erfolgt ist. Rechtspositionen haben schon keinen andere Unternehmen ausschließenden Charakter, wenn andere Unternehmen in einem transparenten und nach objektiven Kriterien durchgeführten Verfahren die Möglichkeiten hatten, die betreffende Rechtsposition zu erwerben. Präziser ist daher Art. 4 Abs. 3 UAbs. 2 RL 2014/25/EU, wonach Rechte, die in einem angemessen bekannt gegebenen und auf objektiven Kriterien beruhenden Verfahren gewährt wurden, schon keine besonderen oder ausschließlichen Rechte sind.

24 Nach Art. 4 Abs. 3 UAbs. 3 RL 2014/25/EU zählen zu den Verfahren, die angemessen bekanntgegebenen werden und auf objektiven Kriterien beruhen, diejenigen **Vergabeverfahren** mit einem vorherigen Aufruf zum Wettbewerb gemäß den in Teil 4 GWB und dem untergesetzlichen Verfahrensrecht umgesetzten RL 2014/23/EU, 2014/24/EU, 2014/25/EU, 2009/81/EG und Verfahren gemäß anderen in Anhang II RL 2014/25/EU aufgeführten Rechtsakten der Union, die im Hinblick auf eine auf objektiven Kriterien beruhende Erteilung von Genehmigungen vorab eine angemessene Transparenz sicherstellen. Bei den in Anhang II RL 2014/25/EU genannten Verfahren handelt es sich – soweit für die Rechtspraxis in Deutschland relevant[56] – um:

- das Verfahren über die Erteilung und Nutzung von Genehmigungen zur Prospektion, Exploration und Gewinnung von Kohlenwasserstoffen nach der RL 94/22/EG,

---

49 OLG München, Beschluss v. 28.8.2019 – Verg 15/19.

50 Siehe hierzu bereits Rn. 16.

51 Gesetzesbegründung zu § 100 Abs. 2 GWB, VergRModG 2016, BT-Drs. 18/6281, 71; siehe auch bereits Erwägungsgrund 25 RL 2004/17/EG.

52 *Dreher*, in: Immenga/Mestmäcker, Wettbewerbsrecht, § 100 GWB Rn. 23; *Pünder*, in: Pünder/Schellenberg, Vergaberecht, § 100 GWB Rn. 16; *Opitz*, in: Röwekamp/Kus/Portz/Prieß, GWB-Vergaberecht, § 100 Rn. 42.

53 *Dörr*, in: Burgi/Dreher, Vergaberecht, § 100 GWB Rn. 28: *„Vergaberecht verhindert neue vergaberechtliche Bindungen."*

54 *Pünder*, in: Pünder/Schellenberg, Vergaberecht, § 100 GWB Rn. 16; *Dreher*, in: Immenga/Mestmäcker, Wettbewerbsrecht, § 100 GWB Rn. 23; *Opitz*, in: Röwekamp/Kus/Portz/Prieß, GWB-Vergaberecht, § 100 Rn. 42.

55 Gesetzesbegründung zu § 100 Abs. 2 GWB, VergRModG 2016, BT-Drs. 18/6281, 71.

56 Da die Erbringung von Postdienstleistungen in Deutschland keine Sektorentätigkeit ist, bleibt es ohne Bedeutung, ob die postrechtliche Genehmigung besondere oder ausschließliche Rechte begründet; siehe aber auch § 102 Rn. 2.

- das Genehmigungsverfahren für den Bau neuer Stromerzeugungsanlagen gemäß der RL 2009/72/EG,
- das Genehmigungsverfahren für den Betrieb von Erdgasanlagen nach Art. 4 RL 2009/73/EG,
- das Verfahren zur Vergabe öffentlicher Dienstleistungsaufträge im Bereich des öffentlichen Personennahverkehrs gemäß Art. 5 Abs. 3 VO (EG) 1370/2007.

Diese Liste ist nicht abschließend.[57] Auch das Verfahren zur Vergabe von Wegenutzungsverträgen nach § 46 EnWG wird in der Regel den Anforderungen des § 100 Abs. 2 S. 2 GWB entsprechen.[58] Dasselbe gilt für das in § 11 Abs. 3 S. 4 und 5 EnWG vorgeschriebene Verfahren zur Vergabe besonderer netztechnischer Betriebsmittel für diejenigen Auftraggeber, die hier nicht ohnehin an die Bestimmungen des Teil 4 GWB und der SektVO gebunden sind (§ 11 Abs. 3 S. 6 EnWG).

Die Frage der angemessenen Bekanntmachung und Objektivität eines Verfahrens zur Gewährung ausschließlicher oder besonderer Rechte i.S.v. § 100 Abs. 2 S. 2 GWB kann relevant werden, wenn ein Hoheitsträger die Mehrheit der Geschäftsanteile an einer Kapitalgesellschaft, die in einem der Versorgungssektoren tätig ist, an einen privaten Dritten veräußert. Wenn mit der **Veräußerung** auch die Übertragung besonderer oder ausschließlicher Rechtspositionen verbunden ist, wird der Erwerber nur dann vergaberechtlich nicht gebunden sein, wenn der Erwerbsvorgang unter Beachtung der Vorgaben des § 100 Abs. 2 S. 2 GWB vollzogen wird. Das Fusionskontrollverfahren nach der FKVO dient zwar auch der Überprüfung, ob ein Erwerbsvorgang zu einer gegebenenfalls sektorenvergaberechtlich relevanten Marktabschottung führt. Es ist jedoch nicht die Grundlage für die Übertragung der relevanten besonderen oder ausschließlichen Rechtspositionen.[59] Vergaberechtlich maßgeblich ist nach § 100 Abs. 2 S. 2 GWB und Art. 4 Abs. 3 UAbs. 2 RL 2014/25/EU insoweit allein der Erwerbsvorgang. 25

II. Sektorenauftraggeber aufgrund Beherrschung (Abs. 1 Nr. 2 lit. b, Abs. 3)

§ 100 Abs. 3 GWB dient der Umsetzung von Art. 4 Abs. 2 UAbs. 2 RL 2004/25/EU und enthält eine Vermutungsregel, wann von der Möglichkeit des beherrschenden Einflusses eines öffentlichen Auftraggebers i.S.d. § 100 Abs. 1 Nr. 2 lit. b GWB auszugehen ist. Diese bereits in Art. 2 Abs. 1 lit. b RL 2004/17/EG enthaltene Vermutungsregel wurde mit dem VergRModG 2016 erstmals im GWB umgesetzt.[60] 26

1. Beherrschungsmöglichkeit

Hintergrund der durch § 100 Abs. 1 Nr. 2 lit. b GWB geforderten staatlichen Beherrschungsmöglichkeit ist die Überlegung, dass die Beschaffungstätigkeit einer natürlichen oder juristischen Person des Privatrechts nur dann derjenigen eines staatlichen Auftraggebers gleichgestellt werden soll, wenn die natürliche oder juristische Person des Privatrechts, obwohl rechtlich eigenständig, bei wertender Betrachtung gleichsam als verlängerter Arm der sie beherrschenden staatlichen Stelle angesehen werden muss. 27

Der Begriff des **beherrschenden Einflusses** ist unionsrechtlich geprägt und entsprechend auszulegen. Er ist darüber hinaus ein originär vergaberechtlicher Begriff. Entscheidend sind daher weder die Voraussetzungen von § 17 AktG und die dazu ergangene Kasuistik[61] noch ist die Anwendungspraxis der Europäischen Kommission zum Kontrollbegriff im Sinne der 28

---

57 Erwägungsgrund 20 UAbs. 3 S. 1 RL 2014/25/EU.

58 *Opitz*, in: Röwekamp/Kus/Portz/Prieß, GWB-Vergaberecht, § 100 Rn. 42.

59 VK Niedersachsen, Beschluss v. 30.9.2015 – VgK-30/2015 (obiter dictum); *Opitz*, in: Röwekamp/Kus/Portz/Prieß, GWB-Vergaberecht, § 100 Rn. 42.

60 Gesetzesbegründung zu § 100 Abs. 3 GWB, VergRModG 2016, BT-Drs. 18/6281, 72; zur Herleitung nach altem Recht *Dörr*, in: Burgi/Dreher, Vergaberecht, § 100 GWB Rn. 23; *Dreher*, in: Immenga/Mestmäcker, Wettbewerbsrecht, § 100 GWB Rn. 25.

61 *Werner*, in: Byok/Jaeger, Vergaberecht, § 100 GWB Rn. 33; *Wolters*, in: Eschenbruch/Opitz/Röwekamp, SektVO, § 100 GWB Rn. 37 f.; *Dreher*, in: Immenga/Mestmäcker, Wettbewerbsrecht, § 100 GWB Rn. 29.

FKVO eins zu eins übertragbar.[62] Eine Orientierung daran erscheint gleichwohl möglich.[63] Beherrschender Einfluss in diesem Sinne ist anzunehmen, wenn der alleinige oder gemeinsame Einfluss auf das im Sektorenbereich tätige Unternehmen die Möglichkeit eröffnet, diesem gegenüber die eigenen Vorstellungen über das Unternehmensverhalten, insbesondere das Beschaffungsverhalten durchzusetzen.[64] Dabei ist es ohne Bedeutung, ob diese Beherrschung aus finanziellen Beziehungen oder personeller Besetzung abgeleitet wird.[65] Entscheidend ist vielmehr, dass sich aus der rechtlichen Gesamtkonstellation einschließlich relevanter schuldrechtlicher Verträge[66] des Unternehmens ergibt, dass es einer Aufsicht der öffentlichen Hand untersteht, die es dieser ermöglicht, die Entscheidungen des Unternehmens in Bezug auf öffentliche Aufträge zu beeinflussen, sodass die Willensbildung des beherrschten Unternehmens insoweit nicht mehr autonom erfolgt.[67]

29 Die Voraussetzungen für einen beherrschenden Einfluss i.S.v. § 100 Abs. 3 GWB überschneiden sich weitgehend mit den in **§ 99 Nr. 2 GWB** genannten Voraussetzungen für die Staatsverbundenheit eines funktionalen Auftraggebers.[68] In der Praxis werden sich etwaige Unterschiede insoweit meist nicht auswirken.[69]

30 Aus dem Wortlaut des § 100 Abs. 1 Nr. 2 lit. b GWB („ausüben können") folgt zunächst, dass es insoweit zur Begründung der Stellung als Sektorenauftraggeber bereits ausreicht, wenn für öffentliche Auftraggeber die **Möglichkeit** besteht, einen beherrschenden Einfluss auszuüben.

31 Die Ausübung eines beherrschenden Einflusses öffentlicher Auftraggeber gemäß § 99 Nr. 1 bis 3 GWB auf eine natürliche oder juristische Person des privaten Rechts wird nach § 100 Abs. 3 GWB **vermutet**, wenn ein öffentlicher Auftraggeber nach § 99 Nr. 1 bis 3 GWB unmittelbar oder mittelbar die Mehrheit des gezeichneten Kapitals des Unternehmens besitzt, über die Mehrheit der mit den Anteilen am Unternehmen verbundenen Stimmrechte verfügt oder mehr als die Hälfte der Mitglieder des Verwaltungs-, Leitungs- oder Aufsichtsorgans des Unternehmens bestellen kann. Beherrschender Einfluss kann auch über die ausdrücklich in § 100 Abs. 3 GWB genannten Fälle hinaus vorliegen.[70] Das folgt bereits aus § 100 Abs. 1 Nr. 2 lit. b GWB, der sich ausdrücklich nicht auf die in § 100 Abs. 3 GWB genannten Fälle beschränkt.

32 Eine **nachträgliche Rechtmäßigkeitskontrolle** reicht für die Annahme der Möglichkeit eines beherrschenden Einflusses in der Regel nicht aus.[71] Das gilt auch für eine bloß paritätische oder gar eine Minderheitsbeteiligung eines öffentlichen Auftraggebers.[72] Die Möglichkeit, beherrschenden Einfluss ausüben zu können, setzt grundsätzlich voraus, positiv über das Einkaufsverhalten eines anderen Unternehmens bestimmen zu können. Ausnahmsweise kann

---

62 Vgl. Europäische Kommission, Konsolidierte Mitteilung der Kommission zu Zuständigkeitsfragen gemäß der Verordnung (EG) Nr. 139/2004 des Rates über die Kontrolle von Unternehmenszusammenschlüssen, ABl. EU C 43/10 v. 21.2.2009, Tz. 23.

63 *Werner*, in: Byok/Jaeger, Vergaberecht, § 100 GWB Rn. 33; im Ergebnis hinsichtlich § 17 AktG ebenso *Dreher*, in: Immenga/Mestmäcker, Wettbewerbsrecht, § 100 GWB Rn. 29; ähnlich auch *Bosselmann*, in: Reidt/Stickler/Glahs, Vergaberecht, § 100 GWB, Rn. 29: *„indizielle Bedeutung"*.

64 EuGH, Urteil v. 1.2.2001 – Rs. C-237/99 (OPAC), Rn. 48; *Pünder*, in: Pünder/Schellenberg, Vergaberecht, § 100 GWB Rn. 26; *Bosselmann*, in: Reidt/Stickler/Glahs, Vergaberecht, § 100 GWB, Rn. 27.

65 VK Sachsen, Beschluss v. 9.12.2014 – 1/SVK/032-14.

66 *Dörr*, in: Burgi/Dreher, Vergaberecht, § 100 GWB Rn. 36; *Werner*, in: Byok/Jaeger, Vergaberecht, § 100 GWB Rn. 35; *Gabriel*, in: Säcker, Wettbewerbsrecht, § 100 GWB Rn. 40.

67 VK Sachsen, Beschluss v. 9.12.2014 – 1/SVK/032-14.

68 Vgl. *Dörr*, in: Burgi/Dreher, Vergaberecht, § 100 GWB Rn. 40; *Pünder*, in: Pünder/Schellenberg, Vergaberecht, § 100 GWB Rn. 25; *Bosselmann*, in: Reidt/Stickler/Glahs, Vergaberecht, § 100 GWB Rn. 27.

69 *Dörr*, in: Burgi/Dreher, Vergaberecht, § 100 GWB Rn. 40; vgl. auch VK Sachsen, Beschluss v. 9.12.2014 – 1/SVK/032-14.

70 *Dörr*, in: Burgi/Dreher, Vergaberechts, § 100 GWB Rn. 40; *Ziekow*, in: Ziekow/Völlink, Vergaberecht, § 100 GWB Rn. 18.

71 *Wolters*, in: Eschenbruch/Opitz/Röwekamp, SektVO, § 100 GWB Rn. 37; *Opitz*, in: Kulartz/Kus/Portz/Prieß, GWB-Vergaberecht, § 100 Rn. 27; *Pünder*, in: Pünder/Schellenberg, Vergaberecht, § 100 GWB Rn. 26; *Bosselmann*, in: Reidt/Stickler/Glahs, Vergaberecht, § 100 GWB Rn. 28.

72 *Wolters*, in: Eschenbruch/Opitz/Röwekamp, SektVO, § 100 GWB Rn. 38.

eine Einflussnahmemöglichkeit aber auch vorliegen, wenn der öffentliche Auftraggeber das Beschaffungsverhalten über ein Vetorecht negativ beeinflussen kann.[73]

Die Einflussnahmemöglichkeit muss **unternehmerischer Natur** sein. Die Ausübung gesetzlich verankerter Regulierungsbefugnisse genügt daher regelmäßig nicht, um einen beherrschenden Einfluss des Staates auf das Einkaufsverhalten eines Unternehmens annehmen zu können.[74] Eine staatliche Einflussnahmemöglichkeit liegt daher dann nicht vor, wenn das Beschaffungsverhalten des Unternehmens nur reflexartig von der Ausübung hoheitlicher Befugnisse zum Schutz des Gemeininteresses betroffen ist. Es fehlt insoweit an einer zielgerichteten Einflussnahmemöglichkeit „auf diese Personen".[75] 33

2. Widerlegbarkeit

Die durch das Vorliegen der Voraussetzungen des § 100 Abs. 3 GWB begründete Vermutung eines beherrschenden Einflusses ist widerlegbar. Ebenso wenig wie zur Begründung der Vermutung ist es für ihre Widerlegung allein entscheidend, ob aktienrechtliche Voraussetzungen wie der Abschluss eines Entherrschungsvertrages oder sonstige vertraglich vereinbarte Stimmrechtsbeschränkungen erfüllt sind.[76] Stattdessen ist zur Widerlegung der gesetzlichen Vermutung zusätzlich auch der Nachweis erforderlich, dass ein beherrschender Einfluss auf das Beschaffungsverhalten des betreffenden Unternehmens auch tatsächlich nicht stattfindet.[77] 34

3. Hoheitsträger aus anderen EU-Mitgliedstaaten

Nicht abschließend geklärt ist, ob auch Hoheitsträger aus anderen EU-Mitgliedstaaten grundsätzlich als Träger der Einflussnahmemöglichkeit i.S.d. § 100 Abs. 1 Nr. 2 lit. b GWB in Betracht kommen. Der Wortlaut des § 99 Nr. 1 GWB, der in § 100 Abs. 1 Nr. 2 lit. b GWB in Bezug genommen wird, schließt das nicht aus. Gebietskörperschaften sind auch Gebietskörperschaften in anderen Mitgliedstaaten. Dafür spricht zudem die Zielsetzung des Sektorenvergaberechts, staatsnahe Auftraggeber, die in einem oder mehreren der in § 102 GWB genannten Versorgungssektoren tätig sind, zu einem Einkaufsverhalten anzuhalten, das sich an den Grundsätzen des Wettbewerbs, der Transparenz und der Nichtdiskriminierung ausrichtet.[78] Aus europäischer Sicht ist es ohne Bedeutung, zu welchem Mitgliedstaat die durch § 100 Abs. 1 Nr. 2 lit. b GWB vorausgesetzte Staatsnähe besteht.[79] 35

Während der Vergabesenat beim OLG Celle es ohne nähere Begründung noch als *„sehr zweifelhaft"* ansah, das Königreich der Niederlande als eine Gebietskörperschaft i.S.v. § 99 Nr. 1 GWB zu qualifizieren,[80] ist inzwischen in der **Spruchpraxis** eine Tendenz erkennbar, nach der auch Gebietskörperschaften aus anderen EU-Mitgliedstaaten i.S.v. § 100 Abs. 1 Nr. 2 lit. b GWB beherrschenden Einfluss auf die betreffende natürliche oder juristische Person des Privatrechts ausüben können.[81] Insoweit wird überzeugend darauf hingewiesen, dass der Begriff der Gebietskörperschaft kein spezifisch deutscher Begriff ist.[82] Er wird in Art. 3 Nr. 2 und 3 RL 2014/25/EU dahingehend definiert, dass er alle Verwaltungseinheiten in allen Mitgliedstaaten gemäß Anhang II und III VO (EG) 1059/2003 umfasst. Vor diesem Hintergrund erscheint es vorzugswürdig, den Begriff der Gebietskörperschaften in § 99 Nr. 1 GWB in diesem Sinne richtlinienkonform auszulegen.[83] 36

---

73 *Pünder*, in: Pünder/Schellenberg, Vergaberecht, § 100 GWB Rn. 26.
74 *Dörr*, in: Burgi/Dreher, Vergaberecht, § 100 GWB Rn. 37.
75 Vgl. auch *Matthey*, Das Recht der Auftragsvergabe in den Sektoren, S. 90.
76 *Dörr*, in: Burgi/Dreher, Vergaberecht, § 100 GWB Rn. 35; *Werner*, in: Byok/Jaeger, Vergaberecht, § 100 GWB Rn. 34; *Dreher*, in: Immenga/Mestmäcker, Wettbewerbsrecht, § 100 GWB Rn. 28.
77 *Dörr*, in: Burgi/Dreher, Vergaberecht, § 100 GWB Rn. 34; *Dreher*, in: Immenga/Mestmäcker, Wettbewerbsrecht, § 100 GWB Rn. 28.
78 *Dörr*, in: Burgi/Dreher, Vergaberecht, § 100 GWB Rn. 38.
79 *Dörr*, in: Burgi/Dreher, Vergaberecht, § 100 GWB Rn. 35.
80 OLG Celle, Beschluss v. 8.8.2013 – 13 Verg 7/13.
81 VK Berlin, Beschluss v. 22.1.2020 – VK B 1-38/19; VK Niedersachsen, Beschluss v. 30.9.2015 – VgK-30/2015.
82 VK Niedersachsen, Beschluss v. 30.9.2015 – VgK-30/2015.
83 Ebenso *Strenge*, NZBau 2011, 17 (19).

D. Auftragsunabhängig: Ausübung einer Sektorentätigkeit

37 Auftraggeber sind selbst dann als **Sektorenauftraggeber** i.S.v. § 100 Abs. 1 GWB zu qualifizieren, wenn sie Aufträge außerhalb der Versorgungssektoren vergeben, solange sie aktuell und aktiv in einem der in § 102 GWB genannten Versorgungssektoren tätig sind.[84] Das Ausübenserfordernis des § 100 Abs. 1 GWB stellt nicht auf einen konkreten Auftrag ab. Öffentliche Auftraggeber gemäß § 99 Nr. 1 bis 3 GWB sind, ebenso wie natürliche oder juristische Personen des Privatrechts, unter den in § 100 Abs. 1 Nr. 2 GWB genannten weiteren Voraussetzungen Sektorenauftraggeber, selbst wenn sie auch Aufträge außerhalb der Versorgungssektoren vergeben, in denen sie im Übrigen tätig sind.[85] Die Eigenschaft als Sektorenauftraggeber entfällt erst und nur, wenn die Sektorentätigkeit vollständig auf einen Dritten übertragen worden ist und durch den Dritten ausgeübt wird.[86] Aus diesem Grund sind auch Konzernholdinggesellschaften, die die Sektorentätigkeit operativ durch ihre Tochterunternehmen erbringen lassen, selbst nicht Sektorenauftraggeber,[87] wenn sie nicht ausnahmsweise Sektorenhilfstätigkeiten für ihre Konzerngesellschaften übernehmen.[88]

38 Während die Qualifizierung als Sektorenauftraggeber daher absolut ist,[89] bedarf die Frage, welches **Vergaberegime** anzuwenden ist, einer Einzelfallbetrachtung.[90] Vor diesem Hintergrund wird verbreitet auch von einer auftragsgegenstandsbezogenen Teilbarkeit der Stellung des Sektorenauftraggebers[91] und von einem relativen Sektorenauftraggeberbegriff[92] gesprochen. § 136 GWB und § 1 SektVO stellen klar, dass Sektorenauftraggeber nur dann die speziellen Regelungen der §§ 137 ff. GWB und der Sektorenverordnung anwenden, wenn der Auftrag zum Zweck der Ausübung einer Sektorentätigkeit vergeben werden soll.[93] Daraus ergibt sich im Umkehrschluss, dass öffentliche Auftraggeber, die eine Sektorentätigkeit ausüben, Aufträge außerhalb des Sektorenbereichs nach dem allgemeinen Vergaberegime der RL 2014/24/EU zu vergeben haben. Private Sektorenauftraggeber, die Aufträge für andere Zwecke als die Ausübung einer Sektorentätigkeit vergeben, sind dabei nicht an das Verfahrensrecht der SektVO gebunden. Die Befreiung auch von einer Pflicht zur Vergabe von Aufträgen nach den allgemeinen Grundsätzen des Teil 4 GWB und von der Nachprüfung nach den §§ 155 ff. GWB folgt aus § 137 Abs. 2 Nr. 1 GWB.[94]

E. Auftragsvergabe zum Zwecke der Ausübung einer Sektorentätigkeit

I. Weites Verständnis

39 Öffentliche Auftraggeber sind Sektorenauftraggeber, wenn sie auftragsunabhängig eine Sektorentätigkeit ausüben. Der Anwendungsbereich des Sektorenvergaberechts ist sachlich jedoch nur dann eröffnet, wenn der Sektorenauftraggeber im Einzelfall Leistungen zum Zweck der Ausübung einer Sektorentätigkeit beschafft, §§ 136 GWB, 1 SektVO. Hierbei ist ein weites Verständnis zugrunde zu legen. Der erforderliche Zweck wird regelmäßig bereits dann anzunehmen sein, wenn der Leistungsgegenstand die Sektorentätigkeit ermöglicht, erleichtert,

84 OLG Frankfurt, Beschluss v. 30.8.2011 – 11 Verg 3/11.
85 Zutreffend *Dörr*, in: Burgi/Dreher, Vergaberecht, § 100 GWB Rn. 12; *Gabriel*, in: Säcker, Wettbewerbsrecht, § 100 GWB Rn. 11.
86 OLG Frankfurt, Beschluss v. 30.8.2011 – 11 Verg 3/11; vgl. auch VK Niedersachsen, Beschluss v. 15.11.1999 – 203-VgK-12/99.
87 *Dörr*, in: Burgi/Dreher, Vergaberecht, § 99 GWB Rn. 69.
88 *Opitz*, in: Röwekamp/Kus/Portz/Prieß, GWB-Vergaberecht, § 100 Rn. 35.
89 *Dreher*, in: Immenga/Mestmäcker, Wettbewerbsrecht, § 100 GWB Rn. 10.
90 EuGH, Urteil v. 16.6.2005 – Verb. Rs. C-462/03 und C-463/03 (ÖBB); vgl. auch *Dreher*, in: Immenga/Mestmäcker, Wettbewerbsrecht, § 100 GWB Rn. 10.
91 VK Baden-Württemberg, Beschluss v. 4.12.2017 – 1 VK 47/17; *Dreher*, in: Immenga/Mestmäcker, Wettbewerbsrecht, § 100 GWB Rn. 10.
92 VK Baden-Württemberg, Beschluss v. 4.12.2017 – 1 VK 47/17; *Opitz*, in: Eschenbruch/Opitz/Röwekamp, SektVO, Einleitung – Teil 1 Rn. 15; *ders.* VergabeR 2009, 689 (690); *ders.* NZBau 2002, 19 (21).
93 Vgl. auch Art. 19 RL 2014/25/EU.
94 Siehe hierzu § 137 GWB Rn. 45 ff.

fördert oder sonst unterstützt (sog. Sektorenhilfstätigkeiten).[95] Beispiele sind etwa die Beschaffung von Büromaterial, von Dienstleistungen zur Sicherung des Betriebsgeländes,[96] von Versicherungsleistungen,[97] von Ingenieurleistungen für die technische Gebäudeausrüstung eines Verwaltungsgebäudes,[98] von Ingenieurleistungen zur Bauüberwachung von Flugbetriebsflächen,[99] einer übergeordneten Leittechnik zur Steuerung von Wasserkraftwerken[100] oder die Suche eines strategischen Partners zum Betrieb von Energieversorgungsnetzen.[101] Andere Zwecke als die Ausübung einer Sektorentätigkeit werden nur in seltenen und eng auszulegenden Ausnahmefällen anzunehmen sein, wenn der Auftrag einer Aufgabe dient, die ganz losgelöst von der Versorgung der Allgemeinheit mit Energie, Trinkwasser oder Verkehrsleistungen wahrgenommen wird.[102] Ein Beispiel sind Tätigkeiten, die nicht zu einem funktionierenden Ablauf eines Flughafenbetriebes gehören, wie etwa der Betrieb eines Hotels oder Speditionstätigkeiten. Sie werden ebenfalls für andere Zwecke als für die Sektorentätigkeit im Bereich Flughäfen[103] ausgeführt.[104]

II. Gemischte Aufträge

40 Die in der Praxis häufige Vergabe von **gemischten Aufträgen**, die zum Teil der Ausübung einer Sektorentätigkeit dienen und zum Teil anderen Tätigkeiten, wirft die Frage nach dem anwendbaren Recht auf. Gemäß § 112 Abs. 1 GWB darf der Auftraggeber entweder getrennte Aufträge für die Zwecke jeder einzelnen Tätigkeit oder einen Gesamtauftrag vergeben. Unzulässig ist, einen Gesamtauftrag zu dem Zweck zu vergeben, ihn der Anwendung des strengeren Vergaberegimes zu entziehen. Aus gesetzessystematischer Sicht sprechen zudem Gründe dafür, dass das Wahlrecht nach § 112 Abs. 1 GWB durch das Losaufteilungsgebot nach § 97 Abs. 4 S. 2 GWB beschränkt ist.[105] Eine Gesamtvergabe wäre dann nach § 97 Abs. 4 S. 3 GWB bei Vorliegen wirtschaftlicher oder technischer Gründe möglich.

41 Entscheidet sich der Auftraggeber zulässigerweise dafür, die Leistungen **getrennt** zu vergeben, ist gemäß § 112 Abs. 2 GWB das für den jeweiligen Auftrag tätigkeitsspezifisch maßgebliche Recht anzuwenden. Das anwendbare Vergaberecht bei zulässiger Vergabe eines **Gesamtauftrags** richtet sich nach dem hauptsächlich verfolgten Zweck, § 112 Abs. 3 S. 1 GWB. Ist die Bestimmung eines solchen hauptsächlich verfolgten Zwecks nicht möglich, gilt im Zweifel das strengere Vergaberegime.

F. Rechtsschutz

42 § 100 GWB ist unternehmensschützend. Unternehmen haben einen gegebenenfalls im Nachprüfungsverfahren durchsetzbaren Anspruch darauf, dass Sektorenauftraggeber das vorgeschriebene Verfahren unter Anwendung der SektVO durchführen. Hierzu gehört insbeson-

95 OLG Düsseldorf, Beschluss v. 9.1.2013 – VII-Verg 26/12; *Dreher*, in: Immenga/Mestmäcker, Wettbewerbsrecht, § 102 GWB Rn. 17; *Opitz*, in: Eschenbruch/Opitz/Röwekamp, SektVO, Einleitung – Teil 1 Rn. 15; siehe aber *ders.*, VergabeR 2014, 369 (371), wonach der Anwendungsbereich des Sektorenvergaberechts aufgrund der Verwendung des Präsens in Art. 4 RL 2014/25/EU (ausüben) für Stellen, die noch keine Sektorentätigkeit ausüben, Aufträge aber im Hinblick auf die Aufnahme einer solchen Tätigkeit vergeben, weiterhin ungeklärt sei.

96 OLG Düsseldorf, Beschluss v. 24.3.2010 – VII-Verg 58/09: Abschlepp- und Inkassodienstleistungen für das Gelände des Düsseldorfer Flughafens; VK Sachsen, Beschluss v. 19.10.2010 – 1/SVK/037/10: Bauüberwachungsleistungen für die Erstellung von Flugbetriebsflächen.

97 *Franke/Höfler*, BB 1998, 433 (434).

98 OLG Düsseldorf, Beschluss v. 21.5.2008 – VII-Verg 19/08.

99 OLG Brandenburg, Beschluss v. 16.1.2007 – Verg W 7/06.

100 OLG München, Beschluss v. 12.5.2011 – Verg 26/10.

101 OLG Düsseldorf, Beschluss v. 9.1.2013 – VII-Verg 26/12.

102 *Opitz*, in: Eschenbruch/Opitz/Röwekamp, SektVO, Einleitung – Teil 1 Rn. 15; *Matthey*, Das Recht der Auftragsvergabe in den Sektoren, S. 117.

103 Siehe hierzu § 102 GWB Rn. 44 f.

104 *Matthey*, Das Recht der Auftragsvergabe in den Sektoren, S. 117.

105 A.A. *Kau*, in: Byok/Jaeger, Vergaberecht, § 112 GWB Rn. 6: *„sachliche Gründe genügen"*.

dere auch die fehlerfreie Anwendung der Vorschriften über die Eröffnung des persönlichen Anwendungsbereichs des Sektorenvergaberechts der §§ 100, 102 GWB.[106]

43 Ein **öffentlicher Auftraggeber** i.S.v. § 99 Nr. 1 bis 3 GWB, der ein Verfahren nach Maßgabe der erleichterten Rahmenbedingungen der SektVO durchzuführen beabsichtigt, trägt im Falle eines Nachprüfungsverfahrens die materielle Beweislast[107] für das Vorliegen der Tatbestandsvoraussetzungen der für ihn insoweit günstigen Tatsache des Ausübens einer Sektorentätigkeit i.S.v. § 100 Abs. 1 Nr. 1 GWB i.V.m. § 102 GWB sowie der weiteren Voraussetzungen für die Eröffnung des sachlichen Anwendungsbereichs, d.h. der Auftragsvergabe zum Zwecke der Ausübung einer Sektorentätigkeit gemäß § 136 GWB. Ob die fehlerhafte Anwendung des Sektorenvergaberechts in Fällen, in denen der öffentliche Auftraggeber tatsächlich keine Sektorentätigkeit (mehr) ausübt, einen aufgrund der Bekanntmachung erkennbaren Rechtsverstoß darstellt, der bis zum Ablauf der Verfahrensfristen zu rügen ist, § 160 Abs. 3 S. 1 Nr. 2 GWB, ist einzelfallabhängig. In der Regel dürfte die Rechtstatsache des Ausübens oder Nichtausübens einer Sektorentätigkeit i.S.v. § 100 Abs. 1 GWB sich nicht aus der Bekanntmachung, sondern nur aus anderen Erkenntnisquellen ergeben.

44 Demgegenüber trägt der Antragsteller im Nachprüfungsverfahren gegen einen **privaten Auftraggeber** dafür die materielle Beweislast, dass der private Auftraggeber eine Sektorentätigkeit i.S.v. § 100 Abs. 1 Nr. 2 GWB auf der Grundlage von besonderen oder ausschließlichen Rechten ausübt, die von einer zuständigen Behörde gewährt wurden. In diesem Zusammenhang prüfen die Nachprüfungsinstanzen auch außervergaberechtliche Vorschriften.[108] Da es in diesen Konstellationen grundsätzlich darum geht, ob der Rechtsweg der §§ 155 ff. GWB eröffnet und der Nachprüfungsantrag statthaft ist,[109] und da dies durch die Nachprüfungsinstanzen von Amts wegen zu prüfen ist, ist eine Rüge insoweit nicht erforderlich.[110]

Anlage

Gesetzesbegründung – VergRModG 2016 (BT-Drs. 18/6281)

Seite 70

Der neue § 100 definiert die Auftraggeber für die Vergabe von Aufträgen auf dem Gebiet der Trinkwasser- und Energieversorgung sowie des Verkehrs. Er dient der Umsetzung des Artikel 4 der Richtlinie 2014/25/EU. Entscheidend für die Auftragsvergabe im Sinne dieser Richtlinie ist gemäß Artikel 1 Absatz 2, dass die Liefer-, Bau- oder Dienstleistungen für eine Sektorentätigkeit bestimmt sind.

Zu Absatz 1

Gemäß § 100 Absatz 1 können Sektorenauftraggeber sowohl öffentliche Auftraggeber (Nummer 1) als auch private Auftraggeber (Nummer 2) sein.

Zu Nummer 1

§ 100 Absatz 1 Nummer 1 betrifft öffentliche Auftraggeber gemäß § 99 Nummer 1 bis 3. Vergeben diese Aufträge im Zusammenhang mit Tätigkeiten auf dem Gebiet der Trinkwasser- oder Energieversorgung oder des Verkehrs, finden die Vorschriften über die Sektorenauftragsvergabe Anwendung.

---

106 Vgl. OLG Düsseldorf, Beschluss v. 18.4.2012 – VII-Verg 9/12.
107 Siehe hierzu OLG Düsseldorf, Beschluss v. 7.8.2019 – VII-Verg 9/19.
108 Vgl. OLG Düsseldorf, Beschluss v. 7.11.2012 – VII-Verg 69/11, juris Rn. 24.
109 Vgl. VK Nordbayern, Beschluss v. 16.5.2019 – RMF-SG21-3194-4-11.
110 *Dittmann*, in: Ziekow/Völlink, Vergaberecht, § 155 GWB Rn. 20.

Zu Nummer 2

§ 100 Absatz 1 Nummer 2 richtet sich an Auftraggeber, die bislang unter § 98 Nummer 4 GWB fielen. Der besseren Übersicht halber wird künftig unterschieden zwischen Sektorenauftraggebern kraft Einräumung besonderer oder ausschließlicher Rechte (Buchstabe a) und Sektorenauftraggebern kraft beherrschenden Einflusses (Buchstabe b).

Seite 71

Zu Buchstabe a

§ 100 Absatz 1 Nummer 2 Buchstabe a entspricht der bisherigen Formulierung in § 98 Nummer 4 Satz 1 Halbsatz 1 Alternative 1 GWB. Die Definition zu besonderen und ausschließlichen Rechten findet sich nun in einem neuen § 100 Absatz 2.

Zu Buchstabe b

§ 100 Absatz 1 Nummer 2 Buchstabe b entspricht der bisherigen Formulierung in § 98 Nummer 4 Satz 1 Halbsatz 1 Alternative 2 GWB. Die Auftraggebereigenschaft für den privaten Auftraggeber ergibt sich aus dem beherrschenden Einfluss durch einen öffentlichen Auftraggeber gemäß § 99 Nummer 1 bis 3. Neu geregelt ist die Definition des beherrschenden Einflusses in § 100 Absatz 3.

Zu Absatz 2

§ 100 Absatz 2 definiert die ausschließlichen und besonderen Rechte im Sinne des § 100 Absatz 1 Nummer 2 Buchstabe a. Satz 1 entspricht dabei der bisherigen Definition des § 98 Nummer 4, 2. Halbsatz GWB.

Der Begriff der besonderen oder ausschließlichen Rechte ist insofern von besonderer Bedeutung für die Definition des Anwendungsbereichs der Richtlinie 2014/25/EU, als Auftraggeber, bei denen es sich weder um öffentliche Auftraggeber noch um von öffentlichen Auftraggebern beherrschte Unternehmen handelt, den Bestimmungen der Richtlinie 2014/25/EU nur unterliegen, insoweit sie eine aufgrund besonderer oder ausschließlicher Rechte vorbehaltene Tätigkeit ausüben.

Neu ist die Ausnahme davon in Satz 2, wonach in bestimmten Fällen trotz Vorliegens besonderer oder ausschließlicher Rechte das Vergaberecht nicht zur Anwendung kommen soll. Damit wird Artikel 4 Absatz 3 der Richtlinie 2014/25/EU umgesetzt. Im Kern wird damit klargestellt, dass Rechte, die im Wege eines Verfahrens gewährt wurden, das auf objektiven Kriterien beruht und bei dem eine angemessene Publizität gewährleistet wurde, keine besonderen oder ausschließlichen Rechte im Sinne dieser Richtlinie darstellen. Die Anwendung des Vergaberechts ist in diesen Fällen insofern entbehrlich, da schon bei der Gewährung der ausschließlichen und besonderen Rechte den Anforderungen an ein wettbewerbliches Verfahren genügt wurde.

Dies betrifft insbesondere den Fall, wenn bereits die Gewährung besonderer oder ausschließlicher Rechte in einem wettbewerblichen Verfahren nach dem Viertem Teil des GWB erfolgt ist. In Anhang II der Richtlinie 2014/25/EU werden beispielhaft weitere Genehmigungsverfahren aufgrund bestimmter EU-Rechtsakte aufgeführt, die nicht zu besonderen oder ausschließlichen Rechten im obigen Sinne führen. Darunter fallen:

- Erteilung einer Genehmigung für den Betrieb von Erdgasanlagen nach Artikel 4 Richtlinie 2009/73/EG des Europäischen Parlaments und des Rates vom 13. Juli 2009 über gemeinsame Vorschriften für den Erdgasbinnenmarkt und zur Aufhebung der Richtlinie 2003/55/EG (ABl. Nr. L 211 S. 94).
- Genehmigung oder Aufforderung zur Angebotsabgabe für den Bau neuer Stromerzeugungsanlagen gemäß der Richtlinie 2009/72/EG des Europäischen Parlaments und des Rates vom 13. Juli 2009 über gemeinsame Vorschriften für den Elektrizitätsbinnenmarkt und zur Aufhebung der Richtlinie 2003/54/EG (ABl. Nr. L 211 S. 55).

Beide Richtlinien waren Bestandteil des 3. Energiepaketes der EU und hatten zum Ziel die Trennung des Netzbetriebes von Versorgung und Erzeugung. Sie sind umgesetzt im Energiewirtschaftsgesetz (EnWG).

- Genehmigungen in Bezug auf Postdienste, die nicht reserviert sind oder nicht reserviert werden dürfen nach Artikel 9 der Richtlinie 97/67/EG des Europäischen Parlaments und des Rates vom 15. Dezember 1997 über gemeinsame Vorschriften für die Entwicklung des Binnenmarktes der Postdienste der Gemeinschaft und die Verbesserung der Dienstequalität (ABl. 1998 Nr. L 15 S. 14, berichtigt ABl. 1998 Nr. L 23, S. 39). Die Richtlinie ist umgesetzt im Postgesetz (PostG) sowie der Postuniversaldienstleistungsverordnung (PUDLV).
- Richtlinie 94/22/EG des Europäischen Parlaments und des Rates vom 30. Mai 1994 über die Erteilung und Nutzung von Genehmigungen zur Prospektion, Exploration und Gewinnung von Kohlenwasserstoffen (ABl. Nr. L 164 S. 3). Die Richtlinie ist im Bundesberggesetz (BBergG) umgesetzt.
- Vergabe öffentlicher Dienstleistungsaufträge auf der Grundlage eines wettbewerblichen Vergabeverfahrens gemäß Artikel 5 Absatz 3 der Verordnung (EG) Nummer 1370/2007 des Europäischen Parlaments und des Rates vom 23. Oktober 2007 über öffentliche Personenverkehrsdienste auf Schiene und Straße (ABl. Nr. L 315 S. 1). Die Verordnung ist in Teilen im Personenbeförderungsgesetz (PBefG) umgesetzt. Ansonsten gilt sie als EU-Verordnung unmittelbar.

  Seite 72

Zu Absatz 3

§ 100 Absatz 3 dient der Umsetzung von Artikel 4 Absatz 2 Unterabsatz 2 der Richtlinie 2004/25/EU und enthält eine Vermutungsregel, wann von einem beherrschenden Einfluss im Sinne des § 100 Absatz 1 Nummer 2 Buchstabe b durch einen öffentlichen Auftraggeber auszugehen ist. Die bereits in Artikel 2 Absatz 1 Buchstabe b der Richtlinie 2004/17/EG des Europäischen Parlaments und des Rates vom 31.3.2004 zur Koordinierung der Zuschlagserteilung durch Auftraggeber in den Bereichen der Wasser-, Energie- und Verkehrsversorgung sowie der Postdienste (ABl. Nr. L 134 vom 30.4.2004, S. 1) enthaltene Vermutungsregel wird nunmehr im GWB umgesetzt.

§ 101 GWB
Konzessionsgeber

(1) Konzessionsgeber sind

1. öffentliche Auftraggeber gemäß § 99 Nummer 1 bis 3, die eine Konzession vergeben,

2. Sektorenauftraggeber gemäß § 100 Absatz 1 Nummer 1, die eine Sektorentätigkeit gemäß § 102 Absatz 2 bis 6 ausüben und eine Konzession zum Zweck der Ausübung dieser Tätigkeit vergeben,

3. Sektorenauftraggeber gemäß § 100 Absatz 1 Nummer 2, die eine Sektorentätigkeit gemäß § 102 Absatz 2 bis 6 ausüben und eine Konzession zum Zweck der Ausübung dieser Tätigkeit vergeben.

(2) § 100 Absatz 2 und 3 gilt entsprechend.

Übersicht

Rn.
A. Allgemeines ... 1
I. Unionsrechtlicher Hintergrund ... 5
II. Historie ... 7
III. Vergleichbare Regelungen ... 8
B. Begriff des Konzessionsgebers ... 9
I. Funktionelle und institutionelle Begriffsbildungen ... 15
II. Konzessionsvergabe durch den öffentlichen Auftraggeber (Abs. 1 Nr. 1) ... 20
III. Konzessionsvergabe durch öffentliche Sektorenauftraggeber (Abs. 1 Nr. 2) ... 23
IV. Konzessionsvergabe durch private Sektorenauftraggeber (Abs. 1 Nr. 3) ... 27
V. Besondere oder ausschließliche Rechte und beherrschender Einfluss (Abs. 2) ... 30
VI. Bereichsausnahmen ... 33
C. Rechtsschutz ... 34
D. Konzessionsgeber unterhalb der Schwellenwerte und außerhalb des Teil 4 GWB ... 36
I. Zivilrechtlicher Konzessionsgeber ... 39
II. Verwaltungsrechtlicher und sozialrechtlicher Konzessionsgeber ... 42
Anlage
Gesetzesbegründung

A. Allgemeines

Die Definition des Begriffs des **Konzessionsgebers** ist erstmalig in das deutsche Recht aufgenommen worden. Während die RL 2014/23/EU vom „öffentlichen Auftraggeber" oder „Auftraggeber" spricht, verwendet die deutsche Umsetzung den neu geschaffenen und einprägsameren Begriff des „Konzessionsgebers". Sektorenauftraggeber und öffentliche Auftraggeber werden zum Konzessionsgeber, wenn sie eine Konzession vergeben. Für die Begriffswahl des nationalen Gesetzgebers spricht, dass eine bisher gesetzlich nicht belegte Formulierung gefunden wurde, die nun auch mit rechtlichen Inhalten gefüllt werden kann. Infolgedessen könnte sich die Frage stellen, ob damit – außerhalb der geplanten Vereinfachungsabsicht – die Intention einer Neuregelung verbunden ist. Dies ist jedoch nicht der Fall. Der Gesetzgeber will – wie aus der Gesetzesbegründung zu entnehmen ist – die unionsrechtlichen Vorgaben umsetzen und keine neuen Regelungsoptionen kreieren.[1] Systematisch zwingend scheint die Schaffung des Konzessionsgebers als eigentliche Begrifflichkeit somit nicht, da eine neue Wortwahl nicht aus einer Eins-zu-eins-Umsetzung der EU-Richtlinien folgte. Problematisch ist auch, dass die Rechtsprechung den Begriff des Konzessionsgebers auch außerhalb des förmlichen Vergaberechts verwendet.[2] Eine wirkliche Begriffsklärung ist damit durch die Neuregelung nicht eingetreten, wobei als erstes Zwischenergebnis nach mehreren Jahren seit der No- 1

1 Gesetzesbegründung, VergRModG 2016, BT-Drs. 18/6281, 1; Verordnungsbegründung, VergRModVO, BT-Drs. 87/16, 1.

2 OLG Düsseldorf, Beschluss v. 23.5.2019 – VI-2 U 7/16 (Kart), juris Rn. 10.

vellierung auch keine Streitigkeiten zu Begriffsunklarheiten zu verzeichnen sind. Die rechtliche Relevanz von §§ 98, 101 GWB erscheint daher überschaubar.

2 Die Vorgängerbestimmung § 98 Nr. 6 GWB a.F. regelte die Eigenschaft des sog. **Baukonzessionärs** als öffentlicher Auftraggeber, ohne dass der Begriff des Konzessionsgebers verwandt wurde. Jetzt sind Sektorenauftraggeber und öffentliche Auftraggeber nach dem Willen des Gesetzgebers jedoch Konzessionsgeber, wenn sie diese Konzessionen nach dem Teil 4 GWB förmlich auszuschreiben haben.[3] Den Begriff des „Baukonzessionärs" gibt es im GWB und den Verordnungen nicht, auch wenn die Rechtsprechung teilweise mit diesem Begriff gearbeitet hat.[4] In § 105 Abs. 1 Nr. 1 GWB wird nur von der „Baukonzession" als entgeltlichem Vertrag zur Betrauung von Bauleistungen gesprochen. Eine Baukonzession wird auch vom Konzessionsgeber und nicht vom „Baukonzessionsgeber" vergeben. Die Vergabe von Baukonzessionen wird nun über die Bestimmungen der §§ 101, 105 GWB geregelt. Die in der Konzessionsrichtlinie dafür vorgesehene Differenzierung ist auch im deutschen Recht beizubehalten, da einzelne Vorschriften der Konzessionsrichtlinie zwischen beiden Kategorien von Auftraggebern unterscheiden. Soweit die Baukonzessionsvergabe durch den Konzessionsgeber Besonderheiten aufweist, sind diese in der KonzVgV geregelt.[5] Durch die Novellierung[6] kann auf den Regelungsmechanismus der VOB/A 2012, die in § 20 VOB/A 2012 und § 22 EG VOB/A 2012 die Konzessionen geregelt hatte, nur noch mit Einschränkungen zurückgegriffen werden.[7] Dies gilt umso mehr, als mit § 23 VOB/A eine eigenständige (wenngleich auch inhaltlich identische) Konzessionsvergabenorm für den Bereich unterhalb der Schwellenwerte geschaffen wurde.[8] In der KonzVgV ist die Vergabe der Baukonzession durch den Konzessionsgeber nur noch in § 33 Abs. 3 und 4 KonzVgV geregelt. Der Konzessionsnehmer einer Baukonzession, der im Rahmen dieser Baukonzession Aufträge an Dritte vergibt, deren Gegenstand die Erbringung von Bauleistungen i. S. d. § 103 Abs. 3 GWB ist, hat in der Regel die VOB/B, VOB/C und die Allgemeinen Technischen Vertragsbedingungen für Bauleistungen zum Vertragsgegenstand zu machen. § 33 Abs. 4 KonzVgV schreibt für den Konzessionsgeber verschiedene Mitteilungspflichten vor.[9]

3 Der Regelungswille des EU-Gesetzgebers bezog sich auf die Ausschreibung von Bau- und Dienstleistungskonzessionen, weil er das Fehlen klarer Bestimmungen bemängelte.[10] National wird die Konzessionsrichtlinie 2014/23/EU durch das GWB und die **KonzVgV** umgesetzt. Mit der letztgenannten Verordnung wurden erstmals die Verfahrensregeln zur Vergabe von Konzessionen (sowohl Dienstleistungs- als auch Baukonzessionen) in einer Rechtsverordnung zusammengeführt. Die KonzVgV ist für alle Konzessionen i.S.d. § 105 GWB anwendbar, die durch Konzessionsgeber i.S.d. § 101 GWB vergeben werden und die dem neuen Teil 4 GWB unterfallen.[11] Die GWB-Regelungen ziehen allgemeine Definitionen vor die Klammer – einschließlich der neuen Definition des Konzessionsgebers in § 105 GWB. Die KonzVgV trifft gemäß § 1 KonzVgV nähere Bestimmungen über das einzuhaltende Verfahren bei der dem Teil 4 GWB unterliegenden Vergabe von Konzessionen durch einen Konzessionsgeber. § 1 KonzVgV knüpft damit unmittelbar an § 105 GWB an, ohne eine eigenständige Regelung zu treffen.[12]

4 Der Konzessionsgeber gemäß § 101 GWB ist eine Unterkategorie des **Auftraggebers** gemäß § 98 GWB. Der § 98 GWB definiert als übergeordnete Kategorie den Begriff des Auftraggebers. Der Auftraggeberbegriff gemäß § 98 GWB umfasst dabei alle Auftraggeber im Sinne der

---

3 Verordnungsbegründung zu § 1 KonzVgV, VergRModVO, BR-Drs. 87/16, 277.
4 Vgl. OLG München, Beschluss v. 5.4.2012 – Verg 3/12.
5 Vgl. Gesetzesbegründung zu § 101 GWB, VergRModG 2016, BT-Drs. 18/6281, 72; Sonderregelung in § 33 Abs. 3 und 4 KonzVgV, vgl. *Conrad,* in: Müller-Wrede/Braun, KonzVgV, § 33 Rn. 49 bis 54.
6 Bisher bestimmte § 98 Nr. 6 GWB a.F., dass öffentliche Auftraggeber natürliche oder juristische Personen des privaten Rechts sind, die mit Stellen, die unter die Nr. 1 bis 3 fallen, einen Vertrag über eine Baukonzession abgeschlossen haben, hinsichtlich der Aufträge an Dritte.
7 Vgl. für die bisherige Rechtslage *Reidt/Stickler,* in: Dreher/Motzke, Vergaberecht, § 22 EG VOB/A Rn. 11 ff.
8 Vgl. *Braun,* in: Müller-Wrede/Braun, KonzVgV, § 23 VOB/A Rn. 1 ff.
9 Vgl. *Conrad,* in: Müller-Wrede/Braun, KonzVgV, § 33 Rn. 49 bis 54.
10 Erwägungsgrund 1 RL 2014/23/EU.
11 Vgl. ausführlich *Braun,* in: Müller-Wrede/Braun, KonzVgV, § 1 Rn. 1 ff.
12 Vgl. ausführlich *Braun,* in: Müller-Wrede/Braun, KonzVgV, § 1 Rn. 1 ff.

§§ 99 bis 101 GWB. Dies betrifft den öffentlichen Auftraggeber gemäß § 99 GWB, den Sektorenauftraggeber gemäß § 100 GWB und den Konzessionsgeber i.S.d. § 101 GWB.[13]

I. Unionsrechtlicher Hintergrund

In der Konzessionsrichtlinie existieren zwei Typen von **Konzessionsgebern**: Der öffentliche Auftraggeber nach Art. 6 RL 2014/23/EU sowie der Auftraggeber, der zum Zweck der Ausübung seiner Sektorentätigkeit eine Konzession vergibt, gemäß Art. 7 RL 2014/23/EU. Beim „öffentlichen Auftraggeber" im Sinne der Richtlinien handelt es sich um den „Auftraggeber" i.S.d. § 98 GWB. Beim „Auftraggeber" im Sinne der Richtlinien handelt es sich wiederum um den Sektorenauftraggeber gemäß § 100 GWB. Leider wird diese begriffliche Systematik dadurch noch zusätzlich kompliziert, dass nach deutscher Gesetzessystematik der Begriff des „Auftraggebers" gemäß § 98 GWB den vergaberechtlichen Oberbegriff für alle Auftraggebertypen („öffentliche Auftraggeber" i.S.d. § 99 GWB, „Sektorenauftraggeber" i.S.d. § 100 GWB und „Konzessionsgeber" i.S.d. § 101 GWB) bildet. Grund für die Differenzierung zwischen den beiden Typen des Konzessionsgebers ist, dass einzelne Vorschriften der Konzessionsrichtlinie zwischen beiden Kategorien unterscheiden und unterschiedliche Regelungen vorsehen. Eine Unterscheidung zwischen dem „öffentlichen Auftraggeber" und dem „Sektorenauftraggeber" (nach deutscher Terminologie) macht die Konzessionsrichtlinie im Rahmen der Konzessionsvergabe an ein verbundenes Unternehmen. So ist die RL 2014/23/EU gemäß ihrem Art. 13 Abs. 3 lit. a und b nicht auf Konzessionsvergaben anzuwenden, die von „Auftraggebern" als Sektorenauftraggeber an ein mit ihnen verbundenes Unternehmen vergeben werden. Gleiches gilt gemäß Art. 14 RL 2014/23/EU auch für Konzessionsvergaben an ein Gemeinschaftsunternehmen durch einen „Auftraggeber". Mit der Differenzierung ist aber kein erkennbarer materieller Gehalt verbunden. 5

Sowohl die Konzessionsrichtlinie als auch ihre nationale Umsetzung differenzieren zudem zwischen unterschiedlichen Typen von **Sektorenauftraggebern**. Die in Art. 17 RL 2014/23/EU vorgenommene Unterscheidung übernimmt der deutsche Gesetzgeber in § 108 GWB, wonach zwischen „öffentlichen" Sektorenauftraggebern i.S.d. § 100 Abs. 1 Nr. 1 GWB und „privatrechtlichen" Sektorenauftraggebern i.S.d. § 100 Abs. 1 Nr. 2 GWB zu unterscheiden ist. Gemäß § 108 Abs. 8 GWB gelten die Regelungen zur öffentlich-öffentlichen Zusammenarbeit nach § 108 Abs. 1 bis 7 GWB nur für Sektorenauftraggeber hinsichtlich der Vergabe von öffentlichen Aufträgen sowie für Konzessionsgeber hinsichtlich der Vergabe von Konzessionen. Damit sind sie nicht auf die Vergabe von Konzessionen durch Konzessionsgeber i.S.d. § 101 Abs. 1 Nr. 3 GWB, also durch „privatrechtliche" Sektorenauftraggeber nach § 100 Abs. 1 Nr. 2 GWB, anzuwenden. 6

II. Historie

§ 101 GWB ist durch das VergRModG 2016 neu in das GWB-Vergaberecht eingefügt worden. Die Regelung blieb seit ihrer Einführung unverändert. 7

III. Vergleichbare Regelungen

Weitere Regelungen zur Auftraggebereigenschaft finden sich in § 98 GWB, zum öffentlichen Auftraggeber in § 99 GWB, zum Sektorenauftraggeber in § 100 GWB.[14] 8

B. Begriff des Konzessionsgebers

Den Begriff des Konzessionsgebers kannte der europäische Gesetzgeber in dieser Form bisher nicht. Er wird aber in anderen Zusammenhängen verwandt, beispielsweise in der Mitteilung 9

13 Gesetzesbegründung zu § 98 GWB, VergRModG 2016, BT-Drs. 18/6281, 69.
14 Wegen der weiteren Einzelheiten wird auf die dortige Kommentierung verwiesen.

der Kommission zu Auslegungsfragen im Bereich der Konzessionen im Gemeinschaftsrecht,[15] in Art. 7h lit. b RL 2011/76/EU, in den einschlägigen deutschen Kommentierungen[16] und in der deutschen Übersetzung von EuGH-Entscheidungen.[17]

10 § 101 GWB definiert den Auftraggeber für die Vergabe von Konzessionen[18] als „Konzessionsgeber". Die Regelung dient dem gesetzgeberischen Willen nach der nationalrechtlichen Umsetzung der **Definitionen** von Art. 6 RL 2014/23/EU („Öffentlicher Auftraggeber") und Art. 7 RL 2014/23/EU („Auftraggeber").[19] Die RL 2014/23/EU betrifft gemäß Art. 1 Abs. 2 RL 2014/23/EU die Vergabe von Konzessionen sowohl durch „öffentliche Auftraggeber" als auch durch „Auftraggeber" (nach deutscher Terminologie „Sektorenauftraggeber"), welche zum Zwecke ihrer Tätigkeit Konzessionen vergeben. In dieser Vorschrift wird unterschieden zwischen „öffentlichen Auftraggebern" und „Auftraggebern, wenn die Bau- oder Dienstleistungen für die Ausübung einer der in Anhang II genannten Tätigkeiten bestimmt sind". Die Unterscheidung zwischen „öffentlichen Auftraggebern" i.S.d. Art. 6 RL 2014/23/EU und „Auftraggebern" i.S.d. Art. 7 RL 2014/23/EU hat den Grund, dass „öffentlichen Auftraggebern" (im Gegensatz zu „Auftraggebern") umfassendere Verpflichtungen auferlegt werden.[20] Es besteht ein Stufenverhältnis der Verpflichtungen, was sich beispielsweise bei der Freiheit bezüglich der Verfahrenswahl ausdrücken kann. Die größten Wahlmöglichkeiten sollen die Konzessionsgeber haben, was sich zum einen in dem hohen Schwellenwert und zum anderen in den reduzierten Verfahrensverpflichtungen im GWB und der KonzVgV ausdrückt.

11 Vor allem der Begriff der „**Einrichtung des öffentlichen Rechts**" hat im deutschen Verwaltungsrechtssystem bisher keine Entsprechung gefunden.[21] Dieser Begriff wird in den RL 2014/23/EU und 2014/25/EU verwendet. § 99 Nr. 4 GWB verwendet zwar den deutschen Begriff der „juristischen Person des öffentlichen Rechts", dieser ist aber nicht deckungsgleich mit dem unionsrechtlichen Begriff der „Einrichtung des öffentlichen Rechts" gemäß Art. 6 Abs. 4 RL 2014/23/EU. Die nicht deckungsgleichen Begrifflichkeiten sind hier aber irrelevant, da es nur auf die materielle Verpflichtung der öffentlichen Auftraggeber ankommt, Vergabeverfahren nach § 97 Abs. 6 GWB gemäß den Grundsätzen des Vergaberechts durchzuführen.

12 Da auf Ebene des Gemeinschaftsrechts unterschiedliche Definitionen des „öffentlichen Auftraggebers" in den Richtlinien existieren (vgl. Art. 2 Abs. 1 Nr. 1 RL 2014/24/EU und Art. 6 Abs. 1 RL 2014/23/EU), erschien nach Auffassung des deutschen Gesetzgebers die Schaffung eines **eigenständigen Begriffes** des Konzessionsgebers sinnvoll. Gemäß Art. 2 Abs. 1 Nr. 1 RL 2014/24/EU bezeichnet der Ausdruck „öffentliche Auftraggeber" den Staat, die Gebietskörperschaften, die Einrichtungen des öffentlichen Rechts oder die Verbände, die aus einer oder mehreren dieser Körperschaften oder Einrichtungen des öffentlichen Rechts bestehen. Nach Art. 6 Abs. 1 RL 2014/23/EU sind als „öffentliche Auftraggeber" zum einen der Staat, die Gebietskörperschaften sowie die Einrichtungen des öffentlichen Rechts zu verstehen. Zudem unterfallen diesem Begriff aber auch solche Verbände, welche aus einer oder mehreren Körperschaften, Einrichtungen oder Verbänden bestehen, die nicht einer der in Anhang II RL 2014/23 genannten Tätigkeiten nachgehen bzw. eine Konzession zum Zwecke der Ausübung einer solchen Tätigkeit vergeben (§ 101 Abs. 1 Nr. 1 GWB i.V.m. § 99 Nr. 3 GWB). Dies betrifft z. B. Auftragsvergaben durch kommunale Zweckverbände von Gemeinden, also von Auftraggebern i.S.d. § 99 Nr. 1 GWB, wie Abwasser-, Abfall-, Wasserversorgungs- und Pla-

---

15 Europäische Kommission, Mitteilung der Kommission zu Auslegungsfragen im Bereich Konzessionen im Gemeinschaftsrecht, ABl. EG 2000/C 121/02, Abschnitt 2.2.

16 Vgl. z. B. *Ziekow*, in: Ziekow/Völlink, Vergaberecht, § 98 GWB Rn. 170.

17 So zum Beispiel: EuGH, Urteil v. 15.12.2009 – Rs. T-156/04 (EDF/Kommission), Rn. 47.

18 Zum Begriff der Konzession und ihren Tatbestandsmerkmalen etwa OLG Naumburg, Beschluss v. 15.4.2016 – 7 Verg 1/16; OLG Jena, Beschluss v. 22.7.2015 – 2 Verg 2/15, mit weiteren Anmerkungen; *Braun*, in: Hettich/Soudry, Das neue Vergaberecht, S. 155; *Braun*, VergabeR 2015, 793; *Diemon-Wies*, VergabeR 2016, 162; *Mösinger*, NZBau 2015, 545; vgl. *Knauff/Badenhausen*, NZBau 2014, 395; *Opitz*, NVwZ 2014, 753; *Siegel*, VergabeR 2015, 265 (267 ff.).

19 Vgl. ausführlich *Braun*, in: Hettich/Soudry, Das neue Vergaberecht, S. 155.

20 Vgl. Erwägungsgrund 26 RL 2014/23/EU im Bereich des Kältesektors.

21 Vgl. *Dörr*, in: Dreher/Motzke, Vergaberecht, § 98 GWB Rn. 17.

nungsverbände. Verbände von funktionalen Auftraggebern i.S.d. § 99 Nr. 2 GWB sind etwa der Deutsche Industrie- und Handelstag als Verband der Industrie- und Handelskammern.[22]

Der gewichtige Unterschied zwischen den Definitionen der RL 2014/23/EU und RL 2014/24/EU besteht indessen darin, dass die in Art. 6 Abs. 1 RL 2014/23/EU genannten Stellen eine **Konzession** vergeben müssen, um „öffentliche Auftraggeber" i.S.d. RL 2014/23/EU zu sein. Dies ist im Hinblick auf die Eigenschaft als „öffentlicher Auftraggeber" gemäß RL 2014/24/EU nicht der Fall, vgl. Art. 2 Abs. 1 Nr. 1 RL 2014/24/EU. Mithin knüpft der Richtliniengeber hinsichtlich der Eigenschaft als „öffentlicher Auftraggeber" im Sinne der Konzessionsvergaberichtlinie an den „Akt" der Vergabe einer Konzession an. Anknüpfungspunkt ist damit nicht die Frage, „wer" beschafft, sondern „was" im Rahmen des Beschaffungsvorgangs vergeben werden soll. Der Richtliniengeber hat sich für eine funktionelle Beschreibung des Auftraggebers entschieden. Diesem Weg ist der deutsche Gesetzgeber gefolgt, indem er den (öffentlichen) Auftraggeber seinem Handeln entsprechend – nach der Vergabe einer Konzession – als Konzessionsgeber definiert hat. 13

Wenn die Eigenschaft als Konzessionsgeber bejaht wird, treffen den Konzessionsgeber direkt **organisatorische Verhaltensverpflichtungen**, wie beispielsweise gemäß § 5 KonzVgV. Danach dürfen Organmitglieder und Mitarbeiter des Konzessionsgebers oder eines im Namen des Konzessionsgebers handelnden Beschaffungsdienstleisters in einem Vergabeverfahren nicht mitwirken, wenn bei diesen ein Interessenkonflikt besteht. 14

I. Funktionelle und institutionelle Begriffsbildungen

Ausgehend von einer primär funktionellen Sichtweise des Gesetzgebers, wonach ein Auftraggeber durch seine Tätigkeit dem Vergaberecht unterworfen wird,[23] wird die Eigenschaft als Konzessionsgeber von der Auftragsvergabe her begründet. Nur wer eine Konzession vergibt, ist Konzessionsgeber. Die Begriffsbildung ist also tätigkeitsbezogen.[24] Auch mit der Erteilung einer vergaberechtlichen „Erlaubnis" kann der Auftraggeber Konzessionsgeber im Sinne von § 101 Abs. 1 Nr. 1 GWB werden.[25] Die Differenzierung der RL 2014/23/EU zwischen „öffentlichen Auftraggebern" nach Art. 6 Abs. 1 RL 2014/23/EU und „Auftraggebern, die einer [Sektorentätigkeit] nachgehen und zum Zwecke dieser Tätigkeit eine Konzession vergeben" nach Art. 7 Abs. 1 RL 2014/23/EU wird vom deutschen Gesetzgeber in § 99 und § 100 GWB beibehalten, da einzelne Vorschriften der Konzessionsrichtlinie zwischen beiden Kategorien von Auftraggebern unterscheiden. Die Konzessionsvergaberichtlinie differenziert konkret im Rahmen der Konzessionsvergabe an ein verbundenes Unternehmen zwischen dem öffentlichen Auftraggeber und dem Sektorenauftraggeber. So ist die RL 2014/23/EU gemäß Art. 13 Abs. 3 lit. a und b RL 2014/23/EU nicht auf Konzessionsvergaben anzuwenden, die von „Auftraggebern" als Sektorenauftraggeber an ein mit ihnen verbundenes Unternehmen vergeben werden. Entsprechendes gilt gemäß Art. 14 RL 2014/23/EU auch für Konzessionsvergaben an ein Gemeinschaftsunternehmen durch einen „Auftraggeber". 15

Dies wurde durch den deutschen Gesetzgeber in § 154 Nr. 5 und 6 GWB umgesetzt. Danach sind § 138 und § 139 GWB (besondere Ausnahmen für die Vergabe an **verbundene Unternehmen** und durch oder an ein **Gemeinschaftsunternehmen**) entsprechend für die Vergabe von Konzessionen durch Konzessionsgeber nach § 101 Abs. 1 Nr. 2 und 3 GWB (Sektorenauftraggeber) anzuwenden, wonach der Teil 4 GWB auf solche Vergabeverfahren keine Anwendung findet. Mithin sind Vergaben von Konzessionen in solchen Konstellationen von den Vorgaben des GWB und der KonzVgV befreit, sodass gemäß § 108 GWB „In-House"-Konzessionsvergaben möglich sind. Diese Ausnahme vom förmlichen Vergaberecht ist sinn- 16

22 Vgl. *Dörr*, in: Dreher/Motzke, Vergaberecht, § 98 GWB Rn. 17.
23 Vgl. *Ziekow*, in: Ziekow/Völlink, Vergaberecht, § 98 GWB Rn. 30 bis 33; *ders.*, in: Ziekow/Völlink, Vergaberecht, § 102 GWB Rn. 2.
24 Gesetzesbegründung zu § 101 GWB, VergRModG 2016, BT-Drs. 18/6281, 72; vgl. VK Baden-Württemberg, Beschluss v. 25.7.2018 – 1 VK 19/18.
25 OLG Hamburg, Beschluss v. 1.11.2017 – 1 Verg 2/17.

voll, weil die Konzessionsvergabe mit größeren Freiheiten verbunden sein soll. Wenn also ein Ausnahmetatbestand im Auftragsvergaberecht gilt, dann sollte dieser Ausnahmetatbestand auch im Konzessionsvergaberecht gelten. Die Grenze für die Gestaltungsmöglichkeiten für den Konzessionsgeber bildet § 14 KonzVgV. Das Konzessionsvergabeverfahren darf gemäß § 14 KonzVgV nicht in einer Weise ausgestaltet werden, dass es vom Anwendungsbereich des Teil 4 GWB ausgenommen wird oder bestimmte Unternehmen oder bestimmte Bauleistungen, Lieferungen oder Dienstleistungen auf unzulässige Weise bevorzugt oder benachteiligt werden.[26]

17 Ferner differenziert die deutsche Regelung auch im Rahmen der **öffentlich-öffentlichen Zusammenarbeit** nach § 108 GWB noch weitergehend zwischen „öffentlichen" Sektorenauftraggebern i.S.d. § 100 Abs. 1 Nr. 1 GWB und „privatrechtlichen" Sektorenauftraggebern i.S.d. § 100 Abs. 1 Nr. 2 GWB. So sind die Regelungen zur öffentlich-öffentlichen Zusammenarbeit des § 108 GWB gemäß § 108 Abs. 8 GWB nicht auf die Vergabe von Konzessionen durch Konzessionsgeber i.S.d. § 101 Abs. 1 Nr. 3 GWB und damit durch „privatrechtliche" Sektorenauftraggeber nach § 100 Abs. 1 Nr. 2 GWB anwendbar. Wenn eine direkte private Kapitalbeteiligung an der kontrollierten juristischen Person, mit Ausnahme nicht beherrschender Formen der privaten Kapitalbeteiligung und Formen der privaten Kapitalbeteiligung ohne Sperrminorität besteht, die in Übereinstimmung mit den Verträgen durch nationale gesetzliche Bestimmungen vorgeschrieben sind und die keinen ausschlaggebenden Einfluss auf die kontrollierte juristische Person vermitteln, ist eine Konzession zwischen öffentlich-rechtlichen Körperschaften gemäß Art. 17 Abs. 3d RL 2014/23/EU nicht möglich (vgl. auch § 108 GWB). Die direkte private Beteiligung an der kontrollierten juristischen Person (Konzessionsnehmer) ist entscheidend. Dies schließt die In-House-Konzessionsvergabe aus. Eine private Kapitalbeteiligung an dem oder den kontrollierenden Konzessionsgebern schließt daher die Vergabe öffentlicher Aufträge an die kontrollierte juristische Person (Konzessionsnehmer) ohne Anwendung eines förmlichen Vergabeverfahrens nicht aus, da solche Beteiligungen den Wettbewerb zwischen privaten Wirtschaftsteilnehmern nicht nachteilig beeinflussen.[27]

18 Die **Vergabe** einer Konzession durch einen Konzessionsgeber erfolgt in zwei Schritten:[28] Zunächst wird gemäß § 101 Nr. 1 GWB zwischen dem öffentlichen Auftraggeber nach § 99 Nr. 1 bis 3 GWB oder § 101 Abs. 1 Nr. 2 und 3 GWB oder dem Sektorenauftraggeber nach § 100 Abs. 1 Nr. 1 und 2 GWB und einer natürlichen oder juristischen Person des Privatrechts ein Vertrag i.S.d. § 105 Abs. 1 GWB geschlossen.[29] Die Konzessionsgebereigenschaft wird durch den nach außen tretenden Willen bezüglich der Vergabe einer Konzession (§ 101 Abs. 1 Nr. 1 GWB) bzw. der Vergabe einer Konzession zum Zweck der Ausübung einer Sektorentätigkeit (§ 101 Abs. 1 Nr. 2 und 3 GWB) begründet. Ein Konzessionsvergabeverfahren hat dann begonnen, wenn zwei Elemente kumulativ gegeben sind:

- interner Beschaffungsentschluss: Der Konzessionsgeber entschließt sich, einen (gegenwärtigen oder künftigen) Bedarf nicht durch Eigenleistung, sondern durch Beschaffen von Lieferungen oder Leistungen als Nachfrager auf dem Markt zu decken.
- externe Umsetzung: Der Konzessionsgeber trifft darüber hinaus zweckbestimmt äußerlich wahrnehmbar Anstalten, den Auftragnehmer mit dem Ziel eines Vertragsabschlusses auszuwählen (nicht notwendig durch eine vorherige Bekanntmachung).[30]

19 Im Ergebnis bleibt festzuhalten, dass eine funktionelle Sichtweise mit einer materiellen Prüfung kombiniert wird. Die Eigenschaft als Konzessionsgeber hängt **funktionell** von der Frage ab, ob durch den jeweiligen Auftraggeber gemäß § 98 GWB nur ein Auftrag gemäß § 103 Abs. 1 GWB vergeben werden soll oder vielmehr eine Konzession gemäß § 105 Abs. 1 GWB. Falls im jeweiligen Fall die Eigenschaft als Konzessionsgeber gemäß § 101 Abs. 1 GWB bejaht wurde, ist dann in materieller Hinsicht zu prüfen, ob eine „gewöhnliche" Konzession gemäß

---

26 Vgl. ausführlich *Braun*, in: Müller-Wrede/Braun, KonzVgV, § 14 Rn. 1 ff.
27 Vgl. Erwägungsgrund 49 RL 2014/23/EU.
28 Näher eingehend auf das gesamte Verfahren *Mösinger*, NZBau 2015, 351; vgl. *Prieß/Stein*, VergabeR 2014, 499.
29 Vgl. *Ziekow*, in: Ziekow/Völlink, Vergaberecht, § 98 GWB Rn. 168, 170.
30 OLG Düsseldorf, Beschluss v. 17.12.2014 – VII-Verg 26/14.

§ 101 Abs. 1 Nr. 1 GWB oder die spezielle Form der Konzession zur Ausübung der Sektorentätigkeit des Sektorenauftraggebers vergeben werden soll (§ 101 Abs. 1 Nr. 1 und 2 GWB). Innerhalb dessen ist vom Konzessionsgeber zu klären, ob weitergehende Spezialregelungen für öffentliche oder privatrechtliche Sektorenauftraggeber existieren. Die Frage ist insbesondere dann von Relevanz, wenn es um die Anwendbarkeit von Bereichsausnahmen geht.[31] Zudem ist noch zu beachten, dass die Eigenschaft als Konzessionsgeber eine zusätzliche **institutionelle** Komponente hat: Nur wenn die jeweilige Stelle öffentlicher Auftraggeber i.S.d. § 99 Nr. 1 bis 3 GWB oder Sektorenauftraggeber i.S.d. § 100 Abs. 1 Nr. 1 und 2 GWB ist, kann sie (bei Vergabe einer Konzession) Konzessionsgeber i.S.d. § 101 Abs. 1 GWB sein. Dies wird vor allem anhand folgender Beispiele deutlich: Das Kartellvergaberecht trifft die Unterscheidung, dass eine Eigenschaft als Sektorenauftraggeber nicht vorliegt, wenn ein privatrechtlicher Sektorenauftraggeber i.S.d. § 100 Abs. 1 Nr. 2 GWB Tätigkeiten ausübt, die unter die Regelungen des § 102 Abs. 1 S. 2, Abs. 2 Nr. 2 lit. a und b sowie Abs. 3 Nr. 2 lit. a und b GWB fallen. Bei Vorliegen dieser Bereichsausnahmen hat die jeweilige Stelle nicht die Eigenschaft als Sektorenauftraggeber inne, womit sie erst recht nicht Konzessionsgeber i.S.d. § 101 Abs. 1 Nr. 3 GWB (selbst bei tatsächlicher Vergabe einer Konzession) ist. Dadurch wird sichergestellt, dass nicht jedwede juristische Person nur durch die Vergabe einer Konzession zu einem Konzessionsgeber wird.

II. Konzessionsvergabe durch den öffentlichen Auftraggeber (Abs. 1 Nr. 1)

Konzessionsgeber sind gemäß § 101 Abs. 1 Nr. 1 GWB öffentliche Auftraggeber i.S.d. § 99 Nr. 1 bis 3 GWB, sofern sie nicht Konzessionsgeber nach § 101 Abs. 1 Nr. 2 oder 3 GWB sind. 20

§ 101 Abs. 1 Nr. 1 GWB betrifft damit solche **öffentlichen Auftraggeber**, die nicht zu denjenigen Auftraggebern gehören, die eine Tätigkeit auf dem Gebiet der Energieversorgung oder des Verkehrs ausüben und eine Konzession zum Zweck der Ausübung dieser Tätigkeit vergeben. Mithin fallen unter § 101 Abs. 1 Nr. 1 GWB die Konzessionsvergaben außerhalb der Sektorentätigkeiten. 21

Aus dem Zusatz „die eine **Konzession** vergeben" ist zu schließen, dass jede Art der Konzessionsvergabe oberhalb der Schwellenwerte einen öffentlichen Auftraggeber zu einem Konzessionsgeber macht. Dabei muss nicht notwendigerweise nachgewiesen werden, dass die Konzessionsvergabe der Aufgabe des öffentlichen Auftraggebers dienlich sein muss. Dies folgt daraus, dass (im Gegensatz zu § 101 Abs. 1 Nr. 2 und 3 GWB) der öffentliche Auftraggeber i.S.d. § 101 Abs. 1 Nr. 1 GWB die Konzession nicht zur Ausübung seiner eigenen Tätigkeit vergeben muss. Die Konzessionsvergabe darf nicht mit einem Gesetzesverstoß verbunden sein.[32] 22

III. Konzessionsvergabe durch öffentliche Sektorenauftraggeber (Abs. 1 Nr. 2)

Konzessionsgeber nach § 101 Abs. 1 Nr. 2 GWB sind Sektorenauftraggeber gemäß § 100 Abs. 1 Nr. 1 GWB, wenn sie eine Sektorentätigkeit gemäß § 102 Abs. 2 bis 6 GWB ausüben und eine Konzession zum Zweck der Ausübung dieser (Sektoren-)Tätigkeit vergeben. 23

In diesem Fall sind solche Auftraggeber gemäß § 98 GWB bei Vergabe einer Konzession nicht mehr unter **§ 101 Abs. 1 Nr. 1 GWB** zu fassen. Liegt ein Dienstleistungsauftrag vor, ist ein Auftraggeber Sektorenauftraggeber gemäß § 101 Abs. 1 Nr. 2 lit. b GWB; liegt eine Konzession vor, ist er Konzessionsgeber gemäß § 101 Abs. 1 Nr. 3 GWB.[33] Je nachdem können öffentliche Auftraggeber gemäß § 99 Nr. 1 bis 3 GWB im Rahmen der Vergabe von Konzessionen somit Konzessionsgeber nach § 101 Abs. 1 Nr. 1 GWB oder nach § 101 Abs. 1 Nr. 2 GWB sein.[34] Aus der Formulierung in § 101 Abs. 1 Nr. 2 GWB, wonach eine Konzession zum Zweck der Ausübung dieser Tätigkeit vergeben werden muss, ist zu schließen, dass nicht jede Kon- 24

31 OLG Düsseldorf, Beschluss v. 17.12.2014 – VII-Verg 26/14.
32 OLG Naumburg, Beschluss v. 15.4.2016 – 7 Verg 1/15; OLG Celle, Beschluss v. 19.6.2014 – 13 Verg 5/14.
33 OLG Karlsruhe, Beschluss v. 30.10.2018 – 15 Verg 5/18.
34 Gesetzesbegründung zu § 101 Abs. 1 Nr. 2 GWB, VergRModG 2016, BT-Drs. 18/6281, 72.

zessionsvergabe oberhalb der Schwellenwerte einen Sektorenauftraggeber zum Konzessionsgeber werden lässt. Vergibt der Sektorenauftraggeber eine Konzession außerhalb seiner Sektorentätigkeit, so ist er kein Konzessionsgeber. Wenn er aber dann kein Konzessionsgeber mehr ist und auch nicht als Sektorenauftraggeber tätig wird (oder auch keine Sektorentätigkeit gemäß § 102 GWB ausübt), dann unterliegt der Sektorenauftraggeber keinen vergaberechtlichen Verpflichtungen nach dem Teil 4 GWB.

25 Ob eine Konzession ausgeschrieben werden muss, hängt davon ab, ob diese Beschaffung (noch) der Erreichung von Unternehmensleistungen im Sektorentätigkeitsbereich dient und somit als öffentlicher Auftrag angesehen werden muss. Es findet insofern keine „**Infizierung**" aller Sparten eines Unternehmens durch eine Sektorentätigkeit statt, wenn die Tätigkeit abgrenzbar ist.[35] Diesbezüglich ist aber der Sektorenauftraggeber einer erheblichen Prüfungspflicht unterworfen. Wenn der Sektorenauftraggeber sich bei dieser Prüfung irren sollte, dann kann ein rechtswidriger De-facto-Vertrag vorliegen, dessen Unwirksamkeit gemäß § 135 GWB im Nachprüfungsverfahren gemäß § 155 GWB festgestellt werden kann.

26 § 101 Abs. 1 Nr. 2 GWB verweist auf die **Sektorentätigkeiten** gemäß § 102 Abs. 2 bis 6 GWB. Für die Definition der Sektorentätigkeiten kann auch im Rahmen der Vergabe von Konzessionen grundsätzlich auf § 102 GWB als einheitliche Vorschrift und auf die dortige Kommentierung[36] verwiesen werden, da Art. 8 bis 14 RL 2014/25/EU sowie Anhang II RL 2004/23/EU so weit übereinstimmen. Ausgenommen vom Anwendungsbereich der RL 2014/23/EU sind gemäß Art. 12 RL 2014/23/EU allerdings Tätigkeiten auf dem Gebiet der Trinkwasserversorgung.[37] Aus diesem Grund sind Sektorentätigkeiten im Bereich Wasser nach § 102 Abs. 1 GWB nicht vom Verweis im Rahmen des § 101 GWB umfasst. Mithin gibt es keine vergaberechtlichen GWB-Trinkwasserkonzessionsgeber. Nachprüfungsanträge im Bereich der Trinkwasserkonzessionsvergabe sind unzulässig.[38]

IV. Konzessionsvergabe durch private Sektorenauftraggeber (Abs. 1 Nr. 3)

27 § 101 Abs. 2 Nr. 3 GWB erfasst als Konzessionsgeber private Sektorenauftraggeber gemäß § 100 Abs. 1 Nr. 2 GWB, die eine Sektorentätigkeit gemäß § 102 Abs. 2 bis 6 GWB ausüben und eine Konzession zum Zweck der Ausübung dieser Tätigkeit vergeben.

28 Aus der Formulierung in § 101 Abs. 1 Nr. 3 GWB, wonach eine Konzession zum Zweck der Ausübung dieser Tätigkeit vergeben werden muss, ist – wie aus der Regelung des § 101 Abs. 1 Nr. 2 GWB – zu schließen, dass nicht jede Konzessionsvergabe einen Sektorenauftraggeber zum Konzessionsgeber werden lässt, da eine Konzession außerhalb des **Sektorengebiets** die Konzessionsgebereigenschaft eben nicht begründet. Wenn die Behörde dann aber kein Konzessionsgeber mehr ist und auch nicht als Sektorenauftraggeber tätig wird (oder auch keine Sektorentätigkeit gemäß § 102 GWB vorliegt), dann unterliegt der Sektorenauftraggeber keinen vergaberechtlichen Verpflichtungen nach Teil 4 GWB. Öffentlich-rechtliche Körperschaften, Anstalten oder Stiftungen bleiben unabhängig davon noch allgemeinen gesetzlichen Regelungen, z. B. aus Art. 3 Abs. 1 GG oder der Selbstbindung der Verwaltung, unterworfen. Auch daraus können für diese Institutionen Verfahrensverpflichtungen erwachsen.[39]

29 Wie bei den Sektorenauftraggebern ist für die Eigenschaft als Konzessionsgeber erforderlich, dass dem privaten Auftraggeber entweder **besondere oder ausschließliche Rechte** (§ 100 Abs. 1 Nr. 2 lit. a GWB) gewährt wurden oder der private Auftraggeber vonseiten öffentlicher Auftraggeber i.S.d. § 99 Nr. 1 bis 3 GWB einem **beherrschenden Einfluss** unterliegt (§ 100 Abs. 1 Nr. 2 lit. b GWB). Für die Auslegung dieser Begrifflichkeiten sind nach § 101 Abs. 2 GWB die Maßstäbe in § 100 Abs. 2 und 3 GWB in entsprechender Anwendung heranzuziehen.

---

35 Vgl. VK Sachsen, Beschluss v. 9.12.2014 – 1/SVK/032-14.
36 *Röbke* in § 102 GWB Rn. 5 ff.
37 Gesetzesbegründung zu § 101 Abs. 1 Nr. 2 GWB, VergRModG 2016, BT-Drs. 18/6281, 73.
38 VK Sachsen, Beschluss v. 12.4.2017 – 1/SVK/003-17.
39 Vgl. *Dörr*, in: Dreher/Motzke, Vergaberecht, Einleitung Rn. 70 ff.

V. Besondere oder ausschließliche Rechte und beherrschender Einfluss (Abs. 2)

§ 101 Abs. 2 GWB bestimmt, dass § 100 Abs. 2 und 3 GWB im Rahmen des § 101 GWB entsprechend gilt, und schränkt damit den Anwendungsbereich ein. **30**

Besondere oder ausschließliche Rechte i.S.v. § 100 Abs. 1 Nr. 2 lit. a GWB sind nach § 100 Abs. 2 S. 1 GWB Rechte, die dazu führen, dass die Ausübung dieser Tätigkeit einem oder mehreren Unternehmen vorbehalten wird und dass die Möglichkeit anderer Unternehmen, diese Tätigkeit auszuüben, erheblich beeinträchtigt wird. In Frage kommen insbesondere Wasserrechte, Wegerechte, Benutzungsrechte von Grundstücken. Wesensmerkmal von ausschließlichen oder besonderen Rechten ist, dass ein Unternehmen sich bei seiner Tätigkeit auf Grund staatlicher Privilegierung außerhalb marktmäßiger Mechanismen bewegt.[40] Keine besonderen oder ausschließlichen Rechte in diesem Sinne sind gemäß § 100 Abs. 2 S. 2 GWB Rechte, die aufgrund eines Verfahrens nach den Vorschriften dieses Teils oder aufgrund eines sonstigen Verfahrens gewährt und angemessen bekannt gemacht wurden sowie auf objektiven Kriterien beruhen. Die Anwendung des Vergaberechts ist in diesen Fällen insofern entbehrlich, als schon bei der Gewährung der ausschließlichen und besonderen Rechte den Anforderungen an ein wettbewerbliches Verfahren genügt wurde.[41] Wenn einmal der Wettbewerb in diesem Bereich eröffnet wurde, gibt es keinen Grund für die Anwendung einer staatlichen Wettbewerbsverpflichtung. Wenn also der Auftraggeber die besonderen oder ausschließlichen Rechte selbst in einem Vergabeverfahren erhalten hat, trifft ihn keine Ausschreibungsverpflichtung. Es gibt in diesem Zusammenhang eine Sperrwirkung der Erstvergabe.[42] Das Auswahlverfahren nach § 46 EnWG-Verfahren beispielsweise erfüllt die Voraussetzungen des § 100 Abs. 2 S. 2 GWB. Daher handelt es sich bei den energierechtlichen Wegenutzungsrechten nicht um besondere oder ausschließliche Rechte gemäß § 100 Abs. 1 Nr. 2 lit. a GWB.[43] **31**

§ 100 Abs. 3 GWB betrifft Bestimmungen für den **beherrschenden Einfluss** von öffentlichen Auftraggebern bei Sektorenauftraggebern. Mit dieser Regelung erzielt der Gesetzgeber Deckungsgleichheit des Auftraggeber- mit dem Konzessionsgeberbegriff. Nur wenn die Ausübung eines beherrschenden Einflusses gegeben ist, dann liegt auch im Anschluss daran eine Konzessionsgebereigenschaft vor.[44] **32**

VI. Bereichsausnahmen

Wenn eine Bereichsausnahme vorliegt, dann vergibt auch ein „Konzessionsgeber" die Konzession außerhalb des förmlichen GWB-Vergaberechts. So handelt es sich z. B. bei der Vergabe der Bereitstellung eines Breitbandnetzes um die Vergabe einer Dienstleistungskonzession nach § 105 Abs. 1 Nr. 2 GWB, da der Schwerpunkt der Tätigkeit nicht auf der Errichtung des Netzes, sondern auf der Dienstleistung des Betreibens liegt. Es greift aber die Bereichsausnahme des § 149 Nr. 8 GWB ein.[45] Auch gibt es z. B. im Bereich der Wasserkonzessionsvergabe keine Konzessionsgeber i.S.d. § 101 GWB.[46] Die Rechtsprechung bezeichnet den Auftraggeber dennoch als Konzessionsgeber.[47] **33**

---

40 *Mohr*, in: Säcker, Wettbewerbsrecht, § 101 GWB Rn. 56.
41 Gesetzesbegründung zu § 100 Abs. 2 GWB, VergRModG 2016, BT-Drs. 18/6281, 71.
42 Es ist nicht Sinn des Vergaberechts, z. B. einzelne Gewerke doppelt auszuschreiben, vgl. OLG Celle, Beschluss v. 5.9.2002 – 13 Verg 9/02; OLG Rostock, Vorlagebeschluss v. 5.2.2003 – 17 Verg 14/02; VK Bund, Beschluss v. 8.6.2006 – VK 2-114/05.
43 *Mohr*, in: Säcker, Wettbewerbsrecht, § 101 GWB Rn. 58.
44 *Mohr*, in: Säcker, Wettbewerbsrecht, § 101 GWB Rn. 59.
45 OLG Dresden, Beschluss v. 21.8.2019 – Verg 5/19.
46 Vgl. VK Sachsen, Beschluss v. 21.3.2017 – 1/SVK/003-17; *Pünder*, in: Pünder/Schellenberg, Vergaberecht, § 101 GWB Rn. 5.
47 OLG Düsseldorf, Beschluss v. 23.5.2019 – VI-2 U 7/16 (Kart), juris Rn. 10.

C. Rechtsschutz

34 § 101 GWB ist stets im Zusammenhang mit den §§ 97 Abs. 6, 105 GWB zu sehen. Nur die Vergabe einer Konzession begründet die Eigenschaft als Konzessionsgeber. Wenn dies bejaht wird, dann sind die Verfahrensregelungen direkt **drittschützend**.[48] Konzessionsgeber haben gemäß § 105 GWB auszuschreiben. Unternehmen haben gemäß § 97 Abs. 6 GWB Anspruch darauf, dass die Bestimmungen des § 97 Abs. 1 und 2 GWB über das Vergabeverfahren eingehalten werden. Wenn Konzessionsgeber diese Pflichten verletzen, können unterlegene Bewerber um Vergaberechtschutz ersuchen. Ihnen stehen subjektiv-öffentliche Abwehrrechte zu.[49]

35 Unternehmen können die **Vergabekammer** mit der Behauptung anrufen, dass eine öffentliche Institution Konzessionsgeber ist und die Regeln des GWB und der KonzVgV einzuhalten sind. Ob dies der Fall ist, hat die Vergabekammer – nach hiesiger Auffassung – dann in der Begründetheitsprüfung festzustellen.[50] Der Nachprüfung unterliegt nicht nur die Art und Weise der Einleitung oder Durchführung einer Konzessionsvergabe, sondern auch die Überprüfung der Frage, ob ein nach Maßgabe der §§ 97 ff. GWB geregeltes Konzessionsvergabeverfahren bislang – zu Unrecht – unterblieben ist.[51]

D. Konzessionsgeber unterhalb der Schwellenwerte und außerhalb des Teil 4 GWB

36 Der Begriff des Konzessionsgebers wird auch unterhalb der Schwellenwerte und außerhalb des förmlichen GWB-Vergaberechts des Teil 4 GWB verwandt.[52] Es gibt zivilrechtliche Konzessionsgeber – gerade im Bereich von Strom- und Gaskonzessionsverfahren[53] – und verwaltungsrechtliche Konzessionsgeber.[54] Auch wenn ein Vergabesenat seine Unzuständigkeit auf Grund einer Bereichsausnahme feststellt, wird der Antragsgegner als Konzessionsgegner bezeichnet.[55]

37 Eine Baukonzession wird von einem Konzessionsgeber, auch wenn der Begriff in der **VOB/A** nicht verwandt wird, vergeben. § 23 VOB/A setzt die Vergabe durch den Baukonzessionsgeber stillschweigend voraus. Wer Baukonzessionsgeber ist, wird oberhalb der Schwellenwerte in § 101 GWB geregelt. In der VOB/A gibt es keine Regelung des Baukonzessionärs. Unterhalb der Schwellenwerte bietet sich der Rückgriff auf die Begriffsdefinitionen im GWB an. Der Begriff des „Konzessionsgebers" ist dort funktionell konstruiert: Wer eine Konzession vergibt, ist Konzessionsgeber.[56]

38 Der Begriff des Konzessionsgebers könnte zudem **landesrechtlich** eingeführt werden. Wenn landesrechtlich neue Vergabegesetze geschaffen werden, ist dies unterhalb der Schwellenwerte möglich, wenn nicht sogar im Hinblick auf eine einheitliche Rechtslage oberhalb und unterhalb der Schwellenwerte geboten.

48 Vgl. ausführlich *Braun*, in: Müller-Wrede/Braun, KonzVgV, § 1 Rn. 103 ff.
49 Vgl. weitergehend zum subjektiv-öffentlichen Drittschutz des Bieters *Braun*, in: Müller-Wrede/Braun, KonzVgV, § 1 Rn. 103; *ders.*, in: Prieß/Lau/Kratzenberg, Festschrift für Marx, S. 45; *ders.*, NZBau 2016, 266; *ders.*, VergabeR 2014, 324 (328); *ders.*, NZBau 2011, 400.
50 A.A. in einem Verweisungsbeschluss: OLG Hamburg, Beschluss v. 16.4.2020 – 1 Verg 2/20.
51 OLG Schleswig, Beschluss v. 7.11.2011 – 1 Verg 1/1, mit Hinweis auf BGH, Beschluss v. 1.2.2005 – X ZB 27/04.
52 Vgl. *Siegel*, NZBau 2019, 353.
53 OLG Frankfurt, Urteil v. 10.12.2019 – 11 U 118/19 (Kart), juris Rn. 59; KG Berlin, Urteil v. 4.4.2019 – 2 U 5/15 Kart, juris Rn. 86.
54 OVG Lüneburg, Beschluss v. 1.3.2019 – 7 LA 94/18, juris Rn. 20.
55 OLG Dresden, Beschluss v. 21.8.2019 – Verg 5/19, juris Rn. 14, 16; OLG Düsseldorf, Beschluss v. 23.1.2019 – VII-Verg 22/18, juris Rn. 55.
56 Vgl. *Braun*, in: Müller-Wrede/Braun, KonzVgV, § 23 VOB/A Rn. 45.

I. Zivilrechtlicher Konzessionsgeber

Baukonzessionen werden in der Regel auf dem Gebiet des Privatrechts vergeben. Verwaltungsrechtliche Baukonzessionen haben in der Rechtsprechung bisher – soweit ersichtlich – keine Rolle gespielt. Die Definition des Begriffs der „Baukonzession" existiert mit dem Erlass der Konzessionsvergaberichtlinie 2014/23/EU und der Novellierung des Teil 4 GWB nunmehr nicht nur in § 23 VOB/A. Maßgeblich wird der Begriff oberhalb der Schwellenwerte in der RL 2014/23/EU definiert. Obwohl die Baukonzession in § 23 VOB/A unterhalb der Schwellenwerte zuerst definiert wurde und damit zunächst kein unmittelbarer systematischer Zusammenhang mit den Regelungen der RL 2014/23/EU und dem GWB besteht (die nur oberhalb der Schwellenwerte gelten), handelt es sich nichtsdestoweniger um die Beschreibung desselben vergaberechtlichen Phänomens oberhalb und unterhalb der Schwellenwerte. Der gesetzgeberische Zweck des § 23 VOB/A ist nicht die Statuierung eines eigenständigen baukonzessionsrechtlichen Begriffs, sondern die Übersetzung der Regelungen des Oberschwellenbereichs in den Unterschwellenbereich. Insgesamt wird daher auf die Begriffsdefinitionen des § 105 Abs. 1 Nr. 1 GWB zurückgegriffen werden können.[57] Eine Baukonzession ist nach § 23 Abs. 1 VOB/A ein Vertrag über die Durchführung eines Bauauftrages, bei dem die Gegenleistung für die Bauarbeiten statt in einem Entgelt in dem befristeten Recht auf Nutzung der baulichen Anlage, gegebenenfalls zuzüglich der Zahlung eines Preises, besteht. Für die Vergabe von Baukonzessionen sind gemäß § 23 Abs. 1 VOB/A die §§ 1 bis 22 VOB/A sinngemäß anzuwenden. Sowohl nach der Regelung des § 23 Abs. 1 VOB/A als auch nach § 105 Abs. 1 Nr. 1 GWB handelt es sich um die Erfüllung eines Bauauftrages bzw. Erbringung von Bauleistungen durch einen wirtschaftlichen Akteur, der im Gegenzug das Recht auf Nutzung der baulichen Anlage erhält, gegebenenfalls zuzüglich der Zahlung eines Preises. Das Entgelt ist nicht eine feste Vergütung, die durch die öffentliche Hand gezahlt wird, sondern das Recht des Konzessionsnehmers auf Nutzung des Bauwerkes. Des Weiteren stimmen beide Definitionen auch darin überein, dass die Baukonzession mittels eines Vertrages vergeben wird. Hierbei enthält Art. 5 Nr. 1 lit. a RL 2014/23/EU den Zusatz, dass der Vertrag entgeltlich ist und schriftlich geschlossen werden muss.[58] 39

Zivilrechtliche Konzessionen werden auch im Bereich von **Strom** und **Gas** vergeben.[59] Die Rechtsprechung bezeichnet auch dort die Auftraggeber als Konzessionsgeber.[60] 40

Die Vergabe von **Personenbeförderungskonzessionen** nach § 8b PBefG i.V.m. Art. 5 Abs. 3 VO (EG) 1370/2007 und die Vergabe nach Art. 4 Abs. 1 lit. b, 6 Abs. 1 S. 2 VO (EG) 1370/2007 werden ebenfalls von der ordentlichen Gerichtsbarkeit überprüft.[61] Dienstleistungskonzessionen im Bereich des Bus- und Straßenbahnverkehrs unterliegen grundsätzlich weder der KonzVgV noch dem allgemeinen Vergaberecht. Kraft ausdrücklicher Verweisung finden nur die Rechtswegvorschriften der §§ 155 bis 184 GWB und die §§ 134 und 135 GWB zur Vorabinformationspflicht Anwendung. Die Vergabe richtet sich im Übrigen nach Art. 5 Abs. 2 bis 6 VO (EG) 1370/2007 und §§ 8a, 8b PBefG.[62] 41

II. Verwaltungsrechtlicher und sozialrechtlicher Konzessionsgeber

Das GWB trennt nicht zwischen verwaltungs- und zivilrechtlichen Konzessionen. Die Verwaltungsrechtsprechung verwendet den vergaberechtlichen Begriff des Konzessionsgebers auch 42

---

57 *Braun*, in: Müller-Wrede/Braun, KonzVgV, § 23 VOB/A Rn. 5.
58 *Braun*, in: Müller-Wrede/Braun, KonzVgV, § 23 VOB/A Rn. 6.
59 Vgl. OLG Frankfurt, Urteil v. 10.12.2019 – 11 U 118/19 (Kart); OLG Dresden Urteil v. 18.9.2019 – U 1/19; ausführlich *Jung/Kräber*, in: Müller-Wrede/Braun, KonzVgV, EnWG Rn. 1 ff.
60 OLG Frankfurt, Urteil v. 10.12.2019 – 11 U 118/19 (Kart), juris Rn. 59, 100; KG Berlin, Urteil v. 4.4.2019 – 2 U 5/15 Kart, juris Rn. 86.
61 Ausführlich: *Knauff*, in: Müller-Wrede/Braun, KonzVgV, VO (EG) 1370/2007 Rn. 1 ff.
62 VK Rheinland-Pfalz, Beschluss v. 31.10.2019 – VK 1-17/19.

bisher schon.[63] Zudem gibt es sozialrechtliche Konzessionen.[64] **Verwaltungsrechtliche Konzessionen** werden z. B. in folgenden Bereichen vergeben:

- Vergabe von Konzessionen zu Standplätzen und Durchführungsrechten im Hinblick auf Märkte und Veranstaltungen nach der GewO;[65]
- Vergabe von Breitbandkonzessionen nach der AGVO und der NGA-RR;[66]
- Vergabe von Konzessionen zum Betrieb von Altkleidercontainern nach § 18 Abs. 5 KrWG;[67]
- Vergabe von Konzessionen zur Durchführung von Bodenabfertigungsdienstleistungen nach § 7 Abs. 1 BADV i.V.m. Anlage 2 zur BADV;[68]
- Vergabe von Konzessionen zur Schilderprägung;[69]
- Vergabe von Konzessionen zur Errichtung und dem Betrieb von Nebenbetrieben an Autobahnen nach § 15 Abs. 3 FStrG;[70]
- Vergabe von Taxikonzessionen gemäß § 2 Abs. 2, § 13 Abs. 4 Nr. 4 PBefG;[71]
- Vergabe von Rettungsdienstleistungskonzessionen gemäß den Rettungsdienstgesetzen der Länder;[72]
- Vergabe von Glücksspielkonzessionen nach § 4a Abs. 1 S. 1 GlüStV;[73]
- Vergabe von Carsharing-Konzessionen;[74]
- Abstellen von Mietfahrrädern im öffentlichen Straßenraum.[75]

Verwaltungsrechtliche Konzessionen können unterhalb der Schwellenwerte oder außerhalb des förmlichen GWB-Vergaberechts, z. B. bei Breitbandkonzessionen,[76] vergeben werden. Oberhalb der Schwellenwerte greift Teil 4 GWB ein, sofern dessen Anwendung nicht z. B. gemäß §§ 137 ff. GWB ausgeschlossen ist. Bei vom GWB ausgeschlossenen Konzessionen können verwaltungsrechtliche Konzessionen auch oberhalb der Schwellenwerte vergeben werden. Wenn es offen ist, ob eine verwaltungsrechtliche oder eine vergaberechtliche Konzession vorliegt, dann dürfte es sinnvoll sein, zunächst die Vergabekammer anzurufen. Wenn die Ver-

---

63 OVG Lüneburg, Beschluss v. 1.3.2019 – 7 LA 94/18, juris Rn. 20; VGH Baden-Württemberg, Beschluss v. 22.8.2013 – 1 S 1047/13; VG Darmstadt, Beschluss v. 10.9.2015 – 4 L 1180/15.DA; VG Karlsruhe, Urteil v. 10.3.2015 – 6 K 1327/13; VG Bayreuth, Urteil v. 11.12.2012 – B 1 K 12.445; *Braun*, in: Müller-Wrede/Braun, KonzVgV, § 1 Rn. 110; vgl. auch *Braun*, NVwZ 2009, 747.

64 Ausführlich: *Ruff*, in: Müller-Wrede/Braun, KonzVgV, SGB Rn. 1 ff.

65 Ausführlich: *Braun*, in: Müller-Wrede/Braun, KonzVgV, GewO Rn. 1 ff.

66 OLG Dresden Beschluss v. 21.8.2019 – Verg 5/19; OLG Karlsruhe, Beschluss v. 14.11.2014 – 15 Verg 10/14; OLG München, Beschluss v. 25.3.2011 – Verg 4/11; VG Dresden, Beschluss v. 14.8.2019 – 4 L 416/19; VK Baden-Württemberg, Beschluss v. 25.7.2014 – 1 VK 29/14; ausführlich *Braun/Zwetkow*, in: Müller-Wrede/Braun, KonzVgV, AGVO/NGA-RR Rn. 1 ff.; vgl. auch *Braun/Zwetkow*, VergabeR 2015, 521.

67 OVG Lüneburg, Urteil v. 19.2.2015 – 7 LC 63/13; VG Braunschweig, Urteil v. 26.11.2014 – 6 A 322/13.

68 Ausführlich: *Braun*, in: Müller-Wrede/Braun, KonzVgV, BADV Rn. 1 ff.; BVerwG, Beschluss v. 18.3.2016 – 3 B 16.15.

69 Keine Dienstleistungskonzession nach OLG Karlsruhe, Urteil v. 24.9.2014 – 6 U 89/12 (Kart.); OVG NRW, Beschluss v. 21.9.2004 – 15 B 1709/04; vgl. auch *Brünig*, NVwZ 2012, 674.

70 Streitigkeiten aus dem Vertrag werden vor der ordentlichen Gerichtsbarkeit ausgetragen, vgl. OLG Celle, Urteil v. 26.11.2019 – 13 U 127/18.

71 VG Sigmaringen, Urteil v. 11.11.2015 – 1 K 3511/14; VG Köln, Urteil v. 3.6.2013 – 18 K 6314/11; VK Südbayern, Beschluss v. 24.9.2015 – Z3-3-3194-1-42-07/15.

72 EuGH, Urteil v. 28.1.2016 – Rs. C-50/14 (CASTA); VG Darmstadt, Beschluss v. 10.9.2015 – 4 L 1180/15.DA; VG Magdeburg, Beschluss v. 30.10.2014 – 1 B 1078/14; VG Bayreuth, Urteil v. 11.12.2012 – B 1 K 12.445; ausführlich *Braun*, in: Müller-Wrede/Braun, KonzVgV, RDG Rn. 1 ff.; vgl. auch *Braun*, EuZW 2016, 304; *ders.*, SächsVBl. 2012, 221; *ders.*, NZBau 2012, 251; *ders.*, VergabeR 2011, 384; *ders.*, NZBau 2010, 549.

73 VG Darmstadt, Beschluss v. 1.4.2020 – 3 L 446/20; VG Regensburg, Urteil v. 5.8.2019 – 5 K 19.76; *Braun*, in: Müller-Wrede/Braun, KonzVgV, GlüStV Rn. 1 ff.

74 Ausführlich: *Braun*, in: Müller-Wrede/Braun, KonzVgV, CSgG Rn. 1 ff.

75 Angedeutet: OVG Münster, Beschluss v. 20.11.2020 – 11 B 1459/20.

76 OLG Dresden Beschluss v. 21.8.2019 – Verg 5/19; OLG Karlsruhe, Beschluss v. 14.11.2014 – 15 Verg 10/14; OLG München, Beschluss v. 25.3.2011 – Verg 4/11; VG Dresden, Beschluss v. 14.8.2019 – 4 L 416/19; VK Baden-Württemberg, Beschluss v. 25.7.2014 – 1 VK 29/14; ausführlich *Braun/Zwetkow*, in: Müller-Wrede/Braun, KonzVgV, AGVO/NGA-RR Rn. 1 ff.; vgl. auch *Braun/Zwetkow*, VergabeR 2015, 521.

gabenachprüfungsinstanz nicht zuständig ist, dann wird die Sache an das zuständige Verwaltungsgericht verwiesen.[77]

Eine Spielbankbetreiberin ist hinsichtlich der Erteilung der Erlaubnis „Konzessionsgeberin" i.S.v. § 101 Abs. 1 Nr. 1 GWB.[78] Bei der Erlaubnis zum Betrieb der **Spielbank** handele es sich – so das OLG Hamburg – um eine Konzession i.S.v. § 105 Abs. 1 Nr. 2 GWB. Aus Erwägungsgrund 14 und Art. 2 der RL 2014/23/EU ergebe sich, dass eine dem Vergaberecht unterliegende Konzessionierung gegeben sei, wenn Gegenstand der Konzession ein Vorgang sei, der im öffentlichen Interesse liege und die Konzessionierung durch einen Vertrag im Sinne des Vergaberechts erfolgt sei, sie sich also nicht in einer schlicht durch Verwaltungsakt ergehenden Erteilung einer Erlaubnis erschöpfe und ein Verhalten des Konzessionsnehmers betreffen würde, zu dessen Ausführung dieser verpflichtet sei.[79] Dies dürfte in dieser Allgemeinheit nicht zutreffend sein, weil das Konzessionsvergaberecht sich ansonsten auf klassische verwaltungsrechtliche Verteilungsverhältnisse ausdehnen würde. Eine derartige Ausweitung sollte nur dem Gesetzgeber vorbehalten sein.[80] Weiterhin sind sozialrechtliche Dienstleistungskonzessionen durch Verwaltungsakt und Vertrag möglich.[81] Die Grenze der Beauftragungen ist allenfalls § 14 KonzVgV.[82] 43

Anlage

Gesetzesbegründung – VergRModG 2016 (BT-Drs. 18/6281)

Seite 72

§ 101 definiert die Auftraggeber für die Vergabe von Konzessionen und dient der Umsetzung von Artikel 6 und 7 der Richtlinie 2014/23/EU. Die Konzessionsrichtlinie betrifft sowohl die Vergabe von Konzessionen durch öffentliche Auftraggeber als auch durch Auftraggeber, die einer Sektorentätigkeit nachgehen und zum Zwecke dieser Tätigkeit Konzessionen vergeben. Die in der Konzessionsrichtlinie dafür vorgesehene Differenzierung ist auch im deutschen Recht beizubehalten, da einzelne Vorschriften der Konzessionsrichtlinie zwischen beiden Kategorien von Auftraggebern unterscheiden (z. B. bei der Regelung zur öffentlich-öffentlichen Zusammenarbeit und zu verbundenen Unternehmen).

Zu Absatz 1

Zu Nummer 1

Konzessionsgeber sind gemäß § 101 Absatz 1 Nummer 1 öffentliche Auftraggeber im Sinne des § 99 Nummer 1 bis 3, sofern sie nicht Konzessionsgeber nach § 101 Absatz 1 Nummer 2 sind. § 101 Absatz 1 Nummer 1 betrifft damit solche öffentlichen Auftraggeber, die nicht zu denjenigen Auftraggebern gehören, die eine Tätigkeit auf dem Gebiet der Energieversorgung oder des Verkehrs ausüben und eine Konzession zum Zweck der Ausübung dieser Tätigkeit vergeben. Im Ergebnis fallen unter § 100 Absatz 1 Nummer 1 die Konzessionsvergaben außerhalb der Sektorentätigkeiten.

77 Vgl. z. B. OLG Naumburg, Beschluss v. 15.4.2016 – 7 Verg 1/16.
78 OLG Hamburg, Beschluss v. 1.11.2017 – 1 Verg 2/17, mit Anmerkung von *Braun*, VPR 2018, 53 und mit Anmerkung von *Donat/Plauth*, VergabeR 2018, 42.
79 OLG Hamburg, Beschluss v. 1.11.2017 – 1 Verg 2/17, mit Anmerkung von *Braun*, VPR 2018, 53 und mit Anmerkung von *Donat/Plauth*, VergabeR 2018, 42.
80 *Braun*, in: Müller-Wrede/Braun, KonzVgV, GlüStV Rn. 25 ff.
81 Vgl. *Ruff*, in: Müller-Wrede/Braun, KonzVgV, SGB Rn. 1 ff.
82 *Braun*, in: Müller-Wrede/Braun, KonzVgV, § 14 Rn. 1 ff.; *ders.*, NZBau 2019, 622; *ders.* NZBau 2018, 652.

Zu Nummer 2

Konzessionsgeber nach § 101 Absatz 1 Nummer 2 sind Sektorenauftraggeber gemäß § 100 Absatz 1 Nummer 1, wenn sie eine Sektorentätigkeit gemäß § 102 Absatz 2 bis 6 ausüben und eine Konzession zum Zweck der Ausübung dieser Tätigkeit vergeben. In diesem Fall fallen solche öffentlichen Auftraggeber somit nicht mehr unter § 101 Absatz 1 Nummer 1. Je nach Vorliegen dieser Voraussetzungen können öffentliche Auftraggeber gemäß § 99 Nummer 1 bis 3 im Rahmen der Vergabe von Konzessionen somit Konzessionsgeber nach § 101 Absatz 1 Nummer 1 oder nach § 101 Absatz 1 Nummer 2 sein.

§ 101 Absatz 1 Nummer 2 verweist auf die Sektorentätigkeiten gemäß § 102 Absatz 2 bis 6. Für die Definition der Sektorentätigkeiten kann auch im Rahmen der Vergabe von Konzessionen grundsätzlich auf § 102 als einheitlicher Vorschrift verwiesen werden, da die Artikel 8 bis 14 der Richtlinie 2014/25/EU sowie Anhang II der Richtlinie 2004/23/EU übereinstimmen. Ausgenommen vom Anwendungsbereich der Richtlinie 2014/23/EU sind gemäß Artikel 12 allerdings Tätigkeiten auf dem Gebiet der Trinkwasserversorgung, siehe § 149 Nummer 9. Aus diesem Grund sind Sektorentätigkeiten im Bereich Wasser gemäß § 102 Nummer 1 nicht von dem Verweis im Rahmen des § 101 umfasst.

Zu Nummer 3

§ 101 Absatz 2 Nummer 3 erfasst als Konzessionsgeber private Sektorenauftraggeber gemäß § 100 Absatz 1 Nummer 2, die eine Sektorentätigkeit gemäß § 102 Absatz 2 bis 6 ausüben und eine Konzession zum Zweck der Ausübung dieser Tätigkeit vergeben.

Wie bei den Sektorenauftraggebern ist für die Eigenschaft als Konzessionsgeber erforderlich, dass dem privaten Auftraggeber entweder besondere oder ausschließliche Rechte (Buchstabe a) gewährt wurden oder der private Auftraggeber einem beherrschenden Einfluss öffentlicher Auftraggeber gemäß § 99 Nummer 1 bis 3 unterliegt (Buchstabe b).

Zu Absatz 2

§ 101 Absatz 2 bestimmt, dass § 100 Absatz 2 und 3 im Rahmen des § 101 entsprechend gilt.

§ 102 GWB
Sektorentätigkeiten

(1) Sektorentätigkeiten im Bereich Wasser sind

1. die Bereitstellung oder das Betreiben fester Netze zur Versorgung der Allgemeinheit im Zusammenhang mit der Gewinnung, der Fortleitung und der Abgabe von Trinkwasser,
2. die Einspeisung von Trinkwasser in diese Netze.

Als Sektorentätigkeiten gelten auch Tätigkeiten nach Satz 1, die im Zusammenhang mit Wasserbau-, Bewässerungs- oder Entwässerungsvorhaben stehen, sofern die zur Trinkwasserversorgung bestimmte Wassermenge mehr als 20 Prozent der Gesamtwassermenge ausmacht, die mit den entsprechenden Vorhaben oder Bewässerungs- oder Entwässerungsanlagen zur Verfügung gestellt wird oder die im Zusammenhang mit der Abwasserbeseitigung oder -behandlung steht. Die Einspeisung von Trinkwasser in feste Netze zur Versorgung der Allgemeinheit durch einen Sektorenauftraggeber nach § 100 Absatz 1 Nummer 2 gilt nicht als Sektorentätigkeit, sofern die Erzeugung von Trinkwasser durch den betreffenden Auftraggeber erfolgt, weil dessen Verbrauch für die Ausübung einer Tätigkeit erforderlich ist, die keine Sektorentätigkeit nach den Absätzen 1 bis 4 ist, und die Einspeisung in das öffentliche Netz nur von dem Eigenverbrauch des betreffenden Auftraggebers abhängt und bei Zugrundelegung des Durchschnitts der letzten drei Jahre einschließlich des laufenden Jahres nicht mehr als 30 Prozent der gesamten Trinkwassererzeugung des betreffenden Auftraggebers ausmacht.

(2) Sektorentätigkeiten im Bereich Elektrizität sind

1. die Bereitstellung oder das Betreiben fester Netze zur Versorgung der Allgemeinheit im Zusammenhang mit der Erzeugung, der Fortleitung und der Abgabe von Elektrizität,
2. die Einspeisung von Elektrizität in diese Netze, es sei denn,
   a) die Elektrizität wird durch den Sektorenauftraggeber nach § 100 Absatz 1 Nummer 2 erzeugt, weil ihr Verbrauch für die Ausübung einer Tätigkeit erforderlich ist, die keine Sektorentätigkeit nach den Absätzen 1 bis 4 ist, und
   b) die Einspeisung hängt nur von dem Eigenverbrauch des Sektorenauftraggebers ab und macht bei Zugrundelegung des Durchschnitts der letzten drei Jahre einschließlich des laufenden Jahres nicht mehr als 30 Prozent der gesamten Energieerzeugung des Sektorenauftraggebers aus.

(3) Sektorentätigkeiten im Bereich von Gas und Wärme sind

1. die Bereitstellung oder das Betreiben fester Netze zur Versorgung der Allgemeinheit im Zusammenhang mit der Erzeugung, der Fortleitung und der Abgabe von Gas und Wärme,
2. die Einspeisung von Gas und Wärme in diese Netze, es sei denn,
   a) die Erzeugung von Gas oder Wärme durch den Sektorenauftraggeber nach § 100 Absatz 1 Nummer 2 ergibt sich zwangsläufig aus der Ausübung einer Tätigkeit, die keine Sektorentätigkeit nach den Absätzen 1 bis 4 ist, und
   b) die Einspeisung zielt nur darauf ab, diese Erzeugung wirtschaftlich zu nutzen und macht bei Zugrundelegung des Durchschnitts der letzten drei Jahre einschließlich des laufenden Jahres nicht mehr als 20 Prozent des Umsatzes des Sektorenauftraggebers aus.

(4) Sektorentätigkeiten im Bereich Verkehrsleistungen sind die Bereitstellung oder das Betreiben von Netzen zur Versorgung der Allgemeinheit mit Verkehrsleistungen per Eisenbahn, automatischen Systemen, Straßenbahn, Trolleybus, Bus oder Seilbahn; ein Netz gilt als vorhanden, wenn die Verkehrsleistung gemäß den von einer zuständigen Behörde festgelegten Bedingungen erbracht wird; dazu gehören die Festlegung der Strecken, die Transportkapazitäten und die Fahrpläne.

(5) Sektorentätigkeiten im Bereich Häfen und Flughäfen sind Tätigkeiten im Zusammenhang mit der Nutzung eines geografisch abgegrenzten Gebiets mit dem Zweck, für Luft-, See- oder Binnenschifffahrtsverkehrsunternehmen Flughäfen, See- oder Binnenhäfen oder andere Terminaleinrichtungen bereitzustellen.

(6) Sektorentätigkeiten im Bereich fossiler Brennstoffe sind Tätigkeiten zur Nutzung eines geografisch abgegrenzten Gebiets zum Zweck

1. der Förderung von Öl oder Gas oder

2. der Exploration oder Förderung von Kohle oder anderen festen Brennstoffen.

(7) Für die Zwecke der Absätze 1 bis 3 umfasst der Begriff „Einspeisung" die Erzeugung und Produktion sowie den Groß- und Einzelhandel. Die Erzeugung von Gas fällt unter Absatz 6.

Übersicht Rn.

A. Allgemeines ... 1
I. Unionsrechtlicher Hintergrund ... 2
II. Historie ... 3
B. Sektorentätigkeiten ... 5
I. Wasser (Abs. 1) ... 5
1. Trinkwasserversorgung (S. 1) ... 6
2. Wasserbau-, Bewässerungs- und Entwässerungsvorhaben sowie Abwasserbeseitigung und -behandlung (S. 2) ... 11
a) Schwellenwert (Alt. 1) ... 14
b) Zusammenhang mit Abwasserbeseitigung oder -behandlung (Alt. 2) ... 18
3. Eigenverbrauch (S. 3) ... 21
II. Elektrizität, Gas und Wärme (Abs. 2 und 3) ... 23
1. Bereitstellung oder Betreiben fester Netze (Abs. 2 Nr. 1 und Abs. 3 Nr. 1) ... 25
2. Einspeisung in feste Netze (Abs. 2 Nr. 2 und Abs. 3 Nr. 2) ... 26
III. Verkehrsleistungen (Abs. 4) ... 31
1. Verkehrsträger ... 33
2. Bereitstellung oder Betreiben von Netzen ... 36
IV. Häfen und Flughäfen (Abs. 5) ... 42
V. Fossile Brennstoffe (Abs. 6) ... 46
VI. Einspeisung (Abs. 7) ... 49
VII. Postdienste ... 50
C. Freistellungsverfahren ... 51
D. Rechtsschutz ... 55
Anlage
Gesetzesbegründung

A. Allgemeines

1 § 102 GWB definiert die Sektorentätigkeiten in den Bereichen Wasser, Elektrizität, Gas und Wärme, Verkehr, Häfen und Flughäfen sowie fossile Brennstoffe. Die Begriffsbestimmung ist maßgeblich für die Feststellung des persönlichen und sachlichen Anwendungsbereichs vom Sektorenvergaberecht.

I. Unionsrechtlicher Hintergrund

2 § 102 Abs. 1 bis 6 GWB dient der Umsetzung der Art. 8 bis 14 RL 2014/25/EU sowie des Anhangs II RL 2014/23/EU. Die Definition des Begriffs der Einspeisung in § 102 Abs. 7 GWB ist aus Art. 7 RL 2014/25/EU übernommen. Im Interesse einer besseren Übersichtlichkeit wollte sich der Gesetzgeber dabei an der Struktur der jeweiligen Artikel der RL 2014/25/EU orientieren, hat diese jedoch in eine Regelung übertragen. Im Sinne einer Eins-zu-eins-Umsetzung des Richtlinienrechts wurden die Definitionen aus der Richtlinie ohne inhaltliche Änderungen übernommen.[1]

II. Historie

3 Die **materiellen Regelungen** zu den Sektorentätigkeiten werden anstelle in einer Anlage zu § 98 GWB in der Fassung vor Inkrafttreten des VergRModG 2016 unmittelbar im Gesetzestext des § 102 GWB erfasst. Im Vergleich zur früheren Rechtslage war keine inhaltliche Änderung beabsichtigt.[2]

---

1 Gesetzesbegründung zu § 102 GWB, VergRModG 2016, BT-Drs. 18/6281, 72 f.
2 Gesetzesbegründung zu § 102 GWB, VergRModG 2016, BT-Drs. 18/6281, 72 f.

4 Die RL 2014/25/EU enthält – anders als die Vorgängerrichtlinie 2004/17/EG – kein **Verzeichnis der Auftraggeber** in den Versorgungssektoren. Diese Verzeichnisse waren nach Art. 8 S. 1 RL 2004/17/EG weder erschöpfend noch folgte aus einer Nennung in den Anhängen I bis X RL 2004/17/EG, dass der persönliche Anwendungsbereich des Sektorenvergaberechts für die dort genannten Auftraggeber eröffnet war. Wenngleich die Nennung in den Anhängen als Indiz herangezogen werden konnte, war stets eine Einzelfallprüfung anhand der für die Auftraggebereigenschaft festgelegten Voraussetzungen erforderlich.[3] Das gilt seit dem Inkrafttreten des VergRModG 2016 umso mehr.

B. Sektorentätigkeiten

I. Wasser (Abs. 1)

5 Sektorentätigkeiten im Bereich Wasser sind nach § 102 Abs. 1 S. 1 Nr. 1 und 2 GWB die Bereitstellung oder das Betreiben fester Netze zur Versorgung der Allgemeinheit im Zusammenhang mit der Gewinnung, der Fortleitung und der Abgabe von Trinkwasser und die Einspeisung von Trinkwasser in diese Netze. Nach § 102 Abs. 1 S. 2 GWB gilt dies unter bestimmten Voraussetzungen auch für Wasserbau-, Bewässerungs- oder Entwässerungsvorhaben sowie die Trinkwasserversorgung im Zusammenhang mit der Abwasserbeseitigung oder -behandlung. § 102 Abs. 1 S. 3 GWB enthält eine Einschränkung für den Fall der Selbstversorgung.

1. Trinkwasserversorgung (S. 1)

6 **Feste Netze** sind ober- oder unterhalb der Erdoberfläche fest mit dem Erdboden verbunden und nicht nur vorübergehend errichtet.[4] Bereitstellen ist die Errichtung, Unterhaltung und Instandsetzung der Netze; unter den Begriff des Betreibens fällt die eigentliche Versorgungsleistung.[5] Für die Bereitstellung und den Betrieb der Versorgungsnetze kommt es auf die tatsächliche Versorgungstätigkeit, nicht auf ihre Rechtsgrundlage an. Der Auftraggeber muss daher nicht Eigentümer des jeweiligen Netzes sein, solange und soweit er das Netz tatsächlich betreibt.[6] Die Eigentümergesellschaft, die das Netz einem Dritten vollständig zur Nutzung übertragen hat, ist daher kein Sektorenauftraggeber, wenn sie das Netz nicht selbst unterhält oder instand setzt und auch die Versorgungsleistung nicht selbst erbringt.[7]

7 Sektorenauftraggeber im Bereich Wasser betreiben feste Netze oder stellen sie zur **Versorgung der Allgemeinheit** bereit. Versorgung umfasst das Sammeln, Fördern, Reinigen, Aufbereiten, Bereitstellen, Speichern, Weiterleiten, Beliefern, Zu- und Verteilen von Wasser.[8] Versorgung der Allgemeinheit ist die öffentliche Wasserversorgung. Sie ist gemäß § 50 Abs. 1 WHG Aufgabe der Daseinsvorsorge.[9] Die öffentliche, der Allgemeinheit dienende Wasserversorgung ist dadurch gekennzeichnet, dass sie einen unbestimmten Kreis der Belieferten betrifft.[10] Größe und Bedeutung des Versorgungsgebiets und die Rechtsform der Belieferung spielen keine Rolle.[11] Öffentliche Wasserversorgung ist daher z. B. auch die Versorgung eines

---

3 OLG Düsseldorf, Beschluss v. 24.3.2010 – VII-Verg 58/09; VK Südbayern, Beschluss v. 25.11.2013 – Z3-3-3194-1-33-09/13; unklar allerdings OLG Brandenburg, Beschluss v. 16.1.2007 – Verg W 7/06; siehe auch *Matthey*, Das Recht der Auftragsvergabe in den Sektoren, S. 105.

4 *Sudbrock*, in: Eschenbruch/Opitz/Röwekamp, SektVO, § 102 GWB Rn. 10; *Bosselmann*, in: Reidt/Stickler/Glahs, Vergaberecht, § 102 GWB Rn. 10; a.A. *Opitz*, in: Röwekamp/Kus/Portz/Prieß, GWB-Vergaberecht, § 102 Rn. 17; *Franßen/Ockenfels*, in: Byok/Jaeger, Vergaberecht, § 102 GWB Rn. 16: eine schwerlastbedingte Verbindung durch bloßes Aufliegen genügt.

5 OLG Frankfurt, Beschluss v. 30.8.2011 – 11 Verg 3/11.

6 OLG Frankfurt, Beschluss v. 30.8.2011 – 11 Verg 3/11; *Dreher*, in: Immenga/Mestmäcker, Wettbewerbsrecht, § 102 GWB Rn. 13.

7 Vgl. *Dörr*, in: Burgi/Dreher, Vergaberecht, § 102 GWB Rn. 9; *Sadoni*, in: Pünder/Schellenberg, Vergaberecht, § 102 GWB Rn. 9.

8 *Hünnekens*, in: Landmann/Römer, Umweltrecht, § 50 WHG Rn. 5.

9 *Hasche*, in: Giesberts/Reinhardt, Umweltrecht, § 50 WHG Rn. 3 ff.

10 *Hünnekens*, in: Landmann/Römer, Umweltrecht, § 50 WHG Rn. 5; *Sadoni*, in: Pünder/Schellenberg, Vergaberecht, § 102 GWB Rn. 10; vgl. auch VK Baden-Württemberg, Beschluss v. 4.12.2017 – 1 VK 47/17.

11 OVG Münster, Urteil v. 17.12.1985 – 20 A 831/83.

Ortsteils von fünf Anwesen durch eine gemeinsame Anlage, nicht dagegen die Wasserversorgung eines Sportvereins oder eines Jugendfreizeitheims durch jeweils eine Quelle.[12] An dem besonderen Zweck des Bereitstellens zur Versorgung der Allgemeinheit fehlt es z. B. auch dann, wenn lediglich einzelne Baumaßnahmen versorgt werden.[13] Die Allgemeinheit wird auch nicht versorgt und somit auch die Sektorentätigkeit nicht *„aktuell und aktiv"*[14] ausgeübt, wenn nach der Satzung des Auftraggebers lediglich „nicht ausgeschlossen" werden kann, dass der Auftraggeber seinen Nutzerkreis erweitern wird.[15]

8 Schließlich wird nach § 102 Abs. 1 S. 1 Nr. 1 GWB ein Zusammenhang mit der Gewinnung, Fortleitung und Abgabe von Trinkwasser vorausgesetzt. Damit wird die Anwendung des Sektorenvergaberechts im Bereich Wasser grundsätzlich auf Tätigkeiten im Bereich **Trinkwasser** begrenzt. Trinkwasser ist gemäß § 2 Abs. 1 TrinkwV Wasser für den menschlichen Gebrauch. Das sektorenspezifische Konzessionsvergaberecht nimmt gemäß § 149 Nr. 9 GWB diesen Bereich ausdrücklich von seinem Anwendungsbereich aus.[16]

9 Sektorentätigkeit ist gemäß § 102 Abs. 1 S. 1 Nr. 2 GWB auch die **Einspeisung** von Trinkwasser in die in § 102 Abs. 1 S. 1 Nr. 1 GWB genannten Netze. Gemäß § 102 Abs. 7 S. 1 GWB umfasst der Begriff der „Einspeisung" die Erzeugung und Produktion sowie den Groß- und Einzelhandel von Trinkwasser. Die Einspeisung von Trinkwasser in die Netze übernimmt grundsätzlich jedes Unternehmen, das Trinkwasser mit Zustimmung des Netzinhabers zur Verfügung stellt. Die Einspeisung von Trinkwasser muss zur Versorgung der Allgemeinheit erfolgen.[17] Das ergibt sich mittelbar aus § 102 Abs. 1 S. 3 GWB, wonach die Einspeisung von Trinkwasser in feste Netze „zur Versorgung der Allgemeinheit" ausnahmsweise nicht als Sektorentätigkeit gilt, sofern die Erzeugung von Trinkwasser durch den betreffenden Auftraggeber zur Ausübung einer anderen als einer Sektorentätigkeit, z. B. zur Lebensmittel- oder Getränkeproduktion, erforderlich ist, die Einspeisung in das öffentliche Netz nur von dem Eigenverbrauch des betreffenden Auftraggebers abhängt und bei Zugrundelegung des Durchschnitts der letzten drei Jahre einschließlich des laufenden Jahres nicht mehr als 30 Prozent der gesamten Trinkwassererzeugung des betreffenden Auftraggebers ausmacht. Ist der Auftraggeber keine drei Jahre operativ tätig, ist eine Schätzung der erzeugten Trinkwassermenge erforderlich und vergaberechtlich möglich.[18]

10 § 102 Abs. 1 S. 1 GWB enthält eine **negative Abgrenzung** für Sektorentätigkeiten im Bereich Wasser. Andere Tätigkeiten im Bereich Wasser als die in § 102 Abs. 1 S. 1 GWB ausdrücklich und abschließend genannten sind keine Sektorentätigkeiten. Das betrifft etwa die Versorgung der Allgemeinheit mit Brauch- bzw. Betriebswasser. Ebenfalls keine Sektorentätigkeit sind Tätigkeiten im Bereich der Abwasserwirtschaft sowie Tätigkeiten im Zusammenhang mit Wasserbauvorhaben oder Vorhaben auf dem Gebiet der Be- und Entwässerung, wenn nicht die Voraussetzungen von § 102 Abs. 1 S. 2 GWB erfüllt sind.

2. Wasserbau-, Bewässerungs- und Entwässerungsvorhaben sowie Abwasserbeseitigung und -behandlung (S. 2)

11 Gemäß § 102 Abs. 1 S. 2 GWB gelten auch Tätigkeiten nach § 102 Abs. 1 S. 1 GWB, die im Zusammenhang mit Wasserbau-, Bewässerungs- oder Entwässerungsvorhaben stehen, als Sektorentätigkeit, sofern die zur Trinkwasserversorgung bestimmte Wassermenge mehr als 20 Prozent der Gesamtwassermenge ausmacht, die mit den entsprechenden Vorhaben oder Bewässerungs- oder Entwässerungsanlagen zur Verfügung gestellt wird (Alt. 1) oder die im Zusammenhang mit der Abwasserbeseitigung oder -behandlung steht (Alt. 2).

---

12 *Gößl*, in: Sieder/Zeitler, WHG AbwAG, § 50 WHG Rn. 10.
13 *Sudbrock*, in: Eschenbruch/Opitz/Röwekamp, SektVO, § 102 GWB Rn. 10.
14 OLG Frankfurt, Beschluss v. 30.8.2011 – 11 Verg 3/11.
15 *Sudbrock*, in: Eschenbruch/Opitz/Röwekamp, SektVO, § 102 GWB Rn. 12; a.A. VK Baden-Württemberg, Beschluss v. 4.12.2017 – 1 VK 47/17; *Sadoni*, in: Pünder/Schellenberg, Vergaberecht, § 102 GWB Rn. 10.
16 Kritisch hierzu *Prieß/Stein*, NZBau 2014, 423.
17 *Dörr*, in: Burgi/Dreher, Vergaberecht, § 102 GWB Rn. 10.
18 *Sudbrock*, in: Eschenbruch/Opitz/Röwekamp, SektVO, § 102 GWB Rn. 23.

Wasserbauvorhaben sind beispielsweise die Errichtung von Talsperren oder der Bau von Stauseen. **Bewässerungsvorhaben** sind Projekte, bei denen über eine entsprechende Anlage Wasser auf eine Fläche aufgebracht werden soll. Anwendungsfälle gibt es insbesondere im Bereich der Landwirtschaft, aber auch bei Abbrucharbeiten. **Entwässerung** findet bei Trockenlegung oder Trockenhaltung von Flächen statt, um diese anschließend für bestimmte Zwecke nutzbar zu machen.[19] Soweit der Wortlaut in den Halbsätzen 2 und 3 einerseits einheitlich auf „Vorhaben", andererseits differenzierend auf die „entsprechenden Vorhaben oder Bewässerungs- oder Entwässerungs*anlagen*" abstellt, beruht dies auf der zugrunde liegenden Formulierung von Art. 10 Abs. 2 lit. a RL 2014/25/EU. Durch die Verwendung des Adjektivs „entsprechend" ist klar, dass mit den unterschiedlichen Begriffen keine unterschiedliche Bedeutung verbunden ist. 12

Das Erfordernis eines **Tätigkeitszusammenhangs** ergibt sich unmittelbar aus dem Wortlaut von § 102 Abs. 1 S. 2 GWB ebenso wie aus Art. 10 Abs. 2 RL 2014/25/EU („im Zusammenhang").[20] Ein solcher Zusammenhang kann bei bautechnisch-struktureller Verbindung der Tätigkeitsbereiche vorliegen, insbesondere wenn Trinkwasser in entsprechend verbundenen Aufbereitungsanlagen gewonnen wird, oder auch dann, wenn die Tätigkeiten organisatorisch in einem Unternehmen gebündelt werden.[21] 13

a) Schwellenwert (Alt. 1)

Eine Sektorentätigkeit im Sinne von § 102 Abs. 1 S. 2 Alt. 1 GWB setzt voraus, dass die zur Trinkwasserversorgung bestimmte Wassermenge mehr als 20 Prozent der Gesamtwassermenge ausmacht, die mit den „entsprechenden" Vorhaben oder Bewässerungs- oder Entwässerungsanlagen zur Verfügung gestellt wird. 14

Soweit in diesem Zusammenhang vertreten wird, dass es sich bei § 102 Abs. 1 S. 2 GWB um eine Sonderregelung zu **§ 112 GWB** handele,[22] überzeugt diese Auffassung nicht. Richtig ist, dass der Richtliniengeber bestrebt war, Auftraggeber im Bereich Wasser nicht allein deshalb vom Anwendungsbereich des Sektorenvergaberechts auszunehmen, weil sie auch Tätigkeiten außerhalb der Trinkwasserwirtschaft ausüben. Sie sollen gemäß Erwägungsgrund 24 RL 2014/25/EU in die Lage versetzt werden, das Sektorenvergaberecht bei all ihren wasserwirtschaftlichen Tätigkeiten anzuwenden. § 102 Abs. 1 S. 2 GWB liegt mit Art. 10 Abs. 2 RL 2014/25/EU eine Regelung zugrunde, die in Kapitel II Titel I RL 2014/25/EU (Tätigkeiten) verortet ist, und erweitert insoweit auftragsunabhängig den persönlichen Anwendungsbereich des Sektorenvergaberechts auf Tätigkeiten außerhalb des Trinkwasserbereichs.[23] § 112 GWB betrifft dagegen den sachlichen Anwendungsbereich des Sektorenvergaberechts und regelt für den Einzelfall der Vergabe eines mehreren Zwecken dienenden Auftrags, welches Vergaberechtsregime Sektorenauftraggeber anzuwenden haben.[24] 15

§ 102 Abs. 1 S. 2 GWB enthält keinen **Bezug zur Auftragsvergabe** im Einzelfall und zu dem dabei anzuwendenden Recht. Erforderlich ist gemäß § 102 Abs. 1 S. 2 GWB ein tätigkeitsspezifischer Zusammenhang zur Unternehmenstätigkeit im Bereich Trinkwasser.[25] Auftraggeber sind als Sektorenauftraggeber im Sinne von § 100 Abs. 1 GWB zu qualifizieren, solange sie unabhängig von der Auftragsvergabe im Einzelfall *„aktuell und aktiv"* in einem der in § 102 GWB genannten Versorgungssektoren tätig sind.[26] 16

Die 20 Prozent-Schwelle des § 102 Abs. 1 S. 2 Alt. 1 GWB muss daher zum **Zeitpunkt** der Verfahrenseinleitung in Bezug auf alle vom Auftraggeber zu diesem Zeitpunkt laufenden Vorhaben überschritten sein. Beurteilungsgrundlage ist hierbei eine Prognose des Auftraggebers im 17

19 *Franßen/Ockenfels*, in: Byok/Jaeger, Vergaberecht, § 102 GWB Rn. 34.
20 A.A. *Sudbrock*, in: Eschenbruch/Opitz/Röwekamp, SektVO, § 102 GWB Rn. 20.
21 Vgl. VK Sachsen, Beschluss v. 12.4.2017 – 1/SVK/003-17.
22 *Wichmann*, in: Gabriel/Mertens/Prieß/Stein, Vergaberecht, § 100 GWB Rn. 26; *Dreher*, in: Immenga/Mestmäcker, Wettbewerbsrecht, § 102 GWB Rn. 16; *Opitz*, in: Röwekamp/Kus/Portz/Prieß, GWB-Vergaberecht, § 102 Rn. 21.
23 A.A. offenbar *Franßen/Ockenfels*, in: Byok/Jaeger, Vergaberecht, § 102 GWB Rn. 35: *„im Einzelfall"*.
24 *Sudbrock*, in: Eschenbruch/Opitz/Röwekamp, SektVO, § 102 GWB Rn. 19.
25 Anders aber *Franßen/Ockenfels*, in: Byok/Jaeger, Vergaberecht, § 102 GWB Rn. 31.
26 OLG Frankfurt, Beschluss v. 30.8.2011 – 11 Verg 3/11.

Hinblick auf die aus diesen laufenden Vorhaben zu gewinnende Trinkwassermenge, die ihrerseits auf der Grundlage einer hinreichenden Tatsachengrundlage getroffen werden muss.

b) Zusammenhang mit Abwasserbeseitigung oder -behandlung (Alt. 2)

18 Darüber hinaus soll eine Sektorentätigkeit im Bereich Wasser gemäß § 102 Abs. 1 S. 2 Alt. 2 GWB auch dann vorliegen, wenn der Auftraggeber im Bereich der Abwasserbeseitigung oder -behandlung tätig ist und ein Zusammenhang mit den Tätigkeiten im Bereich Trinkwasser nach § 102 Abs. 1 S. 1 GWB besteht.

19 **Abwasser** ist gemäß § 54 Abs. 1 S. 1 WHG das durch häuslichen, gewerblichen, landwirtschaftlichen oder sonstigen Gebrauch in seinen Eigenschaften veränderte Wasser und das bei Trockenwetter damit zusammen abfließende Wasser (Schmutzwasser) sowie das von Niederschlägen aus dem Bereich von bebauten oder befestigten Flächen gesammelt abfließende Wasser (Niederschlagswasser). Als Schmutzwasser gelten auch die aus Anlagen zum Behandeln, Lagern und Ablagern von Abfällen austretenden und gesammelten Flüssigkeiten, § 54 Abs. 1 S. 2 WHG. § 54 Abs. 2 WHG definiert die Abwasserbeseitigung als das Sammeln, Fortleiten, Behandeln, Einleiten, Versickern, Verregnen und Verrieseln von Abwasser sowie das Entwässern von Klärschlamm in Zusammenhang mit der Abwasserbeseitigung, einschließlich der Beseitigung des in Kleinkläranlagen anfallenden Schlamms. Unter Zugrundelegung dieses weiten wasserrechtlichen Verständnisses der Abwasserbeseitigung verbleibt für die in § 102 Abs. 1 S. 2 Alt. 2 GWB gesondert genannte Abwasserbehandlung kein eigenständiger Bedeutungsgehalt.[27]

20 Die **20-Prozent-Schwelle** gilt nicht für die 2. Alternative des § 102 Abs. 1 S. 2 GWB.[28] Die Umsetzung in § 102 Abs. 1 S. 2 GWB ist insoweit nicht geglückt.[29] Die Geltung der 20 Prozent-Schwelle nur für die 1. Alternative des § 102 Abs. 1 S. 2 GWB ergibt sich jedoch aus dem zugrunde liegenden Art. 10 Abs. 2 RL 2014/25/EU, der die Schwelle nur in lit. a (Wasserbauvorhaben sowie Bewässerungs- und Entwässerungsvorhaben) vorsieht, nicht jedoch in lit. b (Abwasserbeseitigung oder -behandlung).

3. Eigenverbrauch (S. 3)

21 Die Einspeisung von Trinkwasser in feste Netze zur Versorgung der Allgemeinheit durch einen Sektorenauftraggeber nach § 100 Abs. 1 Nr. 2 GWB gilt gemäß § 102 Abs. 1 S. 3 GWB nicht als Sektorentätigkeit, sofern die Erzeugung von Trinkwasser durch den betreffenden Auftraggeber erfolgt, weil dessen Verbrauch für die Ausübung einer Tätigkeit erforderlich ist, die keine Sektorentätigkeit nach § 102 Abs. 1 bis 4 GWB ist, und die Einspeisung in das öffentliche Netz nur von dem Eigenverbrauch des betreffenden Auftraggebers abhängt und bei Zugrundelegung des Durchschnitts der letzten drei Jahre einschließlich des laufenden Jahres nicht mehr als 30 Prozent der gesamten Trinkwassererzeugung des betreffenden Auftraggebers ausmacht.

22 Die Voraussetzungen müssen ausweislich des Wortlauts der Regelung („und") **kumulativ** erfüllt sein.[30] Die Ausnahme befreit in Übereinstimmung mit Art. 10 Abs. 3 RL 2014/25/EU ausschließlich private Sektorenauftraggeber von der Pflicht zur Anwendung des Sektorenvergaberechts. Sie betrifft Selbstversorger, die selbst mehr Trinkwasser erzeugen, als sie für eigene Zwecke benötigen, und die Überproduktion in das öffentliche Netz einspeisen. Diese eigenen Zwecke müssen außerhalb einer Sektorentätigkeit im Sinne von § 102 Abs. 1 bis 4 GWB liegen. Sektorenauftraggeber im Bereich Häfen und Flughäfen (§ 102 Abs. 5 GWB) sowie fossiler Brennstoffe (§ 102 Abs. 6 GWB) können sich daher bei Vorliegen der übrigen Voraussetzun-

27 *Franßen/Ockenfels*, in: Byok/Jaeger, Vergaberecht, § 102 GWB Rn. 35.
28 *Wichmann*, in: Gabriel/Mertens/Prieß/Stein, Vergaberecht, § 100 GWB Rn. 27; *Opitz*, in: Röwekamp/Kus/Portz/Prieß, GWB-Vergaberecht, § 102 Rn. 21.
29 *Opitz*, in: Röwekamp/Kus/Portz/Prieß, GWB-Vergaberecht, § 102 Rn. 21; *Dörr*, in: Burgi/Dreher, Vergaberecht, § 102 GWB Rn. 8, weist zu Recht darauf hin, dass der Gesetzestext hinter *„gestellt wird"* um ein Komma zu ergänzen ist.
30 *Franßen/Ockenfels*, in: Byok/Jaeger, Vergaberecht, § 102 GWB Rn. 27.

gen auf die Ausnahme berufen.[31] Soweit seit der Aufnahme der Tätigkeit noch keine drei Jahre vergangen sind, so muss der Anteil an selbst erzeugtem Trinkwasser, der in das öffentliche Netz eingespeist werden soll, mit Blick auf den Zeitraum, der für die Ermittlung eines Dreijahresdurchschnitts fehlt, auf der Grundlage einer belastbaren Tatsachengrundlage geschätzt werden.[32]

II. Elektrizität, Gas und Wärme (Abs. 2 und 3)

Sektorentätigkeiten in den Bereichen Elektrizität, Gas und Wärme sind gemäß § 102 Abs. 2 und 3 GWB die Bereitstellung oder das Betreiben fester Netze zur Versorgung der Allgemeinheit im Zusammenhang mit der Erzeugung, der Fortleitung und der Abgabe von Elektrizität, Gas und Wärme sowie die Einspeisung von Elektrizität, Gas und Wärme in diese Netze. **23**

Elektrizität ist durch das Auftreten einer messbaren Spannung zwischen zwei Polen gekennzeichnet.[33] Unter **Gas** sind alle Energieträger zu verstehen, die unabhängig von ihrer jeweiligen spezifischen Beschaffenheit jedenfalls in normalem Zustand gasförmig und geeignet sind, in der Energieversorgung durch Verbrennung Verwendung zu finden. Auf die Herkunft bzw. die Produktion des Gases kommt es ebenso wenig an wie auf den Aggregatzustand.[34] **Wärme** ist thermische Energie.[35] **24**

1. Bereitstellung oder Betreiben fester Netze (Abs. 2 Nr. 1 und Abs. 3 Nr. 1)

Feste Netze zur Versorgung der Allgemeinheit mit Elektrizität oder Gas sind Energieversorgungsnetze der allgemeinen Versorgung im Sinne von § 3 Nr. 16, 17 EnWG. Sie sind definiert als Netze, die der Verteilung von Energie an Dritte dienen und von ihrer Dimensionierung nicht von vornherein nur auf die Versorgung bestimmter, schon bei der Netzerrichtung feststehender oder bestimmbarer Letztverbraucher ausgelegt sind, sondern grundsätzlich für die Versorgung jedes Letztverbrauchers offen stehen.[36] Für Wärmenetze enthält § 2 Nr. 32 KWKG 2020 eine entsprechende Definition. Es handelt sich hierbei um Einrichtungen zur leitungsgebundenen Versorgung mit Wärme, an die als öffentliches Netz eine unbestimmte Anzahl von Abnehmenden angeschlossen werden kann. Die weiteren Voraussetzungen des § 2 Nr. 32 KWKG 2020 sind für die vergaberechtliche Frage, ob das Netz der Versorgung der Allgemeinheit dient, ohne Bedeutung. Dasselbe gilt für Elektrizitätsnetze im Hinblick auf die Spannungsebene.[37] Feste Netze zur Versorgung der Allgemeinheit mit Elektrizität, Gas oder Wärme werden unter denselben Voraussetzungen bereitgestellt oder betrieben wie Netze im Bereich der Wasserwirtschaft.[38] Hier wie dort ist Eigentum zur Ausübung der Sektorentätigkeit nicht erforderlich.[39] **25**

2. Einspeisung in feste Netze (Abs. 2 Nr. 2 und Abs. 3 Nr. 2)

§ 102 Abs. 2 Nr. 2 Hs. 1 und Abs. 3 Nr. 2 Hs. 1 GWB sehen auch die Einspeisung von Elektrizität bzw. Gas und Wärme in die Netze im Sinne des § 102 Abs. 2 Nr. 1 bzw. § 102 Abs. 2 Nr. 2 GWB als Sektorentätigkeit im Bereich Elektrizität vor. **26**

Einspeisung liegt gemäß § 102 Abs. 7 GWB bei Erzeugung und Produktion sowie Groß- und Einzelhandel von Elektrizität, Gas und Wärme vor. **27**

31 *Franßen/Ockenfels*, in: Byok/Jaeger, Vergaberecht, § 102 GWB Rn. 27.
32 *Sudbrock*, in: Eschenbruch/Opitz/Röwekamp, SektVO, § 102 GWB Rn. 23; *Gabriel*, in: Säcker, Wettbewerbsrecht, § 102 GWB Rn. 11.
33 Vgl. *Franßen/Ockenfels*, in: Byok/Jaeger, Vergaberecht, § 102 GWB Rn. 42.
34 *Theobald*, in: Theobald/Kühling, Energierecht, § 3 EnWG Rn. 101.
35 Vgl. *Wustlich*, in: Danner/Theobald, Energierecht, § 2 EEWärmeG Rn. 12.
36 *Franßen/Ockenfels*, in: Byok/Jaeger, Vergaberecht, § 102 GWB Rn. 46.
37 *Franßen/Ockenfels*, in: Byok/Jaeger, Vergaberecht, § 102 GWB Rn. 46.
38 Siehe oben Rn. 7.
39 *Theobald*, in: Danner/Theobald, Energierecht, § 3 EnWG Rn. 23; *Dörr*, in: Burgi/Dreher, Vergaberecht, § 102 GWB Rn. 13.

28 Einspeisung von **Elektrizität** ist gemäß § 102 Abs. 2 Nr. 2 Hs. 2 GWB keine Sektorentätigkeit, wenn sie erzeugt wird, weil ihr Verbrauch für die Ausübung einer anderen Tätigkeit als einer Sektorentätigkeit nach § 102 Abs. 1 bis 4 GWB erforderlich ist und die Einspeisung nur von dem Eigenverbrauch des Sektorenauftraggebers abhängt und bei Zugrundelegung des Durchschnitts der letzten drei Jahre einschließlich des laufenden Jahres nicht mehr als 30 Prozent der gesamten Energieerzeugung des Auftraggebers ausmacht.[40] Sektorenauftraggeber im Bereich Häfen und Flughäfen (§ 102 Abs. 5 GWB) sowie fossiler Brennstoffe (§ 102 Abs. 6 GWB) können sich bei Vorliegen der übrigen Voraussetzungen auf die Ausnahme berufen. Wenn z. B. eine lokale Windenergieanlage ein geschlossenes Netz mit Elektrizität versorgt und damit lediglich einen lokalen Eigenbedarf deckt, beispielsweise zur Versorgung kommunaler Einrichtungen, liegt im Ausgangspunkt keine Sektorentätigkeit im Bereich Elektrizität vor, weil schon nicht in ein Netz zur Versorgung der Allgemeinheit eingespeist wird.[41] Um Unterkapazitäten ausgleichen und Überkapazitäten wirtschaftlich sinnvoll nutzen zu können, wird ein Anschluss lokaler, zur Selbstversorgung errichteter Netze an das öffentliche Netz jedoch oftmals unumgänglich sein.[42] In diesem Fall hängen der Anschluss an und die Einspeisung von Überkapazitäten in das öffentliche Netz nicht mehr nur vom Eigenbedarf ab, sondern sie erfolgen als Bestandteil der kommunalen Elektrizitätsversorgung. Unter der Voraussetzung, dass dabei die 30-Prozent-Grenze des § 102 Abs. 2 Nr. 2 Hs. 2 GWB eingehalten wird, bleibt es jedoch dabei, dass eine Sektorentätigkeit trotz Anschlusses an das öffentliche Energieversorgungsnetz nicht vorliegt.

29 In den Bereichen **Gas** und **Wärme** liegt nach § 102 Abs. 3 Nr. 2 Hs. 2 GWB bei Einspeisung keine Sektorentätigkeit vor, wenn sich die Erzeugung von Gas oder Wärme zwangsläufig aus der Ausübung einer anderen Tätigkeit als einer Sektorentätigkeit nach § 102 Abs. 1 bis 4 GWB ergibt, wenn die Einspeisung nur darauf abzielt, diese Erzeugung wirtschaftlich zu nutzen, und wenn sie unter Zugrundelegung des Durchschnitts der letzten drei Jahre einschließlich des laufenden Jahres nicht mehr als 20 Prozent des Umsatzes des Sektorenauftraggebers ausmacht. Sektorenauftraggeber im Bereich Häfen und Flughäfen (§ 102 Abs. 5 GWB) sowie fossiler Brennstoffe (§ 102 Abs. 6 GWB) können sich bei Vorliegen der übrigen Voraussetzungen auf die Ausnahme berufen. Der praxisrelevanteste Anwendungsfall des § 102 Abs. 2 Nr. 2 Hs. 2 GWB dürfte unter den genannten Voraussetzungen vorliegen, wenn beispielsweise eine Abfallverbrennungsanlage Wärme als Nebenprodukt erzeugt.

30 Beiden Ausnahmen nach § 102 Abs. 2 Nr. 2 Hs. 2 (Elektrizität) und Abs. 3 Nr. 2 Hs. 2 GWB (Gas und Wärme) ist gemein, dass sich nur **Auftraggeber**, die nicht öffentliche Auftraggeber gemäß § 99 Nr. 1 bis 3 GWB sind, auf sie berufen können.

III. Verkehrsleistungen (Abs. 4)

31 Eine Sektorentätigkeit im Bereich **Verkehrsleistungen** liegt gemäß § 102 Abs. 4 Hs. 1 GWB vor, wenn Netze zur Versorgung der Allgemeinheit mit Verkehrsleistungen per Eisenbahn, automatischen Systemen, Straßenbahn, Trolleybus, Bus oder Seilbahn betrieben oder bereitgestellt werden. Ein Netz gilt nach § 102 Abs. 4 Hs. 2 GWB als vorhanden, wenn die Verkehrsleistung gemäß den von einer zuständigen Behörde festgelegten Bedingungen erbracht wird; dazu gehören die Festlegung der Strecken, die Transportkapazitäten und die Fahrpläne.

32 Aufgrund des von Art. 5 RL 2004/17/EG abweichenden Wortlauts von Nr. 4 des Anhangs zu § 98 Nr. 4 GWB a.F. bestanden zahlreiche Auslegungsfragen.[43] Nunmehr hat der Gesetzgeber in § 102 Abs. 4 GWB die zugrunde liegende Richtlinienbestimmung des Art. 11 RL 2014/25/EU nahezu wortgleich übernommen. Er wollte damit klarstellen, dass er auch weiterhin nicht beabsichtigt, eine im Vergleich zum **Richtlinienrecht** strengere Regelung zu

40 Siehe oben Rn. 9.
41 *Heiermann/Tschäpe*, ZfBR-Beil. 2012, 110 (118).
42 *Heiermann/Tschäpe*, ZfBR-Beil. 2012, 110 (118).
43 Siehe hierzu *Wolters*, in: Eschenbruch/Opitz/Röwekamp, SektVO, § 102 GWB Rn. 54 f.

schaffen.[44] Das war nach § 98 Nr. 4 GWB a.F. nicht eindeutig. Nunmehr besteht kein Anlass (mehr) für eine richtlinienkonforme Auslegung des deutschen Umsetzungsrechts von § 102 Abs. 4 GWB.[45]

1. Verkehrsträger

Die Liste der in § 102 Abs. 4 Hs. 1 GWB genannten Verkehrsträger ist abschließend. Der Betrieb eines Fahrradverleihsystems ist daher keine Sektorentätigkeit im Bereich Verkehr.[46] 33

Eisenbahnen sind gemäß § 2 Abs. 1 AEG Eisenbahnverkehrsunternehmen und Eisenbahninfrastrukturunternehmen. **Straßenbahnen** sind gemäß § 4 Abs. 1 PBefG Schienenbahnen, die den Verkehrsraum öffentlicher Straßen benutzen oder einen besonderen Bahnkörper haben und sich mit ihren baulichen und betrieblichen Einrichtungen sowie in ihrer Betriebsweise der Eigenart des Straßenverkehrs anpassen und ausschließlich oder überwiegend der Beförderung von Personen im Orts- oder Nachbarschaftsbereich dienen. Als Straßenbahnen gelten nach § 4 Abs. 2 PBefG auch Bahnen, die als Hoch- und Untergrundbahnen, Schwebebahnen oder ähnliche Bahnen besonderer Bauart angelegt sind oder angelegt werden, ausschließlich oder überwiegend der Beförderung von Personen im Orts- oder Nachbarschaftsbereich dienen und nicht Bergbahnen oder Seilbahnen sind. **Seilbahnen** sind in den jeweiligen Landesgesetzen definiert als Anlagen aus mehreren Bauteilen, die geplant, gebaut, montiert und in Betrieb genommen werden, um Personen[47] oder – zusätzlich[48] – Güter zu befördern. 34

Trolleybusse sind Oberleitungsbusse i.S.v. § 4 Abs. 3 PBefG, also elektrisch angetriebene, nicht an Schienen gebundene Straßenfahrzeuge, die ihre Antriebsenergie einer Fahrleitung entnehmen. Busse sind in Abgrenzung zu den gesondert erwähnten Trolleybussen **Kraftomnibusse** im Sinne von § 4 Abs. 4 Nr. 2 PBefG. Es handelt sich hier um Kraftfahrzeuge, die nach ihrer Bauart und Ausstattung zur Beförderung von mehr als neun Personen (einschließlich Führer) geeignet und bestimmt sind. **Automatische Systeme** sind fahrerlose Verkehrsträgersysteme. 35

2. Bereitstellung oder Betreiben von Netzen

Ausgangspunkt ist wie auch in den übrigen Versorgungssektoren ein Netz zur Versorgung der Allgemeinheit. Gemeint sind Netze, die einem unbestimmten Nutzerkreis zugänglich sind.[49] So sind beispielsweise Netze zur Erbringung von Werksverkehrsleistungen von vornherein vom Anwendungsbereich ausgeklammert.[50] Der Netzbegriff des § 102 Abs. 4 Hs. 1 GWB umfasst alle mit dem Verkehrsbetrieb technisch-funktional zusammenhängenden Infrastruktureinrichtungen.[51] 36

Bereitstellung und **Betrieb** von Netzen zur Versorgung der Allgemeinheit mit Verkehrsleistungen ist wie im Bereich der Versorgungssektoren Wasser, Elektrizität, Gas und Wärme jede Form des Baus, der Unterhaltung, der Weiterentwicklung und der Betriebsführung. Auch im Verkehrsbereich muss der Netzbetreiber nicht Netzeigentümer sein. Die tatsächliche Verfügungsmacht ist ausreichend. Da Sektorenauftraggeber nur ist, wer die Sektorentätigkeit aktuell und aktiv ausübt,[52] sind reine Konzernholdinggesellschaften ohne Bezug zum operativen Betrieb grundsätzlich nicht als Sektorenauftraggeber zu qualifizieren.[53] Soweit die Deutsche 37

44 Siehe zum Anhang zu § 98 Nr. 4 GWB a.F. Gesetzesbegründung, VergRModG 2009, BT-Drs. 16/10117, 26.
45 *Bremer/Helmstädter*, in: Säcker, Wettbewerbsrecht, § 102 GWB Rn. 65.
46 VK Nordbayern, Beschluss v. 26.7.2018 – RMF-SG21-3194-3-19.
47 Vgl. § 2 Abs. 1 S. 1 LSeilbG Sachsen, § 2 Abs. 1 S. 1 LSeilbG BW.
48 Zum Beispiel in Bayern gemäß Art. 11 Abs. 1 BayESG oder in Rheinland-Pfalz gemäß § 2 Abs. 1 S. 1 LSeilbG RP.
49 *Bremer/Helmstädter*, in: Säcker, Wettbewerbsrecht, § 102 GWB Rn. 70.
50 *Sitsen*, VergabeR 2016, 553 (554).
51 *Opitz*, in: Röwekamp/Kus/Portz/Prieß, GWB-Vergaberecht, § 102 Rn. 40; *Wichmann*, in: Gabriel/Mertens/Prieß/Stein, Vergaberecht, § 102 GWB Rn. 48.
52 OLG Frankfurt, Beschluss v. 30.8.2011 – 11 Verg 3/11.
53 Siehe § 100 GWB Rn. 37.

Bahn AG also nicht jedenfalls Sektorenhilfstätigkeiten für die operativ tätigen Konzerngesellschaften übernimmt, ist sie nicht als Sektorenauftraggeberin zu qualifizieren.[54]

38 Der **Netzbegriff** wird in § 102 Abs. 4 Hs. 2 GWB auf nicht physische Netze erweitert. Damit soll nach wie vor auch die Erbringung von Verkehrsleistungen zur Versorgung der Allgemeinheit als Sektorentätigkeit erfasst werden.[55] Die Erbringung von Verkehrsleistungen ist gemäß § 102 Abs. 4 Hs. 2 GWB allerdings – anders als die Bereitstellung und der Betrieb der Netzinfrastruktur – nur dann Sektorentätigkeit, wenn sie aufgrund behördlicher Festlegungen zum operativen Betrieb erfolgt.[56]

39 Dazu gehören nach § 102 Abs. 4 Hs. 3 GWB die **Strecken**, die **Transportkapazitäten** und die **Fahrpläne**. Hierbei kommen insbesondere die Instrumente in Betracht, die den zuständigen Aufgabenträgern in den Bundesländern zur Verfügung stehen, um die ihnen nach den ÖPNV-Gesetzen der Länder übertragene Aufgabe einer bedarfsgerechten Bedienung der Bevölkerung durch den ÖPNV[57] wahrzunehmen, namentlich die Vereinbarung im Rahmen eines Verkehrsvertrages oder einer Dienstleistungskonzession oder die Auferlegung von Verkehrsleistungen als Notmaßnahme i.S.v. Art. 5 Abs. 5 VO (EG) 1370/2007. Grundsätzlich sind weitere als die in § 102 Abs. 4 Hs. 3 GWB ausdrücklich genannten Bedingungen für den operativen Betrieb denkbar. Die Aufzählung ist nicht abschließend („dazu gehören"). Andere Bedingungen müssten aber wie die genannten Regelbeispiele das Ziel verfolgen, den Bedarf der Allgemeinheit mit Verkehrsleistungen zu steuern und geeignet sein, das Beschaffungsverhalten des Auftraggebers spürbar zu beeinflussen.[58] Hintergrund ist die generelle Zweckrichtung des Sektorenvergaberechts, staatliche und staatlich begründete Monopole im Bereich der Versorgungswirtschaften aufzubrechen[59] und die in diesen Bereichen tätigen Auftraggeber dazu anzuhalten, ihre Nachfragemärkte zu öffnen und Leistungen im Wege transparenter, nicht diskriminierender und wettbewerblicher Vergabeverfahren zu beschaffen. Dort, wo staatliche Vorgaben zum operativen Verkehrsbetrieb fehlen und wo die nachfragenden Verkehrsunternehmen aufgrund bestehender wettbewerblicher Strukturen ohnehin zum wirtschaftlichen Leistungseinkauf gehalten sind, um im Wettbewerb zu bestehen, verliert das Sektorenvergaberecht seine Daseinsberechtigung.

40 Staatliche Bedarfssteuerung wird über die eisenbahnrechtliche Genehmigung gemäß § 6 Abs. 1 S. 1 Nr. 1 AEG ebenso wenig bezweckt wie über die Beförderungspflicht nach § 10 AEG, § 22 PBefG[60] oder die Genehmigung von Beförderungsbedingungen nach § 12 Abs. 3 AEG.[61] Dabei handelt es sich jeweils um klassische Instrumente des besonderen Gewerberechts des PBefG und des AEG. Auch Linienverkehrsgenehmigungen nach PBefG stellen keine Festlegungen i.S.v. § 102 Abs. 4 Hs. 2 GWB dar. Obwohl mit der Genehmigungserteilung eine Kontingentierung einhergehen kann, verfolgt das Genehmigungserfordernis ausschließlich einen gewerberechtlichen Zweck.[62] Die Regulierung des Zugangs zur öffentlichen Netzinfrastruktur, auf den Eisenbahnverkehrsunternehmen nach § 14 Abs. 1 AEG gegenüber Eisenbahninfrastrukturunternehmen einen Anspruch haben, ist keine behördliche **Festlegung**

54 Für die zwischenzeitlich mit Blick auf einen Börsengang gegründete DB Mobility Logistics AG ebenso *Dörr*, in: Burgi/Dreher, Vergaberecht, § 102 GWB Rn. 20; a.A. *Günther*, ZfBR 2008, 454 (456 f.).

55 *Sitsen*, VergabeR 2016, 553 (554).

56 *Wichmann*, in: Gabriel/Mertens/Prieß/Stein, Vergaberecht, § 102 GWB Rn. 50 ff.; *Prieß/Marx/Hölzl*, VergabeR 2012, 425 (435 f.).

57 Siehe etwa § 2 Abs. 3 ÖPNVG NRW, § 2 Abs. 1 S. 4 ÖPNVG Sachsen, § 2 Abs. 1 ÖPNVG Brandenburg, § 2 Abs. 4 S. 1 ÖPNVG Berlin, Art. 4 Abs. 1 S. 1 ÖPNVG Bayern.

58 *Wichmann*, in: Gabriel/Mertens/Prieß/Stein, Vergaberecht, § 102 GWB Rn. 51.

59 Siehe hierzu § 100 GWB Rn. 5.

60 *Franßen/Ockenfels*, in: Byok/Jaeger, Vergaberecht, § 102 GWB Rn. 82; *Wichmann*, in: Gabriel/Mertens/Prieß/Stein, Vergaberecht, § 102 GWB Rn. 51; *Prieß/Marx/Hölzl*, VergabeR 2012, 425 (436); a.A. *Wolters*, in: Eschenbruch/Opitz/Röwekamp, SektVO, § 102 GWB Rn. 62; *Opitz*, in: Röwekamp/Kus/Portz/Prieß, GWB-Vergaberecht, § 102 Rn. 42.

61 *Wichmann*, in: Gabriel/Mertens/Prieß/Stein, Vergaberecht, § 102 GWB Rn. 51; *Prieß/Marx/Hölzl*, VergabeR 2012, 425 (436); a.A. *Franßen/Ockenfels*, in: Byok/Jaeger, Vergaberecht, § 102 GWB Rn. 82; *Wolters*, in: Eschenbruch/Opitz/Röwekamp, SektVO, § 102 GWB Rn. 62; *Opitz*, in: Röwekamp/Kus/Portz/Prieß, GWB-Vergaberecht, § 102 Rn. 42.

62 A.A. *Wolters*, in: Eschenbruch/Opitz/Röwekamp, SektVO, § 102 GWB Rn. 62; *Opitz*, in: Röwekamp/Kus/Portz/Prieß, GWB-Vergaberecht, § 102 Rn. 42.

von Bedingungen i.S.v. § 102 Abs. 4 Hs. 2 GWB.[63] Die Trassen werden unter den Voraussetzungen des ERegG in Verbindung mit den Schienennetz-Nutzungsbedingungen des Eisenbahninfrastrukturunternehmens auf Antrag nach Verfügbarkeit vergeben. Aus diesem Grund werden Auftraggeber im Schienengüterverkehr und im eigenwirtschaftlich erbrachten Personennah- und -fernverkehr nicht als Sektorenauftraggeber zu qualifizieren sein.[64] Der EuGH hat allerdings entschieden, dass die Zuweisung von Trassen durch den staatlichen schwedischen Betreiber der Schienennetzinfrastruktur die Festlegung von Bedingungen durch eine zuständige Behörde im Sinne von Art. 5 Abs. 1 UAbs. 2 RL 2004/17/EG darstelle.[65] Diese Bestimmung des alten Richtlinienrechts wurde unverändert in Art. 11 RL 2014/25/EU und in § 102 Abs. 4 Hs. 2 GWB übernommen. Offen ist, ob und inwieweit diese Entscheidung auf die deutsche Rechtspraxis übertragen werden muss. Dagegen spricht jedenfalls, dass die Betreiber der Schienenwege in Deutschland keine staatlichen Behörden sind.[66]

Schließlich sind die nach den ÖPNV-Gesetzen der Bundesländer für die Planung, Organisation und Sicherstellung des ÖPNV und SPNV zuständigen **Aufgabenträger** selbst nicht Sektorenauftraggeber.[67] Sie betreiben insbesondere nicht etwa deshalb ein Netz zur Versorgung der Allgemeinheit mit Verkehrsleistungen, weil sie die Strecken, die Transportkapazitäten und die Fahrpläne festlegen.[68] Diese Sichtweise wäre ein Zirkelschluss. Wenn die Fiktion eines Verkehrsnetzes gemäß Art. 11 Abs. 2 RL 2014/25/EU und § 102 Abs. 4 Hs. 2 und 3 GWB erst voraussetzt, dass die operativen Rahmenbedingungen für den Netzbetrieb festgelegt werden, kann in der Festlegung dieser Bedingungen nicht gleichzeitig auch der Netzbetrieb gesehen werden. Der Netzbetrieb ist daher, wie in den anderen Sektoren auch,[69] auf die Erbringung der Versorgungsleistung beschränkt. Die Aufgabenträger stellen Verkehrsnetze i.S.v. Art. 11 Abs. 2 RL 2014/25/EU und § 102 Abs. 4 Hs. 2 und 3 GWB auch nicht bereit. Indem sie die operativen Rahmenbedingungen für den Netzbetrieb durch die Verkehrsunternehmen festlegen, nehmen sie lediglich die ihnen nach § 1 Abs. 2 RegG i.V.m. den Landesgesetzen übertragene Aufgabe wahr, eine ausreichende Bedienung der Bevölkerung mit Verkehrsleistungen im ÖPNV sicherzustellen. Auch insoweit reicht die Erfüllung einer rechtlichen Gewährleistungsverantwortung nicht aus,[70] solange die relevante Tätigkeit nicht zusätzlich auch durch den Aufgabenträger selbst erbracht wird.[71] 41

IV. Häfen und Flughäfen (Abs. 5)

Nach § 102 Abs. 5 GWB sind Sektorentätigkeiten im Bereich Häfen und Flughäfen Tätigkeiten im Zusammenhang mit der Nutzung eines geografisch abgegrenzten Gebiets mit dem Zweck, für Luft-, See- oder Binnenschifffahrtsverkehrsunternehmen Flughäfen, See- oder Binnenhäfen oder andere Terminaleinrichtungen bereitzustellen. Die Regelung setzt Art. 12 RL 2014/25/EU mit nahezu identischem Wortlaut um. 42

Ein **Hafen** i.S.v. § 102 Abs. 5 GWB umfasst die Gesamtheit der Hafeninfrastruktur zur Ein- und Ausschiffung von Personen und zum Be- und Entladen auf dem Seeweg oder Binnenschifffahrtsweg beförderter Güter.[72] Häfen sind in Art. 3 Abs. 1 RL 2005/65/EG als ein Gebiet 43

63 *Wichmann*, in: Gabriel/Mertens/Prieß/Stein, Vergaberecht, § 102 GWB Rn. 53.
64 *Opitz*, in: Röwekamp/Kus/Portz/Prieß, GWB-Vergaberecht, § 102 Rn. 42; *Prieß/Marx/Hölzl*, VergabeR 2012, 425 (437).
65 EuGH, Urteil v. 28.2.2019 – Rs. C-388/17 (SJ).
66 *Opitz*, VPR 2019, 115.
67 OLG Düsseldorf, Beschluss v. 7.11.2012 – VII-Verg 11/12; Beschluss v. 2.3.2011 – VII-Verg 48/10; Beschluss v. 21.7.2010 – VII-Verg 19/10; VK Südbayern, Beschluss v. 15.10.2015 – Z3-3-3194-1-37-06/15; Beschluss v. 22.12.2014 – Z3-3-3194-1-51-11/14; Beschluss v. 24.7.2014 – Z3-3-3194-1-22-05/14; VK Münster, Beschluss v. 25.2.2015 – VK 23/14; VK Rheinland-Pfalz, Beschluss v. 17.11.2014 – VK1-28/14.
68 A.A. nunmehr OLG Celle, Beschluss v. 8.5.2019 – 13 Verg 10/18; OLG Düsseldorf, Beschluss v. 23.12.2015 – VII-Verg 34/15.
69 Siehe oben Rn. 7 ff.
70 Siehe oben Rn. 39.
71 Vgl. OLG Frankfurt, Beschluss v. 30.8.2011 – 11 Verg 3/11.
72 Vgl. EuGH, Urteil v. 9.3.2006 – Rs. C-323/03 (Seekabotage Ria de Vigo), Rn. 33; *Opitz*, in: Röwekamp/Kus/Portz/Prieß, GWB-Vergaberecht, § 102 Rn. 50.

mit Land- und Wasseranteilen definiert, dessen Grenzen von dem Mitgliedstaat, in dem der Hafen liegt, festgelegt werden[73] und dessen Befestigungen und Anlagen den gewerblichen Seeverkehr erleichtern sollen. Im Bereich Häfen sind Auftraggeber auch dann tätig, wenn sie nicht einen gesamten Hafen, sondern nur Teile davon betreiben.[74]

44 **Flughäfen** sind gemäß § 38 Abs. 1 LuftVZO Flugplätze, die nach Art und Umfang des vorgesehenen Flugbetriebs einer Sicherung durch einen Bauschutzbereich nach § 12 LuftVG bedürfen. Darunter fallen daher nur Flughäfen, auf denen grundsätzlich jedermann mit Luftfahrzeugen landen und starten darf. Sonderflughäfen wie beispielsweise der Werksflughafen von Airbus in Hamburg Finkenwerder und militärische Flughäfen sind daher ausgenommen. Zu den Tätigkeiten im Zusammenhang mit der Nutzung eines geografisch abgegrenzten Gebiets mit dem Zweck, für Luftverkehrsunternehmen Flughäfen oder andere Terminaleinrichtungen bereitzustellen, gehören nicht nur die in § 12 Abs. 1 LuftVG aufgeführten Start- und Landebahnen, sondern sämtliche Tätigkeiten zur Nutzung des betreffenden Gebiets als Flughafen. Damit zählen nicht nur der eigentliche Flugbetrieb auf den Start- und Landebahnen zu den Sektorentätigkeiten, sondern auch die Hilfstätigkeiten auf dem geografisch abgegrenzten Gebiet.[75] Umfasst ist nicht nur der Betrieb eines inländischen Verkehrsflughafens, sondern auch der Betrieb von Flughäfen auf dem Gebiet anderer EU-Mitgliedstaaten.[76]

45 Die Sektorentätigkeit im Bereich Flughäfen ist nicht auf Flughafenunternehmen begrenzt, die insbesondere eine Genehmigung nach § 38 Abs. 2 Nr. 1 LuftVZO erhalten haben oder einer solchen bedürfen, sondern umfasst auch gesellschaftsrechtlich **verbundene Unternehmen**, die ihrerseits zwar keine Genehmigung haben, denen der Genehmigungsinhaber den Flughafenbetrieb aber teilweise übertragen hat.[77] Voraussetzung ist aber, dass das die jeweilige Betriebsleistung ausführende Unternehmen die Tätigkeit, wenn es nicht staatlich beherrscht ist, auf der Grundlage eines staatlich verliehenen besonderen oder ausschließlichen Rechts[78] erbringt. Für den Genehmigungsinhaber ist das in der Regel unproblematisch.[79] Für die Auftraggebereigenschaft operativ tätiger Töchter des Genehmigungsinhabers dürfte es darauf ankommen, ob sie über eine Änderung nach § 6 Abs. 4 S. 2 LuftVG in den Regelungsbereich der Genehmigung einbezogen werden oder einbezogen werden müssen. Das wird jedoch dann nicht der Fall sein, wenn und weil der Flughafenunternehmer seine Betriebspflicht aus § 45 Abs. 1 S. 1 LuftVZO gerade nicht überträgt, sondern sie durch die Einbindung Dritter vielmehr erfüllt. In diesem Fall ist möglicherweise von einer Anzeigepflicht nach § 41 Abs. 1 LuftVZO, nicht jedoch von einer genehmigungsrechtlich relevanten wesentlichen Änderung im Sinne des § 6 Abs. 4 S. 2 LuftVG auszugehen.[80] Das gilt jedenfalls, solange der Genehmigungsinhaber maßgeblichen Einfluss auf den Dritten behält, dem er die Betriebsleistung überträgt.[81] Ein besonderes oder ausschließliches Recht eines Tochterunternehmens des Genehmigungsinhabers ist daher nicht ohne weiteres anzunehmen. Es kann insbesondere nicht aus der Genehmigung des Flughafenunternehmers abgeleitet werden, da die Genehmigung an subjektive Voraussetzungen gebunden und daher nicht, auch nicht teilweise übertragbar ist.[82] Daher erscheint es zweifelhaft, besondere oder ausschließliche Rechte eines Tochterunternehmens aus einem einfachen Leistungsvertrag mit dem Flughafenunternehmer abzuleiten. Eine andere Unternehmen ausschließende Wirkung ist insbesondere dann nicht anzunehmen, wenn die-

73 Vgl. etwa § 1 Abs. 2 Hafenverkehrs- und Schifffahrtsgesetz der Freien und Hansestadt Hamburg.
74 VK Niedersachsen, Beschluss v. 8.11.2002 – 203-VgK-24/2002; vgl. auch *Badoreck*, TranspR 2001, 117 (118).
75 OLG Düsseldorf, Beschluss v. 24.3.2010 – VII-Verg 58/09; VK Sachsen, Beschluss v. 13.9.2010 – 1/SVK/031-10.
76 *Dörr*, in: Burgi/Dreher, Vergaberecht, § 102 GWB Rn. 23.
77 OLG Düsseldorf, Beschluss v. 24.3.2010 – VII-Verg 58/09; VK Südbayern, Beschluss v. 25.11.2013 – Z3-3-3194-1-33-09/13; VK Sachsen, Beschluss v. 13.9.2010 – 1/SVK/031-10.
78 Siehe hierzu § 100 GWB Rn. 13.
79 OLG Düsseldorf, Beschluss v. 24.3.2010 – VII-Verg 58/09; VK Baden-Württemberg, Beschluss v. 21.12.2000 – 1 VK 32/00; differenzierend *Schröder*, NZBau 2012, 541 (545).
80 *Giesberts*, ZLW 2005, 553 (568).
81 *Giesberts*, ZLW 2005, 553 (568).
82 Vgl. *Giesberts*, ZLW 2005, 553 (565 f.); OLG Düsseldorf, Beschluss v. 24.3.2010 – VII-Verg 58/09 leitet besondere oder ausschließliche Rechte einer Tochter der Flughafen Düsseldorf GmbH im entschiedenen Fall dagegen ohne nähere Begründung aus der Genehmigung der Flughafen Düsseldorf GmbH ab; ebenso VK Südbayern, Beschluss v. 25.11.2013 – Z3-3-3194-1-33-09/13.

ser Vertrag selbst dem sachlichen Anwendungsbereich des Sektorenvergaberechts unterfällt und daher grundsätzlich EU-weit ausgeschrieben werden muss. Auch eine Direktbeauftragung der Tochter aufgrund des Konzernprivilegs steht dieser Einschätzung nicht entgegen. Sie ist unter den Voraussetzungen des § 138 GWB ausdrücklich erlaubt und aus diesem Grund ebenfalls keine Grundlage für die Verleihung besonderer oder ausschließlicher Rechte der Tochter des Flughafenunternehmers über den Abschluss eines einfachen Leistungsvertrages.[83]

V. Fossile Brennstoffe (Abs. 6)

Da Art. 14 RL 2014/25/EU – wie bereits Art. 7 lit. a RL 2004/17/EG – Tätigkeiten zur Nutzung eines geografisch abgegrenzten Gebiets zum Zwecke der Förderung von Öl oder Gas, der Exploration oder Förderung von Kohle oder anderen festen Brennstoffen als Sektorentätigkeit definiert, hat sich der Gesetzgeber aufgrund der intendierten Eins-zu-eins-Umsetzung des Richtlinienrechts nunmehr – anders als noch bei der Umsetzung der RL 2004/17/EG – dazu entschlossen, diesen Bereich in den Katalog der Sektorentätigkeiten nach § 102 GWB aufzunehmen.[84] **46**

Dieser Bereich gilt aufgrund einer **Entscheidung der Kommission** allerdings seit dem 15. Januar 2004 ausdrücklich nicht mehr als Sektorentätigkeit und die Unternehmen, die in diesem Bereich tätig sind, gelten nach der Entscheidung auch nicht als Inhaber besonderer oder ausschließlicher Rechte.[85] **47**

Die in diesem Bereich tätigen Auftraggeber, die trotz der Freistellungsentscheidung der Kommission nunmehr als Sektorenauftraggeber bezeichnet werden, haben nach **§ 143 Abs. 1 GWB** lediglich die Grundsätze der Nichtdiskriminierung und der wettbewerbsorientierten Auftragsvergabe zu beachten und unterliegen insoweit auch der vergaberechtlichen Nachprüfung nach §§ 155 ff. GWB. Sie sind im Übrigen aber verfahrensrechtlich nicht gebunden, insbesondere nicht an die Bestimmungen der SektVO. **48**

VI. Einspeisung (Abs. 7)

§ 102 Abs. 7 GWB dient der Umsetzung von Art. 7 RL 2014/25/EU. Dieser stellt klar, dass der Begriff „Einspeisung" die Erzeugung bzw. Produktion von Wasser, Gas, Wärme und Elektrizität sowie den Groß- und Einzelhandel umfasst. Mit den Begriffen „Erzeugung" und „Produktion" sind keine unterschiedlichen Bedeutungen verbunden. Sie werden im Richtlinienrecht mit einem Schrägstrich voneinander abgegrenzt.[86] Die Erzeugung von Gas fällt bereits unter § 102 Abs. 6 GWB und die in diesem Bereich tätigen Auftraggeber unterliegen daher lediglich dem vereinfachten Vergaberegime des § 143 Abs. 1 GWB. Eine Erweiterung des persönlichen Anwendungsbereichs des Sektorenvergaberechts ist mit der erstmaligen Aufnahme des Begriffs der Einspeisung nach Erwägungsgrund 25 RL 2014/15/EU ausdrücklich nicht verbunden. Die Aufnahme dient insoweit lediglich der Klarstellung. **49**

VII. Postdienste

Der Bereich der Postdienste wurde nicht in den Katalog der Sektorentätigkeiten aufgenommen. Zur Begründung verweist der Gesetzgeber zum einen auf die Liberalisierung des Marktes der Postdienstleistungen in Deutschland und zum anderen darauf, dass sich in Deutschland keine Auftraggeber finden, die im Bereich der Postdienste die Voraussetzungen der Definition der verschiedenen Auftraggeber gemäß §§ 98 ff. GWB erfüllen.[87] Da das nach Art. 34, **50**

83 A.A. VK Düsseldorf, Beschluss v. 24.11.2009 – VK-26/2009-L.
84 Zum Wertungswiderspruch hinsichtlich des nicht aufgenommenen Bereichs der Postdienste siehe Rn. 50.
85 Europäische Kommission, Art. 1 Entscheidung v. 15.1.2004 – 2004/73/EG.
86 Ebenso in der englischsprachigen Fassung „generation/production". Die französischsprachige Fassung verwendet gar nur den Begriff „production".
87 Gesetzesbegründung zu § 102 GWB, VergRModG 2016, BT-Drs. 18/6281, 73.

35 RL 2014/25/EU[88] vorgesehene Verfahren für die Befreiung des Postsektors von der Anwendung des Sektorenvergaberechts nicht durchlaufen wurde, ist der Postsektor jedoch auch in Deutschland grundsätzlich dem Sektorenvergaberecht unterworfen. Rechtsfolge des Umsetzungsdefizits ist die unmittelbare Anwendbarkeit der entsprechenden Richtlinienbestimmungen. Dies wirkt sich jedoch solange praktisch nicht aus, wie kein Auftraggeber im Postsektor die übrigen Voraussetzungen des § 100 GWB erfüllt, insbesondere nicht die Deutsche Post AG.[89] Sobald ein durch einen ausländischen Hoheitsträger beherrschtes[90] Postunternehmen in den deutschen Postmarkt eintritt, kann eine andere Beurteilung geboten sein.

C. Freistellungsverfahren

51 Der Katalog an Sektorentätigkeiten ist abschließend.[91] Eine Freistellung ist über das Verfahren nach Art. 34, 35 RL 2014/25/EU[92] möglich, welches in Deutschland in § 3 SektVO umgesetzt worden ist. Hintergrund ist die Überlegung des Richtliniengebers, dass die durch das Sektorenvergaberecht zu verhindernde staatliche Abschottung der Märkte in den monopolitisch geprägten Versorgungssektoren nicht zu befürchten ist, wenn die Sektorentätigkeit auf Märkten mit freiem Zugang unmittelbar dem Wettbewerb ausgesetzt ist. Da sich die Märkte in den Versorgungssektoren dynamisch fortentwickeln, sollte die Möglichkeit einer Entlassung einer Sektorentätigkeit aus dem Sektorenvergaberecht auch außerhalb des langwierigen Rechtsetzungsprozesses auf Ebene der Europäischen Union und der Mitgliedstaaten eröffnet werden.

52 Nach Art. 35 Abs. 3 RL 2014/25/EU kann die Kommission auf **Antrag** eines Mitgliedstaats[93] oder eines Sektorenauftraggebers[94] feststellen, dass eine der in Art. 8 bis 14 RL 2014/25/EU genannten Tätigkeiten unmittelbar dem Wettbewerb ausgesetzt ist. Der Antrag kann sich auf Teile des betreffenden Versorgungssektors oder auf den Sektor insgesamt beziehen.[95] So hat die Kommission mit Beschluss vom 24. April 2012 festgestellt, dass Auftragsvergaben, die die Erzeugung und den Erstabsatz von Strom aus konventionellen Quellen in Deutschland betreffen, von der Anwendung der Sektorenvergaberichtlinie freigestellt sind. Demgegenüber unterliegen Auftragsvergaben, die die Erzeugung und den Erstabsatz von Strom, der nach dem EEG vergütet wird, zum Gegenstand haben, nach wie vor dem Sektorenvergaberecht.[96] Eine weitere, mit Beschluss vom 15. September 2016 für Deutschland getroffene Freistellung betrifft den Strom- und Gaseinzelhandel.[97]

53 **Antragsberechtigt** sind nach § 3 Abs. 1 S. 1 SektVO Auftraggeber. § 3 Abs. 2 S. 3 SektVO erweitert das Antragsrecht auf Auftraggeberverbände.[98] Art. 35 RL 2014/25/EU hat das nach Art. 30 Abs. 5 S. 1 RL 2004/17/EG bestehende Initiativrecht der Kommission für ein Freistellungsverfahren nicht übernommen. Der deutsche Verordnungsgeber geht gleichwohl davon aus, dass ein solches Initiativrecht fortbesteht.[99]

54 **Freistellungsvoraussetzung** ist der Nachweis eines freien Zugangs zu dem relevanten Markt und eines unmittelbaren Wettbewerbs. Der Marktzugang gilt als frei, wenn die in Anhang III RL 2014/25/EU genannten sektorspezifischen Regelungen umgesetzt und angewendet werden. Ansonsten muss der Antragsteller nachweisen, dass der freie Marktzugang faktisch und rechtlich besteht.[100] *Rosenkötter/Plantiko* weisen im Übrigen zu Recht darauf hin,

88 Art. 30 RL 2004/17/EG.
89 *Dörr*, in: Burgi/Dreher, Vergaberecht, § 102 GWB Rn. 29.
90 Siehe hierzu § 100 GWB Rn. 35.
91 *Dreher*, in: Immenga/Mestmäcker, Wettbewerbsrecht, § 102 GWB Rn. 28.
92 Ausführlich zu diesem Verfahren *Rosenkötter/Plantiko*, NZBau 2010, 78.
93 In Deutschland ist gemäß § 3 Abs. 5 S. 1 SektVO das Bundesministerium für Wirtschaft und Energie zuständig.
94 § 3 Abs. 1 S. 1 SektVO.
95 Art. 34 Abs. 1 S. 2 RL 2014/25/EU.
96 Europäische Kommission, Beschluss v. 24.4.2012 – 2012/218/EU.
97 Europäische Kommission, Beschluss v. 15.9.2016 – (EU) 2016/1674.
98 Diese Erweiterung begrüßend *Rosenkötter/Plantiko*, NZBau 2010, 78 (80).
99 § 3 Abs. 5 S. 4 SektVO.
100 *Rosenkötter/Plantiko*, NZBau 2010, 78 (79 f.).

dass in der Praxis insoweit kein nennenswerter Unterschied bestehen wird.[101] Sofern Erwägungsgrund 43 S. 2 RL 2014/25/EU auch auf die Auswirkungen einer künftigen Liberalisierung des betreffenden Marktes abstellt, wird sich der Nachweis des freien Marktzugangs kaum führen lassen. Der Antragsteller hat seinem Antrag neben einer Stellungnahme des Bundeskartellamtes alle sachdienlichen Informationen beizufügen, insbesondere Gesetze, Verordnungen, Verwaltungsvorschriften oder Vereinbarungen.[102] Die Kommission entscheidet innerhalb von 90 Arbeitstagen, wenn der freie Zugang zu dem betreffenden Markt als gegeben angesehen wird, im Übrigen innerhalb von 120 Arbeitstagen.[103]

D. Rechtsschutz

Bewerber und Bieter haben einen gegebenenfalls im Nachprüfungsverfahren durchsetzbaren **Anspruch** darauf, dass Sektorenauftraggeber das vorgeschriebene Verfahren unter Anwendung der SektVO durchführen. Hierzu gehört insbesondere auch die fehlerfreie Anwendung der Vorschriften über die Eröffnung des persönlichen Anwendungsbereichs des Sektorenvergaberechts der §§ 100, 102 GWB.[104] 55

Ein **öffentlicher Auftraggeber** im Sinne von § 99 Nr. 1 bis 3 GWB, der ein Verfahren nach Maßgabe der erleichterten Rahmenbedingungen der SektVO durchzuführen beabsichtigt, trägt im Falle eines Nachprüfungsverfahrens die materielle Beweislast[105] für das Vorliegen der Tatbestandsvoraussetzungen der für ihn insoweit günstigen Voraussetzungen einer Sektorentätigkeit im Sinne von § 102 GWB sowie der weiteren Voraussetzungen für die Eröffnung des sachlichen Anwendungsbereichs, d.h. der Auftragsvergabe zum Zwecke der Ausübung einer Sektorentätigkeit gemäß § 136 GWB. 56

Demgegenüber trägt der Antragsteller im Nachprüfungsverfahren gegen einen **privaten Auftraggeber** dafür die materielle Beweislast, dass der private Auftraggeber eine Sektorentätigkeit im Sinne von § 102 GWB ausübt. Der private Auftraggeber, der sich auf eine der Ausnahmen nach § 102 Abs. 1 S. 3, Abs. 2 Nr. 2, Abs. 3 Nr. 2 GWB beruft, ist insoweit materiell beweisbelastet, insbesondere hinsichtlich der in den Ausnahmetatbeständen genannten Schwellen. In diesem Zusammenhang prüfen die Nachprüfungsinstanzen auch außervergaberechtliche Vorschriften.[106] Da es in diesen Konstellationen in der Regel darum geht, ob der Rechtsweg der §§ 155 ff. GWB eröffnet und der Nachprüfungsantrag statthaft ist,[107] und da dies durch die Nachprüfungsinstanzen von Amts wegen zu prüfen ist, ist eine Rüge insoweit nicht erforderlich.[108] 57

Anlage

Gesetzesbegründung – VergRModG 2016 (BT-Drs. 18/6281)

Seite 72

§ 102 Absatz 1 bis 6 dient der Umsetzung der Artikel 8 bis 14 der Richtlinie 2014/25/EU sowie des Anhangs II der Richtlinie 2014/23/EU und definiert die Sektorentätigkeiten.

Seite 73

Die materiellen Regelungen zu diesen Tätigkeiten werden anstelle in einer Anlage nunmehr in einem gesonderten Paragrafen erfasst. Zur besseren Übersichtlichkeit wurde im Wesentlichen die Struktur

101 *Rosenkötter/Plantiko*, NZBau 2010, 78 (79 f.).
102 § 3 Abs. 1 S. 2 und 3 SektVO.
103 Anhang IV Nr. 1 RL 2014/25/EU.
104 Vgl. OLG Düsseldorf, Beschluss v. 18.4.2012 – VII-Verg 9/12.
105 Siehe hierzu OLG Düsseldorf, Beschluss v. 7.8.2019 – VII-Verg 9/19.
106 Vgl. OLG Düsseldorf, Beschluss v. 23.12.2015 – VII-Verg 34/15, juris Rn. 25.
107 Vgl. VK Nordbayern, Beschluss v. 16.5.2019 – RMF-SG21-3194-4-11.
108 *Dittmann*, in: Ziekow/Völlink, Vergaberecht, § 155 GWB Rn. 20.

der jeweiligen Artikel der Richtlinie 2014/25/EU übernommen. Inhaltlich hat sich zur Vorgängerrichtlinie 2004/17/EG nichts geändert.

Das Sektorenvergaberecht knüpft an die in Artikel 8 bis 14 der Richtlinie 2014/25/EU geregelten Tätigkeiten an, um den Anwendungsbereich des Sektorenvergaberechts zu umschreiben. Im Rahmen der Konzessionsvergabe sind diese Tätigkeiten Voraussetzungen zur Erfüllung der Definition des Auftraggebers nach Artikel 7 der Richtlinie 2014/23/EU.

Der Bereich der Postdienste wurde – wie bereits bei der Umsetzung der Vorgängerrichtlinie – nicht aufgenommen. Zum einen ist der Markt der Postdienstleistungen in Deutschland liberalisiert und zum anderen finden sich in Deutschland keine Auftraggeber, die im Bereich der Postdienste die Voraussetzungen der Definition der verschiedenen Auftraggeber gemäß §§ 98 ff. erfüllen.

Für die Konzessionsvergabe ist zu beachten, dass der Bereich der Trinkwasserversorgung von der Richtlinie 2014/23/EU ausgenommen wurde.

§ 102 Absatz 7 dient der Umsetzung des Artikels 7 der Richtlinie 2014/25/EU. Dieser stellt klar, dass der Begriff „Einspeisung" die Erzeugung bzw. Produktion von Wasser, Gas und Wärme sowie Elektrizität sowie den Groß und Einzelhandel umfasst, wobei die Erzeugung von Gas allerdings unter Absatz 6 fällt.

§ 103 GWB
Öffentliche Aufträge, Rahmenvereinbarungen und Wettbewerbe

(1) Öffentliche Aufträge sind entgeltliche Verträge zwischen öffentlichen Auftraggebern oder Sektorenauftraggebern und Unternehmen über die Beschaffung von Leistungen, die die Lieferung von Waren, die Ausführung von Bauleistungen oder die Erbringung von Dienstleistungen zum Gegenstand haben.

(2) Lieferaufträge sind Verträge zur Beschaffung von Waren, die insbesondere Kauf oder Ratenkauf oder Leasing, Mietverhältnisse oder Pachtverhältnisse mit oder ohne Kaufoption betreffen. Die Verträge können auch Nebenleistungen umfassen.

(3) Bauaufträge sind Verträge über die Ausführung oder die gleichzeitige Planung und Ausführung

1. **von Bauleistungen im Zusammenhang mit einer der Tätigkeiten, die in Anhang II der Richtlinie 2014/24/EU des Europäischen Parlaments und des Rates vom 26. Februar 2014 über die öffentliche Auftragsvergabe und zur Aufhebung der Richtlinie 2004/18/EG (ABl. L 94 vom 28.3.2014, S. 65) und Anhang I der Richtlinie 2014/25/EU des Europäischen Parlaments und des Rates vom 26. Februar 2014 über die Vergabe von Aufträgen durch Auftraggeber im Bereich der Wasser-, Energie- und Verkehrsversorgung sowie der Postdienste und zur Aufhebung der Richtlinie 2004/17/EG (ABl. L 94 vom 28.3.2014, S. 243) genannt sind, oder**
2. **eines Bauwerkes für den öffentlichen Auftraggeber oder Sektorenauftraggeber, das Ergebnis von Tief- oder Hochbauarbeiten ist und eine wirtschaftliche oder technische Funktion erfüllen soll.**

Ein Bauauftrag liegt auch vor, wenn ein Dritter eine Bauleistung gemäß den vom öffentlichen Auftraggeber oder Sektorenauftraggeber genannten Erfordernissen erbringt, die Bauleistung dem Auftraggeber unmittelbar wirtschaftlich zugutekommt und dieser einen entscheidenden Einfluss auf Art und Planung der Bauleistung hat.

(4) Als Dienstleistungsaufträge gelten die Verträge über die Erbringung von Leistungen, die nicht unter die Absätze 2 und 3 fallen.

(5) Rahmenvereinbarungen sind Vereinbarungen zwischen einem oder mehreren öffentlichen Auftraggebern oder Sektorenauftraggebern und einem oder mehreren Unternehmen, die dazu dienen, die Bedingungen für die öffentlichen Aufträge, die während eines bestimmten Zeitraums vergeben werden sollen, festzulegen, insbesondere in Bezug auf den Preis. Für die Vergabe von Rahmenvereinbarungen gelten, soweit nichts anderes bestimmt ist, dieselben Vorschriften wie für die Vergabe entsprechender öffentlicher Aufträge.

(6) Wettbewerbe sind Auslobungsverfahren, die dem Auftraggeber aufgrund vergleichender Beurteilung durch ein Preisgericht mit oder ohne Verteilung von Preisen zu einem Plan oder einer Planung verhelfen sollen.

Übersicht

		Rn.
A.	Allgemeine Grundlagen	1
I.	Unionsrechtlicher Hintergrund	3
II.	Vergleichbare Regelungen	4
III.	Historie	5
B.	Öffentlicher Auftrag (Abs. 1)	6
I.	Grundsätze	6
II.	Außengrenzen des Anwendungsbereichs	12
1.	Ausübung öffentlicher Gewalt (Art. 51 i.V.m. Art. 62 AEUV)	13
2.	Sicherheitsrelevante und Verteidigungsbeschaffungen (Art. 346 AEUV)	20
3.	Beihilfe (Art. 106 Abs. 1 AEUV)	25
4.	Dienstleistungen von allgemeinem wirtschaftlichen Interesse (Art. 14 AEUV)	26
5.	Konzessionen	27
III.	Vertrag	28
1.	Grundsätze	28
2.	Hoheitliche Handlungsformen	33
3.	Öffentlich-rechtlicher Vertrag	36
4.	Beleihung	37
IV.	Unternehmen als Vertragspartner	39
1.	Grundsätze	39
2.	Beihilfenempfänger	42

3. Auftragnehmer von In-House-Vergaben ... 43
4. Unternehmen aus Drittstaaten ... 44
V. Beschaffung ... 47
1. Grundsätze ... 47
2. Veräußerung, Vermietung oder Verpachtung von öffentlichen Gütern ... 49
3. Veräußerung von Unternehmensanteilen im Rahmen von Privatisierungen ... 53
4. Reverstaatlichung öffentlicher Aufgaben ... 58
5. Kauf von Unternehmensanteilen, Vereinsmitgliedschaft ... 62
6. Handel mit Emissionszertifikaten ... 64
7. Finanzhilfen, Beihilfen, Ausgleichszahlungen ... 67
VI. Entgeltlichkeit ... 72
1. Grundsätze ... 72
2. Sponsoring ... 76
VII. Auswahlentscheidung ... 79
1. Grundsätze ... 79
2. Sozialrechtliche Dreiecksverhältnisse ... 83
C. Lieferaufträge (Abs. 2) ... 89
D. Bauaufträge (Abs. 3) ... 94
I. Grundsätze ... 94
II. Bauvorhaben und Bauwerk (S. 1) ... 99
III. Bauleistungen gemäß den vom Auftraggeber genannten Erfordernissen (S. 2) ... 103
1. Entscheidender Einfluss ... 106
2. Unmittelbares wirtschaftliches Zugutekommen ... 109
E. Dienstleistungsaufträge (Abs. 4) ... 113
F. Rahmenvereinbarungen (Abs. 5) ... 117
G. Wettbewerbe (Abs. 6) ... 124
H. Rechtsschutz ... 129
Anlage
Gesetzesbegründung

A. Allgemeine Grundlagen*

1 § 103 GWB ist das zentrale Eingangstor zum Vergaberecht. § 97 GWB bestimmt, dass öffentliche Aufträge im Wettbewerb und in transparenten Verfahren vergeben werden. Was ein öffentlicher Auftrag ist, regelt im Grundsatz § 103 GWB. § 103 GWB verweist sodann weiter, unter anderem auf die Auftraggeberbegriffe der §§ 98 bis 100 GWB, einschließlich der Sektorenauftraggeber. Öffentliche Aufträge sind damit auch Aufträge im Sektorenbereich, obgleich die Sektorenrichtlinie 2014/25/EU diese nicht als „öffentliche" Aufträge bezeichnet. Dieser begriffliche Unterschied bleibt jedoch ohne Konsequenz für das Regelungsprogramm und kann daher getrost vernachlässigt werden.

2 § 103 Abs. 1 GWB definiert den Begriff des öffentlichen Auftrags. In § 103 Abs. 2 bis 6 GWB werden die verschiedenen Arten des öffentlichen Auftrags aufgeführt. Der Zuordnung des öffentlichen Auftrags zu einer **Auftragsart** kommt wegen unterschiedlicher Schwellenwerte und der jeweils anzuwendenden Regelungen weichenstellende Bedeutung für das weitere Verfahren zu. Deshalb steht die Zuordnung auch nicht zur Disposition der Vertragsparteien. Nicht die Bezeichnung des Vertrages durch den Auftraggeber oder die Parteien, sondern Art und Inhalt der vereinbarten Leistungen entscheiden über die Zuordnung („falsa demonstratio non nocet").[1] Für die Zuordnung ist der Vertrag als einheitliches Ganzes zu betrachten. Mischfälle, die eher regelmäßig denn ausnahmsweise auftreten, sind mithilfe der in §§ 110 bis 112 GWB enthaltenen Bestimmungen zuzuordnen.

I. Unionsrechtlicher Hintergrund

3 § 103 GWB setzt die entsprechenden Regelungen der **RL 2014/24/EU** und **2014/25/EU** in nationales Recht um. Die Regelungen des § 103 GWB und deren europarechtliche Vorgaben korrelieren wie folgt:

---

* Nachfolgende Ausführungen geben allein die persönliche Auffassung der Autoren wieder.

1 Vgl. OLG Düsseldorf, Beschluss v. 27.10.2004 – VII-Verg 41/04.

§ 103 GWB	*RL 2014/24/EU*	*RL 2014/25/EU*
Abs. 1	Art. 2 Abs. 1 Nr. 5	Art. 2 Nr. 1
Abs. 2	Art. 2 Abs. 1 Nr. 8	Art. 2 Nr. 4
Abs. 3 S. 1 Nr. 1	Art. 2 Abs. 1 Nr. 6 lit. a	Art. 2 Nr. 2 lit. a
Abs. 3 S. 1 Nr. 2	Art. 2 Abs. 1 Nr. 6 lit. b und Nr. 7	Art. 2 Nr. 2 lit. b und Nr. 3
Abs. 3 S. 2	Art. 2 Abs. 1 Nr. 6 lit. c	Art. 2 Nr. 2 lit. c
Abs. 4	Art. 2 Abs. 1 Nr. 9	Art. 2 Nr. 5
Abs. 5	Art. 33 Abs. 1 UAbs. 2	Art. 51 Abs. 1 UAbs. 2
Abs. 6	Art. 2 Abs. 1 Nr. 21	Art. 2 Nr. 17

II. Vergleichbare Regelungen

Im Bereich der Bauvergaben enthält § 1 EU VOB/A eine Regelung, die sich partiell mit § 103 Abs. 3 GWB deckt. Namentlich werden § 103 Abs. 3 S. 1 und 2 GWB wiedergegeben. Dabei ist zu beachten, dass § 103 GWB höherrangiges Recht ist. Soweit hierdurch die Anwendung des GWB-Vergaberechts geregelt wird, geht § 103 GWB daher im Konfliktfall vor. Für Aufträge unterhalb der Schwellenwerte finden sich dem § 103 GWB ähnliche Regelungen in § 1 VOB/A sowie § 1 VOL/A. In diesen Fällen überschneiden sich die Regelungsbereiche indes nicht. 4

III. Historie

Gegenüber seiner Vorgängerregelung in § 99 GWB a.F. hat sich der Regelungsumfang des § 103 GWB reduziert: § 103 GWB regelt deutlich weniger Sachverhalte, als zuvor in § 99 GWB a.F. ausdrücklich normiert waren bzw. anhand des Auftragsbegriffs des § 99 GWB a.F. in der Rechtsprechung entwickelt wurden. Dies liegt daran, dass mit der Neufassung der Vergaberichtlinien einige Fragestellungen konkreter geregelt oder klarer definiert (Erwägungsgrund 4 RL 2014/24/EU) wurden als bislang: 5

- Konzessionen sind nunmehr ausdrücklich in § 105 und § 101 GWB geregelt; sie sollen auch begrifflich keine öffentlichen Aufträge mehr sein (bisher waren nur Baukonzessionen geregelt, § 99 Abs. 6 GWB a.F.).
- Öffentlich-öffentliche Kooperationen sowie In-House-Vergaben werden nun in § 108 GWB geregelt und müssen nicht mehr anhand des Begriffs des öffentlichen Auftrags und abgeleiteter Rechtsprechung beurteilt werden.
- Bestimmte Rettungsdienstleistungen sind gemäß § 107 Abs. 1 Nr. 4 GWB vom Anwendungsbereich des Vergaberechts ausgenommen.
- Vergaben internationaler Organisationen – einschließlich der EU-Organe – sowie Kooperationen mit solchen werden von § 109 GWB erfasst.
- Bestimmte Rechtsdienstleistungen sind gemäß § 116 Abs. 1 GWB von der Anwendung des Abschnitts über die Vergabe öffentlicher Aufträge ausgenommen.
- Verteidigungs- und sicherheitsrelevante Aufträge (§ 99 Abs. 7 bis 9 GWB a.F.) sind nunmehr in § 104 GWB geregelt.
- Der Umgang mit gemischten Aufträgen (§ 99 Abs. 10 bis 13 GWB a.F.) wurde jetzt in §§ 110 bis 112 GWB geregelt.

Erwägungsgrund 4 RL 2014/24/EU stellt dabei klar, dass die Definition des öffentlichen Auftrages zwar präzisiert werden, damit aber keine Erweiterung des Anwendungsbereichs der Richtlinien einhergehen sollte. Darauf nimmt auch die Begründung zum neuen § 103 GWB Bezug.[2]

2 Gesetzesbegründung zu § 103 Abs. 1 GWB, VergRModG 2016, BT-Drs. 18/6281, 73.

Daraus lässt sich schlussfolgern, dass der Gesetzgeber auch die bisherige Rechtsprechung nach der RL 2004/18/EG und der RL 2004/17/EG sowie dem bisherigen § 99 GWB a.F. zur Definition des öffentlichen Auftrages nur punktuell regeln oder korrigieren wollte und deren Feststellungen daher – soweit nicht ausdrücklich anders geregelt – auch weiter Geltung beanspruchen werden.

B. Öffentlicher Auftrag (Abs. 1)

I. Grundsätze

6 Als Eingangstor in das Vergaberecht entscheiden die Regeln des § 103 GWB nicht nur über die Anwendung einzelner vergaberechtlicher Regelungen, sondern über den ganzen, die öffentlichen Aufträge betreffenden Abschnitt 2 (vgl. § 115 GWB).

7 Da § 103 GWB zugleich der Umsetzung von **Europarecht** dient, steht und fällt dessen Wirksamkeit mit der Art und Weise, wie § 103 GWB ausgelegt wird. Die europarechtskonforme Auslegung des § 103 GWB ist daher die wichtigste Leitschnur bei seiner Anwendung: § 103 GWB muss dergestalt ausgelegt werden, dass die praktische Wirksamkeit der Vergaberichtlinien und des Europäischen Primärrechts sichergestellt wird.[3]

8 Grundsätzlich ist der Begriff des öffentlichen Auftrags dabei als Anwendungsvoraussetzung des Vergaberechts weit auszulegen.[4] Der Begriff des öffentlichen Auftrags ist ein **funktionaler Rechtsbegriff**,[5] sodass formale Abgrenzungskriterien wie etwa Handlungsformen nachrangig sind.[6] Bei der Einordnung als öffentlicher Auftrag kommt es auf eine objektive Betrachtung an. Ohne Bedeutung ist daher die subjektive Bezeichnung eines Vorgangs als öffentlicher Auftrag oder Zuwendung, Verwaltungsakt oder Ähnliches oder die Einhaltung eines Vergabeverfahrens.[7]

9 Stellt ein Teil eines Vertrages einen öffentlichen Auftrag dar, so fällt zudem in der Regel der gesamte Vertrag in den Anwendungsbereich des Vergaberechts, sofern der Auftraggeber auf eine Abtrennung des öffentlichen Auftrags verzichtet (**eingekapselter Beschaffungsvorgang**).[8] Damit wird sichergestellt, dass ein Beschaffungsvorgang nicht durch Kombination mit anderen Vorgängen der praktischen Wirksamkeit der Vergaberichtlinien entzogen wird. Etwa bei Grundstücksveräußerungen oder der Veräußerung von Unternehmensanteilen ist dies zu beachten. Auch muss ein Vorgang, der aus mehreren Handlungen besteht, in seiner Gesamtheit betrachtet werden, da sich der Charakter eines öffentlichen Auftrags – etwa die Entgeltlichkeit – eventuell erst aus der Gesamtheit und dem Ziel des Vorgangs ergibt.[9] Der EuGH hat mit dieser Klarstellung zu Recht die Möglichkeit zur künstlichen Aufteilung eines Auftrages in mehrere Einzelvorgänge, die je für sich nicht ausschreibungspflichtig sind, begrenzt.

10 Ist zu Beginn der Vertragsverhandlungen noch **unklar**, ob der Auftrag die Gestalt eines öffentlichen Auftrags oder einer nicht dem Vergaberecht unterliegenden Rechtsbeziehung annehmen wird, sollte dies zuvor geklärt oder das GWB-Vergaberecht präventiv beachtet werden. Denn wenn sich die Vertragsbeziehung nachträglich als öffentlicher Auftrag herausstellt, wäre die unterlassene Durchführung eines Vergabeverfahrens rechtswidrig.[10]

---

3 Vgl. zum Beispiel EuGH, Urteil v. 18.1.2007 – Rs. C-220/05 (Auroux), Rn. 40; Urteil v. 20.10.2005 – Rs. C-264/03 (Kommission/Frankreich), Rn. 36.

4 Vgl. zum Beispiel EuGH, Urteil v. 12.7.2001 – Rs. C-399/98 (Teatro alla Bicocca), Rn. 55.

5 Vgl. zum Beispiel EuGH, Urteil v. 18.11.1999 – Rs. C-107/98 (Teckal), Rn. 46 ff.

6 Vgl. *Hausmann*, in: Pünder/Prieß, Vergaberecht im Umbruch, S. 67.

7 OLG Naumburg, Beschluss v. 17.6.2016 – 7 Verg 2/16; *Ziekow*, in: Ziekow/Völlink, Vergaberecht, § 103 GWB Rn. 7.

8 Vgl. nur BayObLG, Beschluss v. 27.2.2003 – Verg 1/03; OLG Düsseldorf, Beschluss v. 20.6.2001 – Verg 3/01; anders etwa bei Verteidigungsbeschaffungen, siehe Erwägungsgrund 13 und Art. 1 Abs. 3 RL 2014/24/EU.

9 Vgl. EuGH, Urteil v. 28.5.2020 – Rs. C-796/18 (ISE), Rn. 38; Urteil v. 21.12.2016 – Rs. C-51/15 (Remondis), Rn. 37; Urteil v. 10.11.2005 – Rs. C-29/04 (Kommission/Österreich), Rn. 41.

10 Vgl. zum Beispiel BayObLG, Beschluss v. 23.1.2003 – Verg 2/03.

Allerdings hat der Auftraggeber die **Wahl** zwischen einer Beschaffung am Markt oder der Deckung des Bedarfs durch Eigenleistungen. Letzteres erfordert grundsätzlich kein Vergabeverfahren.[11] Von der Möglichkeit, einen Bedarf durch Eigenleistung zu decken, kann der Auftraggeber auch in Zusammenarbeit mit anderen Auftraggebern Gebrauch machen (vgl. § 108 GWB). Dabei kann die Eigenleistungserbringung aus haushaltsrechtlichen Gründen grundsätzlich Vorrang genießen.[12] Eine Pflicht zur Beschaffung am Markt ist § 103 GWB nicht zu entnehmen. 11

II. Außengrenzen des Anwendungsbereichs

Der Begriff des öffentlichen Auftrags kennt Außengrenzen, die sich nicht unmittelbar aus seinem Wortlaut ableiten lassen. Sie folgen zumeist aus dem EU-Primärrecht des AEUV in Verbindung mit einer europarechtskonformen Auslegung des § 103 Abs. 1 GWB. 12

1. Ausübung öffentlicher Gewalt (Art. 51 i.V.m. Art. 62 AEUV)

Art. 51 AEUV begrenzt den Anwendungsbereich des europäischen Primärrechts und damit auch des europäischen Vergaberechts der RL 2014/24/EU und der RL 2014/25/EU. Gemäß Art. 51 AEUV sind Tätigkeiten, die dauernd oder zeitweise mit der Ausübung öffentlicher Gewalt verbunden sind, vom Anwendungsbereich der Niederlassungs- und Dienstleistungsfreiheit ausgeschlossen. Dieser Ausnahmetatbestand schlägt auf die Vergaberichtlinien durch, sodass diese auf Tätigkeiten, die eine unmittelbare Teilhabe an der Ausübung öffentlicher Gewalt zum Gegenstand haben, keine Anwendung finden.[13] 13

Die Anwendung des Art. 51 AEUV setzt indes die Ausübung öffentlicher Gewalt voraus. Dabei sind drei **Auslegungsgrundsätze** zu beachten: 14

- Art. 51 AEUV ist zur Sicherung der praktischen Wirksamkeit des Gemeinschaftsrechts (effet utile) eng auszulegen.
- In funktionaler Betrachtung ist der Inhalt der nachgefragten Tätigkeit und nicht die Handlungsform der Beauftragung maßgebend.
- Und die Voraussetzungen des Art. 51 AEUV müssen im konkreten Einzelfall, insbesondere anhand der konkret übertragenen Aufgaben und Befugnisse geprüft werden.

Eine **Ausübung öffentlicher Gewalt** i.S.d. Art. 51 Abs. 1 AEUV liegt daher nach der Rechtsprechung des EuGH nur dann vor, wenn mit der betreffenden Tätigkeit die unmittelbare und spezifische Teilnahme an der Ausübung der öffentlichen Gewalt verbunden ist.[14] Im Ergebnis können allenfalls bestimmte Tätigkeiten und nur ausnahmsweise ganze Berufsgruppen von der Bereichsausnahme erfasst werden.[15] Die Ausnahme des Art. 51 Abs. 1 AEUV kann daher eingreifen, wenn die Wahrnehmung der Aufgabe selbst mit der Ausführung öffentlicher Gewalt, etwa in Form von exekutiven Zwangsbefugnissen, Durchsuchungsrechten, oder mit besonderen Rechten zur technischen Überwachung verbunden ist oder mit hoheitlich-notariellen bzw. richterlichen Befugnissen erfolgt.[16] 15

Aus dem Anwendungsbereich des Art. 51 AEUV heraus fallen hingegen **Hilfstätigkeiten** wie die logistische Unterstützung der Ausübung öffentlicher Gewalt. Auch straßenverkehrsrechtliche Sonderrechte, wie sie etwa den Rettungstransportdiensten durch landesrechtliche Rege- 16

---

11 Vgl. Erwägungsgrund 5 RL 2014/24/EU.

12 Für das Land Berlin etwa AV-LHO, zu § 55 Pkt. 5.

13 Vgl. EuGH, Urteil v. 20.10.2005 – Rs. C-264/03 (Kommission/Frankreich), Rn. 34; Urteil v. 26.4.1994 – Rs. C-272/91 (Kommission/Italien), Rn. 6 ff.; Urteil v. 5.12.1989 – Rs. C-3/88 (Kommission/Italien), Rn. 11 ff.; OLG Düsseldorf, Beschluss v. 5.4.2006 – VII-Verg 7/06; *Egger*, Europäisches Vergaberecht, Rn. 178; *Burgi*, NVwZ 2007, 383 (385).

14 Vgl. EuGH, Urteil v. 29.4.2010 – Rs. C-160/08 (Kommission/Deutschland), Rn. 78; Urteil v. 31.5.2001 – Rs. C-283/99 (Kommission/Italien), Rn. 20; Urteil v. 9.3.2000 – Rs. C-355/98 (Kommission/Belgien), Rn. 25; Urteil v. 29.10.1998 – Rs. C-114/97 (Kommission/Spanien), Rn. 35.

15 Vgl. EuGH, Urteil v. 21.6.1974 – Rs. 2/74 (Reyners), Rn. 46 f.

16 Vgl. EuGH, Urteil v. 29.4.2010 – Rs. C-160/08 (Kommission/Deutschland), Rn. 79; Urteil v. 29.10.1998 – Rs. C-114/97 (Kommission/Spanien), Rn. 37; *Egger*, Europäisches Vergaberecht, Rn. 179.

lungen regelmäßig verliehen werden, reichen nicht aus, um ein hoheitliches Gewaltverhältnis zu begründen.[17] Dementsprechend wurden die Tätigkeit des Rechtsanwalts,[18] des „zugelassenen" Wirtschaftsprüfers,[19] des Beraters in Steuerangelegenheiten,[20] des privaten Sicherheits- und Bewachungsdienstes,[21] des gerichtlich bestellten Kfz-Sachverständigen,[22] die Planung, Entwicklung und Verwaltung von EDV-Systemen für die öffentliche Verwaltung,[23] die Tätigkeiten in Privatschulen und der Privatlehrer[24] sowie die Zertifizierungstätigkeit von Gesellschaften[25] nicht als Ausübung öffentlicher Gewalt anerkannt.

17 Nach wie vor instruktiv ist auch die Rechtsprechung zu **Rettungsdienstleistungen**, obgleich diese Fallgruppe nunmehr spezialgesetzlich in § 107 Abs. 1 Nr. 4 GWB geregelt ist: Der EuGH hatte in Bezug auf die Vergabe von Rettungsdienstleistungen die Ausübung öffentlicher Gewalt im Sinne des Art. 51 Abs. 1 AEUV abgelehnt.[26] Unerheblich sei danach insbesondere, dass die Aufträge öffentlich-rechtlicher Natur seien und die betreffenden Tätigkeiten für Rechnung von Einrichtungen des öffentlichen Rechts ausgeübt würden, die Träger des Rettungsdienstes sind.[27]

18 Vergleichbare Probleme stellen sich auch im Bereich der Übertragung der Trägerschaft der **Ambulanten-Hilfe-Zentren** (AHZ). Die nationale Rechtsprechung hat diesbezüglich das Vergaberecht für nicht anwendbar erachtet, da sich die Verpflichtung zur Vorhaltung einer ausreichenden pflegerischen Versorgungsstruktur als eine öffentliche Aufgabe der Daseinsvorsorge darstelle.[28] Diese Frage dürfte mit den Entscheidungen des BGH und des EuGH insoweit geklärt sein, als dass Art. 51 i.V.m. Art. 62 AEUV als Bereichsausnahme nach nationalem Recht auch für diese Fälle nicht in Betracht kommt.

19 Zu beachten ist schließlich, dass Art. 51 AEUV den Mitgliedstaaten lediglich die **Möglichkeit** eröffnet, eine entsprechende Bereichsausnahme auch nach nationalem Recht vorzusehen. Zwingend ist dies laut BGH in einer Entscheidung zu Rettungsdienstleistungen aber nicht.[29] Ist ein öffentlicher Auftrag also mit der Ausübung öffentlicher Gewalt im Sinne des Art. 51 AEUV verbunden, so muss immer auch geprüft werden, ob das GWB-Vergaberecht auf diese Art von Leistungen anwendbar sein sollte.

2. Sicherheitsrelevante und Verteidigungsbeschaffungen (Art. 346 AEUV)

20 Primärrechtliche Grenzen des Anwendungsbereichs des Vergaberechts ergeben sich auch für Verteidigungsbeschaffungen. Art. 346 AEUV sieht insofern eine Ausnahme vom Anwendungsbereich des Unionsrechts vor,[30] auf die in Art. 1 Abs. 3 RL 2014/24/EU („Die Anwendung dieser Richtlinie unterliegt Artikel 346 AEUV"), RL 2009/81/EG und § 107 Abs. 2 S. 1 Nr. 2 GWB Bezug genommen wird.[31] Die Mitgliedstaaten können hiernach bei Beschaffungen, die spezifisch militärischen Zwecken dienen, unter den in Art. 346 AEUV genannten Voraussetzungen von der Anwendung des Vergaberechts absehen.[32]

---

17 Vgl. dazu eingehend *Röbke*, NZBau 2008, 702 (703), unter Hinweis auf die landesrechtlichen Regelungen.
18 Vgl. EuGH, Urteil v. 21.6.1974 – Rs. 2/74 (Reyners), Rn. 46.
19 Vgl. EuGH, Urteil v. 13.7.1993 – Rs. C-42/92 (Thisjssen), Rn. 22.
20 Vgl. EuGH, Urteil v. 30.3.2006 – Rs. C-451/03 (Calafiori).
21 Vgl. EuGH, Urteil v. 31.5.2001 – Rs. C-283/99 (Kommission/Italien), Rn. 20; Urteil v. 9.3.2000 – Rs. C-355/98 (Kommission/Belgien), Rn. 26; Urteil v. 29.10.1998 – Rs. C-114/97 (Kommission/Spanien), Rn. 36 f.
22 Vgl. EuGH, Urteil v. 10.12.1991 – Rs. C-306/89 (Kommission/Griechenland), Rn. 7.
23 Vgl. EuGH, Urteil v. 26.4.1994 – Rs. C-272/91 (Kommission/Italien), Rn. 12 mit Verweis auf EuGH, Urteil v. 5.12.1989 – Rs. C-3/88 (Kommission/Italien), Rn. 13.
24 Vgl. EuGH, Urteil v. 15.3.1988 – Rs. 147/86 (Kommission/Griechenland), Rn. 9.
25 Vgl. EuGH, Urteil v. 16.6.2015 – Rs. C-593/13 (Rhina Services), Rn. 17 ff.
26 Vgl. EuGH, Urteil v. 29.4.2010 – Rs. C-160/08 (Kommission/Deutschland), Rn. 86; zuvor bereits in Bezug auf Rettungstransporte in Österreich EuGH, Urteil v. 24.9.1998 – Rs. C-76/97 (Tögel), Rn. 40.
27 Vgl. EuGH, Urteil v. 29.4.2010 – Rs. C-160/08 (Kommission/Deutschland), Rn. 85.
28 Vgl. VK Rheinland-Pfalz, Beschluss v. 20.3.2003 – VK 31/02.
29 Vgl. BGH, Beschluss v. 1.12.2008 – X ZB 31/08, Rn. 19 bis 24.
30 Art. 346 AEUV richtet sich insbesondere auf „die Erzeugung von Waffen, Munition und Kriegsmaterial oder den Handel damit", vgl. Art. 346 Abs. 1 lit. b AEUV.
31 Vgl. hierzu *Sterner* in § 107 GWB Rn. 100 ff.
32 Vgl. EuGH, Urteil v. 8.4.2008 – Rs. C-337/05 (Agusta); Urteil v. 11.1.2000 – Rs. C-285/98 (Kreil), Rn. 16 jeweils m.w.N.

Etwa dann, wenn eine öffentliche Ausschreibung entgegen Art. 346 Abs. 1 lit. a AEUV einen Mitgliedstaat dazu zwingen würde, Auskünfte zu erteilen, deren Preisgabe seines Erachtens seinen **wesentlichen Sicherheitsinteressen** widerspricht, ist eine Abweichung von der Ausschreibungspflicht zulässig.[33] Diese Abweichung ist wegen des weiten Wortlauts von Art. 346 Abs. 1 AEUV nicht auf den militärischen Bereich beschränkt.[34] 21

Wie jede Bereichsausnahme von den Vorschriften des Unionsrechts ist auch Art. 346 AEUV grundsätzlich eng **auszulegen**.[35] Insbesondere muss der Auftraggeber, der sich auf den Ausnahmetatbestand des Art. 346 Abs. 1 AEUV berufen will, **nachweisen**, warum eine Ausschreibung gegebenenfalls im Hinblick auf die durch die RL 2009/81/EG eröffneten und ins nationale Recht umgesetzten Möglichkeiten unter Berücksichtigung nationaler Verteidigungs- und Sicherheitsinteressen nicht möglich ist.[36] 22

Darüber hinaus darf die Anwendung des Art. 346 Abs. 1 lit. b AEUV nach dessen Wortlaut nicht dazu führen, dass die **Wettbewerbsbedingungen** hinsichtlich der nicht eigens für militärische Zwecke bestimmten Waren beeinträchtigt werden.[37] Demzufolge ist die Bereichsausnahme nicht auf die Beschaffung von Gegenständen mit doppeltem Verwendungszweck in militärischen und zivilen Bereichen (sog. Dual-Use-Güter) anwendbar.[38] Gemischte Aufträge mit Gütern nach Art. 346 AEUV und solchen, die unter die RL 2014/24/EU fallen, sollen jedoch nach dem Willen des Richtliniengesetzgebers nicht der RL 2014/24/EU unterfallen, wenn die Zusammenfassung der Leistungen in einem Auftrag objektiv gerechtfertigt war und keine Umgehungsabsicht vorlag.[39] 23

Des Weiteren ist zu beachten, dass weder Art. 346 AEUV noch die Regelungen der Art. 36, 45, 52, 65, 72 und 346 AEUV Ausdruck eines allgemeinen Vorbehalts sind, der jede Maßnahme, die im Interesse der öffentlichen Sicherheit getroffen wird, vom Anwendungsbereich des Unionsrechts ausnimmt.[40] Art. 346 Abs. 1 lit. b AEUV erfasst nur „**Waffen, Munition und Kriegsmaterial**". Andernfalls würde die Wirksamkeit des Unionsrechts beeinträchtigt.[41] Hinsichtlich sicherheitsrelevanter Leistungen sind daher vor allem die Voraussetzungen des § 104 GWB zu berücksichtigen. 24

3. Beihilfe (Art. 106 Abs. 1 AEUV)

Die Beihilfe im Sinne des Art. 106 Abs. 1 AEUV bildet grundsätzlich keine Außengrenze des Begriffs des öffentlichen Auftrags. Dies liegt daran, dass der Beihilfenbegriff des Art. 106 Abs. 1 AEUV weit auszulegen ist und auch wechselseitige Vertragsbeziehungen zwischen Staat und Privaten erfassen kann, wenn damit ein marktferner wirtschaftlicher Vorteil verbunden ist. Vergabe- und Beihilferecht liegen unterschiedliche Zielsetzungen, Tatbestände und Rechtsfolgen zugrunde, sodass sie grundsätzlich gesondert zu betrachten sind und auch nebeneinander angewendet werden können.[42] Daher kann eine öffentliche Auftragsvergabe sowohl dem Beihilferecht als auch dem Vergaberecht unterliegen. Ein wettbewerbliches Vergabeverfahren wird jedoch zumeist Beleg für eine marktkonforme Beschaffung sein und eine Beihilfe ausschließen. Im Fall von Rechtsakten zwecks Zuwendungen und Finanzhilfen wird 25

33 Vgl. EuGH, Urteil v. 20.3.2018 – Rs. C-187/16 (Kommission/Österreich), Rn. 72.
34 Vgl. EuGH, Urteil v. 20.3.2018 – Rs. C-187/16 (Kommission/Österreich), Rn. 72.
35 Vgl. EuGH, Urteil v. 20.3.2018 – Rs. C-187/16 (Kommission/Österreich), Rn. 77; Urteil v. 7.6.2012 – Rs. C-615/10 (InsTiimi), Rn. 35; Urteil v. 2.10.2008 – Rs. C-157/06 (Kommission/Italien), Rn. 23; Urteil v. 17.11.1993 – Rs. C-71/92 (Kommission/Spanien), Rn. 36.
36 Vgl. EuGH, Urteil v. 20.3.2018 – Rs. C-187/16 (Kommission/Österreich), Rn. 79; Urteil v. 2.10.2008 – Rs. C-157/06 (Kommission/Italien), Rn. 31.
37 Vgl. EuGH, Urteil v. 7.6.2012 – Rs. C-615/10 (InsTiimi), Rn. 38; Urteil v. 2.10.2008 – Rs. C-157/06 (Kommission/Italien), Rn. 25; Urteil v. 8.4.2008 – Rs. C-337/05 (Agusta), Rn. 46.
38 Vgl. EuGH, Urteil v. 7.6.2012 – Rs. C-615/10 (InsTiimi), Rn. 39; Urteil v. 2.10.2008 – Rs. C-157/06 (Kommission/Italien), Rn. 26; Urteil v. 8.4.2008 – Rs. C-337/05 (Agusta), Rn. 47 ff.
39 Erwägungsgrund 13 RL 2014/24/EU.
40 Vgl. EuGH, Urteil v. 8.4.2008 – Rs. C-337/05 (Agusta), Rn. 43.
41 Vgl. EuGH, Urteil v. 11.3.2003 – Rs. C-186/01 (Dory), Rn. 31; Urteil v. 11.1.2000 – Rs. C-285/98 (Kreil), Rn. 16; Urteil v. 26.10.1999 – Rs. C-273/97 (Sirdar), Rn. 16; Urteil v. 15.3.1986 – Rs. 222/84 (Johnston), Rn. 26.
42 Vgl. EuG, Urteil v. 26.6.2008 – Rs. T-442/03 (SIC), Rn. 147; *Kaelble*, in: Müller-Wrede, Kompendium des Vergaberechts, Kap. 32 Rn. 8 m.w.N.

allerdings zumeist der Beschaffungsbezug fehlen, sodass § 103 Abs. 1 GWB nicht einschlägig ist.

4. Dienstleistungen von allgemeinem wirtschaftlichen Interesse (Art. 14 AEUV)

26 Keine pauschale Befreiung vom Vergaberecht kann aus der Qualifizierung einer Leistung als Dienstleistung von allgemeinem wirtschaftlichem Interesse abgeleitet werden. Solche Dienstleistungen werden zwar durch Art. 14 AEUV besonders geschützt. Im Protokoll zu Art. 14 AEUV heißt es: *„Zu den gemeinsamen Werten der Union in Bezug auf Dienste von allgemeinem wirtschaftlichem Interesse […] zählen […] der weite Ermessensspielraum der […] regionalen Behörde, wie Dienste von allgemeinem wirtschaftlichem Interesse […] in Auftrag zu geben sind.“* Im Sinne der praktischen Wirksamkeit des Europarechts bedeutet dies jedoch nur, dass die öffentliche Hand, in Deutschland insbesondere die Kommunen, in der Entscheidung frei sind, wie sie ihre Aufgaben der Daseinsvorsorge organisieren. Sie können diese Aufgaben insbesondere durch Eigenleistungen erbringen. Entscheiden sie sich aber, Leistungen am Markt zu beschaffen, so gilt das Vergaberecht. Aus Art. 14 AEUV kann keine Ausnahme der Vergabe von Diensten der Daseinsvorsorge von den unionsrechtlichen Bindungen der Vergaberichtlinien abgeleitet werden.[43]

5. Konzessionen

27 Kein öffentlicher Auftrag ist die Vergabe von Leistungen im Wege einer Konzession. Diese Ausnahme regelt nunmehr § 105 GWB spezialgesetzlich, sowohl für Bau- als auch Dienstleistungskonzessionen.[44]

III. Vertrag

1. Grundsätze

28 Voraussetzung eines öffentlichen Auftrags im Sinne des § 103 Abs. 1 GWB ist das Vorliegen eines Vertrages. Dies ist dem Wortlaut des § 103 Abs. 1 GWB ebenso wie jenem der Art. 2 Abs. 1 Nr. 5 RL 2014/24/EU und Art. 1 Nr. 1 RL 2014/25/EU zu entnehmen. Dabei ist der Begriff des Vertrages funktional zu verstehen.[45] Auftraggeber und Auftragnehmer müssen sich in einem Gleichordnungsverhältnis gegenüberstehen. Beide Vertragsparteien müssen dabei einen gewissen Einfluss auf den Inhalt des Vertragsverhältnisses ausüben können und das Vertragsverhältnis im gegenseitigen Einverständnis eingehen.

29 Kein Vertrag liegt infolge dieses funktionalen Verständnisses vor, wenn die Beauftragung **einseitig** durch den Auftraggeber angeordnet wird und der Auftragnehmer weder über den konkreten Inhalt der zu erbringenden Leistung noch über die Preise verhandeln kann und für ihn keine Möglichkeit besteht, sich einseitig der Verpflichtung, etwa durch Kündigung, zu entziehen.[46]

30 Entscheidendes Merkmal des Vertrages muss die Vereinbarung verbundener Pflichten sein, deren Erfüllung **einklagbar** ist.[47] Die Parteien müssen durchsetzbare Ansprüche auf die Primärleistungspflichten begründen.[48]

31 Auf die **Form** des Vertrages kommt es hingegen nach § 103 Abs. 1 GWB nicht an. Auch mündliche Verträge können daher öffentliche Aufträge sein. § 103 Abs. 1 GWB geht insofern

43 OLG Jena, Beschluss v. 9.4.2021 – Verg 2/20.
44 Zu Abgrenzungsfragen siehe *Braun* in § 105 GWB Rn. 18 ff.
45 Vgl. OLG Karlsruhe, Beschluss v. 12.11.2008 – 15 Verg 4/08; VK Bund, Beschluss v. 12.11.2009 – VK 3-193/09.
46 Vgl. EuGH, Urteil v. 18.12.2007 – Rs. C-220/06 (Asociación Profesional), Rn. 54 f.; ähnlich OLG Düsseldorf, Beschluss v. 4.3.2009 – VII-Verg 67/08.
47 Vgl. EuGH, Urteil v. 28.5.2020 – Rs. C-796/18 (ISE), Rn. 49; Urteil v. 25.3.2010 – Rs. C-451/08 (Helmut Müller), Rn. 62.
48 Vgl. OLG Düsseldorf, Beschluss v. 28.10.2019 – VII-Verg 3/19; Beschluss v. 16.10.2019 – VII-Verg 43/18.

zulässigerweise[49] über die Anforderungen der RL 2014/24/EU und RL 2014/25/EU hinaus, die nur schriftliche Verträge erfassen.

Schließlich muss die Verknüpfung der Pflichten von Auftraggeber und Auftragnehmer nicht 32
notwendig **synallagmatisch** sein. Die Verknüpfung kann auch durch Vereinbarung einer Bedingung oder durch die Abrede, dass eine Leistung den Rechtsgrund für die andere darstellt, hergestellt werden.[50] Irgendeine rechtliche Verknüpfung wechselseitiger Leistungen ist ausreichend.[51] Dies dürfte im Ergebnis auch der Rechtsprechung des EuGH entsprechen. Dieser fordert zwar ein Synallagma in mittlerweile mehreren Entscheidungen.[52] Aber bereits eine kostenfreie Gebrauchsüberlassung von Software, verbunden mit der Pflicht zur ebenfalls kostenfreien Überlassung etwaiger Anpassungen der Software, sollen laut EuGH einen entgeltlichen Vertrag begründen, obgleich diese beiden Pflichten nicht in einem strengen Synallagma zueinanderstehen. Der EuGH dürfte mithin das Synallagma als in einem weiteren Sinne verbundene Pflichten verstehen, deren Erfüllung einklagbar ist.[53]

2. Hoheitliche Handlungsformen

Macht der Auftraggeber von hoheitlichen Handlungsformen Gebrauch, schließt dies einen öf- 33
fentlichen Auftrag nicht automatisch aus. Denn die Qualifizierung der Handlungsform nach nationalem Recht ist für die Eröffnung des Anwendungsbereichs der europäischen Vergaberichtlinien unerheblich.[54] Das europäische Vergaberecht findet jedoch dann keine Anwendung, wenn die Beauftragung in Form eines einseitigen Verwaltungsakts erfolgt, der lediglich einseitige Verpflichtungen aufseiten des Empfängers begründet und der deutlich von den normalen Bedingungen eines kommerziellen Angebotes des Empfängers abweicht.[55]

Maßgeblich ist dabei, ob der Empfänger die Möglichkeit hat, den konkreten Inhalt der zu er- 34
bringenden Leistungen und die für diese geltenden Tarife **auszuhandeln**, und ob für ihn die Möglichkeit besteht, sich einseitig von seiner Leistungspflicht – etwa durch Kündigung – zu **lösen**.[56] Die Möglichkeit, den Vertragsinhalt aushandeln zu können, ist daher konstitutives Merkmal des Vertragsbegriffes der Vergaberichtlinien.[57] Allerdings hindert die gesetzliche Festlegung von Preisen, etwa bei der Buchpreisbindung, nicht die Anwendung des Vergaberechts, auch soweit dadurch eine Verhandlung über den Preis ausgeschlossen ist.[58]

Nach diesen unionsrechtlichen Maßstäben sind nationale hoheitliche Handlungsformen (Ge- 35
setze, Verordnungen, Satzungen und Verwaltungsakte) i.d.R. nicht als **öffentliche Aufträge** i.S.d. Vergaberichtlinien anzusehen,[59] da sie regelmäßig einseitig ergehen. Gleichwohl kommt es auf eine am Einzelfall orientierte Betrachtungsweise an. Haben die Beteiligten vorab den Inhalt der hoheitlichen Handlungsform vertragsähnlich ausgehandelt, liegt eine Qualifizierung als öffentlicher Auftrag i.S.d. § 103 Abs. 1 GWB nahe.[60] In solchen Fällen entfällt die charakteristische Einseitigkeit der hoheitlichen Handlungsform. Auch ein Gesetz kann in einem sol-

49 Vgl. BayObLG, Beschluss v. 10.10.2000 – Verg 5/00; *Pünder*, in: Müller-Wrede, Kompendium des Vergaberechts, Kap. 6 Rn. 56 m.w.N.; a.A. *Thieme/Corell*, DVBl. 1999, 884.

50 Vgl. OLG Düsseldorf, Beschluss v. 28.11.2018 – VII-Verg 25/18; Beschluss v. 22.9.2005 – VII-Verg 44/04; Beschluss v. 8.9.2004 – VII-Verg 35/04; BayObLG, Beschluss v. 27.2.2003 – Verg 1/03.

51 Vgl. OLG Düsseldorf, Beschluss v. 28.11.2018 – VII-Verg 25/18, Vorlagebeschluss zu der in den folgenden Fn. zitierten EuGH-Entscheidung.

52 Vgl. EuGH, Urteil v. 28.5.2020 – Rs. C-796/18 (ISE), Rn. 40; Urteil v. 21.12.2016 – Rs. C-51/15 (Remondis), Rn. 43.

53 Vgl. EuGH, Urteil v. 28.5.2020 – Rs. C-796/18 (ISE), Rn. 40 ff., insbesondere Rn. 49; OLG Düsseldorf, Beschluss v. 3.2.2021 – VII Verg 25/18, verweist in seiner Folgeentscheidung bezüglich des Verständnisses des Synallagmas auf den EuGH.

54 Vgl. EuGH, Urteil v. 18.12.2007 – Rs. C-220/06 (Asociación Profesional), Rn. 50 m.w.N.

55 Vgl. EuGH, Urteil v. 18.12.2007 – Rs. C-220/06 (Asociación Profesional), Rn. 54.

56 Vgl. EuGH, Urteil v. 18.12.2007 – Rs. C-220/06 (Asociación Profesional), Rn. 55.

57 Vgl. auch *Frenz*, Handbuch Europarecht, Band 3, Rn. 2078 m.w.N.

58 OLG München, Beschluss v. 9.12.2007 – Verg 12/07; allerdings müssen selbstverständlich die Vorgaben des BuchPrG eingehalten werden.

59 Dies entspricht auch der herrschenden Ansicht zum Vertragsbegriff des § 99 Abs. 1 GWB: BGH, Beschluss v. 12.6.2001 – X ZB 10/01 (zur Beleihung durch Verwaltungsakt); OLG Düsseldorf, Beschluss v. 4.3.2009 – VII-Verg 67/08 (zu einem Bebauungsplan); OLG Celle, Beschluss v. 24.11.1999 – 13 Verg 7/99.

60 Vgl. BGH, Beschluss v. 1.12.2008 – X ZB 31/08; OVG Hamburg, Urteil v. 27.8.2010 – 1 Bf 149/09; vgl. auch *Frenz*, Handbuch Europarecht, Band 3, Rn. 2079; *Burgi*, NVwZ 2007, 383 (385).

chen Fall als öffentlicher Auftrag zu bewerten sein. Andernfalls könnten Auftraggeber die Beschaffung allein durch den Einsatz einer hoheitlichen Handlungsform dem Anwendungsbereich des Vergaberechts entziehen.[61] Auch Genehmigungen ohne Verpflichtung zur Leistungserbringung sind von einer Beauftragung durch Vertrag abzugrenzen.[62]

3. Öffentlich-rechtlicher Vertrag

36 Darüber hinaus können auch öffentlich-rechtliche Verträge als öffentliche Aufträge i.S.d. § 103 Abs. 1 GWB einzustufen sein. Die noch im Gesetzgebungsverfahren zum VgRÄG vertretene Auffassung, dass öffentlich-rechtliche Verträge grundsätzlich nicht erfasst seien,[63] ist überholt. Maßgeblich ist der Vertragsbegriff der unionsrechtlichen Richtlinien, denn diese bilden das höherrangige Recht. Ein öffentlich-rechtliche Verträge per se ausschließendes Verständnis liegt dem Vertragsbegriff der Art. 2 Abs. 1 Nr. 5 RL 2014/24/EU und Art. 2 Nr. 1 RL 2014/25/EU jedoch nicht zugrunde.[64] Auch der Wortlaut des § 103 Abs. 1 GWB, nach dem der Vertragsbegriff lediglich durch das Adjektiv „entgeltliche" eingeschränkt wird, lässt eine dementsprechende Auslegung ohne Weiteres zu.[65] Für die Einstufung als öffentlicher Auftrag i.S.d. § 103 Abs. 1 GWB kommt es deshalb nicht auf die Rechtsnatur des Vertrages an. Maßgeblich ist vielmehr, dass der Auftraggeber Leistungen durch einen Dritten auf vertraglichem Wege und nicht in anderer Weise erbringen lässt.[66]

4. Beleihung

37 Wird durch oder aufgrund eines Gesetzes materiell ein Teil einer Staatsfunktion auf ein Subjekt des Privatrechts mit der Befugnis übertragen, selbstständig und im eigenen Namen öffentlich-rechtliche Verwaltungstätigkeiten auszuüben, spricht man von Beleihung.[67]

38 Für die Frage, ob eine Beleihung vergaberechtlich als Beschaffungsvorgang zu bewerten ist, kommt es auf die oben dargestellten allgemeinen Grundsätze zum Auftragsbegriff an. Danach ist der Beleihungsakt im engeren, verwaltungsrechtlichen Sinne – isoliert betrachtet – eine einseitige hoheitliche Handlung, die i.d.R. nicht dem **Auftragsbegriff** des § 103 Abs. 1 GWB entspricht.[68] Bei der gebotenen funktionalen Gesamtbetrachtung kann ein Beschaffungsvorgang im Sinne des § 103 Abs. 1 GWB allerdings dann vorliegen, wenn neben dem Beleihungsakt im engeren Sinne vertragliche oder vertragsähnliche Abreden bestehen,[69] die die Einseitigkeit des Beleihungsaktes in den Hintergrund treten lassen.[70] Sofern dabei keine vergaberechtsfreie In-House-Vergabe vorliegt,[71] ist in diesen Fällen das Vergaberecht zu beachten. Allein die Tatsache, dass mit der Beleihung hoheitliche Befugnisse übertragen werden, führt jedenfalls nicht nach Art. 51 i.V.m. Art. 62 AEUV aus dem Anwendungsbereich des Vergaberechts heraus.[72] Als Beleihungsakte, die vom Kartellvergaberecht befreit sind, kommen demnach in Betracht:

---

61 Vgl. *Frenz*, Handbuch Europarecht, Band 3, Rn. 2079.

62 Vgl. OLG Naumburg, Beschluss v. 22.12.2011 – 2 Verg 10/11 (zur Genehmigung von Rettungsdienstleistungen).

63 Vgl. hierzu Gesetzesbegründung zu § 108 GWB, VgRÄG, BT-Drs. 13/9340, 15; dem folgend OLG Celle, Beschluss v. 24.11.1999 – 13 Verg 7/99.

64 So EuGH, Urteil v. 12.7.2001 – Rs. C-399/98 (Teatro alla Bicocca), Rn. 73 (zu Art. 1 lit. a RL 93/37/EWG).

65 Vgl. BayObLG, Beschluss v. 28.5.2003 – Verg 7/03.

66 Vgl. BGH, Beschluss v. 1.12.2008 – X ZB 31/08; OLG Jena, Beschluss v. 9.4.2021 – Verg. 2/20; OLG Dresden, Beschluss v. 4.7.2008 – WVerg 3/08; OLG Düsseldorf, Beschluss v. 5.4.2006 – VII-Verg 7/06; so auch *Pünder*, in: Müller-Wrede, Kompendium des Vergaberechts, Kap. 3 Rn. 57 m.w.N.; *Burgi*, NVwZ 2007, 383 (384 f.) m.w.N.

67 Vgl. BGH, Beschluss v. 12.6.2001 – X ZB 10/01.

68 Vgl. BGH, Beschluss v. 1.12.2008 – X ZB 31/08; Beschluss v. 12.6.2001 – X ZB 10/01.

69 Vgl. BGH, Beschluss v. 1.12.2008 – X ZB 31/08.

70 So auch *Braun/Buchmann*, NZBau 2007, 691 (693 f.); zur Beleihung durch Verwaltungsakt auch *Burgi*, NVwZ 2007, 383 (385); a.A. *Hattig/Ruhland*, VergabeR 2005, 425 (430).

71 Vgl. BGH, Beschluss v. 12.6.2001 – X ZB 10/01; zur In-House-Vergabe siehe § 108 GWB Rn. 16 ff.

72 Vgl. BGH, Beschluss v. 1.12.2008 – X ZB 31/08; a.A. *Burgi*, NVwZ 2007, 383 (386 ff.) m.w.N.

- reine, nicht von vertraglichen oder vertragsähnlichen Abreden begleitete Beleihungsakte im engeren Sinne[73] oder
- Beleihungsakte in der Gestaltungsform der In-House-Vergabe.

IV. Unternehmen als Vertragspartner

1. Grundsätze

Das Vergaberecht findet nach § 103 Abs. 1 GWB Anwendung, sofern eine Vereinbarung zwischen öffentlichen Auftraggebern oder Sektorenauftraggebern und „Unternehmen" vorliegt.[74] Die RL 2014/24/EU verwendet statt „Unternehmen" den Begriff „Wirtschaftsteilnehmer" und definiert diesen in Art. 2 Abs. 1 Nr. 10 RL 2014/24/EU als „eine natürliche oder juristische Person oder öffentliche Einrichtung oder eine Gruppe solcher Personen und/oder Einrichtungen, einschließlich jedes vorübergehenden Zusammenschlusses von Unternehmen, die beziehungsweise der auf dem Markt die Ausführung von Bauleistungen, die Errichtung von Bauwerken, die Lieferung von Waren beziehungsweise die Erbringung von Dienstleistungen anbietet". Auch wenn diese Legaldefinition nicht in das GWB Einzug gefunden hat (wohl aber in ähnlicher Form in § 2 Abs. 4 WRegG), ist sie für die Auslegung des Unternehmensbegriffs im GWB-Vergaberecht relevant. 39

Entsprechend der Definition in der RL 2014/24/EU ist der **Unternehmensbegriff** in einem funktionalen Verständnis weit auszulegen.[75] Er umfasst grundsätzlich jede eine wirtschaftliche Tätigkeit ausübende Einheit, unabhängig von ihrer Rechtsform und der Art ihrer Finanzierung.[76] Grundsätzlich können daher alle natürlichen und juristischen Personen, die selbstständig bzw. als Gruppe am Rechtsverkehr teilnehmen, Unternehmen i.S.d. § 103 Abs. 1 GWB sein.[77] Dies gilt auch für juristische Personen des öffentlichen Rechts[78] und Wohlfahrtsverbände.[79] Der Auftraggeber darf insbesondere für Bieter aus anderen Staaten nicht verlangen, dass diese nach deutschem Recht eine natürliche oder juristische Person sind (vgl. § 43 Abs. 1 VgV). Auch für Bewerber- und Bietergemeinschaften darf gemäß § 43 Abs. 2 VgV keine besondere Rechtsform verlangt werden. Erst nach Zuschlagserteilung ist dies möglich, sofern dies für die ordnungsgemäße Durchführung des Auftrags erforderlich ist (§ 43 Abs. 3 VgV). 40

Entscheidend für die Konkretisierung als Unternehmen ist in jedem Einzelfall[80] der **wirtschaftliche Charakter** des infrage stehenden Handelns.[81] Eine wirtschaftliche Tätigkeit ist dabei anzunehmen, wenn sie auf das Angebot von Gütern oder Leistungen am Markt gerichtet ist.[82] Nicht darunter fallen Tätigkeiten, die in Ausübung hoheitlicher Befugnisse erfolgen.[83] Die wirtschaftliche Tätigkeit muss hingegen nicht unmittelbar erbracht werden.[84] Auch die Einordnung als Unternehmen nach nationalem Recht ist danach unerheblich.[85] Ebenso uner- 41

73 Die Entscheidung darüber, wer in einem solchen Fall beliehen wird, ergeht gleichwohl nicht im rechtsfreien Raum; vgl. dazu *Burgi*, NVwZ 2007, 383 (388) m.w.N. in den Fn. 53 und 54.
74 In Art. 1 Abs. 2 RL 2014/24/EU wird synonym der Begriff des „Wirtschaftsteilnehmers" verwandt.
75 Vgl. ebenso *Pünder*, in: Müller-Wrede, Kompendium des Vergaberechts, Kap. 6 Rn. 5.
76 Vgl. ständige Rechtsprechung seit EuGH, Urteil v. 23.4.1991 – Rs. C-41/90 (Höfner und Elser), Rn. 21.
77 Vgl. zu natürlichen Personen EuGH, Urteil v. 12.7.2001 – Rs. C-399/98 (Teatro alla Bicocca), Rn. 88 ff.; *Egger*, Europäisches Vergaberecht, Rn. 556 f.
78 Vgl. EuGH, Urteil v. 6.10.2015 – Rs. C-203/14 (Consorci Sanitari), Rn. 36; Urteil v. 23.12.2009 – Rs. C-305/08 (CoNISMa), Rn. 45; Urteil v. 16.3.2004 – Rs. C-264/01 (AOK); für die Anstalt des öffentlichen Rechts und Gebietskörperschaften OLG Frankfurt, Beschluss v. 7.9.2004 – 11 Verg 11/04; *Egger*, Europäisches Vergaberecht, Rn. 557 f.
79 VK Westfalen, Beschluss v. 1.6.2015 – VK 2-7/15; VK Arnsberg, Beschluss v. 18.7.2012 – VK 09/12.
80 Vgl. EuGH, Urteil v. 16.3.2004 – Rs. C-264/01 (AOK).
81 Vgl. EuGH, Urteil v. 11.7.2006 – Rs. C-205/03P (FENIN); Urteil v. 16.3.2004 – Rs. C-264/01 (AOK); siehe auch *Knispel*, GGW 2/2001, 7 (10).
82 Vgl. EuGH, Urteil v. 11.7.2006 – Rs. C-205/03P (FENIN).
83 Vgl. EuGH, Urteil v. 12.12.2013 – Rs. C-327/12 (SOA Nationale Costruttori).
84 Vgl. EuGH, Urteil v. 10.1.2006 – Rs. C-222/04 (Cassa di Risparmio di Firenze), Rn. 110 bis 114.
85 Vgl. *Egger*, Europäisches Vergaberecht, Rn. 556; *Pünder*, in: Müller-Wrede, Kompendium des Vergaberechts, Kap. 6 Rn. 5.

heblich ist, ob das Unternehmen mit Gewinnerzielungsabsicht handelt,[86] nicht unternehmerisch strukturiert ist oder nicht ständig auf dem Markt tätig ist.[87]

2. Beihilfenempfänger

42 Auch Unternehmen, die staatliche Beihilfen erhalten haben, sind grundsätzlich nicht von öffentlichen Auftragsvergaben ausgeschlossen. Die Gewährung einer Beihilfe stellt die Eigenschaft des Unternehmens, Vertragspartner eines öffentlichen Auftraggebers zu sein, nicht infrage.[88] Mit der Beihilfe erlangt das Unternehmen zwar einen wirtschaftlichen Vorteil gegenüber Konkurrenten. Sofern die Beihilfe ordnungsgemäß notifiziert und von der Europäischen Kommission genehmigt wurde, liegt in diesem Vorteil jedoch keine unzulässige Wettbewerbsverzerrung.[89] Damit besteht auch kein Anlass für vergaberechtliche Sanktionen wie den Ausschluss von Vergabeverfahren,[90] der nur bei ungewöhnlich niedrigen Angeboten aufgrund einer Beihilfe in Betracht kommt (vgl. § 60 Abs. 4 S. 1 VgV). Aber auch bei einer rechtswidrigen, nicht notifizierten Beihilfe gibt es keinen Grund für einen generellen Ausschluss, da Vergabebehörden nicht für die Kontrolle des Beihilferechts zuständig sind. Es besteht allerdings die Gefahr einer Rückforderung, was im Rahmen der Prüfung der finanziellen Leistungsfähigkeit nach § 122 Abs. 2 S. 2 Nr. 2 GWB eine Rolle spielen kann.[91]

3. Auftragnehmer von In-House-Vergaben

43 Ebenfalls nicht von öffentlichen Aufträgen ausgeschlossen sind Auftragnehmer von In-House-Vergaben.[92] Denn aus der vergaberechtlichen Privilegierung von In-House-Vergaben folgt kein Wettbewerbsverbot für den Auftragnehmer.[93] Nimmt allerdings die Tätigkeit für andere Auftraggeber als die Anteilseigner einen mit dem Wesentlichkeitskriterium nicht mehr zu vereinbarenden Umfang an, so wird die In-House-Privilegierung ex nunc entfallen.[94]

4. Unternehmen aus Drittstaaten

44 Das GWB-Vergaberecht gilt unterschiedslos auch für Unternehmen, die in Staaten niedergelassen sind, die nicht zur Europäischen Union gehören.[95] § 97 Abs. 2 GWB enthält insoweit ein allgemeines Gleichbehandlungsgebot, das Ungleichbehandlungen nur aufgrund des GWB zulässt. Solche Ungleichbehandlungen von Drittstaatenunternehmen sind im GWB allerdings nur in Bezug auf einzelne Formfragen (wie Nachweisregeln) vorgesehen. Anders als Art. 85 f. RL 2014/25/EU, die für den Sektorenbereich Sondervorschriften für Angebote aus Drittstaaten vorsehen, sieht das GWB keine Drittstaatenangebote benachteiligenden Vorschriften vor. Zudem ergibt sich implizit aus Vorschriften, die dem Umstand Rechnung tragen, dass Unternehmen auch in anderen Staaten als Deutschland und der Europäischen Union niedergelassen sind, dass das GWB von einer grundsätzlichen Geltung für Unternehmen unabhängig von ihrer Ansässigkeit ausgeht. So regelt § 44 Abs. 1 VgV den Befähigungsnachweis je nach Ansässigkeit in Drittstaaten und EU-Mitgliedstaaten unterschiedlich und macht damit deutlich, dass a priori alle Unternehmen vom GWB-Vergaberecht erfasst sind. VgV- und GWB-Vergaberecht gilt daher für deutsche und EU-Unternehmen ebenso wie für Unternehmen aus Drittstaaten.

---

86 Vgl. OLG Jena, Beschluss v. 9.4.2021 – Verg 2/20.
87 Vgl. EuGH, Urteil v. 18.12.2014 – Rs. C-568/13 (Data Medical Service); Urteil v. 11.12.2014 – Rs. C-113/13 (Spezzino); Urteil v. 13.6.2013 – Rs. C-386/11 (Piepenbrock).
88 Vgl. *Pünder*, in: Müller-Wrede, Kompendium des Vergaberechts, Kap. 6 Rn. 20.
89 Vgl. EuGH, Urteil v. 7.12.2000 – Rs. C-94/99 (ARGE Gewässerschutz), Rn. 32; OLG Düsseldorf, Beschluss v. 26.7.2002 – Verg 22/02, VergabeR 2002, 607 (610 f.); zuletzt zur Beihilfe auch VK Sachsen, Beschluss v. 24.4.2008 – 1/SVK/015-08.
90 Vgl. EuGH, Urteil v. 23.12.2009 – Rs. C-305/08 (CoNISMa), Rn. 33 f.
91 Vgl. näher *Wegener/Pünder*, in: Pünder/Schellenberg, Vergaberecht, § 103 GWB Rn. 21 f.
92 Zur In-House-Vergabe siehe § 108 GWB Rn. 16 ff.
93 Vgl. OLG München, Beschluss v. 21.5.2008 – Verg 5/08.
94 Vgl. hierzu § 108 GWB Rn. 89.
95 Ebenso *Dreher*, in: Immenga/Mestmäcker, Wettbewerbsrecht, § 97 ff. GWB Rn. 79.

Für das EU-Vergaberecht wird dagegen in der Literatur[96] sowie seitens der Europäischen Kommission[97] vertreten, dass dieses nur insoweit auf Unternehmen auf Drittstaaten anwendbar sei, als entsprechende **völkerrechtliche Verpflichtungen** (insbesondere über das GPA und bilaterale Abkommen) bestehen. Dies wird durch Art. 25 RL 2014/24/EU gestützt, nach dem ungünstigere Bedingungen in Bezug auf Wirtschaftsteilnehmer aus Drittstaaten nur insoweit verboten sind, als sich die EU völkerrechtlich dazu verpflichtet hat. Allerdings ließe sich auch hier vertreten, dass die Tatsache, dass nur für die Sektorenaufträge in Art. 85 RL 2014/25/EU beschränkende Vorschriften vorgesehen sind, den Umkehrschluss zulässt, dass auch das EU-Vergaberecht grundsätzlich von einer Gleichbehandlung unabhängig von der Ansässigkeit der Unternehmen ausgeht. Unabhängig davon ist ein weitergehender Schutz durch das GWB ohne Weiteres zulässig. 45

Die Europäische Kommission hat allerdings 2012 einen 2016 noch einmal überarbeiteten Vorschlag einer EU-Verordnung vorgelegt, der zu Preisaufschlägen bei Angeboten aus Drittstaaten, die der EU keinen Marktzugang gewähren, verpflichten soll (**Marktzugangsinstrument** oder „International Procurement Instrument", IPI).[98] Der Vorschlag hatte lange Zeit im Rat der Europäischen Union keine Mehrheit gefunden und wurde lange Zeit auch von Deutschland abgelehnt.[99] Dabei wurde darauf hingewiesen, dass derartige Einschränkungen nicht nur aus handelspolitischer Sicht von zweifelhaftem Nutzen sind, sondern auch zu erheblichen vergaberechtlichen Problemen, Verwaltungslasten für Unternehmen und öffentliche Auftraggeber, die die Herkunft der Unternehmen und der Angebotsteile nach komplizierten Ursprungsregelungen prüfen müssten, und letztlich Rechtsrisiken führen würden.[100] Nach einem entsprechenden Aufruf des Europäischen Rates im März 2019[101] hat der Rat die Diskussionen wieder aufgenommen und am 2. Juni 2021 im Ausschuss der Ständigen Vertreter einen gemeinsamen Standpunkt als Mandat für die anstehenden Verhandlungen mit dem Europäischen Parlament beschlossen, der einige Änderungen an dem Kommissionsvorschlag vorsieht.[102] 46

V. Beschaffung

1. Grundsätze

§ 103 Abs. 1 GWB definiert öffentliche Aufträge als entgeltliche Aufträge von öffentlichen Auftraggebern oder Sektorenauftraggebern mit Unternehmen „über die Beschaffung" von Leistungen, die die Lieferung von Waren, die Ausführung von Bauleistungen oder die Erbringung von Dienstleistungen zum Gegenstand haben. Die Vorschrift verlangt somit ausdrücklich einen **Beschaffungsbezug**.[103] Die Vorschriften des Vergaberechts sollen *„nicht alle Formen öffentlicher Ausgaben abdecken, sondern nur diejenigen, die für den Erwerb von Bau-* 47

96 Vgl. *Egger*, Europäisches Vergaberecht, Rn. 566 ff.; *Dreher*, in: Immenga/Mestmäcker, Wettbewerbsrecht, Vor §§ 97 ff. GWB Rn. 24013 ff.

97 Vgl. Europäische Kommission, Mitteilung der Kommission – Leitlinien zur Teilnahme von Bietern und Waren aus Drittländern am EU-Beschaffungsmarkt (2019/C 271/02), S. 6.

98 Europäische Kommission, Vorschlag für eine Verordnung des Europäischen Parlaments und des Rates über den Zugang von Waren und Dienstleistungen aus Drittländern zum EU-Binnenmarkt für das öffentliche Beschaffungswesen und über die Verfahren zur Unterstützung von Verhandlungen über den Zugang von Waren und Dienstleistungen aus der Union zu den öffentlichen Beschaffungsmärkten von Drittländern (KOM(2012) 124 endg.); sowie geänderter Vorschlag für eine Verordnung des Europäischen Parlaments und des Rates über den Zugang von Waren und Dienstleistungen aus Drittländern zum EU-Binnenmarkt für öffentliche Aufträge und über die Verfahren zur Unterstützung von Verhandlungen über den Zugang von Waren und Dienstleistungen aus der Union zu den Märkten für öffentliche Aufträge von Drittländern (KOM(2016) 34 endg.).

99 Vgl. Bericht des Bundeskartellamtes über seine Tätigkeit in den Jahren 2011/2012 sowie über die Lage und Entwicklung auf seinem Aufgabengebiet und Stellungnahme der Bundesregierung, BT-Drs. 17/13675, XIV.

100 Siehe auch Begründung für den geänderten Vorschlag der Europäischen Kommission (COM(2016) 34 final), S. 3 f.

101 Schlussfolgerungen des Europäischen Rates v. 21./22.3.2019, EUCO 1/19.

102 Rat der Europäischen Union, Dokument Nr. 9175/21 vom 28. Mai 2021.

103 Der Beschaffungsbezug wurde im Zuge der GWB-Reform im Jahr 2009 ausdrücklich aufgenommen, vgl. Beschlussempfehlung und Bericht des Ausschusses für Wirtschaft und Technologie, VergRModG 2009, BT-Drs. 16/11428, 8 f.; vgl. schon zur alten Rechtslage etwa OLG Koblenz, Beschluss v. 20.12.2001 – 1 Verg 4/01, VergabeR 2002, 148 (150).

leistungen, Lieferungen oder Dienstleistungen im Wege eines öffentlichen Auftrags getätigt werden"[104].

48 Der Beschaffungsbezug ist dabei im Lichte der unionsrechtlichen Vorgaben auszulegen. Denn die praktische Wirksamkeit der Vergaberichtlinien darf durch das nationale Recht nicht beeinträchtigt werden. Insofern ist zu berücksichtigen, dass die Vergaberichtlinien grundsätzlich nicht zwischen Aufträgen unterscheiden, die ein Auftraggeber vergibt, um seine im Allgemeininteresse liegenden Aufgaben zu erfüllen, und Aufträgen, die keinen Zusammenhang mit derartigen Aufgaben aufweisen.[105] Damit ist unerheblich, zu welchem **Zweck** ein Auftrag vergeben wird. So erfordert der Auftragsbegriff der Richtlinien etwa nicht zugleich den Erwerb des Eigentums an einer Lieferung oder einem zu errichtenden Bauwerk, was Erwägungsgrund 4 RL 2014/24/EU ausdrücklich klarstellt. Vielmehr kann es genügen, dass dieses den beauftragten Erfordernissen des Auftraggebers entspricht.[106] Insofern können auch wirtschafts- und gesellschaftspolitische Zwecksetzungen zur Begründung eines Beschaffungsvorgangs i.S.d. § 103 Abs. 1 GWB dienen.[107] Auch das Fehlen eines unmittelbaren Austauschverhältnisses zwischen Auftraggeber und Auftragnehmer[108] steht einer Einordnung als öffentlicher Auftrag grundsätzlich nicht entgegen. Angesichts dessen bezeichnet der Beschaffungsbegriff vielmehr die Art und Weise des Marktauftritts des Auftraggebers, ohne dass es auf das dahinterstehende Motiv, den Beschaffungszweck, ankommt. Eine Beschaffung i.S.d. § 103 Abs. 1 GWB liegt dagegen nicht vor, wenn der Auftraggeber nicht als Nachfrager, sondern etwa als Anbieter an den Markt herantritt.[109]

2. Veräußerung, Vermietung oder Verpachtung von öffentlichen Gütern

49 Der Verkauf, die Vermietung oder die Verpachtung von Immobilien oder anderen Gütern durch einen Auftraggeber unterfallen grundsätzlich nicht dem Vergaberecht.[110] Denn der öffentliche Auftrag i.S.d. § 103 GWB setzt einen nachfragenden Marktauftritt, einen **Beschaffungsbezug** des Auftraggebers, voraus. Tritt der Auftraggeber hingegen anbietend an den Markt heran, so liegt kein öffentlicher Auftrag vor.[111]

50 Allenfalls kann in diesen Fällen infolge eines **vorvertraglichen Vertrauensverhältnisses** eine verhaltene Übertragung der Grundsätze der Gleichbehandlung und Transparenz erwogen werden,[112] allerdings nicht als Ausfluss des Vergaberechts. Bei Grundstücksverkäufen wird etwa ein Vergabeverfahren, das einen Verkauf zu Marktpreisen sicherstellt, das Vorliegen einer Beihilfe ausschließen.

51 Dessen ungeachtet liegt ein öffentlicher Auftrag jedoch dann vor, wenn mit dem anbietenden Marktauftritt des Auftraggebers eine **Leistungspflicht** des Vertragspartners verbunden wird,

104 Erwägungsgrund 4 RL 2014/24/EU.

105 Vgl. EuGH, Urteil v. 18.11.2004 – Rs. C-126/03 (Heizkraftwerk München), Slg. 2004, I-11197, Rn. 18; Urteil v. 15.1.1998 – Rs. C-44/96 (Mannesmann Anlagenbau), Slg. 1998, I-73, Rn. 32.

106 Vgl. EuGH, Urteil v. 18.1.2007 – Rs. C-220/05 (Auroux), Rn. 42 und 47; Urteil v. 12.7.2001 – Rs. C-399/98 (Teatro alla Bicocca), Rn. 71.

107 Vgl. EuGH, Urteil v. 18.1.2007 – Rs. C-220/05 (Auroux), Rn. 42 und 47; Urteil v. 12.7.2001 – Rs. C-399/98 (Teatro alla Bicocca), Rn. 71; vgl. auch OLG Karlsruhe, Beschluss v. 13.6.2008 – 15 Verg 3/08; OLG Düsseldorf, Beschluss v. 13.6.2007 – VII-Verg 2/07.

108 Im Fall des ÖPV erbringt der Auftragnehmer die Leistung nicht unmittelbar an den Auftraggeber, sondern an einen Dritten; vgl. auch für Rettungsdienstleistungen BGH, Beschluss v. 1.12.2008 – X ZB 31/08; ähnlich für den Vertrag über den Betrieb eines kommunalen Kindergartens durch einen Auftragnehmer OLG Jena, Beschluss v. 9.4.2020 – Verg 2/21.

109 Vgl. BGH, Urteil v. 22.2.2008 – V ZR 56/07; OLG Bremen, Beschluss v. 13.3.2008 – Verg 5/07; VGH Hessen, Beschluss v. 20.12.2005 – 3 TG 3035/05; LG Berlin, Urteil v. 19.10.2007 – 13 O 479/07; VK Brandenburg, Beschluss v. 15.2.2008 – VK 2/08.

110 Vgl. im Zusammenhang mit dem Verkauf von bebauten und unbebauten Grundstücken EuGH, Urteil v. 25.3.2010 – Rs. C-451/08 (Helmut Müller); OLG München, Beschluss v. 27.9.2011 – Verg 15/11; OLG Düsseldorf, Beschluss v. 9.6.2010 – VII-Verg 9/10; bezüglich eines Fischereiausübungsrechts: OLG Koblenz, Beschluss v. 10.7.2018 – Verg 1/18.

111 Vgl. BGH, Urteil v. 22.2.2008 – V ZR 56/07; OLG Koblenz, Beschluss v. 10.7.2018 – Verg 1/18; OLG Bremen, Beschluss v. 13.3.2008 – Verg 5/07; VGH Hessen, Beschluss v. 20.12.2005 – 3 TG 3035/05; LG Berlin, Urteil v. 19.10.2007 – 13 O 479/07; VK Brandenburg, Beschluss v. 15.2.2008 – VK 2/08.

112 Vgl. BGH, Urteil v. 22.2.2008 – V ZR 56/07.

die bei isolierter Betrachtung einen öffentlichen Auftrag bildet. Ein solcher eingekapselter Beschaffungsvorgang führt zur Vergabepflichtigkeit des Gesamtgeschäfts, einschließlich des bei isolierter Betrachtung vergaberechtsfreien Veräußerungsgeschäfts.[113] Dabei wird eine Konzession vorliegen, wenn die vergabepflichtigen Leistungen des Auftragnehmers über die Erträge des übertragenen Nutzungsrechts vergütet werden. Die Leistungspflicht muss dabei indes einen eigenständigen Charakter haben und darf sich nicht in dem für die Veräußerung üblichen Eigenbeitrag des Käufers erschöpfen, wie etwa einer vereinbarten Abholung einer gekauften Maschine.[114] Sie muss zudem als Leistungspflicht einklagbar sein; ihr Verfehlen darf nicht nur den Entzug der Begünstigung zur Folge haben.[115]

In der Praxis und Rechtsprechung häufig anzutreffen sind Grundstücksgeschäfte mit **eingekapseltem Beschaffungsvorgang**, die vergaberechtlich als Baukonzession einzustufen sind (z. B. „Ahlhorn"-Rechtsprechung).[116] Allerdings besteht eine Ausschreibungspflicht bei Grundstückgeschäften nach der Rechtsprechung des EuGH nur dann, wenn die Bauleistung dem Auftraggeber unmittelbar wirtschaftlich zugutekommt.[117] Dies ist laut EuGH etwa dann der Fall, wenn der öffentliche Auftraggeber Eigentümer von Bauleistungen und Bauwerken wird oder über ein Rechtsmittel verfügt, mit dem er die öffentliche Zweckbestimmung sicherstellen kann.[118] Gleiches gilt, wenn sich der öffentliche Auftraggeber entweder finanziell an den Kosten der Bauwerkerstellung beteiligt, für die Risiken im Falle eines wirtschaftlichen Fehlschlags eintritt oder wirtschaftliche Vorteile aus der zukünftigen Nutzung oder späteren Veräußerung des Bauwerks hat.[119] Allein die Tatsache, dass mit dem Verkauf von Grundstücken bestimmte städtebauliche Pläne oder Maßnahmen verfolgt werden, genügt insofern nicht.[120] Ob ein eingekapselter Beschaffungsvorgang vorliegt, ist dabei durch Auslegung der Vergabeunterlagen und Verträge zu ermitteln. Dabei sind im Wege einer Gesamtbetrachtung auch die Begleitumstände, mithin alle einschlägigen Vergabeunterlagen, Verträge, Hoheitsakte und sonstigen Dokumente heranzuziehen, wie etwa städtebauliche Verträge, Vorhaben- und Erschließungspläne sowie planungsrechtliche Hoheitsakte wie Flächennutzungspläne oder vorhabenbezogene Bebauungspläne.[121] Zudem können der Veräußerer und derjenige, der wirtschaftlich von der Leistung des Käufers profitiert, durchaus auseinanderfallen, vorausgesetzt allerdings, dass beide in enger Abstimmung gegenüber dem Käufer auftreten.[122] Zu beachten ist jedoch, dass durch Auslegung der wahre Wille des Erklärenden zu ermitteln ist (§ 133 BGB) und kein vermeintlicher Wille fingiert werden darf.[123] Daher liegt kein öffentlicher Auftrag vor, wenn der ursprüngliche Wille zur Vereinbarung eines öffentlichen Auftrags aufgegeben wird, selbst wenn dies der Vermeidung einer Ausschreibungspflicht dient.[124] Ergänzt sei, dass sich der Auftragswert in vorgenannten Fällen nach hier vertretender Auffassung nur 52

113 Vgl. etwa BGH, Beschluss v. 1.2.2005 – X ZB 27/04; OLG Koblenz, Beschluss v. 10.7.2018 – Verg 1/18; OLG Düsseldorf, Beschluss v. 9.1.2013 – VII-Verg 26/12.

114 Grenzwertig daher VK Bund, Beschluss v. 24.7.2007 – VK 2-69/07.

115 Vgl. OLG Koblenz, Beschluss v. 10.7.2018 – Verg 1/18 und die Kommentierung zu Finanzhilfen, Rn. 67 ff.

116 Vgl. OLG Düsseldorf, Beschluss v. 2.10.2008 – VII-Verg 25/08; Beschluss v. 14.5.2008 – VII-Verg 27/08; Beschluss v. 6.2.2008 – VII-Verg 37/07; Beschluss v. 12.12.2007 – VII-Verg 30/07; Beschluss v. 13.6.2007 – VII-Verg 2/07; Beschluss v. 13.2.2007 – VII-Verg 2/07; OLG Karlsruhe, Beschluss v. 13.6.2008 – 15 Verg 3/08; OLG Bremen, Beschluss v. 13.3.2008 – Verg 5/07.

117 Vgl. EuGH, Urteil v. 25.3.2010 – Rs. C-451/08 (Helmut Müller), NZBau 2010, 321 ff.; vgl. auch § 103 Abs. 3 S. 2 GWB und hierzu Rn. 109 ff.

118 Vgl. EuGH, Urteil v. 25.3.2010 – Rs. C-451/08 (Helmut Müller), Rn. 50 f.

119 Vgl. EuGH, Urteil v. 25.3.2010 – Rs. C-451/08 (Helmut Müller), Rn. 52.

120 Vgl. OLG München, Beschluss v. 27.9.2011 – Verg 15/11; OLG Düsseldorf, Beschluss v. 9.6.2010 – VII-Verg 9/10.

121 Vgl. OLG Karlsruhe, Beschluss v. 13.6.2008 – 15 Verg 3/08; OLG Bremen, Beschluss v. 13.3.2008 – Verg 5/07; OLG Düsseldorf, Beschluss v. 13.6.2007 – VII-Verg 2/07; Beschluss v. 13.2.2007 – VII-Verg 2/07.

122 Vgl. OLG Düsseldorf, Beschluss v. 2.10.2008 – VII-Verg 25/08; VK Düsseldorf, Beschluss v. 31.10.2008 – VK-22/2008-B.

123 Vgl. BGH, Urteil v. 19.1.2000 – VIII ZR 275/98.

124 Vgl. in diesem Sinne OLG Brandenburg, Beschluss v. 27.6.2008 – Verg W 4/08; VK Baden-Württemberg, Beschluss v. 15.8.2008 – 1 VK 27/08; Beschluss v. 5.6.2008 – 1 VK 16/08; VK Hessen, Beschluss v. 5.3.2008 – 69d-VK-06/2008; VK Brandenburg, Beschluss v. 15.2.2008 – VK 2/08.

nach dem Wert des Vertragsteils bestimmt, der als öffentlicher Auftrag einzuordnen ist.[125] Für die Bestimmung des wirtschaftlichen Gewichts des Auftrags können nach Sinn und Zweck des § 103 GWB nur solche Elemente maßgeblich sein, die im Übrigen vergaberechtlich relevant sind. Die Pflicht zur Durchführung kleinerer Erschließungsmaßnahmen wird daher regelmäßig schon mangels Überschreitung der Schwellenwerte keinen öffentlichen Auftrag auslösen.

3. Veräußerung von Unternehmensanteilen im Rahmen von Privatisierungen

53 Auch Anteilsveräußerungen im Rahmen von Privatisierungsmaßnahmen stellen grundsätzlich keine staatliche Beschaffung dar.[126] Insofern werden Leistungen nicht nachgefragt, sondern angeboten.[127] Die Durchführung eines Bieterverfahrens kann ungeachtet dessen jedoch aus beihilferechtlichen Gründen angeraten sein.[128]

54 Ein Anteilsverkauf durch die öffentliche Hand kann allerdings vergaberechtliche Relevanz erlangen, wenn in die Suche nach privaten Mitgesellschaftern eine **Beschaffung eingekapselt** ist. Im Wege einer funktionellen Gesamtbetrachtung beider Vorgänge tritt der Anteilsverkäufer in diesem Fall als Nachfragender am Markt auf. Dies wird im Grundsatz die Ausschreibungspflicht des Gesamtvorgangs zur Folge haben, in den der Anteilsverkauf integriert ist.[129]

55 Allerdings hat der EuGH in der Rechtssache „Loutraki" entschieden, dass eine Ausschreibungspflicht dann ausnahmsweise nicht besteht, wenn der Beschaffungsvorgang im Verhältnis zur Anteilsveräußerung nur **von untergeordneter Bedeutung** ist.[130] Im konkreten Fall sah das Gericht bei einem Erwerb von 49 % des Kapitals die Aktienveräußerung ohne Zweifel als Hauptgegenstand des Vertrages an. Eine Ausschreibungspflicht bestand danach nicht. Allerdings gilt dies nur, sofern die verschiedenen Teile des Vertrages ein untrennbares Ganzes bilden.[131] Dies ist etwa dann der Fall, wenn die Notwendigkeit besteht, den gemischten Vertrag an einen einzigen Partner zu vergeben.[132]

56 Auch der **Verkauf von Unternehmensanteilen** an einem gemischtwirtschaftlichen Unternehmen ist ausschreibungspflichtig, wenn dieses Leistungen für den Auftraggeber erbringt und durch den Anteilsverkauf die Voraussetzung eines vergaberechtsfreien In-House-Geschäfts nicht mehr gegeben sind.

57 Auslöser einer Ausschreibungspflicht kann ferner ein **enger sachlich-zeitlicher Zusammenhang** zwischen der Beauftragung und dem Anteilsverkauf sein.[133] Allein maßgeblich ist dieses Kriterium jedoch nicht.[134] Bei wirtschaftlicher Betrachtungsweise kann die Anteilsveräußerung auch ohne einen solchen Zusammenhang als Auftragsneuerteilung bewertet werden. Dabei ist auch zu prüfen, ob der Anteilsverkauf als Mittel einer unzulässigen Umgehung eines

---

125 OLG Brandenburg, Beschluss v. 27.6.2008 – Verg W 4/08; OLG Düsseldorf, Beschluss v. 27.9.2007 – VII-Verg 2/07.

126 EuGH, Urteil v. 22.12.2010 – Rs. C-215/09 (Mehiläinen).

127 Vgl. grundlegend zu Anteilsveräußerungen und deren rechtlichen Einordnung, insbesondere im Hinblick auf die europäischen Grundlagen, *Pünder*, in: Müller-Wrede, Kompendium des Vergaberechts, Kap. 6 Rn. 28; *Braun*, VergabeR 2006, 657 (659 ff.); *Dietlein*, NZBau 2004, 472 (475); *Krutisch*, NZBau 2003, 650; *Scharf/Dierkes*, VergabeR 2011, 543.

128 Vgl. etwa Europäische Kommission, Entscheidung v. 11.4.2000 – 2000/628/EG (Centrale del Latte di Roma), Rn. 86; Mitteilung der Kommission betreffend Elemente staatlicher Beihilfe bei Verkäufen von Bauten oder Grundstücken durch die öffentliche Hand (97/C 209/03).

129 Vgl. EuGH, Urteil v. 10.11.2005 – Rs. C-29/04 (Kommission/Österreich); VK Baden-Württemberg, Beschluss v. 16.7.2007 – 1 VK 23/07; VK Brandenburg, Beschluss v. 17.9.2002 – VK 50/02; VK Niedersachsen, Beschluss v. 26.4.2002 – 203-VgK-06/2002.

130 Vgl. EuGH, Urteil v. 6.5.2010 – Rs. C-145/08 und 149/08 (Club Hotel Loutraki), Rn. 55 ff.; dazu auch *Scharf/Dierkes*, VergabeR 2011, 543 (546 f.); *Tomerius*, ZfBR 2012, 332 (333).

131 Vgl. EuGH, Urteil v. 22.12.2010 – Rs. C-215/09 (Mehiläinen), Rn. 45 f.; Urteil v. 6.5.2010 – Rs. C-145/08 und 149/08 (Club Hotel Loutraki), Rn. 62; dazu eingehend *Scharf/Dierkes*, VergabeR 2011, 543 (546 ff.).

132 Vgl. EuGH, Urteil v. 22.12.2010 – Rs. C-215/09 (Mehiläinen), Rn. 45 f.

133 Vgl. *Burgi*, NVwZ 2001, 601 (605); anders *Braun*, VergabeR 2006, 657 (661), der zudem noch auf den Veräußerungszweck abstellt; vgl. hierzu auch OLG Naumburg, Beschluss v. 29.4.2010 – 1 Verg 3/10; VK Niedersachsen, Beschluss v. 17.5.2005 – VgK-16/2005 (Zeitspanne von fünf Jahren wohl zu lang, im Ergebnis aber offenlassend); siehe auch VK Baden-Württemberg, Beschluss v. 16.7.2007 – 1 VK 23/07.

134 Im Ergebnis wohl ebenso *Braun*, VergabeR 2006, 657 (661); *Endler*, NZBau 2002, 125 (133); *Jaeger*, NZBau 2001, 6 (11).

ansonsten vergaberechtspflichtigen Vorgangs missbraucht worden ist.[135] Eine Ausschreibungspflicht besteht daher dann, wenn allein durch den Anteilsverkauf die Liquidität des bereits beauftragten Unternehmens wiederhergestellt wird und der Auftrag andernfalls neu hätte ausgeschrieben werden müssen.[136]

4. Reverstaatlichung öffentlicher Aufgaben

Mit der **Reverstaatlichung** führt die öffentliche Hand eine vormals an Private übertragene Aufgabe an sich selbst zurück und entzieht den Auftrag damit dem Markt. Wird die Aufgabe an eine Kommune zurückgeführt, spricht man von Rekommunalisierung.[137] Ein Bedürfnis zur Reverstaatlichung kann sich etwa ergeben, wenn sich die Erbringung einer öffentlichen Aufgabe durch den Auftraggeber selbst oder mithilfe einer Tochtergesellschaft als wirtschaftlicher darstellt. 58

Die Reverstaatlichung im Sinne einer bloßen Rückführung öffentlicher Aufgaben ist **grundsätzlich** vergaberechtsfrei. Sie stellt gerade keinen öffentlichen Beschaffungsvorgang i.S.d. § 103 Abs. 1 GWB dar,[138] sondern führt zur Aufgabenerledigung durch Eigenleistung. An einer Reverstaatlichung fehlt es zudem bereits begrifflich, wenn bei der vorangegangenen formellen Privatisierung die Voraussetzungen eines In-House-Geschäfts vorlagen.[139] Denn in diesem Fall wurde die Aufgabe bei materieller Betrachtung zu keiner Zeit aus der staatlichen Sphäre ausgegliedert. 59

Gleichwohl kann in eine Reverstaatlichung eine **Beschaffung eingekapselt** sein. Überträgt der Auftraggeber den Auftrag nicht auf sich selbst, sondern auf einen Dritten (etwa eine andere Gebietskörperschaft), ist Vergaberechtsfreiheit nur gegeben, sofern die engen Voraussetzungen eines In-House-Geschäfts oder einer horizontalen Zusammenarbeit vorliegen und der Vorgang unter Beachtung der vergaberechtlichen Bestimmungen vollzogen werden kann.[140] Kauft der Auftraggeber zudem im Zuge der Reverstaatlichung Unternehmen, so sind die Grundsätze der Vergabepflichtigkeit öffentlicher Akquisitionen zu beachten.[141] 60

Sofern es sich bei der (Rück-)Verlagerung der Aufgabe um eine echte **Verlagerung der öffentlich-rechtlichen Kompetenz** von einer kommunalen oder staatlichen Stelle zu einer anderen ohne finanzielle Gegenleistung handelt, liegt lediglich ein dem Vergaberecht entzogener Akt der Verwaltungsorganisation vor.[142] Mangels Beschaffungsbezugs ist dieser Vorgang ebenfalls vergaberechtsfrei.[143] 61

5. Kauf von Unternehmensanteilen, Vereinsmitgliedschaft

Ob der **Kauf von Unternehmen oder Unternehmensanteilen** durch Auftraggeber als öffentlicher Auftrag einzustufen ist, entscheidet sich an seinem Beschaffungsbezug. Erwirbt der Auftraggeber das Unternehmen oder Anteile an demselben, ohne damit Anspruch auf Leistungen des Unternehmens zu erhalten, so fehlt in der Regel der Beschaffungsbezug: Der Auftraggeber nimmt dann Leistungen des Unternehmens weder selbst in Empfang, noch sollen sie Dritten in Erfüllung einer Aufgabe der Daseinsvorsorge zuteilwerden. Ein solches Vorgehen, um des Bestandes des Unternehmens willen, etwa zur Rettung vor drohender Insolvenz, zur Sicherung von Arbeitsplätzen oder strategischer Produktionskapazitäten oder aus anderen Gründen des Gemeinwohls, wird beihilferechtlich an dem Verhalten eines privaten Investors 62

135 Vgl. *Drügemöller/Conrad*, ZfBR 2008, 651 (657); *Braun*, VergabeR 2006, 657 (661) m.w.N.
136 Vgl. OLG Brandenburg, Beschluss v. 3.8.2001 – Verg 3/01.
137 Vgl. zum Begriff der Rekommunalisierung OLG Naumburg, Beschluss v. 3.11.2005 – 1 Verg 9/05; OLG Düsseldorf, Beschluss v. 15.10.2003 – VII-Verg 50/03.
138 Vgl. hierzu OLG Naumburg, Beschluss v. 3.11.2005 – 1 Verg 9/05; OLG Frankfurt am Main, Beschluss v. 7.9.2004 – 11 Verg 11/04.
139 Vgl. OLG Naumburg, Beschluss v. 3.11.2005 – 1 Verg 9/05; OLG Düsseldorf, Beschluss v. 15.10.2003 – VII-Verg 50/03.
140 Vgl. OLG Frankfurt, Beschluss v. 30.8.2011 – 11 Verg 3/11; OLG Naumburg, Beschluss v. 3.11.2005 – 1 Verg 9/05.
141 Siehe hierzu Rn. 62 ff.
142 Vgl. Art. 1 Abs. 6 RL 2014/24/EU; zu den Voraussetzungen siehe § 108 GWB Rn. 11.
143 Vgl. VK Saarland, Beschluss v. 24.10.2008 – 3 VK 2/2008.

zu messen sein, unterliegt jedoch nicht einer vergaberechtlichen Ausschreibungspflicht. Wenn der Auftraggeber das Unternehmen gerade wegen der Dienstleistungen oder Produkte erwirbt, die das Unternehmen anbietet, kann der Unternehmenskauf dagegen einen Beschaffungsbezug haben. Sollen mit dem Kauf bei funktional-wirtschaftlicher Betrachtung letztlich Leistungen beschafft werden, so ist ein Beschaffungsvorgang eingekapselt und das Vergaberecht anwendbar.[144] Feststellen lässt sich dies zumeist daran, ob mit dem Kauf zugleich auch konkrete Leistungspflichten über die Produkte und Dienstleistungen des Unternehmens vereinbart werden. Zu beachten ist: Selbst wenn ein Beschaffungsbezug vorliegt, sind die weiteren Voraussetzungen der Anwendbarkeit des Vergaberechts zu prüfen, insbesondere § 108 GWB.

63 Nach denselben Maßstäben ist eine **Vereinsmitgliedschaft** zu beurteilen. Der Erwerb der Mitgliedschaft ist nur dann ein öffentlicher Auftrag, wenn sie einen hinreichend konkreten Beschaffungsbezug hat, eine Beschaffung mithin eingekapselt ist.[145] Entscheidend ist, ob mit der Vereinsmitgliedschaft bereits konkrete Leistungen an den Auftraggeber synallagmatisch verbunden werden. Fehlt es hieran, liegt kein öffentlicher Auftrag vor, selbst wenn Mitgliedsbeiträge anfallen. Nicht ausreichend ist wohl auch, dass eine Vereinsmitgliedschaft die bloße Möglichkeit einer späteren Beschaffung eröffnet, weil die Leistungen nur an Mitglieder erbracht werden.[146] Allerdings wird ein späterer, konkreter Leistungsabruf im Rahmen der Mitgliedschaft in der Regel anhand § 103 GWB zu messen sein. Dabei ist dann wieder eine wirtschaftliche Gesamtbetrachtung anzustellen: Gestattet die Vereinsmitgliedschaft einen späteren Leistungsabruf ohne oder gegen reduziertes Entgelt, so sind die Mitgliedsbeiträge einzubeziehen. Auch wird der Auftraggeber sich nicht auf die Vereinsmitgliedschaft berufen können, um eine Beschränkung des Vergabewettbewerbs beim Leistungsabruf zu rechtfertigen.

6. Handel mit Emissionszertifikaten

64 **Emissionszertifikate** verleihen ihrem Inhaber die Befugnis, eine bestimmte Menge von Treibhausgasen, insbesondere Kohlendioxid, in einem bestimmten Zeitraum zu emittieren.[147] Nach dem der gemeinschaftsrechtlichen Emissionshandelsrichtlinie 003/87/EG[148] und dem TEHG zugrunde liegenden System des cap and trade werden durch die Verknappung der handelbaren Emissionszertifikate für die Emittenten wirtschaftliche Anreize zur Reduzierung ihres Treibhausgasausstoßes gesetzt. Emittenten, die weniger Treibhausgase freisetzen, als ihnen Emissionsberechtigungen zustehen, genießen den Vorteil, durch den Verkauf der überschüssigen Zertifikate Einnahmen zu erzielen und entgehen darüber hinaus der wirtschaftlichen Belastung, weitere Zertifikate kaufen zu müssen. Emittenten, die mehr Treibhausgase freisetzen, als ihnen Berechtigungen zustehen, müssen hingegen Berechtigungen nachkaufen.[149] Sofern Auftraggeber, wie etwa Stadtwerke oder öffentlich beherrschte Anlagenbetreiber, an diesem Handel teilnehmen wollen, stellt sich die Frage nach der vergaberechtlichen Bewertung dieses Vorgehens.[150]

65 Nicht als öffentlicher Auftrag i.S.d. § 103 Abs. 1 GWB ist mangels Beschaffungsbezugs der **Verkauf** von Emissionszertifikaten zu qualifizieren, da der Auftraggeber in diesem Fall nicht als Nachfrager, sondern als Anbieter einer Leistung in Erscheinung tritt.[151]

---

144 Vgl. OLG Karlsruhe, Beschluss v. 30.10.2018 – 15 Verg 5/18; ähnlich OLG Düsseldorf, Beschluss v. 4.2.2013 – VII-Verg 31/12.

145 Instruktiv: OLG Rostock, Beschluss v. 5.2.2020 – 17 Verg 4/19; VK Mecklenburg-Vorpommern, Beschluss v. 6.6.2019 – 3 VK 04/19.

146 So noch OLG Rostock, Beschluss v. 5.2.2020 – 17 Verg 4/19.

147 Vgl. § 3 Nr. 3 TEHG.

148 Zuletzt geändert durch RL 2009/29/EG v. 23.4.2009, EU-ABl. 2009, L 140, S. 63 ff.

149 Vgl. zur Funktionsweise des Emissionsrechtehandels *Wagner*, NZBau 2007, 623 (623) m.w.N.

150 Vgl. zur vergaberechtlichen Bewertung des Emissionsrechtekaufs durch öffentliche Auftraggeber *Goodarzi*, NVwZ 2004, 949; *Kiser*, VergabeR 2004, 683; *Riese/van den Eikel*, NVwZ 2005, 758; *Wagner*, NZBau 2007, 623.

151 So auch *Frenz*, Handbuch Europarecht, Band 3, Rn. 2127.

Ob der **Kauf** der Zertifikate als öffentlicher Auftrag i.S.d. § 103 Abs. 1 GWB zu bewerten ist, wird unterschiedlich beantwortet.[152] Abzulehnen ist jedenfalls die Gleichstellung des Kaufes von Emissionszertifikaten mit einer Dienstleistungskonzession.[153] Allenfalls der Kauf eines Konzessionsrechtes[154] könnte in dieser personellen Konstellation diskutiert werden. In keinem Fall aber räumt eine Vertragspartei der anderen als Gegenleistung für die Erbringung einer Dienstleistung das Recht zur Verwertung dieser Dienstleistung ein, wie dies in Art. 5 Nr. 1 lit. b RL 2014/23/EU für eine Dienstleistungskonzession vorgesehen ist. Beim Kauf von Emissionszertifikaten handelt es sich vielmehr um einen Rechtskauf, der nach § 453 Abs. 1 BGB materiell-rechtlich wie ein Sachkauf behandelt wird.[155] Ob ein solcher Rechtskauf als Warenlieferung i.S.d. § 103 Abs. 2 GWB zu qualifizieren ist oder vom Auffangtatbestand des § 103 Abs. 4 GWB erfasst wird, ist ebenfalls umstritten.[156] Da Lieferaufträge i.S.d. § 103 Abs. 2 GWB nur bei der Beschaffung beweglicher Sachen vorliegen und die Emissionszertifikate lediglich unkörperlich auf den Zertifikatkonten der handelnden Vertragsparteien transferiert werden (vgl. § 7 Abs. 3 i.V.m. § 17 TEHG), spricht mehr für eine Einordnung als Dienstleistungsauftrag i.S.d. § 103 Abs. 4 GWB. Teilweise wird vertreten, dass der vergaberechtliche Auftragsbegriff **teleologisch zu reduzieren** sei, sodass der Kauf von Emissionszertifikaten grundsätzlich nicht darunterfalle.[157] Eine solche grundsätzliche Ausnahme des Emissionshandels vom Vergaberecht überzeugt nicht. Insbesondere widerspricht das mit dem Vergaberecht angestrebte Prinzip der Wirtschaftlichkeit nicht dem Ziel des Emissionshandels, durch Verknappung eine Verteuerung der Zertifikate als Anreiz zur Anlagenmodernisierung herbeizuführen. Diese Verteuerung soll nämlich durch Verknappung des Angebots und nicht durch überteuerten Erwerb der Auftraggeber herbeigeführt werden, zumal ein solcher unwirtschaftlicher Erwerb dem Verkäufer, der über Marktpreis verkauft, und nicht der Emissionsreduzierung zugutekommt. Auch dass der Auftraggeber im Emissionsrechtehandel keine besondere marktbeherrschende Stellung innehat, ist keine Besonderheit des Emissionshandels, sondern entspricht der Situation beim Erwerb sonstiger allgemein auf dem Markt angebotener Leistungen. Vielmehr nehmen die Vorschriften über Vergabeverfahren bereits Rücksicht auf entsprechende Marktkonstellationen, insbesondere den Verkauf über Warenbörsen. So kann bei einem Kauf über eine Börse die Möglichkeit des Verhandlungsverfahrens ohne Teilnahmewettbewerb nach § 14 Abs. 4 Nr. 6 VgV, die für „eine auf einer Warenbörse notierte und gekaufte Lieferleistung" offensteht, genutzt werden. Zwar handelt es sich um keine Lieferleistung, jedoch zeigt die Begründung des Art. 32 RL 2014/24/EU,[158] der durch § 14 VgV umgesetzt wurde, dass die Ausnahme ein breites Warenverständnis voraussetzt. Die dort angeführte Begründung, das Vergabeverfahren sei nicht sinnvoll, da bei Warenbörsen „aufgrund der regulierten und überwachten multilateralen Handelsstruktur Marktpreise garantiert sind", gilt gleichermaßen für den Kauf von Emissionszertifikaten an entsprechenden Börsen.[159] Voraussetzung ist jedoch, dass die Emissionszertifikate auch tatsächlich an der Börse eingekauft werden. Ist dies nicht der Fall, muss der Auftraggeber ein formelles Vergabeverfahren durchführen. 66

---

152 Für eine Bewertung als öffentlicher Auftrag *Goodarzi*, NVwZ 2004, 949 (951); *Kiser*, VergabeR 2004, 683 (686); *Wagner*, NZBau 2007, 623 (624 ff.); dagegen *Riese/van den Eikel*, NVwZ 2005, 758 (760 ff.).

153 So aber *Riese/van den Eikel*, NVwZ 2005, 758 (761 f.).

154 Ob in der Befugnis zur Emission von Treibhausgasen eine Konzession für eine Dienstleistung gesehen werden kann, ist bereits höchst fraglich; vgl. dazu näher *Wagner*, NZBau 2007, 623 (625).

155 So auch *Goodarzi*, NVwZ 2004, 949 (951); *Wagner*, NZBau 2007, 623 (624); ohne nähere Begründung auch *Kiser*, VergabeR 2004, 683 (686).

156 Für eine Einordnung als Lieferauftrag ohne Begründung *Kiser*, VergabeR 2004, 683 (686); für die Einordnung als Dienstleistungsauftrag *Goodarzi*, NVwZ 2004, 949 (951); *Wagner*, NZBau 2007, 623 (624).

157 Vgl. *Riese/van den Eikel*, NVwZ 2005, 758 (762), der vor allem auf den mit der RL 2003/87/EG und dem TEHG verfolgten zügigen Zertifikatshandel abstellt; mit anderer Begründung auch *Frenz*, Handbuch Europarecht, Band 3, Rn. 2127, der die mit dem Vergaberecht verfolgten Ziele der Transparenz, Gleichbehandlung und Wirtschaftlichkeit schon dadurch als erfüllt ansieht, dass der Emissionsrechtehandel ohnehin einem Marktsystem mit börsengebildetem Preis unterliege, der dem Vergaberecht fremd sei.

158 Erwägungsgrund 50 RL 2014/24/EU.

159 Vgl. zum bisherigen Recht auch *Frenz*, Handbuch Europarecht, Bd. 3 Rn. 2127, der börsengebildete Marktpreise zu Recht als vollwertigen Ersatz für in Vergabeverfahren gebildete Marktpreise ansieht; a.A. *Kiser*, VergabeR 2004, 683 (688).

7. Finanzhilfen, Beihilfen, Ausgleichszahlungen

67 Nicht vom Vergaberecht erfasst werden sollen in der Regel Finanzhilfen. In Erwägungsgrund 4 RL 2014/24/EU wird dies klargestellt: *„[D]ie Vorschriften für die öffentliche Auftragsvergabe [gelten] in der Regel nicht für die bloße Finanzierung, insbesondere durch Finanzhilfen, von Tätigkeiten, die häufig mit der Verpflichtung verbunden ist, erhaltene Beträge bei nicht bestimmungsgemäßer Verwendung zurückzuzahlen."*

68 Jenseits dieses Grundsatzes ist die Abgrenzung jedoch schwierig: **Öffentliche Aufträge** beinhalten einen Finanztransfer (die Zahlung des Preises) und Finanzhilfen/Subventionen werden selten ohne Gegenleistung vergeben. Dementsprechend ist auch der Begriff der Beihilfe gemäß Art. 107 Abs. 1 AEUV weit gefasst und kann sich auf öffentliche Aufträge erstrecken, wenn die Leistungsbeziehung nicht Marktbedingungen entspricht. Finanzhilfen und Subventionen können vielfache Formen annehmen wie Zuwendungen oder verlorene Zuschüsse. Allein das Vorliegen einer Finanzhilfe oder Beihilfe schließt daher einen öffentlichen Auftrag nicht per se aus.[160] Angemerkt sei, dass abweichend hiervon für Unionsorgane ein Entweder-oder-Verhältnis von Finanzhilfen und öffentlichen Aufträgen in Art. 101 Nr. 3 VO (EU/EURATOM) 966/2012 ausdrücklich geregelt ist. Folgende Voraussetzungen sind für einen öffentlichen Auftrag maßgeblich:

- Die Gegenleistung für den Finanztransfer muss eine Lieferung, Dienstleistung oder Bauleistung im Sinne von § 103 Abs. 2 bis 4 GWB sein. Hat die Gegenleistung nicht diesen Charakter oder erreicht sie nicht diesen Grad an Konkretisierung, liegt kein öffentlicher Auftrag vor.
- Die Gegenleistung muss einem Erwerbszweck des Auftraggebers dienen; einen Bedarf auf seiner Seite decken. Der Auftraggeber kann dabei eine Leistung an sich wollen oder eine Leistung an andere in Erfüllung einer eigenen öffentlichen Aufgabe.
- Ergänzend ist eine wirtschaftliche Schwerpunktbetrachtung anzustellen: Steht im Mittelpunkt die Leistung, liegt ein öffentlicher Auftrag vor. Steht die Finanzhilfe im Mittelpunkt, so liegt kein öffentlicher Auftrag vor.

69 Kein öffentlicher Auftrag liegt daher vor, wenn die Gegenleistung für eine Finanzhilfe/Subvention nur eine **Bedingung** ist, bei deren Nicht-Erfüllung die Finanzhilfe zurückzuzahlen ist. Gleiches gilt im Falle einer bloßen Hoffnung, Erwartung oder **Absichtserklärung**, die den Empfänger des Finanztransfers nicht rechtlich verpflichtet.

70 Keine öffentlichen Aufträge sind zudem institutionelle, nicht erwerbsbezogene Unterstützungen für Körperschaften (z. B. Rettung einer Infrastrukturgesellschaft vor Insolvenz), Subventionen verbunden mit der Verpflichtung, die Mittel bei nicht bestimmungsgemäßer Verwendung zurückzuzahlen,[161] und Finanzhilfen verbunden mit politischen Konditionalitäten (z. B. Ansiedlungshilfe verknüpft mit der Schaffung von Arbeitsplätzen, Konditionalitäten bei der Zuteilung von EU-Strukturfonds). Denn ein öffentlicher Auftrag setzt eine Verpflichtung des Auftragnehmers zur Erfüllung seiner **primären Leistungspflicht** voraus; eine bloße Pflicht zur Rückerstattung von Finanzmitteln bei Verfehlung von Auflagen genügt nicht.[162] Gleiches gilt für Zuwendungen nach § 23 BHO: Gewährt eine öffentliche Körperschaft einem Unternehmen eine Zuwendung, etwa weil sie dessen Tätigkeiten insgesamt oder auch eine spezielle Tätigkeit fördern will, verpflichtet sich das Unternehmen im Gegenzug aber nicht zur Erbringung einer spezifischen Leistung, liegt ein reines Zuwendungsverhältnis vor.[163] Ein derart einseitiges Zuwendungsverhältnis, in dem der Zuwendungsempfänger sich nicht zu einer ausreichend bestimmten oder bestimmbaren Gegenleistung verpflichtet, stellt keinen öffentlichen

---

160 Vgl. instruktiv OLG München, Beschluss v. 25.3.2011 – Verg 4/11.
161 Erwägungsgrund 4 RL 2014/24/EU.
162 Vgl. OLG Düsseldorf, Beschluss v. 11.7.2018 – VII-Verg 1/18.
163 Vgl. VK Bund, Beschluss v. 3.8.2006 – VK 1-49/06; zur Abgrenzung siehe auch OLG München, Beschluss v. 25.3.2011 – Verg 4/11.

Auftrag i.S.d. Vergaberechts dar.[164] Auch eine Vereinbarung, die lediglich eine Neuregelung von Ausgleichszahlungen in einem personenbeförderungsrechtlichen Genehmigungstatbestand oder in einem anderen nicht selektiven Zulassungssystem bezweckt und keine Vergütung vorsieht, unterliegt nicht dem öffentlichen Auftragsbegriff des § 103 GWB.[165]

Öffentliche Aufträge sind hingegen zumeist Verträge, bei denen Dienste der **Daseinsvorsorge** am Markt nachgefragt werden und hierfür eine Ausgleichszahlung angeboten wird, zum Beispiel in den Bereichen der Abfallentsorgung, der Gesundheitsfürsorge oder der Breitbandversorgung. Häufig empfangen die Leistung in diesen Fällen zwar unmittelbar die Nutzer, nicht der Auftraggeber. Ausreichend für einen öffentlichen Auftrag ist aber, dass der Auftraggeber sich die Erfüllung einer ihm obliegenden Aufgabe beschafft, selbst wenn die Leistung unmittelbar Dritten zugutekommt.[166] 71

VI. Entgeltlichkeit

1. Grundsätze

Unter den Begriff des öffentlichen Auftrags im Sinne des § 103 Abs. 1 GWB fallen nur entgeltliche Verträge. Somit stellen die nach deutschem Zivilrecht unentgeltlichen Vertragstypen Schenkung, Leihe und Auftrag keine öffentlichen Aufträge dar. Der Begriff der **Entgeltlichkeit** ist weit auszulegen und nicht nur bei finanziellen Gegenleistungen anzunehmen.[167] Grundsätzlich ist jede geldwerte Vergütung ausreichend ungeachtet ihrer Form,[168] beispielsweise auch ein Mitgliedsbeitrag zu einem Verein.[169] 72

Nicht ausschlaggebend ist, ob das Entgelt **vom Auftraggeber** stammt oder nicht.[170] So ist ein Vertrag nach der Rechtsprechung des BGH auch dann entgeltlich, wenn der Auftragnehmer sich in anderer Weise eine Gegenleistung verschafft, ohne dabei ein übermäßiges finanzielles Risiko einzugehen, etwa durch Verkauf des zu entsorgenden Altpapiers.[171] Entscheidend ist dabei, dass die Leistung des Auftragnehmers und die Gegenleistung des Auftraggebers Teile eines einheitlichen Leistungsaustausches sind.[172] Auch tauschähnliche Verträge bzw. wechselseitige Kooperationen zwischen Auftraggebern können daher entgeltlich sein, z. B. bei kostenfreier Überlassung einer Software verbunden mit der Pflicht, im Gegenzug etwaige Anpassungen kostenfrei zu überlassen.[173] 73

Unerheblich ist zudem die **Höhe der Vergütung**, ob sie Gewinne des Auftragnehmers enthält oder eine bloße Kostendeckung ganz oder teilweise ermöglicht.[174] 74

Kein Entgelt ist hingegen eine Umverteilung von Aufgaben – eine **Kompetenzübertragung** – von einer öffentlichen Stelle an eine andere, selbst wenn mit der Aufgabenverlagerung zugleich Einnahmeverlagerungen verbunden sind oder die übertragende Stelle weiter 75

164 Vgl. VK Bund, Beschluss v. 3.8.2006 – VK 1-49/06, mit dem Hinweis, dass auch die Falschbezeichnung als „Rahmenvertrag" an dieser Einschätzung nichts ändert; zudem unter Verweis auf OLG Düsseldorf, Beschluss v. 27.10.2004 – VII-Verg 41/04.

165 Vgl. OLG Karlsruhe, Beschluss v. 13.7.2005 – 6 W 35/05 (Verg).

166 Vgl. instruktiv OLG München, Beschluss v. 25.3.2011 – Verg 4/11, nachfolgend OLG Karlsruhe, Beschluss v. 14.11.2014 – 15 Verg 1/14.

167 Vgl. EuGH, Urteil v. 18.10.2018 – Rs. C-606/17 (IBA), Rn. 28.

168 Vgl. EuGH, Urteil v. 18.11.2004 – Rs. C-126/03 (Heizkraftwerk München), Rn. 20; BGH, Beschluss v. 1.12.2008 – X ZB 31/08; Beschluss v. 1.2.2005 – X ZB 27/04; OLG Düsseldorf, Beschluss v. 3.2.2021 – VII-Verg 25/18; Beschluss v. 7.3.2012 – VII-Verg 78/11; Beschluss v. 5.5.2004 – VII-Verg 78/03; OLG Celle, Beschluss v. 8.9.2014 – 13 Verg 7/14; OLG Naumburg, Beschluss v. 17.1.2014 – 2 Verg 6/13 .

169 Vgl. BGH, Beschluss v. 3.7.2008 – I ZR 145/05.

170 Vgl. z. B. EuGH, Urteil v. 18.1.2007 – Rs. C-220/05 (Auroux), Rn. 45, wonach der EuGH auch die Einnahmen des Auftragnehmers aus der Veräußerung der Grundstücke an Dritte mit einbezieht; nachfolgend etwa OLG Düsseldorf, Beschluss v. 13.6.2007 – VII-Verg 2/07.

171 Vgl. BGH, Beschluss v. 1.2.2005 – X ZB 27/04; nachfolgend etwa OLG Celle, Beschluss v. 8.9.2014 – 13 Verg 7/14.

172 Vgl. BGH, Beschluss v. 1.2.2005 – X ZB 27/04.

173 Vgl. OLG Düsseldorf, Beschluss v. 3.2.2021 – VII-Verg 25/18; Beschluss v. 28.11.2018 – VII-Verg 25/18.

174 Vgl. EuGH, Urteil v. 18.10.2018 – Rs. C-606/17 (IBA), Rn. 29; Urteil v. 11.12.2014 – Rs. C-113/13 (Spezzino), Rn. 37; Urteil v. 19.12.2012 – Rs. C-159/11 (Lecce), Rn. 29; OLG Celle, Beschluss v. 17.12.2014 – 13 Verg 3/13.

bestimmte Ausfallrisiken absichert.[175] Voraussetzung einer Kompetenzübertragung sind nach der Rechtsprechung des EuGH:

- Befugnis zur selbständigen und eigenverantwortlichen Ausübung der Kompetenz;
- Befugnis, die Aufgabenerfüllung selbständig zu organisieren und den hierfür erforderlichen rechtlichen Rahmen zu schaffen;
- finanzielle Unabhängigkeit, so dass die Finanzierung der Aufgabe sichergestellt ist.

Eine bloße Betrauung mit Sachaufgaben gegen Entschädigung, das Beibehalten der Hauptverantwortung für die Aufgabe oder der finanziellen Kontrolle sowie ein Vetorecht sprechen gegen eine Kompetenzübertragung.

2. Sponsoring

76 Zweifelhaft ist ferner, ob auch **Verwaltungssponsoringverträge** entgeltliche Verträge i.S.d. § 103 GWB bilden.[176] Beim Verwaltungssponsoring wendet ein Unternehmen Geld-, Sach- oder Dienstleistungen der öffentlichen Hand (Gesponserte) zu, um deren sportliche, kulturelle, wissenschaftliche oder sonstige Ziele zu fördern. Der Gesponserte gewährt im Gegenzug meist Rechte zur (kommunikativen) Nutzung auf Basis einer vertraglichen Vereinbarung.

77 Daher wird vertreten, dass diese Verträge das Merkmal der **Entgeltlichkeit** nicht erfüllen, da der Sponsor keine Zahlungen, sondern sonstige wirtschaftliche Vorteile erlangt.[177] Nach hiesiger Auffassung bilden diese Rechte jedoch ein Entgelt, da der Begriff des Entgelts auch geldwerte Vorteile umfasst.[178] Durch die Sponsoringvereinbarung erlangt der Sponsor die Möglichkeit zur Erzielung geldwerter Vorteile und sei es nur eines Marketingvorteils.[179] Anderes kann nur dann gelten, wenn der Sponsor neben der sozialen Anerkennung keine weitergehende Gegenleistung erhält. Folglich handelt es sich bei Sponsoringvereinbarungen je nach der Art der Sponsoringleistung um öffentliche Liefer-, Bau- oder Dienstleistungsaufträge i.S.d. § 103 GWB.[180]

78 Nutzt der Sponsor ausschließlich die von ihm selbst erbrachte Dienstleistung und nicht – wie beim Sponsoring üblich – allgemeine öffentlichkeitswirksame Vorteile, liegt unter Umständen eine **Dienstleistungskonzession** vor.[181] Eine **Baukonzession** kann hingegen vorliegen, wenn die Leistung des Sponsors in einer Bauleistung besteht und als Gegenleistung ein Nutzungsrecht an den errichteten Gebäuden eingeräumt wird (etwa in Form der kommerziellen Nutzung von Werbeflächen am Gebäude).[182]

VII. Auswahlentscheidung

1. Grundsätze

79 Weiteres Tatbestandsmerkmal des öffentlichen Auftrages ist, wie nun in der Definition in § 103 GWB ausdrücklich klargestellt, dass das oder die Unternehmen *„ausgewählt werden"* (Art. 1 Abs. 2 RL 2014/24/EU). Der EuGH hat im Fall „Falk Pharma"[183] bereits für die alten Vergaberichtlinien bestätigt, dass die Auswahlentscheidung ein eigenes Tatbestandsmerkmal des

---

175 Vgl. EuGH, Urteil v. 21.12.2016 – Rs. C-51/15 (Remondis), Rn. 43 ff.

176 Vgl. hierzu *Müller-Wrede*, in: Festschrift für Thode, S. 431 ff.; *Kasper*, DÖV 2005, 11 ff.; *Remmert*, DÖV 2010, 583 ff.

177 Vgl. etwa *Burgi*, NZBau 2004, 594 (598); *Schröder*, LKV 2007, 207 (210).

178 Vgl. *Pünder*, in: Müller-Wrede, Kompendium des Vergaberechts, Kap. 6 Rn. 52; *Müller-Wrede*, in: Festschrift für Thode, S. 431 (441).

179 Vgl. *Müller-Wrede*, in: Festschrift für Thode, S. 431 (440), mit Verweis auf OLG Naumburg, Beschluss v. 4.12.2001 – 1 Verg 10/01, VergabeR 2002, 309.

180 Ebenso *Pünder*, in: Müller-Wrede, Kompendium des Vergaberechts, Kap. 6 Rn. 52.

181 Vgl. *Müller-Wrede*, in: Festschrift für Thode, S. 431 (446); ebenso *Pünder*, in: Müller-Wrede, Kompendium des Vergaberechts, Kap. 6 Rn. 54; a.A. *Burgi*, NZBau 2004, 594 (599).

182 Vgl. *Müller-Wrede*, in: Festschrift für Thode, S. 431 (445); *Pünder*, in: Müller-Wrede, Kompendium des Vergaberechts, Kap. 6 Rn. 53.

183 EuGH, Urteil v. 2.6.2016 – Rs. C-410/14 (Falk Pharma), Rn. 32 ff.

öffentlichen Auftrages ist, und damit den Meinungsstreit in der deutschen Literatur und Rechtsprechung geklärt.[184]

Um keine Auftragsvergabe handelt es sich demnach bei Verfahren, bei denen alle Unternehmen, die bestimmte Voraussetzungen erfüllen, zur Erbringung bestimmter Leistungen berechtigt sind. Erwägungsgrund 4 RL 2014/24/EU nennt solche Verfahren „**einfache Zulassungssysteme**". Voraussetzung ist, dass dies nicht nur für bestimmte, sondern für alle Wirtschaftsteilnehmer gilt (mangelnde Selektivität).[185] Nach dem Erwägungsgrund 4 RL 2014/24/EU kann es sich bei solchen einfachen Zulassungssystemen beispielsweise um Kundenwahlsysteme oder Dienstleistungsgutscheinsysteme, wie sie in einigen Mitgliedstaaten gebräuchlich sind, handeln. Als konkrete Beispiele nennt der Erwägungsgrund die Zulassung von Arzneimitteln oder ärztlichen Dienstleistungen. 80

Die Beschaffung von Waren und Dienstleistungen über ein reines Zulassungssystem ist insbesondere der Fall im sogenannten **Open-House-Modell**, bei dem der öffentliche Auftraggeber sich bereit erklärt, zu bestimmten vorab festgelegten Bedingungen mit allen interessierten Unternehmen einen Vertrag oder eine Rahmenvereinbarung über die Lieferung von Waren oder die Erbringung von Dienstleistungen abzuschließen. Das Open-House-Modell wurde bisher vor allem von Krankenkassen beim Abschluss von Rabattverträgen mit allen interessierten Pharmaunternehmen nach § 130a SGB V genutzt[186] und war in dieser Form Anlass der Grundsatzrechtsprechung des EuGH in der Rechtssache „Falk Pharma".[187] Neue Bekanntheit hat das Modell bei der Beschaffung von Schutzmasken durch das Bundesgesundheitsministerium im Jahr 2020 erfahren. Während in der Rechtssache „Falk Pharma"[188] das Zulassungssystem während der gesamten Laufzeit des Systems allen Wirtschaftsteilnehmern offenstand und der EuGH dies scheinbar als Voraussetzung für die mangelnde Selektivität betonte, stellte der EuGH in der Rechtssache „Tirkkonen"[189] klar, dass es ohne Belang sei, wenn das System interessierten Unternehmen nicht durchgängig, sondern nur zu Beginn offenstehe. Es komme entscheidend darauf an, dass der Auftraggeber kein Kriterium für die Teilnahme genannt habe, das ermöglicht hätte, zulässige Angebote zu vergleichen und zu ordnen.[190] Reine Zugangsvoraussetzungen im Sinne von fachlichen Eignungskriterien, die nicht für eine wirtschaftliche Bewertung herangezogen werden können, sind nicht derartige Kriterien, die ein Vergleichen und Ordnen ermöglichen. Ohne ein solches Vergleichen und Ordnen könne es sich aber nicht um einen öffentlichen Auftrag im Sinne einer selektiven Auswahl handeln. Zu beachten ist, dass auch bei solchen vergaberechtsfreien Zulassungssystemen die **primärrechtlichen Grundsätze** der Nichtdiskriminierung und Gleichbehandlung und das sich daraus ergebende Transparenzgebot eingehalten werden müssen, sofern sie angesichts der Bedeutung ihres Gegenstandes ein grenzüberschreitendes Interesse aufweisen. Auch Zulassungssysteme müssen daher so bekannt gemacht werden, dass interessierte europäische Anbieter davon Kenntnis erlangen und teilnehmen können.[191] Aus der Nichtbeachtung dieser Grundsätze folgt jedoch nicht, dass es sich um einen öffentlichen Auftrag handelt, weil einzelne Marktteilnehmer bevorteilt werden.[192] Erst wenn es sich um eine vorsätzliche Umgehung des Vergaberechts handelt und de facto nur einzelne Marktteilnehmer von dem Zulassungssystem profitieren, könnte es sich nach der Rechtsprechung des OLG Düsseldorf[193] even- 81

184 Vgl. OLG Düsseldorf, Beschluss v. 13.8.2014 – VII-Verg 13/14 mit Übersicht über den damaligen Meinungsstand.
185 Erwägungsgrund 4 RL 2014/24/EU.
186 Näher zu dem hierbei hinzukommenden Aspekt des sozialrechtlichen Dreiecksverhältnisses unten unter Rn. 83 ff.
187 EuGH, Urteil v. 2.6.2016 – Rs. C-410/14 (Falk Pharma), Rn. 32 ff.
188 EuGH, Urteil v. 2.6.2016 – Rs. C-410/14 (Falk Pharma), Rn. 32 ff.
189 EuGH, Urteil v. 1.3.2018 – Rs. C-9/17 (Tirkkonen).
190 EuGH, Urteil v. 1.3.2018 – Rs. C-9/17 (Tirkkonen), Rn. 35.
191 EuGH, Urteil v. 2.6.2016 – Rs. C-410/14 (Falk Pharma), Rn. 47.
192 OLG Düsseldorf, Beschluss v. 20.3.2019 – VII-Verg 65/18 unter Aufhebung des Beschlusses der VK Bund v. 25.10.2018 – VK 2-92/18 und unter Berufung auf die zwischenzeitliche EuGH-Rechtsprechung in den Rechtssachen „Falk Pharma" und „Tirkkonen" und dabei die eigene frühere Rechtsprechung aufgebend, die mit Zustimmung der überwiegenden Literatur noch als Voraussetzung angenommen hatte, dass die primärrechtlichen Vorgaben eingehalten werden; kritisch dazu *Dreher*, NZBau 2019, 275; *Gabriel*, NZBau 2020, 286; siehe auch bereits OLG Düsseldorf, Beschluss v. 21.10.2018 – VII-Verg 37/18.
193 Offen gelassen in OLG Düsseldorf, Beschluss v. 20.3.2019 – VII-Verg 65/18.

tuell um einen Verstoß gegen das Vergaberecht handeln. Ob eine solche Auslegung auch vom EuGH geteilt werden wird, bleibt abzuwarten. Es sprechen gute Gründe dafür, nicht bei jedem Verstoß gegen die primärrechtlichen Grundsätze einen öffentlichen Auftrag mit allen Folgen des detaillierten Vergaberechts anzunehmen, die Grenze aber nicht erst bei einer vorsätzlichen Umgehung anzunehmen. Entscheidend muss vielmehr sein, ob ein System zwar als Zulassungssystem angelegt ist, de facto aber eine Auswahlentscheidung stattfindet.[194]

82 In vielen Fällen von reinen Zulassungssystemen dürfte schon kein **Vertrag** vorliegen. Das Vorliegen eines Vertrages ist jedoch unschädlich, da auch dann keine Auswahlentscheidung vorliegt, wenn der Auftraggeber mit jedem Unternehmen einen Vertrag schließt, das sich verpflichtet, die vorab festgelegten Bedingungen einzuhalten.[195]

2. Sozialrechtliche Dreiecksverhältnisse

83 In Deutschland haben vergabefreie Zulassungssysteme große Bedeutung vor allem in **sozialrechtlichen Dreiecksverhältnissen** erhalten. Dementsprechend nennt der deutsche Gesetzgeber als Beispiele für auftragsfreie Zulassungssysteme insbesondere das sozialhilferechtliche Dreiecksverhältnis und *„die Zulassung von Pflegeeinrichtungen sowie die Feststellung der fachlichen Eignung im Rahmen der Zulassung besonderer Dienste oder besonderer Einrichtungen“*,[196] auch wenn sich Zulassungssysteme nicht auf diesen Bereich beschränken. Bei sozialrechtlichen Dreiecksverhältnissen bestehen Rechtsbeziehungen zwischen einem Leistungsträger (z. B. eine Krankenkasse), einem Leistungserbringer und einem Leistungsempfänger. Solche Vereinbarungen sind nicht bereits deshalb und generell vom Vergaberecht ausgenommen, weil der Leistungsempfänger selbst den Leistungserbringer wählen kann,[197] sondern allenfalls wegen einer mangelnden Auswahl von bestimmten in Frage kommenden Leistungserbringern durch den Leistungsträger. Ob eine solche Auswahlentscheidung vorliegt, hängt von den konkreten Umständen ab und nicht per se von der Konstruktion als Dreiecksverhältnis. Denn die vertraglich vereinbarte Leistung, auf die sich die eventuelle Auswahlentscheidung bezieht, liegt in der vom Leistungserbringer dem Leistungsträger zugesicherten Leistung gegenüber dem Leistungsempfänger (unter bestimmten Bedingungen kann es sich auch um einen Konzessionsvertrag handeln).[198]

84 Auch die Annahme eines Vorrangs des **Sozialrechts** gegenüber dem Vergaberecht lässt sich nicht begründen.[199] Zwar sieht das Sozialrecht selbst Verfahrensvorschriften vor und verweist nur teilweise (z. B. § 69 Abs. 3 und 4 SGB V) ausdrücklich auf das Vergaberecht, jedoch wäre ein solcher Vorrang nur möglich, wenn die sozialrechtlichen Vorgaben selbst den Anforderungen der RL 2014/24/EU genügten, da diese keine Ausnahme für sozialrechtliche Dienstleistungen vorsieht.[200]

85 Es hängt deshalb stets von der konkreten Rechtsbeziehung zwischen Leistungsträger, -erbringer und -empfänger ab, ob die oben genannten Voraussetzungen eines reinen Zulassungssystems erfüllt sind. Nur dann handelt es sich nicht um einen **öffentlichen Auftrag**. Wird wie bei der Zulassung von Arzneimitteln, ärztlichen Dienstleistungen, Pflegeeinrichtungen etc. keinerlei Auswahlentscheidung getroffen, liegt ein reines Zulassungssystem vor. In welchen Fällen sozialrechtlicher Dreiecksverhältnisse ein Zulassungssystem und in welchen Fällen ein öffentlicher Auftrag vorliegt, kann nur im Einzelfall festgestellt werden. Zum Teil ist rechtlich eine selektive Auswahl ausdrücklich vorgesehen (insbesondere im SGB V), zum Teil hängt es davon ab, wie das System vom Träger konkret gestaltet wird.

---

194 *Dreher*, NZBau 2019, 275.
195 EuGH, Urteil v. 2.6.2016 – Rs. C-410/14 (Falk Pharma), Rn. 42.
196 Gesetzesbegründung zu § 103 Abs. 1 GWB, VergRModG 2016, BT-Drs. 18/6281, 73.
197 So aber *Streichsbier*, in: Grube/Wahrendorf/Flint, SGB XII, § 75 Rn. 21.
198 Zur Abgrenzung siehe EuGH, Urteil v. 11.6.2009 – Rs. C-300/07 (Oymanns), Rn. 67 ff.; *Höfer/Nolte*, NZS 2015, 441 (444 ff.).
199 *Wilke*, NZS 2012, 444 (445).
200 *Höfer/Nolte*, NZS 2015, 441.

Der deutsche Gesetzgeber hat als Beispiel für vergabefreie Zulassungssysteme bewusst nur das Dreiecksverhältnis in der **Sozialhilfe** (sozial*hilfe*rechtliches Dreiecksverhältnis) genannt, nicht jedoch alle sozialrechtlichen Dreiecksverhältnisse, da es bei diesen auf die Gestaltung im Einzelfall ankomme.[201] Bei den Leistungen der Sozialhilfe nach SGB XII dagegen sei der Träger nicht zu selektiven Verträgen ermächtigt.[202] Diese Annahme einer grundsätzlich nicht selektiven Gestaltung des sozialhilferechtlichen Dreiecksverhältnisses lässt sich nach hiesiger Ansicht gesetzlich nicht begründen. Auch bei der Sozialhilfe nach SGB XII kommt es auf die konkrete Ausgestaltung im Einzelfall an. So ist beispielsweise bei der Auswahl des Trägers einer Sozialhilfeeinrichtung bzw. von Sozialhilfediensten nach § 75 SGB XII eine Auswahl nach Wirtschaftlichkeitskriterien ausdrücklich vorgesehen. Danach sollen die Vereinbarungen „vorrangig" mit solchen Trägern abgeschlossen werden, „deren Vergütung bei vergleichbarem Inhalt, Umfang und vergleichbarer Qualität der Leistung nicht höher ist als die anderer Leistungsträger" (§ 75 Abs. 3 SGB XII). Dies setzt eine Auswahlentscheidung voraus, weil nicht notwendigerweise mit jedem Träger zu vorab festgelegten Bedingungen eine entsprechende Vereinbarung getroffen wird. 86

Ein besonderer Anwendungsfall der sozialrechtlichen Dreiecksverhältnisse sind die bereits genannten **Arzneimittelrabattverträge**. Arzneimittelrabattverträge sind Verträge, die Krankenkassen mit allen interessierten pharmazeutischen Unternehmen schließen, um Rabatte für die zu ihren Lasten abgegebenen Arzneimittel zu vereinbaren (vgl. § 130a Abs. 8 S. 1 SGB V). Dabei verpflichtet sich der Hersteller gegenüber der Krankenkasse zur Lieferung der Medikamente und gewährt zudem einen bestimmten Rabatt. Dieser wird als Differenzbetrag ausbezahlt, da die Kassen zunächst den gesamten Betrag an die Apotheken erstatten.[203] Kennzeichnend ist in diesen Fällen ein Dreiecksverhältnis zwischen Krankenkasse, Hersteller und Apotheke oder Vertrieb von Hilfsmitteln, wobei Letztere nur als Vertreter der Krankenkasse handeln.[204] Nach herrschender und vorzugswürdiger Meinung, die sich auch in der nationalen Gesetzgebung niedergeschlagen hat,[205] ist die Gestaltung in diesem sozialrechtlichen Dreiecksverhältnis unerheblich für die Einordnung als öffentlicher Auftrag i.S.d. § 103 Abs. 1 GWB.[206] Maßgebend ist insoweit, dass der Auftraggeber als Nachfrager am Markt auftritt und somit einen entsprechenden Bedarf aufweist, welcher mit dem abgeschlossenen Vertrag gedeckt werden soll.[207] Damit weist der Vertrag den notwendigen Beschaffungsbezug auf, da die Krankenkassen mit dem Abschluss von Rabattverträgen ihrem gesetzlichen Versorgungsauftrag nach § 2 SGB V gegenüber den Versicherten nachkommen.[208] Zudem liegt auch ein entgeltlicher Vertrag vor, da die Unternehmen von den Krankenkassen eine Vergütung erhalten. Dass der Preis nur indirekt über die Rückvergütung auf den Apothekenpreis geregelt ist, 87

---

201 Vgl. die Antwort der Bundesregierung auf die Kleine Anfrage der Abgeordneten Sabine Zimmermann (Zwickau), Michael Schlecht, Klaus Ernst, weiterer Abgeordneter und der Fraktion DIE LINKE, VergRModG 2016, BT-Drs. 18/6492; ebenso auch Beschlussempfehlung und Bericht des Ausschusses für Wirtschaft und Energie, VergRModG 2016, BT-Drs. 18/7086, 13.

202 Vgl. die Antwort auf die Kleine Anfrage der Abgeordneten Sabine Zimmermann (Zwickau), Michael Schlecht, Klaus Ernst, weiterer Abgeordneter und der Fraktion DIE LINKE, BT-Drs. 18/6492.

203 Vgl. dazu *Burgi*, NZBau 2008, 480 (483).

204 Vgl. VK Bund, Beschluss v. 15.11.2007 – VK 2-102/07; zur Auftraggebereigenschaft der Krankenkassen siehe *Badenhausen-Fähnle/Birke* zu § 99 GWB Rn. 59 und 86; anders gelagert sind die Fälle, in denen Apotheken Verträge mit Pharmaunternehmen schließen, auch wenn diese Verträge zur Umsetzung von Erstattungsvereinbarungen der Apotheken mit den Krankenkassen dienen, vgl. OLG Düsseldorf, Beschluss v. 19.12.2018 – VII-Verg 40/18; Beschluss v. 17.1.2011 – VII-Verg 3/11; LSG Hessen, Beschluss v. 13.6.2018 – L 8 KR 229/18 B ER.

205 Vgl. Gesetzesbegründung zu § 130a SGB V a.F., GKV-WSG, BT-Drs. 16/3100, 144.

206 Bestätigt nun durch EuGH, Urteil v. 2.6.2016 – Rs. C-410/14 (Falk Pharma), Rn. 33; bejahend bereits etwa OLG Düsseldorf, Beschluss v. 13.8.2014 – VII-Verg 13/14; Beschluss 11.1.2012 – VII-Verg 57/11; Beschluss v. 19.12.2007 – VII-Verg 51/07; Beschluss v. 19.12.2007 – VII-Verg 48/07; LSG NRW, Beschluss v. 14.4.2010 – L 21 KR 69/09 SFB; VK Bund, Beschluss v. 15.11.2007 – VK 2-102/07; a.A. LSG Baden-Württemberg, Beschluss v. 28.10.2008 – L 11 KR 4810/08 ER-B; vgl. auch Begründung zu dem von der Europäischen Kommission eingeleiteten Vertragsverletzungsverfahren Dokument 2007/4410 K (2007) 4883; zitiert nach BSG, Beschluss v. 22.4.2008 – B 1 SF 1/08 R.

207 Vgl. BGH, Beschluss v. 1.2.2005 – X ZB 27/04.

208 Vgl. OLG Düsseldorf, Beschluss v. 19.12.2007 – VII-Verg 48/07; VK Bund, Beschluss v. 15.11.2007 – VK 2-102/07; ebenso *Goodarzi/Junker*, NZS 2007, 632 (634).

ist dabei ebenso unerheblich wie die Frage, wer die Ware wann körperlich liefert und aushändigt und wie, wann und an wen das Eigentum an den Medikamenten übergeht. Maßgebend ist allein, dass die gesetzlichen Krankenkassen die pharmazeutischen Unternehmen mit der Lieferung beauftragen und diese für die Lieferung bezahlen.[209] Entscheidend für die Einordnung des Arzneimittelrabattvertrages und ähnlicher sozialrechtlicher Dreiecksverhältnisse als öffentlicher Auftrag und nicht nur dem Primärrecht unterliegendes Zulassungssystem ist aber, ob zusätzlich auch eine **Auswahlentscheidung** vorliegt. Dies muss nach der konkreten Ausgestaltung des vom Auftraggeber gewählten Systems beurteilt werden. Handelt es sich wie in der Rechtssache „Falk Pharma" um ein System, in dem der Auftraggeber mit jedem Unternehmen einen Vertrag abschließt, der am Anfang oder während der Laufzeit des Systems die vorab festgelegten und nicht verhandelbaren Bedingungen des Vertrages zu erfüllen bereit ist, liegt keine Selektivität und damit auch kein öffentlicher Auftrag vor. Eine Vereinbarung zwischen den gesetzlichen Krankenkassen und Apotheken über ein Vergütungsmodell für einen bestimmten Wirkstoff ist deshalb auch dann kein öffentlicher Auftrag, wenn gegenwärtig nur ein Anbieter den Wirkstoff zu dem vereinbarten Preis anbietet.[210] Auch Hilfsmittelversorgungsverträge, die nach § 127 Abs. 1 SGB V in der neuesten Fassung nicht mehr durch öffentliche Aufträge vergeben werden dürfen[211] und bei denen alle anderen Leistungserbringer nach § 127 Abs. 2 SGB V dem mit einem Vertragspartner geschlossenen Referenzvertrag zu gleichen Bedingungen beitreten können, fehlt es deshalb an der Selektivität, auch wenn der erste Vertragspartner, mit dem der Referenzvertrag ausgehandelt wurde, einen zeitlichen Vorteil haben mag.[212] Das Gleiche gilt für Verträge zur Durchführung einer hausarztzentrierten Versorgung gemäß § 73b Abs. 4 S. 1 SGB V, die grundsätzlich trotz eines sozialrechtlichen Dreiecksverhältnisses als entgeltliche Verträge anzusehen sind,[213] aber nach § 73b Abs. 4 S. 1 SGB V bei Vorliegen der Voraussetzungen mit allen Vertragspartnern abzuschließen[214] und deshalb als nicht selektive Zulassungssysteme vergaberechtsfrei sind.

88 Die Frage, ob es sich um einen öffentlichen Auftrag oder mangels Selektivität um ein sozialrechtliches Zulassungssystem handelt, entscheidet auch über den **Rechtsweg**. Nur wenn es sich um einen öffentlichen Auftrag handelt, ist ein Nachprüfungsantrag bei einer Vergabekammer gemäß §§ 155, 156 GWB zulässig. Nach § 51 Abs. 3 SGG i.V.m. § 69 Abs. 3 SGB V ist insoweit die Zuständigkeit der Sozialgerichte ausgeschlossen.[215] Handelt es sich jedoch nicht um einen öffentlichen Auftrag, so ist der Rechtsweg zur Sozialgerichtsbarkeit eröffnet.[216] Die zwischenzeitliche Zuweisung für die Überprüfung der Vergabe von Rabattverträgen in zweiter Instanz an die Landessozialgerichte[217] wurde 2010 wieder rückgängig gemacht; seither sind wieder die Oberlandesgerichte zuständig.

---

209 Vgl. OLG Düsseldorf, Beschluss v. 20.2.2008 – VII-Verg 7/08; Beschluss v. 17.1.2008 – VII-Verg 57/07; Beschluss v. 19.12.2007 – VII-Verg 51/07; Beschluss v. 19.12.2007 – VII-Verg 48/07; ebenso *Burgi*, NZBau 2008, 480 (483); *Hölzl/Eichler*, NVwZ 2009, 27 (30 f.).

210 OLG Düsseldorf, Beschluss v. 19.12.2018 – VII-Verg 40/18.

211 Hierzu hat die Europäische Kommission am 25.7.2019 wegen eines Verstoßes gegen die RL 2014/24/EU ein Vertragsverletzungsverfahren gegen Deutschland eingeleitet, vgl. https://ec.europa.eu/commission/presscorner/detail/DE/INF_19_4251.

212 OLG Düsseldorf, Beschluss v. 20.3.2019 – VII-Verg 65/18; Beschluss v. 21.10.2018 – VII-Verg 37/18; LSG Nordrhein-Westfalen, Beschluss v. 14.4.2010 – L21 KR 69/09 SFB; anders noch VK Bund, Beschluss v. 12.11.2009 – VK 3-193/09.

213 OLG Düsseldorf, Beschluss v. 7.12.2011 – VII-Verg 79/11; VK Bund, Beschluss v. 2.7.2010 – VK 1-52/10.

214 VK Bund, Beschluss v. 2.7.2010 – VK 1-52/10, die allerdings von einem Verstoß gegen das deutsche und europäische Kartellvergaberecht ausgeht, dies mangels Vorlageberechtigung der VK an den EuGH aber unberücksichtigt lässt.

215 Nach OLG Düsseldorf, Beschluss v. 27.6.2018 – VII-Verg 59/17, werden, sofern es sich um eine Ausschreibung handelt, in dem Vergabenachprüfungsverfahren nicht die sozialrechtlichen Vorgaben nach § 127 SGB V geprüft, da diese die der Ausschreibung vorgelagerte Frage betreffen, ob eine Hilfsmittelversorgung über eine Ausschreibung erfolgt oder nicht.

216 Siehe zur Abgrenzung OLG Düsseldorf, Beschluss v. 20.3.2019 – VII-Verg 65/18; LSG Thüringen, Beschluss v. 17.8.2018 – L 6 KR 708/18 B ER; kritisch dazu *Gabriel*, NZBau 2019, 568.

217 Vgl. Gesetz zur Weiterentwicklung der Organisationsstruktur der gesetzlichen Krankenversicherungen (GKV-OrgWG), BGBl. I 2008 S. 2426. Die Gesetzesänderung erfolgte als Reaktion auf die divergierende Rechtsprechung zwischen dem BSG und dem BGH: BGH, Beschluss v. 15.7.2008 – X ZB 17/08; BSG, Beschluss v. 22.4.2008 – B 1 SF 1/08 R, VergabeR 2008, 693 (701).

C. Lieferaufträge (Abs. 2)

Lieferaufträge im Sinne des § 103 Abs. 2 GWB dienen der „Beschaffung von Waren". 89

Der Begriff der **Ware** ist entsprechend dem unionsrechtlichen Verständnis der Warenverkehrsfreiheit weit auszulegen. Waren i.S.d. Art. 28 AEUV sind alle beweglichen Sachen, die Gegenstand von Handelsgeschäften sein können.[218] Waren in diesem Sinne sind auch Energieträger, wie Gas oder Strom,[219] und Computerprogramme. 90

Ob auch **Immobilien** unter den Begriff der Waren fallen, ist ohne weitergehende praktische Bedeutung.[220] Denn die Beschaffung (etwa Kauf, Miete oder Pacht) vorhandener Immobilien (Grundstücke, Gebäude) ist gemäß § 107 Abs. 1 Nr. 2 GWB vom Vergaberecht ausgenommen. In allen anderen Fällen immobilienbezogener Geschäfte liegt zudem kein Lieferauftrag, sondern eine andere Auftragsart vor. So sind Verträge zur Finanzierung des Immobiliengeschäfts (Leasing, Darlehen) gesondert als Bau- oder Dienstleistungsaufträge vergabepflichtig. Dies wurde früher ausdrücklich in Art. 16 lit. a RL 2004/18/EG klargestellt und gilt weiterhin (soweit keine der besonderen Bereichsausnahmen greifen), da eine Änderung des Auftragsbegriffs durch die Neuregelung der RL 2014/24/EU nicht erfolgen sollte.[221] Muss das Gebäude noch errichtet oder vollendet werden, so liegt ein Bauauftrag i.S.d. § 103 Abs. 3 GWB vor. 91

Eine Beschaffung von Waren liegt in jeder Form der **Gebrauchsüberlassung**. Sowohl Kauf, Ratenkauf, Leasing, Miete als auch Pacht mit oder ohne Kaufoption sind ausdrücklich einbezogen, vgl. § 103 Abs. 2 S. 1 GWB. Eine Übereignung oder endgültige Übertragung der Ware ist folglich nicht notwendig.[222] Fehlt es allerdings an einer Gebrauchsüberlassung und wird eine Dienstleistung unter Zuhilfenahme von Sachmitteln angeboten, so ist § 103 Abs. 2 GWB nicht einschlägig. Das Überlassen von Lagerräumen wird daher zwar als Lieferauftrag einzustufen sein,[223] nicht aber die Verwahrung von Gegenständen entsprechend § 688 BGB. Darüber hinaus kann ein Lieferauftrag – wie etwa bei Arzneimittel-Rabattverträgen gemäß § 130a Abs. 8 SGB V – auch Bestandteil eines Dreiecksgeschäfts sein.[224] Der Umstand, dass die Ware nicht an den Auftraggeber, sondern an Dritte geliefert wird, steht der Qualifizierung als öffentlicher Liefervertrag i.S.d. § 103 Abs. 2 GWB nicht entgegen.[225] 92

Gemäß § 103 Abs. 2 S. 2 GWB können die Verträge auch **Nebenleistungen** umfassen. Wird die gelieferte Ware beispielsweise verlegt oder anderweitig angebracht, so ist dies für die Einordnung als Lieferauftrag nicht relevant. Im Einzelfall ist allerdings danach zu unterscheiden, ob in erster Linie eine Lieferung mit der Nebenleistung der Installation oder die Herstellung eines Zustandes an einem Bauwerk, mithin ein Erfolg, geschuldet ist.[226] Liegt der Schwerpunkt nicht mehr unzweifelhaft auf der Lieferung, so ist die weitere Leistung keine Nebenleistung.Die zivilrechtliche Rechtsprechung zur Abgrenzung von Kauf- und Werkvertrag kann insofern grundsätzlich als Indiz herangezogen werden.[227] Entscheidend ist die funktionale Bedeutung für den Gesamtauftrag, nicht allein der jeweilige Wertanteil.[228] 93

---

218 Vgl. OLG München, Beschluss v. 28.9.2005 – Verg 19/05 (bzgl. Beleuchtungsmitteln); VK Hessen, Beschluss v. 24.3.2004 – 69d-VK-09/2004 (bzgl. Wohncontainern); *Pünder*, in: Müller-Wrede, Kompendium des Vergaberechts, Kap. 6 Rn. 70 m.w.N.

219 Vgl. EuGH, Urteil v. 13.3.2001 – Rs. C-379/98 (PreussenElektra), Rn. 71 f.

220 Vgl. *Pünder*, in: Müller-Wrede, Kompendium des Vergaberechts, Kap. 6 Rn. 71.

221 Vgl. Erwägungsgrund 4 RL 2014/24/EU.

222 Vgl. EuGH, Urteil v. 26.4.1994 – Rs. C-272/91 (Kommission/Italien), Rn. 25; Erwägungsgrund 4 RL 2014/24/EU.

223 Vgl. *Dreher*, in: Immenga/Mestmäcker, Wettbewerbsrecht, § 103 GWB Rn. 86.

224 Vgl. zur Einstufung von Rabattverträgen als öffentliche Aufträge auch die Ausführungen unter Rn. 80 ff.

225 Vgl. OLG Düsseldorf, Beschluss v. 19.12.2007 – VII-Verg 51/07.

226 Vgl. EuGH, Urteil v. 21.2.2008 – Rs. C-412/04 (Kommission/Italien); KG, Beschluss v. 24.3.2004 – 2 Verg 19/03; BayObLG, Beschluss v. 23.7.2002 – Verg 17/02.

227 Vgl. *Sprau*, in: Palandt, BGB, § 651 Rn. 4.

228 Vgl. OLG Düsseldorf, Beschluss v. 30.4.2014 – VII-Verg 35/13, das trotz eines Bauleistungsanteils von nur ca. 30 % des Werts einen Bau- und keinen Lieferauftrag angenommen hat, da die Montageleistung für die Funktion des Gesamtauftrags von entscheidender Bedeutung war.

D. Bauaufträge (Abs. 3)

I. Grundsätze

94 § 103 Abs. 3 GWB definiert den Begriff des Bauauftrags. Drei Fallgruppen von Bauaufträgen werden in § 103 Abs. 3 GWB unterschieden:

1. die Ausführung oder gleichzeitige Planung und Ausführung eines Bauvorhabens (S. 1 Nr. 1),
2. die Ausführung oder gleichzeitige Planung und Ausführung eines Bauwerks, das Ergebnis von Tief- oder Hochbauarbeiten ist und eine wirtschaftliche oder technische Funktion erfüllen soll (S. 1 Nr. 2) und
3. die Ausführung oder die gleichzeitige Planung und Ausführung einer Bauleistung durch Dritte gemäß den vom Auftraggeber genannten Erfordernissen (S. 2).

95 Mit der Definition des Bauauftrags setzt § 103 Abs. 3 GWB Unionsrecht um, namentlich Art. 2 Abs. 1 Nr. 6 RL 2014/24/EU und Art. 2 Nr. 2 RL 2014/25/EU. Auch die VOB/A enthält abermals eine Definition des öffentlichen Bauauftrags. Bei der Auslegung dieser Regelungen ist die allgemeine Normenhierarchie zu beachten. Das heißt, im Zweifel sind die Normen des deutschen Rechts europarechtskonform **auszulegen**.[229] Sie sind dabei nicht notwendig deckungsgleich mit Bauleistungsbegriffen anderer Rechtsgebiete wie jenem des Steuerrechts (§§ 48 ff. EStG).

96 **Gemischte Verträge**, die sowohl Bau- als auch andere Leistungen enthalten, sind nach den Regeln des § 110 GWB nach dem Hauptgegenstand des Auftrags abzugrenzen.

97 Neben der bloßen Ausführungsleistung liegt ein Bauauftrag gemäß § 103 Abs. 3 GWB auch dann vor, wenn **Planung und Ausführung** gemeinsam vergeben werden. Isolierte Planungsleistungen werden hingegen nicht von § 103 Abs. 3 GWB erfasst, sondern stellen Dienstleistungsaufträge i.S.d. § 103 Abs. 4 GWB dar. § 103 Abs. 4 GWB und § 3 Abs. 6 S. 2 VgV beschränken insofern den Grundsatz der Ermittlung der in einem Auftrag zusammengebundenen Leistungen mittels funktionaler Betrachtung.[230] Dies gilt ungeachtet der hiermit verbundenen Umgehungsgefahr auch, wenn die Aufspaltung in Planung und Ausführung zur Folge hat, dass die Schwellenwerte der Verdingungsordnungen nicht erreicht werden. § 103 Abs. 3 GWB gibt Auftraggebern insofern lediglich die Möglichkeit zu einer einheitlichen Ausschreibung nach den für Bauaufträge geltenden Regeln, ohne aber eine entsprechende Pflicht aufzustellen.[231]

98 Wird neben der Bauleistung auch eine **Liegenschaft** zur Verfügung gestellt (schlüsselfertiger Bau), besteht ungeachtet des Wortlauts in § 107 Abs. 2 GWB eine Ausschreibungspflicht. Dies folgt in unionsrechtskonformer Auslegung aus Art. 10 lit. a RL 2014/24/EU und Art. 21 lit. a RL 2014/25/EU. Demnach ist dieser Ausnahmetatbestand im Zusammenhang mit Immobilien auf Dienstleistungsaufträge begrenzt. Bauaufträge werden hingegen nicht erfasst. Obgleich der Sinn und Zweck des § 107 Abs. 2 GWB – die Unangemessenheit des Vergabeverfahrens wegen des Rechts des Auftraggebers zur freien Standortwahl – auch Mischformen von Immobiliengeschäften und Bauleistungen prägen kann, ordnen die Vergaberichtlinien damit ausdrücklich die Anwendung des Vergaberechts an – der wettbewerblichen Vergabe des Bauleistungsanteils wegen.

---

229 Vgl. etwa EuGH, Urteil v. 10.7.2014 – Rs. C-213/13 (Pizzarotti); Urteil v. 29.10.2009 – Rs. C-536/07 (Köln Messe); OLG Brandenburg, Beschluss v. 25.5.2010 – Verg W 15/09.
230 Vgl. OLG Schleswig, Beschluss v. 28.1.2021 – 54 Verg 6/20.
231 Vgl. Erwägungsgrund 8 RL 2014/24/EU.

II. Bauvorhaben und Bauwerk (S. 1)

Als **Bauvorhaben** (§ 103 Abs. 3 S. 1 Nr. 1 GWB) werden Leistungen bezeichnet, die nicht die Errichtung eines vollständigen Bauwerkes, sondern allein eine Arbeitsleistung am Bauwerk zum Gegenstand haben.[232] Zur näheren Beschreibung von Bauvorhaben verweisen die unionsrechtlichen Richtlinienvorgaben auf das Verzeichnis von Bautätigkeiten in Anhang II RL 2014/24/EU bzw. Anhang I RL 2014/25/EU. Diese Listen sind in unionsrechtskonformer Auslegung auch für § 103 Abs. 3 GWB verbindlich.[233] Zwar ist die Aufzählung der in der Liste genannten Tätigkeiten grundsätzlich abschließend, indes sind auch Tätigkeiten, die für die Ausführung der aufgelisteten Tätigkeiten erforderlich sind, mit einzubeziehen.[234] Auch die weit gefasste Umschreibung einiger der in der Liste enthaltenen Tätigkeiten führt zu einem weiten Verständnis von § 103 Abs. 3 S. 1 Nr. 1 GWB. Dies zeigt sich etwa in den Kategorien „Sonstiger Ausbau" / „Sonstige Baufertigstellung und Ausbauarbeiten" (Punkt 45.45 der Liste und dortige Bemerkungen) und „Sonstige Bauinstallation" (Punkt 45.34 der Liste). Als Ausführung eines Bauvorhabens können im Ergebnis alle Arbeiten angesehen werden, die für ein Bauwerk oder an einem solchen erbracht werden. Vorbereitungs-[235] und Ausbauarbeiten sind ebenso hiervon umfasst wie nachträgliche Umbauarbeiten an existierenden Gebäuden mit nennenswertem Eingriff in die Substanz des Bauwerkes.[236] Auch die Vermietung von Baumaschinen und -geräten stellt eine Bautätigkeit dar, soweit auch das Personal vom Vermieter gestellt wird (Punkt 45.50 der Liste). Gleiches gilt für die Lieferung und Montage von Gegenständen, die den konkreten baulichen Verhältnissen angepasst, vor Ort eingebaut oder montiert werden. Zentral ist die funktionale Verbindung mit dem Bauvorhaben.[237] Teile der Rechtsprechung betonen hingegen stärker die Bedeutung der Lieferung für die Funktionsfähigkeit des Bauwerks.[238] Während die Lieferung und die Montage klassischer Gebäudetechnik vor diesem Hintergrund zumeist unproblematisch dem Bauvorhaben zuzuordnen sind, ist für die Zuordnung finanziell und funktional werthaltigerer Technik im Einzelfall zu argumentieren, zum Beispiel betreffend Anlagen für digitale Funknetze oder EDV-Ausstattungen,[239] medizinische Ausrüstung und Labore[240] oder die Ausstattung eines Planetariums.[241] Werden Gegenstände nicht individualisiert eingebaut, bleiben sie etwa mobil, so liegt jedenfalls keine Bauleistung vor.[242] Gleiches gilt, wenn zwar Baumaterialen beschafft werden, dies aber isoliert, ohne die gleichzeitige Beschaffung von Bauleistungen, geschieht.[243] 99

Ein **Bauwerk** definiert § 103 Abs. 3 S. 1 Nr. 2 GWB – im Einklang mit Art. 1 Abs. 1 Nr. 7 RL 2014/24/EU, Art. 2 Nr. 3 RL 2014/25/EU – als das Ergebnis einer Gesamtheit von Tief- und/ 100

---

232 Vgl. OLG München, Beschluss v. 5.11.2009 – Verg 15/09; Beschluss v. 28.9.2005 – Verg 19/05.

233 Vgl. Gesetzesbegründung zu § 103 Abs. 3 GWB, VergRModG 2016, BT-Drs. 18/6281, 74; OLG Düsseldorf, Beschluss v. 30.4.2014 – VII-Verg 35/23; OLG München, Beschluss v. 5.11.2009 – Verg 15/09; Beschluss v. 28.9.2005 – Verg 19/05.

234 Erwägungsgrund 8 RL 2014/24/EU.

235 Instruktiv KG, Beschluss v. 21.12.2009 – 2 Verg 11/09 (zur vorbereitenden Reinigung des Erdreiches), und OLG Rostock, Beschluss v. 21.7.2017 – 17 Verg 3/17; OLG Düsseldorf, Beschluss v. 2.1.2006 – VII Verg 93/05 (zur Kampfmittelberäumung).

236 Instruktiv OLG Düsseldorf, Beschluss v. 14.4.2010 – VII-Verg 60/09 bzgl. Wartung einer Brandmeldeanlage; VK Berlin, Beschluss v. 26.4.2011 – VK B 2-3/11 bzgl. Wartung von Leuchten.

237 Vgl. OLG München, Beschluss v. 19.3.2019 – Verg 3/19.

238 Vgl. OLG Düsseldorf, Beschluss v. 11.12.2019 – VII-Verg 53/18; Beschluss v. 16.10.2019 – VII-Verg 66/18; OLG Brandenburg, Beschluss v. 29.3.2012 – Verg W 2/12. Das OLG München etwa wendet im Beschluss v. 19.3.2019 – Verg 3/19 beide Rechtsprechungsstränge an.

239 Vgl. OLG Düsseldorf, Beschluss v. 16.10.2019 – VII-Verg 66/18 im Sinne eines zusätzlichen Kriteriums neben der Abgrenzung nach dem Hauptgegenstand des Auftrags gemäß § 110 Abs. 1 GWB; zu EDV-Anlagen etwa VK Nordbayern, Beschluss v. 31.7.2019 – RMF-SG 21-3194-4-38; VK Rheinland, Beschluss v. 12.11.2018 – VK K 42/18.

240 Vgl. OLG Düsseldorf, Beschluss v. 11.12.2019 – VII-Verg 53/18; OLG Jena, Beschluss v. 31.7.2002 – 6 Verg 5/01.

241 Vgl. OLG Brandenburg, Beschluss v. 29.3.2012 – Verg W 2/12.

242 Vgl. OLG München, Beschluss v. 19.3.2019 – Verg 3/19; Beschluss v. 5.11.2009 – Verg 15/09; im Ergebnis ähnlich OLG Brandenburg, Beschluss v. 29.3.2012 – Verg W 2/12; Beschluss v. 25.5.2010 – Verg W 15/09 (zu Richtfunkstationen); OLG Dresden, Beschluss v. 2.11.2004 – WVerg 11/04; OLG Jena, Beschluss v. 31.7.2002 – 6 Verg 5/01; BayObLG, Beschluss v. 23.7.2002 – Verg 17/02 und VK Bund, Beschluss v. 31.7.2017 – VK 1-67/17 (zu einer Trefferanzeige für eine Schießanlage).

243 Vgl. VK Nordbayern, Beschluss v. 19.8.2019 – RMF-SG21-3194-4-40.

oder Hochbauarbeiten, die nach ihrem Wesen eine technische oder wirtschaftliche Funktion erfüllen soll.[244] Entscheidendes Merkmal ist also die Herstellung oder Erhaltung der Funktion einer Einrichtung.[245] Dem Merkmal der technischen oder wirtschaftlichen Funktion kommt in der Praxis allerdings eher geringe Bedeutung zu, da schon ein mittelbarer wirtschaftlicher Nutzen genügt.[246] Lediglich rein künstlerische Bauten ohne wirtschaftlichen Nutzen fallen aus dem Anwendungsbereich des § 103 Abs. 3 GWB heraus. Auch der Bezug auf „Tief- oder Hochbauarbeiten" in § 103 Abs. 3 S. 1 Nr. 2 GWB hat kaum praktische Bedeutung, da ein Bauwerk stets Ergebnis solcher Arbeiten ist. Ein Bauauftrag kann zudem auch bei der Überlassung und Montage von Anlagen und Maschinen vorliegen, sofern diese für ein funktionsfähiges Bauwerk erforderlich sind.[247] Anlagenverträge stellen daher regelmäßig Bauaufträge dar. Zu beachten ist dabei weiter, dass der Auftraggeber nicht zwingend Eigentümer des Bauwerks sein oder werden muss.[248]

101 Anhand einer **funktionalen Betrachtung** zu entscheiden ist auch, welche einzelnen Bauleistungen Bestandteil eines einheitlichen Bauvorhabens oder Bauwerks sind.[249] Dies wird etwa für die Überschreitung des Schwellenwertes und den Zugang zum Vergaberechtsschutz wichtig. Entscheidend ist ein Verständnis der Funktion des Bauwerks/Bauvorhabens: Teil des einheitlichen Bauwerkes/Bauvorhabens sind alle Leistungen, die bei objektiver Betrachtung erforderlich sind, damit dieses seine zugedachte Funktion erfüllen kann.[250] Kein einheitliches Bauwerk liegt jedenfalls vor, wenn die Aufträge unterschiedliche wirtschaftliche und technische Funktionen erfüllen und sie ohne Beeinträchtigung der ihnen zugedachten Funktion auch getrennt oder gar nicht errichtet werden könnten.[251] Gewisse Indizien geben die Funktionsdefinition des Auftraggebers, die Einheitlichkeit der Planung und der Koordinierung des Vorhabens. Allerdings kann ein einheitliches Bauvorhaben auch Zug um Zug gebaut, sukzessive finanziert, schrittweise geplant oder um ursprünglich nicht bedachte Leistungen ergänzt werden. Auch ein bloß ästhetischer oder stadtplanerischer Zusammenhang zweier Bauten erzwingt nicht ein einheitliches Bauwerk/Bauvorhaben.[252] Nur ein Indiz unter vielen ist der Zuschnitt der Vergabeverfahren durch den Auftraggeber: Mehrere getrennte Vergabeverfahren können durchaus auch ein einheitliches Bauvorhaben/Bauwerk bilden. Fasst der Auftraggeber allerdings Leistungen in einer Bauvergabe zusammen, so bilden sie ein einheitliches Bauvorhaben/Bauwerk. Eine Umgehungsabsicht spricht gegen getrennte Vorhaben, ist aber zugleich nicht zwingende Voraussetzung, um bei getrennter Vergabe ein einheitliches Vorhaben anzunehmen.[253]

---

244 Vgl. OLG Düsseldorf, Beschluss v. 30.4.2014 – VII-Verg 35/13 (bezüglich Werbeanlagen, Fahrradständern, Deponieabdichtungen und Photovoltaikanlagen); VK Sachsen, Beschluss v. 10.8.2001 – 1/SVK/74-01 (für Regalsysteme einer Bibliothek).

245 Vgl. EuGH, Urteil v. 18.1.2007 – Rs. C-220/05 (Auroux), Rn. 41; Urteil v. 27.10.2005 – Rs. C-187/04 u.a., Rn. 26; EuG, Urteil v. 11.7.2013 – Rs. T-358/08.

246 Vgl. EuGH, Urteil v. 18.1.2007 – Rs. C-220/05 (Auroux), Rn. 41; Urteil v. 27.10.2005 – Rs. C-187/04 (Kommission/Italien), Rn. 26 f.

247 Vgl. OLG Jena, Beschluss v. 31.7.2002 – 6 Verg 5/01; BayObLG, Beschluss v. 23.7.2002 – Verg 17/02.

248 Vgl. EuGH, Urteil v 18.1.2007 – Rs. C-220/05 (Auroux), Rn. 47; OLG Düsseldorf, Beschluss v. 6.2.2008 – VII-Verg 37/07.

249 Vgl. EuGH, Urteil v. 5.10.2000 – Rs. C-16/98; OLG Düsseldorf, Beschluss v. 11.2.2009 – VII-Verg 69/08; Beschluss v. 31.3.2004 – VII-Verg 74/03; OLG Brandenburg, Beschluss v. 20.8.2002 – Verg W 4/02; KG, Beschluss v. 17.10.2013 – Verg 9/13. Zur zulässigen Abtrennung von Planungsleistungen siehe oben unter Rn. 97.

250 Vgl. EuG, Urteil v. 29.5.2013 – T-384/10; KG, Beschluss v. 17.10.2013 – Verg 9/13.

251 Vgl. EuGH, Urteil v. 5.10.2000 – Rs. C-16/98; EuG, Urteil v. 29.5.2013 – Rs. T-384/10 (bezüglich eines Abwassernetzes); OLG Brandenburg, Beschluss v. 20.8.2002 – Verg W 4/02; KG, Beschluss v. 17.10.2013 – Verg 9/13, und etwa VK Bund, Beschluss v. 13.10.2009 – VK 1 – 173/09 (zur Erweiterung einer Waschanlage); VK Baden-Württemberg, Beschluss v. 21.10.2010 – 1 VK 50/10; Beschluss v. 22.10.2002 – 1 VK 51/02; VK Schleswig-Holstein, Beschluss v. 19.1.2005 – VK-SH-37/04 (zu Bauabschnitten im Straßenbau); VK Brandenburg, Beschluss v. 25.4.2003 – VK 21/03; VK Münster, Beschluss v. 6.6.2001 – VK 12/01.

252 Vgl. VK Baden-Württemberg. Beschluss v. 13.11.2008 – 1 VK 45/08; VK Düsseldorf, Beschluss v. 10.4.2008 – VK 05/2008.

253 Vgl. EuG, Urteil v. 29.5.2013 – Rs. T-384/10.

Darüber hinaus setzen jedenfalls § 103 Abs. 3 S. 1 Nr. 1 und 2 GWB die Vereinbarung einer **Bauverpflichtung** voraus.[254] Ob eine Bauverpflichtung vereinbart werden soll, ist dabei durch Auslegung unter Einbeziehung der Begleitumstände zu ermitteln. Darüber hinaus hat der EuGH entschieden, dass ein Bauauftrag eine einklagbare Bauverpflichtung voraussetzt.[255] Obsolet ist damit die Rechtsprechung des OLG Düsseldorf, wonach die Vereinbarung eines Rücktrittsrechts oder eines Rückkaufsrechts des Verkäufers oder Verpächters für den Fall der Nichterrichtung spezifischer Bauwerke eine Bauverpflichtung indiziert,[256] ohne dass die Bauverpflichtung selbst einklagbar sein müsste.[257] 102

III. Bauleistungen gemäß den vom Auftraggeber genannten Erfordernissen (S. 2)

§ 103 Abs. 3 S. 2 GWB erstreckt den öffentlichen Bauauftrag auf Bauleistungen durch Dritte nach vom Auftraggeber auferlegten Erfordernissen (Bestellbau). Voraussetzung ist nach der Regelung, dass 103

- der Auftragnehmer eine Bauleistung nach § 103 Abs. 3 S. 1 Nr. 1 oder 2 GWB erbringt;
- der Auftraggeber entscheidenden Einfluss auf Art und Planung der Bauleistung hat; sie gemäß den von ihm genannten Erfordernissen erbracht wird und
- die Bauleistung dem Auftraggeber unmittelbar wirtschaftlich zugutekommt.

§ 103 Abs. 3 S. 2 GWB meint Bauträger-, Miet- oder Leasing-Modelle, bei denen der Auftraggeber die Bauherrenfunktion etwa einer Objektgesellschaft überträgt. Derartige Aufträge sind Bau-, nicht aber Dienstleistungs- oder Lieferaufträge, sofern die Bauleistungen eingedenk der späteren Nutzung nach den Vorgaben des Auftraggebers ausgeführt werden.

§ 103 Abs. 3 S. 2 GWB soll **Umgehungen** des Vergaberechts durch die Zwischenschaltung eines Privaten verhindern, der als Bauherr Bauleistungen nach den Vorgaben der öffentlichen Hand ausführt oder ausführen lässt. In die Konzeption des § 103 Abs. 3 S. 2 GWB eingeflossen sind dabei die Entscheidungen der deutschen Rechtsprechung zur Abgrenzung von Grundstückskäufen wie insbesondere die „Ahlhorn"-Rechtsprechung des OLG Düsseldorf[258] und die „Helmut Müller"-Rechtsprechung des EuGH.[259] 104

Ist nach diesem Maßstab ein Bauauftrag gegeben, unterfällt dem Vergaberecht nur die erste Stufe, d.h. die Auswahl des Auftragnehmers durch den Auftraggeber. Dessen anschließende **Bau- und Subunternehmerauswahl** ist dagegen vergaberechtlich selbstständig und nur dann ausschreibungspflichtig, wenn der Bauträger selbst Auftraggeber nach § 98 GWB ist.[260] 105

1. Entscheidender Einfluss

Zentrales Kriterium von § 103 Abs. 3 S. 2 GWB ist der **entscheidende Einfluss** des Auftraggebers auf die Bauleistung. Der Auftraggeber muss *„Maßnahmen zur Definition der Art des Vorhabens getroffen oder zumindest einen entscheidenden Einfluss auf dessen Planung gehabt haben"*.[261] Die Bauleistungen müssen gezielt für den Auftraggeber auf dessen Auftrag hin erbracht werden; der Auftraggeber muss gleichsam bauen lassen.[262] Wird nach Maßgabe einer Leistungsbeschreibung des Auftraggebers gebaut, liegt, auch sofern diese funktionelle Elemente enthält, ein Bauauftrag vor. Gleiches gilt für den Bau nach spezifischen Funktionsanforderungen, etwa einer Raumliste, selbst wenn weder Bauplanung noch Bauausführung vor- 106

254 Vgl. nur OLG Bremen, Beschluss v. 13.3.2008 – Verg 5/07, und ausdrücklich OLG Düsseldorf, Beschluss v. 2.10.2008 – VII-Verg 25/08.
255 Vgl. EuGH, Urteil v. 25.3.2010 – Rs. C-451/08 (Helmut Müller), Rn. 62 f.
256 Vgl. OLG Düsseldorf, Beschluss v. 14.5.2008 – VII-Verg 27/08; Beschluss v. 6.2.2008 – VII-Verg 37/07.
257 Vgl. OLG Düsseldorf, Beschluss v. 2.10.2008 – VII-Verg 25/08, 3. Vorlagefrage.
258 Vgl. OLG Düsseldorf, Beschluss v. 2.10.2008 – VII-Verg 25/08.
259 Vgl. EuGH, Urteil v. 25.3.2010 – Rs. C-451/08 (Helmut Müller).
260 Vgl. OLG Celle, Beschluss v. 5.9.2002 – 13 Verg 9/02.
261 Erwägungsgrund 9 RL 2014/24/EU.
262 Vgl. VK Niedersachsen, Beschluss v. 20.7.2004 – 203-VgK-25/2004; Beschluss v. 16.7.2004 – 203-VgK-24/2004; Beschluss v. 8.3.2004 – 203-VgK-03/2004.

gegeben wird.[263] Denn nach dem Wortlaut des § 103 Abs. 3 GWB genügt grundsätzlich bereits der Bau nach den vom Auftraggeber „**genannten Erfordernissen**". Die Wortlautelemente „entscheidender Einfluss" und „vom Auftraggeber genannte Erfordernisse" verweisen in redundanten Worten auf einen Bestellbau. Entscheidend ist dabei zudem der Einfluss des Auftraggebers auf die Definition der Bauleistung, weniger ob sich dieser Einfluss spezifisch auf die „Art" oder, das heißt kumulativ oder alternativ, auf die „Planung" der Bauleistung bezieht.

107 Plant hingegen der Private das Bauvorhaben nach den **allgemeinen Anforderungen** des Marktes unter Einfluss baurechtlicher und/oder städtebaulicher Vorgaben und/oder kauft der Auftraggeber eine fertige Immobilie ohne Anpassungen, so liegt kein Bauauftrag vor.[264] Der EuGH spricht von den *„üblichen Vorgaben eines Mieters für eine Immobilie wie das betreffende Bauwerk"*, die noch keinen Bauauftrag begründen, selbst wenn sie zahl- und umfangreich sind.[265] Begrenzte Wahlmöglichkeiten bei der Ausstattung von Büroräumen – solange sie marktüblich sind und nicht die Wiedervermietbarkeit des Objekts an Dritte beeinflussen – etwa den Bodenbelag oder die Barrierefreiheit betreffend, begründen noch keinen entscheidenden Einfluss des Auftraggebers auf das Bauwerk.[266] Der EuGH nimmt einen entscheidenden Einfluss etwa an, wenn die architektonische Struktur, die Größe, tragende oder Außenwände betroffen sind; bei Anforderungen an die Gebäudeeinteilung nur wenn sie sich nach Eigenart oder Umfang abheben und unüblich sind.[267] Auch der Zeitpunkt des Einflusses ist wichtig: Zieht der Auftraggeber Optionen, etwa für den Bau bestimmter Geschosse oder Gebäudeteile, die bereits zuvor vom Unternehmer vorgesehen waren, so liegt kein entscheidender Einfluss vor.[268] Auch das Fehlen einer Baugenehmigung bei Vermietung oder die Beauftragung einer baubegleitenden Kontrolle begründen noch keinen solchen Einfluss.[269] Dies zugrunde gelegt sind die Außengrenzen von § 103 Abs. 3 S. 2 GWB nicht immer einfach zu bestimmen.[270]

108 Nach wie vor nützlich ist die **Differenzierung** des OLG Düsseldorf in der „Ahlhorn"-Rechtsprechung zwischen abstrakten Nutzungsanforderungen und konkreten Vorgaben an Funktion und Gestaltung zu errichtender Bauwerke.[271] Konkrete Vorgaben des Auftraggebers an die Bauwerke sollen einen Bauauftrag begründen, denn in diesem Fall würde nach den *„Erfordernissen des Auftraggebers"* gebaut. Auf die Bedeutung der Vorgaben für das Gesamtbauvorhaben soll es nicht ankommen.[272] Dem sollen etwa durch Rückübertragungsanspruch gesicherte Zustimmungsvorbehalte für die Gestaltung, Verpflichtungen zu kleineren Bauleistungen und Nutzungsbeschränkungen für das Bauwerk genügen.[273] Der EuGH fordert insofern jedoch einschränkend, dass der Auftraggeber die Planung und die Nutzung des Bauwerks beherrscht.[274] Hingegen sollen allgemeine Nutzungsvorgaben für das Grundstück, wie etwa eine nicht weiter beschriebene *„gewerblich-fliegerische Nutzung"*, nicht ausreichen, um einen Bauauftrag zu begründen. Dementsprechend lehnt das OLG Düsseldorf einen Bauauftrag ab,

263 Vgl. etwa EuGH, Urteil v. 10.7.2014 – Rs. C-213/13 (Pizzarotti); Urteil v. 29.10.2009 – Rs. C-536/07 (Köln Messe); OLG Düsseldorf, Beschluss v. 7.8.2013 – VII-Verg 14/13.
264 Vgl. EuGH, Urteil v. 25.3.2010 – Rs. C-451/08 (Helmut Müller), Rn. 41; BGH, Urteil v. 22.2.2008 – V ZR 56/07; OLG Brandenburg, Beschluss v. 27.6.2008 – Verg W 4/08.
265 EuGH, Urteil v. 22.4.2021 – Rs. C-537/19 (Wiener Wohnen), Rn. 51 und 83 ff.
266 Vgl. VK Bund, Beschluss v. 17.12.2019 – VK 2-88/19. Ebenfalls auf die Wiedervermietbarkeit abstellend: EuGH, Urteil v. 22.4.2021 – Rs. C-537/19 (Wiener Wohnen), Rn. 95.
267 EuGH, Urteil v. 22.4.2021 – Rs. C-537/19 (Wiener Wohnen), Rn. 51, 53.
268 EuGH, Urteil v. 22.4.2021 – Rs. C-537/19 (Wiener Wohnen), Rn. 62-71.
269 EuGH, Urteil v. 22.4.2021 – Rs. C-537/19 (Wiener Wohnen), Rn. 74, 78 f.
270 Vgl. OLG Düsseldorf, Beschluss v. 2.10.2008 – VII-Verg 25/08; Beschluss v. 6.2.2008 – VII-Verg 37/07; OLG München, Beschluss v. 4.4.2008 – Verg 4/08; VK Hessen, Beschluss v. 4.9.2008 – 69d-VK-30/2008; Beschluss v. 5.3.2008 – 69d-VK-06/2008.
271 Vgl. ausdrücklich OLG Düsseldorf, Beschluss v. 2.10.2008 – VII-Verg 25/08.
272 Vgl. OLG Düsseldorf, Beschluss v. 2.10.2008 – VII-Verg 25/08.
273 Vgl. OLG Düsseldorf, Beschluss v. 6.2.2008 – VII-Verg 37/07; Beschluss v. 12.12.2007 – VII-Verg 30/07.
274 Vgl. EuGH, Urteil v. 12.7.2001 – Rs. C-399/98 (Teatro alla Bicocca), Rn. 67 (*„Herrschaft der zuständigen Behörde"*), und OLG Bremen, Beschluss v. 13.3.2008 – Verg 5/07, das auf das Zu-eigen-Machen der Planung abstellt; im Sinne eines Zuschneidens auf den öffentlichen Zweck auch OLG Düsseldorf, Beschluss v. 12.12.2007 – VII-Verg 30/07.

wenn sich die öffentliche Hand darauf beschränkt, *„eine Planung des Geländes nach den Vorschriften des BauGB aufzustellen, die einerseits den gemeindlichen Interessen, andererseits der vorgesehenen Nutzung des Investors Rechnung trägt und schließlich einen möglichst günstigen Kaufpreis der Antragsgegnerin zufließen lässt"*[275].

2. Unmittelbares wirtschaftliches Zugutekommen

Neben dem entscheidenden Einfluss des Auftraggebers muss ihm die Bauleistung auch **unmittelbar wirtschaftlich zugutekommen**. Damit wollte der deutsche Gesetzgeber die Rechtslage nach der „Helmut Müller"-Entscheidung des EuGH[276] klarstellen und ein weiteres Instrument bieten, um Bauaufträge von bloßen baurechtlichen Vorgaben abzugrenzen. Im Kern bedeutet dies: 109

- An den Leistungen muss der Auftraggeber nicht nur ein allgemeines öffentliches Interesse haben, z. B. ein stadtplanerisches, sondern ein konkretes wirtschaftliches Beschaffungsinteresse.
- Mit dem Bauauftrag muss der Auftraggeber die Verfügungsgewalt erhalten, um das Bauwerk der von ihm geplanten (öffentlichen) Zweckbestimmung zuzuführen.
- Daraus abgeleitet muss der Auftragnehmer rechtlich verpflichtet sein, das Bauwerk zu bauen (Bauverpflichtung).

Das Kriterium des wirtschaftlichen Zugutekommens der Leistung dient dazu, Beschaffungsvorgänge von anderweitiger Verfolgung öffentlicher Interessen abzugrenzen. Zum Beispiel lösen stadtplanerische Anforderungen daher noch keinen Beschaffungsvorgang aus.[277] Bauverpflichtungen aus einem städtebaulichen Vertrag sind im Einzelfall und in ihrem wirtschaftlichen Kontext zu prüfen, bringen aber in der Regel keinen unmittelbaren wirtschaftlichen Vorteil für den Auftraggeber und keinen Beschaffungsvorgang mit sich.[278]

Darüber hinaus folgt aus § 103 Abs. 3 S. 2 GWB, dass der Auftrag dem Auftraggeber die rechtliche Befugnis verleihen muss, die **Verfügbarkeit** eines herzustellenden Bauwerks für die öffentliche Zweckbestimmung sicherzustellen.[279] Diese Befugnis muss auch rechtlich verbindlich vereinbart werden.[280] Auf die Vertragsform (z. B. Kauf oder Miete) kommt es dabei nicht an.[281] Hingegen können bloße Absichtserklärungen keinen öffentlichen Auftrag begründen. 110

Schließlich erfordert ein Bauauftrag i.S.d. § 103 Abs. 3 S. 2 GWB die Vereinbarung einer Pflicht zur Errichtung des Bauwerks (**Bauverpflichtung**).[282] Denn der Auftraggeber kann die Verfügbarkeit des Bauwerks für die öffentliche Zwecksetzung nur sicherstellen, wenn er auch die Errichtung des Bauwerks fordern kann. Die Errichtung des Bauwerks ist insofern Voraussetzung der Verfügbarkeit.[283] Dementsprechend hatte der EuGH in der „Helmut Müller"-Entscheidung klargestellt, dass eine Bauverpflichtung Voraussetzung für das Vorliegen eines aus- 111

---

275 Vgl. OLG Düsseldorf, Beschluss v. 13.6.2007 – VII-Verg 2/07; Beschluss v. 13.2.2007 – VII-Verg 2/07.

276 EuGH, Urteil v. 25.3.2010 – Rs. C-451/08 (Helmut Müller).

277 Vgl. EuGH, Urteil v. 25.3.2010 – Rs. C-451/08 (Helmut Müller), und etwa OLG München, Beschluss v. 27.9.2011 – Verg 15/11.

278 Vgl. hierzu OLG Brandenburg, Urteil v. 24.4.2012 – 6 W 149/11; OLG München, Beschluss v. 27.9.2011 – Verg 15/11; OLG Düsseldorf, Beschluss v. 9.6.2010 – VII-Verg 9/10, sowie OLG Karlsruhe, Beschluss v. 13.6.2008 – 15 Verg 3/08.

279 Vgl. EuGH, Urteil v. 22.4.2021 – Rs. C-537/19 (Wiener Wohnen), Rn. 44; OLG Düsseldorf, Beschluss v. 2.10.2008 – VII-Verg 25/08 m.w.N.

280 Vgl. EuGH, Urteil v. 12.7.2001 – Rs. C-399/98 (Teatro alla Bicocca), Rn. 67; OLG Bremen, Beschluss v. 13.3.2008 – Verg 5/07. Das OLG Düsseldorf setzt jedenfalls die rechtliche Verbindlichkeit der vom Auftraggeber genannten Erfordernisse voraus, vgl. OLG Düsseldorf, Beschluss v. 6.2.2008 – VII-Verg 37/07; Beschluss v. 12.12.2007 – VII-Verg 30/07; Beschluss v. 13.6.2007 – VII-Verg 2/07; Beschluss v. 13.2.2007 – VII-Verg 2/07.

281 EuGH, Urteil v. 22.4.2021 – Rs. C-537/19 (Wiener Wohnen), Rn. 43, 45, 47.

282 Erwägungsgrund 9 RL 2014/24/EU.

283 Vgl. OLG Brandenburg, Beschluss v. 27.6.2008 – Verg W 4/08; VK Hessen, Beschluss v. 4.9.2008 – 69d-VK-30/2008; Beschluss v. 5.3.2008 – 69d-VK-06/2008; VK Baden-Württemberg, Beschluss v. 15.8.2008 – 1 VK 27/08; Beschluss v. 5.6.2008 – 1 VK 16/08; Beschluss v. 7.3.2008 – 1 VK 1/08; VK Brandenburg, Beschluss v. 15.2.2008 – VK 2/08.

schreibungspflichtigen Bauauftrags ist.[284] Die Erwägungsgründe zur RL 2014/24/EU[285] und die Gesetzesbegründung[286] setzen ebenfalls voraus, dass *„der Auftragnehmer eine direkte oder indirekte rechtswirksame Verpflichtung zur Gewährleistung der Erbringung der Bauleistungen übernimmt."* Nicht ausreichend ist dabei allerdings ein Rückkauf- oder Widerrufsrecht des Auftraggebers im Falle der Nicht-Bebauung eines verkauften Grundstückes, da dies einen Bauanreiz, aber keine rechtliche Baupflicht begründet.[287]

112 Zu beachten ist allerdings, dass das Kriterium des unmittelbaren wirtschaftlichen Zugutekommens in den § 103 Abs. 3 GWB zugrunde liegenden europarechtlichen Normen nicht ausdrücklich geregelt ist. Im Sinne einer **unionsrechtskonformen Auslegung** kann dieses Kriterium daher nur Abgrenzungsmaßstäbe der zugrunde liegenden europarechtlichen Rechtsprechung wiedergeben, nicht jedoch einen eigenständigen, weitergehenden Charakter entwickeln. Nicht gänzlich ausgeschlossen werden kann daher, dass auch spezielle Bauleistungen, die dem Auftraggeber nicht unmittelbar wirtschaftlich zugutekommen, von der EuGH-Rechtsprechung dem Bauauftrag zugeordnet werden. In diesem Fall wäre § 103 Abs. 3 S. 2 GWB verengend auszulegen.

E. Dienstleistungsaufträge (Abs. 4)

113 Als **Dienstleistungsauftrag** ist ausweislich des Wortlauts von § 103 Abs. 4 GWB jeder Vertrag i.S.d. § 103 Abs. 1 GWB anzusehen, der weder als Liefer- noch als Bauauftrag einzustufen ist.

114 Die Regelung in § 103 Abs. 4 GWB bildet einen Auffangtatbestand, der weit **auszulegen** ist.[288]

115 Ob der Vertrag **zivilrechtlich** Dienste i.S.d. § 611 BGB oder etwa die Herstellung eines Werkes i.S.d. § 631 BGB beinhaltet, ist unerheblich.

116 Unter Dienstleistungsaufträgen werden **beispielsweise** Arbeitnehmerüberlassungen, sofern dabei nicht nur die Personalübernahme, sondern auch das „Übergangsmanagement" geschuldet ist,[289] Versicherungsdienstleistungen,[290] Realisierung und Organisation des Ganztageskonzepts an vier Grundschulen,[291] der Betrieb eines Kindergartens,[292] Essensversorgung,[293] Kooperationen mit Arztpraxen,[294] Verkehrsdienstleistungen[295] und Leistungen nach § 93 ff. Bundessozialhilfegesetz (jetzt § 75 SGB XII)[296] gefasst. Keine Dienstleistung ist hingegen eine bloße Vereinsmitgliedschaft, jedenfalls soweit kein konkreter Beschaffungsvorgang eingekapselt ist.[297]

F. Rahmenvereinbarungen (Abs. 5)

117 **Rahmenvereinbarungen** stellen eine besondere Form öffentlicher Beschaffungsvorgänge dar und finden ihre europarechtliche Grundlage in Art. 33 RL 2014/24/EU und Art. 51

---

284 Vgl. EuGH, Urteil v. 25.3.2010 – Rs. C-451/08 (Helmut Müller), Rn. 62 f.; a.A. zuvor OLG Düsseldorf, Beschluss v. 2.10.2008 – VII-Verg 25/08; Beschluss v. 14.5.2008 – VII-Verg 27/08; Beschluss v. 30.4.2008 – VII-Verg 23/08; Beschluss v. 6.2.2008 – VII-Verg 37/07; Beschluss v. 12.12.2007 – VII-Verg 30/07; Beschluss v. 13.6.2007 – VII-Verg 2/07; Beschluss v. 13.2.2007 – VII-Verg 2/07.

285 Erwägungsgrund 9 RL 2014/24/EU.

286 Gesetzesbegründung zu § 103 Abs. 3 GWB, VergRModG 2016, BT-Drs. 18/6281, 74.

287 Vgl. etwa VK Baden-Württemberg, Beschluss v. 12.1.2011 – 1 VK 67/10.

288 Vgl. OLG Brandenburg, Beschluss v. 15.5.2007 – Verg W 2/07; OLG Düsseldorf, Beschluss v. 12.1.2004 – VII-Verg 71/03.

289 VK Münster, Beschluss v. 5.8.2014 – VK 10/14.

290 BGH, Beschluss v. 3.7.2008 – I ZR 145/05.

291 VK Arnsberg, Beschluss v. 18.7.2012 – VK 09/12.

292 OLG Jena, Beschluss v. 9.4.2021 – Verg 2/20.

293 VK Sachsen, Beschluss v. 13.8.2009 – 1/SVK/034/09, 1/SVK/034-09G.

294 VK Niedersachsen, Beschluss v. 17.8.2009 – VgK 36/2009.

295 OLG Düsseldorf, Beschluss v. 26.7.2002 – Verg 22/02.

296 VK Münster, Beschluss v. 28.5.2004 – VK 10/04; a.A. VK Hamburg, Beschluss v. 3.8.2004 – VgK FB 4/04.

297 OLG Rostock, Beschluss v. 5.2.2020 – 17 Verg 4/19.

RL 2014/25/EU.[298] Bei Rahmenvereinbarungen handelt es sich nach § 103 Abs. 5 GWB um vertragliche Abreden zwischen einem oder mehreren öffentlichen Auftraggebern oder Sektorenauftraggebern und einem oder mehreren Unternehmen, die dazu dienen, die Bedingungen für die öffentlichen Aufträge, die während eines bestimmten Zeitraums vergeben werden sollen, festzulegen. Die Rahmenvereinbarung bildet nur einen Rahmen für die später zu vergebenden Aufträge, ohne bereits alle Details der späteren Verträge festzulegen. Sie sollen dem Auftraggeber eine größere Flexibilität bei der Beschaffung ermöglichen.[299] Die wesentlichen Bedingungen der später zu vergebenden öffentlichen Aufträge müssen bereits definiert sein, um die Rahmenvereinbarung von vorgelagerten Markterkundungstätigkeiten zu unterscheiden.[300] Dies betrifft laut Gesetzeswortlaut insbesondere den Preis (§ 105 Abs. 5 S. 1 GWB). Andere Bedingungen – wie etwa der Zeitpunkt des Auftrags – können aber offenbleiben bzw. flexibler bestimmt werden, auch in der nach § 121 GWB erforderlichen Leistungsbeschreibung.[301]

Fraglich ist, inwieweit die **Menge** der Leistungen bereits definiert sein muss. Nach § 21 VgV muss das in Aussicht genommene Auftragsvolumen nur so genau wie möglich ermittelt und bekannt gegeben, nicht aber abschließend festgelegt werden. Ob dies der Rechtsprechung des EuGH genügt, ist fraglich. In der Rechtssache „Antitrust"[302] hat der EuGH zur alten Rechtslage, die insoweit aber wortgleich in die neue RL 2014/24/EU übernommen wurde, festgestellt, dass die Rahmenvereinbarung von Beginn an die Höchstmengen der Lieferungen und Dienstleistungen, die Gegenstand der einzelnen Aufträge sein können, definieren müsse.[303] Daraus folgt, dass der Auftraggeber die Gesamtmenge definieren muss, die aufgrund der Rahmenvereinbarung verlangt werden kann. Da nach herrschender Auffassung die Rahmenvereinbarung aber keinen Kontrahierungszwang für eine der beiden Seiten vorsehen muss[304] und eine exakte Menge dem Sinn einer Rahmenvereinbarung widersprechen würde, muss nur die Gesamtmenge, aber keine Mindestmenge festgelegt werden. **118**

Die Rahmenvereinbarung kann von einem **Auftraggeber** auch zugunsten „sekundärer Auftraggeber" geschlossen werden, die in der Rahmenvereinbarung eindeutig – namentlich oder auf eine andere Weise[305] – bezeichnet sein müssen (Art. 33 Abs. 2 UAbs. 2 RL 2014/24/EU, § 21 Abs. 2 S. 2 VgV), aber nicht selbst die Rahmenvereinbarung unterzeichnen müssen.[306] **119**

Die Beschaffung mithilfe einer Rahmenvereinbarung findet in einem **zweistufigen Verfahren** statt, welches mit dem Abschluss der eigentlichen Rahmenvereinbarung auf der ersten Stufe beginnt, dem die Vergabe der Einzelaufträge auf der zweiten Stufe folgt. Je nachdem, ob die Rahmenvereinbarung mit nur einem Auftragnehmer oder mehreren geschlossen wurde und je nach Bestimmtheit der Rahmenvereinbarung, werden die Einzelaufträge in der zweiten Stufe als einfacher Vertrag oder im Rahmen eines erneuten Vergabeverfahrens zwischen den Unterzeichnern der Rahmenvereinbarung geschlossen (siehe § 21 Abs. 3 und 4 VgV). **120**

Im Gegensatz zur Annahme des Gesetzgebers[307] und der herrschenden Meinung in der Literatur[308], die eine Rahmenvereinbarung mangels Unmittelbarkeit des Beschaffungsvorgangs nicht als **öffentlichen Auftrag** ansehen, bezeichnet der EuGH eine Rahmenvereinbarung als **121**

---

298 Vgl. zu den Begriffen der Rahmenvereinbarung und des Rahmenvertrages *Egger*, Europäisches Vergaberecht, Rn. 693 ff.

299 Vgl. Erwägungsgrund 61 RL 2014/24/EU; VK Bund, Beschluss v. 14.2.2018 – VK 2-2/18.

300 OLG Rostock, Beschluss v. 5.2.2020 – 17 Verg 4/19.

301 VK Bund, Beschluss v. 12.1.2020 – VK 1-112/20.

302 EuGH, Urteil v. 19.12.2018 – Rs. C-216/17 (Antitrust), Rn. 56; zustimmend *Pfannkuch*, KommJur 2019, 241.

303 EuGH, Urteil v. 19.12.2018 – Rs. C-216/17 (Antitrust), Rn. 60.

304 OLG Rostock, Beschluss v. 5.2.2020 – 17 Verg 4/19 Rn. 76 m.w.N.; ausdrücklich schließt Erwägungsgrund 61 RL 2014/24/EU den Kontrahierungszwang jedoch nur für den Auftraggeber aus.

305 Erwägungsgrund 60 RL 2014/24/EU nennt als Beispiel „eine Bezugnahme auf eine bestimmte Kategorie von öffentlichen Auftraggebern innerhalb eines klar abgegrenzten geografischen Gebiets, so dass die betreffenden öffentlichen Auftraggeber ohne Weiteres und eindeutig identifiziert werden können".

306 EuGH, Urteil v. 19.12.2018 – Rs. C-216/17 (Antitrust), Rn. 56.

307 Vgl. Gesetzesbegründung zu § 103 Abs. 5 GWB, VergRModG 2016, BT-Drs. 18/6281, 74.

308 Vgl. etwa *Wegener/Pünder*, in: Pünder/Schellenberg, Vergaberecht, § 103 GWB Rn. 2; *Ziekow*, in: Ziekow/Völlink, Vergaberecht, § 103 GWB Rn. 110.

„einen mehrere andere Aufträge zusammenfassenden öffentlichen Auftrag" mit der Folge, dass die fundamentalen Grundsätze, die die öffentlichen Aufträge regeln – Gleichbehandlung und Nichtdiskriminierung – auch für Rahmenvereinbarungen gelten.[309] Unabhängig davon sieht § 103 Abs. 5 GWB in Übereinstimmung mit Art. 33 Abs. 1 UAbs. 1 RL 2014/24/EU die Ausschreibungspflicht für die Rahmenvereinbarung vor. Die aufgrund der Rahmenvereinbarung vergebenen Aufträge können dafür dann in einem vereinfachten Verfahren (Art. 33 Abs. 2 bis 4 RL 2014/24/EU, umgesetzt in § 21 VgV) vergeben werden. Wurde die Rahmenvereinbarung nicht ausgeschrieben, müssen die einzelnen Aufträge im normalen Verfahren ausgeschrieben werden.

122 Bei der Vergabe von Rahmenvereinbarungen und der auf ihrer Grundlage zu vergebenden Einzelaufträge sind die **unionsrechtlichen Vorgaben** der Art. 33 RL 2014/24/EU und Art. 51 RL 2014/25/EU sowie deren nationale Umsetzung in **§ 21 VgV** zu beachten. Die bisherige Regelung der Art. 32 RL 2004/18/EG und Art. 14 RL 2004/17/EG wurde im Wesentlichen übernommen, an einigen Stellen jedoch präzisiert. Die Rahmenvereinbarung darf mit Ausnahme begründeter Sonderfälle maximal für vier Jahre abgeschlossen werden (vgl. Art. 33 Abs. 1 UAbs. 3 RL 2014/24/EU, umgesetzt in § 21 Abs. 6 VgV). Will der Auftraggeber diese zeitliche Grenze durchbrechen, muss dies durch einen sachlichen Grund, der sich insbesondere aus einer Besonderheit des Auftragsgegenstandes ergeben kann, gerechtfertigt sein.

123 Für die **Schätzung des Auftragswerts** bei Rahmenvereinbarungen ist wie bei Einzelaufträgen eine funktionelle Betrachtung erforderlich. Sofern mehrere Lose einer Rahmenvereinbarung einen technisch und wirtschaftlich einheitlichen Charakter aufweisen, sind ihre Werte zusammenzurechnen. Davon ist bei einer Ausschreibung in einer einzelnen Bekanntmachung auszugehen.[310]

G. Wettbewerbe (Abs. 6)

124 **Wettbewerbe** sind nach § 103 Abs. 6 GWB „Auslobungsverfahren, die dem Auftraggeber aufgrund vergleichender Beurteilung durch ein Preisgericht mit oder ohne Verteilung von Preisen zu einem Plan oder einer Planung verhelfen sollen." Es handelt sich dabei um ein besonderes Verfahren, bei dem der Auftraggeber einen Plan oder eine Planung – z. B. eine Architekturplanung – erhalten will und als Gegenleistung nur für den oder die Gewinner einen Preis oder den Erhalt eines nachgelagerten Dienstleistungsauftrages in Aussicht stellt. Die Bewertung der im Rahmen des Wettbewerbs eingereichten Pläne oder Planungen muss an ein unabhängiges Gremium (das „Preisgericht") übertragen werden, das die von Wettbewerbsteilnehmern vorgelegten Projekte anhand vorab festgelegter Wettbewerbskriterien prüft und eine Rangfolge der Projekte erstellt. Der oder die Gewinner enthalten dann entweder den vorher ausgelobten Preis oder, wenn der Wettbewerb als Vorstufe eines Dienstleistungsauftrags durchgeführt wird, den Dienstleistungsauftrag, der dann im Verhandlungsverfahren ohne Teilnahmewettbewerb vergeben werden darf (§ 14 Abs. 4 Nr. 8 VgV).

125 Die Regelung stimmt mit der **bisherigen Regelung** in § 99 Abs. 5 GWB überein, neu ist lediglich die Bezeichnung als „Wettbewerbe" in Übereinstimmung mit den Vergaberichtlinien.

126 Zur besseren Abgrenzung vom „Wettbewerb" im Sinne des unternehmerischen Wettbewerbs am Markt (§ 1 GWB) sowie dem Teilnahmewettbewerb nach § 18 Abs. 2 VgV werden Wettbewerbe i.S.d. § 103 Abs. 6 GWB in § 69 Abs. 1 VgV als „**Planungswettbewerbe**" bezeichnet.

127 Wettbewerbe sind keine öffentlichen Aufträge, sondern **eigenständige Verfahren**, für die die Vergaberichtlinien eigene – in §§ 69 ff. VgV umgesetzte – Vorgaben enthalten.[311] In den Vergaberichtlinien werden Wettbewerbe als Verfahren definiert, die dazu dienen, dem Auftraggeber insbesondere auf den Gebieten der Raumplanung, der Stadtplanung, der Architek-

309 EuGH, Urteil v. 19.12.2018 – Rs. C-216/17 (Antitrust), Rn. 62.
310 OLG Düsseldorf, Beschluss v. 15.7.2020 – VII-Verg 40/19.
311 Vgl. Nebeneinander von öffentlichen Aufträgen und Wettbewerben in Art. 1 Abs. 1 RL 2014/24/EU sowie die Verfahrensvorgaben in Art. 78 ff. RL 2014/24/EU.

tur und des Bauwesens oder der Datenverarbeitung einen Plan oder eine Planung zu verschaffen (vgl. Art. 2 Abs. 1 Nr. 21 RL 2014/24/EU bzw. Art. 2 Nr. 17 RL 2014/25/EU). Maßgebende Merkmale sind, dass die Auswahl durch ein Preisgericht aufgrund vergleichender Beurteilung mit oder ohne Vergabe von Preisen erfolgt und dass der Auftraggeber im Gegenzug einen Plan oder eine Planung erhält.

Anwendung finden Wettbewerbe nach § 103 Abs. 6 GWB vorwiegend im Vorfeld oder im Rahmen der Vergabe von Dienstleistungsaufträgen (eingeschlossener Wettbewerb), etwa bei der Stadt- und Raumplanung, bei Architektenleistungen[312] sowie im IT-Bereich. **128**

H. Rechtsschutz

Die Definitionen des § 103 GWB sind für den Rechtsschutz relevant, da sich der Zugang zum Vergaberechtsschutz nach dem Begriff des öffentlichen Auftrags richtet (vgl. §§ 155, 160 Abs. 2 GWB). **129**

Anlage

Gesetzesbegründung – VergRModG 2016 (BT-Drs. 18/6281)

Seite 73

Zu Absatz 1

§ 103 Absatz 1 definiert den Begriff des öffentlichen Auftrags und entspricht insofern inhaltlich dem bisherigen § 99 Absatz 1 GWB. Kern der Definition des öffentlichen Auftrags ist, dass es sich um die Beschaffung von Leistungen durch öffentliche Auftraggeber oder Sektorenauftraggeber handeln muss. Der Unionsgesetzgeber hat in Erwägungsgrund 4 der Richtlinie 2014/24/EU darauf hingewiesen, dass die zunehmende Vielfalt öffentlicher Tätigkeiten es erforderlich mache, den Begriff der Auftragsvergabe selbst klarer zu definieren. Diese Präzisierung als solche sollte jedoch den Anwendungsbereich der neuen EU-Vergaberichtlinie im Verhältnis zu dem der Richtlinie 2004/18/EG nicht erweitern. Nicht alle Formen öffentlicher Ausgaben sollten abgedeckt werden, sondern nur diejenigen, die für den Erwerb von Bauleistungen, Lieferungen oder Dienstleistungen im Wege eines öffentlichen Auftrags getätigt werden. Fälle, in denen alle Wirtschaftsteilnehmer, die bestimmte Voraussetzungen erfüllen, zur Wahrnehmung einer bestimmten Aufgabe – ohne Selektivität – berechtigt sind, sollten nicht als Auftragsvergabe verstanden werden, sondern als einfache Zulassungssysteme (z. B. Zulassungen für Arzneimittel oder ärztliche Dienstleistungen). Daraus lässt sich schließen, dass die Zulassung von Dienstleistungserbringern im sozialhilferechtlichen Dreiecksverhältnis nicht der Richtlinie 2014/24/EU unterfällt. Gleiches gilt für die Zulassung von Pflegeeinrichtungen sowie die Feststellung der fachlichen Eignung im Rahmen der Zulassung besonderer Dienste oder besonderer Einrichtungen. Weiterhin hat der Unionsgesetzgeber in Erwägungsgrund 6 hervorgehoben, dass es den Mitgliedstaaten freistehe, die Erbringung von sozialen oder anderen Dienstleistungen entweder als Dienstleistungen von allgemeinem wirtschaftlichem Interesse oder als nichtwirtschaftliche Dienstleistungen von allgemeinem Interesse oder als eine Mischung davon zu organisieren. Der Unionsgesetzgeber stellt in diesem Zusammenhang klar, dass nichtwirtschaftliche Dienstleistungen von allgemeinem Interesse nicht in den Geltungsbereich der Richtlinie 2014/24/EU fallen.

Da künftig zwischen öffentlichen Auftraggebern nach § 99, Sektorenauftraggebern nach § 100 und Konzessionsgebern nach § 101 unterschieden werden muss, ist die bisherige Definition entsprechend anzupassen. Öffentliche Aufträge sind demgemäß Verträge sowohl von öffentlichen Auftraggebern nach § 99 als auch von Sektorenauftraggebern nach § 100. § 103 Absatz 1 verweist nicht auf § 101, da Auftraggeber nach § 101 keine öffentlichen Aufträge im Sinne des §103 Absatz 1, sondern Konzessionen im Sinne des § 105 vergeben.

---

312 Zu Architektenwettbewerben siehe ausführlich *Müller-Wrede*, Der Architektenwettbewerb.

Im Unterschied zur bisherigen Definition fallen zudem Baukonzessionen künftig nicht mehr unter den Begriff des öffentlichen Auftrags. Vielmehr wird künftig zwischen der Vergabe von öffentlichen Aufträgen und der Vergabe von Konzessionen unterschieden. Konzessionen, einschließlich der Baukonzessionen, werden nunmehr abschließend in § 105 definiert.

Im Gegensatz zur Formulierung des bisherigen § 99 Absatz 1 GWB unterfallen Auslobungsverfahren, die zu Dienstleistungsaufträgen führen sollen, nicht mehr dem öffentlichen Auftragsbegriff. Damit wird im Einklang mit den Vergaberichtlinien klargestellt, dass es sich bei „Wettbewerben", die im Sinne des Bürgerlichen Gesetzbuchs (BGB) Auslobungsverfahren darstellen, um ein eigenes Verfahren handelt, welches dazu dient, dem öffentlichen

Seite 74

Auftraggeber einen Plan oder eine Planung zu verschaffen (s. Artikel 2 Absatz 1 Nummer 21 Richtlinie 2014/24/EU). Solche Wettbewerbe sind nunmehr in § 103 Absatz 6 definiert.

Formerfordernisse werden auf Verordnungsebene geregelt.

Zu Absatz 2

§ 103 Absatz 2 entspricht dem bisherigen § 99 Absatz 2 GWB.

Zu Absatz 3

§ 103 Absatz 3 definiert den Begriff des Bauauftrags und passt den bisherigen § 99 Absatz 3 GWB an den neuen Richtlinientext an (Artikel 2 Absatz 1 Nummer 6 der Richtlinie 2014/24/EU).

§ 103 Absatz 3 sieht für die Definition des Bauauftrags entsprechend dem Richtlinientext wie bislang drei Alternativen vor. Alternative 1 betrifft Bauleistungen, die in Anlage II der Richtlinie 2014/24/EU abschließend aufgenommen werden. Die dort aufgeführten Bauleistungen sind in der Praxis für die Abgrenzung von Bau- und Lieferaufträgen entscheidend. Schon heute zieht die Rechtsprechung vielfach den bisherigen Anhang I der Richtlinie 2004/18/EG (entspricht dem Anhang II der Richtlinie 2014/24/EU) zur Abgrenzung zwischen Bau- und Lieferaufträgen heran (z. B. OLG Düsseldorf, Beschluss vom 30.04.2014, VII-Verg 35/13).

In der dritten Alternative (Erbringung der Bauleistung durch Dritte) wird nunmehr entsprechend Artikel 2 Absatz 1 Nummer 6 Buchstabe c der Richtlinie 2014/24/EU klargestellt, dass die Erbringung der Bauleistung gemäß den von einem öffentlichen Auftraggeber oder Sektorenauftraggeber genannten Erfordernissen voraussetzt, dass der betreffende Auftraggeber Maßnahmen getroffen hat, um die Art des Vorhabens festzulegen, oder zumindest einen entscheidenden Einfluss auf dessen Planung haben musste. Ob der Auftragnehmer das Bauvorhaben ganz oder zum Teil mit eigenen Mitteln durchführt oder dessen Durchführung mit anderen Mitteln sicherstellt, ist – wie in Erwägungsgrund 9 der Richtlinie 2014/24/EU klargestellt wird – unerheblich für die Einstufung der entsprechenden Bauleistung als Bauauftrag, solange der Auftragnehmer eine direkte oder indirekte rechtswirksame Verpflichtung zur Gewährleistung der Erbringung der Bauleistungen übernimmt.

Zu Absatz 4

§ 103 Absatz 4 entspricht dem bisherigen § 99 Absatz 4 GWB.

Zu Absatz 5

§ 103 Absatz 5 dient der Umsetzung der Definition der Rahmenvereinbarung gemäß Artikel 33 Absatz 1 Unterabsatz 2 der Richtlinie 2014/24/EU und Artikel 51 Absatz 1 Unterabsatz 2 der Richtlinie 2014/25/EU. Die Rahmenvereinbarung stellt selbst zwar keinen Beschaffungsprozess dar. Die Vergabe einer Rahmenvereinbarung im Wege eines Vergabeverfahrens hat jedoch zur Folge, dass die auf ihrer Grundlage erteilten Einzelaufträge einem vereinfachten Vergabeverfahren unterliegen können. Wie ein öffentlicher Auftrag unterliegt die Rahmenvereinbarung also wettbewerblichen Verfahrensregeln, vergleiche Artikel 33 Absatz 1 Unterabsatz 1 Richtlinie 2014/24/EU: „Die öffentlichen Auftraggeber können Rahmenvereinbarungen abschließen, sofern sie die in dieser Richtlinie genannten Verfahren anwenden" und die Regelung der Einzelheiten eines Verzichts auf den Teilnahmewettbewerb in Artikel 33 Absatz 4 Buchstabe a) bis c). Aus systematischen Gründen empfiehlt es sich daher, die Rahmenvereinbarung im Zusammenhang mit dem Begriff des öffentlichen Auftrags zu regeln.

Zu Absatz 6

§ 103 Absatz 6 entspricht dem bisherigen § 99 Absatz 5 GWB. Im Einklang mit den Vergaberichtlinien findet nun aber der Begriff „Wettbewerbe" Verwendung. Die Einzelheiten für das Verfahren zur Ausrichtung von Wettbewerben gemäß Artikel 78 bis 82 der Richtlinie 2014/24/EU sowie Artikel 95 bis 99 der Richtlinie 2014/25/EU werden durch die aufgrund von § 113 erlassenen Verordnung der Bundesregierung mit Zustimmung des Bundesrates umgesetzt.

§ 104 GWB
Verteidigungs- oder sicherheitsspezifische öffentliche Aufträge

(1) Verteidigungs- oder sicherheitsspezifische öffentliche Aufträge sind öffentliche Aufträge, deren Auftragsgegenstand mindestens eine der folgenden Leistungen umfasst:

1. **die Lieferung von Militärausrüstung, einschließlich dazugehöriger Teile, Bauteile oder Bausätze,**
2. **die Lieferung von Ausrüstung, die im Rahmen eines Verschlusssachenauftrags vergeben wird, einschließlich der dazugehörigen Teile, Bauteile oder Bausätze,**
3. **Liefer-, Bau- und Dienstleistungen in unmittelbarem Zusammenhang mit der in den Nummern 1 und 2 genannten Ausrüstung in allen Phasen des Lebenszyklus der Ausrüstung oder**
4. **Bau- und Dienstleistungen speziell für militärische Zwecke oder Bau- und Dienstleistungen, die im Rahmen eines Verschlusssachenauftrags vergeben werden.**

(2) Militärausrüstung ist jede Ausrüstung, die eigens zu militärischen Zwecken konzipiert oder für militärische Zwecke angepasst wird und zum Einsatz als Waffe, Munition oder Kriegsmaterial bestimmt ist.

(3) Ein Verschlusssachenauftrag im Sinne dieser Vorschrift ist ein Auftrag im speziellen Bereich der nicht-militärischen Sicherheit, der ähnliche Merkmale aufweist und ebenso schutzbedürftig ist wie ein Auftrag über die Lieferung von Militärausrüstung im Sinne des Absatzes 1 Nummer 1 oder wie Bau- und Dienstleistungen speziell für militärische Zwecke im Sinne des Absatzes 1 Nummer 4, und

1. **bei dessen Erfüllung oder Erbringung Verschlusssachen nach § 4 des Gesetzes über die Voraussetzungen und das Verfahren von Sicherheitsüberprüfungen des Bundes oder nach den entsprechenden Bestimmungen der Länder verwendet werden oder**
2. **der Verschlusssachen im Sinne der Nummer 1 erfordert oder beinhaltet.**

Übersicht

	Rn.
A. Allgemeines	1
B. Lieferung von Militärausrüstung (Abs. 1 Nr. 1 und Abs. 2)	6
I. Konzeption oder Anpassung zu militärischen Zwecken	10
II. Waffe, Munition oder Kriegsmaterial	12
III. Einsatzbestimmung	16
C. Lieferung von Ausrüstung im Rahmen eines Verschlusssachenauftrages (Abs. 1 Nr. 2 und Abs. 3)	23
I. Lieferung von Ausrüstung	24
II. Verschlusssachenauftrag	27
1. Merkmale und Schutzbedürftigkeit	30
2. Verschlussache	32
D. Verbundene Leistung (Abs. 1 Nr. 3)	35
E. Bau- und Dienstleistungen für militärische Zwecke oder im Rahmen eines Verschlusssachenauftrages (Abs. 1 Nr. 4)	39
F. Rechtsschutz	44
Anlagen	
Gesetzesbegründung	
Kriegswaffenliste	

A. Allgemeines

1 § 104 GWB definiert den Begriff des verteidigungs- oder sicherheitsspezifischen öffentlichen Auftrags. Nach dessen Absatz 1 werden folgende Leistungen von dem Begriff umfasst:

- Lieferung von Militärausrüstung, einschließlich dazugehöriger Teile, Bauteile oder Bausätze (Nr. 1);
- Lieferung von Ausrüstung im Rahmen von Verschlusssachenaufträgen, einschließlich dazugehöriger Teile, Bauteile oder Bausätze (Nr. 2);
- Liefer-, Bau- und Dienstleistungen im unmittelbaren Zusammenhang mit der in den beiden vorhergehenden Spiegelstrichen benannten Militärausrüstung bzw. Ausrüstung (Nr. 3);

- Bau- und Dienstleistungen speziell für militärische Zwecke (Nr. 4 Alt. 1);
- Bau- und Dienstleistungen, die im Zusammenhang mit einem Verschlusssachenauftrag vergeben werden (Nr. 4 Alt. 2).

2 § 104 GWB entspricht inhaltlich dem bisherigen § 99 Abs. 7 bis 9 GWB. Allerdings wird die Bezeichnung als „verteidigungs- oder sicherheitsspezifische öffentliche Aufträge" neu eingeführt. § 99 Abs. 7 GWB erfasste diese Aufträge **bislang** unter der Bezeichnung „verteidigungs- oder sicherheitsrelevant", was der Diktion des Art. 2 RL 2009/81/EG entsprach. Hintergrund dieser Begriffsänderung ist, dass mit Art. 15 bis 17 RL 2014/24/EU und Art. 24 bis 26 RL 2014/25/EU eine neue Kategorie von Aufträgen eingeführt wurde, die sog. öffentlichen Aufträge und Wettbewerbe mit „Verteidigungs- oder Sicherheitsaspekten".

3 Art. 15 Abs. 1 RL 2014/24/EU und Art. 24 Abs. 1 RL 2014/25/EU stellen klar, dass die **RL 2014/24/EU** und **2014/25/EU** auch im Bereich Verteidigung und Sicherheit anzuwenden sind, soweit ein Auftrag Verteidigungs- oder Sicherheitsaspekte beinhaltet, wenn der Auftrag nicht in den Anwendungsbereich der RL 2009/81/EG fällt. Ebenso sind die RL 2014/24/EU und 2014/25/EU nach Art. 15 Abs. 1 lit. b RL 2014/24/EU und Art. 24 Abs. 1 lit. b RL 2014/25/EU für diejenigen Fälle nicht anwendbar, in denen die Bestimmungen der RL 2009/81/EG wegen Unterschreitung der Schwellenwerte oder dem Vorliegen besonderer Ausnahmetatbestände nicht zur Anwendung kommen. Damit bleibt als Anwendungsbereich der Aufträge mit „Verteidigungs- und Sicherheitsaspekten" beispielsweise die Erbringung von Dienstleistungen für das Militär ohne Bezug zu militärischer Ausrüstung (Waschen von Bettwäsche) oder die Lieferung von Lebensmitteln in eine Kaserne. Zudem enthalten Art. 15 Abs. 2 und Abs. 3, Art. 17 RL 2014/24/EU sowie Art. 24 Abs. 2 und Abs. 3, Art. 27 RL 2014/25/EU weitere Ausnahmetatbestände für Beschaffungen und Wettbewerbe mit Verteidigungs- und Sicherheitsaspekten, die in § 117 GWB in deutsches Recht umgesetzt wurden.[1] Um eine bessere Abgrenzung zu dieser neuen Kategorie von Aufträgen, die Verteidigungs- oder Sicherheitsaspekte umfassen, gewährleisten zu können, sollen Aufträge im Anwendungsbereich des Art. 2 RL 2009/81/EG im GWB nunmehr als „verteidigungs- oder sicherheitsspezifische öffentliche Aufträge" bezeichnet werden.[2]

4 In § 104 GWB werden die Aufträge, die verteidigungs- oder sicherheitsspezifische Aspekte enthalten, legal definiert. Damit wird gleichzeitig der sachliche **Anwendungsbereich** des Kartellvergaberechts für derartige Aufträge festgelegt und diese Aufträge in der Folge dem Sonderregime der VSVgV unterworfen.

5 Die **begriffliche Unterscheidung** in verteidigungs- und sicherheitsspezifische öffentliche Aufträge rührt daher, dass verteidigungsspezifische Aufträge militärische Einsatzbereiche erfassen, wohingegen Auftraggeber der sicherheitsspezifischen Aufträge zivile Stellen (Bundesnachrichtendienst, Polizei etc.) sind.

B. Lieferung von Militärausrüstung (Abs. 1 Nr. 1 und Abs. 2)

6 § 104 Abs. 1 Nr. 1 GWB erfasst die Lieferung von Militärausrüstung, einschließlich dazugehöriger Teile, Bauteile oder Bausätze.

7 Die vorstehenden Begriffe entstammen dem EU-Vergaberecht und sind so in der militärischen Logistik nicht gebräuchlich. Mutmaßlich wird man das **Teil** als unselbständigen Bestandteil einer Militärausrüstung (z. B. ein Ersatzteil) fassen können. Ein **Bauteil** ist eine Zusammenfassung von Teilen, die eine Teilfunktion erfüllen können – vergleichbar einer Unterbaugruppe (z. B. der Vergaser eines bestimmten Motors). Der **Bausatz** wäre demnach die Hauptbaugruppe (z. B. ein Motor), also ein wesentlicher Bestandteil der jeweiligen Militärausrüstung, der eine selbständige Funktion erfüllt.

1 Siehe für Einzelheiten *Sterner* zu § 117 GWB.
2 Gesetzesbegründung zu § 104 GWB, VergRModG 2016, BT-Drs. 18/6281, 74.

Der Begriff der **Lieferung** ist dabei im Sinne eines Lieferauftrages gemäß § 103 Abs. 2 GWB zu verstehen. Erfasst sind damit Verträge zur Beschaffung von Waren, die insbesondere Kauf oder Ratenkauf oder Leasing, Mietverhältnisse oder Pachtverhältnisse mit oder ohne Kaufoption betreffen. 8

Nach der Legaldefinition des § 104 Abs. 2 GWB ist **Militärausrüstung** jede Ausrüstung, 9

- die eigens zu militärischen Zwecken konzipiert oder
- für militärische Zwecke angepasst wird und
- zum Einsatz als Waffe, Munition oder Kriegsmaterial bestimmt ist.

Während die ersten beiden Voraussetzungen alternativ vorliegen können, ist die Bestimmung als Waffe, Munition oder Kriegsmaterial immer Voraussetzung des Vorliegens von Militärausrüstung, wobei ausreichend ist, dass eines der drei Merkmale erfüllt ist. Die Legaldefinition der Militärausrüstung ist identisch mit der europarechtlichen Regelung in Art. 1 Abs. 6 RL 2009/81/EG und war bislang in § 99 Abs. 7 GWB a.F. enthalten.

I. Konzeption oder Anpassung zu militärischen Zwecken

Eine **Konzeption** für militärische Zwecke ist dann gegeben, wenn das entsprechende Produkt ausschließlich für die Nutzung durch die Streitkräfte konstruiert und produziert wurde und eine zivile Nutzung ausgeschlossen ist. Dies ist regelmäßig bei harten Rüstungsgütern der Fall. 10

Eine **Anpassung** für militärische Zwecke liegt vor, wenn ein ursprünglich für den zivilen Gebrauch entwickeltes Produkt für die Verwendung als Militärausrüstung militärspezifisch abgeändert wurde. Dies kann z. B. bei Fahrzeugen der Fall sein, wenn zivile Fahrzeuge u.a. mit einem verstärkten Schutz ausgerüstet werden oder die Kabinen im Hinblick auf Gasdichtigkeit nachgerüstet werden. 11

II. Waffe, Munition oder Kriegsmaterial

Der Gesetzgeber hat den Begriff der **Waffe** nicht definiert. In diesem Kontext wird man darunter alle Gegenstände fassen können, die dazu bestimmt und geeignet sind, Lebewesen physisch (meist durch mechanische Einwirkung) infolge Verwundung oder Tod bzw. psychisch in ihrer Handlungsfähigkeit zu beeinträchtigen oder handlungsunfähig zu machen. Dazu zählen auch Mittel, die Gegenstände oder immaterielle Güter beschädigen, zerstören oder gebrauchsunfähig machen können. 12

Munition ist im militärischen Umfeld definiert als Gegenstände und Komponenten, die 13

- Explosionsstoffe enthalten oder aus Explosivstoffen bestehen,
- Explosivstoffe und sonstige gefährliche Stoffe (z. B. Brand-, Nebel-, Reiz- oder Rauchstoffe) enthalten,
- keinen Explosionsstoff, jedoch andere gefährliche Stoffe enthalten oder aus diesen bestehen und als Kampf-, Darstellungs-, Beobachtungs-, Markierungs- oder Signalmittel verwendet werden,
- weder Explosionsstoffe noch andere gefährliche Stoffe enthalten oder aus solchen bestehen, aber aus/mit Waffen verschossen bzw. eingesetzt werden.[3]

Gemäß Erwägungsgrund 10 RL 2009/81/EG sind unter Militärausrüstung insbesondere die Arten von Produkten zu verstehen, die in der vom Rat in der Entscheidung 255/58[4] angenommenen **Liste von Waffen, Munition und Kriegsmaterial** aufgeführt sind. In der Entscheidungspraxis der Nachprüfungsinstanzen wird ebenfalls auf die Kriegswaffenliste zurückgegriffen.[5] Diese Liste enthält ausschließlich Produkte, die speziell zu militärischen Zwecken kon- 14

3 Zentrale Dienstvorschrift der Bundeswehr – ZDv 30/41 Begriffe der Logistik und Rüstung.
4 Entscheidung zur Festlegung der Produkte (Waffen, Munition und Kriegsmaterial), für die Art. 223 Abs. 1 lit. b EWGV (heute Art. 346 Abs. 2 lit. b AEUV) des Vertrags gilt (Dok. 255/58). Protokoll v. 15.4.1958: Dok. 368/58.
5 A. A. siehe Nachweise bei VK Bund, Beschluss v. 21.8.2014 – VK 2-59/14.

zipiert, entwickelt und hergestellt werden. Es handelt sich jedoch um eine generische Liste, die unter Berücksichtigung der sich weiterentwickelnden Technologie, Beschaffungspolitik und militärischen Anforderungen, die die Entwicklung neuer Arten von Produkten nach sich ziehen, beispielsweise auf der Grundlage der gemeinsamen Militärgüterliste der Union,[6] weit auszulegen ist. Der Begriff „Militärausrüstung" soll auch Produkte einschließen, die zwar ursprünglich für zivile Zwecke konzipiert wurden, später aber für militärische Zwecke angepasst werden, um als Waffen, Munition oder Kriegsmaterial eingesetzt zu werden.

15 In der **Kriegswaffenliste**[7] wurde gemäß Art. 296 Abs. 2 EGV aufgelistet, was unter „Waffen, Munition und Kriegsmaterial" zu verstehen ist.[8] Sie wurde seitdem offiziell nicht geändert oder ergänzt und wird deshalb teilweise für technologisch veraltet gehalten.[9] Die Kriegswaffenliste von 1958 zählt die Gegenstände abschließend auf. Außer im vorgesehenen Verfahren kann sie nicht erweitert werden. Gemäß Art. 346 Abs. 2 AEUV kann die Liste nur einstimmig auf Vorschlag der Europäischen Kommission geändert werden. Sie betrifft nach dem Wortlaut des Art. 346 Abs. 1 lit. b AEUV explizit nur den Handel und die Erzeugung der aufgelisteten Güter. Es besteht jedoch Einigkeit darüber, dass auch Instandsetzungs- und Wartungsarbeiten an diesen Gütern nach Sinn und Zweck der Vorschrift erfasst sind.[10] Dies korrespondiert mit der Regelung in § 104 Abs. 1 Nr. 3 GWB, wonach auch Dienstleistungen, die im unmittelbaren Zusammenhang mit Kriegsmaterial stehen, zum Kreis der verteidigungs- oder sicherheitsspezifischen Aufträge gehören. Aufgrund ihrer technologischen Überalterung ist die Kriegswaffenliste im Kontext des § 104 GWB weit zu interpretieren, um auch neuere technologische Entwicklungen darunter fassen zu können. Ebenso kann auf die Gemeinsame Militärgüterliste der Europäischen Union als Auslegungshilfe zurückgegriffen werden.[11] Damit liegt bei einem Beschaffungsbedarf, der unter die Kriegswaffenliste fällt, immer auch Militärausrüstung im Sinne des § 104 Abs. 1 Nr. 1 GWB vor. Sollte ein Beschaffungsbedarf dort nicht verortet werden können, ist anhand der Militärgüterliste und dem konkreten Verwendungszweck zu prüfen, ob es sich um Militärausrüstung handelt. Bei Waffen und Munition liegt das Ergebnis der entsprechenden Prüfung zumeist auf der Hand. Bei Kriegsmaterial kommt es sowohl auf die Zweckbestimmung als auch auf die konkrete Beschaffenheit an.

III. Einsatzbestimmung

16 Im Hinblick auf die erforderliche Zweckbestimmung als Kriegsmaterial hat der EuGH anlässlich der Beschaffung von Hubschraubern zunächst im Rahmen der **„Agusta"-Entscheidung**[12] einen subjektiven, d.h. an dem speziellen Einsatzzweck ausgerichteten Ansatz verfolgt. Gefolgert wurde dies aus der Formulierung des Art. 346 Abs. 1 lit. b AEUV, wonach die betreffenden Beschaffungsgegenstände eigens für militärische Zwecke „bestimmt" sein müssten. Die Verwendung der Hubschrauber war auf alle Fälle für zivile Zwecke (Zivilkorps) gedacht, wohingegen der Einsatz im Militär ungewiss war. Im Ergebnis konnte sich der Auftraggeber aufgrund des ungewissen militärischen Verwendungszweckes nach Ansicht des EuGH nicht auf Art. 346 AEUV berufen. Damit hätte der Auftrag entsprechend den vergaberechtlichen Bestimmungen vergeben werden müssen. Diese subjektive, auf den konkreten Einsatzzweck ausgerichtete Betrachtung wurde dennoch insgesamt als Ausweitung des Anwendungsberei-

6 Gemeinsame Militärgüterliste der Europäischen Union, vom Rat am 17. Februar 2020 angenommen, Aktualisierung und Ersetzung der vom Rat am 18. Februar 2019 angenommenen Gemeinsamen Militärgüterliste der Europäischen Union, (2020/C 85/01), ABl C 85/1 v. 13.3.2020.

7 Rat der Europäischen Union, Beschluss 255/58 vom 15.4.1958.

8 Die Liste ist im Anhang dieser Kommentierung abgedruckt.

9 Siehe *Prieß*, Handbuch des europäischen Vergaberechts, S. 315; a.A. *Trybus*, in: Müller-Wrede, Kompendium des Vergaberechts, 1. Auflage, Kap. 7 Rn. 23.

10 *Boesen*, Vergaberecht, § 100 GWB Rn. 60; *Guckelberger*, ZfBR 2005, 34 (35).

11 Gemeinsame Militärgüterliste der Europäischen Union, vom Rat am 17. Februar 2020 angenommen, Aktualisierung und Ersetzung der vom Rat am 18. Februar 2019 angenommenen Gemeinsamen Militärgüterliste der Europäischen Union, (2020/C 85/01), ABl C 85/1 v. 13.3.2020; so auch: *von Wietersheim*, in: Burgi/Dreher, Vergaberecht, § 104 GWB Rn. 34.

12 EuGH, Urteil v. 8.4.2008 – Rs. C-337/05 (Agusta).

ches gesehen, die sich insbesondere im Bereich der sowohl zivil als auch militärisch verwendbaren Güter, der sog. Dual-Use-Güter, auswirkt.[13]

Diesen subjektiven Ansatz hat der EuGH in der neueren **„InsTiimi"-Entscheidung**[14] geändert. Es ging um einen Auftrag zur Beschaffung von Drehtischanlagen, die zur Verwendung als Träger von Objekten bestimmt waren, an denen elektromagnetische Messungen durchgeführt werden. Die Drehtische wurden zwar aus zivilen Komponenten zusammengesetzt, sind allerdings militärspezifisch abgeändert worden. Unzweifelhaft sollten sie militärischen Zwecken im Bereich der Simulation elektronischer Kriegsführung dienen. Zu entscheiden war, ob diese Drehtische der Kriegswaffenliste zuzuordnen sind. Der EuGH stellte darauf ab, dass aus den Worten „für militärische Zwecke" in Nr. 11 der Kriegswaffenliste sowie den Worten „soweit sie einen militärischen Charakter haben" und „ausschließlich für [...] entwickelte" in Nr. 14 und 15 der Liste hervorgehe, dass die dort genannten Produkte objektiv einen spezifisch militärischen Charakter aufweisen müssten.[15] Eine spezifisch militärische Zweckbestimmung im Sinne von Art. 346 AEUV könne nur in denjenigen Fällen zuerkannt werden, in denen nicht nur eine militärische Verwendung vorgesehen ist. Zusätzlich muss sich die militärische Verwendung aus den Eigenschaften eines speziell zu solchen Zwecken konzipierten, entwickelten oder substanziell veränderten Ausrüstungsgegenstands ergeben.[16] Gleiches folge aus dem Erwägungsgrund 10 RL 2009/81/EG. Darin sei klargestellt, dass für die Zwecke dieser Richtlinie der Begriff „Militärausrüstung" auch Produkte einschließen sollte, die zwar ursprünglich für zivile Zwecke konzipiert wurden, später aber für militärische Zwecke angepasst werden, um als Waffen, Munition oder Kriegsmaterial eingesetzt zu werden. Insgesamt stellt der Gerichtshof damit auf die objektive Beschaffenheit und den objektiven Verwendungszweck eines Gegenstandes ab.[17] Wie der EuGH in der „InsTiimi"-Entscheidung[18] konsequent herausgearbeitet hat, war diese objektive Betrachtungsweise schon in der Kriegswaffenliste von 1958 angelegt. Diese Betrachtungsweise dürfte bei Großgeräten wie Panzern und Kriegsschiffen kaum Auswirkungen haben. Anderes gilt beispielsweise in den folgenden Fällen. 17

Nach Ziffer 14 der Kriegswaffenliste fallen **Teile** und **Einzelteile** des in dieser Liste aufgeführten Materials nur dann in den Anwendungsbereich der Liste, soweit sie einen militärischen Charakter haben. Im Vergabevermerk wäre zu dokumentieren, worin beispielsweise der militärische Charakter eines Motors, Getriebes oder einer elektronischen Schaltanlage besteht. Dabei können konstruktive Merkmale, beispielsweise die leichte Auswechselbarkeit oder auch das technische Anforderungsprofil, relevant sein. 18

Maschinen, **Ausrüstungen** und **Werkzeuge** müssten nach Ziffer 15 der Kriegswaffenliste ausschließlich für die Entwicklung, Herstellung, Prüfung und Kontrolle von hartem Kriegsgerät speziell hergestellt worden sein. Damit scheidet eine parallele zivile Verwendung aus. Gerade im Bereich der Werkzeuge und Sonderwerkzeuge verengt sich durch diese Sichtweise der Anwendungsbereich erheblich. Die Herstellung für diesen besonderen militärischen Zweck müsste ebenfalls in dem Vergabevermerk dokumentiert werden. 19

Können die zu beschaffenden Gegenstände im Wesentlichen bauartgleich sowohl zivil als auch militärisch genutzt werden, fehlt ihnen die objektiv militärische Zweckbestimmung; allerdings kann der betreffende Auftrag auch in Bezug auf **Dual-Use-Güter** als Verschlusssachenauftrag im Sinne des § 104 Abs. 3 GWB zu qualifizieren sein.[19] Sie unterfallen dem allgemeinen EU-Vergaberecht, wobei sie dort gegebenenfalls in die neue Kategorie der Aufträge und Wettbewerbe mit „Verteidigungs- oder Sicherheitsaspekten" fallen können. Erst wenn sie durch eine substanzielle konzeptionelle oder bauartbedingte Abweichung für militärische 20

13 *Hölzl*, NZBau, 2012, 509 (512).
14 EuGH, Urteil v. 7.6.2012 – Rs. C-615/10 (InsTiimi).
15 EuGH, Urteil v. 7.6.2012 – Rs. C-615/10 (InsTiimi), Rn. 39.
16 EuGH, Urteil v. 7.6.2012 – Rs. C-615/10 (InsTiimi), Rn. 40.
17 *Hölzl*, NZBau, 2012, 509 (512).
18 EuGH, Urteil v. 7.6.2012 – Rs. C-615/10 (InsTiimi).
19 Siehe zu dieser Konstellation VK Bund, Beschluss v. 9.5.2014 – VK 1-26/14.

Zwecke abgeändert werden, können sie den Kriegswaffen zugeordnet werden. Gerade bei der Übernahme zivil entwickelter Komponenten in militärische Fahrzeuge, Waffensysteme etc. muss sowohl die militärische Zwecksetzung als auch die militärische Besonderheit der konstruktiven Abweichung im Vergabevermerk festgehalten werden.

21 Findet nach der eigentlichen Beschaffung ein **Nutzungswechsel** statt, indem ein für zivile Zwecke beschaffter Gegenstand später militärisch genutzt werden soll, ist dies vergaberechtlich irrelevant, da das Beschaffungsverfahren zu diesem Zeitpunkt schon abgeschlossen ist.[20]

22 In der **Entscheidungspraxis** der Nachprüfungsinstanzen wurden beispielsweise die Beschaffung

- geschützter Sonderfahrzeuge inklusive der anschließenden Instandsetzung,[21]
- von BiV-Nachtsichtbrillen[22],
- von Scharfschützengewehren inklusive Zubehör und Munition[23],
- von Ersatzteilen gepanzerter Fahrzeuge[24],
- von Außenlastnetzen von Transporthubschraubern[25],
- von schweren Transporthubschraubern[26],
- von Instandsetzung von Schiffen[27],
- der Modularen ballistischen Schutz- und Trageausstattung (MOBAST)[28]
- von Neubau von Unterkunftsgebäuden[29],
- von Bewachungsleistungen[30]

als verteidigungsspezifische Aufträge angesehen.

Als sicherheitsspezifischer Auftrag wurde beispielsweise die Vergabe von Leistungen zur Lieferung und Installation eines stationären Videobeobachtungssystems an zwei Kriminalitätsbrennpunkten[31] bewertet.

C. Lieferung von Ausrüstung im Rahmen eines Verschlusssachenauftrages (Abs. 1 Nr. 2 und Abs. 3)

23 Nach § 104 Abs. 1 Nr. 2 GWB wird die Lieferung von Ausrüstungsgegenständen im Zusammenhang mit einem Verschlusssachenauftrag einschließlich der dazugehörigen Teile, Bauteile und Bausätze dem Kreis der verteidigungs- und sicherheitsspezifischen Aufträge zugerechnet.

I. Lieferung von Ausrüstung

24 Als erste Voraussetzung von § 104 Abs. 1 Nr. 2 GWB muss es sich zunächst um die Lieferung von Ausrüstung handeln.

25 Dieser Begriff der **Ausrüstung** ist im Gegensatz zur Militärausrüstung nicht legal definiert. Aus dem Gesamtkontext ist jedoch zu schließen, dass darunter – mit Ausnahme der Militärausrüstung – grundsätzlich sämtliche Sachmittel zu fassen sind, auf die Behörden (Polizei, Ka-

20 *Von Wietersheim*, in: Burgi/Dreher, Vergaberecht, § 104 GWB Rn. 45.
21 VK Bund, Beschluss v. 10.9.2015 – VK 2-77/15.
22 VK Bund, Beschluss v. 31.7.2015 – VK 1-59/15.
23 VK Bund, Beschluss v. 26.6.2015 – VK 1-47/15; siehe zur Munitionsbeschaffung auch VK Bund, Beschluss v. 27.10.2014 – VK 1-80/14.
24 VK Bund, Beschluss v. 21.8.2014 – VK 2-59/14.
25 VK Bund, Beschluss v. 17.3.2014 – VK 1-12/14.
26 VK Bund, Beschluss v. 5.3.2021 – VK 1-124/20.
27 VK Bund, Beschluss v. 11.12.2020 – VK 2-91/20.
28 VK Bund, Beschluss v. 30.10.2019 – VK 1-77/19.
29 OLG Düsseldorf, Beschluss v. 13.3.2019 – VII-Verg 42/18.
30 VK Bund, Beschluss v. 2.5.2018 – VK 1-35/18.
31 VK Saarland, Beschluss v. 23.5.2019 – 1 VK 02/2019.

tastrophenschutz, Feuerwehr, Verfassungsschutz etc.) im Rahmen ihrer Aufgabenerfüllung zurückgreifen.

Der Begriff der **Lieferung** ist dabei im Sinne eines Lieferauftrages gemäß § 103 Abs. 2 GWB zu verstehen. Erfasst sind damit Verträge zur Beschaffung von Waren, die insbesondere Kauf oder Ratenkauf oder Leasing, Mietverhältnisse oder Pachtverhältnisse mit oder ohne Kaufoption betreffen. 26

II. Verschlusssachenauftrag

Die eigentliche Eingrenzung erfolgt durch die zweite Voraussetzung, wonach es sich um einen Verschlusssachenauftrag handeln muss. 27

Nach der **Legaldefinition** des § 104 Abs. 3 GWB ist dies ein Auftrag 28

1. im speziellen Bereich der nicht militärischen Sicherheit, der ähnliche Merkmale aufweist und ebenso schutzbedürftig ist wie ein Auftrag über die Lieferung von Militärausrüstung im Sinne von § 104 Abs. 1 Nr. 1 GWB oder wie Bau- und Dienstleistungen speziell für militärische Zwecke im Sinne von § 104 Abs. 1 Nr. 4 GWB, und
2. bei dessen Erfüllung oder Erbringung Verschlusssachen nach § 4 SÜG oder den entsprechenden Bestimmungen der Länder verwendet werden oder der Verschlusssachen im Sinne von § 104 Abs. 3 Nr. 1 GWB erfordert oder beinhaltet.

Die Legaldefinition in § 104 Abs. 3 GWB entspricht weitestgehend der bisherigen aus § 99 Abs. 9 GWB a.F. Sie basiert auf der Begriffsbestimmung in Art. 1 Nr. 8 RL 2009/81/EG. Für die Begriffsbestimmung im nationalen Recht ist auf § 4 SÜG zurückzugreifen. Zum Zwecke der Klarstellung wurde der Wortlaut der Definition des Verschlusssachenauftrages im Hinblick auf Erwägungsgrund 11 RL 2009/81/EG („Im speziellen Bereich der nichtmilitärischen Sicherheit sollte diese Richtlinie für Beschaffungen gelten, die ähnliche Merkmale aufweisen wie Beschaffungen im Verteidigungsbereich und ebenso sensibel sind") ergänzt.[32]

Im Rahmen eines **Nachprüfungsverfahrens** kann die vorgenommene Einstufung als Verschlusssachenauftrag aufgrund des Beurteilungsspielraumes des öffentlichen Auftraggebers nur eingeschränkt dahin gehend überprüft werden, ob die Festlegung frei von sachfremden Erwägungen, aufgrund eines zutreffend ermittelten Sachverhalts und ohne eine ersichtliche grundsätzliche Fehlbeurteilung der Dinge vorgenommen wurde.[33] 29

1. Merkmale und Schutzbedürftigkeit

Voraussetzung für einen Verschlusssachenauftrag nach § 104 Abs. 3 GWB ist, dass der Auftrag im speziellen Bereich der nicht militärischen Sicherheit ähnliche Merkmale aufweist und ebenso schutzbedürftig ist wie ein Auftrag über die Lieferung von Militärausrüstung im Sinne des § 104 Abs. 1 Nr. 1 GWB oder wie Bau- und Dienstleistungen speziell für militärische Zwecke im Sinne des § 104 Abs. 1 Nr. 4 GWB. Ausschlaggebend ist die Sensibilität der jeweiligen Information. 30

Die **Kriterien**, nach denen diese Sensibilität zu bemessen ist, werden durch den Gesetzgeber nicht explizit vorgegeben. Anhaltspunkte ergeben sich aus den verschiedenen Definitionen von Verschlusssachen.[34] Nach Abs. 1 Nr. 8 RL 2009/81/EG sind Verschlusssachen Informationen bzw. Material, denen (dem) unabhängig von Form, Beschaffenheit oder Art der Übermittlung ein Geheimhaltungsgrad zugewiesen ist oder für die (das) eine Schutzbedürftigkeit anerkannt wurde und die (das) im Interesse der nationalen Sicherheit und nach den in dem betreffenden Mitgliedstaat geltenden Rechts- und Verwaltungsvorschriften gegen Missbrauch, Zerstörung, Entfernung, Bekanntgabe, Verlust oder Zugriff durch Unbefugte oder jede andere Art der Preisgabe an Unbefugte geschützt werden müssen (muss). Im deutschen Recht sind 31

32 Gesetzesbegründung zu § 104 GWB, VergRModG 2016, BT-Drs. 18/6281, 75.
33 Siehe VK Bund, Beschluss v. 14.7.2005 – VK 3-55/05; *Homann*, in: Leinemann/Kirch, VSVgV, § 99 GWB Rn. 29.
34 Siehe hierzu unten Rn. 32 ff.

Verschlusssachen beispielsweise als im öffentlichen Interesse geheimhaltungsbedürftige Tatsachen, Gegenstände oder Erkenntnisse unabhängig von ihrer Darstellungsform (z. B. Schriftstücke, Zeichnungen, Karten, Fotokopien, Lichtbildmaterial, elektronische Dateien und Datenträger, elektrische Signale, Geräte, technische Einrichtungen oder das gesprochene Wort) definiert.[35] Dem Erwägungsgrund 11 RL 2009/81/EG ist zu entnehmen, dass die Richtlinie von Fällen ausgeht, in denen militärische und nicht militärische Einsatzkräfte bei der Erfüllung derselben Missionen zusammenarbeiten. Ebenso, wenn die Beschaffung dazu dient, die Sicherheit der Union und/oder der Mitgliedstaaten auf ihrem Hoheitsgebiet oder darüber hinaus vor ernsten Bedrohungen durch nicht militärische und/oder nicht staatliche Akteure zu schützen. Dies kann beispielsweise den Grenzschutz, polizeiliche Tätigkeiten und Kriseneinsätze einschließen.[36] Maßstab wären demnach insbesondere im öffentlichen Interesse liegende, vergleichbare Schutzgüter, ein besonderes Sicherheitsbedürfnis und nicht zuletzt die konkrete Gefährdungslage.

2. Verschlussache

32 Erforderlich ist weiterhin, dass bei der Erfüllung oder Erbringung des Auftrags Verschlusssachen nach § 4 SÜG oder den entsprechenden Bestimmungen der Länder verwendet werden oder der Auftrag solche Verschlusssachen erfordert oder beinhaltet.

33 In § 4 Abs. 2 SÜG werden die folgenden **Geheimhaltungsgrade** unterschieden:

1. STRENG GEHEIM, wenn die Kenntnisnahme durch Unbefugte den Bestand oder lebenswichtige Interessen der Bundesrepublik Deutschland oder eines ihrer Länder gefährden kann;
2. GEHEIM, wenn die Kenntnisnahme durch Unbefugte die Sicherheit der Bundesrepublik Deutschland oder eines ihrer Länder gefährden oder ihren Interessen schweren Schaden zufügen kann;
3. VS-VERTRAULICH, wenn die Kenntnisnahme durch Unbefugte für die Interessen der Bundesrepublik Deutschland oder eines ihrer Länder schädlich sein kann;
4. VS-NUR FÜR DEN DIENSTGEBRAUCH, wenn die Kenntnisnahme durch Unbefugte für die Interessen der Bundesrepublik Deutschland oder eines ihrer Länder nachteilig sein kann.

Für das Vorliegen eines Verschlusssachenauftrages ist es unerheblich, welcher Geheimhaltungsgrad vorliegt. In der Rechtsprechung wird es für die Annahme eines Verschlusssachenauftrages schon als ausreichend erachtet, dass die Vergabeunterlagen zum großen Teil als „VS-nur für den Dienstgebrauch" bezeichnet worden sind und im Vergabeverfahren nach den Bestimmungen der Vergabeunterlagen Vertraulichkeit gelten soll sowie für die Phase der Vertragsausführung ebenfalls strikte Vertraulichkeit vereinbart wurde.[37]

34 § 104 Abs. 3 Hs. 2 Nr. 2 GWB erweitert den Kreis auf Lieferungen und Leistungen, die Verschlusssachen **„erfordern"** oder **„beinhalten"**. Die in § 104 Abs. 3 Nr. 1 und 2 GWB enthaltene Differenzierung in Aufträge, bei denen Verschlusssachen verwendet werden, und solche, die Verschlusssachen erfordern oder beinhalten, geht zurück auf die entsprechende Regelung in Art. 1 Nr. 7 RL 2009/81/EG. Inhaltlich erscheint sie nicht trennscharf, denn wenn die Kenntnisnahme erforderlich ist (Nr. 2), findet die Verschlusssache auch Verwendung im Sinne der Nr. 1. Teilweise wird gefolgert, dass der Variantenbildung kein erkennbarer Regelungsgehalt beizumessen ist.[38] Allenfalls könnte man sprachlich dahin gehend differenzieren, dass eine Verschlusssache dann erforderlich ist, wenn deren Kenntnisnahme Bedingung für die Auftragserfüllung ist. Demgegenüber sind Verschlusssachen nur beinhaltet, wenn die Auftragserfüllung auch ohne Kenntnisnahme der Verschlusssache erfolgen könnte, deren Kenntnis-

35 § 2 Abs. 1 Allgemeine Verwaltungsvorschrift des Bundesministeriums des Innern zum materiellen und organisatorischen Schutz von Verschlusssachen (VS-Anweisung – VSA) v. 31.3.2006.
36 Erwägungsgrund 11 RL 2009/81/EG.
37 OLG Düsseldorf, Beschluss v. 21.10.2015 – VII-Verg 28/14; VK Bund, Beschluss v. 20.11.2014 – VK 1-92/14 unter dem Hinweis, dass für Vertragsabwicklung VS-NfD gelten soll.
38 *Homann,* in: Leinemann/Kirch, VSVgV, § 99 GWB Rn. 31.

nahme aber eine Folge des Auftrages ist. So z. B., wenn es Bewachungsleistungen in der konkreten Situation mit sich bringen, dass von Verschlusssachen Kenntnis genommen wird. Letztlich kommt es darauf an, dass Verschlusssachen bei der Auftragserfüllung verwendet werden bzw. deren Kenntnisnahme im Zusammenhang mit der Auftragserfüllung erfolgt. Kennzeichnend ist, dass die Möglichkeit besteht, dass Beschäftigte des Auftragnehmers in Einrichtungen des Auftraggebers, der die Verschlusssachenbearbeitung veranlasst hat, oder auf andere Weise Kenntnis von Verschlusssachen erhalten können (Bewachung[39], Wartung, Transport, Bearbeitung technischer Anlagen etc.). Ausreichend ist, dass der zukünftige Leistungserbringer potenziell, sei es körperlich oder elektronisch, bei Auftragsausführung Kontakt zu Verschlusssachen erhält.[40] In negativer Abgrenzung liegt ein entsprechender Verschlusssachenauftrag nicht vor, wenn die Kenntnisnahme von Verschlusssachen ausgeschlossen werden kann.[41]

D. Verbundene Leistung (Abs. 1 Nr. 3)

§ 104 Abs. 1 Nr. 3 GWB stellt klar, dass Bauleistungen, Lieferungen und Dienstleistungen in unmittelbarem Zusammenhang mit der Lieferung von Militärausrüstung (§ 104 Abs. 1 Nr. 1 GWB) und Ausrüstung, die im Rahmen eines Verschlusssachenauftrages vergeben wird (§ 104 Abs. 1 Nr. 2 GWB), in allen Phasen des Lebenszyklus unter den Begriff der verteidigungs- und sicherheitsspezifischen Aufträge fallen. Während der Beschaffungsauftrag für den Ausrüstungsgenstand unter § 104 Abs. 1 Nr. 1 oder 2 GWB fällt, werden von § 104 Abs. 1 Nr. 3 GWB auch die damit verbundenen Dienstleistungen, Lieferungen und Bauleistungen erfasst. **35**

Erforderlich ist, dass der Zusammenhang zwischen der zu vergebenden Leistung und der Militärausrüstung bzw. der Ausrüstung, die im Rahmen eines Verschlusssachenauftrags vergeben wird, „**unmittelbar**" ist. Dies ist dann der Fall, wenn sich die beiden Auftragsgegenstände ergänzen und die Militärausrüstung bzw. Ausrüstung ohne diese Ergänzung sinnvoll nicht nutzbar ist. **36**

In der **Praxis** dürfte diese Regelung insbesondere bei Dienstleistungen zur Instandsetzung, Wartung, Beratung zu Kampfwertsteigerungen oder auch bei der Lieferung von Ersatzteilen und Verbrauchsgütern der Fall sein. Zusammenhängende Bauleistungen können sich beispielsweise bei stationären Wartungseinrichtungen oder Aufbewahrungshallen ergeben. In der **Rechtsprechung** wurden beispielsweise die Lieferungen von Treibstoff sowie die Vornahme der Betankung als Lieferungen und Dienstleistungen, die in unmittelbarem Zusammenhang mit Militärausrüstung stehen, angesehen.[42] Gleiches gilt beispielsweise für die Betriebsstoffversorgung, da die Militärfahrzeuge sonst nicht einsatzfähig wären.[43] **37**

Darüber hinaus stellt die Vorschrift klar, dass sich der verteidigungs- bzw. sicherheitsspezifische Auftrag auf alle Phasen des **Lebenszyklus** erstrecken kann. Der Begriff des Lebenszyklus erfasst dabei alle aufeinanderfolgenden Phasen, die ein Produkt durchläuft, d. h. Forschung und Entwicklung, industrielle Entwicklung, Herstellung, Reparatur, Modernisierung, Änderung, Instandhaltung, Logistik, Schulung, Erprobung, Rücknahme und Beseitigung.[44] **38**

E. Bau- und Dienstleistungen für militärische Zwecke oder im Rahmen eines Verschlusssachenauftrages (Abs. 1 Nr. 4)

§ 104 Abs. 1 Nr. 4 GWB rechnet auch Bau- und Dienstleistungen speziell für militärische Zwecke oder solche, die im Rahmen eines Verschlusssachenauftrages vergeben werden, zu dem Kreis der verteidigungs- und sicherheitsspezifischen Aufträge. **39**

39 VK Bund, Beschluss v. 25.3.2014 – VK 1-16/14.
40 VK Bund, Beschluss v. 3.6.2013 – VK 2-31/13, im Hinblick auf die Beschaffung eines Virenschutzes.
41 *Homann*, in: Leinemann/Kirch, VSVgV, § 99 GWB Rn. 31.
42 Zur alten Rechtslage VK Bund, Beschluss v. 12.12.2014 – VK 1-98/14.
43 VK Bund, Beschluss v. 12.12.2014 – VK 1-98/14.
44 Art. 1 Nr. 26 RL 2009/81/EG.

40 Was unter **Bau-** und **Dienstleistungen** zu verstehen ist, folgt aus den allgemeinen Bestimmungen des § 103 GWB.

41 In **Abgrenzung** zu § 104 Abs. 1 Nr. 3 GWB, der einen Zusammenhang mit der Beschaffung von (Militär-)Ausrüstung voraussetzt, erfasst § 104 Abs. 1 Nr. 4 Alt. 1 GWB eigenständige Vorhaben in Form von Bau- und Dienstleistungsaufträgen, bei denen speziell auf die militärische Zweckerfüllung abgestellt wird. Gleiches gilt gemäß § 104 Abs. 1 Nr. 4 Alt. 2 GWB, wenn sie im Rahmen eines Verschlusssachenauftrages vergeben werden.

42 Die spezielle militärische **Zwecksetzung** dürfte im Sinne einer negativen Abgrenzung immer dann zu bejahen sein, wenn die entsprechende Leistung und der damit verfolgte Zweck in diesem Leistungszuschnitt nicht im zivilen Bereich nachgefragt werden. Hierbei kann es zu schwierigen Abgrenzungsfragen kommen. Beispielsweise werden Bewachungsleistungen auch von zivilen Unternehmen vergeben. Bedingen die Bewachungsleistungen aber, dass sich die Dienstleister in besonders sabotagegefährdeten Bereichen aufhalten oder Kenntnis von Verschlusssachen erhalten (können), dürfte dies unter § 104 Abs. 1 Nr. 4 GWB fallen.[45]

43 Im Bereich der **Bauleistungen** wäre gemäß § 104 Abs. 1 Nr. 4 Alt. 2 GWB zu prüfen, ob die Bauleistung im Rahmen eines Verschlusssachenauftrages vergeben wird. Maßstab hierfür ist wieder § 104 Abs. 3 GWB. Würden Baupläne eingestufte Hinweise auf das Sicherheitskonzept, den materiellen Sabotageschutz etc. enthalten, ist regelmäßig vom Vorliegen eines entsprechenden Verschlusssachenauftrages auszugehen.

F. Rechtsschutz

44 Bieter und Bewerber haben einen Anspruch darauf, dass das besondere Vergaberegime für den Sicherheits- und Verteidigungsbereich nur dann angewendet wird, wenn es sich um verteidigungs- oder sicherheitsspezifische öffentliche Aufträge handelt.

Anlagen

Gesetzesbegründung – VergRModG 2016 (BT-Drs. 18/6281)

Seite 74

§ 104 Absatz 1 bis 3 entspricht inhaltlich dem bisherigen § 99 Absatz 7 bis 9 GWB. Neu ist die Bezeichnung als „verteidigungs- oder sicherheitsspezifische öffentliche Aufträge". Bislang waren die Aufträge im Anwendungsbereich des Artikel 2 der Richtlinie 2009/81/EG über die Koordinierung der Verfahren zur Vergabe bestimmter Bau-, Liefer- und Dienstleistungsaufträge in den Bereichen Verteidigung und Sicherheit in § 99 Absatz 7 GWB als „verteidigungs- oder sicherheitsrelevant" umschrieben worden. Durch Artikel 15 bis 17 der Richtlinie 2014/24/EU und Artikel 24 bis 26 der Richtlinie 2014/25/EU wurde allerdings eine neue Kategorie von Aufträgen eingeführt, die Verteidigungs- oder Sicherheitsaspekte umfassen, ohne die Definition des Artikel 2 der Richtlinie

Seite 75

2009/81/EG zu erfüllen. Um eine bessere Abgrenzung zu dieser neuen Kategorie von Aufträgen, die Verteidigungs- oder Sicherheitsaspekte umfassen, gewährleisten zu können, sollen Aufträge im Anwendungsbereich des Artikel 2 der Richtlinie 2009/81/EG im GWB nunmehr als „verteidigungs- oder sicherheitsspezifische Aufträge" bezeichnet werden.

Zu Absatz 1

§ 104 Absatz 1 entspricht dem bisherigen § 99 Absatz 7 GWB. Die Definition der verteidigungs- oder sicherheitsspezifischen Aufträge ergibt sich aus Artikel 1 Nummer 6, 7 und Artikel 2 der Richtlinie 2009/81/EG.

---

45 OLG Düsseldorf, Beschluss v. 13.11.2013 – VII-Verg 19/13; siehe VK Bund, Beschluss v. 25.3.2014 – VK 1-16/14; Beschluss v. 5.3.2014 – VK 1-8/14.

Zu Absatz 2

§ 104 Absatz 2 entspricht dem bisherigen § 99 Absatz 8 GWB. Die Definition der Militärausrüstung folgt aus Artikel 1 Nummer 6 der Richtlinie 2009/81/EG.

Zu Absatz 3

§ 104 Absatz 3 entspricht weitestgehend dem bisherigen § 99 Absatz 9 GWB. Die Definition des Verschlusssachenauftrags im Anwendungsbereich der Richtlinie 2009/81/EG folgt aus Artikel 1 Nummer 8 dieser Richtlinie. Für die Bestimmung einer Verschlusssache ist im nationalen Recht auf § 4 des Gesetzes über die Voraussetzungen und das Verfahren von Sicherheitsüberprüfungen des Bundes (SÜG) zurückzugreifen. Zum Zwecke der Klarstellung wurde der Wortlaut der Definition des Verschlusssachenauftrags im Hinblick auf Erwägungsgrund 11 der Richtlinie 2009/81/EG („Im speziellen Bereich der nicht-militärischen Sicherheit sollte diese Richtlinie für Beschaffungen gelten, die ähnliche Merkmale aufweisen wie Beschaffungen im Verteidigungsbereich und ebenso sensibel sind.") ergänzt.

Kriegswaffenliste (Rat der Europäischen Union, Beschluss 255/58 vom 15.4.1958)

1. Handfeuerwaffen, auch automatisch wie Gewehre, Karabiner, Revolver, Pistolen, Maschinenpistolen und Maschinengewehre, mit Ausnahme von Jagdwaffen, Kleinkaliberpistolen und anderen Kleinkaliberwaffen mit einem Kaliber unter 7 mm.
2. Artilleristische Waffen, Nebel-, Gas- und Flammenwerfer wie
   a) Kanonen, Haubitzen, Mörser, Geschütze, Panzerabwehrwaffen, Raketenwerfer, Flammenwerfer, rückstoßfreie Kanonen,
   b) Kriegsgerät wie Nebel- und Gaswerfer.
3. Munition für die unter 1. und 2. genannten Waffen.
4. Bomben, Torpedos, Raketen und ferngesteuertes Kriegsgerät:
   a) Bomben, Torpedos, Granaten, einschließlich Nebelgranaten, Rauschtöpfe, Raketen, Minen, ferngesteuertes Kriegsgerät, Wasserbomben, Brandbomben,
   b) Apparate und Vorrichtungen für militärische Zwecke, eigens konstruiert für die Handhabung, das Scharfmachen, die Entschärfung, die Detonation und den Nachweis der unter a) aufgeführten Geräte.
5. Feuerleitungsmaterial für militärische Zwecke:
   a) Flugbahnprüfungsgeräte, Infrarot-Zielgeräte und anderes Nachtzielmaterial,
   b) Entfernungsmesser, Ortungsgeräte, Höhenmesser,
   c) elektronische, gyroskopische, optische und akustische Beobachtungsvorrichtungen,
   d) Visiergeräte für Bombenabwurf und Höhenrichtwerke für Kanonen, Periskope für die in dieser Liste aufgeführten Geräte.
6. Panzerwagen und eigens für militärische Zwecke konstruierte Fahrzeuge:
   a) Panzerwagen,
   b) Militärfahrzeuge, bewaffnet oder gepanzert, einschließlich Amphibienfahrzeugen,
   c) Panzerzüge,
   d) Militärfahrzeuge (Halbkettenfahrzeuge),
   e) Militärfahrzeuge zur Reparatur von Panzerwagen,
   f) besonders für den Transport der unter 3. und 4. aufgeführten Munition konstruierte Anhänger.

7. Toxische oder radioaktive Wirkstoffe:
   a) biologische und chemische toxische Wirkstoffe und radioaktive Wirkstoffe zur Vernichtung von Menschen, Tieren oder Ernten im Kriegsfalle,
   b) militärische Geräte zur Verbreitung, Feststellung und Identifizierung der unter a) aufgeführten Stoffe,
   c) Material zum Schutz gegen die unter a) aufgeführten Stoffe.
8. Pulver, Explosivstoffe und flüssige oder feste Treibmittel:
   a) Pulver und flüssige oder feste Treibmittel, besonders für die unter 3., 4. und 5. aufgeführten Geräte entwickelt oder hergestellt,
   b) Explosivstoffe für militärische Zwecke,
   c) Brandsätze und Geliermittel für militärische Zwecke.
9. Kriegsschiffe und deren Sonderausrüstungen:
   a) Kriegsschiffe aller Art,
   b) Sonderausrüstungen zum Minenlegen, Minensuchen und Minenräumen,
   c) U-Boot-Netze.
10. Luftfahrzeuge und ihre Ausrüstungen zu militärischen Zwecken.
11. Elektronenmaterial für militärische Zwecke.
12. Eigens für militärische Zwecke konstruierte Aufnahmeapparate.
13. Sonstige Ausrüstungen und sonstiges Material:
   a) Fallschirme und Fallschirmmaterial,
   b) eigens zu militärischen Zwecken entwickeltes Material zum Überqueren von Wasserläufen,
   c) elektrisch betätigte Scheinwerfer zu militärischen Zwecken.
14. Teile und Einzelteile des in dieser Liste aufgeführten Materials, soweit sie einen militärischen Charakter haben.
15. Ausschließlich für die Entwicklung, Herstellung, Prüfung und Kontrolle der in dieser Liste aufgeführten Waffen, Munition und rein militärischen Geräte entwickelte Maschinen, Ausrüstungen und Werkzeuge.

§ 105 GWB
Konzessionen

(1) Konzessionen sind entgeltliche Verträge, mit denen ein oder mehrere Konzessionsgeber ein oder mehrere Unternehmen

1. **mit der Erbringung von Bauleistungen betrauen (Baukonzessionen); dabei besteht die Gegenleistung entweder allein in dem Recht zur Nutzung des Bauwerks oder in diesem Recht zuzüglich einer Zahlung; oder**
2. **mit der Erbringung und der Verwaltung von Dienstleistungen betrauen, die nicht in der Erbringung von Bauleistungen nach Nummer 1 bestehen (Dienstleistungskonzessionen); dabei besteht die Gegenleistung entweder allein in dem Recht zur Verwertung der Dienstleistungen oder in diesem Recht zuzüglich einer Zahlung.**

(2) In Abgrenzung zur Vergabe öffentlicher Aufträge geht bei der Vergabe einer Bau- oder Dienstleistungskonzession das Betriebsrisiko für die Nutzung des Bauwerks oder für die Verwertung der Dienstleistungen auf den Konzessionsnehmer über. Dies ist der Fall, wenn

1. **unter normalen Betriebsbedingungen nicht gewährleistet ist, dass die Investitionsaufwendungen oder die Kosten für den Betrieb des Bauwerks oder die Erbringung der Dienstleistungen wieder erwirtschaftet werden können, und**
2. **der Konzessionsnehmer den Unwägbarkeiten des Marktes tatsächlich ausgesetzt ist, so dass potenzielle geschätzte Verluste des Konzessionsnehmers nicht vernachlässigbar sind.**

Das Betriebsrisiko kann ein Nachfrage- oder Angebotsrisiko sein.

Übersicht Rn.

A. Allgemeines ... 1
  I. Unionsrechtlicher Hintergrund ... 1
    1. Ausgangspunkt: EuGH-Rechtsprechung ... 5
    2. Allgemeine Überlegungen im Gesetzgebungsverfahren ... 6
  II. Historie ... 10
  III. Vergleichbare Regelungen ... 16
B. Allgemeine Voraussetzungen der Konzession (Abs. 1) ... 17
  I. Vertrag über die Betrauung zur Leistungserbringung ... 18
  II. Beschaffungsvorgang, Betrauungsakt ... 21
  III. Gegenleistung des Konzessionsgebers: Zahlungsvorgang ... 25
  IV. Tragung des Betriebsrisikos durch den Konzessionsnehmer ... 26
  V. Leistungen von nicht trennbaren Verträgen ... 27
  VI. Beschränkte Laufzeit von Konzessionen ... 28
  VII. Keine vergaberechtliche Konzession bei einseitigem Verwaltungsakt ... 29
C. Baukonzession (Abs. 1 Nr. 1) ... 36
  I. Leistung: Vertrag über die Durchführung eines Bauauftrags ... 37
  II. Abgrenzung zu Bauaufträgen ... 40
  III. Baubetriebsrisiko ... 43
  IV. Gegenleistung: Recht zur Nutzung ... 44
  V. Beschaffungsvorgang, Zahlungsvorgang ... 46
  VI. Beschränkte Laufzeit von Baukonzessionen ... 48
  VII. Unterkonzessionsvergabe ... 49
  VIII. Abgrenzung zu weiteren Vertragsarten ... 50
    1. Pachtverträge und Nutzung öffentlicher Bereiche oder Ressourcen ... 51
    2. Netzbereitstellungen ... 54
    3. Vergabe von Erbbaurechten ... 56
    4. Bereichsausnahmen für Baukonzessionen ... 57
D. Dienstleistungskonzession (Abs. 1 Nr. 2) ... 58
  I. Legaldefinition: entgeltliche Verträge zur Leistungserbringung ... 58

II. Gegenleistung des Konzessionsnehmers, Erbringung einer Dienstleistung 62
III. Beschaffungsvorgang, Betrauungsakt, Zahlungsvorgang 65
IV. Abgrenzung zu Dienstleistungsaufträgen 66
V. Abgrenzung zu Baukonzessionen 67
E. Übertragung des Betriebsrisikos (Abs. 2) 70
I. Erwirtschaftungsrisiko (S. 2 Nr. 1) 72
1. Normale Betriebsbedingungen .. 74
2. Investitionsaufwendungen und Betriebskosten, Zuzahlungen 79
3. Umfang des wirtschaftlichen Risikos 82
II. Unwägbarkeiten des Marktes (S. 2 Nr. 2) 86
III. Nachfrage- und Angebotsrisiko (S. 3) 92
F. Negativabgrenzungen und Bereichsausnahmen 95
I. Finanzierung 97
II. Soziale Auswahlverhältnisse 99
III. Lizenzen für Wirtschaftsausübung 104
IV. Nutzung öffentlicher Bereiche oder Ressourcen 111
V. Netzbereitstellungen 115
VI. Notwendigkeit der Unterstützung bei der öffentlichen Daseinsvorsorge 118
VII. Abgrenzung zu Rahmenvereinbarung 122
VIII. Abgrenzung zu Verkehrsdienstleistungskonzessionen 123
IX. Sonstige Bereichsausnahmen 125
G. Konzessionen über soziale und andere besondere Dienstleistungen 126
H. Keine Verpflichtung zur Privatisierung und keine Regelung der Eigentumsordnung 130
I. Konzessionen unterhalb der Schwellenwerte und außerhalb des förmlichen Vergaberechts 132
I. Konzessionsvergaben ohne Binnenmarktrelevanz unterhalb der Schwellenwerte und außerhalb des förmlichen Vergaberechts 137
II. Konzessionsvergaben mit Binnenmarktrelevanz 142
III. Baukonzessionen unterhalb der Schwellenwerte 144
IV. Rechtsweg unterhalb der Schwellenwerte bei Konzessionen 151
Anlage
Gesetzesbegründung

A. Allgemeines

I. Unionsrechtlicher Hintergrund

1 Der Gesetzgeber betont, dass § 105 GWB neben der Begriffsdefinition auch der Umsetzung von **Art. 5 Nr. 1 RL 2014/23/EU** dient.[1] Der Richtliniengeber sieht in dieser Tätigkeit auch eine Fortführung der EuGH-Rechtsprechung.[2] Für die Interpretation der nationalen Norm ist es daher sinnvoll, sich zunächst die gemeinschaftsrechtliche Bestimmung zu vergegenwärtigen, zumal der EuGH seine Rechtsprechung zu Konzessionen weiter fortführt.[3] Gemäß Art. 5 Nr. 1 lit. a RL 2014/23/EU ist die „Baukonzession" ein entgeltlicher, schriftlich geschlossener Vertrag, mit dem ein oder mehrere öffentliche Auftraggeber oder Auftraggeber einen oder mehrere Wirtschaftsteilnehmer mit der Erbringung von Bauleistungen beauftragen, wobei die Gegenleistung entweder allein in dem Recht zur Nutzung des vertragsgegenständlichen Bauwerks oder in diesem Recht zuzüglich einer Zahlung besteht. Nach Art. 5 Nr. 1 lit. b RL 2014/23/EU ist eine „Dienstleistungskonzession" ein entgeltlicher, schriftlich geschlossener Vertrag, mit dem ein oder mehrere öffentliche Auftraggeber oder Auftraggeber einen oder mehrere Wirtschaftsteilnehmer mit der Erbringung und der Verwaltung von Dienstleistungen betrauen, die nicht in der Erbringung von Bauleistungen (nach Art. 5 Abs. 1 Nr. 1 lit. a

1 Gesetzesbegründung zu § 101 GWB, VergRModG 2016, BT-Drs. 18/6281, 72; vgl. Beschlussempfehlung und Bericht des Ausschusses für Wirtschaft und Energie, VergRModG 2016, BT-Drs. 18/7086, 8, 16.
2 Erwägungsgrund 65 RL 2014/23/EU.
3 EuGH, Urteil v. 18.9.2019 – Rs. C-526/17 (Sisal).

RL 2014/23/EU) bestehen, wobei die Gegenleistung entweder allein in dem Recht zur Verwertung der vertragsgegenständlichen Dienstleistungen oder in diesem Recht zuzüglich einer Zahlung besteht.

Sind die Definitionsmerkmale der Bau- oder Dienstleistungskonzession erfüllt, kommen die Verfahrensvorschriften für Bau- oder Dienstleistungsaufträge nicht zur Anwendung, sondern die weniger formalen **Verfahrensvorschriften** für Konzessionen. Die Rechtsprechung konkretisiert zunehmend die Vorgaben für die Konzessionsvergabe.[4] Die Konzessionsvergabe zeichnet sich durch eine erhebliche materielle Heterogenität und eine formelle Begriffsvielfalt aus.[5] Eine Rechtsprechungslinie ist, dass die Dienstleistungskonzessionsvergaben sich immer mehr den vergaberechtlichen Prinzipien annähern, während andere Vergaben die Prämisse im jeweiligen Fachrecht sehen, wobei auch dort die Fachgerichtsbarkeit in sich geschlossene Lösungen findet. Unstreitig erscheint, dass keine Konzessionsvergabe unterhalb eines Mindestmaßes an Wettbewerb, Gleichbehandlung, Transparenz, Verhältnismäßigkeit, Rechtsschutz, Pflicht zur hinreichenden vorherigen Bekanntmachung, objektiven Vergleichs- und sachgerechten Zuschlagskriterien rechtmäßig durchgeführt werden kann.[6] 2

Das deutsche wie das Unionsrecht erfasst alle vertraglichen Konzessionsarten oberhalb der Schwellenwerte, für die keine Bereichsausnahme eingreift. § 105 Abs. 1 GWB definiert die Konzession umfassend, es soll – bis auf die gesetzlich definierten Bereiche – keine **Ausnahmen** mehr geben. Ausnahmetatbestände sind, z. B. in § 149 GWB, ausdrücklich geregelt, wobei der Umfang und die Reichweite von Ausnahmeregelungen bereits jetzt im Streit stehen.[7] Gleichzeitig passt § 105 Abs. 1 GWB die Begriffsbestimmung jeweils an die neue Definition der Bau- und Dienstleistungskonzession gemäß Art. 5 Nr. 1 UAbs. 1 lit. a und b RL 2014/23/EU an. Unterhalb der Schwellenwerte ist als Besonderheit die Baukonzession in § 23 VOB/A normiert.[8] 3

§ 105 Abs. 2 GWB dient der Umsetzung der Anforderungen an den Übergang des Betriebsrisikos gemäß Art. 5 Nr. 1 UAbs. 2 RL 2014/23/EU. Im **Ergebnis** wird der Inhalt von Art. 5 Nr. 1 RL 2014/23/EU durch die deutsche Sprachfassung in § 105 Abs. 1 und 2 GWB nahezu wortgleich in das nationale Recht übernommen.[9] 4

1. Ausgangspunkt: EuGH-Rechtsprechung

Ausgangspunkt für die Novellierung ist neben allgemeinen Modernisierungsgedanken die Rechtsprechung des EuGH, die zahlreich in den Erwägungsgründen der RL 2014/23/EU[10] und der Gesetzesbegründung[11] zitiert wird.[12] Der EuGH wird, auch wenn dies von den europäischen Verträgen in dieser Form nicht so vorgesehen war, damit zum Ideengeber und zur Antriebsfeder der europäischen Rechtsetzung, die im Anschluss national umgesetzt wird. Der EuGH[13] analysierte im Jahr 2000 das damalige europäische Gesetzgebungsverfahren und hob hervor, dass der Rat im Gesetzgebungsverfahren zu diesem Zeitpunkt alle Bezugnahmen auf Dienstleistungskonzessionen gestrichen habe. Hintergrund sei gewesen, dass in den einzelnen Mitgliedstaaten hinsichtlich der Übertragung von Befugnissen bei der Verwaltung von öffentlichen Dienstleistungen und hinsichtlich der Zugangsmöglichkeiten zu diesen Konzessionsaufträgen eine große Unausgewogenheit entstehen würde.[14] Nachdem aber der EuGH verbindlich geklärt hatte, dass Konzessionsgeber die Grundregeln des Vertrages im Allgemei- 5

4 Vgl. *Braun*, VergabeR 2020, 251; *ders.*, NZBau 2019, 622.
5 Vgl. *Rennert*, NZBau 2019, 411; *Siegel*, NZBau 2019, 353.
6 Vgl. *Braun*, VergabeR 2020, 258; *ders.*, NZBau 2019, 622.
7 Vgl. *Hofmann/Zimmermann*, NZBau 2016, 71; *Müller*, NVwZ 2016, 266.
8 Vgl. *Braun*, in: Müller-Wrede/Braun, KonzVgV, § 23 VOB/A Rn. 1 ff.
9 Gesetzesbegründung zu § 105 GWB, VergRModG 2016, BT-Drs. 18/6281, 75; OLG München, Beschluss v. 14.10.2019 – Verg 16/19.
10 So z. B. in den Erwägungsgründen 4, 18, 21, 29, 45, 64, 65 und 75 RL 2014/23/EU.
11 Gesetzesbegründung zu § 105 GWB, VergRModG 2016, BT-Drs. 18/6281, 75 ff.
12 Vgl. OLG München, Beschluss v. 14.10.2019 – Verg 16/19; OLG Naumburg, Beschluss v. 17.6.2016 – 7 Verg 2/16; *Braun*, in: Hettich/Soudry, Das neue Vergaberecht, S. 158 ff.
13 EuGH, Urteil v. 7.12.2000 – Rs. C-324/98 (Telaustria), Rn. 48.
14 EuGH, Urteil v. 7.12.2000 – Rs. C-324/98 (Telaustria), Rn. 48.

nen und das Verbot der Diskriminierung aus Gründen der Staatsangehörigkeit im Besonderen auch bei binnenmarktrelevanten Konzessionen zu beachten haben, gewährten auch die deutschen Gerichte zunehmend Rechtsschutz. Konzessionsgeber müssen – auch ohne eine förmliche Regelung – nach der EuGH-Rechtsprechung bei binnenmarktrelevanten Dienstleistungskonzessionen transparent vergeben. Danach muss der Konzessionsgeber zugunsten potenzieller Bieter einen angemessenen Grad von Öffentlichkeit sicherstellen, der den Dienstleistungsmarkt dem Wettbewerb öffnet und die Nachprüfung ermöglicht, ob das Vergabeverfahren unparteiisch durchgeführt wurde.[15]

2. Allgemeine Überlegungen im Gesetzgebungsverfahren

6 Der EU-Gesetzgeber sah durch die wirtschaftliche, soziale und politische Entwicklung und die aktuellen Haushaltszwänge auch eine Konzessionsrechtsreform für notwendig an. Die Reform soll einerseits zu **Vereinfachungen** führen und das Auswahlverfahren soll **praxisgerechter** gestaltet werden. Die neu geregelte Konzessionsvergabe soll eine öffentliche Beschaffung zum besten Preis-Leistungs-Verhältnis und unter Achtung der Transparenz- und Wettbewerbsgrundsätze ermöglichen. Diese Vorgaben sind auch für die Auslegung des GWB zugrunde zu legen, sodass dem Konzessionsgeber mehr Freiräume als bei der klassischen Auftragsvergabe gegeben werden. Dies führt nicht dazu, dass die Konzessionsvergabe willkürlich durchgeführt werden darf. Sie muss willkürfrei durchgeführt werden.[16] Äußere Grenzen einer beliebigen, grenzenlosen Konzessionsvergabe sind der Verhältnismäßigkeits- und Wirtschaftlichkeitsgrundsatz des § 97 Abs. 1 S. 2 GWB, das Umgehungsverbot des § 14 KonzVgV[17] und die Verfahrensgarantien des § 13 VgV.[18]

7 Der Richtliniengeber war überzeugt, dass es erforderlich sei, die Grundsätze des AEUV in allen Mitgliedstaaten auf Unionsebene einheitlich anzuwenden, um hartnäckigen **Verzerrungen des Binnenmarkts** ein Ende zu setzen.[19] Mit der Umsetzung der Richtlinie soll ein geeignetes Verfahren für die Konzessionsvergaben eingeführt werden, um die Wahrung der Grundsätze der Transparenz und der Gleichbehandlung der Wirtschaftsteilnehmer sicherzustellen. Gleichzeitig sollen aber den Besonderheiten der jeweiligen Dienstleistungen Achtung geschenkt werden.[20] Diesen Besonderheiten hat der Richtliniengeber durch zahlreiche Ausnahmen Rechnung getragen. In diesen Ausnahmebereichen muss dennoch ein strukturiertes Auswahlverfahren durchgeführt werden, auch wenn dieses nicht dem förmlichen Vergaberecht unterfällt.[21]

8 Gleich zwei EU-Bestimmungen widmen sich den **allgemeinen Grundsätzen**. Der Auftraggeber behandelt zunächst gemäß Art. 3 Abs. 1 S. 1 RL 2014/23/EU alle Wirtschaftsteilnehmer gleich[22] und in nicht diskriminierender Weise[23] und wahrt in seinem Handeln Transparenz[24] und Verhältnismäßigkeit[25]. Ähnlich wie im deutschen Recht wird beim Verhältnismäßigkeitsgrundsatz vom EuGH die Erforderlichkeit geprüft. Es wird gefragt, ob das Ziel nicht ebenso

15 Vgl. EuGH, Urteil v. 14.11.2013 – Rs. C-221/12 (Belgacom), Rn. 28 ff.; Urteil v. 10.3.2011 – Rs. C-274/09 (Stadler), Rn. 24 ff.; Urteil v. 3.6.2010 – Rs. C-258/08 (Ladbrokes Betting), Rn. 33; Urteil v. 13.4.2010 – Rs. C-91/08 (Wall), Rn. 40, 41; Urteil v. 18.6.2002 – Rs. C-92/00 (Hospital Ingenieure), Rn. 47; Urteil v. 7.12.2000 – Rs. C-324/98 (Telaustria), Rn. 61; vgl. *Gabriel/Voll*, NZBau 2014, 155; vgl. auch *Braun*, NZBau 2011, 400.

16 Vgl. VK Sachsen, Beschluss v. 21.3.2017 – 1/SVK/003-17.

17 Ausführlich *Braun*, in: Müller-Wrede/Braun, KonzVgV, § 14 Rn. 1 ff.

18 Ausführlich *Gaus*, in: Müller-Wrede/Braun, KonzVgV, § 13 Rn. 1 ff.

19 Erwägungsgründe 4, 6 und 8 RL 2014/23/EU. Diese Feststellungen zu den Verzerrungen basieren u.a. auf einer Online-Konsultation aus dem Jahr 2010, vgl. Europäische Kommission, Vorschlag für eine Richtlinie des Europäischen Parlaments und des Rates über die Konzessionsvergabe (KOM(2011), 897 endgültig).

20 Erwägungsgrund 53 RL 2014/23/EU.

21 Siehe unten unter Rn. 123 ff.

22 Der Grundsatz der Gleichbehandlung wird in den Erwägungsgründen 4, 6, 24, 53, 55, 61, 67, 68, 73 und 77 RL 2014/23/EU hervorgehoben.

23 Der Grundsatz der „Nichtdiskriminierung" oder „diskriminierungsfrei" wird in den Erwägungsgründen 1, 4, 6, 13, 54, 55, 63 und 65 RL 2014/23/EU hervorgehoben.

24 Der Grundsatz der „Transparenz" wird in den Erwägungsgründen 4, 6, 33, 53, 54, 61, 67, 68, 72, 73, 74 und 77 RL 2014/23/EU hervorgehoben.

25 Der Grundsatz der „Verhältnismäßigkeit" bzw. des „verhältnismäßigen" Verhaltens wird in den Erwägungsgründen 4, 9 und 87 RL 2014/23/EU hervorgehoben.

wirksam durch andere Maßnahmen erreicht werden kann, die das zu schützende Gut weniger beeinträchtigen.[26] Das Konzessionsvergabeverfahren – einschließlich der Schätzung des Vertragswertes – darf gemäß Art. 3 Abs. 1 S. 2 RL 2014/23/EU, § 14 KonzVgV nicht mit der Absicht konzipiert werden, es vom Anwendungsbereich dieser Richtlinie auszunehmen oder bestimmte Wirtschaftsteilnehmer, bzw. bestimmte Bauleistungen, Lieferungen oder Dienstleistungen, auf unzulässige Weise zu bevorzugen oder zu benachteiligen.[27]

Die vergebende Stelle kann gemäß Art. 30 Abs. 1 RL 2014/23/EU (§ 12 KonzVgV) das **Verfahren** zur Wahl des Konzessionsnehmers vorbehaltlich der Einhaltung der RL 2014/23/EU frei gestalten. Das Konzessionsvergabeverfahren wird gemäß Art. 30 Abs. 2 S. 1 RL 2014/23/EU unter Einhaltung der Grundsätze nach Art. 3 RL 2014/23/EU (Gleichbehandlung, Nichtdiskriminierung, Transparenz und Verhältnismäßigkeit) konzipiert. Insbesondere enthält sich der Auftraggeber gemäß Art. 30 Abs. 2 S. 2 RL 2014/23/EU während des Konzessionsvergabeverfahrens jeder diskriminierenden Weitergabe von Informationen, durch die bestimmte Bewerber oder Bieter gegenüber anderen begünstigt werden könnten. Diese allgemeinen Grundsätze sind in § 12 KonzVgV geregelt.[28] 9

II. Historie

Kaum ein Rechtsinstitut hat im Vergaberecht eine derartige Aufwertung erfahren wie die Konzession. Während der Normierungswille des Gesetzgebers die Konzession bei der letzten Gesetzgebungsrunde noch nicht umfasst hatte, musste der EU-Gesetzgeber zwischenzeitlich anerkennen, dass die Konzession sehr viele Lebensbereiche betrifft, sodass eine förmliche Normierung unumgänglich erschien. Das Fehlen klarer Bestimmungen zur Vergabe von Konzessionen auf Unionsebene führte zu Rechtsunsicherheit, Behinderungen des freien Dienstleistungsverkehrs und Verzerrungen des Binnenmarkts.[29] Während Baukonzessionen z. B. den Bau und Betrieb eines Mautsystems auf Autobahnen, von Stadthallen, Parkhäusern und kommunalen Schwimmbädern betreffen, umfassen Dienstleistungskonzessionen fast alle Bereiche der entgeltlichen Daseinsvorsorge. Ausgeschrieben werden über das EU-Amtsblatt z. B. der Betrieb einer Alarmempfangsstelle eines Landkreises, Häfen, Abfallentsorgungsanlagen, Sportstätten, Intensivtransporthubschrauber, Breitbandnetze, Feuerbestattungsanlagen, Kantinen- und Verpflegungsdienste, Verkehrs- und Personenbeförderungswesen, Verbesserung des Entlassungsmanagements und Stadtmöblierung, Rettungsdienste sowie der Krankentransport.[30] 10

Der Konzessionsbegriff taucht erstmalig in der verwaltungsrechtlichen Rechtsprechung in den Fünfzigerjahren des letzten Jahrhunderts bei der Konzessionierung neuer **Apotheken** auf.[31] Nach preußischen Vorschriften aus der Mitte des 19. Jahrhunderts bedurften Apotheker, die sich nicht im Besitz des Realprivilegiums einer bestehenden Apotheke befanden, einer Konzession durch den Oberpräsidenten der zuständigen Behörde. Unter einer Mehrzahl von Bewerbern sollte dann bei gleicher Eignung derjenige Bewerber das Betriebsrecht erhalten, der das höchste Betriebsberechtigungsalter hatte. Diese Vorschriften schotteten den Konzessionsmarkt ab. Sie stellten zudem Neuvergaben zur Apothekenkonzessionierung ausschließlich in das Ermessen der Verwaltungsbehörde.[32] Dennoch fand auch unter diesem Rechtsregime eine detaillierte Prüfung und Abwägung der unterschiedlich betroffenen Rechtsgüter statt. Es ging 11

26 Vgl. *Calliess*, in: Calliess/Ruffert, EUV/AEUV, Art. 5 EUV Rn. 44.
27 Vgl. ausführlich *Braun*, in: Müller-Wrede/Braun, KonzVgV, § 14 Rn. 1 ff.
28 Vgl. ausführlich *Rommelfanger*, in: Müller-Wrede/Braun, KonzVgV, § 12 Rn. 1 ff.
29 Erwägungsgrund 1 RL 2014/23/EU, vgl. auch *Wollenschläger*, in: Burgi/Dreher, Vergaberecht, § 105 GWB, Rn. 2 ff.
30 Vgl. ausführlich *Braun*, in: Müller-Wrede/Braun, KonzVgV, § 1 Rn. 1 ff.; *ders.*, in: Prieß/Lau/Kratzenberg, Festschrift für Marx, S. 39; *ders.*, VergabeR 2020, 433; *ders.*, VergabeR 2020, 258; *ders.*, NZBau 2019, 622; *ders.*, NZBau 2018, 652; *ders./Zwetkow*, NZBau 2020, 219; vgl. *Braun*, VergabeR 2014, 324; *ders*, EuZW 2012, 451; *ders.*, NZBau 2011, 400; *Opitz*, NVwZ 2014, 753 (754), vgl. auch die Auflistung bei *Wollenschläger*, in: Burgi/Dreher, Vergaberecht, § 105 GWB Rn. 110.
31 Vgl. BVerwG, Urteil v. 22.11.1956 – I C 221.54; vgl. auch OVG Lüneburg, Urteil v. 19.1.2016 – 10 LC 87/14.
32 Vgl. BVerwG, Urteil v. 22.11.1956 – I C 221.54; so auch bei *„Badekonzessionen"*, OVG Lüneburg, Urteil v. 19.1.2016 – 10 LC 87/14, juris Rn. 117.

in diesem Zusammenhang um den Schutz vor „Newcomern". Besonderer Schutz vor Konkurrenz wird dem Wettbewerber durch gesetzliche Monopole (oder auch Oligopole) gewährt. Hier besteht ausnahmsweise ein subjektives öffentliches Recht auf Schutz vor rechtswidriger Zulassung von Konkurrenz und insoweit auf Erhaltung des bisherigen Geschäftsumfangs, da der Sinn dieser „Vorrechte" ja gerade im Schutz vor Konkurrenz liegt.[33]

12 Die Vergabe von **Taxikonzessionen** wird seit Langem durch die (Verwaltungs-)Gerichtsbarkeit überprüft. Ausgehend von der Prüfung der Existenzbedrohung des örtlichen Droschkengewerbes[34] beschäftigen sich die Verwaltungsgerichte mit der Frage der rechtskonformen Vergabe von Taxikonzessionen sehr intensiv.[35] Die vorherige Bekanntmachung des Bedarfes zur Deckung der öffentlichen Nachfrage war früher in Deutschland nicht üblich. Konzessionen wurden regelmäßig ohne jegliches transparentes wettbewerbliches Verfahren vergeben, da in der Regel ordnungspolitische oder regulative Gesichtspunkte im Vordergrund standen, wettbewerbliche Gesichtspunkte jedenfalls nicht. Dies bedeutet nicht, dass kein Wettbewerb stattgefunden hat. Der Wettbewerb war aber eher zufällig und von dem eigenen Willen des Konzessionsgebers abhängig.

13 Die **Feststellung des Richtliniengebers**, wonach das Fehlen klarer Bestimmungen zur Vergabe von Konzessionen auf Unionsebene zu Rechtsunsicherheit, Behinderungen des freien Dienstleistungsverkehrs und Verzerrungen des Binnenmarkts führe, kann nicht ohne Weiteres auf die deutsche Rechtsprechungstradition übertragen werden.[36] Richtig ist an dieser Feststellung aber zunächst, dass die Vergabenachprüfungsinstanzen – mangels Rechtsgrundlagen – für die Überprüfung von Dienstleistungskonzessionen nicht zuständig gewesen sind,[37] was sich durch die Einbeziehung der Konzession in das förmliche GWB-Vergaberecht geändert hat. Deutschland verfügt schon bisher über eine differenzierte verwaltungs- und zivilgerichtliche Rechtsprechungstradition zu Dienstleistungskonzessionen, die weiter geführt wird.[38] Neben den förmlichen GWB-Konzessionierungsverfahren bestehen daher sozial-, verwaltungs- und energierechtliche Auswahlverfahren.[39]

14 Die Begriffe „Konzession" oder „Dienstleistungskonzession" werden als Gattungsbegriffe für die verschiedenen vorgenannten Konzessionierungsverfahren in allen Gerichtsbarkeiten verwandt. § 1 KonzVgV benutzt den Begriff der Konzession, der in § 105 GWB geregelt ist. Die **vergaberechtliche Konzession** ist durch folgende Elemente geprägt:[40]

- Erbringung von Bau- oder Dienstleistungen durch den Konzessionsnehmer;
- Betrauung mit dieser Leistungserbringung durch den Konzessionsgeber;
- Gegenleistung des Konzessionsgebers;
- Tragung des Betriebsrisikos durch den Konzessionsnehmer.

Zudem ist der Konzessionsvertrag gemäß § 3 KonzVgV stets zeitlich befristet, um den Wettbewerb sicherzustellen und eine Marktabschottung zu verhindern.[41] Dienstleistungskonzessio-

---

33 Vgl. *Wahl/Schütz*, in: Schoch/Schneider/Bier, VwGO, § 42 Rn. 313.
34 VGH Bayern, Urteil v. 14.2.1962 – 171 II 60.
35 OVG Münster, Beschluss v. 2.4.2020 – 13 B 1616/19; VGH Bayern, Beschluss v. 23.3.2017 – 11 ZB 16.1828; VG Sigmaringen, Urteil v. 11.11.2015 – 1 K 3511/14; VG Karlsruhe, Urteil v. 27.5.2014 – 1 K 1748/12; vgl. Übersicht *Wahl/Schütz*, in: Schoch/Schneider/Bier, VwGO, § 42 Rn. 313 ff.
36 Erwägungsgrund 1 RL 2014/23/EU; vgl. ausführlich *Braun*, in: Hettich/Soudry, Das neue Vergaberecht, S. 155.
37 Vgl. OLG Düsseldorf, Beschluss v. 7.3.2012 – VII-Verg 78/11; zur Abgrenzung z. B. KG, Beschluss v. 16.9.2013 – Verg 4/13; OLG Brandenburg, Beschluss v. 28.8.2012 – Verg W 19/11; OLG Düsseldorf, Beschluss v. 19.10.2011 – VII-Verg 51/11.
38 Vgl. *Braun*, in: Müller-Wrede/Braun, KonzVgV, § 1 Rn. 1 ff.; *ders.*, VergabeR 2020, 258; *ders.*, NZBau 2020, 219; *ders.*, EuZW, 2012, 451 ff.
39 Vgl. *Braun*, in: Müller-Wrede/Braun, KonzVgV, GewO Rn. 1 ff., BADV Rn. 1 ff., CSgG Rn. 1 ff.; GlüStV Rn. 1 ff., RDG Rn. 1 ff., *ders./Zwetkow*, AGVO/NGA-RR Rn. 1 ff.; *Jung/Kräber*, in: Müller-Wrede/Braun, KonzVgV, EnWG Rn. 1 ff.; *Ruff*, in: Müller-Wrede/Braun, KonzVgV, SGB Rn. 1 ff.; *Braun*, VergabeR 2020, 433; *ders.*, VergabeR 2020, 258; *ders.*, NZBau 2020, 622; *ders.*, NZBau 2018, 652; *ders./Zwetkow*, NZBau 2020, 219.
40 Vgl. *Ziekow*, in: Ziekow/Völlink, Vergaberecht, § 105 GWB Rn. 4.
41 Vgl. *Kadenbach*, in: Müller-Wrede/Braun, KonzVgV, § 3 Rn. 1 ff.

nen zeichnen sich zudem regelmäßig durch Dreiecksituationen aus.[42] Dieses Dreiecksverhältnis ist ein Abgrenzungsmerkmal zum Dienstleistungsauftrag.[43]

15 Die wesentlichen Vorschriften der RL 2014/23/EU werden im **GWB** umgesetzt. Dort soll – wie sich auch aus der Begründung zum KonzVgV ergibt – eine „Eins-zu-eins-Umsetzung" des Unions- in das nationale Konzessionsrecht erfolgen.[44] Die **KonzVgV** konkretisiert die in den §§ 97 bis 114 und §§ 148 bis 154 GWB festgelegten wesentlichen Vorgaben für das Konzessionsauswahlverfahren. Die Einhaltung der Vorschriften ist gemäß §§ 97 Abs. 1, 2 und 6 GWB in einem vergaberechtlichen Nachprüfungsverfahren überprüfbar.

III. Vergleichbare Regelungen

16 Baukonzessionen sind unterhalb der Schwellenwerte in § 23 VOB/A geregelt, oberhalb der Schwellenwerte gemäß §§ 105 Abs. 1 Nr. 1, 148 ff. GWB i.V.m. KonzVgV. Konzessionen sind stets von öffentlichen Aufträge gemäß § 103 Abs. 1 S. 1 GWB oder Rahmenvereinbarungen gemäß § 103 Abs. 5 GWB abzugrenzen. Soweit andere Gesetze den Begriff der Konzession verwenden, wie z. B. § 30 Abs. 1 GewO, wonach Unternehmer von Privatkranken- und Privatentbindungsanstalten sowie von Privatnervenkliniken einer Konzession der zuständigen Behörde bedürfen, wird der Begriff der Konzession in einem anderen Regelungszusammenhang verwendet.

B. Allgemeine Voraussetzungen der Konzession (Abs. 1)

17 Ausgangspunkt für die Regelung des § 105 GWB sind für den nationalen Gesetzgeber die Begriffsdefinitionen in der RL 2014/23/EU. Nach Auffassung des Richtliniengebers haben Schwierigkeiten bei der Auslegung der Begriffe „Konzession" und „öffentlicher Auftrag" zu einer anhaltenden Rechtsunsicherheit unter den Beteiligten geführt und zahlreiche Urteile des EuGH nach sich gezogen. Der Begriff der „Konzession" wird in § 105 Abs. 1 GWB legal definiert, im Rahmen dessen trifft der Gesetzgeber auch eine Erläuterung des konstitutiven Merkmals des Betriebsrisikos.[45] Als Oberbegriff wird vom Begriff der Konzession ausgegangen, der sowohl Dienstleistungskonzessionen, als auch Baukonzessionen umfasst (Art. 5 S. 1 Nr. 1 lit. a und b RL 2014/23/EU). Ausweislich des § 105 GWB gibt es keine sich auf Lieferleistungen beziehende Konzessionen.[46] Diese Systematik hat der nationale Gesetzgeber beibehalten, um gemeinschaftsrechtliche Vorgaben möglichst „eins zu eins" umzusetzen. Die nationalen Umsetzungsnormen sind dementsprechend europarechtskonform auszulegen, wobei die Einzelkasuistik überwiegt.[47]

I. Vertrag über die Betrauung zur Leistungserbringung

18 **Konzessionen** sind gemäß § 105 Abs. 1 GWB entgeltliche Verträge, mit denen ein oder mehrere Konzessionsgeber (in der RL 2014/23/EU: öffentliche Auftraggeber oder Auftraggeber) ein oder mehrere Unternehmen (in der RL 2014/23/EU: Wirtschaftsteilnehmer) mit der Erbringung von Bauleistungen (Baukonzessionen) oder der Erbringung und der Verwaltung von Dienstleistungen (Dienstleistungskonzessionen) beauftragen. Es ist also stets eine Leistung des Konzessionsnehmers notwendig. Für die Abgrenzung von Aufträgen und Konzessionen ist die Klärung der Frage entscheidend, ob es der Auftraggeber ist, der die Vergütung schuldet und sie deshalb selbst oder durch einen Dritten zahlt, oder ob er den Vertragspartner eine Ausgabe ausführen und im Zusammenhang damit wirtschaftlichen Nutzen daraus ziehen

---

42 OLG Naumburg, Beschluss v. 17.6.2016 – 7 Verg 2/16; VK Sachsen, Beschluss v. 17.7.2019 – 1/SVK/017-19.
43 OLG Naumburg, Beschluss v. 17.6.2016 – 7 Verg 2/16.
44 Verordnungsbegründung zu Art. 3 VergRModVO, BR-Drs. 87/16, 150.
45 Vgl. Erwägungsgründe 1 und 18 RL 2014/23/EU.
46 Vgl. *Hertwig*, Praxis der öffentlichen Auftragsvergabe, Rn. 82; *Ziekow*, in: Ziekow/Völlink, Vergaberecht, § 110 GWB Rn. 10; theoretisch denkbar: *Fandrey*, in: Gabriel/Krohn/Neun, Handbuch Vergaberecht, § 4 Rn. 28.
47 Vgl. z. B. OLG Düsseldorf, Beschluss v. 19.2.2020 – VII-Verg 2/19; VK Nordbayern, Beschluss v. 6.2.2020 – RMF-SG21-3194-4-53.

lässt. Der Konzessionsgeber beschafft sich immer dann eine Leistung, wenn ihm die Gegenleistung entweder unmittelbar zugutekommt, wie etwa beim Einkauf von Einrichtungsgegenständen, oder mittelbar, wenn sie ihn bei der Erfüllung der ihm obliegenden Aufgaben unterstützt, wie etwa durch die Organisation des Rettungsdienstes. Entweder benötigt er die Leistung direkt, damit er die ihm obliegenden Aufgaben erfüllen kann, oder aber er überträgt die ihm eigentlich zukommenden Aufgaben auf einen Dritten.[48]

19 Konzessionsverträge werden vom europäischen Gesetzgeber in Art. 5 Abs. 1 Nr. 1 lit. a und b RL 2014/23/EU zudem als „schriftlich geschlossener Vertrag" definiert. Der Begriff der „**Schriftlichkeit**" wird in Art. 5 Nr. 6 RL 2014/23/EU definiert. Diese Definition sieht unter anderem „eine aus Wörtern oder Ziffern bestehende Darstellung" vor, „die gelesen, reproduziert und mitgeteilt werden kann". Eine Unterschrift bzw. Signatur sieht sie nicht vor. Obgleich diese Definition keiner der bestehenden Formdefinitionen des BGB vollständig entspricht, kommt sie (abgesehen vom Erfordernis der Signatur) noch der Textform gemäß § 126b BGB am nächsten. Zusätzliche Formanforderungen an die Abgabe und Übermittlung von Angeboten sowie die Zuschlagserteilung ergeben sich aus §§ 28, 30 KonzVgV.[49] Die Textform dürfte für den Konzessionsgeber – schon aus Gründen der Dokumentation – die Regelform sein. Der Abschluss eines Konzessionsvertrages muss deshalb nach der RL 2014/23/EU zumindest in der Form des § 126b BGB erfolgen. Dies hat zwar der deutsche Gesetzgeber so in seiner Definition des Konzessionsvertrages in § 105 Abs. 1 GWB nicht übernommen, gleichwohl ergibt sich aus der Zusammenschau der Regelungen der KonzVgV letztendlich dasselbe Ergebnis.[50] Nach § 6 Abs. 1 S. 1 KonzVgV hat der Konzessionsgeber das Vergabeverfahren vollständig in der Textform des § 126b BGB zu dokumentieren. Hierunter fallen nach § 6 Abs. 1 S. 2 KonzVgV auch die Angebote der Bieter i.S.d. § 145 BGB sowie der Zuschlag als Annahme i.S.d. § 147 BGB. § 28 Abs. 1 KonzVgV bestätigt dies nochmals für die Abgabe der Angebote durch die Bieter. Insofern sind Konzessionsverträge auch nach deutschem Recht in der Textform des § 126b BGB abzuschließen und zu dokumentieren.[51]

20 Ziel von Konzessionsverträgen ist ausweislich Erwägungsgrund 11 RL 2014/23/EU die **Beschaffung** von Bau- oder Dienstleistungen durch eine Konzession, wobei die **Gegenleistung** entweder in dem Recht zur Nutzung des Bauwerks beziehungsweise der Verwertung der Dienstleistungen oder in diesem Recht zuzüglich einer Zahlung besteht.[52] Solche Verträge können, müssen aber nicht notwendigerweise einen Eigentumsübergang auf den Konzessionsgeber vorsehen, doch steht diesem stets der Nutzen der betreffenden Bau- oder Dienstleistungen zu.[53]

II. Beschaffungsvorgang, Betrauungsakt

21 Das Ziel von Konzessionsverträgen ist die Beschaffung von Bau- oder Dienstleistungen durch Vergabe einer Konzession zugunsten der öffentlichen Hand.[54] Hierbei soll den Konzessionsgebern stets der Nutzen der betreffenden Bau- oder Dienstleistung zustehen.[55] Ein **Beschaffungsvorgang** einer Leistung liegt vor, wenn dem Auftraggeber die Gegenleistung entweder unmittelbar zugutekommt, wie etwa beim Einkauf von Einrichtungsgegenständen. Auch eine mittelbare Beschaffung liegt vor, wenn die nachgefragte Leistung ihn bei der Erfüllung der ihm obliegenden Aufgaben unterstützt, wie etwa die Organisation des Rettungsdienstes. Ent-

48 VK Sachsen, Beschluss v. 17.7.2019 – 1/SVK/017-19.
49 Vgl. *Ziekow*, in: Ziekow/Völlink, Vergaberecht, § 103 GWB Rn. 37, mit Hinweis auf §§ 53, 62 VgV.
50 Vgl. *Braun*, in: Müller-Wrede/Braun, KonzVgV, § 1 Rn. 49 ff.
51 Vgl. *Rommelfanger*, in: Müller-Wrede/Braun, KonzVgV, § 6 Rn. 9 f.
52 Vgl. z. B. EuGH, Urteil v. 21.5.2015 – Rs. C-269/14 (Kansaneläkelaitos); Urteil v. 14.11.2013 – Rs. C-221/12 (Belgacom); Urteil v. 10.3.2011 – Rs. C-274/09 (Stadler); Urteil v. 10.9.2009 – Rs. C-206/08 (Eurawasser); Erwägungsgrund 11 RL 2014/23/EU.
53 Erwägungsgrund 11 RL 2014/23/EU.
54 Erwägungsgründe 1 und 11 RL 2014/23/EU; vgl. umfassend *Müller*, NVwZ 2016, 266; OLG Celle, Beschluss v. 9.11.2021 – 13 Verg 9/2; VK Nordbayern, Beschluss v. 19.1.2011 – 21. VK-3194-48/10.
55 Erwägungsgrund 11 RL 2014/23/EU.

weder benötigt er die Leistung direkt, damit er die ihm obliegenden Aufgaben erfüllen kann, oder aber er überträgt die ihm eigentlich zufallenden Aufgaben auf einen Dritten.[56]

22 Diese ist grundsätzlich immer dann gegeben, wenn dem Konzessionsgeber die Leistung unmittelbar **zugutekommt**.[57] Aber auch Leistungen, die ihm bloß mittelbar – beispielsweise bei der Erfüllung der ihm obliegenden Aufgaben – zugutekommen, unterfallen dem Begriff der Beschaffung.[58] Die Definition der Dienstleistungskonzession in Art. 5 Abs. 1 lit. b RL 2014/23/EU setzt keine Inanspruchnahme der Dienstleistung durch den Konzessionsgeber voraus. Da der Konzessionär den Unwägbarkeiten des Marktes begriffsnotwendig ausgesetzt sein muss, wird er die Leistung insbesondere auch Dritten gegenüber erbringen müssen. Insofern ist der Beschaffungsvorgang auch bei bloß mittelbarem Nutzen des Konzessionsgebers gegeben. Insbesondere muss die Beschaffung dem Konzessionsgeber nicht *„körperlich"* zugutekommen.[59]

23 Vielmehr beschafft sich der Konzessionsgeber daher nicht nur dann eine Leistung, wenn sie ihm *„irgendwie"* wirtschaftlich zugutekommt, sondern auch dann, wenn er mit der Leistung ihm obliegende Pflichten gegenüber der Bevölkerung erfüllt.[60] Dies ist typischerweise bei den Aufgaben der öffentlichen Daseinsvorsorge der Fall – der Konzessionsgeber „beschafft" sich auch dann Leistungen, wenn er mittels der Konzessionsvergabe die ihm obliegende Daseinsvorsorge sicherstellt. Beispiele hierfür sind Dienstleistungen im Bereich der Abfallentsorgung, im Krankenhausbereich, im Bereich der Rettungsdienstleistungen sowie der Verkehrsdienstleistungen. Eine engere Auslegung des Merkmals des Beschaffungsvorgangs verkennt die Eigenheit der Konzession, die bereits begriffsnotwendig nicht ausschließlich dem Konzessionsgeber unmittelbar zugutekommen kann. Der Begriff der **mittelbaren Beschaffung** ist weit auszulegen. Der Konzessionsgeber beschafft sich eine Leistung jedoch nicht nur dann, wenn sie ihm direkt „körperlich" oder irgendwie wirtschaftlich zugutekommt, sondern auch dann, wenn er mit der Leistung ihm obliegende Pflichten gegenüber der Bevölkerung erfüllt, beispielsweise die ihm obliegende Daseinsvorsorge für die Bevölkerung sicherstellt, wie z. B. bei der Abfallentsorgung oder der Gesundheitsfürsorge. Dabei ist insoweit auch nicht ausschlaggebend, ob die übertragene Aufgabe ausdrücklich als der Gemeinde zugewiesene öffentliche Aufgabe deklariert ist. Das kann sie schon deshalb nicht immer sein, weil die technische Entwicklung sich auch auf den Umfang der Daseinsvorsorge auswirkt und einer stetigen Weiterentwicklung unterworfen ist. Es können daher auch Leistungen zur Daseinsvorsorge zählen, welche ursprünglich nicht darunter gezogen worden sind.[61] Der Konzessionsgeber muss aus der Tätigkeit des Konzessionsnehmers (lediglich) einen Nutzen ziehen können, was auch bei der Vergabe von Breitbandkonzessionen der Fall ist.[62] Einen Nutzen im Sinne des Erwägungsgrundes 11 RL 2014/23/EU zieht der Konzessionsgeber insofern immer bereits dann, wenn die Leistung des Konzessionärs der öffentlichen Daseinsvorsorge zugutekommt. Einschränkend liegt kein Beschaffungsvorgang vonseiten des Konzessionsgebers bei einer bloßen Genehmigung oder Gestattung von gewissen Tätigkeiten vor, ohne dass zugleich eine verbindliche Leistungspflicht des Leistungserbringers vorgesehen wird.[63]

24 In solchen Fällen kann sich der Leistungserbringer auch wieder freiwillig zurückziehen und die Dienstleistung pausieren – von einer effektiven Gewährleistung der öffentlichen Daseinsvorsorge und damit von einem „Nutzen" des Konzessionsgebers könnte dann nicht mehr gesprochen werden. Es muss mithin eine **durchsetzbare Leistungspflicht** bestehen, um die Vergabe einer Konzession anzunehmen.[64] Zudem weisen umgekehrt Bereiche, bei denen der

56 VK Sachsen, Beschluss v. 17.7.2019 – 1/SVK/017-19.
57 OLG München, Beschluss v. 25.3.2011 – Verg 4/11.
58 OLG München, Beschluss v. 25.3.2011 – Verg 4/11; VK Nordbayern, Beschluss v. 19.1.2011 – 21.VK-3194-48/10; *Opitz*, NVwZ 2014, 753 (757); vgl. OLG Celle, Beschluss v. 9.11.2021 – 13 Verg 9/21.
59 OLG München, Beschluss v. 25.3.2011 – Verg 4/11.
60 OLG München, Beschluss v. 25.3.2011 – Verg 4/11; VK Nordbayern, Beschluss v. 19.1.2011 – 21.VK-3194-48/10.
61 VK Sachsen, Beschluss v. 17.7.2019 – 1/SVK/017-19.
62 VK Sachsen, Beschluss v. 17.7.2019 – 1/SVK/017-19; *Braun/Zwetkow*, in: Müller-Wrede/Braun, KonzVgV, AGVO/NGA-RR, Rn. 31.
63 Erwägungsgrund 14 RL 2014/23/EU.
64 Erwägungsgrund 14 RL 2014/23/EU.

öffentliche Auftraggeber nicht einmal mittelbar einen Nutzen aus der Tätigkeit des Konzessionärs ziehen kann, keinen Beschaffungsvorgang auf und sind demgemäß vollständig vergabefrei.[65] So unterfällt eine reine Betrauung z. B. durch Verwaltungsakt ohne ein Beschaffungselement nicht dem GWB.

III. Gegenleistung des Konzessionsgebers: Zahlungsvorgang

25 Aus dem Wortlaut des § 105 Abs. 1 GWB („oder in diesem Recht zuzüglich einer Zahlung") ist ersichtlich, dass nur eine Zahlung nicht als konzessionsspezifische Gegenleistung ausreicht. Es ist von einem subsidiären Charakter des Zahlungsvorganges auszugehen. Wenn die Zahlung zentraler Bestandteil ist und kein Betriebsrisiko vorliegt, dann liegt ein Dienstleistungsauftrag und keine Dienstleistungskonzession vor.[66] Der Begriff der (Zu-)zahlung eines Preises ist unter vergaberechtlichen Gesichtspunkten weit zu verstehen; es kommt lediglich darauf an, dass der Konzessionär zusätzlich zum Verwertungsrecht geldwerte Zuwendungen erhält.[67]

IV. Tragung des Betriebsrisikos durch den Konzessionsnehmer

26 Aus dem Wortlaut des § 105 Abs. 2 GWB ist ersichtlich, dass das entscheidende Kriterium für die Abgrenzung zwischen öffentlichem Auftrag und Konzession die Tragung des Betriebsrisikos durch den Konzessionsnehmer ist. Diese Risikoübernahme ist rechtfertigender Grund für die Anwendung der gegenüber den Vorschriften für die Vergabe öffentlicher Aufträge weniger strikten Bestimmungen für die Konzessionsvergabe.[68]

V. Leistungen von nicht trennbaren Verträgen

27 Sind die verschiedenen Teile eines öffentlichen Auftrags, die jeweils unterschiedlichen rechtlichen Regelungen unterliegen, objektiv nicht trennbar, so wird der Auftrag gemäß § 111 Abs. 4 Nr. 1 GWB nach den Vorschriften vergeben, denen der Hauptgegenstand des Auftrags zuzuordnen ist; enthält der Auftrag Elemente einer Dienstleistungskonzession und eines Lieferauftrags, wird der Hauptgegenstand danach bestimmt, welcher geschätzte Wert der jeweiligen Dienst- oder Lieferleistungen höher ist. Der Anwendungsbereich des § 111 GWB ist eröffnet, wenn verschiedene Aufträge erteilt werden, die unterschiedlichen Richtlinien zugeordnet werden können.[69] In der Dokumentation (§ 6 KonzVgV, § 8 VgV, § 20 EU VOB/A) ist der Schwerpunkt zu erläutern. Wenn der Schwellenwert überschritten ist, dann hat eine Vergabe oberhalb der Schwellenwerte nach der jeweiligen Verfahrensordnung zu erfolgen.[70]

VI. Beschränkte Laufzeit von Konzessionen

28 Die Laufzeit von Konzessionen ist gemäß § 3 KonzVgV beschränkt. Die Regelobergrenze beträgt fünf Jahre. Längere Laufzeiten sind dagegen nur ausnahmsweise möglich, jedoch begrenzt durch die Dauer der Amortisation der (zu Anfang und während der Laufzeit der Konzession vorzunehmenden) Investitionen einschließlich Kapitalrendite (vgl. § 3 Abs. 2 KonzVgV). Im Rahmen der Investitionen werden insbesondere Aufwendungen für Infrastruktur, Urheberrechte, Patente, Ausrüstung, Logistik, Aufstellung/Schulung Personal, Anschubkosten berücksichtigt. Insbesondere bei Verhandlungsverfahren ohne Bekanntmachung muss der Auftraggeber den Grundsatz der Verhältnismäßigkeit insbesondere hinsichtlich Umfang

65 Vgl. OLG München, Beschluss v. 22.1.2012 – Verg 17/11.
66 Siehe unten Rn. 70 ff.
67 *Wollenschläger*, in: Burgi/Dreher, Vergaberecht, § 105 GWB Rn. 67.
68 Ausführlich siehe unten Rn. 70; *Ziekow*, in: Ziekow/Völlink, Vergaberecht, § 105 GWB Rn. 24.
69 VK Westfalen, Beschluss v. 12.3.2020 – VK 1-1/20.
70 Vgl. VK Westfalen, Beschluss v. 12.3.2020 – VK 1-1/20.

und Dauer des nachgefragten Vertrags beachten.[71] Die Bestimmung über die Laufzeit hat unternehmensschützenden Charakter.[72]

VII. Keine vergaberechtliche Konzession bei einseitigem Verwaltungsakt

Bereits vor dem Beginn einer Konzessionsvergabe kann der Konzessionsgeber Einfluss auf die gerichtliche Überprüfbarkeit – auch nach der RL 2014/23/EU – nehmen. Ein entgeltlicher Vertrag im Sinne des § 105 Abs. 1 GWB liegt nicht vor, wenn der Konzessionsgeber durch einseitigen **Verwaltungsakt** die Konzession hoheitlich verfügt. Dadurch wird zwar die Zuständigkeit der Verwaltungsgerichtsbarkeit auftragswertunabhängig begründet,[73] eine vergaberechtliche Konzession liegt – mangels Vertrags – nicht vor. Ein Verwaltungsakt gemäß § 35 VwVfG – ist schon dem Wortlaut nach – kein entgeltlicher Vertrag gemäß § 103 Abs. 1 GWB.[74] Neben der Möglichkeit der Beauftragung durch einen Verwaltungsakt gibt es auch die Beauftragungsmöglichkeit durch Beleihung, Satzung oder Gesetz, was die Anwendung des förmlichen Konzessionsvergaberechtes ebenfalls ausschließt.[75] Problematisch ist aber, dass Genehmigungen in der Rechtsprechung als Konzessionen bezeichnet werden.[76] 29

Kein Bauvertrag liegt bei einer Vereinbarung vor, wenn es sich bei ihr tatsächlich um eine **einseitige Regelung** handelt, die eine Verpflichtung allein für den Baukonzessionsnehmer vorsieht und die deutlich von den normalen Bedingungen eines kommerziellen Angebotes abweicht. Eine Widmung von Stellplätzen ist keine Baukonzession.[77] Der Rechtstitel, der die öffentlich-rechtliche Zweckbestimmung – straßenrechtlicher Gemeingebrauch – von Stellplätzen sicherstellt, ist die Widmung. Diesen Rechtstitel „erwirbt" ein Konzessionsgeber nicht, sondern schafft ihn selbst – eben durch die Widmung (Verwaltungsakt).[78] Die Erteilung von Erlaubnissen gemäß § 24 GlüStV i.V.m. § 16 AG GlüStV NRW ist keine Vergabe von Dienstleistungskonzessionen im Sinne des förmlichen Vergaberechts.[79] 30

Wesentliches Kriterium für das Vorliegen eines Konzessionsvertrages ist die Existenz eines gewissen Maßes an **Spielraum für den Baukonzessionsnehmer** bei der Ausgestaltung der Vertragsbedingungen. Wenn die erteilte Genehmigung zur Durchführung einer Leistung nicht das Ergebnis einer konsensualen Verhandlung über die Vertragsbedingungen ist, sondern die einseitige hoheitliche Regelung eines Lebenssachverhaltes durch die öffentlich-rechtliche Körperschaft, ist das materielle Verwaltungsrecht und nicht das materielle Vergaberecht anzuwenden.[80] Baukonzessionen im weiteren Sinne dürften aufgrund ihrer Komplexität selten in der Form einer öffentlich-rechtlichen Gestattung erteilt werden. 31

Existiert keine zwingende gesetzliche Vorgabe, dann kann der Konzessionsgeber weitgehend **frei** zwischen Verwaltungsakt und Vergabeverwaltungsvertrag **wählen**. Er kann seinen Einkauf stets im Rahmen eines zivilrechtlichen Vertrages mit Antrag gemäß § 145 BGB und Annahme gemäß § 147 BGB regeln. Dann liegt eine Konzession gemäß § 105 GWB vor. Er kann auch einen öffentlich-rechtlichen Vertrag gemäß § 54 VwVfG wählen, der ebenfalls der vergaberechtlichen Überprüfung unterliegt. Auf den Rechtscharakter des Vertrages als öffentlichrechtlich geprägtes Rechtsverhältnis kommt es aus vergaberechtlicher Sicht nicht an. Das europäische Konzessionsvergaberecht unterscheidet nicht zwischen privatrechtlichen und öffentlich-rechtlichen Verträgen.[81] 32

---

71 OLG Frankfurt, Beschluss v. 30.1.2014 – 11 Verg 15/13, NZBau 2014, 386.
72 *Kadenbach*, in: Müller-Wrede/Braun, KonzVgV, § 3 Rn. 1 ff.
73 Vgl. z. B. OVG Sachsen-Anhalt, Urteil v. 22.2.2012 – 3 L 259/10; vgl. ausführlich *Braun*, VergabeR 2020, 258; *ders.*, in: Festschrift für Marx, S. 39; *ders.*, NZBau 2019, 622; vgl. *Braun*, VergabeR 2014, 324 ff.; *Müller*, NVwZ, 2016, 255.
74 *Braun*, in: Müller-Wrede/Braun, KonzVgV, § 1 Rn. 45 bis 59.
75 *Braun/Buchmann*, NZBau 2007, 691.
76 Vgl. BVerfG, Nichtannahmebeschluss v. 30.3.2020 – 1 BvR 843/18, juris Rn. 14, 16.
77 Vgl. OLG Schleswig, Beschluss v. 15.3.2013 – 1 Verg 4/12.
78 Vgl. OLG Schleswig, Beschluss v. 15.3.2013 – 1 Verg 4/12.
79 OVG Münster, Beschluss v. 2.4.2020 – 4 B 1478/18; VG Darmstadt, Beschluss v. 1.4.2020 – 3 L 446/20.
80 EuGH, Urteil v. 18.12.2007 – Rs. C-220/06; OVG Magdeburg, Urteil v. 22.2.2012 – 3 L 259/10.
81 BGH, Beschluss v. 1.12.2008 – X ZB 31/08, Rn. 17; OLG Naumburg, Beschluss v. 22.12.2011 – 2 Verg 10/11B.

33 Auf der anderen Seite liegt – nach Auffassung der Nachprüfungsinstanzen – nicht immer ein Verwaltungsakt vor, wenn **materiell** dahinter ein vergaberechtlich zu prüfender Vertrag steht.[82] Ein Finanzierungsbescheid mit sämtlichen Anlagen sei somit bei einer Gesamtbetrachtung das „rechtliche Gewand" für die Beschaffung der Leistungen im öffentlichen Personennahverkehr.[83] Insofern liege auch ein entgeltlicher Vertrag vor. § 103 GWB weise Rechtsgeschäfte allein dem GWB-Vergaberegime zu, weil der öffentliche Auftraggeber Leistungen durch einen Dritten für wünschenswert oder notwendig erachte und dies zum Anlass nehme, deren Erbringung auf vertraglichem Weg und nicht in anderer Weise, etwa durch einen Beleihungsakt, sicherzustellen. Die erforderliche Entgeltlichkeit liege jedenfalls dann vor, wenn der öffentliche Auftraggeber sich durch ein einheitliches Leistungsaustauschgeschäft zu einer geldwerten Gegenleistung für die Leistung des Unternehmens verpflichte.[84] Der Finanzierungsbescheid würde konkrete Leistungspflichten enthalten. Insofern enthalte er in seiner Gesamtheit vertragliche Hauptleistungspflichten, die im Synallagma stünden.[85] Diese Auffassung überzeugt, wenn dadurch ein Verstoß gegen das Umgehungsverbot gemäß § 14 KonzVgV sanktioniert wird.[86]

34 Bei der Erteilung einer Erlaubnis gemäß § 24 Abs. 1 GlüStV i.V.m. § 16 Abs. 2 AG GlüStV NRW für die Errichtung und den Betrieb einer **Spielhalle** handele es sich weder um die Vergabe eines öffentlichen Auftrags noch um die Vergabe einer Konzession, sodass weder der Teil 4 GWB und die KonzVgV Anwendung fänden, noch der Rechtsweg zu den Vergabenachprüfungsinstanzen eröffnet sei. Die Erteilung einer glücksspielrechtlichen Erlaubnis für den Betrieb einer Spielhalle erfülle nicht das Tatbestandsmerkmal des Betrauens eines Unternehmens mit einer Dienstleistung im Sinne von § 105 Abs. 1 Nr. 1 GWB.[87] Verfügungen zum Aufstellen von **Altkleidercontainern** sind Verwaltungsakte, deren Rechtsgrundlage das jeweilige Landestraßengesetz ist. Danach bedarf die Benutzung öffentlicher Straßen über den Gemeingebrauch hinaus (Sondernutzung) der Erlaubnis der Straßenbaubehörde.[88] Ausgehend von dem speziellen Fachrecht überprüft die Verwaltungsgerichtsbarkeit, ob das konkrete Auswahlverfahren den jeweiligen Vorgaben entspricht. Die Verwendung strategischer Kriterien außerhalb des Straßenrechts kann untersagt werden.[89]

35 Die Erteilung schlichter Genehmigungen bewegt sich jedoch nicht im unionsrechtsfreien Raum. Die **Dienstleistungsrichtlinie 2006/123/EG**, welche die Dienstleistungs- (Art. 56 ff. AEUV) und Niederlassungsfreiheit (Art. 49 ff. AEUV) konkretisiert, enthält Regelungen zur Vergabe von Genehmigungen auch unter der Bedingung der Knappheit. Diese Regeln sind auch unternehmensschützend.[90] Weiterhin werden die Grundsätze des Primärrechtes zur Überprüfung der Auswahlentscheidungen zu Grunde gelegt.[91] So ist z. B. bei der Erteilung von Verwaltungsakten im Zusammenhang mit gewerblichen Sammlungen die unionsrechtlich garantierte Warenverkehrsfreiheit zu berücksichtigen.[92] Bei Verteilungsentscheidungen müssen Behörden die Anforderungen des Art. 106 Abs. 2 AEUV berücksichtigen. Nach dieser Regelung gelten für Unternehmen, die mit Dienstleistungen von allgemeinem wirtschaftlichem Interesse betraut sind, die Vorschriften der Verträge, insbesondere die Wettbewerbsregelungen, soweit die Anwendung dieser Vorschriften nicht die Erfüllung der ihnen übertragenen besonderen Aufgabe rechtlich oder tatsächlich verhindert. Als Dienstleistung von allgemeinem wirtschaftlichem Interesse ist in der Rechtsprechung auch die Abfallentsorgung anerkannt wor-

82 VK Westfalen, Beschluss v. 2.7.2019 – VK 1 - 17/19.
83 VK Westfalen, Beschluss v. 2.7.2019 – VK 1 - 17/19.
84 VK Westfalen, Beschluss v. 2.7.2019 – VK 1 - 17/19.
85 VK Westfalen, Beschluss v. 2.7.2019 – VK 1 - 17/19.
86 Vgl. *Braun*, NZBau 2018, 652.
87 OLG Düsseldorf, Beschluss v. 23.1.2019 – VII-Verg 22/18; vgl. *Braun*, in: Müller-Wrede/Braun, KonzVgV, GlüStV Rn. 19 ff.
88 OVG Münster, Urteil v. 13.5.2019 – 11 A 2627/18.
89 OVG Münster, Urteil v. 13.5.2019 – 11 A 2627/18.
90 Vgl. *Wollenschläger*, in: Burgi/Dreher, Vergaberecht, § 105 GWB Rn. 42 ff.
91 Vgl. VG Kassel, Urteil v. 6.10.2017 – 5 K 939/13.KS.
92 VG Stuttgart, Urteil v. 27.4.2017 – 14 K 361/15, juris Rn. 72, mit Hinweis auf BVerwG, Urteil v. 30.6.2016 – 7 C 4.15; VGH Baden-Württemberg, Beschluss v. 9.9.2013 – 10 S 1116/13.

den. Ausgehend von diesem „Gebot der Erforderlichkeit" normiert § 17 Abs. 3 S. 3 Nr. 1 KrWG bei unionsrechtskonformer Auslegung eine widerlegliche Vermutung einer wesentlichen Beeinträchtigung der Planungssicherheit und Organisationsverantwortung des öffentlich-rechtlichen Entsorgungsträgers.[93] Klagen nicht berücksichtigter Bewerber oder Bieter sind zulässig und begründet, wenn seitens des Konzessionsgebers die Grundsätze der unionsrechtskonformer Auslegung, die dann unternehmensschützend sind, nicht beachtet werden.

C. Baukonzession (Abs. 1 Nr. 1)

Die Baukonzession wird in § 105 Abs. 1 Nr. 1 GWB definiert. Bisher war die Baukonzession in der VOB/A nur rudimentär geregelt. Jetzt hat sich der deutsche Normgeber für eine Quasigleichbehandlung aller Konzessionen entschieden. Soweit Baukonzessionen Besonderheiten aufweisen, wird diesen nunmehr auf Ebene der KonzVgV oberhalb der Schwellenwerte Rechnung getragen.[94] Im Gegensatz zur direkten Beauftragung durch die öffentliche Hand zeichnet sich die Vergabe einer Baukonzession durch die Eigenständigkeit der Aufgabenerbringung durch den Baukonzessionär aus. Diese Eigenständigkeit muss sich damit aber in den Merkmalen der Baukonzession niederschlagen. Durch das Recht zur Nutzung des Baukonzessionsgegenstandes erhält der Baukonzessionsnehmer die Chance, das errichtete Bauwerk gemäß dem eigenen unternehmerischen Geschick wirtschaftlich zu verwerten. Je nach den Umständen des Einzelfalles können ihm hierbei Verluste, aber auch hohe Gewinne entstehen. Der Baukonzessionsnehmer genießt gegenüber dem Auftragnehmer damit den Vorteil, dass er bei guter unternehmerischer Führung ein Vielfaches dessen erwirtschaften kann, was der Auftragnehmer als feste Vergütung erhält.[95] 36

I. Leistung: Vertrag über die Durchführung eines Bauauftrags

Die **RL 2014/23/EU** definiert sowohl die Baukonzession als auch die Dienstleistungskonzession legal. Eine „Baukonzession" ist gemäß Art. 5 S. 1 Nr. 1a RL 2014/23/EU ein entgeltlicher, schriftlich geschlossener Vertrag, mit dem ein oder mehrere öffentliche Auftraggeber oder Auftraggeber einen oder mehrere Wirtschaftsteilnehmer mit der Erbringung von Bauleistungen betrauen, wobei die Gegenleistung entweder allein in dem Recht zur Nutzung des vertragsgegenständlichen Bauwerks oder in diesem Recht zuzüglich einer Zahlung besteht. Eine Baukonzession ist ein Vertrag über die Durchführung eines Bauauftrags, bei dem die Gegenleistung für die Bauarbeiten statt in einem Entgelt in dem befristeten Recht auf Nutzung der baulichen Anlage, gegebenenfalls zuzüglich der Zahlung eines Preises besteht. Besteht das Entgelt ausschließlich in dem Recht, die bauliche Anlage zu nutzen, und ist der Konzessionär frei in der Gestaltung des Nutzungsrechts, kann möglicherweise eine Anlehnung an die Grundsätze des § 2 Nr. 5 VOB/B ausgeschlossen sein, wenn durch die Einräumung des Nutzungsrechts das wirtschaftliche Risiko vollständig auf den Konzessionär verlagert wird.[96] Diese Rechtsprechung hat sich durch die Novellierung des GWB und der VOB/A nicht geändert. 37

Durch den Konzessionsvertrag verpflichtet sich der Konzessionsnehmer gegenüber dem Konzessionsgeber, Bau- (§ 105 Abs. 1 Nr. 1 GWB) oder Dienstleistungen (§ 105 Abs. 1 Nr. 2 GWB) zu erbringen. Zwischen **§ 105 Abs. 1 Nr. 1 GWB** und der Definition in der RL 2014/23/EU besteht damit weitestgehend Deckungsgleichheit. Statt „ein oder mehrere Unternehmen" spricht die Richtlinie von „einen oder mehrere Wirtschaftsteilnehmer", statt „Konzessionsgeber" spricht die Richtlinie von „öffentliche Auftraggeber oder Auftraggeber". Inhaltliche Änderungen sind damit nicht verbunden.[97] Es besteht weitestgehend Übereinstimmung mit der 38

93 VG Stuttgart, Urteil v. 27.4.2017 – 14 K 361/15, Rn. 72 m.w.N.
94 Gesetzesbegründung zu § 105 GWB, VergRModG 2016, BT-Drs. 18/6281, 75 f., mit Hinweis auf z. B. den Übergang des Betriebsrisikos bei Dienstleistungskonzessionen EuGH, Urteil v. 13.10.2005 – Rs. C-458/03 (Parking Brixen), Rn. 40.
95 Vgl. *Braun*, in: Müller-Wrede/Braun, KonzVgV, § 23 VOB/A Rn. 11.
96 BGH, Urteil v. 18.12.2014 – VII ZR 60/14.
97 Gesetzesbegründung zu § 105 GWB, VergRModG 2016, BT-Drs. 18/6281, 76; vgl. zur bisherigen Rechtslage BGH, Urteil v. 18.12.2014 – VII ZR 60/14.

bislang in Art. 1 Abs. 3 und 4 RL 2004/18/EG und Art. 1 Abs. 3 RL 2004/17/EG enthaltenen Definition der Bau- und Dienstleistungskonzession. Nunmehr stellt Art. 5 Nr. 1 RL 2014/23/EU auch klar, dass es sich bei Bau- und Dienstleistungskonzessionen jeweils um entgeltliche Verträge handelt, was auch in § 105 Abs. 1 Nr. 1 GWB aufgenommen wurde. Im Hinblick auf den Begriff der Bauleistung kann auf die für das Auftragsvergaberecht geschaffenen Regelungen in § 103 Abs. 3 Nr. 1 und 2 GWB abgestellt werden. Da sich Auftrags- und Konzessionsvergabe bei Bauleistungen nicht beim Vergabegegenstand, sondern im Hinblick auf die Rahmenbedingungen unterscheiden, kann die Norm entsprechend auch für Baukonzessionen herangezogen werden. Bauleistungen sind danach Verträge über die Planung oder gleichzeitige Ausführung und Planung von Bauleistungen im Zusammenhang mit einer der Tätigkeiten, die in Anhang II RL 2014/24/EU im Bereich der Wasser-, Energie- und Verkehrsversorgung sowie der Postdienste genannt sind. Zudem unterfallen der Bauleistung die klassische Errichtung von Bauwerken im Rahmen von Hoch- und Tiefbauarbeiten.

39 Bei der Vergabe von Konzessionen durch Konzessionsgeber ist die **KonzVgV** und nicht die VOB/A anzuwenden. Die KonzVgV umfasst – zusammen mit dem Teil 4 GWB – abschließend die für die Vergabe von Baukonzessionen anzuwendenden Regelungen. Die Baukonzession ist noch in § 33 Abs. 3 und 4 KonzVgV erwähnt. Der Baukonzessionär hat gemäß § 33 Abs. 3 KonzVgV in der Regel die VOB/B und die VOB/C zum Vertragsgegenstand zu machen. § 33 Abs. 4 KonzVgV schreibt Verfahrens- und Mitteilungspflichten in Umsetzung von Art. 42 Abs. 3 UAbs. 1 und 2 RL 2014/23/EU vor.[98]

II. Abgrenzung zu Bauaufträgen

40 Eine Abgrenzung zwischen einer Baukonzession und einem Bauauftrag ist notwendig, weil diese unterschiedlichen Rechtsregimen unterliegen. Die Baukonzession unterscheidet sich im Wesentlichen nur in einem Element vom Bauauftrag: Bei der Baukonzession erhält der Konzessionär anstatt einer festen Vergütung das Recht zur Nutzung des Bauwerkes.[99] Mit diesem Nutzungsrecht untrennbar verknüpft ist der Übergang des Nutzungs- bzw. des Betriebsrisikos auf den Konzessionär.[100]

41 Das Gesetz verwendet in § 105 Abs. 1 Nr. 1 GWB den Begriff des „Betrauens" im Gegensatz zur „Beauftragung" bezüglich der Erbringung von Bauleistungen. Der Begriff des **Betrauens** findet sich in § 97 Abs. 4 S. 3 GWB, wonach ein Unternehmen mit der Wahrnehmung oder Durchführung einer öffentlichen Aufgabe *betraut* werden kann. Auch in § 108 Abs. 1 Nr. 2 und Abs. 4 Nr. 2 GWB wird der Begriff eingesetzt. Der Begriff könnte in bewusster Verwendung zur Abgrenzung von Baukonzessionen von der Vergabe von Bauaufträgen verstanden werden. Die Vergabe von Bauaufträgen bemisst sich gemäß § 103 Abs. 1 und 3 GWB nach dem Recht der Auftragsvergabe und fällt nicht unter den Regelungsbereich der Konzessionsvergaberichtlinie. Der Unterschied zwischen beiden Vergabegegenständen besteht insoweit, als dass die Gegenleistung für die Bauarbeiten statt in einer Vergütung im Recht des Konzessionärs auf Nutzung der baulichen Anlage (gegebenenfalls zuzüglich der Zahlung eines Preises) besteht[101] und der Konzessionär das wirtschaftliche Risiko des Geschäfts als das Betriebsrisiko i.S.d. § 105 Abs. 2 GWB übernimmt.[102] Das Recht zur Nutzung und das Betriebsrisiko stehen sich dabei spiegelbildlich gegenüber. Das Betriebsrisiko besteht bei Baukonzessionen aus dem Baurisiko und insbesondere dem zweckbestimmten Nutzungsrisiko (Risiko der Verwaltung,

---

98 *Conrad*, in: Müller-Wrede/Braun, KonzVgV, § 33 Rn. 48 ff.

99 BGH, Urteil v. 18.12.2014 – VII ZR 60/14; VG Aachen, Beschluss v. 7.6.2011 – 7 L 154/11; VK Baden-Württemberg, Beschluss v. 19.10.2012 – 1 VK 35/12; *Braun*, in: Müller-Wrede/Braun, KonzVgV, § 23 VOB/A Rn. 23.

100 OLG München, Beschluss v. 5.4.2012 – Verg 3/12; LG Berlin, Urteil v. 5.6.2014 – 9 O 186/14; *Reidt/Stickler*, in: Dreher/Motzke, Vergaberecht, 2. Aufl., § 23 VOB/A 51 ff.; *Ganske*, in: Kapellmann/Messerschmidt, VOB, § 23 VOB/A Rn. 34; *Braun*, in: Müller-Wrede/Braun, KonzVgV, § 23 VOB/A Rn. 23; *Wegener*, in: Pünder/Schellenberg, Vergaberecht, § 23 VOB/A Rn. 4; *Herrmann*, in: Ziekow/Völlink, Vergaberecht, § 23 VOB/A Rn. 2 f.

101 BayObLG, Beschluss v. 19.10.2000 – Verg 9/00.

102 EuGH, Urteil v. 25.3.2010 – Rs. C-451/08 (Helmut Müller), Rn. 75; OLG Düsseldorf, Vorlagebeschluss v. 2.10.2008 – VII-Verg 25/08; mehr zum Betriebsrisiko unter Rn. 70 ff.

Auslastung und Amortisation).[103] Verbleibt das Nutzungsrisiko überwiegend beim Auftraggeber, liegt keine Konzession vor. Das Gleiche gilt, wenn der Auftraggeber das Baurisiko und einen Großteil der Baukosten übernimmt. In der Gesetzesbegründung zu § 122 Abs. 4 S. 1 GWB wird der Begriff des „Betrauens" aber parallel zum Begriff der Beauftragung verwandt.[104] Der Begriff des Betrauens ist im Sinne eines Beschaffungselementes zu verstehen.[105] Die schlichte Gestattung oder die Erteilung einer Genehmigung reicht nicht aus.

Es ist ein weiteres Indiz für eine Baukonzession, wenn der Konzessionsnehmer 42

- Eigentum an dem Bauwerk erwirbt,
- über einen Rechtstitel verfügt, der ihm die Verfügbarkeit der Bauwerke, die Gegenstand der Konzession sind, im Hinblick auf ihre öffentlich-rechtliche Zweckbestimmung sicherstellt,
- wirtschaftliche Vorteile aus der Nutzung oder Veräußerung des Bauwerkes ziehen kann,
- sich finanziell an der Erstellung des Bauwerkes beteiligt oder
- Risiken für den Fall des wirtschaftlichen Fehlschlags des Bauwerks übernimmt.[106]

Nicht ausreichend ist in diesem Zusammenhang ein Abstellen auf das Unmittelbarkeitserfordernis, wenn mit den Bauleistungen nur ein im allgemeinen Interesse liegendes öffentliches Ziel erfüllt werden soll.[107] Die bloße Ausübung von städtebaulichen Zuständigkeiten in Beziehung auf das allgemeine kommunale Interesse sei danach weder auf den Erhalt von vertraglichen Leistungen, noch auf die Befriedigung des unmittelbaren wirtschaftlichen Interesses des Konzessionsgebers gerichtet[108] und ist somit kein Beschaffungsvorgang.

III. Baubetriebsrisiko

Das Baubetriebsrisiko schließt die Möglichkeit ein, dass die Investitionsaufwendungen und die Kosten für den Betrieb des Bauwerks unter normalen Betriebsbedingungen nicht wieder erwirtschaftet werden können, auch wenn ein Teil des Risikos bei den Konzessionsgebern verbleibt.[109] Konkret handelt es sich um die Risiken der Verwaltung, Auslastung und Amortisation des Bauwerks.[110] Diese Risiken können sich in den Formen der Risiken der Konkurrenz durch andere Wirtschaftsteilnehmer, eines Ungleichgewichts zwischen Angebot und Nachfrage, der Zahlungsunfähigkeit der Nutzer, sowie einer nicht vollständigen Deckung der Betriebsausgaben zeigen.[111] Aus einem Betriebsrisiko ergeben sich Faktoren, die sich dem Einfluss der Vertragsparteien entziehen. Nicht ausschlaggebend für die Einstufung als Konzession sind solche Risiken, die im Zusammenhang mit Missmanagement, vertraglichen Ausfällen des Wirtschaftsteilnehmers oder Fällen höherer Gewalt stehen.[112] Solche Risiken wohnen jedem Vertrag inne und haben keinen spezifischen Bezug zur Erbringung der Bauleistung. Ferner ist auch die Zahlung eines ergänzenden „Preises" durch den Konzessionsgeber hinsichtlich der Einordnung des Vergabegegenstandes als Konzession unschädlich.[113] Zu beachten ist natürlich, dass die Zuzahlung nicht so hoch ausfallen darf, dass dadurch für den Konzessionsnehmer jegliches Amortisationsrisiko entfällt. Eine noch zulässige Höhe von Zuzahlungen sollen jedenfalls 20% der Baukosten sein, wenn der Konzessionsnehmer weiterhin einen bedeutenden Teil der Risiken, die mit der Nutzung verbunden sind, trägt.[114] 43

---

103 *Herrmann*, in: Ziekow/Völlink, Vergaberecht, § 23 VOB/A Rn. 3; *Regler*, DNotZ 2010, 528 (540).
104 Vgl. Gesetzesbegründung zu § 122 Abs. 4 GWB, VergRModG 2016, BT-Drs. 18/6281, 101.
105 Vgl. *Krönke*, NVwZ 2016, 568 (575).
106 OLG Schleswig, Beschluss v. 15.3.2013 – 1 Verg 4/12; *Braun*, in: Müller-Wrede/Braun, KonzVgV, § 23 VOB/A Rn. 18.
107 EuGH, Urteil v. 25.3.2010 – Rs. C-451/08 (Helmut Müller), Rn. 56.
108 EuGH, Urteil v. 25.3.2010 – Rs. C-451/08 (Helmut Müller), Rn. 58.
109 Erwägungsgrund 18 RL 2014/23/EU; *Braun*, in: Müller-Wrede/Braun, KonzVgV, § 23 VOB/A Rn. 24 bis 29.
110 *Herrmann*, in: Ziekow/Völlink, Vergaberecht, § 23 VOB/A Rn. 22, 23.
111 Zwar in Bezug auf Dienstleistungskonzessionen, der Gedanke gilt jedoch genauso für Baukonzessionen: OLG Naumburg, Beschluss v. 15.4.2016 – 7 Verg 1/16.
112 Erwägungsgrund 20 RL 2014/23/EU.
113 *Wegener*, in: Pünder/Schellenberg, Vergaberecht, § 23 VOB/A Rn. 6.
114 OLG Schleswig, Urteil v. 6.7.1999 – 6 U Kart 22/99.

IV. Gegenleistung: Recht zur Nutzung

44 Einer Baukonzession liegt stets ein Beschaffungsvorgang des Baukonzessionsgebers und die Einräumung des **Rechts zur Nutzung** für den Baukonzessionsnehmer zugrunde.[115] Dies ist die Gegenleistung für die Erbringung seiner Bauleistung. Die Übertragung des Nutzungsrechts hat funktionell den Charakter des Entgelts bei der Baukonzession.[116] An einer Verschaffung des Nutzungsrechts – und damit am entgeltersetzenden Charakter des Vertrages – fehlt es hingegen, wenn der Investor sein Eigentum nicht von der öffentlichen Hand, sondern von einem privaten Dritten ableitet.[117] In dem Fall beruht die Nutzungsmöglichkeit (und damit auch die Möglichkeit der Refinanzierung) ausschließlich auf privatem Eigentum.[118] Eine Veräußerung eines Grundstücks durch einen Auftraggeber wird – entgegen der früheren „Ahlhorn"-Rechtsprechung des OLG Düsseldorf – diesen Anforderungen nicht gerecht.[119] Wenn ein Recht zur Nutzung oder ein Beschaffungsvorgang verneint wird, dann liegt eine Baukonzession materiell nicht vor.

45 Der Konzessionär verwertet sein Nutzungsrecht am Bauwerk in der Regel durch die Erhebung von **Entgelten** als Gegenleistung für die funktionsgemäße Nutzung der baulichen Anlage durch private Dritte. Ein Beispiel ist hierfür die Erhebung einer Maut für die Nutzung von Straßen, Autobahnen oder Tunnelanlagen zur Finanzierung von Fernstraßen i.S.d. FernstrPrivFinG. Bei der Erhebung ist auf die Eigenheit der verwendeten Rechtsform zu achten: Öffentlich-rechtliche Gebühren dürfen nur dann erhoben werden, wenn entsprechende gesetzliche Ermächtigungsgrundlagen bestehen. Ansonsten kommen nur private Entgelte in Betracht, die zwischen Konzessionsgeber und Konzessionär zu vereinbaren sind. Besteht das Baukonzessionsentgelt ausschließlich in dem Recht, die bauliche Anlage zu nutzen, und ist der Konzessionär frei in der Gestaltung des Nutzungsrechts, kann möglicherweise eine Anlehnung an die Grundsätze des § 2 Nr. 5 VOB/B ausgeschlossen sein, wenn durch die Einräumung des Nutzungsrechts das wirtschaftliche Risiko vollständig auf den Konzessionär verlagert wird.[120]

V. Beschaffungsvorgang, Zahlungsvorgang

46 Es muss auch ein **Beschaffungsvorgang** vorliegen, wobei die Beschaffung eines körperlichen oder gegenständlichen Objekts nicht zwingend erforderlich ist.[121] Die Tatsache, dass z. B. das mit einem Hotel zu bebauende Grundstück nicht mehr im Eigentum des Konzessionsgebers stehen wird, steht somit der Annahme einer Baukonzession nicht entgegen. Die Erbringung der Bauleistung, zu der sich der Vertragspartner verpflichtet und die den Erfordernissen des öffentlichen Auftraggebers entspricht, muss in einem solchen Fall aber im unmittelbaren wirtschaftlichen Interesse des Konzessionsgebers liegen. Ein nur mittelbares wirtschaftliches Interesse oder nur mittelbare wirtschaftliche Vorteile reichen nicht aus.[122] Diese Absolutheit ist aber für Dienstleistungskonzessionen nicht gegeben. Eine mittelbare Beschaffung reicht bei der Dienstleistungskonzession im Zusammenhang mit der Daseinsvorsorge aus, da ansonsten Dienstleistungskonzessionen in weiten Bereichen schlicht leer laufen würden.[123]

47 Aus dem Wortlaut des § 105 Abs. 1 GWB („oder in diesem Recht zuzüglich einer Zahlung") ist ersichtlich, dass nur eine **Zahlung** nicht als konzessionsspezifische Gegenleistung ausreicht. Dazu gehören die unter Nr. C genannten weiteren Vorgaben. Der Begriff der Entgelt-

115 Vgl. *Braun*, in: Müller-Wrede/Braun, KonzVgV, § 23 VOB/A Rn. 14 bis 18.
116 OLG Düsseldorf, Beschluss v. 2.10.2008 – VII-Verg 25/08.
117 *Ganske*, in: Kapellmann/Messerschmidt, VOB, § 23 VOB/A Rn. 28.
118 *Ganske*, in: Kapellmann/Messerschmidt, VOB, § 23 VOB/A Rn. 29.
119 Vgl. *Ziekow*, in: Ziekow/Völlink, Vergaberecht, § 105 GWB Rn. 18, mit Hinweis auf OLG Düsseldorf, Beschluss v. 13.6.2007 – VII-Verg 2/07.
120 Vgl. BGH, Urteil v. 18.12.2014 – VII ZR 60/14.
121 Vgl. OLG Schleswig, Beschluss v. 15.3.2013 – 1 Verg 4/12; VK Baden-Württemberg, Beschluss v. 2.2.2015 – 1 VK 65/14; siehe auch unten Rn. 65 ff.
122 Vgl. VK Baden-Württemberg, Beschluss v. 2.2.2015 – 1 VK 65/14.
123 Siehe auch unten Rn. 21, 46.

lichkeit ist inhaltlich weit zu verstehen und nicht auf die Zahlung eines Geldbetrages durch den Auftraggeber beschränkt. Ausreichend ist vielmehr jeder vom Auftragnehmer für seine Leistung erlangte geldwerte Vorteil. Daher wird es auch für ausreichend erachtet, dass der Auftragnehmer das Recht erhält, für seine Leistung Entgelte/Gebühren bei Dritten zu erheben.[124] Die Entgeltlichkeit eines Vertrages ist auch dann anzunehmen, wenn der Auftraggeber dem Auftragnehmer anstelle der Zahlung eines Geldbetrages Sachwerte unentgeltlich überlässt und für die Überlassung üblicherweise ein Entgelt zu zahlen gewesen wäre.[125] Der Begriff der (Zu-)zahlung eines Preises ist unter vergaberechtlichen Gesichtspunkten weit zu verstehen; es kommt lediglich darauf an, dass der Konzessionär zusätzlich zum Verwertungsrecht geldwerte Zuwendungen erhält.[126]

VI. Beschränkte Laufzeit von Baukonzessionen

Die beschränkte Laufzeit der Baukonzession wird nach dem Vorbild des Art. 18 RL 2014/23/EU nicht mehr als Bestandteil der Definition im GWB, sondern bloß in § 3 Abs. 1 KonzVgV geregelt. Bei Konzessionen mit einer Laufzeit von über fünf Jahren darf gemäß § 3 Abs. 2 KonzVgV die Laufzeit nicht länger sein als der Zeitraum, innerhalb dessen der Konzessionsnehmer nach vernünftigem Ermessen die Investitionsaufwendungen für die Errichtung, die Erhaltung und den Betrieb des Bauwerks oder die Erbringung der Dienstleistungen zuzüglich einer Rendite auf das investierte Kapital unter Berücksichtigung der zur Verwirklichung der spezifischen Vertragsziele notwendigen Investitionen wieder erwirtschaften kann.[127] **48**

VII. Unterkonzessionsvergabe

In § 33 KonzVgV ist eine Sonderregelung für Baukonzessionen enthalten. Der Konzessionsnehmer einer Baukonzession, der im Rahmen dieser Baukonzession Aufträge an Dritte vergibt, deren Gegenstand die Erbringung von Bauleistungen im Sinne des § 103 Abs. 3 GWB ist, hat gemäß § 33 Abs. 3 KonzVgV in der Regel die VOB/B und die VOB/C zum Vertragsgegenstand zu machen. Des Weiteren können gemäß § 33 Abs. 4 S. 3 KonzVgV die Mitteilungspflichten auch auf Lieferanten, die bei Bau- oder Dienstleistungskonzessionen beteiligt sind, sowie auf weitere Stufen in der Kette der Unterauftragnehmer ausgeweitet werden.[128] **49**

VIII. Abgrenzung zu weiteren Vertragsarten

Die Baukonzession ist – vergleichbar mit der Dienstleistungskonzession – noch von weiteren Vertragsarten, wie z. B. dem Pachtvertrag,[129] der Nutzung öffentlicher Bereiche oder Ressourcen und dem schlichten Veräußerungsgeschäft abzugrenzen.[130] Als Abgrenzungskriterium kann das Erfordernis der durchzuführenden Bauleistung dienen. Es ist das notwendige Bindeglied zwischen der Bauleistung und dem Baukonzessionsgeber. Dieser wird dadurch „Bauherr" und Baukonzessionsgeber. Die Verbindung wird durch die Definition der Art des Vorhabens durch den Baukonzessionsgeber und durch den Einfluss auf die Planung ersichtlich.[131] Die Gewährung von Zuschüssen ist keine Baukonzession. Ein Vertrag, mit dem durch Zuschüsse ein Anreiz zur Verwirklichung eines Ziels von öffentlichem Interesse geschaffen werden soll, ist keine Baukonzession, wenn es sich um Verpflichtungen handelt, die gewöhnlich in Verträgen über die Gewährung von Zuschüssen enthalten sind.[132] **50**

---

124 VK Thüringen, Beschluss v. 28.10.2020 – 250-4003-4720/2020-E-009-SLF.
125 VK Thüringen, Beschluss v. 28.10.2020 – 250-4003-4720/2020-E-009-SLF.
126 *Wollenschläger*, in: Burgi/Dreher, Vergaberecht, § 105 GWB Rn. 67.
127 Ausführlich *Kadenbach*, in: Müller-Wrede/Braun, KonzVgV, § 3 Rn. 1 ff.; im Übrigen kann oben auf die Kommentierung unter Rn. 28 verwiesen werden.
128 Ausführlich *Conrad*, in: Müller-Wrede/Braun, KonzVgV, § 33 Rn. 48 ff.
129 OLG Schleswig, Beschluss v. 16.9.2021 – 54 Verg 1/21 mit Anmerkung *Braun*, VergabeR 2022, 86; OLG Bremen, Beschluss v. 13.3.2008 – Verg 51/07.
130 Ausführlich: *Braun*, in: Müller-Wrede/Braun, KonzVgV, § 23 VOB/A Rn. 34 bis 42.
131 Vgl. *Ziekow*, in: Ziekow/Völlink, Vergaberecht, § 103 GWB Rn. 93.
132 Vgl. EuG, Urteil v. 12.7.2018 – Rs. T-356/15, Rn. 662 bis 664.

1. Pachtverträge und Nutzung öffentlicher Bereiche oder Ressourcen

51 Baukonzessionen und **Pachtverträge** sind bei einer gemeinsamen Vergabe differenziert zu betrachten. Verträge, die das Recht eines Unternehmens zur privat- oder öffentlich-rechtlichen Nutzung öffentlicher Bereiche oder Ressourcen regeln, scheiden nach Erwägungsgrund 15 RL 2014/23/EU als Baukonzession aus. Die Ausnahme betrifft in der Regel Pachtverträge über öffentliche Liegenschaften oder Land. Diese Vereinbarungen enthalten meistens Bestimmungen, die die Besitzübernahme durch den Pächter, die vorgesehene Nutzung und die Pflichten von Pächter und Eigentümer hinsichtlich der Instandhaltung der Liegenschaft, die Dauer der Verpachtung und die Rückgabe des Besitzes an den Eigentümer, den Pachtzins sowie die vom Pächter zu zahlenden Nebenkosten regeln.[133]

52 Keine Baukonzessionen sind Vereinbarungen, die das Recht eines Unternehmens zur privat- oder öffentlich-rechtlichen Nutzung **öffentlicher Bereiche** oder **Ressourcen** regeln.[134] Bei öffentlichen Bereichen handelt es sich beispielsweise um Land oder öffentliche Liegenschaften, insbesondere auf dem Gelände von See-, Binnen- oder Flughäfen.[135] Auch wenn die Nutzung öffentlicher Bereiche oder Ressourcen nicht dem Vergaberecht unterliegt, so unterliegt die öffentliche Hand dennoch rechtlichen Bindungen. Diese Bindungen ergeben sich aus den Grundfreiheiten, den Grundrechten und dem Beihilferecht.[136]

53 Bei der Verpachtung oder der Veräußerung von Vermögensgegenständen der öffentlichen Hand in einem nicht vergaberechtlichen Bieterverfahren entsteht zwischen dem Träger der öffentlichen Verwaltung und den Teilnehmern des Verfahrens ein **vorvertragliches Vertrauensverhältnis**, das auch außerhalb des Anwendungsbereichs der allgemeinen Vergabevorschriften und Verdingungsordnungen den Träger der öffentlichen Verwaltung zur Gleichbehandlung der Teilnehmer, zur Transparenz und zur Rücksichtnahme verpflichtet.[137] Aus einem derartigen vorvertraglichen Vertrauensverhältnis können auch Unterlassungsansprüche resultieren.[138] Der vom Vertrauensschutz Begünstigte muss nicht erst die Entstehung eines Schadens abwarten.[139] Zudem binden die öffentlich-rechtlichen Grundsätze der Nichtdiskriminierung, Gleichbehandlung und Transparenz die öffentliche Hand auch bei Veräußerungsvorgängen. Ein willkürlich benachteiligter Bewerber oder Bieter kann einen Unterlassungsanspruch aus §§ 823 Abs. 2, 1004 Abs. 1 BGB in Verbindung mit einschlägigen öffentlich-rechtlichen Schutzgesetzen geltend machen.[140]

2. Netzbereitstellungen

54 Keine Baukonzession liegt oberhalb der Schwellenwerte in der Nutzung von **Fernwärmeversorgungsnetzen**.[141] Erwägungsgrund 16 RL 2014/23/EU hebt hervor, dass die Gewährung von Wegerechten hinsichtlich der Nutzung öffentlicher Liegenschaften für die Bereitstellung oder den Betrieb fester Leitungen oder Netze, über die eine Dienstleistung für die Allgemeinheit erbracht werden soll, keine Konzession i.S.d. RL 2014/23/EU ist. Diese Ausführungen betreffen vor allem Wegenutzungsverträge i.S.d. § 46 EnWG sowie Wegenutzungsverträge zu Fernwärmeleitungen.[142]

55 Die **Bereichsausnahme** des § 149 Nr. 8 GWB (öffentliche Kommunikationsnetze und Kommunikationsdienste), die Dienstleistungskonzessionen ebenso wie Baukonzessionen erfasst,

133 Erwägungsgrund 15 RL 2014/23/EU; vgl. zur früheren Rechtslage KG, Urteil v. 22.1.2015 – 2 U 14/14; *Mösinger*, NZBau 2015, 545.
134 Erwägungsgrund 15 RL 2014/23/EU, siehe unten Rn. 4.
135 Vgl. *Ziekow*, in: Ziekow/Völlink, Vergaberecht, § 105 GWB Rn. 7.
136 Vgl. *Wollenschläger*, in: Burgi/Dreher, Vergaberecht, § 105 GWB Rn. 47, 48.
137 Vgl. BGH, Urteil v. 22.2.2008 – V ZR 56/07.
138 OLG Düsseldorf, Urteil v. 13.12.2017 – I-27 U 25/17, mit Hinweis auf EuG, Urteil v. 20.9.2011 – Rs. T-461/08.
139 Vgl. OLG Dresden, Urteil v. 13.8.2013 – 16 W 439/13.
140 Vgl. LG Zwickau, Beschluss v. 20.6.2017 – 7 O 380/17; LG Chemnitz, Urteil v. 28.2.2017– 5 O 209/17 EV; LG Stuttgart, Urteil v. 24.3.2011 – 17 O 115/11.
141 VG Berlin, Urteil v. 30.6.2017 – 4 K 16.15, juris Rn. 125; vgl. auch *Braun*, NZBau 2015, 535; *Hofmann/Zimmermann*, NZBau 2016, 71; *Weiß*, NVwZ 2014, 1415; *Wieland*, DÖV 2015, 169.
142 Gesetzesbegründung zu § 105 Abs. 1 GWB, VergRModG 2016, BT-Drs. 18/6281, 76.

ist ein Sonderregime für öffentliche Kommunikationsnetze sowie für elektronische Kommunikationsdienste, die für die Öffentlichkeit gedacht sind. Sie dient der Umsetzung der Ausnahmevorschrift des Art. 11 RL 2014/23/EU, dessen Wortlaut sie mit Ausnahme der begrifflichen Klarstellung in UAbs. 2 weitgehend übernimmt.[143] Der Baukonzession ist wesenseigen, dass der Baukonzessionär das wesentliche wirtschaftliche Risiko aus dem Vertrag trägt, was typischerweise bei einer Refinanzierung durch Drittnutzer der Fall ist. Dieses Merkmal wird beim aktiven und passiven Betrieb von Breitbandnetzen wegen der Endnutzerfinanzierung unproblematisch erfüllt. Darauf zu achten ist jedoch, dass im Einzelfall der ermittelte Zuschuss nicht so hoch ausfällt, dass das wesentliche wirtschaftliche Risiko nicht mehr beim privaten Betreiber liegt, wobei die Einzelheiten umstritten sind.[144] Zu beachten ist in diesem Zusammenhang die Vorschrift § 116 Abs. 2 GWB. § 116 Abs. 2 GWB bestimmt, dass der Teil 4 GWB nicht auf öffentliche Aufträge und Wettbewerbe anzuwenden ist, die hauptsächlich den Zweck haben, dem öffentlichen Auftraggeber die Bereitstellung oder den Betrieb öffentlicher Kommunikationsnetze oder die Bereitstellung eines oder mehrerer elektronischer Kommunikationsdienste für die Öffentlichkeit zu ermöglichen. Für ein Bereitstellen muss der öffentliche Auftraggeber unmittelbaren Zugriff auf den elektronischen Kommunikationsdienst bzw. das öffentliche Kommunikationsnetz, gegebenenfalls vermittelt durch einen Dritten, der als Betreiber fungiert, innehaben. § 116 Abs. 2 GWB soll nur solche Aufträge erfassen, die den öffentlichen Auftraggeber in die Lage versetzen, das öffentliche Kommunikationsnetz nach Erledigung des Auftrags zu betreiben.[145]

3. Vergabe von Erbbaurechten

Ein Sonderfall ist das Erbbaurecht im Baukonzessionsverfahren. Es ist umstritten, ob der Erb- **56**
baurechtszins als (Gegen-)Leistung an den Baukonzessionsgeber bei Investorenprojekten angesehen werden kann. Es liegt keine Baukonzession vor, denn der Erschließungsunternehmer refinanziert sich nicht aus dem Recht zur Nutzung der Erschließungsanlage. Anders ist die Sachlage beim unechten Erschließungsvertrag, bei dem die Gemeinde dem Erschließungsunternehmer die Kosten für die Erschließung von Fremdgrundstücken erstattet. Derartige Verträge unterfallen nach streitiger Auffassung dem Vergaberecht.[146] Die Rechtsprechung sieht dies kritisch. Die Bestellung des Erbbaurechtes ist keine Gegenleistung für eine in Gestalt des Betriebs der Markthalle nach den Vorgaben des Auftraggebers zu erbringende Dienstleistung, so dass keine Dienstleistungskonzession vorliegt.[147]

4. Bereichsausnahmen für Baukonzessionen

Die EU-Konzessionsvergaberichtlinie 2014/23/EU enthält in den Art. 10 bis 17 RL 2014/23/EU **57**
zahlreiche Bereichsausnahmen, in deren Bereich die Vorgaben der Konzessionsrichtlinie (und damit des Kartellvergaberechts) nicht gelten. Diese Bereichsausnahmen wurden vom deutschen Gesetzgeber in den §§ 107 bis 109, 149 und § 150 sowie § 154 GWB umgesetzt. Diese sind für Bau- und Dienstleistungskonzessionen vergleichbar, sodass auf die Ausführungen zu den Dienstleistungskonzessionen verwiesen werden kann.[148]

143 Vgl. *Germelmann*, in: Burgi/Dreher, Vergaberecht, § 149 GWB Rn. 71.
144 Vgl. *Braun/Zwetkow*, in: Müller-Wrede/Braun, KonzVgV, AGVO/NGA-RR Rn. 12 ff.; vgl. auch *Horn*, VergabeR 2013, 337 (340).
145 Vgl. VK Westfalen, Beschluss v. 21.10.2020 – VK 1-21/20.
146 Vgl. *Braun*, in: Müller-Wrede/Braun, KonzVgV, § 23 VOB/A Rn. 42.
147 VK Hessen, Beschluss v. 29.6.2020 – 69d-VK2-16/2020, nachfolgend OLG Frankfurt, Beschluss v. 20.8.2020, 11 Verg 10/20.
148 Siehe unter Rn. 125.

D. Dienstleistungskonzession (Abs. 1 Nr. 2)

I. Legaldefinition: entgeltliche Verträge zur Leistungserbringung

58 Nach § 105 Abs. 1 Nr. 2 und Abs. 2 GWB sind **Dienstleistungskonzessionen** entgeltliche Verträge, mit denen ein Konzessionsgeber ein Unternehmen mit der Erbringung und der Verwaltung von Dienstleistungen betraut, wobei die Gegenleistung entweder allein in dem Recht zur Verwertung der Dienstleistungen oder in diesem Recht zuzüglich einer Zahlung besteht und das Betriebsrisiko für die Verwertung der Dienstleistungen auf den Konzessionsnehmer übergeht. Eine Dienstleistungskonzession liegt vor, wenn es sich um einen Dienstleistungsauftrag handelt, dem Auftragnehmer (= Konzessionär) das Recht zur Nutzung übertragen wird und der Auftragnehmer sein Entgelt von Dritten erhält und in irgendeiner Art und Weise ein wirtschaftliches Risiko trägt.[149] Erbringung und Verwaltung von Dienstleistungen sind im Sinne einer Leistung, Führung und verantwortlichen Leitung der Tätigkeit zu verstehen.

59 Für die Auslegung von § 105 Abs. 1 Nr. 2 und Abs. 2 GWB kann die gemeinschaftsrechtliche Herkunft hilfreich sein. Eine „Dienstleistungskonzession" ist nach Art. 5 S. 1 Nr. 1 lit. b **RL 2014/23/EU** ein entgeltlicher, schriftlich geschlossener Vertrag, mit dem ein oder mehrere öffentliche Auftraggeber oder Auftraggeber einen oder mehrere Wirtschaftsteilnehmer mit der Erbringung und der Verwaltung von Dienstleistungen betrauen, die nicht in der Erbringung von Bauleistungen nach Art. 5 S. 1 Nr. 1a RL 2014/23/EU bestehen, wobei die Gegenleistung entweder allein in dem Recht zur Verwertung der vertragsgegenständlichen Dienstleistungen oder in diesem Recht zuzüglich einer Zahlung besteht.[150] Zwischen § 105 Abs. 1 Nr. 2 GWB und der Definition in Art. 5 Abs. 1 lit. a RL 2014/23/EU besteht damit große Übereinstimmung. Statt „ein oder mehrere Unternehmen" spricht die RL 2014/23/EU von „einen oder mehrere Wirtschaftsteilnehmer", statt von „Konzessionsgeber" spricht die Richtlinie von „öffentliche Auftraggeber oder Auftraggeber". Inhaltliche Änderungen sind damit nicht verbunden.

60 Bis auf kleine Unterschiede ist die jetzige Definition nicht weit weg von der bisher in der **deutschen Rechtsprechung** gebräuchlichen Formel. Nach dieser liegt eine Dienstleistungskonzession vor, wenn der Vertragspartner des öffentlichen Auftraggebers ein Entgelt ganz oder z.T. nur in Form eines Rechts zur vorübergehenden Nutzung seiner Dienstleistung erhält, also eine geldwerte Verwertungsmöglichkeit statt einer unmittelbaren Zahlung durch den Auftraggeber oder einen Dritten. Erforderlich ist, dass der Vertragspartner des öffentlichen Auftraggebers trotz der Vertragsbindungen den Risiken des Marktes derart ausgesetzt bleibt, dass er das damit einhergehende Betriebsrisiko zumindest zu einem wesentlichen Teil übernimmt.[151] Diese Definition kann mit den vorgenannten sprachlichen Änderungen weiter verwandt werden.

61 Der Begriff des **entgeltlichen Vertrags** gemäß § 105 Abs. 1 GWB ist weit zu verstehen. Neben der Einräumung eines Nutzungsrechts kann der Konzessionsvertrag zunächst eine Zahlung an den Konzessionsnehmer als geldwerten Vorteil vorsehen. Prägend für den Konzessionsbegriff ist die Übertragung des **Betriebsrisikos**, nicht jedoch die Quelle der Zahlungen für die Auftragsausführung.[152] Ist eine Zuzahlung vorgesehen, kann der Vertrag jedenfalls dann nicht als Dienstleistungskonzession vom Anwendungsbereich des Teil 4 GWB ausgenommen werden, wenn die zusätzliche Vergütung oder (Aufwands-)Entschädigung ein solches Gewicht hat, dass ihr bei wertender Betrachtung kein bloßer Zuschusscharakter mehr beigemessen werden kann.[153] Stehen Vergütungen aus der Erbringung der Dienstleistung und Zu-

---

149 VK Sachsen, Beschluss v. 17.7.2019 – 1/SVK/017-19.
150 Vgl. Erwägungsgrund 11 RL 2014/23/EU.
151 Vgl. z. B. OLG Frankfurt, Beschluss v. 10.11.2015 – 11 Verg 8/15; OVG Lüneburg, Urteil v. 19.2.2015 – 7 LC 63/13; OLG Naumburg, Beschluss v. 22.12.2011 – 2 Verg 10/11; vgl. *Braun*, VergabeR 2012, 456; *ders.*, VergabeR 2011, 384; *ders.*, NZBau 2011, 400; *ders.*, VergabeR 2011, 199.
152 *Wollenschläger*, in: Burgi/Dreher, Vergaberecht, § 105 GWB Rn. 68, 69.
153 BGH, Beschluss v. 8.2.2011 – X ZB 4/10 (Abellio), juris Rn. 37.

schüsse vom Auftraggeber weitab von einer äquivalenten Gegenleistung, liegt keine Konzession mehr vor. Es liegt kein Konzessionsvertrag vor, bei dem die Gegenleistung für die Erbringung der Dienstleistungen in dem Recht zu ihrer Nutzung zuzüglich der Zahlung eines Preises besteht. Es besteht dann eine Vereinbarung, bei der eine Zahlung zuzüglich der Einräumung eines Nutzungsrechts erfolgt ist, was einem Dienstleistungsauftrag gemäß § 103 Abs. 1 GWB entspricht. Zugleich wird die Übernahme der Dienstleistung bei einem solchen Verhältnis von auftraggeberseitigen Zahlungen auf der einen und den Verwertungsmöglichkeiten auf der anderen Seite regelmäßig auch indizieren, dass die Interessen des Vertragspartners des Auftraggebers durch die Zahlungen in einem Maße gesichert sind, dass mit der Übernahme der Dienstleistung für ihn kein wesentliches Vertragsrisiko einhergeht.[154] Der Konzessionsnehmer muss aber stets weiter den Unwägbarkeiten des Marktes ausgesetzt sein, damit eine Konzession gemäß § 105 GWB vorliegt.

II. Gegenleistung des Konzessionsnehmers, Erbringung einer Dienstleistung

Der Konzessionsnehmer wird durch den Konzessionsvertrag zur Erbringung einer Dienstleistung verpflichtet. Was begrifflich unter die Erbringung und Verwaltung von Dienstleistungen i.S.d. § 105 Abs. 1 Nr. 2 GWB fällt, wird in § 103 Abs. 4 GWB nur mittels einer Negativabgrenzung festgelegt. Dienstleistungsaufträge sind danach solche Leistungen, die weder unter Liefer- noch Bauaufträge fallen. Der Konzessionsnehmer kontrahiert mit dem Konzessionsgeber, der die vom Konzessionsnehmer bereitgestellte Leistung nutzen kann, aber nicht muss. Leistungsempfänger können auch Dritte sein.[155] **62**

Im Gegensatz zu den **Baukonzessionen** kann allerdings beim Begriff der Dienstleistung nicht vollständig auf die Regelungssystematik des Auftragsvergaberechts in § 103 GWB zurückgegriffen werden, da die Konzessionsvergaberichtlinie hier einer anderen Begriffssystematik folgt. Dienstleistungen sind nach Art. 5 Nr. 1 lit. b RL 2014/23/EU solche Tätigkeit, die (wiederum negativ abgegrenzt) „nicht in der Erbringung von Bauleistungen nach Buchstabe a bestehen" – konzessionsvergaberechtlich unterfällt somit alles dem Dienstleistungsbegriff, was keine Bauleistung i.S.d. § 105 Abs. 1 Nr. 1 i.V.m. § 103 Abs. 3 GWB ist. **Lieferleistungen** fallen nicht unter den Konzessionsbegriff.[156] So ist bei der Berechnung des geschätzten Vertragswertes gemäß § 2 Abs. 4 Nr. 6 KonzVgV der Wert aller Lieferungen und Dienstleistungen, die der Konzessionsgeber für den Konzessionsnehmer bereitstellt, sofern sie für die Erbringung der Bau- oder Dienstleistungen erforderlich sind, zu berücksichtigen (vgl. auch § 2 Abs. 3 Nr. 2 KonzVgV). **63**

Bei Bauaufträgen handelt es sich i.d.R. um Werkverträge i.S.v. §§ 631 ff. BGB, bei Lieferverträgen um Käufe i.S.v. §§ 433 ff. BGB und bei **Dienstleistungen** um dienstvertragliche Tätigkeit i.S.d. §§ 611 ff. BGB. Unter „Dienstleistungen" im weitestgehenden Sinne können aber auch Mietverträge, Versicherungsverträge oder Leasing- und Franchise-Verträge fallen. Zusammenfassend fällt jede Tätigkeit unter den Dienstleistungsbegriff, die im Rahmen eines vertraglichen Austauschverhältnisses zwischen dem Konzessionsgeber und dem Konzessionär erbracht wird. Obgleich Werkverträge oft die Errichtung eines Bauwerkes i.S.v. § 103 Abs. 3 GWB zum Gegenstand haben, unterfallen sie dennoch dem Dienstleistungsbegriff, wenn der Vertragsgegenstand in der Herstellung eines anderen Objektes besteht. **64**

154 BGH, Beschluss v. 8.2.2011 – X ZB 4/10 (Abellio), juris Rn. 37.
155 Vgl. *Ziekow*, in: Ziekow/Völlink, Vergaberecht, § 105 GWB Rn. 6.
156 *Hertwig*, Praxis der öffentlichen Auftragsvergabe, Rn. 82; *Ziekow*, in: Ziekow/Völlink, Vergaberecht, § 110 GWB Rn. 10; theoretisch denkbar: *Fandrey*, Gabriel/Krohn/Neun, Handbuch Vergaberecht, § 4 Rn. 28; zum alten Recht: OLG Düsseldorf, Aussetzungsbeschluss v. 19.12.2007 – VII-Verg 51/07.

III. Beschaffungsvorgang, Betrauungsakt, Zahlungsvorgang

65 Das Ziel von Konzessionsverträgen ist die Beschaffung von Bau- oder Dienstleistungen durch Vergabe einer Konzession zugunsten der öffentlichen Hand.[157] Weiterhin kann ein Zahlungsvorgang erforderlich sein.[158] Erfasst wird jede geldwerte Leistung, die dem Konzessionsgeber zugerechnet werden kann; auf die Zahlung eines konkreten Geldbetrags zwischen den Vertragspartnern kommt es nicht an.[159]

IV. Abgrenzung zu Dienstleistungsaufträgen

66 Eine Dienstleistungskonzession unterscheidet sich von einem Dienstleistungsauftrag dadurch, dass die Gegenleistung für die Erbringung der Dienstleistung entweder ausschließlich in dem Recht zur Nutzung der Dienstleistung oder in diesem Recht zuzüglich der Zahlung eines Preises besteht. Ob und inwieweit der Konzessionär bei der Verwertung der ihm übertragenen Leistung tatsächlich den Risiken des Marktes ausgesetzt ist und er das Betriebsrisiko ganz oder zumindest zu einem wesentlichen Teil übernimmt, hängt von den Umständen des Einzelfalls ab.[160] Bei der insoweit erforderlichen Gesamtbetrachtung aller Umstände sollen insbesondere die in Bezug auf den Vertragsgegenstand herrschenden Marktverhältnisse und die vertraglichen Vereinbarungen in ihrer Gesamtheit zu berücksichtigen sein, die beide ganz unterschiedlich gestaltet sein können.[161] Dienstleistungskonzessionen sind anhand der zu erbringenden Gegenleistung der Vergabestelle von Dienstleistungsaufträgen abzugrenzen. Bei solchen erhält der Auftragnehmer das Entgelt für seine Leistung unmittelbar vom Auftraggeber, wohingegen bei der Dienstleistungskonzession der Konzessionär bloß das Recht zur Nutzung der erbrachten Leistung verliehen bekommt.[162] Er muss sich damit selbst durch Erbringung dieser Leistungen refinanzieren. Wie bei der Baukonzession muss mit der Verleihung des Nutzungsrechts zudem der wesentliche Teil des Betriebsrisikos als *„Verwertungsrisiko"* auf den Konzessionär übergehen.[163]

V. Abgrenzung zu Baukonzessionen

67 Konzessionen, die sowohl Bau- als auch Dienstleistungen zum Gegenstand haben, werden nach den Vorschriften vergeben, denen der Hauptgegenstand des Auftrags zuzuordnen ist, § 110 Abs. 1 S. 2 GWB i.V.m. § 110 Abs. 1 S. 1 GWB. Eine Abgrenzung ist deswegen notwendig, weil die Bau- und Dienstleistungskonzessionen einem unterschiedlichen Regelungskreis durch unterschiedliche Schwellenwerte unterliegen können. Wenn innerhalb eines Vertrages sowohl Bau- als auch Dienstleistungen zu erbringen sind, ist zu ermitteln, welcher Leistungstyp den **Schwerpunkt** der Leistungsanteile ausmacht[164] oder welcher den beabsichtigten Konzessionsvertrag zumindest wesentlich prägt.[165] Wenn Bauleistungen nur eine untergeordnete Rolle spielen oder es nur um die Nutzung eines bereits bestehenden Bauwerks geht, so liegt beispielsweise eine Dienstleistungskonzession vor.[166] Ebenso bleiben Bauleistungen als

---

157 VK Nordbayern, Beschluss v. 19.1.2011 – 21.VK-3194-48/10; Erwägungsgründe 1 und 11 RL 2014/23/EU; vgl. umfassend *Müller*, NVwZ 2016, 266.
158 Siehe oben Rn. 47.
159 Vgl. VK Westfalen, Beschluss v. 12.3.2020 – VK 1-1/20.
160 OLG Düsseldorf, Beschluss v. 19.2.2020 – VII-Verg 26/17; OLG Naumburg, Beschluss v. 17.6.2016 – 7 Verg 2/16; vgl. VK Nordbayern, Beschluss v. 6.2.2020 – RMF-SG21-3194-4-53.
161 OLG Naumburg, Beschluss v. 17.6.2016 – 7 Verg 2/16.
162 *Schrotz*, in: Pünder/Schellenberg, Vergaberecht, § 4 EG VOL/A Rn. 46; *Ziekow*, in: Ziekow/Völlink, Vergaberecht, § 99 GWB Rn. 196.
163 *Ziekow*, in: Ziekow/Völlink, Vergaberecht, § 99 GWB Rn. 196; ausführlich zum Betriebsrisiko als Abgrenzungsmerkmal Rn. 43.
164 OLG Brandenburg, Beschluss v. 3.8.1999 – 6 Verg 1/99.
165 OLG Brandenburg, Urteil v. 30.5.2008 – Verg W 5/08.
166 *Herrmann*, in: Ziekow/Völlink, Vergaberecht, § 23 VOB/A Rn. 24.

Instandhaltungsarbeiten auch nachrangig.[167] Trennbare Leistungen sind entsprechend nach den für diese geltenden Regelungen als Bau- oder Dienstleistungskonzession zu vergeben.[168]

Bei der Abgrenzung von Baukonzessionen und Dienstleistungskonzessionen ist nicht auf das Entgelt abzustellen, sondern auf den **Vertragsgegenstand**.[169] Es ist zwischen dem Bau- und dem Dienstleistungscharakter der Konzession zu differenzieren. Im Rahmen von typengemischten Verträgen kommt es darauf an, ob die Bauleistung den Schwerpunkt der Leistungsanteile ausmacht[170] oder ob diese den beabsichtigten Konzessionsvertrag zumindest wesentlich prägt.[171] Wenn Bauleistungen nur eine untergeordnete Rolle spielen oder es nur um die Nutzung eines bereits bestehenden Bauwerks geht, liegt hingegen eine Dienstleistungskonzession vor.[172] Weiterhin bleiben Bauleistungen als Instandhaltungsarbeiten auch dann nachrangig, wenn das vordergründige Leistungsziel eine Dienstleistung ist.[173] In diesem Fall liegt eine Dienstleistungskonzession vor. 68

Der Betrieb einer **Tank-** und **Rastanlage** wird in Form einer Dienstleistungskonzession vergeben und nicht als Baukonzession. Wie die bauliche Anlage danach im Detail genutzt wird, ist nicht Gegenstand der Baukonzession, sondern der Freiheit des Baukonzessionsnehmers überlassen. Die Konzessionsverträge enthalten Regelungen sowohl zum Bau als auch zum Betrieb der Raststätte bzw. der Tankstelle, wobei der Schwerpunkt bei der Dienstleistung liegt.[174] Bei dem Betrieb eines **Breitbandnetzes** liegt der Schwerpunkt der Beschaffung in der Verpflichtung des Konzessionärs zu dessen langfristigem Betrieb und nicht in der Verpflichtung zur Erbringung von konkreten einmaligen Bauarbeiten.[175] 69

E. Übertragung des Betriebsrisikos (Abs. 2)

Eine Dienstleistungs- und Baukonzession unterscheidet sich von einem Dienstleistungs- und Bauauftrag dadurch, dass die Gegenleistung für die Erbringung der Dienst- oder Bauleistung entweder ausschließlich in dem Recht zur Verwertung der Dienstleistung bzw. in dem Recht zur Nutzung des Bauwerks oder in diesem Recht zuzüglich der Zahlung eines Preises besteht. Ob und inwieweit der Konzessionär bei der Verwertung der ihm übertragenen Leistung tatsächlich den Risiken des Marktes ausgesetzt ist und er das Betriebsrisiko ganz oder zumindest zu einem wesentlichen Teil übernimmt, hängt nach der Rechtsprechung des EuGH und des BGH von den Umständen des Einzelfalls ab.[176] Das Betriebsrisiko gemäß § 105 Abs. 2 GWB ist weit gefasst und kann gemäß § 105 Abs. 2 S. 3 GWB ein Nachfrage- oder Angebotsrisiko sein. Die Definition dessen, was unter der Übertragung des Betriebsrisikos zu verstehen ist, gehört zu den zentralen Anliegen der EU-Reform. Dies wird auch durch die Erörterung in den Erwägungsgründen 18, 19, 20 und 52 RL 2014/23/EU deutlich. Die Klärung von Einzelfragen erfolgt durch die Rechtsprechung. 70

Ein **Betriebsrisiko** wird als das Risiko, den Unwägbarkeiten des Marktes ausgesetzt zu sein, verstanden. **Nachfragerisiko** ist das Risiko der tatsächlichen Nachfrage nach den Bau- oder Dienstleistungen, die Gegenstand des Vertrags sind. **Angebotsrisiko** ist das mit der Erbringung der Bau- oder Dienstleistungen, die Gegenstand des Vertrags sind, verbundene Risiko, 71

---

167 OLG Brandenburg, Urteil v. 30.5.2008 – Verg W 5/08.
168 Europäische Kommission, Mitteilung der Kommission zu Auslegungsfragen im Bereich Konzessionen im Gemeinschaftsrecht vom 12.4.2000, Nr. 2.3, NZBau 2000, 413 (416).
169 *Ganske*, in: Kapellmann/Messerschmidt, VOB, § 23 VOB/A Rn. 54; *Herrmann*, in: Ziekow/Völlink, Vergaberecht, § 23 VOB/A Rn. 25.
170 OLG Brandenburg, Beschluss v. 3.8.1999 – 6 Verg 1/99.
171 OLG Brandenburg, Urteil v. 30.5.2008 – Verg W 5/08.
172 *Herrmann*, in: Ziekow/Völlink, Vergaberecht, § 23 VOB/A Rn. 24 ff.
173 OLG Brandenburg, Urteil v. 30.5.2008 – Verg W 5/08.
174 OLG Karlsruhe, Beschluss v. 6.2.2013 – 15 Verg 11/1; VK Baden-Württemberg, Beschluss v. 19.10.2012 – 1 VK 35/12.
175 VK Sachsen, Beschluss v. 17.7.2019 – 1/SVK/017-19.
176 BGH, Beschluss v. 8.2.2011 – X ZB 4/10 (Abellio), juris Rn. 34; OLG Düsseldorf, Beschluss v. 19.2.2020 – VII-Verg 2/19, mit Hinweis auf EuGH, Urteil v. 10.3.2011 – Rs. C-274/09 (Stadler), juris Rn. 22 ff., und v. 10.11.2011 – Rs. C-348/10 (Norma-A), juris Rn. 43 ff.

insbesondere das Risiko, dass die bereitgestellten Dienstleistungen nicht der Nachfrage entsprechen. Zur Einschätzung des Betriebsrisikos ist daher der Nettogegenwartswert aller Investitionen, Kosten und Einkünfte des Konzessionsnehmers in kohärenter und einheitlicher Weise heranzuziehen.[177] Das wirtschaftliche Betriebsrisiko der Dienstleistung ist das Risiko, den Unwägbarkeiten des Marktes ausgesetzt zu sein. Dazu zählen das Risiko der Konkurrenz durch andere Wirtschaftsteilnehmer, das Risiko eines Ungleichgewichts zwischen Angebot und Nachfrage, das Risiko der Zahlungsunfähigkeit derjenigen, die die Zahlung der erbrachten Dienstleistung schulden, das Risiko einer nicht vollständigen Deckung der Betriebsausgaben durch die Einnahmen und das Risiko der Haftung für einen Schaden im Zusammenhang mit einem Fehlverhalten bei der Erbringung der Dienstleistung.[178]

I. Erwirtschaftungsrisiko (S. 2 Nr. 1)

72 Die Konzessionierung schließt stets die Übertragung eines Erwirtschaftungsrisikos auf den Konzessionsnehmer ein. Dieses Risiko beinhaltet die Möglichkeit, dass die Investitionsaufwendungen und die Kosten für den Betrieb des Bauwerks oder die Erbringung und Verwaltung der Dienstleistungen unter normalen Betriebsbedingungen nicht wieder erwirtschaftet werden können,[179] sodass es sich insgesamt um ein Zuschussgeschäft für den Konzessionär handeln würde, wenn er nicht über Einnahmequellen aus der Konzession verfügen würde.

73 Maßgeblich ist, ob der Auftragnehmer das Betriebsrisiko vollständig oder zumindest zu einem wesentlichen Teil trägt. Unter dem **Betriebsrisiko** ist das Risiko zu verstehen, den Unwägbarkeiten des Marktes ausgesetzt zu sein, das sich im Risiko der Konkurrenz durch andere Wirtschaftsteilnehmer, dem Risiko eines Ungleichgewichts zwischen Angebot und Nachfrage, dem Risiko der Zahlungsunfähigkeit derjenigen, die die Bezahlung der erbrachten Dienstleistungen schulden, dem Risiko einer nicht vollständigen Deckung der Betriebsausgaben durch die Einnahmen oder dem Risiko der Haftung für einen Schaden im Zusammenhang mit einem Fehlverhalten bei der Erbringung der Dienstleistung äußern kann. Hingegen sind Risiken, die sich aus einer mangelhaften Betriebsführung oder aus Beurteilungsfehlern des Wirtschaftsteilnehmers ergeben, für die Einordnung eines Vertrags als öffentlichen Dienstleistungsauftrag oder als Dienstleistungskonzession nicht entscheidend, da diese Risiken jedem Vertrag immanent sind, gleichgültig ob es sich dabei um einen öffentlichen Dienstleistungsauftrag oder um eine Dienstleistungskonzession handelt. Soll neben dem Recht zur Nutzung der Dienstleistung zusätzlich ein Preis gezahlt werden, kann der Vertrag jedenfalls dann nicht als Dienstleistungskonzession angesehen werden, wenn die zusätzliche Vergütung oder (Aufwands-)Entschädigung ein solches Gewicht hat, dass ihr bei wertender Betrachtung kein bloßer Zuschusscharakter mehr beigemessen werden kann, sondern sich darin zeigt, dass die aus der Erbringung der Dienstleistung möglichen Einkünfte allein ein Entgelt darstellen würden, das weitab von einer äquivalenten Gegenleistung läge.[180]

1. Normale Betriebsbedingungen

74 Unter „**normalen Betriebsbedingungen**" i.S.d. § 105 Abs. 2 Nr. 1 GWB sind die gewöhnlichen, sprich nach allgemeiner Betriebserfahrung zu erwartenden Umstände im Rahmen der Erbringung einer bestimmten Tätigkeit zu verstehen. Der Konzessionsnehmer übernimmt nach § 105 Abs. 2 S. 2 Nr. 1 GWB das Betriebsrisiko, wenn unter normalen Betriebsbedingungen nicht gewährleistet ist, dass die Investitionsaufwendungen oder die Kosten für den Betrieb der Dienstleistung wieder erwirtschaftet werden können. Es muss ein nicht ausgeschlossenes Risiko bestehen, dass die investierten Kosten einschließlich der Betriebskosten nicht verdient werden und dadurch die Konzession auch mit Verlust abgeschlossen wird. Ein Risiko der Gewinnschmälerung oder eines Gewinnausfalls an sich ist nicht ausreichend. Genauso ist ein

177 Erwägungsgrund 20 RL 2014/23/EU.
178 VK Sachsen, Beschluss v. 17.7.2019 – 1/SVK/017-19.
179 Erwägungsgrund 18 RL 2014/23/EU.
180 OLG Düsseldorf, Beschluss v. 19.2.2020 – VII-Verg 2/19.

etwaiges Kalkulationsrisiko auf der Kostenseite nicht ausreichend, da dies bei jeder Vergabe immanent ist (Erwägungsgrund 20 RL 2014/23/EU).[181] Nach § 105 Abs. 5 S. 2 Nr. 2 GWB wird das Betriebsrisiko näher bestimmt als das Risiko den „Unwägbarkeiten des Marktes tatsächlich ausgesetzt" zu sein, so dass potenzielle geschätzte Verluste des Konzessionsnehmers nicht vernachlässigbar sind.

Ob bestimmte Bedingungen im Hinblick auf eine bestimmte Tätigkeit als gewöhnlich anzusehen sind, muss stets bei jedem Betrieb unter Heranziehung aller **Umstände** und Gesichtspunkte des Einzelfalles sowie hinsichtlich des **Betriebstyps** gesondert geprüft werden. Dabei kann einerseits auf eine typisierte Betrachtungsweise abgestellt werden, sodass zu untersuchen ist, ob gewisse Ereignisse und Umstände sich in dem Rahmen halten, die für einen bestimmten Betriebstyp noch typisch und damit gewöhnlich sind. Zugleich sind aber auch die Rahmenbedingungen des einzelnen Betriebs (konkrete Ausgestaltung des Betriebs und der Tätigkeiten im Einzelfall) an sich in die Betrachtung mit einzubeziehen. Bei Rettungsdienstkonzessionen kann dies zweifelhaft sein, weil die normalen Betriebsbedingungen auf eine Kostenerstattung ausgerichtet sind. Das Betriebsrisiko ist dann nicht mehr sehr hoch.[182] Nicht von Bedeutung sind Risiken, die jedem Vertrag innewohnen. Das sind z. B. Risiken im Zusammenhang mit Missmanagement, vertraglichen Ausfällen des Wirtschaftsteilnehmers oder Ereignisse im Zusammenhang mit höherer Gewalt.[183] Eine Ausnahme wäre nur denkbar, wenn die Tätigkeit typischerweise von solchen Ereignissen begleitet bzw. im Zusammenhang mit diesen erbracht wird. 75

Trotz Bejahung eines konzessionstypischen Entgelts i.S.d. § 105 Abs. 1 GWB kann ausnahmsweise bei einem **Fischereipachtvertrag** keine Konzession, sondern ein öffentlicher Auftrag vorliegen, wenn den Auftragnehmer kein Betriebsrisiko wirtschaftlicher Art treffen würde.[184] Der Auftragnehmer trägt kein Betriebsrisiko, wenn die zu erwartenden Einnahmen aus der Nutzung der Leistung die voraussichtlichen Ausgaben des Auftragnehmers deutlich übersteigen würden und deshalb nach menschlichem Ermessen rote Zahlen während der Vertragslaufzeit ausgeschlossen werden können.[185] 76

Beim Begriff der „normalen Betriebsbedingungen" ist insofern keine starre Sichtweise angebracht, sondern eine dynamische, welche sowohl den typisierten „äußeren" Rahmen des jeweiligen Betriebstyps als auch „innere" Gesichtspunkte und Umstände des jeweiligen **Einzelfalles** in die Betrachtung mit einstellt. Einschränkend unterfallen solche Aspekte des jeweiligen Einzelfalles nicht mehr der Betrachtung, die mit dem vorliegenden Betriebstypus unter keinem erdenklichen Gesichtspunkt im Zusammenhang stehen. Dies ist beispielsweise dann der Fall, wenn die konkret vorgenommene Tätigkeit des Konzessionärs unter keinen Umständen unter den jeweiligen Typ des Betriebs subsumiert werden kann – von „normalen" Betriebsbedingungen kann dann nämlich nicht die Rede sein. Eine hohe Nachfrage der Dienstleistung kann gegen ein Betriebsrisiko sprechen.[186] 77

Für die Interpretation des Tatbestandsmerkmals „normalen Betriebsbedingungen" i.S.d. § 105 Abs. 2 Nr. 1 GWB kommt es auf den materiellen Gehalt der Tätigkeit an. Eine Falschbezeichnung als „Dienstleistungskonzession" für einen Dienstleistungsauftrag ist daher unbeachtlich.[187] Der Betrieb und die Sicherstellung des öffentlichen **Stromnetzes** als Teil der einer Daseinsvorsorge zur Versorgung der Bevölkerung mit Energie haben Beschaffungscharakter. Wenn auch operative Tätigkeiten wie die Unterstützung bei der Bereitstellung der kaufmännischen Systeme ausgeschrieben werden, dann spricht wenig dafür, dass unter normalen Be- 78

181 OLG München, Beschluss v. 14.10.2019 – Verg 16/19; vgl. OLG Naumburg, Beschluss v. 17.6.2016 – 7 Verg 2/16.
182 Vgl., das Betriebsrisiko für den Rettungsdienst in Thüringen bejahend, OLG Jena, Beschluss v. 22.7.2015 – 2 Verg 2/15; vgl. auch *Müller*, NVwZ 2016, 266 (269).
183 Vgl. *Friton/Stein*, in: Pünder/Schellenberg, Vergaberecht, § 105 GWB Rn. 37.
184 Vgl. OLG Koblenz, Beschluss v. 10.7.2018 – Verg 1/8, VergabeR 2018, 667, mit Anmerkung *Noch*, VergabeR 2018, 671; *Braun*, in: Müller-Wrede/Braun, KonzVgV, § 1 Rn. 96.
185 OLG Koblenz, Beschluss v. 10.7.2018 – Verg 1/8, VergabeR 2018, 667.
186 VK Thüringen, Beschluss v. 28.10.2020 – 250-4003-4720/2020-E-009-SLF (für eine Kindertagesstätte).
187 Vgl. OLG Karlsruhe, Beschluss v. 30.10.2018 – 15 Verg 7/18.

triebsbedingungen die Erwirtschaftung des Investitionsaufwands und der Kosten nicht erfolgen kann, weil das Marktrisiko des Betreibers aufgrund der Monopolstellung des Konzessionärs nach § 46 EnWG und der hohen Regulierungsdichte der Preise gering ist.[188] In diesem Fall liegt also ein Dienstleistungsauftrag vor.

2. Investitionsaufwendungen und Betriebskosten, Zuzahlungen

79 Unter **Investitionsaufwendungen** sind sämtliche geldwerte Aufwendungen des Konzessionärs in Bezug auf die Aufnahme und Ausübung der jeweiligen betrieblichen Tätigkeit zu verstehen. In Abgrenzung zum Begriff der Betriebskosten handelt es sich bei den Investitionsaufwendungen um Kosten, die der Konzessionär im Vorfeld vor der Aufnahme der eigentlichen Betriebstätigkeit auf sich genommen hat, um überhaupt betriebsfähig zu sein.

80 Bei den **Betriebskosten** handelt es sich dagegen um die Kosten des laufenden Betriebs, diese entstehen somit erst ab Beginn der eigentlichen Konzessionstätigkeit.

81 Es können **Zuzahlungen** erfolgen, d.h. die Übernahme der Risiken durch den Konzessionär kann beschränkt werden. Die „zusätzliche Zahlung" kann in unterschiedlicher Form erfolgen und setzt nicht zwangsläufig die unmittelbare Zahlung eines Entgelts seitens des öffentlichen Auftraggebers an den Konzessionär voraus. Ausreichend sind auch sonstige wirtschaftliche Vorteile, wie beispielsweise die Übernahme einer Verlustausgleichspflicht oder der Abschluss eines sogenannten Zuschussvertrages.[189] Bei der Frage, in welchem Verhältnis die Zuzahlung zu dem betroffenen Gesamtvolumen stehen darf, verbietet sich eine starre Grenze. Entscheidend ist vielmehr in der Praxis, in jedem Einzelfall anhand der Gesamtumstände zu klären, ob trotz Zuzahlung beim Konzessionär ein nicht unerhebliches wirtschaftliches Risiko verbleibt. Zu berücksichtigen sein können insofern die von dem Konzessionär übernommenen Risiken, der vereinbarte Vertragszeitraum oder etwaige Gestaltungsmöglichkeiten bei der Nutzung der baulichen Anlage. Auch bei Zuzahlungen betreffend eine „Wirtschaftlichkeitslücke" kann eine Dienstleistungskonzession vorliegen.[190] Ist eine Zuzahlung vorgesehen, kann der Vertrag jedenfalls dann nicht als Dienstleistungskonzession vom Anwendungsbereich des Teil 4 GWB ausgenommen werden, wenn die zusätzliche Vergütung ein solches Gewicht einnimmt, dass ihr bei wertender Betrachtung kein bloßer Zuschusscharakter mehr beigemessen werden kann, sondern sich gerade darin zeigt, dass die aus der Erbringung der Dienstleistung möglichen Einkünfte allein ein Entgelt darstellen würden, das weitab von einer äquivalenten Gegenleistung läge. Ein Vertrag und keine Dienstleistungskonzession liegt vor, wenn die zusätzliche Vergütung ein solches Gewicht hat, dass ihr bei wertender Betrachtung kein bloßer Zuschusscharakter mehr beigemessen werden kann, sondern sich darin zeigt, dass die aus der Erbringung der Dienstleistung möglichen Einkünfte allein ein Entgelt darstellen würden, das weitab von einer äquivalenten Gegenleistung läge. Wenn ein Auftraggeber mehr als 75 Prozent der Kosten des Fahrradverleihsystems, mindestens aber 50 Prozent, finanziert, dann ist von einer Dienstleistungskonzession auszugehen.[191] Unschädlich soll hingegen sein, wenn der öffentliche Auftraggeber nur unwesentliche Zuzahlungen an den Konzessionär leistet.[192]

3. Umfang des wirtschaftlichen Risikos

82 Das Konzessionsrecht schließt stets die Übertragung eines Betriebs- bzw. Amortisationsrisikos wirtschaftlicher Art auf den Konzessionsnehmer ein. Dieses Risiko beinhaltet die Möglichkeit, dass die Investitionsaufwendungen und die Kosten für den Betrieb des Bauwerks oder die Erbringung der Dienstleistungen unter normalen Betriebsbedingungen nicht wieder erwirtschaftet werden können,[193] sodass es sich insgesamt um ein Zuschussgeschäft für den Konzessionär handelt. Ein Amortisationsrisiko kann sich beispielsweise daraus ergeben, dass sein

188 Vgl. OLG Karlsruhe, Beschluss v. 30.10.2018 – 15 Verg 7/18.
189 Vgl. BGH, Beschluss v. 8.2.2011 – X ZB 4/10 (Abellio), NZBau 2011, 175 (181) Rn. 38, 43, 46.
190 VK Sachsen, Beschluss v. 17.7.2019 – 1/SVK/017-19.
191 OLG Celle, Beschluss v. 9.11.2021 – 13 Verg 9/21.
192 OLG Naumburg Beschluss v. 17.6.2016 – 7 Verg 2/16.
193 Erwägungsgrund 18 RL 2014/23/EU.

Vergütungsanspruch ausfällt, seine Leistungen nicht bzw. nicht in erwartetem Maße in Anspruch genommen werden, die Konkurrenz anderer Wirtschaftsteilnehmer zu stark ist, die Betriebsausgaben nicht vollständig gedeckt werden oder bei der Erbringung von Dienstleistungen Haftungsansprüche Dritter aufgrund von Schädigungen durch den Konzessionär entstehen.[194] Nicht mehr unter den Betriebsrisikobegriff des § 105 Abs. 2 S. 2 Nr. 1 GWB fallen hingegen Faktoren, die sich dem Einfluss der Vertragsparteien entziehen.

Bei der Prüfung des Bestehens des Betriebsrisikos ist eine **Gesamtbetrachtung** aller Umstände des Einzelfalls einschließlich der für den Vertragsgegenstand maßgeblichen Marktbedingungen und der gesamten vertraglichen Vereinbarung anzustellen.[195] 83

Ein Betriebsrisiko besteht nicht, wenn dem Konzessionär durch den Konzessionsgeber vertraglich **Konkurrenzfreiheit** zugesichert worden ist[196] oder weil Dritte, welche die Dienstleistung nutzen und Vergütung dafür schulden, aufgrund besonderer Umstände nicht insolvent werden können und die Anzahl der Nutzungsvorgänge angemessen kalkulierbar ist.[197] 84

Quantitativ kommt es hinsichtlich der Beurteilung des Betriebsrisikos nicht auf die Höhe des übernommenen Risikos an, sondern insbesondere auf die quotale Verteilung zwischen Konzessionsgeber und Konzessionär. Es kommt darauf an, dass der Konzessionär zu einem maßgeblichen Teil dasjenige Risiko übernimmt, dem sich der Auftraggeber ausgesetzt sähe, wenn er die betreffende Tätigkeit selbst ausüben würde.[198] Hierbei ist allerdings zu beachten, dass der Konzessionsgeber nicht mehr Risiken übertragen kann, als er selbst trägt. So ist es unschädlich, wenn dem Konzessionär bloß ein beschränktes Amortisationsrisiko übertragen wird, weil bereits das Risiko des Konzessionsgebers begrenzt war – beispielsweise aufgrund eines Anschluss- und Benutzungszwanges.[199] Erforderlich ist daher nicht die Tragung eines hohen Risikos, sondern des wesentlichen tätigkeitspezifischen oder beschränkten[200] Risikos durch den Konzessionär.[201] Nichtsdestoweniger kann kein *„Null-Risiko"* übertragen werden.[202] Ferner liegt keine Konzession vor, wenn der Konzessionsgeber einen beträchtlichen Teil des Risikos zurückbehält, der nach Vergabe der Konzession weiterhin bestehen bleibt.[203] Bei einer rechtsmissbräuchlichen Umgehungskonstruktion zur maximalen Risikoverminderung greift das Umgehungsverbot des § 14 KonzVgV ein mit der Konsequenz, dass dann von einem Dienstleistungsauftrag und nicht von einer Dienstleistungskonzession auszugehen ist. 85

II. Unwägbarkeiten des Marktes (S. 2 Nr. 2)

Der Übergang des Betriebsrisikos liegt gemäß § 105 Abs. 2 S. 2 Nr. 2 GWB nur dann vor, wenn der Konzessionsnehmer den Unwägbarkeiten des Marktes tatsächlich ausgesetzt ist, sodass potenzielle geschätzte Verluste des Konzessionsnehmers nicht vernachlässigbar sind. § 105 Abs. 2 S. 2 Nr. 2 GWB setzt Art. 5 Nr. 1 UAbs. 2 S. 3 RL 2014/23/EU um.[204] Im Grundsatz hat der Gemeinschaftsgesetzgeber darin in Übereinstimmung mit der ständigen Rechtsprechung des EuGH konkretisiert, welche einzelnen Anforderungen an den Übergang des Betriebsrisi- 86

194 Vgl. EuGH, Urteil v. 10.11.2011 – Rs. C-348/10 (Norma-A), Rn. 48; Urteil v. 10.3.2011 – Rs. C-274/09 (Stadler), Rn. 37; OLG Celle, Beschluss v. 9.11.2021 – 13 Verg 9/2; Beschluss v. 8.9.2014 – 13 Verg 7/14; OLG Naumburg, Beschluss v. 15.4.2016 – 7 Verg 1/16.

195 BGH, Beschluss v. 8.2.2011 – X ZB 4/10 (Abellio); OLG München, Beschluss v. 14.10.2019 – Verg 16/19; vgl. VK Nordbayern, Beschluss v. 6.2.2020 – RMF-SG21-3194-4-53.

196 VK Baden-Württemberg, Beschluss v. 25.7.2012 – 1 VK 20/12.

197 EuGH, Urteil v. 11.6.2009 – Rs. C-300/07 (Oymanns), Rn. 74.

198 EuGH, Urteil v. 10.9.2009 – Rs. C-206/08 (Eurawasser), Rn. 70 ff.; *Kulartz*, in: Kulartz/Marx/Portz/Prieß, VOB/A, § 22 Rn. 6.

199 *Ziekow*, in: Ziekow/Völlink, Vergaberecht, § 99 GWB Rn. 196b.

200 OLG Naumburg, Beschluss v. 17.6.2016 – 7 Verg 2/16.

201 Etwa EuGH, Urteil v. 10.11.2011 – Rs. C-348/10 (Norma-A), Rn. 48; Urteil v. 10.3.2011 – Rs. C-274/09 (Stadler), Rn. 37; Urteil v. 10.9.2009 – Rs. C-206/08 (Eurawasser), Rn. 77; OLG Naumburg, Beschluss v. 15.4.2016 – 7 Verg 1/16; OLG Brandenburg, Beschluss v. 12.10.2010 – Verg W 7/09.

202 *Ziekow*, in: Ziekow/Völlink, Vergaberecht, § 99 GWB Rn. 196b.

203 Vgl. OLG Düsseldorf, Beschluss v. 21.7.2010 – VII-Verg 19/10.

204 Gesetzesbegründung zu § 105 Abs. 2 S. 2 Nr. 2 GWB, VergRModG 2016, BT-Drs. 18/6281, 77.

kos zu stellen sind, insbesondere dass der Dienstleistungserbringer den Unwägbarkeiten des Marktes ausgesetzt sein muss.[205]

87 Der Konzessionsnehmer muss im Rahmen des Übergangs des Betriebsrisikos gemäß § 105 Abs. 2 S. 2 Nr. 2 GWB zudem den „**Unwägbarkeiten des Marktes**" ausgesetzt sein. Dieses Merkmal ist als weiterer Aspekt des Tatbestandsmerkmals des „Betriebsrisikos" zu verstehen und dementsprechend auszulegen. Dieser Aspekt erfordert es, dass der Konzessionsnehmer infolge des Bestehens des Betriebsrisikos tatsächlich einem Verlustrisiko ausgesetzt ist, wenn sich der Markt zu seinen Ungunsten entwickelt und er womöglich dadurch die Investitionsaufwendungen und Betriebskosten nicht wieder erwirtschaften kann. Für die Bestimmung des Risikogrades ist eine Ex-ante-Prognose zu erstellen und zu entscheiden, ob der Bieter mit einer wirtschaftlich risikolosen Ausführung rechnen konnte.[206] Das Risiko der Unwägbarkeiten des Marktes liegt insbesondere in der Konkurrenz durch andere Wirtschaftsteilnehmer, dem Risiko eines Ungleichgewichts zwischen Angebot und Nachfrage, dem Risiko der Zahlungsunfähigkeit derjenigen, die die Bezahlung der erbrachten Dienstleistungen schulden, dem Risiko einer nicht vollständigen Deckung der Betriebsausgaben durch die Einnahmen oder dem Risiko der Haftung für einen Schaden im Zusammenhang mit einem Fehlverhalten bei der Erbringung der Dienstleistung.[207] Unter Unwägbarkeiten des Marktes ist wieder nichts anderes zu verstehen als das Bestehen des Amortisationsrisikos des Konzessionärs, in dessen Folge er einem Verlustrisiko ausgesetzt ist, wenn sich der Markt zu seinen Ungunsten entwickelt und er dadurch die Investitionsaufwendungen und Betriebskosten nicht wieder erwirtschaften kann. Für die Bestimmung des Risikogrades ist eine Ex-ante-Prognose zu erstellen und zu entscheiden, ob der Bieter mit einer wirtschaftlich risikolosen Ausführung rechnen kann.

88 „**Tatsächlich ausgesetzt**" ist der Konzessionär den Unwägbarkeiten des Marktes – sprich dem Amortisationsrisiko –, wenn potenzielle geschätzte Verluste des Konzessionsnehmers nicht rein nominell bestehen,[208] sondern echte Einbußen ohne entsprechende Kompensation darstellen. Das Merkmal des „Tatsächlich-ausgesetzt"-Seins stellt die Anforderung an das Betriebsrisiko, dass dieses Risiko qualitativ besteht und nicht durch etwaige automatische Kompensations- oder Abfederungsmechanismen nachträglich wieder negiert wird. Ein solcher Abfederungsmechanismus ist beispielsweise in einer vertraglich zugesicherten Konkurrenzfreiheit zu erblicken. Andere Beispiele sind branchenspezifische Regelungen, die den Wegfall des Risikos durch einen garantierten Ausgleich der Investitionen und Betriebskosten des Konzessionärs vorsehen.[209] Der Konzessionsnehmer trägt z. B. bei der Alttextilentsorgung das betriebswirtschaftliche Risiko dann, wenn er vor allem die Personal- und Sachkosten für das Aufstellen und Instandhalten der Container, für deren Leerung, für den Transport der Alttextilien sowie gegebenenfalls die Entsorgungskosten übernimmt.[210]

89 Eine Fallgruppe betrifft Dienstleistungen der **Daseinsvorsorge**, die einen hohen Sicherheitsfaktor für die Bevölkerung haben. Die Erwägungsgründe der RL 2014/23/EU treffen hierzu teils widersprüchliche Aussagen. So sieht Erwägungsgrund 17 RL 2014/23/EU vor, dass keine Konzession vorliegen würde, wenn der Konzessionär Vergütungen gemäß vorgeschriebener Tarife erhält. Dabei müssen diese so berechnet sein, dass sie sämtliche Betriebskosten und Investitionsaufwendungen des Konzessionärs decken.[211] Erwägungsgrund 19 RL 2014/23/EU betont wiederum, dass die Vergabe von Konzessionen in Branchen mit vorgeschriebenen Tarifen nicht ausgeschlossen sein soll. Wie bereits im Hinblick auf den quantitativen Umfang des zu übernehmenden Amortisationsrisikos ausgeführt, kommt es nicht auf das Gewicht des Ri-

205 Gesetzesbegründung zu § 105 Abs. 2 S. 2 Nr. 2 GWB, VergRModG 2016, BT-Drs. 18/6281, 77, mit Hinweis auf EuGH, Urteil v. 10.11.2011 – Rs. C-348/10 (Norma-A), Rn. 48, 51, und Urteil v. 10.3.2011 – Rs. C-274/09 (Stadler), Rn. 37, 48; OLG Naumburg, Beschluss v. 17.6.2016 – 7 Verg 2/16.
206 OLG München, Beschluss v. 25.3.2011 – Verg 4/11.
207 OLG München, Beschluss v. 14.10.2019 – Verg 16/19; OLG Celle, Beschluss v. 8.9.2014 – 13 Verg 7/14.
208 Siehe Begriffsdefinition des Art. 5 Nr. 1 RL 2014/23/EU.
209 Erwägungsgrund 19 RL 2014/23/EU.
210 OLG Celle, Beschluss v. 8.9.2014 – 13 Verg 7/14.
211 Erwägungsgrund 17 RL 2014/23/EU.

sikos an, sondern auf die Quotelung zwischen Konzessionsgeber und Konzessionär.[212] Ein teilweise gewährter Ausgleich und damit eine Beschränkung des Risikos[213] ist unschädlich, solange der Konzessionär dem wesentlichen Teil des Gesamtrisikos ausgesetzt ist.[214] Dies kann innerhalb von Branchen mit abgemilderten Betriebsrisiken (öffentliche Daseinsvorsorge) der Fall sein, wenn trotz vorgesehener Amortisationsmechanismen der Konzessionär keine Gewähr für die vollständige Deckung seiner Betriebsrisiken erhält[215] oder er Schuldnern gegenübersteht, die dem Risiko der Zahlungsunfähigkeit unterliegen.[216] Es kommt auf das Element der „Vorhersehbarkeit" an – dieses darf nicht vollständig zugunsten des Konzessionärs gegeben sein.[217]

Es reicht es nicht aus, wenn der Konzessionär das Amortisationsrisiko bloß pro forma – sprich nur zum Schein – übertragen bekommt. Die Übernahme des Betriebsrisikos darf nicht in einer rein formellen Betrachtungsweise festgestellt werden, sondern bedarf der funktionellen Betrachtung. In diesen Kontext reiht sich auch das Merkmal des „**nicht vernachlässigbar**" ein im Hinblick auf die potenziell geschätzten Verluste. Gemäß diesem Wortlaut dürfen die Verlustrisiken des Konzessionärs, denen er tatsächlich ausgesetzt sein muss, auch nicht den Charakter von Platzhaltern in seiner Buchführung haben, sondern wahrnehmbare Abzugsposten darstellen. Dieses Erfordernis ist wohl erfüllt, wenn ein *„spekulatives"* Element hinsichtlich der Investitionen und Kosten des Konzessionärs verbleibt.[218] Wenn der Bieter hingegen seine Kosten so vorhersehbar kalkulieren kann, dass er kein Verlustrisiko, sondern bloß ein Erlösrisiko trägt, so ist dieses vernachlässigbar und ist damit kein Betriebsrisiko.[219] 90

Im Hinblick auf **zusätzlich gewährte Zahlungen** durch den Konzessionsgeber an den Konzessionär nebst der Verleihung des Nutzungsrechts gilt Folgendes: Grundsätzlich ist die Zahlung eines zusätzlichen Entgeltes hinsichtlich der Einordnung des Vertrages als Konzession unschädlich.[220] Gleichwohl kann ein Vertrag spätestens dann nicht mehr als Konzession angesehen werden, wenn der zusätzlichen Vergütung ein solches Gewicht zukommt, dass ihr bei wertender Betrachtung kein bloßer Zuschusscharakter mehr beigemessen werden kann.[221] Finanziert sich das Verkehrsunternehmen teilweise aus den Fahrgeldeinnahmen und erhält es zusätzlich Ausgleichszahlungen, ist dann nicht mehr von einer Konzession auszugehen, wenn die zusätzliche Ausgleichszahlung ein solches Gewicht hat, dass ihr kein bloßer Zuschusscharakter mehr beigemessen werden kann.[222] Die tatsächlichen Gründe, die trotz direkter Zahlungen des Landes eine Einschränkung der Rechte des Unternehmens erfordern, sind vom Konzessionsgeber tunlichst in einem Vergabevermerk zu dokumentieren. Für die Gründe obliegt dem Konzessionsgeber im Streitfall die Darlegungs- und im Fall einer Nichterweislichkeit die Beweislast.[223] Maßgeblich für das Vorliegen einer Dienstleistungskonzession ist, ob der Auftragnehmer das Betriebsrisiko vollständig oder zumindest einen wesentlichen Teil davon trägt. Abzugrenzen sind davon sogenannte Bruttoverträge, bei welchen das Verkehrsunternehmen kein wirtschaftliches Betriebsrisiko trägt.[224] Ist eine Zuzahlung vorgesehen, liegt eine GWB-Dienstleistungskonzession vor, wenn die zusätzliche Vergütung oder (Aufwands-)Entschädigung ein solches Gewicht hat, dass ihr bei wertender Betrachtung kein bloßer Zuschusscharakter mehr beigemessen werden kann. Wann eine Zuzahlung im Vordergrund steht und 91

212 Vgl. auch Erwägungsgrund 19 RL 2014/23/EU.
213 Erwägungsgrund 19 RL 2014/23/EU.
214 EuGH, Urteil v 10.3.2011 – Rs. C-274/09 (Stadler), Rn. 29; Urteil v. 10.9.2009 – Rs. C-206/08 (Eurawasser), Rn. 77, 80.
215 EuGH, Urteil v 10.3.2011 – Rs. C-274/09 (Stadler), Rn. 48.
216 EuGH, Urteil v 10.3.2011 – Rs. C-274/09 (Stadler), Rn. 46.
217 *Bultmann*, NVwZ 2011, 72 (74).
218 *Bultmann*, NVwZ 2011, 72 (74); *Opitz*, NVwZ 2014, 753 (756).
219 *Bultmann*, NVwZ 2011, 72 (74).
220 EuGH, Urteil v. 10.9.2009 – Rs. C-206/08 (Eurawasser), Rn. 51; OLG Naumburg, Beschluss v. 15.4.2016 – 7 Verg 1/16; *Eschenbruch*, in: Kulartz/Kus/Portz, GWB-Vergaberecht, § 99 Rn. 583.
221 BGH, Beschluss v. 8.2.2011 – X ZB 4/10 (Abellio); OLG Karlsruhe, Beschluss v. 9.10.2012 – 15 Verg 12/11; OLG München, Beschluss v. 25.3.2011 – Verg 4/11; OLG München, Beschluss v. 14.10.2019 – Verg 16/19.
222 OLG Frankfurt, Beschluss v. 10.11.2015 – 11 Verg 8/15; VK Brandenburg, Beschluss v. 27.7.2015 – VK 12/15.
223 Vgl. OLG Düsseldorf, Beschluss v. 30.4.2003 – VII-Verg 61/02.
224 Vgl. VK Nordbayern, Beschluss v. 6.2.2020 – RMF-SG21-3194-4-53.

überwiegt, lässt sich wegen der Unterschiedlichkeit der möglichen Fallgestaltungen ebenso wenig einheitlich durch eine rechnerische Quote festlegen, wie sich auch sonst eine schematische Lösung verbietet. Es bedarf auch insoweit stets einer alle Umstände des Einzelfalls einbeziehenden Gesamtschau.[225]

III. Nachfrage- und Angebotsrisiko (S. 3)

92 § 105 Abs. 2 S. 2 GWB setzt Art. 5 Nr. 1 UAbs. 2 S. 1 Hs. 2 RL 2014/23/EU um und stellt klar, dass es sich beim Betriebsrisiko um ein Nachfrage- oder Angebotsrisiko handeln kann.[226] Das Betriebsrisiko ist der Oberbegriff, der wiederum in das Angebots- und Nachfragerisiko zerfällt.[227] In diesem Zusammenhang wird auch der Begriff des Nutzungsrisikos verwandt.[228] Bei der Betrachtung der Risikoübertragung, insbesondere der quotalen Verteilung zwischen Konzessionsgeber und Konzessionsnehmer ist weiterhin zu bedenken, dass es darauf ankommt, dass der Konzessionsnehmer (nur) dasjenige Risiko übernimmt, welches sonst der Konzessionsgeber selbst getragen hätte, wenn er die betreffende Tätigkeit selbst ausüben würde. Der Konzessionsgeber kann nicht mehr Risiken übertragen, als denen er selbst ausgesetzt wäre.[229]

93 **Nachfragerisiko** ist das Risiko der tatsächlichen Nachfrage nach den Bau- oder Dienstleistungen, die Gegenstand des Vertrags sind.[230] **Angebotsrisiko** ist das mit der Erbringung der Bau- und Dienstleistungen, die Gegenstand des Vertrags sind, verbundene Risiko, insbesondere das Risiko, dass die bereitgestellten Dienstleistungen nicht der Nachfrage entsprechen.[231] Es ist nicht entscheidend, wenn dem Konzessionsnehmer ein sehr beschränktes Amortisationsrisiko übertragen wurde, wenn das Risiko des Konzessionsgebers gleichfalls stark eingeschränkt ist.[232]

94 Der **Unterschied** zwischen beiden Begriffen besteht daher auch bloß hinsichtlich der Frage, ob das Verlustrisiko im konkreten Einzelfall bezüglich der Nachfrage- oder der Angebotssituation besteht. Eine zu tiefgehende Unterscheidung ist hierbei unnötig, da beide Begriffe in der Praxis wohl Hand in Hand gehen werden. Ein Nachfragerisiko könnte sich realisieren, wenn der Konzessionär mit seiner Leistung keinen hinreichenden Absatz findet; als Angebotsrisiko könnte gelten, dass der Konzessionär eine größere Nachfrage (als zunächst angenommen) mangels entsprechender Leistungsbereitschaft nicht gänzlich befriedigen kann. Die Prüfung, ob eine Risikoübernahme vorliegt, erfordert eine Gesamtbetrachtung aller Umstände des Einzelfalls einschließlich der für den Vertragsgegenstand maßgeblichen Marktbedingungen und der gesamten vertraglichen Vereinbarungen.[233] Die Möglichkeit zu Nachverhandlungen reduziert zwar das Nachfragerisiko, beseitigt es aber nicht.[234]

F. Negativabgrenzungen und Bereichsausnahmen

95 Die Rechtsprechung hatte sich vor der Normierung des § 105 GWB bereits mit der Frage beschäftigt, was keine Dienstleistungskonzession ist.[235] Die Negativabgrenzungen dürften weiter Bestand haben, da die bisherige EuGH-Rechtsprechung fortgeführt wird. Diese grenzt zum

225 Vgl. OLG München, Beschluss v. 14.10.2019 – Verg 16/19.
226 Gesetzesbegründung zu § 105 Abs. 2 S. 3 GWB, VergRModG 2016, BT-Drs. 18/6281, 77.
227 Erwägungsgründe 18, 19 und 20 RL 2014/23/EU.
228 OLG Celle, Beschluss v. 8.9.2014 – 13 Verg 7/14.
229 VK Sachsen, Beschluss v. 17.7.2019 – 1/SVK/017-19.
230 Erwägungsgrund 20 RL 2014/23/EU.
231 Erwägungsgrund 20 RL 2014/23/EU.
232 VK Sachsen, Beschluss v. 17.7.2019 – 1/SVK/017-19.
233 OLG Celle, Beschluss v. 8.9.2014 – 13 Verg 7/14, mit Hinweisen auf BGH, Beschluss v. 8.2.2011 – X ZB 4/10 (Abellio), juris Rn. 32.
234 OLG Celle, Beschluss v. 8.9.2014 – 13 Verg 7/14.
235 Vgl. z. B. KG, Urteil v. 22.1.2015 – 2 U 14/14; OLG Karlsruhe, Urteil v. 24.9.2014 – 6 U 89/12 (Kart.); OLG Brandenburg, Urteil v. 30.5.2008 – Verg W 5/08; vgl. *Braun*, in: Müller-Wrede/Braun, KonzVgV, § 1 Rn. 83; *Mösinger*, NZBau 2015, 545.

Dienstleistungsvertrag und weiter dahingehend ab, dass überhaupt nichts vergaberechtlich Relevantes vorliegt. Der Unionsgesetzgeber hat im Zusammenhang mit der Definition der Bau- und Dienstleistungskonzession in den Erwägungsgründen 11 bis 16 RL 2014/23/EU verschiedene Negativabgrenzungen vorgenommen, die im GWB ebenfalls vorhanden sind.

Entsprechend § 148 GWB finden die Bestimmungen des Unterabschnitt 3 Teil 4 GWB, konkret die §§ 149 ff. GWB, auf die Vergabe von Konzessionen durch Konzessionsgeber Anwendung. Dabei sieht § 149 GWB in Nr. 1 bis 12 besondere **Ausnahmen** für Konzessionsvergaben vor, die eine Freistellung vom Vergaberecht zur Folge haben.[236] Dies betrifft beispielsweise die Vergabe von Konzessionen im Bereich von Rechtsdienstleistungen (vgl. § 149 Nr. 1 GWB[237]), Lotteriedienstleistungen (vgl. § 149 Nr. 10 GWB), Personenbeförderung im Sinne des § 1 PBefG (vgl. § 149 Nr. 12 GWB), sowie im Bereich Trinkwasser (vgl. § 149 Nr. 9 GWB).[238] Nachprüfungsanträge im Gebiet der Bereichsausnahmen, wie z. B. der Trinkwasserkonzessionsvergabe sind unzulässig.[239] Außerdem sieht § 150 Nr. 1 bis 7 GWB unter bestimmten Voraussetzungen besondere Ausnahmen für die Vergabe von Konzessionen in den Bereichen Verteidigung und Sicherheit vor. Schließlich gelten auch für Konzessionsvergaben die allgemeinen Freistellungstatbestände der §§ 107 bis 109 GWB.[240] 96

I. Finanzierung

Erwägungsgrund 12 RL 2014/23/EU verdeutlicht, dass die **bloße Finanzierung** – insbesondere durch öffentliche Zuschüsse – von Tätigkeiten, die häufig mit der Verpflichtung verbunden ist, erhaltene Beträge bei nicht bestimmungsgemäßer Verwendung zurückzuzahlen, nicht in den Geltungsbereich der RL 2014/23/EU fällt.[241] Der Zweck des ÖPNV-Finanzierungsvertrages besteht daher nicht in der Vergabe von Verkehrsleistungen, sondern darin, den beihilferechtlichen Kontext im Rahmen des personenbeförderungsrechtlichen Genehmigungstatbestandes zu regeln.[242] Diese Fragen sind im Rahmen einer Einzelbewertung zu klären. 97

Auch eine **Anschubfinanzierung** kann ein Beschaffungselement enthalten. Ein Konzessionsgeber beschafft sich auch dann, wenn er mit der Leistung ihm obliegende Pflichten gegenüber der Bevölkerung erfüllt, er also mit der ihm obliegende Daseinsvorsorge Leistungen der Abfallentsorgung oder Gesundheitsfürsorge für die Bevölkerung sicherstellt. Nicht ausschlaggebend ist insoweit, ob die übertragene Aufgabe ausdrücklich als der Gemeinde zugewiesene öffentliche Aufgabe deklariert ist.[243] 98

II. Soziale Auswahlverhältnisse

Sozialrechtliche Dreiecksverhältnisse unterfallen in der Regel nicht dem Konzessionsvergaberecht.[244] Das liegt an der Kollision disparater Gesetze und Wirtschaftsbereiche.[245] Erwägungsgrund 13 RL 2014/23/EU weist darauf hin, dass Regelungen, nach denen ohne gezielte Auswahl alle Unternehmen, die bestimmte Voraussetzungen erfüllen, berechtigt sind, eine 99

236 Ausführlich *Tugendreich/Heller* in § 148 GWB.
237 Vgl. *Schwab*, VergabeR, 2014, 351 (357).
238 Gesetzesbegründung zu § 101 Abs. 1 Nr. 2 GWB, VergRModG 2016, BT-Drs. 18/6281, 72; vgl. *Schröder*, NVwZ 2017, 504.
239 VK Sachsen, Beschluss v. 12.4.2017 – 1/SVK/003-17; vgl. *Giebler*, DÖV 2020, 476.
240 Ausführlich *Tugendreich/Heller* in § 148 GWB.
241 Gesetzesbegründung zu § 105 Abs. 1 GWB, VergRModG 2016, BT-Drs. 18/6281, 76.
242 Vgl. OLG Karlsruhe, Beschluss v. 9.10.2012 – 15 Verg 12/11; Beschluss v. 13.7.2005 – 6 W 35/05 (Verg.); vgl. *Braun*, in: Müller-Wrede/Braun, KonzVgV, § 1 Rn. 85 bis 87.
243 Vgl. OLG München, Beschluss v. 25.3.2011 – Verg 4/11; ausführlich *Braun/Zwetkow*, in: Müller-Wrede/Braun, KonzVgV, AGVO/NGA-RR.
244 Vgl. *Ziekow*, in: Ziekow/Völlink, Vergaberecht, § 105 GWB Rn. 13; siehe auch ausführlich *Ruff*, in: Müller-Wrede/Braun, KonzVgV, zu SGB Rn. 11 ff.
245 Vgl. *Braun*, in: Müller-Wrede/Braun, KonzVgV, § 1 Rn. 88 bis 91; vgl. *Goodarzi/Skorbek*, NZS 2014, 804.

bestimmte Aufgabe wahrzunehmen, nicht als Konzessionen gelten. Es gibt zwei **Grundstrukturen** der Erbringung sozialer Dienstleistungen:

- die direkte Leistungsgewährung durch einen Sozialleistungsträger und
- die Erbringung auf Kosten des Leistungsträgers durch einen Dritten im so genannten Dreiecksverhältnis.

100 Soziale Systeme beruhen nach den Ausführungen im Erwägungsgrund 13 RL 2014/23/EU typischerweise auf der Entscheidung einer Behörde, mit der transparente und nicht diskriminierende Voraussetzungen für den kontinuierlichen **Zugang** von Unternehmen **zur Erbringung bestimmter Dienstleistungen** – wie soziale Dienstleistungen – festgelegt werden. Daraus lässt sich schließen, dass die Zulassung von Dienstleistungserbringern im sozialhilferechtlichen Dreiecksverhältnis nicht der RL 2014/23/EU unterfällt. Gleiches gilt für die Zulassung von Pflegeeinrichtungen sowie für die Feststellung der fachlichen Eignung im Rahmen der Zulassung besonderer Dienste oder besonderer Einrichtungen. Die Festsetzung eines Vertrags zur hausarztzentrierten Versorgung durch eine Schiedsstelle kann mit dem Argument angegriffen werden, dass ein Verfahren zur Vergabe einer Dienstleistungskonzession nicht durchgeführt wurde. Bei diesem Verfahren fehlt die Wahlmöglichkeit zwischen verschiedenen Vertragspartnern.[246] Wenn aber eine Auswahlentscheidung getroffen wird, ist es unabdingbar, dass dies nach einem transparenten, diskriminierungsfreien Prozedere geschieht.[247]

101 Für die allgemeine **Sicherstellung der Arzneimittelversorgung** der Bewohner, der Überprüfung der ordnungsgemäßen bewohnerbezogenen Aufbewahrung der gelieferten Produkte, die Dokumentation der Versorgung sowie der Beratung und Information der Heimbewohner und der Mitarbeiter des Heims ist kein explizites (weiteres) Entgelt vorgesehen. Diesem zusätzlichen (weiteren) Aufwand des Apothekers steht allerdings insoweit ein (lukrativer) finanzieller Ausgleich gegenüber, als dem Apotheker ein privilegierter Zugang zu (potentiellen) Kunden eröffnet wird, an die er Arzneimittel liefern kann. Die Versorgungsapotheke erhält einen „Schlüssel" zur dauerhaften Versorgung der Heimbewohner,[248] was für eine Dienstleistungskonzession spricht.

102 Die **direkte Leistungsgewährung** durch den Sozialleistungsträger ist in der Arbeitsförderung immer noch der primäre Fall. Auch wenn die Arbeitgeber und Maßnahmenträger dazu veranlasst werden sollen, Arbeitslose einzustellen oder auszubilden, liegt keine Leistungsbeziehung im Dreiecksverhältnis vor, daher ist Anspruchsberechtigter allein der Arbeitgeber oder Maßnahmenträger. Im SGB XII werden soziale Dienstleistungen überwiegend durch Dritte erbracht,[249] sodass im Einzelfall zu prüfen ist, ob die KonzVgV-Regeln beim Überschreiten des Schwellenwertes anzuwenden sind. Derartige Systeme beruhen nach den Ausführungen im Erwägungsgrund 13 RL 2014/23/EU typischerweise auf der Entscheidung einer Behörde, mit der transparente und nicht diskriminierende Voraussetzungen für den kontinuierlichen Zugang von Unternehmen zur Erbringung bestimmter Dienstleistungen, wie soziale Dienstleistungen, festgelegt werden. Daraus lässt sich schließen, dass die Zulassung von Dienstleistungserbringern im sozialhilferechtlichen Dreiecksverhältnis nicht der RL 2014/23/EU und damit dem Teil 4 GWB unterfällt.

103 Weiterhin hat der Unionsgesetzgeber in Erwägungsgrund 6 RL 2014/23/EU hervorgehoben, dass Mitgliedstaaten gemäß den Grundsätzen der Gleichbehandlung, Nichtdiskriminierung, Transparenz und des freien Personenverkehrs im AEUV nach wie vor entscheiden können, ob Dienstleistungen als Dienste von **allgemeinem wirtschaftlichen Interesse** oder als nicht wirtschaftliche Dienstleistungen von allgemeinem Interesse oder in Form einer Kombination aus beiden erbracht werden.[250] Der Begriff der Dienstleistungen von allgemeinem wirtschaftlichen Interesse ist nicht begrenzt auf Dienstleistungen im Sinne des Art. 57 AEUV, sondern er-

246 BSG, Urteil v. 25.3.2015 – B 6 KA 9/14, Rn. 88; vgl. OLG Düsseldorf, Beschluss v. 13.8.2014 – VII-Verg 13/14; vgl. *Goodarzi/Skrobek*, NZS 2014, 804.
247 Vgl. VK Bund, Beschluss v. 23.11.2015 – VK 2-103/15.
248 VK Sachsen, Beschluss v. 26.9.2017 – 1 SVK 16/17.
249 Vgl. *Bieback*, NZS 2007, 505.
250 Gesetzesbegründung zu § 105 Abs. 1 GWB, VergRModG 2016, BT-Drs. 18/6281, 76.

fasst darüber hinaus auch Sachleistungen wie die Lieferung von Waren. Er ist identisch mit dem Begriff der „Dienste" von allgemeinem wirtschaftlichem Interesse, wie er in Art. 14 AEUV verwandt wird. Als ein Begriff der Unionsrechtsordnung ohne Verweis auf nationale Rechtsordnungen ist er autonom auszulegen.[251] Der seit 2002 unveränderten Definition der Kommission zufolge werden unter Dienstleistungen von allgemeinem wirtschaftlichem Interesse marktbezogene Tätigkeiten verstanden, die im Interesse der Allgemeinheit erbracht und daher von den Mitgliedstaaten mit besonderen Gemeinwohlverpflichtungen verbunden werden können.[252]

III. Lizenzen für Wirtschaftsausübung

Die Konzessionsrichtlinie geht für die Erteilung einer Konzession von der Handlungsform des Vertrags aus und grenzt Konzessionen begrifflich von Erlaubnissen, Genehmigungen oder Lizenzen ab.[253] Erwägungsgrund 14 RL 2014/23/EU hebt hervor, dass die Erteilung von Genehmigungen oder Lizenzen für die Ausübung einer Wirtschaftstätigkeit nicht als Konzession im Sinne der RL 2014/23/EU gilt. Es wird auf die vorrangige Anwendung der RL 2006/123/EG verwiesen. **104**

Die Erteilung einer glücksspielrechtlichen Erlaubnis für den Betrieb einer Spielhalle erfüllt nicht das Tatbestandsmerkmal des Betrauens eines Unternehmens mit einer Dienstleistung i.S.v. § 105 Abs. 1 Nr. 1 GWB. Notwendiges Merkmal einer Dienstleistungskonzession ist ein **Beschaffungsvorgang**, aufgrund dessen der Betrieb dem Erlaubnisgeber unmittelbar wirtschaftlich zugutekomme.[254] Ein Beschaffungsbezug ist notwendiges Merkmal einer Dienstleistungskonzession. Die Erwägungsgründe der heranzuziehenden RL 2014/23/EU bestätigten ausdrücklich das Erfordernis eines Beschaffungsbezugs in Abgrenzung zu bloßen Gestattungen, Genehmigungen und Lizenzen. Erwägungsgrund 11 RL 2014/23/EU definiert als Ziel von Konzessionen die Beschaffung von Bau- oder Dienstleistungen durch eine Konzession, wobei die Verträge nicht notwendigerweise einen Eigentumsübergang auf den Auftraggeber vorsehen müssen, den öffentlichen Auftraggebern jedoch stets der Nutzen der betreffenden Bau- oder Dienstleistungen zusteht.[255] Erwägungsgrund 14 RL 2014/23/EU stellt klar, dass bestimmte Handlungen der Mitgliedsstaaten, wie die Erteilung von Genehmigungen und Lizenzen, durch die der Mitgliedsstaat oder eine seiner Behörden die Bedingungen für die Ausübung einer Wirtschaftstätigkeit festlegt – einschließlich der Bedingung der Durchführung einer bestimmten Tätigkeit –, die üblicherweise auf Antrag des Wirtschaftsteilnehmers und nicht vom Auftraggeber erteilt werde, und bei der der Wirtschaftsteilnehmer das Recht habe, sich von der Erbringung von Bau- und Dienstleistungen zurückzuziehen, nicht als Konzessionen gelten.[256] **105**

Ein ausschreibungspflichtiger Beschaffungsvorgang kann zwar auch dann vorliegen, wenn die Gegenleistung dem Auftraggeber zwar nicht unmittelbar zufließt, diese ihn jedoch bei der Erfüllung der ihm **obliegenden Aufgaben**, etwa der Daseinsvorsorge, unterstützt. In diesen Fällen erbringt der Private die Dienstleistung anstelle der öffentlichen Hand unter ihrer Aufsicht.[257] Das Errichten und Betreiben von Spielhallen in Nordrhein-Westfalen ist keine öffentliche Aufgabe, die der Erlaubnisnehmer anstelle der öffentlichen Hand erbringt und die in dieser Weise dem Erlaubnisgeber oder dem Land wirtschaftlich zugutekommt. Die Errichtung **106**

---

251 Vgl. *Wernicke*, in: Grabitz/Hilf/Nettesheim, AEUV, Art. 57 AEUV Rn. 37.
252 Vgl. *Wernicke*, in: Grabitz/Hilf/Nettesheim, AEUV, Art. 57 AEUV Rn. 38.
253 Vgl. *Braun*, in: Müller-Wrede/Braun, KonzVgV, § 1 Rn. 92 bis 94; vgl. *Müller*, NVwZ, 2016, 255; BayVGH, Beschluss v. 22.12.2020 – 23 ZB 18.1656.
254 OVG Münster, Beschluss v. 2.4.2020 – 4 B 1478/18; OLG Düsseldorf, Beschluss v. 23.1.2019 – VII-Verg 22/18; VGH München, Beschluss v. 5.10.2021 – 23 ZB 21.2024.
255 OVG Münster, Beschluss v. 2.4.2020 – 4 B 1478/18; OLG Düsseldorf, Beschluss v. 23.1.2019 – VII-Verg 22/18; VGH München, Beschluss v. 5.10.2021 – 23 ZB 21.2024.
256 OVG Münster, Beschluss v. 2.4.2020 – 4 B 1478/18; OLG Düsseldorf, Beschluss v. 23.1.2019 – VII-Verg 22/18; VGH München, Beschluss v. 5.10.2021 – 23 ZB 21.2024.
257 OVG Münster, Beschluss v. 2.4.2020 – 4 B 1478/18; OLG Düsseldorf, Beschluss v. 23.1.2019 – VII-Verg 22/18; VGH München, Beschluss v. 5.10.2021 – 23 ZB 21.2024.

und der Betrieb von Spielhallen gehören, wie eine Auslegung der Norm nach Wortlaut, Gesetzeszusammenhang, Gesetzeshistorie sowie Sinn und Zweck ergibt, nicht zu diesen öffentlichen Aufgaben.[258] Diese Auffassung ist richtig, weil nicht jede Beauftragung eine Beschaffung ist. Der Beschaffungsbezug und die Reduzierung des Vergaberechtes auf die Vergabe von entgeltlichen Verträgen müssen als Voraussetzung bestehen bleiben, weil ansonsten der Anwendungsbereich des Vergaberechts grenzenlos wäre.[259]

107 Als Kriterium dafür, dass eine Konzessionierung im Wege der Erteilung einer Erlaubnis einen Vertrag im vergaberechtlichen Sinne bildet, wird gemeinhin angesehen, dass über die bloße Erlaubnis zu einem Verhalten hinaus auch eine **Verpflichtung** des Erlaubnisnehmers zur Durchführung des betreffenden Vorgangs gegeben ist. Dieses Kriterium lässt sich dem Erwägungsgrund 14 RL 2014/23/EU entnehmen, wonach *„Konzessionsverträge"* gegeben sind, wenn diese *„wechselseitig bindende Verpflichtungen" enthalten, „denen zufolge die Erbringung der Bau- oder Dienstleistungen bestimmten Anforderungen entsprechen muss, die vom öffentlichen Auftraggeber […] festgelegt werden und rechtlich durchsetzbar sind."*[260] Eine Konzessionierung im Wege der Erteilung einer Erlaubnis kann einen Vertrag im vergaberechtlichen Sinne bilden, wenn über die bloße Erlaubnis zu einem Verhalten hinaus auch eine Verpflichtung des Erlaubnisnehmers zur Durchführung des betreffenden Vorgangs gegeben ist.[261] Die verwaltungsrechtliche Rechtsprechung verweist darauf, dass die Erteilung einer glückspielrechtlichen Erlaubnis als Erlass eines Verwaltungsakts zu qualifizieren ist.[262] Damit ist das Vergaberecht nicht anwendbar.

108 **Lizenzen** können nach deutschem Verständnis mit der Erteilung von Verwaltungsakten verknüpft werden, wie es bei der Erteilung von Sportwetten der Fall ist. Der EuGH spricht in diesem Zusammenhang ganz ausdrücklich von der Erteilung von Lizenzen.[263] Wie oben ausgeführt,[264] liegt kein entgeltlicher Vertrag im Sinne des § 105 Abs. 1 GWB vor, wenn der Konzessionsgeber durch einseitigen Verwaltungsakt die Konzession hoheitlich verfügt. Dadurch wird zwar die Zuständigkeit der Verwaltungsgerichtsbarkeit auftragswertunabhängig begründet,[265] eine Konzession liegt – mangels Vertrag – nicht vor. Die Platzvergabe auf Volksfesten und Weihnachtsmärkten fällt unter den Konzessionsbegriff, wenn damit der Konzessionsgeber eine Dienstleistung im Rahmen der Daseinsvorsorge beschafft.[266] Zu berücksichtigen ist aber, dass selbst wenn das (förmliche) Konzessionsrecht für Lizenzvergaben nicht gelten sollte, die Lizenzvergabe dennoch nicht regelfrei verlaufen darf.[267] Unterhalb der Schwellenwerte ist die Vergabe eines Weihnachtsmarktes von den Verwaltungsgerichten zu überprüfen, weil die Kommune als öffentlich-rechtlicher Hoheitsträger mit Monopolstellung eine Dienstleistungskonzession für die Veranstaltung des öffentlichen Weihnachtsmarktes im Rahmen der Erfüllung kommunaler Aufgaben vergibt.[268] Bei der Ausschreibung einer vergabefreien Dienstleistungskonzession sind gleichwohl die AEUV-Grundregeln, insbesondere Art. 49 und Art. 56 AEUV, das Verbot der Diskriminierung aus Gründen der Staatsangehörigkeit und der Gleichbehandlungsgrundsatz sowie die sich daraus ergebende Transparenzpflicht zu beach-

---

258 OVG Münster, Beschluss v. 2.4.2020 – 4 B 1478/18; OLG Düsseldorf, Beschluss v. 23.1.2019 – VII-Verg 22/18.
259 Vgl. *Braun*, VergabeR 2020, 258; *ders.*, NZBau 2019, 622; *ders.*, NZBau 2018, 652.
260 OLG Hamburg, Beschluss v. 1.11.2017 – 1 Verg 2/17, *Braun*, VPR 2018, 53; *von Donat/Plauth*, VergabeR 2018, 42.
261 OLG Hamburg, Beschluss v. 1.11.2017 – 1 Verg 2/17.
262 OVG Thüringen, Beschluss vom 26.2.2020 – 3 VO 517/17.
263 EuGH, Urteil v. 4.2.2016 – Rs. C-336/14 (Ince), Rn. 65; vgl. auch *Braun*, NZBau 2016, 266.
264 Vgl. Rn. 29.
265 Vgl. z. B. OVG Sachsen-Anhalt, Beschluss v. 13.12.2021 – 1 M 60/21; Urteil v. 22.2.2012 – 3 L 259/10; VG Regensburg, Beschluss v. 26.1.2022 – RO 5 E 21.2248; vgl. ausführlich *Braun*, VergabeR 2020, 258; *ders.*, Festschrift für Marx, S. 39; *ders.*, NZBau 2019, 622; *ders.*, NZBau 2018, 652; *ders.*, VergabeR 2014, 324 ff.; vgl. *Müller*, NVwZ, 2016, 255.
266 OVG Thüringen, Beschluss v. 26.2.2020 – 3 VO 517/17; a.A. *Kröhnke*, NVwZ 2016, 568 (575).
267 Vgl. *Wollenschläger*, in: Burgi/Dreher, Vergaberecht, § 105 GWB Rn. 44; vgl. für Messen und Märkte *Braun*, NZBau 2009, 747.
268 OVG Thüringen, Beschluss v. 26.2.2020 – 3 VO 517/17; a.A. *Kröhnke*, NVwZ 2016, 568 (575).

ten, wenn an der betreffenden Dienstleistungskonzession ein eindeutiges grenzüberschreitendes Interesse besteht.[269] Dies ist im Einzelfall zu prüfen.[270]

Wenn für einen Mobilitätsdienst keine staatlichen Zuwendungen, Subventionen oder sonstige Vergünstigungen vergeben werden, fehlt es an der notwendigen Voraussetzung eines zwischen Konzessionsgeber und Konzessionsnehmer vereinbarten Entgelts. Entsprechend hat das ausgewählte Unternehmen, welches rein eigenwirtschaftlich handelt, auch keine **Leistungsverpflichtung**.[271] Die Gewährung eines Fischereirechtes beschränkt sich jedoch nicht auf die „vergaberechtsfreie" Gewährung eines Gebrauchs- und Genussrechts im Sinne des § 581 Abs. 1 BGB gegen Zahlung eines Pachtzinses, sondern reicht weiter und enthält das für die Anwendbarkeit des Vergaberechts notwendige Auftragselement. Zum einem übernimmt der Pächter mit dem Fischereiausübungsrecht auch die Hegeverpflichtung. Zum anderen soll er vertraglich zu weitergehenden Leistungen verpflichtet werden, die in der Summe darauf hinauslaufen, dass er mit der Aufgabe betraut wird, das Fischereirecht nach Vorgaben des Landes und auch in dessen monetärem Interesse befristet zu verwalten und zu bewirtschaften.[272] Damit ist das förmliche Vergaberecht anwendbar. 109

Eine Lizenzvergabe erfolgt trotz „Vergabefreiheit" nicht regelfrei. **Verfahrensregeln** folgen aus den Grundrechten (Art. 3 Abs. 1, Art. 12 und Art. 14 GG) und bei binnenmarktrelevanten Vergaben aus Berücksichtigung der Grundregeln des AEUV.[273] Beabsichtigt ein Auftraggeber die Vergabe eines eindeutig binnenmarktrelevanten Auftrags im Wege des Open-House-Modells ist das Unionsrecht zu beachten. Er hat die Grundregeln des AEUV und insbesondere die Grundsätze der Nichtdiskriminierung und der Gleichbehandlung sowie das daraus abgeleitete Transparenzgebot zu beachten.[274] Die Mitgliedstaaten verfügen dabei über einen gewissen Gestaltungsspielraum beim Erlass von Maßnahmen zur Gewährleistung der Beachtung des Grundsatzes der Gleichbehandlung und des Transparenzgebots. Das Transparenzerfordernis setzt jedoch eine Bekanntmachung voraus, die es den potenziell interessierten Wirtschaftsteilnehmern ermöglicht, vom Ablauf und von den wesentlichen Merkmalen eines Zulassungsverfahrens wie des im Ausgangsverfahren in Rede stehenden gebührend Kenntnis zu nehmen.[275] 110

IV. Nutzung öffentlicher Bereiche oder Ressourcen

Vereinbarungen, die das Recht eines Unternehmens zur privat- oder öffentlich-rechtlichen Nutzung öffentlicher Bereiche oder Ressourcen regeln, gelten nach Erwägungsgrund 15 RL 2014/23/EU nicht als Konzessionen im Sinne der Konzessionsvergaberichtlinie. Schlichte Nutzungsverträge ohne Beschaffungsmoment unterfallen nicht dem Teil 4 GWB.[276] 111

Bei **öffentlichen Bereichen** handelt es sich beispielsweise um Land oder öffentliche Liegenschaften, insbesondere auf dem Gelände von See-, Binnen- oder Flughäfen.[277] Dies betrifft in der Regel Pachtverträge über öffentliche Liegenschaften oder Land, die meist Klauseln enthalten, die die Besitzübernahme durch den Pächter, die vorgesehene Nutzung und die Pflichten von Pächter und Eigentümer hinsichtlich der Instandhaltung der Liegenschaft, die Dauer der Verpachtung und die Rückgabe des Besitzes an den Eigentümer, den Pachtzins sowie die vom Pächter zu zahlenden Nebenkosten regeln.[278] 112

Wenn mit Nutzung der privat- oder öffentlich-rechtlichen Nutzung öffentlicher Bereiche oder Ressourcen jedoch auch ein **Beschaffungsbezug** (wenn auch ein mittelbarer) vorliegt, dann 113

269 BVerwG, Beschluss v. 15.12.2020 – BVerwG 3 B 34.19, Rn. 30 m.w.N.
270 Siehe unten Rn. 125.
271 VK Niedersachsen, Beschluss v. 19.6.2018 – VgK-18/2018.
272 OLG Koblenz, Beschluss v. 10.7.2018 – Verg 1/18.
273 Vgl. für Messen und Märkte *Braun*, NZBau 2009, 747.
274 EuGH, Urteil v. 2.6.2016 – Rs. C-410/14 (Falk Pharma); vgl. *Portner/Rechten*, NZBau 2017, 587.
275 EuGH, Urteil v. 2.6.2016 – Rs. C-410/14 (Falk Pharma), Rn. 44 f.
276 Vgl. *Wollenschläger*, in: Burgi/Dreher, Vergaberecht, § 105 GWB Rn. 14; vgl. *Braun*, in: Müller-Wrede/Braun, KonzVgV, § 1 Rn. 95 bis 97.
277 Vgl. *Ziekow*, in: Ziekow/Völlink, Vergaberecht, § 105 GWB Rn. 7.
278 Erwägungsgrund 15 RL 2014/23/EU.

liegt eine Dienstleistungskonzession vor. Pachtverträge waren auch schon nach bisheriger Rechtslage vom Begriff der Dienstleistungskonzession ausgenommen.[279] Eine Widmung von Stellplätzen ist keine Baukonzession.[280]

114 Verfügungen zum Aufstellen von Altkleidercontainern sind **Verwaltungsakte**. Rechtsgrundlage für die Erteilung der dafür erforderlichen Sondernutzungserlaubnisse ist das jeweilige Landestraßengesetz. Danach bedarf die Benutzung öffentlicher Straßen über den Gemeingebrauch hinaus (Sondernutzung) der Erlaubnis der Straßenbaubehörde.[281] Die Sondernutzungserlaubnis wird auf Grund einer Ermessensentscheidung erteilt. Das der Behörde eingeräumte Ermessen sei entsprechend dem Zweck der Vorschrift unter Einhaltung der gesetzlichen Grenzen, insbesondere des Gebots der Gleichbehandlung (Art. 3 Abs. 1 GG), auszuüben (§ 40 VwVfG). Die gerichtliche Kontrolle der Ermessensentscheidung beschränkt sich auf die Einhaltung dieses rechtlichen Rahmens (§ 114 S. 1 VwGO).[282] Das Sondernutzungsrecht ist im Grundsatz wirtschafts- und wettbewerbsneutral. Straßenrechtlich zu beanstanden sind etwa rein subjektive oder geschäftsbezogene Merkmale. So fehlt auch dem im Marktrecht entwickelten Grundsatz „bekannt und bewährt" der straßenrechtliche Bezug.[283] Damit ist ein verwaltungsrechtliches Auswahlverfahren nicht möglich, das nach Maßgabe des Vergaberechtes aufgrund von strategischen Kriterien und Bereichsausnahmen, gegebenenfalls im sozialen Bereich, möglich gewesen wäre. Ausgehend von dem speziellen Fachrecht überprüft die Verwaltungsgerichtsbarkeit, ob das konkrete Auswahlverfahren den Normen entspricht, und – wenn dies nicht der Fall ist – wird der Behörde die Verwendung strategischer Kriterien (weil sie im jeweiligen besonderen öffentlichen Recht, z. B. dem Straßenrecht, keine Rolle spielen) untersagt.[284]

V. Netzbereitstellungen

115 Erwägungsgrund 16 RL 2014/23/EU macht deutlich, dass die Gewährung von Wegerechten hinsichtlich der Nutzung öffentlicher Liegenschaften für die Bereitstellung oder den Betrieb fester Leitungen oder Netze, über die eine Dienstleistung für die Allgemeinheit erbracht werden soll, ebenfalls nicht als Konzession im Sinne der RL 2014/23/EU gilt, sofern derartige Verpflichtungen weder eine Lieferverpflichtung auferlegen noch den Erwerb von Dienstleistungen durch den Konzessionsgeber für sich selbst oder für den Endnutzer vorsehen. Der Betrieb von Fernwärmeversorgungsnetzen unterfällt nicht dem Vergaberecht.[285]

116 Diese Ausführungen betreffen vor allem **Wegenutzungsverträge** im Sinne des § 46 EnWG sowie Wegenutzungsverträge zu Fernwärmeleitungen[286] und energierechtliche Auswahlverfahren. Ob diese dem Konzessionsrecht unterfallen oder nicht, ist umstritten. Nach zutreffender Auffassung ist die ordentliche Gerichtsbarkeit zuständig.[287]

117 Das **Auswahlverfahren** muss – außerhalb des Teil 4 GWB – so gestaltet werden, dass die am Netzbetrieb interessierten Unternehmen erkennen können, worauf es der Gemeinde bei der Auswahlentscheidung ankommt. Nur dann ist es nämlich gewährleistet, dass die Auswahlentscheidung in unverfälschtem Wettbewerb nach sachlichen Kriterien und diskriminierungsfrei zugunsten desjenigen Bewerbers erfolgt, dessen Angebot den Auswahlkriterien am besten entspricht. Das aus dem Diskriminierungsverbot folgende Transparenzgebot verlangt dement-

279 Vgl. z. B. KG, Urteil v. 22.1.2015 – 2 U 14/14; *Mösinger*, NZBau 2015, 545.
280 Vgl. OLG Schleswig, Beschluss v. 15.3.2013 – 1 Verg 4/12.
281 OVG Münster, Urteil v. 13.5.2019 – 11 A 2627/18.
282 OVG Münster, Urteil v. 13.5.2019 – 11 A 2627/18.
283 OVG Münster, Urteil v. 13.5.2019 – 11 A 2627/18.
284 Vgl. *Braun*, in: Müller-Wrede/Braun, KonzVgV, § 1 Rn. 98; *ders.*, VergabeR 2020, 258; *ders.*, NZBau 2019, 622; *ders.*, NZBau 2018, 652.
285 VG Berlin, Urteil v. 30.6.2017 – 4 K 16.15, juris Rn. 125; ausführlich *Jung/Kräber*, in: Müller-Wrede/Braun, KonzVgV, EnWG Rn. 1 ff.
286 Gesetzesbegründung zu § 105 Abs. 1 GWB, VergRModG 2016, BT-Drs. 18/6281, 76.
287 Vgl. OLG Dresden, Urteil v. 18.9.2019 – U 1/19; *Hofmann/Zimmermann*, NZBau 2016, 71; *Braun*, NZBau 2015, 535; *Wieland*, DÖV 2015, 169; *Weiß*, NVwZ 2014, 1415; verneinend OLG Frankfurt, Beschluss v. 16.4.2018 – 11 Verg 1/18.

sprechend, dass den am jeweiligen Netzbetrieb interessierten Unternehmen die Entscheidungskriterien der Gemeinde und ihre Gewichtung rechtzeitig vor Angebotsabgabe mitgeteilt werden. Das aus dem Diskriminierungsverbot abzuleitende allgemeine Gebot, eine Auswahlentscheidung allein nach sachlichen Kriterien zu treffen, wird für den Bereich der Konzessionsvergabe durch das Energiewirtschaftsrecht näher bestimmt. Danach ist die Auswahlentscheidung vorrangig an Kriterien auszurichten, die die Zielsetzung des § 1 EnWG konkretisieren. Es soll damit derjenige neue Netzbetreiber ermittelt werden, der nach seiner personellen und sachlichen Ausstattung, seiner fachlichen Kompetenz und seinem Betriebskonzept am besten geeignet ist, beim Netzbetrieb eine sichere, preisgünstige, verbraucherfreundliche, effiziente und umweltverträgliche leitungsgebundene örtliche Versorgung der Allgemeinheit mit Elektrizität bzw. Gas zu gewährleisten.[288]

VI. Notwendigkeit der Unterstützung bei der öffentlichen Daseinsvorsorge

Auch im Bereich der Daseinsvorsorge liegen regelmäßig ausschreibungspflichtige Dienstleistungskonzessionsverträge vor. Ein Vertrag lässt sich nur dann nicht als Dienstleistungskonzession einordnen, wenn er dem Konzessionär keine – eigentlich dem Konzessionsgeber obliegenden – öffentlichen Aufgaben überlässt. Bei einer Tätigkeit im Rahmen der Daseinsvorsorge kann die Konkurrenz mit anderen Wirtschaftsteilnehmern eingeschränkt sein. Es ist üblich, dass für bestimmte Tätigkeitsbereiche, insbesondere Bereiche, die die öffentliche Daseinsvorsorge betreffen, wie z. B. die Wasserversorgung und die Abwasserbeseitigung, Regelungen gelten, die eine Begrenzung der wirtschaftlichen Risiken bewirken können.[289] **118**

Der Begriff der **Daseinsvorsorge** ist wenig scharf konturiert. Er kennzeichnet aber jedenfalls diejenigen Infrastrukturen, auf die der Einzelne heutzutage alltäglich angewiesen ist, die er selbst aber nicht vorhalten kann und die auch der freie Markt nicht oder jedenfalls nicht flächendeckend, sozial verträglich und umweltgerecht bereitstellt, weshalb sie vom Staat im Interesse des allgemeinen Wohls organisiert werden. In diese Wahrnehmung einer Aufgabe der öffentlichen Daseinsvorsorge wird der private Konzessionsnehmer einbezogen; er muss hierfür eine bestimmte Bau- oder Dienstleistung erbringen und erhält im Gegenzug das Recht, die Leistung selbst zu vermarkten. Die typische Konzession betrifft damit eine eigenwirtschaftliche Tätigkeit des Konzessionsnehmers im Rahmen der öffentlichen Daseinsvorsorge, wie sie dem öffentlichen Auftraggeber obliegt und von diesem konzipiert und organisiert wird.[290] **119**

Es muss ein Akt der Betrauung in der Form eines **Beschaffungsvorganges** vorliegen. Bei der Daseinsvorsorge reicht ein mittelbarer Beschaffungsvorgang auf einem Gebiet der öffentlichen Daseinsvorsorge aus, wobei ein irgendwie geartetes öffentliches Interesse nicht ausreichend ist.[291] Ein Konzessionsgeber beschafft sich dann eine Leistung, wenn ihm die Gegenleistung entweder unmittelbar zugutekommt oder mittelbar, wenn sie ihn bei der Erfüllung der ihm obliegenden Aufgaben und insbesondere bei der Daseinsvorsorge für die Bevölkerung unterstützt, unabhängig davon, ob der Auftragnehmer eine Beihilfe in Form einer Anschubfinanzierung erhält. **120**

Die übernommene Dienstleistung muss eindeutig dem Kreis der öffentlichen Daseinsvorsorge im eigentlichen Sinn zuzuordnen sein, wobei eine mittelbare Beschaffungsabsicht ausreicht. Wird der Dienstleistungserbringer ausschließlich von Dritten vergütet, genügt für die Annahme einer Dienstleistungskonzession die Übertragung eines erheblich eingeschränkten **Betriebsrisikos** durch den Auftraggeber. Das liegt daran, dass im Bereich der öffentlichen Daseinsvorsorge Regelungen bestehen können, welche eine Begrenzung des wirtschaftlichen Risikos bewirken können. Bei einer Tätigkeit im Rahmen der Daseinsvorsorge kann die Konkurrenz mit anderen Wirtschaftsteilnehmern eingeschränkt sein. Es ist üblich, dass für be- **121**

288 Vgl. OLG Dresden, Urteil v. 18.9.2019 – U 1/19.
289 EuGH, Urteil v. 10.9.2009 – Rs. C-206/08 (Eurawasser), Rn. 72; vgl. *Braun*, in: Müller-Wrede/Braun, KonzVgV, § 1 Rn. 99 bis 101.
290 Vgl. *Rennert*, NZBau 2019, 411 (412); vgl. auch *Giebler*, DÖV 2020, 476; *Keller/Hellstern*, NZBau 2018, 323.
291 Vgl. VK Südbayern, Beschluss v. 27.5.2015 – Z3-3-3194-1-15-03/15.

stimmte Tätigkeitsbereiche, insbesondere Bereiche, die die öffentliche Daseinsvorsorge betreffen, wie z. B. die Wasserversorgung und die Abwasserbeseitigung, Regelungen gelten, die eine Begrenzung der wirtschaftlichen Risiken bewirken können.[292] Das mögliche Ungleichgewicht zwischen Angebot und Nachfrage, das Risiko der Insolvenz, das Risiko der nicht vollständigen Deckung der Betriebsausgaben durch die Einnahmen und das Risiko der Haftung für einen Schaden bei Durchführung der Dienstleistung kann nicht dergestalt ausgeprägt sein, dass eine Dienstleistungskonzession vorliegt.[293]

VII. Abgrenzung zu Rahmenvereinbarung

122 Die Rahmenvereinbarung muss von der Dienstleistungskonzession abgegrenzt werden, da die eine nach der VgV und die andere nach der KonzVgV vergeben wird.[294] Zur Abgrenzung dient das Kriterium der wirtschaftlichen Entscheidungsfreiheit und der Grad der Übernahme des Betriebsrisikos.[295] Rahmenvereinbarungen sind gemäß § 103 Abs. 5 S. 1 GWB Vereinbarungen zwischen einem oder mehreren öffentlichen Auftraggebern oder Sektorenauftraggebern und einem oder mehreren Unternehmen, die dazu dienen, die Bedingungen für die öffentlichen Aufträge festzulegen, die während eines bestimmten Zeitraums vergeben werden sollen, insbesondere in Bezug auf den Preis. Der Konzessionär verfügt kraft des ihm übertragenen Nutzungsrechts typischerweise über ein Maß an wirtschaftlicher Freiheit, dass es ihm ermöglicht, die „Bedingungen zur Nutzung dieses Rechts zu bestimmen". Zugleich trägt er die mit der Nutzung des Rechts verbundenen Risiken. Demgegenüber setzt eine Rahmenvereinbarung dem bzw. den einbezogenen Unternehmen insoweit Grenzen, als die festgelegten Bedingungen über die gesamte Vertragslaufzeit hinweg eingehalten werden müssen.[296]

VIII. Abgrenzung zu Verkehrsdienstleistungskonzessionen

123 Der Rechtsweg zu den Vergabenachprüfungsinstanzen ist bei **Verkehrsdienstleistungskonzessionen** in entsprechender Anwendung von § 8a Abs. 2 S. 1, Abs. 7 S. 1 PBefG eröffnet.[297] Nach § 8a Abs. 2 PBefG gilt der Teil 4 GWB, wenn öffentliche Dienstleistungsaufträge im Sinne der VO (EG) 1370/2007 für den Verkehr mit Straßenbahnen, Bussen oder mit Kraftfahrzeugen zugleich öffentliche Aufträge im Sinne des § 99 GWB a.F. sind. § 8a Abs. 7 PBefG sieht vor, dass die Vergabe eines öffentlichen Dienstleistungsauftrags nach Art. 5 Abs. 2 bis 5 VO (EG) 1370/2007 der Nachprüfung durch die Vergabenachprüfungsinstanzen unterliegt. Nach der Rechtsprechung des OLG Düsseldorf gilt die Rechtswegzuweisung auch dann, wenn der öffentliche Auftraggeber zwar die Absicht einer Direktvergabe nach Art. 5 Abs. 2 VO (EG) 1370/2007 bekanntgegeben hat, tatsächlich aber die Regeln über ein sogenanntes Inhouse-Geschäft anwendbar sind.[298]

124 Zwar sind die durch das VergRModG 2016 in das GWB eingeführten Voraussetzungen eines sogenannten **In-house-Geschäfts** in § 108 GWB als Bereichsausnahme formuliert mit der Folge, dass bei deren Vorliegen der Teil 4 GWB keine Anwendung findet. Dies bedeutet vorliegend aber nicht, dass eine Überprüfung durch die Vergabenachprüfungsinstanzen ausscheidet. Vielmehr sind in diesem Fall die Voraussetzungen einer Inhouse-Vergabe bzw. des § 108 GWB im Rahmen der Begründetheit zu prüfen.[299] § 5 Abs. 2 VO (EG) 1370/2007 ist nicht anwendbar auf Direktvergaben von Verträgen über öffentliche Personenverkehrsdienste mit Bussen, die nicht die Form von Dienstleistungskonzessionen annehmen. Direktvergaben für den öffentlichen Busverkehr sind öffentliche Dienstleistungsaufträge, für die Art. 5 Abs. 1

292 EuGH, Urteil v. 10.9.2009 – Rs. C-206/08 (Eurawasser), Rn. 72.
293 Ausdrücklich z. B. Erwägungsgrund 7 RL 2014/23/EU.
294 Vgl. *Braun*, in: Müller-Wrede/Braun, KonzVgV, § 1 Rn. 102.
295 Ausdrücklich z. B. Erwägungsgrund 7 RL 2014/23/EU.
296 EuGH, Urteil v. 10.9.2009 – Rs. C-206/08 (Eurawasser), Rn. 56 ff.
297 OLG Düsseldorf, Beschluss v. 19.2.2020 – VII-Verg 26/17.
298 OLG Düsseldorf, Beschluss v. 8.7.2020 – VII-Verg 17/16; Beschluss v. 19.2.2020 – VII-Verg 26/17.
299 OLG Düsseldorf, Beschluss v. 8.7.2020 – VII-Verg 17/16; Beschluss v. 19.2.2020 – VII-Verg 26/17.

S. 2 VO (EG) 1370/2007 gilt, ungeachtet, ob diese durch den Abschluss eines Vertrages oder durch einen sonstigen rechtverbindlichen Akt erfolgen.[300]

IX. Sonstige Bereichsausnahmen

Es gibt noch weitere Dienstleistungskonzessionsbereiche, die nicht dem Teil 4 GWB unterfallen. Dazu gehören an prominenter Stelle die Rettungsdienstkonzessionen.[301] Die Rechtsprechung hat in verschiedenen Einzelfallkonstellationen eine Konzession verneint, ohne dies auf die vorgenannten Negativabgrenzungen oder Bereichsausnahmen zurückzuführen.[302] Lieferleistungen können nicht als Konzession vergeben werden.[303] Es hat mithin stets eine weitergehende Einzelfallprüfung stattzufinden. 125

G. Konzessionen über soziale und andere besondere Dienstleistungen

Für das Verfahren zur Vergabe von Konzessionen, die soziale und andere besondere Dienstleistungen im Sinne des Anhangs IV RL 2014/23/EU betreffen, sind gemäß § 153 GWB die Bestimmungen der §§ 151, 152 GWB anzuwenden. Anhang IV RL 2014/23/EU zählt abschließend nachstehend genannte Dienstleistungen im Sinne des Art. 19 RL 2014/23/EU auf: 126

- Verwaltungsdienstleistungen im Sozial-, Bildungs- und Gesundheitswesen und im Bereich Kultur;
- Dienstleistungen im Rahmen der gesetzlichen Sozialversicherung;
- Beihilfen, Unterstützungsleistungen und Zuwendungen;
- sonstige öffentliche und persönliche Dienstleistungen, einschließlich Dienstleistungen von Arbeitnehmervereinigungen, politischen Organisationen, Jugendverbänden und anderen Mitgliederorganisationen;
- Dienstleistungen religiöser Vereinigungen;
- Gaststätten und Beherbergungsgewerbe;
- Dienstleistungen im juristischen Bereich, soweit nicht aufgrund des Art. 10 Abs. 8 lit. d RL 2014/23/EU ausgeschlossen;
- sonstige Dienstleistungen der Verwaltung und für die öffentliche Verwaltung;
- Dienstleistungen für das Gemeinwesen;
- Dienstleistungen für den Strafvollzug, Dienstleistungen im Bereich öffentliche Sicherheit, Rettungsdienste,[304] soweit nicht aufgrund des Art. 10 Abs. 8 lit. g RL 2014/23/EU ausgeschlossen;
- Ermittlungs- und Sicherheitsdienstleistungen;
- Postdienste;
- sonstige Dienstleistungen;
- internationale Dienstleistungen.

Grund für ein vereinfachtes Vergabeverfahren ist nach Ansicht des Gesetzgebers, dass Vergaben von sozialen Dienstleistungen oftmals personen- oder ortsgebunden seien und deswegen nur eine eingeschränkte binnenmarktrelevante Dimension hätten.[305] Gerade 127

---

300 OLG Düsseldorf, Beschluss v 19.2.2020 – VII-Verg 26/17, mit Hinweis auf BGH, Beschluss v. 12.11.2019 – XIII ZB 120/19, Rn. 31.

301 Vgl. nur *Braun/Zwetkow*, NZBau 2020, 219; vgl. jüngst OLG Brandenburg, Beschluss v. 26.7.2021 – 19 Verg 3/21.

302 Vgl. *Wollenschläger*, in: Burgi/Dreher, Vergaberecht, § 105 GWB Rn. 111 m.w.N.

303 Vgl. *Hertwig*, Praxis der öffentlichen Auftragsvergabe, Rn. 82; *Ziekow*, in: Ziekow/Völlink, § 110 GWB Rn. 10; theoretisch denkbar: *Fandrey*, in: Gabriel/Krohn/Neun, Handbuch Vergaberecht, § 4 Rn. 28; zum alten Recht: OLG Düsseldorf, Beschluss v. 19.12.2007 – VII-Verg 51/07.

304 Vgl. zum Streit in Sachen Bereichsausnahme: *Braun/Zwetkow*, NZBau 2020, 21; *Jaeger*, NZBau 2020, 223.

305 Gesetzesbegründung zu § 153 GWB, VergRModG 2016, BT-Drs. 18/6281, 132, mit Hinweis auf Erwägungsgründe 114 ff. RL 2014/24/EU; siehe weitere Erläuterungen *Hansen* in § 153 GWB.

Dienstleistungen im Sozial-, Gesundheits- und Bildungsbereich würden in einem besonderen Kontext erbracht, der sich aufgrund unterschiedlicher kultureller Traditionen in den einzelnen Mitgliedstaaten sehr unterscheide.[306] Gegen diese Sicht spricht, dass schlechthin jede Dienstleistung einen örtlichen Bezug hat, der im soziokulturellen Kontext vor Ort erbracht wird. Jeder Ansatz der Freizügigkeit könnte mit diesem Argument verhindert werden. Des Weiteren werden gerade Dienstleistungen im sozialen Bereich von größeren Unternehmen grenzüberschreitend angeboten. Die Besonderheiten der sozialen Dienstleistung können durch besondere Eignungskriterien und Ausführungsbestimmungen aufgefangen werden.

128 Auch im Bereich der sozialen Vergaben bestehen **Bekanntmachungspflichten**. Der Konzessionsgeber teilt gemäß § 22 Abs. 1 KonzVgV durch eine Vorinformation seine Absicht mit, eine Konzession zur Erbringung sozialer Dienstleistungen oder anderer besonderer Dienstleistungen im Sinne des § 153 GWB zu vergeben. Auf Vergabebekanntmachungen ist gemäß § 22 Abs. 1 KonzVgV die Bestimmung des § 21 Abs. 1 KonzVgV anzuwenden. Der Konzessionsgeber kann Vergabebekanntmachungen gemäß § 22 Abs. 2 S. 1. KonzVgV vierteljährlich zusammenfassen. In diesem Fall ist die Veröffentlichung der zusammengefassten Bekanntmachungen innerhalb von 48 Tagen nach dem Ende des Quartals gemäß § 22 Abs. 2 S. 2 KonzVgV zu veranlassen. Die Regelungen sind unternehmensschützend.[307] § 22 KonzVgV dient der Umsetzung der in Art. 31 Abs. 3, Art. 32 RL 2014/23/EU vorgesehenen besonderen Bekanntmachungsvorschriften für Konzessionen bezüglich sozialer und anderer besonderer Dienstleistungen.[308]

129 Art. 19 RL 2014/23/EU unterstellt die Vergabe von Konzessionen zur Erbringung sozialer und anderer besonderer Dienstleistungen dem vergaberechtlichen Nachprüfungsverfahren. Konzessionsgeber können die Konzessionsvergabe für soziale und andere besondere Dienstleistungen **frei gestalten**. Sie sind gemäß Art. 3 Abs. 1 RL 2014/23/EU und gemäß § 97 Abs. 1, 2 GWB zur Beachtung der Grundsätze der Gleichbehandlung, Nichtdiskriminierung, Transparenz und Verhältnismäßigkeit verpflichtet. Dies führt in der Endkonsequenz zu einem Konzessionsauswahlverfahren, welches sich von dem allgemeinen Konzessionsvergabeverfahren nicht allzu stark unterscheiden dürfte.[309]

H. Keine Verpflichtung zur Privatisierung und keine Regelung der Eigentumsordnung

130 Durch die Konzessionsregelungen sollen keine Verpflichtungen zu einer **Privatisierung** geschaffen werden (Art. 2 Abs. 2 RL 2014/23/EU).[310] In Art. 1 Abs. 4 RL 2014/23/EU wird klargestellt, dass Vereinbarungen, Beschlüsse oder andere Rechtsinstrumente, die die Übertragung von Befugnissen und Zuständigkeiten für die Ausführung öffentlicher Aufgaben innerhalb der öffentlichen Hand regeln und die keine Vergütung für vertragliche Leistungen vorsehen, als Angelegenheit der internen Organisation des betreffenden Mitgliedstaats (und nicht als vergabepflichtig) betrachtet werden. Sie werden in keiner Weise von dieser Richtlinie berührt. In diese Richtung geht auch die Regelung des Art. 2 Abs. 1 RL 2014/23/EU. Dort ist der Grundsatz der Verwaltungsautonomie der Behörden festgehalten. Es steht den Körperschaften frei zu entscheiden, wie die Erbringung von Bau- oder Dienstleistungen am besten gesteuert werden kann, damit bei öffentlichen Dienstleistungen insbesondere ein hohes Maß an Qualität, Sicherheit und Bezahlbarkeit, Gleichbehandlung sowie die Förderung des allgemeinen Zugangs und der Nutzerrechte gewährleistet werden können.

---

306 Gesetzesbegründung zu § 153 GWB, VergRModG 2016, BT-Drs. 18/6281, 132, mit Hinweis auf Erwägungsgrund 53 RL 2014/23/EU.
307 *Braun*, in: Müller-Wrede, GWB-Vergaberecht, 1. Auflage, § 153 GWB Rn. 26 bis 34; *Ruff*, in: Müller-Wrede/Braun, KonzVgV, § 22 Rn. 68 bis 71.
308 Verordnungsbegründung zu § 22 KonzVgV, VergRModVO, BR-Drs. 87/16, 292.
309 Für weitere Details siehe *Hansen* in § 153 GWB.
310 Ausdrücklich z. B. Erwägungsgrund 7 RL 2014/23/EU.

Zudem ist gemäß Art. 345 AEUV dafür zu sorgen, dass die **Eigentumsordnungen** in den Mitgliedstaaten unberührt bleiben.[311] Auch diese Bestimmungen sind rein deklaratorisch und haben im deutschen Recht keinen Niederschlag gefunden. 131

I. Konzessionen unterhalb der Schwellenwerte und außerhalb des förmlichen Vergaberechts

Unterhalb der Schwellenwerte gelten die Vorgaben des förmlichen Kartellvergaberechts nicht für das verwaltungs-, zivil oder sozialrechtliche Auswahlverfahren, auch wenn erstere durch einen öffentlich-rechtlichen Vertrag gemäß § 54 VwVfG abgeschlossen werden sollte.[312] Rechtsfrei sind diese Verfahren aber dennoch nicht durchzuführen. Mit der Teilnahme an einem Konzessionsvergabeverfahren entsteht zwischen dem Konzessionsgeber und einem (potenziellen) Konzessionsnehmer ein vorvertragliches Vertrauensverhältnis, das darauf gerichtet ist, dass die Vergabestelle die ihr obliegenden Pflichten betreffend die Durchführung des Vergabeverfahrens einhält. Bei einer Verletzung dieses Vertrauens kann nicht nur – im Falle einer erfolgten Zuschlagserteilung – ein Schadensersatzanspruch, sondern vielmehr bereits im Vorfeld ein Unterlassungsanspruch entstehen.[313] 132

Die **Konzessionsvergabe** zeichnet sich durch eine erhebliche materielle Heterogenität und eine formelle Begriffsvielfalt aus.[314] Zur Klärung einer ordnungsgemäßen Vergabe muss, ausgehend von diesem uneinheitlichen Rechtsbild, zunächst das richtige Auswahlrechtsregime identifiziert werden. Dazu muss die zugrunde zu legende Rechtsmaterie erkannt und zugeordnet werden. Daran schließt sich für den Konzessionsgeber die Frage an, welche Handlungsform (z. B. Verwaltungsakt oder Vertrag) er wählt. Dem schließt sich die Erörterung der unterschiedlichen rechtlichen Konsequenzen, z. B. in Bezug auf den Rechtsschutz, an.[315] 133

Es existieren zahlreiche Spezialgesetze, die teilweise eine **verwaltungsrechtliche Beauftragung** durch Verwaltungsakt (und nicht durch vergaberechtlichen Vertrag) vorsehen. Dies betrifft z. B. EnWG-, Breitband-, Gewerbe-, Glücksspiel- und Personenbeförderungskonzessionen.[316] Weiterhin enthält das GWB zahlreiche Negativabgrenzungen zu GWB-vergabefreien Bereichen, wie z. B. Finanzierungen, soziale Auswahlverhältnisse, Netzbereitstellungen oder die Nutzung öffentlicher Bereiche oder Ressourcen.[317] In diesen Rechtsgebieten können inhaltlich materielle Dienstleistungskonzessionen vergeben werden, die aber – durch die gesetzgeberische Entscheidung – nicht dem GWB-Vergaberechtsregime unterliegen, obwohl von der Sache her eine einheitliche Regelung sinnvoll wäre, wenn die Erfüllung öffentlich-rechtlichen Beschaffungsbedarfs im Vordergrund steht. 134

Neben wettbewerbs- und kartellrechtlichen Anspruchsgrundlagen spielen insbesondere **zivilrechtliche** Normen eine wesentliche Rolle, weil ein Großteil der Konzessionsvergaben unterhalb der Schwellenwerte stattfinden. Zudem bestehen eine Vielzahl von Bereichsausnahmen vom Konzessionsvergaberecht. Zu möglichen zivilrechtlichen Ansprüchen gehören der Anspruch wegen vorvertraglichen Verschuldens (c.i.c.) gemäß §§ 280 Abs. 1, 311 Abs. 2, 241 Abs. 2 BGB,[318] §§ 33 Abs. 1, 19 Abs. 1 und Abs. 2 Nr. 1 GWB a.F.[319], unerlaubter Handlung 135

311 Erwägungsgrund 24 RL 2014/23/EU.
312 Vgl. *Siegel*, NZBau 2019, 353.
313 Vgl. ausführlich *Braun*, in: Müller-Wrede/Braun, KonzVgV, § 1 Rn. 120 ff.; *ders.* VergabeR 2020, 433; *ders.*, VergabeR 2020, 258; *ders.*, NZBau 2019, 622; *ders.*, NZBau 2018, 652.
314 Vgl. *Braun*, NZBau 2019, 622.
315 *Braun*, in: Müller-Wrede/Braun, KonzVgV, § 1 Rn. 54 bis 59.
316 Vgl. die Kommentierungen in Müller-Wrede/Braun, KonzVgV, zu den Sonderregelungen: AGVO/NGA-RR – Breitbandkonzessionen, BADV – Bodenabfertigungskonzessionen, CsgG – Carsharing-Konzessionen, EnWG – Strom- und Gaskonzessionen, GewO – Gewerbekonzessionen, GlüStV – Glücksspielkonzessionen, RDG – Rettungsdienstkonzessionen, SGB – Sozialrechtliche Konzessionen, VO (EU) 1370/2007 – ÖPNV-Konzessionen, GewO – Gewerbekonzessionen.
317 Vgl. *Braun*, in: Müller-Wrede/Braun, KonzVgV, § 1 Rn. 83 ff.; siehe oben Rn. 111.
318 Vgl. *Braun*, VergabeR 2008, 360; *ders.*, NZBau 2008, 160; *Csaki/Kniha*, ZfBR, 2021, 138; OLG Koblenz, Beschluss v. 26.8.2020 – Verg 5/20.
319 OLG Düsseldorf, Beschluss v. 13.6.2018 – VI-2 U 7/16 (Kart).

gemäß § 823 Abs. 1 BGB (Eingriff in den eingerichteten und ausgeübten Gewerbebetrieb), Verstoßes gegen ein Schutzgesetz gemäß § 823 Abs. 2 BGB, vorsätzlicher sittenwidriger Schädigung gemäß § 826 BGB und gegebenenfalls wegen Amtspflichtverletzung gemäß § 839 BGB i.V.m. Art. 34 S. 3 GG, §§ 823 Abs. 2, 1004 Abs. 1 BGB in Verbindung mit einschlägigen öffentlich-rechtlichen Schutzgesetzen.[320] Der vom Vertrauensschutz Begünstigte muss nicht erst die Entstehung eines Schadens abwarten.[321]

136 Bei allen binnenmarktrelevanten Konzessionsvergaben ist nach zutreffender Ansicht das **europäische Primär- und Sekundärrecht** außerhalb des förmlichen Vergaberechts zu beachten.[322] In allen Bereichen staatlichen Handelns greifen das Grundgesetz und die Landesverfassungen als regelnder Maßstab ein. Die Grundfreiheiten bilden eine Auffangordnung, wenn ein binnenmarktrelevanter Auftrag vergeben wird.[323] Dennoch führt ein übergeordneter Rahmen nicht dazu, dass ein verfahrensidentisches Auswahlverfahren durchgeführt werden kann, weil unterhalb der Verfahrensordnungen die Rechtswegaufspaltung in die ordentliche, Verwaltungs- bzw. Sozialgerichtsbarkeit stattfindet. Daher ist für den Konzessionsgeber immer eine Festlegung des Verfahrensregimes notwendig. Rechtswidrig wird ein Konzessionsvergabeverfahren immer dann, wenn formelle und materielle Verfahrensregelungen insbesondere des Fachrechtes umgangen werden.[324] Ein strukturiertes Verfahren ist auch unterhalb der Schwellenwerte durchzuführen, wobei dieses Verfahren sich an den vorgenannten Grundsätzen der Transparenz, Gleichbehandlung und Verhältnismäßigkeit orientieren sollte.[325] Die Details der rechtlichen Verpflichtungen sind jedoch umstritten.

I. Konzessionsvergaben ohne Binnenmarktrelevanz unterhalb der Schwellenwerte und außerhalb des förmlichen Vergaberechts

137 Für Konzessionsvergaben unterhalb der Schwellenwerte und ohne Binnenmarktrelevanz existieren weder aus dem einfachen Gesetzesrecht (GWB, KonzVgV) noch dem europäischen Primärrecht **förmliche Vorgaben**, was die Durchführung des Verfahrens bzw. die Ausgestaltung des Rechtsschutzes der Bieter betrifft.[326] Es ist zu beachten, dass diesen Bereich verwaltungs-, sozial- und energierechtliche Konzessionen betreffen können. In allen Bereichen staatlichen Handeln greifen das Grundgesetz und die Landesverfassungen als regelnder Maßstab ein. Bei allen Konzessionsbeschaffungs- oder Betrauungsakten außerhalb des förmlichen GWB-Vergaberechts ist ein Vergaberecht „light" anzuwenden. Dieses verpflichtet den Konzessionsgeber zu einem Mindestmaß an Wettbewerb, Gleichbehandlung, Transparenz und Rechtsschutz.[327] Dazu kommt die Pflicht zur hinreichenden vorherigen Bekanntmachung, objektiver Vergleichbarkeit und sachgerechter Bewertung durch richtige Zuschlagskriterien sowie die Beachtung der Verhältnismäßigkeit und objektiven Verfahrensgestaltung.[328] Das Verteilungsverwaltungsverfahren, zu dem nach hiesiger Auffassung die Konzessionsvergabe gehört, hat ein eigenständiges verfahrensrechtliches und materielles Gewicht. Wettbewerb, Transparenz, Gleichbehandlung, Verhältnismäßigkeit, Wirtschaftlichkeitsgebot, objektive Verfahrensführung und sachgerechte Bewertung sind die Grundsätze jeder Konzessionsvergabe.[329]

138 In der Rechtsprechung ist geklärt, dass die tatsächliche Praxis einer staatlichen Stelle bei der Vergabe öffentlicher Aufträge zu einer **Selbstbindung** der Verwaltung führen kann. Aufgrund dieser Selbstbindung kann verwaltungsinternen Regelungen über Verfahren und Krite-

---

320 Vgl. LG Zwickau, Beschluss v. 20.6.2017 – 7 O 380/17; LG Chemnitz, Urteil v. 28.2.2017– 5 O 209/17 EV; LG Stuttgart, Urteil v. 24.3.2011 – 17 O 115/11.
321 Vgl. *Csaki/Kniha*, ZfBR, 2021; OLG Dresden, Urteil v. 13.8.2013 – 16 W 439/13.
322 Vgl. *Braun*, in: Müller-Wrede/Braun, KonzVgV, § 1 Rn. 7 ff.
323 Vgl. *Siegel*, NZBau 2019, 353 (354).
324 Vgl. *Braun*, NZBau 2018, 652 (656).
325 Vgl. *Braun*, NZBau 2018, 652 (656); *Rennert*, NZBau 2019, 411 (417).
326 Vgl. *Siegel*, NZBau 2019, 353 (353).
327 Vgl. *Siegel*, NZBau 2019, 353 (354); *ders.*, NZBau 2019, 622.
328 Vgl. *Braun*, NZBau 2018, 652 (656).
329 Vgl. *Braun*, VergabeR 2020, 433; *ders.*, VergabeR 2020, 258; *ders.*, NZBau 2019, 622; *ders.*, NZBau 2018, 652.

rien der Vergabe eine mittelbare Außenwirkung zukommen. Jeder Mitbewerber muss eine faire Chance erhalten, nach Maßgabe der für den spezifischen Auftrag wesentlichen Kriterien und des vorgesehenen Verfahrens berücksichtigt zu werden. Eine Abweichung von solchen Vorgaben kann eine Verletzung von Art. 3 Abs. 1 GG bedeuten.[330] Diese Grundsätze gelten auch, wenn und soweit nach Maßgabe des jeweiligen Landesrechts die Leistungserbringung für den Wettbewerb geöffnet ist.[331]

Nach hiesiger Auffassung ist vom Konzessionsgeber ein **verfassungsrechtlicher Teilhabeanspruch** aus Art. 12 Abs. 1 i.V.m. Art. 3 Abs. 1 GG zu beachten, sofern die zu vergebende Konzession kontingentiert ist. Dieser grundrechtliche Teilhabeanspruch auf gerechte Beteiligung an vorhandenen quantitativ begrenzten Positionen schlägt sich einfach-rechtlich als subjektiv öffentlich-rechtlicher Anspruch des Bieters auf Durchführung eines verfahrensfehlerfreien Auswahlverfahrens nieder.[332] Eine Konzession ist – auch unterhalb der Schwellenwerte oder außerhalb des Vergaberechts – nicht ohne rechtliche Bindungen zu vergeben.[333] Davon ist die Frage zu trennen, welche Rechtschutzmöglichkeiten bestehen. Nach der Rechtsprechung des BVerwG soll es – verwaltungsrechtlich – keine Pflicht zur Vorinformation geben, wenn es die Möglichkeit des Rechtsschutzes gibt.[334] Ob sich aus Art. 12 Abs. 1 i.V.m. Art. 3 Abs. 1 GG ein Anspruch auf öffentliche Bekanntmachung des Vergabeverfahrens und auf Beteiligung ergeben kann, ist auf der Grundlage der einfachgesetzlichen Ausgestaltung des Verfahrens zu klären.[335] 139

Ein gesetzeskonformes verwaltungsrechtliches Konzessionsauswahlverfahren letzter Konsequenz liegt erst dann vor, wenn die **Grundsätze des Vergabeverfahrens** (Transparenz, Gleichbehandlung/Nichtdiskriminierung, Wettbewerb, Verhältnismäßigkeit, Objektivität) ebenso im unterschwelligen Bereich auf verwaltungsrechtliche Auswahlverfahren eins zu eins angewandt werden wie im Geltungsbereich des GWB. Damit entfaltet der Teilhabeanspruch gemäß Art. 12 Abs. 1 GG i.V.m. Art. 3 Abs. 1 GG i.V.m. den vergaberechtlichen Grundsätzen nicht nur eine objektiv-rechtliche Verpflichtung des Staates,[336] das Vergabeverfahren fehlerfrei durchzuführen, sondern zugleich das subjektiv-öffentliche Recht der Teilnehmer, tatsächlich Berücksichtigung in einem fehlerfreien Verfahren zu finden.[337] Mithin müssen Auswahlverfahren in diesem Bereich prozedural entsprechend ausgestaltet werden, sodass völlig „freie" Vergabeverfahren hier ebenso wenig möglich sind. 140

Öffentliche Stellen der Mitgliedstaaten haben bei der Vergabe einer Dienstleistungskonzession, die nicht in den Anwendungsbereich unionsrechtlichen Sekundärrechts fällt, gleichwohl die Grundregeln des **AEUV**, insbesondere Art. 49 und Art. 56 AEUV, das Verbot der Diskriminierung aus Gründen der Staatsangehörigkeit und den Gleichbehandlungsgrundsatz sowie die sich daraus ergebende Transparenzpflicht zu beachten, wenn an der betreffenden Dienstleistungskonzession ein eindeutiges grenzüberschreitendes Interesse besteht.[338] 141

330 BVerwG, Beschluss v. 15.12.2020 – BVerwG 3 B 34.19, Rn. 39 m.w.N.
331 BVerwG, Beschluss v. 15.12.2020 – BVerwG 3 B 34.19, Rn. 39 m.w.N.
332 OVG Lüneburg, Beschluss v. 12.11.2012 – 13 ME 231/12; VGH Mannheim, Urteil v. 1.10.2009 – 6 S 99/09; VG Darmstadt, Beschluss v. 10.9.2015 – 4 L 1180/15.DA; *Braun,* in: Prieß/Lau/Kratzenberg, Festschrift für Marx, S. 45.
333 Vgl. BVerwG, Beschluss v. 18.3.2016 – BVerwG 3 B 16.15; OLG Celle, Urteil v. 23.2.2016 – 13 U 148/15.
334 BVerwG, Beschluss v. 15.12.2020 – BVerwG 3 B 34.19, Rn. 43 m.w.N.
335 BVerwG, Beschluss v. 15.12.2020 – BVerwG 3 B 34.19, Rn. 43 für den Bereich des Rettungsdienstes.
336 So VGH Kassel, Urteil v. 23.2.2011 – 5 K 128/08.KS.
337 Vgl. OLG Celle, Urteil v. 23.2.2016 – 13 U 148/15 – im Ergebnis für die rechtsschützende Geltung der Vergabegrundsätze auch im Unterschwellenbereich; VGH Kassel, Beschluss v. 16.10.2015 – 8 B 1028/15, dieser bezieht sich zwar auf § 4b Abs. 1 S. 1 GlüStV, der Gedanke kann aber entsprechend auf jedes Vergabe- und Auswahlverfahren übertragen werden; VGH Bayern, Urteil v. 22.7.2015 – 22 B 15.620; VGH Bayern, Beschluss v. 12.8.2013 – 22 CE 13.970; *Braun*, in: Prieß/Lau/Kratzenberg, Festschrift für Marx, S. 45; *ders.*, NZBau 2016, 266; *ders.*, VergabeR 2014, 324 (328); *ders.*, NZBau 2011, 400.
338 BVerwG, Beschluss v. 15.12.2020 – BVerwG 3 B 34.19, Rn. 30 m.w.N.

II. Konzessionsvergaben mit Binnenmarktrelevanz

142 Bei Vorliegen eines grenzüberschreitenden Interesses[339] an der Vergabe haben Konzessionsgeber im Unterschwellenbereich (neben den verfassungsrechtlichen) und außerhalb des förmlichen Vergaberechts zudem die Vorgaben des **europäischen Primärrechts** zu beachten.[340] Konzessionsgeber müssen – auch ohne eine förmliche Regelung – bei binnenmarktrelevanten Dienstleistungskonzessionen diese öffentlich ausschreiben und transparent sowie nicht diskriminierend vergeben.[341] Es ist Sache des Tatsachengerichts, alle maßgeblichen Umstände, die die Vergabe der Dienstleistungskonzession betreffen, zu ermitteln (§ 86 Abs. 1 VwGO) und eingehend zu würdigen, um festzustellen, ob im Einzelfall ein eindeutiges grenzüberschreitendes Interesse vorliegt.[342]

143 Danach muss der Konzessionsgeber zugunsten potenzieller Bieter einen angemessenen Grad von **Öffentlichkeit** sicherstellen, der den Dienstleistungsmarkt dem Wettbewerb öffnet und die Nachprüfung ermöglicht, ob das Vergabeverfahren unparteiisch durchgeführt worden ist.[343] Bei engen Märkten mit großer Markttransparenz, insbesondere bei einigen dominierenden Anbietern, kommt dem Geheimwettbewerb besonderes Gewicht zu.[344] Auch außerhalb des Anwendungsbereiches der RL 2014/24/EU sind hiernach alle Bedingungen und Modalitäten des Vergabeverfahrens klar, präzise und eindeutig u.a. in der Konzessionsbekanntmachung zu formulieren, sodass zum einen alle gebührend informierten und mit der üblichen Sorgfalt handelnden Bieter die genaue Bedeutung dieser Bedingungen und Modalitäten verstehen und sie in gleicher Weise auslegen können und zum anderen der Auftraggeber tatsächlich überprüfen kann, ob die Angebote der Bieter die für den betreffenden Auftrag geltenden Kriterien erfüllen.[345] Je höher die Binnenmarktrelevanz der zu vergebenden Konzession einzustufen ist, desto stärker erfordert der Transparenzgrundsatz eine überregionale, landesweite wenn nicht gar europaweite Bekanntmachung.[346] Festzuhalten bleibt aber, dass die Konsequenzen für den Rechtschutz umstritten sind.[347]

III. Baukonzessionen unterhalb der Schwellenwerte

144 Baukonzessionen unterhalb der Schwellenwerte sind in § 23 VOB/A geregelt. Baukonzessionen werden gemäß §§ 105 Abs. 1 Nr. 1, 148 ff. GWB i.V.m. der KonzVgV oberhalb und gemäß § 23 VOB/A unterhalb der EU-Schwellenwerte in einem förmlichen Verfahren vergeben. § 23 VOB/A ist eine haushaltsrechtliche Regelung, deren Drittschutz für die beteiligten Unternehmen durch die Rechtsprechung ausgeformt wird. Im Unterschwellenbereich fungieren die Regelungen der VOB/A zugleich als „einheitliche Richtlinien" i.S.d. § 55 Abs. 2 BHO bzw. der entsprechenden Regelungen in den Landeshaushaltsordnungen und den Landesvergabegesetzen.[348] Bei der Vergabe von Verträgen unterhalb der Schwellenwerte ist nach der BHO und den einschlägigen Verwaltungsvorschriften die VOB/A anzuwenden.[349] Die Vergabe von Bau-

---

339 Zu den Voraussetzungen des grenzüberschreitenden Interesses *Prieß/Simonis*, NZBau 2015, 731 (732); *Vavra*, VergabeR 2013, 384.

340 OLG Celle, Urteil v. 10.3.2016 – 13 U 148/15; vgl. *Braun*, VergabeR 2020, 433; *ders.*, VergabeR 2020, 258; *ders.*, NZBau 2019, 622; *Tomerius/Gottwald*, LKV 2019, 289.

341 EuGH, Urteil v. 28.1.2016 – Rs. C-50/14 (CASTA), Rn. 47, 49 m.w.A.; Urteil v. 14.11.2013 – Rs. C-221/12 (Belgacom), Rn. 28; Urteil v. 10.3.2011 – Rs. C-274/09 (Stadler), Rn. 49; Urteil v. 13.10.2005 – Rs. C-458/03 (Parking Brixen), Rn. 49; OLG Celle, Urteil v. 10.3.2016 – 13 U 148/15; *Braun*, EuZW, 2016, 304; *Gabriel/Voll*, NZBau 2014, 155; *Jansen/Geitel*, VergabeR 2015, 117; *Prieß/Simonis*, NZBau 2015, 731 (732).

342 Vgl. *Dageförde*, NZBau 2020, 72.

343 EuGH, Urteil v. 14.11.2013 – Rs. C-221/12 (Belgacom), Rn. 28 ff.; Urteil v. 10.3.2011 – Rs. C-274/09 (Stadler), Rn. 24 ff. und 40, 41; Urteil v. 3.6.2010 – Rs. C-258/08 (Ladbrokes Betting & Gaming und Ladbrokes International), Rn. 33; Urteil v. 13.4.2010 – Rs. C-91/08 (Wall); Urteil v. 18.6.2002 – Rs. C-92/00 (Hospital Ingenieure), Rn. 47; Urteil v. 7.12.2000 – Rs. C-324/98 (Telaustria); vgl. *Braun*, NZBau 2011, 400; vgl. auch *Gabriel/Voll*, NZBau 2014, 155.

344 VK Südbayern, Beschluss v. 24.7.2018 – Z3-3-3194-1-11-10/18.

345 Offen gelassen OLG Celle, Urteil v. 10.3.2016 – 13 U 148/15.

346 *Prieß/Simonis*, NZBau 2015, 731 (734).

347 *Prieß/Simonis*, NZBau 2015, 731 (734).

348 Vgl. *Siegel*, in: Ziekow/Völlink, Vergaberecht, § 148 GWB Rn. 22.

349 Vgl. VV zur BHO.

konzessionen oberhalb der Schwellenwerte erfolgt nicht mehr nach den Bestimmungen des Abschnitt 2 VOB/A, sondern entsprechend der Verordnungsermächtigung gemäß § 113 GWB nur nach der KonzVgV. § 23 VOB/A ist also eine Sonderregelung, für die es in der UVgO kein Pendant gibt.[350]

§ 23 Abs. 2 VOB/A regelt, dass für die Vergabe von Baukonzessionen die §§ 1 bis 22 VOB/A sinngemäß anzuwenden sind. Damit wird klargestellt, dass die Vergabe von Baukonzessionen im Unterschwellenbereich nicht vollständig vergaberechtsfrei möglich ist, sondern an die **Vorgaben der VOB/A** gebunden ist. In Anbetracht der sinngemäßen Anwendung der Vorschriften der VOB/A ist stets zu prüfen, ob und inwieweit die jeweilige Vorschrift im Hinblick auf den Charakter der Baukonzession Anwendung finden kann.[351] Gemäß § 2 Abs. 1 Nr. 1 und 2 VOB/A gelten bei der Vergabe von Baukonzessionen auch im Unterschwellenbereich die Grundsätze eines transparenten und wettbewerblichen Auswahlverfahrens. Danach muss das Vergabeverfahren transparent und dem Wettbewerbsgrundsatz entsprechend durchgeführt werden. § 2 Abs. 2 VOB/A ordnet zudem die Geltung des Diskriminierungsverbots an.[352] Da die Baukonzession als Gegenleistung ein Nutzungsrecht und keine (zusätzliche) Vergütung vorsieht, passen diejenigen Paragrafen, welche die Vergütung des Anbieters regeln, nicht und sind somit nicht anwendbar.[353] Hierbei handelt es sich um die §§ 4, 9d und 16c Abs. 2 und Abs. 3 VOB/A. 145

Ebenso sind die Anforderungen an die **Leistungsbeschreibung** im Sinne des § 7 VOB/A nur eingeschränkt anzuwenden: Die Bedeutung der Leistungsbeschreibung für die Kalkulation der Preise entfällt bei Konzessionen, weshalb § 7 Abs. 1 Nr. 2 VOB/A hier nicht gilt. Auch kann § 7 Abs. 1 Nr. 3 VOB/A keine vollumfängliche Regelungswirkung bei Konzessionen entfalten, weil dem Konzessionsnehmer mit dem Nutzungsrecht grundsätzlich alle sich aus der Natur der jeweiligen Nutzung ergebenden Risiken sowie die Verantwortung für alle technischen und finanziellen Aspekte der Errichtung eines Bauwerkes übertragen werden.[354] Wesentliches Kriterium für das Vorliegen eines Baukonzessionsvertrages ist die Existenz eines gewissen Spielraums für den Baukonzessionsnehmer bei der Ausgestaltung der Vertragsbedingungen. Wenn die erteilte Genehmigung zur Durchführung einer Leistung nicht das Ergebnis einer konsensualen Verhandlung über die Vertragsbedingungen ist, sondern die einseitige hoheitliche Regelung eines Lebenssachverhaltes durch die öffentlich-rechtliche Körperschaft, ist das materielle Verwaltungsrecht und nicht das materielle Vergaberecht anzuwenden.[355] 146

Soweit die Bestimmungen der §§ 1 bis 22 VOB/A jedoch **grundsätzliche Aussagen** hinsichtlich eines ordnungsgemäßen Vergabeverfahrens treffen und die Entscheidung zur Auswahl des Konzessionsnehmers regeln, gelten sie grundsätzlich auch für die Konzessionsvergabe.[356] Konzessionen sind gemäß § 2 Abs. 1 Nr. 1 VOB/A an fachkundige, leistungsfähige zuverlässige Unternehmer in transparenten Verfahren zu vergeben. Dies gilt umso mehr, als dass die Konzession im Gegensatz zu einem gewöhnlichen Bauauftrag über einen erheblichen Zeitraum hinweg läuft. 147

Landesrechtliche Regelungen für Baukonzessionsvergaben unterhalb der Schwellenwerte existieren in einigen Landesvergabegesetzen insoweit, als dass die VOB/A für anwendbar erklärt wird.[357] Damit müssen solche Vergabeverfahren in den jeweiligen Ländern jedenfalls den Vorgaben der VOB/A entsprechen. Die Vergabe von Baukonzessionen unterhalb der Schwel- 148

350 *Braun*, in: Müller-Wrede/Braun, KonzVgV, § 23 VOB/A Rn. 1.
351 *Herrmann*, in: Ziekow/Völlink, Vergaberecht, § 23 VOB/A Rn. 31 ff.
352 *Braun*, in: Müller-Wrede/Braun, KonzVgV, § 23 VOB/A Rn. 59.
353 *Herrmann*, in: Ziekow/Völlink, Vergaberecht, § 23 VOB/A Rn. 31 ff.
354 Europäische Kommission, Mitteilung der Kommission zu Auslegungsfragen im Bereich Konzessionen im Gemeinschaftsrecht vom 12.4.2000, Nr. 2.1.2, NZBau 2000, 413 (414).
355 Vgl. EuGH, Urteil v. 18.12.2007 – Rs. C-220/06 (Asociación Profesional de Empresas de Reparto y Manipulado de Correspondencia); OVG Magdeburg, Urteil v. 22.2.2012 – 3 L 259/10; *Braun*, in: Müller-Wrede/Braun, KonzVgV, § 23 VOB/A, Rn. 59.
356 *Herrmann*, in: Ziekow/Völlink, Vergaberecht, § 23 VOB/A Rn. 12.
357 Siehe § 6 Abs. 1 Bremisches TtVG; § 2a Abs. 1 HmbVgG; § 1 Abs. 4 HVgG; § 2 Abs. 1 Nr. 2 VgG M-V; § 3 Abs. 2 NTVergG; § 1 Abs. 2 und § 6 Abs. 2 Nr. 3 SächsVergabeG; § 1 Abs. 2 LVG LSA; § 1 Abs. 2 ThürVgG; *Braun*, in: Ziekow/Völlink, Vergaberecht, § 105 GWB Rn. 172 ff.

lenwerte unterfällt gemäß § 106 Abs. 2 Nr. 4 GWB i.V.m. Art. 8 Abs. 1 RL 2014/23/EU nicht dem förmlichen Kartellvergaberecht, sodass die KonzVgV gemäß § 1 KonzVgV auf das Vergabeverfahren keine Anwendung findet.

149 Bei Binnenmarktrelevanz des jeweiligen Vergabeverfahrens hat der Konzessionsgeber nichtsdestotrotz auch im Unterschwellenbereich das **Primärrecht der Europäischen Union** zu beachten.[358] Es sind mithin die Grundfreiheiten sowie die Grundsätze der Transparenz, der Gleichbehandlung und des Wettbewerbs bei der Vergabe strikt einzuhalten.[359] Dementsprechend muss der Auftraggeber zugunsten potenzieller Bieter einen angemessenen Grad von Öffentlichkeit sicherstellen, der den Markt dem Wettbewerb öffnet und die Nachprüfung ermöglicht, ob das Konzessionsvergabeverfahren unparteiisch durchgeführt wurde.[360]

150 Die Vergabestellen haben unterhalb der Schwellenwerte insbesondere das **Transparenzgebot** zu beachten.[361] Aus diesen Grundsätzen ergibt sich die Verpflichtung der vergebenden Stellen, den Auftragsgegenstand möglichst präzise und transparent sowie diskriminierungsfrei zu beschreiben,[362] das Verfahren ergebnisoffen und nur anhand objektiver, zuvor festgelegter Kriterien zu beurteilen[363] und bestehende Beurteilungsspielräume frei von Willkür sowie sachgerecht auszuüben.[364] Die maßgeblichen Entscheidungskriterien müssen so klar, präzise und eindeutig formuliert werden, dass alle interessierten Bewerber mit der üblichen anzulegenden Sorgfalt die genaue Bedeutung dieser Kriterien verstehen und beurteilen können, was von ihnen im Hinblick auf den Erfolg einer Bewerbung verlangt werden wird.[365] Nicht nur die Kriterien, von denen sich eine Behörde bei Entscheidungen leiten lässt, müssen transparent und nachvollziehbar sein. Auch der konkrete Auswahlvorgang selbst muss diesen Erfordernissen genügen.[366] Dies ist besonders bedeutsam bei einem Auswahlkriterium, wenn dieses bei der Gewichtung einzelner Merkmale subjektive Elemente enthält und letztlich das Ergebnis höchstpersönlicher Wertungen ist.[367] Diese Anforderungen werden auch durch die Verbürgung des Grundrechts auf Berufsfreiheit aus Art. 12 Abs. 1 GG und des Gleichbehandlungsgebots gemäß Art. 3 Abs. 1 GG zugunsten des potenziellen Bieters bestätigt.

IV. Rechtsweg unterhalb der Schwellenwerte bei Konzessionen

151 Welcher Rechtsweg für Streitigkeiten aus der Vergabe von Konzession unterhalb der Schwellenwerte eröffnet ist, richtet sich danach, ob das streitige Rechtsverhältnis dem öffentlichen oder dem bürgerlichen Rechtszug zuzuordnen ist. Für die Zuordnung ist nicht das Ziel, sondern die Rechtsform staatlichen Handelns maßgeblich. Ist diese privatrechtlich, so ist es grundsätzlich auch die betreffende Streitigkeit; dagegen ist prinzipiell der Verwaltungsrechtsweg eröffnet, wenn sich das staatliche Handeln in den Bahnen des öffentlichen Rechts vollzieht.[368]

152 Der Rechtsweg zum **Verwaltungsgericht** bestimmt sich gemäß § 40 Abs. 1 S. 1 VwGO anhand der Rechtsnatur des Teilnahmeverhältnisses, die sich aus dem Rechtscharakter der Auswahlbestimmungen ergibt, wenn sie nicht gemäß §§ 155, 156 Abs. 1, 158 Abs. 2 GWB den Nachprüfungsinstanzen verbindlich zugewiesen ist.[369] Ob eine Streitigkeit öffentlich-rechtlich

358 OLG Celle, Urteil v. 10.3.2016 – 13 U 148/15.
359 *Prieß/Simonis*, NZBau 2015, 731 (732).
360 EuGH, Urteil v. 14.11.2013 – Rs. C-221/12 (Belgacom), Rn. 28 ff.; Urteil v. 10.3.2011 – Rs. C-274/09 (Stadler), Rn. 24 ff., 40, 41; Urteil v. 3.6.2010 – Rs. C-258/08 (Ladbrokes Betting), Rn. 33; Urteil v. 13.4.2010 – Rs. C-91/08 (Wall); Urteil v. 18.6.2002 – Rs. C-92/00 (Hospital Ingenieure), Rn. 47.
361 OLG Celle, Urteil v. 10.3.2016 – 13 U 148/15; *Braun*, in: Müller-Wrede/Braun, KonzVgV, § 23 VOB/A Rn. 61 ff.
362 OLG Celle, Urteil v. 10.3.2016 – 13 U 148/15.
363 *Prieß/Simonis*, NZBau 2015, 731 (734); vgl. *Dageförde*, NZBau 2020, 72.
364 Vgl. VGH Bayern, Urteil v. 22.7.2015 – 22 B 15.620.
365 VGH Kassel, Beschluss v. 16.10.2015 – 8 B 1028/15.
366 Vgl. OLG Celle, Urteil v. 23.2.2016 – 13 U 148/15; VG Freiburg, Beschluss v. 11.11.2014 – 4 K 2310/4.
367 VGH Bayern, Urteil v. 22.7.2015 – 22 B 15.620 m.w.N.
368 OLG Naumburg, Beschluss v. 15.4.2016 – 7 Verg 1/16; OLG Karlsruhe, Beschluss v. 14.11.2014 – 15 Verg 10/14, mit Hinweis auf BGH, Beschluss v. 23.1.2012 – X ZB 5/11; vgl. *Braun*, VergabeR 2020, 433; *ders.*, VergabeR 2020, 258; *ders.*, NZBau 2019, 622.
369 VGH Bayern, Urteil v. 26.4.2019 – 12 C 19.621.

oder privatrechtlich ist, bestimmt sich nach der Natur des behaupteten Rechtsverhältnisses. Maßgeblich ist allein die wirkliche Natur des behaupteten Rechtsverhältnisses, nicht hingegen die rechtliche Qualifizierung des geltend gemachten Anspruchs durch die Prozessbeteiligten. Ob für das Klagebegehren eine Anspruchsgrundlage in Betracht kommt, die auf dem beschrittenen Rechtsweg zu verfolgen ist, ist auf der Grundlage des Klageantrags und des zu seiner Begründung vorgetragenen Sachverhalts zu prüfen.[370]

Bei Streitigkeiten über die **Vergabe von öffentlichen Aufträgen** mit einem Auftragswert unterhalb der vergaberechtlichen Schwellenwerte gilt dabei, dass für die Zuordnung nicht das Ziel, sondern die Rechtsform staatlichen Handelns maßgeblich ist. Ist diese privatrechtlich, so ist es grundsätzlich auch die betreffende Streitigkeit. Umgekehrt ist prinzipiell der Verwaltungsrechtsweg eröffnet, wenn sich das staatliche Handeln in den Bahnen des öffentlichen Rechts vollzieht.[371] Die Rechtswegzersplitterung in vier Bereiche (Ordentliche,[372] Verwaltungs-, Sozialgerichtsbarkeit und Nachprüfungsinstanzen) ist historisch bedingt und wird zutreffend beklagt.[373] Sie ist dennoch als Strukturmerkmal anzuerkennen, weil gesetzgeberische Maßnahmen zur Beseitigung dieses Sachverhaltes nicht erkennbar und wohl auch nicht zu erwarten sind. Die Zersplitterung hat ihre Ursache in den zu regelnden sehr unterschiedlichen komplexen Lebenssachverhalten, die eine einheitliche gesetzliche Lösung weitgehend auszuschließen scheint. Die gesetzlichen Abgrenzungen und Herausnahmen sind – wie z. B. bei den Wasser-[374] und Rettungsdienstkonzessionen[375] – in erster Linie nicht rechtlich systematisch, sondern primär politisch zu verstehen. 153

Die öffentliche Hand bewegt sich bei der Vergabe öffentlicher Aufträge in aller Regel auf dem Boden des Privatrechts, sodass für diese Streitigkeiten der Rechtsweg zu den **ordentlichen Gerichten** gegeben ist. Dies gilt jedenfalls dann, wenn bei der Entscheidung über die Vergabe eines öffentlichen Auftrags keine gesetzliche Verpflichtung zu bevorzugter Berücksichtigung eines bestimmten Personenkreises zu beachten ist. Dabei geht das BVerwG von der Situation aus, dass bei der Vergabe öffentlicher Aufträge der Staat als Nachfrager am Markt tätig wird, um einen Bedarf an bestimmten Gütern und Dienstleistungen zu decken. In dieser Rolle als Nachfrager unterscheidet er sich nicht grundlegend von anderen Marktteilnehmern. Ein öffentlich-rechtliches Rechtsverhältnis folgt dabei allerdings nicht schon daraus, dass die staatliche Stelle bei der im Vergabeverfahren vorzunehmenden Auswahl an das Gleichbehandlungsgebot des Art. 3 Abs. 1 GG gebunden ist. Wie das BVerwG hierzu ausgeführt hat, ist die Frage, ob und in welchem Umfang bei der Auswahl eines Vertragspartners durch die öffentliche Hand eine derartige Bindung besteht, keine des Rechtsweges, sondern eine der zu treffenden Sachentscheidung.[376] Eine pauschale Festlegung kann nicht getroffen werden. Es ist im konkreten Einzelfall eine Überprüfung vorzunehmen.[377] 154

Die vertragliche Vergabe der **weihnachtlichen Gestaltung eines Marktes** ist unterhalb der Schwellenwerte als öffentlich-rechtlich zu qualifizieren. Der Konzessionsgeber nimmt keine Maßnahme im Rahmen des klassischen verwaltungsprivatrechtlichen Handelns vor. Er ist nicht als Nachfrager am Markt tätig, um einen Bedarf an bestimmten Gütern und Dienstleistungen zu decken. Seine Position unterscheidet sich grundlegend hiervon; er tritt im vorliegenden Fall nicht als „Marktteilnehmer" auf, sondern vergibt (quasi als öffentlich-rechtlicher Hoheitsträger mit Monopolstellung) eine Dienstleistungskonzession für die Veranstaltung eines öffentlichen Weihnachtsmarktes auf öffentlichen Straßen und Plätzen im Rahmen der Erfüllung (freiwilliger) kommunaler Aufgaben. Erforderlich für die Veranstaltung eines Weihnachtsmarktes 155

370 OVG Thüringen, Beschluss v. 26.2.2020 – 3 VO 517/17.
371 OVG Thüringen, Beschluss v. 26.2.2020 – 3 VO 517/17.
372 Vgl. OVG Sachsen-Anhalt, Beschluss v. 22.7.2019 – 1 O 149/18.
373 Vgl. z. B. *Kirst*, VergabeR 2019, 242.
374 Vgl. *Schröder*, NwVZ 2017, 504; vgl. *Katz*, Komjur 2018, 1.
375 *Braun*, in: Müller-Wrede/Braun, RDG, Rn. 1 ff.
376 OVG Thüringen, Beschluss v. 26.2.2020 – 3 VO 517/17, mit Hinweisen auf BVerwG, Beschluss v. 2.5.2007 – 6 B 10.07; OVG Sachsen-Anhalt, Beschluss v. 22.7.2019 – O 149/18; vgl. *Braun*, VergabeR 2020, 433; *ders.*, VergabeR 2020, 258; *ders.*, NZBau 2019, 622.
377 Vgl. VG Stade, Urteil v. 19.6.2018 – 2 A 2002/16 (Dienstleistungskonzession zur Aufstellung von Sammelbehältern für Altkleider und Schuhe).

sind verschiedene straßen- und gewerberechtliche Erlaubnisse wie Nutzungserlaubnis, Marktfestsetzung, straßenverkehrsrechtliche Ausnahmegenehmigung, Genehmigung zur Durchführung einer Veranstaltung auf öffentlichen Verkehrsflächen und Ausnahmegenehmigung des Umwelt- und Naturschutzamtes sowie zur Verlagerung der Nachtzeit und Sperrzeitverkürzung. Diese erforderlichen Verwaltungsakte werden bereits durch das beabsichtigte Vertragsverhältnis in inhaltlicher und personeller Hinsicht gestaltet und vorweggenommen.[378]

Anlage

Gesetzesbegründung – VergRModG 2016 (BT-Drs. 18/6281)

Seite 75

§ 105 definiert den Begriff der Konzessionen und dient der Umsetzung von Artikel 5 Nummer 1 der Richtlinie 2014/23/EU. Sind die Definitionsmerkmale der Bau- oder Dienstleistungskonzession erfüllt, kommen die Verfahrensvorschriften für Bau- oder Dienstleistungsaufträge nicht zur Anwendung, sondern die weniger strengen Verfahrensvorschriften für Konzessionen. Bislang war in § 99 Absatz 6 GWB lediglich die Definition der Baukonzession geregelt. Dienstleistungskonzessionen unterlagen lediglich den Anforderungen des EU-Primärrechts (Transparenzgebot, Gleichbehandlungsgebot, Diskriminierungsverbot).

Die neue Richtlinie 2014/23/EU erfasst nunmehr sowohl Baukonzessionen als auch Dienstleistungskonzessionen. Damit regelt das europäische Sekundärrecht nunmehr die Verfahren zur Vergabe von Bau- und Dienstleistungskonzessionen. § 105 Absatz 1 greift infolgedessen die Definition sowohl der Bau- als auch Dienstleistungskonzession auf. Gleichzeitig passt § 105 Absatz 1 die Begriffsbestimmung jeweils an die neue Definition der Bau und Dienstleistungskonzession gemäß Artikel 5 Nummer 1 Unterabsatz 1 Buchstabe a) und b der Richtlinie 2014/23/EU an. § 105 Absatz 2 dient der Umsetzung der Anforderungen an den Übergang des Betriebsrisikos gemäß Artikel 5 Nummer 1 Unterabsatz 2 Richtlinie 2014/23/EU. Im Ergebnis wird der Inhalt von Artikel 5 Nummer 1 der Richtlinie 2014/23/EU der deutschen Sprachfassung in § 105 Absatz 1 und 2 nahezu wortgleich in das deutsche Recht übernommen.

Vor dem Hintergrund der lediglich rudimentär geregelten Vergabe von Baukonzessionen nach der Vorgängerrichtlinie 2004/18/EG hatte sich der deutsche Gesetz- und Verordnungsgeber für eine quasi-Gleichbehandlung mit den Bauaufträgen entschieden (siehe insbesondere § 22 EG VOB/A in der Fassung der Bekanntmachung vom 24. Oktober 2011 – BAnz. Nr. 182a vom 2. Dezember 2011; BAnz AT 07.05.2012 B1). Begründung hierfür war der deutliche Schwerpunkt des Baukonzessionsvertrags auf der (zunächst erfolgenden) Errichtung eines Bauwerks. Soweit Baukonzessionen Besonderheiten aufweisen, wird diesen nunmehr auf Verordnungsebene Rechnung getragen.

Zu Absatz 1

§ 105 Absatz 1 Nummer 1 regelt die Definition der Baukonzession und § 105 Absatz 1 Nummer 2 die Definition der Dienstleistungskonzession. Inhaltlich besteht weitestgehend Übereinstimmung mit der bislang in Artikel 1 Absatz 3 und Absatz 4 der Richtlinie 2004/18/EG und Artikel 1 Absatz 3 der Richtlinie 2004/17/EG enthaltenen Definition der Bau- und Dienstleistungskonzession. Nunmehr stellt Artikel 5 Nummer 1 der Richtlinie 2014/23/EU auch klar, dass es sich bei Bau- und Dienstleistungskonzessionen jeweils um entgeltliche Verträge handelt. Die beschränkte Laufzeit der Konzession wird nach dem Vorbild des Artikel 18 der Richtlinie 2014/23/EU nicht mehr als Bestandteil der Definition im GWB, sondern neu im Rahmen der Vorschriften zur Auftragsausführung in der auf Grundlage dieses Gesetzes erlassenen Verordnung zur Vergabe von Konzessionen (Konzessionsverordnung) geregelt.

378 OVG Thüringen, Beschluss v. 26.2.2020 – 3 VO 517/17.

Seite 76

Der Unionsgesetzgeber hat im Zusammenhang mit der Definition der Bau- und Dienstleistungskonzession in den Erwägungsgründen 11 bis 16 der Richtlinie 2014/23/EU verschiedene Negativabgrenzungen vorgenommen:

Erwägungsgrund 11 stellt klar, dass ein Eigentumsübergang auf den Konzessionsgeber keine Voraussetzung der Definition ist, doch stehe dem Konzessionsgeber stets der Nutzen der Bau- oder Dienstleistung zu. Weiterhin verdeutlicht Erwägungsgrund 12, dass die bloße Finanzierung – insbesondere durch öffentliche Zuschüsse – von Tätigkeiten, die häufig mit der Verpflichtung verbunden ist, erhaltene Beträge bei nicht bestimmungsgemäßer Verwendung zurückzuzahlen, nicht in den Geltungsbereich der Richtlinie 2014/23/EU fällt.

Erwägungsgrund 13 weist darauf hin, dass Regelungen, nach denen ohne gezielte Auswahl alle Unternehmen, die bestimmte Voraussetzungen erfüllen, berechtigt sind, eine bestimmte Aufgabe wahrzunehmen, nicht als Konzessionen gelten. Derartige Systeme beruhen nach den Ausführungen im Erwägungsgrund 13 typischerweise auf der Entscheidung einer Behörde, mit der transparente und nichtdiskriminierende Voraussetzungen für den kontinuierlichen Zugang von Unternehmen zur Erbringung bestimmter Dienstleistungen, wie soziale Dienstleistungen, festgelegt werden. Daraus lässt sich schließen, dass die Zulassung von Dienstleistungserbringern im sozialhilferechtlichen Dreiecksverhältnis nicht der Richtlinie 2014/23/EU unterfällt. Gleiches gilt für die Zulassung von Pflegeeinrichtungen sowie die Feststellung der fachlichen Eignung im Rahmen der Zulassung besonderer Dienste oder besonderer Einrichtungen. Weiterhin hat der Unionsgesetzgeber in Erwägungsgrund 6 hervorgehoben, dass Mitgliedstaaten gemäß den Grundsätzen der Gleichbehandlung, Nichtdiskriminierung, Transparenz und des freien Personenverkehrs im AEUV nach wie vor entscheiden können, ob Dienstleistungen als Dienste von allgemeinem wirtschaftlichem Interesse oder als nichtwirtschaftliche Dienstleistungen von allgemeinem Interesse oder in Form einer Kombination aus beiden erbracht werden.

Erwägungsgrund 14 hebt hervor, dass die Erteilung von Genehmigungen oder Lizenzen für die Ausübung einer Wirtschaftstätigkeit nicht als Konzession im Sinne der Richtlinie 2014/23/EU gilt. Es wird auf die vorrangige Anwendung der Dienstleistungsrichtlinie 2006/123/EG verwiesen. In diesem Zusammenhang wird deutlich, dass dem Konzessionsvertrag eine wechselseitige Bindungswirkung zukommt.

Erwägungsgrund 15 stellt klar, dass Vereinbarungen, die das Recht eines Unternehmens zur privatrechtlichen oder öffentlich-rechtlichen Nutzung öffentlicher Bereiche oder Ressourcen, wie z. B. Land oder öffentliche Liegenschaften, insbesondere in See-, Binnen- oder Flughäfen regeln, nicht als Konzessionen im Sinne der Richtlinie 2014/23/EU gelten.

Erwägungsgrund 16 macht deutlich, dass die Gewährung von Wegerechten hinsichtlich der Nutzung öffentlicher Liegenschaften für die Bereitstellung oder den Betrieb fester Leitungen oder Netze, über die eine Dienstleistung für die Allgemeinheit erbracht werden soll, ebenfalls nicht als Konzession im Sinne der Richtlinie 2014/23/EU gelten, sofern derartige Verpflichtungen weder eine Lieferverpflichtung auferlegen noch den Erwerb von Dienstleistungen durch den Konzessionsgeber für sich selbst oder für den Endnutzer vorsehen. Diese Ausführungen betreffen vor allem Wegenutzungsverträge im Sinne des § 46 des Energiewirtschaftsgesetzes zu Strom- und Gasleitungen sowie Wegenutzungsverträge zu Fernwärmeleitungen.

Zu Absatz 2

§ 105 Absatz 2 setzt Artikel 5 Nummer 1 Unterabsatz 2 der Richtlinie 2014/23/EU um und regelt im Einzelnen, dass eine Konzession begrifflich einen Übergang des Betriebsrisikos auf den Konzessionsnehmer voraussetzt und welche Anforderungen an den Übergang des Betriebsrisikos auf den Konzessionsnehmer zu stellen sind. Artikel 5 Nummer 1 Unterabsatz 2 der Richtlinie 2014/23/EU kodifiziert im Wesentlichen die durch den Europäischen Gerichtshof in ständiger Rechtsprechung entwickelten einzelnen Kriterien zum Übergang des Betriebsrisikos. Es entspricht der ständigen Rechtsprechung des Europäischen Gerichtshofes, dass der Konzessionsnehmer das Betriebsrisiko der fraglichen Bau- oder Dienstleistung übernimmt (grundlegend z. B. für den Übergang des Betriebsrisikos bei Dienstleistungskonzessionen EuGH, Rs. C-458/03, Urteil vom 13.10.2005, „Parking Brixen", Rn. 40). Zu Einzelfragen des Übergangs des Betriebsrisikos hat der Unionsgesetzgeber in den Erwägungsgründen 17 bis 20 der Richtlinie 2014/23/EU Stellung genommen.

Der Übergang des Betriebsrisikos ist das wesentliche Kriterium für die Entscheidung über die Einordnung des jeweiligen Vertrags als Konzessionsvertrag. Während der Dienstleistungsauftrag eine Gegenleistung in Geld umfasst, die vom öffentlichen Auftraggeber unmittelbar an den Dienstleistungserbringer gezahlt wird, besteht im Fall einer Dienstleistungskonzession die Gegenleistung für die Erbringung der Dienstleistung in dem Recht zur Nutzung der Dienstleistung (ständige Rechtsprechung des EuGH, grundlegend EuGH, Rs. C-458/03, Urteil vom 13.10.2005, „Parking Brixen", Rn. 40). Die Ausübung dieses Nutzungsrecht unterliegt dem Betriebsrisiko des

Seite 77

Konzessionärs. Das Recht zur Nutzung der Dienstleistung kann sich insbesondere als Entgeltzahlung Dritter auswirken, die Nutzer der betreffenden Dienstleistung sind (ständige Rechtsprechung des EuGH, grundlegend EuGH, Urteil vom 10.9.2009, Rs. C-206/08, „Wasser- und Abwasserzweckverband Gotha", Rn. 53). Artikel 5 stellt nunmehr in Nummer 1 jeweils unter den Buchstaben a) und b) klar, dass die Gegenleistung in dem Recht zur Nutzung des vertragsgegenständlichen Bauwerks bzw. in dem Recht zur Verwertung der Dienstleistung oder in diesem Recht zuzüglich einer Zahlung besteht.

Zu Satz 1 Nummer 1

§ 105 Absatz 2 Satz 1 Nummer 1 setzt Artikel 5 Nummer 1 Unterabsatz 2 Satz 2 der Richtlinie 2014/23/EU um.

Zu Satz 1 Nummer 2

§ 105 Absatz 2 Satz 1 Nummer 2 setzt Artikel 5 Nummer 1 Unterabsatz 2 Satz 3 der Richtlinie 2014/23/EU um. Im Grundsatz hat der Unionsgesetzgeber darin in Übereinstimmung mit der ständigen Rechtsprechung des Europäischen Gerichtshofes konkretisiert, welche einzelnen Anforderungen an den Übergang des Betriebsrisikos zu stellen sind, insbesondere, dass der Dienstleistungserbringer den Unwägbarkeiten des Marktes ausgesetzt sein muss (vergleiche EuGH, Urteil vom 10.3.2011, Rs. C-274/09, „Rettungsdienste Stadler", Rn. 37, 48, und EuGH, Urteil vom 10.11.2011, Rs. C-348/10, „Norma-A SIA", Rn. 48, 51). Der Europäische Gerichtshof hat in ständiger Rechtsprechung auch klargestellt, dass das Betriebsrisiko auf der Grundlage öffentlich-rechtlicher Vorschriften erheblich eingeschränkt sein kann und für die Einordnung als Dienstleistungskonzession allerdings erforderlich ist, dass der öffentliche Auftraggeber das volle von ihm getragene Risiko oder zumindest einen wesentlichen Teil davon auf den Konzessionsnehmer überträgt (grundlegend EuGH, Urteil vom 10.9.2009, Rs. C-206/08, „Wasser und Abwasserzweckverband Gotha", Rn. 77).

Zu Satz 2

§ 105 Absatz 2 Satz 2 setzt Artikel 5 Nummer 1 Unterabsatz 2 Satz 1 letzter Halbsatz um und stellt klar, dass es sich bei dem Betriebsrisiko um ein Nachfrage- oder Angebotsrisiko handeln kann.

§ 106 GWB
Schwellenwerte

(1) Dieser Teil gilt für die Vergabe von öffentlichen Aufträgen und Konzessionen sowie die Ausrichtung von Wettbewerben, deren geschätzter Auftrags- oder Vertragswert ohne Umsatzsteuer die jeweils festgelegten Schwellenwerte erreicht oder überschreitet. § 114 Absatz 2 bleibt unberührt.

(2) Der jeweilige Schwellenwert ergibt sich

1. **für öffentliche Aufträge und Wettbewerbe, die von öffentlichen Auftraggebern vergeben werden, aus Artikel 4 der Richtlinie 2014/24/EU in der jeweils geltenden Fassung; der sich hieraus für zentrale Regierungsbehörden ergebende Schwellenwert ist von allen obersten Bundesbehörden sowie allen oberen Bundesbehörden und vergleichbaren Bundeseinrichtungen anzuwenden,**
2. **für öffentliche Aufträge und Wettbewerbe, die von Sektorenauftraggebern zum Zweck der Ausübung einer Sektorentätigkeit vergeben werden, aus Artikel 15 der Richtlinie 2014/25/EU in der jeweils geltenden Fassung,**
3. **für verteidigungs- oder sicherheitsspezifische öffentliche Aufträge aus Artikel 8 der Richtlinie 2009/81/EG des Europäischen Parlaments und des Rates vom 13. Juli 2009 über die Koordinierung der Verfahren zur Vergabe bestimmter Bau-, Liefer- und Dienstleistungsaufträge in den Bereichen Verteidigung und Sicherheit und zur Änderung der Richtlinien 2004/17/EG und 2004/18/EG (ABl. L 216 vom 20.8.2009, S. 76) in der jeweils geltenden Fassung,**
4. **für Konzessionen aus Artikel 8 der Richtlinie 2014/23/EU des Europäischen Parlaments und des Rates vom 26. Februar 2014 über die Konzessionsvergabe (ABl. L 94 vom 28.3.2014, S. 1) in der jeweils geltenden Fassung.**

(3) Das Bundesministerium für Wirtschaft und Energie gibt die geltenden Schwellenwerte unverzüglich, nachdem sie im Amtsblatt der Europäischen Union veröffentlicht worden sind, im Bundesanzeiger bekannt.

Übersicht

	Rn.
A. Allgemeines	1
I. Unionsrechtlicher Hintergrund	2
II. Historie	3
B. Anwendungsbereich (Abs. 1)	5
C. Schwellenwerte (Abs. 2)	11
I. Dynamische Verweisung	12
II. Höhe der Schwellenwerte	14
1. Vergabe von öffentlichen Aufträgen und Wettbewerben durch öffentliche Auftraggeber (Nr. 1)	16
2. Vergabe von öffentlichen Aufträgen und Wettbewerben durch Sektorenauftraggeber (Nr. 2)	19
3. Vergabe von verteidigungs- oder sicherheitsspezifischen öffentlichen Aufträgen (Nr. 3)	20
4. Vergabe von Konzessionen (Nr. 4)	21
D. Bekanntmachung (Abs. 3)	22
Anlage Gesetzesbegründung	

A. Allgemeines

1 Die Vorschrift zu den Schwellenwerten befindet sich im Abschnitt 1 „Grundsätze, Definitionen und Anwendungsbereich" des Kapitels 1 „Vergabeverfahren". § 106 GWB enthält dabei die zentrale Regelung für den sachlichen Anwendungsbereich von Teil 4 GWB.[1] Sie schließt sich entsprechend der Überschrift des Abschnitt 1 an die Grundsätze in § 97 GWB und Definitionen in §§ 98 bis 105 GWB an. Die Ausnahmen folgen in §§ 107 bis 109 GWB.

1 Gesetzesbegründung zu § 106 GWB, VergRModG 2016, BT-Drs. 18/6281, 77.

I. Unionsrechtlicher Hintergrund

2 Die europäischen Vorgaben in den RL 2014/24/EU, RL 2014/25/EU, RL 2009/81/EG und RL 2014/23/EU legen Regeln für Verfahren fest, deren geschätzter Wert nicht unter den jeweils vorgegeben Schwellenwerten liegt. Damit wird deren sachlicher Anwendungsbereich eröffnet. Faktoren wie die Möglichkeit von Wirtschaftsteilnehmern (insbesondere KMU) zur Teilnahme an Vergabeverfahren im gesamten Binnenmarkt werden im Zusammenhang mit den Schwellenwerten besonders berücksichtigt und sollen die Europäische Kommission leiten.[2] Die Schwellenwerte sind Ausdruck der Bemühungen um die Steigerung des Wettbewerbs, Effektivitätsverbesserungen sowie die Wirtschaftlichkeit unter Wahrung des Subsidiaritätsprinzips.[3]

II. Historie

3 Bis zur Aufnahme der Regelung der Schwellenwerte in das GWB verwies **§ 100 GWB a.F.** auf die jeweiligen Verordnungen und die dortigen Regelungen (§ 2 Abs. 1 VgV a.F., § 1 Abs. 2 SektVO a.F. und § 1 Abs. 2 VSVgV a.F.[4]), welche wiederum dynamische Verweisungen auf die jeweiligen Regelungen in der RL 2004/18/EG, der RL 2004/17/EG sowie der RL 2009/81/EG auf europäischer Ebene enthielten.

4 Mit **§ 106 GWB** haben die zentralen Regelungen der Schwellenwerte mit der legislativen Entscheidung zum VergRModG 2016 ihren Eingang in das GWB erhalten. Der Gesetzgeber beabsichtigte mit der Überführung in das GWB eine Regelung auf gesetzlicher Ebene, welche dem Rechtsanwender die Anwendung erleichtern sollte.[5] Die Absicht einer inhaltlichen Änderung ist darin nicht erkennbar. Die zuvor entwickelten Wertungen können daher grundsätzlich beibehalten werden.

B. Anwendungsbereich (Abs. 1)

5 Mit § 106 Abs. 1 GWB wird der Anwendungsbereich des Teil 4 GWB eröffnet. § 106 Abs. 1 S. 1 GWB betrifft die Vergabe von öffentlichen Aufträgen i.S.v. § 103 Abs. 1 GWB und Konzessionen i.S.v. § 105 GWB. Daneben wird die Ausrichtung von Wettbewerben i.S.v. § 103 Abs. 6 GWB aufgeführt. Sofern der jeweilige Auftrags- oder Vertragswert die in § 106 Abs. 2 GWB geregelten Schwellenwerte erreicht oder überschreitet, gilt Teil 4 GWB.

6 Maßgeblich ist die **Schätzung** des Auftrags- oder Vertragswerts.[6] Dies ergibt sich nun ausdrücklich aus dem Wortlaut von § 106 Abs. 1 GWB. Der Auftrags- oder Vertragswert wird ohne Umsatzsteuer berücksichtigt. Nähere Regelungen zur Schätzung des Auftragswerts sind nicht im GWB, sondern in § 3 VgV, § 2 SektVO und § 3 VSVgV zu finden. Die Berechnung des geschätzten Vertragswerts bei der Vergabe von Konzessionen ergibt sich aus § 2 KonzVgV. Ihre Grundlage haben die dortigen Regelungen in Art. 6 RL 2014/24/EU, Art. 16 RL 2014/25/EU, Art. 10 RL 2009/81/EG und Art. 8 Abs. 2 bis 6 RL 2014/23/EU. Das GWB trifft mit § 113 S. 2 Nr. 1 GWB die entsprechende Verordnungsermächtigung.

7 Mit der Eröffnung des sachlichen Anwendungsbereichs durch **Erreichen oder Überschreiten der** jeweiligen **Schwellenwerte** ist das europäische Vergaberecht der Richtlinien in der Form des Teil 4 GWB sowie der entsprechenden Vergabeverordnungen zu beachten.[7] Neben dieser materiellen Wirkung für das Vergabeverfahren wird damit die Grundlage für den

2 Vgl. z. B. Erwägungsgrund Art. 92 RL 2014/24/EU.
3 Vgl. *Kau*, in: Burgi/Dreher, Vergaberecht, § 106 GWB Rn. 4.
4 Gesetzesbegründung zu § 106 GWB, VergRModG 2016, BT-Drs. 18/6281, 77.
5 Vgl. Gesetzesbegründung zu § 106 Abs. 2 GWB, VergRModG 2016, BT-Drs. 18/6281, 77; eher skeptisch hinsichtlich der Zielerreichung *Alexander*, in: Pünder/Schellenberg, Vergaberecht, § 106 GWB Rn. 1, und *Stickler*, in: Reidt/Stickler/Glahs, Vergaberecht, § 106 GWB Rn. 12.
6 Der Vertragswert wird mit der Konzessionsvergabe verknüpft, während der Auftragswert bei den übrigen Vergabeverfahren relevant ist.
7 Vgl. *Dreher*, in: Immenga/Mestmäcker, Wettbewerbsrecht, § 106 GWB Rn. 4.

Rechtsschutz vor den Vergabekammern im Nachprüfungsverfahren geschaffen. Die Regelungen zum Nachprüfungsverfahren befinden sich insbesondere in Kapitel 2 Teil 4 GWB (§§ 155 ff. GWB). Sowohl die materiellen Regelungen als auch der Rechtsschutz unterhalb der Schwellenwerte weisen deutliche Unterschiede zu den Regelungen des Vergaberechts im GWB auf.[8]

Unterhalb der Schwellenwerte bestehen Vorgaben insbesondere aufgrund haushaltsrechtlicher Regelungen (insbesondere § 55 BHO/LHO) oder aufgrund sonstiger Verpflichtungen (z.B. Zuwendungsrecht).[9] Daneben sind primärrechtliche Grundsätze (Nichtdiskriminierung, Gleichbehandlung, Transparenz)[10] sowie grundgesetzliche Wertungen der Grundrechte[11] durch Auftraggeber zu berücksichtigten. 8

Der **Rechtsschutz** oberhalb der Schwellenwerte findet seine europäischen Grundlagen insbesondere in den RL 89/665/EWG und 92/13/EWG sowie der RL 2007/66/EG. Ein vergleichbares System ist in der Unterschwelle nicht zu finden.[12] In der Unterschwelle beschränkt sich der Rechtsschutz i.d.R. auf den ordentlichen Rechtsweg[13], wobei unter Bezugnahme auf eine Entscheidung des OLG Düsseldorf aus 2017[14] zuletzt die Ausgestaltung des Rechtschutzes unterhalb der Schwellenwerte adressiert wurde.[15] 9

In Teil 4 GWB befindet sich eine Regelung zur Unterschwelle, welche von der Vorschrift des § 106 GWB unberührt bleibt. Die Pflicht zur Übermittlung von Vergabedaten gemäß **§ 114 Abs. 2 GWB** besteht aufgrund von § 106 Abs. 1 S. 2 GWB auch unterhalb der jeweils geltenden Schwellenwerte (vgl. § 114 Abs. 2 S. 3 GWB). Auf der Grundlage der Verordnungsermächtigung des § 114 Abs. 2 S. 4 GWB wurde die VergStatVO erlassen, welche im Jahr 2020 durch das Gesetz zur beschleunigten Beschaffung im Bereich der Verteidigung und Sicherheit und zur Optimierung der Vergabestatistik[16] geändert wurde. Für die Unterschwelle ist nunmehr § 2 Abs. 2 i.V.m. § 3 Abs. 2 und Anlage 8 VergStatVO maßgeblich. 10

C. Schwellenwerte (Abs. 2)

Die Richtlinien bestimmen den Anwendungsbereich der europäischen Vergaberichtlinien in den Mitgliedsstaaten und sind unmittelbar anwendbar,[17] soweit die einzelnen Regelungen unbedingt und hinreichend genau sind.[18] Die Vorgabe der Schwellenwerte – einschließlich der Vorgaben zur Schätzung des Auftragswerts – erfüllen grundsätzlich diese Voraussetzungen, was selbst ohne einen nationalen Umsetzungsakt für die Zeit nach dem Ablauf der Umsetzungsfrist eine unmittelbare Anwendbarkeit ab Erreichen des Schwellenwerts bedeuten würde. 11

---

8 Vgl. hierzu ausführlich *Alexander*, in: Pünder/Schellenberg, Vergaberecht, § 106 GWB Rn. 5 ff.; *Ziekow*, in: Ziekow/Völlink, Vergaberecht, Einleitung GWB Rn. 26 ff.; kritisch hinsichtlich der unterschiedlichen Behandlung von Ober- und Unterschwelle *Dreher*, in: Immenga/Mestmäcker, Wettbewerbsrecht, Vor § 97 ff. GWB Rn. 98 ff.

9 Vgl. *Fehling*, in: Pünder/Schellenberg, Vergaberecht, § 97 GWB Rn. 28 ff; *Glahs*, in: Reidt/Stickler/Glahs, Vergaberecht, Einleitung Rn. 15; *Greb*, in: Ziekow/Völlink, Vergaberecht, § 106 GWB Rn. 2; *Ziekow*, in: Ziekow/Völlink, Vergaberecht, Einleitung GWB Rn. 26 ff.

10 Vgl. *Dörr*, in: Burgi/Dreher, Vergaberecht, Vorbemerkung, § 97 GWB Rn. 15; *Glahs*, in: Reidt/Stickler/Glahs, Vergaberecht, Einleitung Rn. 5 f.; *Ziekow*, in: Ziekow/Völlink, Vergaberecht, Einleitung GWB Rn. 11 ff.

11 Vgl. *Fehling*, in: Pünder/Schellenberg, Vergaberecht, § 97 GWB Rn. 39 ff.

12 Vgl. *Wende*, in: Säcker, Wettbewerbsrecht, § 106 GWB Rn. 10 ff.; kritisch *Dreher*, in: Immenga/Mestmäcker, Wettbewerbsrecht, Vor § 97 ff. GWB Rn. 100 ff.

13 Vgl. *Fehling*, in: Pünder/Schellenberg, Vergaberecht, § 97 GWB Rn. 39.

14 OLG Düsseldorf, Urteil v. 13.12.2017 – I-27 U 25/17, NZBau 2018, 168.

15 Vgl. *Dageförde*, NZBau 2020, 72; *Hömke/Metz*, IR 2020, 131.

16 BGBl. 2020 Teil I Nr. 16, S. 674.

17 Zur unmittelbaren Anwendbarkeit der europäischen Vergaberichtlinien: *Dreher*, in: Immenga/Mestmäcker, Wettbewerbsrecht, Vor § 97 ff. GWB Rn. 42 ff.

18 Vgl. *Dreher*, in: Immenga/Mestmäcker, Wettbewerbsrecht, Vor § 97 ff. GWB Rn. 45.

I. Dynamische Verweisung

12 Das GWB als wesentlicher Umsetzungsakt orientiert sich an den europäischen Schwellenwerten und nutzt dynamische Verweisungen auf die jeweilige Vergaberichtlinie, um den Anwendungsbereich des Teil 4 GWB zu konkretisieren. Die Konkretisierung auf Verordnungsebene entfiel mit der **Vergaberechtsmodernisierung**.[19] Die dynamische Verweisung bewirkt einen Gleichlauf zwischen deutschem und europäischem Vergaberecht in der Oberschwelle und vermeidet Verzögerungen bei der Anpassung der Schwellenwerte im nationalen Recht.[20] Eine solche dynamische Verweisung ist allerdings grundsätzlich nur in engen Grenzen möglich.[21] Richtlinientexte der Europäischen Union „eignen sich für Verweisungen nur, wenn sie hinreichend bestimmt sind".[22] Bei den europäischen Vorgaben zu den Schwellenwerten besteht eine solche hinreichende Bestimmtheit. Zudem besteht für den deutschen Gesetzgeber keine Wahl hinsichtlich der Mindesthöhe der Schwellenwerte, welche die Anwendbarkeit des europäischen Vergaberechts begründen.[23]

13 Die Europäische Kommission überprüft die Schwellenwerte und setzt diese alle **zwei Jahre** fest. Hintergrund sind Verpflichtungen, welche sich aus dem GPA ergeben.[24] Es handelt sich um ein rein mathematisches Verfahren und damit lediglich um einen technischen Vorgang, dessen Ziel insbesondere der Ausgleich von Wechselkursschwankungen, die zwischen den Unterzeichnern des GPA bestehen und sich möglicherweise auf das Ausmaß der Öffnung der öffentlichen Beschaffungsmärkte dieser Staaten für den Wettbewerb von Unternehmen in anderen Unterzeichnerstaaten auswirken, ist.[25] Die rechtliche Verankerung erfolgt in Art. 6 RL 2014/24/EU, Art. 17 RL 2014/25/EU und Art. 9 RL 2014/23/EU. Für die RL 2009/81/EG ergibt sich die Neufestsetzung der Schwellenwerte aus Art. 68 RL 2009/81/EG, welcher die RL 2004/17/EG als Bezugspunkt aufführt.

II. Höhe der Schwellenwerte

14 Die Richtlinien treffen in §§ 4 ff. RL 2014/24/EU, §§ 15 ff. RL 2014/25/EU, §§ 8 f. RL 2009/81/EG und § 8 RL 2014/23/EU Regelungen zu den Schwellenwerten. Dies greift § 106 Abs. 2 GWB auf.[26]

15 Die Europäische Kommission hat die Befugnis zum Erlass **delegierter Verordnungen** zur Festsetzung der Schwellenwerte.[27] Delegierte Verordnungen haben gemäß Art. 288 Abs. 2 i.V.m. Art. 290 AEUV allgemeine Geltung. Sie sind in allen ihren Teilen verbindlich und gelten unmittelbar in jedem Mitgliedstaat. Mit den delegierten Verordnungen VO (EU) 2021/1952 für die öffentliche Auftragsvergabe, VO (EU) 2021/1953 für die Vergabe von Aufträgen durch Auftraggeber im Bereich der Wasser-, Energie- und Verkehrsversorgung sowie der Postdienste und VO (EU) 2021/1951 für die Konzessionsvergabe hat die Europäische Kommission ihre Ermächtigung genutzt. Aufgrund der delegierten Verordnungen traten für die entsprechenden

---

19 Vgl. Gesetzesbegründung zu § 106 GWB, VergRModG 2016, BT-Drs. 18/6281, 77.
20 Vgl. zu früheren Herausforderungen *Stickler*, in: Reidt/Stickler/Glahs, Vergaberecht, § 106 GWB Rn. 12.
21 Vgl. *Kau*, in: Burgi/Dreher, Vergaberecht, § 106 GWB, Rn. 9; BMJ, Handbuch der Rechtsförmlichkeit, Teil B, Ziff. 4.3, Rn. 243 ff.
22 BMJ, Handbuch der Rechtsförmlichkeit, Teil B, Ziff. 4.3, Rn. 248.
23 So auch *Dreher*, in: Immenga/Mestmäcker, Wettbewerbsrecht, § 106 GWB Rn. 7; vgl. zum Zwang einer Übernahme europäischer Vorgaben sowie zur Ersparnis häufiger Anpassungen: BMJ, Handbuch der Rechtsförmlichkeit, Teil B, Ziff. 4.3, Rn. 248.
24 Vgl. zum GPA: *Fehling*, in: Pünder/Schellenberg, Vergaberecht, § 97 GWB Rn. 24 ff.; *Stickler*, in: Reidt/Stickler/Glahs, Vergaberecht, § 106 GWB Rn. 5, 13 f.
25 Vgl. exemplarisch die Erläuterungen zu den rechtlichen Aspekten des delegierten Rechtsakts zu VO (EU) 2021/1952 (vgl. C(2021) 7947 final).
26 Es kommt zu folgenden Verweisungen:
- § 106 Abs. 2 Nr. 1 GWB verweist auf die RL 2014/24/EU,
- § 106 Abs. 2 Nr. 2 GWB auf die RL 2014/25/EU,
- § 106 Abs. 2 Nr. 3 GWB auf die RL 2009/81/EG und
- § 106 Abs. 2 Nr. 4 GWB auf RL 2014/23/EU.

27 Diese ergeben sich aus Art. 6 Abs. 5 bis 7 i.V.m. Art. 87 RL 2014/24/EU, Art. 17 Abs. 4 und Abs. 5 i.V.m. Art. 103 RL 2014/25/EU sowie Art 9 Abs. 4 und Abs. 5 i.V.m. Art. 48 RL 2014/23/EU.

Richtlinien zum 1. Januar 2022 neue Schwellenwerte in Kraft. Für den Bereich Verteidigung und Sicherheit bedeutete die delegierte Verordnung (EU) 2021/1950 zum 1. Januar 2022 eine Anpassung der Schwellenwerte. Die diesbezügliche Ermächtigung für die Europäische Kommission ergibt sich aus Art. 68 RL 2009/81/EG.

1. Vergabe von öffentlichen Aufträgen und Wettbewerben durch öffentliche Auftraggeber (Nr. 1)

Für öffentliche Aufträge[28] und Wettbewerbe[29], die von öffentlichen Auftraggebern vergeben werden (§ 106 Abs. 2 Nr. 1 GWB), ergeben sich – voraussichtlich bis zum 31. Dezember 2023 – gemäß Art. 4 RL 2014/24/EU in der Fassung der VO (EU) 2021/1952 folgende Schwellenwerte: 16

öffentliche Liefer-[30] und Dienstleistungsaufträge[31] und Wettbewerbe	215.000 EUR
öffentliche Bauaufträge[32]	5.382.000 EUR
öffentliche Dienstleistungsaufträge betreffend soziale und andere besondere Dienstleistungen (vgl. § 130 GWB)	750.000 EUR

Der Schwellenwert für öffentliche Dienstleistungsaufträge betreffend soziale und andere besondere Dienstleistungen[33] wurde weder durch die VO (EU) 2021/1952 noch eine der anderen zwischenzeitlich erlassenen delegierten Verordnungen geändert. Es bleibt daher beim ursprünglichen Schwellenwert in der Fassung des Art. 4 lit. d RL 2014/24/EU.

Neben diesen Schwellenwerten gelten – insbesondere im Zusammenhang mit den völkerrechtlichen Verpflichtungen aus dem GPA – besondere Regelungen für **„zentrale Regierungsbehörden"**. „Zentrale Regierungsbehörden" müssen gemäß Art. 4 lit. b RL 2014/24/EU bei öffentlichen Liefer- und Dienstleistungsaufträgen und bei von diesen Behörden ausgerichteten Wettbewerben einen Schwellenwert von 140.000 EUR beachten.[34] Gemäß Art. 2 Nr. 2 RL 2014/24/EU sind „zentrale Regierungsbehörden" diejenigen öffentlichen Auftraggeber, die in Anhang I RL 2014/24/EU aufgeführt sind, und, soweit auf innerstaatlicher Ebene Berichtigungen oder Änderungen vorgenommen wurden, die Stellen, die ihre Nachfolger sind. 17

Anhang I RL 2014/24/EU nennt für **Deutschland** das Bundeskanzleramt, das Auswärtige Amt und die Bundesministerien, welche auch Gegenstand der Meldung unter dem Dach der Europäischen Union im Zusammenhang mit dem GPA sind.[35] Gemäß § 106 Abs. 2 Nr. 1 GWB haben alle obersten Bundesbehörden sowie alle oberen Bundesbehörden und vergleichbaren Bundeseinrichtungen den vorgesehenen Schwellenwert zu beachten,[36] wobei für verteidigungs- und sicherheitsspezifische öffentliche Aufträge auch bei zentralen Regierungsstellen die entsprechenden Regelungen vorgehen können.[37] Das Bundesministerium für Wirtschaft und Energie hat zur Bestimmung der erfassten Bundesbehörden und vergleichbaren Bundeseinrichtungen eine Hilfestellung für die Prüfung des geltenden EU-Schwellenwerts bei der 18

28 Vgl. § 103 Abs. 1 GWB.
29 Vgl. § 103 Abs. 6 GWB sowie § 69 VgV.
30 Vgl. § 103 Abs. 2 GWB.
31 Vgl. § 103 Abs. 4 GWB.
32 Vgl. § 103 Abs. 3 GWB.
33 Diese sind laut Gesetzesbegründung ausdrücklich von der Verweisung umfasst, vgl. Gesetzesbegründung zu § 106 Abs. 2 GWB, VergRModG 2016, BT-Drs. 18/6281, 77.
34 Der Schwellenwert gilt laut Art. 4 lit. b RL 2014/24/EU bei öffentlichen Lieferaufträgen, die von öffentlichen Auftraggebern im Verteidigungsbereich vergeben werden, nur für Aufträge über Waren, die in Anhang III RL 2014/24/EU aufgeführt sind.
35 https://www.wto.org/english/tratop_e/gproc_e/gp_app_agree_e.htm (abgerufen am 8.4.2022).
36 Vgl. Gesetzesbegründung zu § 106 Abs. 2 Nr. 1 GWB, VergRModG 2016, BT-Drs. 18/6281, 78.
37 Vgl. *Kau*, in: Burgi/Dreher, Vergaberecht, § 106 GWB Rn. 34; *Dreher*, in: Immenga/Mestmäcker, Wettbewerbsrecht, § 106 GWB Rn. 12.

Vergabe öffentlicher Aufträge veröffentlicht.[38] Neben dieser Hilfe dürfte der Hintergrund für die Regelung zu berücksichtigen sein. Diese Einrichtungen sollten wegen ihres im Vergleich zu anderen Auftraggebern gesteigerten Organisationsgrads und größeren Beschaffungsvolumens zur Durchführung entsprechender Verfahren in der Lage sein.[39] Allein die Bezugnahme auf die grundgesetzlichen Vorgaben wie die Gesetzgebungskompetenz und die bundesweite Zuständigkeit[40] dürfte für eine Bestimmung nicht ausreichen.

2. Vergabe von öffentlichen Aufträgen und Wettbewerben durch Sektorenauftraggeber (Nr. 2)

19 Für öffentliche Aufträge und Wettbewerbe, die von Sektorenauftraggebern[41] zum Zweck der Ausübung einer Sektorentätigkeit[42] vergeben werden (§ 106 Abs. 2 Nr. 2 GWB), ergeben sich – voraussichtlich bis zum 31. Dezember 2023 – gemäß Art. 15 RL 2014/25/EU in der Fassung der VO (EU) 2021/1953 folgende Schwellenwerte:

Liefer-[43] und Dienstleistungsaufträge[44] sowie Wettbewerbe[45]	431.000 EUR
Bauaufträge[46]	5.382.000 EUR
Dienstleistungsaufträge betreffend soziale und andere besondere Dienstleistungen (vgl. § 130 GWB)	1.000.000 EUR

Der Schwellenwert für öffentliche Dienstleistungsaufträge betreffend soziale und andere besondere Dienstleistungen[47] wurde weder durch die VO (EU) 2021/1953 noch eine andere der zwischenzeitlich erlassenen delegierten Verordnungen geändert. Es bleibt daher beim ursprünglichen Schwellenwert in der Fassung des Art. 15 RL 2014/25/EU.

3. Vergabe von verteidigungs- oder sicherheitsspezifischen öffentlichen Aufträgen (Nr. 3)

20 Für verteidigungs- und sicherheitsspezifische öffentliche Aufträge[48] (§ 106 Abs. 2 Nr. 3 GWB) gelten – voraussichtlich bis zum 31. Dezember 2023 – gemäß Art. 8 RL 2009/81/EG in der Fassung der VO (EU) 2021/1950 folgende Schwellenwerte:

Liefer-[49] und Dienstleistungsaufträge[50]	431.000 EUR
Bauaufträge[51]	5.382.000 EUR

4. Vergabe von Konzessionen (Nr. 4)

21 Für Konzessionen[52] (§ 106 Abs. 2 Nr. 4 GWB) gilt gemäß Art. 8 Abs. 1 RL 2014/23/EU in der Fassung der VO (EU) 2021/1951 – voraussichtlich bis zum 31. Dezember 2023 – ein Vertragswert von mindestens 5.382.000 EUR.

---

38 Vgl. Bundesministerium für Wirtschaft und Energie, Bekanntmachung der Liste der obersten und oberen Bundesbehörden sowie der vergleichbaren Einrichtungen gemäß § 106 Absatz 2 Nummer 1 des Gesetzes gegen Wettbewerbsbeschränkungen nach Geschäftsbereich, die den niedrigeren Schwellenwert anwenden – Hilfestellung bei der Prüfung des geltenden EU-Schwellenwerts bei der Vergabe öffentlicher Aufträge vom 18. Juni 2019 (BAnz AT 01.07.2019 B1).
39 Vgl. *Dreher*, in: Immenga/Mestmäcker, Wettbewerbsrecht, § 106 GWB Rn. 12.
40 Vgl. VK Bund, Beschluss v. 11.10.2010 – VK 3-96/10.
41 Vgl. § 100 GWB.
42 Vgl. § 102 GWB.
43 Vgl. § 103 Abs. 2 GWB.
44 Vgl. § 103 Abs. 4 GWB.
45 Vgl. § 103 Abs. 6 GWB sowie § 69 VgV.
46 Vgl. § 103 Abs. 3 GWB.
47 Diese sind laut Gesetzesbegründung ausdrücklich von der Verweisung umfasst, vgl. Gesetzesbegründung zu § 106 Abs. 2 GWB, VergRModG 2016, BT-Drs. 18/6281, 77.
48 Vgl. § 104 GWB.
49 Vgl. § 103 Abs. 2 GWB.
50 Vgl. § 103 Abs. 4 GWB.
51 Vgl. § 103 Abs. 3 GWB.
52 Vgl. § 105 GWB.

D. Bekanntmachung (Abs. 3)

§ 106 Abs. 3 GWB verpflichtet das Bundesministerium für Wirtschaft und Energie zu einer unverzüglichen[53] Bekanntmachung im Bundesanzeiger nach Veröffentlichung im Amtsblatt der Europäischen Union.[54] Aufgrund der dynamischen Verweisung und der unmittelbaren Anwendbarkeit der europäischen Vorgaben zu den Schwellenwerten ist die Bekanntmachung deklaratorisch. 22

Anlage

Gesetzesbegründung – VergRModG 2016 (BT-Drs. 18/6281)

Seite 77

§ 106 regelt eine wesentliche Voraussetzung für den sachlichen Anwendungsbereich des Teils 4 des GWB in Form einer dynamischen Verweisung auf die jeweils in den Richtlinien 2014/24/EU, 2014/25/EU, 2009/81/EG und 2014/23/EU geregelten Schwellenwerte, deren Höhe regelmäßig vom Unionsgesetzgeber oder der EU-Kommission im Wege der delegierten Rechtssetzung angepasst wird. Der Regelungsinhalt der bisherigen § 2 Absatz 1 VgV, § 1 Absatz 2 VSVgV und § 1 Absatz 2 SektVO wird als Grundsatzbestimmung in das GWB übernommen. Damit entfällt zukünftig der Bedarf für eine weitere Konkretisierung auf Verordnungsebene.

Zu Absatz 1

§ 106 Absatz 1 übernimmt die bisherige Regelung des § 100 Absatz 1 Satz 1 GWB und bestimmt mit dem Erfordernis, dass der geschätzte Auftrags- oder Vertragswert die jeweils geltenden Schwellenwerte erreicht oder überschreitet, eine wesentliche Voraussetzung für die Anwendung des Teils 4 des GWB auf öffentliche Aufträge, Konzessionen und Wettbewerbe.

Zu Absatz 2

Der konkrete Verweis auf die jeweiligen geltenden Schwellenwerte der unterschiedlichen Vergaberegime folgt in Absatz 2 Nummern 1 bis 4. Diese enthalten eine dynamische Verweisung auf die in den jeweiligen Artikeln der Richtlinien 2014/24/EU, 2014/25/EU, 2009/81/EG und 2014/23/EU geregelten Schwellenwerte („in der jeweils geltenden Fassung"). Die einheitliche Regelung im GWB ersetzt die bisher in § 2 Absatz 1 Vergabeverordnung (VgV), § 1 Absatz 2 Sektorenverordnung (SektVO) und § 1 Absatz 2 Vergabeverordnung für die Bereiche Verteidigung und Sicherheit (VSVgV) enthaltenen dynamischen Verweisungen auf die jeweiligen Schwellenwertvorschriften.

Die Verweisungen umfassen auch die jeweils besonderen Schwellenwerte für die Regelungen zur Vergabe von Aufträgen über soziale und andere besondere Dienstleistungen.

Die Regelungen aus der VgV, der SektVO und der VSVgV werden ins GWB überführt, da es sich hierbei um die Festlegung des sachlichen Geltungsbereiches der vergaberechtlichen Regelungen handelt, welcher einheitlich auf gesetzlicher Ebene erfolgen sollte. Für den Rechtsanwender erleichtert dies zudem die Anwendung, da sich die Fundstellen für die jeweiligen Schwellenwerte nunmehr unmittelbar aus dem Gesetz ergeben und die zusätzliche Verweisung auf die jeweiligen Verordnungen entfällt.

---

53 Vgl. zur Unverzüglichkeit die Ausführungen von *Kau*, in: Burgi/Dreher, Vergaberecht, § 106 GWB Rn. 48, wonach unter spezifisch vergaberechtlicher Perspektive die Legaldefinition des § 121 Abs. 1 BGB eine Frist von etwa zwei Wochen nach der Veröffentlichung der Schwellenwerte im Amtsblatt der EU anzunehmen sei; eine Veröffentlichung müsse allerdings deutlich vor dem Inkrafttreten der neuen Schwellenwerte vorgenommen werden.

54 Vgl. Gesetzesbegründung zu § 106 Abs. 3 GWB, VergRModG 2016, BT-Drs. 18/6281, 78.

Seite 78

Zu Nummer 1

§ 106 Absatz 2 Nummer 1 übernimmt die in Artikel 4 der Richtlinie 2014/24/EU vorgesehene Regelung der Höhe des Schwellenwertes für öffentliche Aufträge und Wettbewerbe, die von öffentlichen Auftraggebern vergeben werden. Diese Vorschrift war bislang in § 2 Absatz 1 VgV enthalten. Zudem wird in Nummer 1 im letzten Halbsatz klargestellt, dass die sich für zentrale Regierungsbehörden aus der jeweils maßgeblichen Richtlinie ergebende Verpflichtung zur Anwendung des niedrigeren Schwellenwertes bei der Vergabe von Liefer- und Dienstleistungsaufträgen nicht nur für Bundesministerien, sondern für alle obersten Bundesbehörden einschließlich aller oberen Bundesbehörden sowie vergleichbaren Einrichtungen gilt. Die EU-Schwellenwerte gelten unmittelbar und werden durch das Bundesministerium für Wirtschaft und Energie nach Änderung nur noch im Bundesanzeiger bekannt gegeben.

Zu Nummer 2

§ 106 Absatz 2 Nummer 2 übernimmt die in Artikel 15 der Richtlinie 2014/25/EU vorgesehene Regelung der Höhe des Schwellenwertes für öffentliche Aufträge und Wettbewerbe, die von Sektorenauftraggebern zum Zweck der Ausübung einer Sektorentätigkeit vergeben werden. Diese Vorschrift war bislang in § 1 Absatz 2 SektVO enthalten.

Zu Nummer 3

§ 106 Absatz 2 Nummer 3 übernimmt die in Artikel 8 der Richtlinie 2009/81/EG vorgesehene Regelung der Höhe des Schwellenwertes für verteidigungs- oder sicherheitsspezifische öffentliche Aufträge. Diese Vorschrift war bislang in § 1 Absatz 2 VSVgV enthalten.

Zu Nummer 4

§ 106 Absatz 2 Nummer 4 übernimmt die in Artikel 8 der Richtlinie 2014/23/EU vorgesehene Regelung der Höhe des Schwellenwertes für Konzessionen.

Zu Absatz 3

§ 106 Absatz 3 entspricht der bislang in § 2 Absatz 1 Satz 2 VgV und § 1 Absatz 2 VSVgV vorgesehenen Verpflichtung des Bundesministeriums für Wirtschaft und Energie, die Schwellenwerte unverzüglich nach Veröffentlichung im Amtsblatt der Europäischen Union im Bundesanzeiger bekannt zu geben.

§ 107 GWB
Allgemeine Ausnahmen

(1) Dieser Teil ist nicht anzuwenden auf die Vergabe von öffentlichen Aufträgen und Konzessionen

1. zu Schiedsgerichts- und Schlichtungsdienstleistungen,

2. für den Erwerb, die Miete oder die Pacht von Grundstücken, vorhandenen Gebäuden oder anderem unbeweglichem Vermögen sowie Rechten daran, ungeachtet ihrer Finanzierung,

3. zu Arbeitsverträgen,

4. zu Dienstleistungen des Katastrophenschutzes, des Zivilschutzes und der Gefahrenabwehr, die von gemeinnützigen Organisationen oder Vereinigungen erbracht werden und die unter die Referenznummern des Common Procurement Vocabulary 75250000-3, 75251000-0, 75251100-1, 75251110-4, 75251120-7, 75252000-7, 75222000-8, 98113100-9 und 85143000-3 mit Ausnahme des Einsatzes von Krankenwagen zur Patientenbeförderung fallen; gemeinnützige Organisationen oder Vereinigungen im Sinne dieser Nummer sind insbesondere die Hilfsorganisationen, die nach Bundes- oder Landesrecht als Zivil- und Katastrophenschutzorganisationen anerkannt sind.

(2) Dieser Teil ist ferner nicht auf öffentliche Aufträge und Konzessionen anzuwenden,

1. bei denen die Anwendung dieses Teils den Auftraggeber dazu zwingen würde, im Zusammenhang mit dem Vergabeverfahren oder der Auftragsausführung Auskünfte zu erteilen, deren Preisgabe seiner Ansicht nach wesentlichen Sicherheitsinteressen der Bundesrepublik Deutschland im Sinne des Artikels 346 Absatz 1 Buchstabe a des Vertrags über die Arbeitsweise der Europäischen Union widerspricht, oder

2. die dem Anwendungsbereich des Artikels 346 Absatz 1 Buchstabe b des Vertrags über die Arbeitsweise der Europäischen Union unterliegen.

Wesentliche Sicherheitsinteressen im Sinne des Artikels 346 Absatz 1 des Vertrags über die Arbeitsweise der Europäischen Union können insbesondere berührt sein, wenn der öffentliche Auftrag oder die Konzession verteidigungsindustrielle Schlüsseltechnologien betrifft. Ferner können im Fall des Satzes 1 Nummer 1 wesentliche Sicherheitsinteressen im Sinne des Artikel 346 Absatz 1 Buchstabe a des Vertrags über die Arbeitsweise der Europäischen Union insbesondere berührt sein, wenn der öffentliche Auftrag oder die Konzession

1. sicherheitsindustrielle Schlüsseltechnologien betreffen oder

2. Leistungen betreffen, die

a) für den Grenzschutz, die Bekämpfung des Terrorismus oder der organisierten Kriminalität oder für verdeckte Tätigkeiten der Polizei oder der Sicherheitskräfte bestimmt sind, oder

b) Verschlüsselung betreffen

und soweit ein besonders hohes Maß an Vertraulichkeit erforderlich ist.

Übersicht Rn.

A. Allgemeines ... 1
I. Historie ... 6
II. Gemischte Aufträge ... 8
III. Rechtsfolge ... 9
B. Schiedsgerichts- und Schlichtungsdienstleistungen (Abs. 1 Nr. 1) ... 10
C. Grundstücksbezogene Geschäfte (Abs. 1 Nr. 2) ... 13
D. Arbeitsverträge (Nr. 3) ... 26
E. Rettungsdienstleistungen (Nr. 4) ... 37
I. Privilegierte Leistungen ... 42
1. Dienstleistungen des Katastrophenschutzes ... 47
2. Dienstleistungen des Zivilschutzes ... 54
3. Dienstleistungen der Gefahrenabwehr ... 57
4. Einordnung in bestimmte Referenznummern ... 61
a) Dienstleistungen der Feuerwehr und von Rettungsdiensten ... 63
b) Einsatz von Krankenwagen ... 66
c) Zivilverteidigung ... 69

d) Dienstleistungen der nuklearen Sicherheit ... 70
II. Privilegierte Leistungsträger ... 71
1. Organisationen oder Vereinigungen ... 72
2. Gemeinnützigkeit ... 73
3. Anerkannte Zivil- oder Katastrophenschutzorganisationen ... 74
III. Erbrachtwerden der Leistungen .. 78
IV. Anwendung von Vergabeprimärrecht ... 83
F. Schutz wesentlicher Sicherheitsinteressen (Abs. 2) ... 89
I. Allgemeines ... 89
1. Unionsrechtlicher Hintergrund ... 89
2. Historie ... 93
3. Vergleichbare Regelungen ... 97
II. Anwendungsbereich ... 98
1. § 107 Abs. 2 GWB als allgemeine Ausnahme ... 98
2. § 107 Abs. 2 S. 1 Nr. 2 GWB als spezielle Ausnahme für Waffen, Munition und Kriegsmaterial (Militärausrüstung) ... 100
III. Aufbau der Bestimmung ... 104
IV. Wesentliche Sicherheitsinteressen ... 105
1. Verteidigungsindustrielle und sicherheitsindustrielle Schlüsseltechnologien (S. 2 und S. 3 Nr. 1) ... 109
2. Grenzschutz, Terrorismus, organisierte Kriminalität und verdeckte Operationen (S. 3 Nr. 2 lit. a) ... 113
3. Verschlüsselung (S. 3 Nr. 2 lit. b) .. 116
V. Sicherheitskritische Informationen (Nr. 1) ... 117
1. Preisgabe von Auskünften in Vergabeverfahren oder bei Auftragsausführung ... 118
2. Wesentliche Sicherheitsinteressen ... 119
3. Erforderlichkeit der Nichtanwendung der Vergabebestimmungen ... 121
VI. Verteidigungsaufträge (Nr. 2) ... 124
1. Beschaffung von Militärausrüstung ... 125
2. Wesentliche Sicherheitsinteressen ... 126
3. Erforderlichkeit der Nichtanwendung der Vergabebestimmungen ... 127
4. Verhältnismäßigkeit ... 130
5. Keine Beeinträchtigung der Wettbewerbsbedingungen auf zivilen Märkten ... 132
VII. Gemischte Aufträge und Konzessionen ... 133
G. Rechtsschutz ... 134
Anlagen
Gesetzesbegründungen

A. Allgemeines*

1 § 107 GWB regelt ausweislich seiner Überschrift die allgemeinen Ausnahmen von der Anwendung des Teil 4 GWB (sog. Bereichsausnahmen).

2 Die **Gründe**, die den einzelnen Ausnahmen zugrunde liegen, sind heterogen. Teils handelt es sich um Klarstellungen zur Definition des öffentlichen Auftrags i.S. des § 103 GWB. Teils geht es um Bereiche, in denen der Europäischen Union die Regelungszuständigkeit fehlt, andere Verfahrensregeln gelten, vorrangige staatliche Interessen zu berücksichtigen sind oder eine Vergabe im Wettbewerb aus anderen Gründen nicht in Betracht kommt bzw. nicht sachgerecht erscheint.

3 Die Ausnahmetatbestände sind **abschließend** aufgeführt und nicht analogiefähig.[1] Sie dürfen in Anbetracht der grundsätzlichen Entscheidung des europäischen Vergaberechts für eine Öffnung der Beschaffungsmärkte und für eine transparente, wettbewerbliche Vergabe nicht durch den nationalen Gesetzgeber ergänzt oder erweitert werden.[2]

---

* Die Kapitel A bis E dieser Kommentierung basieren auf der Kommentierung in der Vorauflage durch Herrn *Dr. Frank Sterner*, dem wir – *Dr. Melanie Plauth* und *Frederic Delcuvé* – für die Zurverfügungstellung des Manuskripts herzlich danken.

1 Vgl. BGH, Beschluss v. 8.2.2011 – X ZB 4/10; Beschluss v. 1.12.2008 – X ZB 31/08, Rn. 21; VK Sachsen, Beschluss v. 29.8.2008 – 1/SVK/042-08; *Ziekow*, VergabeR 2007, 711 (712) m.w.N.

2 Vgl. EuGH, Urteil v. 17.11.1993 – Rs. C-71/92 (Kommission/Spanien), Rn. 36; OLG Düsseldorf, Beschluss v. 5.5.2004 – Verg 78/03.

Als Ausnahmebestimmungen sind die Regelungen zudem **eng auszulegen**.[3] Hierbei ist jedoch das Gebot enger Auslegung im Sinne einer eng am jeweiligen Zweck des Ausnahmetatbestandes orientierten Auslegung zu verstehen.[4] Eine den Anwendungsbereich der Bereichsausnahmen möglichst weit zurückdrängende Auslegung ist demnach weder geboten noch statthaft.[5] Allerdings ist bei der Auslegung der Ausnahmetatbestände auch der Grundsatz der Verhältnismäßigkeit zu beachten.[6] Die Freistellung vom Vergaberecht muss demnach erforderlich und verhältnismäßig sein. 4

Die **Beweislast** für das Vorliegen einer Tatbestandsausnahme und mithin für die Erfüllung all seiner Tatbestandsvoraussetzungen trifft denjenigen, der sich darauf beruft, d.h. in der Regel den Auftraggeber.[7] Der Auftraggeber muss konkrete Angaben tatsächlicher Art zum Bestehen eines Ausnahmetatbestands machen, da nur dann geprüft werden kann, ob der jeweilige Beschaffungsvorgang tatsächlich nicht dem Vergaberecht unterliegt.[8] Unabhängig davon, ob sich der Auftraggeber hierauf beruft, müssen die Nachprüfungsinstanzen im Falle eines Vergabenachprüfungsverfahrens i.S.d. §§ 155 ff. GWB von Amts wegen prüfen, ob eine Ausnahme vom Anwendungsbereich des Vergaberechts vorliegt.[9] 5

I. Historie

Die in § 107 GWB zusammengefassten allgemeinen Ausnahmen waren bisher in § 100 Abs. 2 bis 8 GWB a.F. geregelt. Sie wurden im Rahmen des **VergRModG 2016** völlig neu gegliedert. Die Ausnahmebestimmungen der umzusetzenden RL 2014/23/EU, 2014/24/EU, 2014/25/EU und 2009/81/EG sind nunmehr über verschiedene Abschnitte und Unterabschnitte des Teil 4 des GWB verteilt und werden in allgemeine und besondere Ausnahmen unterschieden: § 107 enthält allgemeine Ausnahmen, die für alle vier Vergaberichtlinien (RL 2014/23/EU, 2014/24/EU, 2014/25/EU und 2009/81/EG) gelten.[10] Damit sind die in § 107 GWB vorgesehenen allgemeinen Ausnahmen bei der Vergabe von öffentlichen Aufträgen und bei der Vergabe von verteidigungs- und sicherheitsspezifischen öffentlichen Aufträgen (§ 104 GWB) durch öffentliche Auftraggeber (§ 99 GWB) und Sektorenauftraggeber (§ 100 GWB) sowie bei der Vergabe von Konzessionen durch Konzessionsgeber (§ 101 GWB) anzuwenden. Daneben gibt es besondere Ausnahmetatbestände, die nur in bestimmten Fällen eingreifen: § 116 GWB bezieht sich ausschließlich auf die Vergabe von öffentlichen Aufträgen durch öffentliche Auftraggeber und dient der Umsetzung der Ausnahmebestimmungen der RL 2014/24/EU. Hingegen enthält § 117 GWB besondere Ausnahmen für öffentliche Aufträge und Wettbewerbe, die Verteidigungs- und Sicherheitsaspekte beinhalten, ohne verteidigungs- und sicherheitsspezifische Aufträge (§ 104 GWB) zu sein. Die Vorschrift dient der Umsetzung von Ausnahmebestimmungen der RL 2014/24/EU, RL 2014/25/EU und RL 2009/81/EG. §§ 137 bis 140 GWB enthalten besondere Ausnahmen für den Sektorenbereich; sie dienen der Umsetzung der RL 2014/25/EU. § 145 GWB ist eine besondere Ausnahme für verteidigungs- oder sicherheitsspezifische öffentliche Aufträge, und §§ 149 bis 150 GWB setzen die besonderen Ausnahmen der RL 2014/23/EU für Konzessionen um. Die Komplexität der Neuregelung resultiert nicht zuletzt 6

3 EuGH, Urteil v. 8.12.2016 – Rs. C-553/15 (Undis Servizi), Rn. 29; Urteil v. 8.5.2014 – Rs. C-15/13 (Datenlotsen Informationssysteme), Rn. 23; Urteil v. 11.1.2005 – Rs. C-26/03 (Stadt Halle und RPL Lochau), Rn. 46; OLG Schleswig, Beschluss v. 28.8.2015 – 1 Verg 1/15; OLG Koblenz, Beschluss v. 15.9.2010 – 1 Verg 7/10; *Antweiler*, in: Ziekow/Völlink, Vergaberecht, § 107 GWB Rn. 5.

4 *Ziekow*, VergabeR 2007, 711 (713).

5 A.A. *Hölzl*, VergabeR 2012, 141 (144), der unter Verweis auf OLG Düsseldorf, Beschluss v. 8.6.2011 – VII-Verg 49/11, fordert, dass die *„Ausnahmetatbestände noch enger als bislang auszulegen sind"*.

6 OLG Düsseldorf, Beschluss v. 12.7.2010 – VII-Verg 27/10; OLG Düsseldorf, Beschluss v. 10.9.2009 – VII-Verg 12/09; *Höfler*, NZBau 2015, 736 (738); *Linke*, VergabeR 2019, 739 (743 f.).

7 EuGH, Urteil v. 15.10.2009 – Rs. C-275/08 (Kommission/Deutschland), Rn. 56; Urteil v. 8.4.2008 – Rs. C-337/05 (Kommission/Italien), Rn. 58; Urteil v. 2.10.2008 – Rs. C-157/06 (Kommission/Italien), Rn. 23; Urteil v. 3.5.1994 – Rs. C-328/92 (Kommission/Spanien), Rn. 15 und 16; OLG Düsseldorf, Beschluss v. 13.4.2016 – VII-Verg 46/15.

8 Vgl. OLG München, Beschluss v. 14.10.2019 – Verg 16/19; OLG Frankfurt a. M., Beschluss v. 10.11.2015 – 11 Verg 8/15; *Antweiler*, in: Ziekow/Völlink, Vergaberecht, § 107 GWB Rn. 6.

9 OLG Düsseldorf, Beschluss v. 1.8.2012 – VII-Verg 10/12.

10 Gesetzesbegründung zu § 107 GWB, VergRModG 2016, BT-Drs. 18/6281, 78.

aus dem Umstand, dass der Katalog der Ausnahmebestimmungen in den umzusetzenden Richtlinien teils unterschiedlich, in Teilbereichen aber auch übereinstimmend ist, weshalb bestimmte Ausnahmeregelungen mehrfach, zum Teil mit leicht unterschiedlichem Wortlaut, aufgeführt sind.[11]

7 Mit dem **Gesetz zur beschleunigten Beschaffung** im Bereich der Verteidigung und Sicherheit und zur Optimierung der Vergabestatistik vom 25. März 2020[12] wurde § 107 Abs. 2 um die Sätze 2 und 3 ergänzt.

II. Gemischte Aufträge

8 Enthält ein öffentlicher Auftrag sowohl Leistungen, die den §§ 97 ff. GWB unterfallen, als auch Leistungen i.S.d. §§ 107–109, 116, 117, 137–140, 145, 149 oder § 150 GWB, stellt sich die Frage, ob auf die Vergabe des Auftrags die §§ 97 ff. GWB Anwendung finden. Bei diesen sog. gemischten Aufträgen ist für die rechtliche Beurteilung des öffentlichen Auftrags sein Hauptgegenstand maßgebend: Greift für diesen ein Ausnahmetatbestand ein, ist der öffentliche Auftrag insgesamt dem Kartellvergaberecht entzogen.[13] Dies wird mit dem Hinweis auf § 111 Abs. 4 Nr. 1 GWB begründet, wonach ein öffentlicher Auftrag, für dessen sachlich untrennbare Teile verschiedene Vorschriften gelten, nach den Vorschriften vergeben wird, denen der Hauptgegenstand dieses öffentlichen Auftrags zuzuordnen ist.[14] So ist auch nach der Rechtsprechung des EuGH *„bei einem gemischten Vertrag, dessen einzelne Teile der Ausschreibung zufolge untrennbar miteinander verbunden sind und somit ein unteilbares Ganzes bilden, das betreffende Vorhaben im Hinblick auf seine rechtliche Einordnung in seiner Gesamtheit und einheitlich zu prüfen und auf der Grundlage der Vorschriften zu untersuchen, die den Teil regeln, der den Hauptgegenstand oder vorherrschenden Bestandteil des Vertrags bildet"* – und zwar unabhängig davon, ob der den Hauptgegenstand bildende Teil des Vertrages in den Anwendungsbereich der Vergaberechtlinien fällt oder nicht.[15]

III. Rechtsfolge

9 Liegt ein Ausnahmetatbestand nach § 107 GWB vor, sind die §§ 97 ff. GWB sowie das gesamte nachrangige Verordnungsrecht (VgV, SektVO, KonzVgV, VSVgV) auf den öffentlichen Auftrag bzw. die Konzession nicht anwendbar.[16] Dies bedeutet nicht, dass der Auftraggeber bei der Vergabe keinen Rechtsbindungen unterliegt. In den ausgenommenen Bereichen sind regelmäßig das allgemeine Diskriminierungsverbot und die Grundfreiheiten der Europäischen Union, insbesondere die Warenverkehrs- und Dienstleistungsfreiheit, zu beachten.[17] Letztere sehen ihrerseits Einschränkungen aus Gründen der öffentlichen Sicherheit und Ordnung vor, die z. B. bei verteidigungs- und sicherheitsrelevanten Vergaben einschlägig sind.[18] Ferner gelten die Vorschriften des Haushaltsrechts (§ 30 HGrG, § 55 BHO), sofern der Auftraggeber dem Haushaltsrecht unterworfen ist. Gemäß § 55 BHO muss der Auftragsvergabe eine öffentliche Ausschreibung vorausgehen, sofern nicht die Natur des Geschäfts oder besondere Umstände eine Ausnahme rechtfertigen. Auch aus den Landesvergabegesetzen oder aus Auflagen in einem Zuwendungsverhältnis können sich Anforderungen an die Vergabe eines Auftrags ergeben. Die Vergabe erfolgt dann regelmäßig nach der VOB/A oder der UVgO. § 1 Abs. 2 UVgO stellt jedoch ausdrücklich klar, dass die UVgO nicht auf Sachverhalte anzuwenden ist, für die

---

11 Doppelungen finden sich insbesondere zwischen § 107 GWB und § 117 GWB sowie zwischen § 145 GWB und § 150 GWB.

12 BGBl. I S. 674.

13 *Röwekamp*, in: Röwekamp//Kus/Portz/Prieß, GWB-Vergaberecht, § 107 Rn. 10; A.A.: *Antweiler*, in: Ziekow/Völlink, Vergaberecht, § 107 GWB Rn. 7.

14 *Röwekamp*, in: Röwekamp/Kus/Portz/Prieß, GWB-Vergaberecht, § 107 Rn. 10.

15 EuGH, Urteil v. 6.5.2010 – Rs. C-145/08 und Rs. C-149/08 (Club Hotel Loutraki AE), Rn. 48 f. m.w.N.; vgl. auch Art. 3 Abs. 6 RL 2014/24/EU.

16 OLG Düsseldorf, Beschluss v. 12.7.2010 – VII-Verg 27/10.

17 Dies gilt nicht, wenn die Ausnahme zur Nichtanwendung des EU-Rechts führt, wie z. B. bei Art. 346 AEUV. Zum sog. Vergabeprimärrecht siehe ausführlich *Dörr*, in: Müller-Wrede, Kompendium des Vergaberechts, Kap. 2.

18 *Ziekow*, VergabeR 2007, 711 (719).

das GWB in den §§ 107, 108, 109, 116, 177 oder 145 Ausnahmen von der Anwendbarkeit des Teils 4 des GWB vorsieht. Bei der Vergabe von Liefer- und Dienstleistungen bestehen – sofern ein Ausnahmetatbestand des § 107 GWB greift – und auch keine Binnenmarktrelevanz vorliegt und daher das EU-Vergabeprimärrecht nicht anzuwenden wäre, somit grundsätzlich keine vergaberechtlichen Bindungen. Diese Klarstellung in § 1 Abs. 2 UVgO ist zu begrüßen, da es andernfalls zu Wertungswidersprüchen kommen würde. Die *ratio legis* der einzelnen Ausnahmetatbestände des § 107 GWB spricht auch gegen eine Ausschreibung nach haushaltsrechtlichen Grundsätzen. Für die Vergabe von Bauleistungen nach der VOB/A fehlt hingegen eine entsprechende Klarstellung. Teilweise ergibt sich aus den Landesvergabegesetzen eine Freistellung vom Vergaberecht.[19] In den übrigen Fällen verbleibt es jedoch – trotz etwaiger Wertungswidersprüche – dabei, dass grundsätzlich die Vorschriften der VOB/A anzuwenden sind. Für einige – aber nicht alle – der freigestellten Bereiche ist eine Freihändige Vergabe zulässig.[20] Insbesondere dürften bei Fällen des § 107 Abs. 2 GWB auch „Gründe der Geheimhaltung" im Sinne des § 3a Abs. 3 Nr. 5 VOB/A vorliegen.

B. Schiedsgerichts- und Schlichtungsdienstleistungen (Abs. 1 Nr. 1)

§ 107 Abs. 1 Nr. 1 GWB nimmt Schiedsgerichts- und Schlichtungsleistungen vom Anwendungsbereich des GWB-Vergaberechts aus. Mit dieser Vorschrift werden Art. 10 Abs. 8 lit. c RL 2014/23/EU, Art. 10 lit. c RL 2014/24/EU, Art. 21 lit. b RL 2014/25/EU sowie Art. 13 lit. g RL 2009/81/EG umgesetzt.[21] **10**

Erwägungsgrund 26 RL 2014/24/EU **begründet** die Ausnahme damit, dass *„Schiedsgerichts- und Schlichtungsdienste und vergleichbare Formen alternativer Streitbeilegung normalerweise von Organisationen oder Personen übernommen werden, deren Bestellung oder Auswahl in einer Art und Weise erfolgt, die sich nicht nach Vergabevorschriften für öffentliche Aufträge richten kann."* Schiedsrichter und Schlichter werden von den Parteien üblicherweise nach Gesichtspunkten wie persönliches Vertrauen sowie sachliche und persönliche Unabhängigkeit ausgewählt, die sich nur schwer objektivieren lassen. Schiedsgerichts- und Schlichtungsleistungen sind daher nicht für eine Vergabe im Wettbewerb geeignet. **11**

Erfasst sind nur die Leistungen der Schiedsrichter oder Schlichter. Die Ausnahmebestimmung bezieht sich daher nicht auf die Tätigkeit von **Rechtsanwälten** in Schiedsverfahren. Teilweise wird zwar auch vertreten, dass Sachverständigenleistungen im Rahmen eines Schiedsgutachtens oder als Grundlage für die Erstellung eines solchen Gutachtens von dem Ausnahmetatbestand des § 107 Abs. 1 Nr. 1 GWB erfasst sind.[22] Bei Sachverständigenleistungen handelt es sich jedoch ebenso wie bei der Tätigkeit von Rechtsanwälten im Schiedsverfahren nicht unmittelbar um Schiedsgerichts- und Schlichtungsdienstleistungen. Aufgrund ihres Ausnahmecharakters ist die Vorschrift eng auszulegen, so dass Tätigkeiten, die lediglich einen Bezug zu einem Schieds- oder Schlichtungsverfahren stehen, nicht erfasst sind. **12**

C. Grundstücksbezogene Geschäfte (Abs. 1 Nr. 2)

Gemäß § 107 Abs. 1 Nr. 2 GWB sind bestimmte grundstücksbezogene Geschäfte von den Vorschriften des Teil 4 des GWB ausgenommen, nämlich Verträge über den Erwerb oder die Miete bzw. Pacht von Grundstücken, vorhandenen Gebäuden oder anderem unbeweglichen Vermögen sowie Rechten daran, und zwar ungeachtet der Finanzierung. **13**

Die **bislang** in § 100 Abs. 5 GWB geregelte Ausnahme dient der **Umsetzung** von Art. 10 Abs. 8 lit. a RL 2014/23/EU, Art. 10 lit. a RL 2014/24/EU, Art. 21 lit. a RL 2014/25/EU und **14**

---

19 Vgl. etwa § 2 Abs. 3 des Tariftreue- und VergabeG Bremen.
20 § 3a Abs. 3 VOB/A.
21 Gesetzesbegründung zu § 107 GWB, VergRModG 2016, BT-Drs. 18/6281, 78.
22 *Schellenberg*, in: Pünder/Schellenberg, Vergaberecht, § 107 GWB Rn. 15; *Ganske*, in: Reidt/Stickler/Glahs, Vergaberecht, § 107 GWB Rn. 7.

Art. 13 lit. e RL 2009/81/EG.[23] Danach gelten die Richtlinien nicht für öffentliche Dienstleistungsaufträge, die den Erwerb oder die Miete oder die Pacht von Grundstücken oder vorhandenen Gebäuden oder anderem unbeweglichen Vermögen oder Rechte daran zum Inhalt haben, unabhängig der Finanzierungsmodalitäten. Die ausdrückliche Beschränkung auf Dienstleistungsaufträge – die im Text des GWB nicht enthalten ist – stellt klar, dass der Ausnahmetatbestand nicht für Bau- und Lieferleistungen gilt. Vielmehr regelt sie, dass lediglich entsprechende Dienstleistungsaufträge nicht dem Vergaberecht unterfallen.[24]

15 **Hintergrund** der Ausnahme ist, dass die Nachfrage des Auftraggebers regelmäßig auf ein konkretes, örtlich bestimmtes, nicht austauschbares Objekt (bzw. ein Recht an diesem) gerichtet ist, sodass ein Vergabewettbewerb ausscheidet. Die freie Standortwahl des Auftraggebers steht einer wettbewerblichen Vergabe entgegen.

16 Der **Erwerb** von Grundstücken oder vorhandenen Gebäuden erfasst insbesondere Grundstückskaufverträge, jedoch auch alle sonstigen vergleichbaren Rechtsgeschäfte, die auf den Eigentumsübergang von Grundstücken oder vorhandenen Gebäuden durch den öffentlichen Auftraggeber abzielen.[25]

17 Die **Miete** und **Pacht** von Grundstücken oder vorhandenen Gebäuden erfasst sämtliche Miet- und Pachtverträge i.S.d. §§ 535 ff. und §§ 581 ff. BGB über Grundstücke oder vorhandene Gebäude.[26] Bei Mietverträgen gilt die vergaberechtliche Ausnahme einschließlich der vermietertypischen Nebenleistungen wie beispielsweise Wasser- und Stromversorgung, Pflege der Außenanlagen, Müllentsorgung, Reinigung von Fenstern und gemeinschaftlich mit anderen Mietern genutzten Treppenhäusern.[27]

18 Zu den **Rechten** an Grundstücken, vorhandenen Gebäuden oder anderem unbeweglichen Vermögen gehören neben dem Eigentum auch Nutzungsrechte (wie Miete, Grundstückspacht, Erbbaurechte, Dienstbarkeiten), Verwertungsrechte (wie Reallasten, Grundpfandrechte) und Erwerbsrechte (wie dingliche Vorkaufsrechte, Anwartschaftsrechte).

19 Typische **Beispiele** sind der Ankauf eines Grundstücks durch die öffentliche Hand, die Miete von Gebäuden oder Büroraum, die Pacht von Nutzflächen. Auch sog. Sale-and-lease-back-Grundstücksgeschäfte, bei denen der Auftraggeber ein bebautes Grundstück zunächst veräußert und dann zurückleast, um die Immobilie zu nutzen, sind gemäß § 107 Abs. 1 Nr. 2 GWB vergaberechtsfrei.[28]

20 Reine **Grundstücksverkäufe** durch die öffentliche Hand sind demgegenüber nicht Gegenstand des Vergaberechts.[29] Anders ist es, wenn der Verkauf mit einer Bauverpflichtung für den Erwerber verbunden ist und die öffentliche Hand ein unmittelbares wirtschaftliches Interesse an dem zu errichtenden Bauwerk hat. Hiervon ist auszugehen, wenn die öffentliche Hand selbst Eigentümerin des Bauwerks werden will, wenn sie es mitfinanziert oder wenn sie es für ihre öffentlichen Zwecke nutzen will.[30]

21 Die **Finanzierung** des Objekts ist ebenfalls nicht von der Ausnahmebestimmung erfasst („ungeachtet ihrer Finanzierung"). Finanzdienstleistungsverträge, die vor oder nach dem Kauf- oder Mietvertrag abgeschlossen werden, sind nach den für Dienstleistungsaufträge geltenden Regeln zu behandeln. Etwas anderes gilt nur, wenn die Dienstleistungen unter einen gesonderten Ausnahmetatbestand (etwa § 116 Abs. 1 Nr. 4 und 5, § 137 Abs. 1 Nr. 4 und 5, § 145 Nr. 5 oder § 149 Nr. 4 und 5 GWB) fallen.

---

23 Gesetzesbegründung zu § 107 GWB, VergRModG 2016, BT-Drs. 18/6281, 78.
24 *Röwekamp*, in: Röwekamp/Kus/ Portz/ Prieß, GWB-Vergaberecht, § 107 Rn. 14.
25 *Franßen/Ockenfels*, in: Byok/Jaeger, Vergaberecht, § 107 GWB Rn. 9.
26 *Franßen/Ockenfels*, in: Byok/Jaeger, Vergaberecht, § 107 GWB Rn. 10 f.
27 VK Schleswig-Holstein, Beschluss v. 2.12.2009 – VK-SH 21/09.
28 *Dreher*, in: Immenga/Mestmäcker, Wettbewerbsrecht, § 99 GWB Rn. 40; *Frenz*, EuropaR-HdB III Rn. 2232 f.
29 Vgl. BGH, Beschluss v. 22.2.2008 – V ZR 56/07 zum Grundstücksverkauf mit *„Bieterverfahren"*; *Horn*, VergabeR 2008, 158 (161) m.w.N.
30 EuGH, Urteil v. 25.3.2010 – Rs. C-451/08 (Helmut Müller); OLG München, Beschluss v. 27.9.2011 – Verg 15/11; OLG Brandenburg, Urteil v. 24.4.2012 – 6 W 149/11.

Unter einem **Gebäude** ist grundsätzlich ein Gebäude im Sinne des § 94 Abs. 1 S. 1 und Abs. 2 BGB zu verstehen.[31] Der Begriff des Gebäudes im Sinne des § 94 BGB wird weit verstanden und umfasst Bauwerke aller Art.[32] Nicht erforderlich ist somit, dass Gebäude im Sinne des § 107 Abs. 1 Nr. 2 GWB für mehr als nur den vorübergehenden Aufenthalt von Menschen geeignet oder bestimmt sein müssen. Dementsprechend wurden daher Mietcontainer für verschiedene Nutzungszwecke und Toilettenkabinen grundsätzlich als Bauwerke bzw. Gebäude im Sinne des § 107 Abs. 1 Nr. 2 GWB eingeordnet.[33] Auch bei einem Parkhaus handelt es sich nach der vergaberechtlichen Rechtsprechung um ein Gebäude i.S.d. § 107 Abs. 1 Nr. 2 GWB.[34] Nach einer Entscheidung der VK Hessen sollen jedoch Bauwerke oder Gebäude, die erst auf ein Grundstück verbracht und alsbald wieder entfernt werden sollen (sog. **fliegende Bauten**), nach dem Sinn und Zweck der Ausnahmeregelung nicht unter die Bestimmung des § 107 Abs. 1 Nr. 2 GWB fallen.[35] Bezugnehmend darauf wird vereinzelt vertreten, dass der Erwerb oder die Miete von Scheinbestandteilen i.S.v. § 95 BGB grundsätzlich nicht von § 107 Abs. 1 Nr. 2 GWB gedeckt ist.[36] Der Entscheidung der VK Hessen kann jedoch nicht die allgemeine Aussage entnommen werden, dass Scheinbestandteile grundsätzlich nicht von § 107 Abs. 1 Nr. 2 GWB erfasst werden. Der rechtfertigende Grund für den Anwendungsausschluss des § 107 Abs. 1 Nr. 2 GWB liegt vielmehr darin, dass der Auftraggeber mit dem Erwerb oder der Anmietung eines Grundstücks oder Gebäudes eine standortbezogene Entscheidung trifft, die sich wegen der Unvermehrbarkeit von Grund und Boden einer vergaberechtlichen Auswahlentscheidung entzieht. Ausschlaggebend für die Anwendbarkeit des § 107 Abs. 1 Nr. 2 GWB sind somit nicht die Eigentumsverhältnisse nach § 95 BGB, sondern ob Besonderheiten vorliegen, die eine Ausschreibung unzweckmäßig erscheinen lassen. Auch der Erwerb, die Miete oder Pacht von sog. fliegenden Bauten kann demnach unter § 107 Abs. 1 Nr. 2 GWB fallen, wenn diese einen besonderen Grundstücks- bzw. Standortbezug aufweisen. 22

Fraglich ist, wie Miet- und Kaufverträge über **noch zu errichtende Gebäude** zu behandeln sind. Nach dem Wortlaut des § 107 Abs. 1 Nr. 2 GWB gilt die Ausnahme lediglich bei Verträgen über „vorhandene Gebäude". Es entspricht jedoch Sinn und Zweck des Ausnahmetatbestandes, auch solche Verträge über zu mietende oder zu kaufende Gebäude zu erfassen, die typischerweise keine spezifischen Anforderungen des Auftraggebers enthalten, die bei funktionaler Betrachtung zur Annahme eines öffentlichen Bauauftrags führen würde. Auch in Fällen eines noch zu errichtenden Gebäudes hat der Auftraggeber Interesse an diesem konkreten, örtlich bestimmten, nicht austauschbaren Objekt; eine Vergabe im Wettbewerb kommt auch hier nicht in Betracht. Durch die ausdrückliche Beschränkung auf „vorhandene" Gebäude soll lediglich klargestellt werden, dass der Ausnahmetatbestand keine „versteckten" Bauleistungen erfassen darf. Sofern der Vertrag die Errichtung eines Bauwerks gemäß den vom Auftraggeber genannten Erfordernissen zum Gegenstand hat, handelt es sich tatsächlich um eine Bauleistung.[37] In diesen Fällen ist die Anmietung oder der Kauf eines Gebäudes als Umgehungsgeschäft zu bewerten.[38] Unterscheidet sich die Gestaltung des Mietvertrags über ein noch zu errichtendes Gebäude jedoch nicht von einem Mietvertrag über ein schon vorhandenes Gebäude, enthält sie also keine spezifischen Anforderungen des Auftraggebers, die bei wertender Betrachtung zur Annahme eines öffentlichen Bauvertrags führen müssen, erscheint es nur interessengerecht, dass auch für sie die Bereichsausnahme des § 107 Abs. 1 23

31 *Franßen/Ockenfels*, in: Byok/Jaeger, Vergaberecht, § 107 GWB Rn. 13.
32 Vgl. *Stresemann*, in: Säcker/Rixecker/Oetker/Limperg, § 94 BGB Rn. 21; *Ellenberger*, in: Palandt, § 94 BGB Rn. 3.
33 VK Hessen, Beschluss v. 24.3.2004 – 69d-VK-09/2004.
34 OLG Jena, Beschluss v. 27.04.2009 – 9 Verg 2/09.
35 VK Hessen, Beschluss v. 24.3.2004 – 69d-VK-09/2004.
36 *Ganske*, in: Reidt/Stickler/Glahs, Vergaberecht, § 107 GWB Rn. 18.
37 Vgl. EuGH, Urteil v. 29.10.2009 – Rs. C-536/07 (Köln Messe); vgl. auch Art. 2 Abs. 1 Nr. 6 RL 2014/24/EU; Art. 2 Nr. 2 RL 2015/25/EU, Art. 5 Nr. 7 RL 2014/23/EU sowie Art. 1 Nr. 3 RL 2009/81/EG.
38 Vgl. EuGH, Urteil v. 10.7.2014 – Rs. C-213/13 (Pizzarotti), Rn. 42 ff.; Urteil v. 29.10.2009 – Rs. C-536/07 (Köln Messe), Rn. 55 ff.; OLG Düsseldorf, Beschluss v. 7.8.2013 – VII-Verg 14/13; *Hölzl*, NZBau 2015, 412 (413).

Nr. 2 GWB greift.[39] Auch noch zu errichtende Gebäude können daher der Ausnahmevorschrift des § 107 Abs. 1 Nr. 2 GWB unterfallen, wenn sie nach der Konzeption des Vermieters erstellt werden, ohne dass die öffentliche Hand als Mieterin wesentlichen, bestimmenden Einfluss auf diese Konzeption ausübt.[40]

24 Mithin ist bei noch zu errichtenden Gebäuden eine wertende Betrachtung des konkreten Vertrages vorzunehmen, ob der Auftraggeber bei der Gestaltung der Immobilie einen wesentlichen **Einfluss** nimmt und damit eine Bauleistung beauftragt. Für die Einordnung des Auftrags kommt es nicht darauf an, wie die Vertragsparteien den Vertrag qualifizieren oder bezeichnen. Maßgeblich ist allein die rechtliche Qualifizierung als Bauleistung nach den unionsrechtlichen Vorschriften, auf nationales Recht kommt es nicht an.[41] Sofern ein Vertrag neben der Errichtung eines Gebäudes auch Elemente eines Mietvertrags enthält, ist zur Bestimmung seiner rechtlichen Qualifizierung und der anwendbaren Unionsvorschriften auf seinen Hauptgegenstand abzustellen.[42] Soll das Gebäude erst nach den Vorgaben des Auftraggebers gebaut (oder umgebaut) und dann erworben oder gemietet werden oder nimmt der Auftraggeber in sonstiger Weise einen „entscheidenden Einfluss" auf den Neubau oder Umbau, der nicht nur völlig untergeordnete Bauleistungen betrifft, so dass der „Vermieter" letztlich derart gebunden ist, dass er keine oder nur noch geringe Gestaltungsmöglichkeiten für den zu errichtenden Neubau/Umbau hat, so liegt ein öffentlicher Bauauftrag vor.[43] Der EuGH nimmt einen entscheidenden Einfluss des Auftraggebers an, wenn dieser Einfluss auf die architektonische Struktur dieses Gebäudes wie seine Größe, seine Außenwände und seine tragenden Wände ausübt.[44] Anforderungen, die die Gebäudeeinteilung betreffen, können nur dann als Beleg für einen entscheidenden Einfluss angesehen werde, wenn sie sich aufgrund ihrer Eigenart oder ihres Umfangs abheben.[45] Ein entscheidender Einfluss auf die Planung ist auch dann gegeben, wenn das Gebäude so auf den Auftraggeber ausgerichtet wird, dass eine Nachnutzung nach Auslaufen des Mietvertrags nicht möglich oder in Frage gestellt ist.[46] Nicht unter § 107 Abs. 1 Nr. 2 GWB fällt daher der Bau von Spezialimmobilien wie etwa die Errichtung von Messehallen[47] oder eines spezifischen Sicherheitsgebäudes[48]. Maßgeblich ist dabei, dass durch den späteren Mieter detaillierte und qualifizierte Anforderungen an das Objekt bezüglich seiner Funktionalität gemacht werden. So hat das OLG Düsseldorf einen „Bestellbau" in einem Fall angenommen, in welchem der Auftraggeber detaillierte und qualifizierte Anforderungen an ein Gebäude in Bezug auf dessen Funktionalität für Polizeiaufgaben und Sicherheit gestellt hat, wie etwa betreffend die Zugänge und Zufahrten, Fahrzeugabstellplätze, Diensträume und Nebenräume, Polizeigewahrsam, die technische Gebäudeausrüstung, Sicherheits-

---

39 Vgl. EuGH, Urteil v. 29.10.2009 – Rs. C-536/07 (Köln Messe); OLG Schleswig, Beschluss v. 1.4.2010 – 1 Verg 5/09; VK Schleswig-Holstein, Beschluss v. 2.12.2009 – VK-SH 21/09; VK Nordbayern, Beschluss v. 27.3.2008 – VK-3194-48/07; VK Südbayern, Beschluss v. 22.5.2003 – 17-04/03; *Dreher*, NZBau 2009, 542 (543); *Höß*, in: Heuvels/Höß/Kuß/Wagner, Vergaberecht, § 107 GWB Rn. 12; a.A *Antweiler* in: Ziekow/Völlink, Vergaberecht, § 107 GWB Rn. 28.

40 VK Bund, Beschluss v. 17.12.2019 – VK 2-88/19. Ebenso EuGH, Urteil v. 22.4.2021 – Rs. C-537/19 (Wiener Gate 2), Rn. 47; OLG Jena, Beschluss v. 7.10.2015 – 2 Verg 3/15; OLG Schleswig, Beschluss v. 1.4.2010 – 1 Verg 5/09; *Röwekamp*, in: Röwekamp/Kus/Portz/Prieß, GWB-Vergaberecht, § 107 Rn. 16; *Franßen/Ockenfels*, in: Byok/Jaeger, Vergaberecht, § 107 GWB Rn. 13; *Ganske*, in: Reidt/Stickler/Glahs, Vergaberecht, § 107 GWB Rn. 11; A.A. *Antweiler*, in: Ziekow/Völlink, Vergaberecht, § 107 GWB Rn. 28.

41 EuGH, Urteil v. 10.7.2014 – Rs. C-213/13 (Pizzarotti); Urteil v. 29.10.2009 – Rs. C-536/07 (Köln Messe), Rn. 54; Urteil v. 18.1.2007 – Rs. C-220/05 (Auroux), Rn. 40.

42 Vgl. EuGH, Urteil v. 10.7.2014 – Rs. C-213/13 (Pizzarotti), Rn. 41; Urteil v. 29.10.2009 – Rs. C-536/07 (Köln Messe), Rn. 57; Urteil v. 21.2.2008 – Rs. C-412/04 (Kommission/Italien), Rn. 47; Urteil v. 18.1.2007 – Rs. C-220/05 (Auroux), Rn. 37.

43 Siehe hierzu nunmehr ausdrücklich § 103 Abs. 3 S. 2 GWB; EuGH, Urteil v. 10.7.2014 – Rs. C-213/13 (Pizzarotti); Urteil v. 29.10.2009 – Rs. C-536/07 (Köln Messe); OLG Jena, Beschluss v. 7.10.2015, 2 Verg 3/15; OLG Düsseldorf, Beschluss v. 6.2.2008 – VII-Verg 37/07; VK Sachsen, Beschluss v. 19.6.2015 – 1/SVK/009-15; VK Schleswig-Holstein, Beschluss v. 2.12.2009 – VK-SH 21/09; VK Hessen, Beschluss v. 5.3.2008 – 69d-VK-06/2008; *Dreher*, NZBau 2009, 542 (543); *Hertwig*, NZBau 2011, 9 (13 ff.).

44 EuGH, Urteil v. 22.4.2021 – Rs. C-537/19 (Wiener Gate 2), Rn. 53.

45 EuGH, Urteil v. 22.4.2021 – Rs. C-537/19 (Wiener Gate 2), Rn. 53.

46 Vgl. EuGH, Urteil v. 22.4.2021 – Rs. C-537/19 (Wiener Gate 2), Rn. 95; VK Bund, Beschluss v. 17.12.2019 – VK 2-88/19.

47 EuGH, Urteil v. 29.10.2009 – Rs. C-536/07 (Köln Messe), Rn. 58 ff.

48 Für eine noch zu errichtende Polizeiwache vgl. OLG Düsseldorf, Beschluss v. 7.8.2013 – VII-Verg 14/13.

technik sowie Antennenanlagen. Nicht ausreichend sind bei einer spezifischen Nutzung im Sicherheitsbereich hingegen lediglich untergeordnete Anpassungen eines Gebäudes, welche nicht die Konzeption des Gebäudes als Bürohaus wesentlich abändert, wie z. B. die Errichtung eines Fahnenmastes auf dem Vorplatz eines Gebäudes, die Ertüchtigung eines Kellerbereichs zur Waffenkammer sowie erhöhte Anforderungen an die Barrierefreiheit.[49]

Nicht ausschlaggebend für die rechtliche Einstufung eines Vertrags ist die Höhe der **Vergütung** des Unternehmens oder die Art und Weise ihrer Zahlung.[50] Maßgeblich für die Einstufung als Bauauftrag ist allein der „Hauptgegenstand" des Auftrags. Dementsprechend hat der EuGH in der Sache „Messe Köln" entschieden, dass es einer Einordnung als Bauleistung nicht entgegenstehe, wenn der Gesamtbetrag für die Miete deutlich höher liegt als die Kosten für die Errichtung des Bauwerks.[51] 25

D. Arbeitsverträge (Nr. 3)

Nach § 107 Abs. 1 Nr. 3 GWB ist Teil 4 GWB nicht auf die Vergabe von öffentlichen Aufträgen und Konzessionen zu Arbeitsverträgen anzuwenden. 26

Die Bereichsausnahme für Arbeitsverträge wurde bereits mit dem VgRÄG in § 100 Abs. 2 GWB a.F. eingeführt und mit dem Gesetz zur Änderung des Vergaberechts für die Bereiche Verteidigung und Sicherheit[52] unverändert in § 100 Abs. 3 GWB a.F. übernommen. Seit Inkrafttreten des **VergRModG 2016** ist die Bereichsausnahme in § 107 Abs. 1 Nr. 3 GWB geregelt. Abgesehen davon, dass diese Bereichsausnahme auch die Vergabe von Konzessionen zu Arbeitsverträgen vom Anwendungsbereich des Teil 4 GWB ausnimmt, die nach alter Rechtslage ohnehin nicht vom Teil 4 GWB erfasst war, sind keine relevanten Änderungen an der Bereichsausnahme festzustellen. Anders als in den Vorgängerregelungen, nach denen Teil 4 GWB nicht „für" Arbeitsverträge gilt, stellt § 107 Abs. 1 Nr. 3 GWB zwar auf die Vergabe von öffentlichen Aufträgen und Konzessionen „zu" Arbeitsverträgen ab. Hierbei handelt es sich jedoch lediglich um eine redaktionelle Anpassung, die vor allem der unterschiedlichen Struktur von § 100 GWB a.F. und § 107 Abs. 1 GWB geschuldet sein dürfte. 27

§ 107 Abs. 1 Nr. 3 GWB übernimmt die im **unionalen Richtlinienrecht** enthaltenen entsprechenden Bereichsausnahmen von Art. 10 lit. g RL 2014/24/EU, Art. 21 lit. f RL 2014/25/EU und Art. 13 lit. i RL 2009/81/EG.[53] 28

Die Herausnahme von Arbeitsverträgen aus dem Anwendungsbereich des Teil 4 GWB dürfte damit zu erklären sein, dass der Auswahlprozess von Arbeitnehmern nicht mit den Vorgaben dieses Rechtsregimes vereinbar ist. Der Abschluss des Arbeitsvertrages begründet ein besonderes Vertrauensverhältnis zwischen Arbeitgeber und Arbeitnehmer, das sich insbesondere in Fürsorge- und Treuepflichten ausdrückt. Das für den Vertragsschluss erforderliche Vertrauen bildet sich der Arbeitgeber im Auswahlprozess auch aus subjektiven Erwägungen und Eindrücken, die sich einer objektiven Bewertung in einem Vergabeverfahren nach dem Teil 4 GWB entziehen. Demgegenüber sieht der EuGH unter Bezugnahme auf Erwägungsgrund 5 RL 2014/24/EU den **Grund der Freistellung** darin, dass *„der Abschluss von Arbeitsverträgen ein Mittel für die öffentlichen Stellen eines Mitgliedstaates [sei], Dienstleistungen selbst zu erbringen"*.[54] Dies ist aus zweierlei Gründen nicht nachvollziehbar. Zum einen ist zwar die Eigenerbringung von Leistungen mit eigenen Mitteln vom Anwendungsbereich des Teil 4 GWB mangels Vorliegens der Voraussetzungen von § 103 Abs. 1 GWB ausgenommen, nicht aber die Beschaffung ebendieser Mittel. Nichts anderes folgt aus Erwägungsgrund 5 RL 2014/24/EU. Dieser Erwägungsgrund verhält sich ausschließlich dazu, dass die Erbringung von 29

49 VK Bund, Beschluss v. 17.12.2019 – VK 2-88/19.
50 EuGH, Urteil v. 22.4.2021 – Rs. C-537/19 (Wiener Gate 2), Rn. 52; Urteil v. 10.7.2014 – Rs. C-213/13 (Pizzarotti), Rn. 49 ff.; Urteil v. 29.10.2009 – Rs. C-536/07 (Köln Messe), Rn. 60 f.
51 EuGH, Urteil v. 29.10.2009 – Rs. C-536/07 (Köln Messe), Rn. 60 f.
52 BGBl. I 2011 S. 2570.
53 Vgl. Gesetzesbegründung zu § 107 Abs. 1 Nr. 3 GWB, VergRModG 2016, 78 f.
54 EuGH, Urteil v. 25.10.2018 – Rs. C-260/17 (Anodiki Services EPE), Rn. 26.

Dienstleistungen *„auf der Grundlage von […] Arbeitsverträgen"* ausgenommen sein solle, nicht aber der Abschluss der Arbeitsverträge selbst. Nicht zu überzeugen vermag auch die im Schrifttum wohl überwiegend vertretene Auffassung[55], die der Regelung lediglich einen deklaratorischen Wert zuspricht und dies auf die Annahme stützt, dass Arbeitnehmer keine Dienstleistungen am Markt anbieten würden und daher nicht als Unternehmen im Sinne von § 103 Abs. 1 GWB anzusehen seien. Der Begriff des Unternehmens ist jedoch weit zu verstehen und erfasst insbesondere auch natürliche Personen. Ob diese Personen ihre Leistungen als freiberufliche oder als weisungsgebundene Tätigkeit anbieten, kann für die Einordnung in den Anwendungsbereich des Teil 4 GWB keinen Unterschied machen.[56]

30 Ihrem Wortlaut nach gilt die Bereichsausnahme des § 107 Abs. 1 Nr. 3 GWB für öffentliche Aufträge und **Konzessionen**. Die Konzessionsvergaberichtlinie 2014/23/EU sieht indes keine entsprechende Bereichsausnahme vor. Die Regelung des § 107 Abs. 1 Nr. 3 GWB verstößt daher insoweit gegen das Richtlinienrecht und muss entsprechend unionsrechtskonform auf öffentliche Aufträge eingeschränkt werden.[57] Indes dürfte die Bereichsausnahme im Konzessionsbereich – worauf die Gesetzesbegründung hinweist[58] – ohnehin keinen praktischen Anwendungsbereich haben.

31 Das Gesetz liefert keine **Definition** darüber, was unter Arbeitsverträgen zu verstehen ist. Da der Begriff den unionalen Richtlinien entstammt und diese insoweit nicht auf das Recht der Mitgliedstaaten verweisen, ist der Begriff in einem unionsrechtlich autonomen Sinne auszulegen.[59] Nach Teilen der Rechtsprechung[60] und des Schrifttums[61] ist für das Vorliegen eines Arbeitsvertrages zweierlei zu verlangen: Zum einen muss der Arbeitnehmer dem Weisungsrecht des Arbeitgebers unterliegen (hier sog. Weisungselement) und zum anderen in die Herrschafts- und betriebliche Risikosphäre des Arbeitgebers eingegliedert sein (hier sog. Eingliederungselement). Andere Teile der Rechtsprechung haben das Weisungselement indes genügen lassen.[62] Auch der EuGH[63] verzichtet in der Auslegung von Art. 10 lit. g RL 2014/24/EU auf das Eingliederungselement. Hiernach sind mit Arbeitsverträgen alle Verträge erfasst, *„aufgrund deren eine öffentliche Stelle natürliche Personen beschäftigt, um selbst Dienstleistungen zu erbringen, und mit denen ein Arbeitsverhältnis begründet wird, innerhalb dessen diese Personen während einer bestimmten Zeit für diese öffentliche Stelle und nach deren Weisung Leistungen erbringen, für die sie als Gegenleistung eine Vergütung erhalten"*.[64] Da § 107 Abs. 1 Nr. 3 GWB unionsrechtlichen Ursprung hat, ist diese Rechtsprechung der Auslegung des Begriffs des Arbeitsvertrages zugrunde zu legen. Damit ist dem Eingliederungselement keine eigenständige Bedeutung zuzumessen. Es kann aber ein wichtiges Indiz für das Vorliegen des Weisungselements sein.[65] Unter welchen Voraussetzungen eine **Weisungsbindung** anzunehmen ist, hat der EuGH nicht dekliniert. In Orientierung an den zivilrechtlichen Maßstäben kann als weisungsgebunden angesehen werden, wer nicht im Wesentlichen frei seine Tätigkeit gestalten und seine Arbeitszeit bestimmen kann, vgl. § 611a Abs. 1 S. 3 BGB. Ob diese Voraussetzungen gegeben sind, muss anhand einer Gesamtbetrachtung aller Umstände fest-

---

55 *Gurlit*, in: Burgi/Dreher/Opitz, Vergaberecht, § 107 GWB Rn. 23; *Friton/Wolf*, in: Gabriel/Mertens/Stein/Prieß, Vergaberecht, § 107 GWB Rn. 22; *Schellenberg*, in: Pünder/Schellenberg, Vergaberecht, § 107 GWB Rn. 32; *Antweiler*, in: Ziekow/Völlink, Vergaberecht, § 107 GWB Rn. 34; *Böhmer*, EuZA 2020, 96 (100).
56 Vgl. auch *Summa*, in: Heiermann/Zeiss/Summa, Vergaberecht, § 107 GWB Rn. 22.
57 So auch *Dreher*, in: Immenga/Mestmäcker, Vergaberecht, § 107 GWB Rn. 29.
58 Gesetzesbegründung zu § 107 Abs. 1 Nr. 4 GWB, VergRModG 2016, BT-Drs. 18/6281, 79.
59 EuGH, Urteil v. 25.10.2018 – Rs. C-260/17 (Anodiki Services EPE), Rn. 25.
60 OLG Düsseldorf, Beschluss v. 8.5.2002 – VII-Verg 8-15/01; VK Sachsen, Beschluss v. 11.10.2010 – 1/SVK/034-10.
61 *Reichling*, in: Gabriel/Krohn/Neun, Vergaberecht, § 2 Rn. 41a; *Schellenberg*, in: Pünder/Schellenberg, Vergaberecht, § 107 GWB Rn. 31; *Ganske*, in: Reidt/Stickler/Glahs, Vergaberecht, § 107 GWB Rn. 22; *Kühnast*, in: Säcker/Ganske/Knauff, Wettbewerbsrecht, § 107 GWB Rn. 12.
62 OLG Naumburg, Beschluss v. 26.7.2012 – 2 Verg 2/12.
63 EuGH, Urteil v. 25.10.2018 – Rs. C-260/17 (Anodiki Services EPE), Rn. 29.
64 EuGH, Urteil v. 25.10.2018 – Rs. C-260/17 (Anodiki Services EPE), Rn. 29.
65 Vgl. BAG, Urteil v. 30.11.1994 – 5 AZR 704/93.

gestellt werden, vgl. § 611a Abs. 1 S. 4 BGB. An der Weisungsgebundenheit fehlt es bei freiberuflichen Tätigkeiten. Entsprechendes gilt für Handelsvertreter nach § 84 Abs. 1 S. 1 HGB.[66]

Ohne Bedeutung für den Begriff des Arbeitsvertrages ist es, ob das Arbeitsverhältnis **befristet** oder **bedingt** ist.[67] Dem Wortlaut des Gesetzes ist keine Einschränkung auf unbefristete und unbedingte Arbeitsverhältnisse zu entnehmen. Sie würde auch dem Regelungszweck der Bereichsausnahme nicht entsprechen, die für eine solche Differenzierung keine Anhaltspunkte bietet. 32

Umstritten ist, ob die **Bestellung von Organmitgliedern** einer juristischen Person (z. B. Vorstand, Geschäftsführung) dem Begriff des Arbeitsvertrages unterfällt. Einer solchen Bestellung liegt zwar ein Anstellungsvertrag zugrunde, es kann jedoch an der Weisungsgebundenheit des Organmitglieds fehlen. Dies gilt insbesondere für Vorstandsmitglieder, vgl. § 76 Abs. 1 AktG. Teilweise wird daher vertreten, dass die Bereichsausnahme in diesen Fällen nicht eröffnet ist.[68] Nach anderer Auffassung[69] gilt Teil 4 GWB bereits deshalb nicht, weil Organmitglieder nicht unter den Begriff des Unternehmens bzw. Wirtschaftsteilnehmers fallen. Demgegenüber wird überwiegend eine erweiternde Auslegung vorgenommen, wonach der Arbeitsvertrag auch die Bestellung für Organmitglieder erfasst, die keiner Weisungsbindung unterliegen.[70] Dies überzeugt im Hinblick auf den Sinn und Zweck der Regelung, da auch die Bestellung von Organmitgliedern ein mit der Begründung eines Arbeitsverhältnisses vergleichbares höchstpersönliches Vertrauensverhältnis begründet und in den Auswahlprozess daher auch subjektive Eindrücke einfließen sollten, was in einem Verfahren nach Teil 4 GWB nicht rechtskonform umsetzbar ist. 33

Die Begründung eines **öffentlich-rechtlichen Beschäftigungsverhältnisses** (z. B. die Bestellung von Beamten und Richtern) ist ebenfalls unter den Begriff des Arbeitsvertrages einzuordnen.[71] In diesen Fällen liegt zwar kein Vertrag im Sinne des deutschen Privatrechts vor.[72] Bei der gebotenen funktionalen Auslegung des unionalen Rechts kann es nicht darauf ankommen, ob die Begründung des Beschäftigungsverhältnisses durch Verwaltungsakt oder durch Arbeitsvertrag im Sinne des nationalen Rechts erfolgt. 34

Der Begriff des Arbeitsvertrages erfasst nicht Verträge zur **Arbeitnehmerüberlassung**.[73] Dies ergibt sich zum einen aus dem Sinn und Zweck der Bereichsausnahme. Nach § 1 Abs. 1 S. 1 AÜG betrifft die Arbeitnehmerüberlassung solche Gestaltungen, in denen ein Arbeitgeber (Verleiher) im Rahmen seiner wirtschaftlichen Tätigkeit, einem Dritten (Entleiher) seine Arbeitnehmer (Leiharbeitnehmer) zur Arbeitsleistung überlässt. Das von der Bereichsausnahme privilegierte Vertrauensverhältnis wird zwischen dem Verleiher und dem Leiharbeitnehmer begründet, nicht aber zwischen dem Verleiher und dem Leiharbeitnehmer, die in keine vertragliche Beziehung zueinander treten. Arbeitnehmerüberlassungen sind daher von der Bereichsausnahme nach ihrem Sinn und Zweck nicht erfasst. Auch die Systematik des Gesetzes spricht hierfür. Teilbereiche der Arbeitnehmerüberlassung werden nämlich von den Regelungsregimen der sozialen und anderen besonderen Dienstleistungen in § 130 GWB und § 153 GWB i.V.m. Anhang XIV RL 2014/24/EU und Anhang IV RL 2014/23/EU erfasst. Dies gilt namentlich für die Überlassung von u.a. Haushaltshilfen, Pflegepersonal und medizinischem 35

---

66 *Schellenberg*, in: Pünder/Schellenberg, Vergaberecht, § 107 GWB Rn. 36; *Kühnast*, in: Säcker/Ganske/Knauff, Wettbewerbsrecht, § 107 GWB Rn. 14.

67 Vgl. zur Befristung EuGH, Urteil v. 25.10.2018 – Rs. C-260/17 (Anodiki Services EPE), Rn. 31.

68 *Summa*, in: Heiermann/Zeiss/Summa, Vergaberecht, § 107 GWB Rn. 27; *Antweiler*, in: Ziekow/Völlink, Vergaberecht, § 107 GWB Rn. 36.

69 *Friton/Wolf*, in: Gabriel/Mertens/Stein/Prieß, Vergaberecht, § 107 GWB Rn. 23.

70 *Gurlit*, in: Burgi/Dreher/Opitz, Vergaberecht, § 107 GWB Rn. 24; *Franßen/Ockenfels*, in: Byok/Jaeger, Vergaberecht, § 107 GWB Rn. 18; *Dreher*, in: Immenga/Mestmäcker, Wettbewerbsrecht, § 107 GWB Rn. 31; *Schellenberg*, in: Pünder/Schellenberg, Vergaberecht, § 107 GWB Rn. 34; *Ganske*, in: Reidt/Stickler/Glahs, Vergaberecht, § 107 GWB Rn. 22; *Kühnast*, in: Säcker/Ganske/Knauff, Wettbewerbsrecht, § 107 GWB Rn. 14.

71 So auch *Ganske*, in: Reidt/Stickler/Glahs, Vergaberecht, § 107 GWB Rn. 22; a.A. *Kühnast*, in: Säcker/Ganske/Knauff, Wettbewerbsrecht, § 107 GWB Rn. 13; *Antweiler*, in: Ziekow/Völlink, Vergaberecht, § 107 GWB Rn. 39.

72 Hierauf abstellend *Antweiler*, in: Ziekow/Völlink, Vergaberecht, § 107 GWB Rn. 39.

73 *Franßen/Ockenfels*, in: Byok/Jaeger, Vergaberecht, § 107 GWB Rn. 18; *Summa*, in: Heiermann/Zeiss/Summa, Vergaberecht, § 107 GWB Rn. 29; *Dreher*, in: Immenga/Mestmäcker, Vergaberecht, § 107 GWB Rn. 33; *Kühnast*, in: Säcker/Ganske/Knauff, Wettbewerbsrecht, § 107 GWB Rn. 13.

Personal sowie für die Bereitstellung von Arbeitskräften und Bürokräften für private Haushalte. Diese Regelungen wären überflüssig, wenn die Arbeitnehmerüberlassung vollständig vom Anwendungsbereich des Teil 4 GWB ausgenommen würde.

36 Nicht von der Freistellung nach § 107 Abs. 1 Nr. 3 GWB erfasst sind auch sog. **Managementverträge**.[74] Hierunter sind Vertragsgestaltungen zu fassen, in denen die Führung und Verwaltung des Auftraggebers und seines Betriebes durch einen Dienstleister ausgeführt werden. Solche Verträge sind auf die Beschaffung von Dienstleistungen, nicht auf die Beschaffung von Arbeitskräften gerichtet. Dies ist selbst dann anzunehmen, wenn der Dienstleister einen oder mehrere Mitarbeiter als Geschäftsführer zur Verfügung zu stellen hat.[75]

E. Rettungsdienstleistungen (Nr. 4)

37 Nach § 107 Abs. 1 Nr. 4 Hs. 1 GWB ist Teil 4 GWB nicht anzuwenden auf die Vergabe von öffentlichen Aufträgen und Konzessionen zu Dienstleistungen des Katastrophenschutzes, des Zivilschutzes und der Gefahrenabwehr, die von gemeinnützigen Organisationen oder Vereinigungen erbracht werden und die unter die Referenznummern des Common Procurement Vocabulary 75250000-3, 75251000-0, 75251100-1, 75251110-4, 75251120-7, 75252000-7, 75222000-8, 98113100-9 und 85143000-3 mit Ausnahme des Einsatzes von Krankenwagen zur Patientenbeförderung fallen. Gemeinnützige Organisationen oder Vereinigungen im Sinne von § 107 Abs. 1 Nr. 4 GWB sind nach § 107 Abs. 1 Nr. 4 Hs. 2 GWB insbesondere die Hilfsorganisationen, die nach Bundes- oder Landesrecht als Zivil- und Katastrophenschutzorganisationen anerkannt sind.

38 § 107 Abs. 1 Nr. 4 Hs. 1 GWB geht auf die nahezu gleichlautenden Bestimmungen des **unionalen Richtlinienrechts** in Art. 10 lit. h RL 2014/24/EU, Art. 21 lit. h RL 2014/25/EU und Art. 10 Abs. 8 lit. g RL 2014/23/EU zurück.[76] § 107 Abs. 1 Nr. 4 Hs. 2 GWB hat hingegen kein unionsrechtliches Vorbild. Die ursprünglichen Vorschläge der Europäischen Kommission enthielten keine Bereichsausnahme für Rettungsdienstleistungen.[77] Hieraufhin regte der Bundesrat an, den Rettungsdienst in den Ausnahmekatalog aufzunehmen, da der *„Gesichtspunkt der Kostenminimierung [neben] anderen vergaberechtlichen Aspekten [...] dazu führen [würde], dass die Schnittstelle zwischen Rettungsdienst und Katastrophenschutz ebenfalls kommerzialisiert würde."* Dies würde *„massive Qualitätsverluste mit sich bringen [und] auch das in Deutschland sehr bedeutende ehrenamtliche Element in diesem Verbundsystem des Bevölkerungsschutzes in Frage [stellen].*[78] Später schlug auch der Ausschuss der Regionen in seiner Stellungnahme[79] die Aufnahme einer Bereichsausnahme für *„hoheitliche Gefahrenabwehr und Rettungswesen"* mit der Begründung vor, in diesem Bereich dürften *„Kriterien wie Wirtschaftlichkeit keinen Ausschlag geben"*. Erst im Rahmen des Trilog-Verfahrens ist die Bereichsausnahme schließlich aufgenommen worden – allerdings mit der Einschränkung, dass die Rettungsdienstleistungen von gemeinnützigen Organisationen oder Vereinigungen er-

---

74 Vgl. OLG Naumburg, Beschluss v. 26.7.2012 – 2 Verg 2/12; *Gurlit*, in: Burgi/Dreher/Opitz, Vergaberecht, § 107 GWB Rn. 25; *Schellenberg*, in: Pünder/Schellenberg, Vergaberecht, § 107 GWB Rn. 34.

75 Vgl. OLG Naumburg, Beschluss v. 26.7.2012 – 2 Verg 2/12; *Gurlit*, in: Burgi/Dreher/Opitz, Vergaberecht, § 107 GWB Rn. 25; *Franßen/Ockenfels*, in: Byok/Jaeger, Vergaberecht, § 107 GWB Rn. 18; *Summa*, in: Heiermann/Zeiss/Summa, Vergaberecht, § 107 GWB Rn. 28.

76 Vgl. Gesetzesbegründung zu § 107 Abs. 1 Nr. 4 GWB, VergRModG 2016, BT-Drs. 18/6281, 79.

77 Vgl. Europäische Kommission, Vorschlag für Richtlinie des Europäischen Parlaments und des Rates über die öffentliche Auftragsvergabe (KOM(2011) 896 endgültig); Vorschlag für Richtlinie des Europäischen Parlaments und des Rates über die Vergabe von Aufträgen durch Auftraggeber im Bereich der Wasser-, Energie- und Verkehrsversorgung sowie der Postdienste (KOM(2011) 895 endgültig); Vorschlag für Richtlinie des Europäischen Parlaments und des Rates über die Konzessionsvergabe (KOM(2011) 897 endgültig).

78 Bundesrat, Vorschlag für eine Richtlinie des Europäischen Parlaments und des Rates über die Konzessionsvergabe, BR-Drs. 874/11, S. 3 f.

79 Ausschuss der Regionen, Stellungnahme des Ausschusses der Regionen: „Maßnahmenpaket für das öffentliche Auftragswesen" (2012/C 391/09), S. 14.

bracht werden müssten.[80] Auch wenn es im unionalen **Primärrecht** des AEUV an einer entsprechenden ausdrücklichen Freistellung von Rettungsdiensten fehlt, wird die Vereinbarkeit der Richtlinienbestimmungen mit den primärrechtlichen Vorgaben des AEUV angenommen.[81]

Bis zum Inkrafttreten des **VergRModG 2016** war hinsichtlich der Vergabepflichtigkeit von Rettungsdienstleistungen zu unterscheiden. Erfolgte die Vergabe der Rettungsdienstleistungen im Konzessionsmodell, war der Anwendungsbereich des Teil 4 GWB a.F. nicht eröffnet, da dieser Teil auf die Vergabe von Konzessionen nicht anwendbar war.[82] Für die Vergabe von Rettungsdienstleistungen im sog. Submissionsmodell, d.h. als Auftragsvergabe, wurde ehemals angenommen, dass diese Leistungen nicht dem Begriff des öffentlichen Auftrags im Sinne von § 99 Abs. 1 GWB a.F. unterfallen würden, da sie dauernd oder zeitweise mit der Ausübung öffentlicher Gewalt nach Art. 45 EGV (nunmehr Art. 51 AEUV) verbunden bzw. als hoheitliche Tätigkeit anzusehen seien.[83] Der BGH ist dieser Rechtsprechung indes nicht gefolgt,[84] sodass Rettungsdienstleistungen im Submissionsmodell dem Anwendungsbereich von Teil 4 GWB unterworfen waren.[85] Diese Leistungen konnten jedoch als sog. nachrangige Dienstleistungen nach Anhang I B VOL/A – beispielsweise nach den Referenznummern des Common Procurement Vocabulary 8514300 (Einsatz von Krankenwagen) und 8514100 (Dienstleistungen von medizinischem Personal)[86] – eingeordnet werden, auf welche die vergaberechtlichen Bestimmungen nur eingeschränkt anzuwenden waren.[87] Im Zuge des Inkrafttretens des VergRModG 2016 wurde mit § 107 Abs. 1 Nr. 4 GWB erstmalig eine Bereichsausnahme für Rettungsdienstleistungen in Teil 4 GWB aufgenommen. Sie brachte zahlreiche Auslegungsschwierigkeiten mit sich, was etwa die VK Niedersachsen in einer Entscheidung[88] zu der Feststellung veranlasste, Auftraggeber würden *„aus Verunsicherung"* von der Inanspruchnahme der Bereichsausnahme Abstand nehmen und sich freiwillig dem Vergaberegime des Teil 4 GWB unterwerfen. Zudem sei eine *„eher verunsichernde anstatt klärende Diskussion in der Literatur"* zu beklagen. Die Klärung immerhin einiger Auslegungsfragen ist dann aber unwesentlich später mit der Entscheidung des EuGH in der Rechtssache „Falck"[89] erfolgt. 39

Die Bereichsausnahme **bezweckt** den Schutz von gemeinnützigen Organisationen und Vereinigungen davor, sich in einem vergaberechtlichen Wettbewerb nach Teil 4 GWB mit nicht gemeinnützig tätigen Anbietern um einen Auftrag bewerben zu müssen.[90] Nicht bezweckt ist hingegen die Privilegierung von Rettungsdienstleistungen als solchen.[91] Hintergrund der Regelung dürfte sein, dass die gemeinnützigen Organisationen und Vereinigungen aufgrund der ihnen zur Verfügung stehenden Anzahl an Helfern und Ausrüstungsgegenständen einen unverzichtbaren Beitrag zur Bewältigung von Unglücksereignissen und damit Schutz von Leben und Gesundheit leisten.[92] Mit dem Schutz dieser Organisationen und Vereinigungen ist wohl 40

80 Rat der Europäischen Union, Vorschlag für eine Richtlinie des Europäischen Parlaments und des Rates über die öffentliche Auftragsvergabe (Nr. 11745/13); Vorschlag für eine Richtlinie des Europäischen Parlaments und des Rates über die Vergabe von Aufträgen durch Auftraggeber im Bereich der Wasser-, Energie- und Verkehrsversorgung sowie der Postdienste (Nr. 11746/13); Vorschlag für eine Richtlinie des Europäischen Parlaments und des Rates über die Konzessionsvergabe (Nr. 11748/13).

81 Siehe VG Hamburg, Urteil v. 26.5.2021 – 14 K 3698/20; *Jaeger*, NZBau 2020, 223 (227); *Franßen/Ockenfels*, in: Byok/Jaeger, Vergaberecht, § 107 GWB Rn. 27.

82 Vgl. OLG Jena, Beschluss v. 22.7.2015 – 2 Verg 2/15; OLG Dresden, Beschluss v. 4.7.2008 – WVerg 3/08.

83 Vgl. OLG Naumburg, Beschluss v. 15.7.2008 – 1 Verg 5/08; OLG Düsseldorf, Beschluss v. 5.4.2006 – VII-Verg 07/06; OLG Brandenburg, Beschluss v. 9.9.2004 – Verg W 9/04; BayObLG, Beschluss v. 28.5.2003 – Verg 07/03; OLG Celle, Beschluss v. 24.11.1999 – 13 Verg 7/99.

84 Vgl. BGH, Beschluss vom 1.12.2008 – X ZB 31/08.

85 Vgl. OLG Celle, Beschluss v. 12.1.2012 – 13 Verg 9/11; OLG Naumburg, Beschluss v. 22.12.2011 – 2 Verg 10/11; VK Arnsberg, Beschluss v. 23.10.2012 – VK 15/12.

86 Vgl. VK Sachsen, Beschluss v. 31.8.2011 – 1/SVK/030-11.

87 Vgl. OLG Schleswig, Beschluss v. 28.8.2015 – 1 Verg 1/15; OLG Celle, Beschluss v. 12.1.2012 – 13 Verg 9/11; VK Niedersachsen, Beschluss v. 9.1.2015 – VgK-44/2014; VK Sachsen, Beschluss v. 31.8.2011 – 1/SVK/030-11.

88 VK Niedersachsen, Beschluss v. 22.1.2019 – VgK-01/2019.

89 EuGH, Urteil v. 21.3.2019 – Rs. C-465/17 (Falck).

90 Vgl. EuGH, Urteil v. 21.3.2019 – Rs. C-465/17 (Falck), Rn. 3; OLG Düsseldorf, Beschluss v. 12.6.2017 – VII-Verg 34/16.

91 Vgl. OLG Brandenburg, Beschluss v. 26.7.2021 – 19 Verg 3/21; OVG Niedersachsen, Beschluss v. 12.6.2019 – 13 ME 164/19.

92 Vgl. BVerwG, Urteil v. 3.11.1994 – 3 C 17/92.

die Erwartung verbunden, die Leistungsfähigkeit des Gesamtsystems insbesondere bei größeren Schadenslagen sicherzustellen.[93] Die Bereichsausnahme privilegiert damit die Gemeinwohlinteressen gegenüber dem Wettbewerbsprinzip des Kartellvergaberechts.[94] Die Schutzbedürftigkeit von gemeinnützigen Organisationen oder Vereinigungen vor der Durchführung eines kartellvergaberechtlichen Verfahrens ist indes nicht ohne Weiteres erkennbar.[95] Sie wird in Erwägungsgrund 36 RL 2014/23/EU, Erwägungsgrund 28 RL 2014/24/EU und Erwägungsgrund 36 RL 2014/25/EU kryptisch damit erklärt, dass der *„spezielle Charakter dieser Organisationen nur schwer gewahrt werden könnte, wenn die Dienstleistungserbringer nach den in dieser Richtlinie festgelegten Verfahren ausgewählt werden müssten"*. Mit dem *„speziellen Charakter"* dürfte das gemeinnützige Element gemeint sein.[96] Fraglich bleibt, inwiefern dieses Element durch die Durchführung eines Kartellvergabeverfahrens Schaden nehmen könnte. Teilweise wird darauf abgestellt, dass sich die Leistung von gemeinnützigen Organisationen oder Vereinigungen nicht unter Wirtschaftlichkeitsgesichtspunkten bewerten lasse.[97] Der Nutzen dieser Organisationen und Vereinigungen sei *„in ihrer Gesamtheit […] eher volkswirtschaftlich statt betriebswirtschaftlich zu bewerten"* und *„nicht jeder einzelne Geschäftszweig dieser Organisationen nach wirtschaftlichen Gesichtspunkten mit anderen Anbietern zu vergleichen."*[98] Das OLG Düsseldorf meint, dass gemeinnützige Organisationen oder Vereinigungen schlicht Gefahr laufen würden, aus dem Markt verdrängt zu werden, *„weil die Konkurrenz durch erwerbswirtschaftlich tätige Unternehmen zu groß"* sei.[99] Andere[100] stellen darauf ab, dass die Bereichsausnahme den Einsatz dieser Organisationen und Vereinigungen bei dem Regel-Rettungsdienst und damit auch deren geübten Einsatz bei Katastrophen sicherstelle, was jedoch wenig überzeugt, weil die Bereichsausnahme nicht allein die Vergabe des Regel-Rettungsdiensts vom Teil 4 GWB freistellt.

41 Einen konkreten **Auslegungsmaßstab** gibt § 107 Abs. 1 Nr. 4 GWB nicht vor. Der Ausnahmecharakter der Vorschrift spricht für eine restriktive Auslegung der Voraussetzungen.[101] Dies wird durch Erwägungsgrund 36 RL 2014/23/EU, Erwägungsgrund 28 RL 2014/24/EU und Erwägungsgrund 36 RL 2014/25/EU bekräftigt, wonach die Ausnahme *„nicht über das notwendigste Maß hinaus ausgeweitet werden"* sollte. Die Anwendung des restriktiven Maßstabes wird in der Rechtsauslegung allerdings dadurch erschwert, dass die Voraussetzungen der Bereichsausnahme teilweise erheblich auslegungsfähig und abgrenzungsschwach sind.

I. Privilegierte Leistungen

42 § 107 Abs. 1 Nr. 4 GWB betrifft Dienstleistungen des Katastrophenschutzes, des Zivilschutzes und der Gefahrenabwehr, die unter die Referenznummern des Common Procurement Vocabulary 75250000-3, 75251000-0, 75251100-1, 75251110-4, 75251120-7, 75252000-7, 75222000-8, 98113100-9 und 85143000-3 mit Ausnahme des Einsatzes von Krankenwagen zur Patientenbeförderung fallen. Der Richtliniengeber ordnet diese Dienstleistungen ausweislich Erwägungsgrund 36 RL 2014/23/EU, Erwägungsgrund 28 RL 2014/24/EU und Erwägungsgrund 36 RL 2014/25/EU dem Oberbegriff *„Notfalldienste"* zu, wohingegen die Gesetzesbegründung[102] von *„Rettungsdienstleistungen"* spricht.

---

93 So VK Sachsen-Anhalt, Beschluss v. 27.6.2018 – 2 VK LSA 20/17.
94 Siehe *Ruthig*, NZBau 2016, 3 f.
95 Kritisch zu der Bereichsausnahme auch *Gurlit*, in: Burgi/Dreher/Opitz, Vergaberecht, § 107 GWB Rn. 28; *Gröning*, NZBau 2015, 690 (693); Deutscher Industrie- und Handelskammertag, Stellungnahme vom 26.5.2015 zu Referentenentwurf eines Gesetzes zur Modernisierung des Vergaberechts, S. 3 f.; IKK e. V. und Verband der Ersatzkassen e.V. (vdek), Gemeinsame Stellungnahme zum Referentenentwurf eines Gesetzes zur Modernisierung des Vergaberechts, S. 10
96 Siehe EuGH, Urteil v. 7.7.2022 – Rs. C-213/21 (Italy Emergenza), Rn. 33.
97 VK Niedersachsen, Beschluss v. 22.1.2019 – VgK-01/2019.
98 VK Niedersachsen, Beschluss v. 22.1.2019 – VgK-01/2019; in diese Richtung auch *Ganske*, in: Reidt/Stickler/Glahs, Vergaberecht, § 107 GWB Rn. 24.
99 OLG Düsseldorf, Beschluss v. 12.6.2017 – VII-Verg 34/16.
100 So VK Niedersachsen, Beschluss v. 22.1.2019 – VgK-01/2019; *Jaeger*, NZBau 2018, 14 (17).
101 Siehe oben Rn. 4; siehe auch EuGH, Urteil v. 7.7.2022 – Rs. C-213/21 (Italy Emergenza), Rn. 32; OVG Niedersachsen, Beschluss v. 12.6.2019 – 13 ME 164/19.
102 Gesetzesbegründung zu § 107 Abs. 1 Nr. 4 GWB, VergRModG 2016, BT-Drs. 18/6281, 79.

Die Bereichsausnahme erfasst ausschließlich **Dienstleistungen**. In systematischer Auslegung sind damit solche Leistungen gemeint, die Gegenstand von Dienstleistungsaufträgen nach § 103 Abs. 4 GWB sind. Bauleistungen und Lieferleistungen im Sinne von § 103 Abs. 2 und 3 GWB sind daher von der Bereichsausnahme nicht betroffen. Insbesondere die Beschaffung von Ausrüstung des Rettungsdienstes oder die Errichtung einer Rettungswache ist daher nicht durch die Bereichsausnahme freigestellt. Die Beschränkung auf Dienstleistungen hat zur Folge, dass § 107 Abs. 1 Nr. 4 GWB für das Recht der Konzessionsvergabe ausschließlich für die Vergabe von Dienstleistungskonzessionen im Sinne von § 105 Abs. 1 Nr. 2 GWB gelten kann.[103] Auf die Vergabe von Baukonzessionen im Sinne von § 105 Abs. 1 Nr. 1 GWB kann die Bereichsausnahme daher nicht angewandt werden. 43

Nicht erforderlich ist, dass diese Dienstleistungen unmittelbar und spezifisch mit der Ausübung **öffentlicher Gewalt** im Sinne von Art. 51 und 62 AEUV verbunden sind.[104] Für eine derartige Einschränkung lassen sich weder dem Gesetzeswortlaut noch den Gesetzesmaterialien Hinweise entnehmen. Der Richtliniengeber ist dem Vorschlag des Ausschusses der Regionen, die Bereichsausnahme auf hoheitliche Tätigkeiten zu beschränken,[105] gerade nicht gefolgt. 44

§ 107 Abs. 1 Nr. 4 GWB erfasst – in Entsprechung der zugrundeliegenden unionsrechtlichen Bestimmungen in Art. 10 lit. h RL 2014/24/EU, Art. 21 lit. h RL 2014/25/EU und Art. 10 Abs. 8 lit. g RL 2014/23/EU – nicht sämtliche Dienstleistungen von gemeinnützigen Organisationen oder Vereinigungen, sondern nur Dienstleistungen des **Katastrophenschutzes**, **Zivilschutzes** und der **Gefahrenabwehr**. Diese Begriffstrias ist mangels eines öffnenden Zusatzes („insbesondere" o.Ä.) abschließend zu verstehen. Andere als die genannten Leistungsbereiche werden von § 107 Abs. 1 Nr. 4 GWB daher nicht umfasst. Allerdings muss der konkrete öffentliche Auftrag bzw. die konkrete Konzession nicht alle, sondern nur einen der genannten Leistungsbereiche betreffen. Teilweise[106] wird vertreten, dass die Leistungsbereiche keine eigenständige Merkmalsqualität aufweisen und die von der Bereichsausnahme erfassten Leistungen daher ausschließlich danach zu beurteilen sind, ob eine der Referenznummern des Common Procurement Vocabulary einschlägig ist. Dies überzeugt jedoch nicht.[107] Bereits aus der semantischen Struktur der Regelung ergibt sich, dass es sich bei „Dienstleistungen des Katastrophenschutzes, des Zivilschutzes und der Gefahrenabwehr" um den Bezugsterm für den sich anschließenden Relativsatz und damit die zentrale Voraussetzung für das Vorliegen der Bereichsausnahme handelt.[108] Die von den Referenznummern erfassten Leistungen müssen sich daher auf einen der Leistungsbereiche beziehen. Das mag für diese Leistungen in aller Regel so sein,[109] ändert aber nichts daran, dass das Gesetz dem Rechtsanwender die Prüfung über das Vorliegen der Leistungsbereiche aufgibt.[110] Dieser Auslegung kann auch die Gesetzesbegründung zu § 107 Abs. 1 Nr. 4 GWB[111] nicht überzeugend entgegengehalten werden, wonach die *„Ausnahmen für ‚Dienstleistungen des Katastrophenschutzes, des Zivilschutzes und der Gefahrenabwehr' […] durch eine Auflistung der betroffenen CPV-Nummern konkretisiert"* werden.[112] Unabhängig davon, dass sich dieses Verständnis nicht in dem maßgeblichen Normtext realisiert hat, stünde es dem deutschen Gesetzgeber ohnehin nicht zu, im Richtlinienrecht vorgesehene Voraussetzungen der Bereichsausnahme außer Acht zu lassen. 45

---

103 Vgl. OLG München, Beschluss v. 21.10.2019 – Verg 13/19.
104 So aber *Antweiler*, in: Ziekow/Völlink, Vergaberecht, § 107 GWB Rn. 41.
105 Vgl. Ausschuss der Regionen, Stellungnahme des Ausschusses der Regionen: „Maßnahmenpaket für das öffentliche Auftragswesen" (2012/C 391/09), S. 14.
106 *Franßen/Ockenfels*, in: Byok/Jaeger, Vergaberecht, § 107 GWB Rn. 25; *Dreher*, in: Immenga/Mestmäcker, Wettbewerbsrecht, § 107 GWB Rn. 37.
107 Hiergegen auch *Gurlit*, in: Burgi/Dreher/Opitz, Vergaberecht, § 107 GWB Rn. 31; *Amelung/Janson*, NZBau 2016, 23 (26); *Antweiler*, VergabeR 2015, 275 (277 f.); *Prieß*, NZBau 2015, 343 (346)
108 Siehe auch *Prieß*, NZBau 2015, 343 (346).
109 Hierauf abstellend *Franßen/Ockenfels*, in: Byok/Jaeger, Vergaberecht, § 107 GWB Rn. 25.
110 So aber *Franßen/Ockenfels*, in: Byok/Jaeger, Vergaberecht, § 107 GWB Rn. 25.
111 Gesetzesbegründung zu § 107 Abs. 1 Nr. 4 GWB, VergRModG 2016, BT-Drs. 18/6281, 79.
112 So auch *Prieß*, NZBau 2015, 343 (346); a.A. *Franßen/Ockenfels*, in: Byok/Jaeger, Vergaberecht, § 107 GWB Rn. 25.

46 Die Begriffe des Katastrophen- und Zivilschutzes sowie der Gefahrenabwehr erfassen neben **reaktiven** auch **präventive Maßnahmen**. Zwar sprechen Erwägungsgrund 36 RL 2014/23/EU, Erwägungsgrund 28 RL 2014/24/EU und Erwägungsgrund 36 RL 2014/25/EU davon, dass die Richtlinie nicht für *„Notfalldienste"* gelten soll, worunter Fallkonstellationen verstanden werden können, *„in denen sofort und unmittelbar gehandelt werden muss."*[113] Der Wortlaut des Gesetzes verschließt sich präventiven Maßnahmen jedoch nicht. Vielmehr deuten die Begriffsteile „Schutz" und „Abwehr" bereits darauf hin, dass auch Maßnahmen erfasst sind, die im Vorgriff eines möglichen Notfalles einsetzen. Dies wird zudem dadurch bestätigt, dass jedenfalls die von den Referenznummern 75251110-4 (Brandverhütung) und 98113100-9 (Dienstleistungen im Bereich der nuklearen Sicherheit) erfassten Leistungen einen erkennbar präventiven Charakter haben.[114]

1. Dienstleistungen des Katastrophenschutzes

47 In der ersten Variante werden Dienstleistungen des **Katastrophenschutzes** erfasst. Der Begriff der Katastrophe wird weder vom Gesetz noch den zugrundeliegenden Richtlinien definiert. Die VK Niedersachsen[115] hat zur Begriffsbestimmung auf § 1 Abs. 2 NKatSG zurückgegriffen. Ein Katastrophenfall ist hiernach ein Notstand, bei dem Leben, Gesundheit, die lebenswichtige Versorgung der Bevölkerung, die Umwelt oder erhebliche Sachwerte in einem solchen Maße gefährdet oder beeinträchtigt sind, dass seine Bekämpfung durch die zuständigen Behörden und die notwendigen Einsatz- und Hilfskräfte eine zentrale Leitung erfordert. Methodisch überzeugt der Rückgriff indes nicht, da der Begriff des Katastrophenschutzes aufgrund seines unionsrechtlichen Ursprungs unionsrechtlich autonom auszulegen ist. Vorzugswürdig ist es daher, auf das Begriffsverständnis zu Art. 196 AEUV zurückzugreifen.[116] Unter einer Katastrophe sind hiernach alle Arten von schweren Notfällen zu verstehen.[117] Der Katastrophenschutz umfasst damit alle präventiven wie reaktiven Maßnahmen, die dem Schutz vor den schädlichen Auswirkungen eines solchen Notfalls dienen.

48 Die **Schutzdimension** des Katastrophenschutzes betrifft Gefahren für die Allgemeinheit (sog. kollektive Dimension).[118] Dem Gesetz ist keine Einschränkung auf bestimmte **Schutzgüter** zu entnehmen. Geschützt werden dürften insbesondere Leib und Leben von Menschen, der Erhalt natürlicher Lebensgrundlagen (etwa Trinkwasser- oder Energieversorgung), der Umwelt im Allgemeinen und der Bestand von Sachwerten.[119]

49 Da es sich bei der Katastrophe um einen schweren Notfall handeln muss, werden nur Notfälle *„oberhalb einer bestimmten Schwelle"*[120] erfasst. Ab welcher **Schwelle** dies anzunehmen ist, wird sich kaum verallgemeinernd sagen lassen. Das Ausmaß des Notfalls muss jedenfalls über das gewöhnliche Maß von Unglücksfällen hinausgehen. Teilweise wird dies durch die Begriffe *„Extremereignis"*[121], *„Extremsituation"*[122] oder *„Großschadensereignis"*[123] zum Ausdruck gebracht. Ob dies gegeben ist, muss anhand der konkreten Gegebenheiten des Unfallereignisses und des eingetretenen oder drohenden Schadens festgestellt werden. Für das Überschreiten

---

113 VK Westfalen, Beschluss v. 15.2.2017 – VK 1-51/16.
114 Vgl. Generalanwalt Sánchez-Bordona, Schlussanträge v. 14.11.2018 – Rs. C-465/17 (Falck), Rn. 43.
115 VK Niedersachsen, Beschluss v. 22.1.2019 – VgK-01/2019.
116 So auch *Prieß*, NZBau 2015, 343 (346).
117 Vgl. *Calliess*, in: Calliess/Ruffert, EUV/AEUV, Art. 196 AEUV Rn. 2, mit Verweis auf Erwägungsgrund 6 Entscheidung des Rates 2007/779/EG, Euratom.
118 Vgl. EuGH, Urteil v. 21.3.2019 – Rs. C-465/17 (Falck), Rn. 29.
119 Vgl. *Nettesheim*, in: Grabitz/Hilf/Nettesheim, Recht der Europäischen Union, Art. 196 AEUV Rn. 15.
120 VK Niedersachsen, Beschluss v. 22.1.2019 – VgK-01/2019.
121 *Friton/Wolf*, in: Gabriel/Mertens/Stein/Prieß, Vergaberecht, § 107 GWB Rn. 28.
122 VK Baden-Württemberg, Beschluss v. 26.3.2018 – 1 VK 56/17; VK Westfalen, Beschluss v. 15.2.2017 – VK 1-51/16; *Friton/Wolf*, in: Gabriel/Mertens/Stein/Prieß, Vergaberecht, § 107 GWB Rn. 28; *Prieß*, NZBau 2015, 343 (346).
123 Vgl. EuGH, Urteil v. 21.3.2019 – Rs. C-465/17 (Falck), Rn. 29; OLG Düsseldorf, Beschluss v. 12.6.2017 – VII-Verg 34/16; VK Niedersachsen, Beschluss v. 22.1.2019 – VgK-01/2019. Der Begriff kann indes fehlleitend sein, da er jedenfalls teilweise nach deutschem Recht nur solche Unglücke – unterhalb der Schwelle einer Katastrophe – erfasst, die eine große, aber noch zahlenmäßig erfassbare Anzahl von gefährdeten Menschen oder erheblichen Sachwerten erfassen, Vgl. § 1 Abs. 1 Nr. 3 BbgBKG und die entsprechende Gesetzesbegründung, Gesetz zur Neuordnung des Brand- und Katastrophenschutzrechts im Land Brandenburg, Brandenburg LT-Drs. 3/6938, 42 f.

der Schwereschwelle kann es sprechen, wenn die Bekämpfung durch die zuständigen Behörden und die notwendigen Einsatz- und Hilfskräfte eine zentrale Leitung bzw. das Zusammenwirken von verschiedenen Behörden erfordert.[124]

Unerheblich ist, auf welche **Ursache** die Katastrophe zurückgeht. Erfasst werden sowohl natürlich verursachte Katastrophen (z. B. Hochwasser, Dürren, Erd- und Seebeben, Überschwemmungen, Waldbrände, Lawinen, Stürme, Seuchen)[125] als auch menschlich verursachte Katastrophen (z. B. Gebäudeeinsturz, Flugzeugabsturz, Anlagenunfälle).[126] **50**

In Rechtsprechung[127] und Schrifttum[128] wird angenommen, dass sich das Unglück zu „**Friedenszeiten**" ereignet haben muss. In „Kriegszeiten" greife dann der Zivilschutz. Im Wortlaut des Gesetzes findet diese zeitliche Einschränkung jedoch keinen Anhaltspunkt. Auch in der Sache ist nicht einzusehen, weshalb Leistungen des Katastrophenschutzes zu Friedenszeiten von den Verpflichtungen des Teil 4 GWB entbunden sind, nicht aber in Kriegszeiten, was insbesondere dann zweifelhaft ist, wenn die Katastrophe mit den kriegerischen Handlungen in keinem Zusammenhang steht. Das Distinktionsmerkmal zwischen Katastrophen- und Zivilschutz ist daher eher in der Ursache des Schadensereignisses zu finden. Sofern das fragliche Schadensereignis nicht auf kriegerische Auswirkungen zurückzuführen ist, berührt dies den Leistungsbereich des Katastrophenschutzes. In der Sache spielt es für das Vorliegen der Bereichsausnahme jedoch keine Rolle, ob Leistungen dem Katastrophen- oder dem Zivilschutz zuzuordnen sind, da § 107 Abs. 1 Nr. 4 GWB hieran keine unterschiedlichen Rechtsfolgen knüpft. **51**

Überdies wird verlangt, dass es sich bei der Katastrophe um ein **unvorhersehbares Ereignis** handeln müsse.[129] Auch dies überzeugt nicht. Hierfür geben weder der Wortlaut noch die Gesetzesmaterialien einen Anhaltspunkt. Es ist auch kein nachvollziehbarer Grund erkennbar, die von der Bereichsausnahme intendierte Privilegierung von gemeinnützigen Organisationen oder Vereinigungen hinsichtlich des Katastrophenschutzes davon abhängig zu machen, ob das Schadensereignis vorherzusehen war. **52**

Als **Dienstleistungen** des Katastrophenschutzes dürften – abgesehen von der Zivilverteidigung, die wohl ausschließlich dem Zivilschutz zuzuordnen ist – alle von § 107 Abs. 1 Nr. 4 GWB genannten Referenznummern des Common Procurement Vocabulary einschlägig sein können. Diese Leistungen müssen mit der drohenden oder bereits eingetretenen Katastrophe im Zusammenhang stehen. Der sog. Regel-Rettungsdienst, der nur die alltäglichen und regelmäßig wiederkehrenden Notfallrettungsmaßnahmen erfasst, unterfällt daher nicht dem Katastrophenschutz,[130] sondern der Gefahrenabwehr.[131] **53**

2. Dienstleistungen des Zivilschutzes

In der zweiten Variante werden Dienstleistungen des **Zivilschutzes** erfasst. Der Begriff des Zivilschutzes ist weder im GWB noch in den zugrundeliegenden Richtlinien definiert. Der Begriffsteil „Zivil" deutet darauf hin, dass der Schutz im Zusammenhang mit kriegerischen **54**

---

124 Siehe etwa für diesen organisatorischen Maßstab im deutschen Katastrophenrecht § 1 Abs. 2 NKatSG, § 1 Abs. 1 Berlin KatSG, § 1 Abs. 2 BayKSG.

125 Vgl. EuGH, Urteil v. 21.3.2019 – Rs. C-465/17 (Falck), Rn. 29: Erdbeben oder Tsunami; siehe auch die Übersicht bei *Kloepfer*, Katastrophenrecht, Rn. 3 ff.

126 Vgl. *Dreher*, in: Immenga/Mestmäcker, Wettbewerbsrecht, § 107 GWB Rn. 42; *Wende*, in: Säcker/Ganske/Knauff, Wettbewerbsrecht, § 107 GWB Rn. 20.

127 OLG Düsseldorf, Beschluss v. 12.6.2017 – VII-Verg 34/16.

128 *König*, in: Gabriel/Krohn/Neun, Handbuch Vergaberecht, § 7 Rn. 5; *Reichling*, in: Gabriel/Krohn/Neun, Handbuch Vergaberecht, § 2 Rn. 44; *Friton/Wolf*, in: Gabriel/Mertens/Stein/Prieß, Vergaberecht, § 107 GWB Rn. 28; *Röwekamp*, in: Röwekamp/Kus/Portz, GWB-Vergaberecht, § 107 GWB Rn. 30; *Höß*, in: Heuvels/Höß/Kuß/Wagner, Vergaberecht, § 107 GWB Rn. 22; *Ruthig*, NZBau 2016, 3 (5).

129 Vgl. OLG Düsseldorf, Beschluss v. 12.6.2017 – VII-Verg 34/16; *Gurlit*, in: Burgi/Dreher/Opitz, Vergaberecht, § 107 GWB Rn. 32; *König*, in: Gabriel/Krohn/Neun, Handbuch Vergaberecht, § 7 Fn. 11; *Dreher*, in: Immenga/Mestmäcker, Wettbewerbsrecht, § 107 GWB Rn. 42; *Röwekamp*, in: Kulartz/Kus/Portz/Prieß, GWB-Vergaberecht, § 107 Rn. 30; *Jaeger*, NZBau 2018, 14 (16); *Prieß*, NZBau 2015, 343 (346).

130 Vgl. EuGH, Urteil v. 21.3.2019 – Rs. C-465/17 (Falck), Rn. 26; VK Niedersachsen, Beschluss v. 22.1.2019 – VgK-01/2019.

131 Siehe hierzu Rn. 60.

Handlungen steht.[132] Demzufolge können unter den Begriff „Zivilschutz" alle präventiven wie reaktiven Maßnahmen gefasst werden, die dem Schutz vor den schädlichen Auswirkungen von kriegerischen Handlungen auf zivile Schutzgüter dienen. Militärische Maßnahmen sind hiervon schon deshalb auszunehmen, weil die Bereichsausnahme nur Leistungen erfasst, die von gemeinnützigen Organisationen oder Vereinigungen erbracht werden. Ob eine kriegerische Handlung vorliegt, die einen Zivilschutz erfordert, verlangt die Feststellung eines Kriegszustandes, der jedenfalls bei Vorliegen des Verteidigungsfalls nach Art. 115a Abs. 1 S. 1 GG gegeben ist. In der deutschen Rechtsprechung[133] wird zur Bestimmung des Begriffs „Zivilschutz" auf die Legaldefinition in § 1 Abs. 1 S. 1 ZSKG zurückgegriffen. Aufgabe des Zivilschutzes ist es danach, durch nichtmilitärische Maßnahmen die Bevölkerung, ihre Wohnungen und Arbeitsstätten, lebens- oder verteidigungswichtige zivile Dienststellen, Betriebe, Einrichtungen und Anlagen sowie das Kulturgut vor Kriegseinwirkungen zu schützen und deren Folgen zu beseitigen oder zu mildern. Methodisch überzeugt der Rückgriff auf diese Legaldefinition indes nicht, da der Begriff des Zivilschutzes aufgrund seines unionsrechtlichen Ursprungs unionsrechtlich autonom auszulegen ist. Im Schrifttum[134] wird sich zur begrifflichen Schärfung daher mit einem Rückgriff auf Art. 61 lit. a des Zusatzprotokolls zu den Genfer Abkommen vom 12. August 1949 über den Schutz der Opfer internationaler bewaffneter Konflikte beholfen. Hiernach werden unter Zivilschutz bestimmte humanitäre Aufgaben zum Schutz der Zivilbevölkerung vor den Gefahren und zur Überwindung der unmittelbaren Auswirkungen von Feindseligkeiten oder Katastrophen sowie zur Schaffung der für ihr Überleben notwendigen Voraussetzungen gefasst.

55 Die **Schutzdimension** des Zivilschutzes betrifft mit dem Kriegseintritt eine Gefahr für die Allgemeinheit (sog. kollektive Dimension).[135] Eine Einschränkung auf bestimmte **Schutzgüter**, die vom Zivilschutz erfasst werden, ist dem Gesetz nicht zu entnehmen. Aus dem Wortteil „Zivil" kann lediglich gefolgert werden, dass es sich um zivile Schutzgüter handeln muss. So kann hierunter insbesondere der Schutz des Lebens und der Gesundheit der Zivilbevölkerung, also demjenigen Bevölkerungsteil, der nicht den Streitkräften zuzuordnen ist, sowie der Bestand von zivilen Einrichtungen und ziviler Infrastruktur gefasst werden.

56 Als **Dienstleistungen** des Zivilschutzes dürfte keine von § 107 Abs. 1 Nr. 4 GWB genannte Referenznummer des Common Procurement Vocabulary per se auszuschließen sein. Die Dienstleistungen müssen aber im Zusammenhang mit den kriegerischen Auswirkungen stehen. Der sog. Regel-Rettungsdienst, der nur die alltäglichen und regelmäßig wiederkehrenden Notfallrettungsmaßnahmen erfasst, unterfällt daher nicht dem Zivilschutz,[136] sondern der Gefahrenabwehr.[137]

3. Dienstleistungen der Gefahrenabwehr

57 In der dritten Variante werden Dienstleistungen der **Gefahrenabwehr** erfasst. Der Begriff der Gefahrenabwehr ist weder im GWB noch in den Richtlinienbestimmungen definiert. Nach dem Wortsinn ist hierunter die Verhinderung eines möglichen Schadenseintritts zu verstehen. In der deutschen Rechtsprechung[138] wird teilweise auf die Legaldefinitionen im deutschen Gefahrenabwehrrecht zurückgegriffen. Hiernach ist die Gefahrenabwehr als die Abwehr von Gefahren für die öffentliche Sicherheit und Ordnung definiert. Jedenfalls methodisch überzeugt der Rückgriff auf diese Legaldefinition indes nicht, da der Begriff Gefahrenabwehr aufgrund

---

132 Für diese Auslegung auch OLG Düsseldorf, Beschluss v. 12.6.2017 – VII-Verg 34/16; *Höß*, in: Heuvels/Höß/Kuß/Wagner, Vergaberecht, § 107 GWB Rn. 22; *Ruthig*, NZBau 2016, 3 (5).

133 VK Niedersachsen, Beschluss v. 22.1.2019 – VgK-01/2019; VK Westfalen, Beschluss v. 15.2.2017 – VK 1-51/16.

134 *Reichling*, in: Gabriel/Krohn/Neun, Handbuch Vergaberecht, § 2 Rn. 44; *Ruthig*, NZBau 2016, 3 (5).

135 Vgl. EuGH, Urteil v. 21.3.2019 – Rs. C-465/17 (Falck), Rn. 29.

136 Vgl. EuGH, Urteil v. 21.3.2019 – Rs. C-465/17 (Falck), Rn. 26; VK Niedersachsen, Beschluss v. 22.1.2019 – VgK-01/2019.

137 Siehe Rn. 60.

138 VK Südbayern, Beschluss v. 16.3.2017 – Z3-3-3194-1-54-12/16; VG Düsseldorf, Beschluss v. 15.9.2016 – 7 L 2411/16.

seines unionsrechtlichen Ursprungs unionsrechtlich autonom und nicht nach nationalem Verständnis auszulegen ist.

Die **Schutzdimension** der Gefahrenabwehr war nach Einführung der Bereichsausnahme durch das VergRModG 2016 zunächst umstritten. Teilweise[139] wurde vertreten, dass die Gefahrenabwehr wie der Katastrophen- und Zivilschutz nur Gefahren für die Allgemeinheit (sog. kollektive Dimension) umfasse, da die Bereichsausnahme eng auszulegen sei und die Leistungsbereiche Katastrophen- und Zivilschutz bei einer weiten Auslegung überflüssig würden. Die Abwehr der Gefahr von einzelnen Personen (sog. **individuelle Dimension**), beispielsweise aufgrund üblicher Risiken wie Feuer, Krankheit oder Unfällen, sei hingegen nicht erfasst. Nach zutreffender Auffassung[140] erfasst der Begriff der Gefahrenabwehr eine individuelle Dimension. Diese Auffassung hat der EuGH[141] für die Auslegung der unionsrechtlichen Grundlage von § 107 Abs. 1 Nr. 4 GWB in Art. 10 lit. h RL 2014/24/EU bestätigt. Er hat dies zum einen damit begründet, dass der Wortlaut bestimmte Referenznummern nenne, die teilweise die Allgemeinheit als auch Einzelpersonen betreffen können, und dem Begriff der Gefahrenabwehr jeder Inhalt genommen würde, wenn er auf eine kollektive Dimension beschränkt würde, da er sich dann entweder mit dem Begriff des Katastrophenschutzes oder dem Begriff des Zivilschutzes decken würde.[142] Zum anderen würde der Sinn und Zweck der Regelung bei einer strengen Auslegung nicht umfänglich erreicht werden. Der Schutz der gemeinnützigen Organisationen oder Vereinigungen sei in erster Linie bei denjenigen Leistungen für die Gefahrenabwehr bei Einzelpersonen zu realisieren, da diese Leistungen den Tätigkeitsschwerpunkt von solchen Einrichtungen bilden würden, während Unglücksfälle mit Gefahren für die Allgemeinheit nur vereinzelt aufträten.[143] Diese Rechtsprechung ist auf die gleichlautenden Bestimmungen in Art. 10 Abs. 8 lit. g RL 2014/23/EU und Art. 21 lit. h RL 2014/25/EU zu übertragen und auch der Auslegung von § 107 Abs. 1 Nr. 4 GWB zugrunde zu legen.[144] Mangels einer Einschränkung im Wortlaut des Gesetzes ist davon auszugehen, dass der Begriff der Gefahrenabwehr – entgegen der Rechtsprechung der VK Baden-Württemberg[145] – neben der individuellen auch die **kollektive Dimension** erfasst. Dieses Verständnis hat der EuGH in der Rechtssache „Falck"[146] bestätigt (*„sowohl Gefahren für die Allgemeinheit als auch Gefahren für Einzelpersonen"*). Der Begriff der Gefahrenabwehr erfüllt daher im Ergebnis eine Auffangfunktion, die alle Gefahrenbereiche abdeckt, in denen von gemeinnützigen Organisationen oder Vereinigungen geleistete Notfalldienste vorkommen.[147] 58

Eine Einschränkung auf bestimmte **Schutzgüter** ergibt sich aus dem Begriff der Gefahrenabwehr nicht. Der Begriff ist daher insoweit umfassend zu verstehen und umfasst alle schutzwürdigen Rechtsgüter, insbesondere den Schutz von Leben und Gesundheit, Sachwerten oder natürlichen Lebensgrundlagen. 59

Als **Dienstleistungen** der Gefahrenabwehr dürften aufgrund des Auffangcharakters alle von § 107 Abs. 1 Nr. 4 Hs. 2 GWB genannten Referenznummern in Betracht kommen können. Aufgrund der individuellen Dimension des Begriffs der Gefahrenabwehr betrifft dies auch den sog. **Regel-Rettungsdienst**, der nur die alltäglichen und regelmäßig wiederkehrenden Notfallrettungsmaßnahmen erfasst. Nach der Rechtsprechung des EuGH[148] zu Art. 10 lit. h RL 2014/24/EU ist auch die Beförderung eines Kranken in einem Krankentransportwagen durch einen Rettungssanitäter oder Rettungshelfer (sog. **qualifizierter Krankentransport**) 60

139 VK Westfalen, Beschluss v. 15.2.2017 – VK 1-51/16; *Prieß*, NZBau 2015, 343 (346).
140 VK Baden-Württemberg, Beschluss v. 26.3.2018 – 1 VK 56/17; VK Südbayern, Beschluss v. 16.3.2017 – Z3-3-3194-1-54-12/16; VG Düsseldorf, Beschluss v. 15.9.2016 – 7 L 2411/16; *Jaeger*, NZBau 2018, 14 (16).
141 EuGH, Urteil v. 21.3.2019 – Rs. C-465/17 (Falck), Rn. 30; VK Südbayern, Beschluss v. 16.3.2017 – Z3-3-3194-1-54-12/16.
142 Vgl. EuGH, Urteil v. 21.3.2019 – Rs. C-465/17 (Falck), Rn. 31 f.
143 Vgl. EuGH, Urteil v. 21.3.2019 – Rs. C-465/17 (Falck), Rn. 33.
144 Siehe OLG Schleswig, Beschluss v. 28.3.2022 – 54 Verg 1/22; OLG Hamburg, Beschluss v. 16.4.2020 – 1 Verg 2/20; OLG München, Beschluss v. 21.10.2019 – Verg 13/19.
145 VK Baden-Württemberg, Beschluss v. 26.3.2018 – 1 VK 56/17.
146 EuGH, Urteil v. 21.3.2019 – Rs. C-465/17 (Falck), Rn. 30.
147 Siehe auch *Jaeger*, NZBau 2018, 14 (16).
148 EuGH, Urteil v. 21.3.2019 – Rs. C-465/17 (Falck), Rn. 50.

unter die Gefahrenabwehr zu subsumieren, wenn er zum einen tatsächlich von ordnungsgemäß in erster Hilfe geschultem Personal durchgeführt wird und zum anderen einen Patienten betrifft, bei dem das Risiko besteht, dass sich sein Gesundheitszustand während des Transports verschlechtert. Nicht ausreichend sei bereits, dass der Krankenwagen mit qualifiziertem Personal besetzt sei.[149] Erforderlich sei vielmehr das Vorliegen eines Notfalls, der zumindest potenziell gegeben sein muss, sodass das Risiko der Verschlechterung des Gesundheitszustandes des Patienten während des Transports genügt.[150] Hierunter kann insbesondere die medizinisch gebotene Verlegung eines Patienten von einem Krankenhaus in ein anderes Krankenhaus mit höherer Versorgungsstufe oder in Spezialkliniken fallen (sog. Interhospitaltransport).[151] Diese Auslegung von Art. 10 lit. h RL 2014/24/EU ist auf die gleichlautenden Bestimmungen in Art. 10 Abs. 8 lit. g RL 2014/23/EU und Art. 21 lit. h RL 2014/25/EU zu übertragen und auch der Auslegung von § 107 Abs. 1 Nr. 4 GWB zugrunde zu legen. Die Beförderung eines Kranken ohne medizinisch-fachliche Betreuung (sog. Krankenfahrten oder **einfacher Krankentransport**) ist hingegen nicht unter die Gefahrenabwehr zu subsumieren, da es an einer Gefahrensituation fehlt.

4. Einordnung in bestimmte Referenznummern

61 Eine Eingrenzung der erfassten Bereiche des Katastrophen- und Zivilschutzes sowie der Gefahrenabwehr nimmt das Gesetz dadurch vor, dass die zu vergebende Dienstleistung unter mindestens eine der Referenznummern der Common Procurement Vocabulary fallen muss. Die Common Procurement Vocabulary ergibt sich aus der VO (EG) 213/2008. Die von § 107 Abs. 1 Nr. 4 GWB erfassten Referenznummern sind auf Grundlage dieser Verordnung wie folgt aufzuschlüsseln:

- 75250000-3 (Dienstleistungen der Feuerwehr und von Rettungsdiensten),
- 75251000-0 (Dienstleistungen der Feuerwehr),
- 75251100-1 (Brandbekämpfung),
- 75251110-4 (Brandverhütung),
- 75251120-7 (Waldbrandbekämpfung),
- 75252000-7 (Rettungsdienste),
- 75222000-8 (Zivilverteidigung),
- 98113100-9 (Dienstleistungen im Bereich der nuklearen Sicherheit) und
- 85143000-3 (Einsatz von Krankenwagen) mit Ausnahme des Einsatzes von Krankenwagen zur Patientenbeförderung.

62 In Ermangelung eines öffnenden Zusatzes („insbesondere" o.Ä.) ist die **Aufzählung** als abschließend anzusehen. Andere als die von diesen Referenznummern betroffenen Leistungen werden von der Bereichsausnahme daher nicht erfasst. Für das Vorliegen der Bereichsausnahme muss sich die fragliche Dienstleistung daher unter eine dieser Referenznummern subsumieren lassen.

a) Dienstleistungen der Feuerwehr und von Rettungsdiensten

63 Der Katalog nennt zunächst die Referenznummer 75250000-3, welche die „Dienstleistungen der Feuerwehr und von Rettungsdiensten" erfasst. Es handelt sich nach dem Aufbau des Klassifikationssystems der CPV-Codes (siehe Anhang I Verordnung (EG) 213/2008) hierbei um eine sog. Klasse, die in die Kategorien 75252000-7 (Rettungsdienste) und 75251000-0 (Dienstleistungen der Feuerwehr) untergliedert wird.

149 Vgl. EuGH, Beschluss v. 20.6.2019 – Rs. C-424/18 (Italy Emergenza und Associazione Volontaria di Pubblica Assistenza), Rn. 26.
150 Vgl. EuGH, Beschluss v. 20.6.2019 – Rs. C-424/18 (Italy Emergenza und Associazione Volontaria di Pubblica Assistenza), Rn. 27.
151 Vgl. VK Niedersachsen, Beschluss v. 22.1.2019 – VgK-01/2019.

Die Referenznummer 75251000-0 betrifft die Kategorie „**Dienstleistungen der Feuerwehr**". Präzisierungen hierzu sind in den Referenznummern 75251100-1 (Brandbekämpfung), 75251110-4 (Brandverhütung) und 75251120-7 (Waldbrandbekämpfung) enthalten. Da das Gesetz die Referenznummer 75251000-0 neben diesen Präzisierungen nennt, ist davon auszugehen, dass die Dienstleistungen der Feuerwehr nicht abschließend durch die Präzisierungen geregelt werden. Als Dienstleistungen der Feuerwehr dürften insbesondere technische Hilfsleistungen (z. B. Ölspurenbeseitigung, Sturmschadenbeseitigung) verbleiben. Demgegenüber ist die Waldbrandbekämpfung aus der Luft in der Referenznummer 60442000-8 geregelt. Dies spricht dafür, dass derlei Leistungen nicht unter die Referenznummern 75251000-0 und 75251100-1 und damit auch nicht unter die Bereichsausnahme des § 107 Abs. 1 Nr. 4 GWB fallen. 64

Rettungsdienste werden von der Referenznummer 75252000-7 erfasst. Hierunter fällt nach der Rechtsprechung des EuGH[152] die Betreuung und Versorgung von Notfallpatienten, die in einem Rettungswagen durch einen Rettungsassistenten bzw. Rettungssanitäter geleistet wird. Darüber hinaus sind aber auch alle weiteren Maßnahmen der sog. Notfallrettung am Unfallort zu subsumieren, insbesondere die Herstellung der Transportfähigkeit und die lebensrettenden Sofortmaßnahmen. Der Begriff des Rettungsdienstes differenziert nicht nach der Einsatzsituation und ist daher umfassend zu verstehen, sodass insbesondere die bodengebundene Rettung, die Bergrettung sowie die Höhlen- und Höhenrettung erfasst sind. Die Luft- und die Seerettung werden hingegen in den Referenznummern 60443000-5 und 60443100-6 genannt, was dafürspricht, dass diese Rettungsdienste nicht von der Referenznummer 75250000-3 und damit nicht von der Bereichsausnahme des § 107 Abs. 1 Nr. 4 GWB erfasst sind.[153] Die VK Baden-Württemberg[154] hat dies für die Luftrettung damit erklärt, dass durch den hohen Grad der Spezialisierung der Einsatzkräfte kein nennenswerter gemeinnütziger Bereich besteht. 65

b) Einsatz von Krankenwagen

Die Referenznummer 85143000-3 betrifft den **Einsatz von Krankenwagen**. Unter Rückgriff auf die Legaldefinition in Anhang II RL 2007/46/EG kann unter einem Krankenwagen ein Kraftfahrzeug der Klasse M verstanden werden, das zur Beförderung Kranker oder Verletzter ausgerüstet ist. Die Klasse M betrifft für die Personenbeförderung ausgelegte und gebaute Kraftfahrzeuge mit mindestens vier Rädern. Per definitionem ist hierunter auch der Rettungswagen zu fassen. Hiervon geht auch der Gesetzgeber ausweislich der Gesetzesbegründung (*„Einsatz von Krankenwagen bestehend in allgemeinen und fachspezifischen ärztlichen Dienstleistungen in einem Rettungswagen"*)[155] aus. Die Rechtsprechung differenziert hingegen zwischen Krankenwagen auf der einen und Rettungswagen auf der anderen Seite, deren Einsatz unter Referenznummer 75252000-7 (Rettungsdienste) einzuordnen sei.[156] 66

Den Einsatz von Krankenwagen **zur Patientenbeförderung** nimmt das Gesetz explizit aus. Die Formulierung dieser Rückausnahme suggeriert, dass schon jeder Einsatz eines Krankenwagens zur Patientenbeförderung betroffen ist. Dass dies so nicht gemeint ist, wird unter Heranziehung der Erwägungsgründe 36 RL 2014/23/EU, 28 RL 2014/24/EU und 36 RL 2014/25/EU deutlich. Erfasst sein sollen nur solche Leistungen, *„die ausschließlich im Einsatz von Krankenwagen zur Patientenbeförderung bestehen"*.[157] Sofern andere Zwecke für den Krankenwageneinsatz hinzutreten, ist die Rückausnahme folglich nicht erfüllt. Der Regelungsbe- 67

152 EuGH, Beschluss v. 6.2.2020 – Rs. C-11/19 (Azienda ULSS), Rn. 52.
153 So zur Luftrettung VK Baden-Württemberg, Beschluss v. 26.3.2018 – 1 VK 56/17; a.A. bezüglich Seenotrettung und Wasserrettung Bundesverband eigenständiger Rettungsdienste und Katastrophenschutz e.V., Stellungnahme zum Referentenentwurf des BMWi für das Vergaberechtsmodernisierungsrecht – VergModG (Umsetzung der EU-Vergaberichtlinien 2014), S. 4.
154 VK Baden-Württemberg, Beschluss v. 26.3.2018 – 1 VK 56/17.
155 Gesetzesbegründung zu § 107 Abs. 1 Nr. 4 GWB, VergRModG 2016, BT-Drs. 18/6281, 79.
156 Vgl. EuGH, Urteil v. 21.3.2019 – Rs. C-465/17 (Falck), Rn. 42; VG Düsseldorf, Beschluss v. 15.9.2016 – 7 L 2411/16.
157 So auch OLG Düsseldorf, Beschluss v. 12.6.2017 – VII-Verg 34/16.

darf der Rückausnahme ist vor diesem Hintergrund zweifelhaft,[158] da sich der Krankenwageneinsatz zur reinen Patientenbeförderung weder dem Katastrophen- noch dem Zivilschutz oder der Gefahrenabwehr zuordnen lassen dürfte und daher schon aus diesem Grunde ausscheidet. Die Rückausnahme stellt zumindest klar, dass die Beförderung eines Kranken ohne medizinisch-fachliche Betreuung (sog. Krankenfahrten oder einfacher Krankentransport) vom Anwendungsbereich der Bereichsausnahme nicht erfasst ist. Sie schließt daher den bloßen Transport eines Patienten vom Krankenhaus nach Hause, in eine Rehabilitationseinrichtung, eine Kureinrichtung oder eine andere der Gesundheitsförderung, nicht aber der Akutbehandlung dienenden Einrichtung (z. B. Nieren- und Dialysezentrum) aus.[159] Die Vergabe solcher Leistungen soll dann aber dem Sonderregime der sozialen und anderen besonderen Dienstleistungen nach § 130 GWB zuzuordnen sein.[160]

68 Der Einsatz eines **Rettungswagens** für einen Notfall unterfällt nicht der Rückausnahme, da dieser Einsatz nicht allein dazu dient, den Patienten zu befördern, sondern eben gerade auch dazu, den Patienten schnellstmöglich medizinisch zu versorgen. Nach der Rechtsprechung des EuGH[161] wird auch der **qualifizierte Krankentransport**, wenn er zum einen tatsächlich von ordnungsgemäß in erster Hilfe geschultem Personal durchgeführt wird und zum anderen einen Patienten betrifft, bei dem das Risiko besteht, dass sich sein Gesundheitszustand während des Transports verschlechtert, nicht von der Rückausnahme erfasst. Dies dürfte wohl darin begründet liegen, dass der Einsatz des Krankenwagens auch der medizinischen Überwachung des Patienten während des Transports dient. Mit dieser Rechtsprechung kontrastiert die Gesetzesbegründung zu § 107 Abs. 1 Nr. 4 GWB.[162] Danach wird von der Referenznummer der *„Einsatz von Krankenwagen bestehend in allgemeinen und fachspezifischen ärztlichen Dienstleistungen in einem Rettungswagen"* erfasst, worunter der qualifizierte Krankentransport gerade nicht fällt. Im Hinblick hierauf könnte die Bereichsausnahme in § 107 Abs. 1 Nr. 4 GWB auch enger zu verstehen sein, als dies nach der Rechtsprechung des EuGH für die unionsrechtliche Grundlage gilt. Dies dürfte indes nicht der gesetzgeberischen Intention entsprechen. Den Gesetzgebungsmaterialien sind keine Anhaltspunkte dafür zu entnehmen, dass der deutsche Gesetzgeber die unionsrechtliche Bestimmung nur einschränkend umsetzen wollte.

c) Zivilverteidigung

69 Die Zivilverteidigung wird von der Referenznummer 75222000-8 erfasst. Unter Zivilverteidigung sind diejenigen Maßnahmen zu verstehen, die dem Schutz der Zivilbevölkerung mit nicht-militärischen Mitteln dienen. Dies sind insbesondere Versorgungsleistungen, Evakuierungs- und Warndienste oder die Bereitstellung von Notunterkünften. Mit dem Begriff des Zivilschutzes dürfte weitestgehende Deckungsgleichheit bestehen. Teilweise werden die Begriffe auch gleichgesetzt.[163] Die militärische Verteidigung ist in der Referenznummer 75221000-1 berücksichtigt und unterfällt daher nicht der Bereichsausnahme des § 107 Abs. 1 Nr. 4 GWB.

d) Dienstleistungen der nuklearen Sicherheit

70 Dienstleistungen im Bereich der nuklearen Sicherheit werden durch die Referenznummer 98113100-9 repräsentiert. Gemäß Art. 3 Nr. 2 RL 2009/71/Euratom ist hierunter die Erreichung ordnungsgemäßer Betriebsbedingungen, die Verhütung von Unfällen und die Abmilderung von Unfallfolgen zu verstehen, sodass die Arbeitskräfte und die Bevölkerung vor Gefahren durch ionisierende Strahlungen aus kerntechnischen Anlagen geschützt werden. Dies

---

158 A.A. EuGH, Urteil v. 21.3.2019 – Rs. C-465/17 (Falck), Rn. 34, der die Rückausnahme *„für sachdienlich [hält], weil diese Dienstleistungen sonst unter die in der Bestimmung geregelte Ausnahme fallen würden"*.
159 Vgl. VK Niedersachsen, Beschluss v. 22.1.2019 – VgK-01/2019.
160 Vgl. EuGH, Urteil v. 21.3.2019 – Rs. C-465/17 (Falck), Rn. 38; Gesetzesbegründung zu § 107 Abs. 1 Nr. 4 GWB, VergRModG 2016, BT-Drs. 18/6281, 79; Erwägungsgrund 36 RL 2014/23/EU; Erwägungsgrund 28 RL 2014/24/EU; Erwägungsgrund 36 RL 2014/25/EU.
161 Vgl. EuGH, Urteil v. 21.3.2019 – Rs. C-465/17 (Falck), Rn. 50; siehe oben Rn. 60.
162 Gesetzesbegründung zu § 107 Abs. 1 Nr. 4 GWB, VergRModG 2016, BT-Drs. 18/6281, 79.
163 Vgl. *Rixen*, in: Burgi/Dreher/Opitz, Vergaberecht, § 130 GWB Rn. 109.

dürften etwa Planungsleistungen für nuklearsicherheitstechnische Anlagen, IT-Maßnahmen für die reaktorinternen Kontrollsysteme oder radiologische Untersuchungen sein. Unter gesonderte Referenznummern gefasst sind Dienstleistungen im Zusammenhang mit radioaktiven, giftigen, medizinischen und gefährlichen Abfällen (90520000-8), Behandlung von radioaktiven Abfällen (90521000-5), Abfuhr von radioaktiven Abfällen (90521100-6), Lagerung von radioaktiven Abfällen (90521200-7), Entsorgung von radioaktiven Abfällen (90521300-8), Transport von radioaktiven Abfällen (90521400-9, 90521410-2, 90521420-5), Verpackung von radioaktiven Abfällen (90521500-0, 90521510-3, 90521520-6). Diese Leistungen unterfallen daher nicht der Referenznummer 98113100-9 und damit nicht der Bereichsausnahme des § 107 Abs. 1 Nr. 4 GWB.

II. Privilegierte Leistungsträger

Voraussetzung für das Vorliegen der Bereichsausnahme ist, dass die fraglichen Dienstleistungen von gemeinnützigen Organisationen oder Vereinigungen erbracht werden. 71

1. Organisationen oder Vereinigungen

Auffällig ist, dass das Gesetz nicht von „Unternehmen“, sondern von Organisationen und Vereinigungen spricht. Auch Organisationen und Vereinigungen sind aber unter dem vergaberechtlichen Unternehmensbegriff zu fassen und daher mit den nach Teil 4 GWB vorgesehenen Rechten ausgestattet. Andernfalls wäre schon der Charakter des öffentlichen Auftrags im Sinne von § 103 Abs. 1 GWB, der ein Unternehmen als korrespondierende Einheit gegenüber dem Auftraggeber verlangt, nicht gegeben, was Voraussetzung für die Anwendung des Teil 4 GWB ist. Unter einer Vereinigung dürfte der Zusammenschluss von Personen zu verstehen sein, der einen bestimmten Zweck verfolgt. Demgegenüber ist der Begriff der Organisation weiter gefasst und dürfte sämtliche strukturierten Gebilde betreffen, innerhalb deren eine funktionale Arbeitsteilung erfolgt. Da beide Begriffe sich inhaltlich weitgehend überschneiden, wird eine trennscharfe Abgrenzung kaum möglich, aber auch nicht erforderlich sein, da es für die Anwendung der Bereichsausnahme keinen Unterschied macht, ob es sich bei der konkreten Einheit um eine Organisation oder Vereinigung handelt. Auch dürfte es keine gemeinnützigen Unternehmen im vergaberechtlichen Sinne geben, die sich nicht zumindest einem dieser Begriffe zuordnen lassen. Eine erkennbare eigenständige Bedeutung kommt dem Begriffspaar daher nicht zu. 72

2. Gemeinnützigkeit

Nach der Rechtsprechung des EuGH sind gemeinnützige Organisationen oder Vereinigungen im Sinne von Art. 10 lit. h RL 2014/24/EU solche, die keine Gewinnerzielungsabsicht verfolgen und ihren Mitgliedern keinen – auch keinen mittelbaren – Gewinn verschaffen können.[164] Hierunter seien auch Organisationen oder Vereinigungen zu fassen, deren Ziel in der Erfüllung sozialer Aufgaben bestehe, die nicht erwerbswirtschaftlich tätig seien und die etwaige Gewinne reinvestierten, um das Ziel der Organisation oder Vereinigung zu erreichen.[165] Dieses Begriffsverständnis ist auch für § 107 Abs. 1 Nr. 4 GWB aufgrund des unionsrechtlichen Ursprungs der Regelung maßgeblich.[166] Für die Feststellung der Gemeinnützigkeit genügt es daher nicht, dass eine Organisation oder Vereinigung nach deutschem Recht als gemeinnützig anzusehen ist.[167] Bei Vorliegen der Voraussetzungen von §§ 52, 55 AO soll die Gemeinnützig- 73

164 EuGH, Urteil v. 7.7.2022 – Rs. C-213/21 (Italy Emergenza), Rn. 33.
165 EuGH, Urteil v. 7.7.2022 – Rs. C-213/21 (Italy Emergenza), Rn. 34.
166 Vgl. OLG Schleswig, Beschluss v. 28.3.2022 – 54 Verg 1/22; OLG München, Beschluss v. 21.10.2019 – Verg 13/19; ähnlich zuvor VK Niedersachsen, Beschluss v. 22.1.2019 – VgK-01/2019: *„Gemeinnützige Organisationen oder Vereinigungen sind Organisationen oder Vereinigungen, die nicht auf Gewinnerzielung ausgerichtet sind und etwaige umständehalber erzielte Gewinne der Erfüllung ihrer sozialen Aufgabe widmen.“*
167 Vgl. EuGH, Urteil v. 21.3.2019 – Rs. C-465/17 (Falck), Rn. 18; VK Niedersachsen, Beschluss v. 22.1.2019 – VgK-01/2019.

keit im Sinne der Bereichsausnahme allerdings vorliegen.[168] Nicht erforderlich ist es nach der Rechtsprechung des EuGH[169], dass die Voraussetzungen nach Art. 77 Abs. 2 RL 2014/24/EU bzw. Art. 94 RL 2014/25/EU erfüllt sind,[170] was aus systematischen Gründen überzeugt, da der Begriff der Gemeinnützigkeit dort nicht genannt wird und die genannten Richtlinienbestimmungen sich in einem anderen Regelungskontext befinden, nämlich den Beschaffungsregelungen zur Vergabe von sozialen und anderen besonderen Dienstleistungen. Ein systematischer Zusammenhang zur Bereichsausnahme besteht nicht und wird von der Richtlinie auch nicht durch eine entsprechende Referenzierung hergestellt.[171]

3. Anerkannte Zivil- oder Katastrophenschutzorganisationen

74 Gemeinnützige Organisationen oder Vereinigungen sind nach § 107 Abs. 1 Nr. 4 Hs. 2 GWB insbesondere Hilfsorganisationen, die nach Bundes- oder Landesrecht als Zivil- und Katastrophenschutzorganisationen anerkannt sind.

75 Ausweislich des Wortlauts der Regelung („insbesondere") sind die von § 107 Abs. 1 Nr. 4 Hs. 2 GWB genannten Organisationen **nicht** als **abschließend** anzusehen. Mithin schließt die Regelung es nicht aus, dass auch andere Organisationen oder Vereinigungen als gemeinnützig angesehen werden können, die nicht nach Bundes- oder Landesrecht als Zivil- und Katastrophenschutzorganisationen anerkannt sind.

76 Als **Beispiele** für die von § 107 Abs. 1 Nr. 4 Hs. 2 GWB erfassten Organisationen nennt die Gesetzesbegründung[172] solche Organisationen, die nach § 26 Abs. 1 S. 2 ZSKG anerkannt sind. Dies sollen etwa der Arbeiter-Samariter-Bund, die Deutsche Lebensrettungsgesellschaft, das Deutsche Rote Kreuz, die Johanniter-Unfall-Hilfe und der Malteser-Hilfsdienst sein.

77 Ein unionsrechtliches Vorbild hat die Regelung in § 107 Abs. 1 Nr. 4 Hs. 2 GWB nicht. Aus normenhierarchischen Gründen ist sie als unglücklich anzusehen, da den Mitgliedstaaten in den **europäischen Richtlinien** keine Kompetenz eingeräumt ist, den Begriff der Gemeinnützigkeit zu konkretisieren.[173] Für die Einordnung einer Organisation oder Vereinigung als gemeinnützig kann es daher auch nicht auf bundes- oder landesrechtliche Festlegungen ankommen. Maßgeblich sind allein die unionsrechtlichen Maßstäbe. Umstritten ist, ob die Regelung vor diesem Hintergrund unionsrechtswidrig und daher unangewandt zu lassen[174] oder zumindest einer unionsrechtkonformen Auslegung zugänglich ist.[175] Die besseren Gründe sprechen für die Unionsrechtswidrigkeit der Norm. Ihr Zweck dürfte darin liegen, zur Rechtssicherheit bei der Anwendung der Bereichsausnahme beizutragen und dem Rechtsanwender die Feststellung der Gemeinnützigkeit von Organisationen oder Vereinigungen zu erleichtern. Hiermit kontrastiert eine unionsrechtskonforme Auslegung, die dem Rechtsanwender eine Einzelprüfung der Gemeinnützigkeit nach unionsrechtlichen Maßstäben aufgibt. Jedenfalls verbleibt der Regelung damit auch kein erkennbarer Regelungsgehalt. Indessen hält der EuGH in der Rechtssache „Falck" eine unionsrechtskonforme Auslegung zumindest für möglich,[176] da er es der Beurteilung des vorlegenden Gerichts überlässt, ob § 107 Abs. 1 Nr. 4 Hs. 2 GWB im Einklang mit den Erfordernissen von Art. 10 lit. h RL 2014/24/EU ausgelegt werden kann.[177]

---

168 So VG Hamburg, Urteil v. 26.5.2021 – 14 K 3698/20.

169 EuGH, Urteil v. 21.3.2019 – Rs. C-465/17 (Falck), Rn. 60.

170 A.A. *Antweiler*, in: Ziekow/Völlink, Vergaberecht, § 107 GWB Rn. 43; *Amelung/Janson*, NZBau 2016, 23 (26); *Prieß*, NZBau 2015, 343 (346).

171 Siehe auch *Franßen/Ockenfels*, in: Byok/Jaeger, Vergaberecht, § 107 GWB Rn. 33.

172 Gesetzesbegründung zu § 107 Abs. 1 Nr. 4 GWB, VergRModG 2016, BT-Drs. 18/6281, 79.

173 Vgl. *Prieß*, NZBau 2015, 343 (347); a.A. *Risch*, KommJur 2017, 129 (131).

174 Hierfür *Gurlit*, in: Burgi/Dreher/Opitz, Vergaberecht, § 107 GWB Rn. 36; *Antweiler*, in: Ziekow/Völlink, Vergaberecht, § 107 GWB Rn. 40.

175 Hierfür OLG Schleswig, Beschluss v. 28.3.2022 – 54 Verg 1/22; OLG München, Beschluss v. 21.10.2019 – Verg 13/19; *Friton/Wolf*, in: Gabriel/Mertens/Stein/Prieß, Vergaberecht, § 107 GWB Rn. 34; *Wende*, in: Säcker/Ganske/Knauff, Wettbewerbsrecht, § 107 GWB Rn. 24.

176 Vgl. *Wende*, in: Säcker/Ganske/Knauff, Wettbewerbsrecht, § 107 GWB Rn. 24, der dies durch die EuGH-Entscheidung sogar für klärend entschieden ansieht.

177 Vgl. EuGH, Urteil v. 21.3.2019 – Rs. C-465/17 (Falck), Rn. 58.

III. Erbrachtwerden der Leistungen

Voraussetzung für die Bereichsausnahme ist, dass die fraglichen Dienstleistungen von gemeinnützigen Organisationen oder Vereinigungen erbracht werden. Die Auslegung der Anforderung des Erbrachtwerdens ist umstritten. 78

Die überwiegende Rechtsprechung[178] legt der Anforderung ein **konkretes Verständnis** zugrunde. Das Erbrachtwerden sei hiernach als Anforderung an den konkreten Auftrags- bzw. Konzessionsgegenstand zu verstehen, der voraussetze, dass der öffentliche Auftrag bzw. die Konzession von einer gemeinnützigen Organisation oder Vereinigung erbracht werde. Da diese Anforderung von kommerziellen Anbietern nicht erfüllt werde, können deren Angebote in einem etwaigen Vergabeverfahren nicht zugelassen werden. Der Wettbewerb sei daher auf gemeinnützige Organisationen oder Vereinigungen zu beschränken.[179] Nicht ausreichend sei es, die Anwendung der Bereichsausnahme erst davon abhängig zu machen, dass der Zuschlag auf das Angebot einer gemeinnützigen Organisation oder Vereinigung erteilt würde, da das Vorliegen der Bereichsausnahme dann erst rückwirkend festgestellt werden könne.[180] Diese Auslegung wird im Wesentlichen auf den Wortlaut der Bereichsausnahme in § 107 Abs. 1 Nr. 4 GWB bzw. den der zugrundeliegenden unionsrechtlichen Bestimmung gestützt, der sich *„erkennbar"* nicht auf die Situation am betroffenen Markt beziehe, sondern *„auf den Gegenstand und die Gestaltung des zu vergebenden öffentlichen Auftrags"*.[181] 79

Unabhängig davon, dass ein solches konkretes Verständnis des Erbrachtwerdens verfassungsrechtliche[182] und unionsprimärrechtliche Fragen[183] aufwirft, überzeugt die dogmatische Herleitung nicht. Der Wortlaut spricht viel eher gegen ein solches Verständnis. Das Gesetz beschreibt die Bereichsausnahmen des § 107 Abs. 1 GWB in einem **abstrakten Sinne**. Dies gilt auch für § 107 Abs. 1 Nr. 4 GWB und zeigt sich insbesondere daran, dass der Wortlaut im Plural von „Dienstleistungen" und „gemeinnützigen Organisationen oder Vereinigungen" spricht und die erfassten Leistungsbereiche sowie Referenznummern des Common Procurement Vocabulary kumulativ aufzählt. Ein konkretes Verständnis ist aber auch vom Regelungszweck nicht gedeckt, der ausweislich Erwägungsgrund 28 RL 2014/24/EU, Erwägungsgrund 36 RL 2014/25/EU und Erwägungsgrund 36 RL 2014/23/EU darin liegt, den speziellen Charakter von gemeinnützigen Organisationen und Vereinigungen dadurch zu wahren, dass diese nicht *„nach den in dieser Richtlinie festgelegten Verfahren ausgewählt werden müssten."* Nach dem konkreten Verständnis würden diese Organisationen oder Vereinigungen aber auch außerhalb eines Verfahrens nach den Richtlinien bzw. Teil 4 GWB vor Wettbewerb mit kommerziellen Anbietern bewahrt werden, da die Rettungsdienstleistungen zwingend an eine gemeinnützige Organisation oder Vereinigung vergeben werden soll. Das aber wird von § 107 Abs. 1 Nr. 4 GWB nicht intendiert. Nach hier vertretener Ansicht ist der Begriff des Erbrachtwerdens daher abstrakt zu verstehen. Maßgeblich ist, dass der zu vergebende öffentliche Auftrag bzw. die zu vergebende Konzession dem Wesen nach auf dem relevanten Markt zumindest auch von gemeinnützigen Organisationen oder Vereinigungen erbracht wird.[184] Ist das der Fall, realisiert sich der Schutz dieser Organisationen oder Vereinigungen dahingehend, dass sie – sofern der Auftraggeber die Bereichsausnahme beansprucht – für die Vergabe des öffentlichen Auftrags oder der Konzession nicht einem Verfahren nach Teil 4 GWB ausgesetzt sind. 80

---

178 OLG Brandenburg, Beschluss v. 26.7.2021 – 19 Verg 3/21; OLG Celle, Beschluss v. 25.6.2019 – 13 Verg 4/19; VGH München, Beschluss v. 26.4.2019 – 12 C 19.621; VG Hamburg, Urteil v. 26.5.2021 – 14 K 3698/20; VK Südbayern, Beschluss v. 16.3.2017 – Z3-3-3194-1-54-12/16; wohl auch OVG Niedersachsen, Beschluss v. 12.6.2019 – 13 ME 164/19.

179 Vgl. OLG Celle, Beschluss v. 25.6.2019 – 13 Verg 4/19; VK Südbayern, Beschluss v. 16.3.2017 – Z3-3-3194-1-54-12/16; a.A. VK Niedersachsen, Beschluss v. 22.1.2019 – VgK-01/2019.

180 Vgl. VK Niedersachsen, Beschluss v. 22.1.2019 – VgK-01/2019; VK Südbayern, Beschluss v. 16.3.2017 – Z3-3-3194-1-54-12/16.

181 OLG Brandenburg, Beschluss v. 26.7.2021 – 19 Verg 3/21.

182 Siehe eingehend *Jaeger*, ZWeR 2016, 205 (233 ff.).

183 Siehe VG Hamburg, Urteil v. 26.5.2021 – 14 K 3698/20.

184 Ähnlich (*„typischerweise"*) *Friton/Wolf*, in: Gabriel/Mertens/Stein/Prieß, Vergaberecht, § 107 GWB Rn. 39a.

81 Die fraglichen Leistungen müssen dabei nicht **ausschließlich** von gemeinnützigen Organisationen oder Vereinigungen auf dem relevanten Markt erbracht werden.[185] Eine solche Einschränkung findet keinen Anhaltspunkt im Wortlaut des Gesetzes und würde der Bereichsausnahme auch die Daseinsberechtigung entziehen, weil ein Schutz von gemeinnützigen Organisationen oder Vereinigungen gegenüber anderen Unternehmen nicht erforderlich ist, wenn die fraglichen Leistungen ohnehin nur von solchen Organisationen oder Vereinigungen erbracht werden.[186]

82 Ob die fraglichen Leistungen zumindest auch von gemeinnützigen Organisationen oder Vereinigungen auf dem relevanten Markt erbracht werden, kann insbesondere daran festgemacht werden, ob diese Leistungen bereits **bisher** von solchen Leistungsträgern ausgeführt wurden.[187] Allein hierauf kann es jedoch nicht ankommen.[188] Es würde andernfalls vom Zufall abhängen, ob die Bereichsausnahme geltend gemacht werden könnte. Eine bisherige Erbringung der Leistungen durch kommerzielle Anbieter würde die Anwendung der Bereichsausnahme sperren, sodass sich die von der Bereichsausnahme intendierte Privilegierung gemeinnütziger Organisationen oder Vereinigungen gerade dort nicht umsetzen ließe, wo sich das kommerzielle Anbieterfeld bereits gefestigt hat.[189]

IV. Anwendung von Vergabeprimärrecht

83 Auch wenn die Vergabe der Rettungsdienstleistungen von der Bereichsausnahme des § 107 Abs. 1 Nr. 4 GWB erfasst ist, können sich vergaberechtliche Anforderungen aus den primärrechtlichen Vorgaben des AEUV ergeben.

84 Der EuGH leitet aus der Niederlassungs- und Dienstleistungsfreiheit (Art. 49 und 56 AEUV) allgemeine Grundsätze der **Transparenz** und **Gleichbehandlung** ab.[190] Die Pflicht zur Transparenz bestehe darin, dass zugunsten der potenziellen Bieter ein angemessener Grad von Öffentlichkeit sicherzustellen ist, der den öffentlichen Auftrag oder die Konzession dem Wettbewerb öffnet und die Nachprüfung ermöglicht, ob die Vergabeverfahren unparteiisch durchgeführt worden sind.[191] Diese Verpflichtung wird sich nur dadurch erfüllen lassen, dass eine Bekanntmachung über die Absicht der Vergabe eines öffentlichen Auftrags bzw. einer Konzession erfolgt.[192]

85 Ob das Vergabeprimärrecht auf die Vergabe von Rettungsdienstleistungen anzuwenden ist, hängt davon ab, dass für den öffentlichen Auftrag bzw. die Konzession ein eindeutiges grenzüberschreitendes Interesse (sog. **Binnenmarktrelevanz**) gegeben ist.[193] Für die Feststellung eines solchen Interesses sind als Kriterien insbesondere das Volumen des fraglichen Auftrags bzw. der fraglichen Konzession in Verbindung mit dem Leistungsort oder technische Merkmale des öffentlichen Auftrags bzw. der Konzession relevant.[194] Auch bei Rettungsdienstleistungen kann nicht per se von einer Binnenmarktrelevanz ausgegangen werden.[195] Diese ist vielmehr im konkreten Einzelfall festzustellen.

---

185 Anders wohl *Braun/Zwetkow*, NZBau 2020, 219.

186 Siehe auch *Röwekamp*, in: Kulartz/Kus/Portz/Prieß, GWB-Vergaberecht, § 107 Fn. 76; *Wende*, in: Säcker/Ganske/Knauff, Wettbewerbsrecht, § 107 GWB Rn. 27; *Jaeger*, NZBau 2020, 223 (224).

187 Vgl. VG Düsseldorf, Beschluss v. 15.9.2016 – 7 L 2411/16.

188 Siehe auch OLG Brandenburg, Beschluss v. 26.7.2021 – 19 Verg 3/21; OLG Celle, Beschluss v. 25.6.2019 – 13 Verg 4/19; VK Südbayern, Beschluss v. 16.3.2017 – Z3-3-3194-1-54-12/16; unverständlich OLG Hamburg, Beschluss v. 16.4.2020 – 1 Verg 2/20, wonach es hierauf *„zusätzlich"* ankommen könne, wenn das Vergabeverfahren ausschließlich gemeinnützigen Organisationen oder Vereinigungen geöffnet ist.

189 Vgl. VK Südbayern, Beschluss v. 16.3.2017 – Z3-3-3194-1-54-12/16.

190 Vgl. EuGH, Urteil v. 11.12.2014 – Rs. C-113/13 (Spezzino), Rn. 45.

191 Vgl. EuGH, Urteil v. 13.10.2005 – Rs. C-458/03 (Parking Brixen), Rn. 49.

192 Vgl. Europäische Kommission, Mitteilung der Kommission zu Auslegungsfragen in Bezug auf das Gemeinschaftsrecht, das für die Vergabe öffentlicher Aufträge gilt, die nicht oder nur teilweise unter die Vergaberichtlinien fallen (2006/C 179/02), S. 3 f.

193 Vgl. EuGH, Urteil v. 11.12.2014 – Rs. C-113/13 (Spezzino), Rn. 46.

194 Vgl. EuGH, Urteil v. 11.12.2014 – Rs. C-113/13 (Spezzino), Rn. 47; BVerwG, Beschluss v. 15.12.2020 – BVerwG 3 B 34.19.

195 Siehe für die Ablehnung einer Binnenmarktrelevanz etwa VG Ansbach, Beschluss v. 8.12.2017 – AN 14 E 17.02475; offen gelassen bei VG Hamburg, Urteil v. 26.5.2021 – 14 K 3698/20.

86 Umstritten ist, ob das Vorliegen der Voraussetzungen der Bereichsausnahme den Rückgriff auf die vergabeprimärrechtlichen Vorgaben des AEUV **sperrt**. Teilweise[196] wird dies abgelehnt. Überwiegend[197] wird jedoch angenommen, dass primärrechtliche Vergabepflichten dem mit der Bereichsausnahme verfolgten Ansinnen zuwiderliefen und daher suspendiert sein müssten. Hiergegen spricht jedoch, dass der Regelungszweck ausweislich Erwägungsgrund 28 RL 2014/24/EU, Erwägungsgrund 36 RL 2014/25/EU und Erwägungsgrund 36 RL 2014/23/EU darin liegt, den speziellen Charakter von gemeinnützigen Organisationen und Vereinigungen dadurch zu wahren, dass diese nicht *„nach den in dieser Richtlinie festgelegten Verfahren ausgewählt werden müssten."* Ein darüberhinausgehender Schutz von gemeinnützigen Organisationen oder Vereinigungen vor anderen unionalen wettbewerbsrechtlichen Implikationen ist von der Regelung daher ersichtlich nicht intendiert.[198] Der EuGH hat sich in der Rechtssache „Falck"[199] in dieser Frage nicht positioniert, wurde hierzu aber auch nicht befragt. Aus dem Schweigen des Gerichtshofs wird sich daher kaum mit Gewissheit ableiten lassen, dass der Gerichtshof von einer Sperrwirkung des Sekundärrechts ausgeht.[200] Die Rechtsprechung des EuGH in der Rechtssache „Azienda ULSS"[201] wird hinsichtlich dieser Frage unterschiedlich bewertet.[202]

87 Von der Einhaltung vergabeprimärrechtlicher Pflichten können Auftraggeber jedoch nach Art. 51 i.V.m. Art. 62 AEUV (ehemals Art. 45 und 55 EGV) freigestellt sein. Hiernach sind die Niederlassungs- und Dienstleistungsfreiheit nicht auf Tätigkeiten anzuwenden, die in einem Mitgliedstaat dauernd oder zeitweise mit der **Ausübung öffentlicher Gewalt** verbunden sind. Nach der Rechtsprechung des EuGH[203] zu Art. 45 und 55 EGV sind Rettungsdienstleistungen in der Bundesrepublik Deutschland allerdings nicht mit der Ausübung öffentlicher Gewalt verbunden. Zwar könnten die Rettungsträger auf Mittel wie Blaulicht oder Einsatzhorn und das in der StVO eingeräumte Vorfahrtsrecht zurückgreifen.[204] Diese Rechte könnten jedoch nicht als unmittelbare und spezifische Teilhabe an der Ausübung öffentlicher Gewalt betrachtet werden, da die betreffenden Leistungserbringer nicht mit vom allgemeinen Recht abweichenden Vorrechten oder Zwangsbefugnissen ausgestattet seien, um dessen Einhaltung zu gewährleisten.[205] Diese Rechtsprechung ist auf die geltende Rechtslage nach Art. 51 i.V.m. Art. 62 AEUV zu übertragen.[206]

88 Von den Vorgaben des europäischen Vergabeprimärrechts ist der Auftraggeber nach Art. 62 i.V.m. Art. 52 AEUV zudem befreit, wenn deren Nichtanwendung aus Gründen der öffentlichen Ordnung, Sicherheit oder Gesundheit **gerechtfertigt** ist. Nach der Rechtsprechung des EuGH[207] kann eine erhebliche Gefährdung des finanziellen Gleichgewichts des Systems der sozialen Sicherheit und das Ziel, aus Gründen der öffentlichen Gesundheit eine ausgewogene, allen zugängliche ärztliche und klinische Versorgung aufrechtzuerhalten, zu den Ausnahmen aus Gründen der öffentlichen Gesundheit zählen, soweit es zur Schaffung eines hohen Gesundheitsschutzes beiträgt. Vor diesem Hintergrund könne eine Direktvergabe an eine Freiwilligenorganisation gerechtfertigt sein, die *„zu dem sozialen Zweck und zu den Zielen der Soli-*

---

196 *Friton/Wolf*, in: Gabriel/Mertens/Stein/Prieß, Vergaberecht, § 107 GWB Rn. 45; *Antweiler*, VergabeR 2015, 275 (280); *Braun/Zwetkow*, NZBau 2020, 219 (221); *Bühs*, EuZW 2017, 804 (808); *Prieß*, NZBau 2015, 343 (344).

197 OLG Brandenburg, Beschluss v. 26.7.2021 – 19 Verg 3/21; VK Rheinland, Beschluss v. 19.8.2016 – VK D-14/2016-L; *Franßen/Ockenfels*, in: Byok/Jaeger, Vergaberecht, § 107 GWB Rn. 35; *Höß*, in: Heuvels/Höß/Kuß/Wagner, Vergaberecht, § 107 GWB Rn. 24; *Röwekamp*, in: Kulartz/Kus/Portz/Prieß, GWB-Vergaberecht, § 107 Rn. 31; *Jaeger*, NZBau 2020, 7 (12); *Kieselmann/Pajunk*, NZBau 2021, 174 (176); *Risch*, KommJur 2017, 129 (132).

198 Vgl. auch *Friton/Wolf*, in: Gabriel/Mertens/Stein/Prieß, Vergaberecht, § 107 GWB Rn. 45.

199 EuGH, Urteil v. 21.3.2019 – Rs. C-465/17 (Falck).

200 Siehe auch *Braun/Zwetkow*, NZBau 2020, 219 (221); a.A. *Jaeger*, NZBau 2020, 7 (12).

201 EuGH, Beschluss v. 6.2.2020 – Rs. C-11/19 (Azienda ULSS), Rn. 53.

202 Für die Anwendung des Vergabeprimärrechts nach dieser Entscheidung *Gurlit*, in: Burgi/Dreher/Opitz, Vergaberecht, § 107 Abs. 1 GWB Rn. 9; *Bühs*, NZBau 2021, 312 (313); hiergegen OLG Brandenburg, Beschluss v. 26.7.2021 – 19 Verg 3/21.

203 EuGH, Urteil v. 29.4.2010 – Rs. C-160/08, Rn. 86.

204 Vgl. EuGH, Urteil v. 29.4.2010 – Rs. C-160/08, Rn. 81.

205 Vgl. EuGH, Urteil v. 29.4.2010 – Rs. C-160/08, Rn. 81.

206 Siehe auch *Friton/Wolf*, in: Gabriel/Mertens/Stein/Prieß, Vergaberecht, § 107 GWB Rn. 45; *Antweiler*, VergabeR 2015, 275 (278).

207 EuGH, Urteil v. 11.12.2014 – Rs. C-113/13 (Spezzino), Rn. 60.

darität und der Haushaltseffizienz [beiträgt], auf denen dieses System beruht". Voraussetzung sei hierfür allerdings, dass die Freiwilligenorganisationen keine anderen Ziele verfolgen, mit ihren Leistungen keinen Gewinn erzielen und ihren Mitgliedern keine Gewinne einbringen sowie nur in dem Maße die Tätigkeiten der Freiwilligenorganisation ausüben dürfen, wie es für ihren geregelten Betrieb erforderlich ist. Ob diese Anforderungen von Freiwilligenorganisationen in der Bundesrepublik Deutschland erfüllt werden, wird im Schrifttum[208] bezweifelt.

F. Schutz wesentlicher Sicherheitsinteressen (Abs. 2)

I. Allgemeines

1. Unionsrechtlicher Hintergrund

89 Gemäß § 107 Abs. 2 GWB findet der Teil 4 GWB keine Anwendung auf öffentliche Aufträge und Konzessionen, bei denen die Voraussetzungen des Art. 346 AEUV vorliegen. EU-rechtliche Grundlage sind zum einen Art. 1 Abs. 3 RL 2014/23/EU, Art. 1 Abs. 3 RL 2014/24/EU, Art. 1 Abs. 3 RL 2014/25/EU sowie Art. 2 RL 2009/81/EG und zum anderen Art. 346 AEUV, auf den die genannten sekundärrechtlichen Bestimmungen und § 107 Abs. 2 GWB verweisen. Dreh- und Angelpunkt der komplexen und für Vergaben im Verteidigungs- und Sicherheitsbereich zentralen Bereichsausnahme des § 107 Abs. 2 GWB ist damit Art. 346 AEUV.

90 **Art. 346 AEUV** unterscheidet – ebenso wie § 107 Abs. 2 GWB – zwei Ausnahmen: einerseits den Schutz sicherheitskritischer Informationen und andererseits die „Verteidigungsgüterausnahme". Gemäß Art. 346 Abs. 1 lit. a AEUV ist ein Mitgliedstaat nicht verpflichtet, Auskünfte zu erteilen, deren Preisgabe seines Erachtens seinen wesentlichen Sicherheitsinteressen widerspricht. Gemäß Art. 346 Abs. 1 lit. b AEUV kann ein Mitgliedstaat Maßnahmen ergreifen, die seines Erachtens für die Wahrung seiner wesentlichen Sicherheitsinteressen erforderlich sind, soweit sie die Erzeugung von Waffen, Munition und Kriegsmaterial oder den Handel damit betreffen. Die Maßnahmen dürfen nicht die Wettbewerbsbedingungen auf dem Binnenmarkt hinsichtlich der nicht eigens für militärische Zwecke bestimmten Waren beeinträchtigen. Art. 346 AEUV ist Ausdruck eines gewissen Kompetenz- und Souveränitätsvorbehalts der Mitgliedstaaten im Verteidigungs- und Sicherheitsbereich.[209] Die Bestimmung soll einen Ausgleich schaffen zwischen den legitimen Sicherheitsinteressen der Mitgliedstaaten und den grundlegenden Binnenmarktregeln der Europäischen Union. Sie legitimiert die Nichtanwendung zentraler Regeln des Unionsrechts in Bezug auf die Preisgabe sicherheitskritischer Informationen bzw. die Beschaffung von Verteidigungsgütern, sofern dies zur Wahrung wesentlicher Sicherheitsinteressen des Mitgliedstaates erforderlich ist.[210] Unter welchen Randbedingungen die Erforderlichkeit angenommen werden kann und was unter „wesentlichen Sicherheitsinteressen" zu verstehen ist, definiert Art. 346 AEUV nicht. Dies hat dazu geführt, dass die Mitgliedstaaten einen weiten Ermessenspielraum für sich in Anspruch genommen und sich bei der Vergabe verteidigungs- und sicherheitsrelevanter Aufträge bis in die 2000er Jahre extensiv auf die Ausnahme berufen haben.

91 Diese Praxis hat mit dazu beigetragen, dass die Auftragskategorie der verteidigungs- und sicherheitskritischen Aufträge praktisch weitgehend von EU-weiter wettbewerblicher Vergabe ausgenommen blieb und sich ein gemeinsamer Markt für Verteidigungsgüter nicht herausgebildet hat. Um der extensiven Anwendung der „Verteidigungsgüterausnahme" entgegenzuwirken, hat die Kommission 2006 eine **Auslegungsmitteilung** zur Anwendung des Art. 346 AEUV auf die Beschaffung von Verteidigungsgütern veröffentlicht.[211] Diese enthält Leitlinien,

208 Siehe *Amelung/Janson*, NZBau 2016, 23 (25); *Bühs*, EuZW 2017, 804 (807); *Prieß*, NZBau 2015, 343 (344).
209 Vgl. VK Bund, Beschluss v. 6.11.2020 – VK 2-87/20, S. 12 (Marinebetriebsstoffversorger).
210 *Voll*, Sicherheit als Argument im Vergaberecht, S. 191.
211 Europäische Kommission, Mitteilung zu Auslegungsfragen bezüglich der Anwendung des Art. 296 EG auf die Beschaffung von Verteidigungsgütern vom 7.12.2006, KOM (2006) 779 endg.; hierzu *Renner/Rubach-Larsen/Sterner*, NZBau 2007, 407 (409); *Trybus*, Buying Defence and Security in Europe, S. 125 ff.; *Voll*, Sicherheit als Argument im Vergaberecht, S. 192.

nach denen die Mitgliedstaaten entscheiden sollen, ob die Inanspruchnahme der Ausnahmeregelung gerechtfertigt ist. Sie basiert allerdings auf dem Rechtsstand vor Erlass des Defence Package und ist heute nicht mehr ganz aktuell.[212] Bei missbräuchlicher Inanspruchnahme kann die Kommission gemäß Art. 348 Abs. 1 AEUV angerufen werden.[213] Nach Auffassung der Kommission soll der Anwendungsbereich der Ausnahme auf Beschaffungen beschränkt sein, die von höchster Wichtigkeit für die militärischen Fähigkeiten der Mitgliedstaaten sind.[214] Das sind Beschaffungen, die äußerst hohe Anforderungen an die Versorgungssicherheit stellen oder von besonders hoher Vertraulichkeit und Wichtigkeit für die nationale Souveränität sind.[215] Wirtschaftliche oder industrielle Interessen sollen für sich genommen nicht geeignet sein, die Inanspruchnahme der Ausnahme zu rechtfertigen. Der EuGH hat in ständiger Rechtsprechung deutlich gemacht, dass sowohl der Anwendungsbereich als auch die Bedingungen für die Inanspruchnahme des Art. 346 AEUV eng auszulegen sind[216] und sich die Mitgliedstaaten im Einzelfall auf den Ausnahmetatbestand berufen und das Vorliegen der tatbestandlichen Voraussetzungen nachweisen müssen.[217]

Nach Inkrafttreten der **RL 2009/81/EG**, die verteidigungs- und sicherheitsrelevante Aufträge einem modifizierten, auf die spezifischen Belange des Verteidigungs- und Sicherheitsbereichs abgestimmten Vergabeverfahren unterstellt, das insbesondere dem Interesse des Auftraggebers an Informationssicherheit Rechnung trägt, stellt sich die Frage, inwieweit eine Berufung auf Art. 346 AEUV rechtlich noch möglich bzw. praktisch noch relevant ist.[218] Aufgrund des Vorrangs europäischen Primärrechts können sich die Mitgliedstaaten auch bei Vergaben im Verteidigungs- und Sicherheitsbereich weiterhin auf ihre wesentlichen Sicherheitsinteressen (Art. 346 AEUV) berufen. Allerdings wird der Auftraggeber im Hinblick auf die ihm zur Verfügung stehenden Verfahrensregeln der RL 2009/81/EG bzw. der VSVgV eingehender begründen müssen, weshalb er seine Sicherheitsinteressen nicht im Rahmen eines Vergabeverfahrens nach der VSVgV hinreichend wahren kann. 92

2. Historie

Die Rezeption des Art. 346 AEUV (vormals Art. 296 EUV) im deutschen Vergaberecht begann mit der **Vergaberechtsreform 2009**, bei der zunächst Art. 346 Abs. 1 lit. b AEUV („Verteidigungsgüterausnahme") über Art. 100 Abs. 1 lit. e GWB a.F. in das Kartellvergaberecht übernommen wurde. Das Gesetz nannte – wenngleich in anderem Zusammenhang – auch bereits Beispielsfälle für wesentliche Sicherheitsinteressen. Dies waren Beschaffungen im Zusammenhang mit Einsätzen der Polizei, der Terrorismusbekämpfung und IT- bzw. Telekommunikationsanlagen.[219] 93

Im Rahmen der **Vergaberechtsreform 2014** wurde mit § 100 Abs. 6 GWB a.F. auch Art. 346 Abs. 1 lit. a AEUV („Preisgabe von Auskünften") in den Katalog der Ausnahmebestimmungen übernommen. § 100 Abs. 7 GWB 2014 enthielt zudem eine Konkretisierung des Begriffs der wesentlichen Sicherheitsinteressen, der die Anwendung der Ausnahme in der Beschaffungspraxis erleichtern sollte. Danach konnten wesentliche Sicherheitsinteressen betroffen sein beim Betrieb oder Einsatz der Streitkräfte, bei der Umsetzung von Maßnahmen der Terrorismusbekämpfung oder bei der Beschaffung von Informationstechnik und Telekommunikationsanlagen. Die genannten Fallgruppen erinnern an die Beispielsfälle der Vorgängerregelung. 94

212 Vgl. *Trybus*, Buying Defence and Security in Europe, S. 127.
213 Hierzu näher: *Trybus*, Buying Defence and Security in Europe, S. 117 ff.
214 Europäische Kommission, Mitteilung zu Auslegungsfragen bezüglich der Anwendung des Art. 296 EG auf die Beschaffung von Verteidigungsgütern vom 7.12.2006, KOM (2006) 779 endg., S. 8.
215 OLG Düsseldorf, Beschluss v. 18.8.2021 – VII-Verg 51/20, S. 9 (Marinebetriebsstoffversorger).
216 EuGH, Urteil v. 16.9.1999 – Rs. C-414/97 (Kommission/Spanien), Slg. 1999, I-5585 (5606) Rn. 21 f; Urteil v. 15.3.1986 – Rs. 222/84 (Johnston), Slg. 1986, 1651 (1684) Rn. 26.
217 EuGH, Urteil v. 16.9.1999 – Rs. C-414/97 (Kommission/Spanien), Slg. 1999, I-5585 Rn. 22; *Trybus*, Buying Defence and Security in Europe, S. 127 f.
218 *Voll*, Sicherheit als Argument im Vergaberecht, S. 308 ff.
219 § 100 Abs. 2 lit. d sublit. cc GWB 2009.

95 Im Rahmen des **VergRModG 2016** hat der Gesetzgeber im seinerzeit neu gefassten § 107 Abs. 2 GWB a.F. auf die Übernahme dieser Beispielsfälle mit der Begründung verzichtet, dass die Berufung auf wesentliche Sicherheitsinteressen jeweils eine Prüfung im Einzelfall erfordere.[220]

96 § 107 Abs. 2 GWB in der Fassung des **Gesetzes zur beschleunigten Beschaffung im Bereich Verteidigung und Sicherheit** vom 25. März 2020 kehrt nunmehr zu den Fallgruppen und Regelbeispielen für wesentliche Sicherheitsinteressen zurück. Der neu eingefügte Satz 2 modifiziert und erweitert die früher bekannten Fallgruppen, bei denen wesentliche Sicherheitsinteressen betroffen sein können, einerseits um die neue Kategorie der verteidigungsindustriellen bzw. sicherheitsindustriellen Schlüsseltechnologien und andererseits – für die Fallgruppe der Preisgabe von Auskünften – um Leistungen für den Grenzschutz, die Bekämpfung der organisierten Kriminalität, verdeckte Einsätze von Polizei und Sicherheitskräften und Verschlüsselung. Die Fallgruppen sind als Regelbeispiele für das Tatbestandsmerkmal der wesentlichen Sicherheitsinteressen konzipiert. Als Auslegungshinweise des Gesetzgebers sollen sie die stärkere Nutzung vergaberechtlicher Spielräume in der Beschaffungspraxis und damit zügigere Vergaben im Verteidigungs- und Sicherheitsbereich ermöglichen. Allerdings können die Regelbeispiele keine über Art. 346 Abs. 1 lit. b AEUV hinausgehenden Beschaffungsspielräume begründen.[221]

3. Vergleichbare Regelungen

97 Vergleichbare und letztlich redundante Ausnahmevorschriften enthält § 117 Nr. 2 GWB für den speziellen Bereich der Aufträge, die Verteidigungs- und Sicherheitsaspekte umfassen, ohne verteidigungs- oder sicherheitsspezifische Aufträge im Sinne von § 104 GWB zu sein, und § 150 Nr. 1 GWB für Konzessionen in den Bereichen Verteidigung und Sicherheit. Beide Ausnahmen sind ohnehin von der allgemeinen Ausnahme des § 107 Abs. 2 GWB erfasst, weshalb ein eigenständiger Anwendungsbereich nicht vorhanden ist.

II. Anwendungsbereich

1. § 107 Abs. 2 GWB als allgemeine Ausnahme

98 Als **allgemeine Ausnahme** findet § 107 Abs. 2 GWB Anwendung auf öffentliche Aufträge (einschließlich Wettbewerbe und Rahmenvereinbarungen) gemäß § 103 GWB und Konzessionen gemäß § 105 GWB, die durch öffentliche Auftraggeber (§ 99 GWB) oder Sektorenauftraggeber (§ 100 GWB) vergeben werden und den gemäß § 106 GWB maßgeblichen Schwellenwert erreichen. Zu den öffentlichen Aufträgen zählen auch die speziellen Kategorien der verteidigungs- oder sicherheitsspezifischen öffentlichen Aufträge (§ 104 GWB) und der öffentlichen Aufträge, die Verteidigungs- oder Sicherheitsaspekte umfassen, ohne verteidigungs- oder sicherheitsspezifisch zu sein (§ 117 GWB). In allen genannten Fällen findet das GWB-Vergaberecht keine Anwendung, wenn die Voraussetzungen des § 107 Abs. 2 GWB vorliegen.

99 Praktische **Relevanz** hat die Ausnahmebestimmung bei der Vergabe von verteidigungs- oder sicherheitsspezifischen öffentlichen Aufträgen durch öffentliche Auftraggeber des Bundes (insbesondere des BAAINBw für Beschaffungen der Bundeswehr) und der Länder (für Beschaffungen der Polizei und der Sicherheitskräfte).

2. § 107 Abs. 2 S. 1 Nr. 2 GWB als spezielle Ausnahme für Waffen, Munition und Kriegsmaterial (Militärausrüstung)

100 Die Ausnahme des § 107 Abs. 2 S. 1 Nr. 2 GWB enthält eine spezielle weitere Anwendungsvoraussetzung: Sie kommt nur in Betracht, wenn die Vergabe dem sachlichen Anwendungsbe-

220 Gesetzesbegründung zu § 107 GWB a.F., VergRModG 2016, BT-Drs. 18/6281, 79; *Friton/Wolf*, in: Gabriel/Mertens/Prieß/Stein, Vergaberecht, § 107 GWB Rn. 53.
221 OLG Düsseldorf, Beschluss v. 18.8.2021 – VII-Verg 51/20, S. 11 (Marinebetriebsstoffversorger).

reich des Art. 346 Abs. 1 lit. b AEUV unterliegt, d.h. die „Erzeugung von Waffen, Munition und Kriegsmaterial oder den Handel damit" betrifft.

Diese spezielle **Warengruppe** (Waffen, Munition und Kriegsmaterial) hat der Rat in der Warenliste vom 15. April 1958 (sog. „Militärgüterliste") definiert und konkretisiert.[222] Sie umfasst enumerativ aufgeführte Waffensysteme und Rüstungsgüter (wie z. B. Panzer, Kriegsschiffe, Luftfahrzeuge und Raketen) einschließlich Teile von Waffensystemen, Baugruppen sowie Anlagen und Werkzeuge zur Entwicklung, Herstellung und Prüfung solcher Systeme. Eine Berufung auf die Ausnahmebestimmung des § 107 Abs. 2 S. 1 Nr. 2 GWB kommt nur in Betracht, wenn der Beschaffungsgegenstand auf der Kriegswaffenliste aufgeführt ist.[223] 101

Nach der Rechtsprechung des EuGH muss die Ausrüstung eine objektiv militärische **Zweckbestimmung** haben und objektiv militärische Beschaffenheitsmerkmale aufweisen. Diese Bedingung ist für Güter, die ausschließlich für militärische Zwecke beschafft werden und ausschließlich für den Einsatz in der Landes- und Bündnisverteidigung vorgesehen sind, regelmäßig gegeben.[224] Güter, die für zivile Nutzungen konzipiert sind, aber auch militärisch eingesetzt werden könnten, sind nicht erfasst.[225] Dual-Use Güter oder Güter für nichtmilitärische Sicherheitszwecke (z. B. Polizeiausrüstung) sind es ebenfalls nicht.[226] Güter, die zwar für militärische Zwecke verwendet werden sollen, aber auch weitgehend gleichartige zivile Nutzanwendungen ermöglichen, haben nur dann einen militärischen Charakter, wenn sie – z. B. infolge substanzieller Veränderungen – als speziell für militärische Zwecke konzipiert und entwickelt angesehen werden können.[227] Maßgeblich ist jeweils eine objektive Betrachtungsweise.[228] Dienstleistungen, die in direktem Zusammenhang mit den in der Liste aufgeführten Waren stehen (wie z. B. deren Wartung und Instandsetzung)[229], sowie Anlagen/Geräte speziell zur Herstellung militärischer Ausrüstung im Sinne der Warenliste sollen ebenfalls erfasst sein.[230] 102

Inhaltlich korrespondiert der erfasste Güterkreis mit dem Begriff der „**Militärausrüstung**" im Sinne von Art. 1 Abs. 6 RL 2009/81/EG bzw. § 104 Abs. 2 GWB, der seinerseits auf „Waffen, Munition und Kriegsmaterial" verweist. Der sachliche Anwendungsbereich des § 107 Abs. 2 S. 1 Nr. 2 GWB ist damit im Ergebnis bei allen verteidigungsspezifischen Aufträgen eröffnet, wenn der Auftragsgegenstand Militärausrüstung ist.[231] 103

III. Aufbau der Bestimmung

§ 107 Abs. 2 GWB unterscheidet – dem Aufbau des Art. 346 Abs. 1 AEUV folgend, aber differenzierter als die Richtlinien[232] – in Satz 1 zwei tatbestandliche Alternativen und formuliert in Satz 2 jeweils Regelbeispiele als Auslegungshilfen. § 107 Abs. 2 S. 1 Nr. 1 GWB enthält eine Ausnahme zum Schutz sicherheitskritischer Informationen in Vergabeverfahren oder bei der Auftragsausführung. § 107 Abs. 2 S. 1 Nr. 2 GWB nimmt Verteidigungsaufträge im Sinne von Art. 346 Abs. 1 lit. b AEUV vom Anwendungsbereich des Vergaberechts aus. 104

---

222 Entscheidung des Rates 255/58 vom 15.4.1958. Die Liste wird u.a. wiedergegeben in der Anlage zur Kommentierung von § 104 GWB; *Friton/Wolf*, in: Gabriel/Mertens/Prieß/Stein, Vergaberecht, § 107 GWB Rn. 57.

223 Vgl. VK Bund, Beschluss v. 6.11.2020 – VK 2-87/20, S. 11 ff., zur Prüfung der Frage, ob ein Marinebetriebsstoffversorger in die Kategorie der „Kriegsschiffe aller Art" gemäß Ziffer 9 a) der Liste fällt.

224 OLG Düsseldorf, Beschluss v. 18.8.2021 – VII-Verg 51/20, S. 6 f. (Marinebetriebsstoffversorger).

225 EuGH, Urteil v. 8.4.2008 – Rs. C-337/05 (Agusta), Rn. 47 f., zur Lieferung von Hubschraubern für Zivilkorps.

226 EuGH, Urteil v. 7.6.2012 – Rs. C-615/10 (InsTiimi), Rn. 44; *Trybus*, Buying Defence and Security in Europe, S. 96 ff.

227 EuGH, Urteil v. 7.6.2012 – Rs. C-615/10 (InsTiimi), Rn. 39 f., zu einem Drehtisch für elektromagnetische Messungen.

228 *Dippel*, in: Dippel/Sterner/Zeiss, Beschaffung im Verteidigungs- und Sicherheitsbereich, § 107 GWB Rn. 22; *Höfler*, NZBau 2015, 736 (738).

229 *Dippel*, in: Dippel/Sterner/Zeiss, Beschaffung im Verteidigungs- und Sicherheitsbereich, § 107 GWB Rn. 20.

230 Europäische Kommission, Mitteilung zu Auslegungsfragen bezüglich der Anwendung des Art. 296 EG auf die Beschaffung von Verteidigungsgütern vom 7.12.2006, KOM (2006) 779 endg., S. 6; *Voll*, Sicherheit als Argument im Vergaberecht, S. 204 f.; *Antweiler*, in: Ziekow/Völlink, Vergaberecht, § 107 GWB Rn. 48.

231 Auf die Kommentierung zu Militärausrüstung bei *Dippel*, § 104 GWB Rn. 16 ff., wird verwiesen.

232 *Friton/Wolf*, in: Gabriel/Mertens/Prieß/Stein, Vergaberecht, § 107 GWB Rn. 48.

IV. Wesentliche Sicherheitsinteressen

105 Schlüsselbegriff für die Anwendung der Ausnahme ist der Schutz der „wesentlichen Sicherheitsinteressen" der Bundesrepublik Deutschland. Nach beiden Tatbestandsalternativen des § 107 Abs. 2 GWB muss die Nichtanwendung des Vergaberechts erforderlich sein, um wesentliche staatliche Sicherheitsinteressen zu schützen. Damit stellt sich die Frage, was solche wesentlichen Sicherheitsinteressen sind.

106 Weder das Primärrecht der Europäischen Union noch die Vergaberichtlinien enthalten eine **Definition**. Der in Art. 346 Abs. 1 lit. b AEUV hergestellte Zusammenhang zu „Waffen, Munition und Kriegsmaterial" sowie zur Militärgüterliste legt nahe, dass Belange der äußeren Sicherheit der Bundesrepublik gemeint sind, d.h. der Landes- und Bündnisverteidigung.[233] Beschaffungen für nicht-militärische Sicherheitszwecke sollen in Bezug auf Art. 346 Abs. 1 lit. b AEUV nicht erfasst sein.[234] Art. 346 Abs. 1 lit. a AEUV stellt diesen Zusammenhang nicht her und gilt deshalb sowohl für den militärischen Verteidigungsbereich als auch für den nichtmilitärischen Sicherheitsbereich. Aus der Formulierung „wesentliche" folgt, dass es sich um Interessen von einigem Gewicht handeln muss. In ihrer Auslegungsmitteilung folgert die Kommission, dass der Anwendungsbereich der Ausnahme lit. b auf Beschaffungen beschränkt ist, die von höchster Wichtigkeit für die militärischen Fähigkeiten des Mitgliedstaates sind.[235] Die Definitionshoheit darüber, welche wesentlichen Sicherheitsinteressen der Staat konkret hat und verfolgt, liegt bei ihm selbst („seines Erachtens"). Der Staat hat dabei einen weiten Ermessensspielraum, der sekundärrechtlich nicht eingeschränkt werden kann.[236] Eine pauschale Berufung auf den Ausnahmetatbestand und nicht näher spezifizierte Sicherheitsinteressen genügt jedoch nicht. Vielmehr ist eine plausible, einzelfallbezogene Prüfung und Darlegung erforderlich. Diese umfasst regelmäßig drei Schritte:

1. Welches wesentliche Sicherheitsinteresse ist betroffen?
2. Worin besteht der Zusammenhang zwischen diesem Sicherheitsinteresse und der konkreten Beschaffung?
3. Warum ist die Nichtanwendung des Vergaberechts in diesem speziellen Fall für den Schutz dieses wesentlichen Sicherheitsinteresses notwendig?[237]

107 **Beispiele** für Aufträge, bei denen – vorbehaltlich einer Prüfung im Einzelfall – wesentliche staatliche Sicherheitsinteressen berührt sein können, sind:

- Auftragsvergaben zur Abwehr von Gefahren für die innere oder äußere Sicherheit[238], für Einsatzbedarfe der Streitkräfte, für die Einsatz- und Arbeitsfähigkeit der Sicherheitsbehörden[239], für Landes- und Bündnisverteidigung;
- Aufträge für Schlüsselkomponenten, bei denen eine Abhängigkeit von Exportgenehmigungen anderer Staaten[240] oder von ausländischen Lieferanten vermieden werden muss;
- Aufträge zur Entwicklung und Beschaffung von Verschlüsselungstechnologie;

---

233 *Krohn*, in: Gabriel/Krohn/Neun, Handbuch Vergaberecht, § 57 GWB Rn. 64.
234 Ebenso: Gesetzesentwurf der Bundesregierung, Gesetz zur beschleunigten Beschaffung im Bereich der Verteidigung und Sicherheit und zur Optimierung der Vergabestatistik, BT-Drs. 19/15603, 57.
235 Europäische Kommission, Mitteilung zu Auslegungsfragen bezüglich der Anwendung des Art. 296 EG auf die Beschaffung von Verteidigungsgütern vom 7.12.2006, KOM (2006) 779 endg., S. 8.
236 *Krohn*, in: Gabriel/Krohn/Neun, Handbuch Vergaberecht, § 57 GWB Rn. 53 m.w.N.; *Dreher*, in: Immenga/Mestmäcker, Wettbewerbsrecht, § 107 GWB Rn. 51.
237 OLG Düsseldorf, Beschluss v. 18.8.2021 – VII-Verg 51/20, S. 8 f. (Marinebetriebsstoffversorger); Europäische Kommission, Mitteilung zu Auslegungsfragen bezüglich der Anwendung des Art. 296 EG auf die Beschaffung von Verteidigungsgütern vom 7.12.2006, KOM (2006) 779 endg., S. 8 f.; *Dippel*, in: Dippel/Sterner/Zeiss, Beschaffung im Verteidigungs- und Sicherheitsbereich, § 107 GWB Rn. 15.
238 OLG Düsseldorf, Beschluss v. 18.8.2021 – VII-Verg 51/20.
239 *Dippel*, in: Dippel/Sterner/Zeiss, Beschaffung im Verteidigungs- und Sicherheitsbereich, § 107 GWB Rn. 8.
240 Vgl. *Voll*, Sicherheit als Argument im Vergaberecht, S. 311.

- Aufträge, die den Umgang mit besonders geheimhaltungsbedürftigen Informationen erfordern, weshalb dieser Umgang auf das nationale Territorium begrenzt oder eine Streuung der Informationen[241] vermieden werden muss;
- Aufträge zum Erhalt bestimmter nationaler Kernfähigkeiten aus Gründen der Versorgungssicherheit[242], etc.

Durch das Gesetz zur beschleunigten Beschaffung in den Bereichen Verteidigung und Sicherheit vom 25. März 2020 hat der Gesetzgeber in § 107 Abs. 2 S. 2 GWB **Regelbeispiele** und Konkretisierungen aufgenommen, die die Anwendung der Ausnahme in der Beschaffungspraxis der Vergabestellen vereinfachen soll. Ziel ist es, so die Gesetzesbegründung, dass vergaberechtliche Spielräume für eine schnellere Beschaffung im Rahmen der unionsrechtlichen Vorgaben konsequenter genutzt werden können.[243] Die Regelbeispiele sind vom Gesetzgeber als Auslegungshinweise für das Tatbestandsmerkmal der wesentlichen Sicherheitsinteressen konzipiert. Unabhängig von den Regelbeispielen bedarf es in jedem Fall einer Einzelfallprüfung aller Tatbestandsmerkmale des § 107 Abs. 2 GWB.[244] Die Regelbeispiele sind nicht als abstrakte Vorabfestlegungen des Gesetzgebers zu verstehen, die eine Einzelfallprüfung durch die Vergabestelle entbehrlich machen.[245] 108

1. Verteidigungsindustrielle und sicherheitsindustrielle Schlüsseltechnologien (S. 2 und S. 3 Nr. 1)

Gemäß § 107 Abs. 2 S. 2 und S. 3 Nr. 1 GWB können wesentliche Sicherheitsinteressen berührt sein, wenn ein öffentlicher Auftrag oder eine Konzession eine Technologie betrifft, die als verteidigungsindustrielle oder sicherheitsindustrielle Schlüsseltechnologie gilt. 109

Das Regelbeispiel verteidigungsindustrielle Schlüsseltechnologie gilt für beide **Tatbestandsalternativen** des § 107 Abs. 2 S. 1 GWB, d.h. für sicherheitskritische Aufträge gemäß Nr. 1 (Preisgabe von Auskünften) und für Verteidigungsaufträge gemäß Nr. 2. Das Regelbeispiel sicherheitsindustrielle Schlüsseltechnologie gilt hingegen nur für § 107 Abs. 2 S. 1 Nr. 1 GWB (Preisgabe von Auskünften). Diese Differenzierung folgt der in Art. 346 Abs. 1 AEUV getroffenen Unterscheidung zwischen einem militärischen und nicht-militärischen Bereich.[246] 110

Mit der neuen Kategorie der industriellen **Schlüsseltechnologien** kommt zum Ausdruck, dass die Verfügbarkeit industrieller Kapazitäten und technologischer Kernfähigkeiten im Verteidigungs- und Sicherheitsbereich ein wesentliches Element staatlicher Sicherheitsvorsorge und im Verteidigungsbereich Grundlage für die Bündnis- und Verteidigungsfähigkeit ist. Welche Technologiefelder verteidigungs- oder sicherheitsindustrielle Schlüsseltechnologien sind, bestimmt das Gesetz nicht. Ausweislich der Gesetzesmaterialien soll die Einstufung durch einen Beschluss des Bundeskabinetts erfolgen. Die Festlegung ist im **„Strategiepapier der Bundesregierung zur Stärkung der Sicherheits- und Verteidigungsindustrie"** vom 12. Februar 2020 erfolgt.[247] Darin werden u.a. Marineschiffbau (Über-/Unterwasserplattformen), sicherheitsrelevante IT- und Kommunikationstechnologien, Künstliche Intelligenz, elektronische Kampfführung, Sensorik, geschützte/gepanzerte Fahrzeuge und vernetzte Operationsführung/Krypto zu nationalen sicherheits- und verteidigungsindustriellen Schlüsseltechnologien erklärt. Entsprechende industrielle Kapazitäten für eine militärische Rüstungsfähigkeit sollen zum Erhalt nationaler Souveränität gefördert werden.[248] Eine explizite Unterscheidung 111

241 *Mösinger/Juraschek*, NZBau 2019, 93 (94).
242 Vgl. *Voll*, Sicherheit als Argument im Vergaberecht, S. 191.
243 Ausschuss für Wirtschaft und Energie, Beschlussempfehlung und Bericht zu dem Gesetzesentwurf der Bundesregierung, BT-Drs. 19/16902, 4; Gesetzesentwurf der Bundesregierung, Gesetz zur beschleunigten Beschaffung im Bereich der Verteidigung und Sicherheit und zur Optimierung der Vergabestatistik, BT-Drs. 19/15603, 54.
244 *Dreher*, in: Immenga/Mestmäcker, Wettbewerbsrecht, § 107 GWB Rn. 61; *Antweiler*, in: Ziekow/Völlink, Vergaberecht, § 107 GWB Rn. 45.
245 OLG Düsseldorf, Beschluss v. 18.8.2021 – VII-Verg 51/20, S. 11 (Marinebetriebsstoffversorger).
246 Gesetzesentwurf der Bundesregierung, Gesetz zur beschleunigten Beschaffung im Bereich der Verteidigung und Sicherheit und zur Optimierung der Vergabestatistik, BT-Drs. 19/15603, 57.
247 Gesetzesentwurf der Bundesregierung, Gesetz zur beschleunigten Beschaffung im Bereich der Verteidigung und Sicherheit und zur Optimierung der Vergabestatistik, BT-Drs. 19/15603, 57.
248 VK Bund, Beschluss v. 6.11.2020 – VK 2-87/20, S.16 (Marinebetriebsstoffversorger).

zwischen militärischen und nicht-militärischen Schlüsseltechnologien nimmt das Strategiepapier (anders als § 107 Abs. 2 GWB) nicht vor. Manche Technologiefelder können beiden Bereichen zugeordnet werden (z. B. Künstliche Intelligenz), andere sind erkennbar verteidigungsspezifisch (z. B. Marineschiffe). Nach welchen quantitativen oder qualitativen Kriterien zu prüfen ist, ob und in welchem Maße ein Auftrag Schlüsseltechnologie „betrifft" und Sicherheitsinteressen „berührt", wird nicht definiert. Die Entwicklung und Produktion neuer Waffensysteme (z. B. im Bereich Marineschiffbau oder gepanzerte Fahrzeuge) mag durchaus anders zu betrachten sein als Wartungs-, Instandhaltungs- und Montagearbeiten während der häufig jahrzehntelangen Nutzungsphase eingeführter Systeme. Trennscharfe Abgrenzungen und Kriterien sind jedoch verzichtbar, da die Regelbeispiele nicht eine automatische Ausnahme von der Anwendung des Vergaberechts begründen sollen, sondern als Auslegungshilfen bei der Anwendung der Bestimmung im Einzelfall gedacht sind.[249]

112 Unabhängig von der im Strategiepapier der Bundesregierung identifizierten Schlüsseltechnologien muss der Auftraggeber daher in jedem **Einzelfall** begründen, warum

- der Erhalt einer bestimmten Schlüsseltechnologie ein wesentliches nationales Sicherheitsinteresse darstellt (wofür das Strategiepapier ein erstes Indiz darstellt),
- die konkrete Auftragsvergabe ein angemessenes Mittel ist, um die jeweilige industrielle Fähigkeit zu erhalten, und
- die spezifischen Vorkehrungen der VSVgV bzw. des Vergaberechts nicht genügen, um den Erhalt der Schlüsseltechnologie zu gewährleisten.

Nach der Rechtsprechung des OLG Düsseldorf muss gerade die Vergabe des konkreten Auftrags für den Erhalt der Schlüsselfähigkeit notwendig sein.[250] Das stellt in der Praxis sehr hohe Begründungsanforderungen.

Im Ergebnis sind die Regelbeispiele nicht als abstrakte Vorabfeststellung von wesentlichen Sicherheitsinteressen durch den Gesetzgeber zu lesen,[251] sondern eher als eine Art Ermutigung des Gesetzgebers an die Vergabestellen anzusehen, bei Schlüsseltechnologie-Relevanz eines Vorhabens die Notwendigkeit wettbewerblicher Ausschreibung im Einzelfall zu überprüfen und bei Vorliegen der weiteren Voraussetzungen gegebenenfalls hiervon abzusehen. Aus der bloßen Erwähnung einer Fähigkeit im Strategiepapier der Bundesregierung folgt für sich genommen noch nicht, dass alle Vorhaben in diesen Technologiefeldern generell, automatisch und während ihrer gesamten Lebensdauer vollumfänglich von vergaberechtlichen Bindungen freigestellt sind. Umgekehrt entfalten die definierten Schlüsseltechnologien auch keine rechtliche Sperrwirkung für andere, nicht erwähnte Bereiche.

2. Grenzschutz, Terrorismus, organisierte Kriminalität und verdeckte Operationen (S. 3 Nr. 2 lit. a)

113 Wesentliche Sicherheitsinteressen können gemäß § 107 Abs. 2 S. 3 Nr. 2 lit. a GWB betroffen sein, wenn der Auftrag oder die Konzession Leistungen betreffen, die für den Grenzschutz, die Bekämpfung des Terrorismus oder der organisierten Kriminalität oder für verdeckte Tätigkeiten der Polizei oder der Sicherheitskräfte bestimmt sind. Diese Regelbeispiele gelten nur für die Tatbestandsalternative des § 107 Abs. 2 Nr. 1 GWB (Preisgabe von Auskünften); sie greifen die in Erwägungsgrund 20 RL 2009/81/EG aufgeführten Beispiele auf.

114 Es handelt sich jeweils um **sensible Beschaffungen** im Sicherheitsbereich, die ein hohes Maß an Vertraulichkeit erfordern, damit der mit der Beschaffung verfolgte Zweck erreicht werden kann.[252] Deshalb kann es unangebracht sein, wenn sicherheitsrelevante Informationen (z. B.

249 Gesetzesentwurf der Bundesregierung, Gesetz zur beschleunigten Beschaffung im Bereich der Verteidigung und Sicherheit und zur Optimierung der Vergabestatistik, BT-Drs. 19/15603, 58.
250 OLG Düsseldorf, Beschluss v. 18.8.2021 – VII-Verg 51/20, S. 10 (Marinebetriebsstoffversorger).
251 OLG Düsseldorf, Beschluss v. 18.8.2021 – VII-Verg 51/20 (Marinebetriebsstoffversorger).
252 Gesetzesentwurf der Bundesregierung, Gesetz zur beschleunigten Beschaffung im Bereich der Verteidigung und Sicherheit und zur Optimierung der Vergabestatistik, BT-Drs. 19/15603, 58; vgl. Erwägungsgrund 27 RL 2009/81/EG.

zu Technologien, Bedarfen und Abläufen von Sicherheitsbehörden) im Vergabeverfahren bekannt gemacht werden müssten.

Leistungen für den **Grenzschutz** sind solche, die für die Bundespolizei zur Sicherstellung des grenzpolizeilichen Schutzes des Bundesgebietes beauftragt werden sollen. Die übrigen Regelbeispiele umfassen Beschaffungen für polizeiliche Sicherheitskräfte, die für die Gefahrenabwehr oder die Strafverfolgung in den Bereichen Terrorismusbekämpfung, organisierte Kriminalität oder verdeckte Operationen bestimmt sind. **115**

3. Verschlüsselung (S. 3 Nr. 2 lit. b)

Eine weitere Fallgruppe, die typischerweise sicherheitsrelevant ist und wesentliche Sicherheitsinteressen berühren kann, betrifft Leistungen für Verschlüsselungstechnologie, § 107 Abs. 2 S. 3 Nr. 2 lit. b GWB. Hier dürfte regelmäßig ein besonders hohes Maß an Vertraulichkeit geboten sein, das der Offenlegung von Informationen zu Technologien und Codes im Vergabeverfahren entgegensteht. **116**

V. Sicherheitskritische Informationen (Nr. 1)

§ 107 Abs. 2 S. 1 Nr. 1 GWB stellt Aufträge und Konzessionen frei, bei denen die Anwendung vergaberechtlicher Bestimmungen den Auftraggeber zwingen würde, im Zusammenhang mit dem Vergabeverfahren oder der Auftragsausführung Auskünfte zu erteilen, deren Preisgabe seiner Ansicht nach wesentlichen Sicherheitsinteressen der Bundesrepublik Deutschland im Sinne des Art. 346 Abs. 1 lit. a AEUV widersprechen würde. Für die Anwendung dieser Ausnahmebestimmungen müssen folgenden Voraussetzungen erfüllt sein: **117**

- Der Auftraggeber muss im Rahmen des Vergabeverfahrens oder bei der späteren Auftragsabwicklung sicherheitskritische Informationen preisgeben;
- die Preisgabe der Informationen berührt wesentliche staatliche Sicherheitsinteressen der Bundesrepublik Deutschland;
- die Inanspruchnahme der Ausnahme ist zur Wahrung der wesentlichen Sicherheitsinteressen im konkreten Fall erforderlich.
- Ferner muss sich der Auftraggeber ausdrücklich auf den Ausnahmetatbestand berufen und die Gründe für die Inanspruchnahme im Vergabevermerk dokumentieren.

1. Preisgabe von Auskünften in Vergabeverfahren oder bei Auftragsausführung

Voraussetzung für die Anwendung der Ausnahmebestimmung ist, dass der Auftraggeber bei Anwendung der Vergabebestimmungen gezwungen wäre, Informationen („Auskünfte") preiszugeben, die die wesentlichen Sicherheitsinteressen der Bundesrepublik Deutschland berühren. Die Preisgabe solcher Informationen kann entweder im Vergabeverfahren oder nach Zuschlagserteilung im Rahmen der Auftragsabwicklung erforderlich sein, um Bietern die Abgabe eines Angebots oder Auftragnehmern die Leistungserbringung zu ermöglichen. Im Vergabeverfahren ist der Auftraggeber regelmäßig verpflichtet, Bietern aus dem In- und Ausland eine vollständige Leistungsbeschreibung und alle technischen Anforderungen an die Leistungserbringung zur Verfügung zu stellen. Diese können speziell bei verteidigungs- oder sicherheitsspezifischen öffentlichen Aufträgen besonders vertrauliche Informationen über Sicherheitstechnologien sowie Organisation und Verfahren von Sicherheitsbehörden enthalten. Wenn die Vertraulichkeit dieser Informationen im Vergabeverfahren oder im Rahmen der Leistungserbringung nicht gewährleistet werden kann, kann dies wesentliche Sicherheitsinteressen der Bundesrepublik Deutschland berühren. Gleiches gilt, wenn bereits die Beschaffungsabsicht oder der Beschaffungsbedarf eine sicherheitskritische Information ist.[253] **118**

253 *Dippel*, in: Dippel/Sterner/Zeiss, Beschaffung im Verteidigungs- und Sicherheitsbereich, § 107 GWB Rn. 6.

2. Wesentliche Sicherheitsinteressen

119 **Wesentliche Sicherheitsinteressen** können insbesondere in den vom Gesetzgeber in § 107 Abs. 2 S. 3 GWB genannten Regelbeispielen berührt sein, d.h. bei Aufträgen in den Bereichen der sicherheitsindustriellen Schlüsseltechnologien, des Grenzschutzes, der Bekämpfung von Terrorismus und der organisierten Kriminalität, der verdeckten Tätigkeiten der Sicherheitskräfte und der Verschlüsselungstechnologie.[254]

120 Bei allen genannten Regelbeispielen wird ausweislich der Gesetzesbegründung zusätzlich vorausgesetzt, dass ein besonders hohes Maß an **Vertraulichkeit** erforderlich ist, damit der mit der Beschaffung angestrebte Zweck erreicht werden kann.[255] Hierbei handelt es sich formal um ein zusätzliches Tatbestandmerkmal, das gesondert zu prüfen ist. In der Praxis dürfte davon auszugehen sein, dass das besonders hohe Maß an Vertraulichkeit bei allen Beschaffungen für den Kernbereich operativer Tätigkeit von Sicherheitsbehörden in den genannten Bereichen (Grenzschutz, organisierte Kriminalität, Terrorismusbekämpfung, verdeckte Operationen, Verschlüsselung) stets anzunehmen ist.

3. Erforderlichkeit der Nichtanwendung der Vergabebestimmungen

121 Sofern ein Beschaffungsvorhaben wesentliche Sicherheitsinteressen berührt, folgt hieraus nicht eine automatische Freistellung des Vorhabens von vergaberechtlichen Bindungen. Der Auftraggeber muss vielmehr im Einzelfall nachweisen, dass die Inanspruchnahme der Ausnahme zur Wahrung seiner wesentlichen Sicherheitsinteressen erforderlich ist.

122 Der Nachweis von **Erforderlichkeit** folgt nicht nur aus dem Ausnahmecharakter der Norm, sondern auch aus ihrem Wortlaut. Die Ausnahme greift nur, wenn der Auftraggeber anderenfalls „gezwungen" wäre, sicherheitskritische Informationen preiszugeben.[256] Hierzu muss der Auftraggeber darlegen, dass seine Sicherheitsinteressen nicht im Rahmen der Vergabevorschriften gewahrt werden können bzw. dass eine Vergabe nach Maßgabe des GWB dem Erfordernis des Schutzes dieser Interessen nicht gerecht wird.[257] Zum Schutz sensitiver Informationen kann der Auftraggeber diese z. B. als Verschlusssache einstufen und die Teilnahme an Vergabeverfahren davon abhängig machen, dass Bieter und Bewerber die Anforderungen an den Schutz solcher Verschlusssachen erfüllen. Insbesondere für Vergabeverfahren nach der VSVgV sind Verfahren unter Beachtung von Sicherheitsinteressen möglich. Auftraggeber können für Vergabeverfahren und Auftragsausführung Vorgaben für die Informationssicherheit machen und z. B. die Vorlage eines Sicherheitsbescheids oder einer Verpflichtungserklärung fordern (§ 7 VSVgV). Nur wenn Geheimschutzauflagen und Eignungsanforderungen für den Schutz sensibler Informationen im Einzelfall nicht ausreichend sind, kann die Inanspruchnahme der Ausnahme erforderlich sein. Das kann z. B. der Fall sein, wenn der Beschaffungsvorgang als solcher geheim gehalten werden muss[258] oder der Auftraggeber bei Teilnehmern aus bestimmten Drittstaaten zu der Einschätzung gelangt, dass die Sicherheitsüberprüfungen durch die dortigen Behörden nicht gleichwertig sind.[259] Von solchen Fallgestaltungen, in denen ein besonders hohes Maß an Vertraulichkeit und Informationssicherheit erforderlich ist und im Vergabeverfahren nicht wirksam gewährleistet werden kann, abgesehen, dürfte die Notwendigkeit der Inanspruchnahme der Ausnahme im Hinblick auf die spezifischen Verfahrensregelungen der **VSVgV** nur noch selten gegeben sein. Die Verfahrensregeln der VSVgV sind gerade auf die Anforderungen und Bedürfnisse der Auftraggeber bei sensiblen Beschaffungen im Verteidigungs- und Sicherheitsbereich ausgerichtet.[260]

---

254 Siehe oben Rn. 113 ff.

255 Gesetzesentwurf der Bundesregierung, Gesetz zur beschleunigten Beschaffung im Bereich der Verteidigung und Sicherheit und zur Optimierung der Vergabestatistik, BT-Drs. 19/15603, 58.

256 *Friton/Wolf*, in: Gabriel/Mertens/Prieß/Stein, Vergaberecht, § 107 GWB Rn. 54.

257 VK Bund, Beschluss v. 6.11.2020 – VK 2-87/20, S. 17 (Marinebetriebsstoffversorger); *Antweiler*, in: Ziekow/Völlink, § 107 GWB Rn. 46.

258 Erwägungsgrund 20 RL 2009/81/EG.

259 *Voll*, Sicherheit als Argument im Vergaberecht, S. 234.

260 *Krohn*, in: Gabriel/Krohn/Neun, Handbuch Vergaberecht, § 57 GWB Rn. 59; *Friton/Wolf*, in: Gabriel/Mertens/Prieß/Stein, Vergaberecht, § 107 GWB Rn. 54.

Die tatbestandlichen Voraussetzungen der Ausnahme sind **eng auszulegen**, vom Auftraggeber im Vergabeverfahren zu **dokumentieren** und im Nachprüfungsverfahren überprüfbar.[261] 123

VI. Verteidigungsaufträge (Nr. 2)

§ 107 Abs. 2 S. 1 Nr. 2 GWB stellt Aufträge frei, die dem Anwendungsbereich des Art. 346 Abs. 1 lit. b AEUV unterliegen, d.h. Aufträge betreffend die Erzeugung von Waffen, Munition und Kriegsmaterial, die erforderlich sind, um wesentliche staatliche Sicherheitsinteressen zu wahren. Anwendungsvoraussetzungen sind: 124

- Es handelt sich um die Beschaffung von Militärausrüstung, die auf der vom Rat am 15.4.1958 festgelegten Kriegswaffenliste aufgeführt ist;
- die Beschaffung berührt wesentliche staatliche Sicherheitsinteressen der Bundesrepublik Deutschland;
- die Nichtanwendung des Vergaberechts ist zur Wahrung dieser Interessen erforderlich;
- die Inanspruchnahme der Ausnahme ist unter Berücksichtigung des Verhältnismäßigkeitsgrundsatzes im konkreten Einzelfall geboten und
- der Verzicht auf das Vergabeverfahren beeinträchtigt nicht die Wettbewerbsbedingungen auf dem Markt der nicht eigens für militärische Zwecke bestimmten Waren.[262]
- Im Übrigen muss sich der Auftraggeber ausdrücklich auf den Ausnahmetatbestand berufen und die Gründe für die Inanspruchnahme im Vergabevermerk dokumentieren.

1. Beschaffung von Militärausrüstung

In den Anwendungsbereich der Ausnahme fällt nur Militärausrüstung, die in der Militärgüterliste des Rates von 1958 enthalten ist. Die in mancherlei Hinsicht technologisch veraltete und nie angepasste Liste hat noch immer konstitutiven Charakter. Für Ware, die nicht auf der Liste steht, kann die Ausnahme nicht in Anspruch genommen werden.[263] Entscheidend ist, dass der Ware eine militärische Zweckbestimmung zukommt und sie für spezifisch militärische Zwecke geschaffen wurde.[264] 125

2. Wesentliche Sicherheitsinteressen

Die Beschaffung muss wesentliche Sicherheitsinteressen der Bundesrepublik Deutschland berühren. Das ist nach Maßgabe des Gesetzes zur beschleunigten Beschaffung im Bereich der Verteidigung und Sicherheit insbesondere dann der Fall, wenn der Beschaffungsvorgang verteidigungsindustrielle Schlüsseltechnologien gemäß dem Strategiepapier der Bundesregierung vom 12. Februar 2020 betrifft.[265] Die Verfolgung allgemeiner wirtschaftlicher oder industriepolitischer Interessen ohne Rückwirkung auf die Verteidigungsfähigkeit der Streitkräfte reicht für sich genommen nicht aus.[266] 126

3. Erforderlichkeit der Nichtanwendung der Vergabebestimmungen

Die Nichtanwendung der Vergabebestimmungen muss zum Schutz der wesentlichen staatlichen Sicherheitsinteressen erforderlich sein. Erforderlichkeit setzt die Feststellung voraus, dass eine Ausschreibung nach Maßgabe des EU-Vergaberechts dem Erfordernis des Schutzes dieser Interessen nicht gerecht werden würde.[267] 127

261 *Krohn*, in: Gabriel/Krohn/Neun, Handbuch Vergaberecht, § 57 GWB Rn. 57; *Friton/Wolf*, in: Gabriel/Mertens/Prieß/Stein, Vergaberecht, § 107 GWB Rn. 50; *Antweiler*, in: Ziekow/Völlink, § 107 GWB Rn. 46.
262 Zu diesem Prüfungsaufbau: VK Bund, Beschluss v. 6.11.2020 – VK 2-87/20, S. 10 (Marinebetriebsstoffversorger).
263 Siehe hierzu oben Rn. 101; sowie VK Bund, Beschluss v. 6.11.2020 – VK 2-87/20, S. 11 ff. (Marinebetriebsstoffversorger); *Friton/Wolf*, in: Gabriel/Mertens/Prieß/Stein, Vergaberecht, § 107 GWB Rn. 57.
264 VK Bund, Beschluss v. 6.11.2020 – VK 2-87/20, S. 12 (Marinebetriebsstoffversorger).
265 Siehe oben Rn. 109 ff.; VK Bund, Beschluss v. 6.11.2020 – VK 2-87/20, S. 15 (Marinebetriebsstoffversorger).
266 OLG Düsseldorf, Beschluss v. 18.8.2021 – VII-Verg 51/20; *Krohn*, in: Gabriel/Krohn/Neun, Handbuch Vergaberecht, § 57 GWB Rn. 66.
267 VK Bund, Beschluss v. 6.11.2020 – VK 2-87/20, S. 17 (Marinebetriebsstoffversorger).

128 An der **Erforderlichkeit** fehlt es, wenn ein anderes, milderes Mittel zum Schutz der Sicherheitsinteressen zur Verfügung steht, d.h. die Sicherheitsinteressen auch bei Anwendung der vergaberechtlichen Bestimmungen gewahrt werden können. Der Auftraggeber hat deshalb stets zu prüfen, ob den Sicherheitsbelangen mit den Mitteln des Vergaberechts entsprochen werden kann, z. B. durch eine entsprechende Eignungsprüfung und Bieterauswahl oder, sofern praktikabel, eine Aufteilung des Auftrages in einen sicherheitsrelevanten Teil und einen anderen Teil.[268] Nach Auffassung der VK Bund sind an den Nachweis der Erforderlichkeit bei militärischen Beschaffungsvorhaben keine überhöhten Anforderungen zu stellen; militärische Beschaffungen würden per se wesentliche Sicherheitsinteressen berühren, weshalb dem Auftraggeber im Grundsatz ein gewisser Spielraum bei der Wahl der Mittel einzuräumen sei.[269] Gemessen an diesen Grundsätzen gelangt die VK Bund im Verfahren „Marinebetriebsstoffversorger" zu dem Ergebnis, dass der Verzicht auf die Durchführung eines Vergabeverfahrens notwendig gewesen sei, um den deutschen Marineschiffbau als nationale Schlüsseltechnologie zu erhalten und die Abhängigkeit von Drittstaaten außerhalb der Europäischen Union zu verhindern.[270]

129 Generell muss der Auftraggeber konkret **nachweisen**, weshalb die Nichtanwendung von Vergaberecht gerade aufgrund wesentlicher Sicherheitsinteressen erforderlich ist und weshalb die Sicherheitsinteressen nicht im Rahmen der Vergabevorschriften gewahrt werden können (z. B. durch entsprechende Verpflichtungserklärungen der Bieter und Bewerber, die Einstufung vertraulicher Informationen als Verschlusssache, Eignungskriterien etc.). Hierfür sind plausible Darlegungen und nachvollziehbare Begründungen beizubringen.[271]

4. Verhältnismäßigkeit

130 Schließlich muss die Inanspruchnahme der Ausnahme **verhältnismäßig** im engeren Sinne sein, d.h. die staatlichen Sicherheitsinteressen müssen nach Abwägung mit den EU-Binnenmarktgrundsätzen gegenüber dem Bieterinteresse an der Durchführung des Vergabeverfahrens überwiegen.[272] Im Fall „Marinebetriebsstoffversorger" war die VK Bund der Auffassung, dass der Verzicht auf die Durchführung des Vergabeverfahrens einen Beitrag zur Förderung des nationalen Marineschiffbaus leiste und das damit verfolgte Ziel, im Verteidigungsfall die erforderlichen Technologien *„verlässlich und national"* zu beziehen, Vorrang gegenüber Interessen potentieller Wettbewerber habe, deren Interessen *„in zumutbarer Weise eingeschränkt"* würden.[273]

131 **Generell** können erhöhte Anforderungen an die Informationssicherheit und Versorgungssicherheit im militärischen Bereich sowie der Erhalt von nationalen Kernfähigkeiten für die Landes- und Bündnisverteidigung den Vorrang von mitgliedstaatlichen Sicherheitsinteressen gegenüber EU-Binnenmarktgrundsätzen im Einzelfall rechtfertigen.[274]

5. Keine Beeinträchtigung der Wettbewerbsbedingungen auf zivilen Märkten

132 Letzte Voraussetzung ist, dass die Inanspruchnahme der Ausnahme die Wettbewerbsbedingungen auf dem Binnenmarkt hinsichtlich der nicht eigens für militärische Zwecke bestimmten Waren nicht beeinträchtigen darf. Diese Einschränkung bezieht sich vor allem auf Kompensationsgeschäfte. Indirekte Offsets, d.h. Kompensationsverpflichtungen im zivilen Bereich, können nicht unter Berufung auf Art. 346 AEUV gerechtfertigt werden.[275] Diese dienen ledig-

---

268 Vgl. VK Bund, Beschluss v. 14.7.2005 – VK 3-55/05 (BOS-Digitalfunk).
269 VK Bund, Beschluss v. 6.11.2020 – VK 2-87/20, S. 17 (Marinebetriebsstoffversorger); enger: *Krohn*, in: Gabriel/Krohn/Neun, Handbuch Vergaberecht, § 57 GWB Rn. 68 m.w.N. (*„strenger Maßstab"*).
270 VK Bund, Beschluss v. 6.11.2020 – VK 2-87/20, S. 18 (Marinebetriebsstoffversorger).
271 *Voll*, Sicherheit als Argument im Vergaberecht, S. 206 f.
272 EuGH, Urteil v. 7.6.2012 – Rs. C-615/10 (InsTiimi), Rn. 45; vgl. *Dippel*, in: Dippel/Sterner/Zeiss, Beschaffung im Verteidigungs- und Sicherheitsbereich, § 107 GWB Rn. 24.
273 VK Bund, Beschluss v. 6.11.2020 – VK 2-87/20, S. 19 f. (Marinebetriebsstoffversorger).
274 Vgl. *Dreher*, in: Immenga/Mestmäcker, Wettbewerbsrecht, § 107 GWB Rn. 58.
275 *Dreher*, in: Immenga/Mestmäcker, Wettbewerbsrecht, § 107 GWB Rn. 59.

lich der Wirtschaftsförderung.[276] Das Bundesministerium der Verteidigung und das Bundesamt für Ausrüstung, Informationstechnik und Nutzung der Bundeswehr (BAAINBw) fordern bei militärischen Beschaffungen üblicherweise keine indirekten Offsets.

VII. Gemischte Aufträge und Konzessionen

Für gemischte Aufträge, bei denen für einzelne Teile der Leistung die Voraussetzungen des § 107 Abs. 2 GWB erfüllt sind und für andere nicht, bestimmt § 111 Abs. 3 Nr. 1 und Abs. 4 Nr. 2 GWB, dass der Auftrag insgesamt freigestellt ist, sofern die Vergabe eines Gesamtauftrags objektiv gerechtfertigt ist oder die Trennung der verschiedenen Bestandteile objektiv nicht möglich ist.[277] **133**

G. Rechtsschutz

Im Nachprüfungsverfahren ist das Vorliegen der Voraussetzungen einer der in § 107 GWB genannten Ausnahmen seitens der Nachprüfungsinstanzen **von Amts wegen** zu prüfen. Liegen die Voraussetzungen eines Ausnahmetatbestandes vor, gilt der Teil 4 GWB für den gesamten Auftrag nicht.[278] Der Nachprüfungsantrag ist unzulässig.[279] Das gilt auch, wenn der Auftraggeber die Vorgaben des GWB-Vergaberechts freiwillig beachtet.[280] Es kommt nicht darauf an, ob sich der Auftraggeber auf einen Ausnahmetatbestand beruft; ihm steht hinsichtlich der Anwendbarkeit der Bereichsausnahme kein Ermessen zu.[281] **134**

Voll **justitiabel** ist hingegen, ob sich der Auftraggeber zu Recht auf den Ausnahmetatbestand beruft und die Voraussetzungen des Ausnahmetatbestandes von der Vergabestelle zutreffend angenommen worden sind.[282] Dazu gehört es auch, zu prüfen, ob die Vergabestelle bei der Anwendung unbestimmter Rechtsbegriffe die Grenzen ihres (weiten) Beurteilungsspielraums überschritten bzw. sachfremde Erwägungen angestellt hat.[283] **135**

Sofern das Nachprüfungsverfahren **nicht statthaft** ist, können Unternehmen um Rechtsschutz vor den Zivilgerichten bzw. in Einzelfällen auch vor den Verwaltungsgerichten nachsuchen.[284] Dies umfasst auch vorläufigen Rechtsschutz.[285] **136**

Anlagen

Gesetzesbegründung – Gesetz zur beschleunigten Beschaffung im Bereich der Verteidigung und Sicherheit und zur Optimierung der Vergabestatistik (BT-Drs. 19/15603)

Seite 57

Der neu eingefügte Satz 2 in § 107 Absatz 2 des Gesetzes gegen Wettbewerbsbeschränkungen (GWB) enthält einen Auslegungshinweis für das Tatbestandsmerkmal der wesentlichen Sicherheitsinteressen. Dieses Tatbestandsmerkmal ist eine maßgebliche Voraussetzung in den Vorschriften gemäß Artikel 346 Absatz 1 Buchstabe a und Buchstabe b des Vertrages über die Arbeitsweise der Europäischen Union (AEUV). Diese Regelungen geben vor, unter welchen Umständen das Vergaberecht nicht angewandt werden muss, wenn unter anderem wesentliche Sicherheitsinteressen des jeweiligen Mitgliedstaats betroffen sind. § 107 Absatz 2 GWB überführt diese Ausnahmeregelungen in das deut-

---

276 *Voll*, Sicherheit als Argument im Vergaberecht, S. 259.
277 Wegen der Einzelheiten siehe *Hövelberndt* in § 111 GWB.
278 OLG Düsseldorf, Beschluss v. 30.3.2005 – VII-Verg 101/04 (Neubau BND).
279 VK Sachsen, Beschluss v. 29.8.2008 – 1/SVK/042-08; VK Bund, Beschluss v. 3.2.2006 – VK 1-01/06.
280 *Friton/Wolf*, in: Gabriel/Mertens/Prieß/Stein, Vergaberecht, § 107 GWB Rn. 59.
281 VK Sachsen, Beschluss v. 12.6.2009 – 1/SVK/011-09 (BOS Digitalfunk Sachsen).
282 *Friton/Wolf*, in: Gabriel/Mertens/Prieß/Stein, Vergaberecht, § 107 GWB Rn. 60.
283 *Hölzl*, in: von Wietersheim, Vergaben im Bereich Verteidigung und Sicherheit, S. 183 f.
284 LG Mainz, Urteil v. 17.5.2021 – 9 O 118/21; *Hölzl*, in: von Wietersheim, Vergaben im Bereich Verteidigung und Sicherheit, S. 177, 184 ff.; *Renner/Rubach-Larsen/Sterner*, NZBau 2007, 407.
285 *Friton/Wolf*, in: Gabriel/Mertens/Prieß/Stein, Vergaberecht, § 107 GWB Rn. 59.

sche Vergaberecht und nimmt damit auch das Tatbestandsmerkmal der wesentlichen Sicherheitsinteressen in Bezug.

§ 107 Absatz 2 Satz 1 Nummer 1 GWB übernimmt den Wortlaut des Artikel 346 Absatz 1 Buchstabe a AEUV und greift deshalb auch den Begriff der wesentlichen Sicherheitsinteressen auf. § 107 Absatz 2 Satz 1 Nummer 2 GWB verweist auf den gesamten Tatbestand des Artikel 346 Absatz 1 Buchstabe b AEUV und damit unter anderem auch auf das dort enthaltene Tatbestandsmerkmal der wesentlichen Sicherheitsinteressen.

Mit dem Auslegungshinweis in § 107 Absatz 2 Satz 2 GWB wird klargestellt, dass wesentliche Sicherheitsinteressen im Sinne des Artikel 346 Absatz 1 AEUV insbesondere berührt sein können, wenn ein öffentlicher Auftrag oder eine Konzession eine Technologie betrifft, die als verteidigungsindustrielle Schlüsseltechnologie eingestuft wird. Die Einstufung einer Technologie als verteidigungsindustrielle Schlüsseltechnologie erfolgt durch einen Beschluss des Bundeskabinetts, beispielsweise im Rahmen des durch das Bundeskabinett verabschiedeten Weißbuchs der Bundeswehr oder im Strategiepapier der Bundesregierung zur Stärkung der Verteidigungsindustrie in Deutschland.

Während sich die Regelung des § 107 Absatz 2 Satz 2 auf den gesamten Absatz 1 des Artikel 346 AEUV bezieht, gilt der Auslegungshinweis in § 107 Absatz 2 Satz 3 GWB nur für das Tatbestandsmerkmal der wesentlichen Sicherheitsinteressen gemäß Artikel 346 Absatz 1 Buchstabe a AEUV und damit die Auslegung von § 107 Absatz 2 Nummer 1 GWB. Diese Differenzierung ergibt sich aus den Vorgaben des Artikel 346 Absatz 1 AEUV. Während Artikel 346 Absatz 1 Buchstabe a AEUV keine Unterscheidung zwischen dem militärischen und dem nicht-militärischen Bereich enthält, nimmt Artikel 346 Absatz 1 Buchstabe b AEUV ausdrücklich nur militärische Zwecke in Bezug. Nach Absatz 2 findet die Regelung nur Anwendung auf die Waren, die in der vom Rat bereits 1958 festgelegten Liste enthalten sind. Da § 107 Absatz 2 Nummer 2 GWB auf den gesamten Tatbestand von Artikel 346 Absatz 1 Buchstabe b AEUV verweist, können Aufträge, die den nicht-militärischen Bereich betreffen, diesen Tatbestand nicht erfüllen.

In ihrer „Mitteilung zu Auslegungsfragen bezüglich der Anwendung des Artikel 296 des Vertrags zur Gründung der Europäischen Gemeinschaft (EGV) auf die Beschaffung von Verteidigungsgütern" vom 7. Dezember 2006

Seite 58

hat die Europäischen Kommission zu dieser nahezu wortgleichen Vorgängerregelung zu Artikel 346 AEUV klargestellt, dass öffentliche Beschaffungen zu nicht-militärischen Sicherheitszwecken vom Anwendungsbereich des Artikel 296 Absatz 1 Buchstabe b EGV (heute: Artikel 346 Absatz 1 Buchstabe b AEUV) ausgeschlossen sind.

§ 107 Absatz 2 Satz 3 stellt in Nummer 1 aber klar, dass wesentliche Sicherheitsinteressen gemäß Artikel 346 Absatz 1 Buchstabe a AEUV berührt sein können, wenn der öffentliche Auftrag oder die Konzession sicherheitsindustrielle Schlüsseltechnologien betrifft. Auch im sicherheitsindustriellen Bereich erfolgt die Einstufung einer Technologie als Schlüsseltechnologie durch einen Beschluss des Bundeskabinetts.

Darüber hinaus übernimmt § 107 Absatz 2 Satz 3 Nummer 2 die im Erwägungsgrund 27 der Richtlinie 2009/81/EG enthaltene Wertung, dass es im Sicherheitsbereich sensible Beschaffungen gibt, die ein besonders hohes Maß an Vertraulichkeit erfordern, weshalb eine Anwendung der Richtlinie auf diese Fälle unangebracht wäre. Daher können wesentliche Sicherheitsinteressen ebenfalls berührt sein, wenn es um Leistungen für die im Erwägungsgrund genannten und in den Gesetzestext übernommenen Zwecke geht.

Damit können sowohl bestimmte Beschaffungen erfasst sein, die der Sicherstellung des grenzpolizeilichen Schutzes des Bundesgebietes dienen, als auch solche, die zur präventiven Abwehr oder repressiven Verfolgung von Straftaten mit terroristischem Hintergrund oder im Bereich der organisierten Kriminalität bestimmt sind. Weiterhin können Aufträge dazu führen, dass wesentliche Sicherheitsinteressen berührt sind, wenn sie zur Durchführung heimlich erfolgender Maßnahmen im Rahmen verdeckter Ermittlungen im Bereich der Gefahrenabwehr oder der Strafverfolgung dienen oder für Verschlüsselungsmaßnahmen bestimmt sind.

Zusätzlich ist aber in allen diesen Regelbeispielsfällen erforderlich, dass bei der Beschaffung im Einzelfall ein besonders hohes Maß an Vertraulichkeit notwendig ist, damit der mit der Beschaffung angestrebte Zweck auch erreicht werden kann. Sind diese Voraussetzungen erfüllt, können durch den Auftrag wesentliche Sicherheitsinteressen der Bundesrepublik Deutschland berührt sein.

In der o. g. Mitteilung der Europäischen Kommission weist diese ausdrücklich darauf hin, dass die Anwendung dieser Regelungen, die eine Ausnahme vom Vergaberecht begründen und als solche eng auszulegen sind, in jedem Fall eine Einzelfallprüfung erfordert. Dementsprechend sind die Regelbeispiele in § 107 Absatz 2 Satz 2 und Satz 3 GWB dahingehend gefasst, dass ein Auftrag, für den eine der aufgezählten Fallgruppen einschlägig ist, nicht automatisch wesentliche Sicherheitsinteressen der Bundesrepublik Deutschland berührt. Im Übrigen sind in jedem Einzelfall auch die weiteren Tatbestandsmerkmale des Artikel 346 AEUV zu prüfen, die neben der Betroffenheit wesentlicher Sicherheitsinteressen erfüllt sein müssen, um eine Ausnahme vom Vergaberecht zu begründen.

Gesetzesbegründung – VergRModG 2016 (BT-Drs. 18/6281)

Seite 78

Mit § 107 enthält das GWB nunmehr eine eigene Vorschrift für allgemeine Ausnahmen von der Anwendung des Vergaberechts. Bislang waren die allgemeinen Ausnahmen in § 100 Absatz 2 bis 8 GWB geregelt. Die jetzt in § 107 geregelten Ausnahmen sind somit Ausnahmen, die in allen vier EU-Vergaberichtlinien vorgesehen sind. Im Einzelnen betrifft dies die Richtlinie 2014/23/EU, die Richtlinie 2014/24/EU, die Richtlinie 2014/25/EU und die Richtlinie 2009/81/EG (Vergaben in den Bereichen Verteidigung und Sicherheit).

Zu Absatz 1

Zu Nummer 1

§ 107 Absatz 1 Nummer 1 betrifft die Ausnahme für die Vergabe von Schiedsgerichts- und Schlichtungsleistungen, die bislang inhaltsgleich in § 100 Absatz 4 Nummer 1 GWB geregelt war. Die Vorschrift dient der Umsetzung von Artikel 10 Absatz 8 Buchstabe c der Richtlinie 2014/23/EU, Artikel 10 Buchstabe c der Richtlinie 2014/24/EU, Artikel 21 Buchstabe b der Richtlinie 2014/25/EU sowie Artikel 13 Buchstabe g der Richtlinie 2009/81/EG.

Zu Nummer 2

§ 107 Absatz 1 Nummer 2 betrifft die Ausnahmen für den Erwerb, die Miete oder die Pacht von Grundstücken, vorhandenen Gebäuden oder anderem unbeweglichen Vermögen sowie Rechten daran, welche bislang in § 100 Absatz 5 GWB geregelt waren. Die Vorschrift dient der Umsetzung von Artikel 10 Buchstabe a der Richtlinie 2014/24/EU, Artikel 10 Absatz 8 Buchstabe a der Richtlinie 2014/23/EU, Artikel 21 Buchstabe a der Richtlinie 2014/25/EU sowie Artikel 13 Buchstabe e der Richtlinie 2009/81/EG. Inhaltliche Änderungen sind mit der neuen Vorschrift nicht verbunden.

Zu Nummer 3

§ 107 Absatz 1 Nummer 3 betrifft die Ausnahme für Arbeitsverträge, die bislang in § 100 Absatz 3 GWB geregelt war. Sie dient der Umsetzung von Artikel 10 Buchstabe g der Richtlinie 2014/24/EU, Artikel 21 Buchstabe f der

Seite 79

Richtlinie 2014/25/EU sowie Artikel 13 Buchstabe i der Richtlinie 2009/81/EG. Die Ausnahme findet für Konzessionen keine praktische Anwendung, da Arbeitsverträge als Konzession nicht denkbar sind.

Zu Nummer 4

§ 107 Absatz 1 Nummer 4 betrifft die Ausnahme für Rettungsdienstleistungen, die in Artikel 10 Absatz 8 Buchstabe g der Richtlinie 2014/23/EU, Artikel 10 Buchstabe h der Richtlinie 2014/24/EU und Artikel 21 Buchstabe h der Richtlinie 2014/25/EU vorgesehen ist. In den drei Richtlinien werden die jeweils gleichlautenden Ausnahmen für „Dienstleistungen des Katastrophenschutzes, des Zivilschutzes und der Gefahrenabwehr", die von gemeinnützigen Organisationen oder Vereinigungen erbracht werden, durch eine Auflistung der betroffenen CPV-Nummern konkretisiert. Im Ergebnis findet das EU-Sekundärrecht auf die Vergabe von Notfallrettungsdiensten (75250000-3 – „Dienstleistungen der Feuerwehr und von Rettungsdiensten", 75251000-0 – „Dienstleistungen der Feuerwehr", 752511100-1 – Brandbekämpfung, 75251110-4 – Brandverhütung, 75251120-7 – Waldbrandbekämpfung, 75252000-7 – „Rettungsdienste", 75222000-8 – Zivilverteidigung, 98113100-9 – Dienstleistungen im Bereich der nuklearen Sicherheit) und den Einsatz von Krankenwagen bestehend in allgemeinen und fachspezifischen ärztlichen Dienstleistungen in einem Rettungswagen (85143000-3 – „Einsatz von Krankenwagen") keine Anwendung unter der Voraussetzung, dass diese Dienste von gemeinnützigen Organisationen oder Vereinigungen erbracht werden. Gemeinnützige Organisationen oder Vereinigungen sind insbesondere die Hilfsorganisationen, die nach Bundes- oder Landesrecht als Zivil- und Katastrophenschutzorganisationen etwa im Sinne des § 26 Absatz 1 Satz 2 des Gesetzes über den Zivilschutz und die Katastrophenhilfe des Bundes (ZSKG) anerkannt sind, wie zum Beispiel in Deutschland der Arbeiter-Samariter-Bund, die Deutsche Lebensrettungsgesellschaft, das Deutsche Rote Kreuz, die Johanniter-Unfall-Hilfe und der Malteser-Hilfsdienst. Demgegenüber unterfallen reine Krankentransporte einem vereinfachten Verfahren für die Vergabe von sozialen und anderen besonderen Dienstleistungen der EU-Vergaberichtlinien (siehe beispielsweise Artikel 10 Buchstabe h der Richtlinie 2014/24/EU „mit Ausnahme des Einsatzes von Krankenwagen zur Patientenbeförderung"), umgesetzt im neuen § 130. Die Erwägungsgründe 36 der Richtlinie 2014/23/EU, 28 der Richtlinie 2014/24/EU und 36 der Richtlinie 2014/25/EU stellen darüber hinaus klar, dass gemischte Aufträge für Dienste von Krankenwagen generell unter die Sonderregelung fallen, falls der Wert des Einsatzes von Krankenwagen zur reinen Patientenbeförderung höher wäre als der Wert anderer Rettungsdienste.

Zu Absatz 2

§ 107 Absatz 2 übernimmt die bisher in § 100 Absatz 6 GWB geregelten Ausnahmen. Auch hier müssen Auftraggeber bei der Vergabe öffentlicher Aufträge im Einzelfall prüfen, ob die Voraussetzungen des § 107 Absatz 2 Nummer 1 oder Nummer 2 erfüllt sind. Daher wurde auf eine Konkretisierung bestimmter Bereiche (bislang § 100 Absatz 7 GWB) verzichtet.

Zu Nummer 1

§ 107 Absatz 2 Nummer 1 übernimmt aus Gründen der Klarstellung die Ausnahme des Artikels 346 Absatz 1 Buchstabe a des Vertrags über die Arbeitsweise der Europäischen Union gemäß Artikel 1 Absatz 3 der Richtlinien 2014/23/EU, 2014/24/EU, 2014/25/EU sowie Artikel 2 der Richtlinie 2009/81/EG in das deutsche Vergaberecht. § 107 Absatz 2 Nummer 1 greift den Wortlaut des bisherigen § 100 Absatz 6 Nummer 1 GWB auf.

Zu Nummer 2

§ 107 Absatz 2 Nummer 2 übernimmt aus Gründen der Klarstellung die Ausnahme des Artikels 346 Absatz 1 Buchstabe b des Vertrags über die Arbeitsweise der Europäischen Union gemäß Artikel 1 Absatz 3 der Richtlinien 2014/23/EU, 2014/24/EU, 2014/25/EU sowie Artikel 2 der Richtlinie 2009/81/EG in das deutsche Vergaberecht. § 107 Absatz 2 Nummer 2 greift den Wortlaut des bisherigen § 100 Absatz 6 Nummer 2 GWB auf.

§ 108 GWB
Ausnahmen bei öffentlich-öffentlicher Zusammenarbeit

(1) Dieser Teil ist nicht anzuwenden auf die Vergabe von öffentlichen Aufträgen, die von einem öffentlichen Auftraggeber im Sinne des § 99 Nummer 1 bis 3 an eine juristische Person des öffentlichen oder privaten Rechts vergeben werden, wenn

1. der öffentliche Auftraggeber über die juristische Person eine ähnliche Kontrolle wie über seine eigenen Dienststellen ausübt,
2. mehr als 80 Prozent der Tätigkeiten der juristischen Person der Ausführung von Aufgaben dienen, mit denen sie von dem öffentlichen Auftraggeber oder von einer anderen juristischen Person, die von diesem kontrolliert wird, betraut wurde, und
3. an der juristischen Person keine direkte private Kapitalbeteiligung besteht, mit Ausnahme nicht beherrschender Formen der privaten Kapitalbeteiligung und Formen der privaten Kapitalbeteiligung ohne Sperrminorität, die durch gesetzliche Bestimmungen vorgeschrieben sind und die keinen maßgeblichen Einfluss auf die kontrollierte juristische Person vermitteln.

(2) Die Ausübung einer Kontrolle im Sinne von Absatz 1 Nummer 1 wird vermutet, wenn der öffentliche Auftraggeber einen ausschlaggebenden Einfluss auf die strategischen Ziele und die wesentlichen Entscheidungen der juristischen Person ausübt. Die Kontrolle kann auch durch eine andere juristische Person ausgeübt werden, die von dem öffentlichen Auftraggeber auf gleiche Weise kontrolliert wird.

(3) Absatz 1 gilt auch für die Vergabe öffentlicher Aufträge, die von einer kontrollierten juristischen Person, die zugleich öffentlicher Auftraggeber im Sinne des § 99 Nummer 1 bis 3 ist, an den kontrollierenden öffentlichen Auftraggeber oder an eine von diesem öffentlichen Auftraggeber kontrollierte andere juristische Person vergeben werden. Voraussetzung ist, dass keine direkte private Kapitalbeteiligung an der juristischen Person besteht, die den öffentlichen Auftrag erhalten soll. Absatz 1 Nummer 3 zweiter Halbsatz gilt entsprechend.

(4) Dieser Teil ist nicht anzuwenden auf die Vergabe von öffentlichen Aufträgen, bei denen der öffentliche Auftraggeber im Sinne des § 99 Nummer 1 bis 3 über eine juristische Person des privaten oder öffentlichen Rechts zwar keine Kontrolle im Sinne des Absatzes 1 Nummer 1 ausübt, aber

1. der öffentliche Auftraggeber gemeinsam mit anderen öffentlichen Auftraggebern über die juristische Person eine ähnliche Kontrolle ausübt wie jeder der öffentlichen Auftraggeber über seine eigenen Dienststellen,
2. mehr als 80 Prozent der Tätigkeiten der juristischen Person der Ausführung von Aufgaben dienen, mit denen sie von den öffentlichen Auftraggebern oder von einer anderen juristischen Person, die von diesen Auftraggebern kontrolliert wird, betraut wurde, und
3. an der juristischen Person keine direkte private Kapitalbeteiligung besteht; Absatz 1 Nummer 3 zweiter Halbsatz gilt entsprechend.

(5) Eine gemeinsame Kontrolle im Sinne von Absatz 4 Nummer 1 besteht, wenn

1. sich die beschlussfassenden Organe der juristischen Person aus Vertretern sämtlicher teilnehmender öffentlicher Auftraggeber zusammensetzen; ein einzelner Vertreter kann mehrere oder alle teilnehmenden öffentlichen Auftraggeber vertreten,
2. die öffentlichen Auftraggeber gemeinsam einen ausschlaggebenden Einfluss auf die strategischen Ziele und die wesentlichen Entscheidungen der juristischen Person ausüben können und
3. die juristische Person keine Interessen verfolgt, die den Interessen der öffentlichen Auftraggeber zuwiderlaufen.

(6) Dieser Teil ist ferner nicht anzuwenden auf Verträge, die zwischen zwei oder mehreren öffentlichen Auftraggebern im Sinne des § 99 Nummer 1 bis 3 geschlossen werden, wenn

1. der Vertrag eine Zusammenarbeit zwischen den beteiligten öffentlichen Auftraggebern begründet oder erfüllt, um sicherzustellen, dass die von ihnen zu erbringenden öffentlichen Dienstleistungen im Hinblick auf die Erreichung gemeinsamer Ziele ausgeführt werden,

2. die Durchführung der Zusammenarbeit nach Nummer 1 ausschließlich durch Überlegungen im Zusammenhang mit dem öffentlichen Interesse bestimmt wird und

3. die öffentlichen Auftraggeber auf dem Markt weniger als 20 Prozent der Tätigkeiten erbringen, die durch die Zusammenarbeit nach Nummer 1 erfasst sind.

(7) Zur Bestimmung des prozentualen Anteils nach Absatz 1 Nummer 2, Absatz 4 Nummer 2 und Absatz 6 Nummer 3 wird der durchschnittliche Gesamtumsatz der letzten drei Jahre vor Vergabe des öffentlichen Auftrags oder ein anderer geeigneter tätigkeitsgestützter Wert herangezogen. Ein geeigneter tätigkeitsgestützter Wert sind zum Beispiel die Kosten, die der juristischen Person oder dem öffentlichen Auftraggeber in dieser Zeit in Bezug auf Liefer-, Bau- und Dienstleistungen entstanden sind. Liegen für die letzten drei Jahre keine Angaben über den Umsatz oder einen geeigneten alternativen tätigkeitsgestützten Wert wie zum Beispiel Kosten vor oder sind sie nicht aussagekräftig, genügt es, wenn der tätigkeitsgestützte Wert insbesondere durch Prognosen über die Geschäftsentwicklung glaubhaft gemacht wird.

(8) Die Absätze 1 bis 7 gelten entsprechend für Sektorenauftraggeber im Sinne des § 100 Absatz 1 Nummer 1 hinsichtlich der Vergabe von öffentlichen Aufträgen sowie für Konzessionsgeber im Sinne des § 101 Absatz 1 Nummer 1 und 2 hinsichtlich der Vergabe von Konzessionen.

Übersicht

	Rn.
A. Allgemeines	1
I. Unionsrechtlicher Hintergrund	2
II. Historie	3
III. Allgemeine Grundsätze	6
IV. Kommunale Selbstverwaltung und interne Organisationsmaßnahmen	10
B. In-House-Vergabe (Abs. 1 bis 5)	16
I. Grundsätze	16
II. Öffentlicher Auftraggeber	18
III. Vergabe an juristische Personen	19
IV. Kriterien der In-House-Vergabe	20
1. Kontrollkriterium (Abs. 1 Nr. 1 und Abs. 2)	21
2. Wesentlichkeitskriterium (Abs. 1 Nr. 2)	29
3. Ausschluss privater Kapitalbeteiligung (Abs. 1 Nr. 3)	38
a) Grundsatz (Hs. 1)	38
b) Ausnahme (Hs. 2)	41
C. Inverse und horizontale In-House-Vergabe (Abs. 3)	48
I. Kontrollkriterium	49
II. Wesentlichkeitskriterium	51
III. Ausschluss privater Kapitalbeteiligung (S. 2 und 3)	53
D. In-House-Vergabe bei gemeinsam ausgeübter Kontrolle (Abs. 4 und 5)	54
I. Gemeinsame Kontrolle (Abs. 4 Nr. 1 und Abs. 5)	56
1. Zusammensetzung der beschlussfassenden Organe (Abs. 5 Nr. 1)	57
2. Ausschlaggebender Einfluss (Abs. 5 Nr. 2)	59
3. Keine zuwiderlaufenden Interessen (Abs. 5 Nr. 3)	60
4. Mittelbare gemeinsame Kontrolle	62
II. Wesentlichkeitskriterium (Abs. 4 Nr. 2)	63
III. Ausschluss privater Kapitalbeteiligung (Abs. 4 Nr. 3)	65
E. Inverses oder horizontales In-House-Geschäft bei gemeinsamer Kontrolle	66
F. Öffentlich-öffentliche Zusammenarbeit (Abs. 6)	67
I. Grundsätze	67
II. Zusammenarbeit (Nr. 1)	73
III. Ausschließlich im öffentlichen Interesse (Nr. 2)	81
IV. Wesentlichkeitsschwelle (Nr. 3)	84
G. Vorwirkung	87
H. Späterer Wegfall von Voraussetzungen	88
I. Berechnung des Anteils der Markttätigkeit (Abs. 7)	90
J. Anwendung auf Sektorenauftraggeber und Konzessionsgeber (Abs. 8)	94
Anlage Gesetzesbegründung	

A. Allgemeines

1 § 108 GWB regelt Ausnahmen vom Anwendungsbereich des Vergaberechts für öffentliche Aufträge zwischen öffentlichen Einrichtungen auf vertikaler Ebene (In-House-Vergabe) und horizontaler Ebene (öffentlich-öffentliche Zusammenarbeit).

I. Unionsrechtlicher Hintergrund

2 § 108 GWB setzt Art. 12 RL 2014/24/EU sowie die im Wesentlichen gleichlautenden[1] Art. 28 RL 2014/25/EU und Art. 17 RL 2014/23/EU um.

II. Historie

3 Mit § 108 GWB werden erstmals die in der **Rechtsprechung** entwickelten *„ungeschriebenen"*[2] Ausnahmen für zwei Arten der Zusammenarbeit öffentlicher Einrichtungen kodifiziert. Diese vom EuGH entwickelten Ausnahmen haben erhebliche Bedeutung für die Organisation der Erledigung insbesondere kommunaler Aufgaben wie Abfall- und Abwasserversorgung und Wasserversorgung, aber auch für die Vergabe von Hilfsdienstleistungen wie im IT-Bereich oder der Gebäudereinigung, die Kommunen und andere öffentliche Auftraggeber nicht selbst oder nicht allein erledigen können oder wollen, bei denen sie aber gleichzeitig nach Wegen suchen, eine Ausschreibung zu vermeiden. Der EuGH hatte zunächst in der Rechtssache „Teckal" die Vergabe an eine zwar rechtlich eigenständige, aber wie eine eigene Dienststelle kontrollierte Einrichtung vom Vergaberecht freigestellt, sofern diese im Wesentlichen für den kontrollierenden Auftraggeber tätig ist.[3] Aus dem Auftragsbegriff leitete der EuGH ab, dass eine Vertragsbeziehung zwischen zwei verschiedenen Personen vorliegen muss, was bei diesem In-House- oder Eigengeschäft im weiteren Sinne nicht der Fall sei. Im Urteil „Stadtreinigung Hamburg" hat der EuGH dann auch eine Vereinbarung zwischen mehreren öffentlichen Einrichtungen freigestellt, mit denen eine Zusammenarbeit zur Wahrnehmung einer ihnen allen obliegenden öffentlichen Aufgabe (hier der Abfallentsorgung) vereinbart wird. Unter der Bedingung, dass die Vereinbarung ausschließlich zwischen öffentlichen Stellen ohne Beteiligung Privater geschlossen und keine über die Erstattung der Kosten hinausgehenden Finanztransfers zwischen den öffentlichen Stellen vereinbart wird,[4] handele es sich bei der interkommunalen Zusammenarbeit um eine Erfüllung von Aufgaben *„mit eigenen Mitteln"*, bei denen keine Vergabe an externe Einrichtungen vorliege und damit kein Vergabeverfahren durchzuführen sei.[5]

4 Aus dem erklärten Willen, die bisherige Rechtsprechung zu kodifizieren[6] und die unionsrechtlichen Ausnahmen „möglichst eins zu eins" zu übernehmen,[7] lässt sich schließen, dass im Zweifelsfall die vom EuGH aufgestellten Grundsätze weiter gelten, soweit sie nicht ausdrücklich durch abweichende Regelung in den Richtlinien sowie im GWB überholt sind. § 108 GWB

---

1 Bei einzelnen Wortlautabweichungen (wie „maßgeblichen" in Art. 12 Abs. 1 lit. c RL 2014/24/EU gegenüber „ausschlaggebenden" in Art. 17 Abs. 1 lit. c RL 2014/23/EU und Art. 28 Abs. 1 lit. c RL 2014/25/EU handelt es sich lediglich um inkohärente Übersetzungen der gleichlautenden englischen Fassungen.

2 Generalanwältin Trstenjak, Schlussanträge v. 23.5.2012 – Rs. C-159/11 (Lecce), Rn. 57.

3 Ständige Rechtsprechung seit EuGH, Urteil v. 18.11.1999 – Rs. C-107/98 (Teckal), Rn. 50, wiederholt in EuGH, Urteil v. 13.6.2013 – Rs. C-386/11 (Piepenbrock), Rn. 31; Urteil v. 19.12.2012 – Rs. C-159/11 (Lecce), Rn. 32; Urteil v. 11.1.2005 – Rs. C-26/03 (Stadt Halle), Rn. 49.

4 EuGH, Urteil v. 9.6.2009 – Rs. C-480/06 (Stadtreinigung Hamburg), Rn. 37 ff. Seither werden beide Formen als die *„zwei Arten von Aufträgen"* bezeichnet, die nicht in den Anwendungsbereich des Vergaberechts der Union fallen; vgl. EuGH, Urteil v. 13.6.2013 – Rs. C-386/11 (Piepenbrock), Rn. 33; Urteil v. 19.12.2012 – Rs. C-159/11 (Lecce), Rn. 31.

5 EuGH, Urteil v. 9.6.2009 – Rs. C-480/06 (Stadtreinigung Hamburg), Rn. 45; aufgegriffen in Erwägungsgrund 31 RL 2014/24/EU.

6 Gesetzesbegründung zu § 108 GWB, VergRModG 2016, BT-Drs. 18/6281, 80: „Im Wesentlichen wird damit die Rechtsprechung des EuGH kodifiziert." Erwägungsgrund 31 RL 2014/24/EU spricht von „Präzisierung", die „sich auf die Grundsätze stützen" sollte, „die in der einschlägigen Rechtsprechung des Gerichtshofs der Europäischen Union dargelegt wurden".

7 Gesetzesbegründung zu § 108 GWB, VergRModG 2016, BT-Drs. 18/6281, 80.

ist daher im Lichte der unionsrechtlichen Vorgaben und der bisherigen EuGH-Rechtsprechung zu den damals ungeschriebenen Ausnahmen **auszulegen**. Da es sich um Ausnahmen von primärrechtlichen Anforderungen handelt, sind sie eng auszulegen.[8]

5 Die neue Regelung dürfte in einigen Bereichen zu mehr **Rechtssicherheit** führen. Auf der anderen Seite wirft gerade die kasuistische Herangehensweise, mit der offenbar aus der einschlägigen EuGH-Rechtsprechung so viele Elemente wie möglich aufgegriffen werden sollten, eine Reihe neuer Fragen auf, die Gegenstand zukünftiger Rechtsprechung sein werden.

III. Allgemeine Grundsätze

6 Die Voraussetzungen für den klassischen Fall der vergaberechtsfreien **In-House-Vergabe** von Mutter an Tochter (Mutter-Tochter-Vergabe) sind in § 108 Abs. 1 und 2 GWB geregelt. § 108 Abs. 3 GWB sieht unter den gleichen Bedingungen die vergaberechtsfreie Auftragserteilung im umgekehrten Fall von kontrollierter Tochter an Mutter (Tochter-Mutter-Vergabe) sowie von einer Tochter an eine andere Tochter des gleichen kontrollierenden öffentlichen Auftraggebers (Schwester-Schwester-Vergabe) vor. Unter den Bedingungen von § 108 Abs. 4 und 5 GWB sind auch In-House-Vergaben an eine von mehreren öffentlichen Auftraggebern gemeinsam kontrollierte Tochter freigestellt (Eltern-Tochter-Vergabe). Nach § 108 Abs. 6 GWB sind gewisse Formen der **horizontalen öffentlich-öffentlichen Zusammenarbeit** vergaberechtsfrei. § 108 Abs. 7 GWB bestimmt, wie der Anteil der Tätigkeit am Markt, der für alle Formen der Zusammenarbeit relevant ist, bestimmt wird.

7 Da § 108 Abs. 1 bis 7 GWB nur für **öffentliche Auftraggeber** i.S.d. § 99 Nr. 1 bis 3 GWB gilt, ist in § 108 Abs. 8 GWB die entsprechende Anwendung auf öffentliche Sektorenauftraggeber nach § 100 Abs. 1 Nr. 1 GWB und öffentliche Konzessionsgeber nach § 101 Abs. 1 Nr. 1 und Nr. 2 GWB vorgesehen.

8 § 108 GWB fasst beide Arten in der Überschrift als „**öffentlich-öffentliche Zusammenarbeit**" zusammen, obwohl es bei der In-House-Vergabe nicht um eine Zusammenarbeit im engeren Sinne geht. Art. 12 RL 2014/24/EU trägt dagegen den sperrigeren, aber treffenderen Titel „Öffentliche Aufträge zwischen Einrichtungen des öffentlichen Sektors". Der Änderung des Titels im GWB dürfte keine Bedeutung für die Auslegung des Paragrafen zukommen, insbesondere ist das Zusammenarbeitselement weiterhin nur bei der öffentlich-öffentlichen Zusammenarbeit im engeren Sinne und nicht beim In-House-Geschäft relevant.

9 Grundsätzlich gilt, dass auch **öffentliche Unternehmen** oder **Gebietskörperschaften** sowie **interkommunale Zweckverbände**, die sich wirtschaftlich betätigen, dem von § 99 Abs. 1 GWB erfassten Unternehmenskreis zuzuordnen sind,[9] auch wenn sie selbst nicht unternehmerisch strukturiert oder nicht ständig auf dem Markt tätig sind.[10] Denn die Einstufung als öffentlicher Auftraggeber schließt nicht aus, zugleich auch Unternehmen i.S.d. § 99 GWB zu sein.[11] Daher war schon nach bisheriger Rechtslage eine nationale Regelung unionsrechtswidrig, die Kooperationsvereinbarungen zwischen öffentlichen Auftraggebern von vornherein von der Anwendung des Vergaberechts ausnimmt.[12] Unter den Anwendungsbereich des Vergaberechts fallen daher im Grundsatz alle öffentliche Aufträge, die ein öffentlicher Auftraggeber an eine von ihm rechtlich getrennte Einrichtung vergibt, unabhängig davon, ob diese selbst ein öffentlicher Auftraggeber ist oder nicht.[13]

---

8 Vgl. EuGH, Urteil v. 8.12.2016 – Rs. C-553/15 (Undis Servizi), Rn. 29; Urteil v. 13.10.2005 – Rs. C-458/03 (Parking Brixen), Rn. 63; Urteil v. 11.1.2005 – Rs. C-26/03 (Stadt Halle), Rn. 46; BGH, Urteil v. 3.7.2008 – I ZR 145/05.

9 Vgl. OLG Düsseldorf, Beschluss v. 21.6.2006 – VII-Verg 17/06; Beschluss v. 5.5.2004 – VII-Verg 78/03, ZfBR 2004, 591 (592); OLG Frankfurt, Beschluss v. 7.9.2004 – 11 Verg 11/04, VergabeR 2005, 80 (85).

10 EuGH, Urteil v. 13.6.2013 – Rs. C-386/11 (Piepenbrock), Rn. 29; Urteil v. 19.12.2012 – Rs. C-159/11 (Lecce), Rn. 26.

11 Vgl. EuGH, Urteil v. 7.12.2000 – Rs. C-94/99 (ARGE Gewässerschutz), Rn. 40.

12 Vgl. EuGH, Urteil v. 13.1.2005 – Rs. 84/03 (Kommission/Spanien), Rn. 40, VergabeR 2005, 176 (182); vgl. hierzu auch die Anmerkung von *Müller-Wrede/Greb*, VergabeR 2005, 184.

13 Ständige Rechtsprechung seit EuGH, Urteil v. 18.11.1999 – Rs. C-107/98 (Teckal), Rn. 50 und 51.

IV. Kommunale Selbstverwaltung und interne Organisationsmaßnahmen

10 Die Kommunen werden im Rahmen von interkommunalen Kooperationen auch nicht aufgrund der Garantie der **kommunalen Selbstverwaltung** vom Vergaberegime ausgenommen. Zwar ist das Recht der Kommunen, Aufgaben im Rahmen kommunaler Kooperationen zu erfüllen, Ausfluss der Organisationshoheit der Kommunen und wird den Gemeinden in Art. 28 Abs. 2 GG garantiert.[14] Die Vergaberichtlinien stehen jedoch als Ausfluss des primären Unionsrechts[15] in der Normenhierarchie über den grundgesetzlichen Garantien, begrenzen diese und leiten damit deren Auslegung.[16] Im Übrigen wird die Garantie des Art. 28 Abs. 2 GG „im Rahmen der Gesetze" gewährt, zu denen auch das GWB-Vergaberecht zählt;[17] ein Eingriff in den Wesensgehalt liegt jedenfalls nicht vor.[18] Eine Befreiung der Gemeinden vom Vergaberegime ergibt sich auch nicht aus dem Unionsrecht. Zwar gewährt Art. 4 EUV die Achtung des Rechts der kommunalen Selbstverwaltung. Darüber hinaus heißt es im Protokoll zu Art. 14 AEUV: *„Zu den gemeinsamen Werten der Union in Bezug auf Dienste von allgemeinem wirtschaftlichem Interesse […] zählen […] der weite Ermessensspielraum der […] regionalen Behörden, wie Dienste von allgemeinem wirtschaftlichem Interesse […] in Auftrag zu geben sind."* Im Sinne der praktischen Wirksamkeit des Unionsrechts kann hieraus jedoch keine Ausnahme der Vergabe kommunaler Dienste der Daseinsvorsorge von den unionsrechtlichen Bindungen der Vergaberichtlinien abgeleitet werden.[19]

11 § 108 GWB gilt nur für Maßnahmen, die alle Voraussetzungen eines öffentlichen Auftrages nach § 103 GWB erfüllen. Rein **interne Organisationsmaßnahmen** sind daher nicht erst unter den Voraussetzungen des § 108 GWB vergaberechtsfrei. Vielmehr stellt Art. 1 Abs. 6 RL 2014/24/EU klar,[20] dass es sich bei Übertragungen von Befugnissen und Zuständigkeiten für die Ausführung öffentlicher Aufgaben ohne Vergütung um vergaberechtsfreie interne Organisationsmaßnahmen und damit von vornherein nicht um einen Auftrag handelt. Denn die Aufteilung bzw. Neuaufteilung der Zuständigkeiten innerhalb der Mitgliedstaaten ist durch Art. 4 Abs. 2 EUV geschützt.[21] Dabei ist eine materielle Betrachtung der Maßnahme entscheidend, nicht die formelle Bezeichnung als Aufgabenübertragung an einen Zweckverband, bei der es sich zumeist, aber nicht grundsätzlich[22] um eine rein interne Maßnahme handelt, oder die in der deutschen Rechtsprechung[23] bisher als relevant angenommene Unterscheidung zwischen der **„delegierenden" Vereinbarung**, bei der neben der Aufgabe auch die Zuständigkeit übertragen wird, und der **„mandatierenden" Vereinbarung**.[24] Der EuGH hat klargestellt, dass eine reine Organisationsmaßnahme nach Art. 1 Abs. 6 RL 2014/24/EU drei Voraussetzungen kumulativ erfüllen muss: Erstens müssen nicht nur die Aufgaben, sondern auch die Befugnisse und Zuständigkeiten übertragen werden, was durch eine Vereinbarung, einen Beschluss oder ein anderes Rechtsinstrument erfolgen kann. Die Aufgaben, Zuständigkeiten und

---

14 Vgl. OLG Düsseldorf, Beschluss v. 21.6.2006 – VII-Verg 17/06; OVG Nordrhein-Westfalen, Beschluss v. 1.4.2008 – 15 B 122/08.

15 Vgl. *Frenz*, Handbuch Europarecht, Band 3, Rn. 2524.

16 *Nierhaus*, in: Sachs, GG, Art. 28 Rn. 36.

17 OLG Celle, EuGH-Vorlage v. 17.12.2014 – 13 Verg 3/13, Rn. 131.

18 Vgl. *Krohn*, NZBau 2006, 610 (615) m.w.N.

19 Kommission der Europäischen Gemeinschaften, Mitteilung der Kommission v. 20.11.2007 – Dienstleistungen von allgemeinem Interesse unter Einschluss von Sozialdienstleistungen: Europas neues Engagement (KOM(2007) 725 endgültig), S. 11; a.A. *Zimmermann*, KommJur 2008, 41 (45); offen lassend *Frenz*, NZBau 2008, 673 (680).

20 Eine bloße Klarstellung sehen darin auch *Gruneberg/Wilde-Beck*, VergabeR 2014, 99 (105). Deshalb hat der deutsche Gesetzgeber die Vorschrift auch nicht ins GWB umgesetzt, sondern in der Gesetzesbegründung auf den deklaratorischen Charakter von Art. 1 Abs. 6 RL 2014/24/EU hingewiesen, siehe Gesetzesbegründung zu § 108 GWB, VergRModG 2016, BT-Drs. 18/6281, 80.

21 EuGH, Urteil v. 21.12.2016 – Rs. C-51/15 (Remondis/Region Hannover), Rn. 40 f.

22 So aber die früher überwiegende Auffassung; vgl. OLG Düsseldorf, Beschluss v. 21.6.2006 – VII-Verg 17/06; *Gurlit*, in: Burgi/Dreher, Vergaberecht, § 108 GWB Rn. 33; *Ziekow*, in: Ziekow/Völlink, Vergaberecht (1. Aufl.), § 99 GWB Rn. 140.

23 Vgl. OLG Düsseldorf, Beschluss v. 21.6.2006 – VII-Verg 17/06; OLG Frankfurt, Beschluss v. 7.9.2004 – 11 Verg 11/04; anders aber bereits OLG Naumburg, Beschluss v. 2.3.2006 – 1 Verg 1/06; Beschluss v. 3.11.2005 – 1 Verg 9/05.

24 EuGH, Urteil v. 13.6.2013 – Rs. C-386/11 (Piepenbrock), Rn. 27; *Pünder/Klafki*, in: Pünder/Schellenberg, Vergaberecht, § 108 GWB Rn. 63; *Ziekow*, NZBau 2015, 258 (263).

Befugnisse müssen dabei dauerhaft (aber nicht notwendig unumkehrbar) übertragen werden. Zweitens muss die Stelle befugt sein, den entsprechenden rechtlichen Rahmen zu schaffen und grundsätzliche Handlungsfreiheit besitzen, wobei ein *„gewisses Überwachungsrecht"* laut EuGH unschädlich ist.[25] Behält sich aber der öffentliche Auftraggeber eine Kontrollbefugnis vor, etwa durch Kündigungsrecht, handelt es sich nicht um einen rein internen Organisationsakt. Drittens muss die Stelle finanziell unabhängig sein.[26] Wenn diese drei Voraussetzungen erfüllt sind, handelt es sich um eine rein interne Organisationsmaßnahme, bei der aber keine Vergütung für vertragliche Leistungen vorgesehen sein darf. Unerheblich ist, ob es sich bei der Vergütung um eine gewinnbringende Erstattung oder nur um eine reine Kostenerstattung[27] handelt. Entscheidend ist, ob eine Vergütung im Sinne einer Leistung für eine Gegenleistung, an welcher der öffentliche Auftraggeber ein „unmittelbares wirtschaftliches Interesse" hat, erfolgt, also zwischen Leistung und Gegenleistung das synallagmatische Verhältnis eines Vertrages besteht.[28] Die Auffassung, dass überhaupt irgendein finanzieller Ausgleich für die Kompetenzübertragung schon schädlich sei,[29] ist demgegenüber zu weitgehend, da Kompetenzverschiebungen auch mit der Übertragung von Finanzmitteln einhergehen können müssen. Es muss sich aber um eine echte Kompetenzübertragung handeln, nach der die Aufgabenerfüllung nicht mehr als „vertragliche Leistung" im Sinne des Art. 1 Abs. 6 RL 2014/24/EU angesehen werden kann, da die Leistung wegen der Übertragung der Kompetenz nicht mehr für die andere öffentliche Einrichtung und auch nicht mehr in deren wirtschaftlichem Interesse erfüllt wird.[30] Bedürfnis für weitere Ausnahmen vergaberechtsfreier entgeltlicher Kompetenzverlagerungen besteht nach hiesiger Ansicht nicht.[31]

12 Liegt nach § 108 GWB eine In-House-Vergabe oder öffentlich-öffentliche Zusammenarbeit vor, so ist der Vorgang nicht als **öffentlicher Auftrag**, sondern als Eigenleistung einzustufen. Das GWB-Vergaberecht findet daher keine Anwendung. Aus der dogmatischen Begründung in der Rechtsprechung[32] sowie der Gesetzesbegründung[33] für die beiden Formen der Ausnahmen, der zufolge es sich um eine Erledigung „mit eigenen Mitteln"[34] handelt, durch die „kein privates Unternehmen besser gestellt wird als sein Wettbewerber",[35] lässt sich schließen, dass es sich dogmatisch nicht nur um Ausnahmen vom Vergaberecht handelt, sondern eigentlich um Vorgänge, die bereits keine Auftragsvergabe im eigentlichen Sinne darstellen, sodass die Ausnahmen auch für nur dem **Primärrecht** unterliegende Aufträge gelten.[36] Das bedeutet jedoch nicht, dass diese internen Verträge ohne weiteres mit dem Unionsrecht vereinbar sein müssen, da das Unionsrecht nicht nur für Aufträge gilt. Insbesondere sind weiterhin die

---

25 EuGH, Urteil v. 21.12.2016 – Rs. C-51/15 (Remondis/Region Hannover), Rn. 49 ff.

26 Dabei ist allerdings zulässig, dass die übertragende Stelle einen Defizitausgleich garantiert, weil dies laut EuGH nur im Sinne eines Ausschlusses der Insolvenz der öffentlichen Hand zu verstehen sei; siehe EuGH, Urteil v. 21.12.2016 – Rs. C-51/15 (Remondis/Region Hannover), Rn. 46.

27 EuGH, Urteil v. 13.6.2013 – Rs. C-386/11 (Piepenbrock), Rn. 31; Urteil v. 19.12.2012 – Rs. C-159/11 (Lecce), Rn. 29.

28 EuGH, Urteil v. 21.12.2016 – Rs. C-51/15 (Remondis/Region Hannover), Rn. 43.

29 OLG Celle, EuGH-Vorlage v. 17.12.2014 – 13 Verg 3/13; OLG Koblenz, Beschluss v. 3.12.2014 – Verg 8/14; *Brockhoff*, VergabeR 2014, 625 (633); *Gruneberg/Wilden-Beck*, VergabeR 2014, 99 (105).

30 EuGH, Urteil v. 21.12.2016 – Rs. C-51/15 (Remondis/Region Hannover), Rn. 44 f.

31 Ebenso OLG Celle, zwar zur Rechtslage vor Inkrafttreten der GWB-Novelle, aber bereits unter Berücksichtigung des Art. 1 Abs. 6 RL 2014/24/EU, das die Frage dem EuGH vorgelegt hat; vgl. OLG Celle, EuGH-Vorlage v. 17.12.2014 – 13 Verg 3/13; ebenso *Brockhoff*, VergabeR 2014, 625 (633); *Gruneberg/Wilden-Beck*, VergabeR 2014, 99 (105); *Schrotz/Raddatz*, NVwZ 2013, 933 (934).

32 EuGH, Urteil v. 13.6.2013 – Rs. C-386/11 (Piepenbrock), Rn. 37; Urteil v. 19.12.2012 – Rs. C-159/11 (Lecce), Rn. 35; Urteil v. 9.6.2009 – Rs. C-480/06 (Stadtreinigung Hamburg), Rn. 45 ff.

33 Erwägungsgrund 31 RL 2014/24/EU; ähnlich die Gesetzesbegründung zu § 108 Abs. 6 GWB, VergRModG 2016, BT-Drs. 18/6281, 82.

34 EuGH, Urteil v. 9.6.2009 – Rs. C-480/06 (Stadtreinigung Hamburg), Rn. 45, 47; Erwägungsgrund 31 RL 2014/24/EU.

35 EuGH, Urteil v. 9.6.2009 – Rs. C-480/06 (Stadtreinigung Hamburg), Rn. 47; ähnlich Erwägungsgrund 31 RL 2014/24/EU; Gesetzesbegründung zu § 108 Abs. 6 GWB, VergRModG 2016, BT-Drs. 18/6281, 82.

36 Vgl. EuGH, Urteil v. 18.12.2007 – Rs. C-220/06 (Asociación Profesional), Rn. 86; Urteil v. 6.4.2006 – Rs. C-410/04 (ANAV), Rn. 24; Urteil v. 13.10.2005 – Rs. C-458/03 (Parking Brixen), Rn. 61 f.; *Ziekow*, in: Ziekow/Völlink, Vergaberecht, § 99 GWB Rn. 93 f.; *Greb*, VergabeR 2015, 289; *Sudbrock*, KommJur 2014, 41 (43); ähnlich *Pietzcker*, VergabeR 2010, 735 (739), demnach können die Vergaberichtlinien nur in Konstellationen zur Anwendung kommen, in denen der Staat den Markt betritt und die Gefahr einer Diskriminierung von Unternehmen droht.

Grundsätze der Gleichbehandlung, der Nichtdiskriminierung, der Verhältnismäßigkeit und der Transparenz zu beachten, wie der EuGH in der Rechtssache Stadt Kaunas klargestellt hat.[37] Offen ist zudem, ob der EuGH aus der Tatsache, dass die jetzt kodifizierten Ausnahmen in einzelnen Bereichen wie etwa der großzügigen 80 %-Wesentlichkeitsschwelle von der bisherigen Rechtsprechung abweichen, schließt, dass für nur dem Primärrecht unterliegende Aufträge die strengeren Anforderungen der bisherigen Rechtsprechung gelten. Dagegen spricht, dass der Entscheidungsspielraum des Gesetzgebers zur Konkretisierung des Primärrechts noch gewahrt sein dürfte und dass der EuGH keine strengeren Anforderungen an nur dem Primärrecht unterliegende Beschaffungsvorgänge stellen wird als an solche, die vergaberechtlich geregelt sind. Auch ist die konkrete Folge der genannten primärrechtlichen Grundsätze für nach § 108 GWB vergaberechtsfreie Vorgänge vom EuGH in der Rechtssache Stadt Kaunas offengelassen worden. So dürfte insbesondere nicht in allen Fällen eine europaweite Bekanntmachungspflicht gelten. Für eine analoge Anwendung der Bekanntmachungspflicht bei vergaberechtsfreien Auftragsänderungen während der Vertragslaufzeit gemäß § 132 Abs. 5 GWB für alle Inhouse-Geschäfte und öffentlich-öffentlichen Zusammenarbeiten besteht kein Anlass. § 132 Abs. 5 GWB gilt nur für zwei besondere Fälle der Auftragsänderung und stellt daher kein allgemeines Prinzip dar, dass aufgrund von Ausnahmen vergaberechtsfreie Vorgänge durch Veröffentlichungspflichten überprüfbar sein müssen. Dem von dem EuGH genannten Transparenzgrundsatz kann auch durch andere geeignete Maßnahmen begegnet werden.

Wenn die Voraussetzungen der In-House-Vergabe oder öffentlich-öffentlichen Zusammenarbeit kurz nach der Auftragsvergabe **wegfallen**, kann eine unzulässige Umgehung vorliegen. So hat der EuGH in der Rechtssache „Stadt Mödling"[38] im Wege einer Gesamtschau entschieden, dass keine vergabefreie In-House-Vergabe vorliegt, wenn kurz nach Auftragserteilung die Anteile am Auftragnehmer an ein privates Unternehmen veräußert werden. Die bloße Möglichkeit einer späteren Veräußerung ist dagegen unschädlich.[39] Auch eine Unterauftragsvergabe kann zu einer unzulässigen Umgehung führen.[40] 13

Für Kooperationen von Verwaltungseinheiten der **Europäischen Institutionen** sehen die für sie einschlägigen vergaberechtlichen Bestimmungen der EU-Haushaltsordnung eine eigenständige Ausnahme vor.[41] Bei gemeinsam von einer Verwaltungseinheit der Europäischen Union und einem nationalen öffentlichen Auftraggeber durchgeführten Maßnahmen können notwendige Aufträge auch gemeinsam vergeben werden. Dabei ist in der Regel das Vergaberecht der EU-Haushaltsordnung anwendbar.[42] 14

Die **Beweis-** bzw. **Darlegungslast** für das Vorliegen der Voraussetzungen des § 108 Abs. 1 GWB trägt der öffentliche Auftraggeber, der sich auf die Ausnahme beruft.[43] Eine Ausnahme sieht § 108 Abs. 7 S. 3 GWB für die Berechnung der Wesentlichkeitsschwelle vor, bei der unter bestimmten Umständen das Glaubhaftmachen genügt.[44] 15

B. In-House-Vergabe (Abs. 1 bis 5)

I. Grundsätze

§ 108 Abs. 1 bis 5 GWB regeln die In-House-Vergabe oder „vertikale Zusammenarbeit". Bisher wurde aus der Definition des Auftrages als Vertrag zwischen Auftraggeber und Unterneh- 16

37 EuGH, Urteil v. 3.10.2019 – Rs. C-285/18 (Stadt Kaunas), Rn. 48 ff.; zustimmend *Gerlach*, NZBau 2020, 426 (428); anders noch die in der Vorauflage vertretene Auffassung sowie *Voll*, in: Gabriel/Mertens/Prieß/Stein, Vergaberecht, § 108 GWB Rn. 77 ff.; *Greb*, VergabeR 2015, 289 (292).
38 EuGH, Urteil v. 1.11.2005 – Rs. C-29/04 (Stadt Mödling).
39 EuGH, Urteil v. 10.9.2009 – Rs. C-573/07 (Sea), Rn. 51.
40 OLG Düsseldorf, Beschluss v. 2.3.2011 – VII-Verg 48/10.
41 Vgl. Art. 121 Abs. 5 VO (EU) 1268/2012 i.V.m. Art. 101 VO (EG) 996/2002.
42 Vgl. Art. 133 VO (EU) 1268/2012 i.V.m. Art. 104 VO (EG) 996/2002.
43 OLG Celle, EuGH-Vorlage v. 17.12.2014 – 13 Verg 3/13; OLG Düsseldorf, Beschluss v. 9.1.2020 – VII-Verg 10/18, Rn. 17; Beschluss v. 7.8.2019 – VII-Verg 9/19, Rn. 30, zustimmend *Antweiler*, VergabeR 2015, 191.
44 Siehe unten Rn. 93.

men abgeleitet, dass Austauschbeziehungen innerhalb einer Rechtsperson keinen öffentlichen Auftrag begründen (Eigengeschäfte)[45] und dass dies auch dann gilt, wenn es sich zwar um zwei formal getrennte Einrichtungen handelt, diese jedoch so eng miteinander verbunden sind, dass kein wesentlicher Unterschied zu einer Austauschbeziehung innerhalb einer Rechtsperson besteht. In diesen Fällen erledigt der Auftraggeber den Auftrag mit eigenen Mitteln.[46] Diese dogmatische Begründung für die In-House-Ausnahme gilt fort, auch wenn § 108 GWB sowie die dadurch umgesetzten Richtlinien im Wortlaut einen „**öffentlichen Auftrag**" voraussetzen. Dabei handelt es sich jedoch lediglich um eine redaktionelle Ungenauigkeit, mit der ausgedrückt werden soll, dass ansonsten alle Voraussetzungen eines öffentlichen Auftrages erfüllt sein sollen. Denn ausweislich des Erwägungsgrundes 31 RL 2014/24/EU soll die Ausnahme auf den Grundsätzen der bisherigen Rechtsprechung aufbauen.[47]

17 Ausgehend von den in der Rechtsprechung entwickelten Kriterien legt § 108 Abs. 1 GWB drei **Bedingungen** anhand der Grundkonstellation eines Auftrages der Mutter an die Tochter fest: Kontrolle wie über eigene Dienststellen, Tätigkeit im Wesentlichen für den öffentlichen Auftraggeber, keine direkte private Kapitalbeteiligung. § 108 Abs. 3 GWB erklärt auch die umgekehrte Konstellation eines Auftrages der Tochter an die Mutter und § 108 Abs. 4 GWB die Situation eines Auftrages mehrerer öffentlicher Auftraggeber an eine gemeinsame Tochter für vergabefrei. § 108 Abs. 2 und 5 GWB konkretisieren jeweils das Kontrollkriterium.

II. Öffentlicher Auftraggeber

18 Erfasst vom In-House-Privileg sind ausschließlich öffentliche Auftraggeber im Sinne des § 99 Nr. 1 bis 3 GWB. Nicht auf die In-House-Ausnahme berufen können sich daher natürliche und juristische Personen des privaten und öffentlichen Rechts, soweit sie erst wegen des § 99 Nr. 4 GWB aufgrund von öffentlichen Subventionen unter das Vergaberecht fallen. Anders als für Sektorenauftraggeber und Konzessionsgeber sieht das GWB für diesen Personenkreis auch keine Ausnahme für verbundene Unternehmen (§ 138 GWB) vor.

III. Vergabe an juristische Personen

19 Der Wortlaut des § 108 Abs. 1 GWB erfasst nur In-House-Geschäfte mit juristischen Personen. Aufträge an natürliche Personen sind daher in jedem Fall ausschreibungspflichtig. Anderes kann nur gelten, wenn es sich um die Erledigung von Aufträgen im Rahmen weisungsgebundener Arbeitsverhältnisse handelt, die nach § 107 Nr. 3 GWB nicht vom Vergaberecht erfasst sind. Erhält ein Arbeitnehmer Aufträge seines Arbeitgebers, die über den Inhalt des weisungsgebundenen Arbeitsverhältnisses hinausgehen, kann dies keine ausschreibungsfreie In-House-Vergabe sein. Auch Gesellschaften bürgerlichen Rechts und ähnliche Zusammenschlüsse ohne eigene vollständige Rechtspersönlichkeit sind daher nach hiesiger Ansicht nicht In-House-fähig.[48]

IV. Kriterien der In-House-Vergabe

20 Entsprechend der bisherigen Rechtsprechung[49] müssen alle drei Kriterien von § 108 Abs. 1 Nr. 1 bis 3 GWB kumulativ vorliegen.

45 Vgl. EuGH, Urteil v. 9.6.2009 – Rs. C-480/06 (Stadtreinigung Hamburg), Rn. 45; Urteil v. 13.11.2008 – Rs. C-324/07 (Coditel), Rn. 48; Urteil v. 11.1.2005 – Rs. C-26/03 (Stadt Halle), Rn. 48; Urteil v. 18.11.1999 – Rs. C-107/98 (Teckal), Rn. 49 f.

46 Vgl. EuGH, Urteil v. 8.5.2014 – Rs. C-15/13 (TU Hamburg-Harburg), Rn. 26.

47 Ebenso *Dabringhausen*, VergabeR 2014, 512 (515 f.).

48 Ebenso *Ziekow*, in: Ziekow/Völlink, Vergaberecht, § 108 GWB Rn. 25; anders *Voll*, in: Gabriel/Mertens/Prieß/Stein, Vergaberecht, § 108 GWB, Rn. 7; *Brockhoff*, VergabeR 2014, 625 (629).

49 Vgl. EuGH, Urteil v 8.4.2008 – Rs. C-337/05 (Agusta), Rn. 41; Urteil v 18.12.2007 – Rs. C-220/06 (Asociación Profesional), Rn. 59.

1. Kontrollkriterium (Abs. 1 Nr. 1 und Abs. 2)

Für ein vergaberechtsfreies In-House-Geschäft muss der öffentliche Auftraggeber über den Auftragnehmer gemäß § 108 Abs. 1 Nr. 1 GWB eine ähnliche Kontrolle wie über eine eigene Dienststelle ausüben (Kontrollkriterium). Diese Kontrolle muss einer Kontrolle wie über eine eigene Dienststelle nur ähneln, ohne mit ihr identisch zu sein.[50] 21

§ 108 Abs. 2 GWB stellt eine **Vermutungsregelung** zur Kontrollausübung auf, nach der die Kontrolle dann vermutet wird, wenn der öffentliche Auftraggeber einen „ausschlaggebenden Einfluss auf die strategischen Ziele und die wesentlichen Entscheidungen der juristischen Person ausübt".[51] Der Wortlaut einer Vermutungsregel spricht dafür, dass sie zumindest theoretisch widerlegbar sein soll,[52] macht aber zugleich deutlich, dass auch andere Formen der Kontrolle wie über eine eigene Dienststelle aus Sicht des Gesetzgebers denkbar sind, bei denen die Vermutungsregel nicht erfüllt ist. Die Gesetzesformulierung entspricht der bisherigen ständigen Rechtsprechung des EuGH, sodass die bisherige Rechtsprechung zum Kontrollkriterium auch zur Auslegung des § 108 Abs. 1 Nr. 1 GWB herangezogen werden kann. Mit *„strategischen Zielen"* und *„wesentlichen Entscheidungen"* umschreibt der Gesetzgeber in allgemeiner Weise den Kern der Unternehmensführung, um zu verdeutlichen, dass unwesentliche Dinge des täglichen Geschäfts auch unabhängig von der Kontrolle erledigt werden dürfen und nicht jede einzelne Entscheidung kontrolliert werden muss. Entscheidend sind die strategischen Ziele und wesentlichen Entscheidungen der juristischen Person an sich, nicht in Bezug auf die Beschaffung, so dass auch dann eine Kontrolle vorliegen kann, wenn die konkrete Beschaffung ohne Zustimmung der kontrollierenden Einheit erfolgen kann und es andersherum nicht genügt, wenn nur der Beschaffungsbereich kontrolliert wird, der Auftragnehmer aber ansonsten in wesentlichen Bereichen Autonomie besitzt.[53] 22

Da es in der Europäischen Union zahlreiche verschiedene Gesellschaftsformen und konkrete gesellschaftsrechtliche Ausgestaltungen gibt, hat der EuGH die vom Gesetzgeber übernommene allgemeine Umschreibung der *„strategischen Ziele"* und *„wesentlichen Entscheidungen"* genutzt, ohne sie näher zu definieren. Maßgebend sind insofern die gesellschaftsrechtlichen Regelungen und Vereinbarungen in einer Gesamtschau im konkreten Einzelfall. Mittel der Kontrolle sind dabei regelmäßig Weisungsrechte und Aufsichtsbefugnisse sowie Ernennungsrechte. Die **Kontrolle** muss *„wirksam, strukturell und funktionell"* sein.[54] Nicht gleichzusetzen ist das Kriterium mit dem kartellrechtlichen Fusionsbegriff nach Art. 3 VO (EG) 139/2004.[55] Der öffentliche Auftraggeber übt grundsätzlich keine Kontrolle wie über eine eigene Dienststelle aus, wenn der Auftragnehmer seine Geschäfte selbständig führt, ohne dass er vom öffentlichen Auftraggeber effektiv kontrolliert wird. In der Rechtssache „Parking Brixen" hat der EuGH als Indizien für eine die Kontrolle ausschließende Marktausrichtung und Selbständigkeit herangezogen:[56] 23

- die Natur dieser Gesellschaftsform als Aktiengesellschaft;
- die Ausweitung des Gesellschaftszwecks auf bedeutende neue Bereiche;
- die vorgeschriebene baldige Öffnung der Gesellschaft für Fremdkapital;

50 Der Gesetzeswortlaut greift damit die ständige Rechtsprechung auf; vgl. EuGH, Urteil v. 11.1.2005 – Rs. C-26/03 (Stadt Halle), Rn. 49, unter Hinweis auf EuGH, Urteil v. 18.11.1999 – Rs. C-107/98 (Teckal), Rn. 50; BGH, Beschluss v. 12.6.2001 – X ZB 10/01; OLG Düsseldorf, Beschluss v. 12.1.2004 – VII-Verg 71/03; OLG Naumburg, Beschluss v. 8.1.2003 – 1 Verg 7/02; BayObLG, Beschluss v. 22.1.2002 – Verg 18/01.

51 So bereits EuGH, Urteil v. 29.11.2012 – Verb. Rs. C-182/11 und C-183/11 (Econord), Rn. 27; Urteil v. 10.9.2009 – Rs. C-573/07 (Sea), Rn. 65; Urteil v. 13.11.2008 – Rs. C-324/07 (Coditel), Rn. 28; Urteil v. 11.5.2006 – Rs. C-340/04 (Carbotermo), Rn. 35; Urteil v. 13.10.2005 – Rs. C-458/03 (Parking Brixen), Rn. 65.

52 Ebenso *Knauff*, EuZW 2014, 486 (487).

53 Vgl. EuGH, Urteil v. 8.5.2014 – Rs. C-15/13 (TU Hamburg-Harburg), Rn. 31 f., zur Aufsicht einer Stadt über ihre Universität, die sich nur auf deren Beschaffungstätigkeit bezog.

54 Vgl. EuGH, Urteil v. 8.5.2014 – Rs. C-15/13 (TU Hamburg-Harburg), Rn. 31 f.; Urteil v. 29.11.2012 – Rs. C-182/11 und C-183/11 (Econord), Rn. 27.

55 VK Bund, Beschluss v. 21.12.2012 – VK 3-129/12.

56 Vgl. EuGH, Urteil v. 13.10.2005 – Rs. C-458/03 (Parking Brixen), Rn. 66.

- die Ausweitung des geografischen Tätigkeitsbereichs;
- beträchtliche Vollmachten des Leitungsorgans der Gesellschaft, die praktisch ohne Kontrolle durch den Auftraggeber ausgeübt werden können.

24 Insbesondere dem letztgenannten Indiz – der **Selbstentscheidungsbefugnis** ohne effektive Kontrolle des öffentlichen Auftraggebers – kommt eine entscheidende Bedeutung zu. So hat der EuGH in der Rechtssache „Carbotermo" maßgeblich darauf abgestellt, dass die in den Satzungen enthaltenen Befugnisse des öffentlichen Auftraggebers keine Kontrollbefugnisse und keine besonderen Stimmrechte vorsahen, die die Handlungsfreiheiten der Geschäftsführung begrenzten.[57] Diese Argumentation hat der BGH auf den Versicherungsverein auf Gegenseitigkeit übertragen. Denn für die Organe des Versicherungsvereins auf Gegenseitigkeit gelten die aktienrechtlichen Bestimmungen entsprechend.[58]

25 Der EuGH hat sich gleichwohl nicht dahin gehend positioniert, dass die Vergabe eines Auftrages an eine Eigengesellschaft in Form einer **Aktiengesellschaft** grundsätzlich nach den Regeln des Vergaberechts erfolgen muss, auch wenn der Vorstand einer Aktiengesellschaft nach § 76 Abs. 1 AktG nicht den Weisungen anderer Gesellschaftsorgane oder der Aktionäre unterworfen ist.[59] Denn die Rechtsform der Gesellschaft ist nur ein Bewertungskriterium.[60] Darüber hinaus kann eine umfassende Kontrolle bei Aktiengesellschaften durch Beherrschungsverträge nach § 291 Abs. 1 S. 1 Alt. 1 AktG, mittels derer die Leitung der Aktiengesellschaft dem öffentlichen Auftraggeber unterstellt wird, sichergestellt werden.[61] Aus dem Beherrschungsvertrag folgen gemäß § 308 Abs. 1 AktG Weisungsbefugnisse, welche die Vorschrift des § 76 Abs. 1 AktG verdrängen.[62]

26 Das Erfordernis der „Kontrolle wie über eigene Dienststellen" ist dagegen im Rahmen der Beauftragung einer **Gesellschaft mit beschränkter Haftung** in der Regel gegeben.[63] Denn die Geschäftsführung einer Gesellschaft mit beschränkter Haftung ist grundsätzlich weisungsgebunden (vgl. § 37 GmbHG sowie § 46 Nr. 5 und 6 GmbHG). Eine Beteiligung an der Geschäftsführung selbst ist daher in der Regel nicht erforderlich.[64] Gleichwohl kann im Einzelfall insbesondere bei Einrichtung eines fakultativen Aufsichtsrates und je nach Ausgestaltung der Arbeitnehmermitbestimmung die Kontrolle geschwächt werden und nicht mehr mit derjenigen vergleichbar sein, die über eine eigene Dienststelle ausgeübt würde. Daher sind auch im Fall einer Gesellschaft mit beschränkter Haftung der Gesellschaftsvertrag und – soweit zugänglich – die Geschäftsordnungen der Organe in jedem Einzelfall zu überprüfen.[65] Ebenso kann trotz umfangreicher Befugnisse des Handlungsorgans einer kommunalen Genossenschaft der eine In-House-Vergabe ausschließende Grad an Selbständigkeit nicht erreicht sein, wenn es dem Auftragnehmer am kommerziellen Charakter fehlt und er ausschließlich Interessen der ihm angeschlossenen öffentlichen Stellen verfolgt.[66]

27 Das in der Rechtssache „Parking Brixen"[67] genannte Kriterium der baldigen Öffnung für Fremdkapital ist nach der Kodifizierung der In-House-Vergabe zwar in der Sache von § 108 Abs. 1 Nr. 3 GWB erfasst. Da die Kontrolle jedoch nach den verschiedensten Umständen des Einzelfalls zu beurteilen ist, muss nach hier vertretener Auffassung die private **Kapitalbeteiligung** auch weiterhin als schädliches Indiz für die Beurteilung des Kontrollkriteriums angesehen werden. Denn selbst wenn eine private Kapitalbeteiligung wegen der in § 108 Abs. 1 Nr. 3 GWB vorgesehenen Ausnahmen zum Beispiel als mittelbare Kapitelbeteiligung zulässig sein

57 Vgl. EuGH, Urteil v. 11.5.2006 – Rs. C-340/04 (Carbotermo), Rn. 37.
58 Vgl. BGH, Urteil v. 3.7.2008 – I ZR 145/05.
59 Vgl. EuGH, Urteil v. 10.9.2009 – Rs. C-573/07 (Sea), Rn. 63; Urteil v. 6.4.2006 – Rs. C-410/04 (ANAV); OLG Düsseldorf, Beschluss v. 27.4.2020 – VII-Verg 27/19; dazu auch *Knauff*, EuZW 2013, 110 (113).
60 Vgl. EuGH, Urteil v. 13.10.2005 – Rs. C-458/03 (Parking Brixen), Rn. 67.
61 Vgl. *Ristelhuber/Deuster*, VergabeR 2018, 99.
62 Vgl. *Krajewski/Wethkamp*, DVBl., 2008, 355 (358); *Orlowski*, NZBau 2007, 80 (81).
63 Vgl. auch BGH, Urteil v. 12.6.2001 – X ZB 10/01; OLG Düsseldorf, Beschluss v. 21.6.2006 – VII-Verg 17/06; Beschluss v. 12.1.2004 – VII-Verg 71/03; Beschluss v. 15.10.2003 – VII-Verg 50/03.
64 OLG Düsseldorf, Beschluss v. 2.11.2016 – VII-Verg 23/16.
65 Vgl. etwa OLG Düsseldorf, Beschluss v. 30.1.2013 – VII-Verg 56/12.
66 Vgl. EuGH, Urteil v. 13.11.2008 – Rs. C-324/07 (Coditel), Rn. 37 bis 39.
67 EuGH, Urteil v. 13.10.2005 – Rs. C-458/03 (Parking Brixen), Rn. 66.

kann, kann sie sich im Rahmen einer Gesamtbetrachtung im Zusammenspiel mit anderen Indizien so stark auf die Kontrollmöglichkeiten auswirken, dass diese nicht mehr mit denen über eigene Dienststellen verglichen werden können.[68] Umgekehrt deutet der Umstand, dass der öffentliche Auftraggeber allein oder zusammen mit anderen öffentlichen Stellen das gesamte Kapital einer beauftragten Gesellschaft hält, zwar grundsätzlich darauf hin, dass er über diese Gesellschaft eine Kontrolle wie über seine eigenen Dienststellen ausübt. Allein entscheidend ist dieser Umstand jedoch nicht.[69]

§ 108 Abs. 2 S. 2 GWB stellt klar, dass die Kontrolle nicht nur direkt, sondern auch über eine ihrerseits kontrollierte andere juristische Person ausgeübt werden kann. Das bedeutet, dass auch ein Auftrag an eine **Enkelgesellschaft** vergabefrei vergeben werden kann, wenn auf beiden Ebenen das Kontrollkriterium erfüllt ist, sodass die Kontrolle der Großmutter über die Enkelin gewährleistet ist.[70] Die abnehmende Kontrolle in derartigen **Kettenkonstellationen** wird sich aber auf die Gesamtbetrachtung der erforderlichen Kontrolle auswirken, insbesondere wenn über die bloß mittelbare Kapitalbeteiligung keine zusätzlichen Kontrollmechanismen zum unmittelbaren Zugriff auf den Auftragnehmer vorgesehen sind.[71] Dies gilt erst recht, wenn Aktiengesellschaften als Mittler auftreten. Letztlich ist eine Gesamtbetrachtung unter Berücksichtigung der Kontrolle des öffentlichen Auftraggebers über die Mittlergesellschaften und der Mittlergesellschaften über den Auftragnehmer angezeigt. Die vermittelte Kontrolle darf dabei nicht weniger effizient sein als eine unmittelbare Kontrolle über eine eigene Dienststelle.[72] Zum Teil wird vorgeschlagen, dass gesellschaftsvertraglich abgesichert sein muss, dass die Organe der zwischengeschalteten Gesellschaft rechtlich verpflichtet sind, den Durchgriff auf die Enkelgesellschaft zu vermitteln.[73] Aus dem Wortlaut („*eine* andere juristische Person") sowie dem Grundsatz der engen Auslegung von Ausnahmen[74] wird hergeleitet, dass nur eine juristische Person dazwischengeschaltet sein darf, um noch ausreichende Kontrolle zu vermitteln.[75] Eindeutig ist der Wortlaut indes nicht. Zudem handelt es sich bei § 108 Abs. 2 S. GWB nur um eine Klarstellung, da § 108 Abs. 1 Nr. 1 i.V.m. § 108 Abs. 2 S. 1 GWB es offenlässt, wie die Kontrolle ausgeübt wird und nur das Ergebnis einer Kontrolle wie über eine eigene Dienststelle entscheidend ist. Deshalb ist zumindest denkbar, dass auch Urenkelkonstellationen eine ausschreibungsfreie In-House-Vergabe ermöglichen, solange in einer Gesamtbetrachtung eine ausreichende Kontrolle des öffentlichen Auftraggebers über den öffentlichen Auftraggeber besteht.[76] 28

2. Wesentlichkeitskriterium (Abs. 1 Nr. 2)

Die vergabefreie In-House-Vergabe setzt gemäß § 108 Abs. 1 Nr. 2 GWB weiterhin voraus, dass die beauftragte juristische Person zu *„mehr als 80 Prozent"* für den öffentlichen Auftraggeber oder eine andere juristische Person, die von diesem kontrolliert wird, tätig ist. Damit wird das quantitative Element des in der Rechtsprechung entwickelten Wesentlichkeitskriteri- 29

68 So hatte der BGH die mittelbare Kapitelbeteiligung, die sich durch die Mitgliedschaft eines gemischtwirtschaftlichen Unternehmens an einem Versicherungsverein auf Gegenseitigkeit ergibt, als schädlich für die Kontrolle angesehen, vgl. BGH, Urteil v. 3.7.2008 – I ZR 145/05, Rn. 28.

69 Vgl. EuGH, Urteil v. 13.11.2008 – Rs. C-324/07 (Coditel), Rn. 31; Urteil v. 19.4.2007 – Rs. C-295/05 (Tragsa), Rn. 57; Urteil v. 11.5.2006 – Rs. C-340/04 (Carbotermo), Rn. 37; *Ziekow*, in: Ziekow/Völlink, Vergaberecht § 108 GWB, Rn. 18.

70 EuGH, Urteil v. 11.5.2006 – Rs. C-340/04 (Carbotermo), Rn. 60; so bereits BGH, Urteil v. 3.7.2008 – I ZR 145/05, Rn. 28; *Greb*, VergabeR 2015, 289 (293).

71 Vgl. EuGH, Urteil v. 11.5.2006 – Rs. C-340/04 (Carbotermo), Rn. 38 f.; BGH, Beschluss v. 12.11.2019 – XIII ZB 120/19, Rn. 55; *Frenz*, VergabeR 2007, 304 (308); *Knauff*, EuZW 2014, 486 (487); *Krajewski/Wethkamp*, DVBl., 2008, 355 (358) m.w.N.

72 Vgl. OLG Düsseldorf, Beschluss v. 15.10.2003 – VII-Verg 50/03, in welchem das Gericht auf eine *„originär[e] und unmittelbar[e]"* Kontrolle abstellt; zum Kontrollkriterium bei gestuften Beteiligungsverhältnissen auch OLG Hamburg, Beschluss v. 14.12.2010 – 1 Verg 5/10.

73 *Ziekow*, NZBau 2015, 258 (259).

74 EuGH, Urteil v. 11.1.2005 – Rs. C-26/03 (Stadt Halle), Rn. 42.

75 *Dreher*, in: Immenga/Mestmäcker, Wettbewerbsrecht, § 108 GWB Rn. 22; *Dreher/Burkhart*, NZBau 2018, 441 (442).

76 *Voll*, in: Gabriel/Mertens/Prieß/Stein, Vergaberecht, § 108 GWB Rn. 15; *Müller-Wrede*, VergabeR 2016, 292 (293 f.).

ums[77] mit einem gesetzlich verbindlichen Prozentsatz konkretisiert. Während die Europäische Kommission in Anlehnung an die in diese Richtung zumindest deutende Rechtsprechung[78] noch eine Wesentlichkeitsschwelle von *„mindestens 90 Prozent"* vorgeschlagen hatte,[79] hat der EU-Gesetzgeber die Schwelle auf großzügigere *„mehr als 80 Prozent"* herabgesetzt. Da der EuGH nach primärrechtlichen Grundsätzen eine analoge Anwendung der 80-Prozent-Regel des Art. 23 Abs. 3 RL 2004/17/EG abgelehnt hatte,[80] einigten sich die Mitgesetzgeber Europäisches Parlament und Rat schließlich auf die Formulierung *„mehr als 80 Prozent"* anstelle der vom Parlament vorgeschlagenen *„mindestens 80 Prozent"*.[81] Daraus lässt sich nach hiesiger Ansicht schließen, dass die 80-Prozent-Schwelle deutlich überschritten sein muss und mindestens ab Erreichen von genau 20 % Drittgeschäft das In-House-Privileg entfällt.

30 Während die **Berechnung** der Tätigkeiten in § 108 Abs. 7 GWB geregelt ist, ergibt sich der **Umfang** der einzubeziehenden Tätigkeiten aus § 108 Abs. 1 Nr. 2 GWB selbst. Danach müssen die Tätigkeiten der juristischen Person „der Ausführung von Aufgaben dienen, mit denen sie von dem öffentlichen Auftraggeber oder von einer anderen juristischen Person, die von diesem kontrolliert wird, betraut wurde". Damit wurde das qualitative Element des Wesentlichkeitskriteriums kodifiziert, ohne jedoch eine darunter zum Teil diskutierte wertende Gewichtung unterschiedlicher Tätigkeiten[82] zu übernehmen.

31 Mit „**Tätigkeiten**" ist sämtliches Handeln der juristischen Person gemeint.[83] Weder können durch interne Maßnahmen wie getrennte Buchführung einzelne Tätigkeitsbereiche einer juristischen Person abgetrennt werden,[84] noch erfolgt eine geografische Eingrenzung. Im Umkehrschluss zur ausdrücklichen Begrenzung auf den EU-internen Umsatz in § 138 GWB ergibt sich, dass die weltweite Tätigkeit entscheidend ist. Zu berücksichtigen ist dabei, dass für die Beurteilung nur die tatsächlichen Tätigkeiten maßgebend sind und nicht die nach Gesetz oder Unternehmenssatzung möglichen Tätigkeiten oder gar nur solche Tätigkeiten, zu deren Verrichtung die kontrollierte Einrichtung verpflichtet ist.[85]

32 Nur solche Tätigkeiten zählen zu den erforderlichen 80 %, bei denen eine **Betrauung** vorliegt. Eine solche Betrauung kann, wie in der Rechtssache „Carbotermo"[86] ausgeführt, eine Vergabeentscheidung oder eine andere Rechtsbeziehung sein.[87] Neben Vergabe- und Konzessionsentscheidungen kommen auch vergaberechtsfreie interne Rechtsverhältnisse wie andere In-House-Geschäfte oder ein anderer Akt der Betrauung in Betracht.[88]

---

77 Vgl. EuGH, Urteil v. 18.11.2008 – Rs. C-107/98 (Teckal), Rn. 50; Urteil v. 17.7.2008 – Rs. C-371/05 (Kommission/Italien), Rn. 22; Urteil v. 8.4.2008 – Rs. C-337/05 (Agusta), Rn. 36.

78 Vgl. EuGH, Urteil v. 19.4.2007 – Rs. C-295/05 (Tragsa), Rn. 63, hielt 90 % jedenfalls für ausreichend; als 90%-Wesentlichkeitsschwelle interpretiert von OLG Celle, EuGH-Vorlage v. 17.12.2014 – 13 Verg 3/13, Rn. 65, das zuvor bereits bei 7,5 % Drittgeschäft die Wesentlichkeitsschwelle überschritten sah; vgl. OLG Celle, Beschluss v. 29.10.2009 – 13 Verg 8/09; ebenso *Greb*, VergabeR 2015, 289 (290); als *„überraschend"* wird denn auch die Ausweitung auf 80 % bezeichnet, vgl. *Müller/Klostermann*, ZfBR 2014, 347 (350).

79 Vgl. Art. 11 des Vorschlags der Europäischen Kommission für eine Richtlinie über die öffentliche Auftragsvergabe, KOM(2011) 896/2.

80 Vgl. EuGH, Urteil v. 11.5.2006 – Rs. C-340/04 (Carbotermo), Rn. 55 f., zu Art. 13 RL 93/98/EWG; vgl. *Stammkötter*, ZfBR 2007, 245 (246), mit Verweis auf die Gegenstimmen aus der Literatur vor „Carbotermo".

81 Vgl. *Schwab/Giesemann*, VergabeR 2014, 351 (354).

82 Vgl. dazu *Schröder*, NVwZ 2011, 776 (778 f.) m.w.N.

83 So bereits zur alten Rechtslage Generalanwältin *Stix-Hackl*, Schlussanträge v. 12.1.2006 – Rs. C-340/04 (Carbotermo), Rn. 101 ff.; *Schröder*, NVwZ 2011, 776 (778).

84 *Schröder*, NVwZ 2011, 776 (778). Dies ergibt sich auch aus dem Wortlaut der Vorschrift, die mit der im Plural verwendeten Formulierung „Tätigkeiten" deutlich macht, dass auch bei verschiedenen Tätigkeiten eines Unternehmens eine Gesamtbetrachtung vorzunehmen ist. Anders wohl *Tomerius*, VergabeR 2015, 373 (378 ff.), der unwesentliches Drittgeschäft in Bezug auf eine Tätigkeit nicht auf das In-House-schädliche Drittgeschäft anrechnen will, jedenfalls sofern es zur Auslastung einer Anlage dient, die für die Erfüllung eines öffentlichen Auftrags errichtet wurde.

85 Vgl. Generalanwältin *Stix-Hackl*, Schlussanträge v. 12.1.2006 – Rs. C-340/04 (Carbotermo), Rn. 79, sowie Schlussanträge v. 23.9.2004 – Rs. C-26/03 (Stadt Halle), Rn. 83; anders noch BGH, Urteil v. 12.6.2001 – X ZB 10/01 (bezieht sich auf den Unternehmensgegenstand).

86 EuGH, Urteil v. 11.5.2006 – Rs. C-340/04 (Carbotermo), Rn. 65.

87 Der Begriff der Betrauung greift die Betrauung mit Daseinsvorsorgeaufgaben gemäß Art. 106 Abs. 2 AEUV auf.

88 *Ziekow*, NZBau, 2015, 258 (260).

Unerheblich ist, wer der **Begünstigte** der Tätigkeiten ist. Sofern die Tätigkeit auf eine Betrauung zurückgeht, kann sie auch Dritten, etwa den Bürgern einer Stadt, zugutekommen.[89] Deshalb spielt es auch keine Rolle, ob der Auftragnehmer durch den öffentlichen Auftraggeber oder zum Beispiel durch einen dritten Nutzer im Rahmen beispielsweise eines Konzessionsvertrages für diese Aufgaben vergütet wird.[90] Auch der Ort der Tätigkeit, etwa das Gebiet der auftraggebenden Gemeinde, hat keine Bedeutung.[91] 33

Voraussetzung ist, dass die Tätigkeit *„der Ausführung […] dient"*, also auf die Beauftragung und nicht ein sonstiges Ereignis zurückzuführen ist. Dies setzt nach hier vertretener Auffassung wie in der bisherigen Rechtsprechung einen **Kausalzusammenhang** zwischen der Tätigkeit und der Betrauung voraus.[92] An diesem fehlt es, wenn Umsätze im Wettbewerb mit anderen Anbietern aus Geschäften mit Privatkunden, wie beispielsweise im liberalisierten Energiemarkt, erwirtschaftet werden.[93] Zwar „dienen" solche Tätigkeiten auch öffentlichen Zwecken, jedoch eben nur auch und nicht in erster Linie. Andernfalls wären beispielsweise auch der Anschluss oder die Reparatur eines Wasserhahns Tätigkeiten, die der Ausführung der Aufgabe Wasserversorgung dienen, weil ohne diesen keine Versorgung erfolgen kann. Die gegenteilige Auffassung, sämtliche **Daseinsvorsorgeangebote** auf dem Hoheitsgebiet des öffentlichen Auftraggebers seien Tätigkeiten, die in dessen Auftrag erbracht werden,[94] ist zu weitgehend und angesichts der gebotenen engen Auslegung der Ausnahmevorschrift abzulehnen.[95] Insbesondere die Energiegrundversorgung erfolgt nicht wegen einer Betrauung durch einen kommunalen öffentlichen Auftraggeber, sondern muss aufgrund der gesetzlichen Pflicht der §§ 36 ff. EnWG zur Verfügung gestellt werden.[96] Daran änderte sich auch nichts, würde eine Gemeinde ein kommunales Unternehmen zusätzlich zu solchen gesetzlich bereits bestehenden Pflichten betrauen. Entscheidend muss nach objektiver Betrachtung sein, ob die Tätigkeit einer betrauten Aufgabe oder einem anderen Rechtsverhältnis und damit dem Markt zuzuordnen ist. Dementsprechend wurden auch die Abnahme von Abfällen, für die keine Abnahmepflicht nach § 20 KrWG besteht, und die Nutzung des ÖPNV, bei dem der Nutzer anders als etwa bei der Wasserversorgung die freie Wahl hat,[97] zum Drittgeschäft gezählt.[98] Auf der anderen Seite muss es sich nicht um Daseinsvorsorgeaufgaben handeln, solange eine Betrauung seitens des öffentlichen Auftraggebers vorliegt. 34

Die Betrauung muss seitens des kontrollierenden öffentlichen Auftraggebers oder durch *„eine andere juristische Person, die von diesem kontrolliert wird"* erfolgen. Das bezieht sich auf In- 35

---

89 Vgl. Erwägungsgrund 32 RL 2014/24/EU; Gesetzesbegründung zu § 108 Abs. 1 Nr. 2 GWB, VergRModG 2016, BT-Drs. 18/6281, 80; EuGH, Urteil v. 11.5.2006 – Rs. C-340/04 (Carbotermo), Rn. 65; vgl. auch OLG Düsseldorf, Beschluss v. 12.1.2004 – VII-Verg 71/03.

90 EuGH, Urteil v. 11.5.2006 – Rs. C-340/04 (Carbotermo), Rn. 67; BGH, Beschluss v. 12.11.2019 – XIII ZB 120/19, Rn. 60.

91 EuGH, Urteil v. 11.5.2006 – Rs. C-340/04 (Carbotermo), Rn. 67, anders *Pünder/Klafki*, in: Pünder/Schellenberg, Vergaberecht, § 108 GWB Rn. 32.

92 Ebenso *Dreher*, in: Immenga/Mestmäcker, Wettbewerbsrecht, § 108 GWB Rn. 34; *Pünder/Klafki*, in: Pünder/Schellenberg, Vergaberecht, § 108 GWB Rn. 31; a.A. *Dabringhausen*, VergabeR 2014, 512 (519), nach dem die Kausalitätsbedingung durch das Wort „dienen" aufgegeben wurde und das *„Tätigkeitskriterium jede Kontur"* verloren habe.

93 OLG Frankfurt, Beschluss v. 30.8.2011 – 11 Verg 3/11; OLG Hamburg, Beschluss v. 14.12.2010 – 1 Verg 5/10; dazu auch *Gruneberg/Wilden*, VergaR 2012, 149 (152 ff.); a.A. *Tomerius*, VergabeR 2015, 373 (382), zumindest für den Fall, dass Fernwärme- und Stromlieferungen nur der rentablen Ausnutzung einer im öffentlichen Auftrag betriebenen Müllverbrennungsanlage dienen. Dies überzeugt nicht, sofern damit ermöglicht werden soll, über die 20 %-Schwelle hinaus Markttätigkeiten als Tätigkeiten im Auftrag des öffentlichen Auftraggebers zu definieren. Sinn und Zweck der Wesentlichkeitsgrenze ist gerade, solche unwesentlichen Nebentätigkeiten auf dem Markt zu erfassen. Ob darüber hinaus Marktätigkeiten *„nur"* der Rentabilität oder Ausnutzug von Kapazitäten dienen, wie *Tomerius* argumentiert, ist irrelevant für die Frage, ob es dadurch zu Wettbewerbsverzerrungen kommen kann.

94 *Schröder*, NVwZ 2011, 776 (779).

95 Ebenso *Greb*, VergabeR 2015, 289 (292).

96 Hierauf stellt aber ab *Schröder*, NVwZ 2011, 776 (779).

97 Vgl. OLG Hamburg, Beschluss v. 14.12.2010 – 1 Verg 5/10; zustimmend *Greb*, VergabeR 2015, 289 (290).

98 OLG Celle, EuGH-Vorlage v. 17.12.2014 – 13 Verg 3/13, Rn. 69; im Ergebnis zustimmend *Ziekow*, in: Ziekow/Völlink, Vergaberecht § 108 GWB Rn. 40. Noch weitergehender hält OLG Düsseldorf, Beschluss v. 28.7.2011 – VII-Verg 20/11, nur solche Geschäfte für unschädlich, wo nicht nur Abnahmepflicht, sondern auch Überlassenspflicht der Erzeuger oder Besitzer von Abfällen besteht; anders *Tomerius*, VergabeR 2015, 373 (378 ff.), sofern das Fremdgeschäft der besseren Auslastung einer im öffentlichen Auftrag betriebenen Anlage dient.

House-Vergaben in der Enkel- oder Schwesterkonstellation, weshalb mit „**Kontrolle**" die Kontrolle nach § 108 Abs. 1 Nr. 1 GWB gemeint ist. In diesen Fällen können daher Kontrolle und Betrauung auseinanderfallen, je nachdem, ob die Enkelin oder Schwester für die Mutter, Großmutter oder Schwestern zu mehr als 80 % tätig ist.[99] Sofern der Auftragnehmer von mehreren dieser Personen mit Aufgaben betraut wurde, dürfte eine Zusammenrechnung erfolgen, ebenso wie im Falle der gemeinsamen Kontrolle nach § 108 Abs. 4 GWB, bei dem auch die Betrauung durch die gemeinsam kontrollierenden Auftraggeber oder durch von diesen kontrollierte juristische Personen entscheidend ist. Auch hier muss keine gemeinsame Betrauung vorliegen, gleichwohl zählen alle betrauten Aufgaben nicht zum Drittgeschäft. Allerdings führte eine wortlautgetreue Auslegung, nach der eine Betrauung durch jede kontrollierte juristische Person ausreichen würde, zu dem widersinnigen Ergebnis, dass auch Tätigkeiten für eine vollständig am Markt tätige juristische Person nicht zum Drittgeschäft zählen würden, solange diese von dem öffentlichen Auftraggeber kontrolliert wird. Auch eine private Beteiligung an dieser kontrollierten Person wäre möglich. Dieses Ergebnis würde dem Sinn und Zweck der In-House-Kriterien widersprechen. Deshalb ist eine teleologische Reduktion geboten und zu verlangen, dass auch bei der anderen kontrollierten juristischen Person die In-House-Kriterien erfüllt sind.[100]

36 Tätigkeiten, die **für andere** öffentliche **Auftraggeber** erfolgen, zählen dagegen zum Drittgeschäft.[101] Anderes kann nur gelten, wenn es sich dabei um Umsätze handelt, die auf der Rechtsfigur der interkommunalen Zusammenarbeit beruhen,[102] vorausgesetzt die Zusammenarbeit erfasst im Wesentlichen öffentliche Aufgaben.[103] Dies ist jedoch nicht der Fall, wenn die beauftragte Einheit in nicht unerheblichem Umfang im Wettbewerb tätig ist und von Dritten Aufträge akquiriert.

37 Durch den EuGH noch nicht abschließend geklärt ist ferner die Frage, unter welchen Umständen auch **Fremdumsätze von Tochtergesellschaften** zu berücksichtigen sind. Eine derartige wirtschaftliche Gesamtbetrachtung war jedoch bereits Gegenstand der nationalen Rechtsprechung.[104] Vor diesem Hintergrund lässt sich derzeit nicht ausschließen, dass unter besonderen Umständen auch eine gewerblich agierende Tochtergesellschaft dazu führt, dass die Mutter ihre In-House-Fähigkeit verliert. Dies kann etwa dann der Fall sein, wenn für beide Gesellschaften ein gemeinsamer konsolidierter Jahresabschluss vorliegt, der Geschäftsbericht die Ertragslage beider Gesellschaften zusammenfasst, gruppeninterne Vorgänge eliminiert und die Tochter nur mit personeller und sachlicher Ausstattung der Mutter arbeitsfähig ist. Würde man dagegen die Fremdumsätze von Tochter- (und Enkel-)gesellschaften grundsätzlich nicht berücksichtigen, könnte das Wesentlichkeitskriterium durch Verlagerung des Fremdgeschäfts auf Tochtergesellschaften einfach erfüllt werden.[105]

---

99 *Greb*, VergabeR 2015, 289 (292).

100 So überzeugend *Dreher*, in: Immenga/Mestmäcker, Wettbewerbsrecht, § 108 GWB Rn. 39.

101 Vgl. EuGH, Urteil v. 8.12.2016 – Rs. C-553/15 (Undis Servizi), Rn. 34 ff.; OLG München, Beschluss v. 21.2.2013 – Verg 21/12.

102 So in einem obiter dictum OLG Düsseldorf, Beschluss v. 28.7.2011 – VII-Verg 20/11.

103 Vgl. OLG Düsseldorf, Beschluss v. 28.7.2011 – VII-Verg 20/11, zur Frage, ob der Umsatz, der zu ca. 28 % mit einem Abfallzweckverband erwirtschaftet wurde, als In-house-schädlicher Drittumsatz einzustufen ist; Anm. *Seidel*, VergabeR 2012, 45 ff.; *Schrotz/Ahlhaus*, NVwZ 2012, 63 ff. Zu den Voraussetzungen der interkommunalen Zusammenarbeit unten unter Rn. 71 ff.

104 Vgl. OLG Düsseldorf, Beschluss v. 28.7.2011 – VII-Verg 20/11; bejahend im konkreten Fall OLG Celle, Beschluss v. 29.10.2009 – 13 Verg 8/09; Rn. 129; zustimmend *Pünder/Klafki*, in: Pünder/Schellenberg, Vergaberecht, § 108 GWB Rn. 31; *Ziekow*, in: Ziekow/Völlink, Vergaberecht, § 99 GWB Rn. 135; ablehnend *Voll*, in: Gabriel/Mertens/Prieß/Stein, Vergaberecht, § 108 GWB Rn. 26; *Dreher*, in: Immenga/Mestmäcker, Wettbewerbsrecht, § 108 GWB Rn. 37; *Schröder*, NVwZ 2011, 776; siehe auch *Losch*, VergabeR 2012, 687 (690); *Mager*, NZBau 2012, 25 (27).

105 Darauf verweisen zu Recht *Pünder/Klafki*, in: Pünder/Schellenberg, Vergaberecht, § 108 GWB Rn. 31.

3. Ausschluss privater Kapitalbeteiligung (Abs. 1 Nr. 3)

a) Grundsatz (Hs. 1)

Gemäß § 108 Abs. 1 Nr. 3 GWB ist eine vergabefreie In-House-Vergabe bei direkter privater Kapitalbeteiligung an der juristischen Person, der der Auftrag erteilt wird, grundsätzlich ausgeschlossen. 38

Dieses Kriterium wurde bereits in der Rechtsprechung[106] entwickelt und einerseits damit begründet, dass eine Beteiligung **Privater** aufgrund der grundsätzlich andersartigen Zielsetzungen die Kontrolle über den Auftragnehmer derart schwächt, dass sie mit derjenigen über die eigenen Dienststellen nicht zu vergleichen ist – was auch heute noch für das Kontrollkriterium von § 108 Abs. 1 Nr. 1 GWB von Bedeutung sein kann –,[107] andererseits mit dem Verstoß gegen den Gleichbehandlungsgrundsatz wegen eines Wettbewerbsvorteils des beteiligten Privaten.[108] Auf letzteres Ziel stellt § 108 Abs. 1 Nr. 3 GWB ab.[109] Zu der privaten Beteiligung zählt nicht die Beteiligung eines vollständig in Staatsbesitz stehenden Unternehmens, da nach dem Sinn der Vorschrift der Wettbewerbsvorteil eines nichtstaatlichen Akteurs ausgeschlossen werden soll.[110] 39

Erfasst ist lediglich eine **direkte Kapitalbeteiligung**. Gegenüber der bisherigen Rechtsprechung ist dies eine Abschwächung des Verbots der privaten Kapitalbeteiligung, da indirekte Kapitalbeteiligungen im Umkehrschluss unschädlich sind. Was eine „direkte" bzw. „indirekte" oder „unmittelbare" Kapitalbeteiligung ist, ist gesetzlich nicht weiter definiert und muss daher im Lichte des Sinn und Zwecks der Vorschrift interpretiert werden. Bestimmend für die Auslegung ist die in Erwägungsgrund 32 RL 2014/24/EU festgehaltene Zielsetzung des Ausschlusses privater Kapitalbeteiligung, dass dem direkt beteiligten privaten Unternehmer durch die ausschreibungsfreie Vergabe kein unzulässiger Vorteil gegenüber seinen Wettbewerbern verschafft werden soll. Schädlich ist daher auf jeden Fall eine Beteiligung in Form von Gesellschaftsanteilen an dem Auftragnehmer.[111] Zulässig ist dagegen nach dem Erwägungsgrund 32 RL 2014/24/EU eine Kapitalbeteiligung am öffentlichen Auftraggeber selbst, auch wenn dies indirekt zu einer Beteiligung an der Tochtergesellschaft führt. Unternehmen, die nicht ausschließlich der öffentlichen Hand gehören, nach § 99 GWB aber gleichwohl als öffentliche Auftraggeber anzusehen sind, können daher ebenfalls vom In-House-Privileg profitieren.[112] Anders gelagert wäre eine indirekte Beteiligung über eine Beteiligungsgesellschaft oder andere Formen der Verschleierung, da diese weiterhin zu einer Wettbewerbsverzerrung führen. Denkbar ist schließlich auch, dass private Kapitalbeteiligungen von Mitarbeitern eines öffentlichen Unternehmens oder Mietern öffentlicher Wohnungsbaugesellschaften unter den Begriff der indirekten Kapitalbeteiligung fallen, wenn sich daraus kein schädlicher Wettbewerbsvorteil ergibt.[113] Nicht erfasst von indirekter Kapitalbeteiligung sind Minderheitsbeteiligungen wie stille Beteiligungen[114], die nur unter den Voraussetzungen des zweiten Halbsatzes 40

---

106 Vgl. EuGH, Urteil v. 11.1.2005 – Rs. C-26/03 (Stadt Halle), Rn. 42 ff.

107 Siehe oben Rn. 27.

108 EuGH, Urteil v. 11.1.2005 – Rs. C-26/03 (Stadt Halle), Rn. 49 ff.

109 Vgl. Gesetzesbegründung zu § 108 Abs. 1 Nr. 3 GWB, VergRModG 2016, BT-Drs. 18/6281, 80.

110 OLG Düsseldorf, Beschluss v. 2.11.2016 – VII-Verg 23/16; zustimmend *Voll*, in: Gabriel/Mertens/Prieß/ Stein, Vergaberecht, § 108 GWB Rn. 37 ff.; *Mager/Weßler*, NZBau 2017, 342 (345).

111 *Dreher*, in: Immenga/Mestmäcker, Wettbewerbsrecht, § 108 GWB Rn. 43.

112 *Pünder/Klafki*, in: Pünder/Schellenberg, Vergaberecht, § 108 GWB Rn. 31; *Ziekow*, NZBau 2015, 258 (260). Motiv für die Regelung war der soziale Wohnungsbau in Frankreich, bei dem private Kapitalbeteiligungen auf Ebene der Muttergesellschaften möglich sind. Kritisch dazu *Dreher*, in: Immenga/Mestmäcker, Wettbewerbsrecht, § 108 GWB Rn. 46.

113 Ebenso *Dreher*, in: Immenga/Mestmäcker, Wettbewerbsrecht, § 108 GWB Rn. 44; *Ziekow*, NZBau 2015, 258 (260); kritisch *Voll*, in: Gabriel/Mertens/Prieß/Stein, Vergaberecht, § 108 GWB Rn. 26. Für eine noch weitere Auslegung der zulässigen indirekten Kapitalbeteiligung aber *Pünder/Klafki*, in: Pünder/Schellenberg, Vergaberecht, § 108 GWB Rn. 37, die alle nicht beherrschenden Formen der privaten Kapitalbeteiligung für zulässig erachten, solange sie keine Wettbewerbsverzerrung ermöglichen.

114 Ebenso *Voll*, in: Gabriel/Mertens/Prieß/Stein, Vergaberecht, § 108 GWB Rn. 41; *Greb*, VergabeR 2015, 289 (292); *Ziekow*, NZBau, 2015, 258 (260); anders *Pünder/Klafki*, in: Pünder/Schellenberg, Vergaberecht, § 108 GWB Rn. 37; *Dabringhausen*, VergabeR 2014, 512 (516).

zulässig wären (dazu sogleich). Auch Kapitalbeteiligungen ohne Gewinnerzielungsabsicht sind unzulässig.[115]

b) Ausnahme (Hs. 2)

41 Unschädlich sind gemäß § 108 Abs. 1 Nr. 3 Hs. 2 GWB darüber hinaus nicht beherrschende Formen der Kapitalbeteiligung sowie Formen der privaten Kapitalbeteiligung ohne Sperrminorität, die durch gesetzliche Bestimmungen vorgeschrieben sind und die keinen maßgeblichen Einfluss auf die kontrollierte juristische Person vermitteln.

42 **Beherrschend** sind Kapitalbeteiligungen in der Regel, wenn es sich um Mehrheitsbeteiligungen handelt (entsprechend § 17 Abs. 2 AktG). Aber auch eine unter 50 % liegende Beteiligung dürfte in Ausnahmefällen eine beherrschende Kapitalbeteiligung darstellen, wenn besondere Gründe – wie etwa eine erfahrungsgemäß schlecht besuchte Hauptversammlung – dazu führen, dass auch eine geringere Kapitalbeteiligung eines Großaktionärs eine Kontrolle des Unternehmens wie durch einen Mehrheitsaktionär ermöglicht.[116]

43 Bei **Sperrminoritäten** handelt es sich um Minderheitsbeteiligungen, die einen bestimmten Prozentsatz überschreiten, der ermöglicht, bestimmte Entscheidungen, die höhere Zustimmungswerte verlangen, zu verhindern. Die bekannteste Sperrminorität ist eine Kapitalbeteiligung zwischen 25 und 50 % an einer Aktiengesellschaft, mit der Beschlüsse in der Hauptversammlung, die eine 75%ige Mehrheit erfordern, verhindert werden können (z. B. Satzungsänderungen nach § 179 Abs. 2 AktG).

44 Der unbestimmte Begriff des **„maßgeblichen Einflusses"** soll schließlich Fälle noch geringerer Kapitalbeteiligungen erfassen, die aufgrund bestimmter Umstände gleichwohl die Möglichkeit vermitteln, wichtige Entscheidungen der juristischen Personen zu beeinflussen. Angesichts des unterschiedlichen Wortlauts und der anderen Zielrichtung der Norm ist davon auszugehen, dass der *„maßgebliche Einfluss"* einen niedrigeren Einfluss voraussetzt als den für die Kontrolle nach § 108 Abs. 2 GWB relevanten *„ausschlaggebenden Einfluss auf die strategischen Ziele und wesentlichen Entscheidungen"*.

45 Es handelt sich dabei nicht um alternative Formen zulässiger Kapitalbeteiligungen. Vielmehr sind alle Voraussetzungen **kumulativ** zu erfüllen,[117] wie sich aus anderen Sprachfassungen des Art. 12 RL 2014/24/EU[118] deutlicher als aus der im GWB übernommenen deutschen Satzkonstruktion ergibt, nach der zwei Formen der Kapitalbeteiligung zulässig erscheinen (nicht beherrschende Formen der Kapitalbeteiligung *und* Formen der privaten Kapitalbeteiligung ohne Sperrminorität) und sich theoretisch der Nebensatz (*„die in Übereinstimmung mit den Verträgen"*) nur auf die Kapitalbeteiligung ohne Sperrminorität beziehen könnte. Erwägungsgrund 32 RL 2014/24/EU zeigt die in der englischen und französischen Sprachfassung eindeutige Systematik dagegen klar auf: Eine Kapitalbeteiligung soll zulässig sein, wenn sie durch *„nationale gesetzliche Bestimmung im Einklang mit den Verträgen vorgeschrieben ist, sofern es sich nicht um eine beherrschende Form der Beteiligung oder eine Form der Beteiligung mit Sperrminorität handelt und sofern die Beteiligung keinen maßgeblichen Einfluss auf die Entscheidungen der kontrollierten juristischen Person ausübt."* Eine andere Auslegung wäre zudem mit dem Ziel des Vergaberechts, Wettbewerbsverfälschungen zu vermeiden, sowie der

115 Vgl. EuGH, Urteil v. 19.6.2014 – Rs. C-574/12 (Centro Hospitalar de Setúbal EPE), Rn. 44, zur Beteiligung privater Sozialträger ohne Gewinnerzielungsabsicht.

116 Insofern dürften die zum UWG aufgestellten Grundsätze des BGH im Urteil v. 15.12.2011 – I ZR 129/10 (Einkauf Aktuell), Rn. 14 ff., übertragbar sein.

117 Ebenso *Pünder/Klafki*, in: Pünder/Schellenberg, Vergaberecht, § 108 GWB Rn. 38; *Brockhoff*, VergabeR 2014, 625 (630).

118 *„à l'exception des formes de participation de capitaux privés sans capacité de contrôle ou de blocage requises par les dispositions législatives nationales, conformément aux traités, qui ne permettent pas d'exercer une influence décisive sur la personne morale contrôlée"* sowie *„with the exception of non-controlling and non-blocking forms of private capital participation required by national legislative provisions, in conformity with the Treaties, which do not exert a decisive influence on the controlled legal person."* So auch die Gesetzesbegründung zu § 108 Abs. 1 Nr. 3 GWB, VergRModG 2016, BT-Drs. 18/6281, 81.

deshalb gebotenen engen Auslegung von Ausnahmen[119], nicht zu vereinbaren. Demnach muss es sich um eine Kapitalbeteiligung handeln,

- die gesetzlich vorgeschrieben ist,
- nicht beherrschend ist,
- keine Sperrminorität erreicht und zudem
- keinen maßgeblichen Einfluss auf die kontrollierte juristische Person erlaubt.

Ausweislich des Erwägungsgrundes 32 RL 2014/24/EU genügt es nicht, dass eine private Kapitalbeteiligung an sich **gesetzlich vorgeschrieben** ist. Vielmehr muss sich die gesetzliche Vorschrift nach dem Erwägungsgrund 32 RL 2014/24/EU auf die Beteiligung „bestimmter privater Wirtschaftsteilnehmer" beziehen. Ausweislich des Erwägungsgrundes 32 RL 2014/24/EU erfolgte mit „Blick auf die besonderen Merkmale öffentlicher Einrichtungen mit Pflichtmitgliedschaft, wie die für Verwaltung oder die Ausführung bestimmter öffentlicher Dienstleistungen verantwortlichen Organisationen". Die gesetzliche Bestimmung muss daher die Wirtschaftsteilnehmer, die eine unschädliche private Kapitalbeteiligung besitzen dürfen, nicht namentlich aber anhand von Kriterien definieren, wie es für die Einführung einer Pflichtmitgliedschaft erforderlich ist. Die Beteiligung muss „gesetzlich" vorgeschrieben sein. Eine untergesetzliche Bestimmung etwa in einer Verwaltungsvorschrift dürfte davon nicht gedeckt sein, schon um es öffentlichen Auftraggebern nicht zu erleichtern, durch selbst erlassene Verwaltungsvorschriften die Möglichkeit privater Kapitalbeteiligungen zu schaffen. Stille Beteiligungen, die nicht gesetzlich vorgeschrieben sind, sind daher auch dann unzulässig, wenn sie keinen maßgeblichen Einfluss vermitteln.[120] 46

Hintergrund für die gesetzliche Ausnahmevorschrift waren gesetzlich vorgeschriebene Zwangsmitgliedschaften in öffentlich-rechtlichen Verbänden wie Wasserverbänden in Nordrhein-Westfalen. Die Möglichkeit, solche Minderheitsbeteiligungen gesetzlich vorzuschreiben, ist indes durch das **Primärrecht** beschränkt, weil sie eventuell die Grundfreiheiten einschränken. Art. 12 Abs. 1 lit. c RL 2014/24/EU enthält daher die im GWB nicht aufgeführte Einschränkung, dass nur „in Übereinstimmung mit den Verträgen" gesetzlich vorgeschriebene Beteiligungen unschädlich sind. Insbesondere, aber nicht nur diskriminierende Vorschriften sind demnach ausgeschlossen. Auch wenn dies als Selbstverständlichkeit nicht ins GWB übernommen wurde, dürfte die Einschränkung Gegenstand zukünftiger Rechtsprechung zur In-House-Ausnahme werden. Unschädlich dürfte dagegen für solche landesrechtlichen Bestimmungen sein, dass Art. 12 Abs. 1 lit. c RL 2014/24/EU anders als § 108 GWB von einer „nationalen" gesetzlichen Bestimmung ausgeht, da damit die Abgrenzung von einer europarechtlichen Bestimmung, nicht aber eine Festlegung auf einer föderalen Ebene gemeint ist. 47

C. Inverse und horizontale In-House-Vergabe (Abs. 3)

Die bisher umstrittene[121] Möglichkeit eines vergaberechtsfreien Auftrages der Tochter an die kontrollierende Mutter (inverse In-House-Vergabe) oder eine andere von der gleichen Mutter kontrollierte Tochter (Schwester-Schwester-Geschäft oder horizontales In-House-Geschäft)[122] wird nun unter den Voraussetzungen des § 108 Abs. 3 GWB ebenfalls als In-House-Geschäft vom Vergaberecht freigestellt. 48

119 EuGH, Urteil v. 11.1.2005 – Rs. C-26/03 (Stadt Halle), Rn. 42.
120 Ebenso *Dreher*, in: Immenga/Mestmäcker, Wettbewerbsrecht, § 108 GWB Rn. 43.
121 Dagegen *Ziekow*, in: Ziekow/Völlink, Vergaberecht, 1. Auflage, § 99 GWB Rn. 111; dafür *Dreher*, in: Immenga/Mestmäcker, Wettbewerbsrecht, § 99 GWB Rn. 135.
122 Offengelassen in EuGH, Urteil v. 8.5.2014 – Rs. C-15/13 (TU Hamburg-Harburg), Rn. 33; nach alter Rechtslage dafür *Dreher*, NZBau 2004, 18; dagegen *Schröder*, NZBau 2005, 127.

I. Kontrollkriterium

49 Wie bei der normalen In-House-Vergabe muss ein Kontrollverhältnis vorliegen, im Falle der horizontalen Vergabe seitens der Mutter über beide Töchter, bei der inversen In-House-Vergabe wie im Normalfall seitens der Mutter über die Tochter. § 108 Abs. 3 GWB setzt dies voraus, indem er von einer „kontrollierten juristischen Person" und einem „kontrollierenden öffentlichen Auftraggeber" ausgeht. Die Kriterien für die Kontrolle entsprechen denen der normalen In-House-Vergabe.

50 Die Möglichkeit des inversen und horizontalen In-House-Geschäfts gilt für § 108 Abs. 1 GWB und nicht für den Fall der **gemeinsamen Kontrolle** nach § 108 Abs. 4 GWB.[123]

II. Wesentlichkeitskriterium

51 In beiden Fällen gilt über den Verweis auf § 108 Abs. 1 GWB auch das Wesentlichkeitskriterium, da es sich dabei nicht um eine bloße **Rechtsfolgenverweisung** handelt.[124] Zwar regelt § 108 Abs. 3 GWB selbst nur den Ausschluss der privaten Kapitalbeteiligung, sodass der Schluss naheliegen könnte, auf das Wesentlichkeitskriterium habe der Gesetzgeber bewusst verzichtet.[125] Es würde jedoch nicht dem Sinn und der Systematik des § 108 GWB entsprechen, gerade bei der inversen In-House-Vergabe auf das Wesentlichkeitskriterium zu verzichten, bei der es sich um eine Ausweitung der normalen In-House-Vergabe handelt. Zudem sind erkennbar die Tatbestandsvoraussetzungen der inversen In-House-Vergabe nicht abschließend in § 108 Abs. 3 GWB geregelt, da auch das Kriterium der Kontrolle in § 108 Abs. 3 GWB nur genannt wird, für dessen Auslegung aber auf § 108 Abs. 1 und 2 GWB zurückgegriffen werden muss. Die ausdrückliche Regelung des Verbots der privaten Kapitalbeteiligung erklärt sich vielmehr aus dem Umstand, dass es sich hier zusätzlich[126] auf die auftragnehmende Mutter oder Schwester bezieht.[127]

52 Unklar ist allerdings, auf wen sich das Wesentlichkeitskriterium bezieht. Nach dem Wortlaut des § 108 Abs. 1 Nr. 2 GWB bezieht es sich auf die kontrollierte juristische Person, deren Tätigkeit zu mehr als 80 % für die kontrollierende juristische Person ausgeübt werden muss. Nach Sinn und Zweck des Wesentlichkeitskriteriums, das eine Verfälschung des Wettbewerbs durch Bevorteilung eines nicht nur unwesentlich am Markt tätigen Auftragnehmers verhindern soll,[128] muss das Wesentlichkeitskriterium bei der **inversen Vergabe** nach hiesigem Verständnis jedoch im umgekehrten Verhältnis erfüllt sein, d.h. der Auftragnehmer, und damit die kontrollierende Mutter, muss zu mehr als 80 % für die kontrollierte juristische Person, die in diesem Fall öffentlicher Auftraggeber ist, tätig sein. Die gegenteilige Ansicht[129] verkennt, dass andernfalls eine Tochter einen Auftrag an ihre Mutter vergeben könnte, auch wenn diese im Wesentlichen am freien Markt tätig ist. Deshalb ist eine entsprechende Anwendung des § 108 Abs. 1 Nr. 2 GWB geboten, da es sich vermutlich lediglich um eine gesetzgeberische Ungenauigkeit handelt. Im Fall der **horizontalen Vergabe** gilt, dass die auftragnehmende Schwester für die beide Schwestern kontrollierende Mutter zu mehr als 80% tätig werden muss. Andere wollen auf das Verhältnis beider Töchter zu der Mutter[130] abstellen. Für diese Auslegung besteht allerdings kein Anlass, da § 108 Abs. 1 Nr. 2 GWB hier ohne weiteres anwendbar ist, da

123 Siehe dazu unten Rn. 66 ff.

124 So aber *Dabringhausen*, VergabeR 2014, 512 (521). Wie hier *Voll*, in: Gabriel/Mertens/Prieß/Stein, Vergaberecht, § 108 GWB Rn. 52; *Dreher*, in: Immenga/Mestmäcker, Wettbewerbsrecht, § 108 GWB Rn. 49; *Hoffmann/Schulz/Gottberg*, KommJur 2017, 245 (247); *Ziekow*, NZBau 2015, 258 (262).

125 So *Dabringhausen*, VergabeR 2014, 512 (521).

126 Vgl. dazu Rn. 53.

127 Ebenso *Gurlit*, in: Burgi/Dreher, Vergaberecht, § 108 GWB Rn. 21; *Greb*, VergabeR 2015, 289 (293).

128 EuGH, Urteil v. 11.5.2006 – Rs. C-340/04 (Carbotermo), Rn. 59 ff.; *Tomerius*, VergabeR 2015, 373 (375).

129 *Gurlit*, in: Burgi/Dreher, Vergaberecht, § 108 GWB Rn. 22; *Dreher*, in: Immenga/Mestmäcker, Wettbewerbsrecht, § 108 GWB Rn. 50; *Pünder/Klafki*, in: Pünder/Schellenberg, Vergaberecht, § 108 GWB Rn. 49; *Greb*, VergabeR 2015, 289 (293 f.).

130 *Gurlit*, in: Burgi/Dreher, Vergaberecht, § 108 GWB Rn. 22; *Ziekow*, NZBau 2015, 258 (262).

die auftragnehmende Schwester eine kontrollierte juristische Person ist.[131] Gemäß § 108 Abs. 1 Nr. 2 GWB ist die Tätigkeit für den kontrollierenden öffentlichen Auftraggeber (die Mutter) sowie für eine andere juristische Person, die von diesem kontrolliert wird (die Schwester) relevant und hierbei eine Zusammenrechnung möglich.[132]

III. Ausschluss privater Kapitalbeteiligung (S. 2 und 3)

Nach § 108 Abs. 3 S. 2 GWB ist eine direkte private Kapitalbeteiligung an der juristischen Person, die den öffentlichen Auftrag erhalten soll, ausgeschlossen. Bei der normalen In-House-Vergabe wäre eine solche Beteiligung an der Mutter oder Schwester gegebenenfalls z. B. als indirekte Beteiligung zulässig, bei der inversen Vergabe aus wettbewerbsrechtlichen Gründen jedoch nicht. Wie bei der normalen In-House-Vergabe ist nach § 108 Abs. 3 S. 3 in Verbindung mit Abs. 1 Nr. 3 GWB nur die direkte Kapitalbeteiligung ausgeschlossen und wie dort gilt auch hier die Ausnahme der gesetzlich vorgeschriebenen Minderheitsbeteiligung. Über den Verweis des § 108 Abs. 3 S. 1 GWB auf § 108 Abs. 1 GWB gilt das Verbot der privaten Kapitalbeteiligung zudem für die kontrollierte juristische Person – hier den Auftragnehmer – selbst.[133] 53

D. In-House-Vergabe bei gemeinsam ausgeübter Kontrolle (Abs. 4 und 5)

§ 108 Abs. 4 und 5 GWB erweitern die In-House-Vergabe auf Fälle, in denen die Kontrolle von mehreren öffentlichen Auftraggebern ausgeübt wird. Eine vergaberechtsfreie In-House-Vergabe ist danach auch in Fällen möglich, in denen der öffentliche Auftraggeber nur einen kleinen Einfluss auf das gemeinsam kontrollierte Unternehmen ausübt und dieses Unternehmen im Wesentlichen für den oder die anderen gemeinsam kontrollierenden öffentlichen Auftraggeber tätig ist. Diese Regelung entspricht der Rechtsprechung, die bereits in der Rechtssache „Coditel Brabant" die In-House-Ausnahme entsprechend ausgeweitet hatte.[134] 54

Die **Voraussetzungen** entsprechen weitgehend denen der einfachen In-House-Vergabe, jedoch ist das Kriterium der gemeinsamen Kontrolle in § 108 Abs. 5 GWB nicht ausschließlich über den „ausschlaggebenden Einfluss auf die strategischen Ziele und die wesentlichen Entscheidungen" definiert. Vielmehr ist zusätzlich eine gemeinsame Besetzung der beschlussfassenden Organe notwendig (§ 108 Abs. 5 Nr. 1 GWB) und die kontrollierte Person darf keine Interessen verfolgen, die den Interessen der öffentlichen Auftraggeber zuwiderläuft (§ 108 Abs. 5 Nr. 3 GWB). Damit wird der Gefahr Rechnung getragen, dass über rein formale Beteiligungen an von anderen öffentlichen Auftraggebern kontrollierten Unternehmen eine uferlose Ausweitung des In-House-Geschäftes erfolgt. So hatte der EuGH über mehrere Konstellationen zu entscheiden, bei denen die Beteiligung an der juristischen Person minimal war, dies aber durch gesellschaftsrechtliche Nebenvereinbarungen über die Besetzung von beschlussfassenden Organen ausgeglichen wurde.[135] 55

I. Gemeinsame Kontrolle (Abs. 4 Nr. 1 und Abs. 5)

Nach § 108 Abs. 4 Nr. 1 GWB ist zunächst Voraussetzung, dass der öffentliche Auftraggeber gemeinsam mit anderen öffentlichen Auftraggebern über die juristische Person eine ähnliche Kontrolle ausübt wie jeder der öffentlichen Auftraggeber über seine eigenen Dienststellen. Im 56

131 Ebenso *Gurlit*, in: Burgi/Dreher, Vergaberecht, § 108 GWB Rn. 24; *Voll*, in: Gabriel/Mertens/Prieß/Stein, Vergaberecht, § 108 GWB Rn. 53.

132 *Dreher*, in: Immenga/Mestmäcker, Wettbewerbsrecht, § 108 GWB Rn. 53.

133 Anders *Dabringhausen*, VergabeR 2014, 512 (520), der in Art. 12 Abs. 2 RL 2014/24/EU nur einen Rechtsfolgenverweis sieht, deshalb den Ausschluss der privaten Kapitalbeteiligung nur beim Auftraggeber für anwendbar hält und wegen der problematischen Auswirkungen auf den Wettbewerb die Geltung eines Vergaberechts „light" aus dem Primärrecht annimmt. Diese Konsequenzen werden durch die korrekte doppelte Anwendung des Verbots privater Kapitalbeteiligungen vermieden.

134 EuGH, Urteil v. 13.11.2008 – Rs. C-324/07 (Coditel), Rn. 47 und 50.

135 EuGH, Urteil v. 29.11.2012 – verb. Rs. C-182/11 und C-183/11 (Econord), Rn. 28 ff.; Urteil v. 19.4.2007 – Rs. C-295/05 (Tragsa), Rn. 58.

Falle der gemeinsamen Kontrolle muss der öffentliche Auftraggeber die Kontrolle daher nicht wie beim einfachen In-House-Geschäft selbst ausüben, sondern kann sie gemeinsam mit anderen öffentlichen Auftraggebern ausüben. Gemeint sind öffentliche Auftraggeber nach § 99 Nr. 1 bis 3 GWB, inklusive (über § 108 Abs. 8 GWB) Sektorenauftraggeber und Konzessionsgeber, die selbst öffentliche Auftraggeber im Sinne des § 99 Nr. 1 bis 3 GWB sind. Eine vom Wortlaut her mögliche Ausweitung auf andere öffentliche Auftraggeber als die in § 99 Nr. 1 bis 3 GWB genannten wäre sinnwidrig, da andernfalls das diesen öffentlichen Auftraggebern vorbehaltene In-House-Privileg über den Umweg der gemeinsamen Kontrolle auch anderen öffentlichen Auftraggebern zugutekäme. Die Voraussetzungen für eine gemeinsame Kontrolle, die jedem der öffentlichen Auftraggeber ausreichend Einfluss gewährt, sind in § 108 Abs. 5 GWB definiert.

1. Zusammensetzung der beschlussfassenden Organe (Abs. 5 Nr. 1)

57 Alle kontrollierenden öffentlichen Auftraggeber müssen nach § 108 Abs. 5 Nr. 1 GWB in den beschlussfassenden Organen der kontrollierten Person **vertreten** sein. Dabei ist aus praktischen Gründen eine Stellvertretung möglich, wobei es nicht zulässig sein dürfte, dem Stellvertreter unbeschränkte Vollmachten zu erteilen, da dann eine tatsächliche Kontrolle nicht mehr möglich wäre.[136]

58 Welche die **beschlussfassenden Organe** sind, richtet sich nach der Rechtsform der kontrollierten juristischen Person. Der Gesetzgeber ist mit dem Begriff der beschlussfassenden Organe von der Begrifflichkeit des EuGH abgewichen, der in der Rechtssache „Econord" noch die Beteiligung an den *„Leitungsorganen"* voraussetzte.[137] Dies dürfte damit zusammenhängen, dass sich der Begriff „Leitungsorgan" im deutschen Recht beispielsweise bei der Aktiengesellschaft auf den Vorstand, aber nicht den Aufsichtsrat bezieht, da ersterem nach § 76 AktG die Leitung, letzterem nach § 111 AktG die Überwachung der Geschäftsführung zukommt, eine solche Begrenzung auf den Vorstand einer Aktiengesellschaft aber weder Ziel der Regelung ist, noch der Begründung in der Rechtssache „Econord" zu entnehmen ist. Denn darin ist zum einen von *„den Leitungsorganen"* im Plural die Rede und zum anderen lag in der zugrundeliegenden Fallkonstellation einer italienischen Aktiengesellschaft (SpA) eine Beteiligung sowohl am Aufsichtsrat als auch am Verwaltungsrat vor.[138] Der EuGH dürfte daher beide Organe als Leitungsorgane verstanden haben. Der Begriff „beschlussfassende Organe" spiegelt vielmehr die große Bandbreite unterschiedlichster Gesellschaftsorganisationsformen in den Mitgliedstaaten der Europäischen Union wider. Letztlich wird es, wie den Ausführungen der Rechtssache „Econord" zu entnehmen ist,[139] darauf ankommen, ob eine Vertretung in denjenigen Organen des Unternehmens vorliegt, welche unter Berücksichtigung der Umstände des Einzelfalls eine effektive Kontrolle des Unternehmens innehaben. In der Regel dürfte daher, wie der Plural der „beschlussfassenden Organe" nahelegt, eine Vertretung in allen Organen notwendig sein, die relevante Beschlüsse fassen. Bei der Aktiengesellschaft müsste daher eine Vertretung sowohl im Vorstand als auch im Aufsichtsrat vorliegen.[140] Bei einer Gesellschaft mit beschränkter Haftung kann dagegen bei Weisungsgebundenheit der Geschäftsführung eine Vertretung in der Gesellschafterversammlung ausreichen.[141]

2. Ausschlaggebender Einfluss (Abs. 5 Nr. 2)

59 Die öffentlichen Auftraggeber müssen nach § 108 Abs. 5 Nr. 2 GWB gemeinsam einen ausschlaggebenden Einfluss auf die strategischen Ziele und die wesentlichen Entscheidungen ausüben können. Insofern kann auf die bisherige Rechtsprechung zurückgegriffen werden,

136 *Dabringhausen*, VergabeR 2014, 512 (521).
137 EuGH, Urteil v. 29.11.2012, Rs. C-182/11 und C-183/11 (Econord), Rn. 33 f.
138 EuGH, Urteil v. 29.11.2012, Rs. C-182/11 und C-183/11 (Econord), Rn. 12.
139 EuGH, Urteil v. 29.11.2012, Rs. C-182/11 und C-183/11 (Econord), Rn. 31 f.
140 Anders *Sudbrock*, KommJur 2014, 41 (45), der den Aufsichtsrat und nicht den Vorstand einer Aktiengesellschaft für relevant hält.
141 So zur alten Rechtslage OLG Düsseldorf, Beschluss v. 30.1.2013 – VII-Verg 56/12; *Gurlit*, in: Burgi/Dreher, Vergaberecht, § 108 GWB Rn. 27.

nach der bei Dominanz eines Mehrheitseigentümers eine solche „gemeinsame" Einflussnahme gegebenenfalls (erst dann) nicht mehr gegeben ist, wenn die anderen öffentlichen Auftraggeber auch gemeinsam keinerlei Einfluss ausüben können.[142] Im Übrigen gelten zur Bestimmung des ausschlaggebenden Einflusses die gleichen Kriterien wie bei der einfachen In-House-Vergabe. Anders als dort handelt es sich hier nicht um eine Vermutungsregelung, sondern eine notwendige Bedingung für eine gemeinsame Kontrolle.

3. Keine zuwiderlaufenden Interessen (Abs. 5 Nr. 3)

Die dritte Bedingung für eine gemeinsame Kontrolle ist nach § 108 Abs. 5 Nr. 3 GWB, dass „die juristische Person keine Interessen verfolgt, die den Interessen der öffentlichen Auftraggeber zuwiderlaufen". Was zunächst als Selbstverständlichkeit[143] bzw. Redundanz gegenüber den sonstigen Bedingungen erscheint,[144] könnte sich gerade wegen der Unbestimmtheit der Formulierung zum Gegenstand der Rechtsprechung entwickeln. **60**

Um der Bedingung eine eigene **Bedeutung** zu geben, wird vorgeschlagen, dass Interessen der kontrollierten Person nicht den Interessen einzelner kontrollierender öffentlicher Auftraggeber entgegenlaufen dürfen.[145] Andere schlagen vor, dass die Interessen des Auftragnehmers dem konkreten öffentlichen Auftraggeber nicht widersprechen dürfen.[146] Derartige Auslegungen ergeben sich aber nicht aus dem Wortlaut der Vorschrift, der auf die Interessen „der öffentlichen Auftraggeber" abstellt.[147] Vielmehr bringt der Gesetzgeber mit dieser Bedingung zum Ausdruck, dass jenseits der rein quantitativen Wesentlichkeitsschwelle Grenzen bezüglich der inhaltlich zulässigen Tätigkeitsbereiche einzuhalten sind. Dabei ist zu beachten, dass der Richtlinienvorschlag der Europäischen Kommission noch in Anlehnung an die Rechtssache „Coditel"[148] die Formulierung enthielt, *„die kontrollierte juristische Person verfolgt keine Interessen, die sich von mit ihr zusammenarbeitenden öffentlichen Behörden unterscheiden"*. Angesichts der im Rahmen der Wesentlichkeitsschwelle zulässigen kommerziellen Drittgeschäfte wäre diese Formulierung zu weitgehend gewesen, weshalb andere, aber eben nicht „zuwiderlaufende" Interessen zulässig sind. Verfolgt der Auftragnehmer auch bei dem vermeintlichen In-House-Geschäft überwiegend kommerzielle Interessen, dürfte dies zur Ausschreibungspflicht führen. **61**

4. Mittelbare gemeinsame Kontrolle

Umstritten ist, ob auch bei der gemeinsamen Kontrolle die Vermittlung über eine dazwischengeschaltete juristische Person zulässig ist. Dabei sind verschiedene Konstellationen der Zwischenschaltung der juristischen Person denkbar. Die juristische Person kann als Mittler von mehreren öffentlichen Auftraggebern gemeinsam kontrolliert werden und ihrerseits einen Auftragnehmer kontrollieren. Sie kann auch Mittler zwischen einem öffentlichen Auftraggeber und anderen gemeinsam kontrollierenden öffentlichen Auftraggebern sein. Schließlich ist auch eine Konstellation denkbar, in der mehrere juristischen Personen gemeinsam kontrolliert werden und ihrerseits gemeinsam einen Auftragnehmer kontrollieren.[149] Dem Wortlaut nach scheint die Möglichkeit der Einschaltung eines Vermittlers sich auf die normale In-House-Vergabe nach § 108 Abs. 1 und 2 GWB zu beziehen, da die Vermittlung nur in § 108 Abs. 2 S. 2 GWB für die normale In-House-Vergabe ausdrücklich erwähnt wird, auf den § 108 Abs. 4 und 5 GWB wiederum nicht verweisen.[150] Dagegen wird eingewandt, dass § 108 Abs. 2 S. 2 GWB **62**

---

142 OLG Düsseldorf, Beschluss v. 30.1.2013 – VII-Verg 56/12.
143 *Knauff*, EuZW 2014, 486 (489), im Anschluss an *Sudbrock*, KommJur 2014, 41 (45).
144 So *Greb*, VergabeR 2015, 289 (294); ähnlich *Dabringhausen*, VergabeR 2014, 512 (522).
145 *Voll*, in: Gabriel/Mertens/Prieß/ Stein, Vergaberecht, § 108 GWB Rn. 58; *Ziekow*, NZBau 2015, 258 (263).
146 *Pünder/Klafki*, in: Pünder/Schellenberg, Vergaberecht, § 108 GWB Rn. 56.
147 Kritisch auch *Gurlit*, in: Burgi/Dreher, Vergaberecht, § 108 GWB Rn. 30.
148 EuGH, Urteil v. 13.11.2008 – Rs. C-324/07 (Coditel), Rn. 38; näher an der jetzigen Formulierung aber dann EuGH, Urteil v. 10.9.2009 – Rs. C-573/07 (Sea), Rn. 77.
149 Ausführlich zu den unterschiedlichen möglichen Konstellationen der mittelbaren gemeinsamen Kontrolle *Ahlers/Böhme*, NZBau 2021, 433.
150 *Voll*, in: Gabriel/Mertens/Prieß/Stein, Vergaberecht, § 108 GWB Rn. 61; *Pünder/Klafki*, in: Pünder/Schellenberg, Vergaberecht, § 108 GWB Rn. 60.

lediglich klarstellende Funktion habe[151] und alleine entscheidend sei, ob die auftraggebende Person gemeinsam mit anderen nach den konkreten Umständen des Einzelfalls die Möglichkeit hat, einen ausschlaggebenden Einfluss auf die strategischen Ziele und wesentlichen Entscheidungen der juristischen Person zu nehmen.[152] Diese Auffassung überzeugt, da es für die Kontrolle nach dem Wortlaut des § 108 Abs. 4 Nr. 1 GWB ebenso wie bei § 108 Abs. 1 Nr. 1 GWB zunächst nur auf das Ergebnis ankommt, dass die Kontrolle ähnlich derjenigen über die eigene Dienststelle ist. Wie diese Kontrolle im Einzelfall organisiert ist, lässt der Gesetzgeber dagegen bis auf die Vorgaben in § 108 Abs. 5 GWB für die gemeinsame Kontrolle offen. Bei genauerer Betrachtung dieser Bedingungen des § 108 Abs. 5 GWB lässt sich feststellen, dass diese auch bei der Einschaltung eines Vermittlers erfüllt werden können. So lässt § 108 Abs. 5 Nr. 1 GWB zu, dass sich einzelne oder mehrere gemeinsam kontrollierende öffentliche Auftraggeber in den beschlussfassenden Organen vertreten lassen – was durch den Vermittler erfolgen kann. Auch die Frage, ob gemeinsam ein ausschlaggebender Einfluss nach § 108 Abs. 5 Nr. 2 GWB ausgeübt werden kann, lässt sich bei geeigneter rechtlicher Konstruktion auch bei der Zwischenschaltung einer vermittelnden Gesellschaft bejahen. Letztlich kommt es auch hier auf die Umstände des Einzelfalles an, ob trotz Kombination von gemeinsamer Kontrolle und Einschaltung eines Mittlers noch von einer Kontrolle wie über eine eigene Dienststelle die Rede sein kann.

II. Wesentlichkeitskriterium (Abs. 4 Nr. 2)

63 Nach § 108 Abs. 4 Nr. 2 GWB ist erforderlich, dass mehr als 80 Prozent der Tätigkeiten der juristischen Person der Ausführung von Aufgaben dienen, mit denen sie von den öffentlichen Auftraggebern oder von einer anderen juristischen Person, die von diesen Auftraggebern kontrolliert wird, betraut wurde. Dieses Wesentlichkeitskriterium entspricht dem der einfachen In-House-Konstellation.

64 Zu den 80 % zählen jedoch nicht nur die **Tätigkeiten**, die für den das In-House-Geschäft vornehmenden öffentlichen Auftraggeber erfüllt werden, sondern auch die Tätigkeiten für sämtliche der kontrollierenden öffentlichen Auftraggeber oder für eine andere von diesen Auftraggebern kontrollierte juristische Person.[153] Wie bei der einfachen In-House-Vergabe ist damit eine Zusammenrechnung von solchen Aufgaben möglich, bei denen eine Betrauung seitens der öffentlichen Auftraggeber selbst, eventuell zwischengeschalteter Gesellschaften oder von denselben Auftraggebern kontrollierten Schwestern vorliegt.[154] Mit Kontrolle ist die gemeinsame Kontrolle nach § 108 Abs. 4 Nr. 1 und Abs. 5 GWB gemeint. Nicht hinzurechenbar sind nach dem Wortlaut dagegen Tätigkeiten für juristische Personen, die nur von einzelnen Auftraggebern, die die gemeinsame Kontrolle über den Auftragnehmer ausüben, kontrolliert werden. Der Wortlaut der RL 2014/24/EU ist insoweit noch eindeutiger (*„von denselben öffentlichen Auftraggebern"*) als der des GWB (*„von diesen Auftraggebern"*). Selbst wenn das beauftragte Unternehmen nur zu einem kleinen Teil für den öffentlichen Auftraggeber selbst tätig ist, kann dieser über die gemeinsame Kontrolle vom In-House-Privileg profitieren.

III. Ausschluss privater Kapitalbeteiligung (Abs. 4 Nr. 3)

65 Schließlich besteht nach § 108 Abs. 4 Nr. 3 GWB die Voraussetzung, dass an der juristischen Person keine direkte private Kapitalbeteiligung besteht, wobei § 108 Abs. 1 Nr. 3 Hs. 2 GWB entsprechend gilt. Der Ausschluss der privaten Kapitalbeteiligung unterscheidet sich nicht von dem beim einfachen In-House-Geschäft nach § 108 Abs. 1 GWB.[155]

---

151 *Ahlers/Böhme*, NZBau 2021, 433 (440).
152 *Ahlers/Böhme*, NZBau 2021, 433 (440); *Müller-Wrede*, VergabeR, 2016, 292 (295 f.).
153 So bereits EuGH, Urteil v. 11.5.2006 – Rs. C-340/04 (Carbotermo), Rn. 70.
154 *Dreher*, in: Immenga/Mestmäcker, Wettbewerbsrecht, § 108 GWB Rn. 56.
155 Siehe daher für Einzelheiten Rn. 38 ff.

E. Inverses oder horizontales In-House-Geschäft bei gemeinsamer Kontrolle

Eine ausschreibungsfreie inverse oder horizontale Vergabe ist anders als beim einfachen In-House-Geschäft für den Fall der gemeinsamen Kontrolle (d.h. im Konzernverbund) nach dem Wortlaut des § 108 GWB nicht vorgesehen. § 108 Abs. 3 GWB bezieht sich nur auf das einfache In-House-Geschäft. Nicht erfasst vom Wortlaut ist daher der Fall, in dem eine von mehreren öffentlichen Auftraggebern kontrollierte Tochter einen Auftrag an eine ihrer Mütter oder eine Schwester vergibt. Die Begründung des Regierungsentwurfs zu § 108 Abs. 4 GWB geht dagegen davon aus, dass die Vorschrift „wegen ihrer systematischen Stellung nach § 108 Absatz 3" auch die Vergabe an eine kontrollierende Mutter erfasst. Der Wille des deutschen Gesetzgebers spricht daher dafür, die Vorschrift auch auf inverse Konstellationen bei gemeinsamer Kontrolle anzuwenden.[156] Zum Teil wird auch die Auffassung vertreten, sogar die Beauftragung im Schwester-Verhältnis bei einer gemeinsamen Kontrolle sowie die Weitergabe des Auftrags von der Schwester an eine 100%ige Tochter sei ein vergaberechtsfreies In-House-Geschäft.[157] Dies überzeugt jedoch nicht, vielmehr sprechen Wortlaut, Systematik sowie Sinn und Zweck der Vorschrift dafür, die Möglichkeit des inversen In-House-Geschäfts nicht auf solche Konzernkonstellationen auszuweiten.[158] Entscheidend ist eine unionsrechtskonforme Auslegung. Den Erwägungsgründen der RL 2014/24/EU ist das in der Begründung zum Regierungsentwurf enthaltene Verständnis einer wortlauterweiternden Auslegung nicht zu entnehmen. Als Ausnahmevorschrift ist § 108 GWB grundsätzlich eng auszulegen.[159] Auch spricht, anders als im Regierungsentwurf angeführt, gerade die systematische Stellung der Konzernverbundregelung, die auf die Regelung zur inversen Konstellation folgt und ihr nicht vorangeht, eher gegen eine entsprechende Anwendung. Entscheidend ist jedoch, dass die Zulässigkeit der inversen Vergabe einer kontrollierten Tochter an eine ihrer Mütter eine Umgehung der Voraussetzungen der öffentlich-öffentlichen Zusammenarbeit nach § 108 Abs. 6 GWB ermöglichen würde, indem die beteiligten öffentlichen Auftraggeber eine gemeinsame Tochter gründen, die auf Weisung der einen sie kontrollierenden Mutter ohne Ausschreibung einen Auftrag an die andere Mutter erteilt. Allenfalls in Betracht käme in Analogie zur inversen einfachen In-House-Vergabe die wohl rein theoretische Möglichkeit einer Vergabe der Tochter an alle gemeinsam kontrollierenden Mütter zusammen. Eine gegenseitige Beauftragung zwischen mehreren Müttern und einer Tochter, wie beispielsweise die Zusammenarbeit von Jobcentern und ihren Trägern nach § 44b SGB II, ist daher nur nach den Voraussetzungen von § 108 Abs. 6 GWB zulässig. 66

F. Öffentlich-öffentliche Zusammenarbeit (Abs. 6)

I. Grundsätze

§ 108 Abs. 6 GWB regelt die horizontale Zusammenarbeit zwischen mehreren öffentlichen Auftraggebern im Sinne des § 99 Nr. 1 bis 3 (öffentlich-öffentliche Zusammenarbeit). In vielen Fällen handelt es sich dabei um Kooperationen mehrerer Gemeinden zur gemeinsamen Erbringung von Daseinsvorsorgeleistungen wie regelmäßig in Landesgesetzen zur kommunalen Zusammenarbeit vorgesehen (interkommunale Kooperation). Es sind jedoch vielfältige weitere Konstellationen der Zusammenarbeit aller möglichen öffentlichen Stellen denkbar, die bereits bisher ausschreibungsfrei gehandhabt wurden und nun unter die ausdrückliche Ausnahme nach § 108 Abs. 6 GWB fallen. 67

---

156 Zustimmend *Dreher*, in: Immenga/Mestmäcker, Wettbewerbsrecht, § 108 GWB Rn. 64; *Ziekow*, in: *Ziekow/Völlink*, Vergaberecht, § 108 GWB Rn. 71.

157 VK Rheinland, Beschluss v. 20.2.2019 – VK 52/18-L, Rn. 82. Für eine weitreichende Zulässigkeit der inversen und horizontalen Vergabe zwischen Schwestern und Halbschwestern bei mehreren Müttern auch *Hoffmann/Schulz/Gottberg*, KommJur 2017, 245 (248).

158 Ebenso *Voll*, in: Gabriel/Mertens/Prieß/Stein, Vergaberecht, § 108 GWB Rn. 60; *Pünder/Klafki*, in: Pünder/Schellenberg, Vergaberecht, § 108 GWB Rn. 59.

159 Vgl. nur EuGH, Urteil v. 11.1.2005 – Rs. C-26/03 (Stadt Halle), Rn. 46; BGH, Urteil v. 3.7.2008 – I ZR 145/05.

68 Die Vergaberechtsfreiheit derartiger Vereinbarungen wurde erstmals in der Rechtssache „Stadtreinigung Hamburg“[160] als ungeschriebener[161] Freistellungstatbestand anerkannt. In den beiden Urteilen „Lecce“[162] und „Piepenbrock“[163] bestätigte der EuGH diese **Rechtsprechung** und beeinflusste zugleich sichtlich den damals parallel laufenden EU-Gesetzgebungsprozess, in dem der EuGH die Voraussetzungen der öffentlich-öffentlichen Zusammenarbeit präzisierte und damit eine Begründung lieferte, einzelne Bedingungen wie das Verbot privater Kapitalbeteiligungen wieder zu streichen, die die Europäische Kommission in ihrem Vorschlag ursprünglich vorgesehen hatte.

69 Anders als bei der In-House-Vergabe fehlt es an einem Kontrollverhältnis, das entscheidend für deren Vergaberechtsfreiheit ist. An dessen Stelle tritt das **Zusammenarbeitselement** zur Abgrenzung von einem einfachen Auftrag eines öffentlichen Auftraggebers an einen anderen öffentlichen Auftraggeber.[164] Denn es genügt gemäß Erwägungsgrund 31 RL 2014/24/EU nicht, dass beide Parteien der Vereinbarung öffentliche Auftraggeber sind.[165] Solche Zusammenarbeiten erfolgen in der Regel im Rahmen einer Vereinbarung ohne eigene Rechtspersönlichkeit, weshalb auch keine In-House-Vergabe an eine gemeinsam kontrollierte juristische Person möglich ist.

70 Unter die Ausnahme der öffentlich-öffentlichen Zusammenarbeit fallen dem Wortlaut nach nur **vertragliche Vereinbarungen**. Erwägungsgrund 33 RL 2014/24/EU stellt jedoch klar, dass die Rechtsform der Zusammenarbeit ohne Belang ist. Institutionalisierte Vereinbarungen dürften allerdings in der Regel entweder als (gemeinsames) In-House-Geschäft oder als rein interne Organisationsmaßnahme einer Zuständigkeitsübertragung ohne vertragliches Entgelt[166] freigestellt sein.

71 Weitere Voraussetzung ist eine Vereinbarung zwischen öffentlichen **Auftraggebern**, was im Umkehrschluss die Beteiligung weiterer (privater) Personen ausschließt, wie sich eindeutig aus dem Richtlinientext („ausschließlich zwischen“) ergibt.[167] Die Vereinbarung kann zwischen zwei oder mehr öffentlichen Auftraggebern geschlossen werden, eine Grenze nach oben existiert nicht.

72 Gleichzeitig ist – anders als im Entwurf der Kommission – eine **private Kapitalbeteiligung** an einem der öffentlichen Auftraggeber nicht mehr ausgeschlossen, da unter bestimmten Bedingungen auch gemischtwirtschaftliche juristische Personen noch unter den Begriff des öffentlichen Auftraggebers nach § 99 Abs. 1 bis 3 GWB fallen, aber nicht vom Privileg der öffentlich-öffentlichen Zusammenarbeit ausgeschlossen werden sollen. Dies stellt Erwägungsgrund 32 RL 2014/24/EU ausdrücklich klar, weist jedoch auch darauf hin, dass dies nur der Fall ist, wenn trotz der privaten Kapitalbeteiligung noch „alle anderen Bedingungen im Zusammenhang mit der horizontalen Zusammenarbeit“ erfüllt sind. Dieser Zusatz weist auf die Problematik hin, die sich durch eine solche indirekte private Kapitalbeteiligung für das Kriterium der ausschließlichen „Überlegungen im Zusammenhang mit dem öffentlichen Interesse“[168] ergeben können.

II. Zusammenarbeit (Nr. 1)

73 Der Vertrag muss nach § 108 Abs. 6 Nr. 1 GWB eine „Zusammenarbeit“ begründen oder erfüllen, „um sicherzustellen, dass die von ihnen zu erbringenden öffentlichen Dienstleistungen im Hinblick auf die Erreichung gemeinsamer Ziele ausgeführt werden“.

160 EuGH, Urteil v. 9.6.2009 – Rs. C-480/06 (Stadtreinigung Hamburg).
161 Generalanwältin *Trstenjak*, Schlussanträge v. 23.5.2012 – Rs. C-159/11 (Lecce), Rn. 57.
162 EuGH, Urteil v. 19.12.2012 – Rs. C-159/11 (Lecce).
163 EuGH, Urteil v. 13.6.2013 – Rs. C-386/11 (Piepenbrock).
164 Zusammenarbeit steht laut EuGH, Urteil v. 4.6.2020 – Rs. C-429/19 (Remondis), Rn. 26, im *„Mittelpunkt“* der Auslegungsregelung.
165 EuGH, Urteil v. 4.6.2020 – Rs. C-429/19 (Remondis), Rn. 31.
166 Siehe dazu oben Rn 10 ff.
167 Siehe auch Gesetzesbegründung zu § 108 Abs. 6 GWB, VergRModG 2016, BT-Drs. 18/6281, 82; so bereits EuGH, Urteil v. 9.6.2009 – Rs. C-480/06 (Stadtreinigung Hamburg).
168 Siehe dazu unten Rn. 81 ff.

Die Formulierung führt eine Reihe von Unklarheiten gegenüber der EuGH-Rechtsprechung ein, zumal der Begriff der Zusammenarbeit nicht definiert wird. Die frühere EuGH-Rechtsprechung setzte zum einen noch klar voraus, dass die Zusammenarbeit die *„Wahrnehmung einer diesen Einrichtungen gemeinsam obliegenden öffentlichen Aufgabe zum Gegenstand hat"*[169]. Die Zusammenarbeit muss nun nicht mehr die Wahrnehmung der öffentlichen Aufgaben selbst zum Gegenstand haben, sondern die „**Sicherstellung**", „dass die von ihnen zu erbringenden öffentlichen Dienstleistungen im Hinblick auf die Erreichung gemeinsamer Ziele" ausgeführt werden. Zur „Sicherstellung" können auch Tätigkeiten notwendig sein, die selbst keine Erfüllung öffentlicher Aufgaben darstellen. 74

Fraglich war daher, ob auch eine Zusammenarbeit ausschließlich in Bezug auf reine **Hilfsdienstleistungen**, die wiederum die Erbringung öffentlicher Aufgaben „sicherstellen" – wie zum Beispiel Reinigungs-, IT- oder Abrechnungsdienstleistungen – nun anders als in der bisherigen EuGH-Rechtsprechung[170] erfasst sein sollen.[171] Der EuGH hat mittlerweile unter Berufung auf Erwägungsgrund 33 RL 2014/24/EU klargestellt, dass sich die Zusammenarbeit auch ausschließlich auf Tätigkeiten beziehen kann, die für die zu erbringende öffentliche Dienstleistung „akzessorisch" sind, *„sofern diese Tätigkeiten der wirksamen Erbringung der öffentlichen Dienstleistungen dienen"*.[172] Dabei ist aber zu beachten, dass der EuGH zwischen den erfassten Tätigkeiten und der öffentlichen Aufgabe als Gegenstand der Zusammenarbeit unterscheidet und davon ausgeht, dass die Tätigkeit – im konkreten Fall eine Software für die Feuerwehr – zwar akzessorisch sein kann, aber zur Erfüllung einer öffentlichen Aufgabe beitragen muss, die wiederum Gegenstand der Zusammenarbeit ist, ohne dass diese öffentliche Aufgabe gemeinsam erfüllt werden muss[173]. Das steht in Übereinstimmung mit dem Wortlaut des § 108 Abs. 6 Nr. 1 GWB, nach dem die Zusammenarbeit nicht nur darauf ausgerichtet sein kann, dass die Wahrnehmung öffentlicher Aufgaben überhaupt gewährleistet wird, sondern *„sicherstellen[soll], dass die von ihnen zu erbringenden öffentlichen Dienstleistungen im Hinblick auf die Erreichung gemeinsamer Ziele ausgeführt werden"*.[174] Gegenstand der Zusammenarbeit müssen in jedem Fall daher öffentliche Aufgaben aller beteiligten öffentlichen Auftraggeber sowie gemeinsame Ziele sein,[175] auch wenn die konkreten Tätigkeiten der Zusammenarbeit rein akzessorisch zu diesen Aufgaben sind. Daher dürfte es dabei bleiben, dass es nicht ausreicht, wenn Gegenstand der Vereinbarung lediglich Aufgaben sind, die überwiegend von Ingenieuren und Architekten ausgeübt werden,[176] Reinigungsaufgaben,[177] Apothekerleistungen an öffentlichen Krankenhäusern,[178] die Erstellung eines IT-Hochschul-Management-Systems in der Zusammenarbeit mit einem Software-Unternehmen,[179] die Durchführung von DNA-Analysen durch eine Universität für die Staatsanwaltschaft,[180] sofern sie nicht akzessorisch zu einer öffentlichen Aufgabe aller Beteiligten sind. Derartige Tätigkeiten mögen die Ausführung öffentlicher Aufgaben sicherstellen. Das allein genügt jedoch nicht, wenn die öffentlichen Auftraggeber nicht auch ein gemeinsames Ziele verfolgen. Das gemeinsame Ziel muss sich dabei auf den konkreten Zweck der Zusammenarbeit beziehen, gemeinsame Ziele auf abstrakterer Ebene genügen nicht – wie etwa die Verfolgung allgemeingesellschaftlicher Ziele, der sich beide Beteiligte verpflichtet fühlen.[181] 75

169 EuGH, Urteil v. 19.12.2012 – Rs. C-159/11 (Lecce), Rn. 40.
170 Vgl. zu Reinigungstätigkeiten EuGH, Urteil v. 13.6.2013 – Rs. C-386/11 (Piepenbrock).
171 Dagegen die hier in der Vorauflage vertretene Auffassung; dafür OLG Düsseldorf, Vorlagebeschluss v. 28.11.2018 – VII-Verg 25/18; *Voll*, in: Gabriel/Mertens/Prieß/Stein, Vergaberecht, § 108 GWB Rn. 65; *Pünder/Klafki*, in: Pünder/Schellenberg, Vergaberecht, § 108 GWB Rn. 66.
172 EuGH, Urteil v. 28.5.2020 – Rs. C-796/18 (ISE), Rn. 62.
173 Ebd. Rn. 60.
174 Unmissverständlich der englische Wortlaut von Art. 12 Abs. 4 RL 2014/24/EU: „the contract establishes or implements a cooperation between contracting authorities with the aim of ensuring that public services they have to perform are provided with a view to achieving objectives they have in common."
175 Ebenso *Sudbrock*, KommJur 2014, 41 (46).
176 EuGH, Urteil v. 19.12.2012 – Rs. C-159/11 (Lecce), Rn. 37.
177 OLG Düsseldorf, Beschluss v. 6.7.2011 – VII-Verg 39/11.
178 OLG München, Beschluss v. 21.2.2013 – VII-Verg 21/12.
179 Vgl. EuGH, Urteil v. 8.5.2014 – Rs. C-15/13 (TU Hamburg-Harburg), Rn. 35.
180 KG, Beschluss v. 8.6.2020 – Verg 1002/20.
181 KG, Beschluss v. 8.6.2020 – Verg 1002/20.

76 Die öffentlichen Aufgaben müssen von den beteiligten öffentlichen Auftraggebern „**zu erbringen**" sein. Die Aufgaben müssen – im Einklang mit der bisherigen Rechtsprechung[182] – daher allen Beteiligten obliegen. Aufgaben, die nur einem der beteiligten öffentlichen Auftraggeber obliegen, sind daher nicht erfasst.[183] Weiterhin ist Voraussetzung, dass die Aufgaben ihnen kraft Gesetzes obliegen. Die Zusammenarbeit kann sich daher nicht auf Aufgaben beziehen, zu denen nur einer der beteiligten öffentlichen Auftraggeber gesetzlich verpflichtet ist, die aber durch die Zusammenarbeit einem anderen öffentlichen Auftraggeber übertragen werden sollen.[184]

77 Dabei muss es sich nach dem Wortlaut um **Dienstleistungen** handeln. Eine vergaberechtsfreie Zusammenarbeit in Bezug auf Bau- oder Liefertätigkeiten ist demnach nicht erfasst.

78 Der zu beurteilende Vertrag kann die Zusammenarbeit entweder **begründen** oder **erfüllen**. Erfasst sind daher auch im Rahmen einer bestehenden Zusammenarbeit ergänzend geschlossene Verträge.

79 Bei der Zusammenarbeit muss es sich schließlich um eine „**echte Zusammenarbeit**" mit einem Zusammenwirken aller Parteien handeln.[185] Bis zur Klärung durch den EuGH in der Rechtssache „Remondis"[186] war stark umstritten, wie intensiv diese Zusammenarbeit ausgestaltet sein muss, da der EU-Gesetzgeber sich entschieden hatte, anders als im Vorschlag der Europäischen Kommission im Richtlinienentwurf, nicht auf eine *„echte Zusammenarbeit"* mit *„gegenseitigen Rechten und Pflichten"* zu verweisen, sondern lediglich im Erwägungsgrund 33 RL 2014/24/EU zu erwähnen, dass die Zusammenarbeit auf einem kooperativen Konzept beruhen muss, und eine Definition der Zusammenarbeit unterblieb.[187] Vielfach wurde etwa vertreten, dass deshalb die Anforderungen an die Zusammenarbeit nun geringer seien,[188] bis dahin, dass es für eine Zusammenarbeit ausreiche, wenn einer der Partner sich auf die Zahlung eines Entgelts beschränkt.[189] Der EuGH stellt nun zu Recht klar, dass es unerheblich sei, dass der Unionsgesetzgeber den Begriff der *„echten Zusammenarbeit"* nicht übernommen hat, da dem Unionsgesetzgeber nicht unterstellt werden könne, *„dass er ein System einführen wollte, das auf einer nicht echten Zusammenarbeit beruht"*[190]. Unerlässlich sei daher das „Zusammenwirken aller Parteien der Kooperationsvereinbarung für die Gewährleistung der von ihnen zu erbringenden öffentlichen Dienstleistungen", was nicht erfüllt sei, wenn sich der Beitrag einer Partei auf die bloße Kostenerstattung beschränkt.[191] Dieses Ergebnis folgt trotz der vagen Formulierung im Gesetzestext aus dem Begriff der Zusammenarbeit sowie dem Erwägungsgrund 33 RL 2014/24/EU, nach dem ein *„kooperatives Konzept"* vorliegen muss, bei dem alle Beteiligten „einen Beitrag zur gemeinsamen Ausführung der betref-

---

182 EuGH, Urteil v. 19.12.2012 – Rs. C.159-11 (Lecce), Rn. 34: *„Zusammenarbeit von öffentlichen Einrichtungen bei der Wahrnehmung einer ihnen allen obliegenden öffentlichen Aufgabe"*.

183 OLG Koblenz, Beschluss v. 14.3.2018 – Verg. 4/17; OLG Naumburg, Beschluss v. 17.3.2017 – 7 Verg 8/16; OLG Düsseldorf, Beschluss v. 7.11.2012 – VII-Verg 69/11, zu einem Vertrag zwischen Kommune und Zweckverband über Klärschlammbeseitigung, da dies nur Aufgabe der Kommune sei; VK Sachsen-Anhalt, Beschluss v. 29.6.2018 – 1 VK LSA 44/17; ähnlich VK Baden-Württemberg, Beschluss v. 31.1.2012 – 1 VK 66/11; *Webeler*, in: Heiermann/Zeiss/Summa, Vergaberecht, § 108 GWB Rn. 68; a.A. *Pünder/Klafki*, in: Pünder/Schellenberg, Vergaberecht, § 108 GWB Rn. 66.

184 VK Baden-Württemberg, Beschluss v. 31.1.2012 – 1 VK 66/11; VK Münster, Beschluss v. 22.7.2011 – VK 07/11.

185 EuGH, Urteil v. 4.6.2020 – Rs. C-429/19 (Remondis), Rn. 31.

186 EuGH, Urteil v. 4.6.2020 – Rs. C-429/19 (Remondis).

187 Auf die unklare Definition von „Zusammenarbeit" hat bereits der Bundestag selbst bei Verabschiedung des VergRModG 2016 hingewiesen, vgl. Beschlussempfehlung und Bericht des Ausschusses für Wirtschaft und Energie, BT-Drs. 18/7086, 13.

188 VK Sachsen-Anhalt, Beschluss v. 29.6.2018 – 1 VK LSA 44/17.

189 *Ziekow*, in: Ziekow/Völlink, Vergaberecht § 108 GWB, Rn. 78; *Siegel*, NZBau 2018, 507 f. und *Ziekow*, NZBau 2015, 258 (263), unter Berufung auf EuGH, Urteil v. 9.6.2009 – Rs. C-480/06 (Stadtreinigung Hamburg), Rn. 40 und 48, die jedoch verkennen, dass sich in diesem Fall die Zusammenarbeit nicht auf einen reinen Finanztransfer beschränkte; *Gurlit*, in: Burgi/Dreher, Vergaberecht, § 108 GWB Rn. 39, *Pünder/Klafki*, in: Pünder/Schellenberg, Vergaberecht, § 108 GWB Rn. 66; *Kulartz/Boecker*, NZBau 2020, 16. Anders die hier in der Vorauflage vertretene Auffassung sowie das vorlegende OLG Koblenz, Beschluss v. 14.5.2019 – Verg. 1/19, Rn. 34; *Voll*, in: Gabriel/Mertens/Prieß/Stein, Vergaberecht, § 108 GWB Rn. 71; *Brockhoff*, VergabeR 2014, 625 (633); *Gruneberg/Wilden-Beck*, VergabeR 2014, 99 (107).

190 EuGH, Urteil v. 4.6.2020 – Rs. C-429/19 (Remondis), Rn. 37 f.

191 EuGH, Urteil v. 4.6.2020 – Rs. C-429/19 (Remondis), Rn. 29.

fenden öffentlichen Dienstleistung" leisten müssen.[192] Eine solche *„gemeinsame Ausführung"* liegt jedoch nicht mehr vor, wenn sich ein Beteiligter auf die Zahlung eines Entgeltes beschränkt, dies wäre auch kein *„Beitrag"*, sondern eine Gegenleistung. Unerheblich ist dabei auch, ob das Entgelt mit oder ohne Gewinn berechnet wird.[193] Finanztransfers sind allerdings, wie der nächste Satz des Erwägungsgrundes klarstellt, als Teil der Kooperationsvereinbarung nicht schädlich (*„einschließlich etwaiger Finanztransfers"*). Allerdings müssen die Beiträge nicht identisch sein, sie können sich auch lediglich ergänzen.[194] Auch ist zulässig, dass einer der Beteiligten die Hauptlast trägt, andere nur einen unwesentlichen Beitrag leisten.[195]

Damit es sich um eine „echte Zusammenarbeit" handelt, muss die Vereinbarung darüber hinaus auf eine **gemeinsame Initiative** der beiden Vertragsparteien zurückgehen. Beide Parteien müssen gemeinsam den Bedarf und die Lösungen definiert haben und eine gemeinsame Strategie entwickelt haben.[196] Dies ist nicht der Fall, wenn eine der Vertragsparteien die Leistung im Rahmen einer Ausschreibung einseitig definiert hat und dann eine Vereinbarung über die Ausführung in der vermeintlichen Form einer Zusammenarbeit getroffen wird. 80

III. Ausschließlich im öffentlichen Interesse (Nr. 2)

Die Durchführung der Zusammenarbeit darf weiterhin „ausschließlich durch Überlegungen im Zusammenhang mit dem öffentlichen Interesse bestimmt" werden. Diese Voraussetzung der Gemeinwohlorientierung wurde bereits im Fall „Stadtreinigung Hamburg" aufgestellt.[197] 81

Die Voraussetzung bezieht sich insbesondere auf eventuelle **Finanztransfers** zwischen den Beteiligten.[198] Diese dürfen, um ausschließlich mit Überlegungen im öffentlichen Interesse zusammenzuhängen, nicht über reine Kostenerstattungen hinausgehen.[199] 82

Zudem muss sichergestellt sein, dass durch die Zusammenarbeit *„kein privates Unternehmen bessergestellt wird als seine Wettbewerber"*.[200] Dieses vor Erlass der RL 2014/24/EU in der Rechtsprechung entwickelte **Besserstellungsverbot**[201] wurde zwar nicht in den Wortlaut der RL 2014/24/EU übernommen und ist auch nicht ausdrücklich in § 108 Abs. 6 GWB aufgeführt. Dies liegt jedoch daran, dass dieses Ziel im Wesentlichen durch das Verbot einer wesentlichen Markttätigkeit nach § 108 Abs. 6 Nr. 3 GWB erreicht wird. Der Erwägungsgrund 33 RL 2014/24/EU sowie die Begründung des Regierungsentwurfs[202] setzen das Verbot einer Besserstellung jedoch in Übereinstimmung mit dieser Rechtsprechung allgemein voraus.[203] Nicht zulässig ist es daher, bei der Durchführung der Leistungen auf private Unternehmen zurückzugreifen,[204] jedenfalls nicht, ohne dabei durch ein entsprechendes Vergabeverfahren eine Besserstellung einzelner Wettbewerber auszuschließen.[205] Auch muss gewährleistet sein, dass Dritte bei eventuellen Folgeaufträgen transparent, gleich und nicht diskriminierend behandelt werden können, z. B. indem notwendige Informationen für Folgeaufträge zugänglich ge- 83

192 Ebenso OLG Koblenz, Beschluss v. 3.12.2014 – Verg 8/14.
193 EuGH, Urteil v. 4.6.2020 – Rs. C-429/19 (Remondis), Rn. 37.
194 Erwägungsgrund 33 RL 2014/24/EU.
195 Erwägungsgrund 33 RL 2014/24/EU.
196 EuGH, Urteil v. 4.6.2020 – Rs. C-429/19 (Remondis), Rn. 32 f.
197 EuGH, Urteil v. 9.6.2009 – Rs. C-480/06 (Stadtreinigung Hamburg), Rn. 47: *„solange die Umsetzung dieser Zusammenarbeit nur durch Überlegungen und Erfordernisse bestimmt wird, die mit der Verfolgung von im öffentlichen Interesse liegenden Zielen zusammenhängen"*.
198 Erwägungsgrund 33 RL 2014/24/EU.
199 EuGH, Urteil v. 9.6.2009 – Rs. C-480/06 (Stadtreinigung Hamburg), Rn. 43; OLG München, Beschluss v. 21.2.2013 – Verg 21/12.
200 EuGH, Urteil v. 28.5.2020 – Rs. C-796/18 (ISE), Rn. 64 ff.; VK Sachsen-Anhalt, Beschluss v. 29.6.2018 – 1 VK LSA 44/17.
201 EuGH, Urteil v. 9.6.2009 – Rs. C-480/06 (Stadtreinigung Hamburg), Rn. 47.
202 Gesetzesbegründung zu § 108 Abs. 6 Nr. 3 GWB, VergRModG 2016, BT-Drs. 18/6281, 82.
203 OLG Düsseldorf, Beschluss v. 3.2.2021 – VII-Verg 25/18; wie hier *Dreher*, in: Immenga/Mestmäcker, Wettbewerbsrecht, § 108 GWB Rn. 78.
204 EuGH, Urteil v. 13.6.2013 – Rs. C-386/22 (Piepenbrock), Rn. 40; Urteil v. 19.12.2012 – Rs. C-159/11 (Lecce), Rn. 38; OLG Celle, Beschluss v. 17.12.2014 – 13 Verg 3/13.
205 EuGH, Urteil v. 28.5.2020 – Rs. C-796/18 (ISE), Rn. 75.

macht werden können.[206] Auch die an sich zulässige Beteiligung Privater an einem der öffentlichen Auftraggeber kann unter diesem Gesichtspunkt problematisch sein. Insbesondere bei einer signifikanten privaten Kapitalbeteiligung – vor allem wenn diese an dem öffentlichen Auftraggeber besteht, der die wesentliche Auftragsleistung erbringt[207] – wird der Nachweis schwerfallen, dass die Zusammenarbeit ausschließlich durch Überlegungen im Zusammenhang mit dem öffentlichen Interesse bestimmt wird.[208] Insofern stellt sowohl Erwägungsgrund 32 RL 2014/24/EU als auch die Begründung des Regierungsentwurfs[209] klar, dass eine private Kapitalbeteiligung nur dann zulässig ist, wenn die übrigen Voraussetzungen der öffentlich-öffentlichen Zusammenarbeit noch gewahrt sind. Ersichtlich wollte der Gesetzgeber dabei den Eindruck vermeiden, durch die Streichung des im Richtlinienvorschlag der Europäischen Kommission noch enthaltenen Verbots privater Kapitalbeteiligung auch bei der öffentlich-öffentlichen Zusammenarbeit sei eine solche nunmehr schrankenlos zulässig.

IV. Wesentlichkeitsschwelle (Nr. 3)

84 Wie bei der In-House-Vergabe sieht § 108 Abs. 6 GWB ausdrücklich auch eine Wesentlichkeitsschwelle für zulässiges Drittgeschäft vor. Da hier kein Über-Unterordnungsverhältnis vorliegt, musste dabei das Drittgeschäft selbst (mit *„weniger als 20 Prozent"*) beziffert werden. In der Sache besteht jedoch kein Unterschied zur Wesentlichkeitsschwelle nach § 108 Abs. 1 Nr. 2 und Abs. 4 Nr. 2 GWB. Wie dort dient die Grenze dem Ausschluss von Wettbewerbsverzerrungen zugunsten privater Unternehmen. Kein Privater soll einen Vorteil gegenüber seinen Wettbewerbern erhalten.[210] Die Wesentlichkeitsschwelle ergab sich bisher nicht eindeutig aus der EuGH-Rechtsprechung, wurde aber vereinzelt von deutschen Vergabesenaten vorausgesetzt.[211] Insofern handelt es sich um eine begrüßenswerte Klarstellung des Gesetzgebers.

85 Die Abgrenzung von am Markt und nicht am Markt erbrachten Tätigkeiten richtet sich nach den gleichen Grundsätzen wie beim In-House-Geschäft.[212] Mit „**Tätigkeiten am Markt**" ist das Gegenstück dessen gemeint, was beim In-House-Geschäft die Ausführung von Aufgaben, die durch öffentliche Auftraggeber beauftragt wurden, ist. Erfasst ist wie dort jede Tätigkeit am liberalisierten wettbewerblichen Markt.[213] Anders als bei der In-House-Konstellation bezieht sich die 20%-Grenze dabei nur auf die Tätigkeiten in dem Bereich der horizontalen Zusammenarbeit, sodass nur Drittgeschäfte in diesem Bereich schädlich sind. Dies lässt sich aus § 108 Abs. 6 Nr. 3 GWB herleiten, nach dem sich die 20%-Grenze auf die Tätigkeiten beziehen, *„die durch die Zusammenarbeit nach Nummer 1 erfasst sind"*.[214] Wie beim In-House-Geschäft[215] dürfte auch hier der Einbezug von Tätigkeiten von Tochterunternehmen in der Regel zu berücksichtigen sein. Die Berechnung der Tätigkeitsanteile erfolgt nach § 108 Abs. 7 GWB.

86 Dabei darf die Wesentlichkeitsgrenze von keinem der beteiligten öffentlichen Auftraggeber überschritten werden.[216] Es erfolgt also keine **Zusammenrechnung** aller Tätigkeiten. An-

206 EuGH, Urteil v. 28.5.2020 – Rs. C-796/18 (ISE), Rn. 74 f.; OLG Düsseldorf, Beschluss v. 3.2.2021 – VII-Verg 25/18.
207 Ähnlich *Gurlit*, in: Burgi/Dreher, Vergaberecht, § 108 GWB Rn. 42; *Ziekow*, NZBau 2015, 258 (264).
208 Zustimmend *Dreher*, in: Immenga/Mestmäcker, Wettbewerbsrecht, § 108 GWB Rn. 79.
209 Gesetzesbegründung zu § 108 Abs. 6 GWB, VergRModG 2016, BT-Drs. 18/6281, 82.
210 Erwägungsgrund 33 RL 2014/24/EU; Gesetzesbegründung zu § 108 Abs. 6 Nr. 3 GWB, VergRModG 2016, BT-Drs. 18/6281, 82.
211 OLG Celle, EuGH-Vorlage v. 17.12.2014 – 13 Verg 3/13; OLG München, Beschluss v. 21.2.2013 – Verg 21/12; OLG Düsseldorf, Beschluss v. 28.7.2011 – VII-Verg 20/11.
212 Siehe oben Rn. 30 ff.
213 Art. 12 Abs. 4 RL 2014/24/EU spricht vom „offenen Markt" bzw. „open market" und „marché concurrentiel". Der Weglassung des im Deutschen insoweit redundanten Adjektivs „offen" in der deutschen Umsetzung dürfte keine Bedeutung zukommen, da nicht ersichtlich ist, dass der deutsche Gesetzgeber, dem eine Eins-zu-eins-Umsetzung vorschwebte, mehr Tätigkeiten als europarechtlich vorgesehen zum schädlichen Drittgeschäft zählen wollte. Ebenso *Dreher*, in: Immenga/Mestmäcker, Wettbewerbsrecht, § 108 GWB Rn. 81; *Siegel*, NZBau 2018, 507 (509).
214 *Dreher*, in: Immenga/Mestmäcker, Wettbewerbsrecht, § 108 GWB Rn. 82; deutlicher insofern der Wortlaut von Art. 12 Abs. 4 lit c RL 2014/24/EU: *„erbringen auf dem offenen Markt weniger als 20 % der durch die Zusammenarbeit erfassten Tätigkeiten"*.
215 Siehe oben Rn. 37.
216 A.A. *Ziekow*, in: Ziekow/Völlink, Vergaberecht, § 107 GWB Rn. 80; *Siegel*, NZBau 2018, 507 (509).

dernfalls würde das Ziel verfehlt, Wettbewerbsverzerrungen auszuschließen, da eine Zusammenrechnung ermöglichen würde, dass einzelne, überwiegend am Markt tätige öffentliche Auftraggeber durch die Zusammenarbeit mit überhaupt oder fast nicht am Markt tätigen ihr Drittgeschäft in der Summe verringern und dadurch ausschreibungsfrei beauftragt werden.

G. Vorwirkung

87 Die in § 108 GWB vorgesehenen Ausnahmen gelten erst ab dessen Inkrafttreten. Für vertragliche Beziehungen zwischen öffentlichen Einrichtungen in der Zeit davor ist ausschließlich auf die damals geltenden Ausnahmen zurückzugreifen, wie sie in der EuGH-Rechtsprechung entwickelt wurden. Auch die EU-Richtlinien entfalten insofern anders als teilweise angenommen[217] keine Vorwirkung.[218] Eine unmittelbare Wirkung der Richtlinie scheidet schon wegen der noch nicht abgelaufenen Umsetzungsfrist aus, zudem kann sich auf den europarechtlichen Grundsatz der unmittelbaren Wirkung von Richtlinien nicht die öffentliche Hand, sondern nur der Einzelne berufen.[219] Auch die Möglichkeit einer „dynamischen Verweisung" auf das EU-Recht, die sich aus dem Gesetzeszweck der Umsetzung der geltenden europäischen Vergaberichtlinien durch das GWB ergeben soll,[220] überzeugt nicht. Gesetzeszweck des GWB ist die Umsetzung der jeweils geltenden Vergaberichtlinien. Es steht dem Gesetzgeber frei, die ihm gewährte Umsetzungsfrist ganz oder teilweise auszunutzen. Eine in Einzelfällen grundsätzlich mögliche Vorwirkung[221] könnte sich hier allenfalls aus der Annahme ergeben, dass die neuen Richtlinien insoweit die EuGH-Rechtsprechung kodifizieren und dies deshalb bei einer gebotenen unionsrechtskonformen Auslegung zu berücksichtigen wäre.[222] Dies ist jedoch insbesondere bei der 80 %-Schwelle nicht der Fall, aber auch andere erstmals ausdrücklich zugelassene Ausnahmen wie das horizontale In-House-Geschäft stellen keine Kodifizierung bestehender Rechtsprechung dar, zumal diese vorwirkende Auslegung zulasten von Rechten Einzelner gehen würde.[223] Im Übrigen besteht auch kein Anlass, eine zulässige strengere nationale Auslegung der damals ungeschriebenen Ausnahmen unionsrechtskonform im Nachhinein weiter auszulegen.[224] Daraus lässt sich jedoch nicht schließen, dass vor Umsetzung der Richtlinie im deutschen Recht die Ausnahme der öffentlich-öffentlichen Zusammenarbeit nicht existierte,[225] da der EuGH diese als ungeschriebene Ausnahme bereits anerkannt hatte, die im Wege einer unionsrechtskonformen Auslegung des Auftragsbegriffs auch auf die Zeit vor der Umsetzung übertragen werden kann.

H. Späterer Wegfall von Voraussetzungen

88 **Grundsätzlich** ist über die Voraussetzung der vergaberechtsfreien In-House-Vergabe oder öffentlich-öffentlichen-Zusammenarbeit zum Zeitpunkt der Vergabe bzw. Begründung der Zusammenarbeit zu entscheiden. Nur im Ausnahmefall sind dabei bereits bekannte, später ein-

217 VK Bund, Beschluss v. 18.5.2016 – VK 1-18/16; problematisiert auch OLG Koblenz, Beschluss v. 3.12.2014 – Verg 8/14; tendenziell angenommen OLG Celle, EuGH-Vorlage vom 17.12.2014 – 13 Verg 3/13, Rn. 74. Dafür *Müller/Klostermann*, ZfBR 2014, 347 (353 f.).

218 EuGH, Urteil v. 8.12.2016 – Rs. C-553/15 (Undis Servizi), Rn. 22; BGH, Beschluss v. 12.11.2019 – XIII ZB 120/19, Rn. 49; OLG Düsseldorf, Beschluss v. 2.11.2016 – VII-Verg 23/16; *Greb*, VergabeR 2015, 289 (294 f.).

219 Zu den Voraussetzungen der unmittelbaren Wirkungen von Richtlinien *Ruffert*, in: Callies/Ruffert, EUV/AEUV, Art. 288 AEUV Rn. 47 ff.

220 OLG Celle, EuGH-Vorlage v. 17.12.2014 – 13 Verg 3/13, Rn. 74.

221 Grundsätzlich BGH, Urteil v. 5.2.1988 – I ZR 211/95; zu anderen Vorschriften der neuen Vergaberichtlinien OLG Düsseldorf, Beschluss v. 19.11.2014 – VII-Verg 30/14; OLG Schleswig, Beschluss v. 4.11.2014 – 1 Verg 1/14.

222 *Müller/Klostermann*, ZfBR 2014, 347 (353), gehen von einem Recht der öffentlichen Auftraggeber aus, bereits vor Umsetzung das deutsche Vergaberecht richtlinienkonform auszulegen.

223 Anders *Müller/Klostermann*, ZfBR 2014, 347 (354), die nur eine *„faktische Benachteiligung"* annehmen, da nur die öffentliche Verwaltung selbst Normadressat sei, was vor dem Hintergrund des Richtlinienzwecks, Wettbewerbsverzerrungen zu vermeiden, nicht zu überzeugen vermag.

224 Ebenso *Antweiler*, VergabeR 2015, 192.

225 So aber wohl OLG Koblenz, Beschluss v. 3.12.2014 – Verg 8/14.

tretende Umstände, wie etwa eine unmittelbar nach Auftragsvergabe erfolgende private Kapitalbeteiligung, wegen der Gefahr einer Umgehung zu berücksichtigen.[226]

89 Davon zu unterscheiden ist die Frage, ob bei einer **späteren Änderung** der Bedingungen eine zunächst vergaberechtsfreie Zusammenarbeit zum Zeitpunkt der Änderung ausgeschrieben werden muss. In Betracht kommen insbesondere spätere Kapitalbeteiligungen oder Überschreitungen der Wesentlichkeitsschwelle durch Zunahme des Drittgeschäfts. Der ursprüngliche Richtlinien-Vorschlag der Kommission enthielt eine Regelung, die sich allerdings nur auf spätere Kapitalbeteiligungen bei der In-House-Vergabe bezog und für diesen Fall eine Ausschreibungspflicht vorsah.[227] Deren Wegfall im Laufe des Gesetzgebungsverfahrens ergibt insoweit Sinn, als die auf Kapitalbeteiligung beschränkte Regelung die Rechtsunsicherheit für andere Änderungen noch vergrößert hätte, weil der Umkehrschluss nahegelegen hätte, dass der Gesetzgeber diese Änderungen für irrelevant gehalten hätte. Die Streichung bedeutet dagegen nicht, dass eine spätere Änderung der Voraussetzungen nicht mehr zur Ausschreibungspflicht führt. Vielmehr würde die spätere Veräußerung von Kapital oder eine Überschreitung der Wesentlichkeitsschwelle zu diesem Zeitpunkt eine Ausschreibungspflicht auslösen. Dies hatte der EuGH bereits für die In-House-Ausnahme festgestellt,[228] der gleiche Grundsatz muss aber für die dogmatisch gleichermaßen gerechtfertigte Ausnahme der öffentlich-öffentlichen Zusammenarbeit gelten.[229] Dabei gibt es keine **Schwellen**, die z. B. erst bei einem wesentlichen Überschreiten der Wesentlichkeitsschwelle oder einer wesentlichen privaten Kapitalbeteiligung eine Ausschreibungspflicht nach sich ziehen würden. § 132 GWB ist weder direkt noch analog anwendbar, da es sich bei den Änderungen der Umstände nicht um eine Änderung eines zuvor nach Vergaberecht vergebenen Auftrages handelt. In derartigen Fällen wurde zunächst das Vergaberecht eingehalten, weshalb unwesentliche spätere Änderungen im Rahmen des ursprünglichen Auftrags bleiben und gemäß § 132 GWB nicht ausgeschrieben werden müssen. Vielmehr handelt es sich bei dem Wegfall einer der Voraussetzungen eines In-House-Geschäfts oder der öffentlich-öffentlichen Zusammenarbeit stets um eine so wesentliche Änderung, dass eine Ausschreibung zwingend zu erfolgen hat.[230]

I. Berechnung des Anteils der Markttätigkeit (Abs. 7)

90 Die Berechnung der anteiligen Tätigkeit ist einheitlich für die verschiedenen In-House-Konstellationen sowie die horizontale öffentlich-öffentliche Zusammenarbeit in § 108 Abs. 7 GWB geregelt.

91 In der Regel ist der durchschnittliche Gesamtumsatz der letzten drei Jahre vor Vergabe des öffentlichen Auftrages oder ein anderer geeigneter tätigkeitsgestützter Wert heranzuziehen, wobei auch für Letzteren der Dreijahreszeitraum entscheidend ist, wie sich aus dem insoweit klareren Wortlaut des Art. 12 Abs. 5 RL 2014/24/EU ergibt. Beide **Berechnungsformen** können alternativ herangezogen werden, ein Vorrang der Umsatzberechnung gegenüber der tätigkeitsgestützten Berechnung ist dem Gesetz nicht zu entnehmen.

92 Der tätigkeitsgestützte Wert muss „**geeignet**" sein. § 108 Abs. 7 S. 2 GWB zählt als nicht abschließende Beispiele die Kosten auf, die in Bezug auf Liefer-, Bau- und Dienstleistungen in dem Dreijahreszeitraum entstanden sind. Nicht herangezogen werden können Gewinnan-

---

226 Siehe oben Rn. 13.

227 Art. 11 Abs. 5 UAbs. 2 des Vorschlags für Richtlinie des Europäischen Parlaments und des Rates über die öffentliche Auftragsvergabe (KOM(2011) 896 endgültig).

228 Vgl. EuGH, Urteil v. 10.9.2009 – Rs. C-573/07 (Sea), Rn. 53, zur späteren Beteiligung Privater; übertragen auf Überschreitung der Wesentlichkeitsschwelle von OLG Celle, EuGH-Vorlage v. 17.12.2014 – 13 Verg 3/13 und OLG Düsseldorf, Beschluss v. 28.7.2011 – VII-Verg 20/11.

229 Ebenso *Dreher*, in: Immenga/Mestmäcker, Wettbewerbsrecht, § 108 GWB Rn. 87; *Dierkes/Scharf*, VergabeR 2014, 752 (758).

230 Ebenso *Dreher*, in: Immenga/Mestmäcker, Wettbewerbsrecht, § 108 GWB Rn. 87; *Dierkes/Scharf*, VergabeR 2014, 752 (758); für den Fall der In-House-Vergabe vgl. EuGH, Urteil v. 10.9.2009 – Rs. C-573/07 (Sea), Rn. 53, zur späteren Beteiligung Privater; übertragen auf Überschreitung der Wesentlichkeitsschwelle von OLG Celle, EuGH-Vorlage v. 17.12.2014 – 13 Verg 3/13, und OLG Düsseldorf, Beschluss v. 28.7.2011 – VII-Verg 20/11.

teile, die weder tätigkeitsgestützt noch geeignet sind, zu bestimmen, ob ein Unternehmen im Wesentlichen für den kontrollierenden öffentlichen Auftraggeber tätig ist.

Wenn für die letzten drei Jahre keine entsprechenden Angaben über Umsatz oder tätigkeitsgestützte Werte vorliegen oder wenn diese nicht aussagekräftig sind, kann nach § 108 Abs. 7 S. 3 GWB ein tätigkeitsgestützter Wert insbesondere durch **Prognosen über die Geschäftsentwicklung** glaubhaft gemacht werden. Die Fälle, in denen die Angaben nicht vorliegen oder nicht aussagekräftig sind, sind abschließend in Art. 12 Abs. 5 UAbs. 2 RL 2014/24/EU, der zur gebotenen richtlinienkonformen Auslegung heranzuziehen ist, aufgeführt. Demnach ist eine Glaubhaftmachung möglich, wenn keine Angaben vorliegen oder „nicht mehr relevant" sind, „weil die betreffende juristische Person oder der betreffende öffentliche Auftraggeber gerade erst gegründet wurde oder erst vor kurzem ihre beziehungsweise er seine Tätigkeiten umstrukturiert hat"[231]. Andere Begründungen für nicht aussagekräftige Werte, die eine Glaubhaftmachung ermöglichen würden, können daher bei richtlinienkonformer Auslegung nicht vorgebracht werden.[232] Nur wenn diese Begründungen einschlägig sind, kann die Glaubhaftmachung als Abweichung von der normalen Beweislastregel[233] ausreichen.[234] 93

J. Anwendung auf Sektorenauftraggeber und Konzessionsgeber (Abs. 8)

Die RL 2014/23/EU und 2014/25/EU sehen fast gleichlautende Vorschriften wie Art. 12 RL 2014/24/EU vor. Der deutsche Gesetzgeber hat sich daher für eine einheitliche Umsetzung entschieden, musste aber wegen der anderen Adressatenkreise über § 108 Abs. 8 GWB einen Verweis für Sektorenauftraggeber und Konzessionsgeber vorsehen. § 108 Abs. 1 bis 7 GWB erfassen zunächst nur klassische **öffentliche Auftraggeber** nach § 99 Nr. 1 bis 3 GWB in Umsetzung von Art. 12 RL 2014/24/EU. § 108 Abs. 8 GWB schreibt dann die entsprechende Anwendung auf solche Sektorenauftraggeber und Konzessionsgeber vor, die selbst auch öffentliche Auftraggeber sind (§ 100 Abs. 1 Nr. 1 und § 101 Abs. 1 Nr. 1 und 2 GWB). 94

Damit stehen **privaten Auftraggebern** nach § 100 Abs. 1 Nr. 2 und § 101 Abs. 1 Nr. 3 GWB die Ausnahmen des In-House-Geschäfts und der öffentlich-öffentlichen Zusammenarbeit nicht zur Verfügung. Diese können sich jedoch auf die Ausnahme für verbundene Unternehmen nach § 138 GWB berufen. 95

Anlage

Gesetzesbegründung – VergRModG 2016 (BT-Drs. 18/6281)

Seite 79

§ 108 regelt erstmals den Bereich der von der Anwendung des Vergaberechts ausgenommenen öffentlich-öffentlichen Zusammenarbeit. Damit wird nunmehr gesetzlich Klarheit geschaffen, unter welchen Voraussetzungen zwischen öffentlichen Auftraggebern geschlossene Verträge von der Anwendung des Teils 4 des GWB ausgenommen sind. Bislang basierten die Vorgaben hierzu auf den von der Rechtsprechung des EuGH entwickelten Grundsätzen. § 108 dient der Umsetzung von Artikel 17 der Richtlinie 2014/23/EU, Artikel 12 der Richtlinie 2014/24/EU und Artikel 28 der Richtlinie 2014/25/EU.

Grundsätzlich soll das Vergaberecht öffentliche Auftraggeber nicht in ihrer Freiheit beschränken, die ihnen übertragenen öffentlichen Aufgaben gemeinsam mit anderen öffentlichen Auftraggebern oder

231 Die Fälle wurden in der Gesetzesbegründung zu § 108 Abs. 7 GWB, VergRModG 2016, BT-Drs. 18/6281, 82, aufgegriffen.
232 A.A. *Voll*, in: Gabriel/Mertens/Prieß/ Stein, Vergaberecht, § 108 GWB Rn. 28, nur beispielhafte Aufzählung.
233 Siehe oben Rn. 15.
234 OLG Düsseldorf, Beschluss v. 7.8.2019 – VII-Verg 9/19, Rn. 30, scheint demgegenüber eine Prüfung der Begründung zu unterlassen und es unter Berufung auf § 108 Abs. 7 S. 4 GWB für ausreichend zu halten, dass im Prozess keine Angaben zu Umsätzen gemacht wurden, aber die Einhaltung der Tätigkeitsschwelle glaubhaft gemacht wurde. Es kann aber nicht darauf ankommen, ob dem Gericht keine Umsatzzahlen vorliegen, sondern ob an sich keine oder keine aussagekräftigen Umsatzzahlen vorliegen, zum Beispiel weil das Unternehmen gerade erst gegründet wurde.

eigenen Unternehmen zu erfüllen. Allerdings ist der Umstand, dass beide Parteien einer Vereinbarung selbst öffentliche Auftraggeber

Seite 80

sind, allein nicht ausreichend, um die Anwendung des Vergaberechts auszuschließen. Hierfür müssen vielmehr weitere Voraussetzungen erfüllt sein. Dadurch sollen insbesondere Wettbewerbsverzerrungen im Verhältnis zu privaten Unternehmen vermieden werden. Über Art und Umfang herrschte bislang allerdings mangels gesetzlicher Regelungen oftmals Ungewissheit. Die neuen EU-Vergaberichtlinien schaffen insofern durch die neuen Vorschriften zur öffentlich-öffentlichen Zusammenarbeit Rechtssicherheit für öffentliche Auftraggeber und Auftragnehmer. Im Wesentlichen wird damit die Rechtsprechung des EuGH kodifiziert. Im Rahmen der Umsetzung ins deutsche Recht sollen die europäischen Vorgaben möglichst eins-zu-eins übernommen werden.

§ 108 unterscheidet entsprechend der Vorgaben der EU-Richtlinien grundsätzlich zwischen der Zusammenarbeit auf vertikaler und horizontaler Ebene. Während die Zusammenarbeit auf vertikaler Ebene die verschiedenen Inhouse-Konstellationen betrifft und in den Absätzen 1 bis 5 geregelt ist, ist die horizontale Zusammenarbeit von öffentlichen Auftraggebern (bei Beteiligung von Kommunen oftmals auch interkommunale Kooperation genannt) in Absatz 6 geregelt.

§ 108 regelt nicht die Fälle, in denen Befugnisse und Zuständigkeiten für die Ausführung öffentlicher Aufgaben zwischen öffentlichen Auftraggebern oder Gruppen von öffentlichen Auftraggebern durch Vereinbarungen, Beschlüsse oder auf anderem Wege übertragen werden, ohne dass insoweit eine Vergütung für vertragliche Leistungen vorgesehen ist. Diese Fälle unterfallen – ungeachtet der in § 108 geregelten Ausnahmen – von vornherein nicht diesem Teil, da es sich, wie auch Artikel 1 Absatz 6 der Richtlinie 2014/24/EU festhält, um Angelegenheiten der internen Organisation handelt.

Zu Absatz 1

§ 108 Absatz 1 dient der Umsetzung von Artikel 12 Absatz 1 der Richtlinie 2014/24/EU und betrifft die klassischen Inhouse-Konstellationen, in denen ein öffentlicher Auftraggeber gemäß § 99 Nummer 1 bis 3 eine von ihm kontrollierte juristische Person des privaten oder öffentlichen Rechts beauftragt. Die Voraussetzungen hierfür finden sich in den Nummern 1 bis 3.

Zu Nummer 1

Gemäß § 108 Absatz 1 Nummer 1 ist zunächst erforderlich, dass der öffentliche Auftraggeber über die juristische Person eine ähnliche Kontrolle wie über seine eigenen Dienststellen ausübt. Damit wird die inzwischen langjährige Rechtsprechung des EuGH zum sogenannten Kontrollkriterium übernommen (erstmals EuGH, Urteil vom 18.11.1999, C-107/98, „Teckal", Rn. 50). Die Ausübung einer Kontrolle wie über eine eigene Dienststelle wird nach § 108 Absatz 2 vermutet, wenn der öffentliche Auftraggeber einen ausschlaggebenden Einfluss auf die strategischen Ziele und die wesentlichen Entscheidungen der kontrollierten juristischen Person ausübt. Dies entspricht den vom EuGH in seiner Rechtsprechung entwickelten Erfordernissen (ständige Rechtsprechung seit EuGH, Urteil vom 13.10.2005, C-458/03, „Parking Brixen", Rn. 65; EuGH, Urteil vom 11.5.2006, C-340/04, „Carbotermo", Rn. 36).

Zu Nummer 2

Gemäß § 108 Absatz 1 Nummer 2 ist weiterhin erforderlich, dass die kontrollierte juristische Person mehr als 80 Prozent ihrer Tätigkeiten in Ausführung der Aufgaben ausführt, mit denen sie von dem kontrollierenden öffentlichen Auftraggeber oder von anderen durch diesen öffentlichen Auftraggeber kontrollierten juristischen Personen betraut worden ist. Damit wird das durch die Rechtsprechung entwickelte Wesentlichkeitskriterium, wonach die beauftragte juristische Person im Wesentlichen für den öffentlichen Auftraggeber tätig sein muss, präzisiert (ständige Rspr. des EuGH seit EuGH, Urteil vom 18.11.1999, C-107/98, „Teckal", Rn. 50). Bislang bestand im Einzelnen jedoch Unsicherheit über den erforderlichen Umfang der Tätigkeiten, die für den öffentlichen Auftraggeber erbracht werden müssen. Die nun normierte 80-Prozent-Grenze sorgt insofern für Rechtssicherheit. Unerheblich ist in diesem Zusammenhang, ob der Begünstigte der Ausführung des Auftrags der Auftraggeber selbst oder ein davon abweichender Nutzer der Leistungen ist.

Zu Nummer 3

§ 108 Absatz 1 Nummer 3 stellt entsprechend der langjährigen Rechtsprechung des EuGH klar, dass bei einer privaten Beteiligung an der beauftragten juristischen Person eine Inhouse-Vergabe grundsätzlich ausgeschlossen ist (ständige Rechtsprechung seit EuGH, Urteil vom 11.1.2005, C- 26/03, „Stadt Halle", Rn. 49). Grund dafür ist, dass die Vergabe eines öffentlichen Auftrags ohne Wettbewerbsverfahren einem privaten Unternehmen, das am Kapital der kontrollierten juristischen Person beteiligt ist, einen unzulässigen Vorteil gegenüber seinen Wettbewerbern verschaffen würde.

Seite 81

Ungeachtet einer direkten privaten Kapitalbeteiligung findet Teil 4 keine Anwendung auf eine nicht beherrschende Form der privaten Kapitalbeteiligung und eine Form der privaten Kapitalbeteiligung ohne Sperrminorität, wenn diese gesetzlich vorgeschrieben sind und keinen ausschlaggebenden Einfluss auf die kontrollierte juristische Person vermitteln.

Zu beachten ist zudem, dass § 108 Absatz 1 Nummer 3 allein auf die direkte private Beteiligung an der kontrollierten juristischen Person abstellt. Unschädlich für eine Inhouse-Vergabe ist eine private Kapitalbeteiligung am kontrollierenden öffentlichen Auftraggeber. Solche Beteiligungen führen in der Regel nicht zu einer nachteiligen Beeinflussung des Wettbewerbs zwischen privaten Unternehmen.

Zu Absatz 2

§ 108 Absatz 2 ist eine Vermutungsregelung hinsichtlich des Kontrollkriteriums im Sinne von Absatz 1 Nummer 1 (siehe Erläuterungen zu § 108 Absatz 1 Nummer 1) und dient der Umsetzung von Artikel 12 Absatz 1 Unterabsatz 2 der Richtlinie 2014/24/EU. Zur besseren Lesbarkeit wird der Unterabsatz 2 in einem gesonderten Absatz 2 umgesetzt.

Zu Absatz 3

§ 108 Absatz 3 erstreckt die erlaubten Inhouse-Vergaben des Absatz 1 auf weitere Konstellationen. Die erste Alternative betrifft Konstellationen, in denen eine kontrollierte juristische Person einen Auftrag an ihren kontrollierenden öffentlichen Auftraggeber gemäß § 99 Nummer 1 bis 3 erteilt (Auftrag der Tochter an die Mutter). Die zweite Alternative betrifft Formen der horizontalen Inhouse-Vergabe, in denen eine kontrollierte juristische Person einen Auftrag an eine andere juristische Person vergibt, die von demselben öffentlichen Auftraggeber kontrolliert wird (Auftrag im Schwesternverhältnis). Die Voraussetzungen des Absatz 1 Nummer 1 bis 3 sind in beiden Alternativen entsprechend anzuwenden.

Zu Absatz 4

§ 108 Absatz 4 erstreckt die erlaubten Inhouse-Vergaben auf Konstellationen, in denen die Kontrolle des Auftragnehmers abweichend von Absatz 1 durch mehrere Auftraggeber gemeinsam erfolgt. Durch die Vorschrift werden – aufgrund ihrer systematischen Stellung nach § 108 Absatz 3 – auch solche öffentlichen Aufträge erfasst, die von einer kontrollierten juristische Person, die zugleich öffentlicher Auftraggeber im Sinne des § 99 Nummer 1 bis 3 ist, an einen von mehreren sie kontrollierenden öffentlichen Auftraggeber vergeben werden.

Zu Nummer 1

Nach § 108 Absatz 4 Nummer 1 kann abweichend von Absatz 1 Nummer 1 die Kontrolle des Auftragnehmers auch gemeinsam mit anderen Auftraggebern erfolgen. Die Voraussetzungen für eine gemeinsame Kontrolle ergeben sich aus Absatz 5.

Zu Nummer 2

§ 108 Absatz 4 Nummer 2 überträgt den Wesentlichkeitsgrundsatz des Absatz 1 Nummer 2 auf die Konstellationen einer gemeinsamen Kontrolle. Abweichend von Absatz 1 Nummer 2 bezieht sich das Wesentlichkeitskriterium in diesem Fall auf alle kontrollierenden Auftraggeber. Der Auftragnehmer muss also 80 Prozent seiner Tätigkeiten nicht allein für den Auftraggeber im konkreten Fall, sondern für alle ihn kontrollierenden Auftraggeber oder andere von diesen Auftraggebern kontrollierte juristische Personen erbringen.

Zu Nummer 3

§ 108 Absatz 4 Nummer 3 entspricht der Voraussetzung des Absatz 1 Nummer 3.

Zu Absatz 5

§ 108 Absatz 5 nennt die Voraussetzungen, die kumulativ erfüllt sein müssen, um eine gemeinsame Kontrolle im Sinne des Absatz 4 Nummer 1 zu bejahen.

Zu Absatz 6

§ 108 Absatz 6 betrifft die Zusammenarbeit zwischen zwei oder mehr öffentlichen Auftraggebern auf horizontaler Ebene (oftmals auch interkommunale Kooperation genannt) und dient der Umsetzung des Artikel 12 Absatz 4 der Richtlinie 2014/24/EU. Anders als in den Absätzen 1 bis 5 fehlt es in diesen Fällen an einem Über-/Unterordnungsverhältnis und der damit verbundenen Kontrolle des Auftraggebers über den Auftragnehmer. Stattdessen soll § 108 Absatz 6 öffentlichen Auftraggebern die Möglichkeit einräumen, öffentliche Dienstleistungen unter bestimmten Voraussetzungen gemeinsam im Wege der Zusammenarbeit zu erbringen, ohne dass das Vergaberecht zur Anwendung kommt.

Seite 82

Aufträge für die gemeinsame Erbringung öffentlicher Dienstleistungen sollen nach § 108 Absatz 6 dann von der Anwendung des Vergaberechts ausgenommen sein, wenn die Aufträge ausschließlich zwischen öffentlichen Auftraggebern geschlossen werden, die Durchführung dieser Zusammenarbeit ausschließlich von Erwägungen des öffentlichen Interesses bestimmt wird und kein privater Dienstleister einen Vorteil gegenüber seinen Wettbewerbern erhält (siehe im Einzelnen Erläuterungen zu Nummer 1 bis 3). Im Wesentlichen kodifizieren die EU-Richtlinien damit die Rechtsprechung des EuGH (vgl. EuGH, Urteil vom 13.6.2013, Rs. C-386/11, „Piepenbrock"; EuGH, Urteil vom 19.12.2012, Rs. C-159/11, „Lecce" und EuGH, Urteil vom 9.6.2009, Rs. C-480/06, „Kommission/Deutschland").

Unerheblich ist nach § 108 Absatz 6, ob an den öffentlichen Auftraggebern nach § 99 Nummer 1 bis 3 eine private Kapitalbeteiligung besteht. Sofern der Auftrag ausschließlich zwischen öffentlichen Auftraggebern nach § 99 Nummer 1 bis 3 geschlossen wird und die übrigen Voraussetzungen des § 108 Absatz 6 Nummer 1 bis 3 erfüllt sind, können somit auch öffentliche Auftraggeber mit einer privaten Kapitalbeteiligung die Ausnahmeregelung für die horizontale Zusammenarbeit in Anspruch nehmen.

Zu Nummer 1

Aus § 108 Absatz 6 Nummer 1 ergibt sich, dass öffentliche Auftraggeber grundsätzlich frei sind, ihre öffentlichen Dienstleistungen gemeinsam im Wege der Zusammenarbeit zu erbringen, ohne zur Einhaltung einer bestimmten Rechtsform verpflichtet zu sein. Die Zusammenarbeit ist dabei nicht auf bestimmte Dienstleistungen beschränkt, sondern kann alle Arten von Tätigkeiten erfassen. Die im Wege der Zusammenarbeit erbrachten Dienstleistungen müssen dabei nicht identisch sein, sondern können sich auch ergänzen.

Im Hinblick auf die Anforderung an die Zusammenarbeit zwischen den öffentlichen Auftraggebern bestimmt die Richtlinie 2014/24/EU (Artikel 12 sowie Erwägungsgrund 33), dass die Zusammenarbeit auf einem kooperativen Konzept beruhen muss. Dies erfordert jedoch nicht, dass alle teilnehmenden Stellen die Ausführung wesentlicher vertraglicher Pflichten übernehmen, solange sie sich verpflichtet haben, einen Beitrag zur gemeinsamen Ausführung der betreffenden öffentlichen Dienstleistung zu leisten.

Zu Nummer 2

Nach § 108 Absatz 6 Nummer 2 darf die Zusammenarbeit zwischen den öffentlichen Auftraggebern ausschließlich durch Überlegungen im Zusammenhang mit dem öffentlichen Interesse bestimmt werden. Dies gilt insbesondere auch für etwaige Finanztransfers zwischen den teilnehmenden öffentlichen Auftraggebern.

Zu Nummer 3

Nach § 108 Absatz 6 Nummer 3 dürfen die öffentlichen Auftraggeber auf dem offenen Markt weniger als 20 Prozent der Tätigkeiten erbringen, die durch die Zusammenarbeit nach Nummer 1 erfasst wird. Ähnlich wie durch das Wesentlichkeitskriterium in Absatz 1 Nummer 2 und Absatz 4 Nummer 2 soll damit sichergestellt werden, dass die öffentlich-öffentliche Zusammenarbeit nicht zu Wettbewerbsverzerrungen gegenüber privaten Unternehmen führt.

Zu Absatz 7

Sowohl bei den Inhouse-Vergaben (Absätze 1 bis 5) als auch bei der horizontalen Zusammenarbeit sollen durch eine prozentuale Begrenzung des Umfangs der Tätigkeiten auf dem Markt Wettbewerbsverzerrungen zulasten privater Unternehmen vermieden werden. § 108 Absatz 7 bestimmt, wie die prozentualen Angaben in Absatz 1 Nummer 2, Absatz 4 Nummer 2 und Absatz 6 Nummer 3 berechnet werden sollen. Maßgeblich sind hierfür der durchschnittliche Gesamtumsatz oder andere tätigkeitsgestützte Werte, wie z. B. die entstandenen Kosten, der vergangenen drei Jahre (entsprechend Artikel 12 Absatz 5 Richtlinie 2014/24/EU. § 108 Absatz 7 Satz 3 regelt den Fall, dass keine entsprechenden Angaben vorliegen oder diese nicht aussagekräftig sind. Dies kommt insbesondere dann in Betracht, wenn die betreffende juristische Person oder der betreffende öffentliche Auftraggeber gerade gegründet wurde oder erst vor Kurzem ihre beziehungsweise seine Tätigkeit aufgenommen hat oder weil sie ihre beziehungsweise er seine Tätigkeiten umstrukturiert hat. In diesem Fall sind die erforderlichen Werte glaubhaft zu machen.

Zu Absatz 8

Die drei neuen EU-Vergaberichtlinien enthalten im Wesentlichen identische Regelungen zur öffentlich-öffentlichen Zusammenarbeit sowohl hinsichtlich der Vergabe von öffentlichen Aufträgen als auch hinsichtlich der Vergabe von Konzessionen. Es ist deshalb angezeigt, eine einheitliche Regelung im GWB vorzusehen. Unterschiede innerhalb der Richtlinien gibt es allerdings beim Adressatenkreis. So sollen sich nach den Richtlinien nur öffentliche Auftraggeber auf die Ausnahme berufen können. § 108 Absatz 1 bis 7 betrifft deshalb in Umsetzung

Seite 83

von Artikel 12 der Richtlinie 2014/24/EU zunächst nur öffentliche Auftraggeber nach § 99 Nummer 1 bis 3. § 108 Absatz 8 erstreckt den Anwendungsbereich des § 108 auf die Vergaben von öffentlichen Aufträgen durch Sektorenauftraggeber gemäß § 100 Absatz 1 Nummer 1 sowie auf die Vergabe von Konzessionen durch Konzessionsgeber gemäß § 101 Absatz 1 Nummer 1 und § 101 Absatz 1 Nummer 2. Dadurch wird sichergestellt, dass sich private Auftraggeber nach § 100 Absatz 1 Nummer 2 oder § 101 Absatz 1 Nummer 3 nicht auf die Ausnahmeregelungen der öffentlich-öffentlichen Zusammenarbeit berufen können. Allerdings kommt in diesen Fällen eine Ausnahme vom GWB-Vergaberecht bei verbundenen Unternehmen im Sinne des § 138 in Betracht.

§ 109 GWB
Ausnahmen für Vergaben auf der Grundlage internationaler Verfahrensregeln

(1) Dieser Teil ist nicht anzuwenden, wenn öffentliche Aufträge, Wettbewerbe oder Konzessionen

1. nach Vergabeverfahren zu vergeben oder durchzuführen sind, die festgelegt werden durch

a) ein Rechtsinstrument, das völkerrechtliche Verpflichtungen begründet, wie eine im Einklang mit den EU-Verträgen geschlossene internationale Übereinkunft oder Vereinbarung zwischen der Bundesrepublik Deutschland und einem oder mehreren Staaten, die nicht Vertragsparteien des Übereinkommens über den Europäischen Wirtschaftsraum sind, oder ihren Untereinheiten über Liefer-, Bau- oder Dienstleistungen für ein von den Unterzeichnern gemeinsam zu verwirklichendes oder zu nutzendes Projekt, oder

b) eine internationale Organisation oder

2. gemäß den Vergaberegeln einer internationalen Organisation oder internationalen Finanzierungseinrichtung bei vollständiger Finanzierung der öffentlichen Aufträge und Wettbewerbe durch diese Organisation oder Einrichtung zu vergeben sind; für den Fall einer überwiegenden Kofinanzierung öffentlicher Aufträge und Wettbewerbe durch eine internationale Organisation oder eine internationale Finanzierungseinrichtung einigen sich die Parteien auf die anwendbaren Vergabeverfahren.

(2) Für verteidigungs- oder sicherheitsspezifische öffentliche Aufträge ist § 145 Nummer 7 und für Konzessionen in den Bereichen Verteidigung und Sicherheit ist § 150 Nummer 7 anzuwenden.

Übersicht

	Rn.
A. Allgemeines	1
I. Unionsrechtlicher Hintergrund	2
II. Historie	3
III. Vergleichbare Regelungen	4
IV. Anwendungsbereich	5
B. Die einzelnen Ausnahmetatbestände (Abs. 1)	7
I. Vergabeverfahren nach internationalen Verträgen für gemeinsame Projekte mit Nicht-EWR-Staaten (Nr. 1 lit. a)	7
II. Vergabeverfahren internationaler Organisationen (Nr. 1 lit. b)	11
III. Vergabeverfahren internationaler Organisationen oder internationaler Finanzierungseinrichtungen bei Finanzierung durch diese (Nr. 2)	15
C. Verteidigungs- oder sicherheitsspezifische öffentliche Aufträge und Konzessionen (Abs. 2)	19
D. Rechtsschutz	20
Anlage Gesetzesbegründung	

A. Allgemeines

1 § 117 GWB stellt die Vergabe von öffentlichen Aufträgen, Wettbewerben und Konzessionen, die nach internationalen Regeln zu vergeben sind, von der Bindung des Teil 4 GWB frei. Hintergrund der Freistellung ist, dass der Auftraggeber aufgrund von internationalen Vereinbarungen verpflichtet ist, die Vergabe nach anderen als den in den Richtlinien festgelegten Verfahren zu vergeben.

I. Unionsrechtlicher Hintergrund

2 § 109 GWB dient der Umsetzung von Art. 9 RL 2014/24/EU, Art. 20 RL 2014/25/EU und Art. 10 Abs. 4 RL 2014/23/EU. Nach diesen Vorschriften kommen die Richtlinien für öffentli-

che Aufträge, Wettbewerbe und Konzessionen, die aufgrund internationaler Regeln nach anderen Verfahrensregeln zu vergeben sind, nicht zur Anwendung.[1]

II. Historie

3 Die Ausnahmen des § 109 Abs. 1 GWB waren vor Inkrafttreten des VergRModG 2016 weitgehend in § 100 Abs. 8 Nr. 4 und 6 GWB a.F. enthalten.

III. Vergleichbare Regelungen

4 Die in § 109 Abs. 1 GWB aufgeführten Ausnahmen für Vergaben auf der Grundlage internationaler Verfahrensregeln weisen Parallelen zu den zum Teil wortgleichen Regelungen der §§ 117, 145 Nr. 7 und 150 Nr. 7 GWB auf.

IV. Anwendungsbereich

5 § 109 GWB findet aufgrund seiner systematischen Stellung im Ersten Abschnitt des Kapitels 1 „Vergabeverfahren" sachlich auf **öffentliche Aufträge** gemäß § 103 Abs. 1 GWB, **Wettbewerbe** gemäß § 103 Abs. 6 GWB und Konzessionen gemäß § 105 GWB Anwendung, die nach internationalen Regeln vergeben werden. Die Ausnahme gilt auch für **Rahmenvereinbarungen**, da für die Vergabe von Rahmenvereinbarungen dieselben Vorschriften gelten wie für die Vergabe entsprechender öffentlicher Aufträge (§ 103 Abs. 5 GWB).

6 Die Ausnahme gilt hingegen nicht für **verteidigungs-** oder **sicherheitsspezifische öffentliche Aufträge** (§ 104 GWB) und **Konzessionen** in den Bereichen Verteidigung und Sicherheit, die nach internationalen Regeln vergeben werden. Für diese verweist § 109 Abs. 2 GWB auf die speziellen Ausnahmetatbestände der §§ 145 Nr. 7 und 150 Nr. 7 GWB. Für öffentliche Aufträge und Wettbewerbe, die Verteidigungs- oder Sicherheitsaspekte umfassen und nach internationalen Regeln vergeben werden, enthält § 117 Nr. 4 GWB speziellere Ausnahmetatbestände, die inhaltlich jedoch § 109 GWB weitestgehend entsprechen, so dass für § 117 Nr. 4 GWB praktisch kein Anwendungsbereich verbleibt.

B. Die einzelnen Ausnahmetatbestände (Abs. 1)

I. Vergabeverfahren nach internationalen Verträgen für gemeinsame Projekte mit Nicht-EWR-Staaten (Nr. 1 lit. a)

7 Gemäß § 109 Abs. 1 Nr. 1 lit. a GWB gilt das GWB-Vergaberecht nicht für öffentliche Aufträge, Wettbewerbe und Konzessionen, bei denen der Auftraggeber verpflichtet ist, projektbezogene Aufträge nach Verfahrensregeln zu vergeben, die durch ein „Rechtsinstrument, das völkerrechtliche Verpflichtungen begründet", festgelegt sind. Gemeint ist hierbei eine „im Einklang mit den EU-Verträgen geschlossene internationale Übereinkunft oder Vereinbarung zwischen der Bundesrepublik Deutschland und einem oder mehreren Staaten, die nicht Vertragsparteien des Übereinkommens über den Europäischen Wirtschaftsraum sind, oder ihren Untereinheiten über Liefer-, Bau- oder Dienstleistungen für ein von den Unterzeichnern gemeinsam zu verwirklichendes oder zu nutzendes Projekt".

8 **Zweck** dieser Bestimmung ist, dass Drittstaaten im Rahmen von Abkommen mit EU-Mitgliedstaaten nicht gezwungen sein sollen, eine Auftragsvergabe nach den Vergaberichtlinien der Europäischen Union zu akzeptieren, wenn ein EU-Mitgliedstaat die Projektdurchführung übernommen hat.[2] Derartige Aufträge können nach den in dem zwischenstaatlichen Abkommen vereinbarten Verfahren vergeben werden.

1 Gesetzesbegründung zu § 109 GWB, VergRModG 2016, BT-Drs. 18/6281, 83.
2 *Müller*, in: Daub/Eberstein, VOL/A, § 1a Rn. 159.

Die Begriffe „**Rechtsinstrument**", „**Übereinkunft**" und „**Vereinbarung**" werden synonym verwendet: Es muss sich um eine völkerrechtlich verbindliche vertragliche Vereinbarung zwischen Staaten handeln. Freigestellt sind Auftragsvergaben im Zusammenhang mit einem konkreten zwischenstaatlichen Gemeinschaftsprojekt, für das andere Verfahrensregeln vereinbart sind. Voraussetzung ist, dass die anzuwendenden Verfahrensregeln in einem Abkommen zwischen der Bundesrepublik Deutschland (und gegebenenfalls weiterer EU-Mitgliedstaaten) und mindestens einem Staat, der nicht dem Europäischen Wirtschaftsraum angehört, festgelegt sind. Für Abkommen mit Nichtmitgliedstaaten, die dem EWR angehören (z. B. Liechtenstein oder Norwegen) findet die Ausnahme folglich keine Anwendung. Die deutsche Umsetzung ist damit enger als die zugrunde liegenden Richtlinienbestimmungen, die Abkommen eines Mitgliedstaates mit einem oder mehreren Drittstaaten (d.h. Nicht-EU-Staaten) ausreichen lassen, wobei das Abkommen auch mit einer „Untereinheit" eines Drittstaates geschlossen werden kann.[3] Untereinheiten können z. B. Gebietskörperschaften sein. Vereinbarungen mit Staatsunternehmen genügen nicht. 9

Das zwischenstaatliche Abkommen muss ausdrücklich („im Einklang mit den EU-Verträgen") seinerseits mit **EU-Recht** vereinbar sein, darf also nicht unter Verstoß gegen die Kompetenzordnung der Europäischen Union oder materielles EU-Recht zustande gekommen sein. Ob Übereinstimmung sowohl mit dem europäischen Primärrecht als auch mit dem Sekundärrecht (Verordnungen, Richtlinien) bestehen muss, lässt der Wortlaut der Bestimmung offen. Aufgrund des Vorrangs des gesamten EU-Rechts ist letzteres anzunehmen. Das Abkommen ist seitens der Bundesrepublik Deutschland (bzw. eines anderen beteiligten Mitgliedstaates) der Kommission mitzuteilen, die hierzu den Beratenden Ausschuss für öffentliche Aufträge anhören kann.[4] Beispiele sind gemeinsame Bau- oder Infrastrukturprojekte in Drittländern, bei denen der Projekteinkauf einem Auftraggeber in Deutschland zugewiesen ist. 10

II. Vergabeverfahren internationaler Organisationen (Nr. 1 lit. b)

§ 109 Abs. 1 Nr. 1 lit. b GWB stellt öffentliche Aufträge, Wettbewerbe und Konzessionen, die aufgrund des besonderen Verfahrens einer internationalen Organisation zu vergeben sind, von der Anwendung des GWB-Vergaberechts frei. Wie die Ausnahmebestimmung in § 109 Abs. 1 Nr. 1 lit. a GWB soll auch § 109 Abs. 1 Nr. 1 lit. b GWB Kollisionen zwischen gemeinschaftsrechtlichem Vergaberecht und spezielleren Vergabeverfahrensregeln, die ein Auftraggeber in Deutschland aufgrund internationaler Abkommen anzuwenden hat, verhindern und damit dem Anwendungsvorrang der spezielleren Regeln zur Wirkung verhelfen. § 109 Abs. 1 Nr. 1 lit. b GWB stimmt fast wörtlich mit § 117 Nr. 4 lit. c GWB überein und entspricht zugleich dem Regelungshalt des § 145 Nr. 7 lit. c Alt. 2 GWB („wenn ein Mitgliedstaat öffentliche Aufträge nach diesen Regeln vergeben muss"). 11

Die Bestimmung gilt nicht für **Auftragsvergaben** durch eine internationale Organisation, da internationale Organisationen weder Auftraggeber im Sinne der Vergaberichtlinien bzw. des § 98 GWB noch Adressaten der Vergaberichtlinien sind.[5] Sie gilt vielmehr für Aufträge, die von einem Auftraggeber in Deutschland vergeben werden, aber den besonderen Vergabevorschriften einer internationalen Organisation unterliegen.[6] Das kann z. B. der Fall sein, wenn der Auftraggeber im Namen einer internationalen Organisation handelt oder von dieser einen finanziellen Beitrag zur Auftragsausführung erhält. Von der Ausnahmebestimmung nicht erfasst sind Aufträge einer deutschen Vergabestelle, die diese zum Zweck der Umgehung beste- 12

3 *Antweiler*, in: Ziekow/Völlink, Vergaberecht, § 109 GWB Rn. 6.
4 Art. 9 Abs. 1 UAbs. 2 RL 2014/24/EU, Art. 20 Abs. 1 UAbs. 2 RL 2014/25/EU, Art. 10 Abs. 4 UAbs. 3 RL 2014/23/EU.
5 Vgl. Erwägungsgrund 22 RL 2014/24/EU; Europäische Kommission, Leitfaden zu den Gemeinschaftsvorschriften für die Vergabe von öffentlichen Lieferaufträgen, 1997, S. 20; *Ullrich*, VergabeR 2002, 331 (342).
6 Europäische Kommission, Leitfaden zu den Gemeinschaftsvorschriften für die Vergabe von öffentlichen Lieferaufträgen, 1997, S. 20; *Aicher*, in: Müller-Wrede, Kompendium des Vergaberechts, Kap. 8 Rn. 19; allgemein zum Vergabeverfahren internationaler Organisationen *Antweiler*, in: Ziekow/Völlink, Vergaberecht, § 109 GWB Rn. 7; *Ullrich*, VergabeR 2002, 331 ff.

hender Ausschreibungspflichten über eine internationale Organisation vergibt.[7] Der praktische Anwendungsbereich dieser Bereichsausnahme dürfte gering sein.[8]

13 Die Bestimmung ermöglicht es Auftraggebern, das bei einer internationalen Organisation geltende Verfahren anzuwenden.[9] Voraussetzung ist, dass die Statuten der internationalen Organisation spezielle **Verfahrensregeln** für die Vergabe von Aufträgen enthalten. Dies ist – zumindest in Form allgemeiner haushaltswirtschaftlicher Grundsätze – regelmäßig der Fall.[10] Enthalten die Statuten keine Regelungen oder verweisen sie auf das nationale Recht, findet das Vergaberecht Anwendung.[11]

14 Der Begriff „**internationale Organisation**" ist im völkerrechtlichen Sinne zu verstehen. Gemeint sind durch völkerrechtliche Verträge geschaffene zwischenstaatliche Einrichtungen mit eigener Rechtsfähigkeit und eigener Organisation, wie z. B. die Vereinten Nationen (UN) und ihre Unterorganisationen, die North Atlantic Treaty Organization (NATO), die Europäische Verteidigungsagentur (EDA) sowie das Europäische Patentamt (EPA). Nichtstaatliche internationale Organisationen (NGOs) sowie Vereinigungen ohne Rechtsfähigkeit fallen nicht hierunter.

III. Vergabeverfahren internationaler Organisationen oder internationaler Finanzierungseinrichtungen bei Finanzierung durch diese (Nr. 2)

15 § 109 Abs. 1 Nr. 2 GWB stellt öffentliche Aufträge, Wettbewerbe und Konzessionen frei, die „gemäß den Vergaberegeln einer internationalen Organisation oder internationalen Finanzierungseinrichtung bei vollständiger Finanzierung [...] durch diese [...] zu vergeben sind; für den Fall einer überwiegenden Kofinanzierung [...] einigen sich die Parteien auf die anwendbaren Vergabeverfahren." Gemeint sind öffentliche Aufträge, Wettbewerbe und Konzessionen, die ein Auftraggeber an sich nach den Regeln des GWB-Vergaberechts zu vergeben hätte, die er jedoch nach den Vergaberegeln einer internationalen Organisation[12] oder internationalen Finanzierungseinrichtung (z. B. IWF) vergibt, weil diese das Vorhaben vollständig finanziert.

16 **Hintergrund** dieser aufgrund der Art. 9 Abs. 2 RL 2014/24/EU, Art. 20 Abs. 2 RL 2014/25/EU und Art. 10 Abs. 4 UAbs. 2 RL 2014/23/EU in das GWB aufgenommenen Ausnahme ist, dass der Auftraggeber bei vollständiger Drittfinanzierung durch internationale Organisationen oder Finanzierungseinrichtungen nicht gezwungen sein soll, die Vergabe nach den Bestimmungen des EU-Vergaberechts durchzuführen. Der Auftraggeber soll die Vergabe nach den Regeln der das Vorhaben vollständig finanzierenden internationalen Organisation oder Finanzierungseinrichtung durchführen dürfen, die ihre Finanzierungszusage möglicherweise von der Anwendung ihrer Verfahren abhängig macht.

17 Im Unterschied zu § 109 Abs. 1 Nr. 1 lit. b GWB ist der Auftraggeber nach § 109 Abs. 1 Nr. 2 GWB nicht bereits von Rechts wegen **verpflichtet**, die Vergaberegeln einer internationalen Organisation anzuwenden. Er soll dies aber entsprechend vereinbaren dürfen.

18 Während die Auftragsvergabe bei vollständiger **Drittfinanzierung** und entsprechenden Vergaberegeln der finanzierenden internationalen Einrichtung von den Bestimmungen des GWB-Vergaberechts freigestellt ist, gilt dies nach § 109 Nr. 2 Hs. 2 GWB bei einer überwiegenden Kofinanzierung (> 50 %) nur, wenn dies zwischen der kofinanzierenden Einrichtung und dem Auftraggeber (den „Parteien") so vereinbart ist. Fehlt es an einer diesbezüglichen Vereinbarung, gilt das Vergaberecht der §§ 97 ff. GWB. Wenn der Finanzierungsbeitrag der internationalen Organisation oder Finanzierungseinrichtung weniger als 50 % beträgt, muss die Vergabe hingegen nach den Bestimmungen des GWB-Vergaberechts erfolgen (sofern kein anderer Ausnahmetatbestand einschlägig ist).

---

7 Vgl. *Krohn*, in: Gabriel/Krohn/Neun, Handbuch Vergaberecht, § 57 Rn. 103.
8 *Otting*, in: Burgi/Dreher, Vergaberecht, § 109 GWB Rn. 9.
9 *Antweiler*, in: Ziekow/Völlink, Vergaberecht, § 109 GWB Rn. 7.
10 *Ullrich*, VergabeR 2002, 331 (335); vgl. auch *Otting*, in: Burgi/Dreher, Vergaberecht, § 109 GWB Rn. 11.
11 *Krohn*, in: Gabriel/Krohn/Neun, Handbuch Vergaberecht, 1. Auflage, § 57 Rn. 79.
12 Siehe hierzu Rn. 14 ff.

C. Verteidigungs- oder sicherheitsspezifische öffentliche Aufträge und Konzessionen (Abs. 2)

Nach § 109 Abs. 2 GWB ist für verteidigungs- oder sicherheitsspezifische öffentliche Aufträge die Regelung in § 145 Nr. 7 GWB und für Konzessionen in den Bereichen Verteidigung und Sicherheit die Regelung in § 150 Nr. 7 GWB anzuwenden. Für diese öffentlichen Aufträge, Wettbewerbe und Konzessionen gilt § 109 Abs. 1 GWB nicht. Es gelten ausschließlich die spezielleren Ausnahmen der §§ 145 Nr. 7, 150 Nr. 7 GWB. 19

D. Rechtsschutz

Im Nachprüfungsverfahren ist das Vorliegen der Voraussetzungen einer der in § 109 GWB genannten Ausnahmen seitens der Nachprüfungsinstanzen **von Amts wegen** zu prüfen. Liegen die Voraussetzungen eines Ausnahmetatbestandes vor, gilt der Teil 4 GWB für den gesamten Auftrag nicht.[13] Der Nachprüfungsantrag ist unzulässig.[14] 20

Der Rechtsschutz ist auf eine **Kontrolle** durch die Nachprüfungsinstanzen darauf beschränkt, ob die Voraussetzungen des Ausnahmetatbestandes vom Auftraggeber zutreffend angenommen worden sind. 21

Anlage

Gesetzesbegründung – VergRModG 2016 (BT-Drs. 18/6281)

Seite 83

§ 109 dient der Umsetzung von Artikel 9 der Richtlinie 2014/24/EU, Artikel 20 der Richtlinie 2014/25/EU und Artikel 10 Absatz 4 der Richtlinie 2014/23/EU. Nach diesen Vorschriften kommen die Richtlinien für nach internationalen Regeln vergebene Aufträge und ausgerichtete Wettbewerbe nicht zur Anwendung.

Gemäß Artikel 9 Absatz 1 Unterabsatz 2 der Richtlinie 2014/24/EU und Artikel 20 Absatz 1 Unterabsatz 2 der Richtlinie 2014/25/EU ist die Bundesregierung verpflichtet, der Europäischen Kommission alle Rechtsvorschriften im Sinne des Absatzes 1 Nummer 1 Buchstabe a zu übermitteln.

Artikel 9 Absatz 3 der Richtlinie 2014/24/EU und Artikel 20 Absatz 3 der Richtlinie 2014/25/EU regeln ausdrücklich, dass diese Vorschriften nicht auf Aufträge und Wettbewerbe mit Verteidigungs- oder Sicherheitsaspekten Anwendung finden. Die zugehörigen Ausnahmen sind in Artikel 17 der Richtlinie 2014/24/EU und Artikel 27 der Richtlinie 2014/25/EU geregelt und in § 117 Nummer 4 umgesetzt. Für verteidigungs- oder sicherheitsspezifische Aufträge im Sinne des § 104 GWB ergeben sich die Ausnahmen aufgrund internationaler Vergaberegeln aus § 145 Nummer 7, der Artikel 12 der Richtlinie 2009/81/EG umsetzt; für Konzessionen in den Bereichen Verteidigung und Sicherheit aus § 150 Nummer 7, der Artikel 10 Absatz 5 der Richtlinie 2014/23/EU umsetzt.

Zu Absatz 1

Zu Nummer 1

§ 109 Absatz 1 Nummer 1 Buchstabe a) und b) setzt Artikel 9 Absatz 1 Buchstabe a) und b) der Richtlinie 2014/24/EU um.

13 OLG Düsseldorf, Beschluss v. 30.3.2005 – VII-Verg 101/04 (Neubau BND).
14 VK Bund, Beschluss v. 3.2.2006 – VK 1-01/06; VK Sachsen, Beschluss v. 29.8.2008 – 1/SVK/042-08.

Zu Nummer 2

§ 109 Absatz 1 Nummer 2 setzt Artikel 9 Absatz 2 der Richtlinie 2014/24/EU um. Im Sinne des § 109 Absatz 1 Nummer 2 sind Parteien, die sich auf die anwendbaren Vergabeverfahren für den Fall einer überwiegenden Kofinanzierung öffentlicher Aufträge und Wettbewerbe durch eine internationale Organisation oder eine internationale Finanzeinrichtung einigen, der öffentliche Auftraggeber und die internationale Organisation bzw. Finanzierungseinrichtung, die den öffentlichen Auftrag oder Wettbewerb kofinanziert.

Zu Absatz 2

§ 109 Absatz 2 verweist für verteidigungs- oder sicherheitsspezifische öffentliche Aufträge im Sinne des § 104 auf § 145 Nummer 7.

§ 110 GWB
Vergabe von öffentlichen Aufträgen und Konzessionen, die verschiedene Leistungen zum Gegenstand haben

(1) Öffentliche Aufträge, die verschiedene Leistungen wie Liefer-, Bau- oder Dienstleistungen zum Gegenstand haben, werden nach den Vorschriften vergeben, denen der Hauptgegenstand des Auftrags zuzuordnen ist. Dasselbe gilt für die Vergabe von Konzessionen, die sowohl Bau- als auch Dienstleistungen zum Gegenstand haben.

(2) Der Hauptgegenstand öffentlicher Aufträge und Konzessionen, die

1. **teilweise aus Dienstleistungen, die den Vorschriften zur Vergabe von öffentlichen Aufträgen über soziale und andere besondere Dienstleistungen im Sinne des § 130 oder Konzessionen über soziale und andere besondere Dienstleistungen im Sinne des § 153 unterfallen, und teilweise aus anderen Dienstleistungen bestehen oder**
2. **teilweise aus Lieferleistungen und teilweise aus Dienstleistungen bestehen,**

wird danach bestimmt, welcher geschätzte Wert der jeweiligen Liefer- oder Dienstleistungen am höchsten ist.

Übersicht

	Rn.
A. Allgemeines	1
I. Historie	3
II. Unionsrechtlicher Hintergrund	5
III. Vergleichbare Regelungen	6
B. Regelungsinhalt	7
I. Gemischter Auftrag oder gemischte Konzession	8
1. Öffentlicher Auftrag oder Konzession	10
2. Vorliegen verschiedener Leistungen	14
3. Ungeschriebene Einschränkung: Innerhalb ein und derselben Richtlinie	17
II. Abgrenzungsmechanismen des § 110 GWB	19
1. Abgrenzung nach dem Hauptgegenstand des Auftrages (Abs. 1)	20
2. Abgrenzung nach dem geschätzten Wert (Abs. 2)	25
C. Rechtsschutz	31
Anlage Gesetzesbegründung	

A. Allgemeines

1 Gemeinsam mit den Bestimmungen der §§ 111 und 112 GWB bildet § 110 GWB ein anspruchsvolles und gleichsam schwerfälliges Normgeflecht zur Bestimmung des anwendbaren Vergaberegimes bei Vorliegen von sog. gemischten Aufträgen und Konzessionen.[1] Während der Normgeber einmal mehr die Vereinfachung der Rechtsanwendung mittels Zusammenführung der jeweiligen europarechtlichen Bestimmungen für den (Sektoren-)Auftrag- und Konzessionsgeber durch eine exemplarische Auflistung aller denkbaren Zusammensetzungen von Mischaufträgen sucht, gestaltet sich die Abgrenzung ihrer jeweiligen Anwendungsbereiche innerhalb der Normentrias für den Rechtsanwender schwierig, gelingt diese doch nicht stets ohne Hinzunahme der den Regelungen zugrundeliegenden Richtlinientexte und der Gesetzgebungsmaterialien.

2 Alle drei Regelungen setzen voraus, dass ein öffentlicher Auftrag bzw. eine Konzession unterschiedliche, den Anwendungsbereich des Vergaberechts betreffende Facetten enthalten muss, und zwar in Ansehung der zu vergebenden Leistung, der dafür heranzuziehenden Richtlinien respektive der betroffenen Tätigkeit. Vorbehaltlich der nachfolgend erläuterten Details lässt sich der **Anwendungsbereich** des § 110 GWB von dem der §§ 111, 112 GWB

1 Zur Terminologie siehe Rn. 8, 9.

schlagwortartig wie folgt abgrenzen: Den Bestimmungen der §§ 110 und 111 GWB ist gemein, dass es eines Auftrages oder einer Konzession bedarf, der/die sich – bei isolierter Betrachtung[2] – in unterschiedliche Teile aufspalten lässt. Aus den hierbei denkbaren Überschneidungsmöglichkeiten[3] erfasst § 110 GWB diejenigen Konstellationen, in denen diese Teile jeweils unterschiedliche Leistungen, d.h. Bau-, (soziale und andere besondere) Dienstleistungs- und/oder Lieferleistungen im Sinne von § 103 Abs. 2 bis 4 GWB bzw. Bau- und Dienstleistungskonzessionen im Sinne von § 105 Abs. 1 GWB zum Gegenstand haben, die sämtlich in den Anwendungsbereich ein und derselben Richtlinie fallen[4] (leistungs- oder typengemischte/r Auftrag oder Konzession).[5] Ein Beispiel wäre die gemeinsame Vergabe von Planungs- und Bauleistungen. Vorausgesetzt, beide Elemente überschreiten den Schwellenwert i.S.d. § 106 Abs. 2 Nr. 1 GWB, würde erstere als Dienstleistung i.S.v. § 103 Abs. 4 GWB nach §§ 97 ff. GWB i.V.m der VgV zu vergeben sein und letztere als Bauauftrag i.S.d. § 103 Abs. 3 GWB gemäß §§ 97 ff. GWB i.V.m. Abschnitt 2 VOB/A. In Abgrenzung hierzu erfasst § 111 GWB Fallgestaltungen, in denen die einzelnen Komponenten jeweils unterschiedlichen rechtlichen Regelungen unterliegen, d.h. solchen für Bau-, Liefer- und Dienstleistungen im Sinne der RL 2014/24/EU, Sektorenauftraggeber im Sinne von RL 2014/25/EU, Konzessionen i.S.d. RL 2014/23/EU und/oder denjenigen für Vergaben im Bereich Verteidigung und Sicherheit i.S.d. RL 2009/81/EG, wobei mindestens zwei dieser Vergaberegime berührt sein müssen (richtliniengemischte/r Auftrag bzw. Konzession)[6]. Regelungsgegenstand des § 112 GWB sind demgegenüber Konstellationen, bei denen ein und derselbe Auftrag respektive Konzession jeweils unterschiedliche Tätigkeiten betrifft, d.h. mindestens auch eine Sektorentätigkeit nach § 102 GWB umfasst (tätigkeitsgemischte/r Auftrag oder Konzession).[7]

I. Historie

3 Eine Klarstellung zur vergaberechtlichen Einordnung von Aufträgen, die Elemente mehrerer Auftragstypen enthielten, wurde – in Umsetzung von Art. 1 Abs. 2 lit. d RL 2004/17/EG bzw. RL 2004/18/EG – erstmals durch das sog. ÖPP-Beschleunigungsgesetz in das GWB integriert. Hierzu wurde § 99 **GWB 2005** ein Absatz 6 angefügt. Durch das VergRModG 2009 wurde in § 99 GWB eine Regelung zur Baukonzession integriert. Infolgedessen verschob sich die Abgrenzungsregel für typengemischte Verträge des bisherigen Absatz 6 inhaltlich unverändert in den neuen Absatz 7. Mit dem Gesetz zur Änderung des Vergaberechts für die Bereiche Verteidigung und Sicherheit[8] wurden zum 14. Dezember 2011 dem Kartellvergaberecht bestimmte verteidigungs- oder sicherheitsrelevante Aufträge unterworfen und in § 99 **GWB 2009** geregelt. Das hatte zur Konsequenz, dass sich der bisherige Absatz 7 nunmehr in Absatz 10 wiederfand; inhaltlich blieb die Abgrenzungsregel abermals unverändert. Mit dem durch das VergRModG 2016 neu geschaffenen § 110 GWB wurde die zuletzt in § 99 Abs. 10 **GWB 2011** geregelte Problematik typengemischter Aufträge – zwecks Umsetzung der einschlägigen Regelungen der RL 2014/23/EU, der RL 2014/24/EU sowie der RL 2014/25/EU – auf eine neue Grundlage gestellt.[9]

4 Gegenüber § 99 Abs. 10 GWB 2011 enthält § 110 GWB diverse Klarstellungen bzw. **Neuerungen**. Während für die Abgrenzung von typengemischten Aufträgen mit Liefer- und Dienstleistungselementen nach § 99 Abs. 11 S. 1 GWB 2011 unmittelbar auf das Wertverhält-

---

2 Vgl. *Ziekow*, in: Ziekow/Völlink, Vergaberecht, § 110 GWB Rn. 4, 7.
3 Zum Regelungsgehalt der §§ 111 und 112 GWB vgl. § 111 GWB Rn. 1 und § 112 GWB Rn 1.
4 Vgl. Gesetzesbegründung zu § 110 GWB, VergRModG 2016, BT-Drs. 18/6281, 83; Gesetzesbegründung zu § 111 GWB, VergRModG 2016, BT-Drs. 18/6281, 84; siehe auch Art. 3 Abs. 1 UAbs. 1 RL 2014/24/EU bzw. Art. 5 Abs. 1 UAbs. 1 RL 2014/15/EU.
5 Zum Begriff vgl. *Schwabe*, in: Müller-Wrede, VgV/UVgO, § 37 VgV Rn. 64.
6 Vgl. zum Begriff *Pünder/Buchholtz*, in: Pünder/Schellenberg, Vergaberecht, § 110 GWB Rn. 5.
7 Vgl. zur Abgrenzung *Kadenbach*, in: Reidt/Stickler/Glahs, Vergaberecht, § 110 GWB Rn. 3; *Ruhland*, in: Gabriel/Mertens/Prieß/Stein, Vergaberecht, § 112 GWB Rn. 1. Zum Begriff *Pünder/Buchholtz*, in: Pünder/Schellenberg, Vergaberecht, § 110 GWB Rn. 5.
8 BGBl. 2011 I S. 2570.
9 Zur Entstehungsgeschichte vgl. auch den Überblick bei *Hüttinger*, in: Burgi/Dreher, Vergaberecht, § 110 GWB Rn. 2 ff.; *Kadenbach*, in: Reidt/Stickler/Glahs, Vergaberecht, § 110 GWB Rn. 1a, 2a.

nis der Leistungen abgestellt wurde, kommt es nach § 110 Abs. 1 S. 1 GWB nunmehr im ersten Schritt auf dem Hauptgegenstand des Auftrags an. Allerdings bestimmt sich dieser gemäß § 110 Abs. 2 Nr. 2 GWB nach dem Wert des Liefer- oder Dienstleistungsanteils, weshalb sich im Ergebnis an der Abgrenzung zwischen Liefer- und Dienstleistung nichts ändert.[10] Nicht in § 99 Abs. 11 GWB 2011, sondern in § 4 Abs. 2 S. 1 Nr. 3 VgV 2013 war im Übrigen geregelt, dass sich bei Aufträgen, die aus sog. A- und B-Dienstleistungen i.S.d. Anlage 1 VOL/A bestanden, die anzuwendenden vergaberechtlichen Vorschriften ebenfalls nach dem höchsten Wert der jeweiligen Dienstleistungen richteten. Eine vergleichbare Vorgabe enthält die Regelung des § 110 Abs. 2 Nr. 1 GWB für Aufträge, die sowohl Leistungen umfassen, die den Vorschriften zur Vergabe von öffentlichen Aufträgen über soziale und andere besondere Dienstleistungen i.S.d. § 130 GWB unterfallen, als auch aus anderen Dienstleistungen bestehen. Die auf Art. 19 RL 2014/23/EU, Art. 74 bis 76 RL 2014/24/EU sowie Art. 91 bis 93 RL 2014/23/EU beruhende Unterscheidung zwischen den letztgenannten Leistungen hat die bis dahin geltende Differenzierung zwischen A- und nachrangigen B-Dienstleistungen nach Maßgabe von Art. 20 und 21 RL 2004/18/EG abgelöst.[11] Sind Gegenstand eines typengemischten Auftrags auch Bauleistungen, ist das maßgebliche Kriterium, wie schon gemäß § 99 Abs. 10 GWB 2011, der Hauptgegenstand des Auftrags (§ 110 Abs. 1 GWB). Lediglich der Wortlaut wurde gegenüber der bisherigen Fassung („die im Verhältnis zum Hauptgegenstand Nebenleistungen sind") klarer gefasst. Neu ist, dass diese Regelung nunmehr auch für andere typengemischte Verträge gilt, z. B. solche die Liefer- und Bauleistungen umfassen. Letztere erfasste § 99 Abs. 10 GWB 2011 nicht explizit.[12] Ein Novum gegenüber § 99 Abs. 10 GWB 2011 ist schließlich, dass § 110 GWB nicht nur für leistungs- bzw. typengemischte öffentliche Aufträge, sondern auch für leistungs- bzw. typengemischte Konzessionen gilt. Aufgrund der vorgenannten Abweichungen, kann § 110 GWB lediglich zum Teil als Nachfolgeregelung des § 99 Abs. 10 GWB 2011 eingeordnet werden.

II. Unionsrechtlicher Hintergrund

Die Vorschrift des § 110 Abs. 1 GWB findet ihre europarechtlichen Grundlagen in Art. 3 Abs. 1 UAbs. 1 und Abs. 2 UAbs. 1 RL 2014/24/EU, Art. 5 Abs. 1 UAbs. 1 und Abs. 2 UAbs. 1 RL 2014/25/EU sowie Art. 20 Abs. 1 UAbs. 1 RL 2014/23/EU. § 110 Abs. 2 GWB dient der Umsetzung von Art. 3 Abs. 2 UAbs. 2 RL 2014/24/EU, Art. 5 Abs. 2 UAbs. 2 RL 2014/25/EU und Art. 20 Abs. 1 UAbs. 2 RL 2014/23/EU in nationales Recht. 5

III. Vergleichbare Regelungen

Während verschiedene Vorschriften des Teil 4 GWB in den daran anknüpfenden Vergabe(ver-)ordnungen (VgV, VOB/A, SektVO, KonzVgV oder VSVgV) wiederholt und konkretisiert werden, finden sich darin keine § 110 GWB entsprechenden Vorschriften. Die Vergabe(ver-)ordnungen enthalten zwar eine positive Definition des jeweiligen Anwendungsbereichs (§ 1 EU VOB/A, § 1 VS Abs. 1, 2 VOB/A, § 1 Abs. 1 SektVO, §§ 1 Abs. 1, 2 Abs. 1 und 2 S. 1 VSVgV, § 1 KonzVgV) bzw. grenzen diesen negativ gegenüber dem der anderen Vergabeverordnungen ab (§ 1 Abs. 1 und 2 SektVO, § 2 Abs. 2 S. 2 VSVgV), beschäftigen sich aber nicht, wie § 110 GWB, mit leistungs- oder typengemischten Aufträgen oder Konzessionen. 6

10 I.d.S. *Neun/Otting*, EuZW 2014, 446 (447).
11 Hierzu näher *Amelung* in § 130 GWB Rn. 10.
12 Allerdings erfolgte auch hier nach der Rechtsprechung die Einordnung nach dem Hauptgegenstand des Vertrages, vgl. EuGH, Urteil v. 29.10.2009 – Rs. C-536/07 (Köln Messe), NZBau 2009, 792 Rn. 57; Urteil v. 21.2.2008 – Rs. C-412/04 (Kommission/Italien), NVwZ 2008, 397 Rn. 47; Urteil v. 18.1.2007 – Rs. C-220/05 (Stadt Roanne), EuZW 2007, 117 Rn. 37; im Ergebnis OLG München, Beschluss v. 5.11.2009 – Verg 15/09 (Tonanlage), VergabeR 2010, 677 (681).

B. Regelungsinhalt

7 Nach § 110 Abs. 1 GWB werden öffentliche Aufträge und Konzessionen, die verschiedene Leistungen wie Liefer- oder Bau- und Dienstleistungen respektive Bau- oder Dienstleistungskonzessionen zum Gegenstand haben, grundsätzlich nach denjenigen Vorschriften vergeben, denen der Hauptgegenstand des Auftrags zuzuordnen ist. Ergänzend hierzu regelt Absatz 2 des § 110 GWB diejenigen Fälle, in denen der Hauptgegenstand (allein) nach dem jeweils höheren geschätzten Auftragswert bestimmt wird. Damit werden die jeweiligen europarechtlichen Regelungen für

- die Vergabe öffentlicher Aufträge in Art. 3 Abs. 1 UAbs. 1 i.V.m. Abs. 2 RL 2014/24/EU,
- den Bereich der Sektorentätigkeit in Art. 5 Abs. 1 UAbs. 1 i.V.m. Abs. 2 RL 2014/25/EU sowie
- die Vergabe von Konzessionen in Art. 20 Abs. 1 RL 2014/23/EU

im nationalen Recht vereinheitlichend zusammengeführt.

I. Gemischter Auftrag oder gemischte Konzession

8 In sachlicher Hinsicht erforderlich ist nach dem Wortlaut des § 110 Abs. 1 GWB das Vorliegen eines **öffentlichen Auftrages** i.S.v. § 103 Abs. 1 GWB bzw. einer **Konzession** i.S.d. § 105 GWB mit unterschiedlichen Leistungsanteilen, mithin Bau-, Dienstleistungs- und/oder Lieferleistungen im Sinne von § 103 Abs. 2 bis 4 GWB (§ 110 Abs. 1 S. 1 GWB) bzw. Bau- und Dienstleistungskonzessionen im Sinne von § 105 Abs. 1 GWB (§ 110 Abs. 1 S. 2 GWB).[13]

9 **Rahmenvereinbarungen** i.S.v. § 103 Abs. 5 S. 1 GWB sind mangels Unmittelbarkeit des Beschaffungsvorgangs streng genommen zwar keine öffentlichen Aufträge i.S.v. § 103 Abs. 1 GWB, jedoch sind die Vorschriften über die Vergabe öffentlicher Aufträge auf Rahmenvereinbarungen gemäß § 103 Abs. 5 S. 2 GWB entsprechend anwendbar, soweit nichts anderes bestimmt ist.[14] Da § 110 GWB keine andere Bestimmung in diesem Sinne enthält, ist die Vorschrift auch auf gemischte Rahmenvereinbarungen anwendbar.

1. Öffentlicher Auftrag oder Konzession

10 Die Anwendung des § 110 GWB setzt zunächst *einen* (gemischten) öffentlichen Auftrag bzw. *eine* (gemischte) Konzession voraus.

11 Die Feststellung, wann *ein* (gemischter) öffentlicher Auftrag oder *eine* (gemischte) Konzession in **Abgrenzung** zu einer Mehrheit von öffentlichen Aufträgen oder Konzessionen vorliegt, kann dabei im Einzelfall Schwierigkeiten bereiten. Naheliegend erscheint es zunächst, diese Frage aus der Sicht eines redlichen Auftraggebers zu beantworten. Danach umfasst *ein* öffentlicher Auftrag bzw. *eine* Konzession die Gesamtheit derjenigen (Bau-/Dienst-)Leistungen und/oder Waren, die durch einen konkreten zielgetragenen Beschaffungsbedarf des Auftraggebers verknüpft werden[15] und bei natürlicher Betrachtung ein Ganzes bilden, ohne dass es dabei auf seine (rechtliche oder tatsächliche) Teilbarkeit oder ihr Fehlen ankäme.[16] Diese Be-

---

13 Bemerkenswert erscheint, dass der Gesetzgeber den in den Richtlinientexten verwendeten Begriff des gemischten (öffentlichen) Auftrags (vgl. Art. 3 RL 2014/24/EU und Art. 5 RL 2014/25/EU) respektive des gemischten Vertrages (so für den Bereich der Konzessionsvergabe Art. 20 RL 2014/23/EU) nicht unmittelbar in den Gesetzestext übernommen hat. Die Motive, den in der Judikatur geprägten und den Richtlinien eigenen Begriff nicht zu verwenden, bleiben offen. Vgl. dazu *Willner*, in: Müller-Wrede, VgV/UVgO, § 2 VgV Rn. 19, der die damit einhergehende schlichte terminologische Vereinfachung begrüßt.

14 Hierzu näher § 103 GWB Rn. 126 ff.

15 Vgl. *Pünder/Buchholtz*, in: Pünder/Schellenberg, Vergaberecht, § 110 GWB Rn. 7, die insoweit von *„besonderer Akzessorietät der Leistungselemente"* sprechen.

16 Als Ausgangspunkt zur Bestimmung dient dabei stets die konkrete Auftragsbeschreibung, wie sie durch (Sektoren-)Auftrag-/Konzessionsgeber im Rahmen der Ausschreibung gewählt wird.

schaffungsdefinitionsfreiheit ist das originäre Recht (und die Pflicht) des Auftraggebers. Sie findet ihre justiziable Grenze in dem allgemeinen Umgehungsverbot.[17]

12 Für die Bestimmung, wann ein (gemischter) öffentlicher Auftrag bzw. eine (gemischte) Konzession vorliegt, wird in der Literatur demgegenüber vielfach mit Rücksicht auf die Entscheidung des **EuGH** in der Rechtssache Oulun kaupunki[18] das Vorliegen eines einheitlichen, nicht trennbaren Vertrages verlangt.[19] Der Gerichtshof judizierte in dieser Rechtssache, dass ein *„gemischter Vertrag, dessen einzelne Teile untrennbar miteinander verbunden sind und somit ein unteilbares Ganzes bilden, im Hinblick auf seine rechtliche Einordnung in seiner Gesamtheit und einheitlich zu prüfen und auf der Grundlage der Vorschriften über öffentliche Aufträge, die den Teil regeln, der seinen Hauptgegenstand oder vorherrschenden Bestandteil bildet, zu untersuchen ist."*[20] Dabei reiche die Absicht der Vertragsparteien nicht aus, *„die verschiedenen Teile eines gemischten Vertrags als untrennbar zu betrachten [...]; [sie] muss sich vielmehr auf objektive Gesichtspunkte stützen, die sie rechtfertigen und die Notwendigkeit begründen können, einen einheitlichen Vertrag abzuschließen."*[21] Hieraus wird für den gemischten Auftrag bzw. eine gemischte Konzession gefolgert, dass in den Anwendungsbereich des § 110 GWB nur „vergaberechtliche Einheitsverträge" mit einem Auftrag- bzw. Konzessionsnehmer fallen.[22] Eine genauere Analyse der Entscheidungsgründe rechtfertigt Zweifel bezüglich dieser engen Lesart. In casu hatte die Stadt Oulun kaupunki ein Gemeinschaftsunternehmen in Form einer Aktiengesellschaft mit einem privaten Partner gegründet, das die Erbringung von Dienstleistungen im Bereich der Gesundheit und des Wohlbefindens am Arbeitsplatz unter anderem auch für die Beschäftigten der Stadt übernehmen sollte. Der Gerichtshof wandte ausweislich seiner Erwägungen die von ihm gesetzten strengen Kriterien zum gemischten Vertrag an, um auszuschließen, dass *„eine Kapitalübertragung in Wirklichkeit nicht als Deckmantel für die Übertragung von öffentlichen Aufträgen oder Konzessionen an einen privaten Partner dient"*.[23] Dies offenbart, dass die vom Gerichtshof angestellten Erwägungen allein der Festlegung der Grenzen einer vergaberechtsrelevanten Umgehung gelten.[24] Indes dürfte damit nach der hier vertretenen Auffassung weder eine Aussage zur Frage der Handhabung von Verträgen mit unterschiedlichen Leistungsbestandteilen, noch zur Reichweite der mit der Richtlinientrias 2014 geschaffenen Neuregelung verbunden sein.[25]

13 Festzuhalten bleibt im **Ergebnis**, dass § 110 GWB zum einen nicht die Frage nach der Zulässigkeit der Gesamt-/Einzelvergabe beantwortet;[26] es handelt sich um eine seiner Anwendung vorgelagerte, anhand von allgemeinen Grundsätzen zu bewertende Rechtsfrage.[27] Zum anderen scheint nach der hier vertretenen Auffassung die Einengung des Anwendungsbereichs des § 110 GWB auf Fälle unteilbarer Leistungsteile verfehlt, jedenfalls soweit diese vergaberechtszulässig im Rahmen eines Auftrages bzw. einer Konzession vergeben werden können.[28]

---

17 So etwa, sofern durch die sachfremde Aufspaltung eines Auftrages dieser dem Anwendungsbereich des strengen Vergaberechts entzogen werden soll. Näher zum Umgehungsverbot unter § 111 GWB Rn. 51 ff.

18 EuGH, Urteil v. 22.12.2010 – Rs. C-215/09 (Mehiläinen und Terveystalo Healthcare), NZBau 2011, 312, Rn. 36.

19 Vgl. *Dreher*, in: Immenga/Mestmäcker, Wettbewerbsrecht, § 110 GWB Rn. 9 ff.; *Ruhland*, in: Gabriel/Mertens/Prieß/Stein, § 110 GWB Rn. 1; *Mohr*, in: Säcker, Wettbewerbsrecht, § 110 GWB Rn. 2.

20 EuGH, Urteil v. 22.12.2010 – Rs. C-215/09 (Mehiläinen und Terveystalo Healthcare), NZBau 2011, 312, Rn. 36.

21 EuGH, Urteil v. 22.12.2010 – Rs. C-215/09 (Mehiläinen und Terveystalo Healthcare), NZBau 2011, 312, Rn. 39.

22 Vgl. zur Trennungstheorie *Dreher*, in: Immenga/Mestmäcker, Wettbewerbsrecht, § 110 GWB Rn. 9 ff. Insoweit offener *Pünder/Buchholtz*, in: Pünder/Schellenberg, Vergaberecht, § 110 GWB Rn. 7, die lediglich eine besondere Akzessorietät der Leistungselemente verlangen.

23 EuGH, Urteil v. 22.12.2010 – Rs. C-215/09 (Mehiläinen und Terveystalo Healthcare), NZBau 2011, 312, Rn. 34.

24 Vgl. Erwägungsgrund 13 RL 2014/25/EU.

25 Erwägungsgrund 11 RL 2014/24/EU lässt hier Raum für Interpretation (*„wenn die verschiedenen Teile, aus denen sich ein Auftrag zusammensetzt, objektiv nicht voneinander zu trennen sind."*).

26 Vgl. Gesetzesbegründung zu § 110 GWB, VergRModG 2016, BT-Drs. 18/6281, 83.

27 Vgl. *Pünder/Buchholtz*, in: Pünder/Schellenberg, Vergaberecht, § 110 GWB Rn. 4.

28 Für diese Ansicht kann auf den Gesetzeswortlaut zurückgegriffen werden; so unterscheidet § 110 GWB im Gegensatz zu den §§ 111 und 112 GWB nicht zwischen objektiv trennbaren und nicht trennbaren Aufträgen. Ohnehin dürfte das Postulat der Untrennbarkeit eine Illusion sein. Jeder Auftrag und jede Konzession sind ipso facto teilbar. So kann auch der schlichte Kauf eines Artikels in einen Kauf und die zum Zwecke der Besitzerlangung durch den Auftraggeber erforderliche Beförderungsleistung geteilt werden. Dennoch wird regelmäßig bei einer entsprechenden Ausschreibung außer Zweifel von *einem Auftrag* auszugehen sein.

2. Vorliegen verschiedener Leistungen

14 Nach dem Wortlaut der Norm bedarf es ferner des Vorliegens von verschiedenen **Leistungen** – oder in der Nomenklatur der Richtlinientexte ausgedrückt: Arten von Aufträgen[29] – wie Liefer-, Bau- oder Dienstleistungen, gleichgültig, in welcher Kombination. Erfasst sind daher z. B. auch Aufträge mit Liefer- und Bauleistungselementen.[30]

15 Ob verschiedene Leistungen im Sinne von § 110 GWB vorliegen, ist in mehreren Schritten zu prüfen. In der Reihenfolge vorweg ist zu eruieren, ob eine Auftrags- oder Konzessionsart bereits nach **§ 103 Abs. 2 bis 4 GWB** respektive **§ 105 GWB** (einheitlich) bestimmt werden kann. Zu beachten ist im Besonderen, dass bereits durch die Heranziehung von § 103 GWB einige vermeintlich gemischte Aufträge einer eindeutigen Zuordnung zugeführt werden können. So bestimmt § 103 Abs. 2 GWB für Lieferaufträge, dass diese auch Nebenleistungen, darunter auch Dienstleistungen, umfassen können.[31] Ebenso bestimmt § 103 Abs. 3 GWB, dass die gleichzeitige Planung und Ausführung als ein Bauauftrag zu werten ist.[32] Ergibt sich schon nach dieser Bestimmung eine einheitliche Zuordnung, bedarf es der zusätzlichen Heranziehung von § 110 GWB nicht.

16 Kann nach der Anwendung von §§ 103, 105 GWB eine eindeutige Zuordnung zwischen den dort genannten Arten von öffentlichen Aufträgen oder Konzessionen nicht erfolgen, so ist **§ 110 GWB** heranzuziehen, soweit bei teilbaren öffentlichen Aufträgen oder Konzessionen[33] die jeweiligen Teile, im Fall ihrer fehlenden Trennbarkeit bei isolierter Betrachtung[34] unterschiedlichen Arten zuzuordnen wären. Hierbei kann auf die Legaldefinitionen von „Lieferaufträgen", „Bauaufträgen", „Dienstleistungsaufträgen" und „Konzessionen" in § 103 Abs. 2 bis 5 GWB sowie in § 105 GWB zurückgegriffen werden. Die unterschiedliche Terminologie – „Leistungen" in § 110 GWB und „Aufträge" in § 103 Abs. 2 bis 4 GWB – steht einer Heranziehung letzterer Vorschrift im Rahmen der Auslegung des § 110 GWB nicht entgegen; die Verwendung der unterschiedlichen Begrifflichkeiten lässt sich damit erklären, dass es bei § 103 Abs. 2 GWB um in sich abgeschlossene Aufträge geht und bei § 110 GWB um ein Beschaffungsvorhaben mit Liefer-, Bau oder Dienstleistungselementen. Da die Legaldefinitionen des § 103 Abs. 2 bis 4 GWB jedoch die den unterschiedlichen Auftragsarten inbegriffene Leistung charakterisieren, können diese auch im Rahmen des § 110 GWB herangezogen werden.

3. Ungeschriebene Einschränkung: Innerhalb ein und derselben Richtlinie

17 Ferner ist einschränkend zu fordern, dass die identifizierten verschiedenen Leistungsteile gleichsam in den Anwendungsbereich ein- und **derselben Richtlinie** fallen, d.h. Bau-, Liefer- und/oder Dienstleistungen sämtlich der RL 2014/24/EU, wahlweise der RL 2014/25/EU respektive Bau- und Dienstleistungskonzessionen der RL 2014/23/EU unterliegen.[35] Diese Einschränkung, die in dem Wortlaut der nationalen Norm keine Stütze findet, folgt aus der notwendigen Heranziehung der damit umgesetzten Richtlinientexte des Art. 3 Abs. 1 UAbs. 1 RL 2014/24/EU und Art. 5 Abs. 1 UAbs. 1 RL 2014/25/EU, die (jeweils wortgleich) klarstellen, diese Regelungen gelten für „gemischte Aufträge, die die Vergabe verschiedener Arten öffentlicher Aufträge zum Gegenstand haben, die alle unter diese Richtlinie fallen". Ebenso beschränkt Art. 20 Abs. 1 RL 2014/23/EU seinen Anwendungsbereich auf den Bereich der Konzessionsvergabe. Auch in der Gesetzesbegründung wird erläutert, dass die Vorschrift gemischte Aufträge und Konzessionen betreffe, deren Leistungen *„im Anwendungsbereich ein und derselben Richtlinie unterfallen"*.[36]

29 Vgl. Art. 3 Abs. 1 UAbs. 1 RL 2014/24/EU; Art. 5 Abs. 1 UAbs. 1 RL 2014/25/EU.
30 Vgl. auch Rn. 4, 20.
31 Hierzu näher unter *von Engelhardt/Kaelble* in § 103 GWB Rn. 93.
32 Vgl. dazu *Willner*, in: Müller-Wrede, VgV/UVgO, § 2 VgV Rn. 20.
33 Siehe hierzu Rn. 11.
34 Vgl. *Ziekow*, in: Ziekow/Völlink, Vergaberecht, § 110 GWB Rn. 4, 7.
35 Vgl. *Ziekow*, in: Ziekow/Völlink, Vergaberecht, § 110 GWB Rn. 8.
36 So ausdrücklich auch Gesetzesbegründung zu § 110 GWB, VergRModG 2016, BT-Drs. 18/6281, 83.

Begründen die jeweiligen Teilleistungen für sich genommen den Anwendungsbereich gleich **mehrerer Richtlinien**, so ist demgegenüber § 111 GWB anzuwenden. 18

II. Abgrenzungsmechanismen des § 110 GWB

§ 110 GWB sieht für die Abgrenzung der jeweils auf öffentliche Aufträge und Konzessionen anzuwendenden Vorschriften zwei unterschiedliche Mechanismen vor. Entsprechend dem sog. main object test[37] bestimmt sich nach Absatz 1 von § 110 GWB die Anwendung derjenigen Normen, die für diejenigen Leistungsteile anzuwenden sind, die den Hauptgegenstand des Vertrages ausmachen. Hingegen sieht Absatz 2 des § 110 GWB eine reine Wertabgrenzung (sog. main value test[38]) vor. Dabei erfolgt, worauf *Ziekow*[39] zutreffend hinweist, die Abgrenzung dergestalt, dass – soweit im konkreten Fall vorhanden – im ersten Schritt immer die baubezogenen Auftrags- bzw. Konzessionsteile nach § 110 Abs. 1 GWB abzugrenzen sind. Stellt der Hauptgegenstand des öffentlichen Auftrages keine Bauleistung respektive eine Baukonzession dar, ist in einem zweiten Schritt eine wertmäßige Abgrenzung nach § 110 Abs. 2 GWB vorzunehmen. 19

1. Abgrenzung nach dem Hauptgegenstand des Auftrages (Abs. 1)

Sofern ein gemischter öffentlicher Auftrag i.S.v. § 103 Abs. 1 GWB vorliegt, der eine irgend geartete Kombination von Liefer-, Bau- und Dienstleistungen umfasst (S. 1) oder eine Konzession i.S.d. § 105 GWB, die Bau- und Dienstleistungen umfasst (S. 2), wird das anwendbare Vergaberechtsregime nach dem Wortlaut des § 110 Abs. 1 GWB anhand des Hauptgegenstandes dieses Auftrags oder dieser Konzession bestimmt. Maßgebliches Abgrenzungskriterium wäre demnach auch bei einem gemischten Liefer- und Dienstleistungsauftrag bzw. bei einem gemischten Auftrag über soziale und andere besondere Dienstleistungen im Sinne des § 130 GWB und anderen Dienst- oder Lieferleistungen i.S.d. § 103 Abs. 1 GWB der Hauptgegenstand des Auftrags. 20

Aus dem systematischen Zusammenhang zur Regelung des § 110 Abs. 2 GWB, die anordnet, dass in diesen **Konstellationen** der Hauptgegenstand zwingend nach dem Wert der Leistungsanteile ermittelt wird,[40] ergibt sich jedoch, dass § 110 Abs. 2 GWB die speziellere Regelungen ist[41] und für eine Ermittlung des Hauptgegenstandes des gemischten Auftrags oder der gemischten Konzession[42], bei der der Auftrags- bzw. Vertragswert der einzelnen Leistungsanteile nicht alleinentscheidend ist, sämtliche Fallgestaltungen verbleiben, bei denen zumindest eine der inbegriffenen Teilleistungen eine Bauleistung ist. Es kann sich um Mischaufträge handeln, die aus Bau- und Dienstleistungselementen oder aus Bau- und Lieferelementen bestehen[43] oder um gemischte Bau- und Dienstleistungskonzession. 21

Nicht Regelungsgegenstand des § 110 Abs. 1 GWB, sondern sedes materiae der §§ 111, 112 GWB sind hingegen Konstellationen, in denen Teile eines Auftrags oder einer Konzessionen **unterschiedlichen Vergaberegimen** unterliegen, z. B. ein Mischauftrag, der sowohl eine Bauleistung umfasst als auch eine Dienstleistungskonzession oder etwa einen öffentlichen Auftrag, der zugleich der Ausübung einer Sektorentätigkeit i.S.d. § 102 GWB dient und mindestens einer weiteren Tätigkeit, die einem anderen Regelungsregime unterliegt.[44] 22

---

37 Zur Abgrenzung von Bau- und sonstigen Leistungen EuGH, Urteil v. 18.1.2007 – Rs. C-220/05 (Aurox), NZBau 2007, 185, Rn. 37; siehe weiterführend *Dreher*, in: Immenga/Mestmäcker, Wettbewerbsrecht, § 110 GWB Rn. 15 ff.

38 Grundlegend zur Abgrenzung Dienst- und Lieferleistungen, EuGH, Urteil v. 11.5.2006 – Rs. C-340/04 (Carbotermo), NZBau 2006, 452, Rn. 31, siehe dazu instruktive Darstellung bei *Dreher*, in: Immenga/Mestmäcker, Wettbewerbsrecht, § 110 GWB Rn. 26 ff.

39 Vgl. *Ziekow*, in: Ziekow/Völlink, Vergaberecht, § 110 GWB Rn. 9 a.E.

40 Hierzu näher unter Rn. 25.

41 *Mohr*, in: Säcker, Wettbewerbsrecht, § 110 GWB Rn. 7.

42 Soweit zum Teil die Abgrenzung zwischen Bau- und Dienstleistungskonzession für überflüssig gehalten wird, sei etwa auf § 149 GWB hingewiesen. Siehe auch *Ruhland*, in: Gabriel/Mertens/Prieß/Stein, Vergaberecht, § 110 GWB Rn. 5.

43 Zu gemischten Bau- und Lieferleistungen vgl. auch Rn. 4.

44 Hierzu bereits unter Rn. 17.

23 In Abgrenzung zu Absatz 2 des § 110 GWB, wonach in den dort genannten Fällen (allein) der höhere geschätzte Wert ausschlaggebend sein soll, wird deutlich, dass jedenfalls die alleinige **Bestimmung des Hauptgegenstandes** anhand von quantitativen Kriterien sich verbietet. Hierdurch soll dem Sinn und Zweck nach verhindert werden, dass allein durch den preistreibenden Charakter von Bauleistungen Aufträge dem Anwendungsbereich des (europäischen) Vergaberechts entzogen werden.[45] Die Bestimmung des Hauptgegenstandes bedarf einer objektiven, wertenden Gesamtbetrachtung sämtlicher qualitativer und quantitativer Kriterien des Einzelfalls. Der geschätzte Wert der betreffenden Leistungsanteile ist nur ein Indiz.[46] Hierbei verbietet sich eine schematische Betrachtung. Abzustellen ist gemäß der in der Spruchpraxis des EuGH bereits zur alten Rechtslage entwickelten Grundsätzen auf die *„wesentlichen, vorrangigen Verpflichtungen […], die den Auftrag als solche prägen, und nicht auf die Verpflichtungen bloß untergeordneter oder ergänzender Art, die zwingend aus dem eigentlichen Gegenstand des Vertrags folgen; der jeweilige Wert der dabei erbrachten Einzelleistungen ist insoweit nur ein Kriterium unter anderen, die bei der Ermittlung des Hauptgegenstands zu berücksichtigen sind"*[47] (sog. main object test[48]). Die Kodifizierung dieser bisher geltenden Rechtsprechung durch die Vergaberichtlinien 2014 war ausdrücklich gewollt.[49] Dass es bei der Ermittlung des Hauptgegenstandes nicht zwingend auf den Wert der Leistungsanteile ankommt, lässt sich anhand der vergaberechtlichen Einordnung eines Auftrags über die Errichtung einer Photovoltaikanlage auf dem Grundstück einer stillgelegten Abfalldeponie, bei der die im Boden verankerte Unterkonstruktion der Anlage zugleich als Abdichtung der Deponie gegen durchsickerndes Niederschlagswasser diente, verdeutlichen. Insbesondere aufgrund der Wichtigkeit der Montageleistungen für die ordnungsgemäße Funktion der Photovoltaikanlage sah das OLG Düsseldorf hierin einen Bauauftrag, obgleich Bauleistungen nur gut 30 % des Auftragswertes ausmachten.[50]

24 Lässt sich unter Anwendung aller zur Verfügung stehenden Mittel **kein Hauptgegenstand** feststellen, so dürfte unter Berücksichtigung der allgemeinen Grundsätze und zur Sicherstellung der Effektivität des Vergaberechts das förmlichere Vergaberechtsregime anzuwenden sein. Eine Wertabgrenzung unter Heranziehung von § 110 Abs. 2 GWB verbietet sich.[51]

2. Abgrenzung nach dem geschätzten Wert (Abs. 2)

25 Gemäß § 110 Abs. 2 GWB erfolgt die Bestimmung des Hauptgegenstandes öffentlicher Aufträge und Konzessionen ohne Bauleistungsbeteiligung in den dort enumerativ aufgezählten Fällen, d.h. bei Aufträgen oder Konzessionen, die teilweise aus Dienstleistungen bestehen, die den Vorschriften zur Vergabe von öffentlichen Aufträgen über soziale und andere besondere Dienstleistungen im Sinne des § 130 GWB oder den Regeln über die Vergabe von Konzessionen über soziale und andere besondere Dienstleistungen i.S.d. § 153 GWB unterfallen, und z.T. aus anderen Dienstleistungen (§ 110 Abs. 2 Nr. 1 GWB) respektive bei Aufträgen oder

45 Vgl. EuGH, Urteil v. 21.2.2008 – Rs. C-412/04 (Kommission/Italien), ZfBR 2008, 404, Rn. 51. So sind etwa im Bereich der IT-Beschaffung durch den Auftraggeber regelmäßig Konstellationen denkbar, in denen die Lieferung, Installation und Implementierung von IT-Strukturen zwar die nach dem Vertragsinhalt im Vordergrund stehende Lieferung und Implementierung von Systemen oberhalb der Schwellenwerte für die Vergabe von Liefer- und Dienstleistungen liegt, jedoch die erforderliche Montage aufgrund der konkreten Besonderheiten zugleich auch (teurere) Bauleistungen umfasst, die indes bei isolierter Betrachtung unterhalb des für den Bereich der Vergabe von Bauleistungen geltenden höheren Schwellenwerts liegt. Vgl. hierzu mit anschaulichem Beispiel OLG Düsseldorf, Beschluss v. 16.10.2019 – VII-Verg 66/18, NZBau 2020, 184.

46 Hierzu näher unter Rn. 26.

47 So bereits zu RL 92/50/EWG, 93/36/EWG und 93/37/EWG: EuGH, Urteil v. 21.2.2008 – Rs. C-412/04 (Kommission/Italien), ZfBR 2008, 404, Rn. 49; siehe auch EuGH, Urteil v. 26.5.2011 – Rs. C-306/08 (Kommission/Spanien), NZBau 2011, 431, Rn. 37.

48 Siehe hierzu Rn. 19.

49 Vgl. Erwägungsgrund 11 RL 2014/24/EU.

50 OLG Düsseldorf, Beschluss v. 30.4.2014 – VII-Verg 35/13, NZBau 2014, 589 (591).

51 Zur Begründung siehe Rn. 25 f.

Konzessionen, die sich aus Lieferleistungen und Dienstleistungen zusammensetzen (§ 110 Abs. 2 Nr. 2 GWB),[52] zwingend nach dem höchsten geschätzten Wert.[53]

26 Bei Vorhandensein eines **Bauleistungsanteils** verbleibt es hingegen bei der Abgrenzung nach § 110 Abs. 1 GWB, bei der der Wert der dem Gesamtauftrag inbegriffenen Leistungen allenfalls ein Indiz ist. Die unterschiedliche Ermittlung des Hauptgegenstandes bei gemischten Aufträgen mit und ohne Bauleistungsanteil nach § 110 Abs. 1 und 2 GWB, die den zugrundeliegenden unionsrechtlichen Vorgaben nachgebildet ist, dürfte auf die Rechtsprechung des EuGH zu der vor Einführung der Vergaberichtlinien 2014 geltenden Rechtslage zurückgehen. So war schon unter der früheren Rechtslage in der Judikatur des EuGH für Beschaffungsvorhaben, die sowohl Elemente eines öffentlichen Bauauftrags als auch Elemente eines Liefer-, Dienst- oder sonstigen Auftrags enthielten anerkannt, dass der Hauptgegenstand unter Berücksichtigung der kennzeichnenden und in den Vergabeunterlagen zum Ausdruck kommenden rechtlichen und wirtschaftlichen Gesamtumstände zu ermitteln ist.[54] Bei der Bestimmung des Hauptgegenstandes von gemischten Aufträgen ohne Bauleistungsanteil wurde hingegen seit jeher auf den Wert der Anteile abgestellt. So stellte der EuGH bei Verträgen, die aus Dienstleistungen des Anhang IA RL 92/50 und aus Dienstleistungen des Anhang IB RL 92/50[55] zusammensetzten auf das Verhältnis des Werts der Dienstleistungen zueinander ab.[56] Auch bei der rechtlichen Einordnung gemischter Aufträge mit Liefer- und Dienstleistungsanteilen war nach Auffassung des EuGH für die Charakterisierung als Liefer- oder Dienstleistungsauftrag der Wert der inbegriffenen Waren bzw. Dienstleistungen das maßgebliche Kriterium.[57]

27 Da § 110 Abs. 2 GWB eine Spezialregelung gegenüber § 110 Abs. 1 GWB darstellt, werden auch durch § 110 Abs. 2 GWB nur solche Fallgestaltungen geregelt, in denen die im Auftrag enthaltenen Leistungsanteile in den Anwendungsbereich ein- und derselben **Richtlinie** fallen.[58]

28 Nach einer in Teilen der Literatur vertretenen Auffassung ist die Vorschrift des § 110 Abs. 2 Nr. 2 GWB entgegen dem Wortlaut nur auf gemischte Aufträge und nicht auf **gemischte Konzessionen** anwendbar, weil es nach § 105 GWB keine auf Lieferleistungen bezogenen Konzessionen gebe.[59] Zu berücksichtigen ist allerdings, dass der Begriff der Dienstleistung nach Art. 5 Nr. 1 lit. b RL 2014/23/EU inhaltlich weiter ist, als der des Art. 2 Abs. 1 Nr. 9 RL 2014/24/EU und auch Lieferleistungen umfassen kann,[60] so dass § 110 Abs. 2 Nr. 2 GWB auch auf gemischte Konzessionen anwendbar ist.

29 Für die **Bestimmung des höchsten geschätzten Werts** sind die für die jeweilige Auftragswertschätzung bzw. Vertragswertschätzung einschlägigen Bestimmungen der § 3 VgV, § 2 SektVO respektive § 2 KonzVgV heranzuziehen (sog. main value test).[61] Ohne Relevanz ist es, wenn sich im Zuge der Ausschreibung die bei der Schätzung des Auftragswertes festgestellten Wertverhältnisse verschieben, jedenfalls, solange der Auftraggeber eine ordnungsgemäße

---

52 Grundlegend zur Abgrenzung Dienst- und Lieferleistungen EuGH, Urteil v. 11.5.2006 – Rs. C-340/04 (Carbotermo), siehe dazu instruktive Darstellung bei *Dreher*, in: Immenga/Mestmäcker, Wettbewerbsrecht, § 110 GWB Rn. 26 ff.

53 Zum zwingenden Charakter des Wertverhältnisses in den in § 110 Abs. 2 GWB aufgezählten Fällen *Hüttinger*, in: Burgi/Dreher, Vergaberecht, § 110 GWB Rn. 33; *Pünder/Buchholtz*, in: Pünder/Schellenberg, Vergaberecht, § 110 GWB Rn. 3.

54 In diesem Sinne EuGH, Urteil v. 21.2.2008 – Rs. C-412/04 (Kommission/Italien), Slg. 2008, I-619 Rn. 49, ZfBR 2008, 404 ff.; ebenso die nationale Rechtsprechung, vgl. OLG Düsseldorf, Beschluss v. 30.4.2014 – VII-Verg 35/13, NZBau 2014, 589 (591); OLG Karlsruhe, Beschluss v. 6.2.2013 – 15 Verg 11/12, juris Rn. 36; bündig: *Weyand*, Vergaberecht, § 99 GWB Rn. 679.

55 An die Stelle dieser Differenzierung ist die Unterscheidung zwischen öffentlichen Aufträgen i.S.v. §§ 97 ff. GWB und sozialen und anderen besonderen Dienstleistungen i.S.v. § 130 ff. GWB getreten.

56 EuGH, Urteil v. 14.11.2002 – Rs. C-411/00 (Felix Swoboda), Slg. 2002, I-10567 Rn. 48 ff., NZBau 2003, 52 ff.

57 EuGH, Urteil v. 11.6.2009 – Rs. C-300/07 (Oymanns); Slg. 2009, I-4779 Rn. 60 ff., NZBau 2009, 520 ff.; ebenso *Weyand*, Vergaberecht, § 99 GWB Rn. 679.

58 Vgl. Rn. 17, 22.

59 *Ziekow*, in: Ziekow/Völlink, Vergaberecht, § 110 GWB Rn. 10.

60 Vgl. *Mohr*, in: Säcker, Wettbewerbsrecht, § 110 GWB Rn. 53; *Ganske*, in: Reidt/Stickler/Glahs, Vergaberecht, § 105 GWB Rn. 14; a.A. *Braun* in § 105 GWB Rn. 63.

61 Siehe hierzu Rn. 19.

Schätzung vorgenommen hat.[62] Bei der Schätzung des Vertragswertes einer Konzession sind u.U. auch Veränderungen des geschätzten Vertragswertes während des Vergabeverfahrens zu berücksichtigen (vgl. § 2 Abs. 5 KonzVgV).

30 Sofern eine Schätzung ausnahmsweise **keinen höheren Wert** erbringt, stellt sich die Frage, ob unter Rückgriff auf § 110 Abs. 1 GWB anhand von qualitativen (Hilfs-)Kriterien abgegrenzt werden kann. Dies ist nach der hier vertretenen Auffassung abzulehnen. Insoweit dürfte der Regelung ein abschließender Charakter beizumessen sein.[63] (Auch) In diesem Fall dürfte der gemischte öffentliche Auftrag bzw. die gemischte Konzession nach den förmlicheren zur Verfügung stehenden Vorschriften zu vergeben sein.

C. Rechtsschutz

31 In Anbetracht dessen, dass die verschiedenen Vergabe(ver-)ordnungen sowohl unterschiedliche Verfahrensarten wie auch unterschiedliche Ausgestaltungen derselben Verfahrensart eröffnen, gehört die Wahl der zutreffenden Vergabe(ver-)ordnung zu den Umständen, auf deren Einhaltung die Unternehmen ein subjektives Recht haben.[64] Da § 110 GWB mit seinen Abgrenzungsregeln den Anwendungsbereich für die in der jeweils einschlägigen Vergabe(ver-)ordnung enthaltenen unternehmensschützenden Regelungen eröffnet, ist es nur konsequent, auch § 110 GWB drittschützende Wirkung zuzuerkennen. Eine Verletzung von subjektiven Unternehmensrechten liegt aber nur dann vor, wenn Vorschriften angewandt wurden, die substanziell von den eigentlich einschlägigen Vorschriften abweichen und sich hieraus zumindest die Möglichkeit ergibt, dass das Vergabeverfahren auf dieser Grundlage zu einem vom ansonsten – im Rahmen eines wirksamen Wettbewerbs – erzielten Resultat abweichenden Ergebnis geführt hat.[65]

Anlage

Gesetzesbegründung – VergRModG 2016 (BT-Drs. 18/6281)

Seite 83

§ 110 bestimmt, nach welchen Vorschriften gemischte öffentliche Aufträge oder gemischte Konzessionen zu vergeben sind, deren verschiedene Leistungen unterschiedlichen Vergaberechtsregimen im Anwendungsbereich ein und derselben Richtlinie unterfallen. Eine solche gemischte Vergabe kann im Falle eines öffentlichen Auftrags eines öffentlichen Auftraggebers oder Sektorenauftraggebers eine Kombination von Liefer-, Bau- oder Dienstleistungen umfassen. Im Falle der Konzessionsvergabe kann eine Kombination von Bau- oder Dienstleistungen in Betracht kommen.

Zu Absatz 1

§ 110 Absatz 1 dient der Umsetzung von Artikel 3 Absatz 1 Unterabsatz 1 und Absatz 2 Unterabsatz 1 der Richtlinie 2014/24/EU sowie von Artikel 5 Absatz 1 Unterabsatz 1 und Absatz 2 Unterabsatz 1 der Richtlinie 2014/25/EU und Artikel 20 Absatz 1 Unterabsatz 1 der Richtlinie 2014/23/EU. Die Vorschrift betrifft gemischte Aufträge und Konzessionen, die unterschiedliche Leistungen (Liefer-, Bau-, Dienstleistungen) zum Gegenstand haben. Bislang war die Abgrenzung in den Richtlinien 2004/18/EG und 2004/17/EG für Liefer-, Bau- oder Dienstleistungen nicht einheitlich geregelt. Die Abgrenzung zwischen Lieferleistungen und Dienstleistungen erfolgte nach dem Wert (Artikel 1 Absatz 2 Buchstabe d) Unterabsatz 2 der Richtlinie 2004/18/EG und 2004/17/EG),

62 *Kadenbach*, in: Reidt/Stickler/Glahs, Vergaberecht, § 110 GWB Rn. 16; *Pünder/Buchholtz*, in: Pünder/Schellenberg, § 111 GWB Rn. 28.
63 Siehe oben Rn. 24.
64 VK Düsseldorf, Beschluss v. 30.9.2002 – VK-26/2002-L, IBRRS 2014, 0436; *Müller-Wrede*, in: Müller-Wrede, VgV/UVgO, § 1 VgV Rn. 142.
65 VK Bund, Beschluss v. 26.7.2013 – VK 2-46/13, ZfBR 2014, 95 (96); ähnlich *Hertwig*, Praxis des Vergaberechts, Rn. 326.

Seite 84

während sich die Abgrenzung zwischen Dienstleistungen und Bauleistungen nach dem Hauptgegenstand des Auftrags richtete (Erwägungsgrund 10 der Richtlinie 2004/18/EG und Erwägungsgrund 16 der Richtlinie 2004/17/EG). Umgesetzt wurde diese Abgrenzung im bisherigen § 99 Absatz 10 GWB. Für gemischte Aufträge aus sogenannten A- und B-Dienstleistungen richtete sich die Abgrenzung in Artikel 22 der Richtlinie 2014/18/EG nach dem höchsten Wert der jeweiligen Dienstleistungen. Bislang geregelt war die Abgrenzung in § 4 Absatz 2 Satz 1 Nummer 3 VgV. Nunmehr bestimmen sich die für die Gesamtvergabe anwendbaren Vorschriften einheitlich nach dem Hauptgegenstand des Auftrags oder der Konzession.

Der Unionsgesetzgeber stellt im Erwägungsgrund 8 der Richtlinie 2014/24/EU und Erwägungsgrund 10 der Richtlinie 2014/25/EU heraus, dass ein Auftrag nur dann als öffentlicher Bauauftrag gelten sollte, wenn er speziell die Ausführung der in Anhang II der Richtlinie 2014/24/EU bzw. Anhang I der Richtlinie 2014/25/EU aufgeführten Tätigkeiten zum Gegenstand hat, und zwar auch dann, wenn er sich auf andere Leistungen erstreckt, die für die Ausführung dieser Tätigkeiten erforderlich sind. Öffentliche Dienstleistungsaufträge, insbesondere im Bereich der Grundstücksverwaltung, können unter bestimmten Umständen Bauleistungen umfassen. Sofern diese Bauleistungen jedoch nur Nebenarbeiten im Verhältnis zum Hauptgegenstand des Vertrags darstellen und eine mögliche Folge oder eine Ergänzung des Letzteren sind, rechtfertige die Tatsache, dass der Vertrag diese Bauleistungen umfasst, nicht eine Einstufung des öffentlichen Dienstleistungsauftrags als öffentlicher Bauauftrag. Abschließend stellt der Unionsgesetzgeber klar, dass angesichts der für die öffentlichen Bauaufträge kennzeichnenden Vielfalt der Aufgaben die öffentlichen Auftraggeber sowohl die getrennte als auch die gemeinsame Vergabe von Aufträgen für die Planung und die Ausführung von Bauleistungen vorsehen können. Die EU-Vergaberichtlinien bezweckten nicht, eine gemeinsame oder getrennte Vergabe vorzuschreiben.

Zu Absatz 2

§ 110 Absatz 2 dient der Umsetzung von Artikel 3 Absatz 2 Unterabsatz 2 der Richtlinie 2014/24/EU sowie von Artikel 5 Absatz 2 Unterabsatz 2 der Richtlinie 2014/25/EU und Artikel 20 Absatz 1 Unterabsatz 2 der Richtlinie 2014/23/EU. Die Vorschrift regelt die Bestimmung des Hauptgegenstandes eines gemischten Auftrags oder einer gemischten Konzession für den Fall, dass der Auftrag oder die Konzession entweder teilweise aus Dienstleistungen, die den Vorschriften zur Vergabe von öffentlichen Aufträgen für soziale und andere besondere Dienstleistungen im Sinne des § 131 bzw. des § 153 unterfallen und teilweise aus anderen Dienstleistungen besteht, oder teilweise aus Dienstleistungen und teilweise aus Lieferleistungen besteht. Der Hauptgegenstand bestimmt sich in diesen Fällen nach dem geschätzten Wert der jeweiligen Liefer- oder Dienstleistung.

§ 111 GWB
Vergabe von öffentlichen Aufträgen und Konzessionen, deren Teile unterschiedlichen rechtlichen Regelungen unterliegen

(1) Sind die verschiedenen Teile eines öffentlichen Auftrags, die jeweils unterschiedlichen rechtlichen Regelungen unterliegen, objektiv trennbar, so dürfen getrennte Aufträge für jeden Teil oder darf ein Gesamtauftrag vergeben werden.

(2) Werden getrennte Aufträge vergeben, so wird jeder einzelne Auftrag nach den Vorschriften vergeben, die auf seine Merkmale anzuwenden sind.

(3) Wird ein Gesamtauftrag vergeben,

1. **kann der Auftrag ohne Anwendung dieses Teils vergeben werden, wenn ein Teil des Auftrags die Voraussetzungen des § 107 Absatz 2 Nummer 1 oder 2 erfüllt und die Vergabe eines Gesamtauftrags aus objektiven Gründen gerechtfertigt ist,**
2. **kann der Auftrag nach den Vorschriften über die Vergabe von verteidigungs- oder sicherheitsspezifischen Aufträgen vergeben werden, wenn ein Teil des Auftrags diesen Vorschriften unterliegt und die Vergabe eines Gesamtauftrags aus objektiven Gründen gerechtfertigt ist,**
3. **sind die Vorschriften zur Vergabe von öffentlichen Aufträgen durch Sektorenauftraggeber anzuwenden, wenn ein Teil des Auftrags diesen Vorschriften unterliegt und der Wert dieses Teils den geltenden Schwellenwert erreicht oder überschreitet; dies gilt auch dann, wenn der andere Teil des Auftrags den Vorschriften über die Vergabe von Konzessionen unterliegt,**
4. **sind die Vorschriften zur Vergabe von öffentlichen Aufträgen durch öffentliche Auftraggeber anzuwenden, wenn ein Teil des Auftrags den Vorschriften zur Vergabe von Konzessionen und ein anderer Teil des Auftrags den Vorschriften zur Vergabe von öffentlichen Aufträgen durch öffentliche Auftraggeber unterliegt und wenn der Wert dieses Teils den geltenden Schwellenwert erreicht oder überschreitet,**
5. **sind die Vorschriften dieses Teils anzuwenden, wenn ein Teil des Auftrags den Vorschriften dieses Teils und ein anderer Teil des Auftrags sonstigen Vorschriften außerhalb dieses Teils unterliegt; dies gilt ungeachtet des Wertes des Teils, der sonstigen Vorschriften außerhalb dieses Teils unterliegen würde und ungeachtet ihrer rechtlichen Regelung.**

(4) Sind die verschiedenen Teile eines öffentlichen Auftrags, die jeweils unterschiedlichen rechtlichen Regelungen unterliegen, objektiv nicht trennbar,

1. **wird der Auftrag nach den Vorschriften vergeben, denen der Hauptgegenstand des Auftrags zuzuordnen ist; enthält der Auftrag Elemente einer Dienstleistungskonzession und eines Lieferauftrags, wird der Hauptgegenstand danach bestimmt, welcher geschätzte Wert der jeweiligen Dienst- oder Lieferleistungen höher ist,**
2. **kann der Auftrag ohne Anwendung der Vorschriften dieses Teils oder gemäß den Vorschriften über die Vergabe von verteidigungs- oder sicherheitsspezifischen öffentlichen Aufträgen vergeben werden, wenn der Auftrag Elemente enthält, auf die § 107 Absatz 2 Nummer 1 oder 2 anzuwenden ist.**

(5) Die Entscheidung, einen Gesamtauftrag oder getrennte Aufträge zu vergeben, darf nicht zu dem Zweck getroffen werden, die Auftragsvergabe von den Vorschriften zur Vergabe öffentlicher Aufträge und Konzessionen auszunehmen.

(6) Auf die Vergabe von Konzessionen sind die Absätze 1, 2 und 3 Nummer 1 und 2 sowie die Absätze 4 und 5 entsprechend anzuwenden.

Übersicht

	Rn.
A. Allgemeines	1
I. Historie	2
II. Unionsrechtlicher Hintergrund	3
III. Vergleichbare Regelungen	4
B. Regelungsinhalt	5
I. Rechtliche Vorgaben bei objektiv trennbaren Auftragsteilen (Abs. 1 bis 3)	6

1. Wahlrecht bei trennbaren Auftragsteilen (Abs. 1) ... 7
2. Getrennte Vergabe trennbarer Auftragsteile (Abs. 2) ... 15
3. Gesamtvergabe trennbarer Auftragsteile (Abs. 3) ... 16
a) Eingreifen einer Bereichsausnahme (Nr. 1) ... 17
b) Verteidigungs- oder sicherheitsspezifischer Auftragsteil (Nr. 2) ... 23
c) Auftragsteil unterliegt Sektorenvergaberecht (Nr. 3) ... 28
d) Auftragsteil unterliegt Konzessionsvergaberecht (Nr. 4) ... 32
e) Auftragsteil außerhalb des Kartellvergaberechts (Nr. 5) ... 36
II. Rechtliche Vorgaben bei objektiv untrennbaren Auftragsteilen (Abs. 4) ... 41
1. Hauptgegenstand des Auftrags als maßgeblicher Anknüpfungspunkt (Nr. 1) ... 44
2. Ausnahme bei verteidigungs- oder sicherheitsspezifischem Auftragsteil (Nr. 2) ... 47
III. Umgehungsverbot (Abs. 5) ... 51
C. Anwendbarkeit auf Konzessionen (Abs. 6) ... 57
D. Rechtsschutz ... 58
Anlage
Gesetzesbegründung

A. Allgemeines

1 Mit den §§ 110 bis 112 GWB hat der Gesetzgeber ein Normgeflecht zur Bestimmung des anwendbaren Regelungsregimes bei Vorliegen von sog. gemischten Aufträgen und Konzessionen geschaffen. Unter den hierbei denkbaren Überschneidungsmöglichkeiten[1] erfasst § 111 GWB Konstellationen, in denen Teile eines öffentlichen Auftrags i.S.v. § 103 Abs. 1 GWB oder einer Konzession i.S.v. § 105 GWB jeweils unterschiedlichen Vergaberegimen unterliegen, d.h. den Regelungen für Bau-, Liefer- und Dienstleistungen i.S.d. RL 2014/24/EU, für Sektorenauftraggeber i.S.d. RL 2014/25/EU, für Konzessionen i.S.d. RL 2014/23/EU und/oder für Vergaben im Bereich Verteidigung und Sicherheit im Sinne der RL 2009/81/EG bzw. der darauf beruhenden Normen des nationalen Vergaberechts, wobei § 111 GWB – anders als § 110 GWB – voraussetzt, dass mindestens zwei der genannten Vergaberegime tangiert sind (richtliniengemischte/r öffentlicher Auftrag bzw. Konzession).[2] Ein Beispiel wäre z. B. die Vergabe der Errichtung eines Gebäudes, von dem ein Gebäudeteil direkt vom Auftraggeber genutzt und ein anderer Gebäudeteil auf Basis einer Konzession bewirtschaftet werden soll.[3] Vorausgesetzt, die jeweiligen Schwellenwerte i.S.d. § 106 Abs. 2 Nr. 1 und 4 GWB sind überschritten, wäre der erste Teil als klassischer Bauauftrag gemäß §§ 97 ff. GWB i.V.m. Abschnitt 2 VOB/A zu vergeben und der zweite als Konzession nach §§ 105, 148 ff. GWB i.V.m. der KonzVgV.

I. Historie

2 Mit dem Gesetz zur Änderung des Vergaberechts für die Bereiche Verteidigung und Sicherheit[4] wurden mit Wirkung zum 14. Dezember 2011 dem Kartellvergaberecht bestimmte verteidigungs- oder sicherheitsrelevante Aufträge unterworfen und in dem damaligen § 99 GWB geregelt. Anlässlich dieser Gesetzesänderung wurde zwecks Umsetzung von Art. 3 Abs. 2 RL 2009/81/EG u.a. § 99 Abs. 13 GWB 2011 eingefügt. § 99 Abs. 13 S. 1 GWB 2011 legte fest, dass ein Auftrag über Bau-, Liefer- oder Dienstleistungen, bei dem ein Teil der Leistung verteidigungs- oder sicherheitsrelevant ist, einheitlich nach den Bestimmungen für verteidigungs- und sicherheitsrelevante Aufträge vergeben wird, sofern die Beschaffung in Form eines einheitlichen Auftrags aus objektiven Gründen gerechtfertigt ist, womit sich die Norm im

1 Zum Regelungsgehalt der §§ 110 und 112 GWB näher unter § 110 GWB Rn. 2 und § 112 GWB Rn. 1.
2 Zum Beispiel *Pünder/Buchholtz*, in: Pünder/Schellenberg, Vergaberecht, § 111 GWB Rn. 2; *Mohr*, in: Säcker, Wettbewerbsrecht, § 111 GWB Rn. 1.
3 Mit diesem Beispiel: Erwägungsgrund 11 RL 2014/24/EU, Erwägungsgrund 11 RL 2014/23/EU und Erwägungsgrund 13 RL 2014/23/EU.
4 BGBl. 2011 I S. 2570.

Wesentlichen mit § 111 Abs. 3 Nr. 2 GWB deckt. Die Vorschrift des § 99 Abs. 13 S. 2 GWB 2011 sah im Ergebnis vor, dass der Teil 4 GWB keine Anwendung findet, wenn ein Teil des Auftrags zwar nach den besonderen Bestimmungen für die Vergabe verteidigungs- und sicherheitsrelevanter Aufträge vergeben werden könnte, ein anderer Teil des Auftrags aber aufgrund von Ausnahmevorschriften ganz aus dem Anwendungsbereich des GWB herausfiel, was einen Vergleich mit § 111 Abs. 3 Nr. 1 GWB rechtfertigt. Bei den übrigen Regelungen des § 111 GWB handelt es sich um Neuschöpfungen, für die sich in Teil 4 GWB 2011 keine Entsprechungen finden.

II. Unionsrechtlicher Hintergrund

Die Norm des § 111 GWB dient der Umsetzung von Art. 3 Abs. 3 bis 6, Art. 16 Abs. 2 UAbs. 3 und 4, Art. 16 Abs. 4 RL 2014/24/EU, Art. 5 Abs. 3 bis 5, Art. 25 Abs. 2 UAbs. 3, Abs. 4 RL 2014/25/EU sowie von Art. 20 Abs. 2 bis 5, Art. 21 RL 2014/23/EU in nationales Recht. Auf welcher unionsrechtlichen Vorgabe die Teilregelungen des § 111 GWB jeweils beruhen, wird im Rahmen der Erläuterung der einzelnen Absätze des § 111 GWB näher dargestellt. 3

III. Vergleichbare Regelungen

Eine Regelung, die sich ebenfalls mit richtliniengemischten Aufträgen befasst, findet sich lediglich in § 1 VS Abs. 3 VOB/A. Diese Vorschrift bestimmt, dass § 111 GWB gilt, wenn bei einem Bauauftrag ein Teil der Leistung verteidigungs- oder sicherungsspezifisch ist. Es handelt sich jedoch lediglich um eine Verweisungsnorm ohne eigenen Regelungsgehalt. Ansonsten enthalten die Vergabe(ver-)ordnungen zwar eine positive Definition des jeweiligen Anwendungsbereichs (§ 1 EU VOB/A, § 1 VS Abs. 1, 2 VOB/A, § 1 Abs. 1 SektVO, §§ 1 Abs. 1, 2 Abs. 1 und Abs. 2 S. 1 VSVgV, § 1 KonzVgV) bzw. grenzen diesen negativ gegenüber dem der anderen Vergabeverordnungen ab (§ 1 Abs. 1 und 2 SektVO, § 2 Abs. 2 S. 2 VSVgV), beschäftigen sich aber nicht, wie § 111 GWB, näher mit richtliniengemischten Aufträgen oder Konzession. 4

B. Regelungsinhalt

Richtungsweisend für die Bestimmung des auf einem richtliniengemischten Auftrag bzw. eine richtliniengemischte Konzession anzuwendenden Rechts ist nach der Systematik des § 111 GWB die Beantwortung der Frage, ob die einzelnen Leistungen eines Auftrags oder einer Konzession aus objektiver Sicht getrennt voneinander vergeben werden können oder ob der Auftrag bzw. die Konzession als untrennbares Ganzes anzusehen sind. Sind die einzelnen Leistungsteile trennbar, richtet sich das anzuwendende Recht nach § 111 Abs. 1 bis 3 GWB, andernfalls ist § 111 Abs. 4 GWB maßgebend. Durch § 111 Abs. 5 GWB wird klargestellt, dass die Anwendung der Abs. 1 bis 4 des § 111 GWB nicht dazu führen darf, dass vergaberechtliche Vorgaben umgangen werden. § 111 Abs. 6 GWB erklärt schließlich die Abs. 1 bis 5 des § 111 GWB auch auf die Vergabe von Konzessionen für anwendbar. 5

I. Rechtliche Vorgaben bei objektiv trennbaren Auftragsteilen (Abs. 1 bis 3)

Aus den Absätzen 1 bis 3 des § 111 GWB ergibt sich, wie zu verfahren ist, wenn ein richtliniengemischter öffentlicher Auftrag vorliegt, der aus objektiv trennbaren Elementen besteht. 6

1. Wahlrecht bei trennbaren Auftragsteilen (Abs. 1)

Da von der Trennbarkeit der vom Beschaffungsvorgang umfassten Komponenten abhängt, nach welchen rechtlichen Vorgaben des § 111 GWB das auf den Auftrag anzuwendende Vergaberecht zu bestimmen ist, ist § 111 Abs. 1 GWB als Schlüsselnorm zu betrachten. Welche vergaberechtlichen Regelungen im konkreten Fall einschlägig ist, ist – in einem zweiten Schritt – nach Maßgabe des § 111 Abs. 2 bis 3 GWB zu bestimmen. 7

8 Die Anwendung des § 111 Abs. 1 GWB erfordert – ebenso wie die Absätze 2 bis 4 des § 111 GWB – zunächst die Feststellung des Vorliegens eines öffentlichen Auftrags im Sinne von § 103 Abs. 1 GWB, der **verschiedenartige Leistungen** umfasst. Insoweit unterscheidet sich § 111 GWB nicht von § 110 GWB.[5] Die identifizierten Leistungsteile müssen ferner – für sich betrachtet – in den Anwendungsbereich unterschiedlicher EU-Vergaberichtlinien fallen, also den der RL 2014/24/EU, der RL 2014/25/EU, der RL 2014/23/EU oder der RL 2009/81/EG. Nach deutschem Recht müssen die einzelnen Komponenten folglich den Vorschriften zur Vergabe von öffentlichen Aufträgen durch öffentliche Auftraggeber (§§ 97 ff. GWB i.V.m. der VgV bzw. Abschnitt 2 VOB/A), durch Sektorenauftraggeber (§§ 136 ff. GWB i.V.m. SektVO), den Vorschriften zur Vergabe von verteidigungs- und sicherheitsspezifischen öffentlichen Aufträgen (§§ 104, 144 ff. GWB i.V.m. der VSVgV bzw. Abschnitt 3 VOB/A) oder denjenigen zur Vergabe von Konzessionen (§§ 105, 148 ff. GWB i.V.m. der KonzVgV) unterfallen, wobei im Rahmen des § 111 GWB mindestens zwei der genannten Vergaberegime tangiert sein müssen.[6]

9 Zu der weiteren Voraussetzung, dass die umfassten Leistungen „**objektiv trennbar**" sind, findet sich im Unionsrecht der Hinweis, dass für die Vergabe eines einzigen Auftrags und damit gegen die Trennbarkeit sowohl technische Gründe als auch wirtschaftliche Aspekte sprechen können. In diesem Zusammenhang weist der Richtliniengeber exemplarisch darauf hin, dass die Notwendigkeit, einen einzigen Auftrag zu vergeben, z. B. im Falle der Errichtung eines einzigen Gebäudes bestehen könne, von dem ein Gebäudeteil direkt vom Auftraggeber genutzt und ein anderer Gebäudeteil auf Basis einer Konzession bewirtschaftet werden solle, etwa als öffentliches Parkhaus.[7] Im Übrigen heiß es dort: *„Es sollte […] klargestellt werden, wie öffentliche Auftraggeber festzustellen haben, ob eine Trennung der unterschiedlichen Teile möglich ist. Eine solche Präzisierung sollte sich auf die einschlägige Rechtsprechung des Gerichtshofs der Europäischen Union stützen"*.[8] Eine klarstellende Definition findet sich weder im Richtlinientext noch im nationalen Vergaberecht, sodass die Rechtsprechung des EuGH – sowie die daran anknüpfende nationale Entscheidungs- bzw. Spruchpraxis – in den Blick zu nehmen ist. Ausgangspunkt der einschlägigen Entscheidungen, in welchen die Zusammengehörigkeit bzw. Trennbarkeit von Auftragsteilen übrigens häufig im Zusammenhang mit der Schwellenwertberechnung erörtert wird, ist die Frage, ob die einzelnen Vertragsteile selbständig bestehen können. Ist dies der Fall, sei von der Trennbarkeit eines gemischten Vertrages auszugehen. Dagegen sei ein gemischter Vertrag einheitlich zu vergeben, wenn seine einzelnen Teile ein untrennbares Ganzes bilden.[9]

10 Für eine Untrennbarkeit kann sprechen, dass zwischen den im Auftrag inkludierten Leistungen **wirtschaftliche Abhängigkeiten** bestehen oder besondere Vertragskonstellationen vorliegen, die eine einheitliche Betrachtung erfordern. So hat der EuGH in der Rechtssache „Köln Messe" die Kombination aus einem Bau- und Mietvertrag als untrennbares Ganzes angesehen, weil es für die Errichtung der vorgesehenen Bauwerke ohne den Mietvertrag keinen Grund gegeben hätte und umgekehrt der Mietvertrag ohne die spätere Fertigstellung der Bauwerke nicht selbständig hätte existieren können.[10] Auf gleicher Linie liegt eine Entscheidung der VK Sachsen, die zu dem Ergebnis kommt, dass ein Vertrag über die Lieferung einer Telekommunikationsinfrastruktur sowie ein zeitgleich ausgeschriebener Wartungsvertrag eine wirtschaftliche Einheit bilden, weil beide Verträge nach den Vorstellungen der Parteien *„miteinander stehen und fallen sollen"*, was u.a. daraus abgeleitet wird, dass die Gewährung der

---

5 Vgl. die Kommentierung zu § 110 GWB Rn. 8 bis 18.

6 Vgl. *Pünder/Buchholtz*, in: Pünder/Schellenberg, Vergaberecht, § 111 GWB Rn. 2 und Rn. 1; *Mohr*, in: Säcker, Wettbewerbsrecht, § 111 GWB Rn. 1.

7 Erwägungsgrund 11 RL 2014/24/EU; ähnlich Erwägungsgrund 11 RL 2014/23/EU und Erwägungsgrund 13 RL 2014/23/EU.

8 Erwägungsgrund 11 RL 2014/24/EU; ähnlich Erwägungsgrund 11 RL 2014/23/EU und Erwägungsgrund 13 RL 2014/23/EU.

9 EuGH, Urteil v. 29.10.2009 – Rs. C-536/07 (Köln Messe), EuZW 2010, 58 Rn. 28; Urteil v. 22.12.2010 – Rs. C-215/09 (Oulun Kaupunki), EuZW 2011, 257 Rn. 36; VK Sachsen, Beschluss v. 12.4.2017 – 1/SVK/003-17, juris Rn. 52, 123.

10 EuGH, Urteil v. 29.10.2009 – Rs. C-536/07 (Köln Messe), EuZW 2010, 58 Rn. 28.

Konditionen für die Lieferung einer Telekommunikationsinfrastruktur, wohl auch darauf beruhten, dass zeitgleich ein Wartungsvertrag abgeschlossen worden sei.[11] Die gemeinsame Vergabe von Eisenbahnverkehrsleistungen, welche sich auf den räumlichen Zuständigkeitsbereich verschiedener Aufgabenträger in unterschiedlichen Bundesländern erstreckten, wurde als zulässig angesehen, weil der u.a. beabsichtigte Zweck der Zusammenführung mehrerer Linien in ein Netz die allgemeinen Vorhalte- und Betriebskosten reduziere, was bei Abschluss von Einzelvertragsverhältnissen nicht erreicht würde.[12] Den Umzug der über das Stadtgebiet verstreut untergebrachten Einheiten einer Behörde in ein neu errichtetes Gebäude hat die VK Hamburg als Gesamtauftrag eingeordnet, weil erkennbar eine einheitliche wirtschaftliche Zielsetzung zugrunde lag, nämlich die Konzentration aller Fachbereiche zentral im Neubaugebäude.[13] Mit Blick auf einen gemischten Vertrag, der den Erwerb von 49 % des Kapitals eines öffentlichen Kasinounternehmens, die Verpflichtung dieses fortzuführen sowie Bauleistungen zum Ausbau und zur Aufwertung der betreffenden Räumlichkeiten und des angrenzenden Geländes umfasste, hat der EuGH ebenfalls angenommen, dass dieser nur mit einem einzigen Partner geschlossen werden konnte, der die zum Erwerb der fraglichen Aktien erforderliche Finanzkraft aufwies und zugleich über professionelle Erfahrung im Betrieb von Kasinos verfügte.[14] Andererseits wurde die Feststellung der Untrennbarkeit eines Vertrages über die Gründung eines Gemeinschaftsunternehmens und die zeitgleiche Übertragung von Gesundheitsdienstleistungen vom EuGH beanstandet, weil die intendierte Sicherung der Stellung der vom Auftraggeber in das Gemeinschaftsunternehmen wechselnden Beschäftigten auf andere Weise hätte erreicht werden können, z. B. durch entsprechende vertragliche Verpflichtungen.[15]

Maßgebend für die Frage der Trennbarkeit von gemischten Verträgen können insbesondere auch **Gründe technischer Art** sein, z. B., wenn irgend geartete Zusammenhänge zwischen den Leistungsteilen bestehen. In seiner Entscheidung „Elektrifizierungsarbeiten" hat sich der EuGH – im Zusammenhang mit der Prüfung der Erreichung des Schwellenwertes – mit der Vergabe einer Serie von 37 Aufträgen über Elektrifizierungs- und Straßenbeleuchtungsarbeiten durch eine Einrichtung auf Departementsebene in Frankreich auseinandergesetzt und hierbei u.a. festgestellt, dass Arbeiten am Stromversorgungs- und Straßenbeleuchtungsnetz u.a. eine unterschiedliche technische Funktion haben und demzufolge nicht in einem Auftrag vergeben werden müssen.[16] Die weitere Aufteilung der Arbeiten am Stromversorgungsnetz nach Gebieten wurde allerdings als künstliche Aufteilung angesehen, weil die Stromversorgungsnetze verbundfähig seien und zusammen dieselbe Funktion erfüllen würden, nämlich die vom nationalen Energieversorger erzeugte und bereitgestellte elektrische Energie an die Verbraucher weiterzuleiten und zu verkaufen.[17] Die gebietsweise Unterteilung der Arbeiten am Straßenbeleuchtungsnetz hielt der Gerichtshof vice versa für unkritisch, da diese – anders als die Stromnetze – technisch nicht notwendig voneinander abhingen und ein Verbund unter ihnen technisch nicht geboten sei.[18] In eine ähnliche Richtung weist eine Entscheidung des OLG Naumburg. Mit Blick auf einen Verkehrsvertrag, der die Erbringung von Eisenbahnverkehrsleistungen umfasste, welche den räumlichen Zuständigkeitsbereich verschiedener Aufgabenträger in unterschiedlichen Bundesländern überschritten, judizierte das Gericht, dieser sei nicht in verschiedene Einzelvertragsverhältnisse teilbar, weil die Verkehrsleistungen nur einheitlich erbracht werden könnten. So sei mit dem Begriff des Betreibens einer einheitlichen SPNV-Linie weder ein differenzierter Fahrplan je nach Zuständigkeit für die Teilstrecken noch ein Einsatz unterschiedlicher Fahrzeuge vereinbar.[19] Einzelne Bauabschnitte einer Entlastungs- 11

11 VK Sachsen, Beschluss, v. 12.4.2017 – 1/SVK/032-14, BeckRS 2015, 8357.
12 OLG Naumburg, Beschluss v. 6.12.2012 – 2 Verg 5/12, NJOZ 2013, 1213 (1219).
13 Sinngemäß VK Hamburg, Beschluss v. 25.6.2014 – Vgk FB 3/14, Rz. 30 f., juris Rn. 32.
14 EuGH, Urteil v. 6.5.2010 – Rs. C-145/08 und 149/08 (Club Hotel Loutraki), Slg. 2010, I-4165 Rn. 51 ff., NZBau 2010, 506 ff.
15 EuGH, Urteil v. 22.12.2010 – Rs. C-215/09 (Oulun Kaupunki), Rn. 38 ff., EuZW 2011, 257.
16 EuGH, Urteil v. 5.10.2000 – Rs. C-16/98 (Kommission/Frankreich), Slg. 2000, I-8315 Rn. 49 ff., NZBau 2001, 275 ff.
17 EuGH, Urteil v. 5.10.2000 – Rs. C-16/98 (Kommission/Frankreich), Slg. 2000, I-8315 Rn. 61 ff., NZBau 2001, 275 ff.
18 EuGH, Urteil v. 5.10.2000 – Rs. C-16/98 (Kommission/Frankreich), Slg. 2000, I-8315 Rn. 61 ff., NZBau 2001, 275 ff.
19 OLG Naumburg, Beschluss v. 6.12.2012 – 2 Verg 5/12, NJOZ 2013, 1213 (1219).

straße wurden demgegenüber als Einzelaufträge eingeordnet, weil jeder Bauabschnitt für sich in verkehrstechnischer Hinsicht eine sachgerechte Nutzung durch die Verkehrsteilnehmer ermögliche und es mithin an einem zwingenden technischen und praktischen Zusammenhang fehle.[20] Allerdings kann das Ziel der Minimierung der Schnittstellen die Zusammenfassung mehrerer Bauabschnitte zu einer Gesamtbaumaßnahme rechtfertigen, wenn dies unter Berücksichtigung der konkreten Umstände geboten ist, z. B. die Besonderheiten des räumlichen Gebietes es erfordern, dass verschiedene übergreifende Leistungen für alle Bauabschnitte koordiniert erbracht werden.[21] Wird ein komplexes Beschaffungsvorhaben in gestuften Entscheidungsverfahren beschlossen und in verschiedenen Teilphasen realisiert, dürfte grundsätzlich die Annahme eines trennbaren Auftrages nahe liegen.[22] Weisen die zu erbringenden Leistungen eine starke innere Kohärenz bzw. funktionelle Kontinuität auf[23] bzw. besteht – zwischen einzelnen Gewerken einer Bauleistung – eine planerische Wechselwirkung,[24] kann es sich trotz Aufteilung in mehrere Abschnitte um einen Gesamtauftrag handeln.

12 Auch die **Umstände der Bekanntmachung bzw. Einleitung des Vergabeverfahrens** können – zumindest als unterstützendes Argument – für die Bewertung der Trennbarkeit des öffentlichen Auftrags herangezogen werden. So kann für die Untrennbarkeit eines gemischten öffentlichen Auftrags sprechen, dass eine zeitgleiche Einleitung des Vergabeverfahrens für unterschiedliche Maßnahmen erfolgt und sich die jeweiligen Bekanntmachungen im Wesentlichen entsprechen.[25] Die Annahme der Trennbarkeit der einzelnen Leistungsteile eines Beschaffungsvorhabens liegt im Übrigen dann besonders nahe, wenn die Schwellenwerte für mehrere Auftragsarten erreicht sind, entsprechende Aufträge typischerweise getrennt vergeben werden und es zudem an zwingenden sachlichen Gründen für eine Kombination fehlt.[26]

13 Hinsichtlich des Adjektivs „**objektiv**" wird in den Vergaberichtlinien klargestellt: *„Die Festlegung sollte auf der Grundlage einer Einzelfallprüfung erfolgen, bei der es allerdings nicht ausreichen sollte, dass die Absicht des öffentlichen Auftraggebers, die verschiedenen Teile eines gemischten Auftrags als untrennbar zu betrachten, zum Ausdruck gebracht oder vermutet wird; diese Absicht muss sich vielmehr auf objektive Gesichtspunkte stützen, die sie rechtfertigen und die Notwendigkeit begründen können, einen einzigen Auftrag zu vergeben"*.[27] Dieser auf die Rechtsprechung des EuGH[28] zurückgehende Hinweis macht deutlich, dass die Annahme der Trennbarkeit nicht lediglich durch die subjektiven Vorstellungen des Auftraggebers getragen sein darf, insbesondere den Wunsch, den Auftrag – ganz oder zumindest zum Teil – dem Vergaberecht zu entziehen bzw. ein weniger strenges Vergaberecht zur Anwendung gelangen zu lassen, sondern lediglich aus in der Sache selbst liegenden, nachvollziehbaren Aspekten erfolgen darf. Die Zugrundelegung eines solchermaßen objektiven Beurteilungsmaßstabs zielt auf die Verhinderung einer missbräuchlichen Anwendung der Norm ab.[29] Da sich dies der Sache nach bereits aus dem Umgehungsverbot des § 111 Abs. 5 GWB ergibt, hat die Wendung nur eine klarstellende Funktion.

14 Rechtsfolge der objektiven Trennbarkeit ist, dass der Auftraggeber entweder getrennte Aufträge für jeden Teil oder einen Gesamtauftrag vergeben kann, was auch als **Wahlrecht bzw.**

---

20 OLG Brandenburg, Beschluss v. 20.8.2002 – Verg W 4/02, juris Rn. 71.

21 VK Düsseldorf, Beschluss v. 28.9.2007 – VK-27/2007-B, juris Rn. 85 f.

22 KG, Beschluss v. 17.10.2013 – Verg 9/13, VergabeR 2014, 229 (232); VK Sachsen Beschluss v. 9.12.2014 – 1/SVK/032-14, BeckRS 2015, 8357; VK Hamburg, Beschluss v. 25.6.2014 – Vgk FB 3/14, juris Rn. 31.

23 EuGH, Urteil v. 15.3.2012 – Rs. C-574/10 (Autalhalle), ECLI:EU:C:2012:145 Rn. 44 ff., NZBau 2012, 311 ff.; ähnlich KG, Beschluss v. 17.10.2013 – Verg 9/13 (*„einzelnen Maßnahmen einheitlich geplant"*), VergabeR 2014, 229 (231 f.).

24 KG, Beschluss v. 13.5.2013 – Verg 10/12, BeckRS 2013, 10003.

25 EuGH, Urteil v. 5.10.2000 – Rs. C-16/98 (Elektrifizierungsarbeiten), NZBau 2001, 275 Rn. 64 f.; VK Hamburg, Beschluss v. 25.6.2014 – Vgk FB 3/14, juris Rn. 31; KG, Beschluss v. 17.10.2013 – Verg 9/13, VergabeR 2014, 229 (231 f.); zustimmend VK Sachsen Beschluss v. 9.12.2014 – 1/SVK/032-14, BeckRS 2015, 8357.

26 *Dreher*, in: Immenga/Mestmäcker, Wettbewerbsrecht, § 110 GWB Rn. 12.

27 Erwägungsgrund 11 RL 2014/24/EU; ähnlich Erwägungsgrund 11 RL 2014/23/EU und Erwägungsgrund 13 RL 2014/23/EU.

28 EuGH, Urteil v. 22.12.2010 – Rs. C-215/09 (Oulun Kaupunki), EuZW 2011, 257 Rn. 39.

29 *Pünder/Buchholz*, in: Pünder/Schellenberg, Vergaberecht, § 111 GWB Rn. 6; *Kern/Brandt*, EuZW 2011, 259 (260).

-freiheit beschrieben wird.[30] Wahlrecht oder -freiheit hinsichtlich der Vergabe getrennter Aufträge oder eines Gesamtauftrages bedeutet nichts anderes, als dass diese Entscheidung im Ermessen des Auftraggebers liegt.[31] Wie alle vergaberechtlichen Ermessensentscheidungen wird das Ermessen durch die allgemeinen vergaberechtlichen Prinzipien (§ 97 GWB) limitiert, d.h. durch den Wettbewerbsgrundsatz, das Transparenzgebot, den Gleichbehandlungsgrundsatz, dass Gebot der Nichtdiskriminierung und den Verhältnismäßigkeitsgrundsatz. Besteht ein Beschaffungsvorhaben aus trennbaren Leistungsteilen und entscheidet sich der Auftraggeber für eine Gesamtvergabe, wäre diese Entscheidung z. B. ermessensfehlerhaft, wenn sie allein durch die Motivation getragen würde, einem bestimmten Bieter eine Beteiligung am Vergabeverfahren zu erschweren.

2. Getrennte Vergabe trennbarer Auftragsteile (Abs. 2)

§ 111 Abs. 2 GWB beruht auf Art. 3 Abs. 3 UAbs. 1 und Abs. 4 UAbs. 1 RL 2014/24/EU sowie **15** auf Art. 5 Abs. 3 UAbs. 1 und Abs. 4 UAbs. 1 RL 2014/25/EU.[32] Die Bestimmung erfasst die Situation, dass die einzelnen Leistungsteile eines richtliniengemischten Auftrags objektiv trennbar sind und der Auftraggeber seine nach § 111 Abs. 1 GWB bestehende Wahlfreiheit dahingehend ausübt, die einzelnen Leistungsteile jeweils getrennt, d.h. als Einzelaufträge, zu vergeben. In diesem Fall richten sich die anwendbaren vergaberechtlichen Vorschriften ausweislich § 111 Abs. 2 GWB nach den Merkmalen des jeweiligen Einzelauftrags, d.h. jeder Einzelauftrag ist nach der Vergabe(ver-)ordnung zu vergeben, deren Anwendungsbereich unter Zugrundelegung der Charakteristika des jeweiligen Einzelauftrags einschlägig ist. In Betracht kommt also eine Vergabe der Einzelaufträge nach § 97 ff. GWB in Verbindung mit der VgV, dem Abschnitt 2 oder 3 VOB/A, der VSVgV, der SektVO oder – wegen des Verweises in § 111 Abs. 6 GWB – der KonzVgV. Denkbar ist auch, dass ein Einzelauftrag außerhalb des GWB-Vergaberechts steht, was z. B. der Fall sein könnte, wenn der maßgebliche Schwellenwert nach § 106 GWB unterschritten wird.[33] Da im Falle einer getrennten Vergabe objektiv trennbarer Elemente eines Auftrags ohnehin kein sachlicher Grund für die Anwendung einer anderen als derjenigen Vergabe(ver-)ordnung besteht, die nach den Merkmalen des Einzelauftrags anwendbar ist, wird zu Recht angenommen, dass § 111 Abs. 2 GWB eine Selbstverständlichkeit zum Ausdruck bringt und es sich um eine Regelung mit lediglich klarstellendem Charakter handelt.[34]

3. Gesamtvergabe trennbarer Auftragsteile (Abs. 3)

Wenn sich ein Auftraggeber trotz objektiver Trennbarkeit der unterschiedlichen Elemente ei- **16** nes öffentlichen Auftrags i.S.d. § 111 Abs. 1 GWB gleichwohl für die Vergabe eines Gesamtauftrages entscheidet, gelangt die Vorschrift des § 111 Abs. 3 GWB zur Anwendung, die in den Nr. 1 bis 5 regelt, welche Vorschriften in den unterschiedlichen Fällen des Aufeinandertreffens von Vergaberegimen maßgeblich sind. Hierdurch wird der Ermessensspielraum des Auftraggebers, den er aufgrund des Wahlrechts nach § 111 Abs. 1 GWB hat, weiter eingeschränkt.[35] Kennzeichnendes Merkmal der in § 111 Abs. 3 Nr. 1 bis 5 GWB geregelten Fälle ist, dass nicht – auf den nach Auftragswert oder sonstigen Merkmal zu bestimmenden – Gegenstand des Hauptauftrags abgestellt wird, sondern abstrakt festgelegt wird, welches Regelungsregime vorrangig ist.[36]

---

30 *Hüttinger*, in: Burgi/Dreher, Vergaberecht, § 111 GWB Rn. 13; *Pünder/Buchholz*, in: Pünder/Schellenberg, Vergaberecht, § 111 GWB Rn. 5.
31 *Ziekow*, in: Ziekow/Völlink, Vergaberecht, § 111 GWB Rn. 10.
32 Gesetzesbegründung zu § 111 Abs. 2 GWB, VergRModG 2016, BT-Drs. 18/6281, 84 f.
33 *Pünder/Buchholz*, in: Pünder/Schellenberg, Vergaberecht, § 111 GWB Rn. 6.
34 *Rafii*, in: Reidt/Stickler/Glahs, Vergaberecht, § 111 GWB Rn. 12; *Röwekamp*, in: Röwekamp/Kus/Portz/Prieß, GWB-Vergaberecht, § 111 Rn. 2.
35 Ähnlich *Ziekow*, in: Ziekow/Völlink, Vergaberecht, § 111 GWB Rn. 12.
36 In diesem Sinne *Dreher*, in: Immenga/Mestmäcker, Wettbewerbsrecht, § 111 GWB Rn. 116; *Rafii*, in: Reidt/Stickler/Glahs, Vergaberecht, § 111 GWB Rn. 13.

a) Eingreifen einer Bereichsausnahme (Nr. 1)

17 § 111 Abs. 3 Nr. 1 GWB dient der Umsetzung der **unionsrechtlichen Bestimmungen** in Art. 3 Abs. 3 UAbs. 2 und Art. 16 Abs. 2 UAbs. 3 lit. a RL 2014/24/EU sowie von Art. 5 Abs. 3 UAbs. 2 und Art. 25 Abs. 2 UAbs. 3 lit. a RL 2014/25/EU.

18 Die Vorschrift bestimmt, dass ein Mischauftrag, bei dem ein Auftragsteil die Voraussetzungen für eine Ausnahme gemäß **§ 107 Abs. 2 S. 1 Nr. 1 oder 2 GWB** erfüllt, ohne Anwendung des Teils 4 GWB (§§ 97 ff. GWB) vergeben werden kann. Unmaßgeblich ist, welchem Vergaberegime das bzw. die anderen Elemente unterfallen bzw. wie groß der Wert des unter § 107 Abs. 2 S. 1 Nr. 1 oder 2 GWB fallenden Auftragsteils ist, was seinen Grund in der Sensibilität des § 107 Abs. 2 S. 1 Nr. 1 oder 2 GWB unterliegenden Auftragsteils hat.

19 Zwingend erforderlich ist außer dem Vorliegen einer Bereichsausnahme nach § 107 Abs. 2 S. 1 Nr. 1 oder 2 GWB indes, dass eine Gesamtvergabe aus „**objektiven Gründen gerechtfertigt**" ist. Ziel dieser strengen Voraussetzung ist es zu verhindern, dass das nach § 111 Abs. 3 Nr. 1 GWB bestehende Ermessen[37] bezüglich einer Gesamtvergabe lediglich dazu missbraucht wird, auch den nicht der Bereichsausnahme des § 107 Abs. 2 S. 1 Nr. 1 oder 2 GWB unterliegenden Teil ohne Bindung an §§ 97 ff. GWB vergeben zu können.[38] Aus dem Adjektiv „objektiv" lässt sich, ähnlich wie im Rahmen des § 111 Abs. 1 GWB,[39] folgern, dass die Gründe, die für eine Gesamtvergabe streiten, nicht lediglich subjektiver Natur sein dürfen, d.h. durch den Wunsch getragen sind, den Auftrag – ganz oder zumindest zum Teil – dem Vergaberecht zu entziehen, sondern sich auf in der Sache selbst liegende, nachvollziehbare Aspekte stützen, was sich der Sache nach bereits aus dem Umgehungsverbot des § 111 Abs. 5 GWB ergibt.

20 Problematisch an diesem Merkmal ist, dass § 111 Abs. 3 Nr. 1 GWB überhaupt nur anwendbar ist, wenn zuvor nach § 111 Abs. 1 GWB das Vorliegen objektiver Gründe festgestellt wurde, welche die Annahme der **Trennbarkeit** des Auftrags stützen. Im Rahmen des § 111 Abs. 3 Nr. 1 GWB müssen sodann – diametral entgegengesetzt – objektive Gründe dafür angeführt werden können, dass es gerechtfertigt ist, einen Gesamtauftrag zu vergeben. Es mag zutreffen, dass im Rahmen des § 111 Abs. 3 Nr. 1 GWB ähnliche Gründe angeführt werden können, wie im Rahmen des § 111 Abs. 1 GWB, also solche technischer oder wirtschaftlicher Art.[40] Bezogen auf den konkreten Fall kann es sich allerdings nicht um dieselben Aspekte handeln, denn es ist kaum vorstellbar, dass dieselben Gründe einmal die Annahme der Trennbarkeit und einmal die Feststellung der Erforderlichkeit einer Gesamtvergabe stützen. Auflösen lässt sich dieser **Widerspruch** allenfalls, wenn man davon ausgeht, dass die „objektiven Gründe" des § 111 Abs. 3 Nr. 1 GWB spezieller sein müssen als die für die „objektive Trennbarkeit" sprechenden Gründe i.S.v. § 111 Abs. 1 GWB.[41] In Betracht kommen Aspekte, die ihren Ursprung in der Bereichsausnahme des § 107 Abs. 2 S. 1 Nr. 1 oder 2 GWB haben. Vorstellbar wäre z. B. ein Mischauftrag, dessen Leistungsteile keine technischen Abhängigkeiten aufweisen und bei dem eine gemeinsame Vergabe auch nicht mit nennenswerten wirtschaftlichen Vorteilen für den Auftraggeber verbunden ist, sodass – auf einer ersten Prüfungsebene – die Trennbarkeit i.S.d. § 111 Abs. 1 GWB angenommen werden kann. Sind dann weitere, im Zusammenhang mit der Bereichsausnahme des § 107 Abs. 2 S. 1 Nr. 1 oder 2 GWB stehende Belange zu berücksichtigen, die den Schluss nahelegen, dass die Elemente des Auftrags doch nicht isoliert betrachtet werden können, könnte man – auf der zweiten Betrachtungsebene – zu dem Ergebnis kommen, dass dennoch eine Gesamtvergabe gerechtfertigt ist. Eine solche Situation könnte beispielsweise vorliegen, wenn bei einer öffentlichen Ausschreibung des Auftragsteils, auf den § 107 Abs. 2 S. 1 Nr. 1 oder 2 GWB nicht anzuwenden ist, aufgrund besonderer Um-

37 Hierzu näher unter Rn. 21.
38 In diesem Sinne *Schneider*, in: Bunte, Kartellrecht, § 111 GWB Rn. 8; *Pünder/Buchholtz*, in: Pünder/Schellenberg, Vergaberecht, § 111 GWB Rn. 11.
39 Hierzu bereits unter Rn. 13.
40 So z. B. *Röwekamp*, in: Röwekamp/Kus/Portz/Prieß, GWB-Vergaberecht, § 111 Rn. 3.
41 Ähnlich *Schneider*, in: Bunte, Kartellrecht, § 111 GWB Rn. 8 („*strenger Maßstab*"); *Ziekow*, in: Ziekow/Völlink, Vergaberecht, § 111 GWB Rn. 14 („*in staatlichen Sicherheitsinteressen wurzelnde Gründe*"); wohl a.A. *Mohr*, in: Säcker, Wettbewerbsrecht, § 111 GWB Rn. 15.

stände – welche vom Auftraggeber im konkreten Fall darzulegen wären – Rückschlüsse auf den der Bereichsausnahme unterliegenden Teil möglich wären, sodass die Sicherheitsinteressen für die Annahme eines Gesamtauftrags sprechen.

21 Wie sich aus dem Wort „kann" ergibt, liegt es bei § 111 Abs. 3 Nr. 1 GWB – anders als nach § 111 Abs. 3 Nr. 3 bis 5 GWB – im **Ermessen** des Auftraggebers, ob er von der Möglichkeit einer Vergabe ohne Anwendung der §§ 97 ff. GWB Gebrauch macht. Das heißt, selbst wenn die Annahme eines Gesamtauftrags durch „objektive Gründe" i.S.d. § 111 Abs. 3 Nr. 1 GWB getragen wird, kann der Auftraggeber hierauf verzichten und die Auftragsteile gleichwohl getrennt vergeben.

22 Aufgrund des Verweises in § 111 Abs. 6 GWB[42] ist die Vorschrift auf die Vergabe (gemischter) **Konzessionen** entsprechend anzuwenden, bei welchen ein Teil unter die Bereichsausnahme § 107 Abs. 2 S. 1 Nr. 1 oder 2 GWB zu subsumieren ist. Die unionsrechtliche Grundlage folgt in diesem Fall aus Art. 20 Abs. 2 UAbs. 2 und Art. 21 Abs. 2 UAbs. 3 lit. a RL 2014/23/EU.

b) Verteidigungs- oder sicherheitsspezifischer Auftragsteil (Nr. 2)

23 Die **unionsrechtlichen Grundlagen** des § 111 Abs. 3 Nr. 2 GWB finden sich in Art. 3 Abs. 3 UAbs. 2 und Art. 16 Abs. 2 UAbs. 3 lit. b RL 2014/24/EU sowie in Art. 5 Abs. 3 UAbs. 2 und Art. 25 Abs. 2 UAbs. 3 lit. b RL 2014/25/EU.

24 Nach **§ 111 Abs. 3 Nr. 2 GWB** kann ein gemischter Auftrag insgesamt gemäß den Vorschriften über die Vergabe verteidigungs- oder sicherheitsspezifischer öffentlicher Aufträge (§§ 104, 144 ff. GWB i.V.m. VSVgV oder Abschnitt 3 VOB/A) vergeben werden, wenn eine Komponente des Auftrags in den Anwendungsbereich dieser Vorschriften fällt. Rechtfertigen lässt sich dies damit, dass die Vorschriften über die Vergabe verteidigungs- oder sicherheitsspezifischer öffentlicher Aufträge Vergabebedingungen enthalten, welche den spezifischen Anforderungen dieses Bereiches Rechnung tragen,[43] namentlich dem erhöhten Bedürfnis nach Versorgungs- und Informationssicherheit.[44]

25 Ob eine Gesamtvergabe nach den Vorschriften über die Vergabe verteidigungs- oder sicherheitsspezifischer öffentlicher Aufträge statthaft ist, hängt zudem – wie auch bei § 111 Abs. 3 Nr. 1 GWB – von der weiteren Voraussetzung ab, dass die Gesamtvergabe aus „**objektiven Gründen gerechtfertigt**" ist. Insoweit gelten die gleichen Maßstäbe wie bei § 111 Abs. 3 Nr. 1 GWB[45]

26 Da es sich bei § 111 Abs. 3 Nr. 2 GWB um eine Kann-Vorschrift handelt, liegt es bei dieser Norm – anders als nach § 111 Abs. 3 Nr. 3 bis 5 GWB – im **Ermessen** des Auftraggebers, ob er von der Möglichkeit einer Vergabe nach §§ 104, 144 ff. GWB i.V.m. der VSVgV oder Abschnitt 3 VOB/A Gebrauch macht. Das heißt, selbst wenn die Annahme eines Gesamtauftrags durch „objektive Gründe" i.S.d. § 111 Abs. 3 Nr. 1 GWB getragen wird, kann der Auftraggeber hierauf verzichten und die Auftragsteile gesondert vergeben.

27 Auch § 111 Abs. 3 Nr. 2 GWB soll kraft Verweisung des § 111 Abs. 6 GWB[46] für (gemischte) **Konzessionen** entsprechend gelten, sofern ein Teil unter §§ 104, 144 ff. GWB i.V.m. der VSVgV bzw. Abschnitt 3 VOB/A fällt. Dieser auf Art. 20 Abs. 2 UAbs. 2 und Art. 21 Abs. 2 UAbs. 3 lit. b RL 2014/23/EU beruhende Verweis erschließt sich nicht,[47] da die Vorschriften für den Bereich Verteidigung und Sicherheit anerkanntermaßen nicht auf Konzessionen anwendbar sind; soweit in diesem Bereich Konzessionen zu vergeben wären – und keine Ausnahme vom Vergaberecht nach § 150 GWB eingreifen würde – wären die Verfahrensvorschriften für Konzessionen (§§ 148 ff. GWB i.V.m. der KonzVgV) anzuwenden.[48] Das müsste erst recht für

42 Hierzu näher unter Rn. 57.
43 In diesem Sinne *Fandrey*, in: Gabriel/Krohn/Neun, Handbuch Vergaberecht, § 4 Rn. 73.
44 Zur Zielsetzung der RL 2009/81/EG und der darauf beruhenden VSVgV: *Otting*, in: Burgi/Dreher, Vergaberecht, § 1 VSVgV Rn. 3.
45 Siehe oben Rn. 19 f.
46 Hierzu näher unter Rn. 57.
47 Kritisch auch *Krohn*, in: Gabriel/Krohn/Neun, Handbuch Vergaberecht, § 57 Rn. 48.
48 *Krohn*, in: Gabriel/Krohn/Neun, Handbuch Vergaberecht, § 57 Rn. 6, 127 ff.

den Konzessionsteil eines Mischauftrags gelten, der selbst nicht einmal den Vorschriften für den Bereich Verteidigung und Sicherheit unterfällt. Der Auftraggeber dürfte daher gut beraten sein, das durch § 111 Abs. 3 Nr. 2 GWB bestehende Ermessen dahingehend auszuüben, in diesem Fall keinen Gesamtauftrag nach den Vorschriften für den Bereich Verteidigung und Sicherheit zu vergeben, die im Übrigen auch keine geeigneten Regeln für Konzessionen enthalten, sondern den Konzessionsteil möglichst gesondert nach den Verfahrensvorschriften für Konzessionen zu vergeben.

c) Auftragsteil unterliegt Sektorenvergaberecht (Nr. 3)

28 Durch § 111 Abs. 3 Nr. 3 GWB werden die **unionsrechtlichen Bestimmungen** in Art. 3 Abs. 5 RL 2014/24/EU sowie Art. 5 Abs. 4 UAbs. 2 und 3 RL 2014/25/EU und Art. 20 Abs. 4 der RL 2014/23/EU umgesetzt.

29 **§ 111 Abs. 3 Nr. 3 Hs. 1 GWB** regelt den Fall, dass ein – trennbarer – Mischauftrag Teilleistungen enthält, die – bei isolierter Betrachtung – nach den Vorschriften über die Vergabe von öffentlichen Aufträgen im Bereich der Trinkwasser- oder Energieversorgung sowie des Verkehrs (§§ 136 ff. GWB i.V.m. der SektVO) zu vergeben wären und eine andere Komponente nach den Vorschriften über die Vergabe öffentlicher Aufträge (§§ 97 ff. GWB i.V.m. der VgV bzw. Abschnitt 2 VOB/A). Ist vorgenannte Voraussetzung erfüllt, unterliegt der Gesamtauftrag gemäß § 111 Abs. 3 Nr. 3 Hs. 1 GWB grundsätzlich dem Sektorenvergaberecht, sofern die dem Sektorenvergaberecht unterliegende Komponente den für Sektorenaufträge maßgeblichen Schwellenwert (§ 106 Abs. 2 Nr. 2 GWB) erreicht.

30 Darauf, dass die Gesamtvergabe durch objektive Gründe **gerechtfertigt** ist, kommt es hier nicht an. Auch spielt es keine Rolle, ob der dem Sektorenvergaberecht unterliegende Auftragsteil dem Auftragswert nach den **Hauptgegenstand** bildet, wie die Gesetzesbegründung mit der Formulierung *„ungeachtet des Werts derjenigen Teile, die an sich anderen rechtlichen Regelungen unterliegen würden"* klarstellt.[49] Der Grund für den Vorrang der §§ 136 ff. GWB i.V.m. der SektVO liegt darin, dass diese Vorschriften den Sektorenauftraggebern mit Rücksicht auf die wettbewerblichen Besonderheiten der Sektorenbereiche Wasser, Energie, Verkehr größere Freiheiten einräumen (z. B. hinsichtlich der Auswahl der Verfahrensart gemäß § 13 SektVO). Hintergrund der Schaffung spezieller Vergaberegeln für diese Bereiche ist, dass hier häufig nach wie vor Möglichkeiten der politischen Einflussnahme gegeben sind, die betreffenden Märkte allerdings grundsätzlich geöffnet sind.[50] Zur Vermeidung einer unnötigen Behinderung der Sektorenauftraggeber, sollen auch die anderen Vergaberegimen unterliegenden Teile eines Gesamtauftrags unter die Sektorenvorschriften fallen.[51]

31 Gilt für ein Element eines gemischten Auftrags – im theoretischen Fall einer getrennten Vergabe – das Sektorenvergaberecht (§§ 136 ff. GWB i.V.m. der SektVO) und unterliegt ein weiterer Teil dem Konzessionsvergaberecht (148 ff. GWB i.V.m. der KonzVgV), ordnet **§ 111 Abs. 3 Nr. 3 Hs. 2 GWB** an, dass der Gesamtauftrag ebenfalls dem Regime des Sektorenvergaberechts unterliegt. Der Hinweis in der Gesetzesbegründung, dass dies nur gelte, wenn der dem Sektorenvergaberecht unterliegende Teil den für Sektorenaufträge maßgeblichen Schwellenwert (§ 106 Abs. 2 Nr. 2 GWB) erreicht,[52] ist überflüssig, da § 111 Abs. 3 Nr. 3 Hs. 2 GWB mit der Formulierung „dies gilt auch" eine entsprechende Anwendung der Regelung des § 111 Abs. 3 Nr. 3 Hs. 1 GWB anordnet, die diese Voraussetzung explizit nennt.[53] Falls der dem Sektorenvergaberecht unterliegende Teil den für Sektorenaufträge maßgeblichen Schwellenwert nicht erreicht, unterfällt der Gesamtauftrag hingegen dem Konzessionsvergaberecht.[54]

---

49 Gesetzesbegründung zu § 111 Abs. 3 Nr. 3 GWB, VergRModG 2016, BT-Drs. 18/6281, 85.
50 *Burgi*, Vergaberecht, § 23 Rn. 2.
51 In diesem Sinne *Mohr*, in: Säcker, Wettbewerbsrecht, § 111 GWB Rn. 23.
52 Vgl. Gesetzesbegründung zu § 111 Abs. 3 Nr. 3 GWB, VergRModG 2016, BT-Drs. 18/6281, 85.
53 Ähnlich *Hüttinger*, in: Burgi/Dreher, Vergaberecht, § 111 GWB Rn. 38 mit Fn. 23, der diesen Hinweis sogar für missverständlich hält.
54 Gesetzesbegründung zu § 111 Abs. 3 Nr. 4 GWB, VergRModG 2016, BT-Drs. 18/6281, 85.

d) Auftragsteil unterliegt Konzessionsvergaberecht (Nr. 4)

Die Anwendungsregel des § 111 Abs. 3 Nr. 4 GWB findet ihre **unionsrechtlichen Grundlagen** in Art. 3 Abs. 4 UAbs. 3 RL 2014/24/EU sowie Art. 20 Abs. 4 RL 2014/23/EU. 32

Voraussetzung des **§ 111 Abs. 3 Nr. 4 GWB** ist, dass es um die Gesamtvergabe eines Auftrags geht, bei dem ein Element des Auftrags den Regelungen zur Vergabe von Konzessionen (§§ 148 ff. GWB i.V.m. der KonzVgV) unterliegt und ein anderer Auftragsteil in den Anwendungsbereich der Vorschriften über die Vergabe öffentlicher Aufträge (§§ 97 ff. GWB i.V.m. der VgV bzw. Abschnitt 2 VOB/A) fällt. 33

Darauf, dass die Gesamtvergabe durch objektive Gründe **gerechtfertigt** ist, kommt es in der vorgenannten Fallgestaltung nicht an. 34

Die Vergabe des Gesamtauftrags erfolgt in dieser Konstellation a limine gemäß den **Vorschriften zur Vergabe öffentlicher Aufträge**, d.h. nach §§ 97 ff. GWB i.V.m. der VgV bzw. Abschnitt 2 VOB/A, wenn der Wert des Auftragsteils, der unter diese Vorschriften fällt, den nach § 106 Abs. 2 Nr. 1 GWB relevanten Schwellenwert erreicht oder überschreitet. Anderenfalls, d.h. wenn der Wert des Auftragsteils, der unter §§ 97 ff. GWB i.V.m. der VgV bzw. Abschnitt 2 VOB/A fällt, den insoweit maßgeblichen Schwellenwert nicht erreicht, ist der Gesamtauftrag nach den Vorschriften über die Vergabe von Konzessionen, also nach Maßgabe der §§ 148 ff. GWB i.V.m. der KonzVgV, zu vergeben. Hiermit statuiert der Gesetzgeber für diese Situation einen Vorrang des allgemeinen Vergaberechts gegenüber dem Konzessionsvergaberecht, womit der möglichen Motivation des Auftraggebers entgegenwirkt werden soll, Konzessionen und öffentliche Aufträge nur deshalb als Gesamtauftrag zu vergeben, um das weniger strenge Konzessionsvergaberechts anwenden zu können.[55] 35

e) Auftragsteil außerhalb des Kartellvergaberechts (Nr. 5)

Mit § 111 Abs. 3 Nr. 5 GWB werden die **unionsrechtlichen Bestimmungen** in Art. 3 Abs. 4 UAbs. 2 RL 2014/24/EU, Art. 5 Abs. 4 UAbs. 2 RL 2014/25/EU und Art. 20 Abs. 3 UAbs. 2 RL 2014/23/EU in nationales Recht transformiert. 36

Die Vorschrift des **§ 111 Abs. 3 Nr. 5 GWB** regelt den Fall, dass ein gemischter Auftrag Leistungen beinhaltet, die Teil 4 GWB (§§ 97 ff. GWB i.V.m. der VgV bzw. Abschnitt 2 VOB/A) unterliegen und mindestens eine weitere Komponente umfasst, die sonstigen Vorschriften außerhalb des GWB-Vergaberechts unterfallen. 37

Bei den **sonstigen Vorschriften** außerhalb des GWB-Vergaberechts kann es sich um nationale oder europäische Vorschriften handeln, welche den Auftraggeber zur Durchführung einer Ausschreibung verpflichten,[56] weshalb § 111 Abs. 3 Nr. 5 GWB in der Literatur zu Recht als *„Auffangregelung"* eingeordnet wird.[57] Exemplarisch lässt sich z. B. die Vergabe von Dienstleistungsaufträgen über öffentliche Personenverkehrsdienste mit Bussen und Straßenbahnen nach der VO (EG) 1370/2007[58] und die Pflicht zur Durchführung eines diskriminierungsfreien Wettbewerbs für Wegenutzungsverträge nach §§ 46 ff. EnWG nennen.[59] Angesichts des mutmaßlichen Sinn und Zwecks der Vorschrift, möglichen Bestrebungen des Auftraggebers entgegenzuwirken, beide Auftragsteile nur deshalb als Gesamtauftrag zu vergeben, um auch den § 97 ff. GWB unterliegenden Auftragsteil gemäß den für die andere Komponente geltenden, weniger strengen Vergaberegeln vergeben zu können, dürfte die Begrifflichkeit der „sonstigen Vorschriften außerhalb dieses Teils" weit zu verstehen sein und darüber hinaus z. B. auch die primärrechtlichen Vorgaben des AEUV, verfassungsrechtliche Vorschriften (Art. 3 GG) sowie haushaltsrechtlich fundierte Regelungen (z. B. UVgO, Nebenbe- 38

55 *Mohr*, in: Säcker, Wettbewerbsrecht, § 111 GWB Rn. 25.

56 *Pünder/Buchholz*, in: Pünder/Schellenberg, Vergaberecht, § 111 GWB Rn. 14.

57 *Rafii*, in: Reidt/Stickler/Glahs, Vergaberecht, § 111 GWB Rn. 17; *Mohr*, in: Säcker, Wettbewerbsrecht, § 111 GWB Rn. 26.

58 Zur Abgrenzung der VO (EG) 1370/2007 gegenüber dem allgemeinen Vergaberecht: *Hagenbruch*, EuZW 2020, 1019 ff.

59 *Pünder/Buchholz*, in: Pünder/Schellenberg, Vergaberecht, § 111 GWB Rn. 14. Allgemein zu den vergaberechtlichen Rechtsquellen außerhalb des GWB-Vergaberechts: *Hertwig*, Praxis des Vergaberechts, Rn. 132 ff.

stimmungen von Zuwendungsbescheiden) umfassen. Ist diese Voraussetzung erfüllt, hat die Vergabe des Gesamtauftrags gemäß Teil 4 GWB (§§ 97 ff. GWB i.V.m. der VgV bzw. Abschnitt 2 VOB/A) zu erfolgen.

39 Nach der teleologischen Auslegung greift die Regelung des § 111 Abs. 3 Nr. 5 GWB erst recht ein, wenn für den Auftragsteil, der nicht dem GWB-Vergaberecht unterliegt, **keine vergaberechtlichen Vorschriften** außerhalb des GWB-Vergaberechts existieren.[60]

40 Wie in § 111 Abs. 3 Nr. 5 GWB explizit klargestellt wird, ist der **Auftragswert** der Leistungsteile, die den vergaberechtlichen Vorgaben außerhalb des GWB-Vergaberechts unterfallen oder für den jenseits des GWB-Vergaberechts keine Ausschreibungsregeln existieren, unmaßgeblich.

II. Rechtliche Vorgaben bei objektiv untrennbaren Auftragsteilen (Abs. 4)

41 Besteht ein öffentlicher Auftrag[61] aus objektiv unteilbaren Leistungsteilen, die unterschiedlichen Regelungen unterliegen, ergibt sich das anzuwendende Recht aus § 111 Abs. 4 GWB.

42 Von einem Aufeinandertreffen **unterschiedlicher rechtlicher Regelungen**, das sowohl § 111 Abs. 4 Nr. 1 GWB als auch § 111 Abs. 4 Nr. 2 GWB voraussetzt, ist auszugehen, wenn die inkludierten Komponenten – für sich betrachtet – in den Anwendungsbereich unterschiedlicher EU-Vergaberichtlinien bzw. – darauf beruhender – nationaler Vergaberegime fallen.[62]

43 Die in beiden Alternativen des § 111 Abs. 4 GWB geforderte **Untrennbarkeit** liegt vor, wenn keine ausreichenden Gründe für eine Trennbarkeit der Auftragsteile i.S.d. § 111 Abs. 1 GWB.[63]

1. Hauptgegenstand des Auftrags als maßgeblicher Anknüpfungspunkt (Nr. 1)

44 Nach Vorgabe des § 111 Abs. 4 Nr. 1 Hs. 1 GWB, der auf Art. 3 Abs. 6 RL 2014/24/EU, Art. 5 Abs. 5 RL 2014/25/EU sowie Art. 20 Abs. 5 RL 2014/23/EU beruht, bestimmt sich das anzuwendende vergaberechtliche Regelungsregime bei Vorliegen eines untrennbaren Mischauftrags, dessen Teile unterschiedlichen Vergaberegeln (z. B. §§ 97 ff. GWB i.V.m. der VgV bzw. Abschnitt 2 VOB/A einerseits und §§ 148 ff. GWB i.V.m. KonzVgV oder §§ 136 ff. GWB i.V.m. der SektVO andererseits) unterliegen, nach dem Hauptgegenstand des Auftrags.

45 Die Festlegung des **Hauptgegenstandes** hat auf der Grundlage einer Gesamtbetrachtung sämtlicher qualitativer und quantitativer Kriterien des Einzelfalls zu erfolgen; der geschätzte Wert der betreffenden Leistungsanteile ist hierbei nur ein Indiz. Im Einzelnen gelten dieselben Maßstäbe, wie im Rahmen des § 110 Abs. 1 GWB.[64] Liegen die Dinge so, dass ein Mischauftrag sowohl Elemente einer Dienstleistungskonzession als auch eines Lieferauftrags umfasst, wird der Hauptgegenstand ausweislich § 111 Abs. 4 Nr. 1 Hs. 2 GWB danach ermittelt, „welcher geschätzte Wert der jeweiligen Dienst- oder Lieferleistungen" höher ist. Dieser Ansatz zur Ermittlung des einschlägigen Vergaberegimes deckt sich mit dem des § 110 Abs. 2 GWB.[65] Bei dieser Regelung wird ebenfalls auf den geschätzten Wert der betreffenden Komponenten abgestellt.[66]

46 Durch § 111 Abs. 6 GWB wird klargestellt, dass § 111 Abs. 4 Nr. 1 GWB auf (gemischte) **Konzessionen** entsprechende Anwendung findet, was in Anbetracht der Tatsache, dass Konzessionen bei § 111 Abs. 4 Nr. 1 GWB expressis verbis einbezogen sind, nicht zwingend erforderlich gewesen wäre.

---

60 *Dreher*, in: Immenga/Mestmäcker, Wettbewerbsrecht, § 111 GWB Rn. 32.
61 Vgl. hierzu Rn. 8.
62 Es kann daher auf die entsprechende Kommentierung verweisen werden, siehe oben Rn. 8.
63 Siehe oben Rn. 9 ff.
64 Siehe § 110 GWB Rn. 23.
65 *Rafii*, in: Reidt/Stickler/Glahs, Vergaberecht, § 111 GWB Rn. 21.
66 Hierzu im Einzelnen unter § 110 GWB Rn. 25 f.

2. Ausnahme bei verteidigungs- oder sicherheitsspezifischem Auftragsteil (Nr. 2)

Vorbild des § 111 Abs. 4 Nr. 2 GWB sind die unionsrechtlichen Bestimmungen der Art. 16 Abs. 4 RL 2014/24/EU sowie Art. 25 Abs. 4 RL 2014/25/EU und Art. 21 Abs. 3 RL 2014/23/EU. 47

Die Vorschrift des **§ 111 Abs. 4 Nr. 2 GWB** sieht vor, dass ein Mischauftrag, der einen Auftragsteil enthält, der nach der Ausnahmevorschrift des § 107 Abs. 2 S. 1 Nr. 1 oder 2 GWB von der Anwendung der §§ 97 ff. GWB dispensiert ist (und einen anderen Teil, der einem anderen vergaberechtlichen Regime unterliegt) von der Anwendung der §§ 97 ff. GWB vollständig freigestellt ist oder gemäß den Vorschriften über die Vergabe von verteidigungs- oder sicherheitsspezifischen öffentlichen Aufträgen (§§ 104, 144 ff. GWB i.V.m. VSVgV oder Abschnitt 3 VOB/A) vergeben werden kann. 48

Dass die Vorschrift nur für gemischte Aufträge gilt, bei denen ein Auftragsteil unter **§ 107 Abs. 2 S. 1 Nr. 1 oder 2 GWB** fällt, dürfte ein Redaktionsversehen sein. Wie ein Blick in die Gesetzesbegründung[67] und auf die zugrundeliegenden Richtlinienvorschriften zeigt, soll die Anwendungsregel des § 111 Abs. 4 Nr. 2 GWB nämlich auch für Mischaufträge gelten, die ein Element erhalten, dass – bei isolierter Betrachtung – nach den Vorschriften über die Vergabe von **verteidigungs- oder sicherheitsspezifischen öffentlichen Aufträgen** (§§ 104, 144 ff. GWB i.V.m. VSVgV oder Abschnitt 3 VOB/A) zu vergeben wäre. Folglich ist die Vorschrift unionsrechtskonform dahin gehend zu interpretieren, dass ein Auftrag, bei dem ein Auftragsteil entweder in den Anwendungsbereich der Ausnahmevorschrift des § 107 Abs. 2 S. 1 Nr. 1 oder 2 GWB oder unter die Vorschriften zur Vergabe von verteidigungs- oder sicherheitsspezifischen öffentlichen Aufträgen (§§ 104, 144 ff. GWB und VSVgV oder Abschnitt 3 VOB/A) fällt, im ersten Fall ohne Beachtung der Vorschriften des Teils 4 des GWB (§§ 97 ff. GWB i.V.m. VgV oder Abschnitt 2 VOB/A) und im zweiten Fall gemäß den Vorschriften zur Vergabe verteidigungs- oder sicherheitsspezifischer öffentlicher Aufträge (§§ 104, 144 ff. GWB i.V.m. VSVgV oder Abschnitt 3 VOB/A) vergeben werden kann.[68] 49

Wie aus § 111 Abs. 6 GWB folgt, gilt auch § 111 Abs. 4 Nr. 2 GWB für (gemischte) **Konzessionen** entsprechend, wobei zu berücksichtigen ist, dass auf Grundlage von Art. 21 Abs. 3 S. 2 RL 2014/23/EU auf Konzessionen, die Verteidigungs- oder Sicherheitsaspekte beinhalten und keine Elemente umfassen, auf die Art. 346 AEUV anwendbar ist, sowohl die RL 2014/23/EU als auch die RL 2009/81/EG angewendet werden kann,[69] was sich aus § 111 Abs. 6 GWB i.V.m. § 111 Abs. 4 Nr. 2 GWB nicht klar ergibt. Wie bei § 111 Abs. 3 Nr. 2 GWB ist die Vergabe von Konzessionselementen eines gemischten Auftrags nach der VSVgV auch im Zusammenhang von § 111 Abs. 4 Nr. 2 GWB nicht unproblematisch.[70] 50

III. Umgehungsverbot (Abs. 5)

§ 111 Abs. 5 GWB stellt klar, dass die Entscheidung des Auftraggebers, einen Gesamtauftrag oder getrennte Aufträge zu vergeben, nicht durch die Motivation getragen sein darf, die Auftragsvergabe von den Vorschriften zur Vergabe öffentlicher Aufträge und Konzessionen auszunehmen, was bisweilen als Umgehungsverbot bezeichnet wird. 51

Laut der Gesetzesbegründung[71] dient die Regelung der Umsetzung von Art. 16 Abs. 2 UAbs. 4 RL 2014/24/EU, Art. 25 Abs. 2 UAbs. 4 RL 2014/25/EU sowie Art. 21 Abs. 2 UAbs. 4 RL 2014/23/EU. Das trifft allerdings nur zum Teil zu. Die genannten **Richtlinienvorschriften** sehen lediglich vor, dass die Entscheidung, einen einzigen Auftrag, d.h. einen Gesamtauftrag, zu vergeben, nicht zu dem Zweck getroffen werden darf, Aufträge von der Anwendung der jeweiligen Richtlinie oder der RL 2009/81/EG auszunehmen. Dass die Entscheidung, getrennte Aufträge zu vergeben, demselben Vorbehalt unterliegt, ergibt sich aus den zugrundeliegen- 52

67 Gesetzesbegründung zu § 111 Abs. 4 Nr. 2 GWB, VergRModG 2016, BT-Drs. 18/6281, 86.
68 So auch *Mohr*, in: Säcker, Wettbewerbsrecht, § 111 GWB Rn. 29; *Ziekow*, in: Ziekow/Völlink, Vergaberecht, § 111 GWB Rn. 20.
69 *Hüttinger*, in: Burgi/Dreher, Vergaberecht, § 111 GWB Rn. 55.
70 Siehe zu der Problematik bereits oben Rn. 27.
71 Gesetzesbegründung zu § 111 Abs. 5 GWB, VergRModG 2016, BT-Drs. 18/6281, 86.

den EU-sekundärrechtlichen Vorschriften hingegen nicht explizit. In Anbetracht dessen, dass es sich bei dem Umgehungsverbot ohnehin um einen allgemeinen Rechtsgrundsatz handelt[72] und auch die rechtsmissbräuchliche Vergabe getrennter Aufträge dazu führen kann, dass ein Auftrag bzw. ein Auftragsteil dem Anwendungsbereich der eigentlich einschlägigen Vergabe(ver-)ordnung entzogen wird, bestehen gegen die Extension des Umgehungsverbotes auf die Entscheidung, getrennte Aufträge zu vergeben, allerdings keine durchgreifenden Bedenken.

53 In der Sache handelt es sich bei dem Umgehungsverbot um einen allgemeinen vergaberechtlichen **Rechtsgrundsatz**[73], der schon vor Inkrafttreten der RL 2014/23/EU, RL 2014/24/EU und der RL 2014/25/EU sowohl in der nationalen Rechtsprechung bzw. Spruchpraxis wie auch in der Judikatur des EuGH – in unterschiedlichen Zusammenhängen – ausdrücklich[74] oder zumindest der Sache nach[75] herangezogen wurde und der heute in verschiedenen Vorschriften der EU-Vergabe- bzw. Konzessionsrichtlinien bzw. in den darauf beruhenden Bestimmungen des nationalen Vergaberechts explizit geregelt ist.[76] Er beinhaltet ein Verbot des Rechtsmissbrauchs und ist verletzt, wenn unter Zugrundelegung einer Gesamtwürdigung aller objektiven Umstände trotz formaler Einhaltung der im konkreten Fall zu beachtenden rechtlichen Vorgaben das Ziel der Regelung nicht erreicht wurde und der Normadressat die Absicht hat, sich einen Vorteil dadurch zu verschaffen, dass die vorgesehenen rechtlichen Voraussetzungen willkürlich geschaffen werden.[77] Im Falle einer Umgehung i.S.v. § 111 Abs. 5 GWB läge der unlautere Vorteil darin, einen Auftrag bewusst rechtfehlerhaft ganz oder teilweise dem Anwendungsbereich der §§ 97 ff. GWB zu entziehen oder ein weniger strenges Vergaberecht zur Anwendung gelangen zu lassen.[78]

54 Zu eruieren ist zunächst, ob es an **objektiven Gründen** für die Vergabe eines Gesamtauftrages oder eines getrennten Auftrages mangelt. Anknüpfungspunkt kann die rechtlich unzutreffende Festlegung sowohl eines trennbaren als auch eines untrennbaren Auftrages darstellen. Denkbar ist etwa, dass ein Auftraggeber fälschlicherweise von einem untrennbaren Auftrag ausgeht, um zur Unanwendbarkeit des Vergaberechts für sämtliche Vertragsteile zu kommen.[79] Ist ein Leistungsteil eines Vergabevorhabens besonders sicherheitsrelevant i.S.v. § 107 Abs. 2 Nr. 1 GWB und daher vom Anwendungsbereich der §§ 97 ff. GWB ausgenommen (z. B. die Beschaffung einer besonders sensiblen Informationstechnik[80]) und unterliegt ein anderer Leistungsteil dem Regime der §§ 97 ff. GWB i.V.m. Abschnitt 2 VOB/A (beispielsweise Errichtung einer baulichen Anlage, in welcher die vorgenannte die Informationstechnik integriert werden soll), so würde die rechtsfehlerhafte Feststellung einer Untrennbarkeit des Auftrags dazu führen, dass gemäß § 111 Abs. 4 Nr. 2 GWB auch der letztere Teil nicht dem GWB-Vergaberecht unterliegt. Andererseits kann auch die Annahme der Trennbarkeit eines Vergabevorhabens mit dem Ziel der Umgehung erfolgen, wenn auf diese Weise einzelne Leis-

72 Hierzu nachfolgend unter Rn. 52.

73 Vgl. *Dreher*, in: Immenga/Mestmäcker, Wettbewerbsrecht, Vor §§ 97 ff. GWB Rn. 172; *Fandrey*, in: Gabriel/Krohn/Neun, Handbuch Vergaberecht, § 4 Rn. 73; *Lux*, JuS 2006, 969 (972); *Manz/Schönwälder*, NZBau 2012, 465 (466); *Schimanek*, NZBau 2005, 304 (306); a.A. *Radu*, in: Müller-Wrede, VgV/UVgO, § 3 VgV Rn. 121 ff. (zu § 3 Abs. 2 VgV).

74 EuGH, Urteil v. 9.6.2009 –Rs. C-480/06 (Kommission/Deutschland), EuZW 2009, 529 Rn. 48; Urteil v. 19.6.2008 – Rs. C-454/06 (Pressetext), NZBau 2008, 518 Rn. 51; OLG Karlsruhe, Beschluss v. 25.7.2014 – 15 Verg 4/14, ZfBR 2015, 395 (397); OLG Frankfurt, Beschluss v. 7.9.2004 – 11 Verg 11/04, juris Rn. 68; OLG Naumburg, Beschluss v. 13.5.2003 – 1 Verg 2/03, NZBau 2004, 62 (64).

75 EuGH, Urteil v. 10.11.2005 – Rs. C-29/04 (Stadt Mödling), NVwZ 2006, 70 Rn. 41 ff.; OLG Düsseldorf, Beschluss v. 8.5.2002 – VII-Verg 5/02, juris Rn. 5; VK Düsseldorf, Beschluss v. 7.7.2000 – VK 12/2000-L, NZBau 2001, 46 (47).

76 Vgl. Art. 5 Abs. 3 RL 2014/24/EU, Art. 16 Abs. 3 RL 2014/24/EU sowie Art. 8 Abs. 4 RL 2014/23/EU bzw. die darauf beruhenden § 3 Abs. 2 VgV, § 2 Abs. 2 SektVO und § 2 Abs. 2 KonzVgV.

77 *Braun*, NZBau 2018, 652 (654).

78 *Pünder/Buchholz*, in: Pünder/Schellenberg, Vergaberecht, § 111 GWB Rn. 17; *Röwekamp*, in: Röwekamp/Kus/Portz/Prieß, GWB-Vergaberecht, § 111 Rn. 10.

79 *Kadenbach*, in: Reidt/Stickler/Glahs, Vergaberecht, § 111 GWB Rn. 25.

80 Zu möglichen Anwendungsfällen des § 107 Abs. 2 Nr. 1 GWB vgl. z. B. *Otting*, in: Burgi/Dreher, Vergaberecht, § 107 GWB Abs. 2 Rn. 7.

tungsteile dem Anwendungsbereich des Vergaberechts entzogen werden sollen.[81] Umfasst ein Auftrag z. B. gemischte Liefer- und Bauleistungen und erreicht ein Teil bei der angenommenen Trennung nicht den jeweiligen Schwellenwert, ist das Vorhaben insoweit vom GWB-Vergaberecht freigestellt.[82] Eine Umgehung kann auch dann vorliegen, wenn zwar die Trennbarkeit der verschiedenen Leistungsteile rechtlich zutreffend beurteilt wird, jedoch die Annahme einer anderen Voraussetzung des § 111 GWB sich objektiv nicht mehr rechtfertigen lässt, z. B. die Bejahung objektiver Gründe i.S.d. § 111 Abs. 3 Nr. 1 oder 2 GWB oder die Feststellung des Auftragswertes der einzelnen Leistungsteile nach § 111 Abs. 3 Nr. 3 bis 5 GWB.[83] Exemplarisch lässt sich der Fall anführen, dass ein Vergabevorhaben, bei dem ein Teil des Auftrags den Vorschriften der SektVO unterliegt und ein anderer Teil einer anderen Vergabe(ver-)ordnung zwar richtigerweise als trennbar eingeordnet ist, der Auftraggeber aber unzutreffend vom Vorliegen objektiver Gründe § 111 Abs. 3 Nr. 3 GWB ausgeht, um auch den nicht der SektVO unterliegenden Leistungsteil nach den zum Teil weniger strengen Vorschriften der SektVO vergeben zu können.

Die Annahme eines Verstoßes gegen das Missbrauchsverbot des § 111 Abs. 5 GWB setzt des Weiteren voraus, der Auftraggeber in **Missbrauchsabsicht** gehandelt hat. Subjektiv ist ein vorsätzliches Handeln des Auftraggebers erforderlich, was – in entsprechender Heranziehung zivilrechtlicher Grundsätze – ein wissentliches und willentliches Handeln, verbunden mit dem Bewusstsein der Missbräuchlichkeit, erfordert.[84] Dem Auftraggeber muss es gerade darauf ankommen, den Auftrag dem Vergaberecht zu entziehen oder ein weniger strenges Vergaberecht zur Anwendung gelangen zu lassen. Die Missbrauchsabsicht muss hingegen das maßgebliche und leitende Motiv des Auftraggebers sein; eine fahrlässige Fehleinschätzung des Auftraggebers genügt nicht, um den Vorwurf des Missbrauchs zu begründen.[85] Zu beachten bei der Feststellung einer Missbrauchsabsicht ist, dass Rechtsbegriffe, wie die Trennbarkeit bzw. Untrennbarkeit des Auftrags oder objektive Gründe i.S.d. § 111 Abs. 3 Nr. 1 oder 2 GWB, dem Auftraggeber einen – nur eingeschränkt überprüfbaren – Beurteilungsspielraum eröffnen. Wurde dieser überschritten, weil sich die rechtliche Wertung des Auftraggebers nicht auf auftragsbezogene und nachvollziehbare Gründe stützt, kann ein missbräuchliches Handeln vorliegen. Begründet der Auftraggeber z. B. die Annahme der Untrennbarkeit i.S.v. § 111 Abs. 4 GWB mit bestimmten technischen Abhängigkeiten der einzelnen Leistungsteile, obgleich er entsprechende Leistungen in der Vergangenheit bereits getrennt ausgeschrieben hat, ohne dass sich hieraus Schwierigkeiten ergeben haben, läge eine Missbrauchsabsicht nahe.[86] Erweist sich beispielsweise die nach § 111 Abs. 3 Nr. 3 bis 5 GWB gebotene Feststellung des Auftragswertes der einzelnen Leistungsteile bei einer ex post-Betrachtung als fehlerhaft, so spricht dies dagegen nicht für eine Missbrauchsabsicht, wenn sich der Auftraggeber auf Erfahrungswerte aus vorausgegangen Ausschreibungen gestützt hat. Die diesbezügliche Beweislast liegt im Rahmen eines Nachprüfungsverfahrens grundsätzlich bei dem Antragsteller,[87] kann jedoch bei Vorliegen hinreichend gewichtiger Anhaltspunkte für die Annahme einer Umgehungsabsicht auf den Auftraggeber übergehen.[88] 55

§ 111 Abs. 5 GWB wird auf **Verordnungsebene** durch § 3 Abs. 2 VgV, § 2 Abs. 2 SektVO und § 2 Abs. 1 und 2 KonzVgV komplettiert,[89] die jeweils vorschreiben, dass die Auftrags- bzw. Konzessionsvergabe nicht ohne objektiven Grund wertmäßig so unterteilt werden darf, dass 56

---

81 *Kadenbach*, in: Reidt/Stickler/Glahs, Vergaberecht, § 111 GWB Rn. 25.
82 Mit diesem Beispiel *Pünder/Buchholz*, in: Pünder/Schellenberg, Vergaberecht, § 111 GWB Rn. 6.
83 In diesem Sinne *Röwekamp*, in: Röwekamp/Kus/Portz/Prieß, GWB-Vergaberecht, § 111 Rn. 10.
84 Zum Umgehungsverbot nach § 3 Abs. 2 VgV: *Marx*, in: Kulartz/Kus/Marx/Portz/Prieß, VgV, § 3 Rn. 12.
85 Mit Blick auf das Umgehungsverbot des § 3 Abs. 2 VgV: *Alexander*, in: Pünder/Schellenberg, Vergaberecht, § 3 VgV Rn. 33.
86 Vgl. auch OLG Frankfurt, Beschluss v. 7.9.2004 – 11 Verg 11/04, NZBau 2004, 692 (694), das eine unzulässige Aufteilung des Auftrages und eine Umgehung vergaberechtlicher Vorschriften angenommen hat, weil nach der Rüge der beabsichtigten Beauftragung eines Unternehmens mit einer Abfallentsorgungsleistung als De-facto-Vergabe die Vertragslaufzeit des in Rede stehenden Vertrages auf ein Jahr begrenzt wurde, nachdem nur kurze Zeit zuvor noch fünf Jahre mit zwei Jahren Verlängerungsmöglichkeit vorgesehen waren.
87 Im Hinblick auf § 3 Abs. 2 VgV: OLG Koblenz, Beschluss v. 24.3.2015 – Verg 1/15, NZBau 2015, 386.
88 Zu § 3 Abs. 2 VgV: *Greb*, in: Ziekow/Völlink, Vergaberecht, § 3 VgV Rn. 16.
89 So auch *Mohr*, in: Säcker, Wettbewerbsrecht, § 111 GWB Rn. 30.

hierdurch der Anwendungsbereich des Teil 4 GWB und der jeweils anwendbaren Vergabeverordnung umgangen wird.

C. Anwendbarkeit auf Konzessionen (Abs. 6)

57 § 111 Abs. 6 GWB beruht auf Art. 20 Abs. 2 bis 5 RL 2014/23/EU und Art. 21 RL 2014/23/EU und bringt zum Ausdruck, dass die Regelungen des § 111 Abs. 1 und 2 GWB, des § 111 Abs. 3 Nr. 1 und 2 GWB sowie des § 111 Abs. 4 und 5 GWB auf die Vergabe von Konzessionen entsprechende Anwendung finden. Diese Regelungssystematik dient gemäß der Gesetzesbegründung ausschließlich der Übersichtlichkeit und Verständlichkeit der Vorschrift.[90] Der fehlende Verweis des § 111 Abs. 6 GWB auf § 111 Abs. 3 Nr. 3 bis 5 GWB hat nicht zur Konsequenz, dass diese Bestimmungen auf Konzessionen unanwendbar sind. Vielmehr erfasst § 111 Abs. 3 Nr. 3 bis 5 GWB die Vergabe von richtliniengemischten Beschaffungsvorhaben, bei denen ein Leistungsteil den Vorschriften über die Vergabe von Konzessionen (§§ 97 ff. GWB, KonzVgV) unterliegt, unmittelbar.[91]

D. Rechtsschutz

58 Ausgehend von der Annahme, dass Unternehmen grundsätzlich ein subjektives Recht auf die Wahl der zutreffenden Vergabe(ver-)ordnung haben, ist davon auszugehen, dass § 111 GWB drittschützende Wirkung hat, weil die Vorschrift mit ihren Abgrenzungsregeln erst den Anwendungsbereich für die in dem einschlägigen Regelungsregime enthaltenen unternehmensschützenden Regelungen eröffnet. Wie im Rahmen des § 110 GWB gilt allerdings auch hier, dass eine Verletzung von subjektiven Rechten nur dann vorliegen wird, wenn Vorschriften zur Anwendung gelangt sind, die in der Sache von den eigentlich einschlägigen Regelungen abweichen und sich hieraus zumindest die Möglichkeit ergibt, dass das Vergabeverfahren zu einem anderen Ergebnis geführt hat als bei Anwendung der tatsächlich einschlägigen Vorschriften.[92] Angesichts dessen, dass § 111 GWB Fallgestaltungen erfasst, bei denen die Anwendung von Vergabe(ver-)ordnungen in Betracht kommt, die auf unterschiedlicher EU-sekundärrechtlicher Grundlage beruhen, dürfte dies bei § 111 GWB noch häufiger der Fall sein als bei § 110 GWB.

Anlage

Gesetzesbegründung – VergRModG 2016 (BT-Drs. 18/6281)

Seite 84

§ 111 bestimmt, welchen Vorschriften die Vergabe gemischter öffentlicher Aufträge oder gemischter Konzessionen unterliegt, wenn diese aus mehreren Teilen bestehen und diese Kombination verschiedener Beschaffungskomponenten für sich genommen entweder gar nicht dem Vergaberecht oder einem erleichterten Regime einer anderen Richtlinie unterfallen. Im Unterschied dazu betrifft § 110 lediglich die Kombination verschiedener Leistungen im Anwendungsbereich ein und derselben Richtlinie.

Im Rahmen des Anwendungsbereichs des § 111 können die verschiedenen Beschaffungskomponenten dazu führen, dass die Vorschriften zur Vergabe öffentlicher Aufträge durch öffentliche Auftraggeber mit den Vorschriften zur Vergabe öffentlicher Aufträge durch Sektorenauftraggeber, zur Vergabe verteidigungs- oder sicherheitsspezifischer öffentlicher Aufträge oder zur Vergabe von Konzessionen durch Konzessionsgeber zusammenfallen. Exemplarisch verweist der europäische Richtliniengeber sowohl in Erwägungsgrund 11 der Richtlinie 2014/24/EU als auch in Erwägungsgrund 13 der Richtlinie 2014/25/EU sowie in Erwägungsgrund 29 der Richtlinie 2014/23/EU auf die Errichtung eines einzi-

---

90 Gesetzesbegründung zu § 111 Abs. 6 GWB, VergRModG 2016, BT-Drs. 18/6281, 86.
91 *Ziekow*, in: Ziekow/Völlink, Vergaberecht, § 111 GWB Rn. 2.
92 Hierzu bereits unter § 110 GWB Rn. 31 m.w.N.

gen Gebäudes, von dem ein Gebäudeteil direkt vom Auftraggeber genutzt und ein anderer Gebäudeteil auf der Basis einer Konzession, zum Beispiel als öffentliches Parkhaus, bewirtschaftet werden soll.

Zu Absatz 1

§ 111 Absatz 1 betrifft öffentliche Aufträge, deren Auftragsteile jeweils unterschiedlichen vergaberechtlichen Vorschriften unterliegen und objektiv trennbar sind. In diesem Fall hat der Auftraggeber die Wahl, entweder getrennte Aufträge für jeden Teil oder einen Gesamtauftrag zu vergeben.

Zu Absatz 2

§ 111 Absatz 2 dient der Umsetzung von Artikel 3 Absatz 3 Unterabsatz 1 und Absatz 4 Unterabsatz 1 der Richtlinie 2014/24/EU sowie von Artikel 5 Absatz 3 Unterabsatz 1 und Absatz 4 Unterabsatz 1 der Richtlinie

Seite 85

2014/25/EU und sieht für den Fall der Vergabe getrennter Aufträge vor, dass sich die anwendbaren vergaberechtlichen Vorschriften nach den Merkmalen des jeweiligen Einzelauftrags bestimmen.

Zu Absatz 3

§ 111 Absatz 3 bestimmt unter den Nummern 1 bis 5, welche Regelungen in unterschiedlichen Konstellationen auf die Vergabe eines Gesamtauftrags Anwendung finden. Wie der europäische Richtliniengeber in Erwägungsgrund 11 der Richtlinie 2014/24/EU, Erwägungsgrund 13 der Richtlinie 2014/25/EU und Erwägungsgrund 29 der Richtlinie 2014/23/EU ausdrücklich klargestellt hat, kann sich die Notwendigkeit für die Vergabe eines Gesamtauftrags sowohl aus Gründen technischer als auch wirtschaftlicher Art ergeben.

Zu Nummer 1 und 2

§ 111 Absatz 3 Nummer 1 und 2 dient der Umsetzung von Artikel 3 Absatz 3 Unterabsatz 2 und Artikel 16 Absatz 2 Unterabsatz 3 der Richtlinie 2014/24/EU sowie von Artikel 5 Absatz 3 Unterabsatz 2 und Artikel 25 Absatz 2 Unterabsatz 3 der Richtlinie 2014/25/EU. Nummer 1 bestimmt, dass ein Auftrag, bei dem ein Auftragsteil die Voraussetzungen für eine Ausnahme gemäß § 107 Absatz 2 Nummer 1 oder 2 erfüllt, ohne Anwendung des Teils 4 des GWB vergeben werden kann. Nach Nummer 2 kann ein Auftrag insgesamt gemäß den Vorschriften über die Vergabe verteidigungs- oder sicherheitsspezifischer öffentlicher Aufträge vergeben werden, wenn ein Auftragsteil in den Anwendungsbereich dieser Vorschriften fällt. Voraussetzung ist in beiden Fällen, dass die Vergabe eines Gesamtauftrags aus objektiven Gründen gerechtfertigt ist.

Zu Nummer 3

§ 111 Absatz 3 Nummer 3 dient der Umsetzung von Artikel 3 Absatz 5 der Richtlinie 2014/24/EU sowie Artikel 5 Absatz 4 Unterabsatz 2 und 3 der Richtlinie 2014/25/EU und Artikel 20 Absatz 4 der Richtlinie 2014/23/EU. Die Vorschrift betrifft die Vergabe öffentlicher Aufträge, bei denen die verschiedenen Teile des Auftrags für ein und dieselbe Tätigkeit bestimmt sind, ein Auftragsteil jedoch in den Anwendungsbereich der Vorschriften zur Vergabe von öffentlichen Aufträgen im Bereich der Trinkwasser- oder Energieversorgung sowie des Verkehrs fällt und ein anderer Auftragsteil anderen vergaberechtlichen Vorschriften dieses Teils unterliegt. Für einen solchen Fall bestimmt die Vorschrift grundsätzlich, dass die Vergabe eines Gesamtauftrags den Vorschriften zur Vergabe von öffentlichen Aufträgen im Bereich der Trinkwasser- oder Energieversorgung sowie des Verkehrs unterliegt, ungeachtet des Werts derjenigen Teile, die an sich anderen rechtlichen Regelungen unterliegen würden. Unterliegt ein Auftragsteil den Vorschriften zur Vergabe von öffentlichen Aufträgen im Bereich der Trinkwasser- oder Energieversorgung sowie des Verkehrs und ein anderer Auftragsteil den Vorschriften über die Vergabe von Konzessionen, gilt dies allerdings nur, wenn der Wert des Auftragsteils, der unter die Vorschriften zur Vergabe von öffentlichen Aufträgen im Bereich der Trinkwasser- oder Energieversorgung sowie des Verkehrs fällt, den geltenden Schwellenwert erreicht oder überschreitet. Andernfalls finden die Vorschriften über die Vergabe von Konzessionen Anwendung.

Zu Nummer 4

§ 111 Absatz 3 Nummer 4 dient der Umsetzung von Artikel 3 Absatz 4 Unterabsatz 3 der Richtlinie 2014/24/EU und von Artikel 20 Absatz 4 der Richtlinie 2014/23/EU. Die Vorschrift betrifft die Vergabe eines Auftrags, bei dem ein Auftragsteil den Vorschriften zur Vergabe von Konzessionen und ein anderer Auftragsteil den Vorschriften zur Vergabe öffentlicher Aufträge unterliegt. Die Vergabe des Gesamtauftrags erfolgt gemäß den Vorschriften zur Vergabe öffentlicher Aufträge, wenn der Wert des Auftragsteils, der unter diese Vorschriften fällt, den geltenden Schwellenwert erreicht oder überschreitet. Andernfalls finden die Vorschriften über die Vergabe von Konzessionen Anwendung.

Zu Nummer 5

§ 111 Absatz 3 Nummer 5 dient der Umsetzung von Artikel 3 Absatz 4 Unterabsatz 2 der Richtlinie 2014/24/EU, Artikel 5 Absatz 4 Unterabsatz 2 der Richtlinie 2014/25/EU und von Artikel 20 Absatz 3 Unterabsatz 2 der Richtlinie 2014/23/EU. Die Vorschrift betrifft öffentliche Aufträge, bei denen ein Auftragsteil dem Teil 4 des GWB unterliegt und ein anderer Auftragsteil sonstigen Vorschriften unterliegt. Die Vorschrift bestimmt, dass der Auftrag in einem solchen Fall ungeachtet des Wertes der Auftragsteile, die an sich sonstigen rechtlichen Regelungen außerhalb des Teils 4 unterliegen würden, gemäß den jeweils einschlägigen Bestimmungen des Teils 4 vergeben werden.

Zu Absatz 4

§ 111 Absatz 4 betrifft öffentliche Aufträge, die nicht objektiv trennbar sind.
Seite 86

Zu Nummer 1

§ 111 Absatz 4 Nummer 1 dient der Umsetzung von Artikel 3 Absatz 6 der Richtlinie 2014/24/EU sowie von Artikel 5 Absatz 5 der Richtlinie 2014/25/EU und von Artikel 20 Absatz 5 der Richtlinie 2014/23/EU. Die anwendbaren Vorschriften zur Vergabe eines gemischten öffentlichen Auftrags, der nicht objektiv trennbar ist, bestimmen sich grundsätzlich nach dem Hauptgegenstand des Auftrags. Für den besonderen Fall, dass ein Auftrag sowohl Elemente einer Dienstleistungskonzession als auch eines Lieferauftrags umfasst, wird der Hauptgegenstand anhand des geschätzten Wertes der Dienstleistungen oder der Lieferungen ermittelt.

Zu Nummer 2

§ 111 Absatz 4 Nummer 2 dient der Umsetzung von Artikel 16 Absatz 4 der Richtlinie 2014/24/EU sowie von Artikel 25 Absatz 4 der Richtlinie 2014/25/EU und von Artikel 21 Absatz 3 der Richtlinie 2014/23/EU. Die Vorschrift bestimmt, dass ein Auftrag, bei dem ein Auftragsteil entweder in den Anwendungsbereich der Ausnahmevorschrift des § 107 Absatz 2 Nummer 1 oder 2 oder der Vorschriften zur Vergabe von verteidigungs- oder sicherheitsspezifischen öffentlichen Aufträgen fällt, im ersten Fall ohne Beachtung der Vorschriften des Teils 4 des GWB und im zweiten Fall gemäß den Vorschriften zur Vergabe verteidigungs- oder sicherheitsspezifischer öffentlicher Aufträge vergeben werden kann.

Zu Absatz 5

§ 111 Absatz 5 dient der Umsetzung von Artikel 16 Absatz 2 Unterabsatz 4 der Richtlinie 2014/24/EU sowie von Artikel 25 Absatz 2 Unterabsatz 4 der Richtlinie 2014/25/EU und Artikel 21 Absatz 2 Unterabsatz 4 der Richtlinie 2014/23/EU. Die Vorschrift stellt klar, dass die Entscheidung, einen Gesamtauftrag zu vergeben, nicht zur Umgehung von vergaberechtlichen Vorschriften erfolgen darf.

Zu Absatz 6

§ 111 Absatz 6 erklärt die Regelungen des Absatzes 1 und 2 und Absatz 3 Nummer 1 und 2 sowie des Absatzes 4 und 5, die sich aus Gründen der Verständlichkeit und der Übersichtlichkeit nur auf die Vergabe öffentlicher Aufträge beziehen, auf die Vergabe von Konzessionen für entsprechend anwendbar. Insofern dient Absatz 6 der Umsetzung von Artikel 20 Absatz 2 bis 5 und Artikel 21 der Richtlinie 2014/23/EU.

§ 112 GWB
Vergabe von öffentlichen Aufträgen und Konzessionen, die verschiedene Tätigkeiten umfassen

(1) Umfasst ein öffentlicher Auftrag mehrere Tätigkeiten, von denen eine Tätigkeit eine Sektorentätigkeit im Sinne des § 102 darstellt, dürfen getrennte Aufträge für die Zwecke jeder einzelnen Tätigkeit oder darf ein Gesamtauftrag vergeben werden.

(2) Werden getrennte Aufträge vergeben, so wird jeder einzelne Auftrag nach den Vorschriften vergeben, die auf seine Merkmale anzuwenden sind.

(3) Wird ein Gesamtauftrag vergeben, unterliegt dieser Auftrag den Bestimmungen, die für die Tätigkeit gelten, für die der Auftrag hauptsächlich bestimmt ist. Ist der Auftrag sowohl für eine Sektorentätigkeit im Sinne des § 102 als auch für eine Tätigkeit bestimmt, die Verteidigungs- oder Sicherheitsaspekte umfasst, ist § 111 Absatz 3 Nummer 1 und 2 entsprechend anzuwenden.

(4) Die Entscheidung, einen Gesamtauftrag oder getrennte Aufträge zu vergeben, darf nicht zu dem Zweck getroffen werden, die Auftragsvergabe von den Vorschriften dieses Teils auszunehmen.

(5) Ist es objektiv unmöglich, festzustellen, für welche Tätigkeit der Auftrag hauptsächlich bestimmt ist, unterliegt die Vergabe

1. **den Vorschriften zur Vergabe von öffentlichen Aufträgen durch öffentliche Auftraggeber, wenn eine der Tätigkeiten, für die der Auftrag bestimmt ist, unter diese Vorschriften fällt,**
2. **den Vorschriften zur Vergabe von öffentlichen Aufträgen durch Sektorenauftraggeber, wenn der Auftrag sowohl für eine Sektorentätigkeit im Sinne des § 102 als auch für eine Tätigkeit bestimmt ist, die in den Anwendungsbereich der Vorschriften zur Vergabe von Konzessionen fallen würde,**
3. **den Vorschriften zur Vergabe von öffentlichen Aufträgen durch Sektorenauftraggeber, wenn der Auftrag sowohl für eine Sektorentätigkeit im Sinne des § 102 als auch für eine Tätigkeit bestimmt ist, die weder in den Anwendungsbereich der Vorschriften zur Vergabe von Konzessionen noch in den Anwendungsbereich der Vorschriften zur Vergabe öffentlicher Aufträge durch öffentliche Auftraggeber fallen würde.**

(6) Umfasst eine Konzession mehrere Tätigkeiten, von denen eine Tätigkeit eine Sektorentätigkeit im Sinne des § 102 darstellt, sind die Absätze 1 bis 4 entsprechend anzuwenden. Ist es objektiv unmöglich, festzustellen, für welche Tätigkeit die Konzession hauptsächlich bestimmt ist, unterliegt die Vergabe

1. **den Vorschriften zur Vergabe von Konzessionen durch Konzessionsgeber im Sinne des § 101 Absatz 1 Nummer 1, wenn eine der Tätigkeiten, für die die Konzession bestimmt ist, diesen Bestimmungen und die andere Tätigkeit den Bestimmungen für die Vergabe von Konzessionen durch Konzessionsgeber im Sinne des § 101 Absatz 1 Nummer 2 oder Nummer 3 unterliegt,**
2. **den Vorschriften zur Vergabe von öffentlichen Aufträgen durch öffentliche Auftraggeber, wenn eine der Tätigkeiten, für die die Konzession bestimmt ist, unter diese Vorschriften fällt,**
3. **den Vorschriften zur Vergabe von Konzessionen, wenn eine der Tätigkeiten, für die die Konzession bestimmt ist, diesen Vorschriften und die andere Tätigkeit weder den Vorschriften zur Vergabe von öffentlichen Aufträgen durch Sektorenauftraggeber noch den Vorschriften zur Vergabe öffentlicher Aufträge durch öffentliche Auftraggeber unterliegt.**

Übersicht

	Rn.
A. Allgemeines	1
I. Historie	2
II. Unionsrechtlicher Hintergrund	3
III. Vergleichbare Regelungen	4
B. Regelungsinhalt	5
I. Vergabe tätigkeitsgemischter Aufträge bei feststellbarer Haupttätigkeit (Abs. 1 bis 3)	6
1. Wahlfreiheit hinsichtlich der Gesamtvergabe (Abs. 1)	7
2. Getrennte Vergabe (Abs. 2)	11

3. Gesamtvergabe (Abs. 3) 14
a) Regelfall: Abgrenzung nach der Haupttätigkeit (S. 1) 15
b) Sonderfall: Verteidigungs- oder Sicherheitsaspekte berührt (S. 2) .. 16
4. Umgehungsverbot (Abs. 4) 20
II. Vergabe tätigkeitsgemischter Aufträge bei Nichtfeststellbarkeit der Haupttätigkeit (Abs. 5) 21
1. Zusammentreffen von Sektorentätigkeit und öffentlichem Auftrag (Nr. 1) 25
2. Zusammentreffen von Sektoren- und Konzessionstätigkeit (Nr. 2) ... 26
3. Zusammentreffen von Sektorentätigkeit und Tätigkeit außerhalb des GWB-Vergaberechts (Nr. 3) 27
III. Vergabe tätigkeitsgemischter Konzession (Abs. 6) 28
1. Vergabe tätigkeitsgemischter Konzessionen bei Feststellbarkeit der Haupttätigkeit (S. 1) 29
2. Vergabe tätigkeitsgemischter Konzessionen bei Nichtfeststellbarkeit der Haupttätigkeit (S. 2) 35
C. Rechtsschutz 39
Anlage
Gesetzesbegründung

A. Allgemeines

1 Mit den §§ 110 bis 112 GWB hat der Gesetzgeber ein Normgeflecht zur Bestimmung des anwendbaren Vergaberegimes bei Vorliegen von sogenannten gemischten Aufträgen und Konzessionen geschaffen. § 112 GWB bedarf insbesondere einer Abgrenzung gegenüber § 111 GWB.[1] § 112 GWB erfasst Fallgestaltungen, in denen ein und derselbe öffentliche Auftrag respektive ein und dieselbe Konzession der Ausübung unterschiedlicher Tätigkeiten dient, nämlich einer Sektorentätigkeit i.S.d. § 102 GWB und mindestens einer weiteren Tätigkeit, die einem anderen Vergaberegime unterliegt oder die außerhalb des Anwendungsbereiches des GWB-Kartellrechts liegt (tätigkeitsgemischte/r Auftrag oder Konzession). Bei § 111 GWB geht es hingegen um Beschaffungsvorgänge, die zwar derselben Tätigkeit dienen, jedoch mehrere inhaltliche Komponenten enthalten, die unterschiedlichen Vergaberegimen unterfallen.[2] Als Beispiel für ein solches Beschaffungsvorhaben mag die in der Begründung des Gesetzentwurfes der Bundesregierung zur Vorgängerregelung des § 99 Abs. 8 GWB 2009 genannte Konstellation des Baus eines Gebäudes für die Stadtverwaltung dienen, in dem auch einige Räume für die Verwaltung der kommunalen Stadtwerke vorgesehen sind.[3]

I. Historie

2 Eine Regelung für Mischaufträge, die der „Durchführung mehrerer Tätigkeiten" dienen, enthielt erstmals die Vorschrift des § 99 Abs. 8 GWB 2009, die – in Umsetzung von Art. 9 RL 2004/17/EG – durch das VergRModG 2009 in das GWB eingefügt worden war. Mit dem Gesetz zur Änderung des Vergaberechts für die Bereiche Verteidigung und Sicherheit[4] wurden zum 14. Dezember 2011 dem Kartellvergaberecht bestimmte verteidigungs- oder sicherheitsrelevante Aufträge unterworfen und in § 99 GWB 2009 geregelt. Bei dieser Gelegenheit wurde § 99 Abs. 8 S. 1 GWB 2009 in Absatz 11 und § 99 Abs. 8 S. 2 und 3 GWB 2009 in Absatz 12 verschoben, ohne dass hiermit inhaltliche Änderung der Regelungen einhergingen. Mit dem durch das VergRModG 2016 neu geschaffenen § 112 GWB wurde die zuletzt in § 99 Abs. 11 und 12 GWB 2011 geregelte Problematik tätigkeitsgemischter Aufträge – zwecks Umsetzung der einschlägigen Regelungen der RL 2014/23/EU sowie der RL 2014/25/EU – auf eine neue Grundlage gestellt.[5] Die Regelung des § 99 Abs. 11 GWB 2011 findet sich in § 112 Abs. 3 S. 1 GWB wieder. § 99 Abs. 12 S. 1 GWB 2011 war Vorbild für § 112 Abs. 5 Nr. 1 GWB.

---

1 Zum Regelungsgehalt des § 110 GWB vgl. näher unter § 110 GWB Rn. 2.
2 Gesetzesbegründung zu § 112 GWB, VergRModG 2016, BT-Drs. 18/6281, 86; ähnlich z. B. *Ruhland*, in: Gabriel/Mertens/Prieß/Stein, Vergaberecht, § 112 GWB Rn. 1; *Rafii*, in: Reidt/Stickler/Glahs, Vergaberecht, § 112 GWB *Ziekow*, in: Ziekow/Völlink, Vergaberecht, § 112 GWB Rn. 1.
3 Gesetzesbegründung zu § 99 Abs. 8 GWB a.F., VergRModG 2009, BT-Drs. 16/10117, 18 f.
4 BGBl. 2011 I S. 2570.
5 Hierzu *Gröning*, VergabeR 2014, 339 (342).

Die Vorschrift des § 99 Abs. 12 S. 2 GWB 2011 entspricht in etwa § 112 Abs. 5 Nr. 3 GWB. Alle sonstigen Bestimmungen des § 112 GWB sind Neuschöpfungen, für die sich in Teil 4 GWB 2011 keine Entsprechung findet.

II. Unionsrechtlicher Hintergrund

3 § 112 GWB dient der Umsetzung von Art. 6 und 26 RL 2014/25/EU sowie Art. 22 und 23 RL 2014/23/EU. Auf welcher unionsrechtlichen Vorgabe die Teilregelungen des § 112 GWB jeweils beruhen, wird im Rahmen der Erläuterung der einzelnen Absätze des § 112 GWB aufgezeigt.

III. Vergleichbare Regelungen

4 Während verschiedene Vorschriften des Teil 4 GWB in den daran anknüpfenden Vergabe(ver-)ordnungen (VgV, VOB/A, SektVO, KonzVgV oder VSVgV) wiederholt und konkretisiert werden, finden sich darin keine § 112 GWB entsprechenden Vorschriften. Die Vergabe(ver-)ordnungen enthalten zwar positive Definitionen des jeweiligen Anwendungsbereichs (§ 1 EU VOB/A, § 1 VS Abs. 1 und 2 VOB/A, § 1 Abs. 1 SektVO, §§ 1 Abs. 1, 2 Abs. 1 und Abs. 2 S. 1 VSVgV, § 1 KonzVgV) bzw. grenzen diesen negativ gegenüber dem Geltungsbereich der anderen Vergabeverordnungen ab (§ 1 Abs. 1 und 2 SektVO, § 2 Abs. 2 S. 2 VSVgV), beschäftigen sich aber nicht, wie § 112 GWB, speziell mit Aufträgen oder Konzessionen, die unterschiedlichen Tätigkeiten dienen.

B. Regelungsinhalt

5 Die Absätze 1 bis 5 des § 112 GWB regeln, welches Vergaberegime anzuwenden ist, wenn ein öffentlicher Auftrag i.S.d § 103 Abs. 1 GWB der Ausübung mehrerer Tätigkeiten dient, von der mindestens eine als Sektorentätigkeit i.S.d. § 102 GWB einzuordnen ist (sog. tätigkeitsgemischter Auftrag). Wie sich aus dem systematischen Zusammenhang zu § 112 Abs. 5 GWB ergibt, enthalten die Abs. 1 bis 4 des § 112 GWB hierbei Anwendungsregeln für solche Aufträge, bei denen sich bestimmen lässt, für welche Tätigkeit der Auftrag hauptsächlich bestimmt ist und § 112 Abs. 5 GWB für Aufträge, deren Zielrichtung nicht bestimmbar ist. § 112 Abs. 6 GWB legt schließlich fest, welche vergaberechtlichen Regelungen zu beachten sind, wenn eine Konzession der Ausübung mehrerer Tätigkeiten dient, von der mindestens eine als Sektorentätigkeit i.S.d. § 102 GWB zu qualifizieren ist (tätigkeitsgemischte Konzession).

I. Vergabe tätigkeitsgemischter Aufträge bei feststellbarer Haupttätigkeit (Abs. 1 bis 3)

6 § 112 Abs. 1 GWB befasst sich mit der grundsätzlichen Entscheidungsfreiheit des Auftraggebers bezüglich der Verfahrensgestaltung und § 112 Abs. 2 und 3 GWB mit den in Betracht kommenden Verfahrensgestaltungen bei der Vergabe tätigkeitsgemischter Aufträge mit feststellbarer Haupttätigkeit, nämlich der Möglichkeit einer getrennten Vergabe (Abs. 2) und der Option der Gesamtvergabe (Abs. 3). Komplettiert werden die Absätze 1 bis 3 von § 122 GWB durch die Regelung des § 112 Abs. 4 GWB, die klarstellt, dass die Anwendung der Absätze 1 bis 3 des § 112 GWB nicht dazu führen darf, dass vergaberechtliche Vorgaben umgangen werden.

1. Wahlfreiheit hinsichtlich der Gesamtvergabe (Abs. 1)

7 § 112 Abs. 1 GWB setzt Art. 6 Abs. 1 S. 1 und Art. 26 Abs. 1 S. 1 RL 2014/25/EU ins deutsche Recht um. Die Vorschrift regelt den Fall, dass ein Beschaffungsvorgang der Ausübung mehrerer Tätigkeiten dient, von der zumindest eine als Sektorentätigkeit i.S.v. § 102 GWB einzuordnen ist.

8 Wie sich aus der Gesetzesbegründung ergibt, muss das Beschaffungsvorhaben darüber hinaus zumindest einer **weiteren Tätigkeit** dienen, die dem Anwendungsbereich der RL 2014/23/EU, der RL 2014/24/EU oder der RL 2009/81/EG unterfällt oder außerhalb des Anwendungsbereichs der Vergaberichtlinien liegt.[6] Das heißt, diese muss sich als klassischer öffentlicher Auftrag (§§ 103, 115 ff. GWB i.V.m der VgV bzw. Abschnitt 2 VOB/A), als Konzession (§§ 105, 148 ff. GWB i.V.m. der KonzVgV) oder als Auftrag aus dem Bereich Verteidigung und Sicherheit (§§ 104, 144 ff. GWB i.V.m. der VSVgV bzw. Abschnitt 3 VOB/A) darstellen oder es muss sich um eine Tätigkeit handeln, die außerhalb des Anwendungsbereichs des GWB-Vergaberechts liegt.[7]

9 Auf die **Trennbarkeit** der Auftragsteile kommt es – im Gegensatz zu § 111 Abs. 1 GWB – nicht an.[8] Zum Teil wird als weitere ungeschriebene Voraussetzung angesehen, dass die Tätigkeiten zu einem einheitlichen Beschaffungsvorgang gehören und es einen **inhaltlichen und sachlichen Bezug** zwischen den Tätigkeiten gibt,[9] was aber in der Regel der Fall sein dürfte, wenn – wie bei § 112 GWB begriffsnotwendig vorausgesetzt – ein und derselbe Auftrag der Ausübung unterschiedlichen Tätigkeiten dient.

10 Handelt es sich um einen Auftrag im vorstehenden Sinne, kann der Auftraggeber darüber entscheiden, ob er getrennte Aufträge oder einen Gesamtauftrag vergibt, was bisweilen auch als „Wahlrecht bzw. -freiheit" bezeichnet wird.[10] **Wahlrecht** oder -freiheit hinsichtlich der Vergabe getrennter Aufträge oder eines Gesamtauftrages bedeutet nichts anderes, als dass diese Entscheidung im Ermessen des Auftraggebers liegt.[11] Hinsichtlich der Ermessensausübung gilt dasselbe wie im Rahmen des § 111 Abs. 1 GWB. Insbesondere darf die Entscheidung für die Vergabe getrennter Aufträge oder eines Gesamtauftrages nicht willkürlich sein.[12] Welches vergaberechtliche Regelungsregime im konkreten Fall einschlägig ist, ist – in einem zweiten Schritt – nach Maßgabe des § 112 Abs. 2 bis 3 GWB zu bestimmen.

2. Getrennte Vergabe (Abs. 2)

11 Die Vorschrift des § 112 Abs. 2 GWB basiert auf Art. 6 Abs. 1 S. 2 und Art. 26 Abs. 1 UAbs. 1 S. 2 RL 2014/25/EU und kommt zum Tragen, wenn der Auftraggeber im Falle des § 112 Abs. 1 GWB sein Wahlrecht dahingehend ausübt, für jede mit dem Auftrag ausgeübte Tätigkeit einen gesonderten Auftrag zu vergeben.

12 Mit Blick auf diese Konstellation ordnet § 112 Abs. 2 GWB an, dass das für die einzelnen Aufträge maßgebliche Regelungsregime nach den **Merkmalen der jeweils betroffenen Tätigkeit** zu bestimmen ist. Das heißt, der sektorenspezifische Teil ist nach den §§ 136 ff. GWB i.V.m. der SektVO zu vergeben. Handelt es sich bei dem anderen Teil um einen öffentlichen Liefer- oder Dienstleistungsauftrag i.S.d. §§ 103 Abs. 2, 4 GWB, richtet sich die Vergabe nach den §§ 97 ff. GWB i.V.m. der VgV. Stellt der andere Teil einen Bauauftrag i.S.d §§ 103 Abs. 3 GWB dar, ist dieser nach den §§ 97 ff. GWB i.V.m. Abschnitt 2 VOB/A zu vergeben. Ist der andere Teil als vergabe- oder sicherheitsspezifischer öffentlicher Auftrag i.S.v. § 104 GWB zu qualifizieren, ergibt sich das zu beachtende Vergaberegime aus den §§ 144 ff. GWB i.V.m. der VSVgV bzw. Abschnitt 3 VOB/A. Handelt es sich um eine Konzession i.S.d § 105 GWB, ist diese nach den §§ 148 ff. GWB i.V.m. der KonzVgV zu vergeben. Denkbar ist auch, dass der andere Teil keiner der vorgenannten Vergaberegime unterliegt, mithin vergaberechtsfrei ist.[13]

13 Da im Falle einer getrennten Vergabe der einzelnen Elemente eines Auftrags ohnehin kein sachlicher Grund für die Anwendung einer anderen Vergabe(ver-)ordnung als derjenigen bestünde, die nach den Merkmalen des Einzelauftrags anwendbar wäre, bringt die Norm eine

---

6 Gesetzesbegründung zu § 112 Abs. 1 GWB, VergRModG 2016, BT-Drs. 18/6281, 86.
7 Vgl. hierzu § 111 GWB Rn. 36 ff.
8 *Dreher*, in: Immenga/Mestmäcker, Wettbewerbsrecht, § 112 GWB Rn. 10.
9 *Dreher*, in: Immenga/Mestmäcker, Wettbewerbsrecht, § 112 GWB Rn. 9.
10 *Pünder/Buchholtz*, in: Pünder/Schellenberg, Vergaberecht, § 112 GWB Rn. 5; *Mohr*, in: Säcker, Wettbewerbsrecht, § 112 GWB Rn. 3.
11 *Ziekow*, in: Ziekow/Völlink, Vergaberecht, § 112 GWB Rn. 4.
12 Hierzu im Einzelnen unter § 111 GWB Rn. 14.
13 In diesem Sinne *Rafii*, in: Reidt/Stickler/Glahs, Vergaberecht, § 112 GWB Rn. 4.

Selbstverständlichkeit zum Ausdruck, sodass § 112 Abs. 2 GWB lediglich klarstellenden **Charakter** hat.

3. Gesamtvergabe (Abs. 3)

§ 112 Abs. 3 GWB greift ein, wenn sich ein Auftraggeber im Rahmen seines Wahlrechts nach § 112 Abs. 1 GWB für die Option entscheidet, einen Gesamtauftrag zu vergeben, wobei zwei Anwendungsfälle zu unterscheiden sind. **14**

a) Regelfall: Abgrenzung nach der Haupttätigkeit (S. 1)

Gemäß der Vorschrift des § 112 Abs. 3 S. 1 GWB, dessen Grundlage Art. 6 Abs. 1 UAbs. 2 S. 1 und Abs. 2 RL 2014/25/EU sind, unterliegt der Gesamtauftrag „den Bestimmungen, die für die Tätigkeit gelten, für die der Auftrag hauptsächlich bestimmt ist". Entscheidend ist mithin *„die Tätigkeit, auf die der Auftrag in erster Linie abzielt"*.[14] Der Begriff der Tätigkeit, für die der Auftrag hauptsächlich bestimmt ist (Haupttätigkeit), unterscheidet sich von dem Begriff des Hauptgegenstandes i.S.d. § 110 Abs. 2 GWB dadurch, dass bei der Haupttätigkeit nicht die zu beschaffende Leistung selber betrachtet wird, sondern welchem Zweck die ausgeschriebenen Leistungen zu dienen bestimmt sind.[15] Wie der Richtliniengeber näher ausführt, bedarf deren Feststellung *„einer Analyse der Erfordernisse, zu deren Erfüllung der betreffende Auftrag vergeben werden soll"*.[16] Auch wenn die Zielrichtung eine andere ist als bei der Ermittlung eines Hauptgegenstandes des Auftrags i.S.d. § 110 Abs. 1 GWB, ist die methodische Vorgehensweise bei der Feststellung der Haupttätigkeit doch mit dem Ansatz zur Ermittlung eines Hauptgegenstandes vergleichbar, sodass die hierzu entwickelten Grundsätze entsprechend herangezogen werden können.[17] Wie im Rahmen des § 110 Abs. 1 GWB bedarf es einer objektiven, wertenden Gesamtbetrachtung sämtlicher qualitativer und quantitativer Kriterien des Einzelfalls.[18] In den Blick zu nehmen sind daher auch im Rahmen des § 112 Abs. 3 GWB die *„wesentlichen, vorrangigen Verpflichtungen [...], die den Auftrag als solche prägen, und nicht [...] die Verpflichtungen bloß untergeordneter oder ergänzender Art [...]; der jeweilige Wert der dabei erbrachten Einzelleistungen ist insoweit nur ein Kriterium unter anderen"*[19]. Stellt sich der Sachverhalt in dem erwähnten Beispiel des Baus eines Gebäudes für die Stadtverwaltung, in dem auch einige Räume für die Verwaltung der kommunalen Stadtwerke vorgesehen sind,[20] so dar, dass sich die Planung des Gebäudes vorwiegend an den Bedürfnissen der Stadtverwaltung orientiert (z. B. räumliche Verbindung zu anderen Gebäuden der Stadtverwaltung, Integration von Räumlichkeiten für spezifische Bedürfnisse der Stadtverwaltung, z. B. eines Bürgercenters mit entsprechendem Kundenwartebereich etc.), so spräche dies dafür, dass der Bauauftrag hauptsächlich einer den §§ 115 ff. GWB i.V.m. Abschnitt 2 VOB/A unterfallenden Tätigkeit dient und nicht einer Sektorentätigkeit i.S.v. §§ 102, 136 ff. GWB i.V.m. der SektVO.[21] **15**

---

14 Vgl. Erwägungsgrund 16 RL 2014/25/EU.
15 *Rafii*, in: Reidt/Stickler/Glahs, Vergaberecht, § 112 GWB Rn. 5.
16 So Erwägungsgrund 16 RL 2014/25/EU.
17 *Dreher*, in: Immenga/Mestmäcker, Wettbewerbsrecht, § 112 GWB Rn. 17; *Pünder/Buchholtz*, in: Pünder/Schellenberg, Vergaberecht, § 112 GWB Rn. 7.
18 Hierzu im Einzelnen unter § 110 GWB Rn. 23.
19 EuGH, Urteil v. 26.5.2011 – Rs. C-306/08 (Europäische Kommission/Königreich Spanien), NZBau 2011, 431 Rn. 91; Urteil v. 21.2.2008 – Rs. C-412/04 (Kommission/Italien), NVwZ 2008, 397 Rn. 49.
20 Vgl. Rn. 1.
21 A.A. OLG München, Beschluss v. 13.3.2017 – Verg 15/16, NZBau 2017, 371 Rn. 23, das im Zusammenhang mit der Beurteilung der Frage, welcher Schwellenwert einschlägig ist, im konkreten Fall zu dem Ergebnis gekommen ist, dass bei einem geplanten Verwaltungsgebäude nicht danach differenziert werden kann, ob darin Abteilungen arbeiten, die unmittelbar für den Sektorenbereich tätig sind oder auch andere, rein verwaltende Abteilungen; hierzu kritisch: *Schimanek*, jurisPR-VergR 11/2018 Anm. 3.

b) Sonderfall: Verteidigungs- oder Sicherheitsaspekte berührt (S. 2)

16 Die Regelung des § 112 Abs. 3 S. 2 GWB, die Art. 26 Abs. 2 UAbs. 1 bis 3 RL 2014/25/EU in nationales Recht transformiert, betrifft den Sonderfall, dass der Gesamtauftrag sowohl der Ausübung einer Sektorentätigkeit i.S.d. § 102 GWB als auch einer Tätigkeit dient, die die Verteidigungs- oder Sicherheitsaspekte betrifft, d.h. dass die Tätigkeit gemäß der Bereichsausnahme des § 107 Abs. 2 Nr. 1 oder 2 GWB vom Vergaberecht freigestellt ist oder für diese Tätigkeit die Vergaberegeln der §§ 104, 144 ff. GWB i.V.m. der VSVgV oder Abschnitt 3 VOB/A einschlägig sind.

17 Sofern diese Konstellation gegeben ist, ordnet § 112 Abs. 3 S. 2 GWB die entsprechende Geltung des **§ 111 Abs. 3 Nr. 1 und 2 GWB** an. Dient der Auftrag also sowohl der Ausübung einer Sektorentätigkeit i.S.d. § 102 GWB als auch einer Tätigkeit, die unter die Ausnahme gemäß § 107 Abs. 2 Nr. 1 oder 2 GWB fällt, kann entsprechend § 111 Abs. 3 Nr. 1 GWB – einschließlich der dem Sektorenbereich zuzuordnenden Tätigkeit – insgesamt auf eine Anwendung des GWB-Vergaberechts verzichtet werden, allerdings nur, wenn die strenge Voraussetzung des § 111 Abs. 3 Nr. 1 GWB erfüllt ist, dass eine Gesamtvergabe aus „objektiven Gründen gerechtfertigt" ist.[22] Zielt der Auftrag sowohl auf die Ausübung einer Sektorentätigkeit i.S.d. § 102 GWB als auch auf eine Tätigkeit ab, für die die Regeln für verteidigungs- und sicherheitsspezifische Aufträge gelten (§§ 104, 144 ff. GWB i.V.m. der VSVgV oder Abschnitt 3 VOB/A), kann dieser entsprechend § 111 Abs. 3 Nr. 2 GWB – unter Einschluss der dem Sektorenbereich unterfallenden Tätigkeit – insgesamt nach den §§ 144 ff. GWB i.V.m. der VSVgV oder Abschnitt 3 VOB/A vergeben werden, sofern eine Gesamtvergabe aus „objektiven Gründen gerechtfertigt" ist.[23] Gerechtfertigt ist die einheitliche Freistellung vom Vergaberecht gemäß § 107 Abs. 2 Nr. 1 oder 2 GWB bzw. die Anwendung der §§ 144 ff. GWB i.V.m. der VSVgV aufgrund der besonderen Sensibilität der diesen Vorschriften unterliegenden Tätigkeiten.

18 Zum Teil wird in der vergaberechtlichen Literatur erwogen, ob § 112 Abs. 3 S. 2 GWB ebenfalls nur für solche Aufträge gilt, bei denen sich die **Haupttätigkeit** ermitteln lässt,[24] was praktisch zur Folge hätte, dass in § 111 Abs. 3 Nr. 1 und 2 GWB – bei entsprechender Anwendung gemäß § 112 Abs. 3 S. 2 GWB – noch das Merkmal der Feststellbarkeit der Haupttätigkeit „hineingelesen" werden müsste. Als möglicher Grund für diese Annahme wird der systematische Zusammenhang zu § 112 Abs. 3 S. 1 GWB angeführt, der sich ausschließlich auf solche Gesamtaufträge bezieht. Zu bedenken sei jedoch, dass § 112 Abs. 3 S. 1 und 2 GWB auf EU-rechtlichen Vorgaben beruhen, die diesbezüglich unterschiedliche Anforderungen stellen. § 111 Abs. 3 S. 1 GWB dient der Transformation von Art. 6 Abs. 1 und 2 RL 2014/25/EU, der darauf abstellt, ob die hauptsächliche Bestimmung der Tätigkeit objektiv feststellbar ist. Die Vorschrift des Art. 26 Abs. 2 RL 2014/25/EU, dessen Umsetzung § 112 Abs. 3 S. 2 GWB dient, macht dies nicht zur Voraussetzung.[25] Dies und die Überlegung, dass ein Verzicht auf die Anwendung des GWB-Vergaberechts respektive eine Vergabe nach den §§ 144 ff. GWB i.V.m. der VSVgV oder Abschnitt 3 VOB/A – je nachdem, welche der vorgenannten Alternativen einschlägig ist – bei jeglicher Berührung der Sicherheitsinteressen sachgerecht ist, spricht dafür, dass § 112 Abs. 3 S. 2 GWB auch für solche Aufträge gilt, bei denen nicht objektiv feststellbar ist, wofür sie hauptsächlich bestimmt sind.

19 Da es sich bei § 111 Abs. 3 Nr. 1 und 2 GWB um eine Kann-Vorschrift handelt, liegt es auch bei § 112 Abs. 3 S. 2 GWB im **Ermessen** des Auftraggebers, ob er gemäß § 112 Abs. 3 GWB verfahren will oder ob er die der Ausübung unterschiedlicher Tätigkeiten dienenden Teile nach § 112 Abs. 2 GWB gesondert vergeben will.[26]

---

22 Hierzu näher unter § 111 GWB Rn. 19.
23 Vgl. hierzu § 111 GWB Rn. 25.
24 *Dreher*, in: Immenga/Mestmäcker, Wettbewerbsrecht, § 112 GWB Rn. 20; *Mohr*, in: Säcker, Wettbewerbsrecht, § 112 GWB Rn. 6.
25 *Dreher*, in: Immenga/Mestmäcker, Wettbewerbsrecht, § 112 GWB Rn. 20; *Mohr*, in: Säcker, Wettbewerbsrecht, § 112 GWB Rn. 6.
26 Siehe § 111 GWB Rn. 26.

4. Umgehungsverbot (Abs. 4)

§ 112 Abs. 4 GWB schreibt vor, dass die Entscheidung, einen Gesamtauftrag oder getrennte Aufträge zu vergeben, nicht zu dem Zweck getroffen werden darf, die Auftragsvergabe von den Vorschriften des Teil 4 GWB auszunehmen (Umgehungsverbot), womit die Regelung der Umsetzung des Art. 6 Abs. 1 UAbs. 3 und Art. 26 Abs. 2 UAbs. 3 RL 2014/25/EU sowie von Art. 22 Abs. 1 UAbs. 3 und Art. 23 Abs. 2 UAbs. 3 RL 2014/23/EU in nationales Recht dient. § 112 Abs. 4 GWB ist strukturell vergleichbar mit § 111 Abs. 5 GWB,[27] sodass dieselben Auslegungsmaßstäbe gelten.[28] 20

II. Vergabe tätigkeitsgemischter Aufträge bei Nichtfeststellbarkeit der Haupttätigkeit (Abs. 5)

§ 112 Abs. 5 GWB findet seine unionsrechtliche Grundlage in Art. 6 Abs. 3 RL 2014/25/EU und normiert, welche Vergaberegeln anzuwenden sind, wenn sich bei einem tätigkeitsgemischten Gesamtauftrag nicht ermitteln lässt, auf welche Tätigkeit dieser in erster Linie abzielt, wobei der Normgeber zwischen drei Tätigkeitskombinationen unterscheidet.[29] 21

Wie bei § 112 Abs. 1 bis 3 GWB setzen alle Anwendungsfälle des § 112 Abs. 5 GWB zunächst das Vorliegen eines **tätigkeitsgemischten Auftrags** voraus, d.h. das Vorliegen eines Gesamtauftrags, der der Ausübung einer Sektorentätigkeit i.S.v. § 102 GWB und mindestens einer weiteren Tätigkeit dient, die einer anderen europäischen Vergaberichtlinie (d.h. der RL 2014/23/EU, der RL 2014/24/EU oder der RL 2009/81/EG) bzw. den darauf beruhenden nationalen Vergabevorschriften unterfällt oder auf die keine der sonstigen Vergaberichtlinien anwendbar ist. Anders als bei § 112 Abs. 5 Nr. 2 und 3 GWB ergibt sich dies bei § 112 Abs. 5 Nr. 1 GWB zwar nicht aus dem Wortlaut, jedoch aus der – auf § 112 Abs. 1 GWB bezugnehmenden – Formulierung „der Auftrag".[30] 22

Weitere Voraussetzung für das Eingreifen des § 112 Abs. 5 GWB ist die **objektive Unmöglichkeit** der Feststellung, welcher Tätigkeit der Auftrag hauptsächlich zu dienen bestimmt ist. Diese Voraussetzung ist stets erfüllt, wenn die für die Anwendung von § 112 Abs. 1 bis 3 GWB erforderliche Bestimmung des Hauptzwecks der durch den Auftraggeber wahrgenommenen Tätigkeit nicht möglich ist, d.h., wenn die *„wesentlichen, vorrangigen Verpflichtungen [...], die den Auftrag als solche prägen [...]"*[31] nicht ermittelt werden können.[32] Vergibt ein Sektorenauftraggeber, z. B. die Deutsche Bahn, einen Auftrag zum Kauf von 10.000 Kugelschreibern, von denen 5.000 Stück für den Sektorenbereich und 5.000 Stück für eine nicht zum Sektorenbereich gehörende Tätigkeit bestimmt sind,[33] dürfte die hauptsächlich verfolgte Tätigkeit kaum zu ermitteln sein. Als weiteres Beispiel könnte der in der RL 2014/25/EU genannte Fall angeführt werden, dass bei der Beschaffung eines Geräts für die Fortsetzung bestimmter Tätigkeiten keine Informationen verfügbar sind, die eine Veranschlagung des jeweiligen Auslastungsgrades ermöglichen.[34] 23

Welches Vergaberegime den Vorzug genießt, hängt des Weiteren davon ab, welches – in den § 112 Abs. 5 Nr. 1 bis 3 GWB beschriebene – **Konglomerat** von Tätigkeiten gegeben ist, nämlich eine Sektorentätigkeit und eine Tätigkeit, die den Vorschriften zur Vergabe öffentlicher Aufträge durch öffentliche Auftraggeber unterfällt (Nr. 1), eine Sektoren- und eine Konzessionstätigkeit (Nr. 2) bzw. eine Sektorentätigkeit und eine Tätigkeit, auf die keine der sonstigen Vergaberichtlinien anwendbar ist (Nr. 3). Die Gemeinsamkeit dieser Alternativen liegt 24

27 *Jahn*, in: Heiermann/Zeiss/Summa, Vergaberecht, § 112 GWB Rn. 29.
28 Auf die Kommentierung zu dieser Regelung kann daher verwiesen werden, siehe § 111 GWB Rn 51 ff.
29 *Pünder/Buchholtz*, in: Pünder/Schellenberg, Vergaberecht, § 112 GWB Rn. 10.
30 *Dreher*, in: Immenga/Mestmäcker, Wettbewerbsrecht, § 112 GWB Rn. 30.
31 EuGH, Urteil v. 26.5.2011 – Rs. C-306/08 (Europäische Kommission/Königreich Spanien), NZBau 2011, 431 Rn. 91; Urteil v. 21.2.2008 – Rs. C-412/04 (Kommission/Italien), NVwZ 2008, 397 Rn. 49.
32 Siehe oben Rn. 15.
33 *Mohr*, in: Säcker, Wettbewerbsrecht, § 112 GWB Rn. 1.
34 Erwägungsgrund 16 RL 2014/25/EU.

darin, dass sich unter den in Betracht kommenden Regelungsregimen im Zweifel das strengere durchsetzt,[35] wodurch Umgehungsversuchen Einhalt geboten werden soll.

1. Zusammentreffen von Sektorentätigkeit und öffentlichem Auftrag (Nr. 1)

25 In Umsetzung von Art. 6 Abs. 3 lit. a RL 2014/25 EU regelt § 112 Abs. 5 Nr. 1 GWB den Fall, dass ein Auftrag nicht nur für eine Sektorentätigkeit, sondern darüber hinaus für eine weitere Tätigkeit bestimmt ist, die für sich genommen unter die Vorschriften zur Vergabe öffentlicher Aufträge durch öffentliche Auftraggeber (§§ 115 ff. GWB i.V.m der VgV bzw. Abschnitt 2 VOB/A) fallen würde, und dass die Feststellung, für welche Tätigkeit der Auftrag hauptsächlich bestimmt ist, objektiv unmöglich ist. Sind diese Voraussetzungen erfüllt, ist ein Gesamtauftrag nach den allgemeinen Vorschriften für die Vergabe öffentlicher Aufträge durch öffentliche Auftraggeber zu vergeben.

2. Zusammentreffen von Sektoren- und Konzessionstätigkeit (Nr. 2)

26 Die Vorschrift des § 112 Abs. 5 Nr. 2 GWB basiert auf Art. 6 Abs. 3 lit. b RL 2014/25 EU und betrifft die Konstellation, dass der in Rede stehende Auftrag der Ausübung einer Sektorentätigkeit (§ 102 GWB) sowie einer weiteren Tätigkeit dient, die unter die Vorschriften zur Vergabe von Konzessionen fällt (§§ 148 ff. GWB i.V.m. der KonzVgV), und dass die Feststellung, für welche Tätigkeit der Auftrag hauptsächlich bestimmt ist, objektiv unmöglich ist. Die Vorschrift ordnet für diesen Fall die Durchführung eines einheitlichen Vergabeverfahrens nach dem Sektorenvergaberecht (§§ 136 ff. GWB i.V.m. der SektVO) an.

3. Zusammentreffen von Sektorentätigkeit und Tätigkeit außerhalb des GWB-Vergaberechts (Nr. 3)

27 Nach der auf Art. 6 Abs. 3 lit. c RL 2014/25 EU zurückgehenden Anwendungsregel des § 112 Abs. 5 Nr. 3 GWB setzt sich bei einem Auftrag, der neben der Ausübung einer Sektorentätigkeit der Wahrnehmung von weiteren Tätigkeiten dient, die weder dem für die Vergabe öffentlicher Aufträge geltenden Vergaberegime (§§ 115 ff. GWB i.V.m der VgV bzw. Abschnitt 2 VOB/A) noch den Vergaberegeln für Konzessionen (§§ 148 ff. GWB i.V.m. der KonzVgV) unterfallen, ebenfalls das Sektorenvergaberecht (§§ 136 ff. GWB i.V.m. der SektVO) durch, wenn die Feststellung, für welche Tätigkeit der Auftrag hauptsächlich bestimmt ist, objektiv unmöglich ist. Ein Beispiel für die vorgenannte Konstellation wäre der Bau eines Gebäudes, das gleichermaßen der Verwaltung des kommunalen Stadtwerkes und als Sitz eines privaten Unternehmens dient.[36]

III. Vergabe tätigkeitsgemischter Konzession (Abs. 6)

28 Zwecks Umsetzung von Art. 22 und 23 RL 2014/23/EU in deutsches Recht wird durch § 112 Abs. 6 GWB festgelegt, welchen Vergaberegeln eine tätigkeitsgemischte Konzession unterliegt, mithin eine Konzession, die der Ausübung einer Sektorentätigkeit i.S.d. § 102 GWB dient und mindestens einer weiteren Tätigkeit, welche einer der anderen europäischen Vergaberichtlinien (d.h. der RL 2014/23/EU, der RL 2014/24/EU oder der RL 2009/81/EG) bzw. den darauf beruhenden nationalen Vergabevorschriften unterfällt, oder auf die keine der sonstigen Vergaberichtlinien anwendbar ist. Bei der Bestimmung des einschlägigen vergaberechtlichen Regelungsregimes unterscheidet § 112 Abs. 6 GWB – entsprechend der Systematik von § 112 Abs. 1 bis 5 GWB – danach, ob die Feststellung, welcher Tätigkeit die Konzession dient, möglich ist (Abs. 6 S. 1) oder ob dies unmöglich (Abs. 6 S. 2).

---

35 *Röwekamp*, in: Röwekamp/Kus/Portz/Prieß, GWB-Vergaberecht, § 112 Rn. 5.
36 Gesetzesbegründung zu § 99 Abs. 8 GWB a.F., VergRModG 2009, BT-Drs. 16/10117, 18 f.

1. Vergabe tätigkeitsgemischter Konzessionen bei Feststellbarkeit der Haupttätigkeit (S. 1)

§ 112 Abs. 6 S. 1 GWB erklärt, dass § 112 Abs. 1 bis 4 GWB auf tätigkeitsgemischte Konzessionen entsprechend anwendbar ist. Die EU-rechtlichen Grundlagen bilden Art. 22 Abs. 1 und 2 RL 2014/23/EU. Da § 112 Abs. 1 bis 4 GWB für tätigkeitsgemischte Aufträge gilt, bei denen feststellbar ist, auf welche Tätigkeit der Auftrag hauptsächlich ausgerichtet ist,[37] d.h. auf die Sektorentätigkeit oder eine Tätigkeit, welche durch ein anderes Vergaberegime erfasst ist, gilt § 112 Abs. 6 S. 1 GWB für tätigkeitsgemischte Konzessionen mit bestimmbarer Haupttätigkeit. 29

Aufgrund des Verweises auf die § 112 Abs. 1 bis 4 GWB hat der Konzessionsgeber also auch bei tätigkeitsgemischten Konzessionen mit bestimmbarer Haupttätigkeit – in entsprechender Anwendung des § 112 Abs. 1 GWB – ein **Wahlrecht**, ob er für die Tätigkeiten, deren Ausübung die Konzession dient, getrennte Konzessionen oder eine Gesamtkonzession vergibt.[38] 30

Entscheidet sich der Konzessionsgeber, für die Tätigkeiten, denen die Ausübung der Konzession dient, **getrennte Konzessionen** zu vergeben, bestimmt sich das für die einzelne Konzession maßgebliche Regelungsregime entsprechend § 112 Abs. 2 GWB nach den Merkmalen der jeweils betroffenen Tätigkeit.[39] 31

Macht der Konzessionsgeber von der Möglichkeit Gebrauch, eine **(Gesamt-)Konzession** für sämtliche Tätigkeiten zu vergeben, denen die Ausübung der Konzession dient, ist analog § 112 Abs. 3 S. 1 GWB das Vergaberegime anzuwenden, das für die Tätigkeit gilt, für die die Konzession hauptsächlich bestimmt ist.[40] 32

Sollte der Fall so liegen, dass die Konzession sowohl der Ausübung einer **Sektorentätigkeit** i.S.d. § 102 GWB als auch einer Tätigkeit dient, die nach der Bereichsausnahme des § 107 Abs. 2 Nr. 1 oder 2 GWB vom Vergaberecht freigestellt ist oder für die die Vergaberegeln der §§ 104, 144 ff. GWB i.V.m. der VSVgV oder Abschnitt 3 VOB/A maßgeblich sind, gilt entsprechend § 112 Abs. 3 S. 2 GWB auch der Verweis auf § 111 Abs. 3 Nr. 1 und 2 GWB. Dient die Konzession also sowohl der Ausübung einer Sektorentätigkeit i.S.d. § 102 GWB als auch einer Tätigkeit, die unter die Bereichsausnahme gemäß § 107 Abs. 2 Nr. 1 oder 2 GWB fällt, kann entsprechend § 111 Abs. 3 Nr. 1 GWB insgesamt auf eine Anwendung des GWB-Vergaberechts verzichtet werden, jedoch auch hier nur, wenn die strenge Voraussetzung des § 111 Abs. 3 Nr. 1 GWB erfüllt ist, dass eine Gesamtvergabe aus „objektiven Gründen gerechtfertigt" ist.[41] Zielt die Konzession dagegen sowohl auf die Ausübung einer Sektorentätigkeit i.S.d. § 102 GWB als auch auf eine Tätigkeit ab, die den Regeln für verteidigungs- und sicherheitsspezifische öffentliche Aufträge (§§ 104, 144 ff. GWB i.V.m. der VSVgV oder Abschnitt 3 VOB/A) unterfällt, kann diese entsprechend § 111 Abs. 3 Nr. 2 GWB insgesamt nach den §§ 104, 144 ff. GWB i.V.m. der VSVgV oder Abschnitt 3 VOB/A vergeben werden, sofern eine Gesamtvergabe aus „objektiven Gründen" gerechtfertigt" ist.[42] Wie bereits mit Blick auf § 111 Abs. 3 Nr. 2 GWB erörtert wurde, stellt sich indes die Frage, ob die Vergabe einer Konzession nach den für verteidigungs- und sicherheitsspezifische Aufträge geltenden Vergaberegeln (§§ 144 ff. GWB i.V.m. der VSVgV oder Abschnitt 3 VOB/A) sachgerecht ist, weil diese keine geeigneten Vorschriften für die Vergabe von Konzessionen enthält. Die Frage bedarf aber keiner Vertiefung, da es nach § 112 Abs. 6 S. 1 GWB i.V.m. § 112 Abs. 3 S. 2 GWB i.V.m. § 111 Abs. 3 Nr. 1 und 2 GWB ohnehin im Ermessen des Konzessionsgebers liegt, ob er von der Möglichkeit Gebrauch macht, die Gesamtkonzession nach den §§ 144 ff. GWB i.V.m. der VSVgV oder Abschnitt 3 VOB/A zu vergeben.[43] 33

37 Siehe oben Rn. 6.
38 Siehe oben Rn. 7 ff.
39 Siehe oben Rn. 11 ff.
40 Siehe oben Rn. 14 ff.
41 Siehe § 111 GWB Rn. 17.
42 § 111 GWB Rn. 25.
43 Hierzu näher unter § 111 GWB Rn. 26 f.

34 Entsprechend § 112 Abs. 4 GWB darf die Entscheidung, eine Gesamtkonzession oder getrennte Konzessionen zu vergeben, nicht zu dem Zweck getroffen werden, die Vergabe von den Vorschriften des Teil 4 GWB auszunehmen (**Umgehungsverbot**).

2. Vergabe tätigkeitsgemischter Konzessionen bei Nichtfeststellbarkeit der Haupttätigkeit (S. 2)

35 Die Regelung des § 112 Abs. 6 S. 2 GWB greift ein, wenn es „objektiv unmöglich"[44] ist festzustellen, welcher von mehreren umfassten Tätigkeiten die Konzession hauptsächlich dient. Das ist stets der Fall, wenn die für die Anwendung von § 112 Abs. 6 S. 1 GWB i.V.m § 112 Abs. 1 bis 4 GWB erforderliche Festlegung des Schwerpunktes der Konzession nicht getroffen werden kann. Im Übrigen unterscheidet § 112 Abs. 6 S. 2 GWB – ähnlich § 112 Abs. 5 GWB – zwischen drei Konstellationen; inhaltlich enthalten diese freilich von § 112 Abs. 5 GWB abweichende Vorgaben.[45]

36 § 112 Abs. 6 S. 2 **Nr. 1** GWB beruht auf Art. 22 Abs. 3 lit. a RL 2014/23/EU und betrifft Gesamtkonzessionen, die der Ausübung von mehreren Tätigkeiten dienen, welche zum einen den Vorschriften zur Vergabe von Konzessionen durch „klassische" Konzessionsgeber i.S.d. § 101 Abs. 1 Nr. 1 GWB und zum anderen den Regeln für die Vergabe von Konzessionen durch Sektorenkonzessionsgeber gemäß § 101 Abs. 1 Nr. 2 oder 3 GWB unterfallen, und bei denen die Feststellung, für welche Tätigkeit die Konzession hauptsächlich bestimmt ist, objektiv unmöglich ist. Es handelt sich mit anderen Worten um ein Aufeinandertreffen unterschiedlicher Kategorien von Konzessionen. Bei dieser Ausgangslage bestimmt sich das anwendbare Recht nach den für öffentliche Konzessionsgeber i.S.d. § 101 Abs. 1 Nr. 1 GWB geltenden Bestimmungen, d.h. nach dem allgemeinen Konzessionsvergaberecht. Der Hintergrund dieser Regelung erschließt sich, wenn man sich vergegenwärtigt, dass das Konzessionsvergaberecht (§§ 148 ff. GWB i.V.m. der KonzVgV) zwar grundsätzlich für alle Konzessionsgeber gilt, jedoch zwischen verschiedenen Arten von Konzessionsgebern unterscheidet, nämlich solchen innerhalb und solchen außerhalb des Sektorenbereichs (vgl. § 101 GWB). An diese Differenzierung anknüpfend erklärt das GWB unterschiedliche Regelungen für anwendbar.[46] Z. B. gelten die zwingenden Ausschlussgründe des § 123 GWB gemäß § 154 Nr. 2 lit. a GWB für Konzessionsgeber i.S.d. § 101 Abs. 1 Nr. 3 GWB lediglich fakultativ. Relevant ist auch die Ausdehnung der für Sektorenaufträge geltenden Ausnahmevorschriften der §§ 138 ff. GWB auf Sektorenkonzessionen (vgl. § 154 Nr. 5 bis 7 GWB). Im Übrigen gelten die Regelungen zur öffentlichen Zusammenarbeit nach § 108 Abs. 8 GWB nicht für Konzessionen durch Sektorenkonzessionsgeber i.S.d. § 101 Abs. 1 Nr. 2 GWB.

37 Die Bestimmung des § 112 Abs. 6 S. 2 **Nr. 2** GWB dient der Umsetzung von Art. 22 Abs. 3 lit. b RL 2014/23/EU. Sofern die Gesamtkonzession – neben einer Sektorentätigkeit i.S.d. § 102 GWB – der Ausübung einer Tätigkeit dient, für die Regeln zur Vergabe von öffentlichen Aufträgen durch öffentliche Auftraggeber (§§ 115 ff. GWB i.V.m. der VgV bzw. Abschnitt 2 VOB/A) gelten, und die Feststellung, für welche Tätigkeit die Konzession hauptsächlich bestimmt ist, objektiv unmöglich ist, besteht hiernach ein Anwendungsvorrang der Vorschriften zur Vergabe von öffentlichen Aufträgen durch Auftraggeber (§§ 115 ff. GWB i.V.m. der VgV bzw. Abschnitt 2 VOB/A).

38 Die auf Art. 22 Abs. 3 lit. c RL 2014/23/EU beruhende Alternative des § 112 Abs. 6 S. 2 **Nr. 3** GWB[47] behandelt Fallgestaltungen, in denen eine Gesamtkonzession der Ausübung einer Tätigkeit dient, die dem „klassischen" Konzessionsvergaberecht (§§ 148 ff. GWB i.V.m. der KonzVgV) unterfällt und zumindest einer weiteren Tätigkeit, auf die weder das Konzessi-

44 Die Wendung „objektiv unmöglich" ist wie in § 112 Abs. 5 GWB auszulegen, vgl. hierzu Rn. 23.

45 Vgl. die Gesetzesbegründung zu § 112 Abs. 6 GWB, VergRModG 2016, BT-Drs. 18/6281, 88.

46 Instruktiv *Pünder/Buchholtz*, in: Pünder/Schellenberg, Vergaberecht, § 112 GWB Rn. 16 ff.; im Ergebnis ebenso *Rafii*, in: Reidt/Stickler/Glahs, Vergaberecht, § 112 GWB Rn. 15.

47 Die Gesetzesbegründung zu § 112 Abs. 6 S. 2 Nr. 3 GWB, VergRModG 2016, BT-Drs. 18/6281, 88 bezieht sich versehentlich auf Art. 22 Abs. 3 lit. b RL 2014/23/EU. Hierzu *Dreher*, in: Immenga/Mestmäcker, Wettbewerbsrecht, § 112 GWB Rn. 45 Fn. 31.

onsvergaberecht (§§ 148 ff. GWB i.V.m. der KonzVgV) noch die Vorschriften für die Vergabe von öffentlichen Aufträgen durch Sektorenauftraggeber (§§ 136 ff. GWB i.V.m. der SektVO) oder die Vorschriften für die Vergabe öffentlicher Aufträge durch Auftraggeber (§§ 115 ff. GWB i.V.m. der VgV bzw. Abschnitt 2 VOB/A) anwendbar sind, d.h., die nicht dem GWB-Vergaberecht unterliegt. Bei dieser Ausgangslage soll das „klassische" Konzessionsvergaberecht (§§ 148 ff. GWB i.V.m. der KonzVgV) maßgeblich sein, wenn die Feststellung, für welche Tätigkeit die Konzession hauptsächlich bestimmt ist, objektiv unmöglich ist.

C. Rechtsschutz

Da § 112 GWB mit seinen Abgrenzungsregeln erst den Anwendungsbereich für die in den jeweils einschlägigen Vergabe(ver-)ordnungen enthaltenen unternehmensschützenden Regelungen eröffnet und unter Berücksichtigung dessen, dass die verfahrensrechtlichen Bestimmungen der unterschiedlichen Regelungsregime zum Teil höchst uneinheitlich ausgestaltet sind, ist davon auszugehen, dass § 112 GWB drittschützende Wirkung entfaltet. Wie im Rahmen der §§ 110 und 111 GWB, ist auch hier zu beachten, dass eine Verletzung von subjektiven Bieterrechten nur dann vorliegen wird, wenn Regelungen zur Anwendung gelangt sind, die in der Sache von den eigentlich einschlägigen Vorschriften abweichen und sich hieraus zumindest die Möglichkeit ergibt, dass das Vergabeverfahren zu einem anderen Ergebnis geführt hat als bei Anwendung der tatsächlich einschlägigen Normen.[48] 39

Anlage

Gesetzesbegründung – VergRModG 2016 (BT-Drs. 18/6281)

Seite 86

§ 112 bestimmt, welche Vorschriften auf die Vergabe gemischter öffentlicher Aufträge oder gemischter Konzessionen Anwendung finden, wenn diese in den Anwendungsbereich unterschiedlicher Vergaberechtsregime verschiedener Richtlinien fallen. Im Unterschied zu § 111 dieses Gesetzes betrifft § 112 allerdings Sachverhaltskonstellationen, in denen die Anwendbarkeit unterschiedlicher Vergaberechtsregime nicht daraus resultiert, dass verschiedene Beschaffungskomponenten umfasst sich, sondern ein und dieselbe Beschaffung im Rahmen eines öffentlichen Auftrags oder einer Konzession für die Ausübung verschiedener Tätigkeiten des Auftraggebers bestimmt ist.

Das ist der Fall, wenn die Auftrags- oder Konzessionsvergabe zwar teilweise zum Zwecke einer Sektorentätigkeit im Sinne des § 102 GWB erfolgt, diese darüber hinaus aber auch für die Ausübung einer anderen Tätigkeit bestimmt ist. Denn gemäß Artikel 1 Absatz 2 der Richtlinie 2014/25/EU bezeichnet die Auftragsvergabe im Sinne der Sektorenrichtlinie den Erwerb von Liefer-, Bau- oder Dienstleistungen durch einen oder mehrere Auftraggeber bereits dann, sofern die betreffenden Liefer-, Bau- oder Dienstleistungen für einen der in Artikel 8 bis 14 genannten Zweck bestimmt ist. Gleiches gilt für Artikel 7 Absatz 1 der Richtlinie 2014/23/EU, der für die Eigenschaft als Auftraggeber im Sinne der Konzessionsrichtlinie darauf abstellt, dass eine Konzession zum Zwecke der Ausübung einer der in Anhang II genannten Tätigkeiten vergeben wird. Auf dieser Grundlage enthält der Erwägungsgrund 16 der Richtlinie 2014/25/EU die ergänzende Erläuterung durch den Unionsgesetzgeber, dass Sektorenauftraggeber Aufträge vergeben können, die unterschiedlichen rechtlichen Regelungen unterworfen sein können, um die Erfordernisse in mehreren Tätigkeitsbereichen zu erfüllen.

Zu Absatz 1

§ 112 Absatz 1 regelt die Abgrenzung der anzuwendenden Vorschriften bei der Vergabe von Aufträgen, die neben einer Sektorentätigkeit im Sinne des § 102 zumindest eine weitere Tätigkeit umfassen, die entweder dem Anwendungsbereich der Richtlinie 2014/23/EU, der Richtlinie 2014/24/EU oder der

48 Hierzu bereits unter § 110 GWB Rn. 31 m.w.N.

Richtlinie 2009/81/EG unterfallen oder außerhalb des Anwendungsbereichs dieser Richtlinien liegen. Die Vorschrift dient der Umsetzung von Artikel 6 und 26 der Richtlinie 2014/25/EU. Entsprechende Aufträge dürfen grundsätzlich entweder nach der jeweiligen Tätigkeit getrennt oder als Gesamtauftrag vergeben werden.

Seite 87

Zu Absatz 2

§ 112 Absatz 2 dient der Umsetzung von Artikel 6 Absatz 1 und Artikel 26 Absatz 1 der Richtlinie 2014/25/EU. Wird ein Auftrag, der neben einer Sektorentätigkeit eine andere Tätigkeit umfasst, in Form getrennter Aufträge vergeben, sieht die Regelung vor, dass sich die anwendbaren Vorschriften für die einzelnen Aufträge nach den Merkmalen der jeweils betroffenen Tätigkeit bestimmen.

Zu Absatz 3

§ 112 Absatz 3 betrifft den Fall, dass ein Gesamtauftrag vergeben wird.

§ 112 Absatz 3 Satz 1 dient der Umsetzung von Artikel 6 Absatz 1 und Absatz 2 der Richtlinie 2014/25/EU. Die Vorschrift bestimmt, dass die Vergabe eines Gesamtauftrags, der neben einer Sektorentätigkeit im Sinne des § 102 noch mindestens eine weitere Tätigkeit umfasst, im Regelfall denjenigen Bestimmungen unterliegt, die für die Tätigkeit gelten, für die der Auftrag hauptsächlich bestimmt ist. In Erwägungsgrund 16 der Richtlinie 2014/25/EU stellt der Unionsgesetzgeber klar, dass die Ermittlung der Tätigkeit, auf die der Auftrag in erster Linie abzielt, auf einer Analyse der Erfordernisse beruhen kann, zu deren Erfüllung der betreffende Auftrag vergeben werden soll.

§ 112 Absatz 3 Satz 2 dient der Umsetzung von Artikel 26 Absatz 2 der Richtlinie 2014/25/EU. Die Vorschrift betrifft die Vergabe eines Gesamtauftrags, der sowohl für eine Sektorentätigkeit als auch für eine Tätigkeit bestimmt ist, die Verteidigungs- oder Sicherheitsaspekte umfasst. Die Vorschrift verweist zur Bestimmung der anwendbaren Vergaberegeln dem Grunde nach auf § 111 Absatz 3 Nummer 2 Buchstabe a und b. Diese Bestimmungen entsprechen inhaltlich der zugrunde liegenden Regelung des Artikels 26 Absatz 2 der Richtlinie 2014/25/EU.

Zu Absatz 4

§ 112 Absatz 4 dient der Umsetzung von Artikel 6 Absatz 1 Unterabsatz 3 und Artikel 26 Absatz 2 Unterabsatz 3 der Richtlinie 2014/25/EU sowie Artikel 22 Absatz 1 Unterabsatz 3 und Artikel 23 Absatz 2 Unterabsatz 3 der Richtlinie 2014/23/EU. Die Regelung stellt klar, dass die Entscheidung einen Gesamtauftrag zu vergeben, nicht zur Umgehung der Vorschriften des Teils 4 des GWB genutzt werden darf.

Zu Absatz 5

§ 112 Absatz 5 dient der Umsetzung von Artikel 6 Absatz 3 der Richtlinie 2014/25/EU. Die Vorschrift betrifft den Fall, dass bei der Vergabe eines Gesamtauftrags für verschiedene Tätigkeiten nicht objektiv bestimmbar ist, welcher Tätigkeit dieser hauptsächlich dienen soll. Nummer 1, 2 und 3 bestimmen für einen solchen Fall die anwendbaren Vorschriften für unterschiedliche Tätigkeitskombinationen.

Zu Nummer 1

§ 112 Absatz 5 Nummer 1 sieht vor, dass der Gesamtauftrag nach den Vorschriften für die Vergabe öffentlicher Aufträge durch öffentliche Auftraggeber vergeben wird, wenn ein Auftrag nicht nur für eine Sektorentätigkeit, sondern darüber hinaus für eine weitere Tätigkeit bestimmt ist, die für sich genommen unter die Vorschriften zur Vergabe öffentlicher Aufträge durch öffentliche Auftraggeber fallen würde.

Zu Nummer 2

§ 112 Absatz 5 Nummer 2 bestimmt, dass der Gesamtauftrag nach den Vorschriften zur Vergabe von öffentlichen Aufträgen im Bereich der Trinkwasser- oder Energieversorgung sowie des Verkehrs vergeben wird, wenn eine solche weitere Tätigkeit für sich genommen unter die Vorschriften zur Vergabe von Konzessionen fallen würde.

Zu Nummer 3

§ 112 Absatz 5 Nummer 3 sieht ebenfalls vor, dass der Gesamtauftrag nach den Vorschriften zur Vergabe von öffentlichen Aufträgen im Bereich der Trinkwasser- oder Energieversorgung sowie des Verkehrs vergeben wird, wenn eine solche weitere Tätigkeit für sich genommen weder den Vorschriften zur Vergabe öffentlicher Aufträge durch öffentliche Auftraggeber noch den Vorschriften zur Vergabe von Konzessionen unterfallen würde.

Zu Absatz 6

§ 112 Absatz 6 dient der Umsetzung von Artikel 22 und Artikel 23 der Richtlinie 2014/23/EU. Die Vorschrift regelt die Abgrenzung der anzuwendenden Vorschriften bei der Vergabe von Konzessionen, die neben einer Sektorentätigkeit im Sinne des § 102 zumindest eine weitere Tätigkeit umfassen, die entweder dem Anwendungsbereich der Richtlinie 2014/24/EU oder der Richtlinie 2009/81/EG unterfallen oder außerhalb des Anwendungsbereichs dieser Richtlinien liegen. Zur Vermeidung von Wiederholungen werden die vorstehenden Absätze grund-

Seite 88

sätzlich für anwendbar erklärt. Schließlich entsprechen die in Absatz 1 umgesetzten Artikel 6 und 26 der Richtlinie 2014/25/EU inhaltlich weitgehend den Artikeln 22 und 23 der Richtlinie 2014/23/EU. Lediglich im Hinblick auf die Vergabe von Gesamtkonzessionen für mehrere Tätigkeiten, bei denen es objektiv unmöglich ist, zu bestimmen, für welche Tätigkeit sie hauptsächlich vorgesehen sind, sieht Artikel 22 Absatz 3 der Richtlinie 2014/23/EU abweichende Regelungen vor. Deren Umsetzung dient Absatz 2 Nummer 1 bis 3.

Zu Nummer 1

§ 112 Absatz 6 Nummer 1 dient der Umsetzung von Artikel 22 Absatz 3 Buchstabe a der Richtlinie 2014/23/EU. Die Vorschrift sieht vor, dass die Vergabe einer Gesamtkonzession, die sowohl für eine Tätigkeit, die für sich genommen in den Anwendungsbereich der Vorschriften zur Vergabe von Konzessionen durch Konzessionsgeber im Sinne des § 101 Absatz 1 Nummer 2 und Nummer 3 fallen würde, als auch für eine Tätigkeit bestimmt ist, die für sich genommen in den Anwendungsbereich der Vorschriften zur Vergabe von Konzessionen durch Konzessionsgeber im Sinne des § 101 Absatz 1 Nummer 1 fallen würde, nach diesen Bestimmungen vergeben wird.

Zu Nummer 2

§ 112 Absatz 6 Nummer 2 dient der Umsetzung von Artikel 22 Absatz 3 Buchstabe b der Richtlinie 2014/23/EU. Die Vorschrift bestimmt, dass die Vergabe einer Gesamtkonzession nach den Vorschriften zur Vergabe von öffentlichen Aufträgen durch öffentliche Auftraggeber erfolgt, wenn eine der Tätigkeiten, für die die Konzession bestimmt ist, diesen Vorschriften unterliegt.

Zu Nummer 3

§ 112 Absatz 6 Nummer 3 dient der Umsetzung von Artikel 22 Absatz 3 Buchstabe b der Richtlinie 2014/23/EU. Die Vorschrift stellt klar, dass die Vergabe einer Gesamtkonzession nach den Vorschriften zur Vergabe von Konzessionen erfolgt, wenn eine der Tätigkeiten, für die sie bestimmt ist, weder diesen Vorschriften noch den Vorschriften zur Vergabe von öffentlichen Aufträgen durch öffentliche Auftraggeber oder den Vorschriften zur Vergabe von öffentlichen Aufträgen im Bereich der Trinkwasser- oder Energieversorgung sowie des Verkehrs unterliegt.

§ 113 GWB
Verordnungsermächtigung

Die Bundesregierung wird ermächtigt, durch Rechtsverordnungen mit Zustimmung des Bundesrates die Einzelheiten zur Vergabe von öffentlichen Aufträgen und Konzessionen sowie zur Ausrichtung von Wettbewerben zu regeln. Diese Ermächtigung umfasst die Befugnis zur Regelung von Anforderungen an den Auftragsgegenstand und an das Vergabeverfahren, insbesondere zur Regelung

1. **der Schätzung des Auftrags- oder Vertragswertes,**
2. **der Leistungsbeschreibung, der Bekanntmachung, der Verfahrensarten und des Ablaufs des Vergabeverfahrens, der Nebenangebote, der Vergabe von Unteraufträgen sowie der Vergabe öffentlicher Aufträge und Konzessionen, die soziale und andere besondere Dienstleistungen betreffen,**
3. **der besonderen Methoden und Instrumente in Vergabeverfahren und für Sammelbeschaffungen einschließlich der zentralen Beschaffung,**
4. **des Sendens, Empfangens, Weiterleitens und Speicherns von Daten einschließlich der Regelungen zum Inkrafttreten der entsprechenden Verpflichtungen,**
5. **der Auswahl und Prüfung der Unternehmen und Angebote sowie des Abschlusses des Vertrags,**
6. **der Aufhebung des Vergabeverfahrens,**
7. **der verteidigungs- oder sicherheitsspezifischen Anforderungen im Hinblick auf den Geheimschutz, auf die allgemeinen Regelungen zur Wahrung der Vertraulichkeit, auf die Versorgungssicherheit sowie auf die besonderen Regelungen für die Vergabe von Unteraufträgen,**
8. **der Voraussetzungen, nach denen Sektorenauftraggeber, Konzessionsgeber oder Auftraggeber nach dem Bundesberggesetz von der Verpflichtung zur Anwendung dieses Teils befreit werden können, sowie des dabei anzuwendenden Verfahrens einschließlich der erforderlichen Ermittlungsbefugnisse des Bundeskartellamtes und der Einzelheiten der Kostenerhebung; Vollstreckungserleichterungen dürfen vorgesehen werden.**

Die Rechtsverordnungen sind dem Bundestag zuzuleiten. Die Zuleitung erfolgt vor der Zuleitung an den Bundesrat. Die Rechtsverordnungen können durch Beschluss des Bundestages geändert oder abgelehnt werden. Der Beschluss des Bundestages wird der Bundesregierung zugeleitet. Hat sich der Bundestag nach Ablauf von drei Sitzungswochen seit Eingang der Rechtsverordnungen nicht mit ihnen befasst, so werden die unveränderten Rechtsverordnungen dem Bundesrat zugeleitet.

Übersicht

	Rn.
A. Allgemeines	1
I. Unionsrechtlicher Hintergrund	4
II. Vergleichbare Regelungen	6
III. Historie	7
B. Die Verordnungsermächtigung (S. 1 und 2)	9
I. Regelungsstruktur	9
II. Verfassungsrechtliche Funktion und verfassungsrechtlicher Rahmen	10
1. Bestimmtheitsgebot	11
a) Bestimmung von Inhalt, Zweck und Ausmaß	11
b) Hinreichende Bestimmtheit der Ermächtigung	13
c) Einbeziehung von Konzessionen	15
d) Bestimmtheit der einzelnen Regelungsgegenstände	16
2. Subdelegation – die besondere Stellung von Abschnitt 2 VOB/A	19
C. Die Regelungsgegenstände (S. 2 Hs. 2)	21
I. Schätzung des Auftrags- oder Vertragswertes (Nr. 1)	23
II. Leistungsbeschreibung, Bekanntmachung, Verfahrensarten und -ablauf, Nebenangebote, Unteraufträge sowie besondere Dienstleistungen (Nr. 2)	25
III. Besondere Methoden und Instrumente (Nr. 3)	27

IV. Elektronische Kommunikation (Nr. 4) ... 29
V. Auswahl und Prüfung der Unternehmen und Angebote sowie Vertragsschluss (Nr. 5) ... 32
VI. Aufhebung des Vergabeverfahrens (Nr. 6) ... 35
VII. Verteidigungs- und sicherheitsspezifische Anforderungen (Nr. 7) ... 37
VIII. Freistellungsverfahren (Nr. 8) ... 39
D. Rechtsetzungsverfahren (S. 1 und S. 3 bis 7) ... 42
I. Erforderliche Zustimmung des Bundesrates (S. 1) ... 43
II. Parlamentsvorbehalt zugunsten des Bundestages ... 47
1. Intendierte Kontroll- und Einflussnahmemöglichkeit durch Aufnahme eines Parlamentsvorbehalts ... 49
2. Zuleitung der Rechtsverordnung an den Bundestag (S. 3 und 4) ... 51
3. Mitwirkungsrecht des Bundestages (S. 5 und 6) ... 52
a) Änderungsvorbehalt ... 55
b) Ablehnungsvorbehalt ... 57
c) Bindung der Bundesregierung an Beschlüsse des Bundestages ... 60
4. Weiterleitung an den Bundesrat (S. 7) ... 61
Anlage
Gesetzesbegründung

A. Allgemeines*

1 § 113 GWB enthält die zentrale Verordnungsermächtigung zum Vergaberecht. Die Vorschrift ermächtigt die Bundesregierung, durch Rechtsverordnung mit Zustimmung des Bundesrats die Einzelheiten zur Vergabe von öffentlichen Aufträgen und Konzessionen sowie zur Ausrichtung von Wettbewerben zu regeln.

2 Die Verordnungsermächtigung ist Ausdruck der besonderen Umsetzung des nationalen Vergaberechts auf mehreren Regelungsebenen (sog. **Kaskadenprinzip**). Anders als etwa in Österreich ist das deutsche Vergaberecht nicht in einem Gesetz kodifiziert. Trotz einer deutlichen Erweiterung des Teils 4 des GWB zur Regelung der zentralen Vergabegrundsätze sind die detaillierten Vorschriften für die Durchführung der Vergabeverfahren weiterhin auf der Ebene der verschiedenen Vergabeverordnungen zu finden.

3 Die Bedeutung des § 113 GWB liegt somit vor allem in der (Scharnier-)Funktion als Rechtsgrundlage für die einzelnen **Vergabeverordnungen**. Dies sind im Einzelnen die VgV, die SektVO, die KonzVgV sowie die angepasste VSVgV. Über den Verweis in § 2 VgV bzw. in § 2 Abs. 2 VSVgV bildet § 113 GWB mittelbar auch die Ermächtigung für die Abschnitte 2 und 3 VOB/A.

I. Unionsrechtlicher Hintergrund

4 Die Verordnungsermächtigung in § 113 GWB ist der durch den nationalen Gesetzgeber gewählten Form der Umsetzung des EU-Vergaberechts in nationales Recht geschuldet. Sie findet im **Unionsrecht** folglich weder eine Entsprechung noch lässt sie sich auf eine bestimmte unionsrechtliche Norm zurückführen.

5 Die Umsetzung des Vergaberechts auf mehreren Regelungsebenen (sog. Kaskadenprinzip) ist in der Vergangenheit vielfach **kritisiert** worden. Teilweise wurde zur alten Rechtslage gar bezweifelt, dass sie dem unionsrechtlichen Effet-utile-Grundsatz ausreichend Rechnung trägt.[1] Trotz der in der Sache teils sicher berechtigten Kritik genügt der Verweis über § 113 GWB den Anforderungen an eine unionsrechtskonforme Umsetzung von Richtlinienrecht, die als Kernelemente Rechtsnormvorbehalt, Publizität und Klagefähigkeit voraussetzen.[2]

* Die Kommentierung gibt allein die persönliche Auffassung des Autors wieder.
1 Vgl. *Dreher*, NVwZ 1999, 1265 (1270).
2 Vgl. hierzu ausführlich *Dörr*, in: Burgi/Dreher, Vergaberecht, § 113 GWB Rn. 5 m.w.N.

II. Vergleichbare Regelungen

Neben § 113 GWB enthält § 114 Abs. 2 S. 4 GWB eine eigenständige Verordnungsermächtigung zur Regelung der Einzelheiten der Datenübermittlung für die Vergabestatistik. § 114 Abs. 2 S. 4 GWB bildet die rechtliche Grundlage der VergStatVO. 6

III. Historie

Die Verordnungsermächtigung der Bundesregierung wurde im Zuge der **Vergaberechtsmodernisierung** im Jahr 2016 neu geregelt. Zuvor waren die Verordnungsermächtigungen der Bundesregierung in § 97 Abs. 6 GWB a.F. und § 127 GWB a.F. enthalten. Diese Regelungen sollten mit dem neu geschaffenen § 113 GWB vereinfacht und in einer Vorschrift zusammengeführt werden.[3] 7

Trotz der weitreichenden Reformierung des Vergaberechts im Jahr 2016 hat der Gesetzgeber mit den §§ 97 ff. GWB auf die Zusammenfassung der vergaberechtlichen Vorschriften in einem formellen Gesetz verzichtet. Die Einzelheiten des Vergaberechts werden zu einem Großteil auch weiterhin auf der **Verordnungsebene** geregelt. Die Bedeutung des § 113 GWB für die praktische Rechtsanwendung mag regelmäßig gering sein. Aus rechtstechnischer Sicht ist die Bedeutung des § 113 GWB jedoch groß, da zumeist erst die auf § 113 GWB gestützten Rechtsverordnungen auf einer zweiten Regelungsebene die in den §§ 97 ff. GWB grundlegend beschriebenen Rahmenbedingungen der Vergabeverfahren determinieren. Ausdruck dieser Bedeutung ist der erst spät im Gesetzgebungsverfahren zu § 113 GWB aufgenommene Parlamentsvorbehalt, der dem Bundestag die Möglichkeit zur Mitgestaltung der Rechtsverordnungen sichern soll. 8

B. Die Verordnungsermächtigung (S. 1 und 2)

I. Regelungsstruktur

Die zentrale Ermächtigung des § 113 GWB enthält S. 1, wonach die Bundesregierung (mit Zustimmung des Bundesrates) zunächst sehr pauschal ermächtigt wird, „die Einzelheiten zur Vergabe von öffentlichen Aufträgen und Konzessionen sowie zur Ausrichtung von Wettbewerben zu regeln". Die in S. 1 enthaltene Ermächtigung wird in zweifacher Form konkretisiert. So ist in § 113 S. 2 Hs. 1 GWB einschränkend bestimmt, dass die Ermächtigung nach § 113 S. 1 GWB „die Befugnis zur Regelung von Anforderungen an den Auftragsgegenstand und das Vergabeverfahren" umfasst. Der so konkretisierte und eingeschränkte Umfang wird weiter konkretisiert durch die in § 113 S. 2 Hs. 2 GWB unter Nr. 1 bis 8 aufgeführten Regelungsgegenstände. Wie durch die Verwendung des Terminus „insbesondere" klargestellt, soll es sich bei diesen Regelungsgegenständen um Beispiele handeln, deren Aufzählung nicht abschließend ist. 9

II. Verfassungsrechtliche Funktion und verfassungsrechtlicher Rahmen

Die in § 113 S. 1 und 2 GWB enthaltene Ermächtigung ist im Lichte ihrer verfassungsrechtlichen Funktion zu verstehen und auszulegen. 10

1. Bestimmtheitsgebot

a) Bestimmung von Inhalt, Zweck und Ausmaß

Die Verordnungsermächtigung muss sich am verfassungsrechtlichen **Bestimmtheitsgebot** messen lassen. Gemäß Art. 80 Abs. 1 S. 1 GG können die Bundesregierung, ein Bundesminister oder die Landesregierungen durch Gesetz ermächtigt werden, Rechtsverordnungen zu er- 11

3 Vgl. Gesetzesbegründung zu § 113 GWB, VergRModG 2016, BT-Drs. 18/6281, 88.

lassen. Dies setzt gemäß Art. 80 Abs. 1 S. 2 GG jedoch voraus, dass Inhalt, Zweck und Ausmaß der erteilten Ermächtigung im Gesetz bestimmt werden. Das in Art. 80 Abs. 1 S. 2 GG aufgeführte Bestimmtheitsgebot dient der Konkretisierung des Rechtsstaats- und Demokratieprinzips. Die Bestimmung von Inhalt, Zweck und Ausmaß der gesetzlich erteilten Ermächtigung für die Übertragung von Rechtsetzungsbefugnissen an die Exekutive soll eine unzulässige Delegation auf die Verordnungsebene verhindern.[4] Das die Exekutive zum Verordnungserlass ermächtigende Gesetz muss angeben, welche Sachfragen (Inhalt) in welchem Umfang und mit welcher Zielrichtung (Zweck) von der Exekutive geregelt werden können oder müssen.[5]

12 Das **BVerfG** greift in seiner Rechtsprechung zum verfassungsrechtlichen Bestimmtheitsgebot auf im Zuge der bisherigen Entscheidungspraxis sukzessive herausgearbeitete Kriterien zurück.[6] So soll eine Verordnungsermächtigung nicht mehr den Anforderungen des Art. 80 Abs. 1 S. 2 GG entsprechen, wenn sie *„so unbestimmt ist, dass nicht mehr vorhergesehen werden kann, in welchen Fällen und mit welcher Tendenz von ihr Gebrauch gemacht wird und welchen Inhalt die auf Grund der Ermächtigung erlassenen Verordnungen haben können"*[7] (sog. Vorhersehbarkeitsklausel). Ergänzend muss der Gesetzgeber nach der Rechtsprechung des Bundesverfassungsgerichts *„selbst die Entscheidung treffen, dass bestimmte Fragen geregelt werden sollen, er muss die Grenzen einer solchen Regelung festsetzen und angeben, welchem Ziel die Regelung dienen soll"*[8] (sog. Selbstentscheidungsklausel). Zuletzt muss sich nach der Rechtsprechung des Bundesverfassungsgerichts aus der Ermächtigungsgrundlage ermitteln lassen, *„welches vom Gesetzgeber gesetzte Programm durch die Verordnung erreicht werden soll"*[9] (sog. Programmklausel).

b) Hinreichende Bestimmtheit der Ermächtigung

13 Unter Berücksichtigung der verfassungsrechtlichen Vorgaben und der Rechtsprechung des BVerfG muss § 113 S. 2 Hs. 1 GWB im Sinne einer Beschreibung des zulässigen **Rahmens** verstanden werden. Sowohl die unter § 113 S. 2 Hs. 2 Nr. 1 bis 8 GWB aufgeführten Regelungsgegenstände als auch gegebenenfalls weitere Gegenstände müssen innerhalb dieses Rahmens bleiben. Das heißt, die Ermächtigung umfasst ausschließlich die Regelung von Anforderungen an den Auftragsgegenstand und an das Vergabeverfahren.[10]

14 Nach diesem Verständnis ist die **Ermächtigung in § 113 GWB** hinreichend bestimmt. Für eine ausreichende Bestimmtheit der Ermächtigung spricht zudem, dass die Vorschrift, wie im Übrigen auch die §§ 97 ff. GWB der Umsetzung von EU-Vergaberichtlinien dienen und der Anwendungsbereich als auch inhaltliche Vorgaben hierdurch weitgehend vorfestgelegt sind.[11]

c) Einbeziehung von Konzessionen

15 Im Hinblick auf die ausdrückliche Bezugnahme auf den Auftragsgegenstand in § 113 S. 2 Hs. 1 GWB lässt sich fragen, ob der Gesetzgeber hier die Anforderungen an den Gegenstand einer Konzession ausnehmen wollte. Zutreffend unterscheidet das Gesetz in § 103 und § 105 GWB begrifflich zwischen öffentlichem Auftrag und Konzession. Bei näherer Betrachtung wird § 113 S. 2 Hs. 1 GWB indes verfassungskonform dahingehend ausgelegt werden müssen, dass der Verweis auf den Auftragsgegenstand auch Konzessionen umfasst. Hierfür spricht zum einen, dass mit der Ermächtigung in § 113 S. 1 GWB Konzessionen ausdrücklich genannt sind und § 113 S. 2 Hs. 2 GWB lediglich der Konkretisierung des § 113 S. 1 GWB dient. Zum anderen wird die Konzession vom öffentlichen Auftrag tatbestandlich nicht an-

---

4 *Bauer*, in: Dreier, GG, Art. 80 Rn. 32.
5 *Remmert*, in: Maunz/Dürig, GG, 92. EL August 2020, Art. 80 Rn. 64 m.w.N.
6 Vgl. hierzu ausführlich: *Remmert*, in: Maunz/Dürig, GG, 92. EL August 2020, Art. 80 Rn. 64 ff. m.w.N.
7 BVerfG, Urteil v. 23.10.1951 – 2 BvG 1/51, ständige Rechtsprechung.
8 BVerfG, Urteil v. 10.6.1953 – 1 BvF 1/53, ständige Rechtsprechung.
9 BVerfG, Beschluss v. 13.6.1956 – 1 BvL 54/55, ständige Rechtsprechung.
10 Vgl. so auch *Dörr*, in: Burgi/Dreher, Vergaberecht § 113 GWB Rn. 7.
11 So zutreffend *Dörr*, in: Burgi/Dreher, Vergaberecht § 113 GWB Rn. 7.

hand des Bestehens eines Auftragsverhältnisses abgegrenzt. Der Unterschied der Konzession in Abgrenzung zum öffentlichen Auftrag besteht gemäß § 105 GWB vielmehr in der Übertragung von Verwertungs- bzw. Nutzungsrechten und der Übernahme des Betriebsrisikos.[12] Tatsächlich enthält die auf § 113 GWB basierende KonzVgV auch Regelungen zum Gegenstand der Konzessionen.

d) Bestimmtheit der einzelnen Regelungsgegenstände

16 Die in § 113 **S. 2 Hs. 2 Nr. 1 bis 7** GWB genannten Regelungsgegenstände sind von der in § 113 S. 2 Hs. 1 GWB konkretisierten Ermächtigung gedeckt. Ein hinreichender Bezug zu den Anforderungen an den Auftragsgegenstand und das Vergabeverfahren lässt sich für alle genannten Beispiele herstellen. Dies gilt auch für § 113 S. 2 Hs. 2 Nr. 5 GWB, der neben der Auswahl und Prüfung der Unternehmen und Angebote den Vertragsabschluss aufführt. Der Abschluss des Vertrags ist hier freilich nicht im Sinne eines eigenständigen Regelungsgegenstandes, sondern im Sinne seiner Funktion im Vergabeverfahren zu verstehen und auszulegen.

17 Konkrete Zweifel verbleiben derweil, ob das Regelungsbeispiel in § 113 **S. 2 Hs. 2 Nr. 8** GWB von der Ermächtigung gedeckt ist. Das Beispiel enthält die zuvor in § 127 Nr. 9 GWB a.F. enthaltene Befugnis zur Regelung des Verfahrens zur Freistellung vom Anwendungsbereich des GWB-Vergaberechts für Sektorenauftraggeber, Konzessionsgeber oder Auftraggeber nach dem BBergG. Ein derartiges Freistellungsverfahren dürfte sich schwerlich den Anforderungen an den Auftragsgegenstand oder an das Vergabeverfahren zuordnen lassen. Hieraus folgt, dass die in § 113 S. 1 GWB enthaltene und durch § 113 S. 2 Hs. 2 GWB konkretisierte Ermächtigung für den in § 113 S. 2 Hs. 2 Nr. 8 GWB beschriebenen Regelungsgegenstand keine hinreichende Grundlage bildet. Der Verstoß gegen das Bestimmtheitsgebot ließe sich wohl allein dann verneinen, sofern man das Regelungsbeispiel in § 113 S. 2 Hs. 2 Nr. 8 GWB im Wege einer verfassungskonformen Auslegung und entgegen dem Wortlaut („insbesondere") nicht als Beispiel, sondern als eigenständigen Ermächtigungsgegenstand verstanden wissen wöllte.[13] Hier ist eine Klarstellung durch den Gesetzgeber zu empfehlen.

18 Ungeachtet der in § 113 GWB enthaltenen Ermächtigungsgrundlage müssen zuletzt auch die auf ihr basierenden **Rechtsverordnungen** ihrem Inhalt nach durch die Ermächtigung gedeckt sein.

2. Subdelegation – die besondere Stellung von Abschnitt 2 VOB/A

19 Neben dem in Art. 80 Abs. 1 S. 2 GG geregelten Bestimmtheitsgebot enthält Art. 80 Abs. 1 S. 4 GG auch eine **Beschränkung der Subdelegation**. Soll die Ermächtigung weiter übertragen werden, so ist dies gemäß Art. 80 Abs. 1 S. 4 GG möglich, soweit die Übertragung der Ermächtigung durch Gesetz vorgesehen und in einer Rechtsverordnung geregelt ist.

20 Eine Regelung zur Übertragung der Ermächtigung sieht § 113 GWB nicht vor. Die Befugnis zur Regelung von Anforderungen an den Auftragsgegenstand und an das Vergabeverfahren kann folglich durch die Bundesregierung nicht weiter übertragen werden. Angesichts dieses Befundes lässt sich die Legitimation der durch einen privaten Vergabe- und Vertragsausschuss maßgeblich verantworteten Vorschriften des **Abschnitt 2 VOB/A** auf den ersten Blick hinterfragen. Bei näherem Hinsehen enthält der Verweis in § 2 VgV indes einen statischen Verweis. Verwiesen wird auf eine konkret im Bundesanzeiger bekannt gemachte Fassung.[14] Eine Änderung im Regelungswerk der VOB/A bedingt somit stets auch eine Anpassung des § 2 VgV. Hierdurch ist zugunsten des eigentlich ermächtigten Normgebers (der Bundesregierung) sichergestellt, dass er den Inhalt der Regelungen prüfen und sich durch Aufnahme eines angepassten Verweises in § 2 VgV zu eigen machen kann. Insofern wird – ähnlich eines Anhangs – lediglich darauf verzichtet, die Vorschriften in den Text der eigenen Rechtsverordnung zu

---

12 Im Ergebnis a.A. *Dörr*, in: Burgi/Dreher, Vergaberecht, § 113 GWB Rn. 9, wonach der Gegenstand von Konzessionen nicht von § 113 S. 2 Hs. 1 GWB erfasst sei; vielmehr sollen § 113 S. 2 Hs. 2 Nr. 1 bis 7 GWB als eigenständige Ermächtigungsnormen auszulegen sein.

13 So *Dörr*, in: Burgi/Dreher, Vergaberecht, § 113 GWB Rn. 8.

14 Stand 4.11.2020 Fassung der Bekanntmachung v. 31. Januar 2019 (BAnz AT 19.2.2019 B2).

übernehmen. Ein derartiges Vorgehen ist verfassungsrechtlich zulässig, soweit sich auch die in Bezug genommenen Vorschriften des Abschnitt 2 VOB/A im Rahmen der Ermächtigung des § 113 GWB halten.[15]

C. Die Regelungsgegenstände (S. 2 Hs. 2)

21 In § 113 S. 2 Hs. 2 GWB werden auf der Grundlage der in § 113 S. 1 Hs. 1 GWB konkretisierten Ermächtigung acht verschiedene Regelungsgegenstände aufgeführt. Wie oben dargestellt[16], ist die Aufzählung nicht abschließend.

22 Im Zuge der Vereinfachung und Zusammenführung der zuvor in § 97 Abs. 6 und § 127 GWB a.F. enthaltenen Verordnungsermächtigungen ist die zuvor in § 127 Nr. 1 GWB a.F. enthaltene Ermächtigung zur Umsetzung der vergaberechtlichen Schwellenwerte der EU-Richtlinien **entfallen**.[17] Gleiches gilt für die noch in § 127 Nr. 6 GWB a.F. vorgesehene Verordnungsermächtigung zur Regelung eines Verfahrens zum Erhalt einer Bescheinigung der Vergaberechtskonformität des durchgeführten Vergabeverfahrens. Zuletzt ist auch die in § 127 Nr. 7 GWB a.F. enthaltene Ermächtigung über die freiwillige Regelung eines Streitschlichtungsverfahrens der Europäischen Kommission entfallen.[18]

I. Schätzung des Auftrags- oder Vertragswertes (Nr. 1)

23 Ausweislich der Gesetzesbegründung nimmt § 113 S. 2 Hs. 2 Nr. 1 GWB aus Gründen der Klarstellung die Befugnis zur Regelung der Schätzung des Auftragswerts von öffentlichen Aufträgen und des Vertragswerts von Konzessionen in die Verordnungsermächtigung auf.[19] Das Regelungsbeispiel wird als Anforderung an das Vergabeverfahren i.S.d. § 113 S. 2 Hs. 1 GWB zu verstehen sein, da es in unmittelbarem Zusammenhang mit der Frage des Erreichens der EU-Schwellenwerte und daraus folgend dem einzuhaltenden Verfahren steht.

24 Auf der entsprechenden Ermächtigung basieren die **Regelungen** in § 3 VgV, § 2 SektVO und § 2 KonzVgV. Eine entsprechende Regelung findet sich zudem in § 3 VSVgV.

II. Leistungsbeschreibung, Bekanntmachung, Verfahrensarten und -ablauf, Nebenangebote, Unteraufträge sowie besondere Dienstleistungen (Nr. 2)

25 § 113 S. 2 Hs. 2 Nr. 2 GWB greift die zuvor in § 97 Abs. 6 GWB a.F. enthaltene Befugnis zur Regelung der Bekanntmachung, der Verfahrensarten und des Ablaufs des Vergabeverfahrens auf.[20] § 113 S. 2 Hs. 2 Nr. 2 GWB führt darüber hinaus mit der Bezugnahme auf die Leistungsbeschreibung, auf die Nebenangebote, auf die Vergabe von Unteraufträgen sowie die Vergabe öffentlicher Aufträge und Konzessionen, die soziale und andere besondere Dienstleistungen betreffen, noch weitere Regelungsgegenstände auf, die in § 97 Abs. 6 GWB a.F. zuvor nicht genannt waren. Das Regelungsbeispiel bezieht sich auf Anforderungen an den Auftragsgegenstand und an das Vergabeverfahren nach § 113 S. 2 Hs. 1 GWB.

26 Einschlägige **Regelungen** zur Leistungsbeschreibung finden sich u.a. in den §§ 31 ff. VgV, §§ 28 ff. SektVO und § 15 KonzVgV. Regelungen zur Bekanntmachung finden sich u.a. in den §§ 37 ff. VgV, §§ 35 SektVO und den §§ 19 KonzVgV. Nebenangebote sind Gegenstand der Regelungen in § 35 VgV und § 33 SektVO. Regelungen zu den Verfahrensarten können den §§ 14 ff. VgV, §§ 13 ff. SektVO und § 12 KonzVgV entnommen werden. Die Vergabe von Unteraufträgen ist Gegenstand der §§ 36 VgV und 34 SektVO. Die Vergabe sozialer und anderer besonderer Dienstleistungen ist Gegenstand der §§ 64 ff. VgV und 22 KonzVgV.

---

15 Vgl. BVerfG, Beschluss v. 1.3.1978 – 1 BvR 786/70; *Dörr*, in: Burgi/Dreher, Vergaberecht, § 113 GWB Rn. 13.
16 Vgl. Rn. 9.
17 Ein entsprechend dynamischer Verweis findet sich nunmehr direkt in § 106 GWB.
18 Siehe hierzu § 183 GWB.
19 Gesetzesbegründung zu § 113 S. 2 Hs. 2 Nr. 1 GWB, VergRModG 2016, BT-Drs. 18/6281, 89.
20 Gesetzesbegründung zu § 113 S. 2 Hs. 2 Nr. 2 GWB, VergRModG 2016, BT-Drs. 18/6281, 89.

III. Besondere Methoden und Instrumente (Nr. 3)

Unter § 113 S. 2 Hs. 2 Nr. 3 GWB nennt der Gesetzgeber als zulässigen Regelungsgegenstand besondere Methoden und Instrumente in Vergabeverfahren und für Sammelbeschaffungen einschließlich der zentralen Beschaffung. 27

Konkret betrifft dies das elektronische Beschaffungssystem, die elektronische Auktion und den elektronischen Katalog. Diese sind **geregelt** in den §§ 22 ff. VgV und 20 ff. SektVO. Unter dem Begriff der Sammelbeschaffungen versteht der Gesetzgeber Regelungen über Rahmenvereinbarungen und die gelegentliche gemeinsame Auftragsvergabe sowie die Auftragsvergabe durch öffentliche Auftraggeber aus verschiedenen Mitgliedsstaaten.[21] Regelungen zu Rahmenvereinbarungen finden sich in § 21 VgV, § 19 SektVO, Regelungen zur gelegentlichen gemeinsamen Auftragsvergabe und zentralen Beschaffung enthält § 4 VgV sowie § 4 SektVO. Die zentrale Beschaffungstätigkeit ist darüber hinaus – wie in der Gesetzesbegründung[22] klargestellt – auch direkt in § 120 Abs. 4 GWB geregelt. 28

IV. Elektronische Kommunikation (Nr. 4)

§ 113 S. 2 Hs. 2 Nr. 4 GWB führt als Regelungsgegenstände das Senden, Empfangen, Weiterleiten und Speichern von Daten einschließlich der Regelungen zu dem Inkrafttreten der entsprechenden Verpflichtungen auf. Diese Regelung konkretisiert die Verordnungsermächtigung im Hinblick auf § 97 Abs. 5 GWB zur elektronischen Kommunikation und Datenverarbeitung. Damit wird die Bundesregierung ermächtigt, die in den RL 2014/23/EU, 2014/24/EU und 2014/25/EU jeweils enthaltene Verpflichtung zur elektronischen Kommunikation durch Rechtsverordnung umzusetzen.[23] In diesem Zusammenhang nennt § 113 S. 2 Hs. 2 Nr. 4 GWB auch die auf der Verordnungsebene zu treffenden Übergangsbestimmungen.[24] Der Regelungsgegenstand des § 113 S. 2 Hs. 2 Nr. 4 GWB bezieht sich maßgeblich auf Anforderungen an das Vergabeverfahren i.S.d. § 113 S. 2 Hs. 1 GWB und ist durch die Verordnungsermächtigung gedeckt. 29

Die Bundesregierung hat die **elektronische Kommunikation** in den §§ 9 ff. VgV, §§ 9 SektVO und §§ 7 ff. KonzVgV geregelt. Die Ausnahmen der grundsätzlich elektronisch einzureichenden Angebote, Teilnahmeanträge und Interessebekundungen bzw. -bestätigungen enthalten unter Beachtung der unionsrechtlich vorgesehenen Ausnahmen die § 53 Abs. 2 und 4 VgV, § 43 Abs. 2 SektVO und § 28 Abs. 2 und 4 KonzVgV. 30

Die ebenfalls in § 113 S. 2 Hs. 2 Nr. 4 GWB enthaltenen Regelungen zu dem Inkrafttreten der entsprechenden Verpflichtungen (**Übergangsbestimmungen**) finden sich in § 81 VgV, § 64 SektVO und § 34 KonzVgV. Mit den genannten Regelungen hat der Normgeber die unionsrechtlich eröffneten Übergangsregelungen im Hinblick auf die verpflichtende Umstellung auf eine elektronische Kommunikation ausgenutzt. Die Übergangsbestimmungen sehen vor, dass nach dem 18. April 2017 (zentrale Beschaffungsstellen) bzw. nach dem 18. Oktober 2018 (andere als zentrale Beschaffungsstellen) auch das Einreichungsverfahren elektronisch zu erfolgen hat. Mit den unterschiedlichen Umsetzungsfristen für die Einführung der elektronischen Kommunikation, die die EU-Richtlinien ermöglichen, nutzte der nationale Normgeber die unionsrechtlichen Spielräume voll aus. 31

V. Auswahl und Prüfung der Unternehmen und Angebote sowie Vertragsschluss (Nr. 5)

Mit § 113 S. 2 Hs. 2 Nr. 5 GWB wird als weiterer Regelungsgegenstand die Auswahl und Prüfung der Unternehmen und Angebote sowie des Abschlusses des Vertrags genannt. Diese Regelung greift die zuvor in § 97 Abs. 6 GWB a.F. enthaltene Befugnis zur Regelung der Auswahl 32

21 Vgl. Gesetzesbegründung zu § 113 S. 2 Hs. 2 Nr. 3 GWB, VergRModG 2016, BT-Drs. 18/6281, 89.
22 Vgl. Gesetzesbegründung zu § 113 S. 2 Hs. 2 Nr. 3 GWB, VergRModG 2016, BT-Drs. 18/6281, 89.
23 Gesetzesbegründung zu § 113 S. 2 Hs. 2 Nr. 4 GWB, VergRModG 2016, BT-Drs. 18/6281, 89.
24 Vgl. Gesetzesbegründung zu § 113 S. 2 Hs. 2 Nr. 4 GWB, VergRModG 2016, BT-Drs. 18/6281, 89.

und Prüfung der Unternehmen und Angebote sowie des Abschlusses des Vertrags auf. Wie schon die Vorgängerregelung enthält auch § 113 S. 2 Hs. 2 Nr. 5 GWB thematisch zwei verschiedene Regelungsgegenstände.

33 Zum einen zielt § 113 S. 2 Hs. 2 Nr. 5 GWB auf **Regelungen betreffend die Auswahl und die Prüfung** ab. Dies betrifft insbesondere Vorgaben zu Eignungs- und Zuschlagskriterien, zu deren Ausgestaltung und zur Nachweisführung darüber.[25] Umgesetzt wurden diese Vorgaben aufgrund ihrer Bedeutung während des gesamten Vergabeprozesses in einer Vielzahl verschiedener Regelungen der verschiedenen Rechtsverordnungen. Lediglich beispielhaft genannt seien hier: §§ 42 ff. VgV, §§ 45 ff. SektVO (jeweils Anforderungen an die Unternehmen), § 56 VgV, §§ 51 ff. SektVO (jeweils betreffend Prüfung und Wertung einschließlich Zuschlag) und §§ 24 ff. KonzVgV (Auswahlverfahren und Zuschlag). Mit der Gesetzesbegründung hebt der Gesetzgeber darüber hinaus hervor, dass zum Zwecke der Nachweisführung (in Umsetzung von Art. 43 RL 2014/24/EU) auch die Möglichkeit der Verwendung von Gütezeichen geregelt werden sollen.[26] Dies ist unter anderem durch § 34 VgV und § 32 SektVO geschehen. Die Regelung hinsichtlich der Auswahl und Prüfung der Unternehmen und Angebote bezieht sich sowohl auf Anforderungen an den Auftragsgegenstand als auch auf Anforderungen an das Vergabeverfahren i.S.d. § 113 S. 2 Hs. 1 GWB und ist durch die Verordnungsermächtigung gedeckt.

34 Zum anderen sieht § 113 S. 2 Hs. 2 Nr. 5 GWB neben der Regelung zur Auswahl und Prüfung der Unternehmen und Angebote als weiteren Regelungsgegenstand den Abschluss des Vertrags vor. Der **Abschluss des Vertrags** kann nicht im Sinne eines eigenständigen Regelungsgegenstandes verstanden werden. So bestimmt sich der Vertragsschluss nach allgemeinem Zivilrecht und nicht nach vergaberechtlichen Regelungen.[27] Insofern verbliebe zweifelhaft, inwieweit der Vertragsabschluss im Sinne eines eigenständigen Regelungsgegenstandes unter die Befugnis zur Regelung der Anforderungen an den Auftragsgegenstand und an das Vergabeverfahren subsumiert werden kann. Im Sinne eines verfassungskonformen Verständnisses ist § 113 S. 2 Hs. 2 Nr. 5 GWB daher nicht im Sinne eines eigenständigen Regelungsgegenstandes, sondern zuvorderst mit Blick auf seine Funktion im Vergabeverfahren auszulegen.[28] Tatsächlich enthalten die auf § 113 S. 2 Hs. 2 Nr. 5 GWB beruhenden Rechtsverordnungen keine explizite Regelung zum Abschluss des Vertrags. Gleichwohl wird in den Rechtsverordnungen in mehreren Regelungen an den Zuschlag (im Sinne des Vertragsschlusses) so z. B. bei § 58 und § 52 VgV angeknüpft. Darüber hinaus enthalten einzelne Regelungen einen Verweis auf in den Vertragsbedingungen festzulegende Inhalte, so z. B. § 36 Abs. 3 VgV, § 34 Abs. 3 SektVO und § 33 KonzVgV.

VI. Aufhebung des Vergabeverfahrens (Nr. 6)

35 § 113 S. 2 Hs. 2 Nr. 6 GWB führt die Aufhebung des Vergabeverfahrens als Regelungsgegenstand auf. Ausweislich der Gesetzesbegründung dient die Aufnahme dieser Befugnis der Klarstellung.[29]

36 Entsprechende **Vorschriften** zur Verfahrensaufhebung finden sich in § 63 VgV, § 57 SektVO und § 32 KonzVgV. Die Regelung des § 113 S. 2 Hs. 2 Nr. 6 GWB bezieht sich auf Anforderungen an das Vergabeverfahren i.S.d. § 113 S. 2 Hs. 1 GWB.

VII. Verteidigungs- und sicherheitsspezifische Anforderungen (Nr. 7)

37 Die Vorschrift des § 113 S. 2 Hs. 2 Nr. 7 GWB erfasst die Regelung der verteidigungs- oder sicherheitsspezifischen Anforderungen im Hinblick auf den Geheimschutz, auf die allgemeinen

25 Vgl. Gesetzesbegründung zu § 113 S. 2 Hs. 2 Nr. 5 GWB, VergRModG 2016, BT-Drs. 18/6281, 90.
26 Vgl. Gesetzesbegründung zu § 113 S. 2 Hs. 2 Nr. 5 GWB, VergRModG 2016, BT-Drs. 18/6281, 90.
27 So zutreffend *Dörr*, in: Burgi/Dreher, Vergaberecht, § 113 GWB Rn. 8.
28 Vgl. hierzu oben Rn. 16.
29 Vgl. Gesetzesbegründung zu § 113 S. 2 Hs. 2 Nr. 6 GWB, VergRModG 2016, BT-Drs. 18/6281, 90.

Regelungen zur Wahrung der Vertraulichkeit, auf die Versorgungssicherheit sowie auf die besonderen Regelungen für die Vergabe von Unteraufträgen. Die Vorschrift übernimmt die zuvor in § 127 Nr. 3 GWB a.F. enthaltene Verordnungsermächtigung. Sie bezieht sich auf verteidigungs- oder sicherheitsspezifische Aufträge i.S.d. § 104 GWB. Die in § 113 S. 2 Hs. 2 Nr. 7 GWB enthaltene Aufzählung dient der Klarstellung und konzentriert sich auf die besonderen Aspekte des Vergabeverfahrens von verteidigungs- oder sicherheitsspezifischen Aufträgen.[30]

Die **Regelungen** zu verteidigungs- oder sicherheitsspezifischen öffentlichen Aufträgen sind in der VSVgV zusammengefasst. Der VgV (§ 1 Abs. 2 Nr. 2 VgV) und der SektVO (§ 1 Abs. 2 SektVO) kommt für diesbezügliche Aufträge kein eigener Anwendungsbereich zu. Für Konzessionen besteht über § 150 und § 154 Nr. 2 lit. b GWB hinaus keine spezifische Regelung in den Bereichen Verteidigung und Sicherheit. 38

VIII. Freistellungsverfahren (Nr. 8)

§ 113 S. 2 Hs. 2 Nr. 8 GWB sieht eine Ermächtigung vor, Regelungen über die Voraussetzungen zu treffen, nach denen Sektorenauftraggeber, Konzessionsgeber oder Auftraggeber nach dem Bundesberggesetz von der Verpflichtung zur Anwendung dieses Teils befreit werden können, sowie des dabei anzuwendenden Verfahrens einschließlich der erforderlichen Ermittlungsbefugnisse des Bundeskartellamtes und der Einzelheiten der Kostenerhebung. Vollstreckungserleichterungen sollen vorgesehen werden dürfen. § 113 S. 2 Hs. 2 Nr. 8 GWB fasst die zuvor in § 127 Nr. 9 GWB a.F. enthaltene Befugnis zur Regelung des Freistellungsverfahrens und die zuvor in § 127a Abs. 2 GWB a.F. enthaltene Befugnis zur Regelung der Einzelheiten der Kostenerhebung einschließlich von Vollstreckungserleichterungen zusammen.[31] 39

Der Normgeber hat von der Verordnungsermächtigung in § 3 Abs. 1 bis 6 **SektVO** Gebrauch gemacht, die gemäß § 3 Abs. 7 SektVO für Auftraggeber i.S.d. § 143 GWB (Auftraggeber nach dem BBergG) gilt. 40

Der Regelungsgegenstand des § 113 S. 2 Hs. 2 Nr. 8 GWB dürfte sich nur schwerlich den **Anforderungen an den Auftragsgegenstand oder an das Vergabeverfahren** zuordnen lassen.[32] Hieraus folgt, dass die in § 113 S. 1 GWB enthaltene und durch § 113 S. 2 Hs. 2 GWB konkretisierte Ermächtigung für den in 2 Hs. 2 Nr. 8 GWB beschriebenen Regelungsgegenstand keine hinreichende Grundlage bildet. Der Verstoß gegen das Bestimmtheitsgebot ließe sich allein dann verneinen, sofern man das Regelungsbeispiel in § 113 S. 2 Hs. 2 Nr. 8 GWB im Wege einer verfassungskonformen Auslegung und entgegen dem Wortlaut („insbesondere") nicht als Beispiel, sondern als eigenständigen Ermächtigungsgegenstand verstanden wissen wöllte.[33] 41

D. Rechtsetzungsverfahren (S. 1 und S. 3 bis 7)

Die § 113 S. 1 und S. 3 bis 7 GWB enthalten die Regelungen zum Rechtsetzungsverfahren für die Rechtsverordnungen. Eine Besonderheit des § 113 GWB besteht darin, dass gemäß § 113 S. 1 GWB nicht allein eine Zustimmung des Bundesrates erforderlich ist, sondern der Entwurf der Rechtsverordnung durch die Bundesregierung zuvor dem Bundestag zuzuleiten ist, vgl. § 113 S. 3 und 4 GWB. Einen solchen Parlamentsvorbehalt enthielten die Vorgängerregelungen in § 97 Abs. 6 GWB a.F. und § 127 GWB a.F. nicht. 42

30 Vgl. Gesetzesbegründung zu § 113 S. 2 Hs. 2 Nr. 7 GWB, VergRModG 2016, BT-Drs. 18/6281, 90.
31 Vgl. Gesetzesbegründung zu § 113 S. 2 Hs. 2 Nr. 8 GWB, VergRModG 2016, BT-Drs. 18/6281, 90.
32 Vgl. hierzu ausführlich oben Rn. 17.
33 Vgl. oben Rn. 17.

I. Erforderliche Zustimmung des Bundesrates (S. 1)

43 Gemäß § 113 S. 1 GWB bedarf die Regelung einer Rechtsverordnung im Sinne der Vorschrift der Zustimmung des Bundesrates. Bezogen auf das Rechtsetzungsverfahren der Rechtsverordnung steht die Zustimmung ganz am Ende des Verfahrens.

44 Das Zustimmungserfordernis folgt aus **verfassungsrechtlichen Vorgaben**. Art. 80 Abs. 2 GG ordnet die Zustimmung des Bundesrates zu Rechtsverordnungen für gleich mehrere Fallgruppen an. So bedürfen u.a. – wie im vorliegenden Fall – Rechtsverordnungen auf der Grundlage von Zustimmungsgesetzen[34] der Zustimmung des Bundesrates. Zustimmungsgesetze sind Bundesgesetze, die wie das GWB der Zustimmung des Bundesrates bedürfen. Die Vorgabe in Art. 80 Abs. 2 GG dient dem Schutz der Mitwirkungsrechte des Bundesrates bei dem Erlass von Rechtsverordnungen. Insofern sollen Zustimmungsrechte des Bundesrates durch die Delegation der Rechtsetzungsbefugnisse auf die Exekutive nicht erlöschen.[35] Dieses Recht wird durch die in § 113 S. 1 GWB vorgesehene Zustimmung des Bundesrates zu den auf der Grundlage der Ermächtigungsgrundlage erlassenen Rechtsverordnungen hinreichend sichergestellt. Dies gilt mit kleineren Abstrichen auch für Abschnitt 2 VOB/A.[36]

45 Möglich und grundsätzlich zulässig ist, dass der Bundesrat dem jeweiligen Verordnungsentwurf unter der Bedingung bestimmter Änderungen (sog. **Maßgabenbeschluss**) zustimmt. In diesem Fall kann die Verordnung nicht erlassen und wirksam verkündet werden, solange dem Verlangen des Bundesrates nicht Rechnung getragen worden ist.[37]

46 Die Zustimmung des Bundesrates ist Wirksamkeitsvoraussetzung für das Zustandekommen der jeweiligen Rechtsverordnung.[38] Das **Zustimmungserfordernis** des Bundesrates bezieht sich sowohl auf den (erstmaligen) Erlass als auch auf Änderungen von Rechtsverordnungen.

II. Parlamentsvorbehalt zugunsten des Bundestages

47 § 113 S. 3 bis 7 GWB regelt die notwendige Beteiligung des Bundestages im Rahmen des Rechtsetzungsverfahrens. Die Regelungen wurden im Zuge der Vergaberechtsreform im Jahr 2016 neu eingefügt. Vergleichbare Regelungen sahen die Vorgängervorschriften § 97 Abs. 6 GWB a.F. und § 127 GWB a.F. nicht vor.

48 Die notwendige **Beteiligung** bezieht sich – wie auch bei der erforderlichen Zustimmung durch den Bundesrat – sowohl auf den (erstmaligen) Erlass als auch auf spätere Änderungen von Rechtsverordnungen.

1. Intendierte Kontroll- und Einflussnahmemöglichkeit durch Aufnahme eines Parlamentsvorbehalts

49 Die Regelungen des § 113 Abs. 3 bis 7 GWB gehen auf einen, erst im Rahmen der parlamentarischen Beratung eingebrachten und durch die Regierungsfraktionen unterstützen Änderungsantrag zurück.[39] Hiernach wird die Bundesregierung verpflichtet, neben dem Bundesrat auch den Bundestag zu beteiligen. Die Regelungen enthalten einen Parlamentsvorbehalt.[40]

50 Die Aufnahme des Parlamentsvorbehaltes wurde mit dem maßgeblichen Antrag vom 16. Dezember 2015 selbst inhaltlich nicht weiter **begründet**. Ausweislich der Äußerungen in der einen Tag später, am 17. November 2015, geführten Plenardebatte dürfte der Parlamentsvorbehalt indes Ausdruck des Wunsches einer größeren Kontroll- und Einflussnahmemöglichkeit

34 Teils als sog. *„rechtsgrundlagebedingte Zustimmungsverordnungen"* bezeichnet, vgl. *Mann*, in: Sachs, GG, Art. 80, Rn. 36.
35 Vgl. BVerfG, Beschluss v. 1.4.2014 – 2 BvF 1,3/12, BVerfGE 136, 69 (102 f.); *Uhle*, in: Epping/Hillgruber, GG, Art. 80 Rn. 40.
36 Aufgrund des statischen Verweises, vgl. hierzu oben Rn. 20.
37 Vgl. *Bauer*, in: Dreier, GG, Art. 80 Rn. 63; *Uhle*, in: Epping/Hillgruber, GG, Art. 80 Rn. 43.
38 Vgl. *Bauer*, in: Dreier, GG, Art. 80 Rn. 63 m.w.N.
39 Vgl. Beschlussempfehlung und Bericht des Ausschusses für Wirtschaft und Energie, BT-Drs. 18/7086, 6.
40 So ausdrücklich: Beschlussempfehlung und Bericht des Ausschusses für Wirtschaft und Energie, BT-Drs. 18/7086, 15.

durch den Bundestag auf den Inhalt der Rechtsverordnungen, insbesondere im Hinblick auf die gesetzliche Manifestation politischer Zielvorgaben einer sozialen, ökologischen und allgemein nachhaltigeren Beschaffung sein.[41]

2. Zuleitung der Rechtsverordnung an den Bundestag (S. 3 und 4)

§ 113 S. 3 GWB bestimmt nunmehr, dass die – durch die Exekutive vorbereitete – Rechtsverordnungen zunächst dem Bundestag zuzuleiten sind. Die Zuleitung erfolgt durch die Bundesregierung. Die Federführung für den Entwurf der auf § 113 GWB basierenden Rechtsverordnungen und deren Anpassung obliegt innerhalb der Bundesregierung dem Bundesministerium für Wirtschaft und Klimaschutz (BMWK). Das konkrete Verfahren zur Vorlage von Rechtsverordnungen durch die Bundesregierung an den Bundestag ist in der GGO nicht im Einzelnen geregelt. In Anlehnung an § 64 Abs. 1 GGO erfolgt die Zuleitung der zwischen den Bundesressorts geeinigten Rechtsverordnung durch das Bundeskanzleramt. § 113 S. 4 GWB stellt klar, dass die Zuleitung der Rechtsverordnung an den Bundestag vor der Zuleitung an den Bundesrat zu erfolgen hat. Eine parallele Beteiligung des Bundesrates ist nicht zulässig. 51

3. Mitwirkungsrecht des Bundestages (S. 5 und 6)

§ 113 S. 5 GWB sieht ein Mitwirkungsrecht des Bundestages vor, konkret das Recht, die Rechtsverordnung durch Beschluss zu ändern oder abzulehnen. 52

Grundsätzlich steht die Mitwirkung des Parlaments in der deutschen Verfassungsentwicklung in einer längeren Tradition. **Mitwirkungsvorbehalte** zugunsten des Bundestages sind allgemein ausgebaut und in vielfältigen Erscheinungsformen anzutreffen.[42] Typologisch unterschieden werden verschiedene Fallgruppen, wie Anhörungs- und Kenntnisgabevorbehalte, Einwilligungs-, Genehmigungs- bzw. Zustimmungsvorbehalte, Aufhebungsvorbehalte oder aber Änderungsvorbehalte.[43] Da Art. 80 Abs. 2 GG über den Zustimmungsvorbehalt des Bundesrates hinaus keine weitere Beschränkung durch Mitwirkungsvorbehalte (des Bundestages) vorsieht, stoßen jedenfalls einige der Fallgruppen unter verfassungsrechtlichen Gesichtspunkten auf Vorbehalte. Sie werden allgemein dann als verfassungsgemäß angesehen, wenn sie sich im Vergleich zu der mit Art. 80 Abs. 1 GG eröffneten Möglichkeit einer vollständigen Delegation auf die Exekutive als Minus und nicht als Aliud darstellen. 53

§ 113 S. 5 GWB enthält sowohl einen **Änderungsvorbehalt** als auch einen **Ablehnungsvorbehalt**. 54

a) Änderungsvorbehalt

Im Unterschied zum Aufhebungsvorbehalt begegnet der in § 113 S. 5 GWB enthaltene Änderungsvorbehalt zugunsten des Bundestages verfassungsrechtlichen Bedenken. Der Änderungsvorbehalt soll dem Bundestag die Kompetenz verschaffen, durch Parlamentsbeschluss mittelbar eine parlamentarische Verordnungsgebung zu betreiben. Ein derartiger Vorbehalt ist nach überwiegender Ansicht gegenüber dem Aufhebungsvorbehalt ein unzulässiges Aliud und verfassungswidrig.[44] Denn der Bundestag würde hierdurch tatsächlich in die Lage ver- 55

---

41 In diesem Sinne die Wortmeldung des Bundestagsabgeordneten Marcus Held (Fraktion SPD) unter Bezugnahme auf die Bedeutung sozialer Kriterien und Umweltkriterien: *„Auch deshalb werden wir die weiteren Details in einer Verordnung regeln. Wenn ich ‚wir' sage, dann deshalb, weil wir heute beschließen wollen, dass diese Verordnung dem Parlamentsvorbehalt unterliegt. Wir können deshalb im Hause regelmäßig kontrollieren, ob es durch die entsprechenden Vorgaben zu Veränderungen kommt"* (Plenarprotokoll, 18. Wahlperiode, 146. Sitzung, S. 14420); vgl. auch die Wortmeldung der Bundestagsabgeordneten (Fraktion CDU/CSU); zugleich Berichterstatterin des Ausschusses für Wirtschaft und Energie, Frau Dr. Gundelach, wonach der Parlamentsvorbehalt mit Verweis auf über Verfahrensfragen hinausgehende materielle Inhalte und das Neuland infolge der angedachten Struktur begründet wird (Plenarprotokoll, 18. Wahlperiode, 146. Sitzung, S. 14421 f.).

42 So *Bauer*, in: Dreier, GG, Art. 80 Rn. 28 m.w.N.

43 Vgl. *Ossenbühl*, in: Isensee/Kirchhof, Handbuch des Staatsrechts, § 103 Rn. 58; Nachweis bei *Bauer*, in: Dreier, GG, Art. 80 Rn. 28.

44 In diesem Sinne: *Remmert*, in: Maunz/Dürig, GG, 92. EL August 2020 Art. 80 Rn. 93; *Bauer*, in: Dreier, GG, Art. 80 Rn. 31; *Brenner*, in: v. Mangoldt/Klein/Starck, GG, Art. 80 Rn. 107; *Mann*, in: Sachs, GG, Art. 80 Rn. 43; offenlassend *Wallrabenstein*, in: v. Münch/Kunig, GG, Art. 80 Rn. 26; a.A. *Ossenbühl*, DVBl 1999, 1 (3 f.).

setzt, den Inhalt der Rechtsverordnungen trotz fehlenden eigenen Initiativrechts in einer Weise selbst zu bestimmen, die deutlich über das hinausgeht, was ihm durch nähere Bestimmung des Inhalts, Zwecks und Ausmaßes nach Art. 80 Abs. 1 S. 2 GG[45] möglich wäre.[46] Mit einem Änderungsvorbehalt wird die verfassungsrechtliche Zuständigkeitsverteilung verwischt und das förmliche Gesetzgebungsverfahren mit seinen verfassungsrechtlichen Sicherungen unterlaufen.[47] Neben Gesetz und Verordnung würde eine dritte, dem Grundgesetz unbekannte Form von Rechtssätzen treten, die Elemente des Gesetzes und der Rechtsverordnung kombiniert.[48]

56 Wie in § 113 S. 5 GWB klargestellt, erfolgt eine etwaige Änderung der Rechtsverordnung durch **Beschluss** des Bundestags, der der Bundesregierung gemäß § 113 S. 6 GWB zugeleitet wird.

b) Ablehnungsvorbehalt

57 Aus **verfassungsrechtlicher Sicht** grundsätzlich nicht zu beanstanden ist der in § 113 S. 5 GWB enthaltene Ablehnungsvorbehalt. Mittels des Ablehnungsvorbehalts wird dem Bundestag die Möglichkeit eingeräumt, ein Wirksamwerden der Rechtsverordnung zu verhindern. Der Ablehnungsvorbehalt ist als negative Variante mit einem Zustimmungsvorbehalt vergleichbar, da beiden eine identische Funktion zukommt.[49] Solche Vorbehalte bewegen sich im Rahmen der Delegationsbefugnis des Art. 80 Abs. 1 S. 1 GG, weil sie *„im Vergleich zur vollen Delegation der Rechtsetzung auf die Exekutive ein Minus"* enthalten.[50] Dies soll nach Rechtsprechung des BVerfG zu Zustimmungsvorbehalten einschränkend jedenfalls für solche Sachbereiche gelten, *„für die ein legitimes Interesse der Legislative anerkannt werden muß, zwar einerseits die Rechtsetzung auf die Exekutive zu delegieren, sich aber andererseits – wegen der Bedeutung der zu treffenden Regelungen – entscheidenden Einfluß auf Erlaß und Inhalt der Verordnungen vorzubehalten."*[51]

58 Im Hinblick auf das verfassungsrechtlich notwendige legitime Interesse der Legislative enthalten die öffentlich zugänglichen Gesetzesmaterialien – soweit ersichtlich – keine weitergehende **Begründung** des aufgenommenen Aufhebungsvorbehalts.[52] Abstellen lässt sich – soweit ersichtlich – allein auf die oben dargestellten[53] Aussagen zur Sicherung notwendiger Kontroll- und Einflussnahmemöglichkeiten. In diesem Zusammenhang kann im Sinne eines legitimen Interesses vertreten werden, dass den Rechtsverordnungen durchaus eine gewisse Bedeutung zukommt und ein Aufhebungsvorbehalt ein geeignetes Instrument zur Verhinderung einer Rechtsverordnung ist.

59 Wie in § 113 S. 5 GWB klargestellt, erfolgt eine etwaige Ablehnung der Rechtsverordnung durch **Beschluss** des Bundestags, der der Bundesregierung gemäß § 113 S. 6 GWB zugeleitet wird.

c) Bindung der Bundesregierung an Beschlüsse des Bundestages

60 Die Bundesregierung ist ungeachtet der verfassungsrechtlichen Bedenken zum Änderungsvorbehalt an die Beschlüsse des Bundestages zur Aufhebung der Änderung gebunden.[54] Unter Berücksichtigung der Ermächtigung der Bundesregierung und der hiermit einhergehenden Delegation der Zuständigkeit besteht indes keine Pflicht der Bundesregierung, das Rechtsetzungsverfahren unter Berücksichtigung der Änderungen fortzusetzen.

---

45 Vgl. hierzu oben Rn. 11 ff.
46 Vgl. *Mann*, in: Sachs, GG, Art. 80 Rn. 43.
47 Vgl. *Bauer*, in: Dreier, GG, Art. 80 Rn. 31.
48 Vgl. *Remmert*, in: Maunz/Dürig, GG, 92. EL August 2020, Art. 80 Rn. 93 mit Verweis auf *Brosius-Gersdorf*, ZG 2007, 305 (312).
49 Vgl. *Mann*, in: Sachs, GG, Art. 80 Rn. 42; *Bauer*, in: Dreier, GG, Art. 80 Rn. 30.
50 *Bauer*, in: Dreier, GG, Art. 80 Rn. 30 mit Verweis auf BVerfG, Beschluss v. 29.10.1958 – 2 BvL 19/56, BVerfGE 8, 274 (321).
51 BVerfG, Beschluss v. 29.10.1958 – 2 BvL 19/56, BVerfGE 8, 274 (321).
52 So auch die Feststellung durch *Dörr*, in: Burgi/Dreher, Vergaberecht, § 113 GWB Rn. 15.
53 Siehe Rn. 50 (Fn. 41).
54 Vgl. *Fandrey*, in: Röwekamp/Kus/Portz/Prieß, GWB-Vergaberecht, § 113 Rn. 9.

4. Weiterleitung an den Bundesrat (S. 7)

61 Gemäß § 113 S. 7 GWB werden die unveränderten Rechtsverordnungen dem Bundesrat zugeleitet, sofern sich der Bundestag nach Ablauf von drei Sitzungswochen seit Eingang der Rechtsverordnungen nicht mit ihnen befasst hat. Die Regelung ist im Sinne einer Zustimmungsfiktion nach Ablauf der bestimmten Zeit zu verstehen, wobei eine Zuleitung an den Bundesrat notwendig bleibt.

62 Unnötige **Verzögerungen** des Rechtsetzungsverfahrens sollen vermieden werden. § 113 S. 7 GWB erfasst indes nur Fälle, in denen sich der Bundestag binnen des genannten Zeitraums nicht mit der Rechtsverordnung befasst hat. Eine Befassung des Bundestags setzt voraus, dass die Rechtsverordnung zuvor als Verhandlungsgegenstand auf die Tagesordnung des Bundestags gesetzt wurde. § 113 S. 7 GWB trifft hingegen keine Regelung, binnen welchen Zeitraums der Bundestag im Falle einer Befassung eine Entscheidung über die Rechtsverordnung treffen muss. Hierdurch verbleibt das Risiko einer zeitlichen Verzögerung. Sofern der Bundestag die Rechtsverordnung durch Beschluss ändert oder ablehnt, wird der Beschluss nach § 113 S. 6 GWB „zurück" an die Bundesregierung zugeleitet.

Anlage

Gesetzesbegründung – VergRModG 2016 (BT-Drs. 18/6281)

Seite 88

§ 113 regelt die Verordnungsermächtigung der Bundesregierung neu. Bislang waren die Verordnungsermächtigungen der Bundesregierung in den bisherigen § 97 Absatz 6 und § 127 enthalten. So sind die bisherigen § 97 Absatz 6 und § 127 GWB die Grundlage der Verordnung über die Vergabe von Aufträgen im Bereich des Verkehrs, der Trinkwasserversorgung und der Energieversorgung vom 23.9.2009 (SektVO), der Verordnung über die Vergabe öffentlicher Aufträge (Vergabeverordnung – VgV) vom 11.2.2003 und der Vergabeverordnung Verteidigung und Sicherheit (VSVgV) vom 12.07.2012.

Die Inhalte der bisherigen §§ 97 Absatz 6, 127 GWB werden nunmehr vereinfacht und in § 113 zusammengeführt. Dabei ergibt sich der Inhalt der Verordnungsermächtigung aus der Abgrenzung zum neuen Regelungsgehalt des Teils 4 des Gesetzes gegen Wettbewerbsbeschränkungen. Wesentliche Inhalte der Richtlinien 2014/23/EU, 2014/24/EU und 2014/25/EU, die nunmehr einer Regelung im Gesetz selbst zugeführt werden, wie zum Beispiel der dynamische Verweis auf die EU-Schwellenwerte, sind folgerichtig nicht mehr Gegenstand der Verordnungsermächtigung. Damit entfällt die bislang in § 127 Nummer 1 geregelte Ermächtigung zur Umsetzung der vergaberechtlichen Schwellenwerte der Richtlinien der Europäischen Union. Auf der Grundlage der in § 183 aufgenommenen Regelung zum Korrekturmechanismus bedarf es auch nicht mehr der in § 127 Nummer 7 enthaltenen Ermächtigung zur Regelung eines freiwilligen Streitschlichtungsverfahrens der Europäischen Kommission. Weiterhin entfällt die bislang in § 97 Abs. 6 und § 127 Nummer 2 und 3 GWB systematisch angelegte Unterscheidung zwischen der Auftragsvergabe durch öffentliche Auftraggeber und Sektorenauftraggeber. Die Verordnungsermächtigung differenziert nur noch nach dem Auftragsgegenstand zwischen der Vergabe öffentlicher Aufträge – die auch die Vergabe von öffentlichen Aufträgen durch Sektorenauftraggeber umfasst – und der Vergabe von Konzessionen. Aus Gründen der Klarstellung greift die Ermächtigung lediglich gesondert die besonderen Anforderungen verteidigungs- oder sicherheitsspezifischer öffentlicher Aufträge in § 113 Satz 2 Nummer 7 auf. Schließlich entfällt mangels Handlungsbedarfs die bislang in § 127 Nummer 6 GWB enthaltene Verordnungsermächtigung zur Regelung eines Verfahrens, nach dem öffentliche Auftraggeber durch unabhängige Prüfer eine Bescheinigung erhalten können, dass ihr Vergabeverfahren vergaberechtskonform ist. Auch der Vertragsabschluss selbst unterliegt nicht dem Vergabe-, sondern dem Zivilrecht, so dass es der bislang in § 97 Absatz 6 GWB enthaltenen Verordnungsermächtigung zur Regelung des Vertragsabschlusses nicht mehr bedarf.

Seite 89

§ 113 bestimmt gemäß Artikel 80 Absatz 1 S. 2 GG Inhalt, Zweck und Ausmaß der bislang in §§ 97 Absatz 6, 127 GWB geregelten Verordnungsermächtigungen. In § 113 Satz 1 wird die Bundesregierung ermächtigt, durch Rechtsverordnung mit Zustimmung des Bundesrates die näheren Bestimmungen zur Vergabe öffentlicher Aufträge und Konzessionen sowie der Ausrichtung von Wettbewerben zu regeln. § 113 Satz 2 Halbsatz 1 konkretisiert diese Ermächtigung dahin gehend, dass davon zum einen die Befugnis zur Regelung von Anforderungen an den Auftragsgegenstand und zum anderen die Befugnis zur Regelung von Anforderungen an das Vergabeverfahren erfasst ist. Klargestellt wird dadurch, dass sich die Verordnungsermächtigung nicht allein auf verfahrensmäßige Vorgaben, sondern auch auf materiell-rechtliche Anforderungen an den Auftragsgegenstand bezieht. Solche Anforderungen an den Auftragsgegenstand können zum Beispiel die bislang in § 4 Absatz 4 bis 6b und § 6 Absatz 2 bis 6 VgV geregelte Berücksichtigung der Energieeffizienz zu energieverbrauchsrelevanten Waren, technischen Geräten und Ausrüstungen im Rahmen der Beschaffung von Liefer-, Bau- und Dienstleistungen und die bislang in § 4 Absatz 7 bis 9 VgV geregelte Berücksichtigung von Energieverbrauch und Umweltauswirkung bei der Beschaffung von Straßenfahrzeugen sein. Diese Anforderungen an den Auftragsgegenstand können sich selbstverständlich zugleich als Anforderung an das Unternehmen im Vergabeverfahren (Eignungs- oder Zuschlagskriterien, Inhalt der Leistungsbeschreibung, Ausführungsbedingungen) auswirken. Weiterhin enthält § 113 Satz 2 Nummer 2, wie die Vorgängerregelung in § 97 Absatz 6 GWB, eine ergänzende Aufzählung, welche die Verordnungsermächtigung zur Regelung der Anforderungen an das Vergabeverfahren weiter konkretisiert.

Zu Nummer 1

§ 113 Satz 2 Nummer 1 nimmt aus Gründen der Klarstellung die Befugnis zur Regelung der Schätzung des Auftragswertes von öffentlichen Aufträgen und des Vertragswertes von Konzessionen in die Verordnungsermächtigung auf.

Zu Nummer 2

§ 113 Satz 2 Nummer 2 greift die bislang in § 97 Absatz 6 GWB enthaltene Befugnis zur Regelung der Bekanntmachung, der Verfahrensarten und des Ablaufs des Vergabeverfahrens auf. Zusätzlich werden Regelungen zur Leistungsbeschreibung, zu Nebenangeboten, zur Vergabe von Unteraufträgen sowie zur Vergabe öffentlicher Aufträge und Konzessionen, die soziale und andere besondere Dienstleistungen betreffen, genannt.

Zu Nummer 3

§ 113 Satz 2 Nummer 3 nimmt die Befugnis zur Regelung der von den Richtlinien 2014/24/EU und 2014/25/EU vorgesehenen besonderen Methoden und Instrumente im Vergabeverfahren und für Sammelbeschaffungen sowie die zentrale Beschaffungstätigkeit gemäß § 120 Absatz 4 und deren Anforderungen in die Verordnungsermächtigung auf. In Bezug auf die elektronische Auftragsvergabe betrifft dies das dynamische Beschaffungssystem, die elektronische Auktion und den elektronischen Katalog. Unter den Begriff Sammelbeschaffungen fallen Regelungen über Rahmenvereinbarungen und die gelegentliche gemeinsame Auftragsvergabe sowie die Auftragsvergabe durch öffentliche Auftraggeber aus verschiedenen Mitgliedstaaten. Darüber hinaus werden von der Verordnungsermächtigung auch die Einzelheiten zur zentralen Beschaffungstätigkeit umfasst.

Zu Nummer 4

§ 113 Satz 2 Nummer 4 konkretisiert auf der Grundlage von § 97 Absatz 5 die Verordnungsermächtigung im Hinblick auf die Befugnis zur Regelung der Einzelheiten des Sendens, Empfangens, des Weiterleitens und Speicherns von Daten in einem Vergabeverfahren, einschließlich der Kommunikation. Damit wird die Bundesregierung ermächtigt, die in den Richtlinien 2014/23/EU, 2014/24/EU und 2014/25/EU jeweils enthaltene Verpflichtung zur elektronischen Kommunikation durch Rechtsverordnungen umzusetzen. Genannt werden auch die auf Verordnungsebene zu treffenden Übergangsbestimmungen. Ab dem 18. April 2016 dürfen EU-weite Bekanntmachungen nur noch elektronisch beim Amt für Veröffentlichungen der Europäischen Union eingereicht werden. Die Bekanntmachungen müssen zwingend eine Internetadresse enthalten, unter der sämtliche Vergabeunterlagen unentgeltlich, uneingeschränkt und vollständig direkt mithilfe von IKT abgerufen werden können. Im weiteren Verfahren ist bis spätestens 18. April 2017 (zentrale Beschaffungsstellen) bzw. 18. Oktober 2018 (andere als zentrale Beschaffungsstellen) auch das Einreichungsverfahren ausnahmslos IKT-basiert auszugestalten. Diese unterschiedlichen Zeitpunkte, ab wann bestimmte Verpflichtungen einzuhalten sind, werden auf Verordnungsebene festgelegt. Die unterschiedlichen Umsetzungsfristen für die Einführung der elektronischen Kommunikation, die die EU-Richtlinien ermöglichen, werden dabei voll ausgeschöpft. Auch die Ausnahmen von der elektronischen Kommunikation werden auf Verordnungsebene geregelt.

Seite 90

Zu Nummer 5

§ 113 Satz 2 Nummer 5 greift die bislang in § 97 Absatz 6 GWB enthaltene Befugnis zur Regelung der Auswahl und Prüfung der Unternehmen und Angebote sowie des Abschlusses des Vertrags auf. Dies gilt insbesondere für Regelungen zu Vorgaben zu Eignungs- und Zuschlagskriterien, zu deren Ausgestaltung und zur Nachweisführung darüber. Im Rahmen der Nachweisführung wird (in Umsetzung von Art. 43 der Richtlinie 2014/24/EU) auch die Möglichkeit der Verwendung von Gütezeichen zur Nachweisführung geregelt werden.

Zu Nummer 6

§ 113 Satz 2 Nummer 6 nimmt aus Gründen der Klarstellung die Befugnis zur Regelung der Aufhebung des Vergabeverfahrens in die Verordnungsermächtigung auf.

Zu Nummer 7

§ 113 Satz 2 Nummer 7 übernimmt die bislang in § 127 Nummer 3 GWB enthaltene Verordnungsermächtigung zur Regelung des Vergabeverfahrens für verteidigungs- oder sicherheitsspezifische Aufträge im Sinne des § 104. Die beispielhafte Aufzählung zur Konkretisierung der Verordnungsermächtigung dient der Klarstellung und konzentriert sich dabei auf die besonderen Aspekte des Vergabeverfahrens von verteidigungs- oder sicherheitsspezifischen Aufträgen.

Zu Nummer 8

§ 113 Satz 2 Nummer 8 fasst die bislang in § 127 Nummer 9 GWB enthaltene Befugnis zur Regelung des Freistellungsverfahrens für Sektorenauftraggeber und Auftraggeber nach dem Bundesberggesetz sowie im bisherigen § 127 a Absatz 2 GWB enthaltene Befugnis zur Regelung der Einzelheiten der Kostenerhebung einschließlich von Vollstreckungserleichterungen zusammen. Dabei wird im Hinblick auf die Vergabe von Konzessionen der in Artikel 16 der Richtlinie 2014/23/EU vorgesehene Ausschluss von Tätigkeiten, die unmittelbar dem Wettbewerb ausgesetzt sind, berücksichtigt.

§ 114 GWB
Monitoring und Vergabestatistik

(1) Die obersten Bundesbehörden und die Länder erstatten in ihrem jeweiligen Zuständigkeitsbereich dem Bundesministerium für Wirtschaft und Energie über die Anwendung der Vorschriften dieses Teils und der aufgrund des § 113 erlassenen Rechtsverordnungen bis zum 15. Februar 2017 und danach auf Anforderung schriftlich Bericht. Zu berichten ist regelmäßig über die jeweils letzten drei Kalenderjahre, die der Anforderung vorausgegangen sind.

(2) Das Statistische Bundesamt erstellt im Auftrag des Bundesministeriums für Wirtschaft und Energie eine Vergabestatistik. Zu diesem Zweck übermitteln Auftraggeber im Sinne des § 98 an das Statistische Bundesamt Daten zu öffentlichen Aufträgen im Sinne des § 103 Absatz 1 unabhängig von deren geschätzten Auftragswert und zu Konzessionen im Sinne des § 105. Das Bundesministerium für Wirtschaft und Energie wird ermächtigt, im Einvernehmen mit dem Bundesministerium des Innern, für Bau und Heimat durch Rechtsverordnung mit Zustimmung des Bundesrates die Einzelheiten der Vergabestatistik sowie der Datenübermittlung durch die meldende Stelle einschließlich des technischen Ablaufs, des Umfangs der zu übermittelnden Daten, der Wertgrenzen für die Erhebung sowie den Zeitpunkt des Inkrafttretens und der Anwendung der entsprechenden Verpflichtungen zu regeln.

Übersicht

	Rn.
A. Allgemeines	1
I. Unionsrechtlicher Hintergrund	5
II. Gesetzgebungskompetenz unterhalb der EU-Schwellenwerte	11
B. Monitoring – Melde- und Berichtspflichten der obersten Bundesressorts und der Länder (Abs. 1)	15
C. Vergabestatistik – Statistikpflicht der Auftraggeber (Abs. 2)	22
I. Zuständigkeit und Anwendungsbereich (S. 1 und 2)	24
1. Persönlicher Anwendungsbereich	26
2. Sachlicher Anwendungsbereich	28
II. Ermächtigung zum Erlass einer Rechtsverordnung (S. 3)	32
III. Gesetz zur beschleunigten Beschaffung im Bereich der Verteidigung und Sicherheit und zur Optimierung der Vergabestatistik	37
D. Rechtsschutz	40
Anlage Gesetzesbegründungen	

A. Allgemeines

Um die Wirksamkeit seiner Vergaberegeln überprüfen zu können, sind Überprüfungsinstrumentarien für den europäischen Richtliniengeber unerlässlich. Nur so kann er sich einen Überblick über mögliche strukturelle Probleme und allgemeine Muster des Auftragswesens der Mitgliedstaaten verschaffen, um in der Folge einerseits eine einheitliche und effiziente Anwendung der europäischen Vergaberichtlinien 2014/23/EU, 2014/24/EU und 2014/25/EU zu gewährleisten und andererseits für deren Verbesserung zu sorgen.[1] 1

Die Ziele der Strategie **„Europa 2020"** für ein intelligentes, nachhaltiges und integratives Wachstum, die „strategische Beschaffung" mit den Inhalten Umweltschutz, Berücksichtigung sozialer Aspekte und innovative Beschaffung sowie die Stärkung der Beteiligung von kleinen und mittleren Unternehmen (KMU) stehen dabei im Fokus der Europäischen Kommission.[2] 2

In den **Vergaberichtlinien** des Jahres 2014 wurden mit Art. 45 RL 2014/23/EU, Art. 83 und 85 RL 2014/24/EU sowie Art. 99 und 101 RL 2014/25/EU geeignete Berichts- und Monitoringinstrumente geschaffen, die die Europäische Kommission ermächtigen, einerseits von den 3

1 Vgl. Erwägungsgrund 121 RL 2014/24/EU.
2 Vgl. Erwägungsgründe 123 und 124 RL 2014/24/EU.

Mitgliedstaaten bestimmte Berichte abzufordern sowie andererseits die Mitgliedstaaten zur Bereitstellung der relevanten Informationen zu verpflichten.

4 Über diese Vorgaben hinaus hat der bundesdeutsche Gesetzgeber im Rahmen der Vergaberechtsreform 2016 mit § 114 Abs. 2 GWB eine allgemeine, bundesweite vergaberechtliche **Statistikpflicht** eingeführt.[3] Mittlerweile erhielt dieser Absatz durch Art. 1 des Gesetzes zur beschleunigten Beschaffung im Bereich der Verteidigung und Sicherheit und zur Optimierung der Vergabestatistik[4] eine geänderte Fassung. Danach übermitteln öffentliche Auftraggeber i.S.d. § 98 GWB Daten zu öffentlichen Aufträgen i.S.d. § 103 Abs. 1 GWB an das Statistische Bundesamt unabhängig von deren Schwellenwert und Daten zu Konzessionen nach § 105 GWB. In § 114 Abs. 2 S. 3 GWB wird das Bundesministerium für Wirtschaft und Energie ermächtigt, im Einvernehmen mit dem Bundesministerium des Innern, für Bau und Heimat insbesondere zur Regelung der Einzelheiten des Verfahrens mit Zustimmung des Bundesrates eine Rechtsverordnung zu erlassen. Hiervon hat das Bundesministerium für Wirtschaft und Energie mit Erlass der VergStatVO mittlerweile Gebrauch gemacht.

I. Unionsrechtlicher Hintergrund

5 Die **bisherigen europäischen Vergaberichtlinien** einschließlich der Richtlinie für Verteidigungs- und Sicherheitsaufträge[5] verpflichteten die Mitgliedstaaten zu jährlichen Statistik- und Berichtspflichten jeweils spätestens zum 31. Oktober. Inhalt und Umfang der jährlichen Meldungen betrafen im Wesentlichen Anzahl und Wert der vergebenen Aufträge, getrennt nach den Kategorien Bau-, Liefer- und Dienstleistungen sowie den jeweils angewendeten Vergabearten.

6 Die **neuen** europäischen **Vergaberichtlinien** einschließlich der Richtlinie über die Konzessionsvergabe[6] sehen eine jährliche Statistik- und Berichtspflicht der Mitgliedstaaten in der bisherigen Form nicht mehr vor. Die Art. 75, 76 RL 2004/18/EG sowie Art. 67 RL 2004/17/EG wurden in den neuen Vergaberichtlinien nicht mehr fortgeführt. Nunmehr überprüft die Europäische Kommission die Qualität und Vollständigkeit der Daten anhand der Veröffentlichungen der Ausschreibungen, die die Mitgliedstaaten über die europäische Plattform TED[7] bekannt zu machen[8] haben. Nur in Fällen, in denen die so gewonnenen Daten nicht der geforderten Qualität entsprechen, wird die Europäische Kommission, von dem betreffenden Mitgliedstaat zusätzliche Informationen anfordern, die dieser zusammenzustellen und zu übermitteln hat.[9] Im Gegensatz dazu blieben die Statistikvorgaben der Art. 65 und 66 RL 2009/81/EG unberührt.[10] Ein regelmäßiger statistischer Bericht ist von den Mitgliedstaaten gemäß Art. 85 Abs. 2 RL 2014/24/EU und Art. 101 Abs. 2 RL 2014/25/EU alle drei Jahre an die Europäische Kommission zu übermitteln. Mit dieser Neuregelung kam die Kommission Forderungen der Mitgliedstaaten bezüglich einer Verringerung der statistischen Meldepflichten und damit der Reduzierung von bürokratischen Belastungen nach.

7 Die Europäische Kommission war im Laufe der Evaluierung der Vergaberichtlinien aus dem Jahr 2004 zu der Auffassung gelangt, dass die einheitliche Anwendung der Richtlinien infolge fehlender oder unzureichender Überwachung in den Mitgliedstaaten gefährdet sei. Daher sah der ursprüngliche Vorschlag der Europäischen Kommission für eine Richtlinie des Europäischen Parlaments und des Rates über die öffentliche Auftragsvergabe[11] sogenannte „Governance-Regelungen" in dessen Teil IV (Art. 83–88) vor. Der Teil regelte insbesondere in Art. 84

3 Siehe Gesetzesbegründung zu § 114 Abs. 1 GWB, VergRModG 2016, BT-Drs. 18/6281, 90 ff.
4 BGBl. I S. 674.
5 Siehe Art. 75, 76 RL 2004/18/EG; Art. 67 RL 2004/17EG; Art. 65, 66 RL 2009/81/EG.
6 Siehe Art. 85 RL 2014/24/EU; Art. 101 RL 2014/25/EU; Art. 45 RL 2014/23/EU.
7 Tenders Electronic Daily, Online-Version des Supplements zum Amtsblatt der Europäischen Union (ted.europa.eu).
8 Vergabebekanntmachungen gemäß Art. 50 RL 2014/24/EU, Art. 70 RL 2014/25/EU; Zuschlagsbekanntmachung gemäß Art. 32 RL 2014/23/EU.
9 Siehe Erwägungsgrund 127 RL 2014/24/EU.
10 Siehe *Schlange-Schöningen*, in: Burgi/Dreher, Vergaberecht, § 114 GWB Rn. 18 m.w.N.
11 Vorschlag für Richtlinie des Europäischen Parlaments und des Rates vom 20.12.2011 – KOM (2011) 896/2.

detaillierte Vorschriften über eine **öffentliche Aufsichtsbehörde** zum öffentlichen Auftragswesen, die die Mitgliedstaaten benennen sollten. Der Vorschlag konnte im Laufe der Verhandlungen von der Europäischen Kommission wegen des Widerstandes der Mitgliedstaaten in der vorgesehenen Strenge nicht aufrechterhalten werden. Dies betraf insbesondere die Benennung oder Einrichtung einer nationalen Aufsichtsbehörde.

Übrig blieb die Verpflichtung der Mitgliedstaaten, nach Art. 83 Abs. 3 RL 2014/24/EU sowie Art. 99 Abs. 3 RL 2014/25/EU erstmals zum 18. April 2017 und danach alle drei Jahre einen sogenannten **Überwachungsbericht** an die Europäische Kommission zu übermitteln. Inhalt dieses Berichtes sollen unter anderem Informationen über die häufigsten Ursachen einer falschen Anwendung oder Rechtsunsicherheit einschließlich möglicher struktureller Probleme bei der Anwendung der europäischen Vergabevorschriften sein. Außerdem soll der Bericht das Maß an Beteiligung von kleinen und mittleren Unternehmen (KMU) sowie der Vorbeugung gegen Compliance-Verstöße (z. B. Betrug, Bestechung, Interessenkonflikte) enthalten. Auf der Grundlage der mit diesen Berichten übermittelten Daten veröffentlicht die Europäische Kommission regelmäßig einen Bericht über die Umsetzung der nationalen Beschaffungsmaßnahmen. **8**

Die **Konzessionsvergaberichtlinie** (RL 2014/23/EU) kennt konkret keine vergleichbaren Meldepflichten. Allerdings sind die Mitgliedstaaten verpflichtet sicherzustellen, dass die Vorgaben der Konzessionsvergaberichtlinie eingehalten und überwacht werden.[12] Hierüber kann die Europäische Kommission höchstens alle drei Jahre einen Bericht mit einer Übersicht über die häufigsten Ursachen einer mangelhaften Anwendung der Konzessionsvergaberichtlinie von den Mitgliedstaaten verlangen.[13] **9**

Eine Änderung der statistischen Berichtspflichten aufgrund der **Richtlinie für Verteidigungs- und Sicherheitsaufträge** (RL 2009/81/EG) ist mit der europäischen Vergaberechtsreform 2014 nicht erfolgt, da diese Richtlinie nicht von der Reform erfasst war. Es bleibt hier bei der jährlichen Berichtspflicht der Mitgliedstaaten gemäß Art. 65 RL 2009/81/EG jeweils spätestens zum 31. Oktober über die durchgeführten Vergaben des Vorjahres. **10**

II. Gesetzgebungskompetenz unterhalb der EU-Schwellenwerte

Art. 70 Abs. 1 GG geht von der grundsätzlichen **Gesetzgebungskompetenz** der Länder aus. Der Bund hat nur dann die Gesetzgebungskompetenz, wenn das GG ihm diese ausdrücklich zuweist. **11**

Traditionell stellte allein das **Haushaltsrecht** Vorgaben für die Vergabe öffentlicher Aufträge auf, sodass § 55 BHO sowie den entsprechenden Regelungen in den Landeshaushaltsordnungen zentrale Bedeutung für das Vergaberecht zukam.[14] Die europarechtlichen Regelungen wurden mit der sechsten GWB-Novelle vom 26. August 1998[15] im Teil 4 GWB umgesetzt. Damit existiert eine Zweiteilung des Vergaberechts: Ab Erreichen der europäischen Schwellenwerte ist der Teil 4 GWB sowie die dazu ergangenen untergesetzlichen Regelungen zur Vergabe öffentlicher Aufträge anzuwenden. Das GWB ist dem Wirtschaftsrecht zugeordnet. Für das Recht der Wirtschaft weist das GG dem Bund die Gesetzgebungskompetenz zu. Sie ergibt sich aus Art. 74 Abs. 1 Nr. 11 GG. **12**

Auf nationaler Ebene findet im Unterschwellenbereich das haushaltsrechtlich geprägte **nationale Vergaberecht** Anwendung.[16] Die Gesetzgebungskompetenz für das Recht des eigenen Haushalts und damit für die Landeshaushaltsordnungen liegt (naturgemäß) bei dem jeweiligen Bundesland. Dem Bund steht die Gesetzgebungskompetenz nur für seinen eigenen Haushalt zu. Vergaberechtliche Regelungen unterhalb der EU-Schwellenwerte fallen demnach (auch) in die Gesetzgebungskompetenz der jeweiligen Länder. Es stellt sich also die Frage, ob **13**

12 Vgl. Erwägungsgrund 83 RL 2014/23/EU.
13 Siehe Art. 45 Abs. 3 RL 2014/23/EU.
14 *Pache*, in: Pünder/Schellenberg, Vergaberecht, § 55 BHO Rn. 88.
15 BGBl. I 1998 S. 2512 ff.
16 *Reichling*, in: Gabriel/Krohn/Neun, Handbuch Vergaberecht, § 2 Rn. 99.

der Bund für den Unterschwellenbereich überhaupt Regelungen erlassen darf. Der Bund hätte in der Tat dann keine bundesweite Regelungskompetenz, wenn es sich bei der Regelung des § 114 Abs. 2 GWB um eine solche handelt, die dem Haushaltsrecht und damit nach Art. 70 Abs. 1 GG der grundsätzlichen Ländergesetzgebungskompetenz zuzuordnen ist. Dies wäre unstreitig der Fall, wenn es sich um eine unterschwellige vergaberechtliche Regelung handelte. Dies erscheint jedoch fraglich.

14 Mit der Regelung in **§ 114 Abs. 2 GWB** erlegt der Bundesgesetzgeber den Auftraggebern die Pflicht zur Meldung bestimmter Daten zwecks Sammlung und Auswertung auf. Zwar ergeben sich die Daten aus dem Vergabeverfahren, aber die Regelung selbst gestaltet weder das Vergabeverfahren, noch nimmt sie Einfluss auf das Vergabeverfahren. Ihr Zweck ist ein rein statistischer. Damit ist die Regelung nicht unmittelbar dem Vergaberecht zuzuordnen. Eine Ländergesetzgebungskompetenz lässt sich haushaltsrechtlich nicht herleiten. Vielmehr handelt es sich um eine in die Bundesgesetzgebungskompetenz fallende Regelung zur Statistik für Bundeszwecke nach Art. 73 Abs. 1 Nr. 11 GG. Statistik ist die methodische Erhebung, Sammlung, Darstellung und Auswertung von Daten und Fakten.[17] Es sind diejenigen Statistiken zu verstehen, die der Bewältigung einer Bundesaufgabe dienen.[18] Dabei kann es sich um Maßnahmen zur Gesetzesvorbereitung oder um Maßnahmen der Exekutive handeln. Die Norm ermächtigt den Bund auch, Vorschriften zu erlassen, durch die die Länder verpflichtet werden, dem Bund Zahlenmaterial zur Erfüllung einer Bundesaufgabe zur Verfügung zu stellen. Zweck der Regelung über die Statistikpflicht ist es, die Gesetz- und Verordnungsgebung des Bundes vorzubereiten und gestalten zu können, indem durch die Statistikpflicht eine flächendeckende belastbare Datengrundlage durch Sammlung der geforderten Daten für künftige Regelungen zum Vergaberecht geschaffen wird. Zudem dient die Statistikpflicht der Obliegenheit des Bundes, der Europäischen Kommission regelmäßig zum öffentlichen Vergabewesen zu berichten.

B. Monitoring – Melde- und Berichtspflichten der obersten Bundesressorts und der Länder (Abs. 1)

15 § 114 Abs. 1 GWB dient der Umsetzung von Richtlinienvorgaben zu Berichtspflichten der Mitgliedstaaten gegenüber der Europäischen Kommission. Seinen Verpflichtungen aus den Richtlinien kommt der Gesetzgeber nach, indem die obersten Bundesbehörden sowie die Länder auf Anforderung des Bundesministeriums für Wirtschaft und Energie diesem über die jeweils letzten drei Jahre vor der Anforderung schriftlich Bericht erstatten. Der Berichtszeitraum von drei Jahren entspricht den Richtlinienvorgaben.

16 Der sachliche **Anwendungsbereich** ist auf die öffentliche Auftragsvergabe ab den europäischen Schwellenwerten begrenzt. Verpflichtet durch die Regelung sind die obersten Bundesbehörden sowie die Länder (persönlicher Anwendungsbereich).

17 Der **Inhalt der Pflicht** betrifft Angaben über die Anwendung der Vorschriften des Teil 4 GWB sowie der nach § 113 GWB zu erlassenden Rechtsverordnungen. Ausweislich der Gesetzesbegründung wird das zuständige Bundesministerium für Wirtschaft und Energie praktische Hinweise zum Aufbau der Berichte geben.[19]

18 Die Erfüllung der Berichtspflichten erfordert eine **Mitwirkung der Länder** im Wege der Rechts- und Fachaufsicht. Damit setzt der Bundesgesetzgeber auf die freiwillige Mitarbeit der Länder. Da in den Ländern die notwendige Fach- und Rechtsaufsichten ohnehin existieren, erscheint dieser Weg ohne zusätzliche Bürokratie gangbar.

19 Inhaltlich sollen die Berichte drei Elemente spiegeln:[20]

- Informationen über falsche Anwendung und Rechtsunsicherheiten,

---

17 *Seiler*, in: Epping/Hillgruber, GG, Art. 73 Rn. 53.
18 BVerfG, Urteil v. 15.12.1983 – 1 BvR 209/831, BvR 484/83, 1 BvR 440/83, 1 BvR 420/83, 1 BvR 362/83, 1 BvR 269/83 (Volkszählung), BVerfGE 65, 39; Urteil v. 20.7.1958 – 2 BvF 3/58, 6/58 (Volksbefragung), BVerfGE 8, 119.
19 Siehe Gesetzesbegründung zu § 114 Abs. 1 GWB, VergRModG 2016, BT-Drs. 18/6281, 90.
20 Siehe Art. 83 Abs. 3 RL 2014/24/EU und Art. 99 Abs. 3 RL 2014/25/EU.

- Umfang der Beteiligung kleiner und mittlerer Unternehmen (KMU) an der Auftragsvergabe,
- Informationen über Vorbeugung und Aufdeckung von Vergaberechtsverstößen wie Betrug, Bestechung, Interessenkonflikte oder sonstige Unregelmäßigkeiten.

Die vorgesehenen **Inhalte der Berichte** spiegeln das besondere Interesse der Europäischen Kommission an der Wirksamkeit der Vergaberegeln wider. Bereits im Grünbuch über die Modernisierung der europäischen Politik im Bereich des öffentlichen Auftragswesens wurden eigens zwei Kapitel mit besonderem Blick auf die bessere Zugänglichkeit des europäischen Beschaffungsmarktes[21] sowie zur Gewährleistung ordnungsgemäßer Verfahren[22] angelegt.

Der erste **Monitoringbericht** der Bundesregierung zur Anwendung des Vergaberechts[23] wurde im April 2017 veröffentlicht. Er umfasste den Zeitraum ab Inkrafttreten der Vergaberechtsreform 2016 bis zum Februar 2017. Der Bericht gibt zunächst einen Überblick über die Grundstrukturen des Vergaberechts in Deutschland. Im Weiteren stellen die Bundesregierung, vertreten durch die einzelnen Ressorts, sowie die Bundesländer die Vergabepraxis unter den laut der Richtlinien geforderten Aspekten dar: 20

- Ursachen falscher Anwendung oder Rechtsunsicherheit einschließlich struktureller oder wiederkehrender Anwendungsprobleme
- Maßnahmen zur Vorbeugung und Aufdeckung etwaiger Fälle von Betrug, Bestechung oder Interessenkonflikten
- Beteiligung von kleinen und mittleren Unternehmen (KMU) bei der öffentlichen Auftragsvergabe
- Umsetzung nationaler, strategischer Beschaffungspolitik

Der **Berichtszeitraum bis Februar 2020** wurde bis zum Februar 2021 verlängert.[24] Hintergrund der Fristverlängerung war eine Mitteilung der EU-Kommission an die Bundesregierung, ihrerseits den Berichtszeitraum aufgrund mangelnder Richtlinienumsetzung in einigen Mitgliedstaaten um ein Jahr, bis 2021, zu verschieben. 21

C. Vergabestatistik – Statistikpflicht der Auftraggeber (Abs. 2)

Mit § 114 Abs. 2 GWB wird erstmalig im deutschen Vergaberecht zweierlei normiert: 22

1. eine umfassende und flächendeckende Statistik im öffentlichen Auftragswesen,
2. eine vergaberechtliche Vorgabe der Auftraggeber durch ein Bundesgesetz, die auch für den Bereich unterhalb der EU-Schwellenwerte Geltung beansprucht.

Damit existiert im nationalen Vergaberecht eine Bundesvorschrift, die übergreifend schwellenwertunabhängig für alle Auftragsvergaben gilt. Die Bundesregierung setzt damit konsequent ihre Ankündigung des Eckpunktepapiers zur Reform des Vergaberechts,[25] eine verlässliche Datengrundlage zur öffentlichen Auftragsvergabe zu schaffen, um.

Mit der Schaffung einer bundesweiten umfassenden vergaberechtlichen Statistikpflicht geht die Bundesregierung allerdings über die **Vorgaben der Vergaberichtlinien** hinaus, die einen umgekehrten Schritt gegangen sind und den Turnus der Berichtspflichten reduziert haben. Die Regelung steht auch in einem gewissen Widerspruch zu den Aussagen der Leitlinien der Eckpunkte, die besagen, dass der bürokratische Aufwand durch die Modernisierung des Vergaberechts so gering wie möglich gehalten werden soll und dass die nationale Umsetzung 23

21 Kapitel 3, Grünbuch über die Modernisierung der europäischen Politik im Bereich des öffentlichen Auftragswesens vom 27.1.2011, Kom (2011)15 endgültig, S. 31 ff.
22 Kapitel 5, Grünbuch über die Modernisierung der europäischen Politik im Bereich des öffentlichen Auftragswesens vom 27.1.2011, Kom (2011)15 endgültig, S. 55 ff.
23 https://www.bmwi.de/Redaktion/DE/Downloads/M-O/monitoring-bericht-der-bundesregierung-zur-anwendung-des-vergaberechts-2017.pdf?__blob=publicationFile&v=6 (abgerufen am 24.5.2022).
24 Rundschreiben des Bundesministeriums für Wirtschaft und Energie v. 3.8.2019 – IB6 an die obersten Bundesbehörden, Bundesländer und den Geschäftsbereich.
25 Beschluss des Bundeskabinetts v. 7.1.2015, Eckpunkte zur Reform des Vergaberechtes, S. 5 unten.

grundsätzlich eins zu eins erfolgt. Man wollte nicht über das Maß der Vergaberichtlinien hinausgehen.[26] Gleichwohl ist die Argumentation der Bundesregierung[27] nachvollziehbar: Es existieren nämlich keine bundesweiten belastbaren Daten zum öffentlichen Vergabewesen. Weder die jährliche Anzahl aller Auftragsvergaben noch deren Volumen ist bekannt. Die gehandelten Zahlen beruhen allermeist auf Annahmen oder Schätzungen auf der Basis von Erhebungen die für sich nicht den Anspruch erheben können, repräsentativ zu sein. Diesen Zustand will die Bundesregierung mit der vorgelegten Vorschrift beseitigen. In einem Atemzug sollen so auch die regelmäßigen Berichte an die Europäische Kommission optimiert werden. Die Vorgaben zum Aufbau einer Statistik über die Beschaffungstätigkeit in Deutschland erfolgten darüber hinaus, um Datenauswertungen zu erhalten, die eine verstärkte strategische Ausrichtung der öffentlichen Beschaffung erleichtern können.[28]

I. Zuständigkeit und Anwendungsbereich (S. 1 und 2)

24 Mit dem Gesetz zur beschleunigten Beschaffung im Bereich der Verteidigung und Sicherheit und zur Optimierung der Vergabestatistik vom 25. März 2020[29] erhielt § 114 Abs. 2 GWB eine neue Fassung. Mit der Änderung der Überschrift wird die gesetzliche Grundlage für die Vergabestatistik klargestellt, während in Abs. 2 S. 1 nun die Zuständigkeit des Statistischen Bundesamtes postuliert wird, regelt Abs. 2 S. 2 den persönlichen und sachlichen Anwendungsbereich der Statistikpflicht. In Abs. 2 S. 3 wird die Ermächtigung zum Erlass einer Vergabestatistikverordnung gegenüber der Vorgängernorm spezifiziert.

25 **Zuständig** für die Erstellung der Vergabestatistik ist nach § 114 Abs. 2 S. 1 GWB das Statistische Bundesamt. Zwar gehört das Amt zum Geschäftsbereich des Bundesministeriums des Innern und für Heimat, gleichwohl wird ihm gesetzlich die Aufgabe der Vergabestatistik zugewiesen, für die fachlich das Bundesministerium für Wirtschaft und Energie die Federführung innehat.

1. Persönlicher Anwendungsbereich

26 Der **persönliche Anwendungsbereich** des § 114 Abs. 2 S. 2 GWB umfasst alle Auftraggeber i.S.d. § 98 GWB, nämlich öffentliche Auftraggeber, Sektorenauftraggeber und Konzessionsgeber. Es wird somit der Kreis der Anwendungsverpflichteten genannt. Einbezogen sind die sogenannten institutionellen wie die formellen Auftraggeber, wobei eine Konkretisierung, insbesondere in Bezug auf den Unterschwellenbereich, in § 2 VergStatVO erfolgt. § 2 Abs. 2 VergStatVO erfasst von der Übermittlungspflicht von Daten bezüglich vergebener öffentlicher Aufträge unterhalb der jeweiligen Schwellenwerte ausschließlich öffentliche Auftraggeber i.S.d. § 99 GWB. Damit sollen unterhalb der EU-Schwellenwerte weder Sektorenauftraggeber noch Konzessionsgeber von der Datenübermittlung erfasst werden.

27 Damit befindet sich § 2 Abs. 2 VergStatVO allerdings im Widerspruch zu § 114 Abs. 2 S. 2 GWB, der weiter gefasst ist und ausnahmslos alle **Auftraggeber** gemäß § 98 GWB erfasst. Es war wohl der Wille des Gesetzgebers, unterhalb der EU-Schwellenwerte nur Auftraggeber i.S.d. § 99 GWB zu erfassen, dies dürfte jedoch misslungen sein. Im Zweifel geht die ranghöhere Gesetzesnorm vor. Auch die Begründung zu § 2 VergStatVO[30] lässt keine Rückschlüsse zu. Zwar findet sich hier die Anmerkung, dass zur Datenübermittlung Auftraggeber gemäß § 98 GWB verpflichtet sind, aus den folgenden Ausführungen lässt sich allerdings herauslesen, dass diese Anmerkung auf § 2 Abs. 1 VergStatVO bezogen sein dürfte.

---

26 Beschluss des Bundeskabinetts v. 7.1.2015, Eckpunkte zur Reform des Vergaberechtes, S. 2.
27 Siehe Gesetzesbegründung zu § 114 Abs. 2 GWB, VergRModG 2016, BT-Drs. 18/6281, 91.
28 Gesetzesbegründung, Gesetz zur beschleunigten Beschaffung im Bereich der Verteidigung und Sicherheit und zur Optimierung der Vergabestatistik, BT-Drs. 19/15603, 1.
29 BGBl. 2020 I Nr. 16 v. 1.4.2020.
30 Gesetzesbegründung zu § 2 Abs. 2 VergStatVO, Gesetz zur beschleunigten Beschaffung im Bereich der Verteidigung und Sicherheit und zur Optimierung der Vergabestatistik, BT-Drs. 19/15603, 63.

2. Sachlicher Anwendungsbereich

28 § 114 Abs. 2 S. 2 GWB erfasst unabhängig von deren Auftragswert „**öffentliche Aufträge**" (§ 103 Abs. 1 GWB), die durch öffentliche Auftraggeber i.S.d. § 98 GWB vergeben werden, sowie **Konzessionen** gemäß § 105 GWB. Die Statistikpflicht erfasst unterhalb der europäischen Schwellenwerte ausschließlich die Vergabe öffentlicher Aufträge über Bau-, Liefer- und Dienstleistungen. Damit bestimmt sich der Begriff des öffentlichen Auftrags im Sinne der Vergabestatistik sowohl ab den EU-Schwellenwerten als auch unterhalb ausschließlich nach § 103 Abs. 1 GWB. Der Statistikpflicht unterworfen sind demnach entgeltliche Verträge zwischen Auftraggebern und Unternehmen über die Beschaffung von Bau-, Liefer- und Dienstleistungen (§ 103 Abs. 1 GWB) sowie entgeltliche Verträge zwischen Konzessionsgebern und Konzessionsnehmern über die Erbringung von Bau- und Dienstleistungskonzessionen (§ 105 GWB).

29 Der Wortlaut erfasst nicht **verteidigungs- und sicherheitsspezifische** öffentliche Aufträge nach § 104 GWB. Da Art. 65 und 66 RL 2009/81/EG von den Änderungen der Vergaberichtlinien des Jahres 2014 unberührt blieben, dürften diese im Zweifel auch nicht vom Anwendungsbereich erfasst sein. Ebenso wenig erfasst sind **Wettbewerbe** i.S.d. § 103 Abs. 6 GWB. Schließlich sind auch **Änderungen** nach § 132 GWB, die kein neues Vergabeverfahren erfordern, nicht vom Anwendungsbereich des § 114 Abs. 2 GWB erfasst. Die betroffenen Änderungen betreffen laufende Verträge, erfolgen also außerhalb von Vergabeverfahren.

30 Auch nach der Neufassung nicht eindeutig geklärt ist, ob Aufträge, die zwar per definitionem als öffentliche Aufträge i.S.d. § 103 Abs. 1 GWB gelten, aber infolge einer **Ausnahmevorschrift** nicht den Regeln des Teil 4 GWB unterfallen, gleichwohl der Statistikpflicht unterliegen. Gleiches gilt für Konzessionen. Auch die neugefasste VergStatVO gibt in den maßgeblichen §§ 1 bis 3 der Verordnung hierüber keinen endgültigen Aufschluss. Der Gesetz- und Verordnungsgeber hat es bei der Überarbeitung versäumt, dieses Defizit zu beseitigen. Mit Blick auf den genannten Zweck der Vorschrift ist jedoch zu vermuten, dass nur solche Aufträge und Konzessionen der Statistikpflicht unterliegen sollen, die nicht einer Ausnahme zuzurechnen sind und nach den Regeln des Teil 4 GWB bzw. nach den Regeln des Unterschwellenbereichs vergeben worden sind.

31 Nicht erfasst vom Wortlaut der Norm sind allerdings **Rahmenvereinbarungen**. Diese sind nämlich in § 103 Abs. 5 GWB gesondert definiert. Zwar spricht § 103 Abs. 5 GWB begrifflich nur von „Rahmenvereinbarungen", tatsächlich ist aber zwischen zwei Varianten zu unterscheiden.[31] Die Variante 1 – auch Rahmenvertrag genannt – betrifft Rahmenvereinbarungen, in denen bereits alle Leistungs- und Abrufbedingungen festgelegt sind und bei denen sich bereits gegenseitige Leistungsverpflichtungen ergeben (z. B. Ratenliefervertrag, Sukzessivliefervertrag). Variante 1 stellt aufgrund der gegenseitigen Leistungsverpflichtungen gleichzeitig einen öffentlichen Auftrag i.S.d. § 103 Abs. 1 GWB dar und unterfällt von vornherein der Statistikpflicht. Die Variante 2 – auch Rahmenvereinbarung im engeren Sinne genannt – beinhaltet noch keine gegenseitigen Leistungsverpflichtungen und stellt daher keinen öffentlichen Auftrag i.S.d. § 103 Abs. 1 GWB dar. Es wird lediglich der Rahmen für künftige Einzelabrufe festgelegt. Der Abschluss einer solchen Rahmenvereinbarung im engeren Sinne unterfällt folglich nicht der Statistikpflicht. Da sich der öffentliche Auftrag bei dieser Variante ausschließlich durch den Einzelabruf ergibt, sind auch nur dessen Daten im Rahmen der Statistikpflicht an das Statistische Bundesamt zu übermitteln.

II. Ermächtigung zum Erlass einer Rechtsverordnung (S. 3)

32 § 114 Abs. 2 GWB regelt den Grundsatz der Statistikpflicht der Auftraggeber. Nicht geregelt wird der Inhalt der zu übermittelnden Daten sowie das „Wann" und „Wie" der Datenübermittlung. Deshalb verleiht § 114 Abs. 2 S. 3 GWB der Bundesregierung das Recht, mit Zustimmung des Bundesrates zur Regelung dieser Einzelheiten eine Rechtsverordnung zu erlassen.

31 Siehe Erläuterungen der EU-Kommission zu Rahmenvereinbarungen, Dokument CC/2005/03 rev 1 v. 14.7.2005.

Zuständig für den Erlass der Rechtsverordnung ist das Bundesministerium für Wirtschaft und Energie als federführendes Ressort für das Vergaberecht. Die Rechtsverordnung ist im Einvernehmen mit dem Bundesministerium des Innern, für Bau und Heimat zu erlassen, da das Statistische Bundesamt in den Geschäftsbereich dieses Ministeriums fällt.

33 Eine zusätzliche Ermächtigungsnorm war erforderlich, da der Erlass einer Rechtsverordnung zur Erhebung und Sammlung statistischer Daten des öffentlichen Auftragswesens nicht von dem neuen **§ 113 GWB** gedeckt ist.

34 Die **Einzelheiten**, die in der Rechtsverordnung geregelt werden dürfen, betreffen neben der Datenübermittlung u.a. die Einzelheiten zum technischen Ablauf und zur Erstellung der Vergabestatistik selbst sowie zu den Wertgrenzen der Datenerhebung.[32]

35 Ein Eingriff in die **Organisationsstruktur** der Auftraggeber ist damit nicht verbunden. Diese entscheiden allein im Rahmen ihrer Organisationshoheit, welcher Stelle die Datenübermittlung zukommt. Auch die Beauftragung externer Stellen ist denkbar.

36 Bezüglich des Erlasses von Rechtsverordnungen nach § 113 Nr. 1 bis 8 GWB hat sich der Bundestag nach § 113 S. 3 GWB deren Änderung oder Ablehnung vorbehalten. Eine Ausweitung dieses Vorbehaltes auf die nach § 114 Abs. 2 S. 4 GWB ergibt sich aus dem Wortlaut nicht. Da § 114 Abs. 2 S. 3 GWB auch keinen gesonderten **Vorbehalt des Bundestages** enthält, unterliegt die nach § 114 Abs. 2 S. 4 GWB zu erlassende Rechtsverordnung keinem Vorbehalt des Parlamentes gemäß § 113 S. 3 GWB.[33]

III. Gesetz zur beschleunigten Beschaffung im Bereich der Verteidigung und Sicherheit und zur Optimierung der Vergabestatistik

37 Das durch den parlamentarischen Gesetzgeber verabschiedete Gesetz zur beschleunigten Beschaffung im Bereich der Verteidigung und Sicherheit und zur Optimierung der Vergabestatistik, mit dem § 114 GWB neu gefasst wurde, beinhaltet Änderungen in zwei Bereichen. Zum einen erfolgen gesetzliche Anpassungen u.a. § 114 GWB, zum anderen erfolgen Änderungen im nachgeordneten Verordnungsrecht, u.a. der VergStatVO.

38 Dies ist bemerkenswert, weil nach der verfassungsrechtlichen Rechtsprechung **Verordnungsänderungen**, die im Rahmen eines Gesetzes – wie hier erfolgt – auf reine Folgeänderungen, die sich unmittelbar aus der Änderung des Gesetzesrechts selbst ergeben, beschränkt bleiben müssen. Darüber hinausgehende Änderungen müssen wegen des Demokratieprinzips und des Grundsatzes der Gewaltenteilung dem jeweiligen Verordnungsgeber überlassen bleiben.[34] Weist die in Rede stehende Regelung nicht den erforderlichen sachlichen Zusammenhang mit den weiteren gesetzgeberischen Maßnahmen auf, kann das deren Nichtigkeit zur Folge haben.[35]

39 Allerdings erkennt das BVerfG im Rahmen der Änderung **komplexer Regelungsgefüge**, in denen förmliches Gesetzesrecht und auf ihm beruhendes Verordnungsrecht ineinander verschränkt sind, ein Bedürfnis des Gesetzgebers an, auch das Verordnungsrecht anzupassen. Denkbar wäre ein Bedürfnis, dass der parlamentarische Gesetzgeber im gesamten Verfahren das Gesamtregelungsgefüge aus einer Hand seinem Willen entsprechend gestalten kann. Zentrale Voraussetzung für dessen Zulässigkeit ist es jedoch, dass es sich um die Regelung eines Sachbereichs und erst recht um die grundlegende Reform eines ganzen Rechtsgebiets handelt.[36] Daraus wird man folgern müssen, dass die gesetzlichen und verordnungsrechtlichen Änderungen in einer Weise miteinander verknüpft sind, die über eine „Mit-Änderung bei Gelegenheit" hinausgehen. Einer durch Gesetz geänderten Rechtsverordnung kann durch

32 Gesetzesbegründung zu § 114 Abs. 2 GWB, Gesetz zur beschleunigten Beschaffung im Bereich der Verteidigung und Sicherheit und zur Optimierung der Vergabestatistik, BT-Drs. 19/15603, 58.
33 Siehe Beschlussempfehlung und Bericht des Ausschusses für Wirtschaft und Energie, VergRModG 2016, BT-Drs. 18/7086, 15.
34 BVerfG, Beschluss v. 13.9.2005 – 2 BvF 2/03; Beschluss v. 17.9.2005 – 2 BvL 11/02.
35 Siehe BGH, Beschluss v. 6.10.2015 – EnVR 32/13.
36 BVerfG, Urteil v. 15.12.2016 – 2 C 31.15.

eine sog. „Entsteinerungsklausel" wieder Verordnungsrang eingeräumt werden; allerdings ist diese nach der Rechtsprechung des BVerfG nur klarstellend.[37] Die so erlassene Norm ist von Anfang an Recht im Range einer Verordnung.[38] Da sich der parlamentarische Gesetzgeber für die zugrundeliegende Änderungsform entschieden hat, geht er wohl davon aus, dass das Gesamtregelungsgefüge ausreichend komplex ist und die gesetzlichen Änderungen u.a. in § 114 GWB derart mit den Anpassungen u.a. der VergStatVO verflochten sind, dass die von dem BVerfG aufgestellten Kriterien erfüllt sind.

D. Rechtsschutz

§ 114 GWB regelt Verpflichtungen oberster Bundesbehörden und der Bundesländer (Abs. 1) sowie der Auftraggeber (Abs. 2) und somit deren Beziehung gegenüber dem Bundesministerium für Wirtschaft und Energie. Die Norm beeinflusst weder das Vergabeverfahren selbst, noch sind Bewerber- oder Bieterbelange berührt. Es geht um Berichts- und Statistikpflichten, die sich lediglich mittelbar aus dem Vergabeverfahren ableiten. Somit kommt § 114 GWB keine **drittschützende Wirkung** zu. Bewerbern oder Bietern ist die Norm für einen Nachprüfungsantrag nicht zugänglich. **40**

Zwar werden Auftraggeber zur Datenübermittlung an das Statistische Bundesamt verpflichtet. Eine **Sanktionsbewehrung** ist damit jedoch nicht verbunden. **41**

Anlagen

Gesetzesbegründung – Gesetz zur beschleunigten Beschaffung im Bereich der Verteidigung und Sicherheit und zur Optimierung der Vergabestatistik (BT-Drs. 19/15603)

Seite 58

Zu Nummer 3

Zu Buchstabe a

Die Änderung der Überschrift des § 114 dient der Klarstellung, dass diese Regelung die gesetzliche Grundlage für die Vergabestatistik enthält.

Zu Buchstabe b

Die neugefasste Regelung des § 114 Absatz 2 benennt zunächst ausdrücklich das Statistische Bundesamt als die durch das Bundesministerium für Wirtschaft und Energie beauftragte Behörde für die Erstellung der Vergabestatistik. Mit der Regelung wird außerdem klargestellt, dass die Auftraggeber für die Erstellung der Statistik erforderlichen Daten direkt an das Statistische Bundesamt übermitteln. Dabei handelt es sich um Daten über öffentliche Aufträge im Sinne des § 103 Absatz 1 unabhängig von dem im Einzelfall geschätzten Auftragswerten und Konzessionen im Sinne des § 105. Die in Satz 3 enthaltene Ermächtigung zum Erlass einer Rechtsverordnung wird dahingehend spezifiziert, dass nicht nur die Datenübermittlung in der Rechtsverordnung näher geregelt werden kann, sondern auch die Einzelheiten zum technischen Ablauf und zur Erstellung der Vergabestatistik selbst sowie zu den Wertgrenzen für die Datenerhebung. Diese Ergänzungen sind notwendig, um entsprechende Regelungen in der Verordnung aufzunehmen und auf diese Weise die genaue Ausgestaltung der Vergabestatistik transparent und ausgerichtet auf eine zuverlässige statistische Erfassung der Beschaffungsaktivitäten in Deutschland regeln zu können. Die Regelungen zum technischen Ablauf greifen nicht in die Organisationshoheit der Auftraggeber ein. Die Datenübermittlung soll zwar durch eine Be-

37 *Pieroth*, in: Jarass/Pieroth, GG, Art. 80, Rn. 2 m.w.N.
38 BVerfG, Urteil v. 15.12.2016 – 2 C 31.15.

richtsstelle erfolgen, dies bedeutet aber nicht, dass jeder Auftraggeber eine entsprechende Organisationshoheit neu schaffen muss. Mit dem Begriff der Berichts-

Seite 59

stelle wird in der VergStatVO nur diejenige Einheit abstrakt bezeichnet, die die Datenübermittlung für den Auftraggeber vornimmt. Es ist jedem Auftraggeber dabei selbst überlassen, welcher Stelle im Rahmen seiner Organisation er diese Aufgabe zuweist und ob er eine oder aber mehrere Berichtsstellen bestimmt. Auch eine externe Stelle wie beispielsweise eine zentrale Vergabestelle kann Berichtsstelle sein. Die Zuständigkeit für den Erlass der Rechtsverordnung wird dem Bundesministerium für Wirtschaft und Energie als dem für Vergaberecht federführenden Ressort zugewiesen. Sie ist im Einvernehmen mit dem Bundesministerium des Innern, für Bau und Heimat zu erlassen, zu dessen Geschäftsbereich das Statistische Bundesamt gehört.

Gesetzesbegründung – VergRModG 2016 (BT-Drs. 18/6281)

Seite 90

Zu Absatz 1

§ 114 Absatz 1 dient der Umsetzung der Vorgaben der drei neuen EU-Vergaberichtlinien zum Monitoring der Anwendung des Vergaberechts durch die jeweils zuständigen Stellen gemäß Artikel 83 der Richtlinie 2014/24/EU, Artikel 99 der Richtlinie 2014/25/EU und Artikel 45 der der Richtlinie 2014/23/EU.

Gemäß Artikel 83 Absatz 2 Satz 1 der Richtlinie 2014/24/EU, Artikel 99 Absatz 2 Satz 1 der Richtlinie 2014/25/EU und Artikel 45 Absatz 2 Satz 1 der Richtlinie 2014/23/EU stellen die Mitgliedstaaten sicher, dass die Anwendung der Vorschriften über die öffentliche Auftragsvergabe und die Konzessionsvergabe überwacht werden. Die Richtlinien fordern keine zentrale Aufsichtsstelle, sondern überlassen es den Mitgliedstaaten im Rahmen der bestehenden Strukturen ein Monitoring sicherzustellen. Gemäß Artikel 83 Absatz 3 Unterabsatz 2 der Richtlinie 2014/24/EU und Artikel 99 Absatz 3 Unterabsatz 2 der Richtlinie 2014/25/EU übermitteln die Mitgliedstaaten der Kommission bis zum 18. April 2017 und danach alle drei Jahre einen Überwachungsbericht. Gemäß Artikel 45 Absatz 3 Unterabsatz 2 der Richtlinie 2014/23/EU kann die Kommission höchstens alle drei Jahre von den Mitgliedstaaten verlangen, ihr einen Überwachungsbericht vorzulegen. In dem Überwachungsbericht sollen die Mitgliedstaaten über die Ursachen falscher Rechtsanwendung, Rechtsunsicherheiten sowie strukturelle und wiederkehrende Anwendungsprobleme berichten. Zudem soll über die Beteiligung kleinerer und mittlerer Unternehmen an Vergabeverfahren informiert werden. Außerdem soll über Vorbeugung, Aufdeckung und angemessene Berichtserstattung von Betrug, Bestechung, Interessenkonflikten oder sonstigen schwerwiegenden Unregelmäßigkeiten berichtet werden. Im Rahmen der Richtlinie 2014/23/EU (Artikel 45 Absatz 3 Unterabsatz 2) ist ebenfalls ein Überwachungsbericht in einem dreijährigen Turnus – allerdings nur zu einem eingeschränkten Kanon an Themen – zu übermitteln.

§ 114 Absatz 1 sieht eine Berichtspflicht der obersten Bundesbehörden und der Länder an das innerhalb der Bundesregierung federführende Bundesministerium für Wirtschaft und Energie im Drei-Jahres-Turnus vor. Diese Berichte ermöglichen es dann dem Bundesministerium für Wirtschaft und Energie, der EU-Kommission die in den Richtlinien geforderten Überwachungsberichte zu übermitteln. § 114 Absatz 1 setzt dabei voraus, dass von den jeweils zuständigen Bundes- und Landesbehörden im Rahmen bestehender Rechtsaufsicht auch die Frage der Übereinstimmung der Vergabepraxis mit den Anforderungen dieses Teils und der aufgrund § 113 erlassenen Rechtsverordnungen geprüft wird. Das Bundesministerium für Wirtschaft und Energie wird frühzeitig vor dem jeweiligen Berichtstermin praktische Hinweise zum empfohlenen Aufbau der Berichte geben.

Seite 91

Zu Absatz 2

Zum öffentlichen Auftragswesen existieren in Deutschland keine einheitlichen und belastbaren Daten. Ebenso fehlt ein einheitliches Erhebungs- und Auswertungsinstrument. Derzeit melden die einzelnen Vergabestellen verschiedene Daten in sehr unterschiedlicher Form und Vollständigkeit im Rahmen der bestehenden Regelungen an das für Meldungen an die EU-Kommission zuständige Bundesministerium für Wirtschaft und Energie. Aufgrund des fehlenden Datenmaterials sind derzeit valide Aussagen zum öffentlichen Beschaffungswesen in Deutschland nur eingeschränkt möglich. Weder das Gesamtvolumen der öffentlichen Beschaffungen in Deutschland noch die Zahl der Vergabestellen kann zuverlässig angegeben werden.

Schätzungen gehen von einem Volumen der jährlich durch die Behörden des Bundes, der Länder und der Gemeinden vergebenen öffentlichen Aufträge zwischen 160 und 360 Milliarden Euro aus. Das entspricht je nach Schätzung einem Anteil von rund 5,9 beziehungsweise von rund 13,2 Prozent am Bruttoinlandsprodukt der Bundesrepublik Deutschland. Die vergebenen öffentlichen Aufträge haben daher erhebliche Auswirkungen auf den Wirtschaftsstandort Deutschland. Eine abschließend valide Datenlage für die Bundesrepublik Deutschland existiert allerdings zurzeit nicht. Das Fehlen valider Daten über vergebene öffentliche Aufträge gefährdet insofern den gezielten und damit auch den wirtschaftlichen Einsatz von Haushaltsmitteln. Daneben lässt die mangelhafte Datenlage keine Wertungen zu, inwieweit strategische Ziele beim öffentlichen Einkauf verfolgt werden und inwieweit ein rationaler, am effizienten und effektiven Einsatz von Steuermitteln orientierter staatlicher Einkauf gewährleistet ist. Die zu übermittelnden Daten sind unverzichtbar für die Beobachtung des Einkaufsverhaltens der öffentlichen Hand sowie für die Vorbereitung und Kontrolle gesetzgeberischer und strategischer Entscheidungen, Maßnahmen und Planungsvorhaben. Zudem sind Daten über die vergebenen öffentlichen Aufträge sowohl für die öffentliche Hand als auch für die als Bieter an Vergabeverfahren teilnehmenden Wirtschaftsunternehmen hilfreich oder sogar erforderlich.

Ferner enthalten die EU-Richtlinien 2014/23/EU mit Artikel 45 Absatz 3, 2014/24/EU mit Artikel 83 Absatz 3 und Artikel 85 sowie 2014/25/EU mit Artikel 99 Absatz 3 und Artikel 101 mehrere Berichtspflichten der Bundesrepublik Deutschland gegenüber der Europäischen Kommission.

In Satz 1 wird daher eine Verpflichtung aller Auftraggeber im Sinne des § 98 aufgenommen, die für die Gewinnung flächendeckender Daten zum Vergabewesen unterhalb und oberhalb der jeweils geltenden Schwellenwerte erforderlichen Daten an das Bundesministerium für Wirtschaft und Energie zu übermitteln.

Die Einbeziehung der öffentlichen Aufträge unterhalb der jeweils geltenden Schwellenwerte ist notwendig und erforderlich, um einen hohen Grad an Genauigkeit der erhobenen Daten sicherzustellen. Zahl und Wert der öffentlichen Auftragsvergaben unterhalb der jeweils geltenden Schwellenwerte sind so umfangreich, dass fehlende Daten zu diesen öffentlichen Auftragsvergaben die Berechnung der gesamtstaatlichen Ausgaben und deren Zuordnung zu bestimmten Lieferungs- beziehungsweise Leistungsgruppen sowie die Planung von Investitionen beeinträchtigen würden.

Die Gesetzgebungskompetenz des Bundes – auch im Hinblick auf die Einbeziehung der öffentlichen Aufträge unterhalb der jeweils geltenden Schwellenwerte – beruht auf Artikel 73 Absatz 1 Nummer 11 des Grundgesetzes (Statistik für Bundeszwecke). Das Bundesministerium für Wirtschaft und Energie beabsichtigt, die statistische Aufbereitung der übermittelten Daten gemäß § 8 Absatz 1 des Bundesstatistikgesetzes dem Statistischen Bundesamt zu übertragen. Dies soll der Gewinnung allgemein akzeptierter Daten über das Einkaufsverhalten der Auftraggeber im Sinne des § 98 dienen. In der Bundesrepublik Deutschland existiert zurzeit keine Statistik zum öffentlichen Auftragswesen und somit auch keine valide Datenlage zu diesem. Die Bundesregierung arbeitet seit mehreren Jahren intensiv an einer Verbesserung der Datenlage, denn erst valide Daten ermöglichen es dem Gesetzgeber, das Vergaberecht den tatsächlichen Bedürfnissen der Auftraggeber und der Wirtschaft anzupassen. Die Erhebung dieser Daten schafft außerdem die notwendigen Voraussetzungen, damit die Bundesrepublik Deutschland ihre Berichtspflichten gegenüber der Europäischen Kommission erfüllen kann, die sich aus den neuen EU-Vergaberichtlinien ergeben. Derartige Berichtspflichten bestehen auch in

Bezug auf öffentliche Auftragsvergaben unterhalb der jeweils geltenden Schwellenwerte. Die an die Europäische Kommission diesbezüglich zu übermittelnden Schätzwerte können nur auf der Basis valider Daten zur Gesamtheit der Vergaben zuverlässig gewonnen werden. Diese Daten müssen daher zumindest die Zahl der vergebenen Aufträge, die Art und Menge der jeweils vergebenen Leistung und die entsprechenden Auftragswerte für öffentliche Aufträge bzw. Vertragswerte für Konzessionen umfassen. Die Zahl der vergebenen Aufträge wird im Rahmen der Aufbereitung der übermittelten Daten errechnet. Eine auf einer Zufallsauswahl beruhende ex-ante-Erhebung von Daten zu öffentlichen Auftragsvergaben unterhalb der jeweils geltenden Schwellenwerte wäre unverhältnismäßig aufwändig und würde nicht zu

Seite 92

einer validen Datengrundlage führen. Zahl und Wert der öffentlichen Auftragsvergaben unterhalb der jeweils geltenden Schwellenwerte sind zudem so beträchtlich, dass ihre Nichtberücksichtigung die Informationsgrundlage stark verzerren würde. Eine bundesgesetzliche Regelung ermöglicht es, einheitliche Vorgaben für die Datenerhebung bei allen Auftraggebern im Sinne des § 98 zu machen. Das ist insbesondere im Hinblick auf die besondere Bedeutung des öffentlichen Einkaufs für den Wirtschaftsstandort Deutschland und die Erfüllung der verschiedenen Berichtspflichten sinnvoll und erforderlich.

Satz 2 bestimmt, dass die von den Auftraggebern an das Bundesministerium für Wirtschaft und Energie zu übermittelnden Daten zu vergebenen Aufträgen oberhalb der jeweils geltenden Schwellenwerte höchstens eine Teilmenge der mithilfe der Vergabe- und Zuschlagsbekanntmachungen elektronisch an das Amt für Veröffentlichungen der Europäischen Union zu übermittelnden Daten umfassen. Diese Daten werden automatisch und vollelektronisch übermittelt. Den Auftraggebern entsteht durch die Datenübermittlung kein Erfüllungsaufwand.

Satz 3 begrenzt den Kreis der in Bezug auf Vergaben unterhalb der jeweils geltenden Schwellenwerte zur Datenübermittlung Verpflichteten auf öffentliche Auftraggeber gemäß § 99. Betroffen sind damit ausschließlich Vergaben von Liefer-, Bau- und Dienstleistungen. Außerdem regelt Satz 3, dass auf dem Verordnungswege eine Bagatellgrenze eingeführt wird, unterhalb derer keine Daten zu Auftragsvergaben zu übermitteln sind. Schließlich grenzt Satz 3 die zu übermittelnden Daten auf Daten zur Art und zur Menge der vergebenen Liefer-, Bau- und Dienstleistungen sowie zum Wert des jeweils erfolgreichsten Angebots ein.

Eine Mengenangabe ist nur bei solchen Lieferungen und Leistungen zu übermitteln, die eindeutig der Stückzahl nach quantifizierbar sind. Abhängig von der jeweils vergebenen Leistung ist bei der Mengenangabe auf einzelne Liefer- und Leistungseinheiten, z. B. bei Kraftfahrzeugen oder Rechentechnik, oder auf handelsübliche Abpackungen, z. B. bei Büroverbrauchsmaterial oder Sanitär- und Reinigungsbedarf, abzustellen. Schüttgüter oder andere Liefergegenstände, die nach Gewichts- oder Volumeneinheiten bemessen werden (z. B. in Kilogramm, Tonnen oder Kubikmetern), sind nicht der Menge nach anzugeben, sondern als eine Lieferung zu werten. Dasselbe gilt für Liefergegenstände, die zwar eindeutig der Stückzahl nach quantifizierbar sind, jedoch ausschließlich zum Zweck der dauerhaften Verbindung mit einem Bauwerk erworben werden, z. B. Elektroinstallationsmaterial, Fenster, Stahlträger oder Türen. Vergebene Bau- und Dienstleistungen sind jeweils als eine Leistung zu werten. Wertungsmaßstab ist hierbei das jeweils konkret in Bezug genommene Bauobjekt bzw. die jeweilige Art der Dienstleistung.

Die Einzelheiten der Datenübermittlung einschließlich des Umfangs der zu übermittelnden Daten und des Zeitpunkts des Inkrafttretens der entsprechenden Verpflichtungen sollen durch eine von der Bundesregierung mit Zustimmung des Bundesrates zu erlassende Rechtsverordnung geregelt werden. Satz 4 enthält daher eine entsprechende Ermächtigung für die Bundesregierung.

Teil 4

Vergabe von öffentlichen Aufträgen und Konzessionen

Kapitel 1
Vergabeverfahren

Abschnitt 2
Vergabe von öffentlichen Aufträgen durch öffentliche Auftraggeber

Unterabschnitt 1
Anwendungsbereich

§ 115 GWB
Anwendungsbereich

Dieser Abschnitt ist anzuwenden auf die Vergabe von öffentlichen Aufträgen und die Ausrichtung von Wettbewerben durch öffentliche Auftraggeber.

Übersicht Rn.

A. Allgemeines 1
B. Bestimmung des Anwendungsbereichs 4
Anlage
Gesetzesbegründung

A. Allgemeines

1 § 115 GWB definiert seit der Vergaberechtsreform im Jahr 2016 den Anwendungsbereich des neu geschaffenen Abschnitt 2 des Teil 4 GWB.

2 Die **wesentlichen Grundsätze**, die bei der Vergabe von öffentlichen Aufträgen und der Ausrichtung von Wettbewerben durch öffentliche Auftraggeber i.S.d. § 99 GWB zu beachten sind, werden nunmehr einheitlich in Abschnitt 2 gebündelt. Im Übrigen werden (einzelne) Regelungen im Wege der Verweisung auch in den Anwendungsbereich des Abschnitt 3 inkorporiert (vgl. etwa §§ 142, 147 und 154 GWB). Der Abschnitt 2 setzt damit wesentliche strukturelle Vorgaben der RL 2014/24/EU um. Zentrale Elemente des Vergabeverfahrens werden nunmehr im GWB in einem eigenen Abschnitt für (klassische) öffentliche Auftraggeber zusammengefasst.

3 Der Abschnitt **untergliedert** sich in zwei Unterabschnitte. Unterabschnitt 1 regelt insbesondere den Anwendungsbereich im Wege eines Regel(§ 115 GWB)-Ausnahme(§§ 116 bis 118 GWB)-Verhältnisses. Unterabschnitt 2 regelt das Vergabeverfahren und die Auftragsausführung, wobei im Einzelnen die Vorschriften der Vergabeverordnung zur Konkretisierung heranzuziehen sind.

B. Bestimmung des Anwendungsbereichs

4 Der Anwendungsbereich von Abschnitt 2 des Teil 4 GWB bezieht sich nach § 115 GWB in **sachlicher Hinsicht** auf die Vergabe von öffentlichen Aufträgen und die Ausrichtung von Wettbewerben. Der Begriff des öffentlichen Auftrags ist nach § 103 Abs. 1 GWB zu bestimmen. Der Begriff des Wettbewerbs wird in § 103 Abs. 6 GWB legaldefiniert. Die Vergabe von Konzessionen im Sinne des § 105 GWB wird von § 115 GWB nicht genannt und ist daher nicht vom Anwendungsbereich des Abschnitt 2 von Teil 4 GWB erfasst. Selbiges gilt für die Vergabe von verteidigungs- oder sicherheitsspezifischen öffentlichen Aufträgen nach § 104 GWB. Auf diese übrigen Vergaben finden die Vorschriften des Abschnitts 2 lediglich dann Anwendung, wenn explizit darauf verwiesen wird.[1] Obwohl Rahmenvereinbarungen nicht ausdrücklich vom Wortlaut der Norm umfasst sind und der Abschluss einer solchen Vereinbarung an sich streng genommen noch keinen Beschaffungsprozess darstellt, werden diese aufgrund von § 103 Abs. 5 S. 2 GWB vom Anwendungsbereich mitumfasst.[2] Die Erteilung von Einzelaufträgen auf Grundlage der Rahmenvereinbarung kann im Wege eines vereinfachten Vergabeverfahrens erfolgen. Aus diesem Grund muss die Rahmenvereinbarung, wie ein öffentlicher Auftrag, wettbewerblichen Verfahrensregeln unterliegen.[3]

---

1 So beispielsweise in §§ 142, 147 und 154 GWB.
2 *Dreher*, in: Immenga/Mestmäcker, Wettbewerbsrecht, § 115 GWB Rn. 10.
3 Gesetzesbegründung zu § 103 Abs. 5 GWB, VergRModG 2016, BT-Drs. 18/6281, 74.

5 In **persönlicher Hinsicht** gilt Abschnitt 2 des Teil 4 GWB nach § 115 GWB nur für öffentliche Auftraggeber. Dies sind Auftraggeber nach § 99 GWB. Auftraggeber nach § 100 GWB (Sektorenauftraggeber) und § 101 GWB (Konzessionsgeber) werden daher nicht erfasst.

Anlage

Gesetzesbegründung – VergRModG 2016 (BT-Drs. 18/6281)

Seite 92

§ 115 legt den Anwendungsbereich des Abschnitts 2 fest. Danach findet Abschnitt 2 Anwendung auf die Vergabe von öffentlichen Aufträgen und die Ausrichtung von Wettbewerben durch öffentliche Auftraggeber im Sinne des § 99. Auf alle übrigen Vergaben findet Abschnitt 2 nur insoweit Anwendung als auf die jeweiligen Vorschriften gesondert verwiesen wird (z. B. in den §§ 142, 147 und 154). Abschnitt 2 dient damit im Kern der Umsetzung der wesentlichen Vorgaben der Richtlinie 2014/24/EU und bündelt erstmals alle zentralen Elemente des Vergabeverfahrens im GWB. Abschnitt 2 ist untergliedert in den Unterabschnitt 1 zum Anwendungsbereich und den Unterabschnitt 2 zu Vergabeverfahren und Auftragsausführung.

§ 116 GWB
Besondere Ausnahmen

(1) Dieser Teil ist nicht anzuwenden auf die Vergabe von öffentlichen Aufträgen durch öffentliche Auftraggeber, wenn diese Aufträge Folgendes zum Gegenstand haben:

1. Rechtsdienstleistungen, die eine der folgenden Tätigkeiten betreffen:
   a) Vertretung eines Mandanten durch einen Rechtsanwalt in
      aa) Gerichts- oder Verwaltungsverfahren vor nationalen oder internationalen Gerichten, Behörden oder Einrichtungen,
      bb) nationalen oder internationalen Schiedsgerichts- oder Schlichtungsverfahren,
   b) Rechtsberatung durch einen Rechtsanwalt, sofern diese zur Vorbereitung eines Verfahrens im Sinne von Buchstabe a dient oder wenn konkrete Anhaltspunkte dafür vorliegen und eine hohe Wahrscheinlichkeit besteht, dass die Angelegenheit, auf die sich die Rechtsberatung bezieht, Gegenstand eines solchen Verfahrens werden wird,
   c) Beglaubigungen und Beurkundungen, sofern sie von Notaren vorzunehmen sind,
   d) Tätigkeiten von gerichtlich bestellten Betreuern, Vormündern, Pflegern, Verfahrensbeiständen, Sachverständigen oder Verwaltern oder sonstige Rechtsdienstleistungen, deren Erbringer durch ein Gericht dafür bestellt oder durch Gesetz dazu bestimmt werden, um bestimmte Aufgaben unter der Aufsicht dieser Gerichte wahrzunehmen, oder
   e) Tätigkeiten, die zumindest teilweise mit der Ausübung von hoheitlichen Befugnissen verbunden sind,
2. Forschungs- und Entwicklungsdienstleistungen, es sei denn, es handelt sich um Forschungs- und Entwicklungsdienstleistungen, die unter die Referenznummern des Common Procurement Vocabulary 73000000-2 bis 73120000-9, 73300000-5, 73420000-2 und 73430000-5 fallen und bei denen
   a) die Ergebnisse ausschließlich Eigentum des Auftraggebers für seinen Gebrauch bei der Ausübung seiner eigenen Tätigkeit werden und
   b) die Dienstleistung vollständig durch den Auftraggeber vergütet wird,
3. den Erwerb, die Entwicklung, die Produktion oder die Koproduktion von Sendematerial für audiovisuelle Mediendienste oder Hörfunkmediendienste, wenn diese Aufträge von Anbietern von audiovisuellen Mediendiensten oder Hörfunkmediendiensten vergeben werden, die Ausstrahlungszeit oder die Bereitstellung von Sendungen, wenn diese Aufträge an Anbieter von audiovisuellen Mediendiensten oder Hörfunkmediendiensten vergeben werden,
4. finanzielle Dienstleistungen im Zusammenhang mit der Ausgabe, dem Verkauf, dem Ankauf oder der Übertragung von Wertpapieren oder anderen Finanzinstrumenten, Dienstleistungen der Zentralbanken sowie mit der Europäischen Finanzstabilisierungsfazilität und dem Europäischen Stabilitätsmechanismus durchgeführte Transaktionen,
5. Kredite und Darlehen, auch im Zusammenhang mit der Ausgabe, dem Verkauf, dem Ankauf oder der Übertragung von Wertpapieren oder anderen Finanzinstrumenten oder
6. Dienstleistungen, die an einen öffentlichen Auftraggeber nach § 99 Nummer 1 bis 3 vergeben werden, der ein auf Gesetz oder Verordnung beruhendes ausschließliches Recht hat, die Leistungen zu erbringen.

(2) Dieser Teil ist ferner nicht auf öffentliche Aufträge und Wettbewerbe anzuwenden, die hauptsächlich den Zweck haben, dem öffentlichen Auftraggeber die Bereitstellung oder den Betrieb öffentlicher Kommunikationsnetze oder die Bereitstellung eines oder mehrerer elektronischer Kommunikationsdienste für die Öffentlichkeit zu ermöglichen.

Übersicht

	Rn.
A. Allgemeines	1
B. Besondere Ausnahmen für bestimmte Dienstleistungen (Abs. 1)	4
I. Rechtsdienstleistungen (Nr. 1)	8
1. Anwaltliche Vertretung in laufenden Verfahren (lit. a)	12
2. Verfahrensvorbereitende anwaltliche Tätigkeiten (lit. b)	18
a) Anwendungsbereich	19
b) Vorbereitung eines Verfahrens (Alt. 1)	21
c) Hohe Wahrscheinlichkeit der Überleitung in ein Verfahren (Alt. 2)	28
3. Notarielle Beglaubigung und Beurkundung (lit. c)	35
4. Öffentlich bestellte Sachkundige (lit. d)	36
5. Teilweise hoheitliche Rechtsdienstleistung (lit e)	39
II. Forschungs- und Entwicklungsdienstleistungen (Nr. 2)	43
1. Grundsätzlicher Anwendungsbereich der Ausnahme (Hs. 1)	47
2. Rückausnahme (Hs. 2)	49
III. Audiovisuelle Mediendienste oder Hörfunkmediendienste (Nr. 3)	57
IV. Finanzielle Dienstleistungen (Nr. 4)	67
1. Kapitalmarktbezogene Finanzdienstleistungen (Var. 1)	71
2. Dienstleistungen der Zentralbanken (Var. 2)	76
3. Transaktionen mit der EFSF und dem ESM (Var. 3)	80
4. Darlehen und Kredite	82
V. Kredite und Darlehen (Nr. 5)	83
VI. Dienstleistungsaufträge an andere Auftraggeber mit ausschließlichem Recht (Nr. 6)	88
C. Besondere Bereiche auf dem Gebiet der Telekommunikationsinfrastruktur (Abs. 2)	98
Anlage	
Gesetzesbegründung	

A. Allgemeines

1 § 116 GWB enthält besondere Ausnahmen für die Vergabe von öffentlichen Aufträgen durch öffentliche Auftraggeber und teilweise (Abs. 2) für die Ausrichtung von Wettbewerben. § 116 GWB setzt dabei – gemeinsam mit § 107 GWB – die wesentlichen Vorgaben aus Art. 10 RL 2014/14/EU um. Die Vorschrift entspricht somit mit Blick auf den Regelungsgegenstand den früheren §§ 100a, 100b GWB.

2 § 116 GWB **untergliedert** sich in zwei Absätze. Absatz 1 statuiert besondere Ausnahmen für bestimmte (vergaberechtlich) privilegierte Dienstleistungen. Absatz 2 nimmt sich gesondert des Bereichs der öffentlichen Telekommunikationsinfrastruktur an. § 116 GWB bündelt damit alle für die Vergabe von öffentlichen Aufträgen durch öffentliche Auftraggeber geltenden besonderen Ausnahmen erstmals in einer einzigen Norm. Neben einigen wenigen inhaltlichen Neuerungen (z. B. Erweiterung der Privilegierungen für Forschungs- und Entwicklungsleistungen oder ausgewählte Rechtsdienstleistungen etc.) finden sich hier Ausnahmetatbestände wieder, die vormals über viele eigenständige Regelungen verstreut waren.

3 Wird einer der **Ausnahmetatbestände** erfüllt, so ist der öffentliche Auftraggeber von den Restriktionen des unionsrechtlich geprägten Vergaberechts befreit. Die Privilegierung befreit ihn darüber hinaus von der Nachprüfung im Verfahren nach § 155 GWB.[1] § 116 GWB privilegiert allerdings nur bestimmte Dienstleistungen, die aufgrund ihres Gegenstandes dem Kartellvergaberecht nicht oder nur sehr eingeschränkt zugänglich sind.[2] Für Liefer- oder Bauleistungen findet § 116 GWB keine Anwendung. Im Verhältnis zu den Vorgängervorschriften ist

1 *Summa*, in: Heiermann/Zeiss/Summa, Vergaberecht, § 116 GWB Rn. 4.

2 Vgl. Erwägungsgründe 23 bis 27 RL 2004/18/EG; *Aicher*, in: Müller-Wrede, Kompendium des Vergaberechts, Kap. 11 Rn. 1 ff.

unverändert geblieben, dass die Vorschrift als vergaberechtliche Ausnahmevorschrift stets restriktiv zu verstehen und anzuwenden ist.[3]

B. Besondere Ausnahmen für bestimmte Dienstleistungen (Abs. 1)

§ 116 Abs. 1 GWB nimmt öffentliche Aufträge, die bestimmte Dienstleistungen zum Gegenstand haben, vom Anwendungsbereich der Regularien der klassischen Auftragsvergabe aus. Ziel der Vorschrift ist es, neben den in § 107 GWB genannten allgemeinen Ausnahmetatbeständen gesonderte Ausnahmeregelungen hervorzuheben, auf die das Kartellvergaberecht seiner Funktion nach keine Anwendung findet. Die Normierung der besonderen Ausnahmen in einem gesonderten Paragraphen dient durch die dadurch erlangte strukturiertere Gliederung der Übersichtlichkeit des Gesetzes und soll somit die Handhabung für den Rechtsanwender erleichtern. 4

Die Regelung dient der Umsetzung von Art. 10 **RL 2014/24/EU**. 5

In den §§ 137, 145 und 150 GWB wird auf die jeweiligen Ausnahmen des § 116 GWB verwiesen, sofern diese auch für die besonderen Bereiche des **Abschnitt 3** von Teil 4 GWB anwendbar sind. 6

Im Gegensatz zu § 115 und § 116 Abs. 2 GWB benennt § 116 Abs. 1 GWB **Wettbewerbe** im Sinne des § 103 Abs. 6 GWB nicht. Im Umkehrschluss hierzu könnte man die Annahme vertreten, dass die Durchführung von Wettbewerben über Dienstleistungen, die einer Dienstleistung im Sinne des § 116 Abs. 1 GWB entsprechen, nicht durch die Ausnahmeregelung privilegiert sein soll. Dies hätte im Ergebnis ein letztendlich strenges Vergaberegime für üblicherweise wenig formal, mithin frei geführte Wettbewerbe zur Folge. Anhaltspunkt, dass eine solche Verschärfung bei Wettbewerben nach den europarechtlichen Grundlagen erforderlich wäre, ergeben sich aus den Richtlinien nicht. Die Gesetzesbegründung[4] spricht eher dagegen und dafür, dass es sich hierbei nur um einen redaktionellen Fehler handelt. In jedem Fall wäre der Anwendungsbereich der Ausnahmeregelung des § 116 Abs. 1 GWB im Hinblick auf Wettbewerbe wohl ohnehin nur sehr gering. 7

I. Rechtsdienstleistungen (Nr. 1)

§ 116 Abs. 1 Nr. 1 GWB kodifiziert erstmals Ausnahmen für bestimmte Rechtsdienstleistungen. Eine generelle Privilegierung für Rechtsdienstleistungen ist damit aber nicht verbunden. Die Ausnahme beschränkt sich ausschließlich auf die in § 116 Abs. 1 Nr. 1 lit. a bis e GWB genannten Fälle. Hierbei handelt es sich im Wesentlichen um Rechtsdienstleistungen, die von gerichtlich bestellten Dienstleistern erbracht werden, die die anwaltliche Vertretung von Mandanten in Gerichts- oder Verwaltungsverfahren oder deren konkrete Vorbereitung betreffen, durch Notare erbracht werden müssen oder mit der Ausübung hoheitlicher Befugnisse verbunden sind. 8

§ 116 Abs. 1 Nr. 1 GWB dient der Umsetzung von Art. 10 lit. d **RL 2014/24/EU**. Entsprechende Ausnahmen finden sich ebenfalls in Art. 10 Abs. 8 lit. d RL 2014/23/EU sowie in Art. 21 lit. c RL 2014/25/EU. Insofern verweisen auch § 137 Nr. 1 und § 149 Nr. 1 GWB auf die Ausnahme für Rechtsdienstleistungen im Sinne des § 116 Abs. 1 Nr. 1 GWB. Die RL 2009/81/EG enthält demgegenüber keine Ausnahmen für Rechtsdienstleistungen. Besondere Ausnahmen für verteidigungs- oder sicherheitsspezifische öffentliche Aufträge finden sich daher unmittelbar in § 145 GWB. 9

Für die Vergabe von **sonstigen Rechtsdienstleistungen**, die nicht unter die Ausnahme des § 116 Abs. 1 Nr. 1 GWB fallen, kommt hingegen auch nicht das allgemeine Vergabeverfahren des Abschnitt 2 von Teil 4 GWB zur Anwendung. Für diese, früher als sogenannte nachrangige 10

3 EuGH, Urteil v. 10.3.1987 – Rs. C-199/85 (Kommission/Italien-Müllverwertung Mailand), Rn. 14; VK Bund, Beschluss v. 18.5.1999 – VK 2-8/99; *Aicher*, in: Müller-Wrede, Kompendium des Vergaberechts, Kap. 11 Rn. 9.

4 Gesetzesbegründung zu § 116 GWB, VergRModG 2016, BT-Drs. 18/6281, 92 ff.

Dienstleistungen bezeichneten Dienstleistungen ist das vereinfachte Verfahren im Sinne des § 130 GWB vorgesehen. In diesem Verfahren gilt ein höherer Schwellenwert in Höhe von 750.000 Euro netto und vor allem die freie Wahl der Vergabeverfahrensart. Die Neuregelung hat zur Folge, dass auch Rechtsdienstleistungen im Sinne von Anhang XIV RL 2014/24/EU zukünftig – wenn auch nach dem Sondervergaberecht der §§ 130 f. GWB – ausgeschrieben werden müssen. Die vormalige Unterscheidung zwischen nicht prioritären Dienstleistungen, die nur teilweise für das Vergaberecht relevant waren, und prioritären Dienstleistungen ist damit aufgegeben worden. Das Sondervergaberechtsregime der §§ 130 f. GWB gilt nach streitiger Auffassung auch für forensische Rechtsdienstleistungen.[5]

11 Trotz Geltung dieser weitgehenden Privilegierung ist die Unterwerfung von Rechtsdienstleistungen unter das Vergaberecht und damit die Gleichstellung mit klassischen Dienstleistungsaufträgen **kritisch** zu sehen. Zum einen ist schon zu hinterfragen, inwieweit Rechtsdienstleistungen überhaupt nach Wirtschaftlichkeitsgrundsätzen vergeben werden können – steht und fällt das Verhältnis zwischen Rechtsbeistand und Mandant doch mit dem gegenseitigen Vertrauen.[6] Darüber hinaus können Rechtsdienstleistungen bereits aufgrund der unterschiedlichen Rechtsordnungen in der Regel keine derart hohe Binnenmarktrelevanz aufweisen, als dass der Sinn und Zweck einer europaweiten Ausschreibung in diesen Fällen überhaupt zum Tragen kommen könnte.[7] Gerade bei den Rechtsdienstleistungen stellt sich damit die Frage nach der Marktrelevanz oder die Frage der Sinnhaftigkeit einer gegebenenfalls europaweiten Vergabepflicht. Auch der Richtliniengeber räumt in Erwägungsgrund 116 RL 2014/24/EU ein, dass „bestimmte Rechtsdienstleistungen ausschließlich Fragen des nationalen Rechts" betreffen und „daher in der Regel nur von Wirtschaftsteilnehmern in dem betreffenden Mitgliedstaat angeboten" werden. Trotz dieser Erwägung besteht eine Vermutung, dass ein öffentlicher Auftrag ab einem Schwellenwert von 750.000 Euro wettbewerbsrelevant sei. Ab diesem Schwellenwert wird augenscheinlich unterstellt, dass gegebenenfalls ein Interesse von Rechtsberatern an einer Beteiligung in grenzüberschreitenden Vergabeverfahren besteht. Dies überzeugt nicht, da es letztendlich hier – unbeschadet einiger international agierender Großkanzleien – keinen echten grenzüberschreitenden Leistungswettbewerb gibt. Hinzu kommt, dass der Schwellenwert aber keinesfalls eine Aussage darüber trifft, ob der Beratungsgegenstand rein nationalem, transnationalem oder internationalem Recht unterliegt. Auch international tätige Anwaltssozietäten können (und werden in der Regel häufig) mit der Beratung rein national-rechtlicher Gegenstände beauftragt. Selbst über Ländergrenzen hinweg durchgeführte Großtransaktionen unterliegen regelmäßig nur dem Recht eines (!) der beteiligten Länder, das gleichsam das Rechtsstatut für das anwaltliche Mandat begründet. Es besteht insoweit auch kein Bedürfnis, das Kartellvergaberecht auf diese besonderen Beratungsgegenstände der öffentlichen Hand zu erstrecken, da die haushälterischen Verpflichtungen der Auftraggeber auch ohne das Kartellvergaberecht bestehen bleiben. In der Praxis werden bereits heute anwaltliche Beratungen oder Prozesstätigkeiten im Wettbewerb vergeben.

1. Anwaltliche Vertretung in laufenden Verfahren (lit. a)

12 § 116 Abs. 1 Nr. 1 lit. a GWB betrifft die Vertretung eines Mandanten durch einen Rechtsanwalt in laufenden gerichtlichen, behördlichen oder bestimmten institutionellen Verfahren. Hierzu gehören (1.) Gerichts- oder Verwaltungsverfahren vor nationalen oder internationalen Gerichten, Behörden oder Einrichtungen sowie (2.) Verfahren vor nationalen oder internationalen Schiedsgerichten oder Schlichtungsstellen. Die Verfahren können in Deutschland, anderen EU-Mitgliedstaaten, Drittstaaten oder vor internationalen Organisationen und Einrichtungen stattfinden.

13 Streitig ist in der Literatur, welche Personengruppen unter den Begriff des „**Rechtsanwalts**" im Sinne der Vorschrift fallen. Teilweise wird – unter Verweis auf die RL 77/249/EWG – vertre-

5 A.A. Gesetzesbegründung zu § 130 Abs. 1 GWB, VergRModG 2016, BT-Drs. 18/6281, 116.
6 So auch *Marx*, in: Säcker, Wettbewerbsrecht, § 116 GWB Rn. 6.
7 Bundesrechtsanwaltskammer, Stellungnahme Nr. 23/2015, Juni 2015, http://www.brak.de/zur-rechtspolitik/stellungnahmen-pdf/stellungnahmen-europa/2015/juni/stellungnahme-der-brak-2015-23.pdf (abgerufen am 31.3.2022).

ten, dass es ausschließlich auf die Berufsbezeichnung ankomme.[8] Als Argument wird der Wortlaut des Art. 10 lit. d sublit. i RL 2014/24/EU angeführt, der auf die RL 77/249/EWG verweist. Gemäß Art. 1 Abs. 2 RL 77/249/EWG ist unter „Rechtsanwalt" jede Person zu verstehen, die ihre beruflichen Tätigkeiten unter einer der folgenden Bezeichnungen auszuüben berechtigt ist. Überzeugender erscheint hingegen die funktionale Auslegung des Begriffs des „Rechtsanwalts". Damit sind auch solche Personen umfasst, die gemäß § 3 RDGEG bei bestimmten gerichtlichen Verfahren einem Rechtsanwalt gleichstellt sind, wie beispielsweise Kammerrechtsbeistände oder sog. Prozessagenten nach § 3 Abs. 2 S. 1 Nr. 2 RDGEG, denen gemäß § 157 Abs. 3 ZPO a.F. die geschäftsmäßige Besorgung fremder Rechtsangelegenheiten vor Gericht gestattet war und die zur Sicherung des Status quo unter den dort genannten Voraussetzungen einem Rechtsanwalt gleichgestellt sein können[9]. Dies folgt daraus, dass es nicht auf die Berufsbezeichnung des Vertreters eines Mandanten, sondern auf seine tatsächliche Tätigkeit ankommt. Eine gegenteilige Auffassung würde zu einer Verletzung des Grundsatzes der Nichtdiskriminierung führen, da hierdurch – trotz identischer Tätigkeit – eine unterschiedliche Behandlung erfolgen würde.[10]

Maßgebliches Kriterium für die Anwendung des § 116 Abs. 1 Nr. 1 lit. a GWB ist, dass es sich um eine Dienstleistung in einem **bereits laufenden Verfahren** handelt. Rein vorbereitende Beratungsleistungen unterfallen gegebenenfalls § 116 Abs. 1 Nr. 1 lit. b GWB. 14

§ 116 Abs. 1 Nr. 1 lit. a GWB sagt über den geforderten **Umfang** der anwaltlichen Beratungs-/Vertretungsstätigkeit nichts aus. Gemäß den Ausführungen der Gesetzesbegründung ergebe sich der Umfang der Vertretung aus dem jeweiligen Mandatsvertrag und könne fallspezifisch variieren.[11] Hieraus kann aber nicht gefolgert werden, dass jegliche anwaltliche Tätigkeit für einen Beteiligten eines solchen Verfahrens unter den Ausnahmetatbestand zu subsumieren ist. § 116 Abs. 1 Nr. 1 lit. a GWB meint vielmehr Tätigkeiten im Rahmen einer umfassenden Prozessverantwortung des jeweiligen Rechtsbeistands.[12] Unter Beachtung von Sinn und Zweck des Ausnahmetatbestandes und dem stets restriktiv zu verstehenden Anwendungsbereich muss dabei letztendlich aber die tatsächliche Tätigkeit des anwaltlichen Beraters entscheidend sein. Dem Wortlaut des Mandatsvertrages kann insoweit nur indizielle Bedeutung zukommen. 15

Auf die Art und Weise, wie das Mandatsverhältnis **zustande gekommen** ist, kommt es nicht an. Es kann sowohl auf rechtsgeschäftlicher Bestellung als etwa auch auf gerichtlicher Beiordnung beruhen.[13] 16

Die Vergabe von öffentlichen Aufträgen zu **Schiedsgerichts-** und **Schlichtungsdienstleistungen** fällt bereits unter die allgemeine Ausnahme des § 107 Abs. 1 Nr. 1 GWB. Dies gilt auch dann, wenn Rechtsanwälte zu Schiedsrichtern bestellt werden. 17

2. Verfahrensvorbereitende anwaltliche Tätigkeiten (lit. b)

Nach § 116 Abs. 1 Nr. 1 lit. b GWB sind Rechtsberatungsleistungen durch einen Rechtsanwalt, sofern diese zur Vorbereitung eines Verfahrens im Sinne von § 116 Abs. 1 Nr. 1 lit. a GWB dienen oder wenn konkrete Anhaltspunkte dafür vorliegen und eine hohe Wahrscheinlichkeit besteht, dass die Angelegenheit, auf die sich die Rechtsberatung bezieht, Gegenstand eines solchen Verfahrens wird, vergaberechtsfrei. 18

8 *Dreher*, in: Immenga/Mestmäcker, Wettbewerbsrecht, § 116 GWB Rn. 8.
9 *Krenzler*, RDG, § 3 RDGEG Rn. 51.
10 *Lausen*, in: Burgi/Dreher, Vergaberecht, § 116 GWB Rn. 13.
11 Gesetzesbegründung zu § 116 Abs. 1 Nr. 1 lit. a GWB, VergRModG 2016, BT-Drs. 18/6281, 93.
12 Gesetzesbegründung zu § 116 Abs. 1 Nr. 1 lit. b GWB, VergRModG 2016, BT-Drs. 18/6281, 93.
13 Gesetzesbegründung zu § 116 Abs. 1 Nr. 1 lit. a GWB, VergRModG 2016, BT-Drs. 18/6281, 93.

a) Anwendungsbereich

19 Entgegen dem weiten Wortlaut des § 116 Abs. 1 Nr. 1 lit. b GWB enthält die Vorschrift keine allgemeine Ausnahme für sämtliche anwaltliche Beratungsleistungen. Vielmehr dehnt die Norm die Privilegierung für anwaltliche Rechtsberatungsdienstleistungen auf solche Beratungen aus, die in einem hinreichenden Näheverhältnis zu den Verfahren im Sinne des § 116 Abs. 1 Nr. 1 lit. a GWB stehen. Bei Rückgriffen auf den Ausnahmetatbestand bedarf es somit stets einer – im Zweifel auch im Vergabevermerk zu dokumentierenden – Abgrenzung zu § 130 GWB.

20 Wie bei § 116 Abs. 1 Nr. 1 lit. a GWB kommt es auch bei § 116 Abs. 1 Nr. 1 lit. b GWB nicht auf die Art und Weise an, wie das Mandatsverhältnis **zustande gekommen** ist. Die Regelung findet sowohl auf rechtsgeschäftlich bestellte als auch auf gerichtlich beigeordnete Rechtsanwälte Anwendung.

b) Vorbereitung eines Verfahrens (Alt. 1)

21 Gemäß § 116 Abs. 1 Nr. 1 lit. b Alt. 1 GWB sollen Aufträge öffentlicher Auftraggeber, die anwaltliche Vorbereitungshandlungen für ein Verfahren im Sinne des § 116 Abs. 1 Nr. 1 lit. a GWB zum Gegenstand haben, vergaberechtsfrei sein.

22 Der **Vorbereitung** eines Verfahrens dienen Maßnahmen, die mittelbar oder unmittelbar die Einmündung in ein formelles Verfahren nach sich ziehen. Der Anwendungsbereich des Ausnahmetatbestandes bedarf somit einer Prüfung und Bewertung des Tätigkeitsfeldes des anwaltlichen Beraters auf tatsächlicher Ebene (Beurteilungsspielraum des öffentlichen Auftraggebers). Gleichzeitig bedarf es einer Prognoseentscheidung über den Umfang des konkret zu erteilenden Mandats sowie über die Eintrittswahrscheinlichkeit eines streitigen (Gerichts-, Verwaltungsstreit- oder sonstigen) Verfahrens.

23 Die Ausnahmeregelung umfasst zumindest **offensive Handlungen**, also solche eines Klägers, Rechtsbehelfsführers oder Antragstellers (aktive Verfahrensführung), die auf die Einleitung eines Verfahrens gerichtet sind. Dies können etwa die Einlegung von Rechtsbehelfen, Einreichung von Klageschriften oder die Erhebung von Widersprüchen sein und damit im Zusammenhang stehende Vorbereitungshandlungen, wie beispielsweise die rechtliche Bewertung der Erfolgsaussichten eines solchen gerichtlichen Verfahrens. Ob hingegen eine letztmalige Aufforderung unter Androhung der Einleitung eines streitigen Verfahrens bereits der Vorbereitung eines Verfahrens dient, kann bezweifelt werden, da es sich hierbei um den letzten Versuch handelt, ein solches Verfahren abzuwenden.

24 Offen bleibt nach dem Wortlaut der Vorschrift, ob und welche **Verteidigungshandlungen** von dem Ausnahmetatbestand betroffen sein können. In den allermeisten Fällen wird eine Vorbereitungshandlung aufseiten des Angriffsführers eindeutiger unter den Ausnahmetatbestand zu fassen sein, denn am Ende seiner Vorbereitungen wird ein für das förmliche Verfahren konstitutiver Schriftsatz (Klageschrift, Rechtsbehelf, Antrag) stehen. Die Erwiderung auf einen solchen Schriftsatz stellt hingegen bereits eine Handlung in einem laufenden Verfahren im Sinne des § 116 Abs. 1 Nr. 1 lit. a GWB dar. Schon allein aus Gründen der Waffengleichheit muss es dem sich verteidigenden öffentlichen Auftraggeber aber auch möglich sein, schnell und flexibel auf solche Angriffe reagieren zu können. Richtigerweise muss daher § 116 Abs. 1 Nr. 1 lit. b GWB auch für Verteidigungshandlungen zur Abwehr eines Verfahrens im Sinne von § 116 Abs. 1 Nr. 1 lit. a GWB Anwendung finden.

25 Muss für das Verfahren im Sinne des § 116 Abs. 1 Nr. 1 lit. a GWB der streitentscheidende Spruchkörper erst gebildet werden, so umfasst § 116 Abs. 1 Nr. 1 lit. b Alt. 1 GWB auch Bemühungen, die der **Konstituierung des Spruchkörpers** dienen. Dies kann in einem Ad-hoc-Schiedsverfahren beispielsweise der Abschluss eines Schiedsrichtervertrages sein. Beratungsleistungen im Zusammenhang mit dem Abschluss einer Schiedsvereinbarung werden allerdings von dem Ausnahmetatbestand nicht erfasst. Schiedsvereinbarungen sollen lediglich die Zuständigkeit der staatlichen Gerichte für den – zu diesem Zeitpunkt noch ungewissen – Fall einer Streitigkeit zugunsten eines Schiedsgerichts ausschließen.

Unstreitig werden dem Ausnahmetatbestand des § 116 Abs. 1 Nr. 1 lit. a GWB dabei auch Rechtsdienstleistungen im Zusammenhang mit einem Verfahren vor einem institutionellen Schieds- (DIS, AAA, ICC) oder Schlichtungsgremium unterfallen. Auch weitere anerkannte Stellen, die eine **alternative Streitbeilegung** fördern, wie etwa verfahrensspezifisch gebildete Schiedsgerichte eines Ad-hoc-Schiedsverfahrens (§§ 1025 ff. ZPO) oder anerkannte Gütestellen (vgl. § 794 Abs. 1 Nr. 1 ZPO), werden konsequenterweise hiervon umfasst sein. Nicht umfasst sind nach der hier vertretenen Auffassung aber Leistungen im Rahmen eines – anwaltlich moderierten – Mediationsverfahrens im Sinne des MediationsG. Hier sollen die Parteien mithilfe eines oder mehrerer Mediatoren freiwillig und eigenverantwortlich eine einvernehmliche Beilegung ihres Konflikts anstreben (§ 1 Abs. 1 MediationsG). Der Mediator – häufig ein Anwalt – hat im Hinblick auf Streitgegenstand und Streitentscheidung keine Befugnisse. Vor dem Hintergrund der restriktiven Anwendung des Ausnahmetatbestandes können richtigerweise solche Verfahren nicht umfasst sein, da sie nicht zwingend oder gar von Rechts wegen ein überparteiliches Ergebnis hervorbringen. Mediatoren sind nicht aufgerufen, als „unabhängiges Organ" eine objektiv richtige Entscheidung zu treffen (Schiedsrichter) oder einen für alle Beteiligten annehmbaren Kompromiss zu vermitteln (Schlichter). **26**

Soll bzw. wird im Zuge eines Mandats ein öffentlicher Auftrag, der zunächst eine aufgrund der Vorschrift privilegierte Rechtsberatungsleistung zum Gegenstand hat, dergestalt erweitert (**Auftragserweiterung**), dass hiervon zukünftig auch Gegenstände erfasst werden, die sich nicht auf die Privilegierung berufen können, ist zu differenzieren: Handelt es sich bei dem öffentlichen Auftrag in seiner Gesamtheit um einen solchen, der den Schwellenwert von 750.000 Euro nicht überschreitet, bleibt es bei den allgemeinen Regeln des Haushaltsvergaberechts, mit der Folge, dass (mangels Anwendbarkeit der VgV und zwischenzeitlichen Wegfalls der VOF) eine Ausschreibungspflicht nicht besteht.[14] Führt die Auftragserweiterung zu einer solchen Verteuerung, die ein Überschreiten des Schwellenwerts nach sich zieht, ist im Einzelfall unter Beachtung sowohl des Gesamtcharakters des bestehenden Mandats als auch der konkret in Rede stehenden Auftragserweiterung zu differenzieren. Vor dem Hintergrund des Sinns und Zwecks des Vergaberechts und der restriktiven Anwendung der Ausnahmetatbestände erscheint es mit guten Gründen vertretbar, dass eine solche nachträgliche Überschreitung des Schwellenwerts eine Pflicht zur Neuausschreibung nach sich zieht. Dies ist jedenfalls dann der Fall, wenn es sich um eine wesentliche Änderung des Mandats handelt (§ 132 Abs. 1 GWB).[15] Aus Gründen der Vorsicht sollten rechtsberatende Tätigkeiten im Zusammenhang mit unterschiedlichen Angelegenheiten in der Praxis daher getrennt vergeben bzw. mandatiert werden. Anhaltspunkte, was als eine Angelegenheit angesehen werden kann, können etwa § 16 RVG entnommen werden. Hierdurch kann eine Überschreitungsgefahr minimiert werden, ohne dass ein für die separate Vergabe zwingender sachlicher Grund fehlt. **27**

c) Hohe Wahrscheinlichkeit der Überleitung in ein Verfahren (Alt. 2)

Nach § 116 Abs. 1 Nr. 1 lit. b Alt. 2 GWB sind Rechtsberatungen durch einen Rechtsanwalt vergaberechtsfrei, wenn konkrete Anhaltspunkte dafür vorliegen und eine hohe Wahrscheinlichkeit besteht, dass die Angelegenheit, auf die sich die Rechtsberatung bezieht, Gegenstand eines Verfahrens im Sinne des § 116 Abs. 1 Nr. 1 lit. a GWB wird. **28**

§ 116 Abs. 1 Nr. 1 lit. b GWB fordert von dem öffentlichen Auftraggeber eine auf konkrete Tatsachen abstellende **Prognose** hinsichtlich der Wahrscheinlichkeit einer Überleitung eines schwelenden Streits in ein Verfahren im Sinne des § 116 Abs. 1 Nr. 1 lit. a GWB. Zwar ist die Prognose der gerichtlichen Kontrolle nicht gänzlich entzogen. Da die Prognose aber eine Aussage über künftige noch ungewisse Tatsachen fordert, steht der Verwaltung bzw. dem öffentlichen Auftraggeber eine Einschätzungsprärogative zur Seite.[16] Die Beurteilung hat aus einer **29**

---

14 Siehe hierzu *Terwiesche/Lompa*, KommJur 2015, 407 ff.

15 Vgl. auch EuGH, Urteil v. 19.6.2008 – Rs. C-454/06 (pressetext).

16 Allgemein zu Prognoseentscheidungen *Schwarz*, in: Fehling/Kastner/Störmer, Verwaltungsrecht, § 114 VwGO Rn. 8 f.

Ex-ante-Sichtweise eines umsichtigen und vernünftigen öffentlichen Auftraggebers auf objektiver Tatsachengrundlage (objektive Ex-ante-Sichtweise) zu erfolgen.

30 Eine „**hohe Wahrscheinlichkeit**" ist dann anzunehmen, wenn nach dem bisherigen Sach- und Streitstand in seiner Gesamtheit der Eintritt in ein Verfahren im Sinne des § 116 Abs. 1 Nr. 1 lit. a GWB eher zu erwarten ist als eine gütliche Einigung oder sonstige außergerichtliche Beilegung der Streitigkeit. Zumindest setzt die Überleitung in ein solches Verfahren eine Uneinigkeit bzw. ein Streitpotenzial von gewissem Gewicht voraus. Im Hinblick auf den zu fordernden Grad an Wahrscheinlichkeit muss aus Sicht des öffentlichen Auftraggebers die Überleitung in ein Verfahren mit mehr als 50-prozentiger Wahrscheinlichkeit zu erwarten sein. Die Prognose setzt eine einzelfallabhängige Bewertung voraus. Der Zweck, dem öffentlichen Auftraggeber eine schnelle und flexible Reaktion auf eine bestehende Streitlage zu ermöglichen, ist hierbei zu berücksichtigen.

31 Die Wahrscheinlichkeitsprognose hat auf Grundlage „**konkreter Anhaltspunkte**" zu erfolgen. Reine Vermutungen sind hierzu nicht ausreichend. Konkrete Anhaltspunkte sind gegeben, wenn im Einzelfall oder nach allgemeiner Erfahrung öffentlicher Auftraggeber Umstände dafür sprechen, dass eine Uneinigkeit nicht ohne Einschaltung einer un- bzw. überparteilichen Instanz ausgeräumt werden kann. Dies ist zumindest dann der Fall, wenn die Überleitung in ein Verfahren bereits konkret (vor allem durch einen etwaig bereits von der Gegenseite eingeschalteten anwaltlichen Vertreter) angedroht wurde. Weiterhin wird eine solche hohe Wahrscheinlichkeit auch dann gegeben sein, wenn ernsthafte Versuche, den Streit außerhalb eines Verfahrens beizulegen, gescheitert sind.

32 Diese Alternative kommt grundsätzlich für diejenigen öffentlichen Auftraggeber in Betracht, die sich im Hinblick auf das Verfahren in der Position des Angegriffenen sehen (**Verteidigungshandlungen**). Der Verteidigende kann in der Regel nicht darüber bestimmen, ob ein Verfahren im Sinne des § 116 Abs. 1 Nr. 1 lit. a GWB eingeleitet werden soll oder nicht; im Zweifel will er die Durchführung eines streitigen Verfahrens ja gerade verhindern. Befindet sich der öffentliche Auftraggeber demgegenüber in der Position des Angreifenden, wird diese Tatbestandsalternative nur ausnahmsweise in Betracht kommen. Denkbar wäre etwa, dass ein nicht zum Angriff entschlossener öffentlicher Auftraggeber sich aufgrund von Handlungen der Gegenseite zu einem Angriff veranlasst sieht; beispielsweise wenn mit der Erhebung einer negativen Feststellungs- oder Widerklage zu rechnen ist.

33 Für den Bereich des vergaberechtlichen Primärrechtsschutzes ist zunächst festzustellen, dass **Nachprüfungsverfahren** als Verfahren im Sinne von § 116 Abs. 1 Nr. 1 lit. a GWB anzusehen sind. Daraus folgt, dass für die Vertretung in Nachprüfungsverfahren für einen angegriffenen öffentlichen Auftraggeber grundsätzlich auf § 116 Abs. 1 Nr. 1 lit. a GWB zurückgegriffen werden kann. Diese Fallkonstellation wird aber regelmäßig nur in Ausnahmefällen relevant sein. Praxisrelevanter ist der Rückgriff auf § 116 Abs. 1 Nr. 1 lit. a GWB zunächst in der Verteidigungsposition des öffentlichen Auftraggebers, der sich mit einem Nachprüfungsantrag konfrontiert sieht. Gleichsam wird § 116 Abs. 1 Nr. 1 lit. b GWB relevant werden, wenn sich die öffentlichen Auftraggeber mit einer Rüge eines Bieters im Sinne von § 160 Abs. 3 GWB konfrontiert sehen. In diesem Kontext vergebene anwaltliche Beratungsleistungen, die zur Abwehr und/oder Bewertung der Erfolgsaussichten/Handlungsoptionen des öffentlichen Auftraggebers zur Absicherung des Vergabeverfahrens erforderlich sind, dürften ohne Weiteres von § 116 Abs. 1 Nr. 1 lit. b GWB umfasst sein. Die Fiktionswirkung des § 160 Abs. 3 Nr. 4 GWB indiziert dabei bereits die gemäß § 116 Abs. 1 Nr. 1 lit. b GWB erforderliche „Wahrscheinlichkeit" eines drohenden bzw. unmittelbar drohenden Streitverfahrens im Sinne von bzw. gemäß § 116 Abs. 1 Nr. 1 lit. a GWB.

34 Ist der öffentliche **Auftraggeber zugleich Entscheidungsträger/Spruchkörper** (u.U. Widerspruch, Rüge im Vergabeverfahren), kommt § 116 Abs. 1 Nr. 1 lit. b GWB nicht zur Anwendung. In diesem Fall ist ausgeschlossen, dass der rechtsberatende Anwalt jedenfalls in diesem Verfahrensstadium die Stellung eines mit umfassender Prozessverantwortung ausgestatteten Rechtsbeistandes erreicht. Erst dann, wenn die rechtsberatende Dienstleistung auf ein möglicherweise anschließendes Rechtsbehelfs- bzw. Rechtsmittelverfahren vor einem anderen Ent-

scheidungsträger/Spruchkörper gerichtet ist, steht der Anwendungsbereich des § 116 Abs. 1 Nr. 1 lit. b GWB unter Umständen wieder offen.

3. Notarielle Beglaubigung und Beurkundung (lit. c)

§ 116 Abs. 1 Nr. 1 lit. c GWB betrifft Beglaubigungen und Beurkundungen, sofern sie von einem Notar im Sinne der BNotO[17] vorzunehmen sind. Die Vorschrift betrifft Beglaubigungen und Beurkundungen im Sinne des BeurkG oder entsprechender Regelungen. 35

4. Öffentlich bestellte Sachkundige (lit. d)

Nach § 116 Abs. 1 Nr. 1 lit. d GWB ist Teil 4 GWB nicht anzuwenden auf die Vergabe von öffentlichen Aufträgen durch öffentliche Auftraggeber, wenn diese Aufträge Tätigkeiten von gerichtlich bestellten Betreuern, Vormündern, Pflegern, Verfahrensbeiständen, Sachverständigen oder Verwaltern oder sonstige Rechtsdienstleistungen zum Gegenstand haben, deren Erbringer durch ein Gericht dafür bestellt oder durch Gesetz dazu bestimmt werden, um bestimmte Aufgaben unter der Aufsicht dieser Gerichte wahrzunehmen. 36

§ 116 Abs. 1 Nr. 1 lit. d GWB umfasst Tätigkeiten von **gerichtlich bestellten** oder **gesetzlich bestimmten** Personen, die bestimmte Aufgaben unter der Aufsicht dieser Gerichte wahrnehmen sollen. Obgleich der Wortlaut der Norm zwischen Personen, die das Gericht bestellt, und solchen, die das Gesetz bestimmt hat, unterscheidet, kann davon ausgegangen werden, dass grundsätzlich beide Varianten gleichzeitig erfüllt sein werden. Dies folgt daraus, dass das Gesetz die Grundlage der Bestellung darstellt und das Gericht die konkrete Tätigkeit festlegt.[18] 37

Den Tätigkeiten im Sinne dieser Regelung ist gemein, dass zwischen dem Tätigen und einem Gericht durch oder aufgrund eines Gesetzes ein **öffentlich-rechtliches Verhältnis**[19] begründet wurde. Erfasst werden insbesondere Tätigkeiten von Ergänzungs- und Umgangspflegern, Verfahrens- und Nachlasspflegern, Insolvenzverwaltern, Sachwaltern und Treuhändern sowie von Zwangsverwaltern und Sequestern in Zwangsvollstreckungsverfahren.[20] Darüber hinaus findet diese Ausnahme auch für Rechtsdienstleistungen von gerichtlich bestellten Sachverständigen Anwendung.[21] 38

5. Teilweise hoheitliche Rechtsdienstleistung (lit. e)

§ 116 Abs. 1 Nr. 1 lit. e GWB umfasst Tätigkeiten, die zumindest teilweise mit der Ausübung von hoheitlichen Befugnissen verbunden sind. Die Vorschrift kann als Auffangregelung verstanden werden, ist aber dennoch restriktiv auszulegen. 39

Die von der Regelung erfassten **Tätigkeiten** betreffen unter anderem die Gerichtsvollzieher, die einerseits ihre Tätigkeit als selbstständiges Organ der Rechtspflege hoheitlich ausüben, andererseits aufgrund des Vollstreckungsauftrages an die Weisungen des Gläubigers insoweit gebunden sind, wie sich diese im Rahmen der gesetzlichen Vorschriften halten und den Dienstanweisungen des Gerichtsvollziehers nicht widersprechen.[22] 40

Man könnte der Auffassung sein, dass unter diese Ausnahmeregelung auch Rechtsdienstleistungen von sonstigen **Beliehenen**[23] zu fassen sind. Dies ist aber nicht der Fall. Wie die Ausnahmeregelung des § 116 Abs. 1 Nr. 3 GWB zeigt, sollen im Hinblick auf die Dienstleistungen von Notaren, bei denen es sich – mit Ausnahme der Amtsnotare – auch um Beliehene handelt, nur bestimmte rechtsberatende/rechtliche Dienstleistungen privilegiert und vom Anwendungsbereich des Vergaberechts ausgenommen sein. Vor diesem Hintergrund scheint die hier in Rede stehende teilweise hoheitliche Rechtsdienstleistung im Sinne dieser Regelung eher im 41

17 *Lausen*, in: Burgi/Dreher, Vergaberecht, § 116 GWB Rn. 28 f.
18 *Dreher*, in: Immenga/Mestmäcker, Wettbewerbsrecht, § 116 GWB Rn. 24.
19 Gesetzesbegründung zu § 116 Abs. 1 Nr. 1 lit. d GWB, VergRModG 2016, BT-Drs. 18/6281, 93.
20 Gesetzesbegründung zu § 116 Abs. 1 Nr. 1 lit. d GWB, VergRModG 2016, BT-Drs. 18/6281, 93.
21 Vgl. Gesetzesbegründung zu § 116 Abs. 1 Nr. 1 lit. d GWB, VergRModG 2016, BT-Drs. 18/6281, 93.
22 Vgl. Gesetzesbegründung zu § 116 Abs. 1 Nr. 1 lit. e GWB, VergRModG 2016, BT-Drs. 18/6281, 93.
23 Zum Begriff BGH, Urteil v. 4.6.1992 – III ZR 93/91, NJW 1992, 2882 (2883); VGH Mannheim, Beschluss v. 18.3.1985 – 9 S 991/84, NVwZ 1987, 431 (432).

Grenzbereich zu den notwendigen Staatsaufgaben, wie der Durchsetzung des staatlichen Gewaltmonopols oder des Justizgewährungsanspruchs, zu suchen zu sein.

42 Nicht unter die Ausnahmevorschrift fallen Dienstleistungen von **Verwaltungshelfern**, da diese dem öffentlichen Auftraggeber unmittelbar als eigene Handlungen zugerechnet werden.[24]

II. Forschungs- und Entwicklungsdienstleistungen (Nr. 2)

43 Verträge öffentlicher Auftraggeber über Forschungs- und Entwicklungsdienstleistungen (F&E-Dienstleistungen/-Aufträge) fallen gemäß § 116 Abs. 1 Nr. 2 GWB grundsätzlich nicht in den Anwendungsbereich der Vergabe von öffentlichen Aufträgen durch öffentliche Auftraggeber. Nur ausnahmsweise können F&E-Aufträge dem Vergaberecht über die klassische Auftragsvergabe unterliegen, nämlich dann, wenn (i) es sich um F&E-Dienstleistungen handelt, die unter die Referenznummer des Common Procurement Vocabulary[25] 73000000-2 bis 73120000-9, 73300000-5, 73420000-2 und 73430000-5 fallen und bei denen (ii) die Ergebnisse ausschließlich Eigentum des öffentlichen Auftraggebers für seinen Gebrauch bei der Ausübung seiner eigenen Tätigkeit werden und (iii) die Dienstleistung vollständig durch den öffentlichen Auftraggeber vergütet wird.

44 Die Ausnahmeregelung dient der Umsetzung von Art. 14 **RL 2014/24/EU**. Art. 22 RL 2014/23/EU und Art. 32 RL 2014/25/EU enthalten entsprechende Regelungen. Dementsprechend wird in §§ 137 Abs. 1 Nr. 2, 149 Nr. 2 GWB hierher verwiesen. Da die EU-Vergaberichtlinien einen weiteren Ausnahmebereich für F&E-Dienstleistungen vorsehen, als er vor der Vergaberechtsreform 2016 vom deutschen Gesetzgeber vorgesehen war, ist mit der heutigen Regelung die vergaberechtliche Privilegierung auch inhaltlich deutlich erweitert worden.

45 Die Vorschrift des § 116 Abs. 1 Nr. 2 GWB unterstreicht das Verständnis des EU-Normgebers, dass staatliche **Forschungsförderung** (im Gegensatz zur Auftragsforschung) generell nicht Gegenstand der Vergaberichtlinien sein soll.[26] Aufträge mit überwiegendem Forschungsförderungscharakter sollen nicht durch das Vergaberecht betroffen werden. Aufträge, bei denen der Charakter der Forschungsförderung überwiegt, liegen vor, wenn die Forschungsergebnisse in erster Linie dem Auftragnehmer bzw. der Allgemeinheit zur Verfügung stehen (Förderzweck des Auftrags) oder der öffentliche Auftraggeber den öffentlichen Auftrag nur teilweise finanziert (als „Förderzuschuss"). Öffentliche Aufträge, deren Ergebnisse ausschließlich dem öffentlichen Auftraggeber zugutekommen und die der öffentliche Auftraggeber dementsprechend voll vergütet (**Auftragsforschung**), sollen demgegenüber Gegenstand eines Vergabeverfahrens sein.

46 Darüber hinaus soll durch die Neufassung der Vorschrift die **Kofinanzierung** von Forschungs- und Entwicklungsprogrammen durch die Industrie gefördert werden (Erwägungsgrund 35 RL 2014/24/EU). Denn sobald eine entsprechende Kofinanzierung durch private Partner vorliegt (und damit wenn die F&E-Dienstleistungen und/oder die Ergebnisse nicht mehr allein dem öffentlichen Auftraggeber zugutekommen), ist der Dienstleistungsauftrag privilegiert und vom Kartellvergaberecht freigestellt.[27]

1. Grundsätzlicher Anwendungsbereich der Ausnahme (Hs. 1)

47 Forschung und Entwicklung heißt[28] Gewinnung neuer Kenntnisse.[29] In Anlehnung an die Definition in § 4 Abs. 5 VSVgV a.F. umfasst das Begriffspaar „**Forschung** und **Entwicklung**"

---

24 Statt vieler *Reimer*, in: Posser/Wolff, VwGO, § 40 Rn. 80.
25 VO (EG) 2195/2002.
26 So bereits Erwägungsgrund 23 RL 2004/18/EG; vgl. auch *Aicher*, in: Müller-Wrede, Kompendium des Vergaberechts, Kap. 11 Rn. 21.
27 Erwägungsgrund 35 RL 2014/24/EU.
28 Instruktiv *Aicher*, in: Müller-Wrede, Kompendium des Vergaberechts, Kap. 11 Rn. 22 ff.
29 *Dreher*, in: Immenga/Mestmäcker, Wettbewerbsrecht, § 116 GWB Rn. 30.

Grundlagenforschung, angewandte Forschung und experimentelle Entwicklung[30], wobei Letztere die Herstellung von technologischen Demonstratorsystemen einschließen kann.

48 Im Verhältnis zu der **Vorgängerregelung** in § 100 Abs. 4 Nr. 2 GWB a.F. hat sich der Anwendungsbereich der Ausnahmeregelung aufgrund seiner systematischen Stellung im Zweiten Abschnitt auf den ersten Blick verschmälert. Sie findet lediglich Anwendung auf die Vergaben im Sinne des Zweiten Abschnitts, also Vergaben von öffentlichen Aufträgen durch öffentliche Auftraggeber. Im Gegensatz hierzu war § 100 Abs. 4 Nr. 2 GWB a.F. noch als „allgemeine Ausnahme" ausgestaltet. Die Verweisungen in §§ 137 Abs. 1 Nr. 2, 149 Nr. 2 GWB relativieren die „Degradierung" aber wieder. Da die neuen EU-Vergaberichtlinien einen weiteren Ausnahmebereich für F&E-Dienstleistungen vorsehen als bislang und für Vergaben in den Bereichen Verteidigung und Sicherheit die bisherige Vorschrift des Art. 13 lit. j RL 2009/81/EG unverändert fortgilt, war eine Einordnung unter die „allgemeinen Ausnahmen" des § 107 GWB gesetzestechnisch nicht möglich.[31]

2. Rückausnahme (Hs. 2)

49 § 116 Abs. 2 GWB regelt ein nicht ganz einfach in der Praxis anwendbares Rückausnahme-Verhältnis. F&E-Dienstleistungen sollen aufgrund der Ausnahmeregelung grundsätzlich privilegiert werden. Solche F&E-Dienstleistungen, die aber den Tatbestand der Rückausnahme erfüllen, sollen dem Vergaberechtsregime dennoch wieder unterfallen.

50 Im Vergleich zu § 100 Abs. 4 Nr. 2 GWB a.F. ist der Anwendungsbereich der Rückausnahme schmaler geworden, woraus sich die Reichweite der Privilegierung zwangsläufig erweitert hat. Nicht mehr zwei, sondern drei **Kriterien** müssen vorliegen, um den Tatbestand der Rückausnahme zu erfüllen. Warum der Gesetzgeber sich dazu entschieden hat, die Voraussetzungen der Rückausnahme nicht einheitlich aufzuzählen, ist unerklärlich. Deutlicher strukturiert ergibt sich nämlich, dass die Rückausnahme einschlägig ist, wenn

- eine nicht privilegierungswürdige F&E-Dienstleistung vorliegt und
- der öffentliche Auftraggeber ausschließliches Eigentum an den mit seinen Mitteln erarbeiteten Forschungs- und Entwicklungsergebnissen erhalten soll (lit. a) und
- die Dienstleistung allein durch den öffentlichen Auftraggeber vollständig vergütet wird (lit. b).

Die beiden letztgenannten Voraussetzungen entsprechen der bisherigen Regelung. Neu ist die erstgenannte Voraussetzung, nach der nur bestimmte F&E-Dienstleistungen von der Rückausnahme betroffen sein können. Sämtliche Voraussetzungen müssen kumulativ vorliegen.

51 **Nicht privilegierungswürdig** sind die folgenden F&E-Dienstleistungen gemäß dem Common Procurement Vocabulary:

- 73000000-2 (Forschungs- und Entwicklungsdienste und zugehörige Beratung),
- 73100000-3 (Dienstleistungen im Bereich Forschung und experimentelle Entwicklung),
- 73110000-6 (Forschungsdienste),
- 73111000-3 (Forschungslabordienste),
- 73112000-0 (Meeresforschung),
- 73120000-9 (experimentelle Entwicklung),
- 73300000-5 (Planung und Ausführung von Forschung und Entwicklung),
- 73420000-2 (Vordurchführbarkeitsstudie und technologische Demonstration) und
- 73430000-5 (Test und Bewertung).

52 Alle **übrigen F&E-Dienstleistungen**, die unter andere Referenznummern des Common Procurement Vocabulary fallen, sind im Zweifel vergaberechtsfrei. Dies betrifft z. B. F&E-Dienst-

30 Vgl. auch BayObLG, Beschluss v. 27.2.2003 – Verg 25/02, VergabeR 2003, 669.
31 Vgl. Gesetzesbegründung zu § 116 Abs. 1 Nr. 2 GWB, VergRModG 2016, BT-Drs. 18/6281, 93.

leistungen in den Bereichen Verteidigung und Sicherheit, z. B. Referenznummern des Common Procurement Vocabulary 73400000-6 (Forschung und Entwicklung für Sicherheits- und Verteidigungsgüter) oder 73410000-9 (Militärforschung und -technologie).[32]

53 Bei **gemischten F&E-Aufträgen** kommt es auf den Schwerpunkt des Auftrages an, der vom öffentlichen Auftraggeber nach Maßgabe der Grundsätze des § 110 Abs. 1 GWB zu ermitteln ist.

54 Weiteres maßgebliches Kriterium für die Anwendung der Rückausnahme ist nach § 116 Abs. 1 Nr. 2 Hs. 2 lit. a GWB, dass der öffentliche Auftraggeber „**ausschließliches Eigentum**" an den mit seinen Mitteln erarbeiteten Forschungs- und Entwicklungsergebnissen erhalten muss. Der Begriff des „ausschließlichen Eigentums" kann nicht rein zivilrechtlich bestimmt werden. Er ist europarechtskonform in einem übertragenen Sinne zu verstehen, d.h. als *„wem das Ergebnis gehört"*, *„wem das Nutzungsrecht zusteht"* bzw. *„wem die Verwertung (am Markt) zukommt"*[33]. Wenn das Ergebnis des F&E-Auftrags eindeutig dem Dienstbetrieb des öffentlichen Auftraggebers dient, sollte es der Qualifikation als vergabepflichtiger Auftragsforschung nicht entgegenstehen, wenn sich der öffentliche Auftraggeber nicht ein auch den Dienstleistungserbringer von der Nutzung ausschließendes exklusives Verwertungsrecht einräumen lässt, sich also z. B. mit einer Werknutzungsbewilligung begnügt und nicht ein Werknutzungsrecht vereinbart.[34] Alleine die Veröffentlichung von Forschungsdaten im Wege von Studien und ähnlichen Publikationen reicht nicht aus, um ein Nutzungs- und Verwertungsrecht Dritter zu begründen. Es kann mithin auch nicht bereits ausreichen, dass die Dienstleistung überhaupt nur irgendwie (mittelbar) der Allgemeinheit zugutekommt.[35] Denn ein solcher unbestimmter Nutzen für die Allgemeinheit ließe sich für einen Forschungsauftrag wohl immer begründen und die gesetzlich vorgesehene Rückausnahmeregelung des § 116 Abs. 1 Nr. 2 Hs. 2 GWB liefe damit leer.[36]

55 Allein durch den öffentlichen Auftraggeber **vollständig vergütet** im Sinne von § 116 Abs. 1 Nr. 2 Hs. 2 lit. b GWB bedeutet, dass er vollständig gezahlt hat bzw. aufgrund vertraglicher Vereinbarung zahlen muss.[37] Wesentlich ist, dass der öffentliche Auftraggeber zum Zeitpunkt der Auftragsvergabe die Absicht hat, die Leistung vollumfänglich zu übernehmen, und diese Absicht auch erfüllt. Er muss insofern auf eigene Rechnung handeln.[38] Marktübliche Bedingungen für die Erbringung derartiger Leistungen sind dabei im Einzelfall unter Beachtung des Auftragsgegenstandes anzulegen. Zahlungen bis zu einem Betrag, der den marktüblichen Bedingungen entspricht, sind für die Erfüllung der tatbestandlichen Voraussetzungen der Ausnahme unschädlich. Leistet der öffentliche Auftraggeber für den F&E-Auftrag nur einen Teil der Vergütung, sind die Voraussetzungen der Rückausnahme nicht erfüllt, und zwar selbst dann nicht, wenn es sich um eine Auftragsforschung handelt.[39]

56 Der öffentliche Auftraggeber wird sich in der **Praxis** bei Forschungs- und Entwicklungsvorhaben, die seinem Dienstbetrieb dienen, häufig mit einem nicht ausschließlichen Nutzungsrecht begnügen.[40] Auf der anderen Seite wird der Auftragnehmer durchaus zu einer teilweisen Eigenfinanzierung bereit sein. Er kann auf diese Weise das Recht sichern, das Ergebnis seiner Arbeit für eigene Zwecke nutzen zu können. Dies zeigt, dass der öffentliche Auftraggeber es in der Hand hat, bei einer entsprechenden vertraglichen Gestaltung Forschungs- und Entwicklungsaufträge freihändig zu vergeben. Die Ausnahmeregelung des § 116 Abs. 1 Nr. 2 GWB kann damit begrüßenswerterweise zu einer sehr weitgehenden Freistellung staatlicher For-

32 Vgl. Gesetzesbegründung zu § 116 Abs. 1 Nr. 2 GWB, VergRModG 2016, BT-Drs. 18/6281, 94.
33 BayObLG, Beschluss v. 20.2.2003 – Verg 15/02, NZBau 2003, 634 (635); vgl. auch *Dreher*, in: Immenga/Mestmäcker, Wettbewerbsrecht, § 116 GWB Rn. 32.
34 *Aicher*, in: Müller-Wrede, Kompendium des Vergaberechts, Kap. 11 Rn. 26.
35 *Reichling*, in: Gabriel/Krohn/Neun, Handbuch Vergaberecht, § 2 Rn. 68.
36 Vgl. BayOLG, Beschluss v. 20.2.2003 – Verg 15/02; *Lausen*, in: Burgi/Dreher, Vergaberecht, § 116 GWB Rn. 45.
37 *Summa*, in: Heiermann/Zeiss/Summa, Vergaberecht, § 116 GWB Rn. 23; *Hövelberndt*, in: Reidt/Stickler/Glahs, Vergaberecht, § 116 GWB Rn. 47.
38 *Dreher*, in: Immenga/Mestmäcker, Wettbewerbsrecht, § 116 GWB Rn. 34.
39 *Aicher*, in: Müller-Wrede, Kompendium des Vergaberechts, Kap. 11 Rn. 26; *Antweiler*, in: Ziekow/Völlink, Vergaberecht, § 116 GWB Rn. 13.
40 *Aicher*, in: Müller-Wrede, Kompendium des Vergaberecht, Kap. 11 Rn. 55.

schungs- und Entwicklungsaufträge führen. Dem ist die heute enger gefasste Rückausnahmeregelung grundsätzlich zuträglich. In der Praxis ist diese Ausnahme-Rückausnahmekonstellation jedoch mit Vorsicht zu genießen: Denn selbst und gerade auch davon ausgehend, dass die Leistungen des CPV-Verzeichnisses weit gefasst werden, bleibt die Einordnung von Dienstleistungen im Bereich der Forschung und Entwicklung auslegungsfähig. Im Ergebnis wird dem öffentlichen Auftraggeber eine Gratwanderung bei seiner Leistungsbestimmung auferlegt. Ihm wird abverlangt, sein Vorhaben ohne konkrete gesetzlich vorgegebene Anhaltspunkte zunächst korrekt einzuordnen, um dann dessen Vergabepflichtigkeit zu beurteilen. Die mit der Leistungsbestimmung verbundene Unsicherheit birgt die Gefahr, dass der öffentliche Auftraggeber bei „falscher" Einordnung mit seinem Vorhaben trotz Erfüllung aller übrigen Voraussetzungen doch aus dem Anwendungsbereich der Ausnahmeregelung ausgeschlossen ist. Eine derartige Rechtsunsicherheit schon zu Beginn des Beschaffungsvorhabens, verbunden mit all ihren tatsächlichen und rechtlichen Konsequenzen, stellt eine erhebliche Hürde auf dem Weg zur Besorgung der öffentlichen Hand im Bereich der Forschungs- und Entwicklungsleistungen dar und konterkariert damit letztlich den Sinn und Zweck der Ausnahmeregelung – Innovation und nachhaltiges Wirtschaftswachstum zu fördern.

III. Audiovisuelle Mediendienste oder Hörfunkmediendienste (Nr. 3)

Nach § 116 Abs. 1 Nr. 3 GWB sollen vergaberechtsfrei sein: 57

- der Erwerb, die Entwicklung, die Produktion oder die Koproduktion von Sendematerial für audiovisuelle Mediendienste oder Hörfunkmediendienste, wenn diese Aufträge von Anbietern von audiovisuellen Mediendiensten oder Hörfunkmediendiensten vergeben werden, sowie
- die Ausstrahlungen oder die Bereitstellung von Sendungen, wenn diese Aufträge an Anbieter von audiovisuellen Mediendiensten oder Hörfunkmediendiensten vergeben werden.

Die Ausnahmeregelung gilt der Umsetzung von Art. 10 lit. b **RL 2014/24/EU**. Im Wesentlichen entspricht sie dem überholten § 100a Abs. 2 Nr. 1 GWB.[41] Entsprechend den Vorgaben von Art. 10 lit. b RL 2014/24/EU wurde der Wortlaut der Ausnahmeregelung an den heutigen Stand der technischen Entwicklung angepasst. 58

Ziel der Ausnahmevorschrift ist, dass besondere kulturelle und gesellschaftspolitische Erwägungen von öffentlichen Auftraggebern im Rahmen der Informationspflicht bzw. ihres kulturellen Auftrages angemessen berücksichtigt werden können, ohne dabei den wirtschaftlich motivierten Restriktionen des Kartellvergaberechts zu unterliegen. Vor diesem Hintergrund wäre die Anwendung des Vergaberechts unangemessen, da wettbewerbliche und wirtschaftliche Motive in der Regel nicht mit kulturellen und gesellschaftspolitischen Erwägungen Hand in Hand gehen.[42] Im Übrigen liegen derartigen Aufträgen freilich bewusst auch sonstige Präferenzen und Einschätzungen zugrunde, die für eine pluralistische Medien- und Kulturlandschaft unvereinbar sind. So regelt auch Art. 5 Abs. 1 S. 2 GG einen von Verfassungs wegen geschützten Kernbereich zugunsten der öffentlich-rechtlichen Rundfunkanstalten.[43] Die Freiheit der Mediendienste zur inhaltlichen Gestaltung des Programms (**Programmfreiheit**) soll nicht beschränkt werden.[44] Deshalb sind Dienstleistungsaufträge entsprechender öffentlicher Auftraggeber, die den Ankauf, die Entwicklung, die Produktion oder die Koproduktion von sendefertigem Material sowie andere Vorbereitungsdienste zum Gegenstand haben, wie z. B. Dienste im Zusammenhang mit den für die Produktion von Sendungen erforderlichen Drehbüchern oder künstlerischen Leistungen (Dienstleistungen mit unmittelbarem Programmbezug), 59

41 Anders *Schellenberg*, in: Pünder/Schellenberg, Vergaberecht, § 116 GWB Rn. 26, der den Anwendungsbereich der Ausnahmeregelung durch die Neuregelung erheblich erweitert sieht.

42 Erwägungsgrund 25 RL 2004/18/EG; *Dreher*, in: Immenga/Mestmäcker, Wettbewerbsrecht, § 116 GWB Rn. 36.

43 *Schellenberg*, in: Pünder/Schellenberg, Vergaberecht, § 116 GWB Rn. 21.

44 *Goodarzi*, in: Gabriel/Mertens/Prieß/Stein, Vergaberecht, § 116 Abs. 1 Nr. 3 GWB Rn. 1.

vergaberechtsfrei.[45] § 116 Abs. 1 Nr. 3 GWB betrifft daher im Kern (aber nicht ausschließlich) Tätigkeiten öffentlich-rechtlicher Rundfunkanstalten, die als öffentlicher Auftraggeber grundsätzlich dem Vergaberecht nach § 99 Nr. 2 GWB unterliegen. Die Vorschrift umfasst die klassischen Formen des Rundfunks (Radio, Fernsehen) sowie neuere Formen, die sich erst aufgrund des technischen Fortschritts entwickeln konnten (Streaming-Dienste etc.). Der Gesetzeswortlaut verwendet daher nicht mehr die Begriffe Rundfunk- und Fernsehanstalten, sondern audiovisuelle und Mediendienstanbieter.

60 In Übereinstimmung mit Art. 1 Abs. 1 lit. a RL 2010/13/EU meint die Wendung „**audiovisueller Mediendienst**" eine Dienstleistung im Sinne der Art. 56, 57 AEUV, für die ein Mediendienstanbieter die redaktionelle Verantwortung trägt und deren Hauptzweck die Bereitstellung von Sendungen zur Information, Unterhaltung oder Bildung der allgemeinen Öffentlichkeit über elektronische Kommunikationsnetze im Sinne des Art. 2 lit. a RL 2002/21/EG ist.[46] Bei diesen audiovisuellen Mediendiensten handelt es sich entweder um Fernsehprogramme gemäß der Definition unter Art. 1 Abs. 1 lit. e RL 2010/13/EU oder um audiovisuelle Mediendienste auf Abruf gemäß der Definition unter Art. 1 Abs. 1 lit. g RL 2010/13/EU. § 116 Abs. 1 Nr. 3 GWB bezieht sich insofern gleichermaßen auch auf Rundfunk-Mediendienste als auch auf Abrufdienste (on demand) (nicht lineare Dienste).[47]

61 Aufgrund der Anpassung der Regelung an neue technische Entwicklungen und trotz der gebotenen restriktiven Auslegung der Vorschrift ist davon auszugehen, dass die Bedeutung des **Mediums** für die Anwendbarkeit des Ausnahmetatbestandes gering ist. Vielmehr ist – trotz des im Zweifel restriktiven Charakters des Ausnahmetatbestandes – ein funktionales Verständnis zugrunde zu legen. Wenn es mit der Zielrichtung des § 116 Abs. 1 Nr. 3 GWB vereinbar ist, muss damit die Bereitstellung von Sendungen hiernach umfassend privilegiert sein, unabhängig davon, ob sie via Fernsehen, Rundfunk oder über andere Medien, wie Online-Presse, Streaming-Dienste, Online-Mediatheken oder soziale Netzwerke verbreitet wird. Im Gegensatz hierzu steht bei einem Hörfunkmediendienst nicht das Bild, sondern der Ton als Informationsträger im Mittelpunkt.

62 Bei einem „**Mediendiensteanbieter**" handelt es sich nach Art. 1 Abs. 1 lit. d RL 2010/13/EU um die natürliche oder juristische Person, die die redaktionelle Verantwortung für die Auswahl der audiovisuellen Inhalte des audiovisuellen Mediendienstes trägt und bestimmt, wie diese gestaltet werden. Ohne europarechtlich vorgeformt zu sein, gilt dies für den Hörfunkmediendienst entsprechend, wobei dort der Sendungsinhalt via Ton – d.h., bildlos – übermittelt wird. Die Neuregelung dürfte damit den Streit, ob die Ausnahme nur zugunsten der Rundfunk- und Fernsehanstalten gilt[48] oder auch zur Anwendung kommt, wenn andere Auftraggeber Aufträge über programmbezogene Sendungen (z. B. Produktion eines Werbefilms) vergeben,[49] beendet haben.

63 Der Begriff „**Sendung**" und gleichbedeutend[50] der Begriff „**Sendematerial**" meint übereinstimmend mit Art. 1 Abs. 1 lit. b RL 2010/13/EU eine Abfolge von bewegten Bildern mit oder ohne Ton, die Einzelbestandteil eines von einem Mediendiensteanbieter erstellten Sendeplans oder Katalogs ist und deren Form und Inhalt mit der Form und dem Inhalt von Fernsehprogrammen vergleichbar sind. Beispiele für Sendungen sind unter anderem Spielfilme, Sportberichte, Fernsehkomödien, Dokumentarfilme, Kindersendungen und Originalfernsehspiele. Im Zusammenhang mit § 116 Abs. 1 Nr. 3 GWB geht die Bedeutung des Begriffs aber darüber hinaus und umfasst zusätzlich Hörfunksendungen und Hörfunk-Sendematerial[51] (Musik, Hörbücher, Berichte, Konzerte etc.).

45 *Aicher*, in: Müller-Wrede, Kompendium des Vergaberechts, Kap. 11 Rn. 56.
46 Gesetzesbegründung zu § 116 Abs. 1 Nr. 3 GWB, VergRModG 2016, BT-Drs. 18/6281, 94.
47 Gesetzesbegründung zu § 116 Abs. 1 Nr. 3 GWB, VergRModG 2016, BT-Drs. 18/6281, 94.
48 *Dreher*, in: Immenga/Mestmäcker, Wettbewerbsrecht, § 116 GWB Rn. 40.
49 So bereits *Marx*, in: Motzke/Pietzcker/Prieß, VOB, 1. Auflage, § 100 GWB Rn. 26.
50 Gesetzesbegründung zu § 116 Abs. 1 Nr. 3 GWB, VergRModG 2016, BT-Drs. 18/6281, 94.
51 Gesetzesbegründung zu § 116 Abs. 1 Nr. 3 GWB, VergRModG 2016, BT-Drs. 18/6281, 94.

Als **Ausstrahlung** von Sendungen gilt die Übertragung und Verbreitung durch jegliche elektronische Netzwerke,[52] wenn die Sendung für die Allgemeinheit bestimmt ist. Ähnlich ist auch die **Bereitstellung** zu verstehen, welche demgegenüber aber voraussetzt, dass die „Ausstrahlung" seitens des Empfängers ausgelöst wird. 64

Der **Ankauf von Sendezeit** durch einen öffentlichen Auftraggeber unterliegt dem Ausnahmetatbestand, weil damit für bestimmte Zeitfenster die Dienstleistung Ausstrahlung einer Sendung geschafft wird.[53] 65

Nicht von der Ausnahme erfasst werden soll dabei die Bereitstellung des für die Produktion, die Koproduktion und die Ausstrahlung dieser Sendungen erforderlichen **technischen Materials**.[54] Die Beschaffung von Sendetechnik und technischem Sendematerial (technische Infrastruktur und deren Konfiguration, Kameras, Ton- und Schneidetechnik, IT etc.) ist daher nicht von der Vorschrift erfasst und im Zweifel auszuschreiben.[55] 66

IV. Finanzielle Dienstleistungen (Nr. 4)

§ 116 Abs. 1 Nr. 4 GWB privilegiert bestimmte finanzielle Dienstleistungen. Im Hinblick auf diese Dienstleistungen differenziert die Regelung zwischen 67

- Dienstleistungen im Zusammenhang mit der Ausgabe, dem Verkauf, dem Ankauf oder der Übertragung von Wertpapieren oder anderen Finanzinstrumenten (kapitalmarktbezogene Dienstleistungen),
- Dienstleistungen der Zentralbanken und
- Transaktionen mit der Europäischen Finanzstabilisierungsfazilität (EFSF) und dem Europäischen Stabilitätsmechanismus (ESM).

Gemeinsam mit § 116 Abs. 1 Nr. 5 GWB nimmt die Regelung die staatliche Finanzpolitik von den Beschränkungen des Vergaberechts aus.[56] Dem Staat soll ein geldpolitischer Gestaltungsraum erhalten bleiben.[57] Die Ausnahme soll dem Umstand Rechnung tragen, dass finanzielle Dienstleistungen von einem besonderen Vertrauensverhältnis geprägt sind und das starre System des Vergaberechts mit strengen Fristen und Auswahlprozeduren nicht mit einem sinnvollen Handeln auf einem schnelllebigen und volatilen Kapitalmarkt vereinbar sei.[58]

Die Vorschrift dient der Umsetzung von Art. 10 lit. e **RL 2014/24/EU**. Die Ausnahme für bestimmte finanzielle Dienstleistungen ist entsprechend in Art. 10 Abs. 8 lit. e RL 2014/23/EU und Art. 21 lit. d RL 2014/25/EU enthalten. Insofern verweisen auch § 137 Nr. 4 und § 149 Nr. 4 GWB auf die Ausnahme des § 116 Abs. 1 Nr. 4 GWB. 68

Im Vergleich zur **alten Ausnahmeregelung** ist neu, dass nunmehr auch Transaktionen mit der EFSF und dem ESM von der Anwendung des Vergaberechts ausgenommen sein sollen. Nicht weggefallen, aber heute in einer eigenständigen Regelung erfasst (§ 116 Abs. 1 Nr. 5 GWB), ist die Ausnahmeregelung für staatliche Kapitalbeschaffung durch Darlehen und Kredite. Im Übrigen bestätigt § 116 Abs. 1 Nr. 4 GWB weitgehend bisher bereits bestehendes Recht (§ 100a Abs. 2 Nr. 2 und § 100b Abs. 2 Nr. 1 GWB a.F.). 69

Die Ausnahmeregelung nimmt nicht sämtliche **Bankgeschäfte** von der Anwendung des Vergaberechts aus. Betroffen sind lediglich die in der Regelung ausdrücklich genannten finanziellen Dienstleistungen. 70

---

52 So bereits Erwägungsgrund 25 RL 2004/18/EG; *Aicher*, in: Müller-Wrede, Kompendium des Vergaberechts, Kap. 11 Rn. 58.
53 *Aicher*, in: Müller-Wrede, Kompendium des Vergaberechts, Kap. 11 Rn. 60.
54 Gesetzesbegründung zu § 116 Abs. 1 Nr. 3 GWB, VergRModG 2016, BT-Drs. 18/6281, 94.
55 So bereits Erwägungsgrund 25 RL 2004/18/EG; *Aicher*, in: Müller-Wrede, Kompendium des Vergaberechts, Kap. 11 Rn. 56; *Schellenberg*, in: Pünder/Schellenberg, Vergaberecht, § 116 GWB Rn. 24.
56 Vgl. *Schellenberg*, in: Pünder/Schellenberg, Vergaberecht, § 116 GWB Rn. 27.
57 Zu § 100a Abs. 2 Nr. 2 GWB a.F. OVG Rheinland-Pfalz, Beschluss v. 25.5.2005 – 7 B 10356/05, VergabeR 2005, 478.
58 Vgl. *Hövelberndt*, in: Reidt/Stickler/Glahs, Vergaberecht, § 116 GWB Rn. 70.

1. Kapitalmarktbezogene Finanzdienstleistungen (Var. 1)

71 Nach § 116 Abs. 1 Nr. 4 Var. 1 GWB werden finanzielle Dienstleistungen im Zusammenhang mit der Ausgabe, dem Verkauf, dem Ankauf oder der Übertragung von Wertpapieren oder anderen Finanzinstrumenten vom Anwendungsbereich des Teil 4 GWB ausgenommen.

72 Nach der Regelung werden nicht alle kapitalmarktbezogenen **Finanzdienstleistungen** von der Anwendung des Vergaberechts ausgenommen. Hätte der Gesetzgeber diese Rechtsfolge herbeiführen wollen, so hätte er dies – mit Blick auf die Vorgaben des Art. 10 lit. e RL 2014/24/EU – wohl regeln können. Die ausdrückliche Aufzählung bestimmter Geschäfte und Gegenstände spricht – auch wenn der Eindruck einer umfassenden Ausnahme entsteht – hiergegen.[59]

73 Umstritten dürfte allerdings die tatsächliche **Reichweite der Ausnahmevorschrift** sein. Zur Materialisierung ihrer Grenzen wird wohl auch weiterhin auf unterschiedliche Kriterien zurückgegriffen werden müssen. Die bisherige Diskussion – vor allem in der vergaberechtlichen Literatur – bleibt erhalten. Der Diskussionsstand ist wie folgt: Es wird argumentiert, dass für bestimmte kapitalmarktbezogene Dienstleistungen zwischen dem öffentlichen Auftraggeber und dem Dienstleister ein besonderes Vertrauensverhältnis (kapitalmarkttypisches Vertrauensverhältnis) herrschen müsse.[60] Weiterhin wird angeführt, dass die Schnelllebigkeit und Wandlungsfreudigkeit des Kapitalmarkts mit einem schwerfälligen, zeitaufwendigen und formalisierten Vergabeverfahren kraft Natur der Sache nicht in Einklang gebracht werden könne.[61] Der Streit nach der Reichweite der Ausnahmevorschrift schlägt sich insbesondere bei der Bestimmung des Begriffs der Zusammenhangsgeschäfte[62] nieder.

74 Mangels eindeutiger Definition ist zunächst zu klären, wie die Begriffe „Wertpapiere" oder „andere Finanzinstrumente" zu bestimmen sind.[63] Vor dem Hintergrund der Zwecksetzung des § 116 Abs. 1 Nr. 4 GWB und gemäß dem Effektivitätsgrundsatz wird eine europaweit einheitliche Definition unter Rückgriff auf die Begriffsbestimmung des Sekundärrechts präferiert.[64] **Wertpapiere** sind Aktien, Schuldverschreibungen und sonstige verbriefte Schuldtitel, die auf dem Kapitalmarkt gehandelt werden können, sowie alle anderen üblicherweise gehandelten Titel, die zum Erwerb solcher Wertpapiere berechtigen. Entscheidend für den kapitalmarktrechtlichen Wertpapierbegriff ist nicht, dass sie ein Recht dergestalt verbriefen, dass es nur gegen Vorlage der Urkunde geltend gemacht werden kann. Es kommt vielmehr auf die jederzeitige Veräußerbarkeit (Fungibilität) des Wertpapiers an.[65] **Finanzinstrumente** sind entsprechend Art. 2 Nr. 5 RL 93/6/EWG i.V.m. Anhang Abschnitt B RL 93/22/EWG Wertpapiere und Anteile an Organismen für gemeinsame Anlagen, Geldmarktinstrumente, Finanzterminkontrakte (Futures) einschließlich gleichwertiger Instrumente mit Barzahlung, Zinsterminkontrakte (FRA), Zins- und Devisenswaps sowie Swaps auf Aktien- oder Aktienindexbasis („equity swaps"), Kauf- oder Verkaufsoption auf alle genannten Instrumente einschließlich gleichwertiger Instrumente mit Barzahlung.[66] Zu dieser Kategorie gehören insbesondere Devisen- und Zinsoptionen. Demnach werden auch verbriefte Titel, deren wesentliches gemeinsames Merkmal in ihrer Handelbarkeit auf dem Kapitalmarkt liegt, vom Begriff der Finanzinstrumente umfasst.[67]

---

59 Vgl. *Schulz J.-O.*, in: Gabriel/Mertens/Prieß/Stein, Vergaberecht, § 116 Abs. 1 Nr. 4 GWB Rn. 8.
60 VK Baden-Württemberg, Beschluss v. 30.11.2011 – 1 VK 40/01; *Hövelberndt*, in: Reidt/Stickler/Glahs, Vergaberecht, § 116 GWB Rn. 70.
61 *Hövelberndt*, in: Reidt/Stickler/Glahs, Vergaberecht, § 116 GWB Rn. 70; *Schellenberg*, in: Pünder/Schellenberg, Vergaberecht, § 116 GWB Rn. 27.
62 Siehe Rn. 75.
63 *Dreher*, in: Immenga/Mestmäcker, Wettbewerbsrecht, § 116 GWB Rn. 44; *Dreher/Opitz*, WM 2002, 413 ff.; *Hailbronner*, WM 2002, 1674 ff.; *Prieß/Hölzl*, NZBau 2011, 45 ff.
64 Vgl. Art. 4 Nr. 18 RL 2004/39/EG; *Aicher*, in: Müller-Wrede, Kompendium des Vergaberechts, Kap. 11 Rn. 66.
65 *Aicher*, in: Müller-Wrede, Kompendium des Vergaberechts, Kap. 11 Rn. 67.
66 *Aicher*, in: Müller-Wrede, Kompendium des Vergaberechts, Kap. 11 Rn. 68; zur Frage, ob der Handel mit Emissionszertifikaten auf der Basis des Treibhausgas-Emissionshandelsgesetzes (TEHG) als Wertpapiergeschäft eingeordnet werden kann, siehe – verneinend – *Kiser*, VergabeR 2004, 683 (687 f.).
67 *Aicher*, in: Müller-Wrede, Kompendium des Vergaberechts, Kap. 11 Rn. 68.

Unstreitig gehören aufgrund des klaren Wortlauts zu den privilegierten **Geschäften** die Ausgabe, der Verkauf, der Ankauf oder die Übertragung von Wertpapieren oder anderen Finanzinstrumenten. Nach wie vor unklar und weitgehend umstritten ist allerdings, welche Art von Gegenständen *im Zusammenhang* mit den vorgenannten Geschäften und/oder Transaktionen steht (**Zusammenhangsgeschäfte**). Grob zusammengefasst lassen sich hierbei zwei Grundverständnisse ausfindig machen. Nach einem engen Verständnis privilegiert die Ausnahme lediglich „intermediäre Dienstleistungen", nicht aber rein vorbereitende Maßnahmen. Erfasst seien hiernach nur Geschäfte für fremde Rechnung und deren Vermittlung, aber auch die Dienstleistungen zur Finanzportfolioverwaltung, d.h. „die Verwaltung einzelner in Finanzinstrumenten angelegter Vermögen für andere mit Entscheidungsspielraum" nach § 1 Abs. 1a S. 2 Nr. 3 KWG sowie Derivatgeschäfte.[68] Diese Dienstleistungen unterscheiden sich nicht in spezifischer Weise von vergabepflichtigen Geschäftsbesorgungen anderer Bereiche.[69] Nach einem weiten Verständnis fallen auch vorbereitende Tätigkeiten (z. B. die Entwicklung von Vermarktungskonzepten und Beratungsleistungen bei der Wertpapieremission) unter den Begriff des Zusammenhangsgeschäfts.[70] Hierbei wird insbesondere auf das umfassende Verständnis der Wendung „im Zusammenhang" (engl.: „in connection with", frz.: „concernant") rekurriert. Nach dem hier vertretenen Standpunkt muss bei der Auslegung des Tatbestandsmerkmals des Zusammenhangsgeschäfts – trotz des restriktiven Charakters eines vergaberechtlichen Ausnahmetatbestandes – im Zweifel eher ein funktionales Verständnis zugrunde gelegt werden. Es ist zwar zutreffend, dass eine Ausnahmevorschrift wie § 116 Abs. 1 Nr. 4 GWB nach allgemeinen Grundsätzen im Zweifel eng auszulegen ist.[71] Der weitgehend unbestimmte Wortlaut der Norm lässt aber erkennen, dass dem öffentlichen Auftraggeber im Bereich des fiskalischen Handelns ein effektiver Handlungsspielraum verbleiben sollte. Dies dürfte vor allem im hoch volatilen Bereich/Produktbereich des modernen Kapitalmarktwesens unverzichtbar sein. Da selbstverständlich auch vorbereitende Maßnahmen die ausdrücklich in der Ausnahmeregelung genannten Maßnahmen – mitunter auch maßgeblich – beeinflussen können, scheint es angebracht, die Ausnahmeregelung auch auf vorbereitende, begleitende und beratende Finanzdienstleistungen zu erstrecken.[72] Vor diesem Hintergrund können z. B. Vermittlungs- und Depotgeschäfte, Portfoliomanagement und Derivatgeschäfte,[73] ferner die Arrangeurleistung beim US-Cross-Border-Leasing[74] als Zusammenhangsgeschäfte angesehen werden. Im Einzelfall ist aber mit Blick auf den Anbieterkreis solcher Dienstleistungen einer Abgrenzung dieser Tätigkeiten zur Vorschrift des § 130 GWB bzw. bei gemischten Dienstleistungen auch unter Anwendung des § 110 GWB zwingend geboten. 75

2. Dienstleistungen der Zentralbanken (Var. 2)

Auch die Inanspruchnahme von Dienstleistungen der Zentralbanken ist nach § 116 Abs. 1 Nr. 4 Var. 2 GWB privilegiert. 76

Die Regelung privilegiert ausschließlich solche Dienstleistungen, die von den **Zentralbanken** erbracht werden. Damit sind Leistungen der Bundesbank und ihrer Hauptgeschäftsstellen betroffen.[75] Hingegen sind Dienstleistungen der Landesbanken und Sparkassen vom Anwendungsbereich der Ausnahmevorschrift nicht erfasst.[76] 77

Die Regelung erfasst ausschließlich **Dienstleistungen** von den Zentralbanken. Die Erbringung von Liefer- und Bauleistungen von diesen Einrichtungen ist daher nicht betroffen. Verga- 78

68 *Dreher*, in: Immenga/Mestmäcker, Wettbewerbsrecht, § 116 GWB Rn. 45; *Dreher/Opitz*, WM 2002, 413 ff.
69 *Dreher*, in: Immenga/Mestmäcker, Wettbewerbsrecht, § 116 GWB Rn. 45.
70 *Hailbronner*, in: Byok/Jaeger, Vergaberecht, § 116 GWB Rn. 41; *Röwekamp*, in: Röwekamp/Kus/Portz/Prieß, GWB-Vergaberecht, § 116 Rn. 17.
71 *Dreher*, in: Immenga/Mestmäcker, Wettbewerbsrecht, § 116 GWB Rn. 44.
72 *Hailbronner*, in: Byok/Jaeger, Vergaberecht, § 116 GWB Rn. 41; enger *Röwekamp*, in: Röwekamp/Kus/Portz/Prieß, GWB-Vergaberecht, § 116 Rn. 17; *Mohr*, in: Säcker, Wettbewerbsrecht, § 149 GWB Rn. 32.
73 *Aicher*, in: Müller-Wrede, Kompendium des Vergaberechts, Kap. 11 Rn. 74.
74 VK Baden-Württemberg, Beschluss v. 30.11.2001 – 1 VK 40/01, NZBau 2003, 61 (63).
75 *Aicher*, in: Müller-Wrede, Kompendium des Vergaberechts, Kap. 11 Rn. 64; *Antweiler*, in: Ziekow/Völlink, Vergaberecht, § 116 GWB Rn. 23.
76 *Dreher*, in: Immenga/Mestmäcker, Wettbewerbsrecht, § 116 GWB Rn. 47.

berechtsfrei sind daher etwa die in §§ 14 ff. und 19 ff. BBankG geregelten Geschäfte der Bundesbank und ihrer Hauptgeschäftsstellen. Hierzu zählt etwa die Ausgabe von Banknoten, § 14 BBankG.

79 Nicht erfasst sind allerdings **Beschaffungstätigkeiten der Zentralbanken** selbst. Die Vergabe von Aufträgen durch die Zentralbank als öffentlichen Auftraggeber zur Deckung des eigenen Beschaffungsbedarfs fällt nicht unter die Freistellung.[77] Dies gilt selbst dann, wenn die Beschaffungstätigkeit im Zusammenhang mit den von ihr wahrgenommenen Dienstleistungen steht. Gegenstand der Ausnahmevorschrift ist nicht die Leistung eines Auftragnehmers an die Zentralbank als Auftraggeber, sondern die Dienstleistung der Zentralbank als Auftragnehmer für einen öffentlichen Auftraggeber.[78]

3. Transaktionen mit der EFSF und dem ESM (Var. 3)

80 Weiterhin sind nach § 116 Abs. 1 Nr. 4 Var. 3 GWB auch Transaktionen mit den Institutionen der EFSF bzw. dem ESM, der seit dem 1. Juli 2013 als einzige Institution für die finanzielle Unterstützung von Mitgliedstaaten des Euroraums zuständig ist, privilegiert.

81 Der Begriff der **Transaktion** ist offen gewählt und im Zweifel funktional zu verstehen. Betroffen können alle gegenseitigen Geschäfte zur Übertragung von Gütern, Rechten oder Forderungen mit oder ohne Gegenleistung sein. Der Gesetzgeber will dem öffentlichen Auftraggeber hiermit ermöglichen, auf eine finanzielle Krisensituation schnell und flexibel reagieren zu können. Das recht offene Tatbestandsmerkmal der „Transaktion" ist dabei zu Recht vom EU-Richtliniengeber gewählt und vom deutschen Gesetzgeber beibehalten worden, da auch die Instrumente, die den vorgenannten Institutionen zur Verfügung stehen, nicht abschließend benannt sind und zudem ausgedehnt werden können.[79] Mit Blick auf den **ESM** wird es sich bei den von der Ausnahmeregelung angesprochenen Transaktionen insbesondere um die Vergabe von Darlehen (Art. 16 ESMV), vorsorgliche Finanzierungshilfen (Art. 14 ESMV), Darlehen zur Rekapitalisierung von Kreditinstituten (Art. 15 ESMV), Primärmarkt-Unterstützungsfazilität (Art. 17 ESMV) und Sekundärmarkt-Unterstützungsfazilität (Art. 18 ESMV) handeln. Im Hinblick auf die **EFSF** kommen insbesondere die Vergabe von Darlehen und Krediten i.S.v. Art. 2 VO (EU) 407/2010 als Transaktion im Sinne des § 116 Abs. 1 Nr. 4 GWB in Betracht.

4. Darlehen und Kredite

82 Die Darlehens- und Kreditaufnahme eines öffentlichen Auftraggebers, selbst wenn sie ohne Wertpapiere oder Finanzinstrumente gesichert war, unterfiel nach umstrittener, aber wohl weit überwiegender Ansicht dem Ausnahmetatbestand des § 100a Abs. 2 Nr. 2 GWB a.F.[80] Dies ist nach neuer Regelungstechnik nicht mehr der Fall. § 116 Abs. 1 Nr. 4 GWB dürfte § 116 Abs. 1 Nr. 3 GWB als speziellere Regelung vorgehen. Der ehemals in § 100a Abs. 2 Nr. 2 GWB a.F. geregelte Bereich der „Geld- und Kapitalbeschaffung" ist in § 116 Abs. 1 Nr. 5 GWB aufgegangen.

V. Kredite und Darlehen (Nr. 5)

83 Vom Vergaberecht werden nach § 116 Abs. 1 Nr. 5 GWB Aufträge ausgenommen, die Kredite und Darlehen zum Gegenstand haben. Betroffen sind alle Kredite und Darlehen, und zwar

---

77 *Dreher*, in: Immenga/Mestmäcker, Wettbewerbsrecht, § 116 GWB Rn. 47; *Antweiler*, in: Ziekow/Völlink, Vergaberecht, § 116 GWB Rn. 23.

78 VK Bund, Beschluss v. 30.9.2010 – VK 2-80/10.

79 Vgl. Art. 19 ESMV; *Bark/Gilles*, EuZW 2013, 367 (368).

80 *Summa*, in: Heiermann/Zeiss/Summa, Vergaberecht, 4. Auflage, § 100a GWB Rn. 9, a.A. *Aicher*, in: Müller-Wrede, Kompendium des Vergaberechts, Kap. 11 Rn. 70; *Dier*, in: Reidt/Stickler/Glahs, Vergaberecht, 3. Auflage, § 100 GWB Rn. 79; *Willenbruch*, in: Willenbruch/Wieddekind, Vergaberecht, 3. Auflage, § 100 GWB Rn. 34; *Antweiler*, in: Ziekow/Völlink, Vergaberecht, 2. Auflage § 100 GWB Rn. 60.

gleich, ob sie mit der Ausgabe von Wertpapieren oder anderen Finanzinstrumenten oder mit anderen diese betreffenden Transaktionen im Zusammenhang stehen oder nicht.[81]

Ein „**Kredit**" umfasst als Oberbegriff das Darlehen. Ob der Begriff des Kredits im Sinne der Vorschrift gleichzusetzen ist mit den Kreditbegriffen der §§ 19, 21 KWG und damit sehr weit gefasst wäre, ist fraglich. Jedenfalls umfasst der Begriff die sich aus dem § 100a Abs. 2 Nr. 2 GWB a.F. ergebenden Geschäfte, namentlich „andere Finanzierungsinstrumente und Geschäfte, die der Geld- oder Kapitalbeschaffung der Auftraggeber dienen". Es ist kein Grund dafür ersichtlich, dass die neue Regelung des § 116 Abs. 1 Nr. 5 GWB enger zu verstehen sein sollte als die Vorgängervorschrift.[82] Ein **Darlehen** im Sinne des § 488 Abs. 1 BGB verpflichtet den Darlehensgeber, dem Darlehensnehmer einen Geldbetrag in der vereinbarten Höhe gegen die Zahlung des geschuldeten Zinses zur Verfügung zu stellen. Der Darlehensnehmer ist verpflichtet, das zur Verfügung gestellte Darlehen zum vereinbarten Zeitpunkt zurückzuzahlen. 84

§ 116 Abs. 1 Nr. 5 GWB dient der Umsetzung von Art. 10 lit. f **RL 2014/24/EU**. Die Ausnahme für Kredite und Darlehen ist entsprechend in Art. 10 Abs. 8 lit. f RL 2014/23/EU und Art. 21 lit. b RL 2014/25/EU enthalten. Folglich verweisen § 137 Nr. 5 und § 149 Nr. 5 GWB auf die Ausnahme des § 116 Abs. 1 Nr. 5 GWB. 85

Die eigenständige Ausnahmeregelung stellt klar, dass die Kreditaufnahme der öffentlichen Hand nicht Gegenstand des Vergaberechts ist. Eine inhaltliche Neuerung hat sich durch Einführung dieser Regelung nicht ergeben. Die Kreditaufnahme durch die öffentliche Hand war bereits unter Geltung des § 100a Abs. 2 Nr. 2 GWB a.F. („Geld- oder Kapitalbeschaffung [...]") vom Anwendungsbereich des Vergaberechts ausgenommen.[83] Die **Neuregelung** dürfte aber den Streit[84], dass auch die reine Darlehensaufnahme vergaberechtsfrei sein soll, zugunsten der bislang herrschenden Meinung[85] entschieden haben. Kreditaufnahmen durch die öffentliche Hand eignen sich aufgrund der kurzfristigen Zinsschwankungen nicht bzw. nur sehr begrenzt für eine Ausschreibung.[86] 86

Mit Einführung der UVgO gilt der Ausnahmetatbestand nach Verweis des § 1 Abs. 2 UVgO auf § 116 GWB nunmehr gleichermaßen für Aufträge **unterhalb der EU-Schwellenwerte**. Soweit einzelne Bundesländer die UVgO (noch) nicht eingeführt haben und damit weiterhin die VOL/A Geltung behält, sieht diese keine entsprechende Ausnahmeregelung vor. An die dann entsprechenden haushaltsrechtlichen Regularien gebundene Auftraggeber müssen daher Darlehensvergaben – mangels Ausnahmetatbestands – auch weiterhin nach den nationalen Regeln ausschreiben oder zumindest im Wettbewerb vergeben.[87] Auch wenn die Ausnahmevorschrift des § 116 Abs. 1 Nr. 5 GWB erfüllt ist, befreit dies den öffentlichen Auftraggeber damit nicht von seinen haushaltsrechtlichen Verpflichtungen oder den Verpflichtungen nach den jeweiligen Gemeindeordnungen (beispielsweise § 103 der Gemeindeordnung Rheinland-Pfalz oder § 103 der Hessischen Gemeindeordnung).[88] Soweit – was aus guten Gründen bereits verneint werden könnte – das Bestehen eines Marktes bejaht wird, könnte man aufgrund der Regelung der § 116 Abs. 1 Nr. 5 GWB und der ihm zugrunde liegenden Erwägungen (Volatilität, Vertrauensverhältnis) eine entsprechende Anwendung auch auf Ebene des Unterschwellenbereichs andenken. Mit der Regelung in der UVgO zeigt der Verordnungsgeber in jedem Fall, dass er die Ausnahmeregelung auch im Unterschwellenvergabebereich für anwendbar hält. Diese nunmehr eindeutig kodifizierte Intention sollte in den jeweiligen Bundesländern bei Anwendung der haushaltsrechtlichen Vorgaben Beachtung finden. Im Übrigen ist 87

81 Gesetzesbegründung zu § 116 Abs. 1 Nr. 5 GWB, VergRModG 2016, BT-Drs. 18/6281, 95; Erwägungsgrund 26 RL 2014/24/EU.
82 Vgl. *Hövelberndt*, in: Reidt/Stickler/Glahs, Vergaberecht, § 116 GWB Rn. 71 f.
83 Vgl. hierzu bereits Gesetzesbegründung zu §100 GWB, VergRModG 2009, BT-Drs. 16/10117, 6.
84 *Dreher*, in: Immenga/Mestmäcker, Wettbewerbsrecht, 5. Auflage, § 100a GWB Rn. 30.
85 Vgl. *Willenbruch*, in: Willenbruch/Wieddekind, Vergaberecht, 3. Auflage, § 100 GWB Rn. 34.
86 *Hövelberndt*, in: Reidt/Stickler/Glahs, Vergaberecht, § 116 GWB Rn. 69 f.
87 *Schellenberg*, in: Pünder/Schellenberg, Vergaberecht, 2. Auflage, § 100a GWB Rn. 14.
88 OVG Rheinland-Pfalz, Beschluss v. 25.5.2005 – 7 B 10356/05, VergabeR 2005, 478; *Stickler*, VergabeR 2008, 177 (182).

wegen der Volatilität der Kreditmärkte bei der Kreditaufnahme eine beschränkte Ausschreibung mit Teilnahmewettbewerb (§ 3 Abs. 3 VOL/A) möglich. Nur im Ausnahmefall und bei Vorliegen einer (eng zu beurteilenden) Dringlichkeit kann eine Kreditaufnahme im Wege der freihändigen Vergabe (§ 3 Abs. 5 VOL/A) erfolgen. Die Regelungen der Gemeindeordnungen bleiben unberührt.

VI. Dienstleistungsaufträge an andere Auftraggeber mit ausschließlichem Recht (Nr. 6)

88 Nach § 116 Abs. 1 Nr. 6 GWB sind Dienstleistungen, die an einen öffentlichen Auftraggeber nach § 99 Nr. 1 bis 3 GWB vergeben werden, der ein auf Gesetz oder Verordnung beruhendes ausschließliches Recht hat, die Leistung zu erbringen, vom Anwendungsbereich des Zweiten Abschnitts ausgenommen. Denn auch hier gilt: Der Einkauf bei einem anderen Auftraggeber, der für die Erbringung einer bestimmten Dienstleistung ein auf Gesetz oder Verordnung beruhendes und mit den Vorschriften des Vertrages über die Arbeitsweise der Europäischen Union in Einklang stehendes[89] ausschließliches Recht besitzt (Monopol), soll nicht ausschreibungspflichtig sein.[90] Ein wettbewerbliches Vergabeverfahren wäre in diesen Fällen ohnehin nicht möglich und im Ergebnis sinnlos. Hinzu kommt: Da beide Vertragspartner dem staatsnahen Bereich entstammen, stellt sich die Auftragsvergabe eher als ein Akt der Delegation an einen anderen Verwaltungsträger dar,[91] der letztendlich aus rechtlichen Gründen der einzige „Anbieter" für die benötigte Dienstleistung ist.

89 Die Regelung erfasst ihrem insoweit eindeutigen Wortlaut nur Dienstleistungen, die an einen **öffentlichen Auftraggeber** nach § 99 Nr. 1 bis 3 GWB vergeben werden. Nicht privilegiert sind damit Vergaben von Dienstleistungsaufträgen an öffentliche Auftraggeber gemäß § 99 Nr. 4 GWB. Gleiches dürfte konsequenterweise für Vergaben von bzw. an Konzessionsgeber und/oder Sektorenauftraggeber gelten.

90 § 116 Abs. 1 Nr. 6 GWB setzt Art. 11 **RL 2014/24/EU** in deutsches Recht um und entspricht inhaltlich dem bisherigen § 100a Abs. 3 **GWB a.F.**

91 § 116 Abs. 1 Nr. 6 GWB verfolgt den **Zweck**, ausschließliche Leistungsbeziehungen unter (besonders staatsnahen) öffentlichen Auftraggebern (insbesondere zur Schaffung zentraler Serviceeinheiten) von den Belastungen des Vergaberechts zu befreien.[92] Im Gegensatz zu den Vorgaben zu den Möglichkeiten der Zusammenarbeit von öffentlichen Auftraggebern gemäß § 108 GWB privilegiert § 116 Abs. 1 Nr. 6 GWB jedoch die besondere Stellung eines der beteiligten öffentlichen Auftraggeber in besonderer Weise, da dieser über ein ausschließliches Recht zur Dienstleistungserbringung verfügt.

92 Als **ausschließliches Recht** kommt jedes Exklusivrecht in Betracht, das dem Auftragnehmer unmittelbar durch Gesetz oder Verordnung eingeräumt wird und ihm die Ausübung einer bestimmten Tätigkeit vorbehält.[93] Das Exklusivrecht muss bereits zum Zeitpunkt der Auftragsvergabe bestehen.[94]

93 Das Exklusivrecht im Sinne des § 116 Abs. 1 Nr. 6 GWB muss auf einem **Gesetz** oder einer **Verordnung** beruhen und damit auf einer staatsunmittelbaren gesetzlichen oder untergesetzlichen Regelung.[95] Eine Rechtsposition aufgrund einfacher Verwaltungsvorschrift, Verwaltungsakt, Vertrag oder Satzung ist nicht ausreichend.[96] § 116 Abs. 1 Nr. 6 GWB ist damit

89 Früher Art. 18 RL 2004/18/EG; *Aicher*, in: Müller-Wrede, Kompendium des Vergaberechts, Kap. 11 Rn. 77.

90 Art. 18 RL 2004/18/EG; vgl. Gesetzesbegründung zu § 116 Abs. 1 Nr. 6 GWB, VergRModG 2016, BT-Drs. 18/6281, 95.

91 Vgl. *Marx*, in: Motzke/Pietzcker/Prieß, VOB, 1. Auflage, § 100 GWB Rn. 21.

92 *Dreher*, in: Immenga/Mestmäcker, Wettbewerbsrecht, § 116 GWB Rn. 53.

93 *Summa*, in: Heiermann/Zeiss/Summa, Vergaberecht, § 116 GWB Rn. 45; *Schellenberg*, in: Pünder/Schellenberg, Vergaberecht, § 116 GWB Rn. 43.

94 OLG Düsseldorf, Beschluss v. 5.5.2004 – VII-Verg 78/03, VergabeR 2004, 619 (621); *Aicher*, in: Müller-Wrede, Kompendium des Vergaberechts, Kap. 11 Rn. 77.

95 Statt vieler *Aicher*, in: Müller-Wrede, Kompendium des Vergaberechts, Kap. 11 Rn. 76; *Hövelberndt*, in: Reidt/Stickler/Glahs, Vergaberecht, § 116 GWB Rn. 79.

96 OLG Düsseldorf, Beschluss v. 1.8.2012 – VII-Verg 105/11, ZfBR 2012, 826; Beschluss v. 9.4.2003 – Verg 66/02, NVwZ 2004, 510; *Aicher*, in: Müller-Wrede, Kompendium des Vergaberechts, Kap. 11 Rn. 77 m.w.N.

strenger als die Richtlinienvorgaben in Art. 11 RL 2014/24/EU, die ausschließliche Rechte aufgrund öffentlicher Rechts- und Verwaltungsvorschriften genügen lassen. Diese Abweichung ist aber ohne Weiteres zulässig, da der Richtlinientext insofern nur Mindestanforderungen aufstellt.[97]

Faktische **Monopole** können nicht unter die Ausnahmeregelung gefasst werden. Vor dem Hintergrund der Zwecksetzung der Norm ist im Anwendungsbereich des § 116 Abs. 1 Nr. 6 GWB jedoch ein so genanntes relatives Monopol, also ein solches, das nur gegenüber dem öffentlichen Auftraggeber besteht, ausreichend.[98] 94

Wird im Wege einer **kommunalen Gemeinschaftsarbeit** die Sammlung und Beförderung von Abfällen auf eine Nachbargemeinde übertragen, so erfüllt dies die tatbestandlichen Voraussetzungen nicht, da sie der Nachbargemeinde kein auf Gesetz oder Verordnung beruhendes ausschließliches Recht zur Leistungserbringung verschafft.[99] Auch ein für verbindlich erklärter Abfallwirtschaftsplan räumt dem Betreiber der Abfallentsorgungsanlage kein ausschließliches Recht im Sinne des § 116 Abs. 1 Nr. 6 GWB zur Erbringung der Leistung ein.[100] Ob in einem solchen Fall gegebenenfalls eine vergaberechtlich zulässige Form der interkommunalen Zusammenarbeit gemäß § 108 GWB vorliegt, bedarf einer separaten Prüfung. Denn die Ausnahmevorschrift ist im Zusammenhang mit der durch das VergRModG 2016 eingeführten Regelung zur Inhouse- und In-State-Vergabe (§ 108 GWB) zu sehen und im Einzelfall von einer solchen abzugrenzen. Augenscheinlichstes Unterscheidungskriterium zu dieser Ausnahmeregelung ist das Merkmal des „Exklusivrechts". Soweit aber die Voraussetzungen des § 108 GWB vorliegen, wird es auf eine Prüfung der besonderen Ausnahme nach § 116 Abs. 1 Nr. 6 GWB ohnehin nicht mehr ankommen. Dennoch ist zu beachten, dass § 116 Abs. 1 Nr. 6 GWB im Gegensatz zur Inhouse-Vergabe im Sinne des § 108 Abs. 1 bis 5 GWB nicht auf das Vorliegen eines Über-unter-Verhältnisses ankommt. Im Unterschied zur In-State-Vergabe im Sinne des § 108 Abs. 6 GWB kommt es bei § 116 Abs. 1 Nr. 6 GWB gerade auf eine Monopolstellung an, sodass hier insofern eine marktbeherrschende Stellung Voraussetzung – nicht Ausschlusskriterium – ist. 95

Betrauungsakte im Zusammenhang mit sogenannten **DAWI-Leistungen** sind grundsätzlich ungeeignet, den Tatbestand der Ausnahmeregelung des § 116 Abs. 1 Nr. 6 GWB zu erfüllen. Im Ergebnis handelt es sich bei einem Betrauungsakt um eine Delegation/Mandatierung öffentlicher Aufgaben im allgemeinen wirtschaftlichen Interesse im Wege eines Verwaltungsakts. Verwaltungsakte im Rahmen von DAWI-Leistungen dienen vor allem den beihilferechtlich konformen Ausgestaltungen nach Maßgabe des sogenannten Freistellungsbeschlusses,[101] gewähren aber kein auf Gesetz oder Rechtsverordnung beruhendes Monopol im Sinne dieser Ausnahmeregelung. Nichtsdestotrotz können Betrauungsakte gegebenenfalls im Rahmen des § 108 Abs. 1 und 3 GWB (Inhouse-Vergabe) privilegiert sein.[102] Betrauungsakte im Zusammenhang mit DAWI-Leistungen setzen dabei voraus, dass *zuvor* in beihilferechtlich konformer Weise derjenige (einzige) Dienstleistungserbringer ermittelt worden ist, der mit der Erbringung der DAWI-Leistung „betraut" wird. 96

Im Übrigen sei angemerkt, dass Einzelfälle zu dieser Vorschrift bislang nicht **praktisch** geworden sind.[103] 97

---

97 *Dreher*, in: Immenga/Mestmäcker, Wettbewerbsrecht, § 116 GWB Rn. 54.

98 *Aicher*, in: Müller-Wrede, Kompendium des Vergaberechts, Kap. 11 Rn. 74; *Summa*, in: Heiermann/Zeiss/Summa, Vergaberecht, § 116 GWB Rn. 46.

99 OLG Frankfurt, Beschluss v. 7.9.2004 – 11 Verg 11/04, VergabeR 2005, 80 (86); OLG Düsseldorf, Beschluss v. 5.5.2004 – VII-Verg 78/03, VergabeR 2004, 619 (621).

100 EuGH, Urteil v. 9.6.2009 – Rs. C-480/06 (Stadtreinigung Hamburg), NVwZ 2009, 898 ff.; OLG Düsseldorf, Beschluss v. 12.1.2004 – VII-Verg 71/03, NVwZ 2004, 510.

101 Europäische Kommission, Beschluss der Kommission vom 20. Dezember 2011 über die Anwendung von Artikel 106 Absatz 2 des Vertrages über die Arbeitsweise der Europäischen Union auf staatliche Beihilfen, in Form von Ausgleichsleistungen zugunsten bestimmter Unternehmen, die mit der Erbringung von Dienstleistungen von allgemeinem wirtschaftlichem Interesse betraut sind (2012/21/EU).

102 Hierzu *Pfannkuch*, NZBau 2015, 743 ff.

103 So bereits *Willenbruch*, in: Willenbruch/Wieddekind, Vergaberecht, 3. Auflage, § 100 GWB Rn. 26.

C. Besondere Bereiche auf dem Gebiet der Telekommunikationsinfrastruktur (Abs. 2)

98 § 116 Abs. 2 GWB privilegiert öffentliche Aufträge und Wettbewerbe durch öffentliche Auftraggeber, die hauptsächlich den Zweck haben, dem öffentlichen Auftraggeber die Bereitstellung oder den Betrieb öffentlicher Kommunikationsnetze oder die Bereitstellung eines oder mehrerer elektronischer Kommunikationsdienste für die Öffentlichkeit zu ermöglichen.

99 „**Hauptsächlich**" meint dabei, dass die Beschaffung sich unmittelbar auf die Bereitstellung oder den Betrieb entsprechender Netze beziehen muss. Hilfsgeschäfte, die lediglich der Aufrechterhaltung von öffentlichen Kommunikationsnetzen oder von Kommunikationsdiensten dienen, fallen hierunter nicht.[104]

100 Unter dem Begriff des „**Betriebs**" ist das Zurverfügungstellen eines Netzes über einen längeren Zeitraum zu verstehen.[105] Hierbei kommt es auf das Zeitmoment an.

101 Ein **Bereitstellen** liegt dann vor, wenn ein unmittelbarer Zugriff auf den Telekommunikationsdienst gegeben ist.[106] Es reicht indes nicht aus, wenn der öffentliche Auftraggeber lediglich in einem Vertrag rechtliche Vorgaben hierzu macht.[107] Der „unmittelbare Zugriff" auf das Kommunikationsnetz oder den Kommunikationsdienst schließt hingegen nicht aus, dass sich der Betreiber/Bereitsteller Dritter zur Erfüllung seiner Verbindlichkeiten bedient. Denn gerade die Beschaffung solcher Dienstleistungen, die hauptsächlich den Zweck haben, dem öffentlichen Auftraggeber die Bereitstellung oder den Betrieb eines öffentlichen Kommunikationsnetzes oder die Bereitstellung eines Kommunikationsdienstes für die Öffentlichkeit zu ermöglichen, ist Gegenstand der Regelung in § 116 Abs. 2 GWB.[108] Ohne Bedeutung ist, ob noch andere Anbieter diese Netze oder Dienste vor Ort bereitstellen und damit in unmittelbare Konkurrenz zum öffentlichen Auftraggeber treten. Damit ist für die Eröffnung des Anwendungsbereichs des § 116 Abs. 2 GWB unerheblich, ob eine Wettbewerbssituation hinsichtlich des konkreten Kommunikationsnetzes oder -dienstes für den Auftraggeber besteht. Dies ergibt sich weder aus Art. 8 Abs. 1 RL 2014/24/EU noch lassen sich dafür Anhaltspunkte in der Gesetzesbegründung oder den Erwägungsgründen der Richtlinie entnehmen.[109]

102 § 116 Abs. 2 GWB dient der Umsetzung von Art. 8 **RL 2014/24/EU** und entspricht dem früheren § 100a Abs. 4 **GWB a.F.**[110] Die Regelung reagiert auf die neuen Gegebenheiten auf dem Telekommunikationssektor und wurde sprachlich an die in diesem Zusammenhang stehenden Rechtsmaterien, insbesondere an das TKG, angepasst.

103 Zu Zeiten staatlicher Monopolisten war der Bereich der Telekommunikationsleistungen vom Anwendungsbereich des Vergaberechts ausgenommen, weil der „Einkauf" derartiger Leistungen im Wettbewerb grundsätzlich ausgeschlossen war.[111] Inzwischen geht die Ausnahmeregelung aber davon aus, dass die Monopolstrukturen auf dem Telekommunikationsmarkt beseitigt wurden.[112] Dies steht auch nicht der Annahme entgegen, dass die Tatbestandsmerkmale der Ausnahmeregelung des § 116 Abs. 2 GWB abschließend zu verstehen sind. Denn letztlich stellt sich die **Liberalisierung** des Telekommunikationssektors nur als Anlass – und nicht etwa als Voraussetzung – für die vorgenommene Gesetzesänderung dar.[113] Im Grunde wäre es insofern nicht mehr nötig, öffentliche Auftraggeber bei der Beschaffung irgendwelcher Leistungen im Zusammenhang mit der Telekommunikation vom Vergaberecht freizustel-

---

104 *Röwekamp*, in: Röwekamp/Kus/Portz/Prieß, GWB-Vergaberecht, § 116 Rn. 28.
105 *Lausen*, in: Burgi/Dreher, Vergaberecht, § 116 GWB Rn. 81.
106 *Hövelberndt*, in: Reidt/Stickler/Glahs, Vergaberecht, § 116 GWB Rn. 86.
107 VK Bund, Beschluss v. 2.9.2011 – VK 1-108/11.
108 OLG München, Beschluss v. 22.7.2019 – Verg 14/18, NZBau 2020, 53 (56).
109 OLG München, Beschluss v. 22.7.2019 – Verg 14/18, NZBau 2020, 53 (54).
110 Gesetzesbegründung zu § 116 Abs. 2 GWB, VergRModG 2016, BT-Drs. 18/6281, 95.
111 *Summa*, in: Heiermann/Zeiss/Summa, Vergaberecht, § 116 GWB Rn. 49 f.
112 So bereits Erwägungsgrund 21 RL 2004/18/EG; *Schellenberg*, in: Pünder/Schellenberg, Vergaberecht, § 116 GWB Rn. 47; *Hövelberndt*, in: Reidt/Stickler/Glahs, Vergaberecht, § 116 GWB Rn. 82.
113 Vgl. OLG München, Beschluss v. 22.7.2019 – Verg 14/18.

len.[114] Der Gesetzgeber wählte aber einen anderen Weg.[115] Er geht von der Prämisse aus, dass ein öffentlicher Auftraggeber, der Leistungen im Wettbewerb erbringen will, in Konkurrenz zu seinen (privaten) Mitbewerbern steht, sodass er sich bei der Beschaffung auch ohne vergaberechtliche Anordnung wettbewerblichen Grundsätzen verpflichtet fühle.[116]

Die Begriffe „elektronische Kommunikationsdienste" und „öffentliches Kommunikationsnetz" sind im Lichte der europäischen Richtlinien 2014/24/EU und 2002/21/EG auszulegen.[117] Danach sind **öffentliche Kommunikationsnetze** Übertragungssysteme und gegebenenfalls Vermittlungs- und Leitwegeinrichtungen sowie anderweitige Ressourcen, die die Übertragung von Signalen über Kabel, Funk, optische oder andere elektromagnetische Einrichtungen ermöglichen, einschließlich Satellitennetzen, fester (leitungs- und paketvermittelter Netze einschließlich Internet) und mobiler terrestrischer Netze, Stromleitungssystemen, soweit sie zur Signalübertragung genutzt werden, Netzen für Hör- und Fernsehfunk sowie Kabelfernsehnetzen, unabhängig von der Art der übertragenen Informationen, die ganz oder überwiegend zur Bereitstellung öffentlich zugänglicher elektronischer Kommunikationsdienste dienen.[118] Dies können etwa öffentliche Telekommunikationsnetze im Sinne des § 3 Nr. 42, 65 TKG sein.[119] Beispiele solcher Telekommunikationsnetze sind etwa Festnetze (Breitbandkabelnetz, Internet, klassisches Telefonnetz), funkgestützte Netze (Mobilfunknetze, Wireless Local Loop, WLAN) oder Satellitennetze.[120] Ein **elektronischer Kommunikationsdienst** ist ein gewöhnlich gegen Entgelt erbrachter Dienst, der ganz oder überwiegend in der Übertragung von Signalen über elektronische Kommunikationsnetze besteht, einschließlich Telekommunikations- und Übertragungsdiensten in Rundfunknetzen, jedoch exklusive etwaiger Dienste, die Inhalte über elektronische Kommunikationsnetze und -dienste anbieten oder eine redaktionelle Kontrolle über sie ausüben. Unter diesen Begriff fallen „Telekommunikationsdienste" im Sinne des § 3 Nr. 61 TKG.[121] Beispiele für Telekommunikationsdienste sind zumindest Telefoniedienste wie die klassische Telefonie, die Internet-Telefonie und R-Gespräche. Ob und inwieweit Mehrwertdienste, Dialer oder Dienste von Internet-Service-Providern von dem Begriff des Telekommunikationsdienstes umfasst werden, ist noch nicht abschließend geklärt.[122] Traditionelle Formen der Nachrichtenübermittlung wie Printmedien (Zeitungen, Prospekte, Notizen) sowie die öffentliche Ansprache fallen nicht unter den Begriff des elektronischen Kommunikationsdienstes, da hier entweder ein körperliches Übertragungsmedium gewählt wird oder nur ein begrenzter Adressatenkreis angesprochen wird. Nicht dazu gehören weiterhin Dienstleistungen, bei denen vom Betreiber Inhalte einer redaktionellen Kontrolle unterworfen werden. 104

Das Abgrenzungsmerkmal der „**Öffentlichkeit**"[123] soll mit Blick auf das Betreiben und Bereitstellen von Telekommunikationsnetzen solche Netze ausschließen, die nur einen bestimmten Nutzerkreis betreffen und daher die Belange der Allgemeinheit, insbesondere das allgemeine Interesse der Allgemeinheit an zuverlässigen Telekommunikationsanbietern, unberührt lassen. Mit Blick auf die Dienstleistungen ist ein Dienst öffentlich, wenn er allen Mitgliedern der Öffentlichkeit auf der gleichen Grundlage zugänglich ist. Ausgeschlossen hiervon sind Dienste für geschlossene Benutzergruppen (reine Binnenkommunikation, etwa im Falle von Firmennetzen). Die Ausnahmeregel erfasst insofern Aufträge zur Ermöglichung von Telekommunikationsdiensten, die ganz oder überwiegend der Kommunikation zwischen Behörden und Dienststellen dienen sollen, nicht.[124] Soll hingegen ein kommunal betriebenes Breitbandnetz aufgebaut werden, so wird dies durch die Ausnahmeregelung privilegiert. 105

---

114 *Summa*, in: Heiermann/Zeiss/Summa, Vergaberecht, § 116 GWB Rn. 50 f.
115 *Goodarzi*, in: Gabriel/Mertens/Prieß, Vergaberecht, § 116 Abs. 2 GWB Rn. 3.
116 *Aicher*, in: Müller-Wrede, Kompendium des Vergaberechts, Kap. 11 Rn. 80.
117 Gesetzesbegründung zu § 116 Abs. 2 GWB, VergRModG 2016, BT-Drs. 18/6281, 95.
118 Art. 2 lit. a und d RL 2002/21/EG.
119 Vgl. zu § 3 Nr. 16a, 27 TKG a.F.: Gesetzesbegründung zu § 116 Abs. 2 GWB, VergRModG 2016, BT-Drs. 18/6281, 95.
120 *Schütz*, in: Geppert/Schütz, TKG, § 6 Rn. 21 ff.
121 Vgl. zu § 3 Nr. 24 TKG a.F.: Gesetzesbegründung zu § 116 Abs. 2 GWB, VergRModG 2016, BT-Drs. 18/6281, 95.
122 *Schütz*, in: Geppert/Schütz, TKG, § 6 Rn. 27 ff.
123 *Schütz*, in: Geppert/Schütz, TKG, § 6 Rn. 43 ff.
124 *Summa*, in: Heiermann/Zeiss/Summa, Vergaberecht, § 116 GWB Rn. 58.

Anlage

Gesetzesbegründung – VergRModG 2016 (BT-Drs. 18/6281)

Seite 92

§ 116 enthält besondere Ausnahmen für die Vergabe von öffentlichen Aufträgen und die Ausrichtung von Wettbewerben durch öffentliche Auftraggeber.

Zu Absatz 1

§ 116 Absatz 1 dient im Wesentlichen der Umsetzung von Artikel 10 der Richtlinie 2014/24/EU. Sofern die in § 116 genannten Ausnahmen auch auf die besonderen Bereiche des Abschnitts 3 anwendbar sind, wird in den §§ 137, 145 und 150 auf die jeweiligen Ausnahmen des § 116 verwiesen.

Seite 93

Zu Nummer 1

§ 116 Absatz 1 Nummer 1 enthält eine Ausnahme für bestimmte Rechtsdienstleistungen und dient der Umsetzung von Artikel 10 Buchstabe d) der Richtlinie 2014/24/EU. Entsprechende Ausnahmen finden sich ebenfalls in Artikel 10 Absatz 8 Buchstabe d) der Richtlinie 2014/23/EU sowie Artikel 21 Buchstabe c) der Richtlinie 2014/25/EU. § 137 Nummer 1 und § 149 Nummer 1 verweisen insofern auf die Ausnahme für Rechtsdienstleistungen im Sinne des § 116 Absatz 1 Nummer 1. Die Richtlinie 2009/81/EG enthält keine Ausnahme für Rechtsdienstleistungen. Die besonderen Ausnahmen für verteidigungs- oder sicherheitsspezifische öffentliche Aufträge sind in § 145 geregelt.

§ 116 Absatz 1 Nummer 1 sieht keine generelle Ausnahme für Rechtsdienstleistungen vor, sondern beschränkt die Ausnahme auf die in Nummer 1 Buchstabe a) bis e) genannten Fälle. Im Wesentlichen betrifft dies Rechtsdienstleistungen, die von gerichtlich bestellten Dienstleistern erbracht werden, die die anwaltliche Vertretung von Mandanten in Gerichts- oder Verwaltungsverfahren betreffen, durch Notare erbracht werden müssen oder mit der Ausübung von hoheitlichen Befugnissen verbunden sind. Für die Vergabe von sonstigen Rechtsdienstleistungen, die nicht unter die Ausnahme des § 116 Absatz 1 Nummer 1 fallen, kommt nicht das allgemeine Vergabeverfahren zur Anwendung, sondern das vereinfachte Verfahren im Sinne des § 130, für das ein höherer Schwellenwert in Höhe von 750.000 € gilt.

Zu Buchstabe a

Nummer 1 Buchstabe a) betrifft die anwaltliche Vertretung sowohl in Gerichts- oder Verwaltungsverfahren als auch in Schiedsgerichts- oder Streitbeilegungsverfahren. Der Umfang der anwaltlichen Vertretung ergibt sich dabei aus dem jeweiligen Mandatsvertrag und kann fallspezifisch variieren. Unerheblich ist dabei, ob die anwaltliche Vertretung in Deutschland, anderen EU-Mitgliedstaaten, Drittstaaten oder vor internationalen Organisationen und Einrichtungen stattfindet. Nummer 1 Buchstabe a) findet auch im Falle der Beiordnung des Rechtsanwalts durch das Gericht Anwendung. Entscheidend für die Ausnahme der Nummer 1 Buchstabe a) ist, dass das jeweilige Gerichts- bzw. Schiedsgerichts- oder Schlichtungsverfahren begonnen hat. Die rein vorbereitende Beratung im Hinblick auf spätere Gerichts- oder Verwaltungsverfahren ist gesondert in Nummer 1 Buchstabe b) geregelt.

Zu Buchstabe b

§ 116 Absatz 1 Nummer 1 Buchstabe b) sieht eine Ausnahme für Rechtsdienstleistungen vor, die – über die anwaltliche Vertretung in Gerichts-, Verwaltungs-, Schiedsgerichts- oder Schlichtungsverfahren im Sinne des Buchstaben a) hinaus – die anwaltliche Beratung betreffen. Aufgrund der in den genannten Verfahren bestehenden Notwendigkeit umfassender Prozessverantwortung durch den Rechtsbeistand ist eine Ausnahme vom Vergaberecht angezeigt. Nummer 1 Buchstabe b) enthält dabei keine allgemeine Ausnahme für sämtliche anwaltliche Beratungsleistungen, sondern fordert im Kern, dass ein Bezug zu einem künftigen nationalen oder internationalen Gerichts-, Verwaltungs-, Schiedsgerichts- oder Schlichtungsverfahren besteht. Dies ist entweder der Fall, wenn die anwaltliche Beratung zur Vorbereitung eines Verfahrens im Sinne von Nummer 1 Buchstabe a) dient oder wenn zumindest konkrete Anhaltspunkte vorliegen, dass es in der Zukunft zu einem solchen Verfahren kommen kann. Nummer 1 Buchstabe b) findet auch auf gerichtlich beigeordnete Rechtsanwälte Anwendung.

Zu Buchstabe c

§ 116 Absatz 1 Nummer 1 Buchstabe c) betrifft Beglaubigungs- und Beurkundungsdienstleistungen, sofern sie von Notaren zu erbringen sind.

Zu Buchstabe d

§ 116 Absatz 1 Nummer 1 Buchstabe d) erfasst insbesondere die Tätigkeit von Ergänzungs- und Umgangspflegern, Verfahrens- und Nachlasspflegern, Insolvenzverwaltern, Sachwaltern und Treuhändern sowie von Zwangsverwaltern und Sequestern in Zwangsvollstreckungsverfahren. Diese Ausnahme gilt auch für Rechtsdienstleistungen von gerichtlich bestellten Sachverständigen. Sie werden von den Gerichten aufgrund ihrer besonderen Sachkunde zur Beratung und Beweiserhebung bestellt. Durch die Bestellung wird ein öffentlich-rechtliches Verhältnis zwischen Gericht und Sachverständigem begründet.

Zu Buchstabe e

§ 116 Absatz 1 Nummer 1 Buchstabe e) gilt u. a. für die Gerichtsvollzieher, die einerseits ihre Tätigkeit als selbständiges Organ der Rechtspflege hoheitlich ausüben, andererseits aufgrund des Vollstreckungsauftrags an die Weisungen des Gläubigers insoweit gebunden sind, wie diese sich im Rahmen der gesetzlichen Vorschriften halten und den Dienstanweisungen des Gerichtsvollziehers nicht widersprechen.

Seite 94

Zu Nummer 2

§ 116 Absatz 1 Nummer 2 sieht eine Ausnahme für Forschungs- und Entwicklungsdienstleistungen vor und dient der Umsetzung von Artikel 14 der Richtlinie 2014/24/EU. Artikel 25 der Richtlinie 2014/23/EU und Artikel 32 der Richtlinie 2014/25/EU enthalten entsprechende Regelungen. Bislang war die Ausnahme für Forschungs- und Entwicklungsdienstleistungen als allgemeine Ausnahme in § 100 Absatz 4 Nummer 2 GWB vorgesehen. Da die neuen EU-Vergaberichtlinien einen etwas weiteren Ausnahmebereich für Forschungs- und Entwicklungsdienstleistungen vorsehen als bislang und für Vergaben in den Bereichen Verteidigung und Sicherheit die bisherige Vorschrift des Artikel 13 Buchstabe j der Richtlinie 2009/81/EG unverändert weiter gilt, ist eine Einordnung unter die allgemeinen Ausnahmen des § 107 nicht möglich.

Anders als bislang in § 100 Absatz 4 Nummer 2 GWB gilt die Rückausnahme künftig nur noch für bestimmte Forschungs- und Entwicklungsdienstleistungen. Dies betrifft die Referenznummern des Common Procurement Vocabulary 73000000-2 (Forschungs- und Entwicklungsdienste und zugehörige Beratung), 73100000-3 (Dienstleistungen im Bereich Forschung und experimentelle Entwicklung), 73110000-6 (Forschungsdienste), 73111000-3 (Forschungslabordienste), 73112000-0 (Meeresforschungsdienste), 73120000-9 (Experimentelle Entwicklung), 73300000-5 (Planung und Ausführung von Forschung und Entwicklung), 73420000-2 (Vordurchführbarkeitsstudie und technologische Demonstration) und 73430000-5 (Test und Bewertung). Alle Forschungs- und Entwicklungsdienstleistungen, die unter andere Referenznummern des Common Procurement Vocabulary fallen, sind vom Anwendungsbereich des Vergaberechts ganz ausgenommen, ohne dass die Rückausnahme des § 116 Absatz 1 Nummer 2 zweiter Halbsatz zur Anwendung kommt. Dies betrifft zum Beispiel

Forschungs- und Entwicklungsdienstleistungen in den Bereichen Verteidigung und Sicherheit (z. B. Referenznummern des Common Procurement Vocabulary 73400000-6 Forschung und Entwicklung für Sicherheits- und Verteidigungsgüter oder 73410000-9 Militärforschung und -technologie).

Für die in § 116 Absatz 1 Nummer 2 genannten Referenznummern des Common Procurement Vocabulary gilt die bisherige Rückausnahme des § 100 Absatz 4 Nummer 2 GWB, wonach das Vergaberecht dann zur Anwendung kommen soll, wenn die Dienstleistungen allein durch den Auftraggeber finanziert werden und wenn das Ergebnis der Forschungs- und Entwicklungstätigkeiten dem betreffenden öffentlichen Auftraggeber zugutekommt. Damit soll insbesondere die Kofinanzierung von Forschungs- und Entwicklungsprogrammen durch die Industrie gefördert werden, da in diesen Fällen das Vergaberecht nicht zur Anwendung kommen soll (Erwägungsgrund 35 der Richtlinie 2014/24/EU).

Zu Nummer 3

§ 116 Absatz 1 Nummer 3 dient der Umsetzung von Artikel 10 Buchstabe b) der Richtlinie 2014/24/EU. § 116 Absatz 1 Nummer 3 entspricht im Wesentlichen dem bisherigen § 100a Absatz 2 Nummer 1 GWB, passt diesen jedoch entsprechend dem Wortlaut des Artikel 10 Buchstabe b) der Richtlinie 2014/24/EU an die technischen Entwicklungen der vergangenen Jahre an.

Ziel der Ausnahmevorschrift für die Vergabe öffentlicher Aufträge über bestimmte audiovisuelle und Hörfunkmediendienste durch Anbieter von Mediendiensten ist, dass besondere kulturelle und gesellschaftspolitische Erwägungen angemessen berücksichtigt werden können. Aus diesen Gründen sieht § 116 Absatz 1 Nummer 3 eine Ausnahme für die von Anbietern von audiovisuellen Mediendiensten oder Hörfunkmediendiensten vergebenen öffentlichen Dienstleistungsaufträge vor, die den Ankauf, die Entwicklung, die Produktion oder die Koproduktion von sendefertigem Material sowie andere Vorbereitungsdienste zum Gegenstand haben, wie z. B. Dienste im Zusammenhang mit den für die Produktion von Sendungen erforderlichen Drehbüchern oder künstlerischen Leistungen. § 116 Absatz 1 Nummer 3 bezieht sich gleichermaßen auf Rundfunk-Mediendienste und auf Abruf (on-demand)-Dienste (nichtlineare Dienste). Nicht von der Ausnahme erfasst werden soll dabei die Bereitstellung des für die Produktion, die Koproduktion und die Ausstrahlung dieser Sendungen erforderlichen technischen Materials.

Die Begriffe „audiovisuelle Mediendienste" und „Anbieter von Mediendiensten" haben dabei dieselbe Bedeutung wie in Artikel 1 Absatz 1 Buchstabe a beziehungsweise Buchstabe d der Richtlinie 2010/13/EU. Der Begriff „Sendung" hat dieselbe Bedeutung wie in Artikel 1 Absatz 1 Buchstabe b der Richtlinie 2010/13/EU, umfasst jedoch zusätzlich Hörfunksendungen und Hörfunk-Sendematerial. Der Begriff „Sendematerial" hat dieselbe Bedeutung wie „Sendung".

Seite 95

Zu Nummer 4

§ 116 Absatz 1 Nummer 4 betrifft Ausnahmen für bestimmte finanzielle Dienstleistungen, die bislang teilweise in § 100a Absatz 2 Nummer 2 und § 100b Absatz 2 Nummer 1 GWB geregelt waren. Die Vorschrift dient der Umsetzung von Artikel 10 Buchstabe e der Richtlinie 2014/24/EU. Neu im Vergleich zur bisherigen Ausnahme ist, dass Transaktionen mit der neu geschaffenen Finanzstabilisierungsfazilität und dem Europäischen Stabilitätsmechanismus ebenfalls von der Anwendung des Vergaberechts ausgenommen sein sollen. Die Ausnahme für bestimmte finanzielle Dienstleistungen ist entsprechend in Artikel 10 Absatz 8 Buchstabe e der Richtlinie 2014/23/EU und Artikel 21 Buchstabe d der Richtlinie 2014/25/EU enthalten. Insofern verweisen § 137 Nummer 4 und § 149 Nummer 4 auf die Ausnahme des § 116 Absatz 1 Nummer 4.

Zu Nummer 5

§ 116 Absatz 1 Nummer 5 betrifft eine neue Ausnahme vom Anwendungsbereich des Vergaberechts für Kredite und Darlehen und zwar unabhängig davon, ob sie mit der Ausgabe von Wertpapieren oder anderen Finanzinstrumenten oder mit anderen diese betreffenden Transaktionen im Zusammenhang stehen oder nicht. § 116 Absatz 1 Nummer 5 dient der Umsetzung von Artikel 10 Buchstabe f der Richtlinie 2014/24/EU. Die Ausnahme für Kredite und Darlehen ist entsprechend in Artikel 10 Absatz 8 Buchstabe f der Richtlinie 2014/23/EU und Artikel 21 Buchstabe e der Richtlinie 2014/25/EU enthalten. Insofern verweisen § 137 Nummer 5 und § 149 Nummer 5 auf die Ausnahme des § 116 Absatz 1 Nummer 5.

Zu Nummer 6

§ 116 Absatz 1 Nummer 6 dient der Umsetzung von Artikel 11 der Richtlinie 2014/24/EU und entspricht dem bisherigen § 100a Absatz 3 GWB. Die Ausnahmeregelung betrifft Fälle, in denen ein bestimmter öffentlicher Auftraggeber oder ein Verbund von öffentlichen Auftraggebern der einzige Anbieter einer bestimmten Dienstleistung sein kann, da er für deren Erbringung ein auf Gesetz oder Verordnung beruhendes und mit den Vorschriften des Vertrags über die Arbeitsweise der Europäischen Union in Einklang stehendes ausschließliches Recht besitzt. In diesen Fällen soll das Vergaberecht des Teils 4 keine Anwendung finden.

Zu Absatz 2

§ 116 Absatz 2 dient der Umsetzung von Artikel 8 der Richtlinie 2014/24/EU und entspricht dem bisherigen § 100a Absatz 4 GWB. Die Begriffe „öffentliches Kommunikationsnetz" und „elektronischer Kommunikationsdienst" sind gemäß Artikel 8 der Richtlinie 2014/24/EU entsprechend den Definitionen der Richtlinie 2002/21/EG über einen gemeinsamen Rechtsrahmen für elektronische Kommunikationsnetze und -dienste (Rahmenrichtlinie) (ABl. L 108 vom 24.4.2002, S. 33) auszulegen. Dabei kann es sich zum Beispiel um öffentliche Kommunikationsnetze im Sinne des § 3 Nummer 16a, 27 TKG oder die Bereitstellung eines oder mehrerer elektronischer Kommunikationsdienste im Sinne des § 3 Nummer 17a, 24 des TKG handeln.

§ 117 GWB
Besondere Ausnahmen für Vergaben, die Verteidigungs- oder Sicherheitsaspekte umfassen

Bei öffentlichen Aufträgen und Wettbewerben, die Verteidigungs- oder Sicherheitsaspekte umfassen, ohne verteidigungs- oder sicherheitsspezifische Aufträge zu sein, ist dieser Teil nicht anzuwenden,

1. **soweit der Schutz wesentlicher Sicherheitsinteressen der Bundesrepublik Deutschland nicht durch weniger einschneidende Maßnahmen gewährleistet werden kann, zum Beispiel durch Anforderungen, die auf den Schutz der Vertraulichkeit der Informationen abzielen, die der öffentliche Auftraggeber im Rahmen eines Vergabeverfahrens zur Verfügung stellt,**
2. **soweit die Voraussetzungen des Artikels 346 Absatz 1 Buchstabe a des Vertrags über die Arbeitsweise der Europäischen Union erfüllt sind,**
3. **wenn die Vergabe und die Ausführung des Auftrags für geheim erklärt werden oder nach den Rechts- oder Verwaltungsvorschriften besondere Sicherheitsmaßnahmen erfordern; Voraussetzung hierfür ist eine Feststellung darüber, dass die betreffenden wesentlichen Interessen nicht durch weniger einschneidende Maßnahmen gewährleistet werden können, zum Beispiel durch Anforderungen, die auf den Schutz der Vertraulichkeit der Informationen abzielen,**
4. **wenn der öffentliche Auftraggeber verpflichtet ist, die Vergabe oder Durchführung nach anderen Vergabeverfahren vorzunehmen, die festgelegt sind durch**
   a) **eine im Einklang mit den EU-Verträgen geschlossene internationale Übereinkunft oder Vereinbarung zwischen der Bundesrepublik Deutschland und einem oder mehreren Staaten, die nicht Vertragsparteien des Übereinkommens über den Europäischen Wirtschaftsraum sind, oder ihren Untereinheiten über Liefer-, Bau- oder Dienstleistungen für ein von den Unterzeichnern gemeinsam zu verwirklichendes oder zu nutzendes Projekt,**
   b) **eine internationale Übereinkunft oder Vereinbarung im Zusammenhang mit der Stationierung von Truppen, die Unternehmen betrifft, die ihren Sitz in der Bundesrepublik Deutschland oder einem Staat haben, der nicht Vertragspartei des Übereinkommens über den Europäischen Wirtschaftsraums ist, oder**
   c) **eine internationale Organisation oder**
5. **wenn der öffentliche Auftraggeber gemäß den Vergaberegeln einer internationalen Organisation oder internationalen Finanzierungseinrichtung einen öffentlichen Auftrag vergibt oder einen Wettbewerb ausrichtet und dieser öffentliche Auftrag oder Wettbewerb vollständig durch diese Organisation oder Einrichtung finanziert wird. Im Falle einer überwiegenden Kofinanzierung durch eine internationale Organisation oder eine internationale Finanzierungseinrichtung einigen sich die Parteien auf die anwendbaren Vergabeverfahren.**

Übersicht Rn.

A. Allgemeines ... 1
I. Unionsrechtlicher Hintergrund ... 4
II. Historie ... 5
III. Vergleichbare Regelungen ... 6
IV. Anwendungsbereich ... 7
V. Abgrenzung zu verteidigungs- oder sicherheitsspezifischen Aufträgen ... 8
B. Die einzelnen Ausnahmetatbestände ... 9
I. Schutz wesentlicher Sicherheitsinteressen (Nr. 1) ... 9
II. Preisgabe von Auskünften (Nr. 2) ... 14
III. Geheimschutz/Besondere Sicherheitsmaßnahmen (Nr. 3) ... 17
1. Geheimschutz ... 18
2. Besondere Sicherheitsmaßnahmen ... 21
3. Verhältnismäßigkeit ... 24
IV. Vergabeverfahren nach internationalen Regeln (Nr. 4 und 5) ... 26
1. Vergabeverfahren nach internationalen Verträgen für gemeinsame Projekte mit Nicht-EWR-Staaten (Nr. 4 lit. a) ... 28

2. Beschaffungen im Zusammenhang mit der Stationierung von Truppen (Nr. 4 lit. b) ... 31
3. Vergabeverfahren internationaler Organisationen (Nr. 4 lit. c) ... 35
4. Vergabeverfahren internationaler Organisationen oder internationaler Finanzierungseinrichtungen bei Finanzierung durch diese (Nr. 5) ... 38
C. Rechtsschutz ... 42
Anlage
Gesetzesbegründung

A. Allgemeines

1 § 117 GWB enthält besondere Ausnahmen für öffentliche Aufträge und Wettbewerbe, die Verteidigungs- oder Sicherheitsaspekte beinhalten, ohne verteidigungs- oder sicherheitsspezifische Aufträge i.S.v. § 104 GWB zu sein.

2 Die Ausnahmebestimmung findet auch auf die Vergabe von **Rahmenvereinbarungen** Anwendung, da für sie dieselben Vorschriften wie für die Vergabe entsprechender öffentlicher Aufträge gelten (§ 103 Abs. 5 GWB).

3 Der Katalog des § 117 GWB umfasst sieben Ausnahmetatbestände in fünf Nummern, die sich in zwei Fallgruppen aufteilen lassen: § 117 Nr. 1 bis 3 GWB nehmen Aufträge aus, die der staatlichen Geheimhaltung unterliegen oder wesentliche staatliche Sicherheitsinteressen berühren. **Gemeinsames Merkmal** ist, dass staatlichen Sicherheitsbelangen dem Grunde nach Vorrang gegenüber den Prinzipien der wettbewerblichen und transparenten Auftragsvergabe eingeräumt werden soll. § 117 Nr. 4 bis 5 GWB umfassen Aufträge, die nach anderen Verfahrensregeln vergeben werden. Hier geht es darum, Kollisionen zwischen gemeinschaftsrechtlichem Vergaberecht und spezielleren, internationalen Verfahrensregeln, die der öffentliche Auftraggeber anzuwenden hat, aufzulösen.

I. Unionsrechtlicher Hintergrund

4 § 117 GWB setzt ausweislich der Gesetzesbegründung Art. 15 Abs. 2 und 3, Art. 17 RL 2014/24/EU sowie Art. 24 Abs. 2 und 3, Art. 27 RL 2014/25/EU in innerstaatliches Recht um.[1] Die genannten Bestimmungen erfassen die besonderen Ausnahmen für Aufträge in den Bereichen Verteidigung und Sicherheit, die Verteidigungs- oder Sicherheitsaspekte umfassen, ohne die besonderen Voraussetzungen des Art. 2 RL 2009/81/EG bzw. des § 104 GWB für verteidigungs- oder sicherheitsspezifische öffentliche Aufträge zu erfüllen.[2] Deshalb stellt § 117 GWB im Eingangssatz klar, dass die dort aufgeführten Ausnahmen nur für öffentliche Aufträge und Wettbewerbe gelten, die nicht verteidigungs- oder sicherheitsspezifisch sind. Für verteidigungs- oder sicherheitsspezifische öffentliche Aufträge (§ 104 GWB) und Konzessionen in den Bereichen Verteidigung und Sicherheit enthalten §§ 145, 150 GWB spezielle Ausnahmen.

II. Historie

5 Die Ausnahmetatbestände des § 117 GWB waren bisher im Wesentlichen in § 100 Abs. 6 und 8 GWB a.F. aufgeführt. Auf eine Konkretisierung anhand von Beispielsfällen mit besonderer Sicherheitsrelevanz, die vormals in § 108 Abs. 8 Nr. 3 GWB a.F. enthalten war, wurde im Rahmen des VergRModG 2016 verzichtet.[3]

1 Gesetzesbegründung zu § 117 GWB, VergRModG 2016, BT-Drs. 18/6281, 95.
2 Gesetzesbegründung zu § 117 GWB, VergRModG 2016, BT-Drs. 18/6281, 95.
3 Gesetzesbegründung zu § 117 GWB, VergRModG 2016, BT-Drs. 18/6281, 95.

III. Vergleichbare Regelungen

§ 117 GWB weist deutliche Überschneidungen zu den allgemeinen Ausnahmen der §§ 107 Abs. 2 und 109 GWB auf, die auch bei Aufträgen, die Verteidigungs- oder Sicherheitsaspekte aufweisen, Anwendung finden. Deshalb ist der praktische Anwendungsbereich des § 117 GWB gering; die Vorschrift hat keinen über die bestehenden allgemeinen Ausnahmen hinausgehenden Regelungsgehalt.[4] 6

IV. Anwendungsbereich

§ 117 GWB befindet sich systematisch im Zweiten Abschnitt des Teil 4 GWB, der die Vergabe durch öffentliche Auftraggeber betrifft. In den Bestimmungen des 3. Abschnitts (§§ 136 ff. GWB), der Auftragsvergaben durch Sektorenauftraggeber erfasst, wird auf § 117 GWB nicht Bezug genommen. Hieraus folgt, dass § 117 GWB entgegen der gesetzlichen Begründung auf Auftragsvergaben im Sektorenbereich nicht anwendbar ist.[5] Aufgrund der inhaltlichen Überschneidungen zwischen § 117 GWB und den allgemeinen Ausnahmen der §§ 107 Abs. 2 und 109 GWB bleibt dieser Befund jedoch im Ergebnis folgenlos. 7

V. Abgrenzung zu verteidigungs- oder sicherheitsspezifischen Aufträgen

Im Unterschied zu § 145 GWB, der zum Teil ähnliche Ausnahmetatbestände nennt, findet § 117 GWB keine Anwendung auf die Vergabe verteidigungs- oder sicherheitsspezifischer öffentlicher Aufträge nach § 104 GWB. Gegenstand von § 117 GWB sind folglich Aufträge im Zusammenhang mit äußerer Verteidigung oder innerer Sicherheit, die nicht auf die Lieferung von Militärausrüstung oder die Vergabe von Verschlusssachenaufträgen gerichtet sind. In Anlehnung an die in § 100 Abs. 8 Nr. 3 GWB a.F. genannten Beispielsfälle kann die Inanspruchnahme der Ausnahme und damit die Nichtanwendung des Vergaberechts z. B. in folgenden Fällen in Betracht kommen: 8

- Beschaffungen für die Streitkräfte, die nicht zugleich verteidigungs- oder sicherheitsspezifisch sind, wie z. B. Sanitätsbedarfe, Unterkünfte, Transportmittel, sonstige Ausrüstungsgegenstände;[6]
- Beschaffungen für nicht-militärische Sicherheitszwecke,[7] wie z. B. Polizeiausrüstung, und Dual-Use-Güter;
- Beschaffungen im Zusammenhang von Maßnahmen der Terrorismusbekämpfung;
- Die Beschaffung von Informationstechnik oder Telekommunikationsanlagen als technologische Basis für Operationen der Streitkräfte bzw. der Sicherheitsbehörden.

B. Die einzelnen Ausnahmetatbestände

I. Schutz wesentlicher Sicherheitsinteressen (Nr. 1)

§ 117 Nr. 1 GWB stellt öffentliche Aufträge und Wettbewerbe, die Verteidigungs- oder Sicherheitsaspekte umfassen, von der Anwendung des GWB-Vergaberechts frei, soweit dies zum Schutz wesentlicher Sicherheitsinteressen der Bundesrepublik Deutschland erforderlich ist. Die Ausnahme erweitert den Grundgedanken des Art. 346 Abs. 1 lit. b AEUV („Schutz wesentlicher Sicherheitsinteressen“) auf sämtliche Verträge, die Verteidigungs- oder Sicherheits- 9

4 Vgl. hierzu auch *Otting*, in: Burgi/Dreher, Vergaberecht, § 117 GWB Rn. 5; *Krohn*, in: Gabriel/Krohn/Neun, Handbuch Vergaberecht, § 57 Rn. 107.
5 So zu Recht *Dreher*, in: Immenga/Mestmäcker, Wettbewerbsrecht, § 117 GWB Rn. 4; *Antweiler*, in: Ziekow/Völlink, Vergaberecht, § 117 GWB Rn. 3.
6 Die Beschaffung von Kampfstiefeln dürfte keine Ausnahme vom Vergaberecht rechtfertigen, selbst wenn diese im Einsatz benötigt werden: OLG Düsseldorf, Beschluss v. 30.4.2003 – VII-Verg 67/02, NVwZ 2003, 400.
7 OLG Düsseldorf, Beschluss v. 12.7.2010 – VII-Verg 27/10 (Passagier- und Handgepäckskontrollstellen für Flughäfen).

aspekte aufweisen, ohne in den Anwendungsbereich der RL 2009/81/EG zu fallen.[8] Der Ausnahmetatbestand erkennt an, dass es auch außerhalb des Anwendungsbereichs des Art. 346 Abs. 1 lit. b AEUV wesentliche staatliche Sicherheitsinteressen geben kann, die einer wettbewerblichen Vergabe von Aufträgen, die Verteidigungs- oder Sicherheitsaspekte umfassen, entgegenstehen. Es liegt in der Zuständigkeit der Mitgliedstaaten bzw. des öffentlichen Auftraggebers, diese zu definieren und zu schützen.

10 In Anlehnung an die Rechtsprechung zu Art. 346 Abs. 1 lit. b AEUV müssen sowohl der Anwendungsbereich als auch die Bedingungen für die Inanspruchnahme der Ausnahme **eng ausgelegt** werden.[9] Ferner muss sich der öffentliche Auftraggeber im Einzelfall auf den Ausnahmetatbestand berufen und im Streitfall **nachweisen**, dass seine Voraussetzungen vorliegen.[10]

11 Zugleich greift § 117 Nr. 1 GWB ausdrücklich den Grundsatz der Verhältnismäßigkeit auf: Die Ausnahme vom Vergaberecht ist nur insoweit zulässig, als der Schutz wesentlicher Sicherheitsinteressen nicht durch **weniger einschneidende Maßnahmen** gewährleistet werden kann. Zu den weniger einschneidenden Maßnahmen gehören nach § 117 Nr. 1 Hs. 2 GWB zum Beispiel Anforderungen, die auf den Schutz der Vertraulichkeit von Informationen abzielen, die der öffentliche Auftraggeber im Rahmen eines Vergabeverfahrens zur Verfügung stellt.

12 Die Inanspruchnahme der Ausnahmeregelung muss zur Wahrung wesentlicher Sicherheitsinteressen der Bundesrepublik Deutschland **erforderlich** sein. Der öffentliche Auftraggeber muss darlegen und – im Streitfall – nachweisen können, dass die Anwendung des Kartellvergaberechts auf das spezielle Beschaffungsvorhaben objektiv gewichtige Sicherheitsbelange gefährden würde. Hier bedarf es einer eingehenden Dokumentation, welches wesentliche staatliche Sicherheitsinteresse konkret betroffen ist, worin der Zusammenhang zwischen dem Sicherheitsinteresse und der konkreten Beschaffung besteht und weshalb die Nichtanwendung des GWB-Vergaberechts in diesem speziellen Fall für den Schutz des wesentlichen Sicherheitsinteresses erforderlich ist. Erforderlich ist die Nichtanwendung der Vergabevorschriften, wenn die zu erwartende Beeinträchtigung des staatlichen Sicherheitsinteresses objektiv so schwerwiegend ist, dass demgegenüber das Bieterinteresse an einem mit subjektivem Rechtsschutz ausgestatteten Vergabeverfahren zurückzutreten hat. Hier ist eine Abwägung der Sicherheitsbelange gegen die Interessen der Bieter zu treffen und der Grundsatz der Verhältnismäßigkeit zu beachten. Der öffentliche Auftraggeber hat im Einzelfall zu prüfen, ob den Sicherheitsbelangen unter Umständen durch weniger einschneidende Maßnahmen mit den Mitteln des Vergaberechts entsprochen werden kann. § 117 Nr. 1 GWB nennt als Beispiel besondere Anforderungen an den Schutz der Vertraulichkeit von Informationen, die im Rahmen des Vergabeverfahrens zur Verfügung gestellt werden sollen. Der öffentliche Auftraggeber muss prüfen, ob schutzwürdigen Sicherheitsbelangen nicht auch durch eine spezifische Gestaltung der Ausschreibungsbedingungen, insbesondere durch Mindestanforderungen an die Eignung von Bewerbern und Bietern, entsprochen werden kann.[11] Im Einzelfall mag auch die Wahl des nicht offenen Verfahrens oder des Verhandlungsverfahrens mit Teilnahmewettbewerb ausreichen oder eine Aufteilung des Auftrages in einen sicherheitsrelevanten Teil und einen anderen Teil praktikabel sein. Sicherheitsmaßnahmen, die völlig unabhängig von der Be-

---

8 Vgl. Gesetzesbegründung zu § 117 Abs. 1 Nr. 1 GWB, VergRModG 2016, BT-Drs. 18/6281, 95.

9 Vgl. zu Art. 346 AEUV EuGH, Urteil v. 15.3.1986 – Rs. 222/84 (Johnston), Slg. 1986, 1651 (1684), Rn. 26; Urteil v. 16.9.1999 – Rs. C-414/97 (Kommission/Spanien), Slg. 1999, I-5585 (5606), Rn. 21 f.

10 Vgl. zu Art. 346 AEUV bzw. Art. 296 EGV EuGH, Urteil v. 16.9.1999 – Rs. C-414/97 (Kommission/Spanien), Slg. 1999, I-5585, Rn. 22.

11 Vgl. hierzu EuGH, Urteil v. 16.10.2003 – Rs. C-252/01 (Luftfotografie), VergabeR 2004, 56; OLG Düsseldorf, Beschluss v. 1.8.2012 – VII-Verg 10/12 (Warnsystem), VergabeR 2012, 846 (848); Beschluss v. 8.6.2011 – VII-Verg 49/11 (Bundesdruckerei); Beschluss v. 30.3.2005 – VII-Verg 101/04 (Neubau BND); OLG Celle, Beschluss v. 3.12.2009 – 13 Verg 14/09 (Großleitstelle), VergabeR 2010, 230 (232); vgl. auch *Höß*, in: Heuvels/Höß/Kuß/Wagner, Vergaberecht, § 100 GWB Rn. 41 und 55; *Probst/Tews*, VergabeR 2011, 818 (828); a.A.: OLG Dresden, Beschluss v. 18.9.2009 – WVerg 00003/09 (BOS-Digitalfunk Sachsen), VergabeR 2010, 90; VK Bund, Beschluss v. 30.5.2008 – VK 1-48/08; Beschluss v. 12.12.2006 – VK 1-136/06; *Noch*, VergabeR 2010, 94 f.; *Ziekow*, VergabeR 2007, 711 (717 f.).

schaffung durchgeführt werden müssen oder die ausschließlich die Ausführung des Auftrags betreffen, rechtfertigen es nicht ohne weiteres, von einer wettbewerblichen Vergabe abzusehen, sofern diese ohne Gefährdung staatlicher Sicherheitsinteressen durchgeführt werden könnte.[12]

Der öffentliche Auftraggeber hat die tatsächlichen Gründe, die im Interesse der staatlichen Sicherheitsinteressen eine Einschränkung der Bieterrechte erfordern, in einem **Vergabevermerk** zu dokumentieren.[13] 13

II. Preisgabe von Auskünften (Nr. 2)

§ 117 Nr. 2 GWB stellt öffentliche Aufträge und Wettbewerbe frei, die Verteidigungs- oder Sicherheitsaspekte umfassen, soweit die Voraussetzungen des Art. 346 Abs. 1 lit. a AEUV erfüllt sind.[14] 14

Gemäß **Art. 346 Abs. 1 lit. a AEUV** ist ein Mitgliedstaat nicht verpflichtet, „Auskünfte zu erteilen, deren Preisgabe seines Erachtens seinen wesentlichen Sicherheitsinteressen widerspricht". Die dabei implizit vorausgesetzten Auskunftspflichten kommen vor allem gegenüber den Organen der Europäischen Union in Betracht, können aber auch im Zusammenhang mit dem Vergabeverfahren oder der Auftragsausführung gegenüber einzelnen Wirtschaftsteilnehmern bestehen. 15

Der praktische **Anwendungsbereich** dieser Ausnahmebestimmung ist gering, da § 107 Abs. 2 Nr. 1 GWB bereits eine inhaltsgleiche[15] allgemeine Ausnahme enthält.[16] 16

III. Geheimschutz/Besondere Sicherheitsmaßnahmen (Nr. 3)

§ 117 Nr. 3 GWB stellt öffentliche Aufträge und Wettbewerbe frei, die für geheim erklärt werden oder nach den Rechts- oder Verwaltungsvorschriften besondere Sicherheitsmaßnahmen erfordern. In Übereinstimmung mit den zugrunde liegenden Richtlinienbestimmungen[17] greift die Bestimmung ausdrücklich das Verhältnismäßigkeitsgebot auf: Die Ausnahme ist nicht anzuwenden, wenn die schutzwürdigen Sicherheitsbelange durch weniger einschneidende Maßnahmen gewährleistet werden können. 17

1. Geheimschutz

Freigestellt sind gemäß § 117 Nr. 3 GWB Aufträge, deren Vergabe und Ausführung für geheim erklärt werden. Dabei genügt es, dass entweder die Vergabe oder die Ausführung des Auftrags entsprechend eingestuft werden.[18] Dieser Ausnahmetatbestand eröffnet dem öffentlichen Auftraggeber die Möglichkeit, Aufträge zum Schutz betroffener Sicherheitsbelange nach Maßgabe der Geheimschutzbestimmungen verschlossen zu halten.[19] Maßgeblich 18

---

12 Vgl. *Höß*, in: Heuvels/Höß/Kuß/Wagner, Vergaberecht, 1. Auflage, § 100 GWB Rn. 56.

13 Vgl. VK Niedersachsen, Beschluss v. 9.10.2015 – VgK-39/2015, 9 f.; *Antweiler*, in: Ziekow/Völlink, Vergaberecht, § 117 GWB Rn. 10.

14 Die Bestimmung dient der Umsetzung von Art. 15 Abs. 2 UAbs. 2 RL 2014/24/EU und Art. 24 Abs. 2 UAbs. 2 RL 2014/25/EU und orientiert sich ausweislich der Gesetzesbegründung (VergRModG 2016, BT-Drs. 18/6281, 96) am Wortlaut des bisherigen § 100 Abs. 6 Nr. 1 GWB a.F. Es darf gleichwohl bezweifelt werden, dass es geboten war, diesen Ausnahmetatbestand in den Katalog des § 117 GWB aufzunehmen. Immerhin enthält § 107 Abs. 2 Nr. 1 GWB bereits eine inhaltsgleiche allgemeine Ausnahme.

15 Insofern kann auf die dortige Kommentierung verwiesen werden.

16 Vgl. *Otting*, in: Burgi/Dreher, Vergaberecht, § 117 GWB Rn. 13; *Krohn*, in: Gabriel/Krohn/Neun, Handbuch Vergaberecht, § 57 Rn. 110.

17 Art. 15 Abs. 3 RL 2014/24/EU und Art. 24 Abs. 3 RL 2014/25/EU.

18 *Krohn*, in: Gabriel/Krohn/Neun, Handbuch Vergaberecht, § 57 Rn. 112; a.A. *Otting*, in: Burgi/Dreher, Vergaberecht, § 117 GWB Rn. 15 und *Thiele*, in: Säcker, Wettbewerbsrecht, § 117 GWB Rn. 6.

19 Aus der Entscheidungspraxis der Nachprüfungsinstanzen sind insbesondere zu nennen: OLG Düsseldorf, Beschluss v. 30.3.2005 – VII-Verg 101/04 (Neubau BND) zur Vergabe der geheim eingestuften Objektplanung für das Dienstgebäude des BND; VK Bund, Beschluss v. 14.7.2005 – VK 3-55/05 (BOS-Digitalfunk), in dem es um die Geheimerklärung eines Auftrages zum Betrieb eines BOS-Digitalfunks ging; Beschluss v. 9.2.2004 – VK 2-154/03 (Absicherung der Bundewehrliegenschaft Meppen) betreffend die Geheimerklärung eines Vergabevorganges durch den MAD.

hierfür sind das „Gesetz über die Voraussetzungen und das Verfahren der Sicherheitsüberprüfungen des Bundes (Sicherheitsüberprüfungsgesetz - SÜG)"[20] i.V.m. der „Allgemeinen Verwaltungsvorschrift zum materiellen und organisatorischen Schutz von Verschlusssachen – Verschlusssachenanweisung (VS-Anweisung – VSA)" sowie die entsprechenden Vorschriften der Länder. Geheimaufträge i.S.v. § 117 Nr. 3 GWB sind damit häufig zugleich Verschlusssachenaufträge gemäß § 104 Abs. 3 GWB, weshalb der praktische Anwendungsbereich der Ausnahme gering sein dürfte.

19 In **formeller Hinsicht** muss die Einstufung durch eine amtliche Stelle oder auf deren Veranlassung erfolgen, § 4 Abs. 2 SÜG. Es genügt, wenn wesentliche Teile des Auftrags (z. B. die Leistungsbeschreibung) eingestuft sind und der Auftrag nicht ohne Kenntnisnahme eingestufter Informationen ausgeführt werden kann; der gesamte Auftrag muss nicht eingestuft sein.[21]

20 **Materielle Voraussetzung** für die Einstufung ist, dass der Auftrag einen im öffentlichen Interesse geheimhaltungsbedürftigen Gegenstand betrifft, dessen Kenntnisnahme durch Unbefugte die Sicherheit der Bundesrepublik Deutschland oder ihrer Länder gefährden oder ihren Interessen Schaden zufügen kann (vgl. § 4 Abs. 1 SÜG).[22] Dabei ist zu beachten, dass die Geheimerklärung i.S.d. § 117 Nr. 3 GWB nicht identisch ist mit dem Geheimhaltungsgrad „GEHEIM" gemäß § 4 Abs. 2 SÜG. Auch Verschlusssachen, die als „VS-VERTRAULICH" eingestuft sind, rechtfertigen eine Geheimerklärung des Auftrags.[23] Die Einstufung „VS-NUR FÜR DEN DIENSTGEBRAUCH" dürfte demgegenüber zur Begründung eines Geheimauftrages nicht genügen.[24] Der öffentliche Auftraggeber hat im Hinblick auf das Vorliegen der tatbestandlichen Voraussetzungen der Geheimerklärung einen Beurteilungsspielraum. Es genügt, dass er nachvollziehbar darlegt, dass die Geheimerklärung die Vorgaben der zugrunde liegenden Rechts- und Verwaltungsvorschriften einhält. Den Nachprüfungsinstanzen obliegt es nur, zu prüfen, ob die Grenzen dieses Beurteilungsspielraums überschritten sind. Das ist z. B. der Fall, wenn die Geheimerklärung auf einem unzutreffenden Sachverhalt beruht oder ihr ansonsten unsachgemäße Erwägungen zugrunde liegen.[25] Eine missbräuchlich weite Auslegung von Geheimschutzinteressen mit dem Ziel, das Vergaberecht zu umgehen, ist nicht statthaft.[26] Der Geheimerklärung steht nicht entgegen, dass das Projekt als solches oder die Beschaffungsabsicht öffentlich bekannt sind.[27]

2. Besondere Sicherheitsmaßnahmen

21 Ausgenommen sind zudem Aufträge, deren Vergabe und Ausführung nach den Rechts- und Verwaltungsvorschriften eines EU-Mitgliedstaates besondere Sicherheitsmaßnahmen erfordern.[28] Gemeint sind Aufträge, bei deren Ausführung staatliche Sicherheitsinteressen in besonderem Maße gefährdet sind und dementsprechend durch Gesetz oder Verwaltungsvorschrift besondere Sicherheitsmaßnahmen angeordnet werden, die bei der Vergabe und Aus-

20 BGBl. I 1994 S. 867, zuletzt geändert durch Art. 4 des Gesetzes v. 7.12.2011 (BGBl. I 2011 S. 2576).

21 *Dippel*, in Dippel/Sterner/Zeiss, Beschaffung im Verteidigungs- und Sicherheitsbereich, 1. Auflage, § 100 GWB Rn. 50.

22 Vgl. *Dippel*, in: Dippel/Sterner/Zeiss, Beschaffung im Verteidigungs- und Sicherheitsbereich, 1. Auflage, § 100 GWB Rn. 50.

23 Gesetzesbegründung zu § 100 GWB a.F., VergRModG 2009, BT-Drs. 16/10117, 19; *Höß*, in: Heuvels/Höß/Kuß/Wagner, Vergaberecht, § 100 GWB Rn. 48; *Thiele*, in: Säcker, Wettbewerbsrecht, § 117 GWB Rn. 7; *Antweiler*, in: Ziekow/Völlink, Vergaberecht, § 117 GWB Rn. 14; *Ziekow*, VergabeR 2007, 711 (715).

24 Vgl. *Dippel*, in: Dippel/Sterner/Zeiss, Beschaffung im Verteidigungs- und Sicherheitsbereich, 1. Auflage, § 100 GWB Rn. 52; *Krohn*, in: Gabriel/Krohn/Neun, Handbuch Vergaberecht, § 57 Rn. 113; *Höß*, in: Heuvels/Höß/Kuß/Wagner, Vergaberecht, 1. Auflage, § 100 GWB Rn. 48.

25 OLG Düsseldorf, Beschluss v. 30.3.2005 – VII-Verg 101/04 (Neubau BND); VK Bund, Beschluss v. 14.7.2005 – VK 3-55/05 (BOS-Digitalfunk).

26 *Hailbronner*, in: Byok/Jäger, Vergaberecht, § 100 GWB Rn. 554.

27 VK Bund, Beschluss v. 14.7.2005 – VK 3-55/05 (BOS-Digitalfunk).

28 Aus der Entscheidungspraxis ist zu nennen: EuGH, Urteil v. 16.10.2003 – Rs. C-252/01 (Luftfotografie), VergabeR 2004, 56; VK Bund, Beschluss v. 30.5.2008 – VK 1-48/08 (Baumaßnahme im Anwendungsbereich des Luftsicherheitsgesetzes); Beschluss v. 12.12.2006 – VK 1-136/06 (TV-Überwachungsanlagen für Flughäfen); Beschluss v. 3.2.2006 – VK 1-01/06 (Sicherheitsüberprüfung für Wachpersonal); Beschluss v. 18.5.1999 – VK 2-8/99 (Umzug Auswärtiges Amt).

führung des Auftrags einzuhalten sind.[29] Die Entscheidung, ob an die Ausführung eines Auftrags besondere Sicherheitsanforderungen zu stellen sind, sowie die Bestimmung solcher Sicherheitsanforderungen obliegt den zuständigen staatlichen Stellen.[30]

Besondere Sicherheitsmaßnahmen sind insbesondere Sicherheitsüberprüfungen des einzusetzenden Personals nach den Sicherheitsüberprüfungsgesetzen des Bundes und der Länder.[31] So erfordert die Ausführung geheim erklärter Aufträge als besondere Sicherheitsmaßnahme eine Sicherheitsüberprüfung der mit der Ausführung befassten Personen. Bei Vorliegen der Alternative „Geheimschutz" ist folglich auch das Erfordernis besonderer Sicherheitsmaßnahmen gegeben. Besondere Sicherheitsmaßnahmen sind generell bei der Ausübung einer sicherheitsempfindlichen Tätigkeit erforderlich. Eine solche übt aus, wer Zugang zu Verschlusssachen mit der Einstufung VS-VERTRAULICH und höher hat (oder sich verschaffen kann) oder an einer sicherheitsempfindlichen Stelle innerhalb einer lebens- oder verteidigungswichtigen Einrichtung i.S.d. § 1 Abs. 4 SÜG beschäftigt werden soll.[32] Die Maßnahmen dienen dem vorbeugenden Sabotageschutz. Weitere einschlägige Vorschrift ist § 7 Abs. 1 LuftSiG. Die Bestimmung ordnet zum Schutz vor Angriffen auf die Sicherheit des Luftverkehrs eine Zuverlässigkeitsprüfung für bestimmte Personen an.[33] 22

Die Sicherheitsmaßnahme muss durch **Rechts-** oder **Verwaltungsvorschrift** vorgegeben sein. Es genügt nicht, dass die Sicherheitsmaßnahme lediglich auf Vorgaben des öffentlichen Auftraggebers beruht.[34] Zu den Rechts- oder Verwaltungsvorschriften zählen alle Bestimmungen, die unmittelbar oder mittelbar dem Schutz staatlicher Sicherheitsinteressen dienen.[35] Dies sind insbesondere die Sicherheitsüberprüfungsgesetze des Bundes und der Länder. 23

3. Verhältnismäßigkeit

Ist die Geheimerklärung nach den einschlägigen Geheimschutzbestimmungen erfolgt oder sind die tatbestandlichen Voraussetzungen der innerstaatlichen Rechts- oder Verwaltungsvorschrift, die bestimmte Sicherheitsmaßnahmen anordnet, erfüllt, ist der Auftrag damit nicht automatisch der Anwendung des GWB-Vergaberechts entzogen, sondern es bedarf einer einzelfallbezogenen Prüfung und Feststellung, dass die staatlichen Sicherheitsbelange nicht durch **weniger einschneidende Maßnahmen** gewährleistet werden können. Zu den weniger einschneidenden Maßnahmen gehören zum Beispiel Anforderungen, die auf den Schutz der Vertraulichkeit von Informationen abzielen, die der öffentliche Auftraggeber im Rahmen eines Vergabeverfahrens zur Verfügung stellt. Der öffentliche Auftraggeber hat zu prüfen, ob den schutzwürdigen Sicherheitsbelangen nicht auch durch eine spezifische Gestaltung der Ausschreibungsbedingungen, insbesondere durch bestimmte Mindestanforderungen an die Eignung von Bewerbern und Bietern, entsprochen werden kann.[36] Das nicht offene Verfahren ermöglicht es etwa, das Vergabeverfahren auf Teilnehmer zu beschränken, die der Geheimschutzbetreuung unterliegen. 24

Im Rahmen einer Verhältnismäßigkeitsprüfung hat sodann eine **Abwägung** zwischen staatlichen Sicherheitsbelangen und den Interessen der Bieter an einem mit subjektivem Rechtsschutz ausgestatteten Vergabeverfahren zu erfolgen. Aus der Abwägung muss hervorgehen, 25

---

29 VK Bund, Beschluss v. 12.12.2006 – VK 1-136/06.
30 EuGH, Urteil v. 16.10.2003 – Rs. C-252/01, VergabeR 2004, 56 (59 f.).
31 Vgl. VK Niedersachsen, Beschluss v. 9.10.2015 – VgK-39/2015.
32 VK Bund, Beschluss v. 2.2.2006 – VK 2-02/06 (zu § 1 Abs. 2 SÜG).
33 VK Bund, Beschluss v. 30.5.2008 – VK 1-48/08; Beschluss v. 12.12.2006 – VK 1-136/06.
34 VK Bund, Beschluss v. 15.7.2008 – VK 3-89/08.
35 VK Sachsen, Beschluss v. 12.6.2009 – 1/SVK/011-09 (BOS Digitalfunk Sachsen).
36 Vgl. aus der Spruchpraxis der Nachprüfungsinstanzen: EuGH, Urteil v. 16.10.2003 – Rs. C-252/01 (Luftfotografie), VergabeR 2004, 56; OLG Düsseldorf, Beschluss v. 1.8.2012 – VII-Verg 10/12 (Warnsystem), VergabeR 2012, 846 (848); Beschluss v. 8.6.2011 – VII-Verg 49/11 (Bundesdruckerei); Beschluss v. 30.3.2005 – VII-Verg 101/04 (Neubau BND); OLG Celle, Beschluss v. 3.12.2009 – 13 Verg 14/09 (Großleitstelle), VergabeR 2010, 230 (232); *Höß*, in: Heuvels/Höß/Kuß/Wagner, Vergaberecht, 1. Auflage, § 100 GWB Rn. 41 und 55; *Probst/Tews*, VergabeR 2011, 818 (828); a.A. OLG Dresden, Beschluss v. 18.9.2009 – WVerg 00003/09 (BOS-Digitalfunk Sachsen), VergabeR 2010, 90; VK Bund, Beschluss v. 30.5.2008 – VK 1-48/08; Beschluss v. 12.12.2006 – VK 1-136/06; *Noch*, VergabeR 2010, 94 f.; *Ziekow*, VergabeR 2007, 711 (717 f.).

dass gerade die Anwendung vergaberechtlicher Bestimmungen der Durchführung und Beachtung notwendiger Sicherheitsmaßnahmen entgegensteht und diese beeinträchtigen könnte. Der öffentliche Auftraggeber muss seine diesbezüglichen Erwägungen in der Vergabeakte dokumentieren.[37] Sicherheitsmaßnahmen, die völlig unabhängig von der Beschaffung durchgeführt werden müssen oder die ausschließlich die Ausführung des Auftrags betreffen, rechtfertigen es nicht, von einer wettbewerblichen Vergabe abzusehen, sofern diese ohne Gefährdung staatlicher Sicherheitsinteressen durchgeführt werden könnte.[38] Nur wenn festgestellt ist, dass die durch die Anwendung der vergaberechtlichen Bestimmungen zu besorgende Beeinträchtigung der staatlichen Sicherheitsbelange so schwerwiegend ist, dass demgegenüber die Bieterinteressen zurückzutreten haben, darf von der Anwendung des GWB-Vergaberechts abgesehen werden.[39]

IV. Vergabeverfahren nach internationalen Regeln (Nr. 4 und 5)

26 § 117 Nr. 4 und 5 GWB enthalten Ausnahmen für die Vergabe öffentlicher Aufträge, die Verteidigungs- oder Sicherheitsaspekte umfassen, wenn der öffentliche Auftraggeber verpflichtet ist, diese auf der Grundlage anderer, internationaler Verfahrensregeln vorzunehmen.

27 **Zweck** der Regelung ist es, Kollisionen zwischen gemeinschaftsrechtlichem Vergaberecht und spezielleren Vergabeverfahrensregeln, die ein öffentlicher Auftraggeber in Deutschland aufgrund internationaler Abkommen anzuwenden hat, zu verhindern.[40]

1. Vergabeverfahren nach internationalen Verträgen für gemeinsame Projekte mit Nicht-EWR-Staaten (Nr. 4 lit. a)

28 § 117 Nr. 4 lit. a GWB betrifft Auftragsvergaben im Zusammenhang mit zwischenstaatlichen Gemeinschaftsprojekten. Bei diesen gilt das GWB-Vergaberecht nicht, wenn der öffentliche Auftraggeber verpflichtet ist, die Vergabe nach den in der internationalen Vereinbarung über das gemeinsame Projekt festgelegten Regeln vorzunehmen. § 117 Nr. 4 lit. a GWB stimmt weitgehend mit § 109 Abs. 1 Nr. 1 lit. a GWB überein, der als allgemeine Ausnahme auch für die von § 117 GWB erfasste Auftragskategorie gilt. Da ein darüber hinausgehender Regelungsgehalt fehlt, ist die praktische Relevanz der Ausnahme gering.[41]

29 Die Begriffe internationale „**Übereinkunft**" und „**Vereinbarung**" werden synonym verwendet: Es muss sich um eine verbindliche vertragliche Vereinbarung zwischen Staaten unter Einschluss der Bundesrepublik Deutschland handeln. Freigestellt sind Auftragsvergaben, die Verteidigungs- oder Sicherheitsaspekte umfassen, im Zusammenhang mit zwischenstaatlichen Gemeinschaftsprojekten, für die andere Verfahrensregeln vereinbart sind. Drittstaaten sollen im Rahmen von Abkommen mit EU-Mitgliedstaaten nicht gezwungen sein, eine Auftragsvergabe nach den Vergaberichtlinien der Europäischen Union zu akzeptieren, wenn ein EU-Mitgliedstaat die Projektdurchführung übernommen hat.[42] Derartige Aufträge können nach den in dem zwischenstaatlichen Abkommen vereinbarten Verfahren vergeben werden. Beispiele für zwischenstaatliche Gemeinschaftsprojekte sind Bau- und Infrastrukturvorhaben in Drittländern im Rahmen von internationaler Rüstungskooperation oder polizeilicher Zusammenarbeit. Voraussetzung ist, dass die Verfahrensregeln in einem Abkommen zwischen der Bundesrepublik Deutschland (und gegebenenfalls weiterer EU-Mitgliedstaaten) und mindestens einem Staat, der nicht dem Europäischen Wirtschaftsraum angehört, vereinbart sind, wobei

---

37 OLG Düsseldorf, Beschluss v. 10.9.2009 – VII-Verg 12/09 (IT-Vor-Ort-Service), VergabeR 2010, 83 (87); VK Niedersachsen, Beschluss v. 9.10.2015 – VgK-39/2015.

38 *Höß*, in: Heuvels/Höß/Kuß/Wagner, Vergaberecht, 1. Auflage, § 100 GWB Rn. 56.

39 OLG Düsseldorf, Beschluss v. 10.9.2009 – VII-Verg 12/09, VergabeR 2010, 83; vgl. *Dippel*, in: Dippel/Sterner/Zeiss, Beschaffung im Verteidigungs- und Sicherheitsbereich, 1. Auflage, § 100 GWB Rn. 57.

40 Vgl. auch die weitgehend wortgleiche Parallelvorschrift § 109 GWB sowie § 145 Nr. 7 lit. a GWB für verteidigungs- und sicherheitsspezifische öffentliche Aufträge.

41 *Antweiler*, in: Ziekow/Völlink, Vergaberecht, § 117 GWB Rn. 18.

42 *Müller*, in: Daub/Eberstein, VOL/A, § 1a Rn. 159.

Vertragsparteien auch „Untereinheiten" von Staaten, wie z. B. Gebietskörperschaften, sein können. Projektverträge mit (Staats-) Unternehmen sind hingegen nicht erfasst.

Das zwischenstaatliche Abkommen muss seinerseits ausdrücklich („im Einklang mit den EU-Verträgen") **mit EU-Recht vereinbar** sein, darf also nicht unter Verstoß gegen die Kompetenzordnung der Europäischen Union oder materielles EU-Recht zustande gekommen sein. Ob Übereinstimmung sowohl mit dem europäischen Primärrecht als auch mit dem Sekundärrecht (Verordnungen, Richtlinien) gefordert ist, lässt die Bestimmung offen. Das Abkommen ist seitens der Bundesrepublik Deutschland (bzw. eines anderen beteiligten Mitgliedstaates) der Kommission mitzuteilen, die hierzu den Beratenden Ausschuss für öffentliche Aufträge anhören kann.[43] 30

2. Beschaffungen im Zusammenhang mit der Stationierung von Truppen (Nr. 4 lit. b)

Keine Anwendung findet das GWB-Vergaberecht auf Aufträge, die Verteidigungs- oder Sicherheitsaspekte umfassen und aufgrund eines internationalen Abkommens im Zusammenhang mit der Stationierung von Truppen vergeben werden. Die Auftragsvergabe soll hier vorrangig nach den im jeweiligen Truppenstationierungsabkommen vereinbarten Verfahren erfolgen. § 117 Nr. 4 lit. b GWB statuiert insoweit einen Anwendungsvorrang für die auf internationalen Abkommen beruhenden Verfahrensregeln. Für verteidigungs- und sicherheitsspezifische öffentliche Aufträge enthält § 145 Nr. 7 lit. b GWB eine vergleichbare Ausnahmebestimmung. 31

Die sperrige und missglückte Formulierung, wonach das Stationierungsabkommen **Unternehmen** betreffen muss, „die ihren Sitz in der Bundesrepublik Deutschland oder einem Staat haben, der nicht Vertragspartei des Übereinkommens über den Europäischen Wirtschaftsraum ist", kann für die Rechtsanwendung außer Acht gelassen werden. Ausweislich der zugrunde liegenden Richtlinienbestimmungen[44] sind „die Unternehmen eines Mitgliedstaates oder eines Drittstaates" gemeint, d.h. potentiell alle Unternehmen weltweit, weshalb diesem Zusatz kein eigenständiger Erklärungswert zukommt. Auftragsvergaben aufgrund von Stationierungsabkommen sind generell freigestellt. 32

Die Begriffe „internationale **Übereinkunft**" und „internationale **Vereinbarung**" werden synonym verwendet. Es muss sich um eine verbindliche vertragliche Vereinbarung handeln. Eine Übereinstimmung des Stationierungsabkommen mit EU-Recht ist anders als in § 117 Nr. 4 lit. a GWB nicht gefordert. 33

Wichtigster **Anwendungsfall** sind nicht-militärische Beschaffungen der in Deutschland stationierten Truppen einschließlich deren zivilem Gefolge auf der Grundlage des NATO-Truppenstatuts[45] und des Zusatzabkommens.[46] Im Geltungsbereich dieser Abkommen können die von der ausländischen Truppe benötigten Lieferungen und Leistungen entweder unmittelbar durch die Behörden der ausländischen Truppe oder – nach vorheriger Vereinbarung – mittelbar durch die deutschen Behörden beschafft werden. In beiden Fällen kann dies nach den Verfahrensregeln des Stationierungsabkommens geschehen. Das GWB-Vergaberecht findet keine Anwendung.[47] 34

43 Art. 17 Abs. 1 UAbs. 2 RL 2014/24/EU, Art. 27 Abs. 1 UAbs. 2 RL 2014/25/EU.

44 Art. 17 Abs. 1 lit. b RL 2014/24/EU, Art. 27 Abs. 1 lit. b RL 2014/25/EU.

45 Abkommen zwischen den Parteien des Nordatlantikvertrages über die Rechtsstellung ihrer Truppen (NATO-Truppenstatut) vom 19. Juni 1951 (BGBl. II 1961 S. 1190).

46 Zusatzabkommen zu dem Abkommen zwischen den Parteien des Nordatlantikvertrages über die Rechtsstellung ihrer Truppen hinsichtlich der in der Bundesrepublik Deutschland stationierten ausländischen Truppen vom 3. August 1959 (BGBl. II 1961 S. 1183, 1218). Die Abkommen haben gemäß Art. 59 Abs. 2 GG den Rang einfachen Bundesrechts. Näher *Riese*, Vergaberecht, S. 39 ff.; *Müller*, in: Daub/Eberstein, VOL/A, § 1 Rn. 44 ff.; zur Errichtung von Reihen- und Doppelhäusern für Angehörige der US-Streitkräfte siehe VK Bund, Beschluss v. 20.12.2005 – VK 2-156/05.

47 VK Bund, Beschluss v. 9.1.2013 – VK 2-140/12; *Otting*, in: Burgi/Dreher, Vergaberecht, § 117 GWB Rn. 24; *Krohn*, in: Gabriel/Krohn/Neun, Handbuch Vergaberecht, § 57 Rn. 122.

3. Vergabeverfahren internationaler Organisationen (Nr. 4 lit. c)

35 § 117 Nr. 4 lit. c GWB stellt öffentliche Aufträge und Wettbewerbe, die Verteidigungs- oder Sicherheitsaspekte umfassen und aufgrund des besonderen Verfahrens einer internationalen Organisation vergeben werden, von der Anwendung des GWB-Vergaberechts frei.

36 **Zweck** der Bestimmung ist es, dem Anwendungsvorrang der spezielleren Verfahrensregeln einer internationalen Organisation zur Wirkung zu verhelfen. Die Bestimmung ermöglicht es öffentlichen Auftraggebern in Deutschland, bei Auftragsvergaben für eine internationale Organisation das bei einer internationalen Organisation geltende Verfahren anzuwenden.[48]

37 § 117 Nr. 4 lit. c GWB stimmt fast wörtlich mit der auch hier geltenden **allgemeinen Ausnahme** des § 109 Abs. 1 lit. b GWB überein, so dass praktisch kein eigener Anwendungsbereich verbleibt.[49] Für den Bereich der verteidigungs- und sicherheitsspezifischen öffentlichen Aufträge enthält § 145 Nr. 7 lit. c GWB eine spezielle Bereichsausnahme.

4. Vergabeverfahren internationaler Organisationen oder internationaler Finanzierungseinrichtungen bei Finanzierung durch diese (Nr. 5)

38 § 117 Nr. 5 GWB stellt öffentliche Aufträge und Wettbewerbe, die Verteidigungs- oder Sicherheitsaspekte umfassen, frei, die ein öffentlicher Auftraggeber an sich nach den Regeln des GWB-Vergaberechts zu vergeben hätte, die er jedoch nach den Vergaberegeln einer internationalen Organisation oder internationalen Finanzierungseinrichtung (z. B. Internationale Währungsfonds) vergibt, wenn diese das Vorhaben vollständig finanziert.

39 **Hintergrund** dieser mit dem VergRModG 2016 aufgenommenen Ausnahme ist, dass der öffentliche Auftraggeber bei vollständiger Drittfinanzierung durch internationale Organisationen oder Finanzierungseinrichtungen nicht gezwungen sein soll, die Vergabe nach den Bestimmungen des EU-Vergaberechts durchzuführen. Der öffentliche Auftraggeber soll die Vergabe nach den Regeln der das Vorhaben vollständig finanzierenden internationalen Organisation oder Finanzierungseinrichtung durchführen dürfen, die ihre Finanzierungszusage möglicherweise von der Anwendung ihrer Verfahren abhängig macht. § 117 Nr. 5 GWB entspricht inhaltlich der allgemeinen Ausnahme des § 109 Abs. 1 Nr. 2 GWB.

40 Im Unterschied zu § 117 Nr. 4 lit. c GWB ist der öffentliche Auftraggeber nach § 117 Nr. 5 S. 2 GWB nicht bereits von Rechts wegen **verpflichtet**, die Vergaberegeln einer internationalen Organisation anzuwenden. Er soll dies aber entsprechend vereinbaren dürfen.

41 Während die Auftragsvergabe bei vollständiger **Drittfinanzierung** und entsprechenden Vergaberegeln der finanzierenden internationalen Einrichtung von den Bestimmungen des GWB-Vergaberechts freigestellt ist, gilt dies nach § 117 Nr. 5 S. 2 GWB bei einer überwiegenden Kofinanzierung (> 50 %) nur, wenn dies zwischen der kofinanzierenden Einrichtung und dem öffentlichen Auftraggeber (den „Parteien") so vereinbart ist. Fehlt es an einer diesbezüglichen Vereinbarung, gilt das Vergaberecht der §§ 97 ff. GWB. Wenn der Finanzierungsbeitrag der internationalen Organisation oder Finanzierungseinrichtung weniger als 50 % beträgt, muss die Vergabe nach den Bestimmungen des GWB-Vergaberechts erfolgen (sofern kein anderer Ausnahmetatbestand einschlägig ist).

C. Rechtsschutz

42 Im **Nachprüfungsverfahren** ist das Vorliegen der Voraussetzungen einer der in § 117 GWB genannten Ausnahmen seitens der Nachprüfungsinstanzen von Amts wegen zu prüfen. Liegen die Voraussetzungen eines Ausnahmetatbestandes vor, gilt Teil 4 GWB für den gesamten Auftrag nicht.[50] Der Nachprüfungsantrag ist unzulässig.[51] Der Rechtsschutz ist in solchen Fäl-

48 *Hailbronner*, in: Byok/Jäger, Vergaberecht, § 100 GWB Rn. 551.
49 Auf die Kommentierung zu § 109 Abs. 1 lit. b GWB kann daher verwiesen werden.
50 OLG Düsseldorf, Beschluss v. 30.3.2005 – VII-Verg 101/04 (Neubau BND).
51 VK Sachsen, Beschluss v. 29.8.2008 – 1/SVK/042-08; VK Bund, Beschluss v. 3.2.2006 – VK 1-01/06.

len auf eine Kontrolle durch die Nachprüfungsinstanzen darauf beschränkt, ob die Voraussetzungen des Ausnahmetatbestandes von der Vergabestelle zutreffend angenommen worden sind. Dazu gehört es auch, zu prüfen, ob die Vergabestelle bei der Anwendung unbestimmter Rechtsbegriffe die Grenzen ihres (weiten) Beurteilungsspielraums überschritten bzw. sachfremde Erwägungen angestellt hat.[52]

Sofern das **Nachprüfungsverfahren nicht statthaft** ist, können Unternehmen um Rechtsschutz vor den Zivilgerichten bzw. in Einzelfällen auch vor den Verwaltungsgerichten nachsuchen.[53] Eine Verweisung an das zuständige Zivil- oder Verwaltungsgericht erfolgt jedoch nicht. **43**

Anlage

Gesetzesbegründung – VergRModG 2016 (BT-Drs. 18/6281)

Seite 95

§ 117 setzt Artikel 15 Absatz 2 und 3, Artikel 17 der Richtlinie 2014/24/EU sowie Artikel 24 Absatz 2 und 3, Artikel 27 der Richtlinie 2014/25/EU um. Artikel 15 und Artikel 17 der Richtlinie 2014/24/EU sowie Artikel 24 und Artikel 27 der Richtlinie 2014/25/EU regeln die Anwendung des Vergaberechts auf Aufträge und Wettbewerbe, die Verteidigungs- oder Sicherheitsaspekte beinhalten. Artikel 15 Absatz 2 und 3 und Artikel 17 der Richtlinie 2014/24/EU sowie Artikel 24 Absatz 2 und 3 und Artikel 27 der Richtlinie 2014/25/EU erfassen die besonderen Ausnahmen vom Vergaberecht für solche Aufträge, die Verteidigungs- oder Sicherheitsaspekte umfassen, ohne die Voraussetzungen des Artikel 2 der Richtlinie 2009/81/EG bzw. § 104 zu erfüllen, und die daher nicht in den besonderen Ausnahmebereich der Artikel 8, 12 und 13 der Richtlinie 2009/81/EG fallen, siehe Artikel 15 Absatz 1 Buchstabe a) und b) der Richtlinie 2014/24/EU und Artikel 24 Absatz 1 Buchstabe a) und b) der Richtlinie 2014/25/EU.

Auch im Hinblick auf die in § 117 Nummer 1 bis 3 vorgesehenen Ausnahmen müssen Auftraggeber im Einzelfall bei der Vergabe öffentlicher Aufträge, die Verteidigungs- oder Sicherheitsaspekte umfassen, prüfen, ob die jeweiligen Voraussetzungen erfüllt sind. Daher wurde auf eine Konkretisierung bestimmter Bereiche (bislang § 100 Absatz 8 Nummer 3 GWB) verzichtet.

Zu Nummer 1

§ 117 Nummer 1 setzt Artikel 15 Absatz 2 Unterabsatz 1 der Richtlinie 2014/24/EU und Artikel 24 Absatz 2 Unterabsatz 1 der Richtlinie 2014/25/EU um. Im Gegensatz zu Artikel 346 Buchstabe b des Vertrags über die Arbeitsweise der Europäischen Union erweitern Artikel 15 Absatz 2 Unterabsatz 1 der Richtlinie 2014/24/EU

Seite 96

und Artikel 24 Absatz 2 Unterabsatz 1 der Richtlinie 2014/25/EU die Ausnahme von der Anwendung des Vergaberechts über die Erzeugung von Waffen, Munition und Kriegsmaterial oder den Handel damit auf sämtliche Verträge, die Verteidigungs- oder Sicherheitsaspekte aufweisen, ohne in den Anwendungsbereich der Richtlinie 2009/81/EG zu fallen. Gleichzeitig greifen Artikel 15 Absatz 2 Unterabsatz 1 der Richtlinie 2014/24/EU und Artikel 24 Absatz 2 Unterabsatz 1 der Richtlinie 2014/25/EU zum Zwecke der Klarstellung ausdrücklich den Grundsatz der Verhältnismäßigkeit auf. Artikel 15 Absatz 2 Unterabsatz 1 der Richtlinie 2014/24/EU und Artikel 24 Absatz 2 Unterabsatz 1 der Richtlinie 2014/25/EU lassen die Ausnahme vom Vergaberecht nämlich nur insoweit zu, als der Schutz wesentlicher Sicherheitsinteressen eines Mitgliedsstaats nicht durch weniger einschneidende Maßnahmen gewährleistet werden kann. Zu den weniger einschneidenden Maßnahmen gehören zum

52 *Hölzl*, in: von Wietersheim, Vergaben im Bereich Verteidigung und Sicherheit, 177 (183 f.).
53 Näher: *Hölzl*, in: von Wietersheim, Vergaben im Bereich Verteidigung und Sicherheit, 177 (184 ff.); *Renner/Rubach-Larsen/Sterner*, NZBau 2007, 407.

Beispiel Anforderungen, die auf den Schutz der Vertraulichkeit solcher Informationen abzielen, die der öffentliche Auftraggeber im Rahmen eines Vergabeverfahrens zur Verfügung stellt.

Zu Nummer 2

§ 117 Nummer 2 dient der Umsetzung von Artikel 15 Absatz 2 Unterabsatz 2 der Richtlinie 2014/24/EU und Artikel 24 Absatz 2 Unterabsatz 2 der Richtlinie 2014/25/EU. Artikel 15 Absatz 2 Unterabsatz 2 der Richtlinie 2014/24/EU und Artikel 24 Absatz 2 Unterabsatz 2 der Richtlinie 2014/25/EU nehmen ausdrücklich Artikel 346 Buchstabe a des Vertrags über die Arbeitsweise der Europäischen Union in Bezug. Die Fassung der neu in § 117 Nummer 2 übernommenen Ausnahme für Aufträge, die Verteidigungs- oder Sicherheitsaspekte beinhalten, orientiert sich am Wortlaut der bisherigen allgemeinen Ausnahme gemäß § 100 Absatz 6 Nummer 1 GWB.

Zu Nummer 3

§ 117 Nummer 3 setzt Artikel 15 Absatz 3 der Richtlinie 2014/24/EU und Artikel 24 Absatz 3 der Richtlinie 2014/25/EU in das deutsche Recht um. Anders als Artikel 14 der Richtlinie 2004/18/EG greifen Artikel 15 Absatz 3 der Richtlinie 2014/24/EU und Artikel 24 Absatz 3 der Richtlinie 2014/25/EU wiederum zum Zwecke der Klarstellung ausdrücklich das Verhältnismäßigkeitsgebot auf. Das Vergaberecht ist nicht anzuwenden, sofern der Mitgliedstaat festgestellt hat, dass die betreffenden wesentlichen Interessen nicht durch weniger einschneidende Maßnahmen gewährleistet werden können. Zu den weniger einschneidenden Maßnahmen gehören zum Beispiel Anforderungen, die auf den Schutz der Vertraulichkeit solcher Informationen abzielen, die der öffentliche Auftraggeber im Rahmen eines Vergabeverfahrens zur Verfügung stellt.

Zu Nummer 4

§ 117 Nummer 4 Buchstaben a, b und c dient der Umsetzung von Artikel 17 Absatz 1 Buchstaben a, b und c der Richtlinie 2014/24/EU und Artikel 27 Absatz 1 Buchstaben a), b) und c) der Richtlinie 2014/25/EU.

Zu Nummer 5

§ 117 Nummer 5 setzt Artikel 17 Absatz 2 der Richtlinie 2014/24/EU und Artikel 27 Absatz 2 der Richtlinie 2014/25/EU um.

§ 118 GWB
Bestimmten Auftragnehmern vorbehaltene öffentliche Aufträge

(1) Öffentliche Auftraggeber können das Recht zur Teilnahme an Vergabeverfahren Werkstätten für Menschen mit Behinderungen und Unternehmen vorbehalten, deren Hauptzweck die soziale und berufliche Integration von Menschen mit Behinderungen oder von benachteiligten Personen ist, oder bestimmen, dass öffentliche Aufträge im Rahmen von Programmen mit geschützten Beschäftigungsverhältnissen durchzuführen sind.

(2) Voraussetzung ist, dass mindestens 30 Prozent der in diesen Werkstätten oder Unternehmen Beschäftigten Menschen mit Behinderungen oder benachteiligte Personen sind.

Übersicht

	Rn.
A. Allgemeines	1
I. Zweck der Norm	2
II. Unionsrechtlicher Hintergrund	4
III. Umsetzung	7
IV. Verhältnis zu § 224 SGB IX	11
B. Anwendungsbereich	15
C. Möglichkeiten der Privilegierung (Abs. 1)	16
I. Vorbehalt zugunsten bestimmter Einrichtungen (Alt. 1)	20
1. Werkstätten für Menschen mit Behinderungen (Var. 1)	22
2. Unternehmen mit dem Hauptzweck der sozialen und beruflichen Integration von Menschen mit Behinderungen oder benachteiligten Personen (Var. 2)	26
II. Programme mit geschützten Beschäftigungsverhältnissen (Alt. 2)	34
III. Rechtsfolge	38
D. Schwellenwert (Abs. 2)	41
E. Rechtsschutz	47
Anlage Gesetzesbegründung	

A. Allgemeines

1 § 118 Abs. 1 GWB ermöglicht den öffentlichen Auftraggebern im Rahmen seiner ersten Alternative, ein Vergabeverfahren von vornherein auf den Kreis der in § 118 Abs. 1 GWB genannten Einrichtungen zu beschränken. Wettbewerb findet in diesem Fall nur noch zwischen Werkstätten und Sozialunternehmen statt, nicht jedoch mehr mit dem freien Wirtschaftsraum.[1] Strukturell bedingte Wettbewerbsnachteile gegenüber gewerblichen Unternehmen sollen damit eliminiert werden. Die zweite Alternative des § 118 Abs. 1 GWB sieht vor, dass der öffentliche Auftraggeber von vornherein bestimmen kann, den konkreten Auftrag im Rahmen von Programmen mit geschützten Beschäftigungsverhältnissen durchführen zu lassen.

I. Zweck der Norm

2 Beschäftigung und Beruf tragen wesentlich zur Integration von Menschen mit Behinderungen und benachteiligten Personen in die Gesellschaft bei.[2] Sowohl Werkstätten für Menschen mit Behinderungen als auch Unternehmen, deren Zweck in der sozialen und beruflichen Integration dieser Personen liegt, spielen – so Erwägungsgrund 36 RL 2014/24/EU, Erwägungsgrund 51 RL 2014/25/EU und die Ausführungen des Gesetzgebers[3] – dabei eine wichtige Rolle. Sie bieten Raum für Arbeit und Betätigung, Eingliederungsmaßnahmen sowie Fort- und

1 *Neun/Otting,* EuZW 2014, 446 (448).
2 Gesetzesbegründung zu § 118 GWB, VergRModG 2016, BT-Drs. 18/6281, 96.
3 Gesetzesbegründung zu § 118 GWB, VergRModG 2016, BT-Drs. 18/6281, 96.

Weiterbildungen,[4] indem sie eine geschützte Arbeitsumgebung sowie besondere Unterstützung, Förderung und Hilfestellung für diese Personengruppen anbieten.

3 Die in § 118 GWB genannten **Einrichtungen** sind im Grundsatz betriebswirtschaftlich organisiert und konkurrieren bei der Vergabe öffentlicher Aufträge mit gewerblichen Unternehmen. Unter „normalen Wettbewerbsbedingungen" – so die Gesetzesbegründung[5] – können sie indes teilweise nur unter erschwerten Bedingungen öffentliche Aufträge erhalten,[6] da sowohl ihre Tätigkeitsfelder als auch die Mitarbeiterstruktur allein am Hauptzweck der sozialen und beruflichen Integration von Menschen mit Behinderungen, nicht jedoch nach der Marktnachfrage und Leistungsfähigkeit ausgerichtet sind. § 118 GWB dient der Stärkung der Wettbewerbsfähigkeit und einer Sicherung des laufenden Betriebs der privilegierten Einrichtungen.

II. Unionsrechtlicher Hintergrund

4 § 118 GWB beruht auf der Umsetzung der **Richtlinienvorgaben** in Art. 24 S. 1 RL 2014/23/EU, Art. 20 Abs. 1 Hs. 1 RL 2014/24/EU und Art. 38 Abs. 1 RL 2014/25/EU. Demnach können die Mitgliedstaaten „das Recht zur Teilnahme an einem Vergabeverfahren Werkstätten und Wirtschaftsteilnehmern, deren Hauptzweck die soziale und berufliche Integration von Menschen mit Behinderungen oder von benachteiligten Personen ist, vorbehalten oder sie können bestimmen, dass solche Aufträge im Rahmen von Programmen mit geschützten Beschäftigungsverhältnissen durchgeführt werden". Voraussetzung ist, dass mindestens 30 % der Arbeitnehmer dieser Werkstätten oder Wirtschaftsteilnehmer Menschen mit Behinderungen oder benachteiligte Personen sind.

5 Hintergrund dieser Regelung ist u.a. die gemäß Erwägungsgrund 3 RL 2014/23/EU, Erwägungsgrund 2 RL 2014/24/EU und Erwägungsgrund 4 RL 2014/25/EU zu fördernde Strategie „**Europa 2020** für intelligentes, nachhaltiges und integratives Wachstum".[7] Sie dient auch der Stärkung des Sozialbewusstseins sowie der Bekämpfung sozialer Ausgrenzung. In diesem Zusammenhang wird – so Erwägungsgrund 36 RL 2014/24/EU und Erwägungsgrund 51 RL 2014/25/EU – geschützten Werkstätten und anderen sozialen Unternehmen, deren Hauptanliegen die Förderung der sozialen und beruflichen Eingliederung oder Wiedereingliederung von Personen mit Behinderungen oder von benachteiligten Personen ist, eine wichtige Rolle zugewiesen. Schließlich soll gemäß Erwägungsgrund 3 RL 2014/24/EU und Erwägungsgrund 5 RL 2014/25/EU im Rahmen der Vergaberechtsreform auch dem **Übereinkommen der Vereinten Nationen** über die Rechte von Menschen mit Behinderungen vom 13.12.2006 Rechnung getragen werden.[8] Gemäß Art. 27 dieses Übereinkommens haben Menschen mit Behinderungen nicht nur ein Recht auf Arbeit; die unterzeichnenden Staaten verpflichten sich auch, durch geeignete Schritte die Verwirklichung dieses Rechts zu sichern und zu fördern.

6 Die Regelungen in Art. 24 S. 1 RL 2014/23/EU, Art. 20 Abs. 1 Hs. 1 RL 2014/24/EU und Art. 38 Abs. 1 RL 2014/25/EU knüpfen an die **früheren Regelungen** in Art. 28 RL 2004/17/EG und Art. 19 RL 2004/18/EG an. Demnach konnten die Mitgliedstaaten bereits im „Rahmen von Programmen für geschützte Beschäftigungsverhältnisse vorsehen, dass nur geschützte Werkstätten an den Verfahren zur Vergabe öffentlicher Aufträge teilnehmen oder solche Aufträge ausführen dürfen, sofern die Mehrheit der Arbeitnehmer Behinderte sind, die aufgrund der Art oder Schwere ihrer Behinderung keine Berufstätigkeit unter normalen Bedingungen ausüben können." Diese Regelungen wurden von der Bundesrepublik Deutschland nicht gesondert in nationales Recht umgesetzt. Seit 2001 bestand jedoch schon die Möglichkeit, gemäß

4 Näher *Roth/Lamm/Weyand,* DÖV 2011, 545.
5 Gesetzesbegründung zu § 118 GWB, VergRModG 2016, BT-Drs. 18/6281, 96.
6 Vgl. auch *Latzel*, NZBau 2014, 673 (678).
7 Mitteilung der Kommission v. 3.3.2010, KOM (2010) 2020 endg. – nicht im Amtsblatt veröffentlicht; http://eur-lex.europa.eu/legal-content/DE/TXT/?uri=uriserv:em0028 (abgerufen am 12.7.2022).
8 BGBl. 2006 II S. 1419 ff.; Beitritt der EU zum Übereinkommen am 23.12.2010, ABl. 2010, L 23, S. 35.

§§ 141, 143 SGB IX Aufträge der öffentlichen Hand, die von anerkannten Werkstätten für behinderte Menschen ausgeführt werden können, diesen bevorzugt anzubieten. Im Bereich der Unterschwellenvergabe sah § 3 Abs. 5 lit. j VOL/A zudem vor, dass eine freihändige Vergabe zulässig ist, wenn Aufträge ausschließlich an Werkstätten für behinderte Menschen vergeben werden sollen.

III. Umsetzung

Die Vorgaben der Vergabemodernisierungsrichtlinien sind – zur besseren Lesbarkeit – in zwei Absätzen normiert worden: § 118 Abs. 1 GWB regelt die Möglichkeiten der Förderung der im Einzelnen benannten Einrichtungen sowie der Bestimmung, den Auftrag im Rahmen geschützter Beschäftigungsverhältnisse durchzuführen; § 118 Abs. 2 GWB befasst sich allein mit den zahlenmäßigen Anforderungen an die privilegierten Unternehmen. Im Übrigen orientiert sich die in § 118 GWB verwendete Wortwahl eng an der der Richtlinien. 7

Die Umsetzung der in Art. 24 S. 2 RL 2014/23/EU, Art. 20 Abs. 2 RL 2014/24/EU und Art. 38 Abs. 2 RL 2014/25/EU enthaltenen Vorgabe, dass im Aufruf zum Wettbewerb auf den entsprechenden Artikel Bezug zu nehmen ist, erfolgte im Verordnungsweg.[9] Gemäß § 39 Abs. 2 VgV, § 35 Abs. 2, § 36 Abs. 1 SektVO und § 19 Abs. 2 KonzVgV wird die **Auftragsbekanntmachung** nach den Mustern der VO (EU) 2015/1986 erstellt, welche unter Abschnitt III Nr. 1.5 eine Rubrik „Angaben zu vorbehaltenen Aufträgen" enthalten.[10] 8

§ 118 GWB ist ein weiterer Baustein der Implementierung **sozialer Aspekte** in das Vergaberecht i.S.v. § 97 Abs. 3 GWB.[11] Die Förderung der Integration und Beschäftigung von Menschen mit Behinderungen zählt zu den strategischen Zielsetzungen, die im Einklang mit dem Wirtschaftlichkeitsprinzip durch die Vergaberechtsreform gefördert werden sollen.[12] 9

Neben den Möglichkeiten des § 118 GWB besteht weiterhin der Weg, besondere **Ausführungsbedingungen** unter Berücksichtigung sozialer Aspekte i.S.v. § 128 Abs. 2 GWB zu formulieren. Über § 128 Abs. 2 GWB können Vertragsbedingungen gestellt werden, die etwa zahlenmäßige Vorgaben zur Beschäftigung von Menschen mit Behinderungen bei der Vertragsausführung zur Vertragsbedingung enthalten. Während durch die Möglichkeiten eines Vorbehalts zugunsten bestimmter Einrichtungen gemäß § 118 Abs. 1 Alt. 1 GWB primär die geschützten Einrichtungen bevorzugt werden, ohne dass es auf den tatsächlichen Einsatz der Menschen mit Behinderungen im Rahmen des Auftrages ankommt, gewährleisten besondere Ausführungsbedingungen infolge der erforderlichen Verbindung zum Auftrag, dass tatsächlich Menschen mit Behinderungen auch konkret während der Vertragsausführung beschäftigt werden. Insoweit liegt eine vergleichbare Schutzrichtung vor wie im Fall der Bestimmung gemäß § 118 Abs. 1 Alt. 2 GWB, die Aufträge im Rahmen von Programmen mit geschützten Beschäftigungsverhältnissen durchzuführen. 10

IV. Verhältnis zu § 224 SGB IX

§ 141 SGB IX a.F. sollte nach dem ausdrücklichen Willen des Gesetzgebers neben § 118 GWB bestehen und in seinem Anwendungsbereich unberührt bleiben.[13] Seit dem 1.1.2018 ersetzt § 224 Abs. 1 SGB IX den alten § 141 SGB IX. Demnach werden Aufträge der öffentlichen Hand, die von anerkannten Werkstätten für behinderte Menschen ausgeführt werden kön- 11

9 Gesetzesbegründung zu § 118 GWB, VergRModG 2016, BT-Drs. 18/6281, 96.

10 § 39 Abs. 2 VgV i.V.m. Anh. II VO (EU) 2015/1986; § 35 Abs. 2 SektVO i.V.m. Anh. IV VO (EU) 2015/1986; § 36 Abs. 1 SektVO i.V.m. Anh. VII VO (EU) 2015/1986; § 19 Abs. 2 KonzVgV i.V.m. Anh. XXI VO (EU) 2015/1986.

11 Vgl. auch *Antweiler*, in: Ziekow/Völlink, Vergaberecht, § 118 GWB Rn. 2.

12 Bundesministerien für Wirtschaft und Energie, Eckpunkte zur Reform des Vergaberechts, Beschluss des Bundeskabinetts vom 7.1.2015; *Schneider*, in: Langen/Bunte, Kartellrecht, § 118 GWB Rn. 4 geht grundsätzlich von einem Zurücktreten des Wirtschaftlichkeitsgrundsatzes hinter das Ziel der Förderung entsprechender Einrichtungen aus.

13 Gesetzesbegründung zu § 118 GWB, VergRModG 2016, BT-Drs. 18/6281, 96 f; so auch *Csaki*, in: Byok/Jaeger, Vergaberecht, § 118 GWB Rn. 5; *Röwekamp*, in: Röwekamp/Kus/Portz/Prieß, GWB-Vergaberecht, § 118 Rn. 4.

nen, bevorzugt diesen angeboten. Dies gilt gemäß § 224 Abs. 2 SGB IX auch für Inklusionsbetriebe.

12 Die Vorschrift des § 224 SGB IX findet ausdrücklich auf Aufträge der **öffentlichen Hand** Anwendung. Dies bezieht sich gemäß der Legaldefinition in § 154 Abs. 2 SGB IX insbesondere auf oberste Bundes- und Landesbehörden, Gebietskörperschaften und sonstige Körperschaften des öffentlichen Rechts. Es besteht keine vollständige Deckungsgleichheit mit den in § 99 GWB erwähnten öffentlichen Auftraggebern.[14]

13 § 224 SGB IX betrifft zudem allein anerkannte **Werkstätten**[15] und **Inklusionsbestriebe**, nicht aber Unternehmen, deren Hauptzweck die Integration von Menschen mit Behinderungen oder benachteiligten Personen i.S.d. § 118 Abs. 1 Alt. 1 Var. 2 GWB ist. Auch Beschäftigungsprogramme gemäß § 118 Abs. 1 Alt. 2 GWB erwähnt § 224 SGB IX nicht.

14 § 224 SGB IX entbindet – ebenso wenig wie § 114 SGB IX a.F. – nicht von der Einhaltung des Grundsatzes, Aufträge im **offenen** oder **nicht offenen Verfahren** gemäß § 119 Abs. 2 S. 1 GWB zu vergeben.[16] Gemäß der – weiterhin geltenden – Richtlinie für die Berücksichtigung von Werkstätten für Behinderte und Blindenwerkstätten bei der Vergabe öffentlicher Aufträge vom 16.6.2001[17] ist aber im Rahmen von § 141 SGB IX – bzw. nunmehr § 224 SGB IX – einem Angebot eines bevorzugten Bewerbers, sofern es ebenso wirtschaftlich oder annehmbar wie das eines nicht bevorzugten Bewerbers ist, grundsätzlich der Zuschlag zu erteilen.[18] Zudem ist den bevorzugten Bewerbern immer dann der Zuschlag zu erteilen, wenn ihr Angebotspreis den des wirtschaftlichsten Bieters um nicht mehr als 15 % übersteigt.[19] § 224 SGB IX enthält jedoch weder eine generelle Freistellung vom Vergaberecht[20] noch erlaubt er eine § 118 GWB entsprechende grundsätzliche Beschränkung eines Vergabeverfahrens auf bestimmte Einrichtungsformen.

B. Anwendungsbereich

15 § 118 GWB findet unmittelbar auf die Vergabe von öffentlichen Aufträgen durch öffentliche Auftraggeber gemäß Teil 4 Abschnitt 2 GWB Anwendung. Gemäß § 142 GWB gilt § 118 GWB jedoch auch für die Vergabe von öffentlichen Aufträgen durch Sektorenauftraggeber sowie gemäß § 154 Nr. 1 GWB für die Vergabe von Konzessionen. Auf Rahmenvereinbarungen nach § 103 Abs. 5 S. 1 GWB findet § 118 GWB mangels Ausnahmeregelung i.S.d. § 103 Abs. 5 S. 2 GWB ebenfalls Anwendung. Gemäß § 147 GWB gilt § 118 GWB dagegen mangels dortiger Inbezugnahme nicht bei der Vergabe von verteidigungs- oder sicherheitsspezifischen öffentlichen Aufträgen.

C. Möglichkeiten der Privilegierung (Abs. 1)

16 § 118 Abs. 1 GWB sieht zum einen die Möglichkeit vor, das Recht zur Teilnahme an Vergabeverfahren bestimmten Einrichtungen vorzubehalten (Alt. 1), zum anderen, zu bestimmen,

14 § 154 Abs. 2 SGB IX erfasst nicht die juristischen Personen des Privatrechts mit Aufgabenerfüllung im Allgemeininteresse (§ 99 Abs. 2 Nr. 2 GWB), Verbände, sofern deren Mitglieder aus juristischen Personen des Privatrechts gebildet werden (§ 99 Abs. 2 Nr. 3 GWB) und die in § 99 Abs. 2 Nr. 4 GWB erwähnten subventionierten juristischen Personen des Privatrechts.

15 Soweit § 118 Abs. 1 GWB vom Wortlaut her allgemein auf Werkstätten anwendbar ist ohne Beschränkung auf eine Anerkennung, siehe die Ausführungen zum Verständnis unter Rn. 22 zum Begriff der Werkstätten für Menschen mit Behinderungen.

16 *Antweiler*, in: Ziekow/Völlink, Vergaberecht, § 118 GWB Rn. 16.

17 Bundesministerium für Wirtschaft und Technologie, Richtlinie für die Berücksichtigung von Werkstätten für Behinderte und Blindenwerkstätten bei der Vergabe öffentlicher Aufträge vom 10.5.2001 – B3 – 262355/1.

18 § 3 Nr. 3 der Richtlinien für die Berücksichtigung von Werkstätten für Behinderte und Blindenwerkstätten bei der Vergabe öffentlicher Aufträge vom 10.5.2001; *Antweiler*, in: Ziekow/Völlink, Vergaberecht, § 118 Rn. 16, hält § 224 SGB IX für unionsrechtswidrig, da die Privilegierung in den Vergaberichtlinien keine Grundlage finde und das erforderliche Anerkennungsverfahren für Werkstätten ausländische Bieter mittelbar diskriminieren könnte.

19 § 3 Nr. 4 der Richtlinien für die Berücksichtigung von Werkstätten für Behinderte und Blindenwerkstätten bei der Vergabe öffentlicher Aufträge vom 10.5.2001 – B3 – 262355/1.

20 Vgl. BGH, Urteil v. 13.11.2007 – KZR 22/06; Urteil v. 7.11.2006 – KZR 2/06.

dass öffentliche Aufträge im Rahmen von Programmen mit geschützten Beschäftigungsverhältnissen durchzuführen sind (Alt. 2).

Es handelt sich um zwei gesonderte Wege, die jeweils eine **Beschränkung des Teilnehmerkreises** potentieller Bieter bewirken.[21] Im Fall eines Vorbehalts nach § 118 Abs. 1 Alt. 1 GWB oder einer Durchführungsbestimmung nach § 118 Abs. 1 Alt. 2 GWB können sich nur die Bieter erfolgreich um den Auftrag bemühen, die zu dem in § 118 Abs. 1 i.V.m. Abs. 2 GWB erfassten Teilnehmerkreis gehören. Ob der Bieter die Voraussetzungen dieses Teilnehmerkreises erfüllt, ist vom Auftraggeber in einem ersten Schritt vor der Prüfung des Vorliegens eines formal ordnungsgemäßen Angebots zu untersuchen. Die Zugehörigkeit eines Bieters zum Teilnehmerkreis richtet sich dabei allein nach den in § 118 Abs. 1 i.V.m. Abs. 2 GWB aufgestellten Anforderungen. Sofern ein Bieter nicht die Voraussetzungen des § 118 Abs. 1 i.V.m. Abs. 2 GWB erfüllt und dennoch ein Angebot abgibt, stellt sich die Frage seines Ausschlusses. §§ 53, 57 VgV erfassen diese Konstellation vom Wortlaut her nicht. Eine andere Anspruchsgrundlage ist ebenfalls nicht ersichtlich. Trotz des grundsätzlich engen Begriffsverständnisses erscheint hier allein ein auf fehlende Zulässigkeit gestützter Ausschluss entsprechend § 57 Abs. 1 Hs. 2 VgV sachgerecht. 17

Diese Beschränkung des Kreises potentieller Bieter im Rahmen eines gemäß § 119 Abs. 1 und 2 GWB offenen oder nicht offenen Verfahrens stellt eine Regelung sui generis dar. Sie ist nicht als eine **Eignungsanforderung** i.S.d. § 122 GWB zu qualifizieren,[22] da es hinsichtlich der i.S.d. § 118 Abs. 1 i.V.m. Abs. 2 GWB qualifizierten Unternehmen nicht auf ihre Fachkunde und Leistungsfähigkeit in Bezug auf den zu vergebenden Auftrag ankommt, sondern allein auf ihre Eigenschaft als Werkstatt oder Unternehmen gemäß § 118 Abs. 1 Alt. 1 GWB oder als Anbieter von Programmen mit geschützten Beschäftigungsverhältnissen i.S.d. § 118 Abs. 1 Alt. 2 GWB unter Einhaltung des Mindestbeschäftigungsanteils nach § 118 Abs. 2 GWB. Die Zugehörigkeit zu diesem Unternehmenskreis erlangt aufgrund übergeordneter sozialer Erwägungen i.S.d. § 97 Abs. 3 GWB bei der Auftragserteilung Bedeutung, nicht aber aufgrund auftragsbezogener Aspekte i.S.d. § 122 GWB. Entsprechend haben nicht unter § 118 Abs. 1 i.V.m. § 118 Abs. 2 GWB fallende Bieter unabhängig von eventueller eigener Fachkunde und Leistungsfähigkeit von vornherein keine Zuschlagschance. 18

§ 118 Abs. 1 GWB beinhaltet auch keine besondere **Ausführungsbedingung** gemäß § 128 GWB. Im Rahmen von § 118 Abs. 1 Alt. 1 GWB kommt es ausdrücklich nicht darauf an, dass bei der Auftragsausführung der Personenkreis i.S.d. § 118 Abs. 2 GWB eingesetzt wird. Soweit dies bei § 118 Abs. 1 Alt. 2 GWB zwar der Fall ist, ergibt sich jedenfalls aus der systematischen Stellung, dass auch hier eine von § 128 GWB unabhängige Möglichkeit der Einschränkung des Teilnehmerkreises normiert werden sollte, die sich lediglich an Vorgaben zur Auftragsdurchführung ausrichtet. 19

I. Vorbehalt zugunsten bestimmter Einrichtungen (Alt. 1)

Gemäß § 118 Abs. 1 Alt. 1 GWB können öffentliche Auftraggeber das Recht zur Teilnahme an Vergabeverfahren Werkstätten für Menschen mit Behinderungen und Unternehmen, deren Zweck die soziale und berufliche Integration von Menschen mit Behinderungen oder von benachteiligten Personen ist, vorbehalten. 20

Im Fall der ersten Alternative umfasst der **Vorbehalt** angesichts des insoweit deutlichen Wortlauts sowohl Werkstätten als auch Unternehmen, deren Zwecksetzung § 118 Abs. 1 Alt. 1 GWB entspricht. Diese beiden Einrichtungsarten treten mithin stets im Wettbewerb an; ein Vorbehalt nur zugunsten einer der beiden Einrichtungsarten kann nicht auf § 118 Abs. 1 Alt. 1 GWB gestützt werden. 21

21 Gesetzesbegründung zu § 118 GWB, VergRModG 2016, BT-Drs. 18/6281, 96.
22 So aber wohl *Schneider*, in: Langen/Bunte, Kartellrecht, § 118 GWB Rn. 6.

1. Werkstätten für Menschen mit Behinderungen (Var. 1)

22 Der **Begriff** der Werkstätten für Menschen mit Behinderungen wird in der Gesetzesbegründung[23] nicht näher bestimmt. Es bietet sich jedoch aufgrund der thematischen Nähe eine enge Anlehnung zu dem Begriffsverständnis im SGB IX an.[24] § 219 Abs. 1 S. 1 SGB IX definiert eine „Werkstatt für behinderte Menschen" als Einrichtung zur Teilhabe behinderter Menschen am Arbeitsleben (im Sinne des Kapitel 10 SGB IX) und zur Eingliederung in das Arbeitsleben. Ihre Aufgabe ist es, behinderten Menschen, die wegen Art oder Schwere der Behinderung nicht, noch nicht oder noch nicht wieder auf dem allgemeinen Arbeitsmarkt beschäftigt werden können, eine angemessene berufliche Bildung und Beschäftigung anzubieten sowie es zu ermöglichen, ihre Leistung- oder Erwerbsfähigkeit zu erhalten und weiterzuentwickeln (§ 219 Abs. 1 S. 2 Nr. 1 und 2 SGB IX).

23 Hinsichtlich des erfassten Personenkreises wurde auf Anregung des Bundesrates die zunächst vorgesehene Formulierung „Menschen mit Behinderung" in „**Menschen mit Behinderungen**" geändert.[25] Hiermit soll dem materiellen Hintergrund des Plurals „Behinderungen", wie er auch in der UN-Behindertenrechtskonvention[26] zum Ausdruck kommt, Geltung verschafft werden.[27] Die Begrifflichkeit soll verdeutlichen, dass es nicht allein um eine in den Menschen liegende Behinderung geht, sondern auch das Zusammenspiel mit äußeren Behinderungen, etwa Barrieren in der Gesellschaft, Bedeutung erlangt.[28] Gemäß § 3 BGG, § 2 Abs. 1 SGB IX sind Menschen behindert, wenn ihre körperliche Funktion, geistige Fähigkeit oder seelische Gesundheit mit hoher Wahrscheinlichkeit länger als sechs Monate von dem für das Lebensalter typischen Zustand abweicht und daher ihre Teilhabe am Leben in der Gesellschaft beeinträchtigt ist. Maßgeblich ist demnach eine Funktionsbeeinträchtigung oder ein Funktionsausfall.[29] Europarechtlich erweiternd ist der Begriff der Behinderung so zu verstehen, dass er eine Einschränkung erfasst, *„die u.a. auf langfristige physische, geistige oder psychische Beeinträchtigungen zurückzuführen ist, die den Betreffenden in Wechselwirkung mit verschiedenen Barrieren an der vollen und wirksamen Teilhabe am Berufsleben, gleichberechtigt mit den anderen Arbeitnehmern, hindern können"*.[30]

24 Der Gesetzgeber übernimmt nicht den in der Richtlinie zur Eingrenzung der erfassten Werkstätten verwendeten Begriff der **„geschützten" Werkstätten**.[31] Er dürfte im Hinblick auf die mit dem Begriff „geschützt" verbundene Qualifikation der Werkstatt mit dem nationalen Begriff der „anerkannten" Werkstätten i.S.d. § 225 SGB IX gleichzusetzen sein.[32] Die Gesetzesbegründung enthält keine Anhaltspunkte, aus welchen Gründen die in der Richtlinie vorgenommene Beschränkung auf „geschützte" bzw. anerkannte Werkstätten nicht übernommen wurde. Der allgemeine Hinweis in der Gesetzesbegründung auf die gewollte Umsetzung der Richtlinienvorgaben könnte dafürsprechen, dass allein im dortigen Regelungsumfang – demnach beschränkt auf die dort bezeichneten „geschützten" bzw. hier anerkannten Werkstätten – eine Normierung erfolgen sollte und damit ein Redaktionsversehen vorliegen würde. Jedenfalls spricht eine unionsrechtskonforme Auslegung dieser den Wettbewerb entgegen § 97 Abs. 1 GWB einschränkenden Norm für ein entsprechend enges Verständnis.

25 Die praktische Relevanz dieser unvollständigen Begriffsübernahme dürfte allerdings gering sein, da die im SGB IX verankerten Vergünstigungen gemäß § 225 SGB IX die **Anerkennung** einer Werkstatt voraussetzen und damit den Regelfall bilden dürften. Werkstätten für Men-

23 Gesetzesbegründung zu § 118 GWB, VergRModG 2016, BT-Drs. 18/6281, 96.
24 Auch *Csaki*, in: Byok/Jaeger, Vergaberecht, § 118 GWB Rn. 8; *Antweiler*, in: Ziekow/Völlink, Vergaberecht, § 118 GWB Rn. 10, spricht sogar von *„gleichbedeutend"*.
25 Gesetzesbeschluss, VergRModG 2016, BR-Drs. 596/15, 2.
26 BGBl. 2006 II S. 1419 ff.
27 Stellungnahme des Bundesrates zu § 118 GWB, VergRModG 2016, BT-Drs. 18/6281, 152.
28 Stellungnahme des Bundesrates zu § 118 GWB, VergRModG 2016, BT-Drs. 18/6281, 152.
29 *Ambs*, in: Erbs/Kohlhaas, Strafrechtliche Nebengesetze, § 2 SGB IX Rn. 3.
30 EuGH, Urteil v. 1.12.2016 – Rs. C-395/15 (Daoudi) Rn. 42.
31 Vgl. Art. 24 S. 1 RL 2014/23/EU; Art. 20 Abs. 1 RL 2014/24/EU, Art. 38 Abs. 1 RL 2014/25/EU.
32 Auch: *Mager*, in: Burgi/Dreher, Vergaberecht, § 118 GWB Rn. 12 f.; *Csaki*, in: Byok/Jaeger, Vergaberecht, § 118 GWB Rn. 9.

schen mit Behinderung gemäß § 219 SGB IX bedürfen gemäß § 225 SGB IX der Anerkennung, um bestimmte Privilegierungen – etwa die des § 224 SGB IX – in Anspruch nehmen zu können.[33] Das vor der Bundesagentur für Arbeit durchzuführende Anerkennungsverfahren soll insbesondere die Einheitlichkeit leistungsfähiger Werkstätten gewährleisten.[34] Die Bundesagentur für Arbeit führt zudem gemäß § 225 S. 3 SGB IX ein Verzeichnis der anerkannten Werkstätten. Anhand dieses Verzeichnisses können die öffentlichen Aufraggeber ermitteln, welche Werkstätten anerkannt sind und damit jedenfalls dem Anwendungsbereich des § 118 Abs. 1 Alt. 1 GWB unterfallen.[35]

2. Unternehmen mit dem Hauptzweck der sozialen und beruflichen Integration von Menschen mit Behinderungen oder benachteiligten Personen (Var. 2)

§ 118 GWB verweist zudem – in enger Anlehnung an den Richtlinientext – auf Unternehmen, deren Hauptzweck die soziale und berufliche Integration von Menschen mit Behinderungen oder benachteiligter Personen ist. **26**

Der Kreis der konkret erfassten **Unternehmen** wird vom Gesetzgeber nicht näher definiert.[36] Umfasst sind alle Unternehmen, deren Hauptzweck den Vorgaben des § 118 Abs. 1 Alt. 1 Var. 2 GWB entspricht. Im Unterschied zu den Werkstätten genügt allein eine Ausrichtung des Unternehmens auf die Integration von Menschen mit Behinderungen oder benachteiligten Personen. **27**

Das Gesetz verzichtet sowohl auf eine Definition des Begriffs der „**Menschen mit Behinderungen**" als auch der „**benachteiligten Personen**". Für das Begriffsverständnis der „Menschen mit Behinderungen" kann auch hier auf die Ausführungen im Rahmen der Begriffserläuterung zu den Werkstätten für Menschen mit Behinderungen zurückgegriffen werden.[37] Der Begriff der „benachteiligten Personen" ist offen. Dem Wortlaut des § 118 Abs. 1 Alt. 1 Var. 2 GWB ist weder eine Einschränkung des sachlichen Bezugs der Benachteiligung noch des quantitativen Grads zu entnehmen.[38] In den Erwägungen zu Art. 20 Abs. 1 RL 2014/24/EU[39] wird allein beispielhaft auf „Arbeitslose, Angehörige benachteiligter Minderheiten oder auf andere Weise an den Rand der Gesellschaft gedrängte Personen" verwiesen. Da die erfassten Unternehmen gemäß § 118 Abs. 1 Alt. 1 Var. 1 GWB mit den Werkstätten um vorbehaltene Aufträge konkurrieren, legt der Zweck der Vorschrift es nahe, jedenfalls vergleichbare Schutzbedürfnisse hinsichtlich der erfassten Personen und Unternehmensformen zu fordern. Der weite und unbestimmte Wortlaut der „benachteiligten Personen" ist vor diesem Hintergrund auf schwerpunktmäßig sozial benachteiligte Personen zu beschränken.[40] Die soziale Benachteiligung muss zudem hinsichtlich der zeitlichen Auswirkungen dem in § 2 BGG normierten Zeitrahmen von über sechs Monaten entsprechen. Lediglich vorübergehende oder völlig geringfügige Einschränkungen genügen nicht.[41] **28**

Hinsichtlich der erfassten Unternehmen ist das in § 118 Abs. 1 Alt. 1 Var. 2 GWB genannte Merkmal des **Hauptzwecks** eng auszulegen, um auch insoweit eine gewisse Vergleichbarkeit zu den konkurrierenden Werkstätten herzustellen. Die Gesetzesbegründung enthält keine näheren Hinweise, wie dieser Hauptzweck bestimmt wird. Angesichts der Zielrichtung von § 118 **29**

33 Grundsätzlich hat die Anerkennung Bedeutung nach dem SGB IX, SGB III, SGB XII sowie dem Gesetz über die Sozialversicherung Behinderter; *Pahlen,* in: Neumann/Pahlen/Greiner/Winkler/Jabben, SGB IX, § 225 Rn. 1.

34 *Pahlen,* in: Neumann/Pahlen/Greiner/Winkler/Jabben, SGB IX, § 225 Rn. 1.

35 Näher hierzu: *Mager,* in: Burgi/Dreher, Vergaberecht, § 118 GWB Rn. 13 ff.

36 Der Begriff des Unternehmens selbst kann unter Rückgriff auf § 2 Abs. 4 WRegG bestimmt werden und umfasst damit jede natürliche oder juristische Person oder eine Gruppe von Personen, die auf dem Markt die Lieferung von Waren, die Ausführung von Bauleistungen oder die Erbringung von sonstigen Leistungen anbietet.

37 Siehe Rn. 23.

38 *Antweiler,* in: Ziekow/Völlink, Vergaberecht, § 118 GWB Rn. 12, verneint mangels normativer Konkretisierung sogar derzeit jeden Anwendungsbereich für einen Vorbehalt nach § 118 GWB zur Förderung benachteiligter Personen.

39 Erwägungsgrund 36 RL 2014/24/EU.

40 Hierzu auch: *Csaki,* in: Byok/Jaeger, Vergaberecht, § 118 GWB Rn. 9; *Schneider,* in: Langen/Bunte, Kartellrecht, § 118 GWB Rn. 8, fasst den Begriff als Auffangtatbestand auf, der u.a. Arbeitslose, Angehörige von benachteiligten Minderheiten oder auf andere Weise an den Rand der Gesellschaft gedrängte Personen erfassen solle.

41 Vgl. zum sozialrechtlichen Bereich: *Wortha,* in: Plagemann, Anwaltshandbuch Sozialrecht, § 16 SGB III Rn. 43.

GWB dürfte es auf die überwiegende Eignung des Geschäftsbetriebs, durch seine Beschäftigungsmöglichkeiten zur Integration der erfassten Personen beizutragen, ankommen. Rein bilanziell ausgewiesene Umsatzanteile, die unter Umständen mit einem sehr geringen Personaleinsatz erzeugt werden, eignen sich aus diesen Gründen nicht für die Bestimmung des „Hauptzwecks".

30 Der Gesetzgeber verweist im Rahmen der Gesetzesbegründung[42] hinter der Begrifflichkeit der Unternehmen, welche im Hauptzweck die soziale und berufliche Integration von Menschen mit Behinderungen oder von benachteiligten Personen verfolgen, auf den Begriff der „**Sozialunternehmen**". Der Begriff der Sozialunternehmen wird im Rahmen der Gesetzesbegründung hingegen nicht näher erläutert. Hier kann – auch vor dem Hintergrund der zugrunde liegenden Richtlinien 2014/23/EU, 2014/24/EU und 2014/25/EU – auf das Verständnis der Europäischen Kommission zurückgegriffen werden. Demnach sind Sozialunternehmen *„Unternehmen, für die das sozial- oder gesellschaftliche gemeinnützige Ziel Sinn und Zweck ihrer Geschäftstätigkeit darstellt […], deren Gewinne größtenteils wieder investiert werden, um dieses soziale Ziel zu erreichen, und deren Organisationsstruktur oder Eigentumsverhältnisse dieses Ziel widerspiegeln".*[43] Dazu gehören insbesondere *„Unternehmen, die soziale Dienstleistungen erbringen und/oder Güter und Dienstleistungen für besonders schutzwürdige Bevölkerungsgruppen anbieten […], und/oder Unternehmen, die bei der Produktion von Waren bzw. der Erbringung von Dienstleistungen ein soziales Ziel anstreben (soziale und berufliche Eingliederung durch den Zugang zur Beschäftigung für Personen, die insbesondere aufgrund ihrer geringen Qualifikation oder aufgrund von sozialen oder beruflichen Problemen, die zu Ausgrenzung führen, benachteiligt sind), deren Tätigkeit jedoch auch nicht sozial ausgerichtete Güter und Dienstleistungen umfassen kann".*[44] Die Unternehmen können demnach sehr unterschiedlich sein; primär dürfte maßgeblich sein, dass sie eine gesellschaftliche Veränderung anstreben, etwa in den Bereichen Pflege, Jugendhilfe und Arbeitsmarktintegration und ihr Gewinn jedenfalls zum erheblichen Teil im Unternehmen bleibt, um im Interesse der spezifischen Zielsetzungen reinvestiert zu werden.[45]

31 Zum Bereich dieser Sozialunternehmen zählen insbesondere **Inklusionsbetriebe** i.S.d. § 215 Abs. 1 SGB IX,[46] die sowohl als selbstständige Inklusionsunternehmen als auch unternehmensinterne oder von öffentlichen Arbeitgebern geführte Betriebe (Inklusionsbetriebe) oder Abteilungen (Inklusionsabteilungen) denkbar sind. Es handelt sich um Betriebe oder Abteilungen zur Beschäftigung schwerbehinderter Menschen i.S.d. § 215 Abs. 2 SGB IX auf dem allgemeinen Arbeitsmarkt, deren Teilhabe an einer sonstigen Beschäftigung auf dem allgemeinen Arbeitsmarkt aufgrund von Art oder Schwere der Behinderung oder wegen sonstiger Umstände voraussichtlich trotz Ausschöpfens aller Förderungsmöglichkeiten und des Einsatzes von Integrationsfachdiensten auf besondere Schwierigkeiten stößt.[47] Ein Inklusionsbetrieb liegt gemäß § 215 Abs. 3 SGB IX vor, wenn mindestens 30 % der Beschäftigten schwerbehinderte Menschen sind. Diese Unternehmen unterfallen dann gemäß § 118 Abs. 2 GWB auch dem Anwendungsbereich des § 118 Abs. 1 Alt. 1 Var. 2 GWB.[48]

32 **Beschäftigungs-** und **Qualifizierungsgesellschaften** bezwecken die weitere Qualifizierung und Integration ihrer Arbeitnehmer. Von der Entlassung bedrohten Arbeitnehmern wird neben Bewerbungstraining und Arbeitsplatzvermittlung die weitere Qualifizierung angebo-

42 Gesetzesbegründung zu § 118 GWB, VergRModG 2016, BT-Drs. 18/6281, 96.
43 Mitteilung der Kommission v. 25.10.2011, Initiative für Soziales Unternehmertum, KOM (2011) 682 endgültig, S. 2; zur Begrifflichkeit auch: Centrum für soziale Investitionen und Innovationen, Social Entrepreneurship in Deutschland, August 2013, S. 7, https://www.kfw.de/PDF/Download-Center/Konzernthemen/Research/PDF-Dokumente-Studien-und-Materialien/Social-Entrepreneurship-in-Deutschland-LF.pdf, abgerufen am 26.9.2022.
44 Mitteilung der Kommission v. 25.10.2011, Initiative für Soziales Unternehmertum, KOM (2011) 682 endgültig, S. 3.
45 *Mager*, in: Burgi/Dreher, Vergaberecht, § 118 GWB Rn. 20; *Hövelberndt*, in: Reidt/Stickler/Glahs, Vergaberecht, § 118 GWB Rn. 18.
46 Auch *Antweiler*, in: Ziekow/Völlink, Vergaberecht, § 118 GWB Rn. 11.
47 Auch *Antweiler*, in: Ziekow/Völlink, Vergaberecht, § 118 GWB Rn. 11.
48 Die nach § 132 Abs. 3 SGB IX a.F. geltende Schwelle von 25 % wurde nunmehr im Gleichklang zu § 118 Abs. 2 GWB auf 30 % angehoben.

ten. Diese Gesellschaften können damit ebenfalls im Hauptzweck auf die Integration benachteiligter Personen ausgerichtet sein.

Gegenüber den in der ersten Variante des § 118 Abs. 1 Alt. 1 GWB benannten Werkstätten existiert für die von der zweiten Variante des § 118 Abs. 1 Alt. 1 GWB erfassten Unternehmen weder ein **Anerkennungsverfahren** noch ein Verzeichnis, welches dem öffentlichen Auftraggeber einen Überblick über potenzielle Bieter ermöglichen würde. Eine abschließende Aufzählung ist nicht möglich. Um die von § 118 Abs. 1 Alt. 1 GWB bezweckte Privilegierung der Werkstätten nicht durch eine zu weite Konkurrenz mit anderen Unternehmen i.S.d. § 118 Abs. 1 Alt. 1 GWB leerlaufen zu lassen, sollten bei der Prüfung des Vorliegens eines zu privilegierenden Unternehmens strenge Maßstäbe angelegt werden. 33

II. Programme mit geschützten Beschäftigungsverhältnissen (Alt. 2)

§ 118 Abs. 1 Alt. 2 GWB sieht vor, dass öffentliche Auftraggeber bestimmen können, die Aufträge im Rahmen von Programmen mit geschützten Beschäftigungsverhältnissen durchzuführen. Der Gesetzgeber übernimmt hier ebenfalls die Formulierungen der Richtlinien in Art. 24 S. 1 RL 2014/23/EU, Art. 20 Abs. 1 Hs. 1 RL 2014/24/EU und Art. 38 Abs. 1 RL 2014/25/EU, die zudem an die in den Vorgängerrichtlinien[49] vorgesehenen Möglichkeiten anknüpft. Die Beschränkung des Kreises möglicher Bieter erfolgt hier nicht einrichtungs- bzw. unternehmensbezogen wie in § 118 Abs. 1 Alt. 1 GWB (Werkstatt oder Sozialunternehmen), sondern im Hinblick auf die Frage, ob das Unternehmen intern ein Programm mit geschützten Beschäftigungsverhältnissen unterhält und den Auftrag dort durchführen lassen kann. Der Kreis möglicher Bieter ist damit erheblich größer als im Rahmen von § 118 Abs. 1 Alt. 1 GWB. 34

Der **Begriff** der Programme mit geschützten Beschäftigungsverhältnissen ist weit gefasst; Auslegungshilfen lassen sich weder der Richtlinie noch der Gesetzesbegründung entnehmen.[50] Im Kern geht es um ein geschütztes Arbeitsumfeld, welches u.a. dadurch erzielt werden kann, dass eine größere Anzahl von Stellen für Beschäftigte mit Behinderungen eingerichtet wird.[51] Zum Bereich dieser geschützten Programme zählen insbesondere Beschäftigungsverhältnisse im Rahmen des staatlich geförderten Arbeitsmarktes i.S.d. § 16e SGB II zur Eingliederung von Arbeitslosen sowie Maßnahmen nach § 115 SGB III zur Förderung der Teilhabe behinderter Menschen am Arbeitsleben,[52] ebenso geschützte Projekte für Menschen mit schweren psychischen Störungen, die im Rahmen intensiver individueller Kunst-, Arbeits- oder Beschäftigungstherapien Beschäftigungsverhältnisse unterhalten. 35

Gegenüber § 118 Abs. 1 Alt. 1 GWB privilegiert § 118 Abs. 1 Alt. 2 GWB die **tatsächliche Beschäftigung** der geschützten Personen, nicht jedoch die jeweiligen Einrichtungen.[53] 36

Verfahrensmäßig ähnelt die in § 118 Abs. 1 Alt. 2 GWB erwähnte Möglichkeit, zu „**bestimmen**", dass öffentliche Aufträge im Rahmen von Programmen mit geschützten Beschäftigungsverhältnissen durchzuführen sind, besonderen Ausführungsbedingungen i.S.v. § 128 Abs. 2 GWB. Auch durch eine Ausführungsbedingung kann der öffentliche Auftraggeber zur Verwirklichung sozialer Belange i.S.d. § 97 Abs. 3 GWB vorgeben, dass der Auftrag bzw. Auftragsteile von Arbeitnehmern in Programmen mit geschützten Beschäftigungsverhältnissen durchgeführt wird. Die praktische Relevanz von § 118 Abs. 1 Alt. 2 GWB dürfte damit gering sein.[54] 37

---

49 Art. 28 RL 2004/17/EG und Art. 19 RL 2004/18/EG.
50 Zum Begriff auch: *Mager*, in: Burgi/Dreher, Vergaberecht, § 118 GWB Rn. 23.
51 *Mager*, in: Burgi/Dreher, Vergaberecht, § 118 GWB Rn. 23.
52 *Csaki*, in: Byok/Jaeger, Vergaberecht, § 118 GWB Rn. 10; *Antweiler*, in: Ziekow/Völlink, Vergaberecht, § 118 GWB Rn. 13.
53 Auch *Csaki*, in: Byok/Jaeger, Vergaberecht, § 118 GWB Rn. 10.
54 Zum Verhältnis zu § 128 GWB allgemein auch oben unter Rn. 10.

III. Rechtsfolge

38 § 118 Abs. 1 GWB beschränkt sich auf die Darstellung von Optionen der öffentlichen Auftraggeber. Es bleibt bei beiden Alternativen die Entscheidung des öffentlichen Auftraggebers, ob er von den vorgesehenen Möglichkeiten einer Einschränkung des zuzulassenden Bieterkreises bzw. der Bestimmung, den Auftrag im Rahmen von geschützten Beschäftigungsprogrammen durchzuführen, Gebrauch macht. Die Vergabestelle hat demnach zunächst ein Entschließungsermessen.[55] Zudem steht ihr ein **Ermessensspielraum** zu, welche der dort aufgeführten Umsetzungswege sie wählt (Auswahlermessen). Die im Gesetzgebungsverfahren von der Freien Wohlfahrtspflege erhobene Forderung, die öffentlichen Auftraggeber zur regelmäßigen Anwendung des in § 118 GWB vorgesehenen Vorbehalts zu verpflichten,[56] wurde nicht umgesetzt.

39 Zu berücksichtigen ist bei der Ausübung des Ermessens stets der **Verhältnismäßigkeitsgrundsatz** gemäß § 97 Abs. 1 S. 2 GWB. Dies kann etwa dazu führen, den Vorbehalt nach § 118 GWB nur für einige Lose vorzusehen.

40 Dem Wortlaut nach bestehen keine weiteren Voraussetzungen, um von den Möglichkeiten des § 118 GWB Gebrauch zu machen, als dass es sich um eine Einrichtung i.S.v. § 118 Abs. 1 Alt. 1 GWB handelt oder aber der Auftrag im Rahmen von geschützten Beschäftigungsverhältnissen durchzuführen sein soll.[57] Die in § 224 SGB IX ausdrücklich erwähnte Bedingung, dass die dem Auftrag zugrunde liegenden Leistungen von einer Werkstatt für Menschen mit Behinderungen **ausgeführt werden kann**, findet sich in § 118 GWB nicht. Sie wird allerdings auch ungeschrieben vorauszusetzen sein. Die vom öffentlichen Auftraggeber durchzuführende Ermessensprüfung, ob von den Möglichkeiten des § 118 GWB Gebrauch gemacht werden soll, beinhaltet zwingend, in sachlicher Hinsicht zu untersuchen, ob der Auftrag – unter Berücksichtigung der konkreten Vorgaben des öffentlichen Auftraggebers – überhaupt von den in § 118 GWB genannten Einrichtungen ausgeführt werden kann.

D. Schwellenwert (Abs. 2)

41 § 118 Abs. 2 GWB regelt für die in § 118 Abs. 1 Alt. 1 GWB aufgeführten Einrichtungen einen Schwellenwert. Sowohl bei den Werkstätten als auch den in § 118 Abs. 1 Alt. 1 GWB erwähnten Unternehmen müssen mindestens 30 % der Beschäftigten Menschen mit Behinderungen oder benachteiligte Personen sein, damit sie in den Genuss der Privilegierung kommen können. Gegenüber Art. 19 RL 2004/18/EG und Art. 28 RL 2004/17/EG liegt eine signifikante Absenkung des Schwellenwertes vor; die damaligen Regelungen ermöglichten einen Vorbehalt nur, sofern mehr als die Mehrheit der Beschäftigten dem geschützten Personenkreis angehört.

42 Die etwas missverständlich einleitend in § 118 Abs. 2 GWB gewählte Formulierung der „**Voraussetzung**" ist dahingehend zu verstehen, dass die Möglichkeiten des § 118 Abs. 1 Alt. 1 GWB für den öffentlichen Auftraggeber nur bestehen, wenn die Beschränkung des Teilnehmerkreises sich auf Werkstätten oder Unternehmen bezieht, bei denen mindestens 30 % der Beschäftigten Menschen mit Behinderungen oder benachteiligte Personen sind. Dies ergibt sich auch aus dem Richtlinientext, der die Möglichkeiten der Privilegierung und den Schwellenwert mit dem Begriff „sofern" verknüpft. § 118 Abs. 2 GWB beinhaltet damit eine weitere Voraussetzung, damit der öffentliche Auftraggeber unter Beschränkung des Wettbewerbs den Markt potentieller Bieter von vornherein verengen darf und konkretisiert die Anforderungen an die Begrenzung des Teilnehmerkreises des jeweiligen Vergabeverfahrens.[58]

---

55 Ermessen ist dem Vergabeverfahren vorgelagert, aber durch die Nachprüfungsinstanzen überprüfbar: *Schneider*, in: Langen/Bunte, Kartellrecht, § 118 GWB Rn. 4; vgl. zu § 3 Nr. 4 lit. o VOL/A: OLG Düsseldorf, Beschluss v. 27.10.2004 – VII-Verg 52/04.

56 Stellungnahme der Bundesarbeitsgemeinschaft der freien Wohlfahrtspflege v. 14.8.2015 zum Gesetzentwurf der Bundesregierung zur Modernisierung des Vergaberechts, Stand 5.12.2015.

57 Keine zusätzlichen tatbestandlichen Voraussetzungen hinsichtlich § 3 Nr. 2 VOL/A erkannte bereits VK Bund, Beschluss v. 20.7.2004 – VK 3-77/04.

58 Zur dogmatischen Einordnung der Beschränkung des Teilnehmerkreises siehe Rn. 17.

43 Zur **Überprüfung** der Einhaltung des Schwellenwertes ist der öffentliche Auftraggeber auf Bietererklärungen über die geforderte Anzahl der Menschen mit Behinderungen bzw. benachteiligten Personen oder die Vorlage entsprechender Nachweise über die Zusammensetzung der Beschäftigungsverhältnisse angewiesen.[59] Da sich diese Angaben nicht auf die Eignung des Bieters beziehen, sondern die Zugehörigkeit zum privilegierten Bieterkreis belegen sollen,[60] sind die eignungsbezogenen Vorschriften über Eigenerklärungen nicht unmittelbar anwendbar.

44 Nicht maßgeblich ist, dass im Rahmen des **konkret zu vergebenden Auftrags** mindestens 30 % der Beschäftigten zum Kreis der Menschen mit Behinderungen oder benachteiligten Personen beschäftigt werden. Sowohl die Richtlinie als auch § 118 GWB nehmen allein darauf Bezug, dass in der Werkstatt bzw. dem Unternehmen der geforderte Prozentsatz erreicht wird, nicht aber, dass diese Personen auch konkret von dem privilegiert ausgeschriebenen Auftrag profitieren.

45 Eine eingehende Prüfung des Schwellenwertes ist nach Änderung des SGB XI hinsichtlich der für **Inklusionsbetriebe** erforderlichen Schwellenwerte nicht mehr erforderlich, da nunmehr gleichermaßen ein Anteil von 30 % gefordert wird.[61]

46 Vom Gesetzeswortlaut her hat dieser Schwellenwert keine Bedeutung, sofern der öffentliche Auftraggeber von § 118 Abs. 1 Alt. 2 GWB Gebrauch macht und bestimmt, dass der Auftrag im Rahmen von **Programmen für geschützte Beschäftigungsverhältnisse** durchzuführen ist. Der Gesetzgeber weicht hier von den unionsrechtlichen Vorgaben ab, die die Zulässigkeit des Vorbehalts auch für diese Programme davon abhängig macht, dass 30 % der Arbeitnehmer des jeweiligen Unternehmens Menschen mit Behinderungen oder benachteiligte Personen sind. Den Gesetzesmaterialien sind keine Gründe für die von der Richtlinie abweichende weitere Fassung zu entnehmen. Richtlinienkonform und im Hinblick auf den wettbewerbseinschränkenden Ausnahmecharakter der Norm ist damit auch im Rahmen des Durchführungsvorbehalts i.S.d. § 118 Abs. 1 Alt. 2 GWB die Quote von 30 % einzuhalten.[62]

E. Rechtsschutz

47 § 118 Abs. 1 GWB kommt **unternehmensschützender Charakter** zu.[63] Sofern ein öffentlicher Auftraggeber von den Möglichkeiten des § 118 Abs. 1 GWB Gebrauch macht, können Unternehmen, die nicht die Voraussetzungen dieses Vorbehalts erfüllen oder entsprechende Beschäftigungsprogramme durchführen, überprüfen lassen, ob der öffentliche Auftraggeber ermessensfehlerfrei die Voraussetzungen des § 118 Abs. 1 GWB angenommen hat.[64] Umgekehrt können die in § 118 Abs. 1 Alt. 1 GWB genannten Einrichtungen bzw. Unternehmen, die geschützte Beschäftigungsprogramme durchführen, überprüfen lassen, ob ein öffentlicher Auftraggeber ermessensfehlerfrei die Möglichkeiten des § 118 Abs. 1 GWB erwogen hat, bevor er sich für eine unbeschränkte Ausschreibung entschieden hat.

48 Im Rahmen der Überprüfung der **Ermessensentscheidung** ist maßgeblich, ob sie auf einem zutreffend ermittelten Sachverhalt beruht und ob die rechtlichen Grenzen zulässiger Ermessensausübung eingehalten wurden, insbesondere unsachgemäße und/oder diskriminierende Gesichtspunkte darin keinen Eingang gefunden haben.[65]

---

59 Hierzu auch: *Mager*, in: Burgi/Dreher, Vergaberecht, § 118 GWB Rn. 25.

60 Siehe oben unter Rn. 18.

61 Anders noch § 132 Abs. 3 SGB IX a.F., der allein 25 % forderte.

62 Eine zusätzliche Beschränkung dieser Quote allein auf Menschen mit Behinderungen im Hinblick auf die vage Formulierung der benachteiligten Personen, wie von *Antweiler*, in: Ziekow/Völlink, Vergaberecht, § 118 GWB Rn. 14 gefordert, lässt sich dagegen mit dem Richtlinienwortlaut nicht mehr vereinbaren. Programme für geschützte Beschäftigungsverhältnisse richten sich beispielsweise gezielt und ausschließlich an Langzeitarbeitslose, die der Gruppe von benachteiligten Personen i.S.d. § 118 Abs. 2 GWB unterfallen.

63 Auch: *Csaki*, in: Byok/Jaeger, Vergaberecht, § 118 GWB Rn. 14.

64 Näher: *Schneider*, in: Langen/Bunte, Kartellrecht, § 118 GWB Rn. 4.

65 OLG Düsseldorf, Beschluss v. 27.10.2004 – VII-Verg 52/04; entsprechend zu § 3 Abs. 5 lit. j VOL/A: *Weyand*, Vergaberecht, § 3 VOL/A Rn. 76.

Anlage

Gesetzesbegründung – VergRModG 2016 (BT-Drs. 18/6281)

Seite 96

§ 118 dient der Umsetzung des Artikels 20 Absatz 1 der Richtlinie 2014/24/EU, des Artikels 24 Satz 1 der Richtlinie 2014/23/EU und des Artikels 38 Absatz 1 der Richtlinie 2014/25/EU. Für die Vergabe öffentlicher Aufträge durch Sektorenauftraggeber und für die Vergabe von Konzessionen kommt § 118 über die Verweisung in § 142 bzw. § 154 zur Anwendung. § 118 hat keine Entsprechung im bisherigen deutschen Vergaberecht. Die Umsetzung von Artikel 20 Absatz 2 der Richtlinie 2014/24/EU, des Artikels 24 Satz 2 der Richtlinie 2014/23/EU sowie des Artikels 38 Absatz 2 der Richtlinie 2014/25/EU erfolgt auf Verordnungsebene.

Beschäftigung und Beruf tragen wesentlich zur Integration von Menschen mit Behinderung und benachteiligten Personen in die Gesellschaft bei. In diesem Zusammenhang können Werkstätten für Menschen mit Behinderung und Unternehmen, deren Hauptzweck die soziale und berufliche Integration dieser Personen ist (Sozialunternehmen), eine wichtige Rolle spielen, indem sie neben einer geschützten Arbeitsumgebung auch besondere Unterstützung, Förderung und Hilfestellung für diese Personengruppen anbieten. Unter normalen Wettbewerbsbedingungen ist es für diese Institutionen jedoch häufig schwierig, öffentliche Aufträge zu erhalten. Daher sollte den öffentlichen Auftraggebern die Möglichkeit eröffnet werden, Vergabeverfahren von vornherein auf diese Institutionen zu beschränken. Ein Wettbewerb findet in diesen Fällen nur noch zwischen Werkstätten für Menschen mit Behinderung und Sozialunternehmen statt. Die Teilnahme anderer privatwirtschaftlicher Bewerber oder Bieter ist ausgeschlossen. Von dieser Möglichkeit der Beschränkung des Teilnehmerkreises unberührt bleibt die Möglichkeit für die öffentlichen Auftraggeber zur Bevorzugung von geschützten Werkstätten bei der Zuschlagserteilung

Seite 97

nach § 141 des Neunten Buchs Sozialgesetzbuch sowie den auf dieser Grundlage angewandten Verwaltungsvorschriften.

Zu Absatz 1

§ 118 Absatz 1 übernimmt Artikel 20 Absatz 1 Satz 1 Halbsatz 1 der Richtlinie 2014/24/EU, des Artikels 24 Satz 1 Halbsatz 1 der Richtlinie 2014/23/EU sowie des Artikels 38 Absatz 1 Halbsatz 1 der Richtlinie 2014/25/EU.

Zu Absatz 2

§ 118 Absatz 2 bestimmt in Umsetzung der Vorgabe des Artikels 20 Absatz 1 Satz 1 Halbsatz 2 der Richtlinie 2014/24/EU, des Artikels 24 Satz 1 Halbsatz 2 der Richtlinie 2014/23/EU sowie des Artikels 38 Absatz 1 Halbsatz 2 der Richtlinie 2014/25/EU, dass mindestens 30 Prozent der in den Werkstätten für Menschen mit Behinderung oder in den Unternehmen Beschäftigen Menschen mit Behinderung oder benachteiligte Personen sein müssen.

Teil 4

Vergabe von öffentlichen Aufträgen und Konzessionen

Kapitel 1
Vergabeverfahren

Abschnitt 2
Vergabe von öffentlichen Aufträgen durch öffentliche Auftraggeber

Unterabschnitt 2
Vergabeverfahren und Auftragsausführung

§ 119 GWB
Verfahrensarten

(1) Die Vergabe von öffentlichen Aufträgen erfolgt im offenen Verfahren, im nicht offenen Verfahren, im Verhandlungsverfahren, im wettbewerblichen Dialog oder in der Innovationspartnerschaft.

(2) Öffentlichen Auftraggebern stehen das offene Verfahren und das nicht offene Verfahren, das stets einen Teilnahmewettbewerb erfordert, nach ihrer Wahl zur Verfügung. Die anderen Verfahrensarten stehen nur zur Verfügung, soweit dies aufgrund dieses Gesetzes gestattet ist.

(3) Das offene Verfahren ist ein Verfahren, in dem der öffentliche Auftraggeber eine unbeschränkte Anzahl von Unternehmen öffentlich zur Abgabe von Angeboten auffordert.

(4) Das nicht offene Verfahren ist ein Verfahren, bei dem der öffentliche Auftraggeber nach vorheriger öffentlicher Aufforderung zur Teilnahme eine beschränkte Anzahl von Unternehmen nach objektiven, transparenten und nichtdiskriminierenden Kriterien auswählt (Teilnahmewettbewerb), die er zur Abgabe von Angeboten auffordert.

(5) Das Verhandlungsverfahren ist ein Verfahren, bei dem sich der öffentliche Auftraggeber mit oder ohne Teilnahmewettbewerb an ausgewählte Unternehmen wendet, um mit einem oder mehreren dieser Unternehmen über die Angebote zu verhandeln.

(6) Der wettbewerbliche Dialog ist ein Verfahren zur Vergabe öffentlicher Aufträge mit dem Ziel der Ermittlung und Festlegung der Mittel, mit denen die Bedürfnisse des öffentlichen Auftraggebers am besten erfüllt werden können. Nach einem Teilnahmewettbewerb eröffnet der öffentliche Auftraggeber mit den ausgewählten Unternehmen einen Dialog zur Erörterung aller Aspekte der Auftragsvergabe.

(7) Die Innovationspartnerschaft ist ein Verfahren zur Entwicklung innovativer, noch nicht auf dem Markt verfügbarer Liefer-, Bau- oder Dienstleistungen und zum anschließenden Erwerb der daraus hervorgehenden Leistungen. Nach einem Teilnahmewettbewerb verhandelt der öffentliche Auftraggeber in mehreren Phasen mit den ausgewählten Unternehmen über die Erst- und Folgeangebote.

Übersicht Rn.

A. Allgemeines ... 1
B. Vergabe und Vergabeverfahrensarten (Abs. 1) ... 7
C. Verhältnis der Verfahrensarten (Abs. 2) ... 12
D. Offenes Verfahren (Abs. 3) ... 22
I. Grundlagen ... 22
II. Verfahrensablauf ... 26
1. Einleitung ... 26
2. Angebotsphase ... 28
E. Nicht offenes Verfahren (Abs. 4) ... 39
I. Teilnahmewettbewerb ... 41
II. Angebotswettbewerb ... 45
F. Verhandlungsverfahren (Abs. 5) ... 48
I. Anwendungsvoraussetzungen ... 50
II. Verfahrensablauf ... 57
1. Teilnehmerauswahl ... 57
2. Verhandlungsphase ... 60
G. Wettbewerblicher Dialog (Abs. 6) ... 66
I. Anwendungsvoraussetzungen ... 68
II. Verfahrensablauf ... 71
1. Teilnahmewettbewerb ... 72
2. Dialogphase ... 74
3. Angebotsphase ... 78
H. Innovationspartnerschaft (Abs. 7) ... 81
I. Anwendungsvoraussetzungen ... 83
II. Verfahrensablauf ... 90
1. Teilnahmewettbewerb ... 91
2. Verhandlungsphase ... 93
3. Forschungs- und Entwicklungsphase ... 95
4. Leistungsphase ... 96
I. Rechtsschutz ... 97
Anlage
Gesetzesbegründung

A. Allgemeines

1 § 119 GWB ist die zentrale vergabeverfahrensrechtliche Vorschrift in Teil 4 GWB. Die in § 97 GWB normierten Grundsätze einer wettbewerblichen, transparenten und nichtdiskriminierenden Auftragsvergabe finden in der Norm eine grundlegende formell-gesetzliche Konkretisierung mit Blick auf das von öffentlichen Auftraggebern i.S.v. § 99 GWB bei der Vergabe von öffentlichen Aufträgen i.S.v. § 103 Abs. 1 GWB zu beachtende Vorgehen.

2 Für Auftragsvergaben durch **Sektorenauftraggeber** i.S.v. § 100 GWB sowie bei der Vergabe von **verteidigungs- und sicherheitsrelevanten Aufträgen** i.S.v. § 104 GWB ist § 119 GWB insoweit relevant, als §§ 142, 147 GWB die Vorschrift für entsprechend anwendbar erklären. Für **Konzessionsvergaben** ist die Bestimmung dagegen ohne Bedeutung. Für diese sieht das deutsche Vergaberecht anknüpfend an die Konzessionsvergaberichtlinie 2014/23/EU keine spezifischen Verfahrensarten vor. Eine Orientierung an den in § 119 GWB ausgestalteten Verfahren ist Konzessionsgebern allerdings unbenommen.

3 In Anknüpfung an die Vorgaben der RL 2014/24/EU regelt § 119 GWB die möglichen **Vergabeverfahrensarten** und ihr **Verhältnis** zueinander.[1] Allerdings beschränkt sich die Regelung im Wesentlichen auf die Benennung der einzelnen Verfahrensarten und die Festlegung der wesentlichen Identifikationsmerkmale. Sie bedarf daher zwingend ausgestaltender Regelungen.

4 **Detaillierte Vorschriften** über den Ablauf der Vergabe der dem Teil 4 GWB unterfallenden Aufträge durch klassische öffentliche Auftraggeber enthält die auf Grundlage von § 113 GWB erlassene VgV, die für Bauaufträge durch die VOB/A ergänzt wird. Letzterer kommt oberhalb der in § 106 GWB in Bezug genommenen Schwellenwerte aufgrund § 2 VgV/§ 1 Abs. 2 EU VOB/A ebenfalls Verordnungscharakter zu. Diese **kaskadenartige Ausgestaltung** des Vergabeverfahrensrechts stellt den Rechtsanwender vor erhebliche Schwierigkeiten, macht die ohnehin komplizierte Auftragsvergabe nochmals fehleranfälliger und mag daher rechtspolitisch zu kritisieren sein. Europa- oder verfassungswidrig ist sie jedoch nicht.[2] Aufgrund seiner Defizite ist das Kaskadenmodell in neuerer Zeit deutlich zurückgedrängt worden. Die vormals durchgängige Dreistufigkeit des deutschen Vergaberechts wurde erstmals mit dem Erlass der SektVO 2009, infolge der die Anwendbarkeit der Verdingungsordnungen bei Auftragsvergaben durch Sektorenauftraggeber entfiel, grundsätzlich infrage gestellt. Für sicherheits- und verteidigungspolitische Aufträge enthält die VSVgV seit 2012 zumindest für die ihr unterfallenden Liefer- und Dienstleistungsaufträge abschließende vergabeverfahrensrechtliche Vorgaben und verweist nur noch für die Vergabe von Bauaufträgen auf die VOB/A.[3] Das Regelungsmodell der VSVgV dient zugleich in konzeptioneller Hinsicht als Vorbild für die Neustrukturierung des deutschen Vergaberechts im Zuge der Umsetzung der Richtlinien 2014/23–25/EU, in dem die Dreistufigkeit der Rechtsgrundlagen nur noch für die Vergabe von Bauaufträgen von öffentlichen Auftraggebern (einschließlich solcher, die der VSVgV unterfallen) und im Übrigen eine zweistufige und somit an den Regelfall deutscher Gesetzgebungstechnik angepasste Ausgestaltung vorgesehen ist.[4]

5 Für Auftraggeber und Unternehmen sind Ausgestaltung und Beachtung des Vergabeverfahrensrechts von essenzieller Bedeutung. Deutliche **Unterschiede der** einzelnen **Verfahrensarten** bestehen hinsichtlich der Zahl der zu beteiligenden Unternehmen, der zu beachtenden formalen Anforderungen und der Möglichkeiten der Beteiligten, auf das Verfahren Einfluss zu nehmen. Eine verfahrensrechtlich nicht ordnungsgemäße Auftragsvergabe ist rechtswidrig. Insbesondere besteht während des Vergabeverfahrens nicht die Möglichkeit eines Wechsels

1 Die in der Vorgängernorm, § 101 GWB a.F., zusätzlich normierten besonderen Ausgestaltungsformen sind nunmehr in § 120 GWB geregelt.

2 *Pietzcker*, NZBau 2000, 64 (65 f.); tendenziell a.A. *Pache*, DVBl., 2001, 1781 (1790 f.); kritisch auch *Dreher*, NVwZ 1999, 1265 (1266 ff.); *Knauff*, NZBau 2010, 657 (659).

3 Vgl. *Scherer-Leydecker*, NZBau 2012, 533 (534); *Voll*, NVwZ 2013, 120 (122).

4 Näher *Knauff*, NZBau 2016, 195 ff.

zwischen Verfahrensarten.[5] Dementsprechend muss bereits jede Ausschreibung mit Bezug zu einer bestimmten Vergabeverfahrensart erfolgen.

6 Nach § 97 Abs. 6 GWB haben die Unternehmen einen **Anspruch auf Einhaltung der Bestimmungen** über das Vergabeverfahren. Dieser richtet sich darauf, dass Aufträge in einem formellen Vergabeverfahren nach § 119 Abs. 1 GWB vergeben werden, die Verfahrenswahl zutreffend erfolgt und die jeweils einschlägigen Vorschriften über die Durchführung des gewählten Verfahrens beachtet werden. Dieser Anspruch kann im Wege der Nachprüfung gemäß §§ 155 ff. GWB geltend gemacht werden, wobei gemäß § 160 Abs. 3 GWB bezüglich des Rügezeitpunkts zwischen einzelnen Verstößen zu differenzieren ist. Verfahrensrechtliche Verstöße können überdies eine Schadensersatzpflicht der Vergabestelle auslösen.

B. Vergabe und Vergabeverfahrensarten (Abs. 1)

7 § 119 Abs. 1 GWB konkretisiert den in § 97 GWB verwendeten Begriff „**Vergabeverfahren**". Dabei handelt es sich um die in § 119 Abs. 1 GWB genannten und in den Folgeabsätzen näher ausgestalteten Abläufe, deren Ziel die Erteilung von öffentlichen Liefer-, Bau- oder Dienstleistungsaufträgen i.S.v. § 103 GWB ist. Diese Abläufe sind, wie nicht zuletzt der Vergleich mit den herkömmlichen deutschen Vergabeverfahrensregeln zeigt, in ihrer spezifischen Ausgestaltung nicht alternativlos. Zweck des § 119 Abs. 1 GWB ist es daher auch, denkbare Verfahrensalternativen im Anwendungsbereich des GWB-Vergaberechts auszuschließen. Dementsprechend knüpft die Regelung an den Vorgang der Vergabe und damit an eine tatsächliche Situation an. Der Begriff der Vergabe ist dabei als verfahrensbezogenes, organisatorisches Moment der Beschaffung zu verstehen. Die Beschaffung dient im Ergebnis der Erfüllung des Bedarfs eines öffentlichen Auftraggebers i.S.v. § 99 GWB nach Waren oder Dienstleistungen, den dieser nicht selbst befriedigen kann. Sie erfolgt in materieller Hinsicht durch die Erteilung eines öffentlichen Auftrags gemäß § 103 Abs. 1 GWB. Die Vergabe i.S.v. § 119 Abs. 1 GWB bildet mithin gleichsam den Weg zum öffentlichen Auftrag und erfasst den Zeitraum zwischen der Entscheidung eines öffentlichen Auftraggebers über die externe Befriedigung seines Bedarfs bis hin zum Abschluss des betreffenden Vertrages mit einem Leistungserbringer.

8 Als zulässige Ausgestaltungsformen dieses Vergabevorgangs normiert § 119 Abs. 1 GWB fünf eigenständige Vergabeverfahrensarten. Wie der klare Gesetzeswortlaut („Die Vergabe [...] erfolgt im [...]") zu erkennen gibt, stehen öffentlichen Auftraggebern im Anwendungsbereich des GWB-Vergaberechts weder Verfahrensalternativen noch die Möglichkeit von Modifikationen der genannten Vergabeverfahrensarten zur Verfügung. § 119 Abs. 1 GWB ist mithin sowohl **abschließend** als auch zwingend.[6] Dies gilt in gleicher Weise für die verfahrensausgestaltenden Bestimmungen der VgV und der VOB/A.

9 Die **elektronische Abwicklung** von Vergabeverfahren nach § 119 Abs. 1 GWB ist zulässig[7] und zudem nach § 97 Abs. 5 GWB als Regelfall anzusehen. Zu beachten ist, dass für die elektronische Auftragsvergabe in den verfahrenskonkretisierenden Bestimmungen vielfach Fristverkürzungen gegenüber einer traditionellen Verfahrensdurchführung vorgesehen sind.

10 § 119 Abs. 1 GWB normiert unmittelbar nur die Bezeichnungen derjenigen Vergabeverfahren, welche die Anforderungen des § 97 GWB erfüllen. Die Regelung folgt dabei begrifflich den Vorgaben des EU-Vergaberechts. Aufträge können demnach im offenen Verfahren, im nicht offenen Verfahren, im Verhandlungsverfahren, im wettbewerblichen Dialog[8] oder im Wege einer Innovationspartnerschaft vergeben werden. Eine grundlegende inhaltliche Determinie-

---

5 EuGH, Urteil v. 25.4.1996 – Rs C-87/94 (Wallonische Busse), Rn. 35, NVwZ 1997, 374 (375).

6 Vgl. *Jasper*, in: Burgi/Dreher, Vergaberecht, § 119 Abs. 1 bis 6 GWB Rn. 4; *Kling*, in: Immenga/Mestmäcker, Wettbewerbsrecht, § 119 GWB Rn. 7; *Bungenberg*, in: Loewenheim/Meessen/Riesenkampff, Kartellrecht, 2. Auflage, § 101 GWB Rn. 1; *Fett*, in: Säcker, Wettbewerbsrecht, § 119 GWB Rn. 1, 3; *Antweiler*, in: Ziekow/Völlink, Vergaberecht, § 119 GWB Rn. 8; entsprechend zu den europarechtlichen Grundlagen *Prieß*, Handbuch des europäischen Vergaberechts, S. 195.

7 Vgl. zur elektronischen Vergabe *Graef*, NZBau 2008, 34 ff.; *Müller/Ernst*, NJW 2004, 1768 ff.; *Schindler*, NZBau 2008, 746 ff.; *Wanderwitz*, VergabeR 2019, 26 ff.; umfassend *Vogt*, E-Vergabe, insbesondere S. 59 ff.

8 Gegen eine Qualifikation als eigenständige Vergabeverfahrensart *Pünder/Franzius*, ZfBR 2006, 20 f.

rung der so bezeichneten **Verfahrensarten** erfolgt in Umsetzung der europarechtlichen Vorgaben in § 119 Abs. 3 bis 7 GWB. Nicht um Vergabeverfahrensarten, sondern um deren besondere Ausgestaltungsformen handelt es sich bei den in § 120 GWB genannten Formen der Auftragsvergabe. Systematisch zutreffend finden diese daher in § 119 Abs. 1 GWB keine Erwähnung. Gleiches gilt für die Sonderregeln unterfallende Vergabe von Rahmenvereinbarungen,[9] die in § 103 Abs. 5 GWB als besondere Vereinbarungsform benannt und in § 21 VgV/ § 4a EU VOB/A in verfahrensrechtlicher Hinsicht normiert werden. Das Verhältnis der Vergabeverfahrensarten zueinander ist in § 119 Abs. 2 GWB geregelt.

11 Mit Ausnahme des wettbewerblichen Dialogs und der Innovationspartnerschaft weisen die in § 119 Abs. 1 GWB normierten Verfahrensarten begriffliche und inhaltliche Ähnlichkeiten mit den **unterhalb der Schwellenwerte** und damit außerhalb des Anwendungsbereichs des GWB-Vergaberechts einschlägigen Vergabearten der Öffentlichen und der Beschränkten Ausschreibung sowie der Freihändigen Vergabe auf, die im jeweils ersten Abschnitt der VOB/A und der VOL/A (die insoweit fortbesteht) geregelt sind. Im Detail unterscheiden sie sich jedoch bezüglich Anwendungsvoraussetzungen und Ablauf teils erheblich von jenen. Bei der Auslegung der Vorschriften der in § 119 GWB normierten Vergabeverfahrensarten und ihrer Anwendung kann daher eine Orientierung an den Vergabearten im Unterschwellenbereich nur insoweit erfolgen, als die Unterschwellenregelungen normativ explizit in Bezug genommen werden. In Zweifelsfällen sind vielmehr die Bestimmungen der europäischen Vergaberichtlinien heranzuziehen, die Grundlage des Teil 4 GWB und der ihn ergänzenden Vorschriften sind.

C. Verhältnis der Verfahrensarten (Abs. 2)

12 § 119 Abs. 2 GWB betrifft die Hierarchie der in § 119 Abs. 1 GWB aufgeführten Vergabeverfahrensarten. Das offene und das nicht offene Verfahren werden dabei (erstmalig in der Entwicklung des deutschen Vergaberechts) als gleichrangige Regelverfahren qualifiziert.

13 Die **besonderen Formen der Durchführung** einzelner Vergabeverfahrensarten gemäß § 120 GWB erfasst die Norm nicht.

14 Entsprechend ihrer systematischen Verortung enthält die Vorschrift anders als ihre Vorgängerregelung in § 101 Abs. 7 GWB a.F. auch keine Aussage in Bezug auf die durch **Sektorenauftraggeber** und bei der **Vergabe von verteidigungs- und sicherheitsrelevanten Aufträgen** durchzuführenden Verfahren. Die diesbezüglichen Regelungen sind in §§ 141, 146 GWB enthalten und legen (entsprechend den europarechtlichen Vorgaben und weithin übereinstimmend mit der früheren Rechtslage) fest, dass Sektorenauftraggeber die Verfahrensart frei wählen können und bei der Vergabe von verteidigungs- und sicherheitsrelevanten Aufträgen gleichberechtigt das nicht offene Verfahren und das Verhandlungsverfahren mit Teilnahmewettbewerb sowie unter bestimmten Voraussetzungen der wettbewerbliche Dialog und das Verhandlungsverfahren ohne Teilnahmewettbewerb zur Verfügung stehen.

15 § 119 Abs. 2 GWB normiert den **Vorrang des offenen und des nicht offenen Verfahrens** vor allen anderen Vergabeverfahrensarten bei (nicht verteidigungs- oder sicherheitsrelevanten) Auftragsvergaben durch öffentliche Auftraggeber. Zwischen diesen Verfahrensarten können öffentliche Auftraggeber allerdings frei wählen. Damit geht eine Abkehr von der deutschen Vergaberechtstradition einher, nach der seit jeher im Interesse größtmöglicher Wirtschaftlichkeit der Beschaffung[10] ein Vorrang der öffentlichen Ausschreibung bzw. des offenen Verfahrens (vgl. § 101 Abs. 7 S. 1 GWB a.F.)[11] bestand. Diese der Verwirklichung der Grund-

9 *Machwirth*, VergabeR 2007 (Sonderheft 2a), 385 (387).

10 Vgl. Gesetzesbegründung zu § 110 Abs. 5 GWB a.F., VgRÄG, BT-Drs. 13/9340, 15; *Werner*, in: Byok/Jaeger, Vergaberecht, § 119 GWB Rn. 13.

11 Ausdrücklich auch BGH, Beschluss v. 10.9.2009 – X ZB 8/09, VergabeR 2010, 210 (214).

sätze des Wettbewerbs und der Transparenz besonders förderliche Regelung,[12] die europarechtlich nicht zu beanstanden war,[13] ist zugunsten einer Angleichung an die im europäischen Vergabesekundärrecht seit dessen Bestehen (in Art. 26 Abs. 2 RL 2014/24/EU) vorgesehene Gleichrangigkeit von offenem und nicht offenem Verfahren beseitigt worden. Damit verbunden ist die Vorstellung, dass *„[d]ie nunmehr vorgesehene Wahlfreiheit zwischen dem offenen und dem nicht offenen Verfahren […] Vorteile für Auftragnehmer und Auftraggeber"* bringe, insbesondere Effizienzgewinne und eine erhöhte Flexibilität.[14] Ob diese Erwartung gerechtfertigt ist, kann durchaus bezweifelt werden. Die normative Hervorhebung des Umstands, dass das nicht offene Verfahren „stets einen Teilnahmewettbewerb erfordert", ist in Anbetracht von § 119 Abs. 2 GWB ebenso überflüssig, wie die bemerkenswert umfangreiche und detailgenaue Gesetzesbegründung zur Übereinstimmung der Neuregelung mit den Grundsätzen der Transparenz und des Wettbewerbs[15] eher geeignet ist, Zweifel gerade daran zu wecken.[16] Jedenfalls ist die Norm als Entscheidung des demokratisch legitimierten Gesetzgebers hinzunehmen und zweifelsfrei europarechtskonform.

Für die übrigen Vergabeverfahrensarten folgt aus dem Vorrang des offenen und des nicht offenen Verfahrens und dem Fehlen weiterer verfahrenshierarchiebegründender Normen, dass sich die Zulässigkeit ihrer Durchführung ausschließlich aus ihren spezifischen Anwendungsvoraussetzungen ergibt. Wegen ihres Ausnahmecharakters[17] sind diese Voraussetzungen allerdings restriktiv auszulegen; zudem trägt die Vergabestelle die Darlegungs- und Beweislast für ihr Vorliegen.[18] Öffentliche Auftraggeber sind zudem zur Nutzung der Verfahren des wettbewerblichen Dialogs, der Innovationspartnerschaft und des Verhandlungsverfahrens bei Vorliegen der jeweiligen Anwendungsvoraussetzungen anstelle des offenen oder nicht offenen Verfahrens nur berechtigt, nicht aber verpflichtet.[19] Die spezifische normative Ausformung der Anwendungsvoraussetzungen der **nachrangigen Vergabeverfahrensarten** lässt die Annahme, der öffentliche Auftraggeber habe freie Wahl zwischen diesen,[20] zweifelhaft erscheinen. Vielmehr handelt es sich bei genauer Betrachtung um zumindest teilweise unterschiedlich ausgestaltete und unterschiedlich strenge Regelungen,[21] die eine gewisse Abstufung durchaus nahe legen. 16

Die Anwendungsvoraussetzungen von **Verhandlungsverfahren** und **Innovationspartnerschaft** lassen diese Vergabeverfahren nicht als austauschbar erscheinen. Die Durchführung eines Verhandlungsverfahrens setzt eine zumindest grundlegende Vorstellung des öffentlichen Auftraggebers vom Beschaffungsgegenstand voraus. An dieser fehlt es dagegen bei der Innovationspartnerschaft, die gerade auf eine Neuentwicklung gerichtet ist, die im Anschluss Gegenstand der Beschaffung sein soll. Folglich bildet zwischen Verhandlungsverfahren und Innovationspartnerschaft das (Nicht-)Vorhandensein des Beschaffungsgegenstands am Markt und damit die (fehlende) Notwendigkeit einer Innovation das zentrale Differenzierungskriterium.[22] Dieses steht zugleich einer Wahlmöglichkeit der Vergabestelle zwischen den Verfahrensarten entgegen. 17

---

12 *Kling*, in: Immenga/Mestmäcker, Wettbewerbsrecht, § 101 GWB Rn. 13; *Weyand*, Vergaberecht, § 101 GWB Rn. 252; vgl. auch *Werner*, in: Byok/Jaeger, Vergaberecht, § 119 GWB Rn. 14; *Ganske*, in: Reidt/Stickler/Glahs, Vergaberecht, § 119 GWB Rn. 3 f.

13 *Frenz*, Handbuch Europarecht III, Rn. 3030; zweifelnd *Ollmann*, VergabeR 2008, 447 (455).

14 Gesetzesbegründung zu § 119 Abs. 2 GWB, VergRModG 2016, BT-Drs. 18/6281, 97.

15 Gesetzesbegründung zu § 119 GWB, VergRModG 2016, BT-Drs. 18/6281, 97 f.

16 Positiv dagegen *Horn*, in: Heiermann/Zeiss/Summa, Vergaberecht, § 119 GWB Rn. 6 ff.

17 Siehe nur *Horn*, in: Heiermann/Zeiss/Summa, Vergaberecht, § 119 GWB Rn. 3; *Reichling/Scheumann*, GewArch 2019, 7 (8).

18 Vgl. EuGH, Urteil v. 2.6.2005 – Rs. C-394/02 (Kommission/Griechenland) Rn. 33, VergabeR 2005, 467 (470); OLG-Düsseldorf, Beschluss v. 28.3.2018 – VII-Verg 38/17, ZfBR 2019, 81; Beschluss v. 18.10.2000 – Verg 3/00, NZBau 2001, 155 (158); *Müller-Wrede/Kaelble*, in: Müller-Wrede, Kompendium des Vergaberechts, Kap. 17 Rn. 7; *Fett*, in: Säcker, Wettbewerbsrecht, § 119 GWB Rn. 15.

19 *Pünder*, in: Pünder/Schellenberg, Vergaberecht, § 119 GWB Rn. 73; *Weyand*, Vergaberecht, § 101 GWB Rn. 254.

20 So *Jasper*, in: Burgi/Dreher, Vergaberecht, § 119 Abs. 1 bis 6 GWB Rn. 16; dahingehend auch *Horn*, in: Heiermann/Zeiss/Summa, Vergaberecht, § 119 GWB Rn. 33.

21 Siehe auch *Hausmann/Kern*, in: Kulartz/Kus/Marx/Portz/Prieß, VgV, § 14 Rn. 13.

22 Siehe auch *Hettich*, in: Soudry/Hettich, Das neue Vergaberecht, S. 12 (34); a.A. *Püstow/Meiners*, NZBau 2016, 406 (412).

18 Die Anwendungsvoraussetzungen von **Innovationspartnerschaft** und **wettbewerblichem Dialog** zeichnen sich beide dadurch aus, dass die Vergabestelle keine Vorstellung von der zu beschaffenden Leistung hat und haben kann. Für die Abgrenzung zwischen beiden Verfahrensarten ist die Annahme entscheidend, ob sich die Beschaffung auf etwas Neuartiges richtet (dann Innovationspartnerschaft) oder eine Anpassung auf dem Markt grundsätzlich vorhandener Lösungen den Bedürfnissen der Vergabestelle genügt (dann wettbewerblicher Dialog).[23] Wenn zwar nicht völlig neuartige, sondern gemäß der Definition von Innovation „deutlich verbesserte" Leistungen erbracht werden sollen, besteht die Notwendigkeit der Unterscheidung zwischen einer nur graduellen und einer deutlichen Verbesserung. Diese Abgrenzung ist mangels klarerer Kriterien mithilfe der Wertung vorzunehmen, ob sich die zu beschaffende verbesserte Leistung letztlich als unmittelbare Fortentwicklung eines am Markt vorhandenen Angebots darstellt oder der notwendige Entwicklungsschritt sich als so grundlegend erweist, dass die Leistung trotz ihrer fehlenden Neuartigkeit einer Neuentwicklung letztlich gleichsteht. Diesbezüglich bedarf es im Zeitpunkt der Verfahrenseinleitung einer Prognose. Diese muss auf einer Bestandsaufnahme basieren, was eine grundlegende Marktkenntnis voraussetzt.[24] Worauf sich die Neuerung bezieht, ist grundsätzlich unerheblich, wie die exemplarische Aufzählung möglicher Innovationsbereiche in Art. 2 Nr. 22 RL 2014/24/EU verdeutlicht. Der Auftragsgegenstand gilt ausweislich § 14 Abs. 3 Nr. 2 VgV[25] auch dann noch als am Markt verfügbar, wenn er relativ zu Herstellungs- bzw. Erbringungsaufwand und Auftragsvolumen untergeordnete „konzeptionelle oder innovative Lösungen umfasst." Dass diese Abgrenzung nicht trennscharf vorgenommen werden kann, liegt auf der Hand.[26] Infolge dessen sind Innovationspartnerschaft und wettbewerblicher Dialog innerhalb dieses (engen) Bereichs ihrer Überschneidung austauschbar[27] – nicht aber jenseits dessen. Innerhalb des Überschneidungsbereichs kann § 19 Abs. 8 S. 4 VgV/§ 3b EU Abs. 5 Nr. 7 S. 4 VOB/A der Durchführung einer Innovationspartnerschaft entgegenstehen. Danach darf „[d]er geschätzte Wert der [... L]eistung [...] in Bezug auf die für ihre Entwicklung erforderlichen Investitionen nicht unverhältnismäßig sein." Ist dies der Fall, ist ein wettbewerblicher Dialog durchzuführen.

19 Der vormals europarechtlich nahe liegende Vorrang des **wettbewerblichen Dialogs** vor dem **Verhandlungsverfahren (mit Teilnahmewettbewerb)**[28] ist mit der Angleichung der Anwendungsvoraussetzungen durch Art. 26 Abs. 4 RL 2014/24/EU entfallen. Vielmehr kann der öffentliche Auftraggeber zwischen diesen Verfahrensarten grundsätzlich frei wählen, wenn eine der Varianten des § 14 Abs. 3 VgV/§ 3a EU Abs. 1 S. 1 VOB/A vorliegt.[29] Unter Berücksichtigung des § 119 Abs. 6 S. 1 GWB kann dies jedoch nicht im Falle des § 14 Abs. 3 Nr. 5 VgV/§ 3a EU Abs. 4, Abs. 2 Nr. 2 VOB/A gelten, also wenn – in der Formulierung der VgV – „im Rahmen eines offenen oder nicht offenen Verfahrens keine ordnungsgemäßen oder nur unannehmbare Angebote eingereicht wurden". Es erscheint kaum vorstellbar, dass zunächst ein offenes oder nicht offenes Verfahren (erfolglos) durchgeführt wurde und erst im Anschluss im Rahmen eines wettbewerblichen Dialogs gemäß dessen Zwecksetzung diejenigen Mittel ermittelt und festgelegt werden, mit denen das Beschaffungsbedürfnis des öffentlichen Auftraggebers befriedigt werden kann.[30] Soweit dies gleichwohl im Einzelfall zu bejahen sein

23 Dahingehend auch *Badenhausen-Fähnle*, VergabeR 2015, 743 (745 f.); tendenziell ebenso, aber explizit abstellend auf die Perspektive des öffentlichen Auftraggebers *Hettich*, in: Soudry/Hettich, Das neue Vergaberecht, S. 12 (34).

24 Vgl. auch *Hettich*, in: Soudry/Hettich, Das neue Vergaberecht, S. 12 (34); *Rosenkötter*, VergabeR 2016, 196 (198).

25 Insoweit identisch mit den Vorgaben in Art. 26 Abs. 4 lit. a sublit. ii RL 2014/24/EU.

26 Von graduellen Unterschieden spricht *Fehling*, NZBau 2012, 673 (677); vgl. auch *Eichler*, in: Säcker, Wettbewerbsrecht, § 119 GWB Rn. 97.

27 *Hettich*, in: Soudry/Hettich, Das neue Vergaberecht, S. 12 (34); *Rosenkötter*, VergabeR 2016, 196 (198).

28 *Müller-Wrede/Kaelble*, in: Müller-Wrede, Kompendium des Vergaberechts, Kap. 17 Rn. 39 ff.; *Knauff*, VergabeR 2004, 287 (289); *ders.*, NZBau 2005, 249 (254 f.); *Schenke/Klimpel*, DVBl. 2006, 1492 (1495); dahin tendierend auch *Reimnitz*, Der neue Wettbewerbliche Dialog, S. 232; *Kolpatzik*, VergabeR 2007, 279 (288); für ein intendiertes Ermessen zugunsten des wettbewerblichen Dialogs *Fritz*, VergabeR 2008, 379 (382); *Müller/Veil*, VergabeR 2007, 298 (304 ff.).

29 *Eichler*, in: Säcker, Wettbewerbsrecht, § 119 GWB Rn. 96; *Haak/Koch/Sang*, in: Willenbruch/Wieddekind, Vergaberecht, § 119 GWB Rn. 5; *Stickler*, in: Kapellmann/Messerschmidt, VOB, § 3a EU VOB/A Rn. 67; *Ollmann*, VergabeR 2016, 413 (414).

30 So auch *Pünder*, in: Pünder/Schellenberg, Vergaberecht, § 119 GWB Rn. 44.

sollte, fehlte es im Zweifel zum Zeitpunkt der Durchführung des gescheiterten Angebotsverfahrens an der Ausschreibungsreife. Richtigerweise fehlt es daher ungeachtet des Wortlauts von § 14 Abs. 3 VgV/§ 3a EU Abs. 1 S. 1 VOB/A in dieser Konstellation an der Austauschbarkeit von wettbewerblichem Dialog und Verhandlungsverfahren mit Teilnahmewettbewerb, sondern kommt nur letzteres in Betracht. Soweit sich in der Praxis das Verhandlungsverfahren als offener für den Wettbewerb als der wettbewerbliche Dialog erweisen sollte,[31] läge es nahe, aus dem vergaberechtlichen Wettbewerbsgrundsatz des § 97 Abs. 1 S. 1 GWB (tendenziell) einen Vorrang des Ersteren und damit zugleich eine Nachrangigkeit des wettbewerblichen Dialogs im Verhältnis zum Verhandlungsverfahren mit Teilnahmewettbewerb abzuleiten. Vor dem Hintergrund der Formulierungen von § 14 Abs. 3 VgV/§ 3a EU Abs. 1 S. 1 VOB/A wie auch Art. 26 Abs. 4 RL 2014/24/EU erscheint dies aber zweifelhaft. Vielmehr haben der europäische Gesetz- und der nationale Verordnungsgeber mit der Fassung der Anwendungsvoraussetzungen gerade zum Ausdruck gebracht, dass es sich um gleichgeordnete und wettbewerblich als gleichwertig zu qualifizierende Vergabeverfahrensarten handeln soll.

Im Verhältnis von **wettbewerblichem Dialog**, der stets einen Teilnahmewettbewerb beinhaltet, und **Verhandlungsverfahren ohne Teilnahmewettbewerb** stellt sich die Frage nach einer Austauschbarkeit dagegen nicht.[32] Die Anwendungsvoraussetzungen weisen diesbezüglich auch unter Berücksichtigung von § 119 Abs. 6 GWB keine Überschneidungen auf. 20

Das **Verhältnis der nachrangigen Vergabeverfahrensarten** erweist sich mithin als durchaus differenziert. Das Verhandlungsverfahren mit Teilnahmewettbewerb und der wettbewerbliche Dialog stehen grundsätzlich zur freien Auswahl der Vergabestelle nebeneinander. Eine Einschränkung besteht allein hinsichtlich § 14 Abs. 3 Nr. 5 VgV/§ 3a EU Abs. 4, Abs. 2 Nr. 2 VOB/A, da in der erfassten Konstellation dem Zweck des wettbewerblichen Dialogs nicht Rechnung getragen werden kann und dieser daher insoweit zurücktreten muss. Eine weitere, deutlich geringere Überschneidung der Anwendungsbereiche der nachrangigen Vergabeverfahrensarten besteht zwischen wettbewerblichem Dialog und Innovationspartnerschaft insofern, als der Beschaffungsgegenstand mit „mittleren Innovationserfordernissen" einhergeht. Jenseits dessen verfügen die nachrangigen Vergabeverfahrensarten jeweils über einen spezifischen Anwendungsbereich, sodass eine Austauschbarkeit nicht in Betracht kommt. 21

D. Offenes Verfahren (Abs. 3)

I. Grundlagen

§ 119 Abs. 3 GWB regelt die zentralen Aspekte des offenen Verfahrens. Nach der Konzeption des GWB-Vergaberechts handelt es sich, wie § 119 Abs. 2 GWB verdeutlicht, um eines der beiden **Regelverfahren** zur Vergabe von öffentlichen Aufträgen durch klassische öffentliche Auftraggeber. Sein wesentliches Kennzeichen besteht nach § 119 Abs. 3 GWB in der öffentlichen Aufforderung einer unbeschränkten Anzahl von Unternehmen zur Angebotsabgabe und damit zur Beteiligung am Vergabewettbewerb. 22

Zweck des offenen Verfahrens ist es, diesen Wettbewerb im wirtschaftlichen Interesse der Vergabestelle zu intensivieren. Darüber hinaus sichert das offene Verfahren in besonderem Maße die Verwirklichung der europäischen Grundfreiheiten ab, da es den deutschen Vergabemarkt für Anbieter aus anderen EU-Mitgliedstaaten öffnet.[33] 23

Das offene Verfahren wird im **untergesetzlichen Vergaberecht** detailliert geregelt. Die VgV sowie in Bezug auf die Vergabe von Bauaufträgen die VOB/A enthalten zahlreiche Vorschriften, die den Ablauf des Verfahrens normieren. Mit Blick auf die Regelungstechnik ist jedoch darauf hinzuweisen, dass sich der Verfahrensablauf nur sehr eingeschränkt aus § 15 VgV/§ 3b EU VOB/A als verfahrensspezifische Konkretisierungen von § 119 Abs. 3 GWB ergibt, sondern 24

31 So *Jasper*, in: Burgi/Dreher, Vergaberecht, § 119 Abs. 1 bis 6 Rn. 18.
32 *Hirsch/Kaelble*, in: Müller-Wrede, VgV/UVgO, § 14 VgV Rn. 129.
33 Vgl. *Frenz*, Handbuch Europarecht III, Rn. 3025 ff.

aus einer Zusammenschau vieler Bestimmungen der VgV, die auf die Norm verweisen oder für alle Verfahrensarten von Bedeutung sind.

25 In seiner konkreten Ausgestaltung ist das offene Verfahren stark **formalisiert**. Die Anforderungen der VgV sowie der VOB/A folgen insoweit den überaus detailgenauen Vorgaben der EU-Vergaberichtlinie. Die in § 97 Abs. 1 GWB verankerten Vergabegrundsätze des (unverfälschten) Wettbewerbs und der Transparenz kommen im offenen Verfahren besonders zum Tragen, da es sich um ein reines Angebotsverfahren ohne bieterbezogene Auswahl- sowie ohne Verhandlungsmöglichkeiten handelt. Überdies sind die Möglichkeiten der Einflussnahme der Vergabestelle auf das Vergabeverfahren während seiner Dauer nicht zuletzt deshalb stark eingeschränkt,[34] weil dieses nicht in mehrere zeitlich voneinander getrennte Phasen untergliedert ist. Die Gefahr von Ungleichbehandlungen von Bietern unter Verstoß gegen § 97 Abs. 2 GWB besteht daher im offenen Verfahren nur in vergleichsweise geringem Maße.

II. Verfahrensablauf

1. Einleitung

26 Das offene Verfahren beginnt mit der Veröffentlichung einer klar, eindeutig und nichtdiskriminierend formulierten **Auftragsbekanntmachung** des zu vergebenden Auftrags im Supplement zum Amtsblatt der Europäischen Union. Dabei handelt es sich zugleich um die in § 119 Abs. 3 GWB in Bezug genommene öffentliche Aufforderung zur Abgabe von Angeboten. In dieser Bekanntmachung sind die zentralen Aspekte des Auftragsgegenstands anzugeben. Das – nach § 127 Abs. 1 S. 1 GWB ausschließliche – Zuschlagskriterium des wirtschaftlichsten Angebots sowie die Unterkriterien zu dessen Bestimmung müssen jedoch nicht bereits in der verfahrenseinleitenden Bekanntmachung, sondern können nach § 127 Abs. 5 GWB alternativ in den Vergabeunterlagen enthalten sein. Neben der zwingenden europaweiten Ausschreibung kann die Vergabestelle gemäß § 40 Abs. 3 VgV/§ 12 EU Abs. 3 Nr. 5 VOB/A ihre Absicht zur Auftragsvergabe auch anderweitig bekannt geben, etwa auf ihrer Internet-Homepage oder in regionalen Veröffentlichungsorganen. Eine derartige zusätzliche Bekanntgabe darf nicht vor der Publikation im Amtsblatt der Europäischen Union erfolgen und keine darüber hinausgehenden Informationen enthalten. Überdies ist es der Vergabestelle unter den gleichen Voraussetzungen nicht verwehrt, Unternehmen ihrer Wahl auf die beabsichtigte Auftragsvergabe hinzuweisen und zur Angebotsabgabe aufzufordern.

27 Die Bekanntmachung wird um die im Wesentlichen aus den Bewerbungsbedingungen und den Vertragsunterlagen bestehenden **Vergabeunterlagen** i.S.v. § 29 VgV/§ 8 EU VOB/A ergänzt, die interessierte Unternehmen bei der Vergabestelle nach § 41 VgV/§ 11 EU VOB/A elektronisch abrufen oder anfordern können. Diese müssen die geforderte Leistung so detailliert beschreiben, dass die Unternehmen in die Lage versetzt werden, annahmefähige Angebote abzugeben. Dies setzt zuvörderst eine konkrete Darstellung des Auftragsgegenstands voraus. Die geforderte Leistung ist gemäß § 121 GWB eindeutig und erschöpfend zu beschreiben, sodass alle Bewerber die Beschreibung im gleichen Sinne verstehen, die Vergleichbarkeit der Angebote sichergestellt ist und Diskriminierungen ausgeschlossen sind. Neben unmittelbar auf den Auftragsgegenstand bezogenen Angaben müssen die Vergabeunterlagen den Unternehmen ermöglichen, ihre Erfolgschancen in der Angebotswertung abzuschätzen. Daher sind die Kriterien zur Bestimmung der Eignung der Unternehmen für die Auftragsdurchführung anzugeben. Bei deren Festlegung ist zu berücksichtigen, dass Beschränkungen des Anbieterkreises nach § 119 Abs. 3 GWB im offenen Verfahren unzulässig sind. Neben den Eignungs- müssen nach § 127 Abs. 5 GWB auch die Zuschlagskriterien zur Bestimmung des wirtschaftlichsten Angebots und ihre Gewichtung in den Vergabeunterlagen enthalten sein, sofern sie nicht bereits in der Bekanntmachung enthalten waren. Dabei wird dem Preis regelmäßig eine zentrale Rolle zukommen. Daneben können jedoch weitere auftragsbezogene

34 Im Einzelnen dazu *Knauff*, Dispositionsfreiheiten öffentlicher Auftraggeber, S. 37 ff.; vgl. *Höß*, in: Heuvels/Höß/Kuß/Wagner, Vergaberecht, § 101 GWB Rn. 6.

Aspekte berücksichtigt werden, vgl. § 127 Abs. 1 und 3 GWB. Aus § 119 Abs. 3 GWB folgt des Weiteren, dass die Vergabeunterlagen grundsätzlich allen diese anfordernden Unternehmen zur Verfügung gestellt werden. Eine Vorauswahl der Unternehmen findet auf dieser Verfahrensstufe nicht statt.[35]

2. Angebotsphase

Auf Grundlage der Vergabeunterlagen erstellen die interessierten **Unternehmen** Angebote. Mehrere Unternehmen können sich dabei zu Bietergemeinschaften zusammenschließen, vgl. § 43 Abs. 2 VgV/§ 6 EU Abs. 3 Nr. 2 VOB/A, sofern dies nicht Wettbewerbsbeschränkungen zur Folge hat.[36] 28

Stellen sich bei der Angebotserstellung **Unklarheiten** oder **Fehler** in den Vergabeunterlagen heraus, können Unternehmen die Vergabestelle um Klarstellung bitten. Hält sie diese Ergänzungen für erforderlich, muss sie diese allgemein zugänglich machen, um Diskriminierungen zu vermeiden. 29

Verhandlungen über den Ausschreibungsinhalt sind unzulässig. Bei der Ausarbeitung der Angebote dürfen die Unternehmen die Vergabeunterlagen nicht abändern und müssen alle geforderten Informationen angeben. Andernfalls droht der Ausschluss des Angebots. Alternativ ist jedoch die Abgabe von **Nebenangeboten** i.S.v. § 35 VgV/§ 8 EU Abs. 2 Nr. 3 VOB/A möglich, wenn diese von der Vergabestelle zugelassen wurden. Dabei handelt es sich um Angebote, die den Bedarf der Vergabestelle auf eine andere Art und Weise, als nach der Ausschreibung vorgesehen, zu erfüllen suchen. 30

Gemäß § 119 Abs. 3 GWB können im offenen Verfahren alle interessierten Unternehmen verbindliche Angebote einreichen. Die Zahl der Angebote kann daher sehr hoch sein. Die Vergabestelle hat alle Angebote in die Wertung einzubeziehen, die innerhalb der nach § 15 Abs. 2 VgV/§ 10a EU Abs. 1 VOB/A im Regelfall mindestens 35 Tage betragenden **Angebotsfrist** bei ihr eingehen. Verspätet abgegebene Angebote nehmen am Vergabewettbewerb nicht teil. Vor Fristablauf darf die Vergabestelle die Angebote gemäß § 55 VgV/§ 13 EU Abs. 1 Nr. 2, § 14 EU Abs. 1 S. 2 f. VOB/A nicht einsehen. Dies gilt für schriftliche ebenso wie für in elektronischer Form abgegebene Angebote. Die Öffnung aller Angebote erfolgt gleichzeitig. Danach sind Änderungen seitens der anbietenden Unternehmen unzulässig. 31

Der **Wertungsvorgang** erfolgt in mehreren Stufen. Obwohl er eine Einheit bildet, sind die einzelnen Stufen klar voneinander abzugrenzen.[37] Ihre normativ vorgesehene Reihenfolge ist einzuhalten. Einzelne Wertungskriterien dürfen grundsätzlich nicht auf mehr als einer Stufe herangezogen werden. Allerdings kann unter den Voraussetzungen von § 58 Abs. 2 S. 2 Nr. 2 VgV/§ 16d EU Abs. 2 Nr. 2 S. 2 lit. b VOB/A (in Abkehr von der früheren Rechtslage und in Übereinstimmung mit den europarechtlichen Vorgaben) ein „Mehr an Eignung" berücksichtigt werden. An die Ergebnisse der Teilwertungen ist die Vergabestelle gebunden.[38] 32

Die Wertung beginnt mit der Prüfung **formeller Ausschlussgründe** gemäß § 57 VgV/ § 16 EU VOB/A. Zwingend auszuschließen sind danach Angebote, die durch Verschulden des Bieters verfristet eingegangen sind,[39] gravierende formelle Mängel aufweisen, Änderungen der Vergabeunterlagen enthalten, hinsichtlich der Preisangaben unvollständig sind sowie unzulässige Nebenangebote. Sofern Unterlagen (zulässigerweise, vgl. § 56 VgV/§ 16a EU VOB/A) nachgefordert, aber seitens des Bieters nicht (rechtzeitig) zur Verfügung gestellt wurden, hat dies ebenfalls nach § 57 Abs. 1 Nr. 2 VgV/§ 16a EU Abs. 5 VOB/A zwingend einen Ausschluss zur Folge. Vielfältige fakultative bieterbezogene Ausschlussgründe enthält zudem § 124 GWB. 33

35 *Fett*, in: Säcker, Wettbewerbsrecht, § 119 GWB Rn. 21.
36 Ausführlich *Ohrtmann*, VergabeR 2008, 426 ff.
37 Grundlegend BGH, Urteil v. 8.9.1998 – X ZR 109-96, NJW 1998, 3644 (3646).
38 KG, Beschluss v. 18.7.2002 – KartVerg 4/02, VergabeR 2003, 78 (80); anderes gilt nur für nachträglich zutage tretende zwingende Ausschlussgründe, vgl. OLG Düsseldorf, Beschluss v. 4.12.2002 – Verg 45/01; OLG Jena, Beschluss v. 13.10.1999 – 6 Verg 1/99, NZBau 2001, 39 (40).
39 Vgl. dazu OLG Düsseldorf, Beschluss v. 12.6.2019 – VII-Verg 8/19.

34 Vorbehaltlich einer Selbstreinigung nach § 125 GWB sind des Weiteren solche Angebote auszuschließen, die wegen der darin genannten **schwerwiegenden Verfehlungen** des jeweiligen Bieters § 123 GWB unterfallen, sofern ihre Belassung im Vergabewettbewerb nicht im (seltenen) Einzelfall „aus zwingenden Gründen des öffentlichen Interesses geboten" ist.[40]

35 An die Prüfung der Ausschlussgründe schließt sich die **Eignungsprüfung** an, sofern diese nicht (fakultativ) auf Grundlage von § 42 Abs. 3 VgV/§ 16b EU Abs. 2 VOB/A der Angebotswertung nachgestellt wird. Die Notwendigkeit der Prüfung der Eignung der Bieter ergibt sich normativ aus § 122 Abs. 1 GWB, wonach Aufträge an „fachkundige und leistungsfähige (geeignete) Unternehmen" vergeben werden. Diese Erfordernisse werden durch §§ 44 ff. VgV/ § 6a EU VOB/A konkretisiert. Die Eignungsprüfung dient ausschließlich der Sicherung der Auftragsdurchführung,[41] weshalb die Eignungskriterien gemäß § 122 Abs. 4 GWB zwingend mit dem Auftragsgegenstand in Verbindung und zu diesem in einem angemessenen Verhältnis stehen müssen. Sofern nicht im Einzelfall ein Präqualifikationssystem nach § 122 Abs. 3 GWB besteht und die Eignung eines Bieters bereits aufgrund dessen Teilnahme daran feststeht, ist die Eignung anhand geeigneter Unterlagen nachzuweisen, vgl. § 45 Abs. 4 und 5 VgV, § 46 Abs. 3 VgV, § 47 VgV/§ 6b EU Abs. 1 S. 1 Nr. 2 VOB/A. Als vorläufigen Beleg der Eignung hat der öffentliche Auftraggeber gemäß § 48 Abs. 3 VgV/§ 6b EU Abs. 1 S. 2 VOB/A die Vorlage einer Einheitlichen Europäischen Eigenerklärung[42] nach § 50 VgV zu akzeptieren. In diesem Falle muss jedenfalls der siegreiche Bieter gemäß § 50 Abs. 2 S. 2 VgV/§ 6b EU Abs. 2 Nr. 2 VOB/A seine Eignung gleichwohl vor Zuschlagserteilung durch Vorlage der hierfür erforderlichen Unterlagen nachweisen. Auch anderen Bietern kann deren Vorlage nach § 50 Abs. 2 S. 1 VgV/§ 6b EU Abs. 2 Nr. 1 VOB/A jederzeit im Verfahren vorgegeben werden, „wenn dies zur angemessenen Durchführung des Verfahrens erforderlich ist." Dies dürfte jedenfalls bei einfachen Liefer- und Dienstleistungsaufträgen regelmäßig nicht der Fall sein.

36 Auf der darauf folgenden Wertungsstufe werden **ungewöhnlich niedrige Angebote** identifiziert. Dabei handelt es sich um Angebote, deren Gesamtpreis deutlich unter dem üblichen Preisniveau liegt, ohne dass ersichtlich wäre, worauf der Preisvorteil beruht. Liegen derartige Angebote vor, muss die Vergabestelle den betreffenden Bietern nach § 60 VgV/§ 16d EU Abs. 1 Nr. 2 und 3 VOB/A Gelegenheit zur Erläuterung geben.[43] Nachbesserungen dürfen dabei ebenso wenig wie Nachverhandlungen erfolgen. Unter Berücksichtigung der Erläuterungen hat die Vergabestelle daraufhin insbesondere zu prognostizieren, ob ein ungewöhnlich niedriges Angebot das Risiko einer nicht ordnungsgemäßen Durchführung des Auftrags enthält und wie hoch dieses ist. Wenn sie aus den Erläuterungen nicht nachvollziehen kann, woraus sich der besonders niedrige Preis ergibt, verfügt sie über ein Ermessen darüber, ob sie das Angebot im Vergabewettbewerb belässt oder ausschließt. Nach dem BGH ist *„[d]ie Verwendung des Verbs ‚dürfen' in § 60 Abs. 3 VgV [...] nicht so zu verstehen, dass es im Belieben des Auftraggebers stünde, den Auftrag trotz weiterbestehender Ungereimtheiten doch an den betreffenden Bieter zu vergeben. Die Ablehnung des Zuschlags ist vielmehr grundsätzlich geboten, wenn der Auftraggeber verbleibende Ungewissheiten nicht zufriedenstellend aufklären kann. Bei der Beurteilung der Anforderungen an eine zufriedenstellende Aufklärung berücksichtigt der Auftraggeber Art und Umfang der im konkreten Fall drohenden Gefahren für eine wettbewerbskonforme Auftragserledigung."*[44]

37 Die abschließende Wertungsstufe bildet die **Angebotswertung** im engeren Sinne. Diese erfolgt anhand der in der Bekanntmachung enthaltenen und in den Vergabeunterlagen konkre-

---

40 Zur Frage der Zurechnung von Fehlverhalten *Grubert*, Die Zurechnung von Verstößen im Kartell- und Vergaberecht, S. 180 ff.

41 Zur Abgrenzung zu Zuschlagskriterien EuGH, Urteil v. 24.1.2008 – Rs. C-532/06 (Lianakis), Rn. 24 ff., VergabeR 2008, 496 (498 f.); siehe auch *Antweiler*, in: Ziekow/Völlink, Vergaberecht, § 119 GWB Rn. 14.

42 Dazu *Pauka*, VergabeR 2015, 505 ff.; im Überblick *Birk*, VR 2020, 84 (84 ff.); *Bischof*, ITRB 2015, 211 (213 f.); *Frenz*, GewArch 2018, 184 f.; *Schaller*, NZBau 2020, 19 ff.

43 Vgl. EuGH, Urteil v. 27.11.2001 – Verb. Rs. C-285/99 und C-286/99 (Lombardini), Rn. 43 ff., VergabeR 2002, 131 (134 f.); OLG Düsseldorf, Beschluss v. 2.8.2017 – VII-Verg 17/17, NZBau 2018, 169; näher *Pohlmann*, Der verfassungsrechtliche Gleichbehandlungsgrundsatz im öffentlichen Vergaberecht, S. 104 ff.

44 BGH, Beschluss v. 31.1.2017 – X ZB 10/16, BGHZ 214, 11 Rn. 31.

tisierten Zuschlagskriterien entsprechend der darin angegebenen Gewichtung der Unterkriterien, vgl. § 127 Abs. 1 S. 2 GWB. Abweichungen hiervon sind unzulässig.[45]

Ist das wirtschaftlich günstigste Angebot anhand der Zuschlagskriterien identifiziert, werden die nicht erfolgreichen Wettbewerber nach § 134 GWB über die beabsichtigte **Zuschlagserteilung** informiert. Der Zuschlag wird erteilt und damit zugleich der Vertrag über die zu erbringende Leistung geschlossen, wenn nicht Verfahrensfehler nach § 160 Abs. 3 GWB gerügt und kein Nachprüfungsverfahren eröffnet wird. Auftragsbezogene Nachverhandlungen sind unzulässig. 38

E. Nicht offenes Verfahren (Abs. 4)

Das nicht offene Verfahren nach § 119 Abs. 4 GWB, das durch § 16 VgV/§ 3b EU Abs. 2 VOB/A näher ausgestaltet wird, ist ebenso wie das offene Verfahren ein verhandlungsfreies Angebotsverfahren. Anders als das offene ist das nicht offene Verfahren jedoch zweistufig ausgestaltet. 39

Die „**Nichtoffenheit**" des Verfahrens liegt in der Möglichkeit der Begrenzung des Teilnehmerkreises seitens der Vergabestelle. Eine solche mag insbesondere bei anspruchsvolleren, aber gleichwohl standardisierten Beschaffungsvorhaben sinnvoll sein, bei denen Verhandlungen zwischen Vergabestelle und Unternehmen nicht erforderlich sind. 40

I. Teilnahmewettbewerb

Die erste Stufe des nicht offenen Verfahrens, der Teilnahmewettbewerb, dient der Auswahl derjenigen Unternehmen, die zur Abgabe von Angeboten für den Ausschreibungsgegenstand aufgefordert und somit zum Vergabewettbewerb zugelassen werden. 41

Das Verfahren beginnt, sofern keine Vorinformation als Aufruf zum Wettbewerb gemäß § 38 Abs. 4 VgV/§ 12 EU Abs. 2 VOB/A erfolgt ist, mit der Publikation einer **Auftragsbekanntmachung** über den zu vergebenden Auftrag und das Zuschlagskriterium im Amtsblatt der Europäischen Union. Diese Bekanntmachung muss nach § 51 Abs. 1 S. 2 VgV/§ 3b EU Abs. 2 Nr. 3 VOB/A zugleich eine Mindest- und kann gegebenenfalls eine Höchstzahl der zur Angebotsabgabe zugelassenen Bieter enthalten.[46] Die Zahl der Teilnehmer ist im nicht offenen Verfahren nicht normativ festgelegt und steht mithin im Ermessen der Vergabestelle. Im Interesse eines wirksamen Wettbewerbs sehen § 16 Abs. 4 S. 2 i.V.m. § 51 Abs. 2 S. 1 VgV/§ 3b EU Abs. 2 Nr. 3 S. 3 VOB/A allein vor, dass mindestens fünf Unternehmen in jedem Fall zur Angebotsabgabe aufzufordern sind. Neben quantitativen muss die Bekanntmachung auch qualitative bieterbezogene Aussagen enthalten. Da der Teilnahmewettbewerb der Identifikation derjenigen Unternehmen dient, welchen die Vergabestelle die Auftragsdurchführung „zutraut", muss die Bekanntmachung die Anforderungen an die Eignung enthalten und die beizubringenden Nachweise benennen. Nur dadurch kann auch der in § 119 Abs. 4 GWB gebotenen Transparenz der Auswahlkriterien Rechnung getragen werden. Diese legt ungeachtet des Fehlens einer darauf gerichteten expliziten Anforderung nach dem Vorbild von § 127 Abs. 5 GWB, § 58 Abs. 3 VgV/§ 16d EU Abs. 2 Nr. 2 VOB/A die Angabe ihrer Gewichtung oder jedenfalls ihrer Bedeutung in absteigender Reihenfolge nahe.[47] Im Übrigen gelten für die Ausschreibung gegenüber dem offenen Verfahren keine Besonderheiten. 42

Infolge der Bekanntmachung können sich interessierte Unternehmen ohne Einschränkung innerhalb von mindestens 30 Tagen um eine Aufforderung zur Abgabe eines Angebots bewer- 43

45 EuGH, Urteil v. 17.9.2002 – Rs. C-513/99 (Concordia), Rn. 62, VergabeR 2002, 593 (601); BGH, Urteil v. 17.2.1999 – X ZR 101/97, NJW 2000, 137 (139); BayObLG, Beschluss v. 3.7.2002 – Verg 13/02, VergabeR 2002, 637 (641); zu den Grenzen der vergaberechtlich gebotenen Transparenz von Preisbewertungsmethoden BGH, Beschluss v. 4.4.2017 – X ZB 3/17, NZBau 2017, 366 (368 f.).

46 A.A. BayObLG, Beschluss v. 20.4.2005 – Verg 26/04, VergabeR 2005, 532; wie hier *Ganske*, in: Reidt/Stickler/Glahs, Vergaberecht, § 119 GWB Rn. 27.

47 Vgl. auch OLG München, Beschluss v. 13.3.2017 – Verg 15/16, NZBau 2017, 371 (376).

ben. Auf Grundlage der Teilnahmeanträge führt die Vergabestelle nach Fristablauf eine **Eignungsprüfung** nach § 122 GWB durch, die im nicht offenen Verfahren mithin nicht nur der Angebotswertung, sondern bereits der Angebotserstellung stets zeitlich vorgelagert ist. Ein Verzicht auf die Eignungsprüfung in diesem Verfahrensstadium ist nicht zulässig, wie § 42 Abs. 2 und 3 VgV/§ 16b EU Abs. 3 VOB/A verdeutlicht. Der Nachweis der Eignung soll jedoch mangels verfahrensspezifischer Einschränkung des § 48 Abs. 2 VgV/§ 6b EU Abs. 2 VOB/A auch insoweit vorrangig im Wege der Einheitlichen Europäischen Eigenerklärung nach § 50 VgV erfolgen. Ungeachtet dessen ist es der Vergabestelle nach § 50 Abs. 2 S. 1 VgV/§ 6b EU Abs. 2 Nr. 1 VOB/A unbenommen, sich andere (grundsätzlich zulässige) Eignungsnachweise vorlegen zu lassen. Hiervon sollte jedoch vor dem Hintergrund von Art. 59 Abs. 1 S. 1 RL 2014/24/EU („Zum Zeitpunkt der Übermittlung von Teilnahmeanträgen [...] akzeptieren die öffentlichen Auftraggeber die Einheitliche Europäische Eigenerklärung in Form einer aktualisierten Eigenerklärung anstelle von Bescheinigungen von Behörden oder Dritten als vorläufigen Nachweis dafür, dass der jeweilige Wirtschaftsteilnehmer alle [...] Bedingungen erfüllt") nur Gebrauch gemacht werden, wenn sachlich begründete Zweifel daran bestehen, ob auf Grundlage der Eigenerklärungen eine angemessene Auswahl zwischen den interessierten Unternehmen getroffen werden kann. Die Prüfung ihrer Eignung erfolgt am Maßstab der veröffentlichten Anforderungen. Unternehmen, welche die geforderten Mindestbedingungen nicht erfüllen, dürfen nicht zum Vergabewettbewerb zugelassen werden.[48]

44 Sofern die Zahl der als geeignet angesehenen Unternehmen die in der Bekanntmachung angegebene Mindestzahl übersteigt, kann die Vergabestelle eine **Auswahlentscheidung** treffen.[49] Sie verfügt dabei über einen der Nachprüfung nach §§ 155 ff. GWB nur beschränkt zugänglichen Ermessensspielraum, hat aber die vergaberechtlichen Grundsätze des Wettbewerbs, der Transparenz und der Nichtdiskriminierung, die in § 119 Abs. 4 GWB explizit in Bezug genommen werden, uneingeschränkt zu beachten.[50] Insbesondere dürfen Unternehmen aus anderen Mitgliedstaaten der Europäischen Union nicht diskriminiert werden. § 97 Abs. 6 GWB gibt den Unternehmen bezüglich der Auswahlentscheidung Anspruch auf eine beurteilungsfehlerfreie Entscheidung der Vergabestelle, nicht aber auf Beteiligung am Vergabewettbewerb.[51] Grundlage für die Ermessensausübung ist grundsätzlich eine Bewertungsmatrix.[52]

II. Angebotswettbewerb

45 Die zweite Stufe des nicht offenen Verfahrens beginnt mit der **Aufforderung zur Angebotsabgabe** mit den in § 52 VgV/§ 8 EU Abs. 2 VOB/A vorgesehenen Angaben. Diese richtet sich zeitgleich an die (mindestens fünf) im Teilnahmewettbewerb ausgewählten Unternehmen. Unternehmen, die in diesem gescheitert sind, dürfen nicht zur Angebotsabgabe aufgefordert werden. Gleiches gilt grundsätzlich für Unternehmen, die sich nicht am Teilnahmewettbewerb beteiligt haben. Ihnen ist die Einreichung wertungsfähiger Angebote daher unmöglich.[53] Mithin findet der Wettbewerb um den Auftrag nur zwischen den von der Vergabestelle in der ersten Verfahrensstufe ausgewählten Unternehmen statt. Anderes gilt nach § 51 Abs. 3 S. 2 VgV/§ 3b EU Abs. 2 Nr. 3 S. 6 VOB/A nur, wenn „die Zahl geeigneter Bewerber unter der Mindestzahl liegt". In diesem Falle „kann der öffentliche Auftraggeber das Vergabeverfahren fortführen, indem er den oder die Bewerber einlädt, die über die geforderte Eignung verfügen."

---

48 OLG Düsseldorf, Beschluss v. 24.6.2002 – VII-Verg 26/02; BayObLG, Beschluss v. 20.12.1999 – Verg 8/99, NZBau 2000, 259 (261); vgl. auch *von Hoff/Queisner*, in: Röwekamp/Kus/Portz/Prieß, GWB-Vergaberecht, § 119 Rn. 20; *Ganske*, in: Reidt/Stickler/Glahs, Vergaberecht, § 119 GWB, Rn. 30.

49 OLG Schleswig, Beschluss v. 28.6.2016 – 54 Verg 2/16, NZBau 2016, 593 (593).

50 OLG Naumburg, Beschluss v. 28.8.2000 – 1 Verg 5/00; *Fett*, in: Säcker, Wettbewerbsrecht, § 119 GWB Rn. 34; *Weyand*, Vergaberecht, § 101 GWB Rn. 29 f.

51 OLG Naumburg, Beschluss v. 15.1.2002 – 1 Verg 5/00, ZfBR 2002, 301 (302); vgl. *Kau*, in: Byok/Jaeger, Vergaberecht, § 97 GWB Rn. 182, 184, 194.

52 Dazu *Noch*, Vergaberecht kompakt, Rn. 574 ff.

53 *Traupel*, in: Müller-Wrede, Kompendium des Vergaberechts, Kap. 14 Rn. 20; *Weyand*, Vergaberecht, § 101 GWB Rn. 92.

Hat die Vergabestelle eine Höchstzahl zur Angebotsabgabe aufzufordernder Unternehmen festgelegt, ist sie gleichwohl nicht gehindert, von dieser abzuweichen. Eine Selbstbindung der Vergabestelle hätte insoweit eine Einschränkung des Wettbewerbs zur Folge. Dies widerspräche der Grundintention des Vergaberechts. In Anbetracht dessen und des Umstandes, dass die bloße Möglichkeit[54] der Festlegung einer Höchstzahl ausschließlich im Interesse der Vergabestelle besteht, ist es dieser unbenommen, mehr Unternehmen zur Angebotsabgabe aufzufordern als nach der Bekanntmachung vorgesehen. Spätestens[55] mit der Aufforderung zur Angebotsabgabe geht die Zugänglichmachung der Vergabeunterlagen nach § 41 VgV/ § 12a EU Abs. 1 Nr. 3 S. 2 und 3 VOB/A einher.

Die regelmäßige **Mindestfrist** zur Abgabe von Angeboten beträgt gemäß § 16 Abs. 5 VgV/ § 10b EU Abs. 1 VOB/A 30 Tage. Eine besondere, an Art. 28 Abs. 4 RL 2014/24/EU anknüpfende Fristenregelung enthält § 16 Abs. 6 VgV. Mit Ausnahme oberster Bundesbehörden kann danach „[d]er öffentliche Auftraggeber die Angebotsfrist mit den Bewerbern, die zur Angebotsabgabe aufgefordert werden, im gegenseitigen Einvernehmen festlegen, sofern allen Bewerbern dieselbe Frist für die Einreichung der Angebote gewährt wird. Erfolgt keine einvernehmliche Festlegung der Angebotsfrist, beträgt diese mindestens zehn Tage, gerechnet ab dem Tag nach der Absendung der Aufforderung zur Angebotsabgabe." Die Einvernehmlichkeit bezieht sich dabei vor dem Hintergrund des Gleichbehandlungsgebots nach § 97 Abs. 2 GWB auf alle zur Angebotsabgabe aufgeforderten Bewerber. Die Möglichkeit der Fristverkürzung auf zehn Tage enthält auch § 10b EU Abs. 3 VOB/A. Zudem ist stets die Angemessenheit der Frist nach § 20 VgV/§ 10 EU Abs. 1 S. 1 VOB/A zu wahren. Die Klärung von Unklarheiten ist in gleichem Maße möglich wie im offenen Verfahren. 46

Der **weitere Fortgang** des nicht offenen Verfahrens entspricht im Wesentlichen dem offenen Verfahren. Bei der Wertung der fristgemäß eingegangenen Angebote wird allerdings keine erneute Eignungsprüfung vorgenommen. Auf Angebote von Unternehmen, deren Eignung nach Abschluss des Teilnahmewettbewerbs entfallen ist, darf der Zuschlag gleichwohl nicht erteilt werden. Erlangt die Vergabestelle daher im Einzelfall Kenntnis von Verdachtsmomenten bezüglich des zwischenzeitlichen Entfalls der Eignung, muss sie diesen nachgehen. Soweit die Eignung im Rahmen des Teilnahmewettbewerbs durch eine Einheitliche Europäische Eigenerklärung vorläufig nachgewiesen wurde, muss jedenfalls der Bestbieter gemäß § 50 Abs. 2 S. 2 VgV bzw. müssen die in Frage kommenden Bieter nach § 6b EU Abs. 2 Nr. 3 S. 1 VOB/A seine/ihre Eignung vor Zuschlagserteilung durch Vorlage der hierfür erforderlichen Unterlagen nachweisen. Der Zuschlag wird auf das wirtschaftlich günstigste Angebot erteilt. Hiervon sind die an der zweiten Stufe des nicht offenen Verfahrens beteiligten Unternehmen vorab nach § 134 Abs. 1 S. 1 GWB zu unterrichten; bereits ausgeschiedene Bewerber sind nur unter den Voraussetzungen des § 134 Abs. 1 S. 2 GWB zu informieren.[56] 47

F. Verhandlungsverfahren (Abs. 5)

Das Verhandlungsverfahren nach § 119 Abs. 5 GWB, das durch § 17 VgV und § 3b EU Abs. 3 VOB/A konkretisiert wird, ist zwar nach wie vor die am wenigsten formalisierte Verfahrensart im GWB-Vergaberecht. Durch das VergRModG 2016 hat es jedoch – den europarechtlichen Vorgaben folgend[57] – eine etwas stärkere Konturierung erfahren. 48

Wie unmittelbar aus § 119 Abs. 5 GWB ersichtlich, ist zwischen dem Verhandlungsverfahren mit und ohne Teilnahmewettbewerb zu unterscheiden. In beiden Fällen ist die Vergabestelle zwar bei der Verfahrenswahl in erheblichem Maße gebunden, unterliegt bei der Verfahrensdurchführung aber nur wenigen **normativen Vorgaben**. Die vergaberechtlichen Prinzipien 49

54 Zum Fehlen einer entsprechenden Verpflichtung *Weyand*, Vergaberecht, § 101 GWB Rn. 44 ff.
55 Für eine Zugänglichkeit im Zeitpunkt der Auftragsbekanntmachung OLG München, Beschluss v. 13.3.2017 – Verg 15/16, NZBau 2017, 371 Rn. 46 f.; insoweit beschränkt auf den zu diesem Zeitpunkt bestehenden Stand der verfügbaren Vergabeunterlagen OLG Düsseldorf, Beschluss v. 17.10.2018 – VII-Verg 26/18, NZBau 2019, 129.
56 Vgl. *Kling*, in: Immenga/Mestmäcker, Wettbewerbsrecht, § 134 GWB Rn. 34; *Braun*, in: Ziekow/Völlink, Vergaberecht, § 134 GWB Rn. 19 ff.
57 Dazu im Überblick *Hettich*, in: Soudry/Hettich, Das neue Vergaberecht, S. 26 ff.; *Jaeger*, NZBau 2014, 259 (262 f.).

von Transparenz, Wettbewerb und Nichtdiskriminierung sind allerdings uneingeschränkt zu beachten[58] und wirken sich insbesondere auf die Durchführung des Verhandlungsverfahrens mit Teilnahmewettbewerb aus.[59] Innerhalb der durch das positive Recht wie auch die Vergabegrundsätze gesetzten Grenzen ist die Vergabestelle jedoch sowohl mit Blick auf die Auswahl ihrer Verhandlungspartner als auch des sachbezogenen Vorgehens weitgehend frei. Es bedarf jedoch stets einer detailgenauen Dokumentation, um die Nachvollziehbarkeit des Verfahrens sicherzustellen.[60]

I. Anwendungsvoraussetzungen

50 Das Verhandlungsverfahren gefährdet gerade wegen seiner fehlenden Formalisierung die Verwirklichung der Vergabegrundsätze in erheblichem Maße und ist für außervergaberechtliche Einflussnahmen besonders anfällig.[61] Für öffentliche Auftraggeber stellen § 14 Abs. 3 und 4 VgV sowie § 3a EU Abs. 2 und 3 VOB/A daher abschließende[62] Voraussetzungen auf, bei deren Vorliegen die Wahl des Verhandlungsverfahrens mit bzw. ohne Teilnahmewettbewerb möglich ist. Diese sind eng auszulegen.[63]

51 Das **Verhandlungsverfahren mit Teilnahmewettbewerb** steht öffentlichen Auftraggebern nur unter den in § 14 Abs. 3 VgV/§ 3a EU Abs. 2 VOB/A genannten (sich teils überschneidenden[64]) Voraussetzungen für die Vergabe von öffentlichen Aufträgen (ohne verteidigungs- und sicherheitsrelevante Beschaffungen, vgl. § 146 GWB) zur Verfügung sowie wegen der größeren Wettbewerbsintensität in den Fällen, in denen auch ein Verhandlungsverfahren ohne Teilnahmewettbewerb nach § 14 Abs. 4 VgV/§ 3a EU Abs. 3 VOB/A zulässig wäre. Erforderlich ist mithin – in der Formulierung der VgV –, dass

„1. die Bedürfnisse des öffentlichen Auftraggebers nicht ohne die Anpassung bereits verfügbarer Lösungen erfüllt werden können,

2. der Auftrag konzeptionelle oder innovative Lösungen umfasst,[65]

3. der Auftrag aufgrund konkreter Umstände, die mit der Art, der Komplexität oder dem rechtlichen oder finanziellen Rahmen oder den damit einhergehenden Risiken zusammenhängen, nicht ohne vorherige Verhandlungen vergeben werden kann,

4. die Leistung, insbesondere ihre technischen Anforderungen, vom öffentlichen Auftraggeber nicht mit ausreichender Genauigkeit unter Verweis auf eine Norm, eine europäische technische Bewertung (ETA), eine gemeinsame technische Spezifikation oder technische Referenzen im Sinne des Anhangs 1 Nummer 2 bis 5 beschrieben werden kann, oder

5. im Rahmen eines offenen oder nicht offenen Verfahrens keine ordnungsgemäßen oder nur unannehmbare Angebote eingereicht wurden".

Letzteres wird normativ dahin gehend konkretisiert, dass „nicht ordnungsgemäß [...] insbesondere Angebote [sind], die nicht den Vergabeunterlagen entsprechen, nicht fristgerecht eingereicht wurden, nachweislich auf kollusiven Absprachen oder Korruption beruhen oder nach Einschätzung des öffentlichen Auftraggebers ungewöhnlich niedrig sind; unannehmbar

---

58 OLG Stuttgart, Beschluss v. 15.9.2003 – 2 Verg 8/03, VergabeR 2004, 384 (385); BayObLG, Beschluss v. 5.11.2002 – Verg 22/02, VergabeR 2003, 186 (189); *Werner*, in: Byok/Jaeger, Vergaberecht, § 119 GWB Rn. 57; *von Hoff/Queisner*, in: Röwekamp/Kus/Portz/Prieß, GWB-Vergaberecht, § 119 Rn. 25; *Pünder*, in: Pünder/Schellenberg, Vergaberecht, § 119 GWB Rn. 38; *Schütte*, ZfBR 2004, 237.

59 Daher ist die Qualifikation als *„streng förmlich[es]"* Verfahren bei *Tschäpe*, ZfBR 2014, 538 (546) trotz bestehender Ausgestaltungsspielräume keineswegs unzutreffend.

60 Siehe nur *Werner*, in: Byok/Jaeger, Vergaberecht, § 119 GWB Rn. 70.

61 Vgl. auch *Dobmann*, VergabeR 2013, 175 (178).

62 Verordnungsbegründung zu § 14 VgV, VergRModVO, BR-Drs. 87/16, 168.

63 Vgl. EuGH, Urteil v. 28.3.1996 – Rs. C-318/94 (Kommission/Deutschland), Rn. 13, NVwZ 1997, 373; Urteil v. 14.9.2004 – Rs. C-385/02 (Parma), Rn. 37, VergabeR 2004, 710 (714); OLG Düsseldorf, Beschluss v. 7.6.2017 – VII-Verg 53/16, NZBau 2018, 118; *Antweiler*, in: Ziekow/Völlink, Vergaberecht, § 119 GWB Rn. 20; weiter wohl *Jaeger*, NZBau 2014, 259 (262).

64 *Hettich*, in: Soudry/Hettich, Das neue Vergaberecht, S. 28.

65 Als möglichen Anwendungsbereich von § 14 Abs. 3 Nr. 1 und 2 VgV qualifiziert *Bischof*, ITRB 2015, 211 (213) die Vergabe von IT-Leistungen.

sind insbesondere Angebote von Bietern, die nicht über die erforderlichen Qualifikationen verfügen, und Angebote, deren Preis die vor Einleitung des Vergabeverfahrens festgelegten und dokumentierten eingeplanten Haushaltsmittel des öffentlichen Auftraggebers übersteigt". Zudem muss das vorherige offene oder nicht offene Verfahren gegenständlich identisch gewesen sein.[66] Unter denselben normativen Voraussetzungen ist alternativ grundsätzlich auch die Durchführung eines wettbewerblichen Dialogs möglich. Gegen die Zuerkennung allzu *„großzügige[r] Beurteilungsspielräume"*[67] im Hinblick auf das Vorliegen dieser Voraussetzungen spricht der Ausnahmecharakter beider Verfahrensarten. Die Vergabenachprüfungsinstanzen halten daher zu Recht eine enge Auslegung für geboten.[68]

Das **Verhandlungsverfahren ohne Teilnahmewettbewerb** darf ebenfalls nur in bestimmten Konstellationen durchgeführt werden. Das untergesetzliche Vergaberecht sieht in § 14 Abs. 4 VgV und § 3a EU Abs. 3 VOB/A eine zunächst erheblich erscheinende Zahl derartiger Situationen vor. Diese sind jedoch sämtlich dadurch gekennzeichnet, dass sie nur selten auftreten. Weitgehend unproblematisch sind dabei – exemplarisch anhand der VgV betrachtet – die Fälle, in denen 52

- nur ein bestimmter Anbieter die Leistung erbringen kann (Nr. 2), wobei die Voraussetzungen nach § 14 Abs. 6 VgV jenseits des Bestehens ausschließlicher (Schutz-)Rechte nur dann gelten, „wenn es keine vernünftige Alternative oder Ersatzlösung gibt und der mangelnde Wettbewerb nicht das Ergebnis einer künstlichen Einschränkung der Auftragsvergabeparameter ist"; insoweit unterliegt *„[d]ie Bestimmungsfreiheit des Auftraggebers [...] engeren vergaberechtlichen Grenzen als dies bei Durchführung eines wettbewerblichen Verfahrens der Fall ist. Eine Leistungsbestimmung, die im Falle des § 14 Abs. 4 Nr. 2 VgV zu einem völligen Wettbewerbsverzicht führt, bedarf einer wesentlich größeren Rechtfertigungstiefe als eine solche, die unter Aufrechterhaltung des Vergabewettbewerbs im Ergebnis (nur) zu einer hersteller- oder produktbezogenen Leistungsspezifikation gemäß § 31 Abs. 6 VgV führt"*[69] oder
- Lieferleistungen ohne Marktbezug, „die ausschließlich zu Forschungs-, Versuchs-, Untersuchungs- oder Entwicklungszwecken hergestellt wurde[n]", Gegenstand der Beschaffung sind (Nr. 4) oder
- es sich um den Erwerb von Waren an Warenbörsen (Nr. 6) oder von Leistungen zu besonders günstigen Bedingungen bei Geschäftsaufgabe von Lieferanten oder in Insolvenz- und vergleichbaren Verfahren (Nr. 7) handelt oder
- ein (Planungs-) Wettbewerb durchgeführt wurde (Nr. 8).

Des Weiteren können öffentliche Aufträge nach § 14 Abs. 4 Nr. 1 VgV/§ 3a EU Abs. 3 Nr. 1 VOB/A im Wege des Verhandlungsverfahrens ohne Teilnahmewettbewerb vergeben werden, wenn – in der Formulierung der VgV – „in einem offenen oder einem nicht offenen Verfahren **keine oder keine geeigneten Angebote** oder **keine geeigneten Teilnahmeanträge** abgegeben worden sind, sofern die ursprünglichen Bedingungen des Auftrags nicht grundlegend geändert werden; ein Angebot gilt als ungeeignet, wenn es ohne Abänderung den in den Vergabeunterlagen genannten Bedürfnissen und Anforderungen des öffentlichen Auftraggebers offensichtlich nicht entsprechen kann; ein Teilnahmeantrag gilt als ungeeignet, wenn das Unternehmen aufgrund eines zwingenden oder fakultativen Ausschlussgrundes nach den §§ 123 und 124 des Gesetzes gegen Wettbewerbsbeschränkungen auszuschließen ist oder ausgeschlossen werden kann, oder wenn es die Eignungskriterien nicht erfüllt". Nach Sinn und Zweck der Vorschrift muss dies auch für entsprechende Situationen in einem vorherigen Verhandlungsverfahren mit Teilnahmewettbewerb gelten.[70] Von § 14 Abs. 3 Nr. 5 VgV/ § 3a EU Abs. 2 Nr. 2 VOB/A, der ebenfalls das Scheitern eines offenen oder nicht offenen Ver- 53

66 Ebenso *Hettich*, in: Soudry/Hettich, Das neue Vergaberecht, S. 28.
67 *Hettich*, in: Soudry/Hettich, Das neue Vergaberecht, S. 27.
68 OLG Düsseldorf, Beschluss v. 12.7.2017 – VII-Verg 13/17, NZBau 2017, 679 (681); VK Bund, Beschluss v. 18.10.2017 – VK 2-106/17, juris Rn. 49.
69 OLG Düsseldorf, Beschluss v. 7.6.2017 – VII-Verg 53/16, NZBau 2018, 118 (119).
70 Ebenso *Böhme*, NZBau 2020, 486 (489 f.).

fahrens als Voraussetzung für die Durchführung eines Verhandlungsverfahrens mit Teilnahmewettbewerb vorsieht, unterscheidet sich § 14 Abs. 4 Nr. 1 VgV/§ 3a EU Abs. 3 Nr. 1 VOB/A klar insoweit, als in dem vorangehenden Verfahren entweder gar keine Angebote abgegeben wurden oder nur Teilnahmeanträge auszuschließender bzw. ausschließbarer oder sonst ungeeigneter Bewerber eingegangen sind. Unter der Voraussetzung des Vorliegens von Angeboten ist eine zweifelsfreie Grenzziehung dagegen kaum möglich.[71] Die Formulierung der Normen legt nahe, dass ihnen die Vorstellung zugrunde liegt, dass „leichte" Defizite von Angeboten in einem vorangegangenen und letztlich gescheiterten offenen oder nicht offenen Verfahren die Auftragsvergabe im Verhandlungsverfahren (nur) mit Teilnahmewettbewerb rechtfertigen, „schwere" dagegen diejenige im Verhandlungsverfahren ohne Teilnahmewettbewerb. Mit Blick auf dessen besonderen Ausnahmecharakter ist in Bezug auf die Annahme des Vorliegens der Voraussetzungen des § 14 Abs. 4 Nr. 1 VgV/§ 3b EU Abs. 3 Nr. 1 VOB/A im Verhältnis zu § 14 Abs. 3 Nr. 5 VgV/§ 3b EU Abs. 2 Nr. 2 VOB/A eine enge Auslegung geboten. Allerdings kann die rechtliche Unsicherheit im Anwendungsbereich der VgV in der Praxis zumindest teilweise dadurch ausgeglichen werden, als nach der abschließenden Formulierung des § 14 Abs. 3 Nr. 5 VgV „der öffentliche Auftraggeber … in [den von der Norm erfassten] Fällen von einem Teilnahmewettbewerb absehen [kann], wenn er in das Verhandlungsverfahren alle geeigneten Unternehmen einbezieht, die form- und fristgerechte Angebote abgegeben haben."[72]

54 Das Verhandlungsverfahren ohne Teilnahmewettbewerb ist nach § 14 Abs. 4 Nr. 3 VgV/§ 3a EU Abs. 3 Nr. 4 VOB/A auch dann zulässig, wenn – in der Formulierung der VgV – „äußerst **dringliche**, zwingende **Gründe** im Zusammenhang mit Ereignissen, die der betreffende öffentliche Auftraggeber nicht voraussehen konnte, es nicht zulassen, die Mindestfristen einzuhalten, die für das offene und das nicht offene Verfahren sowie für das Verhandlungsverfahren mit Teilnahmewettbewerb vorgeschrieben sind; die Umstände zur Begründung der äußersten Dringlichkeit dürfen dem öffentlichen Auftraggeber nicht zuzurechnen sein". Zwischen dem unvorhergesehenen Ereignis und den sich daraus ergebenden zwingenden und zugleich äußerst[73] dringlichen Gründen für die Auftragsvergabe sowie der Unmöglichkeit der Fristwahrung muss ein Kausalzusammenhang bestehen.[74] An die Unvorhersehbarkeit wie auch an die Dringlichkeit ist ein strenger, objektivierender Maßstab anzulegen.[75] Sofern der öffentliche Auftraggeber das Ereignis, welches zur Notwendigkeit einer Vergabe ohne (Teilnahme-)Wettbewerb führt, zu vertreten hat, liegt eine Unvorhersehbarkeit in keinem Falle vor. Die zwingenden Gründe für die Auftragsvergabe müssen ebenso wie deren äußerste Dringlichkeit von der Vergabestelle dargelegt werden können.[76] Letztere setzt voraus, dass ein auch nur kurzfristiges Zuwarten rechtlich nicht hinnehmbare Folgen zeitigen würde. Eine Unmöglichkeit der Fristwahrung setzt voraus, dass sämtliche Potenziale für Fristverkürzungen bei der Bewertung berücksichtigt werden. Letztlich muss eine solche Dringlichkeitsvergabe den Charakter einer unumgänglichen Notvergabe haben.[77]

55 Weiterhin ist die Beauftragung eines vorhandenen Auftragnehmers mit **zusätzlichen Leistungen** nach § 14 Abs. 4 Nr. 5 VgV zulässig, „wenn zusätzliche Lieferleistungen des ursprünglichen Auftragnehmers beschafft werden sollen, die entweder zur teilweisen Erneuerung oder Erweiterung bereits erbrachter Leistungen bestimmt sind, und ein Wechsel des Unternehmens dazu führen würde, dass der öffentliche Auftraggeber eine Leistung mit unterschiedlichen technischen Merkmalen kaufen müsste und dies eine technische Unvereinbarkeit oder unverhältnismäßige technische Schwierigkeiten bei Gebrauch und Wartung mit

71 Näher *Hirsch/Kaelble*, in: Müller-Wrede, VgV/UVgO, § 14 VgV Rn. 165.

72 Vgl. insoweit auch OLG Bremen, Beschluss v. 3.4.2007 – Verg 2/07, VergabeR 2007, 517 (520); OLG Düsseldorf, Beschluss v. 5.7.2006 – VII-Verg 21/06, VergabeR 2006, 929 (931).

73 Dies mit Blick auf die europäische Rechtsentwicklung hervorhebend *Jaeger*, NZBau 2014, 259 (263). *Hettich*, in: Soudry/Hettich, Das neue Vergaberecht, S. 32, qualifiziert dieses Merkmal als Ausdruck des Ausnahmecharakters.

74 Verordnungsbegründung zu § 14 VgV, VergRModVO, BR-Drs. 87/16, 169.

75 Vgl. OLG Naumburg, Beschluss. v. 14.3.2014 – 2 Verg 1/14, VergabeR 2014, 787 (793 f.); näher *Stumpf/Götz*, VergabeR 2016, 561 ff.

76 OLG Düsseldorf, Beschluss. v. 10.6.2015 – VII-Verg 39/14, VergabeR 2015, 664 (665).

77 Dahingehend auch OLG Celle, Beschluss. v. 24.9.2014 – 13 Verg 9/14, VergabeR 2015, 60 (64).

sich bringen würde; die Laufzeit dieser öffentlichen Aufträge darf in der Regel drei Jahre nicht überschreiten". In der Sache handelt es sich dabei um Ersatz- oder Ergänzungsbeschaffungen im Zusammenhang mit zuvor erworbenen Waren, die eine gewisse Kompliziertheit aufweisen. Die diesbezüglich angeordnete Laufzeitbegrenzung auf grundsätzlich maximal drei Jahre bezweckt, einen erneuten Wettbewerb zu ermöglichen. Aus Sachgründen, die im Beschaffungsgegenstand beruhen, sind aber sowohl eine längere Vertragslaufzeit als auch mit Blick auf besonders langlebige Güter eine wiederholte Vergabe auf Grundlage von § 14 Abs. 4 Nr. 5 VgV nicht ausgeschlossen.

Eine funktionale Parallelregelung für die Vergabe von Dienstleistungsaufträgen im Verhandlungsverfahren ohne Teilnahmewettbewerb enthält schließlich § 14 Abs. 4 Nr. 9 VgV für den Fall, dass „eine Dienstleistung beschafft werden soll, die in der **Wiederholung gleichartiger Leistungen** besteht, die durch denselben öffentlichen Auftraggeber an das Unternehmen vergeben werden, das den ersten Auftrag erhalten hat, sofern sie einem Grundprojekt entsprechen und dieses Projekt Gegenstand des ersten Auftrags war, das im Rahmen eines Vergabeverfahrens mit Ausnahme eines Verhandlungsverfahrens ohne Teilnahmewettbewerb vergeben wurde; die Möglichkeit der Anwendung des Verhandlungsverfahrens muss bereits in der Auftragsbekanntmachung des ersten Vorhabens angegeben werden; darüber hinaus sind im Grundprojekt bereits der Umfang möglicher Dienstleistungen sowie die Bedingungen, unter denen sie vergeben werden, anzugeben; der für die nachfolgenden Dienstleistungen in Aussicht genommene Gesamtauftragswert wird vom öffentlichen Auftraggeber bei der Berechnung des Auftragswertes berücksichtigt; das Verhandlungsverfahren ohne Teilnahmewettbewerb darf nur innerhalb von drei Jahren nach Abschluss des ersten Auftrags angewandt werden." Die Vorschrift unterscheidet sich von dem für Lieferaufträge geltenden § 14 Abs. 4 Nr. 5 VgV dadurch, dass sie zwingend anordnet, dass die Möglichkeit der Folgevergabe eines Dienstleistungsauftrags bereits im ersten (wettbewerblichen) Vergabeverfahren über einen entsprechenden Auftrag vorgesehen war und auch in dessen Wertberechnung eingeflossen sein muss. Gleichwohl bezieht sie sich auf eine neue Auftragsvergabe und unterscheidet sich insoweit von Vertragsänderungen während der Laufzeit eines vergebenen Dienstleistungsauftrags nach § 132 GWB. Für die Folgevergabe von Bauleistungen enthält § 3a EU Abs. 3 Nr. 5 VOB/A übereinstimmende Vorgaben. 56

II. Verfahrensablauf

1. Teilnehmerauswahl

Bei der Auswahl der Verhandlungsteilnehmer unterscheiden sich das Verhandlungsverfahren mit und dasjenige ohne Teilnahmewettbewerb deutlich. Zwar wählt die Vergabestelle in beiden Fällen Unternehmen aus, mit denen sie in auftragsbezogene Verhandlungen eintritt. Dabei ist sie jedoch in unterschiedlichem Maße rechtlich gebunden. 57

Im **Verhandlungsverfahren mit Teilnahmewettbewerb** erfolgt die Teilnehmerauswahl wie im nicht offenen Verfahren und im wettbewerblichen Dialog, vgl. § 17 Abs. 1 bis 4 VgV/ § 3b EU Abs. 3 Nr. 1 bis 3 VOB/A. Zu Beginn des Verfahrens hat die Vergabestelle – sofern keine Vorinformation als Aufruf zum Wettbewerb gemäß § 38 Abs. 4 VgV/§ 12 EU Abs. 2 VOB/A erfolgt ist – eine Auftragsbekanntmachung im Supplement zum Amtsblatt der Europäischen Union zu veröffentlichen. Aus dieser müssen der Auftragsgegenstand, die Wertungs- sowie die Eignungs- und sonstigen Auswahlkriterien ersichtlich sein. Interessierte Unternehmen reichen daraufhin innerhalb der Teilnahmefrist von grundsätzlich mindestens 30 Tagen, die in dringenden Fällen auf 15 Tage verkürzt werden kann, Teilnahmeanträge ein, die von der Vergabestelle anhand der bekannt gemachten unternehmensbezogenen Kriterien zu bewerten sind. Auswahlentscheidungen sind unter uneingeschränkter Beachtung der vergaberechtlichen Grundsätze zu treffen.[78] Bei Verwendung einer Bewertungsmatrix muss diese zur diffe- 58

78 Vgl. OLG Düsseldorf, Beschluss v. 24.5.2007 – VII-Verg 12/07, ZfBR 2008, 79; *Antweiler*, in: Ziekow/Völlink, Vergaberecht, § 119 GWB Rn. 23.

renzierten Begutachtung geeignet sein.[79] Gemäß § 51 Abs. 2 VgV/§ 3b EU Abs. 3 Nr. 3 i.V.m. Abs. 2 Nr. 3 S. 3 VOB/A sind mindestens drei Unternehmen zu Verhandlungen aufzufordern. Ein Anspruch der Unternehmen auf Beteiligung an der Verhandlungsphase besteht jedoch nicht. Es ist der Vergabestelle unbenommen, nach Veröffentlichung der Auftragsbekanntmachung bestimmte Unternehmen zur Teilnahme am Vergabeverfahren aufzufordern.[80] Die Aufnahme von Verhandlungen setzt jedoch außer in dem in § 51 Abs. 3 VgV/§ 3b EU Abs. 3 Nr. 3 i.V.m. Abs. 2 Nr. 3 S. 6 VOB/A genannten Fall der Nichterreichung der Mindestzahl von Bewerbern stets zuvor die Auswahl im Teilnahmewettbewerb voraus. Diesbezüglich verfügt die Vergabestelle über einen Beurteilungs- und Entscheidungsspielraum.[81] Auftragsbezogene Verhandlungen mit sonstigen Unternehmen sind jenseits dessen ebenso wie beim nicht offenen Verfahren unzulässig.

59 Im **Verhandlungsverfahren ohne Teilnahmewettbewerb** stellt sich in denjenigen Konstellationen, in denen nur ein einziger Auftragnehmer in Betracht kommt, die Frage nach der Teilnehmerauswahl nicht.[82] Anders ist dies, wenn die Vergabe aus anderen Gründen von der Ausschreibungspflicht ausgenommen ist. Bereits aus dem Wettbewerbsgrundsatz folgt, dass in einem solchen Fall mehrere Anbieter zu beteiligen sind.[83] Korrespondierend damit enthält § 51 Abs. 2 VgV/§ 3b EU Abs. 2 Nr. 3 S. 3 VOB/A keine generelle Einschränkung für das Verhandlungsverfahren ohne Teilnahmewettbewerb in Bezug auf die Mindestzahl der zu beteiligenden Unternehmen. Die Vergabestelle muss mithin eine Auswahl aus potenziellen Anbietern treffen, mit denen sie aus eigener Initiative in Verhandlungen eintritt. Dabei hat sie nicht nur die vergaberechtlichen Prinzipien des § 97 GWB, sondern auch das in § 122 GWB verankerte Gebot der Auftragsvergabe an geeignete Unternehmen zu beachten. Es bedarf daher stets bereits vorab einer informellen Einschätzung der Eignung der zu beteiligenden Unternehmen[84] und der Heranziehung nachvollziehbarer Auswahlkriterien. Die ausgewählten Unternehmen erhalten nach § 17 Abs. 5 VgV/§ 3b EU Abs. 3 Nr. 4 VOB/A eine Aufforderung zur Abgabe von Erstangeboten, für deren Erstellung § 17 Abs. 6 VgV/§ 10c Abs. 1 EU i.V.m. § 10b EU Abs. 1 VOB/A grundsätzlich eine Mindestfrist von 30 Tagen vorsieht, die in Fällen besonderer Dringlichkeit nach § 17 Abs. 8 VgV/§ 10c EU Abs. 2 S. 1 VOB/A auf zehn Tage verkürzt werden kann. Einzelne Unternehmen haben aber weder einen Anspruch darauf, von der Vergabestelle in Betracht gezogen noch im Nachgang einer Kontaktaufnahme an Verhandlungen beteiligt zu werden.

2. Verhandlungsphase

60 In der Verhandlungsphase weisen die Varianten des Verhandlungsverfahrens keine grundlegenden Unterschiede auf. Wenngleich die Durchführung von Verhandlungen verfahrensprägenden Charakter haben, müssen diese nicht (mehr[85]) zwingend erfolgen. Nach § 17 Abs. 11 VgV/§ 3b EU Abs. 3 Nr. 7 VOB/A kann der öffentliche Auftraggeber – in der Formulierung der VgV – „den Auftrag auf der Grundlage der Erstangebote vergeben, ohne in Verhandlungen einzutreten, wenn er sich in der Auftragsbekanntmachung oder in der Aufforderung zur Interessensbestätigung diese Möglichkeit vorbehalten hat." Dies bedeutet zugleich, dass die Unternehmen bei einer entsprechenden Bekanntmachung bereits die Erstangebote zuschlagsfähig gestalten müssen. Allerdings wirft die Nutzung dieser Möglichkeit seitens der Vergabestelle die Frage auf, ob die Voraussetzungen für die Durchführung eines Verhand-

---

79 OLG München, Beschluss v. 26.6.2007 – Verg 6/07, VergabeR 2007, 684 (688 f.).
80 *Horn*, in: Heiermann/Zeiss/Summa, Vergaberecht, § 119 GWB Rn. 40 f.
81 OLG Rostock, Beschluss v. 27.3.2017 – 17 Verg 1/17, VergabeR 2018, 172 (173).
82 Vgl. auch *Noch*, Vergaberecht kompakt, Rn. 613.
83 *Wagner*, in: Langen/Bunte, Kartellrecht I, § 119 GWB Rn. 53; *Ganske*, in: Reidt/Stickler/Glahs, Vergaberecht, § 119 GWB Rn. 38; *Antweiler*, in: Ziekow/Völlink, Vergaberecht, § 119 GWB Rn. 24.
84 OLG Jena, Beschluss v. 21.1.2015 – 2 Verg 4/14, VergabeR 2015, 599 (604 f.).
85 Vgl. zur früheren Rechtslage *Dreher*, in: Immenga/Mestmäcker, Wettbewerbsrecht, 5. Auflage, § 101 GWB Rn. 62.

lungsverfahrens im Einzelfall tatsächlich vorlagen,[86] da sich der Verfahrensablauf dann nicht grundsätzlich von demjenigen des nicht offenen Verfahrens unterscheidet.

61 Erfolgen – wie sicher auch weiterhin im Regelfall[87] – Verhandlungen, können diese sowohl den Auftragsgegenstand als auch die Preise betreffen. In einem *„dynamische(n) Prozess"*[88] erfolgt die Auswahl desjenigen Angebots, das die Bedürfnisse des öffentlichen Auftraggebers am besten befriedigt: *„**Verhandeln** […] heißt, dass Auftraggeber und potentieller Auftragnehmer Auftragsinhalt und Auftragsbedingungen solange besprechen, bis klar ist, was der Auftraggeber tatsächlich und konkret beschaffen will, zu welchen Konditionen der Auftragnehmer dies leistet und insbesondere zu welchem Preis geleistet wird."*[89] Anders als im wettbewerblichen Dialog und bei der Innovationspartnerschaft muss die Vergabestelle jedoch zumindest über eine grundlegende Vorstellung über die Auftragskonzeption verfügen, deren Identität im Laufe der Verhandlungen zu bewahren ist.[90] Gemäß § 17 Abs. 10 S. 2 VgV/ § 3b EU Abs. 3 Nr. 6 VOB/A darf über den gesamten Angebotsinhalt verhandelt werden mit Ausnahme der vom öffentlichen Auftraggeber in den Vergabeunterlagen festgelegten[91] Mindestanforderungen[92] und Zuschlagskriterien. Diese in den Ausschreibungsunterlagen enthaltenen zentralen Vorgaben bleiben daher während der gesamten Verfahrensdauer maßgeblich.[93] Allerdings kann die Vergabestelle im Zuge der Verhandlungen transparente und diskriminierungsfreie Änderungen im Detail vornehmen, welche die Bieter bei der Abgabe der endgültigen Angebote zu berücksichtigen haben.[94]

62 In der Art und Weise der **Durchführung der Verhandlungsphase** ist die Vergabestelle weitgehend frei. Sie hat jedoch sowohl die vergaberechtlichen Grundsätze[95] als auch eigene verfahrensbezogene Festlegungen zu beachten.[96] Gestaltungsformen, die auf intensiven mündlichen Verhandlungen zwischen Vergabestelle und Unternehmen basieren, sind ebenso zulässig wie Annäherungen an Angebotsverfahren.[97] Gemäß § 17 Abs. 12 VgV/§ 3b EU Abs. 3 Nr. 8 VOB/A können mehrere Verhandlungsrunden durchgeführt werden, sofern dies vorab transparent gemacht wurde.[98] Die zum Abschluss der Verhandlungsphase vorliegenden endgültigen Angebote müssen ebenso wie in den übrigen Vergabeverfahrensarten zuschlagsfä-

86 *Hettich*, in: Soudry/Hettich, Das neue Vergaberecht, S. 30. Auf Grundlage der früheren Rechtslage hat das KG, Beschluss v. 21.11.2014 – Verg 22/13, VergabeR 2015, 204 (208), ein Verhandlungsverfahren im Falle der Verwendung ausschließlich verbindlicher Vorgaben in den Vergabeunterlagen für rechtswidrig erachtet.

87 Die Erforderlichkeit hervorhebend *Hölzl*, NZBau 2013, 558 (559).

88 OLG Celle, Beschluss v. 16.1.2002 – 13 Verg 1/02, VergabeR 2002, 299 (301); *Werner*, in: Byok/Jaeger, Vergaberecht, § 119 GWB Rn. 64; *Höß*, in: Heuvels/Höß/Kuß/Wagner, Vergaberecht, § 101 GWB Rn. 24.

89 OLG Düsseldorf, Beschluss v. 15.6.2016 – VII-Verg 49/15, NZBau 2016, 653 (654).

90 OLG Dresden, Beschluss v. 3.12.2003 – WVerg 15/03, VergabeR 2004, 225, 229; *Werner*, in: Byok/Jaeger, Vergaberecht, § 119 GWB Rn. 64; *Wagner*, in: Langen/Bunte, Kartellrecht I, § 119 GWB Rn. 30; *Fett*, in: Säcker, Wettbewerbsrecht, § 119 GWB Rn. 59; *Weyand*, Vergaberecht, § 101 GWB Rn. 121; *Schütte*, ZfBR 2004, 237 (240); vgl. auch OLG Düsseldorf, Beschluss v. 5.7.2006 – VII-Verg 21/06, VergabeR 2006, 929 (931); *Höß*, in: Heuvels/Höß/Kuß/Wagner, Vergaberecht, § 101 GWB Rn. 24; *von Hoff/Queisner*, in: Röwekamp/Kus/Portz/Prieß, GWB-Vergaberecht, § 119 Rn. 29.

91 Zur Verzichtbarkeit OLG Düsseldorf, Beschluss v. 28.3.2018 – VII-Verg 54/17, NZBau 2018, 548.

92 OLG Düsseldorf, Beschluss v. 29.6.2017 – VII-Verg 7/17, NZBau 2017, 619; OLG München, Beschluss v. 21.4.2017 – Verg 1/17, ZfBR 2017, 615.

93 EuGH, Urteil. v. 5.12.2013 – Rs. C-561/12 (Nordecon), Rn. 37 f., VergabeR 2014, 395 (399); siehe auch bereits OLG Stuttgart, Beschluss v. 15.9.2003 – 2 Verg 8/03, VergabeR 2004, 384 (385); im Einzelnen siehe auch *Favier/Schüler*, ZfBR 2016, 761 (762 ff.); Modifikationen oder Reduzierungen des Auftragsvolumens sind grundsätzlich erlaubt, *Antweiler*, in: Ziekow/Völlink, Vergaberecht, § 119 GWB Rn. 27.

94 BGH, Urteil v. 1.8.2006 – X ZR 115/04, VergabeR 2007, 73 (75); *Werner*, in: Byok/Jaeger, Vergaberecht, § 119 GWB Rn. 66.

95 OLG Celle, Beschluss v. 16.1.2002 – 13 Verg 1/02, VergabeR 2002, 299 (301); OLG Frankfurt, Beschluss v. 10.4.2001 – 11 Verg 1/01, VergabeR 2001, 299 (302).

96 *Schütte*, ZfBR 2004, 237 (240); vgl. auch EuG, Urteil v. 28.11.2002 – Rs. T-40/01 (Scan Office Design), Rn. 76, WuW/E Verg 685 (690).

97 *Schütte*, ZfBR 2004, 237 (241); vgl. auch *Reimnitz*, Der neue Wettbewerbliche Dialog, S. 202 ff.

98 Vgl. auch OLG Düsseldorf, Beschluss v. 5.7.2006 – VII-Verg 21/06, VergabeR 2006, 929 (932); *Höß*, in: Heuvels/Höß/Kuß/Wagner, Vergaberecht, § 101 GWB Rn. 31; *Ganske*, in: Reidt/Stickler/Glahs, Vergaberecht, § 101 GWB Rn. 37; *Kramer*, NZBau 2005, 138 (140). Als *„unumgänglich"* qualifiziert *Dobmann*, VergabeR 2013, 175 (183) eine Strukturierung des Verfahrens; dahingehend auch *Fett*, in: Säcker, Wettbewerbsrecht, § 119 GWB Rn. 47.

hig[99], bindend und unabänderlich sein. Letzteres folgt unmittelbar aus § 17 Abs. 10 S. 1 VgV/ § 3b EU Abs. 3 Nr. 6 VOB/A wie auch aus den Grundsätzen des fairen Wettbewerbs und der Gleichbehandlung.[100] Nach der Angebotswertung und der Entscheidung über den Zuschlag gemäß § 17 Abs. 14 S. 2 VgV/§ 3b EU Abs. 3 Nr. 10 S. 2 VOB/A kommt eine Fortsetzung der Verhandlungen nur[101] bei Vorliegen sachgerechter Gründe, etwa im Fall einer erfolgreichen Rüge von Vergaberechtsverstößen, in Betracht.[102]

63 Aus dem **Transparenzgrundsatz**, der für alle Verfahrensarten sowohl die Ex-ante- als auch Ex-post-Transparenz fordert, folgt für die Verhandlungsphase im Verhandlungsverfahren zunächst die Notwendigkeit der Vorhersehbarkeit des Verfahrensablaufs und Einsicht in die Entscheidungskriterien der Vergabestelle für die Unternehmen.[103] Wesentliche Aspekte sind daher vorab bekannt zu geben. Dies gilt insbesondere für die Zuschlagskriterien, die den Verhandlungsteilnehmern auch im Verhandlungsverfahren ohne Teilnahmewettbewerb zur Kenntnis gebracht werden müssen,[104] wie auch die Formulierungen in § 17 Abs. 10 S. 2, Abs. 12 S. 1 VgV/§ 3b EU Abs. 3 Nr. 8 S. 1 VOB/A („in den Vergabeunterlagen festgelegten [...] Zuschlagskriterien" bzw. „anhand der vorgegebenen Zuschlagskriterien") sowie der mangelnden verfahrensbezogenen Einschränkung des § 58 Abs. 3 VgV/§ 16d EU Abs. 2 Nr. 2 VOB/A verdeutlichen. Will die Vergabestelle mehrere Verhandlungsrunden mit abnehmender Teilnehmerzahl durchführen, ist dies den Unternehmen nach § 17 Abs. 12 S. 1 VgV/§ 3b EU Abs. 3 Nr. 8 S. 1 VOB/A in der Auftragsbekanntmachung oder den Vergabeunterlagen mitzuteilen. Gleiches gilt für die für die Reduzierung maßgeblichen Kriterien. Abweichungen vom vorgesehenen Verfahrensablauf sind nicht schlechthin ausgeschlossen, dürfen jedoch nicht willkürlich erfolgen[105] und sind ihrerseits soweit möglich vorab mitzuteilen und gleichmäßig anzuwenden.[106] Die Nachvollziehbarkeit der Verhandlungen ist durch einen ausführlichen, detailgenauen Vergabevermerk nach § 8 Abs. 2 VgV (gegebenenfalls bei Bauleistungen i.V.m. § 20 EU VOB/A) sicherzustellen. Vor Zuschlagserteilung sind die Wettbewerber gemäß § 134 GWB zu informieren, die Bieterstatus erlangt haben, was eine Verhandlungsteilnahme nicht notwendig voraussetzt.[107]

64 Der **Gleichbehandlungsgrundsatz** verbietet es der Vergabestelle, die Erfolgschancen von Unternehmen im Verhandlungsverfahren aus sachfremden Erwägungen heraus zu beeinflussen. § 17 Abs. 13 VgV und § 3b EU Abs. 3 Nr. 9 VOB/A greifen dies umfänglich, jedoch nicht sachlich umfassend auf. Gleichbehandlung bedingt die Gleichzeitigkeit des Verhandlungsbeginns und die Aufnahme substanzieller, also auftragsbezogener Verhandlungen mit zunächst allen ausgewählten Unternehmen.[108] Die Bevorzugung einzelner Bieter, etwa durch ungleichzeitige bzw. inhaltlich abweichende Informationen[109] oder eine individuelle Abweichung von

99 Zum Ausschluss wegen formeller Mängel OLG Naumburg, Beschluss v. 23.4.2014 – 2 Verg 5/14, VergabeR 2015, 458 (464).

100 OLG Düsseldorf, Beschluss v. 25.7.2002 – VII-Verg 33/02, VergabeR 2003, 105 (106); *Häfner*, in: Ax/Schneider/Bischoff, Vergaberecht 2006, § 101 GWB Rn. 23.

101 *Jaeger*, NZBau 2014, 259 (263).

102 BayObLG, Beschluss v. 5.11.2002 – Verg 22/02, VergabeR 2003, 186 (189); *Müller-Wrede*, in: Ingenstau/Korbion, VOB, 15. Auflage, § 101 GWB Rn. 16.

103 OLG München, Beschluss v. 17.1.2008 – Verg 15/07, VergabeR 2008, 574 (575 f.); OLG Naumburg, Beschluss v. 16.9.2002 – 1 Verg 2/02, NZBau 2003, 628 (632); KG, Beschluss v. 5.1.2000 – KartVerg 11/99, BauR 2000, 1579 (1581); *Ganske*, in: Reidt/Stickler/Glahs, Vergaberecht, § 119 GWB Rn. 39.

104 OLG Düsseldorf, Beschluss v. 27.11.2002 – Verg 45/02, VergabeR 2003, 342; BayObLG, Beschluss v. 24.9.2002 – Verg 16/02, VergabeR 2003, 59 (60 ff.).

105 OLG Frankfurt, Beschluss v. 10.4.2001 – 11 Verg 1/01, VergabeR 2001, 299 (302); *Höß*, in: Heuvels/Höß/Kuß/Wagner, Vergaberecht, § 101 GWB Rn. 22.

106 Vgl. zu einer wiederholten letzten Verhandlungsrunde KG, Beschluss v. 17.5.2013 – Verg 2/13, VergabeR 2013, 813 (814).

107 Vgl. OLG Düsseldorf, Beschluss v. 23.2.2005 – VII-Verg 85/04, VergabeR 2005, 508 (510).

108 *Otting*, in: Bechtold, GWB, § 101 Rn. 6; *Müller-Wrede*, in: Ingenstau/Korbion, VOB, 15. Auflage, § 101 GWB Rn. 14; a.A. *Höß*, in: Heuvels/Höß/Kuß/Wagner, Vergaberecht, § 101 GWB Rn. 31; *Ganske*, in: Reidt/Stickler/Glahs, Vergaberecht, § 119 GWB Rn. 40.

109 OLG Düsseldorf, Beschluss v. 5.7.2006 – VII-Verg 21/06, VergabeR 2006, 929 (930); OLG Celle, Beschluss v. 16.1.2002 – 13 Verg 1/02, VergabeR 2002, 299 (301); *Weyand*, Vergaberecht, § 101 GWB Rn. 153.

verfahrensbezogenen Festlegungen der Vergabestelle[110], ist ebenso unzulässig wie bloße Scheinverhandlungen. Nimmt die Vergabestelle eine Reduzierung des Teilnehmerkreises vor, muss dies anhand sachlich begründeter Kriterien erfolgen,[111] die mit den Zuschlagskriterien zumindest zusammenhängen müssen.[112] Ausdrücklich normiert § 17 Abs. 13 S. 5 VgV/§ 3b EU Abs. 3 Nr. 9 S. 5 VOB/A zudem das Verbot der Weitergabe vertraulicher Informationen eines an den Verhandlungen teilnehmenden Bieters ohne dessen (konkrete) Zustimmung an die anderen Teilnehmer. Für die Bieter folgt aus der Bindung der Vergabestelle an den Gleichbehandlungsgrundsatz darüber hinaus, dass sie gleichbehandlungsermöglichende Vorgaben, etwa Fristsetzungen, beachten müssen; andernfalls besteht die Möglichkeit des Verfahrensausschlusses.[113]

65 Aus dem **Wettbewerbsgrundsatz** folgt, dass zu verbindlichen Angeboten führende Verhandlungen soweit möglich mit mehreren Unternehmen zu führen sind.[114] Daran anknüpfend bestimmt § 17 Abs. 12 S. 2 VgV/§ 3b EU Abs. 3 Nr. 8 S. 3 VOB/A, dass – in der Formulierung der VgV – „[i]n der Schlussphase des Verfahrens […] noch so viele Angebote vorliegen [müssen], dass ein echter Wettbewerb gewährleistet ist, sofern ursprünglich eine ausreichende Anzahl von Angeboten oder geeigneten Bietern vorhanden war." Auch im Verhandlungsverfahren ist der Wettbewerb grundsätzlich ein Geheimwettbewerb, sodass die Vergabestelle jeweils separat mit den einzelnen Unternehmen verhandeln muss.[115] Dem entspricht es, dass die Weitergabe vertraulicher Informationen eines Verhandlungsteilnehmers, insbesondere offengelegter Geschäftsgeheimnisse, an seine Wettbewerber ohne seine Zustimmung nicht nur nach § 17 Abs. 13 S. 4 VgV/§ 3b EU Abs. 3 Nr. 9 S. 5 VOB/A als gleichbehandlungs-, sondern auch als wettbewerbswidrig zu qualifizieren[116] und daher untersagt ist. Das Gebot getrennter Verhandlungen schließt es jedoch nicht aus, dass die Vergabestelle den Wettbewerbern Informationen zugänglich macht, die keinen spezifischen Unternehmensbezug aufweisen. Dies gilt insbesondere für Angebotspreise.[117] Das gezielte Ausspielen von Verhandlungsteilnehmern gegeneinander ist gleichwohl unzulässig. Nicht nur vor dem Hintergrund des Gleichheits-, sondern auch des Wettbewerbsgrundsatzes ist schließlich die Auswahl eines einzigen bevorzugten Bieters („preferred bidder"), mit dem ausschließlich mit dem Ziel eines Vertragsschlusses weiterverhandelt wird, im Laufe der Verhandlungsphase problematisch.[118] In Rechtsprechung und Literatur war die Zulässigkeit einer solchen Verfahrensgestaltung gleichwohl auch noch unter Geltung des „modernen" europäisierten Vergaberechts anerkannt.[119]

G. Wettbewerblicher Dialog (Abs. 6)

66 Der in § 119 Abs. 6 GWB geregelte wettbewerbliche Dialog wurde erstmalig im Jahr 2005 mit dem ÖPP-Beschleunigungsgesetz[120] in das GWB eingeführt und durch das VergRModG 2016

110 OLG Düsseldorf, Beschluss v. 7.1.2002 – Verg 36/01, VergabeR 2002, 169 (170); vgl. auch BGH, Urteil v. 1.8.2006 – X ZR 115/04, VergabeR 2007, 73 (74 f.); *Ganske*, in: Reidt/Stickler/Glahs, Vergaberecht, § 119 GWB Rn. 40.

111 OLG Celle, Beschluss v. 16.1.2002 – 13 Verg 1/02, VergabeR 2002, 299 (301); OLG Frankfurt, Beschluss v. 10.4.2001 – 11 Verg 1/01, VergabeR 2001, 299 (302).

112 Streng *Tschäpe*, ZfBR 2014, 538 (542).

113 OLG Naumburg, Beschluss v. 13.10.2008 – 1 Verg 10/08; OLG Frankfurt, Beschluss v. 23.12.2005 – 11 Verg 13/05; *Höß*, in: Heuvels/Höß/Kuß/Wagner, Vergaberecht, § 101 GWB Rn. 26; *Weyand*, Vergaberecht, § 101 GWB Rn. 155.

114 Vgl. OLG Rostock, Beschluss v. 9.12.2020 – 17 Verg 4/20, VergabeR 2021, 325.

115 OLG München, Beschluss v. 14.3.2013 – Verg 32/12, VergabeR 2013, 917 (921).

116 KG, Beschluss v. 31.5.2000 – KartVerg 1/00.

117 A.A. *Noch*, Vergaberecht kompakt, Rn. 618.

118 *Jasper/Soudry*, in: Dreher/Motzke, Vergaberecht, § 101 GWB Rn. 16; *Kling*, in: Immenga/Mestmäcker, Wettbewerbsrecht, § 119 GWB Rn. 42; *Wagner*, in: Langen/Bunte, Kartellrecht I, § 119 GWB Rn. 49; *Fett*, in: Säcker, Wettbewerbsrecht, § 119 GWB Rn. 64; *Weyand*, Vergaberecht, § 101 GWB Rn. 226 f.; *Dobmann*, VergabeR 2013, 175 (185); *Kus*, VergabeR 2006, 851 (856 f.).

119 Vgl. OLG Frankfurt, Beschluss v. 2.11.2004 – 11 Verg 16/04; OLG Brandenburg, Beschluss v. 3.8.1999 – 6 Verg 1/99, NZBau 2000, 39 (45); *Ganske*, in: Reidt/Stickler/Glahs, Vergaberecht, § 119 GWB Rn. 38; *Schütte*, ZfBR 2004, 237 (240 f.).

120 BGBl. I 2005 S. 2676; dazu im Überblick *Fleckenstein*, DVBl. 2006, 75 ff.

anknüpfend an die europarechtlichen Entwicklungen im Detail modifiziert.[121] Es handelt sich um ein gestuftes Vergabeverfahren für besonders anspruchsvolle Beschaffungen, das Angebots- und Verhandlungselemente verbindet.[122] Seine nähere Ausgestaltung erfolgt durch § 18 VgV sowie § 3b EU Abs. 4 VOB/A und ergänzende Bestimmungen dieser Regelwerke.

67 Auch für **verteidigungs- und sicherheitsspezifische Beschaffungen** kommt seine Verwendung im Einzelfall (und weiterhin beschränkt auf „besonders komplexe Aufträge") nach § 146 S. 2 GWB und § 13 VSVgV in Betracht. Anders als vor der EU-Vergaberechtsreform 2014 steht das Verfahren nunmehr auch **Sektorenauftraggebern** zur Verfügung, vgl. § 141 Abs. 1 GWB i.V.m. § 17 SektVO.

I. Anwendungsvoraussetzungen

68 § 119 Abs. 6 S. 1 GWB regelt ansatzweise die Anwendungsvoraussetzungen des wettbewerblichen Dialogs für Auftragsvergaben ohne Verteidigungs- und Sicherheitsrelevanz durch öffentliche Auftraggeber, die im Zuge der Vergaberechtsreform 2016 neu gefasst wurden. Anders als zuvor ist nicht mehr erforderlich, dass der zu vergebende Auftrag eine besondere Komplexität aufweist. Gleichwohl muss nach der Formulierung der Norm das Verfahren das „Ziel der Ermittlung und Festlegung der Mittel [haben], mit denen die Bedürfnisse des öffentlichen Auftraggebers am besten erfüllt werden können." Dies setzt auch weiterhin besondere beschaffungsgegenständliche Herausforderungen und damit eine gewisse Auftragskomplexität voraus,[123] wie auch aus den in § 14 Abs. 3 Nr. 1 bis 4 VgV/§ 3a EU Abs. 4 und 2 VOB/A genannten Voraussetzungen deutlich wird.

69 Die in § 119 Abs. 6 S. 1 GWB normierte zentrale **Anwendungsvoraussetzung** des wettbewerblichen Dialogs ist, dass es dem öffentlichen Auftraggeber nicht möglich ist, den Beschaffungsgegenstand selbst abschließend zu definieren. Dies verdeutlicht auch § 14 Abs. 3 Nr. 1 bis 3 VgV/§ 3a EU Abs. 4 und Abs. 2 Nr. 1 lit. a bis c VOB/A, ohne aber eine umfassende Klärung vornehmen zu können. Insoweit erscheint ungeachtet der erfolgten Änderungen eine Orientierung an der früheren Rechtslage grundsätzlich geboten. Dies legt auch Erwägungsgrund 42 RL 2014/24/EU nahe, wonach *„[d]er wettbewerbliche Dialog [...] sich in Fällen als nützlich erwiesen [hat], in denen öffentliche Auftraggeber nicht in der Lage sind, die Mittel zur Befriedigung ihres Bedarfs zu definieren oder zu beurteilen, was der Markt an technischen, finanziellen oder rechtlichen Lösungen zu bieten hat. Diese Situation kann insbesondere bei innovativen Projekten, bei der Realisierung großer, integrierter Verkehrsinfrastrukturprojekte oder großer Computer-Netzwerke oder bei Projekten mit einer komplexen, strukturierten Finanzierung eintreten."* Die letztgenannte Formulierung wurde unverändert aus Erwägungsgrund 31 RL 2004/18/EG übernommen, die damit zugleich das Vorliegen einer besonderen Auftragskomplexität begründete. Nicht zuletzt in Anbetracht dessen bietet sich für die Auslegung des § 119 Abs. 6 S. 1 GWB im Ausgangspunkt eine Orientierung an der vormaligen Bestimmung der besonderen Komplexität des Auftrags in § 3 EG Abs. 7 Nr. 1 VOB/A, § 3 EG Abs. 7 UAbs. 1 VOL/A an, die wiederum auf Art. 1 Abs. 11 RL 2004/18/EG basierte und die zudem auch weiterhin in § 13 Abs. 1 VSVgV Bestandteil geltenden Rechts ist. Jedenfalls liegen die Voraussetzungen des § 119 Abs. 6 S. 1 GWB zweifelsfrei vor,[124] wenn öffentliche Auftraggeber „objektiv nicht in der Lage sind, 1. die technischen Mittel anzugeben, mit denen ihre Bedürfnisse und Ziele erfüllt werden können, oder 2. die rechtlichen oder finanziellen Bedingungen des Vorhabens anzugeben." Mit dieser überkommenen Regelung korrespondieren auch die Vorgaben der VgV für die Anwendung des wettbewerblichen Dialogs. Primär auf

---

121 Von einer *„praxisnäher[en]"* Ausgestaltung sprechen *Soudry/Hettich*, in: Soudry/Hettich, Das neue Vergaberecht, S. 25.

122 Konzeptionelle Aufarbeitung bei *Schneider*, Der Wettbewerbliche Dialog im Spannungsfeld der Grundsätze des Vergaberechts, S. 88 ff.

123 So auch *Pünder*, in: Pünder/Schellenberg, Vergaberecht, § 119 GWB Rn. 43.

124 Vgl. auch *Hettich*, in: Soudry/Hettich, Das neue Vergaberecht, S. 33.

technische Besonderheiten i.S.v. grundsätzlichen Leistungs- oder Funktionsanforderungen[125] stellt – ohne explizite Bezugnahme – auch § 14 Abs. 3 Nr. 1 und 2 VgV/§ 3a EU Abs. 4 und Abs. 2 Nr. 1 lit. a und b VOB/A ab. Dabei handelt es sich (insbesondere bei Bauvorhaben) um neuartige Konstruktionserfordernisse oder die Notwendigkeit der Erarbeitung von auf einen Sonderbedarf der Vergabestelle jenseits marktüblicher Angebote bezogenen Individuallösungen. Die auch in § 14 Abs. 3 Nr. 3 VgV/§ 3a EU Abs. 4 und Abs. 2 Nr. 1 lit. c VOB/A in Bezug genommenen finanziellen und rechtlichen Besonderheiten können grundsätzliche Probleme bezüglich der Vertragsstruktur betreffen,[126] die sich etwa bei ÖPP-Projekten stellen können. Gleichwohl ist nicht zu verkennen, dass die Verwendung des wettbewerblichen Dialogs durch die Umgestaltung seiner Anwendungsvoraussetzungen erleichtert werden sollte. Dem Vorliegen einer besonderen Auftragskomplexität im herkömmlichen Sinne kann daher auch auf interpretativem Wege nicht wieder der Charakter einer zwingenden Verfahrensvoraussetzung zugewiesen werden. Vielmehr kann das Verfahren auch dann Verwendung finden, wenn die Voraussetzungen der § 119 Abs. 6 S. 1 GWB und § 14 Abs. 3 VgV/§ 3a EU Abs. 4 und 2 VOB/A auf andere Weise erfüllt sind. Dies ist insbesondere bei Aufträgen denkbar, die nach früherer Rechtslage als „nur" komplex, nicht aber als besonders komplex[127] zu qualifizieren waren oder sonstige konzeptionelle Schwierigkeiten aufweisen. Eine eindeutige Abgrenzung ist allerdings auf Grundlage des Normbestandes kaum möglich. Insoweit ist die Anwendbarkeit des wettbewerblichen Dialogs anstelle eines offenen oder nicht offenen Verfahrens mit denselben Unsicherheiten behaftet wie diejenige des Verhandlungsverfahrens mit Teilnahmewettbewerb.

Wesentliche Bedeutung kommt daher der Frage zu, wer verbindlich über die Frage, wann es im Wege eines Vergabeverfahrens der Ermittlung und Festlegung der Mittel bedarf, mit denen die Bedürfnisse des öffentlichen Auftraggebers am besten erfüllt werden können, und damit über das Vorliegen der Voraussetzungen des § 119 Abs. 6 S. 1 GWB entscheidet. Wiederum entsprechend der früheren Rechtslage[128] kann es mit Blick auf den in § 119 Abs. 2 GWB vorgesehenen Ausnahmecharakter des Verfahrens des wettbewerblichen Dialogs hierfür nicht in erster Linie oder gar allein auf die Vorstellungen und Fähigkeiten der jeweiligen Vergabestelle ankommen. Gleiches gilt für die Konkretisierungen dieses Erfordernisses in § 14 Abs. 3 VgV/§ 3a EU Abs. 4 und 2 VOB/A. Vielmehr ist auch auf Grundlage der neuen gesetzlichen Charakterisierung des wettbewerblichen Dialogs stets ein objektiver **Maßstab** anzulegen und die Einschätzung seitens des öffentlichen Auftraggebers in vollem Umfang einer Kontrolle im Nachprüfungsverfahren zugänglich.[129] Daraus folgt insbesondere, dass die Vergabestelle nicht vorschnell von der Auftragskonzeptionierung unter Hinweis auf deren Schwierigkeiten Abstand nehmen darf. So muss sie sich etwa im Anwendungsbereich von § 14 Abs. 3 Nr. 1 VgV/§ 3a EU Abs. 4 und Abs. 2 Nr. 1 lit. a VOB/A zunächst mit den auf dem Markt vorhandenen Lösungen vertraut machen und deren fehlende Passgenauigkeit positiv feststellen und nachvollziehbar begründen. Auch darf eine grundlegende Rechtskenntnis von ihr erwartet werden. Nötigenfalls hat sie zunächst auf die Unterstützung von Sachverständigen zurückzugreifen.[130] Der wettbewerbliche Dialog dient auch weiterhin nicht dem Zweck, die Erarbeitung beliebiger Aufträge unabhängig von ihrem tatsächlichen Schwierigkeitsgrad in das Ver- 70

125 *Werner*, in: Byok/Jaeger, Vergaberecht, § 119 GWB Rn. 97; *Beckmann*, in: Müller-Wrede, Kompendium des Vergaberechts, Kap. 15 Rn. 12; *Kolpatzik*, VergabeR 2007, 279 (287); vgl. auch *Drömann*, NZBau 2007, 751 (751 f.); *Schröder*, NZBau 2007, 216 (218 f.).

126 *Werner*, in: Byok/Jaeger, Vergaberecht, § 119 GWB Rn. 100; *Beckmann*, in: Müller-Wrede, Kompendium des Vergaberechts, Kap. 15 Rn. 13; näher *Drömann*, NZBau 2007, 751 (752 ff.); *Schröder*, NZBau 2007, 216 (219 f.).

127 Zur Problematik der Abgrenzung *Knauff*, NZBau 2005, 249 (253 f.).

128 Bezogen auf die besondere Auftragskomplexität *Prieß*, Handbuch des europäischen Vergaberechts, S. 201; *Knauff*, VergabeR 2004, 287 (290); weiter *Heiermann*, ZfBR 2005, 766 (770); *Kolpatzik*, VergabeR 2007, 279 (284).

129 Vgl. *Reimnitz*, Der neue Wettbewerbliche Dialog, S. 90 ff.; *Knauff*, VergabeR 2004, 287 (290); *Leinemann/Maibaum*, VergabeR 2004, 275 (278).

130 *Schmidt*, in: Ax/Schneider/Bischoff, Vergaberecht 2006, § 11 VgV Rn. 7; *Knauff*, VergabeR 2004, 287 (290); *Leinemann/Maibaum*, VergabeR 2004, 275 (278); vgl. auch *Wagner*, in: Langen/Bunte, Kartellrecht I, § 119 GWB Rn. 58; *Kolpatzik*, VergabeR 2007, 279 (285 f.); a.A. *Fritz*, VergabeR 2008, 379 (382); *Heiermann*, ZfBR 2005, 766 (770); *Müller/Veil*, VergabeR 2007, 298 (300); einschränkend auch *Pünder/Franzius*, ZfBR 2006, 20 (22).

gabeverfahren und damit auf die an der Auftragserteilung interessierten Unternehmen zu verlagern und die Vergabestelle von den mit der Auftragskonzeption verbundenen Belastungen freizustellen.[131] Auch die Definition ihres Bedarfs obliegt ihr allein.

II. Verfahrensablauf

71 § 119 Abs. 6 S. 2 GWB normiert rudimentäre Vorgaben für den Ablauf des wettbewerblichen Dialogs. Detaillierte Regelungen enthalten § 18 VgV, § 3b EU Abs. 4 VOB/A sowie ergänzende Vorschriften der Regelwerke. In ihrer Gesamtheit lassen diese Bestimmungen den wettbewerblichen Dialog ungeachtet der sachlich weitgehenden Verhandlungsmöglichkeiten als stark reglementiertes Vergabeverfahren erscheinen. Dieses gliedert sich in die Abschnitte Bekanntgabe/Eignungsprüfung, Dialogphase und Angebotsphase.[132]

1. Teilnahmewettbewerb

72 Das Verfahren des wettbewerblichen Dialogs beginnt mit einer **Auftragsbekanntmachung** im Supplement zum Amtsblatt der Europäischen Union, die regelmäßig durch eine detaillierte Beschreibung ergänzt wird.[133] Auftragsbezogene Angaben dieser Veröffentlichungen betreffen die zu befriedigenden Bedürfnisse des öffentlichen Auftraggebers und seine besonderen Anforderungen. Trotz der bestehenden Unklarheiten im Hinblick auf den konkreten Auftragsgegenstand, welche die Zulässigkeit der Verfahrenswahl überhaupt erst begründen, sind bereits die Kriterien zur Bestimmung des wirtschaftlichsten Angebots, des einzigen zulässigen Zuschlagskriteriums, anzugeben. Regelmäßig genügt dabei die Angabe in absteigender Reihenfolge.[134] Darüber hinaus sind die Mindestanforderungen an die Eignung der potenziellen Auftragnehmer zu benennen. Wenn die Vergabestelle gemäß § 18 Abs. 4 S. 2 i.V.m. § 51 VgV/§ 3b EU Abs. 4 Nr. 2 i.V.m. § 3b EU Abs. 2 Nr. 3 VOB/A eine Beschränkung der Zahl der an der Dialogphase teilnehmenden Unternehmen vorsieht, die drei nicht unterschreiten darf, ist dies ebenso anzugeben wie die Kriterien für deren Auswahl, die entsprechend der Teilnehmerauswahl im nicht offenen Verfahren und im Verhandlungsverfahren erfolgt. Die Möglichkeit von Diskriminierungen und Wettbewerbsbeseitigungen ist hierbei auszuschließen. Darüber hinaus ist der geplante Verfahrensgang darzustellen.

73 Die innerhalb der mindestens 30 Tage betragenden Frist eingehenden Teilnahmeanträge werden nach deren Ablauf der **Eignungsprüfung** und gegebenenfalls der weiteren Auswahl anhand der festgelegten Kriterien unterzogen. Die Forderung nach einem pauschalen Verzicht auf Vertraulichkeit ist sowohl als Teilnahmevoraussetzung als auch darüber hinaus nach § 18 Abs. 5 S. 4 VgV/§ 3b EU Abs. 4 Nr. 4 S. 3 VOB/A unzulässig.[135]

2. Dialogphase

74 Die ausgewählten Unternehmen werden nach Durchführung des Teilnahmewettbewerbs zur Aufnahme des namensgebenden **Dialogs** aufgefordert. Diese Aufforderung bringt nicht die Verpflichtung zur Ausarbeitung und Einreichung von Lösungsvorschlägen oder Konzepten mit sich. Solche sind nicht Voraussetzung für die Aufnahme von Verhandlungen. Die Dialogphase dient ausweislich der Verfahrenscharakterisierung in § 119 Abs. 6 S. 1 GWB sowie § 18 Abs. 5 S. 1 VgV/§ 3b EU Abs. 4 Nr. 4 S. 1 VOB/A dem Zweck, die Mittel zu ermitteln und festzulegen, mit denen die Bedürfnisse des öffentlichen Auftraggebers am besten erfüllt werden können,

---

131 *Prieß*, Handbuch des europäischen Vergaberechts, S. 202; *Knauff*, VergabeR 2004, 287 (290).

132 Ausführlich zum Verfahrensablauf *Bombien*, Der Wettbewerbliche Dialog, S. 145 ff.; *Reimnitz*, Der neue Wettbewerbliche Dialog, S. 107 ff.; *Schneider*, Der Wettbewerbliche Dialog im Spannungsfeld der Grundsätze des Vergaberechts, S. 124 ff.

133 Zum Verhältnis von Bekanntmachung und Beschreibung vgl. *Knauff*, VergabeR 2004, 287 (291 f.).

134 OLG Celle, Beschluss v. 16.5.2013 – 13 Verg 13/12, VergabeR 2014, 31 (33).

135 *Beckmann*, in: Müller-Wrede, Kompendium des Vergaberechts, Kap. 15 Rn. 46; *Heiermann*, ZfBR 2005, 766 (774); *Kolpatzik*, VergabeR 2007, 279 (292); *Opitz*, VergabeR 2006, 450 (458); *Steinberg*, NVwZ 2006, 1349 (1351); a.A. Europäische Kommission, Erläuternde Mitteilung der Europäischen Kommission v. 5.10.2005, CC/2005/04_rev1, S. 7, Anm. 22; *Werner*, in: Byok/Jaeger, Vergaberecht, § 119 GWB Rn. 114.

mithin der gemeinsamen Erarbeitung der besten Lösung durch Vergabestelle und Bieter.[136] Dabei können, wie unmittelbar aus § 119 Abs. 6 S. 2 GWB sowie § 18 Abs. 5 S. 2 VgV/ § 3b EU Abs. 4 Nr. 4 S. 2 VOB/A zu entnehmen ist, ohne Einschränkung sämtliche Aspekte des Auftrags mit den teilnehmenden Unternehmen erörtert werden. Allerdings ist die Identität des zu vergebenden Auftrags zu wahren.

Für die **Ausgestaltung** der Dialogphase bestehen nur wenige normative Vorgaben. Es steht gemäß § 18 Abs. 6 S. 1 und 2 VgV/§ 3b EU Abs. 4 Nr. 5 S. 1 und 2 VOB/A im Ermessen der Vergabestelle, die Dialogphase in mehrere Verhandlungsrunden mit abnehmender Lösungs- oder Teilnehmerzahl[137] zu unterteilen. Will sie von dieser Möglichkeit Gebrauch machen,[138] ist dies vorab bekannt zu geben. Während der Dialogphase sind Gleichbehandlung und Vertraulichkeit nach § 18 Abs. 5 S. 3 VgV/§ 3b EU Abs. 4 Nr. 4 S. 3 VOB/A seitens der Vergabestelle sicherzustellen. Einen „preferred bidder" kann es im wettbewerblichen Dialog nicht geben; die Verhandlungen sind parallel mit allen beteiligten Unternehmen voranzutreiben.[139] Die Vergabestelle darf von einem Unternehmen entwickelte Lösungen ohne dessen Zustimmung nicht zum Gegenstand der Verhandlungen mit dessen Wettbewerbern machen, sie diesen sonst zur Kenntnis bringen[140] oder anderweitig verwenden. Daher ist eine Trennung der Verhandlungen mit den einzelnen Unternehmen zwingend erforderlich.[141] Nicht vertrauliche Informationen sind allen Unternehmen[142] gleichermaßen und zumindest zeitnah mitzuteilen.[143] 75

Verlangt die Vergabestelle von den Unternehmen die Ausarbeitung von Unterlagen, kann sie hierfür wie auch für sonstiges verfahrensbezogenes Tätigwerden nach § 18 Abs. 10 VgV **Prämien** oder **Zahlungen** gewähren; (nur) bei der Vergabe von Bauaufträgen ist sie nach § 3b EU Abs. 4 Nr. 9 VOB/A (weiterhin) zu einer angemessenen, einheitlichen Kostenerstattung für alle Unternehmen, die die geforderten Unterlagen rechtzeitig vorgelegt haben, verpflichtet. 76

Die Dialogphase **endet** nach § 18 Abs. 7 VgV/§ 3b EU Abs. 4 Nr. 6 VOB/A, wenn die Vergabestelle der Auffassung ist, dass (mindestens) eine ihren Bedürfnissen entsprechende Lösung vorliegt. Zeitliche Vorgaben hierfür bestehen nicht, sodass die Dialogphase auf unbestimmte Zeit durchgeführt werden kann,[144] solange nicht offensichtlich ist, dass keine Lösung gefunden werden kann. In diesem Fall ist der Dialog für beendet zu erklären. Im Übrigen hat die Vergabestelle gemäß § 18 Abs. 6 S. 4, Abs. 7 VgV/§ 3b EU Abs. 4 Nr. 5 S. 4, Nr. 6 VOB/A und nach den vergaberechtlichen Prinzipien des fairen Wettbewerbs und der Gleichbehandlung soweit möglich[145] darauf hinzuwirken, dass auf Grundlage der erzielten Verhandlungsergebnisse mehrere potenziell zuschlagsfähige Angebote abgegeben werden können.[146] 77

---

136 *Bungenberg*, in: Loewenheim/Meessen/Riesenkampff, Kartellrecht, 2. Auflage, § 101 GWB Rn. 34; *Antweiler*, in: Ziekow/Völlink, Vergaberecht, § 119 GWB Rn. 31; *Fritz*, VergabeR 2008, 379 (384).

137 Dies geht nicht zwingend miteinander einher, *Opitz*, VergabeR 2006, 450 (458); *Ruthig*, NZBau 2006, 137 (141); wohl aber im Regelfall *Ganske*, in: Reidt/Stickler/Glahs, Vergaberecht, § 119 GWB Rn. 53; *Antweiler*, in: Ziekow/ Völlink, Vergaberecht, § 119 GWB, Rn. 31; *Klimisch/Ebrecht*, NZBau 2011, 203 (208); *Mösinger*, NZBau 2009, 695 (698); *Schröder*, NZBau 2007, 216 (222).

138 Befürwortend *Otting/Olgemöller*, NVwZ 2011, 1225 (1227).

139 *Kling*, in: Immenga/Mestmäcker, Wettbewerbsrecht, § 119 GWB Rn. 60; *Beckmann*, in: Müller-Wrede, Kompendium des Vergaberechts, Kap. 15 Rn. 60; *Kolpatzik*, VergabeR 2007, 279 (291); *Opitz*, VergabeR 2006, 450 (459); a.A. *Pünder/Franzius*, ZfBR 2006, 20 (23); für eine Zulässigkeit nur im Ausnahmefall *Egger*, Europäisches Vergaberecht, Rn. 973; für eine Zulässigkeit allenfalls zum Ende des Verhandlungsverfahrens *Höß*, in: Heuvels/Höß/Kuß/ Wagner, Vergaberecht, § 101 GWB Rn. 17.

140 Demgegenüber bejaht *Beckmann*, in: Müller-Wrede, Kompendium des Vergaberechts, Kap. 15 Rn. 39, die Möglichkeit, dass die Vergabestelle die Wettbewerber *„zumindest grundsätzlich über die weiteren in Betracht kommenden Varianten informieren"* könne; siehe auch *Reimnitz*, Der neue Wettbewerbliche Dialog, S. 245 ff.

141 *Jasper/Soudry*, in: Dreher/Motzke, Vergaberecht, § 3a VOB/A Rn. 26; *Wagner*, in: Langen/Bunte, Kartellrecht I, § 119 GWB Rn. 61; *Ganske*, in: Reidt/Stickler/Glahs, Vergaberecht, § 119 GWB Rn. 56; *Prieß*, Handbuch des europäischen Vergaberechts, S. 203 f.; *Tausendpfund*, Gestaltungs- und Konkretisierungsmöglichkeiten des Bieters im Vergaberecht, S. 188 f.; *Knauff*, VergabeR 2004, 287 (294); *Leinemann/Maibaum*, VergabeR 2004, 275 (279); *Schröder*, NZBau 2007, 216 (222).

142 Siehe darüber hinaus zur Einbeziehung der Öffentlichkeit *Otting/Olgemöller*, NVwZ 2011, 1225 (1229).

143 *Heiermann*, ZfBR 2005, 766 (774).

144 *Leinemann/Maibaum*, VergabeR 2004, 275 (279); *Opitz*, VergabeR 2006, 450 (454).

145 Im Einzelfall kann das Vorliegen einer Lösung genügen, *Otting/Olgemöller*, NVwZ 2011, 1225 (1229).

146 Vgl. *Pünder/Franzius*, ZfBR 2006, 20 (23).

3. Angebotsphase

78 Nach dem Abschluss der Dialogphase fordert die Vergabestelle die noch im Wettbewerb befindlichen Unternehmen gemäß § 18 Abs. 8 S. 1 und 2 VgV/§ 3b EU Abs. 4 Nr. 7 S. 1 und 2 VOB/A auf, jeweils ein endgültiges, mithin verbindliches und zuschlagsfähiges **Angebot** auf Grundlage der in den jeweiligen Verhandlungen gefundenen Lösung(en) zu erstellen. Die Verwendung einer Leistungsbeschreibung mit konkreten Anforderungen kommt nur in Betracht, wenn die Unternehmen auf die Geheimhaltung von Informationen verzichtet haben oder alle Dialoge zumindest punktuell zu übereinstimmenden Ergebnissen gelangt sind.[147] Im Übrigen und damit im Regelfall sind die individuell entwickelten Konzeptionen zugrunde zu legen.[148] Anders als im offenen und im nicht offenen Verfahren kann die Vergabestelle die Unternehmen zu angebotsbezogenen Klarstellungen, Präzisierungen oder Ergänzungen auffordern,[149] sofern sich diese nicht diskriminierend oder wettbewerbsverfälschend auswirken, § 18 Abs. 8 S. 3 und 4 VgV/§ 3b EU Abs. 4 Nr. 7 S. 3 und 4 VOB/A.

79 Der **Zuschlag** wird auf das wirtschaftlichste Angebot erteilt.[150] Dessen Bestimmung folgt den üblichen Regeln, vgl. § 18 Abs. 9 S. 1 VgV/§ 3b EU Abs. 4 Nr. 8 S. 1 VOB/A, erweist sich aber wegen der Besonderheiten des wettbewerblichen Dialogs als einem auch der Konkretisierung des Beschaffungsgegenstands dienenden Verfahren als besonders anspruchsvoll.[151]

80 Trotz der mit dem Verbot potenziell diskriminierender oder wettbewerbsverfälschender Auswirkungen einhergehenden grundsätzlichen Geltung des **Nachverhandlungsverbots** auch in der Angebotsphase des wettbewerblichen Dialogs[152] gestattet § 18 Abs. 9 S. 2 VgV/§ 3b EU Abs. 4 Nr. 8 S. 2 VOB/A dem öffentlichen Auftraggeber nach der Ermittlung des wirtschaftlichsten Angebots Verhandlungen „mit dem Ziel […], im Angebot enthaltene finanzielle Zusagen oder andere Bedingungen zu bestätigen, die in den Auftragsbedingungen abschließend festgelegt werden." Deren Gegenstand ist mithin eng begrenzt. Ergänzend bestimmt § 18 Abs. 9 S. 3 VgV/§ 3b EU Abs. 4 Nr. 8 S. 3 VOB/A hierzu, dass diese Verhandlungen – in der Formulierung der VgV – „nicht dazu führen [dürfen], dass wesentliche Bestandteile des Angebots oder des öffentlichen Auftrags einschließlich der in der Auftragsbekanntmachung oder der Beschreibung festgelegten Bedürfnisse und Anforderungen grundlegend geändert werden, der Wettbewerb verzerrt wird oder andere am Verfahren beteiligte Unternehmen diskriminiert werden." Mangels normativer Differenzierung besteht diese Möglichkeit zu Verhandlungen mit dem Bestbieter sowohl vor als auch nach dem mit der Zuschlagserteilung verbundenen Vertragsschluss, dem die Vorabinformation der an der Dialogphase beteiligten Wettbewerber[153] gemäß § 134 GWB vorausgeht.

---

147 Ähnlich *Frenz*, Handbuch Europarecht III, Rn. 3170; *Kolpatzik*, VergabeR 2007, 279 (294); *Schröder*, NZBau 2007, 216 (223); für eine Verpflichtung zur Erstellung einer Leistungsbeschreibung auch darüber hinaus *Beckmann*, in: Müller-Wrede, Kompendium des Vergaberechts, Kap. 15 Rn. 67 f.; zur Hinwirkung auf eine Einheitslösung vgl. auch *Drömann*, NZBau 2007, 751 (755 f.). Davon zu unterscheiden sind Mindestanforderungen, die von der Vergabestelle aus eigenem Interesse für notwendig erachtet werden, *Opitz*, VergabeR 2006, 450 (460 f.).

148 *Schmidt*, in: Ax/Schneider/Bischoff, Vergaberecht 2006, § 11 VgV Rn. 19; *Knauff*, VergabeR 2004, 287 (294); *Kus*, VergabeR 2006, 851 (861); *Müller/Veil*, VergabeR 2007, 298 (302); *Opitz*, VergabeR 2006, 450 (454); *Pünder/Franzius*, ZfBR 2006, 20 (24). *Egger*, Europäisches Vergaberecht, Rn. 975, folgert daraus die Zulässigkeit mehrerer Angebote seitens eines Bieters.

149 Ob ein Unternehmen einer entsprechenden Anregung der Vergabestelle nachkommt, steht in seinem Belieben, dazu *Knauff*, VergabeR 2004, 287 (294). Im Fall einer Weigerung wird jedoch eine Ablehnung des Angebots für zulässig erachtet bei *Werner*, in: Byok/Jaeger, Vergaberecht, § 119 GWB Rn. 120; *Antweiler*, in: Ziekow/Völlink, Vergaberecht, § 119 GWB Rn. 32.

150 Zur Voraussetzung der Wertungsfähigkeit *Otting/Olgemöller*, NVwZ 2011, 1225 (1230).

151 *Knauff*, NZBau 2005, 249 (252); *ders.*, VergabeR 2004, 287 (294). Teilweise wird wegen der Schwierigkeiten die Möglichkeit einer verfahrensbegleitenden Konkretisierung der Zuschlagskriterien bejaht, vgl. *Beckmann*, in: Müller-Wrede, Kompendium des Vergaberechts, Kap. 15 Rn. 37; *Opitz*, VergabeR 2006, 450 (461 f.); kritisch dazu *Kolpatzik*, VergabeR 2007, 279 (290 f.).

152 *von Hoff/Queisner*, in: Kulartz/Kus/Portz/PrießRöwekamp/Kus/Portz/Prieß, GWB-Vergaberecht, § 119 Rn. 54; *Beckmann*, in: Müller-Wrede, Kompendium des Vergaberechts, Kap. 15 Rn. 73 f.; *Antweiler*, in: Ziekow/Völlink, Vergaberecht, § 119 GWB Rn. 32; *Heiermann*, ZfBR 2005, 766 (775); *Kolpatzik*, VergabeR 2007, 279 (295); *Otting/Olgemöller*, NVwZ 2011, 1225 (1230).

153 *Beckmann*, in: Müller-Wrede, Kompendium des Vergaberechts, Kap. 15 Rn. 77; *Kolpatzik*, VergabeR 2007, 279 (296); dem Grunde nach *Ganske*, in: Reidt/Stickler/Glahs, Vergaberecht, § 119 GWB Rn. 58.

H. Innovationspartnerschaft (Abs. 7)

Die Innovationspartnerschaft wurde als neue Vergabeverfahrensart im Zuge der EU-Vergaberechtsreform (2014) geschaffen[154] und dient deren Ziel, innovative Beschaffungen zu ermöglichen und zu fördern.[155] Es handelt sich um ein eigenständiges Vergabeverfahren, nicht aber um einen Unterfall des Verhandlungsverfahrens[156] oder des wettbewerblichen Dialogs[157], das zudem mit dem Zuschlag noch nicht beendet ist. In Erwägungsgrund 49 RL 2014/24/EU heißt es: „*Kann der Bedarf an der Entwicklung eines innovativen Produkts beziehungsweise einer innovativen Dienstleistung oder innovativer Bauleistungen und dem anschließenden Erwerb dieses Produkts beziehungsweise dieser Dienstleistung oder dieser Bauleistungen nicht durch bereits auf dem Markt verfügbare Lösungen befriedigt werden, so sollten öffentliche Auftraggeber in Bezug auf Aufträge, die in den Anwendungsbereich dieser Richtlinie fallen, Zugang zu einem spezifischen Beschaffungsverfahren haben. Dieses spezifische Verfahren sollte es den öffentlichen Auftraggebern ermöglichen, eine langfristige Innovationspartnerschaft für die Entwicklung und den anschließenden Kauf neuer, innovativer Waren, Dienstleistungen oder Bauleistungen zu begründen – unter der Voraussetzung, dass für solche innovativen Waren, Dienstleistungen oder Bauleistungen die vereinbarten Leistungs- und Kostenniveaus eingehalten werden können, und ohne dass ein getrenntes Vergabeverfahren für den Kauf erforderlich ist. Die Innovationspartnerschaft sollte sich auf die Verfahrensregeln stützen, die für das Verhandlungsverfahren gelten, und die Auftragsvergabe sollte einzig auf der Grundlage des besten Preis-Leistungs-Verhältnisses erfolgen, was für den Vergleich von Angeboten für innovative Lösungen am besten geeignet ist. Ganz gleich, ob es um sehr große Vorhaben oder um kleinere innovative Vorhaben geht, sollte die Innovationspartnerschaft so strukturiert sein, dass sie die erforderliche Marktnachfrage (‚Market Pull') bewirken kann, die die Entwicklung einer innovativen Lösung anstößt, ohne jedoch zu einer Marktabschottung zu führen. Die öffentlichen Auftraggeber sollten daher Innovationspartnerschaften nicht in einer Weise nutzen, durch die der Wettbewerb behindert, eingeschränkt oder verfälscht wird. In bestimmten Fällen könnten solche Effekte durch die Gründung von Innovationspartnerschaften mit mehreren Partnern vermieden werden.*" Es handelt sich letztlich um den „*Versuch […] für die Beschaffung von Innovationen adäquate Verfahrensregelungen unter Geltung des Vergaberechts vorzusehen.*"[158] 81

Anknüpfend an Art. 31 RL 2014/24/EU regeln § 119 Abs. 7 GWB und § 19 VgV/§ 3a EU Abs. 5, § 3b EU Abs. 5 VOB/A das **Verfahren** der Innovationspartnerschaft ausführlich und im Detail. Über einen wesentlichen Umsetzungsspielraum verfügten die deutschen Normgeber dabei weder im Hinblick auf die Einführung noch auf die Ausgestaltung des Verfahrens. Folgerichtig beschränkt sich die Begründung zu § 119 Abs. 7 GWB auf die nahezu wörtliche Wiederholung der europarechtlichen Erwägungsgründe.[159] Die Begründung von § 19 VgV führt ergänzend zu den Zwecken des Verfahrens aus: „*Die Förderung von Innovationen durch die öffentliche Hand erfolgt in der Regel durch projektorientierte oder institutionelle Forschungsförderung im Wege der Gewährung von Zuwendungen. Reicht die öffentliche Hand Zuwendungen aus, ist sie an Vergaberecht grundsätzlich nicht gebunden. Zuwendungen sind allerdings sog. verlorene Zuschüsse, für die die öffentliche Hand keine unmittelbare Gegenleistung erhält, geschweige denn mit denen ein Beschaffungsbedarf befriedigt werden dürfte. Nun wird es dem öffentlichen Auftraggeber erstmals ermöglicht, im Rahmen eines einzigen Vergabeverfahrens – der Innovationspartnerschaft – sowohl die Entwicklung einer Innovation* 82

154 Grundlegend zu den europarechtlichen Vorgaben *Badenhausen-Fähnle*, VergabeR 2015, 743 ff.; zur Entwurfsfassung *Fehling*, NZBau 2012, 673 ff.

155 Siehe zur Problematik auf Grundlage des früheren Vergaberechts bereits *Burgi*, NZBau 2011, 577 ff.; darüber hinaus den vom Bundesministerium für Wirtschaft und Energie herausgegebenen Leitfaden „Impulse für mehr Innovationen im öffentlichen Beschaffungswesen" (abrufbar unter https://www.bmwi.de/Redaktion/DE/Downloads/I/impulse-mehr-innovation.pdf?__blob=publicationFile&v=1).

156 So *Neun/Otting*, EuZW 2014, 446 (449 Fn. 32).

157 Dahingehend *Portz*, VergabeNavigator, Sonderausgabe 2013, 3 (5).

158 *Neun/Otting*, EuZW 2014, 446 (449 f.).

159 Gesetzesbegründung zu § 119 Abs. 7 GWB, VergRModG 2016, BT-Drs. 18/6281, 98.

zu unterstützen als auch zugleich den anschließenden Erwerb zu regeln, ohne erneut ausschreiben zu müssen."[160]

I. Anwendungsvoraussetzungen

83 § 119 Abs. 7 S. 1 GWB qualifiziert die Innovationspartnerschaft als „ein Verfahren zur Entwicklung innovativer, noch nicht auf dem Markt verfügbarer Liefer-, Bau- oder Dienstleistungen und zum anschließenden Erwerb der daraus hervorgehenden Leistungen" und legt damit zugleich die wesentlichen Anwendungsvoraussetzungen fest. § 19 Abs. 1 S. 1 und 2 VgV/§ 3a EU Abs. 5 VOB/A wiederholen diese Anforderungen inhaltlich identisch, jedoch mit abweichender Formulierung.

84 Die in § 119 Abs. 2 GWB vorgesehene **Subsidiarität** der Innovationspartnerschaft[161] gegenüber dem offenen und dem nicht offenen Verfahren wirft grundsätzlich keine praktischen Probleme auf, da der Beschaffungsgegenstand als solcher zu Beginn des Verfahrens noch nicht existiert, sondern erst entwickelt werden muss, sodass eine darauf gerichtete klassische Ausschreibung nicht in Betracht kommt. Die **Abgrenzung** zu Verhandlungsverfahren und wettbewerblichem Dialog richtet sich nach dem Beschaffungsgegenstand.[162]

85 § 119 Abs. 7 S. 1 GWB nominiert als Anwendungsvoraussetzung für die Innovationspartnerschaft, dass ein innovatives Produkt oder eine innovative Leistung zunächst entwickelt und sodann erworben werden soll. Damit bildet die Notwendigkeit einer **Innovation** zugleich das prägende Kennzeichen des neuen Vergabeverfahrens wie auch die wesentliche Voraussetzung für seine Anwendbarkeit. Der Begriff der Innovation wird in Art. 2 Nr. 22 RL 2014/24/EU legaldefiniert als „die Realisierung von neuen oder deutlich verbesserten Waren, Dienstleistungen oder Verfahren, einschließlich – aber nicht beschränkt auf – Produktions-, Bau- oder Konstruktionsverfahren, eine neue Vermarktungsmethode oder ein neues Organisationsverfahren in Bezug auf Geschäftspraxis, Abläufe am Arbeitsplatz oder externe Beziehungen, u.a. mit dem Ziel, zur Bewältigung gesellschaftlicher Herausforderungen beizutragen oder die Strategie Europa 2020 für intelligentes, nachhaltiges und integratives Wachstum zu unterstützen". Diese Begriffsbestimmung ist ungeachtet ihrer unterbliebenen Übernahme in das deutsche Vergaberecht für die Interpretation von § 119 Abs. 7 GWB und den konkretisierenden Vorschriften von Bedeutung.[163] Zwar wird die europarechtliche Wertung implizit im nationalen Recht dadurch aufgegriffen, dass als Gegenstand der Innovationspartnerschaft Leistungen qualifiziert werden, die noch nicht auf dem Markt verfügbar sind. Die von den deutschen Normgebern gewählten Formulierungen sind jedoch deutlich weniger präzise als die europarechtliche Legaldefinition, die daher im Wege der europarechtskonformen Auslegung Berücksichtigung finden muss. Damit können zum einen völlig neuartige Leistungen Gegenstand einer Innovationspartnerschaft sein. Zum anderen werden aber auch Leistungen erfasst, die zwar in einer „einfachen" Variante bereits auf dem Markt angeboten werden, jedoch in einer deutlich verbesserten Qualität beschafft werden sollen. Das sich diesbezüglich stellende Problem der Abgrenzung zwischen einer nur graduellen und einer deutlichen Verbesserung ist mangels klarerer Abgrenzungskriterien mithilfe der Wertung zu lösen, ob sich die zu beschaffende verbesserte Leistung letztlich als unmittelbare Fortentwicklung eines am Markt vorhandenen Angebots darstellt oder der notwendige Entwicklungsschritt sich als so grundlegend erweist, dass die Leistung trotz ihrer fehlenden Neuartigkeit einer Neuentwicklung letztlich gleichsteht. Die besondere Schwierigkeit für den öffentlichen Auftraggeber bei der Anwendung dieses Maßstabs besteht darin, dass es im Zeitpunkt der Verfahrenseinleitung einer diesbezüglichen **Prognose** bedarf. Diese muss auf einer Bestandsaufnahme basieren, was eine

---

160 Verordnungsbegründung zu § 19 VgV, VergRModVO, BR-Drs. 87/16, 175.

161 Zu den rechtstechnischen Abweichungen des EU-Vergaberechts *Badenhausen-Fähnle*, VergabeR 2015, 743 (746 f.).

162 Vgl. Rn. 17.

163 Vgl. auch *Rosenkötter*, VergabeR 2016, 196 (197); implizit *Antweiler*, in: Ziekow/Völlink, Vergaberecht, § 119 GWB Rn. 33.

grundlegende Marktkenntnis voraussetzt,[164] die wiederum im Bedarfsfall durch Sachverständige hergestellt werden muss. Zudem müssen insbesondere für den sich nachträglich herausstellenden Fall einer Fehleinschätzung die maßgeblichen Erwägungen umfassend dokumentiert werden. Worauf sich die Neuerung bezieht, ist dagegen grundsätzlich unerheblich, wie die exemplarische Aufzählung möglicher Innovationsbereiche in Art. 2 Nr. 22 RL 2014/24/EU verdeutlicht.

Die Notwendigkeit der produkt- oder leistungsbezogenen Innovation muss zudem unmittelbar mit der **Erfüllung des Beschaffungszwecks** des öffentlichen Auftraggebers verbunden sein. Das Verfahren ist insoweit – ungeachtet der Möglichkeiten seiner vorzeitigen Beendigung[165] – nicht Ausdruck einer allgemeinen staatlichen Innovations- im Sinne von Forschungsförderung,[166] sondern unterscheidet sich davon durch seine Qualifikation als echtes Vergabeverfahren, das auf die Befriedigung eines konkret bestehenden Bedarfs eines öffentlichen Auftraggebers gerichtet ist.[167] Dementsprechend ist erforderlich, dass es der Innovation gerade bedarf, um den Beschaffungszweck realisieren zu können; andernfalls bedürfte es der normativen Verbindung von Entwicklung und Erwerb nicht. Das Verfahren steht daher nicht zur Verfügung, wenn eine Beschaffung letztlich nicht beabsichtigt ist. Nicht ausgeschlossen ist dabei allerdings, dass die Beschaffung vor allem zu dem Zweck erfolgt, die Innovation zu ermöglichen. Die Motivlage ist dem Vergaberecht letztlich vorgelagert und entzieht sich jenseits der Fälle eines offensichtlichen Missbrauchs einer Bewertung an seinem Maßstab. 86

Die Innovationspartnerschaft kann aufgrund der Verbindung von Entwicklung und Erwerb auch dann nicht genutzt werden, wenn Beschaffungen infrage stehen, deren Ziele mit am Markt **vorhandenen Mitteln** erreicht werden können, vgl. § 19 Abs. 1 S. 2 VgV/§ 3a EU Abs. 5 S. 2 VOB/A.[168] Anderes muss jedoch dann gelten, wenn diese Mittel offensichtliche Defizite aufweisen. In einem solchen Fall bleibt dem öffentlichen Auftraggeber eine Vergabe unter Hinnahme dieser Defizite zwar unbenommen; zugleich steht ihm die Durchführung einer Innovationspartnerschaft aber frei, da die nachgefragte Leistung ohne diese (erkannten) Defizite am Markt nicht verfügbar ist, sodass die Voraussetzungen des § 119 Abs. 7 S. 1 GWB vorliegen. Will er hiervon Gebrauch machen, bedarf es zur Nachvollziehbarkeit der Entscheidung einer klaren Darstellung der Situation in Bezug auf den Beschaffungsgegenstand einschließlich der prognostizierten Innovationspotenziale im Vergabevermerk. 87

Wie schließlich dem Wortlaut von § 119 Abs. 7 S. 1 GWB unmittelbar zu entnehmen ist, kann das Verfahren der Innovationspartnerschaft bei der Vergabe **öffentlicher Aufträge aller Art** durchgeführt werden. Es ist gleichwohl zu erwarten, dass die Innovationsnotwendigkeiten häufiger bei anspruchsvollen und komplexen Bau- und Dienstleistungsaufträgen vorliegen werden als bei Lieferaufträgen, wenngleich keineswegs ausgeschlossen ist, dass auch zu beschaffende Waren (auch jenseits der § 119 GWB nicht unterfallenden verteidigungs- und sicherheitsspezifischen Güter, die allerdings auch bei gegebenem Innovationsbedarf aufgrund § 146 GWB nicht mittels einer Innovationspartnerschaft erworben werden können) im Einzelfall Innovationen notwendig machen können. 88

Von Bedeutung ist schließlich die in § 19 Abs. 8 S. 4 VgV/§ 3b EU Abs. 5 Nr. 7 S. 4 VOB/A enthaltene Einschränkung, dass „[d]er geschätzte Wert der Liefer- oder Dienstleistung […] in Bezug auf die für ihre Entwicklung erforderlichen Investitionen **nicht unverhältnismäßig** sein [darf]." Wenngleich diesbezüglich abstrakte Festlegungen in Bezug auf das Verhältnis von Auftragswert und Entwicklungsaufwand nicht in Betracht kommen, stellt die Vorschrift klar, dass der zu vergebende Auftrag unabhängig von seinen möglichen positiven Folgewirkungen für das innovative Unternehmen am Markt unmittelbar wirtschaftlich attraktiv sein muss.[169] 89

164 Vgl. auch *Werner*, in: Byok/Jaeger, Vergaberecht, § 119 GWB Rn. 141; *Wagner*, in: Langen/Bunte, Kartellrecht I, § 119 GWB Rn. 67; *Hettich*, in: Soudry/Hettich, Das neue Vergaberecht, S. 34.
165 Diese hervorhebend *Badenhausen-Fähnle*, VergabeR 2015, 743 (754); *Fehling*, NZBau 2012, 673 (675).
166 Ebenso *Werner*, in: Byok/Jaeger, Vergaberecht, § 119 GWB Rn. 138.
167 Siehe auch *Krönke*, in Burgi/Dreher, Vergaberecht, § 119 Abs. 7 GWB Rn. 15 ff.; *Ganske*, in: Reidt/Stickler/Glahs, Vergaberecht, § 119 GWB Rn. 65.
168 Siehe auch *Hettich*, in: Soudry/Hettich, Das neue Vergaberecht, S. 34.
169 Vgl. auch *Badenhausen-Fähnle*, VergabeR 2015, 743 (757).

Ungeachtet dieser rechtlichen Vorgabe ist dies allerdings schon deshalb erforderlich, um Unternehmen überhaupt zur Verfahrensteilnahme zu bewegen.

II. Verfahrensablauf

90 Der Ablauf einer Innovationspartnerschaft[170] wird in § 119 Abs. 7 S. 2 GWB nur sehr knapp und unspezifisch umrissen und in § 19 VgV/§ 3b EU Abs. 5 VOB/A anknüpfend an die europarechtlichen Vorgaben im Einzelnen geregelt. Dabei werden Elemente des Verhandlungsverfahrens, dessen Vorgaben ergänzend Anwendung finden, soweit keine Sonderregelungen bestehen,[171] und des wettbewerblichen Dialogs[172] mit neuartigen Verfahrensvorgaben kombiniert,[173] sodass dem Verfahren seinerseits ein innovativer Charakter zukommt.

1. Teilnahmewettbewerb

91 Das Verfahren beginnt mit einer **Auftragsbekanntmachung**, in der der öffentliche Auftraggeber gemäß § 19 Abs. 1 S. 3 und 4 VgV/§ 3b EU Abs. 5 Nr. 1 S. 1 und 2 VOB/A die Nachfrage nach der innovativen Liefer- oder Dienstleistung darstellt. Konkretisierende Angaben können ebenso wie festgelegte Mindestanforderungen in den Vergabeunterlagen enthalten sein. Nach § 19 Abs. 1 S. 5 VgV/§ 3b EU Abs. 5 Nr. 1 S. 4 VOB/A müssen die „Informationen […] so genau sein, dass die Unternehmen Art und Umfang der geforderten Lösung erkennen und entscheiden können, ob sie eine Teilnahme an dem Verfahren beantragen." Verbunden mit diesen Angaben ist nach § 19 Abs. 2 S. 1 VgV/§ 3b EU Abs. 5 Nr. 1 S. 1 VOB/A die an eine unbeschränkte Anzahl von Unternehmen gerichtete Aufforderung zur Abgabe von Teilnahmeanträgen. Die Frist hierfür beträgt nach § 19 Abs. 3 VgV/§ 10d EU S. 1 VOB/A mindestens 30 Tage.

92 Auf Grundlage der Teilnahmeanträge wählt der öffentliche Auftraggeber diejenigen Unternehmen aus, mit denen das Verfahren fortgeführt werden soll. Deren zahlenmäßige Begrenzung auf mindestens drei Unternehmen ist nach § 19 Abs. 4 S. 2 i.V.m. § 51 VgV/§ 3b EU Abs. 5 Nr. 3 S. 2 i.V.m. § 3b EU Abs. 2 Nr. 3 VOB/A zulässig.[174] Die **Auswahl** erfolgt anhand gemäß § 19 Abs. 1 S. 5 VgV/§ 3b EU Abs. 5 Nr. 1 S. 3 VOB/A in der Auftragsbekanntmachung oder den Vergabeunterlagen vorgesehenen „Eignungskriterien […], die die Fähigkeiten der Unternehmen auf dem Gebiet der Forschung und Entwicklung sowie die Ausarbeitung und Umsetzung innovativer Lösungen betreffen." Dem Verfahrenscharakter entsprechend kommt es für die nach Eingang der Teilnahmeanträge festzustellende Eignung der Unternehmen mithin vor allem auf ihre Innovationskompetenz an. Gleichwohl ist mit Blick auf das Beschaffungsziel sicherzustellen, dass die am Verfahren teilnehmenden Unternehmen leistungsfähig und zuverlässig sind, sodass die zusätzliche Verwendung herkömmlicher Eignungskriterien möglich und zugleich geboten ist. § 19 Abs. 2 S. 3 VgV/§ 3b EU Abs. 5 Nr. 2 S. 3 VOB/A verpflichtet die Unternehmen, die vom öffentlichen Auftraggeber geforderten Informationen für die Prüfung ihrer Eignung mit dem Teilnahmeantrag zu übermitteln. Dabei sind Einheitliche Europäische Eigenerklärungen nach § 50 VgV/§ 6b EU Abs. 1 S. 2 VOB/A in gleicher Weise wie beim wettbewerblichen Dialog grundsätzlich zu akzeptieren.

---

170 Siehe dazu auch ausführlich *Knauff/Meurers*, in: Müller-Wrede, VgV/UVgO, § 19 VgV Rn. 19 ff.; auf Grundlage der europarechtlichen Vorgaben *Badenhausen-Fähnle*, VergabeR 2015, 743 (747 ff.).

171 *Badenhausen-Fähnle*, VergabeR 2015, 743 (748).

172 *Hettich*, in: Soudry/Hettich, Das neue Vergaberecht, S. 35; *Bischof*, ITRB 2015, 211 (213); *Jaeger*, NZBau 2014, 259 (264).

173 *Badenhausen-Fähnle*, VergabeR 2015, 743 (747).

174 Die Gesetzesbegründung zu § 19 Abs. 7 VgV, VergRModVO, BR-Drs. 87/16, 176 ist insoweit unzutreffend, als danach zum Abschluss der Innovationspartnerschaft *„erforderliche Verhandlungen auch nur mit einem Unternehmen geführt werden können."*

2. Verhandlungsphase

93 Das weitere Verfahren wird gemäß § 19 Abs. 4 S. 1 VgV/§ 3b EU Abs. 5 Nr. 3 S. 1 VOB/A durch die Aufforderung des öffentlichen Auftraggebers der im Teilnahmewettbewerb ausgewählten Unternehmen zur Einreichung eines Angebots „in Form von Forschungs- und Innovationsprojekten" eingeleitet. Daran schließen sich nach § 19 Abs. 5 VgV/§ 3b EU Abs. 5 Nr. 4 VOB/A umfassende **Verhandlungen** an. Diese zielen auf eine inhaltliche Verbesserung der Angebote ab[175] und beziehen sich auf den gesamten Auftragsinhalt und damit auch auf die zu erfüllenden Anforderungen mit Ausnahme der in den Vergabeunterlagen festgelegten Mindestanforderungen und Zuschlagskriterien. § 19 Abs. 6 VgV/§ 3b EU Abs. 5 Nr. 5 VOB/A verpflichtet den öffentlichen Auftraggeber dabei zu einer uneingeschränkten Gleichbehandlung der teilnehmenden Unternehmen,[176] verbietet eine unautorisierte Weitergabe vertraulicher Informationen und ordnet die Ergreifung von Maßnahmen zum Schutz geistigen Eigentums an.[177] Eine Abschichtung der Verhandlungen mit Reduzierung der Teilnehmerzahl bis zur Mindestzahl ist ausweislich Art. 31 Abs. 5 RL 2014/24/EU zulässig, sofern dies vorab transparent gemacht wurde. Am Ende der Verhandlungsphase reichen die im Wettbewerb verbliebenen Unternehmen endgültige und nicht mehr verhandelbare Angebote ein. Diese basieren notwendig auf den jeweils zuvor erreichten Verhandlungsergebnissen. Deren Gegenstand bildet nicht nur die zu diesem Zeitpunkt noch nicht vorliegende innovative Leistung als solche, sondern auch der zu ihrer abschließenden Entwicklung führende Prozess. Sie ermöglichen dem öffentlichen Auftraggeber letztlich nicht mehr als eine Prognose in Bezug auf die Realisierung seines Beschaffungszwecks und deren wahrscheinliche Kosten.

94 Die **Angebotswertung** erfolgt gemäß den zu Beginn des Verfahrens festgelegten und gewichteten[178] Kriterien. Dabei dürfen nach § 19 Abs. 7 S. 2 VgV/§ 3b EU Abs. 5 Nr. 6 S. 2 VOB/A weder der niedrigste Preis noch die niedrigsten Kosten als alleiniges Zuschlagskriterium dienen. Gleichwohl sind Preis und Kosten trotz der mit Unvorhersehbarkeiten verbundenen Entwicklungserfordernisse im Hinblick auf die Realisierung der bis dahin zwar ansatzweise ausgearbeiteten, jedoch nicht abgeschlossenen Innovation, notwendige Angebots- und Vertragsbestandteile. Als zentrales Zuschlagskriterium sollte die Innovationsleistung dienen.[179] Vor der Erteilung des Zuschlags sind zudem in gleicher Weise wie in den anderen Vergabeverfahren mit einem Teilnahmewettbewerb etwaige Ausschlussgründe und nachträglich zutage getretene Eignungsmängel zu berücksichtigen.[180] Zudem ist § 60 VgV/§ 16d EU Abs. 1 Nr. 2 und 3 VOB/A im Falle ungewöhnlich niedriger Angebote zu beachten. Der Zuschlag wird auf das Angebot des Bestbieters erteilt. Alternativ gestattet § 19 Abs. 7 S. 1 und 3 VgV einen Zuschlag auf mehrere Angebote, die sämtlich die Zuschlagskriterien erfüllen, sofern dies in den Vergabeunterlagen vorgesehen war. Damit geht die Begründung der Innovationspartnerschaft(en) in einem vertragsbasierten, organisatorischen Sinne einher. Für den Fall, dass dies mit mehreren Unternehmen geschieht, sieht § 19 Abs. 7 S. 3 VgV/§ 3b EU Abs. 5 Nr. 6 S. 1 und 3 VOB/A vor, dass diese im Folgenden „getrennte Forschungs- und Entwicklungstätigkeiten durchführen."[181]

---

175 Die Annahme, dass damit wie auch mit der Beurteilung von Innovationen, vgl. *Hettich*, in: Soudry/Hettich, Das neue Vergaberecht, S. 35, erhebliche Herausforderungen für die öffentlichen Auftraggeber verbunden sind, dürfte kaum unzutreffend sein.

176 Eine von *Werner*, in: Byok/Jaeger, Vergaberecht, § 119 GWB Rn. 147; *Püstow/Meiners*, NZBau 2016, 406 (407) für möglich erachtete Entscheidung für einen preferred bidder ist daher ausgeschlossen.

177 Zur Gefahr des *„Ideenklaus" Fehling*, NZBau 2012, 673 (675, 678).

178 *Badenhausen-Fähnle*, VergabeR 2015, 743 (750 f.) verweist zutreffend darauf, dass häufig nur eine Angabe in absteigender Reihenfolge möglich sein wird.

179 *Fehling*, NZBau 2012, 673 (676).

180 *Badenhausen-Fähnle*, VergabeR 2015, 743 (753).

181 Zur Bedeutung des Vertraulichkeitsgrundsatzes in diesem Zusammenhang *Badenhausen-Fähnle*, VergabeR 2015, 743 (755).

3. Forschungs- und Entwicklungsphase

95 Die Innovationspartnerschaft in diesem organisatorischen Sinne gliedert sich nach § 19 Abs. 8 VgV/§ 3b EU Abs. 5 Nr. 7 S. 1 VOB/A in zwei aufeinander folgende Phasen. Die nach dem Zuschlag beginnende Forschungs- und Entwicklungsphase dient der Herstellung von Prototypen oder der Entwicklung der Dienstleistung. Gegenstand ist also der *„eigentlich[e] Entwicklungs- und Innovationsprozess"*[182]. Insbesondere diese Phase ist *„durch die Festlegung von Zwischenzielen zu untergliedern, bei deren Erreichen die Zahlung der Vergütung in angemessenen Teilbeträgen vereinbart wird."*[183] Den wirtschaftlichen Interessen der Unternehmen ist dabei ungeachtet der Undeutlichkeit der Regelung schon aus Gründen der Funktionalität des Verfahrens Rechnung zu tragen.[184]

4. Leistungsphase

96 Daran schließt sich eine Leistungsphase an, in der die aus der Partnerschaft hervorgegangene Leistung erbracht wird. Der öffentliche Auftraggeber hat dabei sicherzustellen, „dass die Struktur der Partnerschaft und insbesondere die Dauer und der Wert der einzelnen Phasen den Innovationsgrad der vorgeschlagenen Lösung und der Abfolge der Forschungs- und Innovationstätigkeiten widerspiegeln" (§ 19 Abs. 8 S. 4 VgV/§ 3b EU Abs. 5 Nr. 7 S. 3 VOB/A). Die Leistungsphase entfällt jedoch insgesamt oder unternehmensbezogen, wenn die angestrebte Innovation nicht gelingt. Gemäß § 19 Abs. 9 VgV/§ 3b EU Abs. 5 Nr. 8 VOB/A kann der öffentliche Auftraggeber auf Grundlage der Zwischenziele „am Ende jedes Entwicklungsabschnittes entscheiden, ob er die Innovationspartnerschaft beendet oder, im Fall einer Innovationspartnerschaft mit mehreren Partnern, die Zahl der Partner durch die Kündigung einzelner Verträge reduziert," sofern dies ex ante vorgesehen und transparent gemacht wurde. Letzteres wird regelmäßig erforderlich sein, um Mehrfachbeschaffungen zu vermeiden. Darüber hinaus bestimmt § 19 Abs. 10 VgV/§ 3b EU Abs. 5 Nr. 9 VOB/A, dass „der öffentliche Auftraggeber zum […] Erwerb der innovativen Liefer- oder Dienstleistung nur dann verpflichtet [ist], wenn das bei Eingehung der Innovationspartnerschaft festgelegte Leistungsniveau und die Kostenobergrenze eingehalten werden."

I. Rechtsschutz

97 Die aus § 119 GWB folgenden Vorgaben über die Vergabeverfahrensarten und ihr Verhältnis zueinander[185] sind sämtlich unternehmensschützend i.S.v. § 97 Abs. 6 GWB. Gleichwohl ist die Ausübung bestehender Wahlrechte durch öffentliche Auftraggeber zwischen offenem und nichtoffenem Verfahren sowie zwischen Verhandlungsverfahren mit Teilnahmewettbewerb und wettbewerblichem Dialog einer Kontrolle durch die Nachprüfungsinstanzen entzogen.

Anlage

Gesetzesbegründung – VergRModG 2016 (BT-Drs. 18/6281)

Seite 97

Zu Absatz 1

§ 119 Absatz 1 benennt die zulässigen Vergabeverfahrensarten zur Vergabe von öffentlichen Liefer-, Bau- und Dienstleistungsaufträgen abschließend und entspricht inhaltlich dem bisherigen § 101 Absatz 1. Neu hinzugekommen als zulässige Verfahrensart ist die Innovationspartnerschaft, die im

182 *Badenhausen-Fähnle*, VergabeR 2015, 743 (753).
183 Siehe dazu im Einzelnen *Püstow/Meiners*, NZBau 2016, 406 (409 ff.).
184 Zur Problematik *Badenhausen-Fähnle*, VergabeR 2015, 743 (756).
185 Siehe nur *Haak/Koch/Sang*, in: Willenbruch/Wieddekind, Vergaberecht, § 119 GWB Rn. 29.

Zuge der Modernisierung des EU-Vergaberechts als neue Verfahrensart in Artikel 31 der Richtlinie 2014/24/EU eingeführt wurde.

Zu Absatz 2

§ 119 Absatz 2 regelt das Verhältnis der Vergabeverfahrensarten untereinander. Wesentliche Neuerung im Vergleich zur bisherigen Regelung des § 101 Absatz 7 GWB ist die grundsätzliche Wahlfreiheit für öffentliche Auftraggeber zwischen dem offenen und dem nicht offenen Verfahren. Bislang sah § 101 Absatz 7 Satz 1 GWB den Vorrang des offenen Verfahrens – auch vor dem nicht offenen Verfahren – vor. Die grundsätzliche Wahlfreiheit zwischen dem offenen und dem nicht offenen Verfahren entspricht der Intention des Unionsgesetzgebers in Artikel 26 Absatz 2 der Richtlinie 2014/24/EU. Entscheidend für diese Wahlfreiheit ist, dass das nicht offene Verfahren zwingend einen vorgeschalteten Teilnahmewettbewerb erfordert.

Der öffentliche Auftraggeber hat beim nicht offenen Verfahren dafür Sorge zu tragen, dass die Auswahl der Bewerber auf der Grundlage objektiver Entscheidungskriterien zur Sicherstellung der größtmöglichen Transparenz sowie des fairen Wettbewerbs erfolgt, damit jeder Anschein einer Manipulationsmöglichkeit vermieden wird. Die konkrete Ausgestaltung der Verfahren sowie die Festlegung der Auswahlkriterien im Rahmen des Teilnahmewettbewerbs dienen gleichzeitig der Korruptionsprävention.

Die nunmehr vorgesehene Wahlfreiheit zwischen dem offenen und dem nicht offenen Verfahren bringt Vorteile für Auftragnehmer und Auftraggeber. Bieter haben im nicht offenen Verfahren den Vorteil, dass sie weniger Aufwand für die Angebotserstellung betreiben müssen. Erst nach Aufforderung zur Angebotsabgabe müssen sie ein verbindliches Angebot erstellen. Dies ermöglicht ihnen eine ihren Erfolgsaussichten entsprechende, effiziente Vorgehensweise bei der Bewerbung um öffentliche Aufträge. Dadurch kann die Bereitschaft zur Teilnahme an Vergabeverfahren insgesamt gesteigert werden, was wiederum den Wettbewerb fördert. Für die im Teilnahmewettbewerb ausgewählten Unternehmen erhöht sich die Zuschlagschance bei Abgabe eines Angebots. Zudem bestehen bereits im Teilnahmewettbewerb Rechtsschutzmöglichkeiten.

Für Auftraggeber kann die Wahl des nicht offenen Verfahrens ebenfalls zu Effizienzsteigerungen führen: Angebote werden nur noch von den tatsächlich geeigneten Unternehmen gefordert, wodurch sich der Prüfaufwand für die Angebote insgesamt reduziert. Zudem erhöht die Wahlfreiheit zwischen dem offenen und nicht offenen Verfahren die Flexibilität der öffentlichen Auftraggeber, indem sie eine dem jeweiligen Auftragsgegenstand angemessene Lösung ermöglicht, ohne die Wahl an bestimmte, im Einzelfall zu dokumentierende Voraussetzungen zu knüpfen. Eine Steigerung der Flexibilität des öffentlichen Auftraggebers bei der Wahl der Verfahrensart entspricht der grundsätzlichen Intention der Richtlinie 2014/24/EU (Erwägungsgrund 42 der Richtlinie 2014/24/EU).

Die vorgesehene Wahlfreiheit zwischen dem offenen und dem nicht offenen Verfahren trägt gleichzeitig den Grundsätzen der Transparenz und des Wettbewerbs hinreichend Rechnung. Das nicht offene Verfahren setzt nach Absatz 4 zwingend einen öffentlichen Teilnahmewettbewerb voraus. Somit steht auch bei einem nicht offenen Verfahren die Teilnahme am Wettbewerb grundsätzlich jedem Unternehmen offen. Die danach vom öffentlichen Auftraggeber zu treffende Auswahl erfolgt nach objektiven, diskriminierungsfreien Gesichtspunkten und ist im Vergabevermerk zu dokumentieren (BayObLG, Beschluss vom 20. April 2005, Az. Verg 26/04). Der öffentliche

Seite 98

Auftraggeber hat eine im vergaberechtlichen Zusammenhang pflichtgemäße Ermessensentscheidung zu treffen, wobei er insbesondere das Wettbewerbs-, Gleichbehandlungs- und Transparenzgebot als Ausprägungen des generellen Willkürverbots beachten muss (VK Bund, Beschluss vom 25. Juni 2003, Az. VK 1-45/03). In jedem Fall muss die Zahl der zugelassenen Bewerber einen echten Wettbewerb sicherstellen (BayObLG, Beschluss vom 20. April 2005, Az. Verg 26/04). Dadurch ist auch im nicht offenen Verfahren grundsätzlich gewährleistet, dass die für die öffentliche Auftragsvergabe erforderliche Transparenz und Gleichbehandlung sichergestellt sind und ein wettbewerbliches Vergabeverfahren durchgeführt wird. Ein Missbrauch durch intransparente Verfahrensgestaltung wird wirksam ausgeschlossen. Zugleich ist durch die Sicherstellung eines echten Wettbewerbs gewährleistet, dass öffentliche Auftraggeber auch im Rahmen des nicht offenen Verfahrens das wirtschaftlich beste Ergebnis erzielen können.

Die übrigen Vergabeverfahrensarten (Verhandlungsverfahren, wettbewerblicher Dialog und Innovationspartnerschaft) sind wie bisher nur zulässig, sofern die jeweiligen Voraussetzungen dafür vorliegen. Die einzelnen Voraussetzungen dieser Verfahrensarten sowie die jeweiligen Verfahrensabläufe werden weiterhin in den untergesetzlichen Regelungen festgelegt.

Zu Absatz 3

Die Definition des offenen Verfahren in § 119 Absatz 3 entspricht der bisherigen Regelung in § 101 Absatz 2 GWB.

Zu Absatz 4

Die Definition des nicht offenen Verfahren in § 119 Absatz 4 entspricht inhaltlich der Definition des bisherigen § 101 Absatz 3 GWB. Erstmals wird im Gesetz klargestellt, dass der Teilnahmewettbewerb nach objektiven, transparenten und nichtdiskriminierenden Kriterien durchzuführen ist.

Zu Absatz 5

Die Definition des Verhandlungsverfahren in § 119 Absatz 5 entspricht der bisherigen Regelung des § 101 Absatz 5 GWB. Die Anpassungen sind sprachlicher Natur.

Zu Absatz 6

§ 119 Absatz 6 definiert den wettbewerblichen Dialog. Die Definition ist an die neue Formulierung in Artikel 30 Absatz 3 der Richtlinie 2014/24/EU angepasst.

Zu Absatz 7

§ 119 Absatz 7 definiert das neue Verfahren der Innovationspartnerschaft, das nunmehr in Artikel 31 der Richtlinie 2014/24/EU eingeführt wird. Die Innovationspartnerschaft ist ein besonderes Vergabeverfahren zur Entwicklung und dem anschließenden Erwerb innovativer Liefer-, Bau- oder Dienstleistungen, wenn der bestehende Bedarf nicht durch bereits auf dem Markt verfügbare Lösungen befriedigt werden kann. Die Innovationspartnerschaft ermöglicht es öffentlichen Auftraggebern, eine langfristige Innovationspartnerschaft mit einem oder mehreren Partnern für die Entwicklung und den anschließenden Erwerb neuer, innovativer Leistungen zu begründen, ohne dass ein getrenntes Vergabeverfahren für den Kauf erforderlich ist. Voraussetzung ist, dass für solche innovativen Leistungen die vereinbarten Leistungs- und Kostenniveaus eingehalten werden können.

Die Innovationspartnerschaft stützt sich im Kern auf die Verfahrensregeln, die für das Verhandlungsverfahren gelten, da dies für den Vergleich von Angeboten für innovative Lösungen am besten geeignet ist, wobei die Auftragsvergabe auf der Grundlage des besten Preis-Leistungs-Verhältnisses erfolgt. Unabhängig davon, ob es um sehr große Vorhaben oder um kleinere innovative Vorhaben geht, sollte die Innovationspartnerschaft so strukturiert sein, dass sie die erforderliche Marktnachfrage bewirken kann, die die Entwicklung einer innovativen Lösung anstößt, ohne jedoch zu einer Marktabschottung zu führen. Vor diesem Hintergrund darf die Innovationspartnerschaft nicht genutzt werden, um den Wettbewerb zu behindern, einzuschränken oder zu verfälschen. In bestimmten Fällen könnten solche Effekte durch die Gründung von Innovationspartnerschaften mit mehreren Partnern vermieden werden.

§ 120 GWB
Besondere Methoden und Instrumente in Vergabeverfahren

(1) Ein dynamisches Beschaffungssystem ist ein zeitlich befristetes, ausschließlich elektronisches Verfahren zur Beschaffung marktüblicher Leistungen, bei denen die allgemein auf dem Markt verfügbaren Merkmale den Anforderungen des öffentlichen Auftraggebers genügen.

(2) Eine elektronische Auktion ist ein sich schrittweise wiederholendes elektronisches Verfahren zur Ermittlung des wirtschaftlichsten Angebots. Jeder elektronischen Auktion geht eine vollständige erste Bewertung aller Angebote voraus.

(3) Ein elektronischer Katalog ist ein auf der Grundlage der Leistungsbeschreibung erstelltes Verzeichnis der zu beschaffenden Liefer-, Bau- und Dienstleistungen in einem elektronischen Format. Er kann insbesondere beim Abschluss von Rahmenvereinbarungen eingesetzt werden und Abbildungen, Preisinformationen und Produktbeschreibungen umfassen.

(4) Eine zentrale Beschaffungsstelle ist ein öffentlicher Auftraggeber, der für andere öffentliche Auftraggeber dauerhaft Liefer- und Dienstleistungen beschafft, öffentliche Aufträge vergibt oder Rahmenvereinbarungen abschließt (zentrale Beschaffungstätigkeit). Öffentliche Auftraggeber können Liefer- und Dienstleistungen von zentralen Beschaffungsstellen erwerben oder Liefer-, Bau- und Dienstleistungsaufträge mittels zentraler Beschaffungsstellen vergeben. Öffentliche Aufträge zur Ausübung zentraler Beschaffungstätigkeiten können an eine zentrale Beschaffungsstelle vergeben werden, ohne ein Vergabeverfahren nach den Vorschriften dieses Teils durchzuführen. Derartige Dienstleistungsaufträge können auch Beratungs- und Unterstützungsleistungen bei der Vorbereitung oder Durchführung von Vergabeverfahren umfassen. Die Teile 1 bis 3 bleiben unberührt.

Übersicht

	Rn.
A. Allgemeines	1
I. Unionsrechtlicher Hintergrund	2
II. Vergleichbare Regelungen	4
III. Historie	7
B. Überblick zur elektronischen Beschaffung	9
C. Die einzelnen Methoden und Instrumente	14
I. Dynamisches Beschaffungssystem (Abs. 1)	16
1. Zeitliche Befristung	19
2. Ausschließlichkeit elektronischer Mittel	20
3. Marktübliche Leistungen	22
II. Elektronische Auktion (Abs. 2)	25
1. Begriffsbestimmung (S. 1)	29
a) Schrittweise Wiederholung	29
b) Ermittlung des wirtschaftlichsten Angebots	31
2. Vollständige erste Bewertung (S. 2)	32
III. Elektronischer Katalog (Abs. 3)	33
1. Begriffsbestimmung (S. 1)	36
a) Verzeichnis der zu beschaffenden Leistungen	36
b) Erstellung auf der Grundlage der Leistungsbeschreibung	37
c) Elektronisches Format	38
2. Abschluss von Rahmenvereinbarungen (S. 2 Hs. 1)	39
IV. Zentrale Beschaffungstätigkeit (Abs. 4)	41
1. Zentrale Beschaffungsstelle (S. 1)	42
2. Nutzung zentraler Beschaffungsstellen (S. 2)	46
3. Vergaberechtsfreiheit zentraler Beschaffungstätigkeit (S. 3)	49
4. Nebenbeschaffungstätigkeit (S. 4)	50
5. Kartellrechtlicher Vorbehalt (S. 5)	51
D. Rechtsschutz	53
Anlage	
Gesetzesbegründung	

A. Allgemeines

1 § 120 GWB definiert verschiedene Methoden und Instrumente der elektronischen Auftragsvergabe sowie der Sammelbeschaffung und setzt damit u.a. die Art. 34 bis 37 RL 2014/24/EU um. Dem Themenkreis der „E-Vergabe“[1] wird damit deutlich mehr Platz im GWB eingeräumt als je zuvor.

I. Unionsrechtlicher Hintergrund

2 Die europarechtlichen Vorgaben für die elektronische Auftragsvergabe finden sich in den **Richtlinien** über die öffentliche Auftragsvergabe (Art. 34 bis 37 RL 2014/24/EU) und für Sektorenauftraggeber (Art. 52 bis 55 RL 2014/25/EU) bzw. in der Konzessionsrichtlinie (Art. 29, 33 Abs. 2 und Art. 34 RL 2014/23/EU). Dabei wird der elektronischen Auftragsvergabe im Rahmen der Konzessionsrichtlinie tendenziell eine geringere Bedeutung als in den anderen Regelwerken eingeräumt. Die elektronischen Elemente bleiben dort teilweise auf dem Stand der alten Richtliniengeneration zurück.[2]

3 Während die drei genannten Richtlinien und damit auch die § 120 GWB zugrunde liegenden Vorschriften im Grundsatz bereits mit Inkrafttreten des VergRModG 2016 am 18. April 2016 in nationales Recht **umgesetzt** worden waren, bestand für die Anwendung der verpflichtenden E-Vergabe die Möglichkeit, diese teilweise bis zum 18. Oktober 2018 aufzuschieben.[3] Während zentrale Beschaffungsstellen schon seit dem 18. April 2017 die E-Vergabe nutzen müssen, gilt diese Verpflichtung seit dem 18. Oktober 2018 für alle öffentlichen Auftraggeber.

II. Vergleichbare Regelungen

4 Im Zuge des VergRModG 2016 hat der Gesetzgeber die **grundlegenden Regelungen** zu den verschiedenen Methoden und Instrumenten in Vergabeverfahren bewusst im GWB getroffen, um sicherzustellen, dass diese Mittel allen öffentlichen Auftraggebern zur Verfügung stehen.[4]

5 Die **Einzelheiten** der besonderen Methoden und Instrumente in Vergabeverfahren sowie der Sammelbeschaffungen sind indes auf untergesetzlicher Ebene geregelt.[5] So finden sich in Abschnitt 2 Unterabschnitt 2 VgV (vgl. dort §§ 21 ff.) und der SektVO (vgl. dort §§ 19 ff.) neben den Vorgaben zum Abschluss von Rahmenvereinbarungen die Grundsätze für den Betrieb dynamischer Beschaffungssysteme und der Durchführung elektronischer Auktionen sowie die Einzelheiten zur Abgabe von Angeboten in Form eines elektronischen Katalogs.

6 Über die Verweisung in § 147 S. 1 GWB finden die Regelungen zu den besonderen Methoden und Instrumenten nach § 120 GWB auch auf die Vergabe von **verteidigungs- oder sicherheitsspezifischen öffentlichen Aufträgen** Anwendung.

III. Historie[6]

7 Bereits Anfang der 1990er-Jahre hielten mit der Schaffung der Datenbank TED (Tenders Electronic Daily) **erste elektronische Elemente** Einzug in die Vergabepraxis. Nach einigen weiteren Initiativen zum Einsatz elektronischer Mittel in der Auftragsvergabe ermöglichte die Europäische Union den Mitgliedstaaten im Zuge der Anpassung der Vergaberichtlinien an das von

---

1 Einen Überblick über die gebräuchlichen Schreibweisen des Begriffs bietet *Laux*, Wirksamkeit der Nutzung von E-Vergabe im Beschaffungsmanagement der öffentlichen Verwaltung, S. 4 f. Der Gesetzgeber hat sich für „E-Vergabe“ entschieden, vgl. Gesetzesbegründung, VergRModG 2016, BT-Drs. 18/6281, 3.

2 Zu den Einzelheiten *Wankmüller*, in: Hettich/Soudry, Das neue Vergaberecht, S. 216 ff.

3 Art. 90 Abs. 2 RL 2014/24/EU bzw. Art. 106 Abs. 2 RL 2014/25/EU.

4 Gesetzesbegründung zu § 120 GWB, VergRModG 2016, BT-Drs. 18/6281, 98.

5 Siehe dazu die allgemeine Verordnungsermächtigung in § 113 S. 1 Nr. 3 GWB.

6 Zu den einzelnen Stadien der „E-Vergabe“ siehe *Schäfer*, in: Kilian/Heussen, Computerrecht, Elektronische Vergabe, Rn. 52 ff.

ihr unterzeichnete Übereinkommen über das öffentliche Beschaffungswesen (Agreement on Government Procurement – GPA[7]),[8] die Übermittlung von Angeboten „auf andere Weise" als schriftlich zuzulassen.[9] Die (damaligen) Verdingungsordnungen, die für die Angebotsabgabe zunächst ausdrücklich die Schriftform vorgesehen hatten,[10] wurden in der Folge geändert[11] und um eine übergreifende Zulassung der elektronischen Angebotsabgabe in § 15 VgV a.F. ergänzt.

Einen noch weitergehenden Einsatz elektronischer Kommunikationsmittel sahen schließlich die reformierten **EG-Vergaberichtlinien**[12] sowie deren Umsetzung in nationales Recht vor.[13] Hierbei wurden in § 101 Abs. 6 GWB a.F. Definitionen der elektronischen Auktion (S. 1) und des dynamischen elektronischen Verfahrens (S. 2) eingefügt.[14] Nachdem der Deutsche Verdingungsausschuss für Leistungen die Umsetzung beider Verfahrensmodi zunächst unter Hinweis auf weiteren Diskussionsbedarf ablehnte,[15] folgte später zumindest die Umsetzung des dynamischen elektronischen Verfahrens in § 5 EG VOL/A 2009 und § 10 SektVO. 8

B. Überblick zur elektronischen Beschaffung[16]

In Umsetzung der Richtlinienvorgaben geht § 97 Abs. 5 i.V.m. § 113 Nr. 4 GWB vom **Grundsatz** der vollständig elektronisch abgewickelten Vergabe, von der Bekanntmachung bis zum Zuschlag, aus. 9

In der **Praxis** kommen unterschiedliche Mittel zum Einsatz: Informationsplattformen[17] dienen lediglich der Veröffentlichung von Bekanntmachungen, ohne eine Kommunikation zwischen der Vergabestelle und den Bietern zu ermöglichen. Weitergehend sind sog. Kommunikationsplattformen[18], auf denen neben Bekanntmachungen auch Vergabeunterlagen bereitgestellt werden können und über die meist auch eine Kontaktaufnahme zwischen den am Vergabeverfahren Beteiligten, teilweise bis hin zur elektronischen Angebotsabgabe, ermöglicht wird. Seit geraumer Zeit kommen auch vermehrt sog. Vergabemanagementsysteme[19] zum Einsatz, die den gesamten Vergabeprozess digital unterstützen sollen. 10

Der Gesetzgeber geht davon aus, dass sich aufgrund der umfassenden Einführung der E-Vergabe ein ersparter **Erfüllungsaufwand** der Wirtschaft von rund 1.063,3 Mio. Euro sowie der 11

---

7 Auf Englisch in ABl. EG Nr. L 336 v. 23.12.1994, 273 ff., bzw. auf Deutsch in ABl. EG Nr. C 256 v. 3.9.1996, 1 ff. abgedruckt. Zur Entstehungsgeschichte siehe *Dreher*, in: Immenga/Mestmäcker, Wettbewerbsrecht, Vor §§ 97 GWB Rn. 233 ff. Das Abkommen selbst sah lediglich in Art. X Abs. 4 vor, dass Anträge auf Beteiligung an nichtoffenen Ausschreibungsverfahren u.a. auch per Telefax gestellt werden können.

8 Sog. EG-GPA-Änderungsrichtlinien: RL 97/52/EG v. 13.10.1997 zur Änderung der RL 92/50/EWG, 93/36/EWG und 93/37/EWG über die Koordinierung der Verfahren zur Vergabe öffentlicher Dienstleistungs-, Liefer- und Bauaufträge, ABl. EG Nr. L 328 v. 28.11.1997, 1 ff., sowie RL 98/4/EG v. 16.2.1998 zur Änderung der RL 93/38/EWG zur Koordinierung der Auftragsvergabe durch Auftraggeber im Bereich der Wasser-, Energie- und Verkehrsversorgung sowie im Telekommunikationssektor, ABl. EG Nr. L 101 v. 1.4.1998, 1 ff.

9 Art. 23 Abs. 2 RL 92/50/EWG, Art. 15 Abs. 3 RL 93/36/EWG, Art. 18 Abs. 2 RL 93/37/EWG sowie Art. 28 Abs. 6 RL 93/38/EWG. Art. 28 Abs. 5 RL 93/38/EWG sah ferner vor, dass Teilnahmeanträge elektronisch übermittelt werden können.

10 § 21 Nr. 1 Abs. 1 S. 2 VOB/A 1992 bzw. § 21 Nr. 1 Abs. 2 S. 1 VOL/A 1997.

11 § 21 Nr. 1 Abs. 1 S. 2 VOB/A 2000 bzw. § 21 Nr. 3 S. 1 VOL/A 2000.

12 RL 2004/18/EG sowie RL 2004/17/EG.

13 Ausführlich zu den einzelnen Aspekten *Schäfer*, in: Kilian/Heussen, Computerrecht, Elektronische Vergabe, Rn. 70 ff.

14 Kritisch hierzu der Bundesrat, VergRModG 2009, BT-Drs. 16/10117, 30 f.

15 BAnz. Nr. 100a v. 30.5.2006, 3.

16 Vgl. zur elektronischen Beschaffung in den USA und möglichen Lehren für das europäische Recht *Burgi/Gölnitz*, DÖV 2009, 829 (833 ff.).

17 *Wankmüller*, in: Hettich/Soudry, Das neue Vergaberecht, S. 225. Prominentestes Beispiel ist insoweit TED, die Online-Version des Supplements zum Amtsblatt der Europäischen Union.

18 *Wankmüller*, in: Hettich/Soudry, Das neue Vergaberecht, S. 225.

19 *Wankmüller*, in: Hettich/Soudry, Das neue Vergaberecht, S. 225 f.; zu den zu beachtenden Kriterien bei der Wahl des eigenen elektronischen Vergabesystems *Adams*, VergabeFokus 2015, 12 (13 f.).

Verwaltung von etwa 215,1 Mio. Euro ergibt.[20] Der mit der E-Vergabe einzusparende Zeit- und Kostenaufwand soll u.a. durch den Wegfall von Druck- und Kopiervorgängen sowie dem Entfall von Transport- und Archivkosten[21] realisiert werden. Der gegenwärtige Stand der E-Vergabe ist jedoch immer noch von einer gewissen Zersplitterung der Lösungsansätze gekennzeichnet. So greifen öffentliche Auftraggeber für die Durchführung von Auftragsvergaben teils auf eigene, teils auf kommerzielle Vergabeplattformen zurück. Dabei unterscheiden sich Funktionsweise und Funktionsumfang dieser Plattformen mitunter deutlich und gestatten nicht immer einen reibungslosen Ablauf der (elektronisch durchgeführten) Vergabeverfahren. Eine Folge ist, dass Unternehmen nicht selten mit einem Mehraufwand belastet werden, anstatt von Einsparpotenzialen zu profitieren.[22] Dies mag auch ein Grund dafür sein, dass ein flächendeckender Durchbruch von dynamischem Beschaffungssystem, elektronischer Auktion oder elektronischem Katalog bislang noch nicht festzustellen ist.

12 Da sowohl die Richtlinien als auch die umzusetzenden Regelungen des Kartellvergaberechts nur oberhalb der Schwellenwerte gelten, war eine rein papierbasierte Vergabe im **Unterschwellenbereich** zunächst auch weiterhin möglich. Für Unterschwellenvergaben auf Bundesebene sowie in den Bundesländern, die bereits die UVgO in Kraft gesetzt haben, ist die E-Vergabe jedoch seit dem 1. Januar 2020 ebenfalls verpflichtend.[23]

13 § 120 GWB eröffnet über die elektronische Abwicklung des „normalen" Vergabeverfahrens hinausgehend die Möglichkeit, **spezielle Techniken**, die im Vorgehen von dem üblichen Ablauf auch eines elektronischen Vergabeverfahrens abweichen, einzusetzen. Auch wenn teilweise irreführende Bezeichnungen verwendet werden, handelt es sich hierbei nicht um eigenständige Verfahrensarten, sondern um bloße Durchführungsmodalitäten der bestehenden Verfahren.[24]

C. Die einzelnen Methoden und Instrumente

14 Die Überschrift von § 120 GWB unterscheidet zwischen „besonderen Methoden" und (besonderen) „Instrumenten" in Vergabeverfahren. Der **Begriff** der „Methode" beschreibt im Allgemeinen eine bestimmte, systematische Vorgehensweise, während unter der Bezeichnung „Instrument" ein Hilfsmittel zur Ausführung bestimmter Handlungen zu verstehen ist. Im Ergebnis lassen sich sämtliche in § 120 GWB definierten Beschaffungsmodalitäten vom dynamischen Beschaffungssystem über die elektronische Auktion und den elektronischen Katalog bis hin zur zentralen Beschaffungstätigkeit sowohl unter den Begriff der „Methode" als auch unter die Bezeichnung „Instrument" im beschaffungstechnischen Sinne fassen. Eine genauere Differenzierung erscheint daher, sowie mit Rücksicht auf die fehlende Verwendung dieser beiden Begriffe im gesamten übrigen Normtext und das Fehlen entsprechender Legaldefinitionen[25] entbehrlich.

15 Die **Aufzählung** der besonderen Methoden und Instrumente in § 120 GWB ist grundsätzlich abschließend. Der Bundesgesetzgeber hat die dynamischen Beschaffungssysteme in § 120 Abs. 1 bis 3 GWB ausdrücklich bezeichnet und definiert; Hinweise auf eine lediglich beispielhafte Aufzählung enthält die Vorschrift nicht.[26] Obwohl nicht ausdrücklich in § 120 GWB er-

---

20 Gesetzesbegründung, VergRModG 2016, BT-Drs. 18/6281, 55 f. und 57 ff.; ähnlich zu den theoretisch möglichen Effizienzgewinnen *Schäfer*, in: Kilian/Heussen, Computerrecht, Elektronische Vergabe, Rn. 6; kritisch zu den Schätzungen der Bundesregierung, insbesondere aufgrund der unzureichenden Tatsachenbasis der Schätzungen, der Normenkontrollrat, VergRModG 2016, BT-Drs. 18/6281, 138 (151 f.).

21 *Masing*, in: Reidt/Stickler/Glahs, Vergaberecht, § 97 GWB Rn. 100.

22 *Schäfer*, in: Kilian/Heussen, Computerrecht, Elektronische Vergabe, Rn. 9.

23 § 38 Abs. 3 UvgO.

24 So in Bezug auf das dynamische Beschaffungssystem bereits *Amelung*, in: Müller-Wrede, VOL/A, § 5 EG Rn. 9; vgl. auch *Antweiler*, in: Ziekow/Völlink, Vergaberecht, § 120 GWB Rn. 2; a.A. hinsichtlich des dynamischen Beschaffungssystems auch unter Geltung der neuen Richtlinien noch *Wankmüller*, in: Hettich/Soudry, Das neue Vergaberecht, S. 256.

25 Erwägungsgrund 68 UAbs. 1 S. 1 RL 2014/24/EU bezeichnet jedoch den elektronischen Katalog als „neue elektronische Beschaffungsmethode".

26 Anders als etwa § 132 Abs. 1 S. 3 GWB, der einen Regelbeispielkatalog für wesentliche Auftragsänderungen enthält und diesen mit dem Halbsatz *„Eine wesentliche Änderung liegt insbesondere vor, wenn [...]"* einleitet.

wähnt, ist aber auch die in § 103 Abs. 5 GWB geregelte Rahmenvereinbarung als besonderes Instrument in diesem Sinne einzustufen. Dies folgt bereits aus der entsprechenden Zuordnung durch den Richtliniengeber gemäß der Überschrift zu Kapitel II Titel II RL 2014/24/EU „Methoden und Instrumente für die elektronische Auftragsvergabe und für Sammelbeschaffungen", die den Regelungen über Rahmenvereinbarungen und dynamische Beschaffungssysteme gemeinsam vorangestellt ist.[27] Detailliertere Regelungen zu den in § 120 GWB festgelegten besonderen Methoden und Instrumenten wurden unter Rückgriff auf die Verordnungsermächtigung in § 113 S. 2 Nr. 3 GWB in die VgV und in die SektVO aufgenommen.[28] Dort finden sich ebenfalls die Einzelheiten zu den Rahmenvereinbarungen, die auch der Verordnungsgeber gemäß den Überschriften zu den Unterabschnitten 2 der VgV und der SektVO ausdrücklich den besonderen Methoden und Instrumenten im Vergabeverfahren zugeordnet hat.

I. Dynamisches Beschaffungssystem (Abs. 1)

Ein dynamisches Beschaffungssystem ist nach § 120 Abs. 1 GWB ein zeitlich befristetes, ausschließlich elektronisches Verfahren zur Beschaffung marktüblicher Leistungen, bei denen die allgemein auf dem Markt verfügbaren Merkmale den Anforderungen des öffentlichen Auftraggebers genügen. **16**

Das dynamische Beschaffungssystem wurde bereits in Art. 1 Abs. 6 RL 2004/18/EG bzw. Art. 1 Abs. 5 RL 2004/17/EG definiert. Der deutsche Gesetzgeber hatte für den Verfahrensmodus unter der Bezeichnung „dynamisches elektronisches Verfahren" im Zuge des **VergRModG 2009** eine Definition in § 101 Abs. 6 S. 2 GWB a.F. eingefügt. Später folgten detailliertere Regelungen in § 10 SektVO a.F. sowie § 5 EG VOL/A. Die europarechtliche Begriffsbestimmung wurde in den neuen Richtlinien[29] erweitert. In deren Umsetzung übernimmt das GWB die dortige Bezeichnung, behält die eigene Definition aber bis auf kleinere redaktionelle Änderungen bei. **17**

Während die RL 2004/18/EG und die RL 2004/17/EG ausdrücklich die Vergabe im Rahmen des offenen Verfahrens vorsahen[30], ordnen Art. 34 Abs. 2 S. 1 RL 2014/24/EU bzw. Art. 52 Abs. 2 S. 1 RL 2014/25/EU die Befolgung der Vorschriften für das **nichtoffene Verfahren** an. Dieser Systemwechsel soll im Lichte der bisherigen negativen Erfahrungen der Vereinfachung des Verfahrens dienen. So habe sich insbesondere die Einreichung unverbindlicher Angebote als eine der größten Belastungen der dynamischen Beschaffungssysteme erwiesen. Die Abkehr von diesem Erfordernis ermögliche eine noch breitere Palette von Angeboten.[31] **18**

1. Zeitliche Befristung

Die Definition des GWB-Gesetzgebers sieht, wie schon in § 101 Abs. 6 S. 2 GWB a.F., eine zeitliche Befristung des Verfahrens vor. Während die vorherige Richtlinien-Generation[32] die Laufzeit eines dynamischen Beschaffungssystems noch auf im Grundsatz vier Jahre beschränkte, fehlt eine ausdrückliche zeitliche Grenze in den neuen Richtlinien.[33] Diese sprechen nunmehr von einer Gültigkeitsdauer, während der das Verfahren den Wirtschaftsteilnehmern offenstehen soll. Diese kann der öffentliche Auftraggeber folglich künftig frei wählen.[34] **19**

---

27 Vgl. VK Bund, Beschluss v. 12.8.2016 – VK1-42/15.

28 Vgl. §§ 22 ff. VgV sowie §§ 20 ff. SektVO; VOB/A und VSVgV enthalten hingegen keine eigenen Regelungen zu dynamischen Beschaffungssystemen, vgl. dazu auch oben Rn. 5 f.

29 Art. 34 Abs. 1 RL 2014/24/EU bzw. Art. 52 Abs. 1 RL 2014/25/EU.

30 Art. 33 Abs. 2 S. 1 RL 2004/18/EG bzw. Art. 15 Abs. 2 S. 1 RL 2004/17/EG.

31 Erwägungsgrund 63 RL 2014/24/EU bzw. Erwägungsgrund 73 RL 2014/25/EU.

32 Art. 33 Abs. 7 RL 2004/18/EG bzw. Art. 15 Abs. 7 RL 2004/17/EG; ebenso die Umsetzung in § 10 Abs. 7 SektVO a.F. bzw. § 5 EG Abs. 2 lit. g VOL/A.

33 Art. 34 Abs. 1 RL 2014/24/EU bzw. Art. 52 Abs. 1 RL 2014/25/EU.

34 Ebenso *Wankmüller*, in: Hettich/Soudry, Das neue Vergaberecht, S. 256.

2. Ausschließlichkeit elektronischer Mittel

20 Die Definition des dynamischen Beschaffungssystems als „**ausschließlich** elektronisches" Verfahren impliziert die ausschließliche Verwendung elektronischer Mittel zur Durchführung des Vergabeverfahrens. Die Ausschließlichkeit elektronischer Mittel war bereits in den bisherigen Vergaberichtlinien[35] vorgesehen. Die Anforderungen an das dynamische Beschaffungssystem gehen insoweit allerdings über die allgemeinen Forderungen im Zusammenhang mit der Umstellung auf die E-Vergabe hinaus.[36]

21 Nach den Legaldefinitionen[37] der Richtlinien sind **elektronische Mittel** „elektronische Geräte für die Verarbeitung (einschließlich digitaler Kompression) und Speicherung von Daten, die über Kabel, per Funk, mit optischen Verfahren oder mit anderen elektromagnetischen Verfahren übertragen, weitergeleitet und empfangen werden". Dabei müssen die eingesetzten Mittel nichtdiskriminierend sowie allgemein verfügbar sein und dürfen den Zugang zum Vergabeverfahren nicht einschränken.[38] Eine Pflicht zur Nutzung bestimmter Programme besteht dagegen nicht.[39]

3. Marktübliche Leistungen

22 Als **„marktüblich"** im Sinne der Definition in § 120 Abs. 1 GWB und den Richtlinien sind solche Leistungen einzuordnen, bei denen die allgemein auf dem Markt verfügbaren Spezifikationen den Anforderungen des öffentlichen Auftraggebers genügen. Die zu beschaffenden Waren oder Dienstleistungen müssen also unmittelbar vom Markt abgerufen werden können. Das dynamische Beschaffungssystem kommt daher insbesondere für die Beschaffung von Massenverbrauchsgütern, wie z. B. Hygieneprodukten in Krankenhäusern, in Betracht. Leistungen, die durch verkehrsübliche Bezeichnungen nach Art, Beschaffenheit und Umfang nicht hinreichend beschreibbar sind, scheiden dagegen als verfahrenstauglicher Beschaffungsgegenstand aus.

23 Obwohl bereits die alten Richtlinien keine Beschränkung auf bestimmte **Auftragsarten** vorsahen, ist mangels entsprechender Standardisierung der Leistungen auch keine Umsetzung des dynamischen Beschaffungssystems in der VOB/A erfolgt.[40] Aufgrund ihres höheren Individualisierungsgrades scheiden neben Bauleistungen auch freiberufliche Leistungen als Gegenstand einer Vergabe im Rahmen eines dynamischen Beschaffungssystems regelmäßig aus.[41]

24 Bei der Beschaffung entsprechend standardisierter Beschaffungsgegenstände kommen überdies auch **Rahmenvereinbarungen** zum Einsatz. Diese sind in § 103 Abs. 5 GWB geregelt. Hiervon unterscheidet sich das dynamische Beschaffungssystem allerdings durch die (während der Geltungsdauer) jederzeit mögliche Teilnahme und stellt daher eine flexible elektronische Alternative dar.[42]

II. Elektronische Auktion (Abs. 2)

25 Eine elektronische Auktion ist nach § 120 Abs. 2 S. 1 GWB ein sich schrittweise wiederholendes elektronisches Verfahren zur Ermittlung des wirtschaftlichsten Angebots. Jeder elektronischen Auktion geht nach § 120 Abs. 2 S. 1 GWB eine vollständige erste Bewertung aller Angebote voraus.

---

35 Art. 33 Abs. 2 S. 3 RL 2004/18/EG bzw. Art. 15 Abs. 2 S. 3 RL 2004/17/EG.
36 Vgl. „vollelektronisches Verfahren" in Art. 34 Abs. 1 S. 2 RL 2014/24/EU bzw. Art. 52 Abs. 1 S. 2 RL 2014/25/EU im Gegensatz zu Erwägungsgrund 52 S. 5 RL 2014/24/EU bzw. Erwägungsgrund 63 S. 5 RL 2014/25/EU.
37 Art. 2 Abs. 1 Nr. 19 RL 2014/24/EU bzw. Art. 2 Nr. 15 RL 2014/25/EU.
38 Art. 34 Abs. 3 i.V.m. Art. 22 Abs. 1 UAbs. 1 RL 2014/24/EU bzw. Art. 52 Abs. 3 i.V.m. Art. 40 Abs. 1 UAbs. 1 RL 2014/25/EU.
39 *Dreher*, in: Immenga/Mestmäcker, Wettbewerbsrecht, § 97 GWB Rn. 204.
40 Vgl. zum Ganzen bereits *Amelung*, in: Müller-Wrede, VOL/A, § 5 EG Rn. 10. Der Richtliniengeber schließt ein dynamisches Beschaffungssystem in Bezug auf Bauleistungen allerdings nicht kategorisch aus, vgl. z. B. Erwägungsgrund 63 S. 4 RL 2014/24/EU bzw. Erwägungsgrund 73 UAbs. 2 RL 2014/25/EU.
41 *Kling*, in: Immenga/Mestmäcker, Wettbewerbsrecht, § 120 GWB Rn. 4.
42 Näher *Wankmüller*, in: Hettich/Soudry, Das neue Vergaberecht, S. 258.

Auch für die elektronische Auktion (E-Auktion) fanden sich bereits Definitionen in Art. 1 Abs. 7 RL 2004/18/EG und Art. 1 Abs. 6 RL 2004/17/EG, eine grobe Beschreibung im Kartellvergaberecht erfolgte ebenfalls im Zuge des **VergRModG 2009** in § 101 Abs. 6 S. 1 GWB a.F. Nachdem jedoch keine Umsetzung in untergesetzlichen Normen erfolgte, war zwischenzeitlich unklar, ob der Verfahrensmodus überhaupt wirksam eingeführt worden war.[43] Die bereits damals herrschende – und die Frage bejahende – Meinung wurde später auch durch die VK Niedersachsen bestätigt.[44] 26

Bei der elektronischen Auktion werden von den Bietern zunächst **verbindliche Angebote** abgegeben, die vom Auftraggeber vollständig geprüft und bewertet werden. Die Bieter, die hierbei zulässige Angebote abgegeben haben, werden in der Folge zur wiederholten elektronischen Vorlage neuer Preise bzw. zur Korrektur sonstiger Werte aufgefordert, um den eigenen Rang zu verbessern und am Ende den Zuschlag zu erhalten.[45] Einzelheiten zur elektronischen Auktion sind in den §§ 25 und 26 VgV sowie in den §§ 23 und 24 SektVO geregelt. 27

Der Richtliniengeber geht davon aus, dass die elektronische Auktion nur für Auftragsgegenstände in Betracht kommt, die **automatisch** auf elektronischem Wege **bewertet** werden können.[46] Bei Bau- und bestimmten Dienstleistungsaufträgen wie z. B. Planungsleistungen ist dies typischerweise nicht der Fall.[47] 28

1. Begriffsbestimmung (S. 1)

a) Schrittweise Wiederholung

Die Besonderheit der elektronischen Auktion ist die Möglichkeit der Bieter, **wiederholt Korrekturen** der Preise oder anderer wertungsrelevanter Kriterien vorzunehmen, um so den eigenen Rang zu verbessern. Der öffentliche Auftraggeber ist daher nach den Richtlinien verpflichtet, allen Bietern unverzüglich die zur Beurteilung des eigenen Ranges erforderlichen Informationen zur Verfügung zu stellen.[48] Zur Bestimmung dieser unionsrechtlichen Unverzüglichkeit kann wegen des Gebots der autonomen und einheitlichen Auslegung[49] nicht auf die zu § 121 Abs. 1 BGB entwickelten Kriterien abgestellt werden.[50] 29

Dieses iterative elektronische Verfahren **beginnt** frühestens zwei Arbeitstage nach Versendung der Aufforderung zur Teilnahme an die Bieter, die zunächst zulässige Angebote abgegeben haben.[51] Es **endet** zu einem zuvor angegebenen Zeitpunkt, wenn innerhalb eines ebenfalls zuvor angegebenen Zeitraums keine zulässigen Korrekturen der Preise oder Werte mehr erfolgen oder wenn die zuvor angegebene Zahl von Auktionsphasen erreicht ist.[52] Dabei wird gegen die Beendigung zu einem bestimmten Zeitpunkt eingewandt, dass die Maßgeblichkeit der *„Schnelligkeit des Mausklicks"* zu Übereilung führen könne.[53] Teilweise wird allerdings auch betont, dass es die eigenverantwortliche Entscheidung der Bieter sei, ob und inwieweit sich diese an elektronischen Auktionsverfahren beteiligen möchten.[54] 30

---

43 Zum Meinungsstand im Einzelnen *Schröder*, NZBau 2010, 411 f.

44 Vgl. VK Niedersachsen, Beschluss v. 10.5.2011 – VgK-11/2011.

45 Vgl. den schematischen Überblick über den Ablauf bei *Wankmüller*, in: Hettich/Soudry, Das neue Vergaberecht, S. 263.

46 Näher zu möglichen Kriterien *Wankmüller*, in: Hettich/Soudry, Das neue Vergaberecht, S. 260 f.

47 Erwägungsgrund 67 UAbs. 1 und Art. 35 Abs. 1 UAbs. 3 RL 2014/24/EU bzw. Erwägungsgrund 76 und Art. 53 Abs. 1 UAbs. 3 RL 2014/25/EU.

48 Art. 35 Abs. 7 S. 1 RL 2014/24/EU bzw. Art. 53 Abs. 7 S. 1 RL 2014/25/EU.

49 Hierzu näher, mit Nachweisen zur EuGH-Rechtsprechung, *Dreher*, in: Immenga/Mestmäcker, Wettbewerbsrecht, Vor §§ 97 ff. GWB Rn. 158 f.

50 A.A. wohl *Schröder*, NZBau 2010, 411 (415).

51 Art. 35 Abs. 5 UAbs. 5 RL 2014/24/EU bzw. Art. 53 Abs. 5 UAbs. 5 RL 2014/25/EU.

52 Art. 35 Abs. 8 UAbs. 1 RL 2014/24/EU bzw. Art. 53 Abs. 8 UAbs. 1 RL 2014/25/EU.

53 *Opitz*, NZBau 2003, 183 (191).

54 *Schröder*, NZBau 2010, 411 (415 f.).

b) Ermittlung des wirtschaftlichsten Angebots

31 Auch das elektronische Auktionsverfahren dient der Ermittlung des wirtschaftlichsten Angebots, wobei jedoch aufgrund der Verfahrensgestaltung nur **bestimmte Angebotselemente** zur Auktion gestellt werden können. Dies sind entweder allein der Preis, wenn allein dieser für den Zuschlag maßgeblich ist, oder darüber hinaus bzw. stattdessen andere Werte, wenn der Zuschlag aufgrund des besten Preis-Leistungs-Verhältnisses oder der geringsten Kosten erteilt werden soll.[55]

2. Vollständige erste Bewertung (S. 2)

32 Vor dem Beginn des Auktionsverfahrens hat eine erste vollständige Bewertung der zunächst abgegebenen Angebote zu erfolgen.[56] Hierbei müssen sich die Angebote als zulässig erweisen. In Ermangelung detaillierter Vorgaben für diese **Zulässigkeitsprüfung** ist auf die allgemeinen Grundsätze und Regelungen für die Angebotsprüfung und -wertung abzustellen.[57] Zunächst ist daher festzustellen, ob die Angebote form- und fristgerecht sowie unter Beachtung der Vorgaben in den Vergabeunterlagen, allen voran der technischen Spezifikationen, eingereicht wurden. Sofern die elektronische Auktion in ein offenes Verfahren eingegliedert und dementsprechend kein Teilnahmewettbewerb vorgeschaltet worden ist, erfolgt anschließend die Eignungsprüfung der Bieter anhand der bekanntgemachten Eignungskriterien sowie die Prüfung etwa vorliegender Ausschlussgründe. Sodann ist bei der Feststellung von Anhaltspunkten für das Vorliegen ungewöhnlich niedriger Angebotspreise eine entsprechende Aufklärung durchzuführen, bevor eine erste wirtschaftliche Wertung anhand der bekanntgemachten Zuschlagskriterien erfolgt.[58] Die dabei zu berücksichtigenden Angebotspreise sind jedoch (noch) nicht ausschlaggebend für die Bestimmung des wirtschaftlichsten Angebots, auf das der Zuschlag zu erteilen ist. Maßgebend dafür sind allein die im weiteren Verlauf der elektronischen Auktion preislich nachgebesserten Angebote.

III. Elektronischer Katalog (Abs. 3)

33 Ein elektronischer Katalog ist nach § 120 Abs. 3 S. 1 GWB ein auf der Grundlage der Leistungsbeschreibung erstelltes Verzeichnis der zu beschaffenden Liefer-, Bau- und Dienstleistungen in einem elektronischen Format. Er kann gemäß § 120 Abs. 3 S. 2 GWB insbesondere beim Abschluss von Rahmenvereinbarungen eingesetzt werden und Abbildungen, Preisinformationen sowie Produktbeschreibungen umfassen. Ziel des Einsatzes von elektronischen Katalogen ist u.a. eine Stärkung des Wettbewerbs durch Zeit- und Geldersparnis sowie die Rationalisierung der öffentlichen Beschaffung.[59]

34 Der elektronische Katalog (E-Katalog) fand **bisher** lediglich in den Erwägungsgründen der Richtlinien Erwähnung[60], konkrete Regelungen fehlten sowohl im Richtlinientext als auch im GWB. Erst im Zuge der Schaffung der neuen Vergaberichtlinien wurden entsprechende Artikel zum E-Katalog eingefügt[61] und in Form einer Begriffsbestimmung auch im GWB umgesetzt. Einzelheiten zu dem besonderen Instrument des E-Katalogs sind in § 27 VgV und § 25 SektVO geregelt.

35 Auch wenn sich dies nicht unmittelbar aus der Definition des E-Katalogs in § 120 Abs. 3 GWB ergibt, ist hiermit in Umsetzung der entsprechenden Richtlinienvorgaben[62] eine besondere **Form der Einreichung von Angeboten** durch die Bieter gemeint.[63] Hiervon zu unterschei-

---

55 Art. 35 Abs. 3 RL 2014/24/EU bzw. Art. 53 Abs. 3 RL 2014/25/EU.
56 Art. 35 Abs. 5 UAbs. 1 RL 2014/24/EU bzw. Art. 53 Abs. 5 UAbs. 1 RL 2014/25/EU.
57 Vgl. insbesondere §§ 56 ff. VgV und §§ 51 ff. SektVO.
58 Vgl. dazu auch Art. 35 Abs. 5 UAbs. 2 bis 4 RL 2014/24/EU bzw. Art. 53 Abs. 5 UAbs. 2 bis 4 RL 2014/25/EU.
59 Erwägungsgrund 68 UAbs. 1 S. 5 RL 2014/24/EU bzw. Erwägungsgrund 77 UAbs. 1 S. 5 RL 2014/25/EU.
60 Erwägungsgrund 12 S. 4 RL 2004/18/EG bzw. Erwägungsgrund 20 S. 4 RL 2004/17/EG.
61 Art. 36 RL 2014/24/EU und Art. 54 RL 2014/25/EU.
62 Art. 36 RL 2014/24/EU und Art. 54 RL 2014/25/EU, auf die die Gesetzesbegründung zu § 120 Abs. 3 GWB ausdrücklich Bezug nimmt, VergRModG 2016, BT-Drs. 18/6281, 99.
63 Vgl. auch § 27 Abs. 1 VgV.

den sind einerseits die eigenen elektronischen Kataloge bzw. Onlineshops der Bieter und andererseits elektronische Kataloge, die von den öffentlichen Auftraggebern betrieben werden.[64] Bieter dürfen zwar nicht ihren allgemeinen Katalog als solchen einreichen, aber Informationen aus diesem in den als Angebot einzureichenden E-Katalog einkopieren.[65] Die so abgegebenen Angebote können bei Einhaltung sog. Austauschstandards[66] nach Zuschlagerteilung wiederum nahtlos in die elektronischen Kataloge der öffentlichen Auftraggeber integriert werden. Bisher wurde hingegen im Rahmen des Vergabeverfahrens lediglich eine „Erklärung über die Bereitstellung von Katalogdaten für das KdB" und zur Bereitschaft, die Katalogdaten innerhalb von 14 Tagen nach Anforderung bereitzustellen, gefordert.[67]

1. Begriffsbestimmung (S. 1)

a) Verzeichnis der zu beschaffenden Leistungen

Das Angebot in der Form des E-Katalogs zeichnet sich durch eine Auflistung der zu beschaffenden Leistungen aus, die elektronisch weiterverarbeitet werden kann. Diese kann nicht nur in speziell für Katalogdaten geschaffenen Formaten nach den bereits erwähnten Austauschstandards, sondern etwa auch mittels einer Kalkulationstabelle erstellt werden.[68] Gemäß § 120 Abs. 3 S. 2 Hs. 2 GWB kann der E-Katalog auch Abbildungen, Preisinformationen und Produktbeschreibungen umfassen. **36**

b) Erstellung auf der Grundlage der Leistungsbeschreibung

Grundlage der Erstellung der Verzeichnisse im Einzelfall muss die konkrete Ausschreibung in Gestalt der Leistungsbeschreibung sein. Eine bloße Übermittlung des allgemeinen Katalogs des Bieters ist nicht zulässig. Durch diese Anpassung sind die Bieter gezwungen, den Katalog daraufhin zu überprüfen, ob nur Leistungen enthalten sind, die den Anforderungen des öffentlichen Auftraggebers entsprechen. Ferner soll auf diese Weise auch die Einhaltung der allgemeinen Vergabegrundsätze der Gleichbehandlung, Nichtdiskriminierung und Transparenz sichergestellt werden.[69] **37**

c) Elektronisches Format

Da der Vorteil der Nutzung von E-Katalogen gerade in der Möglichkeit der nahtlosen Einfügung der Informationen in das eigene System liegt, muss sichergestellt sein, dass die Bieter ein Format verwenden, das nicht nur elektronischer Natur ist, sondern auch eine unproblematische Weiterverarbeitung der Daten ermöglicht.[70] Außerdem müssen die allgemeinen Anforderungen an elektronische Kommunikationsmittel, die in §§ 9 ff. VgV, §§ 9 ff. SektVO und §§ 7 ff. KonzVgV näher spezifiziert sind, eingehalten werden.[71] **38**

---

64 Bekanntestes Beispiel ist insoweit das „Kaufhaus des Bundes" (KdB) beim Beschaffungsamt des BMI (BeschA), in dem mehr als 480 Bundesbehörden und Einrichtungen des Bundes rund 70.000 Produkte aus 28 Produktgruppen einkaufen, http://www.kdb.bund.de.

65 Erwägungsgrund 68 UAbs. 1 S. 10 RL 2014/24/EU bzw. Erwägungsgrund 77 UAbs. 1 S. 10 RL 2014/25/EU.

66 Hierzu etwa BeschA, Lieferantenhandbuch des KdB, http://www.kdb.bund.de/SharedDocs/Downloads/02_kdb_subsite/Publikationen/Lieferantenhandbuch_katalogdaten.pdf (abgerufen am 12.4.2022), S. 5 ff., und *Wankmüller*, in: Hettich/Soudry, Das neue Vergaberecht, S. 254.

67 Vgl. etwa die Bekanntmachung zum Lieferauftrag 2011/S 6-008509 (TED), 4 f.

68 Erwägungsgrund 68 UAbs. 1 S. 3 RL 2014/24/EU bzw. Erwägungsgrund 77 UAbs. 1 S. 3 RL 2014/25/EU; zur bereits bisher praktizierten Einreichung von Katalogdaten für das KdB mittels vom BeschA bereitgestellter Tabellenkalkulationsdatei Datensätzen zur Weiterverarbeitung BeschA, Lieferantenhandbuch des KdB, http://www.kdb.bund.de/SharedDocs/Downloads/02_kdb_subsite/Publikationen/Lieferantenhandbuch_katalogdaten.pdf (abgerufen am 12.4.2022), S. 6, 13 ff.

69 Erwägungsgrund 68 UAbs. 1 S. 6 bis 9 RL 2014/24/EU bzw. Erwägungsgrund 77 UAbs. 1 S. 6 bis 9 RL 2014/25/EU.

70 Art. 36 Abs. 2 UAbs. 1 RL 2014/24/EU bzw. Art. 54 Abs. 2 UAbs. 1 RL 2014/25/EU.

71 Art. 36 Abs. 2 UAbs. 2 i.V.m. Art. 22 RL 2014/24/EU bzw. Art. 54 Abs. 2 UAbs. 2 i.V.m. Art. 40 RL 2014/25/EU.

2. Abschluss von Rahmenvereinbarungen (S. 2 Hs. 1)

39 § 120 Abs. 3 S. 2 Hs. 1 GWB führt beispielhaft („insbesondere") an, dass der E-Katalog auch beim Abschluss von Rahmenvereinbarungen eingesetzt werden kann.

40 Plattformen wie etwa das „Kaufhaus des Bundes" verfolgen gerade das Ziel, flexibel auf die Entscheidungen der angeschlossenen Behörden hinsichtlich Bestellmenge, Lieferzeit und Lieferort reagieren zu können. Das nunmehr auch in § 103 Abs. 5 GWB[72] ausdrücklich normierte Institut der **Rahmenvereinbarung** bietet sich zur Befüllung derartiger Datenbanken in besonderer Weise an. Hat ein Vergabeverfahren, in dem die Angebote als E-Kataloge eingereicht wurden, zum Abschluss von Rahmenvereinbarungen geführt, kann der öffentliche Auftraggeber in der Folge und auf dieser Grundlage neu zum Wettbewerb um Einzelaufträge aufrufen. Dabei können entweder die Bieter aufgefordert werden, ihre E-Kataloge an die Anforderungen des Einzelauftrages anzupassen bzw. entsprechend neu einzureichen, oder die öffentlichen Auftraggeber unter Einhaltung spezieller Ankündigungs- und Mitteilungspflichten aus den bereits eingereichten Katalogen selbst neue Angebote generieren.[73]

IV. Zentrale Beschaffungstätigkeit (Abs. 4)

41 § 120 Abs. 4 GWB definiert Begriffe der zentralen Beschaffungstätigkeit[74], die teilweise bereits in der alten Richtliniengeneration[75] enthalten waren. Eine Umsetzung der damaligen Vorgaben wurde zwar diskutiert[76], ist aber schlussendlich nicht erfolgt.

1. Zentrale Beschaffungsstelle (S. 1)

42 Eine zentrale Beschaffungsstelle ist nach § 120 Abs. 4 S. 1 GWB ein öffentlicher Auftraggeber, der für andere öffentliche Auftraggeber dauerhaft Liefer- und Dienstleistungen beschafft, öffentliche Aufträge vergibt oder Rahmenvereinbarungen abschließt.

43 Der **Begriff** der „zentralen Beschaffungsstelle"[77] ist von der Bezeichnung „zentrale Vergabestelle"[78] abzugrenzen. Bei zentralen Vergabestellen handelt es sich üblicherweise lediglich um zentrale Organisationseinheiten innerhalb eines einheitlichen öffentlichen Auftraggebers. Aus den Definitionen des öffentlichen Auftraggebers in den Richtlinien[79] ergibt sich indes, dass die zentrale Beschaffungsstelle ein eigenständiger Rechtsträger zu sein hat.[80]

44 Da der Rechtsträger selbst **öffentlicher Auftraggeber** sein muss, scheiden rein private Unternehmen als zentrale Beschaffungsstellen aus.[81] Im Übrigen nimmt § 120 Abs. 4 S. 1 GWB keine Differenzierung oder Einschränkung hinsichtlich der Tätigkeitsfelder von zentralen Beschaffungsstellen vor, so dass als solche auch öffentliche Auftraggeber in Betracht kommen, die wegen der Ausübung einer Sektorentätigkeit als (öffentliche) Sektorenauftraggeber i.S.d.

---

72 In Umsetzung von Art. 33 RL 2014/24/EU bzw. Art. 51 RL 2014/25/EU.

73 Art. 36 Abs. 4 bis 5 RL 2014/24/EU bzw. Art. 54 Abs. 4 bis 5 RL 2014/25/EU; allgemeine Anforderungen an das Verfahren enthält Erwägungsgrund 68 UAbs. 2 bis 3 RL 2014/24/EU bzw. Erwägungsgrund 77 UAbs. 2 bis 3 RL 2014/25/EU.

74 Art. 2 Abs. 1 Nr. 14 bis 16, Art. 37 RL 2014/24/EU bzw. Art. 2 Nr. 10 bis 12, Art. 55 RL 2014/25/EU.

75 Art. 1 Abs. 10, Art. 11 RL 2004/18/EG bzw. Art. 1 Abs. 8, Art. 29 RL 2004/17/EG; zur Entstehungsgeschichte *Prieß*, Handbuch des europäischen Vergaberechts, S. 173 f.

76 Für eine Umsetzung *Ollmann*, VergabeR 2004, 669 (678 f.); dagegen *Prieß*, Handbuch des europäischen Vergaberechts, S. 174.

77 Vgl. etwa die am „Kaufhaus des Bundes" beteiligten „Zentralen Beschaffungsstellen des Bundes", BeschA, Das Kaufhaus des Bundes – Warenbestellung per Mausklick, http://www.bescha.bund.de/SharedDocs/Downloads/Publikationen/Broschueren/kdb_broschuere.pdf (abgerufen am 12.4.2022), S. 9.

78 Zur Unterscheidung zwischen der im Beschaffungsvorgang auftretenden Vergabestelle und dem öffentlichen Auftraggeber als Rechtssubjekt *Dörr*, in: Dreher/Motzke, Vergaberecht, § 98 GWB Rn. 24 f.

79 Art. 2 Abs. 1 Nr. 1 und 4 lit. b RL 2014/24/EU bzw. Art. 3 Nr. 1 und 4 lit. b RL 2014/25/EU.

80 Ebenso *Wankmüller*, in: Hettich/Soudry, Das neue Vergaberecht, S. 231; zur Maßgeblichkeit des Kriteriums der eigenen Rechtspersönlichkeit für den Begriff des öffentlichen Auftraggebers bereits OLG Düsseldorf, Beschluss v. 14.9.2009 – VII-Verg 20/09. Diesem Ergebnis scheint allerdings der Wortlaut von Art. 1 Abs. 1 Nr. 2 RL 2014/24/EU zu widersprechen, der „zentrale Regierungsbehörden" nach Anhang I RL 2014/24/EU, in Deutschland die obersten Bundesbehörden, als eigene öffentliche Auftraggeber bezeichnet.

81 *Wankmüller*, in: Hettich/Soudry, Das neue Vergaberecht, S. 230 f.

§ 100 GWB einzustufen sind.[82] Für die Frage, ob ein öffentlicher Auftraggeber als zentrale Beschaffungsstelle im Sinne von § 120 Abs. 4 GWB einzustufen ist oder nicht, kommt es allein auf die objektive Rechtslage und nicht auf die Angaben in der Auftragsbekanntmachung an.[83]

Das Instrument der zentralen Beschaffungstätigkeit ist **auf Dauer** angelegt und wird deshalb von einer eigenen Organisationseinheit ausgeübt. Die zentrale Beschaffungsstelle und ihre Beauftragung durch andere öffentliche Auftraggeber ist daher von einer gelegentlichen Kooperation von öffentlichen Auftraggebern zum Zwecke einer gemeinsamen, z. B. projektbezogenen Auftragsvergabe zu unterscheiden.[84] Nicht erforderlich ist, dass die zentrale Beschaffungsstelle dauerhaft für ein- und denselben öffentlichen Auftraggeber tätig ist, maßgeblich ist lediglich die Dauerhaftigkeit der Beschaffungstätigkeit für andere öffentliche Auftraggeber als solche.[85] 45

2. Nutzung zentraler Beschaffungsstellen (S. 2)

§ 120 Abs. 4 S. 2 GWB stellt in Umsetzung der Richtlinienvorgaben die beiden Möglichkeiten des Einsatzes zentraler Beschaffungsstellen vor. 46

Einerseits können öffentliche Auftraggeber von der zentralen Beschaffungsstelle **selbstständig** (im Wege eines Vergabeverfahrens) beschaffte Liefer- und Dienstleistungen[86] erwerben. Die zentrale Beschaffungsstelle führt das Vergabeverfahren zur Beschaffung der Leistungen autonom und in eigenem Namen durch, ohne an Weisungen der öffentlichen Auftraggeber gebunden zu sein. Dabei ist allein sie für die Rechtmäßigkeit des Vergabeverfahrens verantwortlich und wäre im Falle eines Vergabenachprüfungsverfahrens[87] Antragsgegnerin. Anschließend kann sie die so erworbenen Leistungen an die öffentlichen Auftraggeber weiterveräußern. 47

Andererseits können die öffentlichen Auftraggeber die zentrale Beschaffungsstelle als **Vermittlerin** einsetzen und auf diese Weise Liefer-, Bau- und Dienstleistungsaufträge[88] im eigenen Namen und auf eigene Rechnung vergeben.[89] Soweit die öffentlichen Auftraggeber der zentralen Beschaffungsstelle dabei Anweisungen erteilen oder selbst in das von ihr durchzuführende Vergabeverfahren eingreifen, tragen sie dafür allein die Verantwortung.[90] In diesem Fall sind die öffentlichen Auftraggeber – und nicht die zentrale Beschaffungsstelle – mögliche Antragsgegner in einem Vergabenachprüfungsverfahren.[91] Obliegt die Durchführung des Vergabeverfahrens – namens und auf Rechnung der öffentlichen Auftraggeber – jedoch ausschließlich und vollumfänglich der zentralen Beschaffungsstelle, soll auch nur sie für die Rechtmäßigkeit des Verfahrens unmittelbar verantwortlich sein.[92] Daraus wird teilweise der Schluss gezogen, dass in derartigen Fällen die zentrale Beschaffungsstelle richtige und alleinige Antragsgegnerin in einem Vergabenachprüfungsverfahren sei.[93] Diese Ansicht greift jedoch zu kurz und verkennt, dass Verfahrensbeteiligter in einem Nachprüfungsverfahren nach Maßgabe von § 162 S. 1 GWB – neben dem Antragsteller und den Unternehmen, deren Inte- 48

82 Dementsprechend können auch diejenigen öffentlichen Auftraggeber, für welche die zentrale Beschaffungsstelle die Beschaffungstätigkeiten übernimmt („andere öffentliche Auftraggeber" i.S.d. § 120 Abs. 4 S. 1 GWB), Sektorenauftraggeber sein.

83 VK Bund, Beschluss v. 17.1.2018 – VK 2-154/17.

84 *Hölzl*, in: Röwekamp/Kus/Portz/Prieß, GWB-Vergaberecht, § 120 Rn. 47.

85 VK Sachsen, Beschluss v. 28.3.2019 – 1/SVK/044-18.

86 Vgl. § 103 Abs. 2 und 4 GWB.

87 §§ 155 ff. GWB.

88 Vgl. § 103 Abs. 2 bis 4 GWB.

89 Erwägungsgrund 69 UAbs. 2 RL 2014/24/EU bzw. Erwägungsgrund 78 UAbs. 2 und UAbs. 3 RL 2014/25/EU; Gesetzesbegründung zu § 120 Abs. 4 GWB, VergRModG 2016, BT-Drs. 18/6281, 99.

90 Erwägungsgrund 69 UAbs. 3, Art. 37 Abs. 2 UAbs. 3 RL 2014/24/EU bzw. Erwägungsgrund 78 UAbs. 4, Art. 55 Abs. 2 UAbs. 3 RL 2014/25/EU; Gesetzesbegründung zu § 120 Abs. 4 GWB, VergRModG 2016, BT-Drs. 18/6281, 99.

91 *Mutschler-Siebert/Baumann*, in: Gabriel/Mertens/Prieß/Stein, Vergaberecht, § 120 GWB Rn. 24.

92 Erwägungsgrund 69 UAbs. 3, Art. 37 Abs. 2 UAbs. 3 RL 2014/24/EU bzw. Erwägungsgrund 78 UAbs. 4, Art. 55 Abs. 2 UAbs. 3 RL 2014/25/EU; Gesetzesbegründung zu § 120 Abs. 4 GWB, VergRModG 2016, BT-Drs. 18/6281, 99.

93 VK Rheinland, Beschluss v. 23.6.2020 – VK 15/20-K; wohl auch *Mutschler-Siebert/Baumann*, in: Gabriel/Mertens/Prieß/Stein, Vergaberecht, § 120 GWB Rn. 24.

ressen durch die Entscheidung schwerwiegend berührt werden – der Auftraggeber (und nicht etwa die unter Umständen mit diesem nicht personenidentische Vergabestelle) ist. Wird der öffentliche Auftraggeber in der Auftragsbekanntmachung auch als solcher angegeben und das Vergabeverfahren von der zentralen Beschaffungsstelle in seinem Namen durchgeführt, ist somit allein er passivlegitimiert und damit richtiger Antragsgegner in einem Nachprüfungsverfahren.[94] § 162 S. 1 GWB unterscheidet im Hinblick auf die Verfahrensbeteiligung gerade nicht danach, ob der Auftraggeber das Vergabeverfahren eigenständig durchführt oder sich dabei eines Dritten (etwa einer zentralen Beschaffungsstelle) als Vergabestelle bedient und ob er dieser im Einzelfall verfahrensbezogene Weisungen erteilt. Auch ist für einen an dem Vergabeverfahren teilnehmenden Bieter und potentiellen Antragsteller regelmäßig nicht erkennbar, ob eine solche Weisungsgebundenheit der Vergabestelle besteht oder nicht. Der Antragsteller muss in dem Nachprüfungsantrag gemäß § 161 Abs. 2 GWB den Antragsgegner aber (korrekt) bezeichnen; die interne Aufgabenverteilung zwischen öffentlichem Auftraggeber und zentraler Beschaffungsstelle kann dafür aber nicht maßgeblich sein.

3. Vergaberechtsfreiheit zentraler Beschaffungstätigkeit (S. 3)

49 § 120 Abs. 4 S. 3 GWB stellt in Umsetzung entsprechender Richtlinienvorgaben[95] ausdrücklich klar, dass die (auch entgeltliche) Beauftragung einer zentralen Beschaffungsstelle mit der Ausübung zentraler Beschaffungstätigkeiten vergaberechtsfrei möglich ist. Da zentrale Beschaffungsstelle nach § 120 Abs. 4 S. 1 GWB aber nur ein öffentlicher Auftraggeber sein kann, ist die Gründung einer Einkaufsgemeinschaft mit einem privaten Unternehmen ohne Durchführung eines Vergabeverfahrens nicht von dem Freistellungsprivileg des § 120 Abs. 4 S. 3 GWB gedeckt.[96]

4. Nebenbeschaffungstätigkeit (S. 4)

50 § 120 Abs. 4 S. 4 GWB erweitert die Ausnahme von der grundsätzlichen Ausschreibungspflicht in § 120 Abs. 4 S. 3 GWB im Einklang mit den Richtlinien[97] um Nebenbeschaffungstätigkeiten[98], namentlich Beratungs- und Unterstützungsleistungen. Hierunter sollen insbesondere die Bereitstellung der technischen Infrastruktur oder Beratungsleistungen mit Blick auf die Durchführung von Vergabeverfahren sowie deren Vorbereitung und Verwaltung fallen.[99] Bilden diese **Beratungs- und Unterstützungsleistungen** und nicht die Beschaffungstätigkeit selbst den Schwerpunkt des entsprechenden Dienstleistungsauftrags, ist dessen Vergabe nicht nach § 120 Abs. 4 S. 4 GWB privilegiert, sondern muss im Wege eines regulären Vergabeverfahrens erfolgen.[100]

5. Kartellrechtlicher Vorbehalt (S. 5)

51 Abschließend wird klargestellt, dass die Teile 1 bis 3 GWB, also die Regelungen des materiellen Kartellrechts, die Befugnisse der Kartellbehörden sowie das Verfahrensrecht unberührt und damit anwendbar bleiben. Im Grundsatz würde sich dies bereits aus dem Vorrang des europäischen Primärrechts der Wettbewerbsregeln der Art. 101 ff. AEUV ergeben.

52 Der EuGH geht allerdings davon aus, dass die bloße Nachfragetätigkeit, ohne dass die Beschaffungsgegenstände für eine wirtschaftliche Tätigkeit im Sinne des Anbietens von Gütern und Dienstleistungen auf einem Markt verwendet werden, nicht dem **Unternehmensbegriff** des europäischen Kartellrechts unterfällt.[101] Da das deutsche Kartellrecht mittlerweile weitest-

---

94 OLG Schleswig, Beschluss v. 26.9.2019 – 54 Verg 4/19.
95 Erwägungsgrund 70, Art. 37 Abs. 4 UAbs. 1 RL 2014/24/EU bzw. Erwägungsgrund 79, Art. 55 Abs. 4 UAbs. 1 RL 2014/25/EU.
96 VK Westfalen, Beschluss v. 12.3.2020 – VK 1-1/20.
97 Erwägungsgrund 70, Art. 37 Abs. 4 UAbs. 2 RL 2014/24/EU bzw. Erwägungsgrund 79, Art. 55 Abs. 4 UAbs. 2 RL 2014/25/EU.
98 Vgl. die Definition mit Beispielen in Art. 2 Abs. 1 Nr. 15 RL 2014/24/EU bzw. Art. 2 Nr. 11 RL 2014/25/EU.
99 Gesetzesbegründung zu § 120 Abs. 4 GWB, VergRModG 2016, BT-Drs. 18/6281, 99 f.
100 *Haak/Koch*, in: Willenbruch/Wieddekind, Vergaberecht, § 120 GWB Rn. 19.
101 EuGH, Urteil v. 11.7.2006 – Rs. C-205/03 P (FENIN); kritisch *Scheffler*, EuZW 2006, 601 ff.

gehend den europäischen Regelungen nachgebildet ist, stellt sich die Frage, ob diese Auslegung des Unternehmensbegriffs auch für § 1 GWB gelten soll.[102] In der Vergangenheit hat die deutsche Rechtsprechung § 1 GWB allerdings auch auf Einkaufskooperationen der öffentlichen Hand angewandt.[103] Bei Anwendung des § 1 GWB kommt jedoch neben der allgemeinen Freistellung des § 2 GWB für kleine und mittlere Gemeinden auch die Freistellung von Mittelstandskartellen nach § 3 GWB in Betracht.[104]

D. Rechtsschutz

Der Gesetzgeber hat sich bei der Regelung der besonderen Methoden und Instrumente in Vergabeverfahren in § 120 GWB grundsätzlich auf die jeweilige Definition dieser Verfahrensmodalitäten beschränkt. Die detaillierte Ausgestaltung derselben bleibt hingegen den untergesetzlichen Regelungen in den §§ 21 ff. VgV und den §§ 19 ff. SektVO vorbehalten. **53**

§ 120 GWB eröffnet dem öffentlichen Auftraggeber unter den dort genannten Voraussetzungen die Möglichkeit, ein dynamisches Beschaffungssystem einzurichten, eine elektronische Auktion durchzuführen, einen elektronischen Katalog zu verwenden oder Leistungen von bzw. über zentrale Beschaffungsstellen zu beschaffen; eine entsprechende Verpflichtung des öffentlichen Auftraggebers begründet die Norm hingegen nicht. Die Entscheidung über die Verwendung dieser besonderen Methoden und Instrumente im Zuge eines Beschaffungsvorganges liegt daher jeweils im **Ermessen** des öffentlichen Auftraggebers. Die Bieter haben demzufolge keinen verfahrensrechtlich geschützten Anspruch auf Verwendung der elektronisch gestützten Verfahrensinstrumente bzw. auf die Zwischenschaltung zentraler Beschaffungsstellen durch den öffentlichen Auftraggeber, der im Rechtsschutzwege durchzusetzen wäre. **54**

Entscheidet sich jedoch der öffentliche Auftraggeber dafür, eine der in § 120 GWB genannten besonderen Methoden und Instrumente zu nutzen, so hat er die insoweit in § 120 GWB und in den untergesetzlichen, konkretisierenden Normen geregelten **Vorgaben** unter Berücksichtigung der allgemeinen Vergabegrundsätze des Wettbewerbs, der Transparenz und der Gleichbehandlung zu beachten. Darauf haben die Bieter Anspruch.[105] **55**

Anlage

Gesetzesbegründung – VergRModG 2016 (BT-Drs. 18/6281)

Seite 98

Die neue Vorschrift des § 120 enthält Definitionen zu verschiedenen Methoden und Instrumenten für die elektronische Auftragsvergabe und für Sammelbeschaffungen, die in Artikel 33 bis 39 der Richtlinie 2014/24/EU angelegt sind. Es ist angebracht, diese Methoden und Instrumente einheitlich auf gesetzlicher Ebene im GWB anzulegen, um sicherzustellen, dass diese Mittel allen öffentlichen Auftraggebern und Sektorenauftraggebern zur Verfügung stehen.

Seite 99

Zu Absatz 1

§ 120 Absatz 1 definiert das dynamische Beschaffungssystem und entspricht dem bisherigen § 101 Absatz 6 Satz 2 GWB. Er dient insofern der Umsetzung von Artikel 34 der Richtlinie 2014/24/EU und von Artikel 52 der Richtlinie 2014/25/EU.

---

102 Hierzu *Klees*, EWS 2010, 1 ff.
103 Vgl. z. B. BGH, Urteil v. 12.11.2002 – KZR 11/01; OLG Düsseldorf, Urteil v. 12.5.1998 – U (Kart) 11/98.
104 Speziell zu Einkaufsgemeinschaften der öffentlichen Hand: *Ellger/Fuchs*, in: Immenga/Mestmäcker, Wettbewerbsrecht, § 3 GWB Rn. 52 m.w.N.
105 Vgl. § 97 Abs. 6 GWB.

Zu Absatz 2

§ 120 Absatz 2 entspricht weitgehend dem bisherigen § 101 Absatz 6 Satz 1 GWB. Entsprechend Artikel 35 Absatz 1 Unterabsatz 2 der Richtlinie 2014/24/EU und Artikel 53 Absatz 1 Unterabsatz 2 der Richtlinie 2014/25/EU wird ergänzt, dass die elektronische Auktion als ein iteratives elektronisches Verfahren ausgestaltet ist.

Zu Absatz 3

§ 120 Absatz 3 dient der Umsetzung von Artikel 36 der Richtlinie 2014/24/EU sowie Artikel 54 der Richtlinie 2014/25/EU und definiert den elektronischen Katalog.

Zu Absatz 4

§ 120 Absatz 4 dient der Umsetzung von Artikel 37 der Richtlinie 2014/24/EU. Die Regelung verbessert die Möglichkeiten, den Beschaffungsbedarf öffentlicher Auftraggeber zusammenzuführen, um so Größenvorteile zu erzielen und Transaktionskosten zu verringern. Die Regelung erfasst die Fälle, in denen zentrale Beschaffungstätigkeiten einschließlich etwaiger Nebenbeschaffungstätigkeiten im Rahmen eines öffentlichen Auftrags, daher eines entgeltlichen Vertrags, ausgeführt werden.

Mit der Zentralisierung von Beschaffungstätigkeiten besteht die Möglichkeit, das Beschaffungsmanagement zu verbessern und weiter zu professionalisieren. Die Regelung schränkt dabei nicht die Möglichkeit ein, dass öffentliche Auftraggeber ohne festen institutionellen Rahmen bei Gelegenheit gemeinsam Vergabeverfahren durchführen oder bei der Vorbereitung oder Durchführung von Vergabeverfahren zusammenarbeiten.

Die Zusammenführung und Zentralisierung von Beschaffungen darf jedoch keine unzulässige Konzentration der Kaufkraft herbeiführen. Transparenz und Wettbewerb sowie die Möglichkeiten des Marktzugangs für KMU sind aufrechtzuerhalten. Die Teile 1 bis 3 dieses Gesetzes bleiben durch die Regelung der zentralen Beschaffung unberührt.

§ 120 Absatz 4 Satz 1 definiert die zentrale Beschaffungsstelle. Es handelt sich dabei um öffentliche Auftraggeber, die auf Dauer zentrale Beschaffungstätigkeiten einschließlich damit zusammenhängender Beratungs- oder Unterstützungsleistungen für andere öffentliche Auftraggeber erbringen. Die zentrale Beschaffungsstelle kann dabei auf zwei Arten tätig sein. Entweder kann sie selbst Waren oder Dienstleistungen beschaffen und anschließend weiterverkaufen oder im Auftrag und auf Rechnung anderer öffentlicher Auftraggeber Vergabeverfahren für diese durchführen.

In § 120 Absatz 4 Satz 2 wird klargestellt, dass öffentliche Auftraggeber zentrale Beschaffungsstellen nutzen können, um Liefer-, Bau-, oder Dienstleistungen zu beschaffen. Die zentrale Beschaffungsstelle kann dabei wiederum auf zwei Wegen genutzt werden. Erstens kann die zentrale Beschaffungsstelle selbst Liefer- und Dienstleistungen beschaffen und an den öffentlichen Auftraggeber weiterveräußern. Zweitens kommt eine Tätigkeit als Vermittler in Betracht, bei der die zentrale Beschaffungsstelle im Namen und auf Rechnung anderer öffentlicher Auftraggeber Vergabeverfahren durchführt oder Rahmenvereinbarungen abschließt. Eine solche Vermittlertätigkeit kann entweder im Wege eines autonom durchgeführten Vergabeverfahrens ausgeübt werden oder nach Weisung der betreffenden öffentlichen Auftraggeber. Obliegt die Durchführung der Vergabeverfahren allein der zentralen Beschaffungsstelle, so ist sie für die Rechtmäßigkeit des Verfahrens allein und unmittelbar verantwortlich. Ist dies nicht der Fall, bleibt der öffentliche Auftraggeber selbst für die Maßnahmen des Vergabeverfahrens verantwortlich, die er selbst durchführt oder anweist.

§ 120 Absatz 4 Satz 3 gestattet es öffentlichen Auftraggebern ausdrücklich, öffentliche Dienstleistungsaufträge zur Ausübung zentraler Beschaffungstätigkeiten an zentrale Beschaffungsstellen ohne ein in der Richtlinie vorgesehenes Vergabeverfahren zu vergeben. Dies gilt insbesondere auch dann, wenn es sich bei dem Auftrag um eine entgeltliche Leistung handelt.

Nach § 120 Absatz 4 Satz 4 können entsprechende Dienstleistungsaufträge auch Beratungs- und Unterstützungsleistungen bei der Planung und Durchführung von Vergabeverfahren (Nebenbeschaffungstätigkeit) umfassen. Nebenbeschaffungstätigkeiten sind insbesondere die Bereitstellung der technischen Infrastruktur oder Beratungsleistungen für die Durchführung von Vergabeverfahren sowie die Vorbereitung und Verwaltung des Verfahrens

Seite 100

selbst. Handelt es sich bei einem Dienstleistungsauftrag ausschließlich um Beratungs- oder Unterstützungsleistungen, ist dagegen ein Vergabeverfahren durchzuführen.

§ 121 GWB
Leistungsbeschreibung

(1) In der Leistungsbeschreibung ist der Auftragsgegenstand so eindeutig und erschöpfend wie möglich zu beschreiben, sodass die Beschreibung für alle Unternehmen im gleichen Sinne verständlich ist und die Angebote miteinander verglichen werden können. Die Leistungsbeschreibung enthält die Funktions- oder Leistungsanforderungen oder eine Beschreibung der zu lösenden Aufgabe, deren Kenntnis für die Erstellung des Angebots erforderlich ist, sowie die Umstände und Bedingungen der Leistungserbringung.

(2) Bei der Beschaffung von Leistungen, die zur Nutzung durch natürliche Personen vorgesehen sind, sind bei der Erstellung der Leistungsbeschreibung außer in ordnungsgemäß begründeten Fällen die Zugänglichkeitskriterien für Menschen mit Behinderungen oder die Konzeption für alle Nutzer zu berücksichtigen.

(3) Die Leistungsbeschreibung ist den Vergabeunterlagen beizufügen.

Übersicht Rn.

A. Allgemeines ... 1
I. Historie ... 2
II. Unionsrechtlicher Hintergrund ... 5
B. Inhalt der Leistungsbeschreibung (Abs. 1) ... 10
I. Funktion der Leistungsbeschreibung (S. 1) ... 14
1. Einbeziehung Dritter in die Leistungsbeschreibung ... 17
2. Unmöglich zu erbringende Leistungen ... 19
3. Übertragung eines ungewöhnlichen Wagnisses ... 20
4. Eindeutige und erschöpfende Leistungsbeschreibung ... 23
a) Allgemeines ... 23
b) Eindeutige Leistungsbeschreibung ... 24
aa) Bedarfs- oder Eventualpositionen ... 36
bb) Alternativ- oder Wahlpositionen ... 39
cc) Fälle nicht eindeutiger Beschreibungen in der Praxis ... 43
c) Erschöpfende Leistungsbeschreibung ... 44
II. Bestandteile der Leistungsbeschreibung (S. 2) ... 50
1. Funktions- oder Leistungsanforderungen ... 51
a) Leistungsanforderungen (konventionelle Leistungsbeschreibung) ... 53
b) Funktionsanforderungen (funktionale Leistungsbeschreibung) ... 56
c) Leistungsanforderungen und Funktionsanforderungen (konstruktive Leistungsbeschreibung) ... 59
d) Auswahl der passenden Leistungsform ... 62
e) Technische Spezifikationen ... 66
2. Beschreibung der zu lösenden Aufgabe ... 75
3. Umstände und Bedingungen der Leistungserbringung ... 79
a) Umstände der Leistungserbringung ... 80
b) Bedingungen der Leistungserbringung ... 83
C. Zugänglichkeitskriterien und Konzeption für alle Nutzer (Abs. 2) ... 86
D. Mitteilung der Leistungsbeschreibung (Abs. 3) ... 93
E. Rechtsschutz ... 96
Anlage
Gesetzesbegründung

A. Allgemeines

1 Die Vorschrift bestimmt die wesentlichen Inhalte der Leistungsbeschreibung für das Vergabeverfahren. Damit schließt sie eine Lücke zwischen den bisher im GWB sehr allgemein gefass-

ten Grundsätzen[1] und den eher technischen Ausführungen der VOL/A.[2] Zugleich führt sie eine neue Begrifflichkeit ein,[3] die sich nicht aus den Vorschriften der RL 2014/24/EU ergibt, weil der Terminus der „Leistungsbeschreibung" ein nationaler ist, den die europäischen Vergaberichtlinien so nicht verwenden.

I. Historie

2 Aus den umfangreichen vergaberechtlichen Regelungen, die bisher im Wesentlichen in den untergesetzlichen Vorschriften der Sektorenverordnung, der Vergabeverordnung für Verteidigung und Sicherheit sowie der Vergabeordnungen für Bauleistungen, Leistungen und freiberufliche Leistungen niedergelegt sind, greift die Gesetzesvorschrift zwei Aspekte heraus:

- die **Kernfunktion** der Leistungsbeschreibung zur eindeutigen und erschöpfenden Beschreibung des Auftragsgegenstandes, um Vergleichbarkeit der Angebote herzustellen (§ 121 Abs. 1 S. 1 GWB),
- eine neue **Inhaltsbestimmung**, nach der die Leistungsbeschreibung die Funktions- oder Leistungsanforderungen oder eine Beschreibung der zu lösenden Aufgabe sowie die Bedingungen und Umstände enthalten muss, die für die Erstellung des Angebots erforderlich sind (§ 121 Abs. 1 S. 2 GWB).

3 Zudem enthält die Vorschrift zwei weitere Elemente, die bisher nicht unmittelbar in den Regelungen zu Leistungsbeschreibungen vorgesehen waren:

- die bisher lediglich als Option im Anhang TS der VOL/A-EG enthaltene zur Verpflichtung verstärkte Vorgabe, bei Leistungen, die zur Nutzung durch natürliche Personen vorgesehen sind, im Regelfall die **Zugänglichkeitskriterien** für Menschen mit Behinderung oder die Konzeption für alle Nutzer zu berücksichtigen (Abs. 2);
- die bisher als eigenständige Regelung zu den Vergabeunterlagen erfasste Verpflichtung, die Leistungsbeschreibung den **Vergabeunterlagen** beizufügen (Abs. 3).

4 Das Vorblatt zum Gesetzentwurf der Bundesregierung „Entwurf eines Gesetzes zur Modernisierung des Vergaberechts – VergRModG" rechtfertigt die **Aufnahme von verfahrensgestaltenden Vorschriften** in das GWB mit der höheren Regelungsdichte der europäischen Vergaberechtsrichtlinien, der sich daraus ergebenden Notwendigkeit einer gesetzlichen Grundlage und der Harmonisierung der Umsetzung der Richtlinien des europäischen Vergabereformpakets. Dies bezieht sich auf einzelne Vorgaben, etwa auf vertragsrechtliche Regelungen bei der Durchführung öffentlicher Aufträge.[4] Für die Leistungsbeschreibung bedeutet dies eine – notwendige – Aufwertung ihrer Bedeutung. Mit der Verpflichtung, Leistungs- und Funktionsanforderungen in die Leistungsbeschreibung aufzunehmen, werden zugleich auch Steuerungsmechanismen für die spätere Leistungsausführung gesetzt. Diese als notwendigen Bestandteil des Verfahrens zu etablieren, wird den Transparenz- und Wettbewerbsanforderungen des Verfahrensrechts gerecht und entwickelt diese konkret weiter. Ihre Einbeziehung in den gesetzlichen Regelungskatalog wurde daher auch mit der Erleichterung der praktischen Anwendung des Gesetzes begründet. Dieses Ziel ist auch mit dem gewählten Weg einer Aufteilung der bisherigen detaillierten – und weiterhin notwendigen – Vorgaben für die Leistungsbeschreibung in unterschiedliche Normen erreicht worden. Zu Wertungswidersprüchen und Auslegungsschwierigkeiten ist es nicht gekommen.

---

1 § 97 Abs. 1 und 4 GWB a.F.
2 § 7 VOL/A, § 8 EG VOL/A.
3 Vgl. Gesetzesbegründung zu § 121 GWB, VergRModG 2016, BT-Drs. 18/6281, 100.
4 Z. B. § 132 GWB (Auftragsänderungen) und § 133 GWB (Kündigung).

II. Unionsrechtlicher Hintergrund

Die amtliche Begründung[5] vertritt die Auffassung, dass mit der neuen Vorschrift die Vorgaben des Art. 42 Abs. 1 RL 2014/24/EU teilweise umgesetzt werden. Der Text dieser Vorschrift lautet wie folgt: 5

> *„Die technischen Spezifikationen im Sinne von Anhang VII Nummer 1 werden in den Auftragsunterlagen dargelegt. In den technischen Spezifikationen werden die für die Bauleistungen, Dienstleistungen oder Lieferungen geforderten Merkmale beschrieben."*

Der Umsetzungsbefehl dieser Vorschrift bezieht sich daher im Wesentlichen auf die **technischen Spezifikationen**. Sie werden aber durch § 121 GWB nicht umgesetzt.[6] Wo dies dann erfolgen wird, lässt sich dem Gesetz nicht entnehmen. Allerdings enthält § 113 GWB eine umfangreiche Verordnungsermächtigung für alle Verfahrensfragen und damit auch für die Ausgestaltung der Leistungsbeschreibung. Der Verordnungsgeber hat von dieser Ermächtigung Gebrauch gemacht und Einzelheiten zur Verwendung technischer Spezifikationen in §§ 31 und 32 VgV sowie §§ 28 und 29 SektVO geregelt.

§ 121 GWB greift eher andere Vorgaben der RL 2014/24/EU auf: § 121 Abs. 1 S. 1 GWB füllt den Grundsatz der Gleichheit und **Transparenz** (Art. 18 Abs. 1 RL 2014/24/EU) teilweise aus; § 121 Abs. 3 GWB stellt Anforderungen für den Inhalt von Vorinformationen (Art. 27 Abs. 2, 28 Abs. 3 RL 2014/24/EU) auf und setzt die sich aus Art. 49 RL 2014/24/EU (Auftragsbekanntmachung) und des konkretisierenden Anhangs V Teil C RL 2014/24/EU ergebenden Verpflichtungen um. 6

§ 121 Abs. 1 S. 2 GWB findet seine Entsprechung im Hinblick auf die **Leistungs-** und **Funktionsanforderungen** in Art. 42 Abs. 3 RL 2014/24/EU und im Übrigen am ehesten in den Anforderungen an den öffentlichen Auftraggeber im Verhandlungsverfahren bzw. wettbewerblichen Dialog. Gemäß Art. 29 Abs. 1 UAbs. 2, 30 Abs. 2 RL 2014/24/EU haben die öffentlichen Auftraggeber *„ihre Bedürfnisse und die erforderlichen Eigenschaften der zu erbringenden Lieferungen, Bauleistungen oder Dienstleistungen [zu] beschreiben [...]. Ferner geben sie an, welche Elemente der Beschreibung die von allen Angeboten einzuhaltenden Mindestanforderungen darstellen."* Diese Aufgabe erfüllt die Leistungsbeschreibung. 7

Der für die Leistungsbeschreibung in allen Regelwerken fest verankerte Grundsatz der **eindeutigen und erschöpfenden Beschreibung** (§ 121 Abs. 1 S. 2 GWB) findet seinen europarechtlichen Anker für das Verhandlungsverfahren in Art. 29 Abs. 1 UAbs. 3 RL 2014/24/EU: *„Die bereitgestellten Informationen müssen so präzise sein, dass die Wirtschaftsteilnehmer Art und Umfang der Vergabe erkennen und entscheiden können, ob sie eine Teilnahme an dem Verfahren beantragen."* 8

Die in § 121 Abs. 2 GWB enthaltene Verpflichtung, die zu beschreibende Leistung grundsätzlich **barrierefrei** und nach den Geboten des „Design for all" auszurichten, findet ihre Grundlage in Art. 42 Abs. 1 UAbs. 4 und 5 RL 2014/24/EU. 9

B. Inhalt der Leistungsbeschreibung (Abs. 1)

Obwohl sie europarechtlich nicht geregelt wird, ist die Leistungsbeschreibung das Kernstück der Vergabeunterlagen[7] und dient dazu, die vergaberechtlichen Verfahrensgrundsätze von Wettbewerb, Gleichheit und Transparenz durchzusetzen.[8] Außerdem ist die Leistungsbe- 10

---

5 Gesetzesbegründung zu § 121 GWB, VergRModG 2016, BT-Drs. 18/6281, 100.

6 Im Referentenentwurf fand sich insoweit noch ein Anknüpfungspunkt durch Nennung der „technischen Anforderungen". Dies ist im Gesetzesbeschluss auf der Grundlage des diesbezüglich unveränderten Regierungsentwurfs entfallen.

7 *Krohn/Schneider*, in: Gabriel/Krohn/Neun, Handbuch Vergaberecht, § 17 Rn. 1; *Prieß*, in: Kulartz/Marx/Portz/Prieß, VOL/A, § 8 EG Rn. 3; *Wirner*, in: Willenbruch/Wieddekind, Vergaberecht, § 7 VOB/A Rn 2; *Trutzel*, in: Ziekow/Völlink, Vergaberecht, § 121 GWB Rn. 1.

8 Vgl. *Prieß*, in: Kulartz/Marx/Portz/Prieß, VOL/A, § 8 EG Rn. 4; *Schellenberg*, in: Pünder/Schellenberg, Vergaberecht, § 121 GWB Rn. 1; *Trutzel*, in: Ziekow/Völlink, Vergaberecht, § 121 GWB Rn. 1.

schreibung eine wesentliche Erkenntnisquelle für die Auslegung eines Vertrages.[9] Aus Sicht der Vergabestellen stellt die Leistungsbeschreibung zunächst ein Hilfsmittel zur Überprüfung, Konkretisierung und Systematisierung des Beschaffungsbedarfs dar. Mit diesem eher internen Blickwinkel ist jedoch nur eine Seite der **Bedeutung** der Leistungsbeschreibung für öffentliche Auftraggeber beschrieben. Die Leistungsbeschreibung ist aufgrund der durch sie zu treffenden Festlegungen in Bezug auf den Inhalt, die Funktionsanforderungen, den zeitlichen Rahmen oder die Zielstellungen des Auftrages auch das Instrument zur Steuerung der späteren Leistungsausführung. Für die Unternehmen ist die Leistungsbeschreibung das Instrument, um sich über alle für ein erfolgreiches Angebot erforderlichen Leistungsinhalte zu informieren. Entsprechend der Steuerungsfunktion für die öffentlichen Auftraggeber bildet sie für die Bieter natürlich auch die verbindlichen Rahmenbedingungen für die Leistungsumsetzung, von denen er nicht abweichen kann. § 121 Abs. 1 S. 2 GWB greift dies auf, indem zum einen die Funktion und Bedeutung der Leistungsbeschreibung für die Bieter und zum anderen die notwendigen Elemente einer funktionsgerechten Leistungsbeschreibung generalisierend wiedergegeben werden. Die Leistungsbeschreibung ist darüber hinaus der Ausdruck der Beschaffungsautonomie des öffentlichen Auftraggebers.[10] Ihm obliegt das Recht festzulegen, was beschafft werden soll, wenn dies sachlich aus dem Verwendungszweck heraus begründet ist.[11]

11 § 121 Abs. 1 S. 1 GWB enthält eine weitere **Kernanforderung** an eine diskriminierungsfreie und das beste Wettbewerbsergebnis ermöglichende Leistungsbeschreibung. Sie verlangt von öffentlichen Auftraggebern, die gemäß § 121 Abs. 1 S. 2 GWB ermittelten Leistungsanforderungen so klar zu beschreiben, dass sie von allen für die Leistungserbringung infrage kommenden Bietern im gleichen Sinn verstanden werden können.

12 Der **Verhältnismäßigkeitsgrundsatz** nach § 97 Abs. 1 S. 2 GWB ist ein weiterer Grundsatz, dem auch eine Leistungsbeschreibung gerecht werden muss. Dieser wirkt in zwei Richtungen. Zum einen muss die Leistungsbeschreibung so ausgestaltet sein, dass die Vergabegrundsätze des § 97 GWB insgesamt verwirklicht werden.[12] Zum anderen wirkt der Grundsatz auch unmittelbar auf die einzelnen Leistungsanforderungen in der Weise, dass sie keine überzogenen Anforderungen an die Leistungserbringung durch die Unternehmen stellen dürfen, aber auch dahingehend, dass es Grenzen in Bezug auf den Detaillierungsgrad von Spezifikationen gibt.[13] In dem Fall des OLG Frankfurt sah es das Gericht als unverhältnismäßig an, eine Konkretisierung von Teilmengen bei der Entsorgung von pechhaltigem Straßenaufbruch zu fordern, die nur mit hohem technischen Aufwand möglich und darüber hinaus auch nicht erforderlich sind, um als Bieter wettbewerbskonform am Vergabeverfahren teilnehmen zu können.

13 Das **Fehlen einer Leistungsbeschreibung** als dem „Kernstück der Vergabeunterlagen" ist wohl ausnahmslos als „schwerwiegender Grund" i.S.d. § 63 Abs. 1 S. 2 Nr. 4 VgV anzusehen, der den öffentlichen Auftraggeber zur Aufhebung des Verfahrens berechtigt.[14]

I. Funktion der Leistungsbeschreibung (S. 1)

14 Die wesentliche **Funktion** der Leistungsbeschreibung liegt nach der amtlichen Begründung zum Gesetzentwurf der Bundesregierung[15] darin, dem öffentlichen Auftraggeber eine sichere Entscheidungsgrundlage für die Wertung von Angeboten zu ermöglichen. Dies setzt voraus, dass vergleichbare Angebote vorliegen, weshalb die Leistungsbeschreibung den Bietern eine zuverlässige Kalkulation der Angebote ermöglichen muss. Diese Funktionsbestimmung der

9 BGH, Urteil v. 22.12.2011 – VII ZR 67/11; KG, Urteil v. 5.4.2019 – 21 U 72/16; VK Westfalen, Beschluss v. 1.3.2016 – VK 1-02/16.
10 OLG Düsseldorf, Beschluss v. 27.6.2018 – VII-Verg 59/17; *Burgi*, Vergaberecht, § 12, Rn. 4; *Schellenberg*, in: Pünder/Schellenberg, Vergaberecht, § 31 VgV Rn. 8.
11 OLG München, Beschluss v. 25.3.2019 – Verg 10/18.
12 Siehe dazu OLG Frankfurt, Beschluss v. 21.7.2020 – 11 Verg 9/19.
13 OLG Frankfurt, Beschluss v. 21.7.2020 – 11 Verg 9/19.
14 Vgl. VK Niedersachsen, Beschluss v. 7.3.2011 – VgK-73/2010.
15 Gesetzesbegründung zu § 121 Abs. 1 GWB, VergRModG 2016, BT-Drs. 18/6281, 100.

Begründung ist zutreffend, aber nicht hinreichend. Sie ist zu stark auf die Bedürfnisse der öffentlichen Auftraggeber während des Vergabeverfahrens fixiert und blendet sowohl die zentrale Bedeutung einer eindeutigen und erschöpfenden Leistungsbeschreibung zur Gewährleistung eines diskriminierungsfreien und transparenten Ausschreibungsverfahrens im Interesse potenzieller Bieter als auch die Funktion für die Durchführung des Vertrages aus. Dadurch, dass in ihr die konkreten Leistungsvorgaben oder bei einer funktionalen Beschreibung die verbindlichen Leistungsziele sowie die wesentlichen Rahmenbedingungen enthalten sind, dient sie in der Phase der Umsetzung des öffentlichen Auftrages als Basis für die Überprüfung der erbrachten Leistung.[16] Nur wenn die Parameter der Leistungsbeschreibung eingehalten sind, kann sie auch vertragsgerecht erbracht worden sein.

Die Leistungsbeschreibung ist in ihren Inhalten Ausdruck des **Leistungsbestimmungsrechts** 15 des öffentlichen Auftraggebers. In der Leistungsbestimmung, d.h. dem „Was" des Ausschreibungsgegenstandes ist der öffentliche Auftraggeber grundsätzlich frei.[17] Jedoch wird dieses Bestimmungsrecht insoweit begrenzt, als die Anforderungen des § 121 GWB den Rahmen setzen, in dem die Leistungsbestimmung sich bewegen muss. So ist das Leistungsbestimmungsrecht insbesondere durch den Grundsatz der produktneutralen Ausschreibung begrenzt. Ein pauschaler Hinweis auf das Leistungsbestimmungsrecht ist nicht geeignet, eine produktspezifische Vorgabe zu rechtfertigen. Ebenso wenig vermag das Leistungsbestimmungsrecht das Gebot der Losaufteilung einzuschränken oder zu umgehen.[18]

§ 121 Abs. 1 S. 1 GWB stellt klar, dass die Anforderungen an die Leistungsbeschreibung die 16 **Entscheidungs-** und **Kalkulationsgrundlage** für die Unternehmen bildet, sie ist maßgeblich Grundlage für die Angebote. Dies bedeutet, dass sie – aus der Perspektive eines verständigen Bieters – so klare, präzise und logisch gegliederte Leistungsanforderungen enthalten muss, dass die Unternehmen erkennen können, welche konkreten Aufgaben in welchem Zeitraum mit welchem (fachlichen) Personal sie zu erbringen haben.[19] Angaben, die so unklar formuliert sind, dass sie nicht von allen fachkundigen Unternehmen verstanden werden können, sind unzulässig.[20] Dies gilt auch für umgangssprachliche Bezeichnungen, die nicht überall gleich verstanden werden.[21] Allerdings darf die Vergabestelle von den in den Fachkreisen für den Auftragsgegenstand üblichen Kenntnissen sorgfältiger Unternehmen ausgehen.[22] In jedem Fall muss sichergestellt werden, dass die einzelnen Leistungspakete bzw. die einzelnen Aufgaben genau und differenziert dargestellt und klar beschrieben werden, sodass das Unternehmen erkennt, mit welchem Personal er in welchem Zeitraum welche Leistung zu erbringen hat bzw. welches Ziel erreicht werden soll.

1. Einbeziehung Dritter in die Leistungsbeschreibung

Die passivische Fassung des § 121 Abs. 1 S. 1 GWB lässt nicht klar erkennen, ob der öffentli- 17 che Auftraggeber die Leistungsbeschreibung selbst zu erstellen hat, wie dies bisher sowohl in der Rechtsprechung als auch im Schrifttum vertreten wird.[23] Grundsätzlich kann er sich bei der Leistungsbeschreibung des Sachverstandes externer Dritter bedienen.[24] Bei systematischer Auslegung, vor allem unter Berücksichtigung der in §§ 97, 115, 119 und 127 GWB niedergelegten verfahrensleitenden Verpflichtungen des öffentlichen Auftraggebers, kann geschlos-

16 *Schellenberg*, in: Pünder/Schellenberg, Vergaberecht, § 121 GWB Rn. 1; *Noch*, Vergaberecht kompakt, Rn. 1011.
17 So zuletzt VK Bund, Beschluss v. 8.6.2020 – VK 2-41/20 m.w.N.; Beschluss v. 9.11.2018 – VK 2-98/1.
18 VK Bund, Beschluss v. 8.6.2020 – VK 2-41/20.
19 OLG München, Beschluss v. 20.3.2014 – Verg 17/13; OLG Dresden, Beschluss v. 17.5.2011 – WVerg 3/11; *Trutzel*, in: Ziekow/Völlink, Vergaberecht, § 121 GWB Rn. 4 ff.; *Traupel* in: Müller-Wrede, Kompendium des Vergaberechts, Kapitel 14 Rn. 2.
20 KG, Beschluss v. 21.11.2014 – Verg 22/13.
21 *Trutzel*, in: Ziekow/Völlink, Vergaberecht, § 31 VgV Rn. 10.
22 OLG Düsseldorf, Beschluss v. 15.1.2020 – VII-Verg 20/19.
23 Vgl. OLG München, Beschluss v. 15.7.2005 – Verg 14/05; OLG Celle, Beschluss v. 18.12.2003 – 13 Verg 22/03, NJOZ 2004, 2741 (2747); VK Nordbayern, Beschluss v. 19.9.2012 – 21.VK-3194-17/12; *Traupel* in: Müller-Wrede, Kompendium des Vergaberechts, Kapitel 14 Rn. 12.
24 VK Nordbayern, Beschluss v. 19.9.2012 – 21.VK-3194-17/12; *Lampert*, in: Burgi/Dreher, Vergaberecht, § 121 GWB Rn. 31; *Noch*, Vergaberecht kompakt, Rn. 991; *Wirner*, in: Willenbruch/Wieddekind, Vergaberecht, § 121 GWB Rn. 6.

sen werden, dass er sich nicht ausgerechnet bei der **Erstellung der Leistungsbeschreibung** als Voraussetzung einer sachgerechten Angebotswertung seiner Verantwortung durch vollständige Delegation an Dritte entziehen kann.[25]

18 Aus denselben Gründen ist auch zu folgern, dass die Verantwortung des öffentlichen Auftraggebers für die **Ermittlung** aller für den Auftrag **wesentlicher Angaben** grundsätzlich unberührt bleibt. Hiermit dürfte es – mit Ausnahme des wettbewerblichen Dialogs und in engen Grenzen im Verhandlungsverfahren – kaum vereinbar sein, die Leistungsbeschreibung durch Bieteranhörung in den wesentlichen Angaben zu konkretisieren. Hierzu dürften insbesondere die Leistungsziele und wesentliche Leistungsanforderungen gehören.

2. Unmöglich zu erbringende Leistungen

19 Aus der Verantwortung des öffentlichen Auftraggebers, die erforderlichen Informationen zu ermitteln und in die Leistungsbeschreibung aufzunehmen, folgt, dass er nichts Unmögliches verlangen darf; ein Auftrag, der auf der Grundlage der Leistungsbeschreibung nicht realisierbar ist, ermöglicht den Unternehmen keine zuverlässige Kalkulation und ist deshalb nicht eindeutig und erschöpfend beschrieben.[26] So darf der öffentliche Auftraggeber keine unzumutbaren Anforderungen stellen, etwa die unverzügliche Vorlage einer Genehmigung (im gegebenen Fall Postentgeltgenehmigungen für Briefdienstleistungen), die nicht binnen kurzer Frist eingeholt werden kann.[27] Soweit man zudem eine Grundrechtsbindung der öffentlichen Auftraggeber für Fiskalgeschäfte befürwortet, dürfte das Verlangen einer unmöglichen Leistung auch das Willkürverbot verletzen.

3. Übertragung eines ungewöhnlichen Wagnisses

20 Ob öffentliche Auftraggeber den Bietern ein ungewöhnliches Wagnis übertragen dürfen, lässt sich dem Gesetz nicht entnehmen. Die Grundsätze der **Vertragsfreiheit** und Privatautonomie, die zivilrechtliche Rechtsverhältnisse beherrschen, lassen es grundsätzlich zu, dass ein Vertragspartner besondere Risiken übernimmt, das Austauschverhältnis nicht gleichgewichtig ist und Risikoverlagerungen etwa durch eine entsprechend hohe Vergütung abgegolten werden. Es ist daher nicht undenkbar, auch der öffentlichen Hand im Privatrechtsverkehr entsprechende Freiheiten einzuräumen. Ob dies für die Vorbereitung der Auftragsvergabe in gleichem Maß gilt, ist davon abhängig, welchen Bindungen der öffentliche Auftraggeber unterliegt. Jedenfalls in Bezug auf das Gleichheitsgrundrecht des Art. 3 GG ist die Grundrechtsbindung inzwischen weitgehend unbestritten. Daraus folgt, dass jeder Bewerber eine faire Chance erhalten muss, nach Maßgabe der wesentlichen Kriterien berücksichtigt zu werden.[28] Die Auferlegung ungewöhnlicher Wagnisse beeinträchtigt die **Chancengleichheit** der Unternehmen eklatant. Nur besonders leistungsstarke Unternehmen werden in der Lage sein, ungewöhnliche Wagnisse einzugehen; kleinere und je nach Auftragsvolumen auch mittelständische Unternehmen werden dies schon wegen des Insolvenzrisikos nicht akzeptieren können. Die mit der Auferlegung ungewöhnlicher Wagnisse verbundene Beeinträchtigung der Gleichbehandlung setzt auch ohne ausdrückliche Regelung der Übertragung ungewöhnlicher Wagnisse in der Leistungsbeschreibung Grenzen. Vertritt man eine weitergehende Grundrechtsbindung, führt das rechtsstaatliche Willkürverbot dazu, dass ungewöhnliche Wagnisse grundsätzlich nicht erlaubt sind.[29] Schließlich ist eine solche Praxis überall dort, wo öffentliche Auftraggeber über eine marktbeherrschende oder marktstarke Stellung verfügen, aus allgemeinen Grundsätzen unzulässig.[30]

---

25 So auch: *Noch*, Vergaberecht kompakt, Rn. 972; a.A.: *Lampert*, in: Burgi/Dreher, Vergaberecht, § 121 GWB Rn. 31.

26 VK Westfalen, Beschluss v. 4.12.2017 – VK 1-31/17; a.A. VK Sachsen, Beschluss v. 22.3.2011 – 1/SVK/004-11; bestätigt durch OLG Dresden, Beschluss v. 17.5.2011 – WVerg 3/11.

27 VK Arnsberg, Beschluss v. 15.1.2009 – VK 30/08.

28 LG München I, Beschluss v. 18.4.2012 – 11 O 7897/12; *Weiner*, in: Gabriel/Krohn/Neun, Handbuch Vergaberecht, § 1 Rn. 47.

29 OLG Celle, Urteil v. 26.11.2019 – 13 U 127/18; OLG Jena, Beschluss v. 22.8.2011 – 9 Verg 2/11.

30 *Schellenberg*, in: Pünder/Schellenberg, Vergaberecht, § 31 VgV Rn. 37.

Der Umstand, dass seit der Neufassung der VOL/A 2006 im Gegensatz zur VOB/A[31] die Auferlegung ungewöhnlicher Wagnisse in den vergaberechtlichen Bestimmungen für die Vergabe von **Liefer-** und **Dienstleistungen** nicht mehr ausdrücklich untersagt ist, hat zu einer uneinheitlichen Spruchpraxis zu der Frage geführt, ob für Leistungsvergaben solche Wagnisse übertragen werden dürfen. Im Schrifttum wird überwiegend[32] aus der Neufassung der VOL/A abgeleitet, dass ein solches Wagnis grundsätzlich bis zur Grenze der Unzumutbarkeit[33] übertragen werden kann. Die Unzumutbarkeit liegt nahe an dem früher maßgeblichen Risikobereich des öffentlichen Auftraggebers.[34] Vereinzelt wird die Grenze dort gezogen, wo der Auftragnehmer keinen Einfluss auf das Risiko hat und die Kosten und Fristen nicht voraus abschätzen kann.[35] In der Spruchpraxis wird jedoch überwiegend[36] die Fortgeltung dieses Grundsatzes befürwortet. Legislativ kann er aus dem in § 97 GWB festgelegten Grundsatz der Verhältnismäßigkeit begründet werden, der bei der Leistungsbeschreibung zu beachten ist.[37] Dieser Grundsatz manifestiert sich in Vertragsbeziehungen, die ihm unterworfen sind, in einer fairen Lastenverteilung. Es ist grundsätzlich nicht verhältnismäßig, einem Bieter ein Wagnis aufzuerlegen, das zu tragen der öffentliche Auftraggeber nicht bereit ist oder zu dessen Minimierung er keine Anstrengungen unternimmt. 21

So ist es z. B. eine Aufgabe des öffentlichen Auftraggebers Unklarheiten oder Unstimmigkeiten, die zu einem **Wagnis** werden können, vorab aufzuklären. Dies gilt z. B. wenn dem Auftragnehmer das Baugrundrisiko übertragen wird, soweit er nicht auch zur Baugrunduntersuchung verpflichtet werden soll.[38] Kein unzulässiges Wagnis liegt hingegen vor, 22

- wenn der öffentliche Auftraggeber beim Rahmenvertrag – wie regelmäßig – keine konkrete Abnahmemenge verspricht,[39]
- wenn der Auftragnehmer bei Straßenverkehrssicherungsleistungen häufigere Kontrollfahrten als vorgesehen machen muss,[40]
- bei einem Übergang von der konventionellen zur teilfunktionalen Ausschreibung.[41]

4. Eindeutige und erschöpfende Leistungsbeschreibung

a) Allgemeines

Die eindeutige und erschöpfende Beschreibung ermöglicht es allen (Gleichheit) fachkundigen Bietern, zu erkennen, was von ihnen verlangt wird (Transparenz), und schafft die Voraussetzungen dafür, dass die Vergabestelle entsprechend zu wertende Angebote erhält, um das wirtschaftlichste Angebot auswählen zu können (Wettbewerb).[42] Diese eigentliche Funktion der eindeutigen und erschöpfenden Leistungsbeschreibung hebt der zweite Halbsatz hervor, indem er die so gefasste Leistungsbeschreibung in den Dienst einer gleichermaßen verständlichen und vergleichbaren Leistungsbeschreibung stellt. 23

---

31 Vgl. § 7 EU Abs. 1 Nr. 3 und § 7 VS Abs. 1 Nr. 3 VOB/A.

32 *Krohn*, in: Gabriel/Krohn/Neun, Handbuch Vergaberecht, § 19 Rn. 43; *Trutzel*, in: Ziekow/Völlink, Vergaberecht, § 31 VgV Rn. 30; undeutlich: *Schellenberg*, in: Pünder/Schellenberg, Vergaberecht, § 31 VgV Rn. 37; *Wirner*, in: Willenbruch/Wieddekind, Vergaberecht, § 121 GWB Rn. 25; *Dicks*, NZBau 2014, 731.

33 *Krohn*, in: Gabriel/Krohn/Neun, Handbuch Vergaberecht, § 19 Rn. 44; *Trutzel*, in: Ziekow/Völlink, Vergaberecht, § 31 VgV Rn. 31.

34 *Krohn*, in: Gabriel/Krohn/Neun, Handbuch Vergaberecht, § 19 Rn. 44; *Trutzel*, in: Ziekow/Völlink, Vergaberecht, § 31 VgV Rn. 31.

35 *Wirner*, in: Willenbruch/Wieddekind, Vergaberecht, § 121 GWB Rn. 25.

36 OLG Celle, Urteil v. 26.11.2019 – 13 U 127/18; VK Berlin, Beschluss v. 13.9.2019 – VK-B 1-13/19; VK Hessen, Beschluss v. 19.9.2011 – 69d-VK-31/2011; VK Münster, Beschluss v. 17.6.2011 – VK-5/11; VK Baden-Württemberg, Beschlüsse v. 3.6.2011 – 1 VK-23/11 und 1 VK-24/11.

37 *Dreher*, in: Immenga/Mestmäcker, GWB, § 97 Rn. 125.

38 *Bauer*, NZBau 2018, 647 (650).

39 OLG Nürnberg, Beschluss v. 23.11.2016 – 12 U 2437/14.

40 OLG Celle, Urteil v. 2.9.2015 – 14 U 154/13.

41 VK Niedersachsen, Beschluss v. 7.10.2015 – VgK-31/2015.

42 OLG Düsseldorf, Beschluss v. 16.8.2019 – VII-Verg 56/18; OLG München, Beschluss v. 21.4.2017 – Verg 1/17.

b) Eindeutige Leistungsbeschreibung

24 Eine **eindeutige** Leistungsbeschreibung setzt voraus, dass Art und Umfang der geforderten Leistung mit allen dafür maßgebenden Bedingungen und etwa notwendige Regelungen zur Ermittlung des Leistungsumfangs zweifelsfrei erkennbar und keine Widersprüche in sich oder zu anderen vertraglichen Regelungen enthalten sind.[43] Diese Vorgaben beziehen sich auf alle Angaben und Faktoren, die für die Kalkulation des Angebotspreises unmittelbar und auch mittelbar relevant sind.[44] Sie sind dann erfüllt, wenn Fachfirmen anhand ihres Wissens und ihrer Erfahrung die Leistungsanforderungen eindeutig verstehen können und daran ihre Angebote ausrichten können.[45] Wenn ihnen mehrere Auslegungsvarianten der Leistungsbeschreibung möglich sind, ist eine Leistungsbeschreibung nicht klar und eindeutig.[46] Dies gilt etwa, wenn die den Bietern übermittelten Dateien in unterschiedlichen Formaten unterschiedliche Anforderungen enthalten.[47] Wählt der öffentliche Auftraggeber eine eindeutige Leistungsbeschreibung, muss er sich hieran festhalten lassen.[48] Verständnisprobleme oder Mehrdeutigkeiten aufgrund von Unklarheiten, die auch durch eine Auslegung nicht zu beseitigen sind, muss sich der öffentliche Auftraggeber zurechnen lassen, sie gehen zu seinen Lasten.[49] Dies ist allerdings dann nicht der Fall, wenn eine Auslegung zu einem eindeutigen Ergebnis führt, ein Bieter aber ein davon abweichendes Verständnis hatte. In diesem Fall sind die Vorgaben des § 121 GWB erfüllt und das Angebot des betreffenden Bieters muss gegebenenfalls ausgeschlossen werden, weil die Vergabeunterlagen unzulässig geändert worden sind.[50]

25 Problematisch ist es darüber hinaus, Leistungsanforderungen so zu setzen, dass bestimmte Produkte bevorzugt werden, obwohl Alternativen am Markt erhältlich sind und dadurch eine gewisse „Steuerungswirkung" gesetzt wird.[51] Eine solche **produktspezifische Vorgabe** kann gegebenenfalls durch einen Hinweis auf den Richtwertcharakter der Beschreibung relativiert werden,[52] keinesfalls dürfen ohne rechtfertigenden Grund pauschal Produktvorgaben gemacht werden, selbst wenn sie mit Gleichwertigkeitsvermerken versehen sind.[53] Bei der – ausnahmsweise zulässigen – Vorgabe von bestimmten Produkten ist es erforderlich anzugeben, unter welchen Voraussetzungen Produkte anderer Hersteller als gleichwertig angesehen werden.[54] Aus dem Leistungsverzeichnis muss bei sog. verdeckten Produktangaben hervorgehen, in Bezug auf welche Leistungsmerkmale Gleichwertigkeit bestehen muss und wie diese zu bestimmen ist.[55] Eine Verletzung des Gebots der produktneutralen Ausschreibung führt zu einer Zuschlagssperre.[56]

26 Die **Grenze** „des Mach- und Zumutbaren" in Bezug auf die Anforderungen des § 121 GWB ergibt sich ganz unmittelbar bereits aus dem Wortlaut. Die Beschreibung der Leistung hat so zu erfolgen, wie dies objektiv „möglich" ist. Nicht erfüllbare oder ermittelbare Detailgrade können vom öffentlichen Auftraggeber nicht erwartet werden. Die Rechtsprechung hat auch anerkannt, dass es für einen öffentlichen Auftraggeber unverhältnismäßig ist, sich Informatio-

---

43 OLG Düsseldorf, Beschluss v. 14.9.2016 – VII-Verg 7/16; VK Berlin, Beschluss v. 31.3.2020 – VK-B 1-08/20; VK Nordbayern, Beschluss v. 20.10.2016 – 21.VK-3194-33/16; *Burgi*, Vergaberecht, § 12 Rn. 13.
44 OLG Celle, Beschluss v. 19.3.2019 – 13 Verg 7/18; VK Nordbayern, Beschluss v. 20.10.2016 – 21.VK-3194-33/16.
45 VK Berlin, Beschluss vom 31.3.2020 – VK-B 1-08/20.
46 OLG Frankfurt, Beschluss v. 5.11.2019 – 11 Verg 4/19; OLG Düsseldorf, Beschluss v. 13.12.2017 – VII-Verg 19/17; VK Bremen, Beschluss v. 7.6.2019 – 16-VK4/19; VK Bund, Beschluss v. 9.11.2018 – VK-2-98/18; VK Brandenburg, Beschluss v. 19.1.2017 – VK-23/16; ob allerdings aus starken Abweichungen der Angebotspreise zwingend auf eine unklare Leistungsbeschreibung geschlossen werden kann, erscheint – entgegen VK Sachsen-Anhalt, Beschluss v. 3.6.2019 – 3 VK LSA 13-15/19 – überzogen.
47 VK Thüringen, Beschluss v. 28.2.2019 – 250-4002-10033/2019-N-002-J.
48 VK Niedersachsen, Beschluss v. 22.8.2016 – VgK 32/2016.
49 OLG Düsseldorf, Beschluss v. 28.3.2018 – VII-Verg 52/17.
50 OLG Düsseldorf, Beschluss v. 28.3.2018 – VII-Verg 52/17; VK Brandenburg, Beschluss v. 17.5.2019 – VK-3/19.
51 VK Bund, Beschluss v. 19.11.2018 – VK 2-100/18.
52 Strenger allerdings: VK Sachsen, Beschluss v. 24.1.2018 – 1/SVK/034-17.
53 VK Sachsen-Anhalt, Beschluss v. 21.9.2016 – 3 VK LSA 28/16.
54 VK Thüringen, Beschluss v. 21.11.2019 – 250-4003-15123/2019-E-021-EF.
55 VK Thüringen, Beschluss v. 21.11.2019 – 250-4003-15123/2019-E-021-EF.
56 OLG München, Beschluss v. 26.3.2020 – Verg 22/19.

nen zu preisbestimmenden Faktoren erst aufwändig zu beschaffen, wenn diese für die Bieter am Markt leichter und mit weniger Aufwand zu erlangen sind.[57] Aufgrund des Einzelfalles mag diese rechtliche Wertung vertretbar sein. Vor dem Hintergrund des klaren Wortlautes des § 121 GWB darf es aber keine Verlagerung der Verantwortung von den öffentlichen Auftraggebern auf die Bieter in Bezug auf die Anforderungen der Klarheit und Eindeutigkeit der Leistungsbeschreibung geben. Generell können öffentliche Auftraggeber auf die bei ihnen vorliegenden Informationen und Unterlagen zurückgreifen und müssen keinen größeren Aufwand auslösen, um sich relevante Informationen für die Leistungsbeschreibung zu beschaffen.[58] Nicht erforderlich ist auch, dass sich der öffentliche Auftraggeber bei der Formulierung der Leistungsanforderungen an Bedürfnissen der Bieter orientiert und deren Wettbewerbsvorteile oder -nachteile in seine Festlegungen mit einbezieht.[59]

Es ist aber in Einzelfällen möglich, die Leistungsbeschreibung so zu formulieren, dass den Bietern noch ein **Gestaltungsspielraum** bleibt. Dies ist vor allem dann der Fall, wenn die Bieter als Leistungsinhalt ein Konzept erstellen sollen, etwa bei der Ausschreibung eines Lehrgangskonzepts für bestimmte Zielgruppen; hier müssen Einzelposten hinsichtlich der räumlichen und technischen Ausstattung nicht vorgegeben werden.[60] Ähnlich dürfte die Aufnahme zukünftiger Gebäudewertermittlungen in den Katalog geforderter Versicherungsleistungen zulässig sein.[61] Jedoch darf es den Bietern nicht überlassen werden, die Zielstellung oder verbindliche Rahmenbedingungen des öffentlichen Auftrages zu verlassen oder zu verändern.[62] **27**

Auch bei Ingenieurleistungen sind die Leistungsbilder der HOAI genau vorzugeben.[63] Ob dieser Grundsatz immer dann relativiert werden kann, wenn ein „**unverhältnismäßiger Kostenaufwand**" die konkrete Leistungsbestimmung erschwert,[64] erscheint zweifelhaft. Zu verlangen dürfte insoweit zumindest sein, dass der öffentliche Auftraggeber etwa die Ermittlung von Gebäudewerten ausdrücklich und unmissverständlich in das Leistungsprogramm aufnimmt. **28**

Fraglich ist auch, ob eine eindeutige Leistungsbeschreibung voraussetzt, dass sie **technisch richtig** ist.[65] Insoweit handelt es sich um ein inhaltliches Kriterium, das mit dem eher formalen Merkmal der Eindeutigkeit nur in einem mittelbaren Zusammenhang steht (auch eine technisch unrichtige Beschreibung kann eindeutig sein). Eine solche Leistungsbeschreibung wird – wenn sie nicht auslegungsfähig ist – daher wegen Unmöglichkeit der nachgefragten Leistung oder als Auferlegung eines ungewöhnlichen Wagnisses auszuschließen sein. Auslegungsfähige Unterlagen erlauben es nicht, eine Veränderung oder Korrektur vorzunehmen, weil auf sie ein zuschlagsfähiges Angebot abgegeben werden kann.[66] **29**

Eine **unklare Leistungsbeschreibung** hat zur Folge, dass auf sie kein Zuschlag erfolgen kann.[67] Inwieweit unklare Leistungsbeschreibungen durch Auslegung zu eindeutigen Leistungsbeschreibungen werden, kann nicht generell und losgelöst von den jeweiligen Besonderheiten des Vergabeverfahrens beurteilt werden. Im Ausgangspunkt ist es – schon aus Gründen der Chancengleichheit – Sache des öffentlichen Auftraggebers, die Leistung eindeu- **30**

57 OLG Celle, Beschluss v. 19.3.2019 – 13 Verg 7/18.
58 OLG Celle, Beschluss v. 19.3.2019 – 13 Verg 7/18 m.w.N.
59 VK Sachsen-Anhalt, Beschluss v. 3.5.2019 – 2 VK LSA 27/18.
60 VK Bund, Beschluss v. 29.5.2001 – VK 1-13/01.
61 So VK Niedersachsen, Beschluss v. 7.3.2011 – VgK-73/2010, allerdings handelt es sich bei dem zugrunde liegenden Fall eher um ein Problem des Verzichts auf losweise Ausschreibung; VK Niedersachsen, Beschluss v. 29.10.2010 – VgK-52/2010.
62 Vgl. OLG Düsseldorf, Beschluss v. 16.8.2019 – VII-Verg 56/18.
63 VK Westfalen, Beschluss v. 28.2.2017 – VK 1-1/17.
64 So VK Niedersachsen, Beschluss v. 7.3.2011 – VgK-73/2010; Beschluss v. 29.10.2010 – VgK-52/2010.
65 Umfassend dazu: *Trutzel*, in: Ziekow/Völlink, Vergaberecht, § 121 GWB Rn. 14; *Wirner*, in: Willenbruch/Wieddekind, Vergaberecht, § 121 GWB Rn. 12.
66 Im Ergebnis: OLG Karlsruhe, Beschluss v. 29.4.2016 – 15 Verg 1/16; vgl. OLG Düsseldorf, Beschluss v. 5.12.2001 – Verg 32/01.
67 OLG München, Beschluss v. 21.4.2017 – Verg 1/17.

tig zu beschreiben.[68] Teilweise[69] wird hieraus der Schluss gezogen, dass dem Bieter keine intensiven Auslegungsbemühungen abzuverlangen seien.

31 Andererseits ist anerkannt, dass der Inhalt von Leistungsbeschreibungen aus der Sicht eines objektiven, durchschnittlich fachkundigen Empfängers durch **Auslegung** ermittelt werden kann.[70] Dabei können Fachbegriffe verwendet werden, wenn und soweit die potenziellen Bieter sie üblicherweise verstehen und verwenden.[71] Nach der allgemeinen zivilrechtlichen Methodik werden folgende Auslegungskriterien in vergaberechtlichen Entscheidungen verwendet: der Wortlaut als grundlegender Maßstab,[72] Vorrang spezieller vor allgemeinen Bestimmungen, soweit eine widerspruchsfreie Auslegung[73] und eine an Sinn und Zweck orientierte vergaberechtskonforme Auslegung möglich ist.[74] Verwendet der öffentliche Auftraggeber, wie bei Bauvergaben regelmäßig der Fall, zusätzlich zur Leistungsbeschreibung auch ein Leistungsverzeichnis, kann dieses zur Auslegung der Leistungsbeschreibung herangezogen werden. Ob eine Konkretisierung, die etwa das laut Leistungsbeschreibung zu verwendende Material im Leistungsverzeichnis auf andere Materialien ausweitet, eine solches Angebot vertragsgemäß macht,[75] erscheint zweifelhaft, weil eine solche Auslegung die Bieter, die sich auf den eindeutigen Wortlaut der Leistungsbeschreibung verlassen haben, benachteiligen kann. Soweit der Leistungsbeschreibung unter Anwendung der Auslegungskriterien ein eindeutiger Charakter entnommen werden kann, ist die Notwendigkeit der Auslegung jedenfalls kein Anlass für eine Aufhebung der Leistungsbeschreibung.[76] Dem Bieter ist insoweit zuzumuten, Zweifel durch Nachfrage bei dem öffentlichen Auftraggeber aufzuklären.[77] Die Grenzen der Auslegungsfähigkeit dürften allerdings dort überschritten sein, wo die Unvollständigkeit und fehlende Angabe relevanter Umstände nur durch eine **ergänzende Auslegung** zur Beseitigung planwidriger Regelungslücken behoben werden könnte. Ob es Ungenauigkeiten gibt, die deshalb unbeachtlich sind, weil sie sich nur auf relativ unbedeutende Einzelangaben beziehen, hängt von den Umständen des Einzelfalls ab. Nur dann, wenn sich die Unvollständigkeit nicht auswirken kann, weil alle fachkundigen Bieter in der Lage sind, das Gewollte in gleicher Weise zu verstehen, kann eine nicht eindeutige Beschreibung hingenommen werden und ohne unzulässige Nachverhandlung zu Aufklärungsnachfragen bei Bietern führen.[78] Im umgekehrten Fall, dass eine Leistungsbeschreibung offensichtlich falsch oder lückenhaft ist, ist der Bieter gehalten, durch entsprechende Rückfragen den öffentlichen Auftraggeber darauf aufmerksam zu machen.[79] In der Spruchpraxis wird darüber hinaus die Möglichkeit eröffnet, die Ausschreibung in den Stand vor Angebotsabgabe zu versetzen und Gelegenheit zur Präzisierung der wegen der Ungenauigkeit der Leistungsbeschreibung unvollständigen Angebote zu geben, wenn aufgrund der Unklarheiten keine vergleichbaren Angebote zu erwarten

68 OLG Dresden, Beschluss v. 21.2.2020 – Verg 7/19 m.w.N.; VK Thüringen, Beschluss v. 21.11.2019 – 250-4003-15123/2019-E-021-EF.

69 OLG Saarbrücken, Beschluss v. 29.9.2004 – 1 Verg 6/04; *Kapellmann*, in: Kapellmann/Messerschmidt, VOB/A, § 22 Rn. 9; im Ergebnis *Wirner*, in: Willenbruch/Wieddekind, Vergaberecht, § 121 GWB Rn. 12.

70 Vgl. OLG Düsseldorf, Beschluss v. 28.3.2018 – VII Verg 52/17; OLG Frankfurt, Beschluss v. 5.11.2019 – 11 Verg 4/19; OLG Frankfurt, Beschluss v. 26.3.2019 – 21 U 17/18.

71 BGH, Urteil v. 9.1.1997 – VII ZR 259/95, BauR 1997, 466 (467).

72 BGH, Urteil v. 11.11.1993 – VII ZR 47/93; OLG Celle, Beschluss v. 20.11.2019 – 14 U 191/13; OLG Frankfurt, Beschluss v. 5.11.2019 – 11 Verg 4/19; OLG Koblenz, Urteil v. 19.5.2006 – 8 U 69/05; OLG Saarbrücken, Urteil v. 13.3.2002 – 1 U 702/01-161, NZBau 2002, 576.

73 Vgl. BGH, Urteil v. 11.3.1999 – VII ZR 179/98, BauR 1999, 897.

74 BGH, Urteil v. 9.1.1997 – VII ZR 259/95, BauR 1997, 466; OLG Oldenburg, Urteil v. 3.5.2007 – 8 U 254/06; OLG Koblenz, Urteil v. 19.5.2006 – 8 U 69/05.

75 So VK Bund, Beschluss v. 19.8.2019 – VK 1-55/19.

76 Vgl. OLG Frankfurt, Urteil v. 3.7.2007 – 11 U 54/06; OLG Koblenz, Beschluss v. 26.10.2005 – 1 Verg 4/05; OLG Düsseldorf, Beschluss v. 5.12.2001 – Verg 32/01; OLG Stuttgart, Beschluss v. 12.5.2000 – 2 Verg 2/00.

77 VK Brandenburg, Beschluss v. 17.5.2019 – VK-3/19.

78 VK Brandenburg, Beschluss v. 28.6.2005 – VK-20/05 für den Fall einer fehlenden Typenbezeichnung, wenn der zu liefernde Gegenstand durch andere Vorgaben eindeutig identifizierbar ist.

79 So OLG Celle, Urteil v. 20.11.2019 – 14 U 191/13; im Ergebnis auch OLG Naumburg, Urteil v. 18.8.2017 – 7 U 17/17; VK Bund, Beschluss v. 18.1.2020 – VK 2-94/19.

sind.[80] Allerdings wird auch vertreten,[81] dass der öffentliche Auftraggeber, wenn er eine Vielzahl von Leistungspositionen unklar gefasst hat, sodass die Bieter zur Auslegung gezwungen sind, das Vergabeverfahren wegen seines Verschuldens nicht aufheben, sondern den Zuschlag an das im Rahmen des Auslegungsspielraums beste Angebot erteilen muss. Dies kann aber nur gelten, wenn eine Auslegung mit einem klaren Ergebnis möglich ist.[82]

Vergabeunterlagen dürfen grundsätzlich im laufenden Verfahren geändert oder korrigiert werden. Dies kann erforderlich werden, um Fehler, Unklarheiten oder andere **Korrekturen** vorzunehmen. Damit gilt dieser Grundsatz auch für die Leistungsbeschreibung.[83] Wichtig ist, dass eine Veränderung oder Korrektur ihrerseits transparent und diskriminierungsfrei vorgenommen wird.[84] Dies bedeutet, dass – auch gestützt auf den Grundsatz der Verhältnismäßigkeit – eine Korrektur allen Bietern mitgeteilt wird und ihnen ausreichend Zeit zur Änderung oder Überarbeitung ihrer Angebotsunterlagen verbleibt.[85] Nach der Angebotsöffnung ist es allerdings nicht mehr zulässig, das Leistungsverzeichnis in kalkulationsrelevanten Angaben zu verändern.[86] Richtigerweise muss sich der öffentliche Auftraggeber dann an seinen bekanntgemachten Unterlagen festhalten lassen und die Bieter dürfen darauf auch vertrauen.[87] 32

Fehler oder Unklarheiten in der Leistungsbeschreibung müssen von den Bietern sofort, wenn sie auffallen, spätestens jedoch bis zur Angebotsfrist angezeigt und zur Kenntnis gebracht werden.[88] Spätere **Rügen** können dann nicht mehr auf sie gestützt werden.[89] 33

Für die Bieter sind **Änderungen an den Vergabeunterlagen** grundsätzlich verboten und führen zum Wertungsausschluss (§ 53 Abs. 7 S. 1 und § 57 Abs. 1 Nr. 4 VgV). Dies gilt auch dann, wenn die ausgeschriebene Leistung ein neues Verkehrsangebot umfasst und die Kalkulation daher auf einer vom öffentlichen Auftraggeber geschätzten „Grundgröße" erfolgen muss.[90] Nur in eng begrenzten Ausnahmefällen kann ein Bieter durch eine Veränderung am Text der Leistungsbeschreibung die Eindeutigkeit herbeiführen. Soweit diese Veränderung inhaltlich dem Willen des öffentlichen Auftraggebers entspricht und alle anderen Bieter durch entsprechende Hinweise gleichbehandelt werden, kann ein solches Angebot ausnahmsweise berücksichtigt werden.[91] 34

Bei **funktionalen und konstruktiven Leistungsbeschreibungen** gelten die Anforderungen an die Eindeutigkeit nur insoweit, als sie den Bietern eingeräumten Spielraum beachten. Sie ist dadurch gekennzeichnet, dass sie den Leistungsrahmen (Zweck, Ziel) festlegt, die Umsetzungsmöglichkeiten oder -varianten von den Bietern zu erarbeiten sind.[92] 35

aa) Bedarfs- oder Eventualpositionen

Da die Eindeutigkeit der Leistungsbeschreibung grundsätzlich verlangt, dass der öffentliche Auftraggeber alle erforderlichen Leistungskomponenten selbst ermittelt und das Planungsrisiko trägt, ist es äußerst problematisch, wenn er sich hinsichtlich einzelner Positionen in der Leistungsbeschreibung nicht festlegt, sondern offenlässt, ob er die in den Positionen niedergelegten Leistungen überhaupt in Anspruch nehmen wird. Hierbei handelt es sich um Bedarfs- oder **Eventualpositionen**, wenn der öffentliche Auftraggeber sich vorbehält, die Aus- 36

80 Vgl. OLG München, Beschluss v. 21.4.2017 – Verg 1/17; OLG Düsseldorf, Beschluss v. 28.1.2004 – VII-Verg 35/03; VK Bund, Beschluss v. 26.6.2018 – VK 2-46/18; VK Niedersachsen, Beschluss v. 6.1.2006 – VgK 43/2005.
81 VK Bund, Beschluss v. 11.6.2013 – K1-33/13.
82 Vgl. OLG Düsseldorf, Beschluss v. 28.3.2018 – VII-Verg 52/17.
83 Vgl. OLG Düsseldorf, Beschluss v. 14.9.2016 – VII-Verg 7/16 m.w.N.
84 OLG Düsseldorf, Beschluss v. 14.9.2016 – VII-Verg 7/16.
85 VK Bund, Beschluss v. 13.11.2019 – VK 2-82/19.
86 VK Sachsen-Anhalt, Beschluss v. 25.9.2018 – 3 VK LSA 58/18.
87 VK Sachsen-Anhalt, Beschluss v. 25.9.2018 – 3 VK LSA 58/18.
88 Im Ergebnis OLG Düsseldorf, Beschluss v. 14.9.2016 – VII-Verg 7/16.
89 OLG Düsseldorf, Beschluss v. 3.6.2015 – VII-Verg 3/15.
90 OLG Schleswig, Beschluss v. 21.12.2018 – 54 Verg 1/18.
91 Vgl. BGH, Urteil v. 9.1.1997 – VII ZR 259/95, WM 1997, 1581 (1583).
92 OLG Düsseldorf, Beschluss v. 16.8.2019 – VII-Verg 56/18.

führung einer bestimmten Position nur bei Bedarf nachzufragen.[93] Sie werden in der Leistungsbeschreibung häufig durch den Zusatz „nur auf Anordnung" gekennzeichnet.[94]

37 Ob Eventualpositionen in Leistungsbeschreibungen zulässig oder untersagt sind, lässt § 121 GWB offen. Wünschenswert wäre ein sehr zurückhaltender Umgang mit solchen Positionen. Denn Eventualpositionen sind wegen der Eignung, die Kalkulierbarkeit der Angebote und ihre Vergleichbarkeit zu erschweren, nicht unbedenklich. Zudem verstößt die Aufnahme von Eventualpositionen gegen die grundsätzliche Risikoverteilung im Vergabeverfahren, die dem öffentlichen Auftraggeber die Verantwortung für eine ordnungsgemäße Vorbereitung und Planung von Beschaffungsvorgängen zuordnet. Eventualpositionen wird man daher nur in eng begrenzten Ausnahmefällen zulassen können,[95] wenn ein objektives Bedürfnis hierfür vorhanden ist und der öffentliche Auftraggeber noch keine hinreichenden Erfahrungen hat, ob und unter welchen Umständen er die Bedarfsleistung benötigen wird.[96] Eventualpositionen sind daher nur mit folgenden **Einschränkungen** vertretbar:

- Es ist dem öffentlichen Auftraggeber nicht möglich, den tatsächlichen Bedarf im Zeitpunkt der Erstellung der Leistungsbeschreibung und der Angebotswertung zu ermitteln.[97]
- Eine Beschränkung des ursprünglich vorgesehenen Beschaffungsbedarfs und die Option einer vergaberechtskonformen Nachbeauftragung müssen tatsächlich unmöglich oder wirtschaftlich absolut unvertretbar sein.
- Sie dürfen sich nur auf solche Umstände beziehen, mit deren Eintritt der öffentliche Auftraggeber bei sorgfältiger Prognose rechnen kann, damit die Eventualposition nicht zur bloßen Markterkundung missbraucht wird.

38 Aus Gründen der Transparenz und Gleichbehandlung sind alle Positionen, die in den Zuschlag mit einfließen auch in die Wertung mit einzubeziehen, da nur so sichergestellt ist, dass der Zuschlag auf das wirtschaftlichste Angebot erfolgt.[98] Der **Umfang** von Bedarfspositionen ist auf einen Bruchteil des Auftrags zu begrenzen.[99] Im Baubereich gilt sogar der Grundsatz, dass sie nicht in das Leistungsverzeichnis aufzunehmen sind. [100]

bb) Alternativ- oder Wahlpositionen

39 Von Bedarfspositionen zu unterscheiden sind Alternativ- oder **Wahlpositionen**, die dadurch gekennzeichnet sind, dass der öffentliche Auftraggeber im Zeitpunkt der Erstellung der Leistungsbeschreibung weiß, dass er die beschriebene Leistung beschaffen will oder muss, sich aber erst später entscheiden kann oder will, welche Variante zu bevorzugen ist.[101] Dabei wird die Grundposition des Leistungsverzeichnisses um Wahlpositionen ergänzt. Dies kommt vor allem in Betracht, wenn neben der präferierten Ausführung noch alternative Ausführungsmodalitäten in Erwägung gezogen werden,[102] wobei sich der öffentliche Auftraggeber vorbehält, die Grundposition durch die Wahlposition zu ersetzen.[103] Alternativpositionen sind auch zu-

---

93 *Prieß*, in: Kulartz/Marx/Portz/Prieß, VOL/A, § 8 EG Rn. 71; *Wirner*, in: Willenbruch/Wieddekind, Vergaberecht, § 7 VOB/A Rn. 40; *Krohn/Schneider*, in: Gabriel/Krohn/Neun, Handbuch Vergaberecht, § 17 Rn. 35.

94 *Lampert*, in: Burgi/Dreher, Vergaberecht, § 121 GWB Rn. 53; *Prieß*, NZBau 2004, 20 (25). Im Anwendungsbereich des VHB Bund 2017 (Stand 2019) sind Bedarfspositionen generell unzulässig, VHB Bund 2017, 100, Nr. 4.6.

95 VK Sachsen-Anhalt, Beschluss v. 10.8.2015 – 3 VK LSA 54/15.

96 OLG Düsseldorf, Beschluss v. 10.2.2010 – VII-Verg 36/09.

97 OLG Düsseldorf, Beschluss v. 10.2.2010 – VII-Verg 36/09.

98 OLG Düsseldorf, Beschluss v. 14.9.2016 – VII-Verg 7/16.

99 Die Spruchpraxis variiert hier zwischen 10 und 15 %, für 10 %: VK Stuttgart, Beschluss v. 20.3.2002 – 1 VK 4/02; VÜA Sachsen, Beschluss v. 23.8.1999 – 1 VÜA 1/99; VÜA Thüringen, Beschluss v. 12.2.1999 – 1 VÜ 2/97; für 5 %: VK Niedersachsen, Beschluss v. 24.7.2000 – 203-VgK-08/00; vgl. auch *Lampert*, in: Burgi/Dreher, Vergaberecht, § 121 GWB Rn. 54; *Kapellmann*, in: Kapellmann/Messerschmidt, VOB/A, § 7 Rn. 62; *Wirner*, in: Willenbruch/Wieddekind, Vergaberecht, § 7 VOB/A Rn. 42 favorisiert eine restriktive Einzelfallbetrachtung mit einer grundsätzlichen Obergrenze von 10 %.

100 Siehe § 7 Abs. 1 Nr. 4 VOB/A mit Geltung für die Ober- und die Unterschwelle; vgl. auch VHB Bund 2017 (Stand 2019) Nr. 4.6 untersagt die Aufnahme von Wahl- oder Bedarfspositionen.

101 Vgl. OLG Düsseldorf, Beschluss v. 2.8.2002 – Verg 25/02; OLG Saarbrücken, Beschluss v. 22.10.1999 – 5 Verg 4/99, NZBau 2000, 158 (162); *Wirner*, in: Willenbruch/Wieddekind, Vergaberecht, § 7 VOB/A Rn. 49.

102 OLG Celle, Beschluss v. 18.12.2003 – 13 Verg 22/03, NJOZ 2004, 2741 (2747), zur Versicherung mit und ohne Terrorschutz; VK Baden-Württemberg, Beschluss v. 9.6.2011 – 1 VK-26/11.

103 OLG Düsseldorf, Beschluss v. 15.5.2019 – VII-Verg 61/18.

lässig, wenn im Zeitpunkt der Vergabe noch Unklarheit besteht, ob für eine bestimmte Ausführungsvariante die notwendigen Haushaltsmittel zur Verfügung stehen. Hier ist es zulässig zunächst offen zu halten, ob diese Leistungen auch beauftragt werden können. Wichtig ist jedoch, dass in den Vergabeunterlagen die Anforderungen und die Umstände, wann von der Alternativposition Gebrauch gemacht werden soll, für die Bieter transparent darzustellen.[104] Im Zeitpunkt des Zuschlags erfolgt die Entscheidung über die Grund- oder Alternativposition.[105] Hierin liegt der wesentliche Unterschied zur Bedarfsposition.[106]

Insoweit erscheinen sie weniger problematisch. Allerdings beeinträchtigen auch sie die **Transparenz** und die **Gleichbehandlung** der Bieter im Vergabeverfahren, da sie die Vorhersehbarkeit der Leistungsangebote anderer Bieter erschweren.[107] Auch Alternativpositionen verschieben einen Teil des Planungsrisikos auf die Bieter und können in Extremfällen den Charakter der Leistungsbeschreibung oder gar des Vergabeverfahrens verändern. So bewirkt die Vorgabe einer Vielzahl von Wahlpositionen, dass aus einer formal konventionellen Leistungsbeschreibung eine funktionale Ausschreibung wird, soweit die Bieter veranlasst werden, aus der Vielzahl der Wahlpositionen selbst das geeignete Konzept für die Leistung zu erstellen.[108] 40

Daher ist auch für Wahlpositionen ein **berechtigtes Interesse** des öffentlichen Auftraggebers zu fordern.[109] Es liegt nicht vor, wenn es dem öffentlichen Auftraggeber möglich gewesen wäre, die für das Offenhalten der Positionen maßgebliche Leistungsbestimmung rechtzeitig festzulegen. So ist ein Offenhalten der Inanspruchnahme der Leistungen des Auftragnehmers als Dienstleistung oder Arbeitnehmerüberlassung unzulässig, wenn die hierfür maßgeblichen Kriterien in der Leistungsbeschreibung festgelegt werden konnten, weil der öffentliche Auftraggeber die Arbeitnehmerüberlassung nur für eng begrenzte Ausnahmefälle (wie Urlaubs- oder Krankheitsvertretungen) beabsichtigte.[110] Das Offenhalten einer bestimmten Korngröße bei Rekultivierungsmaßnahmen wäre z. B. nur dann zulässig, wenn die konkrete Landschaftsplanung erst im Verlauf nach Zuschlag erfolgender Umstände zuverlässig zu ermitteln wäre.[111] Bedenklich erscheinen auch Wahlpositionen, die öffentlichen Auftraggebern die Möglichkeit offenhalten sollen, bei preisgünstigen Angeboten eine anspruchsvollere Ausstattung zu verlangen bzw. hiervon für den Fall abzusehen, dass solche Wahlpositionen die Haushaltsmittel überschreiten.[112] Ein solches Vorgehen rückt die Leistungsbeschreibung nahe an ein unzulässiges Instrument zur Markterkundung.[113] Letztlich sollte es im Verantwortungsbereich des öffentlichen Auftraggebers verbleiben, zu ermitteln, ob die Haushaltsmittel für eine anspruchsvolle Realisierung einer Leistung ausreichen. Lässt man in einem solchen Fall eine Vielzahl von Wahlpositionen zu, ist die Ausschreibung für die Bieter auch dann nicht transparent, wenn die Gewichtung der Auswahl zwischen Grund- und Wahlpositionen in den Vergabeunterlagen angegeben wird.[114] Auch dann können Bieter veranlasst werden, ihr Angebot zur Sicherheit durch die Aufnahme von Wahlpositionen einerseits und die Zugrundelegung eines niedrigen Preises andererseits so auszugestalten, dass es auch unter Berücksichtigung unüberschaubarer Kombinationen wettbewerbsfähig bleibt und so im Ergebnis nicht mehr auskömmlich ist. Problematisch erscheint auch wegen der mangelnden Transparenz für die Bieter das Offenlassen der Vertragslaufzeit als Wahlposition. Gleichwohl wird die Vertragslaufzeit als Wahlposition insbesondere bei der Ausschreibung von Versicherungsverträgen ge- 41

104 OLG Düsseldorf, Beschluss v. 14.9.2016 – VII-Verg 7/16.
105 *Prieß*, in: Kulartz/Marx/Portz/Prieß, VOL/A, § 8 EG Rn. 79; *Wirner*, in: Willenbruch/Wieddekind, Vergaberecht, § 7 VOB/A Rn. 48; *Krohn/Schneider*, in: Gabriel/Krohn/Neun, Handbuch Vergaberecht, § 17 Rn. 39; *Prieß*, NZBau 2004, 20 (25).
106 Dies verkennt *Opitz*, in: Burgi/Dreher, Vergaberecht, § 127 GWB, Rn. 54, der die Wahl erst bei Klärung des Bedarfs, gegebenenfalls nach Zuschlag zulassen will.
107 Vgl. OLG Düsseldorf, Beschluss v. 15.5.2019 – VII-Verg 61/18; Beschluss v. 24.3.2004 – VII-Verg 7/04; VK Niedersachsen, Beschluss v. 8.7.2015 – VgK-22/2015.
108 Vgl. VK Hessen, Beschluss v. 28.7.2004 – 69d-VK-49/2004 (80 Wahlpositionen bei einem Beförderungsvertrag).
109 OLG Düsseldorf, Beschluss v. 15.5.2019 – VII-Verg 61/18; OLG München, Beschluss v. 22.10.2015 – Verg 5/15.
110 VK Hessen, Beschluss v. 12.7.2016 – 69d-VK-32/2016.
111 OLG Düsseldorf, Beschluss v. 15.5.2019 – VII-Verg 61/18.
112 So aber OLG Düsseldorf, Beschluss v. 13.4.2011 – VII-Verg 58/10.
113 OLG München, Beschluss v. 22.10.2015 – Verg 5/15.
114 So aber OLG Düsseldorf, Beschluss v. 24.3.2004 – VII-Verg 7/04.

legentlich befürwortet.[115] Vertretbar ist die Aufnahme von Wahlpositionen zusammenfassend wie bei Bedarfspositionen nur ausnahmsweise,[116] wobei sich das Gebot der sorgfältigen Planung darauf bezieht, dass es dem öffentlichen Auftraggeber nicht möglich ist, die Auswirkung der Wahlpositionen auf die Wirtschaftlichkeit des Angebots zuverlässig zu ermitteln.

42 Feste Grenzen für den **Anteil** von Wahlpositionen an dem Auftragswert erscheinen im Gegensatz zu Bedarfspositionen nicht erforderlich, weil jedenfalls zum Zeitpunkt des Zuschlags verbindlich feststeht, wie hoch das Auftragsvolumen sein wird.[117] Von der Aufnahme einer Vielzahl von Wahlpositionen ist gleichwohl abzuraten, weil dies den öffentlichen Auftraggeber regelmäßig veranlassen wird, ein europaweites Vergabeverfahren durchzuführen, selbst wenn unter Verzicht auf die Wahlpositionen ein nationales Verfahren zulässig gewesen wäre.

cc) Fälle nicht eindeutiger Beschreibungen in der Praxis

43 Trotz der anerkannten Vorgaben an Eindeutigkeit und Vollständigkeit der Leistungsbeschreibung kommt es immer wieder vor, dass durch unklare Angaben oder unsaubere Ermittlung der Leistungsparameter von diesem Grundsatz abgewichen wird. In der Spruchpraxis lassen sich folgende Beispiele finden:

- Mehrfach Circa-Angaben zu Produktabmessungen und Leistungswerten.[118]
- Mangelnde Festlegung einer Gesamt- oder Losvergabe.[119]
- Circa-Angaben, die nicht durch Minimal- oder Maximal-Vorgaben eingegrenzt sind.[120]
- Forderung von Vollkernplatten mit einem Durchmesser von 30 mm, obwohl am Markt nur Platten mit 15 mm Durchmesser lieferbar sind.[121]
- Fehlende Vorgabe, unter welchen Voraussetzungen ein Produkt anderer Hersteller gleichwertig ist.[122]
- Vorgabe, dass ein Korrosionsschutz hinsichtlich des eingebauten Stahlbetonnetzes vorhanden sein muss, ohne die Vorgabe, wie dieser auszusehen hat.[123]
- Unklarheiten hinsichtlich der Anforderungen an eine Bedienoberfläche für Geräte.[124]
- Die unklare Bezugnahme auf Windows-Betriebssysteme durch eine Alternative anderer „GLT-Software".[125]
- Widersprüchliche Angabe, welcher Uw-Wert (Wärmeschutzwert bei Fenstern) gefordert wird.[126]
- Die „Circa"-Angabe von Fahrplankilometern bei Beförderungsaufträgen.[127]
- Nicht ausreichende Kalkulationsgrundlagen zu Leistungspositionen, die Bieter zu Mischkalkulationen veranlassen.[128]

---

115 OLG Naumburg, Beschluss v. 31.3.2004 – 1 Verg 1/04, NJOZ 2004, 1821 (1825).

116 *Lampert*, in: Burgi/Dreher, Vergaberecht, § 121 GWB Rn. 57; *Prieß*, in: Kulartz/Marx/Portz/Prieß, VOL/A, § 8 EG Rn. 80; *Schellenberg*, in: Pünder/Schellenberg, Vergaberecht, § 31 VgV Rn. 44; *Wirner*, in: Willenbruch/Wieddekind, Vergaberecht, § 7 VOB/A Rn. 49; *Krohn/Schneider*, in: Gabriel/Krohn/Neun, Handbuch Vergaberecht, § 17 Rn. 39.

117 *Lampert*, in: Burgi/Dreher, Vergaberecht, § 121 GWB Rn. 57; a.A. OLG Düsseldorf, Beschluss v. 2.8.2002 – VII-Verg 25/02; VK Niedersachsen, Beschluss v. 3.2.2004 – 203-VgK-241/2003; *Wirner*, in: Willenbruch/Wieddekind, Vergaberecht, § 7 VOB/A Rn. 48f; offengelassen von OLG Düsseldorf, Beschluss v. 24.3.2004 – VII-Verg 7/04.

118 VK Sachsen, Beschluss v. 25.6.2019 – 1/SVK/013-19.

119 VK Sachsen-Anhalt, Beschluss v. 10.7.2018 – 3 VK LSA 39/18.

120 VK Sachsen, Beschluss v. 25.6.2019 – 1/SVK/013.

121 VK Bund, Beschluss v. 13.11.2019 – VK 2-82/19.

122 VK Thüringen, Beschluss v. 21.11.2019 – 250-4003-15123/2019-E-021-EF.

123 OLG Frankfurt, Beschluss v. 5.11.2019 – 11 Verg 4/19.

124 OLG München, Beschluss v. 21.4.2017 – Verg 1/17.

125 VK Brandenburg, Beschluss v. 19.1.2017 – VK 23/16.

126 VK Nordbayern, Beschluss v. 13.12.2016 – 21 VK-3194-36/16.

127 VK Sachsen, Beschluss v. 27.9.2013 – 1/SVK/027-13.

128 VK Südbayern, Beschluss v. 3.6.2014 – Z3-3-3194-1-14-03/14.

- Unklarheiten hinsichtlich der Bearbeitungsstufen, für die eine Verpflichtung zur Erstellung eines Konzepts begründet worden ist.[129]
- Die fehlende Entscheidung des Auftraggebers für eine Direktversicherung oder eine Unterstützungskasse bei Ausschreibung der betrieblichen Altersversorgung.[130]
- Biokartierungsauftrag ohne präzise Vorgaben.[131]
- Bei Lieferleistungen die Verwendung eines Schlüsselverzeichnisses, das auch Dienstleistungen enthält.[132]
- Ein Widerspruch zwischen der Leistungsbeschreibung und einer Bieterinformation hinsichtlich des Umfangs der Leistungspflicht.[133]
- Keine Präzisierung, ob für ausgeschriebene Trainingsmaßnahmen fest angestelltes oder freiberuflich tätiges Personal eingesetzt werden soll.[134]
- Anforderungen an die Entgeltgenehmigung für Briefzustelldienstleistungen, die eine Preisspanne zulassen, obwohl zugleich auf die Genehmigung der Bundesnetzagentur verwiesen wird, die eine solche Spanne nicht zulässt.[135]

c) Erschöpfende Leistungsbeschreibung

Die Leistungsbeschreibung ist **erschöpfend**, wenn sie Art und Zweck der Leistung, alle zur Erbringung erforderlichen Teilleistungen und alle hierfür erforderlichen Bedingungen und Anforderungen darstellt.[136] **44**

Soweit eine Leistungsbeschreibung **eindeutig** ist, ist sie grundsätzlich auch erschöpfend, die beiden Tatbestandsmerkmale gehen ineinander über.[137] Da eine Leistungsbeschreibung nur dann eindeutig ist, wenn sie alle zur Ausführung erforderlichen Vorgaben und Leistungspflichten klar erkennen lässt, erfüllt sie die Vorgaben an Transparenz und Gleichbehandlung. Zusätzliche Angaben sind dann nicht erforderlich. **45**

Ob vor diesem Hintergrund **nicht unmittelbar leistungsrelevante** Merkmale und Konkretisierungen unter Zumutbarkeitsgesichtspunkten vom öffentlichen Auftraggeber verlangt werden können,[138] erscheint zweifelhaft. **46**

Einzelfälle aus der Spruchpraxis betreffen unter anderem: **47**

- Anforderungen an die (pauschale) Einstufung von zu entsorgenden Böden im Rahmen einer Straßenbaumaßnahme,[139]
- Anforderungen an eine Neukonzeption, fachliche Ausgestaltung, technische Umsetzung sowie Betrieb einer Informationsplattform,[140]
- die auf Befragungen und Abfragen gestützte Mengenschätzung von Abfuhrmengen,[141]
- die fehlende Angabe von Zuschlags- und Wertungskriterien,[142]
- die fehlende Angabe der Durchführungswege, Unterstützungskasse oder Direktversicherung bei einem Auftrag zur betrieblichen Altersversorgung,[143]

---

129 OLG Frankfurt, Beschluss v. 6.6.2013 – 11 Verg 8/13.
130 OLG Brandenburg, Beschluss v. 13.9.2011 – Verg W 10/11.
131 OLG Brandenburg, Beschluss v. 27.3.2012 – Verg W 13/11.
132 VK Niedersachsen, Beschluss v. 3.9.2012 – VgK-28/2012.
133 OLG Rostock, Beschluss v. 6.3.2009 – 17 Verg 1/09, VergabeR 2009, 660 (671).
134 VK Bund, Beschluss v. 24.3.2004 – VK 3-36/04.
135 VK Arnsberg, Beschluss v. 15.1.2009 – VK 30/08.
136 Sehr instruktiv: OLG Düsseldorf, Beschluss v. 16.8.2019 – VII-Verg 56/18 m.w.N.; *Lampert*, in: Burgi/Dreher, Vergaberecht, § 121 GWB Rn. 61 ff.
137 *Kapellmann*, in: Kapellmann/Messerschmidt, § 7 VOB/A Rn. 14; *Prieß*, in: Kulartz/Marx/Portz/Prieß, VOL/A, § 8 EG Rn. 18.
138 So VK Niedersachsen, Beschluss v. 12.1.2007 – VgK-33/2006; *Schramm*, in: Müller-Wrede, Kompendium des Vergaberechts, 1. Auflage, Kapitel 11 Rn. 12.
139 OLG Celle, Beschluss v. 20.11.2019 – 14 U 191/13.
140 OLG Düsseldorf, Beschluss v. 16.8.2019 – VII-Verg 56/18.
141 VK Baden-Württemberg, Beschluss v. 7.8.2017 – 1 VK 26/17.
142 VK Nordbayern, Beschluss v. 20.11.2012 – 21.VK-3194-26/12.
143 OLG Brandenburg, Beschluss v. 13.9.2011 – Verg W 10/11.

- Gesamtpreisangaben bei einem Auftrag zur Biotopkartierung,[144]
- die Mitteilung eines für die Leistungserbringung zur Verfügung gestellten Pachtgrundstücks des Auftraggebers,[145]
- die Verpflichtung, bei der Ausschreibung von Gebäudeversicherungen die Gebäudewerte anzugeben,[146]
- bei der Ausschreibung von Schülerbeförderungsleistungen die im Vorjahr ermittelten Fehlzeiten der Schüler und die Anzahl der Rollstuhlfahrer mitzuteilen,[147]
- die auch schätzungsweise zu ermittelnde Menge einzelner Abholstellen bei der Ausschreibung von Briefzustelldienstleistungen[148] und
- das Verordnungsvolumen bei der Ausschreibung von Rabattverträgen der Krankenkassen.[149]

48 **Funktionale** und **konstruktive Leistungsbeschreibungen** können nicht erschöpfend sein, soweit den Bietern Gestaltungsspielraum eingeräumt worden ist.

49 Vor allem für die öffentlichen Auftraggeber bietet § 121 Abs. 1 S. 2 GWB die **Klarheit**, die Leistungsbeschreibung mit allen erforderlichen Leistungsmerkmalen (Funktions- oder Leistungsanforderungen, Beschreibung der zu lösenden Aufgabe, Bedingungen und Umstände) zu versehen.

II. Bestandteile der Leistungsbeschreibung (S. 2)

50 Die Leistungsbeschreibung hat nach § 121 Abs. 1 S. 2 GWB die Funktions- oder Leistungsanforderungen oder eine Beschreibung der zu lösenden Aufgabe, deren Kenntnis für die Erstellung des Angebots erforderlich ist sowie auch die Umstände und Bedingungen der Leistungserbringung zu enthalten. Die Beschreibung der Elemente, die für die Erstellung eines Angebots erforderlich sind, stellt eine neue Vorgabe der für Leistungen zu beachtenden Vorschriften dar. Sie entspricht sinngemäß der für die Vergabe von Bauleistungen geregelten Verpflichtung, alle die einwandfreie Preisermittlung beeinflussenden Umstände festzustellen und in den Vergabeunterlagen anzugeben.[150] Die Vorschrift ergänzt die Vorgabe des § 121 Abs. 1 S. 1 GWB, dass der Auftragsgegenstand eindeutig und erschöpfend zu bestimmen ist.

1. Funktions- oder Leistungsanforderungen

51 Die amtliche Begründung des Gesetzentwurfs der Bundesregierung[151] verweist darauf, dass mit der Verpflichtung zur Angabe von Leistungs- oder Funktionsanforderungen die Aussage der bisherigen untergesetzlichen Vorschriften §§ 7 EG VOB/A, 8 EG VOL/A und 6 VOF übernommen werden soll.

52 Allerdings sehen diese wortgleichen Vorschriften die Verwendung von Leistungs- oder Funktionsanforderungen nur wahlweise zu den aus den europäischen Vergaberichtlinien 2004/18/EG und 2004/17/EG abgeleiteten **technischen Spezifikationen** vor. Die Vorgaben beziehen sich lediglich auf die technischen Anforderungen, nicht aber auf die Gesamtheit der Leistungsmerkmale. Unter Zugrundelegung dieser – historischen – Auslegungsmethode ist daher fraglich, ob technische Spezifikationen noch verwendet werden können oder ob sich eine Verpflichtung der öffentlichen Auftraggeber ergibt, außerhalb technischer Anforderun-

---

144 OLG Brandenburg, Beschluss v. 27.3.2012 – Verg W 13/11.
145 OLG Celle, Beschluss v. 30.4.1999 – 13 Verg 1/99, WuW 1999, 1161.
146 OLG Celle, Beschluss v. 15.12.2005 – 13 Verg 14/05, NJOZ 2006, 606 (607); leicht abweichend: VK Niedersachsen, Beschluss v. 7.3.2011 – VgK-73/2010.
147 OLG Koblenz, Beschluss v. 10.8.2009 – 1 Verg 8/09, NZBau 2009, 671; VK Niedersachsen, Beschluss v. 12.1.2007 – VgK-33/2006; die Angabe der Größe der einzusetzenden Busse ist jedoch nicht erforderlich (OLG Koblenz, ebenda).
148 VK Arnsberg, Beschluss v. 15.1.2009 – VK 30/08.
149 LSG Baden-Württemberg, Beschluss v. 27.2.2008 – L5 KR 2183/07.
150 § 7 Abs. 1 Nr. 2, § 7 EU Abs. 1 Nr. 2 und § 7 VS Abs. 1 Nr. 2 VOB/A.
151 Gesetzesbegründung zu § 121 Abs. 1 GWB, VergRModG 2016, BT-Drs. 18/6281, 100.

gen die Leistung durch konkrete Leistungsanforderungen oder durch eine Funktionsbestimmung zu präzisieren. Eine Auslegung, die es verbietet, technische Spezifikationen zu verwenden, würde wegen des Anwendungsbefehls des Art. 42 RL 2014/24/EU den Vorrang des Europarechts missachten und kommt daher nicht in Betracht. Im Übrigen ergibt sich aus der amtlichen Begründung des Gesetzentwurfs der Bundesregierung, dass mit dem Terminus der Leistungs- und Funktionsanforderungen die eingeführten Formen der Leistungsbeschreibung (konventionell, funktional und konstruktiv) übernommen werden sollten: *„So kann der Beschaffungsgegenstand durch konkrete Leistungsanforderungen oder – offener – durch Funktionsanforderungen definiert werden."*[152] Dieses Auslegungsergebnis deckt sich mit der Erkenntnis, dass eine eindeutige und erschöpfende Leistungsbeschreibung ohne eine Angabe entweder der konkreten Leistungsanforderungen oder der ebenfalls konkreten Funktionsanforderungen nicht darstellbar ist,[153] sodass aus § 121 Abs. 1 S. 2 GWB zu schließen ist, dass hiermit die Verpflichtung zur Verwendung der eingeführten Formen der Leistungsbeschreibung einschließlich der technischen Spezifikationen begründet wird.

a) Leistungsanforderungen (konventionelle Leistungsbeschreibung)

Leistungsanforderungen können mittels der **konventionellen Leistungsbeschreibung** vorgegeben werden. Die konventionelle Leistungsbeschreibung[154] oder – unter Bezugnahme auf die VOB/A-Terminologie – die Leistungsbeschreibung mit Leistungsverzeichnis[155] zeichnet sich dadurch aus, dass die Leistungsanforderungen nach Teilleistungen so detailliert aufgeschlüsselt werden, dass eine exakte Berechnung des Angebots möglich ist.[156] Hierzu gehört bei der Ausschreibung von Dienstleistungen auch, dass der Bieter erkennen kann, mit welcher Anzahl von Personen er kalkulieren muss und welche Qualifikationen diese besitzen müssen. Im Unterschied zur Eignungsprüfung geht es darum, dass die kalkulationsrelevanten Mitarbeitermerkmale aus der Leistungsbeschreibung erkennbar sind. Außerhalb der VOB/A ist es allerdings keineswegs zwingend, jede Leistungsbeschreibung mit einem Leistungsverzeichnis zu versehen.[157] Erforderlich, aber auch ausreichend ist allein die vollständige und erschöpfende Aufnahme aller leistungsrelevanten Positionen. Ein räumlich und inhaltlich abstrakt umschriebener Leistungsgegenstand, der im Zuge der Leistungserbringung konkretisiert wird, erfüllt jedoch nicht die Anforderungen an eine konventionelle Leistungsbeschreibung.[158] **53**

In der **Praxis** wird sich die Vergabestelle ein vollständiges Bild dieser Positionen machen müssen und dabei vor allem folgende Aspekte berücksichtigen und in geeigneter Form in die Leistungsbeschreibung aufnehmen: **54**

- die konkrete Dienst- oder Sachleistung,
- die formalen und inhaltlichen Anforderungen an diese Leistung,
- Anzahl, Menge und Umfang der Leistung,
- technische Anforderungen an die Leistung,
- Angaben aus einem Produktblatt,
- Kompatibilität mit anderen Leistungen,
- zeitlicher Rahmen für die Leistung,
- Installations-, Einweisungs-, Schulungsbedarf,
- Service- und Wartungsbedarf,

---

152 Gesetzesbegründung zu § 121 Abs. 1 GWB, VergRModG 2016, BT-Drs. 18/6281, 100.

153 *Lampert*, in: Burgi/Dreher, Vergaberecht, § 121 GWB Rn. 61; *Traupel*, in: Müller-Wrede, VOL/A, § 8 EG Rn. 44.

154 So *Burgi*, Vergaberecht, § 12, Rn. 7 f.; *Prieß*, in: Kulartz/Marx/Portz/Prieß, VOL/A, § 7 Rn. 85; *Wirner*, in: Willenbruch/Wieddekind, Vergaberecht, § 7 VOB/A Rn. 2.

155 *Schellenberg*, in: Pünder/Schellenberg, Vergaberecht, § 31 VgV Rn. 26; *Hertwig*, Praxis der öffentlichen Auftragsvergabe, Rn. 117; *Schramm*, in: Müller-Wrede, Kompendium des Vergaberechts, 1. Auflage, Kapitel 11 Rn. 15.

156 OLG München, Beschluss v. 15.7.2007 – Verg 10/07, VergabeR 2008, 114 (116); VK Niedersachsen, Beschluss v. 26.8.2014 – VgK-31/2014; VK Sachsen, Beschluss v. 25.6.2008 – 1/SVK/029-08.

157 Missverständlich *Prieß*, NZBau 2004, 20 (23).

158 Missverständlich insoweit: VK Niedersachsen, Beschluss v. 30.10.2018 – VgK-41/2018.

- Leistungsort, -zeit, -zeitraum, Liefertermine,
- Patente oder Schutzrechte,
- sonstige administrative Vorgaben (Dienstanweisungen, Zugangsregelungen, Öffnungszeiten etc.).

55 Soweit ein **Leistungsverzeichnis** zugrunde gelegt wird, können die wesentlichen Elemente in entsprechender Anwendung aus § 7b EU VOB/A entnommen werden. Daraus folgt:

- eine Gliederung in Teilleistungen,
- Aufnahme gleichartiger Leistungen in jeweils einer Position,
- Aufnahme ungleichartiger Leistungen in einer Sammelposition.

Daneben können hier Unterteilungen in Grund-, Bedarfs- und Wahlpositionen vorgenommen werden.

b) Funktionsanforderungen (funktionale Leistungsbeschreibung)

56 Die **funktionale Leistungsbeschreibung**, die in der VOB/A-Terminologie als Leistungsbeschreibung mit Leistungsprogramm (§ 7c EU und § 7c VS VOB/A) bezeichnet wird, verzichtet auf die Aufschlüsselung von einzelnen Positionen, insbesondere Einzelpreisen,[159] und gibt lediglich die Funktion und den Zweck der nachgefragten Leistung vor.[160] Hieran wird der maßgebliche Charakter funktionaler Leistungsbeschreibungen deutlich: Die Vergabestelle kann und will das Ziel, das mit der zu beschaffenden Leistung erreicht werden soll, eindeutig beschreiben, überlässt den Weg, auf dem man hierzu gelangt, jedoch weitestgehend dem Auftragnehmer.[161] Damit wird das normalerweise dem öffentlichen Auftraggeber obliegende Planungsrisiko teilweise auf den Auftragnehmer verlagert.[162] Dies betrifft auch das Kalkulationsrisiko.[163]

57 Für eine funktionale Leistungsbeschreibung gilt der **Bestimmtheitsgrundsatz**, dass die Leistung eindeutig und erschöpfend zu beschreiben ist, im Vergleich zu einer konventionellen Beschreibung nur eingeschränkt.[164] Die funktionale Leistungsbeschreibung ist dadurch gekennzeichnet, dass in ihr nur der Zweck und die zu erreichenden Ziele, nicht aber der Weg zu deren Erreichung, verbindlich vorgegeben werden. Ebenso zulässig ist es, eine teilfunktionale Leistungsbeschreibung zu erstellen, in der verbindliche Leistungsanforderungen mit funktionalen Anforderungen verknüpft werden.[165] Hierdurch werden die Gestaltungsmöglichkeiten der öffentlichen Auftraggeber erhöht aber auch die Flexibilität der Bieter erweitert, denn sie können vorhandenes eigenes Know-How in die Angebote mit einbringen. Daher kommt die funktionale Leistungsbeschreibung u. a. bei Aufträgen mit stark konzeptionellen Elementen in Betracht.[166] Grenze des Zulässigen ist bei einer teilfunktionalen Leistungsbeschreibung aber auch, dass die Leistungsziele und die Rahmenbedingungen so klar gestaltet sind, dass die Bieter vergleichbare Angebote abgeben können.[167] Wegen dieser Gestaltungsmöglichkeiten des Bieters hinsichtlich seines Angebots sind an die Bestimmtheit der funktionalen Leistungsbeschreibung geringere Anforderungen zu stellen. Es ist ausreichend, aber auch notwendig, dass der Zweck und die Ziele des Auftrages festgelegt werden. Der Weg dahin oder ein – planerischer – Gestaltungsspielraum kann dann den Bietern überlassen werden. Zwar kann die Leistungsbeschreibung naturgemäß nicht eindeutig und schon gar nicht erschöpfend sein, der öffentliche Auftraggeber muss in der Leistungsbeschreibung jedoch hinreichend deutlich

159 Vgl. *Hertwig*, Praxis der öffentlichen Auftragsvergabe, Rn. 120.
160 *Schramm*, in: Müller-Wrede, Kompendium des Vergaberechts, 1. Auflage, Kapitel 11 Rn. 19.
161 *Prieß*, in: Kulartz/Marx/Portz/Prieß, VOL/A, § 7 Rn. 86; *Wirner*, in: Willenbruch/Wieddekind, Vergaberecht, § 7 VOB/A Rn. 10.
162 OLG Düsseldorf, Beschluss v. 5.10.2000 – Verg 14/00, WuW 2001, 224; VK Niedersachsen, Beschluss v. 3.9.2012 – VgK-28/2012; VK Bund, Beschluss v. 24.3.2004 – VK 3-36/04; VK Baden-Württemberg, Beschluss v. 17.3.2004 – 1 VK 12/04.
163 *Schramm*, in: Müller-Wrede, Kompendium des Vergaberechts, 1. Auflage, Kapitel 11 Rn. 19.
164 Vgl. OLG Düsseldorf, Beschluss v. 16.8.2019 – VII-Verg 56/18.
165 Vgl. VK Bund, Beschluss v. 19.10.2018 – VK 1-93/18.
166 VK Sachsen, Beschluss v. 29.8.2018 – 1/SVK/027-18.
167 VK Bund, Beschluss v. 19.10.2018 – VK 1-93/18.

machen, inwiefern er eine konzeptionelle oder eine planerische Leistung erwartet. Bleibt dies unklar, ist der Bieter nicht zur Einreichung einer Planung verpflichtet.[168] Allerdings ergeben sich auch hier vor allem aus Gründen der Transparenz gewisse Mindestanforderungen. So darf der öffentliche Auftraggeber nicht die gesamte Planung dem Bieter überlassen[169] und muss sicherstellen, dass die maßgeblichen Bewertungskriterien erkennbar sind. Daraus folgt, dass das Leistungsziel, die Rahmenbedingungen und die wesentlichen Einzelheiten der Leistung so festliegen, dass die eingehenden Angebote vergleichbar bleiben.[170]

In jedem Fall setzt die Annahme einer funktionalen Leistungsbeschreibung eine bewusste **Ex-ante-Entscheidung** des öffentlichen Auftraggebers voraus. Die Umdeutung einer konventionellen in eine funktionale Leistungsbeschreibung ist nicht möglich, auch nicht, um ein nicht zugelassenes Nebenangebot über diesen Weg zu berücksichtigen.[171] Der öffentliche Auftraggeber sollte bei der funktionalen Leistungsbeschreibung darauf achten, dass er qualitative Mindestkriterien vorgibt; ansonsten besteht die Gefahr, dass der Zuschlag auf ein Gebot erteilt werden muss, dass die Wirtschaftlichkeit durch ein „mageres", gleichwohl zuschlagfähiges Konzept erkauft.[172] 58

c) Leistungsanforderungen und Funktionsanforderungen (konstruktive Leistungsbeschreibung)

Die **konstruktive Leistungsbeschreibung** enthält Elemente sowohl der konventionellen als auch der funktionalen Leistungsbeschreibung.[173] Diese Form der Leistungsbeschreibung findet ihre europarechtliche Grundlage in Art. 42 Abs. 3 lit. d RL 2014/24/EU. Folgerichtig haben auch die bisherigen untergesetzlichen Regelungen §§ 7 EG VOB/A, 8 EG VOL/A und 6 VOF diese Kombination aus Leistungs- und Funktionsanforderungen aufgenommen. Auch wenn diese Form der Leistungsbeschreibung in § 121 Abs. 1 S. 2 GWB nicht ausdrücklich genannt wird, sind folgende Varianten auch unter dem neuen Recht schon aufgrund des Anwendungsvorrangs des europäischen Richtlinienrechts weiterhin möglich: 59

- eine funktionale Leistungsbeschreibung, die es den Bietern ermöglicht, die konstruktive Lösung unter Verweis auf die technischen Spezifikationen des Anhang TS anzubieten,
- eine Leistungsbeschreibung, die hinsichtlich einzelner Lösungselemente leistungsrelevante Positionen unter Bezugnahme auf die technischen Spezifikationen des Anhang TS abfragt, hinsichtlich anderer Elemente aber lediglich das Ziel – Funktion oder Zweck – vorgibt.

Hieraus folgt, dass die konstruktive Leistungsbeschreibung im Unterschied zur **funktionalen Leistungsbeschreibung** den Weg zur Zielerreichung teilweise – aber im Unterschied zur konventionellen Leistungsbeschreibung – nicht vollständig vorgibt.[174] Dies gilt auch, wenn der Weg zur Erreichung weiterer Teilziele von dem Ergebnis der Zielerreichung vorgelagerter Ziele abhängig ist, z. B. die konkreten Anforderungen an Managementmaßnahmen und Qualitätssicherung auf der Basis des zuvor zu ermittelnden Gegenstands der diesbezüglichen Leistungen.[175] 60

168 OLG Brandenburg, Beschluss v. 19.9.2003 – Verg W 4/03, NJOZ 2004, 2752.
169 OLG Düsseldorf, Beschluss v. 12.6.2013 – VII-Verg 7/13.
170 BGH, Urteil v. 1.8.2006 – X ZR 146/03; OLG Naumburg, Beschluss v. 16.9.2002 – 1 Verg 2/02, NZBau 2003, 628 (630); OLG Düsseldorf, Beschluss v. 14.2.2001 – Verg 14/00; VK Baden-Württemberg, Beschluss v. 17.3.2004 – 1 VK 12/04; NZBau 2003, 60; *Lampert*, in: Burgi/Dreher, Vergaberecht, § 31 GWB Rn. 41; *Prieß*, in: Kulartz/Marx/Portz/Prieß, VOL/A, § 7 Rn. 89; *Wirner*, in: Willenbruch/Wieddekind, Vergaberecht, § 7 VOB/A Rn. 12.
171 VK Sachsen, Beschluss v. 25.6.2008 – 1/SVK/029-08.
172 VK Niedersachsen, Beschluss v. 26.8.2014 – VgK-31/2014.
173 So auch *Trutzel*, in: Ziekow/Völlink, Vergaberecht, § 31 VgV Rn. 4.
174 OLG Brandenburg, Beschluss v. 30.1.2014 – Verg W 2/14; OLG Düsseldorf, Beschluss v. 16.8.2010 – VII-Verg 35/10; *Lampert*, in: Burgi/Dreher, Vergaberecht, § 121 GWB Rn. 104; *Prieß*, in: Kulartz/Marx/Portz/Prieß, VOL/A, § 7 Rn. 93; *Schramm*, in: Müller-Wrede, Kompendium des Vergaberechts, 1. Auflage, Kapitel 11 Rn. 24.
175 VK Niedersachsen, Beschluss v. 30.10.2018 – VgK-41/2018.

61 Hinsichtlich der **Bestimmtheit** unterliegt die konstruktive Leistungsbeschreibung denselben Mindestanforderungen wie die anderen Formen der Leistungsbeschreibung, je nach dem aus welchem Bereich dieser „Mischform" der zu prüfende Aspekt stammt.[176]

d) Auswahl der passenden Leistungsform

62 § 121 Abs. 1 S. 2 GWB trifft keine Vorgabe zum **Rangverhältnis** der Formen. Die öffentlichen Auftraggeber können daher nach eigenem Ermessen entscheiden, ob sie eine konstruktive, funktionale oder konventionelle Leistungsbeschreibung vornehmen wollen. Auch wenn die VOB/A diesbezüglich abweichend der konstruktiven Leistungsbeschreibung den Vorzug einräumt, müssen die §§ 7 ff. VOB/A aufgrund der Normhierarchie so verstanden werden, dass eine funktionelle Beschreibung der zu lösenden Aufgabe nicht gesperrt ist.

63 Allgemeine **Kriterien**, um die sich Spruchpraxis[177] und Schrifttum[178] in der Vergangenheit – motiviert durch den Vorrang der konventionellen Leistungsbeschreibung – bemüht haben, sind unergiebig.[179] Vielmehr muss den Besonderheiten des einzelnen Beschaffungsvorgangs Rechnung getragen werden. Gründe für die Wahl einer funktionalen oder konstruktiven Leistungsbeschreibung können sich vor allem aus folgenden Erwägungen ergeben:[180]

- die Nutzung unternehmerischen Sachverstands,[181]
- mangelnde Kenntnis des öffentlichen Auftraggebers von allen am Markt angebotenen Leistungsmodalitäten,[182]
- überlegenes konzeptionell-operatives Wissen der Bieter,[183]
- die besonders herausragende Bedeutung der Funktion einer Leistung,[184]
- das Interesse an Mindeststandards überschreitenden Angeboten,[185]
- das Interesse des öffentlichen Auftraggebers an individuellen Problemlösungsansätzen, vor allem bei innovativen Projekten,[186]
- die sich erst im Lauf der Leistungserbringung ergebende Konkretisierung weiterer Leistungsgegenstände,[187]
- Nutzung des Know-Hows und der Kreativität der Bieter.[188]

64 Das Vergabehandbuch des Bundes sieht eine **funktionale Ausschreibung** vor allem dann als vorteilhaft an, wenn eine Gesamtleistung aus unterschiedlichen Einzelteilen zusammengesetzt sein kann und es dem Bieter überlassen bleiben soll, die jeweils zu verwendenden Einzelteile selbst zu bestimmen, oder wenn mehrere technische Lösungen in Betracht kommen und der öffentliche Auftraggeber seine Entscheidung erst aufgrund der eingehenden Angebote treffen will.[189] Letzteres erscheint allerdings nur vertretbar, wenn die maßgeblichen Bewertungskriterien erkennbar sind und der öffentliche Auftraggeber nicht die gesamte Planung auf die Bieter delegiert. Für die Bieter begründet eine mit weitgehenden Planungspflichten versehene funktionale Ausschreibung zudem einen nicht unerheblichen Aufwand, weil sie in

176 *Schätzlein*, in: Heuvels/Höß/Kuß/Wagner, Vergaberecht, § 7 VOL/A Rn. 22; *Wirner*, in: Willenbruch/Wieddekind, Vergaberecht, § 7 VOB/A Rn. 3.
177 Vgl. VK Niedersachsen, Beschluss v. 18.8.2005 – VgK-33/2005.
178 *Schramm*, in: Müller-Wrede, Kompendium des Vergaberechts, 1. Auflage, Kapitel 11 Rn. 21; *Raufeisen*, in: Willenbruch/Bischoff, Vergaberecht, 1. Auflage, § 7 VOL/A Rn. 35.
179 Soweit ersichtlich gibt es zu der diesbezüglichen Problematik keine aktuelle Spruchpraxis.
180 Lesenswerte Anregungen zur sachgerechten Auswahl zwischen konventioneller und funktionaler Leistungsbeschreibung bietet eine Entscheidung der VK Hessen (Beschluss v. 26.4.2007 – 69d-VK-08/2007).
181 OLG Naumburg, Beschluss v. 16.9.2002 – 1 Verg 2/02, NZBau 2003, 628 (631).
182 VK Baden-Württemberg, Beschluss v. 16.8.2005 – 1 VK 48/05, VK Bund, Beschluss v. 4.9.2002 – VK 2-58/02, NZBau 2003, 110 (117).
183 VK Hessen, Beschluss v. 26.4.2007 – 69d-VK-08/2007.
184 VK Brandenburg, Beschluss v. 3.9.2014 – VK 14/14.
185 OLG Naumburg, Beschluss v. 2.4.2001 – 1 Verg 4/01.
186 VK Bund, Beschluss v. 4.9.2002 – VK 2-58/02.
187 VK Niedersachsen, Beschluss v. 30.10.2018 – VgK-41/2018.
188 VK Bund, Beschluss v. 19.10.2018 – VK 1-93/18; VK Sachsen, Beschluss v. 29.8.2018 – 1/SVK/027-18.
189 OLG Düsseldorf, Beschluss v. 16.8.2019 – VII-Verg 56/18; VHB Bund – Ausgabe 2017 (Stand 2019), Allgemeine Richtlinien Vergabeverfahren, Nr. 4.4.1.1.

der Angebotsphase erhebliche Aufwendungen für Planungsleistungen haben, die sich nur im Erfolgsfall angemessen rentieren.[190] Eine Teilnahme an solchen Ausschreibungen wird daher vor allem für mittelständische Unternehmen regelmäßig nur in Betracht kommen, wenn der Bieterkreis nicht unüberschaubar groß ist, mithin in Fällen des Verhandlungsverfahrens oder eines nicht offenen Verfahrens mit Mindestteilnehmerzahl. Der öffentliche Auftraggeber sollte diese Konsequenzen bei der Wahl der Leistungsbeschreibung bedenken. Sind die Leistungspflichten – durch technische Anforderungen – hinreichend bestimmbar, wird es auch ohne Vorrang der konventionellen Leistungsbeschreibung regelmäßig wirtschaftlich sein, diese Form zu verwenden, weil eine deutlich größere Anzahl vergleichbarer Angebote erwartet werden kann. Auf der anderen Seite wird im Fall eines auf § 119 Abs. 2 GWB gestützten zulässigen Verhandlungsverfahrens (die zu erbringende Dienstleistung kann durch vertragliche Spezifikationen nicht hinreichend festgelegt werden) regelmäßig nur eine funktionale Ausschreibung in Betracht kommen. Das Gleiche dürfte grundsätzlich auch für den wettbewerblichen Dialog gelten, wobei hier die Besonderheit zu beachten ist, dass die Leistungsbeschreibung erst in der Dialogphase präzisiert wird.

Für folgende Leistungen, die sich regelmäßig durch eine Summe unterschiedlicher Anforderungen und Gestaltungsmöglichkeiten im Hinblick auf die Organisation, den Personaleinsatz und eine Flexibilität hinsichtlich der konkreten Leistungsmerkmale auszeichnen, werden in der **Praxis** regelmäßig funktionale, gegebenenfalls konstruktive Leistungsbeschreibungen in Betracht kommen: 65

- Entsorgungsverträge im Abfall- und Abwasserbereich, die Erfassung, Transport und Verwertung umfassen,[191]
- Durchführung des Öffentlichen Personenverkehrs,[192]
- Installation und Wartung von IT-Produkten und EDV-Dienstleistungen,[193]
- Neukonzeption einer Informationsplattform,[194]
- Privatisierung öffentlicher Unternehmen, soweit sachlich mit öffentlichen Aufträgen verbunden,[195]
- Auswahl eines privaten Partners in PPP-Projekten,[196]
- Organisation von Schulungsmaßnahmen,[197]
- Abschleppverträge,[198]
- Energieversorgung für technische Anlagen,[199]
- Generalplanung für die Errichtung komplexer Bauwerke.[200]

190 *Krohn/Schneider*, in: Gabriel/Krohn/Neun, Handbuch Vergaberecht, § 17 Rn. 15.
191 OLG Naumburg, Beschluss v. 16.9.2002 – 1 Verg 2/02, NZBau 2003, 628; VK Hessen, Beschluss v. 2.1.2003 – 69d-VK-53/2002; VK Niedersachsen, Beschluss v. 24.7.2000 – 203-VgK-08/2000.
192 OLG Schleswig-Holstein, Beschluss v. 21.12.2018 – 54 Verg 1/18; OLG Koblenz, Beschluss v. 26.10.2005 – 1 Verg 4/05; Beschluss v. 5.9.2002 – 1 Verg 2/02.
193 OLG Naumburg, Beschluss v. 2.4.2001 – 1 Verg 4/01; VK Baden-Württemberg, Beschluss v. 17.3.2004 – 1 VK 12/04.
194 OLG Düsseldorf, Beschluss v. 16.8.2019 – VII-Verg 56/18.
195 VK Hessen, Beschluss v. 26.4.2007 – 69d-VK-08/2007; VK Arnsberg, Beschluss v. 20.4.2004 – VK 2-16/04; VK Bund, Beschluss v. 14.1.2003 – VK 1-97/02.
196 Vgl. EuGH, Urteil v. 10.11.2005 – Rs. C-29/04, NZBau 2005, 704; *Hausmann/Mutschler-Siebert*, in: Weber/Schäfer/Hausmann, Praxishandbuch PPP, § 6 Nr. 8.5.2., S. 291.
197 OLG Düsseldorf, Beschluss v. 30.11.2005 – VII-Verg 65/05; VK Niedersachsen, Beschluss v. 26.8.2014 – VgK-31/2014; VK Bund, Beschluss v. 13.4.2004 – VK 1-35/04.
198 OLG Düsseldorf, Beschluss v. 16.8.2010 – VII-Verg 35/10.
199 OLG Brandenburg, Beschluss v. 30.1.2014 – Verg W 2/14.
200 OLG Düsseldorf, Beschluss v. 12.6.2013 – VII-Verg 7/13.

e) Technische Spezifikationen

66 Nach der hier vertretenen Auffassung[201] beinhaltet der Hinweis auf Funktions- und Leistungsanforderungen bei europarechtskonformer Auslegung auch die Möglichkeit, die Leistungsbeschreibung mittels technischer Spezifikationen i.S.d. Art. 42 Abs. 1 i.V.m. Anhang VII RL 2014/24/EU zu konkretisieren.

67 Gemäß Nr. 1 Anhang VII RL 2014/24/EU sind **technische Spezifikationen** bei öffentlichen Bauaufträgen *„die Gesamtheit der insbesondere in den Auftragsunterlagen enthaltenen technischen Beschreibungen, in denen die erforderlichen Eigenschaften eines Werkstoffs, eines Produkts oder einer Lieferung definiert sind, damit dieser/diese den vom öffentlichen Auftraggeber beabsichtigten Zweck erfüllt."* Bei öffentlichen Dienstleistungs- oder Lieferaufträgen werden sie definiert als *„eine Spezifikation, die in einem Schriftstück enthalten ist, das Merkmale für ein Produkt oder eine Dienstleistung vorschreibt, wie Qualitätsstufen, Umwelt- und Klimaleistungsstufen, ‚Design für alle' (einschließlich des Zugangs von Menschen mit Behinderungen) und Konformitätsbewertung, Leistung, Vorgaben für Gebrauchstauglichkeit, Sicherheit oder Abmessungen des Produkts, einschließlich der Vorschriften über Verkaufsbezeichnung, Terminologie, Symbole, Prüfungen und Prüfverfahren, Verpackung, Kennzeichnung und Beschriftung, Gebrauchsanleitungen, Produktionsprozesse und -methoden in jeder Phase des Lebenszyklus der Lieferung oder der Dienstleistung sowie über Konformitätsbewertungsverfahren"*. Soweit technische Spezifikationen nicht als Funktions- oder Leistungsbeschreibung verwendet werden, sind sie als technische Regelwerke zu verstehen, die als Normen, technische Zulassungen oder in anerkannten Verfahren entwickelte und anerkannte technische Vorgaben von den Mitgliedstaaten der EU festgelegt werden.[202] Keine technischen Spezifikationen sind solche Merkmale, die nicht auf das Erzeugnis oder Produktionsprozesse abstellen.[203] Der EuGH hat insoweit höchstrichterlich klargestellt, dass die immer relevanter werdenden sozialen Umstände bei der Herstellung oder dem Vertrieb eines Produkts (z. B. „fair trade") nicht als technische Spezifikationen festgelegt werden können.[204] Allerdings hat er den bisher in der Praxis auf technische Regelwerke bezogenen Anwendungsbereich[205] erweitert und z. B. die Ortsgebundenheit eines Bieters als – allerdings im entschiedenen Fall diskriminierende – technische Spezifikation bewertet.[206] Im Sinne dieses Verständnisses ist der Begriff weit auszulegen, es muss jedoch ein Auftragsbezug bestehen.[207] Zudem ist der öffentliche Auftraggeber nicht gehindert, die technischen Spezifikationen besonders detailliert zu formulieren, soweit hierfür ein sachlicher Grund gegeben ist und dies im Hinblick auf den Verwendungszweck der Leistung verhältnismäßig ist. Vor allem bei der Beschaffung medizinischer Produkte hat der öffentliche Auftraggeber wegen des hohen Wertes des Gesundheitsschutzes einen großen Beurteilungsspielraum.[208]

68 Sowohl § 7a VOB/A, § 7a EU VOB/A als auch §§ 31, 32 VgV setzen die **technischen Anforderungen** mit den technischen Spezifikationen i.S.d. Anhang VII RL 2014/24/EU weitgehend gleich.

69 Die in einem Leistungsverzeichnis enthaltenen **konkreten, individuellen Vorgaben** sind – entgegen der wohl überwiegenden Spruchpraxis – Umstände und werden daher nicht von

201 Siehe hierzu Rn. 52.
202 EuGH, Urteil v. 25.10.2018 – Rs. C-413-17 (Roche Lietuva), Rn. 26; OLG München, Beschluss v. 11.8.2005 – Verg 12/05; OLG Düsseldorf, Beschluss v. 6.10.2004 – VII-Verg 56/04, NZBau 2005, 16; VK Südbayern, Beschluss v. 28.1.2019 – Z3-3-3194-1-35-10/18; vgl. auch Anhang TS zu VOB/A und VOB/A EU.
203 EuGH, Urteil v. 10.5.2012 – Rs. C-368/10 (Max Havelaar).
204 EuGH, Urteil v. 10.5.2012 – Rs. C-368/10 (Max Havelaar).
205 *Noch*, Vergaberecht kompakt, Rn. 1154.
206 EuGH, Urteil v. 22.10.2015 – Rs. C-552/13 (Grupo Hospitalario Quiron).
207 So auch *Burgi*, Vergaberecht, § 12 Rn. 26 f.
208 EuGH, Urteil v. 25.10.2018 – Rs. C-413/17 (Roche Lietuva).

den technischen Spezifikationen bzw. Anforderungen erfasst.[209] Dies folgt bereits aus dem Sinn und Zweck der Vorgaben. Die bisher verbindliche Norm des Art. 23 RL 2004/18/EG ordnet eine verbindliche Vorgabe möglichst gemeinschaftsweit anerkannter technischer Spezifikationen an, um eine gleichberechtigte Teilhabe aller geeigneter Bieter für Ausschreibungen öffentlicher Auftraggeber im Binnenmarkt zu ermöglichen.[210] Art. 42 RL 2014/24/EU erlaubt keine hiervon abweichende Auffassung. Vielmehr lässt der im Vergleich zur Definition in der RL 2004/18/EG detailliertere und präzisere Katalog von Nr. 1 Anhang VII RL 2014/24/EU erkennen, dass es sich hierbei ausschließlich um objektive Leistungsanforderungen, wenn auch zusätzlich bezogen auf den Produktionsprozess und andere Lebenszyklusphasen, handelt.

Da § 121 GWB der **Umsetzung der RL 2014/24/EU** dient, sollte die Vorschrift so ausgelegt werden, dass sie den grundlegenden Anforderungen an technische Spezifikationen, und zwar nur diesen, entspricht. Sollte der Begriff der technischen Anforderungen hiervon abweichend so ausgelegt werden, dass er auch konkrete, individuelle Vorgaben als Umstände einer Leistungserbringung erfasst, würde diese Auslegung über die Umsetzung der Vorgaben für technische Spezifikationen hinausgehen. Aufgabe der technischen Spezifikationen ist es nicht, das Leistungsbestimmungsrecht des öffentlichen Auftraggebers einzuschränken.[211] Bei einer dem widersprechenden Auslegung des § 121 GWB wäre Art. 42 RL 2014/24/EU mit seinem eingeschränkten Anwendungsbereich nicht ordnungsgemäß umgesetzt. 70

Gemäß Art. 42 Abs. 3 lit. b RL 2014/24/EU ergeben sich technische Anforderungen primär aus nationalen Normen, mit denen europäische Normen umgesetzt werden. Als **europäische Normen** gelten Normen, die von einem europäischen Normungsgremium angenommen worden und der Öffentlichkeit zugänglich gemacht worden sind. Diese Gremien sind das Europäische Komitee für Normung (CEN)[212] und für die Spezialgebiete der Elektrotechnik das Europäische Komitee für Elektrotechnische Normung (CENELEC)[213] sowie für die Telekommunikation das Europäische Institut für Telekommunikationsnormen (ETSI).[214] Eine Liste der aktuellen CEN-Standards ist im Internet zugänglich.[215] Diese Normen müssen zu ihrer Wirksamkeit in nationale Normen umgesetzt werden. Diese Aufgabe obliegt in Deutschland dem DIN Deutsches Institut für Normung, das die CEN-, CENELEC- und ITSI-Normen als DIN-EN- oder DIN-ETS-Norm umsetzt.[216] 71

Hilfsweise lässt Art. 42 Abs. 3 lit. b RL 2014/24/EU **europäische technische Bewertungen**, gemeinsame technische Spezifikationen und internationale Normen zu. Europäische technische Bewertungen sind unterhalb der Normung von einem national zugelassenen Gremium ausgestellte technische Beurteilungen der Brauchbarkeit eines Produkts. Der ausschließliche Anwendungsbereich umfasst gemäß Nr. 3 Anhang VII RL 2014/24/EU Maßnahmen nach der EU-Bauproduktenverordnung.[217] Sie werden aufgrund eines Europäischen Bewertungsdokuments (EDA)[218] der Europäischen Organisation für Technische Bewertung (EOTA) von den zuständigen nationalen Stellen erteilt.[219] Im Baubereich obliegt diese Aufgabe nach sektorspezifischen Regelungen[220] dem Deutschen Institut für Bautechnik. **Gemeinsame technische** 72

---

209 So zutreffend VK Bund, Beschluss v. 27.1.2017 – VK2-145/16; abweichend: OLG Brandenburg, Beschluss v. 20.8.2002 – Verg W 6/02, NZBau 2002, 694; OLG München, Urteil v. 31.1.1996 – 27 U 502/95, NJW-RR 1997, 1514 f.; a.A. OLG München, Beschluss v. 28.7.2008 – Verg 10/08, VergabeR 2008, 965 (969); Beschluss v. 11.8.2005 – Verg 12/05; OLG Düsseldorf, Beschluss v. 6.10.2004 – VII-Verg 56/04, NZBau 2005, 169; VK Südbayern, Beschluss v. 10.6.2005 – 20-04/05.

210 Vgl. OLG Düsseldorf, Beschluss v. 6.10.2004 – VII-Verg 56/04, NZBau 2005, 169 (170); *Schätzlein*, in: Heuvels/Höß/Kuß/Wagner, Vergaberecht, § 7 VOB/A Rn. 78; *Trutzel*, in: Ziekow/Völlink, Vergaberecht, § 7aVOB/A-EU Rn. 2.

211 VK Bund, Beschluss v. 27.1.2017 – VK2-145/16.

212 https://standards.cen.eu.

213 https://www.cenelec.eu.

214 https://www.etsi.org.

215 https://www.cen.eu/WorkArea/DynLists/Pages/default.aspx.

216 https://www.din.de; vgl. *Kilian/Heussen*, Computerrecht, 4.a), Rn. 47.

217 VO (EU) 305/2011.

218 https://eota.eu/what-is-an-eta.

219 https://www.eota.eu/about-us.

220 Z. B. dem Bauproduktengesetz.

Spezifikationen sind ausschließlich referenzierbare technische IKT-Spezifikationen aufgrund der Normungsverordnung (EU) 1025/2012.[221] **Internationale Normen** müssen von internationalen Normungsgremien angenommen und der Öffentlichkeit zugänglich gemacht worden sein. Internationale Normen kommen besonders dort in Betracht, wo der Leistungs- und Warenaustausch besonders stark globalisiert ist und eine Beschränkung auf europäische Normen ein Handelshindernis begründen kann. Fallgruppen sind die Informations- und Telekommunikationsbranche. Wichtigste internationale Normungsorganisation ist die International Standardization Organization (ISO), die die weithin anerkannten ISO-Zertifikate und Normen erlässt. Die deutschen Interessen in diesem Gremium werden vom Deutschen Institut für Normung e.V. (DIN e.V.) vertreten, sein Normenausschuss Deutsche Kommission Elektrotechnik Elektronik Informationstechnik in DIN und VDE (DKE) vertritt sie im anderen bedeutenden internationalen Normungsgremium, der International Electrotechnical Commission (IEC).[222]

73 **Andere technische Bezugssysteme** unterscheiden sich von europäischen Normen nur dadurch, dass sie, obwohl von europäischen Normungsgremien ausgearbeitet, nicht als europäische Normen angenommen worden sind.[223] Nationale Normen bzw. technische Zulassungen und Spezifikationen können verwendet werden, falls keine europäischen Bezugsgrößen zur Verfügung stehen. Wesentliche Erkenntnisquelle für diese Regelwerke sind die Veröffentlichungen des DIN e.V.[224]

74 **Beispiele** für technische Anforderungen aus der jüngeren Spruchpraxis sind:

- Wasserbausteine mit CE-Kennzeichnung, die Mindestprüfhäufigkeiten vorgibt,[225]
- Drahtkästen mit Korrosionsschutz nach DIN mit der Vorgabe von Salzsprühnebeltests,[226]
- Sicherheitswerkbänke mit CE-Konformitätskennzeichen,[227]
- Anforderungen an die Spültechnik von Waschautomaten,[228]
- Wärmeschutzanforderungen für Fenster,[229]
- technische Eigenschaften von Pulsoximetern.[230]

Der öffentliche Auftraggeber darf nur solche Spezifikationen vorgeben, die für den konkreten Auftrag sachlich gerechtfertigt und nachvollziehbar sind. Verstößt die Leistungsbeschreibung hiergegen, liegt eine Diskriminierung und Ungleichbehandlung vor, die von unterlegenen Bietern mit Erfolg angefochten werden kann.[231] Dies gilt auch, wenn der öffentliche Auftraggeber „technische Spezifikationen" vorgibt, die auf keiner europäischen oder nationalen Grundlage beruhen.[232]

2. Beschreibung der zu lösenden Aufgabe

75 § 121 Abs. 1 S. 2 GWB differenziert zwischen den „Leistungs- und Funktionsanforderungen" und der „Beschreibung der zu lösenden Aufgabe", wobei sich bezüglich dieser Differenzierung die Frage der Praxisrelevanz stellt, da sich inhaltlich beide Anforderungen als funktionale Leistungsanforderungen einordnen lassen. Erklären lässt sich die Unterscheidung dadurch, dass § 121 GWB für alle untergesetzlichen Regelungen der Leistungsbeschreibung maßgeblich ist, und daher auch die freiberuflichen Leistungen, die sich einer vorherigen eindeutigen

221 Nr. 4 Anhang VII RL 2014/24/EU.
222 https://www.din.de.
223 Nr. 5 Anhang VII RL 2014/24/EU.
224 Auf eine mangels Veröffentlichung und Initiative der Europäischen Kommission unvollständige Europäische Norm, die als EN-Norm aber national anerkannt ist, weist *Fassbender*, VergabeR 2003, 381 (387), hin.
225 VK Südbayern, Beschluss v. 12.8.2019 – Z3-3-3194-1-11-03/19.
226 VK Südbayern, Beschluss v. 12.8.2019 – Z3-3-3194-1-11-03/19.
227 VK Bund, Beschluss v. 29.4.2011 – VK 1-34/11.
228 VK Bund, Beschluss v. 25.3.2015 – VK 2-23/15.
229 VK Sachsen, Beschluss v. 2.4.2015 – 1/SVK/006-15.
230 VK Bund, Beschluss v. 20.10.2014 – VK 1-84/14.
231 EuGH, Urteil v. 25.10.2018 – Rs. C-413-17 (Roche Lietuva); VK Südbayern, Beschluss v. 28.1.2019 – Z3-3-3194-1-35-10/18.
232 VK Niedersachsen, Beschluss v. 30.10.2018 – VgK-41/2018.

und erschöpfenden Beschreibung verschließen[233] und bisher im Bereich oberhalb der europäischen Schwellenwerte von der VOF geregelt worden sind, erfasst. Aus diesem Grund muss die „Dachvorschrift" des § 121 GWB auch diese Leistungen einbeziehen. Der Gesetzgeber hat dies ausweislich der amtlichen Begründung zum Gesetzentwurf der Bundesregierung[234] vollzogen, indem der Begriff der Leistungsbeschreibung nunmehr auch für nicht beschreibbare Leistungen gilt, die Leistungs- oder Funktionsanforderungen aber durch eine Beschreibung der zu lösenden Aufgabe ersetzt werden können. Für Architekten- und Ingenieurleistungen sieht § 73 VgV ergänzende Regelungen für die Architekten- und Ingenieurleistungen vor, deren Gegenstand eine Aufgabe ist, deren Lösung vorab nicht eindeutig und erschöpfend beschrieben werden kann. Es handelt sich quasi um lex specialis für diese Art von Leistungen, die vor dem Regelwerk vor allem der Gefüge und Umfang der HOAI zu sehen sind und zudem deutlich machen, dass Architekten- und Ingenieurleistungen keine von § 121 GWB ausgenommenen Leistungen sind.

Da nicht beschreibbare Leistungen ihrer Natur nach nicht konventionell unter Bezugnahme auf konkrete Leistungspositionen vorab bestimmt werden können,[235] scheidet diese Form der **Leistungsbeschreibung** aus.[236] Möglich ist aber sowohl eine funktionale als auch eine konstruktive Leistungsbeschreibung.[237] **76**

Dabei können Planungsleistungen und Planungsrisiken weitgehend auf die Bieter verlagert werden, ein Verbot der Übertragung ungewöhnlicher **Wagnisse** gibt es hier nicht.[238] **77**

Auch die Aufgabenbeschreibung unterliegt aber der Verpflichtung des § 121 Abs. 1 S. 1 GWB, den Auftragsgegenstand „so **eindeutig** und **erschöpfend** wie möglich" zu beschreiben. Ein wesentlicher Zweck dieser Vorgabe besteht darin, bei aller Unvorhersehbarkeit der gewonnenen Lösung die Identität des Auftragsgegenstands zu wahren und damit ein Mindestmaß an Transparenz zu gewährleisten.[239] Dies erfordert jedoch, dass dem Bieter auch eindeutige Planungsleistungen zu übertragen sind. Ein Auftrag, der nur auf Bauleistungen gerichtet ist und nicht klar erkennen lässt, dass auch Planungsleistungen zu erbringen sind, erfordert eine konstruktive Leistungsbeschreibung.[240] Hieraus folgt, dass der öffentliche Auftraggeber in jedem Fall die Zielsetzung der Leistung, die Rahmenbedingungen und – soweit dies vorab möglich ist – die wesentlichen Einzelheiten der Leistung anzugeben hat.[241] Hierzu zählt in jedem Fall, wo die Aufgabe erfüllt werden soll, welchen Zwecken sie dienen soll, welche personellen Ressourcen einzuplanen sind und in welcher Zeit die Aufgabe zu lösen ist.[242] Bei HOAI-Leistungen sind die anrechenbaren Kosten, die Honorarzone und die Leistungsphasen anzugeben.[243] Hinsichtlich der Zuschlagskriterien gibt es keine Besonderheiten mehr. Den Bietern muss aufgrund der Aufgabenbeschreibung eine Kalkulation des Angebots möglich sein.[244] Das Wahlrecht nach altem Recht (§ 11 Abs. 4 VOF) ist nicht übernommen worden Die Aufgabenbeschreibung muss widerspruchsfrei sein, wobei es auf die objektive **78**

233 *Schätzlein*, in: Heuvels/Höß/Kuß/Wagner, Vergaberecht, § 6 VOF Rn. 1; *Schellenberg*, in: Pünder/Schellenberg, Vergaberecht, § 6 VOF Rn. 1; *Wirner*, in: Willenbruch/Wieddekind, Vergaberecht, § 6 VOF Rn. 1.
234 Gesetzesbegründung zu § 121 GWB, VergRModG 2016, BT-Drs. 18/6281, 100.
235 OLG Düsseldorf, Beschluss v. 12.6.2013 – VII-Verg 7/13; OLG Rostock, Beschluss v. 9.5.2001 – 17 W 4/01; VK Thüringen, Beschluss v. 16.2.2007 – 360-4003.20-402/2007-001-UH; *Schellenberg*, in: Pünder/Schellenberg, Vergaberecht, § 6 VOF Rn. 8.
236 OLG Düsseldorf, Beschluss v. 28.6.2017 – VII Verg 2/17.
237 OLG Düsseldorf, Beschluss v. 12.6.2013 – VII-Verg 7/13.
238 OLG Düsseldorf, Beschluss v. 28.6.2017 – VII Verg 2/17; Beschluss v. 12.6.2013 – VII-Verg 7/13; *Schätzlein*, in: Heuvels/Höß/Kuß/Wagner, Vergaberecht, § 6 VOF Rn. 18.
239 OLG Dresden, Beschluss v. 11.4.2005 – WVerg 5/05; BayObLG, Beschluss v. 24.9.2002 – Verg 16/02; VK Westfalen, Beschluss v. 28.2.2017 – VK 1-1/17; VK Bund, Beschluss v. 10.5.2011 – VK 1-11/01.
240 OLG Düsseldorf, Beschluss v. 28.6.2017 – VII Verg 2/17.
241 OLG Düsseldorf, Beschluss v. 12.6.2013 – VII-Verg 7/13; *Trutzel*, in: Ziekow/Völlink, Vergaberecht, § 31 VgV Rn. 14 f.
242 *Schellenberg*, in: Pünder/Schellenberg, Vergaberecht, § 6 VOF Rn. 3.
243 OLG Rostock, Beschluss v. 6.6.2001 – 17 W 6/01; VK Nordbayern, Beschluss v. 1.2.2008 – 21.VK-3194-53/07.
244 OLG Düsseldorf, Beschluss v. 12.6.2013 – VII-Verg 7/13; *Wirner*, in: Willenbruch/Wieddekind, Vergaberecht, § 7 VOB/A Rn. 26; *Trutzel*, in: Ziekow/Völlink, Vergaberecht, § 121 GWB Rn. 4.

Sicht eines Durchschnittsbieters ankommen soll.[245] Es bestehen insoweit keine Besonderheiten im Vergleich zu gewerblichen Leistungen mehr.

3. Umstände und Bedingungen der Leistungserbringung

79 Unklar ist nach dem Wortlaut von § 121 Abs. 1 S. 2 GWB, ob auch solche Umstände und Bedingungen anzugeben sind, deren Kenntnis für die Erstellung des Angebots nicht erforderlich sind. Im Gegensatz zu den Anforderungen und Beschreibungen enthält § 121 Abs. 1 S. 2 GWB für Umstände und Bedingungen keine entsprechende Einschränkung. Praxisrelevant könnte dieses Auslegungsproblem werden, wenn eine Beschreibung des Auftragsgegenstands auch ohne die in § 121 Abs. 1 S. 2 GWB genannten Elemente erschöpfend und eindeutig beschrieben werden kann, weil sich dann aus § 121 Abs. 1 S. 2 GWB eine weitergehende Verpflichtung zur Aufnahme solcher Elemente in die Leistungsbeschreibung ergeben könnte. Zur Vermeidung vergaberechtlicher Risiken sollten die öffentlichen Auftraggeber daher alle Umstände und Bedingungen, die auch nur einen geringen oder mittelbaren Bezug zur Leistungserbringung haben, in die Leistungsbeschreibung aufnehmen, selbst wenn sie für die Preisbildung oder die Wertung allgemein keine Auswirkungen haben.

a) Umstände der Leistungserbringung

80 Umstände, die in die Leistungsbeschreibung aufzunehmen sind, sind bisher ausdrücklich nur im Zusammenhang der Ermöglichung einer einwandfreien Preisermittlung bei Bauleistungen geregelt, vgl. § 7 Abs. 1 Nr. 2 VOB/A bzw. § 7 EU Abs. 1 Nr. 2 VOB/A. Trotz des Wegfalls der gleichlautenden Bestimmung der VOL/A 2006 sollte diese Vorschrift auch für den Bereich der Leistungen fortgelten.[246] Aus der, wenn auch nur verkürzten Aufnahme dieses Gedankens in die „Dachvorschrift" des GWB ist zu schließen, dass dies für die neue Rechtslage weitergilt. Insoweit erscheint es unerheblich, dass § 31 VgV ebenso wie die Vorgängerregelung der VOL/A keinen ausdrücklichen Verweis auf die Umstände der Leistungserbringung enthält. Dieses Ergebnis wird auch durch systematische Auslegung des § 121 GWB bestätigt, da regelmäßig ohne Kenntnis aller für die Preisermittlung relevanter Umstände auch bei Leistungsvergaben ein wertungsfähiges Angebot nicht erstellt werden und die Leistungsbeschreibung dann schwerlich als „erschöpfend" bezeichnet werden kann.

81 Allerdings steht diese Auslegung in engem Zusammenhang mit der umstrittenen Frage, ob im Leistungsbereich den Bietern ein **ungewöhnliches Wagnis** auferlegt werden kann.[247] Selbst wenn dies – entgegen der hier vertretenen Auffassung[248] – der Fall sein sollte, folgt hieraus jedoch nicht, dass Umstände, die für den Bieter ein solches Wagnis begründen können, in der Leistungsbeschreibung weggelassen werden können. Dem Bieter muss es zumindest möglich sein, zu ermitteln, welches Wagnis er mit der Annahme des Auftrags übernimmt. Daher ergibt sich bereits aus § 121 GWB unmittelbar, dass alle die Preisermittlung beeinflussenden Umstände in die Leistungsbeschreibung aufzunehmen sind. Solche Umstände sind in der Spruchpraxis u.a.:

- der bisherige Tourenumfang für die Vergabe von Beförderungsleistungen,[249]
- relevante Aspekte für die Beurteilung der Gleichwertigkeit von Nebenangeboten,[250]
- Mengenangaben für das Leistungsverzeichnis,[251]

245 VK Hessen, Beschluss v. 12.10.2012 – 69d-VK-25/12.
246 So VK Sachsen-Anhalt, Beschluss v. 18.12.2014 – 3 VK LSA 100/14; Beschluss v. 19.3.2014 – 3 VK LSA 08/14; VK Rheinland-Pfalz, Beschluss v. 20.9.2012 – VK 2-25/12; *Trutzel*, in: Ziekow/Völlink, Vergaberecht, § 121 GWB Rn. 5; restriktiver OLG Karlsruhe, Beschluss v. 25.7.2014 – 15 Verg 4/14.
247 Siehe hierzu Rn. 20 ff.; vgl. OLG Karlsruhe, Beschluss v. 25.7.2014 – 15 Verg 4/14; VK Rheinland-Pfalz, Beschluss v. 20.9.2012 – VK 2-25/12.
248 Rn. 20 f.
249 OLG Karlsruhe, Beschluss v. 25.7.2014 – 15 Verg 4/14.
250 VK Sachsen-Anhalt, Beschluss v. 16.4.2014 – 3 VK LSA 14/14.
251 VK Sachsen-Anhalt, Beschluss v. 18.12.2014 – 3 VK LSA 100/14.

- Erfahrungswerte aus Voraufträgen und vergleichbaren Aufträgen,[252]
- Vorgabe von Preisblättern nach dem VHB.[253]

Es muss sich jeweils um mit dem **konkreten öffentlichen Auftrag** verbundene Umstände handeln, allgemeine Preisbildungsfaktoren werden nach den bisherigen Vorgaben der VOB/A nicht erfasst.[254] Dies dürfte auch auf die Definition in § 121 GWB zutreffen, denn die Verpflichtung des öffentlichen Auftraggebers kann sich gegenüber fachkundigen Bietern nur auf solche Umstände beziehen, die so mit dem konkreten Auftragsgegenstand verbunden sind, dass sie für die Bieter nicht ohne Weiteres zu erkennen sind. Hinsichtlich allgemeiner preiserheblicher Sachverhalte besteht ein solches Interesse der Bieter nicht. 82

b) Bedingungen der Leistungserbringung

Vergaberechtlich umfasst dieser Terminus u.a. die „**Ausführungsbedingungen**", deren Problematik, vor allem in Hinsicht auf Vorgabe bzw. Umfang der Auftragsbezogenheit, sowohl in der Entscheidungspraxis als auch im vergaberechtlichen Schrifttum vielfach erörtert wird.[255] Die Vorschrift steht in engem Zusammenhang mit § 128 Abs. 2 GWB. Diese Vorschrift räumt dem öffentlichen Auftraggeber Ermessen ein, ob er Auftragsbedingungen, also Vorgaben für die Erbringung der Leistung nach Zuschlag stellen will. Wenn er sich hierzu entscheidet, verpflichtet ihn § 121 GWB dazu, diese bereits in der Leistungsbeschreibung zu benennen.[256] 83

Ein weiterer Anwendungsfall von Bedingungen könnten **Vertragsbedingungen** sein, die jeder Auftragnehmer zu erfüllen hat und die daher Bieter bei der Abfassung eines wertungsfähigen Angebots berücksichtigen müssen. So sieht § 29 Abs. 2 VgV vor, dass die Allgemeinen Vertragsbedingungen VOL/B zum Vertragsgegenstand zu machen und daher aus Gründen der Transparenz in die Vergabeunterlagen aufzunehmen sind. Da sie allerdings neben die eigentliche Leistungsbeschreibung treten, wird insoweit auf die Kommentierung dieser Vorschrift[257] verwiesen. 84

Weiter sehen sowohl die VOB/A als auch die VgV vor, dass der öffentliche Auftraggeber in den Vergabeunterlagen **Bewerbungsbedingungen** anzugeben hat.[258] Bei Bewerbungsbedingungen handelt es sich um identische Verfahrenserfordernisse für eine Vielzahl von Auftragsvergaben, die bei bestimmten öffentlichen Auftraggebern ständig zu beachten sind.[259] Daher müssen sie nicht in das jeweilige Anschreiben aufgenommen werden, sondern können ihm standardisiert beigefügt werden.[260] Beispiele sind Fristen,[261] Vorgaben für die Form der Angebote,[262] Umgang mit unvollständigen Angeboten, Muster und Proben,[263] Patentrechte.[264] 85

252 VK Sachsen-Anhalt, Beschluss v. 10.5.2011 – 1/SVK/009-11.
253 VK Rheinland-Pfalz, Beschluss v. 25.6.2009 – VK 27/09.
254 *Trutzel*, in: Ziekow/Völlink, Vergaberecht, § 121 GWB Rn. 5.
255 EuGH, Urteil v. 18.9.2014 – Rs. C-549/13 (Bundesdruckerei); Urteil v. 10.5.2012 – Rs. C-386/10 (Max Havelaar); OLG Koblenz, Beschluss v. 19.2.2014 – 1 Verg 8/13; OLG Naumburg, Beschluss v. 12.4.2012 – 2 Verg 1/12; OLG Düsseldorf, Beschluss v. 30.12.2010 – VII-Verg 24/10; VK Münster, Beschluss v. 25.1.2015 – VK 18/14; Beschluss v. 24.6.2011 – VK 6/11; VK Bund, Beschluss v. 10.5.2010 – VK 3-42/10; VK Baden-Württemberg, Beschluss v. 29.1.2010 – 1 VK 73/09; VK Sachsen, Beschluss v. 8.1.2010 – 1/SVK/059-09; *Hailbronner*, in: Byok/Jaeger, Vergaberecht, § 97 GWB Rn. 106; *Beckmann*, in: Müller-Wrede, Kompendium des Vergaberechts, Kapitel 15 Rn. 1 ff.; *Burgi*, NZBau 2011, 577 ff.; *Diemon-Wies*, VergabeR 2010, 317 ff.; *Hübner*, VergabeR 2012, 545 ff.; *Meißner*, VergabeR 2012, 301 ff.; *Müller-Wrede*, VergabeR 2012, 416 ff.; *Rödl*, EuZW 2011, 292 ff.; *Wegener/Hahn*, NZBau 2012, 684 ff.
256 Vgl. *Werner*, in: Willenbruch/Wieddekind, Vergaberecht, § 128 GWB, Rn. 3.
257 *Gnittke/Hattig*, in: Müller-Wrede, VgV/UVgO, § 29 VgV.
258 Vgl. § 8 EU Abs. 2 Nr. 4 und § 8 VS Abs. 2 Nr. 4 VOB/A sowie § 29 Abs. 1 S. 2 Nr. 2 VgV.
259 Vgl. § 8 EU Abs. 2 Nr. 4 und § 8 VS Abs. 2 Nr. 4 VOB/A.
260 Vgl. § 8 EU Abs. 2 Nr. 4 und § 8 VS Abs. 2 Nr. 4 VOB/A sowie § 29 Abs. 1 S. 2 Nr. 2 VgV.
261 OLG Dresden, Beschluss v. 14.4.2014 – Verg 3/13; VK Sachsen, Beschluss v. 4.9.2014 – 1/SVK/026/14.
262 Zum Beispiel digitale Angebote, VK Nordbayern, Beschluss v. 26.2.2015 – 21.VK-3194-42/14; Vorgabe des VHB Bund, VK Niedersachsen, Beschluss v. 29.10.2014 – VgK 39/2014; Nachweis der Gleichwertigkeit des Nebenangebots, VK Sachsen-Anhalt, Beschluss v. 16.4.2014 – 3 VK LSA 14/14.
263 VK Bund, Beschluss v. 20.4.2014 – VK 1-84/14.
264 *Gnittke/Hattig*, in: Müller-Wrede, VOL/A, § 9 EG Rn. 12.

Auch Eignungskriterien können, wenn sie zugleich die Qualität der Leistung betreffen und damit den Auftragsgegenstand bestimmen, als Bewerbungsbedingungen gefasst werden.[265]

C. Zugänglichkeitskriterien und Konzeption für alle Nutzer (Abs. 2)

86 Art. 42 Abs. 1 UAbs. 4 RL 2014/24/EU schreibt vor, dass die technischen Spezifikationen für alle Leistungen, die von natürlichen Personen in Anspruch genommen werden können, außer in ordnungsgemäß begründeten Fällen, den Zugang für Menschen mit Behinderung gewährleisten und die Konzeption für alle Nutzer berücksichtigen müssen. Es handelt sich um eine sehr weitreichende Regelung, die in alle Bereiche des öffentlichen Lebens hineinwirkt. Denn im Sinne einer richtlinienkonformen Umsetzung fordert sie, dass z. B. bei jeder Baumaßnahme mitzuüberlegen ist, wie Menschen mit Behinderung eine Teilhabe zu ermöglichen ist. Bei Liefer- und Dienstleistungen ist diese Anforderung sicher differenzierter zu sehen, jedoch gilt auch hier, dass in den Fällen, in denen Leistungen für Bürgerinnen- und Bürger Gegenstand eines Vergabeverfahrens sind, diese so zu beschaffen sind, dass sie auch für Menschen mit Behinderungen verfügbar sind. § 121 Abs. 2 GWB setzt diese Vorgabe in nationales Recht um.

87 Der Wortlaut der Vorschrift des § 121 Abs. 2 GWB ist missverständlich. Aus ihm könnte geschlossen werden, dass lediglich die **Leistungsbeschreibung** (*„bei der Erstellung der Leistungsbeschreibung"*) barrierefrei zugänglich gemacht werden muss. Die amtliche Begründung des Gesetzentwurfs der Bundesregierung[266] verdeutlicht aber das eigentliche Ziel der Vorschrift – die Ermöglichung eines gleichberechtigten Zugang oder die gleichen Nutzungsmöglichkeiten an einem öffentlichen Gebäude, einem Produkt oder einer Dienstleistung für Menschen mit Behinderung. Zum anderen ist sie auch nicht dahingehend zu verstehen, dass es eine Abstufung oder Rangfolge geben könnte, dass eine Leistung entweder Zugänglichkeitskriterien für Menschen mit Behinderung oder eine Konzeption für alle Nutzer zu berücksichtigen hat. Dies würde der zugrundeliegenden Zielsetzung der Vorschrift nicht gerecht werden.

88 Die in § 121 Abs. 2 GWB genannten Kriterien sind nicht neu, sondern waren bislang in der Begriffsbestimmung der technischen Spezifikationen verankert.[267] Dort wird die „Konzeption für alle Verwendungsarten", versehen mit dem Klammerzusatz „design for all", als technische Spezifikation bezeichnet. Entsprechend der Vorgabe der RL 2014/24/EU steht es nun nicht mehr im **Ermessen** der öffentlichen Auftraggeber, ob sie den barrierefreien Zugang oder die barrierearme Lesbarkeit von Texten für auszuschreibende Leistungen vorgeben. Vielmehr handelt es sich hierbei um eine materielle Vorgabe des Vergaberechts, die grundsätzlich immer zu berücksichtigen ist.

89 Es ist ein weites und umfassendes Verständnis des Begriffs „**Konzeption für alle Nutzer**" zugrunde zu legen, der nicht auf bestimmte Leistungen begrenzt ist. Eine Leistungsbeschreibung, die diese Vorgabe missachtet, ist rechtswidrig und – auf Rüge – im Nachprüfungsverfahren angreifbar. Hierdurch wird die Berücksichtigung sozialer Aspekte bei der Leistungsbeschreibung deutlich gestärkt. Es ist nunmehr klargestellt, dass Aspekte wie die Behindertengerechtigkeit einer Leistung immer zulässig sind und nicht auf Fälle beschränkt sind, die eine Nutzung der Leistung durch sozial bedürftige Gruppen ausdrücklich zulassen.[268] Ausweislich der amtlichen Begründung zum Gesetzentwurf der Bundesregierung[269] sind die etwas sperrigen Kriterien der Zugänglichkeit für Menschen mit Behinderungen und der „Konzeption für alle Nutzer" Elemente des europäischen Terminus „design for all". Dieser Begriff wurde vom Europäischen Institut „European Institute Design for all Europe" (EIDD) entwickelt und in der

265 OLG Düsseldorf, Beschluss v. 30.4.2014 – VII-Verg 33/13; VK Münster, Beschluss v. 3.2.2015 – VK 1-1/15.
266 Gesetzesbegründung zu § 121 Abs. 2 GWB, VergRModG 2016, BT-Drs. 18/6281, 100.
267 Vgl. Anhang TS zu VOL/A-EG.
268 *Schellenberg*, in: Pünder/Schellenberg, Vergaberecht, § 121 GWB Rn. 12; *Trutzel*, in: Ziekow/Völlink, Vergaberecht, § 121 GWB Rn. 20; vgl. *Abate*, KommJur 2012, 41 (43).
269 Gesetzesbegründung zu § 121 Abs. 2 GWB, VergRModG 2016, BT-Drs. 18/6281, 100.

Stockholmer Erklärung von 2004 als Ansatz bezeichnet, allen Menschen gleichberechtigten Zugang in allen Aspekten der Gesellschaft einzuräumen. Gefordert wurde, dass jede materielle und immaterielle Leistung, die zur Nutzung durch Menschen bestimmt ist, für jeden in der Gesellschaft zugänglich sein soll.[270] Das EIDD wird von Mitgliedsverbänden aus 21 europäischen Ländern, nicht nur EU-Mitgliedern getragen.[271] Das deutsche EIDD-Mitglied ist die Nichtregierungsorganisation Design für Alle – Deutschland e.V. (EDAD).[272]

Für die Vergabepraxis ist wichtig, die Anforderungen des § 121 Abs. 2 GWB im Kontext mit den **Behindertengleichstellungsgesetzen** des Bundes und der Länder zu beachten. Diese Gesetze sollen die gleichberechtigte Teilhabe von Menschen mit Behinderungen am Leben in der Gesellschaft gewährleisten und ihnen eine selbstbestimmte Lebensführung ermöglichen. Sie enthalten Vorgaben für die Gewährleistung von Barrierefreiheit in Bezug auf Gebäude, Anforderungen an die Verwendung von Gebärdensprache und anderen Kommunikationshilfen, Regelungen zur Gestaltung von Bescheiden und Vordrucken sowie Bestimmungen für eine barrierefreie Informationstechnik. Ausschreibungen von Leistungen in diesen Bereichen erfordern daher, dass die Anforderungen aus den Behindertengleichstellungsgesetzen aufgegriffen und umgesetzt werden. Dies betrifft insbesondere Bau- und Verkehrsprojekte sowie IT-Lösungen. 90

Beispiele für Verstöße gegen die Barrierefreiheit sind etwa eine in der Leistungsbeschreibung vorgegebene Verschattung von Notausgängen.[273] Und die Nichtbeachtung der Anforderungen in Bezug auf die Barrierefreiheit von Informationstechnik. Dies bezieht sich z. B. auf technische Anforderungen von Programmoberflächen im Bereich der elektronischen Datenverarbeitung oder auf die Art der Darstellung (Leichte Sprache). Aufgrund des verpflichtenden Charakters dürfte zukünftig grundsätzlich nicht mehr in Betracht kommen, die Barrierefreiheit – z. B. bei Aufträgen zur Errichtung von Sportstadien[274] oder zur Durchführung webbasierter Publikationen[275] – als Zuschlagskriterien anzuwenden. 91

Unklar ist, welche Anforderungen an ordnungsgemäß begründete **Ausnahmen** von der Verpflichtung zur Berücksichtigung der Konzeption für alle Nutzer gestellt werden müssen. Eine solche Ausnahme könnte z. B. bei der Beschaffung von Leistungen in Betracht kommen, die für konkrete Tätigkeiten eingesetzt werden sollen, die aus tatsächlichen Gründen nicht von Menschen mit Behinderungen wahrgenommen werden können. Mögliche – auch erhebliche – Kostenersparnisse oder ein größerer Anbieterkreis dürften jedenfalls eine Abweichung von der Zugänglichkeit der Leistung für Menschen mit Behinderungen und der Berücksichtigung der Konzeption für alle Nutzer nicht rechtfertigen. 92

D. Mitteilung der Leistungsbeschreibung (Abs. 3)

Zusätzlich zu den inhaltlichen Grundanforderungen an die Leistungsbeschreibung begründet § 121 Abs. 3 GWB die Verpflichtung, diese mit der Bekanntgabe der Vergabeunterlagen zugänglich zu machen. 93

Der Wortlaut spricht zwar nur davon, dass die Leistungsbeschreibung den Vergabeunterlagen „**beizufügen**" ist. Eine wettbewerbsoffene und transparente Verfahrensführung ist aber nur dann möglich, wenn von Beginn eines Vergabeverfahrens an die genauen Leistungsanforderungen dem Wettbewerb auch zur Verfügung stehen. Ein anderes Verständnis würde der Leistungsbeschreibung als zentraler Bestandteil der Vergabeunterlagen nicht gerecht werden. 94

Da nach § 97 Abs. 5 i.V.m. § 41 Abs. 1 VgV die Vergabeunterlagen elektronisch **bereitzustellen** sind, sind die Veröffentlichungswege durch die jeweiligen Plattformen vorgegeben. Mit 95

270 The EIDD Stockholm Declaration 2004, https://dfaeurope.eu/what-is-dfa/dfa-documents/the-eidd-stockholm-declaration-2004.
271 https://dfaeurope.eu/about-members/members-list (abgerufen am 26.9.2022).
272 https://www.design-fuer-alle.de/edad.
273 VK Sachsen, Beschluss v. 9.12.2014 – 1/SVK/038-14.
274 VK Sachsen, Beschluss v. 28.8.2013 – 1/SVK/026-13.
275 VK Bund, Beschluss v. 9.9.2011 – VK 1-114/11.

der Digitalisierung der Verfahren und der Unterlagen wird es immer wichtiger werden, die damit einhergehenden Herausforderungen in der Anwendung der Norm zu erkennen. So ist es durchaus zweifelhaft, ob es den Transparenzanforderungen noch entspricht, wenn eine umfangreiche Leistungsbeschreibung – gegebenenfalls mit Anlagen – in einer losen Aneinanderreihung von Dateien in unterschiedlichen Formaten mit uneinheitlichen Bezeichnungen digital veröffentlicht werden. Vieles spricht dafür, dass eine klare Dateistruktur und eindeutige und selbsterklärende Dateibezeichnungen zu fordern sind, um den Anforderungen des § 121 GWB zu genügen. Dieses Verständnis bedeutet unzweifelhaft eine Erweiterung der Bedeutung und des Kontextes der Vorschrift. Die Grundsätze von Transparenz und Wettbewerb dürfen im Rahmen der Digitalisierung von Vergabeverfahren keine Beeinträchtigungen dadurch erleiden, dass digitale Kommunikations- oder Übertragungswege gewählt werden. Es werden durch die digitale Bereitstellung der Vergabeunterlagen neue Herausforderungen an die äußere Form der Leistungsbeschreibung zu stellen sein. Diese Diskussion steht noch ganz am Anfang. Die Entwicklung, auch der Rechtsprechung, zu diesem Thema bleibt abzuwarten.

E. Rechtsschutz

96 Die Vorschriften über die Leistungsbeschreibung haben grundsätzlich unternehmensschützenden Charakter.[276] Dies betrifft u.a. das Gebot der eindeutigen und erschöpfenden Leistungsbeschreibung.[277] Auch die Bekanntmachungsverpflichtung, die dem Zweck dient, den Unternehmen spätestens im Stadium der Übersendung der Vergabeunterlagen eine ungehinderte Teilnahme am Vergabeverfahren zu ermöglichen, ist unternehmensschützend.[278] Fehler in der Leistungsbeschreibung müssen jedoch gerügt werden, sobald sie für fachkundige Unternehmen erkennbar sind. Nicht erst die Gewissheit eines Fehlers, bereits seine Erkennbarkeit führt zur Rügeobliegenheit.[279] Folge verspäteter Rügen ist die Präklusion.

Anlage

Gesetzesbegründung – VergRModG 2016 (BT-Drs. 18/6281)

Seite 100

§ 121 führt den – bisher im vierten Teil des GWB nicht enthaltenen – zentralen Begriff der Leistungsbeschreibung ein und setzt damit Artikel 42 Absatz 1 der Richtlinie 2014/24/EU in Teilen um.

Zu Absatz 1

Nach § 121 Absatz 1 legt der öffentliche Auftraggeber mit der Leistungsbeschreibung den Auftragsgegenstand und damit sowohl den sachlichen Gehalt der Angebote als auch den Inhalt des abzuschließenden Vertrags fest. Für die Wertung der Angebote gibt die Leistungsbeschreibung die Entscheidungsmaßstäbe vor, an die sich der öffentliche Auftraggeber selbst bindet. Hierdurch soll den Bewerbern und Bietern im Vergabeverfahren eine sichere Kalkulationsgrundlage zur Hand gegeben werden. Gleichzeitig dient die Leistungsbeschreibung aber auch dazu, die Vergleichbarkeit der Angebote zu sichern. Die Formulierung des Absatzes 1 lässt einen weiten Spielraum bei Art und Umfang der Beschreibung zu. So kann der Beschaffungsgegenstand durch konkrete Leistungsanforderungen oder – offener – durch Funktionsanforderungen definiert werden. Bei geistig-schöpferischen Leistungen, etwa mit Blick auf zu erbringende Planungsleistungen, kann auch bereits die Beschreibung der

276 VK Münster, Beschluss v. 2.10.2014 – VK 13/14; *Kapellmann*, in: Kapellmann/Messerschmidt, VOB/A, § 7 Rn. 4; *Dicks*, IBR 2008, 1360, Rn. 9.
277 OLG Karlsruhe, Beschluss v. 25.7.2014 – 15 Verg 4/14; OLG München, Beschluss v. 20.3.2014 – Verg 17/13; VK Sachsen, Beschluss v. 27.6.2014 – 1/SVK/020-13.
278 VK Hessen, Beschluss v. 12.8.2014 – 69d-VK-11/2014; VK Mecklenburg-Vorpommern, Beschluss v. 25.4.2014 – 2 VK 06/14; *Planker*, in: Kapellmann/Messerschmidt, VOB, § 12 VOB/A Rn. 4; *Franzius*, in: Pünder/Schellenberg, Vergaberecht, § 12 VOL/A Rn. 1.
279 VK Sachsen-Anhalt, Beschluss v. 8.7.2019 – 1 VK LSA 01/19.

zu lösenden Aufgabe ausreichen. Die Vorschrift greift den Regelungsgehalt der §§ 7 VOB/A EG, 8 VOL/A EG und 6 VOF auf.

Die weiteren Anforderungen des Artikels 42 der Richtlinie 2014/24/EU werden im Rahmen der Vergabeverordnung (VgV) umgesetzt. Hier wird auch klargestellt, dass die vom öffentlichen Auftraggeber geforderten Merkmale der Leistung nicht zwingend materielle Auswirkungen auf die Leistung selbst haben müssen, sondern sich auch auf die Art der Herstellung der Leistung einschließlich der Aspekte entlang der Produktions- und Lieferkette (z.B. unter Beachtung der ILO-Kernarbeitsnormen) oder einen spezifischen Prozess des Lebenszyklus' der Leistung (z.B. mit Blick auf deren Recycling-Fähigkeit) beziehen können.

Zu Absatz 2

§ 121 Absatz 2 dient der Umsetzung von Art. 42 Absatz 1 Unterabsatz 4 und 5 der Richtlinie 2014/24/EU. Bei Liefer-, Bau- und Dienstleistungen sind bereits bei der Definition des Beschaffungsbedarfs die Aspekte des „Designs für Alle" einschließlich des Zugangs für Menschen mit Behinderung zu berücksichtigen, um dieser Personengruppe einen gleichberechtigten Zugang oder die gleichen Nutzungsmöglichkeiten an einem öffentlichen Gebäude, einem Produkt oder einer Dienstleistung zu ermöglichen. Sofern es für die Zugänglichkeit (Barrierefreiheit) für Menschen mit Behinderungen bereits nationale oder internationale Normen gibt, sind diese grundsätzlich anzuwenden.

Zu Absatz 3

§ 121 Absatz 3 stellt sicher, dass die Leistungsbeschreibung zwingend bereits den Vergabeunterlagen, die darüber hinaus auch noch weitere wesentliche Informationen zum Vergabeverfahren wie etwa den Vertragsentwurf enthalten, beizufügen ist.

§ 122 GWB
Eignung

(1) Öffentliche Aufträge werden an fachkundige und leistungsfähige (geeignete) Unternehmen vergeben, die nicht nach den §§ 123 oder 124 ausgeschlossen worden sind.

(2) Ein Unternehmen ist geeignet, wenn es die durch den öffentlichen Auftraggeber im Einzelnen zur ordnungsgemäßen Ausführung des öffentlichen Auftrags festgelegten Kriterien (Eignungskriterien) erfüllt. Die Eignungskriterien dürfen ausschließlich Folgendes betreffen:

1. Befähigung und Erlaubnis zur Berufsausübung,

2. wirtschaftliche und finanzielle Leistungsfähigkeit,

3. technische und berufliche Leistungsfähigkeit.

(3) Der Nachweis der Eignung und des Nichtvorliegens von Ausschlussgründen nach den §§ 123 und 124 kann ganz oder teilweise durch die Teilnahme an Präqualifizierungssystemen erbracht werden.

(4) Eignungskriterien müssen mit dem Auftragsgegenstand in Verbindung und zu diesem in einem angemessenen Verhältnis stehen. Sie sind in der Auftragsbekanntmachung, der Vorinformation oder der Aufforderung zur Interessensbestätigung aufzuführen.

Übersicht Rn.

A. Allgemeines ... 1
- I. Unionsrechtlicher Hintergrund ... 5
- II. Vergleichbare Regelungen ... 7

B. Geeignete Unternehmen (Abs. 1) ... 11
- I. Begriff ... 11
- II. Abgrenzung zu Leistungs- und Angebotsanforderungen ... 15
- III. Trennung von Eignungs- und Zuschlagskriterien ... 19

C. Eignungskriterien (Abs. 2) ... 22
- I. Befähigung und Erlaubnis zur Berufsausübung (S. 2 Nr. 1) ... 26
- II. Wirtschaftliche und finanzielle Leistungsfähigkeit (S. 2 Nr. 2) ... 33
- III. Technische und berufliche Leistungsfähigkeit (S. 2 Nr. 3) ... 38
- IV. Belege zum Nachweis der Eignung und Vorrang von Eigenerklärungen ... 43
- V. e-Certis ... 46
- VI. Einheitliche Europäische Eigenerklärung ... 49

D. Präqualifizierungssysteme (Abs. 3) ... 52
- I. Begriff ... 54
- II. Ziel ... 58
- III. Keine Pflicht zur Nachweisführung durch Präqualifizierungssysteme ... 59
- IV. Pflicht zur Akzeptanz der Nachweisführung durch Präqualifizierungssysteme ... 60
- V. Präqualifizierungssysteme in der VOB/A ... 63
- VI. Präqualifizierungssysteme in der VgV ... 66
- VII. Präqualifizierungsverzeichnisse der Bundesländer ... 71
- VIII. Bonitätsbewertungen und Auskunftsdateien ... 72
- IX. Auftraggebereigene Präqualifizierungssysteme ... 74
- X. Verhältnis zur Einheitlichen Europäischen Eigenerklärung ... 75

E. Verbindung zum Auftragsgegenstand und angemessenes Verhältnis (Abs. 4 S. 1) ... 76
- I. Sachliche Rechtfertigung ... 81
- II. Angemessenheit ... 82
- III. Einzelfälle ... 84
  - 1. Regionale Beschränkungen ... 84
  - 2. Losbezug ... 85
  - 3. Zeitpunkt der Verfügbarkeit der Ressourcen ... 86
  - 4. Vergleichbare Referenzen ... 89
  - 5. Newcomer ... 91

F. Bekanntmachung der Eignungskriterien (Abs. 4 S. 2) ... 93
- I. Veröffentlichung ... 96
- II. Bindung des öffentlichen Auftraggebers ... 102
- III. Bekanntgabe einer Gewichtung ... 106

G. Prüfung und Beurteilung der Eignung ... 107
- I. Formelle und materielle Eignungsprüfung ... 111

II. Prüfungsfolge und Zeitpunkt der Eignungsprüfung ... 113
III. Mindestanforderungen ... 117
IV. Eignungsleihe ... 123
V. Bewerber- und Bietergemeinschaften ... 124
H. Rechtsschutz ... 126
Anlage
Gesetzesbegründung

A. Allgemeines

1 Wie sich schon aus der Überschrift ergibt, stellt § 122 GWB die grundlegende Bestimmung zur Eignung von Unternehmen in Vergabeverfahren dar. Öffentliche Aufträge dürfen ausschließlich an geeignete Unternehmen vergeben werden. Geeignet sind nach § 122 Abs. 1 GWB fachkundige und leistungsfähige Unternehmen. Die Grundanforderungen an die Unternehmen, die sich in einem Vergabeverfahren um öffentliche Aufträge bewerben möchten, werden durch § 122 GWB abschließend festgelegt.[1] Mit dem VergRModG 2016 wurden die wesentlichen Vorgaben zur Eignung, d.h. zu den unternehmensbezogenen Anforderungen an die Bewerber und Bieter in Vergabeverfahren, in das GWB übernommen. Einzelheiten, insbesondere die Belege zum Nachweis der Eignung, sind in der VgV und der VOB/A sowie in der SektVO, der KonzVgV und der VSVgV geregelt.

2 § 122 Abs. 1 GWB statuiert den Grundsatz, dass öffentliche Aufträge nur an geeignete Unternehmen vergeben werden (dürfen), die nicht nach den §§ 123 oder 124 GWB ausgeschlossen worden sind. Gemäß § 122 Abs. 2 S. 1 GWB ist ein Unternehmen geeignet, wenn es die durch den öffentlichen Auftraggeber im Einzelnen zur ordnungsgemäßen Ausführung des öffentlichen Auftrags festgelegten Kriterien (**Eignungskriterien**) erfüllt.[2] In den Absätzen 2 und 4 enthält § 122 GWB materielle Vorgaben für Eignungskriterien. Die (zulässigen) Kategorien von Eignungskriterien werden in § 122 Abs. 2 S. 2 GWB benannt, dabei handelt es sich um die Befähigung und Erlaubnis zur Berufsausübung (Nr. 1), die wirtschaftliche und finanzielle Leistungsfähigkeit (Nr. 2) sowie die technische und berufliche Leistungsfähigkeit (Nr. 3). Nach § 122 Abs. 4 S. 1 GWB müssen die Eignungskriterien mit dem Auftragsgegenstand in Verbindung und zu diesem in einem angemessenen Verhältnis stehen.[3] § 122 Abs. 4 S. 2 GWB legt in Ausprägung des Transparenzgrundsatzes (§ 97 Abs. 1 S. 1 GWB) fest, dass die Eignungskriterien bereits in der Auftragsbekanntmachung, der Vorinformation oder der Aufforderung zur Interessensbestätigung aufzuführen sind.[4]

3 § 122 Abs. 3 GWB lässt die Einrichtung staatlicher oder privatwirtschaftlich organisierter, anerkannter **Präqualifizierungssysteme** zum vereinfachten Nachweis der Eignung und des Nichtvorliegens von Ausschlussgründen zu.[5] Demnach kann der Nachweis der Eignung ganz oder teilweise auch durch die Teilnahme an Präqualifizierungssystemen erbracht werden.

4 Aufgrund seiner Stellung in Kapitel 1 Abschnitt 2 von Teil 4 GWB gilt § 122 GWB für die Vergabe von **öffentlichen Aufträgen** durch **öffentliche Auftraggeber**. Nach § 103 Abs. 5 GWB gilt die Regelung auch für Rahmenvereinbarungen, da die vergaberechtlichen Bestimmungen keine Besonderheiten im Hinblick auf die Eignung bei Rahmenvereinbarungen enthalten. Für die Vergabe von öffentlichen Aufträgen durch Sektorenauftraggeber ist § 122 nach § 142 GWB mit der Besonderheit anwendbar, dass Sektorenauftraggeber die Unternehmen anhand objektiver Kriterien auswählen, die allen interessierten Unternehmen zugänglich sind. Für die Vergabe von verteidigungs- oder sicherheitsspezifischen öffentlichen Aufträgen gilt § 122 GWB nach § 147 GWB entsprechend. Auch Konzessionen werden nach § 152 Abs. 2 GWB an geeignete Unternehmen im Sinne des § 122 GWB vergeben.

1 Gesetzesbegründung zu § 122 GWB, VergRModG 2016, BT-Drs. 18/6281, 100.
2 So z. B. auch KG, Beschluss v. 4.5.2020 – Verg 2/20 und VK Bund, Beschluss v. 23.12.2020 – VK 1-104/20.
3 Vgl. OLG Düsseldorf, Beschluss v. 27.6.2018 – VII-Verg 4/18.
4 Vgl. OLG Düsseldorf, Beschluss v. 11.7.2018 – VII-Verg 24/18.
5 Gesetzesbegründung zu § 122 Abs. 3 GWB, VergRModG 2016, BT-Drs. 18/6281, 101.

I. Unionsrechtlicher Hintergrund

Mit der Regelung in § 122 GWB orientiert sich das GWB insgesamt an den Begrifflichkeiten und der Systematik in Art. 58 RL 2014/24/EU.[6] § 122 Abs. 1 GWB beruht – ebenso wie § 122 Abs. 4 S. 1 GWB – auf Art. 58 Abs. 1 RL 2014/24/EU.[7] § 122 Abs. 2 GWB greift die in Art. 58 Abs. 1 RL 2014/24/EU enthaltenen drei Kategorien der Eignung, „Befähigung und Erlaubnis zur Berufsausübung", „wirtschaftliche und finanzielle Leistungsfähigkeit" und „technische und berufliche Leistungsfähigkeit", zur Konkretisierung des Eignungsbegriffs auf.[8] § 122 Abs. 4 S. 2 GWB setzt Art. 58 Abs. 5 RL 2014/24/EU in Übereinstimmung mit den bisherigen Anforderungen um.[9] Zugleich wird klargestellt, dass die subzentralen öffentlichen Auftraggeber die **Eignungskriterien** entsprechend Anhang V Teil B Nr. 5 lit. c RL 2014/24/EU auch schon in die Vorinformation nach Art. 48 Abs. 2 RL 2014/24/EU aufnehmen können.[10] Die Vorgaben für die Belege für die einzelnen Eignungskriterien in Art. 58 Abs. 2 bis 4 und Art. 60 sowie Anhang XII RL 2014/24/EU werden in der VgV und der VOB/A umgesetzt. 5

Präqualifizierungssysteme, die § 122 Abs. 3 GWB erfasst, sind in Art. 64 RL 2014/24/EU angelegt.[11] Ziel der Richtlinie ist ausdrücklich eine vereinfachte Nachweisführung für die Eignung.[12] 6

II. Vergleichbare Regelungen

Als Vorgängerregelungen zu § 122 GWB lassen sich die §§ 97 Abs. 4 S. 1 und 97 Abs. 4a GWB a.F. begreifen.[13] Nach § 97 Abs. 4 GWB a.F. waren Aufträge an fachkundige, leistungsfähige sowie gesetzestreue und zuverlässige Unternehmen zu vergeben. Entsprechend den Vorgaben des Art. 58 Abs. 1 RL 2014/24/EU sind Fachkunde und Leistungsfähigkeit als zentrale, definierende Komponenten der **Eignung** erhalten geblieben, die durch die in § 122 Abs. 2 GWB aufgeführten Kategorien ausgefüllt werden. Der Fachkunde kommt dabei jedoch keine eigenständige Bedeutung mehr zu;[14] sie wird nicht bei den zulässigen Eignungskategorien in Abs. 2 S. 2 Nr. 2 aufgeführt und findet sich auch nicht in Art. 58 der RL 2014/24/EU. Die Begriffe der Gesetzestreue und der Zuverlässigkeit sucht man im neuen Recht vergeblich. Inhaltlich wird die Berücksichtigung dieser Anforderungen über die Ausschlussgründe in den §§ 123 und 124 GWB sowie die Verbindlichkeit der geltenden rechtlichen Verpflichtungen für die Unternehmen bei der Ausführung öffentlicher Aufträge nach § 128 Abs. 1 GWB sichergestellt.[15] 7

Mit § 97 Abs. 4a enthielt das GWB bereits vor Inkrafttreten des VergRModG 2016 einen Verweis auf **Präqualifikationssysteme**. Danach konnten Auftraggeber Präqualifikationssysteme einrichten oder zulassen, mit denen die Eignung der Unternehmen nachgewiesen werden kann. Präqualifikationssysteme wurden ausdrücklich erstmals vom EU-Gesetzgeber durch die Neufassung der Vergaberichtlinien 2004 zugelassen und in Deutschland zunächst in die VOB/A 2006 aufgenommen.[16] Seit der VOB/A-Novelle 2009 wird diese Nachweismöglichkeit für Bauvergaben als erstgenannte Möglichkeit der Nachweisführung genannt. Dadurch sollte die Bedeutung des Präqualifikationsverfahrens betont und gestärkt werden. Die Präqualifizie- 8

---

6 Gesetzesbegründung zu § 122 GWB, VergRModG 2016, BT-Drs. 18/6281, 100.
7 Gesetzesbegründung zu § 122 Abs. 1 GWB, VergRModG 2016, BT-Drs. 18/6281, 100.
8 Gesetzesbegründung zu § 122 Abs. 2 GWB, VergRModG 2016, BT-Drs. 18/6281, 101.
9 Gesetzesbegründung zu § 122 Abs. 4 GWB, VergRModG 2016, BT-Drs. 18/6281, 101.
10 Gesetzesbegründung zu § 122 Abs. 3 GWB, VergRModG 2016, BT-Drs. 18/6281, 101.
11 Gesetzesbegründung zu § 122 Abs. 3 GWB, VergRModG 2016, BT-Drs. 18/6281, 101.
12 Erwägungsgrund 84 RL 2014/24/EU.
13 Gesetzesbegründung zu § 122 GWB, VergRModG 2016, BT-Drs. 18/6281, 100.
14 *Hausmann/von Hoff*, in: Röwekamp/Kus/Portz/Prieß, GWB-Vergaberecht, § 122 Rn. 14.
15 Gesetzesbegründung zu § 122 Abs. 1 GWB, VergRModG 2016, BT-Drs. 18/6281, 101; zweifelnd *Hausmann/von Hoff*, in: Röwekamp/Kus/Portz/Prieß, GWB-Vergaberecht, § 122 Rn. 14, die der Auffassung sind, über die unbestimmten Rechtsbegriffe der Gesetzestreue und insbesondere der Zuverlässigkeit habe bis dahin ein Interpretations- und Gestaltungsspielraum für die Auftraggeber bestanden, diesen Begriffen einen einzelfallbezogenen Bedeutungsgehalt zu geben; diese Spielräume bestünden nun nicht mehr. Allerdings kommt dem Auftraggeber jedenfalls hinsichtlich der fakultativen Ausschlussgründe nach § 124 GWB auf der Rechtsfolgenseite nach wie vor ein Ermessen zu.
16 *Maibaum*, in: Hattig/Maibaum, Kartellvergaberecht, § 97 GWB Rn. 176.

rung im Rahmen der Vergabe von Liefer- und Dienstleistungen war früher in § 7 EG Abs. 4 VOL/A geregelt. Diese Regelung war 2009 in die VOL/A aufgenommen worden. Nach dem Wortlaut des § 7 EG Abs. 4 VOL/A handelte es sich um eine Ermessensnorm. Demnach entschieden die Auftraggeber nach pflichtgemäßem Ermessen, ob sie den Eignungsnachweis durch Präqualifizierung zulassen. Die Eintragung in das Präqualifizierungsverzeichnis durfte nicht zur Bedingung für die Teilnahme an der Vergabe gemacht werden.[17] In der jetzigen Regelung in § 122 Abs. 3 GWB wird klargestellt, dass die Teilnahme an Präqualifizierungssystemen dem Nachweis der Eignung und des Nichtvorliegens von Ausschlussgründen nach den §§ 123 und 124 GWB dient und die Unternehmen hiermit ihre Eignung nachweisen können.

9 Die inhaltlichen Vorgaben zum **Auftragsbezug** und zur **Angemessenheit** der Eignungskriterien in § 122 Abs. 4 GWB[18] waren auch bisher schon geltendes Recht.[19] Sie wurden durch die Rechtsprechung ausgeformt.[20] § 7 EG VOL/A 2009 formulierte, dass zum Nachweis der Eignung nur Unterlagen und Angaben gefordert werden, die durch den Gegenstand des öffentlichen Auftrags gerechtfertigt sind. Ähnlich ergab sich aus § 6 EG Abs. 3 Nr. 3 VOB/A 2009, dass andere auf den konkreten öffentlichen Auftrag bezogene, zusätzliche, insbesondere für die Prüfung der Fachkunde geeignete Angaben verlangt werden können. § 5 Abs. 1 VOF 2009 sah vor, dass zum Nachweis der Eignung nur Unterlagen und Angaben gefordert werden dürfen, die durch den Gegenstand des Auftrags gerechtfertigt sind.

10 Auch die Vorgabe in § 122 Abs. 4 S. 2 GWB, nach der die Eignungskriterien in der **Auftragsbekanntmachung**, der **Vorinformation** oder der **Aufforderung zur Interessensbestätigung** aufzuführen sind, galt schon vor Inkrafttreten des VergRModG 2016. Der ausdrückliche Verweis auf die Vorinformation und die Aufforderung zur Interessenbestätigung ist der in § 38 Abs. 4 f. VgV unter bestimmten Voraussetzungen eröffneten Möglichkeit geschuldet, über eine Vorinformation die Auftragsbekanntmachung zu ersetzen.

B. Geeignete Unternehmen (Abs. 1)

I. Begriff

11 Nach § 122 Abs. 1 GWB werden öffentliche Aufträge an fachkundige und leistungsfähige (geeignete) Unternehmen vergeben, die nicht nach den §§ 123 oder 124 GWB ausgeschlossen worden sind.

12 Die Eignung eines Unternehmens für den zu vergebenden öffentlichen Auftrag beruht auf der unternehmensbezogenen Annahme des öffentlichen Auftraggebers im Sinne einer Prognose, dass das Unternehmen den öffentlichen Auftrag ordnungsgemäß erfüllen kann und wird. **Ziel der Eignungsprüfung** ist es, festzustellen, ob ein Unternehmen nach seiner personellen, finanziellen und technischen Ausstattung in der Lage sein wird, den öffentlichen Auftrag auszuführen.[21] Im Wege der Eignungsprüfung werden die Unternehmen ermittelt, die die Leistung vertragsgerecht erbringen können. Um dies feststellen zu können, legt der öffentliche Auftraggeber Anforderungen zur ordnungsgemäßen Ausführung des öffentlichen Auftrags (Eignungskriterien) fest, die ausschließlich die Befähigung und Erlaubnisse zur Berufsausübung, die wirtschaftliche und finanzielle Leistungsfähigkeit sowie die technische und berufliche Leistungsfähigkeit des Unternehmens betreffen dürfen (vgl. § 122 Abs. 2 GWB).[22] Ein Unternehmen ist geeignet, wenn es die durch den öffentlichen Auftraggeber festgelegten Eignungskriterien erfüllt (§ 122 Abs. 2 S. 1 GWB). Unternehmen, die die Eignungskriterien nicht

---

17 Unter Berufung auf Art. 52 Abs. 5 UAbs. 2 RL 2004/18/EG: *Prieß*, in: Kulartz/Marx/Portz/Prieß, VOL/A, § 7 EG Rn. 61.
18 Vgl. Art. 58 Abs. 1 S. 4 RL 2014/24/EU.
19 Vgl. § 7 EG Abs. 1 S. 1 VOL/A, § 6 EG Abs. 3 Nr. 3 VOB/A.
20 Vgl. OLG Düsseldorf, Beschluss v. 20.7.2015 – VII-Verg 37/15; Beschluss v. 17.4.2014 – VII-2 Kart 3/13; Beschluss v. 19.12.2012 – VII-Verg 30/12.
21 VK Südbayern, Beschluss v. 22.5.2015 – Z3-3-3194-1-13-02/15.
22 KG, Beschluss v. 4.5.2020 – Verg 2/20; VK Rheinland, Beschluss v. 2.12.2019 – VK 42/19.

erfüllen, werden vom Vergabeverfahren ausgeschlossen,[23] ohne dass insoweit ein Ermessen des öffentlichen Auftraggebers besteht.[24]

Seit der letzten Vergaberechtsreform differenziert das GWB zwischen (zwingenden und fakultativen) **Ausschlussgründen** (§§ 123 und 124 GWB) und der **Eignung** (§ 122 GWB). In der RL 2014/24/EU ist beides im Abschnitt 1 Unterabschnitt 1 („Qualitative Eignungskriterien") geregelt. Dort sind also begrifflich auch die Ausschlussgründe als qualitative Eignungskriterien erfasst. Der Begriff qualitative Eignungskriterien wird im deutschen Recht nicht verwendet. 13

Nach § 103 GWB sind öffentliche Aufträge entgeltliche Verträge zwischen öffentlichen Auftraggebern oder Sektorenauftraggebern und Unternehmen. Geprüft wird die Eignung des **Unternehmens**, das ein Angebot oder einen Teilnahmeantrag abgegeben hat. § 122 GWB bezieht sich auf solche Unternehmen, die als Bieter oder Bewerber zum Ausdruck bringen, dass sie sich um einen öffentlichen Auftrag im Sinne des § 103 GWB bemühen, und zwar unabhängig von der Rechtsform oder einer unternehmerischen Strukturierung.[25] 14

II. Abgrenzung zu Leistungs- und Angebotsanforderungen

Abzugrenzen sind die Eignungskriterien von Anforderungen an die Leistung und an das Angebot. Im Einzelfall kann diese Abgrenzung zwischen Anforderungen an die technische Leistungsfähigkeit und Anforderungen an das Angebot und die Auftragsausführung[26] schwierig sein. So kann bei einem Entsorgungsauftrag eine Angabe über eine Entsorgungsanlage als Beschreibung der technischen Ausrüstung als Beleg der technischen und beruflichen Leistungsfähigkeit nach § 46 Abs. 3 Nr. 3 VgV oder als Angabe zu einem Entsorgungskonzept, das die Auftragsdurchführung beschreibt, ausgestaltet werden.[27] 15

Die Rechtsprechung hat eine **Tariftreueerklärung** nach landesgesetzlichen Regelungen nicht als Erklärung zur Eignung angesehen.[28] Verpflichtungserklärungen, z. B. nach dem ehemaligen § 4 Abs. 3 TVgG NRW, sind keine der in den § 7 EG Abs. 1 S. 2 und Abs. 7 VOL/A aufgeführten Tatbestände und ebenso wenig behördlichen Bescheinigungen im Sinne dieser Vorschriften zuzuordnen und deshalb nicht als Eignungsnachweise zu verlangen.[29] Dies gilt auch nach § 122 GWB. Erklärungen zur Tariftreue betreffen weder die Befähigung und Erlaubnis zur Berufsausübung, die wirtschaftliche und finanzielle Leistungsfähigkeit noch die technische und berufliche Leistungsfähigkeit. Bei solchen Erklärungen handelt es sich um zusätzliche Bedingungen zur Auftragsdurchführung, in der Regel Vertragsbedingungen, zu deren Einhaltung sich der Bieter bereits im Vergabeverfahren verpflichtet. Für diese gelten §§ 128 und 129 GWB. 16

Das Gleiche gilt für eine Erklärung, sich an die **ILO-Kernarbeitsnormen** zu halten. Auch hierbei handelt es sich um eine Bedingung für die Ausführung der Leistung.[30] Gibt der Bieter eine solche Erklärung nicht ab, kann sich ein Ausschlussgrund (z. B. aus § 57 Abs. 1 Nr. 4 VgV) ergeben. Ist die Erklärung nicht wahrheitsgetreu, sind Ausschlussgründe nach § 124 Abs. 1 Nr. 8 17

---

23 So ausdrücklich z. B. auch § 57 Abs. 1 VgV; § 3b EU Abs. 2 Nr. 3 VOB/A.

24 KG, Beschluss v. 4.5.2020 – Verg 2/20, mit Verweis auf *Ziekow*, in: Ziekow/Völlink, Vergaberecht, § 122 GWB Rn. 8.

25 *Braun*, in: Gabriel/Krohn/Neun, Handbuch Vergaberecht, § 13 Rn. 7.

26 §§ 128 und 129 GWB.

27 Vgl. EuGH, Urteil v. 7.9.2021 – C-927/19 (Ecoservice). Nach Auffassung des EuGH schließt die RL 2014/24/EU nicht aus, dass technische Vorgaben zugleich als Eignungskriterien, die sich auf die technische und berufliche Leistungsfähigkeit beziehen, als technische Spezifikationen und/oder als Bedingungen für die Auftragsausführung angesehen werden können. So können geforderte technische Merkmale der Fahrzeuge, die für die Erbringung von Dienstleistungen zu verwenden sind, als Eignungskriterium, das sich auf die „technische und berufliche Leistungsfähigkeit" bezieht, oder als „technische Spezifikationen" oder sogar als „Bedingungen für die Auftragsausführung" eingestuft werden.

28 Zu Tariftreueregelungen im Einzelnen EuGH, Urteil v. 17.11.2015 – Rs. C-115/14 (RegioPost).

29 OLG Düsseldorf, Beschluss v. 15.7.2015 – VII-Verg 11/15.

30 OLG Düsseldorf, Beschluss v. 29.1.2014 – VII-Verg 28/13; daraus folgt aber nicht, dass ILO-Kernarbeitsnormen auf der Ebene der Eignung gar keine Berücksichtigung finden könnten. Ihre Beachtung kann Gegenstand und Zielstellung eines vom öffentlichen Auftraggeber geforderten Lieferkettenmanagements im Sinne von § 46 Abs. 3 Nr. 4 VgV sein.

und 9 GWB zu prüfen. Erfüllt der Bieter zwingende arbeitsrechtliche Verpflichtungen nicht, kommt ein Ausschluss nach § 124 Abs. 1 Nr. 1 oder 3 GWB in Betracht.

18 Ähnliches gilt nach der Rechtsprechung des OLG Düsseldorf für die sog. **No-Spy-Garantie**. Mit dieser Erklärung verlangt der Auftraggeber von den Teilnehmern eine Erklärung darüber, dass diese rechtlich und tatsächlich in der Lage sind, alle im Rahmen des Vertragsverhältnisses erlangten vertraulichen Informationen vertraulich zu behandeln und diese nicht an Dritte weiterzugeben. Auch wenn einzelne Bieter Schwierigkeiten mit der Abgabe ihrer Erklärung bereits aufgrund der Gesetze im Herkunftsstaat haben, handelt es sich nach Auffassung der Rechtsprechung um eine zusätzliche Anforderung an die Leistung nach § 128 Abs. 2 GWB, nicht jedoch um ein unternehmensbezogenes Eignungskriterium.[31]

III. Trennung von Eignungs- und Zuschlagskriterien

19 Nach der Rechtsprechung dürfen die Kriterien für die unternehmensbezogene Eignungsprüfung und die auftragsbezogene Zuschlagskriterien grundsätzlich nicht vermischt werden,[32] konsequenterweise sind Eignungsprüfung und Angebotswertung – entsprechend der Systematik der RL 2014/24/EU – klar voneinander zu trennen.[33] Als **Zuschlagskriterien** sind demnach Kriterien ausgeschlossen, die nicht der Ermittlung des wirtschaftlich günstigsten Angebotes dienen[34], sondern im Wesentlichen mit der Beurteilung der fachlichen Eignung der Bieter für die Ausführung des betreffenden öffentlichen Auftrags zusammenhängen.[35] Ob ein Kriterium Eignungs- oder Zuschlagskriterium ist, bestimmt sich danach, ob es sich auf die angebotene Leistung bezieht und daher mit der Ermittlung des wirtschaftlichsten Angebots zusammenhängt (Zuschlagskriterium) oder schwerpunktmäßig die Beurteilung der Eignung des Bewerbers oder Bieters für den ausgeschriebenen öffentlichen Auftrag betrifft, also unternehmensbezogen ist (Eignungskriterium).[36]

20 **Unternehmensbezogene Angaben** wie z. B. Referenzen gehören zur Eignung und dürfen bei der Zuschlagsentscheidung nicht berücksichtigt werden.[37] Die Bewertung der Angebote anhand der Zuschlagskriterien bezieht sich nicht auf die Unternehmen, sondern auf die Angebote. Wie auch bisher gibt es also grundsätzlich kein „Mehr oder Weniger" an Eignung. Ein „Mehr an Eignung" (wie z. B. einschlägigere oder qualitativ höher stehende Referenzen) darf bei der Zuschlagsentscheidung keine Rolle spielen.[38]

21 Eine **Ausnahme** gilt seit Inkrafttreten der VergRModVO nach § 58 Abs. 2 S. 2 Nr. 2 VgV (bzw. nach § 16d EU Abs. 2 Nr. 2 lit. b VOB/A) über die zuvor schon existente Regelung in § 5 Abs. 1 VgV hinaus, wenn die Qualität des eingesetzten Personals erheblichen Einfluss auf das Niveau der Auftragsdurchführung haben kann. In diesen Fällen darf die Organisation, Qualifikation und Erfahrung des mit der Ausführung des öffentlichen Auftrags betrauten Personals in die Zuschlagsentscheidung einbezogen werden.[39] Dies kann beispielsweise bei Aufträgen für geistig-schöpferische Dienstleistungen, wie Beratungstätigkeiten oder Architektenleistungen, der Fall sein.[40] Bei derartigen Leistungen stehen öffentliche Auftraggeber häufig vor dem Dilemma, zum einen die gebotene Trennung von Eignungs- und Zuschlagskriterien berücksichtigen zu müssen, zum anderen jedoch die eingereichten Angebote unter qualitativen Aspekten sachgerecht werten zu wollen. Die genannten Vorschriften suchen daher die damit zusam-

31 OLG Düsseldorf, Beschluss v. 21.10.2015 – VII-Verg 28/14; VK Bund, Beschluss v. 24.6.2014 – VK 2-39/14.
32 Vgl. EuGH, Urteil v. 12.11.2009 – Rs. C-199/07; BGH, Urteil v. 15.4.2008 – X ZR 129/06; Urteil v. 16.10.2001 – X ZR 100/99; Urteil v. 8.9.1998 – X ZR 109-96; OLG Naumburg, Beschluss v. 12.4.2012 – 2 Verg 1/12; OLG Celle, Beschluss v. 12.1.2012 – 13 Verg 9/11.
33 *Hausmann/von Hoff*, in: Röwekamp/Kus/Portz/Prieß, GWB-Vergaberecht, § 122 Rn. 5 m.w.N.
34 EuGH, Urteil v. 24.1.2008 – Rs. C-532/06 (Lianakis).
35 EuGH, Urteil v. 24.1.2008 – Rs. C-532/06 (Lianakis).
36 Zuletzt OLG Rostock, Beschluss v. 12.8.2020 – 17 Verg 2/20; VK Bund, Beschluss v. 13.6.2014 – VK 1-34/14.
37 OLG Düsseldorf, Beschluss v. 20.7.2015 – VII-Verg 37/15.
38 Anders bei der Auswahl der Unternehmen im Teilnahmewettbewerb nach § 51 VgV.
39 So bereits OLG Düsseldorf, Beschluss v. 29.4.2015 – VII-Verg 35/14.
40 Erwägungsgrund 94 RL 2014/24/EU.

menhängende Rechtsunsicherheit zu beseitigen.[41] Berücksichtigt der öffentliche Auftraggeber derartige Kriterien bei der Zuschlagsentscheidung, ist noch nicht abschließend geklärt, ob eine Doppelbewertung stattfinden darf.[42] Ausdrücklich sieht ein solches Verbot der Doppelverwertung nur § 46 Abs. 3 Nr. 6 VgV für Studien- und Ausbildungsnachweise sowie Bescheinigungen für die Erlaubnis zur Berufsausübung für die Inhaber oder die Führungskräfte des Unternehmens vor. Im Umkehrschluss könnte man folgern, dass ein allgemeines Verbot der Doppelbewertung nicht existiert.[43] Ein und dieselben Kriterien, die bereits Gegenstand der Eignungsprüfung waren, dürfen ungeachtet von § 58 Abs. 2 S. 2 Nr. 2 VgV jedenfalls nicht ohne weiteres mehr Gegenstand der Zuschlagsentscheidung sein. Die Bewertung der Angebote im Zuschlagskriterium „Organisation, Qualifikation und Erfahrung des bei der Durchführung des öffentlichen Auftrags eingesetzten Personals" danach, ob ein Bieter bereits identische Tätigkeiten oder „nur" vergleichbare/ähnliche Tätigkeiten (belegt durch Referenzen) erbracht hat, ist jedoch vergaberechtskonform.[44] Anders als bei der Eignungsprüfung werden die Erfahrungen und Qualifikationen des Personals eines Bieters im Rahmen der Zuschlagsentscheidung graduell bewertet, ein Angebot wird in diesem Kriterium also nicht nur danach beurteilt, ob überhaupt bestimmte Erfahrungen oder Qualifikationen vorliegen, dann wäre eine graduelle Abstufung der Angebote untereinander in „besser" oder „schlechter" kaum denkbar. Vielmehr lässt es das in § 58 Abs. 2 Nr. 2 VgV bzw. § 16d EU Abs. 2 Nr. 2 lit. b VOB/A vorgesehene Zuschlagskriterium hierüber hinaus geradezu, ein Angebot umso besser zu bewerten, je „erheblicher" der Einfluss des einzusetzenden Personals auf den ausgeschriebenen öffentlichen Auftrag sein kann. Dies ist u.a. der Fall, wenn die Qualifikation und Erfahrung des Personals eines Bieters in einem größeren Umfang mit den Anforderungen übereinstimmt, die der ausgeschriebene öffentliche Auftrag stellt, als das Personal eines anderen Bieters.[45]

C. Eignungskriterien (Abs. 2)

§ 122 Abs. 2 GWB definiert die **Eignungskriterien**, d.h. die inhaltlichen (materiellen) Anforderungen an die Eignung von Unternehmen im Vergabeverfahren. § 122 Abs. 2 S. 1 GWB hält zunächst (deklaratorisch) fest, dass ein Unternehmen geeignet ist, wenn es die durch den öffentlichen Auftraggeber im Einzelnen festgelegten Eignungskriterien erfüllt. Die zum Nachweis der Eignung vorzulegenden Unterlagen, also Eigenerklärungen, Angaben, Bescheinigungen und sonstige Nachweise werden durch das GWB nicht vorgegeben. Sie finden sich in der VgV[46] und der VOB/A.[47] **22**

Der öffentliche Auftraggeber legt die zur ordnungsgemäßen Ausführung des öffentlichen Auftrages erforderlichen Kriterien fest. Wie sich aus dem Wortlaut des § 122 Abs. 2 S. 2 GWB (sowie § 42 Abs. 1 VgV) ergibt, dürfen diese Kriterien ausschließlich die **23**

1. Befähigung und Erlaubnis zur Berufsausübung,
2. wirtschaftliche und finanzielle Leistungsfähigkeit und die
3. technische und berufliche Leistungsfähigkeit

betreffen, wobei diese **Kategorien** in den Vergabeverordnungen, zum Beispiel in den §§ 42 ff. VgV, weiter konkretisiert werden. Der Kriterienkatalog ist abschließend; über den gesetzlich vorgegebenen „Numerus clausus" der vorgesehenen Eignungsanforderungen (und die in diesem Zusammenhang formulierten Ausschlusstatbestände) hinaus ist für ungeschrie-

41 Vgl. z. B. OLG Düsseldorf, Beschluss v. 17.1.2013 – VII-Verg. 36/12 sowie Beschluss v. 19.6.2013 – VII-Verg. 4/13 und OLG Celle, Beschluss v. 12.1.2012 – 13 Verg. 9/11, einerseits, andererseits aber z. B. VK Südbayern, Beschluss v. 1.4.2014 – Z3-3-3194-1-03-02/14.
42 *Steck*, in: Ziekow/Völlink, Vergaberecht, § 58 VgV Rn. 30 m.w.N.
43 Vgl. VK Baden-Württemberg, Beschluss v. 12.11.2019 – 1 VK 62/19; VK Südbayern, Beschluss v. 2.4.2019 – Z3-3-3194-1-43-11/18.
44 VK Bund, Beschluss v. 11.9.2015 – VK 1-84/15; vgl. auch VK Bund, Beschluss v. 10.12.2015 – VK 1-108/15.
45 VK Bund, Beschluss v. 11.9.2015 – VK 1-84/15.
46 Vgl. z. B. §§ 44 bis 46 VgV.
47 § 6a EU VOB/A.

bene Eignungskategorien kein Raum[48] bzw. bleibt hierfür nach der heutigen Gesetzesssystematik über die gesetzlich geregelten Einzelaspekte hinaus kein Anwendungsbereich.[49] Wenn in § 122 Abs. 1 GWB (noch) die Begriffe „fachkundig" und „leistungsfähig" zur Umschreibung der Eignung verwendet werden, erfolgt dies in Anlehnung an die bisherigen vergaberechtlichen Begrifflichkeiten.[50] Materiell bestimmt sich die Eignung ausschließlich nach den in § 122 Abs. 2 S. 2 GWB genannten Kategorien. Alle Eignungskriterien, die der öffentliche Auftraggeber zur Eignung aufstellt, müssen sich diesen drei Kategorien zuordnen lassen, wobei es durchaus denkbar ist, dass einzelne Kriterien mehreren Kategorien zugeordnet werden können.[51] Die Kriterien dürfen vom öffentlichen Auftraggeber nicht erweitert werden;[52] sofern sich konkrete Eignungsanforderungen keiner der drei Kategorien zuordnen lassen, sind diese unzulässig.[53] Die Eignungskriterien betreffen also die Befähigung bzw. Fähigkeit, den Auftrag zu erfüllen, und keine darüberhinausgehenden Gesichtspunkte.

24 „**Zuverlässigkeit**" und „**Gesetzestreue**" gibt es im Zusammenhang mit der Eignung von Unternehmen im Vergaberecht als solche nicht mehr. Der bisher im deutschen Vergaberecht verankerte Dreiklang von Zuverlässigkeit, Fachkunde und Leistungsfähigkeit zur Eignung bzw. der bislang bestehende Vierklang, wenn man die Gesetzestreue einbezieht,[54] wird nicht aufrechterhalten. Mit der Regelung in § 122 GWB orientiert sich das GWB an den Begrifflichkeiten und der Systematik der RL 2014/24/EU.[55] Inhaltlich sind Zuverlässigkeit und Gesetzestreue in den Ausschlussgründen in den §§ 123 und 124 GWB aufgegangen.[56] Die Ausschlussgründe der §§ 123 und 124 GWB betreffen im Wesentlichen Gesichtspunkte, die bislang nach deutschem Vergaberecht unter dem Gesichtspunkt der Zuverlässigkeit geprüft wurden. Die Einhaltung gesetzlicher Vorgaben durch die Unternehmen, die öffentliche Aufträge erhalten, wird über die §§ 123, 124 und 128 Abs. 1 GWB sichergestellt. Eine Änderung der geltenden Gesetzeslage, unter welchen Voraussetzungen ein Bewerber oder Bieter in einem Vergabeverfahren wegen Verstößen gegen geltendes Recht den Zuschlag nicht bekommen darf, ist damit nicht verbunden.[57] Dem mit dem VergRModG 2009 eingeführten Merkmal der Gesetzestreue kam ohnehin keine eigenständige Bedeutung zu, sondern es diente vielmehr der Klarstellung im Hinblick auf die Zuverlässigkeit.[58] Die durch die Trennung in Eignungskriterien und Ausschlussgründe definierte Vorgehensweise bei der Eignungsprüfung ist systematischer und dürfte die Prüfung der Eignung sowohl für öffentliche Auftraggeber als auch für Bieter im Vergabeverfahren nachvollziehbarer machen. Inhaltlich wurde unter dem Gesichtspunkt der Zuverlässigkeit auch nach deutschem Vergaberecht bisher vor allem das Nichtvorliegen von Ausschlussgründen, die bei Vorliegen eine schwere Verfehlung begründen, geprüft.[59]

25 Der öffentliche Auftraggeber muss unter Beachtung der Vorgaben in § 122 Abs. 4 GWB in diesem Rahmen Eignungskriterien festlegen. Nach § 122 Abs. 1 GWB werden Aufträge an fachkundige und leistungsfähige Unternehmen vergeben, die nicht ausgeschlossen worden

48 OLG Düsseldorf, Beschluss v. 14.10.2020 – VII-Verg 36/19, zur rechtlichen Leistungsfähigkeit.
49 OLG Düsseldorf, Beschluss v. 14.10.2020 – VII-Verg 36/19, zur rechtlichen Leistungsfähigkeit.
50 *Braun*, in: Gabriel/Krohn/Neun, Handbuch Vergaberecht, § 13 Rn. 7.
51 Vgl. EuGH, Urteil v. 7.9.2021 – Rs. C-927/19 (Ecoservice), wonach mit der Forderung eines bestimmten Mindestumsatzes in dem von dem ausgeschriebenen öffentlichen Auftrag abgedeckten Tätigkeitsbereich ein doppelter Zweck verfolgt wird, da diese Anforderung dazu dient, sowohl die wirtschaftliche und finanzielle Leistungsfähigkeit eines Unternehmens als auch dessen technische und berufliche Leistungsfähigkeit festzustellen.
52 KG, Beschluss v. 4.5.2020 – Verg 2/20.
53 VK Rheinland, Beschluss v. 30.9.2019 – VK 31/19-L.
54 So die Gesetzesbegründung zu § 122 Abs. 1 GWB, VergRModG 2016, BT-Drs. 18/6281, 100; vgl. auch *Maibaum*, in: Hattig/Maibaum, Kartellvergaberecht, § 97 GWB Rn. 145.
55 Gesetzesbegründung zu § 122 GWB, VergRModG 2016, BT-Drs. 18/6281, 100.
56 Zweifelnd *Hausmann/von Hoff*, in: Röwekamp/Kus/Portz/Prieß, GWB-Vergaberecht, § 122 Rn. 14, die der Auffassung sind, über die unbestimmten Rechtsbegriffe der Gesetzestreue und insbesondere der Zuverlässigkeit habe bis dahin ein Interpretations- und Gestaltungsspielraum für die Auftraggeber bestanden, diesen Begriffen einen einzelfallbezogenen Bedeutungsgehalt zu geben; diese bestünden nun nicht mehr. Allerdings kommt dem Auftraggeber jedenfalls hinsichtlich der fakultativen Ausschlussgründe nach § 124 GWB auf der Rechtsfolgenseite nach wie vor ein Ermessen zu.
57 Gesetzesbegründung zu § 122 Abs. 1 GWB, VergRModG 2016, BT-Drs. 18/6281, 101.
58 Vgl. *Braun*, in: Gabriel/Krohn/Neun, Handbuch Vergaberecht, § 28 Rn. 19 f. m.w.N.
59 Vgl. z. B. § 16 Abs. 1 Nr. 2 lit. c und e VOB/A a.F.

sind; die Vorschrift enthält damit eine **Pflicht** zur Eignungsprüfung.[60] Diese setzt ebenso wie die Formulierung in § 122 Abs. 2 S. 1 GWB die Festlegung von Eignungskriterien als Grundlage für die Prüfung durch den öffentlichen Auftraggeber voraus.[61] Es gilt: Ohne Kriterien keine Eignungsprüfung.[62] Es handelt sich um unbestimmte Rechtsbegriffe,[63] bei deren Ausfüllung dem öffentlichen Auftraggeber ein Beurteilungsspielraum zusteht.[64] Die Konkretisierung erfolgt abhängig vom öffentlichen Auftrag. Die Eignungskriterien müssen objektiv dazu dienen und geeignet sein, die Leistungsfähigkeit des Bewerbers oder Bieters im Hinblick auf den konkret ausgeschriebenen Auftragsgegenstand nachzuweisen.[65] Die definierten Anforderungen müssen verhältnismäßig sein. Eignung und Erforderlichkeit der Kriterien sind also in Relation zum Auftragsgegenstand zu bestimmen; je komplexer der Auftragsgegenstand, desto höhere Anforderungen können gestellt werden. [66]

I. Befähigung und Erlaubnis zur Berufsausübung (S. 2 Nr. 1)

§ 122 Abs. 2 S. 2 Nr. 1 GWB nennt als Eignungskategorie zunächst die **Befähigung und Erlaubnis zur Berufsausübung**. Die Vorschrift definiert nicht, was unter Befähigung und Erlaubnis zur Berufsausübung zu verstehen ist. Dies wird in § 44 VgV und § 6a EU VOB/A über die hierfür vorzulegenden Nachweise entsprechend der Regelung in Art. 58 Abs. 2 RL 2014/24/EU näher beschrieben. Demnach kann der öffentliche Auftraggeber von den Bewerbern oder Bietern verlangen, dass sie ihre Erlaubnis zur Berufsausübung nach den Rechtsvorschriften des Staates, in dem sie niedergelassen sind, entweder über die Eintragung in einem Berufs- oder Handelsregister dieses Staates oder auch auf andere Weise nachweisen. Öffentliche Auftraggeber dürfen demnach gerade nicht die Vorgaben zur Befähigung und Erlaubnis zur Berufsausübung in ihrem eigenen Mitgliedstaat zum Maßstab erheben. Das hier zum Ausdruck kommende Herkunftslandprinzip sichert die Nichtdiskriminierung im gemeinsamen Binnenmarkt.[67] 26

Für die Mitgliedstaaten der Europäischen Union sind die jeweiligen Berufs- oder Handelsregister und die Bescheinigungen oder Erklärungen über die Berufsausübung in Anhang XI RL 2014/24/EU aufgeführt. § 44 Abs. 1 S. 2 VgV nennt diesen Anhang ausdrücklich; § 6a EU Nr. 1 VOB/A listet dagegen die einzelnen **Nachweise** der Befähigung und Erlaubnis zur Berufsausübung explizit auf. Für Deutschland sind dies 27

- das Handelsregister,
- die Handwerksrolle

und bei Dienstleistungsaufträgen

- das Vereinsregister,
- das Partnerschaftsregister und
- die Mitgliederverzeichnisse der Berufskammern der Länder.

Nach der Begründung zu § 44 VgV darf der öffentliche Auftraggeber inhaltlich nicht **nachprüfen**, ob der Bewerber oder Bieter die in seinem Niederlassungsstaat geltenden Rechtsvorschriften für die erlaubte Ausübung eines Berufs oder für die Erbringung einer bestimmten Dienstleistung erfüllt.[68] Sofern ein Bieter oder Bewerber die Nachweise beibringt, die der öffentliche Auftraggeber gemäß § 44 VgV verlangen kann – insbesondere die Eintragungen in 28

60 So auch *Opitz*, in: Burgi/Dreher, Vergaberecht, § 122 GWB Rn. 15.
61 OLG Frankfurt, Beschluss v. 23.12.2021 – 11 Verg 6/21.
62 *Ziekow*, in: Ziekow/Völlink, Vergaberecht, § 122 GWB Rn. 15.
63 OLG Düsseldorf, Beschluss v. 25.7.2012 – VII-Verg 25/12; *Maibaum*, in: Hattig/Maibaum, Kartellvergaberecht, § 97 GWB Rn. 147.
64 *Müller-Wrede*, in: Müller-Wrede, Taschenkommentar GWB-Vergaberecht, § 97 Rn. 36.
65 Zuletzt OLG Frankfurt, Beschluss v. 23.12.2021 – 11 Verg 6/21.
66 Zuletzt OLG Frankfurt, Beschluss v. 23.12.2021 – 11 Verg 6/21.
67 Vgl. auch *Hausmann/von Hoff*, in: Röwekamp/Kus/Portz/Prieß, GWB-Vergaberecht, § 122 Rn. 17.
68 Verordnungsbegründung zu § 44 VgV, VergRModVO, BR-Drs. 87/16, 198.

den in Anhang XI RL 2014/24/EU genannten Registern –, gilt seine Befähigung und Erlaubnis zur Berufsausübung als gegeben.

29 Die Begrifflichkeiten sind etwas **missverständlich**, da sich aus dem Handelsregistereintrag die Rechtsform und die Vertretungsbefugnis, Firma, Sitz, Niederlassung und Zweigniederlassungen, der Gegenstand des Unternehmens, Grund- oder Stammkapital, nicht aber inhaltliche Gesichtspunkte oder Tätigkeitsschwerpunkte ergeben. Der öffentliche Auftraggeber kann sich anhand dieses Nachweises also Gewissheit über die Existenz, die Rechtsform und die Vertretungsverhältnisse des Unternehmens verschaffen.[69] Aus den Registern kann z. B. entnommen werden, ob bereits ein Insolvenzverfahren eröffnet wurde oder die gewerberechtlichen Voraussetzungen vorliegen und bei der Eintragung in die Handwerksrolle auch die berufsrechtlichen Voraussetzungen erfüllt wurden.[70] Der Nachweis zur Befähigung und Erlaubnis zur Berufsausübung betrifft aber keine inhaltlichen Anforderungen an die Leistungsfähigkeit oder die Fachkunde, etwa dergestalt, dass das Unternehmen bestimmte Leistungen erfolgreich erbringen kann; hierüber enthalten die Berufs- und Handelsregister auch keine Informationen.

30 Eine **Verpflichtung**, diese Nachweise zu fordern, besteht nicht.[71] Da z. B. Handelsregisterauszüge auch ohne Weiteres durch den öffentlichen Auftraggeber beschafft werden können, dürfte unter Umständen sogar infrage stehen, ob die Forderung eines entsprechenden Nachweises durch den Bieter verhältnismäßig ist.

31 Bei der Vergabe von **Dienstleistungen** kann der öffentliche Auftraggeber, wenn Bewerber oder Bieter eine bestimmte Berechtigung besitzen oder Mitglied einer bestimmten Organisation sein müssen, um die betreffende Dienstleistung in ihrem Herkunftsstaat erbringen zu können, nach § 44 Abs. 2 VgV von den Bewerbern oder Bietern verlangen, ihre Berechtigung oder ihre Mitgliedschaft nachzuweisen. Entsprechend der Regelung in Art. 58 Abs. 2 UAbs. 2 RL 2014/24/EU gilt dies nur für Dienstleistungen. In der VOB/A findet sich keine entsprechende Regelung. Im Übrigen nennt § 122 Abs. 2 Nr. 1 GWB die zulässigen Nachweise zur Befähigung und zur Erlaubnis zur Berufsausübung abschließend;[72] von Bewerbern und Bietern dürfen daher keine weiteren Nachweise – wie etwa der Nachweis der Mitgliedschaft in einer Innung – verlangt werden, wenn ein solcher im Herkunftsland keine Voraussetzung für die Berufsausübung ist.[73] Nach deutschem Recht ist für bestimmte Leistungen, die dem RDG unterfallen, die Zulassung als Rechtsanwalt erforderlich.[74] Bei Leistungen, die einem Rechtsanwalt vorbehalten sind, ist die Zulassung zur Rechtsanwaltschaft eine Frage der Eignung. Die Eintragung in die Architektenrolle kann ein solcher Nachweis zur beruflichen Befähigung bei Planungsleistungen sein.

32 Mitgliedschaften und Zertifikate, die der Bieter **freiwillig** erwirbt, fallen nicht unter die in § 122 Abs. 2 Nr. 1 GWB geregelte Befähigung und Erlaubnis zur Berufsausübung, können aber im Einzelfall der technischen und beruflichen Leistungsfähigkeit zugeordnet werden. Für Umwelt- und Qualitätsmanagementnachweise gelten besondere Regelungen in § 49 VgV und § 6c EU VOB/A. Bei anderen Zertifikaten oder Mitgliedschaften, wie zum Beispiel dem Entsorgungsfachbetriebszertifikat oder der Bescheinigung des Deutschen Vereins des Gas- und Wasserfaches, muss der öffentliche Auftraggeber prüfen, ob diese als Umwelt- oder Qualitätsmanagementnachweis oder als anderer nach § 46 VgV bzw. § 6a EU VOB/A zulässiger Beleg zum Nachweis der technischen und beruflichen Leistungsfähigkeit gefordert werden dürfen.

---

69 *Müller-Wrede*, in: Müller-Wrede, VOL/A, § 7 EG Rn. 120, unter Berufung auf OLG Düsseldorf, Beschluss v. 16.1.2006 – VII-Verg 92/05; vgl. auch *Hausmann/von Hoff*, in: Röwekamp/Kus/Portz/Prieß, GWB-Vergaberecht, § 122 Rn. 17 m.w.N.
70 Hierzu *Hailbronner*, in: Byok/Jäger, Vergaberecht, § 97 GWB Rn. 93.
71 *Müller-Wrede*, in: Müller-Wrede, VOL/A, § 7 EG Rn. 122.
72 *Hausmann/von Hoff*, in: Röwekamp/Kus/Portz/Prieß, GWB-Vergaberecht, § 122 Rn. 20.
73 *Hausmann/von Hoff*, in: Röwekamp/Kus/Portz/Prieß, GWB-Vergaberecht, § 122 Rn. 20 m.w.N.
74 VK Südbayern, Beschluss v. 22.12.2015 – Z3-3-3194-1-48-09/15.

II. Wirtschaftliche und finanzielle Leistungsfähigkeit (S. 2 Nr. 2)

§ 122 Abs. 2 Nr. 2 GWB nennt die wirtschaftliche und finanzielle Leistungsfähigkeit als Eignungskategorien. Ein Bieter ist **wirtschaftlich und finanziell leistungsfähig**, wenn er über ausreichende finanzielle Mittel verfügt, die es ihm ermöglichen, seinen laufenden Verpflichtungen gegenüber seinem Personal, dem Staat und sonstigen Gläubigern nachzukommen.[75] Die wirtschaftliche und finanzielle Leistungsfähigkeit betrifft die Lage des Unternehmens in geldlicher Hinsicht. Dabei besteht zwischen der wirtschaftlichen und finanziellen Leistungsfähigkeit kein Unterschied. Unternehmen, die nicht in der Lage sind, ihren Verpflichtungen nachzukommen, wird unterstellt, dass sie auch den zu vergebenden öffentlichen Auftrag nicht ordnungsgemäß erfüllen können. 33

Welche **Anforderungen** der öffentliche Auftraggeber im Hinblick auf die wirtschaftliche und finanzielle Leistungsfähigkeit stellen kann, um sicherzustellen, dass die Bewerber oder Bieter über die erforderlichen wirtschaftlichen und finanziellen Kapazitäten für die Ausführung des öffentlichen Auftrags verfügen, ist beispielhaft in § 45 VgV und § 6a EU Nr. 2 VOB/A aufgeführt. In § 45 Abs. 1 S. 2 Nr. 1 bis 3 VgV[76] sind die Vorgaben für Anforderungen an die wirtschaftliche und finanzielle Leistungsfähigkeit genannt: 34

- bestimmte Jahresumsätze oder Jahresumsätze für den Tätigkeitsbereich des öffentlichen Auftrages,
- Informationen über Bilanzen und ein bestimmtes Verhältnis zwischen Vermögen und Verbindlichkeiten, wenn der öffentliche Auftraggeber transparente, objektive und nichtdiskriminierende Methoden und Kriterien für die Berücksichtigung anwendet und die Methoden und Kriterien in den Vergabeunterlagen angibt, oder
- Berufs- oder Betriebshaftpflichtversicherungen in bestimmter Höhe.

Diese Aufzählung ist nicht abschließend. Der öffentliche Auftraggeber kann auch andere Anforderungen zur wirtschaftlichen und finanziellen Leistungsfähigkeit festlegen.[77] Dies ergibt sich aus der Formulierung „insbesondere" in § 45 Abs. 1 S. 2 VgV. Für Bauvergaben gilt nach § 6a EU Nr. 2 VOB/A Entsprechendes.

In Ausprägung des – in § 122 Abs. 4 GWB ausdrücklich für die Eignung ausgeformten – Grundsatzes der Verhältnismäßigkeit begrenzen § 45 Abs. 2 VgV und § 6a EU Nr. 2c VOB/A die Forderung der öffentlichen Auftraggeber nach einem von den Bewerbern bzw. Bietern nachzuweisenden Mindestjahresumsatz auf ein angemessenes Verhältnis zum Gegenstand des öffentlichen Auftrags. Demnach darf ein geforderter **Mindestjahresumsatz** das Zweifache des geschätzten Auftragswertes nur überschreiten, wenn aufgrund der Art des Auftragsgegenstands spezielle Risiken bestehen und der öffentliche Auftraggeber dies im Vergabevermerk unter Angabe der wesentlichen Gründe für die Forderung eines höheren Mindestumsatzes hinreichend begründet. Diese Vorschriften gehen zurück auf Art. 58 Abs. 3 UAbs. 2 RL 2014/24/EU, durch welche Regelung dem Umstand Rechnung getragen werden soll, dass überzogene Anforderungen an die wirtschaftliche und finanzielle Leistungsfähigkeit oft ein ungerechtfertigtes Hindernis für die Teilnahme von kleinen und mittleren Unternehmen an Vergabeverfahren darstellen.[78] 35

Die öffentlichen Auftraggeber können gemäß den Art. 58 Abs. 3 UAbs. 2 RL 2014/24/EU umsetzenden Regelungen in § 45 Abs. 1 Nr. 2 VgV sowie § 6a EU Nr. 2lit. b VOB/A auch Informationen über das **Verhältnis zwischen Vermögen und Verbindlichkeiten** aus den Jahresabschlüssen verlangen. Ein positives Verhältnis, bei dem die Höhe des Vermögens die der Verbindlichkeit übersteigt, kann einen zusätzlichen Nachweis für eine ausreichende finan- 36

75 OLG Düsseldorf, Beschluss v. 9.6.2004 – VII-Verg 11/04; VK Baden-Württemberg, Beschluss v. 9.4.2013 – 1 VK 08/13.
76 Vergleichbar in § 6a EU VOB/A.
77 OLG Düsseldorf, Beschluss v. 7.5.2014 – VII-Verg 46/13.
78 Erwägungsgrund 83 RL 2014/24/EU.

zielle Leistungsfähigkeit eines Unternehmens darstellen.[79] Für die Berücksichtigung dieser Eignungsanforderung müssen die öffentlichen Auftraggeber transparente, objektive und nicht diskriminierende Methoden und Kriterien anwenden.

37 Die zum **Nachweis** der wirtschaftlichen und finanziellen Leistungsfähigkeit zu fordernden Belege ergeben sich aus § 45 Abs. 4 VgV. Die VOB/A unterscheidet in § 6a EU VOB/A nicht zwischen den Unterkriterien zur wirtschaftlichen und finanziellen Leistungsfähigkeit und den vorzulegenden Nachweisen.

III. Technische und berufliche Leistungsfähigkeit (S. 2 Nr. 3)

38 Die technische und berufliche Leistungsfähigkeit wird in § 46 VgV und § 6a EU Nr. 3 VOB/A näher ausgestaltet. Erfasst ist auch die nach den bisherigen Begrifflichkeiten im deutschen Vergaberecht erforderliche Fachkunde. Über die **technische und berufliche Leistungsfähigkeit** wird sichergestellt, dass der Bieter über die erforderliche Ausstattung, also die notwendigen personellen und technischen Mittel, die erforderliche Organisation sowie die entsprechenden Erfahrungen verfügt, um den öffentlichen Auftrag fachgerecht in angemessener Qualität ausführen zu können.[80] Ob die technische (technische Mittel) oder die berufliche Leistungsfähigkeit (personelle Mittel und Erfahrungen) im Vordergrund steht, hängt von dem konkreten öffentlichen Auftrag ab. Typischer Beleg der technischen Leistungsfähigkeit ist die Beschreibung der technischen Ausrüstung nach § 46 Abs. 3 Nr. 3 VgV, während typischer Beleg für die berufliche Leistungsfähigkeit Studien und Ausbildungsnachweise sowie Bescheinigungen über die Erlaubnis zur Berufsausübung nach § 46 Abs. 3 Nr. 6 VgV sind. Für andere, ungeschriebene Eignungsmerkmale – etwa hinsichtlich einer rechtlichen Leistungsfähigkeit[81] – ist daneben kein Raum.[82]

39 Die zum **Nachweis** der technischen und beruflichen Leistungsfähigkeit vorzulegenden Belege sind für Liefer- und Dienstleistungen in § 46 Abs. 3 VgV geregelt.[83] Nach § 46 VgV darf bei Lieferaufträgen, für die Belege oder Installationsarbeiten erforderlich sind, sowie bei Dienstleistungsaufträgen die berufliche Leistungsfähigkeit der Unternehmen auch anhand ihrer Fachkunde, Effizienz, Erfahrung und Verlässlichkeit beurteilt werden. Die VOB/A enthält für Bauleistungen die Vorgaben für die Nachweise der beruflichen und technischen Leistungsfähigkeit in § 6a EU VOB/A. Sowohl die VgV als auch die VOB/A listen die Belege auf, die zum Nachweis der technischen und beruflichen Leistungsfähigkeit herangezogen werden können. Die Listen sind jeweils abschließend[84]: Weder darf ein öffentlicher Auftraggeber von den Bewerbern oder Bietern als Nachweise für ihre technische und berufliche Leistungsfähigkeit andere Nachweise als die in den jeweiligen Regelungen der VgV und der VOB/A aufgelisteten Nachweise verlangen, noch kann ein Bewerber oder Bieter seine technische und berufliche Leistungsfähigkeit durch andere Nachweise belegen.[85] Allerdings fällt unter die Beschreibung der technischen Ausrüstung auch ein Nachweis für das tatsächliche Vorhandensein bestimmter Eigenschaften der technischen Ausrüstungen, was einen Spielraum für den öffentlichen Auftraggeber eröffnet.[86]

40 Als ein zentraler Eignungsnachweis zum Nachweis der Fachkunde wird regelmäßig die Vorlage von **Referenzen** gefordert. Eine Referenz dient dem Beleg der aufgestellten Eignungskriterien.[87] § 46 Abs. 3 Nr. 1 VgV und § 6a Nr. 3 EU VOB/A sehen ausdrücklich vor, dass der öf-

79 Erwägungsgrund 83 RL 2014/24/EU.
80 Art. 58 Abs. 4 RL 2014/24/EU.
81 Vgl. hierzu zuvor OLG Düsseldorf, Beschluss v. 1.12.2015 – VII-Verg 20/15; Beschluss v. 9.11.2011 – VII-Verg 35/10; Beschluss v. 4.5.2009 – VII-Verg 68/08.
82 OLG Düsseldorf, Beschluss v. 14.10.2020 – VII-Verg 36/19.
83 *Otting*, VergabeR 2016, 316 ff.
84 OLG Düsseldorf, Beschluss v. 7.5.2014 – VII-Verg 46/13; Verordnungsbegründung zu § 46 VgV, VergRModVO, BR-Drs. 87/16, 199.
85 Verordnungsbegründung zu § 46 VgV, VergRModVO, BT-Drs. 18/7318, 184.
86 OLG Frankfurt, Beschluss v. 18.9.2015 – 11 Verg 9/15, unter Berufung auf EuGH, Beschluss v. 10.5.2012 – Rs. C-368/10 (Max Havelaar).
87 OLG Frankfurt, Beschluss v. 23.12.2021 – 11 Verg 6/21.

fentliche Auftraggeber zum Nachweis der erforderlichen technischen und beruflichen Leistungsfähigkeit eines Bewerbers oder Bieters je nach Art, Verwendung und Menge oder Umfang der zu erbringenden Leistung (mit anderen Nachweisen, aber auch ausschließlich) die Vorlage von geeigneten Referenzen über früher ausgeführte Bau-, Liefer- und Dienstleistungsaufträge fordern kann. Referenzen dienen als Beleg dafür, dass der Bewerber oder Bieter dem ausgeschriebenen öffentlichen Auftrag vergleichbare Leistungen schon erfolgreich erbracht hat. Die Referenzen geben nicht nur Auskunft über die Leistungsfähigkeit des mit der Auftragsausführung beauftragten Personals, sondern auch über die Leistungsfähigkeit der Unternehmensorganisation als Ganzes, welche die zu vergebende Leistung zu erbringen hätte. Ist die berufliche Erfahrung nach dem Ausschreibungsinhalt (auch) an den Referenzen des Bieters zu messen, so leitet sie sich aus der Summe der dabei im Unternehmen angesammelten Erfahrungen und Qualifikationen ab.[88] Vor diesem Hintergrund soll auch die singuläre Forderung einer Referenz, ohne dass der öffentliche Auftraggeber eigenständige Eignungskriterien aufstellt und bekannt macht, zumindest dann zulässig sein, wenn aus der Referenz Rückschlüsse auf damit mittelbar gestellte Eignungskriterien möglich sind.[89] Der öffentliche Auftraggeber darf grundsätzlich zum Nachweis der erforderlichen Erfahrung des Bewerbers oder Bieters geeignete Referenzen bei Liefer- oder Dienstleistungen nach der VgV höchstens der letzten drei Jahre fordern; ausnahmsweise darf er gemäß § 46 Abs. 3 Nr. 1 VgV auch ältere Referenzen berücksichtigen, soweit das erforderlich ist, um einen ausreichenden Wettbewerb sicherzustellen und der öffentliche Auftraggeber auf diese Möglichkeit hingewiesen hatte.[90] Für Bauleistungen erweitert § 6a EU Nr. 3 VOB/A den Zeitraum ausdrücklich auf bis zu fünf Jahre; um einen ausreichenden Wettbewerb sicherzustellen, kann der öffentliche Auftraggeber nach einem entsprechenden Hinweis einschlägige Bauleistungen berücksichtigen, die mehr als fünf Jahre zurückliegen. Allgemein können maßgeblich auch Erfahrungen und Kenntnisse von Mitarbeitern sein – auch wenn die persönlichen Referenzen der für die Auftragsdurchführung vorgesehenen Fachkräfte im Rahmen des § 46 Abs. 3 Nr. 2 VgV bzw. § 6a EU Nr. 3 lit. b VOB/A bei der „Angabe der technischen Fachkräfte" abverlangt werden können bzw. als Zuschlagskriterium im Sinne des § 58 Abs. 2 Nr. 2 VgV bzw. des § 16d EU Abs. 2 Nr. 2 lit. b VOB/A bewertet werden. Eine geeignete Referenz liegt – ohne weitere konkretisierende Anforderungen des öffentlichen Auftraggebers – bereits vor, wenn der Leistungsgegenstand der Art nach in der Vergangenheit erbracht wurde.[91] Über dieses weite allgemeine Verständnis hinaus bedarf der Begriff der Konkretisierung durch den öffentlichen Auftraggeber in der Auftragsbekanntmachung, in der der öffentliche Auftraggeber transparent darlegen muss, welche Eigenschaften Referenzen haben müssen, um als geeignet anerkannt zu werden. Verzichtet der öffentliche Auftraggeber auf die Aufstellung von expliziten Eignungskriterien und fordert er lediglich die Vorlage einer Referenz, kommt es nach dem OLG Frankfurt *„bei der Ermittlung des Mindestmaßes an Vergleichbarkeit zwischen zu referenzierender und ausgeschriebener Leistung auf das Verständnis eines durchschnittlich erfahrenen Bieters von den Kernelementen der ausgeschriebenen Leistung an."*[92]

Eigene **(schlechte) Erfahrungen** mit dem Bieter, die der öffentliche Auftraggeber früher bei der Eignungsprognose einbeziehen durfte, ohne dass hierauf gesondert in der Auftragsbekanntmachung oder den Vergabeunterlagen hingewiesen werden musste[93] und die regelmäßig zum Gegenstand der allgemeinen Zuverlässigkeitsprüfung nach § 97 Abs. 4 GWB a.F. gemacht wurden[94] bzw. nach EU-Vergaberecht im Rahmen des Ausschlussgrundes der schwe- 41

88 OLG Düsseldorf, Beschluss v. 17.4.2019 – VII-Verg 36/18; Beschluss v. 2.1.2006 – VII-Verg 93/05; OLG Dresden, Beschluss v. 23.7.2002 – WVerg 7/02.

89 OLG Frankfurt, Beschluss v. 23.12.2021 – 11 Verg 6/21 mit Verweis auf OLG Düsseldorf, Beschluss v. 27.6.2018 – VII-Verg 4/18 und OLG Koblenz, Beschluss v. 13.6.2012 – 1 Verg 2/12.

90 Verordnungsbegründung zu § 46 VgV, VergRModVO, BR-Drs. 87/16, 199 f.

91 VK Südbayern, Beschluss v. 28.10.2019 – Z3-3-3194-1-32-09/19, mit Verweis auf VK Bund, Beschluss v. 18.9.2017 – VK 2-96/17.

92 OLG Frankfurt, Beschluss v. 23.12.2021 – 11 Verg 6/21.

93 So zum Beispiel OLG München, Beschluss v. 5.10.2012 – Verg 15/12.

94 Vgl. die Nachweise und Beispiele bei *Opitz*, in: Burgi/Dreher, Vergaberecht, § 124 GWB Rn. 88.

ren Verfehlung berücksichtigt werden,[95] sind nach dem seit 18. April 2016 geltenden Recht der allgemeinen Eignungsprognose entzogen. Eigene (und fremde) schlechte Erfahrungen sind von Seiten des öffentlichen Auftraggebers im Rahmen der fakultativen Ausschlussgründe unter den besonderen Voraussetzungen des § 124 Abs. 1 Nr. 7 GWB[96] zu würdigen, der im Vergleich zur früheren Rechtslage strengere Anforderungen an einen Ausschluss stellt.[97] Eine frühere mangelhafte Leistung des Bieters kann demnach u.a. nur dann einen Ausschluss rechtfertigen, wenn es sich um eine erhebliche oder fortdauernde Schlechtleistung einer wesentlichen Anforderung handelt und diese zu einer vorzeitigen Beendigung des Vertrages, zu Schadensersatz oder zu einer vergleichbaren Rechtsfolge geführt hat. Schlechte Erfahrungen unterhalb dieser Schwelle rechtfertigen keinen Ausschluss nach § 124 Abs. 1 Nr. 7 GWB, aber auch keine allgemeine negative Eignungsprognose. Dies ist zum einen den speziellen Regelungen in den §§ 123, 124 GWB geschuldet. Zum anderen widerspräche es dem gesetzgeberischen Konzept der Eignungsprüfung. § 122 Abs. 2 Nr. 1 bis 3 GWB legt einen Numerus clausus der Eignungskategorien fest, die jeweils in den Vergabeordnungen konkretisiert werden. Allein auf dieser Grundlage bzw. der innerhalb dieses Rahmens geforderten Eignungsnachweise ist die Bietereignung zu prüfen. Maßstab eines Ausschlusses ist daher nicht mehr, ob bei einer Gesamtabwägung der Erfahrungen der oder des öffentliche/n Auftraggeber/s den negativen Erfahrungen objektiv ein größeres Gewicht zukommt.[98] Auch ist die früher häufige Formel überholt, wonach der Ausschluss eines Unternehmens nicht nur durch eine auf der Hand liegende Vertragsverletzung gerechtfertigt sei, sondern auch durch solche Umstände des Einzelfalls, die die Besorgnis rechtfertigen, dass eine reibungslose Durchführung des öffentlichen Auftrags nicht erwartet werden könne,[99] sofern die Schwelle des § 124 Abs. 1 Nr. 7 GWB nicht erreicht ist.

42 Besondere Regelungen gibt es für die Vorlage von **Umweltmanagement-** und **Qualitätsmanagementnachweisen** in § 49 VgV bzw. § 6c EU VOB/A.

IV. Belege zum Nachweis der Eignung und Vorrang von Eigenerklärungen

43 § 122 GWB enthält die inhaltlichen Vorgaben für die Eignungskriterien. In den §§ 44 Abs. 1, 45 Abs. 1 und 46 Abs. 1 VgV werden diese für **Liefer- und Dienstleistungen** inhaltlich konkretisiert. Insbesondere führen die §§ 44 bis 46 VgV zur Eignung detaillierter aus, welche Eignungskriterien einer der drei Eignungskategorien zulässigerweise vom jeweiligen öffentlichen Auftraggeber für ein Vergabeverfahren festgelegt werden können.[100] Mit den materiellen Regelungen zu den Eignungskriterien werden Vorschriften der zulässigen **Nachweise** zur Erfüllung der Eignungskriterien und das Nichtvorliegen von Ausschlussgründen (§§ 48 bis 50 VgV) verbunden sowie Regelungen über die Rechtsform von Bewerbern oder Bietern, über die Eignungsleihe und die Begrenzung der Anzahl geeigneter Bewerber die in zweistufigen Vergabeverfahren zur Abgabe eines Angebotes aufgefordert werden.[101] Seit der Vergaberechtsnovelle 2016 wird bei der Vergabe von Dienst- und Lieferleistungen zwischen Eignungskriterien und den Belegen zum Nachweis der Eignung (Nachweise, Erklärungen) unterschieden. Für Letztere enthalten § 45 Abs. 4, § 46 Abs. 3 VgV nähere Vorgaben.

44 Die Nachweisführung, d.h. welche Belege für die Eignung eingereicht werden müssen, ist für die Vergabe von Liefer- und Dienstleistungsaufträgen durch öffentliche Auftraggeber in § 48 VgV geregelt. § 48 Abs. 2 VgV statuiert einen **Vorrang von Eigenerklärungen**. Zu unterscheiden ist hier zwischen Unterlagen, d.h. Eigenerklärungen, Angaben, Bescheinigungen un-

---

95 EuGH, Urteil v. 13.12.2012 – Rs. C-465/11 (Forposta).
96 Hierzu etwa OLG Düsseldorf, Beschluss v. 11.7.2018 – VII-Verg 7/18; Beschluss v. 28.3.2018 – VII-Verg 49/17; OLG Frankfurt, Beschluss v. 3.5.2018 – 11 Verg 5/18; OLG Celle, Beschluss v. 9.1.2017 – 13 Verg 9/16.
97 *Opitz*, in: Burgi/Dreher, Vergaberecht, § 124 GWB Rn. 89.
98 Vgl. *Opitz*, in: Burgi/Dreher, Vergaberecht, § 124 GWB Rn. 89.
99 Vgl. Nachweise bei *Opitz*, in: Burgi/Dreher, Vergaberecht, § 124 GWB Rn. 89.
100 Zu den Nachweisen hinsichtlich der Befähigung und Erlaubnis zur Berufsausübung siehe Rn. 27 ff., zu den Nachweisen für die wirtschaftliche und finanzielle Leistungsfähigkeit siehe Rn. 34 ff. und zu den Nachweisen für die technische und berufliche Leistungsfähigkeit siehe Rn. 39 ff.
101 Verordnungsbegründung zu Unterabschnitt 5 VgV, VergRModVO, BR-Drs. 87/16, 197.

abhängiger Dritter und sonstiger Nachweise und Eigenerklärungen. Der Vorrang der Eigenerklärungen gilt aber auch nach der VgV nicht uneingeschränkt. Wenn der öffentliche Auftraggeber ein berechtigtes Interesse an Bescheinigungen hat, kann er diese verlangen. Maßstab ist, ob die Forderung solcher Nachweise durch den Auftragsgegenstand gerechtfertigt ist.[102] Sind bestimmte Anforderungen z. B. an Geräte von grundlegender Bedeutung, kann eine Erklärung des Geräteherstellers verlangt werden. In der **VOB/A** werden für die in § 122 Abs. 2 GWB aufgeführten Eignungskriterien keine weiteren Kriterien oder inhaltlichen Anforderungen benannt. Die Nachweise werden in § 6a EU VOB/A definiert. Nach § 6b EU Abs. 1 Nr. 2 VOB/A wird der Nachweis über die Eignung und das Nichtvorliegen von Ausschlussgründen, wenn der Nachweis nicht über eine Eintragung im PQ-Verzeichnis erfolgt, über Einzelnachweise geführt. Der öffentliche Auftraggeber kann aber vorsehen, dass für einzelne Angaben Eigenerklärungen ausreichend sind.

Auch bei der Festlegung der Belege und Nachweise ist der **Verhältnismäßigkeitsgrundsatz** 45
zu beachten.[103]

V. e-Certis

Sowohl nach § 48 VgV als auch nach § 6b Abs. 2 Nr. 4 VOB/A sollen die öffentlichen Auftrag- 46
geber auf das Informationssystem e-Certis zurückgreifen und in der Regel solche Nachweise und Bescheinigungen fordern, die von e-Certis abgedeckt sind. e-Certis ist ein Online-Informationssystem, das Erleichterungen für öffentliche Auftraggeber und Bewerber und Bieter schaffen soll. Hierdurch sollen gemäß Art. 61 RL 2014/24/EU grenzüberschreitende Ausschreibungen erleichtert werden.

Bei **e-Certis** handelt es sich um eine Online-Datenbank auf europäischer Ebene, aus der man 47
entnehmen kann, welche Bieternachweise in den einzelnen Mitgliedstaaten regelmäßig angefordert werden. Es enthält Informationen zu Bescheinigungen und sonstige Nachweisen, die bei Ausschreibungsverfahren in den 28 Mitgliedstaaten, einem Kandidatenland (Türkei) und den drei Staaten des Europäischen Wirtschaftsraums (Island, Liechtenstein und Norwegen) häufig verlangt werden.[104] Die Mitgliedstaaten sorgen nach Art. 61 Abs. 1 RL 2014/24/EU dafür, dass die Informationen über Bescheinigungen und andere Formen dokumentarischer Nachweise im elektronischen Dokumentenarchiv e-Certis kontinuierlich aktualisiert werden. Auf der Webseite von e-Certis heißt es: *„Europäische Unternehmen, die bei einer Ausschreibung im Ausland einen Vorschlag einreichen möchten, oder öffentliche Auftraggeber, die ein ausländisches Angebot prüfen müssen, können mit Hilfe von e-Certis besser verstehen, welche Informationen verlangt bzw. übermittelt werden. Zudem können sie dank e-Certis leichter erkennen, welche Unterlagen von Partnerländern den Bescheinigungen und sonstigen Nachweisen, die vor Ort verlangt werden, gleichwertig sind.“*[105]

Aus e-Certis sollen die am Vergabeverfahren Beteiligten z. B. entnehmen können, wie ein Ge- 48
werbezentralregisterauszug oder eine Gewerbeanmeldung in Frankreich oder ein Strafregisterauszug in Belgien aussieht.[106] Das System soll **gleichwertige Dokumente** aus verschiedenen Ländern zueinander in Bezug setzen; die Auskünfte sind nicht rechtsverbindlich.[107] Gegenüber öffentlichen Auftraggebern können Bewerber und Bieter sich im Zweifelsfall hierauf also nicht berufen.

---

102 OLG Frankfurt, Beschluss v. 18.9.2015 – 11 Verg 9/15.
103 § 97 Abs. 1 S. 2 GWB; OLG Koblenz, Beschluss v. 13.6.2012 – 1 Verg 2/12.
104 https://ec.europa.eu/tools/ecertis/#/homePage
105 https://ec.europa.eu/tools/ecertis/#/homePage
106 Das Online-Archiv war zum Zeitpunkt der Abfassung dieser Kommentierung nicht unter allen Gesichtspunkten vollständig und verwies zum Teil nur auf nicht immer aktuelle rechtliche Regelungen und zum Teil auf Vorgaben des PQ-Vereins. Eine praktische Erleichterung durch e-Certis ist abhängig von der Zurverfügungstellung von Daten durch die Mitgliedstaaten.
107 *Rhein*, VergabeNavigator 2015, 9 (13).

VI. Einheitliche Europäische Eigenerklärung

49 Im Zusammenhang mit der Eignung von Unternehmen, die allerdings nicht im GWB selbst, sondern in der VgV und in der VOB/A näher ausgestaltet wird, ist die auf Basis der europäischen Vorgaben in Art. 59 RL 2014/24/EU geregelte Einheitliche Europäische Eigenerklärung (EEE) zu nennen. § 50 VgV und § 6b Abs. 1 VOB/A regeln die Einheitliche Europäische Eigenerklärung auf Basis der gemeinschaftsrechtlichen Vorgaben. Die Einheitliche Europäische Eigenerklärung dient dem vereinfachten (vorläufigen) Nachweis der Eignung im Vergabeverfahren. Mit der Einheitlichen Europäischen Eigenerklärung soll die Notwendigkeit der Beibringung von vielen Einzelnachweisen für die Unternehmen entfallen und damit der Aufwand reduziert werden. Gleichzeitig dient die Einheitliche Europäische Eigenerklärung einer europäischen Vereinheitlichung der Eignungsprüfung.[108]

50 Die VO (EU) 2016/7 der Kommission hat ein **Standardformular** für die Einheitliche Europäische Eigenerklärung eingeführt. Die Einheitliche Europäische Eigenerklärung enthält Angaben zum Unternehmen, zu Ausschlussgründen und zu den Eignungskriterien. Mit der Einheitlichen Europäischen Eigenerklärung erklärt der Bewerber oder Bieter, dass kein Ausschlussgrund gemäß den §§ 123, 124 GWB besteht, er die Eignungskriterien bzw. gegebenenfalls aufgestellte objektive Regeln und Kriterien erfüllt. In Teil IV enthält sie einen sog. Globalvermerk zur Erfüllung aller Eignungskriterien. Der öffentliche Auftraggeber muss es nach dem Text der Einheitlichen Europäischen Eigenerklärung ausdrücklich zulassen, dass die Bewerber oder Bieter sich zu ihrer Eignung über den Globalvermerk erklären können. Zugleich erklärt der Bewerber oder Bieter mit der Einheitlichen Europäischen Eigenerklärung, dass er auf Anfrage jederzeit in der Lage ist, unverzüglich weitere Unterlagen vorzulegen. Falls der Bewerber oder Bieter sich bezüglich der Eignung auf Dritte beruft, muss sich die Einheitliche Europäische Eigenerklärung auch auf diese beziehen.[109] Ein Bewerber oder Bieter darf sich auch auf eine bereits in einem vorhergehenden Vergabeverfahren abgegebene Einheitliche Europäische Eigenerklärung berufen, wenn deren Inhalt unverändert aktuell ist.

51 Wird die Einheitliche Europäische Eigenerklärung von den Bietern vorgelegt, muss der öffentliche Auftraggeber sie als vorläufigen Beleg der Eignung akzeptieren.[110] In Umsetzung von Art. 59 RL 2014/24/EU sehen das sowohl § 6b Abs. 1 VOB/A als auch § 48 Abs. 3 VgV vor. Eine über die **Akzeptanzpflicht** hinausgehende Verpflichtung der öffentlichen Auftraggeber, ausschließlich die Einheitliche Europäische Eigenerklärung als Eignungsnachweis vorzusehen, ergibt sich daraus nicht. Öffentliche Auftraggeber können also weiterhin eigene Formulare für die Erklärungen zur Eignung erstellen oder Formulare aus Vergabehandbüchern nutzen. Diese Regelungen dürften auch im Einklang mit Art. 59 RL 2014/24/EU stehen. Auch dieser spricht in Abs. 1 davon, dass der öffentliche Auftraggeber zum Zeitpunkt der Übermittlung von Teilnahmeanträgen und Angeboten die Einheitliche Europäische Eigenerklärung *„akzeptiert"*.[111] Um dem Ziel einer Vereinfachung für die Bewerber und Bieter Genüge zu tun, ist eine Akzeptanzpflicht der öffentlichen Auftraggeber auch ausreichend. Aus den rechtlichen Vorschriften ergibt sich nicht, dass die öffentlichen Auftraggeber verpflichtet sind, den elektronischen Einheitliche-Europäische-Eigenerklärung-Dienst zu nutzen und den Bietern damit zu ermöglichen, das Formular elektronisch zu nutzen.[112] In Anhang I VO (EU) 2016/7 heißt es in der Anleitung, dass die öffentlichen Auftraggeber den Wirtschaftsteilnehmern die Aufgabe auch dadurch erleichtern „können", dass sie die betreffenden Angaben direkt in eine elektronische

---

108 Erwägungsgründe 1 bis 4 VO (EU) 2016/7.

109 Ob und unter welchen Voraussetzungen Unternehmen, die zusammenarbeiten und ein Gemeinschaftsunternehmen haben, jeweils eine oder eine gemeinsame Einheitliche Europäische Eigenerklärung einreichen müssen oder ob nur das Gemeinschaftsunternehmen die Einheitliche Europäische Eigenerklärung einreichen muss, ist Gegenstand eines Vorabentscheidungsverfahrens beim EuGH in der Sache Rs. C-631/21.

110 Vgl. hierzu *Stolz*, VergabeR 2016, 155 (156); Verordnungsbegründung zu § 50 Abs. 1 VgV, VergRModVO, BR-Drs. 87/16, 203.

111 Ebenfalls in diesem Sinne *Stolz*, VergabeR 2016, 155 (156).

112 https://espd.eop.bg/espd-web/filter?lang=de.

Fassung der Einheitlichen Europäischen Eigenerklärung einfügen. Eine Verpflichtung der Unternehmen, die Einheitliche Europäische Eigenerklärung zu verwenden, besteht nicht.

D. Präqualifizierungssysteme (Abs. 3)

Gemäß § 122 Abs. 3 GWB kann der Nachweis der Eignung und des Nichtvorliegens von Ausschlussgründen nach den §§ 123 und 124 GWB ganz oder teilweise durch die Teilnahme an Präqualifizierungssystemen erbracht werden.[113] § 122 Abs. 3 GWB lässt die Einrichtung staatlicher oder privatwirtschaftlich organisierter, anerkannter Präqualifizierungssysteme zum vereinfachten Nachweis der Eignung und des Nichtvorliegens von Ausschlussgründen zu. Der Absatz greift damit den Regelungsgehalt von Art. 64 Abs. 1 RL 2014/24/EU auf.[114] **52**

Die Formulierung wurde im Verlauf des **Gesetzgebungsverfahrens** geändert. Der Referentenentwurf des Bundesministeriums für Wirtschaft und Energie vom April 2015 verwies wie die Vorgängerregelung in § 97 Abs. 4a GWB a.F. noch darauf, dass öffentliche Auftraggeber Präqualifizierungssysteme, mit denen die Eignung nachgewiesen werden kann, einrichten oder zulassen können. **53**

I. Begriff

§ 122 Abs. 3 GWB spricht von Präqualifizierungssystemen, während § 97 Abs. 4a GWB a.F. von Präqualifikationssystemen sprach. Die VOB 2016 verwendet in § 6b EU VOB/A den Begriff Präqualifikationsverzeichnis. Gemeint ist überall das Gleiche. **54**

Die **Präqualifizierung** beinhaltet die vorgelagerte Prüfung eines Unternehmens hinsichtlich seiner Eignung zur Ausführung von Aufträgen und zum Nichtvorliegen von Ausschlussgründen vor bzw. unabhängig von einem konkreten Einzelauftrag.[115] Sie erfolgt verfahrensunabhängig und freiwillig.[116] Dem öffentlichen Auftraggeber wird dadurch eine Vorprüfung der interessierten Unternehmen ermöglicht. Die Prüfung, ob der Bewerber oder Bieter zur Erbringung der Leistung des konkret ausgeschriebenen öffentlichen Auftrags leistungsfähig ist, kann über die Präqualifizierung nicht erfolgen. Vielmehr basiert eine Präqualifizierung auf einer abstrakten Eignungsprüfung. **55**

Ganz losgelöst von bestimmten Leistungen erfolgt das Verfahren aber nicht: Die Unternehmen werden regelmäßig in eine Liste aufgenommen, die nach **Produkt-** oder **Leistungsgruppen** untergliedert ist. Die Unternehmen können damit ihre Eignung für eine bestimmte Art von Aufträgen nachweisen.[117] Die Eignung wird damit bezogen auf einen qualifizierten Leistungsbereich nachgewiesen. Ist dieser nicht mit dem im konkreten Vergabeverfahren betroffenen Leistungsbereich vergleichbar, trägt der Bewerber oder Bieter das Risiko, dass die im Präqualifizierungsverzeichnis hinterlegten Informationen als Eignungsnachweis für den ausgeschriebenen öffentlichen Auftrag nicht ausreichen.[118] Hat ein Bewerber oder Bieter seine Eignung unter Bezugnahme auf die Eintragungen im Präqualifikationsverzeichnis nicht nachgewiesen, darf der öffentliche Auftraggeber keine weiteren Unterlagen zum Nachweis der Eignung nachfordern.[119] **56**

Zur Präqualifizierung reichen Unternehmen bei der zuständigen Präqualifizierungsstelle einen **Antrag** mit den vorgesehenen Dokumenten entsprechend der Liste für Eignungsnachweise ein. Bei positiver Prüfung wird das Unternehmen daraufhin in der Datenbank registriert und erhält ein Zertifikat mit Zugangscode. Nimmt das Unternehmen an einem Vergabeverfahren teil, so muss es nur noch den Zugangscode angeben bzw. das Zertifikat als Kopie beifügen. **57**

---

113 Zu Präqualifikationssystemen im Einzelnen z. B. *Braun*, in: Gabriel/Krohn/Neun, Handbuch Vergaberecht, § 28 Rn. 102 ff.
114 Gesetzesbegründung zu § 122 Abs. 3 GWB, VergRModG 2016, BT-Drs. 18/6281, 101.
115 VK Sachsen, Beschluss v. 1.3.2017 – 1/SVK/037-16.
116 *Braun*, in: Gabriel/Krohn/Neun, Handbuch Vergaberecht, § 28 Rn. 105.
117 *Müller-Wrede*, in: Müller-Wrede, VOL/A, § 7 EG Rn. 81.
118 Vgl. VK Hamburg, Beschluss v. 3.1.2020 – 60.29-319/2019.005.
119 VK Sachsen-Anhalt, Beschluss v. 5.8.2020 – 3 VK LSA 27/20.

Während das Verzeichnis der präqualifizierten Unternehmen (Grunddaten) allgemein zugänglich ist, können die überprüften Nachweise (z. B. Bescheinigung des Finanzamts, Referenzliste etc.) nur von demjenigen öffentlichen Auftraggeber eingesehen werden, dem der Zertifikatscode vorliegt.[120]

II. Ziel

58 Präqualifizierungssysteme dienen der Vereinfachung der Eignungsprüfung und letztlich dem Bürokratieabbau.[121] Für die Unternehmen bedeutet die Teilnahme an Präqualifizierungssystemen insofern eine Erleichterung, als sie die Eignungsbelege bei der Präqualifizierungsstelle hinterlegen und nicht in jedem Vergabeverfahren vorlegen müssen. Auf der anderen Seite können sich öffentliche Auftraggeber auf die Prüfung durch die Präqualifizierungsstelle verlassen und müssen die von der Präqualifizierung erfassten Nachweise nicht auf Vollständigkeit und Aktualität prüfen.

III. Keine Pflicht zur Nachweisführung durch Präqualifizierungssysteme

59 Mit der Teilnahme an einem Präqualifizierungssystem kann der Nachweis der Eignung und der Nachweis des Nichtvorliegens von Ausschlussgründen nach den §§ 123 und 124 GWB geführt werden. § 122 GWB gewährt den Bewerbern und Bietern die Möglichkeit, den Nachweis der Eignung und des Nichtvorliegens von Ausschlussgründen durch die Teilnahme an Präqualifizierungssystemen zu erbringen. Dies ergibt sich ohne Weiteres aus dem Wortlaut von § 122 Abs. 3 GWB. Eine Verpflichtung der Unternehmen, die Eignung durch Präqualifizierung zu belegen, ergibt sich daraus nicht. Öffentliche Auftraggeber können eine Präqualifizierung auch nicht zwingend vorgeben.[122] Nach Art. 64 Abs. 7 RL 2014/24/EU kann eine solche Eintragung oder Zertifizierung den Wirtschaftsteilnehmern aus anderen Mitgliedstaaten nicht zur Bedingung für ihre Teilnahme an einem öffentlichen Auftrag gemacht werden.

IV. Pflicht zur Akzeptanz der Nachweisführung durch Präqualifizierungssysteme

60 Nach dem Wortlaut von § 122 Abs. 3 GWB kann der Nachweis zur Eignung und zum Nichtvorliegen von Ausschlussgründen ganz oder teilweise durch die Teilnahme an Präqualifizierungssystemen erbracht werden. Der öffentliche Auftraggeber muss den durch die Teilnahme am Präqualifizierungssystem erbrachten Nachweis der Eignung – anders als nach der Vorgängervorschrift des § 97 Abs. 4a GWB a.F. – **akzeptieren**.[123] Die Gesetzesbegründung verhält sich hierzu nicht ausdrücklich.[124] Dort wird nur ausgeführt, die Norm lasse die Einrichtung von Präqualifizierungssystemen zum vereinfachten Nachweis der Eignung zu. Sofern der Bieter in einem amtlichen Verzeichnis eingetragen ist oder über eine Zertifizierung verfügt, die den Anforderungen des Art. 64 RL 2014/24/EU entspricht, werden nach § 48 Abs. 8 S. 1 VgV die im amtlichen Verzeichnis oder dem Zertifizierungssystem niedergelegten Unterlagen und Angaben vom öffentlichen Auftraggeber nur in begründeten Fällen in Zweifel gezogen.§ 6b EU Abs. 1 Nr. 1 VOB/A sieht vor, dass der Nachweis über die Eignung und über das Nichtvorliegen von Ausschlussgründen durch eine vom öffentlichen Auftraggeber direkt aufrufbare Eintra-

---

120 *Hausmann/von Hoff*, in: Kulartz/Marx/Portz/Prieß, VOL/A, § 7 EG Rn. 61.

121 *Braun*, in: Gabriel/Krohn/Neun, Handbuch Vergaberecht, § 28 Rn. 3.

122 So auch *Hausmann/von Hoff*, in: Röwekamp/Kus/Portz/Prieß, GWB-Vergaberecht, § 122 Rn. 27.

123 So auch *Hausmann/von Hoff*, in: Röwekamp/Kus/Portz/Prieß, GWB-Vergaberecht, § 122 Rn. 26 sowie *Opitz*, in: Burgi/Dreher, Vergaberecht, § 122 GWB Rn. 100; vgl. auch VK Sachsen-Anhalt, Beschluss v. 26.9.2019 – 1 VK LSA 30/18, wonach dieses Ergebnis insbesondere auch durch die Vorschrift des § 50 Abs. 3 Nr. 1 VgV bekräftigt werde; Bewerber bzw. Bieter hätten die vom öffentlichen Auftraggeber geforderten Unterlagen nur insoweit beizubringen, als der öffentliche Auftraggeber sie u.a. nicht über eine kostenfreie Datenbank innerhalb der EU beiziehen könne. Mit dieser Regelung wurde Art. 59 Abs. 5 der Richtlinie 2014/24/EU umgesetzt. Dieser Grundsatz gelte nicht nur für den Anwendungsbereich des § 48 Abs. 3, § 50 Abs. 2 S. 1 VgV, sondern generell für jegliche Anforderung von Eigenerklärungen oder sonstigen Unterlagen zum Zwecke der Prüfung der Eignung und des Nichtvorliegens von Ausschlussgründen.

124 Gesetzesbegründung zu § 122 Abs. 3 GWB, VergRModG 2016, BT-Drs. 18/6281, 98.

gung in die allgemein zugängliche Liste des Vereins für die Präqualifikation von Bauunternehmen e.V. erfolgen kann. Dies spricht für eine Akzeptanzpflicht der öffentlichen Auftraggeber. Durch die Nennung der Präqualifikation vor der Vorlage von Einzelnachweisen in § 6b EU Abs. 1 Nr. 2 VOB/A in der VOB/A wird die Bedeutung der Präqualifikation insbesondere für Bauvergaben besonders hervorgehoben.

Nur dann, wenn die Präqualifizierung tatsächlich alle Eignungsnachweise erfasst, ist die Vorlage der Teilnahme an einer Präqualifizierung **ausreichend**, um die Eignung nachzuweisen.[125] Wesentlich ist deshalb die Kenntnis darüber, welche Nachweise von der Präqualifizierung abgedeckt sind. Bei besonderen Anforderungen an die Eignung kann es sein, dass jeder Bieter neben der Präqualifizierung weitere Einzelnachweise vorlegen muss. Beim Präqualifikationsnachweis handelt es sich um ein Nachweissurrogat. Die Präqualifikationsurkunde macht also nur die Vorlage derjenigen Nachweise entbehrlich, die der Präqualifikation zugrunde lagen.[126] 61

Klargestellt wird in § 48 Abs. 8 S. 4 VgV und § 6b EU Abs. 1 Nr. 1 VOB/A, dass der öffentliche Auftraggeber für die Entrichtung von **Steuern**, **Abgaben** oder **Sozialversicherungsbeiträgen** die gesonderte Vorlage einer entsprechenden Bescheinigung verlangen kann. 62

V. Präqualifizierungssysteme in der VOB/A

Die VOB/A regelt Präqualifizierungssysteme in § 6b EU Abs. 1 Nr. 1 VOB/A. Danach kann der Nachweis der Eignung mittels der direkt abrufbaren Eintragung in die allgemein zugängliche Liste des „Vereins für Präqualifikation von Bauunternehmen e.V." erfolgen. Die Eintragung in ein gleichwertiges Verzeichnis anderer Mitgliedstaaten ist als Nachweis ebenso zugelassen. 63

Im Anwendungsbereich der VOB/A wird die Präqualifikationsliste vom „**Verein für die Präqualifikation von Bauunternehmen e.V.**" geführt. Darauf verweist § 6b EU Abs. 1 Nr. 1 VOB/A ausdrücklich. Der PQ-Verein hat es sich zur Aufgabe gemacht, ein Präqualifikationssystem für Unternehmen des Bauhaupt- und Baunebengewerbes bei der Vergabe öffentlicher Bauaufträge in Deutschland einzuführen und weiterzuentwickeln. Einzelheiten zur Funktionsweise eines Präqualifizierungssystems ergeben sich aus der Leitlinie des Bundesministeriums für Verkehr, Bau und Stadtentwicklung für die Durchführung eines PQ-Verfahrens.[127] Im Rahmen der Präqualifizierung werden Eigenerklärungen und Bescheinigungen hinterlegt.[128] 64

Öffentliche Auftraggeber, die zur Anwendung der VOB/A verpflichtet sind, müssen den Eintrag in die Liste als Eignungsnachweis verbindlich **anerkennen**. Ein öffentlicher Auftraggeber, der weiterhin Eignungsnachweise ausschließlich per Einzelnachweis fordert, verstößt gegen § 6b EU Abs. 1 VOB/A.[129] 65

VI. Präqualifizierungssysteme in der VgV

Nach § 48 Abs. 8 VgV gilt bei einer Präqualifizierung eine sog. **Eignungsvermutung**. Wenn der Bieter in einem amtlichen Verzeichnis eingetragen ist oder über eine Zertifizierung verfügt, die den Anforderungen des Art. 64 RL 2014/24/EU entspricht, werden die im amtlichen Verzeichnis oder im Zertifizierungssystem niedergelegten Unterlagen und Angaben vom öffentlichen Auftraggeber nur in begründeten Fällen in Zweifel gezogen. 66

Im Gegensatz zu § 6b EU Abs. 1 VOB/A bezieht sich § 48 Abs. 8 VgV auf kein **bestimmtes Präqualifikationsverzeichnis**.[130] Danach können solche Verzeichnisse bei den Industrie- und Handelskammern eingerichtet werden. Diese können sich bei der Führung des amtlichen Verzeichnisses einer gemeinsamen verzeichnisführenden Stelle bedienen. Ein solches Register 67

125 Vgl. VK Hamburg, Beschluss v. 3.1.2020 – 60.29-319/2019.005.
126 *Müller-Wrede*, in: Müller-Wrede, VOL/A, § 7 EG Rn. 81.
127 Leitlinie für die Durchführung eines Präqualifizierungsverfahrens vom 23.9.2016, https://www.verwaltungsvorschriften-im-internet.de/bsvwvbund_23092016_BI781063954.htm.
128 *Rhein*, VergabeNavigator 2015, 9 (11).
129 *Hausmann/Kern*, in: Kulartz/Marx/Portz/Prieß, VOB/A, § 6 Rn. 113.
130 *Müller-Wrede*, in: Müller-Wrede, VOL/A, § 7 EG Rn. 82.

schließt amtliche Verzeichnisse, die durch andere öffentliche Stellen eingerichtet werden, nicht aus. So kann z. B. auch ein Bundesland ein solches Verzeichnis einrichten.

68 Durch den Bezug auf Art. 64 RL 2014/24/EU wird klargestellt, dass die **Industrie- und Handelskammer** selbstverständlich die hohen Anforderungen der Richtlinie umzusetzen hat. § 48 Abs. 8 S. 3 VgV bestimmt, dass die Führung des amtlichen Verzeichnisses nicht bei jeder einzelnen Industrie- und Handelskammer erfolgt. Für die Umsetzung in der Praxis ist eine zentrale IT-gestützte Datenbank erforderlich, die von einer von den Industrie- und Handelskammern eingerichteten gemeinsamen Stelle betrieben wird.[131]

69 Die **Auskünfte aus dem Register** sollten nach der Begründung zur VgV im Wege des automatisierten Abrufs über das Internet oder schriftlich erteilt werden. In jedem Fall ist sicherzustellen, dass eine zeitgleiche und direkte Abfrage aller präqualifizierten Unternehmen im amtlichen Verzeichnis durch die öffentlichen Auftraggeber erfolgen kann.[132]

70 Seit 2009 gibt es für den Liefer- und Dienstleistungsbereich unter dem Dach des Deutschen Industrie- und Handelskammertages (DIHK) ein bundeseinheitliches Präqualifizierungssystem, die „**Präqualifizierungsdatenbank für den Liefer- und Dienstleistungsbereich**" (PQ-VOL).[133] Sie erfasst alle Unternehmen, die von den Auftragsberatungsstellen oder von Industrie- und Handelskammern auf ihre Eignung im VOL-Bereich überprüft worden sind. Diese Unternehmen können in der Datenbank über Suchkriterien wie Name, Sitz, Branchencode etc. gefunden werden.

VII. Präqualifizierungsverzeichnisse der Bundesländer

71 Einige Bundesländer führen ein eigenes Präqualifikationsverzeichnis[134] bzw. Unternehmer- und Lieferantenverzeichnis für öffentliche Aufträge (ULV). Für die Region Berlin etwa führt die Senatsverwaltung für Stadtentwicklung und Umwelt die Präqualifizierung für Unternehmen aus allen Bundesländern aus dem Liefer- und Dienstleistungsbereich durch und führt die registrierten Unternehmen im ULV.[135] Das ULV existiert seit 1953 und enthält Unternehmen des Bauhaupt- und des Baunebengewerbes einschließlich Fuhr- und Speditionsleistungen sowie auch Unternehmen, die Lieferungen und Leistungen (VOL) anbieten. Die entsprechende Eintragung der Unternehmen bzw. die Zuordnung zu den einzelnen Gewerken erfolgt nach Überprüfung der fachlichen Eignung.[136]

VIII. Bonitätsbewertungen und Auskunftsdateien

72 Zum Teil verlangen öffentliche Auftraggeber in Vergabeverfahren Nachweise von Wirtschaftsauskunftsunternehmen. Hierbei handelt es sich nicht um ein Präqualifizierungssystem im Sinne von § 122 Abs. 3 GWB. Bonitätsbewertungen Dritter und Auskünfte aus Auskunftsdateien können unter Umständen als Nachweis der wirtschaftlichen finanziellen Leistungsfähigkeit gefordert werden.

73 Da das Vergaberecht für derartige Bonitätsbewertungen aber keine vergleichbaren Anforderungen und Systeme wie für Präqualifizierungssysteme zur Verfügung stellt, kann der öffentliche Auftraggeber solche Belege daher nicht ohne Weiteres der Eignungsprüfung zugrunde legen. Er muss die Wirtschaftlichkeitsbewertung **überprüfen** und seine eigene Einschätzung zur wirtschaftlichen und finanziellen Leistungsfähigkeit der Bewertung der Eignung des Unternehmens im Vergabeverfahren zugrunde legen.[137]

---

131 Verordnungsbegründung zu § 48 Abs. 8 VgV, VergRModVO, BR-Drs. 87/16, 202.
132 Verordnungsbegründung zu § 48 Abs. 8 VgV, VergRModVO, BR-Drs. 87/16, 202.
133 https://www.pq-vol.de/info/.
134 Z. B. sind in Hessen das Hessische Präqualifikationsregister (HPQR) und das amtliche Verzeichnis präqualifizierter Unternehmen für den Liefer- und Dienstleistungsbereich (AVPQ) bei der Europäischen Union notifiziert und somit gemäß Art. 64 EU RL 2014/24/EU anerkannte amtliche Verzeichnisse.
135 https://ssl.stadtentwicklung.berlin.de/ULVAuskunft/.
136 https://ssl.stadtentwicklung.berlin.de/ULVAuskunft/index.jsp.
137 Vgl. auch VK Baden-Württemberg, Beschluss v. 9.4.2013 – 1 VK 08/13.

IX. Auftraggebereigene Präqualifizierungssysteme

74 Neben der Möglichkeit, Zertifizierungen und Eintragungen in bestehenden Präqualifizierungssystemen anzuerkennen, können öffentliche Auftraggeber eigene Präqualifizierungssysteme einrichten.[138] Auf diesem Wege können öffentliche Auftraggeber auch Erklärungen und Nachweise zum Beleg der Eignung aus vorangegangenen Vergabeverfahren heranziehen, ohne dass dies zu einer Diskriminierung führt.[139] Von der Möglichkeit der Einrichtung eigener Präqualifikationssysteme hatte z. B. die Deutsche Bahn AG auf Grundlage des § 8b Nr. 5 VOB/A a.F. Gebrauch gemacht.[140]

X. Verhältnis zur Einheitlichen Europäischen Eigenerklärung

75 Erläuterungsbedürftig ist das Verhältnis der Einheitlichen Europäischen Eigenerklärung (EEE) zur Präqualifizierung. Die EEE führt auf Basis von Eigenerklärungen zu einer vorläufigen Eignungsvermutung, die vor Zuschlagserteilung allein für den Bieter, der den Zuschlag erhalten soll, anhand der dann vorzulegenden Einzelnachweise verifiziert wird. Die Präqualifizierung ersetzt die Vorlage von Belegen – neben Eigenerklärungen auch von Nachweisen. Dementsprechend kann der öffentliche Auftraggeber nach § 50 Abs. 2 S. 1 VgV bzw. § 6b EU Abs. 2 Nr. 1 VOB/A bei Übermittlung einer Einheitliche Europäische Eigenerklärung Bewerber und Bieter jederzeit auffordern, sämtliche oder einen Teil der geforderten Belege zum Nachweis der Eignung beizubringen. Vor Zuschlagserteilung fordert der öffentliche Auftraggeber den Bieter, an den er den öffentlichen Auftrag vergeben will, nach § 50 Abs. 2 S. 2 VgV bzw. § 6b EU Abs. 2 Nr. 2 VOB/A auf, die geforderten Unterlagen beizubringen. Nach § 50 Abs. 3 VgV gilt die Pflicht zur Beibringung von Unterlagen in Umsetzung von Art. 59 Abs. 5 RL 2014/24/EU nicht, wenn die zuschlagerteilende Stelle des öffentlichen Auftraggebers den Nachweis bereits besitzt oder ihn über eine gebührenfreie nationale Datenbank – einschließlich insbesondere eines Präqualifikationssystems – erhalten kann.[141]

E. Verbindung zum Auftragsgegenstand und angemessenes Verhältnis (Abs. 4 S. 1)

76 Nach § 122 Abs. 4 S. 1 GWB müssen die Eignungskriterien mit dem Auftragsgegenstand in Verbindung und zu diesem in einem angemessenen Verhältnis stehen. Anforderungen an die Eignung, die in keiner Verbindung zum Auftragsgegenstand stehen, sind nicht zulässig.[142] Diese Anforderung ergab sich auch schon aus dem zuvor geltenden Recht[143] und ist durch die Rechtsprechung konkretisiert worden.[144]

77 Bei § 122 Abs. 4 GWB („angemessenes Verhältnis") handelt es sich um eine Ausprägung des **Verhältnismäßigkeitsgrundsatzes**, der seit dem VergRModG 2016 ausdrücklich in § 97 Abs. 1 S. 2 GWB als einer der im Vergabeverfahren zu beachtenden Grundsätze der Vergabe normiert ist. Der Ermessensspielraum des öffentlichen Auftraggebers bei der Festlegung der Eignungskriterien und -belege ist durch die strikte Bindung an das Verhältnismäßigkeitsgebot begrenzt.

78 Die Eignungskriterien sind nicht abstrakt, sondern immer bezogen auf den **konkreten öffentlichen Auftrag** festzulegen.[145] Anforderungen an die Eignung dienen allein dem Zweck, sicherzustellen, dass nur Unternehmen eine echte Chance auf die Auftragserteilung haben,

---

138 *Maibaum*, in: Hattig/Maibaum, Kartellvergaberecht, § 97 GWB Rn. 179.
139 *Rhein*, VergabeNavigator 2015, 9 (12).
140 *Maibaum*, in: Hattig/Maibaum, Kartellvergaberecht, § 97 GWB Rn. 181.
141 Vgl. auch § 6b EU Abs. 2 Nr. 2 VOB/A.
142 OLG Düsseldorf, Beschluss v. 27.6.2018 – VII-Verg 4/18 m.w.N.
143 § 6 EG Abs. 5 Nr. 1 VOB/A 2012, § 7 EG Abs. 1 VOL/A, § 5 Abs. 1 VOL/A.
144 Vgl. z. B. OLG Düsseldorf, Beschluss v. 25.6.2014 – VII-Verg 38/13; VK Bund, Beschluss v. 10.9.2014 – VK 1-66/14.
145 Vgl. zuletzt etwa OLG Frankfurt, Beschluss v. 23.12.2021 – 11 Verg 6/21. *Röwekamp*, in: Müller-Wrede, VOF, § 5 Rn. 9.

die nach menschlichem Ermessen die Gewähr für eine einwandfreie und reibungslose Auftragsausführung bieten. Sie sind nicht dafür gedacht, öffentliche Auftraggeber vor Problemen und Risiken zu bewahren, die nichts mit der Eignung des Vertragspartners zu tun haben, sondern z. B. auf Besonderheiten und Schwierigkeiten eines bestimmten Marktes zurückzuführen sind.[146]

79 § 122 Abs. 4 S. 1 GWB bindet das Aufstellen der Eignungskriterien an zwei voneinander zu trennende **Voraussetzungen**: Zum einen müssen die Eignungskriterien mit dem Auftragsgegenstand (überhaupt) in Verbindung, also in einem sachlichen Zusammenhang mit diesem stehen. Zum anderen müssen sie zum Auftragsgegenstand in einem angemessenen Verhältnis stehen.

80 Der öffentliche Auftraggeber hat bei der Bestimmung dessen, was durch den Auftragsgegenstand gerechtfertigt und ihm angemessen ist, einen **Entscheidungsspielraum**.[147] Die Nachprüfungsinstanzen können ihre eigenen Zweckmäßigkeitserwägungen im Hinblick auf Eignungsnachweise nicht an die Stelle der Entscheidung des öffentlichen Auftraggebers setzen.

I. Sachliche Rechtfertigung

81 Es können nur Eignungskriterien festgelegt und Nachweise gefordert werden, die die vom ausgeschriebenen öffentlichen Auftrag erfassten Tätigkeiten erfassen, d.h. sachlich gerechtfertigt sind.[148] So hat das OLG Düsseldorf die Vorlage einer Erlaubnis im Sinne des § 1 AÜG als in keinem sachlichen Zusammenhang mit dem Auftragsgegenstand Sicherungsdienstleistungen stehend angesehen, wenn eine Arbeitnehmerüberlassung nicht Teil des ausgeschriebenen öffentlichen Auftrags ist.[149] Der erforderliche Zusammenhang mit dem öffentlichen Auftrag wurde auch für die Forderung der Straffreiheit des Reinigungspersonals bei der Vergabe von Reinigungsleistungen verneint.[150] Einen Zusammenhang mit dem Auftragsgegenstand erkannte das OLG Düsseldorf aber in einer Erklärung zur Auditierung nach dem DE-Meldegesetz bei der Vergabe von Leistungen der Erbringung von Postfach- und Versand- sowie Verzeichnisdiensten.[151]

II. Angemessenheit

82 Die **Angemessenheit** der Anforderungen an die Eignung beinhaltet zunächst, dass jedes Eignungskriterium geeignet und erforderlich sein muss, um die Leistungsfähigkeit, bezogen auf den konkret ausgeschriebenen öffentlichen Auftrag, nachzuweisen.[152] Die Angemessenheit der Eignungsanforderungen hängt dabei maßgeblich von der Art des öffentlichen Auftrages, vom Auftragsgegenstand und von den Bedingungen der Auftragsausführung ab.[153] Von einem angemessenen Verhältnis der Eignungskriterien zum Auftragsgegenstand ist nur auszugehen, wenn die Vergabestelle ein berechtigtes Interesse an den aufgestellten Forderungen hat.[154]

83 In die Angemessenheitsprüfung einzubeziehen sind überdies auch die Auswirkungen der Eignungsanforderungen auf den **Wettbewerb**.[155] Im Hinblick auf den in § 97 Abs. 1 GWB verankerten Wettbewerbsgrundsatz hat der öffentliche Auftraggeber zwischen einer möglichst

---

146 OLG Koblenz, Beschluss v. 20.4.2016 – Verg 1/16.
147 KG, Beschluss v. 20.3.2020 – Verg 7/19; OLG Düsseldorf, Beschluss v. 7.2.2018 – VII-Verg 55/16.
148 Zur Vorgabe eines vorhandenen Umschlagplatzes bei der Vergabe der Übernahme und Verwertung von Grünabfällen OLG Koblenz, Beschluss v. 20.4.2016 – Verg 1/16.
149 OLG Düsseldorf, Beschluss v. 20.7.2015 – VII-Verg 37/15.
150 *Müller-Wrede*, in: Müller-Wrede, VOL/A, § 7 EG Rn. 35, unter Berufung auf OLG Düsseldorf, Beschluss v. 5.12.2012 – VII-Verg 29/12.
151 OLG Düsseldorf, Beschluss v. 25.6.2014 – VII-Verg 47/13.
152 Vgl. zuletzt etwa OLG Frankfurt, Beschluss v. 23.12.2021 – 11 Verg 6/21; *Ziekow*, in: Ziekow/Völlink, Vergaberecht, § 122 GWB Rn. 24 m.w.N.
153 Vgl. z. B. VK Sachsen, Beschluss v. 11.6.2019 – 1/SVK/012-19.
154 *Weyand*, in: Weyand, Vergaberecht, § 97 GWB Rn. 608.
155 OLG Düsseldorf, Beschluss v. 27.6.2018 – VII-Verg 4/18.

großen Auswahl von Angeboten, verbunden mit einer höheren Wahrscheinlichkeit für ein wirtschaftlich günstiges Angebot, und der Gefahr einer nicht ordnungsgemäßen Ausführung des öffentlichen Auftrags im konkreten Fall abzuwägen. Besonders hohe Anforderungen an die technische und berufliche Leistungsfähigkeit bzw. die berufliche Erfahrung können vor diesem Hintergrund insbesondere dann unangemessen sein, wenn sie wettbewerbsbeschränkende Wirkungen entfalten, weil nur ein oder wenige Unternehmen diese Anforderungen erfüllen. In einem solchen Fall ist daher erforderlich, dass derartige Anforderungen durch gewichtige Gründe gerechtfertigt sind.[156] Je einschneidender der Wettbewerb beschränkt wird, desto höhere Anforderungen sind an das Vorliegen der rechtfertigenden Gründe zu stellen. Dies gilt erst recht, wenn die Eignungsanforderung zu einem vollständigen Ausschluss des Wettbewerbs führt. Dies kann nur in besonderen Ausnahmefällen gerechtfertigt sein. Die Kriterien müssen jedoch umgekehrt nicht so zugeschnitten werden, dass es jedem auf dem Markt tätigen Unternehmen möglich ist, sich an dem Vergabeverfahren zu beteiligen.[157] Bei Standardaufträgen sind die Anforderungen an die Eignung naturgemäß geringer als bei Aufträgen, die besondere Qualifikationen erfordern. Das OLG Düsseldorf hat eine Erklärung über das Vorliegen eines Meisterbriefes nur im Ausnahmefall als angemessen angesehen.[158] Die Gesetzesbegründung erläutert dies wie folgt: *„So werden in der Regel die Eignungsvorgaben an die Lieferanten bei der Beschaffung marktüblicher Waren deutlich geringer ausfallen können als die Eignungsvorgaben an einen Bauunternehmer, der mit der Realisierung eines komplexen Bauvorhabens betraut werden soll."*[159]

III. Einzelfälle

1. Regionale Beschränkungen

Nicht im Zusammenhang mit dem Auftragsgegenstand stehen regelmäßig Beschränkungen auf Unternehmen, die ihren Sitz in einer bestimmten Region oder in einem bestimmten Ort haben.[160] **84**

2. Losbezug

Eine Verbindung zum Auftragsgegenstand fehlt dann, wenn die Eignungsanforderungen sich nicht auf den Auftragsgegenstand des einzelnen Loses beziehen.[161] Ergeben sich für die einzelnen Lose unterschiedliche Anforderungen, muss sich dies in losspezifischen Eignungsanforderungen widerspiegeln. **85**

3. Zeitpunkt der Verfügbarkeit der Ressourcen

Regelmäßig ist zu berücksichtigen, dass der Bieter grundsätzlich erst zum **Zeitpunkt der Auftragsausführung** und nicht bereits im Zeitpunkt der Angebotsabgabe oder der Zuschlagserteilung über die erforderlichen Ressourcen für die Auftragsdurchführung verfügen muss.[162] Allgemein ist für die Beurteilung, ob ein Bieter die (wirksam aufgestellten) Eignungsvoraussetzungen erfüllt, auf den Zeitpunkt des Leistungsbeginns abzustellen, sofern sich der öffentliche Auftraggeber nicht in der Bekanntmachung einen anderen Zeitpunkt vorbehalten hat. So muss der Bieter in der Regel erst zum Zeitpunkt der Leistungserbringung über die eignungsrelevanten Mittel verfügen und das benötigte Personal einstellen.[163] Dass die Leistungsfähigkeit im Zeitpunkt der Vergabeentscheidung geklärt sein muss, bedeutet daher gerade nicht ohne **86**

---

156 VK Bund, Beschluss v. 23.12.2020 – VK 1-104/20.
157 OLG Düsseldorf, Beschluss v. 19.12.2012 – VII-Verg 30/12.
158 OLG Düsseldorf, Beschluss v. 21.12.2011 – VII-Verg 74/11.
159 Gesetzesbegründung zu § 122 Abs. 4 GWB, VergRModG 2016, BT-Drs. 18/6281, 101.
160 EuG, Urteil v. 29.5.2013 – Rs. T-384/10 (Kohäsionsrückforderungen).
161 Differenzierend bei fehlender Verpflichtung zur Aufteilung in Lose VK Bund, Beschluss v. 4.1.2016 – VK 2-125/15.
162 OLG Düsseldorf, Beschluss v. 12.6.2019 – VII-Verg 52/18; Beschluss v. 5.11.2014 – VII-Verg 21/14.
163 OLG Düsseldorf, Beschluss v. 26.7.2018 – VII-Verg 28/18 m.w.N.

Weiteres, dass z. B. das Personal für die Auftragsdurchführung bereits bei Angebotsabgabe im Betrieb des Bieters beschäftigt sein muss.[164]

87 Mit Vorsicht sind deshalb Belege zur technischen und beruflichen Leistungsfähigkeit zu genießen, die das Vorhalten einer bestimmten technischen oder personellen Ausstattung[165] bereits zum **Zeitpunkt der Angebotsabgabe** voraussetzen. Vom Bieter kann grundsätzlich nicht erwartet werden, die für die Ausführung des öffentlichen Auftrags erforderlichen Fachkräfte bereits mit dem Angebot verbindlich an sich gebunden zu haben. Der öffentliche Auftraggeber muss daher eine Prognoseentscheidung darüber treffen, ob das notwendige Personal bis zum Leistungsbeginn zur Verfügung stehen wird.[166] Wenn es sich bei dem zu vergebenden öffentlichen Auftrag jedoch um Dienstleistungen handelt, für die am Arbeitsmarkt nur eingeschränkt geeignete Mitarbeiter zur Verfügung stehen, kann es gerechtfertigt sein, zu verlangen, dass der Bieter im Angebot jedenfalls dargelegt, dass im Falle des Zuschlags das erforderliche Personal zur sachgerechten Erledigung des öffentlichen Auftrags tatsächlich zur Verfügung steht.[167] Das OLG Koblenz sieht unter diesem Gesichtspunkt die Forderung nach einer Zertifizierung als Entsorgungsfachbetrieb, die die Betriebsstätte einschließt, als nicht durch den Auftragsgegenstand gerechtfertigt an.[168] Dies würde voraussetzen, dass das Unternehmen die Betriebsstätte vorrätig hält. Noch weiter geht die VK Bund.[169] Demnach darf der Auftraggeber zusätzlich zur namentlichen Benennung der technischen Fachkräfte eine verbindliche Erklärung verlangen, dass diese Personen im Auftragsfall verfügbar sein werden. Die vergaberechtliche Zulässigkeit einer solchen „Verfügbarkeitserklärung" ergebe sich bereits aus § 46 Abs. 3 Nr. 2 VgV, weil hiernach gerade die Angabe derjenigen Fachkräfte gefordert werden darf, „die im Zusammenhang mit der Leistungserbringung eingesetzt werden sollen", was in der Verfügbarkeitserklärung letztlich lediglich ausdrücklich bestätigt werde. Die verbindliche Bestätigung der Verfügbarkeit bereits im Teilnahmewettbewerb – und nicht erst mit der Angebotsabgabe oder unmittelbar vor Zuschlag – sei den Bewerbern auch zumutbar.

88 Problematisch kann es sein, den **Nachweis von** bestimmten **Lieferketten** und bereits verbindliche Erklärungen zur Lieferfähigkeit von Vorlieferanten mit dem Angebot zu verlangen.[170] Die Forderung, Lieferanten in einer Eigenerklärung namentlich zu benennen kann ebenso wie die Forderung der Angabe von Unterauftragnehmern[171] mit dem Angebot vorzulegen, kann im Einzelfall unzumutbar sein. Nämlich dann, wenn die Bieter erfahrungsgemäß mit zahlreichen und wechselnden Lieferanten zusammenarbeiten und die Forderung einer Darlegung der Lieferbeziehung deshalb nicht mehr in einem angemessenen Verhältnis zu den Vorteilen für den öffentlichen Auftraggeber steht. Der öffentliche Auftraggeber erspart sich dadurch lediglich den organisatorischen und gegebenenfalls zeitlichen Aufwand, die Lieferverhältnisse erst von den in die engere Wahl gelangten Bietern abzufragen.[172] Unter Berücksichtigung des Grundsatzes der Angemessenheit ist möglicherweise eine eigene Darstellung des Bieters über die Lieferbeziehungen und Kapazitäten als ausreichend anzusehen.[173] Zu berücksichtigen ist, ob sich – bezogen auf den Auftragsgegenstand oder die Marktsituation – besondere Anforderungen rechtfertigen lassen.[174] Bei der Beschaffung von Arzneimit-

---

164 Vgl. dazu OLG Düsseldorf, Beschluss v. 5.11.2014 – VII-Verg 21/14.
165 VK Bund, Beschluss v. 22.2.2016 – VK 2-135/15.
166 OLG Düsseldorf, Beschluss v. 12.6.2019 – VII-Verg 52/18.
167 OLG Düsseldorf, Beschluss v. 4.2.2013 – VII-Verg 52/12.
168 OLG Koblenz, Beschluss v. 20.4.2016 – Verg 1/16.
169 OLG Düsseldorf, Beschluss v. 12.6.2019 – VII-Verg 52/18; VK Bund, Beschluss v. 24.1.2020 – VK 1-97/19.
170 Vgl. auch § 46 Abs. 3 Nr. 4 VgV, der Angaben des Lieferkettenmanagements und Lieferkettenüberwachungssystems, das dem Unternehmen zur Vertragserfüllung zur Verfügung steht, als Beleg zum Nachweis der technischen und beruflichen Leistungsfähigkeit ausdrücklich zulässt und § 46 Abs. 3 Nr. 3 VgV, der auf die Beschreibung der technischen Ausrüstung abstellt.
171 Vgl. § 36 VgV.
172 OLG Düsseldorf, Beschluss v. 25.6.2014 – VII-Verg 38/13.
173 OLG Düsseldorf, Beschluss v. 19.11.2015 – VII-Verg 30/14.
174 Vgl. aber § 22 LkSG, wonach Unternehmen, die wegen eines rechtskräftig festgestellten Verstoßes nach § 24 Abs. 1 LkSG mit einer Geldbuße nach Maßgabe von § 24 Abs. 2 LkSG belegt worden sind, von der Teilnahme an einem Vergabeverfahren ausgeschlossen werden „sollen." Der Ausschluss darf nur innerhalb eines angemessenen Zeitraums von bis zu drei Jahren erfolgen.

teln kann die Versorgungssicherheit und bei Vergaben von Leistungen in der Abfallwirtschaft die Entsorgungssicherheit ein Maßstab sein, der höhere Anforderungen rechtfertigt. Bei der Beschaffung von Waren, bei denen typischerweise das Risiko der Verletzung von ökologischen und sozialen Standards, zum Beispiel ILO-Kernarbeitsnormen in der Lieferkette besteht, können auch im Rahmen der Eignungsprüfung zum Beispiel im Rahmen eines Lieferkettenmanagements nach § 46 Abs. 3 Nr. 4 VgV, Angaben über die Lieferkette und den Produktionsprozess des zu beschaffenden Produkts gefordert werden.[175]

4. Vergleichbare Referenzen

Häufig ist der entscheidende Maßstab für eine Aussagekraft geforderter Referenzen als Eignungskriterien die **Vergleichbarkeit mit der ausgeschriebenen Leistung**.[176] Allgemein liegt eine geeignete Referenz für den ausgeschriebenen öffentlichen Auftrag – ohne weitere konkretisierende Angaben in der Auftragsbekanntmachung – bereits vor, wenn der Leistungsgegenstand der Art nach in der Vergangenheit bereits erbracht wurde.[177] Ansonsten bedarf dieser Begriff der Konkretisierung durch den öffentlichen Auftraggeber der nach § 122 Abs. 4 S. 2 GWB geforderten Bekanntmachung, in welcher der öffentliche Auftraggeber transparent angeben muss, welche Eigenschaften Referenzen haben müssen, um von ihm als ausreichend anerkannt zu werden. Regelmäßig fordern öffentliche Auftraggeber Referenzen für vergleichbare Leistungen. Wird erwartet, dass die angeforderten Referenzprojekte mit der ausgeschriebenen Leistung vergleichbar sind, muss darauf entweder durch den Wortlaut der Referenzanforderung oder auf anderem Weg hingewiesen werden.[178] Bei dem Begriff „vergleichbare Leistung" handelt es sich um einen unbestimmten Rechtsbegriff, der anhand der Vergabeunterlagen und vom Sinn und Zweck der geforderten Unterlagen auszulegen ist. Vergleichbar bedeutet nicht gleich oder identisch, sondern dass Leistungen im technischen oder organisatorischen Bereich mit einem gleich hohen oder höheren Schwierigkeitsgrad durchgeführt wurden.[179] Vergleichbar ist eine Referenzleistung mit der ausgeschriebenen Leistung, wenn sie dieser soweit ähnelt, dass sie einen tragfähigen Rückschluss auf die Leistungsfähigkeit des Bewerbers oder Bieters für die ausgeschriebene Leistung eröffnet,[180] sodass sie den Schluss zulassen, dass der Bewerber bzw. Bieter in der Lage sein wird, die ausgeschriebene Maßnahme vertragsgemäß durchzuführen.[181] Je einfacher die zu vergebende Leistung ist, desto geringer sind die Anforderungen an die Vergleichbarkeit. Dem öffentlichen Auftraggeber kommt bei der Frage, ob eine Referenz vergleichbar ist, ein nur eingeschränkt überprüfbarer Beurteilungsspielraum zu.[182] 89

Die Forderung nach Referenzen für **gleichartige Tätigkeiten** kann als unangemessen anzusehen sein. Solche Erfahrungen dürfen nur dann gefordert werden, wenn die zu vergebene Tätigkeit hohe Anforderungen an die Erfahrung stellt.[183] 90

5. Newcomer

Eine **Unverhältnismäßigkeit** der festgelegten Eignungskriterien ergibt sich nicht bereits daraus, dass Eignungskriterien und Eignungsbelege „Newcomer" von der Leistungserbringung ausschließen. Vor allem die Forderung von Referenzen über bereits erbrachte Leistungen kann dazu führen, dass Newcomer die Eignung nicht nachweisen können. Der öffentliche Auftraggeber ist aber – sofern dies durch den Auftragsgegenstand gerechtfertigt ist – befugt, zu ver- 91

175 Vgl. zum Auftragsgegenstandsbezug: VK Bund, Beschluss v. 3.12.2020 – VK 1-94/20.
176 Verneint z. B. hinsichtlich Erfahrungen im Fluggastkontrolldienst bei der Vergabe von Sicherheits-, Kontroll- und Pfortendiensten in Landeserstaufnahmeeinrichtungen, OLG Karlsruhe, Beschluss v. 15.4.2015 – 15 Verg 2/15.
177 Vgl. VK Bund, Beschluss v. 18.9.2017 – VK 2-96/17.
178 VK Bund, Beschluss v. 31.8.2017 – VK 1-87/17.
179 OLG Frankfurt, Beschluss v. 8.4.2014 – 11 Verg 1/14.
180 BayObLG, Beschluss v. 9.11.2021 – Verg 5/21; OLG München, Beschluss v. 27.7.2018 – Verg 2/18; VK Westfalen, Beschluss v. 16.4.2015 – VK 2-9/15.
181 VK Südbayern, Beschluss v. 28.10.2019 – Z3-3-3194-1-32-09/19; VK Bund, Beschluss v. 30.4.2010 – VK 2-29/10.
182 BayObLG, Beschluss v. 9.11.2021 – Verg 5/21; OLG München, Beschluss v. 12.11.2012 – Verg. 23/12.
183 VK Niedersachsen, Beschluss v. 1.2.2016 – VgK-51/2015.

langen, dass der Bieter bereits Erfahrungen mit der ausgeschriebenen Leistung hat. Zugunsten von Newcomern können jedoch auch alternative Eignungsnachweise zu vergleichbaren Unternehmensreferenzen zugelassen werden, wenn die Vergabestelle die Bewerbung von Newcomern in den Ausschreibungsbedingungen ermöglichen oder fördern will.[184]

92 Für die Vergabe von **Architekten-** und **Ingenieurleistungen** enthält § 75 Abs. 4 S. 2 VgV diesbezüglich eine Konkretisierung. Die Eignungskriterien sind bei geeigneten Aufgabenstellungen so zu wählen, dass kleinere Büroorganisationen und Berufsanfänger sich beteiligen können.

F. Bekanntmachung der Eignungskriterien (Abs. 4 S. 2)

93 § 122 Abs. 4 S. 2 GWB legt fest, dass die Eignungskriterien in der Auftragsbekanntmachung, der Vorinformation oder der Aufforderung zur Interessensbestätigung aufzuführen sind. Die Vorschrift setzt Art. 58 Abs. 5 RL 2014/24/EU um. Sie dient der Transparenz des Vergabeverfahrens und stellt sicher, dass die Eignungskriterien allen interessierten Wirtschaftsteilnehmern rechtzeitig bekannt sind.

94 Sinn und **Zweck** der Bezeichnung der Eignungskriterien schon in der Auftragsbekanntmachung (oder in den anderen Publikationsformen zu Beginn eines Vergabeverfahrens) ist es, dem an der Auftragsvergabe potentiell interessierten Unternehmen eine sachgerechte Entscheidung darüber zu ermöglichen, ob sie sich am Vergabeverfahren beteiligen, also die Vertragsunterlagen anfordern wollen.[185] Ein öffentlicher Auftraggeber kann sich also die Auswahl und Bekanntgabe der geforderten Eignungsnachweise nicht für die Zeit der Bereitstellung der Vertragsunterlagen vorbehalten. Der Interessent für einen bekannt gemachten öffentlichen Auftrag soll bereits aus der Auftragsbekanntmachung, der Vorinformationen oder der Aufforderung zur Interessensbestätigung „auf den ersten Blick" das formelle Anforderungsprofil der Bewerbungsbedingungen erkennen können, um eine Entscheidung über die Anforderung der Vergabeunterlagen treffen zu können. Dem liegt die Vorstellung zu Grunde, dass ein Unternehmen unter Umständen eine Vielzahl von Bekanntmachungen durchsieht und zunächst „grob sortiert", auf welche Bekanntmachung hin er sich meldet bzw. für welche Ausschreibung er bereit ist, einen sukzessiv zunehmenden Aufwand zur Auftragserlangung zu betreiben. Eine Entscheidung „auf den ersten Blick" ist jedoch nicht gewährleistet, wenn die Angabe der Eignungskriterien erst in den noch herunterzuladenden Vertragsunterlagen aufgestellt wird.[186]

95 **Unterlässt** es der öffentliche Auftraggeber, die Eignungskriterien in der Auftragsbekanntmachung bzw. in der Aufforderung zur Interessensbestätigung anzugeben und gibt diese stattdessen erstmals in den Vergabeunterlagen an, liegt hierin ein Vergaberechtsverstoß,[187] der dazu führt, dass die entsprechenden Eignungskriterien nicht festgelegt wurden und also auch nicht von einem Bewerber oder Bieter verlangt bzw. bei der Eignungsprüfung berücksichtigt werden können.[188]

I. Veröffentlichung

96 Die Eignungskriterien sind nach § 122 Abs. 4 S. 2 GWB in der Auftragsbekanntmachung, der Vorinformation oder der Aufforderung zur Interessensbestätigung aufzuführen. Bei Verfahren mit Vorinformation und Aufforderung zur Interessensbestätigung hat der Auftraggeber ein Wahlrecht, wo er die Eignungskriterien bekannt macht.

---

184 OLG Frankfurt, Beschluss v. 1.10.2020 – 11 Verg 9/20.
185 OLG Düsseldorf, Beschluss v. 9.3.2007 – VII-Verg 5/07.
186 OLG Naumburg, Beschluss v. 2.7.2009 – 1 Verg 2/09; VK Sachsen, Beschluss v. 22.7.2010 – 1/SVK/022-10.
187 OLG Düsseldorf, Beschluss v. 11.7.2018 – VII-Verg 24/18; Beschluss v. 22.1.2014 – VII-Verg 26/13; OLG Celle, Beschluss v. 24.4.2014 – 13 Verg 2/14.
188 OLG Düsseldorf, Beschluss v. 11.7.2018 – VII-Verg 24/18; Beschluss v. 22.1.2014 – VII-Verg 26/13; OLG Celle, Beschluss v. 24.4.2014 – 13 Verg 2/14; VK Südbayern, Beschluss v. 15.5.2015 – Z3-3-3194-1-05-01/15.

In der Regel beginnt ein Vergabeverfahren mit der **Auftragsbekanntmachung** (§ 37 VgV, § 12 EU VOB/A, § 35 SektVO, § 18 VSVgV bzw. der Konzessionsbekanntmachung nach § 19 KonzVgV). Mit der Auftragsbekanntmachung teilt der Auftraggeber seine Absicht mit, einen öffentlichen Auftrag zu vergeben oder eine Rahmenvereinbarung abzuschließen. 97

Ausdrücklich in Bezug genommen wird in § 122 Abs. 4 S. 2 GWB als Veröffentlichungsmedium für die Eignungskriterien neben der Auftragsbekanntmachung zunächst die **Vorinformation** im Sinne des § 38 VgV bzw. des § 12 EU Abs. 1 und 2 VOB/A. Die Vorinformation kann so ausgestaltet sein, dass noch eine Auftragsbekanntmachung folgt. Die Vorinformation kann aber auch als Aufruf zum Wettbewerb dienen. Mit ihrer Veröffentlichung ist eine „klassische" Auftragsbekanntmachung unter weiteren Voraussetzungen entbehrlich. Unabhängig davon, ob die Vorinformation als Aufruf zum Wettbewerb dient oder nicht, kann der Auftraggeber die Eignungskriterien bereits zum Bestandteil der Vorinformation machen. Die Vorinformation dient der frühzeitigen Unterrichtung des Marktes über eine beabsichtigte Auftragsvergabe und vor allem der schnelleren Durchführung des angekündigten Vergabeverfahrens. Denn mit einer Vorinformation können die Angebotsfristen verkürzt werden. 98

Gemäß § 122 Abs. 4 S. 2 GWB können die Eignungskriterien schließlich auch in der **Aufforderung zur Interessensbestätigung** aufgeführt werden. Mit der Aufforderung zur Interessensbestätigung fordert der öffentliche Auftraggeber im Falle einer die Auftragsbekanntmachung ersetzenden Vorinformation alle Unternehmen gleichzeitig auf, ihr auf eine Vorinformation hin zuvor bekundetes Interesse an einem öffentlichen Auftrag zu bestätigen. Mit der Aufforderung zur Interessensbestätigung leitet der öffentliche Auftraggeber den Teilnahmewettbewerb beim nicht offenen Verfahren und Verhandlungsverfahren ein. In der Aufforderung zur Interessensbestätigung sind alle wirtschaftlichen und technischen Anforderungen, finanzielle Sicherheiten und Angaben, die von den Unternehmen verlangt werden, aufzuzählen. Bei letzteren Angaben dürfte es sich im Wesentlichen um Unterlagen zu den wirtschaftlichen und technischen Anforderungen handeln, welche die Unternehmen erfüllen müssen, um als geeignet angesehen werden können.[189] § 122 Abs. 4 S. 2 GWB stellt klar, dass die nichtzentralen öffentlichen Auftraggeber die Eignungskriterien entsprechend Anhang V Teil B Nr. 5 RL 2014/24/EU auch schon in die Vorinformation nach Art. 48 Abs. 2 RL 2014/24/EU aufnehmen können. Mit ihrer Interessensbestätigung übermitteln die Unternehmen gleichzeitig auch die in der Vorinformation veröffentlichten und bereits vom öffentlichen Auftraggeber geforderten Informationen für die Prüfung ihrer Eignung. 99

Nach § 48 Abs. 1 VgV ist in der Auftragsbekanntmachung oder der Aufforderung zur Interessenbestätigung neben den Eignungskriterien ferner anzugeben, mit welchen **Unterlagen**, also Eigenerklärungen, Angaben, Bescheinigungen und sonstigen Nachweisen, Bewerber oder Bieter ihre Eignung und das Nichtvorliegen von Ausschlussgründen zu belegen haben.[190] Die vom öffentlichen Auftraggeber zum Nachweis der Eignung geforderten Unterlagen sind eindeutig zu formulieren – dies gilt insbesondere für etwaige Mindestanforderungen an die Eignung.[191] Zweifel gehen zulasten des öffentlichen Auftraggebers.[192] Die weitverbreitete Praxis, in der Bekanntmachung bezüglich der zum Eignungsnachweis geforderten Nachweise auf die entsprechenden Normen in der VOL/A oder Formblätter zu verweisen, genügt den Transparenzanforderungen nicht. Die in der Auftragsbekanntmachung enthaltene Aufforderung an die Bieter, aussagekräftige Referenzen über vergleichbare Leistungen vorzulegen und Nachweise und Belege gemäß dem Kriterienkatalog in der Leistungsbeschreibung beizufügen, erfüllt die Vorgabe, die Eignungskriterien in der Bekanntmachung anzugeben, nicht.[193] 100

Voraussetzung für eine wirksame Bekanntmachung der Eignungskriterien nebst geeigneter Nachweise ist nach dem Wortlaut des § 122 Abs. 4 S. 2 GWB bzw. § 48 Abs. 1 VgV das „**Aufführen**" dieser Anforderungen im Bekanntmachungstext – das heißt, sie sind ausdrücklich 101

189 Vgl. im Einzelnen *Gnittke/Hattig*, in: Müller-Wrede, VgV/UVgO, § 52 VgV Rn. 78.
190 Hier wird einmal mehr die Unterscheidung zwischen Eignungskriterien und -belegen in der VgV deutlich.
191 Siehe hierzu Rn. 117 ff.
192 Z. B. KG, Beschluss v. 4.6.2019 – Verg 8/18.
193 OLG Düsseldorf, Beschluss v. 28.11.2012 – VII-Verg 8/12.

und unmittelbar in der Auftragsbekanntmachung mitzuteilen. Die Eignungskriterien dürfen also in der Bekanntmachung nicht lediglich „anklingen" oder überhaupt erst durch die weitergehende Erläuterung in den Vergabeunterlagen verständlich werden.[194] Mit dem mit der Vorschrift verfolgten Zweck unvereinbar und damit unzulässig ist ohnehin ein pauschaler Verweis auf „Eignungskriterien gemäß Auftragsunterlagen".[195] Ein allgemeiner Verweis oder Link in der Auftragsbekanntmachung auf „Eignungskriterien gemäß Auftragsunterlagen" lässt nicht zu, dass Bieter erkennen können, welche persönlichen und wirtschaftlichen Anforderungen sie erfüllen müssen, um am Vergabeverfahren teilnehmen zu können.[196] Auch ein in der Auftragsbekanntmachung enthaltener Link, mit dem gebührenfrei ein uneingeschränkter und vollständiger direkter Zugang zu den Auftragsunterlagen ermöglicht wurde, kann die Mitteilung der Eignungskriterien und der geforderten Nachweise in der Auftragsbekanntmachung nicht ersetzen.[197] Es fehlt an einer wirksamen Bekanntmachung der geforderten Eignungskriterien, wenn in der Auftragsbekanntmachung lediglich pauschal auf die Auftragsunterlagen verwiesen wird. Auch ein Link in der Bekanntmachung, der nur auf eine Plattform der Vergabestelle mit mehreren laufenden Vergabeverfahren führt, ist unzureichend.[198] Ausreichend ist allenfalls ein Link unter Abschnitt III.1.1, III.1.2 und/oder III.1.3 des Standardformulars, der unmittelbar zu einem Dokument führt, in dem die Eignungskriterien und Nachweise aufgeführt sind.[199] Die Verlinkung muss sich also dort befinden, wo sie von potenziellen Bietern erwartet wird, d.h. regelmäßig unter Abschnitt III.1 des Standardformulars.[200] Eine konkrete Verlinkung auf ein elektronisch ohne Weiteres zugängliches Dokument ist ausreichend, wenn an dem Auftrag interessierte Unternehmen durch bloßes Anklicken zu dem verlinkten Formblatt gelangen können und auf einen Blick erkennbar ist, welche Anforderungen an sie gestellt werden.[201]

II. Bindung des öffentlichen Auftraggebers

102 Der öffentliche Auftraggeber und die Unternehmen sind an die Vorgaben gebunden, die vom öffentlichen Auftraggeber in der europaweiten Auftragsbekanntmachung[202] veröffentlicht wurden.[203] Legt der öffentlichen Auftraggeber in der Auftragsbekanntmachung die von den Unternehmen zu erfüllenden Eignungskriterien fest, so muss er sich hieran festhalten lassen. Es ist ihm aus Gründen des Transparenz- und Gleichbehandlungsgebot des § 97 Abs. 1 und 2 GWB untersagt, die Eignungsprüfung auf andere als die bekannt gemachten oder neue Kriterien zu stützen.[204]

103 Der öffentliche Auftraggeber kann die bekanntgegebenen Eignungskriterien in den Vergabeunterlagen nicht **verändern**, **erweitern** oder **einschränken**.[205] Lediglich einfache **Präzisierungen** bzw. Konkretisierungen[206], keinesfalls aber Verschärfungen, Erleichterungen oder die Zurücknahme oder Neueinfügung von Eignungskriterien dürfen während des Vergabeverfahrens erfolgen.[207] Der öffentliche Auftraggeber kann insbesondere nicht nachträglich einzelne

194 Vgl. OLG Rostock, Beschluss v. 12.8.2020 – 17 Verg 3/20.
195 Vgl. OLG Düsseldorf, Beschluss v. 11.7.2018 – VII-Verg 24/18; VK Bund, Beschluss v. 30.7.2018 – VK 1-61/18.
196 VK Bund, Beschluss v. 4.10.2019 – VK 1-73/19.
197 Vgl. OLG Düsseldorf, Beschluss v. 11.7.2018 – VII-Verg 24/18.
198 OLG München, Beschluss v. 25.2.2019 – Verg 11/18.
199 Vgl. OLG Düsseldorf, Beschluss v. 11.7.2018 – VII-Verg 24/18.
200 VK Südbayern, Beschluss v. 27.2.2019 – Z3-3-3194-1-44-11/18; VK Rheinland-Pfalz, Beschluss v. 9.8.2018 – VK 2-11/18.
201 OLG Dresden, Beschluss v. 15.2.2019 – Verg 5/18.
202 Bzw. Vorinformation oder Aufforderung zur Interessensbestätigung, wenn der Auftraggeber die Eignungskriterien dort festgelegt hat.
203 VK Rheinland-Pfalz, Beschluss v. 10.11.2015 – VK 1026/15.
204 VK Rheinland, Beschluss v. 2.12.2019 – VK 42/19.
205 VK Bund, Beschluss v. 13.2.2019 – VK 2-118/18; VK Sachsen-Anhalt, Beschluss v. 5.10.2015 – 3 VK LSA 360/15.
206 OLG Düsseldorf, Beschluss v. 14.11.2018 – VII-Verg 31/18.
207 OLG Koblenz, Beschluss v. 10.6.2010 – 1 Verg 3/10; VK Sachsen-Anhalt, Beschluss v. 29.9.2015 – 3 VK LSA 65/15.

Bieter von dem Erfordernis einzelner Eignungskriterien befreien.[208] Dies gilt auch im Verhandlungsverfahren.[209] Die Aufstellung von Eignungskriterien sowie Forderung von Eignungsbelegen und Erklärungen in den Vergabeunterlagen ist nicht wirksam.[210] So kann der öffentliche Auftraggeber zum Beispiel nicht allein in den Vergabeunterlagen Referenzen für weitergehende technische Spezifikationen verlangen.[211]

Bei einem **Widerspruch zwischen Auftragsbekanntmachung und Vergabeunterlagen** ist grundsätzlich der Inhalt der Auftragsbekanntmachung maßgeblich.[212] Ein Bieter kann also nicht deshalb ausgeschlossen werden, weil er Nachweise nicht vorgelegt hat, die zwar in den Vergabeunterlagen, nicht jedoch in der Auftragsbekanntmachung gefordert wurden.[213] Werden Eignungsnachweise nicht ordnungsgemäß bekannt gemacht, sind sie nicht ordnungsgemäß gefordert. Der öffentliche Auftraggeber kann einen Bewerber oder Bieter dann nicht deshalb als ungeeignet ansehen, weil er die Eignung nicht nachgewiesen hat. Ist die Eignungsprüfung deshalb nicht möglich, kann hierin ein sachlicher Grund für die Aufhebung der Ausschreibung liegen.[214] 104

Stellt der öffentliche Auftraggeber vor Ablauf der Angebotsfrist fest, dass die veröffentlichten Eignungsanforderungen unzureichend sind, kann er sie in einem transparenten und diskriminierungsfreien Verfahren **ändern**. Für eine solche Änderung ist die Änderung der Auftragsbekanntmachung[215] erforderlich.[216] 105

III. Bekanntgabe einer Gewichtung

Bei der Entscheidung über die Eignung gibt es an sich nur die Ergebnisse, dass das Unternehmen geeignet ist oder nicht. Eine Abstufung findet nicht statt und ist auch nicht erforderlich. Etwas anderes gilt im Teilnahmewettbewerb,[217] bei dem der öffentliche Auftraggeber die Auswahl anhand von ihm festzulegender Kriterien – in Verfahren nach der VgV Eignungskriterien – trifft, sofern genügend Bewerber zur Verfügung stehen, welche die Mindestanforderungen an die Eignung erfüllen und nicht nach den §§ 123, 124 GWB auszuschließen sind. 106

G. Prüfung und Beurteilung der Eignung

Die Eignungsprüfung ist ein eigenständiger **Prüfungsschritt** innerhalb der Angebotswertung, der mit der Feststellung der Eignung oder Nichteignung eines Bewerbers oder Bieters endet und daher von der materiellen Prüfung des Angebotes abzugrenzen ist.[218] Ziel der Prüfung ist es, festzustellen, welche Bewerber oder Bieter über die erforderliche Fachkunde und Leistungsfähigkeit für den konkreten öffentlichen Auftrag verfügen, sodass die Erwartung des öffentlichen Auftraggebers, der ausgeschriebene öffentliche Auftrag werde vertragsgerecht erfüllt, gerechtfertigt ist. Um festzustellen, ob ein Bewerber oder Bieter geeignet ist, hat der öffentliche Auftraggeber also auf der Grundlage der ihm zum Zeitpunkt der Eignungsprüfung verfügbaren Informationen eine in die Zukunft auf die mögliche Auftragsausführung gerichtete Prognose vorzunehmen. 107

---

208 OLG Frankfurt, Beschluss v. 26.10.2011 – 11 Verg 7/11.
209 So *Braun*, in: Gabriel/Krohn/Neun, Handbuch Vergaberecht, § 28 Rn. 29, unter Berufung auf OLG Düsseldorf, Beschluss v. 3.3.2010 – VII-Verg 46/09; vgl. auch KG, Beschluss v. 20.3.2020 – Verg 7/19, wonach der Auftraggeber bei einer Ausweitung des Bedarfs in einem Verhandlungsverfahren nicht gezwungen ist *„die Eignungskriterien zu erhöhen"*.
210 OLG Naumburg, Beschluss v. 23.12.2014 – 2 U 74/14.
211 VK Bund, Beschluss v. 3.2.2016 – VK 1-126/15.
212 Z. B. OLG München, Beschluss v. 12.11.2010 – Verg 21/10; das Gleiche gilt voraussichtlich bei Abweichungen zur Vorinformation und zur Aufforderung zur Interessensbestätigung, wenn der öffentliche Auftraggeber die Eignungskriterien dort benannt hat. Rechtsprechung zu dieser Frage liegt allerdings soweit ersichtlich nicht vor.
213 So VK Südbayern, Beschluss v. 22.12.2015 – Z3-3-3194-1-48-09/15.
214 Vgl. z. B. OLG Brandenburg, Beschluss v. 12.1.2016 – Verg W 4/15; OLG Naumburg, Beschluss v. 23.12.2014 – 2 Verg 5/14; VK Sachsen, Beschluss v. 28.8.2015 – 1/F VK/020-15.
215 Bzw. der Vorinformation oder Aufforderung zur Interessenbestätigung.
216 VK Westfalen, Beschluss v. 18.3.2015 – VK 1-6/15.
217 Vgl. Fn. 37.
218 *Hausmann/von Hoff*, in: Kulartz/Marx/Portz/Prieß, VOL/A, § 7 EG Rn. 4.

108 Die Eignungsprüfung dient der Auswahl der Bewerber oder Bieter nach ihren jeweiligen Mitteln und Fähigkeiten, ist daher **unternehmensbezogen**, und zu unterscheiden von der Ermittlung des wirtschaftlich günstigsten Angebotes auf Basis der veröffentlichten Zuschlagskriterien, die strikt angebotsbezogen erfolgt.

109 Die Prüfung muss auf der Grundlage der verlangten Eignungsnachweise erfolgen. Neben den geforderten **Eignungsnachweisen** darf der öffentliche Auftraggeber bei der Eignungsprüfung jedoch grundsätzlich auch noch andere Informationen verwerten, soweit es sich um objektivierbare Fakten handelt, die aus einer verlässlichen Quelle stammen und die eine räumliche und zeitliche Nähe zur betroffenen Vergabe aufweisen.[219]

110 Ein Unternehmen ist dann **geeignet**, wenn es die vom öffentlichen Auftraggeber zur ordnungsgemäßen Ausführung des öffentlichen Auftrags im Einzelfall festgelegten Kriterien erfüllt. Von der Angebotswertung ausgeschlossen werden solche Unternehmen, die die Eignungskriterien nicht erfüllen.[220]

I. Formelle und materielle Eignungsprüfung

111 Die Prüfung der Eignung eines Unternehmens ist ein wertender Vorgang, in den zahlreiche Einzelumstände einfließen. Daher steht der Vergabestelle bei der Beurteilung der Eignung eines Bieters ein **Beurteilungsspielraum** zu, der nur einer eingeschränkten Kontrolle durch die Nachprüfungsinstanzen zugänglich ist.[221] Überprüft werden kann nur, ob das vorgeschriebene Verfahren eingehalten worden ist, ob der öffentliche Auftraggeber die von ihm selbst aufgestellten Bewertungsvorgaben beachtet hat, der zugrunde gelegte Sachverhalt vollständig und zutreffend ermittelt worden ist, keine sachwidrigen Erwägungen angestellt worden sind und nicht gegen allgemeine Bewertungsgrundsätze verstoßen worden ist. Die Eignung eines Bieters kann nur im Rahmen einer Prognoseentscheidung beurteilt werden. Hierüber muss der öffentliche Auftraggeber auf einer möglichst breiten Tatsachengrundlage entscheiden. Seine Entscheidung hat der öffentliche Auftraggeber auf gesicherte eigene Erkenntnisse zu stützen. Erkundigungen der Vergabestelle bei anderen Auftraggebern und Verwertung der Ergebnisse sind ebenso zulässig wie die Verwertung von ihr bekannt gewordenen Informationen aus zeitnah vorangegangen Ausschreibungen.

112 Die Eignungsprüfung vollzieht sich in zwei **Stufen**[222] und ist in eine formelle und eine materielle (inhaltliche) Eignungsprüfung unterteilt. Im Rahmen der formellen Eignungsprüfung prüft der öffentliche Auftraggeber das Vorliegen der Eignungsbelege. Gegenstand der materiellen Eignungsprüfung ist die inhaltliche Frage, ob der Bewerber oder Bieter für den konkreten öffentlichen Auftrag geeignet ist.[223] Eignungsnachweise, die den formellen Anforderungen der Auftragsbekanntmachung nicht genügen, dürfen bei der materiellen Eignungsprüfung nicht berücksichtigt werden.[224] Nach § 56 Abs. 2 VgV bzw. § 16a EU Abs. 1 VOB/A kann der öffentliche Auftraggeber jedoch Bewerber und Bieter auffordern, fehlende, unvollständige oder fehlerhafte unternehmensbezogene Unterlagen, insbesondere Eigenerklärungen, Angaben, Bescheinigungen oder sonstige Nachweise, nachzureichen, zu vervollständigen oder zu korrigieren.[225]

---

219 VK Thüringen, Beschluss v. 4.1.2019 – 250-4002-8706/2018-E-027-EF.
220 So ausdrücklich z. B. auch § 57 Abs. 1 VgV.
221 OLG Düsseldorf, Beschluss v. 27.6.2018 – VII-Verg 28/18 m.w.N. sowie z. B. VK Niedersachsen, Beschluss v. 4.10.2012 – VgK-38/2012.
222 VK Südbayern, Beschluss v. 27.4.2015 – Z3-3-3194-1-09-02/15.
223 Vgl. z. B. VK Südbayern, Beschluss v. 27.4.2015 – Z3-3-31 94-1-09-02/15.
224 VK Südbayern, Beschluss v. 27.4.2015 – Z3-3-31 94-1-09-02/15.
225 Ohne die Differenzierung nach leistungsbezogenen und unternehmensbezogenen Unterlagen § 16a EU VOB/A.

II. Prüfungsfolge und Zeitpunkt der Eignungsprüfung

§ 122 Abs. 1 GWB legt nahe, dass vor der Prüfung der Eignung der Unternehmen die **Prüfung auf Ausschlussgründe** in §§ 123 und 124 GWB abgeschlossen ist.[226] Erwägungen der Verfahrensökonomie sprechen ebenfalls dafür, zunächst zu prüfen, ob der Berücksichtigung eines Unternehmens im weiteren Vergabeverfahren zwingende oder fakultative Ausschlussgründe entgegenstehen und der öffentliche Auftraggeber im letzteren Fall von seinem Ausschlussermessen Gebrauch macht, sodass sich die hieran anschließende Prüfung der Eignungskriterien gegebenenfalls erübrigt.[227] Vor diesem Hintergrund scheint die Reihenfolge im Gesetz, nach der § 122 GWB mit der Vorgabe für die Eignung vor den zwingenden und fakultativen Ausschlussgründen steht, noch eine Reminiszenz an die Vorgängerregelung zu sein.[228] Nur unter den Angeboten von geeigneten Bietern erfolgt die Auswahlentscheidung anhand der Zuschlagskriterien. Die Eignungsprüfung wird deshalb auch als Vorfilter bezeichnet.[229] 113

Im **offenen Verfahren** erfolgt die Eignungsprüfung grundsätzlich nach Vorlage der Angebote und vor der Ermittlung des wirtschaftlich günstigsten Angebotes auf Basis der veröffentlichten Zuschlagskriterien. Allgemein sind bei der Angebotswertung die Angebote zunächst daraufhin zu untersuchen, ob die bieterbezogenen Anforderungen erfüllt sind, ob also gesetzliche Ausschlussgründe in der Person des Bieters zu verneinen sind und die vom öffentlichen Auftraggeber definierten Eignungskriterien eingehalten werden. Erst danach erfolgen die Prüfungen der Auskömmlichkeit des Angebots und dessen Wertung anhand der Zuschlagskriterien. Diese Reihenfolge behält auch Art. 56 Abs. 1 RL. 2014/24/EU bei. Es gilt der Grundsatz „Eignungsprüfung vor Angebotsprüfung".[230] Art. 56 Abs. 2 RL 2014/24/EU – und diese Möglichkeit in deutsches Vergaberecht umsetzend § 42 Abs. 3 VgV sowie § 16b EU Abs. 2 VOB/A – sehen jedoch für das offene Verfahren – und ausschließlich für das offene Verfahren – eine Ausnahme von dieser grundsätzlich geltenden Prüfungsreihenfolge vor. Demnach kann der öffentliche Auftraggeber bei einem offenen Verfahren entscheiden, ob er die Angebotsprüfung vor der Eignungsprüfung durchführt.[231] Dies soll die Angebotsprüfung durch den öffentlichen Auftraggeber vereinfachen. Vor allem bei offenen Verfahren mit einer in der Regel großen Anzahl an Bietern kann eine geänderte Prüfungsfolge hilfreich sein. Der ersparte Kosten- und Zeitaufwand kann hier besonders groß sein. Bei der Durchführung eines Teilnahmewettbewerbs ist die Eignungsprüfung vorgelagert. Eine Änderung der Prüfungsreihenfolge scheidet daher bei Verfahren mit Teilnahmewettbewerb naturgemäß aus. 114

Die Eignung muss **bis zur Zuschlagsentscheidung** bejaht werden. An seiner einmal getroffenen Entscheidung über die Eignung eines Unternehmens ist der öffentliche Auftraggeber grundsätzlich gebunden. Werden nach erfolgter Eignungsprüfung Umstände bekannt, die gegen die Eignung eines Bieters sprechen, können diese im Rahmen einer neuen Eignungsprüfung berücksichtigt werden. Soweit neue Erkenntnisse vorliegen, kann der öffentliche Auftraggeber jederzeit erneut in die Eignungsprüfung einsteigen.[232] Das gilt namentlich dann, wenn es tatsächliche Anhaltspunkte dafür gibt, an der ursprünglich bejahten Eignung eines Unternehmens zu zweifeln.[233] Gegebenenfalls müssen solche Umstände sogar zu einer neuen Eignungsprüfung führen. Der Bieter hat – jedenfalls im offenen Verfahren – kein schutzwürdiges Vertrauen auf den Bestand der Beurteilung seiner Eignung.[234] 115

Ein derartiger Vertrauensschutz kommt nur dann in Betracht, wenn ein bestimmter Abschnitt des Vergabeverfahrens abgeschlossen ist und der öffentliche Auftraggeber bereits einen 116

226 So auch *Hausmann/von Hoff*, in: Röwekamp/Kus/Portz/Prieß, GWB-Vergaberecht, § 122 Rn. 8.
227 Vgl. *Ziekow*, in: Ziekow/Völlink, Vergaberecht, § 122 GWB Rn. 7, der der Auffassung ist, dass § 122 Abs. 1 GWB die Struktur der Eignungsprüfung dergestalt konturiere.
228 So sind in der RL 2004/18/EG in Art. 57 Ausschlussgründe vor den materiellen Eignungskriterien in Art. 58 geregelt.
229 *Fehling*, in: Pünder/Schellenberg, Vergaberecht, § 97 GWB Rn. 106.
230 Verordnungsbegründung zu § 42 Abs. 3 VgV, VergRModVO, BR-Drs. 87/16, 198.
231 Vgl. VK Bund, Beschluss v. 18.9.2017 – VK 2-94/17.
232 VK Sachsen-Anhalt, Beschluss v. 6.10.2015 – 1 VK LSA 12/15.
233 BGH, Beschluss v. 7.1.2014 – X ZB 15/13; OLG Düsseldorf, Beschluss v. 27.6.2018 – VII-Verg 28/18 m.w.N.
234 OLG Düsseldorf, Beschluss v. 4.2.2013 – VII-Verg 52/12.

neuen Abschnitt wie z. B. die Angebotsphase oder eine weitere Verhandlungsrunde eingeleitet hat.[235] Etwas Besonderes kann gelten, wenn der öffentliche Auftraggeber einen Bewerber **nach Abschluss des Teilnahmewettbewerbs** zur Abgabe eines Angebotes aufgefordert hat.[236] Im zweistufigen Verfahren mit vorgeschaltetem Teilnahmewettbewerb soll der öffentliche Auftraggeber an die Beurteilung der Eignung eines Bewerbers im Teilnahmewettbewerb und die Aufforderung dieses Bieters zur Teilnahme am Verhandlungsverfahrens gebunden sein, solange und soweit sich keine neuen tatsächlichen Feststellungen ergeben. Der Bieter darf darauf vertrauen, dass der ihm durch die Erstellung des Angebotes entstandene Aufwand nicht dadurch nachträglich nutzlos wird, dass der öffentliche Auftraggeber die Eignung auf gleichbleibender tatsächlicher Grundlage abweichend beurteilt.[237] Für die Teilnehmer, die zur Angebotsabgabe aufgefordert wurden, entsteht mit der Aufforderung zur Angebotsabgabe ein Vertrauenstatbestand dahingehend, dass sie zur Erbringung des streitgegenständlichen Auftrags seitens des öffentlichen Auftraggebers als geeignet angesehen werden; denn nach Sinn und Zweck eines Teilnahmewettbewerbs, eine vorweggezogene Eignungsprüfung durchzuführen, werden ausschließlich geeignete Teilnehmer zur Angebotsabgabe aufgefordert. Dieser Vertrauenstatbestand bringt es mit sich, dass einem Wiedereintritt in die Eignungsprüfung in Bezug auf einen Teilnehmer, der bereits zur Angebotsabgabe aufgefordert worden war, bei gleichbleibendem Sachverhalt gewisse Hürden entgegenstehen.[238] Ergibt sich nach Abschluss des Teilnahmewettbewerbs ein neuer Sachverhalt oder tritt jedenfalls ein Sachverhalt zutage, der dem öffentlichen Auftraggeber bislang nicht bekannt sein konnte, dürfte der öffentliche Auftraggeber jedoch berechtigt sein, erneut in die Eignungsprüfung einzutreten.[239] Ansonsten stünde ein Verstoß gegen den Grundsatz des § 122 Abs. 1 GWB im Raum. Das gilt gleichermaßen bei der **fehlerhaften Eignungsbejahung im Teilnahmewettbewerb** durch den öffentlichen Auftraggeber. Schon unter dem Gesichtspunkt der Korrektur eigener Fehler muss der öffentliche Auftraggeber zu einer erneuten Eignungsprüfung berechtigt sein, wenn er die Eignung eines Teilnehmers trotz Kenntnis des kompletten Sachverhalts aufgrund eigenen Verschuldens vergabefehlerhaft bejaht hat. Einem Bieter, dessen Eignung im Nachhinein verneint wird, dürfte dann ein Anspruch auf Ersatz der Aufwendungen für die frustrierten Angebotserstellungskosten zustehen.[240] Alternativ kann – je nach Sachverhaltskonstellation – auch die gänzliche Aufhebung des fehlerhaften Vergabeverfahrens in Betracht kommen, um die Aufforderung eines ungeeigneten Bieters nach Teilnahmewettbewerb zu heilen.[241] Umgekehrt können Bewerber, die der öffentliche Auftraggeber aufgrund fehlender Erklärungen und Belege als ungeeignet angesehen hat, nicht verlangen, dass der öffentliche Auftraggeber erneut in die Eignungsprüfung eintritt, wenn sie neue Unterlagen, die ihre Eignung belegen, vorlegen. Umstände, die bereits vor Ablauf der Angebotsfrist vorlagen und Gegenstand der Nachweispflicht des Bieters waren, können nicht mehr berücksichtigt werden.[242]

III. Mindestanforderungen

117 Der öffentliche Auftraggeber kann **Mindestanforderungen** an die nachzuweisende Eignung festlegen. Mindestanforderungen an die Eignung konkretisieren die allgemeinen Eig-

---

235 KG, Beschluss v. 4.12.2015 – Verg 8/15, unter Berufung auf BGH, Beschluss v. 7.1.2014 – X ZB 15/13.
236 OLG Naumburg, Beschluss v. 23.12.2014 – 2 Verg 5/14.
237 Vgl. zuletzt OLG Düsseldorf, Beschluss v. 29.3.2021 – VII-Verg 9/21: Mitbieter im Verhandlungsverfahren mit vorgeschaltetem Teilnahmewettbewerb haben demnach einen Vergaberechtsverstoß, der in der fehlerhaften Bejahung der Eignung eines Unternehmens am Ende des Teilnahmewettbewerbs liegt, ab der Begründung des Vertrauenstatbestands hinzunehmen, vgl. auch OLG Düsseldorf, Beschluss v. 3.4.2019 – VII-Verg 49/18; OLG Naumburg, Beschluss v. 23.12.2014 – 2 Verg 5/14.
238 VK Bund, Beschluss v. 1.3.2018 – VK 2-8/18 (zur VSVgV).
239 Vgl. VK Bund, Beschluss v. 1.3.2018 – VK 2-8/18 (zur VSVgV).
240 Zu einer solchen Konstellation vgl. VK Bund, Beschluss v. 19.9.2017 – VK 2-86/17.
241 VK Bund, Beschluss v. 1.3.2018 – VK 2-8/18 (zur VSVgV).
242 OLG München, Beschluss v. 17.9.2015 – Verg 3/15.

nungsmerkmale und können vom öffentlichen Auftraggeber in Ausübung der ihm eingeräumten Bestimmungsfreiheit in der Bekanntmachung festgelegt werden.[243]

Der öffentliche Auftraggeber ist **nicht gezwungen**, Mindestanforderungen festzulegen.[244] Er kann die geforderten Eignungsnachweise auch in einer Gesamtschau bewerten. 118

Wenn der öffentliche Auftraggeber Mindestanforderungen an die Eignung bestimmt, sind 119 auch diese entsprechend den Vorgaben des § 122 Abs. 4 S. 2 GWB **bekannt zu machen**. Die europarechtlichen Vorgaben sind insoweit eindeutig, Art. 58 Abs. 5 RL 2014/24/EU bestimmt ausdrücklich: *„Die öffentlichen Auftraggeber geben die zu erfüllenden Eignungskriterien, die in Form von Mindestanforderungen an die Leistungsfähigkeit ausgedrückt werden können, zusammen mit den geeigneten Nachweisen in der Auftragsbekanntmachung [...] an."* Etwaige Mindestanforderungen an die Leistungsfähigkeit, z. B. hinsichtlich der Menge oder des Umfangs der erbrachten Leistungen, sind also ebenso wie die vorzulegenden Nachweise in der Auftragsbekanntmachung festzulegen; eine erstmalige Bekanntgabe von derartigen Anforderungen an die Eignung in den Vergabeunterlagen kommt nicht in Betracht.[245] Die Bekanntmachungsformulare vereinfachen die Veröffentlichung über ein eigens für die Angabe von Mindestanforderungen eingerichtetes Eintragungsfeld unter Abschnitt III.1.

Legt der öffentliche Auftraggeber Mindestanforderungen fest, muss er diese **eindeutig** for- 120 mulieren, also deutlich erkennbar eine konkrete, von den Bietern und Bewerbern zu überwindende Eignungsschwelle, z. B. für die unternehmenseigene technische Mindestausstattung, festlegen.[246] Allein die Forderung nach einem Nachweis oder einer Erklärung lässt noch nicht zweifelsfrei erkennen, dass die einschlägigen Tätigkeiten als Mindesteignungsanforderungen gelten sollten.[247]

Legt der öffentliche Auftraggeber Mindestanforderungen fest, darf er hiervon im Nachhinein 121 **nicht abweichen**. Mindestanforderungen dürfen auch nicht nachträglich formuliert werden. Dies ergibt sich aus § 122 Abs. 4 S. 2 GWB, wonach die Eignungskriterien in der Bekanntmachung, der Vorinformation oder der Aufforderung zur Interessenbestätigung aufzuführen sind.

Für Mindestanforderungen als Bestandteil der Eignungskriterien gilt die Vorgabe eines **ange-** 122 **messenen Verhältnisses** zum Auftragsgegenstand nach § 122 Abs. 4 S. 1 GWB in besonderem Maße. Zu hohe Mindestanforderungen sind stets ausgrenzend und wettbewerbsbeschränkend und damit nicht im Einklang mit § 122 Abs. 4 S. 1 GWB.[248] Rechtfertigt es der Auftragsgegenstand, dürfen hohe Anforderungen an die Eignung gestellt werden. In derartigen Fällen ist auch die Festlegung eines Mindestumsatzes über einen bestimmten Zeitraum zulässig.[249]

IV. Eignungsleihe

Kann der Bieter selbst die entsprechenden Eignungsnachweise nicht vorlegen, kann er im Hin- 123 blick auf die erforderliche wirtschaftliche und finanzielle sowie technische und berufliche Leistungsfähigkeit die Kapazitäten anderer Unternehmen in Anspruch nehmen. Die Voraussetzungen hierfür sind in § 47 VgV und § 6d EU VOB/A geregelt. Die sog. Eignungsleihe setzt den Nachweis voraus, dass dem Bewerber oder Bieter die für den öffentlichen Auftrag erforderlichen Mittel tatsächlich zur Verfügung stehen werden, indem er beispielsweise eine entsprechende Verpflichtungserklärung der Unternehmen vorlegt. Außerhalb dieser Fälle der Eignungsleihe ist dagegen fraglich, nach welcher Rechtsgrundlage ein öffentlicher Auftraggeber

243 OLG Düsseldorf, Beschluss v. 5.11.2014 – VII-Verg 21/14.
244 VK Bund, Beschluss v. 4.10.2012 – VK 2-86/12.
245 VK Bund, Beschluss v. 18.9.2017 – VK 2-96/17.
246 Vgl. VK Niedersachsen, Beschluss v. 2.5.2019 – VgK-09/2019.
247 OLG Düsseldorf, Beschluss v. 5.11.2014 – VII-Verg 21/14.
248 *Müller-Wrede*, in: Müller-Wrede, VOL/A, § 7 EG Rn. 35, unter Berufung auf OLG Koblenz, Beschluss v. 13.6.2012 – 1 Verg 2712.
249 OLG Düsseldorf, Beschluss v. 19.12.2012 – VII-Verg 30/12; vgl. aber die Begrenzung in § 45 Abs. 2 VgV und § 6a Nr. 2 lit. c VOB/A.

zu einer Eignungsprüfung der Unterauftragnehmer eines geeigneten Bieters und daraus folgenden, etwaigen Konsequenzen berechtigt ist. Art. 71 RL 2014/24/EU, der die Vergabe von bloßen Unteraufträgen regelt, verweist in seinem Abs. 6 lit. b lediglich auf die Ausschlussgründe. Für Unterauftragnehmer nach § 36 VgV, der dem Art. 71 RL 2014/24/EU nachgebildet ist, hat die Rechtsprechung bereits entschieden, dass ein öffentlicher Auftraggeber von den Bietern lediglich die Angabe des Teils des Auftrags, den er an Unterauftragnehmer überlassen möchte, und die Benennung der Unterauftragnehmer verlangen dürfe.[250] Nur im Falle der Eignungsleihe sei es dem öffentlichen Auftraggeber gestattet, auch Eignungsnachweise der Eignungsverleiher (die die fehlende Eignung des Bieters insoweit ergänzen) und Verpflichtungserklärungen zu verlangen (vgl. § 36 Abs. 1 S. 3 und § 47 Abs. 1 S. 1, Abs. 2 VgV). Es sprechen allerdings gute Gründe dafür, dass der öffentliche Auftraggeber nicht nur berechtigt, [251] sondern auch verpflichtet[252] ist, die Eignung der vom Bieter vorgeschlagenen Unterauftragnehmer zu prüfen, wenn es sich nicht um eine Eignungsleihe handelt.

V. Bewerber- und Bietergemeinschaften

124 Besonderheiten für die Prüfung der Eignung ergeben sich bei Angeboten von Bewerber- und Bietergemeinschaften. Unternehmen schließen sich häufig vor allem deshalb zu Bewerber- oder Bietergemeinschaften zusammen, weil sie nur gemeinsam in der Lage sind, die Eignungsvoraussetzungen zu erfüllen.

125 Gegenstand der Eignungsprüfung ist die Bewerber- oder Bietergemeinschaft als Gesamtheit.[253] Ihr werden die Eignungsnachweise der Mitglieder **zugerechnet**. Die Belege zur Eignung von Bewerber- und Bietergemeinschaften sind daher in der Regel in Summe zu betrachten, d.h., es reicht aus, wenn die insgesamt vorgelegten Nachweise, Erklärungen und Unterlagen in Summe bewertet werden. Nach der Rechtsprechung können Unternehmen ohne besondere entgegenstehende Anhaltspunkte regelmäßig davon ausgehen, dass es bei einer Bietergemeinschaft ausreichend ist, wenn geforderte Nachweise oder Eigenerklärungen zur Fachkunde oder zur Leistungsfähigkeit für ein Mitglied der Bewerber- oder Bietergemeinschaft vorgelegt werden,[254] während die Zuverlässigkeit – bzw. nunmehr das Nichtvorliegen von Ausschlussgründen – von jedem Mitglied in der geforderten Art und Weise zu belegen ist.[255] Hinsichtlich der Fachkunde und Leistungsfähigkeit kommt es demnach auf die der Bewerber- oder Bietergemeinschaft insgesamt zur Verfügung stehenden Kapazitäten an. Im Übrigen bleibt es dem öffentlichen Auftraggeber im Einzelfall unbenommen, in den Ausschreibungsunterlagen festzulegen, dass bestimmte Nachweise der Leistungsfähigkeit für jedes einzelne Mitglied der Bewerber- oder Bietergemeinschaft vorgelegt werden müssen.[256]

H. Rechtsschutz

126 § 122 GWB ist in mehrerlei Hinsicht **unternehmensschützend**. Bewerber oder Bieter können die Entscheidung des öffentlichen Auftraggebers, sie als ungeeignet anzusehen, vor der Vergabekammer überprüfen lassen. Konkurrenten können die Entscheidung des öffentlichen

---

250 VK Bund, Beschluss v. 28.9.2017 – VK 1-93/17.
251 VK Rheinland-Pfalz, Beschluss v. 23.4.2020 – VK 2-7/20.
252 Wegen der näheren Einzelheiten siehe *Gnittke/Hattig*, in: Müller-Wrede, VgV/UVgO, § 36 VgV Rn. 71, 72.
253 Zuletzt VK Bund, Beschluss v. 26.10.2021 – VK 1-108/21; auch wenn eine GbR sich an einem Vergabeverfahren beteiligt, deren Gesellschaftszweck sich nicht allein auf die Teilnahme an dem Vergabeverfahren mit dem Ziel, den Zuschlag zu erhalten, beschränkt, kommt es für die Prüfung der Eignung auf die Gesellschaft an. Die Gesellschaft kann sich allerdings die Eignungsnachweise ihrer Mitglieder zurechnen lassen und kann auf Grundlage des Gesellschaftsvertrages auf die Ressourcen der Gesellschafter zugreifen, so VK Hessen, Beschluss v. 14.5.2020 – 69 d-VK-22/20.
254 Zuletzt VK Bund, Beschluss vom 26.10.2021 – VK 1-108/21.
255 Vgl. z. B. OLG Celle, Beschluss v. 12.4.2016 – 13 Verg 1/16; OLG Düsseldorf, Beschluss v. 31.7.2007 – VII-Verg 25/07; OLG Naumburg, Beschluss v. 30.4.2007 – 1 Verg 1/07.
256 Vgl. VK Bund, Beschluss v. 26.10.2021 – VK 1-108/21; *Gabriel*, in: Gabriel/Krohn/Neun, Handbuch Vergaberecht, § 15 Rn. 21; zur wirtschaftlichen und finanziellen Leistungsfähigkeit z. B. VK Saarland, Beschluss v. 28.10.2010 – 1 VK 12/2010.

Auftraggebers, einen Bewerber oder Bieter als geeignet anzusehen, ebenfalls zum Gegenstand eines Nachprüfungsverfahrens machen.[257] In Bezug auf Mängel der Bekanntmachung von Eignungskriterien ist ein Nachprüfungsantrag nur zulässig, wenn der Antragsteller aufzeigt, er erfülle einzelne Anforderungen nicht bzw. habe sie nicht oder nicht rechtzeitig erkannt.[258] Sonst ist nicht zu erkennen, dass dem Antragsteller durch unzureichend bekannt gemachte Anforderungen ein Schaden drohe (§ 160 Abs. 2 S. 2 GWB). Sofern ein Verstoß gegen Vergabevorschriften aufgrund der in der Auftragsbekanntmachung vorgesehenen Eignungskriterien erkennbar ist, muss er wie alle aus der Auftragsbekanntmachung erkennbaren Verstöße nach § 160 Abs. 3 S. 1 Nr. 2 GWB bis zum Ablauf der in der Bekanntmachung benannten Frist zur Bewerbung oder zur Angebotsabgabe gegenüber dem Auftraggeber gerügt werden, wenn das Unternehmen keine Präklusion nach § 160 Abs. 3 GWB riskieren will.

Bei der Überprüfung der Eignungsentscheidung des öffentlichen Auftraggebers haben die Nachprüfungsinstanzen den **Beurteilungs-** und **Ermessensspielraum** des öffentlichen Auftraggebers sowohl bei der Festlegung der Eignungskriterien und -belege als auch bei der Beurteilung der Eignung zu berücksichtigen. Bei der Festlegung der Eignungskriterien und der Eignungsbelege besteht nur eine eingeschränkte Kontrolle durch die Nachprüfungsinstanzen. Dies gilt auch bei der Eignungsprüfung, die alleinige Aufgabe des öffentlichen Auftraggebers ist. Vergabekammern und Senate sind nicht befugt, sich an dessen Stelle zu setzen.[259] Wegen der einer Prognose immanenten Unsicherheiten steht dem öffentlichen Auftraggeber ein Beurteilungsspielraum zu, der von Nachprüfungsinstanzen nur daraufhin überprüft werden kann, ob das vorgeschriebene Verfahren eingehalten worden ist, ob der öffentliche Auftraggeber die von ihm selbst aufgestellten Bewertungsvorgaben eingehalten hat, ob er den zugrunde gelegten Sachverhalt vollständig und zutreffend ermittelt hat sowie dass er bei seiner Entscheidung keine sachwidrigen Erwägungen angestellt bzw. nicht gegen allgemeine Bewertungsgrundsätze verstoßen hat.[260] Bei der Prüfung der Eignung muss der öffentliche Auftraggeber den Grundsatz der Gleichbehandlung berücksichtigen. Angebote, bei denen die Eignung der Unternehmen nicht nachgewiesen ist, können nicht bezuschlagt werden. 127

Anlage

Gesetzesbegründung – VergRModG 2016 (BT-Drs. 18/6281)

Seite 100

§ 122 nimmt den Regelungsgehalt des bisherigen § 97 Absatz 4 Satz 1, Absatz 4a GWB auf und legt dabei die Grundanforderungen an die Eignung der Unternehmen, die sich in einem Vergabeverfahren um öffentliche Aufträge bewerben möchten, abschließend fest. Die Vorschrift greift dabei die Terminologie und Systematik des Artikels 58 der Richtlinie 2014/24/EU auf.

Zu Absatz 1

Während nach der bisherigen deutschen Systematik des § 97 Absatz 4 Satz 1 GWB die Eignung aus den vier Elementen Fachkunde, Leistungsfähigkeit, Zuverlässigkeit und Gesetzestreue besteht, orientiert sich Absatz 1nunmehr an den Vorgaben des Artikels 58 Absatz 1 der Richtlinie 2014/24/EU. Zwar bleiben die Begriffe Fachkunde und Leistungsfähigkeit als zentrale, definierende Komponenten der Eignung erhalten. Das Begriffspaar Fachkunde und Leistungsfähigkeit wird jedoch vollständig durch die in Absatz 2 aufgeführten drei Kategorienausgefüllt, die die Anforderungen der Richtlinie 2014/24/EU abbilden.

Nach § 123 sind Unternehmen bei Vorliegen von zwingenden Ausschlussgründen vom Vergabeverfahren (ohne Entscheidungsspielraum des öffentlichen Auftraggebers) auszuschließen. Unternehmen

257 OLG Düsseldorf, Beschluss. v. 6.5.2011 – VII-Verg 26/11.
258 OLG Rostock, Beschluss v. 12.8.2020 – 17 Verg 3/20.
259 OLG Koblenz, Beschluss v. 25.2.2015 – Verg 5/14.
260 Zuletzt OLG Naumburg, Beschluss v. 22.9.2014 – 2 Verg 2/13.

können nach einer Ermessensentscheidung des öffentlichen Auftraggebers ausgeschlossen werden, sofern ein fakultativer Ausschlussgrund nach § 124 vorliegt. Ein solcher fakultativer Ausschlussgrund ist nach § 124 Absatz 1 Nummer 1 gegeben,

Seite 101

wenn das Unternehmen bei der Ausführung öffentlicher Aufträge nachweislich gegen geltende umwelt-, sozial- und arbeitsrechtliche Verpflichtungen verstoßen hat. Nach § 124 Absatz 1 Nummer 3 kann ein Unternehmen ausgeschlossen werden, wenn eine schwere Verfehlung des Unternehmens (oder einer Person, deren Handeln dem Unternehmen zuzurechnen ist) nachweislich vorliegt, durch die die Integrität des Unternehmens infrage gestellt wird.

§ 128 Absatz 1 regelt (in Umsetzung des Artikels 18 Absatz 2 der Richtlinie 2014/24/EU), dass die beauftragten Unternehmen auch bei der Ausführung des öffentlichen Auftrags allen für sie geltenden rechtlichen Verpflichtungen nachkommen müssen. Dies gilt insbesondere für die Entrichtung von Steuern und Sozialabgaben, die Einhaltung arbeitsschutzrechtlicher Bestimmungen sowie die Gewährung gesetzlich festgelegter Mindestentgelte. Allgemeinverbindlich erklärte Tarifverträge sind ebenfalls zwingend zu beachten.

Über diese detaillierten Vorgaben der §§ 123, 124 und § 128 Absatz 1 wird – entsprechend der Systematik der Richtlinie 2014/24/EU – sichergestellt, dass nur solche Unternehmen den Zuschlag erhalten, die Recht und Gesetz in der Vergangenheit eingehalten haben und bei denen gesetzestreues Verhalten auch in Zukunft zu erwarten ist. Die unbestimmten Rechtsbegriffe der Zuverlässigkeit und Gesetzestreue, die bisher zur Definition der Eignung herangezogen wurden, können daher künftig entfallen. Damit ändert sich nichts an der geltenden Rechtslage, wann ein Bewerber oder Bieter in einem Vergabeverfahren wegen Verstößen gegen geltendes Recht nicht zum Zuge kommen darf.

Zu Absatz 2

§ 122 Absatz 2 greift die in Artikel 58 Absatz 1 der Richtlinie 2014/24/EU enthaltenen drei Kategorien der Eignung zur Konkretisierung des Eignungsbegriffs auf. Im Einzelfall legt der öffentliche Auftraggeber Eignungskriterien fest, um zu gewährleisten, dass nur Angebote solcher Unternehmen in die Auswahl einbezogen werden, die für die ordnungsgemäße Ausführung des konkreten Auftrags geeignet sind. Mit den drei in Artikel 58 Absatz 1 der Richtlinie 2014/24/EU vorgesehenen Kategorien „Befähigung und Erlaubnis zur Berufsausübung", „wirtschaftliche und finanzielle Leistungsfähigkeit" sowie „technische und berufliche Leistungsfähigkeit" sind die zugelassenen Kategorien der Eignung abschließend geregelt. Alle Eignungskriterien, die öffentliche Auftraggeber an die bietenden Unternehmen stellen, müssen daher unter eine dieser drei Kategorien untergeordnet werden können. Die weitere Konkretisierung – entsprechend den Vorgaben der Artikel 58, 60 und 62 der Richtlinie 2014/24/EU – wird in der Vergabeverordnung und für die Vergabe von Bauleistungen in der VOB/A, 2. Abschnitt, erfolgen.

Zu Absatz 3

§ 122 Absatz 3 entspricht dem bisherigen § 97 Absatz 4a GWB und lässt die Einrichtung staatlicher oder privatwirtschaftlich organisierter, anerkannter Präqualifizierungssysteme zum vereinfachten Nachweis der Eignung und des Nichtvorliegens von Ausschlussgründen zu. Der Absatz greift damit den Regelungsgehalt des Artikel 64 Absatz 1 der Richtlinie 2014/24/EU auf.

Zu Absatz 4

§ 122 Absatz 4 Satz 1 stellt sicher, dass öffentliche Auftraggeber bei Vergabeverfahren nur angemessene Anforderungen an die Eignung stellen. Diese hängen maßgeblich von der Art des Auftrags, vom Auftragsgegenstand und von den Bedingungen der Auftragsausführung ab. So werden in der Regel die Eignungsvorgaben an den Lieferanten bei der Beschaffung marktüblicher Waren deutlich geringer ausfallen können als die Eignungsvorgaben an einen Bauunternehmer, der mit der Realisierung eines komplexen Bauvorhabens betraut werden soll. Darüber hinaus sind (wie bisher) Anforderungen an die Eignung verboten, die in keiner Verbindung zum Auftragsgegenstand stehen.

§ 122 Absatz 4 Satz 2 setzt Artikel 58 Absatz 5 der Richtlinie 2014/24/EU in Übereinstimmung mit den bisherigen Anforderungen um. Die Eignungskriterien müssen allen interessierten Wirtschaftsteilnehmern rechtzeitig bekannt gemacht werden. Demnach müssen öffentliche Auftraggeber die Eignungskriterien in der Auftragsbekanntmachung oder in der Aufforderung zur Interessenbestätigung angeben. Eine Aufforderung zur Interessenbestätigung versenden diejenigen subzentralen öffentlichen Auftraggeber, die den Aufruf zum Wettbewerb gemäß Artikel 48 Absatz 2 der Richtlinie 2014/24/EU durch eine Vorinformation ersetzen dürfen, an diejenigen Wirtschaftsteilnehmer, die auf die Veröffentlichung der Vorinformation hin ihr Interesse bekundet haben (Artikel 26 Absatz 5 Unterabsatz 3 der Richtlinie 2014/24/EU). Absatz 4 Satz 2 stellt zudem klar, dass die subzentralen öffentlichen Auftraggeber die Eignungskriterien entsprechend Anhang V Teil B Nummer 5 Buchstabe c der Richtlinie 2014/24/EU auch schon in die Vorinformation nach Artikel 48 Absatz 2 der Richtlinie 2014/24/EU aufnehmen können.

§ 123 GWB
Zwingende Ausschlussgründe

(1) Öffentliche Auftraggeber schließen ein Unternehmen zu jedem Zeitpunkt des Vergabeverfahrens von der Teilnahme aus, wenn sie Kenntnis davon haben, dass eine Person, deren Verhalten nach Absatz 3 dem Unternehmen zuzurechnen ist, rechtskräftig verurteilt oder gegen das Unternehmen eine Geldbuße nach § 30 des Gesetzes über Ordnungswidrigkeiten rechtskräftig festgesetzt worden ist wegen einer Straftat nach:

1. § 129 des Strafgesetzbuchs (Bildung krimineller Vereinigungen), § 129a des Strafgesetzbuchs (Bildung terroristischer Vereinigungen) oder § 129b des Strafgesetzbuchs (Kriminelle und terroristische Vereinigungen im Ausland),
2. § 89c des Strafgesetzbuchs (Terrorismusfinanzierung) oder wegen der Teilnahme an einer solchen Tat oder wegen der Bereitstellung oder Sammlung finanzieller Mittel in Kenntnis dessen, dass diese finanziellen Mittel ganz oder teilweise dazu verwendet werden oder verwendet werden sollen, eine Tat nach § 89a Absatz 2 Nummer 2 des Strafgesetzbuchs zu begehen,
3. § 261 des Strafgesetzbuchs (Geldwäsche),
4. § 263 des Strafgesetzbuchs (Betrug), soweit sich die Straftat gegen den Haushalt der Europäischen Union oder gegen Haushalte richtet, die von der Europäischen Union oder in ihrem Auftrag verwaltet werden,
5. § 264 des Strafgesetzbuchs (Subventionsbetrug), soweit sich die Straftat gegen den Haushalt der Europäischen Union oder gegen Haushalte richtet, die von der Europäischen Union oder in ihrem Auftrag verwaltet werden,
6. § 299 des Strafgesetzbuchs (Bestechlichkeit und Bestechung im geschäftlichen Verkehr), §§ 299a und 299b des Strafgesetzbuchs (Bestechlichkeit und Bestechung im Gesundheitswesen),
7. § 108e des Strafgesetzbuchs (Bestechlichkeit und Bestechung von Mandatsträgern),
8. den §§ 333 und 334 des Strafgesetzbuchs (Vorteilsgewährung und Bestechung), jeweils auch in Verbindung mit § 335a des Strafgesetzbuchs (Ausländische und internationale Bedienstete),
9. Artikel 2 § 2 des Gesetzes zur Bekämpfung internationaler Bestechung (Bestechung ausländischer Abgeordneter im Zusammenhang mit internationalem Geschäftsverkehr) oder
10. den §§ 232, 232a Absatz 1 bis 5, den §§ 232b bis 233a des Strafgesetzbuches (Menschenhandel, Zwangsprostitution, Zwangsarbeit, Ausbeutung der Arbeitskraft, Ausbeutung unter Ausnutzung einer Freiheitsberaubung).

(2) Einer Verurteilung oder der Festsetzung einer Geldbuße im Sinne des Absatzes 1 stehen eine Verurteilung oder die Festsetzung einer Geldbuße nach den vergleichbaren Vorschriften anderer Staaten gleich.

(3) Das Verhalten einer rechtskräftig verurteilten Person ist einem Unternehmen zuzurechnen, wenn diese Person als für die Leitung des Unternehmens Verantwortlicher gehandelt hat; dazu gehört auch die Überwachung der Geschäftsführung oder die sonstige Ausübung von Kontrollbefugnissen in leitender Stellung.

(4) Öffentliche Auftraggeber schließen ein Unternehmen zu jedem Zeitpunkt des Vergabeverfahrens von der Teilnahme an einem Vergabeverfahren aus, wenn

1. das Unternehmen seinen Verpflichtungen zur Zahlung von Steuern, Abgaben oder Beiträgen zur Sozialversicherung nicht nachgekommen ist und dies durch eine rechtskräftige Gerichts- oder bestandskräftige Verwaltungsentscheidung festgestellt wurde oder
2. die öffentlichen Auftraggeber auf sonstige geeignete Weise die Verletzung einer Verpflichtung nach Nummer 1 nachweisen können.

Satz 1 ist nicht anzuwenden, wenn das Unternehmen seinen Verpflichtungen dadurch nachgekommen ist, dass es die Zahlung vorgenommen oder sich zur Zahlung der Steuern, Abgaben und Beiträge zur Sozialversicherung einschließlich Zinsen, Säumnis- und Strafzuschlägen verpflichtet hat.

(5) Von einem Ausschluss nach Absatz 1 kann abgesehen werden, wenn dies aus zwingenden Gründen des öffentlichen Interesses geboten ist. Von einem Ausschluss nach Absatz 4 Satz 1 kann abgesehen werden, wenn dies aus zwingenden Gründen des öffentlichen Interesses geboten ist oder ein Ausschluss offensichtlich unverhältnismäßig wäre. § 125 bleibt unberührt.

Übersicht

	Rn.
A. Allgemeines	1
I. Unionsrechtlicher Hintergrund	5
II. Historie	7
III. Vergleichbare Regelungen	11
B. Unternehmen	12
C. Ausschlussgründe (Abs. 1)	15
I. Straftat oder Geldbuße	15
II. Rechtskräftige Verurteilung oder rechtskräftige Festsetzung einer Geldbuße	22
III. Kenntnis des öffentlichen Auftraggebers	26
IV. Zwingender Ausschluss	33
D. Verurteilung nach vergleichbaren Vorschriften anderer Staaten (Abs. 2)	38
E. Zurechnung (Abs. 3)	41
F. Steuern, Abgaben oder Beiträge zur Sozialversicherung (Abs. 4)	47
I. Verpflichtung zur Zahlung von Steuern, Abgaben und Beiträgen zur Sozialversicherung (S. 1 Nr. 1)	47
II. Feststellung durch rechtskräftige Gerichts- oder bestandskräftige Verwaltungsentscheidung (S. 1 Nr. 1)	57
III. Nachweis auf sonstige geeignete Weise (S. 1 Nr. 2)	60
IV. Zwingender Ausschluss	61
V. Keine Anwendung des Ausschlusses (S. 2)	62
G. Absehen von einem Ausschluss (Abs. 5)	68
I. Zwingende Gründe des öffentlichen Interesses (S. 1)	71
II. Offensichtliche Unverhältnismäßigkeit (S. 2)	75
III. Selbstreinigung (S. 3)	78
H. Rechtsschutz	80
Anlage Gesetzesbegründung	

A. Allgemeines

1 § 123 GWB regelt den zwingenden Ausschluss von Unternehmen von der Teilnahme an Vergabeverfahren. Die Regelung steht im engen Zusammenhang mit § 122 GWB und § 124 GWB. Nach § 122 Abs. 1 GWB werden öffentliche Aufträge an fachkundige und leistungsfähige (geeignete) Unternehmen vergeben, die nicht nach den §§ 123 oder 124 GWB ausgeschlossen worden sind. § 124 GWB regelt wie § 123 GWB Ausschlussgründe, aber solche, bei denen der Auftraggeber – anders als bei Ausschlussgründen nach § 123 GWB – sein Ermessen über den Ausschluss ausüben muss. Über die Vorgaben der §§ 123, 124 GWB (und des § 128 Abs. 1 GWB) wird – entsprechend der Systematik der RL 2014/24/EU – sichergestellt, dass nur solche Unternehmen den Zuschlag erhalten, die Recht und Gesetz in der Vergangenheit eingehalten haben und bei denen gesetzestreues Verhalten auch in Zukunft zu erwarten ist.[1]

2 Die unbestimmten Rechtsbegriffe der **Zuverlässigkeit** und der **Gesetzestreue**, die bis 2016 zur Definition der Eignung herangezogen wurden, sind mit der Einführung der Vorschriften der §§ 123, 124 GWB und der dort enthaltenen enumerativen Aufzählung bestimmter Ausschlussgründe entfallen.[2] An der bis dahin geltenden Rechtslage, dass ein Bewerber oder Bie-

1 Gesetzesbegründung zu § 122 Abs. 1 GWB, VergRModG 2016, BT-Drs. 18/6281, 101.
2 Gesetzesbegründung zu § 122 Abs. 1 GWB, VergRModG 2016, BT-Drs. 18/6281, 101.

ter in einem Vergabeverfahren wegen Verstoßes gegen geltendes Recht unter bestimmten Voraussetzungen nicht zum Zuge kommen darf, änderte sich dadurch nichts.[3]

Wettbewerbsbeschränkende Absprachen führen seit der Neuregelung durch das VergRModG 2016 im Bereich oberhalb der Schwellenwerte nicht mehr zwingend zu einem Ausschluss, sondern begründen einen fakultativen Ausschlussgrund nach § 124 Abs. 1 Nr. 3 oder 4 GWB, wenn sie nicht gleichzeitig einen Betrug nach § 263 StGB unter den in § 123 Abs. 1 Nr. 4 GWB genannten Voraussetzungen darstellen.[4] 3

Aufgrund der Stellung in Unterabschnitt 2 Abschnitt 2 Kapitel 1 Teil 4 GWB gilt § 123 GWB für die Vergabe von **öffentlichen Aufträgen** sowie – mangels abweichender Sonderregelungen – auch von Rahmenvereinbarungen (vgl. § 103 Abs. 5 S. 2 GWB) durch öffentliche Auftraggeber. Nicht abschließend geklärt ist, ob die Vorschriften über die Eignung (§ 122 GWB) und Ausschlussgründe (§§ 123 ff. GWB) für Wettbewerbe gelten. Zwar erstreckt § 115 GWB den Anwendungsbereichs „dieses Abschnitts" ausdrücklich auch auf die Ausrichtung von Wettbewerben; dies könnte sich jedoch nicht auf den Abschnitt 1 Kapitel 1 Teil 4 GWB, sondern lediglich auf den Unterabschnitt 1 Abschnitt 1 Kapitel 1 Teil 4 GWB und damit systematisch auf die dort geregelten Ausnahmebestimmungen beziehen.[5] Unterabschnitt 2 Abschnitt 1 Kapitel 1 Teil 4 GWB enthält Regelungen zum Vergabeverfahren und der Auftragsausführung und bezieht sich inhaltlich damit gerade nicht auf Wettbewerbe. Gegen die Anwendung der §§ 122 bis 126 GWB auf Wettbewerbe spricht auch, dass die diesen Vorschriften zugrundeliegenden Richtlinienvorschriften im Titel II RL 2014/24/EU enthalten sind, auf die in Art. 80 Abs. 1 RL 2014/24/EU für die Durchführung von Wettbewerben nicht verwiesen wird.[6] Allerdings dürfen die Auslober auch im Wettbewerbsverfahren Anforderungen an die Teilnehmer festlegen. Dies ergibt sich aus § 71 VgV.[7] Die §§ 122 bis 126 GWB werden aber jedenfalls im Rahmen eines auf den Wettbewerb folgenden Vergabeverfahrens relevant.[8] Für die Vergabe von öffentlichen Aufträgen durch Sektorenauftraggeber zum Zweck der Ausübung von Sektorentätigkeiten gilt § 123 GWB nach § 142 Abs. 1 GWB und für die Vergabe von verteidigungs- oder sicherheitsspezifischen öffentlichen Aufträgen gemäß § 147 GWB entsprechend. Bei der Vergabe von Konzessionen ist § 123 GWB mit der Maßgabe anzuwenden, dass Konzessionsgeber nach § 101 Abs. 1 Nr. 3 GWB ein Unternehmen unter den Voraussetzungen des § 123 GWB ausschließen können, aber nicht müssen (§ 154 Nr. 2 lit. a GWB). 4

I. Unionsrechtlicher Hintergrund

§ 123 GWB setzt Art. 57 Abs. 1 bis 3 und Abs. 5 UAbs. 1 **RL 2014/24/EU** um. Erwägungsgrund 100 RL 2014/24/EU formuliert den Ansatz für die zwingenden Ausschlussgründe wie folgt: *„Öffentliche Aufträge sollten nicht an Wirtschaftsteilnehmer vergeben werden, die sich an einer kriminellen Vereinigung beteiligt haben oder sich der Bestechung, des Betrugs zum Nachteil der finanziellen Interessen der Union, terroristischer Straftaten, der Geldwäsche oder der Terrorismusfinanzierung schuldig gemacht haben. Die Nichtzahlung von Steuern oder Sozialversicherungsbeiträgen sollte ebenfalls mit der Sanktion eines obligatorischen Ausschlusses auf Unionsebene belegt werden."* 5

3 Gesetzesbegründung zu § 122 Abs. 1 GWB, VergRModG 2016, BT-Drs. 18/6281, 101; zweifelnd *Hausmann/von Hoff*, in: Röwekamp/Kus/Portz/Prieß, GWB-Vergaberecht, § 122 Rn. 14, die der Auffassung sind, über die unbestimmten Rechtsbegriffe der Gesetzestreue und insbesondere der Zuverlässigkeit habe bis dahin ein Interpretations- und Gestaltungsspielraum für die Auftraggeber bestanden, diesen Begriffen einen einzelfallbezogenen Bedeutungsgehalt zu geben. Dieser Spielraum bestünde nun nicht mehr. Allerdings kommt dem Auftraggeber jedenfalls hinsichtlich der fakultativen Ausschlussgründe nach § 124 GWB auf der Rechtsfolgenseite nach wie vor ein Ermessen zu.

4 Im Einzelnen *Ulshöfer*, VergabeR 2016, 327 (329).

5 So auch *Stolz*, in: Ziekow/Völlink, Vergaberecht, § 69 VgV Rn. 5.

6 *Stolz*, in: Ziekow/Völlink, Vergaberecht, § 69 VgV Rn. 5.

7 Die Richtlinie für Planungswettbewerbe – RPW 2013 sieht in § 2 Abs. 2 Anforderungen an die Teilnehmer und in § 4 Abs. 1 Zulassungsvoraussetzungen vor; § 4 Abs. 2 weist als Teilnahmehindernis aber vor allem die Möglichkeit der Einflussnahme auf das Preisgericht aus.

8 § 70 Abs. 2 VgV.

6 Art. 57 Abs. 1 RL 2014/24/EU enthält einen Katalog von Straftaten, aufgrund derer ein zwingender Ausschluss erfolgt.[9] Die **Umsetzung** in § 123 Abs. 1 bis 3 GWB geht nach der Gesetzesbegründung nicht über die verpflichtenden Vorgaben der Richtlinie hinaus und übernimmt diese soweit wie möglich in das deutsche Recht. Bei der Umsetzung hat der deutsche Gesetzgeber – so die Gesetzesbegründung – bewusst davon abgesehen, solche Ausschlussgründe, die nach der Richtlinie fakultativ sind, in § 123 GWB als zwingende Ausschlussgründe zu statuieren bzw. nicht in der RL 2014/24/EU aufgeführte Straftaten in den Katalog des § 123 GWB aufzunehmen.[10] Der Gesetzgeber wollte damit dem Umstand Rechnung tragen, dass ein zwingender Ausschluss von einem Vergabeverfahren eine weitgehende Rechtsfolge ist.[11] § 123 Abs. 4 GWB setzt mit der Regelung zum Ausschluss wegen Nichtzahlung von Steuern und Sozialversicherungsbeiträgen Art. 57 Abs. 2 RL 2014/24/EU um.[12] Die Vorgabe aus Art. 57 Abs. 5 UAbs. 1 RL 2014/24/EU, den Wirtschaftsteilnehmer zu jedem Zeitpunkt des Vergabeverfahrens auszuschließen, ist durch entsprechende Formulierungen in § 123 Abs. 1 und 2 GWB sichergestellt.[13] Die Voraussetzungen für ein (ausnahmsweises) Absehen vom zwingenden Ausschluss gemäß Art. 57 Abs. 3 RL 2014/24/EU enthält § 123 Abs. 5 GWB.[14]

II. Historie

7 Weil der Ausschluss eines Unternehmens von der Teilnahme an einem Vergabeverfahren in Grundrechte eingreifen kann, erfolgte eine Regelung im Zuge der Vergaberechtsnovelle 2016 im Gesetz, dem GWB, und nicht wie zuvor in den Vergabe- und Vertragsordnungen.[15]

8 Einen **Ausschluss wegen rechtskräftiger Verurteilung** sahen bis dahin § 6 EG Abs. 4 VOL/A, § 4 Abs. 6 VOF sowie § 6 EG Abs. 4 und § 6 VS Abs. 4 VOB/A 2012 sowie § 21 SektVO 2009 vor. Auch dort waren jeweils in einem abschließenden Katalog Ausschlusstatbestände geregelt, die an eine rechtskräftige Verurteilung wegen bestimmter, im Einzelnen aufgelisteter Straftaten anknüpften. § 6 EG Abs. 4 VOL/A enthielt allerdings – anders als § 6 EG Abs. 4, § 6 VS Abs. 4 VOB/A und § 21 Abs. 1 SektVO – entgegen der Richtlinienvorgaben nicht den Straftatbestand des § 299 StGB (Bestechlichkeit und Bestechung im geschäftlichen Verkehr).

9 Die **Straftatbestände** in § 123 GWB stimmen größtenteils mit den früher in § 6 EG Abs. 4 VOL/A und § 6 EG Abs. 4 sowie § 6 VS Abs. 4 VOB/A 2012, § 4 Abs. 6 VOF 2009 und § 21 Abs. 1 SektVO 2009 aufgeführten Straftatbeständen überein. Der Katalog in § 123 GWB wurde entsprechend der RL 2014/24/EU um die Straftaten der Terrorismusfinanzierung sowie des Menschenhandels und gegenüber der VOL/A auch um Bestechlichkeit und Bestechung im geschäftlichen Verkehr (§ 299 StGB) und Bestechlichkeit und Bestechung von Mandatsträgern (§ 108e StGB) erweitert.[16] Während in Art. 57 Abs. 1 lit. f RL 2014/24/EU ausdrücklich auf Kinderarbeit und andere Formen des Menschenhandels im Sinne des Art. 2 RL 2011/36/EU Bezug genommen wird, fehlt in § 123 GWB die Bezugnahme auf den Begriff Kinderhandel. § 123 Abs. 1 Nr. 10 GWB nennt §§ 232 und 233 StGB.

10 Die früher in § 6 EG Abs. 4 S. 1 lit. g VOL/A, § 4 Abs. 6 S. 1 lit. g VOF sowie § 6 EG Abs. 4 S. 1 lit. h und § 6 VS Abs. 4 S. 1 lit. h VOB/A 2012 aufgelistete **Steuerhinterziehung** ist im Katalog des § 123 Abs. 1 GWB nicht genannt. Sie ist ein Unterfall des Ausschlussgrundes in § 123 Abs. 4 Nr. 1 GWB.

9 Auf europäischer Ebene hat der Gesetzgeber erstmals mit den Richtlinien im Jahr 2004 zwingende Ausschlussgründe für bestimmte (Korruptions-)Straftaten vorgesehen; dazu *Prieß*, NZBau 2009, 587 (588 f.).
10 Gesetzesbegründung zu § 123 GWB, VergRModG 2016, BT-Drs. 18/6281, 102.
11 Gesetzesbegründung zu § 123 GWB, VergRModG 2016, BT-Drs. 18/6281, 102.
12 Gesetzesbegründung zu § 123 Abs. 4 GWB, VergRModG 2016, BT-Drs. 18/6281, 102.
13 Vgl. Gesetzesbegründung zu § 123 Abs. 1 GWB, VergRModG 2016, BT-Drs. 18/6281, 102.
14 Gesetzesbegründung zu § 123 Abs. 5 GWB, VergRModG 2016, BT-Drs. 18/6281, 104.
15 Gesetzesbegründung zu § 123 GWB, VergRModG 2016, BT-Drs.18/6281, 102.
16 Gesetzesbegründung zu § 123 GWB, VergRModG 2016, BT-Drs. 18/6281, 102; vgl. auch *Roth*, NZBau 2016, 672.

III. Vergleichbare Regelungen

Die **VOB/A** enthält in § 6e EU Abs. 1 und 4 VOB/A weiterhin zwingende Ausschlussgründe. Die Regelung entspricht § 123 GWB bis auf zwei Ausnahmen: In der VOB/A wird der Singular „öffentlicher Auftraggeber" und im GWB der Plural „öffentliche Auftraggeber" verwendet. Im Unterschied zu der Regelung in § 123 GWB wird in § 6e EU VOB/A nicht ausdrücklich auf eine Geldbuße verwiesen, diese aber in Abs. 2 in Bezug genommen. Da § 123 GWB auch für die Vergabe von Bauaufträgen gilt, dürfte die Regelung in § 6e EU VOB/A keinen eigenständigen Regelungsgehalt entfalten.[17] Die **VgV** regelt über § 57 VgV hinaus keine zwingenden Ausschlussgründe, enthält wohl aber – wie auch die VOB/A – z. B. Vorgaben zu den Belegen über das Nichtvorliegen von Ausschlussgründen (§ 48 VgV). § 42 Abs. 1 VgV legt ausdrücklich fest, dass der öffentliche Auftraggeber im Rahmen der Eignungsprüfung u.a. auch das Nichtvorliegen von Ausschlussgründen nach den §§ 123 und 124 GWB zu überprüfen hat. § 31 **UVgO** nimmt Ausschlussgründe nach §§ 123, 124 GWB – mit einigen Modifizierungen (vgl. § 31 Abs. 2 S. 4 und 5 UVgO) – in Bezug, so dass die Regelungen auch unterhalb der Schwellenwerte Anwendung finden. § 123 Abs. 1 Nr. 4 und 5 GWB findet gemäß § 31 Abs. 2 UVgO auch insoweit entsprechende Anwendung, soweit sich die Straftat gegen öffentliche Haushalte richtet. 11

B. Unternehmen

§ 123 GWB regelt zwingende Ausschlussgründe für **Unternehmen**. Erfasst sind Bewerber und Bieter im Vergabeverfahren. 12

§ 123 GWB gilt auch für **Bewerber-** und **Bietergemeinschaften**, die sich an Vergabeverfahren beteiligen. Das Vorliegen eines zwingenden Ausschlussgrundes bei einem Mitglied einer Bewerber- oder Bietergemeinschaft dürfte den Ausschluss des Angebotes der Bewerber- bzw. Bietergemeinschaft rechtfertigen. Schon nach der früheren Rechtsprechung führte die fehlende Zuverlässigkeit eines Mitglieds einer Bietergemeinschaft dazu, dass das Angebot der Bietergemeinschaft nicht gewertet werden konnte.[18] Der Verzicht auf den Begriff der Zuverlässigkeit und die Formulierung der Tatbestände als zwingende Ausschlussgründe im Zuge der Vergaberechtsnovelle 2016 rechtfertigen keine andere Bewertung. Aufgrund der gesamtschuldnerischen Haftung der Mitglieder einer Bietergemeinschaft und der Schwere der Verstöße, die zu einem zwingenden Ausschluss führen, führt das Vorliegen von Ausschlussgründen nach § 123 GWB bei einem Mitglied einer Bewerber- oder Bietergemeinschaft immer zum Ausschluss des Teilnahmeantrags einer Bewerber- bzw. des Angebots der Bietergemeinschaft. 13

Mit der Vergaberechtsnovelle 2016 ist zum ersten Mal ausdrücklich geregelt worden, dass Ausschlussgründe auch für Unternehmen, die ihre Eignung im Wege der **Eignungsleihe** einem Bewerber oder Bieter zur Verfügung stellen, geprüft werden müssen (§ 47 Abs. 2 VgV). Das Gleiche gilt für **Unterauftragnehmer**. Nach § 36 Abs. 5 VgV überprüft der öffentliche Auftraggeber vor Erteilung des Zuschlags, ob Gründe für den Ausschluss des Unterauftragnehmers vorliegen; dies umfasst neben der Eignung der Nachunternehmer die Ausschlussgründe nach §§ 123, 124 GWB.[19] 14

---

17 Vgl. auch Einführungserlass VOB/A, wonach die Ausschlussgründe des GWB nur zur Klarstellung in die VOB/A aufgenommen wurden.

18 OLG Düsseldorf, Beschluss v. 31.7.2007 – VII-Verg 25/07; *Hausmann/von Hoff*, in: Kulartz/Kus/Marx/Portz/Prieß, VgV, § 43 Rn. 29.

19 Verordnungsbegründung zu § 36 Abs. 5 VgV, VergRModVO, BR-Drs. 87/16, 189.

C. Ausschlussgründe (Abs. 1)

I. Straftat oder Geldbuße

15 Weder die RL 2014/24/EU noch das GWB stellen auf eine strafgerichtliche Verurteilung ab, sondern auf eine Verurteilung aufgrund einer **Straftat**.[20] Es kommt daher nicht darauf an, ob die Verurteilung durch ein Strafgericht im engeren Sinne erfolgt ist oder ob die Ordnungsbehörden tätig geworden sind. Aufgrund des Wortlautes „Verurteilung" und der strafrechtlichen Ausrichtung wird eine Feststellung in Urteilen der Zivil- oder Verwaltungsgerichtsbarkeit aber eher nicht in Betracht kommen.[21]

16 Nach dem ausdrücklichen Wortlaut des § 123 Abs. 1 GWB ist auch die rechtskräftige Festsetzung einer **Geldbuße** nach § 30 OWiG ausreichend, während die Richtlinie auf eine rechtskräftige Verurteilung abstellt. Es kann infrage gestellt werden, ob dies eine richtlinienkonforme Umsetzung darstellt.[22] Die Gesetzesbegründung hebt hervor, dass die RL 2014/24/EU nicht auf eine strafgerichtliche Verurteilung abstelle, sondern auf die Verurteilung aufgrund einer Straftat.[23] Die Aufnahme der Verurteilung nach § 30 OWiG in § 123 GWB wird daher als richtlinienkonform angesehen.[24]

17 Die Aufzählung der **Straftatbestände** in § 123 Abs. 1 GWB ist nach dem Wortlaut der Vorschrift abschließend. Ein zwingender Ausschluss ist nur bei den in § 123 Abs. 1 GWB ausdrücklich aufgeführten Straftatbeständen vorgesehen. Wegen eines in § 123 GWB nicht genannten, aus Sicht des öffentlichen Auftraggebers ähnlich gravierenden Fehlverhaltens darf ein Ausschluss nach § 123 GWB nicht erfolgen. Für ungeschriebene Eignungskriterien oder Ausschlusstatbestände, die zum Ausschluss des Bieters führen könnten, ist neben den normierten Ausschlusstatbeständen der §§ 123, 124 GWB kein Raum.[25] Die Ausschlusstatbestände des § 123 GWB sind einer Analogie nicht zugänglich.[26] Der Ausschluss kann bestimmte Fälle strafbewährter Wettbewerbsbeeinträchtigungen, wie in § 123 Abs. 1 Nr. 8 GWB, betreffen, nicht jedoch einen Verstoß gegen den Wettbewerbsgrundsatz des § 97 Abs. 1 S. 1 GWB als solchen.[27] Wegen anderer Verfehlungen kann ein Ausschlussgrund nach § 124 Abs. 1 Nr. 1 oder 3 GWB in Betracht kommen; bei Abweichungen von den Vorgaben der Vergabeunterlagen ein Ausschluss des Angebots nach § 57 Abs. 1 Nr. 4 VgV. Die Straftatbestände in § 123 Abs. 1 GWB können in solche, bei denen es allein auf die Begehung des jeweiligen Straftatbestandes ankommt (Nr. 1 bis 3 und Nr. 6 bis 10), und solche, bei denen es zusätzlich darauf ankommt, gegen wen sich die Straftat richtet (Nr. 4 und 5), unterteilt werden.[28] Gemeinsam ist den Katalogstraftatbeständen, dass sie insgesamt die Integrität des Bewerbers oder Bieters bezüglich der Auftragsausführung infrage stellen.[29] Ob das u.a. verfolgte Ziel der Terrorismusbekämpfung durch die Straftatbestände und durch ihre Aufnahme als Ausschlussgründe im Vergaberecht erreicht oder zumindest unterstützt werden kann, mag man bezweifeln. Straftatbestände wie § 298 StGB, der sich ausdrücklich auf wettbewerbsbeschränkende Absprachen bei Ausschreibungen bezieht und damit einen Verstoß gegen ein Grundprinzip des Vergaberechts sanktioniert, sucht man im Katalog des § 123 Abs. 1 GWB vergeblich.[30]

18 § 123 Abs. 1 Nr. 1 GWB erfasst die Bildung **krimineller Vereinigungen** und die Bildung **terroristischer Vereinigungen**, und krimineller oder terroristischer Vereinigungen im Ausland

20 Gesetzesbegründung zu § 123 GWB, VergRModG 2016, BT-Drs. 18/6281, 102.
21 *Schranner*, in: Ingenstau/Korbion, VOB, § 6 EG Rn. 19.
22 Ausdrücklich verneinend mit gewichtigen Argumenten *Opitz*, in: Burgi/Dreher, Vergaberecht, § 123 GWB Rn. 30.
23 Gesetzesbegründung zu § 123 GWB, VergRModG 2016, BT-Drs. 18/6281, 102.
24 Vgl. auch *Hausmann/von Hoff*, in: Röwekamp/Kus/Portz/Prieß, GWB-Vergaberecht, § 123 Rn. 23.
25 OLG Düsseldorf, Beschluss v. 14.10.2020 – VII-Verg 36/19.
26 *Otting*, VergabeR 2016, 316 (321).
27 OLG Düsseldorf, Beschluss v. 14.10.2020 – VII-Verg 36/19.
28 Vgl. *Hausmann/von Hoff*, in: Röwekamp/Kus/Portz/Prieß, GWB-Vergaberecht, § 123 Rn. 12.
29 *Braun*, in: Gabriel/Krohn/Neun, Handbuch Vergaberecht, § 16 Rn. 45 unter Berufung auf *Hölzl/Ritzenhof*, NZBau 2012, 28.
30 Vgl. aber § 124 Abs. 1 Nr. 3 und 4 GWB.

nach §§ 129, 129a und 129b StGB. Die Vorschriften erfassen historisch extreme politische Gruppierungen. Ihre Wurzeln haben sie im preußischen Landrecht von 1798. Daneben sind sie auch als Reaktion auf das Aktivwerden der RAF 1976 zu verstehen.[31] Der Tatbestand des § 129a StGB wurde 2003 hinsichtlich seines Straftatkatalogs erweitert und der Strafrahmen erhöht. § 129b StGB, der die Beteiligung an ausländischen Vereinigungen erfasst, entstand zwar in kurzem zeitlichem Abstand zu den Anschlägen vom 11. September 2001, allerdings im Rahmen der Umsetzung der Vorgaben des Europäischen Rats von 1998. Unter strafrechtlichen Gesichtspunkten ist die Norm problematisch, da sie unter anderem in einem Spannungsverhältnis zu den allgemeinen strafanwendungsrechtlichen Vorschriften gemäß §§ 3 ff. StGB steht und damit ihr Regelungsgehalt unklar ist.[32]

Der Ausschluss wegen einer Verurteilung wegen **Terrorismusfinanzierung** nach § 89c StGB in § 123 Abs. 1 Nr. 2 GWB wurde mit der Neuregelung durch das VergRModG 2016 als Ausschlussgrund im Vergaberecht verortet.[33] § 89c StGB wurde erst 2015 geschaffen.[34] 19

Die in § 123 Abs. 1 Nr. 3 GWB in Bezug genommene Regelung des § 261 StGB (**Geldwäsche**) ist in den vergangenen Jahren häufig verändert worden, ohne dass es zu einer nennenswerten Zahl von Verurteilungen gekommen ist.[35] Es gibt auf Basis unionsrechtlicher Vorgaben weitere Reformvorschläge.[36] 20

Die Regelungen zu **Bestechungen** in den §§ 299 und 333 StGB sind zuletzt 2015 durch das zweite Gesetz zur Bekämpfung der Korruption vom 20. November 2015 erheblich geändert worden.[37] Mit dem Gesetz wurden verschiedene von internationalen Organisationen erarbeitete Rechtsinstrumente, die insbesondere der Bekämpfung der grenzüberschreitenden und internationalen Korruption dienen, in das deutsche Strafrecht umgesetzt; zugleich wurden mehrere Korruptionstatbestände aus dem Nebenstrafrecht in das Strafgesetzbuch (StGB) überführt. Der Gesetzgeber führte dabei u.a. das sog. Geschäftsherrenmodell (§ 299 Abs. 1 Nr. 2 und Abs. 2 Nr. 2 StGB) ein, da die umzusetzenden EU-Rechtsinstrumente bei der Unrechtsvereinbarung auf eine Pflichtverletzung gegenüber dem Geschäftsherrn abstellen, während für die deutsche Vorschrift bis dahin maßgeblich war, ob eine unlautere Bevorzugung im Wettbewerb vorliegt. Der geänderte § 299 StGB fasst verschiedene Erscheinungsformen von Pflichtverletzungen zusammen und ergänzt das bis dahin in § 299 StGB verankerte Wettbewerbsmodell.[38] Auch wurden Europäische Amtsträger in die Straftatbestände der Vorteilsannahme und Vorteilsgewährung (§§ 331, 333 StGB) einbezogen. 21

II. Rechtskräftige Verurteilung oder rechtskräftige Festsetzung einer Geldbuße

Der Ausschluss nach § 123 Abs. 1 GWB setzt eine rechtskräftige **Verurteilung** voraus. Sie liegt vor, wenn die Entscheidung von den Verfahrensbeteiligten nicht mehr mit einem ordentlichen Rechtsmittel angefochten werden kann und im Prozess nicht mehr abänderbar ist. Erforderlich ist die sog. formelle Rechtskraft, die vorliegt, wenn die Rechtsmittelfrist verstrichen ist, ein gegebenenfalls eingelegtes Rechtsmittel verworfen oder zurückgenommen wurde oder ein Rechtsmittelverzicht erklärt wurde. 22

31 Ausführlich die Ausführungen im (insbesondere zur Unterdrückung der Opposition) Gesetzentwurf der Fraktion Die Grünen, StrÄndG, BT-Drs. 11/7139, zur Aufhebung der §§ 129, 129a StGB 1990.

32 Eingehend *Zöller*, StV 2012, 364.

33 Die Norm verlagert die Strafbarkeit in das Vorfeld möglicher terroristisch motivierter Kriminalität vor. Dies wird z.T. kritisiert, z. B. *Zöller*, StV 2012, 364 (371).

34 Gesetzentwurf der Fraktionen der CDU/CSU und SPD, GVVG-ÄndG, BT-Drs. 18/4087, 3 f.; bereits die VO (EG) 2580/2001 sah die Schaffung eines entsprechenden Straftatbestandes vor; siehe auch http://www.lto.de/recht/hintergruende/h/neues-anti-terror-gesetz-ausreise-strafbar-vorverlagerung/ (zuletzt abgerufen am 26.9.2022); zur Reichweite des Vermögensbegriffs: BGH, Urteil v. 11.4.2018 – 5 StR 595/17.

35 *Zöller*, StV 2012, 364 (372).

36 *Hiéramente*, jurisPR-StrafR 21/2020 Anm. 1; RL (EU) 2018/1673.

37 Zum Anwendungsbereich *Stein/Friton*, VergabeR 2010, 151 (152); informativ *Korte*, NStZ 1997, 513 ff.; *Frank-Fahle/Schuldt*, ZfBR 2018, 419 ff.

38 Zu den damit verbundenen Problemen siehe im Einzelnen *Grützner/Helms/Momsen*, ZIS 2018, 299 ff.

23 Ausreichende Grundlage für einen Ausschluss nach § 123 GWB ist auch ein nicht mehr anfechtbarer **Strafbefehl**. Ein Strafbefehl, gegen den kein oder kein rechtzeitiger Einspruch erhoben worden ist, steht gemäß § 410 Abs. 3 StPO einem rechtskräftigen Urteil gleich.[39] Angesichts dieser eindeutigen Rechtswirkung und der Tatsache, dass auch über den Strafbefehl ein unabhängiges Gericht entscheidet, kann ein Ausschluss gemäß § 123 GWB auch auf der Grundlage eines nach § 410 Abs. 3 StPO rechtskräftigen Strafbefehls erfolgen.[40]

24 Ohne eine Verurteilung wegen der genannten Straftaten kann ein Bewerber oder Bieter nicht von einem Vergabeverfahren ausgeschlossen werden. Insbesondere dann nicht, wenn zwar **strafrechtliche Ermittlungen** durchgeführt werden und/oder bereits Anklage erhoben wurde, ein rechtskräftiges Urteil aber noch nicht vorliegt.[41] Das Vorliegen der Straftat muss im rechtlichen Sinne feststehen.[42] Eine staatsanwaltliche Ermittlung, eine Anklageschrift, ein Eröffnungsbeschluss und auch eine erstinstanzliche (noch nicht rechtskräftige) Verurteilung sind in der Regel nicht ausreichend. Zu prüfen ist dann aber ein fakultativer Ausschlussgrund nach § 124 Abs. 1 Nr. 1 oder 3 GWB.

25 Ein Unternehmen kann gemäß § 123 GWB auch dann vom Vergabeverfahren ausgeschlossen werden, wenn gegen es eine **Geldbuße** gemäß § 30 OWiG festgesetzt worden ist.[43] Auch die Geldbuße muss rechtkräftig festgesetzt worden sein. Davon ist ordnungsrechtlich auszugehen, wenn die Geldbuße mit einem Rechtsbehelf nicht mehr angefochten werden kann.[44]

III. Kenntnis des öffentlichen Auftraggebers

26 Ein Ausschluss erfordert Kenntnis des öffentlichen Auftraggebers von einer dem Unternehmen zurechenbaren rechtskräftigen Verurteilung oder der rechtskräftigen Festsetzung einer Geldbuße nach § 30 OWiG. Der öffentliche Auftraggeber muss **positive Kenntnis** von dem Ausschlussgrund haben; ein bloßer Verdacht ist nicht ausreichend.[45] Zukünftig wird der öffentliche Auftraggeber Kenntnis von zwingenden Ausschlussgründen regelmäßig durch die obligatorische Abfrage des sog. Wettbewerbsregisters erlangen (§ 6 WRegG).

27 Art. 57 Abs. 1 RL 2014/24/EU stellt auf eine Feststellung durch eine **Überprüfung** gemäß Art. 59, 60 und 61 RL 2014/24/EU ab – also die Überprüfung anhand der Einheitlichen Europäischen Eigenerklärung, der Nachweise (Eigenerklärungen und Belege) für das Nichtvorliegen von Ausschlussgründen und der Überprüfung im Online-Dokumentenarchiv eCertis.

28 Nach § 48 Abs. 1 VgV ist in der Auftragsbekanntmachung oder der Aufforderung zur Interessenbestätigung anzugeben, mit welchen **Unterlagen** (Eigenerklärungen, Angaben, Bescheinigungen und sonstigen Nachweisen) Bewerber oder Bieter ihre Eignung gemäß den §§ 43 bis 47 VgV und das Nichtvorliegen von Ausschlussgründen zu belegen haben. Diese Regelung ist Ausfluss des vergaberechtlichen Transparenzgebotes gemäß § 97 Abs. 1 GWB.[46] Nach § 48 Abs. 2 VgV sind grundsätzlich Eigenerklärungen zu fordern. Gemäß § 48 Abs. 3 VgV akzeptiert der öffentliche Auftraggeber u.a. als Beleg für das Nichtvorliegen von Ausschlussgründen die Vorlage einer Einheitlichen Europäischen Eigenerklärung gemäß § 50 VgV. In § 48 Abs. 4 und 5 VgV sind Belege für das Nichtvorliegen von Ausschlussgründen benannt. Die Prüfung durch den öffentlichen Auftraggeber erfolgt also zunächst anhand der Einheitlichen Europäischen Eigenerklärung und anhand von weiteren Eigenerklärungen.[47] Dabei darf der öffentliche Auftraggeber zugrunde legen, dass Angaben in den Eigenerklärungen wahrheitsgemäß

39 *Wagner-Cardenal*, in: Dieckmann/Scharf/Wagner-Cardenal, VOL/A, § 6 EG Rn. 32.
40 So auch *Hausmann/von Hoff*, in: Röwekamp/Kus/Portz/Prieß, GWB-Vergaberecht, § 123 Rn. 22.
41 *Stolz*, in: Ziekow/Völlink, Vergaberecht, § 123 GWB Rn. 6.
42 OLG Düsseldorf, Beschluss v. 17.1.2018 – VII-Verg 39/17.
43 Zur Richtlinienkonformität Rn. 16.
44 Näher *Hausmann/von Hoff*, in: Röwekamp/Kus/Portz/Prieß, GWB-Vergaberecht, § 123 Rn. 25.
45 *Stolz*, in: Ziekow/Völlink, Vergaberecht, § 123 GWB Rn. 5.
46 VK Niedersachsen, Beschluss v. 18.5.2020 – VgK-06/2020.
47 Der Nachweis des Nichtvorliegens von Ausschlussgründen nach den §§ 123 oder 124 GWB kann ganz oder teilweise durch die Teilnahme an Präqualifizierungssystemen erbracht werden, so VK Sachsen, Beschluss v. 1.3.2017 – 1/SVK/037-16.

erfolgt sind, wenn er keine Anhaltspunkte für das Gegenteil hat.[48] Bei Bietern, die in die engere Wahl kommen, verlangt der öffentliche Auftraggeber die entsprechenden Belege. Der öffentliche Auftraggeber muss sich nicht darauf verweisen lassen, dass Eigenerklärungen ausreichend sind.[49] Für das Nichtvorliegen von Ausschlussgründen nach § 123 Abs. 1 bis 3 GWB nennt § 48 Abs. 4 VgV Auszüge aus einem einschlägigen Register, insbesondere ein Führungszeugnis aus dem Bundeszentralregister oder, in Ermangelung eines solchen, eine gleichwertige Bescheinigung einer zuständigen Gerichts- oder Verwaltungsbehörde des Herkunftslands oder des Niederlassungsstaats des Bewerbers oder Bieters.[50] Ein einschlägiges Register ist auch das Wettbewerbsregister.[51] Ergibt sich daraus das Vorliegen von Ausschlussgründen, muss der öffentliche Auftraggeber die in § 123 Abs. 1 GWB vorgesehenen Konsequenzen ziehen und das betreffende Unternehmen vom Vergabeverfahren ausschließen.

Dies gilt auch, wenn der öffentliche Auftraggeber **auf anderem Wege** – zum Beispiel durch Einholung eigener Auskünfte[52] bei Vorliegen entsprechender Anhaltspunkte – Kenntnis über das Vorliegen von Ausschlussgründen im Sinne des § 123 GWB erhält. Im Übrigen gelten folgende Grundsätze: 29

Ob der öffentliche Auftraggeber verpflichtet ist, eigene **Nachforschungen** anzustellen, ergibt sich aus der Norm nicht. Umfassende Nachforschungspflichten des öffentlichen Auftraggebers stünden im Widerspruch zu dem Interesse aller Beteiligten an einem zügigen und einfachen Beschaffungsvorgang.[53] Grundsätzlich gibt es also keine Verpflichtung des öffentlichen Auftraggebers selbst zu ermitteln.[54] Eine Nachforschungspflicht kann sich aus spezialgesetzlichen Informations- und Abfragepflichten für öffentliche Auftraggeber ergeben (z. B. Korruptionsregistergesetze einzelner Bundesländer). Bei Anhaltspunkten für das Vorliegen einer Katalogstraftat sind öffentliche Auftraggeber verpflichtet, diesen nachzugehen.[55] Mit Geltung des WRegG werden sie verpflichtet, sich ab einem geschätzten Auftragswert von 30.000 Euro durch Einsichtnahme in das Wettbewerbsregister vor Zuschlagserteilung Kenntnis über bestimmte Ausschlussgründe zu verschaffen (§ 6 WRegG). Ausgenommen von der Abfragepflicht sind gemäß § 6 Abs. 1 S. 3 WRegG solche Sachverhalte, für die das Vergaberecht Ausnahmen von der Anwendbarkeit des Vergaberechts vorsieht, zum Beispiel bei Inhouse-Vergaben. § 6 Abs. 2 WRegG ermöglicht es Auftraggebern, Eintragungen auch dann abzufragen, wenn der geschätzte Auftragswert unterhalb der Wertgrenze liegt oder es sich um ein zweistufiges Vergabeverfahren handelt. 30

Öffentliche Auftraggeber dürfen sich Anhaltspunkten für eine rechtskräftige Verurteilung von verantwortlichen Personen wegen einer der Katalogtaten **nicht verschließen**. Hat der öffentliche Auftraggeber Kenntnis über ein Ermittlungsverfahren wegen einer Katalogstraftat, muss er vor Zuschlagserteilung z. B. bei der Staatsanwaltschaft Erkundigungen über den Stand des Verfahrens einholen, um auszuschließen, dass er den Zuschlag trotz Verurteilung erteilt. Das bedeutet auch, dass der öffentliche Auftraggeber gegebenenfalls eine bereits abgeschlossene Prüfung der Ausschlussgründe wiederholen muss, wenn er von entsprechenden Sachverhalten Kenntnis erhält.[56] Sofern sich der öffentliche Auftraggeber bewusst vorliegenden Informationen verschließt und einer im Einzelfall bestehenden Aufklärungspflicht nicht 31

48 OLG Düsseldorf, Beschluss v. 2.12.2009 – VII-Verg 39/09.
49 VK Nordbayern, Beschluss v. 15.11.2019 – RMF-SG 21-3194-4-50.
50 Nach der Verordnungsbegründung ist der öffentliche Auftraggeber allerdings nicht verpflichtet, als Beleg für das Nichtvorliegen von Ausschlussgründen in jedem Fall einen der in § 48 Abs. 4 bis 6 VgV vorgesehenen Nachweise – insbesondere die Vorlage eines Führungszeugnisses aus dem Bundeszentralregister – zu fordern.
51 Straftatbestände nach § 123 GWB sind nach § 149 GewO hingegen nicht Gegenstand einer Eintragung in das Gewerbezentralregister.
52 Von dieser Möglichkeit geht auch *Opitz*, in: Burgi/Dreher, Vergaberecht, § 123 GWB Rn. 32, aus.
53 *Hausmann/von Hoff*, in: Röwekamp/Kus/Portz/Prieß, GWB-Vergaberecht, § 123 Rn. 56.
54 OLG Düsseldorf, Beschluss v. 2.12.2009 – VII 39/09.
55 OLG Düsseldorf, Beschluss v. 14.11.2018 – VII-Verg 31/18; *Hausmann/von Hoff*, in: Röwekamp/Kus/Portz/Prieß, GWB-Vergaberecht, § 123 Rn. 53.
56 OLG Düsseldorf, Beschluss v. 14.11.2018 – VII-Verg 31/18.

nachkommt, kann das „Kennenmüssen" für einen Verstoß gegen § 123 Abs. 1 GWB genügen.[57]

32 Hat der öffentliche Auftraggeber **keinen Anhaltspunkt** dafür, dass die Angaben des Bewerbers oder Bieters nicht wahrheitsgemäß erfolgt sind, kann er die entsprechenden Erklärungen und Unterlagen über das Nichtvorliegen von Ausschlussgründen im Vergabeverfahren zugrunde legen. Stellt sich heraus, dass der Bewerber oder Bieter wahrheitswidrige oder irreführende Informationen übermittelt hat, kommt ein Ausschluss des entsprechenden Bewerbers oder Bieters nach § 124 Abs. 1 Nr. 9 lit. c GWB in Betracht.

IV. Zwingender Ausschluss

33 Nach § 123 Abs. 1 GWB ist das Unternehmen zu jedem Zeitpunkt des Vergabeverfahrens von der Teilnahme an einem Vergabeverfahren[58] auszuschließen – also nicht nur dann, wenn der öffentliche Auftraggeber zum Zeitpunkt der Prüfung des Angebots oder Teilnahmeantrags des Unternehmens Kenntnis von dem Vorliegen eines zwingenden Ausschlussgrundes hat, sondern auch noch dann, wenn der öffentliche Auftraggeber erst in einem späteren Stadium des Vergabeverfahrens davon Kenntnis erlangt. Dasselbe gilt, wenn die rechtskräftige Verurteilung einer Person, deren Verhalten dem Unternehmen nach § 123 Abs. 3 GWB zuzurechnen ist, erst im Laufe des Vergabeverfahrens erfolgt.[59] Ausschlussgründe können daher in jedem Stadium des Vergabeverfahrens erkannt und angewandt werden, d.h. auch dann noch, wenn die Prüfung der Teilnahmeanträge oder Angebote an sich schon abgeschlossen war, aber der Zuschlag noch nicht erteilt wurde. Der letztmögliche Zeitpunkt für den Ausschluss eines Unternehmens von einem Vergabeverfahren ist derjenige unmittelbar vor Erteilung des Zuschlags oder im Falle eines Nachprüfungsverfahrens das Ende der mündlichen Verhandlung.[60]

34 Der Ausschluss ist **zwingend**. Dem öffentlichen Auftraggeber steht bei Vorliegen eines zwingenden Ausschlussgrundes kein Ermessen bei der Entscheidung zu, ob das Unternehmen ausgeschlossen wird. Es erfolgt keine Ermessensentscheidung des öffentlichen Auftraggebers.[61]

35 Nur in **Ausnahmefällen** haben öffentliche Auftraggeber trotz des Vorliegens eines zwingenden Ausschlussgrundes die Möglichkeit oder sogar die Verpflichtung, von einem Ausschluss des Unternehmens abzusehen.[62] Zum einen kann nach § 123 Abs. 5 GWB bei zwingenden Gründen des öffentlichen Interesses von einem Ausschluss abgesehen werden. Zum anderen ist ein Ausschluss dann nicht zulässig, wenn das Unternehmen eine erfolgreiche Selbstreinigung nach § 125 GWB oder § 123 Abs. 4 S. 2 GWB durchgeführt hat.

36 Nach § 133 Abs. 1 Nr. 2 GWB besteht, wenn zum Zeitpunkt der Zuschlagserteilung ein zwingender Ausschlussgrund nach § 133 Abs. 1 bis 4 GWB vorlag, ein **Kündigungsgrund**. Für die Kündigungsmöglichkeit ist es nicht erforderlich, dass der öffentliche Auftraggeber zum Zeitpunkt der Zuschlagserteilung Kenntnis vom Vorliegen des zwingenden Ausschlussgrundes erlangt hat.[63] Die Möglichkeit zur Kündigung ist auch gegeben, wenn ein zwingender Ausschlussgrund nach § 123 Abs. 1 bis 4 GWB zum Zeitpunkt der Zuschlagserteilung vorlag, der öffentliche Auftraggeber davon jedoch erst zu einem späteren Zeitpunkt Kenntnis erlangt

57 Zu § 6 EG Abs. 4 VOL/A: VK Niedersachsen, Beschluss v. 18.12.2015 – VgK-45/2015.

58 Davon, dass ein Unternehmen von *„der Teilnahme an einem Vergabeverfahren"* auszuschließen ist, spricht auch die Gesetzesbegründung (zu § 123 GWB, VergRModG 2016, BT-Drs. 18/6281, 102) und dies zu Recht, obwohl streng genommen in § 123 Abs. 1 GWB – anders als in § 123 Abs. 4 und in § 124 Abs. 1 GWB – der Zusatz *„an einem Vergabeverfahren"* hinter *„Ausschluss"* fehlt; dabei dürfte es sich um ein Redaktionsversehen handeln.

59 Gesetzesbegründung zu § 123 Abs. 1 GWB, VergRModG 2016, BT-Drs. 18/6281, 102.

60 OLG München, Beschluss v. 22.11.2012 – Verg 22/12, NZBau 2013, 261 (262).

61 Gesetzesbegründung zu § 123 GWB, VergRModG 2016, BT-Drs. 18/6281, 102; *Ulshöfer*, VergabeR 2016, 327 (329).

62 Gesetzesbegründung zu § 123 GWB, VergRModG 2016, BT-Drs. 18/6281, 102.

63 Gesetzesbegründung zu § 133 Abs. 1 Nr. 2 GWB, VergRModG 2016, BT-Drs. 18/6281, 121.

hat.[64] Das Vorliegen eines der in § 123 Abs. 1 bis 4 GWB genannten Ausschlussgründe ermöglicht also auch im Nachhinein eine Vertragsbeendigung.[65]

Die Straftatbestände können als Ausschlussgründe allerdings nur in dem in § 126 GWB ge- 37
nannten **Zeitraum** (fünf Jahre ab dem Tag der rechtskräftigen Verurteilung) herangezogen werden und das auch nur insoweit das Unternehmen, bei dem ein Ausschlussgrund vorliegt, keine oder keine hinreichenden Selbstreinigungsmaßnahmen nach § 125 GWB ergriffen hat. Für die Berücksichtigung von Selbstreinigungsmaßnahmen kann der öffentliche Auftraggeber auf das mit dem WRegG eingeführte Wettbewerbsregister zurückgreifen.

D. Verurteilung nach vergleichbaren Vorschriften anderer Staaten (Abs. 2)

§ 123 Abs. 2 GWB greift den Regelungsgehalt der bis zur GWB-Novelle geltenden Regelun- 38
gen in § 6 EG Abs. 4 S. 2 VOL/A und § 4 Abs. 6 S. 2 VOF sowie § 6 EG Abs. 4 S. 2, § 6 VS Abs. 4 S. 2 VOB/A 2012 und § 21 Abs. 1 S. 2 SektVO auf.[66] Die Regelung erfasst die Verurteilung in anderen Staaten, sofern diese inhaltlich einer Verurteilung nach den in § 123 Abs. 1 GWB (Art. 57 Abs. 1 RL 2014/24/EU) genannten Tatbeständen entsprechen.[67]

Die Formulierung ist weder in der Richtlinie noch im GWB auf Verurteilungen in Mitgliedstaa- 39
ten der **Europäischen Union** begrenzt.

§ 123 Abs. 2 GWB erfasst auch Verurteilungen in anderen Staaten, die naturgemäß nicht auf 40
der Grundlage deutscher Strafnormen erfolgen können, sofern diese inhaltlich Verurteilungen nach den in Art. 57 Abs. 1 RL 2014/24/EU genannten Tatbeständen entsprechen.[68] Fehlen den ausländischen Strafnormen, auf die eine Verurteilung gestützt worden ist, bestimmte Tatbestandsmerkmale der Norm, so ist ein Ausschluss nicht zulässig.[69] Eine **inhaltliche Entsprechung** fehlt auch dann, wenn die Verurteilung mit wesentlichen Grundsätzen des deutschen Rechts (Grundrechte, Rechtsstaatsprinzip) unvereinbar ist[70] oder das ausländische Urteil rechtsstaatlichen Anforderungen nicht genügt.

E. Zurechnung (Abs. 3)

§ 123 Abs. 3 GWB regelt, wann das Verhalten einer wegen einer Straftat verurteilten natürli- 41
chen Person einem Unternehmen zugerechnet werden kann.[71] Die Vorschrift setzt damit Art. 57 Abs. 1 UAbs. 2 RL 2014/24/EU um.

§ 123 Abs. 1 GWB erfasst neben Verurteilungen auch den Fall, dass gegen das **Unternehmen** 42
selbst eine Geldbuße nach § 30 OWiG festgesetzt worden ist. Diese auf § 30 Abs. 1 OWiG Bezug nehmende Regelung war so in den früheren Regelungen in § 6 EG Abs. 4 VOL/A, § 4 Abs. 6 VOF und § 6 EG Abs. 4 sowie § 6 VS Abs. 4 VOB/A nicht enthalten. Damit findet anders als im Rahmen dieser bisherigen Regelungen ein Ausschluss nach § 123 GWB ausdrücklich auch bei Festsetzung einer Geldbuße gegen das Unternehmen statt. Nach § 30 OWiG ist Voraussetzung für die Festsetzung einer Geldbuße gegen das Unternehmen, dass Pflichten des Unternehmens verletzt worden sind oder das Unternehmen bereichert worden ist bzw. werden sollte.

Straftaten **natürlicher Personen** sind relevant, wenn ihr Verhalten dem Wirtschaftsteilneh- 43
mer nach § 123 Abs. 3 GWB zuzurechnen ist. Nach § 123 Abs. 3 GWB ist eine rechtskräftige Verurteilung einer Person einem Unternehmen zuzurechnen, wenn diese Person als für die Leitung des Unternehmens Verantwortlicher gehandelt hat. Dazu gehört nach § 123 Abs. 3

64 Gesetzesbegründung zu § 133 Abs. 1 Nr. 2 GWB, VergRModG 2016, BT-Drs. 18/6281, 121.
65 Gesetzesbegründung zu § 133 Abs. 1 Nr. 2 GWB, VergRModG 2016, BT-Drs. 18/6281, 121.
66 Gesetzesbegründung zu § 123 Abs. 2 GWB, VergRModG 2016, BT-Drs. 18/6281, 103.
67 Gesetzesbegründung zu § 123 Abs. 2 GWB, VergRModG 2016, BT-Drs. 18/6281, 103.
68 Gesetzesbegründung zu § 123 Abs. 2 GWB, VergRModG 2016, BT-Drs. 18/6281, 103.
69 *Müller-Wrede*, in: Müller-Wrede, VOL/A, § 6 EG Rn. 33.
70 Gesetzesbegründung zu § 123 Abs. 2 GWB, VergRModG 2016, BT-Drs. 18/6281, 103.
71 Gesetzesbegründung zu § 123 Abs. 3 GWB, VergRModG 2016, BT-Drs. 18/6281, 103.

Hs. 2 GWB auch die Überwachung der Geschäftsführung oder die sonstige Ausübung von Kontrollbefugnissen in leitender Stellung. Diese Formulierung erfolgt in Anlehnung an § 30 Abs. 1 Nr. 5 OWiG.[72] Die in § 30 Abs. 1 Nr. 1 bis 4 OWiG genannten Personen stellen nach der Gesetzesbegründung[73] insoweit Unterfälle dar, deren Verhalten dem Unternehmen zugerechnet wird. Zu den für die Leitung des Unternehmens verantwortlich handelnden Personen zählt nach § 30 Abs. 1 OWiG insbesondere, wer vertretungsberechtigtes Organ einer juristischen Person oder Mitglied eines solchen Organs, Vorstand eines nichtrechtsfähigen Vereins oder Mitglied eines solchen Vorstands, vertretungsberechtigter Gesellschafter einer rechtsfähigen Personengesellschaft oder Generalbevollmächtigter ist oder wer in leitender Stellung Prokurist, Handlungsbevollmächtigter einer juristischen Person, eines nichtrechtsfähigen Vereins bzw. einer rechtsfähigen Personengesellschaft ist.[74] Zu dem erfassten Personenkreis gehören auch solche, die die Geschäftsführung überwachen oder die Kontrollbefugnisse in leitender Stellung ausüben. Bei richtlinienkonformer Auslegung[75] findet eine Zurechnung nur für solche Personen statt, die gegenwärtig in **leitender Stellung** für das Unternehmen tätig sind; das Fehlverhalten etwa einer früheren Inhaberin des Unternehmens kann diesem daher nicht zugerechnet werden.[76] Eine Zurechnung von Aufsichts- oder Organisationsverschulden einer für das Unternehmen verantwortlich handelnden Person hinsichtlich einer anderen – für das Unternehmen nicht verantwortlich handelnden – Person findet für einen Ausschluss nach § 123 GWB nicht statt.[77] Anders als früher § 6 EG Abs. 4 S. 3 VOL/A enthält § 123 GWB keine Regelung für eine entsprechende Zurechnung gemäß § 130 OWiG. Über § 123 Abs. 3 GWB wird dem Unternehmen zwar das Verhalten einer Person zugerechnet, sofern es um die sonstige Ausübung von Kontrollbefugnissen in leitender Stellung durch die rechtskräftig verurteilte Person geht. Dieser Zurechnungsmaßstab ermöglicht jedoch nur die Zurechnung des Verhaltens dieser Person im Verhältnis zum Unternehmen; sie wirkt dagegen nicht – wie für § 130 OWiG erforderlich – strafbegründend für eine Person, die eine andere, rechtskräftig verurteilte Person nicht ordnungsgemäß überwacht hat.[78]

44 Die Formulierung in Art. 57 Abs. 1 UAbs. 2 RL 2014/24/EU, nach der ein Ausschluss auch dann Anwendung findet, wenn die verurteilte Person Mitglied im **Verwaltungs-**, **Leitungs-** oder **Aufsichtsgremium** des Wirtschaftsteilnehmers ist oder *darin* Vertretungs-, Entscheidungs- oder Kontrollbefugnisse hat, bezieht sich nach Auffassung des deutschen Gesetzgebers auf Vertretungs-, Entscheidungs- oder Kontrollbefugnisse im Unternehmen insgesamt und nicht nur eingeschränkt auf das Verwaltungs-, Leitungs- oder Aufsichtsgremium dieses Unternehmens.[79] Die Begründung weist insoweit darauf hin, dass die Regelung ansonsten weitgehend leer laufen würde und insbesondere den Fall des Prokuristen nicht erfasst, der eventuell nur für einen Teil der wirtschaftlichen Tätigkeit eines Unternehmens Prokura besitzt und nicht Mitglied eines Verwaltungs-, Leitungs- oder Aufsichtsgremiums des Unternehmens ist.[80] Auch Straftaten eines solchen Prokuristen sollten aber dem Unternehmen, für das der Prokurist tätig ist, zugerechnet werden.[81]

45 Im Einzelfall kann auch das Handeln einer **verbundenen Gesellschaft** einem Unternehmen zugerechnet werden. Dies hat die VK Niedersachsen für den Fall angenommen, dass die verbundenen Gesellschaften beide auf dem Markt tätig sind, auf dem die Verfehlungen began-

---

72 Gesetzesbegründung zu § 123 Abs. 3 GWB, VergRModG 2016, BT-Drs. 18/6281, 103.

73 Gesetzesbegründung zu § 123 Abs. 3 GWB, VergRModG 2016, BT-Drs. 18/6281, 103.

74 VK Bund, Beschluss v. 12.10.2020 – VK 2-77/20: Dieser Nachweis durch die Kartellbehörde kann auch anhand unterschiedlicher natürlicher Personen geführt werden und eine Geldbuße kann gegen das nebenbetroffene Unternehmen selbst dann verhängt werden, wenn überhaupt kein Verfahren gegen die natürliche Person eröffnet, dieses eingestellt oder von Strafe abgesehen wird (§ 30 Abs. 4 S. 1 OWiG).

75 Vgl. Art. 57 Abs. 1 S. 2 RL 2014/24/EU.

76 Vgl. VK Sachsen, Beschluss v. 27.3.2019 – 2 VK LSA 23/18; so auch *Opitz*, in: Burgi/Dreher, Vergaberecht, § 123 GWB Rn. 40.

77 So auch *Hausmann/von Hoff*, in: Röwekamp/Kus/Portz/Prieß, GWB-Vergaberecht, § 123 Rn. 41 f. m.w.N.

78 Wie hier *Hausmann/von Hoff*, in: Röwekamp/Kus/Portz/Prieß, GWB-Vergaberecht, § 123 Rn. 42 sowie *Opitz*, in: Burgi/Dreher, Vergaberecht, § 123 GWB Rn. 42.

79 Gesetzesbegründung zu § 123 Abs. 3 GWB, VergRModG 2016, BT-Drs. 18/6281, 103.

80 Gesetzesbegründung zu § 123 Abs. 3 GWB, VergRModG 2016, BT-Drs. 18/6281, 103.

81 Gesetzesbegründung zu § 123 Abs. 3 GWB, VergRModG 2016, BT-Drs. 18/6281, 103.

gen wurden, und eine Personenidentität bei verantwortlichen Personen sowie eine gesellschaftsrechtliche Beherrschung vorlag.[82]

Ein Ausschluss kann nur aufgrund von solchen Straftaten erfolgen, die einen **Unternehmensbezug** aufweisen. Eine ausschließlich im privaten Zusammenhang stehende Straftat eines Mitarbeiters, die keinen Bezug zur wirtschaftlichen Tätigkeit des Unternehmens aufweist, kann keinen Ausschlussgrund nach § 123 GWB darstellen.[83] Eine solche Beschränkung ergibt sich zwar weder aus dem Wortlaut von § 123 GWB noch ausdrücklich aus Art. 57 RL 2014/24/EU. Straftaten natürlicher Personen können einem Unternehmen dennoch nur dann zugerechnet werden, wenn die Person für das Unternehmen handelt.[84] § 123 GWB stellt auf den Zeitpunkt der Begehung der zuzurechnenden Tat ab, während Art. 57 RL 2014/24/EU den Zeitpunkt des Vergabeverfahrens im Blick hat. Ist die Person, die rechtskräftig verurteilt wurde, nicht mehr in einer Leitungsposition tätig, kann dies zu einer Unterbrechung der Zurechnung führen.[85] 46

F. Steuern, Abgaben oder Beiträge zur Sozialversicherung (Abs. 4)

I. Verpflichtung zur Zahlung von Steuern, Abgaben und Beiträgen zur Sozialversicherung (S. 1 Nr. 1)

Öffentliche Auftraggeber schließen nach § 123 Abs. 4 S. 1 Nr. 1 GWB ein Unternehmen zu jedem Zeitpunkt des Vergabeverfahrens von der Teilnahme an einem Vergabeverfahren aus, wenn das Unternehmen seinen Verpflichtungen zur Zahlung von Steuern, Abgaben oder Beiträgen zur Sozialversicherung nicht nachgekommen ist und dies durch eine rechtskräftige Gerichts- oder bestandskräftige Verwaltungsentscheidung festgestellt wurde. 47

Für das Vorliegen des Ausschlussgrundes nach § 123 Abs. 4 S. 1 GWB trägt der öffentliche Auftraggeber die **Darlegungs-** und **Beweislast**,[86] d.h. er muss die Nichterfüllung von Zahlungsverpflichtungen nach § 123 Abs. 4 S. 1 Nr. 1 GWB nachweisen. Voraussetzung ist in allen Fällen die Feststellung der Nichterfüllung der in Rede stehenden Zahlungsverpflichtungen durch eine rechtskräftige Gerichtsentscheidung oder eine bestandskräftige Verwaltungsentscheidung (Nr. 1) oder ein anderweitiger „Nachweis" einer entsprechenden Pflichtverletzung (Nr. 2). 48

Die Formulierung der Nichterfüllung von Pflichten zur Zahlung von Steuern und Sozialversicherungsbeiträgen als zwingender Ausschlussgrund ist der Vorgabe in Art. 57 RL 2014/24/EU geschuldet. Vor **Einführung des § 123 GWB** führten Verstöße gegen die Verpflichtung zur Zahlung von Steuern und Abgaben sowie der Beiträge zur gesetzlichen Sozialversicherung zu einem fakultativen Ausschlussgrund (§ 6 EG Abs. 6 lit. d VOL/A, § 4 Abs. 9 lit. d VOF, § 6 EG Abs. 3 Nr. 2 S. 1 lit. h und § 6 VS Abs. 3 Nr. 2 S. 1lit. h VOB/A sowie § 21 Abs. 4 SektVO). Nur der Verstoß gegen § 370 AO i.V.m. § 12 MOG und der Direktzahlungen, soweit sich die Straftat gegen den Haushalt der Europäischen Union oder gegen Haushalte richtete, die von der Europäischen Union oder in ihrem Auftrag verwaltet werden, stellte schon vor der Vergaberechtsreform 2016 einen zwingenden Ausschlussgrund dar. Dieser ist in § 123 Abs. 4 GWB aufgegangen. 49

Der Ausschlusstatbestand stellt auf eine **Verletzung** der Verpflichtung zur Zahlung von Steuern, Abgaben und Beiträgen zur gesetzlichen Sozialversicherung ab. Verurteilungen wegen Steuerhinterziehung nach § 370 AO und wegen Vorenthaltung und Veruntreuung von Sozialversicherungsbeiträgen nach § 266a StGB sind hiervon erfasst.[87] 50

82 VK Niedersachsen, Beschluss v. 24.3.2011 – VgK 4/2011.
83 Gesetzesbegründung zu § 123 Abs. 3 GWB, VergRModG 2016, BT-Drs. 18/6281, 103.
84 Abstellend auf den Verhältnismäßigkeitsgrundsatz *Hausmann/von Hoff*, in: Röwekamp/Kus/Portz/Prieß, GWB-Vergaberecht, § 123 Rn. 39.
85 Im Einzelnen: *Ohrtmann*, in: Byok/Jaeger, Vergaberecht, § 123 GWB Rn. 25.
86 *Opitz*, in: Burgi/Dreher, Vergaberecht, § 123 GWB Rn. 50.
87 Gesetzesbegründung zu § 123 Abs. 4 GWB, VergRModG 2016, BT-Drs. 18/6281, 104.

51 **Steuern** sind nach der Definition in § 3 Abs. 1 AO Geldleistungen, die nicht eine Gegenleistung für eine besondere Leistung darstellen und von einem öffentlich-rechtlichen Gemeinwesen zur Erzielung von Einnahmen allen auferlegt werden, bei denen der Tatbestand zutrifft, an den das Gesetz die Leistungspflicht knüpft; die Erzielung von Einnahmen kann Nebenzweck sein.

52 Zur **gesetzlichen Sozialversicherung** gehören die Rentenversicherung, die Pflegeversicherung, die Krankenversicherung, die Arbeitslosenversicherung sowie die Unfallversicherung. Kennzeichnend ist das Bestehen einer Versicherungspflicht. Rechtsgrundlage sind die verschiedenen Bücher des SGB.[88]

53 **Abgaben** ist ein Oberbegriff, der sowohl Steuern als auch Beiträge erfasst. Die Nichtleistung anderer Abgaben an den Staat als Steuern und Sozialversicherungsbeiträge wie zum Beispiel von Kommunalabgaben (Gebühren oder Beiträgen), Bußgeldern, Geldstrafen oder Zwangsgeldern ist von § 123 Abs. 4 GWB nicht erfasst. Soweit in § 123 Abs. 4 GWB von Abgaben die Rede ist, bezieht sich dies ebenso wie Beiträge auf die gesetzliche Sozialversicherung. Das ergibt sich aus einer europarechtskonformen Auslegung der Regelung: Art. 57 Abs. 2 RL 2014/24/EU und Erwägungsgrund 100 RL 2014/24/EU beziehen sich allein auf die Nichtzahlung von Steuern und Sozialversicherungsbeiträgen.

54 Ein **Nichtnachkommen** liegt vor, wenn der Bewerber oder Bieter Steuern oder Beiträge trotz Fälligkeit nicht gezahlt hat und die Forderung noch offen ist. Lag ein Verstoß nur in der Vergangenheit vor und wurde die Steuer- oder Beitragsschuld bis zum Ablauf der Angebotsfrist beglichen, ist der Tatbestand des § 123 Abs. 4 GWB nicht erfüllt.[89] Dies ergibt sich ergänzend aus § 123 Abs. 4 S. 2 GWB.[90]

55 § 123 Abs. 4 GWB ist gegenüber **§ 124 Abs. 1 Nr. 1 GWB**, der einen Verstoß gegen sozial- oder arbeitsrechtliche Vorschriften als fakultativen Ausschlussgrund erfasst, im Hinblick auf die Zahlung von Sozialversicherungsbeiträgen spezieller.

56 Die nicht erfüllte Verpflichtung muss **Steuer-** oder **Sozialversicherungsschuld** des Unternehmens sein. Einkommenssteuerhinterziehungen einzelner Mitarbeiter oder auch Verantwortlicher eines Unternehmens im privaten Bereich dürften nicht relevant sein.[91] Abgrenzungsfragen können sich bei freiberuflich Tätigen ergeben.

II. Feststellung durch rechtskräftige Gerichts- oder bestandskräftige Verwaltungsentscheidung (S. 1 Nr. 1)

57 Eine **Feststellung** durch rechtskräftige Gerichts- oder bestandskräftige Verwaltungsentscheidung liegt in einem Gerichtsurteil oder einem Verwaltungsakt, die nicht mehr angegriffen werden können. Die Feststellung kann auch inzident erfolgt sein.[92]

58 Ein bestandskräftiger Bescheid der Finanzbehörde, ein Urteil des Finanzgerichts oder eine Verurteilung nach § 370 AO stellen fest, dass die Verpflichtung zur Zahlung von **Steuern** nicht ordnungsgemäß erfüllt wurde.

59 Bezogen auf **Sozialversicherungsbeiträge** sind z. B. Verurteilungen nach § 266a StGB oder etwa eine rechtskräftige Entscheidung eines Sozialgerichts, das auf Klage eines Sozialversicherungsträgers Unregelmäßigkeiten im Zusammenhang mit der Pflicht zum Abführen von Sozialversicherungsbeiträgen festgestellt hat, erfasst.[93]

---

88 Zu Sozialkassen vgl. *Müller-Wrede*, in: Müller-Wrede, VOL/A, § 6 EG Fn. 158 und *Hausmann/von Hoff*, in: Röwekamp/Kus/Portz/Prieß, GWB-Vergaberecht, § 123 Rn. 81.
89 *Hausmann/von Hoff*, in: Röwekamp/Kus/Portz/Prieß, GWB-Vergaberecht, § 123 Rn. 82.
90 Siehe Rn. 66 f.
91 *Summa*, NZBau 2012, 729 (730).
92 *Opitz*, in: Burgi/Dreher, Vergaberecht, § 123 GWB Rn. 50; *Kaufmann*, in: Pünder/Schellenberg, Vergaberecht, § 123 GWB Rn. 63.
93 *Summa*, NZBau 2012, 729 (730) zum Entwurf der RL 2014/24/EU.

III. Nachweis auf sonstige geeignete Weise (S. 1 Nr. 2)

60 Der Nachweis der Nichterfüllung von Steuer- und Sozialversicherungspflichten muss nicht in jedem Fall über eine bestandskräftige Verwaltungs- oder Gerichtsentscheidung erfolgen. § 123 Abs. 4 S. 1 Nr. 2 GWB ermöglicht den Nachweis auch auf sonstige geeignete Weise. Die Anforderungen an den Nachweis sind entsprechend der weitgehenden Rechtsfolge (zwingender Ausschluss des Unternehmens) hoch. Der öffentliche Auftraggeber darf sich nicht auf bloßes Hörensagen oder Gerüchte verlassen. Ausreichend dürfte eine Nachweisführung über die in § 48 Abs. 5 VgV genannten Belege sein: Bescheinigungen von Finanzämtern oder Sozialversicherungsträgern, aus denen sich Zahlungsrückstände ergeben, genügen. Die gängigen Muster, welche die Finanzämter verwenden, sehen entsprechende Ankreuzmöglichkeiten vor. Auch eine Erklärung eines Finanzamtes oder Sozialversicherungsträgers, nach der eine Unbedenklichkeitsbescheinigung nicht erteilt wird, weil Verpflichtungen nicht erfüllt wurden, dürfte ein geeigneter Nachweis nach § 123 Abs. 4 S. 1 Nr. 2 GWB sein. Es kann aber im Einzelfall notwendig sein, dem Unternehmen vor dem Ausschluss eine Möglichkeit zur Stellungnahme zu geben.

IV. Zwingender Ausschluss

61 Nach § 123 Abs. 4 GWB schließt der öffentliche Auftraggeber ein Unternehmen zu jedem Zeitpunkt des Vergabeverfahrens von der Teilnahme an einem Vergabeverfahren aus. Der Ausschluss ist ebenso zwingend wie der Ausschluss nach § 123 Abs. 1 GWB.[94]

V. Keine Anwendung des Ausschlusses (S. 2)

62 Nach § 123 Abs. 4 S. 2 GWB ist § 123 Abs. 4 S. 1 GWB nicht anzuwenden, wenn das Unternehmen seinen Verpflichtungen zur Zahlung von Steuern, Abgaben oder Beiträgen zur Sozialversicherung dadurch nachgekommen ist, dass es die Zahlung vorgenommen oder sich zur Zahlung der Steuern, Abgaben und Beiträge zur Sozialversicherung einschließlich Zinsen, Säumnis- und Strafzuschlägen verpflichtet hat.

63 Die Vorschrift stimmt mit Art. 57 Abs. 2 UAbs. 3 **RL 2014/24/EU** überein. In den Vorgängerrichtlinien RL 2004/18/EG und RL 92/50/EWG war dies nicht ausdrücklich vorgesehen.

64 § 123 Abs. 4 S. 2 GWB enthält eine spezielle Vorschrift zur **Selbstreinigung** bei Vorliegen des Ausschlussgrundes nach § 123 Abs. 4 S. 1 GWB. Die Regelung geht der strengeren allgemeinen Regelung in § 125 GWB vor.[95]

65 Die Nichtanwendung von § 123 Abs. 4 S. 1 GWB nach § 123 Abs. 4 S. 2 GWB setzt voraus, dass das Unternehmen seinen Verpflichtungen **nachgekommen** ist. Die bloße Ankündigung ist folglich nicht ausreichend. Die Abwendung des Ausschlusses kann indes durch eine Zahlung von Steuern, Abgaben oder Beiträgen zur Sozialversicherung oder eine Verpflichtung zur Zahlung einschließlich Zinsen, Säumnis- und Strafzuschlägen erfolgen. Die Beweislast hierfür trägt das Unternehmen.[96]

66 Aus dem Wortlaut von § 123 Abs. 4 S. 2 GWB ergibt sich nicht, bis zu welchem **Zeitpunkt** im Vergabeverfahren das Unternehmen die Verpflichtungen erfüllt haben muss, um einen Ausschluss abzuwenden. Die Regelung lässt offen, ob eine Heilung auch noch nach Ablauf der Angebotsfrist möglich ist. Der EuGH hat auf Basis der RL 92/50/EWG eine nationale Regelung oder Verwaltungspraxis als zulässig angesehen, nach der auch nach Ablauf der Angebotsfrist eine Regulierung der Verpflichtungen im Bereich Sozialbeiträge und Steuern und Abgaben möglich ist.[97] Der Zeitpunkt für den Nachweis einer nachträglichen Regulierung müsse aber wegen der Transparenz und Gleichbehandlung entweder in den nationalen Rechtsvorschrif-

94 Siehe hierzu die Ausführungen in Rn. 33 ff.
95 Gesetzesbegründung zu § 123 Abs. 4 GWB, VergRModG 2016, BT-Drs. 18/6281, 104.
96 *Stolz*, in: Ziekow/Völlink, Vergaberecht, § 123 GWB Rn. 12.
97 EuGH, Urteil v. 9.2.2006 – Rs. C-226/04 (La Cascina und Zilch).

ten festgelegt sein oder aber ihre Festlegung muss in den nationalen Rechtsvorschriften den öffentlichen Auftraggebern übertragen worden sein. Im Hinblick auf den Verfahrensablauf im Vergabeverfahren spricht einiges dafür, einen Ausgleich der Verpflichtungen nach Ablauf der Angebotsfrist – gegebenenfalls auch nach Fristsetzung – nicht mehr als rechtzeitig anzusehen. Es ist auch zweifelhaft, ob die Regelungen zur Nachforderung von Unterlagen in § 56 VgV oder § 16a EU VOB/A eine im Sinne der Rechtsprechung des EuGH ausreichende Ermächtigung der öffentlichen Auftraggeber, einen einheitlichen Zeitpunkt für die nachträgliche Regulierung und ihren Nachweis festzulegen, darstellen. Die Regelungen beziehen sich auf die Nachforderung von Unterlagen und nicht auf die nachträgliche Erfüllung von Voraussetzungen für die Teilnahme am Wettbewerb. Es handelt sich im Fall der Nichterfüllung von Steuern und Sozialversicherungsbeiträgen nicht nur um einen formalen Fehler.[98] Auch eine Erläuterung, zu der der öffentliche Auftraggeber Bewerber oder Bieter nach § 48 VgV auffordern kann, dürfte nicht ausreichen, um den materiellen Mangel nach § 123 Abs. 4 S. 1 GWB zu heilen. Ein Bewerber oder Bieter, aus dessen mit dem Teilnahmeantrag oder dem Angebot vorgelegten Eigenerklärungen bzw. Belegen zum Nachweis des Nichtvorliegens von Ausschlussgründen nach § 48 Abs. 5 VgV sich ein Verstoß gegen die Verpflichtung zur Zahlung von Steuern, Abgaben oder Beiträgen zur Sozialversicherung ergibt, muss gleichzeitig einen Nachweis darüber beifügen, dass er seinen Verpflichtungen nunmehr nachgekommen ist, indem er die Zahlung vorgenommen oder sich zur Zahlung einschließlich Zinsen, Säumnis- und Strafzuschlägen verpflichtet hat. Dies ergibt sich auch aus dem der Bestimmung in § 123 Abs. 5 S. 2 GWB zugrundeliegenden Art. 57 Abs. 3 UAbs. 2 RL 2014/24/EU. Danach kann ein Ausschluss unverhältnismäßig sein, wenn der Wirtschaftsteilnehmer so spät über den genauen geschuldeten Betrag unterrichtet wurde, dass er vor Ablauf der Frist für die Angebote oder Teilnahmeanträge keine Möglichkeit hatte, die Zahlung vorzunehmen oder eine verbindliche Vereinbarung über die Zahlung zu treffen. Grundsätzlich müssen die Maßnahmen nach § 123 Abs. 4 S. 2 GWB also vor Ablauf der Frist für die Angebote oder Teilnahmeanträge erfolgen, um einen Ausschluss abzuwenden. Etwas anderes gilt nur bei Unverhältnismäßigkeit unter den in § 123 Abs. 5 GWB genannten Voraussetzungen.

67 Ergibt sich die Verpflichtung zur Zahlung von bestimmten Steuern und Beiträgen aber nicht **ausdrücklich** aus den Vergabeunterlagen oder den anwendbaren nationalen Rechtsvorschriften, sondern erst aus einer Auslegung der Rechtsvorschriften, kann ein Ausschluss ohne die Möglichkeit einer Bereinigung durch den Bewerber oder Bieter im Einzelfall unverhältnismäßig sein.[99]

G. Absehen von einem Ausschluss (Abs. 5)

68 § 123 Abs. 5 GWB lässt eine Beauftragung von Unternehmen, die einen zwingenden Ausschlussgrund erfüllen, in Einzelfällen – aus zwingenden Gründen des öffentlichen Interesses (hinsichtlich des Ausschlusses nach § 123 Abs. 1 und Abs. 4 S. 1 GWB) bzw. bei offensichtlicher Unverhältnismäßigkeit des Ausschlusses (zusätzlich hinsichtlich des Ausschlusses nach § 123 Abs. 4 S. 1 GWB) – zu.

69 Dies steht im Einklang mit der **RL 2014/24/EU**. Dort heißt es in Erwägungsgrund 100: *„Die Mitgliedstaaten sollten jedoch Abweichungen von jenen obligatorischen Ausschlüssen in Ausnahmesituationen vorsehen können, wenn es zwingende Gründe des Allgemeininteresses gibt, die eine Auftragsvergabe unumgänglich machen. Dies könnte beispielsweise der Fall sein, wenn dringend benötigte Impfstoffe oder Notfallausrüstungen nur von einem Wirtschaftsteilnehmer käuflich erworben werden können, der sonst einen der obligatorischen Ausschlussgründe erfüllt."*

70 Das Absehen vom Ausschluss nach § 123 Abs. 5 GWB erfolgt nach pflichtgemäßem **Ermessen** des öffentlichen Auftraggebers („kann"). Die Gründe für ein Absehen vom Ausschluss

98 Vgl. zur Differenzierung EuGH, Urteil v. 6.11.2014 – Rs. C-42/13 (Cartiera dell'Adda).
99 EuGH, Urteil v. 2.6.2016 – Rs. C-27/15 (Pizzo).

muss der öffentliche Auftraggeber im Vergabevermerk aufführen. Ein Anspruch des Bewerbers oder Bieters auf ein Absehen vom Ausschluss besteht nicht.[100]

I. Zwingende Gründe des öffentlichen Interesses (S. 1)

§ 123 Abs. 5 S. 1 GWB gibt dem öffentlichen Auftraggeber in Übereinstimmung mit Art. 57 Abs. 3 UAbs. 1 RL 2014/24/EU die Möglichkeit, ausnahmsweise von dem in § 123 Abs. 1 GWB an sich zwingend vorgesehenen Ausschluss eines Unternehmens abzusehen, wenn dies aus zwingenden Gründen des öffentlichen Interesses geboten ist. **71**

Angesichts des eindeutigen Wortlauts („Von einem Ausschluss nach Abs. 1“) bezieht sich die Ausnahme allein auf einen **Ausschluss** gemäß § 123 Abs. 1 GWB, also nicht auf einen Ausschluss gemäß § 123 Abs. 4 GWB und auch nicht auf einen Ausschluss gemäß § 124 GWB, über den der Auftraggeber ohnehin nach seinem Ermessen entscheidet. **72**

§ 6 EG Abs. 5 **VOL/A** und § 4 Abs. 8 **VOF** sowie § 21 Abs. 3 **SektVO** enthielten vergleichbare Regelungen und bezogen sich auf zwingende Gründe des Allgemeininteresses. Was zwingende Gründe des Allgemeininteresses im Sinne der Vorschriften waren, regelten weder die Vorschriften selbst noch die zugrundeliegende RL 2004/18/EG. Die Ausnahmetatbestände waren grundsätzlich restriktiv auszulegen. Insbesondere Ausnahmesituationen z. B. aufgrund von Katastrophen, akuten Gefährdungen zentraler Rechtsgüter oder besonders wichtiger staatlicher Einrichtungen kamen danach in Betracht.[101] **73**

§ 123 GWB definiert **zwingende Gründe des öffentlichen Interesses** ebenfalls nicht. Es ist aber von einer sehr restriktiven Auslegung auszugehen.[102] Es genügt im Rahmen des § 123 Abs. 5 S. 1 GWB nicht, wenn die Teilnahme trotz Vorliegen eines Ausschlussgrundes nur sinnvoll erscheint. Eine Teilnahme muss aus zwingenden Gründen des öffentlichen Interesses geboten sein. Erwägungsgrund 100 RL 2014/24/EU führt als Beispiel hierfür die Beschaffung dringend benötigter Impfstoffe oder Notfallausrüstungen an, die nur von einem Unternehmen erworben werden können, bei dem ein zwingender Ausschlussgrund vorliegt.[103] Aus einem Vergleich mit der Regelung im nachfolgenden § 123 Abs. 5 S. 2 GWB, der bei Ausschlussgründen nach § 123 Abs. 4 GWB eine Unverhältnismäßigkeit berücksichtigt, ergibt sich, dass ein Ausschluss bei einer rechtskräftigen Verurteilung wegen einer der Katalogstraftaten nach § 123 Abs. 1 GWB immer verhältnismäßig ist. Nach § 123 Abs. 5 S. 1 GWB kommt es also nicht auf die schwere Verfehlung, sondern allein auf das Beschaffungsinteresse des öffentlichen Auftraggebers an. **74**

II. Offensichtliche Unverhältnismäßigkeit (S. 2)

Für den Fall eines Ausschlussgrundes wegen einer Nichtentrichtung von Steuern oder Sozialversicherungsbeiträgen nach § 123 Abs. 4 S. 1 GWB kann neben einem zwingenden Grund des öffentlichen Interesses gemäß § 123 Abs. 5 S. 2 GWB auch eine offensichtliche Unverhältnismäßigkeit ausreichen, um von einem Ausschluss abzusehen. **75**

Während für den zwingenden Grund des öffentlichen Interesses der gleiche Maßstab wie in § 123 Abs. 5 S. 1 GWB gelten dürfte, ist der Ausnahmegrund **„offensichtliche Unverhältnismäßigkeit“** – in Umsetzung von Art. 57 Abs. 3 UAbs. 2 RL 2014/24/EU – weniger eng formuliert als die nach § 123 Abs. 5 S. 1 GWB.[104] Er soll verhindern, dass Bagatellsachverhalte oder auch reine Nachlässigkeit zu einem Angebotsausschluss führen.[105] Wann ein Ausschluss als offensichtlich unverhältnismäßig anzusehen ist, liegt im Ermessen des öffentlichen Auftraggebers und beurteilt sich nach den Gegebenheiten im Einzelfall, also etwa nach Ausmaß **76**

100 *Schranner*, in: Ingenstau/Korbion, VOB, § 6 EG Rn. 23.
101 *Hausmann/von Hoff*, in: Röwekamp/Kus/Portz/Prieß, GWB-Vergaberecht, § 123 Rn. 108.
102 Gesetzesbegründung zu § 123 Abs. 5 GWB, VergRModG 2016, BT-Drs. 18/6281, 104.
103 Erwägungsgrund 100 RL 2014/24/EU.
104 Gesetzesbegründung zu § 123 Abs. 5 GWB, VergRModG 2016, BT-Drs. 18/6281, 104.
105 *Opitz*, in: Burgi/Dreher, Vergaberecht, § 123 GWB Rn. 57.

und Aktualität der Pflichtverletzung, dem Grad des Verschuldens und den Auswirkungen der Tat.[106]

77 Als **Beispiel** für eine offensichtliche Unverhältnismäßigkeit nennt Art. 57 Abs. 3 UAbs. 2 RL 2014/24/EU, dass nur geringfügige Beträge nicht gezahlt wurden oder dass das Unternehmen so spät über den genauen geschuldeten Betrag unterrichtet wurde, dass es keine Möglichkeit hatte, die nachträgliche Zahlung vor dem Ablauf der Frist für die Beantragung der Teilnahme bzw. Frist für die Einreichung der Angebote durchzuführen.[107]

III. Selbstreinigung (S. 3)

78 Nach § 123 Abs. 5 S. 3 GWB bleibt **§ 125 GWB** unberührt, d.h. ein Ausschluss gemäß § 123 Abs. 1 oder Abs. 4 S. 1 GWB ist dann nicht mehr gerechtfertigt, wenn das betroffene Unternehmen eine Selbstreinigung unter den Voraussetzungen des § 125 GWB durchgeführt hat. Gemäß § 125 Abs. 1 GWB schließen öffentliche Auftraggeber ein Unternehmen, bei dem ein Ausschlussgrund nach § 123 GWB (oder § 124 GWB) vorliegt, nicht aus, wenn das Unternehmen Maßnahmen der Selbstreinigung im Sinne des § 125 Abs. 1 S. 1 Nr. 1 bis 3 GWB ergriffen hat. § 125 Abs. 1 S. 2 GWB sieht wiederum vor, dass § 123 Abs. 4 S. 2 GWB unberührt bleibt, welche Regelung gewissermaßen einen Sondertatbestand der Selbstreinigung enthält.

79 Auch wenn § 123 nicht ausdrücklich auf **§ 126 GWB** verweist, ist bei jedem Ausschlussgrund nach § 123 GWB zu prüfen, ob der öffentliche Auftraggeber einen Ausschluss hierauf stützen kann. Nach § 126 GWB erfolgt ein Ausschluss nach § 123 höchstens fünf Jahre nach dem Tag der rechtskräftigen Verurteilung. Ist der Ausschlusstatbestand zu einem früheren Zeitpunkt verwirklicht worden, kann er im Vergabeverfahren nicht mehr herangezogen werden.

H. Rechtsschutz

80 Wird ein Bewerber oder Bieter unter Berufung auf § 123 GWB ausgeschlossen, obwohl dessen Voraussetzungen nicht vorliegen, kann der Bewerber bzw. Bieter sich hiergegen – nach erfolgloser Rüge – in einem **Nachprüfungsverfahren** wehren.[108] Sobald dem Unternehmen der Ausschluss gemäß § 123 GWB vom öffentlichen Auftraggeber – nach regelmäßig erforderlicher Anhörung – mitgeteilt wird, beginnt die Rügefrist des § 160 Abs. 3 S. 1 Nr. 1 GWB zu laufen; erfolgt die Mitteilung im Wege der Bieterinformation gemäß § 134 GWB, ist zugleich der frühestmögliche Zeitpunkt des Vertragsschlusses im Sinne des § 134 Abs. 1 S.1 GWB zu beachten, da ein wirksam erteilter Zuschlag nicht mehr durch die Nachprüfungsinstanzen aufgehoben werden kann (§ 168 Abs. 2 S. 1 GWB) und erst die Information des Auftraggebers über den Nachprüfungsantrag durch die Vergabekammer gemäß § 169 Abs. 1 GWB ein gesetzliches Zuschlagsverbot auslöst.

81 Die in § 123 GWB enthaltenen Regelungen sind aber auch insoweit **drittschützend** im Sinne des § 97 Abs. 6 GWB, als dass konkurrierende Unternehmen gegen einen unterlassenen zwingenden Ausschluss eines Bewerbers oder Bieters in einem Nachprüfungsverfahren vorgehen können. Dies wird zum Teil aufgrund eines angenommenen generalpräventiven Charakters der Ausschlussgründe in Zweifel gezogen.[109] Das Vorliegen von Ausschlussgründen betrifft aber ebenso wie die Eignung eines Unternehmens auch die Zulassung eines Unternehmens zum Wettbewerb. Einzelne Ausschlussgründe können durchaus Bezug zum Wettbewerb haben. Die Anwendung der Ausschlussgründe auf alle Unternehmen ist außerdem Ausdruck des Gleichbehandlungsgrundsatzes und schon aus diesem Grunde umfassend unternehmensschützend.[110]

---

106 *Opitz*, in: Burgi/Dreher, Vergaberecht, § 123 GWB Rn. 57.
107 Gesetzesbegründung zu § 123 Abs. 5 GWB, VergRModG 2016, BT-Drs. 18/6281, 104.
108 *Stein/Friton*, VergabeR 2010, 151 (162).
109 KG, Urteil v. 13.3.2008 – 2 Verg 18/07.
110 *Stein/Friton*, VergabeR 2010, 151 (162).

Anlage

Gesetzesbegründung – VergRModG 2016 (BT-Drs. 18/6281)

Seite102

Die in § 123 und § 124 geregelten Ausschlussgründe legen fest, wann ein Bewerber oder Bieter im Rahmen der Auswahl der Teilnehmer eines Vergabeverfahrens von dem Vergabeverfahren ausgeschlossen werden kann bzw. werden muss. Davon zu unterscheiden ist der Ausschluss eines Angebots, weil dieses beispielsweise formale Mängel aufweist; dazu werden Regelungen in der Vergabeverordnung getroffen.

§ 123 regelt, wann ein Unternehmen zwingend von der Teilnahme an einem Vergabeverfahren ausgeschlossen werden muss. Bei Vorliegen eines zwingenden Ausschlussgrundes steht dem öffentlichen Auftraggeber kein Ermessen bei der Entscheidung zu, ob das Unternehmen ausgeschlossen wird. Damit setzt § 123 die Bestimmungen in Artikel 57 Absatz 1, 2 und 5 Unterabsatz 1 der Richtlinie 2014/24/EU um. Da der Ausschluss eines Unternehmens von der Teilnahme an einem Vergabeverfahren in Grundrechte eingreifen kann, erfolgt nunmehr eine Regelung im Gesetz.

Nur in Ausnahmefällen haben öffentliche Auftraggeber trotz des Vorliegens eines zwingenden Ausschlussgrundes die Möglichkeit bzw. sogar die Verpflichtung, von einem Ausschluss des Unternehmens abzusehen. Zum einen kann nach § 123 Absatz 5 bei zwingenden Gründen des öffentlichen Interesses von einem Ausschluss abgesehen werden. Zum anderen ist ein Ausschluss dann nicht zulässig, wenn das Unternehmen eine erfolgreiche Selbstreinigung nach § 125 oder § 123 Absatz 4 Satz 2 durchgeführt hat.

Artikel 57 Absatz 1 der Richtlinie 2014/24/EU sieht einen Ausschluss eines Wirtschaftsteilnehmers für den Fall vor, dass „dieser Wirtschaftsteilnehmer" wegen einer der aufgelisteten Straftaten rechtskräftig verurteilt worden ist. Das ist zum einen dann der Fall, wenn eine natürliche Person, deren Verhalten dem Wirtschaftsteilnehmer nach Artikel 57 Absatz 1 Unterabsatz 2 der Richtlinie 2014/24/EU zuzurechnen ist, verurteilt worden ist. Zum anderen liegt eine Verurteilung des Wirtschaftsteilnehmers im Sinne von Artikel 57 Absatz 1 der Richtlinie 2014/24/EU aber auch dann vor, wenn gegen das Unternehmen selbst eine Geldbuße nach § 30 des Gesetzes über Ordnungswidrigkeiten festgesetzt worden ist. Voraussetzung dafür ist, dass eine natürliche Person, deren Verhalten dem Unternehmen zuzurechnen ist, eine Straftat oder Ordnungswidrigkeit begangen hat, durch die Pflichten des Unternehmens verletzt worden sind oder das Unternehmen bereichert worden ist bzw. werden sollte. Die Richtlinie 2014/24/EU stellt nicht auf eine strafgerichtliche Verurteilung ab, sondern auf eine Verurteilung aufgrund einer Straftat; daher wird auch die Verurteilung eines Unternehmens nach § 30 des Gesetzes über Ordnungswidrigkeiten erfasst.

Artikel 57 Absatz 1 Unterabsatz 1 und Absatz 2 der Richtlinie 2014/24/EU enthalten einen Katalog von Straftaten. Im Vergleich zur Richtlinie 2004/18/EG wurde dieser Katalog um terroristische Straftaten und Terrorismusfinanzierung sowie um Kinderarbeit und Menschenhandel ergänzt. Die Umsetzung in § 123 geht grundsätzlich nicht über die verpflichtenden Vorgaben der Richtlinie hinaus und zeichnet diese soweit wie möglich für das deutsche Recht nach. Insbesondere wurde davon abgesehen, solche Ausschlussgründe, die nach der Richtlinie 2014/24/EU fakultativ sind, in § 123 als zwingende Ausschlussgründe zu gestalten oder nicht in der Richtlinie aufgeführte Straftaten in den Katalog des § 123 aufzunehmen. Angesichts der gravierenden Rechtsfolge des zwingenden Ausschlusses von der Teilnahme an einem Vergabeverfahren darf die Festlegung obligatorischer Ausschlussgründe nicht weiter als unbedingt notwendig gehen. Bei nicht in § 123 aufgeführten Straftaten kann aber der fakultative Ausschlussgrund nach § 124 Absatz 1 Nummer 3 in Betracht kommen.

Zu Absatz 1

Mit der Formulierung am Anfang von § 123 Absatz 1 „zu jedem Zeitpunkt des Vergabeverfahrens" wird Artikel 57 Absatz 5 Unterabsatz 1 der Richtlinie 2014/24/EU umgesetzt. Ein Unternehmen ist nicht nur dann von der Teilnahme an einem Vergabeverfahren auszuschließen, wenn der öffentliche Auftraggeber zum Zeitpunkt der Prüfung der Eignung des Unternehmens Kenntnis von dem Vorliegen eines zwingenden Ausschlussgrundes hat, sondern auch noch dann, wenn der öffentliche Auftraggeber erst in einem späteren Stadium des Vergabeverfahrens davon Kenntnis erlangt. Dasselbe gilt, wenn die rechtskräftige Verurteilung einer Person, deren Verhalten dem Unternehmen nach § 123 Absatz 3 zuzurechnen ist, erst im Laufe des Vergabeverfahrens erfolgt. Der letzte Zeitpunkt für den Ausschluss eines Unternehmens von einem Vergabeverfahren ist unmittelbar vor Erteilung des Zuschlags. Bei Kenntniserlangung nach Zuschlagserteilung greift das Kündigungsrecht des Auftraggebers nach § 133 Absatz 1 Nummer 2 ein.

§ 123 Absatz 1 Nummer 1 und 2 setzen Artikel 57 Absatz 1 Unterabsatz 1 Buchstabe a, d und e (letzteres betreffend Terrorismusfinanzierung) der Richtlinie 2014/24/EU um. Durch Absatz 1 Nummer 3 wird Artikel 57 Absatz1 Unterabsatz 1 Buchstabe e (betreffend Geldwäsche) der Richtlinie 2014/24/EU umgesetzt. Absatz 1 Nummer 4 und 5 setzen Artikel 57 Absatz 1 Unterabsatz 1 Buchstabe c (Betrug) der Richtlinie 2014/24/EU um. Durch Absatz

Seite103

1 Nummer 6, 7, 8 und 9 wird Artikel 57 Absatz 1 Unterabsatz 1 Buchstabe b (Bestechung) der Richtlinie 2014/24/EU umgesetzt. Die Richtlinienvorschrift spricht von „Bestechung im Sinne des nationalen Rechts desöffentlichen Auftraggebers oder des Wirtschaftsteilnehmers". Da hier der Begriff der Bestechung als Oberbegriff zu verstehen ist (wofür auch die Verwendung des Begriffs „corruption" in der englischen Sprachfassung der Richtlinie spricht), wird diese Richtlinienvorschrift durch Verweis auf mehrere Straftatbestände umgesetzt. In Nummer 8 wird daher nicht nur der Straftatbestand der Bestechung von Amtsträgern nach § 334 des Strafgesetzbuchsaufgeführt, sondern auch der damit eng verwandte Straftatbestand der Vorteilsgewährung für Amtsträgernach § 333 des Strafgesetzbuchs. Durch Absatz 1 Nummer 10 wird Artikel 57 Absatz 1 Unterabsatz 1 Buchstabe f der Richtlinie 2014/24/EU betreffend Menschenhandel umgesetzt.

Zu Absatz 2

§ 123 Absatz 2 greift den Regelungsgehalt des bisherigen § 6 Absatz 4 Satz 2 VOL/A EG und entsprechender Regelungen in der VOB/A, der VSVgV und der Sektorenverordnung auf. Die Regelung erfasst die Verurteilung in anderen Staaten, die naturgemäß nicht auf der Grundlage deutscher Strafnormen erfolgen kann, sofern diese inhaltlich einer Verurteilung nach den in Artikel 57 Absatz 1 der Richtlinie 2014/24/EU genannten Tatbeständen entsprechen. Eine inhaltliche Entsprechung fehlt auch dann, wenn die Verurteilung mit wesentlichen Grundsätzen des deutschen Rechts, insbesondere mit den Grundrechten, unvereinbar ist.

Zu Absatz 3

§ 123 Absatz 3 regelt, wann das Verhalten einer wegen einer Straftat verurteilten natürlichen Person einem Unternehmen zugerechnet werden kann. Damit wird Artikel 57 Absatz 1 Unterabsatz 2 der Richtlinie 2014/24/EU umgesetzt.

Die Formulierung in Absatz 3 („für die Leitung des Unternehmens Verantwortlicher") erfolgt in Anlehnung an§ 30 Absatz 1 Nummer 5 des Gesetzes über Ordnungswidrigkeiten: Diese Vorschrift regelt, wann aufgrund einer Straftat oder Ordnungswidrigkeit einer natürlichen Person eine Geldbuße gegen eine juristische Person oder eine Personenvereinigung verhängt werden kann. Dabei enthält § 30 Absatz 1 Nummer 5 des Gesetzes über Ordnungswidrigkeiten den Oberbegriff des relevanten Personenkreises, während die in § 30 Absatz 1 Nummer 1 bis 4 des Gesetzes über Ordnungswidrigkeiten aufgelisteten Personen Unterfälle darstellen. Danach gehört zu den für die Leitung des Unternehmens verantwortlich handelnden Personen insbesondere, wer vertretungsberechtigtes Organeiner juristischen Person oder Mitglied eines solchen Organs, Vorstand eines nicht rechtsfähigen Vereins oder Mitglied eines solchen Vorstands, vertretungsberechtigter Gesellschafter einer rechtsfähigen Personengesellschaft oder Generalbevollmächtigter ist oder wer in leitender Stellung Prokurist oder Handlungsbevollmächtigter einer juristischen Person, eines nicht rechtsfähigen Vereins bzw. einer rechtsfähigen Personengesellschaft ist.

Gemäß Artikel 57 Absatz 1 Unterabsatz 2 der Richtlinie 2014/24/EU findet die Verpflichtung zum Ausschlusseines Unternehmens auch dann Anwendung, wenn „die rechtskräftig verurteilte Person ein Mitglied im Verwaltungs-, Leitungs- oder Aufsichtsgremium dieses Unternehmens ist oder darin Vertretungs-, Entscheidungs- oder Kontrollbefugnisse hat". Das Wort „darin" bezieht sich auf das Unternehmen insgesamt und nicht nur eingeschränkt auf das Verwaltungs-, Leitungs- oder Aufsichtsgremium dieses Unternehmens. Ansonsten würde der zweite Halbsatz weitgehend leerlaufen und insbesondere der Fall eines Prokuristen nicht erfasst werden, der eventuell nur für einen Teil der wirtschaftlichen Tätigkeit eines Unternehmens Prokura besitzt und nicht Mitglied eines Verwaltungs-, Leitungs- oder Aufsichtsgremiums des Unternehmens ist. Auch Straftaten eines solchen Prokuristen sollten aber dem Unternehmen, für das der Prokurist tätig ist, zugerechnet werden können.

Durch die Formulierung in Absatz 3, dass nur Straftaten einer Person, die als „für die Leitung des Unternehmens Verantwortlicher gehandelt hat", dem Unternehmen zugerechnet werden, wird klargestellt, dass ein Ausschlusseines Unternehmens vom Vergabeverfahren nur aufgrund von solchen (durch natürliche Personen begangenen)Straftaten erfolgen kann, die einen Unternehmensbezug aufweisen. Nur solche Straftaten können dem „Wirtschaftsteilnehmer" im Sinne von Artikel 57 Absatz 1 der Richtlinie 2014/24/EU zugerechnet werden, mit der Folge des zwingenden Ausschlusses des Unternehmens. Eine ausschließlich im privaten Zusammenhang stehende Straftat beispielsweise des Geschäftsführers eines Unternehmens, die keinen Bezug zur wirtschaftlichen Tätigkeit des Unternehmens aufweist, kann dagegen keinen Ausschlussgrund nach § 123 darstellen.

Zu Absatz 4

§ 123 Absatz 4 Satz 1 legt in den Nummern 1 und 2 den neuen zwingenden Ausschlussgrund der Nichtentrichtung von Steuern und Sozialabgaben fest und setzt damit Artikel 57 Absatz 2 der Richtlinie 2014/24/EU um. Bisher war hierfür im europäischen und im deutschen Vergaberecht nur ein fakultativer Ausschluss vorgesehen. Unter

Seite104

diesen Ausschlussgrund fällt die durch bestandskräftige Verwaltungsentscheidung oder rechtskräftige Gerichtsentscheidung festgestellte Nichtentrichtung von Steuern, Abgaben und Sozialversicherungsbeiträgen trotz bestehender Verpflichtung des Unternehmens hierzu. Auch Verurteilungen wegen Steuerhinterziehung nach § 370 der Abgabenordnung und wegen Vorenthaltung und Veruntreuung von Sozialversicherungsbeiträgen nach § 266a des Strafgesetzbuchs werden als Unterfälle von diesem neuen zwingenden Ausschlussgrund erfasst. Deshalb werden sie nicht in dem Katalog des Absatzes 1 aufgeführt.

§ 123 Absatz 4 Satz 2 enthält eine spezielle Vorschrift zur Möglichkeit der Selbstreinigung bei Vorliegen dieses Ausschlussgrundes, die der strengeren allgemeinen Regelung in § 125 vorgeht.

Zu Absatz 5

§ 123 Absatz 5 gibt öffentlichen Auftraggebern die Möglichkeit, ausnahmsweise von einem an sich zwingendvorgesehenen Ausschluss eines Unternehmens abzusehen, wenn dies aus zwingenden Gründen des öffentlichen Interesses geboten ist. Damit wird von der nach Artikel 57 Absatz 3 Unterabsatz 1 der Richtlinie 2014/24/EU bestehenden Möglichkeit, eine Ausnahme vom zwingenden Ausschluss vorzusehen, Gebrauch gemacht. Diese Ausnahmeregelung ist eng auszulegen. Es reicht nicht, wenn die Teilnahme des Unternehmens, bei dem ein zwingender Ausschlussgrund nach § 123 Absatz 1 vorliegt, aus Gründen des öffentlichen Interesses sinnvoll erscheint oder das Unternehmen einen günstigeren Preis geboten hatte, sondern seine Teilnahme muss aus zwingenden Gründen des öffentlichen Interesses geboten sein. Erwägungsgrund 100 der Richtlinie 2014/24/EU führt als Beispiel hierfür die Beschaffung dringend benötigter Impfstoffe an, die nur von einem Unternehmen erworben werden können, bei dem ein zwingender Ausschlussgrund vorliegt. Weniger eng formuliert ist die Ausnahmemöglichkeit nach Absatz 5 Satz 2 – in Umsetzung von Artikel 57 Absatz 3 Unterabsatz 2 der Richtlinie 2014/24/EU– für den Fall einer Nichtentrichtung von Steuern oder Sozialversicherungsbeiträgen. Hierbei genügt es für die Möglichkeit einer Ausnahme vom zwingenden Ausschluss, wenn ein Ausschluss offensichtlich unverhältnismäßig wäre. Die Richtlinie führt in Artikel 57 Absatz 3 Unterabsatz 2 als Beispiele für eine solche offensichtliche Unverhältnismäßigkeit auf, dass nur geringfügige Beträge an Steuern oder Sozialversicherungsbeiträgen nichtgezahlt wurden oder dass das Unternehmen im Zusammenhang mit der Zahlung von Steuern oder Sozialversicherungsbeiträgen so spät über den genauen geschuldeten Betrags unterrichtet wurde, dass es keine Möglichkeit hatte, die nachträgliche Zahlung vor dem Ablauf der Frist für die Beantragung der Teilnahme bzw. im offenen Verfahrender Frist für die Einreichung der Angebote durchzuführen.

§ 124 GWB
Fakultative Ausschlussgründe

(1) Öffentliche Auftraggeber können unter Berücksichtigung des Grundsatzes der Verhältnismäßigkeit ein Unternehmen zu jedem Zeitpunkt des Vergabeverfahrens von der Teilnahme an einem Vergabeverfahren ausschließen, wenn

1. **das Unternehmen bei der Ausführung öffentlicher Aufträge nachweislich gegen geltende umwelt-, sozial- oder arbeitsrechtliche Verpflichtungen verstoßen hat,**
2. **das Unternehmen zahlungsunfähig ist, über das Vermögen des Unternehmens ein Insolvenzverfahren oder ein vergleichbares Verfahren beantragt oder eröffnet worden ist, die Eröffnung eines solchen Verfahrens mangels Masse abgelehnt worden ist, sich das Unternehmen im Verfahren der Liquidation befindet oder seine Tätigkeit eingestellt hat,**
3. **das Unternehmen im Rahmen der beruflichen Tätigkeit nachweislich eine schwere Verfehlung begangen hat, durch die die Integrität des Unternehmens infrage gestellt wird; § 123 Absatz 3 ist entsprechend anzuwenden,**
4. **der öffentliche Auftraggeber über hinreichende Anhaltspunkte dafür verfügt, dass das Unternehmen mit anderen Unternehmen Vereinbarungen getroffen oder Verhaltensweisen aufeinander abgestimmt hat, die eine Verhinderung, Einschränkung oder Verfälschung des Wettbewerbs bezwecken oder bewirken,**
5. **ein Interessenkonflikt bei der Durchführung des Vergabeverfahrens besteht, der die Unparteilichkeit und Unabhängigkeit einer für den öffentlichen Auftraggeber tätigen Person bei der Durchführung des Vergabeverfahrens beeinträchtigen könnte und der durch andere, weniger einschneidende Maßnahmen nicht wirksam beseitigt werden kann,**
6. **eine Wettbewerbsverzerrung daraus resultiert, dass das Unternehmen bereits in die Vorbereitung des Vergabeverfahrens einbezogen war, und diese Wettbewerbsverzerrung nicht durch andere, weniger einschneidende Maßnahmen beseitigt werden kann,**
7. **das Unternehmen eine wesentliche Anforderung bei der Ausführung eines früheren öffentlichen Auftrags oder Konzessionsvertrags erheblich oder fortdauernd mangelhaft erfüllt hat und dies zu einer vorzeitigen Beendigung, zu Schadensersatz oder zu einer vergleichbaren Rechtsfolge geführt hat,**
8. **das Unternehmen in Bezug auf Ausschlussgründe oder Eignungskriterien eine schwerwiegende Täuschung begangen oder Auskünfte zurückgehalten hat oder nicht in der Lage ist, die erforderlichen Nachweise zu übermitteln, oder**
9. **das Unternehmen**
   a) **versucht hat, die Entscheidungsfindung des öffentlichen Auftraggebers in unzulässiger Weise zu beeinflussen,**
   b) **versucht hat, vertrauliche Informationen zu erhalten, durch die es unzulässige Vorteile beim Vergabeverfahren erlangen könnte, oder**
   c) **fahrlässig oder vorsätzlich irreführende Informationen übermittelt hat, die die Vergabeentscheidung des öffentlichen Auftraggebers erheblich beeinflussen könnten, oder versucht hat, solche Informationen zu übermitteln.**

(2) § 21 des Arbeitnehmer-Entsendegesetzes, § 98c des Aufenthaltsgesetzes, § 19 des Mindestlohngesetzes und § 21 des Schwarzarbeitsbekämpfungsgesetzes bleiben unberührt.

Übersicht Rn.

A. Allgemeines ... 1
I. Unionsrechtlicher Hintergrund ... 2
II. Historie ... 3
III. Vergleichbare Regelungen ... 5
B. Fakultative Ausschlussgründe (Abs. 1) ... 6
I. Unternehmen ... 8
II. Verhältnismäßigkeit ... 12

III. Ausschlussgründe im Einzelnen .. 15
1. Verstoß gegen umwelt-, sozial- oder arbeitsrechtliche Verpflichtungen (Nr. 1) 16
2. Zahlungsunfähigkeit, Insolvenz, Liquidation und Einstellung (Nr. 2) 24
a) Zahlungsunfähigkeit 27
b) Insolvenz 28
c) Liquidationsverfahren 35
d) Einstellung der Unternehmenstätigkeit 38
e) Darlegungs- und Beweislast 41
3. Schwere Verfehlung (Nr. 3) 43
a) Schwere Verfehlung im Rahmen der beruflichen Tätigkeit 47
b) Zurechnung 55
c) Nachweislichkeit 59
4. Wettbewerbsbeschränkende Vereinbarungen/Verhaltensweisen (Nr. 4) 62
a) Verstoß gegen den Geheimwettbewerb 71
b) Bildung von Bietergemeinschaften 73
aa) Fehlende Spürbarkeit 78
bb) Fehlende Markteintrittsfähigkeit 79
cc) Anderweitige kapazitative Bindung 80
dd) Zweckmäßige und kaufmännisch vernünftige Entscheidung 81
c) Parallelbeteiligung 84
aa) Unterauftragnehmer 85
bb) Konzernverbundene Unternehmen 89
cc) Bietergemeinschaften 92
d) Hinreichende Anhaltspunkte 96
e) Ermessensreduktion 99
5. Interessenkonflikt (Nr. 5) 100
6. Vorbefassung (Nr. 6) 108
a) Einbeziehung in die Verfahrensvorbereitung 112
b) Wettbewerbsverzerrung 120
c) Verhältnismäßigkeit 124
d) Darlegungs- und Beweislast 131
e) Ermessensreduktion 133
7. Mangelhafte Leistungserfüllung (Nr. 7) 134
a) Früherer öffentlicher Auftrag oder Konzessionsvertrag 137
b) Erhebliche oder fortdauernde mangelhafte Erfüllung 141
c) Vorzeitige Beendigung, Schadensersatz oder vergleichbare Rechtsfolge 146
8. Schwerwiegende Täuschung, Zurückhaltung von Informationen, Nichtübermittlung von Nachweisen (Nr. 8) 151
a) Ausschlussgründe und Eignungskriterien 154
b) Varianten 158
aa) Schwerwiegende Täuschung (Var. 1) 158
bb) Zurückhalten von Auskünften (Var. 2) 162
cc) Nichtübermittlung von Nachweisen (Var. 3) 167
9. Unzulässige Einflussnahme (Nr. 9) 172
a) Unzulässige Beeinflussung der Entscheidungsfindung (lit. a) 175
b) Erlangung vertraulicher Informationen (lit. b) 178
c) Übermittlung irreführender Informationen (lit c.) 183
aa) Vorsätzliche oder fahrlässige Übermittlung irreführender Informationen 184
bb) Erhebliche Beeinflussung der Vergabeentscheidung 188
cc) Versuch 192
d) Ermessensreduktion 193
IV. Beleg des Nichtvorliegens von Ausschlussgründen 194
V. Rechtsfolge 197
VI. Zeitpunkt des Ausschlusses 205
C. Ausschlussgründe außerhalb des GWB (Abs. 2) 207
I. Ausschluss nach § 21 AEntG 208
II. Ausschluss nach § 98c AufenthG 213
III. Ausschluss nach § 19 MiLoG 218
IV. Ausschluss nach § 21 SchwarzArbG 223
V. Ausschluss nach § 22 LkSG 228
D. Rechtsschutz 233
Anlagen
Gesetzesbegründungen

A. Allgemeines

§ 124 GWB regelt die fakultativen Ausschlussgründe. Der Regelung liegt die Erwägung zugrunde, dass bei Vorliegen der genannten Ausschlussgründe die Prognose der ordnungsgemäßen Auftragsausführung durch die betroffenen Unternehmen in Frage gestellt ist. Öffentliche Auftraggeber sollen mit § 124 GWB eine rechtssichere Rechtsgrundlage für den Ausschluss dieser Unternehmen vom Vergabeverfahren erhalten. 1

I. Unionsrechtlicher Hintergrund

§ 124 GWB findet seinen unionsrechtlichen Hintergrund in Art. 57 Abs. 4 und Abs. 5 UAbs. 2 RL 2014/24/EU. Regelungssystematisch entspricht § 124 Abs. 1 GWB nahezu der Vorgabe in Art. 57 Abs. 4 RL 2014/24/EU. Der Unionsrichtliniengeber hat mit Art. 57 Abs. 5 UAbs. 2 RL 2014/24/EU allerdings gesondert hervorgehoben, dass der Ausschluss zu jedem Zeitpunkt des Verfahrens stattfinden kann und die für den Ausschluss maßgeblichen Handlungen oder Unterlassungen des Unternehmens vor oder während des Verfahrens stattgefunden haben können. Im Übrigen sind die einzelnen Katalogtatbestände in § 124 Abs. 1 GWB der Regelungsintention und der Regelungsreihenfolge der unionsrechtlichen Vorgabe erkennbar nachempfunden; der Gesetzgeber hat sich bewusst eng an der Richtlinienvorgabe orientiert.[1] Auch wenn der Wortlaut der einzelnen Tatbestände im Vergleich mitunter differiert, wird grundsätzlich davon auszugehen sein, dass mit § 124 Abs. 1 GWB die unionsrechtliche Vorgabe einschränkungslos umgesetzt werden sollte. 2

II. Historie

Die Regelung ist mit dem VergRModG 2016 in das GWB aufgenommen worden. Davor waren die fakultativen Ausschlussgründe ausschließlich in den untergesetzlichen Vorschriften geregelt, vgl. § 6 EG Abs. 6 und 7 VOL/A, § 4 Abs. 5 und 9 VOF sowie § 6 EG Abs. 7 und § 16 EG Abs. 1 Nr. 2 VOB/A 2012. § 124 GWB fasst diese **Vorgängerregelungen** im Wesentlichen zusammen, formuliert sie allerdings neu und ergänzt sie um weitere Ausschlussgründe. Der nach früherem Recht fakultative Ausschlussgrund des Nichtentrichtens von Steuern und Abgaben sowie der Beiträge zur Sozialversicherung in § 6 EG Abs. 6 lit. d VOL/A, § 4 Abs. 9 lit. d VOF und § 16 EG Abs. 1 Nr. 2 lit. d VOB/A 2012 ist in § 124 GWB nicht enthalten. Der Gesetzgeber hat diesen Ausschlussgrund als zwingenden Ausschlussgrund in § 123 Abs. 4 GWB aufgenommen.[2] 3

Mit dem VergRModG **2016** hinzugetreten sind die fakultativen Ausschlussgründe bei Verstoß gegen geltende umwelt-, sozial- und arbeitsrechtliche Verpflichtungen, bei wettbewerbsverzerrenden Vereinbarungen, bei Interessenkonflikten, bei Vorbefassung, bei mangelhafter früherer Auftragsausführung sowie bei versuchter unzulässiger Einflussnahme auf die Entscheidungsfindung des öffentlichen Auftraggebers.[3] Durch das Gesetz zur Einführung eines Wettbewerbsregisters und zur Änderung des Gesetzes gegen Wettbewerbsbeschränkungen vom 18. Juli **2017**[4] hat die Regelung in § 124 Abs. 1 Nr. 4 GWB eine weitere Tatbestandsalternative (aufeinander abgestimmte Verhaltensweisen) erhalten. 4

III. Vergleichbare Regelungen

Die VOB/A enthält wegen der zentralen Bedeutung der fakultativen Ausschlussgründe in § 6e EU Abs. 6 VOB/A eine § 124 Abs. 1 GWB vergleichbare beziehungsweise wiederholende 5

1 Vgl. Gesetzesbegründung zu § 124 Abs. 1 GWB, VergRModG 2016, BT-Drs. 18/6281, 105.
2 Vgl. Gesetzesbegründung zu § 124 Abs. 1 GWB, VergRModG 2016, BT-Drs. 18/6281, 105.
3 Vgl. Gesetzesbegründung zu § 124 Abs. 1 GWB, VergRModG 2016, BT-Drs. 18/6281, 105.
4 Vgl. BGBl. I S. 2739.

Regelung.[5] Die VOB/A-Norm hat aber nur deklaratorischen Charakter, weil bei Ausschreibungen, die unter die VOB/A-EU fallen, das höherrangige GWB unmittelbar anwendbar ist.[6]

B. Fakultative Ausschlussgründe (Abs. 1)

6 Die fakultativen Ausschlussgründe nach § 124 GWB stehen neben den **zwingenden Ausschlussgründen** nach § 123 GWB. Scheitert ein zwingender Ausschlussgrund am Fehlen bestimmter Tatbestandsvoraussetzungen, kann ein fakultativer Ausschlussgrund, insbesondere nach § 124 Abs. 1 Nr. 3 GWB, gleichwohl in Betracht kommen.[7]

7 Für das Vorliegen der Tatbestandsvoraussetzungen eines Ausschlussgrundes trifft den öffentlichen Auftraggeber die **Darlegungs-** und **Beweislast**.

I. Unternehmen

8 Mit **Unternehmen** ist jedes Unternehmen gemeint, das sich am Vergabeverfahren beteiligt. Erfasst sind daher Bewerber und Bieter. Aufgrund des uneingeschränkten zeitlichen Zusammenhangs („zu jedem Zeitpunkt des Vergabeverfahrens") sind von der Regelung aber auch Unternehmen betroffen, die zur Interessensbestätigung aufgefordert wurden. Unternehmen, die vor diesem vergabeverfahrenseinleitenden Schritt lediglich ihr Interesse am öffentlichen Auftrag bekundet haben, sind dagegen nicht von der Vorschrift erfasst.

9 **Bewerber-** und **Bietergemeinschaften** sind nach § 43 Abs. 2 S. 1 VgV und § 6 EU Abs. 3 Nr. 2 S. 1 VOB/A wie Einzelbewerber und -bieter zu behandeln. Grundsätzlich kommt es bei der Eignungsprüfung auf die Bewerber- oder Bietergemeinschaft insgesamt an.[8] Ob fakultative Ausschlussgründe vorliegen, ist allerdings anhand der Mitglieder der Bewerber- oder Bietergemeinschaft zu prüfen. Liegen bei einzelnen Mitgliedern fakultative Ausschlussgründe vor, müssen öffentliche Auftraggeber im Rahmen der Ermessensentscheidung prüfen, ob hierdurch die Eignungsprognose für die Gemeinschaft insgesamt beeinträchtigt wird. Während die Insolvenz eines Mitgliedes durch die finanzielle Leistungsfähigkeit der übrigen Mitglieder kompensiert werden kann, führen solche Ausschlussgründe, welche die berufliche Integrität betreffen, in der Regel zum Ausschluss der Bewerber- oder Bietergemeinschaft vom Vergabeverfahren. Die Regelung des § 47 Abs. 4 VgV, wonach die Regelungen zur Eignungsleihe nach § 47 Abs. 1 bis 3 VgV – mithin auch die Regelung zur Ersetzungsbefugnis bei Vorliegen fakultativer Ausschlussgründe in Abs. 2 S. 4 – auch für Bewerber- und Bietergemeinschaften gelten, könnte zwar mit guten Argumenten – auch unter Berücksichtigung des verordnungsgeberischen Verweises auf Art. 63 Abs. 1 UAbs. 4 RL 2014/24/EU[9] – dahingehend ausgelegt werden, dass ein Bewerber-/Bietergemeinschaftsmitglied als eignungsentleihendes Unternehmen ersetzt werden kann, wenn bei ihm fakultative Ausschlussgründe vorliegen. Diese Ersetzungsbefugnis bezieht sich allerdings nur auf die Eigenschaft als eignungsentleihendes Unternehmen. Sie berechtigt nicht auch dazu, dass ein Gemeinschaftsmitglied in Gänze ersetzt werden darf; letzteres beträfe nicht mehr nur die Zurechnung von Eignungsmerkmalen Dritter, sondern einen Eingriff in die Bewerber-/Bieteridentität, der auch vom Wortlaut der Richtlinienvorgabe in Art. 63 Abs. 1 UAbs. 4 RL 2014/24/EU nicht gedeckt ist. Entscheidet sich daher der öffentliche Auftraggeber zum Ausschluss eines Gemeinschaftsmitglieds, trägt dieses Schicksal die gesamte Gemeinschaft.

10 Nicht erfasst sind von dem Unternehmensbegriff **Unterauftragnehmer**.[10] Allerdings verlangt § 36 Abs. 5 S. 1 VgV, dass der öffentliche Auftraggeber vor der Erteilung des Zuschlags über-

5 Vgl. Hinweise für die VOB/A 2016, BAnz AT 19.1.2016 B3.
6 Vgl. OLG Celle, Beschluss v. 9.1.2017 – 13 Verg 9/16 m.w.N.
7 Vgl. Gesetzesbegründung zu § 124 GWB, VergRModG 2016, BT-Drs. 18/6281, 104.
8 Vgl. OLG Düsseldorf, Beschluss v. 31.7.2007 – VII-Verg 25/07; OLG Naumburg, Beschluss v. 30.4.2007 – 1 Verg 1/07; VK Niedersachsen, Beschluss v. 10.7.2012 – VgK-21/2012; VK Sachsen, Beschluss v. 11.3.2011 – 1/SVK/001-11.
9 Vgl. Verordnungsbegründung zu § 47 Abs. 4 VgV, VergRModVO 2016, BR-Drs. 87/16, 201.
10 So auch OLG Celle, Beschluss v. 13.5.2019 – 13 Verg 2/19.

prüft, ob Gründe für den Ausschluss des Unterauftragnehmers vorliegen. Bei Vorliegen fakultativer Ausschlussgründe kann der öffentliche Auftraggeber nach § 36 Abs. 5 S. 3 VgV verlangen, dass dieser ersetzt wird. Die VOB/A enthält zwar keine entsprechende Regelung, die Maßstäbe sind aber auf die Vergabe von Bauaufträgen übertragbar. Der deutsche Verordnungsgeber hat mit dieser Ersetzungsbefugnis dem Ausschluss vom Vergabeverfahren eine mildere Maßnahme vorgezogen. Nach der Rechtsprechung des EuGH wäre zumindest mit Blick auf einzelne Tatbestände des § 124 Abs. 1 GWB auch eine unmittelbare Ausschlussbefugnis im nationalen Recht EU-rechtskonform umsetzbar.[11] Da das nationale Recht aber generell eine Ersetzungsbefugnis vorsieht, ist der unmittelbare Ausschluss eines Bieters bzw. Bewerbers bei Verwirklichung eines fakultativen Ausschlussgrundes durch einen Unterauftragnehmer nicht möglich.

Auch andere Unternehmen nach § 47 Abs. 1 S. 1 VgV und § 6d EU Abs. 1 UAbs. 1 VOB/A, deren Kapazitäten ein Bewerber oder Bieter im Hinblick auf die erforderliche wirtschaftliche und finanzielle sowie die technische und berufliche Leistungsfähigkeit in Anspruch nimmt (sog. **Eignungsverleiher**), sind keine Unternehmen im Sinne von § 124 Abs. 1 GWB. Allerdings ist der öffentliche Auftraggeber nach § 47 Abs. 2 S. 1 VgV und § 6d EU Abs. 1 UAbs. 4 S. 1 VOB/A verpflichtet zu prüfen, ob Ausschlussgründe für die anderen Unternehmen vorliegen, deren Kapazitäten der Bewerber oder Bieter in Anspruch nehmen will. Der öffentliche Auftraggeber kann nach § 47 Abs. 2 S. 4 VgV und § 6d EU Abs. 1 UAbs. 4 S. 2 VOB/A vorschreiben, dass der Bewerber oder Bieter ein Unternehmen, bei dem fakultative Ausschlussgründe vorliegen, ersetzen muss.[12] 11

II. Verhältnismäßigkeit

Nach § 124 Abs. 1 GWB ist bei der Entscheidung über den Ausschluss eines Unternehmens der Verhältnismäßigkeitsgrundsatz nach § 97 Abs. 1 S. 2 GWB zu beachten. 12

Der öffentliche Auftraggeber hat das Verhältnismäßigkeitsgebot bei seiner **Ermessensentscheidung** über den Ausschluss des betroffenen Unternehmens zu berücksichtigen. Hierbei sind das Interesse an einer unverfälschten Vergabe und ordnungsgemäßen Durchführung des zu vergebenden Auftrags und das Interesse an einem möglichst großen Wettbewerb gegeneinander abzuwägen und in Einklang zu bringen. 13

Das Verhältnismäßigkeitsgebot hat zur Folge, dass vor einem geplanten Ausschluss grundsätzlich das betroffene Unternehmen **anzuhören** ist.[13] Dadurch wird dem Unternehmen die Möglichkeit eingeräumt, die bestehenden Vorwürfe zu widerlegen. Eine Anhörung kann allerdings in denjenigen Fällen unterbleiben, in denen eine rechtskräftige Entscheidung Grundlage der Ausschlussentscheidung ist.[14] Eine Anhörung dürfte aber stets alternativlos sein, wenn dem Unternehmen nicht vorab die Möglichkeit offenstand, eine Selbstreinigung nach § 125 GWB nachzuweisen. 14

III. Ausschlussgründe im Einzelnen

§ 124 Abs. 1 GWB enthält folgende Ausschlussgründe: 15

1. Das Unternehmen hat bei der Ausführung öffentlicher Aufträge nachweislich gegen geltende umwelt-, sozial- oder arbeitsrechtliche Verpflichtungen verstoßen.

---

11 Vgl. EuGH, Urteil v. 30.1.2020 – Rs. C-395/18 (Tim), Rn. 39 ff. mit Bezug auf Art. 57 Abs. 4 UAbs. 1 lit. a RL 2014/24/EU; anders EuGH, Urteil v. 3.6.2021 – Rs. C-210/20 (Rad Service), Rn. 45 mit Bezug auf Art. 57 Abs. 4 UAbs. 1 lit. h RL 2014/24/EU, wonach aus Gründen der Verhältnismäßigkeit zunächst die Möglichkeit der Ersetzung vorzusehen sei.

12 Zur unionsrechtlichen Zulässigkeit der Ersetzungsbefugnis als milderes Mittel gegenüber dem Bieterausschluss siehe bereits Rn. 10.

13 Vgl. OLG München, Beschluss v. 29.1.2021 – Verg 11/20; Beschluss v. 27.1.2005 – Verg 2/05, VergabeR 2005, 391 (393); OLG Frankfurt, Beschluss v. 20.7.2004 – 11 Verg 6/04, VergabeR 2004, 642 (645); VK Sachsen, Beschluss v. 7.4.2004 – 1/SVK/023-04.

14 Vgl. VK Sachsen, Beschluss v. 25.6.2003 – 1/SVK/051-03.

2. Das Unternehmen ist zahlungsunfähig, über das Vermögen des Unternehmens ist ein Insolvenzverfahren oder ein vergleichbares Verfahren beantragt oder eröffnet worden, die Eröffnung eines solchen Verfahrens ist mangels Masse abgelehnt worden, das Unternehmen befindet sich im Verfahren der Liquidation oder hat seine Tätigkeit eingestellt.
3. Das Unternehmen hat im Rahmen der beruflichen Tätigkeit nachweislich eine schwere Verfehlung begangen, durch die die Integrität des Unternehmens infrage gestellt wird.
4. Der öffentliche Auftraggeber verfügt über hinreichende Anhaltspunkte, dass das Unternehmen mit anderen Unternehmen Vereinbarungen getroffen oder Verhaltensweisen aufeinander abgestimmt hat, die eine Verhinderung, Einschränkung oder Verfälschung des Wettbewerbs bezwecken oder bewirken.
5. Es besteht ein Interessenkonflikt bei der Durchführung des Vergabeverfahrens, der die Unparteilichkeit und Unabhängigkeit einer für den öffentlichen Auftraggeber tätigen Person bei der Durchführung des Vergabeverfahrens beeinträchtigen könnte und der durch andere, weniger einschneidende Maßnahmen nicht wirksam beseitigt werden kann.
6. Eine Wettbewerbsverzerrung resultiert daraus, dass das Unternehmen bereits in die Vorbereitung des Vergabeverfahrens einbezogen war, und diese Wettbewerbsverzerrung kann nicht durch andere, weniger einschneidende Maßnahmen beseitigt werden.
7. Das Unternehmen hat eine wesentliche Anforderung bei der Ausführung eines früheren öffentlichen Auftrags oder Konzessionsvertrags erheblich oder fortdauernd mangelhaft erfüllt und dies hat zu einer vorzeitigen Beendigung, zu Schadensersatz oder zu einer vergleichbaren Rechtsfolge geführt.
8. Das Unternehmen hat in Bezug auf Ausschlussgründe oder Eignungskriterien eine schwerwiegende Täuschung begangen oder Auskünfte zurückgehalten oder ist nicht in der Lage, die erforderlichen Nachweise zu übermitteln.
9. Das Unternehmen hat versucht, die Entscheidungsfindung des öffentlichen Auftraggebers in unzulässiger Weise zu beeinflussen, es hat versucht, vertrauliche Informationen zu erhalten, durch die es unzulässige Vorteile beim Vergabeverfahren erlangen könnte, oder es hat fahrlässig oder vorsätzlich irreführende Informationen übermittelt, die die Vergabeentscheidung des öffentlichen Auftraggebers erheblich beeinflussen könnten, oder hat versucht, solche Informationen zu übermitteln.

1. Verstoß gegen umwelt-, sozial- oder arbeitsrechtliche Verpflichtungen (Nr. 1)

16 Nach § 124 Abs. 1 Nr. 1 GWB können öffentliche Auftraggeber ein Unternehmen von der Teilnahme an einem Vergabeverfahren ausschließen, wenn das Unternehmen bei der Ausführung öffentlicher Aufträge nachweislich gegen geltende umwelt-, sozial- oder arbeitsrechtliche Verpflichtungen verstoßen hat.

17 Die Regelung setzt Art. 57 Abs. 4 UAbs. 1 lit. a und Art. 18 Abs. 2 **RL 2014/24/EU** um.[15] Nach der Rechtsprechung des EuGH wird Art. 57 Abs. 4 UAbs. 1 lit. a RL 2014/24/EU dahingehend ausgelegt, dass eine unmittelbare Ausschlussbefugnis im nationalen Recht unionsrechtskonform umsetzbar ist, wenn der Tatbestand durch einen Unterauftragnehmer oder ein eignungsentleihendes Unternehmen verwirklicht wird.[16] Da das nationale Recht aber generell eine Ersetzungsbefugnis für diesen Fall vorsieht, ist der unmittelbare Ausschluss eines Bieters bzw. Bewerbers bei Verwirklichung des fakultativen Ausschlussgrundes durch einen Unterauftragnehmer oder ein eignungsentleihendes Unternehmen nicht möglich.[17]

18 Die Regelung ist mit dem **VergRModG 2016** in das GWB aufgenommen worden. Vor Inkrafttreten des VergRModG 2016 konnten Verstöße gegen umwelt-, sozial- und arbeitsrechtliche

15 Vgl. Gesetzesbegründung zu § 124 Abs. 1 Nr. 1 GWB, VergRModG 2016, BT-Drs. 18/6281, 105.
16 Vgl. EuGH, Urteil v. 30.1.2020 – Rs. C-395/18 (Tim), Rn. 39 ff. mit Bezug auf Art. 57 Abs. 4 UAbs. 1 lit. a RL 2014/24/EU.
17 So im Ergebnis auch OLG Celle, Beschluss v. 13.5.2019 – 13 Verg 2/19.

Verpflichtungen allenfalls unter den nunmehr in § 124 Abs. 1 Nr. 3 GWB geregelten Ausschlussgrund der schweren Verfehlung subsumiert werden.

Erfasst sind alle für das Unternehmen geltenden umwelt-, sozial- und arbeitsrechtlichen **Verpflichtungen**, die durch Rechtsvorschriften der Europäischen Union, nationale Rechtsvorschriften, aber auch durch für das Unternehmen verbindliche Tarifverträge festgelegt sind.[18] Wesentliches Merkmal ist bei Letzteren die Verbindlichkeit des Tarifvertrages für das Unternehmen. Ein Ausschluss nach § 124 Abs. 1 Nr. 1 GWB wegen Verstoßes gegen arbeitsrechtliche Bestimmungen aus einem Tarifvertrag setzt voraus, dass das betreffende Unternehmen auch nach dem entsprechenden Tarifvertrag tarifgebunden ist oder der Tarifvertrag für allgemeinverbindlich erklärt wurde.[19] Die Vorschrift betrifft zudem Zahlungsverpflichtungen an tarifvertragliche Sozialkassen.[20] Umfasst sind nach der Gesetzesbegründung[21] auch die in Anhang X RL 2014/24/EU aufgeführten internationalen Abkommen. 19

Der maßgebliche Verstoß gegen solche Verpflichtungen muss bei der Ausführung **öffentlicher Aufträge** erfolgt sein. Dies wird dann infrage gestellt, wenn der Verstoß bei Ausführung eines privatrechtlichen Vertrags mit dem unmittelbaren Adressaten eines öffentlichen Auftrags begangen wurde.[22] 20

Umweltrechtliche Verpflichtungen können sich beispielsweise aus dem KrWG[23], dem BImSchG, dem WHG, dem VerpackG oder der GewAbfV ergeben.[24] 21

Sozial- und **arbeitsrechtliche Verpflichtungen** sind insbesondere im MiLoG sowie in Tariftreuegesetzen, im AÜG, dem Gesetz für die gleichberechtigte Teilhabe von Frauen und Männern an Führungspositionen in der Privatwirtschaft und im öffentlichen Dienst, dem BetrVG oder dem ArbZG[25] vorgesehen. 22

Das Unternehmen muss **nachweislich** gegen geltende umwelt-, sozial- oder arbeitsrechtliche Verpflichtungen verstoßen haben. Für das Vorliegen des Ausschlussgrundes ist es daher erforderlich, dass der öffentliche Auftraggeber den Verstoß nachgewiesen hat.[26] Bloße Vermutungen und Verdachtsmomente genügen nicht. 23

2. Zahlungsunfähigkeit, Insolvenz, Liquidation und Einstellung (Nr. 2)

Öffentliche Auftraggeber können nach § 124 Abs. 1 Nr. 2 GWB ein Unternehmen von der Teilnahme an einem Vergabeverfahren ausschließen, wenn das Unternehmen zahlungsunfähig ist, über das Vermögen des Unternehmens ein Insolvenzverfahren oder ein vergleichbares Verfahren beantragt oder eröffnet worden ist, die Eröffnung eines solchen Verfahrens mangels Masse abgelehnt worden ist, sich das Unternehmen im Verfahren der Liquidation befindet oder seine Tätigkeit eingestellt hat. 24

Die Regelung setzt Art. 57 Abs. 4 UAbs. 1 lit. b **RL 2014/24/EU** um. Entsprechende Regelungen waren bis zum Inkrafttreten des **VergRModG 2016** ausschließlich untergesetzlich in § 6 EG Abs. 6 lit. a VOL/A, § 4 Abs. 9 lit. a VOF und § 16 EG Abs. 1 Nr. 2 lit. a und b VOB/A 2012 enthalten. 25

Allein das Vorliegen der Voraussetzungen des Ausschlussgrundes lässt die Eignung nicht zwangsläufig entfallen. Zwar hat der Gesetzgeber nicht ausdrücklich von der unionsrechtli- 26

18 Vgl. Gesetzesbegründung zu § 124 Abs. 1 Nr. 1 GWB, VergRModG 2016, BT-Drs. 18/6281, 105.
19 Vgl. VK Südbayern, Beschluss v. 21.12.2018 – Z3-3-3194-1-32-09/18 m.w.N.
20 Vgl. Gesetzesbegründung zu § 124 Abs. 1 Nr. 1 GWB, VergRModG 2016, BT-Drs. 18/6281, 105.
21 Vgl. Gesetzesbegründung zu § 124 Abs. 1 Nr. 1 GWB, VergRModG 2016, BT-Drs. 18/6281, 105.
22 Vgl. OLG Celle, Beschluss v. 13.5.2019 – 13 Verg 2/19.
23 Vgl. OLG Celle, Beschluss v. 13.5.2019 – 13 Verg 2/19.
24 Siehe hierzu *Dageförde/Dross*, NVwZ 2005, 19 (22).
25 Vgl. VK Niedersachsen, Beschluss v. 18.10.2005 – VgK-47/05.
26 Vgl. Gesetzesbegründung zu § 124 Abs. 1 Nr. 1 GWB, VergRModG 2016, BT-Drs. 18/6281, 105.

chen Möglichkeit des Art. 57 Abs. 4 UAbs. 2 RL 2014/24/EU[27] Gebrauch gemacht. Die gesetzgeberische Entscheidung zur Festlegung als fakultativen Ausschlusstatbestand wäre allerdings konterkariert, wenn bei Vorliegen der Tatbestandsvoraussetzungen der Ausschluss zwingend wäre. Der öffentliche Auftraggeber darf sein **Ermessen** deshalb nicht generalisierend betätigen.[28] § 124 Abs. 1 Nr. 2 GWB enthält unterschiedliche Abstufungen einer möglichen Ungeeignetheit mit entsprechend unterschiedlichen Anforderungen an den Umfang der Prüfung durch den öffentlichen Auftraggeber. Bei Verwirklichung des Merkmals „Eröffnung beantragt" ist der öffentliche Auftraggeber zu einer präzisen Prüfung gehalten, da die bloße Beantragung – insbesondere durch Gläubiger des Unternehmens – noch keine gesicherte Aussage über die Leistungsfähigkeit des Unternehmens zulässt. Ist das Insolvenzverfahren dagegen bereits eröffnet, ist die wirtschaftliche Leistungsfähigkeit des Unternehmens zumindest zweifelhaft, da nunmehr feststeht, dass das Vermögen zur Deckung der Kosten des Insolvenzverfahrens nicht ausreicht.[29] Die abstrakte Gefährdungslage durch die Eröffnung des Insolvenzverfahrens ist allerdings nicht ausreichend; erforderlich ist vielmehr eine konkrete Überprüfung der Finanzlage des Unternehmens.[30] Dabei kommt es maßgeblich auf die Insolvenzabwicklung an.[31] Denn das in §§ 217 ff. InsO geregelte Insolvenzplanverfahren dient in erster Linie dazu, eine Verwertung der Insolvenzmasse in Form der Sanierung zu ermöglichen.[32] In diesem Fall kann die Leistungsfähigkeit des Unternehmens weiterhin gegeben sein. Zudem kann das Unternehmen unter Umständen im Einzelfall aufgrund der Zuschlagserteilung saniert werden. Mit der Vorschrift ist allerdings nicht die allgemeine Forderung oder auch nur Erwartung des Gesetzgebers verbunden, dass die öffentliche Hand durch den Zuschlag im Vergabeverfahren generell aktiv an der Sanierung insolventer Unternehmen mitwirkt.[33] Der öffentliche Auftraggeber hat mithin auch in diesem Fall im Rahmen seiner Ermessensentscheidung eine Prüfung der Eignung des betroffenen Unternehmens vorzunehmen. Dagegen wird ein Unternehmen bei einer Ablehnung des Antrags auf Eröffnung des Insolvenzverfahrens mangels Masse regelmäßig ungeeignet sein. In diesem Fall obliegen dem öffentlichen Auftraggeber keine besonderen Prüfungspflichten vor einer Ausschlussentscheidung.

a) Zahlungsunfähigkeit

27 Der Begriff der Zahlungsunfähigkeit wird in § 124 GWB nicht erläutert. Zur Auslegung ist auf die Regelungen der InsO zurückzugreifen. Der Schuldner ist nach der Legaldefinition des § 17 Abs. 2 S. 1 InsO zahlungsunfähig, wenn er nicht in der Lage ist, die fälligen Zahlungspflichten zu erfüllen. Dies ist nach § 17 Abs. 2 S. 2 InsO in der Regel anzunehmen, wenn der Schuldner seine Zahlungen eingestellt hat.

b) Insolvenz

28 Öffentliche Auftraggeber können ein Unternehmen von der Teilnahme am Vergabeverfahren ausschließen, wenn über das Vermögen des Unternehmens ein Insolvenzverfahren oder ein vergleichbares Verfahren beantragt oder eröffnet worden ist oder die Eröffnung eines solchen Verfahrens mangels Masse abgelehnt worden ist.

29 Im deutschen Recht ist das **Insolvenzverfahren** in der Insolvenzordnung (InsO) geregelt. Als **vergleichbare Verfahren** sind ausländische Prozeduren gleicher Art und Wirkung zu verstehen.

---

27 Danach kann von den Mitgliedstaaten die Möglichkeit vorgesehen werden, dass der öffentliche Auftraggeber einen Wirtschaftsteilnehmer nicht ausschließt, wenn er unter Berücksichtigung der geltenden nationalen Vorschriften und Maßnahmen betreffend die Fortführung der Geschäftstätigkeit in den in § 124 Abs. 1 Nr. 2 GWB aufgeführten Fällen festgestellt hat, dass das betroffene Unternehmen dennoch in der Lage sein wird, den Auftrag zu erfüllen.

28 Vgl. OLG Celle, Beschluss v. 18.2.2013 – 13 Verg 1/13; OLG Düsseldorf, Beschluss v. 2.5.2012 – VII-Verg 68/11.

29 Vgl. OLG Celle, Beschluss v. 18.2.2013 – 13 Verg 1/13.

30 Vgl. OLG Celle, Beschluss v. 18.2.2013 – 13 Verg 1/13; OLG Schleswig, Beschluss v. 30.5.2012 – 1 Verg 2/12; OLG Düsseldorf, Beschluss v. 5.12.2006 – VII-Verg 56/06, NZBau 2007, 668 (669).

31 Vgl. OLG Celle, Beschluss v. 18.2.2013 – 13 Verg 1/13.

32 Vgl. *Braun*, in: Braun, InsO, Vor § 217 Rn. 1.

33 Vgl. OVG Niedersachsen, Urteil v. 15.11.2016 – 8 LB 58/16 (bezüglich der Gewährung von Zuwendungen).

30 **Ziel des Insolvenzverfahrens** ist – mindestens gleichberechtigt neben einer Verwertung des Schuldnervermögens zur Befriedigung der Gläubiger – auch die Erhaltung des betroffenen Unternehmens durch eine Regelung, die im Insolvenzplan getroffen wird (vgl. § 1 S. 1, §§ 217 ff. InsO).[34]

31 Öffentliche Auftraggeber können ein Unternehmen bereits dann vom Vergabeverfahren ausschließen, wenn ein Insolvenzverfahren **beantragt** worden ist. Gemäß § 13 Abs. 1 S. 1 InsO wird das Verfahren nur auf schriftlichen Antrag eröffnet. Antragsberechtigt sind nach § 13 Abs. 1 S. 2 InsO sowohl der Schuldner als auch die Gläubiger.[35] Nicht erforderlich ist für den Ausschluss des Unternehmens, dass der Antrag zulässig und/oder begründet ist. Öffentliche Auftraggeber verfügen in der Regel schon nicht über das Know-how, eine solche Prüfung vorzunehmen.

32 Für die **Eröffnung des Verfahrens** ist erforderlich, dass der Eröffnungsantrag zulässig ist. In materieller Hinsicht setzt die Eröffnung voraus, dass gemäß § 16 InsO ein Eröffnungsgrund vorliegt. Allgemeiner Eröffnungsgrund ist nach § 17 Abs. 1 InsO die Zahlungsunfähigkeit des Schuldners.[36] Eine lediglich drohende Zahlungsunfähigkeit ist nach § 18 Abs. 1 InsO nur dann Eröffnungsgrund, wenn der Schuldner selbst das Verfahren beantragt. Bei juristischen Personen kommt gemäß § 19 Abs. 1 InsO zudem der Eröffnungsgrund der Überschuldung hinzu. Nach der Legaldefinition des § 19 Abs. 2 InsO liegt Überschuldung vor, wenn das Vermögen des Schuldners die bestehenden Verbindlichkeiten nicht mehr deckt, es sei denn, die Fortführung des Unternehmens in den nächsten zwölf Monaten ist nach den Umständen überwiegend wahrscheinlich.

33 Ist der Antrag auf Eröffnung des Insolvenzverfahrens zulässig und ein Eröffnungsgrund gegeben, hat das Insolvenzgericht über den weiteren Fortgang zu entscheiden. In Betracht kommt einerseits eine Abweisung mangels Masse nach § 26 InsO, andererseits ein Eröffnungsbeschluss nach § 27 InsO. Das Insolvenzgericht weist den Antrag gemäß § 26 Abs. 1 InsO **mangels Masse** ab, wenn das Vermögen des Schuldners voraussichtlich nicht ausreichen wird, um die Kosten des Insolvenzverfahrens (§ 54 InsO) zu decken. Das Insolvenzgericht trifft also eine Prognoseentscheidung.[37] Liegt kein Abweisungsgrund vor, ernennt das Insolvenzgericht einen Insolvenzverwalter durch Eröffnungsbeschluss gemäß § 27 InsO.

34 Die Insolvenz eines Unternehmens rechtfertigt den Ausschluss des Unternehmens vom Vergabeverfahren nicht ohne Weiteres. Der Gesetzgeber hat die Eröffnung des Insolvenzverfahrens über das Vermögen des Unternehmens gerade nicht als zwingenden Ausschlussgrund nach § 123 GWB eingeordnet. Der öffentliche Auftraggeber ist verpflichtet, im Rahmen seiner **Ermessensausübung** einzelfallbezogen zu prüfen, ob die Insolvenz die Leistungsfähigkeit des Unternehmens erschüttert.[38] Es gibt keine Regelvermutung, dass nach Eröffnung eines Insolvenzverfahrens der Bieter finanziell nicht leistungsfähig ist. Der öffentliche Auftraggeber ist daher nicht berechtigt, sein Ermessen generalisierend zu betätigen.[39] Andererseits enthält die Regelung auch keine Pflicht für öffentliche Auftraggeber, generell aktiv an der Sanierung insolventer Unternehmen mitzuwirken.[40]

c) Liquidationsverfahren

35 Öffentliche Auftraggeber können ein Unternehmen von der Teilnahme am Vergabeverfahren ausschließen, wenn es sich im Verfahren der Liquidation befindet.

34 Vgl. OLG Düsseldorf, Beschluss v. 2.5.2012 – VII-Verg 68/11.
35 Nähere Vorgaben zur Antragsberechtigung enthalten §§ 14, 15 InsO.
36 Siehe hierzu oben Rn. 27.
37 Vgl. *Kind*, in: Braun, InsO, § 26 Rn. 12.
38 Vgl. OLG Celle, Beschluss v. 11.6.2015 – 13 Verg 4/15; OLG Rostock, Beschluss v. 2.10.2014 – 2 W 10/14; OLG Düsseldorf, Beschluss v. 2.5.2012 – VII-Verg 68/11.
39 Vgl. OLG Celle, Beschluss v. 11.6.2015 – 13 Verg 4/15; OLG Düsseldorf, Beschluss v. 2.5.2012 – VII-Verg 68/11.
40 Vgl. im Einzelnen bereits Rn. 26.

36 **Liquidation** meint die Abwicklung eines Unternehmens[41] nach dessen Auflösung und führt zur Vollbeendigung der Gesellschaft durch Erlöschen der Eigenschaft als Rechtsträger. Mit Auflösung der Gesellschaft besteht ihr Zweck nach h. M.[42] nunmehr in der vermögensmäßigen Abwicklung und Vollbeendigung der Gesellschaft (Abwicklungsgesellschaft).

37 Befindet sich ein Unternehmen im Stadium der Liquidation, so bietet es nicht mehr die Gewähr für eine hinreichend sorgfältige Ausführung der Leistung bis zu deren ordnungsgemäßer Vollendung. Da das Unternehmen demnächst nicht mehr existent sein wird, sind zumindest etwaige Gewährleistungsrechte des öffentlichen Auftraggebers gefährdet. In dieser Konstellation ist das Ermessen des öffentlichen Auftraggebers daher stets **auf Null reduziert**, so dass ein Ausschluss des betroffenen Unternehmens zwingend zu erfolgen hat.

d) Einstellung der Unternehmenstätigkeit

38 Öffentliche Auftraggeber können ein Unternehmen von der Teilnahme am Vergabeverfahren ausschließen, wenn es seine Tätigkeit eingestellt hat. Der Ausschlussgrund ist mit dem VergRModG 2016 in das GWB-Vergaberecht aufgenommen worden und war auch in den untergesetzlichen Vorgängerregelungen zu § 124 Abs. 1 Nr. 2 GWB nicht enthalten.

39 Die Regelung spezifiziert nicht, was mit „**seine Tätigkeit**" gemeint ist. Erfasst ist jedenfalls die gesamte Tätigkeit eines Unternehmens. Nicht ausreichend ist es, dass ein Unternehmen lediglich teilweise, insbesondere in der von dem zu vergebenden öffentlichen Auftrag betroffenen Sparte, seine Tätigkeit eingestellt hat. Dies ergibt sich daraus, dass auch die übrigen in § 124 Abs. 1 Nr. 2 GWB genannten Tatbestandsvarianten auf die Gesamtheit des Unternehmens abstellen.

40 Hat ein Unternehmen seine Tätigkeit eingestellt, so bietet es nicht mehr die Gewähr für eine hinreichend sorgfältige Ausführung der Leistung bis zu deren ordnungsgemäßer Vollendung. In dieser Konstellation ist das Ermessen des öffentlichen Auftraggebers daher stets **auf Null reduziert**, so dass ein Ausschluss des betroffenen Unternehmens zwingend zu erfolgen hat.

e) Darlegungs- und Beweislast

41 Die **primäre** Darlegungs- und Beweislast dafür, dass die Voraussetzungen des Ausschlussgrundes vorliegen, trägt der öffentliche Auftraggeber.

42 Sind diese Voraussetzungen des Ausschlussgrundes festgestellt, liegt die **sekundäre** Darlegungs- und Beweislast beim Unternehmen. Ihm obliegt es, dem öffentlichen Auftraggeber alle notwendigen Informationen zukommen zu lassen.[43] Liegt kein Insolvenzplan vor, muss das Unternehmen konkretes Zahlen- und Tatsachenmaterial beibringen, um dem öffentlichen Auftraggeber eine Prognoseentscheidung für den Leistungszeitraum zu ermöglichen.

3. Schwere Verfehlung (Nr. 3)

43 Öffentliche Auftraggeber können nach § 124 Abs. 1 Nr. 3 GWB ein Unternehmen von der Teilnahme an einem Vergabeverfahren ausschließen, wenn das Unternehmen im Rahmen der beruflichen Tätigkeit nachweislich eine schwere Verfehlung begangen hat, durch die die Integrität des Unternehmens infrage gestellt wird.

44 Die Regelung setzt Art. 57 Abs. 4 UAbs. 1 lit. c **RL 2014/24/EU** um. Entsprechende Regelungen waren bis zum Inkrafttreten des **VergRModG 2016** ausschließlich untergesetzlich in § 6 EG Abs. 6 lit. c VOL/A, § 4 Abs. 9 lit. c VOF und § 16 EG Abs. 1 Nr. 2 lit. c VOB/A 2012 enthalten. Eine Parallelregelung befindet sich in den untergesetzlichen Vorschriften nach wie vor in § 6e EU Abs. 6 Nr. 3 VOB/A.

---

41 Zur Terminologie vgl. *Hopt*, in: Baumbach/Hopt, HGB, § 145 Rn. 3; *Schmidt*, in: Drescher/Fleischer/Schmidt, § 145 HGB Rn. 6.

42 Vgl. *Hopt*, in: Baumbach/Hopt, HGB, § 145 Rn. 4; *Hillmann*, in: Ebenroth/Boujong/Joost/Strohn, HGB, § 145 Rn. 12; a.A. *Schmidt*, in: Drescher/Fleischer/Schmidt, HGB, § 156 Rn. 11.

43 Vgl. VK Brandenburg, Beschluss v. 19.12.2013 – VK 23/13.

Die Vorgängerregelungen in § 6 EG Abs. 6 lit. c VOL/A und § 16 EG Abs. 1 Nr. 2 lit. c VOB/A 2012 sahen vor, dass die schwere Verfehlung die **Zuverlässigkeit** des Bewerbers oder Bieters in Frage stellt. § 124 Abs. 1 Nr. 3 GWB sieht diese Voraussetzung nicht mehr vor. Die Voraussetzung liegt aber § 124 GWB ungeschrieben zugrunde und ist daher zu berücksichtigen.[44] 45

Die Regelung ermächtigt ausweislich des Wortlauts nur zum Ausschluss für das **konkrete Vergabeverfahren**. Die Verhängung einer Auftragssperre kann auf diese Regelung nicht gestützt werden.[45] 46

a) Schwere Verfehlung im Rahmen der beruflichen Tätigkeit

Bei einer **Verfehlung** handelt es sich um jedes schuldhafte Verhalten, durch das die Integrität des Unternehmens in Frage steht.[46] Für die infrage gestellte Integrität müssen nachvollziehbare sachliche Gründe vorliegen, dass auch der zu vergebende Auftrag nicht integer abgewickelt wird.[47] Dem Erwägungsgrund 101 RL 2014/24/EU lässt sich entnehmen, dass die beruflichen Verfehlungen vornehmlich außervertraglichen Charakter haben, es sich also um Unregelmäßigkeiten handelt, die sich im Allgemeinen außerhalb vertraglicher Beziehungen ereignen. Dies ist bei Verfehlungen, die umwelt- oder sozialrechtliche Verpflichtungen, Wettbewerbsregeln oder Rechte des geistigen Eigentums betreffen, oder bei Verstößen gegen steuer- oder sozialversicherungsrechtliche Pflichten der Fall.[48] So können etwa Patentrechtsverletzungen[49] oder die Verletzung von (auch relativen) Wettbewerbsverboten[50] tatbestandlicher Gegenstand des Ausschlussgrundes sein. 47

Die Verfehlung muss zudem **schwer** wiegen. Das ist der Fall, wenn sie schuldhaft begangen worden ist und erhebliche Auswirkungen hat.[51] Derlei Auswirkungen sind anzunehmen, wenn besonders schützenswerte Rechtsgüter verletzt wurden und ein erheblicher Schaden entstanden ist oder zu entstehen drohte.[52] Angesichts des Verhaltens des Unternehmens darf dem öffentlichen Auftraggeber nicht zugemutet werden können, mit diesem in vertragliche Beziehungen zu treten.[53] Es kommt folglich darauf an, dass das für eine erfolgreiche Auftragsausführung notwendige Vertrauensverhältnis zwischen öffentlichem Auftraggeber und Unternehmen in schwerwiegender Weise gestört ist.[54] Pauschal herabsetzende und in hohem Maße despektierliche Meinungsäußerungen eines Unternehmens gegenüber dem öffentlichen Auftraggeber genügen hierfür selbst dann nicht, wenn sie als ungehörige Attacken für ein zukünftiges gedeihliches Zusammenwirken bei der Auftragsausführung die schlechtestmögliche Voraussetzung darstellen.[55] 48

---

44 Vgl. EuGH, Urteil v. 19.6.2019 – Rs. C-41/18 (Meca), Rn. 30; Erwägungsgrund 101 RL 2014/24/EU (*„die sich als unzuverlässig erwiesen haben"*); Generalanwalt Campos Sánchez-Bordona, Schlussanträge v. 7.3.2019 – Rs. C-41/18 (Meca), Rn. 42 ff.

45 Siehe zur Vorgängerregelung auch *Tomerius*, in: Pünder/Schellenberg, Vergaberecht, § 16 VOB/A Rn. 36; *Ohrtmann*, NZBau 2007, 278; *Freund*, VergabeR 2007 (Sonderheft 2a), 311 (319); a.A. LG Frankfurt a. M., Urteil v. 26.11.2003 – 2-06 O 345/03, NZBau 2004, 630 (631); wohl auch KG, Urteil v. 8.12.2011 – 2 U 11/11, VergabeR 2012, 208 (211); *Ohle/Gregoritza*, ZfBR 2003, 16 (17).

46 Vgl. Gesetzesbegründung zu § 124 Abs. 1 Nr. 3 GWB, VergRModG 2016, BT-Drs. 18/6281, 105.

47 Vgl. OLG Karlsruhe, Beschluss v. 30.10.2018 – 15 Verg 5/18 m.w.N.

48 Vgl. Generalanwalt Campos Sánchez-Bordona, Schlussanträge v. 7.3.2019 – Rs. C-41/18 (Meca), Rn. 39; zur Abgrenzung von den vertraglichen Verfehlungen siehe Rn. 52.

49 Vgl. VK Bund, Beschluss v. 10.6.2021 – VK 1-34/21.

50 Vgl. VK Thüringen, Beschluss v. 28.2.2020 – 250-4004-630/2020-E-002-EF.

51 Vgl. OLG München, Beschluss v. 21.5.2010 – Verg 02/10; LG Düsseldorf, Urteil v. 16.3.2005 – 12 O 225/04; VK Niedersachsen, Beschluss v. 24.3.2011 – VgK-04/2011; VK Bund, Beschluss v. 15.5.2009 – VK 2-21/09.

52 Vgl. VK Niedersachsen, Beschluss v. 24.3.2011 – VgK-04/2011.

53 So auch OLG München, Beschluss v. 21.4.2017 – Verg 2/17; VK Südbayern, Beschluss v. 6.2.2017 – Z3-3-3194-1-50-12/16; vgl. *Freund*, VergabeR 2007 (Sonderheft 2a), 311 (314).

54 Vgl. EuGH, Urteil v. 19.6.2019 – Rs. C-41/18 (Meca), Rn. 30; VK Brandenburg, Beschluss v. 17.12.2003 – VK 71/03.

55 Vgl. VK Sachsen, Beschluss v. 27.12.2019 – 1/SVK/037-19 mit Bezug auf Äußerungen wie *„Ich bin verblüfft, mit welcher fachlichen Inkompetenz die Auftraggeberin Zusatzaufträge ausgibt."* oder *„Vielleicht kann sich die Auftraggeberin unter der Regie des befähigten Mitarbeiters und Verantwortlichen der Vertragsabteilung zu rechtsverbindlichen Unterschriften hinreißen lassen."* oder *„Gern koordinieren wir für Sie die Baustelle, da Sie offenbar in Ihrer Funktion überfordert sind."*.

49 § 124 Abs. 1 Nr. 3 GWB stellt klar, dass das Unternehmen die schwere Verfehlung im Rahmen seiner **beruflichen Tätigkeit** begangen haben muss.[56] Verfehlungen außerhalb der beruflichen Tätigkeit scheiden aus. Relevant ist diese Voraussetzung insbesondere bei Fehlverhalten von natürlichen Personen.

50 Bei dem Begriff der schweren Verfehlung handelt es sich um einen unbestimmten Rechtsbegriff.[57] Entgegen der h. M.[58] steht dem öffentlichen Auftraggeber bei der Auslegung des Begriffs kein **Beurteilungsspielraum** zu. Die Auslegung durch den öffentlichen Auftraggeber kann von den Nachprüfungsinstanzen uneingeschränkt überprüft werden.[59]

51 Die sehr weitgehende Unbestimmtheit des Begriffs ist vor dem Hintergrund des verfassungsrechtlichen **Bestimmtheitsgebots** kritisch zu betrachten. Das BVerfG hat allerdings in Entscheidungen zu anderen Rechtsgebieten die Verwendung dieser Formulierung nicht bemängelt.[60] Jedenfalls aus Transparenzgesichtspunkten ist dem öffentlichen Auftraggeber aber anzuraten, die von ihm angesetzten Kriterien für das Vorliegen einer schweren Verfehlung den Unternehmen vorab bekannt zu machen oder zumindest in der Vergabeakte zu dokumentieren.

52 Gestützt auf den Erwägungsgrund 101 RL 2014/24/EU wird § 124 Abs. 1 Nr. 3 GWB zwar eine Vornehmlichkeit für außervertragliche Verfehlungen zugesprochen.[61] Eine trennscharfe Abgrenzung von den vertraglichen Verfehlungen ist damit allerdings nicht verbunden. Eine schwere Verfehlung kommt bei der **Verletzung gesetzlicher oder vertraglicher Verpflichtungen** (z. B. auch bei der Verletzung von Auftragsausführungsbedingungen bei früheren öffentlichen Aufträgen) in Betracht.[62] In diesen Fällen werden häufig auch die Voraussetzungen für einen Ausschluss nach § 124 Abs. 1 Nr. 1 oder 7 GWB vorliegen.[63]

53 Ist eine verantwortlich handelnde Person aufgrund einer günstigen Sozialprognose nur zu einer **Bewährungsstrafe** verurteilt worden, so ist nicht allein deshalb die Gewähr für eine künftig einwandfreie Ausführung im Sinne einer Zuverlässigkeit des Unternehmens anzunehmen. Bewährung bedeutet vielmehr, dass erst bei nachgewiesenem Wohlverhalten während der Dauer der Bewährungszeit die abschließende Bewertung möglich ist, dass es zur Einwirkung auf die Person einer Vollzugsstrafe nicht bedarf.[64] Auch die **Einstellung eines Ermittlungsverfahrens** schließt den Nachweis einer schweren Verfehlung nicht aus, da insbesondere im Bereich der Wirtschaftskriminalität eine Einstellung nach § 153a StPO häufig aus verfahrensökonomischen Gründen vorgenommen wird und somit keine Aussage über das Vorliegen einer schweren Verfehlung trifft.[65] Dagegen dürfte bei einem rechtskräftigen **Freispruch** ein Ausschluss des Unternehmens grundsätzlich nicht mehr möglich sein. Denn auch wenn ein Freispruch aus Mangel an Beweisen erfolgt ist, wird es einem öffentlichen Auftraggeber kaum möglich sein, ohne die der Staatsanwaltschaft und den Gerichten zur Verfügung stehenden Ermittlungsmöglichkeiten noch den Nachweis einer schweren Verfehlung zu führen.

---

56 Die Vorgängerregelungen stellten dies nicht ausdrücklich klar, für eine solche Einschränkung aber bereits *Hölzl/Ritzenhoff*, NZBau 2012, 28 (29).

57 So auch VK Sachsen, Beschluss v. 27.12.2019 – 1/SVK/037–19.

58 Vgl. OLG Celle, Beschluss v. 13.5.2019 – 13 Verg 2/19; OLG Karlsruhe, Beschluss v. 30.10.2018 – 15 Verg 5/18; LG Düsseldorf, Urteil v. 16.3.2005 – 12 O 225/04; VK Niedersachsen, Beschluss v. 24.3.2011 – VgK-4/2011; VK Münster, Beschluss v. 16.12.2010 – VK 9/10; VK Düsseldorf, Beschluss v. 31.10.2005 – VK-30/2005-B.

59 Vgl. OLG München, Beschluss v. 22.11.2012 – Verg 22/12, NZBau 2013, 261.

60 Vgl. etwa BVerfG, Beschluss v. 8.7.1993 – 2 BvR 213/93, NJW 1994, 1339 (1340).

61 Vgl. Generalanwalt Campos Sánchez-Bordona, Schlussanträge v. 7.3.2019 – Rs. C-41/18 (Meca), Rn. 39.

62 Vgl. Gesetzesbegründung zu § 124 Abs. 1 Nr. 3 GWB, VergRModG 2016, BT-Drs. 18/6281, 105.

63 In diesem Sinne auch Generalanwalt Campos Sánchez-Bordona, Schlussanträge v. 7.3.2019 – Rs. C-41/18 (Meca), Rn. 40.

64 Vgl. OLG München, Beschluss v. 21.4.2006 – Verg 08/06, VergabeR 2006, 561 (566).

65 Anders wohl OLG Celle, Beschluss v. 13.5.2019 – 13 Verg 2/19, für den Fall, dass Verfehlungen eines Geschäftsführers nicht zu umweltrechtlichen Sanktionen geführt haben und strafrechtliche Ermittlungsverfahren gemäß § 153a StPO gegen Geldauflage eingestellt wurden.

Bloße **Meinungsverschiedenheiten** zwischen Unternehmen und dem öffentlichen Auftraggeber über die ordnungsgemäße Auftragserfüllung sind keine schwere Verfehlung.[66] Dies gilt auch dann, wenn die Meinungsverschiedenheiten Gegenstand eines Rechtsstreits oder selbstständigen Beweisverfahrens sind.[67] Selbst kritische, wenngleich sachliche Presseäußerungen rechtfertigen nicht den Ausschluss aufgrund einer schweren Verfehlung.[68] Auch die anwaltliche Geltendmachung von zivilrechtlichen Ansprüchen gegen den öffentlichen Auftraggeber genügt nicht.[69] 54

b) Zurechnung

Die schwere Verfehlung muss durch das Unternehmen begangen worden sein. Unproblematisch ist der Anknüpfungspunkt für die Prüfung, wenn es sich bei dem Unternehmen um eine **natürliche Person** handelt. 55

Bei der Beteiligung von **Personengesellschaften** und **juristischen Personen** am Vergabeverfahren ist fraglich, welches Subjekt als Anknüpfungspunkt für die Feststellung der Verfehlung anzusehen ist. Da Personengesellschaften und juristische Personen selbst nicht schuldhaft handeln können, stellt § 124 Abs. 1 Nr. 3 Hs. 2 GWB mit dem Verweis auf § 123 Abs. 3 GWB klar, dass auf die verantwortlich handelnden Personen abzustellen ist.[70] Das Verhalten der natürlichen Person ist nach der Regelung einem Unternehmen zuzurechnen, wenn diese Person als für die Leitung des Unternehmens Verantwortlicher gehandelt hat; dazu gehört auch die Überwachung der Geschäftsführung oder die sonstige Ausübung von Kontrollbefugnissen in leitender Stellung. 56

Daneben kann eine Zurechnung auch innerhalb eines **Konzernverbunds** erfolgen, wenn das Unternehmen unter der Einflussmöglichkeit desjenigen Unternehmens steht, das die schwere Verfehlung begangen hat.[71] 57

In Bezug auf die **verantwortlich handelnden Personen** kann wie folgt unterschieden werden. Unproblematisch ist eine Verfehlung einer verantwortlich handelnden Person dem Unternehmen zuzurechnen, wenn diese Person bei der Verfehlung bereits für das Unternehmen tätig war und während der Teilnahme am Vergabeverfahren noch tätig ist.[72] Eine Zurechnung kommt aber auch in Betracht, wenn die Verfehlung noch nicht im Rahmen der Tätigkeit für das betreffende Unternehmen begangen wurde, die Person dort aber nunmehr verantwortlich tätig ist.[73] Das Unternehmen nimmt durch die Beschäftigung der betreffenden Person deren schwere Verfehlung in Kauf, importiert dadurch gewissermaßen die Unzuverlässigkeit und muss sich diese folglich ebenfalls zurechnen lassen. Auch eine bloß formale Unternehmensneugründung mit Übernahme des fraglichen Personals kann folglich aufgrund des persönlichen Anknüpfungspunktes einen Ausschluss nicht verhindern.[74] Die Tatsache, dass früheres Leitungspersonal eines Unternehmens strafrechtlich belangt wurde, ist dann nicht von Relevanz für den Tatbestand des § 124 Abs. 1 Nr. 3 GWB, wenn es zum Zeitpunkt der Beurteilung des öffentlichen Auftraggebers nicht mehr dem Unternehmen angehört.[75] 58

66 So auch OLG München, Beschluss v. 21.4.2017 – Verg 2/17; OLG Celle, Urteil v. 26.6.1998 – 6 U 21/97; VK Sachsen, Beschluss v. 27.12.2019 – 1/SVK/037-19; Beschluss v. 17.7.2007 – 1/SVK/046-07; VK Südbayern, Beschluss v. 6.2.2017 – Z3-3-3194-1-50-12/16; VK Schleswig-Holstein, Beschluss v. 7.11.2014 – VK-SH 21/14; VK Köln, Beschluss v. 20.11.2012 – VK VOL 59/2011.

67 Vgl. LG Düsseldorf, Urteil v. 16.3.2005 – 12 O 225/04; VK Südbayern, Beschluss v. 6.2.2017 – Z3-3-3194-1-50-12/16; VK Schleswig-Holstein, Beschluss v. 7.11.2014 – VK-SH 21/14; VK Sachsen, Beschluss v. 17.7.2007 – 1/SVK/046-07.

68 Vgl. OLG Düsseldorf, Beschluss v. 8.5.2002 – VII-Verg 8-15/01; VK Schleswig-Holstein, Beschluss v. 7.11.2014 – VK-SH 21/14.

69 Vgl. VK Bund, Beschluss v. 15.5.2009 – VK 2-21/09; VK Sachsen, Beschluss v. 27.12.2019 – 1/SVK/037-19.

70 So bereits zur früheren Rechtslage OLG Düsseldorf, Beschluss v. 28.7.2005 – VII-Verg 42/05; OLG Saarbrücken, Beschluss v. 29.12.2003 – 1 Verg 4/03, ZfBR 2004, 490 (491); LG Frankfurt a.M., Urteil v. 26.11.2003 – 2-06 O 345/03, NZBau 2004, 630 (631).

71 Vgl. VK Niedersachsen, Beschluss v. 24.3.2011 – VgK-4/2011, NZBau 2011, 574 (576); siehe dazu auch *Hölzl/Ritzenhoff*, NZBau 2012, 28 (29).

72 Vgl. VK Bund, Beschluss v. 11.10.2002 – VK1 75/02.

73 Vgl. *Dreher/Hoffmann*, NZBau 2012, 265 (268).

74 Vgl. OLG Düsseldorf, Beschluss v. 18.7.2001 – Verg 16/01.

75 Vgl. VK Sachsen-Anhalt, Beschluss v. 27.3.2019 – 2 VK LSA 23/18.

c) Nachweislichkeit

59 Voraussetzung für einen Ausschluss ist, dass nachweislich eine schwere Verfehlung begangen wurde. Nach dem Wortlaut der Norm liegt mithin die **Darlegungs-** und **Beweislast** hinsichtlich des Vorliegens einer schweren Verfehlung beim öffentlichen Auftraggeber.[76]

60 Das Vorliegen einer schweren Verfehlung muss bei objektiver Betrachtung der Tatsachengrundlage **eindeutig** sein.[77] Der Nachweis ist unzweifelhaft dann geführt, wenn sich der öffentliche Auftraggeber auf einen bestandskräftigen Bußgeldbescheid oder eine rechtskräftige Verurteilung berufen kann.[78] Gleichwohl ist dies nicht zwingend erforderlich.[79] Der öffentliche Auftraggeber ist vielmehr bereits bei Vorliegen konkreter Anhaltspunkte zu einem Ausschluss berechtigt. Denn zwischen dem Tatzeitpunkt und einer rechtskräftigen Entscheidung kann ein langer Zeitraum liegen, in dem es dem öffentlichen Auftraggeber nicht zugemutet werden kann, vertragliche Beziehungen mit dem betreffenden Unternehmen aufzunehmen.[80] Auch das Vorliegen einer Anklageschrift oder eines Eröffnungsbeschlusses muss daher nicht abgewartet werden.[81] Als Nachweis können folglich auch entsprechende Aufzeichnungen, Belege oder andere Schriftstücke dienen.[82] Bloße Vermutungen oder Verdachtsmomente genügen für einen Ausschluss allerdings nicht.[83] Die dem Ausschluss zugrunde gelegten Anhaltspunkte müssen vielmehr auf gesicherter Erkenntnis[84] beruhen. Nicht hinreichend sind hingegen etwa Aussagen von Zeugen, die zudem noch ein Eigeninteresse am Ausschluss des Unternehmens haben.[85] Auch genügt etwa die Abgabe eines überteuerten Angebots allein nicht als hinreichende Anknüpfungstatsache für die Verwirklichung des strafrechtlichen Untreuetatbestandes.[86] Hinreichend ist aber etwa die Tatsache, dass sich ehemaliges Führungspersonal eines Unternehmens über einen mehrmonatigen Zeitraum in Untersuchungshaft befunden hat, da dies nachweisbare objektivierte Anhaltspunkte für Verfehlungen nahelegen könnte. Denn Untersuchungshaft setzt voraus, dass die Staatsanwaltschaft und das die Haft anordnende Gericht aufgrund der vorliegenden Beweise einen dringenden Tatverdacht im Sinne des § 112 Abs. 1 S. 2 StPO bejahen. Dringender Tatverdacht besteht, wenn nach dem bisherigen Ermittlungsergebnis in seiner Gesamtheit die hohe Wahrscheinlichkeit dafür besteht, dass der Beschuldigte als Täter oder Teilnehmer eine Straftat begangen hat und deshalb verurteilt werden wird.[87]

61 In der Regel wird eine **Mitwirkung des Unternehmens** bei der Ermittlung des Sachverhalts notwendig sein. Infolgedessen ist der öffentliche Auftraggeber berechtigt, von dem betreffenden Unternehmen entsprechende Erklärungen, Übergabe von Schriftstücken, etc. zu verlangen.[88] Die fehlende Mitwirkung in Folge eines berechtigten Auskunftsverlangens des öffentlichen Auftraggebers ist eine Obliegenheitsverletzung des Unternehmens, die eine abschließende Überprüfung des Vorliegens eines Ausschlussgrundes unmöglich machen kann.

---

76 Vgl. VK Nordbayern, Beschluss v. 22.1.2007 – 21.VK-3194-44/06; VK Sachsen, Beschluss v. 3.11.2005 – 1/SVK/125-05; VK Niedersachsen, Beschluss v. 18.10.2005 – VgK-47/2005.

77 Vgl. VK Nordbayern, Beschluss v. 22.1.2007 – 21.VK-3194-44/06.

78 Vgl. OLG München, Beschluss v. 21.4.2006 – Verg 08/06, VergabeR 2006, 561 (564).

79 Vgl. OLG München, Beschluss v. 22.11.2012 – Verg 22/12, VergabeR 2013, 499 (501); OLG Saarbrücken, Beschluss v. 29.12.2003 – 1 Verg 4/03, NZBau 2004, 346 (347); VK Nordbayern, Beschluss v. 22.1.2007 – 21 VK 3194 44/06; VK Düsseldorf, Beschluss v. 13.3.2006 – VK 08/2006-L.

80 Vgl. OLG Saarbrücken, Beschluss v. 29.12.2003 – 1 Verg 4/03, NZBau 2004, 346 (347).

81 Vgl. OLG Frankfurt, Beschluss. v. 24.6.2004 – 11 Verg 6/04; LG Berlin, Urteil v. 22.3.2006 – 23 O 118/04.

82 Vgl. OLG Frankfurt, Beschluss v. 20.7.2004 – 11 Verg 6/04, VergabeR 2004, 642 (645); OLG Saarbrücken, Beschluss v. 29.12.2003 – 1 Verg 4/03, NZBau 2004, 346 (347).

83 Vgl. OLG Düsseldorf, Beschluss v. 17.2.2016 – VII-Verg 41/15; OLG München, Beschluss v. 21.5.2010 – Verg 02/10; OLG Bremen, Beschluss v. 24.5.2006 – Verg 1/2006; OLG Saarbrücken, Beschluss v. 29.12.2003 – 1 Verg 4/03, NZBau 2004, 346 (347).

84 Vgl. OLG München, Beschluss v. 21.5.2010 – Verg 2/10; OLG Düsseldorf, Beschluss v. 9.4.2003 – VII-Verg 43/02, NZBau 2003, 578 (580).

85 Vgl. OLG München, Beschluss v. 21.5.2010 – Verg 2/10.

86 Vgl. OLG Rostock, Beschluss v. 17.7.2019 – 17 Verg 1/19.

87 Vgl. OLG Düsseldorf, Beschluss v. 14.11.2018 – VII-Verg 31/18.

88 Vgl. OLG München, Beschluss v. 27.1.2005 – Verg 2/05, VergabeR 2005, 391 (393).

In diesem Fall ist der öffentliche Auftraggeber zum Ausschluss des Unternehmens aufgrund der fehlenden Mitwirkung berechtigt.[89]

4. Wettbewerbsbeschränkende Vereinbarungen/Verhaltensweisen (Nr. 4)

Öffentliche Auftraggeber können nach § 124 Abs. 1 Nr. 4 GWB ein Unternehmen von der Teilnahme an einem Vergabeverfahren ausschließen, wenn der öffentliche Auftraggeber über hinreichende Anhaltspunkte dafür verfügt, dass das Unternehmen mit anderen Unternehmen Vereinbarungen getroffen oder Verhaltensweisen aufeinander abgestimmt hat, die eine Verhinderung, Einschränkung oder Verfälschung des Wettbewerbs bezwecken oder bewirken. **62**

Die Regelung setzt Art. 57 Abs. 4 UAbs. 1 lit. d **RL 2014/24/EU** um.[90] Sie ist mit dem **VergRModG 2016** in das GWB aufgenommen worden und wurde zur Anpassung an das deutsche und europäische Kartellrecht um die Tatbestandsalternative der wettbewerbsbeschränkenden abgestimmten Verhaltensweisen ergänzt.[91] Vor dem Inkrafttreten des VergRModG 2016 enthielten lediglich die untergesetzlichen Regelungen einen Ausschlussgrund für wettbewerbsbeschränkende Maßnahmen in § 19 EG Abs. 3 lit. f VOL/A und § 16 EG Abs. 1 Nr. 1 lit. d VOB/A 2012. Die Regelungen waren im Gegensatz zu § 124 Abs. 1 Nr. 4 GWB als zwingender Ausschlussgrund ausgestaltet. **63**

Während § 19 EG Abs. 3 lit. f VOL/A und § 16 EG Abs. 1 Nr. 1 lit. d VOB/A 2012 von einer „wettbewerbsbeschränkenden Abrede" sprachen, behandelt § 124 Abs. 1 Nr. 4 GWB in Anlehnung an § 1 GWB[92] die **wettbewerbsbeschränkenden Vereinbarungen** und wettbewerbsbeschränkenden aufeinander **abgestimmten Verhaltensweisen**. Eine inhaltliche Neuerung ist hiermit nicht verbunden. Sämtlichen Sprachfassungen lag durchweg der gesetzgeberische Leitgedanke zugrunde, das kartellrechtswidrige Verhalten im Sinne des § 1 GWB zu erfassen. Allerdings wird die Vorschrift des § 124 Abs. 1 Nr. 4 GWB inzwischen teilweise enger ausgelegt als noch die Vorgängervorschriften.[93] Zu den Vorgängervorschriften wurde noch ganz überwiegend vertreten, dass der Begriff der wettbewerbsbeschränkenden Abrede mit Blick auf den das gesamte Vergabeverfahren beherrschenden Wettbewerbsgrundsatz weit auszulegen sei. Er sei nicht auf gesetzeswidriges Verhalten beschränkt, sondern umfasse auch alle sonstigen Absprachen und Verhaltensweisen eines Bieters, die mit dem vergaberechtlichen Wettbewerbsgebot unvereinbar sind. Das Zustandekommen einer wettbewerbsbeschränkenden Absprache erfordere keine ausdrückliche Verständigung zwischen zwei Unternehmen darüber, wer welche Leistung zu welchem Preis anbietet. Sie sei vielmehr in aller Regel schon dann verwirklicht, wenn ein Angebot in Kenntnis der Bedingungen des Konkurrenzangebots, zumindest aber wesentlicher Angebotsgrundlagen, erstellt wird.[94] Beiden Auslegungen liegen nachvollziehbare Argumente zugrunde. Der Wortlaut des § 124 Abs. 1 Nr. 4 GWB spricht von Vereinbarungen oder abgestimmten Verhaltensweisen. Hierin kommt eindeutig zum Ausdruck, dass mindestens zwei Unternehmen in wie auch immer gearteter Vorgehensweise kooperieren und damit den Wettbewerb verhindern, einschränken oder verfälschen. Es genügt damit nach dem Gesetzeswortlaut nicht, wenn beispielsweise ein Unternehmen einseitig und ohne Abstimmung mit anderen den Geheimwettbewerb verletzt. Denn der Wortlaut erfordert „abgestimmte" Verhaltensweisen. Der früher vertretenen Auffassung ist demgegenüber darin zuzustimmen, dass es wettbewerblich nicht hingenommen werden kann, wenn ein Bieter einseitig den Geheimwettbewerb verletzt. Denn der Wettbewerb kann auch hierdurch mindestens verfälscht werden. Da die früheren Kataloge der Ausschluss- **64**

89 Vgl. OLG München, Beschluss v. 27.1.2005 – Verg 2/05, VergabeR 2005, 391 (393).
90 Vgl. Gesetzesbegründung zu § 124 Abs. 1 Nr. 4 GWB, VergRModG 2016, BT-Drs. 18/6281, 106.
91 Vgl. Gesetzesbegründung zu § 124 Abs. 1 Nr. 4 GWB, Gesetz zur Einführung eines Wettbewerbsregisters und zur Änderung des Gesetzes gegen Wettbewerbsbeschränkungen, BT-Drs. 18/12051, 35.
92 Vgl. Gesetzesbegründungen zu § 124 Abs. 1 Nr. 4 GWB, VergRModG 2016, BT-Drs. 18/6281, 106, und Gesetz zur Einführung eines Wettbewerbsregisters und zur Änderung des Gesetzes gegen Wettbewerbsbeschränkungen, BT-Drs. 18/12051, 35.
93 Vgl. etwa OLG Schleswig, Beschluss v. 12.11.2020 – 54 Verg 2/20.
94 Vgl. etwa OLG Düsseldorf, Beschluss v. 4.2.2013 – VII-Verg 31/12 m.w.N.; so auch noch VK Thüringen, Beschluss v. 9.11.2017 – 250-4003-8222/2017-E-S-015-GTH.

gründe nicht derart vielschichtig ausgestaltet waren wie die heutige Vorschrift des § 124 GWB, lag es aus Sicht der seinerzeitigen Praxis nahe, den Begriff der wettbewerbsbeschränkenden Abrede extensiv auszulegen, um sämtliche Wettbewerbsbeschränkungen, -verhinderungen oder -verfälschungen effektiv zu erfassen. Diese Notwendigkeit besteht aus heutiger Sicht allerdings nicht, da insbesondere die Vorschriften des § 124 Abs. 1 Nr. 6, 8 und 9 GWB dem Zweck dienen, Wettbewerbsverzerrungen auszuschließen, die auch auf einseitigem unternehmerischem Handeln beruhen können; hervorzuheben ist hierbei im Zusammenhang mit dem Bruch des Geheimwettbewerbs insbesondere die Vorschrift des § 124 Abs. 1 Nr. 9 lit. b GWB, wonach bereits der Versuch, vertrauliche Informationen zu erhalten, durch die ein Unternehmen unzulässige Vorteile beim Vergabeverfahren erlangen könnte, ausschlusssanktioniert ist. Da der unverfälschte Wettbewerb über diese Vorschriften hinreichend geschützt ist, ist der neueren Auffassung zu einer engeren Auslegung des § 124 Abs. 1 Nr. 4 GWB in Wortlautkonformität zuzustimmen.

65 Der in § 97 Abs. 1 S. 1 GWB aufgestellte Wettbewerbsgrundsatz kann nur dann gewährleistet sein, wenn einzelne Bieter sich nicht durch unlautere wettbewerbsbeschränkende Maßnahmen in der Bewerbung um die zu vergebende Leistung Vorteile verschaffen können. Es ist daher folgerichtig, wenn § 124 Abs. 1 Nr. 4 GWB festlegt, dass diejenigen Unternehmen, die wettbewerbsverhindernde, -einschränkende oder -verfälschende Vereinbarungen getroffen oder Verhaltensweisen aufeinander abgestimmt haben, vom Vergabeverfahren ausgeschlossen werden. Der jüngsten Aufnahme der abgestimmten Verhaltensweisen kommt für den Anwendungsbereich der Vorschrift eine erweiternde Bedeutung zu. Die beiden **Tatbestandsalternativen** der Vereinbarung und der abgestimmten Verhaltensweise sollen gleichwertig nebeneinander stehen.[95] Zwar könnte die Gesetzesbegründung dahingehend interpretiert werden, dass die hinzugetretene Alternative der abgestimmten Verhaltensweise für die tatbestandliche Tragweite der Vorschrift nicht von Bedeutung sei, weil in der kartellrechtlichen Praxis häufig offen gelassen werde, welche Alternative verwirklicht ist.[96] Diese gesetzgeberische Erläuterung dürfte aber eher dahingehend zu verstehen sein, dass sich beide Alternativen nicht immer trennscharf voneinander unterscheiden lassen. So ist es nach hier vertretener Auffassung begrifflich möglich, in jeder Vereinbarung zugleich auch eine abgestimmte Verhaltensweise zu sehen, wohingegen nicht jede abgestimmte Verhaltensweise auch stets auf einer Vereinbarung beruhen muss. Begrifflich geht daher die abgestimmte Verhaltensweise als Auffangtatbestand über die Vereinbarung hinaus. Der Tatbestand des § 124 Abs. 1 Nr. 4 GWB wurde durch die neue Alternative mithin erweitert.[97]

66 Voraussetzung für den Ausschlusstatbestand ist unter anderem das Handeln von **Unternehmen**. Diese Eigenschaft soll nach teilweise vertretener Ansicht nicht bei Gemeinden vorliegen, die sich zwar an der Muttergesellschaft eines Bieters beteiligen, selbst aber nicht im Sinne des Art. 2 Abs. 1 Nr. 10 RL 2014/24/EU Bau-, Liefer- oder Dienstleistungen anbieten; aufgrund des unionsrechtlichen Einflusses bei der Bestimmung des Begriffs des Wirtschaftsteilnehmers respektive Unternehmens komme es nicht darauf an, dass die Gemeinden bei der Vergabe von Wegenutzungsrechten aufgrund ihrer monopolistischen Stellung kartellrechtlich Unternehmen gemäß § 1 GWB sind.[98] Diese Auffassung wird nicht geteilt. Der Gesetzgeber knüpft mit § 124 Abs. 1 Nr. 4 GWB ausdrücklich an § 1 GWB an.[99] Es ist daher wertungswidersprüchlich, den gesetzgeberisch evident kartellrechtlich intendierten Begriff des Unternehmens im Tatbestand des § 124 Abs. 1 Nr. 4 GWB zu beschneiden. Diese Auslegung wird auch nicht dem Umstand gerecht, dass der Tatbestand des § 124 Abs. 1 Nr. 4 GWB nicht nur von Unternehmen,

---

95 Vgl. Gesetzesbegründung zu § 124 Abs. 1 Nr. 4 GWB, Gesetz zur Einführung eines Wettbewerbsregisters und zur Änderung des Gesetzes gegen Wettbewerbsbeschränkungen, BT-Drs. 18/12051, 35.

96 Vgl. Gesetzesbegründung zu § 124 Abs. 1 Nr. 4 GWB, Gesetz zur Einführung eines Wettbewerbsregisters und zur Änderung des Gesetzes gegen Wettbewerbsbeschränkungen, BT-Drs. 18/12051, 35.

97 Ebenfalls von einer Erweiterung ausgehend OLG Düsseldorf, Beschluss v. 17.1.2018 – VII-Verg 39/17.

98 So OLG Karlsruhe, Beschluss v. 30.10.2018 – 15 Verg 5/18.

99 Vgl. Gesetzesbegründungen zu § 124 Abs. 1 Nr. 4 GWB, VergRModG 2016, BT-Drs. 18/6281, 106 und Gesetz zur Einführung eines Wettbewerbsregisters und zur Änderung des Gesetzes gegen Wettbewerbsbeschränkungen, BT-Drs. 18/12051, 35.

sondern auch von anderen Unternehmen spricht. Es ist daher zwanglos möglich, den Begriff des Unternehmens an Art. 2 Abs. 1 Nr. 10 RL 2014/24/EU zu messen und den Begriff des anderen Unternehmens in Übereinstimmung mit dem Kartellrecht zu determinieren.

Unerheblich ist, ob durch die Abstimmung bzw. Vereinbarung die **Interessen** des öffentlichen Auftraggebers verletzt werden, soweit dieser nur eine wettbewerbswidrige Wirkung zukommt. Denn von der Norm wird lediglich vorausgesetzt, dass im Rahmen des Vergabeverfahrens kein echter, unverfälschter Wettbewerb zwischen den Bietern zustande kommt. Es kommt nicht darauf an, dass dem öffentlichen Auftraggeber ein wirtschaftlicher Nachteil entsteht. 67

Nach früherer Rechtslage erforderte der Ausschluss wegen einer unzulässigen wettbewerbsbeschränkenden Abrede, dass die Abrede in **Bezug auf die Vergabe** erfolgt ist.[100] Eine solche Einschränkung enthält § 124 Abs. 1 Nr. 4 GWB nicht. Vielmehr stellt die Gesetzesbegründung[101] klar, dass der Ausschlussgrund nicht auf wettbewerbsbeschränkende Vereinbarungen im Rahmen des laufenden Vergabeverfahrens beschränkt ist. 68

Liegen die Voraussetzungen von § 124 Abs. 1 Nr. 4 GWB vor, ist in der Regel zugleich eine **schwere Verfehlung** im Sinne von § 124 Abs. 1 Nr. 3 GWB gegeben. § 124 Abs. 1 Nr. 4 GWB ist tatbestandlich auch dann erfüllt, wenn zugleich die Voraussetzungen einer Submissionsabsprache als Straftat i.S.d. § 298 Abs. 1 StGB erfüllt sind. In diesem Fall ist zugleich auch – als besonderer Fall – der Tatbestand der wettbewerbseinschränkenden Vereinbarung einer Kartellordnungswidrigkeit i.S.v. § 1 GWB und Art. 101 Abs. 1 AEUV i.V.m. § 81 Abs. 2 Nr. 1 bzw. Abs. 1 Nr. 1 GWB gegeben; letztere wird durch das Vorliegen eines zusätzlichen Straftatbestandes nicht verdrängt.[102] 69

In der **rechtlichen Praxis** haben sich die folgenden Fallgruppen herausgebildet, bei denen eine wettbewerbsbeschränkende Vereinbarung oder abgestimmte Verhaltensweise in Betracht kommt: 70

a) Verstoß gegen den Geheimwettbewerb

Nach der Rechtsprechung liegt eine Wettbewerbsbeschränkung insbesondere vor, wenn ein Bieter sein Angebot in Kenntnis der Bedingungen eines Konkurrenzangebots erstellt, ohne dass es eines kollusiven Zusammenwirkens bedurft hätte.[103] Denn für den von der Norm intendierten Zweck, einen unverfälschten Wettbewerb herzustellen, ist es unabdingbar, dass die Bieter die zu vergebende Leistung in Unkenntnis der Angebote, Angebotsgrundlagen und Angebotskalkulationen ihrer Konkurrenten anbieten (sog. **Geheimwettbewerb**).[104] Nur wenn die genannten Faktoren der Konkurrenz unbekannt sind, ist jeder einzelne Bieter gehalten, selbst bis an die eigene Rentabilitätsgrenze zu kalkulieren und das aus Sicht des öffentlichen Auftraggebers möglichst wirtschaftlichste Angebot zu unterbreiten.[105] Der Grundsatz des Geheimwettbewerbs gilt für alle Vergabeverfahren.[106] 71

Der Geheimwettbewerb ist nur verletzt, wenn sich die Kenntnisse auf ein Konkurrenzangebot beziehen. Daran fehlt es, wenn lediglich Kenntnisse über Angebote aus anderen Verfahren oder im Falle der losweisen Vergabe über solche zu anderen Losen gewonnen werden.[107] Besonderheiten sind bei der **Losvergabe** zu berücksichtigen. Eine Wettbewerbsbeschränkung scheidet grundsätzlich aus, wenn ein Unternehmen Kenntnis von Angeboten erhält, die für 72

100 Siehe hierzu OLG Naumburg, Beschluss v. 15.3.2001 – 1 Verg 11/00, NZBau 2001, 579.
101 Vgl. Gesetzesbegründung zu § 124 Abs. 1 Nr. 4 GWB, VergRModG 2016, BT-Drs. 18/6281, 106.
102 Vgl. VK Bund, Beschluss v. 12.10.2020 – VK 2-77/20.
103 Vgl. OLG Naumburg, Beschluss v. 2.8.2012 – 2 Verg 3/12; OLG Düsseldorf, Beschluss v. 13.4.2011 – VII-Verg 4/11, NZBau 2011, 371 (372); OLG Jena, Beschluss v. 19.4.2004 – 6 Verg 3/04, VergabeR 2004, 520 (522).
104 Vgl. OLG Naumburg, Beschluss v. 2.8.2012 – 2 Verg 3/12; OLG München, Beschluss v. 11.8.2008 – Verg 16/08, VergabeR 2009, 61 (63); OLG Düsseldorf, Beschluss v. 27.7.2006 – VII-Verg 23/06; VK Bund, Beschluss v. 30.11.2012 – VK 2-131/12; kritisch *Burgi*, NZBau 2008, 29 (33).
105 Vgl. OLG Naumburg, Beschluss v. 2.8.2012 – 2 Verg 3/12; OLG Düsseldorf, Beschluss v. 13.4.2011 – VII-Verg 4/11, NZBau 2011, 371 (372); OLG Jena, Beschluss v. 19.4.2004 – 6 Verg 3/04, VergabeR 2004, 520 (522).
106 Vgl. VK Thüringen, Beschluss v. 9.11.2017 – 250-4003-8222/2017-E-S-015-GTH.
107 Vgl. OLG Düsseldorf, Beschluss v. 28.5.2003 – VII-Verg 8/03, VergabeR 2003, 461 (464); VK Bund, Beschluss v. 30.11.2012 – VK 2–131/12.

andere Lose abgegeben wurden. Denn regelmäßig stehen die Lose nicht in einem Konkurrenzverhältnis zueinander.[108] Anderes kann allerdings im Einzelfall gelten, beispielsweise wenn der öffentliche Auftraggeber einen wertungsrelevanten Koppelungsnachlass für Gesamtangebote zugelassen hat.

b) Bildung von Bietergemeinschaften

73 **Bietergemeinschaften** sind Zusammenschlüsse von Unternehmen mit dem gemeinsamen Zweck, ein Angebot im Vergabeverfahren abzugeben und im Falle der Bezuschlagung die Leistung arbeitsteilig zu erbringen. Ein solcher Zusammenschluss kann eine wettbewerbsbeschränkende Vereinbarung im Sinne von § 124 Abs. 1 Nr. 4 GWB sein. Denn die Bildung einer Bietergemeinschaft und die Abgabe eines gemeinsamen Angebots kann gegen § 1 GWB verstoßen, wenn sie eine Verhinderung, Einschränkung oder Verfälschung des Wettbewerbs bezweckt oder bewirkt. Die Verabredung einer Bietergemeinschaft in Bezug auf die Auftragsvergabe und die damit in der Regel kombinierte Eingehung einer Arbeitsgemeinschaft für den Fall des Zuschlags schließt im Allgemeinen die Verpflichtung ein, von eigenen Angeboten abzusehen und mit anderen Unternehmen nicht zusammenzuarbeiten, was im Einzelfall den Tatbestand einer Wettbewerbsbeschränkung im Sinne des § 1 GWB erfüllen und zu einem Ausschluss des Angebots der Bietergemeinschaft nach § 124 Abs. 1 Nr. 4 GWB führen kann.[109] Für **Bewerbergemeinschaften** – Zusammenschlüsse von Unternehmen mit dem gemeinsamen Zweck, einen Teilnahmeantrag im Vergabeverfahren abzugeben und im Falle der Aufforderung zur Angebotsabgabe ein Angebot abzugeben – wird dies regelmäßig noch nicht gelten können, da mangels Angebotsabgabe noch keinerlei wirtschaftliche Indikation für eine wettbewerbswidrige Ausnutzung einer marktbeherrschenden Stellung vorliegt. Gänzlich ausgeschlossen erscheint aber auch die Qualifizierung einer Bewerbergemeinschaft als wettbewerbsbeschränkende Vereinbarung nicht. So kann es bereits im Stadium des Teilnahmewettbewerbs erheblich sein, wenn sich sämtliche Teilnehmer eines Marktes zu einer Bewerbergemeinschaft zusammengeschlossen haben und keinerlei konkurrierende Bewerbungen eingehen.

74 Die Bündelung von am Markt tätigen Unternehmen in einer Bietergemeinschaft kann dem **Wettbewerbsgrundsatz** nach § 97 Abs. 1 S. 1 GWB widersprechen, wenn durch den Zusammenschluss die bestehende Konkurrenzsituation aufgehoben wird und jeweils (Teil-)Leistungen mit einer erhöhten Gewinnspanne angeboten werden sollen, die sich im Rahmen einer Einzelbewerbung nicht realisieren ließen.[110] Insbesondere können Bietergemeinschaften dann problematisch sein, wenn aufgrund von Spezialkenntnissen ohnehin nur wenige Unternehmen in Betracht kommen und sich die Bietergemeinschaft zudem aus den Bietern mit dem größten Leistungspotenzial zusammensetzt.[111] Auf der anderen Seite kann die Bildung einer Bietergemeinschaft den Wettbewerb dadurch bereichern, dass sich Bieter, die sich allein zur Durchführung des Auftrags nicht imstande sehen, durch den Zusammenschluss in die Lage versetzt werden, sich am Wettbewerb zu beteiligen.[112]

75 Wettbewerbsrechtlich unbedenklich sind Bietergemeinschaften zwischen konzernangehörigen Unternehmen, da diese gemäß § 36 Abs. 2 GWB als ein Unternehmen anzusehen sind (sog. **Konzernprivileg**).[113] Dies gilt auch für den Zusammenschluss von Unternehmen unterschiedlichen Gewerbes (**vertikale Bietergemeinschaft**).[114]

---

108 Vgl. OLG München, Beschluss v. 23.11.2020 – Verg 7/20; VK Sachsen, Beschlüsse v. 13.12.2013 – 1/SVK/038-13 und 1/SVK/039-13.
109 Vgl. VK Thüringen, Beschluss v. 9.11.2017 – 250-4003-8222/2017-E-S-015-GTH.
110 Vgl. *Jäger/Graef*, NZBau 2012, 213 (214).
111 Vgl. OLG Koblenz, Beschluss v. 29.12.2004 – 1 Verg 6/04, VergabeR 2005, 527 (528).
112 Vgl. OLG Koblenz, Beschluss v. 29.12.2004 – 1 Verg 6/04, VergabeR 2005, 527 (528); OLG Naumburg, Beschluss v. 21.12.2000 – 1 Verg 10/00; VK Thüringen, Beschluss v. 9.11.2017 – 250-4003-8222/2017-E-S-015-GTH.
113 Vgl. OLG Düsseldorf, Beschluss v. 8.6.2016 – VII-Verg 3/16; Beschluss v. 29.7.2015 – VII-Verg 5/15.
114 Vgl. OLG Düsseldorf, Beschluss v. 8.6.2016 – VII-Verg 3/16; VK Südbayern, Beschluss v. 1.2.2016 – Z3-3-3194-1-58-11/15.

76 Eine Regelung zur Zulässigkeit von Bietergemeinschaften enthält das GWB nicht. Aus den **untergesetzlichen Regelungen** in § 43 VgV und § 6 EU Abs. 3 Nr. 2 VOB/A ergibt sich allerdings, dass der Normgeber grundsätzlich von deren Zulässigkeit ausgeht.[115] Die Gegenauffassung,[116] die bei der Bildung einer Bietergemeinschaft hingegen in der Regel einen Verstoß gegen das Kartellverbot aus § 1 GWB annimmt, verkennt, dass § 1 GWB eine einzelfallbezogene Prüfung dahingehend erfordert, ob die Wettbewerbsbeschränkung sich spürbar auf das Wettbewerbsverhältnis ausgewirkt hat.[117] Eine Pauschalierung im Sinne eines Regel-Ausnahme-Mechanismus lässt die Regelung daher nicht zu.[118]

77 Keinen Ausschluss auf Grundlage von § 124 Abs. 1 Nr. 4 GWB rechtfertigt es, wenn im **Vorfeld** zu einer Angebotsabgabe zwei Unternehmen ergebnislos Vorgespräche über die Bildung einer Bietergemeinschaft geführt haben.[119] Dies gilt auch dann, wenn es im Rahmen dieser Vorgespräche zum Austausch von Informationen gekommen ist, die von Relevanz für die Angebotserstellung sind. Denn die grundsätzliche Zulässigkeit von Bietergemeinschaften hat zur Folge, dass den Unternehmen auch die Möglichkeit eingeräumt sein muss, durch Vorgespräche den wirtschaftlichen Sinn einer gemeinsamen Bewerbung zu prüfen.

aa) Fehlende Spürbarkeit

78 Nach Teilen der Rechtsprechung[120] soll die Bildung einer Bietergemeinschaft in Ansehung von § 1 GWB jedenfalls zulässig sein, wenn sich der Zusammenschluss nicht spürbar auf die Marktverhältnisse auswirkt. Dies soll der Fall sein, wenn die Konsortialmitglieder zusammen nur einen unerheblichen Marktanteil einnehmen. Der Marktanteil ist als Kriterium im Vergaberecht kritisch zu bewerten. Denn während das Kartellrecht die Wettbewerbsfunktionalität des Marktes insgesamt zum Ziel hat, geht es dem Kartellvergaberecht um die punktuelle Wettbewerbsfunktionalität im konkreten Vergabeverfahren. Welche Marktanteile die Konsortialmitglieder im Einzelnen für sich einnehmen, ist hierfür grundsätzlich irrelevant und kann vom öffentlichen Auftraggeber regelmäßig auch nicht ohne Weiteres beurteilt werden. Allerdings wird von einem öffentlichen Auftraggeber zumindest nicht erwartet werden können, eine evident rechtswidrige Kartellbildung sehenden Auges durch Erteilung eines öffentlichen Auftrages unterstützen zu müssen. Die Marktanteile der Konsortialmitglieder erlangen über das Kartellrecht somit mittelbar auch eine vergaberechtliche Bedeutung.

bb) Fehlende Markteintrittsfähigkeit

79 Zulässig ist die Bildung einer Bietergemeinschaft auch dann, wenn es den beteiligten Unternehmen an der Markteintrittsfähigkeit fehlt.[121] In diesem Fall ist eine Wettbewerbsbeschränkung ausgeschlossen, da die Konsortialmitglieder für sich ohnehin nicht zur Abgabe eines erfolgversprechenden Konkurrenzangebots in der Lage wären. Die Markeintrittsfähigkeit bezeichnet die Fähigkeit des Unternehmens, aufgrund seiner betrieblichen oder geschäftlichen Verhältnisse hinreichend leistungsfähig zu sein, um ein erfolgversprechendes Angebot abzugeben und den zu vergebenden Auftrag ordnungsgemäß auszuführen. Die fehlende Markt-

115 Vgl. OLG Karlsruhe, Beschluss v. 8.1.2010 – 15 Verg 1/10; OLG Koblenz, Beschluss v. 29.12.2004 – 1 Verg 6/04 („*typische Kooperationsform*"); OLG Düsseldorf, Beschluss v. 3.6.2004 – VI-W(Kart) 14/04; OLG Frankfurt, Beschluss v. 27.6.2003 – 11 Verg 2/03, VergabeR 2003, 581 (583); VK Rheinland, Beschluss v. 10.7.2019 – VK 19/19-L; VK Thüringen, Beschluss v. 9.11.2017 – 250-4003-8222/2017-E-S-015-GTH; VK Sachsen, Beschluss v. 28.8.2015 – 1/SVK/020–15.

116 Vgl. KG, Beschluss v. 24.10.2013 – Verg 11/13; zumindest für horizontale Bietergemeinschaften auch OLG Düsseldorf, Beschluss v. 11.11.2011 – VII-Verg 92/11; Beschluss v. 9.11.2011 – VII-Verg 35/11, NZBau 2012, 252 (254).

117 Diese Tatbestandsvoraussetzung ist seit der 6. GWB-Novelle in § 1 GWB nicht mehr enthalten, nach h.M. gleichwohl als ungeschriebenes Tatbestandsmerkmal anerkannt, vgl. BGH, Beschluss v. 8.5.2001 – KVR 12/99, NJW 2001, 3782 (3786).

118 Ähnlich *Köhler*, VergabeR 2010, 508; kritisch auch *Schulte/Voll*, ZfBR 2013, 223 (227).

119 Vgl. OLG Koblenz, Beschluss v. 26.10.2005 – 1 Verg 4/05, VergabeR 2006, 392 (400).

120 Vgl. OLG Karlsruhe, Beschluss v. 5.11.2014 – 15 Verg 6/14; KG, Beschluss v. 24.10.2013 – Verg 11/13; VK Südbayern, Beschluss v. 1.2.2016 – Z 3-3-3194-1-58-11/15; VK Sachsen, Beschluss v. 23.5.2014 – 1/SVK/011-14.

121 Vgl. OLG Düsseldorf, Beschluss v. 8.6.2016 – VII-Verg 3/16; OLG Karlsruhe, Beschluss v. 5.11.2014 – 15 Verg 6/14; KG, Beschluss v. 24.10.2013 – Verg 11/13; VK Thüringen, Beschluss v. 9.11.2017 – 250-4003-8222/2017-E-S-015-GTH.

eintrittsfähigkeit muss nicht zwingend bei allen Konsortialmitgliedern gegeben sein,[122] solange durch die Bildung der Bietergemeinschaft nicht die Abgabe eines Konkurrenzangebotes verhindert wird.

cc) Anderweitige kapazitative Bindung

80 Zulässig ist die Bildung einer Bietergemeinschaft auch dann, wenn die Mitglieder für sich genommen zwar leistungs- und damit markteintrittsfähig sind, deren Kapazitäten aufgrund anderweitiger Bindung aktuell für den konkreten Auftrag jedoch nicht einsetzbar sind.[123]

dd) Zweckmäßige und kaufmännisch vernünftige Entscheidung

81 Liegt die Markteintrittsfähigkeit bei den einzelnen Konsortialmitgliedern vor, kann die Bietergemeinschaft dennoch zulässig sein, wenn der Entschluss zur Mitgliedschaft der Bietergemeinschaft für die beteiligten Unternehmen eine im Rahmen zweckmäßigen und kaufmännisch vernünftigen Handelns liegende Entscheidung darstellt.[124]

82 Die Entscheidung eines Unternehmens, sich als Mitglied einer Bietergemeinschaft an einer Ausschreibung zu beteiligen, unterliegt der **Einschätzungsprärogative** der beteiligten Unternehmen, die nur beschränkt auf die Einhaltung ihrer Grenzen kontrollierbar ist. Sie muss auf objektiven Anhaltspunkten beruhen, deren Vorliegen uneingeschränkt zu überprüfen ist, so dass die Entscheidung zur Eingehung einer Bietergemeinschaft vertretbar erscheint.[125]

83 **Zweckmäßig** und **kaufmännisch vernünftig** kann die Entscheidung sein, wenn durch die Konsortialbildung die Verringerung wirtschaftlicher Risiken und die Erzielung von Synergieeffekten bezweckt wird.[126] Ebenso ist es vertretbar, wenn das Unternehmen nicht bereit ist, die durch andere Aufträge gebundenen Kapazitäten für den ausgeschriebenen Auftrag einzusetzen.[127] Zweckmäßig und kaufmännisch vernünftig ist der Zusammenschluss auch, wenn dies zum Zwecke der Abgabe eines besonders konkurrenzfähigen Angebots erfolgt.[128] Nicht ausreichend ist hingegen das auch von jedem Kartell verfolgte Ziel, Aufwendungen zu sparen oder die erzielbare Vergütung zu maximieren.[129]

c) Parallelbeteiligung

84 Haben Bieter in einem Vergabeverfahren nicht nur ein Einzelangebot abgegeben, sondern sind darüber hinaus auch an Konkurrenzangeboten beteiligt (sog. Parallelbeteiligung), kann eine Verletzung des Geheimwettbewerbs und mithin eine wettbewerbsbeschränkende Vereinbarung im Sinne von § 124 Abs. 1 Nr. 4 GWB vorliegen.

aa) Unterauftragnehmer

85 Die Benennung desselben **Unterauftragnehmers in verschiedenen Angeboten** ist grundsätzlich nicht zu beanstanden.[130] Ein Wissen der Bieter von der Mehrfachbeteiligung kann nicht vorausgesetzt werden und das Wissen des Unterauftragnehmers lässt sich den Bietern schlechterdings nicht zurechnen.[131]

---

122 So auch VK Bremen, Beschluss v. 7.11.2018 – 16-VK3/18.
123 Vgl. VK Thüringen, Beschluss v. 9.11.2017 – 250-4003-8222/2017-E-S-015-GTH.
124 Vgl. OLG Düsseldorf, Beschluss v. 8.6.2016 – VII-Verg 3/16; OLG Koblenz, Beschluss v. 29.12.2004 – 1 Verg 6/04, VergabeR 2005, 527 (528); OLG Naumburg, Beschluss v. 21.12.2000 – 1 Verg 10/00; VK Südbayern, Beschluss v. 1.2.2016 – Z3-3-3194-1-58-11/15; VK Sachsen, Beschluss v. 23.5.2014 – 1/SVK/011-14.
125 Vgl. OLG Düsseldorf, Beschluss v. 8.6.2016 – VII-Verg 3/16; OLG Koblenz, Beschluss v. 29.12.2004 – 1 Verg 6/04, VergabeR 2005, 527 (528); OLG Frankfurt, Beschluss v. 27.6.2003 – 11 Verg 2/03, VergabeR 2003, 581 (583); OLG Naumburg, Beschluss v. 21.12.2000 – 1 Verg 10/00; VK Thüringen, Beschluss v. 9.11.2017 – 250-4003-8222/2017-E-S-015-GTH; VK Bund, Beschluss v. 31.7.2017 – VK 2-68/17; VK Sachsen, Beschluss v. 23.5.2014 – 1/SVK/011-14; kritisch dazu im Hinblick auf die europarechtliche Vereinbarkeit *Jäger/Graef*, NZBau 2012, 213 (215 f.).
126 Vgl. OLG Frankfurt, Beschluss v. 27.6.2003 – 11 Verg 2/03, VergabeR 2003, 581 (584).
127 Vgl. OLG Düsseldorf, Beschluss v. 8.6.2016 – VII-Verg 3/16; OLG Frankfurt, Beschluss v. 27.6.2003 – 11 Verg 2/03, VergabeR 2003, 581 (584); VK Sachsen, Beschluss v. 23.5.2014 – 1/SVK/011-14.
128 Vgl. zum Ziel einer höheren Sortimentabdeckung bei der Vergabe von Rabattvereinbarungen OLG Düsseldorf, Beschluss v. 8.6.2016 – VII-Verg 3/16.
129 Vgl. *Jäger/Graef*, NZBau 2012, 213 (215).
130 Vgl. KG, Urteil v. 13.3.2008 – 2 Verg 18/07, VergabeR 2008, 853.
131 Vgl. KG, Urteil v. 13.3.2008 – 2 Verg 18/07, VergabeR 2008, 853.

86 Auch für den Fall, dass ein Bieter innerhalb eines Verfahrens nicht nur als **Einzelbieter** sondern **auch als Unterauftragnehmer** in Erscheinung tritt, spricht keine Vermutung dafür, dass der Bieter in seiner Rolle als Unterauftragnehmer Einblick in das Angebot des anderen Bieters oder dessen Grundlagen erhalten hat.[132] Der andere Bieter kann in seiner Kalkulation durch den Umstand der Beteiligung des Unterauftragnehmers nicht beeinflusst werden und der Unterauftragnehmer kennt nur die Kalkulation des Bieters in Bezug auf den von der Unterauftragsvergabe betroffenen Leistungsteil.[133] Aus diesem Grund verbietet sich eine Gleichstellung mit der Konstellation der Parallelbeteiligung bei Bietergemeinschaften.[134] Selbst für den Fall, dass sich mehrere Bieter wechselseitig als Unterauftragnehmer einsetzen (Überkreuzbeteiligung), ist kein Grund ersichtlich, von dieser Maßgabe abzuweichen.[135]

87 Für einen Ausschluss müssen daher **weitere Anhaltspunkte** hinzutreten, die nach Art und Umfang der Unterauftragsvergabe sowie mit Rücksicht auf die Begleitumstände eine Kenntnis von einem Konkurrenzangebot annehmen lassen.[136] Dabei kann vor allem der Umfang der Unterauftragsvergabe entscheidend sein. Nach Teilen der Rechtsprechung soll eine Wettbewerbsbeschränkung erst dann anzunehmen sein, wenn dem Generalunternehmer keine nennenswerten eigenen Kalkulationsspielräume mehr verbleiben.[137] Das ist zumindest für den Fall gegeben, dass der Unterauftragnehmer die operative Leistung nahezu vollständig erbringt.[138]

88 Nimmt ein Unternehmen die Kapazitäten eines anderen Unternehmens gemäß § 47 Abs. 1 S. 1 VgV und § 6d EU Abs. 1 UAbs. 1 VOB/A in Anspruch (**Eignungsleihe**), ohne dass es in die Auftragsdurchführung als Unterauftragnehmer eingesetzt wird, und bewirbt sich dieses andere Unternehmen daneben um dieselbe Leistung als Bieter, kann nicht davon ausgegangen werden, dass es auch Einblick in das Konkurrenzangebot erhalten hat.

bb) Konzernverbundene Unternehmen

89 Die Beteiligung von konzernverbundenen Unternehmen an einem Vergabeverfahren kann zu einem Verstoß gegen den Grundsatz des **Geheimwettbewerbs** führen. Von in vergaberechtlicher Hinsicht verbundenen Unternehmen im Sinne des § 36 Abs. 2 GWB kann etwa ausgegangen werden bei Unternehmen, die über identische Gesellschafter und einen identischen Geschäftsführer verfügen, einen identischen IT-Dienstleister einsetzen und auf dem identischen Geschäftsfeld am Markt tätig sind.[139] Nach der Rechtsprechung des EuGH[140] rechtfertigt dies allein einen automatischen Ausschluss des Angebots allerdings nicht. Denn die Verbindung der Unternehmen lässt nicht den zwingenden Schluss zu, dass sich das Abhängigkeitsverhältnis auch auf das konkrete Verfahren ausgewirkt hat. Konzernverbundene Unternehmen operieren häufig wirtschaftlich eigenständig und befinden sich oftmals sogar in einem gewissen Konkurrenzverhältnis zueinander.[141] Der Wettbewerbsgrundsatz aus § 97

---

132 Vgl. OLG Düsseldorf, Beschluss v. 28.6.2006 – VII-Verg 18/06; VK Baden-Württemberg, Beschluss v. 1.9.2015 – 1 VK 30/15; VK Bund, Beschluss v. 30.11.2012 – VK 2-131/12; VK Sachsen-Anhalt, Beschluss v. 5.3.2012 – 2 VK LSA 35/11.

133 Vgl. OLG Jena, Beschluss v. 29.8.2008 – 9 Verg 5/08; KG, Urteil v. 13.3.2008 – 2 Verg 18/07, VergabeR 2008, 853.

134 So aber VK Sachsen-Anhalt, Beschluss v. 7.3.2006 – 1 VK LVwA 01/06.

135 Vgl. VK Hamburg, Beschluss v. 23.5.2008 – VK BSU 2/08 und 3/08; in diese Richtung zuvor bereits OLG Düsseldorf, Beschluss v. 9.4.2008 – VII Verg 2/08; a.A. *Dirksen/Schellenberg*, VergabeR 2010, 17 (20).

136 Vgl. OLG Naumburg, Beschluss v. 2.8.2012 – 2 Verg 3/12; OLG Düsseldorf, Beschluss v. 13.4.2006 – VII-Verg 10/06, NZBau 2006, 810; VK Sachsen-Anhalt, Beschluss v. 5.3.2012 – 2 VK LSA 35/11; VK Schleswig-Holstein, Beschluss v. 17.9.2008 – VK-SH 10/08.

137 Vgl. OLG Düsseldorf, Beschluss v. 9.4.2008 – VII-Verg 2/08; VK Sachsen-Anhalt, Beschluss v. 5.3.2012 – 2 VK LSA 35/11.

138 Vgl. VK Sachsen-Anhalt, Beschluss v. 5.3.2012 – 2 VK LSA 35/11; *Dirksen/Schellenberg*, VergabeR 2010, 17 (19) gehen von einem Unterauftragnehmeranteil von mindestens 90 % aus.

139 Vgl. VK Rheinland, Beschluss v. 19.5.2021 – VK 6/21-L.

140 Vgl. EuGH, Urteil v. 19.5.2009 – Rs. C-538/07 (Assitur), Rn. 32.

141 So bereits VK Niedersachsen, Beschluss v. 28.10.2008 – VgK-36/2008; VK Mecklenburg-Vorpommern, Beschluss v. 7.1.2008 – 2 VK 5/07; VK Bund, Beschluss v. 4.7.2006 – VK 3-60/06; VK Saarland, Beschluss v. 12.12.2005 – 3 VK 03/2005 und 3 VK 04/2005; VK Schleswig-Holstein, Beschluss v. 2.2.2005 – VK-SH 1/05; VK Düsseldorf, Beschluss v. 21.11.2003 – VK-33/2003-L.

Abs. 1 S. 1 GWB will gerade die Beteiligung möglichst vieler Bieter erreichen.[142] Es würde daher dem Verhältnismäßigkeitsgrundsatz nach § 97 Abs. 1 S. 2 GWB widersprechen, wenn die Angebote miteinander verbundener Unternehmen ausgeschlossen würden, ohne dass den betroffenen Bietern die Möglichkeit gegeben würde, den Nachweis darüber zu erbringen, dass im konkreten Fall kein Verstoß gegen den Grundsatz des Geheimwettbewerbs erfolgt ist.[143]

90 Bei der Beteiligung konzernverbundener Unternehmen an einem Vergabeverfahren durch die Abgabe jeweils eigener Angebote besteht daher eine widerlegbare **Vermutung** dafür, dass eine unzulässige, wettbewerbsbeschränkende Abrede vorliegt.[144] Der Vermutungstatbestand ist nicht erst dann erfüllt, wenn personelle, räumliche und infrastrukturelle Verflechtungen oder inhaltliche Übereinstimmungen der Angebote festgestellt werden konnten, da der öffentliche Auftraggeber dies in der Regel aufgrund der ihm zur Verfügung stehenden Informationen nur schwerlich feststellen können wird.[145] Steht fest, dass miteinander verbundene Unternehmen Angebote abgegeben haben, obliegt die **Widerlegung** der Vermutung den betreffenden Bietern. Da der öffentliche Auftraggeber auf Grundlage der Angebote keinen zureichenden Einblick in die unternehmensinternen Strukturen erhält, ist es an den Bietern, diejenigen Umstände und Vorkehrungen darzulegen und zu beweisen, die die Unabhängigkeit und Vertraulichkeit der Angebotserstellung sichergestellt haben.[146] Dazu obliegt ihnen die Darstellung derjenigen strukturellen Umstände (räumliche, personelle, technische, organisatorische Trennung), die einen Wettbewerbsverstoß bereits im Ansatz effektiv verhindern.[147] Zur Widerlegung der Vermutung reicht es dagegen nicht, dass die verbundenen Unternehmen lediglich versichern, sich im Rahmen der konkreten Ausschreibung wettbewerbskonform verhalten zu haben.[148] Die Vermutung kann **nicht mehr erschüttert** werden, wenn sich auf Grundlage des Angebots oder des Vortrags der betroffenen Unternehmen ergibt, dass die Gefahr der wechselseitigen Kenntnisnahme bestand. Ob dazu die Nutzung gemeinsamer Ressourcen bereits ausreicht, lässt sich nur am Einzelfall feststellen. Es ist jedenfalls bereits zureichend, wenn die Unternehmen ein Computerlaufwerk gemeinsam nutzen, ohne dass hinreichende technische und organisatorische Vorkehrungen (chinese walls) getroffen wurden, um die Vertraulichkeit zu wahren.[149] Gemeinsame Betriebsbereiche (Rechtsabteilung, Logistikabteilung) sprechen nicht per se für die Gefahr einer gegenseitigen Kenntnisnahme, maßgeblich ist vielmehr, ob eine Befassung mit der Angebotserstellung im Einzelfall erfolgt ist.[150] Auch wenn eine Personenidentität zwischen den beteiligten Geschäftsführern oder den Unterzeichnern der Angebote vorliegt, kommt eine Widerlegung nicht mehr in Betracht.[151] Eine unwiderlegbare Vermutung kommt entgegen anders lautender Entscheidungen verschiedener Vergabekammern[152] nicht in Frage, wenn es sich bei den konzernverbundenen Unternehmen nicht um eigenständige juristische Personen handelt. Das Abhängigkeitsverhältnis der Unternehmen ist nämlich nicht etwa deshalb vergrößert, weil es sich bei den verbundenen Unter-

142 Vgl. EuGH, Urteil v. 19.5.2009 – Rs. C-538/07 (Assitur), Rn. 26; OLG Düsseldorf, Beschluss v. 11.5.2011 – VII-Verg 1/11; VK Schleswig-Holstein, Beschluss v. 2.2.2005 – VK-SH 01/05.

143 Vgl. EuGH, Urteil v. 19.5.2009 – Rs. C-538/07 (Assitur), Rn. 30; OLG Düsseldorf, Beschluss v. 11.5.2011 – VII-Verg 1/11.

144 Vgl. OLG Düsseldorf, Beschluss v. 13.4.2011 – VII-Verg 4/11, NZBau 2011, 371; VK Rheinland, Beschluss v. 19.5.2021 – VK 6/21-L; VK Westfalen, Beschluss v. 22.4.2015 – VK 1-12/15; VK Bund, Beschluss v. 27.6.2011 – VK 1-66/11.

145 Vgl. OLG Düsseldorf, Beschluss v. 11.5.2011 – VII-Verg 8/11, ZfBR 2011, 789 (792); a.A. wohl noch OLG Düsseldorf, Beschluss v. 27.7.2006 – VII-Verg 23/06.

146 Vgl. OLG Düsseldorf, Beschlüsse v. 11.5.2011 – VII-Verg 1/11 und VII-Verg 8/11; Beschluss v. 13.4.2011 – VII-Verg 4/11, NZBau 2011, 371 (373).

147 Vgl. OLG Düsseldorf, Beschluss v. 13.4.2011 – VII-Verg 4/11, NZBau 2011, 371 (374); VK Sachsen-Anhalt, Beschluss v. 26.10.2015 – 3 VK LSA 69/15; VK Westfalen, Beschluss v. 22.4.2015 – VK 1-12/15.

148 Vgl. VK Rheinland, Beschluss v. 19.5.2021 – VK 6/21–L.

149 Vgl. OLG Düsseldorf, Beschluss v. 11.5.2011 – VII-Verg 8/11.

150 Vgl. OLG Düsseldorf, Beschluss v. 19.9.2011 – VII-Verg 63/11.

151 Vgl. VK Westfalen, Beschluss v. 22.4.2015 – VK 1-12/15; anders wohl BayObLG, Beschluss v. 24.6.2021 – Verg 2/21, das mit Blick auf die Kartellrechtswidrigkeit einer solchen Vorgehensweise auf das Konzernprivileg abstellt.

152 Vgl. VK Niedersachsen, Beschluss v. 28.10.2008 – VgK-36/2008; VK Mecklenburg-Vorpommern, Beschluss v. 7.1.2008 – 2 VK 5/07; VK Schleswig-Holstein, Beschluss v. 2.2.2005 – VK-SH 1/05.

nehmen nicht um Kapital- sondern Personengesellschaften handelt. Die Rechtspersönlichkeit der Unternehmen ist kein geeignetes Differenzierungsmerkmal.

91 Maßgeblich für die Feststellung der Konzernverbindung ist der **Zeitpunkt der Angebotserstellung**.[153] Wird die Konzernverbindung erst zu einem späteren Zeitpunkt hergestellt oder ist sie zu diesem Zeitpunkt bereits aufgelöst, kann dies zwar Anlass dafür geben, weitere Aufklärung in die Richtung zu betreiben, ob die Gefahr der Kenntnisnahme von einem Konkurrenzangebot gegeben war. Der Vermutungstatbestand ist damit indes nicht erfüllt.

cc) Bietergemeinschaften

92 Gibt ein **Bieter** nicht nur ein eigenes Angebot ab, sondern bewirbt sich daneben als **Mitglied einer Bietergemeinschaft** um dieselbe Leistung, kann dies Anlass für die Prüfung geben, ob bereits die Bildung der Bietergemeinschaft überhaupt zulässig ist.[154] In dieser Konstellation ist allerdings auch ein Verstoß gegen den Grundsatz des Geheimwettbewerbs möglich. Denn der Bieter kann sich die Kenntnis der Preise der Angebotsteile der anderen Mitglieder im Rahmen seiner eigenen Angebotskalkulation zunutze machen.[155] Auf **Bewerbergemeinschaften** wird dies mangels Angebotsabgabe regelmäßig nicht übertragbar sein. Allerdings gilt der Grundsatz des Geheimwettbewerbs auch im Teilnahmewettbewerb, sodass sich auch hier bereits Anlass für eine tiefergehende Prüfung des öffentlichen Auftraggebers ergeben kann, etwa wenn das parallelbeteiligte Unternehmen sich in beiden Teilnahmeanträgen in wettbewerbserheblicher Weise auf qualitativ unterschiedliche Eignungsmerkmale beruft.

93 Der automatische Ausschluss solcher Angebote unter Parallelbeteiligung würde allerdings gegen den Verhältnismäßigkeitsgrundsatz verstoßen. Es ist daher **widerlegbar zu vermuten**, dass ein Verstoß gegen den Grundsatz des Geheimwettbewerbs vorliegt.[156] Den betroffenen Bietern ist sodann Gelegenheit zu geben, die Maßnahmen und Vorkehrungen darzulegen und zu beweisen, die den wettbewerbsbeschränkenden Kenntnisaustausch verhindert haben.[157] Der Bieter muss dazu insbesondere glaubhaft machen, dass er in die weitere Angebotserstellung der Bietergemeinschaft nicht eingebunden wurde und dass die weiteren Konsortialmitglieder keine Kenntnis vom Angebot des Einzelbieters erlangen konnten. Er kann die Vermutung dann aber nicht mehr erfolgreich widerlegen, wenn sein Leistungsanteil bereits einen wesentlichen Teil innerhalb der Bietergemeinschaft ausgemacht hat, sodass ihm zumindest die wesentlichen Angebotsgrundlagen bekannt sein dürften.

94 Ähnlich ist der Fall zu behandeln, dass sich ein **Unternehmen** innerhalb von **zwei Bietergemeinschaften** um einen Auftrag bewirbt. Auch hiernach ist zu vermuten, dass ein Verstoß gegen den Geheimwettbewerb vorliegt. Für die Entkräftung der Vermutung kommt es darauf an, inwieweit das Unternehmen in die Angebotserstellung der Bietergemeinschaften eingebunden wurde und in welchem Umfang es Leistungsteile übernommen hat.

95 Das OLG Düsseldorf[158] hat einen Verstoß gegen den Geheimwettbewerb für den Fall verneint, dass sich eine Bietergemeinschaft um die Gesamtvergabe bewirbt und ein Mitglied der Bietergemeinschaft um ein einzelnes Los bietet, das seinem Leistungsteil in der Bietergemeinschaft entspricht (**partielles Parallelangebot**). Denn in diesem Falle ist es dem Geheimwettbewerb nicht abträglich, dass möglicherweise eine Kenntnisnahme des jeweils anderen Angebots vorliegt, da es an einer vollumfänglichen Konkurrenzsituation fehlt.[159]

153 Vgl. OLG Dresden, Beschluss v. 28.3.2006 – WVerg 4/06, VergabeR 2006, 793.

154 Zur kartellrechtlichen Einordnung von Bietergemeinschaften siehe bereits oben Rn. 73 ff.

155 Vgl. OLG Düsseldorf, Beschluss v. 16.11.2010 – VII-Verg 50/10; OLG Naumburg, Beschluss v. 30.7.2004 – 1 Verg 10/04; VK Baden-Württemberg, Beschluss v. 1.9.2015 – 1 VK 30/15.

156 Vgl. OLG Düsseldorf, Beschluss v. 16.11.2010 – VII-Verg 50/10; OLG Dresden, Beschluss v. 28.3.2006 – WVerg 4/06, VergabeR 2006, 793.

157 Vgl. EuGH, Urteil v. 23.12 2009 – Rs. C-376/08 (Serrantoni), Rn. 37 ff.

158 Vgl. OLG Düsseldorf, Beschluss v. 16.9.2003 – VII-Verg 52/03, VergabeR 2003, 690 (692); Beschluss v. 28.5.2003 – VII-Verg 8/03, VergabeR 2003, 461 (464).

159 Vgl. OLG Düsseldorf, Beschluss v. 16.9.2003 – VII-Verg 52/03, VergabeR 2003, 690 (692); Beschluss v. 28.5.2003 – VII-Verg 8/03, VergabeR 2003, 461 (464); kritisch hingegen *Leinemann*, VergabeR 2003, 693 (694).

d) Hinreichende Anhaltspunkte

96 Der öffentliche Auftraggeber muss nicht gesicherte Nachweise darüber erbringen, dass eine wettbewerbsbeschränkende Vereinbarung erfolgt ist oder Verhaltensweisen abgestimmt wurden. Es genügen nach dem Wortlaut bereits **hinreichende Anhaltspunkte**. Solche liegen vor, wenn aufgrund objektiver Tatsachen die Überzeugung gewonnen werden kann, dass ein Verstoß gegen § 1 GWB beziehungsweise Art. 101 AEUV mit hoher Wahrscheinlichkeit vorliegt; die Tatsachen beziehungsweise Anhaltspunkte müssen so konkret und aussagekräftig sein, dass die Verwirklichung eines Kartellverstoßes zwar noch nicht feststeht, jedoch hierüber nahezu Gewissheit besteht.[160] Was das Beweismaß angeht, verlangt der Effektivitätsgrundsatz, dass der Nachweis für einen Verstoß gegen das Vergaberecht nicht nur durch unmittelbare Beweise erbracht werden kann, sondern auch mittels Indizien, sofern diese objektiv und übereinstimmend sind, und dass die miteinander verbundenen Bieter in der Lage sind, den Beweis des Gegenteils zu erbringen.[161] Hinreichende Anhaltspunkte können insbesondere Übereinstimmungen in den Angeboten selbst sein.[162] Bloße Vermutungen oder Verdachtsmomente genügen allerdings nicht.[163] Die fehlende Bestandskraft eines Bußgeldbescheides der Kartellbehörde hindert die Annahme hinreichender Anhaltspunkte nicht. Einer abschließenden Sicherheit im Sinne eines feststehenden und unumstößlichen Ergebnisses bedarf es nicht, denn der Anwendungsbereich von § 124 Abs. 1 Nr. 4 GWB würde zu weit eingeschränkt, wenn man die „hinreichenden Anhaltspunkte" in einem solch engen Sinn verstehen würde. Der öffentliche Auftraggeber darf somit auf einen Beschluss des Bundeskartellamts und dessen Richtigkeit vertrauen und aus diesem hinreichende Anhaltspunkte für das Vorliegen einer wettbewerbswidrigen Absprache ableiten.[164] Die Entscheidung der Behörde ist auch im Hinblick auf die Höchstfrist des § 126 Nr. 2 GWB von Relevanz; diese wird ab dem Datum der Entscheidung berechnet; auf den Zeitpunkt der Kartellbildung kommt es nicht an.[165]

97 Der öffentliche Auftraggeber hat den **Verhältnismäßigkeitsgrundsatz** nach § 97 Abs. 1 S. 2 GWB zu berücksichtigen. Er ist daher verpflichtet, dem Unternehmen vor dessen Ausschluss vom Vergabeverfahren die Gelegenheit zur Stellungnahme zu geben.[166] Es obliegt dann dem Unternehmen, die Vermutung des öffentlichen Auftraggebers zu widerlegen.

98 Im Falle der Parallelbeteiligung ging die frühere Rechtsprechung überwiegend davon aus, dass die betroffenen Unternehmen, sofern ihnen die Abgabe eines Parallelangebots bekannt war, bereits **mit Angebotsabgabe** die Umstände vorzutragen haben, die gegen die Annahme einer wettbewerbsbeschränkenden Vereinbarung sprechen.[167] Denn durch die Abgabe des Parallelangebots habe das Unternehmen die Wahrung des Geheimwettbewerbs selbst nachhaltig in Zweifel gezogen.[168] Dem kann nicht zugestimmt werden. Für eine solche Verkürzung des Zeitraums, innerhalb dessen das Unternehmen die dem Ausschluss entgegenstehenden Gründen vortragen kann, ist keine Notwendigkeit ersichtlich ist. Da es noch nicht einmal einer Aufforderung des öffentlichen Auftraggebers bedürfen solle, werden von den Unternehmen spezifische Kenntnisse über die vergaberechtliche Rechtsprechung erwartet. Es erscheint zudem unzumutbar, von den Unternehmen eine Prognose zukünftiger Beanstandungen des öf-

---

160 Vgl. OLG Düsseldorf, Beschluss v. 17.1.2018 – VII-Verg 39/17.

161 Vgl. EuGH, Urteil v. 17.5.2018 – Rs. C-531/16 (Specializuotas transportas), Rn. 37.

162 Vgl. OLG Jena, Beschluss v. 19.4.2004 – 6 Verg 3/04, VergabeR 2004, 520; VK Schleswig-Holstein, Beschluss v. 17.9.2008 – VK-SH 10/08; VK Hamburg, Beschluss v. 17.8.2005 – Vgk FB 5/05.

163 Vgl. OLG Saarbrücken, Beschluss v. 5.7.2006 – 1 Verg 1/06; VK Bund, Beschluss v. 31.7.2017 – VK 2-68/17.

164 Vgl. VK Bund, Beschluss v. 12.10.2020 – VK 2-77/20 unter Verweis auf OLG Düsseldorf, Beschluss v. 17.1.2018 – VII-Verg 39/17.

165 Vgl. EuGH, Urteil v. 24.10.2018 – Rs. C-124/17 (Vossloh Laeis), Rn. 42.

166 Vgl. EuGH, Urteil v. 19.5.2009 – Rs. C-538/07 (Assitur), Rn. 30; OLG Düsseldorf, Beschluss v. 11.5.2011 – VII-Verg 1/11.

167 So zur früheren Rechtslage für konzernverbundene Unternehmen OLG Düsseldorf, Beschluss v. 13.4.2011 – VII-Verg 4/11, NZBau 2011, 371 (373); für den Fall der Parallelbeteiligung von Bietergemeinschaften OLG Düsseldorf, Beschluss v. 14.9.2004 – VI-W (Kart) 25/04; dagegen allerdings OLG Naumburg, Beschluss v. 2.8.2012 – 2 Verg 3/12, VergabeR 2013, 123 (128).

168 Vgl. OLG Düsseldorf, Beschluss v. 14.9.2004 – VI-W (Kart) 25/04; Beschluss v. 13.9.2004 – VI-W 24/04 (Kart), VergabeR 2005, 117 (120).

fentlichen Auftraggebers abzuverlangen.[169] Auch für die anderen Ausschlussgründe ist nicht verlangt, dass die Unternehmen den Aufklärungsbedarf ihrer Angebote antizipieren und entsprechende Ausführungen mit Angebotsabgabe mitteilen. Die Möglichkeit zur Stellungnahme wird für das Unternehmen durch diese Restriktion ohne zwingendes Erfordernis nicht unerheblich verengt, was im Widerspruch zum Verhältnismäßigkeitsgrundsatz steht.[170] Aus entsprechenden Erwägungen hat der EuGH eine Pflicht abgelehnt, dass miteinander verbundene Unternehmen, die in ein und demselben Verfahren gesonderte Angebote einreichen, dem öffentlichen Auftraggeber gegenüber von sich aus ihre Verbindungen offenzulegen haben, wenn in den Vergabeunterlagen, die die Bedingungen für die Vergabe eines öffentlichen Auftrags regeln, keine hierhingehende ausdrückliche normative Bestimmung oder spezifische Bedingung enthalten ist.[171] Der öffentliche Auftraggeber ist – wenn er über Anhaltspunkte verfügt, die Zweifel an der Eigenständigkeit und Unabhängigkeit der von bestimmten Unternehmen eingereichten Angebote aufkommen lassen – vielmehr selbst zur Nachprüfung verpflichtet, ob die Angebote tatsächlich eigenständig und unabhängig voneinander sind. Hierzu darf und muss er gegebenenfalls zusätzliche Informationen von diesen Unternehmen anfordern. Erst wenn sich im Ergebnis dieser Prüfung herausstellt, dass die Angebote nicht eigenständig und unabhängig sind, ist der Auftraggeber zum Ausschluss berechtigt.[172]

e) Ermessensreduktion

Der Ausschluss des Unternehmens vom Vergabeverfahren steht grundsätzlich im Ermessen des öffentlichen Auftraggebers. Er ist daher regelmäßig nicht verpflichtet, das betroffene Unternehmen vom Vergabeverfahren auszuschließen. Allerdings muss er belegen können, sein Ermessen ordnungsgemäß ausgeübt zu haben. Liegen die Voraussetzungen von § 124 Abs. 1 Nr. 4 GWB vor, ist das Ermessen des öffentlichen Auftraggebers aus Gründen der Gleichbehandlung und des Wettbewerbs allerdings in der Regel auf Null reduziert. Ein Absehen vom Ausschluss des Unternehmens vom Vergabeverfahren wäre regelmäßig ermessensfehlerhaft.[173] 99

5. Interessenkonflikt (Nr. 5)

Öffentliche Auftraggeber können nach § 124 Abs. 1 Nr. 5 GWB ein Unternehmen von der Teilnahme an einem Vergabeverfahren ausschließen, wenn ein Interessenkonflikt bei der Durchführung des Vergabeverfahrens besteht, der die Unparteilichkeit und Unabhängigkeit einer für den öffentlichen Auftraggeber tätigen Person bei der Durchführung des Vergabeverfahrens beeinträchtigen könnte und der durch andere, weniger einschneidende Maßnahmen nicht wirksam beseitigt werden kann. 100

§ 124 Abs. 1 Nr. 5 GWB erfasst unmittelbar nur den Fall, dass ein konkretes **Vergabeverfahren** bereits vorliegt; die Anforderungen der Norm gelten aber auch dann, wenn eine Vergabesperre im Vorfeld eines Vergabeverfahrens gegen einen potenziellen Bewerber verhängt wird.[174] 101

Die Regelung geht auf Art. 24 und Art. 57 Abs. 4 UAbs. 1 lit. e **RL 2014/24/EU** zurück.[175] Nach Art. 24 RL 2014/24/EU stellen die Mitgliedstaaten sicher, dass die öffentlichen Auftraggeber geeignete Maßnahmen zur wirksamen Verhinderung, Aufdeckung und Behebung von Interessenkonflikten treffen, die sich bei der Durchführung von Vergabeverfahren ergeben, um Wettbewerbsverzerrungen zu vermeiden und eine Gleichbehandlung aller Wirtschaftsteilnehmer zu gewährleisten. 102

---

169 So OLG Naumburg, Beschluss v. 2.8.2012 – 2 Verg 3/12.
170 Vgl. OLG Naumburg, Beschluss v. 2.8.2012 – 2 Verg 3/12.
171 Vgl. EuGH, Urteil v. 17.5.2018 – Rs. C-531/16 (Specializuotas transportas), Rn. 26.
172 Vgl. EuGH, Urteil v. 17.5.2018 – Rs. C-531/16 (Specializuotas transportas), Rn. 40.
173 So auch VK Rheinland, Beschluss v. 19.5.2021 – VK 6/21–L.
174 Vgl. BGH, Beschluss v. 3.6.2020 – XIII ZR 22/19, Rn. 37.
175 Vgl. Gesetzesbegründung zu § 124 Abs. 1 Nr. 5 GWB, VergRModG 2016, BT-Drs. 18/6281, 106.

103 § 124 Abs. 1 Nr. 5 GWB ist mit dem **VergRModG 2016** in das GWB-Vergaberecht aufgenommen worden. Davor war ein Beteiligungsverbot im Falle von Interessenkonflikten zwar in § 16 VgV a.F. enthalten, eine ausdrückliche Ausschlussregelung fehlte indes.

104 Das **Verbot der Beteiligung** von Personen, bei denen ein Interessenkonflikt besteht, findet sich nunmehr in § 6 Abs. 1 VgV. Danach dürfen Organmitglieder oder Mitarbeiter des öffentlichen Auftraggebers oder eines im Namen des öffentlichen Auftraggebers handelnden Beschaffungsdienstleisters, bei denen ein Interessenkonflikt besteht, nicht in einem Vergabeverfahren mitwirken.[176]

105 In welchen Fällen ein **Interessenkonflikt** anzunehmen ist, wird in § 6 Abs. 2 VgV geregelt. Danach besteht ein Interessenkonflikt für Personen, die an der Durchführung des Vergabeverfahrens beteiligt sind oder Einfluss auf den Ausgang eines Vergabeverfahrens nehmen können und die ein direktes oder indirektes finanzielles, wirtschaftliches oder persönliches Interesse haben, das ihre Unparteilichkeit und Unabhängigkeit im Rahmen des Vergabeverfahrens beeinträchtigen könnte.[177]

106 § 6 Abs. 3 VgV enthält einen **Vermutungstatbestand** für das Bestehen eines Interessenkonflikts. Danach wird vermutet, dass ein Interessenkonflikt besteht, wenn die Organmitglieder oder Mitarbeiter des öffentlichen Auftraggebers oder eines im Namen des öffentlichen Auftraggebers handelnden Beschaffungsdienstleisters

1. Bewerber oder Bieter sind,
2. einen Bewerber oder Bieter beraten oder sonst unterstützen oder als gesetzliche Vertreter oder nur in dem Vergabeverfahren vertreten,
3. beschäftigt oder tätig sind
   a) bei einem Bewerber oder Bieter gegen Entgelt oder bei ihm als Mitglied des Vorstandes, Aufsichtsrates oder gleichartigen Organs oder
   b) für ein in das Vergabeverfahren eingeschaltetes Unternehmen, wenn dieses Unternehmen zugleich geschäftliche Beziehungen zum öffentlichen Auftraggeber und zum Bewerber oder Bieter hat.

Die Vermutung gilt nach § 6 Abs. 4 S. 1 VgV auch für Personen, deren Angehörige diese Voraussetzungen erfüllen.

107 Der Ausschluss des Unternehmens vom Vergabeverfahren steht grundsätzlich im **Ermessen** des öffentlichen Auftraggebers. Er ist daher regelmäßig nicht verpflichtet, das betroffene Unternehmen vom Vergabeverfahren auszuschließen. Zudem verlangt die Norm aus Gründen der Verhältnismäßigkeit, dass der Interessenkonflikt nicht durch andere, weniger einschneidende Maßnahmen wirksam beseitigt werden kann. Der Ausschluss eines Unternehmens vom Vergabeverfahren ist damit letztes Mittel. Rechtlich besteht hier ein Spannungsfeld. Denn § 6 Abs. 1 VgV ordnet ein Mitwirkungsverbot der konfliktbehafteten Person auf Auftraggeberseite an. § 124 Abs. 1 Nr. 5 GWB betrifft hingegen den Ausschluss des konfliktbehafteten Bewerbers oder Bieters. Aufgrund des in der Vorschrift des § 124 Abs. 1 Nr. 5 GWB verankerten Verhältnismäßigkeitsprinzips wird dieses Spannungsfeld dahingehend gelöst, dass der öffentliche Auftraggeber zunächst die Pflicht hat, Organe oder Mitarbeiter des öffentlichen Auftraggebers, bei denen der Interessenkonflikt besteht, von der weiteren Befassung mit solchen Vergabeverfahren auszuschließen; hierdurch wird in aller Regel der Interessenkonflikt wirksam beseitigt und dem Verhältnismäßigkeitsgrundsatz Rechnung getragen, da der Bewerber oder Bieter nicht belastet wird.[178] Damit dürften die Voraussetzungen von § 124 Abs. 1 Nr. 5 GWB nur in absoluten Ausnahmefällen vorliegen, etwa weil der öffentliche Auftraggeber über keinerlei nichtkonfliktbehaftetes Ersatzpersonal zur Durchführung des Vergabeverfahrens verfügt und der Interessenkonflikt auch nicht durch technische oder organisatorische Maßnahmen aufseiten des öffentlichen Auftraggebers beseitigt werden kann. Ist dies allerdings der

176 Siehe auch Gesetzesbegründung zu § 124 Abs. 1 Nr. 5 GWB, VergRModG 2016, BT-Drs. 18/6281, 106.
177 Vgl. auch Gesetzesbegründung zu § 124 Abs. 1 Nr. 5 GWB, VergRModG 2016, BT-Drs. 18/6281, 106.
178 Vgl. BGH, Beschluss v. 3.6.2020 – XIII ZR 22/19, Rn. 40; OLG Karlsruhe, Beschluss v. 30.10.2018 – 15 Verg 5/18.

Fall und kann auch das Unternehmen nicht durch personelle, technische oder organisatorische Maßnahmen nachweisbar die Verwirklichung von Wettbewerbsverzerrungen aufgrund des Interessenkonflikts ausschließen (etwa durch personelle, technische und organisatorische Abschirmung der konfliktbehafteten Person auf eine informatorische Insel innerhalb des Unternehmens), dürfte das Ermessen des öffentlichen Auftraggebers in der Regel auf Null reduziert sein, um einen unverzerrten Wettbewerb zu gewährleisten. Ein Absehen vom Ausschluss des Unternehmens vom Vergabeverfahren wäre dann ermessensfehlerhaft.

6. Vorbefassung (Nr. 6)

Öffentliche Auftraggeber können nach § 124 Abs. 1 Nr. 6 GWB ein Unternehmen von der Teilnahme an einem Vergabeverfahren ausschließen, wenn eine Wettbewerbsverzerrung daraus resultiert, dass das Unternehmen bereits in die Vorbereitung des Vergabeverfahrens einbezogen war (sog. vorbefasstes Unternehmen oder Projektant), und diese Wettbewerbsverzerrung nicht durch andere, weniger einschneidende Maßnahmen beseitigt werden kann.[179] Die Regelung dient der Wahrung des Gleichbehandlungs- und Wettbewerbsgrundsatzes nach § 97 Abs. 1 S. 1 und Abs. 2 GWB.[180] **108**

Die Regelung setzt Art. 57 Abs. 4 UAbs. 1 lit. f **RL 2014/24/EU** nahezu gleichlautend um.[181] **109**

Vor Inkrafttreten des **VergRModG 2016** war die Behandlung von vorbefassten Unternehmen ausschließlich untergesetzlich geregelt. Nach § 6 EG Abs. 7 VOL/A, § 6 EG Abs. 7 VOB/A 2012 und § 4 Abs. 5 VOF hatten Auftraggeber sicherzustellen, dass der Wettbewerb durch die Teilnahme dieses Bieters oder Bewerbers nicht verfälscht wird, wenn ein Bieter oder Bewerber vor Einleitung des Vergabeverfahrens den Auftraggeber beraten oder sonst unterstützt hat. Die Regelungen gingen wiederum auf § 4 Abs. 5 VgV a.F. zurück, der durch das ÖPP-Beschleunigungsgesetz[182] in die VgV eingeführt wurde und auf der „Fabricom"-Entscheidung des EuGH[183] beruhte. Eine ausdrückliche Rechtsgrundlage für den Ausschluss des Unternehmens vom Vergabeverfahren war nach früherer Rechtslage allerdings nicht vorgesehen.[184] **110**

Gerade bei komplexen Infrastrukturprojekten oder technisch anspruchsvollen Beschaffungen, etwa im IT-Bereich, verfügen die öffentlichen Auftraggeber oftmals nicht über das erforderliche Know-how.[185] Öffentliche Auftraggeber bedienen sich daher regelmäßig **externen Sachverstandes**. Die Beteiligung von Beratern ist aber vergaberechtlich nicht immer unbedenklich. Häufig findet sich der für die Vorbereitung des Verfahrens notwendige Sachverstand nämlich gerade bei denjenigen Unternehmen, welche die zu beschaffende Leistung selbst anbieten.[186] In diesem Fall sind das Gleichbehandlungs- und Wettbewerbsgebot gefährdet. Insbesondere besteht die Gefahr, dass ein vorbefasster Bieter sein Angebot aufgrund des mit der Vorbefassung erhaltenen Informationsvorsprungs eher an die Bedürfnisse des öffentlichen Auftraggebers anzupassen weiß oder dass er bereits bei der Beratung des öffentlichen Auftraggebers Gegenstand und Bedingungen des Auftrags in seinem Interesse beeinflussen konnte.[187] **111**

a) Einbeziehung in die Verfahrensvorbereitung

Anders als die Vorgängerregelungen in § 6 EG Abs. 7 VOL/A, § 6 EG Abs. 7 VOB/A 2012 und § 4 Abs. 5 VOF („beraten oder sonst unterstützt") ist § 124 Abs. 1 Nr. 6 GWB offener gehalten bezüglich der **konkreten Leistung**, die das vorbefasste Unternehmen für den öffentlichen **112**

179 So bereits zur früheren Rechtslage VK Bund, Beschluss v. 21.11.2013 – VK 2-102/13.
180 Vgl. EuGH, Urteil v. 3.3.2005 – Rs. C 21/03 und C-34/03 (Fabricom), Rn. 30; VK Bund, Beschluss v. 16.7.2013 – VK 3-47/13.
181 Vgl. Gesetzesbegründung zu § 124 Abs. 1 Nr. 6 GWB, VergRModG 2016, BT-Drs. 18/6281, 106.
182 Siehe dazu auch *Müller-Wrede*, ÖPP-Beschleunigungsgesetz.
183 Vgl. EuGH, Urteil v. 3.3.2005 – Verb. Rs. C-21/03 und C-34/03 (Fabricom).
184 Vgl. *Ollmann*, VergabeR 2005, 685 (692), folgerte hieraus, dass ein Ausschluss vom Vergabeverfahren nicht von den Vorgängerregelungen gedeckt gewesen sei.
185 Vgl. *Diringer*, VergabeR 2010 (Sonderheft 2a), 361 f.; *Kolpatzik*, VergabeR 2007, 279.
186 Vgl. *Behrens*, NZBau 2006, 752.
187 Vgl. OLG München, Beschluss v. 10.2.2011 – Verg 24/10 (zur VOF).

Auftraggeber erbracht hat. Es genügt jede Einbindung des vorbefassten Unternehmens in die Vorbereitung des Vergabeverfahrens.

113 Erfasst sind insbesondere **Unterstützungshandlungen**, die dem öffentlichen Auftraggeber konkrete Handlungsempfehlungen und Informationen für die Verwirklichung des Beschaffungsvorgangs zur Verfügung stellen.[188] In der Regel werden Architekten, Ingenieure, Rechtsanwälte, Versicherungsmakler und -berater sowie Unternehmensberater und Wirtschaftsprüfer und Sachverständige in die Vorbereitung des Vergabeverfahrens eingebunden. Vor allem Vorleistungen, auf denen der zu vergebende öffentliche Auftrag aufbaut, z. B. Entwurfs-[189] oder Zielplanung[190], sind eine Einbeziehung in die Verfahrensvorbereitung.[191]

114 Nicht erforderlich ist, dass die Einbindung des Unternehmens auf **Veranlassung** des öffentlichen Auftraggebers erfolgte; ausreichend ist vielmehr auch ein tatsächliches Tätigwerden des Unternehmens, beispielsweise eine bereits erstelle Projektstudie.[192] Es kann im Hinblick auf etwaige Wettbewerbsvorteile nämlich keinen Unterschied machen, ob der öffentliche Auftraggeber Unterstützungsleistungen in Anspruch nimmt, die er in Auftrag gegeben hat oder die ihm in tatsächlicher Hinsicht zugefallen sind.[193]

115 Auf den **Umfang** der Einbindung des Unternehmens in die Vorbereitung kommt es nicht an.[194] Der Wortlaut gibt hierzu keinen Anhaltspunkt. Für eine Erheblichkeitsschwelle besteht auch kein Bedürfnis. Denn der öffentliche Auftraggeber ist nur dann zu wettbewerbsschützenden Maßnahmen verpflichtet, wenn auch ein relevanter Wettbewerbsvorteil des vorbefassten Unternehmens besteht. Erfasst ist daher jede auch nur geringfügige Information, solange daraus ein relevanter Wettbewerbsvorteil entsteht.[195]

116 Nach der Regelung kommt es auf die Einbeziehung *des Unternehmens* an. Die Einbindung anderer Unternehmen in die Vorbereitung des Vergabeverfahrens ist daher unschädlich. Der Wortlaut der Regelung sieht keine Ausnahme für den Fall vor, dass nicht das am Wettbewerb beteiligte Unternehmen selbst, sondern ein mit ihm **verbundenes Unternehmen** (mittelbare Vorbefassung) in die Verfahrensvorbereitung eingebunden war. Der Begriff des Unternehmens ist in diesem Fall allerdings vor dem Lichte des Gleichbehandlungsgrundsatzes weit auszulegen und erfasst daher auch verbundene Unternehmen.[196] Anderenfalls würden sich Umgehungsmöglichkeiten durch die Einschaltung Dritter eröffnen. Für eine Zurechnung kommt es auf den tatsächlichen Informationsfluss an. Nicht jede gesellschaftsrechtliche Verbindung stützt dabei die Annahme, dass ein solcher Kenntnisaustausch stattgefunden hat.[197] Bei konzernverbundenen Unternehmen kann ein relevanter Informationsaustausch vermutet werden.

117 Die Einbindung muss sich zudem **auf das konkrete Vergabeverfahren** beziehen („*des* Vergabeverfahrens").[198] Die Einbindung in die Vorbereitung eines anderen Vergabeverfahrens ist damit unschädlich. Grundsätzlich kann von einer Einbindung nur gesprochen werden, wenn auch der Gegenstand des Vergabeverfahrens mit dem der Vorbefassung identisch ist.[199] Im Hinblick auf den Zweck der Vorschrift, einen unverfälschten Wettbewerb sicherzustellen, ist allerdings eine funktionale Betrachtung angezeigt. Der erforderliche Bezug ist danach schon

188 Vgl. *Kupczyk*, NZBau 2010, 21 (23).
189 So bei der Vergabe von Bauüberwachungsleistungen siehe OLG Brandenburg, Beschluss v. 22.5.2007 – Verg W 13/06.
190 So für die anschließend ausgeschriebene Projektsteuerung siehe OLG München, Beschluss v. 10.2.2011 – Verg 24/10.
191 Vgl. VK Niedersachsen, Beschluss v. 2.3.2016 – VgK-01/2016
192 Vgl. KG, Beschluss v. 27.1.2015 – Verg 9/14; OLG Düsseldorf, Beschluss v. 25.10.2005 – VII-Verg 67/05, VergabeR 2006, 137 (142); a.A. *Reuber*, VergabeR 2005, 271 (275).
193 Vgl. OLG Düsseldorf, Beschluss v. 25.10.2005 – VII-Verg 67/05, VergabeR 2006, 137 (142).
194 Vgl. *Diringer*, VergabeR 2010 (Sonderheft 2a), 361 (363); *Michel*, NZBau 2006, 689 (690 f.).
195 A.A. *Kupczyk*, NZBau 2010, 21 (23), wonach eine Betrachtung des Einzelfalls geboten sein solle.
196 Vgl. OLG Celle, Beschluss v. 14.4.2016 – 13 Verg 11/15; *Michel*, NZBau 2006, 689 (691).
197 Vgl. *Müller-Wrede/Lux*, ZfBR 2006, 327 (329).
198 Vgl. OLG München, Beschluss v. 25.7.2013 – Verg 7/13; VK Nordbayern, Beschluss v. 18.2.2011 – 21.VK-3194-45/10; VK Hessen, Beschluss v. 12.2.2008 – 69d-VK-01/2008; siehe auch die Verordnungsbegründung zur Vorgängerregelung in § 4 Abs. 5 VgV a.F., ÖPP-Beschleunigungsgesetz, BT-Drs. 15/5668, 11.
199 Vgl. VK Thüringen, Beschluss v. 12.12.2008 – 250-4004.20-5909/2008-015-SM.

dann gegeben, wenn der Bewerber bzw. Bieter durch die Informationen aus der Vorbefassung einen wettbewerbsrelevanten Vorteil erhält, insofern genügt ein bloßer Kausalitätsbezug. Die Einbindung muss auch nicht einzig zum Zwecke des konkreten Verfahrens erfolgt sein, ausreichend ist eine generelle Unterstützungsleistung, die sich lediglich auf das konkrete Verfahren auswirkt.

Keine Einbindung in die Vorbereitung eines Vergabeverfahrens liegt hingegen in der Durchführung eines **Vorgängerauftrags** vor.[200] Die schlichte Auftragsdurchführung gibt dem öffentlichen Auftraggeber gerade keine Unterstützung in der Vorbereitung des Vergabeverfahrens, sofern sie sich nicht auch hierauf bezieht. Ein Bieter, der bereits einen Vorgängerauftrag ausgeführt hat, verfügt naturgemäß über einen gewissen Informationsvorsprung. Derlei Mehrkenntnisse hat der öffentliche Auftraggeber durch eine erschöpfende Leistungsbeschreibung gemäß § 121 Abs. 1 S. 1 GWB auszugleichen. Erst recht unerheblich sind Mehrkenntnisse, die ein Unternehmen im Rahmen der Durchführung von Aufträgen für andere öffentliche Auftraggeber erhalten hat.[201] Den öffentlichen Auftraggeber kann insoweit nicht die Verpflichtung treffen, die Kenntnisstände aller beteiligten Unternehmen zu ermitteln und auszugleichen.[202] 118

Die Einbindung muss in der Vorbereitung des Vergabeverfahrens erfolgt sein. Dies bedeutet noch vor Einleitung des Vergabeverfahrens im Sinne von § 187 Abs. 2 GWB. Eine Einbeziehung **während des Vergabeverfahrens** ist daher nicht erfasst. Unterstützungshandlungen von Unternehmen nach Einleitung des Vergabeverfahrens richten sich nach § 124 Abs. 1 Nr. 5 GWB.[203] Danach können öffentliche Auftraggeber ein Unternehmen vom Vergabeverfahren ausschließen, wenn ein Interessenkonflikt bei der Durchführung des Vergabeverfahrens besteht, der die Unparteilichkeit und Unabhängigkeit einer für den öffentlichen Auftraggeber tätigen Person bei der Durchführung des Vergabeverfahrens beeinträchtigen könnte und der durch andere, weniger einschneidende Maßnahmen nicht wirksam beseitigt werden kann. 119

b) Wettbewerbsverzerrung

Erforderlich ist nach der Regelung, dass aus der Einbeziehung des Unternehmens in die Vorbereitung des Vergabeverfahrens eine Wettbewerbsverzerrung resultiert. 120

Die Wettbewerbsverzerrung muss **kausal** auf die Einbeziehung des Unternehmens in die Verfahrensvorbereitung zurückzuführen sein. Ausreichend ist bereits eine Mitursächlichkeit. Nicht erfasst sind daher diejenigen Fälle, in denen eine Wettbewerbsverzerrung vorliegt, diese aber ausschließlich auf andere Gründe zurückzuführen ist. 121

Die abstrakte Möglichkeit, dass durch die Einbeziehung in die Vorbereitung des Vergabeverfahrens eine Wettbewerbsverzerrung eingetreten ist, genügt nicht. Der öffentliche Auftraggeber hat **konkret** zu untersuchen, ob aus der Vorbefassung eine Wettbewerbsverzerrung resultiert.[204] Im Rahmen der Angebotsphase kommt es insbesondere auf eine genaue Prüfung der Angebote vorbefasster Unternehmen an. Der öffentliche Auftraggeber sollte stets eine vertiefte Angebotsprüfung bei vorbefassten Bietern durchführen. Stellt der öffentliche Auftraggeber dabei fest, dass die fraglichen Angebote anderen Angeboten klar überlegen sind, ist eine vertiefte Prüfung, beispielsweise im Zuge einer Angebotsaufklärung, angezeigt. 122

Eine **Wettbewerbsverzerrung** kann darin liegen, dass das Unternehmen aufgrund der Einbindung in die Vorbereitung des Vergabeverfahrens einen Wettbewerbsvorteil erlangt hat oder die Wettbewerbsbedingungen zu seinen Gunsten beeinflussen konnte.[205] 123

200 Vgl. OLG Bremen, Beschluss v. 9.10.2012 – Verg 1/12; VK Bund, Beschluss v. 16.7.2013 – VK 3-47/13.
201 A.A. VK Nordbayern, Beschluss v. 9.8.2007 – 21.VK-3194-32/07, ZfBR 2007, 822 (824).
202 Vgl. *Diringer*, VergabeR 2010 (Sonderheft 2a), 361 (363 f.).
203 Vgl. *Müller-Wrede/Lux*, ZfBR 2006, 327.
204 Vgl. OLG München, Beschluss v. 2.12.2013 – Verg 14/13; OLG Brandenburg, Beschluss v. 22.5.2007 – Verg W 13/06; OLG Düsseldorf, Beschluss v. 25.10.2005 – VII-Verg 67/05, VergabeR 2006, 137 (140).
205 Vgl. EuGH, Urteil v. 3.3.2005 – Verb. Rs. C-21/03 und C-34/03 (Fabricom), Rn. 29; OLG Celle, Beschluss v. 14.4.2016 – 13 Verg 11/15.

c) Verhältnismäßigkeit

124 Der Ausschluss des vorbefassten Unternehmens kommt nur in Betracht, wenn die Wettbewerbsverzerrung nicht durch andere, weniger einschneidende Maßnahmen beseitigt werden kann.[206]

125 Die Anforderung ist Ausdruck des in § 97 Abs. 1 S. 2 GWB festgelegten **Verhältnismäßigkeitsgrundsatzes**. Ein genereller Ausschluss von vorbefassten Personen scheidet wegen des Verhältnismäßigkeitsgrundsatzes aus. Vielmehr muss das Unternehmen nach § 7 Abs. 3 VgV die Möglichkeit erhalten, zu beweisen, dass nach den Umständen des Einzelfalls die von ihm erworbene Erfahrung den Wettbewerb nicht hat verfälschen können.

126 **Weniger einschneidende Maßnahmen** können nach § 7 Abs. 2 VgV insbesondere die Unterrichtung der anderen am Vergabeverfahren teilnehmenden Unternehmen in Bezug auf die einschlägigen Informationen, die im Zusammenhang mit der Einbeziehung des vorbefassten Unternehmens in der Vorbereitung des Vergabeverfahrens ausgetauscht wurden oder daraus resultieren, und die Festlegung angemessener Fristen für den Eingang der Angebote und Teilnahmeanträge sein. Auch ist es denkbar, dass der öffentliche Auftraggeber die Zuschlagskriterien gezielt so festlegt, dass sich etwaige Informationsvorsprünge des Projektanten nicht wettbewerbsverzerrend auswirken können.

127 Aus Gleichbehandlungsgründen besteht die Pflicht des öffentlichen Auftraggebers, alle Teilnehmer mit den **gleichen Informationen** zu versorgen.[207] Demnach sollten die Ergebnisse der Projektantentätigkeit allen Teilnehmern des nachfolgenden Vergabeverfahrens zur Verfügung gestellt werden.[208] Es genügt dabei nicht, dass der öffentlichen Auftraggeber die übrigen Unternehmen darauf verweist, sich die notwendigen Informationen von dem vorbefassten Unternehmen zu besorgen.[209] Der öffentliche Auftraggeber ist vielmehr verpflichtet, aktiv einen Informationsgleichstand zwischen den Unternehmen herzustellen. Dies kann etwa dadurch geschehen, dass sämtliche wettbewerbsrelevanten Informationen, die dem Projektanten im Vorfeld erteilt wurden, in die Vergabeunterlagen aufgenommen werden.[210] Auch solche Unterlagen, die unter Mitwirkung des Projektanten entstanden sind, müssen sämtlichen Unternehmen zur Verfügung gestellt werden.[211] Darüber hinaus kann es auch ratsam sein, den Unternehmen die Möglichkeit zur Ortsbesichtigung oder sonstigen Untersuchungen zu geben.[212]

128 Der öffentliche Auftraggeber hat hierbei auch sicherzustellen, dass den Unternehmen ein ausreichend langer **Zeitraum** zur Kenntnisnahme zur Verfügung steht.[213] Denn sind dem Projektanten die Inhalte der Vergabeunterlagen schon aus der Vorbereitung des Verfahrens bekannt, verlängert sich für ihn faktisch die Angebotsfrist. Der öffentliche Auftraggeber hat darauf zu achten, ausreichend lange Bearbeitungsfristen für die Angebotsabgabe vorzusehen, so dass sich eventuell bestehende Wissensvorsprünge nicht in zeitlichen Vorteilen manifestieren können.[214]

129 Fraglich ist, ob es eine zulässige Vorgehensweise darstellt, dass der öffentliche Auftraggeber mit dem vorbefassten Unternehmen eine **vertragliche Vereinbarung** darüber trifft, dass dieser von einer Beteiligung am Vergabeverfahren absieht. Eine solche Vereinbarung ist nach

206 So bereits die Gesetzesbegründung zu § 4 Abs. 5 VgV a.F., ÖPP-Beschleunigungsgesetz, BT-Drs. 15/5668, 12.
207 Vgl. OLG München, Beschluss v. 2.12.2013 – Verg 14/13; OLG Brandenburg, Beschluss v. 19.12.2011 – Verg W 17/11; vgl. auch Gesetzesbegründung zu § 4 Abs. 5 VgV a.F., ÖPP-Beschleunigungsgesetz, BT-Drs. 15/5668, 12.
208 Vgl. VK Baden-Württemberg, Beschluss v. 29.11.2002 – 1 VK 62/02.
209 Vgl. VK Thüringen, Beschluss v. 19.9.2008 – 250-4003.20-2100/2008-008-SHK.
210 Vgl. VK Thüringen, Beschluss v. 19.9.2008 – 250-4003.20-2100/2008-008-SHK.
211 Vgl. OLG Brandenburg, Beschluss v. 19.12.2011 – Verg W 17/11; OLG Koblenz, Beschluss v. 6.11.2008 – 1 Verg 3/08; VK Bund, Beschluss v. 24.5.2012 – VK 3-45/12.
212 Vgl. OLG Koblenz, Beschluss v. 6.11.2008 – 1 Verg 3/08.
213 Vgl. VK-Baden-Württemberg, Beschluss v. 30.3.2007 – 1 VK 06/07, hat bei einem Umfang von elf Ordnern zur Einsichtnahme einen Zeitraum von drei bis vier Wochen für erforderlich gehalten.
214 Vgl. VK Bund, Beschluss v. 1.9.2005 – VK 1-98/05.

zivilrechtlichen Gesichtspunkten zwar nicht zu beanstanden.[215] Sie steht aber in einem Widerspruch zum Wettbewerbsgrundsatz nach § 97 Abs. 1 S. 1 GWB, denn faktisch handelt es sich um einen antizipierten Ausschluss des Projektanten.[216] Ein solcher Ausschluss ist insbesondere dann unzulässig, wenn die Wettbewerbsverzerrung durch mildere Mittel kompensiert werden könnte. Dem vorbefassten Unternehmen ist eine Bewerbung für das Verfahren aufgrund der vertraglichen Grundlage zwar nicht zu verweigern, er wird aufgrund der vertraglichen Verpflichtung allerdings regelmäßig davon absehen, eine Bewerbung um den Auftrag einzureichen. Die Vorbefasstheit des Unternehmens kann aber nicht durch eine vertragliche Vereinbarung präjudiziert werden, sondern ist innerhalb des Verfahrens an den Anforderungen von § 124 Abs. 1 Nr. 6 GWB zu messen. Der öffentliche Auftraggeber kann sich vergaberechtlicher Pflichten nicht dadurch entledigen, dass er entsprechende Maßnahmen im Vorfeld des Anwendungsbereichs vergaberechtlicher Vorschriften ergreift.

Mitunter kann der öffentliche Auftraggeber ein Interesse daran haben, das **vorbefasste Unternehmen im Wettbewerb zu halten**, etwa weil der Markt nur über wenige spezialisierte Unternehmen verfügt. Ein Ausschluss des Projektanten kann in diesem Fall die Beschränkung oder gar Ausschaltung des Wettbewerbs zur Folge haben. Der öffentliche Auftraggeber kann dem vorbeugen, indem er die Vorbefassung nur auf den Leistungsteil beschränkt, aus dem sich keine wettbewerbsrelevanten Mehrkenntnisse des Unternehmens ergeben können. Darüber hinaus kann der öffentliche Auftraggeber einen wettbewerblichen Dialog durchführen, denn beispielsweise die Erarbeitung der Leistungsbeschreibung ist bei dieser Verfahrensart bereits Teil des Verfahrens.[217] 130

d) Darlegungs- und Beweislast

Die **Darlegungs-** und **Beweislast** für das Vorliegen eines Wettbewerbsverstoßes durch die Einbeziehung eines vorbefassten Unternehmens liegt beim öffentlichen Auftraggeber. 131

Anhaltspunkte für Wettbewerbsverzerrung durch Vorbefassung können sein: 132

- Es liegt ein vor allem in preislicher Hinsicht überlegenes Angebot vor.[218]
- Es liegt ein in technischer Hinsicht überlegenes Angebot vor, das sich ersichtlich auf Informationen stützt, die nicht allen Bietern zugänglich sind.
- Nur das jeweilige Unternehmen kann die vom Berater erstellte Leistungsbeschreibung richtig umsetzen.
- Einzig das Angebot des vorbefassten Unternehmens enthält Ausführungen zu bestimmten wertungsrelevanten Punkten.[219]

Liegen diese Anhaltspunkte vor, ist eine Wettbewerbsverzerrung aufgrund der Vorbefassung indiziert. Dem Unternehmen obliegt es, diese tatsächliche **Vermutung** zu widerlegen.[220] Gelingt es ihm nicht, die Vermutung der Wettbewerbsverzerrung auszuräumen, muss der öffentliche Auftraggeber das Unternehmen aus Gründen der Gleichbehandlung und des Wettbewerbs ausschließen.

e) Ermessensreduktion

Der Ausschluss des Projektanten vom Vergabeverfahren steht grundsätzlich im Ermessen des öffentlichen Auftraggebers. Er ist daher regelmäßig nicht verpflichtet, das vorbefasste Unternehmen vom Vergabeverfahren auszuschließen. Liegen die Voraussetzungen von § 124 Abs. 1 Nr. 6 GWB vor, ist das Ermessen des öffentlichen Auftraggebers aus Gründen der 133

215 Vgl. *Behrens*, NZBau 2006, 752 (755 f.); a.A. *Diringer*, VergabeR 2010 (Sonderheft 2a), 361 (367).
216 Vgl. *Müller-Wrede/Lux*, ZfBR 2006, 327 (329); für eine Beurteilung nach dem Einzelfall *Hausmann/von Hoff*, in: Kulartz/Marx/Portz/Prieß, VOL/A, § 6 EG Rn. 138.
217 Vgl. *Kolpatzik*, VergabeR 2007, 279 (283 ff.); *Müller-Wrede/Lux*, ZfBR 2006, 327 (329).
218 Nach VK Baden-Württemberg, Beschluss v. 29.11.2002 – 1 VK 62/02, indiziert eine nur 10 % unter anderen Angeboten liegende Offerte noch keinen wettbewerbsverzerrenden Informationsvorsprung.
219 Vgl. *Diringer*, VergabeR 2010 (Sonderheft 2a), 361 (366).
220 Vgl. OLG Celle, Beschluss v. 14.4.2016 – 13 Verg 11/15; OLG München, Beschluss v. 25.7.2013 – Verg 7/13.

Gleichbehandlung und des Wettbewerbs allerdings in der Regel auf Null reduziert.[221] Ein Absehen vom Ausschluss des Unternehmens vom Vergabeverfahren wäre regelmäßig ermessensfehlerhaft.

7. Mangelhafte Leistungserfüllung (Nr. 7)

134 Öffentliche Auftraggeber können nach § 124 Abs. 1 Nr. 7 GWB ein Unternehmen von der Teilnahme an einem Vergabeverfahren ausschließen, wenn das Unternehmen eine wesentliche Anforderung bei der Ausführung eines früheren öffentlichen Auftrags oder Konzessionsvertrags erheblich oder fortdauernd mangelhaft erfüllt hat und dies zu einer vorzeitigen Beendigung, zu Schadensersatz oder zu einer vergleichbaren Rechtsfolge geführt hat.

135 Die Regelung setzt Art. 57 Abs. 4 UAbs. 1 lit. g **RL 2014/24/EU** um.[222] Sie ist mit Inkrafttreten des **VergRModG 2016** in das GWB aufgenommen worden. Vor Inkrafttreten des VergRModG 2016 wurden die Fallgestaltungen der Schlechtleistung unter den Ausschlussgrund der schweren Verfehlung subsumiert oder im Rahmen der allgemeinen Eignungsprüfung ausgeschieden.[223]

136 Den öffentlichen Auftraggeber trifft die **Darlegungs-** und **Beweislast** für das Vorliegen der Tatbestandsvoraussetzungen.[224]

a) Früherer öffentlicher Auftrag oder Konzessionsvertrag

137 Der Ausschlussgrund greift ein, wenn die Vertragsstörung bei der Ausführung eines **früheren öffentlichen Auftrages oder Konzessionsvertrages** aufgetreten ist. Unmaßgeblich ist, ob es sich um einen Auftrag handelt, der den EU-Schwellenwert nicht erreicht oder der inhaltlich andere Leistungen zum Gegenstand hat.[225] Im Nachprüfungsprozess ist die Nachprüfungsinstanz nicht verpflichtet, zur Aufklärung einer Sach- und Rechtsfrage zu § 124 Abs. 1 Nr. 7 GWB die Vergabeunterlagen einer bereits abgewickelten Vergabe beizuziehen; Prüfungsgegenstand eines Vergabenachprüfungsverfahrens ist ausschließlich das aktuell zu vergebende Vertragsverhältnis; soweit sich einer der Verfahrensbeteiligten auf ein früheres Vertragsverhältnis bezieht, obliegt es dem jeweils Beweispflichtigen, aufgrund der allgemeinen Nachweispflicht meist dem öffentlichen Auftraggeber, die entsprechenden Nachweise vorzulegen.[226]

138 **Öffentliche Aufträge** sind nach § 103 Abs. 1 GWB entgeltliche Verträge zwischen öffentlichen Auftraggebern oder Sektorenauftraggebern und Unternehmen über die Beschaffung von Leistungen, die die Lieferung von Waren, die Ausführung von Bauleistungen oder die Erbringung von Dienstleistungen zum Gegenstand haben. Rahmenvereinbarungen sind nach § 103 Abs. 5 S. 2 GWB entsprechend zu behandeln. **Konzessionen** sind nach § 105 Abs. 1 GWB entgeltliche Verträge, mit denen ein oder mehrere Konzessionsgeber ein oder mehrere Unternehmen mit der Erbringung von Bauleistungen betrauen (Baukonzessionen) oder mit der Erbringung und der Verwaltung von Dienstleistungen betrauen, die nicht in der Erbringung von Bauleistungen bestehen (Dienstleistungskonzession). **Verteidigungs- oder sicherheitsspezifische öffentliche Aufträge** nennt § 124 Abs. 1 Nr. 7 GWB nicht ausdrücklich. Sie sind nach § 104 Abs. 1 GWB öffentliche Aufträge, die mindestens eine der in § 104 Abs. 1 Nr. 1 bis 4 GWB genannten verteidigungs- oder sicherheitsspezifischen Leistungen umfassen. Sie sind mithin unter den Begriff des öffentlichen Auftrags zu subsumieren und daher von § 124 Abs. 1 Nr. 7 GWB umfasst.

139 Die Vorschrift trifft keine Regelung dazu, ob eine **Personenidentität** zwischen dem Auftraggeber des früheren öffentlichen Auftrages oder Konzessionsvertrages und dem nunmehr aus-

---

221 Vgl. OLG Celle, Beschluss v. 14.4.2016 – 13 Verg 11/15.
222 Vgl. Gesetzesbegründung zu § 124 Abs. 1 Nr. 7 GWB, VergRModG 2016, BT-Drs. 18/6281, 106.
223 Vgl. EuGH, Urteil v. 13.12.2012 – Rs. C-465/11 (Forposta SA/Poczta Polska), Rn. 29; OLG München, Beschluss v. 1.7.2013 – Verg 8/13; KG, Urteil v. 8.12.2011 – 2 U 11/11, VergabeR 2012, 208 (211); OLG Frankfurt, Beschluss v. 24.2.2009 – 11 Verg 19/08, VergabeR 2009, 629; OLG Düsseldorf, Beschluss v. 4.2.2009 – VII-Verg 65/08.
224 Vgl. OLG Düsseldorf, Beschluss v. 28.3.2018 – VII-Verg 49/17.
225 Vgl. VK Niedersachsen, Beschluss v. 5.2.2021 – VgK-50/2020.
226 Vgl. VK Niedersachsen, Beschluss v. 5.2.2021 – VgK-50/2020.

schreibenden Auftraggeber bestehen muss. Aus der Gesetzesbegründung[227] ergibt sich aber, dass es sich hierbei nicht notwendigerweise um denselben Auftraggeber handeln muss.[228] Ein öffentlicher Auftraggeber kann aber aus der Entscheidung eines anderen öffentlichen Auftraggebers, einen früheren öffentlichen Auftrag zu beenden, nicht automatisch ableiten, dass das Unternehmen erhebliche oder dauerhafte Mängel bei der Erfüllung einer wesentlichen Anforderung im Rahmen dieses Auftrags hat erkennen lassen. Dem öffentlichen Auftraggeber obliegt es dann, das Verhalten des Unternehmens, dessen früherer öffentlicher Auftrag vorzeitig beendet wurde, selbst zu bewerten. Insoweit hat er auf der Grundlage aller relevanten Umstände – insbesondere der Entscheidung über die vorzeitige Beendigung – und unter Berücksichtigung des Grundsatzes der Verhältnismäßigkeit sorgfältig und unparteiisch zu prüfen, ob dieses Unternehmen aus seiner Sicht bei der Erfüllung einer wesentlichen Anforderung im Rahmen dieses Auftrags für erhebliche oder dauerhafte Mängel verantwortlich ist, die das Vertrauensverhältnis zu dem betreffenden Unternehmen zerstören können.[229] Erforderlich ist aber Auftragsidentität; Vertragsverletzung und Rechtsfolge müssen sich auf denselben Auftrag beziehen.[230]

§ 124 Abs. 1 Nr. 7 GWB nennt keine **zeitliche Grenze**, nach der frühere öffentliche Aufträge oder Konzessionsverträge noch berücksichtigungsfähig sind. Äußerste zeitliche Grenze des Ausschlusses ist nach § 126 Nr. 2 GWB ein Zeitraum von drei Jahren. **140**

b) Erhebliche oder fortdauernde mangelhafte Erfüllung

Bei Leistungsstörungen hat der öffentliche Auftraggeber stets eine umfassende Abwägung aller in Betracht kommenden Gesichtspunkte unter angemessener Berücksichtigung des Umfangs, der Intensität, des Ausmaßes und des Grades der Vorwerfbarkeit der Vertragsverletzungen anzustrengen.[231] **141**

Eine mangelhafte Erfüllung im Sinne von § 124 Abs. 1 Nr. 7 GWB ist jede nicht vertragsgerechte Erfüllung.[232] Eine **erhebliche mangelhafte Erfüllung** liegt vor, wenn die mangelhafte Leistung den öffentlichen Auftraggeber in tatsächlicher und finanzieller Hinsicht deutlich belastet hat.[233] Teilweise wird angedeutet, dass es auch ausreichen kann, wenn die deutliche Belastung nur in tatsächlicher oder nur in finanzieller Hinsicht vorliegt.[234] Das Merkmal der Erheblichkeit betrifft Umfang, Intensität und Grad der Vorwerfbarkeit der Schlechtleistung, erfordert mithin nicht nur geringfügiges, sondern vertragliches Fehlverhalten von einigem Gewicht; eine derart erhebliche mangelhafte Vertragserfüllung liegt u.a. dann vor, wenn ein Fehlverhalten ernste Zweifel an der Zuverlässigkeit des Auftragnehmers aufkommen lässt.[235] Eine erhebliche mangelhafte Erfüllung kann insbesondere vorliegen, wenn sie auf einseitiges Verschulden des Auftragnehmers zurückzuführen ist und dem öffentlichen Auftraggeber die Eingehung einer erneuten Vertragsbeziehung dadurch nicht zumutbar ist.[236] Nicht ausreichen solle es für ein Überschreiten der Erheblichkeitsschwelle, wenn die mangelhafte Leistungserfüllung eine Ersatzvornahme von nur 300 Arbeitsstunden notwendig mache, im Verhältnis zu einem jährlichen Auftragsvolumen von ca. 250.000 Arbeitsstunden.[237] Nach hier vertretener Auffassung genügt allein das Abstellen auf einen quantitativen Vergleich allerdings nicht. Vielmehr muss stets eine Gesamtbetrachtung aller Umstände vorgenommen wer- **142**

227 Vgl. Gesetzesbegründung zu § 124 Abs. 1 Nr. 7 GWB, VergRModG 2016, BT-Drs. 18/6281, 106.
228 Vgl. auch VK Südbayern, Beschluss v. 8.4.2019 – Z3-3-3194-1-46-12/18.
229 Vgl. EuGH, Urteil v. 3.10.2019 – Rs. C-267/18 (Delta Antrepriza de Constructii si Montaj), Rn. 28 f.
230 Vgl. VK Niedersachsen, Beschluss v. 5.2.2021 – VgK-50/2020.
231 Vgl. OLG Düsseldorf, Beschluss v. 28.8.2001 – Verg 27/01; Beschluss v. 10.5.2000 – Verg 5/00, NZBau 2000, 540 (541); VK Nordbayern, Beschluss v. 12.6.2012 – 21.VK-3194-10/12, ZfBR 2012, 796 (798); VK Brandenburg, Beschluss v. 11.7.2007 – 1 VK 23/07.
232 Vgl. OLG Düsseldorf, Beschluss v. 28.3.2018 – VII-Verg 49/17.
233 Vgl. OLG Celle, Beschluss v. 9.1.2017 – 13 Verg 9/16; OLG Stuttgart, Urteil v. 29.4.2003 – 1 U 130/02; VK Köln, Beschluss v. 20.11.2012 – VK VOL 59/2011; VK Nordbayern, Beschluss v. 12.6.2012 – 21.VK-3194-10/12; VK Brandenburg, Beschluss v. 11.7.2007 – 1 VK 23/07.
234 Letztlich aber offenlassend: OLG Düsseldorf, Beschluss v. 28.3.2018 – VII-Verg 49/17.
235 Vgl. VK Bund, Beschluss v. 19.8.2020 – VK 2-59/20.
236 Vgl. VK Düsseldorf, Beschluss v. 31.10.2005 – VK-30/2005-B.
237 Vgl. VK Südbayern, Beschluss v. 21.12.2018 – Z3-3-3194-1-32-09/18.

den, da ein rein quantitativ erdrückendes Verhältnis nicht zwangsläufig eine inhaltlich erhebliche Mangelhaftigkeit der Leistung ausschließt.

143 Eine **fortdauernde mangelhafte Erfüllung** ist gegeben, wenn das Unternehmen regelmäßig mangelhaft erfüllt hat, ohne dass die Schlechtleistungen im einzelnen Fall erheblich sind. Dies kann insbesondere wiederholte Fristversäumnisse betreffen.

144 Die mangelhafte Erfüllung muss eine **wesentliche Anforderung** betreffen. Es ist konkret für den jeweiligen Auftrag zu prüfen, was eine wesentliche Anforderung im Sinne des § 124 Abs. 1 Nr. 7 GWB darstellt. Entscheidend für das Merkmal der Wesentlichkeit ist die Bedeutung der vertraglichen Anforderung für den öffentlichen Auftraggeber und infolgedessen, welche Auswirkungen die mangelhafte Leistung für den öffentlichen Auftraggeber hatte.[238] Als wesentlich sind jedenfalls die Hauptpflichten eines Auftrages anzusehen. Bloße Nebenpflichtverletzungen genügen in der Regel nicht; wesentliche Nebenpflichtverletzungen hingegen schon.[239] Der teilweise vertretenen Auffassung, der Begriff umfasse jede Verletzung vertraglicher Haupt-, Neben- und Nebenleistungspflichten, also auch nicht leistungsbezogene Schutz- und Rücksichtnahmepflichten gemäß § 241 Abs. 2 BGB,[240] kann nicht ohne Weiteres beigetreten werden. Anderenfalls würde die Voraussetzung unter Verletzung des Wortlauts auf den Begriff der Anforderung reduziert und das Wesentlichkeitskriterium bliebe gänzlich außer Betracht. Zu den wesentlichen Anforderungen gehören in der Regel auch Ausführungsbedingungen im Sinne von § 128 Abs. 2 GWB. Auch die Bauförderungspflicht stellt eine wesentliche Anforderung im Sinne des § 124 Abs. 1 Nr. 7 GWB dar.[241] Beim Winterdienst stellen das Nichterscheinen von einzelnen Mitarbeitern und das Fehlen geforderter persönlicher Eignungsnachweise die mangelhafte Erfüllung wesentlicher Anforderungen dar, weil diese Leistungen reibungslos funktionieren müssen.[242] Auch der Verstoß gegen vertragliche Verpflichtungen zum Nachunternehmereinsatz kann die mangelhafte Erfüllung einer wesentlichen Anforderung begründen.[243] Auch die Abhilfepflicht nach § 5 Abs. 3 VOB/B 2012 gehört zu den wesentlichen Anforderungen.[244] Bejaht wurde die Verletzung einer wesentlichen Anforderung zudem bei der mangelhaften Anbringung einer Dampfsperre. Gleiches gilt für das Verlangen nach einer Abschlagszahlung, welche Leistungen aufführt, die tatsächlich nicht durchgeführt worden waren und auch bislang nicht durchgeführt sind.[245]

145 Nach der Rechtsprechung zur Rechtslage vor Inkrafttreten des VergRModG 2016 war es für den fakultativen Ausschluss erforderlich zu prüfen, inwieweit die zur Beurteilung stehenden Gesichtspunkte geeignet sind, eine ordnungsgemäße und vertragsgerechte Erbringung gerade der **ausgeschriebenen Leistung** in Frage zu stellen.[246] Diese Einschränkung findet in § 124 Abs. 1 Nr. 7 GWB keinen Anhaltspunkt. Die Regelung differenziert nicht danach, ob eine Widerholungsgefahr bei der zu vergebenden Leistung eintreten könnte. Aufgrund der Anforderung zur Berücksichtigung des Verhältnismäßigkeitsgrundsatzes ist an dieser Einschränkung weiterhin festzuhalten. Ist beispielsweise ein Lieferverzug durch besondere Umstände verursacht worden, die in Bezug auf die ausgeschriebene Leistung nicht ernsthaft zu befürchten sind oder die sich sogar ausschließen lassen, kann aus der Überschreitung der vereinbarten Liefertermine bei einem früheren Auftrag (ausnahmsweise) nicht darauf geschlossen werden, dass auch die ordnungsgemäße Vertragsabwicklung des anstehenden Auftrags in Frage gestellt ist.[247] Ein Ausschluss wäre in diesem Fall unverhältnismäßig.

---

238 Vgl. VK Bund, Beschluss v. 19.8.2020 – VK 2-59/20.
239 Vgl. OLG Düsseldorf, Beschluss v. 28.3.2018 – VII-Verg 49/17.
240 Vgl. OLG Karlsruhe, Beschluss v. 27.6.2018 – 15 Verg 7/17.
241 Vgl. OLG Celle, Beschluss v. 9.1.2017 – 13 Verg 9/16.
242 Vgl. VK Bund, Beschluss v. 18.9.2017 – VK 2-86/17.
243 Vgl. EuGH, Urteil v. 3.10.2019 – Rs. C-267/18 (Delta Antrepriza de Constructii si Montaj); VK Bund, Beschluss v. 19.8.2020 – VK 2-59/20; VK Hessen, Beschluss v. 7.9.2017 – 69d-VK-25/2017 m.w.N.
244 Vgl. OLG Düsseldorf, Beschluss v. 28.3.2018 – VII-Verg 49/17.
245 Vgl. VK Bund, Beschluss v. 19.8.2020 – VK 2-59/20.
246 Vgl. OLG Düsseldorf, Beschluss v. 28.8.2001 – Verg 27/01.
247 Vgl. OLG Düsseldorf, Beschluss v. 28.8.2001 – Verg 27/01.

c) Vorzeitige Beendigung, Schadensersatz oder vergleichbare Rechtsfolge

Erforderlich ist nach der Regelung, dass die Vertragsstörung zu einer vorzeitigen Beendigung des Auftragsverhältnisses, zu Schadensersatz oder zu einer vergleichbaren Rechtsfolge geführt hat. Nicht erforderlich ist, dass die Rechtsfolge zivilgerichtlich rechtskräftig festgestellt wurde oder unstreitig ist; auch muss die Vergabenachprüfungsinstanz keine eigene, inzidente Entscheidung über die Wirksamkeit der Rechtsfolge treffen.[248] Als Prüfungsmaßstab hinsichtlich der Frage, ob die Rechtsfolge berechtigt gewesen ist, reicht es nach hier vertretener Auffassung aus, wenn der öffentliche Auftraggeber Indiztatsachen vorbringt, die von einigem Gewicht sind und auf gesicherten Erkenntnissen aus seriösen Quellen basieren und die die Entscheidung des öffentlichen Auftraggebers zum Ausschluss des Unternehmens als nachvollziehbar erscheinen lassen.[249] 146

Das Auftragsverhältnis ist **vorzeitig beendet**, wenn der öffentliche Auftraggeber es durch außerordentliche Kündigung[250] oder Rücktritt aufgelöst hat. Eine ordentliche Kündigung ist hingegen nicht ausreichend, da ein solches Kündigungsrecht nicht kausal auf der Schlechtleistung beruht, sondern der gesetzlichen oder vertraglichen Regelung. Auch ein Fristversäumnis bezüglich der Ausübung eines außerordentlichen Kündigungsrechts lässt die Möglichkeit eines Ausschlusses entfallen.[251] In Betracht kommt aber die Vereinbarung der Aufhebung des Auftragsverhältnisses, wenn sie kausal auf der mangelhaften Leistungserbringung beruht, weshalb es sich empfiehlt, dies in der Präambel festzuhalten. 147

Nach der Regelung genügt auch die Forderung von **Schadensersatz**. Für die Forderung von Schadensersatz ist die Beendigung des Auftragsverhältnisses nicht erforderlich. Die Schadensersatzforderung muss allerdings kausal auf der Vertragsstörung beruhen. 148

Eine Beendigung des Auftragsverhältnisses oder Schadenersatzansprüche **vonseiten des Unternehmens** erfüllen die Anforderungen nicht, da eine solche Maßnahme nicht kausal auf die Vertragsstörung des Auftragnehmers zurückzuführen ist. 149

Erfasst ist auch eine der Beendigung des Auftragsverhältnisses **gleichwertige Rechtsfolge**. Sie muss hinsichtlich ihres Schweregrades mit einer vorzeitigen Beendigung oder Schadensersatz vergleichbar sein. Hierfür kommen insbesondere die Ersatzvornahme sowie das Verlangen umfangreicher Nachbesserungen in Betracht.[252] Auch eine vollzogene Aufrechnung ist als solche Rechtsfolge zu werten.[253] Das Nichtbezahlen von Rechnungen bzw. die Kürzung von Einzelrechnungen infolge der Nichterbringung der vertraglich geschuldeten Leistungen ist ebenfalls eine vergleichbare Rechtsfolge im Sinne von § 124 Abs. 1 Nr. 7 GWB.[254] 150

8. Schwerwiegende Täuschung, Zurückhaltung von Informationen, Nichtübermittlung von Nachweisen (Nr. 8)

Öffentliche Auftraggeber können nach § 124 Abs. 1 Nr. 8 GWB ein Unternehmen von der Teilnahme an einem Vergabeverfahren ausschließen, wenn das Unternehmen in Bezug auf Ausschlussgründe oder Eignungskriterien eine schwerwiegende Täuschung begangen oder Auskünfte zurückgehalten hat oder nicht in der Lage ist, die erforderlichen Nachweise zu übermitteln. 151

248 Vgl. OLG Celle, Beschluss v. 9.1.2017 – 13 Verg 9/16.

249 Instruktiv OLG Celle, Beschluss v. 9.1.2017 – 13 Verg 9/16; ebenso VK Baden-Württemberg, Beschluss v. 25.2.2019 – 1 VK 51/18; Beschluss v. 24.1.2018 – 1 VK 54/17; a.A. OLG Düsseldorf, Beschluss v. 11.7.2018 – VII-Verg 7/18, wonach der öffentliche Auftraggeber bezüglich der von der Vorschrift verlangten Schlechterfüllung Gewissheit erlangt haben muss, also eine Überzeugung, die vernünftigen Zweifeln Schweigen gebietet; Beschluss v. 28.3.2018 – VII-Verg 49/17; vgl. zum Streitstand auch *Conrad*, NZBau 2019, 431 ff.

250 Vgl. OLG Düsseldorf, Beschluss v. 28.3.2018 – VII-Verg 49/17; OLG München, Beschluss v. 1.7.2013 – Verg 8/13.

251 Vgl. VK Brandenburg, Beschluss v. 17.7.2018 – VK 11/18.

252 Vgl. Gesetzesbegründung zu § 124 Abs. 1 Nr. 7 GWB, VergRModG 2016, BT-Drs. 18/6281, 107.

253 Vgl. VK Niedersachsen, Beschluss v. 5.2.2021 – VgK-50/2020.

254 Vgl. VK Bund, Beschluss v. 18.9.2017 – VK 2-86/17.

152 Die Regelung setzt Art. 57 Abs. 4 UAbs. 1 lit. h **RL 2014/24/EU** nahezu gleichlautend um.[255] Die Regelung wurde von dem EuGH zuletzt in Verbindung mit Art. 63 RL 2014/24/EU dahingehend ausgelegt, dass bei Rückgriff auf die Ressourcen eines eignungsentleihenden Unternehmens kein automatischer Ausschluss des Bieters bzw. Bewerbers stattfinden dürfe, wenn das eignungsentleihende Unternehmen wahrheitswidrige Erklärungen zum Vorliegen rechtskräftiger strafrechtlicher Verurteilungen vorgelegt hat. Der Verhältnismäßigkeitsgrundsatz fordere hier zunächst die Möglichkeit, dass der Bieter bzw. Bewerber ein solches Unternehmen ersetzen kann.[256] Da das nationale Recht eine solche Ersetzungsbefugnis nach § 47 Abs. 2 S. 4 VgV und § 6d EU Abs. 1 UAbs. 4 S. 2 VOB/A bereits vorsieht, dürfte sich die Relevanz der EuGH-Rechtsprechung für das nationale Recht in Grenzen halten.

153 Vor Inkrafttreten des **VergRModG 2016** enthielten allein die untergesetzlichen Vorschriften entsprechende Regelungen. Gemäß § 6 EG Abs. 6 lit. e VOL/A konnten Bewerber von der Teilnahme am Wettbewerb ausgeschlossen werden, wenn sie im Vergabeverfahren vorsätzlich unzutreffende Erklärungen in Bezug auf ihre Eignung abgegeben haben. Nach § 16 EG Abs. 1 Nr. 1 lit. g VOB/A 2012 waren Angebote von Bietern auszuschließen, die im Vergabeverfahren vorsätzlich unzutreffende Erklärungen in Bezug auf ihre Fachkunde, Leistungsfähigkeit und Zuverlässigkeit abgegeben haben.

a) Ausschlussgründe und Eignungskriterien

154 Der Ausschlussgrund erfasst nur Erklärungen, die sich auf die Ausschlussgründe oder die Eignungskriterien beziehen.

155 **Ausschlussgründe** sind die fakultativen und zwingenden Ausschlussgründe in § 123 und § 124 GWB. Dies ergibt sich aus dem Gesetzeswortlaut. Denkbar wäre zwar, auch formelle Ausschlussgründe, beispielsweise nach § 57 Abs. 1 Alt. 2 VgV, bei weiter Auslegung unter den Begriff der Ausschlussgründe zu subsumieren. Der Terminus „Ausschlussgründe" wird allerdings im GWB auch im Übrigen ausschließlich für die Ausschlussgründe nach § 123 und § 124 GWB verwandt und ist damit besetzt. Auch die RL 2014/24/EU nennt den Begriff ausschließlich in Zusammenhang mit den Ausschlussgründen nach Art. 57 RL 2014/24/EU. Dies kommt auch untergesetzlich zum Ausdruck; so spricht die Regelung des § 57 Abs. 1 Alt. 2 VgV nicht etwa von formellen Ausschlussgründen für Angebote, sondern von Angeboten, die nicht den Erfordernissen des § 53 VgV genügen.

156 **Eignungskriterien** sind nach § 122 Abs. 2 S. 1 GWB die durch den öffentlichen Auftraggeber im Einzelnen zur ordnungsgemäßen Ausführung des öffentlichen Auftrags festgelegten Kriterien. Obgleich im Wortlaut der Vorschrift nicht ausdrücklich geregelt, müssen die Auskünfte und Nachweise zu den maßgeblichen Eignungskriterien auch rechtmäßig gefordert worden sein; ist ein Eignungskriterium vergaberechtswidrig, scheidet ein Ausschluss zumindest nach den Varianten 2 und 3 der Vorschrift aus.[257]

157 Damit sind solche Erklärungen ausgeschlossen, die lediglich für den **Angebotsinhalt** relevant sind. Gleichwohl wird auch diesbezüglich ein schützenswertes Interesse des öffentlichen Auftraggebers bestehen, dass etwa vorgelegte Kalkulationen oder Verpflichtungserklärungen wahrheitsgemäße Angaben enthalten. Aufgrund des eindeutigen Wortlauts scheidet ein Ausschluss in diesem Falle allerdings aus.

b) Varianten

Der Ausschlussgrund sieht als Varianten

- die schwerwiegende Täuschung (Var. 1),

255 Vgl. Gesetzesbegründung zu § 124 Abs. 1 Nr. 8 GWB, VergRModG 2016, BT-Drs. 18/6281, 107.
256 Vgl. EuGH, Urteil v. 3.6.2021 – Rs. C-210/20 (Rad Service), Rn. 45.
257 Vgl. KG, Beschluss v. 27.5.2019 – Verg 4/19.

- das Zurückhalten von Informationen (Var. 2) und
- die Nichtübermittlung der erforderlichen Nachweise (Var. 3)

vor.

aa) Schwerwiegende Täuschung (Var. 1)

158 Das Unternehmen muss nach § 124 Abs. 1 Nr. 8 Var. 1 GWB eine schwerwiegende Täuschung begangen haben. Unter **Täuschung** ist das Hervorrufen eines Irrtums zu verstehen. Die Täuschung ist **schwerwiegend**, wenn der öffentliche Auftraggeber auf Grundlage der richtigen Informationen das Unternehmen vom Vergabeverfahren ausgeschlossen hätte. In diesem Fall liegt zudem eine schwere Verfehlung nach § 124 Abs. 1 Nr. 3 GWB vor.

159 § 124 Abs. 1 Nr. 8 Var. 1 GWB verlangt nicht, dass die Täuschung im **konkreten Vergabeverfahren** erfolgt ist. Insbesondere kann der Ausschlussgrund daher auf Täuschungen aus vorangegangenen Vergabeverfahren gestützt werden. Nach älterer Rechtslage war dies umstritten,[258] da die Vorgängerregelung noch den Passus „im Vergabeverfahren" enthielt. Einen solchen Anknüpfungspunkt enthält der Wortlaut in § 124 Abs. 1 Nr. 8 Var. 1 GWB nicht. Auch der Sinn und Zweck spricht für eine solche Auslegung: Unternehmen, die in einem Vergabeverfahren unzutreffende Erklärungen im Hinblick auf ihre Eignung abgegeben haben, haben ihre Zuverlässigkeit nicht nur für das konkrete Vergabeverfahren in Frage gestellt.[259] Weiterhin knüpfen auch die übrigen Ausschlussgründe in § 124 GWB nicht ausschließlich an Verfahrenshandlungen innerhalb des Vergabeverfahrens an.

160 Anders als § 6 EG Abs. 6 lit. e VOL/A verlangt § 124 Abs. 1 Nr. 8 Var. 1 GWB nicht, dass die Täuschungshandlung **vorsätzlich** erfolgt. Erfasst sind daher auch fahrlässige Täuschungshandlungen,[260] etwa durch Einreichung von ungültigen Zertifikaten.

161 Praxisrelevant ist auch der Fall, dass sich nachträglich **eignungsrelevante Umstände ändern**. In diesem Fall besteht im Rahmen des Vergabeverfahrens eine Aufklärungspflicht des Unternehmens. Demnach kann ein Unternehmen ausgeschlossen werden, wenn es unzutreffende Erklärungen aufrechterhält bzw. nicht korrigiert.[261]

bb) Zurückhalten von Auskünften (Var. 2)

162 Das Unternehmen muss nach § 124 Abs. 1 Nr. 8 Var. 2 GWB Auskünfte zurückgehalten haben.

163 Führt das Zurückhalten der Auskünfte zur **formellen Unvollständigkeit** der Eignungsnachweise, richtet sich der Ausschluss des Teilnahmeantrags oder des Angebots ausschließlich nach § 57 Abs. 1 Nr. 2 VgV und § 16a EU Abs. 5 VOB/A. Die Vervollständigungsmöglichkeit nach § 56 Abs. 2 VgV und § 16a EU VOB/A kann nicht dadurch umgangen werden, dass ein Ausschluss in diesem Falle auf § 124 Abs. 1 Nr. 8 Var. 2 GWB gestützt wird.

164 Sind die Eignungsnachweise dagegen formell, aber **nicht inhaltlich vollständig**, kommt ein Ausschluss nach § 124 Abs. 1 Nr. 8 Var. 2 GWB in Betracht. Denn nach dem Sinn und Zweck der Regelung muss § 124 Abs. 1 Nr. 8 Var. 2 GWB auch für diesen Fall anwendbar sein, da es in der Sache nicht darauf ankommt, ob sich dem öffentlichen Auftraggeber aufgrund falscher oder schon fehlender Erklärungen ein unrichtiges Bild über die Eignung des Unternehmens eröffnet. Vorstellbar ist der Fall der fehlenden Erklärung in diesem Zusammenhang allerdings nur, wenn der öffentliche Auftraggeber an das Unterlassen der Erklärung einen bestimmten Erklärungsinhalt gebunden hat und das Unternehmen durch die Nichtabgabe der Erklärungen dem öffentlichen Auftraggeber ein unzutreffendes Bild von der Eignung vermittelt. Dies

---

258 Dafür bereits dort *Müller-Wrede*, in: Müller-Wrede, VOL/A, § 6 EG Rn. 93; anders *Wagner-Cardenal*, in: Dieckmann/Scharf/Wagner-Cardenal, VOL/A, § 6 EG Rn. 72; *Hausmann/von Hoff*, in: Kulartz/Marx/Portz/Prieß, VOL/A, § 6 EG Rn. 127.

259 Vgl. OLG Celle, Beschluss v. 8.12.2005 – 13 Verg 2/05, NZBau 2006, 197 (199); BayObLG, Beschluss v. 27.7.2004 – Verg 14/04, VergabeR 2004, 736 (741).

260 A.A. OLG Celle, Beschluss v. 13.5.2019 – 13 Verg 2/19, das den Vorsatz verneint, wenn das Unternehmen mit sachlicher Begründung davon ausgehen durfte, dass ein Ausschlussgrund tatsächlich nicht gegeben ist.

261 Vgl. VK Hessen, Beschluss v. 28.6.2005 – 69d-VK-07/2005.

kommt etwa bei der Nichtabgabe einer Erklärung zum Unterauftragnehmereinsatz in Betracht, wenn hiermit konkludent erklärt wird, dass ein Unterauftragnehmereinsatz nicht vorgesehen ist.[262]

165 Wie auch § 124 Abs. 1 Nr. 8 Var. 1 GWB verlangt die Regelung nicht, dass sich das Fehlverhalten im **konkreten Vergabeverfahren** zugetragen hat. Der Ausschlussgrund kann sich insbesondere auch auf frühere Vergabeverfahren beziehen.

166 Anders als § 124 Abs. 1 Nr. 8 Var. 1 GWB verlangt § 124 Abs. 1 Nr. 8 Var. 2 GWB nicht ausdrücklich, dass das Zurückhalten **schwer wiegt**. Unter Berücksichtigung des Verhältnismäßigkeitsgrundsatzes ist die Regelung allerdings dahingehend auszulegen, dass das Zurückhalten von Informationen in Äquivalenz zu § 124 Abs. 1 Nr. 8 Var. 1 GWB ebenfalls verlangt, dass die Eignungsprüfung bei richtiger Informationsgrundlage zu einem abweichenden Ergebnis gekommen wäre. Die Vorschrift kommt deshalb nicht nur bei Zurückhalten formal geforderter Auskünfte in Betracht. Vielmehr könne nach Teilen der Rechtsprechung ein Unternehmen auch ausgeschlossen werden, wenn es in Bezug auf Ausschlussgründe oder Eignungskriterien Auskünfte zurückhält, nach denen zwar nicht gefragt worden ist, die aber für die Beurteilung des Sachverhalts offensichtlich bedeutsam sind, weil der Vertragszweck vereitelt werden könnte; eine derartige Obliegenheit zur eigeninitiativen Offenbarung bestehe aber erst im laufenden Vergabeverfahren und nicht schon im Rahmen von Sondierungsgesprächen des öffentlichen Auftraggebers im Zuge einer Markterkundung.[263]

cc) Nichtübermittlung von Nachweisen (Var. 3)

167 Nach § 124 Abs. 1 Nr. 8 Var. 3 GWB ist tatbestandlich erforderlich, dass das Unternehmen nicht in der Lage ist, die erforderlichen Nachweise zu übermitteln.

168 Anders als die Richtlinienvorgabe in Art. 57 Abs. 4 UAbs. 1 lit. h RL 2014/24/EU („die gemäß Artikel 59 erforderlichen zusätzlichen Unterlagen") spezifiziert § 124 Abs. 1 Nr. 8 Var. 3 GWB nicht, was mit **erforderlichen Nachweisen** gemeint ist. Da der Gesetzgeber ausweislich der Gesetzesbegründung[264] die Umsetzung von Art. 57 Abs. 4 UAbs. 1 lit. h RL 2014/24/EU beabsichtigt hat, ist davon auszugehen, dass mit den erforderlichen Nachweisen die nach § 50 Abs. 2 VgV und § 6b EU Abs. 2 VOB/A geforderten Nachweise gemeint sind.

169 Das Unternehmen muss nach der Regelung **nicht in der Lage** sein, die erforderlichen Nachweise zu erbringen. Die Regelung ist missverständlich. Sie suggeriert, der öffentliche Auftraggeber müsse prüfen, ob das Unternehmen die geforderten Nachweise einreichen *kann*. Eine solche Prüfungspflicht wäre unsinnig. Die Regelung ist vielmehr dahingehend auszulegen, dass der Ausschlussgrund besteht, wenn das Unternehmen seiner Pflicht zur Beibringung der Nachweise nicht nachgekommen ist.

170 Anders als § 124 Abs. 1 Nr. 8 Var. 1 und 2 GWB erfasst § 124 Abs. 1 Nr. 8 Var. 3 GWB nur Fälle innerhalb des **konkreten Vergabeverfahrens**. Dies wird anhand des Wortlauts deutlich („ist").

171 Die Regelung steht in Konkurrenz zu den untergesetzlichen Regelungen in **§ 57 Abs. 1 Nr. 2 VgV** und **§ 16a EU Abs. 5 VOB/A**. Nach den Vorschriften ist der Ausschluss des Teilnahmeantrags oder des Angebots bei Unvollständigkeit zwingend. Hingegen steht es nach § 124 Abs. 1 Nr. 8 Var. 3 GWB im Ermessen des öffentlichen Auftraggebers, ob er das betroffene Unternehmen vom Vergabeverfahren ausschließt. Das Ermessen des öffentlichen Auftraggebers ist allerdings im Falle von § 124 Abs. 1 Nr. 8 Var. 3 GWB stets auf Null reduziert, andernfalls wäre eine umfassende Eignungsprüfung nicht sichergestellt. Die untergesetzlichen Regelungen zu den Ausschlussgründen stehen daher nicht im Widerspruch zu § 124 Abs. 1 Nr. 8 Var. 3 GWB.

---

262 Vgl. VK Bund, Beschluss v. 19.1.2021 – VK 2-109/20, letztlich aber ablehnend, da es sich im konkreten Einzelfall um reine Unterstützungsleistungen und keine Unterauftragnehmerleistungen gehandelt habe.
263 Vgl. VK Mecklenburg-Vorpommern, Beschluss v. 7.1.2020 – 3 VK 08/19.
264 Vgl. Gesetzesbegründung zu § 124 Abs. 1 Nr. 8 GWB, VergRModG 2016, BT-Drs. 18/6281, 107.

9. Unzulässige Einflussnahme (Nr. 9)

Öffentliche Auftraggeber können ein Unternehmen von der Teilnahme an einem Vergabeverfahren ausschließen, wenn das Unternehmen 172

a) versucht hat, die Entscheidungsfindung des öffentlichen Auftraggebers in unzulässiger Weise zu beeinflussen,

b) versucht hat, vertrauliche Informationen zu erhalten, durch die es unzulässige Vorteile beim Vergabeverfahren erlangen könnte, oder

c) fahrlässig oder vorsätzlich irreführende Informationen übermittelt hat, die die Vergabeentscheidung des öffentlichen Auftraggebers erheblich beeinflussen könnten, oder versucht hat, solche Informationen zu übermitteln.

Die Regelung setzt nahezu gleichlautend Art. 57 Abs. 4 UAbs. 1 lit. i **RL 2014/24/EU** um.[265] 173
Sie ist mit Inkrafttreten des **VergRModG 2016** neu in das GWB aufgenommen worden.[266] Vorher wurden die Fälle des § 124 Abs. 1 Nr. 9 lit. a und c GWB wegen der Betrugsnähe unter die schweren Verfehlungen und der Fall des § 124 Abs. 1 Nr. 9 lit. b GWB wegen der angestrebten Wettbewerbsverzerrung unter die wettbewerbsbeschränkenden Abreden[267] subsumiert.

Für das Vorliegen der Tatbestandsvoraussetzungen des Ausschlussgrundes trifft den öffentli- 174
chen Auftraggeber die **Darlegungs-** und **Beweislast**.[268]

a) Unzulässige Beeinflussung der Entscheidungsfindung (lit. a)

Nach § 124 Abs. 1 Nr. 9 lit. a GWB können öffentliche Auftraggeber ein Unternehmen von der 175
Teilnahme an einem Vergabeverfahren ausschließen, wenn das Unternehmen versucht hat, die Entscheidungsfindung des öffentlichen Auftraggebers in unzulässiger Weise zu beeinflussen.

Wann von einem Versuch der **unzulässigen Beeinflussung** der Entscheidungsfindung des 176
öffentlichen Auftraggebers auszugehen ist, ist weder in den europäischen Vergaberichtlinien noch in den deutschen vergaberechtlichen Vorschriften näher definiert; es handelt sich um einen Auffangtatbestand zu den § 124 Abs. 1 Nr. 9 lit. b und c GWB.[269] Unter Berücksichtigung des Verhältnismäßigkeitsgrundsatzes nach § 124 Abs. 1 GWB wird man insgesamt verlangen müssen, dass die Art und Weise des Versuchs der Beeinflussung der Entscheidungsfindung des öffentlichen Auftraggebers dem Schweregrad nach einer schweren Verfehlung im Sinne von § 124 Abs. 1 Nr. 3 GWB entspricht. Schwere Verfehlungen nach § 124 Abs. 1 Nr. 3 GWB sind dabei erhebliche Rechtsverstöße. In Betracht kommen vor allem auf den Geschäftsverkehr bezogene Verstöße gegen strafrechtliche oder gewerberechtliche Bestimmungen wie beispielsweise Steuerhinterziehung. Diese müssen zudem vorsätzlich oder zumindest grob fahrlässig ausgeführt werden.[270] Nach der Regelung genügt der **Versuch**, die Entscheidungsfindung des öffentlichen Auftraggebers in unzulässiger Weise zu beeinflussen. Eine vollendete unzulässige Beeinflussung ist daher nicht erforderlich; sie wird von der Vorschrift als erfolgreich vollendeter Versuch allerdings ebenso erfasst. Nicht ausreichend sind reine unternehmensinterne Vorbereitungshandlungen, welche die eigentliche Beeinflussungshandlung lediglich ermöglichen sollen und die noch keine Gefährdungslage für die Unvoreingenommenheit der Entscheidungsfindung des öffentlichen Auftraggebers begründen. Es muss vielmehr nach der Vorstellung des Unternehmens unmittelbar zur Tatbestandsverwirklichung angesetzt werden. In Anlehnung an die strafrechtlichen Versuchskriterien[271] können für die

265 Vgl. Gesetzesbegründung zu § 124 Abs. 1 Nr. 8 GWB, VergRModG 2016, BT-Drs. 18/6281, 107.
266 Vgl. Gesetzesbegründung zu § 124 Abs. 1 GWB, VergRModG 2016, BT-Drs. 18/6281, 105.
267 Vgl. zur weiten Auslegung des Begriffs der wettbewerbsbeschränkenden Abrede bereits Rn. 64.
268 Vgl. VK Sachsen, Beschluss v. 17.3.2021 – 1/SVK/031-20.
269 Vgl. VK Sachsen, Beschluss v. 17.3.2021 – 1/SVK/031-20; VK Niedersachsen, Beschluss v. 1.12.2020 – VgK-43/2020.
270 Vgl. VK Sachsen, Beschluss v. 17.3.2021 – 1/SVK/031-20.
271 Vgl. etwa BGH, Urteil v. 13.9.1994 – 1 StR 357/94.

rechtliche Abgrenzung zwischen Vorbereitung und Versuch mehrere Aspekte von Bedeutung sein:

1. zwischen Handlung des Unternehmens und der Tatbestandsverwirklichung (unzulässiger Beeinflussung der Entscheidungsfindung) ist kein wesentlicher Zwischenschritt mehr nötig;
2. das Unternehmen nimmt Handlungen vor, die nach dessen subjektiver Vorstellung die Unvoreingenommenheit der Entscheidungsfindung des öffentlichen Auftraggebers bereits konkret gefährden;
3. die Schwelle zum „Jetzt geht es los" wird von dem Unternehmen überschritten.

177 Anders als § 124 Abs. 1 Nr. 9 lit. c GWB ist die Vorschrift nicht auf die Vergabeentscheidung beschränkt. Im Umkehrschluss ergibt sich hieraus, dass der Anwendungsbereich der Regelung nicht auf **Entscheidungen** beschränkt ist, die wettbewerblich relevant sind. Die Regelung will vielmehr jegliche Einflussnahme des Unternehmens auf die Entscheidungen des öffentlichen Auftraggebers im Vergabeverfahren ausschließen.[272] Die Einflussnahme kann damit auch darauf gerichtet sein, einen Auftrag im Wege einer Direktvergabe zu erhalten; als unlautere und damit unzulässige Einflussnahme hat die Rechtsprechung zum Beispiel den Fall bewertet, in dem sich ein Bieter an politische Stellen seines Heimatstaates mit dem Ziel wendet, diese dazu zu bewegen, sich in einem laufenden Vergabeverfahren für eine Zuschlagserteilung an ein nationales Unternehmen zu verwenden.[273] Unlauter ist es auch, wenn ein Bieter sich etwa an politische Stellen seiner Heimatgemeinde wendet mit dem Ziel, diese dazu zu bewegen, sich für einen „Deal" zwischen den Bietern einzusetzen.[274] Der stringente und manchmal möglicherweise auch hartnäckige Versuch, einen öffentlichen Auftraggeber im Wege von Rügen und gegebenenfalls einem sich anschließenden Nachprüfungsverfahren zu bewegen, vermeintlich vergaberechtswidrige Anforderungen der Vergabeunterlagen oder Zuschlagskriterien zu verändern, damit die Chancen des betreffenden Bieters auf den Zuschlag steigen, ist demgegenüber weder unlauter noch unzulässig im Sinne des § 124 Abs. 1 Nr. 9 GWB; sie sind vielmehr regelmäßiger Gegenstand des vergaberechtlichen Primärrechtsschutzes; die damit verbundene zeitliche Verzögerung des Abschlusses des Vergabeverfahrens und gegebenenfalls die Belastung und Bindung personeller Ressourcen in den Vergabestellen der öffentlichen Auftraggeber haben der EU-Richtliniengeber wie auch der Bundesgesetzgeber mit der Schaffung des Rechtsschutzes bewusst als zumutbar und notwendig akzeptiert.[275]

b) Erlangung vertraulicher Informationen (lit. b)

178 Nach § 124 Abs. 1 Nr. 9 lit. b GWB können öffentliche Auftraggeber ein Unternehmen von der Teilnahme an einem Vergabeverfahren ausschließen, wenn das Unternehmen versucht hat, vertrauliche Informationen zu erhalten, durch die es unzulässige Vorteile beim Vergabeverfahren erlangen könnte.

179 Der Tatbestand erfasst in erster Linie den einseitigen Bruch des **Geheimwettbewerbs** durch das betroffene Unternehmen, während wettbewerbsbeschränkende abgestimmte Verhaltensweisen und Vereinbarungen unter mehreren Marktteilnehmern unter § 124 Abs. 1 Nr. 4 GWB zu subsumieren sind. Umfasst sind nicht nur Spionageversuche im Vorfeld der Angebotsabgabe. Auch noch während eines laufenden Vergabeverfahrens kommen derartige Versuche in Betracht. Besonderen Angriffspunkt liefern hierbei aktuell die aufgrund der pandemischen Situation im Zusammenhang mit dem Covid-19-Virus von Auftraggebern immer häufiger verwendeten digitalen Präsentations- und Verhandlungsräume, deren datenschutzrechtliche Konformität in der überwiegenden Zahl ohnehin fraglich ist. Da den Bietern oftmals zeitlich einschränkungslose Zugangsdaten zu diesen Räumen übermittelt werden, entsteht

---

272 So auch VK Niedersachsen, Beschluss v. 1.12.2020 – VgK-43/2020.
273 Vgl. VK Niedersachsen, Beschluss v. 1.12.2020 – VgK-43/2020 m.w.N.
274 Vgl. VK Niedersachsen, Beschluss v. 1.12.2020 – VgK-43/2020 m.w.N.
275 Vgl. VK Niedersachsen, Beschluss v. 1.12.2020 – VgK-43/2020 m.w.N.; anders wohl VK Baden-Württemberg, Beschluss v. 23.1.2018 – 1 VK 57/17, welche aufs Geradewohl aufgestellte Behauptungen als unzulässige Rügen und zugleich Verstöße gegen § 124 Abs. 1 Nr. 9 lit. c GWB einstuft.

hier ein hohes Potenzial dafür, dass Unternehmen fremden Präsentationen oder Verhandlungen „lauschen", auditive bzw. visuelle Mitschnitte durchführen und diese Informationen in eigenen Präsentationen und Verhandlungen wettbewerbsverzerrend verwenden. Öffentliche Auftraggeber haben daher besondere Sorgfalt bei der Festlegung der Anforderungen an die Verwendung elektronischer Mittel im Hinblick auf die Wahrung der Vertraulichkeit gemäß § 11 Abs. 2 VgV bei Verwendung solcher Räume walten zu lassen; dies gilt insbesondere für die Zugangskontrolle. Ist ein Bruch des Geheimwettbewerbs in derartigen Situationen nachgewiesen oder unstreitig, ist der Ausschluss des betroffenen Unternehmens in der Regel unabdingbar, da der Inhalt von Angebotspräsentationen und -verhandlungen das Hauptschutzgut[276] der Vorschrift betrifft und die Möglichkeit einer kausalen Wettbewerbsverzerrung nur in absoluten Ausnahmesituationen gänzlich ausgeschlossen sein wird.

Der Begriff der **vertraulichen Informationen** ist weiter als in § 164 Abs. 1 GWB auszulegen. **180** Vertrauliche Informationen sind alle Informationen, die nur für einen begrenzten Personenkreis bestimmt sind. Erfasst sind danach insbesondere Betriebs- und Geschäftsgeheimnisse der Konkurrenzangebote.[277] Betriebs- und Geschäftsgeheimnisse sind alle auf ein Unternehmen bezogenen Tatsachen, Umstände und Vorgänge, die nicht offenkundig, sondern nur einem begrenzten Personenkreis zugänglich sind und an deren Nichtverbreitung der Rechtsträger ein berechtigtes Interesse hat. Betriebsgeheimnisse umfassen im Wesentlichen technisches Wissen im weitesten Sinne; Geschäftsgeheimnisse betreffen vornehmlich kaufmännisches Wissen.[278] Zu derartigen Geheimnissen werden etwa Umsätze, Ertragslagen, Geschäftsbücher, Kundenlisten, Bezugsquellen, Konditionen, Marktstrategien, Unterlagen zur Kreditwürdigkeit, Kalkulationsunterlagen, Patentanmeldungen und sonstige Entwicklungs- und Forschungsprojekte gezählt, durch welche die wirtschaftlichen Verhältnisse eines Betriebs maßgeblich bestimmt werden können.

Nach der Regelung genügt es, dass das Unternehmen **versucht** hat, die vertraulichen Informationen zu erlangen.[279] Es ist daher nicht erforderlich, dass das Unternehmen die Informationen erfolgreich erlangt hat. Allerdings reicht es für den Ausschluss eines Unternehmens nicht aus, pauschal zu behaupten, dass es sich angeblich vertrauliche Informationen beschafft habe, sondern der Versuch der Informationsbeschaffung muss vom öffentlichen Auftraggeber, der das Vorliegen des Ausschlusstatbestands darlegen muss, objektiv nachgewiesen werden.[280] Der Tatbestand ist nicht auf erfolglose Versuche beschränkt; erlangt das Unternehmen erfolgreich Informationen, begründet auch dies den Ausschluss nach der Vorschrift. **181**

Erforderlich ist, dass das Unternehmen durch die Informationen **unzulässige Vorteile** beim Vergabeverfahren erhalten hätte. Durch die erlangten Informationen müsste also eine Wettbewerbsverzerrung eintreten können. Ausreichend ist aufgrund des Konjunktivs („könnte") die Gefahr einer Wettbewerbsverzerrung. Es muss vom öffentlichen Auftraggeber nicht nachgewiesen werden, wie sich diese Wettbewerbsverzerrung konkret ausgewirkt hätte. Es muss im konkreten Einzelfall aufgrund der Rahmenbedingungen des Vergabeverfahrens lediglich möglich sein, dass die Informationen den Wettbewerb verzerren könnten. Dies ist etwa der Fall, wenn versucht wurde, wertungsrelevante Konkurrenzkonzepte oder Konkurrenzpreise in Erfahrung zu bringen. **182**

c) Übermittlung irreführender Informationen (lit c.)

Nach § 124 Abs. 1 Nr. 9 lit. c GWB können öffentliche Auftraggeber ein Unternehmen von der Teilnahme an einem Vergabeverfahren ausschließen, wenn das Unternehmen fahrlässig oder vorsätzlich irreführende Informationen übermittelt hat, die die Vergabeentscheidung des öffentlichen Auftraggebers erheblich beeinflussen könnten, oder versucht hat, solche Informationen zu übermitteln. **183**

276 Vgl. Rn. 180.
277 So auch VK Sachsen, Beschluss v. 17.3.2021 – 1/SVK/031-20.
278 Vgl. BVerfG, Beschluss v. 14.3.2006 – 1 BvR 2087/03.
279 Vgl. zur rechtlichen Abgrenzung zwischen Vorbereitung und Versuch bereits Rn. 176.
280 So auch VK Sachsen, Beschluss v. 17.3.2021 – 1/SVK/031-20.

aa) Vorsätzliche oder fahrlässige Übermittlung irreführender Informationen

184 Die Begriffe „**vorsätzlich**" und „**fahrlässig**" beziehen sich nicht auf den Übermittlungsvorgang, sondern auf „irreführend". Der Wortlaut ist insoweit zwar nicht eindeutig, allerdings spricht die Wortstellung für eine solche Auslegung. Vorsatz liegt vor, wenn das Unternehmen zumindest in Kauf genommen hat, dass der öffentliche Auftraggeber aufgrund der übermittelten Informationen einem Irrtum unterliegt. Fahrlässigkeit ist gegeben, wenn das Unternehmen bei objektiv erforderlicher Sorgfalt hätte erkennen können, dass die übermittelten Informationen irreführend sind. Im Hinblick auf das Erfordernis eines schuldhaften Fehlverhaltens kann sich ein Unternehmen nicht mit dem Hinweis auf die Handlungen eines Erfüllungsgehilfen freizeichnen; diese muss es sich nach allgemeinen zivilrechtlichen Maßstäben vielmehr zurechnen lassen.[281]

185 Art. 57 Abs. 4 UAbs. 1 lit. i **RL 2014/24/EU** erfasst nur fahrlässig irreführende Informationen. Die Erwähnung der vorsätzlich irreführenden Informationen in § 124 Abs. 1 Nr. 9 lit. c GWB ist allerdings keine Verschärfung der unionsrechtlichen Vorgabe. Vielmehr ist im Wege eines Erst-Recht-Schlusses anzunehmen, dass Art. 57 Abs. 4 UAbs. 1 lit. i RL 2014/24/EU auch vorsätzlich irreführende Informationen umfasst.

186 **Irreführend** ist eine Information, wenn sie bei objektiver Betrachtung geeignet ist, bei dem öffentlichen Auftraggeber einen Irrtum über ihren Inhalt hervorzurufen. Es kommt dabei nicht auf die subjektive Einschätzung des öffentlichen Auftraggebers an.[282]

187 Das Unternehmen muss die Informationen dem öffentlichen Auftraggeber **übermittelt** haben oder dies zumindest versucht haben. Besondere Anforderungen an den Übermittlungsvorgang bestehen nicht. Erfasst sind damit insbesondere auch lediglich telefonisch oder informell übermittelte Informationen. Ausgenommen sind Irrtümer des öffentlichen Auftraggebers, die auf solchen Informationen beruhen, die nicht von dem konkreten Unternehmen übermittelt wurden.

bb) Erhebliche Beeinflussung der Vergabeentscheidung

188 Die Informationen müssen die Vergabeentscheidung des öffentlichen Auftraggebers erheblich beeinflussen können.

189 Bei der **Vergabeentscheidung** handelt es sich dem allgemeinen Begriffsverständnis nach um die Entscheidung des öffentlichen Auftraggebers, welchem Angebot der Zuschlag erteilt wird. Erfasst sind allerdings auch alle weiteren Entscheidungen, die Einfluss auf die Zuschlagsentscheidung haben, z. B. die Auswahlentscheidung des öffentlichen Auftraggebers im Teilnahmewettbewerb. Rückhalt findet diese Auslegung in der europarechtlichen Vorgabe in Art. 57 Abs. 4 UAbs. 1 lit. i RL 2014/24/EU, die sich auf die Entscheidungen über Ausschluss, Auswahl oder Auftragszuschlag bezieht. Erfasst ist auch die **Aufhebungsentscheidung** des öffentlichen Auftraggebers. Kann die Information dazu führen, dass der öffentliche Auftraggeber von einer Zuschlagserteilung absieht, ist hiermit auch eine Vergabeentscheidung dahingehend verbunden, dass eine Vergabe gerade nicht erfolgen soll. Im Ergebnis besteht kein Unterschied darin, ob der öffentliche Auftraggeber durch die Information veranlasst werden kann, einem anderen Angebot den Zuschlag zu erteilen oder ob er von der Vergabe insgesamt Abstand nimmt.

190 Die übermittelten Informationen müssen die Vergabeentscheidung beeinflussen **können**. Es ist nicht entscheidend, dass die übermittelten Informationen die Vergabeentscheidung des öffentlichen Auftraggebers erfolgreich beeinflusst haben. Es genügt die Geeignetheit der Informationen, die Vergabeentscheidung zu beeinflussen. Dies ist nicht der Fall, wenn irreführende Informationen erst im Anschluss an eine Vergabeentscheidung im Rahmen eines Vergabenachprüfungsprozesses übermittelt werden. Zur Interessenverfolgung vor Gericht darf zwar

---

281 Vgl. VK Sachsen-Anhalt, Beschluss v. 27.4.2018 – 1 VK LSA 33/17.
282 So auch OLG Naumburg, Beschluss v. 9.8.2019 – 7 Verg 1/19.

nicht falsch vorgetragen werden, Formulierungen können aber auch nicht auf die Goldwaage gelegt werden.[283]

Erforderlich ist, dass die übermittelten Informationen geeignet sind, die Vergabeentscheidung **erheblich** zu beeinflussen. Erheblich ist die Beeinflussung, wenn sie dazu führen kann, dass ein anderes Angebot den Zuschlag erhält oder das Vergabeverfahren aufgehoben wird. Darunter fallen z. B. falsche oder irreführende Angaben zu Ausschlussgründen anderer Bieter oder zu deren Eignung. Ein Ausschluss ist in diesem Fall aber nicht zulässig, wenn das Unternehmen die Hinweise für berechtigt erachten durfte und somit weder fahrlässig noch vorsätzlich gehandelt hat.[284] 191

cc) Versuch

Ausreichend für die Tatbestandsverwirklichung ist bereits der Versuch, solche irreführenden Informationen zu übermitteln. Es ist daher nicht erforderlich, dass die Informationen den öffentlichen Auftraggeber auch tatsächlich erreicht oder bei diesem einen Irrtum ausgelöst haben. Einen gescheiterten Übermittlungsversuch wird der öffentliche Auftraggeber allerdings in der Regel nicht nachweisen können. Praxisrelevant bleibt somit in erster Linie die Fallgestaltung der gescheiterten Irreführung. Hinsichtlich der rechtlichen Abgrenzung zwischen reinen Vorbereitungshandlungen und Versuch wird auf die Ausführungen zu § 124 Abs. 1 Nr. 9 lit. a GWB verwiesen.[285] 192

d) Ermessensreduktion

Der Ausschluss des Unternehmens vom Vergabeverfahren steht grundsätzlich im Ermessen des öffentlichen Auftraggebers. Er ist daher regelmäßig nicht verpflichtet, das betroffene Unternehmen vom Vergabeverfahren auszuschließen. Liegen die Voraussetzungen von § 124 Abs. 1 Nr. 9 GWB vor, ist das Ermessen des öffentlichen Auftraggebers aus Gründen der Gleichbehandlung und des Wettbewerbes allerdings in der Regel auf Null reduziert. Ein Absehen vom Ausschluss des Unternehmens vom Vergabeverfahren wäre regelmäßig ermessensfehlerhaft.[286] 193

IV. Beleg des Nichtvorliegens von Ausschlussgründen

Öffentliche Auftraggeber haben nach § 48 Abs. 1 VgV in der **Auftragsbekanntmachung** oder der **Aufforderung zur Interessensbestätigung** anzugeben, mit welchen Unterlagen (Eigenerklärungen, Angaben, Bescheinigungen und sonstige Nachweise) Unternehmen u.a. das Nichtvorliegen von Ausschlussgründen zu belegen haben. Für die Vergabe von Bauleistungen folgt entsprechendes aus § 12 EU Abs. 3 Nr. 2 S. 1 VOB/A in Verbindung mit Anhang V Teil C RL 2014/24/EU.[287] Dem öffentlichen Auftraggeber steht es somit grundsätzlich frei zu entscheiden, mittels welcher Unterlagen er sich von den Unternehmen das Nichtvorliegen von Ausschlussgründen belegen lässt. Hierbei ist allerdings bei der Vergabe von Liefer- und Dienstleistungen der grundsätzliche Vorrang von Eigenerklärungen gemäß § 48 Abs. 2 S. 1 VgV zu beachten. Bei der Vergabe von Bauleistungen ist dies umgekehrt; dabei gilt neben der Möglichkeit des Belegs durch Präqualifikationsnachweis gemäß § 6b EU Abs. 1 UAbs. 1 Nr. 1 VOB/A grundsätzlich die Forderung von Einzelnachweisen gemäß § 6b EU Abs. 1 UAbs. 1 Nr. 2 S. 1 VOB/A. Der öffentliche Auftraggeber kann aber auch hier nach § 6b EU Abs. 1 UAbs. 1 Nr. 2 S. 2 VOB/A bestimmen, dass für einzelne Angaben Eigenerklärungen ausreichend sind. Zu beachten ist generell das Gebot, regelmäßig Bescheinigungen und Nachweise zu fordern, 194

283 Vgl. OLG Karlsruhe, Beschluss v. 30.10.2018 – 15 Verg 5/18.
284 Vgl. VK Sachsen, Beschluss v. 17.3.2021 – 1/SVK/031-20.
285 Vgl. oben unter Rn. 176.
286 So auch VK Sachsen-Anhalt, Beschluss v. 27.4.2018 – 1 VK LSA 33/17, für den Fall, dass unzweifelhaft feststeht, dass das Angebot eines Unternehmens samt Urkalkulation ohne die als unstrittig geltende inhaltliche Kenntnis der Urkalkulation des Konkurrenten anders ausgestaltet worden wäre.
287 Vgl. OLG Düsseldorf, Beschluss v. 11.7.2018 – VII-Verg 24/18.

die vom Online-Dokumentationsarchiv e-Certis abgedeckt sind (vgl. § 48 Abs. 2 S. 2 VgV sowie § 6b EU Abs. 2 Nr. 4 VOB/A).

195 Als **vorläufigen Beleg** des Nichtvorliegens von Ausschlussgründen akzeptiert der öffentliche Auftraggeber die Vorlage einer Einheitlichen Europäischen Eigenerklärung (vgl. § 48 Abs. 3 VgV in Verbindung mit § 50 VgV beziehungsweise § 6b EU Abs. 1 UAbs. 2 VOB/A).

196 Als ausreichenden Beleg dafür, dass die in **§ 124 Abs. 1 Nr. 2 GWB** genannten Ausschlussgründe auf den Bewerber oder Bieter nicht zutreffen, erkennt der öffentliche Auftraggeber nach § 48 Abs. 5 VgV eine von der zuständigen Behörde des Herkunftslands oder des Niederlassungsstaats des Bewerbers oder Bieters ausgestellte Bescheinigung an. Eine vergleichbare Regelung existiert in der VOB/A-EU zwar nicht, eine entsprechende behördliche Bescheinigung wird aber auch bei Bauvergaben die abstraktere Anforderung von Einzelnachweisen in § 6b EU Abs. 1 UAbs. 1 Nr. 2 S. 1 VOB/A erfüllen und von Auftraggebern anerkannt werden müssen.

V. Rechtsfolge

197 Anders als bei den zwingenden Ausschlussgründen nach § 123 GWB liegt der Ausschluss des Unternehmens vom Vergabeverfahren im **Ermessen** des öffentlichen Auftraggebers.[288] Der öffentliche Auftraggeber ist bei Vorliegen der fakultativen Ausschlussgründe daher nicht verpflichtet, die betreffenden Unternehmen vom Vergabeverfahren auszuschließen. Er hat vielmehr einen Ermessensspielraum, ob er von der Möglichkeit des Ausschlusses bei nachweislichem Vorliegen des Ausschlussgrundes auch tatsächlich Gebrauch machen will.[289] Er ist aber zur ordnungsgemäßen Ermessensausübung verpflichtet. Dabei handelt es sich um eine Prognoseentscheidung dahingehend, ob von dem Unternehmen trotz des Vorliegens eines fakultativen Ausschlussgrundes im Hinblick auf die Zukunft zu erwarten ist, dass es den öffentlichen Auftrag gesetzestreu, ordnungsgemäß und sorgfältig ausführt.[290] Der dem öffentlichen Auftraggeber zustehende Ermessensspielraum ist von den Nachprüfungsinstanzen nur beschränkt daraufhin überprüfbar, ob das vorgeschriebene Verfahren eingehalten worden ist, ob der öffentliche Auftraggeber die von ihm selbst aufgestellten Bewertungsvorgaben beachtet hat, der zugrunde gelegte Sachverhalt vollständig und zutreffend ermittelt worden ist, keine sachwidrigen Erwägungen angestellt worden sind und nicht gegen allgemeine Bewertungsgrundsätze verstoßen worden ist.[291]

198 Eine **Nachholung** der Ermessensausübung im Vergabenachprüfungsprozess ist grundsätzlich möglich.[292] Eine Nachholung liegt aber nicht in der Mitteilung der Verfahrensbevollmächtigten eines öffentlichen Auftraggebers, eine vorab kommunizierte Ausschlussentscheidung bezüglich eines Angebots sei auch als unternehmensbezogener Ausschluss nach § 124 GWB zu verstehen; die Ermessensentscheidung nach § 124 GWB obliegt dem zuständigen Organ des öffentlichen Auftraggebers und kann nach Teilen der Rechtsprechung nicht durch die Nachprüfungsinstanzen oder Bevollmächtigte ersetzt werden.[293] Nach hier vertretener Auffassung kann sich aber ein öffentlicher Auftraggeber die Ausführungen seiner Verfahrensbevollmächtigten zu eigen machen, indem er diese unter eigenverantwortlicher Abwägung einer eigenen Ermessensentscheidung zuführt.

---

288 Vgl. Gesetzesbegründung zu § 124 GWB, VergRModG 2016, BT-Drs. 18/6281, 104; OLG Düsseldorf, Beschluss v. 20.12.2019 – VII-Verg 18/19; vgl. bereits zur früheren Rechtslage: OLG Rostock, Beschluss v. 2.10.2014 – 2 W 10/14.

289 Vgl. VK Nordbayern, Beschluss v. 23.1.2018 – RMF-SG21-3194-2-19 m.w.N.

290 Vgl. Gesetzesbegründung zu § 124 GWB, VergRModG 2016, BT-Drs. 18/6281, 104; OLG München, Beschluss v. 29.1.2021 – Verg11/20; OLG Düsseldorf, Beschluss v. 20.12.2019 – VII-Verg 18/19; OLG Celle, Beschluss v. 13.5.2019 – 13 Verg 2/19.

291 Vgl. OLG Karlsruhe, Beschluss v. 16.12.2020 – 15 Verg 4/20; OLG Celle, Beschluss v. 13.5.2019 – 13 Verg 2/19; VK Baden-Württemberg, Beschluss v. 11.2.2015 – 1 VK 66/14; VK Sachsen-Anhalt, Beschlüsse v. 27.7.2013 – 3 VK LSA 20/13 bis 3 VK LSA 32/13; VK Münster, Beschluss v. 16.12.2010 – VK 9/10.

292 Vgl. OLG Rostock, Beschluss v. 17.7.2019 – 17 Verg 1/19 m.w.N.

293 Vgl. OLG Rostock, Beschluss v. 17.7.2019 – 17 Verg 1/19 m.w.N.

Die öffentlichen Auftraggeber haben bei der Anwendung fakultativer Ausschlussgründe insbesondere den Grundsatz der **Verhältnismäßigkeit** zu beachten.[294] Kleinere Unregelmäßigkeiten sollten daher nur in Ausnahmefällen zum Ausschluss eines Unternehmens führen; allerdings können wiederholte Fälle kleinerer Unregelmäßigkeiten einen Ausschluss rechtfertigen.[295] Dass in einem Vorauftrag zu Unrecht mit einer Abschlagsrechnung abgerechnete Beträge im Verhältnis zur Gesamtauftragssumme quantitativ nicht hoch waren, macht die Verneinung der Eignung für das Vergabeverfahren nicht unverhältnismäßig. Geschütztes Rechtsgut ist das Vertrauen eines Auftraggebers in das korrekte Abrechnungsverhalten seines Vertragspartners. So es sich nicht um Bagatellsummen handelt, wird dieses durch falsche Abrechnungen unabhängig von der Größenordnung verletzt. Fünfstellige Summen können nicht mehr als Bagatellbetrag angesehen werden.[296] Ein bewusstes, abgestimmtes Vorgehen bei der Erfüllung von Aufklärungsobliegenheiten soll ebenfalls nicht nur als kleinere Unregelmäßigkeit einzustufen sein. Dies gelte insbesondere dann, wenn das von der Aufklärung betroffene Unternehmen keine Transparenz schaffe, sondern immer erst im Nachhinein bestimmte Tatsachen offenlege, die zuvor schon bekannt waren. Ein Unternehmen gehe keinesfalls offen mit der Situation um, wenn es immer nur so viel zugebe, wie der öffentliche Auftraggeber selbst herausgefunden hat. Das müsse ein öffentlicher Auftraggeber nicht hinnehmen und könne ein solches Verhalten rechtmäßig in die Ermessenserwägung zu Lasten des betroffenen Unternehmens einstellen.[297] 199

Einen Ausnahmetatbestand entsprechend § 123 Abs. 5 GWB, wonach der öffentliche Auftraggeber ausnahmsweise vom Ausschluss absehen kann, wenn dies aus zwingenden Gründen des **öffentlichen Interesses** geboten ist, enthält § 124 GWB nicht. Der öffentliche Auftraggeber kann das öffentliche Interesse aber bei seiner Ermessensentscheidung berücksichtigen. 200

Im Einzelfall kann das Ermessen des öffentlichen Auftraggebers **auf Null reduziert** sein, sodass nur ein Ausschluss ermessensfehlerfrei ist.[298] Eine solche Ermessensreduktion kommt insbesondere in Betracht, wenn der Ausschluss die einzige Möglichkeit ist, eine Ungleichbehandlung zu beseitigen, etwa weil eine unverfälschte Fortsetzung eines Vergabeverfahrens aufgrund der Verletzung des Geheimwettbewerbs durch einen Bieter ausgeschlossen ist, oder wenn der öffentliche Auftraggeber betroffene Unternehmen in vergleichbaren Fällen ausgeschlossen hat. Eine Ermessensreduzierung auf Null scheidet etwa dann aus, wenn der öffentliche Auftraggeber selbst sich bei anderer Gelegenheit über seine früher begründeten Eignungszweifel hinweggesetzt und Vertragsverhandlungen mit dem betroffenen Unternehmen aufgenommen hat; er kann sich dann nicht mehr im konkreten Verfahren auf eine Ermessensreduzierung auf Null berufen.[299] 201

Der Ausschluss eines Unternehmens ist dem öffentlichen Auftraggeber im Falle der nachgewiesenen **Selbstreinigung** gemäß § 125 GWB verwehrt. Nach § 125 Abs. 1 S. 1 GWB schließen öffentliche Auftraggeber ein Unternehmen, bei dem ein Ausschlussgrund nach § 123 oder § 124 GWB vorliegt, nicht von der Teilnahme an dem Vergabeverfahren aus, wenn das Unternehmen dem öffentlichen Auftraggeber oder nach § 8 WRegG dem Bundeskartellamt nachgewiesen hat, dass es 202

1. für jeden durch eine Straftat oder ein Fehlverhalten verursachten Schaden einen Ausgleich gezahlt oder sich zur Zahlung eines Ausgleichs verpflichtet hat,
2. die Tatsachen und Umstände, die mit der Straftat oder dem Fehlverhalten und dem dadurch verursachten Schaden in Zusammenhang stehen, durch eine aktive Zusammenar-

294 Vgl. Gesetzesbegründung zu § 124 GWB, VergRModG 2016, BT-Drs. 18/6281, 104; OLG Düsseldorf, Beschluss v. 28.3.2018 – VII-Verg 49/17.
295 Vgl. Erwägungsgrund 101 RL 2014/24/EU.
296 Vgl. VK Bund, Beschluss v. 19.8.2020 – VK 2-59/20.
297 Vgl. VK Westfalen, Beschluss v. 5.5.2021 – VK 1-11/21.
298 Vgl. Gesetzesbegründung zu § 124 GWB, VergRModG 2016, BT-Drs. 18/6281, 104.
299 Vgl. OLG Düsseldorf, Beschluss v. 20.12.2019 – VII-Verg 18/19.

beit mit den Ermittlungsbehörden und dem öffentlichen Auftraggeber umfassend geklärt hat und

3. konkrete technische, organisatorische und personelle Maßnahmen ergriffen hat, die geeignet sind, weitere Straftaten oder weiteres Fehlverhalten zu vermeiden.

Grundsätzlich besteht aber keine Obliegenheit des Unternehmens, die Selbstreinigungsmaßnahmen eigeninitiativ bereits mit Abgabe des Teilnahmeantrags bzw. Angebots nachzuweisen; etwas anderes gilt allerdings dann, wenn der öffentliche Auftraggeber in den Vergabeunterlagen eine entsprechende Obliegenheit klar, genau und eindeutig festgelegt hat.[300]

203 Das Unternehmen kann nicht für alle **Zeit** von der Teilnahme am öffentlichen Beschaffungswesen ausgeschlossen werden. Ein solch dauerhafter Ausschluss würde sich im Widerspruch zum Wettbewerbsgrundsatz aus § 97 Abs. 1 GWB verhalten. Welcher Zeitraum für angemessen zu erachten ist, hängt von den Umständen des Einzelfalls ab.[301] Je schwerer die Verfehlung wiegt, desto längerfristiger kann ein Ausschluss erfolgen. Nach § 126 Nr. 2 GWB dürfen öffentliche Auftraggeber, wenn das Unternehmen keine oder keine ausreichenden Selbstreinigungsmaßnahmen nach § 125 GWB ergriffen hat, bei Vorliegen eines Ausschlussgrundes nach § 124 GWB höchstens drei Jahre ab dem betreffenden Ereignis von der Teilnahme an Vergabeverfahren ausschließen. Für die in § 124 Abs. 2 GWB genannten Ausschlussgründe gelten nach den spezialgesetzlichen Regelungen aber zum Teil anderslautende zeitliche Begrenzungen.

204 Der Bund und einzelne Länder haben sog. **Wettbewerbs-** oder **Korruptionsregister**[302] eingeführt.[303] Solche Register stellen öffentlichen Auftraggebern, Sektorenauftraggebern und Konzessionsgebern für Vergabeverfahren Informationen zur Verfügung, die es den Auftraggebern ermöglichen zu prüfen, ob ein Unternehmen wegen begangener Wirtschaftsdelikte von dem Vergabeverfahren auszuschließen ist oder ausgeschlossen werden kann. Ein solches Register kann allerdings nur Hilfsmittel für die Entscheidung über einen Ausschluss sein. Dem öffentlichen Auftraggeber verbleibt trotz eines Registereintrags oder trotz fehlenden Registereintrags ein eigener, selbstständig auszufüllender Ermessensspielraum (siehe etwa § 6 Abs. 5 S. 1 WRegG). Insbesondere ist denkbar, dass die Eintragungen des Registers (noch) nicht oder nicht mehr der tatsächlichen Sachlage entsprechen, die gebotene Löschung aber (noch) nicht erfolgt ist.[304] Auch wenn die Eintragung im Register ein starkes Indiz für eine Unzuverlässigkeit des Unternehmens darstellt, ist der öffentliche Auftraggeber im Rahmen seiner Ermessensentscheidung gehalten, den Sachverhalt vollständig zu ermitteln. So ist etwa die Ablehnung eines Löschungsantrags nach § 8 Abs. 1 WRegG durch die Registerbehörde für den öffentlichen Auftraggeber im konkreten Einzelfall nicht bindend. Dem Unternehmen sollte in diesem Fall also zumindest die Möglichkeit gegeben werden, die vermutete Unzuverlässigkeit zu widerlegen.

VI. Zeitpunkt des Ausschlusses

205 Der öffentliche Auftraggeber kann das Unternehmen zu jedem Zeitpunkt des Vergabeverfahrens ausschließen. Erforderlich ist daher lediglich, dass das Vergabeverfahren eingeleitet und noch nicht beendet ist.[305] Im Vorfeld eines noch nicht eingeleiteten Vergabeverfahrens ist ein Ausschluss nicht möglich.[306]

206 Ein Ausschluss des Unternehmens ist allerdings zu einem späteren Zeitpunkt des Vergabeverfahrens nicht möglich, wenn der öffentliche Auftraggeber im Rahmen eines Teilnahmewett-

300 Vgl. EuGH, Urteil v. 14.1.2021 – Rs. C-387/19 (RTS infra und Aannemingsbedrijf Norré-Behaegel).
301 Vgl. LG Berlin, Urteil v. 22.3.2006 – 23 O 118/04.
302 Z.T. auch als Vergaberegister bezeichnet, vgl. § 4 Abs. 1 KorruptionsbG NRW.
303 Korruptionsregister bestehen in Berlin, Hamburg, Nordrhein-Westfalen und Schleswig-Holstein. Der Bund hat das sog. Wettbewerbsregister eingeführt.
304 Vgl. VK Bund, Beschluss v. 12.10.2020 – VK 2-77/20, für den Fall, dass eine Eintragung mangels Rechtskraft der Entscheidung noch nicht eintragungsfähig war.
305 So auch VK Südbayern, Beschluss v. 8.8.2018 – Z3-3-3194-1-21-06/18.
306 Vgl. VK Baden-Württemberg, Beschluss v. 16.5.2018 – 1 VK 13/18.

bewerbs bei nicht offenem, Verhandlungsverfahren oder Innovationspartnerschaft bzw. der Teilnahmephase bei wettbewerblichem Dialog von einem Ausschluss des Unternehmens abgesehen hat.[307] Der öffentliche Auftraggeber ist an seine Entscheidung grundsätzlich **gebunden**.[308] Er ist nach Treu und Glauben daran gehindert, im weiteren Verlauf des Vergabeverfahrens von seiner ursprünglichen Beurteilung abzurücken und bei unveränderter Sachlage die Eignung eines Unternehmens nunmehr zu verneinen.[309] Bei Änderungen an der Sachlage, die das Vorliegen eines Ausschlussgrundes nahelegen, ist ein Wiederaufgreifen der Prüfung allerdings möglich und auch geboten.

C. Ausschlussgründe außerhalb des GWB (Abs. 2)

Nach § 124 Abs. 2 GWB bleiben § 21 AEntG, § 98c AufenthG, § 19 MiLoG und § 21 SchwarzArbG unberührt. Diese spezialgesetzlichen Vorschriften enthalten besondere Regelungen zum Ausschluss von Unternehmen von Vergabeverfahren.[310] Die Regelung hat klarstellende Funktion.[311] Durch Art. 5 Abs. 1 in Verbindung mit Art. 2 des Gesetzes über die unternehmerischen Sorgfaltspflichten in Lieferketten vom 16. Juli 2021[312] werden ab dem 1. Januar 2023 die vier derzeit genannten spezialgesetzlichen Regelungen um die Regelung in § 22 LkSG ergänzt. **207**

I. Ausschluss nach § 21 AEntG

Nach § 21 Abs. 1 AEntG sollen Bewerber oder Bewerberinnen von der Teilnahme an einem Wettbewerb um einen Liefer-, Bau- oder Dienstleistungsauftrag der in §§ 99 und 100 GWB genannten Auftraggeber für eine angemessene Zeit bis zur nachgewiesenen Wiederherstellung ihrer Zuverlässigkeit ausgeschlossen werden, die wegen eines Verstoßes nach § 23 AEntG mit einer Geldbuße von wenigstens 2.500 Euro belegt worden sind; das Gleiche gilt auch schon vor Durchführung eines Bußgeldverfahrens, wenn im Einzelfall angesichts der Beweislage kein vernünftiger Zweifel an einer schwerwiegenden Verfehlung im vorgenannten Sinne besteht. Nach § 21 Abs. 2 AEntG dürfen die für die Verfolgung oder Ahndung der Ordnungswidrigkeiten nach § 23 AEntG zuständigen Behörden öffentlichen Auftraggebern nach § 99 GWB und solchen Stellen, die von öffentlichen Auftraggebern zugelassene Präqualifikationsverzeichnisse oder Unternehmer- und Lieferantenverzeichnisse führen, auf Verlangen die erforderlichen Auskünfte geben. Gemäß § 21 Abs. 3 AEntG fordern öffentliche Auftraggeber nach § 21 Abs. 2 AEntG im Rahmen ihrer Tätigkeit beim Wettbewerbsregister Auskünfte über rechtskräftige Bußgeldentscheidungen wegen einer Ordnungswidrigkeit nach § 23 Abs. 1 oder 2 AEntG an oder verlangen von Bewerbern oder Bewerberinnen eine Erklärung, dass die Voraussetzungen für einen Ausschluss nach § 21 Abs. 1 AEntG nicht vorliegen; im Falle einer Erklärung des Bewerbers oder der Bewerberin können öffentliche Auftraggeber nach § 21 Abs. 2 AEntG jederzeit zusätzlich Auskünfte des Wettbewerbsregisters anfordern. § 21 Abs. 4 AEntG sieht eine Verpflichtung öffentlicher Auftraggeber nach § 21 Abs. 2 AEntG vor, bei Aufträgen ab einer Höhe von 30.000 Euro für den Bewerber oder die Bewerberin, der oder die den Zuschlag erhalten soll, vor der Zuschlagserteilung eine Auskunft aus dem Wettbewerbsregister anzufordern. § 21 Abs. 5 AEntG regelt schließlich, dass vor der Entscheidung über den Ausschluss der Bewerber oder die Bewerberin zu hören ist. **208**

307 Keine Bindung besteht hingegen im offenen Verfahren, siehe BGH, Beschluss v. 7.1.2014 – X ZB 15/13.
308 Vgl. zur Eignungsprüfung im Allgemeinen OLG Frankfurt, Beschluss v. 24.2.2009 – 11 Verg 19/08; VK Südbayern, Beschluss v. 9.9.2014 – Z 3-3-3194-1-35-08/14.
309 Vgl. zur Eignungsprüfung im Allgemeinen OLG Frankfurt, Beschluss v. 24.2.2009 – 11 Verg 19/08; VK Südbayern, Beschluss v. 9.9.2014 – Z3-3-3194-1-35-08/14.
310 Vgl. Gesetzesbegründung zu § 124 Abs. 2 GWB, VergRModG 2016, BT-Drs. 18/6281, 107.
311 Vgl. Gesetzesbegründung zu § 124 Abs. 2 GWB, VergRModG 2016, BT-Drs. 18/6281, 107.
312 Vgl. BGBl. 2021 I S. 2959.

209 Der **sachliche Anwendungsbereich** der Regelung erfasst sowohl Liefer-, Bau- als auch Dienstleistungsaufträge im Sinne von § 103 Abs. 2 bis 4 GWB. Aufgrund der Regelung des § 103 Abs. 5 S. 2 GWB wird man aber auch Rahmenvereinbarungen in den sachlichen Anwendungsbereich der Vorschrift ziehen müssen; eine hiergegen sprechende Regelung im Sinne des § 103 Abs. 5 S. 2 GWB ist nicht ersichtlich. Die einschränkende Voraussetzung des § 21 Abs. 4 AEntG, dass der geschätzte Auftragswert 30.000 Euro erreichen muss, ist im Bereich des Kartellvergaberechts stets gegeben.

210 Der **persönliche Anwendungsbereich** des § 21 Abs. 1 und 5 AEntG umfasst öffentliche Auftraggeber nach § 99 GWB und Sektorenauftraggeber nach § 100 GWB; nicht erfasst sind somit Konzessionsgeber nach § 101 GWB. Die Regelungen des § 21 Abs. 2 bis 4 AEntG gelten persönlich ausschließlich für öffentliche Auftraggeber nach § 99 GWB; hiervon sind demnach sowohl Sektorenauftraggeber als auch Konzessionsgeber ausgenommen. Der Begriff der „Bewerber oder Bewerberinnen" ist untechnisch zu verstehen und daher nicht auf Teilnehmer eines Teilnahmewettbewerbs beschränkt. Erfasst sind vielmehr auch Bieter und Bieterinnen eines Vergabeverfahrens. Gleiches gilt für Unternehmen, welche auf Grundlage einer Interessenbekundung formal zur Interessenbestätigung aufgefordert wurden.

211 Nach der Regelung des § 21 Abs. 1 AEntG steht es im **intendierten Ermessen** („sollen") des Auftraggebers, das Unternehmen auszuschließen.[313] Es müssen daher ergänzend zu den Tatbestandsvoraussetzungen der Vorschrift besondere Gründe für den Fall vorliegen, dass der Auftraggeber von dem Ausschluss des Unternehmens vom Vergabeverfahren abzusehen gedenkt. Ist dies nicht der Fall, ist der Auftraggeber regelmäßig verpflichtet, den Ausschluss zu erklären.

212 Eine konkrete **zeitliche Grenze** für die Wirksamkeit des Ausschlussgrundes enthält § 21 Abs. 1 AEntG nicht. Nach der Regelung soll ein Ausschluss für eine angemessene Zeit bis zur nachgewiesenen Wiederherstellung der Zuverlässigkeit des Unternehmens zulässig sein. Als Orientierung sollte allerdings die Drei-Jahres-Frist in § 126 Nr. 2 GWB dienen.[314] Diese gilt nach ihrem Wortlaut auf den ersten Blick zwar uneingeschränkt für alle in § 124 GWB genannten Ausschlussgründe; aus der Gesetzesbegründung lässt sich aber ableiten, dass der Gesetzgeber ausschließlich die EU-Richtlinienvorgaben des Art. 57 Abs. 7 S. 2 und 3 RL 2014/24/EU, mithin die Anknüpfung der Maximalfristen an die in Art. 57 Abs. 1 und 4 RL 2014/24/EU genannten Ausschlussgründe, umzusetzen gedachte.[315] Hierunter fallen die in § 124 Abs. 2 GWB genannten Ausschlussgründe nicht. Dennoch dürfte mit der Drei-Jahres-Frist eine verlässliche Leitplanke für öffentliche Auftraggeber gegeben sein. Außerhalb dieser Leitplanke müssen nach hier vertretener Auffassung ergänzend besonders erschwerende Umstände eine Überschreitung des Drei-Jahres-Zeitraums rechtfertigen.

II. Ausschluss nach § 98c AufenthG

213 Nach § 98c Abs. 1 S. 1 AufenthG können öffentliche Auftraggeber nach § 99 GWB einen Bewerber oder einen Bieter vom Wettbewerb um einen Liefer-, Bau- oder Dienstleistungsauftrag ausschließen, wenn dieser oder dessen nach Satzung oder Gesetz Vertretungsberechtigter

1. nach § 404 Abs. 2 Nr. 3 SGB III mit einer Geldbuße von wenigstens 2.500 Euro rechtskräftig belegt worden ist oder
2. nach §§ 10, 10a oder 11 SchwarzArbG zu einer Freiheitsstrafe von mehr als drei Monaten oder einer Geldstrafe von mehr als 90 Tagessätzen rechtskräftig verurteilt worden ist.

Nach § 98 Abs. 1 S. 2 AufenthG können Ausschlüsse nach § 98c Abs. 1 S. 1 AufenthG bis zur nachgewiesenen Wiederherstellung der Zuverlässigkeit, je nach Schwere des der Geldbuße, der Freiheits- oder der Geldstrafe zugrunde liegenden Verstoßes in einem Zeitraum von bis zu

313 Vgl. *Schwab*, NZA-RR 2010, 225 (230 f.).
314 Vgl. für die Übertragung der Drei-Jahres-Frist aus § 21 Abs. 1 S. 1 SchwarzArbG *Schwab*, NZA-RR 2010, 225 (230).
315 Vgl. Gesetzesbegründung zu § 126 GWB, VergRModG 2016, BT-Drs. 18/6281, 111.

fünf Jahren ab Rechtskraft der Geldbuße, der Freiheits- oder der Geldstrafe erfolgen. § 98c Abs. 2 AufenthG enthält eine Ausnahmeregelung; danach gilt § 98c Abs. 1 S. 1 AufenthG nicht, wenn der Verstoß nach § 98c Abs. 1 S. 1 AufenthG darin bestand, dass ein Unionsbürger rechtswidrig beschäftigt wurde. § 98c Abs. 3 AufenthG ordnet schließlich die entsprechende Geltung des § 21 Abs. 2 bis 5 AEntG an, sofern ein öffentlicher Auftraggeber von der Möglichkeit nach § 98c Abs. 1 AufenthG Gebrauch macht.[316]

Der **persönliche Anwendungsbereich** umfasst ausschließlich öffentliche Auftraggeber nach § 99 GWB. Sektorenauftraggeber nach § 100 GWB und Konzessionsgeber nach § 101 GWB sind vom Anwendungsbereich ausgenommen. 214

Der **sachliche Anwendungsbereich** der Regelung erfasst sowohl Liefer-, Bau- als auch Dienstleistungsaufträge im Sinne von § 103 Abs. 2 bis 4 GWB. Aufgrund der Regelung des § 103 Abs. 5 S. 2 GWB wird man aber auch Rahmenvereinbarungen in den sachlichen Anwendungsbereich der Vorschrift ziehen müssen; eine hiergegen sprechende Regelung im Sinne des § 103 Abs. 5 S. 2 GWB ist nicht ersichtlich. 215

Der Ausschluss steht nach dem Wortlaut der Regelung („können") im **Ermessen** des öffentlichen Auftraggebers. Öffentliche Auftraggeber sind daher nicht verpflichtet, ein Unternehmen vom Vergabeverfahren auszuschließen, wenn die in § 98c Abs. 1 S. 1 AufenthG genannten Voraussetzungen vorliegen. Es besteht lediglich die Pflicht zur ordnungsgemäßen Ermessensausübung. 216

§ 98c Abs. 1 S. 2 AufenthG regelt die **zeitliche Grenze** der Ausschlusswirkung. Danach können Ausschlüsse bis zur nachgewiesenen Wiederherstellung der Zuverlässigkeit, je nach Schwere des der Geldbuße, der Freiheits- oder der Geldstrafe zugrunde liegenden Verstoßes in einem Zeitraum von bis zu fünf Jahren ab Rechtskraft der Geldbuße, der Freiheits- oder der Geldstrafe erfolgen.[317] Die Regelung lässt ein gesetzliches Spannungsfeld zu der Drei-Jahres-Frist in § 126 Nr. 2 GWB entstehen. Diese gilt nach ihrem Wortlaut auf den ersten Blick zwar uneingeschränkt für alle in § 124 GWB genannten Ausschlussgründe; aus der Gesetzesbegründung lässt sich aber ableiten, dass der Gesetzgeber ausschließlich die EU-Richtlinienvorgaben des Art. 57 Abs. 7 S. 2 und 3 RL 2014/24/EU, mithin die Anknüpfung der Maximalfristen an die in Art. 57 Abs. 1 und 4 RL 2014/24/EU genannten Ausschlussgründe, umzusetzen gedachte.[318] Hierunter fallen die in § 124 Abs. 2 GWB genannten Ausschlussgründe nicht. Obgleich eine einheitliche Fristenregelung in § 126 GWB für alle Ausschlussgründe zur Rechtsklarheit wünschenswert wäre und dem Gesetzgeber anzuraten ist, ist das Abstellen auf die Fünf-Jahres-Frist des § 98c Abs. 1 S. 2 AufenthG durch öffentliche Auftraggeber dogmatisch gut vertretbar. 217

III. Ausschluss nach § 19 MiLoG

Nach § 19 Abs. 1 MiLoG sollen Auftraggeber nach §§ 99 und 100 GWB Bewerberinnen oder Bewerber von der Teilnahme an einem Wettbewerb um einen Liefer-, Bau- oder Dienstleistungsauftrag für eine angemessene Zeit bis zur nachgewiesenen Wiederherstellung ihrer Zuverlässigkeit ausschließen, die wegen eines Verstoßes nach § 21 MiLoG mit einer Geldbuße von wenigstens 2.500 Euro belegt worden sind. Nach § 19 Abs. 2 MiLoG dürfen die für die Verfolgung oder Ahndung der Ordnungswidrigkeiten nach § 21 MiLoG zuständigen Behörden öffentlichen Auftraggebern nach § 99 GWB und solchen Stellen, die von öffentlichen Auftraggebern zugelassene Präqualifikationsverzeichnisse oder Unternehmer- und Lieferantenverzeichnisse führen, auf Verlangen die erforderlichen Auskünfte geben. Nach § 19 Abs. 3 MiLoG fordern öffentliche Auftraggeber gemäß § 19 Abs. 2 MiLoG im Rahmen ihrer Tätigkeit beim Wettbewerbsregister Auskünfte über rechtskräftige Bußgeldentscheidungen wegen einer Ordnungswidrigkeit nach § 21 Abs. 1 oder 2 MiLoG an oder verlangen von Bewerberin- 218

316 Siehe hierzu Rn. 208 ff.
317 Kritisch zu dieser Regelung *Hörich/Bergmann*, ZAR 2012, 327 (332 f.).
318 Vgl. Gesetzesbegründung zu § 126 GWB, VergRModG 2016, BT-Drs. 18/6281, 111.

nen oder Bewerbern eine Erklärung, dass die Voraussetzungen für einen Ausschluss nach § 19 Abs. 1 MiLoG nicht vorliegen; im Falle einer Erklärung der Bewerberin oder des Bewerbers können öffentliche Auftraggeber nach § 19 Abs. 2 MiLoG jederzeit zusätzlich Auskünfte des Wettbewerbsregisters anfordern. § 19 Abs. 4 MiLoG sieht eine Verpflichtung öffentlicher Auftraggeber nach § 19 Abs. 2 MiLoG vor, bei Aufträgen ab einer Höhe von 30.000 Euro für die Bewerberin oder den Bewerber, die oder der den Zuschlag erhalten soll, vor der Zuschlagserteilung eine Auskunft aus dem Wettbewerbsregister anzufordern. § 19 Abs. 5 MiLoG regelt schließlich, dass vor der Entscheidung über den Ausschluss die Bewerberin oder der Bewerber zu hören ist.

219 Der **persönliche Anwendungsbereich** des § 19 Abs. 1 und 5 MiLoG umfasst öffentliche Auftraggeber nach § 99 GWB und Sektorenauftraggeber nach § 100 GWB; nicht erfasst sind somit Konzessionsgeber nach § 101 GWB. Die Regelungen des § 19 Abs. 2 bis 4 MiLoG gelten persönlich ausschließlich für öffentliche Auftraggeber nach § 99 GWB; hiervon sind demnach sowohl Sektorenauftraggeber als auch Konzessionsgeber ausgenommen. Der Begriff der „Bewerberinnen oder Bewerber" ist untechnisch zu verstehen und daher nicht auf Teilnehmer eines Teilnahmewettbewerbs beschränkt. Erfasst sind vielmehr auch Bieterinnen und Bieter eines Vergabeverfahrens. Gleiches gilt für Unternehmen, welche auf Grundlage einer Interessenbekundung formal zur Interessenbestätigung aufgefordert wurden.

220 Der **sachliche Anwendungsbereich** der Regelung erfasst sowohl Liefer-, Bau- als auch Dienstleistungsaufträge im Sinne von § 103 Abs. 2 bis 4 GWB. Aufgrund der Regelung des § 103 Abs. 5 S. 2 GWB wird man aber auch Rahmenvereinbarungen in den sachlichen Anwendungsbereich der Vorschrift ziehen müssen; eine hiergegen sprechende Regelung im Sinne des § 103 Abs. 5 S. 2 GWB ist nicht ersichtlich. Die einschränkende Voraussetzung des § 19 Abs. 4 MiLoG, dass der geschätzte Auftragswert 30.000 Euro erreichen muss, ist im Bereich des Kartellvergaberechts stets gegeben.

221 Nach der Regelung des § 19 Abs. 1 MiLoG steht es im **intendierten Ermessen** („sollen") des Auftraggebers, das Unternehmen auszuschließen. Es müssen daher ergänzend zu den Tatbestandsvoraussetzungen der Vorschrift besondere Gründe für den Fall vorliegen, dass der Auftraggeber von dem Ausschluss des Unternehmens vom Vergabeverfahren abzusehen gedenkt. Ist dies nicht der Fall, ist der Auftraggeber regelmäßig verpflichtet, den Ausschluss zu erklären.

222 Eine konkrete **zeitliche Grenze** für die Wirksamkeit des Ausschlussgrundes enthält § 19 Abs. 1 MiLoG nicht. Nach der Regelung soll ein Ausschluss für eine angemessene Zeit bis zur nachgewiesenen Wiederherstellung der Zuverlässigkeit des Unternehmens zulässig sein. Als Orientierung sollte allerdings die Drei-Jahres-Frist in § 126 Nr. 2 GWB dienen. Diese gilt nach ihrem Wortlaut auf den ersten Blick zwar uneingeschränkt für alle in § 124 GWB genannten Ausschlussgründe; aus der Gesetzesbegründung lässt sich aber ableiten, dass der Gesetzgeber ausschließlich die EU-Richtlinienvorgaben des Art. 57 Abs. 7 S. 2 und 3 RL 2014/24/EU, mithin die Anknüpfung der Maximalfristen an die in Art. 57 Abs. 1 und 4 RL 2014/24/EU genannten Ausschlussgründe, umzusetzen gedachte.[319] Hierunter fallen die in § 124 Abs. 2 GWB genannten Ausschlussgründe nicht. Dennoch dürfte mit der Drei-Jahres-Frist eine verlässliche Leitplanke für öffentliche Auftraggeber gegeben sein. Außerhalb dieser Leitplanke müssen nach hier vertretener Auffassung ergänzend besonders erschwerende Umstände eine Überschreitung des Drei-Jahres-Zeitraums rechtfertigen.

IV. Ausschluss nach § 21 SchwarzArbG

223 Nach § 21 Abs. 1 S. 1 SchwarzArbG sollen Bewerber bis zu einer Dauer von drei Jahren von der Teilnahme an einem Wettbewerb um einen Liefer-, Bau- oder Dienstleistungsauftrag der

319 Vgl. Gesetzesbegründung zu § 126 GWB, VergRModG 2016, BT-Drs. 18/6281, 111.

in § 99 und 100 GWB genannten Auftraggeber ausgeschlossen werden, die oder deren nach Satzung oder Gesetz Vertretungsberechtigte nach

1. § 8 Abs. 1 Nr. 2, §§ 10 bis 11 SchwarzArbG,
2. § 404 Abs. 1 oder 2 Nr. 3 SGB III,
3. §§ 15, 15a, 16 Abs. 1 Nr. 1, 1c, 1d, 1f oder 2 AÜG oder
4. § 266a Abs. 1 bis 4 StGB

zu einer Freiheitsstrafe von mehr als drei Monaten oder einer Geldstrafe von mehr als neunzig Tagessätzen verurteilt oder mit einer Geldbuße von wenigstens 2.500 Euro belegt worden sind. Das Gleiche gilt nach § 21 Abs. 1 S. 2 SchwarzArbG auch schon vor Durchführung eines Straf- oder Bußgeldverfahrens, wenn im Einzelfall angesichts der Beweislage kein vernünftiger Zweifel an einer schwerwiegenden Verfehlung nach § 21 Abs. 1 S. 1 SchwarzArbG besteht. Nach § 21 Abs. 1 S. 3 SchwarzArbG dürfen die für die Verfolgung oder Ahndung zuständigen Behörden nach § 21 Abs. 1 S. 1 Nr. 1 bis 4 SchwarzArbG den öffentlichen Auftraggebern nach § 99 GWB und solchen Stellen, die von öffentlichen Auftraggebern zugelassene Präqualifikationsverzeichnisse oder Unternehmer- und Lieferantenverzeichnisse führen, auf Verlangen die erforderlichen Auskünfte geben. Gemäß § 21 Abs. 1 S. 4 SchwarzArbG fordern öffentliche Auftraggeber nach § 21 Abs. 1 S. 3 SchwarzArbG im Rahmen ihrer Tätigkeit Auskünfte aus dem Wettbewerbsregister an oder verlangen vom Bewerber eine Erklärung, dass die Voraussetzungen für einen Ausschluss nach § 21 Abs. 1 S. 1 oder 2 SchwarzArbG nicht vorliegen; auch im Falle einer Erklärung des Bewerbers können öffentliche Auftraggeber Auskünfte aus dem Wettbewerbsregister jederzeit anfordern. § 21 Abs. 1 S. 5 SchwarzArbG sieht eine Verpflichtung öffentlicher Auftraggeber nach § 21 Abs. 1 S. 3 SchwarzArbG vor, bei Aufträgen ab einer Höhe von 30.000 Euro für den Bewerber, der den Zuschlag erhalten soll, vor Zuschlagserteilung eine Auskunft aus dem Wettbewerbsregister anzufordern. § 21 Abs. 1 S. 6 SchwarzArbG ordnet die Anhörung der Bewerber vor der Entscheidung über den Ausschluss an. § 21 Abs. 2 SchwarzArbG stellt schließlich eine Verfehlung nach § 21 Abs. 1 SchwarzArbG einer Verletzung von Pflichten nach § 241 Abs. 2 BGB gleich.

Der **sachliche Anwendungsbereich** von § 21 SchwarzArbG umschließt anders als die Vor- 224
gängerregelung[320] nicht lediglich Bauleistungen. Die Regelung erfasst nun sowohl Liefer-, Bau- als auch Dienstleistungsaufträge im Sinne von § 103 Abs. 2 bis 4 GWB. Aufgrund der Regelung des § 103 Abs. 5 S. 2 GWB wird man aber auch Rahmenvereinbarungen in den sachlichen Anwendungsbereich der Vorschrift ziehen müssen; eine hiergegen sprechende Regelung im Sinne des § 103 Abs. 5 S. 2 GWB ist nicht ersichtlich.

Der **persönliche Anwendungsbereich** des § 21 Abs. 1 S. 1, 2 und 6 SchwarzArbG umfasst 225
anders als die Vorgängerregelung[321] nun öffentliche Auftraggeber nach § 99 GWB und Sektorenauftraggeber nach § 100 GWB; nicht erfasst sind somit Konzessionsgeber nach § 101 GWB. Die Regelungen des § 21 Abs. 1 S. 3 bis 5 SchwarzArbG gelten persönlich ausschließlich für öffentliche Auftraggeber nach § 99 GWB; hiervon sind demnach sowohl Sektorenauftraggeber als auch Konzessionsgeber ausgenommen. Der Begriff der „Bewerber" ist untechnisch zu verstehen und daher nicht auf Teilnehmer eines Teilnahmewettbewerbs beschränkt. Erfasst sind vielmehr auch Bieter eines Vergabeverfahrens. Gleiches gilt für Unternehmen, welche auf Grundlage einer Interessenbekundung formal zur Interessenbestätigung aufgefordert wurden.

Nach der Regelung des § 21 Abs. 1 S. 1 SchwarzArbG steht es im **intendierten Ermessen** 226
(„sollen") des Auftraggebers, das Unternehmen auszuschließen. Es müssen daher ergänzend zu den Tatbestandsvoraussetzungen der Vorschrift besondere Gründe für den Fall vorliegen, dass der Auftraggeber von dem Ausschluss des Unternehmens vom Vergabeverfahren abzusehen gedenkt. Ist dies nicht der Fall, ist der Auftraggeber regelmäßig verpflichtet, den Ausschluss zu erklären.

---

320 Vgl. zur Vorgängerregelung die Kommentierung in der Vorauflage.
321 Vgl. zur Vorgängerregelung die Kommentierung in der Vorauflage.

227 Der Ausschluss des Unternehmens ist ausdrücklich nur **bis zu drei Jahre** zulässig. Hier ist – anders als bei anderen spezialgesetzlichen fakultativen Ausschlussgründen – bereits eine begrüßenswerte Rechtsvereinheitlichung im Hinblick auf die Drei-Jahres-Frist des § 126 Nr. 2 GWB zu beobachten.

V. Ausschluss nach § 22 LkSG

228 Nach § 22 Abs. 1 S. 1 LkSG sollen Unternehmen von der Teilnahme an einem Verfahren über die Vergabe eines Liefer-, Bau- oder Dienstleistungsauftrags der in § 99 und 100 GWB genannten Auftraggeber bis zur nachgewiesenen Selbstreinigung nach § 125 GWB ausgeschlossen werden, die wegen eines rechtskräftig festgestellten Verstoßes nach § 24 Abs. 1 LkSG mit einer Geldbuße nach Maßgabe des § 22 Abs. 2 LkSG belegt worden sind. § 22 Abs. 1 S. 2 LkSG beschränkt die Zulässigkeit eines Ausschlusses nach § 22 Abs. 1 S. 1 LkSG auf einen angemessenen Zeitraum von bis zu drei Jahren. § 22 Abs. 2 S. 1 LkSG setzt für einen Ausschluss nach § 22 Abs. 1 LkSG grundsätzlich einen rechtskräftig festgestellten Verstoß mit einer Geldbuße von wenigstens 175.000 Euro voraus. Abweichend davon setzt § 22 Abs. 2 S. 2 LkSG in den Fällen des

1. § 24 Abs. 2 S. 2 in Verbindung mit § 24 Abs. 2 S. 1 Nr. 2 LkSG einen rechtskräftig festgestellten Verstoß mit einer Geldbuße von wenigstens 1,5 Mio. Euro,
2. § 24 Abs. 2 S. 2 in Verbindung mit § 24 Abs. 2 S. 1 Nr. 1 LkSG einen rechtskräftig festgestellten Verstoß mit einer Geldbuße von wenigstens 2 Mio. Euro und
3. § 24 Abs. 3 LkSG einen rechtskräftig festgestellten Verstoß mit einer Geldbuße von wenigstens 0,35 Prozent des durchschnittlichen Jahresumsatzes

voraus. § 24 Abs. 3 LkSG verlangt, dass der Bewerber vor der Entscheidung über den Ausschluss zu hören ist.

229 Der **sachliche Anwendungsbereich** von § 22 LkSG umschließt sowohl Liefer-, Bau- als auch Dienstleistungsaufträge im Sinne von § 103 Abs. 2 bis 4 GWB. Aufgrund der Regelung des § 103 Abs. 5 S. 2 GWB wird man aber auch Rahmenvereinbarungen in den sachlichen Anwendungsbereich der Vorschrift ziehen müssen; eine hiergegen sprechende Regelung im Sinne des § 103 Abs. 5 S. 2 GWB ist nicht ersichtlich.

230 Der **persönliche Anwendungsbereich** des § 22 LkSG öffentliche Auftraggeber nach § 99 GWB und Sektorenauftraggeber nach § 100 GWB; nicht erfasst sind somit Konzessionsgeber nach § 101 GWB. Der Begriff der „Bewerber" in § 22 Abs. 3 LkSG ist untechnisch zu verstehen und daher nicht auf Teilnehmer eines Teilnahmewettbewerbs beschränkt. Erfasst sind vielmehr auch Bieter eines Vergabeverfahrens. Gleiches gilt für Unternehmen, welche auf Grundlage einer Interessenbekundung formal zur Interessenbestätigung aufgefordert wurden. Dies ergibt sich aus der Verwendung des abstrakteren Begriffs „Unternehmen" in § 22 Abs. 1 S. 1 LkSG.

231 Nach der Regelung des § 22 Abs. 1 S. 1 LkSG steht es im **intendierten Ermessen** („sollen") des Auftraggebers, das Unternehmen auszuschließen. Es müssen daher ergänzend zu den Tatbestandsvoraussetzungen der Vorschrift besondere Gründe für den Fall vorliegen, dass der Auftraggeber von dem Ausschluss des Unternehmens vom Vergabeverfahren abzusehen gedenkt. Ist dies nicht der Fall, ist der Auftraggeber regelmäßig verpflichtet, den Ausschluss zu erklären. Dies kommt insbesondere dadurch zum Ausdruck, dass § 22 Abs. 2 S. 1 LkSG anordnet, der Ausschluss habe bis zur nachgewiesenen Selbstreinigung nach § 125 GWB zu erfolgen. Dies intendiert, dass Auftraggebern – abgesehen von der in § 22 Abs. 1 S. 2 LkSG benannten Höchstfrist – daneben keine weiteren Ermessenserwägungen zustehen sollen.

232 Der Ausschluss des Unternehmens ist ausdrücklich nur **bis zu drei Jahre** zulässig. Hier ist – anders als bei anderen spezialgesetzlichen fakultativen Ausschlussgründen – bereits eine begrüßenswerte Rechtsvereinheitlichung im Hinblick auf die Drei-Jahres-Frist des § 126 Nr. 2 GWB zu beobachten.

D. Rechtsschutz

§ 124 GWB ist als Ausprägung des vergaberechtlichen Grundprinzips der Gleichbehandlung **unternehmensschützend** im Sinne des § 97 Abs. 6 GWB.[322] 233

Der dem öffentlichen Auftraggeber zustehende **Ermessensspielraum** ist allerdings von den Nachprüfungsinstanzen nur beschränkt daraufhin überprüfbar, ob das vorgeschriebene Verfahren eingehalten worden ist, ob der öffentliche Auftraggeber die von ihm selbst aufgestellten Bewertungsvorgaben beachtet hat, der zugrunde gelegte Sachverhalt vollständig und zutreffend ermittelt worden ist, keine sachwidrigen Erwägungen angestellt worden sind und nicht gegen allgemeine Bewertungsgrundsätze verstoßen worden ist.[323] 234

Anlagen

Gesetzesbegründung – Gesetz zur Einführung eines Wettbewerbsregisters und zur Änderung des Gesetzes gegen Wettbewerbsbeschränkungen (BT-Drs. 18/12051)

Seite 35

Durch den neu gefassten § 124 Absatz 1 Nummer 4 GWB wird klargestellt, dass von dem fakultativen Ausschlussgrund des Wettbewerbsverstoßes auch wettbewerbsbeschränkende abgestimmte Verhaltensweisen von Unternehmen erfasst werden. Die Tatbestandsalternativen der Vereinbarung und der abgestimmten Verhaltensweise stehen sowohl im deutschen als auch im europäischen Kartellrecht gleichwertig nebeneinander. Es ist daher sachgerecht, beide Alternativen zu erfassen. Zudem wird die Frage, welche Alternative verwirklicht ist, in der Praxis häufig offen gelassen. Durch die Neufassung wird gewährleistet, dass stets eindeutig feststellbar ist, ob die Voraussetzungen für eine Eintragung vorliegen.

Gesetzesbegründung – VergRModG 2016 (BT-Drs. 18/6281)

Seite 104

§ 124 regelt, wann ein Unternehmen von der Teilnahme an einem Vergabeverfahren ausgeschlossen werden kann. Das betrifft insbesondere den Fall eines schwerwiegenden beruflichen Fehlverhaltens, das die Integrität eines Unternehmens infrage stellt und das zum Ausschluss führen kann, selbst wenn die Eignung nach § 122 ansonsten gegeben ist. Dabei besteht bei § 124 – anders als bei Vorliegen eines zwingenden Ausschlussgrundes nach § 123 – ein Ermessen des öffentlichen Auftraggebers, ob er das Unternehmen von der Teilnahme an einem Vergabeverfahren ausschließt. Es handelt sich hier nicht nur um ein Beurteilungsermessen des öffentlichen Auftraggebers hinsichtlich des Vorliegens des Ausschlussgrundes, sondern auch um einen Ermessensspielraum hinsichtlich des „Ob" des Ausschlusses, dann wenn der fakultative Ausschlussgrund nachweislich vorliegt. Es steht im Ermessen des öffentlichen Auftraggebers zu entscheiden, ob aufgrund des Fehlverhaltens des Unternehmens, das einen fakultativen Ausschlussgrund nach § 124 begründet, die Zuverlässigkeit des Unternehmens zu verneinen ist. Dabei handelt es sich um eine Prognoseentscheidung dahingehend, ob von dem Unternehmen trotz des Vorliegens eines fakultativen Ausschlussgrundes im Hinblick auf die Zukunft zu erwarten ist, dass es den öffentlichen Auftrag gesetzestreu, ordnungsgemäß und sorgfältig ausführt. Im Einzelfall und abhängig von dem anwendbaren Ausschlussgrund kann das Ermessen des öffentlichen Auftraggebers auf Null reduziert sein, so dass nur ein Ausschluss ermessensfehlerfrei ist.

Die öffentlichen Auftraggeber haben bei der Anwendung fakultativer Ausschlussgründe insbesondere den Grundsatz der Verhältnismäßigkeit zu beachten. Wie Erwägungsgrund 101 der Richtlinie 2014/24/EU ausführt, sollten daher kleinere Unregelmäßigkeiten nur in Ausnahmefällen zum Aus-

322 Vgl. KG, Urteil v. 28.6.2019 – 9 U 55/18.

323 Vgl. VK Baden-Württemberg, Beschluss v. 11.2.2015 – 1 VK 66/14; VK Sachsen-Anhalt, Beschlüsse v. 27.7.2013 – 3 VK LSA 20/13 bis 3 VK LSA 32/13; VK Münster, Beschluss v. 16.12.2010 – VK 9/10.

schluss eines Unternehmens führen; allerdings können wiederholte Fälle kleinerer Unregelmäßigkeiten einen Ausschluss rechtfertigen.

Scheitert ein zwingender Ausschluss eines Unternehmens am Fehlen bestimmter Tatbestandsvoraussetzungen eines zwingenden Ausschlussgrundes, kann ein fakultativer Ausschluss nach § 124, insbesondere nach § 124 Absatz 1 Nummer 3, in Betracht kommen. Erwägungsgrund 101 der Richtlinie 2014/24/EU stellt klar, dass ein öffentlicher Auftraggeber ein schwerwiegendes berufliches Fehlverhalten eines Unternehmens auch dann bejahen – und ihn deswegen nach § 124 ausschließen – kann, wenn vor einer rechtskräftigen Entscheidung über das Vorliegen

Seite 105

zwingender Ausschlussgründe Nachweise vorliegen, dass das Unternehmen gegen seine Verpflichtungen verstoßen hat.

Zu Absatz 1

Der in Artikel 57 Absatz 4 der Richtlinie 2014/24/EU enthaltene Katalog fakultativer Ausschlussgründe ist umfangreicher als der Katalog in Artikel 45 Absatz 2 der Richtlinie 2004/18/EG. Neu hinzugekommen sind fakultative Ausschlussgründe bei Verstoß gegen geltende umwelt-, sozial- und arbeitsrechtliche Verpflichtungen, bei wettbewerbsverzerrenden Absprachen, bei Interessenkonflikt, bei Wettbewerbsverzerrung aufgrund vorheriger Einbeziehung des Unternehmens, bei mangelhafter früherer Auftragsausführung sowie bei versuchter unzulässiger Einflussnahme auf die Entscheidungsfindung des öffentlichen Auftraggebers. Der bisherige fakultative Ausschlussgrund des Nichtentrichtens von Steuern oder Sozialabgaben wurde zu einem zwingenden Ausschlussgrund. Die bereits in der Richtlinie 2004/18/EG vorgesehenen fakultativen Ausschlussgründe wurden teilweise umformuliert.

Die Umsetzung von Artikel 57 Absatz 4 der Richtlinie 2014/24/EU in § 124 Absatz 1 orientiert sich eng an den Vorgaben der Richtlinie.

Zu Nummer 1

§ 124 Absatz 1 Nummer 1 sieht die Möglichkeit eines Ausschlusses für den Fall vor, dass ein Unternehmen bei der Ausführung öffentlicher Aufträge nachweislich gegen geltende umwelt-, sozial- oder arbeitsrechtliche Verpflichtungen verstoßen hat. Damit wird Artikel 57 Absatz 4 Buchstabe a der Richtlinie 2014/24/EU umgesetzt, der Verstöße gegen geltende Verpflichtungen gemäß Artikel 18 Absatz 2 der Richtlinie 2014/24/EU mit der Ausschlussmöglichkeit sanktioniert. Davon umfasst sind gemäß Artikel 18 Absatz 2 der Richtlinie 2014/24/EU alle für das Unternehmen geltenden umwelt-, sozial- und arbeitsrechtlichen Verpflichtungen, die durch Rechtsvorschriften der Europäischen Union, einzelstaatliche Rechtsvorschriften, aber auch durch für das Unternehmen verbindliche Tarifverträge festgelegt sind. Davon umfasst sind auch die in Anhang X der Richtlinie 2014/24/EU aufgeführten internationalen Abkommen (ILO-Kernarbeitsnormen, das Wiener Übereinkommen zum Schutz der Ozonschicht und das im Rahmen dieses Übereinkommens geschlossene Montrealer Protokoll über Stoffe, die zum Abbau der Ozonschicht führen, das Basler Übereinkommen über die Kontrolle der grenzüberschreitenden Verbringung gefährlicher Abfälle und ihrer Entsorgung, das Stockholmer Übereinkommen über persistente organische Schadstoffe und das UNEP/FAO-Übereinkommen vom 10. September 1998 über das Verfahren der vorherigen Zustimmung nach Inkenntnissetzung für bestimmte gefährliche Chemikalien sowie Pflanzenschutz- und Schädlingsbekämpfungsmittel im internationalen Handel und seine drei regionalen Protokolle). Nach der Zielstellung sind von dem Ausschlussgrund im deutschen vergaberechtlichen Kontext auch Zahlungsverpflichtungen an tarifvertragliche Sozialkassen umfasst. Erforderlich für das Bestehen eines Ausschlussgrundes nach Nummer 1 ist, dass der öffentliche Auftraggeber einen Verstoß gegen die Verpflichtungen nachweist.

Zu Nummer 2

§ 124 Absatz 1 Nummer 2 setzt Artikel 57 Absatz 4 Buchstabe b um.

Zu Nummer 3

§ 124 Absatz 1 Nummer 3 setzt Artikel 57 Absatz 4 Buchstabe c der Richtlinie 2014/24/EU um. Nummer 3 enthält den fakultativen Ausschlussgrund der „schweren Verfehlung", der in der bisherigen Praxis eine wichtige Rolle als Auffangtatbestand einnimmt. Dieser Ausschlussgrund wird gegenüber der Formulierung in Artikel 45 Absatz 2 Buchstabe d der Richtlinie 2004/18/EG in der neuen Richtlinie insofern etwas eingeengt, als nunmehr die schwere Verfehlung des Unternehmens oder einer für das Unternehmen im Rahmen ihrer beruflichen Tätigkeit handelnden Person die Integrität des Unternehmens infrage stellen muss. Eine schwere Verfehlung kommt bei der Verletzung gesetzlicher oder vertraglicher Verpflichtungen (z. B. auch bei der Verletzung von Auftragsausführungsbedingungen bei früheren öffentlichen Aufträgen) in Betracht, die eine solche Intensität und Schwere aufweisen, dass der öffentliche Auftraggeber berechtigterweise an der Integrität des Unternehmens zweifeln darf. Im Regelfall dürften Verletzungen der Verpflichtung zu Vertraulichkeit und Sicherheit eine schwere Verfehlung im Sinne des § 124 Absatz 1 Nummer 3 darstellen, durch die die Integrität des Unternehmens infrage gestellt wird. Der fakultative Ausschlussgrund nach Nummer 3 hat auch weiterhin eine Bedeutung als Auffangtatbestand, der neben den anderen fakultativen oder zwingenden Ausschlussgründen anwendbar sein kann, wenn deren Voraussetzungen nicht oder nur teilweise vorliegen. So kann eine schwere, die Integrität des Unternehmens beeinträchtigende Verfehlung nach Nummer 3 insbesondere auch dann in Betracht kommen, wenn hinsichtlich einer nach § 123 zu einem zwingenden Ausschlussgrund führenden Straftat noch keine rechtskräftige Verurteilung vorliegt

Seite 106

(so auch Erwägungsgrund 101 der Richtlinie 2014/24/EU) oder wenn eine Straftat begangen wurde, die zwar nicht in § 123 aufgeführt ist, aber durch die die Integrität des Unternehmens infrage gestellt wird.

Zu Nummer 4

Die Formulierung in § 124 Absatz 1 Nummer 4, die Artikel 57 Absatz 4 Buchstabe d der Richtlinie 2014/24/EU umsetzt, greift die Formulierung des Verbots wettbewerbsbeschränkender Vereinbarungen in § 1 auf. Dieser Ausschlussgrund ist nicht auf Fälle von wettbewerbsbeschränkenden Vereinbarungen im Rahmen des laufenden Vergabeverfahrens beschränkt. Der Ausschlussgrund liegt jedenfalls dann vor, wenn eine Kartellbehörde einen Verstoß in einer Entscheidung festgestellt hat. Die bloße Durchführung von kartellbehördlichen Ermittlungsmaßnahmen, beispielsweise Durchsuchungen, wird dagegen regelmäßig noch nicht ausreichen, um einen Ausschlussgrund nach Nummer 4 zu begründen.

Zu Nummer 5

Dagegen erfasst § 124 Absatz 1 Nummer 5 nur den Fall, dass im Rahmen des laufenden Vergabeverfahrens ein Interessenkonflikt nach Artikel 24 der Richtlinie 2014/24/EU im Hinblick auf die Unparteilichkeit einer für den öffentlichen Auftraggeber im Auswahlprozess tätigen Person besteht, der nicht wirksam durch andere, weniger einschneidende Maßnahmen beseitigt werden kann. Dabei kann nach Artikel 24 Unterabsatz 2 der Richtlinie 2014/24/EU die für den öffentlichen Auftraggeber tätige Person außer einem Mitarbeiter oder einer Mitarbeiterin des öffentlichen Auftraggebers auch ein im Namen des öffentlichen Auftraggebers handelnder Beschaffungsdienstleister sein. Die Person muss nach Artikel 24 Unterabsatz 2 der Richtlinie 2014/24/EU an der Durchführung des Vergabeverfahrens beteiligt sein oder Einfluss auf den Ausgang des Verfahrens nehmen können.

Zu Nummer 6

§ 124 Absatz 1 Nummer 6 setzt Artikel 57 Absatz 4 Buchstabe f der Richtlinie 2014/24/EU um und betrifft den Fall, dass ein Unternehmen in die Vorbereitung des gerade laufenden Vergabeverfahrens einbezogen wurde und daraus im Sinne von Artikel 41 der Richtlinie 2014/24/EU eine Wettbewerbsverzerrung im laufenden Vergabeverfahren resultiert, die nicht wirksam durch andere, weniger einschneidende Maßnahmen beseitigt werden kann. Nach Artikel 41 Unterabsatz 2 Satz 2 der Richtlinie 2014/24/EU wird der betreffende Bewerber oder Bieter nur dann vom Verfahren ausgeschlossen, wenn keine andere Möglichkeit besteht, die Einhaltung der Pflicht zur Wahrung des Grundsatzes der Gleichbehandlung zu gewährleisten. Vor einem solchen Ausschluss muss den Bewerbern oder Bietern die Möglichkeit gegeben werden, nachzuweisen, dass ihre Beteiligung an der Vorbereitung des Vergabeverfahrens den Wettbewerb nicht verzerren kann. Der öffentliche Auftraggeber muss die ergriffenen Maßnahmen im Vergabevermerk dokumentieren.

Zu Nummer 7

Nach § 124 Absatz 1 Nummer 7 besteht nunmehr auch dann eine Ausschlussmöglichkeit, wenn bei der Ausführung eines früheren öffentlichen Auftrags (eines öffentlichen Auftraggebers oder eines Sektorenauftraggebers) oder eines früheren Konzessionsvertrags durch das Unternehmen erhebliche Mängel aufgetreten sind. Nummer 7 setzt Artikel 57 Absatz 4 Buchstabe g der Richtlinie 2014/24/EU um. Dieser fakultative Ausschlussgrund liegt vor, wenn im Rahmen der Ausführung eines früheren öffentlichen Auftrags oder Konzessionsvertrags – nicht notwendigerweise desselben Auftraggebers – das Unternehmen eine wesentliche Anforderung erheblich oder fortdauernd mangelhaft erfüllt hat und dies auch zu einer vorzeitigen Beendigung, Schadensersatz oder einer vergleichbaren Rechtsfolge geführt hat. Eine einmalige mangelhafte Leistung kann dann einen Ausschlussgrund nach Nummer 7 begründen, wenn es sich dabei um eine erhebliche Schlechterfüllung einer wesentlichen Anforderung handelt. Erwägungsgrund 101 der Richtlinie 2014/24/EU führt als Beispiele für relevante Mängel Lieferungs- oder Leistungsausfall oder erhebliche Defizite der gelieferten Waren oder Dienstleistungen, die sie für den beabsichtigten Zweck unbrauchbar machten, an. Die mangelhafte Erfüllung einer wesentlichen Anforderung im Sinne von Artikel 57 Absatz 4 Buchstabe g der Richtlinie 2014/24/EU kann auch die Verletzung einer wesentlichen vertraglichen Pflicht sein, beispielsweise Verstöße gegen eine Verpflichtung zur Wahrung der Vertraulichkeit oder gegen wesentliche Sicherheitsauflagen. Erforderlich ist hier – ebenso wie bei den anderen fakultativen Ausschlussgründen – eine Prognoseentscheidung dahingehend, ob von dem Unternehmen trotz der festgestellten früheren Schlechtleistung im Hinblick auf die Zukunft zu erwarten ist, dass es den nunmehr zu vergebenden öffentlichen Auftrag gesetzestreu, ordnungsgemäß und sorgfältig ausführt.

Neben dem Vorliegen früherer Mängel ist für das Eingreifen dieses Ausschlussgrundes erforderlich, dass die Mängel zu einer vorzeitigen Beendigung, Schadensersatz oder einer vergleichbaren Rechtsfolge geführt haben. Eine Rechtsfolge muss, um eine vergleichbare Rechtsfolge im Sinne dieser Vorschrift zu sein, nicht zu einer

Seite 107

vorzeitigen vollständigen Beendigung des Vertragsverhältnisses führen, sie muss aber hinsichtlich ihres Schweregrades mit einer vorzeitigen Beendigung oder Schadensersatz vergleichbar sein. Als vergleichbare Rechtsfolge kommt beispielsweise eine Ersatzvornahme in Betracht, aber auch das Verlangen nach umfangreichen Nachbesserungen kann unter Umständen eine vergleichbare Rechtsfolge sein.

Zu Nummer 8

§ 124 Absatz 1 Nummer 8 setzt Artikel 57 Absatz 4 Buchstabe h der Richtlinie 2014/24/EU um.

Zu Nummer 9

§ 124 Absatz 1 Nummer 9 setzt Artikel 57 Absatz 4 Buchstabe i der Richtlinie 2014/24/EU um.

Zu Absatz 2

Die in Absatz 2 genannten spezialgesetzlichen Vorschriften enthalten besondere Regelungen zum Ausschluss von Unternehmen von Vergabeverfahren. Danach können bzw. sollen Unternehmen von der Teilnahme an Vergabeverfahren ausgeschlossen werden, wenn sie z. B. gegen Vorgaben des Mindestlohngesetzes verstoßen haben und deswegen mit einer bestimmten Geldbuße belegt wurden. Absatz 2 stellt klar, dass diese spezialgesetzlichen Vorgaben von den allgemeinen vergaberechtlichen Regelungen unberührt bleiben.

§ 125 GWB
Selbstreinigung

(1) Öffentliche Auftraggeber schließen ein Unternehmen, bei dem ein Ausschlussgrund nach § 123 oder § 124 vorliegt, nicht von der Teilnahme an dem Vergabeverfahren aus, wenn das Unternehmen dem öffentlichen Auftraggeber oder nach § 8 des Wettbewerbsregistergesetzes dem Bundeskartellamt nachgewiesen hat, dass es

1. für jeden durch eine Straftat oder ein Fehlverhalten verursachten Schaden einen Ausgleich gezahlt oder sich zur Zahlung eines Ausgleichs verpflichtet hat,

2. die Tatsachen und Umstände, die mit der Straftat oder dem Fehlverhalten und dem dadurch verursachten Schaden in Zusammenhang stehen, durch eine aktive Zusammenarbeit mit den Ermittlungsbehörden und dem öffentlichen Auftraggeber umfassend geklärt hat und

3. konkrete technische, organisatorische und personelle Maßnahmen ergriffen hat, die geeignet sind, weitere Straftaten oder weiteres Fehlverhalten zu vermeiden.

§ 123 Absatz 4 Satz 2 bleibt unberührt.

(2) Bei der Bewertung der von dem Unternehmen ergriffenen Selbstreinigungsmaßnahmen sind die Schwere und die besonderen Umstände der Straftat oder des Fehlverhaltens zu berücksichtigen. Die Entscheidung, dass die Selbstreinigungsmaßnahmen des Unternehmens als unzureichend bewertet werden, ist gegenüber dem Unternehmen zu begründen.

Übersicht Rn.

A. Allgemeines ... 1
I. Historie ... 1
II. Unionsrechtlicher Hintergrund ... 4
III. Sinn und Zweck ... 5
IV. Regelungsübersicht ... 9
1. Selbstreinigungstatbestand und Prüfungsverfahren ... 9
2. Besondere Selbstreinigungstatbestände ... 11
a) Nichtzahlung von Steuern, Abgaben oder Beiträgen ... 12
b) Ersetzungsaufforderung im Rahmen der Eignungsleihe ... 13
V. Anwendungsbereich ... 14
1. Auftrags- und Konzessionsvergaben ... 14
2. Kein Ausschluss durch Auftrags- oder Vergabesperren ... 15
3. Eintragungen im Wettbewerbsregister ... 19
B. Selbstreinigungstatbestand (Abs. 1 S. 1) ... 20
I. Anhängiges Vergabeverfahren ... 21
II. Drohender Ausschluss ... 22
III. Selbstreinigungsmaßnahmen ... 25
1. Abschließender Katalog ... 26
2. Maßgeblicher Zeitpunkt ... 28
3. Die einzelnen Selbstreinigungsmaßnahmen ... 29
a) Schadenswiedergutmachung ... 29
b) Mitwirkung bei der Aufklärung ... 36
c) Präventive Maßnahmen ... 40
aa) Technische Maßnahmen ... 43
bb) Organisatorische Maßnahmen ... 44
cc) Personelle Maßnahmen ... 47
IV. Nachweis ... 50
1. Nachweis nach § 8 Abs. 1 WRegG ... 51
2. Voraussetzungen des Nachweises gegenüber dem öffentlichen Auftraggeber ... 52
C. Prüfung der Selbstreinigungsmaßnahmen (Abs. 2) ... 56
I. Bewertung der Selbstreinigungsmaßnahmen (S. 1) ... 57
1. Notwendigkeit ... 58
2. Gegenstand ... 59
3. Maßstab ... 61
a) Prognose ... 62
b) Einschränkungen des Beurteilungsspielraums ... 63
II. Bewertungsverfahren ... 66
1. Entscheidung ... 67
a) Begründung (S. 2) ... 68
b) Zeitpunkt ... 71
c) Bindung ... 72
2. Verfahren bis zur Entscheidung ... 74
D. Rechtsschutz ... 78
I. Nachprüfungsantrag im Vergabeverfahren ... 78

1. Antragsbefugnis 78
2. Gegenstand der Rüge 79
3. Nachprüfungsumfang 80
a) Unterlassene Bewertung oder Entscheidung 80
b) Bewertungsrügen 81
c) Erheblichkeit der Mängel 86
II. Rechtsschutz außerhalb des anhängigen Vergabeverfahrens 87
Anlagen
Gesetzesbegründungen

A. Allgemeines

I. Historie

1 Mit § 125 GWB hat das Institut der vergaberechtlichen Selbstreinigung durch das **VergRModG 2016** erstmals eine gesetzliche Grundlage erhalten. Schon **zuvor** war anerkannt, dass ein auf ein Fehlverhalten gestützter Ausschluss nicht unbegrenzt bestehen bleiben könne und dass es dem betroffenen Unternehmen möglich sein müsse, durch eigenes Handeln seine Eignung wiederzuerlangen. Bei den zwingenden Ausschlussgründen (§ 123 GWB) konnte in der Selbstreinigung ein besonderer Umstand liegen, aufgrund dessen die Zuverlässigkeit des Unternehmens nicht mehr infrage gestellt und deswegen ein Ausschluss unzulässig war.[1] Bei den fakultativen Ausschlussgründen (§ 124 GWB) waren Selbstreinigungsmaßnahmen bereits bei der Prüfung, ob ein den Ausschluss erlaubendes Fehlverhalten überhaupt die vergaberechtliche Zuverlässigkeit entfallen ließ und das Unternehmen deswegen auszuschließen war, zu berücksichtigen.[2] Das hatte schon bald nach Einführung des Kartellvergaberechts im Jahre 1999 auch in der Rechtsprechung Ausdruck gefunden,[3] woraufhin das zuvor schon im Kartellrecht bekannt gewesene Thema[4] zunehmend von der vergaberechtlichen Literatur „entdeckt" worden ist.[5]

2 Mit der **Kodifizierung** der Selbstreinigung in § 125 GWB hat die Entwicklung einen der Bedeutung der Thematik angemessenen vorläufigen Abschluss erhalten. Durch die Trennung der Ausschlussgründe in den §§ 123, 124 GWB einerseits und der Selbstreinigung sowie der zeitlichen Begrenzung von Ausschlüssen in den §§ 125, 126 GWB andererseits ist eine systematisch überzeugende Differenzierung zwischen Wegfall und Wiederherstellung der vergaberechtlichen Zuverlässigkeit[6] gelungen. Die Abschichtung dieser beiden Wertungsebenen erhöht die Transparenz der zugrunde zu legenden Wertungen.

3 Allerdings hat der Gesetzgeber bereits mit dem Gesetz zur Einführung eines **Wettbewerbsregisters** und zur Änderung des Gesetzes gegen Wettbewerbsbeschränkungen vom 18. Juli 2017[7] in Art. 2 Abs. 2 Nr. 4 dieses Gesetzes § 125 GWB an die Neuregelungen des mit Art. 1 eingeführten WRegG angepasst und zugleich die Gelegenheit genutzt, § 125 Abs. 2 GWB neu zu fassen. Nach Art. 3 Abs. 2 S. 2 dieses Gesetzes war vorgesehen, dass die Neuregelung an dem Tag in Kraft tritt, an dem die Rechtsverordnung nach § 10 WRegG in Kraft tritt, wobei

1 Vgl. nur *Stein/Friton*, VergabeR 2010, 151 (158 f.); *Wimmer*, Zuverlässigkeit im Vergaberecht, S. 206.
2 Vgl. nur *Stein/Friton/Huttenlauch*, WuW 2012, 38 (47).
3 Vgl. etwa OLG Brandenburg, Beschluss v. 14.12.2007 – Verg W 21/07, juris Rn. 57 ff.; OLG Frankfurt, Beschluss v. 20.7.2004 – 11 Verg 6/04, juris Rn. 36 ff.; OLG Düsseldorf, Beschluss v. 9.4.2003 – VII-Verg 66/02, juris Rn. 83 ff.; Beschluss v. 18.7.2001 – Verg 16/01, juris Rn. 40.
4 Vgl. etwa *Bosch/Colbus/Harbusch*, WuW 2009, 740 ff.; *Dreher*, ZWeR 2004, 75 ff.
5 Vgl. etwa *Kreßner*, Die Auftragssperre im Vergaberecht, S. 155 ff.; *Ohrtmann*, NZBau 2007, 278 (280 f.); *Dreher*, in: Festschrift für Franke, S. 31 ff., der noch im Jahr 2009 bemängelte, dass das Institut der vergaberechtlichen Selbstreinigung *„gemessen an ihrer praktischen Bedeutung bisher eine viel zu geringe wissenschaftliche Aufmerksamkeit gefunden"* (S. 45) habe.
6 Der Gesetzgeber hat das bisherige Eignungskriterium der Zuverlässigkeit in § 97 Abs. 4 S. 1 GWB zwar zugunsten der in § 122 Abs. 2 GWB aufgeführten Eignungskriterien aufgegeben, so auch ausdrücklich die Gesetzesbegründung zu § 122 Abs. 1 GWB, VergRModG 2016, BT-Drs. 18/6281, 117 f. Wie sich § 122 Abs. 1 und 3 GWB entnehmen lässt, steht das Fehlen von Ausschlussgründen nach den §§ 123, 124 GWB, also von Umständen, die die grundsätzlich vermutete vergaberechtliche Zuverlässigkeit entfallen lassen können, systematisch neben der Eignung, sodass die Selbstreinigungsmaßnahmen nach § 125 GWB im Ergebnis auf die Wiedererlangung der vergaberechtlichen Zuverlässigkeit zielen. Anders noch Vorauflage, § 125 GWB Rn. 3.
7 BGBl. I 2017 S. 2739.

das Bundesministerium für Wirtschaft und Energie den Tag des Inkrafttretens im Bundesgesetzblatt bekannt zu geben hatte (Art. 3 Abs. 2 S. 3 WRegG).[8] Diese Regelungen zum Inkrafttreten der beabsichtigten Neufassung des § 125 GWB sind indes durch Bestimmungen des GWB-Digitalisierungsgesetzes geändert worden. Die Neufassung des § 125 GWB ist nach Art. 12 dieses Gesetzes schließlich mit der Bekanntmachung des Bundesministeriums für Wirtschaft und Energie vom 29. Oktober 2021 über das Vorliegen der technischen Voraussetzungen für die elektronische Datenübermittlung beim Betrieb des Wettbewerbsregisters am 1. Dezember 2021 in Kraft getreten.[9]

II. Unionsrechtlicher Hintergrund

Unionsrechtlicher Hintergrund der Regelung ist Art. 57 Abs. 6 RL 2014/24/EU, mit dem der EU-Gesetzgeber das Rechtsinstitut der Selbstreinigung aufgegriffen hat[10] und den primärrechtlichen Grundfreiheiten sowie dem europarechtlichen Gleichbehandlungsgrundsatz Ausdruck verliehen hat.[11] § 125 GWB hat diese Vorgaben in deutsches Recht umgesetzt. In § 125 Abs. 1 S. 1 GWB sind der Selbstreinigungsanspruch aus Art. 57 Abs. 6 UAbs. 1 RL 2014/24/EU[12] und die Selbstreinigungsvoraussetzungen aus Art. 57 Abs. 6 UAbs. 2 RL 2014/24/EU[13] geregelt worden, in § 125 Abs. 2 GWB die Vorgaben aus Art. 57 Abs. 6 UAbs. 3 RL 2014/24/EU[14] für die Prüfung der Selbstreinigungsmaßnahmen durch den öffentlichen Auftraggeber; von der durch Art. 57 Abs. 6 UAbs. 4 RL 2014/24/EU[15] ermöglichten Beschränkung des Selbstreinigungsanspruchs hat der deutsche Gesetzgeber abgesehen.[16] **4**

III. Sinn und Zweck

Die Regelungen zur vergaberechtlichen Selbstreinigung sind Ausdruck gleich mehrerer vergaberechtlicher Grundsätze. **5**

Zunächst konkretisiert die Regelung den nach § 97 Abs. 1 S. 2 Alt. 2 GWB auch im Vergaberecht stets zu beachtenden **Verhältnismäßigkeitsgrundsatz** bezogen auf die für das betroffene Unternehmen in seinem Ausschluss bestehende Sanktion.[17] Damit wird zugleich dem **6**

8 Die WRegV ist am 23.4.2021 in Kraft getreten; vgl. dazu *von Wietersheim*, juris PR-VergR 4/2021 Anm. 1.

9 BAnz AT 19.10.2021 B3.

10 In der durch diese Richtlinie abgelösten Vergabekoordinierungsrichtlinie 2004/18/EG waren in Art. 45 lediglich die zwingenden und fakultativen Ausschlussgründe benannt, die zum Wegfall der vergaberechtlichen Zuverlässigkeit führen konnten; zur Frage der Wiedererlangung der Zuverlässigkeit verhielt sich die Richtlinie demgegenüber nicht einmal in den Erwägungsgründen (vgl. Erwägungsgrund 43).

11 Vgl. dazu ausführlich *Stein*, in: Röwekamp/Kus/Portz/Prieß, GWB-Vergaberecht, § 125 Rn. 9 f. sowie unten Rn. 6 bis 8.

12 „Jeder Wirtschaftsteilnehmer, der sich in einer der in den Absätzen 1 und 4 genannten Situationen [Vorliegen eines Ausschlussgrundes] befindet, kann Nachweise dafür erbringen, dass die Maßnahmen des Wirtschaftsteilnehmers ausreichen, um trotz des Vorliegens eines einschlägigen Ausschlussgrundes seine Zuverlässigkeit nachzuweisen. Werden solche Nachweise für ausreichend befunden, so wird der betreffende Wirtschaftsteilnehmer nicht von dem Vergabeverfahren ausgeschlossen."

13 „Zu diesem Zweck weist der Wirtschaftsteilnehmer nach, dass er einen Ausgleich für jeglichen durch eine Straftat oder Fehlverhalten verursachten Schaden gezahlt oder sich zur Zahlung eines Ausgleichs verpflichtet hat, die Tatsachen und Umstände umfassend durch eine aktive Zusammenarbeit mit den Ermittlungsbehörden geklärt und konkrete technische, organisatorische und personelle Maßnahmen ergriffen hat, die geeignet sind, weitere Straftaten oder Verfehlungen zu vermeiden."

14 „Die von den Wirtschaftsteilnehmern ergriffenen Maßnahmen werden unter Berücksichtigung der Schwere und besonderen Umstände der Straftat oder des Fehlverhaltens bewertet. Werden die Maßnahmen als unzureichend befunden, so erhält der Wirtschaftsteilnehmer eine Begründung dieser Entscheidung."

15 „Ein Wirtschaftsteilnehmer, der durch eine rechtskräftige gerichtliche Entscheidung von der Teilnahme an Verfahren zur Auftrags- oder Konzessionsvergabe ausgeschlossen wurde, ist während des Ausschlusszeitraumes, der in dieser Entscheidung festgelegt wurde, nicht berechtigt, in den Mitgliedstaaten, in denen die Entscheidung wirksam ist, von der in diesem Absatz gewährten Möglichkeit Gebrauch zu machen."

16 In der Gesetzesbegründung wird dies damit begründet, dass es in Deutschland keine durch gerichtliche Entscheidung verhängten Ausschlüsse von Vergabeverfahren gebe, vgl. BT-Drs. 18/6281, 108, was sicherlich richtig ist, aber die rechtspolitisch zu klärende Frage, ob es dabei bleiben soll, nicht beantwortet, sondern gerade erst aufwirft.

17 *Ley*, in: Reidt/Stickler/Glahs, Vergaberecht, § 125 GWB Rn. 9; *Jaeger*, in: Säcker, Wettbewerbsrecht, § 125 GWB Rn. 1. Vgl. auch die Gesetzesbegründung zu § 125 Abs. 1 GWB, VergRModG 2016, BT-Drs. 18/6281, 107; zum früheren Recht *Prieß/Stein*, NZBau 2008, 230 (230); *Stein/Friton*, VergabeR 2010, 151 (159).

auch EU-rechtlich verankerten Verhältnismäßigkeitsgrundsatz entsprochen.[18] Hat der öffentliche Auftraggeber schon bei der Prüfung insbesondere der in § 124 Abs. 1 GWB aufgeführten fakultativen Ausschlussgründe ausdrücklich den Verhältnismäßigkeitsgrundsatz zu berücksichtigen, gilt dies ebenso bei der Entscheidung, ob die Selbstreinigungsmaßnahmen des Unternehmens zureichend sind, um die vergaberechtliche Zuverlässigkeit wiederherzustellen. Darauf verweist auch § 125 Abs. 2 S. 1 Hs. 2 GWB, wonach der öffentliche Auftraggeber bei der Bewertung der von dem Unternehmen ergriffenen Selbstreinigungsmaßnahmen die Schwere und die besonderen Umstände der Straftat oder des Fehlverhaltens zu berücksichtigen hat.

7 Die Selbstreinigungsregelungen verschaffen zudem dem auch gemeinschaftsrechtlich zu beachtenden[19] vergaberechtlichen **Gleichbehandlungsgrundsatz** (§ 97 Abs. 2 GWB) Geltung.[20] Ebenso wie es gleichheitswidrig wäre, wenn ein Unternehmen, das sich durch die Verwirklichung eines Ausschlussgrundes nach den §§ 123, 124 GWB als vergaberechtlich unzuverlässig erwiesen hat, nicht vom Vergabeverfahren ausgeschlossen würde, wäre es gleichheitswidrig, ein solches Unternehmen auszuschließen, wenn es die seine Unzuverlässigkeit begründenden Umstände durch Selbstreinigungsmaßnahmen nach § 125 Abs. 1 S. 1 GWB ausgeräumt hat.

8 Schließlich dienen die Regelungen auch dem **Wettbewerbsgrundsatz** (§ 97 Abs. 1 S. 1 Alt. 1 GWB).[21] Der Ausschluss von Unternehmen nach den §§ 123, 124 GWB, mag er auch berechtigt sein, wirkt sich wettbewerbsbeschränkend aus. Würden Selbstreinigungsmaßnahmen nicht anerkannt, wären die europarechtlich garantierte Warenverkehrs- und Dienstleistungsfreiheit[22] ebenso wie das Ziel einer durch Wettbewerb geförderten wirtschaftlichen Beschaffung (vgl. § 97 Abs. 1 S. 2 Alt. 1 GWB) beeinträchtigt.[23]

IV. Regelungsübersicht

1. Selbstreinigungstatbestand und Prüfungsverfahren

9 In § 125 Abs. 1 S. 1 GWB hat der Gesetzgeber einen allgemeinen **Selbstreinigungstatbestand** kodifiziert. Die Regelung sieht vor, dass der öffentliche Auftraggeber trotz Vorliegens eines Ausschlussgrundes nach den §§ 123, 124 GWB von einem Ausschluss des Unternehmens absieht, wenn dieses nachgewiesen hat, dass es in den drei in Abs. 1 S. 1 Nr. 1, 2 und 3 der Vorschrift genannten Bereichen tätig geworden ist.[24] Zum einen hat es sich zum Ausgleich des Schadens aus seinem Fehlverhalten zu verpflichten (Nr. 1), zum anderen an der Aufklärung des den Ausschluss begründenden Fehlverhaltens aktiv mitzuwirken (Nr. 2) und schließlich technische, organisatorische und personelle Maßnahmen zur Vermeidung eines weiteren Fehlverhaltens zu ergreifen (Nr. 3). Dem Unternehmen wird also ein sowohl die Vergangenheitsbewältigung (Nr. 1 und 2) als auch die Gestaltung der Zukunft (Nr. 3) umfassendes Programm zur Wiederherstellung seiner vergaberechtlichen Zuverlässigkeit auferlegt. Mit der Neufassung des § 125 Abs. 1 S. 1 GWB durch das WRegG[25] kann das Unternehmen den Nachweis der Selbstreinigungsmaßnahmen nicht mehr nur gegenüber dem öffentlichen Auftraggeber in dem konkreten Vergabeverfahren führen, an dem es sich beteiligt, sondern für die in dem Wettbewerbsregister nach den §§ 2 f. WRegG eintragungsfähigen und eingetragenen Ausschlussgründe auch nach Maßgabe von § 8 WRegG gegenüber dem Bundeskartellamt.[26]

---

18 *Opitz*, in: Burgi/Dreher, Vergaberecht, § 125 GWB Rn. 3; *Stein*, in: Röwekamp/Kus/Portz/Prieß, GWB-Vergaberecht, § 125 Rn. 9; *Prieß*, NZBau 2009, 300 (302); 587 (590 f.).
19 *Stein*, in: Röwekamp/Kus/Portz/Prieß, GWB-Vergaberecht, § 125 Rn. 10; *Prieß*, NZBau 2009, 587 (591), unter Verweis auf die einschlägige EuGH-Rechtsprechung.
20 *Ley*, in: Reidt/Stickler/Glahs, Vergaberecht, § 125 GWB Rn. 10; *Stein/Friton*, VergabeR 2010, 151 (160 f.).
21 Vgl. zum früheren Recht *Prieß/Stein*, NZBau 2008, 230 (230).
22 Vgl. im Einzelnen *Stein*, in: Röwekamp/Kus/Portz/Prieß, GWB-Vergaberecht, § 125 Rn. 9; *Prieß*, NZBau 2009, 587 (590).
23 Vgl. Gesetzesbegründung zu § 125 Abs. 1 GWB, VergRModG 2016, BT-Drs. 18/6281, 107.
24 Dazu im Einzelnen unter Rn. 20 ff.
25 Vgl. oben Rn. 3.
26 Vgl. näher dazu nach Rn. 51.

In Abs. 2 der Vorschrift finden sich Vorgaben an den öffentlichen Auftraggeber, wie er die nach Abs. 1 S. 1 von dem Unternehmen nachzuweisenden Selbstreinigungsmaßnahmen zu **prüfen** hat.[27] Er hat sie unter Berücksichtigung der Schwere und der besonderen Umstände der Straftat oder des Fehlverhaltens zu bewerten (S. 1) und, falls er sie für unzureichend hält, dies gegenüber dem Unternehmen zu begründen (S. 2). Die im Zusammenhang mit der Einführung eines Wettbewerbsregisters vorgesehene Neufassung des § 125 Abs. 2 GWB bringt inhaltlich keine Änderungen; sie beschränkt sich darauf, die sprachlich ungelenke bisherige Fassung[28] zu verbessern. 10

2. Besondere Selbstreinigungstatbestände

Die Selbstreinigungsregelungen beschränken sich nicht auf § 125 GWB. 11

a) Nichtzahlung von Steuern, Abgaben oder Beiträgen

So findet sich für den zum Ausschluss führenden Fall, dass das Unternehmen Steuern, Abgaben oder Beiträge zur Sozialversicherung nicht geleistet hat (§ 123 Abs. 4 S. 1 GWB) und ein Ausschluss nicht offensichtlich unverhältnismäßig wäre (§ 123 Abs. 5 S. 2 Hs. 2 GWB), in § 123 Abs. 4 S. 2 GWB eine Sonderregelung. Danach ist das Unternehmen nicht auszuschließen, wenn es seinen Verpflichtungen dadurch nachgekommen ist, dass es die ausstehenden Steuern, Abgaben oder Beiträge zur Sozialversicherung bezahlt oder sich hierzu verpflichtet hat. Damit werden für diesen Sonderfall die von dem Unternehmen zu erbringenden Selbstreinigungsmaßnahmen auf die Schadenswiedergutmachung im engeren Sinne (§ 125 Abs. 1 S. 1 Nr. 1 GWB) beschränkt. § 125 Abs. 1 S. 2 GWB stellt dies klar, indem er anordnet, dass die Sonderregelung des § 123 Abs. 4 S. 2 GWB von der allgemeinen Selbstreinigungsregelung in § 125 Abs. 1 S. 1 GWB unberührt bleibt. Die Erfüllung der strengeren Anforderungen des § 125 GWB ist somit nicht notwendig.[29] 12

b) Ersetzungsaufforderung im Rahmen der Eignungsleihe

Um eine unechte Selbstreinigungsmaßnahme handelt es sich bei der Ersetzungsaufforderung nach § 47 Abs. 2 S. 2 und 3 VgV im Rahmen der Eignungsleihe nach § 47 Abs. 1 VgV.[30] Bei der Eignungsleihe werden dem Unternehmen nicht nur Eignungsmängel des beliehenen Unternehmens zugerechnet, sondern auch dessen vergaberechtliche Unzuverlässigkeit nach den §§ 123, 124 GWB. Das Unternehmen kann sich davon nach den Vorgaben des § 47 Abs. 2 S. 2 und 3 VgV nur durch die Ersetzung des beliehenen Unternehmens reinigen. Ohne dass dies in der VgV gesondert festgehalten würde, versteht es sich von selbst, dass die unterlassene Ersetzung zwingend zum Ausschluss des Bewerbers oder Bieters Anlass gibt. Allerdings wird man zulassen müssen, dass das Unternehmen für das von ihm beliehene Unternehmen Selbstreinigungsmaßnahmen nach § 125 Abs. 1 S. 1 GWB nachweist mit der Folge, dass es dem öffentlichen Auftraggeber dann verwehrt ist, gemäß § 47 Abs. 2 S. 2 oder 3 VgV die Ersetzung des beliehenen Unternehmens zu verlangen. 13

V. Anwendungsbereich

1. Auftrags- und Konzessionsvergaben

Die Vorschrift des § 125 GWB gilt für alle Vergabeverfahren aller Auftraggeber im Sinne des § 98 GWB entweder unmittelbar oder aufgrund entsprechender Verweisung.[31] So gilt sie au- 14

27 Dazu im Einzelnen unter Rn. 56 ff.
28 Bis zum 30. November 2021 war § 125 Abs. 2 GWB wie folgt gefasst: „Öffentliche Auftraggeber bewerten die von dem Unternehmen ergriffenen Selbstreinigungsmaßnahmen und berücksichtigen dabei die Schwere und die besonderen Umstände der Straftat oder des Fehlverhaltens. Erachten die öffentlichen Auftraggeber die Selbstreinigungsmaßnahmen des Unternehmens als unzureichend, so begründen sie diese Entscheidung gegenüber dem Unternehmen."
29 *Friton*, in: Gabriel/Mertens/Prieß/Stein, Vergaberecht, § 125 GWB Rn. 55; *Summa*, in: Heiermann/Zeiss/Summa, Vergaberecht, § 123 GWB Rn. 78; *Jaeger*, in: Säcker, Wettbewerbsrecht, § 125 GWB Rn. 4.
30 Entsprechende Vorschriften finden sich in § 47 Abs. 1 und 2 SektVO.
31 *Jaeger*, in: Säcker, Wettbewerbsrecht, § 125 GWB Rn. 3.

ßer bei sämtlichen öffentlichen Aufträgen im Sinne der §§ 115 bis 118 GWB auch bei Aufträgen von Sektorenauftraggebern (§ 142 GWB) sowie bei der Vergabe von Konzessionen (§ 154 Nr. 2 GWB), und zwar auch, soweit sie einen verteidigungs- und sicherheitspolitischen Gegenstand haben (§§ 147, 154 Nr. 2 lit. b GWB).

2. Kein Ausschluss durch Auftrags- oder Vergabesperren

15 Die Anwendbarkeit des § 125 GWB kann durch Auftrags- oder Vergabesperren nicht wirksam eingeschränkt werden.

16 Unter einer **Auftragssperre** ist die generelle Weigerung eines öffentlichen Auftraggebers zu verstehen, an ein Unternehmen öffentliche Aufträge zu erteilen; eine **Vergabesperre** ist die Weigerung, dies im Rahmen von Vergabeverfahren zu tun.[32] Auftrags- und Vergabesperren können befristet oder unbefristet sein, sie können in unterschiedlicher Weise mehr oder weniger begründet sein, von einem einzelnen oder mehreren öffentlichen Auftraggebern oder einer Körperschaft, der sie angehören, verhängt werden,[33] sie können nur intern beschlossen oder auch dem Unternehmen gegenüber bekannt gemacht sein.[34] Wesentlich ist indes allein die nicht auf einen einzelnen Auftrag oder ein einzelnes Vergabeverfahren bezogene, eine Prüfung bei der einzelnen Auftragsvergabe ausschließende generelle Weigerung, einem bestimmten Unternehmen öffentliche Aufträge zu erteilen,[35] und damit auch die Weigerung, im Rahmen von kartellvergaberechtlichen Vergabeverfahren die Vorschrift des § 125 GWB anzuwenden.[36]

17 Es bestand zur **früheren Rechtslage** bis zum Inkrafttreten des VergRModG 2016 weitgehend Übereinstimmung, dass Auftrags- und Vergabesperren auch bei kartellvergaberechtlich nach den §§ 97 ff. GWB in Vergabeverfahren zu vergebenden öffentlichen Aufträgen zulässig gewesen seien, also weder nach dem bisherigen Kartellvergaberecht noch nach den europarechtlichen Grundlagen ausgeschlossen wurden.[37] Als hinreichende Grundlage wurden hierbei jedenfalls die nunmehr in § 124 Abs. 2 GWB genannten Tatbestände angesehen,[38] ebenso ähnlich strukturierte, nämlich eine Frist für einen Ausschluss von Vergabeverfahren vorsehende landesrechtliche Vorschriften.[39] Darüber hinaus war die Auffassung vertreten worden, auch bei Vorliegen sonstiger gesetzlicher, nunmehr in den §§ 123, 124 GWB geregelter Ausschlussgründe sei die Verhängung von Vergabesperren zulässig gewesen.[40] Dass untergesetzliche Vorschriften etwa in Erlassen oder Verwaltungsvorschriften keine ausreichende Rechtsgrundlage für Auftrags- oder Vergabesperren sein konnten, dürfte aber nicht ernsthaft streitig gewesen sein.[41]

---

32 Vgl. KG, Urteil v. 28.6.2019 – 9 U 55/18, juris Rn. 24.

33 Dieser häufig betonte Gesichtspunkt – vgl. etwa *Kreßner*, Die Auftragssperre im Vergaberecht, S. 29 f.; *Wimmer*, Zuverlässigkeit im Vergaberecht, S. 120 bis 123; *Burgi*, NZBau 2014, 595 (599); – dürfte für die Bewertung der rechtlichen Zulässigkeit von Auftrags- und Vergabesperren unerheblich sein; a.A. *Burgi*, ebd. (600 f.).

34 *Kreßner*, Die Auftragssperre im Vergaberecht, S. 30 f. Auch dieser Aspekt dürfte für die Bewertung der rechtlichen Zulässigkeit keine Rolle spielen.

35 *Kreßner*, Die Auftragssperre im Vergaberecht, S. 29, hebt nur die verfahrensübergreifende Wirkung hervor; ebenso begriffsprägend ist aber die generelle, also eine Einzelfallprüfung ausschließende Weigerung, einen Auftrag zu erteilen; so auch *Wimmer*, Zuverlässigkeit im Vergaberecht, S. 121; *Schlichting*, Die Verfolgung öffentlicher Interessen mithilfe der Vergabesperre, S. 25 f. Abzugrenzen ist ferner die Streichung eines Unternehmens aus einem Präqualifikationsregister, die gerade nicht die Teilnahme am Vergabeverfahren generell ausschließt, sondern sie nur erschwert, vgl. *Wimmer*, Zuverlässigkeit im Vergaberecht, S. 115 f., 121.

36 Vgl. beispielsweise KG, Urteil v. 28.6.2019 – 9 U 55/18, juris Rn. 4; Urteil v. 17.1.2011 – 2 U 4/06 Kart, juris Rn. 148 ff.

37 Eingehend auch zu abweichenden Auffassungen *Kreßner*, Die Auftragssperre im Vergaberecht, S. 49 ff.; ferner *Opitz*, in: Dreher/Motzke, Vergaberecht, § 97 GWB Rn. 61; *Burgi*, NZBau 2014, 595 (600); *Ohrtmann*, NZBau 2007, 278 (278); ablehnend bereits zum früheren Recht *Freund/Kallmeyer/Kraft*, Korruption und Kartelle bei Auftragsvergaben, S. 174 f; *Wimmer*, Zuverlässigkeit im Vergaberecht, S. 69 f.

38 *Burgi*, NZBau 2014, 595 (599 f.); *Ohrtmann*, NZBau 2007, 278 (278).

39 Beispielsweise § 6 Abs. 3 BerlAVG, § 7 FFV Berlin; vgl. *Burgi*, NZBau 2014, 595 (599 f.); *Ohrtmann*, NZBau 2007, 278 (278).

40 KG, Urteil v. 17.1.2011 – 2 U 4/06 Kart, juris Rn. 121; ebenso bereits in der Vorinstanz LG Berlin, Urteil v. 22.3.2006 – 23 O 118/04, juris Rn. 29 f.; zustimmend *Burgi*, NZBau 2014, 595 (600); dagegen etwa *Freund*, VergabeR 2007, 311 (319); *Ohrtmann*, NZBau 2007, 278 (278).

41 *Freund*, VergabeR 2007, 311 (320); nur zweifelnd allerdings *Ohrtmann*, NZBau 2007, 278 (278).

18 Mit Inkrafttreten des VergRModG 2016 steht fest, dass Vergabesperren im vorgenannten Sinn in kartellvergaberechtlichen Vergabeverfahren nach den §§ 97 ff. GWB **unzulässig** und dementsprechend unwirksam sind.[42] § 125 GWB erlaubt es nicht, bei Vorliegen von Ausschlussgründen nach den §§ 123, 124 GWB von einer Prüfung von Selbstreinigungsmaßnahmen abzusehen, weil eine Vergabesperre verhängt ist.[43] Das entspricht Art. 57 Abs. 6 UAbs. 1 RL 2014/24/EU, der Wirtschaftsteilnehmern einen Anspruch auf Prüfung von Selbstreinigungsmaßnahmen in jedem einzelnen Vergabeverfahren einräumt.[44] Dieser Anspruch kann nach Art. 57 Abs. 6 UAbs. 4 RL 2014/24/EU ausschließlich durch eine rechtskräftig gerichtlich angeordnete und zu befristende Vergabesperre ausgeschlossen werden.[45] Da der deutsche Gesetzgeber diese Möglichkeit nicht aufgegriffen hat,[46] kommt die Anordnung von Vergabesperren weder bei Vorliegen der allgemeinen Ausschlussgründe nach den § 123 Abs. 1, Abs. 4 S. 1, § 124 Abs. 1 GWB noch bei den besonderen in § 124 Abs. 2 GWB genannten bundesrechtlichen oder bei landesrechtlichen Ausschlussgründen[47] in Betracht.[48] Anders gewendet: In jedem Vergabeverfahren nach den §§ 97 ff. GWB ist jedes Unternehmen unabhängig vom Vorliegen von Ausschlussgründen zu beteiligen und ihm Gelegenheit zu geben, die Wiederherstellung seiner vergaberechtlichen Zuverlässigkeit aufgrund von ergriffenen Selbstreinigungsmaßnahmen darzulegen.[49] Darüber hinaus kann sich ein Unternehmen nach Auffassung des Bundesgerichtshofs auch unabhängig von einem anhängigen Vergabeverfahren gegen eine Vergabesperre wenden und auf Selbstreinigungsmaßnahmen berufen.[50]

3. Eintragungen im Wettbewerbsregister

19 Eintragungen von Unternehmen in das Wettbewerbsregister stehen einer Anwendung des § 125 GWB nicht entgegen. Vielmehr dient das Wettbewerbsregister der Information über das Bestehen von Ausschlussgründen nach den §§ 123, 124 GWB (§ 1 Abs. 2 WRegG), die

---

42 KG, Urteil v. 28.6.2019 – 9 U 55/18, juris Rn. 33; unklar BGH, Urteil v. 3.6.2020 – XIII ZR 22/19, juris Rn. 36 ff., im nachfolgenden Revisionsverfahren. Wie hier auch *Opitz*, in: Burgi/Dreher, Vergaberecht, § 125 GWB Rn. 9; auch *Ley*, in: Reidt/Stickler/Glahs, Vergaberecht, § 125 GWB Rn. 25.

43 Entgegen *Schlichting*, Die Verfolgung öffentlicher Interessen mithilfe der Vergabesperre, S. 96 ff., kommt erst Recht keine Vergabesperre wegen einer generalklauselartig gedachten, neben den Einzeltatbeständen in §§ 123, 124 GWB stehenden allgemeinen *„Unzuverlässigkeit"* von Unternehmen bei *„negativer Zukunftsprognose"* in Betracht; all dies findet in den Regelungen der §§ 122 bis 126 GWB und den damit umgesetzten europarechtlichen Richtlinienbestimmungen keine Grundlage und ist mit ihnen unvereinbar.

44 Vgl. EuGH, Urteil v. 14.1.2021 – Rs. C-387/19 (RTS infra), Rn. 26, 48; Urteil v. 11.6.2020 – Rs. C-472/19 (Vert Marine), Rn. 17, 25 für den Art. 57 Abs. 6 UAbs. 1 RL 2014/24/EU entsprechenden Art. 38 Abs. 9 UAbs. 1 RL 2014/23/EU. So auch deutlich in der Gesetzesbegründung zu § 125 Abs. 1 GWB, VergRModG, BT-Drs. 18/6281, 107: *„Rechtsanspruch des Unternehmens, trotz des Vorliegens eines Ausschlussgrundes nicht von einem Vergabeverfahren ausgeschlossen zu werden, wenn es ausreichende Maßnahmen zur Widerherstellung seiner Integrität nachgewiesen hat."*

45 EuGH, Urteil v. 11.6.2020 – Rs. C-472/19 (Vert Marine), Rn. 18, für den Art. 57 Abs. 6 UAbs. 4 RL 2014/24/EU entsprechenden Art. 38 Abs. 9 UAbs. 3 RL 2014/23/EU.

46 *Ley*, in: Reidt/Stickler/Glahs, Vergaberecht, § 125 GWB Rn 16; *Jaeger*, in: Säcker, Wettbewerbsrecht, § 125 GWB Rn. 16.

47 Vgl. zu diesen Regelungen den Überblick bei *Ohrtmann*, in: Byok/Jaeger, Vergaberecht, § 126 GWB Rn. 18 f. Die landesgesetzlich geregelten Ausschlussgründe kommen bei Vergabeverfahren nach den §§ 97 ff. GWB ohnehin nicht mehr zur Anwendung, da gemäß § 122 Abs. 1 GWB ein Ausschluss nur noch aufgrund der Ausschlussgründe nach den §§ 123, 124 GWB zulässig ist.

48 Vgl. auch *Schlichting*, Die Verfolgung öffentlicher Interessen mithilfe der Vergabesperre, S. 105 ff., die im Einzelnen die Grundrechtsrelevanz einer Vergabesperre aufzeigt und darlegt, dass die bestehenden Regelungen im GWB keine Rechtsgrundlage für die festzustellenden Grundrechtseingriffe bieten.

49 So auch in der Gesetzesbegründung zu § 125 Abs. 1 GWB, BT-Drs. 18/6281, 107: *„Das Unternehmen hat ein Prüfungsrecht hinsichtlich der von ihm durchgeführten Selbstreinigungsmaßnahmen"*.

50 So BGH, Urteil v. 3.6.2020 – XIII ZR 22/19, juris Rn. 15 ff. –, ohne allerdings zu klären, ob und inwieweit Vergabesperren überhaupt zulässig sein können; a.A. KG, Urteil v. 28.6.2019 – 9 U 55/18, juris Rn. 40. – Diese Rechtsprechung des BGH überzeugt weder für den oberschwelligen Bereich, wo neben dem Vergabenachprüfungsverfahren kein Bedarf für präventive Rechtsbehelfe ist, noch für den unterschwelligen Bereich, weil ohne ein anhängiges Vergabeverfahren keine subjektiven Rechte der Unternehmen auf Einhaltung von vergaberechtlichen Regelungen bestehen. Auch wenn zweifelhaft erscheint, ob hier die Grenzen zulässiger Rechtsfortbildung noch eingehalten sind – insbesondere hat der Gesetzgeber, verfassungsrechtlich zulässig, BVerfG, Beschluss v. 16.6.2006 – 1 BvR 1160/03, ganz bewusst davon abgesehen, im unterschwelligen Bereich den Unternehmen subjektive Rechte auf Einhaltung vergaberechtlicher Vorschriften einzuräumen und im oberschwelligen Bereich nur nach Maßgabe der §§ 97 ff. GWB vgl. KG, Urteil v. 28.6.2018 – 9 U 55/18, juris Rn. 75 ff. –, werden in der Praxis auf der Grundlage dieser Rechtsprechung zukünftig Ansprüche geltend zu machen sein.

öffentliche Auftraggeber bei Erreichen bestimmter Auftragswerte einzuholen haben (§ 6 Abs. 1 WRegG). Wie sie diese Informationen werten und ob sie ein Unternehmen von der Teilnahme an dem Vergabeverfahren ausschließen, entscheiden sie gemäß § 6 Abs. 5 S. 1 WRegG nach Maßgabe der vergaberechtlichen Vorschriften in eigener Verantwortung. Folgerichtig stellt § 7 Abs. 2 S. 2 WRegG klar, dass die Ablehnung eines Löschungsantrags nach § 8 Abs. 1 WRegG wegen durchgeführter Selbstreinigungsmaßnahmen für den öffentlichen Auftraggeber nicht bindend ist. Er bleibt mithin nach § 125 GWB verpflichtet, selbstständig zu prüfen, ob das Unternehmen Selbstreinigungsmaßnahmen ergriffen hat, die seinem Ausschluss entgegenstehen,[51] wobei er allerdings erfolgreich gegenüber dem Bundeskartellamt nachgewiesene Selbstreinigungsmaßnahmen gemäß § 125 Abs. 1 S. 1 GWB, § 7 Abs. 2 S. 1 WRegG anzuerkennen hat.

B. Selbstreinigungstatbestand (Abs. 1 S. 1)

20 Der allgemeine Selbstreinigungstatbestand in § 125 Abs. 1 S. 1 GWB setzt den Nachweis (IV.) von Selbstreinigungsmaßnahmen eines Unternehmens (III.) in einem anhängigen Vergabeverfahren (I.) bei ansonsten drohendem Ausschluss (II.) voraus; Rechtsfolge ist, dass der öffentliche Auftraggeber das Unternehmen nicht ausschließt, was er nach Bewertung der Selbstreinigungsmaßnahmen festzustellen hat (C. Prüfungsverfahren).

I. Anhängiges Vergabeverfahren

21 Die Vorschrift setzt zunächst ein anhängiges Vergabeverfahren im Sinne der §§ 97 ff. GWB voraus. Unternehmen steht also kein abstrakter, verfahrensunabhängiger Anspruch auf Überprüfung von Selbstreinigungsmaßnahmen gegenüber potentiellen öffentlichen Auftraggebern in Erwartung zukünftiger Ausschreibungen zu.[52] Davon unberührt bleibt die etwaige Möglichkeit von Unternehmen, Selbstreinigungsmaßnahmen durch damit betraute Landesbehörden oder sonstige Stellen präqualifizieren oder zertifizieren zu lassen.[53] Insbesondere können Unternehmen, über die ein eintragungsfähiges Fehlverhalten im Wettbewerbsregister eingetragen ist, unabhängig von der Teilnahme an einem Vergabeverfahren nach § 8 Abs. 1 S. 1 WRegG beantragen, die Eintragung vor Ablauf der Löschungsfrist nach § 7 Abs. 1 WRegG im Hinblick auf Selbstreinigungsmaßnahmen zu löschen; hierbei haben sie die Selbstreinigungsmaßnahmen dem Bundeskartellamt als zuständiger Registerbehörde nachzuweisen (§ 8 Abs. 1 S. 3 WRegG).

II. Drohender Ausschluss

22 Die Frage, ob ein Unternehmen wegen zureichender Selbstreinigungsmaßnahmen nicht auszuschließen ist, stellt sich nur, wenn es ansonsten auszuschließen wäre. § 125 Abs. 1 S. 1 GWB knüpft dies an das Vorliegen eines Ausschlussgrundes nach § 123 oder § 124 GWB. Das ist teilweise zu eng und teilweise zu weit.

23 So kommen Selbstreinigungsmaßnahmen auch bei Vorliegen der **besonderen Ausschlussgründe** nach § 21 AEntG, § 98c AufenthG, § 19 MiLoG und § 21 SchwarzArbG sowie § 22 LkSG[54] in Betracht, die gemäß § 124 Abs. 2 GWB unberührt bleiben. Damit ist nur gesagt, dass sie neben die allgemeinen Ausschlussgründe aus den §§ 123, 124 Abs. 1 GWB treten, nicht etwa, dass sie dem Anwendungsbereich der §§ 125, 126 GWB entzogen wären.[55] Dementsprechend erlauben die genannten Vorschriften den Ausschluss auch jeweils nur innerhalb

---

51 *Ohrtmann*, in: Byok/Jaeger, Vergaberecht, § 125 GWB Rn. 71; *Ley*, in: Reidt/Stickler/Glahs, Vergaberecht, § 125 GWB Rn. 106e.
52 So ausdrücklich die Gesetzesbegründung zu § 125 Abs. 1 GWB, VergRModG 2016, BT-Drs. 18/6281, 108.
53 *Ley*, in: Reidt/Stickler/Glahs, Vergaberecht, § 125 GWB Rn. 19 f. Vgl. auch die Gesetzesbegründung zu § 125 Abs. 2 GWB, VergRModG 2016, BT-Drs. 18/6281, 110.
54 In Kraft ab dem 1.1.2023, Art. 5 Abs. 1 LkSG.
55 So auch *Ley*, in: Reidt/Stickler/Glahs, Vergaberecht, § 125 GWB Rn. 22.

angemessener Fristen, sofern die Zuverlässigkeit nicht wiederhergestellt oder die Selbstreinigung nicht nachgewiesen ist.

Umgekehrt ist ein Ausschluss trotz Vorliegens eines Ausschlussgrundes nach den §§ 123, 124 GWB und unabhängig von Selbstreinigungsmaßnahmen nicht (mehr) zulässig, wenn die in § 126 GWB aufgeführten **Höchstfristen für Ausschlüsse** abgelaufen sind. Ferner kann der öffentliche Auftraggeber trotz Vorliegens von Ausschlussgründen nach § 123 Abs. 1 oder Abs. 4 S. 1 GWB von dem Ausschluss gemäß § 123 Abs. 5 S. 1 oder S. 2 Hs. 1 GWB absehen, weil dies aus zwingenden **Gründen des öffentlichen Interesses** geboten ist. Liegt der Ausschlussgrund nach § 123 Abs. 4 S. 1 GWB vor, darf das Unternehmen bereits dann nicht mehr ausgeschlossen werden, wenn es die Selbstreinigungsmaßnahmen in § 123 Abs. 4 S. 2 GWB ergriffen hat.[56] § 125 Abs. 1 S. 2 GWB, wonach dieser besondere Selbstreinigungstatbestand unberührt bleibt, stellt dies klar.[57] Schließlich sind die Ausschlussgründe des **Interessenkonflikts** (§ 124 Abs. 1 Nr. 5 GWB) und der drohenden Wettbewerbsverzerrung wegen einer **Vorbefassung** (§ 124 Abs. 1 Nr. 6 GWB) auf das Vergabeverfahren beschränkt, in dem die entsprechenden Umstände vorliegen; sie haben kein Fehlverhalten zum Gegenstand und vermögen für nachfolgende Vergabeverfahren keinen Ausschluss zu begründen.[58] 24

III. Selbstreinigungsmaßnahmen

Das an sich aufgrund des Vorliegens eines Ausschlussgrundes von dem Vergabeverfahren auszuschließende Unternehmen ist nicht auszuschließen, wenn es dem öffentlichen Auftraggeber oder nach § 8 WRegG dem Bundeskartellamt nachweist,[59] dass es die in § 125 Abs. 1 S. 1 Nr. 1 bis 3 GWB aufgezählten Selbstreinigungsmaßnahmen ergriffen hat. 25

1. Abschließender Katalog

Die in § 125 Abs. 1 S. 1 Nr. 1 bis 3 GWB aufgezählten Maßnahmen sind grundsätzlich **kumulativ** erforderlich, aber auch ausreichend, um die vergaberechtliche Zuverlässigkeit des Unternehmens wiederherzustellen und den ansonsten drohenden Ausschluss abzuwenden.[60] Es können nur auf das konkrete, den Ausschlussgrund bildende Fehlverhalten bezogene Selbstreinigungsmaßnahmen von dem Unternehmen verlangt werden. Das Verlangen weitergehender Selbstreinigungsmaßnahmen wäre weder mit § 125 Abs. 1 S. 1 GWB noch mit Art. 57 Abs. 6 UAbs. 2 RL 2014/24/EU vereinbar.[61] 26

§ 125 Abs. 1 S. 1 GWB ist allerdings **einschränkend** dahin **auszulegen**, dass die dort aufgeführten Selbstreinigungsmaßnahmen nur dann zu erbringen sind, wenn dies überhaupt möglich und sinnvoll ist. Ist beispielsweise aus dem Fehlverhalten kein Schaden entstanden, kann zur Selbstreinigung kein Schadensausgleich nach § 125 Abs. 1 S. 1 GWB verlangt werden.[62] Liegen sämtliche Umstände des Fehlverhaltens offen zutage, erübrigt sich die ansonsten nach § 125 Abs. 1 S. 1 Nr. 2 GWB erforderliche aktive Mitwirkung bei der Sachaufklärung.[63] Entsprechend liegt es bei den aus der mangelnden Zahlungsfähigkeit des Unternehmens folgen- 27

56 Ebenso *Ley*, in: Reidt/Stickler/Glahs, Vergaberecht, § 125 GWB Rn. 26.
57 Vgl. Gesetzesbegründung zu § 125 Abs. 1 GWB, VergRModG 2016, BT-Drs. 18/6281, 110.
58 So auch *Opitz*, in: Burgi/Dreher, Vergaberecht, § 125 GWB Rn. 7; *Friton*, in: Gabriel/Mertens/Prieß/Stein, Vergaberecht, § 125 GWB Rn. 3; *Kaufmann*, in: Pünder/Schellenberg, Vergaberecht, § 125 GWB Rn. 55; *Ley*, in: Reidt/Stickler/Glahs, Vergaberecht, § 125 GWB Rn. 23; *Stein*, in: Röwekamp/Kus/Portz/Prieß, GWB-Vergaberecht, § 125 Rn. 5; a.A. wohl *Jaeger*, in: Säcker, Wettbewerbsrecht, § 125 GWB Rn. 5 f., mit dem Hinweis, dass Selbstreinigungsmaßnahmen jedenfalls in dem Vergabeverfahren, in dem diese Ausschlussgründe bestehen, auch in Betracht kämen; hier dürfte es sich aber nicht um Selbstreinigungsmaßnahmen handeln, sondern um Maßnahmen, die zum Wegfall der tatbestandlichen Voraussetzungen der jeweiligen Ausschlussgründe führen, vgl. *Jaeger*, in: Säcker, Wettbewerbsrecht, § 125 GWB Rn. 7.
59 Dazu unter Rn. 50 ff.
60 Vgl. VK Münster, Beschluss v. 25.4.2019 – VK 2-41/18, juris Rn. 91.
61 So auch *Ley*, in: Reidt/Stickler/Glahs, Vergaberecht, § 125 GWB Rn. 29. Darin läge ein Verstoß gegen das europarechtliche Ausweitungsverbot, vgl. *Prieß*, NZBau 2009, 587 (589), unter Bezugnahme auf die einschlägige EuGH-Rechtsprechung, insbesondere EuGH, Urteil v. 9.2.2006 – Rs. C-226/04 und C-228/04 (La Cascina).
62 So auch *Summa*, in: Heiermann/Zeiss/Summa, Vergaberecht, § 125 GWB Rn. 5, 9.
63 Ebenso *Summa*, in: Heiermann/Zeiss/Summa, Vergaberecht, § 125 GWB Rn. 6.

den Ausschlussgründen des § 124 Abs. 1 Nr. 2 GWB, die nicht an ein Fehlverhalten anknüpfen, sondern an die durch Selbstreinigungsmaßnahmen nach § 125 Abs. 1 GWB nicht zu behebende fehlende wirtschaftliche und finanzielle Leistungsfähigkeit.[64]

2. Maßgeblicher Zeitpunkt

28 Einen Zeitpunkt für die Durchführung der Selbstreinigungsmaßnahmen schreibt § 125 Abs. 1 S. 1 GWB nicht vor.[65] Es sind deswegen alle Selbstreinigungsmaßnahmen zu berücksichtigen, die das Unternehmen bis zum Abschluss des anhängigen Vergabeverfahrens vorgenommen hat.[66] Die Einleitung der Maßnahmen genügt, sofern zu erwarten ist, dass sie bis zum Zeitpunkt der Auftragsdurchführung wirksam sein werden.[67] Auch Selbstreinigungsmaßnahmen, die das Unternehmen erst während eines Nachprüfungsverfahrens ergreift, sind somit zu berücksichtigen.[68] Hierbei spielt es keine Rolle, ob und inwieweit das Unternehmen Verzögerungen beabsichtigt hat, um Selbstreinigungsmaßnahmen noch zu ermöglichen,[69] oder wenn umgekehrt den öffentlichen Auftraggeber dieser Vorwurf treffen sollte.[70] Maßgeblich ist allein, ob die Selbstreinigung im noch laufenden Vergabeverfahren abgeschlossen ist.[71] Abgesehen davon erscheinen Befürchtungen vor rechtsmissbräuchlichen Nachprüfungsanträgen[72] nicht gerechtfertigt,[73] weil spät ergriffene Selbstreinigungsmaßnahmen häufig nicht erfolgversprechend sein werden[74] und das Unternehmen die oft erheblichen Kosten des Nachprüfungsverfahrens scheuen wird, die es selbst dann zu tragen hat, wenn die Selbstreinigung erst während des Nachprüfungsverfahrens gelingt.[75]

3. Die einzelnen Selbstreinigungsmaßnahmen

a) Schadenswiedergutmachung

29 Nach § 125 Abs. 1 S. 1 Nr. 1 GWB muss das Unternehmen für jeden durch eine Straftat oder ein Fehlverhalten verursachten Schaden einen Ausgleich gezahlt oder sich zur Zahlung eines Ausgleichs verpflichtet haben.

---

64 Ebenso *Friton*, in: Gabriel/Mertens/Prieß/Stein, Vergaberecht, § 125 GWB Rn. 3; *Summa*, in: Heiermann/Zeiss/Summa, Vergaberecht, § 125 GWB Rn. 2; *Kaufmann*, in: Pünder/Schellenberg, Vergaberecht, § 125 GWB Rn. 55; *Jaeger*, in: Säcker, Wettbewerbsrecht, § 125 GWB Rn. 9; vgl. auch *Opitz*, in: Burgi/Dreher, Vergaberecht, § 125 GWB Rn. 7; *Stein*, in: Röwekamp/Kus/Portz/Prieß, GWB-Vergaberecht, § 125 Rn. 5.

65 Auch in der Vergabeverordnung finden sich in den einschlägigen Regelungen der §§ 42 ff. VgV keine Vorgaben.

66 Ebenso *Friton*, in: Gabriel/Mertens/Prieß/Stein, Vergaberecht, § 125 GWB Rn. 60 f.; *Kaufmann*, in: Pünder/Schellenberg, Vergaberecht, § 125 GWB Rn. 9. So schon zum früheren Recht OLG Brandenburg, Beschluss v. 14.12.2007 – Verg W 21/07, juris Rn. 58.

67 *Kaufmann*, in: Pünder/Schellenberg, Vergaberecht, § 125 GWB Rn. 45; ähnlich *Dreher/Hoffmann*, NZBau 2014, 67 (70); a.A. zum früheren Recht VK Bund, Beschluss v. 12.6.2015 – VK 2-31/15.

68 OLG Düsseldorf, Beschluss v. 18.1.2001 – Verg 16/01, juris Rn. 40; *Ley*, in: Reidt/Stickler/Glahs, Vergaberecht, § 125 GWB Rn. 95; a.A. zum früheren Recht wohl *Wimmer*, Zuverlässigkeit im Vergaberecht, S. 206.

69 Für eine Berücksichtigung nur der bis zur Eignungsprüfung ergriffenen Selbstreinigungsmaßnahmen *Dreher/Hoffmann*, NZBau 2014, 67 (70).

70 So der Vorwurf der Antragstellerin in dem Verfahren OLG Brandenburg, Beschluss v. 14.12.2007 – Verg W 21/07, juris Rn. 76.

71 Der deutsche Gesetzgeber hätte aufgrund seiner Ermächtigung nach Art. 57 Abs. 7 S. 1 RL 2014/24/EU, die Anwendungsbedingungen des Art. 57 RL 2014/24/EU zu regeln, einen früheren Zeitpunkt einführen können, etwa den Zeitpunkt der Angebotsprüfung, so für eine entsprechende Regelung in einer früheren Vergaberichtlinie EuGH, Urteil v. 9.2.2006 – Rs. C-226/04 und C-228/04 (La Cascina), Rn. 31.

72 So etwa *Jaeger*, in: Säcker, Wettbewerbsrecht, § 125 GWB Rn. 15; *Stolz*, in: Ziekow/Völlink, Vergaberecht, § 125 GWB Rn. 14; *Dreher/Hoffmann*, NZBau 2014, 67 (70).

73 Wie hier auch *Kaufmann*, in: Pünder/Schellenberg, Vergaberecht, § 125 GWB Rn. 9; *Ley*, in: Reidt/Stickler/Glahs, Vergaberecht, § 125 GWB Rn. 96.

74 So etwa in dem Fall des OLG München, Beschluss v. 22.11.2012 – Verg 22/12, juris Rn. 53, weil die Selbstreinigungsmaßnahmen Auswirkungen auf die Angebotskalkulation hatten und das Unternehmen deswegen aufgrund einer nachträglichen Änderung des Angebots auszuschließen war; vgl. auch *Dreher/Hoffmann*, NZBau 2014, 67 (70).

75 Das setzt allerdings voraus, dass der öffentliche Auftraggeber die erfolgreiche Selbstreinigung feststellt, den regelmäßig erklärten Ausschluss zurücknimmt und sich das Nachprüfungsverfahren dadurch in der Hauptsache erledigt; dann entspricht es billigem Ermessen im Sinne der einschlägigen Kostentragungsregelungen, dem öffentlichen Auftraggeber die Kosten des Nachprüfungsverfahrens aufzuerlegen, vgl. KG, Beschluss v. 25.11.2014 – Verg 17/13, juris Rn. 6; OLG Naumburg, Beschluss v. 22.9.2014 – 2 Verg 2/13, juris Rn. 16.

30 Soweit in Rechtsprechung[76] und Literatur[77] zum **früheren Recht** vertreten worden war, dass Maßnahmen der Schadenswiedergutmachung zur Selbstreinigung nicht zu fordern seien, ist dies durch den entgegenstehenden Art. 57 Abs. 6 UAbs. 2 RL 2014/24/EU und den seine Vorgaben umsetzenden § 125 Abs. 1 S. 1 Nr. 1 GWB überholt. Die daran rechtspolitisch geübte Kritik[78] vermag nicht zu überzeugen.[79] Von einem Unternehmen, das nach einem schadensträchtigen Fehlverhalten weitere öffentliche Aufträge erhalten möchte, kann erwartet werden, die von ihm verursachten Schäden zu ersetzen. Nur so übernimmt es die Verantwortung für sein Handeln.[80]

31 Die Vorschrift verlangt zum Schadenausgleich eine **Zahlung** oder eine **Zahlungsverpflichtung**. Beides ist gleichwertig.[81] Es kann dem Unternehmen also nicht vorgehalten werden, dass es nicht zahle, wenn es seine Schadenersatzpflicht gegenüber dem Geschädigten anerkannt hat.[82] Sonstige zum Schadensausgleich geeignete Leistungen, etwa die Rückabwicklung von Verträgen oder die Ausübung von Gestaltungsrechten, können nicht gefordert werden, weil es sich nicht um Zahlungen handelt, wohl aber ausreichen, wenn dadurch der Schaden entfallen sollte.[83] Aus dem gleichen Grunde können auch nicht-monetäre Maßnahmen zum Ausgleich eines bloß immateriellen Schadens nicht verlangt werden.[84] Entgegen dem Wortlaut der Bestimmung kann statt des Unternehmens auch ein Dritter gezahlt haben; maßgeblich ist allein, dass der Schaden tatsächlich ausgeglichen ist. Der Verzicht auf die Verjährungseinrede kann dagegen ebenso wenig verlangt werden[85] wie der Ausgleich verjährter Schadensersatzansprüche, weil beides über den nach § 125 Abs. 1 S. 1 Nr. 1 GWB allein geforderten Ausgleich eines ersatzpflichtigen Schadens hinausginge.

32 Auszugleichen ist der Schaden, der durch die Straftat oder das Fehlverhalten, das dem Ausschlussgrund nach den §§ 123, 124 GWB zugrunde lag, verursacht worden ist. Lässt sich die danach erforderliche **Kausalität** zwischen Straftat oder Fehlverhalten und Schaden nicht feststellen, kann ein Ersatz nicht als Selbstreinigungsmaßnahme nach § 125 Abs. 1 S. 1 Nr. 1 GWB verlangt werden.[86]

33 Das Unternehmen hat den gesamten durch die Straftat oder das Fehlverhalten verursachten Schaden **auszugleichen**. Eine Einschränkung dahin, dass nur bestimmte Schäden[87] oder nur die Ansprüche bestimmter Geschädigter[88] auszugleichen seien, findet weder in § 125 Abs. 1 S. 1. Nr. 1 GWB noch in Art. 57 Abs. 6 UAbs. 2 RL 2014/24/EU, der ausdrücklich den Ausgleich „jeglichen Schadens" verlangt, eine Grundlage.[89] Erfasst ist daher beispielsweise auch der

---

76 Vgl. etwa OLG München, Beschluss v. 22.11.2012 – Verg 22/12, juris Rn. 52; KG, Urteil v. 17.1.2011 – 2 U 4/06 Kart, juris Rn. 153.

77 *Dreher/Hoffmann*, NZBau 2012, 265 (269).

78 Vgl. insbesondere *Dreher/Hoffmann*, NZBau 2012, 265 (270 ff.), die die Frage unbeantwortet lassen, ob die *„überschießende Forderung nach Selbstreinigungsmaßnahmen in Verbindung mit dem Ausschluss von einem Vergabeverfahren oder einer Vergabesperre eine versuchte Nötigung i.S. von § 240 StGB darstellt"* (266); ferner *Dreher/Hoffmann*, NZBau 2014, 150 (153 f.).

79 Ebenso *Prieß*, NZBau 2012, 425 (426).

80 *Prieß/Pünder/Stein*, in: Pünder/Prieß/Arrowsmith, Self-Cleaning in Public Procurement Law, S. 51 (77).

81 *Ley*, in: Reidt/Stickler/Glahs, Vergaberecht, § 125 GWB Rn. 34.

82 *Ohrtmann*, in: Byok/Jaeger, Vergaberecht, § 125 GWB Rn. 8, wobei aber entgegen der dort vertretenen Ansicht ein vorbehaltloses Anerkenntnis dem Grunde nach nicht stets genügt, sondern nur soweit der Schaden der Höhe nach mit hinreichender Aussicht auf Erfolg bestreitbar ist. Vgl. auch die Gesetzesbegründung zu § 125 Abs. 1 S. 1 Nr. 1 GWB, BT-Drs. 18/6281, 108.

83 Vgl. zum früheren Recht *Prieß/Pünder/Stein*, in: Pünder/Prieß/Arrowsmith, Self-Cleaning in Public Procurement Law, S. 51 (77); *Wimmer*, Zuverlässigkeit im Vergaberecht, S. 175 f.

84 VK Bund, Beschluss v. 10.6.2021 – VK 1-34/21, juris Rn. 141; a.A. *Friton*, in: Gabriel/Mertens/Prieß/Stein, Vergaberecht, § 125 GWB Rn. 11; *Kaufmann*, in: Pünder/Schellenberg, Vergaberecht, § 125 GWB Rn. 12.

85 VK Südbayern, Beschluss v. 7.3.2017 – Z3-3-3194-1-45-11/16, juris Rn. 79; *Friton*, in: Gabriel/Mertens/Prieß/Stein, Vergaberecht, § 125 GWB Rn. 14a.

86 So auch *Kaufmann*, in: Pünder/Schellenberg, Vergaberecht, § 125 GWB Rn. 11.

87 Etwa nur kartellrechtliche Schäden.

88 Etwa nur des öffentlichen Auftraggebers; so *Burgi*, NZBau 2014, 595 (598).

89 Ebenso *Friton*, in: Gabriel/Mertens/Prieß/Stein Vergaberecht, § 125 GWB Rn. 10.1; *Jaeger*, in: Säcker, Wettbewerbsrecht, § 125 GWB Rn. 18.

Schaden, der Arbeitnehmern eines Unternehmens dadurch entsteht, dass es ihnen nicht den allgemeinen gesetzlichen Mindestlohn zahlt.[90]

34 Nach Grund und Höhe **unstreitige Schadenersatzforderungen** hat das Unternehmen auszugleichen, andernfalls eine Selbstreinigung an der Nichterfüllung des § 125 Abs. 1 S. 1 Nr. 1 GWB scheitert.[91] Besteht die Forderung unstreitig dem Grunde nach oder in Höhe eines bestimmten Teilbetrages, so hat das Unternehmen in entsprechendem Umfang Schadenausgleich zu leisten, indem es die Forderung dem Grunde nach anerkennt oder den unstreitigen Teilbetrag zahlt oder anerkennt.[92] Ist dem Grunde oder der Höhe nach **streitig**, ob durch das Fehlverhalten des Unternehmens ein Schaden verursacht worden ist, entbindet dies für sich genommen nicht von der Verpflichtung zum Schadensausgleich.[93] Maßgeblich ist vielmehr, ob für das Vergabeverfahren von dem Vorliegen eines Schadens auszugehen ist. Das ist nicht erst der Fall, wenn der Schaden entgegen dem Bestreiten des Unternehmens offensichtlich ist,[94] sondern bereits dann, wenn sein Bestreiten nicht zu überzeugen vermag.[95] Es bietet sich insoweit an, auf den aus dem Prozesskostenhilferecht bekannten, für die Beachtlichkeit einer beabsichtigten Rechtsverteidigung maßgeblichen Maßstab der hinreichenden Erfolgsaussichten abzustellen, auch wenn dies eine zivilrechtliche Schlüssigkeitsprüfung erfordert.[96] Wollte man davon absehen, läge es im Belieben des Unternehmens die für die Selbstreinigung zwingend geforderte Schadenswiedergutmachung allein durch pauschale Einwendungen gegen seine Inanspruchnahme zu vereiteln. Soweit aber die von dem Unternehmen erhobenen Einwendungen gegen eine Schadenersatzforderung in diesem Sinne hinreichende Aussicht auf Erfolg versprechen, kann dem Unternehmen nicht zum Vorwurf gemacht werden, wenn es einen Ausgleich verweigert, und lässt sich im Vergabeverfahren das Bestehen der Forderung nicht feststellen. Ein auszugleichender Schaden im Sinne des § 125 Abs. 1 S. 1 Nr. 1 GWB und von Art. 57 Abs. 6 UAbs. 1 RL 2014/24/EU liegt dann nicht vor. Unzureichend wäre es, bei streitigen Schadensersatzforderungen dem Unternehmen lediglich einen Verzicht auf die Verjährungseinrede abzuverlangen,[97] weil es auch hier entgegen den gesetzlichen Vorgaben letztlich in seiner Hand läge, ob es den Schaden ausgleicht oder nicht. Ebenso wenig befreit allein der Umstand, dass ein Unternehmen seine Haftung dem Grunde nach einräumt, für sich genommen von der Verpflichtung zum Schadensausgleich, wenn es sich zugleich in einem Zivilprozess gegen seine Inanspruchnahme wehrt, weil ein Schaden nicht entstanden sei.[98] Ist bereits ein Bußgeldbescheid ergangen, spricht jedenfalls ohne eingehende Darlegungen nichts dafür, dass Einwendungen gegen eine Schadensersatzpflicht – jedenfalls dem Grunde nach – hinreichende Aussicht auf Erfolg haben könnten.[99]

---

90 *Summa*, in: Heiermann/Zeiss/Summa, Vergaberecht, § 125 GWB Rn. 11.

91 *Summa*, in: Heiermann/Zeiss/Summa, Vergaberecht, § 125 GWB Rn. 14 f.; *Kaufmann*, in: Pünder/Schellenberg, Vergaberecht, § 125 GWB Rn. 13; *Burgi*, NZBau 2014, 595 (598); insoweit ebenso zum früheren Recht *Dreher/Hoffmann*, NZBau 2012, 265 (270).

92 So die Gesetzesbegründung zu § 125 Abs. 1 S. 1 Nr. 1 GWB, BT-Drs. 18/6281, 108; ebenso schon zuvor *Burgi*, NZBau 2014, 595 (599); *Stein/Friton/Huttenlauch*, WuW 2012, 38 (48).

93 A.A. *Opitz*, in: Burgi/Dreher, Vergaberecht, § 125 GWB Rn. 17; *Summa*, in: Heiermann/Zeiss/Summa, Vergaberecht, § 125 GWB Rn. 14; *Kling*, in: Immenga/Mestmäcker, Wettbewerbsrecht, § 125 GWB Rn. 12; *Jaeger*, in: Säcker, Wettbewerbsrecht, § 125 GWB Rn. 20 f.

94 So aber wohl die Gesetzesbegründung zu § 125 Abs. 1 S. 1 Nr. 1 GWB, VergRModG 2016, BT-Drs. 18/6281, 108 sowie *Kaufmann*, in: Pünder/Schellenberg, Vergaberecht, § 125 GWB Rn. 14; *Opitz*, in: Burgi/Dreher, Vergaberecht, § 125 GWB Rn. 20: Verweigerung des Schadensausgleichs *„aus purer Obstruktion"*. Ähnlich zum früheren Recht *Dreher/Hoffmann*, NZBau 2012, 265 (270 f.).

95 Ähnlich *Stolz*, in: Ziekow/Völlink, Vergaberecht, § 125 GWB Rn. 6; a.A. VK Südbayern, Beschluss v. 7.3.2017 – Z3-3-3194-1-45-11/16, juris Rn. 79; *Ohrtmann*, in: Byok/Jaeger, Vergaberecht, § 125 GWB Rn. 9; *Burgi*, NZBau 2014, 595 (599), der meint, auch nach neuem Recht bestehe generell keine Ausgleichspflicht bei streitigen Schadensersatzforderungen, sowie *Prieß*, NZBau 2012, 425 f., soweit es kartellrechtliche Schadensersatzansprüche betrifft; für eine solche Unterscheidung nach dem Gegenstand des Schadens bietet § 125 Abs. 1 S. 1 Nr. 1 GWB aber keinerlei Ansatzpunkte.

96 A.A. *Ley*, in: Reidt/Stickler/Glahs, Vergaberecht, § 125 GWB Rn. 41.

97 So aber *Ohrtmann*, in: Byok/Jaeger, Vergaberecht, § 125 GWB Rn. 9.

98 So aber VK Südbayern, Beschluss v. 11.12.2018 – Z3-3-3194-1-45-11/16, juris Rn. 96; *Opitz*, in: Burgi/Dreher, Vergaberecht, § 125 GWB Rn. 19.

99 Vgl. VK Bund, Beschluss v. 12.10.2020 – VK 2-77/20, juris Rn. 64.

Es ist nicht zu übersehen, dass das Erfordernis des Schadensausgleichs einem Unternehmen bei der Rechtsverteidigung gegen Schadensersatzansprüche, die es für unberechtigt hält, bei seinen Bemühungen um eine Selbstreinigung erhebliche Schwierigkeiten bereiten kann. So können sich insbesondere Streitigkeiten über kartellrechtliche Schadensersatzansprüche über Jahre hinziehen.[100] Auch wenn einem Unternehmen bei einer Rechtsverteidigung, die hinreichende Aussicht auf Erfolg bietet, der unterlassene Schadensausgleich nicht vorgehalten werden kann, wird zu erwägen sein, ob nicht eine **Sicherheitsleistung** etwa in Form einer Sicherheitshinterlegung bezüglich geltend gemachter Schadensersatzansprüche für die Dauer einer streitigen Auseinandersetzung dem nach § 125 Abs. 1 S. 1 Nr. 1 GWB geforderten Schadensausgleich gleichzustellen sind. Damit könnte auch Bedenken gegen die Verhältnismäßigkeit und Zweckmäßigkeit der Forderung nach Schadensausgleich bei streitigen Forderungen[101] begegnet werden. Durch die nicht erzwingbare freiwillige Sicherheitsleistung bringt das Unternehmen anders als etwa durch eine rechtlich irrelevante bloße „good-will"-Erklärung[102] seine Bereitschaft, für einen möglicherweise ihm zurechenbaren Schaden einzustehen, in einer Weise zum Ausdruck, die die Interessen des möglicherweise Geschädigten ebenso wahrt wie die legitimen eigenen Interessen an der Abwehr der geltend gemachten Ansprüche. 35

b) Mitwirkung bei der Aufklärung

Nach § 125 Abs. 1 S. 1 Nr. 2 GWB muss das Unternehmen Tatsachen und Umstände, die mit der Straftat oder dem Fehlverhalten und dem dadurch verursachten Schaden in Zusammenhang stehen, durch eine aktive Zusammenarbeit mit den Ermittlungsbehörden und dem öffentlichen Auftraggeber umfassend geklärt haben. 36

Von dem Unternehmen wird erwartet, dass es **aktiv**, also eigenständig, aus eigenem Antrieb und bereitwillig mit den Ermittlungsbehörden und dem öffentlichen Auftraggeber zusammenarbeitet.[103] Das kann etwa durch die Einholung eines Sonderprüfungsberichts durch unabhängige Wirtschaftsprüfer geschehen, der sodann den Ermittlungsbehörden zugeleitet wird, ferner durch Einsichtnahme in die Akten eines etwaigen staatsanwaltschaftlichen Ermittlungsverfahrens, um darauf aufbauend weitere eigene Ermittlungen anstellen zu können.[104] Der Mitwirkung an der Aufklärung der Ermittlungsbehörden und des öffentlichen Auftraggebers wird also regelmäßig eine gründliche interne Sachverhaltsaufklärung vorauszugehen haben.[105] Die mangelnde Bereitschaft, für das Fehlverhalten die Verantwortung zu übernehmen, wird, so verständlich sie im Hinblick auf die Abwehr von Sanktionen erscheint, dem gebotenen ernsthaften Aufklärungswillen regelmäßig entgegenstehen.[106] Ein zunächst wenig kooperatives Verhalten ist dem Unternehmen aber nicht nachzutragen, wenn es sich nachfolgend zur Kooperation entscheidet.[107] Der hier bestehende **Zielkonflikt** zwischen Aufklärung zur Selbstreinigung und Verdunkelung zur Anspruchsabwehr ist im Risikobereich des Unternehmens angesiedelt, weswegen die Folgen hieraus von dem Unternehmen zu tragen 37

100 Vgl. *Ley*, in: Reidt/Stickler/Glahs, Vergaberecht, § 125 GWB Rn. 43.

101 Vgl. etwa *Kling*, in: Immenga/Mestmäcker, Wettbewerbsrecht, § 125 GWB Rn. 13.

102 Eine solche will *Jaeger*, in: Säcker, Wettbewerbsrecht, § 125 GWB Rn. 21, genügen lassen, obwohl die Voraussetzungen des § 125 Abs. 1 S. 1 Nr. 1 GWB *„streng genommen"* nicht erfüllt seien. Kritisch dazu auch *Ley*, in: Reidt/Stickler/Glahs, Vergaberecht, § 125 GWB Rn. 43.

103 So auch *Jaeger*, in: Säcker, Wettbewerbsrecht, § 125 GWB Rn. 22; *Stolz*, in: Ziekow/Völlink, Vergaberecht, § 125 GWB Rn. 7; bereits zum früheren Recht VK Niedersachsen, Beschluss v. 24.3.2011 – VgK 4/2011, juris Rn. 57; *Freund/Kallmeyer/Kraft*, Korruption und Kartelle bei Auftragsvergaben, 160; *Prieß/Pünder/Stein*, in: Pünder/Prieß/Arrowsmith, Self-Cleaning in Public Procurement Law, S. 51 (76 f.); *Stein/Friton/Huttenlauch*, WuW 2012, 38 (48).

104 OLG Düsseldorf, Beschluss v. 9.4.2003 – VII-Verg 43/02, juris Rn. 29; *Friton*, in: Gabriel/Mertens/Prieß/Stein, Vergaberecht, § 125 GWB Rn. 23.

105 *Friton*, in: Gabriel/Mertens/Prieß/Stein, Vergaberecht, § 125 GWB Rn. 21; *Kaufmann*, in: Pünder/Schellenberg, Vergaberecht, § 125 GWB Rn. 20 ff.

106 Noch zum früheren Recht OLG Düsseldorf, Beschluss v. 18.4.2018 – VII-Verg 28/17, juris Rn. 78; *Freund/Kallmeyer/Kraft*, Korruption und Kartelle bei Auftragsvergaben, S. 160; *Dreher*, in: Festschrift für Franke, S. 31 (43).

107 A.A. wohl VK Südbayern, Beschluss v. 11.12.2018 – Z3-3-3194-1-45-11/16, juris Rn. 101.

sind.[108] Versuche des Unternehmens, die Aufklärungsbemühungen in engen Grenzen zu halten und den zuständigen Behörden das Verständnis der Zusammenhänge zu verwehren, sind somit schädlich,[109] ebenso etwa das Verschweigen und Vorenthalten von Bußgeldbescheiden gegenüber dem öffentlichen Auftraggeber,[110] erst Recht unwahre Angaben oder gar Täuschungen, die das Gegenteil von Aufklärung sind und sogar einen weiteren Ausschlussgrund nach § 124 Abs. 1 Nr. 8 und Nr. 9 lit. c GWB begründen können,[111] aber auch ein die eigenen Rechtspositionen behauptendes und die eigene Verantwortlichkeit ausblendendes Verteidigungsverhalten,[112] ebenso inhaltsleere Scheinoffenbarungen, mit denen ein Aufklärungswille nur vorgespielt und die Aufklärung erkennbar taktisch hinausgezögert und so erschwert werden soll.[113] Hierbei kann sich ein Unternehmen für seine unzureichende Mitwirkung bei der Sachaufklärung auch nicht auf berechtigte Interessen berufen.[114] § 125 Abs. 1 S. 1 Nr. 2 GWB enthält keine Verpflichtung, sondern formuliert, vergleichbar einer Obliegenheit, einen Verhaltensstandard, von dessen Einhaltung unter anderem die Wiederherstellung der durch die Verwirklichung von Ausschlussgründen in Zweifel gezogenen vergaberechtlichen Zuverlässigkeit abhängt.[115] Deswegen entbindet weder die (behauptete) Notwendigkeit der Geheimhaltung von Unternehmens- und Betriebsgeheimnissen[116] noch die (vorgebliche) Wahrung von Arbeitnehmerdatenschutzrechten[117] von der für eine erfolgreiche Selbstreinigung nach § 125 Abs. 1 S. 1 Nr. 2 GWB erforderlichen Offenbarung entsprechender Umstände, soweit dies zur Sachaufklärung erforderlich ist.[118] Auch ist der rechtsstaatliche Grundsatz, sich nicht selbst belasten zu müssen, nicht berührt,[119] weil es dem Unternehmen eben frei steht, an der Aufklärung des den Ausschlussgrund bildenden Fehlverhaltens mitzuwirken;[120] nur kann es nicht erwarten, bei der Vergabe öffentlicher Aufträge berücksichtigt zu werden, wenn es sich einer Aufklärung seines Fehlverhaltens verweigert.

38 Das Unternehmen hat mit den Ermittlungsbehörden und dem öffentlichen Auftraggeber zusammenzuarbeiten.[121] **Ermittlungsbehörden** sind die Behörden, die im Hinblick auf die dem Unternehmen zurechenbare Straftat oder das Fehlverhalten zur Aufklärung berufen sind, also je nach den Umständen des Einzelfalls Staatsanwaltschaft, Polizei- und Ordnungsbehörden, ferner aber auch alle Behörden, die sich sonst von Amts wegen mit dem Fehlverhalten und

108 OLG München, Beschluss v. 22.11.2012 – Verg 22/12, juris Rn. 54; *Ley*, in: Reidt/Stickler/Glahs, Vergaberecht, § 125 GWB Rn. 55; *Jaeger*, in: Säcker, Wettbewerbsrecht, § 125 GWB Rn. 25; *Burgi*, NZBau 2014, 595 (599); a.A. *Kaufmann*, in: Pünder/Schellenberg, Vergaberecht, § 125 GWB Rn. 15.

109 OLG Düsseldorf, Beschluss v. 9.6.2010 – VII-Verg 14/10, juris Rn. 47; VK Bund, Beschluss v. 12.10.2020 – VK 2-77/20, juris Rn. 68; *Ohrtmann*, in: Byok/Jaeger, Vergaberecht, § 125 GWB Rn. 12; *Kaufmann*, in: Pünder/Schellenberg, Vergaberecht, § 125 GWB Rn. 18.

110 VK Südbayern, Beschluss v. 11.12.2018 – Z3-3-3194-1-45-11/16, juris Rn. 107.

111 Vgl. OLG Düsseldorf, Beschluss v. 28.7.2005 – VII-Verg 42/05, juris Rn. 25; *Dreher/Hoffmann*, NZBau 2014, 150 (153).

112 KG, Urteil v. 17.1.2011 – 2 U 4/06 Kart, juris Rn. 156; a.A. zur früheren Rechtslage, was die Schadensaufklärung betrifft, wohl *Dreher/Hoffmann*, NZBau 2012, 265 (273).

113 So zu Recht *Ohrtmann*, in: Byok/Jaeger, Vergaberecht, § 125 GWB Rn. 13.

114 Anders noch Vorauflage, § 125 GWB Rn. 35.

115 Vgl. VK Münster, Beschluss v. 25.4.2019 – VK 2-41/18, juris Rn. 98, 100.

116 A.A. *Ley*, in: Reidt/Stickler/Glahs, Vergaberecht, § 125 GWB Rn. 56; *Dreher*, in: Festschrift für Franke, S. 31 (45).

117 A.A. *Ohrtmann*, in: Byok/Jaeger, Vergaberecht, § 125 GWB Rn. 14; *Kaufmann*, in: Pünder/Schellenberg, Vergaberecht, § 125 GWB Rn. 26; *Burgi*, NZBau 2014, 595 (599); *Stein/Friton/Huttenlauch*, WuW 2012, 38 (48).

118 So ist etwa eine Anonymisierung oder Pseudonymisierung von Unterlagen denkbar, wenn es für die Sachaufklärung nicht wesentlich auf die konkrete namentliche Benennung der handelnden Personen ankommt, vgl. VK Münster, Beschluss v. 25.4.2019 – VK 2-41/18, juris Rn. 98; VK Südbayern, Beschluss v. 11.12.2018 – Z3-3-3194-1-45-11/16, juris Rn. 113.

119 A.A. *Opitz*, in: Burgi/Dreher, Vergaberecht, § 125 GWB Rn. 27; *Kaufmann*, in: Pünder/Schellenberg, Vergaberecht, § 125 GWB Rn. 27.

120 Vgl. *Ohrtmann*, in: Byok/Jaeger, Vergaberecht, § 125 GWB Rn. 17; mit Einschränkungen auch *Friton*, in: Gabriel/Mertens/Prieß/Stein, Vergaberecht, § 125 GWB Rn. 28.

121 So bereits zum früheren Recht OLG Düsseldorf, Beschluss v. 9.4.2003 – VII-Verg 66/02, juris Rn. 89; *Prieß/Stein*, NZBau 2008, 230 (230).

seinen Folgen zu befassen haben,[122] insbesondere die Kartellbehörden.[123] Zu den Ermittlungsbehörden in diesem Sinn zählt auch der Auftraggeber des Vergabeverfahrens, in dessen Rahmen es zu dem Fehlverhalten gekommen ist.[124] Der in § 125 Abs. 2 S. 1 Nr. 2 GWB ausdrücklich genannte und nach der Gesetzesbegründung auch gemeinte öffentliche Auftraggeber des anhängigen Vergabeverfahrens[125] zählt hingegen nicht zu den Ermittlungsbehörden, andernfalls wäre seine Erwähnung auch überflüssig.[126] Weil indes in Art. 57 Abs. 6 UAbs. 1 RL 2014/24/EU eine Zusammenarbeit nur mit Ermittlungsbehörden vorgesehen ist, hat dies die auf Vorlage der VK Südbayern[127] von dem EuGH zu klärende Frage aufgeworfen, ob § 125 Abs. 1 S. 1 Nr. 2 GWB durch die Verpflichtung, auch mit dem öffentlichen Auftraggeber des anhängigen Vergabeverfahrens zu kooperieren, mit den europarechtlichen Vorgaben übereinstimme. Der EuGH hat dies grundsätzlich bejaht,[128] hierbei aber klar gestellt, dass der öffentliche Auftraggeber des anhängigen Vergabeverfahrens nicht unter den Begriff der Ermittlungsbehörde fällt.[129] Dies erscheint auch überzeugend. Wenngleich sowohl Ermittlungsbehörden als auch der Auftraggeber des anhängigen Vergabeverfahrens von Amts wegen mit der Aufklärung des Fehlverhaltens befasst sind, dient die Aufklärung doch unterschiedlichen Zielen. Während eine Ermittlungsbehörde prüft, ob das frühere Fehlverhalten zu sanktionieren ist oder Ersatzansprüche aus ihm folgen, geht es für den Auftraggeber des jeweils anhängigen Vergabeverfahrens darum, die Eignung des Unternehmens prognostisch zu prüfen, also zu klären, ob das Unternehmen zur Ausführung des Auftrags geeignet ist.[130] Dies umfasst die Prüfung, ob Ausschlussgründe nach den §§ 123, 124 GWB vorliegen und gegebenenfalls, soweit die Fristen für die Berücksichtigung des Fehlverhaltens nach § 126 GWB noch nicht abgelaufen sind, ob das Unternehmen ausreichend Selbstreinigungsmaßnahmen ergriffen hat (§ 125 GWB), um die Zweifel an seiner vergaberechtlichen Zuverlässigkeit wieder zu zerstreuen. Genau aus diesem Prüfungsauftrag folgt aber die Befugnis des deutschen Gesetzgebers, das Unternehmen in § 125 Abs. 1 S. 1 Nr. 2 GWB mit Aufklärungsobliegenheiten zur Schadensentstehung und -beseitigung zu belasten. Der EuGH hat klargestellt, dass sich dementsprechend die Aufklärungsobliegenheiten gegenüber dem öffentlichen Auftraggeber des anhängigen Vergabeverfahrens darauf beschränkt, ihm die für die Prüfung der Selbstreinigungsmaßnahmen nach § 125 Abs. 2 GWB erforderliche tatsächliche Grundlage zu verschaffen.[131]

Dem Gegenstand nach hat sich die aktive **Zusammenarbeit** bei der Sachaufklärung auf sämtliche Tatsachen und Umstände zu beziehen, die mit der Straftat oder dem Fehlverhalten und dem dadurch verursachten Schaden in Zusammenhang stehen. Dazu gehören insbeson- 39

122 Die Gesetzesbegründung weist darauf hin, dass der in der deutschen Fassung des Art. 57 Abs. 6 UAbs. 1 RL 2014/24/EU verwendete Begriff der Ermittlungsbehörden im Hinblick auf die in der englischen („investigating authorities“) und französischen Fassung („autorités chargées de l'enquête“) verwandten Begriffe im Sinne von *„ermittelnder Behörde“* weit auszulegen sei, vgl. Gesetzesbegründung zu § 125 Abs. 1 S. 1 Nr. 2 GWB, VergRModG 2016, BT-Drs. 18/6281, 109.

123 *Ohrtmann*, in: Byok/Jaeger, Vergaberecht, § 125 GWB Rn. 17.

124 Ebenso *Summa*, in: Heiermann/Zeiss/Summa, Vergaberecht, § 125 GWB Rn. 19; *Kling*, in: Immenga/Mestmäcker, Wettbewerbsrecht, § 125 GWB Rn. 16; *Stolz*, in: Ziekow/Völlink, Vergaberecht, § 125 GWB Rn. 10.

125 Vgl. die Gesetzesbegründung zu § 125 Abs. 1 S. 1 Nr. 2 GWB, VergRModG 2016, BT-Drs. 18/6281, 109.

126 Anders noch Vorauflage, § 125 GWB Rn. 36 sowie *Kaufmann*, in: Pünder/Schellenberg, Vergaberecht, § 125 GWB Rn. 25 im Anschluss an die weite Auslegung des Begriffs der „Ermittlungsbehörden“ in Art. 57 Abs. 6 UAbs. 1 RL 2014/24/EU.

127 VK Südbayern, Beschluss v. 7.3.2017 – Z3-3-3194-1-45-11/16.

128 EuGH, Urteil v. 24.10.2018 – Rs. C-124/17 (Vossloh Laeis), Rn. 33.

129 EuGH, Urteil v. 24.10.2018 – Rs. C-124/17 (Vossloh Laeis), Rn. 27; *Stein/Wolters*, jurisPR-Compl 2/2019, Anm. 2, 5.

130 EuGH, Urteil v. 24.10.2018 – Rs. C-124/17 (Vossloh Laeis), Rn. 27.

131 EuGH, Urteil v. 24.10.2018 – Rs. C-124/17 (Vossloh Laeis), Rn. 28. So bereits Vorauflage, § 125 GWB Rn. 36 sowie Gesetzesbegründung zu § 125 Abs. 1 S. 1 Nr. 2 GWB, VergRModG 2016, BT-Drs. 18/6281, 109, ebenso *Kaufmann*, in: Pünder/Schellenberg, Vergaberecht, § 125 GWB Rn. 25; *Jaeger*, in: Säcker, Wettbewerbsrecht, § 125 GWB Rn. 24. Entgegen *Stein/Wolters*, jurisPR-Compl 2/2019 Anm. 2, 5 f. sowie jurisPR-Compl 3/2019, Anm. 3, 8, kommt dem Umstand, dass der EuGH nur die Vorlage solcher Unterlagen verlangt hat, die zur Sachaufklärung *„unbedingt“* erforderlich seien, keine eigenständige und vor allem keine einschränkende Bedeutung zu; vielmehr ist die Vorlage entweder erforderlich oder nicht erforderlich, was mit dem an sich überflüssigen Zusatz *„unbedingt“* lediglich betont wird.

dere auch die Ursachen des Fehlverhaltens.[132] Das kann die intensive Aufklärung interner Abläufe (Durchsicht des E-Mail- und Schriftverkehrs; Anhörung von Mitarbeitern) gegebenenfalls unter Einbeziehung außenstehender Dienstleister (Wirtschaftsprüfer; Unternehmensberater) erfordern.[133] Erkenntnisse aus den Verfahren der Ermittlungsbehörden wegen eines Fehlverhaltens hat das Unternehmen auch dem öffentlichen Auftraggeber des anhängigen Vergabeverfahrens mitzuteilen und ihm etwaige Entscheidungen vorzulegen, etwa solche der Kartellbehörden.[134] Hierbei werden bloße Bescheinigungen der Ermittlungsbehörden über ein kooperatives Verhalten des Unternehmens nicht genügen,[135] weil dem öffentlichen Auftraggeber dadurch nicht die gebotene eigene Sachverhaltsaufklärung ermöglicht wird. Das Unternehmen ist dagegen nicht gehalten, gleichsam investigativ nach weiterem Fehlverhalten zu forschen,[136] mag dies auch zur Vermeidung weiteren Fehlverhaltens zweckmäßig sein. Die geforderte umfassende Sachaufklärung zum Schaden[137] – und zwar zur Prüfung eines den Anforderungen des § 125 Abs. 1 S. 1 Nr. 1 GWB genügenden Schadensausgleichs gerade auch gegenüber dem öffentlichen Auftraggeber[138] – kann hierbei zur Folge haben, dass der Geschädigte erst auf ihrer Grundlage erfolgversprechend seine Schadensersatzansprüche gegen das Unternehmen begründen kann und für das Unternehmen dem Ausgleich des Schadens dienende Selbstreinigungsmaßnahmen nach § 125 Abs. 1 S. 1 Nr. 1 GWB erforderlich werden.[139] Die damit bewirkte Unterstützung bei der Schadenswiedergutmachung und insbesondere der Durchsetzung des Kartellrechts sowie kartellrechtlicher Ansprüche ist ein durchaus erwünschter Nebenzweck.[140] Umgekehrt bietet die Möglichkeit zur Darlegung des Sachverhalts aber auch die Chance, die Ermittlungsbehörden und den öffentlichen Auftraggeber des anhängigen Vergabeverfahrens davon zu überzeugen, dass gerade kein Schaden durch das Fehlverhalten entstanden ist.[141] Die von dem Unternehmen geforderte aktive Zusammenarbeit soll zur „umfassenden" Klärung aller Umstände des Fehlverhaltens führen. Das ist dahin einzuschränken, dass das Unternehmen alle ihm möglichen und zumutbaren Anstrengungen zu unternehmen hat, diesen Erfolg herbeizuführen.[142] Es muss sich ernsthaft und erkennbar um eine Sachverhaltsaufklärung bemühen.[143] Dabei kann es im Verhältnis zum öffentlichen Auftraggeber genügen, wenn das Unternehmen auf seine Zusammenarbeit mit den Wettbewerbsbehörden und eine ihm deswegen gewährte Bonusregelung verweisen kann.[144] Gelingt

132 *Dreher/Hoffmann*, NZBau 2014, 150 (152).
133 Eingehend *Ohrtmann*, in: Byok/Jaeger, Vergaberecht, § 125 GWB Rn. 14 f.
134 Vgl. EuGH, Urteil v. 24.10.2018 – Rs. C-124/17 (Vossloh Laeis), Rn. 30, 32; *Summa*, in: Heiermann/Zeiss/Summa, Vergaberecht, § 125 GWB Rn. 25.3; *Kling*, in: Immenga/Mestmäcker, Wettbewerbsrecht, § 125 GWB Rn. 24; *Stein/Wolters*, jurisPR-Compl 2/2019 Anm. 2, 6.
135 Erwogen von *Stein/Wolters*, jurisPR-Compl 2/2019, Anm. 2, 8.
136 So zutreffend *Wimmer*, Zuverlässigkeit im Vergaberecht, S. 174 f., in Abgrenzung zu den deutlich weitergehenden Erwartungen an die Aufklärungsbemühungen von Unternehmen in den USA; ebenso *Friton*, in: Gabriel/Mertens/Prieß/Stein, Vergaberecht, § 125 GWB Rn. 22.
137 Zum früheren Recht bereits nachdrücklich VK Niedersachsen, Beschluss v. 14.2.2012 – VgK-05/2012, juris Rn. 59 f.
138 A.A. *Stein/Wolters*, jurisPR-Compl 3/2019, 5.
139 So zutreffend VK Münster, Beschluss v. 25.4.2019 – VK 2-41/18, juris Rn. 95, 99; *Kling*, in: Immenga/Mestmäcker, Wettbewerbsrecht, § 125 GWB Rn. 18; *Burgi*, NZBau 2014, 595 (599). Das ist entgegen *Dreher/Hoffmann*, NZBau 2012, 265 (274) auch rechtspolitisch nicht zu beanstandenden, weil ein Unternehmen, welches nicht bereit ist, den durch zurechenbares Fehlverhalten anderen zugefügten Schaden aufzuklären und sodann auszugleichen, wegen der darin liegenden Weigerung, für sein Fehlverhalten die Verantwortung zu übernehmen, nicht bescheinigt werden kann, die für die weitere Zusammenarbeit mit öffentlichen Auftraggebern erforderliche Zuverlässigkeit wiedererlangt zu haben.
140 EuGH, Urteil v. 24.10.2018 – Rs. C-124/17 (Vossloh Laeis), Rn. 30; *Burgi*, NZBau 2012, 595 (599); zweifelnd *Opitz*, in: Burgi/Dreher, Vergaberecht, § 125 GWB Rn. 24; a.A. *Kaufmann*, in: Pünder/Schellenberg, Vergaberecht, § 125 GWB Rn. 15.
141 VK Münster, Beschluss v. 25.4.2019 – VK 2-41/18, juris Rn. 101.
142 Ähnlich *Dreher/Hoffmann*, NZBau 2014, 67 (71), wonach bei den geforderten Aufklärungsmaßnahmen die Gedanken der Erforderlichkeit, Verhältnismäßigkeit und Wirtschaftlichkeit zu beachten seien; dem folgend *Ohrtmann*, in: Byok/Jaeger, Vergaberecht, § 125 GWB Rn. 12.
143 So die Gesetzesbegründung zu § 125 Abs. 1 S. 2 Nr. 2 GWB, VergRModG 2016, BT-Drs. 18/6281, 109.
144 EuGH, Urteil v. 24.10.2018 – Rs. C-124/17 (Vossloh Laeis), Rn. 31.

sodann eine Aufklärung nicht, kann dies dem Unternehmen nicht als der Selbstreinigung entgegenstehende Minderleistung angerechnet werden.[145]

c) Präventive Maßnahmen

Nach § 125 Abs. 1 S. 1 Nr. 3 GWB muss das Unternehmen konkrete technische, organisatorische und personelle Maßnahmen ergriffen haben, die geeignet sind, weitere Straftaten oder weiteres Fehlverhalten zu vermeiden. Während § 125 Abs. 1 S. 1 Nr. 1 und 2 GWB von dem Unternehmen eine gründliche Vergangenheitsbewältigung verlangen, fordert § 125 Abs. 1 S. 1 Nr. 3 GWB präventive Maßnahmen, mit denen zukünftige Straftaten oder zukünftiges Fehlverhalten vermieden werden soll.[146] Es geht mithin nicht um eine (weitere) Sanktion für die Straftat oder das Fehlverhalten, sondern ausschließlich darum, Wiederholungen zu vermeiden. Grundlage der danach erforderlichen Maßnahmen ist die nach § 125 Abs. 1 S. 1 Nr. 2 GWB geforderte umfassende Klärung der Tatsachen und Umstände, die mit der Straftat oder dem Fehlverhalten und dem dadurch verursachten Schaden im Zusammenhang gestanden haben. Hieraus leitet sich ab, welche Maßnahmen technischer, organisatorischer und personeller Art geeignet sind, weitere Straftaten oder weiteres Fehlverhalten zu vermeiden. 40

Erwägungsgrund 102 RL 2014/24/EU erläutert beispielhaft, welche **Personal-** und **Organisationsmaßnahmen** in Betracht kommen können. Zu denken ist danach etwa an den Abbruch der Verbindung zu Personen oder Organisationen, die an dem Fehlverhalten beteiligt waren, an geeignete Personalreorganisationsmaßnahmen, die Einführung von Berichts- und Kontrollsystemen, die Schaffung einer internen Audit-Struktur zur Überwachung der Compliance oder die Einführung interner Haftungs- und Entschädigungsregelungen. 41

Die Maßnahmen müssen in ihrer Summe die **Prognose** erlauben, dass Fehlverhalten, wie es dem von dem Unternehmen erfüllten Ausschlussgrund zugrunde lag, zukünftig nicht mehr möglich erscheint.[147] Dafür müssen technische, organisatorische und personelle Maßnahmen nicht unbedingt kumulativ ergriffen werden,[148] sondern ausreichend ist, dass die Maßnahmen insgesamt eine positive Prognose erlauben.[149] Es ist auch nicht erforderlich, dass das Unternehmen allumfassende, jegliche Art von Verfehlungen ausschließende Maßnahmen ergreift, um seine vergaberechtliche Eignung wiederherzustellen.[150] Das kann von ihm ebenso wenig gefordert werden wie von anderen Unternehmen, denen kein Fehlverhalten zur Last gelegt werden kann. Dennoch können weitergehende präventive Maßnahmen zweckmäßig sein, zumal die Grenzen des Erforderlichen nicht immer klar bestimmbar sind und sich ein inhaltlich zu enges Programm als unzureichend erweisen kann.[151] 42

---

145 Dem folgend *Ohrtmann*, in: Byok/Jaeger, Vergaberecht, § 125 GWB Rn. 12; *Ley*, in: Reidt/Stickler/Glahs, Vergaberecht, § 125 GWB Rn. 56.

146 So auch *Kling*, in: Immenga/Mestmäcker, Wettbewerbsrecht, § 125 GWB Rn. 26; *Burgi*, NZBau 2014, 595 (598), der allerdings meint, die geforderten personellen Maßnahmen seien vergangenheitsbezogen; vergangenheitsbezogen sind aber nur die Geschehnisse, die die personellen Maßnahmen erfordern, nicht die Maßnahmen selbst, durch die zukünftig dem Unternehmen zurechenbares Verhalten der betroffenen Personen vermieden werden soll.

147 Vgl. die Gesetzesbegründung zu § 125 Abs. 1 S. 1 Nr. 3 GWB, VergRModG 2016, BT-Drs. 18/6281, 109.

148 So aber *Ohrtmann*, in: Byok/Jaeger, Vergaberecht, § 125 GWB Rn. 24.

149 So auch *Kling*, in: Immenga/Mestmäcker, Wettbewerbsrecht, § 125 GWB Rn. 28.

150 So, bezogen auf Compliance-Maßnahmen, bereits zur früheren Rechtslage *Dreher/Hoffmann*, NZBau 2014, 150 (151); *Wimmer*, Zuverlässigkeit im Vergaberecht, S. 175. Der Bezug auf das frühere Fehlverhalten wird insbesondere dadurch deutlich, dass „weitere" Straftaten und „weiteres" Fehlverhalten zu vermeiden sind. Insofern missverständlich heißt es in der Gesetzesbegründung zu § 125 Abs. 1 S. 1 Nr. 3 GWB, die Maßnahmen müssten *„nicht nur generell der Begehung von Straftaten entgegenwirken, sondern auch konkret geeignet sein, eine erneute Begehung der gleichen Straftat zu vermeiden bzw. ausreichende Garantien bieten, dass ein derartiges Fehlverhalten nicht erneut vorkommt"*, VergRModG 2016, BT-Drs. 18/6281, 109; nur um den zweiten Aspekt, die künftige Vermeidung des konkret aufgetretenen Fehlverhaltens, geht es.

151 So zutreffend *Dreher/Hoffmann*, NZBau 2014, 150 (151).

aa) Technische Maßnahmen

43 Unter den Begriff fallen sämtliche Maßnahmen, die darauf abzielen, die in der Vergangenheit fehlerhafte Ausführung der von dem Unternehmen erbrachten Leistungen zu vermeiden. Das bezieht sich vor allem auf das in § 124 Abs. 1 Nr. 1 und 7 GWB thematisierte Fehlverhalten. Wenn das Unternehmen eine wesentliche Anforderung bei der Ausführung eines früheren öffentlichen Auftrags oder Konzessionsvertrags erheblich oder fortdauernd mangelhaft erfüllt hat und dies zu einer vorzeitigen Beendigung, zu Schadensersatz oder zu einer vergleichbaren Rechtsfolge geführt hat (§ 124 Abs. 1 Nr. 7 GWB), werden konkrete technische Maßnahmen erforderlich sein, um die durch die konkrete Schlechtleistung in Frage gestellte Zuverlässigkeit wiederherzustellen.[152] Auch bei den übrigen Ausschlussgründen werden technische Maßnahmen zur Prävention künftigen Fehlverhaltens insbesondere dann in Betracht kommen, wenn sie zur Umsetzung organisatorischer Maßnahmen erforderlich sind, etwa durch Änderungen im Bereich der EDV eines Unternehmens.[153]

bb) Organisatorische Maßnahmen

44 Des Weiteren kann es erforderlich sein, dass das Unternehmen **organisatorische Maßnahmen** ergreift, die geeignet sind, weitere Straftaten oder weiteres Fehlverhalten zu vermeiden. Hier geht es im Gegensatz zu den außerdem in § 125 Abs. 1 S. 1 Nr. 3 GWB genannten personellen Maßnahmen, unabhängig von dem individuellen Fehlverhalten der konkret handelnden Personen, um die Beseitigung von Mängeln in den internen Verfahrensabläufen des Unternehmens, die dem Geschehen zugrunde lagen, das den Ausschlussgrund nach den §§ 123, 124 GWB begründet hat.[154] Ansatzpunkte für solche organisatorischen Maßnahmen sind regelmäßig auf den Ebenen der Auswahl, Anweisung und Überwachung der Mitarbeiter zu finden.[155] Von wesentlicher Bedeutung ist, ob ein Bündel derartiger, in vielfältiger Weise möglicher organisatorischer Maßnahmen in ihrem Zusammenwirken erwarten lässt, dass das Unternehmen in Zukunft etwaig auftretenden Verdachtsmomenten nachgehen und bei Vorliegen eines hinreichenden Verdachts die gebotenen personellen und/oder organisatorischen Konsequenzen ziehen wird.[156]

45 Als organisatorische Maßnahmen kommen insoweit zunächst strukturelle, auf die **Umorganisation** des Unternehmens gerichtete Maßnahmen in Betracht.[157] Gefordert ist hier eine zur Vermeidung des aufgetretenen Fehlverhaltens geeignete Änderung der Entscheidungsstrukturen und -befugnisse in dem betroffenen Unternehmen,[158] in Erwägungsgrund 102 RL 2014/24/EU als Personalreorganisationsmaßnahmen bezeichnet. Allgemein wird sich häufig eine Ausweitung der Personalrotation und des Vier-Augen-Prinzips anbieten.[159] Von der bisherigen Praxis sind beispielsweise die Trennung von Verwaltung und operativem Bereich durch Neugründung einer Gesellschaft mit personell getrennter Geschäftsführung,[160] die Einrichtung einer neuen Abteilung „Revision/Compliance",[161] die Einrichtung einer Clearing-

152 Waren beispielsweise bei der Ausführung eines Bauvertrages die eingesetzten Geräte und die verwendeten Materialien unzureichend für eine fehlerfreie Ausführung der Bauleistung, wird es erforderlich sein, dass das Unternehmen für den zu vergebenden Auftrag geeignete Geräte vorhält und sicherstellt, dass bei dem infrage stehenden Auftrag geeignetes Baumaterial verwandt wird. Ist es bei der Durchführung eines Dienstleistungsauftrags wegen einer nicht hinreichend leistungsstarken EDV zu Schwierigkeiten der Vertragsdurchführung gekommen, wird das Unternehmen technische Maßnahmen zu ergreifen haben, die geeignet sind, entsprechende Probleme bei weiteren Aufträgen zu vermeiden.

153 *Ohrtmann*, in: Byok/Jaeger, Vergaberecht, § 125 GWB Rn. 25.

154 *Dreher/Hoffmann*, NZBau 2014, 150 (150).

155 *Ohrtmann*, in: Byok/Jaeger, Vergaberecht, § 125 GWB Rn. 27.

156 So zum früheren Recht OLG Brandenburg, Beschluss v. 14.12.2007 – Verg W 21/07, juris Rn. 73.

157 *Ohrtmann*, in: Byok/Jaeger, Vergaberecht, § 125 GWB Rn. 37; *Friton*, in: Gabriel/Mertens/Prieß/Stein, Vergaberecht, § 125 GWB Rn. 38; *Ley*, in: Reidt/Stickler/Glahs, Vergaberecht, § 125 GWB Rn. 66.

158 Vgl. OLG Düsseldorf, Beschluss v. 9.4.2003 – VII-Verg 43/02, juris Rn. 29; *Dreher/Hoffmann*, NZBau 2014, 150 f.

159 *Freund*, VergabeR 2007, 311 (312); *Ohrtmann*, NZBau 2007, 278 (281).

160 OLG Brandenburg, Beschluss v. 14.12.2007 – Verg W 21/07, juris Rn. 66; *Ley*, in: Reidt/Stickler/Glahs, Vergaberecht, § 125 GWB Rn. 66.

161 OLG Brandenburg, Beschluss v. 14.12.2007 – Verg W 21/07, juris Rn. 67; *Ley*, in: Reidt/Stickler/Glahs, Vergaberecht, § 125 GWB Rn. 66.

stelle, die sich mit Angebots- und Auftragsstrategie befasst und diese hinterfragen soll,[162] und die künftige anwaltliche Prüfung externer Provisions- und Beraterverträge[163] als Maßnahmen angesehen worden, die geeignet sind, eine Wiederholung von Verfehlungen zu erschweren oder gar unmöglich zu machen.[164] Das deckt die in Erwägungsgrund 102 RL 2014/24/EU als Maßnahmen genannte Einführung von Berichts- und Kontrollpflichten sowie die Schaffung einer internen Audit-Struktur zur Überwachung der Compliance ab.[165]

Ferner kommen als organisatorische Maßnahmen, die geeignet sind, weiteres Fehlverhalten zu vermeiden, solche in Betracht, die darauf zielen, die **Unternehmenskultur** durch eine wertebasierte Einflussnahme auf die Haltung und das Verhalten der Gesamtheit der Mitarbeiter in einer Weise zu ändern, dass weiteres Fehlverhalten künftig vermieden wird.[166] Solche Maßnahmen werden unter dem Begriff der Compliance erörtert;[167] gleichbedeutend ist auch von der Einführung eines Integritätsprogramms als organisatorischer Maßnahme die Rede.[168] Gemeint ist die unternehmerische Selbstverpflichtung zugunsten einer umfassenden Rechts- und Regelkonformität bei allen Handlungen der Unternehmensführung und der Beschäftigten.[169] Wesentlich ist die Instruktion aller Belegschaftsangehörigen, auch der Führungskräfte, über die eingeführten und einzuhaltenden Regeln, die (präventive) Kontrolle dieser Regeln und die (repressive) Sanktionierung von Regelverstößen.[170] In der Rechtsprechung sind in diesem Zusammenhang die Einführung eines Wertemanagements in der Unternehmensgruppe[171] sowie der Beitritt zu Verbänden, die sich der Förderung wirtschaftlicher Ethik verpflichtet fühlen,[172] als geeignete Selbstreinigungsmaßnahmen anerkannt worden. Die einzuführenden Verhaltensstandards werden sich in Abhängigkeit von dem vorangegangenen Fehlverhalten beispielsweise auf Zuwendungen an Geschäftspartner, den Umgang mit Betriebsvermögen, die Verschwiegenheit sowie eventuelle Nebentätigkeiten und Beteiligungen an anderen Unternehmen beziehen können.[173] Zur Kontrolle und Durchsetzung der Regeln werden regelmäßig auch strukturelle Maßnahmen erforderlich sein, so etwa die von der Rechtsprechung anerkannte Einrichtung einer Abteilung „Revision/Compliance", einer Clearingstelle, die Angebots- und Auftragsstrategie hinterfragen soll, sowie die externe Prüfung von Provisions- und Beraterverträgen.[174] Darüber hinaus kommt etwa die Einrichtung eines Hinweisgebersystems zur besseren Aufdeckung von Verstößen gegen die Verhaltensstandards in Betracht.[175] In jedem Fall sinnvoll ist die Einsetzung eines Compliance-Beauftragten, vorzugsweise auf Leitungsebene,[176] um die effiziente Umsetzung der Compliance-Maßnahmen zu gewährleisten, 46

162 OLG Brandenburg, Beschluss v. 14.12.2007 – Verg W 21/07, juris Rn. 68.
163 OLG Brandenburg, Beschluss v. 14.12.2007 – Verg W 21/07, juris Rn. 69.
164 OLG Brandenburg, Beschluss v. 14.12.2007 – Verg W 21/07, juris Rn. 72.
165 Dazu eingehend *Ohrtmann*, in: Byok/Jaeger, Vergaberecht, § 125 GWB Rn. 41 ff.
166 *Ohrtmann*, in: Byok/Jaeger, Vergaberecht, § 125 GWB Rn. 33. Tatsächlich besteht auch auf Auftraggeberseite erheblicher Bedarf für die Einführung von Compliance-Maßnahmen, vgl. ausführlich dazu *Ohrtmann*, VergabeR 2015, 327 ff.
167 *Ohrtmann*, VergabeR 2015, 327 (327); *Prieß/Stein*, NZBau 2008, 230 (231); *Wimmer*, Zuverlässigkeit im Vergaberecht, S. 186 ff.
168 *Dreher*, in: Festschrift für Franke, S. 31 (43); *Dreher/Hoffmann*, NZBau 2014, 150 (151).
169 *Stolz*, in: Ziekow/Völlink, Vergaberecht, § 125 GWB Rn. 13; *Gabriel/Ziekow*, VergabeR 2017, 119, 125.
170 *Ley*, in: Reidt/Stickler/Glahs, Vergaberecht, § 125 GWB Rn. 70; *Jaeger*, in: Säcker, Wettbewerbsrecht, § 125 GWB Rn. 2; *Prieß/Pünder/Stein*, in: Pünder/Prieß/Arrowsmith, Self-Cleaning in Public Procurement Law, S. 51 (79); *Wimmer*, Zuverlässigkeit im Vergaberecht, S. 190 f.; *Dreher/Hoffmann*, NZBau 2014, 150 (151 f.).
171 OLG Brandenburg, Beschluss v. 14.12.2007 – Verg W 21/07, juris Rn. 70; *Friton*, in: Gabriel/Mertens/Prieß/Stein, Vergaberecht, § 125 GWB Rn. 41.
172 OLG Brandenburg, Beschluss v. 14.12.2007 – Verg W 21/07, juris Rn. 71; *Opitz*, in: Burgi/Dreher, Vergaberecht, § 125 GWB Rn. 30.
173 *Ohrtmann*, NZBau 2007, 278 (280 f.); *Dreher*, in: Festschrift für Franke, S. 31 (43).
174 *Opitz*, in: Burgi/Dreher, Vergaberecht, § 125 GWB Rn. 29; ferner *Dreher*, in: Festschrift für Franke, S. 31 (43). Hat die Geschäftsführung Kenntnis von wesentlichen Rechtsverstößen durch Mitarbeiter, kann daneben auch eine gesellschaftsrechtliche Verpflichtung zur Einführung von Compliance-Instrumenten bestehen, vgl. *Ohrtmann*, VergabeR 2015, 327 (335 f.).
175 *Ohrtmann*, in: Byok/Jaeger, Vergaberecht, § 125 GWB Rn. 46 ff.; *Friton*, in: Gabriel/Mertens/Prieß/Stein, Vergaberecht, § 125 GWB Rn. 42; *Prieß/Pünder/Stein*, in: Pünder/Prieß/Arrowsmith, Self-Cleaning in Public Procurement Law, S. 51 (80); *Dreher/Hoffmann*, NZBau 2014, 150 (152); zu den hier bestehenden Möglichkeiten, etwa eine „Whistle-blower-Hotline", näher *Ohrtmann*, VergabeR 2015, 327 (339).
176 *Ley*, in: Reidt/Stickler/Glahs, Vergaberecht, § 125 GWB Rn. 71; *Ohrtmann*, NZBau 2007, 278 (281), weist zutreffend auf die Leitbildfunktion von Vorgesetzten hin.

ihren Stellenwert zu verdeutlichen sowie eine klare Zuständigkeit und Anlaufstelle für diesen Bereich zu erreichen.[177] Hierbei kann es sich anbieten, einen solchen Beauftragten als Vorstufe zu seiner zukunftsgerichteten Daueraufgabe bereits mit der Durchführung der auf die Vergangenheitsbewältigung bezogenen Selbstreinigungsmaßnahmen, nämlich der Schadenswiedergutmachung und Sachaufklärung, zu beauftragen, zumal eine überzeugende Vergangenheitsbewältigung Vertrauen für die zukünftige Entwicklung des Unternehmens zu begründen vermag.[178]

cc) Personelle Maßnahmen

47 Häufig wird das Unternehmen auch konkrete **personelle Maßnahmen** zu ergreifen haben. Anders als bei den nach § 125 Abs. 1 S. 1 Nr. 3 GWB ebenfalls geforderten organisatorischen Maßnahmen, die sich auf die Verfahrensabläufe beziehen, geht es hier darum, ein persönliches Fehlverhalten von konkreten für das Unternehmen tätigen Personen, das zur Begründung eines Ausschlussgrundes nach den §§ 123, 124 GWB geführt hat, für die Zukunft zu vermeiden.[179]

48 Dies ist, was **Maßnahmen gegen Mitarbeiter** des Unternehmens betrifft, sicher gewährleistet, wenn die handelnden Personen, deren Straftaten oder Fehlverhalten dem Unternehmen zuzurechnen sind, aus dem Unternehmen ausscheiden und auch sonst nicht mehr für das Unternehmen tätig sind.[180] Bei schweren Verfehlungen, etwa Korruption, wird es erforderlich sein, dass das Unternehmen sich von den Mitarbeitern trennt, die hieran beteiligt waren oder hiervon gewusst haben, sei es durch Kündigungen oder Aufhebungsverträge.[181] Wiegen die Verfehlungen weniger schwer und gibt es mildere Mittel, die geeignet sind, weitere Straftaten oder weiteres Fehlverhalten der konkret handelnden Personen zu vermeiden, so können diese genügen, um den Anforderungen von § 125 Abs. 1 S. 1 Nr. 3 GWB insoweit gerecht zu werden,[182] etwa Abmahnungen[183] oder bei Mitarbeitern mit untergeordneten Positionen die Betrauung mit anderen Aufgaben,[184] unter Umständen auch bloße Lohnkürzungen.[185] Selbstverständlich kann ein Vorgehen gegen Mitarbeiter, gegen die keinerlei Verdacht besteht, dass sie an einem Fehlverhalten beteiligt waren oder davon wussten, nicht verlangt werden[186] und kann es dem Unternehmen nicht als Ausdruck mangelnder Zuverlässigkeit ausgelegt werden,

177 So zutreffend *Ohrtmann*, in: Byok/Jaeger, Vergaberecht, § 125 GWB Rn. 40; *Prieß/Pünder/Stein*, in: Pünder/Prieß/Arrowsmith, Self-Cleaning in Public Procurement Law, S. 51 (80); *Wimmer*, Zuverlässigkeit im Vergaberecht, S. 191 f.; *Dreher/Hoffmann*, NZBau 2014, 150 (152); *Stein/Friton/Huttenlauch*, WuW 2012, 38 (50).

178 Sehr deutlich in den Sachen OLG Düsseldorf, Beschlüsse v. 9.4.2003 – VII-Verg 43/02 und VII-Verg 66/02, wo der Einsetzung eines mit weitgehenden Befugnissen ausgestatteten Beauftragten zur Durchführung der Selbstreinigungsmaßnahmen und dessen glaubhafte Darstellung der Maßnahmen im Nachprüfungsverfahren maßgeblich für die Überzeugung des Gerichts waren, dass die Selbstreinigung trotz diverser Ansätze für Zweifel geglückt war.

179 Zu den Problemen, die sich hier in dem wohl äußerst seltenen Fall ergeben, dass bei oberschwelligen Vergabeverfahren Träger des Unternehmens nicht ein Verband, sondern eine natürliche Person ist, eingehend *Wimmer*, Zuverlässigkeit im Vergaberecht, S. 193 ff.

180 *Ohrtmann*, in: Byok/Jaeger, Vergaberecht, § 125 GWB Rn. 54, 58; *Ley*, in: Reidt/Stickler/Glahs, Vergaberecht, § 125 GWB Rn. 76; *Jaeger*, in: Säcker, Wettbewerbsrecht, § 125 GWB Rn. 27; *Dreher/Hoffmann*, NZBau 2014, 67 (72); *Wimmer*, Zuverlässigkeit im Vergaberecht, S. 177 f.

181 *Friton*, in: Gabriel/Mertens/Prieß/Stein, Vergaberecht, § 125 GWB Rn. 49; *Summa*, in: Heiermann/Zeiss/Summa, Vergaberecht, § 125 GWB Rn. 29 f.; *Kaufmann*, in: Pünder/Schellenberg, Vergaberecht, § 125 GWB Rn. 36 f.; *Kling*, in: Immenga/Mestmäcker, Wettbewerbsrecht, § 125 GWB Rn. 30: *„unabdingbare Voraussetzung für eine erfolgreiche Selbstreinigung"*. Vgl. zum früheren Recht OLG Düsseldorf, Beschluss v. 9.4.2003 – VII-Verg 43/02, juris Rn. 29; *Scherer-Leydecker*, in: Heuvels/Höß/Kuß/Wagner, Vergaberecht, § 6a VOB/A Rn. 16; *Dreher/Hoffmann*, NZBau 2012, 265 (268); *Prieß/Stein*, NZBau 2008, 230 (231).

182 Vgl. *Ohrtmann*, in: Byok/Jaeger, Vergaberecht, § 125 GWB Rn. 55, 60; *Kaufmann*, in: Pünder/Schellenberg, Vergaberecht, § 125 GWB Rn. 38; *Prieß/Pünder/Stein*, in: Pünder/Prieß/Arrowsmith, Self-Cleaning in Public Procurement Law, S. 51 (78); *Dreher/Hoffmann*, NZBau 2014, 67 (72), die darauf hinweisen, dass auch bei personellen Maßnahmen das Verhältnismäßigkeitsprinzip zu beachten sei; *Wimmer*, Zuverlässigkeit im Vergaberecht, S. 179; *Stein/Friton/Huttenlauch*, WuW 2012, 38 (49); *Prieß/Stein*, NZBau 2008, 230 (231).

183 OLG München, Beschluss v. 22.11.2012 – Verg 22/12, juris Rn. 49; zweifelhaft, ob ausreichend, aber bei maßgeblich für das Fehlverhalten verantwortlichen Mitarbeitern, ebd. Rn. 54; *Dreher*, in: Festschrift für Franke, S. 31 (35).

184 Vgl. OLG Düsseldorf, Beschluss v. 9.4.2003 – VII-Verg 43/02, juris Rn. 27 a.E.; *Müller-Wrede*, in: Müller-Wrede, VOL/A, § 6 EG Rn. 38; *Prieß/Pünder/Stein*, in: Pünder/Prieß/Arrowsmith, Self-Cleaning in Public Procurement Law, S. 51 (78).

185 *Dreher/Hoffmann*, NZBau 2014, 67 (73).

186 *Dreher/Hoffmann*, NZBau 2014, 67 (72).

wenn es das Ergebnis staatsanwaltschaftlicher Ermittlungen abwartet und erst bei Vorliegen fundierter, belastbarer Verdachtsumstände Maßnahmen gegen Mitarbeiter ergreift.[187] Das folgt auch daraus, dass von dem Unternehmen nur solche mitarbeiterbezogenen Maßnahmen verlangt werden können, die arbeitsrechtlich im Hinblick auf die dem Mitarbeiter zur Last gelegten Verfehlungen zulässig sind.[188] Welche personellen Maßnahmen gegenüber Mitarbeitern geboten sind, ist im Einzelfall letztlich unter Berücksichtigung aller Umstände zu beurteilen, wobei insbesondere der Schwere der Verfehlung, der Position des Mitarbeiters im Unternehmen, aber auch seiner Bereitschaft, bei der Aufklärung des Geschehens mitzuwirken, Bedeutung zukommen wird.[189] Insbesondere die aktive Mitwirkung bei der Aufklärung kann personelle Maßnahmen entbehrlich machen, soweit ihnen wie bei dem Unternehmen selbst (§ 125 Abs. 1 S. 1 Nr. 2 GWB) eine glaubhafte Abkehr von einer etwaigen Beteiligung an Fehlverhalten entnommen werden kann und das Fehlverhalten nicht zu schwerwiegend ist.[190]

Soweit es das **Fehlverhalten eines Gesellschafters** der unternehmenstragenden Gesellschaft betrifft, wird es häufig für eine hinreichende personelle Selbstreinigung des Unternehmens nicht erforderlich sein, dass der Gesellschafter seine Beteiligung abgibt. Die formale Gesellschafterstellung allein steht der personellen Selbstreinigung des Unternehmens jedenfalls dann nicht entgegen, wenn der tatsächliche Einfluss des Gesellschafters auf das operative Geschäft derart eingeschränkt wird, dass der betroffene Gesellschafter Verfehlungen im Rahmen seiner dem Unternehmen zuzurechnenden geschäftlichen Tätigkeit nicht mehr begehen kann.[191] Das kann bereits dann der Fall sein, wenn der betreffende Gesellschafter auf die Ausübung seiner Gesellschafterrechte unwiderruflich verzichtet und erklärt, keinen Einfluss mehr auf die Entscheidungen des Aufsichtsrats, der Geschäftsleitung oder sonstiger strategischer und operativer Gremien des Unternehmens auszuüben.[192] Umgekehrt genügt der formelle Rückzug aus dem operativen Geschäft nicht, wenn der Gesellschafter tatsächlich nach wie vor, etwa über Familienangehörige, erheblichen Einfluss auf die Geschäftstätigkeit des Unternehmens hat.[193] Erst recht ist der Rückzug des Gesellschafters als Geschäftsführer unzureichend, wenn er sich über Treuhandverträge die tatsächliche und rechtliche Möglichkeit zur Einflussnahme auf die Geschäftsführung sichert.[194] Werden dagegen die von einem unzuverlässigen Unternehmen alleine gehaltenen Anteile eines Unternehmens, das sich an dem Vergabeverfahren beteiligt, treuhänderisch für die Dauer von fünf Jahren auf eine nicht belastete Treuhandgesellschaft übertragen, kann dies eine zur Selbstreinigung geeignete personelle Maßnahme auf Gesellschafterebene darstellen.[195] Letztlich ist auch hier in jedem Einzelfall zu prüfen, ob und inwieweit der Einfluss der Personen, deren Fehlverhalten dem Unternehmen in einer Ausschlussgründe nach den §§ 123, 124 GWB begründenden Weise zuzurechnen war, für die Erledigung des konkret zu vergebenden Auftrags unter Berücksichtigung aller er- 49

187 OLG Düsseldorf, Beschluss v. 9.4.2003 – VII-Verg 43/02, juris Rn. 32, 35.

188 *Opitz*, in: Burgi/Dreher, Vergaberecht, § 125 GWB Rn. 31; *Kaufmann*, in: Pünder/Schellenberg, Vergaberecht, § 125 GWB Rn. 39; *Prieß/Pünder/Stein*, in: Pünder/Prieß/Arrowsmith, Self-Cleaning in Public Procurement Law, S. 51 (68); *Dreher/Hoffmann*, NZBau 2014, 67 (72); *Stein/Friton/Huttenlauch*, WuW 2012, 38 (50).

189 *Dreher/Hoffmann*, NZBau 2014, 67 (73 f.); *Stein/Friton/Huttenlauch*, WuW 2012, 38 (49 f.), die in Übereinstimmung mit den Wertungen des Kartellrechts eine *„Verschonung"* von belasteten Mitarbeitern für erwägenswert halten, wenn sie bei der Aufarbeitung des Sachverhalts konstruktiv mitarbeiten; zu diesem Gesichtspunkt eingehend auch *Ohrtmann*, in: Byok/Jaeger, Vergaberecht, § 125 GWB Rn. 61; *Wimmer*, Zuverlässigkeit im Vergaberecht, S. 180 bis 182.

190 So auch *Friton*, in: Gabriel/Mertens/Prieß/Stein, Vergaberecht, § 125 GWB Rn. 53 f.; *Kaufmann*, in: Pünder/Schellenberg, Vergaberecht, § 125 GWB Rn. 38; a.A. wohl *Opitz*, in: Burgi/Dreher, Vergaberecht, § 125 GWB Rn. 33.

191 OLG Brandenburg, Beschluss v. 14.12.2007 – Verg W 21/07, juris Rn. 75; *Ley*, in: Reidt/Stickler/Glahs, Vergaberecht, § 125 GWB Rn. 77; a.A. *Ohrtmann*, in: Byok/Jaeger, Vergaberecht, § 125 GWB Rn. 62, mit dem Argument, bei fortwirkender wirtschaftlicher Beteiligung könne eine weitere Einflussnahme des Gesellschafters nicht ausgeschlossen werden; dies dürfte sich aber so pauschal nicht sagen lassen, sondern von den durch den Auftraggeber und gegebenenfalls den Nachprüfungsinstanzen zu würdigenden Umständen des Einzelfalls abhängen.

192 OLG Brandenburg, Beschluss v. 14.12.2007 – Verg W 21/07, juris Rn. 64; *Wimmer*, Zuverlässigkeit im Vergaberecht, S. 180.

193 OLG Düsseldorf, Beschluss v. 18.4.2018 – VII-Verg 28/17, juris Rn. 79; OLG München, Beschluss v. 22.11.2012 – Verg 22/12, juris Rn. 53; *Ley*, in: Reidt/Stickler/Glahs, Vergaberecht, § 125 GWB Rn. 77.

194 OLG Düsseldorf, Beschluss v. 28.7.2005 – VII-Verg 42/05, juris Rn. 24.

195 OLG Düsseldorf, Beschluss v. 18.7.2001 – Verg 16/01, juris Rn. 40; *Ley*, in: Reidt/Stickler/Glahs, Vergaberecht, § 125 GWB Rn. 77; *Ohrtmann*, NZBau 2007, 278 (280); *Wimmer*, Zuverlässigkeit im Vergaberecht, S. 180.

heblichen Umstände und hierbei insbesondere der gesellschaftsrechtlichen Gegebenheiten[196] tatsächlich ausgeschlossen ist. Hierbei kann eine Befristung von personellen Maßnahmen auf Gesellschafterebene zur Vermeidung weiterer Straftaten und weiteren Fehlverhaltens genügen,[197] wie auch aus der in § 126 GWB angeordneten zeitlich beschränkten Wirksamkeit von Ausschlussgründen nach den §§ 123, 124 GWB folgt.

IV. Nachweis

50 Es genügt nicht allein, dass das Unternehmen Selbstreinigungsmaßnahmen nach § 125 Abs. 1 S. 1 Nr. 1 bis 3 GWB ergriffen hat; es muss diese Selbstreinigungsmaßnahmen auch gegenüber dem öffentlichen Auftraggeber nachgewiesen haben.

1. Nachweis nach § 8 Abs. 1 WRegG

51 Daran hat sich auch nach der im Zusammenhang mit der Errichtung eines Wettbewerbsregisters seit 1. Dezember 2021 geänderten Fassung des § 125 Abs. 1 S. 1 GWB nichts geändert. Zwar sieht die Vorschrift nun vor, dass die Selbstreinigungsmaßnahmen dem öffentlichen Auftraggeber „oder nach § 8 WRegG dem Bundeskartellamt nachgewiesen" werden können. Tatsächlich muss und kann das Unternehmen aber dem öffentlichen Auftraggeber stets insgesamt nachweisen, dass es zur Wiedererlangung der vergaberechtlichen Zuverlässigkeit hinreichende Selbstreinigungsmaßnahmen ergriffen hat; nur erschöpft sich dieser Nachweis wegen der nach § 8 Abs. 1 WRegG im Wettbewerbsregister gelöschten Eintragungen in einer Bezugnahme auf diese Löschung. Entgegen der missverständlichen Formulierung in § 125 Abs. 1 S. 1 GWB ist unerheblich, dass die Löschung vor Ablauf der Löschungsfristen (natürlich) den Nachweis von Selbstreinigungsmaßnahmen gegenüber dem Bundeskartellamt voraussetzt (vgl. § 8 Abs. 1 S. 3 WRegG). Wesentlich ist allein die bereits in § 7 Abs. 2 S. 1 WRegG geregelte Rechtsfolge der Löschung. Danach darf die einer Eintragung im Wettbewerbsregister zugrunde liegende Straftat oder Ordnungswidrigkeit nicht mehr zum Nachteil des betroffenen Unternehmens verwertet werden, wenn sie im Wettbewerbsregister nach § 7 Abs. 1 WRegG (Ablauf der Löschungsfristen) oder § 8 WRegG (Selbstreinigung) gelöscht wurde. Bereits daraus folgt, dass der öffentliche Auftraggeber auf das gelöschte Fehlverhalten keinen Ausschluss wegen vergaberechtlicher Unzuverlässigkeit mehr stützen kann. Auch die weitere sich wegen der Prüfung von Selbstreinigungsmaßnahmen durch das Bundeskartellamt stellende Frage ist bereits in § 7 Abs. 2 WRegG beantwortet, nämlich dass die Ablehnung eines Löschungsantrags nach § 8 Abs. 1 WRegG durch das Bundeskartellamt für den öffentlichen Auftraggeber des anhängigen Vergabeverfahrens nicht bindend ist. An eine negative Entscheidung des Bundeskartellamtes, das Unternehmen nicht aus dem Wettbewerbsregister zu löschen, ist der öffentliche Auftraggeber also weder gebunden noch entbindet es ihn von der Prüfung der ihm von dem Unternehmen nachgewiesenen Selbstreinigungsmaßnahmen.[198] Insgesamt ist also festzustellen, dass die Ergänzung des § 125 Abs. 1 S. 1 GWB bestenfalls überflüssig ist.[199]

---

196 Dazu ausführlich *Dreher*, in: Festschrift für Franke, S. 31 (36 ff.); *Dreher/Hoffmann*, NZBau 2014, 67 (68 f., 74 f.).

197 *Opitz*, in: Burgi/Dreher, Vergaberecht, § 125 GWB Rn. 32; *Ley*, in: Reidt/Stickler/Glahs, Vergaberecht, § 125 GWB Rn. 79; *Jaeger*, in: Säcker, Wettbewerbsrecht, § 125 GWB Rn. 27; *Dreher/Hoffmann*, NZBau 2014, 67 (74); anders noch *Dreher*, in: Festschrift für Franke, S. 31 (44).

198 *Jaeger*, in: Säcker, Wettbewerbsrecht, § 125 GWB Rn. 40.

199 Auch der Gesetzesbegründung lässt sich ein Regelungsbedürfnis nicht entnehmen. Dort heißt es, die Neufassung des § 125 GWB stelle *„klar, dass Unternehmen, bei denen ein Ausschlussgrund im Sinne von §§ 123 oder 124 GWB vorliegt, Maßnahmen auch gegenüber dem Bundeskartellamt in dem Verfahren nach § 8 WRegG nachweisen können"* (BT-Drs. 18/12051, 35); dies lässt sich aber bereits § 8 WRegG entnehmen und die Rechtsfolgen § 7 Abs. 2 WRegG.

2. Voraussetzungen des Nachweises gegenüber dem öffentlichen Auftraggeber

Indem § 125 Abs. 1 S. 1 GWB vorschreibt, dass die Selbstreinigungsmaßnahmen dem öffentlichen Auftraggeber nachzuweisen sind, ist geklärt, dass das Unternehmen die **Darlegungslast** für die von ihm ergriffenen Selbstreinigungsmaßnahmen trifft.[200] Nicht der öffentliche Auftraggeber hat von Amts wegen zu ermitteln, ob ein Unternehmen, bei dem ein Ausschlussgrund nach den §§ 123, 124 GWB vorliegt, Selbstreinigungsmaßnahmen ergriffen hat, die geeignet sind, die dadurch begründeten Zweifel an seiner vergaberechtlichen Zuverlässigkeit wieder aufzuheben, sondern das Unternehmen muss von sich aus hierzu vortragen. Dies wird kaum anders als durch einen schriftlichen Bericht über die ergriffenen Maßnahmen möglich sein. 52

Darüber hinaus bedarf es aber auch eines hinreichenden Beleges für die behaupteten Tatsachen. Hierbei ist Nachweis nicht im Sinne eines Beweises im prozessualen Sinne zu verstehen,[201] sondern es reicht ein der prozessrechtlichen **Glaubhaftmachung** im Sinne des § 294 ZPO vergleichbarer Beleg des Vorbringens, der es erlaubt, das Vorbringen als überwiegend wahrscheinlich anzusehen.[202] Geeignet sind hierbei in erster Linie Schriftstücke aller Art, mit denen die Angaben des Unternehmens durch Erklärungen Dritter, aber auch durch Erklärungen eigener Mitarbeiter gestützt werden.[203] Ferner hat das Unternehmen dem öffentlichen Auftraggeber grundsätzlich sämtliche Belege vorzulegen, die es auch den Ermittlungsbehörden vorgelegt hat, sowie die Entscheidungen der Ermittlungsbehörden, insbesondere die der Kartellbehörden, weil anders der Nachweis einer ausreichenden Sachaufklärung (§ 124 Abs. 1 S. 1 Nr. 2 GWB) nicht zu führen sein wird.[204] Hierbei wird es als Nachweis regelmäßig nicht genügen, wenn lediglich gekürzte oder teilweise geschwärzte Fassungen vorgelegt werden.[205] Hilfreich kann darüber hinaus auch die Vorlage externer Prüfberichte etwa von Wirtschaftsprüfern sein, soweit sie die Selbsthilfemaßnahmen überzeugend zu dokumentieren vermögen.[206] Wesentlich ist im Übrigen die Überprüfbarkeit der Angaben. Es muss dem öffentlichen Auftraggeber – gegebenenfalls nach Aufforderung – die Möglichkeit eröffnet werden, die Angaben, sei es auch nur stichprobenweise, durch eigene Erkundigungen im Rahmen der von ihm nach § 125 Abs. 2 GWB vorzunehmenden Prüfung zu verifizieren.[207] In der Summe muss das Vorbringen des Unternehmens glaubhaft erscheinen.[208] Dann aber ist dem öffentlichen Auftraggeber auch erlaubt, das Vorbringen des Unternehmens seiner Beurteilung zugrunde zu legen; eingehende und nachvollziehbare Erläuterungen müssen ohne begründeten Anlass nicht noch weiter hinterfragt werden.[209] 53

Der Nachweis zureichender Selbstreinigungsmaßnahmen ist Teil der auf die Sachaufklärung zielenden Selbstreinigungsmaßnahmen nach § 125 Abs. 1 S. 1 Nr. 2 GWB.[210] Deswegen müssen auch die **Bemühungen des Unternehmens** bei diesem Nachweis von der Bereitschaft getragen sein, durch eigenes Tun die ergriffenen Selbstreinigungsmaßnahmen zu erläutern und auf Nachfragen des öffentlichen Auftraggebers einzugehen. Diese Bereitschaft sollte sich 54

---

200 VK Münster, Beschluss v. 25.4.2019 – VK 2-41/18, juris Rn. 91. So auch die Gesetzesbegründung zu § 125 Abs. 1 GWB, VergRModG 2016, BT-Drs. 18/6281, 108; zum früheren Recht auch schon *Dreher*, in: Festschrift für Franke, S. 31 (44); *Dreher/Hoffmann*, NZBau 2014, 150 (154).

201 A.A. wohl *Kaufmann*, in: Pünder/Schellenberg, Vergaberecht, § 125 GWB Rn. 56.

202 BGH, Beschluss v. 11.9.2003 – IX ZB 37/03, juris Rn. 8 zu § 294 ZPO.

203 So auch *Ley*, in: Reidt/Stickler/Glahs, Vergaberecht, § 125 GWB Rn. 82.

204 EuGH, Urteil v. 24.10.2018 – Rs. C-124/17 (Vossloh Laeis), Rn. 30, 32; VK Südbayern, Beschluss v. 25.4.2019 – VK 2-41/18, juris Rn. 107.

205 Vgl. VK Münster, Beschluss v. 25.4.2019 – VK 2-41/18, juris Rn. 96 f.; *Kling*, in: Immenga/Mestmäcker, Wettbewerbsrecht, § 125 GWB Rn. 25.

206 Vgl. *Ohrtmann*, in: Byok/Jaeger, Vergaberecht, § 125 GWB Rn. 66 f. unter Verweis auf den von dem Institut der Wirtschaftsprüfer (IDW) veröffentlichten Prüfungsstandard IDW PS 980 für die Prüfung von Compliance Management Systemen; *Ley*, in: Reidt/Stickler/Glahs, Vergaberecht, § 125 GWB Rn. 83.

207 Ebenso *Ley*, in: Reidt/Stickler/Glahs, Vergaberecht, § 125 GWB Rn. 84.

208 Vgl. OLG Brandenburg, Beschluss v. 14.12.2007 – Verg W 21/07, juris Rn. 74; *Ley*, in: Reidt/Stickler/Glahs, Vergaberecht, § 125 GWB Rn. 82; *Dreher*, in: Festschrift für Franke, S. 31 (45); *Dreher/Hoffmann*, NZBau 2014, 150 (154).

209 VK Bund, Beschluss v. 10.6.2021 – VK 1-34/21, juris Rn. 143 mit dem zutreffenden Hinweis darauf, dass auch hinsichtlich des Nichtvorliegens von Ausschlussgründen regelmäßig Eigenerklärungen der Bieter ausreichend sind.

210 Vgl. bereits oben Rn. 36 ff.

in jedem Fall dadurch ausdrücken, dass das Unternehmen von sich aus unaufgefordert den ihm obliegenden Nachweis im gebotenen Umfang führt.[211] Sie kann ferner durch das Einverständnis dokumentiert werden, dass sonstige relevante Unterlagen bei Behörden oder Dritten beigezogen werden können, sowie durch das Angebot, solche Unterlagen selbst beizubringen.[212]

55 Einen **Zeitpunkt** für den Nachweis der Selbstreinigungsmaßnahmen sieht § 125 Abs. 1 S. 1 GWB nicht vor. Deswegen kann der Nachweis im Sinne § 125 Abs. 1 S. 1 GWB solange erbracht werden, solange keine bindende negative Entscheidung über die Selbstreinigungsmaßnahmen ergangen ist.[213] Für die Begrenzung der Möglichkeit des Nachweises auf einen früheren Zeitpunkt, etwa den Zeitpunkt der Eignungsprüfung,[214] fehlt es an einer Rechtsgrundlage.[215] Eine solche Rechtsgrundlage verbunden mit einem entsprechenden Hinweis in den Auftragsunterlagen wäre auch europarechtlich erforderlich, wenn die Pflicht begründet werden soll, den Nachweis für die Durchführung von Selbstreinigungsmaßnahmen zu einem bestimmten Zeitpunkt zu erbringen mit der Folge, dass nachfolgend eingereichte Nachweise unbeachtlich wären.[216] Ohne eine solche Rechtsgrundlage folgt unmittelbar aus Art. 57 Abs. 6 RL 2014/24/EU der Anspruch, Selbstreinigungsmaßnahmen zu jedem Zeitpunkt des Vergabeverfahrens geltend machen und nachweisen zu können.[217]

C. Prüfung der Selbstreinigungsmaßnahmen (Abs. 2)

56 Mit § 125 Abs. 2 GWB hat der deutsche Gesetzgeber die Regelungen in Art. 57 Abs. 6 UAbs. 3 RL 2014/24/EU zu dem Umgang des öffentlichen Auftraggebers mit den von dem Unternehmen nachgewiesenen Selbstreinigungsmaßnahmen übernommen. Damit hat er lediglich Eckpunkte des Prüfungsverfahrens vorgegeben, die wegen der Einzelheiten weiterer Ausdifferenzierung bedürfen.[218] Auch in der VgV finden sich keine näheren Regelungen zur Prüfung der Selbstreinigungsmaßnahmen,[219] ebenso wenig in der SektVO, der KonzVgV und der VOB/A, die in § 6f EU VOB/A lediglich die §§ 125, 126 GWB nachzeichnet.

I. Bewertung der Selbstreinigungsmaßnahmen (S. 1)

57 In § 125 Abs. 2 S. 1 GWB ist vorgegeben, dass der öffentliche Auftraggeber die von dem Unternehmen ergriffenen Selbstreinigungsmaßnahmen zu bewerten hat.

1. Notwendigkeit

58 Damit ist zunächst klargestellt, dass die nach § 125 Abs. 1 S. 1 GWB geforderten Selbstreinigungsmaßnahmen nicht etwa als solche von Gesetzes wegen die dort vorgesehene Rechtsfolge – kein Ausschluss von der Teilnahme an dem Vergabeverfahren – auszulösen vermögen, sondern dass diese Rechtsfolge – zusätzlich – an die Bewertung der Selbstreinigungsmaßnahmen durch den öffentlichen Auftraggeber gebunden ist, die sich nach § 125 Abs. 2 S. 2 GWB in einer Entscheidung auszudrücken hat. Im Übrigen bekräftigt die Vorschrift den Anspruch des Unternehmens auf Prüfung der von ihm ergriffenen Selbstreinigungsmaßnahmen im an-

---

211 Vgl. *Dreher/Hoffmann*, NZBau 2014, 150 (154).
212 Vgl. OLG Brandenburg, Beschluss v. 14.12.2007 – Verg W 21/07, juris Rn. 74.
213 Dazu unten Rn. 73.
214 So zum früheren Recht VK Bund, Beschluss v. 12.6.2015 – VK 2-31/15; *Dreher/Hoffmann*, NZBau 2014, 67 (70); dagegen zu Recht OLG Naumburg, Beschluss v. 22.9.2014 – 2 Verg 2/13, juris Rn. 22.
215 Vgl. die Ausführungen zum Zeitpunkt der Selbstreinigungsmaßnahmen unter Rn 28.
216 EuGH, Urteil v. 14.1.2021 – Rs. C-387/19 (RTS infra), Rn. 42; wohl a.A. *Stolz*, in: Ziekow/Völlink, Vergaberecht, § 125 GWB Rn. 15.
217 EuGH, Urteil v. 14.1.2021 – Rs. C-387/19 (RTS infra), Rn. 48.
218 So auch EuGH, Urteil v. 14.1.2021 – Rs. C-387/19 (RTS infra), Rn. 27.
219 § 42 Abs. 1 VgV hält lediglich fest, dass sie zu prüfen sind. Während die §§ 43 ff. VgV dann weitere Vorgaben zu den möglichen Anforderungen des öffentlichen Auftraggebers hinsichtlich der Eignungskriterien im Sinne des § 122 Abs. 2 GWB und in § 48 VgV insbesondere zum Beleg dieser Kriterien und des Fehlens von Ausschlussgründen nach den §§ 123, 124 GWB durch das Unternehmen enthält, schweigt die Vergabeverordnung zu dem Umgang des öffentlichen Auftraggebers mit den Selbstreinigungsmaßnahmen.

hängigen Vergabeverfahren.[220] Die Verweigerung dieser Prüfung etwa unter Hinweis auf Vergabesperren ist vergaberechtswidrig.[221] Keiner Prüfung bedarf es für ein Fehlverhalten, das einer Eintragung in das Wettbewerbsregister zugrunde lag, wenn diese Eintragung gelöscht ist. Hier bestimmt § 7 Abs. 2 S. 1 WRegG, dass dieses Fehlverhalten nicht mehr zum Nachteil des betroffenen Unternehmens verwertet werden darf. Ist dagegen ein Antrag auf Löschung einer Eintragung in das Wettbewerbsregister von dem Bundeskartellamt zurückgewiesen worden, ist dies für den öffentlichen Auftraggeber nicht bindend (§ 7 Abs. 2 S. 2 WRegG) mit der Folge, dass er Selbstreinigungsmaßnahmen bezüglich dieses Fehlverhaltens in eigener Zuständigkeit zu berücksichtigen und zu prüfen hat und nicht etwa auf die Zurückweisung des Löschungsantrags durch das Bundeskartellamt verweisen darf.[222]

2. Gegenstand

Gegenstand der Bewertung sind die von dem Unternehmen ergriffenen Selbstreinigungsmaßnahmen nach § 125 Abs. 1 S. 1 GWB. Das sind die Selbstreinigungsmaßnahmen im Sinne des § 125 Abs. 1 S. 1 Nr. 1 bis 3 GWB, die das Unternehmen nachgewiesen hat. Der Wertung hat demnach die Feststellung vorauszugehen, von welchen Selbstreinigungsmaßnahmen nach dem Vorbringen des Unternehmens und den eigenen Erkenntnissen des öffentlichen Auftraggebers auszugehen ist, welche von dem Unternehmen dargelegten Maßnahmen also der Wertung zugrunde zu legen sind. Dabei hat der öffentliche Auftraggeber die für den Nachweis bestehenden Anforderungen zu beachten.[223] In jedem Fall ist er bei konkreten Anhaltspunkten, dass bestimmte Erklärungen des Unternehmens nicht der Wahrheit entsprechen, gehalten, von Amts wegen die Richtigkeit dieser Angaben näher zu überprüfen.[224] Weitergehende, auf ein gerichtsähnliches Verfahren hinauslaufende Nachforschungen sind aber nicht geboten.[225] 59

Die Bewertung hat zudem auf den **konkreten Auftrag** hin zu erfolgen. Es geht um die Frage, ob durch die ergriffenen Selbstreinigungsmaßnahmen die Zuverlässigkeit des Unternehmens für die Durchführung des konkret in dem Vergabeverfahren ausgeschriebenen Auftrags wiederhergestellt ist.[226] Die Entscheidung aus einem vorhergehenden Vergabeverfahren ist deswegen kein Präjudiz für das gerade anhängige Vergabeverfahren, für das die ergriffenen Selbstreinigungsmaßnahmen erneut konkret daraufhin zu prüfen sind, ob sie zureichend sind, die vergaberechtliche Zuverlässigkeit des Unternehmens für den konkret in dem Vergabeverfahren zu vergebenden Auftrag wiederherzustellen.[227] Es besteht also keine Bindungswirkung für andere Auftraggeber und andere Vergabeverfahren.[228] Dies schließt nicht aus, dass der öffentliche Auftraggeber für die Bewertung auf Erkenntnisse in anderen Vergabeverfahren zurückgreift, seien es eigene Erkenntnisse oder die anderer Stellen.[229] Das gilt auch für Erkenntnisse des Bundeskartellamtes aus der Bearbeitung eines Löschungsantrages des Unternehmens nach § 8 Abs. 1 WRegG. Zwar ist die Zurückweisung eines solchen Antrages für den öffentlichen Auftraggeber nicht bindend (§ 7 Abs. 2 S. 2 WRegG), was ihn aber nicht daran hindert, sich die Wertungen des Bundeskartellamtes bei seiner eigenen Würdigung der Selbstreinigungsmaßnahmen zu eigen zu machen. 60

---

220 *Opitz*, in: Burgi/Dreher, Vergaberecht, § 125 GWB Rn. 34; *Kling*, in: Immenga/Mestmäcker, Wettbewerbsrecht, § 125 GWB Rn. 5; *Jaeger*, in: Säcker, Wettbewerbsrecht, § 125 GWB Rn. 10.

221 Vgl. bereits oben unter Rn. 18.

222 *Jaeger*, in: Säcker, Wettbewerbsrecht, § 125 GWB Rn. 40.

223 Vgl. im Einzelnen oben unter Rn. 50 ff.

224 OLG Celle, Beschluss v. 13.12.2007 – 13 Verg 10/07, juris Rn. 91.

225 So zum früheren Recht KG, Beschluss v. 27.11.2008 – 2 Verg 4/08, juris Rn. 24; *Summa*, in: Heiermann/Zeiss/Summa, Vergaberecht, § 97 GWB Rn. 168.

226 So schon zum früheren Recht OLG München, Beschluss v. 22.11.2012 – Verg 22/12, juris Rn. 53; ferner *Ohrtmann*, in: Byok/Jaeger, Vergaberecht, § 125 GWB Rn. 72; *Kaufmann*, in: Pünder/Schellenberg, Vergaberecht, § 125 GWB Rn. 43.

227 OLG München, Beschluss v. 22.11.2012 – Verg 22/12, juris Rn. 60; *Dreher/Hoffmann*, NZBau 2014, 67 (68).

228 *Friton*, in: Gabriel/Mertens/Prieß/Stein, Vergaberecht, § 125 GWB Rn. 56; *Jaeger*, in: Säcker, Wettbewerbsrecht, § 125 GWB Rn. 12.

229 *Jaeger*, in: Säcker, Wettbewerbsrecht, § 125 GWB Rn. 12.

3. Maßstab

61 Die nach seinen Feststellungen von dem Unternehmen ergriffenen Selbstreinigungsmaßnahmen hat der öffentliche Auftraggeber sodann zu bewerten. Maßstab der Bewertung ist hierbei, wie sich § 125 Abs. 2 S. 2 GWB entnehmen lässt, ob die Selbstreinigungsmaßnahmen als zureichend oder unzureichend zu erachten sind, und zwar, ohne dass dies ausdrücklich festgehalten wurde, als zureichend oder unzureichend, um die durch die Verwirklichung von Ausschlussgründen nach den §§ 123, 124 GWB zweifelhafte vergaberechtliche Zuverlässigkeit wiederherzustellen.

a) Prognose

62 Ihrem Inhalt nach fordert die Bewertung der Selbstreinigungsmaßnahmen als Maßnahmen zur Wiederherstellung der vergaberechtlichen Zuverlässigkeit eine Prognose, die sich darauf bezieht, ob wegen der ergriffenen Selbstreinigungsmaßnahmen davon ausgegangen werden kann, dass weitere Straftaten oder weiteres Fehlverhalten zukünftig unterbleiben.[230] Wie sich § 125 Abs. 2 S. 2 GWB entnehmen lässt, findet die Bewertung des öffentlichen Auftraggebers über die Selbstreinigungsmaßnahmen ihren Abschluss und Ausdruck in einer Entscheidung.

b) Einschränkungen des Beurteilungsspielraums

63 Der öffentliche Auftraggeber ist bei der Bewertung der Selbstreinigungsmaßnahmen als zureichend oder unzureichend für die Wiederherstellung der vergaberechtlichen Zuverlässigkeit keineswegs frei, sondern der ihm in § 125 Abs. 2 GWB im Ausgangspunkt eröffnete Beurteilungsspielraum unterliegt erheblichen Einschränkungen.[231]

64 Hinsichtlich der Vorgaben zum Schadensausgleich (§ 125 Abs. 1 S. 1 Nr. 1 GWB) und zur Sachaufklärung (§ 125 Abs. 1 S. 1 Nr. 2 GWB) erschöpft sich die Bewertung der von dem Unternehmen ergriffenen Selbstreinigungsmaßnahmen darauf, ob die im Sinne von § 125 Abs. 1 S. 1 GWB von dem Unternehmen nachgewiesenen Maßnahmen die tatbestandlichen Voraussetzungen von **§ 125 Abs. 1 S. 1 Nr. 1 und 2 GWB** erfüllen. Bezogen auf diese auf die Vergangenheitsbewältigung gerichteten Maßnahmen ist nicht zu bewerten, ob sie zur Wiederherstellung der vergaberechtlichen Zuverlässigkeit zureichend sind. Denn dass sie es sind, ergibt sich bereits aus § 125 Abs. 1 S. 1 GWB.[232] Der öffentliche Auftraggeber hat insoweit keinen Beurteilungsspielraum. Allenfalls kann sich dann, wenn die tatbestandlichen Voraussetzungen von § 125 Abs. 1 S. 1 Nr. 1 und 2 GWB nicht vorliegen, über das Erfordernis des § 125 Abs. 2 S. 1 Hs. 2 GWB, dass bei der Bewertung die Schwere und die besonderen Umstände der Straftat oder des Fehlverhaltens zu berücksichtigen sind, ein – allerdings äußerst enger – Beurteilungsspielraum eröffnen.[233] Bei den Selbstreinigungsmaßnahmen nach § 125 Abs. 1 S. 1 Nr. 1 GWB wird beispielsweise zu berücksichtigen sein, dass entsprechend der Wertung des § 123 Abs. 5 S. 2 Hs. 2 GWB bei nur geringfügigen Schäden ein nicht nachgewiesener Schadensausgleich der insgesamt positiven Bewertung der Selbstreinigungsmaßnahmen nicht entgegenstehen wird.[234] Auch werden geringfügige und in ihren Auswirkungen unbedeutende Nachlässigkeiten bei der Sachaufklärung, die einer umfassenden Sachverhaltsaufklärung im Sinne von § 125 Abs. 1 S. 1 Nr. 2 GWB nicht entsprechen mögen, jedenfalls bei

---

230 VK Bund, Beschluss v. 10.6.2021 – VK 1-34/21, juris Rn. 139; *Opitz*, in: Burgi/Dreher, Vergaberecht, § 125 GWB Rn. 11; *Friton*, in: Gabriel/Mertens/Prieß/Stein, Vergaberecht, § 125 GWB Rn. 57; *Ley*, in: Reidt/Stickler/Glahs, Vergaberecht, § 125 GWB Rn. 89. Vgl. auch die Gesetzesbegründung zu § 125 Abs. 2 GWB, BT-Drs. 18/6281, VergRModG 2016, 110. Zum früheren Recht bereits OLG München, Beschluss v. 22.11.2012 – Verg 22/12, juris Rn. 42; OLG Brandenburg, Beschluss v. 14.12.2007 – Verg W 21/07, juris Rn. 61; OLG Düsseldorf, Beschluss v. 18.7.2001 – Verg 16/01, juris Rn. 40; VK Niedersachsen, Beschluss v. 24.3.2011 – VgK-4/2011, juris Rn. 56; VK Brandenburg, Beschluss v. 16.10.2007 – VK 38/07, juris Rn. 75; *Dreher/Hoffmann*, NZBau 2014, 67 f.; *Hölzl/Ritzenhoff*, NZBau 2012, 28 (30).

231 Zu undifferenziert daher VK Südbayern, Beschluss v. 25.4.2019 – VK 2-41/18, juris Rn. 111.

232 Dem folgend *Ley*, in: Reidt/Stickler/Glahs, Vergaberecht, § 125 GWB Rn. 92.

233 Ohne praktische Auswirkung ist die rein rechtsdogmatische Frage, ob die Tatbestände der Nr. 1 und 2 des § 125 Abs. 1 S. 1 GWB hier über § 125 Abs. 2 S. 1 Hs. 2 GWB eingeschränkt werden, oder ob § 125 Abs. 2 S. 1 Hs. 2 GWB die Selbstreinigungsmöglichkeiten über den Tatbestand des § 125 Abs. 1 S. 1 GWB hinaus erweitert.

234 So auch *Ley*, in: Reidt/Stickler/Glahs, Vergaberecht, § 125 GWB Rn. 93.

einem weniger schwerwiegenden Fehlverhalten trotzdem die Annahme erlauben, dass die Selbstreinigungsmaßnahmen insgesamt zureichend sind. Letztlich kommt es hier auf die Umstände des Einzelfalls an, wann ausnahmsweise – obgleich § 125 Abs. 1 S. 1 Nr. 1 oder 2 GWB nicht erfüllt ist – die ergriffenen Selbstreinigungsmaßnahmen in diesen Bereichen unter Verhältnismäßigkeitsgesichtspunkten nach § 125 Abs. 2 S. 1 Hs. 2 GWB für die Wiederherstellung der vergaberechtlichen Zuverlässigkeit dennoch als zureichend zu bewerten sind.[235]

Der durch § 125 Abs. 2 GWB dem öffentlichen Auftraggeber eröffnete Beurteilungsspielraum bei der Bewertung, ob die ergriffenen Selbstreinigungsmaßnahmen zureichend sind, hat Bedeutung vor allem für die Bewertung der präventiven Selbstreinigungsmaßnahmen nach **§ 125 Abs. 1 S. 1 Nr. 3 GWB**. Auch insoweit ist der Beurteilungsspielraum aber dadurch begrenzt, dass § 125 Abs. 1 S. 1 Nr. 3 GWB vorgibt, welche präventiven Maßnahmen als Selbstreinigungsmaßnahmen in Betracht kommen, und dass dann, wenn derartige von dem Unternehmen ergriffene Maßnahmen geeignet sind, weitere Straftaten oder weiteres Fehlverhalten zu vermeiden, insoweit die Voraussetzungen des § 125 Abs. 1 S. 1 Nr. 3 GWB für präventive Selbstreinigungsmaßnahmen erfüllt sind. Der öffentliche Auftraggeber hat lediglich zu prüfen, ob die tatbestandlichen Voraussetzungen des § 125 Abs. 1 S. 1 Nr. 3 GWB vorliegen.[236] Allein die Beurteilung der Frage, ob die von dem Unternehmen ergriffenen geeigneten präventiven Maßnahmen weitere Straftaten oder weiteres Fehlverhalten vermeiden und insoweit zureichend im Sinne des § 125 Abs. 2 S. 1 Hs. 1 GWB sind, um die vergaberechtliche Zuverlässigkeit des Unternehmens wiederherzustellen, beinhaltet eine Prognose. Nur insoweit kommt dem öffentlichen Auftraggeber ein Beurteilungsspielraum zu. Gelangt der öffentliche Auftraggeber zu einer entsprechenden Prognose, endet hiermit – mit der Bewertung, dass die Voraussetzungen des § 125 Abs. 1 S. 1 Nr. 3 GWB vorliegen – sein Beurteilungsspielraum. Auch dass die Gesamtheit der in § 125 Abs. 1 S. 1 GWB vorgesehenen Selbstreinigungsmaßnahmen ausreicht, um die vergaberechtliche Zuverlässigkeit wiederherzustellen, gibt § 125 Abs. 1 S. 1 GWB verbindlich vor und hat der öffentliche Auftraggeber seiner Gesamtbewertung der von dem Unternehmen ergriffenen Selbstreinigungsmaßnahmen zugrunde zu legen.[237] 65

II. Bewertungsverfahren

§ 125 Abs. 2 GWB enthält in seinem S. 2 lediglich eine fragmentarische Vorgabe zum gebotenen Vorgehen des öffentlichen Auftraggebers bei der Bewertung der von dem Unternehmen ergriffenen Selbstreinigungsmaßnahmen. 66

1. Entscheidung

§ 125 Abs. 2 S. 2 GWB ordnet an, dass der öffentliche Auftraggeber ein negatives Ergebnis seiner Bewertung, nämlich die Entscheidung, dass er die Selbstreinigungsmaßnahmen für unzureichend hält, gegenüber dem Unternehmen zu begründen hat. 67

a) Begründung (S. 2)

Die Vorschrift gibt dem Unternehmen gegenüber dem öffentlichen Auftraggeber einen vergaberechtlichen Anspruch auf **Begründung** einer negativen Entscheidung über die von ihm ergriffenen Selbstreinigungsmaßnahmen. Begründen ist mehr als nur die Feststellung, dass die von dem Unternehmen ergriffenen Selbstreinigungsmaßnahmen die tatbestandlichen Voraussetzungen des § 125 Abs. 1 S. 1 GWB nicht erfüllen. Vielmehr hat der öffentliche Auftrag- 68

235 Wie hier *Kaufmann*, in: Pünder/Schellenberg, Vergaberecht, § 125 GWB Rn. 46.

236 Allein der Umstand, dass die von dem öffentlichen Auftraggeber anzuwendende Norm unbestimmte Rechtsbegriffe enthält, verschafft ihm kein Ermessen und keinen Beurteilungsspielraum, so zu Recht *Hertwig*, Praxis der öffentlichen Auftragsvergabe, Rn. 286.

237 Hier gibt es keinerlei Spielraum für den öffentlichen Auftraggeber; so auch *Kaufmann*, in: Pünder/Schellenberg, Vergaberecht, § 125 GWB Rn. 47, sowie allgemein bezogen auf die Kriterien der Eignungsprüfung *Dreher/Hoffmann*, NZBau 2012, 265 (267). Vor der durch § 125 GWG erfolgten Normierung konnte dagegen noch von einem Beurteilungsspielraum auf der Tatbestandsseite gesprochen werden, so *Wimmer*, Zuverlässigkeit im Vergaberecht, S. 172.

geber die tragenden Erwägungen für seine Wertung, dass er die von dem Unternehmen ergriffenen Selbstreinigungsmaßnahmen für unzureichend hält, offenzulegen.[238] Hierbei hat er im Einzelnen darzulegen, warum er die von dem Unternehmen ergriffenen Selbstreinigungsmaßnahmen für unzureichend erachtet, um die vergaberechtliche Zuverlässigkeit des Unternehmens für das anhängige Vergabeverfahren wiederherzustellen.[239] Hält er einzelne Selbstreinigungsmaßnahmen aufgrund des Vorbringens des Unternehmens nicht für im Sinne von § 125 Abs. 1 S. 1 GWB nachgewiesen, hat er auch dies im Einzelnen zu begründen.[240] Hierbei kann sich die Begründung auf einzelne Gesichtspunkte beschränken, soweit sich bereits aus ihrer Würdigung ergibt, dass und warum das Unternehmen keine ausreichenden Selbstreinigungsmaßnahmen ergriffen hat.[241] So erübrigt es sich beispielsweise, die nach § 125 Abs. 1 S. 1 Nr. 3 GWB gebotenen präventiven Selbstreinigungsmaßnahmen zu bewerten, wenn das Unternehmen schon nicht nachgewiesen hat, dass es die nach § 125 Abs. 1 S. 1 Nr. 1 GWB zum Schadensausgleich notwendigen Maßnahmen ergriffen hat.[242] Kommt der öffentliche Auftraggeber seiner Begründungspflicht nicht hinreichend nach und provoziert auf diese Weise ein Nachprüfungsverfahren, kann er zwar die Begründungsmängel bis zum Abschluss des Nachprüfungsverfahrens heilen, wird aber regelmäßig die Verfahrenskosten zu tragen haben, wenn dieser aufgrund der nachgelieferten Begründung seinen Antrag zurücknimmt oder das Nachprüfungsverfahren in der Hauptsache für erledigt erklärt.[243]

69 § 125 Abs. 2 S. 2 GWB ordnet nicht ausdrücklich an, in welcher **Form** die ablehnende Entscheidung zu begründen ist. Weil es sich um eine wesentliche Verfahrensentscheidung handelt, folgt aber bereits aus § 8 VgV, dass es insoweit grundsätzlich eines die wesentlichen Erwägungen dokumentierenden Vermerks in den Vergabeakten bedarf.[244] Sinnvollerweise wird die dem betroffenen Unternehmen gegenüber bekannt zu gebende Entscheidung regelmäßig zumindest der Textform im Sinne des § 126b BGB genügen müssen.[245] Es muss sich also zumindest um eine lesbare Erklärung handeln, in der die Person des Erklärenden genannt ist und die auf einem im Sinne von § 126b S. 2 BGB dauerhaften Datenträger abgegeben wird. Eine Ausnahme mag gelten, wenn der öffentliche Auftraggeber sich erst im Rahmen der mündlichen Verhandlung im Nachprüfungsverfahren zu einer negativen Bewertung der Selbstreinigungsmaßnahmen veranlasst sieht. Hier genügt es, wenn die maßgeblichen Gründe bereits schriftsätzlich vorgetragen waren oder im Sitzungsprotokoll festgehalten werden.[246]

70 Kommt der öffentliche Auftraggeber zu einer **positiven Entscheidung** über die von dem Unternehmen ergriffenen Selbstreinigungsmaßnahmen, bedarf dies zwar keiner Begründung gegenüber dem Unternehmen oder anderen Bietern. Es ist aber, schon um dem Transparenzgrundsatz und den aus ihm folgenden Dokumentationspflichten zu genügen, erforderlich, dass der öffentliche Auftraggeber in den Vergabeakten die wesentlichen Gründe für die positive Entscheidung im Rahmen eines Vermerks darlegt.[247] Denn nur so ist feststellbar, dass er den Vorgaben aus § 125 Abs. 2 GWB zur Bewertung der von dem Unternehmen ergriffenen Selbstreinigungsmaßnahmen ordnungsgemäß nachgekommen ist. Ohnehin ist eine eingehende Begründung der positiven Entscheidung erforderlich, wenn ein konkurrierendes Unter-

---

238 *Kaufmann*, in: Pünder/Schellenberg, Vergaberecht, § 125 GWB Rn. 50 unter Bezugnahme auf die Vorgaben aus § 39 Abs. 1 VwVfG. Vgl. schon zum früheren Recht: OLG Düsseldorf, Beschluss v. 9.6.2010 – VII-Verg 14/10, juris Rn. 46 f.

239 So auch *Ley*, in: Reidt/Stickler/Glahs, Vergaberecht, § 125 GWB Rn. 104. In diesem Sinne bereits zur früheren Rechtslage OLG Düsseldorf, Beschluss v. 9.6.2010 – VII-Verg 14/10, juris Rn. 43; OLG Frankfurt, Beschluss v. 20.7.2004 – 11 Verg 6/04, juris Rn. 59.

240 Wie hier *Ley*, in: Reidt/Stickler/Glahs, Vergaberecht, § 125 GWB Rn. 104.

241 Ebenso *Ley*, in: Reidt/Stickler/Glahs, Vergaberecht, § 125 GWB Rn. 104.

242 Vgl. auch VK Bund, Beschluss v. 12.6.2015 – VK 2-31/15, wo für das Scheitern der Selbstreinigungsmaßnahmen bereits tragend war, dass die an Kartellabsprachen beteiligten Geschäftsführer ihre Positionen behalten hatten.

243 *Ley*, in: Reidt/Stickler/Glahs, Vergaberecht, § 125 GWB Rn. 106.

244 So zutreffend VK Münster, Beschluss v. 25.4.2019 – VK 2-41/18, juris Rn. 119.

245 Ebenso *Summa*, in: Heiermann/Zeiss/Summa, Vergaberecht, § 125 GWB Rn. 44; *Kaufmann*, in: Pünder/Schellenberg, Vergaberecht, § 125 GWB Rn. 49; *Ley*, in: Reidt/Stickler/Glahs, Vergaberecht, § 125 GWB Rn. 105.

246 So im Fall des OLG München, Beschluss v. 22.11.2012 – Verg 22/12, juris Rn. 59.

247 So auch *Kaufmann*, in: Pünder/Schellenberg, Vergaberecht, § 125 GWB Rn. 51, sowie die Praxis zum früheren Recht, vgl. OLG Brandenburg, Beschluss v. 14.12.2007 – Verg W 21/07, juris Rn. 10; VK Düsseldorf, Beschluss v. 13.3.2006 – VK-08/2006, juris Rn. 64.

nehmen rügt, dass der öffentliche Auftraggeber im Hinblick auf Selbstreinigungsmaßnahmen zu Unrecht von dem Ausschluss des Unternehmens abgesehen habe.[248]

b) Zeitpunkt

Da gemäß § 123 Abs. 1, Abs. 4 S. 1 und § 124 Abs. 1 GWB ein Ausschluss zu jedem Zeitpunkt des Vergabeverfahrens erfolgen kann, sofern die danach jeweils bestehenden Voraussetzungen erfüllt sind[249] – mithin bis zur Beendigung des Vergabeverfahrens durch Zuschlag oder Aufhebung –, sind auch etwaige Selbstreinigungsmaßnahmen zu jedem Zeitpunkt des Vergabeverfahrens zu prüfen, nämlich immer dann, wenn Ausschlussgründe nach den §§ 123, 124 GWB vorliegen, die vorbehaltlich etwaiger Selbstreinigungsmaßnahmen nach § 125 GWB einen Ausschluss des Unternehmens rechtfertigen würden. Dementsprechend spielt es keine Rolle, zu welchem Zeitpunkt die Selbstreinigungsmaßnahmen vorgenommen oder von dem Unternehmen nachgewiesen werden,[250] wenn nur zum Zeitpunkt der Entscheidung zureichende Selbstreinigungsmaßnahmen nachgewiesen sind.[251] Auch im Vergabenachprüfungsverfahren sind eine Bewertung der Selbstreinigungsmaßnahmen und eine Entscheidung hierüber noch bis zur letzten mündlichen Verhandlung zulässig und gegebenenfalls auch erforderlich.[252] **71**

c) Bindung

Eine positive Bewertung der Selbstreinigungsmaßnahmen des Unternehmens nach § 125 Abs. 1 S. 1 GWB und eine entsprechende **positive Entscheidung** bewirkt nur eine begrenzte Selbstbindung des öffentlichen Auftraggebers. Der öffentliche Auftraggeber kann aufgrund neuer Erkenntnisse, sei es von Amts wegen, sei es auf Rügen eines anderen am Vergabeverfahren beteiligten Unternehmens, seine positive Entscheidung revidieren und zu einer negativen Entscheidung hinsichtlich der Selbstreinigungsmaßnahmen des Unternehmens gelangen.[253] Soweit es an neuen Erkenntnissen fehlt, ist ihm dagegen eine von der bisherigen Bewertung der Selbstreinigungsmaßnahmen abweichende Bewertung im Allgemeinen nach Treu und Glauben verwehrt, wie dies auch in entsprechender Weise bei der Bewertung fakultativer Ausschlussgründe gilt.[254] Eine solche begrenzte Selbstbindung setzt aber eine klar zum Ausdruck gebrachte positive Bewertung der Selbstreinigungsmaßnahmen voraus. So lässt beispielsweise allein der Umstand, dass der öffentliche Auftraggeber in Kenntnis von dem Fehlverhalten eines Unternehmens sowie möglichen Selbstreinigungsmaßnahmen zur Vervollständigung der Antragsunterlagen auffordert, nicht den Schluss zu, er halte die Selbstreinigungsmaßnahmen für zureichend.[255] Ebenso unerheblich ist, wie in früheren Vergabeverfah- **72**

248 Im Einzelfall kann insoweit auch zur Herstellung von Transparenz eine kurz begründete Mitteilung des öffentlichen Auftraggebers an sämtliche am Vergabeverfahren teilnehmende Unternehmen zweckmäßig sein, dass die Voraussetzungen der Selbstreinigung bei einem Unternehmen, dass ansonsten nach den §§ 123, 124 GWB auszuschließen wäre, gegeben seien. Nach Ablauf der Frist des § 160 Abs. 3 S. 1 Nr. 1 GWB sind dann Rügen gegen die Entscheidung, die Selbstreinigungsmaßnahmen als zureichend zu bewerten, grundsätzlich präkludiert, vgl. OLG Düsseldorf, Beschluss v. 9.4.2003 – VII-Verg 43/02, juris Rn. 41.

249 So zum früheren Recht *Burgi*, NZBau 2014, 595 (597).

250 Vgl. bereits oben bei Rn. 28 und Rn. 55; a.A. wohl *Jaeger*, in: Säcker, Wettbewerbsrecht, § 125 GWB Rn. 15; *Dreher/Hoffmann*, NZBau 2014, 67 (70), die auf den Zeitpunkt der Eignungsprüfung abstellen wollen; die Eignung ist indes, soweit geboten, zu jedem Zeitpunkt des Vergabeverfahrens unter Beachtung einer etwaigen Bindung an die Entscheidung aus einer früheren Prüfung nötigenfalls erneut zu prüfen; vgl. etwa OLG Düsseldorf, Beschluss v. 18.7.2001 – Verg 16/01, juris Rn. 40; *Ohrtmann*, NZBau 2007, 201 (205).

251 Ebenso bereits zum früheren Recht OLG Brandenburg, Beschluss v. 14.12.2007 – Verg W 21/07, juris Rn. 58; *Prieß/Stein*, NZBau 2008, 230 (231); *Wimmer*, Zuverlässigkeit im Vergaberecht, S. 32.

252 OLG Naumburg, Beschluss v. 22.9.2014 – 2 Verg 2/13, juris Rn. 22; OLG München, Beschluss v. 22.11.2012 – Verg 22/12, juris Rn. 45; Beschluss v. 21.5.2010 – Verg 2/10, juris Rn. 158; VG Düsseldorf, Urteil v. 24.3.2015 – 20 K 6764/13, juris Rn. 104; *Ohrtmann*, in: Byok/Jaeger, Vergaberecht, § 125 GWB Rn. 75; *Ley*, in: Reidt/Stickler/Glahs, Vergaberecht, § 125 GWB Rn. 96.

253 OLG Naumburg, Beschluss v. 22.9.2014 – 2 Verg 2/13, juris Rn. 22 f.; OLG München, Beschluss v. 22.11.2012 – Verg 22/12, juris Rn. 44 f.; *Wimmer*, Zuverlässigkeit im Vergaberecht, S. 33.

254 Vgl. OLG Düsseldorf, Beschluss v. 9.6.2010 – VII-Verg 14/10, juris Rn. 49; OLG Frankfurt, Beschluss v. 20.7.2004 – 11 Verg 6/04, juris Rn. 45 m.w.N.; *Ley*, in: Reidt/Stickler/Glahs, Vergaberecht, § 125 GWB Rn. 100.

255 Vgl. OLG Düsseldorf, Beschluss v. 9.6.2010 – VII-Verg 14/10, juris Rn. 52 f.

ren über die Selbstreinigungsmaßnahmen entschieden worden ist.[256] Allerdings wird der öffentliche Auftraggeber bei der Abweichung von einer früheren Entscheidung eingehend darzulegen haben, warum er zu einer anderen Einschätzung gelangt ist und dass hierbei keine sachfremden Erwägungen eingeflossen sind.[257]

73 Anders liegt es dagegen bei einer **negativen Entscheidung** über die Selbstreinigungsmaßnahmen. Hat der öffentliche Auftraggeber die Selbstreinigungsmaßnahmen des Unternehmens als unzureichend bewertet, dem Unternehmen dies nach § 125 Abs. 2 S. 2 GWB mitgeteilt und das Unternehmen wegen Vorliegens eines Ausschlussgrundes nach den §§ 123, 124 GWB ausgeschlossen, ist eine Neubewertung nur dann geboten, wenn das betroffene Unternehmen seinen Ausschluss nach Maßgabe von § 160 Abs. 3 GWB fristgerecht gerügt hat. Unterbleibt eine (rechtzeitige) Rüge, wird die Entscheidung über den Ausschluss bestandskräftig. Eine Wiederaufnahme des einmal ausgeschlossenen Unternehmens in das Vergabeverfahren kommt dann unabhängig von etwa noch entfalteten Selbstreinigungsmaßnahmen nicht in Betracht.

2. Verfahren bis zur Entscheidung

74 § 125 Abs. 2 GWB sind zwar keine Vorgaben zur Gestaltung des Verfahrens bis zur Bewertung und Entscheidung über die von dem Unternehmen ergriffenen Selbstreinigungsmaßnahmen zu entnehmen, ebenso wenig der Vergabeverordnung.[258] Dennoch sind aus den Grundsätzen von Transparenz, Verhältnismäßigkeit und Gleichbehandlung aus § 97 Abs. 1 und 2 GWB einige grundlegende Verfahrensregeln abzuleiten, an die sich der öffentliche Auftraggeber zu halten hat.

75 So wird der öffentliche Auftraggeber wegen der stets bei Vorliegen eines Ausschlussgrundes nach den §§ 123, 124 GWB bestehenden Möglichkeit des Unternehmens, durch geeignete Selbstreinigungsmaßnahmen seine vergaberechtliche Zuverlässigkeit wiederherzustellen und damit seinen Ausschluss vom Vergabeverfahren zu verhindern, dem Unternehmen vor einem Ausschluss in aller Regel Gelegenheit zu geben haben, Selbstreinigungsmaßnahmen nach § 125 Abs. 1 S. 1 GWB nachzuweisen, und es insoweit **anzuhören** haben.[259] Davon wird er ausnahmsweise nur dann absehen können, wenn ohne Weiteres ersichtlich ist, dass das Unternehmen keine zureichenden Selbstreinigungsmaßnahmen ergriffen hat.

76 Soweit der öffentliche Auftraggeber die Darlegungen des Unternehmens zu den von ihm ergriffenen Selbstreinigungsmaßnahmen nach § 125 Abs. 1 S. 1 Nr. 1 bis 3 GWB nicht für ausreichend oder nicht für hinreichend nachgewiesen hält, wird er das Unternehmen, soweit es für die Entscheidung erheblich ist, regelmäßig darauf hinzuweisen und ihm Gelegenheit zur **Abhilfe** zu geben haben.[260]

77 Der öffentliche Auftraggeber kann dem Unternehmen für die Erledigung seiner Hinweise **Fristen** setzen. Werden die Fristen nicht eingehalten, kann der öffentliche Auftraggeber zwar entscheiden.[261] Für einen Ausschluss von Vorbringen nach Fristablauf fehlt aber eine Rechts-

---

256 OLG München, Beschluss v. 22.11.2012 – Verg 22/12, juris Rn. 60; VK Münster, Beschluss v. 25.4.2019 – VK 2-41/18, juris Rn. 115; *Dreher/Hoffmann*, NZBau 2014, 67 (68).

257 Etwa unangemessene Verfolgung streitiger Schadensersatzansprüche, vgl. VK Münster, Beschluss v. 25.4.2019 – VK 2-41/18, juris Rn. 115 f., wo dies im konkreten Fall nicht feststellbar war.

258 Vgl. oben Rn. 56.

259 EuGH, Urteil v. 3.10.2019 – Rs. C-267/18 (Delta Antrepriza de Constructii si Montaj 93), Rn. 37 f.; OLG München, Beschluss v. 29.1.2021 – Verg 11/20, juris Rn. 48; VK Bund, Beschluss v. 12.10.2020 – VK 2-77/20, juris Rn. 62. Vgl. zur früheren Rechtslage OLG Frankfurt, Beschluss v. 20.7.2004 – 11 Verg 6/04, juris Rn. 53, 64; *Summa*, in: Heiermann/Zeiss/Summa, Vergaberecht, § 125 GWB Rn. 38,1; *Ohrtmann*, NZBau 2007, 201 (204); a.A. *Stolz*, in: Ziekow/Völlink, Vergaberecht, § 125 GWB Rn. 17.

260 So auch EuGH, Urteil v. 3.10.2019 – Rs. C-267/18 (Delta Antrepriza de Constructii si Montaj 93), Rn. 37 f.; VK Niedersachsen, Beschluss v. 5.2.2020 – VgK-50/2020, juris Rn. 126, 130. Vgl. ferner bereits zum früheren Recht OLG Brandenburg, Beschluss v. 14.12.2007 – Verg W 21/07, juris Rn. 8; OLG Frankfurt, Beschluss v. 20.7.2004 – 11 Verg 6/04, juris Rn. 64: *„Anhörung des Betroffenen"*.

261 Eine negative Entscheidung über Selbstreinigungsmaßnahmen ist von dem Unternehmen nach Ablauf der Rügefristen nicht mehr angreifbar und ein darauf gestützter Ausschluss für den öffentlichen Auftraggeber nicht mehr revidierbar, vgl. Rn. 73.

grundlage.[262] Der öffentliche Auftraggeber kann sie sich auch nicht selbst schaffen, indem er ankündigt, verspätetes Vorbringen nicht zu berücksichtigen.[263] Auch sonst fehlt eine Rechtsgrundlage, die es ihm erlauben würde, die Berücksichtigung der Selbstreinigungsmaßnahmen von bestimmten formellen Voraussetzungen abhängig zu machen.[264]

D. Rechtsschutz

I. Nachprüfungsantrag im Vergabeverfahren

1. Antragsbefugnis

Schließt der öffentliche Auftraggeber ein Unternehmen wegen Vorliegens eines Ausschlussgrundes nach den §§ 123, 124 GWB aus, so kann das Unternehmen stets auch rügen, dass Selbstreinigungsmaßnahmen nach § 125 Abs. 1 S. 1 GWB dem Ausschluss entgegengestanden hätten. § 125 Abs. 1 S. 1 GWB stellt als Anspruch auf Prüfung von Selbstreinigungsmaßnahmen für das ausgeschlossene Unternehmen ohne Weiteres eine unternehmensschützende Vorschrift im Sinne des § 97 Abs. 6 GWB dar, bei deren Verletzung der öffentliche Auftraggeber auf die Rüge des Unternehmens Abhilfe zu leisten hat, andernfalls das Unternehmen grundsätzlich nach § 160 Abs. 2 GWB antragsbefugt für das Vergabenachprüfungsverfahren ist.[265] § 125 Abs. 1 S. 1 GWB ist aber auch für andere Bieter bieterschützend im Sinne des § 97 Abs. 6 GWB, soweit der öffentliche Auftraggeber zu der Annahme gelangt, die von dem betroffenen Unternehmen ergriffenen Selbstreinigungsmaßnahmen seien zur Wiedererlangung der vergaberechtlichen Zuverlässigkeit zureichend, sodass das Unternehmen nach § 125 Abs. 1 S. 1 GWB nicht vom Vergabeverfahren auszuschließen sei.[266] Denn ohne hinreichende Selbstreinigungsmaßnahmen im Sinne des § 125 Abs. 1 S. 1 GWB würde der öffentliche Auftraggeber gegen den Gleichbehandlungsgrundsatz aus § 97 Abs. 2 GWB verstoßen, wenn er von einem Ausschluss des Unternehmens trotz Vorliegens von Ausschlussgründen nach den §§ 123, 124 GWB absähe.[267] **78**

2. Gegenstand der Rüge

Greift ein Unternehmen seinen Ausschluss von einem Vergabeverfahren an, ist stets zunächst zu klären, was es konkret rügen möchte. Ist Gegenstand der Rüge nur, dass der öffentliche Auftraggeber einen Ausschlussgrund nach den §§ 123, 124 GWB angenommen hat, so beschränkt sich der Prüfungsumfang auf diese Rüge. Nur wenn das ausgeschlossene Unternehmen (auch) geltend macht, dass es (jedenfalls) wegen von ihm ergriffener Selbstreinigungsmaßnahmen nicht auszuschließen sei, ist auch dieser Gesichtspunkt vom öffentlichen Auftraggeber oder den Nachprüfungsinstanzen zu prüfen.[268] **79**

---

262 Vgl. EuGH, Urteil v. 14.1.2021 – Rs. C-387/19 (RTS infra), Rn. 42, 48; a.A. allerdings zum früheren Recht VK Bund, Beschluss v. 12.6.2015 – VK 2-31/15.

263 Vgl. EuGH, Urteil v. 14.1.2021 – Rs. C-387/19 (RTS infra), Rn. 42, 48 und in dieser Kommentierung oben Rn. 55.

264 A.A. *Opitz*, in: Burgi/Dreher, Vergaberecht, § 125 GWB Rn. 34.

265 *Kaufmann*, in: Pünder/Schellenberg, Vergaberecht, § 125 GWB Rn. 60; *Ley*, in: Reidt/Stickler/Glahs, Vergaberecht, § 125 GWB Rn. 107. Vgl. zum früheren Recht bereits OLG München, Beschluss v. 21.4.2006 – Verg 8/06, juris Rn. 46; VK Bund, Beschluss v. 12.6.2015 – VK 2-31/15; VK Niedersachsen, Beschluss v. 24.3.2011 – VgK-4/2011, juris Rn. 48; *Ohrtmann*, NZBau 2007, 278 (278); *Stein/Friton*, VergabeR 2010, 151 (162).

266 So auch *Opitz*, in: Burgi/Dreher, Vergaberecht, § 125 GWB Rn. 14. Vgl. zum früheren Recht etwa OLG Brandenburg, Beschluss v. 14.12.2007 – Verg W 21/07, juris Rn. 60; OLG Düsseldorf, Beschluss v. 9.4.2003 – VII-Verg 43/02, juris Rn. 25, 29, wo die Antragsbefugnis jeweils als selbstverständlich vorausgesetzt wird; ausdrücklich *Ohrtmann*, NZBau 2007, 278 (278); *Stein/Friton*, VergabeR 2010, 151 (162).

267 Wie hier *Kaufmann*, in: Pünder/Schellenberg, Vergaberecht, § 125 GWB Rn. 65; *Ley*, in: Reidt/Stickler/Glahs, Vergaberecht, § 125 GWB Rn. 111.

268 Ebenso *Ley*, in: Reidt/Stickler/Glahs, Vergaberecht, § 125 GWB Rn. 110.

3. Nachprüfungsumfang

a) Unterlassene Bewertung oder Entscheidung

80 Begründeten Anlass zur Rüge kann geben, dass der öffentliche Auftraggeber seiner Verpflichtung aus § 125 Abs. 2 GWB nicht nachgekommen ist, die Selbstreinigungsmaßnahmen zu bewerten, über sie zu entscheiden oder die Entscheidung zu begründen.[269] Die insoweit bestehenden verfahrensrechtlichen Absicherungen der Berücksichtigung von Selbstreinigungsmaßnahmen sind für das betroffene Unternehmen ohne Weiteres unternehmensschützend im Sinne des § 97 Abs. 6 GWB. Auch die fehlende und unzureichende Dokumentation einer positiven Bewertung von Selbstreinigungsmaßnahmen ist fehlerhaft[270] und kann von anderen Unternehmen wegen der hierin liegenden Verletzung des Transparenzgebots (§ 97 Abs. 1 S. 1 Alt. 2 GWB) mit Aussicht auf Erfolg gerügt werden.[271] Dokumentationsmängel können aber nach allgemeinen Grundsätzen im Nachprüfungsverfahren geheilt werden[272] und im Übrigen die Bewertung und Entscheidung auch im Nachprüfungsverfahren noch nachgeholt werden.[273]

b) Bewertungsrügen

81 Gegenstand der Rüge wird in der Regel (auch) die Bewertung der Selbstreinigungsmaßnahmen als zureichend oder unzureichend sein. Zu prüfen ist hier nicht unmittelbar das Vorliegen der Voraussetzungen des § 125 Abs. 1 S. 1 GWB, sondern die in der Entscheidung nach § 125 Abs. 2 S. 2 GWB Ausdruck findende Bewertung dieser Maßnahmen durch den öffentlichen Auftraggeber.[274]

82 Die Bewertung des öffentlichen Auftraggebers ist fehlerhaft, wenn er bei der Prognose, ob die von dem Unternehmen ergriffenen Selbstreinigungsmaßnahmen zureichend oder unzureichend zur Wiederherstellung seiner vergaberechtlichen Zuverlässigkeit sind, den ihm insoweit eingeräumten **Beurteilungsspielraum** nicht gewahrt hat. Das ist der Fall, wenn er bei seiner Bewertung von einem unzutreffenden Sachverhalt ausgegangen ist, in rechtsfehlerhafter Anwendung des § 125 Abs. 1 S. 1 GWB unzutreffend davon ausgegangen ist, Selbstreinigungsmaßnahmen seien erbracht oder nicht erbracht, seine Einschätzung, ob die von dem Unternehmen ergriffenen Selbstreinigungsmaßnahmen zureichend oder unzureichend sind, nicht an dem sich aus § 125 Abs. 1 S. 1, Abs. 2 S. 1 Hs. 2 GWB ergebenden Beurteilungsmaßstab ausgerichtet hat oder seine Wertung von sachwidrigen Erwägungen beeinflusst ist.[275]

83 Die Bewertung des öffentlichen Auftraggebers weist zunächst Mängel auf, wenn er von einer **unzutreffenden Tatsachengrundlage** ausgegangen ist,[276] sei es, dass er entscheidungserhebliche Tatsachen nicht berücksichtigt hat, sei es, dass er falsche Tatsachen zugrunde gelegt

---

269 So auch *Ley*, in: Reidt/Stickler/Glahs, Vergaberecht, § 125 GWB Rn. 108.

270 Vgl. bereits oben unter Rn. 69 f.

271 Ebenso *Ohrtmann*, in: Byok/Jaeger, Vergaberecht, § 125 GWB Rn. 78.

272 VK Münster, Beschluss v. 25.4.2019 – VK 2-41/18, juris Rn. 119 f.

273 Vgl. oben Rn. 71.

274 So schon zum früheren Recht OLG Brandenburg, Beschluss v. 14.12.2007 – Verg W 21/07, juris Rn. 60; OLG Düsseldorf, Beschluss v. 9.4.2003 – VII-Verg 43/02, juris Rn. 25.

275 *Kaufmann*, in: Pünder/Schellenberg, Vergaberecht, § 125 GWB Rn. 62; *Ley*, in: Reidt/Stickler/Glahs, Vergaberecht, § 125 GWB Rn. 109; *Jaeger*, in: Säcker, Wettbewerbsrecht, § 125 GWB Rn. 14. – Die genannten Vorgaben entsprechen den Vorgaben zur eingeschränkten Überprüfbarkeit der Bewertung von Selbstreinigungsmaßnahmen nach früherem Recht, vgl. nur OLG Naumburg, Beschluss v. 22.9.2014 – 2 Verg 2/13, juris Rn. 21; OLG München, Beschluss v. 22.11.2012 – Verg 22/12, juris Rn. 50 bis 55; KG, Beschluss v. 27.11.2008 – 2 Verg 4/08, juris Rn. 3; OLG Celle, Beschluss v. 11.3.2004 – 13 Verg 3/04, juris Rn. 27; OLG Düsseldorf, Beschluss v. 4.9.2002 – Verg 37/02, Rn. 31; *Scherer-Leydecker*, in: Heuvels/Höß/Kuß/Wagner, Vergaberecht, § 6 VOB/A Rn. 92; *Müller-Wrede*, in: Müller-Wrede, VOL/A, § 6 EG Rn. 77; *ders.*, in: Müller-Wrede, GWB-Vergaberecht, § 97 Rn. 37; *Weyand*, Vergaberecht, § 97 GWB Rn. 716. Sie entsprechen auch den allgemeinen Anforderungen an die Überprüfung von Bewertungen des öffentlichen Auftraggebers im Rahmen eines ihnen eingeräumten Beurteilungsspielraums, vgl. BGH, Urteil v. 17.2.1999 – X ZR 101/97, juris Rn. 26; zu undifferenziert VK Münster, Beschluss v. 25.4.2019 – VK 2-41/18, juris Rn. 111.

276 Vgl. OLG München, Beschluss v. 22.11.2012 – Verg 22/12, juris Rn. 48; OLG Düsseldorf, Beschluss v. 9.6.2010 – VII-Verg 14/10, juris Rn. 44; VK Düsseldorf, Beschluss v. 13.3.2006 – VK-8/2006, juris Rn. 66.

hat.[277] Auch Unklarheiten bei der Feststellung des Sachverhalts können die Tragfähigkeit der darauf gestützten Bewertung in Zweifel ziehen. Von welchem Sachverhalt der öffentliche Auftraggeber auszugehen hat, liegt weder in seinem Ermessen noch kommt ihm insoweit ein Beurteilungsspielraum zu.[278] Sind die tatsächlichen Grundlagen der Bewertung zwischen den Beteiligten streitig, so sind die Nachprüfungsinstanzen gehalten, hier aufklärend tätig zu werden (§ 163 Abs. 1 GWB) und gegebenenfalls, soweit es darauf ankommt, Beweis zu erheben.[279] Hierbei haben sie aber zu berücksichtigen, dass die Selbstreinigungsmaßnahmen nur im Sinne des § 125 Abs. 1 S. 1 GWB nachzuweisen sind, es also genügt, wenn sie glaubhaft gemacht sind.[280] Grundlage und Ausgangspunkt der Prüfung, ob die Bewertung des öffentlichen Auftraggebers Bestand haben kann, hat damit jeweils die Feststellung des zugrunde zu legenden Sachverhalts zu sein.[281]

Die Bewertung der Selbstreinigungsmaßnahmen ist weiter dann fehlerhaft, wenn der öffentliche Auftraggeber den **Sachverhalt unzutreffend rechtlich gewürdigt** hat. Er hat zu prüfen, ob das Unternehmen die in § 125 Abs. 1 S. 1 Nr. 1 bis 3 GWB aufgeführten Selbstreinigungsmaßnahmen nachgewiesen hat. Hierbei stehen ihm weder Ermessen noch Beurteilungsspielraum zu.[282] Ob das Unternehmen die nach § 125 Abs. 1 S. 1 Nr. 1 GWB geforderte Schadenswiedergutmachung erbracht, die ihm nach § 125 Abs. 1 S. 1 Nr. 2 GWB abverlangte aktive Sachaufklärung geleistet und im Sinne von § 125 Abs. 1 S. 1 Nr. 3 GWB technische, organisatorische und personelle Maßnahmen ergriffen hat, die geeignet sind, weitere Straftaten oder weiteres Fehlverhalten zu vermeiden, unterliegt mithin der vollen Rechtskontrolle durch die Nachprüfungsinstanzen. Der Beurteilungsspielraum des öffentlichen Auftraggebers besteht unter Beachtung der Vorgaben des § 125 Abs. 1 S. 1, Abs. 2 S. 1 Hs. 2 GWB nur für die Bewertung der danach festzustellenden Selbstreinigungsmaßnahmen als zureichend oder unzureichend.[283] 84

Die **Bewertung** der Selbstreinigungsmaßnahmen durch den öffentlichen Auftraggeber ist **fehlerhaft**, wenn sie sich nicht am Maßstab der §§ 125 Abs. 1 S. 1, Abs. 2 S. 1 Hs. 2 GWB ausgerichtet hat.[284] Hat die Prüfung ergeben, dass das Unternehmen Selbstreinigungsmaßnahmen nach § 125 Abs. 1 S. 1 Nr. 1 bis 3 GWB ergriffen hat, sind grundsätzlich die Voraussetzungen für die Wiederherstellung der vergaberechtlichen Zuverlässigkeit erfüllt und ist für die Wertung, die Maßnahmen seien unzureichend, nur im Hinblick auf die präventiven Maßnahmen nach § 125 Abs. 1 S. 1 GWB Raum, wenn sich die Prognose, dass diese Maßnahmen zur Vermeidung weiteren Fehlverhaltens genügen, nicht getroffen werden kann.[285] Die hierfür maßgeblichen Erwägungen müssen die Vorgaben des § 125 Abs. 2 S. 1 Hs. 2 GWB berück- 85

277 Vgl. beispielhaft für eine Prüfung der tatsächlichen Grundlagen einer Prognoseentscheidung VG Düsseldorf, Urteil v. 24.3.2015 – 20 K 6764/13, juris Rn. 114 bis 120.

278 Dem folgend *Kaufmann*, in: Pünder/Schellenberg, Vergaberecht, § 125 GWB Rn. 63.

279 So etwa in der Sache OLG Düsseldorf, Beschluss v. 9.4.2003 – VII-Verg 66/02, juris Rn. 86 ff.; zu den bei einer Beweisaufnahme gegebenenfalls zu berücksichtigenden Umständen OLG Naumburg, Beschluss v. 22.9.2014 – 2 Verg 2/13, juris Rn. 25.

280 Vgl. im Einzelnen oben unter Rn. 53. Nach OLG Saarbrücken, Beschluss v. 29.1.2003 – 1 Verg 4/03, ist eine Zeugenvernehmung entbehrlich, wenn der Aktenlage ein konkreter, ohne Weiteres greifbarer Sachverhalt entnommen werden kann, der sich aus seriösen Quellen speist; ebenso KG, Beschluss v. 27.11.2008 – 2 Verg 4/08, juris Rn. 24.

281 Sehr klar zum früheren Recht OLG München, Beschluss v. 22.11.2012 – Verg 22/12, juris Rn. 48 f.; OLG Düsseldorf, Beschluss v. 9.4.2003 – VII-Verg 43/02, juris Rn. 26 bis 28.

282 Vgl. im Einzelnen bereits oben Rn. 63 bis 65.

283 Vgl. im Einzelnen bereits oben Rn. 65. Abgesehen davon, dass § 125 Abs. 1 S. 1 GWB nicht zu entnehmen ist, dass dem öffentlichen Auftraggeber auch für die Bewertung der seiner Prognoseentscheidung zugrunde zu legenden Grundlage ein Beurteilungsspielraum eingeräumt wäre, wäre dies auch mit wesentlichen Grundsätzen des Vergaberechts nicht zu vereinbaren; dessen Funktion, die Chancengleichheit unter den Bewerbern zu sichern, verlangt eine Vergabeentscheidung, die in Anbindung an die rechtlichen Vorgaben – hier aus § 125 Abs. 1 S. 1 GWB – und frei von willkürlichen Ergebnissen möglicher Wertungen in einem rechtsförmigen Verfahren ergeht, vgl. BGH, Urteil v. 17.2.1999 – X ZR 101/97, juris Rn. 25.

284 Vgl. bereits oben Rn. 61 ff.

285 Dies war bereits nach früherem Recht der Bezugspunkt der Prognose, vgl. OLG Düsseldorf, Beschluss v. 9.6.2010 – VII-Verg 14/10, juris Rn. 46 f.; OLG Brandenburg, Beschluss v. 14.12.2007 – Verg W 21/07, juris Rn. 75.

sichtigen, also die Schwere und besonderen Umstände des Fehlverhaltens, und dürfen nicht sachwidrig sein.[286]

c) Erheblichkeit der Mängel

86 Hat der öffentliche Auftraggeber die Bewertung danach nicht oder nicht fehlerfrei vorgenommen, ist es grundsätzlich geboten, das Vergabeverfahren zurückzuversetzen, damit der öffentliche Auftraggeber die Prüfung und Bewertung der Selbstreinigungsmaßnahmen nachholen kann.[287] Das ist dann anders, wenn trotz einzelner Zweifel an der Richtigkeit die Bewertung insgesamt nicht zu beanstanden ist,[288] wobei der öffentliche Auftraggeber seine Bewertung bis zur letzten mündlichen Verhandlung im Nachprüfungsverfahren nachbessern kann.[289] Ferner scheidet eine Zurückversetzung dann aus, wenn sich der Beurteilungsspielraum des öffentlichen Auftraggebers bis zum Ende des Nachprüfungsverfahrens derart verengt hat, dass nur die Bewertung der Selbstreinigungsmaßnahmen als zureichend oder unzureichend begründbar wäre;[290] hier ist die Entscheidung von den Nachprüfungsinstanzen, soweit nötig, entsprechend zu ersetzen.[291]

II. Rechtsschutz außerhalb des anhängigen Vergabeverfahrens

87 Da Selbstreinigungsmaßnahmen in konkret anhängigen Vergabeverfahren nach den §§ 97 ff. GWB zwingend zu berücksichtigen sind,[292] besteht **grundsätzlich** kein Anlass für rechtliche Auseinandersetzungen außerhalb anhängiger Vergabeverfahren.

88 Das ist nur insoweit anders, als Unternehmen der Zugang zu Vergabeverfahren allgemein durch **Vergabesperren** versagt werden soll.[293] Hiergegen können die Unternehmen mit Aussicht auf Erfolg vor den Zivilgerichten vorgehen,[294] und zwar auch dann, wenn ein die Vergabesperre anordnender Verwaltungsakt ergangen ist.[295] Das für die Zulässigkeit solcher Klagen erforderliche allgemeine Rechtsschutzbedürfnis leitet sich aus der schon faktisch von einer Vergabesperre für die Teilnahme an Vergabeverfahren ausgehenden Beeinträchtigung her.[296] Entsprechende Klagen können begründet sein, soweit die Vergabesperre vergaberechtswidrig ist,[297] was im Bereich des Kartellvergaberechts stets der Fall ist.[298] Ein vergaberechtlicher Nachprüfungsantrag gegen eine Vergabesperre ist dagegen unstatthaft, weil ein solcher Antrag

---

286 Vgl. beispielhaft für eine unzureichende Nutzung des Beurteilungsspielraums VG Düsseldorf, Urteil v. 24.3.2015 – 20 K 6764/13, juris Rn. 133.

287 Vgl. zum Recht vor Inkrafttreten des VergRModG 2016 OLG Koblenz, Beschluss v. 25.2.2015 – Verg 5/14, juris Rn. 5; OLG Frankfurt, Beschluss v. 20.7.2004 – 11 Verg 6/04, juris Rn. 70; OLG Düsseldorf, Beschluss v. 9.4.2003 – VII-Verg 43/02, juris Rn. 25; VK Düsseldorf, Beschluss v. 13.3.2006 – VK-8/2006, juris Rn. 71 f.

288 Vgl. OLG Düsseldorf, Beschluss v. 9.4.2003 – VII-Verg 66/02, juris Rn. 91 ff.

289 So in der Sache OLG München, Beschluss v. 22.11.2012 – Verg 22/12, juris Rn. 53, 59.

290 Vgl. zum früheren Recht OLG Düsseldorf, Beschluss v. 18.7.2001 – Verg 16/01, juris Rn. 40; OLG Düsseldorf, Beschluss v. 9.4.2003 – VII-Verg 66/02, juris Rn. 105 f.

291 So in den Sachen OLG Düsseldorf, Beschluss v. 9.4.2003 – VII-Verg 66/02, juris Rn. 106; Beschluss v. 18.7.2001 – Verg 16/01, juris Rn. 40.

292 Vgl. oben unter Rn. 18, 58.

293 Zur Unzulässigkeit solcher Vergabesperren bereits oben Rn. 18.

294 BGH, Urteil v. 3.6.2020 – XIII ZR 22/19, juris Rn. 15; *Freund/Kallmeyer/Kraft*, Korruption und Kartelle bei Auftragsvergaben, 183; *Freund*, VergabeR 2007, 311 (322); a.A. KG, Urteil v. 28.6.2019 – 9 U 55/18, juris Rn. 42 f. in dem der vorgenannten BGH-Entscheidung vorhergehenden Berufungsverfahren.

295 KG, Urteil v. 28.6.2019 – 9 U 55/18, juris Rn. 18; a.A. VG Düsseldorf, Urteil v. 24.3.2015 – 20 K 6764/13, juris Rn. 35; *Ohrtmann*, in: Byok/Jaeger, Vergaberecht, § 126 GWB Rn. 17. Nach der rechtlichen Form der Vergabesperre unterscheidet wohl auch *Wimmer*, Zuverlässigkeit im Vergaberecht, S. 132.

296 KG, Urteil v. 28.6.2019 – 9 U 55/18, juris Rn. 20 f.; KG, Urteil v. 17.1.2011 – 2 U 4/06 Kart, juris Rn. 101.

297 BGH, Urteil v. Urteil v. 3.6.2020 – XIII ZR 22/19, juris Rn. 36 ff; a.A. KG, Urteil v. 28.6.2019 – 9 U 55/18, juris Rn. 43, in dem der vorgenannten BGH-Entscheidung vorausgehenden Berufungsverfahren, weil – anders als der BGH meint (juris Rn. 22) – im Kartellvergaberecht im Hinblick auf das Nachprüfungsverfahren nach den §§ 155 ff. GWB gerade keine Rechtsschutzlücken und kein Bedürfnis für die von einem konkreten Vergabeverfahren lostgelöste abstrakte Prüfung von Vergabesperren besteht. Für die Praxis steht der Rechtsbehelf nunmehr aufgrund der Rechtsfortbildung des BGH zur Verfügung; ob es Sinn macht, von ihm unabhängig von einem anhängigen Vergabeverfahren oder gar neben einem solchen Gebrauch zu machen, ist eine von den betroffenen Unternehmen jeweils zu beantwortende Frage.

298 KG, Urteil v 28.6.2019 – 9 U 55/18, juris Rn. 33; unklar BGH, Urteil v. 3.6.2020 – XIII ZR 22/19, juris Rn. 36 ff., im nachfolgenden Revisionsverfahren.

nach § 156 Abs. 1 GWB nur im Rahmen eines anhängigen Vergabeverfahrens vorgesehen ist.[299] Auch Streitigkeiten um die allgemeine Anerkennung von Selbstreinigungsmaßnahmen im Rahmen von Präqualifikations- oder Zertifizierungssystemen[300] sind im Zivilrechtsweg zu klären, weil es im Kern jeweils um die zivilrechtlichen Auswirkungen des Verwaltungshandelns geht.[301]

Ferner können sich Unternehmen außerhalb anhängiger Vergabeverfahren nicht nur gegen ihre Aufnahme in das **Wettbewerbsregister** wenden, sondern auch gegen die Zurückweisung von Anträgen nach § 8 Abs. 1 WRegG auf Löschung aus diesem Register wegen von ihnen nachgewiesener Selbstreinigungsmaßnahmen. Gegen diese Entscheidungen steht den Unternehmen die Beschwerde nach § 11 WRegG zu. Ausschließlich zuständig zur Entscheidung ist das OLG Düsseldorf, wobei § 11 Abs. 1 WRegG für das Verfahren weitgehend auf die auch für das Vergabenachprüfungsverfahren maßgeblichen Vorschriften des Kartellverfahrens verweist.[302] **89**

Anlagen

Gesetzesbegründung – Gesetz zur Einführung eines Wettbewerbsregisters und zur Änderung des Gesetzes gegen Wettbewerbsbeschränkungen (BT-Drs. 18/12051)

Seite 35

Die Neufassung des § 125 GWB stellt klar, dass Unternehmen, bei denen ein Ausschlussgrund im Sinne von §§ 123 oder 124 GWB vorliegt, Maßnahmen der Selbstreinigung auch gegenüber dem Bundeskartellamt in dem Verfahren nach § 8 WRegG nachweisen können. Der Ausschluss eines Unternehmens von der Teilnahme an einem Vergabeverfahren ist danach auch dann untersagt, wenn die erforderlichen Maßnahmen der Selbstreinigung gegenüber dem Bundeskartellamt gemäß § 8 WRegG nachgewiesen wurden und die Bindungswirkung der Löschung der Eintragung nach § 7 Absatz 2 WRegG eintritt.

Gesetzesbegründung – VergRModG 2016 (BT-Drs. 18/6281)

Seite 107

Die Regelung in Artikel 57 Absatz 6 der Richtlinie 2014/24/EU zur Selbstreinigung stellt die erste Kodifizierung dieses Instruments auf europäischer Ebene dar. In Deutschland – wie in den meisten Mitgliedstaaten – gab es bisher keine gesetzliche Regelung zur Selbstreinigung. Die deutsche Rechtsprechung, unterstützt von der Literatur, hat aber die Möglichkeit einer Selbstreinigung zu einem allgemein akzeptierten Instrument entwickelt und die dafür zu erfüllenden Voraussetzungen herausgearbeitet. Diese Rechtsprechung und Literatur hat die Regelung zur Selbstreinigung in der neuen europäischen Richtlinie mitgeprägt.

Unter Selbstreinigung sind Maßnahmen zu verstehen, die ein Unternehmen ergreift, um seine Integrität wiederherzustellen und eine Begehung von Straftaten oder schweres Fehlverhalten in der Zukunft zu verhindern. Liegt ein fakultativer oder obligatorischer Ausschlussgrund vor, ist das Unternehmen dennoch nicht vom Vergabeverfahren auszuschließen, wenn es ausreichende Selbstreinigungsmaßnahmen durchgeführt hat. Selbstreinigungsmaßnahmen, die eine Wiederherstellung der Zuverlässigkeit dauerhaft gewährleisten, haben bereits nach bisheriger Rechtsprechung Einfluss auf die Progno-

---

299 KG, Urteil v. 28.6.2019 – 9 U 55/18, juris Rn. 43; Urteil v. 17.1.2011 – 2 U 4/06 Kart, juris Rn. 97; VG Düsseldorf, Urteil v. 24.3.2015 – 20 K 6764/13, juris Rn. 47; *Freund*, VergabeR 2007, 311 (323); a.A. wohl *Burgi*, NZBau 2014, 595 (601), in der Annahme, eine Vergabesperre könne im Sinne des § 156 Abs. 1 GWB eine Handlung in einem Vergabeverfahren sein.

300 Nach der Gesetzesbegründung zu § 125 Abs. 2 GWB, VergRModG 2016, BT-Drs. 18/6281, 110, können solche Mechanismen eingeführt werden, um den öffentlichen Auftraggebern die Prüfung und den Unternehmen den Nachweis der Selbstreinigungsmaßnahmen zu erleichtern.

301 Vgl. KG, Urteil v. 28.6.2019 – 9 U 55/18, juris Rn. 17 bis 19; a.A. noch Vorauflage, § 125 GWB Rn. 88, sowie *Freund/Kallmeyer/Kraft*, Korruption und Kartelle bei Auftragsvergaben S. 188; *Freund*, VergabeR 2007, 311 (324), für ähnliche Streitigkeiten um die Eintragung in ein Vergaberegister; ebenso *Wimmer*, Zuverlässigkeit im Vergaberecht, S. 132.

302 Vgl. *Jaeger*, in: Säcker, Wettbewerbsrecht, § 125 GWB Rn. 41.

seentscheidung, ob ein Unternehmen als zuverlässig angesehen werden kann (OLG Düsseldorf, Beschluss vom 9. April 2003 – Verg 43/02; OLG Frankfurt, Beschluss vom 20. Juli 2004 – 11 Verg 6/04). Hat ein Unternehmen, bei dem ein Ausschlussgrund vorliegt, Maßnahmen ergriffen, die dazu führen, dass sich ein in der Vergangenheit liegendes Fehlverhalten höchstwahrscheinlich nicht wiederholen wird, darf aus dem Fehlverhalten nicht mehr die fehlende Zuverlässigkeit des Unternehmens für die Zukunft abgeleitet werden. Es gibt dann keinen Grund mehr, das Unternehmen von der Teilnahme an einem Vergabeverfahren auszuschließen.

Zu Absatz 1

Artikel 57 Absatz 6 Unterabsatz 1 Satz 2 der Richtlinie 2014/24/EU begründet einen Rechtsanspruch des Unternehmens, trotz des Vorliegens eines Ausschlussgrundes nicht von einem Vergabeverfahren ausgeschlossen zu werden, wenn es ausreichende Maßnahmen zur Wiederherstellung seiner Integrität nachgewiesen hat. Zwar hat der öffentliche Auftraggeber einen weiten Beurteilungsspielraum, ob die vom Unternehmen durchgeführten Selbstreinigungsmaßnahmen ausreichend sind. Wenn ein Unternehmen aber ausreichende Selbstreinigungsmaßnahmen nachgewiesen hat, darf der öffentliche Auftraggeber das Unternehmen trotz des Vorliegens eines Ausschlussgrundes – auch eines zwingenden Ausschlussgrundes – nicht wegen Unzuverlässigkeit von der Teilnahme am Vergabeverfahren ausschließen. Dem öffentlichen Auftraggeber steht diesbezüglich kein Ermessen zu.

Die zwingende Verpflichtung, Selbstreinigungsmaßnahmen zu berücksichtigen, ergibt sich auch aus den betroffenen Grundrechten. Der Ausschluss eines Unternehmens, das ausreichende Maßnahmen zur Selbstreinigung getroffen und damit seine Integrität wieder hergestellt hat, wäre nicht geeignet, die Funktionsfähigkeit der Verwaltung und der öffentlichen Haushalte sowie den fairen Wettbewerb zu schützen oder Wirtschaftskriminalität zu bekämpfen; der Ausschluss wäre daher in einem solchen Fall nicht verhältnismäßig.

Das Unternehmen hat ein Prüfungsrecht hinsichtlich der von ihm durchgeführten Selbstreinigungsmaßnahmen. Wie Erwägungsgrund 102 der Richtlinie 2014/24/EU klarstellt, sollen Unternehmen beantragen können, dass die im Hinblick auf ihre etwaige Zulassung zum Vergabeverfahren getroffenen Compliance-Maßnahmen auch tat-

Seite 108

sächlich geprüft werden. Die Richtlinie stellt es – so ausdrücklich Erwägungsgrund 102 – dabei den Mitgliedstaaten anheim, welche genauen verfahrenstechnischen Bedingungen sie für die Prüfung von Selbstreinigungsmaßnahmen vorsehen. Nach der in § 125 getroffenen Regelung steht dem Unternehmen aber kein abstraktes, von der Durchführung eines konkreten Vergabeverfahrens unabhängiges Prüfungsrecht gegenüber öffentlichen Auftraggebern zu. Die getroffenen Selbstreinigungsmaßnahmen sind nur im Hinblick auf die Prüfung der Zuverlässigkeit eines Bewerbers oder Bieters, bei dem ein Ausschlussgrund vorliegt, in einem konkreten Vergabeverfahren von Bedeutung.

Es obliegt dem Unternehmen, das trotz des Vorliegens eines Ausschlussgrundes an einem Vergabeverfahren teilnehmen will, nachzuweisen, welche Selbstreinigungsmaßnahmen es vorgenommen hat und dass die vorgenommenen Maßnahmen zur Wiederherstellung seiner Integrität ausreichend sind. Das Unternehmen trägt die Darlegungs- und Beweislast für eine erfolgreiche Selbstreinigung, da es mit dem ihm zurechenbaren Delikt oder Fehlverhalten die Ursache für die Notwendigkeit einer Selbstreinigung gesetzt hat. Dabei muss das Unternehmen auch zumindest die Umrisse der den Ausschlussgrund begründenden Straftat bzw. des Fehlverhaltens gegenüber dem öffentlichen Auftraggeber darlegen, damit der öffentliche Auftraggeber die durchgeführten Selbstreinigungsmaßnahmen gemäß § 125 Absatz 2 unter Berücksichtigung der Schwere und besonderen Umstände der Straftat oder des Fehlverhaltens bewerten kann.

§ 125 Absatz 1 setzt Artikel 57 Absatz 6 Unterabsatz 2 der Richtlinie 2014/24/EU um und Absatz 2 setzt Artikel 57 Absatz 6 Unterabsatz 3 der Richtlinie 2014/24/EU um. Da es in Deutschland keine durch gerichtliche Entscheidung verhängten Ausschlüsse von Vergabeverfahren gibt, wurde von einer Umsetzung von Artikel 57 Absatz 6 Unterabsatz 4 abgesehen.

Zu Nummer 1

Die Verpflichtung, den Schaden zu ersetzen, der durch die dem Unternehmen zuzurechnende Straftat oder das Fehlverhalten dem öffentlichen Auftraggeber oder einem anderen entstanden ist, war bisher umstritten, wenn auch durch Rechtsprechung und Literatur überwiegend anerkannt. Artikel 57 Absatz 6 der Richtlinie 2014/24/EU statuiert nunmehr, dass jeder Schaden ersetzt werden muss, der durch die Straftat oder das Fehlverhalten des Unternehmens verursacht wurde. Alternativ genügt es auch, wenn sich das Unternehmen zur Zahlung eines Ausgleichs verpflichtet hat, es also die Verpflichtung zur Leistung eines Schadensersatzes dem Grunde und der Höhe nach verbindlich anerkannt hat.

Dabei kann nicht nur der Ausgleich eines rechtskräftig festgestellten Schadens verlangt werden. Vielmehr muss das Unternehmen unabhängig vom Vorliegen einer rechtskräftigen Gerichtsentscheidung nachweisen, dass es den durch die Straftat oder das Fehlverhalten verursachten Schaden ersetzt bzw. seine Schadensersatzpflicht anerkannt hat.

Ist eine Schadensersatzforderung zwar dem Grunde nach unstreitig berechtigt, besteht aber über die Höhe des Schadens Unklarheit oder Streit, kann es für die Anerkennung von Selbstreinigungsmaßnahmen unter Umständen ausreichen, wenn das Unternehmen seine Verpflichtung zur Schadensersatzleistung dem Grunde nach anerkennt. Falls die genaue Bezifferung des Schadens noch nicht möglich ist bzw. an Umständen scheitert, die nicht dem Unternehmen zugerechnet werden können, oder falls die Höhe der Schadensersatzforderungen streitig ist, kann es unverhältnismäßig sein, dem Unternehmen allein aus diesem Grund eine Selbstreinigung zu verweigern. Von einem Unternehmen kann nicht verlangt werden, dass es Schadensersatzforderungen anerkennt oder ausgleicht, die nicht substantiiert und möglicherweise unbegründet sind, damit seine Selbstreinigungsmaßnahmen als ausreichend angesehen werden. Das Recht des Unternehmens, einen streitigen Schadensersatzanspruch vor einem Gericht im Rahmen eines Schadensersatzprozesses zu klären, wird durch die Regelung zur Selbstreinigung nicht beeinträchtigt. Daher kann unter Umständen, wenn der verursachte Schaden nicht offensichtlich und unstreitig ist, der Ersatz nur des unstreitig entstandenen Schadens und bzw. oder eine Anerkennung der Verpflichtung zum Ausgleich des Schadens nur dem Grunde nach ausreichen. Insbesondere bei Kartellverstößen kann es angesichts der dabei häufig schwierigen Feststellung des Gesamtschadens und der Identität der einzelnen Gläubiger unter Umständen ausreichend für die Selbstreinigung sein, wenn das Unternehmen sich generell zum Ersatz des durch seine Beteiligung an einem Kartell entstandenen Schadens bereit erklärt beziehungsweise gegenüber Gläubigern, die konkret Schadensersatzforderungen geltend machen, die Verpflichtung zum Ausgleich des Schadens dem Grunde nach anerkennt.

Seite 109

Allerdings kann von dem Unternehmen – wie sich aus Nummer 2 ergibt – grundsätzlich eine Mitwirkung bei der Aufklärung der Schadenshöhe verlangt werden. Die generelle Pflicht zur Mitwirkung bei der Sachverhaltsaufklärung gilt umfassend für alle Tatsachen und Umstände der Straftat oder des Fehlverhaltens und damit grundsätzlich auch für die Höhe des durch die Straftat oder das Fehlverhalten verursachten Schadens.

Zu Nummer 2

Auch die deutsche Rechtsprechung und Literatur stellten bisher schon als weiteres Kriterium für eine erfolgreiche Selbstreinigung darauf ab, ob ein Unternehmen sich ernsthaft und nachdrücklich darum bemüht hat, die Vorgänge aufzuklären, auf denen das Vorliegen eines Ausschlussgrundes beruht. Ohne Aufklärung der Vorgänge ist eine Vermeidung künftiger Straftaten oder künftigen Fehlverhaltens nicht möglich. Dabei ist es nicht erforderlich, dass das Unternehmen sämtliche Vorwürfe einräumt. Das Unternehmen muss sich aber aktiv, ernsthaft und erkennbar um eine umfassende Sachverhaltsaufklärung bemühen. Aufgeklärt werden müssen die Tatsachen und Umstände, die das Vorliegen eines Ausschlussgrundes begründen bzw. mit der Straftat oder dem Fehlverhalten zusammenhängen, einschließlich der Schadensumstände.

In Artikel 57 Absatz 6 Unterabsatz 2 der Richtlinie 2014/24/EU ist ausdrücklich festgelegt, dass zur Sachverhaltsaufklärung eine aktive Zusammenarbeit mit den „Ermittlungsbehörden" erfolgen muss.

Der Richtlinienbegriff der Ermittlungsbehörden ist dabei weit zu verstehen. Zur Aufklärung des Sachverhalts muss das Unternehmen zum einen mit den Ermittlungsbehörden im engeren Sinne aktiv zusammenarbeiten. Zum anderen muss es aber auch mit dem öffentlichen Auftraggeber zur Aufklärung des Sachverhalts aktiv zusammenarbeiten (so bisher schon zur früheren Rechtslage OLG Düsseldorf, Beschluss vom 9. April 2003 – Verg 66/02; Beschluss vom 28. Juli 2004 – Verg 42/05; LG Berlin, Urteil vom 22. März 2006 – 23 O 118/04). Für dieses weite Verständnis des in Artikel 57 Absatz 6 der Richtlinie 2014/24/EU verwandten Begriffs der „Ermittlungsbehörden" spricht neben dem Sinn und Zweck der Regelung insbesondere auch die englische Sprachfassung der Richtlinie, in der von „investigating authorities" die Rede ist, sowie die französische Sprachfassung, die von „autorités chargées de l'enquête" spricht. Diese Sprachfassungen legen nahe, dass nicht „Ermittlungsbehörden" im engeren Sinne, sondern „ermittelnde Behörden" gemeint sind. Der öffentliche Auftraggeber muss zur Prüfung der Zuverlässigkeit des Bieters in der Lage sein, die durchgeführten Selbstreinigungsmaßnahmen vor dem Hintergrund des bestehenden Ausschlussgrundes zu beurteilen. Da der Bieter, bei dem ein Ausschlussgrund vorliegt, mit seinem Delikt oder Fehlverhalten die Ursache für die Notwendigkeit einer Selbstreinigungsprüfung gesetzt hat, muss er auch den das Vergabeverfahren durchführenden öffentlichen Auftraggeber durch aktive Zusammenarbeit in die Lage versetzen zu bewerten, ob die ergriffenen Selbstreinigungsmaßnahmen unter Berücksichtigung der Schwere und der besonderen Umstände der Straftat oder des Fehlverhaltens ausreichend sind (vgl. § 125 Absatz 2). Eine Sachverhaltsaufklärungspflicht im Hinblick auf alle Details der Straftat oder des Fehlverhaltens besteht gegenüber dem öffentlichen Auftraggeber aber nicht, sondern nur hinsichtlich der für seine Prüfung relevanten Umstände.

Eine umfassende Sachverhaltsaufklärung durch aktive Zusammenarbeit mit externen Stellen setzt voraus, dass das Unternehmen zunächst intern die zur Sachverhaltsaufklärung notwendigen Maßnahmen ergriffen hat. Zu dieser notwendigen internen Sachverhaltsaufklärung können insbesondere auch eine interne Revision und bzw. oder die Durchführung einer Sonderprüfung durch vom Unternehmen unabhängige Personen gehören.

Zu Nummer 3

Als dritte Voraussetzung für eine ausreichende Selbstreinigung führt Artikel 57 Absatz 6 Unterabsatz 2 der Richtlinie 2014/24/EU an, dass das Unternehmen konkrete technische, organisatorische und personelle Maßnahmen ergriffen hat, die geeignet sind, weitere Straftaten oder Fehlverhalten zu vermeiden. Welche aus dem breiten Spektrum von infrage kommenden Maßnahmen dabei im Einzelnen erforderlich sind, hängt vom jeweiligen Einzelfall ab. Die ergriffenen technischen, organisatorischen und personellen Maßnahmen müssen jedenfalls konkreter Art und dazu geeignet sein, das Ziel der Vermeidung weiterer Straftaten oder Fehlverhalten zu erreichen. Dabei müssen die Maßnahmen nicht nur generell der Begehung von Straftaten entgegenwirken, sondern auch konkret geeignet sein, eine erneute Begehung der gleichen Straftat zu vermeiden bzw. ausreichende Garantien bieten, dass ein derartiges Fehlverhalten nicht erneut vorkommt. Hierbei handelt es sich um eine Prognoseentscheidung des jeweiligen öffentlichen Auftraggebers.

Rechtsprechung und Literatur haben Fallgruppen und Hinweise für derartige Selbstreinigungsmaßnahmen erarbeitet. Dabei handelt es sich um sogenannte Compliance-Maßnahmen im weitesten Sinne. Erwägungsgrund 102 der Richtlinie 2014/24/EU erläutert die infrage kommenden Compliance-Maßnahmen: „Bei diesen Maßnahmen kann es sich insbesondere um Personal- und Organisationsmaßnahmen handeln, wie den Abbruch aller Verbin-

Seite 110

dungen zu an dem Fehlverhalten beteiligten Personen oder Organisationen, geeignete Personalreorganisationsmaßnahmen, die Einführung von Berichts- und Kontrollsystemen, die Schaffung einer internen Audit-Struktur zur Überwachung der Compliance oder die Einführung interner Haftungs- und Entschädigungsregelungen. Soweit derartige Maßnahmen ausreichende Garantien bieten, sollte das jeweilige Unternehmen nicht länger alleine aus diesen Gründen ausgeschlossen werden." Diese Auflistung möglicher Maßnahmen ist beispielhaft und weder verbindlich noch abschließend.

Für die Selbstreinigung einer juristischen Person ist es in jedem Fall erforderlich, dass auch personelle Maßnahmen ergriffen werden, da diese für die erfolgreiche Wiederherstellung der Zuverlässigkeit von herausragender Bedeutung sind. Welche personellen Konsequenzen jeweils erforderlich sind, hängt von den Umständen des Einzelfalls ab, wozu es eine umfassende Rechtsprechung gibt.

Das Unternehmen muss außerdem strukturelle und organisatorische Maßnahmen ergreifen, die geeignet sind, weitere Straftaten oder Fehlverhalten wirksam zu verhindern. Die Einführung eines sogenannten Compliance Management Systems (bzw. die Veränderung eines bereits bestehenden Systems) kann diese technischen und organisatorischen Maßnahmen umfassen. Faktoren wie Größe, Struktur und Tätigkeitsbereich des Unternehmens, die Art des Delikts oder Fehlverhaltens und die Funktion der verurteilten Personen spielen eine wesentliche Rolle bei der Beurteilung der im Einzelfall erforderlichen Selbstreinigungsmaßnahmen.

§ 125 Absatz 1 Satz 2 stellt klar, dass der in § 123 Absatz 4 Satz 2 geregelte spezielle Selbstreinigungstatbestand für den zwingenden Ausschlussgrund der Nichtzahlung von Steuern oder Sozialversicherungsbeiträgen dem allgemeinen Selbstreinigungstatbestand nach § 125 vorgeht.

Zu Absatz 2

Die Richtlinie 2014/24/EU überlässt es in Artikel 57 Absatz 7 Satz 1 – wie auch der Erwägungsgrund 102 ausdrücklich klarstellt – den Mitgliedstaaten, die genauen verfahrenstechnischen und inhaltlichen Bedingungen zu bestimmen, die für die Prüfung von Selbstreinigungsmaßnahmen gelten sollen. Gemäß Erwägungsgrund 102 soll es den Mitgliedstaaten insbesondere freistehen zu entscheiden, ob es den jeweiligen öffentlichen Auftraggebern überlassen wird, die einschlägigen Bewertungen vorzunehmen, oder ob sie diese Bewertungen anderen Behörden auf zentraler oder dezentraler Ebene überträgt.

Grundsätzlich muss jeder einzelne öffentliche Auftraggeber sowohl die Prüfung eines Ausschlusses aufgrund des Vorliegens von Ausschlussgründen als auch gegebenenfalls die Prüfung von durchgeführten Selbstreinigungsmaßnahmen in eigener Verantwortung vornehmen, denn beides gehört zusammen. Um den öffentlichen Auftraggebern die Prüfung durchgeführter Selbstreinigungsmaßnahmen und den Bietern den Nachweis einer erfolgreichen Selbstreinigung zu erleichtern, kommen verschiedene Wege in Betracht. So könnte die Prüfung durchgeführter Selbstreinigungsmaßnahmen in einem Land bei einzelnen Landesbehörden gebündelt werden. Ferner könnten Präqualifizierungsstellen hierbei eine entsprechende Funktion übernehmen. Es wäre aber etwa auch an die Möglichkeit einer Zertifizierung von Selbstreinigungsmaßnahmen durch eine unabhängige, dafür akkreditierte Stelle zu denken. Dabei würde das Unternehmen die Zertifizierung der von ihm durchgeführten Maßnahmen freiwillig beauftragen und die Anerkennung eines solchen Zertifikats würde im Ermessen des öffentlichen Auftraggebers stehen.

Absatz 2 setzt Artikel 57 Absatz 6 Unterabsatz 3 der Richtlinie 2014/24/EU um. Bei der Bewertung, ob die ergriffenen Selbstreinigungsmaßnahmen ausreichend sind, um die Integrität des Unternehmens wiederherzustellen und ausreichende Garantien zu bieten, dass von ihm in Zukunft höchstwahrscheinlich keine Gefahr der Begehung von Straftaten oder eines Fehlverhaltens mehr ausgeht, ist danach der Einzelfall zu berücksichtigen. Dabei müssen sowohl die Schwere als auch die besonderen Umstände der Straftat oder des Fehlverhaltens im Hinblick auf den zu vergebenden Auftrag Berücksichtigung finden. Es handelt sich um eine auf das konkrete Vergabeverfahren bezogene Prognoseentscheidung. Bei Vorliegen eines obligatorischen Ausschlussgrundes sind daher höhere Anforderungen an die Selbstreinigungsmaßnahmen zu stellen als bei Vorliegen eines fakultativen Ausschlussgrundes. Je nachdem, um welchen Ausschlussgrund es sich handelt, werden die erforderlichen Selbstreinigungsmaßnahmen unterschiedlich sein. Ferner hängen die erforderlichen Selbstreinigungsmaßnahmen unter anderem davon ab, ob es sich um einen Einzelfall oder um systematisches Fehlverhalten handelt, wie hoch der entstandene Schaden ist und wieviel Zeit seit dem Delikt bzw. dem Fehlverhalten verstrichen ist.

§ 126 GWB
Zulässiger Zeitraum für Ausschlüsse

Wenn ein Unternehmen, bei dem ein Ausschlussgrund vorliegt, keine oder keine ausreichenden Selbstreinigungsmaßnahmen nach § 125 ergriffen hat, darf es

1. **bei Vorliegen eines Ausschlussgrundes nach § 123 höchstens fünf Jahre ab dem Tag der rechtskräftigen Verurteilung von der Teilnahme an Vergabeverfahren ausgeschlossen werden,**
2. **bei Vorliegen eines Ausschlussgrundes nach § 124 höchstens drei Jahre ab dem betreffenden Ereignis von der Teilnahme an Vergabeverfahren ausgeschlossen werden.**

Übersicht

		Rn.
A.	Allgemeines	1
I.	Historie und unionsrechtlicher Hintergrund	1
II.	Regelungsüberblick	6
III.	Anwendungsbereich und vergleichbare Regelungen	7
1.	Auftrags- und Konzessionsvergaben	7
2.	Besondere Ausschlussfristen außerhalb des GWB	8
3.	Löschungsfristen nach dem WRegG	10
B.	Höchstfristen für Ausschlüsse	13
I.	Rechtsfolge – Unzulässigkeit des Ausschlusses	13
II.	Voraussetzungen	14
1.	Höchstfrist bei zwingenden Ausschlussgründen	15
a)	Fristbeginn	16
b)	Fristablauf	18
2.	Höchstfrist bei fakultativen Ausschlussgründen	20
a)	Fristbeginn	21
aa)	Verstoß gegen umwelt-, sozial- oder arbeitsrechtliche Verpflichtungen (§ 124 Abs. 1 Nr. 1 GWB)	23
bb)	Zahlungsunfähigkeit, Insolvenz, Liquidation (§ 124 Abs. 1 Nr. 2 GWB)	25
cc)	Schwere Verfehlung (§ 124 Abs. 1 Nr. 3 GWB)	27
dd)	Wettbewerbsbeeinträchtigung (§ 124 Abs. 1 Nr. 4 GWB)	29
ee)	Interessenskonflikt und Vorbefassung (§ 124 Abs. 1 Nr. 5 und 6 GWB)	33
ff)	Schlechtleistung (§ 124 Abs. 1 Nr. 7 GWB)	35
gg)	Fehlverhalten in Vergabeverfahren (§ 124 Abs. 1 Nr. 8 GWB)	37
hh)	Unzulässige Beeinflussung (§ 124 Abs. 1 Nr. 9 GWB)	39
b)	Fristablauf	41
C.	Zulässiger Ausschlusszeitraum vor Ablauf der Höchstfristen	42
I.	Erforderlichkeit der Prüfung	43
II.	Ermittlung des zulässigen Ausschlusszeitraums	44
1.	Bewertungskriterien	45
2.	Bewertungsverfahren	50
D.	Rechtsschutz	54
Anlage		
	Gesetzesbegründung	

A. Allgemeines

I. Historie und unionsrechtlicher Hintergrund

Während § 125 GWB die Zulässigkeit von Ausschlüssen inhaltlich durch die Aufhebung der Ausschlussgründe aufgrund von Selbstreinigungsmaßnahmen beschränkt, beschränkt § 126 GWB sie zeitlich. 1

2 Anders als bei der Selbstreinigung[1] hat es sich um eine im **früheren Vergaberecht** teilweise normierte, wenn auch insgesamt konturenlose Ausschlussschranke gehandelt.[2] So fanden und finden sich in den Regelungen zu den in § 124 Abs. 2 GWB genannten besonderen Ausschlussgründen[3] sowie den Regelungen zu besonderen landesgesetzlichen Ausschlussgründen[4] teils feste[5], teils flexible[6] zeitliche Grenzen für die in ihnen aufgeführten Ausschlüsse. Darüber hinaus bestand nur Einvernehmen, dass es zeitliche Begrenzungen der Ausschlussmöglichkeiten geben müsse, während sich Kriterien für die Grenzziehung im Einzelfall kaum ausmachen ließen.[7] Die Auffassungen, was hier jeweils angemessen oder billig sein sollte, gingen erheblich auseinander.[8]

3 Mit § 126 GWB hat der deutsche Gesetzgeber die im **europäischen Recht** zuvor nicht bestehenden Regelungen zu den zeitlichen Grenzen von Ausschlüssen in Art. 57 Abs. 7 S. 2 und 3 RL 2014/24/EU[9] umgesetzt.

4 Die zeitliche Begrenzung verleiht, wie die inhaltliche nach § 125 GWB, gleich mehreren vergaberechtlichen **Grundsätzen** Ausdruck, nämlich dem Verhältnismäßigkeitsgrundsatz, dem Gleichbehandlungsgrundsatz und dem Wettbewerbsgrundsatz.[10] Mit der Festlegung von Höchstfristen für einen Ausschluss ist zweifelsohne ein Zuwachs an Rechtssicherheit verbunden. Darüber hinaus wird klargestellt, dass auch vor Ablauf der Höchstfristen zeitliche Grenzen bei der Berücksichtigung von Ausschlussgründen bestehen, ohne dem Rechtsanwender allerdings – abgesehen von den Höchstfristen – insoweit Kriterien zur Bestimmung dieser Grenzen an die Hand zu geben; zu begrüßen ist immerhin, dass die Vorschrift der Diskussion und den hier zu erwartenden Streitigkeiten einen Ort verleiht.

5 Entgegen der Gesetzesbegründung legt die Vorschrift keine Höchstfristen für **Auftrags-** oder **Vergabesperren** fest;[11] schon gar nicht stellt „der Gesetzgeber" mit diesen unzutreffenden

---

1 Vgl. § 125 GWB Rn. 1.

2 Vgl. *Wimmer*, Zuverlässigkeit im Vergaberecht, S. 81 f., der von einer *„unklaren Rechtslage"* spricht. Dementsprechend war wegen der bestehenden Unklarheiten etwa bei der Bestimmung der maßgeblichen Zeiträume auch bereits gesetzgeberisches Handeln eingefordert worden, so von *Stein/Friton/Huttenlauch*, WuW 2012, 38 (44).

3 § 21 AEntG, § 98c AufenthG, § 19 MiLoG, § 21 SchwarzArbG.

4 Etwa § 6 Abs. 3 BerlAVG, § 7 FFV Berlin; vgl. zu diesen landesrechtlichen Ausschlussgründen auch *Burgi*, NZBau 2014, 595 (599 f.); *Ohrtmann*, NZBau 2007, 278 (278).

5 § 21 Abs. 1 S. 1 SchwarzArbG, § 6 Abs. 3 BerlAVG, § 7 FFV Berlin: drei Jahre; § 98c Abs. 1 S. 2 AufenthG: fünf Jahre.

6 § 21 Abs. 1 S. 1 AEntG, § 19 Abs. 1 MiLoG: „angemessene Zeit".

7 Vgl. etwa *Stein/Friton*, VergabeR 2010, 151 (157); *Stein/Friton/Huttenlauch*, WuW 2012, 38 (44); *Freund*, VergabeR 2007, 311 (322), die jeweils mögliche zeitliche Grenzen eines Ausschlusses erörtern, aber keine greifbaren Kriterien für ihre Bestimmung benennen; auch *Kreßner*, Die Auftragssperre im Vergaberecht, S. 123 f., verweist lediglich auf Verhältnismäßigkeitserwägungen im Einzelfall.

8 So zutreffend *Wimmer*, Zuverlässigkeit im Vergaberecht, S. 103. Vgl. beispielsweise: LG Berlin, Urteil v. 22.3.2006 – 23 O 118/04, juris Rn. 35 ff., 58: Vergabesperre noch zehn Jahre nach der letzten Tat ist rechtmäßig, bestätigt von KG, Urteil v. 17.1.2011 – 2 U 4/06 Kart; *Kreßner*, Die Auftragssperre im Vergaberecht, S. 123: höchstens drei Jahre; *Stein/Friton*, VergabeR 2010, 151 (157): regelmäßig drei Jahre nach der Urteilsverkündung, bei besonderen Umständen aber auch zehn Jahre.

9 „Sie [die Mitgliedstaaten] bestimmen insbesondere den höchstzulässigen Zeitraum des Ausschlusses für den Fall, dass der Wirtschaftsteilnehmer keine Maßnahmen gemäß Absatz 6 [Selbstreinigung] zum Nachweis seiner Zuverlässigkeit ergreift. Wurde kein Ausschlusszeitraum durch rechtskräftige gerichtliche Entscheidung festgelegt, so darf dieser Zeitraum in den in Absatz 1 genannten Fällen fünf Jahre ab dem Tag der rechtskräftigen Verurteilung und in den in Absatz 4 genannten Fällen drei Jahre ab dem betreffenden Ereignis nicht überschreiten." Die Festsetzung einer Ausschlussfrist durch gerichtliche Entscheidung hat für das deutsche Vergaberecht keine Relevanz, da der deutsche Gesetzgeber keinen Gebrauch von der Möglichkeit gemacht hat, Vergabesperren anzuordnen, vgl. *Ohrtmann*, in: Byok/Jaeger, Vergaberecht, § 125 GWB Rn. 1. Ihre Anordnung ist deswegen im Kartellvergaberecht durchgehend unzulässig und vergaberechtswidrig, vgl. die Kommentierung zu § 125 GWB Rn. 15 ff.

10 Auf die entsprechenden Ausführungen zu § 125 GWB Rn. 5 ff., die für die zeitlichen Grenzen des Ausschlusses entsprechend gelten, wird verwiesen; vgl. im Übrigen *Ohrtmann*, in: Byok/Jaeger, Vergaberecht, § 125 GWB Rn. 1; *Kling*, in: Immenga/Mestmäcker, Wettbewerbsrecht, § 126 GWB Rn. 4, 6; *Kaufmann*, in: Pünder/Schellenberg, Vergaberecht, § 126 GWB Rn. 7 f.; *Stein*, in: Röwekamp/Kus/Portz/Prieß, GWB-Vergaberecht, § 126 Rn. 6 f.; *Stolz*, in: Ziekow/Völlink, Vergaberecht, § 126 GWB Rn. 1.

11 Wie hier *Kaufmann*, in: Pünder/Schellenberg, Vergaberecht, § 126 GWB Rn. 32 f.; *Friton*, in: Gabriel/Mertens/Prieß/Stein, Vergaberecht, § 126 GWB Rn. 30; *Summa*, in: Heiermann/Zeiss/Summa, Vergaberecht, § 126 GWB Rn. 4; a.A. *Opitz*, in: Burgi/Dreher, Vergaberecht, § 126 GWB, Rn. 7; *Stein*, in: Röwekamp/Kus/Portz/Prieß, GWB-Vergaberecht, § 126 Rn. 5; *Stolz*, in: Ziekow/Völlink, Vergaberecht, § 126 GWB Rn. 1; vgl. eingehend zur Unzulässigkeit von Auftrags- und Vergabesperren im Bereich des Kartellvergaberechts bereits die Kommentierung zu § 125 GWB Rn. 15 ff.

Ausführungen in der Gesetzesbegründung klar, dass Vergabesperren keiner Rechtsgrundlage bedürften.[12] Vielmehr setzt § 126 GWB Regelungen aus Art. 57 RL 2014/24/EU um, die für den Bereich des Kartellvergaberechts keine Vergabesperren erlauben;[13] solche sind aufgrund ihrer Grundrechtsrelevanz auch verfassungsrechtlich ohne Ermächtigungsgrundlage unzulässig.[14]

II. Regelungsüberblick

§ 126 GWB geht von der Situation aus, dass ein Unternehmen im Hinblick auf seinen drohenden Ausschluss von einem Vergabeverfahren keine oder keine ausreichenden Selbstreinigungsmaßnahmen nach § 125 GWB ergriffen hat, dass es also seine vergaberechtliche Zuverlässigkeit auf diese Weise nicht erfolgreich wiederherstellen konnte. Für diesen Fall sieht die Vorschrift bei den zwingenden Ausschlussgründen des § 123 GWB vor, dass das Unternehmen für höchstens fünf Jahre ab dem Tag der rechtskräftigen Verurteilung von der Teilnahme an Vergabeverfahren ausgeschlossen werden darf (§ 126 Nr. 1 GWB); für die fakultativen Ausschlussgründe nach § 124 GWB beträgt die Höchstfrist ab dem betreffenden Ereignis drei Jahre (§ 126 Nr. 2 GWB).[15] Indem § 126 GWB Höchstfristen festlegt, stellt er implizit klar, dass ein Ausschluss auch vor Ablauf dieser Höchstfristen unzulässig sein kann;[16] dies gibt die Überschrift der Vorschrift – „Zulässiger Zeitraum für Ausschlüsse" – treffend wieder.[17] 6

III. Anwendungsbereich und vergleichbare Regelungen

1. Auftrags- und Konzessionsvergaben

Die Vorschrift gilt für sämtliche den §§ 97 ff. GWB unterfallende öffentliche Aufträge sowie Konzessionen (§ 154 Nr. 2 GWB), insbesondere auch bei Aufträgen von Sektorenauftraggebern (§ 142 GWB) sowie bei Aufträgen, die einen verteidigungs- oder sicherheitspolitischen Gegenstand haben (§§ 147, 154 Nr. 2 GWB).[18] Sie findet auch Anwendung, wenn die jeweiligen Vergabeverfahren auf den Abschluss von Rahmenvereinbarungen oder die Durchführung eines Wettbewerbs bezogen sind. 7

2. Besondere Ausschlussfristen außerhalb des GWB

§ 126 GWB setzt auch den in **§ 124 Abs. 2 GWB** genannten besonderen Ausschlussgründen zeitliche Grenzen und geht den in ihnen enthaltenen zeitlichen Vorgaben für Ausschlüsse für den Bereich der kartellvergaberechtlichen Vergabeverfahren nach den §§ 97 ff. GWB vor.[19] Soweit § 124 Abs. 2 GWB anordnet, dass diese Vorschriften „unberührt" bleiben, ist damit nur gesagt, dass sie neben die allgemeinen Ausschlussgründe aus den §§ 123, 124 Abs. 1 GWB treten und nicht etwa, dass sie dem Anwendungsbereich der allgemeinen vergaberechtlichen Vorschriften der §§ 122 ff. GWB über die vergaberechtliche Eignung und Zuverlässigkeit entzogen wären; das wäre auch mit den zwingenden europarechtlichen Vorgaben aus Art. 57 Abs. 7 S. 2 und 3 RL 2014/24/EU nicht vereinbar, der für längere Ausschlussfristen als 8

---

12 So aber *Ohrtmann*, in: Byok/Jaeger, Vergaberecht, § 125 GWB Rn. 16; *Opitz*, in: Burgi/Dreher, Vergaberecht, § 126 GWB Rn. 17; wie hier auch *Stolz*, in: Ziekow/Völlink, Vergaberecht, § 126 GWB Rn. 1.

13 Vgl. die Kommentierung zu § 125 GWB Rn. 18.

14 So auch *Schlichting*, Die Verfolgung öffentlicher Interessen mithilfe der Vergabesperre, S. 105 ff., die im Einzelnen die Grundrechtsrelevanz einer Vergabesperre aufzeigt und darlegt, dass die bestehenden Regelungen im GWB keine Rechtsgrundlage für die festzustellenden Grundrechtseingriffe bieten; ebenso *Kaufmann*, in: Pünder/Schellenberg, Vergaberecht, § 126 GWB Rn. 33; a.A. *Opitz*, in: Burgi/Dreher, Vergaberecht, § 126 GWB Rn. 17; *Ohrtmann*, in: Byok/Jaeger, Vergaberecht, § 125 GWB Rn. 16.

15 Siehe dazu im Einzelnen unten Rn. 20 ff.

16 Siehe dazu im Einzelnen unten Rn. 42 ff.

17 Im Referentenentwurf des Bundesministeriums für Wirtschaft und Energie vom 30.4.2015 war die Vorschrift noch ungenau mit „Höchstdauer eines Ausschlusses" überschrieben.

18 *Stolz*, in: Ziekow/Völlink, Vergaberecht, § 126 GWB Rn. 3.

19 Vgl. eingehend zu diesen Regelungen *Ohrtmann*, in: Byok/Jaeger, Vergaberecht, § 125 GWB Rn. 18 f. Das gilt jedenfalls, soweit aufgrund dieser Vorschriften höhere Anforderungen für die zeitliche Begrenzung des Ausschlusses bestehen würden.

für die in Art. 57 Abs. 1, 4 RL 2014/24/EU genannten Ausschlussgründe geregelten keine Grundlage bietet.[20]

9 Soweit den genannten Vorschriften über die Regelung eines zulässigen Zeitraums für Ausschlüsse nach den jeweiligen Vorschriften eine Grundlage für die Anordnung von **Vergabesperren** entnommen wird, ist die Anordnung solcher Vergabesperren jedenfalls für den Bereich der Vergabeverfahren nach den §§ 97 ff. GWB mit Inkrafttreten des VergRModG 2016 unzulässig, weil dadurch die in jedem Einzelfall gebotene Prüfung, ob ein Ausschluss wegen der zeitlichen Grenzen nach § 126 GWB unzulässig ist, abgeschnitten würde.[21] Wie das Unternehmen einen Anspruch auf Prüfung seiner Selbstreinigungsmaßnahmen nach § 125 GWB in jedem Einzelfall hat, hat es auch Anspruch darauf, dass die zeitlichen Beschränkungen für Ausschlüsse nach § 126 GWB beachtet und geprüft werden. Die besonderen landesrechtlichen Ausschlussgründe und die dortigen Fristen für Ausschlüsse sind ohnehin im Bereich der Vergabeverfahren der §§ 97 ff. GWB nicht mehr anwendbar, weil gemäß § 122 Abs. 1 GWB ein Ausschluss nur noch aufgrund der Ausschlussgründe nach den §§ 123, 124 GWB zulässig ist.[22]

3. Löschungsfristen nach WRegG

10 Neben dem Ausschluss des Ausschlusses nach §§ 123, 124 GWB aufgrund von Selbstreinigungsmaßnahmen nach § 125 GWB und des Zeitablaufs nach § 126 GWB kann der Ausschluss auch nach § 7 Abs. 2 S. 1 WRegG unzulässig sein, wenn eine Eintragung im Wettbewerbsregister gemäß § 7 Abs. 1 WRegG nach Ablauf der dort genannten Frist gelöscht worden ist. § 7 Abs. 2 S. 1 WRegG sieht als Rechtsfolge der Löschung vor, dass die der Eintragung zugrundeliegende Straftat oder Ordnungswidrigkeit in Vergabeverfahren nicht mehr zum Nachteil des betroffenen Unternehmens verwertet werden darf. Eintragungsfähig in das Wettbewerbsregister sind nach § 2 Abs. 1 Nr. 1 lit. a und Nr. 3 WRegG unter anderem alle rechtskräftigen Verurteilungen und Strafbefehle, die wegen einer in § 123 Abs. 1 GWB aufgeführten Straftat ergangen sind, ferner rechtskräftige Bußgeldentscheidungen, die nach § 30 OWiG, auch in Verbindung mit § 130 OWiG, wegen Straftaten verhängt worden sind, die in § 123 Abs. 1 GWB aufgeführt sind. Die darüber hinaus nach § 2 WRegG eintragungsfähigen Verurteilungen wegen Straftaten und Ordnungswidrigkeiten führen nicht unmittelbar zu Ausschlussgründen nach den §§ 123, 124 GWB, können sich aber auf ein Fehlverhalten beziehen, das auch den Tatbestand eines der fakultativen Ausschlussgründe nach § 124 GWB erfüllt.

11 Im Zusammenhang mit den Regelungen in § 126 GWB zum zulässigen Zeitraum für Ausschlüsse ist bedeutsam, dass das Verwertungsverbot nach § 7 Abs. 2 S. 1 WRegG schon **vor Ablauf der in § 126 GWB vorgesehenen Fristen** die Berücksichtigung des jeweiligen Fehlverhaltens ausschließen kann.[23] Einen Gleichlauf der Bestimmungen gibt es bei den zwingenden Ausschlussgründen nach § 123 Abs. 1 GWB, soweit diese an eine strafgerichtliche Verurteilung anknüpfen. Hier sieht § 7 Abs. 1 S. 1 GWB eine Löschungsfrist von fünf Jahren vor, was mit der Höchstfrist nach § 126 Nr. 1 GWB übereinstimmt. Dagegen sind gemäß § 7 Abs. 1 S. 3 WRegG Eintragungen von Bußgeldentscheidungen wegen Straftaten nach § 123 Abs. 1 GWB bereits drei Jahre nach deren Bestandskraft zu löschen und dementsprechend gemäß § 7 Abs. 2 S. 1 WRegG nicht mehr zum Nachteil des Unternehmens zu berücksichtigen, also bereits vor Ablauf der in § 126 Nr. 1 GWB insoweit vorgesehenen Frist von bis zu fünf Jahren.

12 Wesentlich ist weiter, dass eine Eintragung im Wettbewerbsregister nach § 6 Abs. 5 S. 1 WRegG unerheblich für die Würdigung ist, ob ein Ausschluss wegen eines Fehlverhaltens

---

20 A.A. *Kaufmann*, in: Pünder/Schellenberg, Vergaberecht, § 126 GWB Rn. 28.

21 Vgl. im Einzelnen die Kommentierung zu § 125 GWB Rn. 18.

22 Wie hier *Ley*, in: Reidt/Stickler/Glahs, Vergaberecht, § 126 GWB Rn. 11 f. Der in der Gesetzesbegründung zu § 124 Abs. 2 GWB, VergRModG 2016, BT-Drs. 18/6281, S. 107, möglicherweise vertretenen Auffassung, der Gesetzgeber könne in Spezialgesetzen längere Ausschlussfristen festlegen (so *Kaufmann*, in: Pünder/Schellenberg, Vergaberecht, § 126 GWB Rn. 28; indes werden die Ausschlussfristen dort nicht angesprochen) wäre mithin auch unter dem Gesichtspunkt einer europarechtskonformen Auslegung nicht zu folgen.

23 Zudem ist gemäß § 8 WRegG eine Löschung auf Antrag des Unternehmens bei Nachweis hinreichender Selbstreinigungsmaßnahmen vorgesehen; vgl. dazu die Kommentierung zu § 125 GWB Rn. 51.

nach den §§ 123, 124 GWB im Hinblick auf den Zeitablauf nach § 126 GWB noch zulässig ist. Nach § 6 Abs. 5 S. 1 WRegG entscheidet der Auftraggeber nämlich nach Maßgabe der vergaberechtlichen Vorschriften in eigener **Verantwortung** über den Ausschluss eines Unternehmens von der Teilnahme am Vergabeverfahren. Der Umstand, dass eine Eintragung im Wettbewerbsregister nicht gelöscht ist und hierbei möglicherweise die Löschungsfristen nach § 7 Abs. 1 WRegG nicht beachtet worden sind, entbindet den öffentlichen Auftraggeber also nicht von der Prüfung, ob ein Ausschluss nach den §§ 125, 126 GWB ausgeschlossen ist, während er zugunsten der Unternehmen an die Löschung von Eintragungen gebunden ist, indem er das Fehlverhalten, das der gelöschten Eintragung zugrunde lag, nicht mehr zu Lasten des Unternehmens berücksichtigen darf (§§ 6 Abs. 5 S. 2, 7 Abs. 2 WRegG).

B. Höchstfristen für Ausschlüsse

I. Rechtsfolge – Unzulässigkeit des Ausschlusses

Soweit die in § 126 GWB genannten Höchstfristen von fünf Jahren ab dem Tag der Verurteilung bei den zwingenden Ausschlussgründen nach § 123 GWB und von drei Jahren ab dem betreffenden Ereignis bei den fakultativen Ausschlussgründen nach § 124 GWB abgelaufen sind, kommt ein Ausschluss wegen der jeweiligen Gründe nicht mehr in Betracht. § 126 GWB begründet insoweit einen keiner Wertung mehr zugänglichen zwingenden Ausschluss des Ausschlusses wegen eines von dem Unternehmen nach den §§ 123, 124 GWB verwirklichten Ausschlussgrundes.[24] Nach Ablauf dieser Fristen ist die Eignung des Unternehmens aufgrund der von ihm in der Vergangenheit verwirklichten Ausschlussgründe nicht mehr in vergaberechtlich beachtlicher Weise anzweifelbar, und zwar alleine wegen des Zeitablaufs und unabhängig von der Vornahme von Selbstreinigungsmaßnahmen im Sinne des § 125 GWB. Die Vorschrift hat insoweit Ähnlichkeit mit einer Verfolgungsverjährung:[25] Nach Ablauf der vorgesehenen Frist kann das Verhalten nicht mehr sanktioniert werden.[26] 13

II. Voraussetzungen

Die Unzulässigkeit des Ausschlusses aus einem anhängigen Vergabeverfahren aufgrund der Verwirklichung von Ausschlussgründen nach den §§ 123, 124 GWB[27] setzt den Ablauf der in § 126 GWB angeordneten Höchstfristen voraus. 14

1. Höchstfrist bei zwingenden Ausschlussgründen

Bei den zwingenden Ausschlussgründen im Sinne des § 123 GWB darf das Unternehmen höchstens fünf Jahre ab dem Tag der rechtskräftigen Verurteilung von der Teilnahme an einem Vergabeverfahren ausgeschlossen werden. 15

24 So auch *Ley*, in: Reidt/Stickler/Glahs, Vergaberecht, § 126 GWB Rn. 13; *Stolz*, in: Ziekow/Völlink, Vergaberecht, § 126 GWB Rn. 4.

25 Auf diesen Zusammenhang weisen schon zum früheren Recht zutreffend *Stein/Friton/Huttenlauch*, WuW 2012, 38 (44), hin; vgl. auch *Summa*, in: Heiermann/Zeiss/Summa, Vergaberecht, § 126 GWB Rn. 2: „Anwendungsverjährung".

26 Vgl. auch § 78 Abs. 1 S. 1 StGB: „Die Verjährung schließt die Ahndung der Tat und die Anordnung von Maßnahmen […] aus."

27 Wegen dieser Voraussetzungen – Anhängigkeit eines Vergabeverfahrens und drohender Ausschluss – wird auf die hier entsprechend geltenden Ausführungen zu § 125 GWB Rn. 21 ff. verwiesen. Es gibt also insbesondere auch keinen Anspruch des Unternehmens auf Feststellung des Ablaufs von Höchstfristen außerhalb eines anhängigen Vergabeverfahrens, vgl. § 125 GWB Rn. 21. Allerdings müssen Eintragungen im Wettbewerbsregister über ein dort eintragungsfähiges Fehlverhalten nach Ablauf von Löschungsfristen, die nur teilweise den Fristen des § 126 GWB entsprechen (vgl. oben Rn. 11), von Amts wegen gelöscht werden (§ 7 Abs. 1 WRegG) und haben die Unternehmen Anspruch auf die entsprechende Löschung, die zur Folge hat, dass ihnen das zuvor eingetragene Fehlverhalten in Vergabeverfahren nicht mehr zur Last gelegt werden darf (§ 7 Abs. 2 S. 1 WRegG).

a) Fristbeginn

16 Die Vorschrift stellt für den Fristbeginn auf den Tag der rechtskräftigen Verurteilung hinsichtlich des Verhaltens ab, das Gegenstand des Ausschlussgrundes nach § 123 GWB ist. Dabei geht es bei den Ausschlussgründen des **§ 123 Abs. 1 GWB** um die Verurteilung der Person, deren Verhalten nach § 123 Abs. 3 GWB dem Unternehmen zuzurechnen ist, oder um die Festsetzung einer Geldbuße nach § 30 OWiG gegen das Unternehmen. Die Verurteilung zu einer Straftat oder die Festsetzung einer Geldbuße muss nach den jeweiligen Vorschriften des Strafrechts oder des Ordnungswidrigkeitenrechts rechtskräftig geworden sein,[28] bei der Sanktionierung nach vergleichbaren Vorschriften anderer Staaten (§ 123 Abs. 2 GWB) nach deren Straf- oder Ordnungswidrigkeitenrecht.

17 Bei den Ausschlussgründen des **§ 123 Abs. 4 S. 1 GWB** (Nichtentrichtung von Steuern, Abgaben oder Sozialversicherungsbeiträgen) kommt § 126 Nr. 1 GWB allerdings nicht zur Anwendung.[29] Art. 57 Abs. 7 S. 2 RL 2014/24/EU sieht die Festlegung von Höchstfristen nur für die Ausschlussgründe in Art. 57 Abs. 1 und 4 RL 2014/24/EU vor, nicht für den dem § 123 Abs. 4 S. 1 GWB entsprechenden Ausschlussgrund nach Art. 57 Abs. 2 UAbs. 1 und 2 RL 2014/24/EU. Ein Ausschluss des Ausschlusses kommt hier nach Art. 57 Abs. 2 UAbs. 3 RL 2014/24/EU bei einer Begleichung der entsprechenden Verbindlichkeiten in Betracht, setzt aber auch nur dies voraus,[30] so dass eine Festlegung einer Höchstfrist im nationalen Recht unzulässig wäre.[31] Damit gibt die Richtlinie ordnungspolitisch überzeugend vor, dass eine Vergabe öffentlicher Aufträge an Unternehmen, die öffentlich-rechtliche Verbindlichkeiten nicht erfüllt haben, zu unterbleiben hat. § 126 Nr. 1 GWB ist dementsprechend richtlinienkonform einschränkend auszulegen,[32] was auch möglich erscheint, da nicht ersichtlich ist, dass der deutsche Gesetzgeber von den genannten Vorgaben abweichen wollte; die gesonderte Umsetzung des Art. 57 Abs. 2 RL 2014/24/EU in § 123 Abs. 4 GWB legt vielmehr nahe, dass die entsprechenden Tatbestände auch nach deutschem Recht neben den übrigen zwingenden Ausschlussgründen stehen sollten.

b) Fristablauf

18 **Fünf Jahre** ab dem Tag der Rechtskraft der jeweils maßgeblichen Verurteilung endet die Möglichkeit eines öffentlichen Auftraggebers, das Unternehmen wegen des Fehlverhaltens, das Gegenstand der Verurteilung war, von dem jeweils laufenden Vergabeverfahren auszuschließen. Die Frist läuft nach fünf Jahren mit dem Tag ab, der dem Tag entspricht, an dem die Verurteilung rechtskräftig geworden ist.[33] In einem laufenden Vergabeverfahren, an dem

---

28 Wie hier *Ley*, in: Reidt/Stickler/Glahs, Vergaberecht, § 126 GWB Rn. 18; *Pauka*, in: Säcker, Wettbewerbsrecht, § 126 GWB Rn. 8; a.A. für die Festsetzung von Bußgeldern *Friton*, in: Gabriel/Mertens/Prieß/Stein, Vergaberecht, § 126 GWB Rn. 10: Berücksichtigung nur über die fakultativen Ausschlussgründe.

29 So mit überzeugender Begründung *Ohrtmann*, in: Byok/Jaeger, Vergaberecht, § 125 GWB Rn. 3. Anders noch Vorauflage, § 126 GWB Rn. 12; a.A. auch *Stolz*, in: Ziekow/Völlink, Vergaberecht, § 126 GWB Rn. 8; *Opitz*, in: Burgi/Dreher, Vergaberecht, § 126 GWB Rn. 14; *Kling*, in: Immenga/Mestmäcker, Wettbewerbsrecht, § 126 GWB Rn. 15 im Widerspruch zu Rn. 1; *Ley*, in: Reidt/Stickler/Glahs, Vergaberecht, § 126 GWB Rn. 19; für eine analoge Anwendung bei § 123 Abs. 4 Nr. 1 GWB: *Friton*, in: Gabriel/Mertens/Prieß/Stein, Vergaberecht, § 126 GWB Rn. 11; *Stein*, in: Röwekamp/Kus/Portz/Prieß, GWB-Vergaberecht, § 126 Rn. 12; *Summa*, in: Heiermann/Zeiss/Summa, Vergaberecht, § 126 GWB Rn. 18.

30 Insoweit handelt es sich um einen besonderen Selbstreinigungstatbestand, vgl. die Kommentierung zu § 125 GWB Rn. 12.

31 Wie hier *Kling*, in: Immenga/Mestmäcker, Wettbewerbsrecht, § 126 GWB Rn. 1; *Kaufmann*, in: Pünder/Schellenberg, Vergaberecht, § 126 GWB Rn. 4; a.A. *Opitz*, in: Burgi/Dreher, Vergaberecht, § 126 GWB Rn. 5; *Summa*, in: Heiermann/Zeiss/Summa, Vergaberecht, § 126 GWB Rn. 18; *Ley*, in: Reidt/Stickler/Glahs, Vergaberecht, § 126 GWB Rn. 19.

32 So zutreffend *Ohrtmann*, in: Byok/Jaeger, Vergaberecht, § 125 GWB Rn. 3; a.A. *Friton*, in: Gabriel/Mertens/Prieß/Stein, Vergaberecht, § 126 GWB Rn. 4.

33 Vgl. Art. 3 Abs. 2 lit. c VO (EWG, Euratom) 1182/71; auf die BGB-Vorschriften zur Fristberechnung braucht daher entgegen *Friton*, in: Gabriel/Mertens/Prieß/Stein, Vergaberecht, § 126 GWB Rn. 27a, und *Stein*, in: Röwekamp/Kus/Portz/Prieß, GWB-Vergaberecht, § 126 Rn. 30, nicht zurückgegriffen werden.

sich das Unternehmen beteiligt, ist ab diesem Zeitpunkt ein Ausschluss nicht mehr zulässig. Ein zunächst innerhalb der Frist erklärter Ausschluss, mag er auch zulässig gewesen sein, wird mit Fristablauf unzulässig,[34] und zwar unabhängig davon, ob die Angebotsfrist abgelaufen ist oder nicht.[35] Das folgt aus dem Zweck der Vorschrift, ähnlich der Strafverfolgungsverjährung, eine verbindliche Höchstfrist für den Ausschluss zu bestimmen, mit deren Verstreichen eine Nichtbeteiligung des Unternehmens an dem Vergabeverfahren wegen seines früheren Fehlverhaltens nicht mehr gerechtfertigt sein soll.[36] Soweit vor der rechtskräftigen Verurteilung wegen des Fehlverhaltens ein Ausschluss auch auf die Ausschlussgründe nach § 124 Abs. 1 Nr. 3 und 4 GWB gestützt werden konnte, ist die insoweit verstrichene, nach Maßgabe von § 126 Nr. 2 GWB zu berücksichtigende Frist nicht auf die nach § 126 Nr. 1 GWB laufende und zu berechnende Frist anzurechnen,[37] weil die Vorschriften dafür keine Grundlage bieten.[38]

Rügt das Unternehmen seinen Ausschluss nicht fristgerecht, bleibt er trotz der abgelaufenen Höchstfrist wirksam, wie auch sonst die Wiederaufnahme eines wirksam ausgeschlossenen Unternehmens in das Vergabeverfahren unzulässig wäre.[39] Hat das Unternehmen seinen Ausschluss dagegen rechtzeitig gerügt, ist es dem öffentlichen Auftraggeber und den Nachprüfungsinstanzen nach Ablauf der Höchstfristen verwehrt, den Ausschluss aufrechtzuerhalten. Die in ähnlichem Zusammenhang bei § 125 GWB geäußerten Befürchtungen, dies könne zu missbräuchlichen, auf Verfahrensverzögerungen gerichteten Nachprüfungsanträgen Anlass geben,[40] sind auch hier nicht gerechtfertigt.[41] Denn zum einen wird regelmäßig ein noch kurz vor Ablauf der Höchstfristen angeordneter Ausschluss in seiner Rechtmäßigkeit ohnehin zweifelhaft sein;[42] zum anderen wird regelmäßig das Unternehmen die oft erheblichen Kosten des Nachprüfungsverfahrens zu tragen haben, wenn der Ausschluss bis zum während des Verfahrens eingetretenen Fristablauf doch einmal berechtigt gewesen sein sollte.[43] 19

2. Höchstfrist bei fakultativen Ausschlussgründen

Bei den fakultativen Ausschlussgründen des § 124 GWB darf gemäß § 126 Nr. 2 GWB das Unternehmen höchstens drei Jahre ab dem betreffenden Ereignis von der Teilnahme an Vergabeverfahren ausgeschlossen werden. 20

a) Fristbeginn

Die Frist aus § 126 Nr. 2 GWB beginnt ab dem Ereignis, das Gegenstand der allgemeinen fakultativen Ausschlussgründe nach § 124 Abs. 1 GWB oder der besonderen in § 124 Abs. 2 GWB in Bezug genommenen Ausschlussgründe ist.[44] 21

34 Wie hier auch *Ohrtmann*, in: Byok/Jaeger, Vergaberecht, § 125 GWB Rn. 4; *Summa*, in: Heiermann/Zeiss/Summa, Vergaberecht, § 126 GWB Rn. 6; *Kling*, in: Immenga/Mestmäcker, Wettbewerbsrecht, § 126 GWB Rn. 24; *Kaufmann*, in: Pünder/Schellenberg, Vergaberecht, § 126 GWB Rn. 30; *Ley*, in: Reidt/Stickler/Glahs, Vergaberecht, § 126 GWB Rn. 14; *Stein*, in: Röwekamp/Kus/Portz/Prieß, GWB-Vergaberecht, § 126 Rn. 30.

35 *Friton*, in: Gabriel/Mertens/Prieß/Stein, Vergaberecht, § 126 GWB Rn. 27b.

36 So auch *Kaufmann*, in: Pünder/Schellenberg, Vergaberecht, § 126 GWB Rn. 30.

37 So aber *Opitz*, in: Burgi/Dreher, Vergaberecht, § 126 GWB Rn. 23; *Ley*, in: Reidt/Stickler/Glahs, Vergaberecht, § 126 GWB Rn. 35.

38 *Ohrtmann*, in: Byok/Jaeger, Vergaberecht, § 125 GWB Rn. 2 mit dem zutreffenden Hinweis, dass aus Gründen der Verhältnismäßigkeit ein Ausschluss häufig auch vor Ablauf der Fristen (unabhängig von den ergriffenen Selbstreinigungsmaßnahmen) wegen des Zeitablaufs nicht mehr zulässig sein wird; vgl. dazu im Einzelnen unten Rn. 42 ff.

39 So auch *Ohrtmann*, in: Byok/Jaeger, Vergaberecht, § 125 GWB Rn. 4; *Kaufmann*, in: Pünder/Schellenberg, Vergaberecht, § 126 GWB Rn. 12, 30; *Ley*, in: Reidt/Stickler/Glahs, Vergaberecht, § 126 GWB Rn. 15. Vgl. für die entsprechende Situation bei einer negativen Entscheidung über Selbstreinigungsmaßnahmen § 125 GWB Rn. 73.

40 Vgl. § 125 GWB Rn. 28.

41 A.A. *Stolz*, in: Ziekow/Völlink, Vergaberecht, § 126 GWB Rn. 10.

42 Vgl. dazu eingehend unten Rn. 48 ff.

43 *Stein*, in: Röwekamp/Kus/Portz/Prieß, GWB-Vergaberecht, § 126 Rn. 30.

44 So auch schon zum früheren Recht *Müller-Wrede*, in: Müller-Wrede, VOL/A, § 6 EG Rn. 80; vgl. zum Anwendungsbereich der Vorschrift bereits die Ausführungen oben unter Rn. 7 bis 9.

22 Mit dem **Ereignis** ist grundsätzlich[45] das jeweils in den Ausschlussgründen umschriebene Fehlverhalten gemeint.[46] Das Fehlverhalten muss hierbei beendet sein, damit die Frist zu laufen beginnen kann.[47] Denn erst wenn die tatbestandlichen Voraussetzungen des Ausschlussgrundes nicht mehr erfüllt sind, beginnt der nicht mehr durch das Fehlverhalten des Unternehmens belastete Zeitraum. Auf die Entdeckung des Fehlverhaltens kommt es nicht an.[48] Im Einzelnen ergibt sich daraus für den Beginn der Frist aus § 126 Nr. 2 GWB bei den in § 124 Abs. 1 GWB aufgeführten fakultativen Ausschlussgründen Folgendes:

aa) Verstoß gegen umwelt-, sozial- oder arbeitsrechtliche Verpflichtungen (§ 124 Abs. 1 Nr. 1 GWB)

23 Der Tatbestand des § 124 Abs. 1 Nr. 1 GWB erlaubt den Ausschluss des Unternehmens vom Vergabeverfahren, wenn es bei der Ausführung öffentlicher Aufträge nachweislich gegen geltende umwelt-, sozial- oder arbeitsrechtliche Verpflichtungen verstoßen hat.

24 Maßgeblich ist bei diesem Ausschlussgrund für den **Fristbeginn** nach § 126 Nr. 2 GWB der Zeitpunkt des Verstoßes, bei Dauerhandlungen der Zeitpunkt, zu dem das Fehlverhalten geendet hat.[49] Dieser Zeitpunkt ist objektiv zu bestimmen und nicht etwa subjektiv nach dem Zeitpunkt der Beweisbarkeit des Verstoßes,[50] weil maßgeblich ist, dass dem Unternehmen tatsächlich über einen Zeitraum von bis zu drei Jahren kein Fehlverhalten anzulasten ist und daher davon auszugehen ist, dass seine Integrität dann nicht mehr in Zweifel zu ziehen ist.[51] Keine Rolle spielen auch etwaige straf- und ordnungswidrigkeitenrechtliche Sanktionen;[52] dies schon deswegen nicht, weil das Fehlverhalten nicht notwendiger Weise solche Sanktionen nach sich zieht und § 124 Abs. 1 Nr. 1 GWB anders als die Tatbestände des § 123 Abs. 1 GWB gerade nicht an die Sanktionierung anknüpft.

bb) Zahlungsunfähigkeit, Insolvenz, Liquidation (§ 124 Abs. 1 Nr. 2 GWB)

25 Die Vorschrift des § 124 Abs. 1 Nr. 2 GWB erlaubt den Ausschluss eines Unternehmens, wenn dieses zahlungsunfähig ist, über das Vermögen des Unternehmens ein Insolvenzverfahren oder ein vergleichbares Verfahren beantragt oder eröffnet worden ist, die Eröffnung eines solchen Verfahrens mangels Masse abgelehnt worden ist, sich das Unternehmen im Verfahren der Liquidation befindet oder seine Tätigkeit eingestellt hat.

---

45 Anders kann es im Hinblick auf EuGH, Urteil v. 24.10.2018 – Rs. C-124/17 (Vossloh Laeis), Rn. 38, 42, liegen. Die Rechtsgrundsätze dieser Entscheidung, die sich ausdrücklich allein auf den Fristbeginn nach § 126 Nr. 2 GWB bei dem Ausschlussgrund aus § 124 Abs. 1 Nr. 4 GWB beziehen, lassen sich entgegen *Stein/Wolters*, jurisPR-Compl 2/2019, Anm. 2, 7, auf keinen der anderen fakultativen Ausschlussgründe des § 124 GWB beziehen, weil bei keinem dieser weiteren Ausschlussgründe die von dem EuGH für maßgeblich gehaltene Kohärenz mit den Regelungen zum Fristbeginn nach § 126 Nr. 1 GWB für die zwingenden Ausschlussgründe nach § 123 GWB zu wahren ist; bei keinem dieser weiteren Ausschlussgründe könnte an die Entscheidung einer Behörde angeknüpft werden und selbst bei dem Ausschlussgrund nach § 124 Abs. 1 Nr. 4 GWB ist das nicht notwendigerweise der Fall; vgl. auch dazu unten Rn. 29 ff.

46 Ebenso *Ley*, in: Reidt/Stickler/Glahs, Vergaberecht, § 126 GWB Rn. 22; *Stolz*, in: Ziekow/Völlink, Vergaberecht, § 126 GWB Rn. 9; a.A. wohl *Opitz*, in: Burgi/Dreher, Vergaberecht, § 126 GWB Rn. 15.

47 Das entspricht dem Rechtsgedanken des § 78a StGB für den Beginn der strafrechtlichen Verfolgungsverjährung: „Die Verjährung beginnt, sobald die Tat beendet ist. Tritt ein zum Tatbestand gehörender Erfolg erst später ein, so beginnt die Verjährung mit diesem Zeitpunkt."

48 A.A. zum bisherigen Recht *Wimmer*, Zuverlässigkeit im Vergaberecht, S. 103 f.

49 Ebenso *Ohrtmann*, in: Byok/Jaeger, Vergaberecht, § 125 GWB Rn. 6; *Friton*, in: Gabriel/Mertens/Prieß/Stein, Vergaberecht, § 126 GWB Rn. 18; *Summa*, in: Heiermann/Zeiss/Summa, Vergaberecht, § 126 GWB Rn. 35; *Kaufmann*, in: Pünder/Schellenberg, Vergaberecht, § 126 GWB Rn. 16; *Stein*, in: Röwekamp/Kus/Portz/Prieß, GWB-Vergaberecht, § 126 Rn. 14; *Wieddekind*, in: Willenbruch/Wieddekind, Vergaberecht, § 126 GWB Rn. 8.

50 So aber *Friton*, in: Gabriel/Mertens/Prieß/Stein, Vergaberecht, § 126 GWB Rn. 16 f.; wie hier *Ley*, in: Reidt/Stickler/Glahs, Vergaberecht, § 126 GWB Rn. 22.

51 So auch *Ley*, in: Reidt/Stickler/Glahs, Vergaberecht, § 126 GWB Rn. 22. Dagegen spricht nicht, dass Unternehmen dann von der Geheimhaltung ihres Fehlverhaltens profitieren; denn § 126 GWB verfolgt keine Strafzwecke (so aber wohl *Friton*, in: Gabriel/Mertens/Prieß/Stein, Vergaberecht, § 126 GWB Rn. 14.), sondern will Unternehmen nach Ablauf der Höchstfristen wieder dem öffentlichen Auftraggeber als mögliche Vertragspartner zugänglich machen.

52 So auch *Friton*, in: Gabriel/Mertens/Prieß/Stein, Vergaberecht, § 126 GWB Rn. 15.

26 Entgegen den Ausführungen in der Gesetzesbegründung[53] ist § 126 Nr. 1 GWB hier nicht **anwendbar**,[54] weil Grund für den Ausschluss nicht ein Fehlverhalten des Unternehmens ist, sondern seine mangelnde wirtschaftliche Leistungsfähigkeit bzw. Leistungsbereitschaft.[55] Ist diese wieder hergestellt und sind die Voraussetzungen des § 124 Abs. 1 Nr. 2 GWB nicht mehr gegeben, so ist ein Ausschluss nicht mehr gerechtfertigt.[56] § 126 Nr. 2 GWB ist in seiner Bezugnahme auf die Ausschlussgründe des § 124 GWB insoweit dem Sinn und Zweck der Vorschriften entsprechend einschränkend auszulegen.[57]

cc) Schwere Verfehlung (§ 124 Abs. 1 Nr. 3 GWB)

27 Öffentliche Auftraggeber können nach § 124 Abs. 1 Nr. 3 GWB ein Unternehmen von der Teilnahme an einem Vergabeverfahren ausschließen, wenn das Unternehmen im Rahmen der beruflichen Tätigkeit nachweislich eine schwere Verfehlung begangen hat, durch die die Integrität des Unternehmens infrage gestellt wird.

28 Bei der den Ausschluss nach dieser Vorschrift erlaubenden schweren Verfehlung beginnt die **Frist** mit der schweren Verfehlung als Ereignis, aber nicht vor ihrer Beendigung,[58] weil das Ereignis im Sinne des § 126 Nr. 2 GWB so lange andauert wie die schwere Verfehlung.[59]

dd) Wettbewerbsbeeinträchtigung (§ 124 Abs. 1 Nr. 4 GWB)

29 Nach § 124 Abs. 1 Nr. 4 GWB können öffentliche Auftraggeber ein Unternehmen von der Teilnahme an einem Vergabeverfahren ausschließen, wenn der öffentliche Auftraggeber über hinreichende Anhaltspunkte dafür verfügt, dass das Unternehmen mit anderen Unternehmen Vereinbarungen getroffen oder Verhaltensweisen aufeinander abgestimmt hat, die eine Verhinderung, Einschränkung oder Verfälschung des Wettbewerbs bezwecken oder bewirken.

30 Das für den **Fristbeginn** maßgebliche Ereignis ist der Abschluss der wettbewerbsbeeinträchtigenden Vereinbarung bzw. das abgestimmte wettbewerbsbeeinträchtigende Verhalten. Diese Ereignisse müssen für den Fristbeginn nach § 126 Nr. 2 GWB beendet sein,[60] was erst anzunehmen ist, wenn von ihnen keine wettbewerbsbeschränkende Wirkung mehr ausgeht, also die Vereinbarung bzw. das abgestimmte Verhalten beendet sind.

31 Nicht gedeckt vom Wortlaut des Art. 57 Abs. 7 S. 3 RL 2014/24/EU sowie des § 126 Nr. 2 GWB wäre es, das fristauslösende Ereignis in der **Entscheidung der** zuständigen **Kartellbehörde** über das Vorliegen eines Wettbewerbsverstoßes zu sehen.[61] Dennoch hat der EuGH es *„aus Gründen der Kohärenz mit den Berechnungsmodalitäten für die Frist bei zwingenden Ausschlussgründen"* für geboten gehalten, für den Ausschlussgrund des Art. 57 Abs. 4 lit. d RL 2014/24/EU, der § 124 Abs. 1 Nr. 4 GWB entspricht, auf den Zeitpunkt der behördlichen Entscheidung abzustellen.[62] Diese für die Praxis hinzunehmende Festlegung[63] überzeugt

---

53 Gesetzesbegründung zu § 126 GWB, VergRModG 2016, BT-Drs. 18/6281, 111.

54 A.A. *Ley*, in: Reidt/Stickler/Glahs, Vergaberecht, § 126 GWB Rn. 26. Anders auch noch in der Vorauflage, § 126 GWB Rn. 22 f.

55 So zutreffend *Opitz*, in: Burgi/Dreher, Vergaberecht, § 126 GWB Rn. 11; kritisch auch *Friton*, in: Gabriel/Mertens/Prieß/Stein, Vergaberecht, § 126 GWB Rn. 21.

56 *Opitz*, in: Burgi/Dreher, Vergaberecht, § 126 GWB Rn. 11.

57 *Kling*, in: Immenga/Mestmäcker, Wettbewerbsrecht, § 126 GWB Rn. 17; *Kaufmann*, in: Pünder/Schellenberg, Vergaberecht, § 126 GWB Rn. 22 bis 24.

58 So auch *Kling*, in: Immenga/Mestmäcker, Wettbewerbsrecht, § 126 GWB Rn. 18; *Ley*, in: Reidt/Stickler/Glahs, Vergaberecht, § 126 GWB Rn. 27; *Stein*, in: Röwekamp/Kus/Portz/Prieß, GWB-Vergaberecht, § 126 Rn. 19.

59 Wie hier *Ohrtmann*, in: Byok/Jaeger, Vergaberecht, § 125 GWB Rn. 8.

60 So wohl auch *Ohrtmann*, in: Byok/Jaeger, Vergaberecht, § 125 GWB Rn. 9.

61 So aber die Gesetzesbegründung zu § 126 GWB, VergRModG 2016, BT-Drs. 18/6281, 111. Wie hier auch *Kaufmann*, in: Pünder/Schellenberg, Vergaberecht, § 126 GWB Rn. 18; *Stolz*, in: Ziekow/Völlink, Vergaberecht, § 126 GWB Rn. 9.

62 EuGH, Urteil v. 24.10.2018 – Rs. C-124/17 (Vossloh Laeis), Rn. 38, 42; zustimmend etwa *Kling*, in: Immenga/Mestmäcker, Wettbewerbsrecht, § 126 GWB Rn. 22.

63 Vgl. etwa VK Münster, Beschluss v. 25.4.2019 – VK 2-41/18, juris Rn. 87; VK Niedersachsen, Beschluss v. 18.3.2019 – VgK 03/2019, juris Rn. 123; die Entscheidung dürfte entgegen *Friton*, in: Gabriel/Mertens/Prieß/Stein, Vergaberecht, § 126 GWB Rn. 19a, auch nicht erlauben, auf den Zeitpunkt der Beweisbarkeit des Fehlverhaltens abzustellen, auch wenn nach den Feststellungen des vorlegenden Gerichts nur die Zeitpunkte des Fehlverhaltens und seiner Sanktionierung feststanden; der EuGH hätte dann dem vorlegenden Gericht gegebenenfalls aufgeben können und müssen, zum Zeitpunkt der Beweisbarkeit weitere Feststellungen zu treffen, was er indes nicht getan hat.

schon deswegen nicht, weil die – in der Richtlinie gerade nicht angeordnete – Kohärenz mit der Fristberechnung bei zwingenden Ausschlussgründen durch eine – in der Richtlinie ebenfalls nicht vorgesehene und ihr widersprechende – Inkohärenz mit den weiteren fakultativen Ausschlussgründen erkauft wird. Zudem ist vollkommen unklar, was gelten soll, wenn es an einer „Entscheidung der zuständigen Kartellbehörde" fehlt und/oder unabsehbar ist, ob eine solche noch ergehen wird.[64] Dass das Fehlverhalten im Sinne des § 124 Abs. 1 Nr. 4 GWB vor einer rechtskräftigen Entscheidung nicht als erwiesen angesehen werden kann,[65] gilt für die übrigen Tatbestände des § 124 Abs. 1 GWB, die von vornherein nicht Gegenstand einer behördlichen Entscheidung sind oder sein müssen, in gleicher Weise und erlaubt deswegen keine einschränkende Auslegung des Fristbeginns zum Nachteil des Unternehmens; im Übrigen erlaubt § 124 Abs. 1 Nr. 4 GWB den Ausschluss bereits bei hinreichenden Anhaltspunkten des dort genannten Fehlverhaltens. Auch der Verweis auf die verbliebene Möglichkeit, Selbstreinigungsmaßnahmen nach § 125 GWB zu ergreifen,[66] ist verfehlt, weil die Richtlinie dem betroffenen Unternehmen nach Ablauf der vorgesehenen Fristen die Teilnahme an öffentlichen Vergabeverfahren unabhängig von Selbstreinigungsmaßnahmen wieder erlauben will.

32 Nicht einschlägig sind die Grundsätze der EuGH-Rechtsprechung, wenn ein aufgrund von Fehlverhalten im Sinne von § 124 Abs. 1 Nr. 4 GWB eingeleitetes **strafrechtliches Ermittlungsverfahren** gemäß § 170 Abs. 2 StPO mangels hinreichenden Tatverdachts oder gemäß § 153a StPO gegen Auflagen eingestellt worden ist, weil keine Entscheidung darüber getroffen worden ist, ob die Tat begangen worden ist oder nicht.[67] Hier ist, wie sonst auch bei den fakultativen Ausschlussgründen, auf die Beendigung des Fehlverhaltens abzustellen.[68] Sind wegen eines Fehlverhaltens mehrere Ermittlungsverfahren anhängig, läuft die Frist bereits mit Abschluss des ersten Verfahrens, soweit das Fehlverhalten zu diesem Zeitpunkt beendet ist.[69]

ee) Interessenskonflikt und Vorbefassung (§ 124 Abs. 1 Nr. 5 und 6 GWB)

33 Nach § 124 Abs. 1 Nr. 5 und 6 GWB können öffentliche Auftraggeber ein Unternehmen von der Teilnahme an einem Vergabeverfahren ausschließen, wenn ein Interessenkonflikt bei der Durchführung des Vergabeverfahrens besteht, der die Unparteilichkeit und Unabhängigkeit einer für den öffentlichen Auftraggeber tätigen Person bei der Durchführung des Vergabeverfahrens beeinträchtigen könnte und der durch andere, weniger einschneidende Maßnahmen nicht wirksam beseitigt werden kann, oder eine Wettbewerbsverzerrung daraus resultiert, dass das Unternehmen bereits in die Vorbereitung des Vergabeverfahrens einbezogen war, und diese Wettbewerbsverzerrung nicht durch andere, weniger einschneidende Maßnahmen beseitigt werden kann.

34 Bei diesen fakultativen Ausschlussgründen, die sich jeweils nur auf das Vergabeverfahren beziehen, in dem sie aufgetreten sind, und die kein Fehlverhalten des Unternehmens betreffen, stellt sich die Frage eines zulässigen **Zeitraums** für Ausschlüsse nicht,[70] weil sie einen Ausschluss jeweils nur für das Vergabeverfahren erlauben, in dem die den Ausschluss begründenden Umstände vorliegen; die Bezugnahme des § 126 Nr. 2 GWB auf § 124 GWB ist insoweit verfehlt[71] und die Vorschrift ihrem Sinn und Zweck entsprechend einschränkend auszulegen.[72]

---

64 Kritisch insoweit auch *Stein/Wolters*, jurisPK-Compl 3/2019 Anm. 3, 7 f.
65 EuGH, Urteil v. 24.10.2018 – Rs. C-124/17 (Vossloh Laeis), Rn. 39.
66 EuGH, Urteil v. 24.10.2018 – Rs. C-124/17 (Vossloh Laeis), Rn. 40.
67 VK Niedersachsen, Beschluss v. 18.3.2019 – VgK 03/2019, juris Rn. 125; *Stein*, in: Röwekamp/Kus/Portz/Prieß, GWB-Vergaberecht, § 126 Rn. 23.
68 VK Niedersachsen, Beschluss v. 18.3.2019 – VgK 03/2019, juris Rn. 122, 126 f.
69 A.A. wohl VK Münster, Beschluss v. 25.4.2019 – VK 2-41/18, juris Rn. 89.
70 Ebenso *Ohrtmann*, in: Byok/Jaeger, Vergaberecht, § 125 GWB Rn. 10 f.; *Summa*, in: Heiermann/Zeiss/Summa, Vergaberecht, § 126 GWB Rn. 37 f.; *Kling*, in: Immenga/Mestmäcker, Wettbewerbsrecht, § 126 GWB Rn. 23; *Kaufmann*, in: Pünder/Schellenberg, Vergaberecht, § 126 GWB Rn. 27; *Ley*, in: Reidt/Stickler/Glahs, Vergaberecht, § 126 GWB Rn. 29; *Stein*, in: Röwekamp/Kus/Portz/Prieß, GWB-Vergaberecht, § 126 Rn. 24; *Stolz*, in: Ziekow/Völlink, Vergaberecht, § 126 GWB Rn. 9.
71 Ebenso *Opitz*, in: Burgi/Dreher, Vergaberecht, § 126 GWB Rn. 11; *Ohrtmann*, in: Byok/Jaeger, Vergaberecht, § 125 GWB Rn. 10 f.
72 *Friton*, in: Gabriel/Mertens/Prieß/Stein, Vergaberecht, § 126 GWB Rn. 22.

ff) Schlechtleistung (§ 124 Abs. 1 Nr. 7 GWB)

§ 124 Abs. 1 Nr. 7 GWB erlaubt den Ausschluss eines Unternehmens von der Teilnahme an einem Vergabeverfahren, wenn das Unternehmen eine wesentliche Anforderung bei der Ausführung eines früheren öffentlichen Auftrags oder Konzessionsvertrags erheblich oder fortdauernd mangelhaft erfüllt hat und dies zu einer vorzeitigen Beendigung, zu Schadensersatz oder zu einer vergleichbaren Rechtsfolge geführt hat. 35

Bei diesem Ausschlussgrund ist das die **Frist** nach § 126 Nr. 2 GWB in Gang setzende Ereignis abgeschlossen, sobald die schwerwiegenden Ausführungsmängel die dort genannten Folgen hatten, also der Auftrag entweder vorzeitig beendet worden ist, eine Schadensersatzforderung entstanden oder eine vergleichbare Rechtsfolge eingetreten ist.[73] Keinesfalls ist auf eine etwaige nachfolgende zivilrechtliche Entscheidung abzustellen,[74] zumal keineswegs jede von § 124 Abs. 1 Nr. 7 GWB erfasste Vertragsstörung zu einer gerichtlichen Entscheidung oder überhaupt einem gerichtlichen Verfahren führt. 36

gg) Fehlverhalten in Vergabeverfahren (§ 124 Abs. 1 Nr. 8 GWB)

Gemäß § 124 Abs. 1 Nr. 8 GWB können öffentliche Auftraggeber ein Unternehmen von der Teilnahme an einem Vergabeverfahren ausschließen, wenn das Unternehmen in Bezug auf Ausschlussgründe oder Eignungskriterien eine schwerwiegende Täuschung begangen oder Auskünfte zurückgehalten hat oder nicht in der Lage ist, die erforderlichen Nachweise zu übermitteln. 37

Hier liegt das die **Frist** aus § 126 Nr. 2 GWB auslösende Ereignis entweder in der dem Unternehmen zurechenbaren Täuschungshandlung oder, soweit es die Unterlassung von Auskünften betrifft, dem Zeitpunkt, zu dem Handeln geboten gewesen wäre.[75] Dagegen bezieht sich der dritte Tatbestand des § 124 Abs. 1 Nr. 8 GWB (Nichtvorlage von Nachweisen) nur auf das konkrete Vergabeverfahren, in dem das Unternehmen die Nachweise nicht vorgelegt hat, sodass § 126 Nr. 2 GWB insoweit nicht greift,[76] weil das Unvermögen, in einem Vergabeverfahren Nachweise zu übermitteln, kein Fehlverhalten beinhaltet, das in einem nachfolgenden Verfahren einen Ausschluss rechtfertigen könnte. 38

hh) Unzulässige Beeinflussung (§ 124 Abs. 1 Nr. 9 GWB)

§ 124 Abs. 1 Nr. 9 GWB erlaubt den Ausschluss eines Unternehmens vom Vergabeverfahren, wenn das Unternehmen versucht hat, die Entscheidungsfindung des öffentlichen Auftraggebers in unzulässiger Weise zu beeinflussen, versucht hat, vertrauliche Informationen zu erhalten, durch die es unzulässige Vorteile beim Vergabeverfahren erlangen könnte, oder fahrlässig oder vorsätzlich irreführende Informationen übermittelt hat, die die Vergabeentscheidung des öffentlichen Auftraggebers erheblich beeinflussen könnten, oder versucht hat, solche Informationen zu übermitteln. 39

Bei den hier genannten, gegebenenfalls zum Ausschluss führenden Einflussnahmen des Unternehmens auf den öffentlichen Auftraggeber ist für den **Fristbeginn** auf das jeweilige in dem Ausschlusstatbestand umschriebene Fehlverhalten abzustellen,[77] mag dieses in der Praxis auch mitunter nur schwer feststellbar sein. Da die Ausschlussgründe des § 124 Abs. 1 Nr. 9 GWB ein erhebliches Fehlverhalten des Unternehmens zum Gegenstand haben, besteht für 40

73 Ebenso *Ohrtmann*, in: Byok/Jaeger, Vergaberecht, § 125 GWB Rn. 12; *Kaufmann*, in: Pünder/Schellenberg, Vergaberecht, § 126 GWB Rn. 25; *Ley*, in: Reidt/Stickler/Glahs, Vergaberecht, § 126 GWB Rn. 30; *Stein*, in: Röwekamp/Kus/Portz/Prieß, Vergaberecht, § 126 GWB Rn. 25; *Wieddekind*, in: Willenbruch/Wieddekind, Vergaberecht, § 126 GWB Rn. 13; wohl auch *Stolz*, in: Ziekow/Völlink, Vergaberecht, § 126 GWB Rn. 9.

74 Dagegen auch *Friton*, in: Gabriel/Mertens/Prieß/Stein, Vergaberecht, § 126 GWB Rn. 22a.

75 Ebenso *Friton*, in: Gabriel/Mertens/Prieß/Stein, Vergaberecht, § 126 GWB Rn. 23; *Ley*, in: Reidt/Stickler/Glahs, Vergaberecht, § 126 GWB Rn. 32; *Wieddekind*, in: Willenbruch/Wieddekind, Vergaberecht, § 126 GWB Rn. 14.

76 Ebenso *Ortmann*, in: Byok/Jaeger, Vergaberecht, § 125 GWB Rn. 13; *Kaufmann*, in: Pünder/Schellenberg, Vergaberecht, § 126 GWB Rn. 27; *Ley*, in: Reidt/Stickler/Glahs, Vergaberecht, § 126 GWB Rn. 32; *Stein*, in: Röwekamp/Kus/Portz/Prieß, GWB-Vergaberecht, § 126 Rn. 26; *Wieddekind*, in: Willenbruch/Wieddekind, Vergaberecht, § 126 GWB Rn. 14.

77 So auch *Ohrtmann*, in: Byok/Jaeger, Vergaberecht, § 125 GWB Rn. 14; *Ley*, in: Reidt/Stickler/Glahs, Vergaberecht, § 126 GWB Rn. 33.

eine einschränkende Auslegung der Bezugnahme des § 126 Nr. 2 GWB auf diese Vorschrift kein Anlass.[78]

b) Fristablauf

41 Drei Jahre ab dem jeweils für den Fristbeginn maßgeblichen Ereignis endet die Möglichkeit, das Unternehmen wegen des jeweiligen Fehlverhaltens von dem Vergabeverfahren auszuschließen oder, im Fall einer rechtzeitig erhobenen Rüge des Ausschlusses, den Ausschluss aufrechtzuerhalten. Soweit die in § 124 Abs. 2 GWB genannten besonderen Ausschlussregelungen längere Höchstfristen vorsehen, geht § 126 Nr. 2 GWB diesen Regelungen vor.[79] Wegen der weiteren Einzelheiten kann auf die Ausführungen zu § 126 Nr. 1 GWB verwiesen werden, die hier entsprechend gelten.[80]

C. Zulässiger Ausschlusszeitraum vor Ablauf der Höchstfristen

42 Bereits vor Ablauf der in § 126 GWB vorgesehenen Höchstfristen kann ein Ausschluss auch ohne Durchführung von Selbstreinigungsmaßnahmen nach § 125 GWB unzulässig sein. Das ergibt sich bereits daraus, dass die in § 126 GWB genannten Fristen ausdrücklich solche sind, binnen derer das Unternehmen „höchstens" wegen eines Fehlverhaltens nach den §§ 123, 124 GWB ausgeschlossen werden kann;[81] der im Sinne der Überschrift des § 126 GWB zulässige Zeitraum für Ausschlüsse kann also kürzer sein. Dies ist sowohl bei zwingenden wie fakultativen Ausschlussgründen letztlich Ausdruck des Verhältnismäßigkeitsgrundsatzes aus § 97 Abs. 1 S. 2 GWB.[82] Deswegen bedarf es auch stets einer auf den Einzelfall bezogenen Prüfung.[83] Eine pauschale Verkürzung der Fristen für ein bestimmtes Vergabeverfahren ist weder zulässig noch gar geboten.[84]

I. Erforderlichkeit der Prüfung

43 Dem öffentlichen Auftraggeber steht es nicht frei, zu prüfen, ob die vergaberechtliche Eignung des Unternehmens bei Vorliegen eines allgemeinen Ausschlussgrundes vor Ablauf der Höchstfristen nach § 126 GWB trotz nicht oder nicht in hinreichendem Umfang ergriffener Selbstreinigungsmaßnahmen wiederhergestellt sein könnte. Vielmehr hat er dies zwingend zu prüfen,[85] weil ein Ausschluss bei einem positiven Ergebnis der Prüfung nach dieser Vorschrift unzulässig wäre. Es geht deswegen nicht an, den Ausschluss des Unternehmens bis zum Ablauf der Fristen des § 126 GWB daraus herzuleiten, dass die von dem Unternehmen ergriffenen Selbstreinigungsmaßnahmen nicht den Anforderungen des § 125 GWB genügten.[86] Stets ist zu prüfen, ob das Unternehmen nicht dennoch an dem Vergabeverfahren zu

78 A.A. *Opitz*, in: Burgi/Dreher, Vergaberecht, § 126 GWB Rn. 11.
79 Vgl. dazu bereits oben unter Rn. 8 f.
80 Siehe oben unter Rn. 18 f.
81 Ebenso *Pauka*, in: Säcker, Wettbewerbsrecht, § 126 GWB Rn. 11; *Wieddekind*, in: Willenbruch/Wieddekind, Vergaberecht, § 126 GWB Rn. 5; a.A. *Summa*, in: Heiermann/Zeiss/Summa, Vergaberecht, § 126 GWB Rn. 12.
82 Ebenso *Stolz*, in: Ziekow/Völlink, Vergaberecht, § 126 GWB Rn. 6 f., wobei aber Rechtsgrundlage § 126 GWB ist.
83 Entgegen *Summa*, in: Heiermann/Zeiss/Summa, Vergaberecht, § 126 GWB Rn. 12.2, lässt sich aus Art. 57 Abs. 7 S. 2 RL 2014/24/EU nicht entnehmen, dass der nationale Gesetzgeber eine starre Frist für die Berücksichtigung zwingender Ausschlussgründe zu setzen hätte; geregelt ist nur, dass die maximale Höchstfrist bei zwingenden Ausschlussgründen fünf Jahre beträgt; deswegen ist es zulässig, wenn der nationale Gesetzgeber dem öffentlichen Auftraggeber vor allem zur Gewährleistung einer verhältnismäßigen Rechtsanwendung die in vollem Umfang auf Ermessensfehler zu überprüfende Befugnis einräumt, Unternehmen auch bei Vorliegen von zwingenden Ausschlussgründen vor Ablauf von fünf Jahren wieder zum Wettbewerb zuzulassen, wenn die Umstände des Einzelfalles dies erlauben oder gebieten.
84 So aber *Friton*, in: Gabriel/Mertens/Prieß/Stein, Vergaberecht, § 126 GWB Rn. 7a, unter Berufung auf den Transparenzgrundsatz; dem ist zu entgegnen, dass der Transparenzgrundsatz unter Berücksichtigung des Verhältnismäßigkeitsgrundsatzes in einer eingehend zu dokumentierenden Einzelfallprüfung seinen hinreichenden Ausdruck findet (vgl. Rn. 44 ff.); im Übrigen ist auch nicht ersichtlich, mit welcher Begründung ein öffentlicher Auftraggeber pauschal in den Vergabeunterlagen für alle Unternehmen die gesetzlich vorgegebenen Fristen sollte herabsetzen können.
85 Ebenso *Ley*, in: Reidt/Stickler/Glahs, Vergaberecht, § 126 GWB Rn. 36.
86 So aber etwa VK Südbayern, Beschluss v. 11.12.2018 – Z3-3-3194-1-45-11/16, juris Rn. 95; VK Münster, Beschluss v. 25.4.2019 – VK 2-41/18, juris Rn. 118.

beteiligten ist, weil anzunehmen ist, dass es die ausgeschriebene Leistung trotz eines zurückliegenden Fehlverhaltens ordnungsgemäß wird erbringen können, und keine entgegenstehenden Anhaltspunkte feststellbar sind.[87] § 126 GWB ist insoweit ein Auffangtatbestand.

II. Ermittlung des zulässigen Ausschlusszeitraums

In welcher Weise der öffentliche Auftraggeber zu prüfen hat, ob das an sich auszuschließende Unternehmen vor Ablauf der Höchstfristen wieder über die zur Wahrnehmung öffentlicher Aufträge erforderliche Zuverlässigkeit verfügt, lässt sich weder § 126 GWB noch dem insoweit umgesetzten Art. 57 Abs. 7 S. 3 RL 2014/24/EU entnehmen. Anders als bei der Selbstreinigung mit § 125 Abs. 2 GWB verzichtet der Gesetzgeber hier auf Vorgaben. 44

1. Bewertungskriterien

Nach den Vorgaben aus den §§ 125, 126 GWB wird der öffentliche Auftraggeber jeweils zu prüfen haben, ob aufgrund des Zeitablaufs unter Berücksichtigung der in § 126 GWB vorgegebenen Höchstfristen, der von dem Unternehmen ergriffenen Selbstreinigungsmaßnahmen sowie der Schwere und den besonderen Umständen der Straftat oder des Fehlverhaltens davon ausgegangen werden kann, dass das Unternehmen das den Ausschlussgrund begründende Fehlverhalten zukünftig vermeidet und somit wieder die erforderliche vergaberechtliche Zuverlässigkeit aufweist.[88] 45

Dies beinhaltet eine Prognose, für die dem öffentlichen Auftraggeber nach Maßgabe der genannten Abwägungskriterien ein **Beurteilungsspielraum** zukommt.[89] Der Beurteilungsspielraum ist hierbei deutlich weiter als bei der Bewertung der Selbstreinigungsmaßnahmen nach § 125 GWB, wo die Vorgaben aus §§ 125 Abs. 1 S. 1, Abs. 2 S. 1 Hs. 2 GWB das Beurteilungsermessen stark einschränken;[90] solche Vorgaben gibt es bei § 126 GWB nicht. 46

Nähere Vorgaben für die der Prognose zugrunde zu legende **Abwägung** lassen sich nur in allgemeiner Weise formulieren. Maßgeblich ist letztlich die sachgerechte Würdigung der Gesamtheit der Umstände des Einzelfalls in Bezug auf die Fragestellung, ob das den Ausschlussgrund begründende Fehlverhalten im Hinblick auf die seither verstrichene Zeit und unter Berücksichtigung der in § 126 GWB festgelegten Höchstfristen noch den Schluss zulässt, das Un- 47

---

87 Unklar VK Bund, Beschluss 12.10.2020 – VK 2-77/20, juris Rn. 66 ff., die die gebotene Prüfung der Sache nach zwar durchführt (Rn. 67 f.), diese Prüfung aber dogmatisch nicht überzeugend der Ermessensentscheidung über das Vorliegen des Ausschlussgrundes nach § 124 Abs. 1 Nr. 4 GWB zuordnet (Rn. 66). Vgl. auch *Stein/Wolters*, jurisPR-Compl 2/2019, Anm. 2, 8, wonach *„ohne erfolgreiche Selbstreinigung […] dem Wirtschaftsteilnehmer […] auch noch mehrere Jahre nach der Begehung des Kartellverstoßes die Teilnahme an Vergabeverfahren verwehrt werden"* könne, was aber nicht der Fall ist, weil es unverhältnismäßig wäre; vgl. unten Rn. 48 f.

88 So auch *Ohrtmann*, in: Byok/Jaeger, Vergaberecht, § 125 GWB Rn. 15. Abgesehen von diesen auf das konkrete Vergabeverfahren bezogenen spezialpräventiven Erwägungen ist für die Verfolgung von strafrechtlichen Zwecken kein Raum, weil diese vergabefremd sind, so etwa bereits zum früheren Recht zutreffend KG, Beschluss v. 13.3.2008 – 2 Verg 18/07, juris Rn. 78; *Hertwig*, Die Praxis der öffentlichen Auftragsvergabe, Rn. 495 f.; *Freund*, VergabeR 2007, 311 (322). Deswegen sind auch „Mindestausschlussfristen" vergabefremd und ist eine damit zwangsläufig verbundene Vergabesperre unzulässig, vgl. eingehend § 125 GWB Rn. 15 ff. A.A. etwa *Kreßner*, Die Auftragssperre im Vergaberecht, S. 46 f., 121, wonach auch die Verfolgung von generalpräventiven Zielen zulässig sein soll. Das kann aber jedenfalls nach der RL 2014/24/EU erst und nur dann gelten, wenn der Gesetzgeber, gestützt auf seine sich hierfür aus Art. 57 Abs. 6 UAbs. 4 RL 2014/24/EU ergebende Befugnis, sich zu einer Einführung von Vergabesperren als gerichtlich anzuordnender straf- oder ordnungswidrigkeitenrechtlicher Sanktion entscheiden sollte, so wie dies in dem Entwurf eines Gesetzes zur Einführung der strafrechtlichen Verantwortlichkeit von Unternehmen und sonstigen Verbänden des Landes Nordrhein-Westfalen angedacht gewesen war, vgl. dazu eingehend *Römermann*, GmbHR 2014, 1 ff.; *Witte/Wagner*, BB 2014, 643 ff.

89 OLG Karlsruhe, Beschluss v. 16.12.2020 – 15 Verg 4/20, juris Rn. 54, 58, 61; *Ley*, in: Reidt/Stickler/Glahs, Vergaberecht, § 126 GWB Rn. 37. In der Gesetzesbegründung wird lediglich ausgeführt, im Hinblick auf den zulässigen Zeitraum für Ausschlüsse bestehe innerhalb der durch § 126 GWB festgelegten Grenzen Ermessen, bei dessen Ausübung die Schwere und besonderen Umstände der Straftat oder des Fehlverhaltens berücksichtigt werden müssten, vgl. Gesetzesbegründung zu § 126 GWB, VergRModG 2016, BT-Drs. 18/6281, 111; das schöpft die in § 126 GWB angelegten Kriterien nicht aus und greift deswegen zu kurz.

90 Vgl. dazu im Einzelnen § 125 GWB Rn. 63 ff.

ternehmen sei für die Ausführung des konkret zu vergebenden Auftrags nicht hinreichend zuverlässig.[91]

48 Dem **Zeitablauf** kommt hierbei eine wichtige, aber nicht allein entscheidende Bedeutung zu. Ebenso wesentlich ist, ob es in der Zeit nach dem den Ausschlussgrund begründenden Fehlverhalten **weiteres Fehlverhalten** gegeben hat, ob sich das Unternehmen also gleichsam bewährt hat.[92] Je mehr Zeit beanstandungsfrei seit dem den Ausschlussgrund begründenden Fehlverhalten vergangen ist und je näher der Ablauf der in § 126 GWB festgelegten Höchstfristen rückt, desto eher wird sich sagen lassen, dass mit weiterem Fehlverhalten nicht mehr zu rechnen ist und das Unternehmen wieder als zuverlässig angesehen werden kann.[93] Auf den Zeitpunkt der rechtskräftigen Verurteilung kommt es insoweit nicht an.[94] Steht fest, dass das den zwingenden Ausschlussgründen des § 123 GWB zugrundeliegende Fehlverhalten mehr als fünf Jahre zurückliegt und das in § 124 Abs. 1 Nr. 4 GWB genannte Fehlverhalten mehr als drei Jahre,[95] wird es in aller Regel unabhängig vom Nachweis etwaiger Selbstreinigungsmaßnahmen im Sinne von § 125 Abs. 1 S. 1 GWB und unabhängig von dem Zeitpunkt der etwaigen Sanktionierung dieses Fehlverhaltens unverhältnismäßig sein, Unternehmen nicht wieder an öffentlichen Vergabeverfahren teilnehmen zu lassen, wenn nicht neue Vorwürfe im Raum stehen oder ernstlich zu befürchten ist, dass der ausgeschriebene Auftrag von dem Unternehmen nicht ordnungsgemäß durchgeführt wird.

49 Darüber hinaus spielen bei der Prognose die **Schwere** und die konkreten **Umstände** des Fehlverhaltens sowie die von dem Unternehmen ergriffenen **Selbstreinigungsmaßnahmen** eine Rolle, mögen sie auch nicht ausgereicht haben, um den Voraussetzungen für eine Selbstreinigung nach § 125 GWB zu genügen.[96] Je weniger schwer das Fehlverhalten wiegt und je weitgehender die Selbstreinigungsmaßnahmen waren, desto näher wird der Schluss liegen, das Unternehmen könne auch schon bald nach dem vorgefallenen Fehlverhalten wieder als zuverlässig eingestuft werden. Hierbei ist auch zu berücksichtigen, dass der Ausschluss vom Markt der öffentlichen Aufträge für die betroffenen Unternehmen einen nicht unerheblichen wirtschaftlichen Nachteil bis hin zur Bedrohung ihrer wirtschaftlichen Existenz bedeuten kann.[97] Weil die sozialen und wirtschaftlichen Auswirkungen eines Ausschlusses aus dem Verfahren keinen Bezug zu der Zuverlässigkeit des Unternehmens haben, kann diesem Gesichtspunkt aber nur geringes Gewicht beigemessen werden.[98] Je weniger demgegenüber das Unternehmen aufgrund des Fehlverhaltens Anlass zu Selbstreinigungsmaßnahmen gesehen hat und je schwerwiegender das Fehlverhalten war, desto mehr Zeit wird vergehen müssen, um die Prognose zu erlauben, dass auch in der weiteren Zukunft nicht mehr mit neuem Fehlverhalten zu rechnen ist.[99] Allerdings ist auch bei einem schwerwiegenden Fehlverhalten aufgrund der Um-

---

91 OLG Karlsruhe, Beschluss v. 16.12.2020 – 15 Verg 4/20, juris Rn. 54, 58, 61, wobei der Senat nicht zwischen dem Ermessen, von einem fakultativen Ausschluss nach § 124 GWB abzusehen, und dem Ermessen, einen Ausschluss des Ausschlusses unabhängig von den Selbstreinigungsmaßnahmen nach § 126 GWB zu bejahen, unterscheidet. Einen ähnlichen Ansatz haben *Freund/Kallmeyer/Kraft*, Korruption und Kartelle bei Auftragsvergaben, S. 161, bereits zum früheren Recht vorgeschlagen; ähnlich auch KG, Urteil v. 17.1.2011 – 2 U 4/06 Kart, juris Rn. 149; *Müller-Wrede*, in: Müller-Wrede, VOL/A, § 6 EG Rn. 79.

92 So auch *Ohrtmann*, in: Byok/Jaeger, Vergaberecht, § 125 GWB Rn. 15. In diesem Sinne bereits zum früheren Recht *Prieß/Pünder/Stein*, in: Pünder/Prieß/Arrowsmith, Self-Cleaning in Public Procurement Law, 51 (84 f.); *Wimmer*, Zuverlässigkeit im Vergaberecht, S. 84, 201 f. Vgl. auch VK Bund, Beschluss v. 10.6.2021 – VK 1-34/21, juris Rn. 144, mit der zusätzlichen Erwägung, dass neben den von der Vergabestelle zutreffend für ausreichend gehaltenen Selbstreinigungsmaßnahmen auch gut ein Jahrzehnt (!) seit dem Fehlverhalten vergangen war.

93 So auch *Ley*, in: Reidt/Stickler/Glahs, Vergaberecht, § 126 GWB Rn. 39.

94 So auch *Müller-Wrede*, in: Müller-Wrede, VOL/A, § 6 EG Rn. 80; ähnlich *Stein/Friton*, WuW 2010, 151 (157), zum bisherigen Recht: *„Liegt die Begehung einer Straftat allerdings sehr lange zurück, so wird diese <eine kurze Zeit zurückliegende Verurteilung> die Zuverlässigkeit eines Unternehmens i.d.R. nicht mehr beeinträchtigen"*; a.A. zum bisherigen Recht wohl OLG München, Beschluss v. 21.4.2006 – Verg 8/06, juris Rn. 78.

95 Vgl. zur Fristberechnung für diesen fakultativen Ausschlussgrund oben Rn. 25 ff.

96 *Opitz*, in: Burgi/Dreher, Vergaberecht, § 126 GWB Rn. 10; *Ley*, in: Reidt/Stickler/Glahs, Vergaberecht, § 126 GWB Rn. 40.

97 Vgl. VK Niedersachsen, Beschluss v. 18.3.2019 – VgK-03/2019, juris Rn. 122.

98 Tendenziell a.A. wohl Ley, in: Reidt/Stickler/Glahs, Vergaberecht, § 126 GWB Rn. 40; zum früheren Recht LG Berlin, Urteil v. 22.3.2006 – 23 O 118/04, juris Rn. 57, sowie Kreßner, Die Auftragssperre im Vergaberecht, S. 124.

99 Wie hier *Ohrtmann*, in: Byok/Jaeger, Vergaberecht, § 125 GWB Rn. 15.

stände des Einzelfalls denkbar, dass eine Wiederholung dennoch nicht zu erwarten ist, mit der Folge, dass dann ein Ausschluss des Unternehmens unzulässig wäre.[100]

2. Bewertungsverfahren

Wie bei der Selbstreinigung nach § 125 GWB hat das Unternehmen dem öffentlichen Auftraggeber für die Prüfung, ob es auch vor Ablauf der Höchstfristen und Ergreifung ausreichender Selbstreinigungsmaßnahmen wieder zur Übernahme öffentlicher Aufträge hinreichend zuverlässig erscheint, die hierfür maßgeblichen tatsächlichen Umstände im Sinne von § 125 Abs. 1 S. 1 GWB **nachzuweisen**.[101] 50

Ebenso wie der öffentliche Auftraggeber seine Bewertung der Selbstreinigungsmaßnahmen zu **dokumentieren** hat, gilt dies aus Gründen der Transparenz auch für die Prüfung, ob das Unternehmen vor Ablauf der in § 126 GWB festgesetzten Höchstfristen und ohne hinreichende Selbstreinigung nach § 125 GWB im Hinblick auf den Zeitablauf seit dem den Ausschlussgrund begründenden Fehlverhalten wieder zuverlässig erscheint. Auch wenn es insoweit, anders als nach § 125 Abs. 2 S. 2 GWB,[102] keine Verpflichtung des öffentlichen Auftraggebers zur Begründung einer negativen Entscheidung gibt, wird sich doch eine solche Begründung jedenfalls dann empfehlen, wenn ihr für den Ausgang des Vergabeverfahrens eine entscheidungserhebliche Bedeutung zukommt.[103] 51

Auch hinsichtlich des **Zeitpunkts der Prüfung** und der Selbstbindung an Prüfungsergebnisse gelten die insoweit für die Selbstreinigung nach § 125 GWB maßgeblichen Vorgaben entsprechend.[104] Die Prüfung hat also zu jedem Zeitpunkt des Vergabeverfahrens zu erfolgen und kann, soweit neue Umstände zu berücksichtigen sind, auch zu anderen Ergebnissen als eine vorhergehende Prüfung führen. 52

Schließlich sind auch bei der Prüfung eines Wegfalls der Ausschlussgründe nach § 126 GWB **grundlegende Verfahrensregeln** einzuhalten, ist also das Unternehmen insbesondere anzuhören und sind Hinweise zu erteilen.[105] 53

D. Rechtsschutz

Für den Rechtsschutz gegen das Handeln des öffentlichen Auftraggebers im Rahmen der zeitlichen Ausschlussgrenzen nach § 126 GWB gelten im Wesentlichen die gleichen Regeln wie für den Rechtsschutz bei der Bewertung von Selbsthilfemaßnahmen nach § 125 GWB. Auch hier ist das Rechtsschutzbedürfnis sowohl des Unternehmens als auch konkurrierender Bieter ohne Weiteres zu bejahen[106] – beide haben im Sinne von § 97 Abs. 6 GWB **Anspruch auf Einhaltung** der Vorgaben des § 126 GWB –, wobei auch hier genau zu prüfen ist, ob die Verletzung der Vorschrift überhaupt gerügt wurde.[107] 54

Gegenstand der Nachprüfung kann zum einen die Einschätzung des öffentlichen Auftraggebers über den Ablauf der in § 126 GWB festgelegten Höchstfristen sein. Insoweit steht dem öffentlichen Auftraggeber kein Beurteilungsspielraum zu. Es handelt sich um schlichte Rechtsanwendung, die im Rahmen eines Nachprüfungsverfahrens in vollem Umfang auf ihre Richtigkeit überprüfbar ist, und zwar sowohl, was den zugrunde gelegten Sachverhalt betrifft, als auch die rechtliche Würdigung. Ist das Unternehmen danach zu Unrecht ausgeschlossen worden, wird das Vergabeverfahren zu dem Zeitpunkt vor dem Ausschluss zurückzuversetzen 55

100 In diesem Sinne auch bereits zum früheren Recht KG, Beschluss v. 13.3.2008 – 2 Verg 18/07, juris Rn. 78; ebenso *Ley*, in: Reidt/Stickler/Glahs, Vergaberecht, § 126 GWB Rn. 40.
101 Ebenso *Ley*, in: Reidt/Stickler/Glahs, Vergaberecht, § 126 GWB Rn. 41. Wegen der insoweit bestehenden Anforderungen wird auf § 125 GWB Rn. 52 ff. verwiesen.
102 Vgl. dazu § 125 GWB Rn. 68.
103 Ebenso *Friton*, in: Gabriel/Mertens/Prieß/Stein, Vergaberecht, § 126 GWB Rn. 1.
104 Vgl. im Einzelnen § 125 GWB Rn. 71 ff.
105 Vgl. im Einzelnen § 125 GWB Rn. 74 ff.
106 Ebenso *Kaufmann*, in: Pünder/Schellenberg, Vergaberecht, § 126 GWB Rn. 35; *Ley*, in: Reidt/Stickler/Glahs, Vergaberecht, § 126 GWB Rn. 42 f.
107 Vgl. im Einzelnen § 125 GWB Rn. 78 f.

sein. Hat der öffentliche Auftraggeber zu Unrecht angenommen, er könne das Unternehmen nicht ausschließen, weil eine Höchstfrist nach § 126 GWB abgelaufen sei, wird ihm aufzugeben sein, erneut zu prüfen, ob ein Ausschluss nach den §§ 123, 124 GWB im Hinblick auf Selbstreinigungsmaßnahmen nach § 125 GWB oder wegen Zeitablaufs auch ohne Ablauf der Höchstfristen nach § 126 GWB unterbleiben kann.

56 Demgegenüber kommt dem öffentlichen Auftraggeber bei der Prognose, ob das Unternehmen vor Ablauf der in § 126 GWB festgelegten Höchstfristen zur Übernahme des in dem Vergabeverfahren ausgeschriebenen Auftrags wieder hinreichend zuverlässig erscheint, ein nur eingeschränkt gerichtlich überprüfbarer **Beurteilungsspielraum** zu.[108] Die Prognose kann nur daraufhin überprüft werden, ob der öffentliche Auftraggeber von einer zutreffenden Tatsachengrundlage ausgegangen ist, sich an den Vorgaben der Beurteilungsgrundlage, insbesondere dem dort vorgegebenen Beurteilungsmaßstab orientiert und hierbei keine sachfremden Erwägungen angestellt hat.[109] Hält die Prognose der Prüfung der Nachprüfungsinstanzen nicht stand, ist das Verfahren grundsätzlich in den Zeitpunkt vor der entsprechenden Entscheidung des öffentlichen Auftraggebers zurückversetzen, wenn sich sein Beurteilungsspielraum nicht derart verengt hat, dass nur eine Entscheidung vertretbar ist.[110]

57 Für Rechtsschutz **außerhalb des** anhängigen **Vergabeverfahrens** im Rahmen eines Nachprüfungsverfahrens ist grundsätzlich kein Raum, weil die Voraussetzungen des § 126 GWB von dem öffentlichen Auftraggeber stets konkret im Rahmen eines anhängigen Vergabeverfahrens zu prüfen sind, nicht aber abstrakt außerhalb eines solchen Verfahrens.[111] Gegen Vergabesperren, aufgrund derer der öffentliche Auftraggeber sich der Verpflichtung zur Prüfung der Voraussetzungen des § 126 GWB im Rahmen eines konkreten Vergabeverfahrens entziehen möchte, ist aber der Zivilrechtsweg eröffnet.[112] Zudem besteht Anspruch auf die von Amts wegen vorzunehmende Löschung von Eintragungen in das Wettbewerbsregister nach Ablauf der den Vorgaben des § 126 GWB entsprechenden Frirsten (§ 7 Abs. 1 WRegG), bei dessen Nichterfüllung der Rechtsweg nach § 11 WRegG eröffnet ist.[113]

Anlage

Gesetzesbegründung – VergRModG 2016 (BT-Drs. 18/6281)

Seite 111

§ 126 setzt Artikel 57 Absatz 7 Satz 2 und 3 der Richtlinie 2014/24/EU um. Danach darf ein Ausschluss wegen des Vorliegens eines Ausschlussgrundes nur während eines bestimmten Zeitraums nach der rechtskräftigen Verurteilung oder dem anderen betreffenden Ereignis erfolgen und die Dauer von Auftragssperren darf, sofern sie nicht durch eine gerichtliche Entscheidung erfolgen, bestimmte Fristen nicht überschreiten. Der Zeitpunkt des Ereignisses, ab dem der zulässige Zeitraum zu laufen beginnt, bestimmt sich nach den Vorschriften zu den Ausschlussgründen (§§ 123 und 124). Bei den fakultativen Ausschlussgründen hängt es vom jeweils vorliegenden Ausschlussgrund ab, auf welches „betreffendes Ereignis" abzustellen ist. So ist beispielsweise bei dem fakultativen Ausschlussgrund

108 Wie hier *Ley*, in: Reidt/Stickler/Glahs, Vergaberecht, § 126 GWB Rn. 44; vgl. auch OLG Karlsruhe, Beschluss v. 16.12.2020 – 15 Verg 4/20, juris Rn. 54, 58.

109 Ebenso *Ley*, in: Reidt/Stickler/Glahs, Vergaberecht, § 126 GWB Rn. 44. Das entspricht den allgemeinen Anforderungen an die Überprüfung von Bewertungen des Auftraggebers im Rahmen eines ihm eingeräumten Beurteilungsspielraums, vgl. BGH, Urteil v. 17.2.1999 – X ZR 101/97, juris Rn. 26; OLG Naumburg, Beschluss v. 22.9.2014 – 2 Verg 2/13, juris Rn. 21; OLG München, Beschluss v. 22.11.2012 – Verg 22/12, juris Rn. 50 bis 55; KG, Beschluss v. 27.11.2008 – 2 Verg 4/08, juris Rn. 3; OLG Celle, Beschluss v. 11.3.2004 – 13 Verg 3/04, juris Rn. 27; OLG Düsseldorf, Beschluss v. 4.9.2002 – Verg 37/02, Rn. 31; VG Düsseldorf, Urteil v. 24.3.2015 – 20 K 6764/13, juris Rn. 100; *Scherer-Leydecker*, in: Heuvels/Höß/Kuß/Wagner, Vergaberecht, § 6 VOB/A Rn. 92; *Müller-Wrede*, in: Müller-Wrede, VOL/A, § 6 EG Rn. 77; *ders.*, in: Müller-Wrede, Taschenkommentar GWB-Vergaberecht, § 97 Rn. 37; *Weyand*, Vergaberecht, § 97 GWB Rn. 716. Zu den hierbei anzustellenden Erwägungen vgl. die Ausführungen oben unter Rn. 33 ff.

110 Wegen der Einzelheiten wird auf die entsprechenden Ausführungen zu § 125 GWB Rn. 80 ff. verwiesen.

111 *Ohrtmann*, in: Byok/Jaeger, Vergaberecht, § 125 GWB Rn. 17.

112 Es kann insoweit auf die Ausführungen zu § 125 GWB Rn. 88 verwiesen werden.

113 Vgl. dazu im Einzelnen die Ausführungen zu § 125 GWB Rn. 89.

der Insolvenz des Bewerbers oder Bieters nach § 124 Absatz 1 Nr. 2 auf den Zeitpunkt abzustellen, an dem über das Vermögen des Unternehmens ein Insolvenzverfahren beantragt oder eröffnet worden ist. Bei dem fakultativen Ausschlussgrund eines Verstoßes gegen Wettbewerbsrecht nach § 124 Absatz 1 Nr. 4 kann das betreffende Ereignis insbesondere die Entscheidung der zuständigen Kartellbehörde über das Vorliegen eines Wettbewerbsverstoßes sein.

§ 126 regelt nicht nur den Zeitraum, innerhalb dessen das Vorliegen eines Ausschlussgrundes von einem öffentlichen Auftraggeber in einem konkreten Vergabeverfahren noch berücksichtigt werden darf, sondern auch die Höchstdauer von Auftragssperren, unabhängig von deren Art und Grundlage. Im Hinblick auf die Dauer einer Auftragssperre besteht innerhalb der durch § 126 festgelegten Grenzen Ermessen, bei dessen Ausübung die Schwere und die besonderen Umstände der Straftat oder des Fehlverhaltens berücksichtigt werden müssen.

Die Regelung zur zulässigen Höchstdauer einer Auftragssperre verpflichtet die Mitgliedstaaten nicht dazu, Auftragssperren einzuführen oder beizubehalten. Artikel 57 Absatz 7 der Richtlinie 2014/24/EU beschränkt sich vielmehr darauf, für den Fall von nach nationalem Recht zulässigen Auftragssperren die Höchstdauer der Auftragssperre zu begrenzen. Weitere Regelungen über Voraussetzungen oder Auswirkungen von Auftragssperren enthält die Richtlinie nicht. Die Umsetzung dieser Vorschrift geht nicht über die Regelung in Artikel 57 Absatz 7 der Richtlinie 2014/24/EU hinaus.

§ 127 GWB
Zuschlag

(1) Der Zuschlag wird auf das wirtschaftlichste Angebot erteilt. Grundlage dafür ist eine Bewertung des öffentlichen Auftraggebers, ob und inwieweit das Angebot die vorgegebenen Zuschlagskriterien erfüllt. Das wirtschaftlichste Angebot bestimmt sich nach dem besten Preis-Leistungs-Verhältnis. Zu dessen Ermittlung können neben dem Preis oder den Kosten auch qualitative, umweltbezogene oder soziale Aspekte berücksichtigt werden.

(2) Verbindliche Vorschriften zur Preisgestaltung sind bei der Ermittlung des wirtschaftlichsten Angebots zu beachten.

(3) Die Zuschlagskriterien müssen mit dem Auftragsgegenstand in Verbindung stehen. Diese Verbindung ist auch dann anzunehmen, wenn sich ein Zuschlagskriterium auf Prozesse im Zusammenhang mit der Herstellung, Bereitstellung oder Entsorgung der Leistung, auf den Handel mit der Leistung oder auf ein anderes Stadium im Lebenszyklus der Leistung bezieht, auch wenn sich diese Faktoren nicht auf die materiellen Eigenschaften des Auftragsgegenstandes auswirken.

(4) Die Zuschlagskriterien müssen so festgelegt und bestimmt sein, dass die Möglichkeit eines wirksamen Wettbewerbs gewährleistet wird, der Zuschlag nicht willkürlich erteilt werden kann und eine wirksame Überprüfung möglich ist, ob und inwieweit die Angebote die Zuschlagskriterien erfüllen. Lassen öffentliche Auftraggeber Nebenangebote zu, legen sie die Zuschlagskriterien so fest, dass sie sowohl auf Hauptangebote als auch auf Nebenangebote anwendbar sind.

(5) Die Zuschlagskriterien und deren Gewichtung müssen in der Auftragsbekanntmachung oder den Vergabeunterlagen aufgeführt werden.

Übersicht Rn.

A. Allgemeines 1
I. Anwendungsbereich 2
II. Historie 5
III. Unionsrechtlicher Hintergrund 6
B. Wirtschaftlichkeitswertung der Angebote (Abs. 1) 7
I. Zuschlagserteilung auf das wirtschaftlichste Angebot (S. 1) 8
II. Bewertung der Angebote (S. 2) 16
1. Bewertung 20
a) Materielle Vorgaben für die Bewertung 20
b) Organisation der Bewertung 24
c) Dokumentation der Bewertung 29
2. Vorgegebene Zuschlagskriterien 34
3. Bewertungsmethode 37
a) Bewertung des Preises 41
aa) Bildung einer Rangfolge 42
bb) Umrechnung in Preispunkte 44
(1) Absolute Bewertung 48
(2) Relative Bewertung 49
(aa) Stützwert für höchste Punktzahl 52
(bb) Stützwert für niedrigste Punktzahl 54
(3) Preisabstände 57
cc) Umrechnung in Verhältniswert 62
(1) Einfache und erweiterte Richtwertmethode 63
(2) Gewichtete Richtwertmethoden 66
(3) UfAB-II-Methode 69
b) Bewertung der Leistung 70
aa) Bildung einer Rangfolge 71
bb) Bewertung nach Punkten 73
(1) Absolute Bewertung 74
(aa) Festlegung der Skalenart 75
(bb) Formulierung der Zielerreichungsgrade 80
(cc) Abstände der Skalenstufen 86
(2) Relative Bewertung 87
(aa) Stützwert für höchste Punktzahl 91
(bb) Stützwert für niedrigste Punktzahl 92
(3) Mischform 95
cc) Umrechnung in Verhältniswert 97
c) Festlegung von Mindestanforderungen 98
aa) Festlegung einer Preis- oder Kostenobergrenze 98
bb) Festlegung von Mindestanforderungen für die Leistung 100
III. Preis-Leistungs-Verhältnis (S. 3) 102

1. Begriff ... 104
a) Ökonomischer Hintergrund ... 105
b) Korrektur des Begriffsverständnisses ... 111
c) Einsatz in der Vergabepraxis ... 112
2. Gewichtung der Zuschlagskriterien ... 114
a) Untergewichtung des Preises ... 118
b) Übergewichtung des Preises ... 120
IV. Berücksichtigungsfähige Aspekte (S. 4) ... 122
1. Auswahl der Aspekte ... 126
a) Preis oder Kosten als einziges Zuschlagskriterium ... 127
b) Verzicht auf Preis oder Kosten als Zuschlagskriterium ... 130
2. Preis oder Kosten ... 131
a) Umsatzsteuer ... 135
b) Preisnachlässe ... 136
c) Preisanpassungsklauseln ... 137
d) Bedarfspositionen ... 138
e) Wahlpositionen ... 141
3. Qualitative Aspekte ... 143
4. Umweltbezogene Aspekte ... 148
5. Soziale Aspekte ... 151
C. Preisrecht (Abs. 2) ... 155
I. Allgemeine Anforderungen ... 159
II. Fallgruppen ... 163
1. HOAI ... 165
2. BuchPrG ... 169
a) Anwendungsbereich ... 170
b) Verbindliche Vorgaben ... 173
3. RVG ... 178
a) Anwendungsbereich ... 179
b) Verbindliche Vorgaben ... 181
4. VO PR 30/53 ... 185
a) Anwendungsbereich ... 187
b) Verbindliche Vorgaben ... 190
D. Zuschlagskriterien ... 193
I. Pflicht zur Festlegung von Zuschlags- und Unterkriterien ... 197
II. Anforderungen ... 199
1. Verbindung mit dem Auftragsgegenstand (Abs. 3) ... 200
a) Anforderungen an die Verbindung ... 204
b) Bezug zu Lebenszyklusstadien ... 209
2. Leistungsbezug ... 214
a) Trennung von Eignungs- und Zuschlagskriterien ... 215
b) Fallgruppen ... 222
aa) Personalkonzepte ... 223
bb) Schulungskonzepte ... 228
cc) Ausfallsicherheitskonzepte ... 231
3. Wettbewerbswirksamkeit, Willkürverbot und Überprüfungsmöglichkeit (Abs. 4 S. 1) ... 233
a) Wettbewerbswirksamkeit ... 239
aa) Diskriminierungsverbot ... 241
bb) Bestimmtheit ... 250
b) Willkürverbot ... 258
c) Wirksame Überprüfbarkeit ... 262
4. Verhältnismäßigkeit ... 266
5. Anwendbarkeit auf Nebenangebote (Abs. 4 S. 2) ... 268
E. Veröffentlichung von Zuschlagskriterien und deren Gewichtung (Abs. 5) ... 277
I. Allgemeines ... 278
II. Gegenstand der Veröffentlichung ... 282
1. Zuschlagskriterien und Gewichtung ... 282
2. Unterkriterien und Gewichtung ... 283
3. Bewertungsmethode ... 284
4. Umrechnungsformeln ... 286
III. Medium zur Veröffentlichung ... 288
1. Auftragsbekanntmachung ... 289
2. Vergabeunterlagen ... 292
IV. Änderungen ... 294
F. Rechtsschutz ... 299
I. Unternehmensschützende Wirkung ... 299
II. Rügeobliegenheiten ... 301
Anlage
Gesetzesbegründung

A. Allgemeines

1 § 127 GWB enthält die zentralen Regelungen zur Auswahl des zu bezuschlagenden Angebots und gibt das Ziel des Auswahlprozesses im Vergabeverfahren vor – den Zuschlag auf das wirtschaftlichste Angebot. Die Einzelheiten hat der Normgeber auf Grundlage der Verordnungsermächtigung des § 113 S. 2 Nr. 5 GWB in § 58 VgV und § 16d EG Abs. 2 VOB/A geregelt.

I. Anwendungsbereich

§ 127 GWB gilt ausweislich seiner systematischen Stellung im Unterabschnitt 1 von Abschnitt 2 Kapitel 1 Teil 4 GWB für die Vergabe von öffentlichen Aufträgen im Sinne von § 103 Abs. 1 GWB durch einen öffentlichen Auftraggeber im Sinne von § 99 GWB. Dies folgt aus § 115 GWB, der den Anwendungsbereich dieses Unterabschnitts entsprechend eingrenzt. Über § 103 Abs. 5 S. 2 GWB gilt § 127 GWB auch für Vergabeverfahren über den Abschluss von Rahmenvereinbarungen. 2

§ 127 GWB findet **entsprechende Anwendung** für verteidigungs- oder sicherheitsspezifische öffentliche Aufträge nach § 147 S. 1 GWB und für die Vergabe von öffentlichen Aufträgen durch Sektorenauftraggeber nach § 142 GWB. 3

Auf die Vergabe von **Konzessionen** ist § 127 GWB weder direkt noch entsprechend anwendbar. § 152 Abs. 3 GWB enthält eine Spezialregelung für die Vergabe von Konzessionen. 4

II. Historie

Der Gesetzgeber hat § 127 GWB mit dem VergRModG 2016 neu in das GWB eingefügt. Die Vorschrift setzt sich teilweise aus den früheren Regelungen in § 97 Abs. 5 GWB a.F. und § 19 EG Abs. 8 und Abs. 9, § 21 EG Abs. 1 S. 1 VOL/A, § 11 Abs. 5 VOF sowie § 16 EG Abs. 7 VOB/A 2012 zusammen, ergänzt diese Regelungen allerdings um zahlreiche Neuregelungen.[1] 5

III. Unionsrechtlicher Hintergrund

§ 127 GWB hat seine unionsrechtliche Grundlage in Art. 67 RL 2014/24/EU, der gegenüber der Vorgängerbestimmung in Art. 53 RL 2004/18/EG um zahlreiche Neuregelungen ergänzt wurde. Die unionsrechtlichen Vorgaben werden mit § 127 GWB indes nur teilweise umgesetzt. Die weitere Umsetzung erfolgt in § 58 VgV und § 16d EU Abs. 2 VOB/A. 6

B. Wirtschaftlichkeitswertung der Angebote (Abs. 1)

§ 127 Abs. 1 GWB enthält die grundlegenden Maßstäbe für die Bewertung der eingereichten Angebote. § 127 Abs. 1 S. 1 GWB leitet damit ein, dass der Zuschlag auf das wirtschaftlichste Angebot zu erteilen ist. § 127 Abs. 1 S. 2 GWB führt sodann fort, dass hierfür eine Bewertung die Grundlage bildet, ob und inwieweit das Angebot die vorgegebenen Zuschlagskriterien erfüllt. Sodann wird in § 127 Abs. 1 S. 3 GWB festgelegt, dass der in § 127 Abs. 1 S. 1 GWB genannte Maßstab des wirtschaftlichsten Angebots sich nach dem besten Preis-Leistungs-Verhältnis bestimmt. Zu dessen Ermittlung können nach § 127 Abs. 1 S. 4 GWB neben dem Preis oder den Kosten auch qualitative, umweltbezogene oder soziale Aspekte berücksichtigt werden. 7

I. Zuschlagserteilung auf das wirtschaftlichste Angebot (S. 1)

Nach § 127 Abs. 1 S. 1 GWB wird der Zuschlag auf das wirtschaftlichste Angebot erteilt. Die Regelung konkretisiert den Grundsatz der Wirtschaftlichkeit nach § 97 Abs. 1 S. 2 GWB für die Zuschlagsentscheidung und gibt die Zielsetzung des Vergabeverfahrens vor. 8

Vor Einführung der Regelung in § 127 Abs. 1 S. 1 GWB mit dem **VergRModG 2016** war das Gebot der Zuschlagserteilung auf das wirtschaftlichste Angebot nahezu gleichlautend in § 97 Abs. 5 GWB a.F. und § 21 EG Abs. 1 S. 1 VOL/A enthalten. § 127 Abs. 1 S. 1 GWB hat seine **unionsrechtliche Vorgabe** in Art. 67 Abs. 1 RL 2014/24/EU. 9

Die Regelung erklärt nicht, welches **Subjekt** den Zuschlag erteilt. Der öffentliche Auftraggeber ist daher nicht verpflichtet, den Zuschlag selbst zu erteilen. Er kann hiermit auch einen 10

1 Vgl. Gesetzesbegründung zu § 127 Abs. 1 GWB, VergRModG 2016, BT-Drs. 18/6281, 111.

Dritten, etwa ein Projektsteuerungsbüro oder einen anderen öffentlichen Auftraggeber beauftragen. Dies wird systematisch dadurch bestätigt, dass § 127 Abs. 1 S. 2 GWB ausdrücklich dem öffentlichen Auftraggeber die Bewertung der Angebote zuweist.

11 Auch wenn die Regelung dies nicht durch eine imperative Formulierung explizit klarstellt, besteht eine **Verpflichtung**, den Zuschlag auf das wirtschaftlichste Angebot zu erteilen. Dies wird durch die Gesetzesbegründung[2] bestätigt, die insoweit klarer formuliert ist (*„muss [...] erteilt werden"*). Der öffentliche Auftraggeber ist daher nicht berechtigt, den Zuschlag auf ein anderes Angebot zu erteilen.

12 § 127 Abs. 1 S. 1 GWB selbst definiert nicht, was unter dem **wirtschaftlichsten Angebot** zu verstehen ist. Aus § 127 Abs. 1 S. 3 GWB folgt, dass es sich hierbei um dasjenige Angebot handelt, welches das beste Preis-Leistungs-Verhältnis aufweist. Die superlative Formulierung („wirtschaftlichste") lässt erkennen, dass dieses Angebot in Bezug zu den Preis-Leistungs-Verhältnissen der anderen Angebote zu ermitteln ist.[3] Hierfür wiederum liegt nach § 127 Abs. 1 S. 2 GWB die Grundlage in der Bewertung des öffentlichen Auftraggebers, ob und inwieweit das Angebot die vorgegebenen Zuschlagskriterien erfüllt. Aus der Gesamtschau dieser Vorgaben ergibt sich, dass die Bezuschlagung des wirtschaftlichsten Angebots kein statischer Maßstab ist, der von dem öffentlichen Auftraggeber durch eine entsprechende Verfahrensgestaltung zu erreichen ist. Vielmehr bestimmt sich das wirtschaftlichste Angebot nach den vom öffentlichen Auftraggeber aufgestellten Zuschlagskriterien.[4]

13 Auch wenn sich das wirtschaftlichste Angebot nach den vom öffentlichen Auftraggeber aufgestellten Zuschlagskriterien bemisst, dürfte aus dem gesetzgeberischen Maßstab ein objektiver Leitgedanke abzuleiten sein, dass die aufgestellten Maßstäbe zumindest geeignet sein müssen, das wirtschaftlichste Angebot zu ermitteln (sog. **Optimierungsgebot**). Hiergegen verstößt der öffentliche Auftraggeber, wenn er Zuschlagskriterien aufstellt, die untauglich sind, die Vor- und Nachteile der eingereichten Angebote zu erfassen.

14 Die Maßstäbe, nach denen das wirtschaftlichste Angebot zu bestimmen ist, werden von § 127 Abs. 1 S. 1 GWB weder positiv noch negativ bestimmt. Der Begriff des wirtschaftlichsten Angebots hat insoweit keine limitierende Funktion. Er kann daher sowohl einzelwirtschaftliche wie gesamtwirtschaftliche Ziele für sich einnehmen.[5] Die **Wirtschaftlichkeit** kann dem Minimalprinzip, nach dem ein bestimmtes Beschaffungsergebnis mit dem geringsten Einsatz von Mitteln erreicht wird (Zuschlagsentscheidung ausschließlich nach Preis oder Kosten), oder dem Maximalprinzip, wonach mit einem bestimmten Einsatz von Mitteln das bestmögliche Beschaffungsergebnis erzielt wird (Zuschlagsentscheidung nach Preis oder Kosten und leistungsbezogene Zuschlagskriterien), folgen.[6] Die Offenheit des Begriffs der Wirtschaftlichkeit wird nicht durch die unionsrechtliche Vorgabe in Art. 67 Abs. 1 RL 2014/24/EU eingeschränkt. Die Regelung spricht zwar davon, dass der Zuschlag auf das wirtschaftlich günstigste Angebot zu erteilen ist, was suggeriert, dass ausschließlich das preislich günstigste Angebot entscheidend sein soll. Wie sich aus Art. 67 Abs. 2 RL 2014/24/EU ergibt, handelt es sich hierbei um einen Oberbegriff, der sowohl die Ermittlung des wirtschaftlichsten Angebots ausschließlich anhand des günstigsten Preises (Minimalprinzip) als auch anhand des günstigsten Preises und qualitativer Kriterien (Maximalprinzip) einnimmt.

15 Im Umkehrschluss folgt aus § 127 Abs. 1 S. 1 GWB, dass der Zuschlag auf ein Angebot, das nicht das wirtschaftlichste Angebot ist, aber möglicherweisen **aus anderen Gründen** dem öffentlichen Auftraggeber **vorteilhaft** erscheint, nicht erteilt werden darf. Dies gilt beispielsweise für politische Erwägungen, das Angebot eines ansässigen oder mittelständischen Un-

---

2 Gesetzesbegründung zu § 127 Abs. 1 GWB, VergRModG 2016, BT-Drs. 18/6281, 111.

3 Vgl. VK Baden-Württemberg, Beschluss v. 31.1.2017 – 1 VK 2/17.

4 VK Hessen, Beschluss v. 3.2.2012 – 69d-VK-48/2011; VK Hamburg, Beschluss v. 17.12.2002 – VgK FB 3/02; Gesetzesbegründung zu § 97 Abs. 4 GWB a.F., BT-Drs. 13/9340, 14.

5 A.A. zur alten Rechtslage *Bartsch/v. Gehlen/Hirsch*, NZBau 2012, 393 (394); *Kulartz/Scholz*, VergabeR 2014, 109 (110); *Opitz*, NZBau 2001, 12 (13).

6 Vgl. OLG Naumburg, Beschluss v. 5.12.2008 – 1 Verg 9/08; VK Hessen, Beschluss v. 3.2.2012 – 69d-VK-48/2011; VK Schleswig-Holstein, Beschluss v. 8.10.2010 – VK-SH 13/10.

ternehmens zu bevorzugen, oder den Zuschlag auf ein Angebot nach formalen Kriterien (Losverfahren, Prioritätsprinzip o.Ä.) zu entscheiden.

II. Bewertung der Angebote (S. 2)

Grundlage der Zuschlagserteilung ist nach § 127 Abs. 1 S. 2 GWB eine Bewertung des öffentlichen Auftraggebers, ob und inwieweit das Angebot die vorgegebenen Zuschlagskriterien erfüllt. 16

Die Regelung ist mit dem **VergRModG 2016** neu in das GWB aufgenommen worden. Ihr Regelungsinhalt ergab sich in Teilen bislang ausschließlich aus § 19 EG Abs. 8 VOL/A und § 16 EG Abs. 7 S. 1 VOB/A 2012. 17

Anders als es der Wortlaut der Regelung suggeriert, bewertet der öffentliche Auftraggeber nicht nur das **wirtschaftlichste Angebot**. Dem Gebot der Zuschlagserteilung auf das wirtschaftlichste Angebot liegt ein relativer Maßstab zugrunde. Welches das wirtschaftlichste Angebot ist, kann der öffentliche Auftraggeber erst wissen, wenn er alle vorliegenden und für die Wertung zugelassenen Angebote bewertet hat. 18

Der öffentliche Auftraggeber bewertet die Angebote, ob und inwieweit sie die Zuschlagskriterien erfüllen. Aus dem Begriff „**inwieweit**" ergibt sich, dass die Angebotswertung anhand der Zuschlagskriterien anders als die Eignungsprüfung nicht absolut, sondern graduell erfolgt.[7] Eine Angebotswertung erfolgt daher nicht nach dem Schema „wirtschaftlich oder unwirtschaftlich". 19

1. Bewertung

a) Materielle Vorgaben für die Bewertung

§ 127 Abs. 1 S. 2 GWB bringt zum Ausdruck, dass es sich bei der Zuschlagsentscheidung um eine **Wertungsentscheidung** handelt.[8] Der öffentliche Auftraggeber hat im Rahmen der Wertung durch eine ergebnisoffene Anwendung der genannten Zuschlagskriterien das wirtschaftlichste Angebot zu ermitteln. Innerhalb des durch die aufgestellten Kriterien gezogenen Rahmens sind alle Eigenschaften und Umstände in die Wertung einzustellen, die einer gestuften Bewertung zugänglich sind. Umstände und Eigenschaften, die dem öffentlichen Auftraggeber einen materiellen oder immateriellen Mehrwert bringen, führen regelmäßig zu einer Aufwertung.[9] Da der öffentliche Auftraggeber selbst am ehesten einschätzen kann, welches Angebot seinen Beschaffungsbedarf am besten erfüllt, steht ihm bei der Wertung der Angebote ein Beurteilungsspielraum zu, der von den Nachprüfungsinstanzen nur daraufhin überprüft werden kann, ob das vorgeschriebene Verfahren eingehalten worden ist, ob der öffentliche Auftraggeber die von ihm selbst aufgestellten Bewertungsvorgaben beachtet hat, der zugrunde liegende Sachverhalt vollständig und zutreffend ermittelt worden ist, keine sachwidrigen Erwägungen angestellt worden sind und nicht gegen allgemeine Bewertungsgrundsätze verstoßen worden ist.[10] 20

Die vom öffentlichen Auftraggeber selbst **aufgestellten Bewertungsvorgaben** sind eingehalten, wenn die Bewertung auf Grundlage der festgelegten Zuschlagskriterien, Unterkriterien, Gewichtungen und Bewertungsmethode erfolgt.[11] 21

7 Vgl. Gesetzesbegründung zu § 127 Abs. 1 GWB, VergRModG 2016, BT-Drs. 18/6281, 111.
8 Gesetzesbegründung zu § 127 Abs. 1 GWB, VergRModG 2016, BT-Drs. 18/6281, 111.
9 Vgl. OLG Koblenz, Beschluss v. 2.10.2012 – 1 Verg 4/12, VergabeR 2013, 270 (275).
10 St. Rspr. BGH, Urteil v. 6.2.2002 – X ZR 185/99, VergabeR 2002, 369; OLG München, Beschluss v. 26.2.2021 – Verg 14/20; OLG Koblenz, Beschluss v. 2.10.2012 – 1 Verg 4/12, VergabeR 2013, 270 (275); OLG Celle, Beschluss v. 12.1.2012 – 13 Verg 8/11, VergabeR 2012, 514 (516); OLG München, Beschluss v. 7.4.2011 – Verg 5/11, VergabeR 2011, 872; OLG Düsseldorf, Beschluss v. 27.7.2005 – VII-Verg 108/04; OLG Jena, Beschluss v. 13.10.1999 – 6 Verg 1/99, NZBau 2001, 39 (42); VK Niedersachsen, Beschluss v. 22.2.2022 – VgK-3/2022; VK Bund, Beschluss v. 15.2.2021 – VK 2-117/20; VK Südbayern, Beschluss v. 28.10.2021 – 3194.Z3-3_01-21-27.
11 Vgl. VK Niedersachsen, Beschluss v. 27.9.2019 – VgK-34/2019.

22 Unter **allgemeinen Bewertungsgrundsätzen** sind insbesondere die vergaberechtlichen Grundsätze nach § 97 Abs. 1 und 2 GWB zu fassen. Der Gleichbehandlungsgrundsatz nach § 97 Abs. 2 GWB gebietet, dass diejenigen Angebote, die konkret miteinander im Wettbewerb stehen, einer gleichförmigen Bewertung unterzogen werden.[12] Der öffentliche Auftraggeber darf daher nicht ein Angebot schlechter oder besser gegenüber einem solchen Angebot bewerten, das identische Merkmale aufweist. Die Wertung muss gerade auch im Quervergleich konsistent und nachvollziehbar sein.[13] Allerdings können minimale inhaltliche Unterschiede bereits eine unterschiedliche Bewertung rechtfertigen.[14] Auch bezogen auf das einzelne Angebot muss die Wertungsentscheidung in sich widerspruchsfrei sein.[15] Die Bewertung muss zudem objektiv erfolgen, sie darf daher nicht von rein subjektiven Erwägungen getragen sein.[16] Aus dem Grundsatz der Wirtschaftlichkeit nach § 97 Abs. 1 S. 2 GWB ergibt sich das Selbstverständnis, dass bessere Preis- oder Leistungsmerkmale eines Angebots nicht zu einer schlechteren Bewertung führen dürfen. Der öffentliche Auftraggeber darf daher nicht einen höheren Preis oder höhere Kosten – etwa weil er hiermit eine höhere Qualität verbunden glaubt – besser bewerten. Nach der Rechtsprechung[17] dürfen die Angebote im Ausgangspunkt zudem nicht die volle Punktzahl erhalten, sodass es dem öffentlichen Auftraggeber obliegt, negative Aspekte im Angebot entsprechend bei der Punktwertung abzuziehen. Der Ausgangspunkt seien vielmehr null Punkte, sodass weitere Punkte erst nach dem jeweiligen Angebotsinhalt zu addieren seien.

23 Im Falle der **losweisen Unterteilung** eines öffentlichen Auftrags gelten die Bewertungsgrundsätze ausschließlich bezogen auf den konkreten Wettbewerb im jeweiligen Los.[18] Da der Wettbewerb ausschließlich bezogen auf jedes Los stattfindet, kann sich auch der Gleichbehandlungsgrundsatz nach § 97 Abs. 2 GWB ausschließlich auf das jeweilige Los beziehen, sodass eine gleichförmige Bewertung der Angebote nur insoweit zu gewährleisten ist.

b) Organisation der Bewertung

24 Die vergaberechtlichen Bestimmungen treffen keine Vorgaben darüber, wie der öffentliche Auftraggeber die Wertung der Angebote organisiert. Ihm steht hierfür ein von den Nachprüfungsinstanzen nur beschränkt überprüfbarer Beurteilungsspielraum zu.[19]

25 Aus § 127 Abs. 1 S. 2 GWB ergibt sich, dass der öffentliche Auftraggeber die Angebote zu bewerten hat. Er muss daher eigenverantwortlich über Wertung entscheiden.[20] Dies ist nicht **delegierbar**.[21] Bei den an der Wertungsentscheidung beteiligten Personen muss es sich nach der Rechtsprechung um *„Vertreter des öffentlichen Auftraggebers"*[22] handeln. Die Wertungsvorgänge selbst können indes von Dritten vorgenommen werden.[23] Der öffentliche Auftraggeber dürfe seine Mitwirkung dann aber nicht *„auf ein bloßes ‚Abnicken' beschränken."*[24] Erforderlich, aber auch ausreichend ist, dass der öffentliche Auftraggeber den Zuschlagsvorschlag *„genehmigt"*[25] hat, was voraussetzen soll, dass er den Vorschlag *„ausführlich gewürdigt, nachvollzogen und […] sich nur nach eigener Überzeugung zu Eigen gemacht"*[26] bzw. dass der

12 OLG Düsseldorf, Beschluss v. 22.8.2007 – VII-Verg 27/07; VK Bund, Beschluss v. 4.8.2016 – VK 2-69/16.
13 Vgl. VK Bund, Beschluss v. 15.2.2021 – VK 2-117/20.
14 VK Nordbayern, Beschluss v. 19.9.2019 – RMF-SG21-3194-4-42.
15 Vgl. OLG Düsseldorf, Urteil v. 13.6.2018 – VI-2 U 7/16 (Kart).
16 VK Nordbayern, Beschluss v. 27.1.2021 – RMF-SG21-3194-5-50.
17 VK Nordbayern, Beschluss v. 19.9.2019 – RMF-SG21-3194-4-42; VK Sachsen, Beschluss v. 28.3.2019 – 1/SVK/044-18; VK Bund, Beschluss v. 25.10.2013 – VK 2-90/13.
18 Vgl. OLG Düsseldorf, Beschluss v. 23.3.2005 – VII-Verg 68/04; VK Bund, Beschluss v. 4.8.2016 – VK 2-69/16; VK Hessen, Beschluss v. 14.5.2020 – 69d-VK 2-20/2020.
19 OLG Düsseldorf, Beschluss v. 22.8.2007 – VII-Verg 27/07; VK Sachsen, Beschluss v. 28.3.2019 – 1/SVK/044-18; VK Bund, Beschluss v. 4.8.2016 – VK 2-69/16.
20 OLG Frankfurt, Beschluss v. 9.7.2010 – 11 Verg 5/10; VK Berlin, Beschluss v. 14.3.2022 – VK B 2-40/21.
21 OLG Düsseldorf, Beschluss v. 16.10.2019 – VII-Verg 6/19.
22 OLG Düsseldorf, Beschluss v. 16.10.2019 – VII-Verg 6/19.
23 VK Berlin, Beschluss v. 14.3.2022 – VK B 2-40/21.
24 OLG Frankfurt, Beschluss v. 9.7.2010 – 11 Verg 5/10; siehe auch VK Sachsen, Beschluss v. 22.12.2015 – 1/SVK/039-15.
25 OLG Frankfurt, Beschluss v. 9.7.2010 – 11 Verg 5/10.
26 VK Mecklenburg-Vorpommern, Beschluss v. 27.9.2018, 3 VK 05 / 18.

Vorschlag von ihm *„selbst getragen wird"*[27]. Die Dokumentation des Verfahrens muss dies erkennen lassen,[28] wofür teilweise[29] zumindest ein billigender Prüfungsvermerk (beispielsweise Unterschrift mit Vermerk „inhaltlich richtig")[30] verlangt wird. Richtigerweise genügt aber bereits die bloße abschließende Unterschrift eines Vertreters des öffentlichen Auftraggebers, da hiermit zum Ausdruck gebracht wird, dass die Bewertung übernommen wird.[31] Die bloße Bezugnahme auf die Entscheidungen eines Wertungsgremiums genügt hingegen nicht.[32]

Der öffentliche Auftraggeber kann die Wertung der Angebote nicht nur einer Person, sondern auch einem **Wertungsgremium** bzw. Wertungsteams überlassen.[33] Dies hat den Vorteil, dass die Bewertung *„intersubjektiv"* kontrolliert und damit qualitativ verbessert wird.[34] Wie der öffentliche Auftraggeber die Ermittlung des Gesamtergebnisses gestaltet, unterliegt seinem Gestaltungsspielraum. Das kann durch die Bildung eines Mittelwertes aus den einzelnen Bewertungen der Gremiumsmitglieder erfolgen.[35] Dies wird als vorteilhaft angesehen, da sich die subjektiven Elemente der Entscheidungen gegenseitig aufhöben und die objektiven Inhalte wechselseitig verstärkten.[36] Zulässig ist es auch, dass eine Konsensfindung zwischen den Gremiumsmitgliedern erfolgt.[37] Von den Gremiumsmitgliedern werden dann nur interne Wertungsvorschläge erarbeitet, die als Diskussionsgrundlage zur Vorbereitung der durch das Gremium selbst zu treffenden Wertungsentscheidung dienen.[38] Die Willensbildung innerhalb eines solchen Gremiums unterliegt nach der Rechtsprechung[39] grundsätzlich nicht der Nachprüfung. 26

Anforderungen an das für die Wertung vorgesehene Personal stellt das Vergaberecht nicht. Sie bestehen nur für das am Vergabeverfahren mitwirkende Personal bei Planungswettbewerben, vgl. z. B. § 79 Abs. 3 VgV.[40] Eine besondere **Fachkompetenz** des Wertungspersonals bezogen auf den Auftragsgegenstand ist daher nicht erforderlich.[41] 27

Der Gleichbehandlungsgrundsatz nach § 97 Abs. 2 GWB verlangt eine **gleichförmige Bewertung** der Angebote.[42] Die gleichförmige Bewertung kann dadurch sichergestellt werden, dass die zueinander im Wettbewerb stehenden Angebote von ein und derselben Prüfergruppe bzw. denselben Prüfern bewertet werden.[43] Erfolgt die Bewertung durch unterschiedliche Prüfer, kann eine gleichförmige Bewertung dadurch sichergestellt werden, dass die Prüfer einen Leitfaden für die Bewertung erhalten haben, der von den Prüfern bei der Bewertung zugrunde zu legen ist,[44] oder dass ein Quervergleich der Einzelbewertungen erfolgt ist.[45] Auch sei es bei einer Wertung von Gremiumsmitgliedern geboten, Missverständnisse bei einzelnen Prüfern über den Inhalt der Bewertungsmatrix in Abstimmungsgesprächen auszuräumen und auf die Korrektur von Bewertungsfehlern hinzuwirken.[46] Bei einer losweisen Unterteilung des öffentlichen Auftrags muss eine gleichförmige Bewertung nur innerhalb der jeweiligen Los- 28

27 OLG Düsseldorf, Beschluss v. 16.10.2019 – VII-Verg 6/19.
28 VK Berlin, Beschluss v. 14.3.2022 – VK B 2-40/21; VK Niedersachsen, Beschluss v. 2.11.2018 – VgK-40/2018.
29 OLG Frankfurt, Beschluss v. 9.7.2010 – 11 Verg 5/10; OLG München, Beschluss v. 29.9.2009 – Verg 12/09.
30 Siehe bei OLG Frankfurt, Beschluss v. 9.7.2010 – 11 Verg 5/10.
31 Vgl. VK Hessen, Beschluss v. 21.1.2020 – 69d-V-17/2019.
32 VK Berlin, Beschluss v. 14.3.2022 – VK B 2-40/21.
33 Vgl. nur OLG Düsseldorf, Beschluss v. 16.10.2019 – VII-Verg 6/19.
34 OLG Schleswig, Beschluss v. 20.3.2008 – 1 Verg 6/07; vgl. auch VK Niedersachsen, Beschluss v. 11.8.2020 – VgK-16/2020.
35 OLG München, Beschluss v. 25.9.2014 – Verg 9/14; VK Niedersachsen, Beschluss v. 11.8.2020 – VgK-16/2020; VK Sachsen, Beschluss v. 28.3.2019 – 1/SVK/044-18; VK Bund, Beschluss v. 5.9.2002 – VK 2-68/02.
36 VK Niedersachsen, Beschluss v. 11.8.2020 – VgK-16/2020.
37 VK Sachsen, Beschluss v. 28.3.2019 – 1/SVK/044-18.
38 Vgl. OLG Düsseldorf, Beschluss v. 16.10.2019 – VII-Verg 6/19; VK Niedersachsen, Beschluss v. 11.8.2020 – VgK-16/2020.
39 OLG Düsseldorf, Beschluss v. 16.10.2019 – VII-Verg 6/19; OLG München, Beschluss v. 25.9.2014 – Verg 9/14.
40 Vgl. VK Sachsen, Beschluss v. 22.12.2015 – 1/SVK/039-15.
41 Vgl. VK Sachsen, Beschluss v. 22.12.2015 – 1/SVK/039-15.
42 OLG Düsseldorf, Beschluss v. 22.8.2007 – VII-Verg 27/07; VK Bund, Beschluss v. 16.3.2015 – VK 1-10/15.
43 OLG Düsseldorf, Beschluss v. 22.8.2007 – VII-Verg 27/07; VK Bund, Beschluss v. 16.3.2015 – VK 1-10/15.
44 VK Bund, Beschluss v. 31.8.2005 – VK 3-103/05.
45 OLG Düsseldorf, Beschluss v. 22.8.2007 – VII-Verg 27/07.
46 OLG Düsseldorf, Beschluss v. 16.10.2019 – VII-Verg 6/19.

grenzen sichergestellt sein, da nur diejenigen Angebote in einem aktuellen Wettbewerbsverhältnis stehen, die zu einem bestimmten Los abgegeben wurden.[47]

c) Dokumentation der Bewertung

29 Die Wertungsentscheidung ist aufgrund des Transparenzgrundsatzes nach § 97 Abs. 1 S. 1 GWB zu dokumentieren.[48] Auf Verordnungsebene ist dies ausdrücklich vorgesehen, § 8 Abs. 1 S. 2 VgV und § 20 EU VOB/A („Gründe für den Zuschlag").

30 Konkrete gesetzliche Vorgaben für den erforderlichen Inhalt der Dokumentation einer Angebotswertung bestehen nicht. Dieser **Inhalt** richtet sich danach, was zur Erfüllung der Zwecke der Transparenz erforderlich ist. Hiernach muss die Dokumentation die Nachprüfbarkeit der Wertungsentscheidung durch die Nachprüfungsinstanzen und die Bieter sicherstellen. Hierfür sind nach der Rechtsprechung die *„maßgeblichen Erwägungen in allen Schritten so eingehend [zu] dokumentieren, dass nachvollziehbar ist, welche konkreten qualitativen Eigenschaften der Angebote mit welchem Gewicht in die Benotung eingegangen sind."*[49] Vor diesem Hintergrund müssen die Gründe für die Bewertung des jeweiligen Angebots in einer solchen Weise niedergelegt sein, dass der Wertungsvorgang für einen Außenstehenden nachvollziehbar ist. Der dem öffentlichen Auftraggeber zustehende Wertungsspielraum muss sich in einer auf die jeweiligen Angebote bezogenen, individuellen Stellungnahme wiederfinden, aus der hervorgeht, warum etwa bestimmte Punktzahlen vergeben wurden.[50]

31 Der erforderliche **Begründungsaufwand** für die Zuordnung zu einer bestimmten Bewertungsstufe bemisst sich nach den jeweiligen Anforderungen der Bewertungsstufe. Enthalten die Bewertungsmaßstäbe bereits bestimmte Zuordnungen von inhaltlichen Eigenschaften zu einer Wertigkeit, kann es für die Dokumentation genügen, das Vorliegen der entsprechenden Eigenschaft festzustellen.[51] Dies gilt insbesondere für technische Bewertungen auf Grundlage von metrischen Werten. Demgegenüber ist eine detailliertere Begründung in der Regel bei Konzeptbewertungen erforderlich. Je größer die Spielräume sind, die sich der öffentliche Auftraggeber durch die Gestaltung der Zuschlagskriterien und der verwendeten Bewertungsmethode belassen hat, desto höher sind die Anforderungen an die Dokumentation zu setzen, um eine nachvollziehbare Bewertung sicherzustellen.[52] Die Rechtsprechung macht die Dokumentationstiefe auch von der konkreten Bewertung des Angebots abhängig. Die Maßstäbe hierfür sind indes nicht einheitlich. So soll eine geringere Begründungstiefe ausreichen, wenn ein Angebot ohnehin bereits eine hohe oder gar die maximale Bewertung erhalten hat.[53] Es würde die Dokumentationspflichten überspannen, *„wenn man von der Vergabestelle immer eine ausführliche Begründung dafür verlangen würde, warum sie nicht eine noch höhere Punktzahl vergeben hat"*.[54] Demgegenüber sehen andere Teile der Rechtsprechung einen steigenden Begründungsaufwand, soweit das Angebot als besonders gut, besonders schlecht[55] oder jedenfalls nicht als durchschnittlich[56] bewertet wird.

32 Die gebotene **Form** der Darstellung der Gründe ist im Einzelfall unter Berücksichtigung des Bewertungsmaterials und der aufgestellten Bewertungsmaßstäbe festzustellen. Dies erfordert regelmäßig die Darstellung in verbalisierter Form.[57] Es genügt eine Darstellung in Kurzform.[58]

47 OLG Düsseldorf, Beschluss v. 22.8.2007 – VII-Verg 27/07; VK Bund, Beschluss v. 16.3.2015 – VK 1-10/15.
48 Vgl. VK Südbayern, Beschluss v. 28.10.2021 – 3194.Z3-3_01-21-27; VK Baden-Württemberg, Beschluss v. 14.11.2013 – 1 VK 37/13; VK Bund, Beschluss v. 25.10.2013 – VK 2-90/13.
49 OLG München, Beschluss v. 26.2.2021 – Verg 14/20; OLG Frankfurt, Beschluss v. 22.9.2020 – 11 Verg 7/20; VK Berlin, Beschluss v. 14.3.2022 – VK B 2-40/21.
50 Vgl. VK Sachsen, Beschluss v. 6.11.2015 – 1/SVK/024-15.
51 Vgl. OLG München, Beschluss v. 26.2.2021 – Verg 14/20.
52 Vgl. VK Südbayern, Beschluss v. 28.10.2021 – 3194.Z3-3_01-21-27.
53 Vgl. VK Nordbayern, Beschluss v. 25.9.2019 – RMF-SG21-3194-4-37; VK Mecklenburg-Vorpommern, Beschluss v. 27.9.2018 – 3 VK 05/18; VK Bund, Beschluss v. 25.10.2013 – VK 2-90/13.
54 VK Mecklenburg-Vorpommern, Beschluss v. 27.9.2018 – 3 VK 05/18; VK Bund, Beschluss v. 25.10.2013 – VK 2-90/13.
55 VK Sachsen, Beschluss v. 17.5.2013 – 1/SVK/011-13; VK Bund, Beschluss v. 24.11.2011 – VK 3-143/11.
56 VK Bund, Beschluss v. 24.11.2011 – VK 3-143/11.
57 VK Sachsen, Beschluss v. 17.5.2013 – 1/SVK/011-13.
58 VK Sachsen, Beschluss v. 17.5.2013 – 1/SVK/011-13.

Dies kann etwa auch in Stichpunkten geschehen, wenn diese hinreichend aussagekräftig sind. Ein Gebot zur Ausformulierung gibt es nicht.

Nach der Rechtsprechung[59] müssen bei der Entscheidung von **Wertungsgremien** die Einzelbewertungen der Gremienmitglieder nicht dokumentiert werden. Dies ist konsequent, da diese Rechtsprechung davon ausgeht, dass die Bewertung durch einzelne Gremiumsmitglieder nicht der Nachprüfung unterliegt. Danach ist es insbesondere nicht erforderlich, zu der Vergabeakte auch die Handzettel zu nehmen, auf denen sich die einzelnen an der Wertung beteiligten Personen ihre jeweiligen Ergebnisse notiert haben.[60] Begründet wird dies damit, dass ansonsten die Pflicht des öffentlichen Auftraggebers zur ordnungsgemäßen Dokumentation vor dem Hintergrund, dass das Verfahren noch handhabbar sein muss, überspannt würde, wenn man insbesondere bei komplexen Wertungsverfahren verlangen würde, dass jedes einzelne Gremiumsmitglied seine Wertung in der Vergabeakte festhält.[61] Danach ist es vielmehr als ausreichend anzusehen, wenn das Gesamtergebnis des Gremiums dokumentiert wird.[62] Dementsprechend genüge eine zusammenfassende Begründung der Wertungsentscheidung in der Dokumentation.[63] Aus der Dokumentation muss sich auch ergeben, wie sich das Gremium zusammengesetzt hat.[64] 33

2. Vorgegebene Zuschlagskriterien

Nach § 127 Abs. 1 S. 2 GWB bewertet der öffentliche Auftraggeber die Angebote anhand der vorgegebenen Zuschlagskriterien. 34

Die zentrale Bedeutung der **Zuschlagskriterien** für die Angebotswertung wird mit § 127 Abs. 1 S. 2 GWB zwar hervorgehoben. Was aber unter Zuschlagskriterien zu verstehen ist, bleibt ungeregelt.[65] Ebenso wenig findet sich eine Regelung, die dem öffentlichen Auftraggeber überhaupt die Festlegung von Zuschlagskriterien aufgibt.[66] Immerhin sind die formellen und materiellen Anforderungen an die Zuschlagskriterien in § 127 Abs. 3 bis 5 GWB geregelt. Die innere Systematik von § 127 GWB ist als unglücklich anzusehen. Es hätte aus gesetzgeberischer Sicht nahegelegen, zunächst diejenigen Instrumente und deren Anforderungen vorzustellen, anhand derer die Bewertung der Angebote zu vollziehen ist. 35

§ 127 Abs. 1 S. 2 GWB spricht von den **vorgegebenen** Zuschlagskriterien. Das ist irreführend, weil es keine Zuschlagskriterien gibt, die dem öffentlichen Auftraggeber vorgegeben sind. Erst aus der Gesamtschau der Regelungen in § 127 GWB erschließt sich, dass diejenigen Zuschlagskriterien gemeint sein müssen, die der öffentliche Auftraggeber nach Maßgabe von § 127 Abs. 5 GWB in der Auftragsbekanntmachung oder den Vergabeunterlagen angegeben hat. Hieraus folgt im Umkehrschluss, dass der Angebotsbewertung nicht solche Zuschlagskriterien zugrunde gelegt werden dürfen, die der öffentliche Auftraggeber nicht in der entsprechenden Weise publiziert hat.[67] Es ist dem öffentlichen Auftraggeber damit grundsätzlich verwehrt, andere – wenn auch möglicherweise sachdienliche – Aspekte in die Wertung einzustellen.[68] 36

---

59 OLG Düsseldorf, Beschluss v. 16.10.2019 – VII-Verg 6/19; OLG München, Beschluss v. 25.9.2014 – Verg 9/14; VK Bund, Beschluss v. 5.9.2002 – VK 2-68/02.

60 OLG München, Beschluss v. 25.9.2014 – Verg 9/14; VK Brandenburg, Beschluss v. 12.11.2008 – VK 35/08; VK Bund, Beschluss v. 5.9.2002 – VK 2-68/02.

61 OLG München, Beschluss v. 25.9.2014 – Verg 9/14.

62 OLG München, Beschluss v. 25.9.2014 – Verg 9/14; VK Bund, Beschluss v. 16.12.2004 – VK 3-212/04.

63 VK Südbayern, Beschluss v. 19.12.2014 – Z3-3-3194-1-45-10/14.

64 VK Nordbayern, Beschluss v. 17.3.2017 – 21.VK-3194-01/17.

65 Siehe zum Begriff unten Rn. 193.

66 Siehe hierzu Rn. 197.

67 Vgl. zur alten Rechtslage EuGH, Urteil v. 12.12.2002 – Rs. C-470/99 (Universale-Bau), Rn. 99; OLG München, Beschluss v. 21.5.2010 – Verg 02/10, ZfBR 2010, 606 (614); OLG Düsseldorf, Beschluss v. 22.12.2010 – VII-Verg 40/10, ZfBR 2011, 388 (391); Beschluss v. 23.1.2008 – VII-Verg 31/07.

68 Vgl. EuGH, Urteil v. 24.11.2005 – Rs. C-331/04 (ATI EAC), Rn. 32; BGH, Urteil v. 3.6.2004 – X ZR 30/03, VergabeR 2004, 604 (605).

3. Bewertungsmethode

37 Von § 127 Abs. 1 S. 2 GWB unerwähnt bleibt die Methode, anhand derer der öffentliche Auftraggeber die Angebote bewertet (sog. Bewertungsmethode). Dies ist insoweit stringent, dass das Gesetz diese Methode auch nicht an anderer Stelle erwähnt. Das ändert aber nichts daran, dass der öffentliche Auftraggeber die von ihm aufgestellte Bewertungsmethode der Angebotsbewertung zugrunde zu legen hat.

38 Eine ausdrückliche **Verpflichtung** zur Festlegung einer Bewertungsmethode ist dem Gesetz nicht zu entnehmen. Der Gesetzgeber geht ausweislich der Gesetzesbegründung zu § 127 Abs. 1 GWB[69] zwar davon aus, dass der öffentliche Auftraggeber zumindest eine Wertungsskala aufzustellen habe (*„Zuschlagskriterien [sind] vom öffentlichen Auftraggeber mit einer Wertungsskala zu versehen und Kriterien für die Beurteilung im Rahmen dieser Wertungsskala festzulegen"*). Im Gesetzestext ist dieses Verständnis indes nicht eingegangen. Für eine dem Gleichbehandlungsgrundsatz nach § 97 Abs. 2 GWB entsprechende Bewertung der Angebote wird sich der öffentliche Auftraggeber jedoch auf eine einheitliche Methodik der Bewertung festlegen müssen.[70]

39 Zur Ausgestaltung der Bewertungsmethode verhält sich das Gesetz nicht. Aus dem Umstand, dass dem öffentlichen Auftraggeber für die Bewertung der Angebote ein **Beurteilungsspielraum** zusteht, ist zwanglos abzuleiten, dass dieser Spielraum auch für die Ausgestaltung der Bewertungsmethode gilt.[71] Dieser Beurteilungsspielraum ist durch die Nachprüfungsinstanzen nur beschränkt überprüfbar. Insbesondere ist es nicht Aufgabe der Nachprüfungsinstanzen zu prüfen, ob es an Stelle einer rechtmäßigen und tauglichen Bewertungsmethode eine noch tauglichere Methode hätte geben können.[72]

40 Im Ausgangspunkt ist für die Festlegung der Bewertungsmethode zwischen der Bewertung von **Preis oder Kosten** auf der einen und der Bewertung der **Leistung** auf der anderen Seite zu unterscheiden. Dies liegt darin begründet, dass der Preis und die Kosten einen metrischen Wert darstellen, wohingegen die Leistung auf der Grundlage von nicht-metrischen Werten bewertet werden kann, sodass sich hieraus grundlegend unterschiedliche Anforderungen an die Bewertung ergeben. Umstritten ist, ob im konkreten Vergabeverfahren eine **Gleichförmigkeit** zwischen der Methode zur Bewertung des Preises bzw. der Kosten und derjenigen zur Bewertung der Leistung hergestellt werden muss. Teile der Rechtsprechung verlangen, dass die gleiche Methodik zugrunde zu legen ist[73] bzw. dass diese miteinander kompatibel sein müssten,[74] da andernfalls die bekanntgegebenen Gewichtungen der Zuschlagskriterien mathematisch nicht erreicht würden. Andere Teile der Rechtsprechung[75] halten eine gleichförmige Bewertungsmethode nicht für erforderlich.

a) Bewertung des Preises

41 § 127 GWB macht dem öffentlichen Auftraggeber keine Vorgaben zur Bewertung des Preises.[76] Der Beurteilungsspielraum des öffentlichen Auftraggebers über die Ausgestaltung der Bewertungsmethode gilt daher auch insoweit. Die Bewertung des Preises kann der öffentliche Auftraggeber durch die Bildung einer Rangfolge, die Umrechnung in Preispunkte oder durch Umrechnung in einen Verhältniswert realisieren.

---

69 Gesetzesbegründung zu § 127 Abs. 1 GWB, VergRModG 2016, BT-Drs. 18/6281, 111.
70 Vgl. *Delcuvé*, NZBau 2017, 646 (684).
71 OLG Schleswig, Beschluss v. 4.2.2022 – 54 Verg 9/21; OLG Düsseldorf, Beschluss v. 1.12.2021 – VII-Verg 54/20; VK Sachsen, Beschluss v. 10.4.2017 – 1/SVK/004-17.
72 Vgl. VK Mecklenburg-Vorpommern, Beschluss v. 27.9.2018 – 3 VK 05/18.
73 OLG Schleswig, Beschluss v. 2.7.2010 – 1 Verg 1/10.
74 VK Sachsen, Beschluss v. 11.8.2006 – 1/SVK/073-06.
75 VK Bund, Beschluss v. 23.12.2020 – VK 1-104/20; siehe auch VK Bund, Beschluss v. 30.6.2021 – VK 1-58/21.
76 Sofern im Folgenden vom Preis gesprochen wird, gilt dies entsprechend für die Kosten.

aa) Bildung einer Rangfolge

42 Die Preise liegen als metrische Werte vor, die in eine **Rangfolge** gebracht werden können. Ohne dass es weiterer Schritte bedarf, ist auf Grundlage einer solchen Rangfolge erkennbar, ob und inwieweit ein Angebot gegenüber den anderen Angeboten einen höheren oder niedrigeren Preis ausweist.

43 Sofern der öffentliche Auftraggeber den Preis als alleiniges Zuschlagskriterium festgelegt hat, kann bereits auf Grundlage der Rangfolge das **wirtschaftlichste Angebot** ermittelt werden. Hat der öffentliche Auftraggeber hingegen leistungsbezogene Zuschlagskriterien festgelegt, steht er vor der Aufgabe, die Bewertung dieser Kriterien zur Bewertung des Preises ins Verhältnis zu bringen. Es ist zwar theoretisch nicht ausgeschlossen, dass dies auch dann möglich ist, wenn der Preis lediglich anhand einer Rangfolge bewertet wird (denkbar etwa durch eine lexikografische Ordnung). In der Praxis hat es sich jedoch etabliert, den Preis in Preispunkte[77] oder in einen Verhältniswert[78] umzurechnen.

bb) Umrechnung in Preispunkte

44 Es ist vom Beurteilungsspielraum des öffentlichen Auftraggebers über die Ausgestaltung der Bewertungsmethode gedeckt, den Preis mit Preispunkten zu bewerten.[79]

45 Ein **praktisches Bedürfnis** zur Umrechnung des Preises in Preispunkte kann bestehen, wenn der öffentliche Auftraggeber die Leistung des Angebots bewertet, also mindestens ein leistungsbezogenes Zuschlagskriterium aufgestellt hat. In diesem Fall muss der öffentliche Auftraggeber den Preis entsprechend der bekanntgegebenen Gewichtung ins Verhältnis zur Leistung bringen. Anhand von Preispunkten kann dies dadurch realisiert werden, dass die erreichten Preispunkte und die erreichten Leistungspunkte mit dem jeweiligen Gewichtungsfaktor multipliziert und die Produkte miteinander addiert werden.

46 Im Schrifttum wird die Umrechnung in Preispunkte kritisiert, da sie dazu führen könne, dass die Bewertung von der bekanntgegebenen Gewichtung abweicht.[80] Nach der Rechtsprechung des BGH[81] ist die Umrechnung in Preispunkte jedoch grundsätzlich **zulässig**. Sie sei nur dann unzulässig, *„wenn sich gerade ihre Heranziehung im Einzelfall aufgrund besonderer Umstände als mit dem gesetzlichen Leitbild des Vergabewettbewerbs unvereinbar erwiese."* Diese Rechtsprechung bezieht sich zwar ausschließlich auf eine Preisumrechnungsmethode, ist aber auf solche Methoden übertragbar, in denen Kosten in Kostenpunkte umgerechnet werden. Sie ist aus zweierlei Gründen kritikwürdig. Zum einen führt der Gerichtshof mit dem *„gesetzlichen Leitbild"* einen Maßstab ein, der weitgehend unbestimmt ist und keine Tradition in der bisherigen vergaberechtlichen Rechtsprechung hat. Es liegt nahe, ergibt sich aber nicht eindeutig aus der Entscheidung, dass dieses Leitbild durch die vergaberechtlichen Grundsätze nach § 97 Abs. 1 und 2 GWB bestimmt wird. Zum anderen kann die Zulässigkeit der Umrechnungsmethode nicht abstrakt, sondern nur anhand der konkreten Angebotswertung abschließend beurteilt werden. Die Umrechnungsmethode kann sich daher mitunter erst aufgrund einer für den öffentlichen Auftraggeber nicht vorhersehbaren Konstellation in der Angebotswertung als vergaberechtswidrig erweisen.[82] Zu diesem Zeitpunkt verbleibt dem öffentlichen Auftraggeber nur noch die Zurückversetzung des Vergabeverfahrens unter Festlegung einer neuen Preisumrechnungsmethode in der Hoffnung, dass es bei dieser Methode nicht erneut zu Verzerrungen in der Angebotswertung kommen würde. Damit widerspricht diese Rechtsprechung dem vergaberechtlichen Beschleunigungsgebot.

---

77 Siehe hierzu im Folgenden Rn. 44 ff.

78 Siehe hierzu Rn. 62 ff.

79 Vgl. OLG Düsseldorf, Beschluss v. 28.3.2018 – VII-Verg 54/17; OLG Dresden, Beschluss v. 5.1.2001 – WVerg 11 und 12/00; VK Niedersachsen, Beschluss v. 11.8.2020 – VgK-16/2020; keine Einwände hiergegen auch bei BGH, Beschluss v. 4.4.2017 – X ZB 3/17.

80 Siehe hierzu instruktiv *Bartsch/v. Gehlen*, NZBau 2015, 523 (525 ff.); *Brackmann/Berger*, VergabeR 2016, 313 (319 ff.).

81 BGH, Beschluss v. 4.4.2017 – X ZB 3/17.

82 Vgl. OLG Düsseldorf, Beschluss v. 22.1.2014 – VII-Verg 26/13.

47 Grundlegend ist bei der Festlegung der Bewertungsmethode zu unterscheiden, ob die Bewertung anhand des Preises mittels eines absoluten oder eines relativen Maßstabes erfolgen soll.

(1) Absolute Bewertung

48 Der öffentliche Auftraggeber kann für die Umrechnung des Preises in Preispunkte einen absoluten Bewertungsmaßstab zugrunde legen. Die vergaberechtskonforme Umsetzung einer solchen Bewertung dürfte jedoch nur schwer gelingen. Die Bildung von absoluten Stufen (sog. Stufenmethode), also der Zuordnung von bestimmten Preisen zu bestimmten Punkten ist problematisch, weil die graduellen monetären Unterschiede sich in solchen Stufen nicht angemessen abbilden lassen dürften. Die VK Südbayern[83] hat eine Stufenmethode für vergaberechtswidrig angesehen, bei der für einen monatlichen Pauschalpreis

- sechs Punkte für bis zu 5.000 Euro,
- fünf Punkte für bis zu 10.000 Euro,
- vier Punkte für bis zu 15.000 Euro,
- drei Punkte für bis zu 20.000 Euro,
- zwei Punkte für bis zu 25.000 Euro und
- ein Punkt für über 25.000 Euro

vergeben werden. Diese Abstufung könne dazu führen, dass ein Preisabstand von 4.999 Euro für die Bewertung irrelevant sei, was mit dem Wirtschaftlichkeits- und dem Gleichbehandlungsgrundsatz nach § 97 Abs. 1 S. 2 und Abs. 2 GWB nicht zu vereinbaren wäre.

(2) Relative Bewertung

49 Alternativ zu einer absoluten Bewertung kann der öffentliche Auftraggeber für die Umrechnung des Preises einen relativen Bewertungsmaßstab zugrunde legen. Einem solchen Bewertungsmaßstab ist zu eigen, dass die Anzahl der für ein konkretes Angebot vergebenen Preispunkte in Abhängigkeit von den Preismerkmalen der übrigen Angebote steht.

50 Diese Abhängigkeit kann dazu führen, dass sich der Rang von Angeboten vertauscht, weil sich die wirtschaftlichen Kennzahlen eines dritten Angebots verändern.[84] Dieses Phänomen wird als **Flipping-Effekt** bezeichnet und von der Rechtsprechung[85] als vergaberechtswidrig angesehen.[86] Die Wirtschaftlichkeit eines Angebots dürfe nicht von der Höhe eines anderen Angebots abhängen, vielmehr müsse sich die Wirtschaftlichkeit eines Angebots direkt aus seinem Preis-Leistungs-Verhältnis ergeben.[87] Diese Rechtsprechung ist in ihrem Begründungsansatz indes fragwürdig. Die Abhängigkeit der Bewertung eines Angebots von der Bewertung anderer Angebote ist einer relativen Angebotswertung immanent und im Hinblick auf den Wettbewerbsgrundsatz auch nicht zu beanstanden.[88] Dass ein drittes Angebot in der Lage ist, die Bewertungsmaßstäbe des öffentlichen Auftraggebers zu ändern, führt damit für sich betrachtet nicht zu einem vergaberechtswidrigen Zustand.

51 Entscheidet sich der öffentliche Auftraggeber für eine relative Bewertung des Preises, muss er einen Stützwert für die Höchstpunktzahl und gegebenenfalls auch für die niedrigste Punktzahl festlegen.

(aa) Stützwert für höchste Punktzahl

52 Vergaberechtlich zulässig ist es in jedem Fall, den **niedrigsten Angebotspreis** als denjenigen Wert festzulegen, der mit der Höchstpunktzahl bedacht wird.[89]

---

83 VK Südbayern, Beschluss v. 24.7.2015 – Z 3-3-3194-1-28-04/15.
84 Vgl. OLG Celle, Beschluss v. 19.3.2015 – 13 Verg 1/15; VK Bund, Beschluss v. 21.10.2014 – VK 2-81/14.
85 VK Baden-Württemberg, Beschluss v. 31.1.2017 – 1 VK 2/17; VK Südbayern, Beschluss v. 30.8.2016 – Z3-3-3194-1-28-07/16.
86 Siehe auch *Steck*, VergabeR 2017, 240 (245).
87 VK Südbayern, Beschluss v. 30.8.2016 – Z3-3-3194-1-28-07/16.
88 Vgl. VK Bund, Beschluss v. 26.6.2018 – VK 2-46/18; VK Niedersachsen, Beschluss v. 8.7.2015 – VgK-22/2015.
89 Vgl. VK Bund, Beschluss v. 30.6.2021 – VK 1-58/21; VK Südbayern, Beschluss v. 22.4.2013 – Z3-3-3194-1-13-04/13.

Als untauglich erweisen sich solche Methoden, bei denen das Angebot die höchste Punktzahl erreicht, dessen Preis am geringsten von einem Referenzwert abweicht. Die Rechtsprechung hat dies für die sog. **Mittelwertmethode** entschieden, die auf den Mittelwert aller Angebotspreise abstellt und bei der das Angebot die höchste Punktzahl erhält, das diesem Mittelwert am nächsten kommt.[90] Dieser Methode liege die Erwägung zugrunde, dass vom Mittelwert abweichende Angebote abzuwerten seien, weil sowohl bei einem Unterschreiten als auch bei einem Überschreiten des Mittelwerts eine wirtschaftliche Planung nicht zu erwarten sei.[91] Dies verstößt jedoch gegen den Wirtschaftlichkeitsgrundsatz nach § 97 Abs. 1 S. 2 GWB, da hierdurch nicht zwangsläufig das günstigste Angebot die höchste Punktzahl erhält.[92] Diese Methode kann dazu führen, dass ein Angebot, das günstiger ist als der Mittelwert, eine niedrigere Punktzahl erhält als ein Angebot, das über dem Mittelwert liegt.[93] Beispielsweise kann ein Angebot, das 20.000 Euro unterhalb eines Durchschnittswerts der Angebotspreise von 250.000 Euro liegt, weniger Preispunkte erhalten als ein Angebot, das 10.000 Euro über diesem Durchschnittswert liegt. Damit würde nicht dasjenige Angebot mehr Punkte erhalten, das für den öffentlichen Auftraggeber einen geringeren wirtschaftlichen Aufwand bedeutet. Dies aber ist die Zielsetzung des Wirtschaftlichkeitsgrundsatzes und auch nicht durch die Gefahr von Dumping-Angeboten zu rechtfertigen. Hiervor ist der öffentliche Auftraggeber über die Regelungen zur Prüfung von ungewöhnlich niedrigen Angeboten (§ 60 VgV, § 16d EU Abs. 1 VOB/A) geschützt.[94] 53

(bb) Stützwert für niedrigste Punktzahl

Für die Umrechnung kann ein Stützwert für die **niedrigste Punktzahl** festgelegt werden. Zwingend ist dies nicht. So setzt der inverse Dreisatz[95] keine solche Zuteilung voraus, da sich zwar alle Werte einem Nullpunkt annähern, dieser aber nicht erreicht wird. 54

Problematisch ist eine Bewertung, wonach das Angebot mit dem niedrigsten Preis die höchste Punktzahl und dasjenige Angebot mit dem **höchsten Preis** die geringste Punktzahl erhält. Dieses Angebot wäre damit zwangsläufig auf die geringste Punktzahl verwiesen, auch wenn der preisliche Abstand zum niedrigsten Preis geringfügig ist. Dies ist unerheblich, wenn der Preis als alleiniges Zuschlagskriterium festgelegt ist. Stehen aber auch leistungsbezogene Zuschlagskriterien zur Bewertung, kann das Angebot mit dem höchsten Preis die Abwertung mitunter nicht mehr bei der leistungsbezogenen Bewertung ausgleichen. Auch ist eine solche Methodik dem Einwand ausgesetzt, dass die Punkteverteilung mehr oder weniger vom Zufall abhängt.[96] Nach der Rechtsprechung des OLG Düsseldorf[97] ist diese Methodik jedenfalls dann vergaberechtswidrig, wenn nur zwei Angebote zur Bewertung stehen. Bei dem schlechteren Angebot hat dies automatisch einen Wertungsausfall zur Folge („Alles oder nichts") und es bleibt ungewürdigt, ob der Bieter etwa einen hohen Preis durch qualitative Aspekte seines Angebots ausgleichen kann. Die Einschränkung auf die Konstellation von nur zwei vorliegenden Angeboten hat zur Konsequenz, dass die Verwendung dieser Bewertungslogik mit Risiken verbunden ist, *„da von Zufälligkeiten wie der Zahl der eingehenden Angebote abhängen kann, ob der Auftraggeber damit scheitert oder nicht."*[98] Sofern daher nicht von vornherein klar ist, dass nur zwei Angebote eingehen werden, etwa weil in dem Verhandlungsverfahren nur zwei Bieter zur Angebotsabgabe aufgefordert werden, wird sich die Rechtmäßigkeit des 55

90 Vgl. VK Thüringen, Beschluss v. 9.10.2020 – 250-4003-3711/2020-E-008-GTH; VK Sachsen, Beschluss v. 10.4.2017 – 1/SVK/004-17; VK Bund, Beschluss v. 21.11.2013 – VK 2-102/13.
91 VK Sachsen, Beschluss v. 10.4.2017 – 1/SVK/004-17; VK Bund, Beschluss v. 21.11.2013 – VK 2-102/13.
92 VK Bund, Beschluss v. 21.11.2013 – VK 2-102/13.
93 VK Sachsen, Beschluss v. 10.4.2017 – 1/SVK/004-17; VK Bund, Beschluss v. 21.11.2013 – VK 2-102/13.
94 Vgl. VK Sachsen, Beschluss v. 10.4.2017 – 1/SVK/004-17.
95 Siehe unten Rn. 60.
96 OLG Schleswig, Beschluss v. 2.7.2010 – 1 Verg 1/10.
97 OLG Düsseldorf, Beschluss v. 29.4.2015 – VII-Verg 35/14; siehe auch VK Niedersachsen, Beschluss v. 11.8.2020 – VgK-16/2020, aus dem sich allerdings nicht eindeutig ergibt, ob die Kammer dies nur für die Konstellation von zwei Angeboten für problematisch hält.
98 OLG Düsseldorf, Beschluss v. 22.1.2014 – VII-Verg 26/13.

aufgestellten Bewertungssystems erst nach der Angebotsöffnung erweisen. Diese Differenzierung wird mit guten Gründen abgelehnt.[99]

56 Demgegenüber hat die Rechtsprechung zugelassen, dass die niedrigste Punktzahl an diejenigen Angebote vergeben wird, die ein bestimmtes **Vielfaches des niedrigsten Angebotspreises** erreichen, z. B. das 2-Fache[100] oder das 1,5-Fache[101]. Auch in diesem Fall kann es zwar dazu kommen, dass Angebote mit der niedrigsten Punktzahl bewertet werden. Preisabweichungen bis zu 100 % führten allerdings nur zu einer schlechteren Bewertung des Preiskriteriums, nicht zu deren vollständigem Ausfall.[102] Zu einer Veränderung der bekanntgegebenen Gewichtung von Preis und Leistung beim schlechteren Angebot könne es nur in Ausnahmefällen, nämlich bei Abweichungen von 100 % und mehr, kommen.[103] Es sei aber praktisch fernliegend, dass ein solches Angebot für die Zuschlagsentscheidung in Frage komme.[104] Welches Vielfache der öffentliche Auftraggeber dem niedrigsten Punktwert zuordnet, unterliegt seinem Beurteilungsspielraum. Innerhalb dieses Spielraums kann der öffentliche Auftraggeber festlegen, ab welchem Abweichungsgrad vom günstigsten Angebotspreis eine Punktvergabe nicht mehr verdient ist.[105] Dabei erscheint jedenfalls das Zweifache des niedrigsten Angebotspreises ein sachgerechter Maßstab zu sein, da ein solcher Abstand nur äußerst selten vorkommt.[106]

(3) Preisabstände

57 Da es nicht damit getan ist, nur dem niedrigsten und dem höchsten Angebotspreis einen Punktwert zuzuordnen, muss der öffentliche Auftraggeber einen Modus entwickeln, wie auch die zwischen diesen Polen gelegenen Angebote einen Punktwert für den Preis erhalten.

58 Die Preisabstände zwischen den einzelnen Angeboten müssen sich in der Bewertung **angemessen** widerspiegeln.[107] Was Angemessenheit in diesem Zusammenhang bedeutet, wird indes uneinheitlich bewertet. Teile der Rechtsprechung[108] verlangen, dass sich jeder gesparte Euro immer gleichermaßen auswirken muss. Preisunterschiede zwischen konkurrierenden Angeboten müssen sich daher entsprechend prozentual in der Punktbewertung widerspiegeln. Demgegenüber lehnt die herrschende Rechtsprechung ein streng mathematisches Verständnis ab und lässt insoweit auch Disproportionalitäten zu.[109]

59 Eine mathematisch genaue Bewertung ist durch eine **lineare Interpolation** möglich (z. B. bester Angebotspreis von 900.000 Euro erhält 100 Punkte, Angebotspreis von 1,2 Mio. Euro erhält 67 Punkte, Angebotspreis von 1,5 Mio. Euro erhält 33 Punkte).[110] Diese Interpolation kann durch folgende Formel berechnet werden:

---

99 Siehe VK Bund, Beschluss v. 24.10.2014 – VK 2-85/14 (nicht rechtskräftig), welche die Probleme der Umrechnungsmethode *„im Kern"* auch bei mehr als zwei Angeboten gegeben sieht; auch *Kraus/Bronnen*, VergabeR 2017, 559 (567).

100 OLG Rostock, Beschluss v. 3.2.2021 – 17 Verg 6/20; OLG Düsseldorf, Beschluss v. 29.4.2015 – VII-Verg 35/14; OLG Celle, Beschluss v. 19. 3.2015 – 13 Verg 1/15; VK Bund, Beschluss v. 19.2.2018 – VK 1-167/17; VK Südbayern, Beschluss v. 22.4.2013 – Z3-3-3194-1-13-04/13.

101 VK Düsseldorf, Beschluss v. 10.2.2010 – VK-44/2009-B/Z.

102 Vgl. OLG Celle, Beschluss v. 19.3.2015 – 13 Verg 1/15.

103 Vgl. OLG Celle, Beschluss v. 19.3.2015 – 13 Verg 1/15.

104 Vgl. OLG Celle, Beschluss v. 19.3.2015 – 13 Verg 1/15.

105 Kritisch *Kraus/Bronnen*, VergabeR 2017, 559 (563), welche die Festlegung als *„willkürlich"* ansehen.

106 Vgl. OLG München, Beschluss v. 21.5.2010 – Verg 2/10.

107 VK Südbayern, Beschluss v. 24.7.2015 – Z3-3-3194-1-28-04/15; VK Thüringen, Beschluss v. 26.6.2014 – 250-4003-3903/2014-E-009-GRZ; VK Niedersachsen, Beschluss v. 7.2.2014 – VgK-51/2013.

108 VK Südbayern, Beschluss v. 30.8.2016 – Z3-3-3194-1-28-07/16; VK Niedersachsen, Beschluss v. 7.2.2014 – VgK-51/2013.

109 BGH, Beschluss v. 4.4.2017 – X ZB 3/17; OLG Düsseldorf, Beschluss v. 2.5.2018 – VII-Verg 3/18; VK Sachsen, Beschluss v. 15.10.2019 – 1/SVK/030-19.

110 Vgl. BGH, Beschluss v. 4.4.2017 – X ZB 3/17; OLG Düsseldorf, Beschluss v. 28.3.2018 – VII-Verg 54/17; VK Südbayern, Beschluss v. 30.8.2016 – Z3-3-3194-1-28-07/16; kritisch hierzu OLG München, Beschluss v. 30.3.2017 – Verg 10/16, wonach auch die Methode *„zu Verzerrungen [führt], insbesondere dann, wenn ein Angebot mehr als 100 % teurer ist als das preisgünstigste Angebot (Null-Linienproblematik)"*.

$$Preispunkte = Punkt_{max} \times (\frac{X \times Preis_{min} - Preis}{Preis_{min}})$$

$Punkt_{max}$ = maximal zu erreichende Anzahl an Preispunkten

X = Faktor für Angebotspreis mit null Punkten

$Preis_{min}$ = niedrigster Angebotspreis

$Preis$ = zu bewertender Angebotspreis

Als Faktor „X" ist der Stützwert für die niedrigste Punktzahl anzugeben, für den ein Angebot null Punkte erhält.[111]

Demgegenüber werden die Preispunkte bei dem sog. **inversen Dreisatz** nicht prozentual adäquat gebildet (z. B. bester Angebotspreis von 900.000 Euro erhält 100 Punkte, Angebotspreis von 1,2 Mio. Euro erhält 75 Punkte, Angebotspreis von 1,5 Mio. Euro erhält 60 Punkte).[112] Die Formel des inversen Dreisatzes lautet: 60

$$Preispunkte = \frac{Preis_{min} \times Punkt_{max}}{Preis}$$

$Punkt_{max}$ = maximal zu erreichende Punktzahl

$Preis_{min}$ = niedrigster Angebotspreis

$Preis$ = zu bewertender Angebotspreis

Nach der Rechtsprechung der VK Südbayern[113] ist diese Formel aufgrund der hyperbolischen Wirkung unzulässig. Demgegenüber lässt die herrschende Rechtsprechung[114] diese Berechnung zu. Die Abweichungen der prozentualen Abstände beim Preis einerseits und den Punkten andererseits seien geringfügig und nähmen erst mit zunehmendem Abstand vom jeweiligen Bestangebot zu.[115]

Als problematisch erweisen sich solche Modelle, nach denen die angebotenen Preise bestimmten **Stufen** zugeordnet werden. Die VK Niedersachsen[116] hat eine solche Methode als unzulässig angesehen, nach der das Angebot mit dem niedrigsten Preis vierzig Punkte erhält und bei den jeweils nächst höheren Angeboten acht Punkte abgezogen werden, bis schließlich das sechstplatzierte Angebot und alle in der Reihenfolge nachstehenden Angebote keine Punkte mehr erhalten. Eine pauschale Abstufung um jeweils acht Punkte, unabhängig davon, wie gering der Abstand zwischen den jeweiligen Angeboten gewesen ist, sei rechtswidrig. Eine Disproportionalität der Punktwertung des Preises hat auch die VK Bund[117] für eine Zehn-Punkte-Skala mit 5%-Stufen in Abweichung zum Durchschnittspreis festgestellt, im konkreten Fall jedoch keine Unvereinbarkeit mit dem gesetzlichen Leitbild des Vergabewettbewerbs festgestellt. 61

cc) Umrechnung in Verhältniswert

Nach den folgenden Modellen wird der Preis dadurch bewertet, dass er ins Verhältnis zur Leistungspunktzahl bzw. einem Referenzwert gesetzt wird. Diese Modelle können für sich beanspruchen, dass die mit der Umrechnung des Preises in Preispunkte verbundenen Unschärfen vermieden werden. 62

111 Siehe oben Rn. 54 ff.
112 VK Südbayern, Beschluss v. 30.8.2016 – Z3-3-3194-1-28-07/16.
113 VK Südbayern, Beschluss v. 30.8.2016 – Z3-3-3194-1-28-07/16.
114 BGH, Beschluss v. 4.4.2017 – X ZB 3/17; OLG Düsseldorf, Beschluss v. 2.5.2018 – VII-Verg 3/18; VK Sachsen, Beschluss v. 15.10.2019 – 1/SVK/030-19.
115 OLG Düsseldorf, Beschluss v. 2.5.2018 – VII-Verg 3/18.
116 VK Niedersachsen, Beschluss v. 7.2.2014 – VgK-51/2013.
117 VK Bund, Beschluss v. 23.12.2020 – VK 1-104/20.

(1) Einfache und erweiterte Richtwertmethode

63 Die einfache und erweiterte Richtwertmethode setzen den Angebotspreis in das Verhältnis zur erreichten Leistungspunktzahl und ermitteln auf diese Weise einen Verhältniswert, der die Zuschlagskennzahl bildet.

64 Die **einfache Richtwertmethode** ermittelt die Zuschlagskennzahl (Z) des jeweiligen Angebots anhand des Quotienten von Leistung (L) und Preis (P).[118] Die Formel für diese sog. einfache Richtwertmethode lautet daher:

$$Z = \frac{L}{P}$$

In der Rechtsprechung wird diese Methode für zulässig erachtet.[119] Die Formel ermöglicht indes lediglich eine Gewichtung von Preis und Leistung mit jeweils 50 %.[120] Andere Gewichtungen sind mit dieser Formel nicht umsetzbar.

65 Diese Formel wird durch die **erweiterte Richtwertmethode** modifiziert.[121] Im ersten Schritt ist die Zuschlagskennzahl der jeweiligen Angebote anhand der einfachen Richtwertmethode zu ermitteln. Im zweiten Schritt sind die Angebote auszuwählen, die innerhalb eines bestimmten Schwankungsbereichs (z. B. 5 %) ausgehend von der besten Zuschlagskennzahl liegen. Innerhalb dieses Schwankungsbereichs entscheidet dann ein Entscheidungskriterium über das wirtschaftlichste Angebot. Die bisherige Rechtsprechung hat keine Bedenken an dieser Formel angebracht.[122]

(2) Gewichtete Richtwertmethoden

66 Da die einfache und erweiterte Richtwertmethode in ihrem Ausgangspunkt auf ein Verhältnis von Preis zu Leistung von jeweils 50 % limitiert sind, wurden die **gewichteten Richtwertmethoden** entwickelt. Bei diesen Methoden ergibt sich die Zuschlagskennzahl (Z) aus der Differenz eines gewichteten Leistungsterms (G_L = Gewichtung der Leistung, L = Leistungspunktzahl des zu bewertenden Angebots, L_{Ref} = Leistungspunktzahl des Referenzwerts) und eines gewichteten Preisterms (G_P = Gewichtung des Preises, L = Preis des zu bewertenden Angebots, L_{Ref}= Preis des Referenzwerts):[123]

$$Z = G_L \times \frac{L}{L_{Ref}} - G_P \times \frac{P}{P_{Ref}}$$

Erforderlich sei für den Leistungs- und den Preisterm jeweils ein Referenzwert, *„um eine Skalenanpassung (‚Normierung') zu erreichen, mit der die ermittelten Angebotswerte für Preise und Leistungspunkte im selben Wertespektrum sind und zueinander in dasselbe Verhältnis gesetzt werden"*.[124]

67 Dieser Referenzwert kann in dem Median der Leistungspunkte und Angebotspreise (sog. **Medianmethode**)[125] oder dem Mittelwert der Leistungspunkte und Angebotspreise (sog. **Mittelwertmethode**)[126] liegen. Diese Methoden sind indes dem Einwand ausgesetzt, dass das Wertungsergebnis von den Bewertungen der eingereichten Angebote abhängt und damit ins-

---

118 Siehe hierzu Bundesministerium des Innern, für Bau und Heimat, UfAB 2018 – Unterlage für Ausschreibung und Bewertung von IT-Leistungen, Stand April 2018, S. 581 f.

119 Vgl. OLG Dresden, Beschluss v. 5.1.2001 – WVerg 11 und 12/00; OLG Rostock, Beschluss v. 18.10.2000 – 17 W 12/00.

120 Siehe *Ferber*, in: Müller-Wrede, VgV/UVgO, § 58 VgV Rn. 28.

121 Siehe hierzu Bundesministerium des Innern, für Bau und Heimat, UfAB 2018 – Unterlage für Ausschreibung und Bewertung von IT-Leistungen, Stand April 2018, S. 582 ff.

122 Vgl. VK Brandenburg, Beschluss v. 14.5.2007 – 2 VK 14/07.

123 Siehe *Ferber*, in: Müller-Wrede, VgV/UVgO, § 58 VgV Rn. 58.

124 Bundesministerium des Innern, Unterlage für Ausschreibung und Bewertung von IT-Leistungen – Sonderheft 2012 zur Aktualisierung der UfAB V - Version 2.0, Stand 16.8.2012, S. 10 f.

125 Bundesministerium des Innern, Unterlage für Ausschreibung und Bewertung von IT-Leistungen – Sonderheft 2012 zur Aktualisierung der UfAB V - Version 2.0, Stand 16.8.2012, S. 11; siehe hierzu *Ferber*, in: Müller-Wrede, VgV/UVgO, § 58 VgV Rn. 78.

126 *Ferber*, in: Müller-Wrede, VgV/UVgO, § 58 VgV Rn. 76.

besondere der Flipping-Effekt auftreten kann.[127] Jedenfalls bei der Medianmethode handelt es sich gleichwohl um eine für IT-Vergaben übliche Bewertungsmethode.[128] In der Rechtsprechung wird diese Methode zugelassen, wenn sie nicht im konkreten Einzelfall zu unbilligen Ergebnissen geführt hat.[129]

Der Gefahr des Flipping-Effekts begegnet die sog. **Referenzwertmethode** dadurch, dass der öffentliche Auftraggeber den Referenzwert selbst vorab festlegt und bekanntgibt.[130] Dies kann indes zur Folge haben, dass der Preiswettbewerb beeinträchtigt wird, da sich die Bieter an diesem Wert für die Preisgestaltung orientieren.[131] Auch setzt die Festlegung eines Referenzwertes für den Preis eine sehr gute Marktkenntnis des öffentlichen Auftraggebers voraus. Weichen die Referenzwerte sehr stark von den realen Werten ab, kann dies zu Verzerrungen führen.[132] 68

(3) UfAB-II-Methode

Auch die sog. UfAB-II-Methode setzt sich zur Ermittlung der Zuschlagskennzahl (Z) aus einem Leistungsterm und einem Preisterm zusammen, die jeweils gewichtet werden (G_L = Gewichtung der Leistung, G_P = Gewichtung des Preises). Dabei wird der Angebotspreis (P) des zu betrachtenden Angebots in Beziehung zur höchsten erreichten Punktzahl (L_{best}) und zum niedrigsten Angebotspreis (P_{best}) unter den wertungsfähigen Angeboten gesetzt: 69

$$Z = G_L \times L + G_P \times \left(\frac{L_{best} \times P_{best}}{P}\right)$$

Gegen diese Formel werden im Schrifttum Bedenken angebracht.[133] Insbesondere sei die Formel anfällig für den Flipping-Effekt und bilde nicht die nominelle Gewichtung ab. Die Rechtsprechung hat die Anwendung dieser Formel demgegenüber grundsätzlich zugelassen.[134] Gegen ihre Anwendung spreche nicht, *„dass in Einzelfällen, nämlich unter extremen Bedingungen und in äußerst unwahrscheinlichen Situationen, mithin sehr selten, durch sie ungerechte Ergebnisse hervorgebracht werden können"*.[135] Um die Nachteile der UfAB-II-Methode auszugleichen wird vorgeschlagen, den Faktoren (L_{best}) und (P_{best}) nicht die jeweiligen Höchstwerte der wertungsfähigen Angebote, sondern die maximal zu erreichen Höchstwerte zugrunde zu legen.[136]

b) Bewertung der Leistung

Auch für die Bewertung der in dem Angebot enthaltenen Leistung steht dem öffentlichen Auftraggeber ein Beurteilungsspielraum darüber zur Verfügung, wie er deren Bewertung gestaltet.[137] In Betracht kommt dies zum einen durch die Bildung einer Rangfolge oder die Bewertung nach Punkten sowie gegebenenfalls ergänzend durch Berechnung eines Verhältniswerts. 70

---

127 VK Baden-Württemberg, Beschluss v. 31.1.2017 – 1 VK 2/17; VK Niedersachsen, Beschluss v. 8.7.2015 – VgK-22/2015; instruktiv hierzu *Bartsch/v. Gehlen/Hirsch*, NZBau 2012, 393 (397).

128 VK Niedersachsen, Beschluss v. 8.7.2015 – VgK-22/2015.

129 Vgl. VK Baden-Württemberg, Beschluss v. 31.1.2017 – 1 VK 2/17; VK Niedersachsen, Beschluss v. 8.7.2015 – VgK-22/2015.

130 Bundesministerium des Innern, Unterlage für Ausschreibung und Bewertung von IT-Leistungen – Sonderheft 2012 zur Aktualisierung der UfAB V - Version 2.0, Stand 16.8.2012, S. 17; siehe *Ferber*, in: Müller-Wrede, VgV/UVgO, § 58 VgV Rn. 69.

131 Vgl. *Opitz*, in: Burgi/Dreher/Opitz, Vergaberecht, § 127 GWB Rn. 147.

132 *Ferber*, in: Müller-Wrede, VgV/UVgO, § 58 VgV Rn. 76.

133 Siehe etwa *Ferber*, in: Müller-Wrede, VgV/UVgO, § 58 VgV Rn. 47; *Bartsch/v. Gehlen/Hirsch*, NZBau 2012, 393 (396); *Schneider*, NZBau 2002, 555 (556 f.).

134 Vgl. OLG Düsseldorf, Beschluss v. 29.12.2001 – Verg 22/01; VK Bund, Beschluss v. 19.4.2004 – VK 3-44/04.

135 OLG Düsseldorf, Beschluss v. 29.12.2001 – Verg 22/01.

136 So *Ferber*, in: Müller-Wrede, VgV/UVgO, § 58 VgV Rn. 48.

137 Vgl. VK Niedersachsen, Beschluss v. 27.9.2019 – VgK 34/2019.

aa) Bildung einer Rangfolge

71 Die Bewertung der Leistung kann theoretisch dadurch erfolgen, dass die Angebote ihren Leistungswerten entsprechend in eine **Rangfolge** gebracht werden. Ohne dass es weiterer Schritte bedarf, ist auf Grundlage einer solchen Rangfolge erkennbar, ob und inwieweit ein Angebot gegenüber den anderen Angeboten einen höheren oder niedrigeren Leistungswert ausweist.

72 Sofern der öffentliche Auftraggeber ausschließlich ein leistungsbezogenes Kriterium festgelegt hat, kann bereits anhand der Rangfolge das **wirtschaftlichste Angebot** ermittelt werden. Hat der öffentliche Auftraggeber hingegen auch andere Zuschlagskriterien, insbesondere den Preis oder die Kosten, festgelegt, steht er vor der Aufgabe, die entsprechenden Bewertungen ins Verhältnis zueinander zu setzen. Es ist zwar theoretisch nicht ausgeschlossen, dass dies auch bei der Bewertung anhand einer Rangfolge möglich ist (denkbar etwa durch eine lexikografische Ordnung). In der Praxis hat es sich jedoch etabliert, die Leistung in Punkte[138] und gegebenenfalls anschließend in einen Verhältniswert[139] zu übersetzen.

bb) Bewertung nach Punkten

73 Üblicherweise erfolgt die Bewertung der Leistung nach Punkten. Bei einer solchen Bewertung ist zwischen einem absoluten und relativen Referenzmaßstab zu differenzieren. Die Festlegung auf einen solchen Referenzmaßstab unterliegt dem nur beschränkt überprüfbaren Beurteilungsspielraum des öffentlichen Auftraggebers.[140]

(1) Absolute Bewertung

74 Der öffentliche Auftraggeber kann die Leistung absolut bewerten, das heißt, dass die Bewertung ausschließlich in Ansehung des konkreten Angebots erfolgt und die Bewertung anderer Angebote keinen Einfluss auf diese Bewertung nimmt.[141]

(aa) Festlegung der Skalenart

75 Grundlegend ist bei der absoluten Bewertung zwischen einer Nominalskala, einer Kardinalskala und einer Ordinalskala zu unterscheiden.

76 Eine **Nominalskala** differenziert nur zwischen dem Vorliegen oder Nichtvorliegen eines Merkmals (z. B. Ja/Nein-Kriterium). Eine solche Skala gestattet keine Binnendifferenzierung. Das jeweilige Angebot ist daher entweder mit der höchsten oder der niedrigsten Punktzahl zu bewerten.[142]

77 Bei einer **Kardinalskala** werden den einzelnen Skalenstufen konkrete metrische Werte (z. B. Fläche, Latenz, Energieverbrauch, Reichweite o.Ä.) zugeordnet. So kann beispielsweise eine Aufstellfläche wie folgt bewertet werden: kleiner 19 m^2 ergibt 6 Punkte, kleiner 22 m^2 ergibt 4 Punkte, kleiner 25 m^2 ergibt 2 Punkte und größer 25 m^2 ergibt 0 Punkte.[143]

78 Eine **Ordinalskala** ist nach kategorisierten, in der Regel verbalisierten Informationen abgestuft, die etwa dem Schulnotensystem nachempfunden sein kann („sehr gut" für 6 Punkte, „gut" für 5 Punkte, „befriedigend" für 4 Punkte usw.). Die Bewertung in einer solchen Skala bringt naturgemäß gewisse Unschärfen mit sich. Denn sie zeichnet sich dadurch aus, dass die Abstände zwischen den einzelnen Punkten bzw. Noten nicht mathematisch bestimmbar sind und sich daher auch nicht feststellen lässt, ob es sich um gleichmäßige Intervalle handelt.[144] Der Informationsgehalt der einzelnen Skalenstufen (sog. Skalenniveau) ist daher deutlich geringer als bei einer Kardinalskala.

79 Für welche Skalenart sich der öffentliche Auftraggeber entscheidet, wird vom Kartellvergaberecht nicht vorgegeben und unterliegt daher seinem **Festlegungsspielraum**. Die Überset-

---

138 Siehe hierzu im Folgenden Rn. 73 ff.
139 Siehe hierzu Rn. 97.
140 Vgl. VK Mecklenburg-Vorpommern, Beschluss v. 27.9.2018 – 3 VK 05/18.
141 Vgl. OLG Düsseldorf, Beschluss v. 3.3.2010 – VII-Verg 48/09.
142 VK Bund, Beschluss v. 6.12.2013 – VK 1-103/13.
143 Beispiel aus VK Sachsen, Beschluss v. 16.3.2010 – 1/SVK/003-10.
144 Vgl. *Hillen*, Die gerichtliche Kontrolle von Wirtschaftlichkeit im Vergaberecht, S. 570.

zung eines metrischen Werts in eine Ordinalskala wird allerdings nicht empfohlen, da sie zu einem Informationsverlust und damit zu Verzerrungen in der Wertung führen könne.[145]

(bb) Formulierung der Zielerreichungsgrade

Bei einer absoluten Bewertung sind die jeweiligen Skalenstufen mit einem Erwartungshorizont des öffentlichen Auftraggebers untersetzt (sog. Zielerreichungsgrad oder auch Zielerfüllungsgrad). **80**

Bei einer **Nominalskala** müssen die beiden zur Auswahl stehenden Merkmale hinreichend bestimmt sein. Im Falle einer **Kardinalskala** liegt der Zielerreichungsgrad in der Erreichung eines bestimmten Leistungswerts oder einer Spanne an Leistungswerten. Aufgrund des hohen Skalenniveaus können die Bieter in der Regel bei der Angebotserstellung bereits absehen, mit welcher Punktzahl die von ihnen angebotene Leistung bewertet wird. **81**

Bei einer **Ordinalskala** – wie einem umgekehrten Schulnotensystem – ist eine solche Vorabbewertung aufgrund des geringen Skalenniveaus in der Regel nicht möglich. Dennoch forderte das OLG Düsseldorf[146], dass die Wertungsskala es zulassen müsse, *„im Vorhinein zu bestimmen, welchen Erfüllungsgrad die Angebote auf der Grundlage des Kriterienkatalogs und konkreter Kriterien aufweisen müssen, um mit den festgelegten Schulnoten bewertet zu werden"*. Für die interessierten Unternehmen musste daher erkennbar sein, *„unter welchen Voraussetzungen welche Kriterien mit welcher Schulnote bewertet werden."* Eine Wertungsskala wie die folgende[147] genügte daher nicht den Anforderungen: **82**

- 0 Punkte, wenn das Angebot nicht den sich aus den Ausschreibungsbedingungen ergebenden Anforderungen genügt,
- 1 Punkt, wenn das Angebot mit Einschränkungen den sich aus dem Ausschreibungsgegenstand ergebenden Anforderungen genügt,
- 2 Punkte, wenn das Angebot vollumfänglich den sich aus dem Ausschreibungsgegenstand ergebenden Anforderungen genügt,
- 3 Punkte, wenn das Angebot den sich aus dem Ausschreibungsgegenstand ergebenden Anforderungen besonders dienlich ist.

Derlei Wertungsskalen überließen es der *„spekulativen Erwartung"* der Bieter, welche Punktzahl mit dem konkreten Angebot erzielt werde, was umgekehrt *„Raum für Manipulation bei der Angebotswertung"* eröffne.[148] Das OLG Dresden ist dieser Rechtsprechung nicht gefolgt. Seiner Entscheidung lag ein Schema nach dem umgekehrten Schulnotensystem für die Bewertung von Konzepten zugrunde:

- 0 Punkte: ungenügend
- 1 Punkt: mangelhaft
- 2 Punkte: ausreichend
- 3 Punkte: befriedigend
- 4 Punkte: gut
- 5 Punkte: sehr gut

Das Gericht hielt ein solches Bewertungsschema für transparent, sah sich aufgrund der vorstehenden Rechtsprechung des OLG Düsseldorf an einer entsprechenden Entscheidung indes gehindert und legte die Sache dem **BGH** zur Entscheidung vor. Der BGH[149] ist der Rechtsauffassung des OLG Dresden richtigerweise gefolgt. Es genüge, dass die Zielsetzung der zu bewertenden Konzepte aus den Zuschlagskriterien und den Vergabeunterlagen hinreichend erkennbar sei. Die Forderung nach Unterlegung der erzielbaren Noten bzw. Punkte mit kon-

145 Siehe *Ferber*, in: Müller-Wrede, VgV/UVgO, § 58 VgV Rn. 78.
146 OLG Düsseldorf, Beschluss v. 15.6.2016 – VII-Verg 49/15; Beschluss v. 8.3.2017 – VII-Verg 39/16.
147 Nachgebildet von OLG Düsseldorf, Beschluss v. 21.10.2015 – VII-Verg 28/14.
148 So zu einem ähnlichem Bewertungsschema OLG Düsseldorf, Beschluss v. 21.10.2015 – VII-Verg 28/14.
149 BGH, Beschluss v. 4.4.2017 – X ZB 3/17.

kretisierenden Informationen zu den mit der Erfüllung der Unterkriterien verbundenen Erwartungen liefe darauf hinaus, dem öffentlichen Auftraggeber die Durchführung eines partiell anderen Vergabeverfahrens aufzuerlegen und den interessierten Unternehmen Lösungskomponenten vorzugeben. Damit würde der Auftraggeber gezwungen, Aufgaben zu übernehmen, deren Lösung er im Rahmen der funktionalen Ausschreibung in vergaberechtlich unbedenklicher Weise auf die Bieter delegieren wollte. Ein Bewertungssystem, bei dem nach bestimmten Abstufungen für die abgefragten Kriterien Punkte verteilt werden, genügt den Anforderungen an eine transparente Auftragsvergabe, wenn die Bieter aus dem Inhalt der Ausschreibung und der Art der zu vergebenden Leistung erkennen können, worauf es dem Auftraggeber ankommt.[150] Diese Erwartungshaltung des öffentlichen Auftraggebers muss sich nicht aus den Skalenstufen selbst, sondern zumindest aus einer Gesamtschau der Vergabeunterlagen ergeben.[151] Generaliter hat der BGH offengelassen, ob es *„unter außergewöhnlichen Umständen"*, etwa wenn die Komplexität des Auftragsgegenstandes besonders vielschichtige Wertungskriterien erforderlich macht, der Fall sein könne, dass der Zielerreichungsgrad näher konkretisiert werden müsse. Die vom Gerichtshof aufgestellten Maßstäbe wurden von der Rechtsprechung der Obergerichte[152] und Vergabekammern[153] übernommen.

83 Für die einzelnen Skalenstufen muss **jeweils ein Zielerreichungsgrad** formuliert sein. Eine Skala von bis zu zehn Punkten darf daher nicht nur einen Zielerreichungsgrad für die Punkte 0, 5 und 10 ausweisen und die Zielerreichungsgrade für die Punkte 1, 2, 3, 4, 6, 7, 8 oder 9 unerläutert lassen.[154] Die Zielerreichungsgrade müssen den einzelnen Skalenstufen eindeutig zugeordnet sein.

84 Nach zutreffender Rechtsprechung[155] ist es unschädlich, dass der öffentliche Auftraggeber nicht für jede Skalenstufe einen konkreten Punkt vergeben will, sondern sich einen Spielraum zwischen mehreren Werten vorbehält (sog. **Punktespannen**), beispielsweise:

- 9 bis 10 Punkte: Sehr schlüssige und überaus fundiert dargestellte und angebotene Herangehensweise.
- 7 bis 8 Punkte: Sehr schlüssige, fundierte und gut dargestellte und angebotene Herangehensweise.
- 5 bis 6 Punkte: Schlüssige Herangehensweise.
- 3 bis 4 Punkte: Teils lückenhafte Herangehensweise.
- 1 bis 2 Punkte: Die dargestellte und angebotene Herangehensweise ist rudimentär, befasst sich inhaltlich nicht mit der Thematik oder ist lückenhaft und kaum nachvollziehbar.[156]

Dies erlaubt es bei der Bewertung zu präzisieren, ob es sich im Rahmen des jeweiligen Zielerreichungsgrades um eine eher bessere oder eher weniger gute Leistung handelt. Dies steht im Einklang mit der Rechtsprechung des BGH,[157] wonach die Bieter nicht in die Lage versetzt werden müssen, vorab eine konkrete Zuordnung zu Punktwerten vornehmen zu können.[158] Demgegenüber hat die Rechtsprechung der VK Baden-Württemberg[159] eine Vermengung von verschiedenen Zielerreichungsgraden zu einer bestimmten Spannbreite nicht zugelassen. In dem konkreten Fall hatte der Auftraggeber die Skalenstufen „schlecht/mäßig" und „gut/sehr gut" jeweils nur einer Spannbreite zugeordnet. Nach der Entscheidung der Kammer könne dies dazu führen, dass der öffentliche Auftraggeber sowohl eine aus seiner Sicht „sehr gute" als auch eine „gute" Leistung im jeweiligen Kriterium mit derselben Punktzahl bewertet. Da-

150 OLG Schleswig, Beschluss v. 4.2.2022 – 54 Verg 9/21.
151 VK Bund, Beschluss v. 15.2.2021 – VK 2-117/20.
152 OLG Schleswig, Beschluss v. 4.2.2022 – 54 Verg 9/21.
153 VK Sachsen, Beschluss v. 30.8.2017 – 1/SVK/015-17.
154 Vgl. OLG Rostock, Beschluss v. 23.4.2018 – 17 Verg 1/18.
155 VK Niedersachsen, Beschluss v. 27.9.2016 – VgK-39/2016; zur alten Rechtslage auch VK Südbayern, Beschluss v. 19.1.2017 – Z3-3-3194-1-47-11/16.
156 Angelehnt an VK Niedersachsen, Beschluss v. 27.9.2016 – VgK-39/2016.
157 Siehe zuvor Rn. 82.
158 Siehe hierzu bereits bei *Delcuvé*, NZBau 2017, 646 (650).
159 VK Baden-Württemberg, Beschluss v. 8.6.2017 – 1 VK 14/17.

mit würden unterschiedlich zu bewertende Darlegungen im Ergebnis gleich bepunktet. Dies stelle einen Verstoß gegen den Gleichbehandlungsgrundsatz nach § 97 Abs. 2 GWB dar.

Es liegt auf der Hand, dass das vom öffentlichen Auftraggeber aufgestellte Bewertungssystem in sich **widerspruchsfrei** sein muss. Die VK Baden-Württemberg[160] hatte dies für eine Bewertungsskala verneint, in der ab dem Erreichen von 80 Punkten ein Kriterium als erfüllt anzusehen ist, aber zugleich 50 Punkte vergeben wurden, wenn die Mindestanforderungen erfüllt wurden. Dies bedeutet, dass ein mit 79 Punkten bewertetes Kriterium gleichzeitig als Nichterfüllung des Kriteriums und als Erfüllung in Bezug auf die Mindestanforderungen des Kriteriums angesehen wird. Dies ist in sich widersprüchlich. **85**

(cc) Abstände der Skalenstufen

Dem öffentlichen Auftraggeber ist für die Festlegung der Abstände zwischen den Skalenstufen ein Spielraum zuzugestehen, der von den Nachprüfungsinstanzen nur eingeschränkt überprüft werden kann. Der öffentliche Auftraggeber hat bei dieser Festlegung die vergaberechtlichen Grundsätze zu beachten. Insbesondere aus dem Wirtschaftlichkeitsgrundsatz nach § 97 Abs. 1 S. 2 GWB dürfte sich ergeben, dass die Abstände angemessen sein müssen. Das OLG Rostock[161] hat es beanstandet, dass bereits äußerst geringfügige Unterschiede zu erheblichen Wertungsdifferenzen führen können. Dies verzerre möglicherweise die Ermittlung des Preis-Leistungs-Verhältnisses und ermögliche nicht den Zuschlag auf das wirtschaftlichste Angebot. **86**

(2) Relative Bewertung

Der öffentliche Auftraggeber kann die eingereichten Angebote auch hinsichtlich der Leistung **relativ bewerten**. Bei einer relativen Bewertung wird das konkrete Angebot nicht auf der Grundlage von Zielerreichungsgraden, sondern im Vergleich zu anderen Angeboten bewertet. Diese Methodik hat den Vorteil, dass der öffentliche Auftraggeber eine besonders hohe Qualität und insbesondere neue Ideen durch eine entsprechend hohe Wertung würdigen kann, wohingegen der bereits entwickelte Zielerreichungsgrad bei einer absoluten Bewertung insoweit keinen Spielraum lässt und zu einer nivellierenden Bewertung führen kann.[162] Hieraus ergibt sich indes keine Verpflichtung des öffentlichen Auftraggebers, dass er insbesondere Konzepte relativ bewerten müsse.[163] **87**

Die **Zulässigkeit** einer relativen Bewertung folgt bereits daraus, dass das Gesetz die Ermittlung des wirtschaftlichsten Angebots verlangt, was sich nur aus einem Vergleich zwischen den eingereichten Angeboten ergeben kann.[164] Während die vergaberechtliche Rechtsprechung[165] eine relative Bewertung zulässt, ist die kartellrechtliche Rechtsprechung uneinheitlich.[166] Gegen die relative Bewertung wird angebracht, dass ein relativer Referenzmaßstab den Anforderungen des Transparenzgrundsatzes widerspreche, da dieser Maßstab den Bietern zum Zeitpunkt der Angebotserstellung naturgemäß nicht bekannt sei. Dies überzeugt nicht, da es nicht die Aufgabe des öffentlichen Auftraggebers ist, den interessierten Unternehmen mitzuteilen, wie das beste Leistungsangebot auszusehen hat. Vielmehr liegt es an den Bietern, ein solches Angebot zu entwickeln, das den Anforderungen am besten gerecht wird. **88**

160 VK Baden-Württemberg, Beschluss v. 8.6.2017 – 1 VK 14/17.
161 OLG Rostock, Beschluss v. 23.4.2018 – 17 Verg 1/18.
162 Vgl. VK Bund, Beschluss v. 7.9.2005 – VK 3-115/05.
163 VK Mecklenburg-Vorpommern, Beschluss v. 27.9.2018 – 3 VK 05/18; a.A. wohl VK Bund, Beschluss v. 4.4.2022 – VK 2-24/22.
164 Vgl. OLG Naumburg, Beschluss v. 12.4.2012 – 2 Verg 1/12.
165 OLG Schleswig, Beschluss v. 2.7.2010 – 1 Verg 1/10; VK Hessen, Beschluss v. 14.5.2020 – 69d-VK 2-20/2020; wohl auch OLG Düsseldorf, Beschluss v. 15.7.2015 – VII-Verg 11/15; Beschluss v. 3.3.2010 – VII-Verg 48/09.
166 Dafür OLG Celle, Urteil v. 17.3.2016 – 13 U 141/15 (Kart); LG Leipzig, Urteil v. 17.6.2015 – 5 O 1339/15; dagegen LG Stuttgart, Beschluss v. 21.11.2014 – 11 O 180/14; LG Berlin, Urteil v. 9.12.2014 – 16 O 224/14 Kart; offen lassend OLG Stuttgart, Urteil v. 19.11.2015 – 2 U 60/15.

89 Eine relative Bewertung von leistungsbezogenen Zuschlagskriterien ist bei **metrischen Werten**, etwa für die Ausführungsfrist[167], die Energieeffizienz[168] oder den Energieverbrauch[169], verhältnismäßig einfach umsetzbar, da die metrischen Werte unmittelbar in die Punkteskala eingesetzt werden können. Demgegenüber ist die relative Bewertung anhand einer Punkteskala bei **nicht-metrischen Werten** komplexer. Hierfür dürfte erforderlich sein, dass die Angebote in einem ersten Schritt anhand einer absoluten Punkteskala bewertet werden. Erst einem zweiten Schritt erfolgt die Übertragung der Wertungspunkte des jeweiligen Angebots in eine relative Punkteskala.[170]

90 Für die relative Bewertung der Leistung anhand einer Punkteskala hat der öffentliche Auftraggeber einen Stützwert für die Höchstpunktzahl und gegebenenfalls auch für die niedrigste Punktzahl festzulegen. Die Bewertung der zwischen diesen Polen liegenden Angebote kann anhand einer linearen Interpolation erfolgen.[171]

(aa) Stützwert für höchste Punktzahl

91 Für den Stützwert der höchsten Punktzahl ist es in jedem Fall zulässig, auf den jeweils besten Leistungswert abzustellen und diesem Angebot die Höchstpunktzahl zuzuweisen. Ungeeignet ist es hingegen, auf einen Mittelwert abzustellen und demjenigen Angebot die höchste Punktzahl zuzuweisen, das diesem Mittelwert am nächsten kommt. Insofern gilt die Rechtsprechung zur sog. Mittelwertmethode[172] bei der relativen Bewertung von Preis und Kosten für die Bewertung der Leistung entsprechend.

(bb) Stützwert für niedrigste Punktzahl

92 Für die Umrechnung kann ein Stützwert für die niedrigste Punktzahl festgelegt werden. Zwingend ist dies nicht. So setzt der inverse Dreisatz[173] keine solche Zuteilung voraus, da sich zwar alle Werte einem Nullpunkt annähern, dieser aber nicht erreicht wird.

93 Die Rechtsprechung hat es zugelassen, dass die niedrigste Punktzahl an diejenigen Angebote vergeben wird, die ein bestimmtes **Vielfaches des besten Leistungswerts** erreichen. Dies kann etwa durch einen absoluten Mindestwert geschehen[174] oder durch einen relationalen Wert, etwa das 1,25-Fache des Energieverbrauchs des besten Angebots.[175]

94 Problematisch ist eine Bewertung indes, wonach das in einem bestimmten Zuschlagskriterium qualitativ beste Angebot die höchste Punktzahl (z. B. höchstes Energieeffizienzniveau) und das **qualitativ schlechteste Angebot** die geringste Punktzahl erhält (z. B. niedrigstes Energieeffizienzniveau).[176] Die Rechtsprechung[177] hat eine solche Bewertung zutreffend beanstandet, wenn nur zwei Angebote vorliegen, was zu einer „Alles-oder-nichts"-Bewertung führt. In diesem Fall wird die Qualität des schlechteren Angebots *„gar nicht"* bewertet, was zum einen wettbewerbsverzerrend wirkt, da nicht berücksichtigt wird, ob das Qualitätsdefizit durch einen niedrigen Preis kompensiert werden kann, zum anderen aber gleichheitswidrig ist, da das überlegene Angebot regelgerecht anhand der bekanntgegebenen Gewichtung bewertet wird. Liegen hingegen mehr als zwei Angebote vor, könne bei einer *„erfahrungsgemäß anzunehmenden Qualitätsstreuung […] für den Auftraggeber ausreichende Wertungsspielräume bestehen, um noch zu angemessenen und rechtlich vertretbaren Ergebnissen zu kommen."*[178] Diese Einschränkung ist indes zweifelhaft. Einen Erfahrungssatz, dass die in einem Vergabeverfahren eingereichten Angebote stets ein breites Qualitätsspektrum abbilden, gibt es nicht.

167 Siehe bei OLG Düsseldorf, Beschluss v. 6.5.2011 – VII-Verg 26/11.
168 Siehe bei VK Südbayern, Beschluss v. 18.2.2020 – Z3-3-3194-1-42-10-19.
169 Siehe bei VK Niedersachsen, Beschluss v. 31.8.2010 – VgK-34/2010.
170 Siehe bei OLG Düsseldorf, Beschluss v. 22.1.2014 – VII-Verg 26/13.
171 Vgl. OLG Düsseldorf, Beschluss v. 22.1.2014 – VII-Verg 26/13.
172 Siehe Rn. 53.
173 Siehe oben Rn. 60.
174 Siehe bei OLG Düsseldorf, Beschluss v. 6.5.2011 – VII-Verg 26/11.
175 Siehe bei VK Niedersachsen, Beschluss v. 31.8.2010 – VgK-34/2010.
176 VK Südbayern, Beschluss v. 18.2.2020 – Z3-3-3194-1-42-10-19.
177 OLG Düsseldorf, Beschluss v. 29.4.2015 – VII-Verg 35/14; VK Südbayern, Beschluss v. 18.2.2020 – Z3-3-3194-1-42-10-19; VK Thüringen, Beschluss v. 13.4.2016 – 250-4002-3008/2016-N-004-ABG.
178 OLG Düsseldorf, Beschluss v. 22.1.2014 – VII-Verg 26/13.

Vielmehr findet sich in der Vergabepraxis eine Vielzahl an Fällen, in denen alle eingereichten Angebote qualitativ eng beieinander liegen. Die Bewertung des qualitativ schlechtesten Angebots mit der geringsten Punktzahl kann in einem solchen Fall unangemessen und mit dem Wirtschaftlichkeitsgrundsatz im Widerspruch stehen. Ohnehin werden sich öffentliche Auftraggeber bei der Planung des Vergabeverfahrens kaum auf die bloße Exspektanz einlassen, es werde ein für die festgelegte Bewertungsmethode passendes Vergabeergebnis erzielt. Das OLG Düsseldorf hat insoweit zutreffend festgestellt: *„Das Wertungssystem „100 Punkte oder nichts" ist damit riskant, da von Zufälligkeiten wie der Zahl der eingehenden Angebote abhängen kann, ob der Auftraggeber damit scheitert oder nicht."*[179]

(3) Mischform

Als **Mischform** kann diejenige Vorgehensweise verstanden werden, wonach der öffentliche Auftraggeber eine Ordinalskala mit offenen Bewertungsstufen aufstellt und diese durch eine relative Bewertung ausfüllt. Ob ein Angebot daher etwa „in besonderer Weise" den Anforderungen entspricht[180] oder als „sehr gut"[181] zu bewerten ist, wird in Ansehung der eingereichten Angebote insgesamt entschieden.[182] **95**

Nicht abschließend geklärt ist, ob der öffentliche Auftraggeber **bekanntgeben** muss, dass er die Angebote relativ bewerten wird. Die Rechtsprechung des OLG Naumburg scheint eine Erkennbarkeit für erforderlich zu halten.[183] In der Entscheidung hat es das Gericht aber hierfür bereits ausreichen lassen, dass *„für die Qualität der Angebote ein fester Vergleichsmaßstab, z. Bsp. durch Vorgabe einer als durchschnittlich angesehenen Leistung in der Leistungsbeschreibung, nicht bekannt gemacht worden war"*. Zutreffend stellt die herrschende Rechtsprechung keine Transparenzanforderungen an die relative Bewertung.[184] Sinn und Zweck der Angebotswertung ist es gerade, das beste Preis-Leistungs-Verhältnis zu ermitteln, was eine vergleichende Bewertung voraussetzt. Dies ist insbesondere bei funktionalen Ausschreibungen erforderlich, bei denen eine konkrete Erwartungshaltung des öffentlichen Auftraggebers nicht besteht. Der öffentliche Auftraggeber muss daher nicht ankündigen, dass er die Angebote (auch) relativ bewerten wird. **96**

cc) Umrechnung in Verhältniswert

Sofern der öffentliche Auftraggeber die Bewertung des Preises durch Bildung eines Verhältniswerts vollzieht,[185] werden auch die Leistungspunkte ins Verhältnis zum Preis bzw. einer referenzierten Punktzahl gesetzt. Die Ausführungen zur Umrechnung in einen Verhältniswert bei der Bewertung des Preises gelten für die Bewertung der Leistung entsprechend. **97**

c) Festlegung von Mindestanforderungen

aa) Festlegung einer Preis- oder Kostenobergrenze

Bei Leistungen, zu denen kein Marktpreis existiert, dieser nicht bekannt ist oder die Eigengestehungskosten als Obergrenze festgelegt werden sollen, kann die Festlegung einer Preis- bzw. Kostenobergrenze für den öffentlichen Auftraggeber in Betracht kommen, bei deren Überschreitung das betroffene Angebot vom Vergabeverfahren auszuschließen ist. Die Festlegung einer solchen Grenze ist **grundsätzlich** nicht zu beanstanden.[186] Sie ist Ausfluss der Bestimmungsfreiheit des öffentlichen Auftraggebers darüber, unter welchen Voraussetzungen **98**

179 OLG Düsseldorf, Beschluss v. 22.1.2014 – VII-Verg 26/13.
180 VK Bund, Beschluss v. 18.1.2020 – VK 2-94/19.
181 OLG Naumburg, Beschluss v. 12.4.2012 – 2 Verg 1/12.
182 Vgl. OLG Naumburg, Beschluss v. 12.4.2012 – 2 Verg 1/12; VK Bund, Beschluss v. 18.1.2020 – VK 2-94/19; VK Niedersachsen, Beschluss v. 27.9.2019 – VgK-34/2019; wohl auch VK Mecklenburg-Vorpommern, Beschluss v. 27.9.2018 – 3 VK 05/18.
183 OLG Naumburg, Beschluss v. 12.4.2012 – 2 Verg 1/12.
184 VK Hessen, Beschluss v. 14.5.2020 – 69d-VK2-20/2020; VK Bund, Beschluss v. 18.1.2020 – VK 2-94/19; Beschluss v. 6.12.2013 – VK 1-103/13; VK Niedersachsen, Beschluss v. 27.9.2019 – VgK-34/2019.
185 Siehe oben Rn. 62.
186 EuG, Urteil v. 13.9.2011 – Rs. T-8/09, Rn. 88; OLG Düsseldorf, Beschluss v. 16.5.2018 – VII-Verg 24/17; OLG Koblenz, Beschluss v. 4.2.2014 – 1 Verg 7/13; VK Rheinland, Beschluss v. 26.3.2019 – VK 5/19-L; VK Niedersachsen, Beschluss v. 7.11.2003 – 203-VgK-32/2003; VK Sachsen, Beschluss v. 20.6.2014 – 1/SVK/017-14.

der öffentliche Auftrag vergeben wird.[187] Nach einer zutreffenden Rechtsprechung[188] kommt es auf die Angemessenheit der Höhe der Preisobergrenze nicht an. Demgegenüber hält ein anderer Teil der Rechtsprechung es für unzulässig, wenn der öffentliche Auftraggeber auf einem Markt mit nur wenigen potentiellen Nachfragern seine Stellung missbraucht, um eine Ware oder Leistung unter Marktpreis einzukaufen, oder wenn die Kostenobergrenze bei Beschaffungen, auf die der öffentliche Auftraggeber nicht verzichten kann, so niedrig angesetzt ist, dass ein Großteil der potentiellen Leistungserbringer als Bieter ausscheidet.[189] Dieser rechtliche Maßstab überzeugt nicht. Legt der Auftraggeber tatsächlich eine übermäßig niedrige finanzielle Obergrenze fest, setzt er sich dem Risiko aus, dass kein befriedigendes Angebot abgegeben wird, sodass das Vergabeverfahren mit geänderten Voraussetzungen wiederholt werden müsste.[190] Es ist aber nicht am Vergaberecht, den Eintritt dieser Situation zu verhindern. Unzulässig kann eine Obergrenze erst sein, wenn sie willkürlich ist,[191] was insbesondere im Falle einer *„Scheinausschreibung"* im Sinne von § 28 Abs. 2 VgV gegeben ist.[192]

99 Abgelehnt wurde hingegen eine Mindestanforderung dergestalt, dass die Angebote nur bis zu einem bestimmten Grad nach oben und unten von einem **durchschnittlichen Preis** (z. B. Abweichung von bis zu 2,5 % nach oben und unten), der sich aus allen eingereichten Angeboten gebildet hat, abweichen dürfen.[193] Dies wurde unter Bezugnahme auf die Mittelwertmethode[194] damit begründet, dass nicht zwangsläufig das günstigste Angebot die volle Punktzahl erhalte, sondern dasjenige Angebot, das am wenigsten vom Mittelwert abweicht. Diese Begründung verfängt nicht, da es bei einem solchen Bewertungsmechanismus nicht darum geht, welches Angebot die höchste Punktzahl erhält. Die maximalen Abweichungsgrade vom Durchschnittswert bilden vielmehr eine Mindestanforderung. Im Ergebnis wird dieser Rechtsprechung aber zuzustimmen sein, da jedenfalls die Eingrenzung der Werte nach unten mit dem Wirtschaftlichkeitsgrundsatz nach § 97 Abs. 1 S. 2 GWB nicht übereinzubringen ist, weil hierdurch gerade besonders günstige Angebote vom Vergabeverfahren ausgeschlossen würden.

bb) Festlegung von Mindestanforderungen für die Leistung

100 Der öffentliche Auftraggeber ist befugt, Mindestanforderungen an die Erfüllung der Zuschlagskriterien zu stellen (z. B. das Erreichen einer bestimmten Mindestpunktzahl nach der Punkteskala). Dies ergibt sich aus dem Leistungsbestimmungsrecht des öffentlichen Auftraggebers. Entsprechend hat der **EuGH**[195] entschieden, dass der öffentliche Auftraggeber Mindestanforderungen hinsichtlich der technischen Bewertung festlegen kann, so dass die abgegebenen Angebote, die nach abgeschlossener technischer Bewertung eine vorab festgelegte Mindestpunktzahl nicht erreichen, von der weiteren Bewertung, die sowohl auf technischen als auch auf preislichen Kriterien beruht, ausgeschlossen werden. Diese Rechtsprechung ist auf das deutsche Recht, das keine entgegenstehenden Regelungen enthält, zu übertragen.[196]

101 Abgelehnt wurde hingegen eine Mindestanforderung dergestalt, dass die Angebote nur bis zu einem bestimmten Grad nach oben und unten von einem **durchschnittlichen Leistungswert** (z. B. Abweichung von bis zu 10 % nach oben und unten für eine Reinigungsfläche), der sich aus allen eingereichten Angeboten gebildet hat, abweichen dürfen.[197] Dies wurde unter Bezugnahme auf die Mittelwertmethode[198] damit begründet, dass nicht zwangsläufig das günstigste Angebot die volle Punktzahl erhalte, sondern dasjenige Angebot, das am wenigs-

187 Vgl. OLG Düsseldorf, Beschluss v. 16.5.2018 – VII-Verg 24/17.
188 OLG Düsseldorf, Beschluss v. 16.5.2018 – VII-Verg 24/17; VK Rheinland, Beschluss v. 26.3.2019 – VK 5/19-L.
189 So OLG Koblenz, Beschluss v. 4.2.2014 – 1 Verg 7/13; VK Sachsen, Beschluss v. 20.6.2014 – 1/SVK/017-14.
190 Vgl. OLG Düsseldorf, Beschluss v. 16.5.2018 – VII-Verg 24/17.
191 Vgl. OLG Düsseldorf, Beschluss v. 16.5.2018 – VII-Verg 24/17; VK Rheinland, Beschluss v. 26.3.2019 – VK 5/19-L.
192 Vgl. VK Niedersachsen, Beschluss v. 7.11.2003 – 203-VgK-32/2003.
193 VK Thüringen, Beschluss v. 9.10.2020 – 250-4003-3711/2020-E-008-GTH.
194 Siehe oben Rn. 53.
195 EuGH, Urteil v. 20.9.2018 – Rs. C-546/16 (Montte), Rn. 39.
196 Vgl. OLG Düsseldorf, Beschluss v. 29.5.2020 – VII-Verg 26/19; VK Bund, Beschluss v. 21.1.2022 – VK 2-131/21.
197 VK Thüringen, Beschluss v. 9.10.2020 – 250-4003-3711/2020-E-008-GTH.
198 Siehe oben Rn. 53.

ten vom Mittelwert abweicht. Diese Begründung verfängt jedoch nicht, da es bei einem solchen Bewertungsmechanismus nicht darum geht, welches Angebot die höchste Punktzahl erhält. Die maximalen Abweichungsgrade vom Durchschnittswert bildet vielmehr eine Mindestanforderung. Im Ergebnis wird dieser Rechtsprechung dennoch zuzustimmen sein, da jedenfalls die Eingrenzung der Leistungswerte nach oben mit dem Wirtschaftlichkeitsgrundsatz nach § 97 Abs. 1 S. 2 GWB nicht übereinzubringen ist, da hierdurch gerade besonders leistungsstarke Angebote vom Vergabeverfahren ausgeschlossen würden.

III. Preis-Leistungs-Verhältnis (S. 3)

Nach § 127 Abs. 1 S. 3 GWB bestimmt sich das wirtschaftlichste Angebot nach dem besten Preis-Leistungs-Verhältnis. **102**

Die Regelung ist mit dem **VergRModG 2016** neu in das GWB aufgenommen worden. Die untergesetzlichen Vorschriften enthalten Parallelregelungen in § 58 Abs. 2 S. 1 VgV und § 16d EU Abs. 2 Nr. 1 S. 3 VOB/A. **103**

1. Begriff

Nach dem Willen des Richtliniengebers[199] ist es wichtig, dass die Bestimmungen zum Zuschlag auf das wirtschaftlichste Angebot *„so einfach und übersichtlich wie möglich"* dargestellt werden. Die begriffliche Einheitlichkeit könne *„dadurch erreicht werden, dass als übergeordnetes Konzept der Begriff des ‚wirtschaftlich günstigsten Angebots' verwendet wird, da alle Angebote, die den Zuschlag erhalten, letztlich danach ausgewählt werden sollten, was der einzelne öffentliche Auftraggeber für die wirtschaftlich beste Lösung unter den Angeboten hält. Um Unklarheiten zu vermeiden, [...] sollte jedoch ein anderer Begriff benutzt werden, nämlich das ‚beste Preis-Leistungs-Verhältnis'."* **104**

a) Ökonomischer Hintergrund

Der Begriff des wirtschaftlichsten Angebots ist ökonomisch geprägt. Es ist daher naheliegend, Parallelen zum betriebswirtschaftlichen Verständnis zu suchen. **105**

Dort ist auf den ersten Blick deckungsgleich **Wirtschaftlichkeit** als eine Verhältniszahl aus Ergebnisgröße und Einsatzgröße definiert. Die dabei verwendeten Größen sind Ertrag bzw. Leistung als Ergebnisgröße und Aufwand bzw. Kosten als Einsatzgröße.[200] Leistung und Kosten sind betriebswirtschaftlich eindeutig als monetär bewertete Güterentstehung (Leistung) bzw. monetär bewerteter Güterverzehr (Kosten) definiert.[201] Damit enden die Gemeinsamkeiten zur GWB-Definition des Preis-Leistungs-Verhältnisses. **106**

Der vom Gesetzgeber nicht weiter definierte **Preis** stellt *„den von einem Käufer (Nachfrager, Kunden) zu einem bestimmten Zeitpunkt für eine bestimmte Menge eines spezifischen Wirtschaftsguts an den Verkäufer (Anbieter, Unternehmen) zu zahlenden Geldbetrag"*[202] dar. Preis als pekuniäre Größe konzentriert sich demzufolge allein auf den Zeitpunkt der Anschaffung und den damit verbundenen Geldabfluss, während Kosten als pagatorische Größe den Wertverlust beispielsweise in Form von Abschreibungen über den Nutzungszeitraum quantifizieren. **107**

Diese Abgrenzung von Preis und **Kosten** ist bedeutsam, weil auch der Gesetzgeber nicht will, dass ausschließlich und immer der Preis als Einsatzgröße verwendet wird – obwohl er nur ihn in seine Definition des wirtschaftlichsten Angebots aufgenommen hat. In der Gesetzesbegründung spricht der Gesetzgeber vom *„Angebotspreis oder [den] (unter Einbeziehung weiterer Faktoren, wie z. B. dem finanziellen Aufwand für Betrieb und Wartung der Leistung, er-* **108**

199 Erwägungsgrund 89 RL 2014/24/EU; siehe auch Erwägungsgrund 94 RL 2014/23/EU.
200 Vgl. *Olfert/Rahn*, Einführung in die Betriebswirtschaftslehre, S. 46; Thommen/Achleitner, Allgemeine Betriebswirtschaftslehre, S. 120.
201 Vgl. *Horváth/Gleich/Seiter*, Controlling, S. 263.
202 *Pechtl*, Preispolitik, S. 14.

rechneten) Kosten"[203] zur Ermittlung der Einsatzgröße. § 59 Abs. 1 VgV und § 16d EU Abs. 2 Nr. 5 und Nr. 6 VOB/A ermöglichen die Berechnung mittels Lebenszykluskosten, für den Fall energieverbrauchsrelevanter Leistungen ist sie gemäß § 67 Abs. 3 Nr. 2 VgV und § 8c EU Abs. 3 Nr. 2 VOB/A sogar in geeigneten Fällen bzw. durch ein vergleichbares Verfahren zwingend vorgesehen. Kosten wären damit der zutreffende Begriff, zumal der Preis in Form der Anschaffungskosten gemäß § 59 Abs. 2 S. 2 Nr. 1 VgV und § 16d EU Abs. 2 Nr. 5 lit. a VOB/A darin enthalten ist.

109 **Leistung** ist abweichend von der betriebswirtschaftlichen Definition nach der Gesetzesbegründung die *„Leistung, die im Rahmen des öffentlichen Auftrages erbracht werden soll"*[204]. Leistungsbezogene Zuschlagskriterien sind nicht abschließend in § 58 Abs. 2 S. 2 VgV und § 16d EU Abs. 2 Nr. 2 S. 2 VOB/A aufgeführt, sie können beispielsweise Qualität, Organisation, Qualifikation und Erfahrung des mit der Ausführung des Auftrags betrauten Personals oder Verfügbarkeit von Kundendienst umfassen. Leistung in diesem Sinne wird in der Vergabepraxis nicht monetär bewertet, zumal öffentliche Auftraggeber in der Regel keine Umsatzerlöse erwirtschaften und damit auch über keine Kosten-Leistungs-Rechnung verfügen, auch wenn diese haushaltsrechtlich in geeigneten Fällen gemäß § 7 Abs. 3 BHO vorgesehen ist.

110 Das mit den genannten **Wirtschaftlichkeitsdefinitionen** verbundene Begriffspaar wirtschaftlich/unwirtschaftlich ist von wirtschaftlich/nichtwirtschaftlich abzugrenzen.[205] Während erstgenanntes im Sinne des o.g. Verhältnisses aus Ergebnis- und Einsatzgrößen sowohl der haushaltsrechtlichen Zweck-Mittel-Relation als auch dem vergaberechtlichen Verständnis entspricht (vgl. § 7 VV-BHO), ist letztgenanntes die Unterscheidung zwischen gewinnorientierten Unternehmen der Privatwirtschaft und nichtwirtschaftlichen Institutionen des öffentlichen Sektors. Somit geht es in der öffentlichen Beschaffung um die wirtschaftliche Zuschlagserteilung nichtwirtschaftlicher Organisationen.

b) Korrektur des Begriffsverständnisses

111 Sprachlich korrekt wäre die Definition von Wirtschaftlichkeit als Leistungs-Kosten-Verhältnis, da die Wirtschaftlichkeit nur erhöht wird, wenn entweder die Leistung steigt (Leistung im Zähler des Bruches Wirtschaftlichkeit) oder die Kosten sinken (Kosten im Nenner des Bruches Wirtschaftlichkeit).[206] Beispielhaft sei auf die definitorisch korrekte landesvergaberechtliche Regelung des Gesetzes über die Vergabe öffentlicher Aufträge in Mecklenburg-Vorpommern (§ 7 Abs. 2 bis 4 VgV M-V) verwiesen:

> „Das wirtschaftlichste Angebot ist dasjenige mit dem günstigsten Verhältnis von angebotener Leistung und den zu erwartenden Kosten für den öffentlichen Auftraggeber. Die angebotene Leistung wird nach gewichteten Zuschlagskriterien bewertet. Die Kosten setzen sich aus dem Angebotspreis und weiteren Kosten zusammen, die dem Auftraggeber nach den Verhältnissen des Einzelfalles im Zusammenhang mit der zu erbringenden Leistung entstehen (Lebenszykluskosten wie etwa Unterhalts-, Wartungs-, Betriebskosten)."

c) Einsatz in der Vergabepraxis

112 Die konkrete Ausgestaltung von **Kosten- und Leistungsgrößen** in der Vergabepraxis ist vielgestaltig. Dementsprechend sieht der Normgeber keine abschließende Regelung der Zuschlagskriterien vor, sondern zeigt in § 58 Abs. 2 S. 2 VgV und § 16d EU Abs. 2 Nr. 2 S. 2 VOB/A einen beispielhaften Katalog von Leistungskriterien und in § 59 Abs. 2 S. 2 VgV sowie § 16d EU Abs. 2 Nr. 5 VOB/A einen beispielhaften Katalog von Kostenkriterien.

113 Die Zuschlagskriterien sind gemäß § 127 Abs. 5 GWB zu gewichten und in der Auftragsbekanntmachung oder den Vergabeunterlagen aufzuführen. Die Kriterien können dabei durch die Bildung einer **Verhältniszahl** im Sinne des o.g. korrekten Wirtschaftlichkeitsverständnis-

203 Gesetzesbegründung zu § 127 Abs. 1 GWB, VergRModG 2016, BT-Drs. 18/6281, 111.
204 Gesetzesbegründung zu § 127 Abs. 1 GWB, VergRModG 2016, BT-Drs. 18/6281, 111.
205 Vgl. *Eichhorn/Mark*, Das Prinzip Wirtschaftlichkeit, S. 22 f.
206 *Olfert/Rahn*, Einführung in die Betriebswirtschaftslehre, S. 46; *Thommen/Achleitner*, Allgemeine Betriebswirtschaftslehre, S. 120.

ses ökonomisch und vergaberechtlich korrekt ausgestaltet werden. Beispielhaft sei auf die Unterlage für Ausschreibung und Bewertung von IT-Leistungen (UfAB 2018) des Beauftragten der Bundesregierung für Informationstechnik und des Beschaffungsamts des Bundesministeriums des Inneren verwiesen. Sie enthält eine Bewertungsmatrix, welche die Zuschlagskriterien ebenfalls als „Leistungs-Preis-Verhältnis“[207] zur Gesamtbewertung zusammenführt.

2. Gewichtung der Zuschlagskriterien

Bei der **Gewichtung** handelt es sich um denjenigen Wert, den der Auftraggeber einem Zuschlagskriterium im Verhältnis zu anderen Zuschlagskriterien zuordnet.[208] Der öffentliche Auftraggeber kann die Gewichtung anhand eines Prozentwerts vornehmen.[209] In diesem Fall ordnet er den jeweiligen Zuschlagskriterien einen Teil des Von-Hundert-Satzes zu. Ebenso möglich ist die Gewichtung durch Gewichtungspunkte.[210] In diesem Fall wird jedem Zuschlagskriterium eine bestimmte Maximalpunktzahl zugewiesen, welche die gewünschten Gewichtungsverhältnisse berücksichtigt. Der öffentliche Auftraggeber hat die Gewichtung nach § 127 Abs. 5 GWB in der Auftragsbekanntmachung oder den Vergabeunterlagen anzugeben. 115

Ungeregelt ist ebenso, ob der öffentliche Auftraggeber **verpflichtet** ist, die Zuschlagskriterien zu gewichten. Hat er nur ein einziges Zuschlagskriterium festgelegt, muss er hierfür keine Gewichtung festlegen, da dieses Zuschlagskriterium nicht in ein Verhältnis zu anderen Zuschlagskriterien zu bringen ist. Eine Verpflichtung zur Gewichtung kann daher überhaupt nur bestehen, wenn der öffentliche Auftraggeber mehrere Zuschlagskriterien festgelegt hat. In diesem Fall muss der öffentliche Auftraggeber die einzelnen Kriterien durch einen bestimmten Wert ins Verhältnis setzen. Eine Ausnahme von der Verpflichtung zur Gewichtung kann für den Fall gemacht werden, dass der öffentliche Auftraggeber allein monetäre Zuschlagskriterien (z. B. Preis und Transportkosten) gebildet hat, die im Wege einer Rechenoperation zusammengefasst werden.[211] 116

Dem öffentlichen Auftraggeber steht bei der bei der Bestimmung der Gewichtung der Zuschlagskriterien ein **Ermessensspielraum** zu, der von den Nachprüfungsinstanzen nur beschränkt überprüft werden kann.[212] Der öffentliche Auftraggeber hat hierbei die vergaberechtlichen Grundsätze und dabei insbesondere den Grundsatz der Gleichbehandlung nach § 97 Abs. 2 GWB zu berücksichtigen. Aus dem Grundsatz folgt, dass für alle eingereichten Angebote grundsätzlich dieselbe Gewichtung gelten muss.[213] 117

a) Untergewichtung des Preises

Nach der **Rechtsprechung** gebietet das Wirtschaftlichkeitsgebot, dass der Preis *„nicht am Rande der Bewertung stehen“*,[214] also nicht unterbewertet werden darf. Gemäß der Rechtsprechung des OLG Dresden[215] soll ein Wertungsanteil des Preises von 30 % regelmäßig nicht 118

207 Beschaffungsamt des Bundesministeriums des Inneren, UfAB VI: Unterlage für Ausschreibung und Bewertung von IT-Leistungen, Version 1.0, Bonn 2015.

208 Vgl. VK Schleswig-Holstein, Beschluss v. 8.11.2007 – VK-SH 22/07; VK Münster, Beschluss v. 30.3.2007 – VK 4/07.

209 Vgl. OLG Düsseldorf, Beschluss v. 3.4.2008 – VII-Verg 54/07; VK Bund, Beschluss v. 23.1.2009 – VK 3-194/08.

210 Vgl. *Wiedemann*, in: Kulartz/Kus/Marx/Portz/Prieß, VgV, § 58 Rn. 52.

211 OLG Düsseldorf, Beschluss v. 3.4.2008 – VII-Verg 54/07.

212 Vgl. BGH, Beschluss v. 4.4.2017 – X ZB 3/17 (*„Beurteilungs- und Handlungsspielraum“*); OLG Frankfurt, Beschluss v. 11.4.2017 – 11 Verg 4/17; OLG Celle, Beschluss v. 19.3.2015 – 13 Verg 1/15; OLG Düsseldorf, Beschluss v. 27.6.2018 – VII-Verg 59/17; Beschluss v. 21.5.2012 – VII-Verg 3/12 (*„Festlegungsspielraum“*); Beschluss v. 29.12.2001 – Verg 33/01 (*„Beurteilungs- und Ermessensspielraum“*); OLG Schleswig, Beschluss v. 2.7.2010 – 1 Verg 1/10; LG Stuttgart, Beschluss v. 21.11.2014 – 11 0 180/14; VK Sachsen, Beschluss v. 15.10.2019 – 1/SVK/030-19; VK Südbayern, Beschluss v. 3.7.2019 – Z3-3-3194-1-09-03/19; VK Hamburg, Beschluss v. 4.3.2010 – Vgk FB 5/09; VK Baden-Württemberg, Beschluss v. 28.10.2003 – 1 VK 60/03 (*„Spielraum“*).

213 VK Sachsen-Anhalt, Beschluss v. 10.8.2018 – 2 VK LSA 21/17.

214 OLG Düsseldorf, Beschluss v. 29.12.2001 – Verg 22/01.

215 OLG Dresden, Beschluss v. 5.1.2001 – WVerg 0011/00 und WVerg 0012/00.

unterschritten werden.[216] Die VK Bund sah eine Gewichtung des Preises von 27 % als angemessen an,[217] hielt eine Gewichtung von 5 % aber für *„völlig in den Hintergrund geraten"*.[218] Nach einer Entscheidung der VK Sachsen-Anhalt[219] ist der Preis bei einer Gewichtung von 10% *„stark unterbewertet"*. Nach der Rechtsprechung der VK Brandenburg[220] kann bei der Vergabe von Kreativleistungen ausnahmsweise eine *„vergleichbar niedrige Gewichtung"* vertretbar sein, *„wenn das kreative Element einer Leistung den wirtschaftlichen, in Geld ausgedrückten Wert der Leistung offenkundig erheblich übersteigt."* Weniger streng ist die bisherige Judikatur auch bei der Vergabe von Architekten- und Ingenieurleistungen.[221] Dies hat den Hintergrund, dass die preisrechtlichen Vorgaben der HOAI den Bietern bei der Preisgestaltung einen nur geringen Spielraum beließen. Nachdem der EuGH[222] die verbindlichen Preisvorgaben der HOAI für unionsrechtswidrig erklärt hat, dürfte diese Rechtsprechung jedoch nicht mehr uneingeschränkt aufrechtzuerhalten sein.

119 Nach **hiesiger Auffassung** sind die in der Rechtsprechung entwickelten Vorgaben gegen eine Untergewichtung des Preises nicht statthaft. Für diese Vorgaben finden sich keine Anhaltspunkte im Gesetz. Der Grundsatz der Wirtschaftlichkeit nach § 97 Abs. 1 S. 2 GWB ist zudem ungeeignet, dem öffentlichen Auftraggeber bei der Festlegung der Gewichtung Grenzen zu ziehen. Das vergaberechtliche Leistungsbestimmungsrecht kann durch diesen Grundsatz nicht eingeschränkt werden.[223] Es gilt vielmehr, dass der Auftraggeber in den Grenzen des Leistungsbestimmungsrechts frei darin ist festzulegen, was für ihn wirtschaftlich ist. Spielt der Preis für den öffentlichen Auftraggeber bei der Beschaffung eine nur untergeordnete Rolle, ist es vergaberechtlich zu respektieren, wenn sich dies entsprechend in der Gewichtung ausdrückt.

b) Übergewichtung des Preises

120 Spiegelbildlich kann nach der **Rechtsprechung** zur alten Rechtslage auch eine Übergewichtung des Preises ein unwirtschaftliches Ergebnis darstellen. Dies sei anzunehmen, wenn nichtpreisliche Kriterien marginalisiert würden.[224] Die Rechtsprechung ist nicht ganz einheitlich darin, ab welchem Verhältnis dies gelten solle. Das OLG Düsseldorf hat ein Verhältnis von Preis zu Qualität von 80 % zu 20 % zugelassen,[225] hingegen ein Verhältnis von 90 % zu 10 % als unzulässig angesehen. Demgegenüber hielt die VK Bund[226] ein Verhältnis von Preis zu Qualität von 90 % zu 10 % für zulässig, da in casu die Leistungsanforderungen vom Auftraggeber in der Leistungsbeschreibung weitestgehend vorgegeben waren. Die VK Niedersachsen[227] sah jedenfalls eine Gewichtung nichtpreislicher Kriterien von 5 % als zu niedrig an, die VK Westfalen[228] eine Gewichtung von 1 %.

121 Nach **hiesiger Auffassung** kann aus dem Wirtschaftlichkeitsgrundsatz kein Verbot zur Marginalisierung von nichtpreislichen Kriterien abgeleitet werden.[229] Es fehlt an einer normativen

---

216 Dem folgend VK Sachsen, Beschluss v. 7.5.2007 – 1/SVK/027-07. Siehe auch VK Brandenburg, Beschluss v. 21.2.2007 – 2 VK 58/06, die eine Gewichtung des Preises von 30 % als kritisch, aber noch vertretbar ansah. Das OLG Schleswig, Beschluss v. 2.7.2010 – 1 Verg 1/10, hat eine Gewichtung des Preises von 40 % für zulässig angesehen.
217 VK Bund, Beschluss v. 12.12.2002 – VK 2-92/02.
218 VK Bund, Beschluss v. 10.6.2005 – VK 2-36/05.
219 VK Sachsen-Anhalt, Beschluss v. 15.3.2018 – 3 VK LSA 08/18.
220 Vgl. VK Brandenburg, Beschluss v. 21.2.2007 – 2 VK 58/06.
221 Vgl. BayObLG, Beschluss v. 20.8.2001 – Verg 09/01 (10 % zulässig); VK Niedersachsen, Beschluss v. 5.9.2017 – VgK-26/2017 (10 % zulässig); VK Brandenburg, Beschluss v. 12.11.2008 – VK 35/08 (15 % zulässig).
222 EuGH, Urteil v. 4.7.2019 – Rs. C-377/17.
223 Vgl. *Marx*, in: Gabriel/Mertens/Prieß/Stein, Vergaberecht, § 97 GWB Rn. 58; *Ziekow*, in: Ziekow/Völlink, Vergaberecht, § 97 GWB Rn. 59.
224 VK Südbayern, Beschluss v. 21.11.2016 – Z3-3/3194/1/37/09/16.
225 OLG Düsseldorf, Beschluss v. 14.9.2016 – VII-Verg 14/16; vgl. auch OLG Celle, Beschluss v. 11.6.2015 – 13 Verg 4/15 (Preis 40 % und Qualität 60 %); OLG Düsseldorf, Beschluss v. 21.5.2012 – VII-Verg 3/12 (Preis 50 % und Qualität 50 %); VK Südbayern, Beschluss v. 21.11.2016 – Z3-3-3194-1-37-09/16 (Preis 60 % und Qualität 40 %).
226 VK Bund, Beschluss v. 14.1.2014 – VK 2-118/13.
227 VK Niedersachsen, Beschluss v. 17.12.2002 – 203-VgK-32/2002.
228 VK Westfalen, Beschluss v. 25.2.2015 – VK 23/14.
229 Siehe auch *Opitz*, in: Burgi/Dreher/Opitz, Vergaberecht, § 127 GWB Rn. 42; *Herrmann*, VergabeR 2015, 296 (305); *Kulartz/Scholz*, VergabeR 2014, 109 (113).

Grundlage für eine solche Einschränkung. Wenn der öffentliche Auftraggeber grundsätzlich befugt ist, den Preis als alleiniges Zuschlagskriterium festzulegen und damit auf nicht-preisliche Kriterien zu verzichten, muss es ihm erst recht möglich sein, nicht-preisliche Kriterien mit verhältnismäßig geringem Gewicht auszustatten. Es gilt daher sinngemäß: *„Welchen Stellenwert der Auftraggeber der Qualität beimisst, ist seine Sache."*[230] Das Verbot der Marginalisierung nichtpreislicher Kriterien lässt zudem außer Acht, dass die Leistung durch die Leistungsbeschreibung bereits weitgehend vorgegeben sein kann. Es gibt für den öffentlichen Auftraggeber in diesem Fall ein anzuerkennendes Interesse, einem Zuschlagskriterium ein geringes Gewicht zu verleihen, das dann bei der Angebotswertung aber das Zünglein an der Waage ist.

IV. Berücksichtigungsfähige Aspekte (S. 4)

Nach § 127 Abs. 1 S. 4 GWB können zur Ermittlung des besten Preis-Leistungs-Verhältnisses neben dem Preis oder den Kosten auch qualitative, umweltbezogene oder soziale Aspekte berücksichtigt werden. Die Vorschrift ermöglicht die Berücksichtigung von strategischen Zielen im Sinne von § 97 Abs. 3 GWB bei der Angebotswertung. **122**

§ 127 Abs. 1 S. 4 GWB geht auf die unionsrechtliche Bestimmung in Art. 67 Abs. 2 UAbs. 1 **RL 2014/24/EU** zurück, wonach das beste Preis-Leistungs-Verhältnis auf der Grundlage von Kriterien – unter Einbeziehung qualitativer, umweltbezogener und/oder sozialer Aspekte – bewertet wird. Die Vorschrift ist mit dem **VergRModG 2016** neu in das GWB aufgenommen worden. Im Gesetzgebungsverfahren wurde die Berücksichtigung der qualitativen, umweltbezogenen oder sozialen Aspekte als Soll-Vorgabe[231] oder auch als zwingende Vorgabe[232] gefordert, damit die öffentliche Hand *„ihrer besonderen Vorbildfunktion stärker gerecht"*[233] wird. Das Parlament ist diesen Anträgen nicht gefolgt. **123**

Irreführend ist die Wahl des Begriffs der **Aspekte**. Dieser Begriff ist zwar im Hinblick auf die von § 97 Abs. 3 GWB begründete Systematik zutreffend gewählt. Im Rahmen des § 127 GWB spricht jedoch § 127 Abs. 1 S. 2 GWB bereits davon, dass die Angebotswertung auf Grundlage der vorgegebenen Zuschlagskriterien zu erfolgen hat. Dies erweckt den Eindruck, dass mit den Aspekten etwas gänzlich anderes gemeint ist. Tatsächlich sind aber eben diese zuvor genannten Zuschlagskriterien in Bezug genommen, wie sich aus der Gesetzesbegründung[234] schließen lässt (*„Aufzählung der Zuschlagskriterien in Absatz 1 Satz 3"*).[235] **124**

Mangels eines öffnenden Zusatzes („insbesondere" o.Ä.) spricht der Wortlaut der Regelung dafür, dass die **Aufzählung** der berücksichtigungsfähigen Aspekte abschließend ist. Auch die unionsrechtliche Grundlage in Art. 67 Abs. 2 UAbs. 1 S. 1 RL 2014/24/EU ist entsprechend formuliert. Demgegenüber gibt die Gesetzesbegründung[236] ausdrücklich an, dass die Aufzählung nicht abschließend sein soll.[237] Angesichts des Wortlauts der Regelung ist allerdings zweifelhaft, ob diese gesetzgeberische Erwägung berücksichtigungsfähig ist.[238] Von Bedeutung ist dies für die Aspekte der **Innovation**, die von § 127 Abs. 1 S. 4 GWB nicht genannt werden. **125**

---

230 OLG Düsseldorf, Beschluss v. 3.3.2010 – VII-Verg 48/09.

231 Vgl. Deutscher Bundestag, Entschließungsantrag zu der dritten Beratung des Gesetzentwurfs der Bundesregierung, VergRModG 2016, BT-Drs. 18/7092, 6; Bundesrat, Empfehlungen der Ausschüsse, VergRModG 2016, BR-Drs. 367/1/15, 9.

232 Deutscher Bundestag, Änderungsantrag zu der zweiten Beratung des Gesetzentwurfs der Bundesregierung, VergRModG 2016, BT-Drs. 18/7089, 2; Entschließungsantrag zu der dritten Beratung des Gesetzentwurfs der Bundesregierung, VergRModG 2016, BT-Drs. 18/7090, 3.

233 Bundesrat, Empfehlungen der Ausschüsse, VergRModG 2016, BR-Drs. 367/1/15, 9.

234 Gesetzesbegründung zu § 127 Abs. 1 GWB, VergRModG 2016, BT-Drs. 18/6281, 112.

235 Die Gesetzesbegründung ist insoweit indes fehlerhaft, als sie auf *„Absatz 1 Satz 3"* abstellt. Gemeint ist offensichtlich § 127 Abs. 1 S. 4 GWB. Eine andere als die dortige Aufzählung ist in § 127 Abs. 1 GWB nämlich nicht enthalten.

236 Gesetzesbegründung zu § 127 Abs. 1 GWB, VergRModG 2016, BT-Drs. 18/6281, 112.

237 Einen abschließenden Charakter der Regelung aus diesem Grund verneinend: *von Bechtolsheim*, in: Gabriel/Mertens/Stein/Prieß, Vergaberecht, § 127 GWB Rn. 11; *Ziekow*, in: Ziekow/Völlink, Vergaberecht, § 127 GWB Rn. 12.

238 Siehe allgemein zu diesen Fällen KG Berlin, Beschluss v. 4.4.2002 – KartVerg 05/02.

Deren Berücksichtigungsfähigkeit wird im Schrifttum angenommen.[239] Sie ist aber zunächst deshalb zweifelhaft, weil § 97 Abs. 3 GWB die Berücksichtigung von innovativen Aspekten nur nach Maßgabe von Teil 4 GWB gestattet. An dieser Maßgabe fehlt es für die Angebotswertung jedoch. Hiergegen lässt sich auch nicht überzeugend anbringen, dass § 58 Abs. 2 S. 1 Nr. 1 VgV auch innovative Eigenschaften als zulässige Zuschlagskriterien nennt,[240] denn dies sagt nichts darüber aus, wie § 127 Abs. 4 S. 4 GWB zu verstehen ist, an dem sich § 58 Abs. 2 S. 1 Nr. 1 VgV als niederrangiges Recht zu messen hat. Überzeugender ist es daher, die innovativen Eigenschaften als einen Aspekt der Qualität anzusehen, denn der Wert einer Sache kann sich auch aus dessen Innovativität ergeben.

1. Auswahl der Aspekte

126 § 127 Abs. 1 S. 4 GWB macht dem öffentlichen Auftraggeber keine Vorgaben zur Auswahl der genannten Aspekte. Sie steht daher in seinem Ermessen,[241] was durch die Gesetzesbegründung[242] bestätigt wird (*„freiem Ermessen"*). Nach der Rechtsprechung hat sich die Kontrolle durch die Nachprüfungsinstanzen dabei ähnlich wie bei der Ermessenkontrolle darauf zu beschränken, ob die Ermessensausübung ordnungsgemäß erfolgt ist.[243] Eingeschränkt wird die Auswahl der Aspekte durch die gesetzlichen Anforderungen an die Zuschlagskriterien nach § 127 Abs. 3 und 4 GWB. Weitergehende Einschränkungen können sich für die Auswahl der Aspekte im Hinblick auf die Berücksichtigung von Preis oder Kosten als Zuschlagskriterium ergeben.

a) Preis oder Kosten als einziges Zuschlagskriterium

127 Nach früherer Rechtslage war umstritten, ob der Preis als einziges Zuschlagskriterium festgelegt werden kann (sog. Nur-Preis-Vergabe). Während die Rechtsprechung[244] diese Möglichkeit zuließ, lehnten Stimmen im Schrifttum[245] sie mit Verweis auf den Wortlaut der geltenden europäischen und deutschen Regelungen[246] ab. Auch der deutsche Gesetzgeber geht von der Zulässigkeit bereits nach altem Recht aus.[247] Die Zulässigkeit der Nur-Preis- bzw. Nur-Kosten-Vergabe ergibt sich seit Inkrafttreten des VergRModG 2016 implizit[248] aus § 127 Abs. 1 S. 4 GWB. Nach der Regelung *können* neben dem Preis *oder* den Kosten weitere Kriterien bei der Ermittlung des besten Preis-Leistungs-Verhältnisses berücksichtigt werden. Hieraus folgt, dass öffentliche Auftraggeber den Preis oder die Kosten auch als alleiniges Zuschlagskriterium festlegen können.[249]

128 § 127 Abs. 1 S. 4 GWB enthält keine **Einschränkungen** für die Festlegung des Preises oder der Kosten als einziges Zuschlagskriterium. Solche Einschränkungen sind allerdings auf Verordnungsebene geregelt worden. So ist die Nur-Preis- bzw. Nur-Kosten-Vergabe nach § 19 Abs. 7 S. 2 VgV und § 3b EU Abs. 5 Nr. 6 S. 2 VOB/A im Rahmen einer Innovationspartner-

---

239 Siehe *Wiedemann*, in: Kulartz/Kus/Portz/Prieß, GWB-Vergaberecht, § 127 GWB Rn. 35; *von Bechtolsheim*, in: Gabriel/Mertens/Stein/Prieß, Vergaberecht, § 127 GWB Rn. 11

240 Hierauf verweisend *von Bechtolsheim*, in: Gabriel/Mertens/Stein/Prieß, Vergaberecht, § 127 GWB Rn. 11.

241 Vgl. OLG Düsseldorf, Beschluss v. 1.12.2021 – VII-Verg 54/20.

242 Gesetzesbegründung zu § 127 Abs. 1 GWB, VergRModG 2016, BT-Drs. 18/6281, 112.

243 Vgl. OLG Düsseldorf, Beschluss v. 1.12.2021 – VII-Verg 54/20.

244 OLG Düsseldorf, Beschluss v. 24.9.2014 – VII-Verg 17/14; OLG Frankfurt, Beschluss v. 5.6.2012 – 11 Verg 4/12; OLG München, Beschluss v. 20.5.2010 – Verg 4/10; OLG Schleswig, Beschluss v. 15.4.2011 – 1 Verg 10/10, VergabeR 2011, 586 (590); OLG Naumburg, Beschluss v. 5.12.2008 – 1 Verg 9/08, VK Thüringen, Beschluss v. 29.6.2011 – 250-4002.20-2591/2011-E-004-EF.

245 *Ziekow*, in: Ziekow/Völlink, Vergaberecht, § 97 GWB Rn. 105, 107; mit Ausnahme der Beschaffung homogener Massengüter *Fehling*, in: Pünder/Schellenberg, Vergaberecht, § 97 GWB Rn. 185.

246 Siehe Art. 53 Abs. 1 RL 2004/18/EG, § 97 Abs. 5 GWB a.F. sowie § 21 EG Abs. 1 S. 2 VOL/A.

247 Siehe Gesetzesbegründung zu § 127 Abs. 1 GWB, VergRModG 2016, BT-Drs. 18/6281, 111 (*„auch künftig"*).

248 Von einer ausdrücklichen Regelung wurde wohl bewusst abgesehen: Nach Erwägungsgrund 92 RL 2014/24/EU sollten öffentliche Auftraggeber zur Wahl von Zuschlagskriterien *„ermutigt werden, mit denen sie qualitativ hochwertige Bauleistungen, Lieferungen und Dienstleistungen erhalten können, die ihren Bedürfnissen optimal entsprechen."*

249 Vgl. OLG Düsseldorf, Beschluss v. 27.6.2018 – VII-Verg 59/17; VK Niedersachsen, Beschluss v. 27.4.2020 – VgK-04/2020; VK Thüringen, Beschluss v. 31.1.2020 – 250-4003-15476/2019-E-010-EA; Gesetzesbegründung zu § 127 Abs. 1 GWB, VergRModG 2016, BT-Drs. 18/6281, 111.

schaft unzulässig. Auch sieht § 76 Abs. 1 S. 1 VgV für die Vergabe von Architekten- und Ingenieurleistungen einen Leistungswettbewerb vor und will damit eine Vergabe ausschließlich nach dem Preis oder den Kosten ausschließen.

Nach der Rechtsprechung zur Rechtslage vor Inkrafttreten des VergRModG 2016 galt die Zulässigkeit der Nur-Preis-Vergabe allerdings nicht uneingeschränkt. Sie sollte nur zulässig sein, wenn die Leistungen *„in allen für die Zuschlagsentscheidung in Betracht kommenden Punkten in der Leistungsbeschreibung und/oder in den übrigen Ausschreibungsunterlagen vom Auftraggeber hinreichend genau definiert worden sind."*[250] Daher scheide sie aus, wenn die Bieter Unterschiedliches anbieten können, denn in diesem Fall könne es vorkommen, dass Angebote, die geringfügig günstiger seien als das günstigste Angebot, zwar die Anforderungen erfüllen, aber überproportional hinter der Qualität des teureren Angebots zurückbleiben.[251] Nach der Rechtsprechung[252] war eine Nur-Preis-Vergabe im Rahmen **funktionaler** oder teilfunktionaler **Ausschreibungen** daher ausgeschlossen. In diesem Fall sei der Preis als alleiniges Zuschlagskriterium wegen des qualitativen Elements *„ungeeignet"*, da diese Elemente vom Wettbewerb ausgenommen seien, was gegen den Wettbewerbsgrundsatz nach § 97 Abs. 1 S. 1 GWB spreche. Diese Rechtsprechung war bereits nach alter Rechtslage zweifelhaft.[253] Mit Inkrafttreten des VergRModG 2016 sind Zweifel umso mehr angebracht. Weder § 127 GWB noch der zugrunde liegenden RL 2014/24/EU sind Einschränkungen bei der Wahl des Preises oder der Kosten als Zuschlagskriterien zu entnehmen. Vielmehr sind solche Einschränkungen allenfalls auf Verordnungsebene (§ 19 Abs. 7 S. 2, § 76 Abs. 1 S. 1 VgV sowie § 3b EU Abs. 5 Nr. 6 S. 2 VOB/A) getroffen worden. Dies spricht im Umkehrschluss dafür, dass Gesetz- und Verordnungsgeber keinen pauschalen Ausschluss der Nur-Preis- oder Nur-Kosten-Vergabe bei funktionalen Ausschreibungen festlegen wollten.[254] Denn nach Art. 67 Abs. 2 UAbs. 3 RL 2014/24/EU sind die Mitgliedstaaten berechtigt vorzusehen, dass öffentliche Auftraggeber nicht den Preis oder die Kosten als einziges Zuschlagskriterium verwenden dürfen. Anders als der österreichische Gesetzgeber (§ 79 Abs. 3 S. 2 BVergG) hat der deutsche Gesetzgeber von dieser Möglichkeit für funktionale Ausschreibungen keinen Gebrauch gemacht. Nichts anderes folgt aus den Erwägungen der Gesetzesbegründung. Hiernach wird der öffentliche Auftraggeber *„– insbesondere bei der Beschaffung von nicht-marktüblichen, nicht standardisierten Leistungen – seine Vergabeentscheidung in der Regel auf weitere Zuschlagskriterien […] stützen."*[255] Im maßgeblichen Normtext haben diese Erwägungen allerdings keinen Eingang gefunden. Es ist schließlich auch nicht einzusehen, weshalb der öffentliche Auftraggeber bei einer funktionalen oder teilfunktionalen Ausschreibung gezwungen sein soll, neben dem Preis oder den Kosten weitere Zuschlagskriterien festzulegen. Es ist vergaberechtlich zu respektieren, wenn der öffentliche Auftraggeber die günstigste aus mehreren Lösungen präferiert. Weshalb dies mit den Grundsätzen des Wettbewerbs und der Gleichbehandlung konfligieren soll,[256] ist nicht ersichtlich. Ungeachtet all dessen geht die Rechtsprechung[257] gleichwohl auch nach rezenter Rechtslage davon aus, dass eine Nur-Preis- oder Nur-Kosten-Vergabe bei funktionalen oder teilfunktionalen Ausschreibungen nicht zulässig sei.[258] 129

250 OLG Düsseldorf, Beschluss v. 24.9.2014 – VII-Verg 17/14; Beschluss v. 9.2.2009 – VII-Verg 66/08; vgl. auch OLG Naumburg, Beschluss v. 5.12.2008 – 1 Verg 9/08; VK Bund, Beschluss v. 17.11.2014 – VK 2-77/14; VK Hessen, Beschluss v. 26.4.2007 – 69d-VK-08/2007.

251 Vgl. VK Bund, Beschluss v. 10.11.2014 – VK-89/14; VK Westfalen, Beschluss v. 25.2.2015 – VK 23/14.

252 OLG Düsseldorf, Beschluss v. 11.12.2013 – VII-Verg 22/13; VK Niedersachsen, Beschluss v. 7.10.2015 – VgK-31/2015; VK Bund, Beschluss v. 17.11.2014 – VK 2-79/14.

253 Siehe *Müller-Wrede*, VergabeR 2014, 407 (408).

254 Hierfür bereits nach alter Rechtslage *Müller-Wrede*, VergabeR 2014, 407 ff.; siehe auch *Stoye/Plantiko*, VergabeR 2015, 309 (311).

255 Gesetzesbegründung zu § 127 Abs. 1 GWB, VergRModG 2016, BT-Drs. 18/6281, 111 f.

256 So VK Thüringen, Beschluss v. 31.1.2020 – 250-4003-15476/2019-E-010-EA.

257 OLG Düsseldorf, Beschluss v. 6.4.2022 – VII-Verg 32/21; VK Westfalen, Beschluss v. 5.5.2021 – VK 1-10/21; VK Thüringen, Beschluss v. 31.1.2020 – 250-4003-15476/2019-E-010-EA; VK Südbayern, Beschluss v. 21.11.2016 – Z3-3-3194-1-37-09-16.

258 So auch *Steck*, in: Ziekow/Völlink, Vergaberecht, § 58 VgV Rn. 10.

b) Verzicht auf Preis oder Kosten als Zuschlagskriterium

130 Bereits zur Rechtslage vor Inkrafttreten des VergRModG 2016 und der VergRModVO war es nach der Rechtsprechung[259] zulässig, die Angebotswertung ausschließlich nach leistungsbezogenen Kriterien vorzunehmen und den Preis oder die Kosten außen vor zu lassen (sog. Budgetausschreibung). In den untergesetzlichen Vorschriften § 58 Abs. 2 S. 3 VgV und § 16d EU Abs. 2 Nr. 4 VOB/A ist dies ausdrücklich vorgesehen. Danach kann der öffentliche Auftraggeber Festpreise oder Festkosten vorgeben, sodass das wirtschaftlichste Angebot ausschließlich nach qualitativen, umweltbezogenen oder sozialen Zuschlagskriterien bestimmt wird. Eine solche Vorgehensweise kommt insbesondere in Betracht, wenn nach § 127 Abs. 2 GWB verbindliche Vorschriften zur Preisgestaltung zu beachten sind.[260] Darin liegt kein Verstoß gegen § 127 Abs. 1 S. 4 GWB. Die Formulierung „neben dem Preis oder den Kosten" kann zwar dahingehend verstanden werden, dass diese Aspekte bei der Ermittlung des besten Preis-Leistungs-Verhältnisses in jedem Fall zu berücksichtigen sein sollen. Die Regelung kann aber auch so gelesen werden, dass sich der Begriff „können" auf die gesamte Aufzählung und damit auch auf den Preis oder die Kosten bezieht. Diese Auslegung wird zudem durch die Gesetzesbegründung bestätigt. In der Begründung für § 127 Abs. 1 GWB[261] heißt es nämlich, dass die Auswahl der Kriterien nach § 127 Abs. 1 S. 4 GWB im freien Ermessen des öffentlichen Auftraggebers steht, ohne dass dies auf eines der genannten Kriterien eingeschränkt wird. Nach der Gesetzesbegründung zu § 127 Abs. 2 GWB[262] ist zudem das festgelegte Honorar als fixe Position in Anschlag zu bringen, sofern die Gebühren- oder Honorarordnung für die betreffende Leistung keine Schwankungsbreite zulässt. Die Bestimmung des wirtschaftlichsten Angebots kann dann nur aufgrund der Bewertung anderer Zuschlagskriterien als des Zuschlagskriteriums „Preis" erfolgen.

2. Preis oder Kosten

131 § 127 Abs. 1 S. 4 GWB nennt den Preis und die Kosten als zulässige Aspekte, die der Angebotswertung zugrunde gelegt werden können.

132 Aufgrund seines neutralen Charakters ist es stets zulässig, auf den **Preis** für eine angebotene Leistung als Zuschlagskriterium abzustellen.[263] Es bedarf daher keiner Begründung für dessen Auswahl. Insbesondere ist die erforderliche Verbindung zum Auftragsgegenstand nach § 127 Abs. 3 GWB stets gegeben.

133 Was unter **Kosten** in Abgrenzung zum Preis zu verstehen ist, teilt § 127 GWB nicht mit. Der Preis selbst umfasst die Anschaffungskosten und geht mithin im Kostenkriterium auf.[264] Der Begriff der Kosten umfasst über die Anschaffungskosten hinaus sämtliche Aufwendungen des öffentlichen Auftraggebers, die mit der Beschaffung und dem Einsatz der konkreten Leistung in Zusammenhang (z. B. Betrieb und Wartung)[265] stehen. Zu solchen Kosten gehören **Lebenszykluskosten**. Dies wird durch § 127 Abs. 3 S. 2 GWB deutlich und durch Art. 67 Abs. 2 S. 1 RL 2014/24/EU bestätigt, der explizit auf die Lebenszykluskostenrechnung verweist. Lebenszykluskosten sind alle Kosten, die im Rahmen der Lebensdauer einer Ware oder eines Bauwerks oder während der Erbringung einer Dienstleistung entstehen, angefangen von der Beschaffung der Rohstoffe oder Erzeugung von Ressourcen bis hin zu Entsorgung, Aufräumarbeiten und Beendigung der Dienstleistung oder Nutzung, vgl. Art. 2 Abs. 1 Nr. 20 RL 2014/24/EU. Der Begriff der Lebenszykluskosten umfasst damit insbesondere die Anschaffungskosten, die Nutzungskosten, die Wartungskosten, Kosten am Ende der Nutzungsdauer, insbeson-

259 VK Sachsen, Beschluss v. 20.6.2014 – 1/SVK/017-14; VK Münster, Beschluss v. 15.5.2007 – VK 11/07; siehe auch OLG Naumburg, Beschluss v. 5.12.2008 – 1 Verg 9/08; VK Hessen, Beschluss v. 3.2.2012 – 69d-VK-48/2011.

260 Vgl. Verordnungsbegründung zu § 58 Abs. 2 S. 2 VgV, VergRModVO, BR-Drs. 87/16, 213; zum BuchPrG VK Münster, Beschluss v. 15.5.2007 – VK 11/07, und VK Düsseldorf, Beschluss v. 14.7.2003 – VK-19/2003-L; zur HOAI Stolz, VergabeR 2016, 351 (362).

261 Gesetzesbegründung zu § 127 Abs. 1 GWB, VergRModG 2016, BT-Drs. 18/6281, 112.

262 Gesetzesbegründung zu § 127 Abs. 2 GWB, VergRModG 2016, BT-Drs. 18/6281, 112.

263 Vgl. BGH, Beschluss v. 15.4.2008 – X ZR 129/06, VergabeR 2008, 641 (644).

264 Siehe hierzu *Eßig* oben Rn. 108.

265 Vgl. Gesetzesbegründung zu § 127 Abs. 1 GWB, VergRModG 2016, BT-Drs. 18/6281, 111.

dere die Abholungs-, Entsorgungs- oder Recyclingkosten, vgl. § 59 Abs. 2 S. 3 VgV und § 16d EU Abs. 2 Nr. 5 VOB/A. Erfasst sind mit den Lebenszykluskosten auch die **Betriebskosten**, die nach alter Rechtslage neben den Lebenszykluskosten standen, vgl. § 19 EG Abs. 9 VOL/A. Unter Betriebskosten sind alle Folgekosten zu verstehen, die für die Verwendung bzw. den Betrieb einer Sache anfallen (Nutzungskosten, z. B. Energiekosten und Kosten für Verbrauchsmaterialien), weiter auch solche, die für die Instandhaltung der Sache in Ansatz kommen (Wartungskosten).

Aus der Verwendung des Operators „oder" ergibt sich, dass dem öffentlichen Auftraggeber ein **Wahlrecht** darüber zusteht, ob er den Preis oder auch die Kosten berücksichtigt. Er ist daher nicht verpflichtet, stets die aus einem bestimmten Angebot resultierenden Kosten (z. B. Umbaukosten) in der Angebotswertung einzustellen.[266] Die Berücksichtigung solcher Kosten kann vielmehr mit einer wettbewerbswidrigen Begünstigung insbesondere des Vorauftragnehmers einhergehen.[267] 134

a) Umsatzsteuer

Der öffentliche Auftraggeber kann der Wertung den Bruttopreis der Leistung zugrunde legen, wenn er – etwa wegen § 2b UstG – nicht vorsteuerabzugsberechtigt ist.[268] In diesem Fall hat der öffentliche Auftraggeber ein wirtschaftliches Interesse daran, den Bruttopreis zu erfragen. Eine mögliche Ungleichbehandlung aufgrund Steuerprivilegien, zum Beispiel nach § 12 Abs. 2 Nr. 8a UStG, oder abweichender Praxis der Finanzbehörden ist durch das Kriterium der Wirtschaftlichkeit gerechtfertigt.[269] Nach der Rechtsprechung der VK Bund[270] kann es an dem wirtschaftlichen Interesse nur fehlen, wenn der öffentliche Auftraggeber in missbräuchlicher Absicht das Kriterium des Bruttopreises allein aus dem Grund wählt, von steuerlichen Fehleinschätzungen der Bieter zu profitieren.[271] 135

b) Preisnachlässe

Der öffentliche Auftraggeber kann bedingte Preisnachlässe zum Gegenstand der Angebotswertung machen.[272] Bei einem solchen Nachlass handelt es sich um aufschiebend bedingten Teilerlass der Forderung für den Fall fristgerechter Zahlung.[273] Er ist in erster Linie eine Zahlungsmodalität, die die Einhaltung der Zahlungsfristen absichern soll und nicht den Preis als solchen verändert.[274] Gegen die Berücksichtigung von bedingten Preisnachlässen wird angeführt, dass der Eintritt der Bedingungen für den Nachlass ungewiss ist.[275] Dies ändert aber nichts daran, dass der angebotene Preisnachlass im Falle des Vorliegens der Nachlassbedingungen einen unmittelbaren wirtschaftlichen Einfluss hat. Zu den wirtschaftlichen Umständen des Angebots, die in die Wertung einzubeziehen sind, müssen jedenfalls dann, wenn die Bieter in der Ausschreibung aufgefordert worden sind, solche anzubieten, auch Nachlässe gehören können.[276] Die Berücksichtigung von Nachlässen in der Angebotswertung ist zulässig, wenn der öffentliche Auftraggeber das Anbieten von Nachlässen ausdrücklich zugelassen hat und die Voraussetzungen für die Berücksichtigung des Skontos klar und eindeutig umschrie- 136

266 Vgl. VK Bund, Beschluss v. 16.11.2016 – VK 1-94/16.
267 Vgl. VK Bund, Beschluss v. 16.11.2016 – VK 1-94/16.
268 Vgl. OLG Düsseldorf, Beschluss v. 12.12.2012 – VII-Verg 38/12; siehe auch *Begenisic/Fritz*, VergabeR 2016, 32 (33).
269 Vgl. VK Bund, Beschluss v. 9.7.2010 – VK 2-59/10; Beschluss v. 7.3.2008 – VK 2-13/08; Beschluss v. 11.11.2004 – VK 2-196/04; VK Nordbayern, Beschluss v. 24.11.2006 – 21.VK-3194-38/06.
270 BayObLG, Beschluss v. 9.9.2004 – Verg 18/04, VergabeR 2005, 126 (128);
271 Vgl. VK Bund, Beschluss v. 9.7.2010 – VK 2-59/10.
272 Vgl. BGH, Urteil v. 11.3.2008 – X ZR 134/05; OLG Düsseldorf, Beschluss v. 31.1.2018 – VII-Verg 41/16; VK Schleswig-Holstein, Beschluss v. 14.3.2012 – VK-SH 02/12; kritisch hierzu OLG München, Beschluss v. 29.11.2007 – Verg 13/07; zweifelnd BayObLG, Beschluss v. 9.9.2004 – Verg 18/04, VergabeR 2005, 126 (128).
273 BGH, Urteil v. 11.2.1998 – VIII ZR 287-97, NJW 1998, 1302; OLG Frankfurt, Beschluss v. 24.7.2012 – 11 Verg 6/12; VK Sachsen-Anhalt, Beschluss v. 26.1.2015 – 3 VK LSA 105-106/14.
274 OLG München, Beschluss v. 29.11.2007 – Verg 13/07; BayObLG, Beschluss v. 9.9.2004 – Verg 18/04, VergabeR 2005, 126 (128); OLG Köln, Urteil v. 8.10.2002 – 22 U 48/02, NZBau 2003, 377 (378); VK Sachsen-Anhalt, Beschluss v. 26.1.2015 – 3 VK LSA 105-106/14.
275 BayObLG, Beschluss v. 9.9.2004 – Verg 18/04.
276 Vgl. BGH, Urteil v. 11.3.2008 – X ZR 134/05.

ben sind.[277] Erforderlich ist, dass das Zahlungsziel auch realistisch erreichbar ist.[278] Für ein Zahlungsziel von 14 Kalendertagen hat die Rechtsprechung dies im Einzelfall angenommen.[279] Eine Verpflichtung zur Berücksichtigung des Preisnachlasses besteht indes nicht.[280] Dies aber nicht allein aus dem Grund, dass dem öffentlichen Auftraggeber die Einschätzung obliegt, innerhalb welchen Zeitraums die Vergabestelle organisatorisch in der Lage ist, die Zahlung zu veranlassen,[281] sondern viel eher aus dem Umstand, dass es dem öffentlichen Auftraggeber freisteht, diejenigen Faktoren festzulegen, die für die Wirtschaftlichkeitsbewertung maßgeblich sind.

c) Preisanpassungsklauseln

137 Die Anwendung von Preisanpassungsklauseln oder Preisgleitklauseln kann das Ergebnis der Angebotswertung nachträglich verändern. Durch solche Klauseln sollen im Zeitpunkt des Vertragsschlusses noch nicht überschaubare Marktrisiken auf beide Vertragspartner in objektiv angemessener Weise verteilt und das unternehmerische Risiko reduziert werden.[282] Dies führt zu Einspareffekten auf Seiten des öffentlichen Auftraggebers, da der Bieter zumindest geringere Risikozuschläge für ungewisse Kostensteigerungen in die Angebotspreise einkalkuliert.[283] Aufgrund dieser wirtschaftlichen Relevanz ist es dem öffentlichen Auftraggeber gestattet, die Anwendung solcher Klauseln in der Angebotswertung zu berücksichtigen.[284] In Betracht kommt dies allerdings nur, wenn sich die Preisanpassung auch unterschiedlich auf die angebotenen Preise auswirken kann, andernfalls hat die Berücksichtigung keinen Sinn. Eine unterschiedliche Auswirkung auf die angebotenen Preise ist insbesondere gegeben, wenn die Festlegung von flexiblen und konstanten Preisbestandteilen oder von Änderungssätzen durch die Bieter vorzunehmen ist. Eine Verpflichtung zur Berücksichtigung der Preisanpassungs- oder Preisgleitklauseln in der Angebotswertung besteht nicht.[285] Wie auch sonst obliegt es dem öffentlichen Auftraggeber, diejenigen Parameter festzulegen, die bei der Angebotswertung berücksichtigt werden sollen.

d) Bedarfspositionen

138 **Bedarfspositionen** (auch sog. Eventualpositionen) betreffen Leistungen, bei denen zum Zeitpunkt der Erstellung der Leistungsbeschreibung noch nicht feststeht, ob und gegebenenfalls in welchem Umfang sie tatsächlich zur Ausführung kommen werden.[286] Solche Positionen enthalten nur eine im Bedarfsfall erforderliche Leistung, über deren Ausführung erst nach Auftragserteilung und nicht bereits bei Erteilung des Zuschlags entschieden wird. Die vergaberechtlichen Bestimmungen verhalten sich nicht dazu, ob und wie solche Optionen bei der Bewertung der Angebote zu berücksichtigen sind.

139 Nach der Rechtsprechung des OLG Düsseldorf[287] sind grundsätzlich alle Positionen, auf die möglicherweise der Zuschlag erteilt wird, in die **Wertung** einzubeziehen, um vergaberechtskonform den Zuschlag auf das wirtschaftlichste Angebot zu erteilen. Die Gültigkeit dieses Grundsatzes wurde teilweise[288] darauf eingeschränkt („*jedenfalls dann*"), dass „*ein Bedarf im Zeitpunkt der Angebotswertung weiterhin nicht voraussehbar ist und die Notwendigkeit einer Beschaffung auch bei sorgsamer Ausschöpfung der dem Auftraggeber bis dahin zumutbaren Erkenntnismöglichkeiten nicht ausgeschlossen werden kann.*" Unter welchen Voraussetzun-

---

277 Vgl. BGH, Urteil v. 11.3.2008 – X ZR 134/05.
278 Vgl. BGH, Urteil v. 11.3.2008 – X ZR 134/05.
279 Vgl. OLG Düsseldorf, Beschluss v. 31.1.2018 – VII-Verg 41/16.
280 Vgl. VK Sachsen-Anhalt, Beschluss v. 8.6.2000 – 33-32571/07 VK 09/00 MD.
281 So VK Sachsen-Anhalt, Beschluss v. 8.6.2000 – 33-32571/07 VK 09/00 MD.
282 BGH, Urteil v. 1.10.2014 – VII ZR 344/13.
283 BGH, Urteil v. 1.10.2014 – VII ZR 344/13.
284 VK Münster, Beschluss v. 26.8.2009 – VK 11/09.
285 So aber VK Sachsen-Anhalt, Beschluss v. 8.6.2000 – 33-32571/ 07 VK 09/00 MD; VK Niedersachsen, Beschluss v. 2.3.1999 – 203-VgK-1/1999; *Opitz*, in: Burgi/Dreher/Opitz, Vergaberecht, § 127 GWB Rn. 67.
286 OLG Düsseldorf, Beschluss v. 15.5.2019 – VII-Verg 61/18.
287 OLG Düsseldorf, Beschluss v. 14.9.2016 – VII-Verg 7/16; VK Sachsen, Beschluss v. 20.12.2012 – 1/SVK/036-12.
288 VK Sachsen, Beschluss v. 20.12.2012 – 1/SVK/036-12; so auch noch OLG Düsseldorf, Beschluss v. 10.2.2010 – VII-Verg 36/09.

gen die Berücksichtigung von Bedarfsoptionen in der Angebotswertung ausnahmsweise nicht erforderlich ist, hat die Rechtsprechung bislang nicht geklärt. Teilweise wird auch vertreten, dass die Berücksichtigung von Preisen für Bedarfspositionen vollständig unterbleiben bleiben kann.[289] Überzeugender erscheint es hingegen, davon auszugehen, dass die Preise für Bedarfspositionen stets in der Angebotswertung zu berücksichtigen sind. Entscheidet sich der öffentliche Auftraggeber für die Einbeziehung von Leistungen in das Vergabeverfahren, unterstehen die entsprechenden Leistungen den vergaberechtlichen Regelungen und damit auch dem Wirtschaftlichkeitsgrundsatz nach § 97 Abs. 1 S. 2 GWB. Die vollständige Nichtberücksichtigung von Bedarfspositionen in der Angebotswertung dürfte mit diesem Grundsatz nicht zu vereinbaren sein.

Bei der **Gewichtung** der Preise von Bedarfspositionen steht dem öffentlichen Auftraggeber ein Beurteilungsspielraum zu.[290] Der öffentliche Auftraggeber kann die optional abgerufenen Preise vollständig in die Angebotswertung einstellen.[291] Er kann aber auch die Wahrscheinlichkeit des Abrufs der Position durch eine bestimmte Gewichtung berücksichtigen (z. B. 50 %).[292] 140

e) Wahlpositionen

Wahlpositionen (auch sog. Alternativpositionen) sind Leistungspositionen, in denen sich der öffentliche Auftraggeber noch nicht auf eine bestimmte Leistungserbringungen festgelegt hat, sondern mehrere Alternativen der Leistungserbringung ausschreibt. 141

Nach der Rechtsprechung kann nur einer der beiden Preise einer Wahlposition für die **Wertung** in Ansatz gebracht werden. Die Kriterien für die Entscheidung der Inanspruchnahme sollen in den Vergabeunterlagen enthalten sein.[293] Die Rechtsprechung[294] verlangt, dass eine Entscheidung über die auszuführende Alternative jedenfalls nach Eingang der Angebote und vor der Zuschlagsentscheidung zu treffen und danach allein die auszuführende Angebotsposition in die Wertung einzustellen ist. Dies überzeugt nicht, da die Einführung einer Wahlposition gerade dazu dienen kann, dass der öffentliche Auftraggeber über die erforderliche Flexibilität im Rahmen der Auftragsausführung verfügt. Dies würde ihm aber genommen, wenn er sich schon im Rahmen der Angebotswertung festlegen müsste. Es ist daher vorzugswürdig, die jeweiligen Preise einer Wahlposition anteilig zu berücksichtigen. 142

3. Qualitative Aspekte

Öffentliche Auftraggeber können nach § 127 Abs. 1 S. 4 GWB bei der Ermittlung des wirtschaftlichsten Angebots qualitative Aspekte berücksichtigen. Die Regelung stellt eine Maßgabe im Sinne von § 97 Abs. 3 GWB dar und konkretisiert den darin geregelten Vergabegrundsatz, wonach qualitative Aspekte bei der Vergabe berücksichtigt werden können. Bei der Berücksichtigung dieser Aspekte sind die Anforderungen nach § 127 Abs. 3 bis 5 GWB zu beachten. 143

Zu den **qualitativen Aspekten** gehören solche, die den Wert der Leistung beschreiben.[295] Wie sich an § 58 Abs. 2 S. 2 Nr. 1 VgV und § 16d EU Abs. 2 Nr. 2 S. 2 lit. a VOB/A zeigt, umfasst der Begriff auch den technischen Wert einer Leistung. Dieser Wert kann an verschiedenen Gesichtspunkten einer Leistung festgemacht werden, im Hinblick auf ein bestimmtes Produkt etwa an Funktionalität, Kompatibilität, Material, Verarbeitung oder wahrnehmbaren Eigen- 144

289 *Opitz*, in: Burgi/Dreher, Vergaberecht, § 127 GWB Rn. 69; so wohl auch VK Bund, Beschluss v. 24.9.2014 – VK 2-67/14.
290 Vgl. OLG Düsseldorf, Beschluss v. 10.2.2010 – VII-Verg 36/09; VK Bremen, Beschluss v. 9.6.2017 – 16 VK 2/17.
291 Vgl. KG, Beschluss v. 15.3.2004 – 2 Verg 17/03.
292 Vgl. OLG Düsseldorf, Beschluss v. 10.2.2010 – VII-Verg 36/09; VK Bremen, Beschluss v. 9.6.2017 – 16 VK 2/17.
293 OLG Düsseldorf, Beschluss v. 24.3.2004 – VII Verg 7/04; VK Bund, Beschluss v. 21.10.2018 – VK 2-88/18.
294 VK Bund, Beschluss v. 21.10.2018 – VK 2-88/18.
295 Vgl. VK Südbayern, Beschluss v. 21.4.2004 – 24-04/04; VK Baden-Württemberg, Beschluss v. 21.11.2001 – 1 VK 37/01.

schaften[296], bei Dienstleistungen an einer bestimmten Ausführungsart, der eingesetzten Technik oder der Erreichung eines bestimmten Zweckerfüllungsgrades. Die Wertung kann zudem an das Erreichen bestimmter Qualitätsstufen oder Qualitätsnormen geknüpft werden.

145 Die Qualität einer Leistung kann sich nicht nur in einem bestimmten Leistungserfolg ausdrücken, sondern auch in einer bestimmten Vorgehensweise der Auftragsausführung. Hierfür kann eine **konzeptionelle Darstellung** des Bieters bewertet werden.[297] Dies können insbesondere Konzepte über die Personaleinsatzplanung,[298] den Umgang mit Auftragsspitzen (Peak-Management), die Vorbereitung für einen Projektstart (Ramp-Up-Management), ein Digitalisierungs- oder Innovationskonzepte[299] sein. Das Konzept muss jedoch verbindliche Leistungsversprechen enthalten, da andernfalls die Belastbarkeit der Darstellungen und damit auch die Vergleichbarkeit der Angebote nicht sichergestellt ist.[300] Auch muss die Verbindung zum Auftragsgegenstand nach § 127 Abs. 3 GWB gegeben sein. Daran fehlt es nach der Rechtsprechung des OLG Schleswig, wenn in dem Konzept lediglich allgemein die Vorteile des Beschaffungsgegenstands beschrieben werden oder das Konzept sich auf zukünftige Leistungen bezieht, für die ein gesondertes Vergabeverfahren durchzuführen wäre.[301]

146 Der öffentliche Auftraggeber kann auch die **Qualitätssicherung** in die Wertung einstellen. Darunter sind solche Maßnahmen zu fassen, die geeignet sind, die objektive Wahrscheinlichkeit, dass bestimmte Qualitätsanforderungen erreicht werden, zu erhöhen.[302] Erforderlich ist allerdings, dass sich die konkreten Qualitätssicherungsmaßnahmen auf die Leistung und nicht generell auf das Unternehmen beziehen.[303]

147 Als qualitativer Aspekt können **Präsentationen** der Bieter vom öffentlichen Auftraggeber bewertet werden, was insbesondere für den Bereich der Vergabe von Architekten- und Ingenieurleistungen üblich ist.[304] In Abgrenzung zu den Eignungskriterien[305] müssen sich die Präsentationen indes auf die angebotene Leistung beziehen. Dies kann in zweierlei Weise ausgestaltet werden. Zum einen kann die Präsentationsqualität selbst bewertet werden. Für die erforderliche Verbindung zum Auftragsgegenstand setzt dies jedoch voraus, dass der Leistungsgegenstand das Präsentieren oder Auftreten umfasst.[306] Zum anderen kann ergänzend zum eingereichten Angebot vorgetragen und die so vorgetragenen Inhalte zum Gegenstand der Bewertung gemacht werden.[307] Die mündlich vorgetragenen Inhalte müssen ordnungsgemäß dokumentiert werden.[308] Entgegen der Rechtsprechung der VK Südbayern[309] verstößt die Bewertung von Präsentationen nicht gegen den Grundsatz der mündlichen Kommunikation nach § 9 Abs. 2 VgV. Dies folgt aus Art. 22 Abs. 2 S. 3 RL 2014/24/EU. Hiernach muss insbesondere die mündliche Kommunikation mit Bietern, die einen wesentlichen Einfluss auf den Inhalt und die Bewertung des Angebots haben könnte, in hinreichendem Umfang und in geeigneter Weise dokumentiert werden. Die Richtlinie setzt hiernach offensichtlich voraus, dass auch mündliche Angebotsbestandteile bewertet werden können. Eine entsprechende Regelung findet sich im deutschen Recht zwar nicht. Ausweislich der Verordnungsbegründung[310] liegt aber Art. 22 Abs. 2 S. 3 RL 2014/24/EU der Regelung in § 9 Abs. 2 VgV zugrunde.

---

296 VK Bund, Beschluss v. 26.5.2008 – VK 3-59/08; vgl. auch *Roth*, NZBau 2011, 75 (77) für das Beispiel der Fassadengestaltung: *„Material- und Farbauswahl, Lichtdurchlässigkeit, Anbindung an städtebauliche Umgebung"*.
297 Vgl. BGH, Beschluss v. 4.4.2017 – X ZB 3/17; OLG Schleswig, Beschluss v. 4.2.2022 – 54 Verg 9/21.
298 Siehe hierzu auch Rn. 223 ff.
299 OLG Schleswig, Beschluss v. 4.2.2022 – 54 Verg 9/21.
300 Vgl. VK Bund, Beschluss v. 27.9.2017 – VK 2-100/17, die Konjunktiv-Darstellungen nicht ausreichen ließ.
301 Vgl. OLG Schleswig, Beschluss v. 4.2.2022 – 54 Verg 9/21.
302 Vgl. OLG Koblenz, Beschluss v. 2.10.2012 – 1 Verg 4/12, VergabeR 2013, 270 (277).
303 Vgl. VK Nordbayern, Beschluss v. 13.7.2011 – 21.VK-3194-18/11.
304 Vgl. OLG München, Beschluss v. 2.11.2012 – Verg 26/12; VK Bund, Beschluss v. 13.4.2022 – VK 1-31/22.
305 Siehe hierzu im Allgemeinen Rn. 215 ff.
306 Vgl. VK Südbayern, Beschluss v. 28.10.2021 – 3194.Z3-3-01-21-27; VK Bund, Beschluss v. 21.11.2013 – VK 2-102/13.
307 Vgl. VK Bund, Beschluss v. 22.11.2019 – VK 1-83/19; VK Rheinland, Beschluss v. 19.11.2019 – VK 40/19-L.
308 Vgl. Erwägungsgrund 58 RL 2014/24/EU.
309 VK Südbayern, Beschluss v. 2.4.2019 – Z3-3-3194-1-43-11/18.
310 Vgl. Verordnungsbegründung zu § 9 Abs. 2 VgV, VergRModVO, BR-Drs. 87/16, 163.

4. Umweltbezogene Aspekte

Öffentliche Auftraggeber können nach § 127 Abs. 1 S. 4 GWB bei der Ermittlung des wirtschaftlichsten Angebots umweltbezogene Aspekte berücksichtigen.[311] Die Regelung stellt eine Maßgabe im Sinne von § 97 Abs. 3 GWB dar und konkretisiert den darin geregelten Vergabegrundsatz, wonach umweltbezogene Aspekte bei der Vergabe berücksichtigt werden können. Bei der Berücksichtigung dieser Aspekte sind die Anforderungen nach § 127 Abs. 3 bis 5 GWB zu beachten. **148**

Umweltbezogene Aspekte sind solche Merkmale einer Leistung, die den Effekt der Leistung auf die Umwelt abbilden. Dies können die Klima- und Energieeffizienzeigenschaften einer Leistung (z. B. CO2-Emission,[312] NOx-Emission, Lärmemission, Treibstoff- und Energieverbrauch[313]) sein.[314] Sie können in engem Zusammenhang mit innovativen Aspekten stehen, etwa wenn bestimmte Technologien (z. B. Brennstoffzellen, Elektroantrieb) in der Angebotswertung begünstigt werden. Bei Dienstleistungen können insbesondere die Energieeffizienz[315] und die Umweltverträglichkeit der eingesetzten Geräte und Mittel, z. B. die Verwendung umweltschonender Reinigungsmittel bei Reinigungsdienstleistungen, berücksichtigt werden. **149**

Die umweltbezogenen Aspekte müssen mit dem **Auftragsgegenstand in Verbindung** stehen. Das ist jedenfalls dann der Fall, wenn sich aus den umweltbezogenen Aspekten ein wirtschaftlicher Vorteil ableiten lässt, z. B. geringerer Stromverbrauch,[316] geringere Entsorgungskosten oder Wiederverwertungsmöglichkeiten.[317] Zwingend erforderlich ist dies allerdings nicht.[318] Eine Verbindung zum Auftragsgegenstand liegt auch vor, wenn sich die umweltbezogenen Anforderungen auf die Lebenszyklen der zu beschaffenden Leistung beziehen. Der öffentliche Auftraggeber kann danach bewerten, ob oder inwieweit zur Herstellung der zu liefernde Waren giftige Chemikalien verwendet werden,[319] der zu liefernde Strom aus erneuerbaren Energiequellen stammt,[320] die Wärmelieferung auf fossilen Brennstoffen basiert,[321] zu lieferndes Papier aus nachhaltigem Holz hergestellt wurde oder Dienstleistungen unter Zuhilfenahme energieeffizienter Geräte erbracht werden. Weiterhin können umweltbezogene Aspekte im Hinblick auf die Anlieferung, Verpackung und Entsorgung von Waren und im Falle von Bau- und Dienstleistungsaufträgen auf die Abfallminimierung oder die Ressourceneffizienz bewertet werden. Der öffentliche Auftraggeber kann daher insbesondere den umweltfreundlichen Gebrauch oder die Entsorgungsfreundlichkeit der zu liefernden Ware bewerten.[322] Keine Verbindung zum Auftragsgegenstand liegt hingegen vor, wenn sich die Anforderungen an die allgemeine unternehmerische Umweltpolitik eines Unternehmens richten, z. B. Umweltkennzahlen des Unternehmens. Der Leistungsbezug fehlt insbesondere auch, wenn das Umweltmanagement des Unternehmens bewertet werden soll, vgl. § 49 VgV und § 6c EU VOB/A.[323] **150**

311 Siehe zu deren Berücksichtigungsfähigkeit nach alter Rechtslage *Müller-Wrede*, VergabeR 2012, 416 ff.
312 Siehe für die Beschaffung von Straßenfahrzeugen *Schröder*, NZBau 2014, 467 (470 f.).
313 Siehe für die Beschaffung von Straßenfahrzeugen *Schröder*, NZBau 2014, 467 (469).
314 Vgl. Gesetzesbegründung zu § 127 Abs. 1 GWB, VergRModG 2016, BT-Drs. 18/6281, 112.
315 So ausdrücklich Erwägungsgrund 97 RL 2014/24/EU.
316 Grünbuch „Das öffentliche Auftragswesen in der Europäischen Union: Überlegungen für die Zukunft" v. 27.11.1996, Punkt VI.5.51.
317 Mitteilung „Das öffentliche Auftragswesen in der Europäischen Union" v. 11.3.1998, KOM (98) 143 endg., Punkt 4.3.
318 Vgl. EuGH, Urteil v. 17.9.2002 – Rs. C-513/99 (Concordia), Rn. 55.
319 Vgl. Erwägungsgrund 97 RL 2014/24/EU.
320 EuGH, Urteil v. 4.12.2003 – Rs. C-448/01 (Wienstrom).
321 Siehe etwa bei OLG München, Beschluss v. 29.7.2010 – Verg 9/10.
322 *Krohn*, NZBau 2004, 92 (94).
323 VK Sachsen, Beschluss v. 22.7.2010 – 1/SVK/022-10; im Ergebnis auch VK Schleswig-Holstein, Beschluss v. 22.4.2008 – VK-SH 03/08.

5. Soziale Aspekte

151 Öffentliche Auftraggeber können nach § 127 Abs. 1 S. 4 GWB bei der Ermittlung des wirtschaftlichsten Angebots soziale Aspekte berücksichtigen. Die Regelung stellt eine Maßgabe im Sinne von § 97 Abs. 3 GWB dar und konkretisiert den darin geregelten Vergabegrundsatz, wonach soziale Aspekte bei der Vergabe berücksichtigt werden können. Bei der Berücksichtigung dieser Aspekte sind die Anforderungen nach § 127 Abs. 3 bis 5 GWB zu beachten.

152 Was unter **sozialen Aspekten** zu verstehen ist, wird vom Gesetz nicht ausdifferenziert. Dem Wortsinne nach handelt es sich hierbei um all diejenigen Aspekte, die das gesellschaftliche Zusammenleben betreffen. Hierzu sind insbesondere die Förderung der sozialen Integration von benachteiligten Personen oder Angehörigen sozial schwacher Gruppen,[324] die Beschäftigung von Langzeitarbeitslosen oder die Umsetzung von Ausbildungsmaßnahmen für Arbeitslose oder Jugendliche,[325] die Zugänglichkeit einer Leistung für benachteiligte Personen (Design für Alle)[326], der Schutz der Gesundheit der am Produktionsprozess beteiligten Arbeitskräfte[327] und die Gleichstellung von Mann und Frau zu zählen. Auch die Versorgungssicherheit, indem eine diversifizierte eigene Produktion nahe am Verbrauchsort vorgesehen wird, kann als sozialer Aspekt berücksichtigt werden.[328]

153 Für die Berücksichtigung sozialer Aspekte bei der Ermittlung des besten Preis-Leistungs-Verhältnisses ist nach § 127 Abs. 3 GWB erforderlich, dass die entsprechenden Zuschlagskriterien mit dem **Auftragsgegenstand in Verbindung** stehen. Der Zusammenhang kann auch zum Lebenszyklus einer Leistung bestehen. Öffentliche Auftraggeber können daher auch die Lieferung oder die Verwendung von fair gehandelten Waren während der Ausführung des zu vergebenden öffentlichen Auftrags in der Angebotswertung berücksichtigen.[329] Demgegenüber genügt es nicht, wenn sich die Zuschlagskriterien an die allgemeine unternehmerische Sozialpolitik eines Unternehmens, z. B. die Beschäftigung von Frauen und Männern zu gleichen Teilen im Unternehmen, richten.[330] Die Verbindung zum Auftragsgegenstand für den Anteil der sozialversicherungspflichtigen Mitarbeiter an der Auftragsausführung hat die Rechtsprechung abgelehnt.[331]

154 Im Hinblick auf die Anforderungen aus dem **Verhältnismäßigkeitsgrundsatz** nach § 97 Abs. 1 S. 2 GWB ist zu beachten, dass soziale Zuschlagskriterien in besonderem Maße geeignet sind, den Wettbewerb einzuschränken. Aus diesem Grund wird vertreten,[332] dass soziale Kriterien über die Zusammensetzung des ausführenden Personals nur bei längerfristigen oder personalintensiven Aufträgen in Betracht kommen.

C. Preisrecht (Abs. 2)

155 Nach § 127 Abs. 2 GWB sind bei der Ermittlung des wirtschaftlichsten Angebots verbindliche Vorschriften zur Preisgestaltung zu beachten.

156 Die Regelung ist mit dem **VergRModG 2016** neu in das GWB aufgenommen worden. Eine entsprechende Regelung war in § 11 Abs. 5 S. 3 VOF[333] enthalten. Ist die zu erbringende Leistung nach einer gesetzlichen Gebühren- oder Honorarordnung zu vergüten, ist der Preis nach dieser Vorschrift nur im dort vorgeschriebenen Rahmen zu berücksichtigen.

---

324 Vgl. Gesetzesbegründung zu § 127 Abs. 1 GWB, VergRModG 2016, BT-Drs. 18/6281, 112; Erwägungsgrund 99 RL 2014/24/EU.

325 Vgl. Erwägungsgrund 99 RL 2014/24/EU.

326 Vgl. Gesetzesbegründung zu § 127 Abs. 1 GWB, VergRModG 2016, BT-Drs. 18/6281, 112.

327 Vgl. Erwägungsgrund 98 RL 2014/24/EU.

328 Vgl. EuGH, Urteil v. 27.10.2005 – Rs. C-234/03 (Contse), Rn. 61; OLG Düsseldorf, Beschluss v. 1.12.2021 – VII-Verg 54/20.

329 Erwägungsgrund 97 RL 2014/24/EU; siehe auch § 58 Abs. 2 S. 2 Nr. 1 VgV, der die Handelsbedingungen als Zuschlagskriterium ausdrücklich nennt.

330 Vgl. Verordnungsbegründung, VergRModVO, BR-Drs. 87/16, 213.

331 VK Sachsen, Beschluss v. 22.7.2010 – 1/SVK/022-10.

332 Vgl. *Burgi*, NZBau 2015, 597 (601); *Latzel*, NZBau 2014, 673 (680).

333 Mit Inkrafttreten des VergRModG 2016 ist die VOF nach den Bestimmungen des GWB-Vergaberechts nicht mehr anzuwenden.

Das nationale Bedürfnis, durch Rechtsvorschriften für bestimmte Leistungen preisliche Vorgaben festzulegen, erkennt auch der europäische Richtliniengeber an. Nach Art. 67 **RL 2014/24/EU** erteilen die öffentlichen Auftraggeber den Zuschlag auf der Grundlage des wirtschaftlich günstigsten Angebots unbeschadet der für den Preis bestimmter Lieferungen oder die Vergütung bestimmter Dienstleistungen geltenden nationalen Rechts- und Verwaltungsvorschriften.[334] 157

Sinn und Zweck der Regelung ist die Sicherstellung, dass die Qualität der Leistung zum wichtigsten Zuschlagskriterium wird und der Preis nur als zusätzliches und unbeschadet der bestehenden Honorarordnungen geltendes Kriterium Bestand hat.[335] 158

I. Allgemeine Anforderungen

Der Verweis auf die Vorschriften zur Preisgestaltung ist ein **Rechtsgrundverweis**, d.h. der Verweis ist lediglich deklaratorisch und begründet keine neuen Rechtspflichten.[336] Öffentliche Auftraggeber haben daher stets zu prüfen, ob der persönliche und sachliche Anwendungsbereich der jeweiligen Vorschriften eröffnet ist. 159

Soweit **Öffnungsklauseln** in den jeweiligen Vorschriften vorhanden sind, die eine Abweichung von den Vorgaben ermöglichen, kann sich ein Bieter auch im Rahmen der öffentlichen Auftragsvergabe grundsätzlich auf einen solchen Ausnahmetatbestand berufen. Dem öffentlichen Auftraggeber obliegt es aber zu überprüfen, ob tatsächlich ein von dem Bewerber vorgetragener Ausnahmetatbestand zur Abweichung vom gesetzlichen Preisrecht vorliegt oder ob es sich um ein wettbewerbswidriges Honorar-Dumping-Angebot handelt. 160

Sehen die verbindlichen Vorschriften eine **fixe Preisposition** vor, muss der öffentliche Auftraggeber diesen Wert der Angebotswertung zugrunde legen. Die Bestimmung des wirtschaftlichsten Angebots kann dann nur aufgrund der Bewertung anderer Zuschlagskriterien erfolgen.[337] Ein Preiswettbewerb ist nur dann denkbar, wenn die verbindlichen Vorschriften zur Preisgestaltung einen Schwankungsbereich vorsehen.[338] 161

Sind verbindliche Vorschriften zur Preisgestaltung zu beachten, haben Preis und Kosten für die Angebotswertung nur noch eine untergeordnete Bedeutung.[339] Es kann für den öffentlichen Auftraggeber in diesen Fällen zweckmäßig sein, im Rahmen einer **Budgetausschreibung** nach § 58 Abs. 2 S. 3 VgV und § 16d EU Abs. 2 Nr. 4 VOB/A auf den Preis oder die Kosten als Wertungskriterium vollständig zu verzichten.[340] 162

II. Fallgruppen

Praxisrelevante Beispiele für **verbindliche Vorschriften** zur Preisgestaltung enthalten das RVG, das BuchPrG und die VO PR 30/53. 163

Keine verbindliche Vorschrift zur Preisgestaltung ist das Leistungs- und Honorarmodell AHO/DVP für Projektsteuerleistungen, denn es hat nur Empfehlungscharakter und ist nicht 164

334 Vgl. auch Erwägungsgrund 93 RL 2014/24/EU: „Es sollte klargestellt werden, dass es in den Fällen, in denen die Vergütung für bestimmte Dienstleistungen oder Festpreise für bestimmte Lieferungen durch nationale Vorschriften festgelegt sind, auch weiterhin möglich ist, das Preis-Leistungs-Verhältnis auf der Grundlage anderer Faktoren als ausschließlich des Preises oder der Vergütung zu bewerten."; sowie deutlicher noch in Erwägungsgrund 47 RL 2004/18/EG: „Bei öffentlichen Dienstleistungsaufträgen dürfen die Zuschlagskriterien nicht die Anwendung nationaler Bestimmungen beeinträchtigen, die die Vergütung bestimmter Dienstleistungen, wie beispielsweise die Vergütung von Architekten, Ingenieuren und Rechtsanwälten, regeln oder – bei Lieferaufträgen – die Anwendung nationaler Bestimmungen, die feste Preise für Schulbücher festlegen, beeinträchtigen."

335 Vgl. Ergebnisprotokoll der 1. Sitzung des Unterausschusses »Freiberufliche Leistungen – außer Architekten- und Ingenieurleistungen« zur Erarbeitung der VOF v. 27.10.1993, 8.

336 So auch *Wiedemann*, in: Röwekamp/Kus/Portz/Prieß, GWB-Vergaberecht, § 127 GWB Rn. 43; *Hölzl*, in: Säcker, Wettbewerbsrecht, § 127 GWB Rn. 63.

337 Vgl. Gesetzesbegründung zu § 127 Abs. 2 GWB, VergRModG 2016, BT-Drs. 18/6281, 112.

338 Vgl. Gesetzesbegründung zu § 127 Abs. 2 GWB, VergRModG 2016, BT-Drs. 18/6281, 112.

339 Vgl. VK Münster, Beschluss v. 15.5.2007 – VK 11/07.

340 Vgl. VK Münster, Beschluss v. 15.5.2007 – VK 11/07.

bindendes Recht. Soll es dennoch berücksichtigt werden, so ist dies als Zuschlagskriterium bekanntzugeben.[341] Gleiches gilt auch für die neue HOAI, die kein verbindliches Preisrecht mehr enthält.

1. HOAI

165 Verbindliche Vorschriften zur Preisgestaltung im Sinne von § 127 Abs. 2 GWB enthielt die HOAI a.F. mit ihren verbindlich vorgegebenen Mindest- und Höchstsätzen. Die HOAI war damit lange Zeit der wichtigste Anwendungsfall der Vorschrift.[342] Die am 1. Januar 2021 in Kraft getretene HOAI 2021 enthält jedoch kein verbindliches Preisrecht mehr. Das Honorar bei Architekten- und Ingenieurleistungen richtet sich nunmehr grundsätzlich nach der Vereinbarung, die die Vertragsparteien treffen (§ 7 Abs. 1 S. 1 HOAI), ohne dass diese sich – wie früher – im Rahmen der Mindest- und Höchstsätze bewegen muss.

166 Hintergrund der Abkehr der HOAI von den rechtlich verbindlichen Mindest- und Höchstsätzen ist ein Grundsatzurteil des **EuGH**. Der EuGH hat mit Urteil vom 4. Juli 2019 entschieden, dass die Vorgabe verbindlicher Mindest- und Höchstsätze für Planungsleistungen von Architekten und Ingenieuren gegen die Dienstleistungsrichtlinie 2006/123/EG verstößt.[343] Die Vorgabe von Anforderungen an die Aufnahme oder Ausübung einer Dienstleistungstätigkeit muss Art. 15 Abs. 3 RL 2006/123/EG entsprechen. Demnach müssen die Anforderungen insbesondere erforderlich und verhältnismäßig sein. Der EuGH hat festgestellt, dass die in der HOAI vorgesehenen Mindestsätze nicht geeignet sind, die Erreichung des Ziels einer hohen Qualität der Planungsleistungen zu gewährleisten und den Verbraucherschutz sicherzustellen.[344] Da Planungsleistungen in Deutschland von Dienstleistern erbracht werden können, die nicht ihre entsprechende fachliche Eignung nachgewiesen haben, fehlt es der Regelung zu den Mindestsätzen im Hinblick auf das verfolgte Ziel, eine hohe Qualität der Planungsleistungen zu erhalten, an Kohärenz.[345] Darüber hinaus können die Höchstsätze zwar zum Verbraucherschutz beitragen, indem die Transparenz der von den Dienstleistungserbringern angebotenen Preise erhöht wird und diese daran gehindert werden, überhöhte Honorare zu fordern.[346] Allerdings sei hier nicht ersichtlich, weswegen nicht weniger einschneidende Maßnahmen, wie z. B. den Kunden Preisorientierungen für die verschiedenen von der HOAI genannten Kategorien von Leistungen zur Verfügung zu stellen, ausreichen würden, um dieses Ziel in angemessener Weise zu erreichen.

167 In der Folge der EuGH-Entscheidung und der daran anknüpfenden HOAI-Neufassung wurde auch die Vorschrift des **§ 76 Abs. 1 S. 2 VgV** angepasst. Bislang lautete diese: „Ist die zu erbringende Leistung nach einer gesetzlichen Gebühren- und Honorarordnung zu vergüten, ist der Preis im dort vorgeschriebenen Rahmen zu berücksichtigten." Nach der Neufassung des § 76 Abs. 1 S. 2 VgV bleiben auf die zu erbringende Leistung anwendbare Gebühren- und Honorarordnungen unberührt. Die Regelung verweist darauf, dass Gebühren- und Honorarordnungen auf die zu erbringende Leistung anwendbar sein können. Im Fall der HOAI betrifft dies insbesondere die darin enthaltenen Honorarorientierungen.[347] Nach **§ 2a Abs.1 HOAI** dienen die im Wesentlichen unverändert gebliebenen Honorartafeln als Orientierungswerte zur Ermittlung des Honorars. Die in den Honorartafeln enthaltenen Werte bieten damit eine Hilfestellung bei der Ermittlung des angemessenen Honorars.[348] Hieraus kann aber nicht im Umkehrschluss abgeleitet werden, dass Honorare nur dann angemessen im Sinne des § 77 Abs. 2 VgV sind, wenn sich das Honorar an den Mindestsätzen orientiert.[349]

341 Vgl. VK Sachsen, Beschluss v. 5.1.2001 – 1 SVK 111-00.
342 Siehe auch die Gesetzbegründung zu § 127 Abs. 2 GWB, VergRModG 2016, BT-Drs. 18/6281, 112.
343 EuGH, Urteil v. 4.7.2019 – Rs. C-377/17 (Kommission/Deutschland), Rn. 96.
344 EuGH, Urteil v. 4.7.2019 – Rs. C-377/17 (Kommission/Deutschland), Rn. 93.
345 EuGH, Urteil v. 4.7.2019 – Rs. C-377/17 (Kommission/Deutschland), Rn. 92.
346 EuGH, Urteil v. 4.7.2019 – Rs. C-377/17 (Kommission/Deutschland), Rn. 94 ff.
347 Siehe Verordnungsbegründung zu § 76 Abs. 1 S. 2 VgV, Gesetz zur Änderung des Gesetzes zur Regelung von Ingenieur- und Architektenleistungen und anderer Gesetze, BT-Drs. 19/21982, 17.
348 Vgl. Verordnungsbegründung zu § 2a HOAI, Erste Verordnung zur Änderung der Honorarordnung für Architekten und Ingenieure, BR-Drs. 539/20, 17.
349 Vgl. VK Südbayern, Beschluss v. 21.3.2022 – 3194.Z3-3_01-21-51.

Für das **Zuschlagskriterium Preis** bedeutet dies, dass der öffentliche Auftraggeber bei der Vergabe von Planungsleistungen von Architekten und Ingenieuren frei bestimmen und vorgeben kann, wie das Honorar zu berechnen ist. Zulässig sind damit sowohl eine Pauschalvergütung für sämtliche zu erbringende Leistungen bzw. bei stufenweiser Beauftragung oder optionalen Leistungen entsprechende Teilpauschalen als auch eine rein aufwandsbezogene Vergütung auf Stundensatzbasis.[350] So ist es nach einer neuen Entscheidung der VK Südbayern nicht zu beanstanden, die Vergütung nach dem konkreten, von der Vergabestelle realistisch prognostizierten Zeitaufwand für die zu erbringenden Planungsleistungen unter Ansatz angemessener Stundensätze zu bestimmen.[351] Da auch die neue HOAI Maßstäbe und Grundlagen für die Berechnung von Honoraren für die von der HOAI erfassten Leistungen liefert, kann der öffentliche Auftraggeber die Ausschreibung aber auch weiterhin an den Honorarermittlungsparametern der HOAI ausrichten und die Kalkulationssystematik der HOAI für die Angebotskalkulation vorgeben. Die Ausrichtung an der Kalkulationssystematik der HOAI bietet den Vorteil, dass sie am ehesten die Gewähr für die Transparenz und die Vergleichbarkeit der eingehenden Honorarangebote sichert.[352] Umstritten ist jedoch, ob der öffentliche Auftraggeber in diesem Fall auch den Basishonorarsatz als Mindestangebotspreis vorgeben darf. Die Zulässigkeit einer solchen Festsetzung wird mit dem Leistungsbestimmungsrecht des öffentlichen Auftraggebers begründet, welches auch sonstige Kalkulationsvorgaben umfasse.[353] Dem ist entgegenzuhalten, dass Kalkulationsvorgaben nicht *per se* zulässig sind.[354] Die von *Stoye/Schrammel*[355] angeführte Entscheidung des OLG Düsseldorf[356] bezieht sich zudem auch nur auf die Vorgabe eines Mindestrabatts und damit einen Höchstpreis und gerade nicht auf einen Mindestpreis. Das OLG Düsseldorf hat die Vorgabe eines Mindestpreises jedoch ausdrücklich als unzulässig erachtet.[357] Auch wirft die Vorgabe eines Mindestpreises die Frage auf, ob der öffentliche Auftraggeber gegen das haushaltsrechtliche Gebot der Wirtschaftlichkeit und Sparsamkeit (vgl. § 7 BHO) verstößt.[358] Nicht zuletzt würde die verbindliche Vorgabe eines Mindestpreises in Gestalt des Basishonorarsatzes durch den öffentlichen Auftraggeber auch nicht der unionsrechtlich gebotenen preisrechtlichen Öffnung entsprechen[359] und könnte als Umgehung[360] gewertet werden. Die VK Bund hat insoweit bereits entschieden, dass Auftraggeber aufgrund der EuGH-Entscheidung für die Anwendung des Zuschlagskriteriums Preis die Mindest- und Höchstsätze der HOAI nicht mehr verbindlich vorgegeben dürfen.[361] Dies gilt erst recht nach der neuen Rechtslage, da weder die HOAI selbst, noch die aktuellen Fassungen des § 127 Abs. 2 GWB und § 76 Abs. 1 S. 2 VgV eine rechtliche Grundlage für die verbindliche Vorgabe der HOAI bieten.[362] Sofern sich der öffentliche Auftraggeber dafür entscheidet, die Ausschreibung an der Kalkulationssystematik der HOAI auszurichten, muss er bei der Gestaltung der Vergabeunterlagen daher darauf achten, dass diese lediglich einen orientierenden Charakter[363] hat und auch Preise außerhalb der Tafelwerte zugelassen sind. Dies kann er insbesondere dadurch sicherstellen, dass er die Möglichkeit vorsieht, Zu- oder Abschläge auf die HOAI-Tafelwerte anzubieten.[364] 168

350 Vgl. Verordnungsbegründung zu § 1 HOAI, Erste Verordnung zur Änderung der Honorarordnung für Architekten und Ingenieure, BR-Drs. 539/20, 17; *Dörr*, ZfBR 2021, 360 (361); *Hattig/Oest*, ZfBR 2021, 364 (365).
351 VK Südbayern, Beschluss v. 21.3.2022 – 3194.Z3-3_01-21-51.
352 Vgl. *Hattig/Oest*, ZfBR 2021, 360 (364).
353 *Stoye/Schrammel*, NJW 2021, 197 (201) unter Hinweis auf OLG Düsseldorf, Beschluss v. 6.9.2017 – VII-Verg 9/17.
354 So auch *Dörr*, ZfBR 2021, 360 (361).
355 *Stoye/Schrammel*, NJW 2021, 197 (201).
356 OLG Düsseldorf, Beschluss v. 6.9.2017 – VII-Verg 9/17.
357 OLG Düsseldorf, Beschluss v. 22.12.2010 – VII-Verg 33/10. Ebenso VK Bund, Beschluss v. 4.7.2011 – VK 2-61/11.
358 *Schmidt*, NJW 2021, 2491 (2492).
359 Vgl. *Hattig/Oest*, ZfBR 2021, 364 (366).
360 Vgl. *Schmidt*, NJW 2021, 2491 (2492).
361 VK Bund, Beschluss v. 30.8.2019 – VK 2-60/19.
362 In diesem Sinne auch *Dörr*, ZfBR 2021, 360 (361).
363 So bereits VK Bund, Beschluss v. 30.8.2019 – VK 2-60/19.
364 Vgl. Amtliche Begründung zur HOAI, BR-Drs. 539/20, 17. In diesem Sinne auch *Dörr*, ZfBR 2021, 360 (361); *Fuchs/van der Hout/Opitz*, NZBau 2019, 483 (488); *Hattig/Oest*, ZfBR 2021, 364 (366).

2. BuchPrG

169 Das BuchPrG enthält Vorschriften zur verbindlichen Preisgestaltung im Sinne von § 127 Abs. 2 GWB. Nach § 1 BuchPrG dient das Gesetz dem Schutz des Kulturgutes Buch. Die Festsetzung verbindlicher Preise beim Verkauf an Letztabnehmer sichert den Erhalt eines breiten Buchangebots und gewährleistet zugleich, dass dieses Angebot für eine breite Öffentlichkeit zugänglich ist, indem es die Existenz einer großen Zahl von Verkaufsstellen fördert.

a) Anwendungsbereich

170 Das Gesetz findet nur Anwendung für den gewerbs- oder geschäftsmäßigen Verkauf von Büchern an den Letztabnehmer, vgl. § 3 BuchPrG.

171 **Letztabnehmer** ist nach § 2 Abs. 3 BuchPrG, wer Bücher zu anderen Zwecken als dem Weiterverkauf erwirbt.

172 **Bücher** im Sinne des BuchPrG sind nach § 2 Abs. 1 BuchPrG Musiknoten, kartographische Produkte, Produkte, die Bücher, Musiknoten oder kartographische Produkte reproduzieren oder substituieren und bei Würdigung der Gesamtumstände als überwiegend verlags- oder buchhandelstypisch anzusehen sind, sowie kombinierte Objekte, bei denen eines der genannten Erzeugnisse die Hauptsache bildet. Fremdsprachige Bücher fallen nach § 2 Abs. 2 BuchPrG nur in den Anwendungsbereich, wenn sie überwiegend für den Absatz in Deutschland bestimmt sind.

b) Verbindliche Vorgaben

173 Nach § 3 S. 1 BuchPrG muss, wer gewerbs- oder geschäftsmäßig Bücher an Letztabnehmer verkauft, den nach § 5 BuchPrG festgesetzten Preis einhalten. Dies gilt nach § 3 S. 2 BuchPrG nicht für den Verkauf gebrauchter Bücher.

174 Nach § 5 Abs. 1 BuchPrG ist derjenige, der Bücher verlegt oder importiert, **verpflichtet**, einen Preis einschließlich Umsatzsteuer (Endpreis) für die Ausgabe eines Buches für den Verkauf an Letztabnehmer festzusetzen und in geeigneter Weise zu veröffentlichen. Verleger und Importeure sind nach § 8 Abs. 1 BuchPrG berechtigt, durch Veröffentlichung in geeigneter Weise die Preisbindung für Buchausgaben aufzuheben, deren erstes Erscheinen länger als achtzehn Monate zurückliegt.

175 In § 7 BuchPrG sind bestimmte **Ausnahmen von der Buchpreisbindung** festgelegt. Die Buchpreisbindung entfällt insbesondere nach § 7 Abs. 1 Nr. 3 BuchPrG beim Verkauf von Büchern an Lehrer zum Zwecke der Prüfung einer Verwendung im Unterricht (sog. Bücher-Lehrerprüfstücke). Eine wichtige Besonderheit enthält § 7 Abs. 3 BuchPrG, wonach die Verkäufer bestimmte Nachlässe bei Sammelbestellungen von Büchern für den Schulunterricht, die zu Eigentum der öffentlichen Hand, eines Beliehenen oder allgemein bildender Privatschulen, die den Status staatlicher Ersatzschulen besitzen, angeschafft werden, gewähren. Über § 7 BuchPrG hinausgehende zusätzliche wirtschaftliche Vergünstigungen sind ausgeschlossen und dürfen weder durch die Einräumung von Skonto noch durch die Gewährung anderer Zahlungsziele umgangen werden.[365]

176 Problematisch sind nach der Rechtsprechung sog. **Koppelungsgeschäfte**. Bei solchen Geschäften werden preisgebundene und preisungebundene Bücher gemeinsam ausgeschrieben. Unzulässig soll ein solches Geschäft nach der Rechtsprechung des BGH[366] sein, wenn für die preisungebundenen Schulbücher ein Preis verlangt wird, der unter dem Einstandspreis liegt, weil dann nach allgemeiner wirtschaftlicher Erfahrung der Verlust beim Verkauf dieser Bücher nur dadurch ausgeglichen werden kann, dass teilweise auf Gewinne aus dem Verkauf preisgebundener Bücher zurückgegriffen wird. Eine Ausnahme soll nach der Rechtsprechung

365 VK Münster, Beschluss v. 15.5.2007 – VK 11/07.
366 BGH, Urteil v. 21.11.1989 – KZR 17/88; folgend OLG München, Beschluss v. 19.12.2007 – Verg 12/07.

des OLG München[367] vorliegen, wenn Lehrerprüfstücke unter dem Einstandspreis abgegeben werden.

Die Buchpreisbindung kann dazu führen, dass ein funktionierender Preiswettbewerb nicht existiert. Der Preis büßt in diesen Fällen seinen *„Auswahlcharakter"*[368] ein. Die Rechtsprechung hat es daher bereits nach alter Rechtslage in diesem Fall zugelassen, auf den Preis oder die Kosten als **Zuschlagskriterien** zu verzichten und die Angebotswertung ausschließlich nach leistungsbezogenen Kriterien zu bemessen.[369] Nunmehr ist dies in § 58 Abs. 2 S. 2 VgV und § 16d EU Abs. 2 Nr. 4 VOB/A ausdrücklich vorgesehen. 177

3. RVG

Das RVG enthält verbindliche Vorschriften zur Preisgestaltung im Sinne von § 127 Abs. 2 GWB.[370] 178

a) Anwendungsbereich

Das RVG umfasst nach § 1 Abs. 1 S. 1 RVG die Vergütung (Gebühren und Auslagen) für anwaltliche Tätigkeiten der Rechtsanwältinnen und Rechtsanwälte. Nach § 1 Abs. 1 S. 2 RVG gilt dies auch für Tätigkeit von Prozesspflegern nach §§ 57 und 58 ZPO. 179

Das RVG findet nach § 1 Abs. 2 S. 1 RVG **keine Anwendung** auf die Tätigkeit als Syndikusrechtsanwalt. Es gilt nach § 1 Abs. 2 S. 2 RVG zudem nicht für eine Tätigkeit als Vormund, Betreuer, Pfleger, Verfahrenspfleger, Verfahrensbeistand, Testamentsvollstrecker, Insolvenzverwalter, Restrukturierungsbeauftragter, Sanierungsmoderator, Mitglied des Gläubigerausschusses, Nachlassverwalter, Zwangsverwalter, Treuhänder oder Schiedsrichter oder für eine ähnliche Tätigkeit. 180

b) Verbindliche Vorgaben

Die Gebühren werden grundsätzlich gemäß § 2 Abs. 1 RVG nach dem Wert berechnet, den der Gegenstand der anwaltlichen Tätigkeit hat (Gegenstandswert). Die Höhe der Vergütung bestimmt sich gemäß § 2 Abs. 2 S. 1 RVG nach dem Vergütungsverzeichnis der Anlage 1 des RVG. Das RVG sieht hierfür Wertgebühren nach § 13 RVG und Rahmengebühren nach § 14 RVG vor. Innerhalb von Rahmengebühren ist ein Preiswettbewerb zulässig.[371] 181

Bei **Rahmengebühren** bestimmt der Rechtsanwalt nach § 14 Abs. 1 RVG die Gebühr im Einzelfall unter Berücksichtigung aller Umstände, vor allem des Umfangs und der Schwierigkeit der anwaltlichen Tätigkeit, der Bedeutung der Angelegenheit sowie der Einkommens- und Vermögensverhältnisse des öffentlichen Auftraggebers, nach billigem Ermessen. Ein besonderes Haftungsrisiko des Rechtsanwalts kann bei der Bemessung herangezogen werden. Bei Rahmengebühren, die sich nicht nach dem Gegenstandswert richten, ist das Haftungsrisiko zu berücksichtigen. Die Ermessensausübung des Rechtsanwalts ist von den Gerichten und Nachprüfungsinstanzen nach allgemeinen Grundsätzen nur in begrenztem Umfang darauf zu kontrollieren, ob ihr zutreffende Sachverhalte zugrunde gelegt worden sind sowie kein Ermessensfehl- oder Nichtgebrauch anzunehmen und die Ermessensentscheidung im Ergebnis vertretbar ist.[372] 182

Nach § 3a RVG kann eine **Vergütungsvereinbarung** getroffen werden. Eine Vereinbarung höherer als der vorgesehenen Kosten ist – bis auf Einzelfälle[373] – stets zulässig. Es gilt allerdings grundsätzlich das Gebührenunterschreitungsverbot nach § 49b Abs. 1 S. 1 BRAO. In außergerichtlichen Angelegenheiten kann nach § 4 Abs. 1 S. 1 RVG eine niedrigere als die ge- 183

---

367 OLG München, Beschluss v. 19.12.2007 – Verg 12/07; so auch VK Nordbayern, Beschluss v. 12.8.2009 – 21.VK-3194-29/09.
368 VK Sachsen, Beschluss v. 2.7.2003 – 1/SVK/061-03.
369 Vgl. VK Düsseldorf, Beschluss v. 14.7.2003 – VK-19/2003-L; VK Sachsen, Beschluss v. 2.7.2003 – 1/SVK/061-03.
370 Vgl. OLG Düsseldorf, Beschluss v. 2.1.2012 – VII-Verg 70/11.
371 OLG Düsseldorf, Beschluss v. 2.1.2012 – VII-Verg 70/11.
372 OLG Düsseldorf, Beschluss v. 2.1.2012 – VII-Verg 70/11.
373 Siehe § 3a Abs. 3 S. 1 RVG.

setzliche Vergütung vereinbart werden. Eine Ausnahme für gerichtliche Verfahren enthält § 4 Abs. 2 RVG bezüglich des Mahn- und Zwangsvollstreckungsverfahrens.

184 Gemäß § 4a Abs. 1 S. 1 RVG darf ein **Erfolgshonorar** nur für den Einzelfall und nur dann vereinbart werden, wenn der öffentliche Auftraggeber aufgrund seiner wirtschaftlichen Verhältnisse bei verständiger Betrachtung ohne die Vereinbarung eines Erfolgshonorars von der Rechtsverfolgung abgehalten würde.

4. VO PR 30/53

185 Verbindliche Vorschriften zur Preisgestaltung enthält auch die VO PR 30/53.[374] Nach § 10 Abs. 5 VSVgV sind bei der Vergabe die Vorschriften über die Preise bei öffentlichen Aufträgen zu beachten. Auch die im Rahmen des GWB-Vergaberechts nicht mehr anzuwendende VOL/A sah die Beachtung der VO PR 30/53 in § 2 Abs. 4 sowie § 2 EG Abs. 4 VOL/A ebenfalls ausdrücklich vor. Dem Wortlaut nach sind diese Normen als Beachtungsgebot formuliert und verpflichten den Auftraggeber, die Regeln des Preisbildungsrechts bei der Auswahl seines Vertragspartners und des Vertragsangebots zu beachten, also ihre Einhaltung im gesamten Vergabeverfahren sicherzustellen.[375] Nicht abschließend geklärt war dabei, ob die Normen nach Art einer **Rechtsgrundverweisung** wirken und lediglich klarstellen sollen, dass die VO PR 30/53 nach Maßgabe ihres eigenen Anwendungsbereichs einzuhalten ist, oder ob die Bestimmungen auch als Rechtsfolgenverweisung zu verstehen sein können, sodass die Regelungsgehalte der VO PR 30/53 in den Anwendungsbereich der vergaberechtlichen Verweisungsnormen übernommen würden und so im gesamten Anwendungsbereich von VOL/A und VSVgV (d.h. etwa auch von Auftraggebern gemäß § 99 Nr. 2 GWB) zu beachten wären.[376] Hiervon abweichend enthält die VgV, welche die VOL/A abgelöst hat, nunmehr gar keine Bezüge mehr zum öffentlichen Preisrecht. Auch § 2 Abs. 5 UVgO stellt kein Beachtungsgebot mehr auf, sondern lediglich klar, dass die Regelungen des öffentlichen Preisrechts durch die UVgO unberührt bleiben. Durch die neue Formulierung des § 2 Abs. 5 UVgO wird klargestellt, dass das Unterschwellenvergaberecht selbst keine Verpflichtung zur Anwendung des öffentlichen Preisrechts begründet.[377] Dies gilt erst recht für das Oberschwellenvergaberecht, das in der VgV gar keinen Verweis auf die VO PR 30/53 mehr enthält. Hier bleibt es somit bei dem deklaratorischen Rechtsgrundverweis in § 127 Abs. 2 GWB.[378] Ob das Preisrecht Anwendung findet, bestimmt sich autonom nach Maßgabe der VO PR 30/53.

186 Sinn und **Zweck** der Verordnung ist nach ihrer Eingangsformel die Verordnung der verstärkten Durchsetzung marktwirtschaftlicher Grundsätze auf dem Gebiet des öffentlichen Auftragswesens.

a) Anwendungsbereich

187 Die VO PR 30/53 findet grundsätzlich nur auf **öffentliche Aufträge** Anwendung. Dies sind nach § 2 Abs. 1 VO Nr. 30/53 Aufträge des Bundes, der Länder, der Gemeinden und Gemeindeverbände und der sonstigen juristischen Personen des öffentlichen Rechts. Hierdurch sind in erster Linie öffentliche Auftraggeber im Sinne von § 99 Nr. 1 GWB betroffen. Juristische Personen des Privatrechts sind grundsätzlich ausgeschlossen.[379] Die in § 99 GWB angelegte Differenzierung zwischen institutionalem und funktionalem Auftraggeberbegriff kennt die VO PR 30/53 nicht.[380]

188 Ausgenommen vom Anwendungsbereich der Verordnung sind nach § 2 Abs. 5 S. 1 VO PR 30/53 **Bauleistungen**. Bauleistungen sind nach § 2 Abs. 5 S. 2 VO PR 30/53 alle Bauarbeiten,

---

374 Vgl. *Otting*, VergabeR 2016, 316 (326).
375 Vgl. *Dörr/Hoffjan*, Studie im Auftrag des Bundesministeriums für Wirtschaft und Energie, Die Bedeutung der Verordnung PR Nr. 30/53 über die Preise bei öffentlichen Aufträgen, 80 f.
376 Vgl. *Dörr/Hoffjan*, Studie im Auftrag des Bundesministeriums für Wirtschaft und Energie, Die Bedeutung der Verordnung PR Nr. 30/53 über die Preise bei öffentlichen Aufträgen, 81.
377 *Dieckmann*, in: Dieckmann/Scharf/Wagner-Cardenal, VgV/UVgO, § 2 UVgO Rn. 40.
378 Siehe hierzu oben Rn. 159.
379 Vgl. *Brüning*, ZfBR 2012, 642.
380 Vgl. *Roth*, NZBau 2015, 209 (210).

soweit sie mit oder ohne Lieferung von Stoffen und Bauteilen der Herstellung, Instandsetzung, Instandhaltung, Änderung oder Beseitigung baulicher Anlagen dienen. Montagearbeiten einschließlich der Installationsarbeiten der Elektroindustrie und des Maschinenbaus stellen keine Bauleistungen dar.

Fraglich ist, ob eine **Inhouse-Beauftragung** in den Anwendungsbereich der VO PR Nr. 30/53 fällt. Dies wäre dann der Fall, wenn die Inhouse-Beauftragung einen öffentlichen Auftrag im Sinne des § 2 Abs. 1 VO PR Nr. 30/53 begründet. Jenseits der allgemeinen Definition in § 2 Abs. 1 VO PR Nr. 30/53 wird der Begriff der „öffentlichen Aufträge" nicht weiter konkretisiert. Die Literatur versteht den öffentlichen Auftrag allgemein als ein vertragliches Austauschverhältnis, das die Erbringung einer Leistung für den öffentlichen Auftraggeber gegen einen bestimmten Preis zum Gegenstand hat.[381] Darüber hinaus wird die Reichweite und Bedeutung des öffentlichen Auftragsbegriffs durch die Literatur jedoch unterschiedlich bewertet. Die wohl überwiegende Rechtsansicht geht davon aus, dass der VO PR Nr. 30/53 ein eigener preisrechtlicher Auftragsbegriff zugrunde liegt, der allein nach der Person des Auftraggebers abzugrenzen sei.[382] Der preisrechtliche Auftragsbegriff soll nach dieser Auffassung mit dem vergaberechtlichen Auftragsbegriff nicht deckungsgleich sein, da sich eine Einschränkung des Vergaberechts bei funktionaler Betrachtung insbesondere aus dem Verhältnis der Vertragspartner ergebe.[383] Nach dieser Auffassung sind vom Anwendungsbereich der VO PR Nr. 30/53 auch Konstellationen erfasst, in denen der Auftraggeber eine von ihm vollständig beherrschte Person des Privatrechts, etwa eine Eigengesellschaft beauftragt. Ob diese Beauftragung als Inhouse-Geschäft vom Vergaberecht freigestellt ist, wäre hiernach für die Anwendbarkeit von Preisrecht unerheblich. Eine andere Ansicht stellt primär auf den Begriff des öffentlichen Auftrags ab, dem als selbstständiges Tatbestandsmerkmal eine eigene Bedeutung zukommen solle. Danach soll es sich beim Begriff des öffentlichen Auftrags um einen feststehenden Rechtsbegriff handeln, der in § 103 Abs. 1 GWB verbindlich kodifiziert und auch über den Anwendungsbereich des GWB-Vergaberechts hinaus Geltung habe.[384] Da zu den unabdingbaren Voraussetzungen eines öffentlichen Auftrags im Sinne des Vergaberechts eine förmliche Rechtsbeziehung mit einer anderen Rechtsperson, ein Beschaffungszweck und eine Beziehung auf den Markt, also den verwaltungsexternen Bereich gehöre, seien sogenannte Inhouse-Geschäfte vom Begriff des öffentlichen Auftrags nicht umfasst. Denn in diesen Fällen fehle es an einer Beschaffung am Markt. Die letztere Auffassung, die den Begriff des öffentlichen Auftrags aus dem Vergaberecht auf den Auftragsbegriff der VO PR Nr. 30/53 übertragen wissen will, fußt maßgeblich auf der Rechtsprechung des EuGH in der Rechtssache „Teckal". In dieser Grundsatzentscheidung stellte der EuGH klar, dass es an einem Vertrag zwischen zwei verschiedenen Personen fehlen könne, wenn die Gebietskörperschaft über die fragliche Person eine Kontrolle ausübt wie über ihre eigenen Dienststellen und wenn diese Person zugleich ihre Tätigkeit im Wesentlichen für die Gebietskörperschaft erbringt.[385] Ausweislich der Urteilsbegründung soll es tatsächlich an Tatbestandsvoraussetzungen für einen öffentlichen Auftrag fehlen, wenn die Voraussetzungen einer Inhouse-Vergabe vorliegen. Da eine entsprechende ausdrückliche Ausnahme nach der alten Rechtslage nicht bestand, wurde die Ausklammerung vom Anwendungsbereich des Vergaberechts ursprünglich durch eine teleologische Reduktion des Auftragsbegriffs erreicht.[386] Im Hinblick auf jüngere Entscheidungen des EuGH verbleiben hingegen Zweifel, ob sich die systematische Verortung der Ausnahme von Inhouse-Beauftragungen beim Auftragsbegriff tatsächlich weiter uneingeschränkt auf die Rechtsprechung des EuGH stützen lässt. So prüfte der EuGH etwa in der Rechtssache „Piepen- 189

381 Vgl. *Brüning*, ZfBR 2012, 642 (644); *Pauka/Chrobot*, VergabeR 2011, 405 (407); *Berstermann*, in: Pünder/Schellenberg, Vergaberecht, § 1 VO PR Nr. 30/53 Rn. 2.

382 Vgl. *Brüning*, ZfBR 2012, 642 (644); *Pauka/Chrobot*, VergabeR 2011, 405 (407); so wohl auch VGH Kassel, Beschluss v. 27. 4.1999 – 5 N 3909/98.

383 Vgl. *Brüning*, ZfBR 2012, 642 (644).

384 Vgl. *Dörr/Hoffjan*, Studie im Auftrag des Bundesministeriums für Wirtschaft und Energie, Die Bedeutung der Verordnung PR Nr. 30/53 über die Preise bei öffentlichen Aufträgen, 85.

385 Vgl. EuGH, Urteil v. 18.11.1999 – Rs. C-107/98 (Teckal), Rn. 50.

386 Zutreffend insoweit *Dörr/Hoffjan*, Studie im Auftrag des Bundesministeriums für Wirtschaft und Energie, Die Bedeutung der Verordnung PR Nr. 30/53 über die Preise bei öffentlichen Aufträgen, 86.

brock", ob der geschlossene Vertrag *„zu den zwei Arten von Aufträgen gehör[t], die obwohl sie von öffentlichen Einrichtungen vergeben werden, nicht in den Anwendungsbereich des Vergaberechts der Union fallen"*.[387] Insbesondere aus der jüngeren Rechtsprechung des EuGH lässt sich somit nicht mehr ohne weiteres ableiten, dass Inhouse-Beauftragungen vom Auftragsbegriff im Sinne des Vergaberechts ausgenommen wären. Insofern scheint der EuGH von eigenständigen Ausnahmefällen auszugehen. Das novellierte und im Jahr 2016 in Kraft getretene GWB sieht für bestimmte Inhouse-Konstellationen darüber hinaus ohnehin einen ausdrücklich gesetzlich geregelten Ausnahmetatbestand vor. Hiermit entfällt jedoch die Notwendigkeit einer teleologischen Reduktion des Begriffs des öffentlichen Auftrags. Letzteres wird deutlich durch § 108 Abs. 1 S. 1 GWB, wonach Teil 4 GWB nicht anzuwenden ist, *„auf die Vergabe von öffentlichen Aufträgen"*, die die näher beschriebenen Voraussetzungen einer Inhouse-Vergabe erfüllen. Systematisch hat der nationale Gesetzgeber in Übereinstimmung mit den Richtlinienvorgaben somit einen gesetzlichen Ausnahmetatbestand geschaffen, der nicht an den Begriff des öffentlichen Auftrags anknüpft, sondern allein derartige Aufträge vom Anwendungsbereich des Vergaberechts ausnimmt. Im Ergebnis handelt es sich somit auch bei Inhouse-Beauftragungen nach aktueller Rechtslage stets um öffentliche Aufträge im Sinne des § 103 Abs. 1 GWB. Angesichts dieses Befundes führt selbst die Auffassung, die zur Abgrenzung des sachlichen Anwendungsbereichs der VO PR Nr. 30/53 auf den Begriff des öffentlichen Auftrags als eigenes Tatbestandsmerkmal abstellt, nicht dazu, dass Inhouse-Beauftragungen an eine juristische Person des Privatrechts vom Anwendungsbereich der VO PR Nr. 30/53 ausgenommen wären. Denn ein § 108 GWB entsprechender Ausnahmetatbestand findet sich in der VO PR Nr. 30/53 gerade nicht. Für dieses Ergebnis spricht, dass ein wesentliches Anwendungsfeld der VO PR Nr. 30/53 offenbar vor allem für solche Konstellationen von praktischer Bedeutung ist, in denen die beschaffende Kommune sich an ein privatrechtlich organisiertes Unternehmen wendet, dessen Eigentümerin sie ist.[388]

b) Verbindliche Vorgaben

190 Nach § 1 Abs. 1 VO PR Nr. 30/53 ist Marktpreisen gegenüber Selbstkostenpreisen grundsätzlich der Vorzug zu geben.

191 Der **Marktpreis** ist der verkehrsübliche Preis für eine marktgängige Leistung, vgl. § 1 Abs. 1, § 4 Abs. 1 VO PR Nr. 30/53. Der Vorrang gilt nach § 4 Abs. 2 VO PR Nr. 30/53 auch für vergleichbare Leistungen, bei denen die Voraussetzungen nach § 4 Abs. 1 VO PR Nr. 30/53 nicht vorliegen (sog. abgeleitete Marktpreise). Der Vorzug des Marktpreises bedeutet, dass soweit wie immer möglich auf Preise zurückzugreifen ist, die sich im funktionierenden Wettbewerb herausgebildet haben.[389] Ein solcher Wettbewerb wird im Rahmen eines Vergabeverfahrens nicht zwangsläufig erzielt.[390]

192 **Höhere Preise** als die in VO PR Nr. 30/53 zugelassenen dürfen nach § 1 Abs. 3 VO PR Nr. 30/53 nicht gefordert, versprochen, vereinbart, angenommen oder gewährt werden, als dies nach den Bestimmungen der VO PR Nr. 30/53 zulässig ist.

D. Zuschlagskriterien

193 Der Gesetzgeber verwendet in § 127 Abs. 3 bis 5 GWB den Begriff der Zuschlagskriterien. Eine Definition des Begriffs enthält das GWB nicht. Nach allgemeinem Verständnis sind Zuschlagskriterien alle Kriterien, mit denen der Zielerreichungsgrad der Angebote bestimmt werden soll und anhand derer die Angebote untereinander verglichen werden können.[391]

---

387 EuGH, Urteil v. 13.6.2013 – Rs. C-386/11 (Piepenbrock), Rn. 33.
388 *Berstermann*, in: Pünder/Schellenberg, Vergaberecht, § 1 VO PR Nr. 30/53 Rn. 7.
389 *Müller*, NZBau 2011, 720 (722).
390 Vgl. *Berstermann/Petersen*, ZfBR 2007, 767 (771); *Müller*, NZBau 2011, 720 (722), a.A. VK Münster, Beschluss v. 15.5.2007 – VK 11/07.
391 VK Bund, Beschluss v. 30.10.2009 – VK 2-180/09.

Bei der Definition der Zuschlagskriterien ist der öffentliche Auftraggeber im Rahmen der gesetzlichen Vorgaben grundsätzlich frei.[392] Es ist Ausdruck des **Bestimmungsrechts** des öffentlichen Auftraggebers, die Kriterien für die Zuschlagserteilung zu bestimmen. Er kann festlegen, worauf es ihm bei dem zu vergebenden Auftrag ankommt und was er als wirtschaftlich ansieht. Hierbei steht dem öffentlichen Auftraggeber ein großer Ermessensspielraum zu.[393] Die Kontrolle durch die Vergabenachprüfungsinstanzen hat sich dabei ähnlich wie bei der Ermessenskontrolle darauf zu beschränken, ob ein Zusammenhang mit dem Auftragsgegenstand gegeben ist und kein offensichtlicher Beurteilungsfehler oder ein Ermessensfehlgebrauch vorliegen. Das Bestimmungsrecht des öffentlichen Auftraggebers unterliegt nur den Schranken, die sich unmittelbar oder mittelbar aus den vergaberechtlichen Prinzipien sowie aus dem Zweck, dem die Festlegung von Wertungskriterien dient, ergeben.[394] 194

Keine Zuschlagskriterien sind **Eignungskriterien**. Nach § 122 Abs. 2 S. 1 GWB handelt es sich hierbei um die zur ordnungsgemäßen Ausführung des öffentlichen Auftrags festgelegten Kriterien. Die Eignungskriterien dürfen nach § 122 Abs. 2 S. 2 GWB ausschließlich die Befähigung und Erlaubnis zur Berufsausübung, die wirtschaftliche und finanzielle Leistungsfähigkeit sowie die technische und berufliche Leistungsfähigkeit betreffen. Die Eignungskriterien beziehen sich im Gegensatz zu den Zuschlagskriterien nicht auf die konkrete Leistung, sondern auf die generellen Fähigkeiten des Unternehmens. 195

Von Zuschlagskriterien abzugrenzen sind **Unterkriterien**. Hierbei handelt es sich um Kriterien, welche die eigentlichen Zuschlagskriterien genauer ausformen und präziser darstellen, worauf es dem öffentlichen Auftraggeber im Einzelnen ankommt.[395] Die Rechtsprechung des EuGH[396] differenziert sowohl in Terminologie als auch in den rechtlichen Maßstäben zwischen Zuschlags- und Unterkriterien. Weder dem Gesetzeswortlaut noch der Gesetzesbegründung sind Anhaltspunkte dafür zu entnehmen, dass der Begriff der Zuschlagskriterien auch denjenigen der Unterkriterien für sich einnehmen solle. Es spricht daher viel dafür, dass der Gesetzgeber Unterkriterien in den Anwendungsbereich nicht einbeziehen wollte. Unterkriterien sind daher an den allgemeinen vergaberechtlichen Grundsätzen nach § 97 Abs. 1 und 2 GWB zu bemessen. 196

I. Pflicht zur Festlegung von Zuschlags- und Unterkriterien

§ 127 Abs. 3 und Abs. 4 GWB regelt zwar die Anforderungen an die **Zuschlagskriterien**. § 127 GWB regelt indes nicht die Pflicht des öffentlichen Auftraggebers, Zuschlagskriterien festzulegen. Sie ergibt sich aber implizit aus den Regelungen in § 127 Abs. 3 bis 5 GWB. Auch die Gesetzesbegründung[397] hält die Festlegung von Zuschlagskriterien für ein *„zentrales Element der Planung und Durchführung eines jeden Vergabeverfahrens"*. 197

Eine Pflicht zur Festlegung von **Unterkriterien** besteht grundsätzlich nicht. Ob der öffentliche Auftraggeber Unterkriterien bilden muss, hängt von den Umständen des Einzelfalles ab. Die Grenze, ab der das Offenlassen konkreter Bewertungsmaßstäbe vergaberechtlich unzulässig ist, ist allerdings erreicht, wenn die aufgestellten Wertungsmaßstäbe so unbestimmt sind, dass Bieter nicht mehr angemessen über die Kriterien und Modalitäten informiert werden, anhand deren das wirtschaftlichste Angebot ermittelt wird, und sie infolgedessen auch vor einer 198

392 OLG Düsseldorf, Beschluss v. 1.12.2021 – VII-Verg 55/20.

393 Vgl. EuGH, Urteil v. 26.3.2015 – Rs. C-601/13 (Ambisig), Rn. 28; OLG Düsseldorf, Beschluss v. 1.12.2021 – VII-Verg 55/20; Beschluss v. 14.12.2016 – VII-Verg 15/16; Beschluss v. 3.3.2010 – VII-Verg 48/09; Beschluss v. 5.5.2008 – VII-Verg 5/08; Beschluss v. 7.5.2005 – VII-Verg 16/05.

394 OLG Düsseldorf, Beschluss v. 8.2.2017 – VII-Verg 31/16; Beschluss v. 3.3.2010 – VII-Verg 48/09.

395 OLG Celle, Beschluss v. 25. 3.2021 – 13 Verg 1/21; OLG Frankfurt, Beschluss v. 28.5.2013 – 11 Verg 6/13; OLG Düsseldorf, Beschluss v. 27.3.2013 – VII-Verg 53/12; OLG München, Beschluss v. 19.3.2009 – Verg 2/09; VK Brandenburg, Beschluss v. 26.2.2013 – VK 46/12; VK Berlin, Beschluss v. 30.11.2012 – VK-B1-30/12; VK Baden-Württemberg, Beschluss v. 19.4.2011 – 1 VK 14/11.

396 Vgl. zuletzt EuGH, Urteil v. 14.7.2016 – Rs. C-6/15 (Dimarso), Rn. 26.

397 Gesetzesbegründung zu § 127 Abs. 1 GWB, VergRModG 2016, BT-Drs. 18/6281, 111.

willkürlichen und/oder diskriminierenden, d.h. einer die Gebote der Gleichbehandlung und der Transparenz verletzenden Angebotswertung, nicht mehr effektiv zu schützen sind.[398]

II. Anforderungen

199 Die Anforderungen an die Zuschlagskriterien sind in § 127 Abs. 3 und Abs. 4 GWB geregelt. Sie müssen danach mit dem Auftragsgegenstand in Verbindung stehen und so festgelegt und bestimmt sein, dass die Möglichkeit eines wirksamen Wettbewerbs gewährleistet wird, der Zuschlag nicht willkürlich erteilt werden kann und eine wirksame Überprüfung möglich ist.

1. Verbindung mit dem Auftragsgegenstand (Abs. 3)

200 Nach § 127 Abs. 3 S. 1 GWB müssen die Zuschlagskriterien mit dem Auftragsgegenstand in Verbindung stehen.

201 Sinn und **Zweck** der Regelung ist es nach der Gesetzesbegründung[399], zu verhindern, dass ein weniger wirtschaftliches Angebot den Zuschlag aus sachfremden Erwägungen erhält. Dies würde mit dem Wettbewerbsgrundsatz nach § 97 Abs. 1 S. 1 GWB konfligieren.

202 Die Regelung ist mit dem **VergRModG 2016** neu in das GWB aufgenommen worden. Die VOB/A enthält in § 16d EU Abs. 2 Nr. 2 S. 3 wegen der zentralen Bedeutung der Vorschrift eine gleichlautende Regelung.[400] Vor Inkrafttreten des VergRModG 2016 war eine vergleichbare Anforderung ausschließlich in untergesetzlichen Vorschriften geregelt. Für die Vergabe von Bauleistungen ist es nach § 16 EG Abs. 7 S. 2 und § 16 VS Abs. 7 S. 2 VOB/A 2012 erforderlich, dass die Zuschlagskriterien „mit dem Auftragsgegenstand zusammenhängen". Eine strenge Vorgabe enthalten die VOL/A und die VOF.[401] Nach § 11 Abs. 5 S. 1 VOF und § 19 EG Abs. 9 VOL/A müssen die Zuschlagskriterien „durch den Auftragsgegenstand gerechtfertigt" sein. Allerdings war diese Anforderung nach der Rechtsprechung des OLG Düsseldorf[402] richtlinienkonform dahingehend auszulegen, dass auch hiernach ein Zusammenhang bzw. eine Verbindung zum Auftragsgegenstand ausreichend sei. Denn es sei nicht anzunehmen, der Vergabe- und Vertragsausschuss habe mit der Bestimmung in § 19 EG Abs. 9 VOL/A unionsrechtliche Vorschriften einschränken oder verschärfen wollen.

203 § 127 Abs. 3 S. 1 GWB geht auf Art. 67 Abs. 2 UAbs. 1 S. 1 **RL 2014/24/EU** zurück. Danach kann das beste Preis-Leistungs-Verhältnis anhand von Kriterien bewertet werden, die mit dem Auftragsgegenstand des betreffenden öffentlichen Auftrags in Verbindung stehen. Im Wortlaut, nicht aber in der Sache weicht der Richtliniengeber damit von der Vorgängerregelung in Art. 53 Abs. 1 lit. a RL 2004/18/EG ab, wonach ein Zusammenhang der Zuschlagskriterien mit dem Auftragsgegenstand verlangt ist. § 127 Abs. 3 S. 2 GWB basiert auf Art. 67 Abs. 3 RL 2014/24/EU.

a) Anforderungen an die Verbindung

204 Eine Verbindung zum Auftragsgegenstand besteht in jedem Fall, wenn das Kriterium dem Auftragsgegenstand unmittelbar anhaftet, sich also auf eine Eigenschaft des Auftragsgegenstandes bezieht. Ausreichend ist auch eine mittelbare Verbindung.[403] Diese Frage stellt sich etwa für Dienstleistungsaufträge, bei denen sich die Zuschlagskriterien auf die Verwendung bestimmter (beispielspielweise fair gehandelter) Produkte beziehen. Die Regelung schließt eine solche Verbindung nicht aus. Auch die Definition des Lebenszyklus in Art. 2 Abs. 1 Nr. 20

---

398 Vgl. OLG Celle, Beschluss v. 7.11.2013 – 13 Verg 8/13; Düsseldorf, Beschluss v. 19.6.2013 – VII-Verg 8/13; Beschluss v. 30.7.2009 – VII-Verg 10/09; VK Niedersachsen, Beschluss v. 10.07.2020 – VgK-12/2020; VK Nordbayern, Beschluss v. 6.8.2015 – 21.VK-3194-16/15.

399 Gesetzesbegründung zu § 127 Abs. 3 GWB, VergRModG 2016, BT-Drs. 18/6281, 112.

400 Vgl. Hinweise für die VOB/A 2016, BAnz. AT 19.01.2016 B3.

401 Beide Regelungen sind mit Inkrafttreten der VergRModVO im Anwendungsbereich des GWB-Vergaberechts nicht mehr maßgeblich.

402 OLG Düsseldorf, Beschluss v. 19.11.2014 – VII-Verg 30/14.

403 Hiergegen aber wohl *Latzel*, NZBau 2014, 673 (679).

RL 2014/24/EU spricht dafür, dass auch eine mittelbare Verbindung genügt. Danach können auch die Lebenszyklen während der Erbringung einer Dienstleistung berücksichtigt werden.

Die Verbindung zum Auftragsgegenstand muss sich nicht auf die materiellen **Eigenschaften des Auftragsgegenstandes** beziehen.[404] Dies galt bereits bislang nach der Rechtsprechung des EuGH[405]. § 127 Abs. 3 S. 1 GWB stellt dies nun ausdrücklich klar. Die Verbindung ist nach der Regelung auch dann anzunehmen, wenn sich ein Zuschlagskriterium auf Prozesse im Zusammenhang mit der Herstellung, Bereitstellung oder Entsorgung der Leistung, auf den Handel mit der Leistung oder auf ein anderes Stadium im Lebenszyklus der Leistung bezieht, auch wenn sich diese Faktoren nicht auf die materiellen Eigenschaften des Auftragsgegenstandes auswirken. 205

Nicht ausreichend für eine Verbindung ist es freilich, dass das Kriterium in den Vergabeunterlagen oder der Bekanntmachung genannt ist.[406] Eine solche **verfahrensformale Verbindung** genügt nicht. Sie wäre nicht geeignet, den öffentlichen Auftraggeber daran zu hindern, sachfremde Erwägungen in die Angebotswertung einzubringen. 206

Ausgeschlossen bleibt es auch nach neuer Rechtslage, Zuschlagskriterien bezüglich der **allgemeinen Unternehmenspolitik** festzulegen. Denn hierbei handelt es sich nicht um einen Faktor, der den konkreten Prozess der Herstellung oder Bereitstellung der beauftragten Leistungen charakterisiert.[407] Öffentlichen Auftraggebern bleibt es daher verwehrt, im Rahmen der Angebotswertung von den Bietern eine bestimmte Politik der sozialen oder ökologischen Verantwortung zu verlangen.[408] 207

Eine Verbindung mit dem Auftragsgegenstand setzt zudem voraus, dass das Zuschlagskriterium zumindest mittelbar auf den **Inhalt des Angebots** bezogen ist.[409] Das Kriterium muss sich dabei zur Beurteilung der angebotenen Leistung eignen und der Ermittlung des qualitativ bestens Angebots (und damit des wirtschaftlichen Angebots) dienen.[410] Nach diesem Maßstab sind z. B. Konzepte zur Leistungserbringung grundsätzlich ein zulässiges Zuschlagskriterium. Ein gefordertes Konzept ist jedoch dann unzulässig, wenn in dem Konzept nicht die Vorteile des eigenen Angebots darzustellen sind, sondern lediglich allgemein die Vorteile des Beschaffungsgegenstandes beschrieben werden sollen. Durch solche Ausführungen kann nicht das qualitativ beste (und damit wirtschaftlichste) Angebot ermittelt werden.[411] Eine Verbindung zum Auftragsgegenstand fehlt auch dann, wenn es in einem Innovationskonzept nicht nur um die konkrete Darstellung der Entwicklungsfähigkeit der angebotenen Lösung geht, sondern geplante Neuerungen und Innovationen darzustellen sind, die nach § 132 Abs. 1 GWB ein neues Vergabeverfahren erfordern würden und damit eine zukünftig anzubietende Leistung betreffen.[412] 208

b) Bezug zu Lebenszyklusstadien

Die Verbindung zum Auftragsgegenstand besteht nach § 127 Abs. 3 S. 2 GWB auch dann, wenn sich ein Zuschlagskriterium auf Prozesse im Zusammenhang mit der Herstellung, Bereitstellung oder Entsorgung der Leistung, auf den Handel mit der Leistung oder auf ein anderes Stadium im Lebenszyklus der Leistung bezieht, auch wenn sich diese Faktoren nicht auf die materiellen Eigenschaften des Auftragsgegenstandes auswirken. 209

Lebenszyklus bezeichnet nach Art. 2 Abs. 1 Nr. 20 RL 2014/24/EU alle aufeinander folgenden und/oder miteinander verbundenen Stadien, einschließlich der durchzuführenden For- 210

404 Vgl. Gesetzesbegründung zu § 127 Abs. 3 GWB, VergRModG 2016, BT-Drs. 18/6281, 112.
405 EuGH, Urteil v. 10.5.2012 – Rs. C-368/10 (Max Havelaar), Rn. 91: *„nicht erforderlich, dass sich ein Zuschlagskriterium auf eine echte innere Eigenschaft eines Erzeugnisses, also ein Element, das materiell Bestandteil von ihm ist, bezieht."*
406 *Opitz*, VergabeR 2004, 421 (429).
407 Vgl. Erwägungsgrund 97 RL 2014/24/EU.
408 Vgl. Erwägungsgrund 97 RL 2014/24/EU.
409 Vgl. OLG Schleswig, Beschluss v. 4.2.2022 – 54 Verg 9/21.
410 Vgl. OLG Schleswig, Beschluss v. 4.2.2022 – 54 Verg 9/21 m.w.N.
411 Vgl. OLG Schleswig, Beschluss v. 4.2.2022 – 54 Verg 9/21.
412 So OLG Schleswig, Beschluss v. 4.2.2022 – 54 Verg 9/21.

schung und Entwicklung, der Produktion, des Handels und der damit verbundenen Bedingungen, des Transports, der Nutzung und Wartung, während der Lebensdauer einer Ware oder eines Bauwerks oder während der Erbringung einer Dienstleistung, angefangen von der Beschaffung der Rohstoffe oder Erzeugung von Ressourcen bis hin zu Entsorgung, Aufräumarbeiten und Beendigung der Dienstleistung oder Nutzung.

211 Prozesse im Zusammenhang mit der **Herstellung** können die Rohstoffgewinnung[413] betreffen. Sie können sich aber auch im Übrigen auf die weiteren Herstellungsstufen beziehen. Hierbei können beispielsweise die Energieeffizienz oder die Umweltverträglichkeit (z. B. Einsatz giftiger Chemikalien[414]) des Herstellungsprozesses berücksichtigt werden. Hierzu gehören auch Maßnahmen zum Schutz der Gesundheit der am Produktionsprozess beteiligten Arbeitskräfte.[415]

212 Prozesse im Zusammenhang mit der **Bereitstellung** und **Entsorgung** sind insbesondere bei Warenlieferungen relevant.[416] Auf diesem Wege können auch die Umweltkosten für den Transport von Ressourcen berücksichtigt werden.[417]

213 Das Zuschlagskriterium kann sich auf den **Handel** mit der Leistung beziehen. Da sich die Zuschlagskriterien nicht auf die materiellen Eigenschaften des Auftragsgegenstandes auswirken müssen, kann auch die Lieferung von Produkten danach bewertet werden, ob die Waren aus fairem Handel entsprechend den ILO-Kernarbeitsnormen stammen oder konventionell gehandelt werden.[418] Dies schließt es beispielsweise ein, den Erzeugern einen Mindestpreis und einen Preisaufschlag zu zahlen.[419]

2. Leistungsbezug

214 Die Zuschlagskriterien müssen der Ermittlung des wirtschaftlich günstigsten Angebots dienen.[420] Aus diesem Grunde können etwa die Form- und Fristgemäßheit oder die Vollständigkeit des Angebots[421], die Eignung des Bieters[422] oder die Angemessenheit der Preise[423] nicht als Zuschlagskriterien ausgestaltet werden.

a) Trennung von Eignungs- und Zuschlagskriterien

215 Erhebliche praktische Schwierigkeiten bereitet die Trennung der Eignungs- und Zuschlagskriterien.[424] Während Zuschlagskriterien der Ermittlung des wirtschaftlich günstigsten Angebots dienen, also leistungsbezogen sind, hängen Eignungskriterien mit der Beurteilung der Eignung der Bieter zusammen.[425] Aus diesem Grund fehlt der Leistungsbezug in der Regel bei

413 Vgl. Gesetzesbegründung zu § 127 Abs. 3 GWB, VergRModG 2016, BT-Drs. 18/6281, 112.
414 Vgl. Erwägungsgrund 97 RL 2014/24/EU.
415 Vgl. Erwägungsgrund 98 RL 2014/24/EU.
416 Vgl. Gesetzesbegründung zu § 127 Abs. 3 GWB, VergRModG 2016, BT-Drs. 18/6281, 112.
417 Auf die hiermit verbundene Bevorzugung ortsnaher Entsorgungsmöglichkeiten weist *Burgi* hin, NZBau 2012, 729 (735).
418 Vgl. Gesetzesbegründung zu § 127 Abs. 3 GWB, VergRModG 2016, BT-Drs. 18/6281, 112; Erwägungsgrund 97 RL 2014/24/EU; instruktiv zur Berücksichtigungsfähigkeit nach alter Rechtslage *Siegel*, VergabeR 2013, 370 (374).
419 Erwägungsgrund 97 RL 2014/24/EU.
420 EuGH, Urteil v. 12.11.2009 – Rs. C-199/07 (Kommission/Griechenland), Rn. 55; Urteil v. 24.1.2008 – Rs. C-532/06 (Lianakis), Rn. 30; Urteil v. 20.9.1988 – Rs. C-31/87 (Beentjes), Rn. 15 ff.; OLG Naumburg, Beschluss v. 12.4.2012 – 2 Verg 1/12; OLG München, Beschluss v. 10.2.2011 – Verg 24/10.
421 OLG Düsseldorf, Beschluss v. 14.1.2009 – VII-Verg 59/08 („*Plausibilität des Angebots*"); VK Nordbayern, Beschluss v. 27.6.2003 – 320.VK-3194-20/03 („*Abgabe aller geforderten Nachweise und Erklärungen*").
422 Kritisch hierzu *Pauka*, NZBau 2015, 18 (19 f.).
423 OLG Düsseldorf, Beschluss v. 14.1.2009 – VII-Verg 59/08, VergabeR 2009, 619 (623) („*Machbarkeit der Leistung*").
424 Hiervon berichtet *Pauka*, NZBau 2015, 18.
425 EuGH, Urteil v. 12.11.2009 – Rs. C-199/07 (Kommission/Griechenland), Rn. 55; Urteil v. 24.1.2008 – Rs. C-532/06 (Lianakis), Rn. 30; Urteil v. 20.9.1988 – Rs. C-31/87 (Beentjes), Rn. 15 ff.; OLG Naumburg, Beschluss v. 12.4.2012 – 2 Verg 1/12; OLG München, Beschluss v. 10.2.2011 – Verg 24/10.

Kriterien wie *„Erfahrung“*[426], *„Unternehmenskennwerte“*[427], *„Referenzen“*[428], *„Lagerkapazität“*[429], *„personelle oder sachliche Ausstattung“*[430] und *„Mitarbeiterqualifikation“*[431].

Diese Problematik ist in der vergaberechtlichen Diskussion in den letzten Jahren unter dem Titel „**Mehr an Eignung**“ zu Prominenz gelangt.[432] Die Rechtsprechung wandte das Verbot der Trennung von Eignungs- und Zuschlagskriterien zeitweise streng an.[433] In der Praxis und im Schrifttum wurde demgegenüber ein Bedürfnis geltend gemacht, auch im Rahmen der Ermittlung des wirtschaftlichsten Angebots Eignungskriterien berücksichtigen zu können.[434] Dies mündete darin, dass der Verordnungsgeber mit der achten Änderungsverordnung für nachrangige Dienstleistungen eine Ausnahme von diesem Verbot für nachrangige Dienstleistungen in § 4 Abs. 2 S. 2 bis 4 und § 5 Abs. 1 S. 2 bis 4 VgV a.F. vorsah. Nach den Regelungen können öffentliche Auftraggeber die Organisation, Qualifikation und die Erfahrung des bei der Durchführung des betreffenden Auftrags eingesetzten Personals bei der Ermittlung des wirtschaftlichsten Angebots berücksichtigen, wenn tatsächliche Anhaltspunkte dafür vorliegen, dass diese Kriterien erheblichen Einfluss auf die Qualität der Auftragsausführung haben können. 216

Ob ein Kriterium als Eignungs- oder als Zuschlagskriterium zu betrachten ist, hängt davon ab, ob das Kriterium **schwerpunktmäßig** mit der Beurteilung der fachlichen Eignung der Bieter für die Ausführung des betreffenden öffentlichen Auftrags oder mit der Ermittlung des wirtschaftlich günstigsten Angebots zusammenhängt.[435] Dabei kann darauf abgestellt werden, ob das Kriterium im Wesentlichen nur für den konkreten öffentlichen Auftrag Bedeutung erlangen kann oder ob es sich an die fachliche Eignung des Bieters im Allgemeinen wendet.[436] Wo dieser Schwerpunkt zu verorten ist, muss im Einzelfall durch eine tatsächliche Würdigung auf Grundlage der Vergabeunterlagen erfolgen.[437] Sofern die Anforderungen erkennen lassen, dass der öffentliche Auftraggeber vorrangig nicht die Kompetenz des Bieters abfragen und bewerten will, sondern das von ihnen für die konkrete Leistung aufgestellte Konzept und damit die jeweils angebotene Leistung im Auge hat, ist der Leistungsbezug anzunehmen.[438] 217

Die Trennung zwischen Eignungs- und Zuschlagskriterien ist **objektiv** vorzunehmen. Nicht entscheidend ist daher, wie der öffentliche Auftraggeber die Kriterien in den Vergabeunterlagen eingeordnet hat.[439] Andernfalls läge es in den Händen des öffentlichen Auftraggebers, ob die konkrete Gestaltung der Kriterien zulässig ist. 218

Noch vor Inkrafttreten des VergRModG 2016 lockerte die Rechtsprechung die Anforderungen an das Trennungsgebot. Nach der Rechtsprechung des EuGH[440] ist die „berufliche Qualität“ des **eingesetzten Personals** als Zuschlagskriterium zulässig, wenn die Qualität der Ausführung eines öffentlichen Auftrags maßgeblich von der beruflichen Qualifikation der mit der 219

---

426 EuGH, Urteil v. 12.11.2009 – Rs. C-199/07 (Kommission/Griechenland), Rn. 56; OLG Düsseldorf, Beschluss v. 10.9.2009 – VII-Verg 12/09, VergabeR 2010, 83 (90).
427 OLG Düsseldorf, Beschluss v. 21.5.2008 – VII-Verg 19/08, NZBau 2009, 67 (70).
428 EuGH, Urteil v. 19.6.2003 – Rs. C-315/01 (GAT), Rn. 67; OLG Karlsruhe, Beschluss v. 20.7.2011 – 15 Verg 6/11; OLG München, Beschluss v. 29.7.2010 – Verg 9/10; OLG Düsseldorf, Beschluss v. 28.4.2008 – VII-Verg 1/08.
429 VK Münster, Beschluss v 21.8.2003 – VK 18/03.
430 EuGH, Urteil v. 12.11.2009 – Rs. C-199/07 (Kommission/Griechenland), Rn. 56; Urteil v. 24.1.2008 – Rs. C-532/06 (Lianakis), Rn. 32; OLG Düsseldorf, Beschluss v. 28.4.2008 – VII-Verg 1/08, VK Bund, Beschluss v. 9.10.2008 – VK 1-123/08; VK Münster, Beschluss v. 21.8.2003 – VK 18/03.
431 VK Baden-Württemberg, Beschluss v. 12.4.2011 – 1 VK 13/11.
432 Vgl. *Dittmann*, NZBau 2013, 746; kritisch zu dieser Rechtsprechung *Pauka*, NZBau 2015, 18 (19 f.).
433 Vgl. *Dittmann*, NZBau 2013, 746; *Schwabe*, NZBau 2013, 753 (754).
434 Vgl. Deutscher Bundestag, Antrag – Mehr Berücksichtigung von Qualität bei der Vergabe von Dienstleistungen, BT-Drs. 17/10113; *Dittmann*, NZBau 2013, 746; *Jasper*, VergabeR 2010, 775 (776); *Pauka*, NZBau 2015, 18; gegen ein solches Bedürfnis indes BGH, Urteil v. 8.9.1998 – X ZR 109-96; siehe auch *Burgi*, NZBau 2012, 729 (736).
435 EuGH, Urteil v. 12.11.2009 – Rs. C-199/07 (Kommission/Griechenland), Rn. 54; Urteil v. 24.1.2008 – Rs. C-532/06 (Lianakis), Rn. 29; OLG Naumburg, Beschluss v. 12.4.2012 – 2 Verg 1/12; OLG Celle, Beschluss v. 12.1.2012 – 13 Verg 9/11, VergabeR 2012, 510.
436 OLG Naumburg, Beschluss v. 12.4.2012 – 2 Verg 1/12.
437 OLG Naumburg, Beschluss v. 12.4.2012 – 2 Verg 1/12, OLG Celle, Beschluss v. 12.1.2012 – 13 Verg 9/11.
438 OLG Celle, Beschluss v. 12.1.2012 – 13 Verg 9/11.
439 Vgl. OLG Celle, Beschluss v. 12.1.2012 – 13 Verg 9/11.
440 EuGH, Urteil v. 26.3.2015 – Rs. C-601/13 (Ambisig), Rn. 31 ff.

Ausführung beauftragten Personen abhängig ist, die sich aus ihrer beruflichen Erfahrung und ihrer Ausbildung zusammensetzt. Unter beruflicher Qualität versteht der EuGH die Qualität des von den Bietern für die Ausführung des Auftrags konkret vorgeschlagenen Teams unter Berücksichtigung der Zusammensetzung des jeweiligen Teams sowie der Erfahrung und des beruflichen Werdegangs der betroffenen Personen. Die Qualität der Auftragsausführung sei insbesondere bei der Vergabe eines Auftrags über Dienstleistungen mit intellektuellem Charakter im Bereich der Fortbildung und Beratung maßgeblich von der Qualität des für die Auftragsausführung vorgesehenen Personals maßgeblich. Das OLG Düsseldorf[441] hat sich der Rechtsprechung des EuGH ausdrücklich angeschlossen und die Angebotswertung hinsichtlich der Qualität der Projektorganisation zur Durchführung von Begleitforschung und der Erfahrungen des Projektleiters sowie der Mitarbeiter zugelassen. Mit Inkrafttreten der **VergRModVO** hat das GWB-Vergaberecht in § 58 Abs. 2 S. 2 Nr. 2 VgV eine entsprechende Regelung[442] erhalten, die auf alle Leistungsarten Anwendung findet. Nach der Vorschrift können die Organisation, Qualifikation und Erfahrung des mit der Auftragsausführung betrauten Personals bei der Ermittlung des wirtschaftlichsten Angebots berücksichtigt werden, wenn die Qualität des eingesetzten Personals erheblichen Einfluss auf das Niveau der Auftragsausführung haben kann.[443] Dies wird in der Regel bei Planungsleistungen der Fall sein. Auch bei Leistungen einer langjährigen Projektsteuerung einschließlich der Koordination der technischen Gebäudeausrüstung hat die Qualität des eingesetzten Personals erheblichen Einfluss auf das Niveau der Auftragsausführung.[444] Bei der Beantwortung der Frage, ob die Qualität des eingesetzten Personals erheblichen Einfluss auf das Niveau der Auftragsausführung haben kann, ist dem Auftraggeber ein Beurteilungsspielraum zuzugestehen, der nur eingeschränkt von den Nachprüfungsinstanzen überprüfbar ist.[445]

220 Nicht abschließend geklärt ist, ob ein sog. Verbot der **Doppelbewertung** besteht, wonach nicht dieselben Umstände bei der Eignungsprüfung und der Wertung von Zuschlagskriterien nach § 58 Abs. 2 Nr. 2 VgV berücksichtigt werden dürfen. Ein ausdrückliches Verbot der Doppelbewertung findet sich nur § 46 Abs. 3 Nr. 6 VgV bezüglich Studien- und Ausbildungsnachweisen sowie Bescheinigungen zur Erlaubnis zur Berufsausübung. Zum Teil wird die Regelung in § 46 Abs. 3 Nr. 6 VgV jedoch als Ausprägung des allgemeinen Grundsatzes der Trennung von Eignungs- und Zuschlagskriterien gesehen und eine doppelte Berücksichtigung derselben Aspekte bei der Eignungsprüfung und Zuschlagswertung nach § 58 Abs. 2 Nr. 2 VgV daher für unzulässig erachtet.[446] Hiergegen kann jedoch angeführt werden, dass der Verordnungsgeber, wenn er seine gewollte Durchbrechung des Grundsatzes der Trennung von Eignungs- und Zuschlagskriterien in § 58 Abs. 2 Nr. 2 VgV dadurch wieder hätte einschränken wollen, dass ein Auftraggeber sich bei jedem Aspekt entscheiden muss, ob er ihn im Rahmen des Zuschlags oder bei der Eignungsprüfung berücksichtigt, dies klar zum Ausdruck hätte bringen müssen.[447] Zudem könnte ein Verbot einer doppelten Berücksichtigung von Referenzen zu einer Benachteiligung kleiner und mittlerer Unternehmen mit einer überschaubaren Anzahl passender Referenzen führen. Der Auftraggeber kann die Problematik im besonders praxisrelevanten Bereich der Referenzen dadurch vermeiden, indem er – sofern im Rahmen der Eignung bereits unternehmensbezogene Referenzen vorzulegen sind – bei den Zuschlagskriterien für die Wertung der Erfahrung persönliche Referenzen der Mitarbeiter verlangt. In diesem Fall bekommt die Berücksichtigung der persönlichen Referenz im Rahmen des Zuschlagskriteriums eine eigene und sachliche Bedeutung dahingehend, ob der Bieter den besonders qualifizierten Mitarbeiter auch im Rahmen der Ausführung des beabsichtigten Auftrags einzusetzen beabsichtigt.[448]

441 OLG Düsseldorf, Beschluss v. 29.4.2015 – VII-Verg 35/14.
442 Eine Parallelnorm für die Vergabe von Bauleistungen ist in § 16d EU Abs. 2 Nr. 2 S. 2 lit. b VOB/A enthalten.
443 Kritisch hierzu *Burgi*, NZBau 2012, 729 (736): Das Zuschlagskriterium *„alt und bewährt"* würde wiederbelebt und Auftraggeber könnten die Ausschreibung auf den *„Hoflieferanten"* zuschneiden.
444 VK Bund, Beschluss v. 22.11.2019 – VK 1 - 83/19.
445 *Steck*, in: Ziekow/Völlink, Vergaberecht, § 58 VgV Rn. 29.
446 *Wiedemann*, in: Röwekamp/Kus/Marx/Portz/Prieß, VgV, § 58 Rn. 29; *Stolz*, VergabeR 2016, 351 (362).
447 Im Folgenden VK Südbayern, Beschluss v. 2.4.2019 –Z3-3-3194-1-43-11/18.
448 *Wiedemann*, in: Röwekamp/Kus/Marx/Portz/Prieß, VgV, § 58 Rn. 29; *Bulla*, VergabeR 2020, 1 (13).

Das Gebot der Trennung von Eignungs- und Zuschlagskriterien gilt darüber hinaus auch nach Inkrafttreten des **VergRModG 2016** und der **VergRModVO** unvermindert fort. Dem steht nicht entgegen, dass eine § 11 Abs. 5 S. 2 VOF vergleichbare Regelung, nach der die klare und nachvollziehbare Abgrenzung zu den Eignungskriterien bei der Auswahl der Bewerber zu beachten sei, im GWB-Vergaberecht nicht mehr vorgesehen ist. Die fortgeltende Wirksamkeit dieses Gebots zeigt sich an § 58 Abs. 2 S. 2 Nr. 2 VgV und § 16d EU Abs. 2 Nr. 2 S. 2 lit. b VOB/A. Dieser Ausnahmeregelung hätte es nicht bedurft, wenn der Normgeber nicht weiterhin von der grundsätzlichen Fortgeltung des Gebots nach den Maßstäben der Rechtsprechung ausgegangen wäre. **221**

b) Fallgruppen

In der Praxis ist die Abgrenzung von Eignungs- und Zuschlagskriterien insbesondere bei Personalkonzepten, Schulungskonzepten und Ausfallsicherheitskonzepten relevant. **222**

aa) Personalkonzepte

Die Einordnung von Personalkonzepten ist nicht abschließend geklärt, insbesondere solcher zur personellen Verfügbarkeit. **223**

Das **OLG Naumburg**[449] hat ein solches Konzept im Einzelfall als zulässiges Zuschlagskriterium eingeordnet, denn es beziehe sich nicht auf die abstrakte personelle Leistungsfähigkeit und nicht auf die personellen Ressourcen des Bieters im Allgemeinen, sondern auf das Konzept des Bieters dafür, wie und in welchem Maße er während der Ausführung des konkreten Auftrags gewährleisten möchte, dass dem öffentlichen Auftraggeber kompetente Ansprechpartner des Auftragnehmers zur Verfügung stehen. Es gehe dem öffentlichen Auftraggeber um die Erreichbarkeit kompetenter Ansprechpartner für seine Mitarbeiter und damit um die leistungsbezogene Bewertung. Demgegenüber hat das **OLG Karlsruhe**[450] das Kriterium *„Beschreibung des angewendeten Personalkonzepts mit Darstellung von Auswahl und Qualifikation der Mitarbeiter und der Kundenbetreuung vor Ort"* als Eignungskriterium eingeordnet, das nicht im Rahmen der Angebotswertung berücksichtigungsfähig ist.[451] Auch das **OLG Düsseldorf**[452] ordnete die Kriterien *„Verfügbarkeit und örtliche Präsenz"* als unzulässig ein, ließ ein *„Personalkonzept"*[453] sowie die *„Anzahl des verfügbaren Personals bei Großschadenslagen"*[454] als Zuschlagskriterium hingegen zu, da diese sich auf die Ausführung des Auftrages beziehen. Ebenso sei nach der Rechtsprechung[455] die *„Ausfallsicherheit des Personals"* als Zuschlagskriterium zulässig. **224**

Während der **Leistungsbezug** jedenfalls naheliegt, wenn das Personalkonzept die Einbindung des Personals in bestimmte Abläufe darstellt und sich hieraus eine wirtschaftliche Differenzierung ergeben kann, ist die Abfrage der bloßen Zusammensetzung des Projektteams im Rahmen der Angebotswertung nicht ohne Weiteres leistungsbezogen. Bereits die frühere Rechtsprechung hat diesen Gesichtspunkt in der Angebotswertung überwiegend nicht zugelassen.[456] Auch die *„Darstellung projektspezifischer fachlicher Leistungen des Projektteams"* sollte nicht ausreichen.[457] **225**

---

449 OLG Naumburg, Beschluss v. 12.4.2012 – 2 Verg 1/12.
450 OLG Karlsruhe, Beschluss v. 20.7.2011 – 15 Verg 6/11.
451 Siehe hierzu *Dittmann*, NZBau 2013, 746 (750).
452 OLG Düsseldorf, Beschluss v. 3.8.2011 – VII-Verg 16/11.
453 OLG Düsseldorf, Beschluss v. 15.2.2012 – VII-Verg 85/11 (zur Herstellung und Lieferung von Parlamentsdrucksachen).
454 OLG Düsseldorf, Beschluss v. 7.3.2012 – VII-Verg 82/11 (zu Krankentransportleistungen).
455 OLG Düsseldorf, Beschluss v. 19.6.2013 – VII-Verg 4/13; OLG Naumburg, Beschluss. v. 14.3.2013 – 2 Verg 8/12; OLG Celle, Beschluss v. 12.1.2012 – 13 Verg 9/11.
456 Siehe EuGH, Urteil v. 12.11.2009 – Rs. C-199/07, Rn. 56; OLG Düsseldorf, Beschluss v. 30.11.2009 – VII-Verg 41/09 (*„Projektspezifischer Personaleinsatz"*); OLG München, Beschluss v. 10.2.2011 – Verg 24/10 (*„Erfahrung des für die Bearbeitung vorgesehenen Personals mit vergleichbaren Leistungen"* und *„Erfahrung in der Zusammenarbeit mit anderen Beteiligten"*); abweichend OLG Frankfurt, Beschluss v. 28.5.2013 – 11 Verg 6/13 (*„Auftragsbezogene Teambesetzung"*, *„ausreichende Mitarbeiterzahl"*).
457 Vgl. OLG Karlsruhe, Beschluss v. 20.7.2011 – 15 Verg 6/11.

226 Im Zusammenhang mit dem konkret einzusetzenden Personal steht auch die Frage, ob der **Projektleiter** und dessen Befähigung im Rahmen der Zuschlagskriterien abgefragt werden kann. Demgegenüber hat die VK Bund[458] das *„Auftreten und die Kompetenz des Projektleiters"* als Zuschlagskriterium im Einzelfall zugelassen, weil dieser als Ansprechpartner zur Verfügung stehe und besonders hohe Anforderungen an seine Person gerichtet seien. Nach Rechtsprechung des OLG Düsseldorf[459] ist die *„Kommunikationsfähigkeit und Kooperationsbereitschaft des Projektleiters"* hingegen kein zulässiges Zuschlagskriterium.

227 Unter den Voraussetzungen des § 58 Abs. 2 S. 2 Nr. 2 VgV und § 16d EU Abs. 2 Nr. 2 S. 2 lit. b VOB/A kann jedoch nunmehr auch die konkrete **Besetzung** des Projektteams in die Angebotswertung eingestellt werden. Die bloße Bezugnahme das für die Auftragsausführung vorgesehene Personal reicht für sich aber nicht aus.[460] Es ist vielmehr erforderlich, dass ein erheblicher Einfluss der Qualität des Personals auf das Niveau der Auftragsdurchführung besteht.

bb) Schulungskonzepte

228 **Schulungskonzepte** dienen dazu, dass das vom Auftragnehmer eingesetzte Personal das erforderliche Qualitätsniveau erreicht.

229 Sie betreffen ihrem Kern nach die Hebung der Qualifikation der Mitarbeiter und wirken sich daher positiv auf die Eignung eines Unternehmens aus. Ist das Schulungskonzept allerdings **auftragsbezogen** dahingehend auszugestalten, dass durch die Schulung die in den Vergabeunterlagen vorgegebenen Qualitätsniveaus erreicht werden sollen, ist die Vorlage eines allgemeinen, auf die Eignung des Bieters bezogenen Konzeptes ausgeschlossen. Die Schulungskonzepte können nach der Rechtsprechung des OLG Düsseldorf[461] in diesem Fall in die Angebotswertung eingehen.

230 Erforderlich für die Einordnung des Schulungskonzeptes als Zuschlagskriterium ist allerdings in jedem Fall, dass der öffentliche Auftraggeber in den Vergabeunterlagen **Qualitätsziele** festgelegt hat. Fehlt es hieran, scheidet die Einordnung des Schulungskonzeptes als Zuschlagskriterium aus.[462]

cc) Ausfallsicherheitskonzepte

231 **Ausfallsicherheitskonzepte** sollen sicherstellen, dass dem Auftragnehmer die für die Leistungserbringung erforderlichen Personal- und Sachmittel über den gesamten Ausführungszeitraum zur Verfügung stehen. Erforderlich ist dies insbesondere bei Rettungsdienstleistungen.[463]

232 Ausfallsicherheitskonzepte dienen ihrem Kerngehalt nach zwar grundsätzlich der Qualitätssicherung der unternehmerischen Leistung und wirken sich damit positiv auf die Leistungsfähigkeit und damit auf die Eignung des Unternehmens aus. Ist das Ausfallsicherheitskonzept allerdings **auftragsbezogen** dahingehend auszugestalten, dass die Bieter Konzepte entwickeln, wie sie die in ihrem Angebot ausgearbeiteten Dienstleistungen sicherstellen, ist die Vorlage eines allgemeinen, auf den Bieter bezogenen Konzeptes ausgeschlossen. Ausfallsicherheitskonzepte können nach der Rechtsprechung[464] in diesem Fall daher in die Angebotswertung eingehen.

458 VK Bund, Beschluss v. 21.11.2013 – VK 2-102/13; ähnlich VK Niedersachsen, Beschluss v. 28.6.2013 – VgK-18/2013.
459 OLG Düsseldorf, Beschluss v. 12.6.2013 – VII-Verg 7/13; Beschluss v. 3.8.2011 – VII-Verg 16/11.
460 Siehe auch *Petersen*, VergabeR 2016, 8 (20).
461 OLG Düsseldorf, Beschluss v. 17.1.2013 – VII-Verg 35/12; Beschluss v. 7.11.2012 – VII-Verg 24/12.
462 Vgl. VK Brandenburg, Beschluss v. 18.5.2015 – VK 5/15.
463 Siehe OLG Celle, Beschluss v. 11.6.2015 – 13 Verg 4/15.
464 OLG Düsseldorf, Beschluss v. 19.6.2013 – VII-Verg 4/13; OLG Naumburg, Beschluss. v. 14.3.2013 – 2 Verg 8/12; OLG Celle, Beschluss v. 12.1.2012 – 13 Verg 9/11; VK Sachsen, Beschluss v. 13.12.2013 – 1/SVK/038-13.

3. Wettbewerbswirksamkeit, Willkürverbot und Überprüfungsmöglichkeit (Abs. 4 S. 1)

Über § 127 Abs. 3 GWB hinaus enthält § 127 Abs. 4 GWB weitere materielle Anforderungen an die Festlegung von Zuschlagskriterien. Nach der Regelung müssen die Zuschlagskriterien so festgelegt und bestimmt sein, dass die Möglichkeit eines wirksamen Wettbewerbs gewährleistet wird, der Zuschlag nicht willkürlich erteilt werden kann und eine wirksame Überprüfung möglich ist, ob und inwieweit die Angebote die Zuschlagskriterien erfüllen. 233

Die Regelung ist mit dem **VergRModG 2016** neu in das GWB aufgenommen worden. Auch in den bisherigen untergesetzlichen Vorschriften hat die Regelung kein Vorbild. Die in § 127 Abs. 4 GWB genannten Anforderungen waren allerdings auch ohne ausdrückliche Regelung aus den allgemeinen Vergabegrundsätzen abzuleiten.[465] Die VOB/A enthält wegen der zentralen Bedeutung der Vorschrift in § 16d EU Abs. 2 Nr. 3 eine gleichlautende Regelung.[466] 234

Die Regelung setzt Art. 67 Abs. 4 **RL 2014/24/EU** um.[467] Danach dürfen die Zuschlagskriterien nach S. 1 nicht zur Folge haben, dass dem öffentlichen Auftraggeber uneingeschränkte Wahlfreiheit übertragen wird. Sie müssen nach S. 2 die Möglichkeit eines wirksamen Wettbewerbs gewährleisten und mit Spezifikationen einhergehen, die eine wirksame Überprüfung der von den Bietern übermittelten Informationen gestatten, damit bewertet werden kann, wie gut die Angebote die Zuschlagskriterien erfüllen. Im Zweifelsfall nehmen die öffentlichen Auftraggeber gemäß S. 3 eine wirksame Überprüfung der Richtigkeit der von den Bietern beigebrachten Informationen und Nachweise vor. 235

Hintergrund der Regelung ist nach der Gesetzesbegründung[468], dass dem öffentlichen Auftraggeber bei der Festlegung von Zuschlagskriterien ein weiter Ermessensspielraum zusteht. Dieser findet seine Begrenzung in den allgemeinen vergaberechtlichen Grundsätzen der Nichtdiskriminierung, Gleichbehandlung und Transparenz. Daher sind die Zuschlagskriterien so zu gestalten, dass dem öffentlichen Auftraggeber bei der Zuschlagserteilung keine unbeschränkte Entscheidungsfreiheit eingeräumt wird. Die Kriterien müssen vielmehr so vorgegeben werden, dass sie einen effektiven Wettbewerb der konkurrierenden Angebote zulassen. Darüber hinaus muss der öffentliche Auftraggeber in der Lage sein, die Erfüllung der von ihm festgelegten Kriterien objektiv zu überprüfen. 236

Nach der Regelung muss der öffentliche Auftraggeber die Zuschlagskriterien so festlegen und bestimmen, dass sie die in § 127 Abs. 4 S. 1 GWB genannten Anforderungen erfüllen. Welche Anforderungen der Gesetzgeber mit diesem Begriffspaar verbunden hat, bleibt auch nach der Lektüre der Gesetzesbegründung unklar. Insbesondere stellt sich die Frage, ob in dem Begriff „**Bestimmen**" gegenüber dem Begriff „**Festlegen**" ein Bedeutungsmehr enthalten ist, dass die Zuschlagskriterien den Bestimmtheitsanforderungen genügen müssen. Da weder die Richtlinie noch die Gesetzesbegründung einen Anhaltspunkt dafür enthalten, dass aus diesem Begriffspaar eine eigenständige Anforderung abzuleiten ist, kann hiervon nicht ausgegangen werden. Hierfür spricht auch, dass die aus dem Transparenzgrundsatz abzuleitenden Bestimmtheitsanforderungen bereits von dem Erfordernis der Gewährleistung der Möglichkeit eines wirksamen Wettbewerbs umfasst sind. 237

Die in § 127 Abs. 4 S. 1 GWB genannten Anforderungen haben keinen über die Klarstellung hinausgehenden **Bedeutungsgehalt**. Die Regelung ist als (misslungener) Versuch des Gesetzgebers anzusehen, die nach den vergaberechtlichen Grundsätzen gemäß § 97 Abs. 1 und Abs. 2 GWB geltenden Grundsätze auf die Festlegung und Bestimmung der Zuschlagskriterien zu konkretisieren. Die Anforderungen interferieren miteinander. Eine trennscharfe Abgrenzung der einzelnen Anforderungen ist nicht in jeder Hinsicht möglich, aber auch nicht erforderlich. 238

465 Vgl. etwa zur Anforderung der wirksamen Überprüfbarkeit: EuGH, Urteil v. 24.11.2005 – Rs. C-331/04 (ATI EAC), Rn. 21; Urteil v. 17.9.2002 – Rs. C-513/99 (Concordia), Rn. 64.

466 Vgl. Hinweise für die VOB/A 2016, BAnz. AT 19. 1.2016 B3.

467 Vgl. Gesetzesbegründung zu § 127 Abs. 4 GWB, VergRModG 2016, BT-Drs. 18/6281, 112.

468 Gesetzesbegründung zu § 127 Abs. 4 GWB, VergRModG 2016, BT-Drs. 18/6281, 112.

a) Wettbewerbswirksamkeit

239 Die Zuschlagskriterien müssen nach § 127 Abs. 4 S. 1 GWB so festgelegt und bestimmt werden, dass die Möglichkeit eines wirksamen Wettbewerbs gewährleistet wird. Die Anforderung war – auch ohne ausdrückliche Regelung – bereits vor Inkrafttreten des VergRModG 2016 nach dem vergaberechtlichen Gleichbehandlungsgebot zu beachten.[469]

240 Der Begriff des **Wettbewerbs** entspricht demjenigen aus § 97 Abs. 1 GWB. Danach ist mit Wettbewerb die Konkurrenz alternativer Anbieter zu verstehen.[470] Dieser Wettbewerb muss zudem wirksam sein. Die Zuschlagskriterien gewährleisten die Möglichkeit eines wirksamen Wettbewerbs, wenn der Wettbewerbsgrundsatz nicht lediglich formal, sondern auch materiell gewährleistet ist. Die Zuschlagskriterien müssen daher dahingehend festgelegt und bestimmt sein, dass sie das Verfahren für alle potenziellen Bieter öffnen und den Wettbewerb nicht einschränken, soweit eine Einschränkung nicht durch sachliche Gründe gerechtfertigt ist.

aa) Diskriminierungsverbot

241 Voraussetzung für einen wirksamen Angebotswettbewerb ist, dass die Zuschlagskriterien **diskriminierungsfrei** sind.[471] Die Zuschlagskriterien müssen objektiv sein und gewährleisten, dass der Vergleich und die Bewertung der Angebote in objektiver Weise erfolgen. Der öffentliche Auftraggeber muss die Zuschlagskriterien daher in der Weise festlegen und bestimmen, dass sie nicht ohne sachlichen Grund zu einer Ungleichbehandlung anderer Unternehmen führen. Das Erfordernis einer diskriminierungsfreien Festlegung und Bestimmung der Zuschlagskriterien ergibt sich zudem aus § 97 Abs. 2 GWB.

242 Eine **diskriminierende Festlegung** und Bestimmung der Zuschlagskriterien liegt nicht nur dann vor, wenn die Zuschlagskriterien unmittelbar an ein diskriminierendes Merkmal anknüpfen (offene Diskriminierung, z. B. Staatsangehörigkeit). Sie ist auch dann gegeben, wenn die Diskriminierung sich mittelbar (versteckte Diskriminierung) aus dem Kriterium ergibt.[472]

243 Aus dem Erfordernis einer diskriminierungsfreien Festlegung und Bestimmung der Zuschlagskriterien folgt, dass ein Zuschlagskriterium, das sich danach bemisst, ob der Bieter dem öffentlichen Auftraggeber **bekannt** ist und der Bieter sich bereits bei früheren Aufträgen **bewährt** hat, unzulässig ist.[473] Ein solches Kriterium benachteiligt andere Wettbewerbsteilnehmer ohne sachliche Rechtfertigung und verfestigt die Wettbewerbsverzerrung sogar. Eine kürzere Einarbeitungszeit oder Ortskenntnisse[474] rechtfertigen die Ungleichbehandlung nicht.

244 Diskriminierend sind auch solche Zuschlagskriterien, nach denen Unternehmen bevorzugt werden, die regional niedergelassen (sog. **Hoflieferantentum**) sind.[475] Hierin liegt eine Ungleichbehandlung ortsfremder Unternehmer. Die regionale Wirtschaftsförderung ist kein rechtfertigender sachlicher Grund.[476] Ebenso wenig rechtfertigt eine kürzere Reaktionszeit die Ungleichbehandlung, denn eine kürzere Reaktionszeit kann auch durch technische Mittel oder durch die Inanspruchnahme Dritter erreicht werden. Bei Leistungen, die kurzfristig vor Ort zu erbringen sind, können ortsfremde Unternehmen zudem erwägen, eine Zweigstelle einzurichten. Mittelbar diskriminierend ist die Festlegung der Ortskenntnis als Zuschlagskriterium.[477]

---

469 OLG Celle, Beschluss v. 19.3.2015 – 13 Verg 1/15.
470 Vgl. *Lux* in § 97 GWB Rn. 11.
471 Vgl. EuGH, Urteil v. 10.5.2012 – Rs. C-368/10 (Max Havelaar), Rn. 87.
472 Vgl. EuGH, Urteil v. 27.10.2005 – Rs. C-234/03 (Contse), Rn. 36.
473 Vgl. BGH, Urteil v. 16.10.2001 – X ZR 100/99; KG, Beschluss v. 24.5.2007 – 2 Verg 10/07; VK Brandenburg, Beschluss v. 26.2.2013 – VK 46/12; VK Rheinland-Pfalz, Beschluss v. 23.5.2012 – VK 2-11/12.
474 Vgl. hierzu VK Brandenburg, Beschluss v. 26.2.2013 – VK 46/12.
475 Vgl. EuGH, Urteil v. 27.10.2005 – Rs. C-234/03; OLG Düsseldorf, Beschluss v. 19.6.2013 – VII-Verg 8/13; BayObLG, Beschluss v. 20.12.1999 – Verg 8/99, NZBau 2000, 259 (261); VK Baden-Württemberg, Beschluss v. 10.1.2011 – 1 VK 69/10, ZfBR 2011, 709 (714); VK Sachsen, Beschluss v. 31.1.2007 – 1/SVK/124-06; VK Bund, Beschluss v. 10.5.2001 – VK 1-11/01; VK Rheinland-Pfalz, Beschluss v. 23.5.2000 – VK 7/00; siehe zu der Problematik *Müller-Wrede*, VergabeR 2005, 1 ff.
476 BayObLG, Beschluss v. 20.12.1999 – Verg 8/99, NZBau 2000, 259 (261).
477 Siehe hierzu VK Brandenburg, Beschluss v. 26.2.2013 – VK 46/12.

Demgegenüber ist die Wertung der **örtlichen Verfügbarkeit** zulässig, wenn der Auftragsgegenstand eine örtliche Präsenz des Auftragnehmers erfordert.[478] Eine möglicherweise damit verbundene Ungleichbehandlung ist zur Durchsetzung des Wirtschaftlichkeitsgedankens hinzunehmen.[479] Erforderlich ist allerdings, dass die Verfügbarkeit nicht in gleichem Maße telefonisch oder online hergestellt werden kann. Im Einzelfall kann es allerdings an dem erforderlichen Leistungsbezug dieses Kriteriums fehlen.[480] In der Regel werden öffentliche Auftraggeber die Verfügbarkeit allerdings auch durch die Festlegung entsprechend kurzer Reaktionszeiten in den Vergabeunterlagen herstellen können.[481] 245

Zuschlagskriterien, die sich nach einer bestimmten **Eigenleistungsquote** richten, sind grundsätzlich unzulässig.[482] Hierdurch wird insbesondere der Grundsatz der mittelstandsfreundlichen Ausgestaltung des Vergabeverfahrens aus § 97 Abs. 3 GWB verletzt, zugleich liegt hierin eine Benachteiligung solcher Unternehmen, die sich nicht ohne die Inanspruchnahme der Kapazitäten Dritter erfolgversprechend am Vergabeverfahren beteiligen können. Ausnahmsweise ist die Wertung einer Eigenleistungsquote zulässig, wenn öffentliche Auftraggeber nach § 47 Abs. 5 VgV oder § 6d Abs. 4 VOB/A vorschreiben können, dass bestimmte kritische Aufgaben vom Bieter selbst bzw. von einem bestimmten Mitglied einer Bietergemeinschaft erfüllt werden. 246

Problematisch sind auch solche Zuschlagskriterien, die an bestimmte **wettbewerbliche Strukturen** anschließen, z. B. Bestandsnetz bei Mobilfunkdienstleistungen. Hiermit ist zwangsläufig eine Benachteiligung derjenigen Unternehmen verbunden, die nicht über die entsprechenden Strukturen verfügen. Nach Rechtsprechung der VK Bund[483] sind solche strukturellen Vorteile unschädlich. Den öffentlichen Auftraggeber treffe keine Pflicht zur Nivellierung der Wettbewerbsvorteile. Die Grenze zur Vergaberechtswidrigkeit ist aber dann überschritten, wenn den qualitativen Wertungskriterien einzeln oder in ihrer Gesamtheit ein Gewicht zugemessen würde, das sachlich nicht zu rechtfertigen ist und deshalb die Annahme nahelegt, dass die Kriterien so ausgestaltet wurden, dass nur ein oder einzelne Unternehmen realistische Aussichten auf den Zuschlag haben, während andere Anbieter trotz Vergabe im offenen Verfahren und objektiv gegebener Eignung von vorneherein chancenlos wären.[484] Nach diesem Maßstab hat das OLG Celle eine hohe Gewichtung der qualitativen Zuschlagskriterien *„Quote der garantierten E+1-Zustellung"*, *„einheitliches Codiersystem"* und *„Möglichkeit der E+1-Zustellung"* im Verhältnis zur Gewichtung des preislichen Kriteriums als unzulässige Diskriminierung eingestuft, da hierdurch der ressourcenstarke frühere Inhaber eines Monopols einen erheblichen Wettbewerbsvorteil erlangt hat.[485] 247

Der Grundsatz der **Produktneutralität** als Ausprägung des Diskriminierungsverbots ist auch bei der Festlegung und Bestimmung der Zuschlagskriterien zu beachten. Die Bewertung darf daher grundsätzlich nicht darauf ausgerichtet werden, dass nur eine bestimmte Leistung in Betracht kommt und alle abweichenden Angebote chancenlos sind. 248

Öffentliche Auftraggeber können die Zuschlagskriterien auch auf **Gütezeichen** (z. B. EU-Bio-Logo) beziehen.[486] In § 58 Abs. 4 VgV und § 7a EU Abs. 6 Nr. 1 VOB/A ist dies unter bestimmten Voraussetzungen ausdrücklich vorgesehen. Erforderlich ist danach insbesondere, dass die 249

---

478 OLG Naumburg, Beschluss v. 12.4.2012 – 2 Verg 1/12; VK Sachsen, Beschluss v. 5.12.2011 – 1/SVK/043-11; Beschluss v. 31.1.2007 – 1/SVK/124-06; VK Baden-Württemberg, Beschluss v. 10.1.2011 – 1 VK 69/10, ZfBR 2011, 709 (714); VK Nordbayern, Beschluss v. 1.2.2008 – 21.VK-3194-53/07.

479 *Müller-Wrede*, VergabeR 2005, 32 (37).

480 Siehe hierzu OLG Düsseldorf, Beschluss v. 3.8.2011 – VII-Verg 16/11; anders allerdings OLG Naumburg, Beschluss v. 12.4.2012 – 2 Verg 1/12.

481 Darauf hinweisend VK Sachsen, Beschluss v. 31.1.2007 – 1/SVK/124-06; Beschluss v. 19.11.2001 – 1/SVK119-01.

482 VK Schleswig-Holstein, Beschluss v. 14.3.2012 – VK-SH 02/12; vgl. hierzu im Rahmen der Eignungsprüfung EuGH, Urteil v. 18.3.2004 – Rs. C-314/01 (Siemens und ARGE Telekom), Rn. 43.

483 VK Bund, Beschluss v. 24.9.2014 – VK 2-67/14; siehe allerdings für die Vergabe nach EnWG LG Frankfurt, Urteil v. 26.9.2013 – 2-03 O 217/12.

484 BGH, Beschluss v. 4.4.2017 – X ZB 3/17.

485 Vgl. OLG Celle, Beschluss v. 19.3.2019 – 13 Verg 7/18.

486 Vgl. EuGH, Urteil v. 10.5.2012 – Rs. C-368/10 (Max Havelaar), Rn. 97; siehe für Näheres *Baumann*, VergabeR 2015, 367 (370 f.); vgl. zur alten Rechtslage auch *Müller-Wrede*, VergabeR 2012, 416 ff.

Anforderungen des Gütezeichens zugänglich sind und der öffentliche Auftraggeber einen anderen geeigneten Nachweis darüber zulässt, dass sein Angebot den Anforderungen entspricht. Die Bevorzugung eines bestimmten Gütesiegels in der Angebotswertung ist hingegen unzulässig.[487]

bb) Bestimmtheit

250 Die Möglichkeit eines wirksamen Wettbewerbs ist nur sichergestellt, wenn die Bieter klar erkennen können, worauf es dem öffentlichen Auftraggeber bei der Angebotswertung ankommt.[488] Aus diesem Grunde hat der öffentliche Auftraggeber bei der Festlegung der Zuschlagskriterien dem Gebot der Verfahrenstransparenz aus § 97 Abs. 1 GWB Rechnung zu tragen.[489]

251 Diese Anforderung war – auch ohne ausdrückliche Regelung – bereits vor Inkrafttreten des **VergRModG 2016** zu beachten und leitete sich aus dem vergaberechtlichen Transparenzgrundsatz nach § 97 Abs. 1 S. 1 GWB ab.[490]

252 Die Kriterien müssen objektiv und hinreichend bestimmt sein, sodass dem öffentlichen Auftraggeber kein **uneingeschränkter Entscheidungsspielraum** eingeräumt ist.[491] Der Bieter muss anhand der Kriterien feststellen können, welche Gesichtspunkte zu einer positiven Bewertung des Angebots führen. Ohne nähere Spezifizierung ist es daher nicht ausreichend, wenn lediglich die *„Energieeffizienz"*[492], *„Qualität"*[493], das *„Qualitätsmanagement"*[494] oder gar schlicht die *„Bestmögliche Erfüllung der Bedürfnisse und Anforderungen"*[495] als Kriterien angegeben sind.

253 Auf der letzten Ebene der Angebotswertung verfügt der öffentliche Auftraggeber über einen **Wertungsspielraum**. Er ist nach der Rechtsprechung[496] nicht verpflichtet, im Voraus in mehrstufige Unterkriterien aufgegliederte Bewertungsregeln aufzustellen. Dieser Wertungsspielraum wird durch das Transparenzgebot eingeschränkt. Für den Bieter muss erkennbar sein, auf welche Punkte der öffentliche Auftraggeber Wert legt und welche Erwartungen ihn daher auch bei der Bewertung leiten. Die Grenze, ab der das Offenlassen konkreter Bewertungsmaßstäbe vergaberechtlich unzulässig ist, ist dann überschritten, wenn die aufgestellten Wertungsmaßstäbe so unbestimmt sind, dass die Bieter nicht mehr angemessen über die Kriterien und Modalitäten informiert werden, anhand derer das wirtschaftlich günstigste Angebot ermittelt wird.[497]

254 Bei der Bestimmtheit soll nach der Rechtsprechung[498] auch der **Adressatenkreis** zu berücksichtigen sein. Allgemein gehaltene Kriterien, wie etwa eine Konzeptdarstellung in einem bestimmten Fall, soll zulässig sein, wenn vorauszusetzen ist, dass die von der Ausschreibung angesprochenen Unternehmen über Grundkenntnisse verfügen, wie mit der in dem Kriterium beschrieben Situation umzugehen ist.

---

487 *Hübner*, VergabeR 2012, 545 (554).
488 OLG Düsseldorf, Beschluss v. 30.7.2009 – VII-Verg 10/09; VK Niedersachsen, Beschluss v. 26.11.2012 – VgK-40/2012; VK Schleswig-Holstein, Beschluss v. 14.3.2012 – VK-SH 02/12.
489 EuGH, Urteil v. 10.5.2012 – Rs. C-368/10 (Max Havelaar), Rn. 87 f., NZBau 2012, 445 (453); VK Schleswig-Holstein, Beschluss v. 18.10.2012 – VK-SH 26/12.
490 Vgl. OLG Celle, Beschluss v. 19.3.2015 – 13 Verg 1/15.
491 Vgl. EuGH, Urteil v. 10.5.2012 – Rs. C-368/10 (Max Havelaar), Rn. 87; Urteil v. 17.9.2002 – Rs. C-513/99 (Concordia), Rn. 64; Urteil v. 4.12.2003 – Rs. C-448/01 (Wienstrom), Rn. 48.
492 OLG Düsseldorf, Beschluss v. 19.6.2013 – VII-Verg 4/13.
493 VK Südbayern, Beschluss v. 21.4.2004 – 24-04/04; VK Baden-Württemberg, Beschluss v. 21.11.2001 – 1 VK37/01.
494 VK Düsseldorf, Beschluss v. 14.7.2011 – VK 02-2011-L.
495 VK Niedersachsen, Beschluss v. 26.11.2012 – VgK-40/2012.
496 OLG Frankfurt, Beschluss v. 23.6.2016 – 11 Verg 4/16; OLG Düsseldorf, Beschluss v. 19.6.2013 – VII-Verg 8/13; OLG Celle, Beschluss v. 7.11.2013 – 13 Verg 8/13; VK Sachsen, Beschluss v. 13.12.2013 – 1/SVK/038-13.
497 OLG Frankfurt, Beschluss v. 23.6.2016 – 11 Verg 4/16; OLG Düsseldorf, Beschluss v. 19.6.2013 – VII-Verg 8/13; OLG Celle, Beschluss v. 7.11.2013 – 13 Verg 8/13; VK Sachsen, Beschluss v. 13.12.2013 – 1/SVK/038-13.
498 Vgl. OLG Celle, Beschluss v. 19.3.2015 – 13 Verg 1/15 (dort: *„Konzept für die Durchführung des Rettungsdienstes"*).

Nicht zu beanstanden ist es, wenn Kriterien unter eine aufschiebende Bedingung gestellt werden, etwa dass sie nur dann für die Wertung herangezogen werden, wenn ansonsten in der Angebotswertung „Gleichstand" besteht (**Hilfskriterium**).[499] Der öffentliche Auftraggeber hat hierbei sicherzustellen, dass die Bedingung selbst den Transparenzanforderungen genügt, für den Bieter also klar erkennbar ist, unter welchen Umständen das zusätzliche Kriterium herangezogen wird. 255

Eine transparente Angebotswertung ist nur dann gesichert, wenn ersichtlich ist, welche angebotsrelevanten Gesichtspunkte unter welches Zuschlagskriterium zu subsumieren sind.[500] Eine **Mehrfachberücksichtigung** bei inhaltlichen Überschneidungen der Zuschlagskriterien ist nicht zu beanstanden,[501] solange die Gesichtspunkte dadurch nicht ein unangemessenes Übergewicht erhalten. Eine trennscharfe Abgrenzung wird sich ohnehin nicht immer durchführen lassen. In der Angebotswertung ist dann allerdings zu beachten, dass sich keine Wertungswidersprüche ergeben.[502] 256

Aus dem Transparenzgebot nach § 97 Abs. 1 S. 1 GWB folgt, dass auch die Bewertungsmaßstäbe der **Bewertungsmethode** hinreichend bestimmt sein müssen. Nach der alten Rechtsprechung des OLG Düsseldorf musste der bekanntgegebene Bewertungsmaßstab es in Verbindung mit den Zuschlags- und Unterkriterien zulassen, *„im Vorhinein zu bestimmen, welchen Erfüllungsgrad (Zielerreichungsgrad) die Angebote bei den Unterkriterien (...) aufweisen (...), um mit den festgelegten Punktwerten bewertet zu werden."*[503] Nach dem EuGH-Urteil in der Sache „Dimarso", in welchem der Gerichtshof entschieden hat, dass nach der RL 2004/18/EG und dem Transparenzgrundsatz eine Bekanntgabe der Bewertungsmethode nicht erforderlich sei,[504] hat das OLG Düsseldorf jedoch von dieser sehr strengen Auffassung Abstand genommen. Da der EuGH eine Bekanntgabe der Bewertungsmethode nicht verlange, müsse es einem Bieter auch nach nationalem Vergaberecht nicht im Vorhinein möglich sein, zu erkennen, welchen bestimmten Erfüllungsgrad sein Angebot auf der Grundlage der Zuschlagskriterien erreichen müsse, um mit einer bestimmten Notenstufe oder Punktzahl bewertet zu werden.[505] Auch der BGH hat diese Rechtsprechung bestätigt. Demnach ist es zumindest im Grundsatz nicht erforderlich, dass die Vergabeunterlagen konkretisierende Angaben enthalten, wovon die jeweils zu erreichende Notenstufe bzw. Punktzahl konkret abhängen solle.[506] Es genüge den Transparenzanforderungen, wenn die abstrakte Erwartungshaltung des Auftraggebers aus den Zuschlagskriterien hinreichend deutlich hervorgehe.[507] Die Leistungsbeschreibung, die Zuschlagskriterien und ihre Gewichtung müssen demnach hinreichend klar und so formuliert sein, dass die Bieter erkennen können, was der Auftraggeber von ihnen erwartet. Der Erwartungshorizont des Auftraggebers, also wann ein Konzept z. B. als besonders überzeugend angesehen wird, muss dann nicht nochmals gesondert konkretisiert werden, wenn für den fachkundigen Bieter in einer Gesamtschau aller Vorgaben, insbesondere auch aus der Leistungsbeschreibung, deutlich wird, worauf es dem Auftraggeber ankommt.[508] 257

b) Willkürverbot

Die Zuschlagskriterien müssen weiterhin so festgelegt und bestimmt sein, dass der Zuschlag nicht willkürlich erteilt werden kann. 258

499 VK Bund, Beschluss v. 14.9.2007 – VK 1-101/07.
500 Vgl. VK Sachsen, Beschluss v. 14.4.2008 – 1/SVK/013-08.
501 Vgl. OLG Düsseldorf, Beschluss v. 30.4.2003 – Verg 64/02, ZfBR 2003, 721 (723).
502 OLG Düsseldorf, Beschluss v. 30.4.2003 – Verg 64/02, ZfBR 2003, 721 (723).
503 OLG Düsseldorf, Beschluss v. 1.6.2016 – VII-Verg 6/16; Beschluss v. 16.12.2015 – VII-Verg 25/15; Beschluss v. 21.10.2015 – VII-Verg 28/14.
504 EuGH, Urteil v. 14.7.2016 – Rs. C-6/15 (Dimarso).
505 OLG Düsseldorf, Beschluss v. 8.3.2017 – VII-Verg 39/16.
506 BGH, Beschluss v. 4.4.2017 – X ZB 3/17. Ausführlich hierzu *Delcuvé*, NZBau 2017, 646.
507 BGH, Beschluss v. 4.4.2017 – X ZB 3/17.
508 Vgl. OLG Düsseldorf, Beschluss v. 29.5.2020 – VII-Verg 26/19.

259 Die Regelung ist eine Ausprägung des vergaberechtlichen Willkürverbots, das aus dem **Gleichbehandlungsgrundsatz** nach § 97 Abs. 2 GWB abgeleitet wird.[509] Es verbietet sachlich nicht begründbare Differenzierungen des öffentlichen Auftraggebers bei seinen Verfahrensentscheidungen.[510]

260 Das **Willkürverbot** untersagt dem öffentlichen Auftraggeber eine willkürliche Zuschlagsentscheidung. § 127 Abs. 1 GWB greift dem vor, indem der öffentliche Auftraggeber bereits die Zuschlagskriterien so festzulegen und zu bestimmen hat, dass eine willkürliche Zuschlagsentscheidung nicht erfolgen kann.

261 Die Anforderung der **willkürausschließenden Festlegung** ergänzt die Anforderungen des Transparenzgrundsatzes aus dem Erfordernis eines wirksamen Wettbewerbs. Die wettbewerbswirksame Festlegung der Zuschlagskriterien verlangt, dass den Bietern die Wertungsmaßstäbe dergestalt bekanntgegeben werden, dass sie ihre Angebote auf die Bedürfnisse des öffentlichen Auftraggebers ausrichten können. Die Anforderung der willkürausschließenden Festlegung erfordert demgegenüber, dass dem öffentlichen Auftraggeber auf Grundlage der Zuschlagskriterien eine willkürliche Zuschlagsentscheidung nicht möglich ist. Dies verlangt, dass die Zuschlagskriterien hinreichend bestimmt sind, sodass Überraschungsentscheidungen ausgeschlossen sind.[511]

c) Wirksame Überprüfbarkeit

262 Die Zuschlagskriterien müssen so festgelegt und bestimmt werden, dass eine wirksame Überprüfung darüber möglich ist, ob und inwieweit die Angebote die Zuschlagskriterien erfüllen.

263 Die Anforderung geht auf die Rechtsprechung des **EuGH** in der Sache „Wienstrom"[512] zurück. Danach ist eine objektive Zuschlagsentscheidung nicht möglich, wenn die Angaben der Bieter in den Angeboten nicht im Hinblick auf die Erfüllung der Zuschlagskriterien überprüfbar sind. Der Grundsatz der Gleichbehandlung schließe eine Verpflichtung zur Transparenz ein, die es ermöglichen soll, seine Beachtung zu überprüfen, und durch die insbesondere gewährleistet werden soll, dass nachgeprüft werden kann, ob die Vergabeverfahren unparteiisch durchgeführt wurden. Die objektive und transparente Bewertung der verschiedenen Angebote setzt voraus, dass der öffentliche Auftraggeber in der Lage ist, anhand der von den Bietern gelieferten Angaben und Unterlagen effektiv zu überprüfen, ob ihre Angebote die Zuschlagskriterien erfüllen.

264 Der öffentliche Auftraggeber ist jedoch grundsätzlich nicht **verpflichtet** zu überprüfen, ob die Bieter ihre mit dem Angebot verbindlich eingegangenen vertraglichen Verpflichtungen auch einhalten werden. Vielmehr darf er sich grundsätzlich auch ohne Überprüfung auf die Leistungsversprechen der Bieter verlassen.[513] Eine Überprüfungspflicht des öffentlichen Auftraggebers ergibt sich nur dann, wenn konkrete Tatsachen das Leistungsversprechen eines Bieters als nicht plausibel erscheinen lassen.[514] Auch Art. 67 Abs. 4 Satz 3 RL 2014/24/EU stellt klar, dass eine Überprüfung durch den Auftraggeber nur „im Zweifelsfall" zu erfolgen hat.[515] In diesen Fällen muss der Auftraggeber jedoch aus Gründen der Transparenz und der Gleichbehandlung der Bieter (§ 97 Abs. 1 S. 1 und Abs. 2 GWB) bereit und in der Lage sein, das Leistungsversprechen der Bieter effektiv zu verifizieren.[516] Sofern der Auftraggeber während des Vergabeverfahrens konkrete Anhaltspunkte gewinnt, die es zweifelhaft erscheinen lassen,

509 Vgl. LSG Baden-Württemberg, Beschluss v. 23.1.2009 – L 11 WB 5971/08; Beschluss v. 5.1.2009 – L 11 KR 5971/08; VK Bund, Beschluss v. 15.6.2012 – VK 2-44/12; VK Brandenburg, Beschluss v. 1.8.2011 – VK 22/11; VK Nordbayern, Beschluss v. 10.12.2009 – 21.VK-3194-53/09; a.A. wohl OLG Jena, Beschluss v. 22.8.2011 – 9 Verg 2/11.

510 Vgl. BVerwG, Beschluss v. 30.1.2014 – 8 B 27.13.

511 VK Sachsen, Beschluss v. 12.6.2015 – 1/SVK/016-15.

512 EuGH, Urteil v. 4.12.2003 – Rs. C-448/01 (Wienstrom), Rn. 50.

513 OLG Düsseldorf, Beschluss v. 15.1.2020 – VII-Verg 20/19; Beschluss 15.7.2015 – VII-Verg 11/15; OLG München, Beschluss v. 11.5.2007.

514 OLG Düsseldorf, Beschluss v. 15.1.2020 – VII-Verg 20/19; Beschluss 15.7.2015 – VII-Verg 11/15; OLG Frankfurt, Beschluss v. 16.6.2015 – 11 Verg 3/15.

515 VK Bund, Beschluss v. 14.3.2018 – VK 2-14/18.

516 OLG Düsseldorf, Beschluss v. 15.1.2020 – VII-Verg 20/19.

dass der Bieter seine vertraglichen Zusagen tatsächlich erfüllen kann, muss er durch Einholung ergänzender Informationen in geeigneter Weise überprüfen, ob der Bieter hinreichende Leistungsfähigkeit besitzt.[517]

Das Gebot der Überprüfbarkeit der Zuschlagskriterien gemäß § 127 Abs. 4 S. 1 GWB bedeutet auch nicht, dass sich die Zuschlagskriterien auf ein bereits hergestelltes Produkt beziehen müssen. Insbesondere ist es nicht erforderlich, dass der öffentliche Auftraggeber in diesem Fall zur Überprüfung die Herstellung eines Musters oder einer Probe verlangt. Es liegt in der Natur der Sache, dass die Überprüfbarkeit eines Leistungsversprechens über die Qualität zukünftiger Lieferungen und Dienstleistungen sich auf eine **Prognoseentscheidung** hinsichtlich der Erfüllbarkeit dieses Leistungsversprechens beschränken muss.[518] Bei derartigen Plausibilitätsprüfungen zur Verifizierung der Angaben ist anerkannt, dass dem öffentlichen Auftraggeber auch bei der Angebotswertung ein Beurteilungsspielraum zuzugestehen ist.[519] Bei noch herzustellenden Produkten kann die Plausibilitätsprüfung sowie die anzustellende Prognose daher aufgrund von Bieterangaben im Angebot vorgenommen werden.[520] 265

4. Verhältnismäßigkeit

Die Zuschlagskriterien müssen **verhältnismäßig** sein. Dies folgt aus dem für die gesamte Verfahrensgestaltung geltenden Grundsatz der Verhältnismäßigkeit nach § 97 Abs. 1 S. 2 GWB.[521] Dies bedeutet, dass die Kriterien den Wettbewerb nicht über dasjenige Maß hinaus einschränken dürfen, das zur Erfüllung der Bedürfnisse des öffentlichen Auftraggebers erforderlich ist. 266

Praktische **Relevanz** erlangt diese Anforderung insbesondere, wenn Kriterien festgelegt werden, die der Sache nach gerechtfertigt sind, aber in ihrer praktischen Wirkung zu einer Wettbewerbsverengung führen. Insbesondere können soziale Zuschlagskriterien diejenigen Unternehmen vom Wettbewerb faktisch ausschließen, welche die sozialen Anforderungen in Bezug auf den konkreten Auftrag nicht erfüllen. Aus diesem Grund wird vertreten[522], dass soziale Kriterien über die Zusammensetzung des ausführenden Personals nur bei längerfristigen oder personalintensiven Aufträgen in Betracht kommen. 267

5. Anwendbarkeit auf Nebenangebote (Abs. 4 S. 2)

Nach § 127 Abs. 4 S. 2 GWB legen öffentliche Auftraggeber die Zuschlagskriterien so fest, dass sie sowohl auf Hauptangebote als auch auf Nebenangebote anwendbar sind, wenn sie Nebenangebote zugelassen haben. 268

Die Regelung ist mit dem **VergRModG 2016** neu in das GWB aufgenommen worden. Sie wurde erst mit dem Regierungsentwurf in den Gesetzgebungsprozess eingeführt, der Referentenentwurf sah die Regelung nicht vor. Die untergesetzlichen Vorschriften enthalten Parallelregelungen in § 35 Abs. 2 S. 2 VgV und § 8 EU Abs. 2 Nr. 3 S. 5 VOB/A. 269

Die Regelung basiert auf Art. 45 Abs. 2 S. 2 **RL 2014/24/EU**.[523] Nach der Regelung sorgen öffentliche Auftraggeber dafür, dass die gewählten Zuschlagskriterien sowohl auf die Varianten angewandt werden können, welche die festgelegten Mindestanforderungen erfüllen, als auch auf übereinstimmende Angebote, die keine Varianten sind. 270

Sinn und **Zweck** von § 127 Abs. 4 S. 2 GWB ist es, nebenangebotsspezifische Zuschlagskriterien auszuschließen. Die Festlegung von Zuschlagskriterien, die auf die Neben-, nicht aber die Hauptangebote – oder vice versa – anzuwenden sind, ist mit den Grundsätzen der Gleichbehandlung und Wirtschaftlichkeit nach § 97 Abs. 1 S. 2 und Abs. 2 GWB nicht zu vereinbaren. 271

517 KG, Beschluss v. 21.11.2014 – Verg 22.
518 OLG München, Beschluss v. 11.5.2007 – Verg 04/07; VK Bund, Beschluss v. 14.3.2018 – VK 2-14/18.
519 BGH, Urteil v. 4.4.2017 – X ZB 3/17; OLG München, Beschluss v. 17.9.2015 –Verg 3/15.
520 KG, Beschluss v. 20.3.2020 – Verg 7/19.
521 Vgl. *Burgi*, NZBau 2015, 597 (601).
522 *Burgi*, NZBau 2015, 597 (601); *Latzel*, NZBau 2014, 673 (680).
523 Vgl. Gesetzesbegründung zu § 127 Abs. 4 GWB, VergRModG 2016, BT-Drs. 18/6281, 112.

272 Unter **Nebenangeboten** sind Angebote zu verstehen, die in irgendeiner Form vom Hauptangebot abweichen, sei es in technischer Hinsicht durch die Verwendung anderer technischer Lösungen als in der Leistungsbeschreibung vorgegeben, sei es in wirtschaftlicher oder rechtlicher Hinsicht durch die Formulierung anderer Zahlungsbedingungen oder sonstiger vertraglicher Regelungen.[524]

273 Nach der Regelung ist es öffentlichen Auftraggebern **untersagt**, solche Zuschlagskriterien festzulegen, die ausschließlich auf die Haupt- oder die Nebenangebote angewendet werden. Die Zuschlagskriterien müssen uneingeschränkt und unbedingt sowohl auf die Haupt- als auch die Nebenangebote anwendbar sein.

274 Nach früherer Rechtslage waren Nebenangebote bei einer Nur-Preis- bzw. Nur-Kosten-Vergabe grundsätzlich unzulässig. Nach der Rechtsprechung des **BGH**[525] war eine wettbewerbskonforme Wertung der Nebenangebote bei einer Nur-Preis-Vergabe nicht gewährleistet, da das bisherige Recht lediglich verlangte, für Nebenangebote Mindestanforderungen festzulegen, ohne zu regeln, wie Nebenangebote im Verhältnis zum Amtsvorschlag zu werten sind. Ist beispielsweise ein den Mindestanforderungen genügendes Nebenangebot zwar geringfügig billiger als das günstigste Hauptangebot, bleibt es aber überproportional hinter dessen Qualität zurück und erweist es sich bei wirtschaftlicher Betrachtung deshalb gerade nicht als das günstigste Angebot, müsste es mangels geeigneter Zuschlagskriterien, mit denen diese Diskrepanz in der Wertung erfasst werden kann, dennoch den Zuschlag erhalten, wenn nur der Preis berücksichtigt werden darf.[526] Eine solche Wertungspraxis wäre unvereinbar mit dem vergaberechtlichen Wettbewerbsprinzip und mit dem mit diesem in engem Zusammenhang stehenden Gebot, den Zuschlag auf das wirtschaftlichste Angebot zu erteilen. Dieser Konflikt sei nach der Rechtsprechung des BGH[527] auch nicht durch die von der obergerichtlichen Rechtsprechung[528] geforderte Anforderung der Gleichwertigkeit zwischen Nebenangebot und Amtsentwurf zu lösen gewesen. Ein solches Kriterium genüge nicht den Anforderungen an transparente Wertungskriterien, da für die Bieter bei Angebotsabgabe nicht mehr mit angemessenem Sicherheitsgrad voraussehbar ist, welche Varianten die Vergabestelle bei der Wertung noch als gleichwertig anerkennen wird.

275 Weder **§ 127 GWB** noch die europarechtliche Vorgabe in **Art. 45 RL 2014/24/EU** regeln ausdrücklich, ob Nebenangebote bei Vergabe ausschließlich nach dem Preis oder den Kosten zulässig sind. Die gewählte Pluralform („Zuschlagskriterien") kann dahingehend verstanden werden, dass Nebenangebote nicht zulässig sind, wenn der Preis oder die Kosten als einziges Zuschlagskriterium festgelegt sind.[529] Zwingend ist dies allerdings nicht. In Kenntnis der vergaberechtlichen Diskussion um die Zulässigkeit von Nebenangeboten ist davon auszugehen, dass der Gesetzgeber eine entsprechende Regelung getroffen hätte, wenn er dies gewollt hätte. Diese Annahme findet unmissverständlichen Rückhalt in der Gesetzesbegründung[530]. Danach sollen Nebenangebote nunmehr auch bei einer Nur-Preis- bzw. Nur-Kosten-Vergabe zulässig sein. Dies folge aus Art. 45 Abs. 2 S. 2 i.V.m. Art. 67 Abs. 2 und Abs. 5 RL 2014/24/EU. In § 35 Abs. 2 S. 2 VgV und § 8 EU Abs. 2 Nr. 3 S. 6 VOB/A ist dies ausdrücklich geregelt. Danach können Nebenangebote auch zugelassen oder vorgeschrieben werden, wenn der Preis oder die Kosten das alleinige Zuschlagskriterium sind.[531]

524 Vgl. OLG Saarbrücken, Beschluss v. 18.5.2016 – 1 Verg 1/16; VK Nordbayern, Beschluss v. 11.6.2014 – 21.VK-3194-12/14.
525 BGH, Beschluss v. 7.1.2014 – X ZB 15/13.
526 So argumentierte auch das OLG Düsseldorf in seiner Divergenzvorlage, vgl. Beschluss v. 2.11.2011 – VII-Verg 22/11.
527 BGH, Beschluss v. 7.1.2014 – X ZB 15/13.
528 OLG Schleswig, Beschluss v. 15.4.2011 – 1 Verg 10/10; OLG München, Beschluss v. 9.9.2010 – Verg 16/10; OLG Brandenburg, Beschluss v. 17.5.2011 – Verg W 16/10; OLG Frankfurt, Beschluss v. 26.6.2012 – 11 Verg 12/11.
529 Vgl. *Stoye/Plantiko*, VergabeR 2015, 309 (311).
530 Gesetzesbegründung zu § 127 Abs. 4 GWB, VergRModG 2016, BT-Drs. 18/6281, 112 f.
531 Die Verordnungsbegründung zu § 35 Abs. 2 VgV, VergRModVO, BR-Drs. 87/16, 188, empfiehlt gleichwohl die Festlegung *„aussagekräftiger, auf den jeweiligen Auftragsgegenstand und den mit ihm zu deckenden Bedarf zugeschnittener Zuschlagskriterien"*.

Unbeschadet der Neuregelungen ist die Rechtsprechung des BGH zur Unzulässigkeit von Nebenangeboten im Rahmen einer Nur-Preis- bzw. Nur-Kosten-Vergabe[532] auch nach **neuer Rechtslage** zu beachten. Nach dem Willen des Normgebers[533] sollen öffentliche Auftraggeber als *„Korrektiv"* in diesen Fällen die Mindestanforderungen *„besonders sorgfältig"* festlegen. Dies wird in der Regel dazu führen, dass öffentliche Auftraggeber die Mindestanforderungen so scharf formulieren, dass kein nennenswerter qualitativer Spielraum für die Bieter verbleibt. Andernfalls bliebe nicht sichergestellt, dass die Nebenangebote qualitativ nicht hinter den Amtsentwurf zurückfielen. Dies geht mit einem erheblichen praktischen Bedeutungsverlust des Instrumentariums der Nebenangebote bei einer Nur-Preis- oder Nur-Kosten-Vergabe einher und steht mit dem erklärten Willen des Gesetzgebers[534], die Bedeutung von Innovationen zu berücksichtigen, im Widerspruch. Daneben ist es öffentlichen Auftraggebern unbenommen, ein Gleichwertigkeitskriterium festzulegen, solange die Parameter der Gleichwertigkeitsprüfung festgelegt und bekannt sind.[535] 276

E. Veröffentlichung von Zuschlagskriterien und deren Gewichtung (Abs. 5)

Nach § 127 Abs. 5 GWB müssen die Zuschlagskriterien und deren Gewichtung in der Auftragsbekanntmachung oder den Vergabeunterlagen aufgeführt werden. Die Festlegung von *„Geheimkriterien"* ist daher unzulässig.[536] 277

I. Allgemeines

Die Regelung ist mit dem **VergRModG 2016** neu in das GWB aufgenommen worden. Das Erfordernis zur Angabe der Zuschlagskriterien und deren Gewichtung in der Auftragsbekanntmachung oder den Vergabeunterlagen war zuvor ausschließlich untergesetzlich geregelt, vgl. § 9 EG Abs. 1 S. 2 lit. b und § 19 EG Abs. 8 VOL/A, § 16 EG Abs. 7 S. 1 VOB/A 2012. 278

Die **unionsrechtliche Grundlage** von § 127 Abs. 5 GWB befindet sich in Anhang V Teil C Nr. 18 RL 2014/24/EU. Danach müssen die Kriterien für das wirtschaftlich günstigste Angebot sowie deren Gewichtung in der Auftragsbekanntmachung genannt werden, sofern nicht das wirtschaftlich günstigste Angebot allein aufgrund des Preises ermittelt wird oder die Kriterien für das wirtschaftlich günstigste Angebot sowie deren Gewichtung nicht in den Spezifikationen beziehungsweise im Fall des wettbewerblichen Dialogs in der Beschreibung enthalten sind. Ergänzend regelt Art. 67 Abs. 5 UAbs. 1 RL 2014/24/EU, dass die Gewichtung der Zuschlagskriterien in den Auftragsunterlagen anzugeben ist. Der Begriff der Auftragsunterlagen ist von Art. 2 Abs. 1 Nr. 13 RL 2014/24/EU weit gefasst und betrifft sämtliche Unterlagen, die vom öffentlichen Auftraggeber erstellt werden oder auf die er sich bezieht, um Bestandteile der Auftragsvergabe oder des Verfahrens zu beschreiben oder festzulegen. Hierzu zählen insbesondere die Bekanntmachung, die Vorinformationen, sofern sie als Aufruf zum Wettbewerb dienen, die technischen Spezifikationen, die Beschreibung, die vorgeschlagenen Auftragsbedingungen, Formate für die Einreichung von Unterlagen seitens der Bewerber und Bieter, Informationen über allgemeingültige Verpflichtungen sowie sonstige zusätzliche Unterlagen. Damit ist sowohl die von § 127 Abs. 5 GWB verlangte Veröffentlichung in der Auftragsbekanntmachung als auch diejenige in den Vergabeunterlagen von den unionsrechtlichen Vorgaben gedeckt.[537] 279

Die Regelung dient dem **Zweck** der Verfahrenstransparenz und ist daher eine Konkretisierung des Grundsatzes in § 97 Abs. 1 S. 1 GWB, wonach öffentliche Aufträge und Konzessionen im 280

532 Siehe zuvor Rn. 274.
533 Vgl. Gesetzesbegründung zu § 127 Abs. 4 GWB, VergRModG 2016, BT-Drs. 18/6281, 113; Verordnungsbegründung zu § 35 Abs. 2 VgV, VergRModVO, BR-Drs. 87/16, 188.
534 Vgl. Gesetzesbegründung zu § 127 Abs. 4 GWB, VergRModG 2016, BT-Drs. 18/6281, 112.
535 Vgl. *Dicks*, VergabeR 2016, 309 (313 f.).
536 So zur früheren Rechtslage OLG München, Beschluss v. 21.5.2010 – Verg 2/10; VK Hamburg, Beschluss v. 13.6.2014 – Vgk FB 4/14.
537 Vgl. OLG Düsseldorf, Beschluss v. 28.3.2018 – VII-Verg 54/17; VK Bund, Beschluss v. 11.2.2019 – VK 2-2/19.

Wege transparenter Verfahren vergeben werden.[538] Sie ermöglicht es den potenziellen Bietern, sich über die Zuschlagskriterien und deren Gewichtung, die den Maßstab für die Angebotswertung bilden, zu unterrichten. Soweit in der Rechtsprechung[539] angenommen wird, dass die Regelung dazu dient, dass sich die potenziellen Bieter allgemein über die *„Kriterien und Modalitäten"* für die Auswahl des wirtschaftlichsten Angebots informieren können, ist dies insoweit ungenau, als die Regelung nur einen Teil dieser Kriterien und Modalitäten erfasst, nämlich die Zuschlagskriterien und deren Gewichtung, nicht aber etwa die Bewertungsmethode. Mittelbar trägt die Regelung dem Wirtschaftlichkeitsgrundsatz nach § 97 Abs. 1 S. 2 GWB Rechnung, da den Bietern die Kenntnis über die Zuschlagskriterien und deren Gewichtung ermöglicht, ihr Angebot darauf einzustellen, worauf es dem öffentlichen Auftraggeber nach seinen wirtschaftlichen Erwägungen ankommt.[540]

281 **Fehlt** es an der Angabe der Zuschlagskriterien und deren Gewichtung in der Auftragsbekanntmachung, soll nach der Rechtsprechung zur früheren Rechtslage[541] die Wertungsentscheidung allein anhand des niedrigsten Preises zu treffen sein, da *„mit dessen Maßgeblichkeit jeder Bieter immer dann rechnen muss, wenn keine anderen Kriterien angegeben sind."* Diese Rechtsprechung ist auf die rezente Rechtslage übertragbar, in der Sache jedoch zweifelhaft. Zum einen ist dem Gesetz ein solcher Maßstab nicht zu entnehmen. Zum anderen hat der BGH diesen Maßstab selbst in einer Entscheidung für die Vergabe eines öffentlichen Bauauftrags mit einem Auftragswert unterhalb der Schwellenwerte nach § 106 GWB[542] in Frage gestellt. In dieser Entscheidung hat der Gerichtshof angesichts der mangelnden Bekanntgabe von Zuschlagskriterien und deren Gewichtung gerade nicht allein auf den Angebotspreis, sondern darauf abgestellt, dass es *„für die anbietenden und deshalb sachkundigen Unternehmen auf der Hand lieg[t], welche der in § 16d Abs. 1 Nr. 3 Satz 2 VOB/A 2016 aufgeführten Wertungskriterien nach den gesamten Umständen insbesondere nach Art des zu beschaffenden Gegenstands in Betracht kommen"*.

II. Gegenstand der Veröffentlichung

1. Zuschlagskriterien und Gewichtung

282 § 127 Abs. 5 GWB erfasst ausdrücklich Zuschlagskriterien[543] und deren Gewichtung. Der öffentliche Auftraggeber erfüllt die Verpflichtung nach § 127 Abs. 5 GWB daher nur, wenn er die Zuschlagskriterien *und* deren Gewichtung in der Auftragsbekanntmachung oder den Vergabeunterlagen angibt. Aus der kumulativen Verknüpfung zwischen Zuschlagskriterien und Gewichtung folgt, dass die alleinige Angabe der Zuschlagskriterien in einem der genannten Publikationsmedien nicht genügt. Der öffentliche Auftraggeber muss hierin zwingend auch die Gewichtung angeben.

2. Unterkriterien und Gewichtung

283 Eine ausdrückliche Regelung zur Veröffentlichung von Unterkriterien und Untergewichtungen enthält § 127 Abs. 5 GWB nicht. Unterkriterien sind von Zuschlagskriterien zu unterscheiden.[544] Nach zutreffender Rechtsprechung[545] kann sich eine solche Veröffentlichungspflicht

538 Vgl. Gesetzesbegründung zu § 127 Abs. 5 GWB, VergRModG 2016, BT-Drs. 18/6281, 113.
539 OLG Celle, Beschluss v. 2.2.2021 – 13 Verg 8/20.
540 Siehe in diese Richtung auch zur Vorgängerregelung in § 9 EG Abs. 1 S. 2 lit. b Abs. 2 VOL/A VK Bund, Beschluss v. 3.3.2015 – VK 1-4/15.
541 Vgl. BGH, Urteil v. 15.4.2008 – X ZR 129/06, NZBau 2008, 505 (507); KG, Beschluss v. 4.7.2002 – KartVerg 8/02; VK Sachsen-Anhalt, Beschluss v. 17.10.2014 – 3 VK LSA 82/14; VK Niedersachsen, Beschluss v. 4.9.2008 – VgK-29/2008; a.A. *Fehling*, in: Pünder/Schellenberg, Vergaberecht, § 97 GWB Rn. 181.
542 BGH, Beschluss v. 10.5.2016 – X ZR 66/15.
543 Siehe zum Begriff der Zuschlagskriterien oben Rn. 193.
544 Siehe hierzu Rn. 196.
545 OLG Frankfurt, Beschluss v. 12.4.2022 – 11 Verg 11/21; VK Nordbayern, Beschluss v. 17.3.2017 – 21.VK-3194-01/17.

daher allenfalls aus dem Grundsatz der Verfahrenstransparenz nach § 97 Abs. 1 S. 1 GWB,[546] nicht aber aus § 127 Abs. 5 GWB ergeben.[547] Die Verpflichtung zur Verfahrenstransparenz ist jedoch kein Selbstzweck. Eine Veröffentlichungspflicht der Unterkriterien und deren Gewichtung besteht daher nur dann, wenn die Kenntnis über die Unterkriterien und deren Gewichtung für Angebotserstellung relevant ist. Dies wird allerdings in den meisten Fällen gegeben sein.

3. Bewertungsmethode

Bereits **vor Inkrafttreten des VergRModG 2016** bestand im deutschen Recht keine Vorschrift, die es dem öffentlichen Auftraggeber aufgab, die Bewertungsmethode zu veröffentlichen. Die Rechtsprechung[548] nahm gleichwohl an, dass eine solche Verpflichtung bestehe, was sie wohl aus dem Grundsatz der Transparenz ableitete. Auch nach der Rechtsprechung des EuGH in der Rechtssache „Dimarso"[549] besteht eine solche Verpflichtung zur Bekanntgabe der Bewertungsmethode nicht. Sie lasse sich nicht aus den Vorschriften der RL 2004/18/EG ableiten.[550] Damit folgt eine solche Verpflichtung auch nicht aus den vergaberechtlichen Grundsätzen. Der Gerichtshof verwies vielmehr darauf, dass der öffentliche Auftraggeber in der Lage sein müsse, die Bewertungsmethode, die er zur Bewertung und Einstufung der Angebote anwenden werde, an die Umstände des Einzelfalls anzupassen.[551] Allerdings darf die Bewertungsmethode keine Veränderung der Zuschlagskriterien oder ihrer Gewichtung bewirken.[552] 284

Mit Inkrafttreten des VergRModG 2016 und der Einführung von § 127 Abs. 5 GWB wurde die bestehende Regelungslage fortgesetzt. Weder § 127 Abs. 5 GWB noch eine sonstige Vorschrift des deutschen wie europäischen Rechts verpflichtet den öffentlichen Auftraggeber zur Veröffentlichung der Bewertungsmethode. Richtigerweise hat die deutsche Rechtsprechung[553] daher die Rechtsprechung des EuGH in der Rechtssache „Dimarso"[554] auf das geltende deutsche Recht übertragen. Damit gilt auch nach der rezenten Rechtslage, dass der öffentliche Auftraggeber nicht verpflichtet ist, die Bewertungsmethode bekanntzugeben, sofern diese nicht einen Einfluss auf die Zuschlagskriterien oder deren Gewichtung hat.[555] 285

4. Umrechnungsformeln

In der **Rechtsprechung** ist umstritten, ob eine Umrechnungsformel bekanntzugeben ist. Teilweise[556] wird dies verlangt, wobei eine verbalisierte Form ausreichend sein soll.[557] Teilweise[558] 286

546 A.A. noch VK Niedersachsen, Beschluss v. 27.1.2017 – VgK-49/2016, die selbst dies ablehnte. Nunmehr scheint die Kammer von einer Veröffentlichungspflicht nach § 127 Abs. 5 GWB oder jedenfalls dem Transparenzgrundsatz auszugehen, siehe VK Niedersachsen, Beschluss v. 15.10.2021 – VgK-36/2021.

547 So aber OLG Düsseldorf, Beschluss v. 24.3.2021 – VII-Verg 34/20; OLG Celle, Beschluss v. 2.2.2021 – 13 Verg 8/20; VK Sachsen, Beschluss v. 6.10.2021 – 1/SVK/030-21; VK Sachsen-Anhalt, Beschluss v. 10.8.2018 – 2 VK LSA 21/17.

548 OLG Celle, Urteil v. 23.2.2016 – 13 U 148/15; OLG Düsseldorf, Beschluss v. 9.4.2014 – VII-Verg 36/13; VK Sachsen, Beschluss v. 12.6.2015 – 1/SVK/016-15; einschränkend OLG München, Beschluss v. 21.5.2010 – Verg 2/10.

549 EuGH, Urteil v. 14.7.2016 – Rs. C-6/15 (Dimarso), Rn. 37.

550 EuGH, Urteil v. 14.7.2016 – Rs. C-6/15 (Dimarso), Rn. 27.

551 EuGH, Urteil v. 14.7.2016 – Rs. C-6/15 (Dimarso), Rn. 29.

552 EuGH, Urteil v. 14.7.2016 – Rs. C-6/15 (Dimarso), Rn. 37.

553 OLG Frankfurt, Beschluss v. 12.4.2022 – 11 Verg 11/21; OLG Düsseldorf, Beschluss v. 24.3.2021 – VII-Verg 34/20; VK Mecklenburg-Vorpommern, Beschluss v. 30.7.2020 – 3 VK 2/20; VK Sachsen-Anhalt, Beschluss v. 10.8.2018 – 2 VK LSA 21/17; VK Südbayern, Beschluss v. 30.8.2016 – Z3-3-3194-1-28-07/16.

554 EuGH, Urteil v. 14.7.2016 – Rs. C-6/15 (Dimarso)

555 A.A. (für eine uneingeschränkte Bekanntmachungsverpflichtung) VK Nordbayern, Beschluss v. 17.3.2017 – 21.VK-3194-01/17.

556 OLG Düsseldorf, Beschluss v. 28.3.2018 – VII-Verg 54/17; VK Baden-Württemberg, Beschluss v. 18.10.2016 – 1 VK 41/16; VK Sachsen, Beschluss v. 12.6.2015 – 1/SVK/016-15; VK Niedersachsen, Beschluss v. 29.10.2014 – VgK-38/2014; VK Nordbayern, Beschluss v. 3.2.2012 – 21.VK-3194-42/11; VK Bremen, Beschluss v. 26.10.2011 – 16-VK 8/11.

557 OLG Düsseldorf, Beschluss v. 28.3.2018 – VII-Verg 54/17.

558 OLG München, Beschluss v. 21.5.2010 – Verg 2/10; VK Südbayern, Beschluss v. 24.7.2015 – Z3-3-3194-1-28-04/15.

wurde eine Bekanntmachungspflicht für den Fall nur angenommen, dass *„die Kenntnis der Umrechnungsformel selbst einen Einfluss auf das Angebot […] hätte nehmen können"*. Dies wurde für die Umrechnungsmethode des Preises in Punkte damit begründet, dass diese von *„grundlegender Bedeutung für die Angebotskalkulation"* sei.[559] Je nach Umrechnungsmethode ergebe sich ein unterschiedliches Gewicht für den besten Preis und höhere oder niedrigere Punktabstände in der Preiswertung.[560] Teilweise wird dies für eine solche Formel verneint, die *„üblich ist bzw. sich im Grunde als nächstliegend aufdrängt und mit deren Verwendung die Bieter insofern ohne Weiteres rechnen mussten"*.[561] Dies sei jedenfalls bei einer linearen Umrechnungsmethode gegeben. Dieser Ansatz erscheint allein deshalb fragwürdig, weil der Transparenzgrundsatz nicht zwischen der Üblichkeit von Anforderungen differenziert. Es gibt auch keinen Grundsatz, wonach von einer bestimmten Formel auszugehen sei, wenn der öffentliche Auftraggeber nichts anderes festlegt.[562]

287 Nach **hiesiger Auffassung** folgt eine Bekanntmachungspflicht für die Umrechnungsformel nicht aus § 127 Abs. 5 GWB. Zwischen den Zuschlagskriterien und deren Gewichtung auf der einen Seite und der Umrechnungsformel auf der anderen Seite ist zu differenzieren. Die Umrechnungsformel soll der mathematischen Umsetzung des mit der Gewichtung angegebenen Preis-Leistungs-Verhältnisses dienen. Eine Bekanntmachungspflicht für die Umrechnungsformel könnte sich allenfalls aus dem Transparenzgrundsatz nach § 97 Abs. 1 S. 1 GWB ergeben. Dies ist allerdings zweifelhaft, weil der Gesetzgeber mit § 127 Abs. 5 GWB eine explizite Regelung dazu geschaffen hat, welche Wertungsinstrumentarien zu veröffentlichen sind. Wie für die Bekanntmachung der Bewertungsmethode fehlt es damit auch für die Bekanntmachung der Umrechnungsformel an einer Regelung, die den öffentlichen Auftraggeber zu einer Bekanntmachung verpflichtet. Insoweit ist an die Rechtsprechung des EuGH in der Rechtssache „Dimarso"[563] bezüglich der Bekanntmachungspflicht von Bewertungsmethoden zu erinnern. Der Gerichtshof hat eine Bekanntmachungsverpflichtung für Bewertungsschemata mangels einer entsprechenden Regelung verneint, sofern nicht die bekanntgegebenen Zuschlagskriterien oder deren Gewichtung verändert werden. Diese Rechtsprechung ist auf die Fragestellung über die Bekanntmachungsverpflichtung von Umrechnungsformeln zu übertragen. Dies zugrunde gelegt besteht grundsätzlich keine Verpflichtung des öffentlichen Auftraggebers zur Bekanntmachung der Umrechnungsformel. Eine solche Verpflichtung besteht nur dann, wenn die Umrechnungsformel die bekanntgegebenen Zuschlagskriterien oder deren Gewichtung verändert. Im Schrifttum[564] wird allerdings vertreten, dass die Umrechnungsformel in vielen Fällen einen Einfluss auf die Gewichtung habe.

III. Medium zur Veröffentlichung

288 Der öffentliche Auftraggeber hat ein Wahlrecht, ob er die Zuschlagskriterien und deren Gewichtung in der Auftragsbekanntmachung oder den Vergabeunterlagen angibt.[565] Dieses Wahlrecht ist unbeschränkt und nicht justiziabel. Der Operator „oder" ist nicht in einem ausschließenden Sinne zu verstehen, sodass der öffentliche Auftraggeber nicht daran gehindert ist, die Zuschlagskriterien und deren Gewichtung in der Auftragsbekanntmachung *und* den Vergabeunterlagen anzugeben.

559 OLG Brandenburg, Beschluss v. 28.3.2017 – 6 Verg 5/16; VK Bund, Beschluss v. 3.3.2015 – VK 1-4/15.
560 OLG Brandenburg, Beschluss v. 28.3.2017 – 6 Verg 5/16.
561 OLG Rostock, Beschluss v. 3.2.2021 – 17 Verg 6/20; siehe auch OLG Schleswig, Beschluss v. 2.7.2010 – 1 Verg 1/10; VK Südbayern, Beschluss v. 24.7.2015 – Z3-3-3194-1-28-04/15.
562 Ablehnend auch VK Sachsen, Beschluss v. 12.6.2015 – 1/SVK/016-15.
563 EuGH, Urteil v. 14.7.2016 – C-6/15 (Dimarso).
564 *Steck*, VergabeR 2017, 240 (242).
565 OLG Düsseldorf, Beschluss v. 28.3.2018 – VII-Verg 54/17.

1. Auftragsbekanntmachung

Die Angabe der Zuschlagskriterien oder deren Gewichtung kann in die **Auftragsbekanntmachung** aufgenommen werden. Was unter einer Auftragsbekanntmachung zu verstehen ist, teilt dass GWB nicht mit. Hierfür ist auf das Begriffsverständnis der dem VergRModG 2016 zugrunde liegenden RL 2014/24/EU zurückzugreifen. Nach Art. 49 RL 2014/24/EU ist dies diejenige Bekanntmachung, die für den Aufruf zum Wettbewerb zu verwenden ist. Welche dies im nationalen Rechtsrahmen ist, ergibt sich aus den Regelungen auf Verordnungsebene (§ 37 Abs. 1 VgV, § 12 EU Abs. 3 VOB/A). Nach § 37 Abs. 1 VgV beinhaltet die Auftragsbekanntmachung die Mitteilung über die Absicht des öffentlichen Auftraggebers, einen öffentlichen Auftrag zu vergeben oder eine Rahmenvereinbarung abzuschließen. Die Angabe über die Zuschlagskriterien und deren Gewichtung ist in Abschnitt II.2.5 des nach § 37 Abs. 2 VgV und § 12 EU Abs. 3 Nr. 2 S. 1 VOB/A zu verwendenden Standardformulars vorgesehen. 289

Grundsätzlich genügt die Angabe der Zuschlagskriterien und deren Gewichtung in der **Vorinformation** den rechtlichen Vorgaben nicht. Ein anderes gilt jedoch dann, wenn es sich um eine Vorinformation als Aufruf zum Wettbewerb nach § 38 Abs. 4 VgV handelt. § 52 Abs. 3 S. 2 Nr. 9 VgV regelt dies ausdrücklich. Zwar sieht § 122 Abs. 4 S. 2 GWB die Angabe der Eignungskriterien ausdrücklich in der Vorinformation vor. Mit dem Umkehrschluss ließe sich annehmen, dass die Angabe der Zuschlagskriterien und deren Gewichtung in der Vorinformation daher nicht ausreicht. In den Fällen des § 38 Abs. 4 VgV wird die Funktion der Auftragsbekanntmachung, den europäischen Markt über das Beschaffungsvorhaben zu informieren, jedoch von der Vorinformation übernommen. Dies spricht dafür, dass der Begriff der Auftragsbekanntmachung des § 127 Abs. 5 GWB denjenigen der Vorinformation nach § 38 Abs. 4 VgV für sich einnimmt. 290

Die Angabe der Zuschlagskriterien und deren Gewichtung in der **Vergabebekanntmachung** (§ 39 VgV und § 18 EU Abs. 3 VOB/A) genügt nicht. Diese Bekanntmachung erfolgt erst nach Abschluss des Vergabeverfahrens. Die mit § 127 Abs. 5 GWB bezweckte Ex-ante-Transparenz kann durch die Veröffentlichung der Vergabebekanntmachung folglich nicht erreicht werden. 291

2. Vergabeunterlagen

Aus dem Wahlrecht des öffentlichen Auftraggebers folgt, dass die Zuschlagskriterien und deren Gewichtung nicht zwingend in der Auftragsbekanntmachung anzugeben sind, sondern der öffentliche Auftraggeber dem gesetzlichen Auftrag des § 127 Abs. 5 GWB auch dann gerecht wird, wenn er die Zuschlagskriterien und deren Gewichtung **ausschließlich in den Vergabeunterlagen** angibt.[566] Der Gesetzgeber hat insoweit bewusst zwischen den Eignungskriterien, die nach § 122 Abs. 4 S. 2 GWB zwingend in der Auftragsbekanntmachung, der Vorinformation oder der Aufforderung zur Interessensbestätigung aufzuführen sind, und den Zuschlagskriterien und deren Gewichtung differenziert.[567] Dieser strengere Transparenzmaßstab für Eignungskriterien hat den Hintergrund, dass diese Kriterien darüber entscheiden, ob das eingereichte Angebot überhaupt berücksichtigt werden kann und die interessierten Unternehmen daher einschätzen können sollen, ob sich eine Beteiligung an dem Vergabeverfahren in Ansehung der Eignungskriterien lohnt. Zuschlagskriterien hingegen werden erst dann von Bedeutung, wenn sich das interessierte Unternehmen mit dem Auftragsgegenstand im Einzelnen und der Angebotskalkulation befasst. 292

Den Begriff der **Vergabeunterlagen** regelt das GWB nicht. Er ist seit jeher im untergesetzlichen deutschen Vergaberecht verortet und daher unter Berücksichtigung dieser Regelungen zu verstehen. Nach § 29 Abs. 1 VgV umfassen die Vergabeunterlagen alle Angaben, die erforderlich sind, um dem Interessenten eine Entscheidung zur Teilnahme am Vergabeverfahren zu ermöglichen. Eine Vorgabe, an welcher Stelle diese Zuschlagskriterien zu benennen sind, enthält die Regelung nicht. Auf Verordnungsebene sind diesbezüglich Einzelheiten geregelt, vgl. § 29 Abs. 1 S. 2 Nr. 2 VgV, § 52 Abs. 2 S. 1 Nr. 5 VgV oder § 8 EU Abs. 2 Nr. 1 VOB/A. 293

566 Vgl. OLG Düsseldorf, Beschluss v. 28.3.2018 – VII-Verg 54/17; VK Bund, Beschluss v. 11.2.2019 – VK 2-2/19.
567 Siehe hierzu eingehend VK Bund, Beschluss v. 11.2.2019 – VK 2-2/19.

IV. Änderungen

294 Die vergaberechtlichen Bestimmungen enthalten kein Verbot über die Änderung (Modifizierung oder Ergänzung) von bekanntgegebenen Wertungsmaßstäben (Zuschlagskriterien, Unterkriterien, Gewichtungen, Bewertungsmethoden). Der öffentliche Auftraggeber darf Wertungsmaßstäbe zur Korrektur von Vergaberechtsverstößen oder aus Gründen der Zweckmäßigkeit im laufenden Vergabeverfahren ändern, sofern dies nur in einem transparenten Verfahren und diskriminierungsfrei geschieht.[568] Es ist dem öffentlichen Auftraggeber nicht zumutbar, ein erkannt fehlerhaftes Vergabeverfahren fortzuführen und sehenden Auges ein Nachprüfungsverfahren zu riskieren.[569] Auch außerhalb von Fehlerkorrekturen ist die Änderung der Wertungsmaßstäbe bei sachlicher Begründung – etwa aus Gründen der Zweckmäßigkeit – zulässig. Verneinte man eine **Änderungsbefugnis** aus Gründen der Zweckmäßigkeit, wäre der öffentliche Auftraggeber gezwungen, eine Leistung zu beschaffen, die er so gar nicht gebrauchen kann oder will.[570] Der Änderungsbefugnis des öffentlichen Auftraggebers steht die Rechtsprechung des EuGH in der Rechtssache „EVN und Wienstrom"[571] nicht entgegen. Der EuGH hat in dieser Rechtssache zur RL 93/36/EWG entschieden, dass die Zuschlagskriterien *„während des Vergabeverfahrens nicht geändert werden dürfen."*[572] Er leitet diese Anforderung aus dem Grundsatz der Transparenz ab. Hieraus folgt, dass der Gerichtshof an die bekanntgegebenen Zuschlagskriterien anknüpfen dürfte, von denen der öffentliche Auftraggeber im laufenden Vergabeverfahren nicht abweichen darf. Sofern der öffentliche Auftraggeber daher die Bekanntgabe selbst ändert, steht dies dem Grundsatz der Transparenz nicht entgegen.

295 Diskriminierungsfrei ist das Verfahren, wenn die Änderung **sachlich begründet** ist. Der öffentliche Auftraggeber darf die Wertungsmaßstäbe daher nicht *„nach Gutdünken"*[573] oder *„nach Belieben"*[574] ändern. Die Änderung ist sachlich begründet, wenn sie zur Fehlerkorrektur erfolgt.[575] Darüber hinaus kann die Änderung aber auch auf Zweckmäßigkeitserwägungen beruhen.[576] Stellt der öffentliche Auftraggeber fest, dass die von ihm aufgestellten Wertungsmaßstäbe zu einer von ihm nicht gewünschten Bevorzugung bestimmter Angebotsmerkmale führen, ist es sachlich gerechtfertigt, wenn er die Wertungsmaßstäbe aus diesem Grund ändert. Bei den anerkennenswerten sachlichen Gründen kann es sich auch um solche Gründe handeln, die aus der Sphäre des öffentlichen Auftraggebers stammen und erst nachträglich von ihm tatsächlich erkannt werden.[577]

296 Auf den **Zeitpunkt** der Änderung kommt es nach hiesiger Auffassung nicht an. Die Rechtsprechung lässt die Änderung der Vergabeunterlagen zum Zwecke der Fehlerkorrektur zu jedem Zeitpunkt und insbesondere auch nach Submission der Angebote zu.[578] Bei Zweckmäßigkeitserwägungen wird hingegen unterschieden. Vor Ablauf der Angebotsfrist ist die Änderung der Wertungsmaßstäbe auch aus Zweckmäßigkeitserwägungen heraus unproblematisch.[579] Abgelehnt wird dies hingegen für den Zeitpunkt nach Öffnung der Angebote.[580] Aufgrund der Kenntnis der Angebotsinhalte seitens des öffentlichen Auftraggebers bestehe

568 OLG Düsseldorf, Beschluss v. 21.10.2015 – VII-Verg 28/14.
569 VK Niedersachsen, Beschluss v. 15.12.2020 – VgK-46/2020; VK Bund, Beschluss v. 10.3.2020 – VK 2-05/20.
570 OLG Düsseldorf, Beschluss v. 21.10.2015 – VII-Verg 28/14.
571 EuGH, Urteil v. 4.12.2003 – Rs. C-448/01 (EVN und Wienstrom).
572 EuGH, Urteil v. 4.12.2003 – Rs. C-448/01 (EVN und Wienstrom), Rn. 93; Urteil v. 18.10.2001 – Rs. C-19/00 (SIAC Construction), Rn. 43.
573 VK Nordbayern, Beschluss v. 10.12.2009 – 21.VK-3194-53/09, für die Änderung von Zuschlagskriterien.
574 Vgl. VK Sachsen, Beschluss v. 20.4.2017 – 1/SVK/004-17, für die Änderung von Zuschlagskriterien.
575 OLG Karlsruhe, Beschluss v. 21.5.2021 – 15 Verg 4/21; VK Niedersachsen, Beschluss v. 15.12.2020 – VgK-46/2020; VK Hamburg, Beschluss v. 23.9.2016 – Vgk FB 6/16.
576 OLG Düsseldorf, Beschluss v. 21.10.2015 – VII-Verg 28/14.
577 VK Niedersachsen, Beschluss v. 21.6.2011 – VgK-18/2011.
578 Vgl. OLG Karlsruhe, Beschluss v. 21.5.2021 – 15 Verg 4/21; VK Niedersachsen, Beschluss v. 15.12.2020 – VgK-46/2020; VK Hamburg, Beschluss v. 23.9.2016 – Vgk FB 6/16.
579 Vgl. OLG Frankfurt, Beschluss v. 28.5.2013 – 11 Verg 6/13.
580 OLG Frankfurt, Beschluss v. 28.2.2006 – 11 Verg 15/05; VK Südbayern, Beschluss v. 13.8.2012 – Z3-3-3194-1-19-04/12; kritisch auch VK Bund, Beschluss v. 22.12.2017 – VK 1-135/17.

grundsätzlich eine Manipulationsgefahr zu Gunsten oder Lasten bestimmter Angebote und es stehe damit auch ein Verstoß gegen den Gleichbehandlungsgrundsatz nach § 97 Abs. 2 GWB im Raum. Dies überzeugt jedoch nicht. Auch nach Öffnung der Angebote muss der öffentliche Auftraggeber berechtigt sein, die Wertungsmaßstäbe bei Vorliegen eines sachlichen Grundes zu ändern. Ob eine Änderung auf willkürlichen und sachfremden Erwägungen beruht, ist von den Nachprüfungsinstanzen uneingeschränkt zu kontrollieren, sodass eine Manipulationsgefahr tatsächlich nicht besteht.[581] Das Vergaberecht kann dem öffentlichen Auftraggeber nicht eine Beschaffung aufzwingen, die dieser nicht mehr für wirtschaftlich hält, sondern bei der er zu der sachlich begründeten Auffassung gelangt ist, die Beschaffung unter anderen Wertungsmaßstäben wirtschaftlicher realisieren zu können. Dies gilt vor wie nach der Submission der Angebote. Dass die Änderung von Wertungsmaßstäben auch nach der Submission der Angebote zulässig sein muss, zeigt sich auch an § 31 Abs. 2 S. 1 KonzVgV, mit dem Art. 41 Abs. 3 UAbs. 2 S. 1 RL2014/23/EU umgesetzt wird. Hiernach kann der Konzessionsgeber die Reihenfolge der Zuschlagskriterien ändern, wenn ein Angebot eine innovative Lösung mit außergewöhnlich hoher funktioneller Leistungsfähigkeit ausweist, die der Konzessionsgeber nicht vorhersehen konnte. Insoweit ist ein sachlicher Grund für die Änderung von Wertungsmaßstäben ausdrücklich fixiert worden.

Die Anforderungen an die **Umsetzung** der Änderung im Wege eines diskriminierungsfreien und transparenten Verfahrens richten sich nach dem Zeitpunkt der Änderung. Den Bietern muss die Gelegenheit eingeräumt werden, diese Änderung bei der Erstellung des Angebots mit einer angemessenen Frist[582] zu berücksichtigen. Erfolgt die Änderung vor Ablauf der Angebotsfrist muss den Bietern die Gelegenheit gegeben werden, diese Änderung bei der Erstellung des Angebots mit einer angemessenen Frist[583] zu berücksichtigen, was die Verlängerung der Angebotsfrist erforderlich machen kann.[584] Nach Öffnung der Angebote müssen die Bieter die Gelegenheit erhalten, die geänderten Wertungsmaßstäbe im Rahmen einer weiteren Angebotsrunde und mit angemessener Fristsetzung[585] zu berücksichtigen.[586] Dies ist grundsätzlich mit denjenigen Bietern möglich, die sich bereits am Verfahren beteiligt haben. Nicht ausreichend könnte dies etwa sein, wenn die Änderung der Wertungsmaßstäbe dazu führt, dass sich potenziell andere Unternehmen an dem Vergabeverfahren beteiligt hätten.[587] Es müsste dann eine entsprechende Transparenz für den Markt, etwa durch eine Neubekanntmachung, hergestellt werden. 297

Das **Verhandlungsverfahren** gibt dem öffentlichen Auftraggeber in besonderer Weise die Möglichkeit, das Vergabeverfahren flexibel zu gestalten. Umso mehr überrascht, dass die Zulässigkeit der Änderung von Zuschlagskriterien gerade für diese Verfahrensart in Frage gestellt wird. Nach der Rechtsprechung der VK Südbayern ist es dem öffentlichen Auftraggeber verwehrt, im laufenden Verfahren noch eine Änderung der Zuschlagskriterien oder der Gewichtung vorzunehmen, da er eine solche bereits in den Vergabeunterlagen angegeben hatte.[588] Dies liege in § 17 Abs. 10 S. 2 VgV, der die Regelung aus Art. 29 Abs. 3 UAbs. 2 RL 2014/24/EU in deutsches Recht übernimmt, begründet. Hiernach darf der öffentliche Auftraggeber nicht über die in den Vergabeunterlagen festgelegten Mindestanforderungen und Zuschlagskriterien verhandeln. Damit wird jedoch nur ein Verbot statuiert, mit den Bietern über die Zuschlagskriterien zu verhandeln. Die Regelung ist nicht dahingehend zu verstehen, dass es dem öffentlichen Auftraggeber verwehrt ist, die von ihm festgelegten Zuschlagskriterien und deren Gewichtung zu verändern, wenn er dies aus sachbezogenen Gründen für richtig hält.[589] 298

581 Vgl. zur Änderung des Leistungsumfangs OLG Düsseldorf, Beschluss v. 5.1.2011 – VII-Verg 46/10.
582 Vgl. VK Bund, Beschluss v. 22.12.2017 – VK 1-135/17.
583 Vgl. VK Bund, Beschluss v. 22.12.2017 – VK 1-135/17.
584 Vgl. OLG Frankfurt, Beschluss v. 28.5.2013 – 11 Verg 6/13.
585 VK Bund, Beschluss v. 22.12.2017 – VK 1-135/17.
586 Vgl. OLG Düsseldorf, Beschluss v. 17.5.2017 – VII-Verg 43/16.
587 Vgl. für die Änderung von Zuschlagskriterien VK Westfalen, Beschluss v. 3.4.2019 – VK 1-09/19; VK Sachsen, Beschluss v. 19.5.2015 – 1/SVK/014-15.
588 VK Südbayern, Beschluss v. 3.1.2018 – Z3-3-3194-1-46-08/17.; offengelassen hingegen in Beschluss v. 22.3.2021 – 3194.Z3-3_01-20-61; Beschluss v. 3.7.2019 – Z3-3-3194-1-09-03/19.
589 So zutreffend *Opitz*, in: Burgi/Dreher/Opitz, Vergaberecht, § 127 GWB Rn. 89.

F. Rechtsschutz

I. Unternehmensschützende Wirkung

299 Die Regelungen des § 127 GWB vermitteln subjektive Rechte, auf deren Einhaltung die Unternehmen einen Anspruch nach § 97 Abs. 6 GWB haben.[590] Soweit dem öffentlichen Auftraggeber Beurteilungs- oder Ermessensspielräume zustehen, reduziert sich dieser Anspruch auf die ordnungsgemäße Beurteilung bzw. Ermessensausübung.

300 Umstritten ist jedoch, ob **§ 127 Abs. 2 GWB** einem Bieter ein subjektives Recht auf den Ausschluss eines Konkurrenzangebotes gewährt, welches gegen (öffentliches) Preisrecht verstößt. Zum Teil wird eine unternehmensschützende Wirkung bejaht.[591] Hiergegen wird jedoch zu Recht eingewendet, dass es sich bei den Vorschriften des (öffentlichen) Preisrechts nicht um Bestimmungen „über das Vergabeverfahren" im Sinne des § 97 Abs. 6 GWB handelt.[592] Die VO PR Nr. 30/53 betrifft zwar die öffentliche Auftragsvergabe, aber weder den Ablauf des Vergabeverfahrens noch die Vergabepflichtigkeit von Beschaffungsgeschäften oder die wettbewerbliche Auswahl von Angebot und Bieter.[593] Der rein deklaratorische Verweis in § 127 Abs. 2 GWB auf das (öffentliche) Preisrecht ist nicht ausreichend für die Begründung eines spezifischen vergaberechtlichen Anknüpfungspunktes im Sinne des § 97 Abs. 6 GWB.[594] § 97 Abs. 6 GWB ist nur auf Vorschriften über das Vergabeverfahren, nicht auf nichtvergaberechtliche Regelungen des GWB außerhalb der §§ 97 ff. GWB oder anderer Gesetze anwendbar.[595] Nicht zuletzt steht auch § 156 Abs. 2 GWB der Geltendmachung eines Preisrechtsverstoßes durch einen Konkurrenten im Nachprüfungsverfahren entgegen. Nach § 156 Abs. 2 GWB können neben Rechten aus § 97 Abs. 6 GWB auch sonstige Ansprüche, „die auf die Vornahme oder das Unterlassen einer Handlung in einem Vergabeverfahren gerichtet sind", vor den Vergabekammern oder Beschwerdegerichten geltend gemacht werden. Den preisrechtlichen Vorschriften fehlt aber der Verfahrensbezug und sie vermitteln auch keine „Ansprüche gegen öffentliche Auftraggeber", da ihnen keine subjektiv-rechtliche Schutzrichtung zukommt.[596] Preisrechtliche Vorschriften können jedoch mittelbar über vergaberechtliche Anknüpfungsnormen im Sinne des § 97 Abs. 6 GWB relevant werden. Solche Anknüpfungsnormen können insbesondere die Vorschriften über die Preisprüfung nach § 60 VgV und § 16d EU Abs. 1 VOB/A sein.[597] Ein Bieter hat demnach einen Anspruch darauf, dass der Auftraggeber im Rahmen der Preisprüfung nach § 60 VgV und § 16d EU Abs. 1 VOB/A auch etwaige Verstöße gegen das Preisrecht prüft. Ohne vergaberechtliche Anknüpfungsnorm verbleibt es bei den zivilrechtlichen Rechtsfolgen eines Preisrechtsverstoßes. Maßgeblich ist dabei, ob die preisrechtlichen Vorschriften ein Verbotsgesetz im Sinne des § 134 BGB darstellen. Die Höchstpreisregelung des § 1 Abs. 3 VO PR Nr. 30/53 stellt ein Verbotsgesetz im Sinne des § 134 BGB dar.[598] Über § 134 BGB ist der Vertrag in Bezug auf die (unzulässige) Preisabrede teilnichtig und wird durch eine zulässige Preisvereinbarung ergänzt.[599]

---

590 Vgl. VK Bund, Beschluss v. 14.4.2004 – VK 3-41/04.

591 Ohne nähere Begründung *Pauka/Chrobot*, VergabeR 2011, 40 (409). Sowie im Rahmen des § 10 Abs. 5 VSVgV *Kirch*, in: Leinemann/Kirch, VSVgV, § 10 Rn. 57; *Losch*, in: Burgi/Dreher, Vergaberecht, § 10 VSVgV Rn. 59.

592 Vgl. *Theis*, in: Gabriel/Mertens/Prieß/Stein, Vergaberecht, § 10 VSVgV Rn. 57.

593 *Dörr/Hoffjan*, Studie im Auftrag des Bundesministeriums für Wirtschaft und Energie, Die Bedeutung der Verordnung PR Nr. 30/53 über die Preise bei öffentlichen Aufträgen, S. 84.

594 In diesem Sinne wohl auch *Wiedemann*, in: Röwekamp/Kus/Portz/Prieß, GWB-Vergaberecht, § 127 Rn. 106.

595 *Ziekow*, in: Ziekow/Völlink, Vergaberecht, § 97 GWB Rn. 110.

596 *Dörr/Hoffjan*, Studie im Auftrag des Bundesministeriums für Wirtschaft und Energie, Die Bedeutung der Verordnung PR Nr. 30/53 über die Preise bei öffentlichen Aufträgen, S. 84.

597 Vgl. auch *Wiedemann*, in: Röwekamp/Kus/Portz/Prieß, GWB-Vergaberecht, § 127 Rn. 106.

598 Vgl *Berstermann*, in: Pünder/Schellenberg, Vergaberecht, § 1 VO PR Nr. 30/53 Rn. 46 m.w.N.

599 Vgl. *Dörr/Hoffjan*, Studie im Auftrag des Bundesministeriums für Wirtschaft und Energie, Die Bedeutung der Verordnung PR Nr. 30/53 über die Preise bei öffentlichen Aufträgen, S. 84 sowie ausführlich zu den zivilrechtlichen Rechtsfolgen eines Verstoßes gegen öffentliches Preisrecht *Berstermann*, in: Pünder/Schellenberg, Vergaberecht, § 1 VO PR Nr. 30/53 Rn. 40 ff.

II. Rügeobliegenheiten

Verstößt der öffentliche Auftraggeber gegen § 127 GWB, kann eine **Rügeobliegenheit** der Unternehmen nach § 160 Abs. 3 GWB bestehen. Da die Zuschlagskriterien und deren Gewichtung nach § 127 Abs. 5 GWB in der Auftragsbekanntmachung oder den Vergabeunterlagen angegeben werden müssen, können Verstöße gegen § 127 GWB aufgrund der Bekanntmachung oder den Vergabeunterlagen erkennbar sein im Sinne von § 160 Abs. 3 S. 1 Nr. 2 und 3 GWB.[600] 301

Die mangelnde **Transparenz von Bewertungsmethoden** ist nach der Rechtsprechung[601] nicht erkennbar. Die Transparenzanforderungen an Bewertungsmethoden könnten dem Gesetz selbst nicht entnommen werden. Sie werden allein durch die Rechtsprechung unter Rückgriff auf den allgemeinen Transparenzgrundsatz in § 97 Abs. 1 GWB ausgeformt, die überdies im Fluss sei. Von einem durchschnittlich erfahrenen Bieter könne keine Kenntnis der sich noch entwickelnden Rechtsprechung zur Transparenz von Bewertungsmaßstäben verlangt werden. 302

Unterschiedlich wird beurteilt, ob der Verstoß gegen das Verbot der **Vermischung von Eignungs- und Zuschlagskriterien** erkennbar ist.[602] Vor Inkrafttreten des VergRModG 2016 und der VergRModVO verneinte die Rechtsprechung zunächst die Erkennbarkeit des Verstoßes, da es sich um eine rechtliche Fragestellung handele, die nur unter Aufwendung juristischen Sachverstands erkennbar sei.[603] In späteren Entscheidungen wurde eine Erkennbarkeit hingegen bejaht, da diese Problematik zwischenzeitlich so intensiv und wiederholt in Rechtsprechung, Literatur und Bieterkreisen behandelt und thematisiert worden sei, dass sich ein durchschnittliches Unternehmen, das nicht völlig unerfahren auf dem maßgeblichen Markt sei und sich für einen größeren öffentlichen Auftrag interessiere, vor diesem Thema nicht verschließen könne.[604] Umstritten ist, ob diese Rechtsprechung mit Inkrafttreten des VergRModG 2016 und der VergRModVO fortbesteht. Teilweise wird dies angenommen, da sich grundsätzlich an der Problematik nichts geändert habe.[605] Teilweise wird dies abgelehnt, da es nunmehr neue komplizierte Rückausnahmen gebe.[606] 303

Anlage

Gesetzesbegründung – VergRModG 2016 (BT-Drs. 18/6281)

Seite 111

Neben der Leistungsbeschreibung (§ 121), der Vorgabe von Eignungskriterien (§ 122) und ggf. Ausführungsbedingungen (§ 128 Absatz 2) stellt die Festlegung von Zuschlagskriterien und der Zuschlag ein zentrales Element der Planung und Durchführung eines jeden Vergabefahrens dar. Denn nach den Zuschlagskriterien bestimmt sich letztlich, welches Angebot aus dem Kreis der geeigneten Bieter den Zuschlag erhält.

Zu Absatz 1

Wie bisher nach § 97 Absatz 5 GWB muss nach § 127 Absatz 1 auch künftig der Zuschlag auf das wirtschaftlichste Angebot erteilt werden. Im Unterschied zur bisherigen Regelung enthält § 127 in seinen Absätzen 2 bis 5 darüber hinaus weitere grundlegende Vorgaben zum Zuschlag und zur

600 Vgl. OLG Celle, Beschluss v. 7.11.2013 – 13 Verg 8/13; VK Bund, Beschluss v. 30.8.2013 – VK 2-70/13.
601 OLG Frankfurt, Beschluss v. 12.4.2022 – 11 Verg 11/21; OLG Düsseldorf, Beschluss v. 8.3.2017 – VII-Verg 39/16.
602 Siehe zur Trennung von Eignungs- und Zuschlagskriterien oben Rn. 215 ff.
603 OLG Karlsruhe, Beschluss v. 21.12.2012 – 15 Verg 10/12; OLG Düsseldorf, Beschluss v. 3.8.2011 – VII-Verg 16/11; VK Baden-Württemberg, Beschluss v. 8.6.2010 – 1 VK 23/10.
604 OLG Karlsruhe, Beschluss v. 5.11.2014 – 15 Verg 6/14; OLG München, Beschluss v. 25.7.2013 – Verg 7/13; VK Bund, Beschluss v. 30.8.2013 – VK 2-70/13.
605 VK Rheinland, Beschluss v. 23.4.2019 – VK 7/19-B.
606 VK Baden-Württemberg, Beschluss v. 12.11.2019 – 1 VK 62/19; anders noch VK Baden-Württemberg, Beschluss v. 22.12.2016 – 1 VK 50/16.

Gestaltung der Zuschlagskriterien, die bisher nur auf untergesetzlicher Ebene in § 16 Absatz 6 VOB/A EG, §§ 19 Absatz 9, 21 Absatz 1 VOL/A EG sowie § 11 Absatz 5 VOF enthalten waren.

§ 127 Absatz 1 Satz 2 stellt klar, dass es sich beim Zuschlag um eine Wertungsentscheidung handelt. Während die Eignung eines Bewerbers oder Bieters grundsätzlich absolut festgestellt wird (Eignung liegt vor oder liegt nicht vor) und Ausführungsbedingungen (§ 128 Absatz 2) als feste Vorgabe vom späteren Auftragnehmer zwingend beachtet werden müssen, sind die Zuschlagskriterien vom öffentlichen Auftraggeber mit einer Wertungsskala zu versehen und Kriterien für die Beurteilung im Rahmen dieser Wertungsskala festzulegen.

Mit § 127 wird Artikel 67 der Richtlinie 2014/24/EU im Grundsatz umgesetzt; die weitere Konkretisierung der Vorschriften zum Zuschlag erfolgt auf der Ebene der Rechtsverordnung (insbesondere Vergabeverordnung).

Nach Absatz 1 Satz 3 stellt die „Wirtschaftlichkeit" des Angebots auch künftig den Maßstab für die Angebotswertung dar. Ausgefüllt wird der Begriff durch das Konzept des besten Preis-Leistungs-Verhältnisses: Der Angebotspreis oder die (unter Einbeziehung weiterer Faktoren, wie z. B. dem finanziellen Aufwand für Betrieb und Wartung der Leistung, errechneten) Kosten müssen ins Verhältnis gesetzt werden zur Leistung, die im Rahmen des öffentlichen Auftrages erbracht werden soll. Preis oder Kosten müssen bei der Angebotsbewertung zwingend berücksichtigt werden. Erstmals wird dabei auf gesetzlicher Ebene klargestellt, dass bei der Leistungsbewertung auch zusätzliche Kriterien wie etwa qualitative, umweltbezogene, innovative oder soziale Aspekte Berücksichtigung finden können.

Zwar ist es auf der Grundlage des besten Preis-Leistungs-Verhältnisses auch künftig zulässig, den Zuschlag allein auf das preislich günstigste Angebot zu erteilen. Der öffentliche Auftraggeber wird jedoch – insbesondere bei der

Seite 112

Beschaffung von nicht-marktüblichen, nicht standardisierten Leistungen – seine Vergabeentscheidung in der Regel auf weitere Zuschlagskriterien wie z. B. Qualität, Zweckmäßigkeit, technischer Wert, Lieferfrist oder Ausführungsdauer stützen. Soziale Aspekte, wie etwa die Förderung der sozialen Integration von benachteiligten Personen, der Berücksichtigung von Aspekten der Barrierefreiheit oder des „Designs für Alle" sowie positive Umwelteigenschaften (z. B. Klima- und Energieeffizienzeigenschaften) der Leistung können dabei vom öffentlichen Auftraggeber ebenfalls als Zuschlagskriterium vorgegeben werden.

Die Aufzählung der Zuschlagskriterien in Absatz 1 Satz 3 ist nicht abschließend. Die Auswahl der Kriterien, auf die der öffentliche Auftraggeber für die Erteilung des Zuschlags abzustellen beabsichtigt, bleibt dessen freiem Ermessen überlassen, sofern Sonderregelungen nicht die Vorgabe bestimmter Kriterien zwingend vorschreiben.

Zu Absatz 2

Bei Geltung einer gesetzlichen Gebühren- oder Honorarordnung, z. B. der Honorarordnung für Architekten und Ingenieure (HOAI), sind die entsprechenden Honorarvorgaben bei der Beurteilung des Zuschlagskriteriums „Preis" entsprechend zu berücksichtigen. Sofern die Gebühren- oder Honorarordnung für die betreffende Leistung keine Schwankungsbreite zulässt, ist vom öffentlichen Auftraggeber das festgelegte Honorar als fixe Position in Anschlag zu bringen. Die Bestimmung des wirtschaftlichsten Angebots kann dann nur aufgrund der Bewertung anderer Zuschlagskriterien als des Zuschlagskriteriums „Preis" erfolgen.

Zu Absatz 3

Voraussetzung für die Vorgabe eines Zuschlagskriteriums ist stets, dass dieses mit dem Auftragsgegenstand sachlich in Verbindung steht. Anderenfalls bestünde die Gefahr, dass ein weniger wirtschaftliches Angebot aus sachfremden Erwägungen den Zuschlag erhält. Der in § 97 Absatz 1 normierte Wettbewerbsgrundsatz würde dann verletzt.

Absatz 3 stellt in Umsetzung des Artikels 67 Absatz 3 der Richtlinie 2014/24/EU klar, dass ein Auftragsbezug künftig auch dann angenommen werden kann, wenn sich das Kriterium auf ein beliebiges Stadium im Lebenszyklus der Leistung bezieht. Dies kann insbesondere Prozesse der Herstellung (auch der Rohstoffgewinnung), Bereitstellung oder Entsorgung der Leistung betreffen, aber (insbesondere bei Warenlieferungen) z. B. auch den Handel mit ihr. Dabei müssen sich solche Kriterien nicht zwingend auf die materiellen Eigenschaften des Auftragsgegenstandes auswirken. Künftig kann somit ein zu beschaffendes Produkt, das aus fairem Handel (z. B. durch die Beachtung internationaler Standards, wie etwa die ILO-Kernarbeitsnormen entlang der Produktions- und Lieferkette) stammt, im Rahmen der Zuschlagswertung mit einer höheren Punktezahl versehen werden als ein konventionell gehandeltes Produkt. Damit steigen dessen Chancen, auch bei einem höheren Angebotspreis den Zuschlag zu erhalten. Gleiches gilt nach dem Erwägungsgrund 97 der Richtlinie 2014/24/EU z. B. für Kriterien, wonach zur Herstellung der zu beschaffenden Waren keine giftigen Chemikalien verwendet werden dürfen, oder dass die auszuführenden Dienstleistungen unter Einsatz energieeffizienter Maschinen erbracht werden.

Zu Absatz 4

Mit § 127 Absatz 4 Satz 1 wird Artikel 67 Absatz 4 der Richtlinie 2014/24/EU umgesetzt. Grundsätzlich steht dem öffentlichen Auftraggeber bei der Festlegung von Zuschlagskriterien ein weiter Ermessensspielraum zu. Dieser findet seine Begrenzung in den allgemeinen vergaberechtlichen Grundsätzen der Nichtdiskriminierung, Gleichbehandlung und Transparenz. Daher sind die Zuschlagskriterien so zu gestalten, dass dem Auftraggeber bei der Zuschlagserteilung keine unbeschränkte Entscheidungsfreiheit eingeräumt wird. Die Kriterien müssen vielmehr so vorgegeben werden, dass sie einen effektiven Wettbewerb der konkurrierenden Angebote zulassen. Darüber hinaus muss der öffentliche Auftraggeber in der Lage sein, die Erfüllung der von ihm festgelegten Kriterien objektiv zu überprüfen.

§ 127 Absatz 4 Satz 2 dient der Umsetzung von Artikel 45 Absatz 2 Satz 2 der Richtlinie 2014/24/EU. Aufgrund der Bedeutung von Innovation sollten öffentlichen Auftraggeber so oft wie möglich Nebenangebote zulassen. Die Regelungen zu Nebenangeboten werden, insbesondere im Hinblick auf das Erfordernis zur Festlegung von Mindestbedingungen, auf Ebene der Rechtsverordnungen weiter ausgeführt. Die Regelung der Zuschlagskriterien erfolgt aufgrund des Sachzusammenhangs im Rahmen des § 127 Absatz 4. Öffentliche Auftraggeber haben nach dieser Vorschrift die Zuschlagskriterien so zu wählen, dass sie sowohl auf die Nebenangebote als auch auf die Hauptangebote angewandt werden können. Nach § 127 Absatz 1 wird der Zuschlag auf das wirtschaftlich günstigste Angebot erteilt. Die Bestimmung des aus der Sicht des öffentlichen Auftraggebers wirtschaftlich günstigsten Angebots erfolgt dabei gemäß Absatz 2 anhand des besten Preis-Leistungs-Verhältnisses. Dabei ist es aber auch zulässig, den Zuschlag allein auf das preislich günstigste Angebot zu erteilen. Mit Artikel 45 Absatz 2 Satz

Seite 113

i. V. m. Artikel 67 Absatz 2 und 5 der Richtlinie 2014/24/EU hat der Unionsgesetzgeber klargestellt, dass auch bei Nebenangeboten das wirtschaftlich günstigste Angebot allein auf der Grundlage des Preises ermittelt werden kann. Als Korrektiv legt der öffentliche Auftraggeber Mindestbedingungen fest, die Nebenangebote erfüllen müssen, um berücksichtigt zu werden.

Zu Absatz 5

§ 127 Absatz 5 stellt zur Wahrung der Transparenz im Vergabeverfahren klar, dass sowohl die Zuschlagskriterien wie auch ihre Gewichtung im Rahmen der Wertungsprüfung bereits in der Auftragsbekanntmachung oder den Vergabeunterlagen enthalten sein müssen. Ein späteres Nachschieben von Zuschlagskriterien ist unzulässig.

§ 128 GWB
Auftragsausführung

(1) Unternehmen haben bei der Ausführung des öffentlichen Auftrags alle für sie geltenden rechtlichen Verpflichtungen einzuhalten, insbesondere Steuern, Abgaben und Beiträge zur Sozialversicherung zu entrichten, die arbeitsschutzrechtlichen Regelungen einzuhalten und den Arbeitnehmerinnen und Arbeitnehmern wenigstens diejenigen Mindestarbeitsbedingungen einschließlich des Mindestentgelts zu gewähren, die nach dem Mindestlohngesetz, einem nach dem Tarifvertragsgesetz mit den Wirkungen des Arbeitnehmer-Entsendegesetzes für allgemein verbindlich erklärten Tarifvertrag oder einer nach § 7, § 7a oder § 11 des Arbeitnehmer-Entsendegesetzes oder einer nach § 3a des Arbeitnehmerüberlassungsgesetzes erlassenen Rechtsverordnung für die betreffende Leistung verbindlich vorgegeben werden.

(2) Öffentliche Auftraggeber können darüber hinaus besondere Bedingungen für die Ausführung eines Auftrags (Ausführungsbedingungen) festlegen, sofern diese mit dem Auftragsgegenstand entsprechend § 127 Absatz 3 in Verbindung stehen. Die Ausführungsbedingungen müssen sich aus der Auftragsbekanntmachung oder den Vergabeunterlagen ergeben. Sie können insbesondere wirtschaftliche, innovationsbezogene, umweltbezogene, soziale oder beschäftigungspolitische Belange oder den Schutz der Vertraulichkeit von Informationen umfassen.

Übersicht Rn.

A. Allgemeines ... 1
I. Unionsrechtlicher Hintergrund ... 2
II. Historie ... 3
III. Anwendungsbereich ... 5
B. Bindung an Recht und Gesetz (Abs. 1) ... 6
I. Allgemeine Pflicht zur Rechtstreue (Hs. 1) ... 7
II. Einzelne Bindungen (Hs. 2) ... 11
III. Vollzugsdefizit gegenüber Art. 18 Abs. 2 RL 2014/24/EU ... 13
IV. Anwendbares Recht bei grenzüberschreitender Beschaffung ... 16
C. Ausführungsbedingungen (Abs. 2) ... 19
I. Begriff der Ausführungsbedingungen (S. 1 Hs. 1) ... 20
1. Definition ... 20
2. Ausführungsbedingungen als Teil der Leistungsbeschreibung ... 21
3. Abgrenzung ... 22
a) Eignungskriterien ... 23
b) Zuschlagskriterien ... 24
II. Zulässigkeit von Ausführungsbedingungen ... 25
1. Formgerechte Forderung (S. 2) ... 26
2. Bezug zum Auftragsgegenstand (S. 1 Hs. 2) ... 28
3. Gegenstand der Ausführungsbedingung (S. 3) ... 31
a) Allgemeines ... 31
b) Zulässige Belange ... 33
aa) Wirtschaftliche Belange ... 33
bb) Innovationsbezogene Belange ... 34
cc) Umweltbezogene Belange ... 35
dd) Soziale Belange ... 40
ee) Beschäftigungspolitische Belange ... 41
ff) Schutz der Vertraulichkeit von Informationen ... 42
4. Rechtmäßigkeit im Übrigen ... 43
a) Allgemeines ... 43
b) Problembereiche ... 47
aa) Mindestlohn ... 48
bb) ILO-Kernarbeitsnormen ... 54
III. Festlegung der Ausführungsbedingungen (S. 1) ... 59
IV. Rechtsfolgen ... 62
1. Zulässige Ausführungsbedingungen ... 62
2. Unzulässige Ausführungsbedingungen ... 66
D. Rechtsschutz ... 69
Anlage
Gesetzesbegründung

A. Allgemeines

1 Unter der Überschrift „Auftragsausführung" formuliert § 128 Abs. 1 GWB eine allgemeine Bindung an Recht und Gesetz bei der Ausführung öffentlicher Aufträge und erlaubt § 128 Abs. 2 GWB dem öffentlichen Auftraggeber zusätzliche Ausführungsbedingungen festzulegen, um bestimmten über den Beschaffungszweck hinausgehenden Belangen bei der Beschaffung Gewicht zu verleihen.

I. Unionsrechtlicher Hintergrund

2 Nach den Angaben in der Gesetzesbegründung[1] zu § 128 GWB sollen mit der Vorschrift die Vorgaben aus Art. 18 Abs. 2[2] und Art. 70 RL 2014/24/EU[3] und über Verweise[4] auch die entsprechenden Vorschriften in den RL 2014/23/EU (Konzessionen)[5] und RL 2014/25/EU (Sektorenbereich) umgesetzt werden. Dies ist allerdings nur unzureichend gelungen. § 128 Abs. 1 GWB dürfte mit seinem allgemeinen Verweis auf die Verpflichtung zur Rechtstreue nicht der Vorgabe des Art. 18 Abs. 2 RL 2014/24/EU genügen, die Einhaltung der jeweils von dem beauftragten Unternehmen zu beachtenden umwelt-, sozial- und arbeitsrechtlichen Verpflichtungen sicherzustellen.[6] § 128 Abs. 2 GWB fällt mit einer missglückten Definition des Begriffs der Ausführungsbedingungen[7] und einer nicht den unionsrechtlichen Vorgaben entsprechenden Festlegung des Anwendungsbereichs für solche Bedingungen auf,[8] während der Zusammenhang mit der Leistungsbeschreibung im Sinne des § 121 GWB nicht klar zum Ausdruck kommt.[9] Systematisch wäre eine Umsetzung der nicht umsonst auch in der Richtlinie in unterschiedlichem Kontext geregelten Gegenstände der beiden Absätze des § 128 GWB in zwei gesonderten Vorschriften sinnvoll gewesen, während die allein in den Regelungszusammenhang des § 128 Abs. 2 GWB gehörende Bestimmung des § 129 GWB als Satz 4 dieser Vorschrift hätte geregelt[10] und der Zusammenhang mit § 121 GWB hätte klargestellt werden sollen; dies hätte Auslegungsprobleme vermieden und die auch bei § 129 GWB zweifelhafte unionsrechtliche Zulässigkeit[11] wäre möglicherweise nicht aus dem Blick geraten.

II. Historie

3 Bereits vor Umsetzung der im Jahr 2014 grundlegend neugefassten EU-Vergaberichtlinien[12] durch das VergRModG 2016 enthielt das nationale Vergaberecht in § 97 Abs. 4 **GWB a.F.** Re-

1 Gesetzesbegründung zu § 128 Abs. 1 GWB, VergRModG 2016, BT-Drs. 18/6281, 113.
2 Die Vorschrift lautet: „Die Mitgliedstaaten treffen geeignete Maßnahmen, um dafür zu sorgen, dass die Wirtschaftsteilnehmer bei der Ausführung öffentlicher Aufträge die geltenden umwelt-, sozial- und arbeitsrechtlichen Verpflichtungen einhalten, die durch Rechtsvorschriften der Union, einzelstaatliche Rechtsvorschriften, Tarifverträge oder die in Anhang X aufgeführten internationalen umwelt-, sozial- und arbeitsrechtlichen Vorschriften festgelegt sind." Übereinstimmende Vorschriften finden sich in Art. 36 RL 2014/25/EU für den Sektorenbereich und in Art. 30 Abs. 3 RL 2014/23/EU für die Konzessionsvergabe.
3 Die Vorschrift lautet: „Öffentliche Auftraggeber können besondere Bedingungen für die Ausführung eines Auftrags festlegen, sofern diese gemäß Artikel 67 Absatz 3 mit dem Auftragsgegenstand in Verbindung stehen und im Aufruf zum Wettbewerb oder in den Auftragsunterlagen angegeben werden. Diese Bedingungen können wirtschaftliche, innovationsbezogene, umweltbezogene, soziale oder beschäftigungspolitische Belange umfassen." Für den Sektorenbereich findet sich die entsprechende Regelung in Art. 87 RL 2014/25/EU.
4 Vgl. unten Rn. 5.
5 In dieser Richtlinie fehlt eine dem Art. 70 RL 2014/24/EU für die Zulässigkeit von Ausführungsbestimmungen entsprechende Regelung. Im Hinblick darauf, dass die Zulässigkeit von Ausführungsbestimmungen aber in den Erwägungsgründen 64, 65, 66 der RL 2014/23/EU vorausgesetzt wird (vgl. Gesetzesbegründung zu § 128 Abs. 2 GWB, VergRModG 2016, BT-Drs. 18/6281, 114; *Siegel*, in: Ziekow/Völlink, Vergaberecht, § 152 GWB Rn. 15), wird die offenkundig nicht beabsichtigte, mithin planwidrige Regelungslücke durch eine entsprechende Anwendung des Art. 70 RL 2014/24/EU zu schließen sein.
6 Vgl. dazu im Einzelnen unten Rn. 13 bis 15.
7 Vgl. unten Rn. 20.
8 Vgl. unten Rn. 32.
9 Vgl. dazu im Einzelnen unten Rn. 21.
10 Vgl. dazu noch die Kommentierung zu § 129 GWB Rn. 3.
11 Vgl. dazu die Kommentierung zu § 129 GWB Rn. 2.
12 RL 2014/24/EU als allgemeine Vergaberichtlinie, RL 2014/23/EU für die Vergabe von Konzessionen und RL 2014/25/EU für den Sektorenbereich.

gelungen zur Rechtstreue bzw. Zuverlässigkeit (§ 128 Abs. 1 GWB) und zu Ausführungsbestimmungen (jetzt §§ 128 Abs. 2, 129 GWB).[13] In seiner ursprünglichen seit Einführung des Kartellvergaberechts im Jahr 1999 geltenden Fassung erlaubte § 97 Abs. 4 GWB a.F. dem öffentlichen Auftraggeber „andere und weitergehende Anforderungen" für das beauftragte Unternehmen festzulegen, und stellte ihre Anordnung unter einen Gesetzesvorbehalt.[14] In der seit dem 24. April 2009 gültigen Fassung des § 97 Abs. 4 GWB a.F. fanden sich dann ausführlichere Regelungen zu dem nunmehr von §§ 128, 129 GWB abgedeckten Regelungsbereich.[15] Während die Rechtstreue von § 97 Abs. 4 S. 1 GWB a.F. nunmehr als Eignungskriterium gefasst wurde (Gesetzestreue und Zuverlässigkeit als Eigenschaften des Unternehmens), wurden Ausführungsbedingungen insbesondere zu sozialen, umweltbezogenen oder innovativen Aspekten ausdrücklich als weitere vergaberechtliche Kategorie eingeführt und die formellen Anforderungen für ihre Festlegung normiert.

Mit den durch das **VergRModG 2016** seit dem 18. April 2016 geltenden Vorschriften der §§ 128, 129 GWB sind die Regelungen zur Rechtstreue und den Ausführungsbestimmungen aus dem die vergaberechtlichen Grundsätze enthaltenden § 97 GWB herausgelöst worden. Während die Regelungen zu den Ausführungsbestimmungen in §§ 128 Abs. 2, 129 GWB weitgehend denen in § 97 Abs. 4 S. 2 und 3 GWB in seiner seit 2009 geltenden Fassung entsprechen, sind die Gesichtspunkte der Gesetzestreue und Zuverlässigkeit anders als in § 97 Abs. 4 S. 1 GWB a.F. in § 122 GWB nicht mehr als Eignungskriterien ausgestaltet, sondern, den neugefassten EU-Vergaberichtlinien des Jahres 2014 entsprechend in dem Numerus clausus der Ausschlussgründe in den §§ 123, 124 GWB sowie der Gesetzestreueregelung in § 128 Abs. 1 GWB aufgegangen. 4

III. Anwendungsbereich

Die Vorgaben der §§ 128, 129 GWB gelten unmittelbar für öffentliche Auftraggeber bei der Vergabe öffentlicher Aufträge nach Abschnitt 2 (§§ 115 ff. GWB) der Regelungen zu den Vergabeverfahren (§§ 97 bis 154 GWB). Gemäß § 142 GWB gelten die Bestimmungen auch für Vergabeverfahren von Sektorenauftraggebern im Sinne von § 100 GWB und gemäß § 152 Abs. 4 GWB für Vergabeverfahren von Konzessionsgebern im Sinne von § 101 GWB,[16] ferner gemäß § 147 GWB für Vergabeverfahren über verteidigungs- und sicherheitsspezifische Aufträge und Konzessionen. 5

B. Bindung an Recht und Gesetz (Abs. 1)

Nach § 128 Abs. 1 GWB haben Unternehmen bei der Ausführung des öffentlichen Auftrags alle für sie geltenden rechtlichen Verpflichtungen einzuhalten (I.), wobei die Regelung exemplarisch eine Anzahl von einzuhaltenden Rechtsnormen aufführt (II.). Die damit beabsichtigte Umsetzung unionsrechtlicher Vorgaben ist nicht gelungen (III.). 6

---

13 Damit waren die früheren EU-Vergaberichtlinien, die ihrerseits die Rechtsprechung des EuGH zur Zulässigkeit der Berücksichtigung zusätzlicher politisch motivierter Auftragsbedingungen (EuGH, Urteil v. 20.9.1988 – Rs. C-31/87 (Beentjes)) anerkannt hatten, umgesetzt worden, vgl. *Opitz*, in: Burgi/Dreher/Opitz, Vergaberecht, § 128 GWB Rn. 5; *Kling*, in: Immenga/Mestmäcker, Wettbewerbsrecht, § 128 GWB Rn. 8 und mit deutlicher Kritik Rn. 85 f.

14 Die Vorschrift in der Fassung vom 26.8.1998 lautete: „Aufträge werden an fachkundige, leistungsfähige und zuverlässige Unternehmen vergeben; andere oder weitergehende Anforderungen dürfen an Auftragnehmer nur gestellt werden, wenn dies durch Bundes- oder Landesgesetz vorgesehen ist."

15 Die Vorschrift in der Fassung vom 20.4.2009 lautete: „Aufträge werden an fachkundige, leistungsfähige sowie gesetzestreue und zuverlässige Unternehmen vergeben. Für die Auftragsausführung können zusätzliche Anforderungen an Auftragnehmer gestellt werden, die insbesondere soziale, umweltbezogene oder innovative Aspekte betreffen, wenn sie im sachlichen Zusammenhang mit dem Auftragsgegenstand stehen und sich aus der Leistungsbeschreibung ergeben. Andere oder weitergehende Anforderungen dürfen an Auftragnehmer nur gestellt werden, wenn dies durch Bundes- oder Landesgesetz vorgesehen ist."

16 Dies dürfte unionsrechtlich trotz einer in der RL 2014/23/EU fehlenden Rechtsgrundlage aufgrund einer entsprechenden Anwendung des Art. 70 RL 2014/24/EU zulässig sein. Vgl. bereits oben Rn. 2 Fn. 5.

I. Allgemeine Pflicht zur Rechtstreue (Hs. 1)

7 § 128 Abs. 1 GWB enthält ein Gebot für Unternehmen, bei der Ausführung eines ihnen erteilten öffentlichen Auftrags die sie hierbei treffenden rechtlichen Verpflichtungen einzuhalten.

8 Dieses Gebot bezieht sich auf den bereits erteilten **öffentlichen Auftrag** („bei der Ausführung des öffentlichen Auftrags"). Einzuhalten sind die bei seiner Ausführung konkret für das Unternehmen bestehenden („für sie geltenden") rechtlichen **Verpflichtungen**. Gemeint sind, wie sich auch der Aufzählung in § 128 Abs. 1 Hs. 2 GWB sowie der Gesetzesbegründung entnehmen lässt, die aus Gesetzen folgenden rechtlichen Verpflichtungen, nicht etwa die sich aus dem erteilten öffentlichen Auftrag herleitenden vertraglichen Verpflichtungen, die selbstverständlich auch rechtliche Verpflichtungen sind, nur nicht im Sinne des insoweit missverständlich formulierten § 128 Abs. 1 GWB. Welche gesetzlichen Verpflichtungen dies sind, ist nicht Regelungsgegenstand des § 128 Abs. 1 GWB, sondern den jeweiligen Normen zu entnehmen, bei grenzüberschreitenden Sachverhalten also den Regelungen zum (internationalen) Anwendungsbereich der Vorschriften und gegebenenfalls entsprechenden Kollisionsnormen.[17] Die von § 128 Abs. 1 Hs. 1 GWB postulierte Bindung des Unternehmens an das danach bei der Ausführung des Auftrags geltende Recht und Gesetz ist umfassend („alle" Verpflichtungen sind einzuhalten).

9 Dieses auftragsbezogene Gebot gesetzmäßigen Verhaltens bei der Auftragsausführung ist rein **deklaratorisch**.[18] Die mit ihm bekräftigte auftragsbezogene Bindung an die objektive Rechtsordnung, verstanden als die Gesamtheit der Verpflichtungen durch oder aufgrund eines Gesetzes,[19] verleiht weder dem öffentlichen Auftraggeber noch konkurrierenden Unternehmen einen Anspruch gegenüber dem beauftragten Unternehmen, sich bei der Ausführung des öffentlichen Auftrages rechts- und gesetzestreu zu verhalten.[20] Dementsprechend verweist die Gesetzesbegründung auf die für die rechtlichen Verpflichtungen jeweils vorgesehenen *„Sanktionsmechanismen"*.[21] Das schließt es indes nicht aus, dass der öffentliche Auftraggeber die Einhaltung gesetzlicher Vorgaben durch Ausführungsbedingungen nach § 128 Abs. 2 GWB unter den hierfür bestehenden Voraussetzungen und den sich daraus ergebenden Grenzen vertraglich absichern kann.[22]

10 Selbstverständlich besteht eine Bindung an gesetzliche Verpflichtungen nur, soweit die Gesetze auch **wirksam** sind.[23] Dies war gerade im vergaberechtlichen Zusammenhang immer wieder zweifelhaft.[24] Unwirksamkeitsgründe können sich aus dem Verfassungsrecht ergeben, wobei vor allem der Spielraum des Landesgesetzgebers gegenüber dem Bundesgesetzgeber zweifelhaft war; soweit der Bundesgesetzgeber von seiner Gesetzgebungszuständigkeit Gebrauch gemacht hat, ist für abweichendes Landesrecht kein Raum und dieses gemäß Art. 31 GG unwirksam, was allerdings nach Art. 100 Abs. 1 GG der Feststellung durch das BVerfG bedarf. Im Übrigen sind dem Gesetzgeber durch Unionsrecht Grenzen gesetzt. Der Gesetzgeber hat sowohl das primäre EU-Recht zu beachten, und hierbei insbesondere die Grundfreiheiten

---

17 Vgl. zur grenzüberschreitenden Beschaffung eingehend unter Rn. 16 bis 18.

18 *Opitz*, in: Burgi/Dreher/Opitz, Vergaberecht, § 128 GWB Rn. 10; *Kling*, in: Immenga/Mestmäcker, Wettbewerbsrecht, § 128 GWB Rn. 20; *Wiedemann*, in: Röwekamp/Kus/Portz/Prieß, GWB-Vergaberecht, § 128 Rn. 4.

19 *Kling*, in: Immenga/Mestmäcker, Wettbewerbsrecht, § 128 GWB Rn. 24; daraus folgt, dass etwa Tarifverträge, auch wenn sie für allgemein verbindlich erklärt sind, nicht von § 128 Abs. 1 GWB erfasst sind; vgl. *Kling*, ebenda; *Opitz*, in: Burgi/Dreher/Opitz, Vergaberecht, § 128 GWB Rn. 8; a.A. *Gabriel/Bärenbrinker*, in: Gabriel/Mertens/Prieß/Stein, Vergaberecht, § 128 GWB Rn. 2.

20 Vgl. *Opitz*, in: Burgi/Dreher/Opitz, Vergaberecht, § 128 GWB Rn. 10.

21 Gesetzesbegründung zu § 128 Abs. 1 GWB, VergRModG 2016, BT-Drs. 18/6281, 113.

22 *Opitz*, in: Burgi/Dreher/Opitz, Vergaberecht, § 128 GWB Rn. 12; *Fett*, in: Byok/Jaeger, Vergaberecht, § 128 GWB Rn. 2; *Wiedemann*, in: Röwekamp/Kus/Portz/Prieß, GWB-Vergaberecht, § 128 Rn. 4, 18. Vgl. unten Rn. 59.

23 *Pauka/Birk*, in: Säcker/Ganske/Knauff, Wettbewerbsrecht, § 128 GWB Rn. 9.

24 Aktuell dürften, auch aufgrund der vergangenen Auseinandersetzungen, keine grundlegenden Zweifel an der Rechtmäßigkeit der Vorgaben zu auftragsbezogenen Ausführungsbedingungen bestehen; unionsrechtlich problematisch ist vielmehr eher ein partiell festzustellendes Regelungsdefizit, vgl. unten Rn. 13 bis 15. Der klare Schwerpunkt der rechtlichen Auseinandersetzungen liegt inzwischen bei der Zulässigkeit von Ausführungsbedingungen im Sinne von § 128 Abs. 2 GWB, also von dem öffentlichen Auftraggeber festgelegten vertraglichen Vorgaben zu der Art und Weise der Erbringung der beauftragten Leistungen. Vgl. zum Begriff der Ausführungsbedingungen unten Rn. 20 und zu Problembereichen der Rechtmäßigkeit unten Rn. 47 ff.

zu wahren, als auch das seiner Umsetzung dienende sekundäre EU-Recht insbesondere aus den vergaberechtlichen Richtlinien. Während verfassungswidrige förmliche Gesetze nur nach Feststellung des Bundesverfassungsgerichts nicht anzuwenden sind, gibt es ein solches Verwerfungsmonopol bei unionsrechtswidrigen innerstaatlichen Normen nicht. Allerdings werden Gerichte, wozu auch die Vergabekammern im vergaberechtlichen Nachprüfungsverfahren gehören,[25] dem EuGH die entscheidungserhebliche Frage der Vereinbarkeit von nationalem Recht mit Unionsrecht, soweit entscheidungserheblich, in einem Vorlageverfahren nach Art. 267 AEUV vorlegen, wenn noch nicht durch den EuGH geklärte Zweifel an der Vereinbarkeit bestehen.[26]

II. Einzelne Bindungen (Hs. 2)

§ 128 Abs. 1 Hs. 2 GWB führt einzelne gesetzliche Verpflichtungen und Rechtsnormen auf, an die sich Unternehmen bei der Ausführung eines öffentlichen Auftrages insbesondere zu halten haben. Danach haben sie Steuern, Abgaben und Beiträge zur Sozialversicherung zu entrichten, die, § 128 Abs. 1 Hs. 1 GWB entsprechend, bei der Ausführung des öffentlichen Auftrages anfallen. Die Einhaltung dieser Verpflichtung ist zusätzlich vergaberechtlich sanktioniert durch den Ausschlussgrund aus § 123 Abs. 4 S. 1 GWB, wonach ein Unternehmen von dem Vergabeverfahren auszuschließen ist, wenn es seinen Verpflichtungen zur Zahlung von Steuern, Abgaben oder Beiträgen zur Sozialversicherung nicht nachgekommen ist. Ferner betont § 128 Abs. 1 Hs. 2 GWB, dass bei der Ausführung des Auftrages die arbeitsschutzrechtlichen Regelungen einzuhalten und die arbeitsrechtlichen Mindestarbeitsbedingungen einschließlich des Mindestentgelts zu gewährleisten sind, soweit sie nach den dort genannten Gesetzen für die betreffende Leistung verbindlich vorgegeben werden. Auch die Einhaltung dieser Vorschriften ist vergaberechtlich in § 124 Abs. 1 Nr. 1 GWB gesondert abgesichert, der einen Ausschluss ermöglicht, wenn das Unternehmen bei der Ausführung öffentlicher Aufträge nachweislich gegen arbeitsrechtliche Verpflichtungen verstoßen hat.[27] 11

Die exemplarische **Aufzählung** einzelner gesetzlicher Verpflichtungen bei der Ausführung eines öffentlichen Auftrags in § 128 Abs. 1 Hs. 2 GWB erscheint wegen der in § 128 Abs. 1 Hs. 1 GWB bekräftigten Bindung an die gesamte Rechtsordnung („alle" gesetzlichen Verpflichtungen sind einzuhalten) einerseits überflüssig. Andererseits wirkt die Aufzählung lückenhaft, indem sie von den Vorgaben des Art. 18 Abs. 2 RL 2014/24/EU abweicht, dessen Umsetzung in deutsches Recht § 128 Abs. 1 GWB nach den Angaben in der Gesetzesbegründung dienen soll.[28] So werden insbesondere weder umweltrechtliche Vorschriften erwähnt noch die aus der Umsetzung der in Anhang X der RL 2014/24/EU aufgeführten internationalen umwelt-, sozial- und arbeitsrechtlichen Abkommen folgenden rechtlichen Verpflichtungen. 12

III. Vollzugsdefizit gegenüber Art. 18 Abs. 2 RL 2014/24/EU

Entgegen den Ausführungen in der Gesetzesbegründung[29] leistet § 128 Abs. 1 GWB keinen Beitrag zur **Umsetzung** des Art. 18 Abs. 2 RL 2014/24/EU. Nach dieser Richtlinienbestimmung wären geeignete Maßnahmen zu treffen gewesen, um dafür zu sorgen, dass die Wirtschaftsteilnehmer bei der Ausführung öffentlicher Aufträge die geltenden umwelt-, sozial- und arbeitsrechtlichen Verpflichtungen einhalten, die durch Rechtsvorschriften der Union, einzelstaatliche Rechtsvorschriften, Tarifverträge oder die in Anhang X RL 2014/24/EU aufgeführten internationalen umwelt-, sozial- und arbeitsrechtlichen Vorschriften festgelegt sind. § 128 Abs. 1 GWB enthält demgegenüber eine deklaratorische, mithin im Grunde überflüs- 13

---

25 EuGH, Urteil v. 18.9.2014 – Rs. C-549/13 (Bundesdruckerei), Rn. 23.

26 Vgl. eingehend zu den Voraussetzungen einer Vorlage nach Art. 267 AEUV: KG, Beschluss v. 20.3.2020 – Verg 7/19, juris Rn. 204 m.w.N.

27 *Pauka/Birk*, in: Säcker/Ganske/Knauff, Wettbewerbsrecht, § 128 GWB Rn. 18. Eingehend zum Verhältnis der strategischen, insbesondere sozialen Beschaffungsziele und dem Ausschlussgrund des § 124 Abs. 1 Nr. 1 GWB; *Krönke*, VergabeR 2017, 101 (111 ff.).

28 Vgl. Gesetzesbegründung zu § 128 GWB, VergRModG 2016, BT-Drs. 18/6281, 113.

29 Gesetzesbegründung zu § 128 GWB, VergRModG 2016, BT-Drs. 18/6281, 113.

sige und im Übrigen ohnehin selbstverständliche Regelung, dass Unternehmen sich bei der Ausführung öffentlicher Aufträge an das geltende Recht zu halten haben.[30] Die Regelung ist keine geeignete Maßnahme, um die Durchsetzung der genannten Normen bei der Ausführung öffentlicher Aufträge sicherzustellen. Soweit in der Gesetzesbegründung[31] auf die Sanktionsmechanismen in den jeweiligen Vorschriften verwiesen und ein Teil der einschlägigen Normen in § 128 Abs. 1 GWB aufgezählt wird, ist dies ersichtlich nicht die nach Art. 18 Abs. 2 RL 2014/24/EU gemeinte Sicherstellung der Beachtung umwelt-, sozial- und arbeitsrechtlicher Vorgaben bei der Ausführung öffentlicher Aufträge.[32]

14 Ob die in den gesetzlichen Vorschriften jeweils vorgesehenen **Sanktionen** das damit festzustellende Vollzugsdefizit hinreichend auszugleichen vermögen, kann nur im Zusammenhang mit den jeweiligen Normen beurteilt werden und ist insbesondere bei den in Anhang X RL 2014/24/EU aufgeführten internationalen umwelt-, sozial- und arbeitsrechtlichen Vorschriften mehr als fraglich.[33] Die Ausführungen in der Gesetzesbegründung, diese Normen seien in deutsches Recht umgesetzt, erwecken den irreführenden Eindruck, es bedürfe keiner nach Art. 18 Abs. 2 RL 2014/24/EU erforderlichen Maßnahmen, um die effektive Durchsetzung dieser Normen bei der Ausführung öffentlicher Aufträge zu gewährleisten, während tatsächlich das Gegenteil der Fall ist. Es geht nicht darum, dass diese Normen innerstaatlich gelten, sondern darum, dass keine Leistungen oder Produkte beschafft werden sollen, bei deren Erbringung, Herstellung oder Lieferung gegen die Standards aus den genannten Vorschriften verstoßen worden ist, gleich ob dies im In- oder Ausland, innerhalb oder außerhalb der Europäischen Union geschehen ist.[34] Das macht beispielsweise auch die Mitteilung der Europäischen Kommission vom 13. August 2019 zu „Leitlinien zur Teilnahme von Bietern und Waren aus Drittländern am EU-Beschaffungsmarkt"[35] deutlich.[36]

15 Eine **richtlinienkonforme Ausgestaltung** des § 128 Abs. 1 GWB wäre möglich, wenn die in Art. 18 Abs. 2 RL 2014/24/EU genannten rechtlichen Verpflichtungen gesetzesunmittelbar für die beauftragten Unternehmen bei der Ausführung der ihnen erteilten öffentlichen Aufträge in angemessenem Umfang verbindlich gemacht würden und dem öffentlichen Auftraggeber ein entsprechender, zivilrechtlich durchzusetzender Anspruch auf Einhaltung dieser Pflichten eingeräumt würde. Alternativ könnte öffentlichen Auftraggebern auf der Grundlage von § 129 GWB bundesgesetzlich aufgegeben werden, entsprechende Sicherungsmechanismen als Ausführungsbedingungen nach § 128 Abs. 2 GWB zu fordern. Stattdessen hat der Bundesgesetzgeber die Festlegung obligatorischer Ausführungsbedingungen zugunsten der Länder mit der Öffnungsklausel für landesgesetzliche Regelungen in § 129 GWB weitgehend aus der Hand gegeben und obligatorische Ausführungsbedingungen für Beschaffungen auf Landesebene den Landesgesetzgebern überlassen.[37] Dadurch ist es zu einer kaum noch überschaubaren föderalen Regelungsvielfalt gekommen, womit sich faktisch das Vollzugsdefizit verringert hat, aber eine volkswirtschaftlich nachteilige, vermeidbare Zersplitterung des Ver-

---

30 So auch *Fett*, in: Byok/Jaeger, Vergaberecht, § 128 GWB Rn. 4; *Gabriel/Bärenbrinker*, in: Gabriel/Mertens/Prieß/Stein, Vergaberecht, § 128 GWB Rn. 2; *Fehling*, in: Pünder/Schellenberg, Vergaberecht, § 128 GWB Rn. 2; *Wiedemann*, in: Röwekamp/Kus/Portz/Prieß, GWB-Vergaberecht, § 128 Rn. 4.

31 Gesetzesbegründung zu § 128 GWB, VergRModG 2016, BT-Drs. 18/6281, 113.

32 *Ziekow*, in: Ziekow/Völlink, Vergaberecht, § 128 GWB Rn. 5; zweifelnd auch *Pauka/Birk*, in: Säcker/Ganske/Knauff, Wettbewerbsrecht, § 128 GWB Rn. 11; a.A. *Gabriel/Bärenbrinker*, in: Gabriel/Mertens/Prieß/Stein, Vergaberecht, § 128 GWB Rn. 3.

33 So zu Recht *Ziekow*, in: Ziekow/Völlink, Vergaberecht, § 128 GWB Rn. 6.

34 *Fehling*, in: Pünder/Schellenberg, Vergaberecht, § 128 GWB Rn. 15; *Krönke*, VergabeR 2017, 101 (112 f.); *Summa*, VergabeR 2016, 147 (150).

35 ABl. EU 2019/C 271/02, 43.

36 Vgl. eingehend dazu *Kling*, in: Immenga/Mestmäcker, Wettbewerbsrecht, § 128 GWB Rn. 45.

37 Zu Recht haben *Wagner/Pfohl*, VergabeR 2015, 389 (401 f.), allerdings ohne erkennbaren Erfolg, angeregt, eine bundesweise Vereinheitlichung der obligatorischen Ausführungsbedingungen nach § 129 GWB durch den Bundesgesetzgeber in Erwägung zu ziehen; das sollte zumindest für die fragmentarisch in § 128 Abs. 1 GWB aufgezählten bundesgesetzlichen Vorschriften sowie die in Art. 18 Abs. 2 RL 2014/24/EU ausdrücklich angesprochenen internationalen arbeits- und umweltrechtlichen Normen endlich in Angriff genommen werden; es macht überhaupt keinen Sinn, dass diese Regelungen sich über die Vergabegesetze von 15 Bundesländern verteilen und im Freistaat Bayern auch auf Landesebene ignoriert werden.

gaberechts ohne erkennbaren Mehrwert eingetreten ist.[38] So haben die Länder vielfach beispielsweise den ILO-Kernarbeitsnormen, aber auch den in § 128 Abs. 1 Hs. 2 GWB aufgeführten bundesrechtlichen Vorschriften etwa zum Mindestlohn Nachdruck verliehen.[39] Schließlich können die öffentlichen Auftraggeber das gesetzgeberische Defizit durch die Festlegung von Ausführungsbedingungen in der konkreten Ausschreibung ausgleichen und so für die nach Art. 18 Abs. 2 RL 2014/24/EU gebotene Sicherstellung der dort genannten gesetzlichen Vorgaben sorgen. All diese Maßnahmen der Landesgesetzgeber und der öffentlichen Auftraggeber sowie Verwaltung auf Bundes- und Landesebene ändern aber nichts an dem strukturellen normativen Vollzugsdefizit auf Bundesebene. Deswegen erscheint eine richtlinienkonforme Auslegung des § 128 Abs. 1 GWB, da die Vorschrift sich schon im Ansatz der Umsetzung des Art 18 Abs. 2 RL 2014/24/EU verweigert, kaum möglich.[40]

IV. Anwendbares Recht bei grenzüberschreitender Beschaffung

Welches Recht bei grenzüberschreitenden Beschaffungen bei der Ausführung von öffentlichen Aufträgen anwendbar ist, ist an sich kein Regelungsgegenstand von § 128 GWB, sondern eine Frage des Anwendungsbereichs der jeweiligen Rechtsvorschriften und der insoweit zu beachtenden Kollisionsnormen. § 128 Abs. 1 GWB hat allerdings in diesem Bereich trotz seines rein deklaratorischen Charakters Unsicherheiten bei der Rechtsanwendung hervorgerufen,[41] denen nachzugehen ist. 16

Hierbei ist zunächst zu unterscheiden zwischen dem für den öffentlichen Auftrag und dementsprechend auch seine Ausführung geltenden Zivilrecht und dem sonstigem für die Auftragsausführung geltenden Recht.[42] Welches **Zivilrecht** auf den öffentlichen Auftrag anwendbar ist, richtet sich nach den Regeln des internationalen Privatrechts. Die für vertragliche Schuldverhältnisse im Bereich der Europäischen Union[43] einschlägige Rom I-Verordnung sieht die freie Rechtswahl der Vertragsschließenden vor. Nach Art. 3 Abs. 1 S. 1 Rom I-VO unterliegt der Vertrag dem von den Parteien gewählten Recht. Die Rechtswahl muss ausdrücklich erfolgen oder sich eindeutig aus den Bestimmungen des Vertrags oder aus den Umständen des Falles ergeben (Art. 3 Abs. 1 S. 2 Rom I-VO). Danach wird sich in aller Regel bei der Auftragsvergabe durch einen deutschen öffentlichen Auftraggeber aus den Umständen ergeben, dass auf den öffentlichen Auftrag deutsches Vertragsrecht anwendbar sein soll und für die Ausführung des öffentlichen Auftrages mithin deutsches Zivilrecht anwendbar ist.[44] Auch für etwaige Ansprüche aus außervertraglichen Schuldverhältnissen, die bei der Ausführung des öffentlichen Auftrags entstehen können, wird in der Regel deutsches Recht anwendbar sein. Nach der Rom II-VO der Europäischen Union über das auf außervertragliche Schuldverhältnisse anzuwendende Recht gilt auch insoweit der Grundsatz der freien Rechtswahl. Art. 14 Abs. 1 Rom II-VO sieht, wenn alle Beteiligten einer kommerziellen Tätigkeit nachgehen, vor, dass die Parteien das anwendbare Recht ausdrücklich wählen können, sich die Rechtswahl aber auch mit hinreichender Sicherheit aus den Umständen ergeben, also konkludent erfolgen kann. Anders als das auf den Auftrag anwendbare Zivilrecht, ist das im Übrigen für die Ausführung des öffentlichen Auftrags maßgebliche Recht von dem öffentlichen Auftraggeber und dem beauftragten Unternehmen nicht wählbar. Das Recht überlässt die Entscheidung über seine Anwendbarkeit in aller Regel nicht den Beteiligten. Das Verfassungs-, Verwaltungs- und Straf- 17

38 So auch *Opitz*, in: Burgi/Dreher/Opitz, Vergaberecht, § 129 GWB Rn. 13.
39 Vgl. unten Rn. 49, 56 f.
40 A.A. *Ziekow*, in: Ziekow/Völlink, Vergaberecht, § 128 GWB Rn. 9.
41 In diesem Sinne auch *Fehling*, in: Pünder/Schellenberg, Vergaberecht, § 128 GWB Rn. 13.
42 Irreführend deswegen die Ausführungen in der Gesetzesbegründung zu § 128 Abs. 1 GWB, VergRModG 2016, BT-Drs. 18/6281, 113, zu dem anwendbaren Recht bei Leistungen eines Call-Centers und Warenlieferungen; dem aber folgend *Fett*, in: Byok/Jaeger, Vergaberecht, § 128 GWB Rn. 21 f.; *Gabriel/Bärenbrinker*, in: Gabriel/Mertens/Prieß/Stein, Vergaberecht, § 128 GWB Rn. 5; *Kling*, in: Immenga/Mestmäcker, Wettbewerbsrecht, § 128 GWB Rn. 26; *Pauka/Birk*, in: Säcker/Ganske/Knauff, Wettbewerbsrecht, § 128 GWB Rn. 16, zumindest teilweise kritisch *Opitz*, in: Burgi/Dreher/Opitz, Vergaberecht, § 128 GWB Rn. 9.
43 Mit Ausnahme Dänemarks und Irlands, vgl. *Stürner*, in: Erman, BGB, Art. 1 Rom-I-VO Rn. 16.
44 *Fehling*, in: Pünder/Schellenberg, Vergaberecht, § 128 GWB Rn. 16.

recht beansprucht innerstaatlich Geltung, egal was die Beteiligten vereinbaren, und auch das Zivilrecht, das die Beteiligten gewählt haben, ist als Teil des geltenden Rechts selbstverständlich auch für die Ausführung des öffentlichen Auftrags anwendbar.[45] Es findet grundsätzlich Anwendung auf sämtliche innerstaatliche Sachverhalte, also wenn Handlungs- oder Erfolgsort im Inland liegen. Auf Sachverhalte im Ausland findet es keine Anwendung; auf diese Sachverhalte findet gegebenenfalls das dort geltende Recht Anwendung. Bezogen auf die Ausführung öffentlicher Aufträge bildet § 128 Abs. 1 Hs. 1 GWB dies ab, indem er Unternehmen bei der Auftragsausführung an alle für sie geltenden gesetzlichen Verpflichtungen bindet, also ein Unternehmen mit Sitz im EU-Ausland, soweit es die Leistungen zur Ausführung des öffentlichen Auftrags am Ort seines Sitzes erbringt, an das dort geltende Recht.

18 Diese Grundsätze gelten auch für das **Arbeitsrecht**, wo die Frage vergaberechtlich besonderes bedeutsam ist, weil dies ein Bereich ist, wo öffentliche Auftraggeber seit langem ein Mitspracherecht bei der Ausführung der öffentlichen Aufträge beanspruchen und sich erhebliche Probleme aus dem Einsatz ausländischer Arbeitnehmer im Inland und der Ausführung inländischer öffentlicher Aufträge im Ausland ergeben haben. Die von dem beauftragten Unternehmen geschlossenen Dienst- und Arbeitsverträge mit seinen zur Ausführung des öffentlichen Auftrages eingesetzten Mitarbeitern unterliegen dem für diese Dienst- und Arbeitsverträge anwendbaren Recht. Nach dem insoweit maßgeblichen Kollisionsrecht des Art. 3 Abs. 1 S. 2 Rom I-VO, der auch auf Arbeitsverträge Anwendung findet,[46] besteht grundsätzlich die Möglichkeit zur Rechtswahl. Das bedeutet aber nicht, dass diese Rechtswahl von der Einhaltung zwingender gesetzlicher Vorgaben entbinden würde.[47] Vielmehr gilt bei Eingriffsnormen im Sinne des Art. 9 Abs. 1 Rom I-VO das entsprechende deutsche Recht unabhängig davon, ob es im Übrigen auf das Arbeitsverhältnis Anwendung findet.[48] Eine Eingriffsnorm ist nach dieser Bestimmung eine zwingende Vorschrift, deren Einhaltung von einem Staat als so entscheidend für die Wahrung seines öffentlichen Interesses, insbesondere seiner politischen, sozialen oder wirtschaftlichen Organisation, angesehen wird, dass sie ungeachtet des nach Maßgabe der Rom I-VO auf den Vertrag anzuwendenden Rechts auf alle Sachverhalte anzuwenden ist, die in ihren Anwendungsbereich fallen. Deswegen gelten für die Ausführung eines öffentlichen Auftrages die insoweit geltenden zwingenden gesetzlichen Vorgaben. Diese Vorgaben knüpfen in der Regel an den Ort der Leistung unabhängig von dem für das Vertragsverhältnis ansonsten geltenden Recht an. Das gilt insbesondere für sämtliche in § 128 Abs. 1 Hs. 2 GWB aufgeführten Arbeitsschutzregelungen und Mindestarbeitsbedingungen. Die entsprechenden Normen gelten für die Ausführung von öffentlichen Aufträgen durch in- oder ausländische Unternehmen unabhängig davon, welchem Recht die Arbeitsverträge der tätigen Mitarbeiter unterliegen, soweit diese im Inland tätig sind. Aber auch nur insoweit, weil dies andernfalls in völkerrechtlich problematischer Weise die staatliche Souveränität anderer Staaten beeinträchtigen würde. So ist beispielsweise nach § 20 MiLoG der nach diesem Gesetz in Deutschland verbindliche Mindestlohn für im Inland beschäftigte Arbeitnehmer unabhängig von dem Sitz des Arbeitgebers im In- oder Ausland zu zahlen,[49] aber eben nicht, wenn und soweit die Arbeitnehmer im Ausland beschäftigt sind, also der öffentliche Auftrag dort ausgeführt wird.[50] Vielmehr sind insoweit gegebenenfalls die dort vorgesehenen gesetzlichen Mindestlöhne maßgeblich und ergeben sich aus entsprechenden Vorschriften die für das beauftrage Unternehmen bei der Ausführung des öffentlichen Auftrages geltenden rechtlichen Verpflichtungen im Sinne des § 128 Abs. 1 Hs. 1 GWB. Entsprechendes gilt für einen den gesetzlichen Mindestlohn überschreitenden Mindestlohn nach einem für allgemeingültig erklärten Tarif-

---

45 Hier dürfte es auch entgegen *Fehling*, in: Pünder/Schellenberg, Vergaberecht, § 128 GWB Rn. 14, keine Unklarheiten geben.

46 Vgl. nur *Koch*, in: Schaub/Koch, Arbeitsrecht von A-Z, Stichwort „Internationales Arbeitsrecht".

47 Insoweit gilt im Übrigen auch für die Ausführung der öffentlichen Aufträge selbst nichts anders; zwar kann das auf den Vertrag anwendbare Zivilrecht von den Vertragsparteien gewählt werden; selbstverständlich haben sie sich aber an die am Ort der Ausführung des öffentlichen Auftrags geltenden gesetzlichen Vorgaben zu halten; vgl. zuvor Rn. 17.

48 BAG, Urteil v. 24.6.2021 – 5 AZR 505/20, juris Rn. 23; Urteil v. 18.4.2012 – 10 AZR 200/11, juris Rn. 14.

49 BAG, Urteil v. 24.6.2021 – 5 AZR 505, 20, juris Rn. 23.

50 EuGH, Urteil v. 18.9.2014 – Rs. C-549/13 (Bundesdruckerei), Rn. 36; vgl. dazu näher unten Rn. 50.

vertrag und für andere Arbeitsschutzregelungen sowie Mindestarbeitsbedingungen, soweit sie, wie regelmäßig, als Eingriffsnormen in Sinne des Art. 9 Abs. 1 Rom I-VO zu qualifizieren sind.[51]

C. Ausführungsbedingungen (Abs. 2)

19 § 128 Abs. 2 S. 1 GWB enthält Regelungen über mögliche besondere Bedingungen für die Ausführung öffentlicher Aufträge. Nach einer Begriffsbestimmung in § 128 Abs. 2 S. 1 Hs. 1 GWB (I.), bestimmt die Vorschrift in § 128 Abs 2 S. 1 Hs. 2, S. 2 und S. 3 GWB wesentliche Voraussetzungen (II.) für die Festlegung solcher Bedingungen (III.), woraus sich bei der Ausführung des Auftrags, aber auch schon im Vergabeverfahren Rechtsfolgen ergeben (IV.).

I. Begriff der Ausführungsbedingungen (S. 1 Hs. 1)

1. Definition

20 § 128 Abs. 2 S. 1 GWB enthält eine Legaldefinition der Ausführungsbedingungen und fasst darunter „besondere Bedingungen für die Ausführung eines Auftrags". Diese in Teilen tautologische Begriffsbildung, mit der die Begrifflichkeit des umgesetzten Art. 70 S. 1 RL 2014/24/EU übernommen wird, ist auch deswegen wenig hilfreich, weil das einzige nicht bereits im zu definierenden Begriff enthaltene Merkmal der „besonderen" Bedingungen unklar ist. Nur aus der Gegenüberstellung zu den in § 128 Abs. 1 GWB geregelten gesetzlichen Vorgaben für die Ausführung öffentlicher Aufträge wird deutlich, dass es sich bei den „besonderen" Bedingungen um vertraglich vereinbarte im Gegensatz zu unmittelbar gesetzlich geltenden Bedingungen handelt.[52] Ausführungsbedingungen sind folglich, sinnvoll definiert, vertraglich mit einem Unternehmen vereinbarte Vorgaben des öffentlichen Auftraggebers zu der Art und Weise der Erbringung der beauftragten Leistung. Während also § 128 Abs. 1 GWB die Einhaltung der gesetzlichen Verpflichtungen der Unternehmen bei der Ausführung des Auftrags bekräftigt, erlaubt § 128 Abs. 2 GWB die Festlegung weitergehender („darüber hinaus") vertraglicher Verpflichtungen hierfür.[53] Diese Systematik lässt sich zwar den umgesetzten Richtlinienbestimmungen in Art. 18 Abs. 2 RL 2014/24/EU und Art. 70 RL 2014/24/EU nicht entnehmen, ist damit aber vorbehaltlich des (behebbaren) Vollzugsdefizits zu Art. 18 Abs. 2 RL 2014/24/EU[54] auch nicht unvereinbar und im Ansatz ein durchaus sinnvolles, wenn eben auch nur unvollkommen umgesetztes Regelungskonzept.

2. Ausführungsbedingungen als Teil der Leistungsbeschreibung

21 Als von dem öffentlichen Auftraggeber geforderte vertragliche Vereinbarung über die Art und Weise der Erbringung der beauftragten Leistung sind Ausführungsbedingungen materiell Teil der Leistungsbeschreibung im Sinne von § 121 GWB.[55] Die Leistungsbeschreibung legt den

51 Vgl. beispielsweise BAG, Urteil v. 18.4.2012 – 10 AZR 200/11, juris Rn. 18 für § 3 EntgFG, und Urteil v. 7.5.2020 – 2 AZR 692/19, juris Rn. 53 für § 18 BEEG.

52 Im Ergebnis auch *Kling*, in: Immenga/Mestmäcker, Wettbewerbsrecht, § 128 GWB Rn. 43; *Pauka/Birk*, in: Säcker/Ganske/Knauff, Wettbewerbsrecht, § 128 GWB Rn. 20. Die Charakterisierung von Ausführungsbedingungen als *„Eingriff in die unternehmerische Freiheit bei der Art und Weise der Ausführung des Auftrags"* (so *Gabriel/Bärenbrinker*, in: Gabriel/Mertens/Prieß/Stein, Vergaberecht, § 128 GWB Rn. 21; *Wiedemann*, in: Röwekamp/Kus/Portz/Prieß, GWB-Vergaberecht, § 128 Rn. 25), ist daher verfehlt; in diesem Sinn würde nämlich jede vertragliche Verpflichtung eine Freiheitsbeschränkung darstellen.

53 Der an sich naheliegenden Bezeichnung der gesetzlichen Vorgaben an die Auftragsausführung als „allgemeine Ausführungsbedingungen", so in der Vorauflage *Pfohl*, § 128 GWB Rn. 7 ff., steht entgegen, dass die „besonderen", nämlich vertraglichen Bedingungen der Ausftragsausführung gesetzlich durch § 128 Abs. 2 S. 1 Hs. 1 GWB bereits als Auftragsbedingungen definiert sind, so dass die vertragliche Vereinbarung für die Begriffsbildung konstitutiv ist. Entgegen *Opitz*, in: Burgi/Dreher/Opitz, Vergaberecht, § 128 GWB Rn. 18, geht es auch nicht um eine inhaltliche Abgrenzung nach dem Gegenstand der Bedingungen, sondern um die Gegenüberstellung von Vertrag (besonders, Ausführungsbedingung) und Gesetz (allgemein, Rechtsordnung).

54 Vgl. oben Rn. 13 bis 15.

55 *Kadenbach*, in: Reidt/Stickler/Glahs, Vergaberecht, § 121 GWB Rn. 70. Dies wird häufig nicht erkannt, vgl. etwa *Krönke*, VergabeR 2017, 101 (117).

Auftragsgegenstand fest (§ 121 Abs. 1 S. 1 GWB). Sie bestimmt zwar in erster Linie, was der öffentliche Auftraggeber wünscht und das Unternehmen leisten soll. Indes umfasst sie begrifflich nach § 121 Abs. 1 S. 2 GWB auch die Umstände und Bedingungen der Leistungserbringung.[56] Genau dies, nämlich wie die Leistung zu erbringen ist, legen Ausführungsbedingungen fest. Sie können sich auf alle Faktoren beziehen, die „mit dem konkreten Prozess der Herstellung, Bereitstellung oder Vermarktung zusammenhängen". Insoweit greift die Unterscheidung, die Leistungsbeschreibung nach § 121 GWB lege das „Was" der Leistung fest und die Ausführungsbedingungen das „Wie",[57] zu kurz. Untauglich ist auch der Verweis auf das „Wesen" und den „Nutzen" von Ausführungsbedingungen,[58] weil beides für die Leistungsbeschreibung im Sinne des § 121 GWB nicht begriffsbildend ist. Nicht überzeugend ist auch eine Abgrenzung nach dem „Leistungsbezug",[59] weil Ausführungsbedingungen Teil der Leistungsbeschreibung und die Leistungsbeschreibung mit den von ihr umfassten Ausführungsbedingungen gleichermaßen einen „Leistungsbezug", genauer einen Bezug zum Auftragsgegenstand, haben müssen (§ 182 Abs. 2 S. 1 Hs. 2 GWB, § 31 Abs. 3 S. 2 VgV). Ausführungsbedingungen sind folglich materiell Teil der Leistungsbeschreibung.[60] Das zeigen auch die im Wesentlichen auf Ausführungsbedingungen als Teil der Leistungsbeschreibung bezogenen Vorgaben in § 31 Abs. 3 VgV.[61] Daraus, dass Ausführungsbedingungen Teil der Leistungsbeschreibung sind, folgt zwingend, dass sämtliche für die Leistungsbeschreibung geltenden Vorgaben auch bei der Festlegung von Ausführungsbedingungen beachtet werden müssen. Der Umstand, dass diese systematischen Zusammenhänge offenbar nicht erkannt worden sind,[62] ändert hieran nichts.

3. Abgrenzung

22 Ausführungsbedingungen sind zu unterscheiden von

- den Eignungskriterien im Sinne des § 122 Abs. 2 S. 2 GWB,
- den Zuschlagskriterien im Sinne des § 127 GWB.

a) Eignungskriterien

23 Von Eignungskriterien im Sinne des § 122 Abs. 2 S. 2 GWB unterscheiden sich Ausführungsbedingungen durch ihren Bezugspunkt. Eignungskriterien sind unternehmensbezogen, Ausführungsbedingungen sind auftragsbezogen.[63] Zeitlich sind Eignungskriterien auf die Bewertung in der Vergangenheit liegender Tatsachen für die Gegenwart gerichtet, während Ausführungsbedingungen sich zukunftsbezogen auf die Vertragserfüllung beziehen.[64] Insoweit erscheint es überzeugend, dass die unionsrechtlichen Richtlinien des Jahres 2014 und ihnen folgend das VergRModG 2016 die Rechtstreue nicht mehr als unternehmensbezogenes Eignungskriterium fassen, sondern als auftragsbezogene Verpflichtung, wobei mangelnde ver-

---

56 *Kadenbach*, in: Reidt/Stickler/Glahs, Vergaberecht, § 121 GWB Rn. 70.

57 So *Fehling*, in: Pünder/Schellenberg, Vergaberecht, § 128 GWB Rn. 3.

58 So *Wiedemann*, in: Röwekamp/Kus/Portz/Prieß, GWB-Vergaberecht, § 128 Rn. 12.

59 So *Kling*, in: Immenga/Mestmäcker, Wettbewerbsrecht, § 128 GWB Rn. 49.

60 Das gilt umgekehrt natürlich nicht; ganz überwiegend bestimmt die Leistungsbeschreibung den Gegenstand der Leistung und nicht die Art und Weise der Leistungserbringung.

61 Die Vorschrift lautet: „Die Merkmale können auch Aspekte der Qualität und Innovation sowie soziale und umweltbezogene Aspekte betreffen. Sie können sich auch auf den Prozess oder die Methode der Herstellung oder Erbringung der Leistung oder auf ein anderes Stadium im Lebenszyklus des Auftragsgegenstands einschließlich der Produktions- und Lieferkette beziehen, auch wenn derartige Faktoren keine materiellen Bestandteile der Leistung sind, sofern diese Merkmale in Verbindung mit dem Auftragsgegenstand stehen und zu dessen Wert und Beschaffungszielen verhältnismäßig sind."

62 So vermittelt vor allem § 31 Abs. 3 S. 2 VgV mit dem überflüssigen Hinweis, dass die Vorgaben kein materieller Bestandteil der Leistung sein müssten, den Eindruck, dass der Bezug zu § 128 GWB nicht gesehen wurde, ebenso die Verordnungsbegründung, BR-Drs. 87/16, 185. Auch in der Gesetzesbegründung zu § 128 Abs. 2 GWB, VergRModG 2016, BT-Drs. 18/6281, 113 f., ist nicht erkennbar, dass die systematischen Zusammenhänge erkannt wurden, zumal sich wegen der Voraussetzungen für die Festlegung von Ausführungsbedingungen auch ein Verweis auf die entsprechenden Vorgaben für die Leistungsbeschreibung angeboten hätte, anstatt die Voraussetzungen in § 128 Abs. 2 GWB nochmals zu wiederholen.

63 Ähnlich *Wiedemann*, in: Röwekamp/Kus/Portz/Prieß, GWB-Vergaberecht, § 128 Rn. 14.

64 *Fehling*, in: Pünder/Schellenberg, Vergaberecht, § 128 GWB Rn. 4.

gangene Rechtstreue aber ihren Niederschlag in den Ausschlussgründen der §§ 123, 124 GWB finden kann. Im Übrigen können Umstände, die Gegenstand von Eignungskriterien im Sinne von § 122 Abs. 2 S. 2 GWB sein können, auch als Ausführungsbedingung ausgestaltet werden, soweit ein auftraggeberbezogenes Kriterium zugleich als Anforderung an die Art und Weise der Auftragsausführung angesehen werden kann.[65]

b) Zuschlagskriterien

„Anders als Zuschlagskriterien, die die Grundlage für eine vergleichende Bewertung der Qualität von Angeboten bilden, sind Bedingungen für die Auftragsausführung festgelegte, objektive Anforderungen, von denen die Bewertung von Angeboten unberührt bleibt."[66] Ist ein Unternehmen allerdings nicht bereit oder in der Lage, von dem öffentlichen Auftraggeber wirksam geforderte Ausführungsbedingungen vertraglich zu übernehmen, führt dies zwingend zu seinem Ausschluss.[67] Anforderungen an ein Unternehmen können dabei grundsätzlich sowohl als Zuschlagskriterium als auch als Ausführungsbedingung festgelegt werden. Beispielsweise kann die Einhaltung sozialer Kriterien, etwa die Einhaltung von ILO-Kernarbeitsnormen, sowohl als qualitatives Zuschlagskriterium als auch als Ausführungsbedingung ausgestaltet sein,[68] wobei es im Ermessen des öffentlichen Auftraggeber liegt, das jeweilige Kriterium in der einen oder anderen Weise zu berücksichtigen.[69] Hierbei ist es durchaus auch möglich, dass ein Kriterium in beide Kategorien fällt,[70] etwa indem der öffentliche Auftraggeber die Erreichung eines bestimmten Mindeststandards zwingend vorgibt mit der Folge, dass Unternehmen, die ihn nicht erreichen, auszuschließen sind (Ausführungsbedingung), und erst die über diesen Mindeststandard hinausgehenden Bemühungen des Unternehmens einer qualitativen Wertung unterzieht (Zuschlagskriterium). Zur Abgrenzung kann darauf abgestellt werden, ob und inwieweit die Erfüllung des Kriteriums Bestandteil des abzuschließenden Vertrages werden soll; (nur) insoweit handelt es sich dann um eine Ausführungsbestimmung.[71] 24

II. Zulässigkeit von Ausführungsbedingungen

Voraussetzung für die Festlegung von Ausführungsbedingungen ist, dass sie ordnungsgemäß bekannt gemacht sind (1.), Sachbezug zum Auftragsgegenstand aufweisen (2.), einen zulässigen Inhalt haben (3.) und allgemeinen Rechtmäßigkeitsanforderungen genügen (4.). 25

1. Formgerechte Forderung (S. 2)

§ 128 Abs. 2 S. 2 GWB sieht vor, dass sich die Ausführungsbedingungen aus der **Auftragsbekanntmachung** oder den **Vergabeunterlagen** ergeben müssen. Zudem müssen sie in einer Vorinformation nach § 38 VgV angegeben sein.[72] Das entspricht Erwägungsgrund 104 Abs. 2 RL 2014/24/EU[73] sowie Art. 70 S. 1 RL 2014/24/EU, wonach die festgelegten Ausführungsbe- 26

65 Vgl. OLG Düsseldorf, Beschluss v. 7.5.2014 – VII-Verg 46/13, juris Rn. 28 bis 31, wo ein dem Umweltschutz dienendes Kriterium sowohl (unzulässig) als technisches Eignungskriterium als auch (zulässig und wirksam) als Ausführungsbedingung gefordert war. In dem Fall der VK Berlin, Beschluss v. 30.4.2021 – VK-B2-64/20, juris Rn. 135 ff., war demgegenüber die geforderte Zertifizierung als Entsorgungsbetrieb sowohl als Eignungskriterium (nicht in Auftragsbekanntmachung benannt) als auch als Ausführungsbedingung (Forderung intransparent) unzulässig.

66 Erwägungsgrund 104 RL 2014/24/EU.

67 Vgl. unten Rn. 64.

68 *Ziekow*, in: Ziekow/Völlink, Vergaberecht, § 128 GWB Rn. 37.

69 *Gnittke/Hattig*, in: Müller-Wrede, VgV/UVgO, § 29 VgV Rn. 49; *Ziekow*, in: Ziekow/Völlink, Vergaberecht, § 128 GWB Rn. 36.

70 A.A. *Ziekow*, in: Ziekow/Völlink, Vergaberecht, § 128 GWB Rn. 36, 39.

71 *Wiedemann*, in: Röwekamp/Kus/Portz/Prieß, GWB-Vergaberecht, § 128 Rn. 13.

72 Es handelt sich um eine Pflichtangabe nach Abschnitt III. Nr. 2.2 des Musters gemäß Anhang I VO (EU) 2015/1986, das für die Vorinformation gemäß § 38 Abs. 1 VgV zu verwenden ist. Die übrigen Vergabeverordnungen enthalten entsprechende Vorschriften, vgl. *Schwabe*, in: Müller-Wrede, VgV/UVgO, § 38 VgV Rn. 10 ff.

73 Die Bestimmung lautet: „Die Bedingungen für die Auftragsausführung sollten in der Auftragsbekanntmachung, der als Aufruf zum Wettbewerb dienenden Vorinformation oder den Auftragsunterlagen angegeben werden." Für den Bereich der RL 2014/23/EU und RL 2014/25/EU sieht die Durchführungsverordnung (EU) 2015/1986 für die einer Vorinformation entsprechenden Mitteilungen die Nutzung von Musterformularen vor, in denen auch die Ausführungsbedingungen anzugeben sind.

dingungen im Aufruf zum Wettbewerb[74] oder in den Auftragsunterlagen anzugeben sind. Da es sich bei den Ausführungsbedingungen materiell um einen Bestandteil der Leistungsbeschreibung handelt,[75] müssen sie allerdings nach § 121 Abs. 3 GWB zumindest auch in den Vergabeunterlagen enthalten sein, damit der öffentliche Auftraggeber sie fordern kann. Dadurch wird das nach dem Wortlaut des § 128 Abs. 2 S. 2 GWB bestehende Wahlrecht zwischen einer Benennung in der Auftragsbekanntmachung oder den Vergabeunterlagen, wieder eingeschränkt.[76] Dies dürfte in der Praxis kaum bedeutsam sein, weil eine Festlegung der Ausführungsbedingungen in der Regel sinnvoll und wirksam nur in den Vergabeunterlagen[77] möglich sein wird.[78] Zur Förderung der Transparenz wird es sich jedoch empfehlen, wie von den Formularen vorgesehen, auf die geforderten Ausführungsbedingungen stichwortartig auch in der Auftragsbekanntmachung hinzuweisen und gegebenenfalls wegen der Einzelheiten auf die Vorgaben in den Vergabeunterlagen zu verweisen. Soweit eine Ausführungsbedingung zugleich Bedeutung als Eignungs- und Zuschlagskriterium haben kann, kommt es für die formell wirksame Forderung nur auf die Einhaltung der für die Ausführungsbedingungen maßgeblichen Anforderungen an.[79]

27 Zur formgerechten Forderung der Ausführungsbedingungen gehört, dass sie als Teil der Leistungsbeschreibung wie die übrigen Vorgaben der Leistungsbeschreibung gemäß § 121 Abs. 1 S. 1 GWB so **eindeutig** und **erschöpfend** wie möglich beschrieben werden, so dass sie von den angesprochenen Unternehmen in gleicher Weise verstanden werden können. Die Angaben müssen daher aufgrund einer am Empfängerhorizont der angesprochenen Unternehmen orientierten Auslegung zweifelsfrei erkennen lassen, was der öffentliche Auftraggeber fordert, die Zusage welcher Bedingungen er also bei der Ausführung des Auftrags im Einzelnen verlangt.[80] Beispielsweise darf nicht offenbleiben, welcher von mehreren möglichen Mindestlöhnen zu gewähren ist.[81] Die Forderung nach einer Auftragsdurchführung durch einen zertifizierten Fachbetrieb muss klar und eindeutig formuliert sein. [82]

2. Bezug zum Auftragsgegenstand (S. 1 Hs. 2)

28 Nach § 128 Abs. 2 S. 1 Hs. 2 GWB ist erforderlich, dass die von dem öffentlichen Auftraggeber festgesetzten Ausführungsbedingungen mit dem Auftragsgegenstand entsprechend § 127 Abs. 3 GWB **in Verbindung stehen**. Die Bezugnahme auf § 127 Abs. 3 GWB ist ungenau, weil § 127 Abs. 3 S. 1 GWB keinen über § 128 Abs. 2 S. 1 Hs. 2 GWB hinausgehenden Regelungsgehalt hat; gemeint ist, dass § 127 Abs. 3 S. 2 GWB entsprechend anwendbar sein soll, der klarstellt, dass die erforderliche Verbindung zum Auftragsgegenstand auch dann anzunehmen ist, wenn sich die Zuschlagskriterien, also im Zusammenhang von § 128 GWB die

---

74 Der Aufruf zum Wettbewerb vollzieht sich gemäß Art. 26 Abs. 5 UAbs. 1 RL 2014/24/EU in einer Auftragsbekanntmachung gemäß Art. 49 RL 2014/24/EU.

75 Vgl. oben Rn. 21.

76 A.A. *Fehling*, in: Pünder/Schellenberg, Vergaberecht, § 128 GWB Rn. 32. Die Gesetzesbegründung zu § 128 Abs. 2 GWB, VergRModG 2016, BT-Drs. 18/6281, 113 f., legt nahe, dass der systematische Zusammenhang zwischen Ausführungsbedingungen und Leistungsbeschreibung nicht erkannt wurde; vgl. oben Rn. 21 Fn. 61.

77 Die Vergabeunterlagen umfassen nach § 29 Abs. 1 S. 2 Nr. 3 VgV die Vertragsunterlagen, die aus der Leistungsbeschreibung (einschließlich der Ausführungsbedingungen) und den Vertragsbedingungen bestehen. Entgegen *Gabriel/Bärenbrinker*, in: Gabriel/Mertens/Prieß/Stein, Vergaberecht, § 128 GWB Rn. 26, sind deswegen Ausführungsbedingungen mit ihrer Benennung in der Auftragsbekanntmachung noch nicht Teil der Vergabeunterlagen.

78 *Kling*, in: Immenga/Mestmäcker, Wettbewerbsrecht, § 128 GWB Rn. 54; *Wiedemann*, in: Röwekamp/Kus/Portz/Prieß, GWB-Vergaberecht, § 128 Rn. 55.

79 A.A. VK Berlin, Beschluss v. 30.4.2021 – VK-B2-64/20, juris Rn. 149, mit der These, bei *„doppelfunktionalen"* Anforderungen mangele es sonst an hinreichender Transparenz; das folgt dann aber nicht aus der Art der Bekanntmachung, sondern aus anderen Umständen, so auch in dem von der Vergabekammer entschiedenen Fall aus der Unklarheit der erhobenen Forderungen.

80 KG, Beschluss v. 26.9.2014 – Verg 5/14, juris Rn. 9; VK Berlin, Beschluss v. 30.4.2021 – VK-B2-64/20, juris Rn. 145; *Fehling*, in: Pünder/Schellenberg, Vergaberecht, § 128 GWB Rn. 32; vgl. für die Leistungsbeschreibung im Allgemeinen auch BGH, Urteil v. 3.4.2012 – X ZR 130/10, juris Rn. 9; Urteil v. 10.6.2008 – X ZR 78/07, juris Rn. 10.

81 KG, Beschluss v. 26.9.2014 – Verg 5/14, juris Rn. 9; *Reidt/Glahs*, VergabeR 2015, 641 (646); auch die Festlegung „fakultativer" Ausführungsbedingungen ist deswegen unzulässig, vgl. unten Rn. 59.

82 Verneint von VK Berlin, Beschluss v. 30.4.2021 – VK-B2-64/20, juris Rn. 145 ff., in einer Fallgestaltung, bei der sich der Auftraggeber weder klar über die rechtliche Qualität der Anforderung war (Eignungskriterium oder Ausführungsbedingung) noch diese verständlich kommuniziert hatte.

Ausführungsbedingungen, auf Prozesse im Zusammenhang mit der Herstellung, Bereitstellung oder Entsorgung der Leistung, auf den Handel mit der Leistung oder auf ein anderes Stadium im Lebenszyklus der Leistung beziehen, auch wenn sich diese Faktoren nicht auf die materiellen Eigenschaften des Auftragsgegenstandes auswirken. Diese formalen Vorgaben entsprechen weitgehend den auf die Leistungsbeschreibung bezogenen Vorgaben in § 31 Abs. 3 S. 2 VgV,[83] die ebenfalls heranzuziehen sind, da die Ausführungsbedingungen materiell Teil der Leistungsbeschreibung sind.[84] Sie gehen letztlich auf die Umschreibungen in Erwägungsgrund 104 RL 2014/24/EU zurück.[85] Wie die ausführlichen deskriptiven Regelungen in § 127 Abs. 3 S. 2 GWB, § 31 Abs. 3 S. 2 VgV veranschaulichen, entzieht sich die Vorgabe einer Verbindung zum Auftragsgegenstand weitgehend einer weiterführenden allgemeinen Begriffsbestimmung und bedarf es bei jeder Ausführungsbedingung einer einzelfallbezogenen Würdigung, ob sie unter Berücksichtigung der deskriptiven Vorgaben die geforderte Verbindung zum Auftragsgegenstand aufweist.

Allgemein lässt sich allerdings feststellen, dass *„Anforderungen in Bezug auf eine allgemeine Unternehmenspolitik"* nicht zulässig sind.[86] Hier **fehlt** offenkundig der Bezug zum Auftragsgegenstands. Wesentlich ist danach, dass die Ausführungsbedingungen auf die Ausführung des konkreten öffentlichen Auftrages bezogen bleiben und dass sie inhaltlich etwas mit der vertragsgegenständlichen Leistung „zu tun haben" und nicht lediglich den öffentlichen Auftrag zum Anlass nehmen, um eine für wünschenswert gehaltene Geschäftstätigkeit und Unternehmensführung durchzusetzen.[87] Das ist etwa der Fall, wenn dem Unternehmen eine zur Auftragsausführung nicht erforderliche Gestaltung des Produktionsprozesses vorgegeben werden soll.[88] **29**

Ferner **weisen** Ausführungsbedingungen die erforderliche Verbindung zum Auftrag nur dann **auf**, wenn sie sich auf den Zeitraum der Auftragsausführung und die mit der Auftragsausführung betrauten Mitarbeiter des Unternehmens beziehen.[89] Klargestellt ist durch die Vorgaben des § 127 Abs. 3 S. 2 GWB, § 31 Abs. 3 S. 2 VgV zudem, dass sich Ausführungsbedingungen auf den gesamten Lebenszyklus eines Produkts beziehen können, indem die Bedingungen zur Herstellung und Entsorgung ausdrücklich erfasst sind.[90] Der in diesen Bestimmungen angeführte weitere Umstand, dass sich die Ausführungsbedingungen nicht „auf die materiellen Eigenschaften des Auftragsgegenstandes auswirken" müssen, macht darüber hinaus deutlich, dass die Verbindung zum Auftragsgegenstand keine Gestaltung des Auftragsgegenstands selbst erfordert. Insbesondere müssen sich Ausführungsbedingungen nicht in der Qualität des Produkts niederschlagen.[91] Dementsprechend fehlt es beispielsweise der Verpflichtung zum Einsatz sozialversicherungspflichtigen Personals nicht an der erforderlichen Verbindung zum Auftragsgegenstand, auch wenn sich nicht feststellen lassen sollte, dass der häufige Wechsel von nicht sozialversicherungspflichtigem Personal typischerweise zu Qualitätseinbußen führt.[92] **30**

83 Vgl. zum Normtext oben Rn. 21 Fn. 60.
84 Vgl. bereits oben Rn. 21.
85 Vgl. zum Normtext oben Rn. 26 Fn. 72.
86 So Erwägungsgrund 104 RL 2014/24/EU und dem folgend die Gesetzesbegründung zu § 128 Abs. 2 GWB, VergRModG 2016, BT-Drs. 18/6281, 114.
87 *Wiedemann*, in: Röwekamp/Kus/Portz/Prieß, GWB-Vergaberecht, § 128 Rn. 36.
88 OLG Schleswig, Beschluss v. 25.1.2013 – 1 Verg 6/12, juris Rn. 67 f.: Betrieb einer für die Erbringung der Leistung nicht eforderlichen Maschine; *Fehling*, in: Pünder/Schellenberg, Vergaberecht, § 128 GWB Rn. 29.
89 *Kling*, in: Immenga/Mestmäcker, Wettbewerbsrecht, § 128 GWB Rn. 51; *Fehling*, in: Pünder/Schellenberg, Vergaberecht, § 128 GWB Rn. 29; *Wiedemann*, in: Röwekamp/Kus/Portz/Prieß, GWB-Vergaberecht, § 128 Rn. 33, 35.
90 *Fehling*, in: Pünder/Schellenberg, Vergaberecht, § 128 GWB Rn. 30. Für die auf die Herstellung bezogenen ILO-Kernarbeitsnormen bereits zum früheren Recht OLG Düsseldorf, Beschluss v. 29.1.2014 – VII-Verg 28/13, juris Rn. 30.
91 Die abweichende Rechtsprechung des OLG Düsseldorf, Beschluss v. 17.1.2013 – VII-Verg 35/12, juris Rn. 32 f., dürfte durch das VergRModG 2016 überholt sein; so zu Recht *Fehling*, in: Pünder/Schellenberg, Vergaberecht, § 128 GWB Rn. 31.
92 *Opitz*, in: Burgi/Dreher/Opitz, Vergaberecht, § 128 GWB Rn. 33; a.A. OLG Düsseldorf, Beschluss v. 17.1.2013 – VII-Verg 35/12, juris Rn. 32, allerdings zur früheren Rechtslage vor Inkrafttreten der VergRModG 2016; *Gabriel/Bärenbrinker*, in: Gabriel/Mertens/Prieß/Stein, Vergaberecht, § 128 GWB Rn. 41; *Kling*, in: Immenga/Mestmäcker, Wettbewerbsrecht, § 128 GWB Rn. 53.

3. Gegenstand der Ausführungsbedingung (S. 3)

a) Allgemeines

31 Nach § 128 Abs. 2 S. 3 GWB können Ausführungsbedingungen insbesondere wirtschaftliche, innovationsbezogene, umweltbezogene, soziale oder beschäftigungspolitische Belange oder den Schutz der Vertraulichkeit umfassen. Damit greift die Vorschrift die Aufzählung in Art. 70 RL 2014/24/EU auf und, was den Schutz der Vertraulichkeit betrifft, Art. 21 Abs. 2 RL 2014/24/EU.[93] Gemeinsam ist diesen **Belangen**, dass sie über den reinen Beschaffungszweck hinausgehend der Verfolgung weiterer politischer, gemeinwohlorientierter Ziele dienen. Sie konkretisieren insoweit die strategischen Ziele des öffentlichen Beschaffungswesens aus § 97 Abs. 3 GWB, wonach bei der Vergabe Aspekte der Qualität und der Innovation sowie soziale und umweltbezogene Aspekte nach Maßgabe der §§ 97 ff. GWB berücksichtigt werden.[94]

32 Nach dem Gesetzeswortlaut ist die Aufzählung möglicher Belange, die mit Ausführungsbedingungen verfolgt werden können, nicht **abschließend**, sondern beispielhaft („insbesondere"), was auch ausweislich der Gesetzesbegründung beabsichtigt ist.[95] Danach könnten Ausführungsbedingungen beliebigen Belangen dienen. Dies entspricht indes nicht den Vorgaben aus Art. 70 S. 2 RL 2014/24/EU. Danach können Ausführungsbedingungen wirtschaftliche, innovationsbezogene, umweltbezogene, soziale oder beschäftigungspolitische Belange umfassen. Diese Aufzählung ist erkennbar abschließend. Es erscheint vertretbar, dass § 128 Abs. 2 S. 3 GWB darüber hinaus Ausführungsbedingungen erfasst, die dem Schutz der Vertraulichkeit von Informationen dienen, weil dem öffentlichen Auftraggeber die Festlegung solcher Bedingungen nach Art. 21 Abs. 2 RL 2014/24/EU erlaubt ist.[96] Ansonsten wird § 128 Abs. 2 S. 3 GWB aber richtlinienkonform dahin einzuschränken sein, dass Ausführungsbedingungen, die anderen als den dort genannten Belangen dienen, unzulässig sind.[97] Damit wird keineswegs die Verfolgung weiterer in den Richtlinien, insbesondere in Erwägungsgrund 98 UAbs. 2[98] und 99 S. 1 und 2 RL 2014/24/EU[99] und der Gesetzesbegründung genannter Belange ausgeschlossen. Vielmehr lassen sich diese Belange unschwer den in der Art. 70 S. 2 RL 2014/24/EU und in § 128 Abs. 2 S. 3 GWB ausdrücklich aufgeführten Belangen subsumieren.[100] Ohnehin sind die zugelassenen Belange derart weit gefasst, dass sich in der Praxis geforderte Ausführungsbedingungen häufig nicht nur einem der aufgeführten Belange, sondern gleich mehreren zuordnen lassen.[101] Auch bleibt es dem öffentlichen Auftraggeber unbenommen, der deklaratorischen Bindung an Gesetz und Recht in § 128 Abs. 1 GWB durch

---

93 Die Vorschrift lautet: „Öffentliche Auftraggeber können Wirtschaftsteilnehmern Anforderungen vorschreiben, die den Schutz der Vertraulichkeit von Informationen bezwecken, die diese Auftraggeber im Rahmen des Vergabeverfahrens zur Verfügung stellen." Entsprechende Regelungen finden sich in Art. 39 Abs. 2 RL 2014/25/EU und Art. 28 Abs. 2 RL 2014/23/EU.

94 *Fehling*, in: Pünder/Schellenberg, Vergaberecht, § 128 GWB Rn. 2.

95 Gesetzesbegründung zu § 128 Abs. 2 GWB, VergRModG 2016, BT-Drs. 18/6281, 114.

96 So die Gesetzesbegründung zu § 128 Abs. 2 GWB, VergRModG 2016, BT-Drs. 18/6281, 114; vgl. auch Erwägungsgrund 98 UAbs. 2 RL 2014/24/EU.

97 Anders noch *Pfohl* in der Vorauflage, § 128 GWB Rn. 43.

98 Dort ist festgehalten: *„Hinter Bedingungen für die Auftragsausführung könnte auch die Absicht stehen, die Umsetzung von Maßnahmen zur Förderung der Gleichstellung von Frauen und Männern am Arbeitsplatz, die verstärkte Beteiligung der Frauen am Erwerbsleben und die Vereinbarkeit von Arbeit und Privatleben oder den Umwelt- oder Tierschutz zu begünstigen und im Kern die grundlegenden Übereinkommen der Internationalen Arbeitsorganisation (ILO) zu erfüllen und mehr benachteiligte Personen als nach nationalem Recht gefordert einzustellen."*

99 Dort heißt es: *„Maßnahmen zum Schutz der Gesundheit der am Produktionsprozess beteiligten Arbeitskräfte, zur Förderung der sozialen Integration von benachteiligten Personen oder Angehörigen sozial schwacher Gruppen unter den für die Ausführung des Auftrags eingesetzten Personen oder zur Schulung im Hinblick auf die für den betreffenden Auftrag benötigten Fähigkeiten können ebenfalls Gegenstand von Zuschlagskriterien oder von Bedingungen für die Auftragsausführung sein, sofern sie mit den im Rahmen des Auftrags zu erbringenden Bauleistungen, Lieferungen oder Dienstleistungen im Zusammenhang stehen. Derartige Kriterien oder Bedingungen können sich unter anderem auf die Beschäftigung von Langzeitarbeitslosen oder die Umsetzung von Ausbildungsmaßnahmen für Arbeitslose oder Jugendliche im Zuge der Ausführung des zu vergebenden Auftrags beziehen."*

100 Vgl. im Einzelnen Rn. 33 ff.

101 Vgl. *Fehling*, in: Pünder/Schellenberg, Vergaberecht, § 128 GWB Rn. 33.

die Festlegung von normbekräftigenden Ausführungsbedingungen Nachdruck zu verleihen.[102]

b) Zulässige Belange

aa) Wirtschaftliche Belange

Was unter wirtschaftlichen Belangen bei Ausführungsbedingungen zu verstehen sein soll, lässt sich weder aus der Begründung des Gesetzentwurfs zum VergRModG 2016[103] noch aus den umgesetzten Richtlinienbestimmungen[104] entnehmen. Auch wenn die Wirtschaftlichkeit des Angebotes nach § 127 Abs. 1 S. 1 GWB das maßgebliche Zuschlagskriterium ist, lassen sich vor allem in diesem Bereich wirtschaftliche Belange ausmachen, die der öffentliche Auftraggeber bei der Auftragsausführung fordern kann.[105] Eine Ausführungsbedingung, die der Wirtschaftlichkeit im Sinne eines möglichst günstigen Kosten-Nutzen-Verhältnisses verpflichtet ist, ist zweifelsohne ein wirtschaftlicher Belang im Sinne des § 128 Abs. 2 S. 3 GWB. Hierbei sind, abgesehen vom Preis, alle sonstigen auf die Wirtschaftlichkeit bezogenen Zuschlagskriterien potenziell wirtschaftliche Belange. Diese Kriterien können nach § 127 Abs. 1 S. 4 GWB vom öffentlichen Auftraggeber zu Zuschlagskriterien gemacht werden, müssen das aber nicht; sie können, soweit sie die Auftragsausführung betreffen, auch als Ausführungsbedingungen gefordert werden.[106] In aller Regel werden solche der Wirtschaftlichkeit verpflichtete und damit wirtschaftliche Belange verfolgenden Ausführungsbedingungen zugleich anderen von § 128 Abs. 2 S. 3 GWB erfassten Belangen dienen. Ansonsten wird auch die Förderung bestimmter Unternehmen, Produkte oder Produktionsweisen bei der Auftragsausführung ein wirtschaftlicher Belang sein, aber in der Regel keiner, der vergaberechtlich zulässig wäre[107] und damit nach § 128 Abs. 2 GWB von dem öffentlichen Auftraggeber mit einer Ausführungsbedingung verfolgt werden dürfte.[108] Die Vorgabe, dass bei der Auftragsausführung verwendete Produkte im Wege eines fairen Handels („fair trade") erworben worden sind, ist ein wirtschaftlicher Belang.[109] 33

bb) Innovationsbezogene Belange

Die Förderung innovativer Aspekte bei der Beschaffung öffentlicher Auftraggeber hat nach den Vergaberichtlinien einen hohen Stellenwert[110] und mit der Innovationspartnerschaft nach Art. 31 RL 2014/24/EU, § 19 VgV auch Ausdruck in einem besonderen Vergabeverfahren gefunden. Abgesehen davon enthält Art. 2 Abs. 1 Nr. 22 RL 2014/24/EU eine Legaldefinition der Innovation. Danach handelt es sich um die Realisierung von neuen oder deutlich verbesserten Waren, Dienstleistungen oder Verfahren, einschließlich – aber nicht beschränkt darauf – Produktions-, Bau- oder Konstruktionsverfahren, eine neue Vermarktungsmethode oder ein neues Organisationsverfahren in Bezug auf Geschäftspraxis, Abläufe am Arbeitsplatz oder externe Beziehungen, unter anderem mit dem Ziel, zur Bewältigung gesellschaftlicher Herausforderungen beizutragen oder die Strategie Europa 2020 für intelligentes, nachhaltiges und integratives Wachstum zu unterstützen. Häufig werden innovationsbezogene Belange zugleich umweltbezogene, soziale oder wirtschaftliche Belange sein.[111] Aber auch darüber hinaus erlaubt bereits der Wunsch, eine bestimmte Innovation durchzusetzen, grundsätzlich die 34

---

102 Vgl. dazu unten Rn. 59.
103 Gesetzesbegründung zu § 128 Abs. 2 GWB, VergRModG 2016, BT-Drs. 18/6281, 113 f.
104 Vgl. oben Rn. 2 Fn. 2 f.
105 A.A. noch in der Vorauflage *Pfohl* in § 128 GWB Rn. 28.
106 Vgl. oben Rn. 24.
107 So zutreffend *Fehling*, in: Pünder/Schellenberg, Vergaberecht, § 128 GWB Rn. 33.
108 Vgl. zur erforderlichen allgemeinen Rechtmäßigkeit von Ausführungsbedingungen unter Rn. 43 ff.
109 *Fett*, in: Byok/Jaeger, Vergaberecht, § 128 GWB Rn. 48; der EuGH, Urteil v. 10.5.2012 – Rs. C-368/10 (Max Havelaar), Rn. 75 f. sieht die Forderung eines auf „fair trade" ausgerichteten Gütezeichens als berücksichtigungsfähigen sozialen Belang an.
110 Vgl. etwa Erwägungsgründe 47 bis 49 RL 2014/24/EU.
111 *Gabriel/Bärenbrinker*, in: Gabriel/Mertens/Prieß/Stein, Vergaberecht, § 128 GWB Rn. 29; *Fehling*, in: Pünder/Schellenberg, Vergaberecht, § 128 GWB Rn. 33. Entbehrlich dürfte der Belang entgegen *Kling*, in: Immenga/Mestmäcker, Wettbewerbsrecht, § 128 GWB Rn. 58, nicht sein, weil sich hieraus ein zusätzlicher Gesichtspunkt zur Rechtfertigung entsprechender Ausführungsbedingungen insbesondere bei der Prüfung der Verhältnismäßigkeit ergeben kann.

Festlegung einer entsprechenden Ausführungsbedingung. Dass damit eine Marktverengung verbunden ist, dürfte vorbehaltlich der Einhaltung der allgemeinen Rechtmäßigkeitsanforderungen[112] nach den Vorgaben aus Art. 47 bis 49 RL 2014/24/EU hinzunehmen sein.

cc) Umweltbezogene Belange

35 Umweltbezogene Belange, also politische Gestaltungsziele, die dem Umweltschutz dienen, sind ein zentraler Anwendungsbereich für Ausführungsbedingungen. Hierbei sind die klassischen auf die Bekämpfung der Umweltverschmutzung gerichteten Ziele (etwa Immissionsschutz, Müllvermeidung) inzwischen weitgehend Gegenstand ordnungs- oder gar strafrechtlich bewehrter gesetzlicher Vorgaben geworden, die bei der Auftragsausführung ohnehin zu beachten sind (§ 128 Abs. 1 GWB). Das dürfte auch für die Pflichten aus umweltschutzbezogenen Abkommen gelten, auf deren Umsetzung die Mitgliedstaaten nach Art. 18 Abs. 2 RL 2014/24/EU in Verbindung mit Anhang X RL 2014/24/EU hinzuwirken hätten. Erfasst sind das Wiener Übereinkommen zum Schutz der Ozonschicht, das Basler Übereinkommen über die Kontrolle der grenzüberschreitenden Verbringung gefährlicher Abfälle und ihrer Entsorgung, das Stockholmer Übereinkommen über persistente organische Stoffe und schließlich das sog. PIC-Übereinkommen über das Verfahren der vorherigen Zustimmung nach Inkenntnissetzung für bestimmte gefährliche Chemikalien. Wie bei den ILO-Kernarbeitsnormen geht es aber auch hier nicht lediglich um die Umsetzung in nationales Recht, sondern darüber hinaus darum, zu gewährleisten, dass öffentliche Auftraggeber keine Leistungen beschaffen, die unter Verstoß gegen die Standards aus den genannten Abkommen erbracht werden.[113]

36 Schwerpunkt von umweltbezogenen Ausführungsbedingungen nach § 128 Abs. 2 GWB dürften mittlerweile auf **Nachhaltigkeit** zielende Vorgaben sein, die noch nicht zu zwingenden oder nur zu schwach sanktionierten gesetzlichen Vorgaben bei der Auftragsdurchführung geführt haben. Unter Nachhaltigkeit kann hierbei im Anschluss an einen Zukunftsbericht der Vereinten Nationen von 1987 das Bestreben gefasst werden, die Befriedigung gegenwärtiger Bedürfnisse zu gewährleisten, ohne die Fähigkeit zukünftiger Generationen zu beeinträchtigen, ihre Bedürfnisse zu befriedigen.[114] Nachdem die Folgen des durch menschliches Wirtschaften verursachten Klimawandels inzwischen allgegenwärtig sind, ist es gesellschaftlicher Konsens, dass staatliches Handeln auf allen Ebenen zwingend notwendig ist, um die erkennbaren katastrophalen Folgen wenigstens abzumildern. Dies hat auch für das öffentliche Beschaffungswesen Folgen.[115] Hierbei berücksichtigt eine nachhaltige Beschaffung nicht nur ökologische, sondern zugleich auch soziale und wirtschaftliche Belange auf allen Ebenen des Beschaffungsprozesses.[116] Soweit es auf Nachhaltigkeit zielende umweltbezogene Belange bei Ausführungsbedingungen ankommt, ist an jede Art von energie- und ressourcensparenden, emissions- und abfallvermeidenden Vorgaben zu denken.

37 In Anlehnung an die nur für öffentliche Auftraggeber auf Bundesebene geltenden Vorgaben aus § 45 Abs. 2 S. 1 KrWG kommen Ausführungsbedingungen in Betracht, die darauf hinwirken, dass der **Beschaffungsgegenstand**

1. in rohstoffschonenden, energiesparenden, wassersparenden, schadstoffarmen oder abfallarmen Produktionsverfahren hergestellt worden ist,

---

112 Vgl. dazu unten Rn. 43 ff.

113 Vgl. zum Vollzugsdefizit bezüglich der Pflichten aus den von Art. 18 Abs. 2 RL 2014/24/EU in Bezug genommenen internationalen Abkommen oben unter Rn. 14.

114 Bericht der sog. Brundtland-Kommission der Vereinten Nationen, Our Common Future (1987), From One Earth to One World: An overview by the World Commission on Enviroment and Developement, I. 3. Nr. 27: *„Humanity has the ability to make developement sustainable to ensure that it meets the needs of the present without compromising the ability of future generations to meet their own needs."*; ebenso *Lausen/Pustal*, NZBau 2022, 3; *Knauff*, JM 2020, 426 (427).

115 Vgl. etwa Bundesregierung, Deutsche Nachhaltigkeitsstrategie, Weiterentwicklung 2021, 111 f. zur Notwendigkeit einer nachhaltigen Beschaffung und den insoweit erforderlichen Maßnahmen sowie Maßnahmenprogramm Nachhaltigkeit – Weiterentwicklung 2021 – Unterrichtung durch die Bundesregierung, BT-Drs. 10/32688, 10 ff.

116 So überzeugend *Knauff*, JM 2020, 426 (427).

2. durch Vorbereitung zur Wiederverwendung oder durch Recycling von Abfällen, insbesondere unter Einsatz von Rezyklaten, oder aus nachwachsenden Rohstoffen hergestellt worden ist,
3. sich durch Langlebigkeit, Reparaturfreundlichkeit, Wiederverwendbarkeit und Recyclingfähigkeit auszeichnet oder
4. im Vergleich zu anderen Erzeugnissen zu weniger oder schadstoffärmeren Abfällen führt oder sich besser zur umweltverträglichen Abfallbewirtschaftung eignet.

Es ist absehbar, dass die derzeit für öffentliche Auftraggeber noch bestehenden Ermessens- **38**
spielräume bei der Implementierung entsprechender Standards zunehmend durch **gesetzliche Vorgaben** nach § 129 GWB durchgesetzt werden. So sah § 45 Abs. 1 KrWG in seiner ursprünglichen seit 1. Juni 2012 geltenden Fassung lediglich vor, dass öffentliche Auftraggeber auf Bundesebene zu prüfen hatten, ob und in welchem Umfang ein Teil der genannten Vorgaben bei der Beschaffung umgesetzt werden könnte. In der seit 29. Oktober 2020 geltenden Fassung sieht § 45 Abs. 2 S. 1 KrWG nunmehr vor, dass in der zitierten Weise nachhaltig erzeugten Beschaffungsgegenständen „der Vorzug zu geben ist". Diese behutsame Dynamisierung wird durch die nachfolgenden Sätze des § 45 Abs. 2 KrWG wieder relativiert.[117] Insbesondere bleibt nach § 45 Abs. 2 S. 4 KrWG § 7 BHO unberührt, der den Bund zu einer auf Wirtschaftlichkeit und Sparsamkeit ausgerichteten Haushaltsführung verpflichtet. Das hier verbleibende gesetzgeberische Zögern wird sich nicht auf Dauer aufrechterhalten lassen. Es liegt aber auch an den Vergabestellen und den in den Ministerien Verantwortlichen, die vorhandenen Spielräume bereits jetzt zu nutzen.[118]

Dem folgend ist am 1. Januar 2022 die Allgemeine Verwaltungsvorschrift zur Beschaffung kli- **39**
mafreundlicher Leistungen vom 19. Oktober 2021 (**AVV Klima**) in Kraft getreten,[119] die eine klimafreundliche Beschaffung durch Dienststellen in unmittelbarer Bundesverwaltung sicherstellen möchte (§ 1 Abs. 2 S. 1 AVV Klima) und unter anderem vorsieht, dass zur Erreichung dieses Zwecks Ausführungsbedingungen für den Auftragnehmer festzulegen sind, sofern dies möglich und angemessen ist und ein sachlicher Zusammenhang mit dem Auftragsgegenstand besteht (§ 4 Abs. 6 AVV Klima). Darüber hinaus sind, sofern jeweils möglich und angemessen, ein sachlicher Zusammenhang mit dem Auftragsgegenstand besteht und das Ergebnis der Wirtschaftlichkeitsuntersuchung beachtet bleibt, unter anderem durch Ausführungsbedingungen ergänzend weitere Aspekte der Nachhaltigkeit, insbesondere der Kreislaufwirtschaft und des Ressourcenschutzes, zu berücksichtigen (§ 4 Abs. 7 AVV Klima). Innovativ ist das grundsätzliche Beschaffungsverbot in § 3 S. 2 AVV Klima nach Maßgabe einer der Verordnung beigefügten Anlage 1.[120]

dd) Soziale Belange

Unter den Begriff der sozialen Belange fallen insbesondere die schon in § 128 Abs. 1 Hs. 2 **40**
GWB angesprochenen arbeitsschutzrechtlichen Anforderungen und Mindestarbeitsbedingungen, einschließlich der Festlegung eines tarifvertraglich oder unabhängig davon festgesetzten Mindestlohns.[121] Ebenfalls ein sozialer Belang sind die in § 128 Abs. 2 S. 3 GWB als eigenständiger Belang aufgeführten beschäftigungspolitischen Belange, beispielsweise die Vorgabe, bei der Auftragsdurchführung in bestimmtem Umfang Arbeitslose oder Auszubildende einzusetzen,[122] oder auch Flüchtlinge,[123] ferner nur sozialversicherungspflichtiges Personal mit der Auftragsdurchführung zu betrauen,[124] aber auch für die Gleichstellung von

117 So auch *Lausen/Pustal*, NZBau 2022, 3 (7).
118 So zu Recht *Lausen/Pustal*, NZBau 2022, 3 (7).
119 BAnz. AT 22.10.2021 B1.
120 Danach dürfen unter anderem Getränke in Einwegverpackungen, Heizpilze und Einweggeschirr sowie Einwegbesteck in Kantinen und Mensen sowie bei Großveranstaltungen nicht mehr beschafft werden.
121 EuGH, Beschluss v. 17.11.2015 – Rs. C-115/14 (RegioPost), Rn. 58 ff.; *Fehling*, in: Pünder/Schellenberg, Vergaberecht, § 128 GWB Rn. 38; *Dobmann*, VergabeR 2007, 167 (172); *Siegel*, EuZW 2016, 101 (102).
122 So die Gesetzesbegründung zu § 128 Abs. 2 GWB, VergRModG 2016, BT-Drs. 18/6281, 114.
123 So bereits in der Vorauflage *Pfohl*, § 128 GWB Rn. 38.
124 *Opitz*, in: Burgi/Dreher/Opitz, Vergaberecht, § 128 GWB Rn. 33; *Fehling*, in: Pünder/Schellenberg, Vergaberecht, § 128 GWB Rn. 39; *Ziekow*, in: Ziekow/Völlink, Vergaberecht, § 128 GWB Rn. 34.

Mann und Frau[125] bei der Auftragsdurchführung Sorge zu tragen[126] oder eine Integration von Menschen mit Einschränkungen zu gewährleisten.[127] Des weiteren gehören zu den sozialen Belangen die von den ILO-Kernarbeitsnormen vorgesehenen Standards,[128] deren effektive Durchsetzung nach Art. 18 Abs. 2 RL 2014/24/EU ein wesentliches unionsrechtlichen Anliegen ist[129] und deren Geltung bei der Auftragsausführung entgegen der Gesetzesbegründung gerade nicht gewährleistet ist.[130] Zu den ILO-Standards gehören unter anderem die Vereinigungsfreiheit und das Recht auf Kollektivverhandlungen, die Beseitigung der Zwangsarbeit, die Abschaffung der Kinderarbeit und ein allgemeines Diskriminierungsverbot in Beschäftigung und Beruf. Wie bei den sonstigen nach § 128 Abs. 2 S. 3 GWB berücksichtigungsfähigen Belangen müssen bei der Verfolgung sozialer Belange durch die Festlegung von Ausführungsbedingungen die weiteren Zulässigkeitsvoraussetzungen erfüllt sein, also insbesondere eine Verbindung zum Auftragsgegenstand bestehen und die Rechtmäßigkeit im Übrigen bestehen; letzteres hat sich insbesondere bei der Festlegung von Mindestlöhnen und der Durchsetzung der ILO-Kernarbeitsnormen als problematisch erwiesen.[131]

ee) Beschäftigungspolitische Belange

41 Beschäftigungspolitischen Belangen kommt in der Aufzählung zulässiger mit Ausführungsbedingungen zu verfolgender Belange keine eigenständige Bedeutung zu, weil sie durchgehend unter den Oberbegriff der sozialen Belange fallen.[132] Als beschäftigungspolitische und damit letztlich soziale Belange sind auch Belange einzuordnen, die darauf zielen, dass bestimmte Personengruppen bei der Auftragsausführung bevorzugt werden oder nicht zu beteiligen sind. Hierher gehören insbesondere Ausführungsbedingungen, die eine Regionalförderung vorsehen[133] und, soweit es den Ausschluss betrifft, sog. Scientology-Schutzklauseln.[134]

ff) Schutz der Vertraulichkeit von Informationen

42 Der Schutz der Vertraulichkeit von Informationen kann insbesondere bei verteidigungs- oder sicherheitsspezifischen öffentlichen Aufträgen im Sinne des § 104 GWB Ausführungsbedingungen erfordern. Möglich ist beispielsweise die Vorgabe, dass bei der Auftragsausführung nur bestimmte (sicherheitsüberprüfte) Mitarbeiter eingesetzt oder nur bestimmte Systeme verwendet werden dürfen.[135] Ferner kommt die Verpflichtung in Betracht, bestimmte Informationen bei der Auftragsdurchführung in einer bestimmten Weise (technisch) gegen die Einsicht durch Unbefugte abzusichern und nur einem vorab definierten Kreis von Personen zugänglich zu machen.[136] Auch Ausführungsbedingungen, die Unternehmen allgemein auferle-

---

125 Ausdrücklich als berücksichtigungsfähiger Belang anerkannt in Erwägungsgrund 98 UAbs. 2 RL 2014/24/EU.

126 Vgl. etwa die obligatorischen Ausführungsbedingungen im Sinne des § 129 GWB in den Frauenförderverordnungen der Länder Berlin und Brandenburg; vgl. *Fehling*, in: Pünder/Schellenberg, Vergaberecht, § 128 GWB Rn. 41.

127 Vgl. Erwägungsgrund 98 UAbs. 2 und 99 RL 2014/24/EU und dem folgend die Gesetzesbegründung zu § 128 Abs. 2 GWB, VergRModG 2016, BT-Drs. 18/6281, 114, wobei in Erwägungsgrund 98 UAbs. 2 ausdrücklich die mit Ausführungsbedingungen verfolgte Absicht gebilligt wird, *„mehr benachteiligte Personen als nach nationalem Recht gefordert einzustellen"*.

128 *Krönke*, VergabeR 2017, 101 (102).

129 Vgl. auch Erwägungsgrund 98 RL 2014/24/EU, wonach hinter Ausführungsbedingungen auch die Absicht stehen könne, *„im Kern die grundlegenden Übereinkommen der Internationalen Arbeitsorganisation (ILO) zu erfüllen"*.

130 Vgl. oben Rn. 14.

131 Vgl. dazu im Einzelnen unten Rn. 47 ff.

132 Vgl. dazu Rn. 40.

133 *Fehling*, in: Pünder/Schellenberg, Vergaberecht, § 128 GWB Rn. 46, der dies allerdings als von § 128 Abs. 2 S. 3 GWB nicht erfassten sonstigen Belang ansieht.

134 *Ziekow*, in: Ziekow/Völlink, Vergaberecht, § 128 GWB Rn. 35. Vgl. demgegenüber *Fehling*, in: Pünder/Schellenberg, Vergaberecht, § 128 GWB Rn. 45, der hierin einen von § 128 Abs. 2 S. 3 GWB nicht erfassten sonstigen Belang sieht, der im Hinblick auf Art. 4 Abs. 1, 2 GG problematisch sei; dem dürfte nicht zu folgen sein, da es sich bei Scientology um ein wirtschaftliches Unternehmen handelt, das bekanntlich einen fragwürdigen Umgang mit seinen Mitgliedern und Mitarbeitern pflegt sowie eine problematische Unternehmenspolitik verfolgt, und dessen Einsatz bei der Ausführung öffentlicher Aufträge deswegen abwehrbar sein muss.

135 So auch *Fehling*, in: Pünder/Schellenberg, Vergaberecht, § 128 GWB Rn. 44.

136 *Fehling*, in: Pünder/Schellenberg, Vergaberecht, § 128 GWB Rn. 43.

gen, einen Abfluss vertraulicher Informationen an Dritte rechtlich und tatsächlich zu unterbinden (sog. „No-Spy"-Erklärungen), sind grundsätzlich möglich.[137]

4. Rechtmäßigkeit im Übrigen

a) Allgemeines

Die Ausführungsbedingungen müssen nicht nur den in § 128 Abs. 2 GWB angeführten Anforderungen genügen, sondern darüber hinaus auch im Übrigen rechtmäßig sein.[138] Sie müssen unions- und verfassungsrechtlich zulässig sein.[139] Vor allem müssen sie aber schon mit den sonstigen Vorgaben des Kartellvergaberechts vereinbar sein.[140] **43**

Hierbei hat der öffentliche Auftraggeber insbesondere die **Rechtsgrundsätze** in § 97 Abs. 1 und 2 GWB zu beachten. Die festgelegten Ausführungsbedingungen müssen transparent und verhältnismäßig sein; sie müssen dem Gleichbehandlungsgrundsatz genügen und dürfen nicht diskriminierend wirken. Wird diesen Grundsätzen nicht genügt, liegt darin zugleich ein Verstoß gegen die entsprechenden europarechtlichen Vorgaben.[141] Diese Bindung an die vergaberechtlichen Grundsätze gilt umfassend, auch wenn sie nur fragmentarisch normativen Ausdruck gefunden hat. So stellen die Erwägungsgründe 98 und 104 RL 2014/24/EU klar, dass Ausführungsbedingungen *„nicht unmittelbar oder mittelbar eine Diskriminierung bewirken"* dürfen. Und nach § 31 Abs. 3 S. 2 VgV müssen die vertraglich geforderten Anforderungen zu „Wert und Beschaffungszielen" des Auftragsgegenstandes „verhältnismäßig" sein. Diese Vorgaben verdeutlichen, dass Ausführungsbedingungen insbesondere mit den vergaberechtlichen Grundsätzen des § 97 GWB und den damit positivierten unionsrechtlichen Vorgaben vereinbar sein müssen.[142] **44**

Zugleich erhebt aber § 97 Abs. 3 GWB insbesondere die Berücksichtigung sozialer und umweltbezogener Belange zu einem weiteren, den Grundsätzen aus § 97 Abs. 1 und 2 GWB im Ausgangspunkt gleichrangigen vergaberechtlichen Grundsatz.[143] Das hat zur Folge, dass bei der Prüfung der Rechtmäßigkeit von Ausführungsbedingungen die Verfolgung dieser **strategischen Ziele** nicht mehr als „vergabefremd", nämlich als mit dem Grundsatz wirtschaftlicher Beschaffung nicht vereinbar, problematisiert werden kann.[144] Die Verfolgung dieser Ziele in der öffentlichen Beschaffung ist vielmehr erklärtes gesetzgeberisches Programm und, soweit die besonderen Zulässigkeitsvoraussetzungen erfüllt sind, nur noch mit den weiteren vergaberechtlichen Grundsätzen in Einklang zu bringen. Kritik an einer *„Politisierung des Vergaberechts"*, *„politischen Instrumentalisierung des Vergaberechts"* oder Hinweise auf *„Gefahren für den europäischen Vergabebinnenmarkt"* bewegen sich daher nurmehr im rechtspoliti- **45**

137 *Fehling*, in: Pünder/Schellenberg, Vergaberecht, § 128 GWB Rn. 43. Zum früheren Recht bereits OLG Düsseldorf, Beschluss v. 21.10.2015 – VII-Verg 28/14, juris Rn. 241 f.; kritisch *Gabriel/Bärenbrinker*, VergabeR 2015, 166 (168 ff.).

138 *Kling*, in: Immenga/Mestmäcker, Wettbewerbsrecht, § 128 GWB Rn. 87; *Wiedemann*, in: Röwekamp/Kus/Portz/Prieß, GWB-Vergaberecht, § 128 Rn. 40.

139 *Opitz*, in: Burgi/Dreher/Opitz, Vergaberecht, § 128 GWB Rn. 7, 26 ff.; *Kling*, in: Immenga/Mestmäcker, Wettbewerbsrecht, § 128 GWB Rn. 88 f.

140 *Kling*, in: Immenga/Mestmäcker, Wettbewerbsrecht, § 128 GWB Rn. 91.

141 *Fehling*, in: Pünder/Schellenberg, Vergaberecht, § 128 GWB Rn. 10; *Kling*, in: Immenga/Mestmäcker, Wettbewerbsrecht, § 128 GWB Rn. 21. Wegen der vollständigen Umsetzung in nationales Recht bedarf es, jedenfalls soweit das nationale Recht im Einklang mit den europarechtlichen Vorgaben ausgelegt wird, keines direkten Rückgriffs auf diese Vorgaben. Eine Vorgabe, dass Preisabschläge von 20% bei der Beauftragung von Unterauftragnehmern zulässig seien, scheitert also nicht erst an den unionsrechtlichen Vorgaben (vgl. EuGH, Urteil v. 27.11.2019 – Rs. C-402/18 (Tedeschi und Consorzio Stabile Istant Service); dazu eingehend *Kling*, in: Immenga/Mestmäcker, Wettbewerbsrecht, § 128 GWB Rn. 57), sondern bereits an dem Verhältnismäßigkeitsgrundsatz in § 97 Abs. 1 S. 2 Alt. 2 GWB und dem aus dem Gleichbehandlungsgebot des § 97 Abs. 2 GWB folgenden Diskriminierungsverbot.

142 *Fehling*, in: Pünder/Schellenberg, Vergaberecht, § 128 GWB Rn. 25.

143 *Fehling*, in: Pünder/Schellenberg, Vergaberecht, § 128 GWB Rn. 2.

144 *Krönke*, VergabeR 2017, 101 (102 f.); *Lausen/Pustal*, NZBau 2022, 3; a.A. wohl *Gabriel/Bärenbrinker*, in: Gabriel/Mertens/Prieß/Stein, Vergaberecht, § 128 GWB Rn. 19 f., 27.

schen Raum.[145] Ihr ist zu entgegnen, dass die vermeintliche Politisierung tatsächlich eine neben Wirtschaftlichkeit und Sparsamkeit auch an Werten ausgerichtete Beschaffung ermöglicht und damit die dem geltenden Verfassungsrecht zugrundeliegende Gemeinwohlorientierung allen staatlichen Handelns wirksam werden lässt.[146] Es kann im Übrigen aufgrund des festzustellenden Paradigmenwechsels auch keine Rede davon sein, dass Ausführungsbedingungen *„nicht den wertschöpfenden Teil der Leistungsverpflichtungen"* betreffen würden;[147] vielmehr mangelt es Leistungen, die etwa menschenrechtlichen und umweltschutzrechtlichen Ausführungsbedingungen nicht gerecht werden, an Werthaltigkeit.

46 Selbstverständlich können nur Ausführungsbedingungen gefordert werden, die auch sonst rechtlich zulässig sind, also auch mit **rechtlichen Vorgaben außerhalb** des im engeren Sinne **vergaberechtlichen Bereichs** vereinbar sind. Insbesondere muss der öffentliche Auftraggeber bei der Vereinbarung von Ausführungsbedingungen in dem von ihm zur Auftragsvergabe angestrebten zivilrechtlichen Vertrag die zivilrechtlichen Grenzen einhalten. Zivilrechtlich unwirksame Ausführungsbedingungen darf der öffentliche Auftraggeber daher auch vergaberechtlich nicht verlangen. Kommt es zum Zuschlag, bleiben sie unabhängig von vergaberechtlichen Rügen nicht durchsetzbar.

b) Problembereiche

47 Während Ausführungsbedingungen als vertragliche Vorgaben zur Erbringung der beauftragten Leistung, soweit die besonderen Zulässigkeitsvoraussetzungen für ihre Festlegung eingehalten sind (Bekanntmachung; Verbindung zum Auftragsgegenstand; zulässiger Belang), auch im Übrigen vielfach rechtlich ohne weiteres zulässig sind, haben sich doch einige praktisch bedeutsame Bereiche herauskristallisiert, in denen sich die allgemeine Rechtmäßigkeit der geforderten Bedingungen als problematisch erwiesen hat.

aa) Mindestlohn

48 Als weitgehend geklärt dürfte inzwischen die allgemeine rechtliche Zulässigkeit von Ausführungsbedingungen zur Zahlung eines Mindestlohns anzusehen sein. Von vornherein unproblematisch sind Ausführungsbedingungen, die die in § 128 Abs. 1 Hs. 2 GWB angeführten gesetzlichen Vorgaben zur Zahlung eines gesetzlich festgelegten oder aufgrund eines Tarifvertrags für allgemein verbindlich erklärten Mindestlohns vertraglich bekräftigen,[148] soweit die Arbeitnehmer im Inland beschäftigt sind, also hier die Arbeitsleistung zur Ausführung des Auftrags erbringen.[149] Dies gilt unabhängig davon, ob ein in- oder ausländisches Unternehmen beauftragt ist und ob der Arbeitsvertrag in- oder ausländischem Recht unterliegt[150] und entspricht im Übrigen auch den Vorgaben des § 20 MiLoG, wonach Arbeitgeber mit Sitz im In- oder Ausland verpflichtet sind, ihren im Inland beschäftigten Arbeitnehmern ein Arbeitsentgelt mindestens in Höhe des Mindestlohns zu zahlen.[151]

49 Auf landesgesetzlicher Grundlage[152] kann von öffentlichen Auftraggebern auch ein über diesen bundesgesetzlichen Mindestlohn hinausgehender gesetzlicher Mindestlohn gefordert

145 So etwa *Kling*, in: Immenga/Mestmäcker, Wettbewerbsrecht, § 128 GWB Rn. 2, 55, 79 ff., der dies aber unter Hinweis auf den inzwischen gebrochenen erheblichen politischen Widerstand in Deutschland auch sieht, vgl. ebenda, Rn. 5 f., 55 f.

146 Es ist auch keine Verringerung des Vergabewettbewerbs zu befürchten, wie *Kling*, in: Immenga/Mestmäcker, Wettbewerbsrecht, § 128 GWB Rn. 18, meint, sondern eine Anpassung des Angebots an die neuen Gegebenheiten, wobei die hierdurch verursachten Kosten sicher, ohne Weiteres legitim, über die Preise weitergegeben werden.

147 So *Wiedemann*, in: Röwekamp/Kus/Portz/Prieß, GWB-Vergaberecht, § 128 Rn. 25.

148 Vgl. nur *Kling*, in: Immenga/Mestmäcker, Wettbewerbsrecht, § 128 GWB Rn. 35 f. Zur Zulässigkeit gesetzesbekräftigender Ausführungsbdingungen vgl. unten Rn. 59.

149 EuGH, Urteil v. 17.11.2015 – Rs. C-115/14 (Regio Post), Rn. 66 f.; Urteil v. 3.4.2008 – Rs. C-346/06 (Rüffert), Rn. 21 ff.

150 Vgl. oben zur grenzüberschreitenden Beschaffung Rn. 16 bis 18.

151 Die Gesetzesbegründung des MiLoG stellt klar, dass die *„Grundverpflichtungen"* aus dem MiLoG nicht für Arbeitnehmer gelten, die nicht im Inland beschäftigt werden, vgl. Gesetzesbegründung zu § 20 MiLoG, Tarifautonomiestärkungsgesetz, BT-Drs. 18/1558, 42.

152 Vgl. § 9 Abs. 1 Nr. 3 BerlAVG; § 6 Abs. 2 S. 2 BbgVergG: 13 Euro; § 9 Abs. 1 Bremisches TtVG i.V.m. § 9 Abs. 1 LaMiLoG; § 9 Abs. 4 VgG M-V; § 3 LTTG Rheinland-Pfalz; § 3 Abs. 4 SaarlTTG; § 4 Abs. 1 VergG SchlH.

werden. Solche Regelungen und darauf gestützte Ausführungsbedingungen begegnen insbesondere unionsrechtlich keinen Bedenken, weil sie sich im Rahmen der von der Entsenderichtlinie vorgesehenen Vorgaben halten und insoweit die primärrechtlichen Grundfreiheiten in zulässiger Weise einschränken.[153] Unerheblich ist hierbei insbesondere, dass der vorgesehene **landesrechtliche Mindestlohn** über entsprechende Ausführungsbedingungen nur für öffentliche Aufträge Wirkung entfaltet[154] und ob er über einen bundesgesetzlichen oder tarifvertraglichen Mindestlohn hinausgeht.[155] Auch verfassungsrechtlich sind solche Vorgaben an die öffentlichen Auftraggeber, einen landesgesetzlich für angemessen gehaltenen Mindestlohn zu verlangen, zulässig, weil der Bundesgesetzgeber mit dem MiLoG seine Gesetzgebungskompetenz für vergaberechtliche Regelungen aus Art. 74 Abs. 1 Nr. 11 GG (Recht der Wirtschaft) nicht abschließend wahrgenommen hat, wie auch § 129 GWB zeigt, der ausdrücklich landesgesetzliche Vorgaben für Ausführungsbedingungen nach § 128 Abs. 2 GWB erlaubt.[156] Zudem bezweckt das MiLoG ausdrücklich[157] und auch nach den Angaben in der Gesetzesbegründung[158] nur die Festlegung einer Untergrenze der Entlohnung, steht also auch deswegen einem auf landesgesetzlicher Grundlage verlangten höheren Mindestlohn nicht entgegen.[159] Es gibt deswegen auch weder eine verfassungsrechtliche noch eine unionsrechtliche Grundlage, dass der landesgesetzliche Mindestlohn den bundesrechtlichen nur unwesentlich überschreiten dürfe.[160]

Rechtlich unzulässig ist dagegen die Forderung eines inländischen Mindestlohns für **im Ausland erbrachte Leistungen** zur Ausführung des Auftrags, und zwar ohne Rücksicht auf das auf den Auftrag sowie die Arbeitsverhältnisse für die Mitarbeiter anwendbare Recht.[161] Denn insoweit handelt es sich um einen unionsrechtlich nicht zu rechtfertigenden Eingriff in die primärrechtlich nach Art. 56 AEUV gewährleistete Dienstleistungsfreiheit.[162] Dabei spielt es im Ergebnis keine Rolle, ob das die Arbeitnehmer beschäftigende Unternehmen seinen Sitz in dem Mitgliedstaat hat, in dem die Arbeitsleistung erbracht wird.[163] Denn auch wenn das Unternehmen seinen Sitz im Inland hat, ist nicht zu sehen, inwieweit der in der Vorgabe eines inländischen Mindestlohns liegende Eingriff in die Dienstleitungsfreiheit durch Arbeitnehmerschutzrechte gerechtfertigt wäre, wenn die Leistungen durch Arbeitskräfte im Ausland erbracht werden.[164] Dies wäre eine kaum zu rechtfertigende Ungleichbehandlung gegenüber im Ausland ansässigen Unternehmen. Insbesondere ist die Festsetzung eines inländischen Mindestlohns auch hier wegen der gegebenenfalls geringeren Lebenshaltungskosten nicht gerechtfertigt und steht eine Gefährdung des deutschen Sozialversicherungssystems nicht zu 50

153 EuGH, Urteil v. 17.11.2015 – Rs. C-115/14 (RegioPost), Rn. 62 ff.

154 EuGH, Urteil v. 17.11.2015 – Rs. C-115/14 (RegioPost), Rn. 71 ff.

155 Etwas anderes folgt nicht daraus, dass der EuGH in seinem Urteil v. 17.11.2015 – Rs. C-115/14 (RegioPost), Rn. 62 in Abgrenzung zu seinem Urteil v. 3.4.2008 – Rs. C-346/06 (Rüffert), festgestellt hatte, dass im konkreten Fall kein niedrigerer Lohn auf bundesgesetzlicher Grundlage bestand; denn ob ein gesetzlicher Mindestlohn auf einer landes- oder bundesgesetzlichen Grundlage beruht und welche Höhe er hat, ist ersichtlich unerheblich für seine Rechtfertigung als zulässige arbeitnehmerschützende Einschränkung der Dienstleistungsfreiheit; dementsprechend hat dieser Gesichtspunkt auch keinen Ausdruck in der Beantwortung der Vorlagefrage gefunden (vgl. Urteil v. 17.11.2015 – Rs.C-115/14 (RegioPost), Rn. 77). Wie hier im Ergebnis auch *Bonitz*, NZBau 2016, 418 (420).

156 Vgl. auch BVerfG, Beschluss v. 11.7.2006 – 1 BvL 4/00, juris Rn. 62 für eine Tariftreueregelung im Berliner Vergabegesetz vom 9.7.1999.

157 Vgl. § 1 Abs. 1 MiLoG: Arbeitsentgelt „mindestens in Höhe des Mindestlohns".

158 Gesetzesbegründung zu § 1 Abs. 3 MiLoG, Tarifautonomiestärkungsgesetz, BT-Drs. 18/1558, 34.

159 *Fehling*, in: Pünder/Schellenberg, Vergaberecht, § 128 GWB Rn. 20; *Pfannkuch*, VergabeR 2015, 631 (632); *Siegel*, EuZW 2016, 101 (103); *Tugendreich*, NZBau 2015, 395 (397); unentschieden *Pauka/Birk*, in: Säcker/Ganske/Knauff, Wettbewerbsrecht, § 129 GWB Rn. 7; *Ziekow*, in: Ziekow/Völlink, Vergaberecht, § 128 GWB Rn. 17; zweifelnd auch *Kling*, in: Immenga/Mestmäcker, Wettbewerbsrecht, § 128 GWB Rn. 38.

160 So aber *Bonitz*, NZBau 2016, 418 (420).

161 EuGH, Urteil v. 18.9.2014 – Rs. C-549/13 (Bundesdruckerei), Rn. 36.

162 EuGH, Urteil v. 18.9.2014 – Rs. C-549/13 (Bundesdruckerei), Rn. 29 ff.; kritisch zu dem damit etablierten *„Herkunftslandprinzip" Schnieders*, VergabeR 2015, 136 (141 f.).

163 Nur darauf bezog sich EuGH, Urteil v. 18.9.2014 – Rs. C-549/13 (Bundesdruckerei), Rn. 36.

164 So auch *Opitz*, in: Burgi/Dreher/Opitz, Vergaberecht, § 129 GWB Rn. 22; *Mager/Ganschow*, NZBau 2015, 79 (81); *Tugendreich*, NZBau 2015, 395 (399). Vgl. in diesem Sinne etwa § 9 Abs. 1 S. 3 BerlAVG, wonach die Verpflichtungen der öffentlichen Auftraggeber zur Festlegung eines Mindestlohns nicht gelten, „soweit die Leistungen von Auftragnehmern, Unterauftragnehmern und Verleihern von Arbeitskräften im Ausland erbracht werden".

befürchten.[165] Vielmehr gelten in vollem Umfang die Arbeitsnehmerschutzvorschriften des EU-Mitgliedsstaates, in dem die Leistungen erbracht werden, aber eben auch nur diese.

51 Unzulässig ist ferner die Forderung der Zahlung eines **tarifvertraglichen Mindestlohns**, soweit dieser nicht für allgemeinverbindlich erklärt worden ist.[166] Dies ist nicht nur für im Ausland ansässige Arbeitnehmer, die von einem Unternehmen im Inland eingesetzt werden, der Fall, weil dies mit den Vorgaben der Entsenderichtlinie 96/71, nunmehr RL 2018/957/EU,[167] unvereinbar ist.[168] Es gilt vielmehr auch darüber hinaus, weil die Vorgabe, entsprechende nur für öffentliche Aufträge und eine Region geltende tarifliche Mindestlöhne zu zahlen, einen nicht gerechtfertigten Eingriff in die unionsrechtlich gewährleistete Dienstleistungsfreiheit darstellt.[169] Eine Ausnahme besteht für den Bereich des ÖPNV, weil dieser nicht den Vorgaben der Dienstleistungsfreiheit unterliegt und eine Bindung an einen tariflichen Mindestlohn ohne die sich aus der Entsenderichtlinie sowie der Dienstleistungsfreiheit ergebenden Beschränkungen zur Verfolgung sozialer Belange zulässig ist.[170] Damit ist auch die Forderung eines nicht bundes- oder landesgesetzlich festgelegten Mindestlohns durch den öffentlichen Auftraggeber in einzelnen Vergabeverfahren unionsrechtlich unzulässig, weil eine punktuelle Festsetzung eines Mindestlohns den darin liegenden Eingriff in die Dienstleistungsfreiheit nicht rechtfertigen würde.[171]

52 Die Verpflichtung zur Zahlung eines Mindestlohns in Ausführungsbedingungen muss zudem hinreichend bestimmt und **transparent** sein. Es muss für die Unternehmen klar festgelegt sein, welcher Mindestlohn zu zahlen ist.[172] Dabei dürfte es aber genügen, wenn der Mindestlohn aufgrund der Verpflichtungserklärung für die Unternehmen bestimmbar ist.[173] Irreführende Angaben, die die Unternehmen über den tatsächlich geforderten Mindestlohn hinwegtäuschen, begründen aber in jedem Fall eine mit Erfolg angreifbare Intransparenz einer Ausführungsbestimmung.[174]

53 Die aufgezeigte **EuGH-Rechtsprechung** lässt sich dahin zusammenfassen, dass Ausführungsbedingungen über einen Mindestlohn auf bundes- oder landesgesetzlicher Grundlage zulässig sind, soweit sie sich auf im Inland erbrachte Leistungen beziehen und nicht auf im EU-Ausland erbrachte Leistungen erstrecken. Die Zahlung eines darüber hinausgehenden tarifvertraglich vereinbarten Mindestlohns kann in Ausführungsbedingungen verlangt werden, dies aber nur, wenn der Tariflohn für allgemeinverbindlich erklärt worden ist.[175] Auf der Grundlage des geltenden Unionsrechts ist nicht zu erwarten, dass der EuGH trotz der an dieser Rechtsprechung teilweise geäußerten massiven Kritik zu anderen Ergebnissen gelangen wird, und es ist auch zweifelhaft, ob diese Kritik berechtigt ist. Der Vorwurf, die Europäische Union sei, was die Mindestarbeitsbedingungen in ihrem Bereich betreffe, *„der einseitigen Effektivierung eines neoliberalen Wettbewerbsverständnisses verhaftet“*,[176] dürfte übertrieben

165 Vgl. zu diesen Aspekten EuGH, Urteil v. 18.9.2014 – Rs. C-549/13 (Bundesdruckerei), Rn. 34 f.
166 Vgl. EuGH, Urteil v. 3.4.2008 – Rs. C-346/06 (Rüffert), Rn. 43.
167 Vgl. dazu *Kling*, in: Immenga/Mestmäcker, Wettbewerbsrecht, § 128 GWB Rn. 33.
168 EuGH, Urteil v. 3.4.2008 – Rs. C-346/06 (Rüffert), Rn. 34 f.
169 EuGH, Urteil v. 3.4.2008 – Rs. C-346/06 (Rüffert), Rn. 36 ff.
170 *Pauka/Birk*, in: Säcker/Ganske/Knauff, Wettbewerbsrecht, § 128 GWB Rn. 14; *Reidt/Glahs*, VergabeR 2015, 641 (642 f.); *Redmann*, LKV 2012, 295 (297); vgl. auch § 12 BerlAVG und die eingehende Würdigung der unionsrechtlichen Zulässigkeit einer als Ausführungsbedingung geforderten Tariftreuerklärung ohne Rücksicht auf den Geltungsbereich des Tarifvertrages in der Gesetzesbegründung, Abgeordnetenhaus Berlin, Drs. 18/2538, 50 f.; a.A. *Opitz*, in: Burgi/Dreher/Opitz, Vergaberecht, § 129 GWB Rn. 21; *Kling*, in: Immenga/Mestmäcker, Wettbewerbsrecht, § 128 GWB Rn. 42, der auf die im Bereich des ÖPNV einschlägige Niederlassungsfreiheit verweist und das hier geltende Behinderungsverbot verletzt sieht.
171 Ebenso *Kling*, in: Immenga/Mestmäcker, Wettbewerbsrecht, § 128 GWB Rn. 39 f.
172 KG, Beschluss v. 26.9.2014 – Verg 5/14, juris Rn. 9; *Opitz*, in: Burgi/Dreher/Opitz, Vergaberecht, § 129 GWB Rn. 24; *Dobmann*, VergabeR 2007, 167 (173); *Reidt/Glahs*, VergabeR 2015, 641 (646 f.).
173 Darin dürfte entgegen der Befürchtung von *Reidt/Glahs*, VergabeR 2015, 641 (646 f.) und *Dobmann*, VergabeR 2007, 167 (173) keine Überforderung der angesprochenen Unternehmen liegen, weil davon auszugehen ist, dass die Unternehmen entsprechende Kenntnisse für die Branche haben, in der sie tätig sind. Irreführende Angaben sind aber selbstverständlich schädlich.
174 KG, Beschluss v. 26.9.2014 – Verg 5/14, juris Rn. 10 f.
175 *Fehling*, in: Pünder/Schellenberg, Vergaberecht, § 128 GWB Rn. 20.
176 So *Fehling*, in: Pünder/Schellenberg, Vergaberecht, § 97 GWB Rn. 105.

sein. Denn immerhin kann in Ausführungsbedingungen die Zahlung nicht nur eines nationalen, sondern sogar eines landesrechtlichen gesetzlichen Mindestlohns sowie eines für allgemeinverbindlich erklärten tarifvertraglichen Mindestlohns verlangt werden, soweit die Leistungen im Inland erbracht werden. Eine darüber hinausgehende Vereinheitlichung der Arbeitsbedingungen im Sinne einer Beseitigung des bestehenden Lohngefälles im Bereich der Europäischen Union[177] bedürfte vorbehaltlich der umstrittenen Sinnhaftigkeit einer solchen Zielstellung eines entsprechenden europapolitischen Willens, wie es ihn etwa bei der europaweiten Ratifizierung der ILO-Kernarbeitsnormen gegeben hat.

bb) ILO-Kernarbeitsnormen

Die auf völkerrechtlichen Übereinkommen der Internationalen Arbeitsorganisation (International Labour Organization – ILO)[178] beruhenden ILO-Kernarbeitsnormen sind in Deutschland wie auch in sämtlichen EU-Mitgliedstaaten geltendes Recht.[179] Im Einzelnen handelt es sich um folgende Übereinkommen: **54**

- Übereinkommen Nr. 29 über Zwangs- oder Pflichtarbeit vom 28. Juni 1930[180]
- Übereinkommen Nr. 87 über die Vereinigungsfreiheit und den Schutz des Vereinigungsrechtes vom 9. Juli 1948[181]
- Übereinkommen Nr. 98 über die Anwendung der Grundsätze des Vereinigungsrechtes und des Rechtes zu Kollektivverhandlungen vom 1. Juli 1949[182]
- Übereinkommen Nr. 100 über die Gleichheit des Entgelts männlicher und weiblicher Arbeitskräfte für gleichwertige Arbeit vom 29. Juni 1951[183]
- Übereinkommen Nr. 105 über die Abschaffung der Zwangsarbeit vom 25. Juni 1957[184]
- Übereinkommen Nr. 111 über die Diskriminierung in Beschäftigung und Beruf vom 25. Juni 1958[185]
- Übereinkommen Nr. 138 über das Mindestalter für die Zulassung zur Beschäftigung vom 26. Juni 1973[186]
- Übereinkommen Nr. 182 über das Verbot und unverzügliche Maßnahmen zur Beseitigung der schlimmsten Formen der Kinderarbeit vom 17. Juni 1999[187]

Weil die ILO-Kernarbeitsnormen unionsweit national ratifiziertes Recht sind, ist es unproblematisch, wenn der öffentliche Auftraggeber ihre Einhaltung für die im **Inland** und im **EU-Ausland** zur Ausführung des Auftrags erbrachten Leistungen verlangt.[188] Es handelt sich insoweit um Ausführungsbedingungen, die die in § 128 Abs. 1 GWB deklaratorisch postulierte Bindung des öffentlichen Auftraggebers an das für ihn bei der Ausführung des Auftrags geltende Recht und Gesetz bekräftigen und rechtlich ohne weiteres zulässig sind.[189] **55**

Indes verpflichten diese Normen zur Gewährleistung der in ihnen vorgesehenen menschenrechtlichen Mindeststandards auch für Leistungen, die **außerhalb der Europäischen Union** erbracht worden sind.[190] Im vergaberechtlichen Kontext gebietet dies, zu verhindern, dass **56**

177 Vgl. auch insoweit die Kritik von *Fehling*, in: Pünder/Schellenberg, Vergaberecht, § 97 GWB Rn. 105: Interesse daran, dass der Wettbewerb nicht *„zu einem gänzlich unkreativen Wettstreit um die schlechtesten Lohn- und Arbeitsbedingungen"* verkomme.
178 Vgl. zu Geschichte, Funktionsweise und Kompetenzen der ILO *Summa*, VergabeR 2016, 147 (147 f.).
179 *Wiedemann*, in: Röwekamp/Kus/Portz/Prieß, GWB-Vergaberecht, § 128 Rn. 15; *Ziekow*, in: Ziekow/Völlink, Vergaberecht, § 128 GWB Rn. 7.
180 BGBl. 1956 II S. 641.
181 BGBl. 1956 II S. 2073.
182 BGBl. 1955 II S. 1123.
183 BGBl. 1956 II S. 24.
184 BGBl. 1959 II S. 442.
185 BGBl. 1961 II S. 98.
186 BGBl. 1976 II S. 202.
187 BGBl. 2001 II S. 1291.
188 *Pauka/Birk*, in: Säcker/Ganske/Knauff, Wettbewerbsrecht, § 129 GWB Rn. 8.
189 Vgl. zur Zulässigkeit gesetzesbekräftigendes Ausführungsbedingungen auch unten Rn. 59.
190 *Fehling*, in: Pünder/Schellenberg, Vergaberecht, § 128 GWB Rn. 19; *Ziekow*, in: Ziekow/Völlink, Vergaberecht, § 128 GWB Rn. 7; *Summa*, VergabeR 2016, 147 (150).

Waren, die unter Missachtung der in den ILO-Kernarbeitsnormen festgelegten Mindeststandards gewonnen, hergestellt oder weiterverarbeitet worden sind, bei der Ausführung öffentlicher Aufträge verwendet werden. Der entsprechende vom Bundesgesetzgeber ignorierte Regelungsauftrag in Art. 18 Abs. 2 RL 2014/24/EU kann von den öffentlichen Auftraggebern auf der Grundlage von Ausführungsbedingungen kompensiert werden, ohne dass dadurch das normative Vollzugsdefizit bezüglich dieser Vorgaben geheilt würde.[191] Tatsächlich haben eine Vielzahl von Ländern ihre öffentlichen Auftraggeber auch landesgesetzlich verpflichtet, bei der Vergabe öffentlicher Aufträge die Einhaltung der ILO-Kernarbeitsnormen als Ausführungsbedingungen festzulegen.

57 **Beispielhaft** kann auf die seit dem 1. Mai 2020 geltende Regelung in § 8 BerlAVG verwiesen werden.[192] Die Vorschrift sieht unter der Überschrift „Beachtung der ILO-Kernarbeitsnormen" zunächst allgemein vor, dass bei der Vergabe von Bau-, Liefer- oder Dienstleistungen darauf hinzuwirken ist, dass keine Waren für die Erbringung von Leistungen verwendet werden, die unter Missachtung der in den ILO-Kernarbeitsnormen festgelegten Mindeststandards gewonnen, hergestellt oder weiterverarbeitet worden sind (§ 8 Abs. 1 S. 1 BerlAVG).[193] Nach § 8 Abs. 2 S. 1 BerlVG sollen Aufträge über Leistungen, die Waren oder Warengruppen enthalten, bei denen eine Gewinnung, Herstellung oder Weiterverarbeitung unter Missachtung der ILO-Kernarbeitsnormen in Betracht kommt, nur an Auftragnehmer vergeben werden, die sich bei der Angebotsabgabe verpflichtet haben, die Leistung nachweislich unter Beachtung der ILO-Kernarbeitsnormen zu erbringen, wobei dies entsprechend für Waren, die im Rahmen der Erbringung von Bau- oder Dienstleistungen verwendet werden, gilt (§ 8 Abs. 2 S. 2 BerlVG). Es handelt sich insoweit um eine landesgesetzlich für den Regelfall bei Vorliegen der Voraussetzungen zwingend festzulegende Ausführungsbedingung im Sinne des § 129 GWB. § 8 Abs. 3 BerlVG ermächtigt sodann die zuständigen Senatsverwaltungen Verwaltungsvorschriften zur Ausführung der Vorgaben gemäß § 8 Abs. 2 BerlAVG zu erlassen, insbesondere über die Bestimmung der Waren und Warengruppen, der Länder oder Gebiete, die im Hinblick auf eine Missachtung der ILO-Kernarbeitsnormen in Betracht kommen, sowie zur Nachweisführung. Diese Verwaltungsvorschriften sollen den öffentlichen Auftraggebern zum einen Leitlinien für den zweckmäßigen Einsatz entsprechender Ausführungsbedingungen an die Hand geben. Sie sollen zum anderen aber auch gewährleisten, dass die Ausführungsbedingungen die allgemeinen Rechtsmäßigkeitsvoraussetzungen wahren, also vor allem verhältnismäßig sind.

58 Die teilweise massive **Kritik**, die an dem Versuch der Implementierung der ILO-Kernarbeitsnormen in das Vergaberecht geübt worden ist,[194] ist nicht von der Hand zu weisen. Werden diese Normen pauschal und undifferenziert als Ausführungsbedingungen verlangt, führt dies zu einer Kluft zwischen Anspruch und Wirklichkeit, mit der die Beteiligten nicht einmal offen umgehen können: Es werden Anforderungen formuliert und (scheinbar) akzeptiert, von denen sämtliche Beteiligten wissen, dass sie nicht einzuhalten sind.[195] Indes liegt der Ausweg

---

191 Vgl. dazu oben Rn. 14 f.

192 BerlAVG v. 22.4.2020, GVBl. 2020, 276.

193 Die Vorschrift ist allerdings in Abschnitt 2 des BerlAVG enthalten, der nur für die landesunmittelbare Verwaltung gilt (vgl. § 2 BerlAVG) und nicht in dem Ausführungsbedingungen betreffenden Abschnitt 3. Dies beruht auf der aus Gesetzesbegründung ersichtlichen fehlerhaften Annahme, dass die ILO-Kernarbeitsnormen als Leistungsbeschreibung nach § 31 Abs. 3 VgV nicht nach § 129 GWB vorgegeben werden könnten (Abgeordnetenhaus Berlin, Drs. 18/2538, 39). Hier wird verkannt, dass Ausführungsbedingungen im Sinne des §§ 128 Abs. 2, 129 GWB materiell Teil der Leistungsbeschreibung sind (vgl. oben Rn. 21) und dass Ausführungsbedingungen nach allgemeiner Meinung selbstverständlich nach § 129 GWB vom Landesgesetzgeber vorgegeben werden können (vgl. statt aller *Kling*, in: Immenga/Mestmäcker, Wettbewerbsrecht, § 128 GWB Rn. 70). Tatsächlich handelt es sich bei den Vorgaben in § 8 BerlAVG auch um nichts anderes als obligatorische Ausführungsbedingungen, die aufgrund der selbst auferlegten, nicht aber notwendigen Einschränkung in § 2 Abs. 1 BerlAVG im Land Berlin nur für öffentliche Auftraggeber im Sinne des § 99 Nr. 1 GWB gelten. Dies schließt es selbstverständlich nicht aus, dass auch die übrigen öffentlichen Auftraggeber im Land Berlin auf der Grundlage von § 128 Abs. 2 GWB Ausführungsbedingungen zur Durchsetzung der ILO-Kernarbeitsnormen festlegen und sich hierbei an den Vorgaben in § 8 BerlAVG und den dazu ergehenden Verwaltungsvorschriften orientieren.

194 Vgl. etwa *Summa*, VergabeR 2016, 147 (147 ff.); dem weitgehend folgend *Pauka/Birk*, in: Säcker/Ganske/Knauff, Wettbewerbsrecht, § 129 GWB Rn. 10.

195 Eingehend *Summa*, VergabeR 2016, 150 (150 ff.).

aus diesem Dilemma nicht darin, von einer Implementierung der nach allgemeiner Auffassung erstrebenswerten Ziele bei der öffentlichen Beschaffung abzusehen,[196] zumal dieser Weg im Hinblick auf die unionsrechtlichen Vorgaben de lege lata ohnehin nicht gangbar ist und auch künftig immer weniger zur Verfügung stehen wird.[197] Vielmehr ist zu bedenken, dass diese Ziele auch nach den unionsrechtlichen Vorgaben nur unter Beachtung anderer vergaberechtlicher Grundsätze und hierbei insbesondere des Grundsatzes der Verhältnismäßigkeit verfolgt werden können.[198] Der Verhältnismäßigkeitsgrundsatz verlangt, dass Ausführungsbedingungen zu den ILO-Kernarbeitsnormen geeignet, erforderlich und angemessen sein müssen, um die mit den jeweiligen Standards verfolgten Ziele zu erreichen. Dies muss für jeden Standard bezogen auf den konkreten Auftragsgegenstand geprüft werden. Danach wird in der Regel eine pauschale Vorgabe sämtlicher ILO-Kernarbeitsnormen als Ausführungsbedingungen auf sämtlichen Stufen der Produktion und Lieferkette ausgeschlossen sein. Umgekehrt werden sich aber in der Regel jedenfalls in Teilbereichen verhältnismäßige Vorgaben formulieren lassen. Beispielsweise wird die Forderung der Wahrung der kollektiven Arbeitnehmerrechte nach den ILO-Übereinkommen Nr. 87 und 98 bei der Beschaffung von IT-Hardware nicht geeignet sein, wenn davon auszugehen sein sollte,[199] dass es nahezu unmöglich ist, auszuschließen, dass zumindest Komponenten hiervon in der Volksrepublik China hergestellt sind, die nicht einmal die genannten Übereinkommen ratifiziert hat und sich auch nicht an sie hält.[200] Ebenso wird es unverhältnismäßig sein, wenn die Beachtung der Standards für die Unternehmen für jede Komponente der von ihnen zu erbringenden Leistung und jede Produktionsstufe faktisch nicht oder nur mit einem unangemessen hohen Aufwand kontrolliert werden kann. Letztlich hängt hier aber alles von den konkreten Umständen des jeweiligen Einzelfalls ab. Die öffentlichen Auftraggeber sind in jedem Fall gehalten, Ausführungsbedingungen zur Gewährleistung der ILO-Kernarbeitsnormen, auch wenn der Landesgesetzgeber ihre Anordnung vorschreibt, nur insoweit zu fordern, als dies verhältnismäßig ist, weil dies sowohl bundes- wie auch unionsrechtlich zwingende rechtliche Zulässigkeitsvoraussetzung ist. Hierbei dürften die landesrechtlichen Vorgaben, so etwa § 8 BerlAVG, eine solche dem Verhältnismäßigkeitsgrundsatz genügende Handhabung auch erlauben.

III. Festlegung der Ausführungsbedingungen (S. 1)

Ob der öffentliche Auftraggeber gemäß § 128 Abs. 2 S. 1 GWB Ausführungsbedingungen festlegt, liegt in seinem freien **Ermessen,**[201] soweit er nicht nach Maßgabe von § 129 GWB wirksam gesetzlich dazu verpflichtet ist. Insoweit handelt es sich bei § 128 Abs. 2 S. 1 GWB um eine gesetzliche Ermächtigungsgrundlage für den öffentlichen Auftraggeber, in deren Grenzen er als Ausdruck seiner Beschaffungsautonomie[202] tätig werden darf, deren **Grenzen** er aber auch zu wahren hat.[203] Dementsprechend müssen die festgelegten Ausführungsbedingungen die in § 128 Abs. 2 GWB aufgeführten Zulässigkeitsvoraussetzungen wahren und 59

196 So aber *Summa*, VergabeR 2016, 147 (154).

197 So hat die EU-Kommission eine Initiative zur weiteren Durchsetzung der ILO-Standards zu Kinder- und Zwangsarbeit begonnen, die auch die öffentliche Beschaffung einbezieht, vgl. Commuication form the Commission to the European Parliament, the Council and teh European Economic and Social Committee on decent work worldwide for a global just transition and a sustainable recovery vom 23.2.2022, COM(2022) 66 final.

198 *Kling*, in: Immenga/Mestmäcker, Wettbewerbsrecht, § 128 GWB Rn. 70; *Burgi*, NZBau, 2015, 597 (600). Vgl. eingehend bezogen auf die ILO-Kernarbeitsnormen *Krönke*, VergabeR 2017, 101 (103 ff.) sowie allgemein *Wiedemann*, in: Röwekamp/Kus/Portz/Prieß, GWB-Vergaberecht, § 128 Rn. 41 ff.

199 Wie die tatsächliche Situation einzuschätzen ist, bedarf jeweils im Vorfeld eingehender Prüfung; so zu Recht *Krönke*, VergabeR 2017, 101, (104) Fn. 18.

200 Beispiel nach *Summa*, VergabeR 2016, 147 (153), entgegen dessen Auffassung bei entsprechenden Ausführungsbedingungen kein Unternehmen zu falschen Angaben genötigt sein würde, sondern sich mit Aussicht auf Erfolg rechtlich gegen entsprechende unverhältnismäßige Vorgaben jedenfalls in oberschwelligen Vergabeverfahren wehren könnte.

201 *Fett*, in: Byok/Jaeger, Vergaberecht, § 128 GWB Rn. 31, 69. Ausführlich zu möglichen Erwägungen bei der Ermessensausübung *Gabriel/Bärenbrinker*, in: Gabriel/Mertens/Prieß/Stein, Vergaberecht, § 128 GWB Rn. 25; *Wiedemann*, in: Röwekamp/Kus/Portz/Prieß, GWB-Vergaberecht, § 128 Rn. 30.

202 So zutreffend *Kling*, in: Immenga/Mestmäcker, Wettbewerbsrecht, § 128 GWB Rn. 43; *Pauka/Birk*, in: Säcker/Ganske/Knauff, Wettbewerbsrecht, § 128 GWB Rn. 20.

203 *Fett*, in: Byok/Jaeger, Vergaberecht, § 128 GWB Rn. 1.

auch im Übrigen rechtmäßig sein.[204] Zulässig sind hierbei insbesondere auch gesetzesbekräftigende Ausführungsbedingungen, also solche, die der deklaratorisch hervorgehobenen Bindung an Recht und Gesetz § 128 Abs. 1 GWB durch vertragliche Regelungen und gegebenenfalls Sanktionen Nachdruck verleihen.[205] Auch solche gesetzesbekräftigenden Ausführungsbedingungen haben die für Ausführungsbedingungen allgemein geltenden Zulässigkeitsvoraussetzungen zu wahren.[206] Nicht sinnvoll, im Übrigen aber auch unzulässig, weil nicht hinreichend bestimmt und transparent, ist die bloß fakultative Vorgabe von Ausführungsbedingungen.[207]

60 Die Befugnis zur Festlegung von Ausführungsbedingungen umfasst auch die Forderung von vertragsrechtlichen **Sanktionen** und **Kontrollbefugnissen** nach dem Ermessen des öffentlichen Auftraggebers,[208] wobei auch hier die für die Ausführungsbedingungen selbst geltenden Zulässigkeitsvoraussetzungen zu wahren sind. Eine Verpflichtung, Kontroll- und Sanktionsmöglichkeiten vorzusehen, besteht nicht.[209] Nicht zu verwechseln ist die Kontrollierbarkeit für den öffentlichen Auftraggeber mit der für das Unternehmen;[210] ist die Ausführungsbedingung für das Unternehmen nicht kontrollierbar, kann sie unverhältnismäßig sein.[211] Indes machen etwa Vorgaben zum Mindestlohn wenig Sinn, wenn für die Einhaltung dieser Verpflichtungen nicht zumindest Auskunfts- und Rechenschaftspflichten vereinbart werden.[212] Dementsprechend sehen die Vergabegesetze der Länder mit ihren nach § 129 GWB angeordneten Ausführungsbedingungen häufig auch die Festlegung umfangreicher Sanktionsmechanismen und Kontrollbefugnisse durch den öffentlichen Auftraggeber vor.[213] Ebenfalls liegt es im Ermessen des öffentlichen Auftraggebers, in welchem Umfang er auf der Grundlage von § 61 VgV Bescheinigungen (§ 33 VgV) oder Gütezeichen (§ 34 VgV) zum Beleg dafür fordert, dass die angebotene Leistung den geforderten Ausführungsbedingungen entspricht.[214]

61 In der Praxis ist der Spielraum öffentlicher Auftraggeber zur Festlegung von Ausführungsbedingungen vor allem durch gesetzliche Vorgaben nach **§ 129 GWB** stark begrenzt. Vor allem sehen die Vergabegesetze der Länder vielfach sehr eingehende Regelungen für die Anordnung von Ausführungsbedingungen vor. So enthält das im Jahr 2020 vollständig neu gefasste Berliner Ausschreibungs- und Vergabegesetz (BerlAVG) in seinem dritten Abschnitt (§§ 9 bis 14 BerlAVG) umfangreiche Vorgaben, die in mehr oder weniger großem Umfang den Ermessensspielraum der öffentlichen Auftraggeber auf Landesebene einschränken. Die Vorgaben gehen von der Anweisung zur Festlegung bestimmter Ausführungsbedingungen[215] bis zu

---

204 *Fett*, in: Byok/Jaeger, Vergaberecht, § 128 GWB Rn. 69. Vgl. im Einzelnen oben Rn. 25 ff.

205 *Opitz*, in: Burgi/Dreher/Opitz, Vergaberecht, § 128 GWB Rn. 12; *Gabriel/Bärenbrinker*, in: Gabriel/Mertens/Prieß/Stein, Vergaberecht, § 128 GWB Rn. 12; *Fehling*, in: Pünder/Schellenberg, Vergaberecht, § 128 GWB Rn. 12, 22; *Wiedemann*, in: Röwekamp/Kus/Portz/Prieß, GWB-Vergaberecht, § 128 Rn. 18; *Pfannkuch*, VergabeR 2015, 631 (636).

206 *Fehling*, in: Pünder/Schellenberg, Vergaberecht, § 128 GWB Rn. 12, für die Bekanntmachung, wobei dies allerdings nicht erst aus *„allgemeinen (Transparenz-)Grundsätzen"* folgt, sondern aus §§ 121 Abs. 3, 128 Abs. 2 S. 2 GWB; vgl. oben Rn. 25 ff.

207 KG, Beschluss v. 26.9.2014 – Verg 5/14, juris Rn. 9; *Reidt/Glahs*, VergabeR 2015, 641, 646 für den vergleichbaren Fall eines „offengelassenen" Mindestlohns; a.A. *Gabriel/Bärenbrinker*, in: Gabriel/Mertens/Prieß/Stein, Vergaberecht, § 128 GWB Rn. 24; *Wiedemann*, in: Röwekamp/Kus/Portz/Prieß, GWB-Vergaberecht, § 128 Rn. 28 f.

208 *Opitz*, in: Burgi/Dreher/Opitz, Vergaberecht, § 128 GWB Rn. 16; *Wiedemann*, in: Röwekamp/Kus/Portz/Prieß, GWB-Vergaberecht, § 128 Rn. 18.

209 OLG Düsseldorf, Beschluss v. 7.5.2014 – VII-Verg 46/13, juris Rn. 34; *Pauka/Birk*, in: Säcker/Ganske/Knauff, Wettbewerbsrecht, § 128 GWB Rn. 27; *Ziekow*, in: Ziekow/Völlink, Vergaberecht, § 128 GWB Rn. 27. Eingehend auch *Latzel*, NZBau 2014, 673 (680); a.A. *Fett*, in: Byok/Jaeger, Vergaberecht, § 128 GWB Rn. 40; *Wiedemann*, in: Röwekamp/Kus/Portz/Prieß, GWB-Vergaberecht, § 128 Rn. 38; *Burgi*, NZBau 2015, 597 (600).

210 Vgl. *Wiedemann*, in: Röwekamp/Kus/Portz/Prieß, GWB-Vergaberecht, § 128 Rn. 39.

211 So beispielsweise im Einzelfall die Gewährleistung bestimmter ILO-Kernarbeitsnormen, vgl. oben Rn. 58.

212 OLG Düsseldorf, Beschluss v. 7.5.2014 – VII-Verg 46/13, juris Rn. 34; *Gabriel/Bärenbrinker*, in: Gabriel/Mertens/Prieß/Stein, Vergaberecht, § 128 GWB Rn. 14; *Wiedemann*, in: Röwekamp/Kus/Portz/Prieß, GWB-Vergaberecht, § 128 Rn. 21; *Ziekow*, in: Ziekow/Völlink, Vergaberecht, § 128 GWB Rn. 28; *Dobmann*, VergabeR 2007, 167 (169 f.).

213 Vgl. etwa §§ 15 f. BerlAVG.

214 Dazu eingehend *Fett*, in: Byok/Jaeger, Vergaberecht, § 128 GWB Rn. 56 ff.; *Lausen/Pustal*, NZBau 2022, 3 (5 f.).

215 So etwa die zwingende Anordnung von Ausführungsbedingungen zum Mindestlohn in § 9 Abs. 1 S. 1 BerlAVG.

dem bloßen Hinweis auf bestehende Gestaltungsmöglichkeiten.[216] Eine entsprechende Regelungsvielfalt ist auch bei den Vergabe- und Tariftreuegesetzen der anderen Länder mit Ausnahme des Freistaates Bayern festzustellen.[217]

IV. Rechtsfolgen

1. Zulässige Ausführungsbedingungen

Hat der öffentliche Auftraggeber in zulässiger Weise Ausführungsbedingungen festgelegt, ist er hieran gebunden und muss entsprechende vertragliche Verpflichtungen von den Unternehmen einfordern. 62

Um sich zu vergewissern, dass die Ausführungsbedingungen auch eingehalten werden, kann er gemäß § 61 VgV **Belege** entsprechend der Vorgaben in den §§ 33 und 34 VgV verlangen, was in seinem Ermessen steht.[218] Er kann also insbesondere die Vorlage von Gütezeichen verlangen (§ 34 VgV),[219] aber auch die Abgabe von Eigenerklärungen darüber, dass und wie die Erfüllung der Ausführungsbedingungen sichergestellt sein soll.[220] Wie auch sonst kommt es auf die Leistungsfähigkeit zum Zeitpunkt der Auftragsausführung an.[221] Ergeben sich aufgrund tatsächlicher Umstände begründbare Zweifel, dass das Unternehmen die Ausführungsbedingungen erfüllen wird, hat der öffentliche Auftraggeber dem nachzugehen.[222] 63

Das gilt insbesondere bei **ungewöhnlich niedrigen Preisen**. Bei der dann gemäß § 60 Abs. 2 S. 1 VgV zwingend erforderlichen Preisprüfung wird der öffentliche Auftraggeber in Anlehnung an den die Verpflichtungen aus § 128 Abs. 1 GWB betreffenden § 60 Abs. 2 S. 2 Nr. 4 VgV zu untersuchen haben, ob bei der Preisbildung die Einhaltung der geforderten Ausführungsbedingungen berücksichtigt worden ist. Sind begründbare Zweifel hieran nicht ausräumbar, ist das Unternehmen entsprechend § 60 Abs. 3 S. 1 VgV auszuschließen, und zwar entgegen dem Wortlaut zwingend, weil nur ein Ausschluss ermessensfehlerfrei möglich ist.[223] Hat ein Unternehmen in früheren Vergabeverfahren vertraglich übernommene Ausführungsbedingungen nicht eingehalten, können sich daraus Zweifel an der Bereitschaft ergeben, die Ausführungsbedingungen aus dem aktuell ausgeschriebenen Auftrag einzuhalten,[224] und wird der öffentliche Auftraggeber das Bestehen von Ausschlussgründen nach § 124 Abs. 1 Nr. 1, 3 und 7 GWB zu prüfen haben.[225] Verweigert das Unternehmen die Vereinbarung zulässig festgesetzter Ausführungsbestimmungen und gibt nicht die geforderten Erklärungen ab, ist es zwingend auszuschließen.[226] 64

Spätestens mit der **Erteilung des Auftrages** stellt sich die Frage, ob die Ausführungsbedingungen vergaberechtlich zulässig gefordert werden konnten und insoweit verbindlich sind, nicht mehr. Das beauftragte Unternehmen ist vertraglich, soweit die Ausführungsbedingungen zivilrechtlich zulässig sind, hieran gebunden, und dem öffentlichen Auftraggeber stehen 65

---

216 So etwa in § 11 Abs. 1 BerlAVG: „Im Rahmen von Ausführungsbedingungen im Sinne von § 128 Abs. 2 GWB können weitergehende Gesichtspunkte bei der Erbringung von Leistungen festgelegt werden, insbesondere im Hinblick auf Kriterien des fairen Handels, der Barrierefreiheit sowie zur Berücksichtigung sozialer oder beschäftigungspolitischer Belange."

217 Vgl. *Wiedemann*, in: Röwekamp/Kus/Portz/Prieß, GWB-Vergaberecht, § 128 Rn. 23.

218 *Ziekow*, in: Ziekow/Völlink, Vergaberecht, § 128 GWB Rn. 30; abweichend von § 61 VgV allerdings OLG Düsseldorf, Beschluss v. 7.5.2014 – VII-Verg 46/13, juris Rn. 34.

219 Eingehend dazu *Fett*, in: Byok/Jaeger, Vergaberecht, § 128 GWB Rn. 57.

220 *Ziekow*, in: Ziekow/Völlink, Vergaberecht, § 128 GWB Rn. 31.

221 OLG Düsseldorf, Beschluss v. 7.5.2014 – VII-Verg 46/13, juris Rn. 34; *Ziekow*, in: Ziekow/Völlink, Vergaberecht, § 128 GWB Rn. 31 m.w.N.

222 *Opitz*, in: Burgi/Dreher/Opitz, Vergaberecht, § 128 GWB Rn. 17; *Fehling*, in: Pünder/Schellenberg, Vergaberecht, § 128 GWB Rn. 49 f.; wohl auch *Wiedemann*, in: Röwekamp/Kus/Portz/Prieß, GWB-Vergaberecht, § 128 Rn. 38.

223 BGH, Beschluss v 31.1.2017 – X ZB 10/16, juris Rn. 31.

224 *Ziekow*, in: Ziekow/Völlink, Vergaberecht, § 128 GWB Rn. 28 m.w.N.

225 *Fehling*, in: Pünder/Schellenberg, Vergaberecht, § 128 GWB Rn. 49.

226 EuGH, Urteil v. 17.11.2015 – Rs. C-115/14 (RegioPost), Rn. 83, 88; *Opitz*, in: Burgi/Dreher/Opitz, Vergaberecht, § 128 GWB Rn. 17; *Kling*, in: Immenga/Mestmäcker, Wettbewerbsrecht, § 128 GWB Rn. 43; *Wiedemann*, in: Röwekamp/Kus/Portz/Prieß, GWB-Vergaberecht, § 128 Rn. 27; *Pauka/Birk*, in: Säcker/Ganske/Knauff, Wettbewerbsrecht, § 128 GWB Rn. 28.

sämtliche zivilrechtlichen Ansprüche zu, die Einhaltung der Verpflichtungen durchzusetzen.[227] Hierbei liegt es in der Verantwortung des öffentlichen Auftraggebers, das ihm zivilrechtlich ohnehin zur Verfügung stehende Instrumentarium durch entsprechende Vereinbarungen bei Auftragserteilung,[228] etwa Auskunfts- und Rechenschaftspflichten, Vertragsstrafeversprechen oder vertragliche Rücktritts- oder Kündigungsrechte, noch zu verstärken.[229]

2. Unzulässige Ausführungsbedingungen

66 Die Vereinbarung von Ausführungsbedingungen, die nicht die dargestellten Zulässigkeitsvoraussetzungen erfüllen,[230] kann der öffentliche Auftraggeber von den an dem ausgeschriebenen Auftrag interessierten Unternehmen nicht verlangen. Sind Ausführungsbedingungen also als materieller Teil der Leistungsbeschreibung[231] nicht in der nach §§ 128 Abs. 2 S. 2, 121 Abs. 3 GWB gebotenen Weise hinreichend klar zumindest auch in den Vergabeunterlagen benannt,[232] kann der öffentliche Auftraggeber sie nicht fordern.[233] Ansonsten müssen sämtliche materiell-rechtlichen Zulässigkeitsvoraussetzungen gewahrt sein, also eine Verbindung zum Auftragsgegenstand bestehen (§ 128 Abs. 2 S. 1 Hs. 2 GWB), ein zulässiger Belang verfolgt werden (§ 128 Abs. 2 S. 3 GWB) und die Rechtmäßigkeit im Übrigen gewahrt sein.[234]

67 Allerdings können Unternehmen die Festlegung unzulässiger Ausführungsbedingungen nur unter Beachtung ihrer **Rügeobliegenheiten** nach § 160 Abs. 3 GWB abwehren. Da von Unternehmen grundsätzlich eine gewissenhafte Durchsicht der Auftragsbekanntmachung und der Vergabeunterlagen zu verlangen ist, werden etwaige Verstöße gegen vergaberechtliche Vorschriften gemäß § 160 Abs. 3 S. 1 Nr. 2 und 3 GWB in der Angebotsfrist zu rügen sein, wenn die Vergaberechtswidrigkeit erkennbar war. Das wird jedenfalls bei Verstößen gegen § 128 Abs. 2 S. 1 Hs. 2 GWB, also wenn es an einem Bezug der besonderen Ausführungsbedingungen zu dem Auftragsgegenstand fehlt, regelmäßig anzunehmen sein, weil sich hier für gewöhnlich ein die Erkennbarkeit begründendes „Störgefühl" bei dem Unternehmen einstellen muss.[235]

68 Mängel bei der Forderung von Ausführungsbedingungen sind für den öffentlichen Auftraggeber nur bedingt **heilbar**. Hat er es verpasst, gewünschte Ausführungsbedingungen in der nach § 128 Abs. 2 S. 2 GWB gebotenen Weise in der Auftragsbekanntmachung oder den Vergabeunterlagen zu fordern, kann er sie nicht einfach nachfordern, sondern muss den Auftrag unter Aufhebung des Vergabeverfahrens mit allen für ihn nachteiligen Folgen, wenn Aufhebungsgründe nach § 63 Abs. 1 S. 1 VgV nicht vorliegen,[236] neu ausschreiben.[237] Ansonsten dürfte es dem öffentlichen Auftraggeber auf eine berechtigte Rüge, aber auch aus eigenem Antrieb stets erlaubt sein, eine unzulässig festgesetzte Ausführungsbedingung gegenüber sämtlichen Teilnehmern des Vergabeverfahrens fallen zu lassen. Eine Neuausschreibung ist nicht erforderlich. Problematisch ist der Verzicht auf Ausführungsbedingungen, wenn sie nicht zu beanstanden oder erhobene Rügen unzulässig sind. Hier dürfte aus Gründen der Transparenz und Gleichbehandlung – wie bei der nachträglichen Forderung zusätzlicher Ausführungsbedingungen – eine Neuausschreibung verbunden mit der Aufhebung des bisherigen Vergabeverfahrens jedenfalls dann erforderlich sein, wenn nicht auszuschließen ist, dass

227 *Pauka/Birk*, in: Säcker/Ganske/Knauff, Wettbewerbsrecht, § 128 GWB Rn. 29. Vgl. dazu bereits oben Rn. 60.
228 Nebenabsprachen zu Ausführungsbedingungen müssen selbstverständlich sämtliche auch für die Ausführungsbedingungen bestehenden, oben Rn. 25 ff. aufgezeigten Zulässigkeitsvoraussetzungen erfüllen, damit der öffentliche Auftraggeber sie wirksam fordern kann.
229 *Ziekow*, in: Ziekow/Völlink, Vergaberecht, § 128 GWB Rn. 28.
230 Vgl. oben Rn. 25 ff.
231 Vgl. oben Rn. 21.
232 Vgl. dazu bereits oben Rn. 26 f.
233 *Wiedemann*, in: Röwekamp/Kus/Portz/Prieß, GWB-Vergaberecht, § 128 Rn. 56 f.
234 Vgl. im Einzelnen oben Rn. 28 ff.
235 Vgl. zur Frage der Erkennbarkeit eingehend KG, Beschluss v. 20.3.2020 – Verg 7/19, juris Rn. 37.
236 Insbesondere kommen Schadensersatzansprüche in Betracht; vgl. dazu eingehend BGH, Urteil v. 8.12.2020 – XIII ZR 19/19.
237 Eine Verpflichtung, an einer Ausschreibung festzuhalten, besteht auch bei Fehlen von Aufhebungsgründen im Sinne des § 63 Abs. 1 S. 1 VgV grundsätzlich nicht, vgl. BGH, Beschluss v. 8.12.2020 – XIII ZR 19/19, juris Rn. 21; *Herrmann*, in: Ziekow/Völlink, Vergaberecht, § 63 VgV Rn. 24 ff.

die fallen gelassene Ausführungsbedingung Einfluss auf die Angebotskalkulation hatte und Rechte der Unternehmen aus § 97 Abs. 6 GWB verletzt sein könnten.[238]

D. Rechtsschutz

Unternehmen haben im Sinne von § 97 Abs. 6 GWB Anspruch darauf, dass der öffentliche Auftraggeber Ausführungsbedingungen nach § 128 Abs. 2 GWB nur in formell und materiell **zulässiger Weise** fordert.[239] Hat der öffentliche Auftraggeber also Ausführungsbedingungen, die er in dem zu vergebenden Auftrag fordern möchte, nicht in der gebotenen Weise (§§ 128 Abs. 2 S. 2, 121 Abs. 3 GWB) bekannt gemacht, kann er ihre Vereinbarung nicht verlangen und aus der Verweigerung einer entsprechenden Vereinbarung keine dem Unternehmen nachteiligen Folgen ziehen, insbesondere es nicht ausschließen.[240] Das gilt unabhängig von der Forderung vertraglicher Sanktionen auch für gesetzesbekräftigende Ausführungsbedingungen,[241] weil auch in diesem Fall eine Belastung von der geforderten vertraglichen Vereinbarung ausgeht, die nur verlangt werden kann, wenn sämtliche Zulässigkeitsvoraussetzungen hierfür erfüllt sind. Gegen solche Sanktionen kann das Unternehmen Rechtsschutz im Vergabenachprüfungsverfahren nach den §§ 155 ff. GWB suchen.[242] Hat der öffentliche Auftraggeber Ausführungsbedingungen dagegen in formell zulässiger Weise gefordert, so können am Vergabeverfahren beteiligte Unternehmen sich gegen diese Forderung mit Aussicht auf Erfolg nur wenden, wenn die Ausführungsbedingungen materiell unzulässig sind, insbesondere wenn sie keine Verbindung zum Auftragsgegenstand haben (§ 128 Abs. 2 S. 1 Hs. 2 GWB) oder die Unternehmen unter Verstoß gegen § 97 Abs. 1 S. 2 Alt. 2 GWB unverhältnismäßig belasten würden.[243] Dies wird häufig schon aus den Vergabeunterlagen erkennbar sein und es erforderlich machen, dass das Unternehmen diese Rechtsverletzungen vor Ablauf der Angebotsfrist rügt, andernfalls es mit der Geltendmachung einer entsprechenden Rechtsverletzung in einem Nachprüfungsverfahren nach § 160 Abs. 3 S. 1 Nr. 3 GWB präkludiert wäre.[244] 69

Sind Ausführungsbedingungen von dem öffentlichen Auftraggeber formell und materiell wirksam gefordert, haben Unternehmen zudem darauf Anspruch, dass sie auch **gegenüber allen** am Vergabeverfahren beteiligten Unternehmen eingefordert werden[245] und die Nichterfüllung dieser Forderung entsprechend vergaberechtlich sanktioniert wird, insbesondere Unternehmen ausgeschlossen werden, die entsprechende Erklärungen zur Vereinbarung von Ausführungsbedingungen nicht abgeben. Unterbleibt der Ausschluss, können andere am Vergabeverfahren beteiligte Unternehmen den darin liegenden Verstoß gegen das Gleichbehandlungsgebot (§ 97 Abs. 2 GWB) rügen und im Nachprüfungsverfahren mit Aussicht auf Erfolg beanstanden. Schließlich kann insoweit auch streitig werden, ob ein Unternehmen überhaupt in der Lage ist, seinen Zusagen entsprechend die Ausführungsbedingungen einzuhalten. Bestehen insoweit Zweifel, hat der öffentliche Auftraggeber diesen von Amts wegen nachzugehen,[246] worauf andere Unternehmen einen im Nachprüfungsverfahren durchsetzbaren Anspruch haben. Das gilt insbesondere, aber nicht nur, wenn die Auskömmlichkeit der Preise vor dem Hintergrund der geforderten Ausführungsbedingungen bedenklich erscheint.[247] 70

---

238 Vgl. zur Zulässigkeit einer insoweit vorliegenden Teilaufhebung *Herrmann*, in: Ziekow/Völlink, Vergaberecht, § 63 VgV Rn. 24 ff.
239 *Opitz*, in: Burgi/Dreher/Opitz, Vergaberecht, § 128 GWB Rn. 20; *Fett*, in: Byok/Jaeger, Vergaberecht, § 128 GWB Rn. 71; *Gabriel/Bärenbrinker*, in: Gabriel/Mertens/Prieß/Stein, Vergaberecht, § 128 GWB Rn. 42; *Ziekow*, in: Ziekow/Völlink, Vergaberecht, § 128 GWB Rn. 41.
240 Vgl. oben Rn. 26 f.
241 A.A. *Fett*, in: Byok/Jaeger, Vergaberecht, § 128 GWB Rn. 73 f.
242 *Fett*, in: Byok/Jaeger, Vergaberecht, § 128 GWB Rn. 70.
243 Vgl. oben Rn. 66.
244 Vgl. oben Rn. 67.
245 Vgl. *Opitz*, in: Burgi/Dreher/Opitz, Vergaberecht, § 128 GWB Rn. 20.
246 Vgl. oben Rn. 63 f.
247 BGH, Beschluss v. 31.1.2017 – X ZB 10/16, juris Rn. 20.

Anlage

Gesetzesbegründung – VergRModG 2016 (BT-Drs. 18/6281)

Seite 113

§ 128 fasst in seinen beiden Absätzen Regelungen zur Ausführung des öffentlichen Auftrages zusammen. Während Absatz 1 eine generelle Aussage zu den bei der Auftragsausführung einzuhaltenden Rechtsvorschriften trifft, kann der öffentliche Auftraggeber nach Absatz 2 individuelle Ausführungsbedingungen vorgeben, die gesetzlich zwar nicht gefordert sind, dem öffentlichen Auftraggeber aber dennoch sinnvoll erscheinen.

Zu Absatz 1

Mit § 128 Absatz 1 wird Artikel 18 Absatz 2 der Richtlinie 2014/24/EU umgesetzt. Danach haben die Mitgliedstaaten sicherzustellen, dass Unternehmen, die öffentliche Aufträge ausführen, die geltenden umwelt-, sozial- und arbeitsrechtlichen Verpflichtungen einhalten. Die Regelung in Absatz 1 geht hierüber noch hinaus, indem sie klarstellt, dass alle für das betreffende Unternehmen geltenden rechtlichen Vorschriften eingehalten werden müssen.

Die Sicherstellung der Einhaltung dieser Vorschriften erfolgt dabei über Vorgaben in den einzuhaltenden Regelungen selbst, da diese bereits spezielle Sanktionsmechanismen (wie etwa Straf- oder Bußgeldtatbestände, besondere Ausschlussgründe für künftige Vergabeverfahren, Einrichtung besonderer Kontrollbehörden etc.) enthalten. Die in den in Anhang X der Richtlinie 2014/24/EU aufgeführten, von allen EU-Mitgliedstaaten ratifizierten internationalen Übereinkommen (insbesondere ILO-Übereinkommen) enthaltenen, unmittelbar an die Vertragsstaaten gerichteten Verpflichtungen wurden vollständig in das deutsche Recht und die Rechtordnungen der EU-Mitgliedstaaten umgesetzt. Daher ist ein ausdrücklicher Verweis auf diese Abkommen, wie ihn Artikel 18 Absatz 2 der Richtlinie 2014/24/EU enthält, entbehrlich.

Den Erwägungsgründen 37 und 38 der Richtlinie 2014/24/EU entsprechend sind die für den Auftragnehmer am Ort der Leistungserbringung geltenden rechtlichen Verpflichtungen maßgeblich. So sind z. B. bei der Beauftragung eines Call Centers durch die öffentliche Hand die am Betriebsort des Centers geltenden rechtlichen Verpflichtungen anzuwenden, ungeachtet des Ortes, an dem der öffentliche Auftraggeber seinen Sitz hat. Bei reinen Warenlieferungen dagegen wird der Ort der Leistungserfüllung (Anlieferung, Übersendung der Ware) in der Regel der Sitz des öffentlichen Auftraggebers sein.

Zu Absatz 2

Neben Leistungsbeschreibung, Eignungs- und Zuschlagskriterien bieten Ausführungsbedingungen ein weiteres wesentliches Instrument für den öffentlichen Auftraggeber, um das Vergabeverfahren nach seinem Beschaffungsbedarf zu gestalten. Denn mit der Vorgabe solcher Bedingungen kann der öffentliche Auftraggeber auch für den Zeitraum nach der Zuschlagserteilung auf die Art und Weise der Erbringung der Leistung unmittelbar Einfluss nehmen. Ausführungsbedingungen kommt somit eine wichtige Steuerungswirkung zu. Regelungstechnisch handelt es sich hierbei um Vertragsbedingungen, die dem Auftragnehmer zwingend zur Beachtung und Einhaltung vorgegeben werden. Anders als bei den Zuschlagskriterien findet hier keinerlei Wertung statt; sofern ein Bewerber oder Bieter nicht willens oder in der Lage ist, im Falle der Zuschlagserteilung diese Bedingungen bei der Auftragsausführung zu beachten, liegt von Beginn an kein zuschlagsfähiges Angebot vor. Kommt ein Auftragnehmer den Ausführungsbedingungen während der Erbringung der Leistung nicht nach, liegt eine Vertragsverletzung vor, die zivilrechtliche Konsequenzen nach sich ziehen kann. Darüber hinaus bleibt es dem öffentlichen Auftraggeber unbenommen, sich die Einhaltung der Ausführungsbedingungen bei Angebotsabgabe durch eine gesonderte Erklärung seitens des Bieters oder Bewerbers zusichern zu lassen oder die Einhaltung durch Vertragsstrafen bzw. Sonderkündigungsrechte abzusichern.

Die Möglichkeit zur Vorgabe von Ausführungsbedingungen war bisher in § 97 Absatz 4 Satz 2 GWB normiert, nicht jedoch in den die GWB-Vorgaben konkretisierenden untergesetzlichen Vorschriften (VgV, VOL/A EG, VOB/A EG, SektVO, VSVgV). Mit Absatz 2 wird Artikel 70 der Richtlinie 2014/24/EU umgesetzt.

Seite 114

Zulässig ist die Vorgabe von Ausführungsbedingungen durch öffentliche Auftraggeber nur, wenn diese bereits in der Bekanntmachung des Auftrags oder den Vergabeunterlagen schriftlich niedergelegt sind. Nur so kann ein Interessent auf gesicherter Grundlage entscheiden, ob er im Falle des Zuschlags diese Bedingungen einhalten kann. Darüber hinaus müssen die Bedingungen mit dem Gegenstand des Auftrags in Verbindung stehen. Es gilt der gleiche Maßstab wie bei den Zuschlagskriterien (vgl. § 127 Absatz 3). Damit ist es beispielsweise zulässig, den Einsatz von Auszubildenden oder Langzeitarbeitslosen bei der Ausführung des konkreten Auftrages festzuschreiben, da in diesen Fällen eine Verbindung zum Auftragsgegenstand vorliegt. Nach Erwägungsgrund 98 der Richtlinie 2014/24/EU sind auch Maßnahmen zur Förderung der Gleichstellung von Frauen und Männern am Arbeitsplatz und zur verstärkten Beteiligung von Frauen am Erwerbsleben denkbar. Nicht möglich ist es, über Ausführungsbedingungen dem Unternehmen allgemeine Vorgaben für seine Unternehmenspolitik oder Betriebsorganisation zu machen.

Die Ausführungsbedingungen können sich insbesondere auf wirtschaftliche, innovationsbezogene, umweltbezogene, soziale oder beschäftigungspolitische Aspekte beziehen; diese Aufzählung ist nicht abschließend. Im Rahmen der Vorgabe von sozialen Kriterien kann z. B. den Belangen von Menschen mit Behinderung besonders Rechnung getragen werden. Auch die Beachtung bestimmter sicherheitsspezifischer Aspekte wie den Schutz der Vertraulichkeit von Informationen (siehe Artikel 21 Absatz 2 der Richtlinie 2014/24/EU, Artikel 39 Absatz 2 der Richtlinie 2014/25/EU und Artikel 28 Absatz 2 der Richtlinie 2014/23/EU) kann der öffentliche Auftraggeber im Rahmen von Ausführungsbedingungen vorgeben. Einer gesonderten Begründung des öffentlichen Auftraggebers für die Vorgabe von Auftragsbedingungen bedarf es nicht.

§ 129 GWB
Zwingend zu berücksichtigende Ausführungsbedingungen

Ausführungsbedingungen, die der öffentliche Auftraggeber dem beauftragten Unternehmen verbindlich vorzugeben hat, dürfen nur aufgrund eines Bundes- oder Landesgesetzes festgelegt werden.

Übersicht Rn.

A. Allgemeines ... 1
I. Unionsrechtlicher Hintergrund ... 2
II. Historie ... 3
III. Anwendungsbereich ... 4
B. Regelungsgehalt ... 5
I. Obligatorische Ausführungsbedingungen ... 5
II. Gesetzliche Festlegung ... 7
C. Rechtsschutz ... 10
Anlage
Gesetzesbegründung

A. Allgemeines

1 Die systematisch zu den Regelungen über Ausführungsbedingungen in § 128 Abs. 2 GWB gehörende Regelung des § 129 GWB sieht vor, dass der Gesetzgeber den öffentlichen Auftraggeber aufgrund eines Gesetzes verpflichten kann, bei der Ausschreibung eines öffentlichen Auftrags Ausführungsbedingungen für den beauftragten Unternehmer vorzugeben.

I. Unionsrechtlicher Hintergrund

2 Die mit § 129 GWB ermöglichte gesetzliche Verpflichtung des öffentlichen Auftraggebers zur Vorgabe bestimmter Ausführungsbedingungen ist unionsrechtlich zwar nicht vorgesehen,[1] aber auch nicht unzulässig.[2] Art. 70 RL 2014/24/EU mit seiner Ermächtigung an den öffentlichen Auftraggeber, dem Unternehmen Ausführungsbedingungen für den ausgeschriebenen öffentlichen Auftrag vorzugeben, lässt nicht erkennen, ob und inwieweit ihm seinerseits gesetzliche Vorgaben gemacht werden können, solche Bedingungen bei der Vergabe eines Auftrags zu fordern. § 129 GWB schränkt durch die Formulierung eines Gesetzesvorbehalts die Möglichkeit übergeordneter Stellen für solche Vorgaben sogar ein und begrenzt die Befugnis der öffentlichen Auftraggeber, weitergehende oder andere Ausführungsbedingungen festzulegen, nicht. Soweit darauf verwiesen wird, dass dem öffentlichen Auftraggeber bei konkret-individuellen Entscheidungen keine abstrakt-generellen Vorgaben gemacht werden können,[3] betrifft dies zum einen nur solche Entscheidungen, bei denen der öffentliche Auftraggeber einzelfallbezogene Wertungen vorzunehmen hat, so etwa bei der Bewertung der Wirtschaftlichkeit eines Angebotes. Zum anderen dispensiert § 129 GWB den öffentlichen Auftraggeber nicht davon, in jedem Einzelfall zu prüfen, ob die Zulässigkeitsvoraussetzungen für die Festlegung von Ausführungsbedingungen vorliegen.[4] Insbesondere dann, wenn eine gesetzliche Vorgabe nach § 129 GWB gegen höherrangiges Recht verstoßen sollte, was der Gesetzgeber

---

1 *Fett*, in: Byok/Jaeger, Vergaberecht, § 129 GWB Rn. 6; *Gabriel/Bärenbrinker*, in: Gabriel/Mertens/Prieß/Stein, Vergaberecht, § 129 GWB Rn. 2.
2 *Fehling*, in: Pünder/Schellenberg, Vergaberecht, § 129 GWB Rn. 5; nur eingeschränkt *Wiedemann*, in: Röwekamp/Kus/Portz/Prieß, GWB-Vergaberecht, § 129 Rn. 6; wohl auch *Opitz*, in: Burgi/Dreher/Opitz, Vergaberecht, § 129 GWB Rn. 6; a.A. wohl *Ziekow*, in: Ziekow/Völlink, Vergaberecht, § 129 GWB Rn. 3.
3 So *Ziekow*, in: Ziekow/Völlink, Vergaberecht, § 129 GWB Rn. 2.
4 Vgl. dazu unten Rn. 7.

aufgrund eigener Prüfung tunlichst zu vermeiden hat,[5] hat eine Festlegung zu unterbleiben.[6] Schließlich darf nicht übersehen werden, dass es dem Gesetzgeber freistünde, unmittelbar gesetzliche Vorgaben im Sinne des § 128 Abs. 1 GWB für die Ausführung von öffentlichen Aufträgen zu formulieren, so dass es ihm erst recht möglich sein muss, dem öffentlichen Auftraggeber die Festlegung entsprechender Ausführungsbedingungen gesetzlich vorzuschreiben.

II. Historie

3 Eine § 129 GWB entsprechende Regelung war in anderer Form bereits seit Einführung des Kartellvergaberechts im Jahr 1999 in § 97 Abs. 4 GWB a.F. enthalten.[7] Während die Vorschrift in der Fassung vom 26. August 1998 zunächst für Anforderungen des öffentlichen Auftraggebers an Unternehmen, die über Eignungsnachweise hinausgingen, einen allgemeinen Gesetzesvorbehalt enthielt,[8] sah § 97 Abs. 4 S. 2 GWB a.F. in der Fassung vom 20. April 2009 vor, dass der öffentliche Auftraggeber auch ohne gesetzliche Anordnung zusätzliche Anforderungen insbesondere zu sozialen, umweltbezogenen und innovativen Aspekten stellen konnte, wenn sie in einem sachlichen Zusammenhang mit dem Auftragsgegenstand standen und sich aus der Leistungsbeschreibung ergaben; das entspricht den jetzigen Regelungen in § 128 Abs. 2 S. 1 und 2 GWB. Nur für „andere oder weitergehende Anforderungen" bedurfte es einer bundes- oder landesgesetzlichen Grundlage.[9] Abweichend hiervon erlaubt der mit dem VergRModG 2016 eingeführte § 129 GWB es nicht mehr, über die Ausführungsbedingungen im Sinne des § 128 Abs. 2 S. 1 GWB hinaus „andere oder weitergehende Anforderungen" zu stellen.[10] Er sieht stattdessen vor, dass der öffentliche Auftraggeber durch Bundes- oder Landesgesetz verpflichtet werden kann, dem Unternehmen bei Vergabe eines Auftrags bestimmte Ausführungsbedingungen vorzugeben.[11] Darin liegt, wie auch die Überschrift der Vorschrift treffend zeigt, der von der früheren Regelung abweichende Kern der Neufassung.[12] Sie schränkt den Entscheidungsspielraum der öffentlichen Auftraggeber zugunsten des Gesetzgebers ein und legitimiert dessen mittelbare Eingriffe in die Vergabeverfahren. Systematisch stellt die Vorschrift im Übrigen ihrer Entstehungsgeschichte entsprechend einen nicht überzeugend ausgelagerten Annex zu den Regelungen des § 128 Abs. 2 GWB über Ausführungsbedingungen dar.[13]

III. Anwendungsbereich

4 § 129 GWB gilt unmittelbar für die Vergabe von öffentlichen Aufträgen durch einen öffentlichen Auftraggeber nach Abschnitt 2 (§§ 115 ff. GWB) der Regelungen zu den Vergabeverfahren (§§ 97 bis 154 GWB). Wie § 128 GWB gilt sie auch für Vergabeverfahren im Sektorenbe-

---

5 *Wiedemann*, in: Röwekamp/Kus/Portz/Prieß, GWB-Vergaberecht, § 129 Rn. 6.

6 *Fehling*, in: Pünder/Schellenberg, Vergaberecht, § 129 GWB Rn. 6; vgl. dazu auch die Kommentierung zu § 128 GWB Rn. 59.

7 Eingehend *Opitz*, in: Burgi/Dreher/Opitz, Vergaberecht, § 129 GWB Rn. 3. Vgl. zur Gesetzeshistorie auch ergänzend die Kommentierung zu § 128 GWB Rn. 3 f.

8 Vgl. *Dobmann*, VergabeR 2007, 167, 168.

9 Eingehend *Opitz*, in: Burgi/Dreher/Opitz, Vergaberecht, § 129 GWB Rn. 4.

10 Also natürlich auch keine Eignungs- und Zuschlagskriterien, vgl. *Ziekow*, in: Ziekow/Völlink, Vergaberecht, § 129 GWB Rn. 1.

11 Das soll allerdings schon nach dem früheren Recht möglich gewesen sein, vgl. *Fehling*, in: Pünder/Schellenberg, Vergaberecht, § 129 GWB Rn. 3; zumindest der Wortlaut des § 97 Abs. 4 S. 3 GWB a.F. dürfte dies nicht hergegeben haben.

12 Wenig treffend demgegenüber die Annahme in der Gesetzesbegründung zu § 129 GWB, VergRModG 2016, BT-Drs. 18/6281, 114, mit § 129 GWB werde *„der Reglungsgehalt des bisherigen § 97 Absatz 4 Satz 3 GWB aufgegriffen und präzisiert"*.

13 *Fett*, in: Byok/Jaeger, Vergaberecht, § 129 GWB Rn. 3 f. Vgl. auch die Kommentierung zu § 128 GWB Rn. 2. Entgegen *Fehling*, in: Pünder/Schellenberg, Vergaberecht, § 129 GWB Rn. 1, 7 lässt sich der Vorschrift daher nichts zur Zulässigkeit von zusätzlichen Eignungsanforderungen oder Zuschlagskriterien entnehmen. Sie wirkt, indem sie sich von vornherein nur auf Ausführungsbedingungen bezieht, auch nicht beschränkend gegenüber der landesgesetzlichen und wegen des abschließenden Charakters von §§ 122, 127 GWB ohnehin unzulässigen Festlegung von zusätzlichen Eignungs- oder Zuschlagskriterien, wie *Opitz*, in: Burgi/Dreher/Opitz, Vergaberecht, § 129 GWB Rn. 13, meint.

reich (§ 142 GWB) und über verteidigungs- und sicherheitsspezifische Auftragsgegenstände (§ 147 GWB) sowie Konzessionen (§ 152 Abs. 4 GWB).[14]

B. Regelungsgehalt

I. Obligatorische Ausführungsbedingungen

Die in den Regelungsbereich des § 129 GWB fallenden Ausführungsbedingungen können unter den Begriff der **obligatorischen**[15] oder zwingenden[16] **Ausführungsbedingungen** gefasst werden. Ihr obligatorischer Charakter folgt daraus, dass der öffentliche Auftraggeber gesetzlich verpflichtet ist, sie dem beauftragten Unternehmen vorzugeben. Durch diesen gesetzlichen Anordnungszwang für den öffentlichen Auftraggeber unterscheiden sich obligatorische von sonstigen Ausführungsbedingungen, deren Vereinbarung der öffentliche Auftraggeber nach § 128 Abs. 2 S. 1 GWB im Rahmen seines freien Ermessens von den Unternehmen fordern kann oder auch nicht.[17] Obligatorische Ausführungsbedingungen können unterschiedliche Intensität haben. Der Gesetzgeber muss Ausführungsbedingungen nicht bis in Einzelheiten vorgeben, sondern ist frei darin, in welchem Umfang er dem öffentlichen Auftraggeber Vorgaben machen möchte.[18] 5

Der Gesetzgeber kann dem öffentlichen Auftraggeber nur die Anordnung solcher Ausführungsbedingungen aufgeben, die dieser auch gemäß § 128 Abs. 2 S. 1 Hs. 1 GWB gegenüber dem beauftragten Unternehmen fordern darf.[19] Der Umstand, dass dem öffentlichen Auftraggeber die Anordnung der Ausführungsbedingungen gesetzlich vorgegeben werden kann, ändert nichts daran, dass für ihre Festlegung durch den öffentlichen Auftraggeber sämtliche **Zulässigkeitsvoraussetzungen** erfüllt sein müssen. Die Ausführungsbedingungen müssen also ordnungsgemäß bekannt gemacht sein (§§ 128 Abs. 2 S. 2, 121 Abs. 3 GWB),[20] sie müssen eine Verbindung zum Auftragsgegenstand aufweisen (§ 128 Abs. 2 S. 1 Hs. 2 GWB),[21] einem zulässigen Belang dienen (§ 128 Abs. 2 S. 3 GWB) und auch im Übrigen rechtmäßig sein.[22] Dies bringt § 129 GWB allerdings nur sehr unvollkommen zum Ausdruck, indem er dem öffentlichen Auftraggeber bei gesetzlicher Anordnung auferlegt, „dem beauftragten Unternehmen" bestimmte Ausführungsbedingungen „vorzugeben". Damit ist nicht etwa gemeint, dass (bereits) „beauftragte[n] Unternehmen" von dem öffentlichen Auftraggeber (auf welche Weise auch immer) ohne Bindung an § 128 Abs. 2 GWB Vorgaben gemacht werden könnten, was auch weder mit den unionsrechtlichen Anforderungen aus Art. 70 RL 2014/24/EU vereinbar[23] wäre noch dem systematischen Zusammenhang des § 129 GWB als Einschränkung der Anordnungsbefugnisse des öffentlichen Auftraggebers nach § 128 Abs. 2 S. 1 GWB gerecht würde. Vielmehr müssen auch obligatorische Ausführungsbedingungen in der nach § 128 Abs. 2 GWB gebotenen Weise von dem öffentlichen Auftraggeber in dem Vergabeverfahren gefordert und auf dieser Grundlage mit dem Unternehmen vereinbart werden. 6

---

14 Vgl. die Kommentierung zu § 128 GWB Rn. 5; ferner *Dorschfeldt/Mutschler-Siebert*, in: Heiermann/Zeiss/Summa, Vergaberecht, § 129 GWB Rn. 3.

15 *Dorschfeldt/Mutschler-Siebert*, in: Heiermann/Zeiss/Summa, Vergaberecht, § 129 GWB Rn. 4 ff.

16 *Pauka/Birk*, in: Säcker/Ganske/Knauff, Wettbewerbsrecht, § 129 GWB Rn. 2.

17 Vgl. dazu die Kommentierung zu § 128 GWB Rn. 59.

18 Ungenau *Fehling*, in: Pünder/Schellenberg, Vergaberecht, § 129 GWB Rn. 9, wonach es in der Norm um Ausführungsbedingungen gehe, *„bei denen der Auftraggeber keinerlei Entschließungs- oder Auswahlermessen mehr besitzt"*; eine solche umfassende Beschränkung des Entscheidungsspielraums der Verwaltung erfordert § 129 GWB aber weder noch wäre sie zweckmäßig.

19 So auch *Wiedemann*, in: Röwekamp/Kus/Portz/Prieß, GWB-Vergaberecht, § 129 GWB Rn. 11.

20 *Fehling*, in: Pünder/Schellenberg, Vergaberecht, § 129 GWB Rn. 10.

21 So auch *Kling*, in: Immenga/Mestmäcker, Wettbewerbsrecht, § 129 GWB Rn. 21; *Fehling*, in: Pünder/Schellenberg, Vergaberecht, § 129 GWB Rn. 7; *Wiedemann*, in: Röwekamp/Kus/Portz/Prieß, GWB-Vergaberecht, § 129 Rn. 11; *Ziekow*, in: Ziekow/Völlink, Vergaberecht, § 129 GWB Rn. 6; a.A. *Dorschfeldt/Mutschler-Siebert*, in: Heiermann/Zeiss/Summa, Vergaberecht, § 129 GWB Rn. 6.

22 *Fehling*, in: Pünder/Schellenberg, Vergaberecht, § 129 GWB Rn. 6; *Opitz*, in: Burgi/Dreher/Opitz, Vergaberecht, § 129 GWB Rn. 7. Vgl. zu den Zulässigkeitsvoraussetzungen für die Festlegung von Ausführungsbedingungen eingehend die Kommentierung zu § 128 GWB Rn. 25 ff.

23 Ebenso *Ziekow*, in: Ziekow/Völlink, Vergaberecht, § 129 GWB Rn. 6.

Sinnvoll wäre die Vorschrift etwa wie folgt zu fassen: „Die Festlegung von Ausführungsbedingungen kann dem öffentlichen Auftraggeber verbindlich nur aufgrund eines Bundes- oder Landesgesetzes vorgegeben werden."

II. Gesetzliche Festlegung

7 Der mit einer obligatorischen Ausführungsbedingung verbundene Anordnungszwang darf nach § 129 GWB nur aufgrund eines Bundes- oder Landesgesetzes festgelegt werden. Darin liegt zum einen ein Gesetzvorbehalt und zum anderen eine Öffnungsklausel für landesgesetzliche Regelungen.[24]

8 In der Gesetzesbegründung[25] bleibt unerwähnt, dass bereits zur vorhergehenden Vorschrift des § 97 Abs. 4 S. 3 GWB a.F. nicht gänzlich klar war, ob die Anordnungen aufgrund eines **Gesetzes** auch durch eine Rechtsverordnung erfolgen können oder ob ein formelles Gesetz, also ein Parlamentsgesetz erforderlich sei. Daraus wird man folgern können, dass entsprechend der Rechtsprechung zu § 97 Abs. 4 S. 3 GWB a.F. ein formelles Gesetz erforderlich ist.[26] Dies dürfte auch nach dem Wortlaut des § 129 GWB naheliegen.[27] Zwar deutet die dort genutzte Wendung „aufgrund eines Bundes- oder Landesgesetzes" auf eine Ermächtigung zum Erlass von Rechtsverordnungen hin.[28] Darum geht es jedoch in § 129 GWB nicht, sondern um die Ermächtigung für einen gesetzlichen Anordnungszwang gegenüber den öffentlichen Auftraggebern bezüglich bestimmter Ausführungsbedingungen. Dementsprechend können obligatorische Ausführungsbedingungen nicht wirksam durch Rechtsverordnungen, Satzungen, Verwaltungsvorschriften, Erlasse oder dergleichen untergesetzliche Normen angeordnet werden. Auch Erlasse für die eigenen untergeordneten Behörden wie beispielsweise die AVV Klima sind dementsprechend entgegen ihres Geltungsanspruchs unverbindlich.[29] Das hindert öffentliche Auftraggeber allerdings nicht, auch solchen, sie nicht wirksam bindenden Vorgaben zu folgen,[30] was sie in der Regel sicher auch tun werden, zumal Einzelanweisungen zur Verfahrensweise in bestimmten Vergabeverfahren möglich bleiben.[31]

9 Der auf den ersten Blick begrenzend wirkende Gesetzesvorbehalt des § 129 GWB darf nicht darüber hinwegtäuschen, dass die Vorschrift für den Landesgesetzgeber tatsächlich ermächtigend wirkt, indem sie **Eingriffe in den Entscheidungsspielraum** der öffentlichen Auftraggeber bei der Festlegung von Ausführungsbedingungen nach § 128 Abs. 2 GWB legitimiert. Tatsächlich haben die Länder bis auf den Freistaat Bayern mit ihren Vergabegesetzen ausgiebig von ihren Eingriffsmöglichkeiten Gebrauch gemacht und obligatorische Ausführungsbedingungen in mehr oder minder großem Umfang und mit mehr oder minder großer Einschränkung des Entscheidungsspielraums der öffentlichen Auftraggeber vorgesehen.[32] Auf Bundesebene gibt es derzeit kein Gesetz, das auf der Grundlage von § 129 GWB obligatori-

---

24 *Opitz*, in: Burgi/Dreher/Opitz, Vergaberecht, § 129 GWB Rn. 2; *Kling*, in: Immenga/Mestmäcker, Wettbewerbsrecht, § 129 GWB Rn. 1; *Pauka/Birk*, in: Säcker/Ganske/Knauff, Wettbewerbsrecht, § 129 GWB Rn. 1; a.A. wohl *Gabriel/Bärenbrinker*, in: Gabriel/Mertens/Prieß/Stein, Vergaberecht, § 129 GWB Rn. 4, wonach *„es sich insgesamt um eine Vorschrift mit nur deklaratorischer Funktion"* handele; in diesem Sinn allerdings auch in der Vorauflage *Pfohl* in § 129 GWB Rn. 4 f.

25 Gesetzesbegründung zu § 129 GWB, VergRModG 2016, BT-Drs. 18/6281, 114.

26 *Fett*, in: Byok/Jaeger, Vergaberecht, § 129 GWB Rn. 18; *Gabriel/Bärenbrinker*, in: Gabriel/Mertens/Prieß/Stein, Vergaberecht, § 129 GWB Rn. 5; *Kling*, in: Immenga/Mestmäcker, Wettbewerbsrecht, § 129 GWB Rn. 26; *Wiedemann*, in: Röwekamp/Kus/Portz/Prieß, GWB-Vergaberecht, § 129 Rn. 7; *Ziekow*, in: Ziekow/Völlink, Vergaberecht, § 129 GWB Rn. 5; a.A. *Opitz*, in: Burgi/Dreher/Opitz, Vergaberecht, § 129 GWB Rn. 9; *Fehling*, in: Pünder/Schellenberg, Vergaberecht, § 129 GWB Rn. 12; *Pauka/Birk*, in: Säcker/Ganske/Knauff, Wettbewerbsrecht, § 129 GWB Rn. 4.

27 Ebenso *Wiedemann*, in: Röwekamp/Kus/Portz/Prieß, GWB-Vergaberecht, § 129 Rn. 7.

28 *Fehling*, in: Pünder/Schellenberg, Vergaberecht, § 129 GWB Rn. 12.

29 *Fehling*, in: Pünder/Schellenberg, Vergaberecht, § 129 GWB Rn. 13; a.A. *Opitz*, in: Burgi/Dreher/Opitz, Vergaberecht, § 129 GWB Rn. 9.

30 Vgl. *Fehling*, in: Pünder/Schellenberg, Vergaberecht, § 129 GWB Rn. 14; *Ziekow*, in: Ziekow/Völlink, Vergaberecht, § 129 GWB Rn. 5.

31 *Fehling*, in: Pünder/Schellenberg, Vergaberecht, § 129 GWB Rn. 13.

32 *Fehling*, in: Pünder/Schellenberg, Vergaberecht, § 129 GWB Rn. 17.

sche Ausführungsbedingungen festlegen würde,[33] allerdings durchaus Verwaltungsvorschriften und Erlasse, die für die damit angesprochenen Verwaltungen zwar unverbindlich sind, aber wohl in aller Regel trotzdem beachtet werden.[34]

C. Rechtsschutz

§ 129 GWB hat keinen **unternehmensschützenden Gehalt**.[35] Obligatorische Ausführungsbedingungen bleiben Ausführungsbedingungen, die von dem öffentlichen Auftraggeber im Rahmen eines konkreten Vergabeverfahrens nach § 128 Abs. 2 S. 1 Hs. 1 GWB festgelegt werden. Die Unternehmen haben hierbei Anspruch, dass die Zulässigkeitsvoraussetzungen für die Forderung von Ausführungsbedingungen beachtet werden. Hierbei kann § 129 GWB allenfalls mittelbar eine Rolle spielen, wenn der öffentliche Auftraggeber sich aufgrund einer vermeintlich obligatorischen Ausführungsbedingung gebunden gefühlt haben sollte, eine Ausführungsbedingung anzuordnen.[36] Indes ist der öffentliche Auftraggeber selbstverständlich frei darin, einer nicht verbindlichen Anordnung aus eigener Überzeugung zu folgen. Allenfalls dann, wenn sich feststellen lässt, dass er eine Ausführungsbedingung allein aufgrund einer nur vermeintlich wirksamen Rechtsgrundlage gefordert hat, wird sich ein durchgreifender, mit Aussicht auf Erfolg im Nachprüfungsverfahren geltend zu machender Ermessensfehler feststellen lassen.[37] **10**

§ 129 GWB entfaltet erst recht keine unternehmensschützende Wirkung, soweit ein öffentlicher Auftraggeber **rechtswidrig** von der Festlegung obligatorischer Ausführungsbedingungen **abgesehen** hat.[38] Die Anordnung des Gesetzgebers, dass bestimmte Ausführungsbedingungen zwingend in Vergabeverfahren angeordnet werden sollen, erfolgt ausschließlich im öffentlichen Interesse bei der Durchsetzung strategischer Vergabeziele aus § 97 Abs. 3 GWB und verleiht den Unternehmen keine subjektiven Rechte. Etwaige eigene Vorteile aus einer unterbliebenen Belastung seiner Mitbewerber kann er deswegen nicht geltend machen, zumal er dadurch ohnehin nicht belastet ist.[39] Abgesehen davon würde es auch insoweit nicht um die unternehmensschützende Wirkung des § 129 GWB gehen, sondern um die des § 128 Abs. 2 S. 1 Hs. 1 GWB. Denn die Vergaberechtswidrigkeit besteht darin, dass der öffentliche Auftraggeber einer wirksamen gesetzlichen Anordnung zur Festlegung einer Ausführungsbedingung nicht gefolgt ist. Indes liegt auch in diesem vergaberechtlichen Verstoß eben kein Eingriff in eine unternehmensschützende Rechtsposition.[40] **11**

---

33 *Fehling*, in: Pünder/Schellenberg, Vergaberecht, § 129 GWB Rn. 16. Entgegen *Opitz*, in: Burgi/Dreher/Opitz, Vergaberecht, § 129 GWB Rn. 11, stellt auch § 185 SGB III keine solche Regelung dar, weil dort gesetzesunmittelbar ein bereichsspezifischer vergaberechtlicher Mindestlohn angeordnet wird; es handelt sich gerade nicht um eine Vorgabe zur Festlegung von Ausführungsbedingungen an die öffentlichen Auftraggeber; auch die aufgrund von § 185 Abs. 2 SGB III erlassene VergMindV 2019 sieht in § 4 Abs. 3 VergMindV 2019 lediglich einen Hinweis auf die gesetzliche Bestimmung vor, was den öffentlichen Auftraggeber allerdings nicht hindert, die Vorgaben zum Gegenstand einer gesetzesbekräftigenden Ausführungsbedingung zu machen; vgl. dazu die Kommentierung zu § 128 GWB Rn. 59.

34 Vgl. oben Rn. 9 sowie den eingehenden Überblick derartiger Regelungen bei *Opitz*, in: Burgi/Dreher/Opitz, Vergaberecht, § 129 GWB Rn. 12.

35 A.A. *Kling*, in: Immenga/Mestmäcker, Wettbewerbsrecht, § 129 GWB Rn. 19; *Fehling*, in: Pünder/Schellenberg, Vergaberecht, § 129 GWB Rn. 18; *Wiedemann*, in: Röwekamp/Kus/Portz/Prieß, GWB-Vergaberecht, § 129 Rn. 12.

36 Insoweit zutreffend *Fehling*, in: Pünder/Schellenberg, Vergaberecht, § 129 GWB Rn. 18.

37 A.A. wohl *Fehling*, in: Pünder/Schellenberg, Vergaberecht, § 129 GWB Rn. 18; *Wiedemann*, in: Röwekamp/Kus/Portz/Prieß, GWB-Vergaberecht, § 129 Rn. 12.

38 A.A. *Opitz*, in: Burgi/Dreher/Opitz, Vergaberecht, § 129 GWB Rn. 10; *Fett*, in: Byok/Jaeger, Vergaberecht, § 129 GWB Rn. 23; *Fehling*, in: Pünder/Schellenberg, Vergaberecht, § 129 GWB Rn. 19.

39 A.A. wohl *Fehling*, in: Pünder/Schellenberg, Vergaberecht, § 129 GWB Rn. 19, der meint, *„Bieter, welche im Gegensatz zu Konkurrenten bereit und in der Lage wären, die entsprechenden Verpflichtungen auf sich zu nehmen"* würden benachteiligt; hier käme es dann darauf an, ob die Konkurrenten tatsächlich nicht bereit und in der Lage wären, die Ausführungsbedingungen zu übernehmen und zu erfüllen.

40 Vgl. zuvor Rn. 11.

Anlage

Gesetzesbegründung – VergRModG 2016 (BT-Drs. 18/6281)

Seite 114

Grundsätzlich steht es dem öffentlichen Auftraggeber frei, durch die Definition der zu beschaffenden Leistung, die Festlegung von Eignungs- und Zuschlagskriterien sowie durch die Vorgabe von Ausführungsbedingungen „sein" Vergabeverfahren frei zu gestalten. Dabei liegt es im Gestaltungsspielraum des Auftraggebers, ob und welche Ausführungsbedingungen im konkreten Vergabeverfahren bzw. bei der späteren Vertragsausführung vom Auftragnehmer beachtet werden müssen. Es kann jedoch aus übergeordneten politischen Erwägungen heraus das Bedürfnis entstehen, den öffentlichen Auftraggeber zu verpflichten, bestimmte Bedingungen dem Auftragnehmer obligatorisch für die Ausführung des Auftrags vorzugeben. Dies können insbesondere soziale, beschäftigungspolitische und umweltbezogene Aspekte sein. Mit § 129 wird der Regelungsgehalt des bisherigen § 97 Absatz 4 Satz 3 GWB aufgegriffen und präzisiert.

§ 130 GWB
Vergabe von öffentlichen Aufträgen über soziale und andere besondere Dienstleistungen

(1) Bei der Vergabe von öffentlichen Aufträgen über soziale und andere besondere Dienstleistungen im Sinne des Anhangs XIV der Richtlinie 2014/24/EU stehen öffentlichen Auftraggebern das offene Verfahren, das nicht offene Verfahren, das Verhandlungsverfahren mit Teilnahmewettbewerb, der wettbewerbliche Dialog und die Innovationspartnerschaft nach ihrer Wahl zur Verfügung. Ein Verhandlungsverfahren ohne Teilnahmewettbewerb steht nur zur Verfügung, soweit dies aufgrund dieses Gesetzes gestattet ist.

(2) Abweichend von § 132 Absatz 3 ist die Änderung eines öffentlichen Auftrags über soziale und andere besondere Dienstleistungen im Sinne des Anhangs XIV der Richtlinie 2014/24/EU ohne Durchführung eines neuen Vergabeverfahrens zulässig, wenn der Wert der Änderung nicht mehr als 20 Prozent des ursprünglichen Auftragswertes beträgt.

Übersicht Rn.

A. Allgemeines ... 1
I. Unionsrechtlicher Hintergrund ... 2
II. Vergleichbare Regelungen ... 6
III. Historie ... 9
B. Vergabe sozialer und anderer besonderer Dienstleistungen ... 12
I. Soziale Dienstleistungen ... 20
1. Überblick ... 21
2. Spezialfall Rettungsdienstleistungen ... 25
II. Andere besondere Dienstleistungen ... 27
1. Überblick ... 28
2. Spezialfall Rechtsberatungsdienstleistungen ... 33
C. Erleichterte Beschaffung ... 35
I. Erhöhter Schwellenwert ... 38
II. Erweiterte Verfahrenswahl (Abs. 1) ... 39
III. Auftragsänderungen (Abs. 2) ... 43
IV. Weitergehende (untergesetzliche) Verfahrenserleichterungen ... 46
D. Rechtsschutz ... 48
Anlagen
Gesetzesbegründung
Anhang XIV RL 2014/24/EU

A. Allgemeines

§ 130 GWB ist eine Sondervorschrift für die Vergabe von öffentlichen Aufträgen, deren jeweiliger Inhalt soziale und andere besondere Dienstleistungen umfasst. Sie eröffnet dem öffentlichen Auftraggeber einen größeren Spielraum bei der Wahl der Vergabeart (Abs. 1) und gewährt in Abweichung von § 132 Abs. 3 GWB eine größere Flexibilität bei der Änderung bestehender Aufträge (Abs. 2). Darüber hinaus gilt für diese Dienstleistungen ein erhöhter EU-Schwellenwert i.H.v. 750.000 Euro.[1] Welche Dienstleistungen im Einzelnen von der Regelung erfasst sind, ergibt sich aus Anhang XIV RL 2014/24/EU.[2] Die verfahrensrechtlichen Einzelheiten sind auf untergesetzlicher Ebene in Abschnitt 3 der VgV[3] geregelt. 1

I. Unionsrechtlicher Hintergrund

§ 130 GWB dient der Umsetzung der Art. 74 bis 76 RL 2014/24/EU und Art. 91 bis 93 RL 2014/25/EU zur Vergabe von sozialen und anderen besonderen Dienstleistungen durch öffentliche Auftraggeber und Sektorenauftraggeber. 2

1 § 106 Abs. 2 Nr. 1 GWB i.V.m. Art. 4 lit. d RL 2014/24/EU; im Sektorenbereich gilt ein erhöhter Schwellenwert i.H.v. 1.000.000 Euro, § 106 Abs. 2 Nr. 2 GWB i.V.m. Art. 15 lit. c RL 2014/25/EU.
2 Für den Sektorenbereich gilt Anhang XVII RL 2014/25/EU.
3 Vgl. §§ 64 bis 66 VgV.

3 Die zunehmende Vielfalt öffentlicher Tätigkeiten macht es nach Ansicht des Richtliniengebers erforderlich, den Begriff der Auftragsvergabe selbst klarer zu definieren. Diese notwendige Präzisierung soll jedoch den Anwendungsbereich der aktuellen EU-Vergaberichtlinie im Verhältnis zu demjenigen der RL 2004/18/EG nicht erweitern. Auch weiterhin sollen nicht sämtliche Formen öffentlicher Ausgaben vom EU-Vergaberecht erfasst werden, sondern nur diejenigen, die für den Erwerb von Bauleistungen, Lieferungen oder Dienstleistungen im Wege eines öffentlichen Auftrags zu tätigen sind.[4] Fälle, in denen alle Wirtschaftsteilnehmer, die bestimmte Voraussetzungen erfüllen, zur Wahrnehmung einer bestimmten Aufgabe – ohne Vorauswahl – berechtigt sind, sollen nach Auffassung des Richtliniengebers nicht als Auftragsvergaben eingestuft werden, sondern als „**einfache Zulassungssysteme**" (z. B. Zulassungen für Arzneimittel oder ärztliche Dienstleistungen)[5]. Daraus lässt sich schließen, dass etwa die Zulassung von Dienstleistungserbringern im sozialhilferechtlichen Dreiecksverhältnis nicht dem Anwendungsbereich der Richtlinie 2014/24/EU unterfallen soll. Gleiches gilt etwa auch für die Zulassung von Pflegeeinrichtungen oder die Feststellung der fachlichen Eignung im Rahmen der Zulassung besonderer Dienste oder besonderer Einrichtungen.[6]

4 Weiterhin steht es den Mitgliedstaaten frei, die Erbringung von gesetzlichen, sozialen oder anderen Dienstleistungen wie etwa Postdienste entweder als **Dienstleistungen von allgemeinem wirtschaftlichen Interesse**, als nicht wirtschaftliche Dienstleistungen von allgemeinem Interesse oder als eine Mischung dieser beiden Dienstleistungskategorien zu organisieren, wobei nicht wirtschaftliche Dienstleistungen von allgemeinem Interesse nicht in den Geltungsbereich der RL 2014/24/EU fallen.[7] Die Mitgliedstaaten und Behörden sind auch künftig befugt, bestimmte personenbezogene Dienstleistungen im Sozial-, Gesundheits- und Bildungsbereich aufgrund ihrer begrenzt grenzüberschreitenden Dimension selbst zu erbringen oder soziale Dienstleistungen in einer Weise zu organisieren, die nicht mit der Vergabe öffentlicher Aufträge verbunden ist.[8] Diese Beschaffung außerhalb öffentlicher Aufträge kommt etwa in Form der bloßen Finanzierung entsprechender Dienstleistungen in Betracht oder durch Erteilung von Lizenzen oder Genehmigungen – ohne Beschränkung oder Festsetzung von Quoten – für alle Wirtschaftsteilnehmer, welche die vom öffentlichen Auftraggeber vorab festgelegten Bedingungen erfüllen. Voraussetzung dafür ist jedoch, dass ein derartiges System eine ausreichende Bekanntmachung gewährleistet und den Grundsätzen der Transparenz und Nichtdiskriminierung genügt.[9]

5 Nach Maßgabe von Art. 76 Abs. 1 S. 1 RL 2014/24/EU und Art. 93 Abs. 1 S. 1 RL 2014/25/EU führen die Mitgliedstaaten **einzelstaatliche Regeln** für die Vergabe sozialer und anderer besonderer Dienstleistungen ein, um sicherzustellen, dass die öffentlichen Auftraggeber die Grundsätze der Transparenz und der Gleichbehandlung einhalten. Gemäß Abs. 1 S. 2 dieser Vorschrift ist es dabei den Mitgliedstaaten überlassen, die anwendbaren Verfahrensregeln für soziale und andere besondere Dienstleistungen festzulegen, sofern derartige Regeln es den öffentlichen Auftraggebern ermöglichen, den Besonderheiten der jeweiligen Dienstleistungen Rechnung zu tragen. Bei der konkreten Umsetzung der anwendbaren Verfahrensregeln räumt der Richtliniengeber den Mitgliedstaaten also einen Umsetzungsspielraum ein, von dem der deutsche Gesetzgeber mit der Implementierung von § 130 GWB und den ergänzenden Verfahrensregeln in Abschnitt 3, §§ 64 ff. VgV Gebrauch gemacht hat.

II. Vergleichbare Regelungen

6 § 130 GWB sowie die §§ 64 ff. VgV gelten ausschließlich für die Vergabe von öffentlichen Dienstleistungsaufträgen i.S.d. § 103 Abs. 1, 4 GWB. Die Vergabe von **Konzessionen** über

4 Erwägungsgrund 4 UAbs. 1 RL 2014/24/EU.
5 Erwägungsgrund 4 UAbs. 2 RL 2014/24/EU.
6 Gesetzesbegründung zu § 130 GWB, VergRModG 2016, BT-Drs. 18/6281, 114.
7 Erwägungsgrund 6 UAbs. 2 RL 2014/24/EU.
8 Erwägungsgrund 114 UAbs. 1 und 4 RL 2014/24/EU.
9 Erwägungsgrund 114 UAbs. 4 RL 2014/24/EU.

soziale und andere besondere Dienstleistungen richtet sich hingegen nach den allgemeinen Vorschriften für die Konzessionsvergabe.[10]

Sektorenauftraggeber i.S.d. § 100 GWB haben für die Vergabe von öffentlichen Dienstleistungsaufträgen neben der Vorschrift des § 130 GWB auch die Regelung des § 39 SektVO zu berücksichtigen. Dort finden sich Vorgaben zu den Bekanntmachungen über die Vergabe sozialer und anderer besonderer Dienstleistungen. Die einzelnen sozialen und anderen besonderen Dienstleistungen für den Sektorenbereich sind in Anhang XVII RL 2014/25/EU aufgeführt. 7

Die Vergabe von sozialen und besonderen Dienstleistungen **unterhalb der** geltenden **EU-Schwellenwerte** erfolgt entweder nach Maßgabe von § 49 UVgO oder auf Grundlage des jeweiligen Landeshaushaltsrechts. 8

III. Historie

Bis zum Inkrafttreten des Richtlinienpakets für öffentliche Aufträge und Konzessionen vom 26. Februar 2014[11] wurden öffentliche Dienstleistungsaufträge nach Maßgabe von Art. 20 und 21 RL 2004/18/EG i.V.m. Anhang II Teile A und B in zwei Kategorien eingeteilt:[12] 9

Die sog. **vorrangigen Dienstleistungen**[13] wurden von Art. 20 i.V.m. Anhang II Teil A RL 2004/18/EG erfasst. Für sie galten die Art. 23 bis 55 RL 2004/18/EG, d.h. die Anforderungen an die Vergabe öffentlicher Aufträge insgesamt. Für die Vergabe sog. **nachrangiger Dienstleistungen**[14] im Sinne von Anhang II Teil B RL 2004/18/EG musste der öffentliche Auftraggeber gemäß Art. 21 i.V.m. Art. 23 und Art. 35 Abs. 4 RL 2004/18/EG lediglich eine einheitliche Leistungsbeschreibung anfertigen und eine Bekanntmachung über die erfolgte Auftragserteilung veröffentlichen. Die VOL/A-EG und die VOF nahmen auf diese Anhänge Bezug und übernahmen diese unverändert (vgl. Anhang I Teile A und B zu VOL/A-EG und VOF). Dies hatte zur Folge, dass für die Vergabe einer vorrangigen Dienstleistung sämtliche Vorschriften der VOL/A-EG[15] bzw. der VOF[16] zur Anwendung kamen, während für die Vergabe einer nachrangigen Dienstleistung gemäß Anhang I Teil B zur VOL/A-EG bzw. zur VOF in Anwendung von § 1 EG Abs. 3 VOL/A i.V.m. § 4 Abs. 2 Nr. 2 VgV bzw. § 1 Abs. 3 S. 1 VOF nur ein eingeschränktes Vergaberechtsregime galt.[17] Im letzteren Fall waren nur einzelne Vorschriften der VOL/A-EG bzw. der VOF sowie die sog. Basisparagrafen der VOL/A (Abschnitt 1) anzuwenden. Gleichwohl unterlag die jeweilige Vergabe dem Nachprüfungsregime der §§ 102 ff. GWB a.F.[18] 10

Die Unterscheidung öffentlicher Dienstleistungsaufträge nach ihrem Auftragsgegenstand und die Unterteilung in vorrangige A- und nachrangige B-Dienstleistungen nach Maßgabe von Art. 20 und 21 RL 2004/18/EG ist im Zuge der jüngsten Vergaberechtsreform durch eine **neue Einteilung** abgelöst worden. Nach Art. 74 bis 76 RL 2014/24/EU unterfallen soziale und andere besondere Dienstleistungen besonderen, erleichterten Beschaffungsregeln. Neben einem deutlich erhöhten Schwellenwert in Höhe von 750.000 Euro[19] gelten diese verfahrensrechtlichen Erleichterungen der Wahl der Vergabeart und der Änderung bestehender Aufträge. 11

---

10 Vgl. § 153 i.V.m. §§ 151 und 152 GWB.
11 RL 2014/24/EU, RL 2014/25/EU und RL 2014/23/EU.
12 Ebenso für den Sektorenbereich Art. 31 und Art. 32 i.V.m. Anhang XVII RL 2004/17/EG.
13 Auch als „A-Dienstleistungen" bezeichnet, da im Teil A des jeweiligen Anhangs der entsprechenden Richtlinie aufgeführt.
14 Auch als „B-Dienstleistungen" bezeichnet, da im Teil B des jeweiligen Anhangs der entsprechenden Richtlinie aufgeführt.
15 Vgl. § 1 EG Abs. 2 VOL/A.
16 Vgl. § 1 Abs. 1 VOF.
17 Vgl. nur OLG Celle, Beschluss v. 30.10.2014 – 13 Verg 8/14 (Rettungsdienst im Emsland); Beschluss v. 12.1.2012 – 13 Verg 9/11 (Rettungsdienstleistungen).
18 Vgl. BGH, Beschluss v. 8.2.2011 – X ZB4/10 (Abellio Rail); OLG Celle, Beschluss v. 30.10.2014 – 13 Verg 8/14 (Rettungsdienst im Emsland).
19 § 106 Abs. 2 Nr. 1 GWB i.V.m. Art. 4 lit. d RL 2014/24/EU; im Sektorenbereich gilt ein erhöhter Schwellenwert i.H.v. 1.000.000 Euro, § 106 Abs. 2 Nr. 2 GWB i.V.m. Art. 15 lit. c RL 2014/25/EU.

B. Vergabe sozialer und anderer besonderer Dienstleistungen

12 Einzige tatbestandliche Voraussetzung des § 130 Abs. 1 GWB ist die Vergabe von öffentlichen Aufträgen, deren Gegenstand soziale oder andere besondere Dienstleistungen sind.[20]

13 Der Wortlaut der Vorschrift macht deutlich, dass ausschließlich **Dienstleistungen** erfasst sind; Bau- und/oder Lieferleistungen können demzufolge nicht Gegenstand einer privilegierten Beschaffung nach Maßgabe von § 130 GWB sein.

14 Unklar bleibt indes, wie der Gegenstand dieser Dienstleistungen abstrakt zu **definieren** ist, eine ausdrückliche und eindeutige Definition der sozialen und anderen besonderen Dienstleistungen bleibt der deutsche Gesetzgeber – ebenso wie der europäische Richtliniengeber – schuldig. Die verbindende Gemeinsamkeit, die der Richtliniengeber für die sozialen und anderen besonderen Dienstleistungen in den Erwägungsgründen zu der RL 2014/24/EU hervorhebt, ist der regelmäßig vorliegende nationale Bezug dieser Leistungen aufgrund unterschiedlicher kultureller Traditionen in den einzelnen Mitgliedstaaten.[21] Derartige Aufträge sind deshalb für Dienstleister aus anderen Mitgliedstaaten regelmäßig nicht von Interesse.

15 Welche Dienstleistungen im Einzelnen von der Regelung des § 130 GWB erfasst sind, bestimmt sich nach **Anhang XIV RL 2014/24/EU**.[22] Auch wenn § 130 GWB in Übereinstimmung mit Art. 74 RL 2014/24/EU[23] grundsätzlich zwischen sozialen und anderen besonderen Dienstleistungen differenziert, hat diese Differenzierung für die damit einhergehenden Verfahrenserleichterungen keinerlei Auswirkungen: Die in Anhang XIV RL 2014/24/EU[24] aufgeführten Dienstleistungen stehen dort gleichberechtigt nebeneinander, die Auflistung ist zudem abschließend. Dies zeigt sich allein schon an der klaren und eindeutigen Formulierung in Art. 74 RL 2014/24/EU[25], wonach eine erleichterte Beschaffung nur für die „in Anhang XIV aufgeführten Dienstleistungen" vorgesehen ist.

16 Im Vergleich zu Anhang I Teil B der VOL/A-EG[26] wurde der Katalog der Dienstleistungen des **Gesundheits-** und **Sozialwesens** in Anhang XIV RL 2014/24/EU unter Verweis auf zahlreiche Referenznummern des Common Procurement Vocabulary (sog. CPV-Codes) nicht unerheblich erweitert, was in der Praxis zu einem erweiterten Anwendungsbereich dieses Sonderregimes führt. So sind etwa die Überlassung von Haushaltshilfen oder von Pflege- oder medizinischem Personal neu in den entsprechenden Dienstleistungskatalog aufgenommen worden.

17 Bei der Anwendung der **CPV-Codes** ist zu berücksichtigen, dass die Bezugnahme auf eine übergeordnete CPV-Abteilung bzw. einen übergeordneten CPV-Code nicht automatisch auch die untergeordneten CPV-Abteilungen/-Codes miteinschließt. Für die Definition und Zuordnung der ausgeschriebenen Dienstleistungen sind daher ausdrücklich alle einschlägigen CPV-Abteilungen bzw. die entsprechenden CPV-Codes in der Auftragsbekanntmachung anzugeben.[27]

18 Nicht umfasst vom Anwendungsbereich des § 130 ist die Vergabe von **Konzessionen**. § 154 GWB, der die auf Konzessionen entsprechend anwendbaren Vorschriften benennt, verweist gerade nicht auf eine (entsprechende) Anwendung von § 130 GWB. Die untergesetzliche Regelung in § 22 KonzVgV sieht lediglich besondere Bekanntmachungsvorschriften bei der Vergabe von Konzessionen über soziale und andere besondere Dienstleistungen vor.

19 Praxisrelevant ist die Frage, nach welchem Vergaberegime öffentliche Dienstleistungsverträge zu vergeben sind, die sowohl soziale und/oder andere besondere Dienstleistungen („privilegierte Dienstleistungen") als auch nicht privilegierte Dienstleistungen zum Gegenstand ha-

---

20 Auch entsprechende Rahmenvereinbarungen werden von § 130 GWB erfasst, vgl. § 103 Abs. 5 S. 2 GWB.
21 Erwägungsgrund 114 UAbs. 1 RL 2014/24/EU.
22 Für den Sektorenbereich gilt Anhang XVII RL 2014/25/EU.
23 Ebenso Art. 91 RL 2014/25/EU für den Sektorenbereich.
24 Für den Sektorenbereich gilt Anhang XVII RL 2014/25/EU.
25 Ebenso Art. 91 RL 2014/25/EU für den Sektorenbereich.
26 Siehe dort Kategorie 25.
27 Erwägungsgrund 119 RL 2014/24/EU und Erwägungsgrund 125 RL 2014/25/EU.

ben. Bei der Vergabe derartig **gemischter Dienstleistungen** als Gesamtauftrag ist wie folgt zu unterscheiden:

- Die unterschiedlichen Teile des öffentlichen Dienstleistungsauftrags sind **objektiv nicht voneinander trennbar**: Ist eine Trennung der privilegierten und nicht privilegierten Dienstleistungselemente objektiv unmöglich, weil sie ein unteilbares Ganzes bilden,[28] findet § 111 Abs. 4 Nr. 1 Hs. 1 GWB Anwendung. Danach ist der öffentliche Auftrag nach den Vorschriften zu vergeben, denen der Hauptgegenstand des Auftrags zuzuordnen ist.[29] Der Hauptgegenstand eines gemischten Dienstleistungsauftrags, der sowohl aus privilegierten als auch aus nicht privilegierten Dienstleistungen besteht, ist nach Maßgabe von § 110 Abs. 2 Nr. 1 GWB wiederum danach zu bestimmen, welcher geschätzte Wert der jeweiligen Dienstleistungen am höchsten ist.[30] So unterfällt der Dienstleistungsauftrag dem Sonderregime des § 130 GWB, wenn der geschätzte Wert der privilegierten Dienstleistungen den Wert der nicht privilegierten Dienstleistungen übersteigt.[31] Verhält es sich umgekehrt und bleibt der geschätzte Wert der sozialen oder anderen besonderen Dienstleistungen hinter demjenigen der nicht privilegierten Dienstleistungen zurück, gilt für die Auftragsvergabe vollumfänglich das strengere, allgemeine Vergaberecht und damit auch der allgemeine Schwellenwert für Dienstleistungen i.H.v. 215.000 Euro gemäß § 106 Abs. 2 Nr. 1 GWB i.V.m. Art. 4 lit. c) RL 2014/24/EU.
- Die unterschiedlichen Teile des öffentlichen Dienstleistungsauftrags sind **objektiv voneinander trennbar**: Ist eine Trennung von privilegierten und nicht privilegierten Auftragsteilen zwar möglich, aber sollen sämtliche Dienstleistungen nach dem Willen des öffentlichen Auftraggebers dennoch als Gesamtauftrag vergeben werden, kommt eine Anwendung von § 111 Abs. 4 Nr. 1 Hs. 1 GWB nicht in Betracht. Mangels anderweitiger Sonderregelungen und mit Rücksicht auf den Ausnahmecharakter des § 130 GWB ist in diesem Fall der (Gesamt-) Auftrag stets nach den allgemeinen Vorschriften zu vergeben, die für die nicht privilegierten Dienstleistungen gelten. Das gilt selbst dann, wenn der geschätzte Wert der privilegierten Dienstleistungen den Wert der nicht privilegierten Dienstleistungen übersteigt. Alternativ kann der öffentliche Auftraggeber die entsprechenden Auftragsteile voneinander trennen und einzeln nach den jeweils einschlägigen Vorschriften vergeben.[32]
- Die Vergabe von gemischten Aufträgen, die sich aus **privilegierten Dienstleistungen** und aus **Lieferleistungen** zusammensetzen, welche objektiv nicht voneinander trennbar sind, bestimmt sich gemäß § 111 Abs. 4 Nr. 1 Hs. 1 GWB ebenfalls nach den Vorschriften, denen der Hauptgegenstand des Auftrags zuzuordnen ist. Auch dieser wird nach Maßgabe von § 110 Abs. 2 Nr. 2 GWB anhand des höchsten geschätzten Wertes der jeweiligen Dienst- oder Lieferleistung ermittelt.[33] Überwiegt der geschätzte Wert der sozialen oder anderen besonderen Dienstleistungen den Wert der Lieferleistungen, richtet sich die Vergabe des Gesamtauftrags nach dem Sonderregime des § 130 GWB; übersteigt hingegen der geschätzte Wert der Lieferleistungen denjenigen der (privilegierten) Dienstleistungen, gelten wiederum die allgemeinen vergaberechtlichen Vorschriften.

---

28 Vgl. EuGH, Urteil v. 6.5.2010 – Rs. C-145/08 (Club Hotel Loutraki u.a.); Urteil v. 22.12.2010 – Rs. C-215/09 (Mehiläinen und Terveystalo Healthcare); *Kau*, in: Byok/Jaeger, Vergaberecht, § 111 GWB Rn. 17.

29 Anders aber VK Niedersachsen, Beschluss v. 19.3.2020 – VgK-02/2020, die eine Privilegierung von Dienstleistungen allein im Falle einer ausdrücklichen Listung in Anhang XIV der RL 2014/24/EU annimmt und dabei die Regelung des § 111 Abs. 4 Nr. 1 Hs. 1 GWB für gemischte Aufträge vollends ignoriert; ähnlich auch VK Bund, Beschlüsse v. 27.9.2017 – VK 2-102/17 und VK 2-100/17 sowie v. 2.8.2017 – VK 2-74/17 und v. 1.8.2017 – VK 2-72/17, die auf die (für gemischte Aufträge kaum ergiebige) Gesetzesbegründung zu § 130 GWB (vgl. BR-Drs. 367/15, 137) abstellt, aber im konkreten Fall unter ergänzender Anwendung von § 111 Abs. 4 Nr. 1 Hs. 1 GWB zum selben Ergebnis gelangt.

30 Gesetzesbegründung zu § 110 Abs. 2 GWB, VergRModG 2016, BT-Drs. 18/6281, 84.

31 So schon EuGH zu Verträgen, die sich aus Dienstleistungen der Anhänge IA und IB der RL 92/50/EWG zusammensetzten, vgl. EuGH, Urteil v. 14.11.2002 – Rs. C-411/00 (Felix Swoboda).

32 Vgl. § 111 Abs. 1, 2 GWB.

33 Vgl. VK Bund, Beschluss v. 14.3.2018 – VK 2-14/18 und Beschluss v. 13.2.2018 – VK 2-5/18, die für die Bestimmung des Hauptgegenstandes aber nicht allein auf den Wertanteil der jeweiligen Leistung, sondern zusätzlich auf die Bedeutung des jeweiligen Auftragsteils abstellt.

I. Soziale Dienstleistungen

20 Eine Definition der sozialen Dienstleistungen ist dem Normtext nicht zu entnehmen. Für die Einordnung bestimmter Leistungen als soziale Dienstleistungen ist daher auf den Katalog des Anhang XIV RL 2014/24/EU[34] abzustellen, der abschließend ist und auf die einzelnen CPV-Codes verweist.

1. Überblick

21 Folgende Dienstleistungen lassen sich dem Katalog entnehmen:

- Dienstleistungen des Gesundheits- und Sozialwesens und zugehörige Dienstleistungen;
- administrative Dienstleistungen im Sozial-, Bildungs- Gesundheits- und kulturellen Bereich;
- Dienstleistungen im Rahmen der gesetzlichen Sozialversicherung;
- Beihilfen, Unterstützungsleistungen und Zuwendungen;
- sonstige gemeinschaftliche, soziale und persönliche Dienstleistungen, einschließlich Dienstleistungen von Gewerkschaften, von politischen Organisationen, von Jugendverbänden und von sonstigen Organisationen und Vereinen.

22 Der Begriff der sozialen Dienstleistungen wird damit relativ weit ausgelegt, was die Aufzählung mitunter recht unterschiedlicher Dienstleistungen zeigt. Er findet seine Begrenzung aber immer in der jeweiligen Einordnung in die **CPV-Nomenklatur**; ob der Auftragsgegenstand als soziale (oder andere besondere) Dienstleistung zu qualifizieren ist, hängt maßgeblich von der Frage ab, ob er unter mindestens einen der (abschließend) aufgezählten CPV-Codes subsumiert werden kann.

23 **Inhaltlich** weisen die sozialen Dienstleistungen eine große Bandbreite auf: Sie umfassen zum einen originär staatliche Aufgaben, wie etwa Dienstleistungen im Rahmen der Sozialversicherung (CPV-Code 75300000), wonach Auftragsgegenstände wie Unterstützung bei Erwerbsunfähigkeit, Familienbeihilfen und die Zahlung von Kindergeld als soziale Dienstleistungen i.S.d. § 130 GWB erfasst sind. Zum anderen unterfallen auch Dienstleistungen dem Regelungsbereich, die nicht unbedingt dem Kernbereich staatlicher Fürsorge zuzuordnen sind, wie etwa Dienstleistungen von Geschäfts-, Berufs- und Fachverbänden und/oder Dienstleistungen von Gewerkschaften, welche der Kategorie sonstige gemeinschaftliche, soziale und persönliche Dienste (CPV-Code 98000000) unterfallen. Anhang XIV RL 2014/24/EU nennt als soziale Dienstleistungen darüber hinaus auch die Arbeitsmarktdienstleistungen des Sozialgesetzbuchs II, III und IX (Dienstleistungen im Rahmen der gesetzlichen Sozialversicherung).[35]

24 In der Praxis ergeben sich immer wieder **Abgrenzungsfragen** innerhalb der jeweiligen CPV-Codes, deren Inhalte in den unterschiedlichen amtlichen Sprachfassungen eine teils erheblich voneinander abweichende Bedeutung haben; zudem ist häufig unklar, welche Teilleistungen unter einen bestimmten CPV-Code zu subsumieren sind und welche nicht.[36] Bei Streitfragen ist daher stets eine Einzelfallbetrachtung vorzunehmen.

2. Spezialfall Rettungsdienstleistungen

25 Von den **sozialen Dienstleistungen** wird ferner auch der Einsatz von Krankenwagen zur reinen Patientenbeförderung erfasst.[37]

26 Demgegenüber sind nach Art. 10 lit. h RL 2014/24/EU und Art. 21 lit. h RL 2014/25/EU Dienstleistungen des Katastrophenschutzes, des Zivilschutzes und der Gefahrenabwehr, die von ge-

34 Für den Sektorenbereich gilt Anhang XVII RL 2014/25/EU.

35 Gesetzesbegründung zu § 130 GWB, VergRModG 2016, BT-Drs. 18/6281, 115.

36 Vgl. etwa zum Inhalt und zur Abgrenzung von „Verpflegungsdiensten für Schulen" (CPV-Code 55524000-9) VK Baden-Württemberg, Beschluss v. 18.12.2017 – 1 VK 50/17, sowie VK Südbayern, Beschluss v. 23.8.2017 – Z3-3-3194-1-24.

37 Jedoch ist der Einsatz von Krankenwagen zur Patientenbeförderung nicht gänzlich vom Anwendungsbereich des Kartellvergaberechts befreit, § 107 Abs. 1 Nr. 4 GWB; Gesetzesbegründung zu § 130 GWB, VergRModG 2016, BT-Drs. 18/6281, 79, 115.

meinnützigen Organisationen oder Vereinigungen erbracht werden und unter die im Richtlinientext genannten CPV-Codes fallen, vom Anwendungsbereich der Richtlinien vollends ausgenommen (sog. **Bereichsausnahmen**). Ob unter die Bereichsausnahme der Gefahrenabwehr und die zugehörigen CPV-Codes auch Rettungsdienstleistungen fallen, ist seit längerem umstritten.[38] Auch die jüngste Entscheidung des EuGH[39] zu dieser Frage, die auf einen Vorlagebeschluss des OLG Düsseldorf[40] ergangen ist, hat keine abschließende Klarheit schaffen können. Mit seinem Urteil vom 21. März 2020 hat der Gerichtshof zwar entschieden, dass nach Art. 10 lit. h RL 2014/24/EU sowohl die Notfallrettung als auch der qualifizierte Krankentransport unter den Begriff „Dienstleistungen der Gefahrenabwehr" sowie unter die CPV-Codes 75252000-7 (Rettungsdienste) bzw. 85143000-3 (Einsatz von Krankenwagen) zu fassen sind.[41] Dies setzt im Rahmen der Notfallrettung im Einzelnen voraus, dass die Betreuung und Versorgung von Notfallpatienten in einem Rettungswagen durch einen Rettungsassistenten/Rettungssanitäter erfolgt.[42] Für den qualifizierten Krankentransport gilt, dass die Patientenbeförderung von in erster Hilfe ordnungsgemäß geschultem Personal durchgeführt werden und solche Patienten betreffen muss, bei denen das objektive Risiko einer gesundheitlichen Verschlechterung während des Transports besteht.[43] Jedoch ist gemäß Art. 10 lit. h RL 2014/24/EU ebenso wie nach § 107 Abs. 1 Nr. 4 GWB für das Vorliegen einer Bereichsausnahme weiterhin erforderlich, dass diese Dienstleistungen der Gefahrenabwehr „von gemeinnützigen Organisationen oder Vereinigungen erbracht werden".[44] Daraus wird teilweise der Schluss gezogen, dass öffentliche Auftraggeber ihr Auswahlverfahren auf eben solche gemeinnützigen Organisationen beschränken und sodann die entsprechenden Aufträge zur Erbringung von Rettungsdienstleistungen ohne EU-weite Ausschreibung vergeben dürften.[45] Diese Meinung verkennt aber, dass Art. 10 lit. h RL 2014/24/EU und § 107 Abs. 1 Nr. 4 GWB als Ausnahmevorschriften eng auszulegen sind und die Durchführung eines EU-weiten Vergabeverfahrens grundsätzlich nicht zur Disposition eines öffentlichen Auftraggebers steht. Die Bereichsausnahmen nach diesen Vorschriften setzen daher nicht nur voraus, dass die betreffenden Dienstleistungen etwa „auch" von gemeinnützigen Organisationen oder Vereinigungen erbracht werden, sondern dass eine Erbringung dieser Dienstleistungen „nur" bzw. „ausschließlich" durch solche Organisationen erfolgt.[46] Zudem stehen der allgemeine Gleichbehandlungs- und Nichtdiskriminierungsgrundsatz sowie Art. 3 Abs. 1 i.V.m. Art. 12 Abs. 1 GG einem generellen oder gewillkürten Ausschluss privater, nicht gemeinnützig tätiger Leistungserbringer vom Wettbewerb von vornherein entgegen.[47] Da alle Bundesländer im Bereich der Rettungsdienstleistungen eine Anbietervielfalt zulassen und somit auch private, mit Gewinnerzielungsabsicht tätige Unternehmen für die Erbringung dieser Leistungen in Frage kommen,[48] ist eine entsprechende Auftragsvergabe – jedenfalls in Deutschland – nicht vom Anwendungsbereich der RL 2014/24/EU und des Kartellvergaberechts ausgenommen.[49] Für die Auftragsvergabe von Rettungsdienstleistungen gelten indes die Verfahrenserleichterungen nach § 130 GWB.

---

38 Vgl. bereits *Amelung/Janson*, NZBau 2016, 23 (26), sowie die Kommentierung zu § 130 GWB Rn. 19 bis 24 in der Vorauflage dieses Kommentars.
39 EuGH, Urteil v. 21.3.2019 – Rs. C-465/17 (Falck).
40 Vgl. OLG Düsseldorf, Beschluss v. 12.6.2017 – VII-Verg 34/16.
41 EuGH, Urteil v. 21.3.2019 – Rs. C-465/17 (Falck), Rn. 51.
42 EuGH, Urteil v. 21.3.2019 – Rs. C-465/17 (Falck), Rn. 40.
43 EuGH, Urteil v. 21.3.2019 – Rs. C-465/17 (Falck), Rn. 50.
44 Anders als in § 107 Abs. 1 Nr. 4 Hs. 2 GWB als Regelbeispiel formuliert, genügt dabei nicht die Anerkennung einer Hilfsorganisation als Zivil- und Katastrophenschutzorganisation nach Bundes- oder Landesrecht. Vielmehr setzt eine Einstufung als gemeinnützige Organisation oder Vereinigung nach Auffassung des Europäischen Gerichtshofs in jedem Einzelfall die Erfüllung sozialer Aufgaben, eine nicht erwerbswirtschaftliche Tätigkeit (d.h. Handeln ohne Gewinnerzielungsabsicht) und das Reinvestieren etwaiger Gewinne voraus, vgl. EuGH, Urteil v. 21.3.2019 – Rs. C-465/17 (Falck), Rn. 61.
45 So insbesondere *Jaeger*, NZBau 2020, 7 (11).
46 So insbesondere *Braun/Zwetkow*, NZBau 2020, 219 (219).
47 So auch *Antweiler*, in: Ziekow/Völlink, Vergaberecht, § 107 GWB Rn. 42 mit verfassungsrechtlichen Bedenken wegen Verstoßes gegen Art. 3 Abs. 1 GG sowie *Braun/Zwetkow*, NZBau 2020, 219 u.a. mit Bedenken wegen Verstoßes gegen Art. 15, 16 EU-Grundrechtecharta.
48 *Braun*, in: Müller-Wrede/Braun, KonzVgV, RDG Rn. 102 ff.
49 *Antweiler*, in: Ziekow/Völlink, Vergaberecht, § 107 GWB Rn. 42.

II. Andere besondere Dienstleistungen

27 Auch die anderen besonderen Dienstleistungen werden in § 130 GWB nicht ausdrücklich definiert, decken aber dem Begriffsverständnis entsprechend all diejenigen Dienstleistungen ab, die in Anhang XIV RL 2014/24/EU[50] aufgeführt, aber nicht als soziale Dienstleistungen einzustufen sind.

1. Überblick

28 Zu den anderen besonderen Dienstleistungen gehören somit die nachfolgend aufgeführten Dienstleistungskategorien des Anhangs XIV RL 2014/24/EU:

- Dienstleistungen von religiösen Vereinigungen;
- Gaststätten- und Beherbergungsgewerbe;
- Dienstleistungen im juristischen Bereich, sofern sie nicht nach Art. 10 lit. d RL 2014/24/EU ausgeschlossen sind;
- sonstige Dienstleistungen der Verwaltung und für die öffentliche Verwaltung;
- kommunale Dienstleistungen;
- Dienstleistungen für Haftanstalten, Dienstleistungen im Bereich öffentliche Sicherheit sowie Rettungsdienste, sofern diese nicht nach Art. 10 lit. h RL 2014/24/EU vom Anwendungsbereich der Richtlinie gänzlich ausgeschlossen sind;[51]
- Dienstleistungen von Detekteien und Sicherheitsdiensten;
- internationale Dienstleistungen;
- Postdienste;
- verschiedene Dienstleistungen.

29 Ebenso wie die sozialen Dienstleistungen bilden auch die anderen besonderen Dienstleistungen ein weites Spektrum von Auftragsgegenständen ab, die einer erleichterten Beschaffung unterfallen sollen, da ihnen regelmäßig kein **grenzüberschreitender Charakter** zukommt.[52] So werden beispielsweise Gaststätten- und Beherbergungsdienstleistungen üblicherweise nur von denjenigen Unternehmen angeboten, die an dem konkreten Ort der Erbringung dieser Dienstleistungen angesiedelt sind.[53]

30 Erfasst sind als andere besondere Dienstleistungen auch sog. **kommunale Dienstleistungen**, wie etwa Dienstleistungen der Feuerwehr, Dienstleistungen im Bereich auswärtige Angelegenheiten und Dienstleistungen im Justizwesen. Soweit derartige Dienste nach Maßgabe von § 107 Abs. 1 Nr. 4 GWB nicht ohnehin vom Anwendungsbereich des Kartellvergaberechts vollständig ausgenommen sind, begründen diese Dienstleistungen in der Regel nur dann ein grenzüberschreitendes Interesse, wenn sie aufgrund eines relativ hohen Auftragswertes eine ausreichend kritische Masse erreichen.[54] Im Übrigen weisen die kommunalen Dienstleistungen – und darauf deutet schon der Begriff hin – in der Regel keinen grenzüberschreitenden Bezug auf, was eine erleichterte Beschaffung rechtfertigt.[55]

31 Bei Dienstleistungen im **Justizwesen** und im Bereich **auswärtige Angelegenheiten** spielt zudem eine Rolle, dass diese in einem besonderen Zusammenhang erbracht werden, der sich aufgrund unterschiedlicher kultureller Traditionen – und nicht zuletzt wegen sprachlicher Besonderheiten – in den einzelnen Mitgliedstaaten unterscheidet.

32 Sowohl in Anhang XIV RL 2014/24/EU als auch in Anhang XVII RL 2014/25/EU sind außerdem **Postdienste** unter Nennung der entsprechenden CPV-Codes als andere besondere Dienstleis-

50 Für den Sektorenbereich gilt Anhang XVII RL 2014/25/EU.
51 Siehe dazu Rn. 25.
52 Erwägungsgrund 114 UAbs. 1 RL 2014/24/EU.
53 Erwägungsgrund 115 RL 2014/24/EU.
54 Erwägungsgrund 117 RL 2014/24/EU.
55 Erwägungsgrund 114 UAbs. 1 RL 2014/24/EU.

tungen aufgeführt, für die das erleichterte Sonderregime gilt; diese waren zuvor noch den sog. vorrangigen Dienstleistungen zugeordnet.[56] Allerdings gilt auch hier der in den Erwägungsgründen 119 RL 2014/24/EU und 125 RL 2014/25/EU formulierte Grundsatz, dass eine Bezugnahme auf eine CPV-Abteilung nicht automatisch eine Bezugnahme auf untergeordnete Unterteilungen der jeweiligen CPV-Codes bedeutet.[57] Demzufolge findet das erleichterte Vergaberegime nach § 130 GWB ausschließlich für die in den genannten Anhängen konkret aufgeführten (Post-) Dienste Anwendung; dazu gehören insbesondere die Zustelldienste (Briefe, Zeitungen/Zeitschriften, Kurierdienste), Post-Schalterdienste und die Vermietung von Postfächern.[58]

2. Spezialfall Rechtsberatungsdienstleistungen

Rechtsberatungsdienstleistungen werden von § 130 GWB nur insoweit erfasst, als sie nicht bereits nach Maßgabe von § 116 Abs. 1 Nr. 1 GWB vollends vom Kartellvergaberecht **freigestellt** sind. Vom Kartellvergaberecht befreit ist die Vergabe von Rechtsberatungsdienstleistungen, die eine oder mehrere der folgenden Tätigkeiten betreffen: 33

- Vertretung eines Mandanten durch einen Rechtsanwalt in Gerichts- oder Verwaltungsverfahren vor nationalen oder internationalen Gerichten, Behörden oder Einrichtungen, nationalen oder internationalen Schiedsgerichts- oder Schlichtungsverfahren;
- Rechtsberatung durch einen Rechtsanwalt, sofern diese zur Vorbereitung eines der oben genannten Verfahren dient oder wenn konkrete Anhaltspunkte dafür vorliegen und eine hohe Wahrscheinlichkeit besteht, dass die Angelegenheit, auf die sich die Rechtsberatung bezieht, Gegenstand eines solchen Verfahrens wird;
- Beglaubigungen und Beurkundungen, sofern sie von Notaren vorzunehmen sind.

Alle übrigen Rechtsberatungsdienstleistungen, d.h. sämtliche Beratungsleistungen im außerprozessualen Bereich, wie etwa die transaktionsbegleitende Beratung von Unternehmensfusionen oder von Börsengängen, fallen unter den Begriff der „anderen **besonderen Dienstleistungen**" im Sinne von § 130 GWB. 34

C. Erleichterte Beschaffung

Sofern soziale und/oder andere besondere Dienstleistungen beschafft werden sollen, sieht die RL 2014/24/EU[59] die Durchführung eines vereinfachten Vergabeverfahrens vor. 35

Grund dafür ist, dass diesen oftmals personen- oder ortsgebundenen Dienstleistungen nur eine eingeschränkt grenzüberschreitende Bedeutung zukommt.[60] Gerade Dienstleistungen im Sozial-, Gesundheits- und Bildungsbereich werden regelmäßig in einem besonderen Kontext erbracht, der sich aufgrund unterschiedlicher kultureller Traditionen in den einzelnen Mitgliedstaaten stark unterscheiden kann.[61] 36

Die **Erleichterungen** in der Beschaffung von sozialen und anderen besonderen Dienstleistungen bestehen in 37

- der Berücksichtigung eines auf 750.000 Euro[62] erhöhten Schwellenwerts (§ 106 Abs. 2 Nr. 1 GWB i.V.m. Art. 4 lit. d RL 2014/24/EU),
- der erweiterten Verfahrenswahl (§ 130 Abs. 1 GWB),

---

56 Vgl. § 1 EG Abs. 2 VOL/A i.V.m. Anhang I Teil A VOL/A sowie Art. 1 Abs. 2 lit. d und Art. 20 i.V.m. Anhang II Teil A RL 2004/18/EG.
57 Siehe dazu auch Rn. 16.
58 Siehe im Einzelnen den im Anhang zu dieser Kommentierung abgedruckten Anhang XIV RL 2014/24/EU.
59 Ebenso die RL 2014/25/EU für den Sektorenbereich.
60 Erwägungsgründe 114 ff. RL 2014/24/EU.
61 Erwägungsgrund 114 RL 2014/24/EU.
62 Im Sektorenbereich gilt ein erhöhter Schwellenwert i.H.v. 1.000.000 Euro, § 106 Abs. 2 Nr. 2 GWB i.V.m. Art. 15 lit. c RL 2014/25/EU.

- der zulässigen Änderung bestehender Aufträge bis zu einem Wert der Änderung in Höhe von 20 % des ursprünglichen Auftragswerts (§ 130 Abs. 2 GWB) und
- untergesetzlichen Verfahrenserleichterungen (§§ 64 ff. VgV).

I. Erhöhter Schwellenwert

38 Gemäß § 106 Abs. 2 Nr. 1 GWB i.V.m. Art. 4 lit. d RL 2014/24/EU gilt für die Vergabe sozialer und anderer besonderer Dienstleistungen im Sinne des Anhangs XIV dieser Richtlinie ein merklich erhöhter Schwellenwert in Höhe von **750.000 Euro**.[63] Unterschreitet die Auftragssumme diesen Schwellenwert, sind die entsprechenden Dienstleistungen nach Maßgabe von § 49 UVgO zu vergeben, sofern die Unterschwellenvergabeordnung in dem jeweiligen Bundesland bereits in Kraft gesetzt wurde. Anderenfalls richtet sich die Unterschwellenvergabe nach dem jeweiligen Landeshaushaltsrecht oder etwaigen Landesvergabegesetzen sowie damit korrespondierenden untergesetzlichen (landesrechtlichen) Vorschriften. Bei Vorliegen eines grenzüberschreitenden Interesses an dem jeweiligen Auftrag haben die öffentlichen Auftraggeber selbst für den Fall einer freihändigen Vergabe die grundlegenden Vorschriften des AEUV, insbesondere das Diskriminierungsverbot, zu beachten.[64]

II. Erweiterte Verfahrenswahl (Abs. 1)

39 § 130 Abs. 1 S. 1 GWB sieht für den öffentlichen Auftraggeber ein Recht zur erweiterten Verfahrenswahl vor. Für die Vergabe von sozialen oder anderen besonderen Dienstleistungen kann dieser nicht nur zwischen dem offenen und dem nicht offenen Verfahren wählen,[65] sondern alternativ auch ein Verhandlungsverfahren mit Teilnahmewettbewerb, einen wettbewerblichen Dialog oder eine Innovationspartnerschaft initiieren. Dabei handelt es sich um ein „echtes" **Wahlrecht** zugunsten des öffentlichen Auftraggebers, welches – das Vorliegen eines entsprechenden Auftragsgegenstands vorausgesetzt – nicht an weitergehende Bedingungen geknüpft ist. Aus dieser Wahlfreiheit folgt auch keine Ermessenseinschränkung zu Lasten des Auftraggebers dahingehend, dass er bei der Vergabe von sozialen oder anderen besonderen Dienstleistungen etwa das Verhandlungsverfahren mit Teilnahmewettbewerb den in § 119 Abs. 2 und § 14 Abs. 2 VgV normierten Regelverfahrensarten (offenes und nicht offenes Verfahren) vorziehen müsste; vielmehr resultiert daraus eine entsprechende Ermessenserweiterung.[66] Eine Kombination der in § 130 Abs. 1 S. 1 GWB genannten Verfahrensarten ist jedoch – ebenso wie außerhalb dieser Sondervorschrift – nicht zulässig.[67] Ausgenommen von dem erweiterten Verfahrenswahlrecht ist das Verhandlungsverfahren ohne Teilnahmewettbewerb[68], dessen Anwendung maßgeblich von den in § 14 Abs. 4 VgV[69] normierten Voraussetzungen abhängt.[70]

40 Das Recht zur erweiterten Verfahrenswahl steht unmittelbar nur den „konventionellen" **öffentlichen Auftraggebern** im Sinne von § 99 GWB, also den Gebietskörperschaften (§ 99 Abs. 1 GWB), deren Verbänden (§ 99 Abs. 3 GWB), öffentlich beherrschten juristischen Personen (§ 99 Abs. 2 GWB) sowie sonstigen juristischen Personen im Sinne des § 99 Nr. 4 GWB zur

63 Im Sektorenbereich gilt ein erhöhter Schwellenwert i.H.v. 1.000.000 Euro, § 106 Abs. 2 Nr. 2 GWB i.V.m. Art. 15 lit. c RL 2014/25/EU.

64 EuGH, Urteil v. 15.5.2008 – Verb. Rs. C-147/06, C-148/06 (Santorso).

65 Ein auf diese beiden Verfahrensarten beschränktes Wahlrecht steht den öffentlichen Auftraggebern bereits nach Maßgabe von § 119 Abs. 2 GWB zu.

66 VK Rheinland, Beschluss v. 26.3.2019 – VK 5/19-L.

67 Vgl. OLG Düsseldorf, Beschluss v. 1.11.2012 – VII-Verg 57/11.

68 § 119 Abs. 5 Alt. 2 GWB.

69 Vgl. auch Art. 26 Abs. 4 RL 2014/24/EU sowie für den Sektorenbereich § 13 Abs. 2 SektVO und Art. 50 RL 2014/25/EU.

70 § 119 Abs. 1 S. 2 GWB stellt die Anwendung des Verhandlungsverfahrens ohne Teilnahmewettbewerb unter den Vorbehalt, dass diese „aufgrund dieses Gesetzes gestattet ist". Da aber die Zulassungsvoraussetzungen für diese Vergabeart nicht im GWB geregelt sind, ist insoweit – über die Verweisung in § 113 S. 2 Nr. 2 Alt. 3 GWB – die Vergabeverordnung (§ 14 Abs. 4 VgV) maßgeblich.

Verfügung. Aber auch Sektorenauftraggeber im Sinne von § 100 GWB profitieren durch den Verweis in § 142 GWB von der erweiterten Verfahrenswahl.

Darüber hinaus sind die Regelungen für die erleichterte Beschaffung gemäß § 147 S. 1 GWB auch auf die Vergabe von **verteidigungs- oder sicherheitsspezifischen öffentlichen Aufträgen** anzuwenden, wenn deren Gegenstand soziale und/oder andere besondere Dienstleistungen sind. In Betracht kommt eine Anwendung insbesondere für öffentliche Aufträge, deren Gegenstand Dienstleistungen sind, die unter den CPV-Code 75220000-4 fallen (Verteidigung) und insoweit als „kommunale Dienstleistungen" im Sinne der übergeordneten CPV-Kategorie 752200000-8 einzustufen sind, die ihrerseits als andere besondere Dienstleistungen im Sinne des § 130 GWB gelten. 41

Im Übrigen kommen für die Vergabe sozialer und anderer besonderer Dienstleistungen die **Vorschriften des Teil 4 GWB** (Vergabe von öffentlichen Aufträgen und Konzessionen) grundsätzlich uneingeschränkt zur Anwendung. Das bedeutet, dass sich die erleichterte Beschaffung zunächst nur auf die erweiterte Verfahrenswahl beschränkt; weitere Verfahrenserleichterungen sind, abgesehen von den untergesetzlichen Bestimmungen in §§ 64 ff. VgV, nicht vorgesehen. 42

III. Auftragsänderungen (Abs. 2)

§ 130 Abs. 2 GWB eröffnet für den Bereich öffentlicher Aufträge über soziale und andere besondere Dienstleistungen die Möglichkeit, zulässige Auftragsänderungen ohne Durchführung eines neuen Vergabeverfahrens abweichend von § 132 Abs. 3 GWB vorzunehmen: Gemäß § 132 Abs. 3 GWB ist die Änderung eines öffentlichen Auftrags ohne Durchführung eines neuen Vergabeverfahrens zulässig, wenn 43

- sich der Gesamtcharakter des Auftrags nicht ändert und
- der Wert der Änderung die jeweiligen Schwellenwerte nach § 106 GWB nicht übersteigt und bei Liefer- und Dienstleistungsaufträgen nicht mehr als 10 % des ursprünglichen Auftragswertes beträgt.

In **Abweichung** von der zuletzt genannten Voraussetzung ist die Änderung eines öffentlichen Auftrags über soziale und andere besondere Dienstleistungen ohne Durchführung eines neuen Vergabeverfahrens nach § 130 Abs. 2 GWB auch dann zulässig, wenn der Wert der Änderung nicht mehr als 20 % des ursprünglichen Auftragswertes beträgt. Die entsprechende Auftragsänderung darf, gemessen an ihrem monetären Wert, zwar weiterhin nicht die Schwellenwerte nach § 106 GWB übersteigen; gleichwohl darf sie, bezogen auf das ursprüngliche Auftragsvolumen, bis zu 20 % (anstatt 10 % bei anderen Dienstleistungsverträgen) ausmachen. 44

Grund für die dem öffentlichen Auftraggeber insoweit gewährte Flexibilität bei der Änderung und Anpassung bestehender Verträge ist, dass diese durch äußere, vom öffentlichen Auftraggeber nicht vorhersehbare und/oder beeinflussbare Umstände verursacht sein können.[71] Überdies erscheint es sachgerecht, öffentlichen Auftraggebern gerade bei der Anpassung von Dienstleistungsverträgen über soziale und andere besondere Dienstleistungen ein noch höheres Maß an Flexibilität zu gewähren, etwa um den Bedürfnissen der von der Erbringung dieser Leistungen Betroffenen – vor allem im Sozial-, Bildungs- und Gesundheitsbereich – angemessen Rechnung tragen zu können. 45

IV. Weitergehende (untergesetzliche) Verfahrenserleichterungen

Über die in § 130 GWB geregelte erleichterte Verfahrenswahl und die erhöhte Flexibilität bei der Änderung bestehender Dienstleistungsverträge hinaus sind für die Beschaffung von sozia- 46

71 Erwägungsgrund 109 RL 2014/24/EU.

len und anderen besonderen Dienstleistungen auf untergesetzlicher Ebene weitergehende **Verfahrenserleichterungen** vorgesehen. So regelt § 65 VgV insbesondere Folgendes:

- Die Laufzeit einer Rahmenvereinbarung darf – in Verlängerung der ansonsten vorgesehenen Vertragslaufzeit von höchstens vier Jahren – im Falle der Beschaffung von sozialen und anderen besonderen Dienstleistungen bis zu sechs Jahre betragen, es sei denn, es liegt ein im Gegenstand der Rahmenvereinbarung begründeter Sonderfall vor.[72]
- Der öffentliche Auftraggeber kann für den Eingang der Teilnahmeanträge und der Angebote – unter Berücksichtigung der Besonderheiten der jeweiligen Dienstleistung – von den entsprechenden Regelfristen gemäß §§ 15 bis 19 VgV abweichende Fristen bestimmen.[73]
- Bei der Bewertung der Zuschlagskriterien können insbesondere der Erfolg und die Qualität bereits erbrachter Leistungen des Bieters oder des vom Bieter eingesetzten Personals berücksichtigt werden.[74]

Für die Veröffentlichungspflichten enthält § 66 VgV weitere verfahrenserleichternde Bestimmungen.

47 Umgekehrt statuiert § 65 VgV für die Vergabe von sozialen und anderen besonderen Dienstleistungen jedoch auch eine **Verschärfung** der allgemeinen Verfahrensregeln. Danach ist die Vorlage einer Einheitlichen Europäischen Eigenerklärung im Sinne von § 50 VgV als vorläufiger Beleg der Eignung nicht als ausreichend anzusehen, sodass insoweit nur die Vorlage von Eigenerklärungen, Bescheinigungen oder sonstigen Nachweisen zulässig ist.[75]

D. Rechtsschutz

48 § 130 Abs. 1 GWB vermittelt dem öffentlichen Auftraggeber für die Vergabe von Aufträgen über soziale und andere besondere Dienstleistungen ein Wahlrecht hinsichtlich der anzuwendenden **Verfahrensart**. Danach hat der öffentliche Auftraggeber die freie Wahl zwischen den gesetzlich vorgesehenen Verfahrensarten – mit Ausnahme des Verhandlungsverfahrens ohne Teilnahmewettbewerb, hierfür gelten weiterhin die gesetzlichen und untergesetzlichen Anwendungsvoraussetzungen.[76] Das insoweit gewährte Verfahrenswahlrecht ist nicht an weitere Voraussetzungen geknüpft, die Ausübung liegt also im Ermessen des öffentlichen Auftraggebers. Demzufolge haben die Bieter auch keinen verfahrensrechtlich geschützten Anspruch auf die Durchführung eines bestimmten Verfahrens, der im Rechtsschutzwege durchzusetzen wäre.

49 Im Übrigen unterliegt die Vergabe eines öffentlichen Auftrags über soziale und/oder andere besondere Dienstleistungen, der den maßgeblichen Schwellenwert in Höhe von 750.000 Euro[77] erreicht oder überschreitet, dem **Nachprüfungsregime der §§ 155 ff. GWB**.

---

72 § 65 Abs. 2 VgV.
73 § 65 Abs. 3 VgV.
74 § 65 Abs. 5 S. 1 VgV.
75 § 65 Abs. 4 VgV.
76 § 119 Abs. 5 Alt. 2 GWB i.V.m. § 14 Abs. 4 VgV bzw. § 13 Abs. 2 SektVO.
77 Im Sektorenbereich gilt ein erhöhter Schwellenwert i.H.v. 1.000.000 Euro, § 106 Abs. 2 Nr. 2 GWB i.V.m. Art. 15 lit. c RL 2014/25/EU.

Anlagen

Gesetzesbegründung – VergRModG 2016 (BT-Drs. 18/6281)

Seite 114

§ 130 dient der Umsetzung der neuen Vorschriften der Richtlinie 2014/24/EU zur Vergabe von sozialen und anderen besonderen Dienstleistungen durch öffentliche Auftraggeber. Die bisherige Unterscheidung gemäß Artikel 20 f. der Richtlinie 2004/18/EG zwischen sogenannten vorrangigen A- und nachrangigen B-Dienstleistungen ist entfallen. Artikel 74 ff. der Richtlinie 2014/24/EU unterstellen bestimmte soziale und andere besondere Dienstleistungen besonderen erleichterten Beschaffungsregelungen (Sonderregime). Diese sozialen und anderen besonderen Dienstleistungen sind im Einzelnen im Anhang XIV der Richtlinie 2014/24/EU aufgeführt.

In allgemeiner Hinsicht hat der Unionsgesetzgeber in Erwägungsgrund 4 der Richtlinie 2014/24/EU darauf hingewiesen, dass die zunehmende Vielfalt öffentlicher Tätigkeiten es erforderlich mache, den Begriff der Auftragsvergabe selbst klarer zu definieren. Diese Präzisierung als solche sollte jedoch den Anwendungsbereich der neuen EU-Vergaberichtlinie im Verhältnis zu dem der Richtlinie 2004/18/EG nicht erweitern. Nicht alle Formen öffentlicher Ausgaben sollten abgedeckt werden, sondern nur diejenigen, die für den Erwerb von Bauleistungen, Lieferungen oder Dienstleistungen im Wege eines öffentlichen Auftrags getätigt werden. Fälle, in denen alle Wirtschaftsteilnehmer, die bestimmte Voraussetzungen erfüllen, zur Wahrnehmung einer bestimmten Aufgabe – ohne Selektivität – berechtigt sind, sollten nicht als Auftragsvergabe verstanden werden, sondern als einfache Zulassungssysteme (z. B. Zulassungen für Arzneimittel oder ärztliche Dienstleistungen). Daraus lässt sich schließen, dass die Zulassung von Dienstleistungserbringern im sozialhilferechtlichen Dreiecksverhältnis nicht der Richtlinie 2014/24/EU unterfällt. Gleiches gilt für die Zulassung von Pflegeeinrichtungen sowie die Feststellung der fachlichen Eignung im Rahmen der Zulassung besonderer Dienste oder besonderer Einrichtungen. Weiterhin hat der Unionsgesetzgeber in Erwägungsgrund 6 hervorgehoben, dass es den Mitgliedstaaten freistehe, die Erbringung von sozialen oder anderen Dienstleistungen entweder als Dienstleistungen von allgemeinem wirtschaftlichem Interesse oder als nichtwirtschaftliche Dienstleistungen von allgemeinem Interesse oder als eine Mischung davon zu organisieren. Der Unionsgesetzgeber stellt in diesem Zusammenhang klar, dass nichtwirtschaftliche Dienstleistungen von allgemeinem Interesse nicht in den Geltungsbereich der Richtlinie 2014/24/EU fallen.

Seite 115

Schließlich hebt der Unionsgesetzgeber in Erwägungsgrund 114 hervor, dass es den Mitgliedstaaten und Behörden auch künftig frei stehe, diese Dienstleistungen selbst zu erbringen oder soziale Dienstleistungen in einer Weise zu organisieren, die nicht mit der Vergabe öffentlicher Aufträge verbunden ist, beispielsweise durch die bloße Finanzierung solcher Dienstleistungen oder durch Erteilung von Lizenzen oder Genehmigungen – ohne Beschränkung oder Festsetzung von Quoten – für alle Wirtschaftsteilnehmer, die die vom öffentlichen Auftraggeber vorab festgelegten Bedingungen erfüllen; dabei weist der Unionsgesetzgeber auf die Voraussetzung hin, dass ein solches System eine ausreichende Bekanntmachung gewährleistet und den Grundsätzen der Transparenz und Nichtdiskriminierung genügt.

Soweit ein öffentlicher Auftrag über soziale und anderen besonderen Dienstleistungen vorliegt, sieht die Richtlinie 2014/24/EU für diese Kategorie öffentlicher Aufträge ein vereinfachtes Vergabeverfahren als besondere Beschaffungsregelung vor. Dieses vereinfachte Vergabeverfahren zeichnet sich dadurch aus, dass öffentliche Auftraggeber gemäß Artikel 76 Absatz 1 Satz 1 der Richtlinie 2014/24/EU lediglich verpflichtet sind, im Vergabeverfahren die Grundsätze der Transparenz und der Gleichbehandlung der Unternehmen einzuhalten. Darüber hinaus sind gemäß Artikel 75 der Richtlinie 2014/24/EU die beabsichtigte Vergabe sowie die Ergebnisse des Vergabeverfahrens EU-weit bekannt zu machen. Gemäß Artikel 74 i. V. m. Artikel 4 Buchstabe d greift für soziale und andere besondere Dienstleistungen im Sinne des Anhangs XIV der Richtlinie 2014/24/EU ein besonderer Schwellenwert von 750.000 €.

Grund für dieses vereinfachte Vergabeverfahren und den erhöhten Schwellenwert ist, dass diesen oftmals personen- oder ortsgebundenen Dienstleistungen nur eingeschränkt eine grenzüberschreitende Dimension zukommt (vergleiche Erwägungsgrund 114 ff. der Richtlinie 2014/24/EU). Gerade Dienstleistungen im Sozial-, Gesundheits- und Bildungsbereich werden in einem besonderen Kontext erbracht, der sich aufgrund unterschiedlicher kultureller Tradition in den einzelnen Mitgliedstaaten sehr unterscheidet (siehe Erwägungsgrund 114 der Richtlinie 2014/24/EU). Erfasst sind durch Anhang XIV der Richtlinie 2014/24/EU als soziale Dienstleistungen zum Beispiel die Arbeitsmarktdienstleistungen des Sozialgesetzbuchs II, III und IX. Betroffen ist auch der Einsatz von Krankenwagen zur reinen Patientenbeförderung. Dagegen unterfallen Notfallrettungsdienste und der Einsatz von Krankenwagen, sofern er in allgemeinen und fachspezifischen ärztlichen Dienstleistungen in einem Rettungswagen besteht, nicht dem Vergaberecht, siehe Artikel 10 Buchstabe h der Richtlinie 2014/24/EU und § 107 Nummer 4. Im Hinblick auf Gaststätten- und Beherbergungsdienstleistungen werden diese üblicherweise nur von den Unternehmen angeboten, die an dem konkreten Ort der Erbringung dieser Dienstleistungen angesiedelt sind (siehe Erwägungsgrund 115 der Richtlinie 2014/24/EU). Rechtsberatungsdienstleistungen werden in der Regel von Unternehmen in dem jeweiligen Mitgliedstaat angeboten (siehe Erwägungsgrund 116 der Richtlinie 2014/24/EU). Soweit Rettungs- und Feuerwehrdienste nicht ohnehin vom Anwendungsbereich des Vergaberechts ausgenommen sind, bieten diese Dienstleistungen in der Regel nur dann ein grenzüberschreitendes Interesse, wenn sie aufgrund eines relativ hohen Auftragswertes eine ausreichend kritische Masse erreichen (Erwägungsgrund 117 der Richtlinie 2014/24/EU). Im Übrigen sind die im Anhang XIV aufgeführten Dienstleistungen des Gesundheits- und Sozialwesens und dazugehörige Dienstleistungen erfasst, sofern sie in den Anwendungsbereich des GWB fallen. Die Richtlinie 2014/24/EU stellt in Artikel 1 Absatz 5 und der Fußnote zu Anhang XIV klar, dass Dienstleistungen im Rahmen der gesetzlichen Sozialversicherung nicht von der Richtlinie erfasst sind, wenn sie als nicht-wirtschaftliche Dienstleistungen von allgemeinem Interesse organisiert werden.

Sowohl in Anhang XIV Richtlinie 2014/24/EU als auch in Anhang XVII der Richtlinie 2014/25/EU sind Postdienste unter Nennung der Referenznummern des Common Procurement Vocabulary als soziale und andere besondere Dienstleistungen aufgeführt, für die das erleichterte Sonderregime gilt. Allerdings stellen die Erwägungsgründe 119 der Richtlinie 2014/24/EU und 125 Richtlinie 2014/25/EU klar, dass eine Bezugnahme auf eine CPV-Abteilung nicht automatisch eine Bezugnahme auf untergeordnete Unterteilungen der CPV-Nummern bedeutet. Insofern gilt das erleichterte Regime ausschließlich für die in den genannten Anhängen aufgeführten Dienste, sofern diese Dienste die nachfolgend aufgeführten Leistungen nicht umfassen, für welche mangels Nennung in den Anhängen dann das strenge, vollumfängliche Vergaberecht (und nicht § 130) gilt:

64120000-3 (Kurierdienste), 64121000-0 (Multi-modale Kurierdienste), 64121100-1 (Postzustellung), 64121200-2 (Paketzustellung), 60160000-7 (Postbeförderung auf der Straße), 60161000-4 (Paketbeförderung), 60411000-2 (Luftpostbeförderung im Linienverkehr), 60421000-5 (Luftpostbeförderung im Gelegenheitsverkehr).

Die von der Richtlinie 2014/24/EU in den Artikeln 74 ff. eröffnete Flexibilität für öffentliche Auftraggeber bei der Vergabe sozialer Dienstleistungen wird nunmehr im deutschen Vergaberecht im GWB aufgegriffen. Weitere

Seite 116

Verfahrenserleichterungen können auf Verordnungsebene im Rahmen der Ermächtigung des § 113 aufgegriffen werden. Gemäß Artikel 76 Absatz 1 Satz 1 der Richtlinie 2014/24/EU führen die Mitgliedstaaten einzelstaatliche Regeln für die Vergabe sozialer und anderer besonderer Dienstleistungen ein, um sicherzustellen, dass die öffentlichen Auftraggeber die Grundsätze der Transparenz und der Gleichbehandlung der Unternehmen einhalten. Gemäß Artikel 76 Absatz 1 Satz 2 der Richtlinie 2014/24/EU ist es den Mitgliedstaaten überlassen, die anwendbaren Verfahrensregeln für soziale und andere besondere Dienstleistungen festzulegen, sofern derartige Regeln es den öffentlichen Auftraggebern ermöglichen, den Besonderheiten der jeweiligen Dienstleistungen Rechnung zu tragen.

Zu Absatz 1

§ 130 Absatz 1 Satz 1 eröffnet öffentlichen Auftraggebern bei der Vergabe öffentlicher Aufträge über soziale und andere besondere Dienstleistungen die Wahl zwischen offenem Verfahren, nicht offenem Verfahren, Verhandlungsverfahren mit Teilnahmewettbewerb, wettbewerblichen Dialog und Innovationspartnerschaft. Künftig sollen öffentliche Auftraggeber hierbei zwischen den wettbewerblichen Verfahrensarten frei wählen dürfen. Das hat insbesondere zur Folge, dass die Zulassungsvoraussetzungen für das Verhandlungsverfahren und den wettbewerblichen Dialog gemäß Artikel 26 Absatz 4 der Richtlinie 2014/24/EU keine Anwendung finden. Im Übrigen kommen die Vorschriften des Abschnitts 1 des Teils 4, Unterabschnitt 1 und 2, sowie die Verfahrensvorschriften der Vergabeverordnung grundsätzlich uneingeschränkt zur Anwendung. Artikel 76 Absatz 1 Satz 2 der Richtlinie 2014/24/EU setzt voraus, dass die anwendbaren Verfahrensregeln für soziale und andere besondere Dienstleistungen es den öffentlichen Auftraggebern ermöglichen, den Besonderheiten der jeweiligen Dienstleistungen Rechnung zu tragen. Denn die von Artikel 74 ff. i. V. m. Anhang XIV der Richtlinie erfassten sozialen und anderen besonderen Dienstleistungen können sehr unterschiedlich sein. Erfasst sind durch Anhang XIV der Richtlinie 2014/24/EU als soziale Dienstleistungen zum Beispiel die Arbeitsmarktdienstleistungen des Sozialgesetzbuchs II, III und IX, und als andere besondere Dienstleistungen die rechtsanwaltlichen Beratungsdienstleistungen ohne forensische Tätigkeit sowie Dienstleistungen des Gaststätten- und Beherbergungsgewerbes. Über die Auswahl der Verfahrensart hinaus kann es zum Beispiel bei der Anwendung der Vorschriften zur Leistungsbeschreibung, der Eignungs- und Zuschlagskriterien sowie der Ausführungsbedingungen erforderlich sein, die besonderen Anforderungen an die Erbringung der jeweiligen sozialen und anderen besonderen Dienstleistungen zu beachten. Das bedeutet vor allem, dass abhängig von den Besonderheiten der jeweiligen sozialen und anderen besonderen Dienstleistungen und den unterschiedlichen Möglichkeiten zur Standardisierung dieser Dienstleistungen Qualitäts- und Nachhaltigkeitskriterien in unterschiedlichem Ausmaß zum Tragen kommen können. Je nach Möglichkeit zur Standardisierung von Leistungsanforderungen in der Leistungsbeschreibung können öffentliche Auftraggeber beispielsweise beim Zuschlag dem Preis unterschiedliches Gewicht gegenüber qualitativen Aspekten einräumen.

§ 130 Absatz 1 Satz 2 bestimmt, dass ein Verhandlungsverfahren ohne Teilnahmewettbewerb nur zur Verfügung steht, soweit dies aufgrund dieses Gesetzes gestattet ist. Somit müssen die in der Vergabeverordnung umzusetzenden Zulassungsvoraussetzungen für das Verhandlungsverfahren ohne vorgeschalteten Teilnahmewettbewerb gemäß Artikel 32 der Richtlinie 2014/24/EU beachtet werden.

Zu Absatz 2

§ 130 Absatz 2 eröffnet für den Bereich öffentlicher Aufträge über soziale und andere besondere Dienstleistungen zulässige Auftragsänderungen ohne Durchführung eines neuen Vergabeverfahrens abweichend von § 132 Absatz 3, wenn der Wert der Änderung nicht mehr als 20 Prozent des ursprünglichen Auftragswertes beträgt. Grund dafür ist, dass der Anstieg der Nachfrage nach sozialen und anderen besonderen Dienstleistungen durch äußere, vom öffentlichen Auftraggeber nicht vorhersehbare und beeinflussbare Umstände bewirkt werden kann. Öffentliche Auftraggeber sollen in solchen Sachverhaltskonstellationen vereinbarte Teilnehmerkontingente flexibel in einem höheren Umfang erweitern können, um den Bedürfnissen betroffener Menschen vor allem im Sozial-, Bildungs- und Gesundheitsbereich angemessen Rechnung tragen zu können. Die Begrenzung von Auftragsänderungen während der Vertragslaufzeit auf 10 Prozent des ursprünglichen Auftragswertes im Rahmen des allgemeinen Vergaberegimes trägt diesen Besonderheiten nur eingeschränkt Rechnung. Daher ist es sinnvoll, für soziale und andere besondere Dienstleistungen die Begrenzung auf 20 Prozent des ursprünglichen Auftragswertes zu erweitern. Diese Grenze entspricht der bisherigen Wertgrenze in der VOL/A zur freihändigen Vergabe bei nichtprioritären Dienstleistungen. Zum Beispiel kann eine steigende Nachfrage nach Arbeitsmarktdienstleistungen auf konjunkturelle Rahmenbedingungen zurückzuführen sein. Aufgrund weiterer nicht vorhersehbarer Verschlechterungen

Seite 117

der wirtschaftlichen Rahmenbedingungen oder nicht vorhersehbaren regionalen Veränderungen auf dem Ausbildungs- und Arbeitsmarkt (z. B. Unternehmensinsolvenz) kann sich innerhalb der Vertragslaufzeit ein erheblicher Mehrbedarf gegenüber der ursprünglichen Planung vor einer Ausschreibung von sozialen und anderen besonderen Dienstleistungen wie z. B. Arbeitsmarktdienstleistungen ergeben. In solchen Fällen müssen öffentliche Auftraggeber in der Lage sein, zeitnah laufende Verträge um zusätzliche Teilnehmerkontingente zu erweitern.

Anhang XIV (Richtlinie 2014/24/EU)

DIENSTLEISTUNGEN NACH ARTIKEL 74

CPV-Code	Beschreibung
75200000-8; 75231200-6; 75231240-8; 79611000-0; 79622000-0 [Überlassung von Haushaltshilfen]; 79624000-4 [Überlassung von Pflegepersonal] und 79625000-1 [Überlassung von medizinischem Personal] von 85000000-9 bis 85323000-9 98133100-5, 98133000-4; 98200000-5 und 98500000-8 [Privathaushalte mit Hausangestellten] und 98513000-2 bis 98514000-9 [Bereitstellung von Arbeitskräften für private Haushalte, Vermittlung von Arbeitskräften für private Haushalte, Bereitstellung von Bürokräften für private Haushalte, Bereitstellung von Zeitarbeitskräften für private Haushalte, Dienstleistungen von Haushaltshilfen und Haushaltungsdienste]	Dienstleistungen des Gesundheits- und Sozialwesens und zugehörige Dienstleistungen
85321000-5 und 85322000-2, 75000000-6 [Dienstleistungen der öffentlichen Verwaltung, Verteidigung und Sozialversicherung], 75121000-0, 75122000-7, 75124000-1; von 79995000-5 bis 79995200-7; von 80000000-4 [Allgemeine und berufliche Bildung] bis 80660000-8; von 92000000-1 bis 92700000-8 79950000-8 [Veranstaltung von Ausstellungen, Messen und Kongressen], 79951000-5 [Veranstaltung von Seminaren], 79952000-2 [Event-Organisation], 79952100-3 [Organisation von Kulturveranstaltungen], 79953000-9 [Organisation von Festivals], 79954000-6 [Organisation von Parties], 79955000-3 [Organisation von Modenschauen], 79956000-0 [Organisation von Messen und Ausstellungen]	Administrative Dienstleistungen im Sozial-, Bildungs-, Gesundheits- und kulturellen Bereich
75300000-9	Dienstleistungen im Rahmen der gesetzlichen Sozialversicherung [1]
75310000-2, 75311000-9, 75312000-6, 75313000-3, 75313100-4, 75314000-0, 75320000-5, 75330000-8, 75340000-1	Beihilfen, Unterstützungsleistungen und Zuwendungen
98000000-3; 98120000-0; 98132000-7; 98133110-8 und 98130000-3	Sonstige gemeinschaftliche, soziale und persönliche Dienstleistungen, einschließlich Dienstleistungen von Gewerkschaften, von politischen Organisationen, von Jugendverbänden und von sonstigen Organisationen und Vereinen
98131000-0	Dienstleistungen von religiösen Vereinigungen
55100000-1 bis 55410000-7; 55521000-8 bis 55521200-0 [55521000-8 Verpflegungsdienste für Privathaushalte, 55521100-9 Essen auf Rädern, 55521200-0 Auslieferung von Mahlzeiten] 55520000-1 Verpflegungsdienste, 55522000-5 Verpflegungsdienste für Transportunternehmen, 55523000-2 Verpflegungsdienste für sonstige Unternehmen oder andere Einrichtungen, 55524000-9 Verpflegungsdienste für Schulen 55510000-8 Dienstleistungen von Kantinen, 55511000-5 Dienstleistungen von Kantinen und anderen nicht öffentlichen Cafeterias, 55512000-2 Betrieb von Kantinen, 55523100-3 Auslieferung von Schulmahlzeiten	Gaststätten und Beherbergungsgewerbe
79100000-5 bis 79140000-7; 75231100-5;	Dienstleistungen im juristischen Bereich, sofern sie nicht nach Artikel 10 Buchstabe d ausgeschlossen sind
75100000-7 bis 75120000-3; 75123000-4; 75125000-8 bis 75131000-3	Sonstige Dienstleistungen der Verwaltung und für die öffentliche Verwaltung
75200000-8 bis 75231000-4	Kommunale Dienstleistungen

CPV-Code	Beschreibung
75231210-9 bis 75231230-5; 75240000-0 bis 75252000-7; 794300000-7; 98113100-9	Dienstleistungen für Haftanstalten, Dienstleistungen im Bereich öffentliche Sicherheit und Rettungsdienste, sofern sie nicht nach Artikel 10 Buchstabe h ausgeschlossen sind
79700000-1 bis 79721000-4 [Dienstleistungen von Detekteien und Sicherheitsdiensten, Dienstleistungen von Sicherheitsdiensten, Überwachung von Alarmanlagen, Bewachungsdienste, Überwachungsdienste, Dienstleistungen in Verbindung mit Suchsystemen, Fahndung nach Flüchtigen, Streifendienste, Ausgabe von Mitarbeiterausweisen, Ermittlungsdienste und Dienstleistungen von Detekteien] 79722000-1 [Dienstleistungen von Grafologen], 79723000-8 [Abfallanalyse]	Dienstleistungen von Detekteien und Sicherheitsdiensten
98900000-2 [Von extraterritorialen Organisationen und Körperschaften erbrachte Leistungen] und 98910000-5 [Dienstleistungen von internationalen Organisationen und Körperschaften]	Internationale Dienstleistungen
64000000-6 [Post- und Fernmeldedienste], 64100000-7 [Post- und Kurierdienste], 64110000-0 [Postdienste], 64111000-7 [Postdienste im Zusammenhang mit Zeitungen und Zeitschriften], 64112000-4 [Briefpostdienste], 64113000-1 [Paketpostdienste], 64114000-8 [Post-Schalterdienste], 64115000-5 [Vermietung von Postfächern], 64116000-2 [Dienste im Zusammenhang mit postlagernden Sendungen], 64122000-7 [Interne Bürobotendienste]	Postdienste
50116510-9 [Reifenrunderneuerung], 71550000-8 [Schmiedearbeiten]	Verschiedene Dienstleistungen

(1) Diese Dienstleistungen unterliegen nicht dieser Richtlinie, wenn sie als nichtwirtschaftliche Dienstleistungen von allgemeinem Interesse organisiert werden. Es steht den Mitgliedstaaten frei, die Erbringung von Dienstleistungen im Rahmen der gesetzlichen sozialen Dienstleistungen oder anderen Dienstleistungen als Dienstleistungen von allgemeinem Interesse oder als nichtwirtschaftliche Dienstleistungen von allgemeinem Interesse zu organisieren.

§ 131 GWB
Vergabe von öffentlichen Aufträgen über Personenverkehrsleistungen im Eisenbahnverkehr

(1) Bei der Vergabe von öffentlichen Aufträgen, deren Gegenstand Personenverkehrsleistungen im Eisenbahnverkehr sind, stehen öffentlichen Auftraggebern das offene und das nicht offene Verfahren, das Verhandlungsverfahren mit Teilnahmewettbewerb, der wettbewerbliche Dialog und die Innovationspartnerschaft nach ihrer Wahl zur Verfügung. Ein Verhandlungsverfahren ohne Teilnahmewettbewerb steht nur zur Verfügung, soweit dies aufgrund dieses Gesetzes gestattet ist.

(2) Anstelle des § 108 Absatz 1 ist Artikel 5 Absatz 2 der Verordnung (EG) Nr. 1370/2007 des Europäischen Parlaments und des Rates vom 23. Oktober 2007 über öffentliche Personenverkehrsdienste auf Schiene und Straße und zur Aufhebung der Verordnungen (EWG) Nr. 1191/69 und (EWG) Nr. 1107/70 des Rates (ABl. L 315 vom 3.12.2007, S. 1) anzuwenden. Artikel 5 Absatz 5 und Artikel 7 Absatz 2 der Verordnung (EG) Nr. 1370/2007 bleiben unberührt.

(3) Öffentliche Auftraggeber, die öffentliche Aufträge im Sinne von Absatz 1 vergeben, sollen gemäß Artikel 4 Absatz 5 der Verordnung (EG) Nr. 1370/2007 verlangen, dass bei einem Wechsel des Betreibers der Personenverkehrsleistung der ausgewählte Betreiber die Arbeitnehmerinnen und Arbeitnehmer, die beim bisherigen Betreiber für die Erbringung dieser Verkehrsleistung beschäftigt waren, übernimmt und ihnen die Rechte gewährt, auf die sie Anspruch hätten, wenn ein Übergang gemäß § 613a des Bürgerlichen Gesetzbuchs erfolgt wäre. Für den Fall, dass ein öffentlicher Auftraggeber die Übernahme von Arbeitnehmerinnen und Arbeitnehmern im Sinne von Satz 1 verlangt, beschränkt sich das Verlangen auf diejenigen Arbeitnehmerinnen und Arbeitnehmer, die für die Erbringung der übergehenden Verkehrsleistung unmittelbar erforderlich sind. Der öffentliche Auftraggeber soll Regelungen vorsehen, durch die eine missbräuchliche Anpassung tarifvertraglicher Regelungen zu Lasten des neuen Betreibers zwischen der Veröffentlichung der Auftragsbekanntmachung und der Übernahme des Betriebes ausgeschlossen wird. Der bisherige Betreiber ist nach Aufforderung durch den öffentlichen Auftraggeber verpflichtet, alle hierzu erforderlichen Angaben zu machen.

Übersicht

	Rn.
A. Allgemeines	1
I. Unionsrechtlicher Hintergrund	2
II. Vergleichbare Regelungen	5
III. Historie	6
B. Anwendungsbereich (Abs. 1 S. 1)	9
I. Persönlicher Anwendungsbereich	10
II. Sachlicher Anwendungsbereich	13
C. Verfahrenswahl (Abs. 1 S. 1 und 2)	16
D. Direktvergaben (Abs. 2)	18
I. Direktvergabe an einen internen Betreiber (S. 1)	18
1. Abgrenzung zur Selbsterbringung	19
2. Voraussetzungen	20
a) Rechtliche Behördeneinheit	20
b) Öffentlicher Dienstleistungsauftrag	23
c) Rechtlich getrennte Einheit	25
d) Kontrollerfordernis	27
e) Tätigkeitsgebiet und Wettbewerbsverbot	31
f) Unterauftragsvergabe	34
g) Vorinformation (S. 2)	36
II. Direktvergabe als Notmaßnahme (S. 2)	40
E. Betreiberwechsel (Abs. 3)	48
I. Betriebsübergang (S. 1)	48
1. Anwendungsbereich	51
2. Intendiertes Ermessen	56
3. Rechte und Pflichten	59
4. Angaben in Auftragsbekanntmachung und Vergabeunterlagen	64
II. Geschützter Arbeitnehmerkreis (S. 2)	66
III. Missbrauchsverbot (S. 3)	71
IV. Auskunftsverpflichtung (S. 4)	72
F. Rechtsschutz	74
Anlage Gesetzesbegründung	

A. Allgemeines

1 § 131 GWB beinhaltet Sonderregeln für die Vergabe von öffentlichen Aufträgen über Personenverkehrsleistungen im Eisenbahnverkehr. Die mit dem VergRModG 2016 neu in das GWB eingefügte Vorschrift schreibt die bisher bestehende Rechtslage bei der Vergabe von Eisenbahndiensten im Wesentlichen fort: Bei Erreichung oder Überschreitung der EU-Vergabeschwellenwerte galten bislang schon die vergaberechtlichen Vorgaben des Teil 4 GWB, während die heute nicht mehr anwendbaren Verfahrensvorschriften des Abschnitt 1 VOL/A (heute: UVgO) früher über die Verweisung in der bisherigen Fassung des § 4 Abs. 2 Nr. 2 VgV für sog. nachrangige Dienstleistungen gemäß Anlage I Teil B galten.[1] Da die RL 2014/24/EU aber nicht (mehr) zwischen prioritären (vorrangigen) und nicht prioritären (nachrangigen) Dienstleistungen unterscheidet, war insoweit eine Neuregelung erforderlich, die parallel zur Regelung der Vergabe öffentlicher Aufträge über soziale und andere besondere Dienstleistungen in § 130 GWB getroffen wurde, die – wie Eisenbahnverkehrsdienste – bisher als nachrangige Dienstleistungen eingeordnet wurden.[2]

I. Unionsrechtlicher Hintergrund

2 Art. 10 lit. i RL 2014/24/EU nimmt zwar öffentliche Aufträge, die zum Gegenstand Personenverkehrsdienste auf Schiene oder per Untergrundbahn haben, vom Anwendungsbereich der Richtlinie aus. Soweit die VO (EG) 1370/2007 aber die Möglichkeit einräumt, im nationalen Recht von den Vorschriften der VO (EG) 1370/2007 abzuweichen, sollen die Mitgliedstaaten – wie Erwägungsgrund 27 der RL 2014/24/EU ausdrücklich klarstellt – weiterhin in ihren nationalen Rechtsvorschriften vorsehen können, dass solche öffentlichen Aufträge durch ein Vergabeverfahren vergeben werden müssen, das ihren allgemeinen Vorschriften für die öffentliche Auftragsvergabe entspricht. Der deutsche Gesetzgeber macht mit § 131 GWB von der in Art. 5 Abs. 6 **VO (EG) 1370/2007** erwähnten Möglichkeit der Vorrangigkeit nationalen Rechts Gebrauch. Art. 10 lit. i RL 2014/24/EU, der öffentliche Personenverkehrsdienste auf Schiene oder per Untergrundbahn von der Anwendung europäischen Vergaberechts ausnimmt, steht somit einer davon abweichenden mitgliedstaatlichen Regelung nicht entgegen. Hierauf weisen die Erwägungsgründe zu Art. 10 lit. i RL 2014/24/EU ausdrücklich hin.[3]

3 Bereits mit Beschluss vom 8. Februar 2011 hat der BGH eine Grundsatzentscheidung zur Vergabe von Leistungen im Schienenpersonennahverkehr getroffen.[4] Er lässt darin erkennen, dass *„nationale Regelungen zur Vergabe von Eisenbahndienstleistungen […] weiter Bestand haben können"*. Die Bundesrichter begründen ihre Ansicht hauptsächlich damit, dass die nach Art. 5 Abs. 6 VO (EG) 1370/2007 mögliche **Direktvergabe** eine *„vergaberechtlich geprägte Sicherstellung der Verkehrsbedienung"* voraussetzt. Diese Rechtsmeinung kann mit der in Art. 5 Abs. 6 VO (EG) 1370/2007 verankerten Formulierung, „sofern dies nicht nach nationalem Recht untersagt ist", erklärt werden; ein Sondervergaberechtsregime, das die allgemeinen Vergabevorschriften als lex specialis regelmäßig verdrängen würde, kann wegen des nationalen Rechtsvorbehaltes in Art. 5 Abs. 6 VO (EG) 1370/2007 somit nicht gefolgert werden.[5] § 131 GWB stellt also klar, dass die Vergabe von öffentlichen Aufträgen im Eisenbahnverkehr auch in Zukunft grundsätzlich im Wettbewerb erfolgen soll.[6]

4 Gleichwohl ist die Wettbewerbsintensität bei staatlich beauftragten Eisenbahnverkehrsleistungen wenig ausgeprägt, dem durch die **VO (EU) 2016/2338** zur Änderung der VO (EG) 1370/2007 begegnet werden soll.[7] Da § 131 GWB Eisenbahnverkehrsleistungen ohnehin

1 Gesetzesbegründung zu § 131 GWB, VergRModG 2016, BT-Drs. 18/6281, 117.
2 Gesetzesbegründung zu § 131 GWB, VergRModG 2016, BT-Drs. 18/6281, 117.
3 Erwägungsgrund 27 RL 2014/24/EU.
4 BGH, Beschluss v. 8.2.2011 – X ZB 4/10 (Abellio).
5 *Schröder*, in: Saxinger/Winnes, Recht des öffentlichen Personenverkehrs, Art. 5 Abs. 6 VO 1370 Rn. 8.
6 Gesetzesbegründung zu § 131 GWB, VergRModG 2016, BT-Drs. 18/6281, 117.
7 Zu den Einzelheiten der VO (EU) 2916/2338 vgl. *Knauff*, N&R 2018, 26 ff.; *Linke*, NZBau 2017, 331 ff.; *Saxinger*, GewArch 2017, 463 ff.

grundsätzlich dem Vergaberecht unterstellt ist, bewirken die neuen Direktvergabetatbestände der VO (EU) 2016/2338 nur geringe Änderungen in Deutschland.[8] Denn durch § 131 Abs. 1 GWB werden die neuen Direktvergabemöglichkeiten nach Art. 5 Abs. 3a, 4a und 4b VO (EG) 1370/2007 ebenso gesperrt wie die Anwendung von Art. 5 Abs. 6 VO (EG) 1370/2007.[9]

II. Vergleichbare Regelungen

In den übrigen vergaberechtlichen Regelungsregimen bestehen keine mit § 131 GWB vergleichbaren Vorschriften. 5

III. Historie

Gegenüber dem Referentenentwurf zum VergRModG 2016 vom 30. April 2015 blieben § 131 Abs. 1 und Abs. 2 S. 2 GWB-RegE im **Gesetzentwurf der Bundesregierung** vom 8. Juli 2015 unverändert. Hingegen erfolgte in § 131 Abs. 2 S. 1 GWB-RegE eine redaktionelle Ergänzung („des Europäischen Parlaments und des Rates vom 23. Oktober 2007 über öffentliche Personenverkehrsdienste auf Schiene und Straße und zur Aufhebung der Verordnungen (EWG) Nr. 1191/69 und Nr. 1107/70 des Rates (ABl. L 315 vom 3.12.2007, S. 1)") und § 131 Abs. 3 GWB-RegE wurde im Hinblick auf Art. 4 Abs. 5 S. 1 VO (EG) 1370/2007 inhaltlich konkretisiert („die beim bisherigen Betreiber zur Erbringung der Dienste beschäftigt waren, übernimmt und ihnen die Rechte gewährt, auf die sie Anspruch hätten, wenn ein Übergang gemäß § 613a des Bürgerlichen Gesetzbuchs erfolgt wäre"). Der Gesetzentwurf der Bundesregierung vom 8. Juli 2015 wurde inhaltlich unverändert dem Bundesrat zur Beschlussfassung vorgelegt.[10] 6

Der **Bundesrat** nahm am 25. September 2015 zum Gesetzentwurf Stellung und empfahl, in § 131 Abs. 3 GWB das Wort „können" durch „sollen" und die Formulierung „gemäß Artikel 4 Absatz 5" durch die Wendung „im Einklang mit" zu ersetzen.[11] Weiter empfahl die Länderkammer, § 131 Abs. 3 GWB den Satz anzufügen: „Der bisherige Betreiber ist nach Aufforderung durch den öffentlichen Auftraggeber verpflichtet, alle hierzu erforderlichen Angaben zu machen."[12] Zudem wünschte der Bundesrat, in § 131 GWB einen Absatz 4 einzupflegen: „Zwingende Ausführungsbestimmungen zu Artikel 4 Abs. 5 und Abs. 6 VO (EG) Nr. 1370/2007 durch Bundes- oder Landesgesetz bleiben unberührt."[13] Dem erstgenannten Vorschlag des Bundesrates, der ursprünglich auf Antrag Nordrhein-Westfalens und Schleswig-Holsteins Eingang in den Gesetzgebungsprozess gefunden hat,[14] stimmte die Bundesregierung im Rahmen ihrer Gegenäußerung zu.[15] 7

Der **Ausschuss für Wirtschaft und Energie** empfahl schließlich am 16. Dezember 2015 die heute gültige Fassung von § 131 Abs. 3 GWB: Im Gesetzentwurf wurde in Satz 1 das Wort „können" durch „sollen" und die Formulierung „zur Erbringung der Dienste" durch die Wendung „für die Erbringung dieser Verkehrsleistung" ersetzt. Ferner wurden die Sätze 2 bis 4 neu ergänzt, wobei letzterer Satz den bereits vom Bundesrat gewünschten Auskunftsanspruch beinhaltet. 8

B. Anwendungsbereich (Abs. 1 S. 1)

Aus § 131 Abs. 1 GWB ergibt sich der Anwendungsbereich für das Sonderregime der Vergabe von öffentlichen Aufträgen über Personenverkehrsleistungen im Eisenbahnverkehr. 9

8 *Knauff*, N&R 2018, 26 (29); *Linke*, NZBau 2017, 331 (339).
9 *Saxinger*, GewArch 2017, 463.
10 Gesetzentwurf der Bundesregierung, VergRModG 2016, BR-Drs. 367/15, 29.
11 Stellungnahme des Bundesrates, VergRModG 2016, BR-Drs. 367/15 (Beschluss), 7.
12 Stellungnahme des Bundesrates, VergRModG 2016, BR-Drs. 367/15 (Beschluss), 7 f.
13 Stellungnahme des Bundesrates, VergRModG 2016, BR-Drs. 367/15 (Beschluss), 8.
14 Antrag der Länder Nordrhein-Westfalen, Schleswig-Holstein, VergRModG 2016, BR-Drs. 367/3/15, 1 f.
15 Gesetzesbegründung zu § 131 GWB, VergRModG 2016, BT-Drs. 18/6281, 159.

I. Persönlicher Anwendungsbereich

10 § 131 GWB findet unmittelbar auf „**öffentliche Auftraggeber**" Anwendung. Dies bestätigen § 131 Abs. 1 S. 1 und 3 GWB, die sich ausdrücklich auf „öffentliche Auftraggeber" gemäß § 99 GWB beziehen.

11 Auf **Sektorenauftraggeber** nach § 100 GWB und **Konzessionsgeber** i.S.v. § 101 GWB findet § 131 GWB keine direkte Anwendung. Aufgrund der Verweisung in § 142 GWB findet § 131 GWB für Sektorenvergaben indirekt Anwendung. Bei Konzessionsvergaben verweist § 154 Nr. 3 GWB lediglich auf die entsprechende Anwendung von § 131 Abs. 2 und 3 GWB, d.h. die Verfahren nach § 131 Abs. 1 GWB stehen für Dienstleistungskonzessionen im Eisenbahnverkehr nicht zur Wahl. Insoweit gelten die Regelungen der VO (EG) 1370/2007.

12 **Öffentliche Auftraggeber nach § 99 Nr. 4 GWB** sind im Bereich der Vergabe von Eisenbahnverkehrsdiensten ohne Bedeutung, weshalb nur die öffentlichen Auftraggeber gemäß § 99 Nr. 1 bis 3 GWB praktisch relevant sind: Aufgabenträger im Schienenpersonennahverkehr sind entweder die Bundesländer selbst (z. B. auch in Form von landeseigenen GmbHs) oder sie haben die Aufgabenträgerfunktion auf kommunale Zweckverbände übertragen.

II. Sachlicher Anwendungsbereich

13 § 131 GWB findet bei öffentlichen Aufträgen über Personenverkehrsleistungen im Eisenbahnverkehr Anwendung. Der Begriff des „**Eisenbahnverkehrs**" wird nicht näher gesetzlich definiert. Er ist technisch (Eisenbahn), räumlich (Verkehr)[16] und zudem gegenständlich (Personentransport) geprägt.

14 Dies sind typischerweise Eisenbahnunternehmen i.S.v. Art. 3 Nr. 1 RL 2012/34/EU, deren Haupttätigkeit in der **Beförderung von Personen** besteht. Eisenbahninfrastrukturunternehmen fallen ebenso wenig unter den Begriff des „Eisenbahnverkehrs" wie Eisenbahnverkehrsunternehmen, die Güter transportieren. Das Gleiche gilt für andere schienengestützte Verkehrsträger wie Untergrund- oder Straßenbahnen, die schon begrifflich nicht als Eisenbahn eingeordnet werden können und dem PBefG unterfallen.

15 **Straßen-** und **Untergrundbahnen** können zwar technisch als Eisenbahn eingeordnet werden, sind aber nach der Gesetzesbegründung nicht erfasst.[17] Sie zählen zu den Personenverkehrsdiensten gemäß § 1 PBefG auf der Straße, wozu nach § 4 Abs. 2 PBefG auch Hoch-, Schwebebahnen und ähnliche Bahnen besonderer Bauart gerechnet werden. Das Gleiche gilt für straßengebundene Personenverkehrsdienste mittels Kraftfahrzeugen und Oberleitungsbussen. Für sie alle gelten weiterhin die Regelungen der §§ 8a, 8b PBefG: Für öffentliche Aufträge verweist § 8a PBefG auf das GWB-Vergaberecht und auf die VO (EG) 1370/2007, während für Dienstleistungskonzessionen[18] § 8b PBefG das wettbewerbliche Vergabeverfahren i.S.v. Art. 5 Abs. 3 VO (EG) 1370/2007 ausgestaltet.[19]

C. Verfahrenswahl (Abs. 1 S. 1 und 2)

16 § 131 Abs. 1 GWB stellt sicher, dass die Aufgabenträger im Schienenpersonennahverkehr bei der Wahl der Verfahrensart und der Ausgestaltung des Vergabeverfahrens ebenso wie nach der bisherigen Rechtslage die notwendige Flexibilität haben, um den Besonderheiten und der Komplexität dieser Vergaben Rechnung tragen zu können.[20] Dementsprechend besteht für die öffentlichen Auftraggeber **Wahlfreiheit** zwischen fünf Verfahrensarten, ohne dass be-

---

16 *Schröder*, in: Saxinger/Winnes, Recht des öffentlichen Personenverkehrs, Art. 5 Abs. 6 VO 1370 Rn. 23.
17 Gesetzesbegründung zu § 131 GWB, VergRModG 2016, BT-Drs. 18/6281, 117.
18 § 149 Nr. 12 Alt. 2 GWB nimmt die Vergabe von Dienstleistungskonzessionen über die Beförderung von Personen nach § 1 PBefG von Teil 4 GWB aus, sodass hierauf weiter § 8b PBefG Anwendung findet.
19 Gesetzesbegründung zu § 131 GWB, VergRModG 2016, BT-Drs. 18/6281, 117.
20 Gesetzesbegründung zu § 131 GWB, VergRModG 2016, BT-Drs. 18/6281, 117.

sondere Gründe[21] vorliegen müssen: (1) offenes Verfahren,[22] (2) nicht offenes Verfahren (mit Teilnahmewettbewerb),[23] (3) Verhandlungsverfahren mit Teilnahmewettbewerb,[24] (4) wettbewerblicher Dialog[25] und (5) Innovationspartnerschaft[26]. Die Aufgabenträger im Schienenpersonennahverkehr werden durch die Möglichkeit der freien Verfahrenswahl privilegiert, weil öffentliche Auftraggeber ansonsten regelmäßig nur das offene Verfahren und das nicht offene Verfahren frei wählen dürfen (§ 119 Abs. 2 S. 1 GWB). Unter den Aspekten der (Verfahrens-)Effizienz und des vom Gesetzgeber angestrebten Wettbewerbs erscheinen für kleinere Vergabevolumina mit weitgehend standardisierten Eisenbahnverkehrsdiensten das offene Verfahren, für größere Auftragsvolumen mit eher komplexen Eisenbahnverkehrsdienstleistungen das Verhandlungsverfahren mit Teilnahmewettbewerb zielführend zu sein. Die Wahl eines wettbewerblichen Dialogs oder einer Innovationspartnerschaft dürfte bei der Verfahrensentscheidung der Aufgabenträger im Schienenpersonennahverkehr nur in besonderen Ausnahmefällen, etwa bei der Förderung neuer Antriebstechnologien, eine Rolle spielen.

Das **Verhandlungsverfahren ohne Teilnahmewettbewerb** kann von den öffentlichen Auftraggebern hingegen nicht frei für Vergaben im Eisenbahnbereich gewählt werden. § 131 Abs. 1 S. 2 GWB sieht daher vor, dass ein Verhandlungsverfahren ohne Teilnahmewettbewerb nur zur Verfügung steht, soweit dies aufgrund dieses Gesetzes gestattet ist. Solche Verhandlungsverfahren sind nur in den nach § 14 Abs. 4 VgV festgelegten Fällen zulässig.[27] Ohne Teilnahmewettbewerb durchgeführte Verhandlungsverfahren sind grundsätzlich auch im Hinblick auf die neuen Direktvergabetatbestände der VO (EU) 2016/2338 weiterhin möglich, weil bei solchen Verhandlungsverfahren nur auf den vorgeschalteten Teilnahmewettbewerb verzichtet werden kann, nicht aber (Ausnahme: § 14 Abs. 4 Nr. 2 VgV) auf einen Bieterwettbewerb im Rahmen der Verhandlungsphase. Bei Verhandlungsverfahren ohne Teilnahmewettbewerb handelt es sich also nicht generell um wettbewerbsfreie Direktvergaben,[28] was z. B. durch § 17 Abs. 5 VgV bestätigt wird. 17

D. Direktvergaben (Abs. 2)

I. Direktvergabe an einen internen Betreiber (S. 1)

§ 131 Abs. 2 S. 1 GWB bestimmt, dass bei der Vergabe von öffentlichen Aufträgen über Personenverkehrsdienstleistungen im Eisenbahnverkehr bzw. Eisenbahnverkehrsdienstleistungen die in § 108 Abs. 1 GWB geregelten allgemeinen In-House-Voraussetzungen nicht angewandt werden. Dies schließt die In-House-relevanten Abs. 2 bis 5 sowie 7 und 8 des § 108 GWB mit ein, in denen jeweils auf Abs. 1 referenziert wird. Sie werden durch die speziellen Regelungen für die Direktvergabe an einen internen Betreiber nach Art. 5 Abs. 2 VO (EG) 1370/2007 ersetzt. Art. 5 Abs. 2 VO (EG) 1370/2007 stellt eine für den Bereich der gemeinwirtschaftlichen Personenverkehrsdienste auf der Schiene geltende Sonderregelung zu der allgemeinen In-House-Ausnahme nach Art. 12 Abs. 1 RL 2014/24/EU dar.[29] Eine Direktvergabe ist nach Art. 2 lit. h VO (EG) 1370/2007 die Vergabe eines öffentlichen Dienstleistungsauftrages ohne Durchführung eines vorherigen wettbewerblichen Vergabeverfahrens. Die In-House-Vergabe und 18

21 Die in Art. 26 Abs. 4 RL 2014/24/EU dokumentierten Voraussetzungen für die Anwendbarkeit eines Verhandlungsverfahrens mit Teilnahmewettbewerb oder eines wettbewerblichen Dialogs gelten nicht für die Vergabe von Eisenbahnverkehrsdiensten, vgl. auch Gesetzesbegründung zu § 131 GWB, VergRModG 2016, BT-Drs. 18/6281, 117.
22 § 119 Abs. 3 GWB.
23 § 119 Abs. 4 GWB.
24 § 119 Abs. 5 GWB.
25 § 119 Abs. 6 GWB.
26 § 119 Abs. 7 GWB.
27 Gesetzesbegründung zu § 131 Abs. 1 GWB, VergRModG 2016, BT-Drs. 18/6281, 118.
28 Kritisch *Knauff*, N&R 2018, 26 (29), der die ausnahmsweise Zulässigkeit des Verhandlungsverfahrens ohne Teilnahmewettbewerb mit dem Wegfall der voraussetzungslosen Direktvergabe von Eisenbahnverkehrsleistungen ab dem 25.12.2023 für nicht mehr anwendbar hält.
29 Gesetzesbegründung zu § 131 Abs. 2 GWB, VergRModG 2016, BT-Drs. 18/6281, 118.

die direkte Vergabe an einen internen Betreiber zielen somit beide auf die wettbewerbsfreie, unmittelbare Beauftragung eines vom Auftraggeber rechtlich verschiedenen Unternehmers.

1. Abgrenzung zur Selbsterbringung

19 Art. 5 Abs. 2 UAbs. 1 VO (EG) 1370/2007 beinhaltet zwei Möglichkeiten der Vergabe öffentlicher Dienstleistungsaufträge: Zum einen die Selbsterbringung nach Art. 5 Abs. 2 UAbs. 1 Alt. 1 VO (EG) 1370/2007; zum anderen die interne Betreiberschaft nach Art. 5 Abs. 2 UAbs. 1 Alt. 2 VO (EG) 1370/2007. Im erstgenannten Fall erbringt die zuständige Behörde die Dienstleistungen selbst. Sie vergibt keinen öffentlichen Dienstleistungsauftrag an einen von ihr rechtlich getrennten Dritten. Der Rechtsnormverweis in § 131 Abs. 2 S. 1 GWB meint daher nicht beide in Art. 5 Abs. 2 UAbs. 1 VO (EG) 1370/2007 zulässigen Vergabemöglichkeiten, sondern nur die direkte Vergabe an einen internen Betreiber gemäß Art. 5 Abs. 2 UAbs. 1 Alt. 2 VO (EG) 1370/2007.

2. Voraussetzungen

a) Rechtliche Behördeneinheit

20 Die **zuständige Behörde** nach Art. 2 lit. b VO (EG) 1370/2007 ist jede Behörde oder Gruppe von Behörden eines oder mehrerer Mitgliedstaaten, die zur Intervention im öffentlichen Personenverkehr in einem bestimmten geografischen Gebiet befugt ist, oder jede mit einer derartigen Befugnis ausgestattete Einrichtung; der geografische Zuständigkeitsbereich darf sich jedoch nach Art. 2 lit. c VO (EG) 1370/2007 nicht auf das gesamte Staatsgebiet erstrecken. Im Falle öffentlicher Schienenpersonenverkehrsdienste kann die Gruppe von Behörden ausschließlich aus zuständigen örtlichen Behörden bestehen, deren geografischer Zuständigkeitsbereich sich nicht auf das gesamte Staatsgebiet erstreckt (Art. 5 Abs. 2 UAbs. 2 S. 1 VO (EG) 1370/2007). Der öffentliche Personenverkehrsdienst oder öffentliche Dienstleistungsauftrag i.S.d. Art. 5 Abs. 1 UAbs. 1 VO (EG) 1370/2007 darf nur den Verkehrsbedarf städtischer Ballungsräume und ländlicher Gebiete oder beides decken (Art. 5 Abs. 2 UAbs. 2 S. 2 VO (EG) 1370/2007).

21 Unerheblich ist, ob eine einzelne Behörde oder eine Gruppe von Behörden handelt, die **„integrierte öffentliche Personenverkehrsdienste"** nach Art. 2 lit. m VO (EG) 1370/2007 anbietet, d.h. Beförderungsleistungen, die innerhalb eines festgelegten geografischen Gebiets im Verbund erbracht werden und für die ein einziger Informationsdienst, eine einzige Fahrausweisregelung und ein einziger Fahrplan besteht.

22 Maßgebend ist letztlich die **Befugnis zur Intervention im Schienenpersonennahverkehr**. Hierunter sind die Bundesländer als Aufgabenträger des Schienenpersonennahverkehrs zu verstehen, die ihre Funktion in ihren Nahverkehrsgesetzen entweder sich selbst (z. B. auch in Form von landeseigenen GmbHs) oder kommunalen Zweckverbänden übertragen haben. Sie sind als zuständige örtliche Behörden einzuordnen.

b) Öffentlicher Dienstleistungsauftrag

23 Der **öffentliche Dienstleistungsauftrag** i.S.v. Art. 2 lit. i VO (EG) 1370/2007 ist definiert als ein oder mehrere rechtsverbindliche Akte, welche die Übereinkunft zwischen einer zuständigen Behörde und einem Betreiber eines öffentlichen Dienstes bekunden, diesen Betreiber eines öffentlichen Dienstes mit der Verwaltung und Erbringung von öffentlichen Personenverkehrsdiensten zu betrauen, die gemeinwirtschaftlichen Verpflichtungen unterliegen.

24 Da der Anwendungsbereich von § 131 Abs. 2 S. 1 GWB systematisch[30] auf öffentliche Dienstleistungsaufträge i.S.v. § 103 Abs. 1 und 4 GWB beschränkt ist, werden **Dienstleistungskonzessionen** nach § 105 GWB zwar nicht direkt, aber indirekt über § 154 Nr. 3 GWB erfasst.

---

30 Nach § 115 GWB findet Abschnitt 2 GWB (§§ 115 bis 135 GWB) nur auf öffentliche Aufträge Anwendung. Die Vergabe von Konzessionen ist in Abschnitt 3 Unterabschnitt 3 GWB geregelt.

c) Rechtlich getrennte Einheit

Das Merkmal der rechtlich getrennten Einheit dient der Abgrenzung zur **Selbsterbringung** nach Art. 5 Abs. 2 UAbs. 1 Alt. 1 VO (EG) 1370/2007. 25

Ein interner Betreiber kann wegen Art. 2 lit. d Alt. 2 VO (EG) 1370/2007 auch eine **„Gruppe von Unternehmen"** sein. Fragwürdig ist hingegen, ob und welchen Grad an rechtlicher Verbundenheit (z. B. als GmbH oder GbR) eine solche „Gruppe von Unternehmen" erfüllen muss. So könnte z. B. eine GbR bedenklich erscheinen, weil sie lediglich (teil-)rechtsfähig ist und einen verhältnismäßig einfachen Zusammenschluss ermöglicht, um eine (wettbewerbsfreie) interne Betreiberschaft begründen zu können. 26

d) Kontrollerfordernis

Die Direktvergabe an einen internen Betreiber erfordert nach Art. 5 Abs. 2 UAbs. 3 lit. a VO (EG) 1370/2007 eine Kontrolle der zuständigen örtlichen Behörde/-n über den internen Betreiber, wofür eine Gesamtschau der kontrollbedeutsamen normativen und realen[31] Gesichtspunkte notwendig ist. 27

Solche **Gesichtspunkte** sind vor allem: Anteils-/Eigentumsverhältnisse,[32] Besetzung von Vorstand bzw. Geschäftsführung und Aufsichtsrat, (normative) Rechte und (reale) Einflussnahme von Vorstand bzw. Geschäftsführung, Haupt-/Gesellschafterversammlung und Aufsichtsrat im Hinblick auf strategische Entscheidungen und einzelne Managemententscheidungen des internen Betreibers (z. B. Tarifpolitik, Personalentscheidungen der Führungsebene, Gewinnverteilung und Kooperationen[33]). 28

Das Kontrollmerkmal erfordert keine Stellung der zuständigen örtlichen Behörde als **alleinige Eigentümerin** des internen Betreibers. Bei einer im Alleineigentum der zuständigen örtlichen Behörde stehenden GmbH[34] wird die erforderliche Kontrolle aber häufig indiziert sein; bei einer AG[35] hingegen kann wegen der Eigenständigkeit des Vorstands ohne weitere Anhaltspunkte (z. B. eines Beherrschungsvertrages) nicht von einer Kontrolle des Alleinaktionärs ausgegangen werden.[36] 29

Zweifelhaft ist, ob eine **mittelbare Kontrolle** der zuständigen örtlichen Behörde ausreichend sein kann, beispielsweise über eine im Alleineigentum stehende Holding, deren Tochterunternehmen der interne Betreiber ist, oder ob sie die erforderliche Kontrolle durch unmittelbare Beteiligung am internen Betreiber ausüben muss.[37] Wortlaut sowie Sinn und Zweck der VO (EG) 1370/2007 erfordern keine unmittelbare Beteiligung der zuständigen Behörde am internen Betreiber. Die tatsächlichen und normativen Umstände bei indirekten Beteiligungsverhältnissen sind für eine genügende Kontrolle der zuständigen örtlichen Behörde ausreichend.[38] 30

e) Tätigkeitsgebiet und Wettbewerbsverbot

Die Vergabe an einen internen Betreiber fordert nach Art. 5 Abs. 2 UAbs. 3 lit. b VO (EG) 1370/2007, dass dieser einerseits innerhalb des behördlichen (d.h. territorialen)[39] Zuständigkeitsgebietes tätig wird und andererseits nicht an außerhalb dieses geografischen Raumes initiierten wettbewerblichen Vergabeverfahren teilnimmt. 31

Dabei ist zu beachten, dass neben dem internen Betreiber selbst (und seinen rechtlich unselbstständigen Einrichtungen, wie z. B. Eigen- und Regiebetrieben)[40] auch dessen Tochterge- 32

31 *Wachinger*, IR 2007, 265 (267).
32 *Pünder*, NJW 2010, 263 (264).
33 *Pünder*, NJW 2010, 263 (264).
34 *Linke/Pünder*, in: Linke, VO (EG) 1370/2007, Art. 5 Rn. 97 ff., zur GmbH.
35 *Linke/Pünder*, in: Linke, VO (EG) 1370/2007, Art. 5 Rn. 93 ff., zur AG.
36 *Wittig/Schimanek*, NZBau 2008, 222 (225).
37 *Wittig/Schimanek*, NZBau 2008, 222 (226).
38 *Eichhorn*, in: Saxinger/Winnes, Recht des öffentlichen Personenverkehrs, Art. 5 Abs. 2 VO 1370 Rn. 55; *Wittig/Schimanek*, NZBau 2008, 222 (226).
39 *Stickler/Feske*, VergabeR 2010, 1 (7); a.A. *Pünder*, EuR 2007, 564 (569).
40 *Pünder*, NJW 2010, 263 (266).

sellschaften[41] erfasst werden, auf die er – wenn auch nur geringfügigen – **Einfluss** ausübt, insbesondere also Unternehmen/Einheiten, an denen er beteiligt ist.[42] Der Normwortlaut verbietet hingegen eine Anwendung auf Mutterunternehmen und Schwesterunternehmen.[43] Unberührt bleiben auch Unterauftragnehmer, weil ihnen nach Erwägungsgrund 19 VO (EG) 1370/2007 die Teilnahme an wettbewerblichen Vergabeverfahren im Zuständigkeitsgebiet aller zuständigen Behörden ermöglicht werden soll.[44]

33 Der vom **Wettbewerbsverbot** betroffene interne Betreiber darf nach Art. 5 Abs. 2 UAbs. 3 lit. c VO (EG) 1370/2007 erst frühestens zwei Jahre vor Ablauf des direkt erhaltenen Auftrages an wettbewerblichen Vergabeverfahren teilnehmen, wenn die direkt an ihn vergebenen öffentlichen Personenverkehrsdienste (später) im Rahmen eines wettbewerblichen Vergabeverfahrens beauftragt werden und der interne Betreiber nicht Auftragnehmer anderer direkt vergebener öffentlicher Dienstleistungsaufträge ist. Fraglich ist hierbei, ob auf den Ort der Organisation (z. B. Sitz eines Zweckverbandes) des wettbewerblichen Vergabeverfahrens abzustellen ist oder ob sich das wettbewerbliche Vergabeverfahren auf Personenverkehrsdienste bezieht, die innerhalb des Zuständigkeitsgebietes der örtlichen Behörde zu erbringen sind.[45] Der Normwortlaut spricht für die erste Ansicht,[46] während der Verordnungszweck für die zweite Meinung streitet. Denn die VO (EG) 1370/2007[47] will bei der Vergabe an einen internen Betreiber gewährleisten, dass dieser nur im (territorialen) Zuständigkeitsgebiet der örtlichen Behörde agiert und nicht im (territorialen) Zuständigkeitsgebiet anderer Behörden um öffentliche Personenverkehrsdienste auf der Schiene konkurriert.

f) Unterauftragsvergabe

34 Bei der Vergabe von Unteraufträgen ist der interne Betreiber eingeschränkt: Er muss nach Art. 5 Abs. 2 UAbs. 3 lit. e VO (EG) 1370/2007 den „überwiegenden Teil" der öffentlichen Personenverkehrsdienste selbst erbringen.

35 Eine Legaldefinition des Begriffs „**überwiegender Teil**" sieht die VO (EG) 1370/2007 nicht vor. Im Schrifttum[48] wird dazu vertreten, dass der nationale Gesetzgeber das Bemessungskriterium (z. B. nach dem Streckennetz, nach den zu erbringenden Personenkilometern oder nach dem Wert eines Dienstes, der sich gemäß Art. 2 lit. k VO (EG) 1370/2007 nach den mit ihm erzielten Einnahmen definiert) bestimmen darf. Hierbei ist eine Gesamtbetrachtung (Streckennetz, Personenkilometer und Einnahmen) sinnvoll, bei welcher der Wortlaut für eine Bemessungsgrundlage von mehr als 50 % streitet.[49] Erfüllt beispielsweise der interne Betreiber bei zwei der vorgenannten Kriterien die Schwelle von mehr als 50 %, so wird dadurch die erforderliche Selbsterbringungsquote indiziert.

g) Vorinformation (S. 2)

36 § 131 Abs. 2 S. 2 GWB stellt klar, dass bei der Direktvergabe an einen internen Betreiber Art. 5 Abs. 2 UAbs. 1 Alt. 2 VO (EG) 1370/2007 die einjährige **Vorinformationspflicht** i.S.v. Art. 7 Abs. 2 VO (EG) 1370/2007 von der zuständigen örtlichen Behörde zu beachten ist.[50] In Art. 7 Abs. 2 UAbs. 1 Alt. 2 VO (EG) 1370/2007 ist ausdrücklich bestimmt, dass „ein Jahr vor der Di-

41 *Pünder*, NJW 2010, 263 (266).
42 *Heiß*, VerwArch 2009, 113 (134); *Wachinger*, IR 2007, 265 (267).
43 *Knauff*, DVBl. 2006, 339 (344), für Schwesterunternehmen; *Wachinger*, IR 2007, 265 (267); a.A. *Kramer*, IR 2010, 80 (81), *Nettesheim*, NVwZ 2009, 1449 (1452), für Schwestergesellschaften.
44 *Heiß*, VerwArch 2009, 113 (134).
45 *Stickler/Feske*, VergabeR 2010, 1 (8).
46 *Stickler/Feske*, VergabeR 2010, 1 (8).
47 Erwägungsgrund 18 VO (EG) 1370/2007.
48 *Heiß*, VerwArch 2009, 113 (123).
49 Vgl. Bekanntmachung des Bayerischen Staatsministeriums für Wirtschaft, Infrastruktur, Verkehr und Technologie v. 14.8.2009, Leitlinien zur Anwendung der Verordnung (EG) Nr. 1370/2007 über öffentliche Personenverkehrsdienste auf Schiene und Straße – VII/2-7410/160/1.
50 Keine Vorinformation ist notwendig, wenn der öffentliche Dienstleistungsauftrag eine jährliche öffentliche Personenverkehrsleistung von weniger als 50.000 km aufweist (Art. 7 Abs. 2 UAbs. 2 VO (EG) 1370/2007).

rektvergabe" im Amtsblatt der EU[51] mindestens[52] der Name und die Anschrift der zuständigen Behörde, die Direktvergabe als Art des geplanten Vergabeverfahrens, die von der Vergabe möglicherweise betroffenen Dienste und Gebiete sowie der geplante Beginn und die geplante Laufzeit des öffentlichen Dienstleistungsauftrages publiziert werden müssen. Auf die Veröffentlichung einer Vorinformation kann nach Art. 7 Abs. 2 UAbs. 2 VO (EG) 1370/2007 verzichtet werden, wenn der öffentliche Dienstleistungsauftrag eine jährliche öffentliche Personenverkehrsleistung von weniger als 50.000 Kilometer aufweist.

Die Berechnung der zwingend zu beachtenden **Jahresfrist** bestimmt sich nach der VO (EWG/Euratom) 1182/71. 37

Ist die Bekanntmachung inhaltlich **fehlerhaft**, so läuft die Jahresfrist weiter.[53] Denn in diesem Fall ist eine Berichtigungsbekanntmachung[54] nach Art. 7 Abs. 2 UAbs. 3 S. 1 VO (EG) 1370/2007 „so rasch wie möglich" zu veröffentlichen.[55] Eine Berichtigung soll nach einer Literaturansicht dann nicht mehr ausreichend sein, wenn die Änderung wesentlich ist.[56] Für diese Meinung spricht zwar die Wahrung der Rechtsschutzmöglichkeiten, die durch gezielte Berichtigungsbekanntmachungen missbräuchlich eingeschränkt werden können. Allerdings überdehnt diese Auffassung den Wortlaut („diese Informationen"), der nur objektiv an eine Änderung der publizierten Informationen, nicht aber an eine (subjektive) Motivation anknüpft. Etwaigen rechtsmissbräuchlichen Bekanntmachungs- und Korrekturabsichten der publizierenden Behörde kann nur einzelfallabhängig begegnet werden, wenn die Treuwidrigkeit der Ursprungs- und Änderungsbekanntmachung bei einer Gesamtbetrachtung sämtlicher (zeitlicher und inhaltlicher) Umstände offensichtlich ist. Dies kann, muss aber nicht automatisch z. B. bei einer Änderung der Verfahrensart vom wettbewerblichen Vergabeverfahren zur Direktvergabe an einen internen Betreiber der Fall sein. Denn Art. 7 Abs. 2 UAbs. 3 VO (EG) 1370/2007 erlaubt ausdrücklich und unterschiedslos die Berichtigung der Art des geplanten Vergabeverfahrens. Neben der Verfahrenstransparenz verfolgt die Regelung daher auch den Zweck einer möglichen gerichtlichen Überprüfung, um die Chancengleichheit aller potenziellen Verkehrsbetreiber zu verbessern, indem diese frühzeitig und in groben Zügen (vgl. Art. 7 Abs. 2 UAbs. 1 lit. a bis d VO (EG) 1370/2007) Kenntnis von der beabsichtigten Direktvergabe erhalten. 38

Erfolgt eine Direktvergabe unter **Verletzung der Vorinformationspflicht**, so ist ein gleichwohl abgeschlossener Vertrag wegen Verstoßes gegen die Vorschrift des Art. 7 Abs. 2 VO (EG) 1370/2007 gemäß § 134 BGB nichtig.[57] Zugleich liegt eine sog. De-facto-Vergabe vor, die nicht zum Verlust des primären Rechtsschutzes führen darf.[58] 39

II. Direktvergabe als Notmaßnahme (S. 2)

§ 131 Abs. 2 S. 2 GWB stellt klar, dass die zuständige Behörde gemäß Art. 5 Abs. 5 VO (EG) 1370/2007 Notmaßnahmen ergreifen kann, um der Unterbrechung des Verkehrsdienstes oder der unmittelbaren Gefahr des Eintretens einer solchen Situation zu begegnen. 40

Notmaßnahmen können insbesondere als Direktvergaben erfolgen (Art. 5 Abs. 5 UAbs. 2 S. 1 Alt. 1 VO (EG) 1370/2007). Daneben besteht die Möglichkeit von förmlichen Vereinbarun- 41

51 Neben der zwingenden Veröffentlichung im europäischen Amtsblatt kann die zuständige Behörde auch andere (nationale) Medien nutzen. Inhaltlich dürfen die so publizierten Angaben nicht von der EU-Bekanntmachung abweichen. Zeitlich dürfen die anderen Medien nicht vor den europäischen Bekanntmachungen genutzt werden.
52 Die zuständige Behörde kann über die Mindestangaben hinaus weitere Angaben veröffentlichen.
53 *Fandrey*, in: Saxinger/Winnes, Recht des öffentlichen Personenverkehrs, Art. 7 Abs. 2 VO 1370 Rn. 29.
54 Die Berichtigungspflicht umfasst die zwingenden Mindestinhalte und die gegebenenfalls freiwilligen Angaben, so zutreffend *Fandrey*, in: Saxinger/Winnes, Recht des öffentlichen Personenverkehrs, Art. 7 Abs. 2 VO 1370 Rn. 14.
55 Je näher der Termin der Direktvergabe rückt, desto schneller muss die Reaktion erfolgen, vgl. *Fandrey*, in: Saxinger/Winnes, Recht des öffentlichen Personenverkehrs, Art. 7 Abs. 2 VO 1370 Rn. 15; *Schröder*, NVwZ 2008, 1288 (1293).
56 *Fandrey*, in: Saxinger/Winnes, Recht des öffentlichen Personenverkehrs, Art. 7 Abs. 2 VO 1370 Rn. 19.
57 OLG Frankfurt, Beschluss v. 6.8.2015 – 11 Verg 8/15; *Fehling/Linke*, in: Linke, VO (EG) 1370/2007, Art. 7 Rn. 61; *Fandrey*, in: Saxinger/Winnes, Recht des öffentlichen Personenverkehrs, Art. 7 Abs. 2 VO 1370 Rn. 25.
58 OLG Frankfurt, Beschluss v. 6.8.2015 – 11 Verg 8/15.

gen über die Ausweitung eines öffentlichen Dienstleistungsauftrages (Art. 5 Abs. 5 UAbs. 2 Alt. 2 VO (EG) 1370/2007) oder von Auflagen, bestimmte gemeinwirtschaftliche Verpflichtungen zu übernehmen (Art. 5 Abs. 5 UAbs. 2 S. 1 Alt. 3 VO (EG) 1370/2007), also von Maßnahmen, die hoheitlicher Natur sind und auch gegen den Willen des Betreibers erfolgen können.[59]

42 Eine Pflicht zur **Vorinformation** besteht nicht (Art. 7 Abs. 2 UAbs. 4 VO (EG) 1370/2007).

43 **Typische Situationen**, in denen die zuständige Behörde eine Notmaßnahme ergreifen darf, sind beispielsweise die Zahlungsunfähigkeit eines Betreibers, der erfolglose Ausschreibungswettbewerb ohne Angebote, dauerhafte Schlechtleistungen des Betreibers, Naturkatastrophen, längerfristige technische Störungen, die außerplanmäßige dringende Durchführung von Sanierungsarbeiten an der Infrastruktur[60] oder wenn bei Auslaufen des Vertrages eine wettbewerbliche Vergabe nicht mehr erfolgen kann.[61]

44 Es genügt, dass objektiv eine solche Gefahrensituation besteht oder sich bereits verwirklicht hat, ohne dass es auf ein **Verschulden** ankommt.[62]

45 Die drei unterschiedlichen Notmaßnahmen ermöglichen der zuständigen Behörde die Auswahl situativ angepasster **Handlungsformen**. Die erste Variante der Direktvergabe unterscheidet sich von der zweiten Alternative der förmlichen Vereinbarung dadurch, dass sich die Direktvergabe auf einen neuen, bislang noch nicht bestehenden öffentlichen Dienstleistungsauftrag mit einem anderen Betreiber bezieht, während die förmliche Vereinbarung einen schon vorhandenen öffentlichen Dienstleistungsauftrag mit einem bisherigen Betreiber ausweitet.[63] Keine Notfallmaßnahme in Form einer förmlichen Vereinbarung ist gegeben, wenn im bestehenden öffentlichen Dienstleistungsauftrag bereits ein Konzept für bestimmte Fälle einer Unterbrechung des Verkehrsdienstes vorgesehen ist (z. B. Schienenersatzverkehrskonzepte), weil der öffentliche Dienstleistungsauftrag nicht ausgeweitet, sondern lediglich angewandt und umgesetzt wird.[64] Bei der dritten Notfallalternative, der Auflage, handelt es sich um eine hoheitliche Maßnahme.[65]

46 Notmaßnahmen dürfen nach Art. 5 Abs. 5 UAbs. 2 S. 3 VO (EG) 1370/2007 höchstens für zwei Jahre erfolgen, sodass auch mehrere aufeinanderfolgende Notmaßnahmen denkbar sind, soweit der Zweijahreszeitraum insgesamt nicht überschritten wird. Die **zeitliche Höchstgrenze**[66] betont den vorläufigen bzw. interimsweisen Charakter von Notfallmaßnahmen. Aus Gründen der Verhältnismäßigkeit darf eine Notmaßnahme somit nur so lange aufrechterhalten bleiben, bis eine reguläre Vergabe möglich ist.[67]

47 Bei **mehreren** in Betracht kommenden **Betreibern** ist aus Gleichbehandlungsgründen eine nachvollziehbare Entscheidung der zuständigen Behörde notwendig, aus welchen Gründen sie sich für den ausgewählten und gegen die anderen Betreiber entschieden hat.[68]

---

59 *Saxinger*, in: Saxinger/Winnes, Recht des öffentlichen Personenverkehrs, Art. 5 Abs. 5 VO 1370 Rn. 14.
60 *Saxinger*, in: Saxinger/Winnes, Recht des öffentlichen Personenverkehrs, Art. 5 Abs. 5 VO 1370 Rn. 3 und 9.
61 OLG Rostock, Beschluss v. 30.10.2019 – 17 Verg 5/19.
62 *Saxinger*, in: Saxinger/Winnes, Recht des öffentlichen Personenverkehrs, Art. 5 Abs. 5 VO 1370 Rn. 10.
63 *Linke/Prieß*, in: Linke, VO (EG) 1370/2007, Art. 5 Rn. 217; *Saxinger*, in: Saxinger/Winnes, Recht des öffentlichen Personenverkehrs, Art. 5 Abs. 5 VO 1370 Rn. 13.
64 *Saxinger*, in: Saxinger/Winnes, Recht des öffentlichen Personenverkehrs, Art. 5 Abs. 5 VO 1370 Rn. 13.
65 *Saxinger*, in: Saxinger/Winnes, Recht des öffentlichen Personenverkehrs, Art. 5 Abs. 5 VO 1370 Rn. 14.
66 *Zuck*, in: Ziekow/Völlink, Vergaberecht, Art. 5 VO 1370 Rn. 109; *Nettesheim*, NVwZ 2009, 1449 (1452 f.), bejaht die Möglichkeit mehrerer aufeinanderfolgender Notvergaben.
67 *Saxinger*, in: Saxinger/Winnes, Recht des öffentlichen Personenverkehrs, Art. 5 Abs. 5 VO 1370 Rn. 20.
68 *Fandrey*, Direktvergabe von Verkehrsleistungen, S. 282.

E. Betreiberwechsel (Abs. 3)

I. Betriebsübergang (S. 1)

Die genaue Ausgestaltung des Betreiberwechsels war prominenter Gegenstand des parlamentarischen Gesetzgebungsprozesses. Die arbeitsrechtliche Regelung[69] in § 131 Abs. 3 GWB stellt klar,[70] dass die zuständige Behörde den zukünftigen Betreiber eines Eisenbahnverkehrsdienstes zur Übernahme von Arbeitnehmern des bisherigen Betreibers und zur Gewährung der Rechte nach § 613a BGB verpflichten soll. § 613a BGB ist insoweit keine abschließende Regelung, geht über den Regelungsinhalt der RL 2001/23/EG prinzipiell hinaus und lässt vor allem auch einen Betriebsübergang im Wege hoheitlicher Anordnung zu.[71] Die Regelung macht zugleich deutlich, dass es grundsätzlich kein entgegenstehendes nationales Recht gibt.[72] 48

Gebraucht der öffentliche Auftraggeber sein Verpflichtungsrecht, so sind spätestens in den **Vergabeunterlagen** die betroffenen Arbeitnehmer (anonymisiert/pseudonymisiert) aufzuführen und transparente Angaben zu ihren vertraglichen Rechten und zu den Bedingungen zu treffen, unter denen sie als in einem Verhältnis zu der betreffenden Verkehrsleistung stehend gelten (vgl. Art. 4 Abs. 5 S. 2 VO (EG) 1370/2007). 49

§ 131 Abs. 3 GWB stellt eine **kraft Gesetzes** wirkende, konstitutive Pflicht zur Übernahme von Arbeitnehmern und Rechtegewährung i.S.v. § 613a BGB dar, d.h., die angeordneten Rechtsfolgen treten mit der Auftragsvergabe unmittelbar von Gesetzes wegen ein.[73] Gleichzeitig prägt § 131 Abs. 3 GWB das allgemeine Transparenzgebot in § 97 Abs. 1 S. 1 GWB im Besonderen aus. 50

1. Anwendungsbereich

Die Norm ist persönlich wie sachlich direkt an öffentliche Auftraggeber adressiert, die öffentliche Aufträge i.S.v. § 131 Abs. 1 GWB vergeben. Wegen der Verweisung in § 142 GWB sind auch Sektorenauftraggeber und nach § 154 Nr. 3 GWB auch Konzessionsgeber indirekt erfasst. 51

Von tatbestandlicher Bedeutung ist die Vorschrift nur dann, wenn es zu einem Wechsel des Betreibers der Personenverkehrsleistung kommt: Ist der ausgewählte Betreiber identisch mit dem bisherigen Betreiber, so kann die Vorschrift keine normative Wirkung entfalten. Ein **Betreiberwechsel** liegt dann vor, wenn der zukünftige mit dem bisherigen Betreiber nicht rechtsidentisch ist. Nur im Falle einer solchen Änderung der Rechtsperson kann ein Wechsel des Betreibers dem Wortlaut nach anzunehmen sein. Für die Annahme, dass Art. 4 Abs. 5 S. 1 VO (EG) 1370/2007 einen Betreiberwechsel vom Altbetreiber auf einen anderen Neubetreiber voraussetzt, streitet auch der Normzweck.[74] Eine Literaturmeinung hingegen sieht neben den neuen auch den bisherigen Betreiber vom unmittelbar geltenden Art. 4 Abs. 5 S. 1 VO (EG) 1370/2007 als erfasst an.[75] 52

Unabhängig von der Geltung des § 131 Abs. 3 GWB kann sowohl der neue als auch der bisherige (ausgewählte) Betreiber zur Einhaltung von **Sozialstandards** (z. B. gleiche Bezahlung bei gleicher Arbeit von Mann und Frau, Möglichkeit des Erziehungsurlaubs, Arbeitssicherheit, Urlaubsregelungen, Sozialversicherung, Verbot der Zwangsarbeit, Verbot der Kinderarbeit, Dis- 53

---

69 VK Thüringen, Beschluss v. 3.7.2019 – 250-4003-11441/2019-E-003-HBN, juris Rn. 140; *Otting/Olgemöller/Tresselt*, in: Gabriel/Krohn/Neun, Handbuch Vergaberecht, § 70 Rn. 49; *Dönneweg*, in: Saxinger/Winnes, Recht des öffentlichen Personenverkehrs, Art. 4 Abs. 5 VO 1370 Rn. 1.

70 § 131 Abs. 3 GWB wirkt lediglich klarstellend, weil Art. 4 Abs. 5 VO (EG) 1370/2007 wegen Art. 288 AEUV unmittelbar in Deutschland gilt.

71 *Dönneweg*, in: Saxinger/Winnes, Recht des öffentlichen Personenverkehrs, Art. 4 Abs. 5 VO 1370 Rn. 14.

72 Gesetzesbegründung zu § 131 Abs. 3 GWB, VergRModG 2016, BT-Drs. 18/6281, 118.

73 *Dönneweg*, in: Saxinger/Winnes, Recht des öffentlichen Personenverkehrs, Art. 4 Abs. 5 VO 1370 Rn. 8 und 16.

74 VK Thüringen, Beschluss v. 3.7.2019 – 250-4003-11441/2019-E-003-HBN, juris Rn. 177.

75 *Dönneweg*, in: Saxinger/Winnes, Recht des öffentlichen Personenverkehrs, Art. 4 Abs. 5 VO 1370 Rn. 4.

kriminierung am Arbeitsplatz)[76] nach Art. 4 Abs. 5 S. 2 VO (EG) 1370/2007 verpflichtet werden, was in letzterem Falle zu Änderungen der bisher geltenden Arbeitsbedingungen führen kann.[77] Öffentliche Auftraggeber können somit – gestützt auf § 131 Abs. 3 GWB – die Anwendung von § 613a BGB anordnen und darüber hinausgehend nach dem unmittelbar geltenden Art. 4 Abs. 5 VO (EG) 1370/2007 die Einhaltung weiterer Sozialstandards fordern.

54 Die Rechtsfolgenverweisung verbunden mit einer Verpflichtung, Personal zu übernehmen, gilt unabhängig davon, ob ein **Betriebsübergang** i.S.v. § 613a BGB gegeben ist.[78] § 131 Abs. 3 GWB will die Arbeitnehmer schützen, weil die Vergabe an einen neuen Betreiber nicht zwangsläufig zu einem Betriebsübergang nach § 613a BGB führen muss.[79] Dies könnte aber z. B. der Fall sein, wenn das Rollmaterial als wesentliches Betriebsmittel beim Betreiberwechsel übergeht.

55 In den Schutzbereich werden nicht alle **Arbeitnehmer** einbezogen, die beim bisherigen Betreiber zur Erbringung der Dienste beschäftigt waren, sondern nur diejenigen nach § 131 Abs. 3 S. 2 GWB. Diese normative Beschränkung des geschützten Arbeitnehmerkreises ist als Zugeständnis an den regelmäßig („soll") in der Praxis anzuordnenden Personalübergang nach § 613a BGB aufzufassen.[80]

2. Intendiertes Ermessen

56 Angesichts der fortschreitenden Liberalisierungstendenzen im öffentlichen Personennahverkehr ist ein häufiger Wechsel der Dienstleistungsunternehmen realistisch, der eine stärkere Sicherung der Arbeitsplätze erfordert.[81] Den öffentlichen Auftraggebern eröffnet § 131 Abs. 3 GWB daher eine durch den Gesetzeszweck eingeschränkte **Wahlmöglichkeit**. Im Falle eines Betreiberwechsels können, müssen sie aber nicht verlangen, dass die beim bisherigen Betreiber zur Erbringung der Eisenbahnverkehrsdienste beschäftigten Arbeitnehmer[82] vom neuen Betreiber übernommen und ihnen die Rechte nach § 613a BGB gewährt werden. Es steht daher im intendierten Ermessen[83] des öffentlichen Auftraggebers, zum Schutze der Arbeitnehmer tätig zu werden oder nicht.

57 Bei der **Ermessensausübung** muss der öffentliche Auftraggeber die allgemeinen Schranken, den Ermächtigungszweck,[84] d.h. die Schaffung transparenter und vergleichbarer Wettbewerbsbedingungen,[85] sowie die Verhältnismäßigkeit beachten.[86] Der deutsche Gesetzgeber legt insoweit einen strengeren Maßstab („soll") an als die europarechtlichen Vorgaben („kann"), um eine stärkere Sicherung der Arbeitsplätze zu bezwecken. Mit der „Soll"-Vorgabe wird letztlich eine Ermessensbindung bzw. ein Regelfall[87] erzeugt, weil nur bei Vorliegen eines sachlichen Grundes im Einzelfall (z. B. wenn der Zuschnitt des Schienenpersonennahverkehrsnetzes bezüglich Bedarf und Qualifikation ganz erheblich vom Status quo des Bestandsnetzes abweicht,[88] etwa bei Mehr-/Minderleistungen durch Vergrößerung oder Verkleinerung

---

76 *Dönneweg*, in: Saxinger/Winnes, Recht des öffentlichen Personenverkehrs, Art. 4 Abs. 5 VO 1370 Rn. 23.
77 *Dönneweg*, in: Saxinger/Winnes, Recht des öffentlichen Personenverkehrs, Art. 4 Abs. 5 VO 1370 Rn. 20.
78 *Dönneweg*, in: Saxinger/Winnes, Recht des öffentlichen Personenverkehrs, Art. 4 Abs. 5 VO 1370 Rn. 12 f.; *Zuck*, in: Ziekow/Völlink, Vergaberecht, Art. 4 VO 1370 Rn. 37.
79 *Hübner*, in: Willenbruch/Wieddekind, Vergaberecht, Art. 4 VO 1370/2007 Rn. 16.
80 Beschlussempfehlung und Bericht des Ausschusses für Wirtschaft und Energie, VergRModG 2016, BT-Drs. 18/7086, 14.
81 Gesetzesbegründung zu § 131 GWB, VergRModG 2016, BT-Drs. 18/6281, 154.
82 Keine Arbeitnehmer sind Beamte, Selbstständige und Organe juristischer Personen, vgl. *Dönneweg*, in: Saxinger/Winnes, Recht des öffentlichen Personenverkehrs, Art. 4 Abs. 5 VO 1370 Rn. 5.
83 *Otting/Olgemöller/Tresselt*, in: Gabriel/Krohn/Neun, Handbuch Vergaberecht, § 70 Rn. 51; *Bayreuther*, in: Linke, VO (EG) 1370/2007, Art. 4 Rn. 53c; *Dönneweg*, in: Saxinger/Winnes, Recht des öffentlichen Personenverkehrs, Art. 4 Abs. 5 VO 1370 Rn. 7; *Zuck*, in: Ziekow/Völlink, Vergaberecht, Art. 4 VO 1370/2007 Rn. 37.
84 *Dönneweg*, in: Saxinger/Winnes, Recht des öffentlichen Personenverkehrs, Art. 4 Abs. 5 VO 1370 Rn. 8.
85 Erwägungsgrund 17 VO (EG) 1370/2007.
86 *Otting/Olgemöller/Tresselt*, in: Gabriel/Krohn/Neun, Handbuch Vergaberecht, § 70 Rn. 52.
87 VK Südbayern, Beschluss v. 12.12.2017 – Z3-3-3194-1-40-08/17, juris Rn. 90; *Winnes*, in: Pünder/Schellenberg, Vergaberecht, § 131 GWB Rn. 40.
88 BT-Plenarprotokoll 18/146, 14422 D.

von Netzen mit Auswirkung auf den Personaleinsatz oder Änderungen in der Traktionsart)[89] vom Personalübergang bei einem Betreiberwechsel abgesehen werden kann.[90] Dabei muss es sich um – von den Nachprüfungsbehörden voll nachprüfbare – atypische Fälle handeln, in denen konkrete, nicht vom öffentlichen Auftraggeber selbst zu vertretende überwiegende Gründe für das Abweichen von der Norm sprechen; der öffentliche Auftraggeber darf von der Regel nur in Fällen abweichen, in denen die für den Normalfall geltende Regelung von der ratio legis offenbar nicht mehr gefordert wird.[91]

Der öffentliche Auftraggeber muss sein Ermessen wegen der Bedeutsamkeit der in § 131 Abs. 3 GWB geregelten Verpflichtungsermächtigung in der Regel spätestens zu **Beginn des Vergabeverfahrens** ausgeübt haben, um die potenziellen (neuen) Betreiber hierüber rechtzeitig informieren zu können. Für einen interessierten (neuen) Betreiber ist die Kenntnis von der Übernahmeverpflichtung von Arbeitnehmern und Rechtegewährung nach § 613a BGB essenziell, um über seine Wettbewerbsteilnahme entscheiden zu können. So sind bei einem (zweistufigen) Verhandlungsverfahren mit Teilnahmewettbewerb aussagekräftige Informationen bereits in der Auftragsbekanntmachung notwendig, während im Rahmen eines (einstufigen) offenen Verfahrens detaillierte Informationen in den Vergabeunterlagen grundsätzlich ausreichend sind. 58

3. Rechte und Pflichten

Verpflichtet der öffentliche Auftraggeber den neuen Betreiber dazu, die beim bisherigen Betreiber zur Erbringung der (Eisenbahnverkehrs-)Dienste beschäftigten Arbeitnehmer zu übernehmen und ihnen die Rechte zu gewähren, auf die sie Anspruch hätten, wenn ein Übergang i.S.v. § 613a BGB erfolgt wäre, so tritt der neue Betreiber in die Rechte und Pflichten aus den im Zeitpunkt des Betriebsüberganges bestehenden **Arbeitsverhältnissen** ein.[92] Dementsprechend ist der alte oder neue Betreiber verpflichtet, die vom Übergang betroffenen Arbeitnehmer gemäß § 613a Abs. 5 BGB vorher in Textform zu unterrichten. Bei einem angeordneten Beschäftigtenübergang muss die Verantwortung zur Unterrichtung klar zugewiesen werden, und zwar mindestens auf Ebene des jeweiligen Vergabeverfahrens, wobei eine einheitliche Regelung anzustreben ist.[93] Die zutreffend informierten Arbeitnehmer können dann binnen Monatsfrist dem Übergang des Arbeitsverhältnisses nach § 613a Abs. 6 BGB widersprechen.[94] 59

Nach dem Wortlaut von Art. 4 Abs. 5 S. 1 VO (EG) 1370/2007 ist es zwar möglich, nur die **Rechtsfolgen** der RL 2001/23/EG anzuordnen, die hinter denjenigen des § 613a BGB zurückbleiben, sodass z. B. den betroffenen Arbeitnehmern kein Widerspruchsrecht eingeräumt werden müsste.[95] § 131 Abs. 3 GWB macht allerdings wegen seines uneingeschränkten Verweises auf § 613a BGB deutlich, dass der deutsche Gesetzgeber keine Einschränkung von Arbeitnehmerrechten wünscht. § 131 Abs. 3 GWB steht Art. 4 Abs. 5 S. 1 VO (EG) 1370/2007 insoweit entgegen („unbeschadet des nationalen Rechts"). 60

Eine Erweiterung der Arbeitnehmerschutzrechte über § 613a BGB hinaus ist wegen der in Art. 4 Abs. 5 S. 2 VO (EG) 1370/2007 enthaltenen Möglichkeit der Anordnung von **Sozialstandards** grundsätzlich denkbar. So ist es möglich, die Rechtsfolgen des § 613a BGB für die Gesamtdauer der Vergabe anzuordnen.[96] Ebenso kann als sozialer Mindeststandard angeordnet werden, dass Tarifverträge und Betriebsvereinbarungen, soweit sie nicht ohnehin kollek- 61

89 Beschlussempfehlung und Bericht des Ausschusses für Wirtschaft und Energie, VergRModG 2016, BT-Drs. 18/7086, 14.
90 Gesetzesbegründung zu § 131 GWB, VergRModG 2016, BT-Drs. 18/6281, 154.
91 VK Südbayern, Beschluss v. 12.12.2017 – Z3-3-3194-1-40-08/17, juris Rn. 90.
92 *Dönneweg*, in: Saxinger/Winnes, Recht des öffentlichen Personenverkehrs, Art. 4 Abs. 5 VO 1370 Rn. 25.
93 Beschlussempfehlung und Bericht des Ausschusses für Wirtschaft und Energie, VergRModG 2016, BT-Drs. 18/7086, 16.
94 *Otting/Olgemöller/Tresselt*, in: Gabriel/Krohn/Neun, Handbuch Vergaberecht, § 70 Rn. 54, billigen den Arbeitnehmern ebenfalls ein Widerspruchsrecht zu.
95 *Dönneweg*, in: Saxinger/Winnes, Recht des öffentlichen Personenverkehrs, Art. 4 Abs. 5 VO 1370 Rn. 26.
96 *Dönneweg*, in: Saxinger/Winnes, Recht des öffentlichen Personenverkehrs, Art. 4 Abs. 5 VO 1370 Rn. 27.

tivrechtlich fortbestehen, nicht erst nach einem Jahr erstmals kündbar sind oder dass sie nicht durch verschlechternde Kollektivregelungen abgelöst werden können.[97] Schließlich kann ein von § 613a BGB abweichender Stichtag, wie etwa der Zeitpunkt der Bekanntmachung der Auftragsvergabe, angeordnet werden.[98]

62 Durch bestehende Betreiberwechseltarifverträge dürfen anerkannte **Übergangsregeln** nicht infrage gestellt werden; Tarifkollisionen sind zu vermeiden und die Koalitionsfreiheit zu beachten.[99] Wenn der öffentliche Auftraggeber den Beschäftigungsübergang anordnet, muss nach dem Willen des Gesetzgebers verbindlich vorgeschrieben werden, dass für den Vollzug des Übergangs die Tarifregelungen maßgeblich sind.[100]

63 Zudem sind nach dem gesetzgeberischen Willen beim Übergang nur **entgeltrelevante Inhalte** zu berücksichtigen, um wettbewerblich schwierige Regelungen (z. B. erheblich abweichende Vereinbarungen zur Altersvorsorge) seitens des neuen Betreibers nicht übernehmen zu müssen.[101]

4. Angaben in Auftragsbekanntmachung und Vergabeunterlagen

64 § 131 Abs. 3 GWB verpflichtet zwar nicht ausdrücklich dazu, dass in den Vergabeunterlagen die betreffenden Arbeitnehmer aufzuführen und transparente Angaben zu ihren vertraglichen Rechten und zu den Arbeitsbedingungen zu treffen sind. Der Gesetzgeber geht aber davon aus, dass der neue Betreiber rechtzeitig vor der Betriebsaufnahme darüber in Kenntnis zu setzen ist, welche Arbeitsverhältnisse auf ihn übergehen, d.h. in der Regel im Zeitpunkt der Auftragsbekanntmachung.[102] Der gesetzgeberische Wille ist dahin zu verstehen, dass in der Auftragsbekanntmachung regelmäßig – schon aus praktischen Platzgründen und datenschutzrechtlichen Erwägungen – allenfalls die Anzahl und gegebenenfalls Tätigkeitsfunktion der betroffenen Mitarbeiter aufzuführen sind. Aus dem allgemeinen Transparenzgebot folgt jedenfalls, dass den Bietern aus den Vergabeunterlagen die aktuellen bzw. einzuräumenden Arbeitsbedingungen der betroffenen Arbeitnehmer deutlich werden müssen.[103] Hierbei kommt dem Schutz der personenbezogenen Daten und der Geschäftsgeheimnisse eine bedeutende Rolle zu, wobei dem öffentlichen Auftraggeber quasi die Funktion als neutrale Clearingstelle zufällt.[104]

65 Zu den üblicherweise notwendigen **Informationen** zählen, soweit nicht bereits in der Auftragsbekanntmachung aufgeführt: die Anzahl der zu übernehmenden Arbeitnehmer, das Geburtsdatum, das Eintrittsdatum in den Betrieb, Angaben zum Bestehen eines besonderen Kündigungsschutzes, der Familienstand und Unterhaltsverpflichtungen, die konkrete Tätigkeit bzw. Funktion und Angaben zu befristeten Arbeitsverhältnissen, das Bestehen von Betriebs- und Personalräten, geltende Tarifverträge und Betriebs- oder Dienstvereinbarungen, Arbeitsvertragsmuster, Angaben zu Altersteilzeit, eine Auflistung der Personalkosten, Angaben zu Ansprüchen aus betrieblicher Altersversorgung, der Stand der Urlaubsansprüche und Angaben zu anhängigen Gerichtsverfahren.[105]

---

97 *Dönneweg*, in: Saxinger/Winnes, Recht des öffentlichen Personenverkehrs, Art. 4 Abs. 5 VO 1370 Rn. 27.
98 *Dönneweg*, in: Saxinger/Winnes, Recht des öffentlichen Personenverkehrs, Art. 4 Abs. 5 VO 1370 Rn. 30.
99 Beschlussempfehlung und Bericht des Ausschusses für Wirtschaft und Energie, VergRModG 2016, BT-Drs. 18/7086, 16.
100 Beschlussempfehlung und Bericht des Ausschusses für Wirtschaft und Energie, VergRModG 2016, BT-Drs. 18/7086, 16.
101 Beschlussempfehlung und Bericht des Ausschusses für Wirtschaft und Energie, VergRModG 2016, BT-Drs. 18/7086, 16.
102 Beschlussempfehlung und Bericht des Ausschusses für Wirtschaft und Energie, VergRModG 2016, BT-Drs. 18/7086, 16.
103 *Otting/Olgemöller/Tresselt*, in: Gabriel/Krohn/Neun, Handbuch Vergaberecht, § 70 Rn. 54; *Bayreuther*, in: Linke, VO (EG) 1370/2007, Art. 4 Rn. 55; *Dönneweg*, in: Saxinger/Winnes, Recht des öffentlichen Personenverkehrs, Art. 4 Abs. 5 VO 1370 Rn. 35.
104 Beschlussempfehlung und Bericht des Ausschusses für Wirtschaft und Energie, VergRModG 2016, BT-Drs. 18/7086, 16.
105 *Dönneweg*, in: Saxinger/Winnes, Recht des öffentlichen Personenverkehrs, Art. 4 Abs. 5 VO 1370 Rn. 36 ff.

II. Geschützter Arbeitnehmerkreis (S. 2)

Der von § 131 Abs. 3 GWB erfasste **Personenkreis** ist beschränkt. Hierzu zählen nur diejenigen Arbeitnehmer, die unmittelbar für die vom Betreiberwechsel betroffenen öffentlichen Personenverkehrsdienstleistungen im Eisenbahnverkehr beim ursprünglichen Betreiber erforderlich sind, beispielsweise die Triebfahrzeugführer[106] und das Zugpersonal. Geschützt werden nur die ausschließlich operativ tätigen Mitarbeiter bestimmter Tätigkeitsgruppen, deren der neue Betreiber auch bedarf, wozu auch das Werkstattpersonal zählt.[107] Nicht erfasst sind Arbeitnehmer der allgemeinen betrieblichen Organisation ohne unmittelbaren Kontakt zum Fahrgast bzw. zu den eingesetzten Fahrzeugen.[108] Von § 131 Abs. 3 GWB werden nur diejenigen Arbeitnehmer erfasst, bei denen – anders als nach Art. 4 Abs. 5 S. 1 VO (EG) 1370/2007 – zum bisherigen Betreiber ein unmittelbares Vertragsverhältnis besteht, sodass sich z. B. die Übernahmeverpflichtung des Neubetreibers nicht auf die Arbeitnehmer von Unterauftragnehmern erstreckt.[109] 66

Nach der Gesetzesbegründung[110] richtet sich der geschützte Arbeitnehmerkreis nach dem **Bedarf des neuen Betreibers**, weil mit der Übernahme potenzielle Wettbewerbsvorteile neuer Betreiber erhalten bleiben sollen: Dies kann nur so verstanden werden, dass der Bieter ein eigenes Personalkonzept aufstellen darf und sein bereits vorhandenes Personal berücksichtigt werden muss; sind nach seinem Personalkonzept weniger Arbeitnehmer für die Erbringung der übergehenden Verkehrsleistung unmittelbar erforderlich als beim bisherigen Betreiber, so ist demnach diese Anzahl ausschlaggebend.[111] Allerdings darf nach § 131 Abs. 3 S. 2 GWB ein nach dem Personalkonzept geplanter Unterauftragnehmereinsatz eines Bieters im Regelfall nicht (neben dem bereits vorhandenen Personal weiter) bedarfsmindernd berücksichtigt werden, weil dies die vom Gesetzgeber intendierte stärkere Sicherung der Arbeitsplätze des bisherigen Betreibers konterkarieren würde.[112] 67

Der Beschäftigtenübergang erfolgt nach vorab definierten, transparenten und nachvollziehbaren **Kriterien**: Die Regel muss sein, dass die zuzuordnenden Mitarbeiter überwiegend und hinreichend lange in den entsprechenden Funktionen im Wettbewerbsnetz tätig waren; wird ein Wettbewerbsnetz bisher innerbetrieblich im Verbund mit anderen Strecken bzw. Netzen bewirtschaftet, sind gegebenenfalls weitere Zuordnungskriterien vorzugeben.[113] 68

Für unmittelbar betroffene Arbeitnehmer, die sowohl für die vom Betreiberwechsel erfassten Personenverkehrsleistungen im Eisenbahnverkehr als auch für anderweitige Dienste beschäftigt sind, ist auf den **Schwerpunkt** des Arbeitsverhältnisses abzustellen, wofür qualitative und quantitative Aspekte bedeutsam sind. Erbringt ein Arbeitnehmer z. B. mehr als 50 % seiner Arbeitszeit für die vom Betreiberwechsel berührten Personenverkehrsdienste im Eisenbahnverkehr, so wird dadurch sein Schutz indiziert.[114] Wenn ein Arbeitnehmer in dem betroffenen Wettbewerbsnetz zudem für mindestens ein Fahrplanjahr vor dem Betreiberwechsel tätig war, dürfte auch eine hinreichend lange Tätigkeit anzunehmen sein. 69

Die Arbeitnehmer hingegen, die lediglich **mittelbar** für die Erbringung der übergehenden Verkehrsleistung erforderlich sind, wie etwa kaufmännische Verwaltungsmitarbeiter, fallen nicht in den personellen Schutzbereich. Erst recht gilt dies für Arbeitnehmer, die nicht von den 70

106 Ähnlich VK Schleswig-Holstein, Beschluss v. 12.5.2016 - VK-SH 5/16, für Busfahrer.
107 Beschlussempfehlung und Bericht des Ausschusses für Wirtschaft und Energie, VergRModG 2016, BT-Drs. 18/7086, 16.
108 *Suermann*, in: Byok/Jaeger, Vergaberecht, § 131 GWB Rn. 41.
109 VK Thüringen, Beschluss v. 3.7.2019 – 250-4003-11441/2019-E-003-HBN, juris Rn. 180.
110 Beschlussempfehlung und Bericht des Ausschusses für Wirtschaft und Energie, VergRModG 2016, BT-Drs. 18/7086, 15.
111 VK Südbayern, Beschluss v. 12.12.2017 – Z3-3-3194-1-40-08/17, juris Rn. 94.
112 VK Südbayern, Beschluss v. 12.12.2017 – Z3-3-3194-1-40-08/17, juris Rn. 99.
113 Beschlussempfehlung und Bericht des Ausschusses für Wirtschaft und Energie, VergRModG 2016, BT-Drs. 18/7086, 16.
114 Ähnlich *Dönneweg*, in: Saxinger/Winnes, Recht des öffentlichen Personenverkehrs, Art. 4 Abs. 5 VO 1370 Rn. 3; *Rechten/Röbke*, LKV 2011, 337 (342); *Bayreuther*, NZA 2014, 1171 (1173): Zuordnungsquote von 50 bis 70 %; *Mutschler-Siebert/Dorschfeldt*, VergabeR 2016, 385 (390): Zuordnungsquote von mindestens 50 %.

zu vergebenden Eisenbahnverkehrsleistungen betroffen sind, weil sie bspw. ausschließlich auf anderen Eisenbahnrelationen oder nur im Reisebusverkehr eingesetzt werden.

III. Missbrauchsverbot (S. 3)

71 § 131 Abs. 3 S. 3 GWB stellt klar, dass missbräuchliche Änderungen von Tarifverträgen während des Vergabeverfahrens keine Wirkung für den Neubetreiber entfalten. Das Missbrauchsverbot dient dem Erhalt der Planungssicherheit im Rahmen des Ausschreibungsverfahrens.[115]

IV. Auskunftsverpflichtung (S. 4)

72 In der Praxis war der öffentliche Auftraggeber mit dem Problem konfrontiert, die für die Vergabeunterlagen insoweit erforderlichen Angaben nicht zu kennen, sie aber transparent in den Vergabeunterlagen dokumentieren zu müssen. Um seiner Verpflichtung entsprechen zu können, musste der öffentliche Auftraggeber vor der Durchführung des Vergabeverfahrens entweder eine einvernehmliche Vereinbarung mit dem bisherigen Betreiber treffen, welche Daten bis wann zur Verfügung zu stellen sind,[116] oder er musste im Rahmen der Vergabevorbereitung gegenüber dem alten Betreiber einen Auskunftsanspruch gemäß § 241 BGB geltend machen.[117] Diesem Praxisproblem begegnet § 131 Abs. 3 S. 4 GWB, indem der bisherige Betreiber nach Aufforderung durch den öffentlichen Auftraggeber verpflichtet ist, diesem alle für den Betriebsübergang erforderlichen Angaben zur Verfügung zu stellen. Als Folgeregelung zu § 131 Abs. 3 S. 1 GWB wurde daher in § 131 Abs. 3 S. 4 GWB eine Auskunftspflicht des bisherigen Betreibers aufgenommen.[118] Dieser spezialgesetzliche Auskunftsanspruch gegenüber dem bisherigen Betreiber stellt zugleich eine Folgeregelung[119] zu Art. 4 Abs. 5 S. 2 VO (EG) 1370/2007 dar.

73 Die Auskunft muss der bisherige Betreiber nicht automatisch erteilen, sondern erst nach entsprechender, formfreier **Aufforderung** durch den öffentlichen Auftraggeber. Die vom jeweiligen Altbetreiber übermittelten Daten dienen ausschließlich dem jeweiligen Vergabeverfahren.[120]

F. Rechtsschutz

74 Schon Art. 5 Abs. 7 VO (EG) 1370/2007 gebietet die Regelung eines effektiven Rechtsschutzes. Einen solchen Rechtsschutz sieht das Nachprüfungsverfahren gemäß den §§ 155 ff. GWB vor und ist folglich auf die Vergabe von Eisenbahnverkehrsdiensten i.S.d. § 131 GWB anwendbar.[121] So handelt es sich bei § 131 Abs. 3 GWB aufgrund des Wettbewerbsbezugs um eine nachprüfbare Bestimmung über das Vergabeverfahren gemäß § 97 Abs. 6 GWB und nicht nur um eine Vorschrift, die lediglich die Durchführung eines öffentlichen Vertrages betrifft, sodass der Weg zu den Nachprüfungsinstanzen auch für den bisherigen Betreiber eröffnet ist.[122]

---

115 Beschlussempfehlung und Bericht des Ausschusses für Wirtschaft und Energie, VergRModG 2016, BT-Drs. 18/7086, 15 f.
116 *Bayreuther*, in: Linke, VO (EG) 1370/2007, Art. 4 Rn. 55d.
117 *Dönneweg*, in: Saxinger/Winnes, Recht des öffentlichen Personenverkehrs, Art. 4 Abs. 5 VO 1370 Rn. 49; *Bayreuther*, NZA 2009, 582 (584).
118 Beschlussempfehlung und Bericht des Ausschusses für Wirtschaft und Energie, VergRModG 2016, BT-Drs. 18/7086, 15.
119 Gesetzesbegründung zu § 131 GWB, VergRModG 2016, BT-Drs. 18/6281, 155.
120 Beschlussempfehlung und Bericht des Ausschusses für Wirtschaft und Energie, VergRModG 2016, BT-Drs. 18/7086, 16.
121 *Bungenberg/Schelhaas*, in: Burgi/Dreher, Vergaberecht, § 131 GWB Rn. 64.
122 VK Südbayern, Beschluss v. 12.12.2017 – Z3-3-3194-1-40-08/17, juris Rn. 80 f.; *Suermann*, in: Byok/Jaeger, Vergaberecht, § 131 GWB Rn. 44.

Anlage

Gesetzesbegründung – VergRModG 2016 (BT-Drs. 18/6281)

Seite 117

Die neue Vorschrift des § 131 schreibt die bisher bestehende Rechtslage bei der Vergabe von öffentlichen Aufträgen über Eisenbahndienste im Wesentlichen fort. Für die Vergabe von öffentlichen Aufträgen über Personenverkehrsdienste im Eisenbahnverkehr galten bei Überschreiten des Schwellenwerts bisher schon die vergaberechtlichen Vorgaben des Vierten Teils des GWB. Der Bundesgerichtshof hat in seinem Beschluss vom 8. Februar 2011 die Anwendbarkeit des allgemeinen Vergaberechts und des Grundsatzes der öffentlichen Ausschreibung auf die Vergaben von Eisenbahnleistungen bestätigt (BGH, Beschluss vom 8.2.2011, X ZB 4/10). Die Entscheidung des Bundesgerichtshofs hat Klarheit darüber geschaffen, dass in Deutschland nationales Recht der allgemeinen Direktvergabemöglichkeit im Eisenbahnverkehr nach Artikel 5 Absatz 6 der Verordnung (EG) Nr. 1370/2007 des Europäischen Parlaments und des Rates vom 23. Oktober 2007 über öffentliche Personenverkehrsdienste auf Schiene und Straße und zur Aufhebung der Verordnungen (EWG) Nr. 1191/69 und (EWG) Nr. 1107/70 des Rates entgegensteht.

Die Vergabe von öffentlichen Aufträgen im Eisenbahnverkehr soll auch in Zukunft grundsätzlich im Wettbewerb erfolgen. Die bisherige Ausschreibungspraxis im Schienenpersonennahverkehr belegt, dass wettbewerbliche Vergabeverfahren zu mehr Effizienz sowie besserer Dienstleistungsqualität führen und der öffentlichen Hand dabei helfen, das wirtschaftlich günstigste Angebot zu ermitteln. Artikel 10 Buchstabe i der Richtlinie 2014/24/EU nimmt zwar öffentliche Aufträge, die zum Gegenstand Personenverkehrsdienste auf Schiene oder per Untergrundbahn haben, vom Anwendungsbereich der Richtlinie aus. Soweit die Verordnung (EG) Nr. 1370/2007 aber die Möglichkeit einräumt, im nationalen Recht von den Vorschriften der Verordnung (EG) Nr. 1370/2007 abzuweichen, sollen die Mitgliedstaaten – wie Erwägungsgrund 27 der Richtlinie 2014/24/EU ausdrücklich klarstellt – weiterhin in ihren nationalen Rechtsvorschriften vorsehen können, dass solche öffentlichen Aufträge durch ein Vergabeverfahren vergeben werden müssen, das ihren allgemeinen Vorschriften für die öffentliche Auftragsvergabe entspricht.

Neben dem GWB-Vergaberecht waren bisher auf die Vergabe von öffentlichen Aufträgen im Eisenbahnverkehr die Verfahrensvorschriften des 1. Abschnitts der VOL/A anwendbar, bei Überschreitung des Schwellenwertes über die Verweisung in der bisherigen Fassung des § 4 Absatz 2 Nummer 2 VgV für sogenannte nachrangige Dienstleistungen gemäß Anlage I Teil B. Da die Richtlinie 2014/24/EU die bisherige Unterscheidung in vorrangige und nachrangige Dienstleistungen aufhebt, war insofern eine Neuregelung erforderlich, die parallel zu der Regelung der Vergabe öffentlicher Aufträge über soziale und andere besondere Dienstleistungen in § 130 getroffen wurde, die ebenfalls bisher sogenannte nachrangige Dienstleistungen gemäß Anlage I Teil B waren.

Für die Vergabe von öffentlichen Aufträgen und Dienstleistungskonzessionen über Personenverkehrsdienste gemäß § 1 des Personenbeförderungsgesetzes (PBefG) sollen auch weiterhin die Regelungen der §§ 8a, 8b PBefG gelten. Bei den Personenverkehrsdiensten gemäß § 1 PBefG handelt es sich um Personenverkehrsdienste auf der Straße, insbesondere mit Straßenbahnen, Untergrundbahnen, Oberleitungsbussen oder mit Kraftfahrzeugen. Als „Straßenbahnen" im Sinne des § 1 PBefG gelten gemäß § 4 Absatz 2 PBefG auch Hoch- und Untergrundbahnen, Schwebebahnen und ähnliche Bahnen besonderer Bauart. Für öffentliche Aufträge verweist § 8a PBefG auf das GWB-Vergaberecht und auf die Verordnung (EG) 1370/2007. Für Dienstleistungskonzessionen gestaltet § 8b PBefG das wettbewerbliche Vergabeverfahren nach Artikel 5 Absatz 3 der Verordnung (EG) 1370/2007 aus. § 149 Nummer 12 nimmt die Vergabe von Dienstleistungskonzessionen über die Beförderung von Personen im Sinne des § 1 PBefG von Teil 4 des GWB aus, so dass hierauf weiterhin § 8b PBefG Anwendung findet.

§ 131 stellt die auf die Vergabe von öffentlichen Aufträgen über Eisenbahndienste anwendbaren Vorschriften klar, ohne inhaltlich wesentliche Veränderung gegenüber den bisherigen Vorgaben zu bewirken. § 131 Absatz 1 stellt sicher, dass die Aufgabenträger im Schienenpersonennahverkehr bei der Wahl der Verfahrensart und der Ausgestaltung des Vergabeverfahrens ebenso wie nach der bisherigen Rechtslage die notwendige Flexibilität haben, um den Besonderheiten und der Komplexität dieser Vergaben Rechnung tragen zu können. Gleichzeitig entspricht diese Regelung den Vorgaben für das wettbewerbliche Vergabeverfahren nach Artikel 5 Absatz 3 der Verordnung (EG) Nr. 1370/2007.

Seite 118

Zu Absatz 1

Die Aufgabenträger haben nach § 131 Absatz 1 Satz 1 die freie Wahl zwischen den wettbewerblichen Verfahrensarten nach § 119, einschließlich des Verhandlungsverfahrens mit Teilnahmewettbewerb, des wettbewerblichen Dialogs und der Innovationspartnerschaft. Die in Artikel 26 Absatz 4 der Richtlinie 2014/24/EU festgelegten Voraussetzungen für die Anwendbarkeit des Verhandlungsverfahrens mit Teilnahmewettbewerb oder des wettbewerblichen Dialogs sollen für die Vergaben von Eisenbahnverkehrsdiensten nicht gelten. Damit erhalten die Aufgabenträger mehr Flexibilität als nach der bisherigen Regelung in § 3 VOL/A 1. Abschnitt, die die Möglichkeit einer freihändigen Vergabe nur in bestimmten Fällen vorsah. Auch für Vergaben im Eisenbahnbereich soll das Verhandlungsverfahren ohne Teilnahmewettbewerb in den hierfür allgemein nach Artikel 32 der Richtlinie 2014/24/EU festgelegten Fällen zulässig sein, damit die Regelung für die Vergaben von öffentlichen Aufträgen über Eisenbahnverkehrsdienste nicht strenger ist als die allgemeinen vergaberechtlichen Vorgaben. § 131 Absatz 1 Satz 2 legt fest, dass ein Verhandlungsverfahren ohne Teilnahmewettbewerb nur zur Verfügung steht, soweit dies aufgrund dieses Gesetzes gestattet ist.

Zu Absatz 2

Gemäß § 131 Absatz 2 Satz 1 ist für die Vergabe von Eisenbahnverkehrsdiensten an einen internen Betreiber anstelle der allgemeinen Regelung in § 108 Absatz 1 die Regelung des Artikels 5 Absatz 2 der Verordnung (EG) Nr. 1370/2007 anwendbar, nach der die zuständige örtliche Behörde unter bestimmten Voraussetzungen selbst Personenverkehrsleistungen erbringen oder öffentliche Aufträge über Personenverkehrsleistungen direkt an eine von ihr kontrollierte Einheit vergeben kann. Artikel 5 Absatz 2 der Verordnung (EG) Nr. 1370/2007 stellt eine für den Bereich der gemeinwirtschaftlichen Personenverkehrsdienste auf der Schiene und auf der Straße geltende Sonderregelung zu der allgemeinen Inhouse-Ausnahme nach Artikel 12 Absatz 1 der Richtlinie 2014/24/EG dar. Unter einer Direktvergabe ist dabei nach der Definition in Artikel 2 Buchstabe h der Verordnung (EG) Nr. 1370/2007 die Vergabe eines öffentlichen Dienstleistungsauftrags ohne Durchführung eines vorherigen wettbewerblichen Vergabeverfahrens zu verstehen.

§ 131 Absatz 2 Satz 2 stellt ausdrücklich klar, dass die unmittelbar anwendbaren Regelungen in Artikel 5 Absatz 5 der Verordnung (EG) Nr. 1370/2007 und in Artikel 7 Absatz 2 der Verordnung (EG) Nr. 1370/2007 weiterhin auf die Vergabe von Eisenbahnverkehrsdiensten Anwendung finden. Die in Artikel 5 Absatz 5 der Verordnung (EG) Nr. 1370/2007 vorgesehenen Möglichkeiten für Notmaßnahmen einschließlich der Möglichkeit einer Direktvergabe im Fall einer Unterbrechung des Verkehrsdienstes oder der unmittelbaren Gefahr des Eintretens einer solchen Situation gelten daher ebenso unverändert fort wie die nach Artikel 7 Absatz 2 der Verordnung (EG) Nr. 1370/2007 bestehende Pflicht zur Veröffentlichung einer Vorinformation über die beabsichtigte Vergabe spätestens ein Jahr vor Einleitung des Vergabeverfahrens. Im Fall einer Direktvergabe nach der Verordnung (EG) 1370/2007 sind nach Artikel 6 Absatz 1 Satz 2 der Verordnung (EG) Nr. 1370/2007 für die Frage der beihilferechtlichen Zulässigkeit einer Ausgleichsleistung die Bestimmungen des Anhangs der Verordnung (EG) Nr. 1370/2007 zu beachten.

Zu Absatz 3

Artikel 4 Absatz 5 Satz 1 der Verordnung (EG) Nummer 1370/2007 sieht vor, dass die zuständige Behörde unbeschadet des nationalen Rechts und des Gemeinschaftsrechts, einschließlich Tarifverträge zwischen den Sozialpartnern, den ausgewählten Betreiber eines öffentlichen Dienstes verpflichten kann, den Arbeitnehmern, die zuvor zur Erbringung der Dienste eingestellt wurden, die Rechte zu gewähren, auf die sie Anspruch hätten, wenn ein Übergang im Sinne der Richtlinie 2001/23/EG, die in Deutschland durch § 613a BGB umgesetzt wurde, erfolgt wäre. Absatz 3 fügt die sich aus Artikel 4 Absatz 5 Satz 1 der Verordnung (EG) Nummer 1370/2007 ergebende Ermächtigung in das GWB-Vergaberecht ein. Die Regelung macht deutlich, dass es kein entgegenstehendes nationales Recht gibt.

Verpflichtet der öffentliche Auftraggeber den zukünftigen Betreiber eines Eisenbahnverkehrsdienstes zur Gewährung der Rechte nach § 613a BGB, so werden nach Artikel 4 Absatz 5 Satz 2 der Verordnung (EG) Nummer 1370/2007 in den Unterlagen des Vergabeverfahrens und den öffentlichen Dienstleistungsaufträgen die betreffenden Arbeitnehmer aufgeführt und transparente Angaben zu ihren vertraglichen Rechten und zu den Bedingungen gemacht, unter denen sie als in einem Verhältnis zu den betreffenden Diensten stehend gelten.

§ 132 GWB
Auftragsänderungen während der Vertragslaufzeit

(1) Wesentliche Änderungen eines öffentlichen Auftrags während der Vertragslaufzeit erfordern ein neues Vergabeverfahren. Wesentlich sind Änderungen, die dazu führen, dass sich der öffentliche Auftrag erheblich von dem ursprünglich vergebenen öffentlichen Auftrag unterscheidet. Eine wesentliche Änderung liegt insbesondere vor, wenn

1. mit der Änderung Bedingungen eingeführt werden, die, wenn sie für das ursprüngliche Vergabeverfahren gegolten hätten,
   a) die Zulassung anderer Bewerber oder Bieter ermöglicht hätten,
   b) die Annahme eines anderen Angebots ermöglicht hätten oder
   c) das Interesse weiterer Teilnehmer am Vergabeverfahren geweckt hätten,
2. mit der Änderung das wirtschaftliche Gleichgewicht des öffentlichen Auftrags zugunsten des Auftragnehmers in einer Weise verschoben wird, die im ursprünglichen Auftrag nicht vorgesehen war,
3. mit der Änderung der Umfang des öffentlichen Auftrags erheblich ausgeweitet wird oder
4. ein neuer Auftragnehmer den Auftragnehmer in anderen als den in Absatz 2 Satz 1 Nummer 4 vorgesehenen Fällen ersetzt.

(2) Unbeschadet des Absatzes 1 ist die Änderung eines öffentlichen Auftrags ohne Durchführung eines neuen Vergabeverfahrens zulässig, wenn

1. in den ursprünglichen Vergabeunterlagen klare, genaue und eindeutig formulierte Überprüfungsklauseln oder Optionen vorgesehen sind, die Angaben zu Art, Umfang und Voraussetzungen möglicher Auftragsänderungen enthalten, und sich aufgrund der Änderung der Gesamtcharakter des Auftrags nicht verändert,
2. zusätzliche Liefer-, Bau- oder Dienstleistungen erforderlich geworden sind, die nicht in den ursprünglichen Vergabeunterlagen vorgesehen waren, und ein Wechsel des Auftragnehmers
   a) aus wirtschaftlichen oder technischen Gründen nicht erfolgen kann und
   b) mit erheblichen Schwierigkeiten oder beträchtlichen Zusatzkosten für den öffentlichen Auftraggeber verbunden wäre,
3. die Änderung aufgrund von Umständen erforderlich geworden ist, die der öffentliche Auftraggeber im Rahmen seiner Sorgfaltspflicht nicht vorhersehen konnte, und sich aufgrund der Änderung der Gesamtcharakter des Auftrags nicht verändert oder
4. ein neuer Auftragnehmer den bisherigen Auftragnehmer ersetzt
   a) aufgrund einer Überprüfungsklausel im Sinne von Nummer 1,
   b) aufgrund der Tatsache, dass ein anderes Unternehmen, das die ursprünglich festgelegten Anforderungen an die Eignung erfüllt, im Zuge einer Unternehmensumstrukturierung, wie zum Beispiel durch Übernahme, Zusammenschluss, Erwerb oder Insolvenz, ganz oder teilweise an die Stelle des ursprünglichen Auftragnehmers tritt, sofern dies keine weiteren wesentlichen Änderungen im Sinne des Absatzes 1 zur Folge hat, oder
   c) aufgrund der Tatsache, dass der öffentliche Auftraggeber selbst die Verpflichtungen des Hauptauftragnehmers gegenüber seinen Unterauftragnehmern übernimmt.

In den Fällen des Satzes 1 Nummer 2 und 3 darf der Preis um nicht mehr als 50 Prozent des Wertes des ursprünglichen Auftrags erhöht werden. Bei mehreren aufeinander folgenden Änderungen des Auftrags gilt diese Beschränkung für den Wert jeder einzelnen Änderung, sofern die Änderungen nicht mit dem Ziel vorgenommen werden, die Vorschriften dieses Teils zu umgehen.

(3) Die Änderung eines öffentlichen Auftrags ohne Durchführung eines neuen Vergabeverfahrens ist ferner zulässig, wenn sich der Gesamtcharakter des Auftrags nicht ändert und der Wert der Änderung

1. die jeweiligen Schwellenwerte nach § 106 nicht übersteigt und

2. bei Liefer- und Dienstleistungsaufträgen nicht mehr als 10 Prozent und bei Bauaufträgen nicht mehr als 15 Prozent des ursprünglichen Auftragswertes beträgt.

Bei mehreren aufeinander folgenden Änderungen ist der Gesamtwert der Änderungen maßgeblich.

(4) Enthält der Vertrag eine Indexierungsklausel, wird für die Wertberechnung gemäß Absatz 2 Satz 2 und 3 sowie gemäß Absatz 3 der höhere Preis als Referenzwert herangezogen.

(5) Änderungen nach Absatz 2 Satz 1 Nummer 2 und 3 sind im Amtsblatt der Europäischen Union bekannt zu machen.

Übersicht

	Rn.
A. Allgemeine Grundlagen	1
I. Struktur	2
II. Anwendungsbereich	5
III. Vergleichbare Regelungen	6
IV. Unionsrechtlicher Hintergrund	7
V. Historie	8
B. Wesentliche Auftragsänderungen, Neuvergabepflicht (Abs. 1)	10
I. Öffentlicher Auftrag während der Vertragslaufzeit (S. 1)	10
II. Neuvergabepflicht, Umfang (S. 1)	12
III. Wesentliche Auftragsänderungen (S. 1 und 2)	14
IV. Katalog wesentlicher Änderungen (S. 3)	23
1. Zusätzliche Bedingungen (Nr. 1)	25
2. Änderung des wirtschaftlichen Gleichgewichts (Nr. 2)	31
3. Erhebliche Ausweitung des Umfangs (Nr. 3)	34
4. Auftragnehmerwechsel (Nr. 4)	36
C. Ausdrücklich zulässige Auftragsänderungen (Abs. 2)	41
I. Überprüfungsklauseln und Optionen (S. 1 Nr. 1)	43
II. Zusätzliche Leistungen (S. 1 Nr. 2)	47
1. Vergabe an den Auftragnehmer des Hauptauftrags	49
2. Zusätzliche Leistung	51
3. Nachträgliche Erforderlichkeit	53
4. Wirtschaftliche oder technische Unmöglichkeit (lit. a)	55
5. Schwierigkeiten oder Zusatzkosten für den Auftraggeber (lit. b)	59
III. Unvorhersehbarer Änderungsbedarf (S. 1 Nr. 3)	61
IV. Auftragnehmerwechsel (S. 1 Nr. 4)	68
1. In den Vergabeunterlagen vorgesehene Überprüfungsklausel (lit. a)	70
2. Unternehmensumstrukturierungen (lit. b)	77
3. Auftraggeber tritt an die Stelle des Auftragsnehmers (lit. c)	85
V. Wertbegrenzung (S. 2 und 3)	87
D. Bagateländerungen (Abs. 3)	90
E. Wertberechnung bei Indexierungsklauseln (Abs. 4)	98
F. Publikationspflicht (Abs. 5)	101
G. Fallgruppen	104
I. Konkretisierungen ohne Änderungen	105
II. Vertragsdurchführungsklauseln	106
III. Reduktion des Leistungsumfangs bzw. Verkleinerung des Auftragsgegenstandes	107
IV. Preisänderungen	109
V. Vertragsverlängerung und Kündigungsverzicht	113
VI. Auftraggeberwechsel	118
VII. Wechsel von Mitgliedern einer Arbeitsgemeinschaft	125
H. Rechtsschutz	128
Anlage Gesetzesbegründung	

A. Allgemeine Grundlagen*

1 § 132 GWB regelt, unter welchen Bedingungen Änderungen eines Auftrags während der Ausführung ohne erneutes Vergabeverfahren zulässig sind.

* Nachfolgende Ausführungen geben allein die persönliche Auffassung der Autoren wieder.

I. Struktur

§ 132 GWB stellt dabei vergaberechtliche Maßstäbe auf. Zivilrechtliche Fragen der Änderung vertraglicher Vereinbarungen (§ 311 Abs. 1 BGB) bleiben hiervon unberührt. Über sie ist nach geltendem Zivilrecht zu entscheiden. 2

§ 132 GWB stellt in Abs. 1 S. 1 den **Grundsatz** auf, dass der öffentliche Auftraggeber einen öffentlichen Auftrag neu vergeben muss, wenn er den öffentlichen Auftrag wesentlich ändern will. In den auf § 132 Abs. 1 S. 2 GWB folgenden Regelungen werden ausdrücklich Fallgruppen aufgeführt, in denen eine Neuvergabe erforderlich ist (§ 132 Abs. 1 Nr. 1 bis 4 GWB) oder nicht (§ 132 Abs. 2 und 3 GWB). § 132 Abs. 2 und 3 GWB bilden dabei **Ausnahmetatbestände** von den wettbewerbsschützenden Regeln der Neuvergabe bei wesentlichen Änderungen nach § 132 Abs. 1 GWB. 3

Ist eine Neuvergabe erforderlich, so gelten die **Regeln des Vergaberechts** im Umfang ihrer Anwendbarkeit. Für neu zu vergebende Auftragsänderungen sieht das Vergaberecht keine Erleichterungen vor. Sie sind wie neue Aufträge zu behandeln und in einem ordentlichen Vergabeverfahren zu vergeben. Eine bloße erneute Verhandlung mit den Teilnehmern des ursprünglichen Vergabeverfahrens genügt dem daher zumeist nicht.[1] 4

II. Anwendungsbereich

§ 132 GWB ist die zentrale Referenzregelung für Auftragsänderungen im deutschen Vergaberecht. § 132 GWB gilt für alle öffentlichen Aufträge i.S.d. § 103 Abs. 1 GWB. § 132 GWB gilt auch für Rahmenvereinbarungen, da im GWB nichts anderes bestimmt ist, vgl. § 103 Abs. 5 S. 2 GWB.[2] Und § 132 GWB ist ausdrücklich auch anwendbar auf: 5

- Sektorenauftraggeber, § 142 Nr. 3 GWB, mit Ausnahme von § 132 Abs. 2 S. 2 und 3 GWB,
- verteidigungs- oder sicherheitsspezifische öffentliche Aufträge, § 147 GWB,
- und Konzessionen, § 154 Nr. 4 GWB.

III. Vergleichbare Regelungen

Mit § 132 GWB vergleichbare Regelungen finden sich im deutschen Vergaberecht in § 22 VOB/A, einer wörtlichen Kopie des § 132 GWB, und in § 47 UVgO. § 47 UVgO verweist auf § 132 Abs. 1, 2 und 4 und öffnet darüber hinaus für Unterschwellenvergaben einen weiteren Ausnahmetatbestand von der Ausschreibungspflicht des § 132 Abs. 1 GWB: Der Wert der Änderung beträgt nicht mehr als 20 Prozent des ursprünglichen Auftragswertes und der Gesamtcharakter des Auftrags bleibt unverändert. 6

IV. Unionsrechtlicher Hintergrund

Die europarechtlichen Grundlagen des § 132 GWB finden sich in Art. 72 RL 2014/24/EU. Mit diesem Artikel hat der EU-Gesetzgeber die Fallgruppe der Auftragsänderungen erstmalig gesetzlich geregelt. Die Vorschriften korrelieren wie folgt: 7

- § 132 Abs. 1 S. 1 GWB setzt Art. 72 Abs. 1 lit. e und Abs. 5 RL 2014/24/EU um.
- § 132 Abs. 1 S. 2 und S. 3 GWB setzen Art. 72 Abs. 4 RL 2014/24/EU um.
- § 132 Abs. 2 GWB setzt Art. 72 Abs. 1 RL 2014/24/EU um.
- § 132 Abs. 3 GWB setzt Art. 72 Abs. 2 RL 2014/24/EU um.
- § 132 Abs. 4 GWB setzt Art. 72 Abs. 3 RL 2014/24/EU um.
- § 132 Abs. 5 GWB setzt Art. 72 Abs. 1 a. E. RL 2014/24/EU um.

1 Vgl. OLG München, Beschluss v. 5.10.2012 – Verg 15/12; OLG Jena, Beschluss v. 19.10.2010 – 9 Verg 5/10.
2 Vgl. VK Bund, Beschluss v. 29.7.2019 – VK 2-48/19.

V. Historie

8 § 132 GWB und seinen europarechtlichen Vorgaben liegt die **„pressetext"-Rechtsprechung** des EuGH aus dem Jahr 2008 zugrunde. In der Rechtssache „pressetext" hielt der EuGH eine Neuvergabe für erforderlich, wenn die Vertragsparteien den Willen zur Änderung wesentlicher Vertragsbestimmungen, insbesondere bezüglich Preis, Leistung und Laufzeit, erkennen lassen.[3] Eine Neuvergabe ist demnach insbesondere geboten, wenn die Änderung

- Bedingungen einführt, die die Zulassung anderer als der ursprünglich zugelassenen Bieter oder die Annahme eines anderen als des ursprünglich angenommenen Angebots erlaubt hätten,
- den öffentlichen Auftrag in großem Umfang auf bisher nicht vorgesehene Leistungen erweitert, die nicht Gegenstand des ursprünglichen Auftrags waren, oder
- das wirtschaftliche Gleichgewicht des Vertrags in einer im ursprünglichen Vertrag nicht vorgesehenen Weise zugunsten des Auftragnehmers verschiebt.[4]

Hingegen sind nach dieser Rechtsprechung Änderungen oder Verlängerungen der Leistungsbeziehung vergaberechtlich neutral, wenn sie

- bereits in der Ausschreibung und im Vertrag angelegt waren, etwa durch Optionen,[5]
- oder im Hinblick auf die vergaberechtlichen Grundsätze der Gleichbehandlung und Transparenz und gemessen an den wirtschaftlichen Auswirkungen unwesentlich sind.[6]

9 Zu beachten ist indes: Mit **Art. 72 RL 2014/24/EU** hat der Gesetzgeber Regelungen getroffen, die die „pressetext"-Rechtsprechung des EuGHs zum Teil fortentwickeln. Bei Widersprüchen zwischen Rechtsprechung und neuen Regelungen sind im Zweifel die gesetzlichen Regelungen maßgeblich. Allerdings ist auch zu erwarten, dass der EuGH und die deutsche Rechtsprechung die neuen Regelungen in Fortführung der Grundgedanken der „pressetext"-Rechtsprechung auslegen werden. Die bisherige Rechtsprechung kann daher, nach Abgleich mit dem Wortlaut der neuen Regelungen, deren Sinn und Zweck und dem Willen des Gesetzgebers, durchaus weiter als Auslegungshilfe herangezogen werden.

B. Wesentliche Auftragsänderungen, Neuvergabepflicht (Abs. 1)

I. Öffentlicher Auftrag während der Vertragslaufzeit (S. 1)

10 Grundvoraussetzung der Anwendbarkeit des § 132 GWB ist zunächst, dass sich eine Auftragsänderung auf einen **öffentlichen Auftrag** i.S.d. § 103 Abs. 1 GWB bezieht. Dies ist unmittelbar dem Wortlaut des § 132 Abs. 1 GWB zu entnehmen.[7] Maßgeblicher Zeitpunkt zur Bestimmung, ob ein Auftrag ein öffentlicher ist, ist dabei jener der geplanten Auftragsänderung. Dies folgt aus dem Grundsatz effektiver Wirksamkeit des Vergaberechts, der gebietet, dass ein öffentlicher Auftraggeber, wenn er Leistungen am Markt beschaffen will, ein Vergabeverfahren nach dem zum Beschaffungszeitpunkt geltenden Recht durchführen muss.

3 Vgl. EuGH, Urteil v. 19.6.2008 – Rs. C-454/06 (pressetext), Rn. 34, im Anschluss an Urteil v. 5.10.2000 – Rs. C-377/98 (Kommission/Frankreich), Rn. 44, 46; entsprechend zu Dienstleistungskonzessionen EuGH, Urteil v. 13.4.2010 – Rs. C-91/08 (Wall), Rn. 37. Ebenso jüngst etwa: EuGH, Urteil v. 14.5.2020 – Rs. C-263/19 (T-Systems), Rn. 61.

4 Vgl. EuGH, Urteil v. 19.6.2008 – Rs. C-454/06 (pressetext), Rn. 35 ff., und zum Beispiel OLG Rostock, Beschluss v. 25.9.2013 – 17 Verg 3/13; OLG Frankfurt, Urteil v. 29.1.2013 – 11 U 33/12; OLG Düsseldorf, Beschluss v. 21.7.2010 – VII-Verg 19/10; OLG Celle, Beschluss v. 29.10.2009 – 13 Verg 8/09.

5 Vgl. EuGH, Urteil v. 19.6.2008 – Rs. C-454/06 (pressetext), Rn. 60, 68; Urteil v. 29.4.2004 – Rs. C-496/99 P (CAS Succhi di Frutta), Rn. 118; OLG Hamburg, Beschluss v. 25.1.2007 – 1 Verg 5/06; OLG Jena, Beschluss v. 14.10.2003 – 6 Verg 5/03; OLG Rostock, Beschluss v. 5.2.2003 – 17 Verg 14/02; OLG Düsseldorf, Beschluss v. 20.6.2001 – Verg 3/01; OLG Celle, Beschluss v. 4.5.2001 – 13 Verg 5/00.

6 Vgl. Generalanwältin *Kokott*, Schlussanträge v. 13.3.2008 – Rs. C-454/06 (pressetext), Rn. 87, und OLG Jena, Beschluss v. 14.10.2003 – 6 Verg 5/03; OLG Düsseldorf, Beschluss v. 12.1.2004 – VII-Verg 71/03; VK Brandenburg, Beschluss v. 17.6.2008 – VK 13/08.

7 Darüber hinaus zum Anwendungsbereich siehe oben unter Rn. 5.

Bestehende vertragliche Pflichten kann der Auftraggeber nutzen; neue muss er mittels Vergabeverfahren begründen; zur Abgrenzung dient § 132 GWB. Auch für Altverträge zuvor privatrechtlicher Natur, die ein öffentlicher Auftraggeber etwa mittels Eigentümerwechsel erworben hat, gilt daher § 132 GWB. Andernfalls könnte ein öffentlicher Auftraggeber einen privatrechtlichen Altvertrag weitgehend ausweiten und zur Umgehung des Vergaberechts zur Beschaffung heranziehen.

Erforderlich ist zudem eine Änderung an einem öffentlichen Auftrag während der **Vertragslaufzeit**. Der Vertrag muss mithin bereits geschlossen sein. Eine Änderung vorgeschlagener Vertragsbedingungen vor Vertragsschluss muss hingegen im Zuge des laufenden Vergabeverfahrens oder in Ermangelung eines solchen als laufende De-facto-Vergabe bewertet werden. Insbesondere sieht das GWB-Vergaberecht eigenständige Regelungen je nach Verfahrenstyp zur Änderung von Vergabebedingungen vor, die nicht in den gleichen Fällen eine Neuvergabe erfordern, wie in § 132 GWB geregelt. Mangels Regelungslücke ist daher auch für eine analoge Anwendung des § 132 GWB kein Raum.[8] 11

II. Neuvergabepflicht, Umfang (S. 1)

Rechtsfolge einer Auftragsänderung i.S.d. § 132 GWB ist das Erfordernis eines **neuen Vergabeverfahrens**. Bei der Konzeption des neuen Vergabeverfahrens, zum Beispiel bei der Wahl der Verfahrensart, muss der öffentliche Auftraggeber die Regelungen des Vergaberechts beachten.[9] 12

Die Pflicht zur Neuvergabe umfasst dabei allerdings nach hier vertretener Auffassung nur die **Auftragsänderung** selbst, nicht aber den zugrundeliegenden öffentlichen Auftrag oder Teile desselben.[10] Auf eine etwaige Abgrenzbarkeit kommt es nicht an. Dies folgt neben dem Wortlaut auch aus Sinn und Zweck des § 132 GWB: Regelungsgehalt des § 132 GWB ist eine Neuvergabepflicht der Auftragsänderung, nicht eine Durchbrechung der Leistungspflichten bestehender Verträge. Der öffentliche Auftraggeber kann § 132 GWB nicht nutzen, um sich auch nur partiell aus Bindungen bestehender Verträge zu lösen. Kann die ergänzende Leistung infolge der Auftragsänderung auch angesichts etwaig unterschiedlicher Auftragnehmer nicht eigenständig für sich beschafft werden, so gehen daher etwaige Überlappungen zulasten des öffentlichen Auftraggebers: Er muss einzelne Leistungselemente gegebenenfalls doppelt beschaffen, wenn es ihm nicht gelingt, diese nach allgemeinem Zivilrecht aus dem bestehenden Vertrag herauszulösen. 13

III. Wesentliche Auftragsänderungen (S. 1 und 2)

§ 132 Abs. 1 S. 1 GWB normiert den Grundsatz, dass nach wesentlichen Änderungen eines öffentlichen Auftrags während der Vertragslaufzeit dieser neu vergeben werden müssen. Eine **Änderung** des Auftrags ist dabei jede Änderung des vertraglichen Schuldverhältnisses zwischen öffentlichem Auftraggeber und Auftragnehmer. Sie erfolgt ihrerseits durch Vertrag (§ 311 Abs. 1 BGB). Die Art des Änderungsvertrages oder seine Form sind dabei ebenso wenig relevant wie beim Begriff des öffentlichen Auftrags. Der Änderungsvertrag kann auch ein öffentlich-rechtlicher Vertrag oder ein Vergleichsvertrag i.S.d. § 779 BGB[11] sein. 14

§ 132 Abs. 1 S. 2 GWB definiert, was eine **wesentliche** Auftragsänderung sein soll: eine Änderung, die zu einem erheblichen Unterschied zum ursprünglichen öffentlichen Auftrag führt. Dies entspricht in der Sache der bisherigen Rechtsprechung, nach der eine Auftragsänderung als öffentlicher Auftrag anzusehen ist, wenn sie bei wirtschaftlicher Betrachtung einer Neuvergabe gleichkommt. Hiervon war auszugehen, wenn wesentliche Vertragsinhalte geändert 15

8 Vgl. OLG Celle, Beschluss v. 24.10.2019 – 13 Verg 9/19.
9 Vgl. VK Brandenburg, Beschluss v. 23.8.2018 – VK 15/18.
10 A.A. VK Brandenburg, Beschluss v. 23.8.2018 – VK 15/18; *Summa*, VPR 2018, 1.
11 EuGH, Urteil v. 7.9.2016 – Rs. C-549/14 (Frogne), Rn. 31 ff.; Urteil v. 14.11.2013 – Rs. C-221/12 (Belgacom), Rn. 43; BGH, Beschluss v. 8.2.2011 – X ZB 4/10 (Abellio); OLG Düsseldorf, Beschluss v. 21.7.2010 – VII-Verg 19/10.

werden.[12] Ob die Änderung wesentlich ist, ist durch eine wirtschaftliche Gesamtbetrachtung der Rechte und Pflichten der Vertragspartner festzustellen. Dabei kommt es nicht auf den einzelnen Vertrag in einem technischen Sinne an. Maßstab ist vielmehr der ursprünglich vergebene öffentliche Auftrag. Dabei kann auch ein ganzes Vertragskonvolut wie etwa bei öffentlich-privaten Partnerschaften (ÖPP) üblich in die wirtschaftliche Gesamtbetrachtung einzubeziehen sein.[13]

16 **Wesentliche Vertragsinhalte** sind regelmäßig die essentialia negotii, mithin der Preis, Art und Umfang der Leistung des Auftragnehmers und die Laufzeit des Vertrages.[14] Laut Begründung des Gesetzentwurfs der Bundesregierung sind insbesondere Änderungen erfasst, die *„den Umfang und die Ausgestaltung der gegenseitigen Rechte und Pflichten der Parteien"* betreffen.[15] Dies soll nach dem Willen der Bundesregierung laut Entwurfsbegründung ausdrücklich auch die Zuweisung von Rechten des geistigen Eigentums beinhalten.[16] Denn die Zuweisung der Rechte des geistigen Eigentums ist regelmäßig wesentlich für die wirtschaftliche Architektur des Vertrages und die Frage, wofür in welcher Höhe vergütet wird.

17 Nicht unproblematisch ist die **Abgrenzung** wesentlicher von unwesentlichen Änderungen bei Verträgen, die typischerweise eine recht weitreichende Flexibilität für Anpassungen des Leistungsspektrums vorsehen. Bauverträge sind solche Fälle wegen der mit einem Bauvorhaben verbundenen Unwägbarkeiten[17] ebenso wie IT-Verträge[18] und langfristige Verträge der Daseinsvorsorge, insbesondere Universalverträge, zum Beispiel aus dem Abfall-[19] oder Verkehrsbereich,[20] der Wasserversorgung[21] oder betreffend Rettungsdienstleistungen.[22] Gleichwohl gelten auch für diese Fälle die allgemeinen Regeln des § 132 GWB: Werden Änderungen des Auftragsgegenstandes erforderlich und sind sie wesentlich, so ist vergaberechtlich entscheidend, ob der öffentliche Auftraggeber im ursprünglichen öffentlichen Auftrag hinreichende Flexibilitäten vorgesehen hat; ihm *„obliegt es […] den Auftragsgegenstand umsichtig zu bestimmen"*.[23] Sind Flexibilitäten von Anfang an in den Vergabeunterlagen vorgesehen, so kann § 132 Abs. 2 S. 1 Nr. 1 GWB einschlägig sein, bei unvorhersehbaren Umständen § 132 Abs. 2 S. 1 Nr. 3 GWB. Aus der VOB/B lassen sich dabei nur zivilrechtliche Maßstäbe, nicht aber die auch vergaberechtlich ohne Neuvergabe zulässigen Änderungen ablesen.

18 Dagegen ist unerheblich, ob die Gründe, die eine Anpassung des Vertrages auslösen, objektiv vorliegen oder deren Eintreten von einer Vertragspartei **zu vertreten** war. Ebenso ist unerheblich, ob die Änderung aus der Sicht der Vertragsparteien eine ausgewogene und **vernünftige Lösung** darstellt.[24] § 132 GWB schützt die Gleichbehandlung und die Transparenz im

---

12 Vgl. etwa OLG Frankfurt, Beschluss v. 29.1.2013 – 11 U 33/12; OLG Düsseldorf, Beschluss v. 12.1.2004 – VII-Verg 71/03; Beschluss v. 20.6.2001 – Verg 3/01; OLG Rostock, Beschluss v. 5.2.2003 – 17 Verg 14/02; VK Bund, Beschluss v. 26.6.2019 – VK 2-34/19; zum Ganzen eingehend *Poschmann*, Auftragsänderungen, Teil 2; *Knauff*, NZBau 2007, 347 (349).

13 Vgl. bereits vor § 132 GWB OLG Düsseldorf, Beschluss v. 20.6.2001 – Verg 3/01.

14 Vgl. bereits vor § 132 GWB OLG Frankfurt, Beschluss v. 30.8.2011 – 11 Verg 3/11; OLG Düsseldorf, Beschluss v. 12.1.2004 – VII-Verg 71/03; Beschluss v. 20.6.2001 – Verg 3/01; Beschluss v. 14.2.2001 – Verg 13/00; OLG Rostock, Beschluss v. 5.2.2003 – 17 Verg 14/02; VK Brandenburg, Beschluss v. 17.6.2008 – VK 13/08.

15 Gesetzesbegründung zu § 132 Abs. 1 GWB, VergRModG 2016, BT-Drs. 18/6281, 119.

16 Gesetzesbegründung zu § 132 Abs. 1 GWB, VergRModG 2016, BT-Drs. 18/6281, 119.

17 Vgl. etwa BGH, Urteil v. 22.7.2010 – VII ZR 213/08; VK Nordbayern, Beschluss v. 20.6.2012 – 21.VK-3194-08/12; VK Südbayern, Beschluss v. 30.5.2007 – Z3-3-3194-1-15-04/07.

18 Vgl. EuGH, Urteil v. 7.9.2016 – Rs. C-549/14 (Frogne), insbesondere Rn. 35 ff.

19 Vgl. etwa OLG München, Beschluss v. 6.8.2012 – Verg 14/12; OLG Düsseldorf, Beschluss v. 25.4.2012 – VII-Verg 107/11; Beschluss v. 28.7.2011 – VII-Verg 20/11; OLG Celle, Beschluss v. 29.10.2009 – 13 Verg 8/09; VK Rheinland-Pfalz, Beschluss v. 5.7.2013 – VK 1-11/13; VK Arnsberg, Beschluss v. 2.2.2011 – VK 27/10; VK Brandenburg, Beschluss v. 12.2.2010 – VK 3/10.

20 Vgl. etwa OLG Rostock, Beschluss v. 25.9.2013 – 17 Verg 3/13; VK Münster, Beschluss v. 18.3.2010 – VK 1/10.

21 Vgl. etwa OLG Frankfurt, Beschluss v. 30.8.2011 – 11 Verg 3/11.

22 Vgl. etwa EuGH, Urteil v. 29.4.2010 – Rs. C-160/08, Rn. 98 ff.; OLG Schleswig, Beschluss v. 4.11.2014 – 1 Verg 1/14.

23 Vgl. EuGH, Urteil v. 7.9.2016 – Rs. C-549/14 (Frogne), insbesondere Rn. 34; Urteil v. 14.11.2013 – Rs. C-221/12 (Belgacom), Rn. 40.

24 Vgl. EuGH, Urteil v. 7.9.2016 – Rs. C-549/14 (Frogne), insbesondere Rn. 36; Urteil v. 14.11.2013 – Rs. C-221/12 (Belgacom), Rn. 34.

Wettbewerb um den öffentlichen Auftrag und nicht die zivilrechtliche Ausgewogenheit der vertraglichen Vereinbarung.

Ergänzt sei, dass dem öffentlichen Auftraggeber bei aller Umsicht Grenzen gesetzt sind hinsichtlich der **Flexibilitäten**, die er für unvorhersehbare Ereignisse im öffentlichen Auftrag vorsieht. Bei der Beschreibung des Auftragsgegenstandes ist er an das Bestimmtheitsgebot gebunden (vgl. § 21 Abs. 1 S. 2, § 31 Abs. 2 Nr. 1 VgV). Generalklauseln zur Anpassung des Auftragsgegenstandes bei unvorhergesehenen Ereignissen dürften hieran scheitern.[25] Der Umfang potenzieller Vertragsänderungen muss für die Wirtschaftsteilnehmer jedenfalls grob kalkulierbar sein.[26] Der öffentliche Auftraggeber muss mithin eine Balance finden zwischen notwendigen Klauseln zur Flexibilität und der gebotenen Bestimmtheit des Auftragsgegenstandes. 19

In diesem Sinne an § 132 GWB zu messen sind **Leistungsverschiebungen** und **Verschiebungen von Bauzeiten**, zum Beispiel infolge von Verzögerungen durch ein Nachprüfungsverfahren. Die Folge können Änderungen der vereinbarten Fertigstellungstermine, unter Umständen auch Anpassungen des Preises sein. Hierin sieht der BGH in der Regel keine wesentliche Änderung gemessen an den Kriterien des § 132 Abs. 1 S. 3 GWB: Insbesondere bleibe das wirtschaftliche Gleichgewicht unberührt. Ob sich andere Unternehmen um den öffentlichen Auftrag beworben hätten, müsse nicht weiter untersucht werden, denn das Nachprüfungsverfahren diene dem Schutz des Wettbewerbs und könne daher nicht als Ursache einer Wettbewerbsverzerrung gelten.[27] Maßgeblich ist aber letztlich eine Einzelfallbetrachtung unter Berücksichtigung der wirtschaftlichen Folgen der Leistungsverschiebung für den öffentlichen Auftrag und das Bewerberfeld. Würde eine Dienstleistung zu einem gänzlich anderen Zeitpunkt abgerufen werden und ist davon auszugehen, dass sich hierzu ein anderes Bewerberfeld gebildet hätte, so liegt eine wesentliche Änderung vor. Dies kann etwa die COVID-19-Pandemie-bedingte Verschiebung von Leistungen der aktiven Arbeitsmarktpolitik betreffen.[28] 20

Auch komplexe **IT-Verträge** werden oftmals erhebliche Unsicherheiten hinsichtlich der technischen Lösung bergen. Diese Unsicherheiten mögen im Laufe der Vertragsdurchführung eine Ausweitung oder Verkleinerung des Auftrags erfordern oder die Einbindung anderer technischer Lösungen als zunächst gedacht. Fehlen vertragliche Flexibilitäten für wesentliche Änderungen, so ist neu auszuschreiben.[29] 21

Die **Darlegungslast** für die Unwesentlichkeit der Änderung liegt bei jenem, der sich auf sie zwecks Verzicht auf Neuvergabe beruft. Dies folgt zum einen aus dem Schutz des Vergabewettbewerbs, dem § 132 GWB dient. Der materielle Grundsatz, dass wettbewerbsverzerrende Änderungen zur Neuvergabe führen, muss sich auf die Darlegungslast durchschlagen. Zum anderen ergibt sich dies aus europarechtskonformer Auslegung im Lichte des Art. 72 Abs. 1 lit. e RL 2014/24/EU. In diesem heißt es, dass auf eine Neuvergabe verzichtet werden kann, wenn die Änderung nicht wesentlich ist. Diese doppelte Negation (Verzicht auf Neuvergabe bei unwesentlicher Änderung) statt der positiv gewendeten Formulierung in § 132 GWB (wesentliche Änderung erfordert Neuvergabe) regelt eine Darlegungslast bei demjenigen, der sich auf den Verzicht auf Neuvergabe beruft. 22

IV. Katalog wesentlicher Änderungen (S. 3)

§ 132 Abs. 1 S. 3 GWB enthält einen Katalog von Fällen, in denen eine wesentliche Änderung vorliegt. 23

Die Tatbestände von § 132 Abs. 1 S. 3 Nr. 1 bis 4 GWB stehen dabei in einem **Alternativverhältnis** („oder"). Es reicht, wenn einer von ihnen gegeben ist.

---

25 Vgl. etwa *Hübner*, EuZW 2016, 871 (875).
26 Vgl. VK Berlin, Beschluss v. 13.9.2019 – VK B 1-1/19.
27 Vgl. BGH, Urteil v. 22.7.2010 – VII ZR 213/08.
28 Vgl. VK Bund, Beschluss v. 7.5.2020 – VK 2-31/20.
29 Vgl. EuGH, Urteil v. 7.9.2016 – Rs. C-549/14 (Frogne), insbesondere Rn. 36.

24 Der Katalog ist nach Wortlaut („insbesondere") und Begründung des Gesetzesentwurfs der Bundesregierung zudem **beispielhaft**.[30] Das heißt:

- Wenn ein Fall des § 132 Abs. 1 S. 3 GWB vorliegt, ist eine Neuvergabe erforderlich. Die Wesentlichkeit der Änderung ist ohne Weiteres gegeben.
- Liegt kein Fall des § 132 Abs. 1 S. 3 GWB vor, kann die Änderung dennoch wesentlich sein. Dann ist anhand der allgemeineren Maßstäbe der § 132 Abs. 1 S. 1 und 2 GWB zu prüfen.

1. Zusätzliche Bedingungen (Nr. 1)

25 § 132 Abs. 1 S. 3 Nr. 1 GWB regelt die Essenz der wettbewerbsschützenden Funktion des § 132 GWB: Wenn das Ergebnis des Vergabewettbewerbs mit dem geänderten öffentlichen Auftrag ein anderes gewesen wäre, ist neu zu vergeben. Im Einzelnen ist eine Änderung wesentlich, wenn sie die Zulassung anderer Bewerber oder die Annahme eines anderen Angebots ermöglicht oder das Interesse weiterer Teilnehmer am Vergabeverfahren geweckt hätte.

26 Die drei in § 132 Abs. 1 S. 3 Nr. 1 GWB geregelten Voraussetzungen müssen dabei ausweislich des Wortlauts der Regelung („oder") **alternativ** vorliegen. Liegt eine der Voraussetzungen vor, ist der Tatbestand erfüllt.

27 **Bedingungen** im Sinne von § 132 Abs. 1 S. 3 Nr. 1 GWB meinen dabei in einem umfassenden Sinne jedwede Rahmenbedingung des Vergabewettbewerbs, also zum Beispiel Bedingungen für die Teilnahme eines Unternehmens oder Angebots am Wettbewerb, egal ob fakultativ oder zwingend, und Bedingungen zur Auftragsausführung (§ 128 Abs. 2 und § 129 GWB).

28 Um die Wirkung der geänderten Bedingung auf den Wettbewerb zu bemessen, ist eine Betrachtung der **hypothetischen Wettbewerbssituation** bei geänderten Bedingungen erforderlich. Zum Schutze des Vergabewettbewerbs sind keine überzogenen Anforderungen an die Darlegung zu stellen. Es reicht eine nachvollziehbare Darstellung der hypothetischen Wirkung auf den Wettbewerb. Zum Beispiel muss nicht dargelegt werden, dass ein anderes Angebot den Zuschlag bekommen hätte. Es reicht, dass die geänderten Bedingungen dies „ermöglicht hätten".

29 § 132 Abs. 1 S. 3 Nr. 1 GWB ist zudem entgegen dem Wortlaut des § 132 GWB nicht nur dann einschlägig, wenn wettbewerbsverändernde Bedingungen eingeführt werden, sondern auch, wenn solche **Bedingungen entfallen**. Dies folgt aus Sinn und Zweck des § 132 GWB, dem Schutz des Wettbewerbs vor nachträglicher Verzerrung. Gerade auch das Entfallen einer den Wettbewerb verengenden Bedingung kann eine solche Verzerrung bewirken. Der Schutzzweck der Norm ist damit in beiden Fällen betroffen, ohne dass Gründe für eine Differenzierung ersichtlich wären.

30 § 132 Abs. 1 S. 3 Nr. 1 GWB ist in seiner wettbewerbsschützenden Zielrichtung auch heranzuziehen bei **Verkleinerungen** des Auftragsgegenstandes. Zumindest bedeutende Verkleinerungen können dazu führen, dass der Auftragsgegenstand ein größeres oder anderes Interessentenfeld angesprochen hätte und der Wettbewerb um den öffentlichen Auftrag mithin ein anderer gewesen wäre.[31] Ausreichend ist insofern die fallbezogene Gefahr einer Veränderung des Interessentenfeldes; ein konkreter Nachweis im Sinne einer tatsächlichen Interessenbekundung eines Wirtschaftsteilnehmers muss nicht erbracht werden.[32]

2. Änderung des wirtschaftlichen Gleichgewichts (Nr. 2)

31 Auch bei einer Verschiebung des wirtschaftlichen Gleichgewichts des öffentlichen Auftrags zugunsten des Auftragnehmers in einer Weise, die im ursprünglichen öffentlichen Auftrag nicht vorgesehen war, liegt nach § 132 Abs. 1 S. 3 Nr. 2 GWB eine wesentliche Änderung vor.

---

30 Gesetzesbegründung zu § 132 Abs. 1 GWB, VergRModG 2016, BT-Drs. 18/6281, 119, und etwa VK Brandenburg, Beschluss v. 23.8.2018 – VK 15/18.

31 Vgl. EuGH, Urteil v. 7.9.2016 – Rs. C-549/14 (Frogne), insbesondere Rn. 29.

32 Vgl. EuGH, Urteil v. 14.11.2013 – Rs. C-221/12 (Belgacom), Rn. 31.

Ob eine Änderung das wirtschaftliche Gleichgewicht des Auftrags zugunsten des Auftragnehmers **verschiebt**, muss im Einzelfall anhand einer wirtschaftlichen Gesamtbetrachtung beurteilt werden. Verhindert werden soll, dass der Auftragnehmer nachträglich wirtschaftliche Vorteile zieht, die nicht dem Vergabewettbewerb unterworfen waren. Nicht ausreichend ist dabei eine nur summarische Betrachtung des wirtschaftlichen Gleichgewichts. Es genügt daher nicht, einen zusätzlichen wirtschaftlichen Vorteil für den Auftragnehmer an anderer Stelle auszugleichen. Denn Veränderungen in den einzelnen Elementen des Auftrags können durchaus zu einem veränderten Bewerberkreis führen, wenn Unternehmen ihre Bewerbung gerade von einem spezifischen Vorteil abhängig machen. **32**

Ungeachtet des Wortlautes wird eine wesentliche Änderung auch dann vorliegen, wenn sich das wirtschaftliche Gleichgewicht des Auftrags **zulasten** des Auftragnehmers verschiebt. Jedenfalls bei einer bei wirtschaftlicher Betrachtung wesentlichen Änderung des wirtschaftlichen Gleichgewichts kann ein anderes Ergebnis des Vergabewettbewerbs nicht kategorisch ausgeschlossen werden, so dass eine Neuvergabe erforderlich wird. **33**

3. Erhebliche Ausweitung des Umfangs (Nr. 3)

§ 132 Abs. 1 S. 3 Nr. 3 GWB stellt klar, dass § 132 Abs. 1 GWB entgegen dem begrifflichen Anschein des § 132 Abs. 1 S. 1 GWB („Änderungen") auch **Ergänzungen** des Auftrags erfasst.[33] Begrifflich scheinen Ergänzungen zwar keine Auftragsänderungen zu sein, denn sie ändern das Ursprüngliche nicht, sondern fügen Neues hinzu. Bei wirtschaftlichem Vergleich des ergänzten mit dem ursprünglichen öffentlichen Auftrag ergibt sich jedoch, dass die Ergänzung die Vertragsbeziehung durchaus wesentlich ändern kann: Zum Beispiel ist eine ausgeweitete Leistungspflicht im Ganzen eine andere als die ursprüngliche, selbst wenn die ursprünglichen Bestandteile erhalten bleiben.[34] Würden Vertragsergänzungen nicht erfasst, wäre zudem die Regelung zur Ausnahme von einzelnen derartigen Fallgruppen in § 132 Abs. 2 S. 1 Nr. 2 GWB entbehrlich. **34**

Eine wesentliche Auftragsänderung erfordert allerdings, dass die Leistungserweiterung **erheblich** ist. § 132 Abs. 1 S. 1 Nr. 3 GWB zeichnet damit die bisherige Rechtsprechung nach. Zur Bewertung der Erheblichkeit sind quantitative und qualitative Faktoren des Einzelfalls und die Perspektiven sowohl des öffentlichen Auftraggebers als auch des Marktes heranzuziehen. Eine prozentuale Bezifferung allein bietet kein verlässliches Abgrenzungskriterium. Unwesentliche Leistungserweiterungen in engem inhaltlichem Zusammenhang mit dem Vertragsgegenstand werden hingegen in engen Grenzen zulässig sein.[35] Dabei darf indes kein anderer Tatbestand des § 132 Abs. 1 S. 3 GWB vorliegen, insbesondere also auch nicht § 132 Abs. 1 S. 3 Nr. 1 GWB. **35**

4. Auftragnehmerwechsel (Nr. 4)

§ 132 Abs. 1 S. 3 Nr. 4 GWB klärt einen Fall von einiger praktischer Relevanz: Kann ein Vertrag vom beauftragten Auftragnehmer – etwa infolge von Insolvenz oder Kündigung wegen Nicht- oder Schlechtleistung[36] – nicht fortgeführt werden, so stellt sich die Frage nach der Ausschreibungspflicht einer Vertragsübernahme durch ein anderes Unternehmen. **36**

Zivilrechtlich ist ein solcher Austausch des Vertragspartners ohne Weiteres möglich, wie die Regelung in § 415 BGB zeigt.[37] Aus vergaberechtlicher Perspektive war dessen Zulässigkeit hingegen zweifelhaft, denn mit dem Auftragnehmerwechsel erhielte ein Unternehmen den öffentlichen Auftrag, obgleich es ihn nicht im Wettbewerb eines Vergabeverfahrens errungen hat. Mit guten Gründen hat der EuGH daher in der „pressetext"-Rechtsprechung die Ver- **37**

33 Zu Verkleinerungen des Auftragsgegenstandes siehe oben zu Rn. 30.
34 Vgl. instruktiv zur erheblichen Ausweitung von Planungsleistungen: VK Baden-Württemberg, Beschluss v. 7.6.2018 – 1 VK 10/18.
35 Vgl. bereits vor § 132 GWB OLG Düsseldorf, Beschluss v. 8.5.2002 – VII-Verg 8-15/01; VK Brandenburg, Beschluss v. 17.6.2008 – VK 13/08; VK Bund, Beschluss v. 12.10.2004 – VK 2-187/04.
36 Vgl. VK Brandenburg, Beschluss v. 23.8.2018 – VK 15/18.
37 Vgl. *Ziekow*, VergabeR 2004, 430 (431).

tragsübernahme grundsätzlich als eine besondere Form der Erteilung eines öffentlichen Auftrags bewertet.[38] § 132 Abs. 1 S. 3 Nr. 4 GWB setzt dies gesetzlich um. § 132 Abs. 2 S. 1 Nr. 4 GWB sieht Ausnahmen vor.

38 Die Pflicht zur Neuvergabe in § 132 Abs. 1 S. 3 Nr. 4 GWB erfasst jedweden Austausch des Auftragnehmers durch eine von diesem verschiedene **Rechtspersönlichkeit**. Stellt man auf die rechtliche Person des Auftragnehmers ab, so dürfte § 132 Abs. 1 S. 3 Nr. 4 GWB zum Beispiel folgende Fallgruppen erfassen:

- Die bisherige juristische oder natürliche Person des Auftragnehmers wird durch eine andere, vom Auftragnehmer verschiedene juristische oder natürliche Person ersetzt.
- Einer von mehreren Anteilseignern des Auftragnehmers tritt an dessen Stelle.
- Teile einer Arbeitsgemeinschaft übernehmen den Auftrag unter Wegfall anderer Teile der Arbeitsgemeinschaft.

Das Abstellen auf die rechtliche Person folgt in europarechtskonformer Auslegung aus dem Begriff des Auftragnehmers, den § 132 GWB in Bezug nimmt. Auftragnehmer ist jener Wirtschaftsteilnehmer, an den der öffentlichen Auftrag vergeben wurde (Art. 71 Abs. 3 RL 2014/24/EU). Wirtschaftsteilnehmer ist wiederum eine natürliche oder juristische Person oder eine öffentliche Einrichtung oder eine Gruppe derselben (Art. 2 Nr. 10 RL 2014/24/EU). Ein „neuer Auftragnehmer", der den alten ersetzt, muss mithin eine neue natürliche oder juristische Person oder öffentliche Einrichtung oder Gruppe derselben sein. Mit anderen Worten kommt es im Tatbestand des § 132 Abs. 1 S. 3 Nr. 4 GWB auf die rechtliche Person des Auftragnehmers an.

39 Soll ein **weiterer Wirtschaftsteilnehmer** wesentliche Teile der Leistung des Auftragnehmers erbringen, zum Beispiel als Unterauftragnehmer, so ist dies hingegen keine Frage eines De-facto-Auftragnehmerwechsels oder Anlass für ein weniger formales Verständnis des Auftragnehmerbegriffs. Diese Fälle lassen sich vielmehr nach den allgemeinen Grundsätzen des § 132 Abs. 1 GWB in Zusammenschau mit den Regelungen zur Eignung und den Möglichkeiten zur Heranziehung Dritter für die Auftragserfüllung lösen.[39] Dies zugrunde gelegt fällt ein Unterauftragnehmerwechsel nicht unter § 132 GWB, wenn er vertraglich vorgesehen oder zumindest nicht ausgeschlossen war.[40] Wenn Unterauftragnehmerleistungen in den Auftragsbedingungen ausgeschlossen waren, nun aber nachträglich zugelassen werden sollen, ist dies hingegen an § 132 Abs. 1 S. 3 Nr. 1 GWB zu messen.

40 Keinen vergabepflichtigen Auftragnehmerwechsel stellt zudem eine **Änderung an den Eigentumsverhältnissen** des Auftragnehmers dar, wie etwa infolge einer Veräußerung einzelner oder aller Geschäftsanteile. Denn in diesem Fall fehlt es bereits an einer Änderung der rechtlichen Person des Auftragnehmers und im Übrigen auch an einer Änderung des Vertrages. Vielmehr bleiben der Auftragnehmer und Vertragspartner identisch, nur die Eigentumsverhältnisse an diesem ändern sich.[41] In der Rechtsprechung wurde dies zum Beispiel für Aktiengesellschaften,[42] Gesellschaften mit beschränkter Haftung und andere Kapitalgesellschaften[43] und Genossenschaften mit beschränkter Haftung entschieden.[44] Ausnahmsweise ist eine Neuvergabe erforderlich, wenn sich gerade aus den Eigentums- und Beteiligungsverhältnissen, die geändert werden, eine Ausnahme oder Privilegierung vom Vergaberecht ergibt,

38 Vgl. EuGH, Urteil v. 19.6.2008 – Rs. C-454/06 (pressetext), Rn. 40; VK Bund, Beschluss v. 29.6.2005 – VK 3-52/05; VK Brandenburg, Beschluss v. 23.8.2018 – VK 15/18; *Poschmann*, Auftragsänderungen, Teil 2, Kap. 4, B.IV.5; *Rittwage*, VergabeR 2006, 327; anders noch OLG Frankfurt, Beschluss v. 5.8.2003 – 11 Verg 2/02.

39 OLG Düsseldorf, Beschluss v. 2.12.2009 – VII-Verg 39/09; anders noch zuvor VK Bund, Beschluss v. 11.9.2009 – VK 3-157/09.

40 VK Bund, Beschluss v. 26.6.2019 – VK 2-34/19.

41 Vgl. bereits vor § 132 GWB OLG Naumburg, Beschluss v. 29.4.2009 – 1 Verg 3/10 und – allerdings wohl mit einer an den Typus der juristischen Person anknüpfenden Argumentation: EuGH, Urteil v. 19.6.2008 – Rs. C-454/06 (pressetext), Rn. 50.

42 Vgl. EuGH, Urteil v. 19.6.2008 – Rs. C-454/06 (pressetext), Rn. 51.

43 Vgl. OLG Naumburg, Beschluss v. 29.4.2009 – 1 Verg 3/10.

44 Vgl. EuGH, Urteil v. 19.6.2008 – Rs. C-454/06 (pressetext), Rn. 52.

etwa infolge einer In-House-Vergabe. Dann entfallen die Gründe der Privilegierung nachträglich und der Auftrag ist ab diesem Zeitpunkt vergabepflichtig.[45]

C. Ausdrücklich zulässige Auftragsänderungen (Abs. 2)

§ 132 Abs. 2 GWB enthält einen Katalog von Fällen, bei denen keine Neuvergabe erforderlich sein soll. Der Katalog ist recht heterogen; eine übergeordnete Ratio drängt sich nicht auf. Die einzelnen Fälle sind daher gesondert zu betrachten. Gemeinsam ist ihnen, dass sie Ausnahmebestimmungen vom Grundsatz der Neuvergabe sind. Damit sind sie eng auszulegen. 41

Keinen vergleichbaren Dispens entfalten hingegen Normen zu Vertragsänderungen betreffend die Vertragsdurchführung, wie etwa § 1 Abs. 3 und 4 VOB/A. Solche **Vertragsdurchführungsregeln** wirken nicht auf das Vergaberecht, weder als zusätzliche Ausnahmetatbestände noch auslegungsleitend. Sie setzen vielmehr die vergaberechtliche Zulässigkeit des Geregelten voraus. 42

I. Überprüfungsklauseln und Optionen (S. 1 Nr. 1)

Überprüfungsklauseln sind Vertragsklauseln, nach denen einzelne Vertragsbestimmungen in einem vorab vereinbarten Mechanismus nach einiger Zeit angepasst werden können. Insbesondere in langfristigen Vertragsbeziehungen können damit Anpassungsrisiken auf die Vertragspartner verteilt werden. Gängig sind zum Beispiel Preisanpassungsklauseln, mit denen extreme Ausschläge in Preisbildungsfaktoren auf die Vertragsparteien verteilt werden können. Mit Überprüfungsklauseln werden zwar Vertragsbestimmungen geändert. Keine Neuvergabe lösen diese Änderungen aber aus, wenn Art, Umfang und Voraussetzungen klar vereinbart und Teil des vergaberechtlichen Wettbewerbs waren. Laut Begründung des Gesetzentwurfes darf dem öffentlichen Auftraggeber aber kein unbegrenzter Ermessensspielraum eingeräumt worden sein.[46] Schließlich darf sich der Gesamtcharakter infolge der Anpassungen nicht ändern. Dies wird insbesondere das wirtschaftliche Gleichgewicht zwischen öffentlichem Auftraggeber und Auftragnehmer betreffen, wobei der Geldwert der Änderung ein Faktor einer wirtschaftlichen Gesamtbetrachtung ist. Fehlt es hingegen an einer derartigen Klausel, so ist – wenn kein anderer Ausnahmetatbestand des § 132 GWB vorliegt – neu auszuschreiben. 43

Nicht selten werden im Rahmen von öffentlichen Beschaffungsvorgängen einseitige Gestaltungsrechte (**Optionen**) – in aller Regel zugunsten des öffentlichen Auftraggebers – vereinbart. Von einer Option spricht man, soweit einer Vertragspartei das Recht eingeräumt wird, einen bestehenden Vertrag durch einseitige Erklärung zu ändern, insbesondere zu verlängern, wobei ein Vertragspartner fest gebunden und der andere Vertragspartner frei ist, die Option auszuüben.[47] Den in der Praxis häufigsten Fall bilden Vertragsverlängerungsoptionen. Auch für die vergaberechtliche Zulässigkeit eines Optionsrechts kommt es darauf an, ob die Optionsklausel bereits in den Vergabeunterlagen des Ausgangsauftrages selbst angelegt war. Ist dies der Fall, ist die Option vergaberechtlich grundsätzlich unproblematisch,[48] da sie mit dem Ausgangsauftrag ein einheitliches Auftragswerk bildet, das als Gesamtheit bereits Gegenstand eines Vergabewettbewerbs war.[49] War die Option in dem Ausgangsvertrag nicht angelegt, stellt sie grundsätzlich einen eigenständigen Beschaffungsvorgang dar. Allerdings könnten auch zusätzliche Leistungen im Sinne von § 132 Abs. 2 S. 1 Nr. 2 und 3 GWB vorliegen. 44

---

45 Vgl. EuGH, Urteil v. 15.10.2009 – Rs. C-196/08, Rn. 62; OLG Naumburg, Beschluss v. 29.4.2009 – 1 Verg 3/10. Siehe § 108 GWB Rn. 98 ff.

46 Vgl. schon vor § 132 GWB; OLG Düsseldorf, Beschluss v. 12.2.2014 – VII-Verg 32/13; Beschluss v. 28.7.2011 – VII-Verg 20/11.

47 Vgl. BayObLG, Beschluss v. 18.6.2002 – Verg 8/02; zum Ganzen *Poschmann*, Auftragsänderungen, Teil 2 Kap. 6 C; *Krohn*, NZBau 2008, 619 (625).

48 Vgl. bereits vor § 132 GWB EuGH, Urteil v. 19.6.2008 – Rs. C-454/06 (pressetext), Rn. 40, 60; Urteil v. 29.4.2004 – Rs. C-496/99 P (CAS Succhi di Frutta), Rn. 118; OLG Hamburg, Beschluss v. 25.1.2007 – 1 Verg 5/06; OLG Jena, Beschluss v. 14.10.2003 – 6 Verg 5/03; OLG Rostock, Beschluss v. 5.2.2003 – 17 Verg 14/02; OLG Celle, Beschluss v. 4.5.2001 – 13 Verg 5/00.

49 Vgl. *Knauff*, NZBau 2007, 347 (348 f.).

45 Aufgrund des eindeutigen Wortlautes des § 132 Abs. 2 S. 1 Nr. 1 GWB ist zudem grundsätzlich ausreichend, dass die Überprüfungsklausel bzw. die Option in den **Vergabeunterlagen** verankert ist. Damit wird sie gegenüber den interessierten Wettbewerbern zu einer Rahmenbedingung des Wettbewerbs; der Transparenzpflicht ist genüge getan.[50] Zusätzlich in der Bekanntmachung angegeben werden müssen sie nur in den in RL 2014/24/EU ausdrücklich geforderten Fällen.[51] Ein bloßer abstrakter Hinweis in der Bekanntmachung auf eine Überprüfungsklausel bzw. Option, ohne dass diese Teil der Vergabeunterlagen und Vertragsbestandteil werden, genügt hingegen nicht.

46 Bei der Vereinbarung von **Vertragsverlängerungsoptionen** sind – wie auch allgemein bei der Festlegung der Vertragslaufzeit – die Grundsätze des Wettbewerbs, der Gleichbehandlung und der Verhältnismäßigkeit zu beachten.[52] Insbesondere aus dem Verhältnismäßigkeitsgrundsatz folgt daher ein proportional mit der Vertragslaufzeit ansteigendes Rechtfertigungserfordernis für die Laufzeitlänge.[53]

II. Zusätzliche Leistungen (S. 1 Nr. 2)

47 Im Zuge der Neufassung der Vergaberichtlinien wurden Tatbestände für das Verhandlungsverfahren ohne Bekanntmachung in die Regelungen zur Zulässigkeit von Auftragsänderungen übertragen. Der Tatbestand § 132 Abs. 2 S. 1 Nr. 2 GWB entwickelt insofern den früheren § 3 EG Abs. 4 lit. e und f VOL/A fort. Da sich Tatbestand und Rechtsfolge (keine neues Vergabeverfahren) ähneln, kann durchaus auf die Rechtsprechung zu § 3 EG Abs. 4 lit. e und f VOL/A zurückgegriffen werden. Auch zum früheren § 3 EG Abs. 5 Nr. 5 VOB/A bestehen gewisse Ähnlichkeiten. Zu beachten ist allerdings auch, dass in Art. 32 Abs. 3 lit. b und Abs. 5 RL 2014/24/EU weitere Tatbestände für die Wahl des Verhandlungsverfahrens ohne Bekanntmachung vorgesehen sind, die ähnliche Fälle zusätzlicher Leistungen erfassen.

48 Für eine Ergänzung des Auftrags ohne Neuvergabe um zusätzliche Liefer-, Bau- oder Dienstleistungen müssen folgende Bedingungen **kumulativ** erfüllt sein:

- Leistungen sollen an den Auftragnehmer des Hauptauftrags vergeben werden.
- Die zusätzlichen Leistungen waren in den ursprünglichen Vergabeunterlagen nicht vorgesehen.
- Die zusätzlichen Leistungen sind erforderlich geworden.
- Ein Auftragnehmerwechsel kann aus wirtschaftlichen oder technischen Gründen nicht erfolgen (lit. a).
- Ein Auftragnehmerwechsel wäre mit erheblichen Schwierigkeiten oder beträchtlichen Zusatzkosten für den öffentlichen Auftraggeber verbunden (lit. b)
- und der Preis für den um die zusätzlichen Leistungen erweiterten Gesamtauftrag darf um nicht mehr als 50 % des Werts des ursprünglichen Auftrags erhöht werden (S. 2 und 3).

1. Vergabe an den Auftragnehmer des Hauptauftrags

49 Die zusätzlichen Dienstleistungen müssen an den **Auftragnehmer des ursprünglichen Auftrags** vergeben werden. Dies ergibt sich aus § 132 Abs. 1 S. 3 Nr. 4 und Abs. 2 S. 1 Nr. 4 GWB. In diesen sind die Bedingungen für einen Wechsel des Auftragnehmers abschließend geregelt. Damit bleibt kein Raum für einen weiteren Fall des Auftragnehmerwechsels jenseits der vorgenannten Normen. Deshalb darf der öffentliche Auftraggeber über die zusätzlichen Leistungen auch nur mit dem bisherigen Auftragnehmer ernsthaft verhandeln (er kann aber

---

50 Mangels spezialgesetzlicher Regelungen hatte die Rechtsprechung vor der RL 2014/24/EU und § 132 noch Angaben in der Bekanntmachung gefordert, vgl. EuGH, Urteil v. 19.6.2008 – Rs. C-454/06 (pressetext); OLG Düsseldorf, Beschluss v. 12.2.2014 – VII-Verg 32/13.

51 Vgl. Anhang V Teil C und Teil D sowie Anhang IX RL 2014/24/EU.

52 Vgl. EuGH, Urteil v. 19.6.2008 – Rs. C-454/06 (pressetext), Rn. 73, und etwa OLG Düsseldorf, Beschluss v. 4.2.2013 – VII-Verg 31/12.

53 Vgl. EuGH, Urteil v. 9.3.2006 – Rs. C-323/03 (Kommission/Spanien), Rn. 45.

bei Dritten Preise sondieren, um in den Verhandlungen mit dem Auftragnehmer über den Marktpreis informiert zu sein). Die Beauftragung Dritter wäre hingegen an § 132 Abs. 1 S. 3 Nr. 4 und Abs. 2 S. 1 Nr. 4 GWB zu messen und erfordert in der Regel ein neues Vergabeverfahren.

Hat der öffentliche Auftraggeber **mehrere Aufträge** laufen, die im Einklang mit § 132 Abs. 2 S. 1 Nr. 2 GWB für eine Erweiterung in Betracht kämen, so kann der öffentliche Auftraggeber anhand sachlicher Kriterien unter den Auftragnehmern auswählen. 50

2. Zusätzliche Leistung

Ohne Neuvergabe können nur Leistungen beauftragt werden, die als „echter" Zusatz den Leistungsbereich eines Auftrags **ergänzen**. Die Leistung darf nicht in den ursprünglichen Vergabeunterlagen enthalten gewesen sein, das heißt zum Beispiel weder im ursprünglichen Vertrag noch im Entwurf desselben, weder in der ursprünglichen Leistungsbeschreibung noch im Falle von Abänderungen im Vergabeverfahren im letztlich vereinbarten Leistungsprogramm. Wurde die Erforderlichkeit der zusätzlichen Leistung also bei der Vergabe des Hauptauftrags zunächst erkannt, sodann aber aufgegeben, so bleibt der Rückgriff auf die Auftragsänderung versperrt. 51

§ 132 Abs. 2 S. 1 Nr. 2 GWB ist ebenfalls unanwendbar, wenn kein Zusatz, sondern ein **Ersatz** vergeben werden soll, die neue Leistung also vollumfänglich an die Stelle der ursprünglichen Leistung treten soll.[54] Entsprechend nennt die Begründung des Gesetzesentwurfs der Bundesregierung die Fallgruppen des Teilersatzes oder der Erweiterung, nicht aber des vollständigen Ersatzes.[55] 52

3. Nachträgliche Erforderlichkeit

Die zusätzliche Leistung muss zur Durchführung der im Hauptvertrag vereinbarten Dienstleistung **erforderlich** sein. Erforderlich bedeutet, dass das vertraglich vereinbarte wirtschaftliche Ziel der Hauptleistung ohne die zusätzliche Leistung nicht erreicht werden kann. Maßstab der Erforderlichkeit ist die Ausführung der ursprünglichen Leistung, aber auch ein gegebenenfalls veränderter Bedarf des öffentlichen Auftraggebers. Dies ergibt sich aus dem Wortlaut von § 132 Abs. 2 S. 1 Nr. 2 GWB, der anders als der frühere § 3 EG Abs. 4 lit. f VOL/A („zur Ausführung der darin [in dem der ursprünglichen Vergabe zugrundeliegenden Entwurf oder dem geschlossenen Vertrag] beschriebenen Dienstleistungen erforderlich sind") keinen Bezug der Erforderlichkeit zum ursprünglichen öffentlichen Auftrag mehr herstellt und den Tatbestand damit auch nicht mehr auf diesen Bezug beschränkt. 53

Für die Erforderlichkeit kommt es dabei auch nicht mehr auf die Vorhersehbarkeit, **Sorgfaltspflichten** oder ein Verschulden des öffentlichen Auftraggebers an. Auch ein unvorhergesehenes Ereignis muss – anders als unter dem vormaligen § 3 EG Abs. 4 lit. f VOL/A – nicht vorliegen. Ein vergleichbarer Maßstab wird ausdrücklich nur unter § 132 Abs. 2 S. 1 Nr. 3 GWB bei im Übrigen weiterem Tatbestand angelegt. Hätte der Gesetzgeber ihn auch an § 132 Abs. 2 S. 1 Nr. 2 GWB anlegen wollen, hätte er ihn mithin dort geregelt. 54

4. Wirtschaftliche oder technische Unmöglichkeit (lit. a)

Die dritte Bedingung betrifft die Kompatibilität der zusätzlichen Lieferung mit der ursprünglichen Leistung in wirtschaftlicher oder technischer Hinsicht. Die Änderung ohne Neuvergabe ist nur zulässig, wenn die Leistung eines anderen Unternehmens mit der ursprünglichen Leistung inkompatibel wäre. 55

Erforderlich ist zunächst eine **Unmöglichkeit** („nicht erfolgen kann"), nicht ausreichend ist eine bloße Schwierigkeit. Erfasst wird nach hier vertretener Auffassung auch eine relative Unmöglichkeit. Zwar wäre in diesem Fall ein Auftragnehmerwechsel nicht gänzlich ausge- 56

54 Zum früheren § 3 EG Abs. 4 lit. f VOL/A VK Schleswig-Holstein, Beschluss v. 18.12.2002 – VK-SH 16/02.
55 Gesetzesbegründung zu § 132 Abs. 2 S. 1 Nr. 2 GWB, VergRModG 2016, BT-Drs. 18/6281, 119.

schlossen. Dies würde jedoch Schwierigkeiten aufwerfen, die entweder nur mit einem unverhältnismäßigen Aufwand behoben werden könnten oder aber den bestimmungsgemäßen Gebrauch und die Wartung nicht nur marginal, sondern wirtschaftlich gänzlich unverhältnismäßig beeinträchtigten.[56] Umfangreiche Umschulungsmaßnahmen der Mitarbeiter sind hierbei ebenso beachtlich wie eine andernfalls erforderliche Lagerhaltung von Ersatzteilen zur Vermeidung des Auftragnehmerwechsels.[57]

57 Die Unmöglichkeit kann alternativ wirtschaftlicher oder technischer Natur sein. Auf § 132 Abs. 2 S. 1 Nr. 2 GWB kann daher zurückgegriffen werden, wenn abweichende technische Merkmale der Leistung anderer Unternehmen zu einer **technischen Unvereinbarkeit** von zusätzlicher und ursprünglicher Leistung führen würden.[58] Dies ist in einem absoluten Sinne und bezogen auf den Gebrauchszweck zu verstehen. Der Gebrauchszweck müsste durch die abweichenden technischen Merkmale vereitelt werden. **Wirtschaftliche Gründe** werden insbesondere zum Tragen kommen, wenn die Leistung nicht technischer Natur ist, eine zusätzliche Dienstleistung eines Dritten daher etwa aus anderen als technischen Gründen inkompatibel wäre. Eine wirtschaftliche oder technische Unvereinbarkeit wird sich auch regelmäßig aus vorhersehbaren Kooperationshindernissen des Auftragnehmers des Hauptauftrags mit einem nicht identischen Auftragnehmer der zusätzlichen Leistung ergeben. In technischer Hinsicht können Ausführungszeiten, verwendete Gerätschaften oder Techniken Ursache sein. In wirtschaftlicher Hinsicht sind etwa Kosteneinsparungen durch Synergieeffekte, sowohl in Bezug auf die Durchführung der Dienstleistung als auch in Bezug auf die Überwachung durch den öffentlichen Auftraggeber, beachtlich. Auch die Vorteile eines einheitlichen Anspruchsgegners für Gewährleistungsansprüche können einbezogen werden.

58 § 132 Abs. 2 S. 1 Nr. 2 GWB ist zudem eng dahingehend auszulegen, dass die Unmöglichkeit des Auftragnehmerwechsels **im öffentlichen Auftrag begründet** sein muss. Zwar fehlt eine solche begriffliche Verbindung im Wortlaut von § 132 Abs. 2 S. 1 Nr. 2 GWB anders als noch in den Ausnahmetatbeständen für das Verhandlungsverfahren ohne Teilnahmewettbewerb der VOL/A. Der Verzicht auf eine Neuvergabe und die damit einhergehende wettbewerbsverengende Wirkung kann sich aber nur aus dem Auftragsgegenstand heraus rechtfertigen. Dies folgt auch aus der RL 2014/24/EU, die diesen Zusammenhang in Art. 72 Abs. 1 lit. b herstellt („aus wirtschaftlichen oder technischen Gründen wie der Austauschbarkeit oder Kompatibilität mit im Rahmen des ursprünglichen Vergabeverfahrens beschafften Ausrüstungsgegenständen, Dienstleistungen oder Anlagen"). Nicht ausreichend ist mithin eine Unmöglichkeit des Auftragnehmerwechsels wegen Inkompatibilität mit in der Person des öffentlichen Auftraggebers begründeten Aspekten, Leistungen oder Objekten, die nicht Gegenstand des Auftrags sind. In letzteren Fällen müssen die Ausnahmetatbestände des Verhandlungsverfahrens ohne Teilnahmewettbewerb geprüft werden.

5. Schwierigkeiten oder Zusatzkosten für den Auftraggeber (lit. b)

59 Die Voraussetzungen des § 132 Abs. 2 S. 1 Nr. 2 lit. b GWB müssen ausweislich des Wortlauts der Regelung („und") **kumulativ** zu § 132 Abs. 2 S. 1 Nr. 2 lit. a GWB vorliegen. § 132 Abs. 2 S. 1 Nr. 2 lit. b GWB dient damit dazu, Fälle der Inkompatibilität auszuschließen, die letztlich nicht zu deutlichen („erheblichen", „beträchtlichen") Schwierigkeiten/Kosten beim öffentlichen Auftraggeber führen. Fehlt es an solchen Schwierigkeiten/Kosten, muss die zusätzliche Leistung neu vergeben werden. Die Inkompatibilität ist gegebenenfalls hinzunehmen.

60 Die **Schwierigkeiten** können dabei finanzieller und nicht finanzieller Art sein. Sie werden aber, um erheblich zu sein, zumeist mit einem deutlichen zusätzlichen Ressourcenaufwand verbunden oder anderweitig objektivierbar sein müssen. Ein subjektives Schwierigkeitsemp-

---

56 Vgl. bereits vor § 132 GWB OLG Frankfurt, Beschluss v. 10.7.2007 – 11 Verg 5/07 und KG, Beschluss v. 19.4.2000 – KartVerg 6/00 bzgl. IT-Leistungen; VK Bund, Beschluss v. 11.4.2003 – VK 2-10/03 bzgl. der Lieferung von Impfstoffen.

57 Vgl. bereits vor § 132 GWB *Diercks*, VergabeR 2003, 518 (523).

58 Gesetzesbegründung zu § 132 Abs. 2 S. 1 Nr. 2 GWB, VergRModG 2016, BT-Drs. 18/6281, 119.

finden zuständiger Mitarbeiter genügt nicht. Beträchtlich sind Zusatzkosten, wenn sie im Verhältnis zum öffentlichen Auftrag nicht nur vernachlässigenswert sind.

III. Unvorhersehbarer Änderungsbedarf (S. 1 Nr. 3)

Änderungen am öffentlichen Auftrag sind laut § 132 Abs. 2 S. 1 Nr. 3 GWB auch zulässig, wenn 61

- sie aufgrund von Umständen
- erforderlich sind,
- die der öffentliche Auftraggeber nicht vorhersehen konnte,
- soweit sich der Gesamtcharakter des Auftrags nicht verändert.

Dem Änderungsbedarf zugrunde liegen müssen „**Umstände**". Dies können Ereignisse sein, 62 also externe Faktoren etwa wirtschaftlicher oder technischer Natur, die jenseits des Auftrages liegend dennoch auf ihn einwirken. Beispiele wären ungewöhnliche Naturereignisse, geänderte Durchführungsvorschriften des Gesetzgebers oder geänderte Handlungsanforderungen an den öffentlichen Auftraggeber. Erfasst werden aber auch Faktoren innerhalb der Leistungsbeziehung. Die notwendige Abgrenzung zu üblichen wirtschaftlichen Problemen in Vertragsbeziehungen (Leistungsschwäche des Auftragnehmers) kann anhand der Vorhersehbarkeit getroffen werden.

Voraussetzung ist, dass die Umstände **auf den öffentlichen Auftrag einwirken** („auf- 63 grund"). Der öffentliche Auftraggeber darf daher nicht vom öffentlichen Auftrag unabhängige Umstände zum Anlass nehmen, den öffentlichen Auftrag zu ändern.

Die Änderung muss zudem „**erforderlich**" sein. Der Maßstab ist derselbe wie jener unter 64 § 132 Abs. 2 S. 1 Nr. 2 GWB.[59]

Die Ursache der Erforderlichkeit der Änderung muss vom öffentlichen Auftraggeber **nicht** 65 **vorhersehbar** gewesen sein. Anzulegen ist ein objektiver Maßstab. Es kommt somit nicht darauf an, was der öffentliche Auftraggeber tatsächlich vorhergesehen hat oder welche Umstände er bei Vertragsschluss tatsächlich erkannt hat. Maßgeblich ist, was er bei verständiger Würdigung hätte vorhersehen müssen. Andernfalls wären die Erfüllung des Ausnahmetatbestandes und die damit einhergehende Reduzierung des Wettbewerbs für die zusätzlichen Leistungen allein vom Willen der Vertragsparteien abhängig. Stattdessen ist ein Sorgfaltsmaßstab anzulegen: § 132 Abs. 2 S. 1 Nr. 3 GWB ist zum Beispiel dann nicht einschlägig, wenn die Änderung sorgfaltspflichtwidrig nicht durch Eventual- oder Alternativpositionen in die dem Hauptauftrag zugrundeliegende Leistungsbeschreibung einbezogen wurde. Anders als im Fall der Dringlichkeit bei der Rechtfertigung eines Verhandlungsverfahrens ohne Bekanntmachung ist auch dann kein anderer Maßstab anzulegen, wenn die Kontinuität von Leistungen der **Daseinsvorsorge** in Frage steht. In diesen Fällen greift gegebenenfalls die Neuvergabepflicht des § 132 GWB, zugleich aber unter Umständen auch der entsprechende Ausnahmetatbestand für das Verhandlungsverfahren ohne Bekanntmachung.

Der Änderung des Auftrags bei unvorhersehbaren Umständen sind jedoch Grenzen gesetzt: 66 Der **Gesamtcharakter** des Auftrags muss erhalten bleiben. Wann diese Grenze überschritten ist, ist nach wirtschaftlichen Gesichtspunkten im Einzelfall zu bestimmen. Indizien sind das wirtschaftliche Gleichgewicht der Vertragsbeziehung, die Einordnung des Auftrags als Bau-, Dienstleistungs- oder Lieferauftrag oder Konzession und der wirtschaftliche Schwerpunkt der Leistung. Zudem gelten die Außengrenzen des § 132 Abs. 1 S. 3 GWB.

Obgleich nicht ausdrücklich geregelt, ist § 132 Abs. 2 S. 1 Nr. 3 GWB eng dahingehend auszu- 67 legen, dass mit Änderungen nur Änderungen an den vertraglichen Leistungspflichten gemeint sind, nicht aber ein **Wechsel des Auftragnehmers**. Zwar würde der Wortlaut des § 132 Abs. 1 S. 3 GWB den Schluss gestatten, dass auch der Auftragnehmerwechsel grund-

59 Siehe daher hierzu Rn. 47 f.

sätzlich eine Fallgruppe der Auftragsänderung darstellt („Eine wesentliche Änderung liegt insbesondere vor, wenn […] ein neuer Auftragnehmer den Auftragnehmer […] ersetzt"). Mit § 132 Abs. 1 S. 3 Nr. 4 GWB wird aber geregelt, dass ein Auftragnehmerwechsel stets eine Neuvergabe erfordert, außer der Tatbestand des § 132 Abs. 2 S. 1 Nr. 4 GWB ist gegeben. Diese Regelung ist abschließend. Hätte der Auftragnehmerwechsel auch unter § 132 Abs. 2 S. 1 Nr. 3 GWB fallen sollen, wäre dies zudem in § 132 Abs. 1 S. 3 Nr. 4 GWB geregelt worden.

IV. Auftragnehmerwechsel (S. 1 Nr. 4)

68 § 132 Abs. 2 S. 1 Nr. 4 GWB regelt jene Fälle, in denen ein Wechsel des Auftragnehmers ohne neues Vergabeverfahren zulässig ist, und bildet damit eine ausdrückliche Ausnahme von der Regelung des § 132 Abs. 1 S. 3 Nr. 4 GWB.

69 Der Katalog des § 132 Abs. 2 S. 1 Nr. 4 GWB ist **abschließend**. Ist keiner der Fälle des § 132 Abs. 2 S. 1 Nr. 4 GWB gegeben, bedarf der Auftragnehmerwechsel der Neuvergabe.

1. In den Vergabeunterlagen vorgesehene Überprüfungsklausel (lit. a)

70 Eine Neuvergabe ist bei beabsichtigtem Auftragnehmerwechsel entbehrlich, wenn der mögliche Wechsel des Vertragspartners bereits im Vergabeverfahren bekannt gegeben wurde.

71 Dies muss durch eine **Überprüfungsklausel** i.S.d. § 132 Abs. 2 S. 1 Nr. 1 GWB erfolgt sein. Eine Option genügt nach dem eindeutigen Wortlaut des lit. a nicht.

72 § 132 Abs. 2 S. 1 Nr. 1 GWB ist zu entnehmen, dass die Überprüfungsklausel in den **Vergabeunterlagen** selbst vorgesehen gewesen sein muss. Dies dient dem Schutz des Wettbewerbs insofern, als dass der öffentliche Auftrag inklusive Auftragnehmerwechsel dem Wettbewerb unterstellt wurde. Allerdings hat § 132 Abs. 2 S. 1 Nr. 4 lit. b GWB in Verbindung mit § 132 Abs. 2 S. 1 Nr. 1 GWB auch Grenzen:

- Die Überprüfungsklausel muss klar, genau und eindeutig formuliert sein.
- Sie muss Angaben zu Art, Umfang und Voraussetzungen des Auftragnehmerwechsels enthalten.
- Sie darf dem öffentlichen Auftraggeber keinen unbegrenzten Ermessensspielraum eröffnen[60] und nicht der Umgehung des Vergaberechts dienen.

73 Bei der Auswahl des neuen Auftragnehmers sind insbesondere auch Grundanforderungen der **Nichtdiskriminierung** und **Transparenz** zu beachten, die der EuGH aus dem EU-Primärrecht ableitet und die im Wesentlichen den Vorgaben für das Verhandlungsverfahren ohne Teilnahmewettbewerb entsprechen[61]. Die Auswahl des neuen Auftragnehmers erfordert nach § 132 Abs. 2 S. 1 Nr. 4 lit. a GWB in Verbindung mit § 132 Abs. 2 S. 1 Nr. 1 GWB somit zwar kein förmliches Vergabeverfahren, findet aber auch nicht in rechtsfreiem Raum statt. Die Ex-post-Bekanntmachung allerdings ist im Gegenschluss aus § 132 Abs. 5 GWB entbehrlich.

74 Unzulässig wäre daher eine Überprüfungsklausel zur **Umgehung** des Vergaberechts, zum Beispiel, weil sie einen Auftragnehmerwechsel ohne sachlichen Grund und ohne Vorgaben zur Auswahl des Auftragnehmers zulässt. Der öffentliche Auftraggeber darf also nicht das Vergabeverfahren bloß inszenieren, um anschließend aufgrund einer weiten Überprüfungsklausel an einen ihm genehmen Wirtschaftsteilnehmer zu vergeben.

75 Ob der neue Auftragnehmer die **ursprünglichen Anforderungen** an den Auftragnehmer zum Beispiel zur Eignung erfüllen muss, hängt von der Überprüfungsklausel und den Außengrenzen des § 132 Abs. 1 S. 3 Nr. 1 GWB sowie des Umgehungsverbotes ab:

- Stellt der öffentliche Auftraggeber die Eignungsanforderungen nicht in einer entsprechenden Klausel zur Disposition, so bleibt er hieran grundsätzlich auch beim Auftragnehmerwechsel gebunden. Gleiches gilt für Anforderungen an die Auftragsdurchführung (Ände-

60 Gesetzesbegründung zu § 132 Abs. 2 S. 1 Nr. 1 GWB, VergRModG 2016, BT-Drs. 18/6281, 119.
61 Siehe hierfür *Knauff* in § 119 GWB Rn. 52.

rung gegebenenfalls aufgrund anderer Tatbestände des § 132 GWB zulässig) und die Zuschlagskriterien. Abweichungen müssen zwingend begründet sein, um die Selbstbindung des öffentlichen Auftraggebers zu lösen. § 132 Abs. 2 S. 1 Nr. 4 lit. a GWB ist insofern bzgl. der Eignungskriterien leicht geschmeidiger als § 132 Abs. 2 S. 1 Nr. 4 lit. b GWB, der eine Änderung derselben beim Auftragnehmerwechsel kategorisch ausschließt.

- Mit deutlich geänderten Eignungsanforderungen beim Auftragnehmerwechsel werden außerdem regelmäßig i.S.d. § 132 Abs. 1 S. 3 Nr. 1 GWB Bedingungen eingeführt, die ein anderes Bieter-/Bewerberfeld geformt hätten. Auch dies ist im Einzelfall zu prüfen. Bei Vorliegen einer solchen Bedingung ist wegen des Vorrangs des § 132 Abs. 1 GWB eine Neuvergabe erforderlich.
- Der öffentliche Auftraggeber darf überdies nicht zunächst ein Vergabeverfahren mit strengen Eignungskriterien durchführen und sich ohne sachlichen Grund in einer Überprüfungsklausel einen Auftragnehmerwechsel unter deutlich geringeren Eignungsanforderungen vorbehalten (Umgehungsverbot).

Dem eindeutigen Wortlaut von § 132 Abs. 2 S. 1 Nr. 4 lit. a GWB i.V.m. § 132 Abs. 2 S. 1 Nr. 1 GWB ist zudem zu entnehmen, dass eine Überprüfungsklausel in den **Vergabeunterlagen** ausreicht. Die frühere Rechtsprechung forderte noch mit guten Gründen eine Verankerung im Vertrag selbst.[62] Damit wäre der öffentliche Auftraggeber an seine Entscheidung gebunden, eine Optionsklausel trotz Erwähnung in den Vergabeunterlagen nicht in den Vertrag zu übernehmen. Der Gesetzgeber ist hiervon indes abgewichen und lässt ausdrücklich die Erwähnung in den Vergabeunterlagen ausreichen. Eine Optionsklausel gestattet daher vergaberechtlich einen Auftragnehmerwechsel im Sinne von § 132 Abs. 2 S. 1 Nr. 4 GWB, selbst wenn sie nicht Teil der vertraglichen Vereinbarung wurde, sondern nur Teil der Vergabeunterlagen war. Zivilrechtliche Schwierigkeiten eines solchen Falles sind zivilrechtlich zu lösen. 76

2. Unternehmensumstrukturierungen (lit. b)

Auch bloß **konzerninterne Reorganisationen** aufseiten des Auftragnehmers sollen, so sie im Einklang mit § 132 Abs. 2 S. 1 Nr. 4 lit. b GWB stehen, keine Pflicht zur Neuvergabe auslösen. Denn in einem solchen Fall wird zwar formell der Vertragspartner ausgewechselt. Bei wirtschaftlicher Betrachtung bleibt der Auftrag jedoch „im Haus" und wird gerade nicht erneut an den Markt gebracht. Kumulative Voraussetzungen sind: 77

- die Unternehmensumstrukturierung,
- das Treten des neuen Auftragnehmers im Unternehmen/Konzern an die Stelle des ursprünglichen Auftragnehmers,
- die Erfüllung der ursprünglichen Eignungsvoraussetzungen durch den neuen Auftragnehmer und
- das Nichtvorliegen wesentlicher Änderungen i.S.d. § 132 Abs. 1 GWB.

Zivilrechtlich erforderlich ist zudem die Zustimmung des öffentlichen Auftraggebers zum Auftragnehmerwechsel. Dies folgt aus § 415 Abs. 1 S. 1 BGB.

Der Ausnahmetatbestand des § 132 Abs. 2 S. 1 Nr. 4 lit. b GWB fußt auf der „pressetext"-Rechtsprechung des EuGH. Als Indikatoren für eine bloß „**interne Neuorganisation**" nannte der EuGH in der Entscheidung „pressetext" das Bestehen eines Weisungsrechts des ursprünglichen Vertragspartners gegenüber dem neuen Vertragspartner und eine Gesamthaftung derselben.[63] Diese Kriterien werden in dem weiten Begriff der Unternehmensumstrukturierung fortleben, der auf Gesetzesebene nicht weiter konkretisiert wird. Nach hier vertretener Auffassung ist indes auf die Konzernverbundenheit abzustellen, sodass durchaus auch die Konzernmutter einen Auftrag einer Konzerntochter an sich ziehen kann, obgleich die Konzerntochter die Konzernmutter nicht kontrolliert. 78

62 Vgl. OLG München, Beschluss v. 21.5.2008 – Verg 5/08.
63 Vgl. EuGH, Urteil v. 19.6.2008 – Rs. C-454/06 (pressetext), Rn. 41 ff.; vgl. ferner VK Bund, Beschluss v. 26.2.2016 – VK 2-7/16.

79 Weiteres Charakteristikum des Auftragnehmerwechsels wegen Unternehmensumstrukturierungen dürfte zudem sein, dass der öffentliche **Auftraggeber** nicht an der Wahl des neuen Auftragnehmers **beteiligt** ist. Denn diese sollte allein aufgrund der Ratio der Restrukturierung erfolgen. Der öffentliche Auftraggeber wird allerdings auf die Einhaltung der Bedingungen des § 132 GWB und des Vertrages sowie der Vergabeunterlagen achten müssen.

80 § 132 Abs. 2 S. 1 Nr. 4 lit. b GWB nennt – nicht abschließend[64] **Beispiele** für Unternehmensumstrukturierungen: Übernahme, Zusammenschluss, Erwerb oder Insolvenz. Dementsprechend erfordert die Veräußerung von Geschäftsanteilen des Auftragnehmers in der Regel keine Neuvergabe. Regelmäßig fehlt es in diesem Fall bereits an einer Auftragsänderung. Vielmehr bleibt der Vertragspartner meist identisch, nur die Eigentumsverhältnisse an diesem ändern sich.[65] Anderes kann gelten, wenn die Anteilsveräußerung mit einem Wechsel der Person des Auftragnehmers in engem zeitlichen oder wirtschaftlichen Zusammenhang steht. Jedoch wird nach hier vertretener Auffassung nicht jede Anteilsveräußerung während der Laufzeit des Vertrages nach einer internen Reorganisation eine Ausschreibungspflicht auslösen.[66] Insofern ist nicht ersichtlich, weshalb ein bloß zufälliges Auftreten der für sich genommen vergaberechtsfreien Vorgänge der konzerninternen Reorganisation und der Anteilsveräußerung während der Vertragslaufzeit eine Neuvergabe gebieten sollte. Eine Vergabepflicht ist vielmehr nur dann gegeben, wenn die Reorganisation und die Anteilsveräußerung in der Absicht der Umgehung des Vergaberechts ausgeführt werden.

81 Eine **Insolvenz** des Auftragnehmers dürfte hingegen für sich genommen nicht ausreichen, um eine Neuvergabe zu vermeiden. Die in § 132 Abs. 2 S. 1 Nr. 4 lit. b GWB beispielhaft genannte Insolvenz betrifft nur eine solche, die auch Teil einer Unternehmensrestrukturierung ist. Tritt ein anderes Unternehmen gesellschaftsrechtlich an die Stelle des insolventen und übernimmt dessen Geschäft, so kann § 132 Abs. 2 S. 1 Nr. 4 lit. b GWB einschlägig sein. Im Übrigen ist zu beachten: Nur weil ein Insolvenzverfahren über den Auftragnehmer eröffnet wurde, sind noch keine Kündigung und Neuvergabe des Auftrags erforderlich.[67] Der öffentliche Auftraggeber kann in diesen Fällen auch Verhandlungen mit dem insolventen Auftragnehmer darüber führen, wie eine Fortführung des Vertrages möglich ist.[68] Soll allerdings infolge einer Insolvenz der Vertrag wesentlich geändert oder der Vertragspartner gewechselt werden, sind die Vorgaben des § 132 GWB zu beachten.[69]

82 Ausreichend für eine Umstrukturierung i.S.d. § 132 Abs. 2 S. 1 Nr. 4 lit. b GWB dürfte zudem sein, dass innerhalb eines Konzernes bloß ein anderes Unternehmen die Aufgaben des vorherigen übernimmt, ohne dass sich der rechtliche Status des vormaligen Auftragnehmers ändert. Die **Auftragsübernahme** könnte dann zum Beispiel im Wege einer schuldrechtlichen Vertragsübernahme erfolgen.[70] In diesem Fall wird es zur Abgrenzung der Umstrukturierung maßgeblich auf die oben genannten Kriterien der „pressetext"-Rechtsprechung, insbesondere der Konzernverbundenheit und der Gesamthaftung, sowie auf das An-die-Stelle-des-alten-Auftragnehmers-Treten ankommen. Letzteres wird hier weit ausgelegt. Es kommt nicht darauf an, dass das neue Unternehmen an die Stelle des alten im Vertrag tritt. Dies wäre selbstverständlich und hätte keiner Regelung in § 132 Abs. 2 S. 1 Nr. 4 lit. b GWB bedurft. Vielmehr muss das neue Unternehmen innerhalb des Konzerns die Funktionen des alten übernehmen. Ob dies der Fall ist, muss bei wirtschaftlicher Betrachtung festgestellt werden. Dabei ist natürlich auch zu beachten, dass sich die Funktionen der Konzernunternehmen im Rahmen einer Restrukturierung gerade ändern können. Das neue Unternehmen muss mithin nicht die identischen Funktionen im Konzern haben wie das alte, ihm aber dennoch nach der Ratio der restrukturierten Konzernorganisation funktional nachfolgen.

---

64 Vgl. ferner VK Bund, Beschluss v. 26.2.2016 – VK 2-7/16.
65 Anders aber wohl (zur Rechtslage vor § 132 GWB) EuGH, Urteil v. 19.6.2008 – Rs. C-454/06 (pressetext), Rn. 50.
66 Vgl. bereits vor § 132 GWB EuGH, Urteil v. 19.6.2008 – Rs. C-454/06 (pressetext), Rn. 47 ff.
67 Vgl. bereits vor § 132 GWB VK Bund, Beschluss v. 12.10.2004 – VK 2-187/04.
68 Vgl. VK Bund, Beschluss v. 12.10.2004 – VK 2-187/04.
69 Vgl. bereits vor § 132 GWB OLG Düsseldorf, Beschluss v. 14.2.2001 – Verg 13/00, NZBau 2002, 54 (55); VK Baden-Württemberg, Beschluss v. 26.3.2002 – 1 VK 7/02.
70 Vgl. ferner VK Bund, Beschluss v. 26.2.2016 – VK 2-7/16.

Voraussetzung des § 132 Abs. 2 S. 1 Nr. 4 lit. b GWB ist ferner, dass der neue Auftragnehmer die **ursprünglichen Eignungsvoraussetzungen** erfüllt. Dies ist in § 132 Abs. 2 S. 1 Nr. 4 lit. b GWB ausdrücklich geregelt. Eine Abweichung seitens des öffentlichen Auftraggebers ist unzulässig. Er muss das Vorliegen der Eignungsvoraussetzungen seitens des neuen Auftragnehmers zudem prüfen; maßgeblicher Zeitpunkt der Erfüllung der ursprünglichen Eignungskriterien ist jener der Auftragsübernahme.[71] 83

Schließlich darf der Auftragnehmerwechsel keine **wesentliche Änderung** i.S.d. § 132 Abs. 1 GWB mit sich bringen. 84

3. Auftraggeber tritt an die Stelle des Auftragsnehmers (lit. c)

Scheidet der Auftragnehmer aus dem Auftrag aus, so kann der öffentliche Auftraggeber nach § 132 Abs. 2 S. 1 Nr. 4 lit. c GWB ohne Neuvergabe an seiner Stelle in die Verpflichtungen mit den Unterauftragnehmern eintreten. 85

Besondere **Gründe** für das Ausscheiden des Auftragnehmers, zum Beispiel Insolvenz oder Kündigung, sind nicht erforderlich. Auch wird der Tatbestand nicht bereits deshalb ausgeschlossen, weil der öffentliche Auftraggeber das Ausscheiden des Auftragnehmers aus dem Vertrag zum Beispiel durch Kündigung wegen Schlechtleistung erwirkt hat. Seine Außengrenzen findet § 132 Abs. 2 S. 1 Nr. 4 lit. c GWB im Umgehungsverbot und in den Fällen des § 132 Abs. 1 GWB. 86

V. Wertbegrenzung (S. 2 und 3)

In § 132 Abs. 2 S. 2 und 3 GWB findet sich eine Obergrenze für § 132 Abs. 2 S. 1 Nr. 2 und 3 GWB: Der Gesamtwert der Änderungen im Sinne von § 132 Abs. 2 S. 1 Nr. 2 und 3 GWB darf die Hälfte des Wertes des ursprünglichen Auftrags nicht überschreiten. 87

Maßgeblich ist der tatsächliche **Auftragswert**, nicht dessen Schätzung zu Beginn des ursprünglichen Vergabeverfahrens. 88

Hinsichtlich der **Berechnung** weicht § 132 GWB vom früheren § 3 EG Abs. 4 lit. f VOL/A und von § 132 Abs. 3 S. 2 GWB ab: Maßgeblich ist bei mehreren Änderungen die einzelne Änderung, nicht die Gesamtheit der Änderungen. Zu beachten ist aber das Umgehungsverbot, das eine Stückelung der Änderungen mit dem Ziel der Umgehung einer Neuvergabe verbietet. 89

D. Bagatelländerungen (Abs. 3)

§ 132 Abs. 3 GWB soll dem öffentlichen Auftraggeber bei der Durchführung des Auftrags eine gewisse Flexibilität und Adaptionsfähigkeit hinsichtlich der Leistungen des Auftrags ermöglichen. Kleinere Erweiterungen des Auftrags sollen daher im Rahmen von § 132 Abs. 3 GWB zulässig sein. Damit soll der öffentliche Auftraggeber den bürokratischen Aufwand eines Vergabeverfahrens vermeiden können. 90

§ 132 Abs. 3 GWB regelt eine **kumulative Wert-Obergrenze** („und"): Das heißt, sowohl § 132 Abs. 3 S. 1 Nr. 1 als auch Nr. 2 GWB müssen vorliegen. Nur weil etwa eine Änderung den Schwellenwert des § 106 GWB nicht erreicht, wird die Neuvergabe nicht entbehrlich, wenn sie nicht auch anteilsmäßig geringfügig im Sinne von § 132 Abs. 3 S. 1 Nr. 2 GWB ist. Auch eine anteilsmäßig geringfügige Änderung muss schließlich ausgeschrieben werden, wenn sie die Schwellenwerte erreicht oder überschreitet. 91

Als Ausnahmen vom Grundsatz der Neuvergabe sind die Tatbestände **eng auszulegen**. Die **Darlegungspflicht** trifft denjenigen, der sich auf sie beruft. Das **Umgehungsverbot** ist zu beachten. 92

---

71 Vgl. ferner VK Bund, Beschluss v. 26.2.2016 – VK 2-7/16.

93 Auch darf sich der **Gesamtcharakter** des Auftrags nicht ändern, ein Begriff, der sich auch in § 132 Abs. 2 S. 1 Nr. 1 GWB findet. Auf die Auslegung dieses Begriffs dort kann auch hier zurückgegriffen werden.[72]

94 Nicht zu prüfen sind hingegen die Tatbestände des **§ 132 Abs. 1 S. 3 Nr. 1 bis 4 GWB**. In der korrespondierenden europarechtlichen Regelung des Art. 72 Abs. 2 RL 2014/24/EU ist dies ausdrücklich geregelt. Aufträge, die den Tatbestand des § 132 Abs. 3 GWB erfüllen und zugleich wesentlich i.S.d. § 132 Abs. 1 S. 3 Nr. 1 bis 4 GWB sind, müssen also dennoch nicht neu vergeben werden. Dies gilt in europarechtskonformer Auslegung auch für den Auftragnehmerwechsel. Zwar regelt § 132 Abs. 1 S. 3 Nr. 4 GWB, dass dieser stets vergabepflichtig ist, wenn nicht die Ausnahme des § 132 Abs. 2 S. 1 Nr. 4 GWB vorliegt. Art. 72 Abs. 2 RL 2014/24/EU sieht hiervon indes ausdrücklich eine weitere Ausnahme vor. In diesem Sinne ist § 132 Abs. 3 GWB zu verstehen.

95 Für die Berechnung der Schwellen in § 132 Abs. 1 S. 3 Nr. 1 und 2 GWB ist der geschätzte **Wert der Änderung** zugrunde zu legen. Dies folgt aus dem Wortlaut des § 132 Abs. 3 GWB („Wert der Änderung"). Bei Erweiterungen ist dies der Wert der zusätzlichen Leistungen, bei Änderungen die Differenz zwischen dem ungeänderten (nebst der noch nicht erbrachten aber geschuldeten Leistungen) und dem geänderten Auftrag, beim Auftragnehmerwechsel der vom neuen Auftragnehmer zu erbringende Teil des Auftrags. Bei Rahmenvereinbarungen sind die Änderungen an der Rahmenvereinbarung, nicht an den tatsächlich vergebenen Einzelaufträgen zugrunde zu legen. Für die Berechnung des Werts der Änderung gelten die Maßstäbe für die Schätzung des Auftragswerts.

96 Bei **mehreren zeitlich aufeinanderfolgenden Änderungen** wird der maßgebliche Wert der Änderungen anhand des Gesamtwertes der Änderungen nach § 132 Abs. 3 S. 2 GWB berechnet. Dies gilt in europarechtskonformer Auslegung für beide Tatbestände des § 132 Abs. 3 S. 1 GWB. Anders als in § 132 Abs. 3 GWB ist die entsprechende Regelung in Art. 72 Abs. 2 RL 2014/24/EU nicht § 132 Abs. 3 S. 1 Nr. 2 GWB allein, sondern § 132 Abs. 3 S. 1 Nr. 1 und 2 GWB gemeinsam zugeordnet.

97 Aus Art. 72 Abs. 2 RL 2014/24/EU ergibt sich zudem, dass der **Nettowert** der Änderungen zugrunde zu legen ist. Im Übrigen können die Vorgaben zur Schätzung des Auftragswerts angewandt werden.

E. Wertberechnung bei Indexierungsklauseln (Abs. 4)

98 Enthält der Vertrag eine Indexierungsklausel, wird nach § 132 Abs. 4 GWB für die Wertberechnung gemäß § 132 Abs. 2 S. 2 und 3 GWB sowie gemäß § 132 Abs. 3 GWB der höhere Preis als Referenzwert herangezogen.

99 § 132 Abs. 4 GWB enthält eine Berechnungsregel für den Fall von **Indexierungsklauseln** für Preise, also Klauseln, die Preise automatisch an die Entwicklung externer Indikatoren, zumeist makroökonomischer Art, binden.

100 Laut § 132 Abs. 4 GWB gilt der jeweils **höhere Preis**. Dies schützt den Wettbewerb, denn im Zweifel kommen die strengeren vergaberechtlichen Regeln zur Anwendung. § 132 Abs. 4 GWB setzt damit Art. 72 Abs. 3 RL 2014/24/EU verschärfend um. Letzterer bezog sich auf den aktuelleren Wert, was auch der niedrigere von beiden sein kann. Diese verschärfende Umsetzung ist europarechtlich unschädlich, da sie wettbewerbsschützender ist.

F. Publikationspflicht (Abs. 5)

101 § 132 Abs. 5 GWB bestimmt schließlich, dass Änderungen nach § 132 Abs. 2 S. 1 Nr. 2 und 3 GWB im Amtsblatt der Europäischen Union veröffentlicht werden müssen (Formular „Bekanntmachung einer Änderung").

72 Siehe daher Rn. 43.

102 Die Bekanntmachung hindert die **Änderung** nicht, denn sie erfolgt ex post.

103 § 132 Abs. 5 GWB verlangt die Bekanntmachung explizit nur für die Fälle des **§ 132 Abs. 2 S. 1 Nr. 2 und 3 GWB**. Im Umkehrschluss ist in allen anderen Fällen des § 132 GWB keine solche Bekanntmachung erforderlich.

G. Fallgruppen

104 Ergänzend zur obenstehenden Kommentierung werden im Folgenden ausgewählte Fallgruppen möglicher Änderungen von Aufträgen anhand der neuen Regelungen des § 132 GWB bewertet.

I. Konkretisierungen ohne Änderungen

105 Wesentliche Auftragsänderungen i.S.d. § 132 GWB, die grundsätzlich eine Neuvergabe erfordern, sind von bloßen Konkretisierungen des Vertrages zu unterscheiden. Die Abgrenzung erfolgt anhand der Ratio des § 132 GWB, dem Schutz des Vergabewettbewerbs, wie sie in § 132 Abs. 1 S. 3 und Abs. 2 S. 1 Nr. 1 GWB zum Ausdruck kommt. Konkretisierungen erfordern somit dann keine Neuvergabe, wenn sie im Einklang mit § 132 Abs. 2 S. 1 Nr. 1 GWB in den ursprünglichen Vergabeunterlagen hinreichend genau vorgesehen waren.[73]

II. Vertragsdurchführungsklauseln

106 An § 132 Abs. 1 S. 3 GWB zu messen sind Änderungen oder Ergänzungen von Vertragsdurchführungsklauseln, wie etwa betreffend die Einbindung eines weiteren Unterauftragnehmers, eine zusätzliche Vertragserfüllungsbürgschaft, Rahmenbedingungen des Arbeitseinsatzes oder der Abwicklungen des Zahlungsverkehrs. Insbesondere ist der Wechsel eines Unterauftragnehmers dann wesentlich, wenn dieser den Vergabewettbewerb entscheidend geprägt hat oder wesentlich für die Auswahlentscheidung des öffentlichen Auftraggebers war. Wenn diese Änderungen nicht wesentlich i.S.d. § 132 Abs. 1 S. 3 GWB sind, ist keine Neuvergabe erforderlich.[74] Unter Umständen kann auch ein Fall unvorhersehbarer Umstände einschlägig sein (§ 132 Abs. 2 S. 1 Nr. 3 GWB).

III. Reduktion des Leistungsumfangs bzw. Verkleinerung des Auftragsgegenstandes

107 Eine Reduktion des Leistungsumfangs, etwa durch eine Teilkündigung, ist an **§ 132 Abs. 1 S. 3 Nr. 1 GWB** zu messen. Der infolge einer solchen Leistungsminderung verbleibende Leistungsumfang wird dabei als Minus vom bisherigen Vertrag erfasst.

108 Welche Wirkung dies auf den Vergabewettbewerb gehabt hätte und ob sich auf den reduzierten Leistungsumfang ein anderes Unternehmerfeld beworben hätte, muss im **Einzelfall** geklärt werden.[75] Hierbei ist aber zu berücksichtigen, wie weit der vollumfängliche Leistungsumfang zunächst über einen gewissen Zeitraum zu erbringen war. Vergleichsmaßstab ist somit das tatsächlich erbrachte zuzüglich des nach Reduktion weiter zu erbringenden Leistungsspektrums, nicht ein hypothetischer Auftrag in der Form nach der Reduktion. Zumindest bedeutende Verkleinerungen des Leistungsumfangs können dazu führen, dass der Auftragsge-

73 Vgl. bereits vor § 132 GWB EuGH, Urteil v. 29.4.2004 – Rs. C-496/99 P (CAS Succhi di Frutta), Rn. 118; OLG Jena, Beschluss v. 14.10.2003 – 6 Verg 5/03; VK Hamburg, Beschluss v. 27.4.2006 – VgK FB 2/06; VK Baden-Württemberg, Beschluss v. 16.11.2004 – 1 VK 69/04.

74 Vgl. bereits vor § 132 GWB Generalanwältin *Kokott*, Schlussanträge v. 13.3.2008 – Rs. C-454/06 (pressetext), Rn. 98; VK Bund, Beschluss v. 12.10.2004 – VK 2-187/04.

75 Vgl. bereits vor § 132 GWB OLG Düsseldorf, Beschluss v. 8.5.2002 – VII-Verg 8-15/01; Beschluss v. 20.6.2001 – Verg 3/01; Beschluss v. 14.2.2001 – Verg 13/00; VK Schleswig-Holstein, Beschluss v. 4.7.2007 – VK-SH 16/07; a.A. VK Baden-Württemberg, Beschluss v. 15.8.2005 – 1 VK 47/05; VK Münster, Beschluss v. 9.3.2001 – VK 1-8/01, sowie eingehend *Poschmann*, Auftragsänderungen, Teil 2 Kap. 4 B.IV.2.

genstand ein größeres oder anderes Interessentenfeld angesprochen hätte und der Wettbewerb um den Auftrag mithin ein anderer gewesen wäre.[76]

IV. Preisänderungen

109 Nach § 132 GWB erfordern auch **Preiserhöhungen** regelmäßig die Durchführung eines Vergabeverfahrens.[77] Wird nur der Preis erhöht und nicht auch der Leistungsumfang ausgeweitet, wird i.S.d. § 132 Abs. 1 S. 3 Nr. 2 GWB das wirtschaftliche Gleichgewicht des Vertrages zugunsten des Auftragnehmers verändert. Würde eine Preiserhöhung keine Neuvergabe erfordern, könnte der öffentliche Auftraggeber ohne Weiteres nachträglich das Wertungsergebnis des Vergabeverfahrens verfälschen.

110 Demgegenüber werden **Preissenkungen** zulasten des Auftragnehmers nach hier vertretener Auffassung regelmäßig keine wesentliche Änderung darstellen.[78] Preissenkungen verändern zumeist das wirtschaftliche Gleichgewicht des Vertrages zugunsten des öffentlichen Auftraggebers und zulasten des Auftragnehmers (der aber zustimmen muss). § 132 Abs. 1 S. 3 Nr. 2 GWB ist daher in der Regel nicht einschlägig. Zu prüfen ist allerdings, ob sich das Bieter-/Bewerberfeld geändert hätte (§ 132 Abs. 1 S. 3 Nr. 1 GWB). Das Vorgenannte gilt auch für die nachträgliche Erhöhung eines Rabattes.[79] Zudem dürfen die gesenkten Preise auch objektiv, d.h. im Vergleich zu einem etwaig gesunkenen Marktpreisniveau, keine versteckte Preiserhöhung bewirken.[80]

111 Ebenfalls zulässig sind Preisänderungen infolge der Anwendung von **Preisanpassungsklauseln**, die Steigerungen der Personal- und Sachkosten etwa durch Koppelung an Indizes Rechnung tragen. Die Bedingungen der Zulässigkeit solcher Klauseln regelt § 132 Abs. 2 S. 1 Nr. 1 GWB.[81] Neben der Anpassung des Preises durch Koppelung an einen Index dürfte dabei auch der nachträgliche **Austausch eines Indexes** zulässig sein, wenn dies hinreichend bestimmt in den Vergabeunterlagen vorgesehen war (z. B. durch Bezug auf einen Nachfolgeindex).[82]

112 Gleiches gilt für **nachträgliche Preisverhandlungen**, wenn diese in den Vergabeunterlagen vorgesehen sind und das Verfahren dort hinreichend genau umrissen wurde. Dies folgt aus § 132 Abs. 2 S. 1 Nr. 1 GWB. Dieser lässt Überprüfungsklauseln zu, ohne Beschränkung auf spezifische Arten der Überprüfung wie etwa eine automatische Anpassung gekoppelt an makroökonomische Indikatoren. Auch begrenzte Preisverhandlungen sind daher nicht a priori ausgeschlossen.[83] Allerdings bleibt daneben § 132 Abs. 1 S. 3 GWB zu beachten. Insbesondere darf das vertragliche Gleichgewicht nicht erheblich zugunsten des Auftragnehmers verschoben werden.[84]

V. Vertragsverlängerung und Kündigungsverzicht

113 Auch die Verlängerung bestehender Verträge kann eine wesentliche Änderung darstellen. Eine Verlängerung des Vertrages ist in der Sache eine Ausweitung des Leistungsumfangs. We-

---

76 Vgl. EuGH, Urteil v. 7.9.2016 – Rs. C-549/14 (Frogne), insbesondere Rn. 29.
77 Vgl. bereits vor § 132 GWB EuGH, Urteil v. 19.6.2008 – Rs. C-454/06 (pressetext), Rn. 59; OLG Celle, Beschluss v. 29.10.2009 – 13 Verg 8/09.
78 A.A. noch vor § 132 GWB OLG Düsseldorf, Beschluss v. 8.5.2002 – VII-Verg 8-15/01; VK Köln, Beschluss v. 20.2.2004 – VK VOL 40/2003.
79 EuGH, Urteil v. 19.6.2008 – Rs. C-454/06 (pressetext), Rn. 81 ff.
80 Vgl. bereits vor § 132 GWB Generalanwältin *Kokott*, Schlussanträge v. 13.3.2008 – Rs. C-454/06 (pressetext), Rn. 91.
81 Vgl. bereits vor § 132 GWB OLG Düsseldorf, Beschluss v. 8.5.2002 – VII-Verg 8-15/01; eingehend *Poschmann*, Auftragsänderungen, Teil 2 Kap. 4 B.II.
82 EuGH, Urteil v. 19.6.2008 – Rs. C-454/06 (pressetext), Rn. 64 ff.
83 A.A. wohl *Krohn*, NZBau 2008, 619 (625).
84 Vgl. bereits vor § 132 GWB: EuGH, Urteil v. 19.6.2008 – Rs. C-454/06 (pressetext), Rn. 85; Urteil v. 29.4.2004 – Rs. C-496/99 P (CAS Succhi di Frutta), Rn. 119.

sentlicher Vertragsbestandteil ist auch die Laufzeit eines Vertrages,[85] insbesondere bei Dauerschuldverhältnissen mit wiederkehrenden Leistungspflichten.[86] In einer im ursprünglichen Vertrag nicht vorgesehenen Vertragsverlängerung liegt eine Ausweitung des Auftrags, selbst wenn die Vertragskonditionen im Übrigen unverändert bleiben.[87] Insbesondere § 132 Abs. 1 S. 3 Nr. 3 und Abs. 2 S. 1 Nr. 2 GWB sind daher zu beachten.

Bei der Verlängerung von Verträgen sind darüber hinaus die vergaberechtlichen Anforderungen an die Vertragslaufzeit zu beachten. Zwar verbietet das Vergaberecht den Abschluss von **Verträgen auf unbestimmte Dauer** nicht grundsätzlich.[88] Allerdings sind die Grundsätze des Wettbewerbs, der Gleichbehandlung und der Verhältnismäßigkeit auch bei der Festlegung der Vertragslaufzeit zu beachten.[89] Insbesondere aus dem Verhältnismäßigkeitsgrundsatz folgt dabei ein proportional zur Vertragslaufzeit ansteigendes Begründungserfordernis für die Laufzeitlänge.[90] Als Rechtfertigungsgrund kommt unter anderem die erforderliche Amortisation von Anfangsinvestitionen oder eine zu erwartende günstige Preisgestaltung in Betracht.[91] Haushalts- und kartellrechtliche Grenzen können hinzutreten.[92] **114**

Dagegen lässt sich der bloße **Verzicht auf** die **Kündigung** eines Vertrages, auch langfristiger Verträge, nicht bereits für sich genommen als Auftragsänderung begreifen.[93] Denn in diesem Fall ist die Fortführung des Vertrages im ursprünglichen Auftragsgegenstand angelegt. Zudem kann der öffentliche Auftraggeber nicht zu einer ineffizienten Vergabepraxis durch Neuvergaben in kurzen Zeitabständen gezwungen werden.[94] Allerdings ist der öffentliche Auftraggeber bei der Entscheidung über die Ausübung eines Kündigungsrechts auch an die allgemeinen Grundsätze zur Verhältnismäßigkeit der Vertragslaufzeit gebunden. Ist insofern eine andere Bewertung geboten als bei Vertragsschluss, so kann sich ausnahmsweise eine Kündigungspflicht des öffentlichen Auftraggebers ergeben. **115**

Selbst wenn die Vertragsparteien beim Verzicht auf die Kündigung nicht bloß untätig bleiben, sondern sich durch Erklärung rechtlich binden, ist der Fall nicht anders zu bewerten. Auch die vertragliche **Vereinbarung eines Kündigungsverzichts** bildet – für sich genommen – keine Auftragsänderung, sofern die Geltungsdauer des Verzichts angemessen ist. Sie ist in der Sache eine Selbstbindung hinsichtlich bestehender und von Anfang an vorgesehener vertraglicher Gestaltungsrechte.[95] Die Nichtkündigung nebst umfänglichen Auftragsänderungen wird – allerdings wegen der Auftragsänderungen – einer Neuvergabe gleichstehen. **116**

Ob die **Rücknahme**, einvernehmliche **Aufhebung** oder **Nichtigkeit einer Kündigung** eine Neuvergabe erfordert, wird sich danach entscheiden, ob der ursprüngliche Vertrag unverändert fortgesetzt wird, ob also der ursprüngliche, dem vergaberechtlichen Wettbewerb unterworfene Rahmen eingehalten oder überschritten wird. Wird der ursprüngliche Rahmen eingehalten, liegt keine Auftragsänderung und kein Tatbestand des § 132 Abs. 1 GWB vor. Eine **117**

---

85 Vgl. bereits vor § 132 GWB OLG Frankfurt, Beschluss v. 30.8.2011 – 11 Verg 3/11; OLG Düsseldorf, Beschluss v. 12.1.2004 – VII-Verg 71/03; Beschluss v. 20.6.2001 – Verg 3/01; Beschluss v. 14.2.2001 – Verg 13/00; OLG Rostock, Beschluss v. 5.2.2003 – 17 Verg 14/02; VK Brandenburg, Beschluss v. 17.6.2008 – VK 13/08.

86 Vgl. bereits vor § 132 GWB OLG Jena, Beschluss v. 14.10.2003 – 6 Verg 5/03.

87 Vgl. bereits vor § 132 GWB OLG Frankfurt, Beschluss v. 30.8.2011 – 11 Verg 3/11; OLG Hamburg, Beschluss v. 7.12.2007 – 1 Verg 4/07; OLG Jena, Beschluss v. 14.10.2003 – 6 Verg 5/03; OLG Düsseldorf, Beschluss v. 14.2.2001 – Verg 13/00; differenzierend *Poschmann*, Auftragsänderungen, Teil 2 B.IV.4.

88 Vgl. EuGH, Urteil v. 19.6.2008 – Rs. C-454/06 (pressetext), Rn. 74; OLG Düsseldorf, Beschluss v. 1.10.2003 – Verg 45/03; VK Hamburg, Beschluss v. 27.4.2006 – VgK FB 2/06.

89 Vgl. EuGH, Urteil v. 19.6.2008 – Rs. C-454/06 (pressetext), Rn. 74; Urteil v. 9.3.2006 – Rs. C-323/03 (Kommission/Spanien), Rn. 44 f; VK Bund, Beschluss v. 16.4.2015 – VK 2-27/15; Beschluss vom 8.4.2015 – VK 2-21/15.

90 Vgl. EuGH, Urteil v. 9.3.2006 – Rs. C-323/03 (Kommission/Spanien), Rn. 45.

91 Vgl. EuGH, Urteil v. 9.3.2006 – Rs. C-323/03 (Kommission/Spanien), Rn. 45.

92 Vgl. *Knauff*, NZBau 2007, 347 (348).

93 Vgl. bereits vor § 132 GWB EuGH, Urteil v. 19.6.2008 – Rs. C-454/06 (pressetext), Rn. 74; OLG Düsseldorf, Beschluss v. 22.2.2012 – VII-Verg 87/11; OLG Celle, Beschluss v. 4.5.2001 – 13 Verg 5/00; VK Bund, Beschluss v. 17.12.2010 – VK 1-121/10; Beschluss v. 12.10.2004 – VK 2-187/04; VK Schleswig-Holstein, Beschluss v. 26.5.2010 – VK-SH 01/10; VK Sachsen, Beschluss v. 24.8.2007 – 1/54-07; VK Hamburg, Beschluss v. 27.4.2006 – VgK FB 2/06; VK Baden-Württemberg, Beschluss v. 26.3.2002 – 1 VK 7/02; VK Mecklenburg-Vorpommern, Beschluss v. 18.7.2001 – 2 VK 06/01; VK Arnsberg, Beschluss v. 18.7.2000 – VK 2-07/2000.

94 Vgl. bereits vor § 132 GWB VK Hamburg, Beschluss v. 27.4.2006 – VgK FB 2/06.

95 Vgl. EuGH, Urteil v. 19.6.2008 – Rs. C-454/06 (pressetext), Rn. 75; KG, Beschluss v. 19.4.2012 – Verg 7/11.

Neuvergabe ist nicht erforderlich. Auf die zivilrechtliche Einordnung einer Fortsetzung des ursprünglichen Vertrages oder des Abschlusses eines neuen Vertrages kommt es dabei nicht an.[96]

VI. Auftraggeberwechsel

118 Der Wechsel des Auftraggebers ist in § 132 GWB nicht ausdrücklich geregelt. Die Regelungen zum Auftragnehmerwechsel sind zudem nicht übertragbar. Der Wechsel des Auftragnehmers ändert das Ergebnis des Vergabewettbewerbs und berührt damit den Schutzzweck des § 132 GWB unmittelbar. Ein Auftraggeberwechsel muss hingegen die vergaberechtlichen Grundsätze nicht unbedingt berühren.

119 Der Auftraggeberwechsel ist nach hier vertretener Auffassung daher auch nach Vertragsschluss **grundsätzlich zulässig**.[97] Voraussetzung ist gleichwohl, dass

- der Auftragnehmer oder derjenige Unternehmer zustimmt, der den Zuschlag erhalten hat,
- eine unwesentliche Auftragsänderung i.S.d. § 132 Abs. 1 GWB vorliegt und
- der Auftraggeberwechsel keine Umgehung vergaberechtlicher Bindungen nach sich zieht.

120 Das Erfordernis der **Zustimmung** des Auftragnehmers oder des Bieters, der den Zuschlag erhalten soll, zum Auftraggeberwechsel ist zivilrechtlicher Natur und folgt aus § 415 Abs. 1 S. 1 BGB. Im Fall der Ankündigung eines etwaigen Auftraggeberwechsels in der Bekanntmachung wird die Zustimmung konkludent durch rügelose Verfahrensteilnahme erteilt.[98]

121 Die Person des Auftraggebers ist Bestandteil des Vertrages, sodass sein Wechsel eine Auftragsänderung darstellt. Ist der Wechsel des Auftraggebers daher **wesentlich**, muss neu vergeben werden. Die Wesentlichkeit kann sich insbesondere aus der Wirkung auf das Bieter-/Bewerberfeld ergeben, etwa wenn der neue Auftraggeber eine andere Bonität aufweist oder sich aus dem Wechsel räumliche Änderungen ergeben.

122 Die Zulässigkeit des Auftraggeberwechsels wird weiter durch das **Umgehungsverbot** begrenzt.[99] Unzulässig ist daher etwa der Wechsel von einem Auftraggeber, der geringeren Verfahrensanforderungen unterworfen ist, auf einen Auftraggeber, der höheren Verfahrensanforderungen unterworfen ist. Sektorenauftraggeber können daher regelmäßig nicht durch öffentliche Auftraggeber ersetzt werden.

123 Nicht erforderlich ist hingegen nach hier vertretener Auffassung die Bekanntgabe eines etwaigen Auftraggeberwechsels in den **Vergabeunterlagen**. Ist die Änderung des Auftrags nicht wesentlich, so ist eine Neuvergabe ungeachtet der vorherigen Festlegung der Änderung entbehrlich. Andernfalls müssten etwa bei Konzernumstrukturierungen mangels Bekanntgabe des möglichen Auftraggeberwechsels sämtliche Verträge neu ausgeschrieben werden, die auf eine andere Konzerngesellschaft übergehen sollen.[100]

124 Auch **Änderungen der Eigentumsverhältnisse** an einem öffentlichen Auftraggeber stellen keine Auftragsänderung dar. Diese wirken nicht unmittelbar auf Auftragscharakteristika und zudem wird es auch an einer Änderung des Vertrages und der Vergabeunterlagen fehlen. Denn die juristische Person des Auftraggebers und Vertragspartners bleibt unverändert. Die Änderung der Eigentumsverhältnisse etwa durch Veräußerung von Geschäftsanteilen kann gleichwohl nach den Grundsätzen des eingekapselten Beschaffungsvorgangs dem Vergabe-

96 A.A. wohl OLG Dresden, Beschluss v. 25.1.2008 – WVerg 10/07; OLG Düsseldorf, Beschluss v. 8.5.2002 – VII-Verg 8-15/01.

97 Differenzierend *Greb/Stenzel*, NZBau 2012, 404 (406 f.). Zur Rechtslage in Österreich vor Umsetzung der RL 2014/24/EU BVA, Bescheid v. 26.8.2005 – 16N-74/05-41; Bescheid v. 22.3.2005 – 16N-9/05-19; Bescheid v. 27.3.2003 – 10F-14/02-25; UVS Kärnten, Bescheid v. 6.4.2005 – KUVS-K2-490/19/2005; *Fink*, RPA 2005, 158 f.; *Grasböck*, ZVB 2005, 189; *Latzenhofer*, RPA 2005, 147 (152 f.).

98 Vgl. BVA, Bescheid v. 26.8.2005 – 16N-74/05-41; *Latzenhofer*, RPA 2005, 147 (154).

99 Zum allgemeinen Umgehungsverbot vgl. nur VK Bund, Beschluss v. 8.6.2006 – VK 2-114/05; Beschluss v. 29.9.2004 – VK 1-162/04.

100 So etwa im Fall einer Umstrukturierung der österreichischen Staatsbahnen BVA, Bescheid v. 22.3.2005 – 16N-9/05-19.

recht unterfallen.[101] Dies gilt ebenso, wenn im Fall einer In-House-Vergabe der Auftragnehmer durch einen oder mehrere öffentliche Auftraggeber kontrolliert wird und einer der kontrollierenden Auftraggeber während des laufenden Vertrages durch Anteilsverkauf privatisiert wird. In diesem Fall muss entweder die Privatisierung ebenfalls im Wege eines Vergabeverfahrens erfolgen oder der in-house vergebene Auftrag ausgeschrieben werden.

VII. Wechsel von Mitgliedern einer Arbeitsgemeinschaft

Der Wechsel von Mitgliedern einer Arbeitsgemeinschaft kann je nach Ausgestaltung verschiedene in § 132 GWB geregelte Tatbestände betreffen. Es ist wie folgt zu prüfen: **125**

Bleibt die **rechtliche Identität** des Auftragnehmers **erhalten**, z. B. weil die gewählte Rechtsform die Veräußerung von Anteilen des Auftragnehmers zulässt, so liegt kein Auftragnehmerwechsel i.S.d. § 132 Abs. 1 S. 3 Nr. 4 GWB vor. Eine Neuvergabe ist regelmäßig entbehrlich. Dabei ist zunächst auf die formale Rechtsperson des Auftragnehmers abzustellen, die unverändert bleiben muss. Zu prüfen bleibt, ob mit dem Wechsel nach den allgemeinen Maßstäben des § 132 Abs. 1 GWB wesentliche Änderungen des Auftrags einhergehen. Darüber hinaus muss auch sichergestellt sein, dass die Eignung des Auftragnehmers erhalten bleibt. Insofern sind die Maßstäbe zur Veränderungen in der Zusammensetzung von Bietergemeinschaften im Vergabeverfahren[102] übertragbar. **126**

Ändert sich die **rechtliche Identität** des Auftragnehmers, so ist § 132 Abs. 1 S. 3 Nr. 4 GWB anzuwenden. Ein Wechsel wird dann regelmäßig nur im Zuge einer Unternehmensumstrukturierung zulässig sein. Auch in diesem Fall muss die Eignung des Auftragnehmers im Sinne der bei Vergabe angewandten Maßstäbe sichergestellt sein. **127**

H. Rechtsschutz

§ 132 GWB hat unternehmensschützende Wirkung und Verstöße gegen seine Vorgaben können im Rechtsschutz geltend gemacht werden. Keinen Bieterschutz eröffnet nur die Publikationspflicht des § 132 Abs. 5 GWB. Diese dient, ähnlich der Vergabebekanntmachung nach § 39 VgV, der übergreifenden Transparenz, ohne konkrete subjektive Rechte zu schützen. **128**

Anlage

Gesetzesbegründung – VergRModG 2016 (BT-Drs. 18/6281)

Seite 118

Der neue § 132 enthält erstmals klare Vorgaben, wann Auftragsänderungen während der Vertragslaufzeit ein neues Vergabeverfahren erfordern. Die Vorschrift dient der Umsetzung von Artikel 72 der Richtlinie 2014/24/EU.

Seite 119

Bislang basierten die Vorgaben dazu auf den durch die Rechtsprechung des EuGH entwickelten Grundsätzen zu Auftragsänderungen (insb. EuGH, Urteil vom 19. Juni 2008, C-454/06, „Pressetext“).

Zu Absatz 1

Absatz 1 dient der Umsetzung von Artikel 72 Absatz 5 der Richtlinie 2014/24/EU. Im Grundsatz stellt Absatz 1 klar, dass wesentliche Änderungen eines öffentlichen Auftrags während dessen Vertragslaufzeit ein neues Vergabeverfahren erfordern. Wesentlich sind Änderungen grundsätzlich dann, wenn sich der Auftrag infolge der Änderung während der Vertragslaufzeit erheblich von dem ursprünglich vergebenen Auftrag unterscheidet. Dies betrifft insbesondere Änderungen, die den Um-

101 Vgl. hierzu § 103 GWB Rn. 54.
102 Vgl. etwa OLG Düsseldorf, Beschluss v. 26.1.2005 – VII-Verg 45/04.

fang und die inhaltliche Ausgestaltung der gegenseitigen Rechte und Pflichten der Parteien einschließlich der Zuweisung der Rechte des geistigen Eigentums betreffen. Derartige Änderungen sind Ausdruck der Absicht der Parteien, wesentliche Bedingungen des betreffenden Auftrags neu zu verhandeln. Die Nummern 1 bis 4 zählen beispielhaft auf, in welchen Fällen eine wesentliche Änderung im Sinne von Absatz 1 vorliegt.

Zu Absatz 2

Absatz 2 dient der Umsetzung von Artikel 72 Absatz 1 der Richtlinie 2014/24/EU und zählt die Fälle auf, in denen eine Änderung des ursprünglichen Vertrags zulässig ist und zwar unabhängig davon, ob es sich um eine wesentliche Änderung im Sinne des Absatz 1 handelt oder nicht.

Zu Nummer 1

Eine Änderung ist nach Absatz 2 Nummer 1 dann zulässig, wenn in den ursprünglichen Vergabeunterlagen klare, präzise und eindeutig formulierte Überprüfungsklauseln enthalten sind, die Angaben zu Art, Umfang und Voraussetzungen für eine Änderung des Vertrags enthalten. Dies betrifft zum Beispiel Preisüberprüfungsklauseln. Entsprechende Klauseln sollen öffentlichen Auftraggebern keinen unbegrenzten Ermessensspielraum einräumen. Dabei gibt es aber – anders als bei den erlaubten Vertragsänderungen der Nummern 2 und 3 – keine pauschale Obergrenze in Höhe von 50 Prozent des ursprünglichen Auftragswertes. Entscheidend ist vielmehr, dass sich durch Änderungen im Sinne der Nummer 1 der Gesamtcharakter des Auftrags nicht ändert.

Zu Nummer 2

Absatz 2 Nummer 2 dient der Umsetzung von Artikel 72 Absatz 1 Buchstabe b der Richtlinie 2014/24/EU und betrifft Situationen, in denen öffentliche Auftraggeber zusätzliche Liefer-, Bau- oder Dienstleistungen benötigen. In diesen Fällen kann eine Änderung des ursprünglichen Auftrags ohne neues Vergabeverfahren gerechtfertigt sein, insbesondere wenn die zusätzlichen Lieferungen entweder als Teilersatz oder zur Erweiterung bestehender Dienstleistungen, Lieferungen oder Einrichtungen bestimmt sind. Voraussetzung dafür ist, dass ein Wechsel des Lieferanten aus wirtschaftlichen oder technischen Gründen nicht erfolgen kann und mit erheblichen Schwierigkeiten oder beträchtlichen Zusatzkosten für den Auftraggeber verbunden wäre. Dies betrifft zum Beispiel den Fall, dass der öffentliche Auftraggeber Material, Bau- oder Dienstleistungen mit unterschiedlichen technischen Merkmalen erwerben müsste und dies eine Unvereinbarkeit oder unverhältnismäßige technische Schwierigkeiten bei Gebrauch und Instandhaltung mit sich bringen würde.

Für erlaubte Änderungen nach Absatz 2 Nummer 2 gilt – wie auch für Änderungen nach Nummer 3 – eine pauschale Obergrenze. Der Wert der Änderung darf hierbei nicht mehr als 50 Prozent des ursprünglichen Auftragswertes betragen.

Zu Nummer 3

Absatz 2 Nummer 3 betrifft Fälle, in denen öffentliche Auftraggeber mit externen Umständen konfrontiert werden, die sie zum Zeitpunkt der Zuschlagserteilung nicht absehen konnten. Dies kann insbesondere dann der Fall sein, wenn sich die Ausführung des Auftrags über einen längeren Zeitraum erstreckt. Absatz 2 Nummer 3 setzt Artikel 72 Absatz 1 Buchstabe c der Richtlinie 2014/24/EU um und ermöglicht dem Auftraggeber ein gewisses Maß an Flexibilität, um den Auftrag an diese Gegebenheiten anzupassen, ohne ein neues Vergabeverfahren einleiten zu müssen. „Unvorhersehbare Umstände" sind Umstände, die auch bei einer nach vernünftigem Ermessen sorgfältigen Vorbereitung der ursprünglichen Zuschlagserteilung durch den öffentlichen Auftraggeber unter Berücksichtigung der zur Verfügung stehenden Mittel, der Art und Merkmale des spezifischen Projekts, der bewährten Praxis und der Notwendigkeit, ein angemessenes Verhältnis zwischen den bei der Vorbereitung der Zuschlagserteilung eingesetzten Ressourcen und dem absehbaren Nutzen zu gewährleisten, nicht hätten vorausgesagt werden können. Voraussetzung ist allerdings, dass sich mit der Änderung nicht der Gesamtcharakter des gesamten Auftrags ändert, indem beispielsweise die zu beschaffenden Liefer-, Bau- oder Dienstleistungen durch andersartige Leistungen ersetzt werden oder indem sich die Art der Beschaffung grundlegend ändert.

Seite 120

Wie bei den Änderungen nach Nummer 2 darf auch in den Fällen von Nummer 3 der Wert der Änderung nicht mehr als 50 Prozent des ursprünglichen Auftragswertes betragen.

Zu Nummer 4

Absatz 2 Nummer 4 dient der Umsetzung von Artikel 72 Absatz 1 Buchstabe d der Richtlinie 2014/24/EU. Damit soll dem erfolgreichen Bieter die Möglichkeit eingeräumt werden, während der Ausführung des Auftrags gewisse interne strukturelle Veränderungen (Wechsel des Auftragnehmers) zu vollziehen, ohne dass deswegen ein neues Vergabeverfahren durchgeführt werden muss. Dies betrifft zum Beispiel rein interne Umstrukturierungen, Übernahmen, Zusammenschlüsse, Unternehmenskäufe oder Insolvenzen.

Zu Absatz 3

Absatz 3 dient der Umsetzung von Artikel 72 Absatz 2 der Richtlinie 2014/24/EU. Absatz 3 führt eine de-minimis-Grenze für Auftragsänderungen während der Vertragslaufzeit ein, wonach geringfügige Änderungen des Auftragswerts bis zu einer bestimmten Höhe grundsätzlich zulässig sind, ohne dass ein neues Vergabeverfahren durchgeführt werden muss. Voraussetzung ist nach Absatz dabei, dass der Wert der Änderung den entsprechenden Schwellenwert nach § 106 nicht übersteigt und zusätzlich bei Liefer- und Dienstleistungsaufträgen nicht mehr als 10 Prozent und bei Bauaufträgen nicht mehr als 15 Prozent des ursprünglichen Auftragswertes beträgt. Sofern die Auftragsänderungen eine dieser Grenzen übersteigt, ist eine Änderung ohne erneutes Vergabeverfahren nur zulässig, wenn die übrigen Voraussetzungen des § 132 erfüllt sind.

Zu Absatz 4

Absatz 4 dient der Umsetzung von Artikel 72 Absatz 3 der Richtlinie 2014/24/EU.

Zu Absatz 5

Absatz 5 dient der Umsetzung von Artikel 72 Absatz 1 Unterabsatz 3 der Richtlinie 2014/24/EU.

§ 133 GWB
Kündigung von öffentlichen Aufträgen in besonderen Fällen

(1) Unbeschadet des § 135 können öffentliche Auftraggeber einen öffentlichen Auftrag während der Vertragslaufzeit kündigen, wenn

1. **eine wesentliche Änderung vorgenommen wurde, die nach § 132 ein neues Vergabeverfahren erfordert hätte,**
2. **zum Zeitpunkt der Zuschlagserteilung ein zwingender Ausschlussgrund nach § 123 Absatz 1 bis 4 vorlag oder**
3. **der öffentliche Auftrag aufgrund einer schweren Verletzung der Verpflichtungen aus dem Vertrag über die Arbeitsweise der Europäischen Union oder aus den Vorschriften dieses Teils, die der Europäische Gerichtshof in einem Verfahren nach Artikel 258 des Vertrags über die Arbeitsweise der Europäischen Union festgestellt hat, nicht an den Auftragnehmer hätte vergeben werden dürfen.**

(2) Wird ein öffentlicher Auftrag gemäß Absatz 1 gekündigt, kann der Auftragnehmer einen seinen bisherigen Leistungen entsprechenden Teil der Vergütung verlangen. Im Fall des Absatzes 1 Nummer 2 steht dem Auftragnehmer ein Anspruch auf Vergütung insoweit nicht zu, als seine bisherigen Leistungen infolge der Kündigung für den öffentlichen Auftraggeber nicht von Interesse sind.

(3) Die Berechtigung, Schadensersatz zu verlangen, wird durch die Kündigung nicht ausgeschlossen.

Übersicht

	Rn.
A. Allgemeines	1
I. Unionsrechtlicher Hintergrund	3
II. Vergleichbare Regelungen	4
III. Historie	5
B. Unionsrechtliche Pflicht zur Beendigung von öffentlichen Aufträgen	8
C. Kündigungsgründe (Abs. 1)	16
I. Unzulässige Auftragsänderung (Nr. 1)	26
II. Zwingender Ausschlussgrund (Nr. 2)	30
III. Vertragsverletzungsverfahren nach Art. 258 AEUV (Nr. 3)	36
D. Anspruch auf Kündigung	40
E. Rechtsfolgen	41
I. Vergütungsanspruch (Abs. 2)	42
II. Schadensersatzanspruch (Abs. 3)	45
F. Rechtsschutz	47
Anlage Gesetzesbegründung	

A. Allgemeines

1 Die Vorschrift des § 133 GWB ermöglicht es dem öffentlichen Auftraggeber, in drei besonderen Fallgruppen einen öffentlichen Auftrag während der Vertragslaufzeit zu kündigen. Dieses spezifisch vergaberechtliche Kündigungsrecht erweitert die allgemeinen vertragsrechtlichen Möglichkeiten zur Kündigung eines öffentlichen Auftrags. Der Gesetzgeber hat insoweit bewusst eine vergaberechtliche Regelung für den Zeitraum nach Abschluss des eigentlichen Vergabeverfahrens geschaffen.

2 § 133 GWB gilt unmittelbar für **öffentliche Aufträge**. Nach § 103 Abs. 5 S. 2 GWB findet die Regelung auch Anwendung auf Rahmenvereinbarungen. Gemäß § 154 Nr. 4 GWB ist die Vorschrift des § 133 GWB auf die Vergabe von Konzessionen entsprechend anwendbar. Auf die Vergabe von öffentlichen Aufträgen durch Sektorenauftraggeber ist § 133 GWB aufgrund von § 142 GWB anzuwenden. Auch auf die Vergabe verteidigungs- und sicherheitsspezifischer öffentlicher Aufträge findet die Vorschrift gemäß § 147 S. 1 GWB Anwendung.

I. Unionsrechtlicher Hintergrund

3 Die Regelung beruht auf Art. 73 RL 2014/24/EU. Nach dieser Bestimmung müssen öffentliche Auftraggeber unter bestimmten Umständen über die Möglichkeit verfügen, einen öffentlichen Auftrag zu kündigen. Identische Regelungen finden sich in Art. 44 RL 2014/23/EU (Konzessionsvergaberichtlinie) und in Art. 90 RL 2014/25/EU (Sektorenvergaberichtlinie). Mit dem VergRModG 2016 wurden diese Vorgaben der Richtlinien mit § 133 GWB weitestgehend eins zu eins in nationales Recht umgesetzt und ergänzend Regelungen zu den Rechtsfolgen der Kündigung getroffen.

II. Vergleichbare Regelungen

4 Die VOB/B enthält in § 8 Regelungen zur Kündigung des Auftrags durch den Auftraggeber. Rein deklaratorisch werden in § 8 Abs. 4 Nr. 2 VOB/B die Regelungen des § 133 GWB – teilweise verkürzt – wiederholt. Maßgeblich ist insoweit allein die gesetzliche Regelung.[1] Die Bestimmung in § 8 Abs. 4 S. 2 VOB/B – wonach die Kündigung innerhalb von 12 Werktagen nach Bekanntwerden des Kündigungsgrundes auszusprechen ist – ist nicht mit den gesetzlichen Vorgaben des § 133 GWB zu vereinbaren. Sinn und Zweck des § 133 GWB und der zugrunde liegenden Richtlinienbestimmungen ist es gerade, dem Auftraggeber für bestimmte Fallgruppen stets die Wiederherstellung eines europarechtskonformen Zustandes zu ermöglichen. Daher enthält der Wortlaut der Vorschrift gerade keine zeitliche Einschränkung des Kündigungsrechts. Ein Ausschluss dieses Rechts nach 12 Werktagen ist weder mit der Vorgabe des Art. 74 RL 2014/24/EU noch der gesetzlichen Regelung des § 133 GWB zu vereinbaren und daher unbeachtlich.[2]

III. Historie

5 Die Vorschrift trägt dem Umstand Rechnung, dass öffentliche Auftraggeber mitunter öffentliche Aufträge vorzeitig beenden müssen, um die aus dem Unionsrecht erwachsenden Verpflichtungen im Bereich der öffentlichen Auftragsvergabe einzuhalten.[3] Die Mitgliedstaaten müssen daher sicherstellen, dass öffentliche Auftraggeber über die Möglichkeit verfügen, einen öffentlichen Auftrag während seiner Laufzeit zu kündigen, wenn dies aufgrund des Unionsrechts erforderlich ist.[4]

6 **Vor Inkrafttreten des VergRModG 2016** war es in Deutschland in der Praxis der öffentlichen Auftragsvergabe schwer möglich, unionsrechtswidrige Situationen zu beenden. Das Vertragsverletzungsverfahren richtet sich direkt gegen die Bundesrepublik Deutschland, welche nicht notwendigerweise Vertragspartei ist. Zudem wurde auch für unter Verletzung des EU-Vergaberechts zustande gekommene Verträge eine Bestandsgarantie angenommen.[5] Zudem war umstritten, auf welcher nationalen Rechtsgrundlage die Beendigung eines unter Verstoß gegen das europäische Vergaberecht zustande gekommenen Vertrags erfolgen kann.[6] In einem Urteil aus dem Jahr 2005 stützte das Landgericht München ein außerordentliches Kündigungsrecht auf eine vertraglich vereinbarte Loyalitätsklausel in Verbindung mit § 313 BGB.[7]

7 Mit der **Neuregelung** wurde an der Schnittstelle von Unions-, Vergabe- und Zivilrecht eine sachgerechte und praktikable Lösung geschaffen. Unionsrechtswidrig abgeschlossene Ver-

---

1 *Braun*, in: Ziekow/Völlink, Vergaberecht, § 133 GWB Rn. 20.
2 *Braun*, in: Ziekow/Völlink, Vergaberecht, § 133 GWB Rn. 20; *Mertens/Götze*, in: Gabriel/Mertens/Prieß/Stein, Vergaberecht, § 133 GWB Rn. 16a; a.A. *Geitel*, in: Röwekamp/Kus/Portz/Prieß, GWB-Vergaberecht, § 133 Rn. 6.
3 Erwägungsgrund 80 RL 2014/23/EU; Erwägungsgrund 112 RL 2014/24/EU; Erwägungsgrund 118 RL 2014/25/EU.
4 Erwägungsgrund 112 RL 2014/24/EU.
5 Vgl. das Vorbringen der Bundesrepublik Deutschland in EuGH, Urteil v. 18.7.2007 – Rs. C-503/04 (Abfallentsorgung Braunschweig II), Rn. 31; gegen das *„Dogma der Bestandsgarantie von De-facto-Verträgen"* bereits *Prieß/Gabriel*, NZBau 2006, 219 (220).
6 Zu den diskutierten Ansätzen: *Bitterich*, NJW 2006, 1845 (1846); *Görlich/Conrad*, VergabeR 2016, 567 (568 f).
7 LG München, Urteil v. 20.12.2005 – 33 O 16465/05.

träge sind danach zwar nicht unwirksam,[8] aber unter bestimmten Voraussetzungen kündbar. Die konkrete Ausgestaltung des Kündigungsrechts und die Rechtsfolgen der Kündigung werden durch die EU-Richtlinien nicht vorgegeben. Im Hinblick auf die Kündigungsfolgen erfolgt eine Regelung in § 133 Abs. 2 und 3 GWB.

B. Unionsrechtliche Pflicht zur Beendigung von öffentlichen Aufträgen

8 Der Grundsatz der effektiven Durchsetzung des Unionsrechts (effet utile) gebietet, dass unter Verletzung wesentlicher Vorschriften des Unionsrechts zustande gekommene öffentliche Aufträge keinen Bestand haben dürfen.[9] Nach Art. 4 Abs. 3 EUV ist es Aufgabe aller Behörden der Mitgliedstaaten, im Rahmen ihrer jeweiligen Zuständigkeiten die Einhaltung des Unionsrechts zu gewährleisten.[10] Der europäische Gesetzgeber hatte es lange versäumt, die europarechtlichen Voraussetzungen und Grenzen für die Beendigung vergaberechtswidriger Verträge zu regeln. Mit Art. 73 RL 2014/24/EU wurde erstmals vorgegeben, dass zumindest in bestimmen Fällen ein Kündigungsrecht des öffentlichen Auftraggebers bestehen muss. In den in Art. 73 RL 2014/24/EU genannten Fällen gewichtet der Unionsgesetzgeber daher das öffentliche Interesse an der effektiven Durchsetzung des Unionsrechts und der Gesetzmäßigkeit der Verwaltung höher als das Vertrauen der Parteien auf das Bestehen des Vertrages. Dabei geht der Unionsgesetzgeber erkennbar davon aus, dass in den von den Vergaberichtlinien genannten und mit § 133 Abs. 1 GWB ins nationale Recht überführten Fallgruppen regelmäßig eine schwerwiegende Verletzung des Unionsrechts vorliegt und daher eine Kündigung des öffentlichen Auftrags zur effektiven Umsetzung des europäischen Rechts erforderlich ist.

9 Ein rechtlicher **Bestandsschutz** europarechtswidrig geschlossener Verträge nach dem Rechtsgrundsatz „pacta sunt servanda" besteht nicht.[11] Der öffentliche Auftraggeber kann sich auch nicht auf Vertrauensschutz berufen.[12]

10 Die unionsrechtliche Pflicht zur Beendigung von unter Verletzung wesentlicher Vorschriften des europäischen Vergaberechts zustande gekommenen öffentlichen Aufträgen trifft alle **staatlichen Ebenen**, mithin sowohl den Bund als auch Länder und Kommunen.[13] Sofern der öffentliche Auftrag von einer Kommune vergeben wurde, kann die Kommunalaufsicht im Rahmen des jeweils anwendbaren Landesrechts einschreiten, um einen rechtmäßigen Zustand herzustellen.

11 Die europarechtliche Pflicht zur Beendigung eines unter Verletzung des Unionsrechts zustande gekommenen Vertrags kann auch viele Jahre nach Vertragsschluss bestehen. Grund hierfür ist, dass nach der Rechtsprechung des EuGH eine Verletzung der Bestimmungen der EU-Vergaberichtlinien und der dadurch geschützten Grundfreiheiten während der gesamten **Vertragsdauer** fortdauert.[14]

12 Der Verstoß gegen das Unionsrecht führt regelmäßig nicht zur **Nichtigkeit** der vergaberechtswidrig abgeschlossenen Verträge.[15] Eine Nichtigkeit des vergaberechtswidrig zustande gekommenen Vertrages nach § 138 BGB kann aber im Fall einer bewussten Umgehung des Vergaberechts vorliegen.[16]

---

8 Bereits LG München, Urteil v. 20.12.2005 – 33 O 16465/05, beurteilte die Folgen einer bereicherungsrechtlichen Rückabwicklung von öffentlichen Aufträgen nachvollziehbar kritisch.

9 EuGH, Urteil v. 18.7.2007 – Rs. C-503/04 (Abfallentsorgung Braunschweig II); ausführlich Generalanwältin Trstenjak, Schlussanträge v. 28.3.2007 – Rs. 503/04 (Abfallentsorgung Braunschweig II), Rn. 76 ff.; vgl. auch EuGH, Urteil v. 13.4.2010 – Rs. C-91/08 (Wall); *Bitterich*, NJW 2006, 1845 (1846).

10 EuGH, Urteil v. 13.4.2010 – Rs. C-91/08 (Wall), Rn. 69; Urteil v. 12.2.2008 – Rs. C-2/06 (Kempter), Rn. 34 m.w.N.

11 EuGH, Urteil v. 18.7.2007 – Rs. C-503/04 (Abfallentsorgung Braunschweig II), Rn. 31 ff.; *Portz*, KommJur 2007, 335; *Prieß/Gabriel*, NZBau 2006, 219 (219 f.).

12 OLG Schleswig, Beschluss v. 4.11.2014 – 1 Verg 1/14.

13 LG München, Urteil v. 20.12.2005 – 33 O 16465/05, in Bezug auf Kommunen, unter Verweis auf den in der bayerischen Landesverfassung geregelten Grundsatz der Recht- und Gesetzmäßigkeit gemeindlichen Handelns.

14 EuGH, Urteil v. 18.7.2007 – Rs. C-503/04 (Abfallentsorgung Braunschweig II), Rn. 29; *Bitterich*, NJW 2006, 1845.

15 OLG Schleswig, Beschluss v. 4.11.2014 – 1 Verg 1/14 Rn. 79; *Portz*, KommJur 2007, 335.

16 Gesetzesbegründung zu § 130 GWB, VergRModG 2016, BT-Drs. 18/6281, 120; OLG Schleswig, Beschluss v. 4.11.2015 – 1 Verg 1/14; *Bitterich*, NJW 2006, 1845 (1847); *Portz*, KommJur 2007, 335 (336).

13 Das nationale Recht ist allerdings soweit wie möglich **unionsrechtskonform** dahingehend auszulegen, dass die europarechtlich bestehende Pflicht zur Beendigung des Vertrages umgesetzt werden kann. Denn nach der Rechtsprechung des EuGH kann sich ein Mitgliedstaat nicht auf Bestimmungen, Übungen oder Umstände seiner internen Rechtsordnung berufen, um die Nichteinhaltung der aus dem Unionsrecht folgenden Verpflichtungen zu rechtfertigen.[17]

14 Bei den **nicht von § 133 GWB erfassten Fällen** kommt dabei – soweit es sich um Dauerschuldverhältnisse handelt – insbesondere eine Kündigung des Vertrages aus wichtigem Grund nach § 314 BGB oder aufgrund einer Störung der Geschäftsgrundlage nach § 313 BGB in Betracht.[18] Unabhängig hiervon kann die Vereinbarung eines vertraglichen Kündigungsrechts für den Fall sinnvoll sein, dass die Vergabe eines öffentlichen Auftrags aufgrund einer späteren Rechtsprechung als unionsrechtswidrig erkannt wird.[19] Die aus dem Unionsrecht fließende Pflicht des öffentlichen Auftraggebers zur Kündigung wird auch in anderen als den in § 133 Abs. 1 GWB genannten Fällen nicht durch die Bestimmungen der Rechtsmittelrichtlinie 89/665/EWG eingeschränkt, welche nach wirksamem Vertragsschluss lediglich Schadensersatzansprüche vorsieht.[20] Die Rechtsmittelrichtlinie betrifft die Möglichkeiten einer wirksamen und raschen Nachprüfung durch Private, nicht hingegen das Verhältnis zwischen Union und Mitgliedstaat.

15 Noch nicht abschließend geklärt ist die Frage, ob der öffentliche Auftraggeber stets von der Möglichkeit der außerordentlichen Kündigung Gebrauch machen muss oder die nächstmögliche **ordentliche Kündigung** oder der Abschluss eines **Aufhebungsvertrages** und eine anschließende Neuausschreibung ausreichen.[21] Nach dem Sinn und Zweck der unionsrechtlichen Vorgaben ist allein entscheidend, dass der Vertrag zeitnah beendet werden kann, nachdem der Verstoß gegen das Unionsrecht festgestellt wurde. Wie der Vertrag zu beenden ist, gibt das europäische Recht nicht vor.[22] Daher kann unter dem Gesichtspunkt des unionsrechtlichen Grundsatzes der Verhältnismäßigkeit auch ein Aufhebungsvertrag oder die Ausübung eines ordentlichen Kündigungsrechts mit anschließender Neuausschreibung in Betracht kommen.[23]

C. Kündigungsgründe (Abs. 1)

16 Mit § 133 GWB wurde im nationalen Recht ein spezielles vergaberechtliches Kündigungsrecht[24] des öffentlichen Auftraggebers für bestimmte Fallgruppen kodifiziert, in denen eine Kündigung des öffentlichen Auftrags regelmäßig europarechtlich geboten ist und ein Festhalten am Vertrag das öffentliche Interesse an der Gesetzmäßigkeit der Verwaltung unzumutbar beeinträchtigt.[25] Die Vorschrift ist eng auszulegen. Sie dient nicht dazu, dem öffentlichen Auftraggeber flexible Lösungsrechte einzuräumen, sondern in bestimmten Fallgruppen den effektiven Vollzug des Unionsrechts sicherzustellen.[26]

17 Das Kündigungsrecht nach § 133 GWB stellt **zwingendes Recht** dar und kann nicht vertraglich oder durch untergesetzliche Vorgaben ausgeschlossen werden.

18 Die in § 133 Abs. 1 GWB genannten Fallgruppen sind **nicht** als **abschließend** zu verstehen.[27] Dies wird bereits in der Überschrift der Norm deutlich, wonach die Regelung die Kündigung

17 EuGH, Urteil v. 18.7.2007 – Rs. C-503/04 (Abfallentsorgung Braunschweig II), Rn. 38 m.w.N.
18 *Bitterich*, NJW 2006, 1845 (1849); a.A. *Püstow/Meiners*, EuZW 2016, 325 (329).
19 *Portz*, KommJur 2007, 335 (338).
20 EuGH, Urteil v. 18.7.2007 – Rs. C-503/04 (Abfallentsorgung Braunschweig II), Rn. 33 ff.
21 OLG Schleswig, Beschluss v. 4.11.2014 – 1 Verg 1/14 m.w.N.
22 EuGH, Urteil v. 18.7.2007 – Rs. C-503/04 (Abfallentsorgung Braunschweig II).
23 *Bitterich*, NJW 2006, 1845 (1849); *Portz*, KommJur 2007, 335 (338).
24 *Geitel*, in: Röwekamp/Kus/Portz/Prieß, GWB-Vergaberecht, § 133 Rn. 9.
25 Gesetzesbegründung zu § 133 Abs. 1 GWB, BT-Drs. 18/6281, 120.
26 *Berger*, in: Burgi/Dreher, Vergaberecht, § 133 GWB Rn. 23.
27 Gesetzesbegründung zu § 133 Abs. 1 GWB, VergRModG 2016, BT-Dr. 18/6281, 120; Art. 73 RL 2014/24/EU enthält die Formulierung, wonach die Möglichkeit zur Kündigung „zumindest" in den dort genannten Fällen bestehen muss.

von öffentlichen Aufträgen „in besonderen Fällen" betrifft. Ausweislich der Begründung zu § 133 GWB soll die Vorschrift die bereits bislang nach den allgemeinen Vorschriften bestehenden Möglichkeiten zur Beendigung von öffentlichen Aufträgen lediglich erweitern.[28] Auch in anderen als den in § 133 Abs. 1 GWB genannten Konstellationen kann daher im Einzelfall eine europarechtliche Pflicht zur Beendigung eines öffentlichen Auftrags in Betracht kommen, soweit ein schwerwiegender Verstoß gegen die vergaberechtlichen Vorgaben vorliegt.[29] Die Wertungen, auf denen die Pflicht zur Vertragsbeendigung beruht, sind auch auf andere als die in § 133 Abs. 1 GWB geregelten Fälle übertragbar.[30] Die Gesetzesbegründung nennt als Beispiel den Fall, in dem eine Kündigung notwendig ist, um ein ansonsten drohendes Vertragsverletzungsverfahren der Europäischen Kommission zu verhindern.[31]

Das Kündigungsrecht besteht unabhängig davon, ob der öffentliche Auftraggeber den Verstoß gegen das Vergaberecht **kannte** oder daran aktiv **mitgewirkt** hat.[32] Eine Einschränkung des Kündigungsrechts für diese Konstellationen würde dem Ziel der Vorschrift widersprechen, in den genannten Fallkonstellationen einen europarechtskonformen Zustand herzustellen. 19

Die konkreten **Kündigungsgründe** wurden eins zu eins aus Art. 73 RL 2014/24/EU übernommen. § 133 Abs. 1 GWB statuiert ein außerordentliches, fristloses Kündigungsrecht des öffentlichen Auftraggebers für drei Fallgruppen: 20

- die unzulässige Auftragsänderung,
- das Vorliegen zwingender Ausschlussgründe zum Zeitpunkt der Zuschlagserteilung und
- die vom EuGH festgestellte schwere Verletzung des Unionsrechts durch die Auftragsvergabe.

Dem öffentlichen Auftraggeber steht ein **Ermessen** zu, ob er von der nach § 133 Abs. 1 GWB eingeräumten Kündigungsmöglichkeit Gebrauch macht.[33] Eine Pflicht zur Kündigung öffentlicher Aufträge besteht nur, wenn diese aus anderen Rechtsvorschriften oder dem Unionsrecht folgt.[34] Bei der Ausübung des Ermessens sind die Umstände des Einzelfalls und der Grundsatz der Verhältnismäßigkeit zu beachten.[35] Je schwerer der Vergaberechtsverstoß wiegt, desto eher muss der Vertrag sofort gekündigt werden. Für das Verständnis der Norm ist zentral, dass § 133 GWB die Fallgruppen normiert, in denen der Unionsgesetzgeber grundsätzlich einen schwerwiegenden Verstoß annimmt und eine Kündigung für erforderlich hält.[36] Mit § 133 GWB wird dem öffentlichen Auftraggeber im nationalen Recht die rechtliche Möglichkeit zur Umsetzung dieser aus dem Unionsrecht fließenden Pflicht zur Vertragsbeendigung an die Hand gegeben. Das Ermessen bezieht sich daher in der Regel nur darauf, ob der Vertrag unmittelbar zu kündigen ist oder ein rechtmäßiger Zustand über andere Wege erreicht werden kann. Resultiert die Unzulässigkeit der Auftragsänderung etwa aus einer lediglich geringfügigen Überschreitung der Grenzen des § 132 Abs. 3 GWB, kommen eine Kündigung mit Übergangsfrist bzw. ein einvernehmlicher Abschluss eines Aufhebungsvertrages als mildere Mittel in Betracht. Dagegen ist in den Fällen, in denen die Grenzen einer rechtmäßigen Auftragsänderung während der Vertragslaufzeit gemäß § 132 GWB deutlich überschritten werden,[37] bei Vorliegen zwingender Ausschlussgründe zum Zeitpunkt der Zuschlagserteilung und bei einer entsprechenden Entscheidung des EuGH grundsätzlich davon auszugehen, dass eine Pflicht zur Kündigung besteht. Insoweit muss der öffentliche Auftraggeber regelmäßig von 21

28 Gesetzesbegründung zu § 133 Abs. 1 GWB, VergRModG 2016, BT-Dr. 18/6281, 120.
29 *Bitterich*, NJW 2006, 1845 (1849 f.).
30 *Prieß/Gabriel*, NZBau 2006, 219 (221 f.), zur bisherigen Rechtslage; zurückhaltend LG München, Urteil v. 20.12.2005 – 33 O 16465/05.
31 Gesetzesbegründung zu § 133 Abs. 1 GWB, VergRModG 2016, BT-Dr. 18/6281, 120.
32 *Geitel*, in: Röwekamp/Kus/Portz/Prieß, GWB-Vergaberecht, § 133 Rn. 9; kritisch: *Görlich/Conrad*, VergabeR 2016, 567 (571).
33 Ausführlich zum Ermessen des Auftraggebers: *Braun*, in: Ziekow/Völlink, Vergaberecht, § 133 GWB Rn. 39 ff.; zu Ausnahmen aufgrund des Verhältnismäßigkeitsgrundsatzes *Portz*, KommJur 2007, 335 (337 f.); siehe auch *Braun*, NZBau 2015, 355 (356), in Bezug auf fehlerhaft ausgeschriebene Energieversorgungsnetzkonzessionsverträge.
34 *Görlich/Conrad*, VergabeR 2016, 567 (574).
35 Ausführlich zum Verhältnismäßigkeitsgrundsatz: *Braun*, in: Ziekow/Völlink, Vergaberecht, § 133 GWB Rn. 100 ff.
36 Erwägungsgrund 112 RL 2014/24/EU.
37 Zur Fallgruppe des § 133 Abs. 1 Nr. 1 GWB: *Braun*, in: Ziekow/Völlink, Vergaberecht, § 133 GWB Rn. 59 f.

den nach nationalem Recht eingeräumten Möglichkeiten zur Beendigung des Vertrages Gebrauch machen.[38]

22 Eine vorherige **Anhörung** des Auftragnehmers ist keine Voraussetzung einer Kündigung nach § 133 GWB.[39] Sie ist aber zu empfehlen.

23 Nach dem ausdrücklichen Wortlaut der Norm bezieht sich das Kündigungsrecht allein auf noch **laufende Verträge**. Hauptanwendungsfälle dürften daher Dauerschuldverhältnisse sein. Die Vorschrift ist aber auch auf Lieferverträge anwendbar, solange die Leistung noch nicht vollständig erbracht ist.[40] Ist die geschuldete Leistung vollständig bewirkt und das Schuldverhältnis gemäß § 362 BGB erloschen, ist für eine Kündigung kein Raum mehr.

24 Die Regelung gilt mangels entgegenstehender **Übergangsvorschriften** auch für Verträge, die vor dem Inkrafttreten des VergRModG 2016 am 18. April 2016 abgeschlossen wurden.[41] § 187 Abs. 2 GWB ist nicht anwendbar, da es sich bei der Kündigung nach § 133 GWB nicht um einen Teil des Vergabeverfahrens handelt.[42]

25 Das Kündigungsrecht besteht unabhängig von der Regelung zur **Unwirksamkeit** nach § 135 GWB. Insbesondere besteht – anders als im Rahmen von § 135 Abs. 2 GWB – keine **Frist**, binnen derer der öffentliche Auftraggeber von dem Kündigungsrecht Gebrauch machen muss.[43] Eine zeitliche Begrenzung der Kündigungsmöglichkeit ergibt sich weder aus den Grundsätzen der Rechtssicherheit noch des Vertrauensschutzes.[44] Die einschränkende Regelung des § 8 Abs. 4 S. 2 VOB/B ist aufgrund der entgegenstehenden gesetzlichen Regelung unbeachtlich.[45]

I. Unzulässige Auftragsänderung (Nr. 1)

26 § 133 Abs. 1 Nr. 1 GWB räumt dem öffentlichen Auftraggeber eine Kündigungsmöglichkeit ein, wenn eine **wesentliche Auftragsänderung** vorgenommen wurde, ohne ein nach § 132 GWB erforderliches neues Vergabeverfahren durchzuführen. Nach dem Wortlaut „vorgenommen wurde" ist zwingende Voraussetzung, dass die Änderung des öffentlichen Auftrags bereits vollzogen wurde.[46] Der Verweis auf § 132 GWB nimmt alle Absätze in Bezug. Ist eine wesentliche Auftragsänderung nach § 132 Abs. 2 oder 3 GWB zulässig, kommt eine Kündigung des öffentlichen Auftrags nicht in Betracht.

27 Anders als in der Fallgruppe des § 133 Abs. 1 Nr. 3 GWB ist nach dem klaren Wortlaut der Norm wie auch der zu Grunde liegenden Richtlinienbestimmung keine **Feststellung durch den EuGH** erforderlich.[47] Diese Differenzierung ist auch sachgerecht, da sich bei § 133 Abs. 1 Nr. 1 GWB der Vergaberechtsverstoß lediglich auf die Änderung bezieht, während bei § 133 Abs. 1 Nr. 3 GWB stets der gesamte Auftrag betroffen ist.[48]

28 Bei der Frage, ob im Falle einer Auftragsänderung der **gesamte öffentliche Auftrag** beendet oder nur die **Änderung selbst** durch Kündigung rückgängig gemacht werden muss, ist wie folgt zu differenzieren: Handelt es sich um eine von dem ursprünglichen Auftrag abgrenzbare Leistung – wie zum Beispiel im Fall von zusätzlichen Liefer-, Bau- und Dienstleistungen –, ist die Kündigung und Neuausschreibung nur der zusätzlich beauftragten Leistung sachge-

---

38 Zu Ausnahmen bei der Fallgruppe des § 133 Abs. 1 Nr. 2 GWB unten Rn. 34.
39 A.A. *Braun*, in: Ziekow/Völlink, Vergaberecht, § 133 GWB Rn. 121 ff.
40 *Jaeger*, in: Säcker, Wettbewerbsrecht, § 133 GWB Rn. 4.
41 *Jaeger*, in: Säcker, Wettbewerbsrecht, § 133 GWB Rn. 5.
42 *Jaeger*, in: Säcker, Wettbewerbsrecht, § 133 GWB Rn. 5; a.A. *Ritzenhoff*, in: Pünder/Schellenberg, Vergaberecht, § 133 GWB Rn. 4.
43 Gesetzesbegründung zu § 133 Abs. 1 GWB, VergRModG 2016, BT-Dr. 18/6281, 120; *Geitel*, in: Röwekamp/Kus/Portz/Prieß, GWB-Vergaberecht, § 133 Rn. 9.
44 EuGH, Urteil v. 18.7.2007 – Rs. C-503/04 (Abfallentsorgung Braunschweig II), Rn. 36.
45 Siehe oben Rn. 4.
46 *Berger*, in: Burgi/Dreher, Vergaberecht, § 133 GWB Rn. 23.
47 *Berger*, in: Burgi/Dreher, Vergaberecht, § 133 GWB, Rn. 21; a. A.: *Ritzenhoff*, in: Pünder/Schellenberg, Vergaberecht, § 133 GWB Rn. 11.
48 *Berger*, in: Burgi/Dreher, Vergaberecht, § 133 GWB Rn. 22.

recht.[49] Anders verhält es sich, wenn etwa die unzulässige Auftragsänderung die inhaltliche Ausgestaltung der gegenseitigen Rechte und Pflichten der Parteien insgesamt betrifft oder der Vertrag nur noch aufgrund einer unzulässigen Verlängerung der Laufzeit fortbesteht. In diesen Fällen steht und fällt der Vertrag mit der Änderung und kann nur insgesamt beendet werden. Diese Differenzierung ergibt sich zwar nicht explizit aus dem Wortlaut der Bestimmung. In § 132 Abs. 1 S. 1 GWB ist jedoch geregelt, dass eine wesentliche Änderung des öffentlichen Auftrags lediglich ein neues Vergabeverfahren erfordert. Vor diesem Hintergrund ist auch § 133 Abs. 1 Nr. 1 GWB nicht als Sanktionierung des öffentlichen Auftraggebers zu verstehen, sondern dient der Einhaltung unionsrechtlicher Vorgaben und soll den Wettbewerb um den Zugang zu öffentlichen Aufträgen ermöglichen. Daher ist die Kündigung auf die Vertragsänderung zu beschränken, wenn der alte Vertrag auch ohne die Änderung weiterbestehen kann.[50]

Die Kündigung nach § 133 Abs. 1 Nr. 1 GWB ist auch dann nicht nach dem Grundsatz von Treu und Glauben ausgeschlossen, wenn die **Initiative** zur Auftragsänderung vom öffentlichen Auftraggeber ausging.[51] Ziel der Vorschrift ist, dass die Einhaltung der aus dem Unionsrecht erwachsenden Verpflichtungen im Bereich der öffentlichen Auftragsvergabe sichergestellt werden kann. Daher ist für eine Einschränkung des Kündigungsrechts aufgrund des vorhergehenden Verhaltens des öffentlichen Auftraggebers kein Raum. Ein mögliches Verschulden des öffentlichen Auftraggebers ist im Rahmen etwaiger Schadensersatzansprüche zu berücksichtigen. Zudem kann es nach dem Grundsatz der Verhältnismäßigkeit geboten sein, die Kündigung auf den – rechtswidrig – geänderten Teil zu beschränken, sofern dies im konkreten Fall möglich ist.[52] **29**

II. Zwingender Ausschlussgrund (Nr. 2)

Nach § 132 Abs. 1 Nr. 2 GWB kann der öffentliche Auftraggeber den öffentlichen Auftrag kündigen, wenn zum Zeitpunkt der Zuschlagserteilung ein **zwingender Ausschlussgrund** nach § 123 Abs. 1 bis 4 GWB vorlag. Die Regelung geht insoweit geringfügig über die europarechtlichen (Mindest-)Vorgaben hinaus, als eine Kündigung auch bei Vorliegen des Ausschlussgrundes nach § 123 Abs. 4 GWB – Nichtzahlung von Steuern, Abgaben oder Beiträgen zur Sozialversicherung – in Betracht kommt.[53] **30**

Nicht ausreichend für eine Kündigung nach § 133 Abs. 1 Nr. 2 GWB ist nach dem klaren Wortlaut der Norm, wenn zwingende Ausschlussgründe erst **nach Zuschlagserteilung** eintreten, wenn fakultative Ausschlussgründe vorgelegen haben oder zum Zeitpunkt der Zuschlagserteilung Eignungskriterien nicht erfüllt waren. **31**

Das Kündigungsrecht betrifft insbesondere den Fall, in dem der öffentliche Auftraggeber erst nach Zuschlagserteilung davon **Kenntnis** erlangt, dass ein zwingender Ausschlussgrund vorlag. Nach dem klaren Wortlaut der Vorschrift kann der öffentliche Auftraggeber jedoch auch dann kündigen, wenn er zum Zeitpunkt der Zuschlagserteilung Kenntnis vom Vorliegen des Ausschlussgrundes hatte.[54] Hier kommt wieder der Kerngedanke der Vorschrift zum Tragen, die effektive Durchsetzung des Unionsrechts zu ermöglichen. Sieht die Vergabestelle rechtswidrig über zwingende Ausschlussgründe hinweg, muss es etwa der Rechts- und Fachaufsicht trotzdem möglich sein, den Vertrag zu beenden. **32**

Ausweislich der Gesetzesbegründung bleibt das Recht zur **Anfechtung** des zivilrechtlichen Vertrags nach den Vorschriften des BGB durch den öffentlichen Auftraggeber unberührt.[55] Im **33**

---

49 *Jaeger*, in: Säcker, Wettbewerbsrecht, § 133 GWB Rn. 8; *Braun*, in: Ziekow/Völlink, Vergaberecht, § 133 GWB Rn. 61; *Püstow/Meiners*, EuZW 2016, 325 (329).
50 *Püstow/Meiners*, EuZW 2016, 325 (329).
51 So im Ergebnis wohl auch: *Ritzenhoff*, in: Pünder/Schellenberg, Vergaberecht, § 133 GWB Rn. 11.
52 *Ritzenhoff*, in: Pünder/Schellenberg, Vergaberecht, § 133 GWB Rn. 11.
53 *Jaeger*, in: Säcker, Wettbewerbsrecht, § 133 GWB Rn. 9.
54 Gesetzesbegründung zu § 133 Abs. 1 Nr. 1 GWB, BT-Dr. 18/6281, 121; *Jaeger*, in: Säcker, Wettbewerbsrecht, § 133 GWB Rn. 9.
55 Gesetzesbegründung zu § 133 Abs. 1 Nr. 1 GWB, BT-Dr. 18/6281, 121.

Falle einer arglistigen Täuschung des Auftragnehmers über das Vorliegen von Ausschlussgründen kann der öffentliche Auftraggeber den zivilrechtlichen Vertrag daher nach § 123 BGB auch anfechten.

34 Noch nicht gerichtlich geklärt ist die Frage, ob der öffentliche Auftraggeber von einer Kündigung absehen kann, wenn die Voraussetzungen des **§ 123 Abs. 5 GWB** vorliegen, d.h. wenn zwingende Gründe des öffentlichen Interesses einem Ausschluss entgegenstehen. Nach dieser Vorschrift kann der öffentliche Auftraggeber ausnahmsweise von einem an sich zwingend vorgesehenen Ausschluss eines Unternehmens absehen, wenn dies aus zwingenden Gründen des öffentlichen Interesses geboten ist oder ein Ausschluss offensichtlich unverhältnismäßig wäre. Diese aus dem Verhältnismäßigkeitsgrundsatz[56] fließende Wertung betrifft sowohl die Situation vor als auch nach der Zuschlagsentscheidung und kann daher im Rahmen der Ermessensausübung auf eine nachträgliche Kündigung durch den öffentlichen Auftraggeber angewandt werden.[57] Liegen die Voraussetzungen des § 123 Abs. 5 GWB vor, ist der öffentliche Auftraggeber daher nicht zur Kündigung des öffentlichen Auftrags verpflichtet.[58] Als Beispielsfall nennen die Erwägungsgründe, dass dringend benötigte Impfstoffe oder Notfallausrüstungen nur von einem Wirtschaftsteilnehmer käuflich erworben werden können.[59] In einer solchen oder vergleichbaren Situation kann nicht nur von einem Ausschluss des Auftragnehmers vor Zuschlagserteilung abgesehen werden, sondern – wenn die Ausschlussgründe erst nach Vertragsschluss bekannt werden – auch von einer Kündigung eines Vertrags.

35 Ebenfalls noch nicht gerichtlich geklärt ist die Frage, ob von einer Kündigung nach § 133 Abs. 1 Nr. 2 GWB abgesehen werden kann, wenn der Auftragnehmer den Nachweis einer **Selbstreinigung** nach § 125 GWB erbringt. Hat das Unternehmen eine Selbstreinigung nachgewiesen, wird es nicht vom Vergabeverfahren ausgeschlossen. Diese gesetzgeberische Wertung gilt auch für die Zeit nach Abschluss des Vergabeverfahrens. Im Falle einer erfolgreichen Selbstreinigung ist der öffentliche Auftraggeber daher auch nicht zur Kündigung des öffentlichen Auftrags verpflichtet.[60]

III. Vertragsverletzungsverfahren nach Art. 258 AEUV (Nr. 3)

36 § 133 Abs. 1 Nr. 3 GWB betrifft den Fall, in dem der EuGH in einem Vertragsverletzungsverfahren nach Art. 258 AEUV eine Verletzung der Verpflichtungen aus dem AEUV oder den RL 2014/23/EU, 2014/24/EU und 2014/25/EU, welche durch Teil 4 GWB in nationales Recht umgesetzt wurden, festgestellt hat.

37 Nach dem Wortlaut der Vorschrift und der zu Grunde liegenden Bestimmungen der Richtlinien muss es sich um eine „**schwere Verletzung**" handeln. Eine Definition des Begriffes „schwere Verletzung" besteht nicht. Einem Vertragsverletzungsverfahren nach Art. 258 AEUV dürfte stets eine schwere Verletzung der Verpflichtungen aus den Verträgen zugrunde liegen,[61] da die Europäische Kommission bei unwesentlichen Verstößen nicht den EuGH anruft. In jedem Fall muss der Mitgliedstaat nach Art. 260 AEUV alle Maßnahmen ergreifen, die sich aus dem Urteil des EuGH ergeben. Die Vorschrift des § 133 Abs. 1 Nr. 3 GWB soll genau in den Fällen eine Kündigung ermöglichen, in denen der EuGH eine Verletzung des Unionsrechts durch eine konkrete Auftragsvergabe feststellt. Richtigerweise ist daher jeder vom EuGH festgestellte Verstoß gegen die Verpflichtungen des Unionsrechts eine „schwere" Verletzung im Sinne des § 133 Abs. 1 Nr. 3 GWB.[62]

38 Weiter ist erforderlich, dass der öffentliche Auftrag aufgrund der Verletzung **nicht** an den Auftragnehmer **hätte vergeben werden dürfen**. Auch dieses – bereits im Wortlaut der Ver-

56 Der Verhältnismäßigkeitsgrundsatz ist neben der spezialgesetzlichen Verankerung in § 97 Abs. 1 S. 2 GWB ein anerkannter allgemeiner Rechtsgrundsatz des Unionsrechts.
57 A.A. wohl *Braun*, in: Ziekow/Völlink, Vergaberecht, § 133 GWB Rn. 74.
58 So auch *Berger*, in: Burgi/Dreher, Vergaberecht, § 133 GWB Rn. 27.
59 Erwägungsgrund 100 RL 2014/24/EU.
60 *Berger*, in: Burgi/Dreher, Vergaberecht, § 133 GWB Rn. 28.
61 *Jaeger*, in: Säcker, Wettbewerbsrecht, § 133 GWB Rn. 12.
62 *Berger*, in: Burgi/Dreher, Vergaberecht, § 133 GWB Rn. 32.

gaberichtlinien enthaltene – Tatbestandsmerkmal dürfte keine eigenständige Bedeutung entfalten. Denn der Verstoß gegen das Unionsrecht besteht in den hier relevanten Fällen gerade darin, dass der öffentliche Auftrag an den Auftragnehmer vergeben wurde.

Problematisch ist, dass das Kündigungsrecht des öffentlichen Auftraggebers nach dem klaren Wortlaut des § 133 Abs. 1 Nr. 3 GWB auch bei schwerwiegenden Verstößen gegen das Unionsrecht erst dann besteht, wenn der EuGH die Vertragsverletzung durch Urteil **festgestellt** hat.[63] Dies entspricht eins zu eins der Vorgabe von Art. 73 lit. c RL 2014/24/EU, engt jedoch den Anwendungsbereich des Kündigungsrechts auf sehr wenige Fälle ein. Der öffentliche Auftraggeber sollte daher prüfen, ob vor diesem Hintergrund ein Kündigungsrecht für den Fall vereinbart werden kann, dass infolge einer späteren Rechtsprechung die Vergabe als unionsrechtswidrig erkannt wird.[64] Auf diese Weise können ein Vertragsverletzungsverfahren bzw. Streitigkeiten über die zutreffende rechtliche Grundlage einer notwendigen Kündigung im nationalen Recht vermieden werden. Im Übrigen muss der öffentliche Auftraggeber die allgemein bestehenden Kündigungsmöglichkeiten prüfen, um ein ansonsten drohendes Vertragsverletzungsverfahren der Europäischen Kommission zu verhindern.[65] **39**

D. Anspruch auf Kündigung

Die Regelung des § 133 Abs. 1 GWB ist ein Mittel, mit dem der öffentliche Auftraggeber die Einhaltung der ihm aus den unionsrechtlichen Vorgaben erwachsenden Verpflichtungen sicherstellen kann.[66] Dieser Bezug kommt insbesondere in § 133 Abs. 1 Nr. 3 GWB zum Ausdruck, der ein Kündigungsrecht für den Fall vorsieht, dass der EuGH eine Vertragsverletzung festgestellt hat. Die Regelung berührt in erster Linie das Verhältnis zwischen der Europäischen Union und der Bundesrepublik Deutschland als Mitgliedstaat. Es handelt sich daher nicht um eine unternehmensschützende Vorschrift im Sinne von § 97 Abs. 6 GWB. Einem Dritten steht deshalb allein auf Grundlage des § 133 GWB kein Anspruch gegen den öffentlichen Auftraggeber auf Kündigung eines möglicherweise vergaberechtswidrig zustande gekommenen Vertrags zu.[67] Denkbar ist jedoch ein Anspruch nach § 132 GWB i.V.m. § 97 Abs. 6 GWB in Fällen einer rechtswidrigen Auftragsänderung.[68] **40**

E. Rechtsfolgen

Die Rechtsfolgen der Kündigung werden durch die EU-Vergaberichtlinien nicht festgelegt. Dennoch hat sich der nationale Gesetzgeber im Interesse der Rechtssicherheit dafür entschieden, eine entsprechende Regelung im GWB zu verankern. **41**

I. Vergütungsanspruch (Abs. 2)

Mit § 133 Abs. 2 GWB werden die Rechtsfolgen der Kündigung des öffentlichen Auftrags nach § 133 Abs. 1 GWB im Hinblick auf den Vergütungsanspruch des Auftragnehmers geregelt. Dabei wird zwischen den Kündigungsgründen nach § 133 Abs. 1 Nr. 1 und 3 GWB einerseits und § 133 Abs. 1 Nr. 2 GWB andererseits unterschieden. Die Differenzierung trägt der jeweils unterschiedlichen Schutzwürdigkeit des Auftragnehmers Rechnung. **42**

---

63 *Jaeger*, in: Säcker, Wettbewerbsrecht, § 133 GWB Rn. 13.
64 *Portz*, KommJur 2007, 335 (339).
65 Gesetzesbegründung zu § 133 Abs. 1 Nr. 3 GWB, VergRModG 2016, BT-Dr. 18/6281 S. 121; *Jaeger*, in: Säcker, Wettbewerbsrecht, § 133 GWB Rn. 13.
66 Erwägungsgrund 112 RL 2014/24/EU.
67 OLG Schleswig, Beschluss v. 4.11.2014 – 1 Verg 1/14; OLG Düsseldorf, Beschluss v. 30.4.2009 – VII-Verg 50/08; *Mertens/Götze*, in: Gabriel/Mertens/Stein/Prieß, Vergaberecht, § 133 GWB Rn. 23–25; a.A.: *Braun*, in: Ziekow/Völlink, Vergaberecht, § 133GWB Rn. 1 und 162 ff.; offen gelassen in VK Bund, Beschluss v. 4.12.2017 – VK 2-134/17, Rn. 73.
68 *Mertens/Götze*, in: Gabriel/Mertens/Stein/Prieß, Vergaberecht, § 133 GWB Rn. 23–25.

43 Wortlaut und **Wertung** des § 133 Abs. 2 GWB sind bewusst an § 628 Abs. 1 S. 1 BGB angelehnt[69] und nicht an § 649 BGB, was europarechtlich zulässig gewesen wäre. Der Gesetzgeber hat sich damit für eine Lösung entschieden, mit der ein Ausgleich zwischen dem Interesse des Auftragnehmers an der Vergütung und dem öffentlichen Interesse an der effektiven Beendigung des Vertrages erreicht werden soll. Nach der Gesetzesbegründung trägt der öffentliche Auftraggeber das Risiko, dass vergaberechtliche Gesichtspunkte einer weiteren Durchführung des Vertrags entgegenstehen, nicht alleine.[70] Diese Auffassung hatte bereits das LG München im Jahr 2005 vertreten.[71] Das Gericht weist zur Begründung darauf hin, dass der Auftragnehmer im Fall einer De-facto-Vergabe von dem Verstoß gegen Vergaberecht profitiert, da er den Auftrag ohne Vergabeverfahren erhält und mangels Wettbewerb höhere Angebotspreise durchsetzen kann.[72]

44 Dem Auftragnehmer steht nach § 133 Abs. 2 S. 1 GWB grundsätzlich der **Teil der Vergütung** zu, der seinen bisherigen Leistungen entspricht. Liegt der Kündigung ein Fall des § 132 Abs. 1 Nr. 2 GWB zugrunde, wird der Vergütungsanspruch auf die bisherigen Leistungen des Auftragnehmers beschränkt, an denen der öffentliche Auftraggeber trotz der Kündigung noch ein Interesse hat.[73] Hierfür ist der Einzelfall maßgeblich. Ein Anspruch auf Vergütung für die aufgrund der Kündigung nicht erbrachten Leistungen besteht nach dem klaren Wortlaut des § 133 Abs. 2 GWB nicht.[74]

II. Schadensersatzanspruch (Abs. 3)

45 Nach § 133 Abs. 3 GWB wird die Berechtigung, Schadenersatz zu verlangen, durch die Kündigung nicht ausgeschlossen. Die **Regelung** stellt damit klar, dass etwaige Schadensersatzansprüche unberührt bleiben. Einen eigenen Regelungsgehalt hat die Vorschrift nicht.[75]

46 Die **Schadensersatzansprüche** richten sich in erster Linie nach den allgemeinen Vorschriften des BGB.[76] Nach der Gesetzesbegründung können im Rahmen des Schadensersatzanspruchs die Verantwortlichkeiten und das Mitverschulden im Einzelfall sachgerecht gewertet werden.[77]

F. Rechtsschutz

47 § 133 GWB enthält keine ausdrückliche Regelung zum einzuhaltenden Rechtsweg. Es gelten daher die **allgemeinen Vorschriften**. Danach sind für Streitigkeiten im Rahmen von § 133 GWB die ordentlichen Gerichte zuständig. Wird eine Kommune durch die Kommunalaufsicht zur Kündigung eines möglicherweise unionsrechtswidrig geschlossenen Vertrags angewiesen, ist gegen die Weisung der Verwaltungsrechtsweg eröffnet.

48 Die Zuständigkeit der **Vergabekammern** gemäß § 156 GWB betrifft allein das Vergabeverfahren bis zur Zuschlagsentscheidung. Die Statthaftigkeit einer Klage vor den Vergabekammern endet, sobald das Vergabeverfahren durch wirksame Erteilung des Auftrags abgeschlossen ist.[78] Die Kündigung nach § 133 GWB ist keine Entscheidung im Rahmen eines Vergabeverfahrens. Ein vergaberechtlicher Rechtsschutz des gekündigten Auftragnehmers scheidet daher aus.[79] Die Nichtausübung des Kündigungsrechts durch den öffentlichen Auftraggeber

69 Gesetzesbegründung zu § 133 Abs. 2 GWB,VergRModG 2016, BT-Dr. 18/6281, 121.
70 Gesetzesbegründung zu § 133 Abs. 2 GWB, BT-Dr. 18/6281, 121.
71 LG München, Urteil v. 20.12.2005 – 33 O 16465/05.
72 LG München, Urteil v. 20.12.2005 – 33 O 16465/05.
73 Gesetzesbegründung zu § 133 Abs. 2 GWB, BT-Dr. 18/6281, 121.
74 *Geitel*, in: Röwekamp/Kus/Portz/Prieß, GWB-Vergaberecht, § 133 Rn. 16 f.; *Jaeger*, in: Säcker, Wettbewerbsrecht, § 133 GWB Rn. 14.
75 *Jaeger*, in: Säcker, Wettbewerbsrecht, § 133 GWB Rn. 16.
76 *Jaeger*, in: Säcker, Wettbewerbsrecht, § 133 GWB Rn. 16.
77 Gesetzesbegründung zu § 133 Abs. 3 GWB, BT-Dr. 18/6281, 121.
78 BGH, Urteil v. 19.12.2000 – X ZB 14/00, Rn. 24; KG, Beschluss v. 19.4.2012 – Verg 7/11.
79 *Mertens/Götze*, in: Gabriel/Mertens/Stein/Prieß, Vergaberecht, § 133 GWB Rn. 23–25.

steht auch nicht einer Neuvergabe des öffentlichen Auftrags gleich, welche den Vergaberechtsweg eröffnen könnte.[80]

Weder nach europäischem noch nach nationalem Recht ist nach wirksamer Zuschlagserteilung ein **primärer Vergaberechtsschutz** geboten.[81] Auch die Bezugnahme des § 133 Abs. 1 GWB auf § 135 GWB spricht dafür, dass der Vergaberechtsschutz durch die Vorschrift des § 133 GWB nicht erweitert werden soll. Vielmehr sollen die gesetzlich geregelten Ausschlussfristen für den subjektiven Bieterschutz weiterhin gelten. Eine Kündigung eines möglicherweise vergaberechtswidrig geschlossenen Vertrags kann daher im Nachprüfungsverfahren nicht verlangt werden.[82] 49

Dem Auftragnehmer, der von der Kündigung betroffen ist, steht im Hinblick auf seine Ansprüche auf **Vergütung** und **Schadensersatz** der Weg zu den Zivilgerichten offen. 50

Anlage

Gesetzesbegründung – VergRModG 2016 (BT-Drs. 18/6281)

Seite 120

Zu Absatz 1

Absatz 1 dient der Umsetzung von Artikel 73 der Richtlinie 2014/24/EU. Die Vorschrift legt erstmals Bedingungen fest, unter denen öffentliche Auftraggeber vergaberechtlich die Möglichkeit haben, einen öffentlichen Auftrag während der Vertragslaufzeit zu kündigen. Den öffentlichen Auftraggebern muss über den Grundsatz der clausula rebus sic stantibus (Vorbehalt, dass ein Schuldversprechen oder ein Geschäft seine bindende Wirkung bei Veränderung der Verhältnisse verliert) hinaus ein Lösungsrecht zumindest für die hier genannten besonderen Fälle vorbehalten bleiben, in denen ein Festhalten am Vertrag das öffentlichen Interesse an der Gesetzmäßigkeit der Verwaltung beeinträchtigen würde. Insbesondere aus dem Unionsrecht kann sich die Pflicht ergeben, im Interesse einer effektiven Umsetzung (effet utile) der aus dem Unionsrecht erwachsenen Verpflichtungen eine Kündigung von vertraglichen Vereinbarungen vorzunehmen.

Die Kündigung ist nur möglich, wenn sich aus dem Vertrag fortdauernde Pflichten ergeben. Haben sich dagegen die vertraglichen Beziehungen in einem einmaligen Austausch von Leistung und Gegenleistung erschöpft, so ist der Vertrag erfüllt (§ 362 BGB) und mithin für eine Kündigung kein Raum mehr.

Die in Absatz 1 aufgezählten Kündigungsgründe sind nicht abschließend und erweitern die bereits bislang bestehenden Möglichkeiten zur Beendigung von öffentlichen Aufträgen. Nicht berührt wird durch die Vorschrift das Recht der Beteiligten zur Geltendmachung eines vereinbarten oder in Anwendung der Vorschriften des Bürgerlichen Gesetzbuchs anzuerkennenden gesetzlichen Kündigungsrechts einschließlich des Rechts gemäß § 314 BGB zur Kündigung von Dauerschuldverhältnissen aus wichtigem Grund. So kann es zum Beispiel erforderlich sein, einen laufenden Vertrag zu kündigen, um schwere Nachteile für das Gemeinwohl zu verhüten oder zu beseitigen, insbesondere um ein ansonsten drohendes Vertragsverletzungsverfahren der Europäischen Kommission zu verhindern.

Durch die Vorschrift unberührt bleibt ferner die durch die Rechtsprechung anerkannte Möglichkeit, dass – wenn der öffentliche Auftraggeber in bewusster Missachtung des Vergaberechts handelt oder er sich einer solchen Kenntnis mutwillig verschließt und er kollusiv mit dem Auftragnehmer zusammenwirkt – der zwischen Auftraggeber und Auftragnehmer geschlossene Vertrag mit der Folge nichtig sein kann, dass Vergütungs-, Rückforderungs- und Gewährleistungsansprüche wechselseitig ausgeschlossen sind.

---

80 KG, Beschluss v. 19.4.2012 – 1 Verg 7/11; OLG Celle, Beschluss v. 4.5.2001 – 13 Verg 5/00.
81 EuGH, Urteil v. 13.4.2010 – Rs. C-91/08 (Wall), Rn. 65; KG, Beschluss v. 19.4.2012 – 1 Verg 7/11.
82 OLG Schleswig, Beschluss v. 4.11.2015 – 1 Verg 1/14; OLG Brandenburg, Beschluss v. 6.3.2012 – Verg W 15/11; OLG Düsseldorf, Beschluss v. 23.2.2011 – VII-Verg 17/11; Beschluss v. 30.4.2009 – VII-Verg 50/08; Beschluss v. 18.6.2008 – VII-Verg 23/08.

Anders als die Regelung zur Unwirksamkeit in § 135, die nach § 135 Absatz 2 Satz 1 nur innerhalb von sechs Monaten nach Vertragsschluss festgestellt werden kann, bietet § 133 eine Kündigungsmöglichkeit auch über die ersten sechs Monate hinaus. Sofern einer der in Nummer 1 bis 3 genannten Kündigungsgründe vorliegt, können

Seite 121

öffentliche Auftraggeber damit öffentliche Aufträge während deren Laufzeit kündigen, ohne an eine Frist gebunden zu sein.

Zu Nummer 1

Nummer 1 dient der Umsetzung von Artikel 73 Buchstabe a der Richtlinie 2014/24/EU und räumt öffentlichen Auftraggebern eine Kündigungsmöglichkeit ein, wenn eine wesentliche Auftragsänderung im Sinne des § 132 vorgenommen wurde, ohne ein erforderliches neues Vergabeverfahren durchzuführen.

Zu Nummer 2

Nach Nummer 2 liegt ein Kündigungsgrund vor, wenn zum Zeitpunkt der Zuschlagserteilung ein zwingender Ausschlussgrund nach § 123 Absatz 1 bis 4 vorlag. Nummer 2 setzt Artikel 73 Buchstabe b der Richtlinie 2014/24/EU um. Für das Vorliegen einer Kündigungsmöglichkeit nach Nummer 2 ist es allerdings nicht erforderlich, dass der öffentliche Auftraggeber zum Zeitpunkt der Zuschlagserteilung Kenntnis vom Vorliegen des zwingenden Ausschlussgrundes erlangt hat. Vielmehr ist die Kündigungsmöglichkeit auch dann gegeben, wenn ein zwingender Ausschlussgrund nach § 123 Absatz 1 bis 4 zum Zeitpunkt der Zuschlagserteilung vorlag, der öffentliche Auftraggeber davon jedoch erst zu einem späteren Zeitpunkt Kenntnis erlangt hat. Dadurch stärkt die Vorschrift die Stellung der zwingenden Ausschlussgründe, indem sie bei Vorliegen eines der in § 123 Absatz 1 bis 4 genannten Fälle auch im Nachhinein noch eine Vertragsbeendigung ermöglicht. Das Recht zur Anfechtung des zivilrechtlichen Vertrags durch den öffentlichen Auftraggeber bleibt unberührt.

Zu Nummer 3

Nummer 3 dient der Umsetzung von Artikel 73 Buchstabe c der Richtlinie 2014/24/EU und betrifft den Fall, dass der Auftrag aufgrund eines schweren Verstoßes gegen die Verpflichtungen, welche sich aus dem Vertrag über die Arbeitsweise der Europäischen Union oder den Richtlinien 2014/23/EU, 2014/24/EU und 2014/25/EU, welche durch die Vorschriften dieses Teils umgesetzt werden, ergeben, nicht an den Auftragnehmer hätte vergeben werden dürfen und der Europäische Gerichtshof diesen Verstoß in einem Verfahren nach Artikel 258 des Vertrags über die Arbeitsweise der Europäischen Union festgestellt hat.

Bereits nach bisheriger Rechtslage ist der öffentliche Auftraggeber nach der Rechtsprechung des EuGH verpflichtet, einen unionsrechtswidrig zu Stande gekommenen, noch laufenden Vertrags zu beenden (EuGH, Urteil vom 18. Juli 2007 – C-503/04). Soweit dies erforderlich ist, kann der öffentliche Auftraggeber daher einen laufenden Vertrag kündigen, um ein ansonsten drohendes Vertragsverletzungsverfahren der Europäischen Kommission zu verhindern. Die Vorschrift des § 133 Absatz 1 Nummer 3 normiert dieses Kündigungsrecht für den Fall im GWB, dass der EuGH eine entsprechende Vertragsverletzung festgestellt hat.

Zu Absatz 2

Absatz 2 Satz 1 regelt die Rechtsfolgen einer Kündigung durch den öffentlichen Auftraggeber nach Absatz 1. Danach ist der Auftragnehmer grundsätzlich berechtigt, einen seinen bisherigen Leistungen entsprechenden Teil der Vergütung zu verlangen. Dies entspricht der Wertung des § 628 Absatz 1 Satz 1 BGB. Die Regelung ermöglicht einen angemessenen Interessenausgleich zwischen öffentlichem Auftraggeber und Auftragnehmer. Zwar ist der öffentliche Auftraggeber unmittelbar durch die Vorschriften des Vergaberechts verpflichtet. Er trägt aber das Risiko dafür, dass vergaberechtliche Gesichtspunkte einer weiteren Durchführung des Vertrags entgegenstehen, bei wirtschaftlicher Betrachtung nicht allein. Mit Satz 2 wird der Vergütungsanspruch für den in Absatz 1 Nummer 2 genannten Fall beschränkt, soweit die Leistungen des Auftragnehmers infolge der Kündigung ohne Wert oder Vorteil für den öffentlichen Auftraggeber sind. Vor dem Hintergrund, dass ein zwingender Ausschlussgrund nach § 123 Absatz 1 bis 4 in der Regel die Verurteilung wegen einer schweren Straftat voraussetzt, ist es sachgerecht, den Vergütungsanspruch zu beschränken.

Zu Absatz 3

Mit Absatz 3 wird klargestellt, dass durch die Kündigung etwaige Schadensersatzansprüche unberührt bleiben. Im Rahmen des Schadensersatzrechts können die Verantwortlichkeiten und das (Mit-) Verschulden im Einzelfall gerecht gewertet werden.

§ 134 GWB Informations- und Wartepflicht

(1) Öffentliche Auftraggeber haben die Bieter, deren Angebote nicht berücksichtigt werden sollen, über den Namen des Unternehmens, dessen Angebot angenommen werden soll, über die Gründe der vorgesehenen Nichtberücksichtigung ihres Angebots und über den frühesten Zeitpunkt des Vertragsschlusses unverzüglich in Textform zu informieren. Dies gilt auch für Bewerber, denen keine Information über die Ablehnung ihrer Bewerbung zur Verfügung gestellt wurde, bevor die Mitteilung über die Zuschlagsentscheidung an die betroffenen Bieter ergangen ist.

(2) Ein Vertrag darf erst 15 Kalendertage nach Absendung der Information nach Absatz 1 geschlossen werden. Wird die Information auf elektronischem Weg oder per Fax versendet, verkürzt sich die Frist auf zehn Kalendertage. Die Frist beginnt am Tag nach der Absendung der Information durch den Auftraggeber; auf den Tag des Zugangs beim betroffenen Bieter und Bewerber kommt es nicht an.

(3) Die Informationspflicht entfällt in Fällen, in denen das Verhandlungsverfahren ohne Teilnahmewettbewerb wegen besonderer Dringlichkeit gerechtfertigt ist. Im Fall verteidigungs- oder sicherheitsspezifischer Aufträge können öffentliche Auftraggeber beschließen, bestimmte Informationen über die Zuschlagserteilung oder den Abschluss einer Rahmenvereinbarung nicht mitzuteilen, soweit die Offenlegung den Gesetzesvollzug behindert, dem öffentlichen Interesse, insbesondere Verteidigungs- oder Sicherheitsinteressen, zuwiderläuft, berechtigte geschäftliche Interessen von Unternehmen schädigt oder den lauteren Wettbewerb zwischen ihnen beeinträchtigen könnte.

Übersicht Rn.

A. Allgemeines ... 1
I. Historie ... 3
II. Unionsrechtlicher Hintergrund ... 5
B. Informationspflicht (Abs. 1) ... 12
I. Sachlicher Geltungsbereich ... 15
1. Schwellenwert ... 15
2. Öffentlicher Auftraggeber ... 18
3. Verfahrensart ... 19
4. Wettbewerbe, Rahmenvereinbarungen und besondere Methoden und Instrumente ... 24
5. De-facto-Vergabe ... 27
6. Aufhebung des Vergabeverfahrens ... 29
7. Interimsvergabe ... 30
8. Pflicht zur erneuten Vorabinformation bei erneuter Angebotswertung ... 31
9. Auftragsänderungen ... 35
II. Adressat der Information ... 38
1. Bieter ... 39
2. Bewerber ... 47
III. Inhalt der Information ... 53
1. Name des voraussichtlich erfolgreichen Bieters ... 57
2. Gründe für die vorgesehene Nichtberücksichtigung ... 60
3. Frühester Zeitpunkt des Vertragsschlusses ... 67
4. Fakultativer Inhalt ... 70
IV. Form und Frist ... 72
V. Wartepflicht (Abs. 2) ... 76
1. Fristbeginn (S. 3) ... 80
2. Fristende ... 87
3. Rechtsfolgen des Fristablaufs ... 89
C. Ausnahmen von der Informationspflicht (Abs. 3) ... 92
I. Verhandlungsverfahren ohne Teilnahmewettbewerb wegen besonderer Dringlichkeit (S. 1) ... 92
II. Zurückhaltung von Informationen (S. 2) ... 100
D. Rechtsschutz ... 110
Anlage
Gesetzesbegründung

A. Allgemeines

§ 134 GWB enthält die zentrale Informationspflicht des öffentlichen Auftraggebers im Vergabeverfahren. Hiernach muss der öffentliche Auftraggeber die Unternehmen, deren Angebote bei der Auftragsvergabe nicht berücksichtigt werden sollen, über den Namen des erfolgreichen Bieters, über die Gründe für die Nichtberücksichtigung ihres Angebots und über den be- 1 absichtigten frühesten Zeitpunkt des Vertragsschlusses unverzüglich in Textform informieren (§ 134 Abs. 1 S. 1 GWB). Dies gilt auch für Bewerber, denen keine Information über die Ablehnung ihrer Bewerbung zur Verfügung gestellt wurde, bevor die Mitteilung über die Zuschlagsentscheidung an die betroffenen Bieter ergangen ist (§ 134 Abs. 1 S. 2 GWB). Mit Versenden dieser Vorabinformation gilt eine Sperr- bzw. „Stillhaltefrist" von zehn bzw. fünfzehn Kalendertagen (§ 134 Abs. 2 S. 1 und S. 2 GWB). Während dieses Zeitraumes darf der Zuschlag nicht erteilt werden. Ein vor Ablauf der Frist, nach unvollständiger oder gänzlich ohne Vorabinformation geschlossener Vertrag ist nach § 135 Abs. 1 Nr. 1 GWB von Anfang an unwirksam.

2 Die Informationspflicht gilt in allen **Vergabeverfahren** nach § 119 Abs. 1 GWB. Nach § 134 Abs. 3 S. 1 GWB entfällt sie lediglich in den Fällen, in denen das Verhandlungsverfahren ohne Teilnahmewettbewerb wegen besonderer Dringlichkeit gerechtfertigt ist. Zudem können bei verteidigungs- oder sicherheitsspezifischen Aufträgen bestimmte Informationen in den in § 134 Abs. 3 S. 2 GWB genannten Fällen zurückgehalten werden.[1]

I. Historie

3 Die früher in § 13 VgV a.F. enthaltene Regelung ist bereits durch das **VergRModG 2009** mit etwas abweichendem Wortlaut in § 101a Abs. 1 GWB a.F. übernommen worden.[2] Neu in § 101a GWB a.F. aufgenommen wurde damals die Verpflichtung des Auftraggebers, den frühesten Zeitpunkt des Vertragsschlusses zu benennen[3] und – abhängig von dem gewählten Kommunikationsmittel unterschiedliche – Stillhaltefristen vor Zuschlagserteilung abzuwarten. Der Inhalt der Informations- und Wartepflicht nach § 13 VgV a.F. blieb dagegen im Wesentlichen gleich. Die Übernahme der Informationspflicht aus der früheren VgV in das GWB durch das VergRModG 2009 entsprach dem damals hiermit verfolgten gesetzgeberischen Ziel, für mehr Rechtsklarheit und -sicherheit im Vergaberecht zu sorgen und hierzu die Regeln des Rechtsschutzes im Gesetz selbst zu konzentrieren.[4]

4 Die Vorschrift wurde mit der **Neufassung** in § 134 GWB vor allem strukturell und sprachlich überarbeitet: Der bis dahin geltende § 101a Abs. 1 GWB wurde zum besseren Verständnis in zwei eigenständige Absätze, in § 134 Abs. 1 und 2 GWB, übernommen. Der frühere § 101a Abs. 2 GWB wurde in § 135 Abs. 3 S. 1 GWB überführt. Darüber hinaus wurden in dem neuen § 134 Abs. 3 S. 2 GWB die Ausnahmen von der Informationspflicht bei verteidigungs- oder sicherheitsspezifischen Aufträgen gemäß Art. 35 Abs. 3 RL 2009/81/EG aus dem bisherigen § 36 Abs. 2 VSVgV übernommen.[5] Die Rechtsfolgen eines Verstoßes gegen die Pflichten des § 134 GWB (§ 101a GWB a.F.) sind nunmehr in § 135 Abs. 1 Nr. 1 und Abs. 2 GWB (früher § 101b Abs. 1 Nr. 1 und Abs. 2 GWB a.F.) geregelt.

II. Unionsrechtlicher Hintergrund

5 Die mit der Aufnahme der Informationspflicht in das GWB im Jahre 2009 verbundenen inhaltlichen Änderungen gingen im Wesentlichen auf die durch die RL 2007/66/EG novellierte **Rechtsmittelrichtlinie** 89/665/EWG zurück. Die damalige Novelle der Rechtsmittelrichtlinie sollte von der Europäischen Kommission identifizierte Schwachstellen des vergaberechtlichen Rechtsschutzes in den Mitgliedstaaten beheben und die Wirksamkeit der Nachprüfungsverfahren stärken. In ihrer vorherigen Ausgestaltung konnten diese nach Auffassung der Kommission die Beachtung der Gemeinschaftsvorschriften nicht immer gewährleisten – zumal in einem Stadium, in dem Vergaberechtsverstöße noch beseitigt werden könnten.[6] Zu den damals von der Europäischen Kommission ermittelten Schwächen des Rechtsschutzes zählten

1 Zur Beachtung des Geheimwettbewerbs Rn. 55, 66.
2 Vgl. Gesetzesbegründung zu § 101a Abs. 1 GWB a.F., VergRModG 2009, BT-Drs. 16/10117, 21.
3 Rn. 67.
4 Vgl. Gesetzesbegründung, VergRModG 2009, BT-Drs. 16/10117, 1, 14.
5 Vgl. Gesetzesbegründung zu § 134 GWB, VergRModG 2016, BT-Drs. 18/6281, 120 f.
6 Vgl. Erwägungsgrund 4 RL 2007/66/EG.

insbesondere das Fehlen einer Frist, die eine wirksame Nachprüfung zwischen der Zuschlagsentscheidung und dem Abschluss des jeweiligen Vertrages ermöglicht. Das führe bisweilen dazu, so die Europäische Kommission, dass öffentliche Auftraggeber und Auftragnehmer sehr rasch die Vertragsunterzeichnung vornehmen (race to the signature), um die Folgen einer Zuschlagsentscheidung unumkehrbar zu machen. Vor diesem Hintergrund sieht die novellierte RL 89/665/EWG – wie zuvor schon § 13 VgV a.F. im deutschen Recht – seither auch auf EU-Ebene eine Mindest-Stillhaltefrist in Art. 2a vor, um einen wirksamen Rechtsschutz der betroffenen Bieter, also derjenigen Bieter, die noch nicht endgültig vom Vergabeverfahren ausgeschlossen wurden, zu ermöglichen. Die bei der Novelle des GWB-Vergaberechts verwirklichte Neufassung der Informationspflicht durch das VergRModG 2009 in § 101a GWB a.F. orientierte sich an den Vorgaben in Art. 2a RL 89/665/EWG: hiernach sind „betroffene" Bewerber und Bieter Adressaten der Information.[7] Dies wird in § 134 GWB unverändert beibehalten.

Beginn und **Dauer** der Informations- und Wartepflicht in § 134 Abs. 2 GWB (§ 101a Abs. 1 GWB a.F.) entsprechen ebenfalls den unionsrechtlichen Vorgaben in Art. 2a Abs. 2 RL 89/665/EWG: Während der öffentliche Auftraggeber nach § 13 VgV a.F. den Vertrag erst nach Ablauf einer Frist von vierzehn Kalendertagen nach Versenden der Vorabinformation schließen durfte, gilt gemäß § 134 Abs. 2 S. 1 und 2 GWB (§ 101a Abs. 1 S. 3 und 4 GWB a.F.) je nach gewähltem Übermittlungsweg für die Information eine Frist von zehn bzw. fünfzehn Kalendertagen. 6

Die Möglichkeit der **Fristverkürzung** bei der Nutzung bestimmter Kommunikationsmittel hatte der Bundesrat im Gesetzgebungsverfahren für das VergRModG 2009 durchgesetzt. Der Gesetzesentwurf der Bundesregierung sah damals zunächst eine einheitliche Frist von fünfzehn Kalendertagen für sämtliche Kommunikationsmittel vor.[8] 7

Die in der Vorabinformation nach § 134 Abs. 1 S. 1 GWB aufzunehmende Angabe über den frühesten **Zeitpunkt des Vertragsschlusses** geht auf unionsrechtliche Vorgaben zurück. Art. 2a Abs. 2 UAbs. 4 RL 89/665/EWG bestimmt nämlich, dass der Mitteilung über die Zuschlagsentscheidung eine genaue Angabe der konkreten Stillhaltefrist beizufügen ist. 8

Seit der in § 101a GWB a.F. geltenden Fassung der Informationspflicht muss die Mitteilung an das unterlegene Unternehmen zudem die **Gründe der vorgesehenen Nichtberücksichtigung** seines Angebots nennen, während sie nach § 13 S. 1 VgV a.F. den Bietern (lediglich) „den Grund" der vorgesehenen Nichtberücksichtigung mitteilen musste. Die Pluralform („Gründe") geht zurück auf Art. 2a Abs. 2 UAbs. 4 Spiegelstr. 1 RL 89/665/EWG. Hiernach ist der „Mitteilung über die Zuschlagsentscheidung" eine Zusammenfassung der einschlägigen Gründe gemäß Art. 41 Abs. 2 RL 2004/18/EG beizufügen. 9

Schließlich beruht auch die Ausnahmeregelung in § 134 Abs. 3 S. 1 GWB (§ 101a Abs. 2 S. 1 GWB a.F.) auf entsprechenden Vorgaben in Art. 2b Abs. 1 lit. a RL 89/665/EWG i.V.m. Art. 31 Nr. 1 lit. c RL 2004/18/EG. Hiernach dürfen Aufträge in Fällen besonderer **Dringlichkeit** im Verhandlungsverfahren ohne eine vorherige Auftragsbekanntmachung vergeben werden und die Mitgliedstaaten können vorsehen, dass die Stillhaltefrist nach Art. 2a Abs. 2 RL 89/665/EWG in diesem Fall nicht angewendet wird. 10

Von den **weiteren** in Art. 2b RL 89/665/EWG genannten **Ausnahmen** von der Stillhaltefrist hat der deutsche Gesetzgeber nach wie vor keinen Gebrauch gemacht. Nach Art. 2b lit. b RL 89/665/EWG können Mitgliedstaaten Ausnahmen von der Stillhaltefrist auch dann vorsehen, wenn der einzig betroffene Bieter i.S.d. Art. 2a Abs. 2 RL 89/665/EWG der Bieter ist, dem der Zuschlag erteilt wird, und wenn es keine betroffenen Bewerber gibt. Diese Ausnahmebestimmung betrifft Fälle, in denen der öffentliche Auftraggeber zulässigerweise – wenn etwa aus rechtlichen oder technischen Gründen von vorneherein überhaupt kein Wettbewerb besteht[9] – nur mit einem einzigen Bieter über den Auftrag verhandelt hat, weitere Bewerber oder Bieter also nicht existieren, so dass die Informationspflicht nach § 134 Abs. 1 GWB man- 11

7 Siehe hierzu im Einzelnen Rn. 38 ff.
8 Vgl. Gesetzentwurf der Bundesregierung, VergRModG 2009, BT-Drs. 16/10117, 7.
9 Z. B. in den Fällen des § 14 Abs. 4 Nr. 2 lit. a bis c VgV.

gels tatsächlicher Adressaten entfällt. Da in diesen Fällen die Informationspflicht nach § 134 Abs. 1 GWB aus naheliegenden Gründen nicht zur Anwendung kommen kann,[10] bedurfte es insoweit auch keiner ausdrücklichen Umsetzung der Ausnahme in nationales Recht. Darüber hinaus sieht Art. 2b lit. c RL 89/665/EWG vor, dass die Mitgliedstaaten eine Ausnahme von der Stillhaltefrist auch bei einem Auftrag vorsehen können, dem eine Rahmenvereinbarung gemäß Art. 32 RL 2004/18/EG[11] zugrunde liegt, bzw. bei einem Einzelauftrag, der auf einem dynamischen Beschaffungssystem gemäß Art. 33 RL 2004/18/EG[12] beruht. Diese Ausnahmebestimmungen sind nach wie vor nicht in das deutsche Recht übernommen worden.

B. Informationspflicht (Abs. 1)

12 Die Vorabinformation der Bewerber und Bieter über das (voraussichtliche) Ergebnis des Vergabeverfahrens ist unerlässlicher Bestandteil des vergaberechtlichen **Rechtsschutzsystems**. Die Informationspflicht trägt zugleich dem Transparenzgrundsatz (§ 97 Abs. 1 GWB) Rechnung.[13] Die Pflicht zur Vorabinformation über das beabsichtigte Ergebnis des Vergabeverfahrens sichert den wirksamen, weil lückenlosen Rechtsschutz unterlegener Bieter. Sie ist erforderlich, da im deutschen Vergaberecht Zuschlag und Vertragsschluss zusammenfallen, nach Vertragsschluss aber kein spezifisch vergaberechtlicher Rechtsschutz mehr besteht (vgl. § 168 Abs. 2 S. 1 GWB). Ist der (vergaberechtswidrig geschlossene) Vertrag einmal unterzeichnet, können unterlegene Bieter nicht mehr in das laufende Vergabeverfahren im Wege des sog. Primärrechtsschutzes eingreifen, sondern müssen entsprechende Schadensersatzansprüche vor den Zivilgerichten im Rahmen des sog. Sekundärrechtsschutzes geltend machen, der in der Praxis jedoch häufig nur schwer durchsetzbar ist. Ein etwaiger Schadensersatz ist zudem regelmäßig auf das sog. negative Interesse[14] begrenzt, sodass ein vergaberechtswidrig unberücksichtigt gebliebener Bieter über eine Schadensersatzklage regelmäßig allein die Sach- und Personalkosten verlangen kann, die zur Vorbereitung und Abgabe des Angebots erforderlich waren.

13 Die Informationspflicht des öffentlichen Auftraggebers nach § 134 GWB verhindert vor diesem Hintergrund vor allem, dass die Bewerber und Bieter durch einen Vertragsschluss vor vollendete Tatsachen gestellt und so der Möglichkeit beraubt werden, die Zuschlagsentscheidungen des öffentlichen Auftraggebers **überprüfen** zu lassen.[15] Mit der Information sollen die nicht berücksichtigten Unternehmen über den bevorstehenden Zuschlag/Vertragsschluss so rechtzeitig in Kenntnis gesetzt werden, dass sie innerhalb der Stillhaltefrist gegebenenfalls ein Nachprüfungsverfahren gegen die beabsichtigte Auftragsvergabe an einen Konkurrenten einleiten können, um auf diese Weise das laufende Vergabeverfahren zu stoppen und um ihre (letzte) Chance auf den Auftrag zu wahren. Dieser Ansatz geht zurück auf die „Euro-Münzplättchen II"-Entscheidung der VK Bund[16] sowie das Urteil des EuGH in Sachen „Alcatel Austria"[17]. In der Münzplättchen-Entscheidung hatte die VK Bund vor Geltung einer jetzt § 134 GWB vergleichbaren Benachrichtigungspflicht die Informationspflichten aus § 27a VOL/A a.F. entsprechend ausgelegt.[18] Diese Auslegung verstieß jedoch gegen den eindeutigen Wortlaut der herangezogenen Vorschrift und konnte auch aus anderen Gründen ein gesetzgeberisches Handeln nicht ersetzen,[19] sodass die Informationspflicht in dem daraufhin neu geschaffenen § 13 VgV a.F. auf eine (unter-)gesetzliche Grundlage gestellt werden musste. Erst dadurch wurden im deutschen Rechtsschutzsystem im Vergaberecht die gemeinschaftsrechtlich vorge-

10 Vgl. Rn. 22.
11 Nunmehr Art. 33 RL 2014/24/EU.
12 Nunmehr Art. 34 RL 2014/24/EU.
13 *Dreher/Hoffmann*, in: Burgi/Dreher, Vergaberecht, § 134 GWB Rn. 12.
14 Vgl. hierzu zuletzt BGH, Urteil v. 8.12.2020 – XIII ZR 19/19 sowie BGH, Urteil v. 17.9.2019 – X ZR 124/18, und § 181 GWB Rn. 88 ff.
15 BGH, Urteil v. 22.2.2005 – KZR 36/03, zu § 13 VgV a.F.; vgl. zuletzt etwa auch VK Thüringen, Beschluss v. 9.10.2020 – 250-4003-3711/2020-E-008-GTH.
16 VK Bund, Beschluss v. 29.4.1999 – VK 1-7/99 (Euro-Münzplättchen II).
17 EuGH, Urteil v. 28.10.1999 – Rs. C-81/99 (Alcatel Austria).
18 Vgl. VK Bund, Beschluss v. 29.4.1999 – VK 1-7/99.
19 Im Einzelnen hierzu *Dreher/Hoffmann*, in: Burgi/Dreher, Vergaberecht, § 134 GWB Rn. 6.

sehenen Rechtsschutzgarantien in vollem Umfang verwirklicht. Denn diese verlangen – wie der EuGH in einem Verfahren zum spanischen Vergaberecht, in dem Zuschlag und Vertragsschluss ebenfalls zusammenfallen, ausdrücklich bestätigt hat[20] –, dass für einen ausgeschlossenen Bieter die Möglichkeit vorgesehen werden muss, die Gültigkeit der Zuschlagsentscheidung rechtzeitig überprüfen zu lassen. Hieraus folgt, so der EuGH, dass ein angemessener Zeitraum zwischen dem Zeitpunkt, zu dem die Zuschlagsentscheidung den ausgeschlossenen Bietern mitgeteilt wird, und dem Vertragsschluss liegen muss, damit die nicht berücksichtigten Bieter insbesondere einen Antrag auf Erlass vorläufiger Maßnahmen bis zum Vertragsschluss stellen können.

Die in § 135 Abs. 1 Nr. 1 GWB angeordnete **Unwirksamkeit** des Vertrages sichert die Einhaltung der Informationspflicht sowie der Stillhalte- oder Wartefrist. Unterlegene Bewerber und Bieter werden vor unwiderruflichen Rechtsfolgen geschützt. Auf diese Weise wird zugleich das unionsrechtliche Gebot verwirklicht, dass die dem Vertragsschluss vorangehende Entscheidung des öffentlichen Auftraggebers darüber, mit welchem Bieter eines Vergabeverfahrens er den Vertrag schließt, in jedem Fall einem Nachprüfungsverfahren zugänglich zu machen ist.[21] Wegen der in § 13 VgV a.F. angeordneten Nichtigkeit des abgeschlossenen Vertrages half der Umweg über diese Regelung auch in den Fällen, in denen Auftraggeber öffentliche Aufträge rechtswidrig unmittelbar an ein bestimmtes Unternehmen vergeben, ohne eine Ausschreibung und ein förmliches Vergabeverfahren durchzuführen (sogenannte De-facto-Vergabe). Naturgemäß wurden Konkurrenten des Auftragnehmers von einer solchen Direktvergabe häufig nicht unterrichtet, sodass der dennoch abgeschlossene Vertrag wegen § 13 VgV a.F. – dessen Anwendbarkeit vorausgesetzt – nichtig war. Der schwerste Verstoß gegen das Vergaberecht konnte auf diese Weise zwar unter bestimmten Voraussetzungen korrigiert werden, die Rechtsunsicherheit war dennoch erheblich.[22] Diesem untragbaren Zustand hatte der Gesetzgeber bereits 2009 mit § 101b GWB a.F. (jetzt: § 135 GWB) ein Ende gesetzt. Ein Vertrag war hiernach von Anfang an unwirksam, wenn der Auftraggeber den Auftrag unmittelbar an ein Unternehmen vergeben hat, ohne andere Unternehmen am Vergabeverfahren zu beteiligen und ohne, dass dies aufgrund eines Gesetzes zulässig war. § 101a und § 101b GWB a.F. bzw. nunmehr § 134 und § 135 GWB waren und sind damit insgesamt als eine Einheit zur Gewährleistung eines effektiven Rechtsschutzes zu betrachten.[23] 14

I. Sachlicher Geltungsbereich

1. Schwellenwert

Die Informationspflicht nach § 134 Abs. 1 GWB gilt **oberhalb der Schwellenwerte** für alle vom Anwendungsbereich des Teil 4 GWB erfassten Verfahren zur Vergabe öffentlicher Aufträge i.S.v. § 119 GWB.[24] Nicht entscheidend ist, ob dem öffentlichen Auftraggeber die Pflicht zur Anwendung des Vergaberechts der §§ 97 ff. GWB bewusst war oder ist. Verkennt die Vergabestelle ihre Pflicht zur europaweiten Ausschreibung und führt sie lediglich ein Verfahren nach den Vorschriften über nationale Auftragsvergaben durch, findet § 134 GWB dennoch Anwendung.[25] Vorausgesetzt wird lediglich ein „wettbewerbliches Verfahren", in dem es mehrere Bewerbungen und Angebote gegeben hat und der Einholung der Angebote ein konkretes Beschaffungsvorhaben zugrunde liegt.[26] Allein die objektive Rechtslage ist maßgeblich,[27] sodass umgekehrt eine trotz Unterschreitens der EU-Schwellenwerte durchgeführte eu- 15

---

20 EuGH, Urteil v. 3.4.2008 – Rs. C-444/06.
21 BGH, Beschluss v. 22.2.2005 – KZR 36/03, zu § 13 VgV a.F.; OLG Naumburg, Beschluss v. 3.9.2009 – 1 Verg 4/09.
22 Vgl. § 135 GWB Rn. 33.
23 *Dreher/Hoffmann*, in: Burgi/Dreher, Vergaberecht, § 134 GWB Rn. 12; *Conrad*, in: Gabriel/Krohn/Neun, Handbuch Vergaberecht, § 34 Rn. 3 a.E.
24 Vgl. § 62 Abs. 1 S. 1 VgV (*„unbeschadet des § 134 des Gesetzes gegen Wettbewerbsbeschränkungen"*).
25 OLG München, Beschluss v. 31.1.2013 – Verg 31/12.
26 BGH, Beschluss v. 1.2.2005 – X ZB 27/04.
27 OLG Düsseldorf, Beschluss v. 18.10.2006 – VII-Verg 35/06; Beschluss v. 12.3.2003 – VII-Verg 49/02, zu § 13 VgV a.F.

ropaweite Ausschreibung nicht die Anwendbarkeit des § 134 GWB zur Folge hat.[28] Die Informations- und Wartepflicht nach § 134 GWB soll auf Lose, die gemäß § 3 Abs. 9 VgV innerhalb des sogenannten 20 %-Kontingents in einer nationalen Ausschreibung vergeben werden, nicht anwendbar sein.[29] Erfolgt eine Zuordnung zu dem 20 %-Kontingent abweichend von den Vorgaben des § 3 Abs. 9 VgV, wäre allerdings ein europaweites Vergabeverfahren durchzuführen, und eine unterlassene Information nach § 134 GWB führt in diesen Fällen ebenso zu den Rechtsfolgen des § 135 GWB wie die hierin liegende De-facto-Vergabe im Sinne des § 135 Abs. 1 Nr. 2 GWB.

16 Eine analoge Anwendung der Vorgängerregelungen zu § 134 GWB in § 13 VgV a.F. und § 101 GWB a.F. für Vergabeverfahren **unterhalb der Schwellenwerte** hat die Rechtsprechung überwiegend abgelehnt.[30] Diese Auffassung entspricht der Gesetzeslage im deutschen Recht. Das OLG Düsseldorf hat in einem obiter dictum vertreten, dass zu einem transparenten und diskriminierungsfreien Vergabeverfahren auch die Einhaltung von Informations- und Wartepflichten gehört und dass ein unter Missachtung dieser Grundsätze geschlossener Vertrag gemäß § 134 BGB nichtig sei.[31] Diese Entscheidung ist auf viel Kritik gestoßen.[32] Sie fand in der Literatur aber auch Zustimmung.[33] Für eine Informationspflicht unterhalb der Schwellenwerte wird vor allem vorgebracht, dass Unternehmen auch bei Aufträgen unterhalb der EU-Schwellenwerte ein effektiver gerichtlicher Schutz jedenfalls solcher Rechte ermöglicht werden muss, die sich aus der Unionsrechtsordnung ergeben.[34] Da eine Informationspflicht, wie sie § 134 GWB vorsieht, bei Auftragsvergaben unterhalb der Schwellenwerte – jedenfalls bundeseinheitlich – fehlt, führt dies in der Praxis häufig dazu, dass Unternehmen von der Auftragsvergabe an einen Konkurrenten nichts erfahren, ihnen so keine Möglichkeit bleibt, im Wege einer einstweiligen Verfügung in das laufende Vergabeverfahren einzugreifen, und sie stattdessen auf Schadensersatzansprüche beschränkt sind. Eine Informations- und Wartepflicht für Vergaben unterhalb der Schwellenwerte wird gleichwohl von der Rechtsprechung bislang weiterhin überwiegend abgelehnt.[35] Es fehle an einer gesetzlichen Grundlage. Der früher geltende § 19 VOL/A sehe ebenso wie heute § 46 UVgO lediglich vor, dass der Auftraggeber die nicht berücksichtigten Bieter nachträglich über die bereits erfolgte Zuschlagserteilung informieren muss. Eine analoge Anwendung des § 134 GWB scheide mangels planwidriger Regelungslücke mit Blick auf die spätestens in der Diskussion des Entwurfs der UVgO erkannte und diskutierte Problematik der Informations- und Wartepflicht im Unterschwellenbereich aus. Die ursprünglich in § 44 UVgO vorgesehene Regelung der Informations- und Wartepflicht hat sich in der politischen Diskussion gerade nicht durchsetzen können.[36] Dass für Vergabeverfahren unterhalb der EU-Schwellenwerte eine solche Regelung nicht vorgesehen ist, sei verfassungsrechtlich nicht zu beanstanden, so dass weder aus Art. 3 GG noch sonst ein Verbot des Vertragsschlusses vor Mitteilung der Zuschlagsentscheidung an andere Teilnehmer eines Vergabeverfahrens abzuleiten ist. Aus gemeinschaftsrechtlicher Grundlage ließe sich eine Mitteilungs- und Wartepflicht allenfalls aus dem europäischen Primärrecht, nämlich den Grundfreiheiten in Art. 45 AEUV (Niederlassungsfreiheit) und Art. 56 AEUV (Dienstleistungsfreiheit) für Aufträge, bei denen der Auftraggeber eine Binnenmarktrelevanz festgestellt hat, herleiten.[37] Selbst wenn eine Mitteilungs- und Wartepflicht des öffentlichen Auftragge-

---

28 OLG Stuttgart, Beschluss v. 12.8.2002 – 2 Verg 2/09, zu § 13 VgV a.F.

29 *Glahs*, in: Reidt/Stickler/Glahs, Vergaberecht, § 134 GWB Rn. 15.

30 OLG Celle, Urteil v. 9.1.2020 – 13 W 56/19; vgl. etwa auch VG Neustadt a.d. Weinstraße, Beschluss v. 19.10.2005 – 4 L 1715/05.NW.

31 OLG Düsseldorf, Urteil v. 13.12.2017 – I-27 U 25/17; dazu auch *Sitsen*, ZfBR 2018, 654 (657).

32 OLG Celle, Urteil v. 9.1.2020 – 13 W 56/19 m.w.N.

33 *Dageförde*, NZBau 2020, 72 ff.

34 Vgl. Mitteilung der Kommission zu Auslegungsfragen in Bezug auf das Gemeinschaftsrecht, das für die Vergabe öffentlicher Aufträge gilt, die nicht oder nur teilweise unter die Vergaberichtlinien fallen, 2006/C 179/02, Ziff. 2.3.3.

35 Ablehnend jedenfalls für den Fall, dass Primärrechtsschutz vor den Zivilgerichten erfolglos war, im Übrigen offengelassen von OLG Rostock, Beschluss v. 22.11.2019 – 2 U 9/19.

36 OLG Celle, Urteil v. 9.1.2020 – 13 W 56/19 unter Berufung auf *Gerlach*, in: Heiermann/Zeiss/Summa, Vergaberecht, Vorbemerkung UVgO Rn. 12.

37 KG, Urteil v. 7.1.2020 – 9 U 79/19 m.w.N.

bers unterhalb des Schwellenwertes anzunehmen wäre, führt ihre Verletzung nicht gemäß § 134 BGB zur Unwirksamkeit des mit einem Bieter geschlossenen Vertrages.[38]

Einzelne Bundesländer sehen in ihren **Vergabegesetzen** entsprechende Informationspflichten vor.[39] Allerdings soll etwa ein Verstoß gegen § 12 Abs. 1 VgG M-V nicht zur Unwirksamkeit des Vertrages gemäß § 135 GWB analog oder zur Nichtigkeit nach § 134 BGB führen.[40] 17

2. Öffentlicher Auftraggeber

§ 134 GWB richtet sich angesichts seiner Stellung in Kapitel 1 Abschnitt 2 des Teil 4 GWB (Vergabe von öffentlichen Aufträgen durch öffentliche Auftraggeber) und nach seinem ausdrücklichen Wortlaut an öffentliche Auftraggeber. Diese trifft die Informations- und Wartepflicht ausdrücklich. Für Sektorenauftraggeber gilt § 134 GWB aufgrund des Verweises in § 142 GWB, bei der Vergabe von verteidigungs- oder sicherheitsspezifischen öffentlichen Aufträgen ist § 134 GWB aufgrund des Verweises in § 147 GWB zu berücksichtigen, und Konzessionsgeber haben § 134 GWB nach § 154 Nr. 4 GWB zu beachten. Die Informations- und Wartepflicht gilt also auch für Auftragsvergaben im Sektorenbereich[41] und bei Auftragsvergaben im Bereich Verteidigung und Sicherheit[42] und bei der Vergabe von Konzessionen.[43] 18

3. Verfahrensart

Die Informations- und Wartepflicht gilt für alle **Verfahrensarten** i.S.d. § 119 GWB[44] und damit auch im wettbewerblichen Dialog nach § 119 Abs. 6 GWB bzw. bei der Innovationspartnerschaft gemäß § 119 Abs. 7 GWB sowie grundsätzlich auch im Verhandlungsverfahren nach § 119 Abs. 5 GWB.[45] 19

Eine bloße **Markterkundung** oder Marktbeobachtung, der noch kein konkretes Beschaffungsvorhaben zugrunde liegt, löst die Informationspflicht des § 134 GWB nicht aus.[46] 20

Nach § 134 Abs. 3 S. 1 GWB entfällt die Informationspflicht in Fällen, in denen das Verhandlungsverfahren ohne Teilnahmewettbewerb bei besonderer **Dringlichkeit** gerechtfertigt ist. Dies ist untergesetzlich in § 14 Abs. 4 Nr. 3 VgV und § 3a EU Abs. 3 Nr. 4 VOB/A bzw. § 13 Abs. 4 Nr. 3 SektVO geregelt. Die KonzVgV enthält hingegen keine vergleichbaren Vorschriften. § 20 Abs. 1 und 2 KonzVgV, die in Umsetzung von Art. 31 Abs. 4 RL 2014/23/EU abschließend die Voraussetzungen aufführen, in denen Konzessionsgeber auf eine europaweite Veröffentlichung der Konzessionsbekanntmachung verzichten dürfen, entsprechen den in § 14 Abs. 4 Nr. 1 und 2 VgV geregelten Fallgruppen, sehen allerdings eine Konzessionsvergabe im Wege des Verhandlungsverfahrens ohne Teilnahmewettbewerb wegen besonderer Dringlichkeit gerade nicht vor. Dem liegt offenbar die Erwägung zugrunde, dass die komplexe Konzessionsvergabe sich per se nicht für eine Dringlichkeitsvergabe eignet.[47] Konzessionsvergaben oberhalb der Schwellenwerte ohne vorherige Bekanntmachungen wegen Dringlichkeit sind daher per se rechtswidrig und können erfolgreich als De-facto-Vergabe angegriffen werden.[48] 21

---

38 KG, Urteil v. 7.1.2020 – 9 U 79/19 unter Berufung auf *Gnittke/Hattig*, in: Müller-Wrede, GWB-Vergaberecht, 1. Auflage, § 135 Rn. 144 f. und *Jansen/Geitel*, VergabeR 2018, 376, 383 f.

39 Vgl. z. B. für Mecklenburg-Vorpommern § 12 VgG M-V; für Sachsen § 8 SächsVergabeG; für Sachsen-Anhalt § 19 LVG LSA; für Thüringen § 19 ThürVgG; für Rheinland-Pfalz die Landesverordnung über die Nachprüfung von Vergabeverfahren durch Vergabeprüfstellen v. 26.2.2021; für Hessen § 18 Abs. 2 bis 4 des novellierten HTVG.

40 So mit zweifelhafter Begründung LG Rostock, Urteil v. 6.11.2015 – 3 O 703/15.

41 Vgl. § 56 Abs. 1 SektVO („*Unbeschadet des § 134 des Gesetzes gegen Wettbewerbsbeschränkungen*").

42 Vgl. § 36 Abs. 1 VSVgV („*Unbeschadet des § 147 in Verbindung mit § 134 des Gesetzes gegen Wettbewerbsbeschränkungen*").

43 Vgl. § 30 Abs. 1 KonzVgV („*Unbeschadet des § 134 des Gesetzes gegen Wettbewerbsbeschränkungen*") sowie bereits für § 101a GWB OLG Celle, Beschluss v. 24.9.2015 – 13 W 52/15.

44 *Conrad*, in: Gabriel/Krohn/Neun, Handbuch Vergaberecht, § 34 Rn. 10.

45 Siehe nur OLG Düsseldorf, Beschluss v. 24.2.2005 – VII-Verg 88/04, zu § 13 VgV a.F.; vgl. aber § 134 Abs. 3 S. 1 GWB, der eine Ausnahme für Verhandlungsverfahren ohne Teilnahmewettbewerb wegen besonderer Dringlichkeit statuiert.

46 OLG Düsseldorf, Beschluss v. 27.10.2004 – VII-Verg 41/04, zum Überschreiten der Schwelle von der bloßen Markterkundung zum Beginn eines Vergabeverfahrens; vgl. auch OLG München, Beschluss v. 19.7.2012 – Verg 8/12.

47 Hierauf weist *Braun*, in: Ziekow/Völlink, Vergaberecht, § 134 GWB Rn. 121, hin.

48 *Hofmann*, in: Müller-Wrede, KonzVgV, § 19 Rn. 22.

22 Neben den Fällen des Verhandlungsverfahrens ohne Teilnahmewettbewerb wegen besonderer Dringlichkeit muss die Informationspflicht aber auch dann entfallen, wenn sich die Vergabestelle zulässigerweise nur an **ein Unternehmen** gewandt und allein mit diesem verhandelt hat.[49] Das gilt jedenfalls dann, wenn tatsächlich keine Bewerber oder Bieter, die zu informieren wären, vorhanden sind, z. B. wenn aus technischen Gründen oder wegen des Schutzes von ausschließlichen Rechten von vorneherein kein Wettbewerb für den konkreten Auftrag besteht.[50] Die Informations- und Wartepflicht besteht damit in den Fällen nicht, in denen der öffentliche Auftraggeber zulässigerweise nur mit einem einzigen Unternehmen verhandelt hat und keine weiteren Unternehmen mehr Interesse an dem Auftrag bekundet haben, sodass allein der erfolgreiche Bieter nach § 134 Abs. 1 S. 1 GWB zu informieren wäre. In diesen Fällen greift die Informationspflicht im Sinne einer teleologischen Reduktion nach § 134 Abs. 1 GWB nicht.[51] Denn die Informationspflicht setzt stets voraus, dass es innerhalb des Vergabeverfahrens zur Beteiligung mehrerer Unternehmen, zu verschiedenen Angeboten und schließlich zu einer Auswahl eines Angebots durch den öffentlichen Auftraggeber gekommen ist, bzw. zumindest mehrere Unternehmen dem öffentlichen Auftraggeber gegenüber ein Interesse am Auftrag – nicht notwendig durch Einreichen eines Angebots – angezeigt oder sich um eine Auftragserteilung beworben haben.[52] Die Informationspflicht greift damit z. B. bei Nachlieferungen i.S.d. § 14 Abs. 4 Nr. 5 VgV nicht. Diese Vorschrift erlaubt die Beauftragung des ursprünglichen Auftragnehmers, wenn ein Wechsel des Lieferanten dazu führen würde, dass der dann notwendige Erwerb von Waren mit unterschiedlichen technischen Merkmalen entweder zu einer technischen Unvereinbarkeit führen oder unverhältnismäßige technische Schwierigkeiten mit sich bringen würde. In diesen Fällen kann der bisherige Auftragnehmer auch ohne vorherigen Vergleich mit anderen Angeboten unmittelbar beauftragt werden, wodurch das Wettbewerbsprinzip für diesen – eng auszulegenden – Ausnahmefall faktisch hintangestellt wird. Wenn in einer solchen Konstellation schon aus technischen Gründen von vornherein nur ein einziger Bieter in Betracht kommt, laufen die Verfahrensrechte der (potenziellen) anderen Bieter aus dem Vergaberecht ins Leere.[53] Auch in den Fällen des § 14 Abs. 4 Nr. 2 oder 9 VgV bzw. § 3a EU Abs. 3 Nr. 5 VOB/A darf der öffentliche Auftraggeber zulässigerweise nur mit einem einzigen Unternehmen verhandeln und sind andere Bewerber bzw. Bieter demnach nicht vorhanden, entfällt die Informationspflicht nach § 134 Abs. 1 GWB.

23 Wird ein konkreter Auftrag nach einem abgeschlossenen Vergabeverfahren, z. B. infolge einer Insolvenz des bisherigen Auftragnehmers, nachträglich in einem Verhandlungsverfahren ohne Teilnahmewettbewerb oder im Wege der Direktvergabe vergeben, sind die Bieter des **vorausgegangenen Vergabeverfahrens** zu informieren.[54] Das gilt auch in Fällen, in denen ein Bieter ein Angebot auf eine später aufgehobene Ausschreibung abgegeben hat, und dann in einem formal neuen Verfahren die ursprünglich ausgeschriebene Leistung vergeben werden soll, ohne dass für den ursprünglichen Bieter die Möglichkeit bestand, sich an dem formal neuen Verfahren zu beteiligen.[55] Gerade dann, wenn neben oder nach einem Vergabeverfahren, das nicht mit einem Zuschlag beendet wird, ein Verhandlungsverfahren mit einem Bieter oder eine Direktvergabe stattfinden, besteht das durch § 134 GWB geschützte Informationsinteresse, verbunden mit der Möglichkeit zu Rechtsschutz innerhalb der Wartefrist bzw. den sich aus § 135 GWB ergebenden Konsequenzen im Falle einer Zuwiderhandlung.

49 So schon zur alten Rechtslage VK Bund, Beschluss v. 20.10.2004 – VK 1-183/04.
50 Vgl. Erwägungsgrund 8 RL 2007/66/EG; siehe auch Rn. 11.
51 Vgl. auch Erwägungsgrund 8 RL 2007/66/EG.
52 Vgl. Rn. 11; siehe auch BGH, Urteil v. 1.2.2005 – X ZB 27/04; OLG Hamburg, Beschluss v. 25.1.2007 – 1 Verg 5/06, jeweils zu § 13 VgV a.F.
53 VK Bund, Beschluss v. 11.4.2003 – VK 2-10/03.
54 OLG Naumburg, Beschluss v. 15.3.2007 – 1 Verg 14/06; OLG Düsseldorf, Beschluss v. 23.2.2005 – VII-Verg 85/04.
55 OLG Brandenburg, Beschluss v. 25.9.2018 – 19 Verg 1/18 m.w.N.; VK Rheinland, Beschluss v. 15.5.2019 – VK 8/19, auch zur Abgrenzung der Ausnahme von § 134 GWB bei Verhandlungsverfahren aufgrund Dringlichkeit; *Dreher/Hoffmann*, in: Burgi/Dreher, Vergaberecht, § 134 GWB Rn. 18.

4. Wettbewerbe, Rahmenvereinbarungen und besondere Methoden und Instrumente

Auch die nicht zum Zuge gekommenen Preisträger eines **Wettbewerbs** sind als Bieter nach § 134 Abs. 1 S. 1 GWB zu informieren.[56] 24

Bei **Rahmenvereinbarungen** und der Einrichtung eines **dynamischen Beschaffungssystems**[57] gilt die Informationsverpflichtung des § 134 GWB zunächst vor Auswahl der Partner für die Rahmenvereinbarung bzw. des dynamischen Beschaffungssystems selbst. Sie ist eine Voraussetzung für die vergaberechtskonforme Auftragsvergabe auf der ersten Stufe. Beim dynamischen Beschaffungssystem, das im Wege eines nicht offenen Verfahrens durchzuführen ist,[58] hat der öffentliche Auftraggeber die Informations- und Wartepflicht gemäß § 134 GWB vor Zuschlagserteilung einzuhalten. Da bei einem dynamischen Beschaffungssystem die Kommunikation elektronisch durchgeführt wird, gilt hier eine Wartefrist von zehn Kalendertagen gemäß § 134 Abs. 2 S. 2 GWB. 25

Virulent kann die Frage der Informationspflicht gemäß § 134 GWB insbesondere für den Abruf der **Einzelaufträge** innerhalb einer **Rahmenvereinbarung** auf der zweiten Stufe werden. Hier ist zu unterscheiden: Soweit eine Rahmenvereinbarung mit nur einem Unternehmen i.S.v. § 21 Abs. 3 VgV bzw. § 4a EU Abs. 3 VOB/A geschlossen wurde und der öffentliche Auftraggeber den Einzelauftrag an dieses Unternehmen unter dem Dach der Rahmenvereinbarung vergibt – dieser also sachlich-gegenständlich von der Rahmenvereinbarung erfasst und entsprechend den Bedingungen der Rahmenvereinbarung vergeben wird –, ist für die Informationspflicht des § 134 GWB kein Raum.[59] Die Informationspflicht greift dagegen bei Rahmenvereinbarungen mit mehreren Unternehmen, in denen für die Vergabe ein erneuter Aufruf zum Wettbewerb erforderlich ist.[60] Nach Art. 2b RL 89/665/EWG können die Mitgliedstaaten bei einem Auftrag, dem eine Rahmenvereinbarung gemäß Art. 32 RL 2004/18/EG zugrunde liegt, Ausnahmen von der Stillhaltefrist regeln; § 134 GWB enthält für Aufträge, die auf Basis einer Rahmenvereinbarung vergeben wurden, aber keine Ausnahme.[61] Die Pflicht nach § 134 GWB betrifft Rahmenvereinbarungen i.S.v. § 21 Abs. 4 Nr. 2 und 3 VgV bzw. § 4a EU Abs. 4 Nr. 2 und 3 VOB/A, in denen noch nicht alle Bedingungen in der Rahmenvereinbarung festgelegt sind, die Einzelaufträge daher nach einem erneuten Aufruf zum Wettbewerb im sog. **Mini-Wettbewerb** unter den Partnern der Rahmenvereinbarung gemäß § 21 Abs. 5 VgV bzw. nach § 4a EU Abs. 5 VOB/A vergeben werden. Diese – und nur diese – sind dann gemäß § 134 GWB vor Vergabe des Einzelauftrags zu informieren. Ob dies auch für die Vergabe von Einzelaufträgen an einen nicht an erster Stelle liegenden, sondern an einen rangniedrigeren Bieter, etwa im Rahmen eines Drei-Partner-Modells nach dem sog. **Kaskadenprinzip**, gilt, erscheint zweifelhaft.[62] Letztlich erfolgt hier keine neue Angebotswertung aufgrund von Zuschlagskriterien, sondern es wird ein Einzelauftrag nach den Bedingungen der Rahmenvereinbarung aufgrund objektiver, nichtdiskriminierender Kriterien im Sinne von § 21 Abs. 4 Nr. 2 VgV bzw. § 4a EU Abs. 4 Nr. 2 VOB/A vorgenommen.[63] Es erfolgt also letztlich auch keine echte Zuschlagserteilung,[64] sodass der Anwendungsbereich des § 134 GWB in diesen Fällen nicht eröffnet sein dürfte. Rechtsschutzgründe können in derartigen Konstellationen dennoch dafürsprechen, dass der öffentliche Auftraggeber der Informationspflicht des § 134 GWB nachzukommen hat.[65] 26

---

56 Wegen der näheren Einzelheiten siehe Rn. 41.
57 Vgl. z. B. § 21 und § 22 VgV bzw. § 4a EU und § 4b EU VOB/A.
58 Vgl. § 22 Abs. 2 VgV.
59 Vgl. Erwägungsgrund 8 RL 89/665/EWG.
60 Vgl. Erwägungsgrund 8 RL 89/665/EWG.
61 So auch *Glahs*, in: Reidt/Stickler/Glahs, Vergaberecht, § 134 GWB Rn. 12.
62 Offengelassen durch VK Bund, Beschluss v. 14.7.2015 – VK 2-57/15.
63 Vgl. zu § 4 EG Abs. 5 lit. a VOL/A etwa OLG Düsseldorf, Beschluss v. 24.11.2011 – VII-Verg 62/11.
64 Im Beschluss v. 14.7.2015 – VK 2-57/15 spricht die VK Bund von einem *„nachrangigen Zuschlag"*.
65 Vgl. die abwägende Haltung der VK Bund, Beschluss v. 14.7.2015 – VK 2-57/15.

5. De-facto-Vergabe

27 Bei De-facto-Vergaben ist zu differenzieren: Bei Auftragsvergaben, bei denen der Auftrag rechtswidrig **direkt** an ein Unternehmen vergeben wird, ohne dass dem ein wie auch immer ausgestaltetes wettbewerbliches Verfahren vorangeht, ist für eine Information nach § 134 GWB kein Raum. Der öffentliche Auftraggeber verhandelt nämlich von vornherein und ausschließlich nur mit demjenigen Unternehmen, das letztlich auch den Auftrag erhalten wird. Es fehlt damit an nichtberücksichtigten Bewerbern oder Bietern, weshalb eine Anwendung des § 134 GWB ausscheidet. Effektiver Rechtsschutz wird durch die Regelung in § 135 Abs. 1 Nr. 2 GWB sichergestellt, wonach ein Vertrag, der auf eine rechtswidrige Direktvergabe folgt, von Anfang an unwirksam ist, wenn dieser Verstoß im Nachprüfungsverfahren gemäß § 135 Abs. 2 GWB festgestellt worden ist.[66]

28 In Fällen, in denen es zwar an einem förmlichen Vergabeverfahren fehlt, jedoch ein **wettbewerbliches Verfahren** durchgeführt wurde, findet § 134 GWB dagegen direkte Anwendung.[67] Denn der Primärrechtsschutz der Bieter soll nicht durch eine fehlerhafte Handlungsweise des öffentlichen Auftraggebers geschmälert werden, wenn tatsächlich eine Auftragsvergabe oberhalb der EU-Schwellenwerte vorliegt.[68] Auch diese Konstellationen werden verbreitet als De-facto-Vergaben bezeichnet.[69] Als De-facto-Vergabe i.S.d. § 135 Abs. 1 Nr. 2 GWB sind sie dann anzusehen, wenn es der öffentliche Auftraggeber vergaberechtswidrig unterlässt, eine in den Anwendungsbereich des GWB-Vergaberechts fallende Auftragsvergabe ohne EU-weite Auftragsbekanntmachung zu vollziehen – auch wenn der öffentliche Auftraggeber dabei mit mehreren Unternehmen verhandelt.[70] Unternehmen, die ein Interesse am Erhalt des rechtswidrig im Wege einer solchen De-facto-Vergabe vergebenen Auftrags haben und daher an einer Beteiligung des rechtswidrig unterlassenen Vergabeverfahrens mitgewirkt haben, können aber aufgrund von § 135 Abs. 1 Nr. 2 GWB die Unwirksamkeit des Vertrages herbeiführen, sofern sie nicht nach § 134 GWB informiert wurden.

6. Aufhebung des Vergabeverfahrens

29 Für die beabsichtigte Aufhebung des Vergabeverfahrens gilt § 134 GWB angesichts seines eindeutigen Wortlauts nicht; für eine entsprechende Anwendung des § 134 GWB fehlt es bereits an einer ungewollten Gesetzeslücke.[71] § 134 GWB soll einen nichtberücksichtigten Bieter vor vollendeten Tatsachen infolge der tatsächlichen Zuschlagserteilung an einen anderen Bieter schützen, die einen effektiven Rechtsschutz unmöglich macht. Da bei einer Aufhebung kein Zuschlag erteilt wird, braucht § 134 GWB nicht herangezogen zu werden, um dessen Unaufhebbarkeit gemäß § 168 Abs. 2 GWB zu verhindern.[72] Eine entsprechende Benachrichtigungspflicht des Auftrag- bzw. Konzessionsgebers ergibt sich allein aus den Vergabeverordnungen und der VOB/A.[73] Auch gegen eine Aufhebung des Vergabeverfahrens steht den Bietern das Nachprüfungsverfahren offen, um gegebenenfalls eine Aufhebung der Aufhebung zu erreichen. Vor einer sich an die Aufhebung des ursprünglichen Vergabeverfahrens anschließenden Auftragsvergabe im Wege des Verhandlungsverfahrens muss der öffentliche Auftrag-

66 *Dreher/Hoffmann*, in: Burgi/Dreher, Vergaberecht, § 134 GWB Rn. 47. Die Unwirksamkeitsfolge kann der Auftraggeber mit einer Vorab-Bekanntmachung gemäß § 135 Abs. 3 GWB (Art. 2d RL 89/665/EWG und 92/13/EWG in der Fassung der RL 2007/66/EG) vermeiden, wenn er der Ansicht ist, eine Vergabe sei ohne vorherige Veröffentlichung im Amtsblatt der EU zulässig, und der beabsichtigte Vertrag nicht vor Ablauf einer Frist von zehn Kalendertagen geschlossen wird; siehe hierzu auch EuGH, Urteil v. 11.9.2014 – Rs. C-19/13 (Fastweb).

67 OLG München, Beschluss v. 31.1.2013 – Verg 31/12; vgl. VK Sachsen, Beschluss v. 8.4.2011 – 1/SVK/002-11.

68 OLG München, Beschluss v. 31.1.2013 – Verg 31/12.

69 Vgl. die Nachweise bei *Dreher/Hoffmann*, in: Burgi/Dreher, Vergaberecht, § 134 GWB Rn. 48, Fn. 161; vgl. den geänderten Wortlaut in § 135 Abs. 1 Nr. 2 GWB, hierzu § 135 GWB Rn. 3.

70 OLG Düsseldorf, Beschluss v. 3.8.2011 – VII-Verg 33/11.

71 OLG Frankfurt, Beschluss v. 14.5.2013 – 11 Verg 4/13.

72 *Dreher/Hoffmann*, in: Burgi/Dreher, Vergaberecht, § 134 GWB Rn. 43; vgl. auch die Nachweise bei *Conrad*, in: Gabriel/Krohn/Neun, Handbuch Vergaberecht, § 34 Rn. 6 Fn. 28.

73 Vgl. § 62 Abs. 1 S. 2 VgV; § 17 EU VOB/A, § 56 Abs. 1 S. 2 SektVO sowie § 30 Abs. 1 KonzVgV; Letztere für die Entscheidung, das Verfahren zur Konzessionsvergabe neu einzuleiten.

geber jedoch die Bieter des aufgehobenen Vergabeverfahrens nach § 134 GWB informieren und die Wartefrist einhalten.

7. Interimsvergabe

30 Bei einer Interimsbeauftragung,[74] für die an sich weder das EU-Vergaberecht noch das GWB eine entsprechende Bereichsausnahme kennt,[75] muss der öffentliche Auftraggeber die Bieter nach § 134 GWB informieren und die Wartefrist einhalten. Wird eine Interimsvergabe[76] indessen – wie meistens – wegen der tatsächlich bestehenden besonderen Dringlichkeit[77] im Sinne von § 14 Abs. 4 Nr. 3 VgV bzw. von § 3a EU Abs. 3 Nr. 4 VOB/A gewählt, kann die Ausnahme des § 134 Abs. 3 S. 1 GWB greifen.

8. Pflicht zur erneuten Vorabinformation bei erneuter Angebotswertung

31 Eine Pflicht zur (erneuten) Vorabinformation der Bieter kann in Fällen bestehen, in denen es nach Erteilung der Information aufgrund einer Rüge, eines Nachprüfungsverfahrens oder eines Vergleichs zu einer Wiederholung oder Änderung der Angebotswertung kommt. Hier ist zu differenzieren:[78]

32 **Modifiziert** der öffentliche Auftraggeber **die Angebotswertung** mit der Folge, dass entweder einem anderen Bieter der Zuschlag erteilt werden soll oder sich die tragende Begründung für die beabsichtigte Zuschlagserteilung ändert, ändern sich also die Gründe, die der öffentliche Auftraggeber den Bewerbern oder Bietern in der ursprünglichen Information genannt hat, ist er zur erneuten Information gegenüber allen Bewerbern und Bietern verpflichtet.[79] Dies folgt schon aus dem Zweck der Information, nichtberücksichtigte Bieter in die Lage zu versetzen, die Erfolgsaussichten eines Nachprüfungsverfahrens verlässlich abschätzen zu können.[80] Denn gerade in der Person des für den Zuschlag ausgewählten Bieters kann der Vergabefehler – etwa wegen dessen fehlender Eignung liegen.[81] Der öffentliche Auftraggeber kann sogar dann zu einer neuen Information verpflichtet sein, wenn er nach wiederholter Angebotswertung sowohl in der Begründung als auch in der Person des für den Zuschlag ausersehenen Bieters zu dem gleichen Ergebnis kommt wie bei der ersten Angebotswertung.[82] Das gilt jedenfalls dann, wenn – z. B. aufgrund einer berechtigten Rüge oder eines Nachprüfungsverfahrens – eine Pflicht zur Neubewertung bestand.[83] Andernfalls kann der rügende Bieter nicht überprüfen, ob der öffentliche Auftraggeber z. B. einer entsprechenden Anweisung der Nachprüfungsinstanz Folge geleistet hat.[84]

33 Ergeben sich bei einer Überprüfung der Wertung **zusätzliche Gründe** für die Nichtberücksichtigung eines Bieters, kann dies die Informationspflicht erneut auslösen, denn der öffentliche Auftraggeber ist nach § 134 Abs. 1 S. 1 GWB verpflichtet, alle Gründe für die Nichtberücksichtigung in der Information zu nennen.[85]

34 Kommt der öffentliche Auftraggeber jedoch zu dem Ergebnis, dass **keine Neubewertung** veranlasst ist, geht dies letztlich nicht über einen rein internen Vorgang hinaus, der nur eine Überprüfung mit anschließender vollumfänglicher Bestätigung des ersten Wertungsergebnisses darstellt. Eine erneute Informationspflicht wird hierdurch nicht ausgelöst.[86] Hier genügt

74 OLG Dresden, Beschluss v. 25.1.2008 – WVerg 10/07, zu § 13 VgV a.F.
75 OLG Düsseldorf, Beschluss v. 25.9.2008 – VII-Verg 57/08, zu § 13 VgV a.F.
76 Hierzu etwa OLG Celle, Beschluss v. 24.9.2014 – 13 Verg 9/14; OLG Frankfurt, Beschluss v. 30.1.2014 – 11 Verg 15/13; VK Rheinland-Pfalz, Beschluss v. 22.5.2014 – VK 1-7/14.
77 Vgl. hierzu z. B. OLG Düsseldorf, Beschluss v. 10.6.2015 – VII-Verg 39/14.
78 Vgl. auch *Krämer*, VergabeNavigator 3/13, 7 ff.
79 Vgl. z. B. VK Thüringen, Beschluss v. 27.2.2003 – 216-4002.20-041/02-GS.
80 Siehe Rn. 55; siehe auch *Dreher/Hoffmann*, in: Burgi/Dreher, Vergaberecht, § 134 GWB Rn. 45.
81 VK Baden-Württemberg, Beschluss v. 23.1.2012 – 1 VK 67/68/69/11.
82 VK Brandenburg, Beschluss v. 12.3.2019 – VK 1/19; *Dreher/Hoffmann*, in: Burgi/Dreher, Vergaberecht, § 134 GWB Rn. 46.
83 *Krämer*, VergabeNavigator 3/2013, 7 f.
84 *Kühnen*, in: Byok/Jaeger, Vergaberecht, 2. Auflage, § 13 VgV Rn. 1572.
85 Siehe Rn. 61; vgl. auch *Krämer*, VergabeNavigator 3/2013, 7 (8).
86 OLG Düsseldorf, Beschluss v. 23.5.2007 – VII-Verg 14/07; OLG Jena, Beschluss v. 14.2.2005 – Verg 1/05.

die Mitteilung an das rügende Unternehmen, dass der Rüge nicht abgeholfen wird (§ 160 Abs. 3 S. 1 Nr. 4 GWB). Die Informationspflicht kann jedoch gegenüber dem Rügenden neu entstehen, wenn die Vergabestelle ihm gegenüber vor Prüfung der Rüge erklärt hat, die Vergabeentscheidung zu überprüfen und den Zuschlag nicht vor erneuter Information gegenüber dem Rügenden zu erteilen.[87]

9. Auftragsänderungen

35 Bei Auftragsänderungen ist nach vergaberechtskonformen und vergaberechtswidrigen Verlängerungen bzw. Änderungen zu differenzieren. Erfordert die Änderung eines öffentlichen Auftrages während der Vertragslaufzeit gemäß § 132 Abs. 1 GWB ein neues Vergabeverfahren, greift in diesem Vergabeverfahren selbstverständlich auch die Informationspflicht des § 134 Abs. 1 GWB.

36 Werden wesentliche Änderungen eines öffentlichen Auftrags im Sinne von § 132 Abs. 1 GWB während der Vertragslaufzeit ohne ein **erneutes Vergabeverfahren** vorgenommen und liegt keiner der Ausnahmetatbestände des § 132 Abs. 2 und 3 GWB vor, liegt hierin eine unzulässige De-facto-Vergabe im Sinne von § 135 Abs. 1 Nr. 2 GWB.[88] Denn bei der Änderung wesentlicher Bestimmungen handelt es sich aus vergaberechtlicher Sicht um die Aushandlung eines neuen Vertrages ohne die Beteiligung anderer (potenzieller) Bieter. Vertragsverlängerungen ohne erneutes Vergabeverfahren fallen ebenfalls in den Anwendungsbereich des § 135 Abs. 1 Nr. 2 GWB.[89]

37 Erfordert die Änderung des Vertrages gemäß § 132 Abs. 1 bis 3 GWB dagegen **kein neues Vergabeverfahren**, greift auch die Informationspflicht des § 134 Abs. 1 GWB nicht. Dies gilt etwa für den Fall, dass der öffentliche Auftraggeber lediglich von einer Option zur Vertragsverlängerung oder Auftragserweiterung im Sinne von § 132 Abs. 2 Nr. 1 GWB Gebrauch macht, die bereits Gegenstand der ursprünglichen Ausschreibung war,[90] oder bei Änderungen, deren Wert die Minimalschwelle des § 132 Abs. 3 GWB nicht überschreitet, oder bei sonstigen „unwesentlichen" Änderungen, wie z. B. der Änderung bloßer Formvorschriften, vertraglicher Informationspflichten etc.

II. Adressat der Information

38 Nach § 134 Abs. 1 GWB muss der öffentliche Auftraggeber die Bieter (Abs. 1 S. 1) sowie – unter bestimmten Voraussetzungen – auch die (abgelehnten) Bewerber (Abs. 1 S. 2) über die bevorstehende Zuschlagsentscheidung informieren. Bereits der gleichlautende § 101a Abs. 1 S. 1 und 2 GWB a.F. hatte den früher von § 13 VgV a.F. erfassten Adressatenkreis der Bieterinformation auf Bewerber erweitert. Nach dem ausdrücklichen Wortlaut des § 13 VgV a.F. musste der Auftraggeber nur *„die Bieter, deren Angebote nicht berücksichtigt werden sollen,"* über das bevorstehende Wettbewerbsergebnis informieren. Die Neuausrichtung der Vorschrift in § 101a GWB a.F. bei der Novelle 2009 auf Bieter und Bewerber geht zurück auf Art. 2a Abs. 2 UAbs. 2 und 3 RL 89/665/EWG.[91] Hiernach sind Adressaten der Information die „betroffenen Bieter und Bewerber". Entsprechend den Vorgaben der RL 89/665/EWG ist der Gesetzeswortlaut in § 134 Abs. 1 S. 1 und 2 GWB auszulegen. Wann Bieter und Bewerber als „betroffen" gelten, regelt Art. 2a Abs. 2 UAbs. 2 und 3 RL 89/665/EWG: Bieter gelten als betroffen, wenn sie noch nicht endgültig ausgeschlossen wurden. Ein Ausschluss ist endgültig, wenn er den betroffenen Bietern mitgeteilt wurde und entweder von einer unabhängigen Nachprüfungsstelle als rechtmäßig anerkannt wurde oder keinem Nachprüfungsverfahren mehr unterzogen werden kann. Bewerber gelten als betroffen, wenn der öffentliche Auftrag-

87 *Höß*, in: Heuvels/Höß/Kuß/Wagner, Vergaberecht, § 134 GWB Rn. 10, 62.
88 Vgl. *Greb/Stenzel*, NZBau 2012, 404 (408 f.).
89 Siehe § 135 GWB Rn. 40.
90 § 132 Abs. 2 Nr. 1 GWB; vgl. hierzu OLG Dresden, Beschluss v. 7.7.2015 – Verg 3/15; OLG Düsseldorf, Beschluss v. 12.2.2014 – VII-Verg 32/13.
91 Vgl. Gesetzesbegründung zu § 101a Abs. 1 GWB a.F., VergRModG 2009, BT-Drs. 16/10117, 21.

geber ihnen keine Informationen über die Ablehnung ihrer Bewerbung zur Verfügung gestellt hat, bevor die Mitteilung über die Zuschlagsentscheidung an die betroffenen Bieter ergangen ist.

1. Bieter

Adressaten der Vorabinformation sind nach dem Wortlaut des § 134 Abs. 1 S. 1 GWB die *„Bieter, deren Angebote nicht berücksichtigt werden sollen"*. Als „**Bieter**"[92] in diesem Sinne sind zunächst all diejenigen Unternehmen zu verstehen, die sich am Vergabeverfahren durch die Abgabe eines Angebots[93] beteiligt haben, auf das der Zuschlag nicht oder nur zum Teil erteilt werden soll, und zwar unabhängig davon, ob die Bindefrist für das Angebot noch gilt.[94] **39**

Unerheblich ist dabei, auf welcher **Wertungsstufe** ein Angebot auszuschließen war. Auch ein Bieter, dessen Angebot schon ausgeschlossen werden musste, weil es verspätet eingereicht wurde, ist nach § 134 GWB zu informieren.[95] Die Abgabe eines gegebenenfalls unverbindlichen („indikativen") Angebots („Erstangebot"[96]) in einem Verhandlungsverfahren reicht aus, sodass die Informationspflicht jedenfalls grundsätzlich nicht auf diejenigen Bieter begrenzt ist, die bis zum Schluss an den Verhandlungen teilgenommen und ein letztes verbindliches Angebot abgegeben haben.[97] **40**

Auch die nicht zum Zuge gekommenen **Preisträger** eines Wettbewerbs sind als „Bieter" nach § 134 Abs. 1 S. 1 GWB zu informieren. Gemäß § 115 GWB ist Abschnitt 2, zu dem § 134 GWB gehört, auch auf die Ausrichtung von Wettbewerben durch öffentliche Auftraggeber und gemäß § 136 i.V.m. § 142 GWB auf die Ausrichtung von Wettbewerben durch Sektorenauftraggeber anzuwenden. Die Informationspflicht gemäß § 134 Abs. 1 GWB gilt jedenfalls dann, wenn nicht schon zuvor (z. B. in der Wettbewerbsbekanntmachung) eine abschließende Festlegung getroffen wurde, dass der Zuschlag zwingend und automatisch an den Gewinner des Wettbewerbs gehen soll, sondern auch nach Bekanntgabe der Preisgerichtsentscheidung nach den vom öffentlichen Auftraggeber festgelegten Bedingungen die Möglichkeit der Einleitung eines Verhandlungsverfahrens mit den übrigen Preisträgern besteht. Die Stellung der Preisträger geht dann über das Interesse eines (sonstigen) Bewerbers, sich durch Unterbreitung eines Angebotes am Wettbewerb beteiligen zu können, hinaus.[98] Bei reinen Ideenwettbewerben, die nicht in einem öffentlichen Auftrag münden (sollen), soll § 134 GWB auf die Entscheidungen des Preisgerichts dagegen nicht anwendbar sein.[99] **41**

In Fällen, in denen ein Bewerber oder Bieter **von der Abgabe** eines Teilnahmeantrags oder eines Angebots durch ein vergaberechtswidriges Verhalten des öffentlichen Auftraggebers **abgehalten** wird, das zwar keine De-facto-Vergabe darstellt, aber in der rechtswidrigen Gestaltung der Ausschreibungsbedingungen (z. B. bei unzulässiger Produktvorgabe) liegt, kann das betroffene Unternehmen die Ausschreibungsbedingungen rügen und ein Nachprüfungsverfahren einleiten. Unterlässt das Unternehmen dies und gibt auch kein Angebot ab, besteht kein Bedarf für eine Information nach § 134 GWB in Verbindung mit der drohenden Unwirksamkeitsfolge.[100] **42**

Mit Blick auf den Normzweck des § 134 GWB müssen auch diejenigen Bieter, die zwar zunächst ein **Angebot** abgegeben, dieses aber zwischenzeitlich **zurückgezogen** haben, nicht über die beabsichtigte Zuschlagserteilung informiert werden, da sie von sich aus dokumen- **43**

92 Zum Begriff siehe eingehend OLG Naumburg, Beschluss v. 3.9.2009 – 1 Verg 4/09.
93 Vgl. die Legaldefinition in Art. 2 Abs. 1 Nr. 11 RL 2014/24/EU, wonach der Ausdruck „Bieter" einen Wirtschaftsteilnehmer bezeichnet, der ein Angebot abgegeben hat.
94 VK Bund, Beschluss v. 25.3.2020 – VK 1-12/20.
95 OLG Naumburg, Beschluss v. 3.9.2009 – 1 Verg 4/09.
96 Vgl. § 17 Abs. 10 VgV.
97 VK Schleswig-Holstein, Beschluss v. 14.5.2008 – VK-SH 6/08, zu § 13 VgV a.F.
98 OLG Düsseldorf, Beschluss v. 2.12.2009 – VII-Verg 39/09; vgl. aber zu § 13 VgV a.F: Beschluss v. 31.3.2004 – VII-Verg 4/04; VK Sachsen, Beschluss v. 22.8.2013 – 1/SVK/047-12; Beschluss v. 19.8.2005 – 1/SVK/096-05.
99 *Glahs*, in: Reidt/Stickler/Glahs, Vergaberecht, § 134 GWB Rn. 13.
100 *Dreher/Hoffmann*, in: Burgi/Dreher, Vergaberecht, § 134 GWB Rn. 21; a.A. wohl OLG Naumburg, Beschluss v. 4.11.2010 – 1 Verg 10/10.

tiert haben, dass sie kein Interesse an dem ausgeschriebenen Auftrag mehr besitzen.[101] Als „unbeteiligte Dritte" fallen potenziell interessierte Unternehmen, deren Interesse an dem konkreten Auftrag gegenüber dem öffentlichen Auftraggeber nicht hervorgetreten ist, ohnehin nicht unter die Reichweite der Informationspflicht des § 134 GWB.[102]

44 Von § 134 Abs. 1 S. 1 GWB erfasst sind Bieter, die noch nicht **endgültig** vom Vergabeverfahren **ausgeschlossen** wurden.[103] Ein Ausschluss in diesem Sinne ist endgültig, wenn er dem betroffenen Bieter mitgeteilt wurde und entweder durch eine rechtskräftige Entscheidung in einem Nachprüfungsverfahren als rechtmäßig anerkannt wurde oder keinem Nachprüfungsverfahren mehr unterzogen werden kann.[104] In der erstgenannten Alternative kommt es nicht allein auf die erstinstanzliche Bestätigung des Angebotsausschlusses durch die Vergabekammer an; würde nämlich die Betroffenheit eines Bieters auch unabhängig von der möglichen Entscheidung des Vergabesenats eines Oberlandesgerichts entfallen, wäre ein Bieter selbst dann nicht mehr gemäß § 134 Abs. 1 GWB zu informieren, wenn seine sofortige Beschwerde Erfolg hätte, weil sein Ausschluss rechtswidrig war – das wäre mit Sinn und Zweck der Vorabinformation nicht zu vereinbaren.[105] Auch ein gegebenenfalls nachfolgender Beschluss des Vergabesenats ist damit insoweit ebenfalls relevant. Art. 2a Abs. 2 UAbs. 2 RL 89/665/EWG sieht insoweit vor, dass ein „endgültiger" Ausschluss in diesem Sinne vorliegt, wenn er von einer „unabhängigen Nachprüfungsstelle" als rechtmäßig anerkannt wurde. Im Sinne der zweitgenannten Alternative kann ein Ausschluss dann nicht mehr einem Nachprüfungsverfahren unterzogen werden, wenn ein Bieter vor der Vorabinformation von dem Ausschluss seines Angebots durch den öffentlichen Auftraggeber informiert wurde oder davon auf anderem Wege erfahren hat, diesen aber entweder nicht oder nicht rechtzeitig nach § 160 Abs. 3 S. 1 Nr. 1 GWB gerügt hat, oder wenn die mit „Eingang" einer entsprechenden Nichtabhilfe-Mitteilung des öffentlichen Auftraggebers beginnende Frist des § 160 Abs. 3 S. 1 Nr. 4 GWB bereits verstrichen ist, sodass kein Nachprüfungsverfahren mehr eingeleitet werden kann – diese Bieter müssen dann nicht mehr mit einer Information nach § 134 GWB über den Ausgang des Vergabeverfahrens unterrichtet werden. Steht dagegen noch nicht fest, dass der Bieter endgültig aus dem weiteren Vergabeverfahren ausgeschieden ist, weil er z. B. den ihm mitgeteilten Ausschluss gerügt hat und ein Nachprüfungsverfahren noch einleiten könnte, darf der öffentliche Auftraggeber auf eine förmliche Unterrichtung nach § 134 Abs. 1 S. 1 GWB nicht verzichten.[106] Dies kann auch gelten, wenn der Bieter zwar über seinen Ausschluss informiert wurde, aber erst durch die Vorabinformation von einem damit verbundenen Vergaberechtsverstoß erfährt, z. B. weil der für den Zuschlag ausgewählte Bieter aus dem gleichen Grund hätte ausgeschlossen werden müssen.[107]

45 Um unnötige **Risiken** (namentlich die Unwirksamkeitsfolge des § 135 Abs. 1 Nr. 1 GWB) zu vermeiden, ist es den Vergabestellen zu empfehlen, jeden nicht zum Zuge kommenden Bieter nach § 134 Abs. 1 GWB zu unterrichten. Das gilt auch in den Fällen, in denen ein Bieter von seiner Nichtberücksichtigung bereits vor Abschluss der Angebotswertung erfahren hat, sich dagegen aber nicht unverzüglich mit einer Rüge zur Wehr gesetzt hat. Eine solche Konstellation ist für den öffentlichen Auftraggeber stets mit erheblichen Unsicherheiten verbunden, da er nicht mit der erforderlichen Gewissheit abschätzen kann, ob und gegebenenfalls welchem Bieter gegenüber er mit Blick auf die Ausschlusswirkung in § 160 Abs. 3 GWB gefahrlos von einer Unterrichtung nach § 134 Abs. 1 GWB absehen kann.

---

101 OLG Brandenburg, Beschluss v. 25.9.2018 – 19 Verg 1/18 für den Fall, dass der Bieter im Verhandlungsverfahren zunächst ein indikatives Angebot abgegeben hat, dann aber erklärt hat, sich nicht mehr am Verfahren zu beteiligen; vgl. VK Bund, Beschluss v. 23.3.2011 – VK-12/11.

102 OLG Hamburg, Beschluss v. 25.1.2007 – 1 Verg 5/06; OLG Düsseldorf, Beschluss v. 24.2.2005 – VII-Verg 88/04.

103 Vgl. VK Bund, Beschluss v. 14.7.2015 – VK 2-57/15.

104 Vgl. Art. 2a Abs. 2 UAbs. 2 RL 89/665/EWG; siehe auch Gesetzesbegründung zu § 101a GWB a.F., VergRModG 2009, BT-Drs. 16/10117, 21; VK Südbayern, Beschluss v. 22.5.2015 – Z 3-3-3194-1-13-02/15.

105 Hierauf weisen zu Recht *Dreher/Hoffmann*, in: Burgi/Dreher, Vergaberecht, § 134 GWB Rn. 15 Fn. 45 hin. Die hier noch in der Vorauflage vertretene Auffassung, wonach es allein auf eine erstinstanzliche Bestätigung des Ausschlusses durch die Vergabekammer ankomme, wird nicht aufrechterhalten.

106 VK Berlin, Beschluss v. 26.10.2009 – VK-B2-28/09.

107 Vgl. *Dreher*, in: Dreher/Motzke, Vergaberecht, § 101a GWB Rn. 11.

Nicht zu informieren ist nach § 134 Abs. 1 GWB derjenige **Bieter, der den Zuschlag erhalten soll**, da dieser nicht in den Schutzbereich der Vorschrift fällt.[108] Nach dem Wortlaut der Vorschrift sind nur Bieter zu informieren, deren Angebot nicht berücksichtigt werden soll. Der erfolgreiche Bieter kann sich damit nicht auf § 135 Abs. 1 Nr. 1 GWB berufen, um sich von einem missliebigen Vertrag lösen zu können. In der Praxis wird selbstverständlich auch das erfolgreiche Unternehmen über das Ergebnis des Vergabeverfahrens informiert. Das Schreiben, in dem einem erfolgreichen Bieter mitgeteilt wird, dass er den Zuschlag erhalten soll, sollte so formuliert werden, (*„ist beabsichtigt, Ihnen auf Ihr Angebot vom […] den Zuschlag zu erteilen"*), dass jeder Anschein einer verbindlichen Zusage oder gar eines Vorvertrages vermieden wird.[109] Dem öffentlichen Auftraggeber muss es noch möglich sein, nach einer berechtigten Rüge oder einem Nachprüfungsverfahren eine zunächst beabsichtigte Zuschlagserteilung zu korrigieren. 46

2. Bewerber

§ 134 Abs. 1 S. 2 GWB erstreckt die Informationspflicht auch auf Bewerber, denen keine Information über die Ablehnung ihrer Bewerbung zur Verfügung gestellt wurde, bevor die Mitteilung über die Zuschlagsentscheidung an die betroffenen Bieter nach § 134 Abs. 1 GWB ergangen ist. § 134 Abs. 1 S. 2 GWB übernimmt die Definition aus Art. 2a Abs. 2 UAbs. 3 RL 89/665/EWG für „betroffene Bewerber", ohne selbst den Begriff „betroffen" zu verwenden.[110] 47

Bewerber sind all diejenigen Unternehmen, die sich in einem dem eigentlichen Angebotsverfahren – z. B. beim nichtoffenen oder Verhandlungsverfahren – vorgeschalteten Teilnahmewettbewerb mit einem Teilnahmeantrag darum bemühen, zur Abgabe eines Angebots im späteren Angebotsverfahren aufgefordert zu werden.[111] Ihnen gleichgestellt sind diejenigen Unternehmen, die nach einer qualifizierten Vorabinformation als Wettbewerbsaufruf im Sinne des § 38 Abs. 4 S. 1 Nr. 3 VgV bzw. § 12 EU Abs. 2 Nr. 1 S. 1 lit. b VOB/A eine Interessensbekundung übermittelt haben, daraufhin vom öffentlichen Auftraggeber gemäß § 38 Abs. 5 VgV bzw. § 12a EU Abs. 1 VOB/A aufgefordert werden, ihr Interesse an einer weiteren Teilnahme des Vergabeverfahrens zu bestätigen und dieser Aufforderung mit dem Einreichen einer Interessensbestätigung nachkommen. Derartige Interessensbestätigungen haben die Bedeutung von Teilnahmeanträgen; die Aufforderung zur Interessensbestätigung leitet funktional den Teilnahmewettbewerb ein.[112] Der dem eigentlichen Angebotsverfahren vorgeschaltete Teilnahmewettbewerb dient vor allem der Ermittlung geeigneter Bieter für den konkreten Auftrag. Nach einer Überprüfung und Bewertung der durch die Bewerber mit dem Teilnahmeantrag vorgelegten Eignungsnachweise schließt der Teilnahmewettbewerb mit der Auswahl derjenigen Unternehmen durch den öffentlichen Auftraggeber ab, die etwa in einem nichtoffenen Verfahren oder Verhandlungsverfahren ein (Erst-)Angebot einreichen sollen. Die Bejahung der Eignung eines Bewerbers durch den öffentlichen Auftraggeber ist hiernach im nichtoffenen Verfahren und Verhandlungsverfahren mit Teilnahmewettbewerb eine notwendige Voraussetzung dafür, dass ein Bewerber zur Einreichung eines Angebots aufgefordert wird.[113] Der Teilnahmewettbewerb bildet damit zusammen mit dem späteren eigentlichen Angebotsverfahren in der Vergabeart des offenen Verfahrens- bzw. Verhandlungsverfahrens das Vergabeverfahren im Rechtssinne.[114] 48

---

108 Vgl. OLG Düsseldorf, Urteil v. 28.6.2003 – VI-U (Kart) 36/02 (zu § 13 VgV a.F.).

109 Vgl. etwa VK Westfalen, Beschluss v. 12.3.2015 – VK 1-05/15.

110 Vgl. auch *Dreher/Hoffmann*, in: Burgi/Dreher, Vergaberecht, § 134 GWB Rn. 27.

111 Vgl. auch die Legaldefinition in Art. 2 Abs. 1 Nr. 12 RL 2014/24/EU, wonach der Ausdruck „Bewerber" einen Wirtschaftsteilnehmer bezeichnet, der sich um eine Aufforderung zur Teilnahme an einem nichtoffenen Verfahren, einem Verhandlungsverfahren, einem Verhandlungsverfahren ohne vorherige Bekanntmachung, einem wettbewerblichen Dialog oder einer Innovationspartnerschaft beworben hat oder eine solche Aufforderung erhalten hat.

112 *Schwabe*, in: Müller-Wrede, VgV/UVgO, § 38 VgV Rn. 76, 83.

113 OLG Düsseldorf, Beschluss v. 24.9.2002 – VII-Verg 48/02; VK Münster, Beschluss v. 12.5.2009 – VK 5/09.

114 VK Münster, Beschluss v. 12.5.2009 – VK 5/09.

49 Die Informationspflicht nach § 134 Abs. 1 S. 2 GWB besteht nur für nicht berücksichtigte Bewerber. Dabei kommt es nicht darauf an, ob die **Nichtberücksichtigung** zu Recht oder zu Unrecht erfolgte. Es sind solche Bewerber mit einer den Vorgaben des § 134 Abs. 1 S. 1 GWB entsprechenden Mitteilung zu informieren, die bis dahin – also nach Abschluss des Teilnahmewettbewerbs und der Auswahl derjenigen Unternehmen, die ein Angebot abgeben sollen – **nicht** über die Ablehnung ihrer Bewerbung, z. B. mangels Eignung, **informiert** worden sind. Die Rechtsprechung hat teilweise auch schon vor Einführung dieser Regelung einen Anspruch auf Information auch für solche Beteiligte am Vergabeverfahren anerkannt, die nur deshalb keine Bieterstellung erlangen konnten, weil sie von der Vergabestelle rechtswidrig vom Vergabeverfahren ausgeschlossen wurden, aber für den öffentlichen Auftraggeber erkennbar am Auftrag interessiert waren.[115]

50 Dem öffentlichen Auftraggeber ist es nach § 134 Abs. 1 S. 2 GWB freigestellt, nicht ausgewählte Bewerber bereits unmittelbar nach Abschluss des Teilnahmewettbewerbs über ihre Nichtberücksichtigung zu informieren oder die Mitteilung über die Nichtberücksichtigung einer Bewerbung erst nach Auswahl des wirtschaftlichsten Angebots in einer den Vorgaben des § 134 Abs. 1 S. 1 GWB entsprechenden **Information** nachzuholen bzw. nochmals vorzunehmen. Erst letztere Information löst die Frist nach § 134 Abs. 2 GWB aus.[116] Sind die abgelehnten Bewerber bereits von ihrer Nichtberücksichtigung, z. B. unmittelbar nach Abschluss des Teilnahmewettbewerbs, informiert worden, erübrigt sich eine nochmalige Information nach § 134 Abs. 1 GWB.[117] Das gilt jedenfalls dann, wenn die Ablehnung rügelos hingenommen wurde oder wenn die Wirksamkeit der Ablehnung rechtskräftig festgestellt wurde.[118] Ebenso entfällt die Informationspflicht, wenn der Bewerber seinen Teilnahmeantrag zurückzieht oder auf andere Weise zu erkennen gibt, dass er kein Interesse mehr an dem Auftrag hat.[119] In diesen Fällen hat das Unternehmen von sich aus zu erkennen gegeben, dass es kein Interesse (mehr) an dem ausgeschriebenen Auftrag besitzt.[120]

51 Welche **Mindestanforderungen** die Information der Bewerber über die Ablehnung ihrer Bewerbung unmittelbar nach Abschluss des Teilnahmewettbewerbs aufweisen muss, damit die Informationspflicht des § 134 Abs. 1 S. 2 i.V.m. S. 1 GWB entfällt, darüber geben weder § 134 GWB selbst noch die Rechtsmittel- oder die Vergaberichtlinie näheren Aufschluss.[121] Da auch die Information über die Ablehnung der Bewerbung vor allem dem effektiven Rechtsschutz dient, kann diese Information nur dann die Vorabinformation nach § 134 Abs. 1 GWB ersetzen, wenn der Bewerber anhand der Information die Erfolgsaussichten eines Nachprüfungsverfahrens abschätzen kann. Hierfür ist es unerlässlich, dass ein Bewerber die **Gründe für die Nichtberücksichtigung** seiner Bewerbung kennt – diese sind ihm also zwingend mitzuteilen.[122] Die weiteren in § 134 Abs. 1 S. 1 GWB geforderten Mindestangaben muss eine Information über die Ablehnung der Bewerbung dagegen nicht enthalten. Schon der mit Art. 2a Abs. 2 UAbs. 1 RL 89/665/EWG übereinstimmende Wortlaut des § 134 Abs. 1 S. 2 GWB („*Informationen über die Ablehnung ihrer Bewerbung*") spricht dagegen, dass der Auftraggeber, entsprechend § 134 Abs. 1 S. 1 GWB den Namen desjenigen Bieters mitteilen muss, der den Zuschlag erhalten soll bzw. den frühestmöglichen Zeitpunkt des Vertragsschlusses nennen muss. Wäre der Auftraggeber hierzu gezwungen, könnten abgelehnte Bewerber immer erst mit der Entscheidung über den Zuschlag informiert werden. Eine Information der Bewerber zu einem früheren Zeitpunkt könnte dann gar nicht erfolgen und die in § 134 Abs. 1 S. 2 GWB ausdrücklich ermöglichte Information über die Ablehnung der Bewerbung hätte keinen Anwendungsbereich.[123] Schwieriger zu beurteilen ist, ob der öffentliche Auftraggeber

115 Vgl. OLG Düsseldorf, Beschluss v. 2.12.2009 – VII-Verg 39/09, zu § 13 VgV a.F.
116 Vgl. EuGH, Urteil v. 28.1.2010 – Rs. C-456/08.
117 So auch *Macht/Städler*, NZBau 2012, 143 ff., zu § 10 Abs. 5 VOF.
118 VK Berlin, Beschluss v. 26.10.2009 – VK-B2-28/29.
119 OLG Düsseldorf, Beschluss v. 24.2.2005 – VII-Verg 88/04.
120 Vgl. Rn. 43.
121 Hierauf weisen auch *Dreher/Hoffmann*, in: Burgi/Dreher, Vergaberecht, § 134 GWB Rn. 28, hin.
122 So auch *Dreher/Hoffmann*, in: Burgi/Dreher, Vergaberecht, § 134 GWB Rn. 28.
123 Vgl. auch *Dreher/Hoffmann*, in: Burgi/Dreher, Vergaberecht, § 134 GWB Rn. 28.

in der Information eines Bewerbers über die Ablehnung seiner Bewerbung unmittelbar nach Abschluss des Teilnahmewettbewerbs gegebenenfalls auch diejenigen **Unternehmen benennen** muss, die zum weiteren Angebotsverfahren zugelassen werden. Ausdrücklich sieht § 134 GWB dies nicht vor, der Wortlaut („*Information über die Ablehnung ihrer Bewerbung*") spricht gegen eine solche Annahme. Auch aus Art. 2a Abs. 2 RL 89/665/EWG ergibt sich dies nicht. § 62 VgV, der eine Unterrichtung der Bewerber und Bieter und Mitteilungspflichten auf Verlangen eines Bewerbers oder Bieters vorsieht, unterscheidet ebenfalls zwischen der Information eines Bieters und der Information eines Bewerbers. Nicht erfolgreichen Bewerbern sind nach § 62 Abs. 2 Nr. 1 VgV die Gründe für die Ablehnung ihres Teilnahmeantrags mitzuteilen – Bietern hingegen nach § 62 Abs. 2 Nr. 3 VgV auch die Merkmale und Vorteile des erfolgreichen Angebotes sowie der Name des erfolgreichen Bieters (so auch § 19 EU Abs. 4 Nr. 1 VOB/A). Dem entspricht es, wenn auch die Information über die Ablehnung der Bewerbung nach § 134 Abs. 1 S. 2 GWB, die eine Vorabinformation nach § 134 Abs. 1 S. 1 GWB entbehrlich macht, keine Angaben zu den Unternehmen enthalten muss, die nach einem Teilnahmeantrag zur Abgabe eines Angebotes aufgefordert wurden. Für einen Bewerber kann es zur Beurteilung der Erfolgsaussichten eines eventuellen Nachprüfungsverfahrens durchaus von Bedeutung sein, wie viele[124] und welche Unternehmen nach Auswahl im Teilnahmewettbewerb zur Abgabe eines Angebotes aufgefordert werden sollen.[125] Bei einer Information der Bewerber in einem früheren Zeitpunkt des Vergabeverfahrens können Rechtsschutzerwägungen für die Angabe der Unternehmen, die zur Abgabe eines Angebotes aufgefordert werden, sprechen. Seine eigene Nichtberücksichtigung kann ein Bewerber aber nach § 160 Abs. 3 GWB rügen und hiergegen ein Nachprüfungsverfahren einleiten – seine daraufhin festgestellte rechtswidrige Nichtberücksichtigung kann ihm einen Anspruch, am eigentlichen Angebotsverfahren beteiligt zu werden, verschaffen. Die Angabe der Unternehmen, die zur Abgabe eines Angebotes aufgefordert wurden, ist deshalb auch unter Rechtsschutzgesichtspunkten im Vergleich mit dem notwendigen Inhalt der Vorabinformation nach § 134 Abs. 1 GWB vor Zuschlagserteilung nicht geboten. Dies würde die besondere Funktion der Vorabinformation nach § 134 Abs. 1 GWB nicht berücksichtigen. Zum Zeitpunkt der Information an die unterlegenen Bieter steht eine Zuschlagserteilung kurz bevor. Bei einer Information der Bewerber zu einem früheren Zeitpunkt des Vergabeverfahrens steht ein regelmäßig längerer Zeitraum für die Einleitung rechtlicher Schritte zur Verfügung. In Übereinstimmung mit dem Wortlaut des § 134 Abs. 1 S. 2 GWB ist die Angabe der Unternehmen, die zur Abgabe eines Angebotes aufgefordert werden, in einer Information an die Bewerber über die Ablehnung ihrer Bewerbung nicht erforderlich, um eine Vorabinformation vor Zuschlag entbehrlich zu machen.

Es ist **zu empfehlen**, die Bewerber in der Information über ihre Nichtberücksichtigung darauf **52**
hinzuweisen, dass sie keine weitere Information nach § 134 GWB mehr erhalten.[126] Bei Zweifeln über die Reichweite der Informationspflicht des § 134 GWB sollten öffentliche Auftraggeber Bewerber sowohl über ihre Ablehnung als Bewerber als auch über den beabsichtigten Zuschlag informieren.

---

124 Fordert der Auftraggeber mehr Bewerber zur Abgabe eines Angebots auf als die Anzahl, die in der Bekanntmachung angegeben wurde, kann dies gegen Vergaberecht verstoßen, weil der öffentliche Auftraggeber an die angegebene Maximalzahl gebunden ist, vgl. OLG München, Beschluss v. 21.11.2013 – Verg 9/13; OLG Brandenburg, Beschluss v. 14.1.2013 – Verg W 13/12.

125 Zum Vertrauenstatbestand einer positiven Eignungsprüfung für die zum Verhandlungsverfahren zugelassenen Unternehmen: OLG Düsseldorf, Beschluss v. 29.3.2021 – VII-Verg 9/21; anders OLG Schleswig, Beschluss v. 20.3.2008 – 1 Verg 6/07; VK Münster, Beschluss v. 12.5.2009 – VK 5/09.

126 So auch *Dreher/Hoffmann*, in: Burgi/Dreher, Vergaberecht, § 134 GWB Rn. 29.

III. Inhalt der Information

53 Nach § 134 Abs. 1 S. 1 GWB muss die Vorabinformation über die beabsichtigte Zuschlagserteilung die nichtberücksichtigten „betroffenen" Bieter (und nach § 134 Abs. 1 S. 2 GWB gegebenenfalls auch die Bewerber) unverzüglich in Textform informieren über:

- den Namen des Unternehmens, dessen Angebot angenommen werden soll,
- die Gründe der vorgesehenen Nichtberücksichtigung des eigenen Angebots und
- den frühesten Zeitpunkt des Vertragsschlusses.

54 Erst dieser gesetzlich vorgegebene **Mindestinhalt** macht eine Mitteilung des öffentlichen Auftraggebers zu einer Information nach § 134 GWB und grenzt diese Information von anderen Mitteilungen des öffentlichen Auftraggebers – z. B. nach Zuschlagserteilung gemäß § 62 Abs. 2 VgV – ab.[127] Der Mindestinhalt der Vorabinformation soll ein bei der Auftragsvergabe nicht berücksichtigtes Unternehmen insgesamt in die Lage versetzen, die Vergabeentscheidung des öffentlichen Auftraggebers zu beurteilen und die Erfolgsaussichten eines etwaigen Nachprüfungsverfahrens zuverlässig abschätzen zu können. Umfang und Inhalt der Vorabinformation müssen sich an diesem Zweck orientieren, ohne dass § 134 Abs. 1 GWB hierzu über den festgelegten Mindestinhalt hinaus konkrete nähere Vorgaben macht.[128]

55 Der notwendige **Umfang** der Information, insbesondere hinsichtlich der Gründe für die Nichtberücksichtigung eines Unternehmens, hat sich vornehmlich an der „Türöffner"-Funktion der Information, effektiven Rechtsschutz zu ermöglichen, zu orientieren; sie muss also in jedem Fall eine aussagekräftige Begründung für die Nichtberücksichtigung enthalten.[129] Die Pflicht zur Vorabinformation beruht auf dem Gedanken, dass sich ein Bieter nur dann gegen einen ihn in seinen Rechten verletzenden Vergaberechtsverstoß zur Wehr setzen kann, wenn er ausreichende Informationen erhält und diese bewerten kann.[130] Hierdurch werden zugleich die vergaberechtlichen Grundsätze der Transparenz und der Diskriminierungsfreiheit verfahrensmäßig konkretisiert. Die Informationspflicht soll ihrem Inhalt nach den unterlegenen Bieter in die Lage versetzen, die Gründe seines Unterliegens nachzuvollziehen und selbst zu bewerten. Dementsprechend soll der betroffene Bieter die Möglichkeit erhalten, überprüfen zu können, ob ein Nachprüfungsverfahren sinnvoll ist. Der Bieter muss durch die Vorabinformation in die Lage versetzt werden, zu verstehen, warum sein Angebot – im Verhältnis zum Angebot des erfolgreichen Bieters – nicht den Zuschlag erhalten soll. Danach reicht es jedenfalls nicht aus, wenn der unterlegene Bieter mit Allgemeinplätzen abgefertigt wird.[131] Im Übrigen hängt der Umfang bzw. die konkrete Reichweite der Information von den Umständen des Einzelfalles ab, insbesondere von den Einzelheiten der Eignungs- und Zuschlagskriterien.[132] Allgemeingültige, für alle denkbaren Fälle erschöpfende Aussagen über den notwendigen Inhalt der Information an die Bewerber bzw. Bieter, die nach der Vorentscheidung des öffentlichen Auftraggebers nicht zum Zuge kommen sollen, können daher nicht getroffen werden. Die Antwort auf die Frage, in welchem Umfang nichtberücksichtigte Bewerber bzw. Bieter zu informieren sind, muss auch berücksichtigen, dass die Grundsätze eines fairen Wettbewerbs nicht unterlaufen werden dürfen. Unter Umständen kann es einen wettbewerbswidrigen Vorteil darstellen, wenn ein Bewerber bzw. Bieter genauere Informationen dazu erhält, weshalb sein Angebot bei einzelnen Kriterien nicht an erster Stelle liegt.[133] Bei der Bewertung, ob eine Vorabinformation ausreichende Informationen i.S.d. § 134 Abs. 1 GWB enthält, ist zudem der Verständnishorizont des jeweils unterlegenen Bewerbers bzw. Bieters als Empfänger der Mitteilung nach §§ 133, 157 BGB einzubeziehen. Die Vergabestelle darf dabei etwa die Kenntnis der veröffentlichten Wettbewerbsbedingungen, des eigenen (Neben-)Angebots sowie des

127 OLG Düsseldorf, Beschluss v. 19.3.2008 – VII-Verg 13/08.
128 Vgl. VK Bund, Beschluss v. 30.7.2013 – VK 3-61/13; siehe auch § 135 GWB Rn. 26.
129 Siehe näher Rn. 63.
130 VK Niedersachsen, Beschluss v. 1.9.2017 – VgK-25/2017.
131 VK Niedersachsen, Beschluss v. 1.9.2017 – VgK-25/2017.
132 VK Niedersachsen, Beschluss v. 1.9.2017 – VgK-25/2017.
133 VK Baden-Württemberg, Beschluss v. 29.7.2013 – 1 VK 25/13.

Verhaltens der Vergabestelle während des Vergabeverfahrens bei der Abfassung der Vorabinformation voraussetzen.[134] Die Mitteilung des Grundes/der Gründe für die Nichtberücksichtigung eines Bewerbers bzw. Bieters kann im Einzelfall auch kurz ausfallen,[135] z. B. in Form einer knappen Information in einem Standardformular.[136] § 134 GWB verlangt nicht, dass das Informationsschreiben Begründungen enthält, die dem Vergabevermerk oder der Begründung eines schriftlichen Verwaltungsakts entsprechen.[137] Es dürfen insgesamt keine übersteigerten Anforderungen an den Inhalt der Informationspflicht gestellt werden.[138] Insbesondere gewährt § 134 Abs. 1 GWB keinen umfassenden Informationsanspruch des Bewerbers bzw. Bieters. Auch müssen die etwaigen Punktzahlen der anderen Bieter nicht mitgeteilt werden.[139] Die Mitteilung der für Konkurrenzangebote vergebenen konkreten Punktzahlen ist im Hinblick auf die Wahrung berechtigter Betriebs- und Geschäftsgeheimnisse sogar ausgeschlossen, sofern eine Rückrechnung auf konkrete Angebotsbestandteile anderer Bieter möglich wäre.[140] Auch wenn die Vorabmitteilung knapp gefasst wird, muss sie aber in jedem Fall vollständige, für den Bewerber bzw. Bieter aussagekräftige, präzise und verständlich formulierte (sowie selbstverständlich wahrheitsgemäße) Informationen zu seiner Wettbewerbsposition und der Sinnhaftigkeit eines eventuellen Nachprüfungsverfahrens enthalten.

Die **Rechtsfolgen** einer nicht die Mindestbestandteile enthaltenden Information oder sonst unvollständigen oder falschen Informationen bestehen zunächst darin, dass die Wartefrist des § 134 Abs. 2 GWB überhaupt nicht zu laufen beginnt.[141] Darüber hinaus kann ein unter Verstoß gegen die Informations- und/oder Wartepflicht geschlossener Vertrag gemäß § 135 GWB Abs. 1 Nr. 1 GWB von den Nachprüfungsinstanzen als von Anfang unwirksam erachtet werden. 56

1. Name des voraussichtlich erfolgreichen Bieters

Nach § 134 Abs. 1 S. 1 GWB hat der öffentliche Auftraggeber in der Mitteilung ausdrücklich über den Namen des voraussichtlich erfolgreichen Bieters zu informieren.[142] 57

Fehlt in der Mitteilung der Name des Bieters, dessen Angebot vom öffentlichen Auftraggeber angenommen werden soll, ist ein (dennoch) abgeschlossener Vertrag nach § 135 Abs. 1 Nr. 1 GWB von Anfang an unwirksam, weil die unterlegenen Bewerber bzw. Bieter nicht ordnungsgemäß nach § 134 Abs. 1 GWB über den beabsichtigten Vertragsabschluss informiert wurden. Anders ausgedrückt: Eine Vorabinformation, die den Namen des erfolgreichen Bieters nicht nennt, setzt die Wartefrist des § 134 Abs. 2 S. 1 GWB nicht in Gang.[143] Für einen unterlegenen Bewerber bzw. Bieter erschöpft sich der Mitteilungswert des Namens des erfolgreichen Bieters nicht nur darin, dass er auf diese Weise erfährt, dass nicht er selbst, sondern ein Konkurrent den ausgeschriebenen Auftrag erhalten soll. Die beabsichtigte Zuschlagsentscheidung kann vielmehr für den unterlegenen Bewerber bzw. Bieter gerade aus Gründen, die in der Person des erfolgreichen Bieters liegen (z. B., dass dieser nicht geeignet ist), rechtsfehlerhaft sein bzw. kann er eine allgemeine Begünstigung gerade dieses Bieters befürchten.[144] Schon mit Blick auf einen wirksamen Rechtsschutz, der durch die Vorabinformation gerade ermöglicht werden soll, darf daher auf die Bekanntgabe des Namens des erfolgreichen Bieters nicht verzichtet werden. Angesichts der von der Vergabekammer auf Antrag festzustellenden 58

---

134 Vgl. VK Sachsen, Beschluss v. 13.5.2002 – 1/SVK/043-02, zu § 13 VgV a.F.
135 Vgl. OLG Schleswig, Beschluss v. 30.5.2012 – 1 Verg 2/12; VK Bund, Beschluss v. 24.6.2014 – VK 2-39/14; VK Baden-Württemberg, Beschluss v. 29.7.2013 – 1 VK 25/13.
136 VK Nordbayern, Beschluss v. 18.11.2011 – 21.VK-3194-36/11.
137 VK Baden-Württemberg, Beschluss v. 10.1.2011 – 1 VK 69/10; Beschluss v. 7.9.2010 – 1 VK 42/10.
138 Vgl. nur VK Bund, Beschluss v. 30.7.2013 – VK 3-61/13; VK Südbayern, Beschluss v. 19.1.2009 – Z3-3-3194-1-41-11/08, zu § 13 VgV a.F.
139 VK Saarland, Beschluss v. 23.5.2019 – 1 VK 02/2019.
140 VK Berlin, Beschluss v. 15.5.2020 – VK-B1-15/19.
141 Siehe Rn. 58.
142 Vgl. VK Südbayern, Beschluss v. 10.11.2003 – 49-10/03 zu § 13 VgV a.F.
143 Vgl. OLG Düsseldorf, Beschluss v. 19.3.2008 – VII-Verg 13/08, zu § 13 VgV a.F.
144 So auch *Conrad*, in: Gabriel/Krohn/Neun, Handbuch Vergaberecht, § 34 Rn. 34 m.w.N.

Unwirksamkeit eines Vertrages bei einem Verstoß gegen § 134 Abs. 1 GWB[145] bedarf es überdies aus Gründen der Rechtssicherheit einer klaren Regel, nach der eine den Anforderungen des § 134 Abs. 1 S. 1 GWB genügende Vorabinformation vorliegt, welche die Zehn- bzw. Fünfzehn-Tage-Frist in Gang setzt. Ausnahmen von diesem Erfordernis sind nicht zuzulassen, zum Beispiel auch dann nicht, wenn ein unterlegener Bewerber bzw. Bieter die Identität des erfolgreichen Konkurrenten aus anderen Quellen als der Vorabinformation erfährt.[146]

59 Daraus ergibt sich, dass der Name des erfolgreichen Bieters in der Vorabinformation so **vollständig** und **präzise** wie möglich inklusive etwaiger Firmenzusätze etc. anzugeben ist, um dessen eindeutige Identifizierung durch die unterlegenen Bewerber bzw. Bieter zu ermöglichen und Verwechselungen von vornherein auszuschließen. Eine fehlende Benennung des Rechtsformzusatzes, des Sitzes oder der Anschrift ist dann nicht schädlich, wenn die Identifizierbarkeit bereits wegen der bloßen Namensangabe gegeben ist.[147] Es ist insoweit zu berücksichtigen, dass die unterlegenen Bewerber bzw. Bieter – gerade bei weniger „medienwirksamen" Verfahren – ansonsten regelmäßig nicht die Möglichkeit haben, die Person des für den Zuschlag vorgesehenen Bieters zu erfahren. Erst die genaue Angabe des Namens des erfolgreichen Bieters in der Vorabmitteilung versetzt sie in die Lage, dessen Eignung zu reflektieren oder dessen Angebot einzuschätzen und somit Überlegungen dahingehend anzustellen, ob das für den Zuschlag vorgesehene Angebot dem Ausschreibungsgegenstand entspricht.[148]

2. Gründe für die vorgesehene Nichtberücksichtigung

60 Entgegen den Anforderungen in § 13 VgV a.F. („Grund der vorgesehenen Nichtberücksichtigung") verlangte schon § 101a Abs. 1 S. 1 GWB a.F. ausdrücklich, dass der Auftraggeber in der Vorabinformation über *„die Gründe"* der vorgesehenen Nichtberücksichtigung des Angebots eines unterlegenen Bieters informieren muss. Dabei ist es auch in der geltenden Fassung der Informationspflicht in § 134 Abs. 1 GWB geblieben.

61 Die Verwendung des Plurals („**Gründe**") geht in erster Linie zurück auf eine entsprechende Anpassung an Art. 2a Abs. 2 UAbs. 4 RL 89/665/EWG i.V.m. Art. 41 Abs. 2 RL 2014/24/EU. Nach Art. 2a Abs. 2 UAbs. 4 Spiegelstr. 1 RL 89/665/EWG ist der Mitteilung über die Zuschlagsentscheidung jedoch lediglich eine *„Zusammenfassung der einschlägigen Gründe gemäß Art. 41 Abs. 2 der Vergaberichtlinie"* beizufügen. Die von § 134 Abs. 1 S. 1 GWB geforderte Angabe der *„Gründe für die Nichtberücksichtigung"* eines Angebots bzw. der Ablehnung der Bewerbung im Falle eines Teilnahmeantrags oder einer Interessensbestätigung bedeutet damit durchaus eine Verschärfung gegenüber den gemeinschaftsrechtlichen Vorgaben.[149] Mit ihr dürfte tendenziell eine Ausweitung der Darlegungspflichten des öffentlichen Auftraggebers hinsichtlich der Gründe für die Nichtberücksichtigung eines Angebots verbunden sein. Der Wortlaut der Vorschrift (*„die Gründe"*) verpflichtet den öffentlichen Auftraggeber, sämtliche Gründe für die Nichtberücksichtigung eines Angebots bzw. der Ablehnung einer Bewerbung durch einen Teilnahmeantrag oder eine Interessensbestätigung zu nennen.[150] Die Information darf sich also nicht auf einen (maßgeblichen) Grund für die Ablehnung eines Angebots bzw. einer Bewerbung via Teilnahmeantrag oder Interessensbestätigung konzentrieren.[151] Existiert dagegen nur ein einziger Grund für die Ablehnung eines Angebots bzw. einer Bewerbung im Wege eines Teilnahmeantrags oder einer Interessensbestätigung, so ist auch nur dieser anzugeben, z. B. wenn der niedrigste Preis einziges Zuschlagskriterium war.[152]

---

145 Vgl.§ 135 Abs. 1 Nr. 1 GWB.
146 Vgl. OLG Naumburg, Beschluss v. 26.4.2004 – 1 Verg 2/04, zu § 13 VgV a.F.
147 OLG Naumburg, Beschluss v. 14.7.2017 – 7 Verg 1/17; OLG Jena, Beschluss v. 24.9.2014 – 2 Verg 3/14.
148 VK Schleswig-Holstein, Beschluss v. 14.5.2008 – VK-SH 06/08, zu § 13 VgV a.F.
149 Vgl. auch VK Bund, Beschluss v. 24.6.2014 – VK 2-39/14.
150 So z. B. auch *Höß*, in: Heuvels/Höß/Kuß/Wagner, Vergaberecht, § 134 GWB Rn. 18, sowie *Bulla/Schneider*, VergabeR 2011, 664 (666).
151 Wie das teilweise noch zu § 13 VgV a.F. vertreten wurde, vgl. VK Baden-Württemberg, Beschluss v. 13.2.2006 – 1 VK 1/06.
152 VK Rheinland, Beschluss v. 7.5.2019 – VK 12/19-B.

Fehlen in der Mitteilung **einzelne Gründe** für die Nichtberücksichtigung eines Angebots, eines Teilnahmeantrags oder einer Interessensbestätigung oder enthält sie überhaupt keinen Grund, entspricht sie nicht den Mindestanforderungen des § 134 Abs. 1 S. 1 GWB.[153] Nach anderer – angesichts des klaren Gesetzeswortlauts abzulehnender – Ansicht genügen die für das Unterliegen tragenden Gründe, soweit allein schon aus diesen Gründen das Unterliegen für sich gesehen erklärbar ist.[154] Voraussetzung für ein ordnungsgemäßes Vorabinformationsschreiben nach § 134 GWB ist, dass der darin angegebene Grund bzw. die angegebenen Gründe der Nichtberücksichtigung der Wahrheit entsprechen. Die Vergabestelle darf nicht bewusst unzutreffende Angaben über den Grund der Nichtberücksichtigung machen, etwa um den Bieter über die Aussicht eines Nachprüfungsantrages zu täuschen.[155] Die Rechtsfolgen von unvollständigen oder falschen Informationen liegen zunächst vor allem darin, dass die Wartefrist des § 134 Abs. 2 GWB überhaupt nicht zu laufen beginnt.[156] Die Unwirksamkeit eines unter Verstoß gegen die Informations- und/oder Wartepflicht geschlossenen Vertrags wird auf Antrag von der Vergabekammer gemäß § 135 Abs. 1 Nr. 1 GWB festgestellt. 62

Ein nach § 134 Abs. 1 S. 1 GWB informierter Bieter muss aufgrund der Mitteilung nachvollziehen können, welche Erwägungen für die Vergabestelle für die Nichtberücksichtigung des Angebots, des Teilnahmeantrags oder der Interessensbestätigung den Ausschlag gegeben haben. Es ist notwendig, aber auch ausreichend, dass die Gründe für die Nichtberücksichtigung so **präzise** mitgeteilt werden, dass ein Bieter die Chancen eines Nachprüfungsantrags einschätzen kann. Formelhafte Formulierungen, ohne eigentlichen Bezug zum konkreten Vergabeverfahren (*„weil Ihr Angebot nicht das wirtschaftlichste war“*), reichen regelmäßig nicht aus; es ist eine aussagekräftige Begründung zu erteilen, die auf die Umstände des Einzelfalles eingeht.[157] Hierauf wies schon die Gesetzesbegründung zu § 101a GWB a.F. ausdrücklich hin.[158] Ebenso genügt es nicht, wenn lediglich mitgeteilt wird, dass das für den Zuschlag ausersehene Angebot „besser“ in einem bestimmten Zuschlagskriterium bzw. das eigene Angebot „schlechter“ bei diesem Kriterium abgeschnitten habe bzw. wenn der Auftraggeber von zwei von ihm angenommenen Gründen einen nicht benennt und von dem anderen später Abstand nimmt.[159] Auch pauschale Begründungen, etwa *„das Fehlen der geforderten Leistungsfähigkeit“* habe zur Nichtberücksichtigung des Angebots geführt, genügen der Informationspflicht nicht. Die Information muss vielmehr auf den konkreten Inhalt des jeweiligen Angebots bezogen werden. Bei fehlender Eignung eines Bieters sind daher z. B. die Gründe anzugeben (mangelhaft qualifiziertes Personal, fehlende Sachausstattung etc.), die den öffentlichen Auftraggeber zu dem Schluss bewogen haben, dass der Bieter nicht leistungsfähig ist.[160] Die Begründung für die Ablehnung des Angebots hat auch die Komplexität des Auftrags und den damit verbundenen Aufwand für die Angebotserstellung zu berücksichtigen.[161] Sofern das Vorabinformationsschreiben nach § 134 Abs. 1 GWB wenig ausführliche Informationen erhält, sind auch die Anforderungen an die Substantiierung einer Rüge und zur Darlegung einer Rechtsverletzung im Rahmen der Antragsbefugnis abgesenkt.[162] 63

Ist der **niedrigste Preis** das alleinige Zuschlagskriterium, reicht die Mitteilung, dass das eigene Angebot nicht das wirtschaftlichste war.[163] Je nach den Umständen des Einzelfalls können ausnahmsweise auch formularmäßige Begründungen ausreichend sein.[164] Höhere Anforderungen an die Begründung gelten z. B. schon dann, wenn neben dem Preis auch **andere** 64

153 Zur Möglichkeit von Schadensersatzansprüchen in diesen Fällen siehe *Höß*, in: Heuvels/Höß/Kuß/Wagner, Vergaberecht, § 134 GWB Rn. 18.
154 VK Niedersachsen, Beschluss v. 1.9.2017 – VgK-25/2017.
155 VK Schleswig-Holstein, Beschluss v. 6.5.2015 – VK-SH 04/15.
156 Siehe Rn. 58.
157 Vgl. OLG Schleswig, Beschluss v. 30.5.2012 – 1 Verg 2/12; OLG Dresden, Beschluss v. 7.5.2010 – WVerg 0006/10; OLG Karlsruhe, Beschluss v. 29.8.2008 – 15 Verg 8/08, zu § 13 VgV a.F.
158 Vgl. Gesetzesbegründung zu § 101a Abs. 1 GWB a.F., VergRModG 2009, BT-Drs. 16/10117, 21.
159 VK Südbayern, Beschluss v. 31.1.2020 – Z3-3-3194-1-51-11/19.
160 VK Südbayern, Beschluss v. 12.7.2001 – 20-06/01, zu § 13 VgV a.F.
161 Vgl. Gesetzesbegründung zu § 101a Abs. 1 GWB a.F., VergRModG 2009, BT-Drs. 16/10117, 21.
162 VK Berlin, Beschluss v. 15.5.2020 – VK-B1-15/19.
163 VK Saarland, Beschluss v. 30.8.2010 – 1 VK 11/2010.
164 VK Baden-Württemberg, Beschluss v. 29.7.2013 – 1 VK 25/13.

Zuschlagskriterien über die Auswahl des wirtschaftlichsten Angebots entschieden haben oder eine Vielzahl von Nebenangeboten eine Rolle gespielt haben.[165] Dieser Befund ist dahingehend zu verallgemeinern, dass desto höhere Anforderungen an die Begründung der Nichtberücksichtigung zu stellen sind, je komplexer das Beschaffungsvorhaben in dem Sinne ist, dass sich dies insbesondere in der Anzahl der Zuschlagskriterien und Unterkriterien niederschlägt. Eine Vorabinformation sollte daher das eigene Ergebnis einschließlich der Unterkriterien enthalten. Die Angabe der Gesamtpunktzahl des für den Zuschlag vorgesehenen Bieters und der Zwischenergebnisse in den Unterkriterien ist demgegenüber nicht erforderlich.[166] Nach § 134 GWB reicht es aus, wenn der öffentliche Auftraggeber in dem Informationsschreiben Bezug auf sämtliche Wertungskriterien nimmt und darauf verweist, dass ein Unternehmen in allen Punkten schlechtere **Wertungsergebnisse** als das für den Zuschlag ausersehene Unternehmen erzielt hat – weiter ins Detail gehen muss die Begründung der Wertungsentscheidung nicht.[167] Dies gilt insbesondere, wenn sich aus der Begründung in Zusammenschau mit den Wertungskriterien und der Bewertungsmatrix nachvollziehbar und unmissverständlich ergibt, dass das Angebot des für den Zuschlag vorgesehenen Bieters z. B. teurer war oder in qualitativer Hinsicht schlechter bewertet wurde, in den Vergabeunterlagen Leistungskategorien vorgegeben sind und die Wertung das Ergebnis eines mathematischen Prozesses ist. Bei der Bewertung von inhaltlichen Konzepten im Rahmen qualitativer Zuschlagskriterien kann im Einzelfall eine konkretere Darlegung der Gründe geboten sein.[168] Es ist ebenso zulässig, dass der öffentliche Auftraggeber die Information an einen nichtberücksichtigten Bieter, er habe nicht das wirtschaftlichste Angebot abgegeben, dadurch illustriert, dass er diesem Bieter das Ergebnis derjenigen Wertungskriterien mitteilt, in denen das fragliche Angebot einen besonders hohen (z. B. qualitativen) Abstand zu dem erfolgreichen Bieter aufweist.[169]

65 Eine **Grenze** der Begründungspflicht dürfte erreicht sein, wenn der öffentliche Auftraggeber die Anforderungen an die Information nicht mehr mit vernünftigem Aufwand erfüllen kann.[170] In diese Richtung deutet auch die Gesetzesbegründung zu § 101a GWB a.F., nach der eine „Durchplatzierung" der Angebote zu einem unverhältnismäßigen bürokratischen Aufwand für den öffentlichen Auftraggeber führen würde.[171]

66 Vor dem Hintergrund des **Geheimwettbewerbs** verbieten sich Informationen, mit denen die unterlegenen Bieter über Einzelheiten des Konkurrenzangebots informiert werden sollen.[172] Betriebs- und Geschäftsgeheimnisse sind zu wahren. Das gilt namentlich für die Mitteilung des Angebotspreises.[173] Informationen aus einem Vergabeverfahren, die den unterlegenen Mitbewerbern nach § 134 GWB mitzuteilen sind, können jedoch nicht vom Geheimhaltungsinteresse des Auftraggebers erfasst sein.[174]

3. Frühester Zeitpunkt des Vertragsschlusses

67 Der öffentliche Auftraggeber muss in der Vorabinformation (wie schon nach § 101a GWB a.F.) auch über den frühesten Zeitpunkt des Vertragsschlusses informieren. Diese Änderung geht auf die novellierte RL 89/665/EWG zurück.[175] Diese Angabe gehört zum Mindestinhalt der Vorabinformation.

68 Der **früheste Zeitpunkt** des Vertragsschlusses in diesem Sinne tritt unmittelbar dann ein, wenn die Zehn- bzw. Fünfzehn-Tage-Frist nach § 134 Abs. 2 S. 1 GWB[176] endet. Damit ist in

---

165 VK Thüringen, Beschluss v. 12.1.2009 – 250-4003.20-6372/2008-007-IK, zu § 13 VgV a.F.
166 So aber *Braun*, in: Ziekow/Völlink, Vergaberecht, § 134 GWB Rn. 88.
167 OLG Dresden, Beschluss v. 7.5.2010 – WVerg 0006/10; VK Thüringen, Beschluss v. 2.6.2017 – 250-4003-4358/2017-E-006-GRZ.
168 VK Bund, Beschluss v. 29.10.2021 – VK 2-109/21.
169 Vgl. VK Bund, Beschluss v. 24.6.2014 – VK 2-39/14.
170 Vgl. OLG Düsseldorf, Beschluss v. 6.8.2001 – VII-Verg 28/01, zu § 13 VgV a.F.
171 Vgl. Gesetzesbegründung zu § 101a Abs. 1 GWB a.F., VergRModG 2009, BT-Drs. 16/10117, 41.
172 VK Sachsen, Beschluss v. 30.8.2011 – 1/SVK/028-11.
173 *Conrad*, in: Gabriel/Krohn/Neun, Handbuch Vergaberecht, § 34 Rn. 39.
174 Vgl. LAG Köln, Urteil v. 11.4.2011 – 5 Sa 1388/10.
175 Siehe hierzu Rn. 5.
176 Zur Fristberechnung siehe Rn. 80 ff.

der Vorabinformation – jedenfalls grundsätzlich[177] – für den frühesten Zeitpunkt des Vertragsschlusses der Tag anzugeben, der auf den Tag folgt, an dem die Wartefrist nach § 134 Abs. 2 S. 1 und 2 GWB abläuft.[178] Die Angabe eines konkreten Zuschlagsdatums ist erforderlich. Ein Verweis auf § 134 GWB und die Berechnung nach § 134 GWB ist nicht ausreichend.[179] Ein bestehendes Zuschlagsverbot ist zu berücksichtigen.[180]

Informiert der öffentliche Auftraggeber in der Mitteilung **nicht** über den frühesten Zeitpunkt 69
des Vertragsschlusses, beginnt die Wartefrist des § 134 Abs. 2 GWB nicht zu laufen.[181] Überdies kann die Unwirksamkeit eines unter Verstoß gegen die Informations- und/oder Wartepflicht geschlossenen Vertrags gemäß § 135 Abs. 1 Nr. 1 GWB von den Nachprüfungsinstanzen in einem Nachprüfungsverfahren festgestellt werden.[182] Das gilt auch dann, wenn der öffentliche Auftraggeber eine von den gesetzlichen Fristen des § 134 Abs. 1 GWB abweichende Angabe macht. Gibt der öffentliche Auftraggeber eine **zu kurze Frist** in der Information an,[183] bleibt ihm nur, die Information erneut mit der zutreffenden längeren Frist zu versenden. Es ist dem öffentlichen Auftraggeber verwehrt, in der Information einen angeblich beabsichtigten späteren Zuschlagstermin zu nennen, um dann den Zuschlag unmittelbar nach Ablauf der Wartefrist zu erteilen. Gibt der öffentliche Auftraggeber eine **längere Frist** an, so muss er sich daran halten[184] oder eine neue Information mit der zutreffenden kürzeren Frist versenden. Dies ergibt sich aus dem eindeutigen Wortlaut des § 134 Abs. 1 S. 1 GWB, wonach ausdrücklich der *„früheste"* Zeitpunkt des Vertragsschlusses zu nennen ist.[185]

4. Fakultativer Inhalt

Was den Inhalt der Vorabinformation im Übrigen anbelangt, ist es dem öffentlichen Auftrag- 70
geber über die in § 134 GWB genannten Mindestanforderungen hinaus freigestellt, den Bewerbern bzw. Bietern in der Mitteilung auch andere nützliche Informationen an die Hand zu geben. So können bei umfangreichen Verhandlungsverfahren einzelne Etappen und der Gang des Verfahrens insgesamt zusammengefasst werden.[186]

In der Praxis hat sich etwa gezeigt, dass die Angabe der **Platzierung** des jeweiligen Angebots 71
hilfreich sein kann. Denn aus der Angabe der Platzierung kann das betroffene Unternehmen Rückschlüsse auf die Erfolgsaussichten eines Nachprüfungsantrags ziehen. Nachprüfungsanträge von Bietern, die wegen schlechter Platzierung ihres Angebots im Wettbewerb ohnehin keine Chance auf einen Zuschlag haben, können wegen der fehlenden Antragsbefugnis[187] unzulässig sein, sodass die Angabe der Platzierung einen unterlegenen Bieter von vornherein von der Einleitung eines Nachprüfungsverfahrens abhalten kann. Aus der Platzierung kann der Bieter unter Umständen auch erkennen, ob sein Angebot bei einer Wiederholung der Wertung oder des Vergabeverfahrens überhaupt eine Chance hätte. Auf diese Weise werden bei der Auftragsvergabe unterlegene Unternehmen vor Kosten von Nachprüfungsverfahren geschützt, die sie in Kenntnis ihrer Platzierung gar nicht erst angestrengt hätten. Auf diese Gesichtspunkte hat der Bundesrat im Gesetzgebungsverfahren für das VergRModG 2009[188] ausdrücklich hingewiesen: Es verstoße gegen den Grundsatz der Transparenz und Gleichbehandlung, wenn Bieter nicht mit der Vorabinformation nach § 101a GWB-E a.F., sondern erst-

---

177 Bei einer aufgrund von Feiertagen tatsächlich eintretenden rechtsmissbräuchlichen Verkürzung der Stillhaltefrist (im konkreten Fall auf drei Tage) können Ausnahmen gelten, vgl. OLG Düsseldorf, Beschluss v. 5.11.2014 – VII-Verg 20/14.

178 So auch *Höß*, in: Heuvels/Höß/Kuß/Wagner, Vergaberecht, § 134 GWB Rn. 22; vgl. aber VK Bund, Beschluss v. 7.7.2015 – VK 2-49/15, wonach keine Verpflichtung des Auftraggebers besteht, den Zuschlag unmittelbar nach Ablauf der Wartefrist zu erteilen.

179 VK Nordbayern, Beschluss v. 19.9.2019 – RMF-SG21-3194-4-42.

180 VK Niedersachsen, Beschluss v. 16.9.2011 – VgK 35/2011.

181 Siehe Rn. 56.

182 OLG Düsseldorf, Beschluss v. 12.6.2019 – VII-Verg 54/18; Beschluss v. 4.12.2013 – VII-Verg 52/12 m.w.N.

183 VK Bund, Beschluss v. 7.7.2015 – VK 2-49/15.

184 OLG Düsseldorf, Beschluss v. 12.6.2019 – VII-Verg 54/18; VK Bund, Beschluss v. 7.7.2015 – VK 2-49/15.

185 So auf den Vertrauensschutz abstellend *Höß*, in: Heuvels/Höß/Kuß/Wagner, Vergaberecht, § 134 GWB Rn. 24.

186 Vgl. z. B. *Willenbruch*, NZBau 2003, 422 (425).

187 OLG Saarbrücken, Beschluss v. 6.4.2005 – 1 Verg 1/05; OLG Jena, Beschluss v. 15.7.2003 – 6 Verg 7/03.

188 Vgl. Stellungnahme des Bundesrates, VergRModG 2009, BR-Drs. 349/08 (B), 9.

malig durch die Prüfung der Vergabekammer in Gestattungsverfahren nach dem (damaligen) § 115 Abs. 2 S. 2 GWB-E – wie das die Bundesregierung in ihrem Gesetzesentwurf zunächst beabsichtigt hatte – erfahren, an welcher Stelle ihr Angebot liege. Dies treibe einen Bieter ohne Not ins Nachprüfungsverfahren und verlängere damit das Vergabeverfahren. Mit dem Blick auf die ansonsten drohende Rechtsfolge der Unwirksamkeit eines Vertrages nach § 101b GWB a.F. hatte die Bundesregierung schon in ihrem Gesetzesentwurf von einer Angabe der Platzierung der jeweiligen Angebote der Unternehmen abgesehen.[189] Bei dieser Auffassung blieb sie, so dass die Angabe der Platzierung zwar zweckmäßig sein kann, jedoch nicht verpflichtend.[190]

IV. Form und Frist

72 Der öffentliche Auftraggeber muss die betroffenen Bewerber und Bieter nach § 134 Abs. 1 S. 1 GWB in **Textform** über die bevorstehende Zuschlagsentscheidung informieren.[191] Nach § 126b BGB ist für die Textform eine lesbare Erklärung, in der die Person des Erklärenden genannt ist, die auf einem dauerhaften Datenträger abgegeben wird, erforderlich. Ein dauerhafter Datenträger ist jedes Medium, das erstens es dem Empfänger ermöglicht, eine auf dem Datenträger befindliche, an ihn persönlich gerichtete Erklärung so aufzubewahren oder zu speichern, dass sie ihm während eines für ihren Zweck angemessenen Zeitraums zugänglich ist, und zweitens geeignet ist, die Erklärung unverändert wiederzugeben. Textform wird durch jede lesbare Form, sofern die dauerhafte Wiedergabe in Schriftzeichen gewährleistet ist und die Person des Erklärenden genannt wird, gewahrt. Die Vorabinformation kann demnach als Telefax oder E-Mail etc. versandt werden. Schriftform im Sinne von § 126 BGB oder elektronische Form im Sinne von § 126a BGB sind nicht erforderlich, erfüllen die Mindestanforderungen der Textform aber ohne weiteres. Mündliche oder telefonische Mitteilungen sind nicht ausreichend und führen zur Unwirksamkeit des Vertrages gemäß § 135 Abs. 1 Nr. 1 GWB.[192] Auch die Verbreitung der Information über die Auftragserteilung auf der Internetseite des öffentlichen Auftraggebers bzw. die Veröffentlichung im Amtsblatt der Europäischen Union kann eine Information nach § 134 GWB nicht adäquat ersetzen.[193]

73 Wenn ein Bewerber bzw. Bieter schon unmissverständlich, eindeutig und abschließend mündlich informiert wird und er diese mündliche Information so ernst nimmt, dass er den vermeintlichen Vergabefehler formgerecht **rügt**, soll die Textform nicht mehr erforderlich sein, um den Rechtsschutz des Bewerbers bzw. Bieters sicherzustellen. Der unzureichend informierte Bewerber bzw. Bieter soll in diesen Fällen auch ohne die Unwirksamkeitsfolge des § 135 Abs. 1 Nr. 1 GWB ausreichend gesichert sein, da er bei rechtzeitiger Rüge einen Nachprüfungsantrag mit dem Ziel stellen könne, die Vergabestelle zu verpflichten, ihm eine schriftliche Begründung zu erteilen.[194] Diese Rechtsprechung ist aber angesichts des Zusammenhangs zwischen § 134 GWB und der Rechtsfolge der Vertragsunwirksamkeit nach § 135 GWB zumindest mit Vorsicht zu genießen. Hinzu kommt, dass die Vorschrift ausdrücklich die „Textform" vorgibt und den Beginn der Wartefrist explizit an die „Absendung" der Information anknüpft. Eine mündliche Mitteilung kann daher die Wartefrist nicht in Gang setzen.[195] Sie ist auch wegen der Beweislast des öffentlichen Auftraggebers für die Absendung der Information nicht zu empfehlen.[196] Öffentliche Auftraggeber sollten, schon um jeden Zweifel an der Gültigkeit des geschlossenen Vertrages zu vermeiden, der Informationspflicht des § 134 GWB stets – und daher auch in den Konstellationen einer vorherigen mündlichen Information – nachkommen.

---

189 Vgl. Gesetzesbegründung zu § 101a Abs. 1 GWB, VergRModG 2009, BT-Drs. 16/10117, 21.
190 So auch VK Berlin, Beschluss v. 15.5.2020 – VK-B1-15/19.
191 So bereits nach § 13 VgV a.F. und § 101a GWB a.F.
192 Siehe § 135 GWB Rn. 27.
193 EuGH, Urteil v. 28.1.2010 – Rs. C-456/08; VK Bund, Beschluss v. 2.9.2013 – VK 2-74/13.
194 OLG Schleswig, Beschluss v. 28.11.2005 – 6 Verg 7/05.
195 Siehe § 135 Rn. 27; siehe z. B. *Höß*, in: Heuvels/Höß/Kuß/Wagner, Vergaberecht, § 134 GWB Rn. 34.
196 Vgl. Rn. 81.

74 Bei der Informationsversendung per **Fax** stellt der „OK-Vermerk" zwar weder einen vollen Beweis noch einen Anscheinsbeweis des Zugangs dar. Durch ihn werden dem Bewerber bzw. Bieter aber höhere Anforderungen an das substanziierte Bestreiten auferlegt.[197] Nach gegenwärtigem Stand ist offen, ob das bloße Freischalten der Information auf einer **Vergabeplattform** genügt.[198] Angesichts dieser Rechtsunsicherheit ist den öffentlichen Auftraggebern zu empfehlen, die Information (zusätzlich) per E-Mail[199] oder per Fax gegen eine von den Bewerbern bzw. Bietern unverzüglich zu unterschreibende Empfangsbestätigung zu versenden. Diese Empfangsbestätigung sollte vorformuliert am Ende der Information aufgeführt werden.

75 Wie bereits § 101a Abs. 1 S. 1 GWB a.F. enthält auch § 134 Abs. 1 S. 1 GWB eine Fristbestimmung, die als Ausdruck des Beschleunigungsgrundsatzes zu verstehen ist. Hiernach muss der öffentliche Auftraggeber die betroffenen Bewerber und Bieter „**unverzüglich**", also gemäß der Legaldefinition des Begriffs in § 121 BGB ohne schuldhaftes Zögern, d.h. sobald es ihm nach der Entscheidungsfindung über den Zuschlag möglich und zumutbar ist, informieren. Da der öffentliche Auftraggeber alle wesentlichen Entscheidungen des Vergabeverfahrens – und insbesondere die Zuschlagsentscheidung – selbst zu treffen hat, kommt es insoweit nicht auf einen Vergabevorschlag eines Beraters an. Entscheidend ist vielmehr der abgeschlossene Entscheidungsprozess beim öffentlichen Auftraggeber selbst – unter vorheriger Einbeziehung der zuständigen Gremien. Ein Verstoß gegen die Unverzüglichkeit der Information in diesem Sinne führt jedoch nicht zur Unwirksamkeit des Vertrages gemäß § 135 Abs. 1 Nr. 1 GWB.[200] Insofern ist die Verpflichtung zur unverzüglichen Information hier eher als Zielsetzung anzusehen.

V. Wartepflicht (Abs. 2)

76 Nach § 134 Abs. 2 S. 3 GWB darf ein Vertrag erst fünfzehn Kalendertage nach Absendung der Information über die bevorstehende Zuschlagserteilung geschlossen werden. Bei der Versendung der Information per Fax oder auf elektronischem Weg gewährt § 134 Abs. 2 S. 2 GWB eine Verkürzung der Frist von fünfzehn auf zehn Kalendertage.

77 Die sog. Stillhalte- oder Wartefrist dient der **Rechtssicherheit** insgesamt, nicht nur dem Schutz der Bewerber und Bieter,[201] sondern auch den Interessen der Vergabestelle, die davon ausgehen darf, dass nach Ablauf der Frist einer Zuschlagserteilung nichts mehr im Wege steht.[202] Für diesen Schutzzweck zugunsten des öffentlichen Auftraggebers spricht auch der Umstand, dass es nach dem Willen des Gesetzgebers für den Fristbeginn nicht auf den Zeitpunkt des Zugangs des Informationsschreibens beim Bewerber bzw. Bieter, sondern auf dessen Absendung ankomme.[203]

78 Bei der Wartefrist nach § 134 GWB handelt es sich nicht um eine vom Antragsteller einzuhaltende **Rechtsmittelfrist**. Um Rechtsschutz zu erlangen, ist der Nachprüfungsantrag so rechtzeitig einzureichen, dass noch während der Wartefrist die Information über den Nachprüfungsantrag an den Antragsgegner (öffentlichen Auftraggeber) durch die Vergabekammer bewirkt werden kann, sodass das Zuschlagsverbot des § 169 Abs. 1 GWB eingreift. Bis zur Zuschlagserteilung nach Ablauf der Wartefrist kann der Antragsteller durch einen Nachprüfungsantrag einen Vertragsschluss verhindern. So muss er die Zurückweisung seiner Rüge durch den öffentlichen Auftraggeber nicht abwarten, sondern kann den Nachprüfungsantrag schon kurzfristig nach Eingang des Rügeschreibens beim öffentlichen Auftraggeber einrei-

197 OLG Jena, Beschluss v. 9.9.2002 – 6 Verg 4/02.
198 Vgl. einerseits VK Saarland, Beschluss v. 22.3.2021 – 1 VK 06/2020 sowie VK Sachsen, Beschluss v. 28.7.2021 – 1/SVK/043-20; zuvor andererseits VK Südbayern, Beschluss v. 29.3.2019 – Z3-3-3194-1-07-03/19; die Entscheidungen der VK Sachsen sowie der VK Südbayern betrafen jeweils unterschiedliche technische Lösungen; wegen der näheren Einzelheiten siehe auch Rn. 81.
199 Vgl. hierzu etwa VK Bund, Beschluss v. 3.2.2014 – VK 2-1/14.
200 Siehe § 135 Rn. 28.
201 Vgl. Erwägungsgrund 6 und Art. 2a Abs. 1 RL 89/665/EWG.
202 OLG Naumburg, Beschluss v. 25.1.2005 – 1 Verg 22/04, zu § 13 VgV a.F.
203 OLG Naumburg, Beschluss v. 25.1.2005 – 1 Verg 22/04, zu § 13 VgV a.F.

chen.[204] Die Fristen für eine Rüge nach § 160 GWB sind unabhängig von § 134 GWB zu betrachten.[205] Ab Zugang des Informationsschreibens nach § 134 GWB wird dem Bewerber bzw. Bieter keine weitere Überlegensfrist hinsichtlich der Erforderlichkeit einer Rüge zugebilligt.[206] Aus § 134 Abs. 2 GWB ergibt sich, wie lange der öffentliche Auftraggeber mindestens warten muss, bis er den Zuschlag erteilen darf. § 160 Abs. 3 S. 1 Nr. 1 GWB ist zu entnehmen, wann die Rügefrist beginnt (wenn der Antragsteller den geltend gemachten Vergabeverstoß erkennt oder sich einem Erkennen schuldhaft verschlossen hat). Dies ergibt sich aus der Bezugnahme auf die Regelung des § 134 GWB in § 160 Abs. 3 S. 1 Nr. 1 GWB.[207] Rügt ein Bewerber oder Bieter nach Erhalt der Vorabinformation einen vermeintlichen Vergaberechtsverstoß und erhält er noch während der Wartefrist des § 134 Abs. 2 GWB eine Nichtabhilfe-Mitteilung i.S.d. § 160 Abs. 3 S. 1 Nr. 4 GWB, so hat dieser Umstand keinen Einfluss auf die Wartefrist nach § 134 Abs. 1 S. 3 und 4 GWB. Der in § 160 Abs. 3 S. 1 Nr. 4 GWB geregelte Zeitraum der Fünfzehn-Tage-Frist nach Nichtabhilfemitteilung ist nicht als stets zu gewährende Mindestfrist zu verstehen. Maßgeblich für den rechtlich zulässigen frühesten Zeitpunkt der Zuschlagserteilung mit der Rechtsfolge des § 168 Abs. 2 S. 1 GWB[208] bleibt allein der Ablauf der Wartefrist nach § 134 Abs. 2 GWB.

79 Eine bloße Absichtserklärung des öffentlichen Auftraggebers, den Zuschlag **zu einem späteren Zeitpunkt** als unmittelbar nach Ablauf der Wartefrist zu erteilen, kann die gesetzliche Wartefrist nicht verlängern.[209] Das wurde bereits durch die Neufassung der Informationspflicht in § 101a Abs. 1 S. 1 GWB a.F. und der demnach zwingend mitzuteilenden Angabe über den „frühesten Zeitpunkt des Vertragsschlusses" bekräftigt.[210] In der Praxis treten Konstellationen auf, in denen der öffentliche Auftraggeber den frühesten Zeitpunkt des Vertragsschlusses zunächst rechtskonform in der Vorabinformation mitteilt, dann aber, zum Beispiel um eine Bieterrüge angemessen prüfen und beantworten zu können, beabsichtigt, den Zuschlag zu einem späteren Zeitpunkt als dem ursprünglich mitgeteilten zu erteilen. In diesen Fällen sichern öffentliche Auftraggeber dem Rügenden häufig zu, dass der Zuschlag erst nach Beantwortung der Rüge und einem angemessenen Zeitraum für die Prüfung der Rügeantwort erteilt werde. Die verbindliche Zusage des öffentlichen Auftraggebers, den Vertrag zu einem späteren Zeitpunkt als dem frühestmöglichen zu schließen, setzt einen entsprechenden Rechtsschein und der öffentliche Auftraggeber ist an diesen Vertrauenstatbestand gebunden.[211] Eine – insbesondere einvernehmlich mit den Bewerbern bzw. Bietern vereinbarte – **Verkürzung** der Frist ist dagegen nicht möglich.[212]

1. Fristbeginn (S. 3)

80 Die Wartefrist von fünfzehn bzw. zehn Kalendertagen beginnt – ein Einzelfall im deutschen Recht – mit dem Tag nach Absendung der Information durch den öffentlichen Auftraggeber. Für den Fristbeginn kommt es also auf den Tag des Zugangs der Information nicht an. Dieser gesetzgeberischen Entscheidung liegen praktische Erwägungen zugrunde. Wäre der Tag des Zugangs für den Fristbeginn maßgeblich, würde der öffentliche Auftraggeber, der gegebenenfalls mehrere Vergabeverfahren mit zahlreichen Bewerbern bzw. Bietern betreuen muss, vor die unlösbare Aufgabe gestellt, die Frist für jeden einzelnen Bewerber bzw. Bieter gesondert zu berechnen und zu berücksichtigen. Den Unternehmen (auch den ausländischen) lässt diese Regelung ausreichend Zeit, sich mit der vorgesehenen Vergabeentscheidung, so wie sie sich aus der Information ergibt, zu befassen, hierin einen Vergaberechtsverstoß zu erkennen und rechtzeitig vor Ablauf der Wartefrist die Vergabekammer anzurufen bzw. angesichts der

---

204 Vgl. OLG Düsseldorf, Beschluss v. 14.5.2008 – VII-Verg 11/08, zu § 13 VgV a.F.
205 VK Sachsen-Anhalt, Beschluss v. 4.5.2020 – 1 VK LSA 01/20.
206 VK Sachsen-Anhalt, Beschluss v. 4.5.2020 – 1 VK LSA 01/20.
207 VK Sachsen-Anhalt, Beschluss v. 4.5.2020 – 1 VK LSA 01/20.
208 Nach § 168 Abs. 2 S. 1 GWB kann ein wirksam erteilter Zuschlag nicht aufgehoben werden.
209 OLG Düsseldorf, Beschluss v. 23.5.2007 – VII-Verg 14/07 m.w.N.
210 Siehe Rn. 69.
211 Vgl. VK Bund, Beschluss v. 27.9.2002 – VK 1-63/02; Beschluss v. 16.7.2002 – VK 2-50/02, jeweils zu § 13 VgV a.F.; *Dreher/Hoffmann*, in: Burgi/Dreher, Vergaberecht, § 134 GWB Rn. 74.
212 Vgl. *Dreher/Hoffmann*, in: Burgi/Dreher, Vergaberecht, § 134 GWB Rn. 74.

diese treffenden Pflicht zur Beschleunigung des Verfahrens (§ 167 Abs. 1 GWB) eine Information des Auftraggebers über den Nachprüfungsantrag so rechtzeitig zu erreichen, dass das Zuschlagsverbot nach § 169 Abs. 1 GWB greift.[213]

Abgesendet ist die Information, wenn sich der öffentliche Auftraggeber der Vorabinformation an die betroffenen Unternehmen „entäußert" hat, sie also aus seinem Herrschaftsbereich so herausgegeben hat, dass sie bei bestimmungsgemäßem weiteren Verlauf der Dinge die Unternehmen erreichen, deren Angebote oder Teilnahmeanträge nicht berücksichtigt werden sollen.[214] Die Übergabe an die hauseigene Poststelle stellt noch keine Absendung im Sinne der Vorschrift dar, die Übergabe an einen Boten bzw. den Postdienstleister jedoch sehr wohl. Wird die Information per E-Mail versandt, bedarf es für das Absenden der Übermittlung an den Postausgangsserver.[215] Die Ablage im Postausgang genügt nicht, wenn noch eine Handlung des öffentlichen Auftraggebers zur Übermittlung notwendig ist.[216] Den öffentlichen Auftraggeber trifft die Beweislast dafür, dass die Information tatsächlich und ordnungsgemäß abgesendet wurde.[217] Auch bei nachweisbar erfolgter Versendung der Information wird man einem Unternehmen jedoch keinen Verstoß gegen die Rügepflicht nach § 160 Abs. 3 GWB anlasten können, wenn es – von der Vergabestelle nicht widerlegbar – behauptet, die Information nicht oder zu einem späteren Zeitpunkt bekommen zu haben.[218] 81

Bei Information an Unternehmen, die ihren Sitz im **Ausland** haben, ist die Übermittlungsform zu wählen, die einen möglichst gleichzeitigen Zugang ermöglicht,[219] also z. B. eine Zustellung per Fax oder E-Mail.[220] 82

Nutzt der öffentliche Auftraggeber **verschiedene Kommunikationsmittel** gleichzeitig, um die Information am gleichen Tag zu übersenden, ist aus Gründen der Rechtssicherheit und des Schutzes der Bewerber und Bieter davon auszugehen, dass die längere Wartefrist gilt.[221] Schließlich hat es der öffentliche Auftraggeber selbst in der Hand, welchen Übertragungsweg er wählt bzw. welche Wartefrist gelten soll. Wird die inhaltsgleiche Information an ein Unternehmen an verschiedenen Tagen mit mehreren unterschiedlichen Kommunikationsmitteln versendet, was aus Gründen der Gleichbehandlung möglichst vermieden werden sollte, gilt aus Gründen der Rechtssicherheit die Wartefrist, die durch das zuerst gewählte Kommunikationsmittel ausgelöst wird, so dass es bei einer Wartefrist von zehn Kalendertagen bleibt, wenn die Information „vorab" per Fax und tags darauf per Einschreiben verschickt wird.[222] 83

Die Information muss tatsächlich **zugegangen** sein. Der fehlende Zugang führt dazu, dass schon keine ordnungsgemäße Information vorliegt, welche die Frist in Gang setzen würde.[223] Ohne tatsächlichen Zugang kann die Information ihren Zweck, den betroffenen Bewerbern und Bietern effektiven Rechtsschutz zu ermöglichen, von vorneherein nicht erfüllen. 84

Die Wartefrist wird nur durch eine Information des öffentlichen Auftraggebers in Gang gesetzt, die dem gesetzlich festgelegten **Mindestinhalt**[224] entspricht. Eine Information ohne den gesetzlich vorgesehenen Mindestinhalt kann die Wartefrist erst gar nicht in Gang setzen. Denn ansonsten wäre das Ziel der Informationspflicht, effektiven Rechtschutz zu ermöglichen, in Frage gestellt. Dies betrifft z. B. Fälle, in denen der Name des Unternehmens, dessen Ange- 85

213 BGH, Urteil v. 9.2.2004 – X ZB 44/03, zu § 13 VgV a.F.
214 BGH, Urteil v. 9.2.2004 – X ZB 44/03; vgl. auch VK Sachsen, Beschluss v. 28.7.2021 – 1/SVK/043-20; VK Saarland, Beschluss v. 22.3.2021 – 1 VK 06/2020 und Rn. 74.
215 *Dreher/Hoffmann*, in: Dreher/Burgi, Vergaberecht, § 134 GWB Rn. 76.
216 VK Sachsen, Beschluss v. 28.7.2021 – 1/SVK/043-20.
217 OLG Düsseldorf, Beschluss v. 12.6.2019 – VII-Verg 54/18.
218 OLG München, Beschluss v. 23.6.2009 – Verg 8/09; VK Südbayern, Beschluss v. 6.5.2009 – Z3-3-3194-1-14-04/09.
219 *Kühnen*, in: Byok/Jaeger, Vergaberecht, 2. Auflage, § 13 VgV Rn. 1584.
220 *Dreher/Hoffmann*, in: Burgi/Dreher, Vergaberecht, § 134 GWB Rn. 70.
221 So zutreffend *Höß*, in: Heuvels/Höß/Kuß/Wagner, Vergaberecht, § 134 GWB Rn. 59; *Dreher/Hoffmann*, NZBau 2009, 216, (218).
222 *Höß*, in: Heuvels/Höß/Kuß/Wagner, Vergaberecht, § 134 GWB Rn. 60; a.A. *Dreher/Hoffmann*, NZBau 2009, 216 (218).
223 *Dreher/Hoffmann*, in: Burgi/Dreher, Vergaberecht, § 134 GWB Rn. 79.
224 Siehe dazu Rn. 53 ff.

bot angenommen werden soll, nicht genannt wird,[225] die Information nicht der gesetzlich vorgesehenen Textform entspricht[226] oder das Schreiben keine oder eine kürzer als die gesetzliche Frist bis zum frühesten Zeitpunkt des Vertragsschlusses nennt.[227]

86 Der Fristbeginn kann auch auf einem **Feiertag** liegen, § 193 BGB ist nicht einschlägig.[228]

2. Fristende

87 Die Frist endet fünfzehn Kalendertage nach Absendung der Information und damit mit Ablauf des fünfzehnten Kalendertages. Dies ergibt sich bereits aus dem Wortlaut des § 134 Abs. 2 GWB.[229] Eines Rückgriffs auf § 188 Abs. 1 BGB, nach dem eine nach Tagen bestimmte Frist mit dem vollständigen Ablauf des letzten Tages der Frist endet, bedarf es daher nicht. Der öffentliche Auftraggeber darf den Zuschlag also – je nach Übermittlungsweg – mit Beginn des elften bzw. sechzehnten Kalendertages nach erfolgter Absendung erteilen.

88 § 193 BGB ist für die Wartefrist nicht einschlägig, sodass der Begriff „**Kalendertag**" alle Tage des Kalenders erfasst, und zwar unabhängig davon, ob es sich um Werktage oder Feiertage, Sonnabende und Sonntage handelt. Dies gilt zumindest dann, wenn einzelne Wochenend- und Feiertage in den Lauf der Wartefrist fallen.[230] Der letzte Tag der Frist kann damit auch auf einen Feiertag, Sonnabend oder Sonntag fallen.[231] Wird die Information z. B. am 10. Dezember abgesendet, beginnt die Fünfzehn-Tages-Frist am 11. Dezember, 0:00 Uhr, und endet am 25. Dezember, 24:00 Uhr.[232]

3. Rechtsfolgen des Fristablaufs

89 Der Ablauf der Frist selbst bewirkt unmittelbar keine Beendigung des Vergabeverfahrens oder ein Ausscheiden der betroffenen Bieter aus diesem Verfahren. Er bewirkt nur, dass der öffentliche Auftraggeber jederzeit die von ihm beabsichtigte Vergabeentscheidung treffen kann und dass rügewillige Bewerber bzw. Bieter mit der Gefahr rechnen müssen, dass ein zulässiges Nachprüfungsverfahren nicht mehr eingeleitet werden kann, wenn der öffentliche Auftraggeber von den ihm durch den Fristablauf eröffneten Möglichkeiten zur Zuschlagserteilung rechtzeitig Gebrauch gemacht hat.[233]

90 Eine **Rüge** nach § 160 Abs. 3 GWB hat keine aufschiebende Wirkung, sie führt also weder zur Hemmung, Unterbrechung oder Verlängerung der Wartefrist.[234] Das Gleiche gilt grundsätzlich für eine **Nichtabhilfe-Mitteilung** des öffentlichen Auftraggebers i.S.d. § 160 Abs. 3 S. 1 Nr. 4 GWB. Enthält die Nichtabhilfe-Mitteilung aber im Vergleich zur Vorabinformation nach § 134 Abs. 1 S. 1 GWB neue Gründe, macht dies die ursprüngliche Vorabinformation gegenstandslos, denn § 134 Abs. 1 S. 1 GWB verlangt eine vollständige Aufzählung aller Gründe für die Nichtberücksichtigung eines Bewerbers bzw. Bieters.[235] Wird die in der Vorabinformation gegebene Begründung für die Nichtberücksichtigung eines Angebots daher später ergänzt, liegt hierin die Korrektur einer fehlerhaften Vorabinformation, sodass der Lauf der Fünfzehn- bzw. Zehn-Tage-Frist neu in Gang gesetzt wird.[236]

---

225 Siehe dazu Rn. 57 ff.; OLG Düsseldorf, Beschluss v. 19.3.2008 – VII-Verg 13/08.
226 Siehe dazu Rn. 72 ff.
227 OLG Düsseldorf, Beschluss v. 12.6.2019 – VII-Verg 54/18.
228 Vgl. *Höß*, in: Heuvels/Höß/Kuß/Wagner, Vergaberecht, § 134 GWB Rn. 58.
229 Die Auslegungsregeln in Art. 3 Abs. 4 VO (EWG, Euratom) 1182/71 sind hier nicht anwendbar, da sie für Fristen gelten, innerhalb derer eine bestimmte Handlung oder Willenserklärung vorgenommen werden kann oder muss, vgl. *Weyand*, Vergaberecht, § 101a GWB Rn. 153.
230 OLG Rostock, Beschluss v. 7.11.2018 – 17 Verg 2/18.
231 So ausdrücklich bestätigt von VK Bund, Beschluss v. 28.6.2021 – VK 2-77/21; vgl. im Übrigen OLG Düsseldorf, Beschluss v. 14.5.2008 – VII-Verg 11/08, zu § 13 VgV a.F.; VK Sachsen-Anhalt, Beschluss v. 21.6.2018 – 1 VK LSA 13/18; vgl. aber OLG Düsseldorf, Beschluss v. 5.11.2014 – VII-Verg 20/14, zu einer rechtsmissbräuchlichen Verkürzung der Wartefrist.
232 Vgl. auch VK Bund, Beschluss v. 28.1.2008 – VK 2-162/07.
233 OLG Dresden, Beschluss v. 11.4.2005 – WVerg 5/05, zu § 13 VgV a.F.
234 Vgl. OLG Jena, Beschluss v. 29.5.2002 – 6 Verg 2/02.
235 Siehe Rn. 61 f.
236 Vgl. aber VK Bund, Beschluss v. 24.4.2007 – VK 2-21/07, zu § 13 VgV a.F.

Entsprechendes dürfte gelten, wenn der öffentliche Auftraggeber auf eine Rüge hin mitteilt, die **Wertung der Angebote wiederholen** zu wollen. Der rügende Bieter hat dann selbstverständlich ein schützenswertes Interesse daran, über das Ergebnis der erneuten Wertung informiert zu werden; die Wiederholung der Angebotswertung als entscheidende Phase des Vergabeverfahrens kann zudem zu völlig neuen Ergebnissen führen, sodass die bisher erfolgte Mitteilung gegenstandslos wird und nach § 134 Abs. 1 S. 1 GWB eine neue Mitteilung erforderlich wird.[237] 91

C. Ausnahmen von der Informationspflicht (Abs. 3)

I. Verhandlungsverfahren ohne Teilnahmewettbewerb wegen besonderer Dringlichkeit (S. 1)

Nach § 134 Abs. 3 S. 1 GWB entfällt die Informationspflicht des § 134 Abs. 1 GWB in den eng begrenzten Ausnahmefällen, in denen das Verhandlungsverfahren ohne vorherigen Teilnahmewettbewerb wegen besonderer Dringlichkeit gerechtfertigt ist.[238] Das ist sachgerecht, weil auf das Verhandlungsverfahren ohne vorherigen Teilnahmewettbewerb wegen besonderer Dringlichkeit ohnehin nur in Fällen zurückgegriffen werden darf, in denen aus unvorhersehbaren, objektiv nachprüfbaren dringlichen, zwingenden Gründen außerhalb der Einflusssphäre des öffentlichen Auftraggebers, also vor allem zur Beseitigung von Schäden und akuten Gefahren bei Naturkatastrophen u.Ä., ein schnelles Handeln geboten ist. In diesen und vergleichbaren Notsituationen muss der öffentliche Auftraggeber in der Lage sein, die erforderlichen Aufträge sofort vergeben zu können, ohne eine Wartefrist einhalten zu müssen.[239] 92

Besonders dringliche Situationen im Sinne von § 134 Abs. 3 S. 1 GWB setzen Umstände außerhalb der Einflusssphäre des öffentlichen Auftraggebers voraus, kommen also nur bei akuten Gefahrensituationen und höherer Gewalt (z. B. Naturkatastrophen oder eine Pandemie[240]) in Betracht, die zur Vermeidung von Gefahren und Schäden für Leib und Leben ein sofortiges, die Einhaltung von Fristen ausschließendes Handeln erfordern.[241] Damit sind Situationen angesprochen, die ein zügiges, flexibles und wirksames Eingreifen der zuständigen Behörden verlangen, sodass diese in solchen Fällen in der Lage sein müssen, die erforderlichen Aufträge sofort zu vergeben, ohne eine Wartefrist einhalten zu müssen,[242] wobei eine Direktvergabe an einen von vorneherein alleinig angesprochenen Marktteilnehmer nur als Ultima Ratio in Betracht kommen soll.[243] Finanzielle Gründe und wirtschaftliche Erwägungen werden diesen Anforderungen nicht gerecht.[244] Zur Bemessung der besonderen Dringlichkeit kann daher u.a. als Maßstab herangezogen werden, ob ein Abwarten der Zehn-Tage-Frist angesichts der besonderen Eilbedürftigkeit der Auftragsvergabe untunlich oder unzumutbar wäre.[245] 93

Den vorgegebenen **unionsrechtlichen Rahmen** in Art. 2b RL 89/665/EWG hat der deutsche Gesetzgeber damit nach wie vor nicht ausgeschöpft. Nach Art. 2b RL 89/665/EWG können die Mitgliedstaaten vorsehen, dass die Wartefrist nicht angewendet wird, wenn mit der RL 2004/18/EG keine vorherige Veröffentlichung einer Bekanntmachung im Amtsblatt der Europäischen Union erforderlich ist (lit. a), wenn der einzig betroffene Bieter i.S.d. Art. 2a Abs. 2 RL 89/665/EWG derjenige Bieter ist, dem der Zuschlag erteilt wird, und wenn es keine betrof- 94

237 Siehe hierzu im Einzelnen Rn. 31 ff.
238 Vgl. § 14 Abs. 4 Nr. 3 VgV; § 13 Abs. 2 Nr. 4 SektVO; siehe hierzu etwa OLG Düsseldorf, Beschluss v. 10.6.2015 – VII-Verg 39/14.
239 Vgl. auch Gesetzesbegründung zu § 101a Abs. 2 GWB a.F., VergRModG 2009, BT-Drs. 16/10117, 21.
240 VK Bund, Beschluss v. 28.8.2020 – VK 2-57/20; Beschluss v. 13.8.2020 – VK 1-54/20.
241 Zuletzt z. B. BayObLG, Beschluss v. 20.1.2022 – Verg 7/21; OLG Düsseldorf, Beschluss v. 20.12.2019 – VII-Verg 18/19; vgl. auch VG Würzburg, Urteil v. 18.3.2019 – W 8 K 18.1161.
242 Vgl. Gesetzesbegründung zu § 101a Abs. 2 GWB a.F., VergRModG 2009, BT-Drs. 16/10117, 21; OLG Karlsruhe, Beschluss v. 22.2.2019 – 15 Verg 9/18.
243 OLG Rostock, Beschluss v. 9.12.2020 – 17 Verg 4/20.
244 OLG Düsseldorf, Beschluss v. 20.12.2019 – VII-Verg 18/19; VK Rheinland, Beschluss v. 15.5.2019 – VK 8/19-B.
245 VK Berlin, Beschluss v. 26.10.2009 – VK-B2-28/09.

fenen Bewerber gibt (lit. b) und schließlich bei einem Auftrag, dem eine Rahmenvereinbarung zugrunde liegt, bzw. bei einem Einzelauftrag, der auf einem dynamischen Beschaffungssystem beruht. In den Fällen, in denen der einzig zu informierende betroffene Bieter derjenige Bieter ist, dem der Zuschlag erteilt wird, und es keine weiteren betroffenen Bieter gibt, greift die Informations- und Wartepflicht jedoch ohnehin nicht.[246] Das bedeutet indes nicht – ebenso wenig wie in der von § 134 Abs. 3 S. 1 GWB erfassten Situation –, dass der öffentliche Auftraggeber in diesem Fall und in den von § 134 Abs. 3 S. 1 GWB erfassten Fällen von der Durchführung eines förmlichen Verhandlungsverfahrens absehen und eine De-facto-Vergabe einleiten dürfte.[247]

95 Das EU-Vergaberecht (z. B. Art. 32 Abs. 2 lit. c RL 2014/24/EU) erlaubt die Anwendung des Verhandlungsverfahrens ohne Teilnahmewettbewerb wegen besonderer Dringlichkeit nur dann, wenn kumulativ folgende **Voraussetzungen** erfüllt sind: Es müssen

- erstens ein unvorhersehbares Ereignis,
- zweitens dringliche und zwingende Gründe, welche die Einhaltung der in den anderen Vergabeverfahren vorgeschriebenen Fristen nicht zulassen und nicht dem öffentlichen Auftraggeber zuzuschreiben sind, und
- drittens ein Kausalzusammenhang zwischen dem unvorhersehbaren Ereignis und den sich daraus ergebenden dringlichen, zwingenden Gründen gegeben sein.[248]

Das Bundesministerium für Wirtschaft und Technologie hat mit der Europäischen Kommission auf Basis eines konkreten EU-Pilotverfahrens, eines dem Vertragsverletzungsverfahren vorhergehenden informellen Verfahrens, intensiv die Voraussetzungen der EU-weiten Bekanntmachung von Vergabeverfahren erörtert. Insbesondere wurde dabei die Frage aufgeworfen, ob die Regelungen, die die Ausnahme von der EU-weiten Bekanntmachungspflicht ermöglichen, möglicherweise zu großzügig angewendet werden. Hierauf hat das Ministerium bereits in einem Rundschreiben[249] aufmerksam gemacht und ausdrücklich auf den engen Anwendungsbereich der entsprechenden Ausnahmevorschriften (§ 3 EG Abs. 4 lit. d VOL/A, § 3 Abs. 4 lit. c VOF und § 6 Abs. 2 Nr. 4 SektVO a.F.[250]) hingewiesen.

96 Das Ministerium hat in dem Rundschreiben des Weiteren folgende Hinweise gegeben: **Unvorhersehbar** sind Ereignisse, die nichts mit dem üblichen wirtschaftlichen oder sozialen Leben zu tun haben. Nur Umstände, mit denen bei der Planung unter Berücksichtigung der allgemeinen Sorgfaltspflicht nicht gerechnet werden konnte, sind erfasst. Das ist etwa dann nicht der Fall, wenn unter Rückgriff auf bestehende Statistiken ein zukünftiger Beschaffungsbedarf aus objektiver Sichtweise frühzeitig erkennbar ist. Ebenfalls nicht unter den entsprechenden Ausnahmetatbestand fallen regelmäßig Konstellationen, in denen der Beschaffungsbedarf die Folge einer Nicht- oder Schlechtleistung eines Vertragspartners ist und dem durch rechtzeitige Aufnahme von Vertragsstrafen oder Streitschlichtungsmechanismen hätte begegnet werden können.[251] Im März 2020 hat das Bundesministerium für Wirtschaft und Energie die Corona-Pandemie als nicht erwartbar eingeordnet.[252] Die Einschätzung der Unvorhersehbarkeit kann sich aber während der Pandemie verändern. Je länger die Pandemie andauert(e), desto eher wird man die Unvorhersehbarkeit des Beschaffungsbedarfs verneinen.

---

246 Rn. 22.

247 OLG Düsseldorf, Beschluss v. 1.10.2009 – VII-Verg 31/09.

248 EuGH, Urteil v. 2.6.2005 – Rs. C-394/02; Urteil v. 18.11.2004 – Rs. C-126/03 (Heizkraftwerk München).

249 Bundesministerium für Wirtschaft und Energie, Rundschreiben vom 16.8.2013 – IB6 – 270100/14 und 2707100/15; siehe auch Rundschreiben zur Anwendung von § 3 EG Abs. 4 Buchstabe d VOL/A, § 3 Abs. 4 Buchstabe c VOF und § 6 Abs. 2 Nr. 4 SektVO – Vergabe ohne vorherigen Aufruf zum Wettbewerb/Dringlichkeit vom 9.1.2015 – IB6-270100/14 und 2707100/15; Rundschreiben zur Anwendung des Vergaberechts im Zusammenhang mit der Unterbringung und Versorgung von Flüchtlingen v. 24.8.2015 – IB6-270100/14.

250 Vgl.§ 14 Abs. 4 Nr. 3 VgV und § 13 Abs. 2 Nr. 4 SektVO.

251 So Bundesministerium für Wirtschaft und Energie, Rundschreiben vom 16.8.2013 – I B 6 – 270100/14 und 2707100/15.

252 Bundesministerium für Wirtschaft und Energie, Rundschreiben zur Anwendung des Vergaberechts im Zusammenhang mit der Beschaffung von Leistungen zur Eindämmung der Ausbreitung des neuartigen Coronavirus SARS-CoV-2 v. 19.3.2020 – 2060 I/000#0O3.

Dringlichkeit ist regelmäßig nur bei unaufschiebbaren, nicht durch den öffentlichen Auftraggeber verursachten Ereignissen anzunehmen, bei denen eine gravierende Beeinträchtigung für die Allgemeinheit und die staatliche Aufgabenerfüllung droht, etwa durch einen schweren, nicht wiedergutzumachenden Schaden. Unter diesem Gesichtspunkt hat das Bundesministerium für Wirtschaft und Energie im März 2020 die Voraussetzungen des § 14 Abs. 4 Nr. 3 VgV für den Einkauf von Leistungen über Verhandlungsverfahren ohne Teilnahmewettbewerb, die der Eindämmung und kurzfristigen Bewältigung der Corona-Epidemie und/oder der Aufrechterhaltung des Dienstbetriebs der öffentlichen Verwaltung dienen, z. B. für die Beschaffung von Heil- und Hilfsmitteln wie etwa Desinfektionsmittel, Einmalhandschuhe, Masken, Schutzkittel, Verbandsmaterialien, Tupfer, Bauchtücher und medizinische Geräte wie etwa Beatmungsgeräte sowie für in diesen Krisenzeiten notwendige Leistungen (etwa mobiles IT-Gerät z. B. zur Einrichtung von Homeoffice-Arbeitsplätzen, Videokonferenztechnik und IT-Leitungskapazitäten) als gegeben angesehen.[253] Wenn selbst bei Einhaltung der Bekanntmachungsfristen nur geringe Verzögerungen eintreten, wird aber meistens keine gravierende Beeinträchtigung drohen. Gleiches gilt, wenn bei anderen Vergabeverfahren Fristverkürzungen denkbar gewesen wären, etwa durch ein beschleunigtes Vergabeverfahren. Wenn der öffentliche Auftraggeber bei sorgfältiger Beobachtung des relevanten Marktes und zu erwartender Entwicklungen seinen Beschaffungsbedarf frühzeitig hätte erkennen können, ist Dringlichkeit zu verneinen. Dringlichkeit kann regelmäßig nicht mit bloßen wirtschaftlichen Erwägungen begründet werden.[254] 97

Die **Beweislast** dafür, dass die außergewöhnlichen Umstände, welche die Ausnahme rechtfertigen sollen, tatsächlich vorliegen, trifft denjenigen, der sich auf sie berufen will,[255] also in der Regel den öffentlichen Auftraggeber. § 14 Abs. 4 Nr. 3 VgV und § 3a EU Abs. 3 Nr. 4 VOB/A setzen die unionsrechtlichen Vorgaben des Art. 32 Abs. 2 lit. c RL 2014/24/EU in deutsches Vergaberecht um. Nach § 14 Abs. 4 Nr. 3 VgV und § 3a EU Abs. 3 Nr. 4 VOB/A ist ein Verhandlungsverfahren ohne vorherigen Teilnahmewettbewerb zulässig, wenn wegen der besonderen Dringlichkeit der Leistung die Fristen nicht eingehalten werden können, die für die anderen Vergabeverfahren vorgeschrieben sind. Eine vergleichbare Regelung enthält § 13 Abs. 2 Nr. 4 SektVO. Hiernach ist das Verhandlungsverfahren ohne Teilnahmewettbewerb zulässig, soweit dies unbedingt erforderlich ist, wenn aus dringlichen zwingenden Gründen, die der öffentliche Auftraggeber nicht voraussehen konnte, die vorgeschriebenen Mindestfristen nicht eingehalten werden können. Beide Vorschriften bestimmen ausdrücklich, dass die Umstände, welche die zwingende Dringlichkeit begründen, auf keinen Fall dem Verhalten des öffentlichen Auftraggebers bzw. dessen Sphäre zuzuschreiben sein dürfen. Verzögerungen, die sich aus der Abhängigkeit von Entscheidungen anderer Behörden ergeben, zählen zum Einflussbereich des öffentlichen Auftraggebers.[256] 98

Das Verhandlungsverfahren ohne vorherigen Teilnahmewettbewerb darf demnach wegen besonderer Dringlichkeit nur **Anwendung** finden bei Naturkatastrophen und ähnlich gelagerten unvorhersehbaren und vom öffentlichen Auftraggeber nicht beeinflussbaren Umständen (z. B. in akuten Gefahrensituationen und bei höherer Gewalt), die zur Vermeidung von Schäden an Individualrechtsgütern ein schnelles, die Einhaltung der Fristen der anderen Vergabeverfahren ausschließendes Handeln erfordern.[257] Latente oder durch regelmäßige Wiederkehr (z. B. Frühlingshochwasser) vorhersehbare Gefahren sind daher in der Regel keine zwingenden Gründe. Nach diesen Maßstäben kann der öffentliche Auftraggeber bei dringenden, unaufschiebbaren Dienstleistungen wie Krankentransporten oder BSE-Tests o.ä. berechtigt und 99

---

253 Bundesministerium für Wirtschaft und Energie, Rundschreiben zur Anwendung des Vergaberechts im Zusammenhang mit der Beschaffung von Leistungen zur Eindämmung der Ausbreitung des neuartigen Coronavirus SARS-CoV-2, 19.3.2020 – 2060 I/000#003.

254 So Bundesministerium für Wirtschaft und Energie, Rundschreiben zur Anwendung von § 3 EG Abs. 4 Buchstabe d VOL/A, § 3 Abs. 4 Buchstabe c VOF und § 6 Abs. 2 Nr. 4 SektVO – Vergabe ohne vorherigen Aufruf zum Wettbewerb/Dringlichkeit, 9.1.2015 – I B 6 – 270100/14 und 2707100/15.

255 EuGH, Urteil v. 18.11.2004 – Rs. C-126/03 (Heizkraftwerk München).

256 VK Düsseldorf, Beschluss v. 15.8.2003 – VK-23/2003-L.

257 Siehe bereits Rn. 93, 97.

gegebenenfalls sogar gezwungen sein, sie zeitlich befristet bis zum rechtskräftigen Abschluss eines Nachprüfungsverfahrens im Verhandlungsverfahren ohne Teilnahmewettbewerb zu vergeben.[258] Auch wenn ein öffentlicher Auftraggeber einen Bauvertrag wegen Beantragung eines Insolvenzverfahrens kündigt, kann das Verhandlungsverfahren ohne Teilnahmewettbewerb wegen besonderer Dringlichkeit zulässig sein.[259]

II. Zurückhaltung von Informationen (S. 2)

100 § 134 Abs. 3 S. 2 GWB räumt öffentlichen Auftraggebern die Möglichkeit ein, im Fall verteidigungs- oder sicherheitsspezifischer Aufträge bestimmte Informationen über die Zuschlagserteilung oder den Abschluss einer Rahmenvereinbarung unterlegenen Bewerbern bzw. Bietern nicht mitzuteilen.[260] Dies ist unter der Voraussetzung zulässig, dass die „Offenlegung" entsprechender Informationen den Gesetzesvollzug behindert, den öffentlichen Interessen, insbesondere Verteidigungs- oder Sicherheitsinteressen, zuwiderläuft, berechtigte geschäftliche Interessen von Unternehmen schädigt oder wenn sie den lauteren Wettbewerb zwischen ihnen beeinträchtigen könnte.

101 Diese Ausnahmen von der Informationspflicht in § 134 Abs. 1 GWB bei verteidigungs- oder sicherheitsspezifischen Aufträgen gemäß Art. 57 Abs. 2 i.V.m. Art. 35 Abs. 3 **RL 2009/81/EG** sind aus § 36 Abs. 2 **VSVgV a.F.** in das GWB übernommen worden.[261]

102 Die Zurückhaltung von Informationen bei der Vergabe von verteidigungs- und sicherheitsspezifischen Aufträgen in den in § 134 Abs. 3 S. 2 GWB genannten Fällen steht nach dem eindeutigen Wortlaut der Vorschrift („können [...] beschließen") im **Ermessen** des öffentlichen Auftraggebers. In Einzelfällen kann sich dies zu einer Pflicht des öffentlichen Auftraggebers verdichten, bestimmte Informationen zurückzuhalten (Ermessensreduzierung auf null). Denkbar ist dies zum Beispiel, wenn sich aus der Angabe von Gründen für die Nichtberücksichtigung eines Angebotes besondere verteidigungsrelevante Eigenschaften des ausgewählten Produktes ergeben, deren Preisgabe Verteidigungs- oder Sicherheitsinteressen zuwiderläuft.

103 Als Ausnahmetatbestände von der Informationspflicht des § 134 Abs. 1 GWB sind die in § 134 Abs. 3 S. 2 GWB genannten Fallgruppen **abschließend** und **eng auszulegen**. Die Mitteilungspflicht entfällt nur in dem Umfang, in dem der Ausnahmetatbestand oder die Ausnahmetatbestände einschlägig sind.

104 Die sehr allgemein formulierten **Fallgruppen**, die sich inhaltlich überschneiden, dürften kaum trennscharf voneinander abgegrenzt werden können. Dies ist allerdings auch nicht zwingend erforderlich: Die Zurückhaltung von bestimmten Informationen ist bereits dann möglich, wenn bloß ein einziger der in § 134 Abs. 3 S. 2 GWB genannten Ausnahmetatbestände besteht. Das Vorliegen eines Ausnahmetatbestandes oder mehrerer Ausnahmetatbestände hinsichtlich einzelner Informationen entbindet den öffentlichen Auftraggeber nicht davon, den unterlegenen Bewerbern und Bietern diejenigen Informationen mitzuteilen, die nicht unter die Ausnahmeregelung fallen, und insbesondere nicht von der Mitteilung in Gänze. Die Ausnahmeregelungen dürften generell bei der Mitteilung der Gründe für die Nichtberücksichtigung des eigenen Angebotes zum Tragen kommen – in ganz besonderen Einzelfällen kann aber auch schon der Name des Auftragnehmers zurückzuhalten sein.

105 Das Ermessen des öffentlichen Auftraggebers, bestimmte Informationen zurückzuhalten, ist überhaupt erst eröffnet, wenn es sich um Informationen zur Zuschlagserteilung oder zum Abschluss einer Rahmenvereinbarung handelt, die **verteidigungs-** oder **sicherheitsspezifische Aufträge** betreffen. Verteidigungs- und sicherheitsspezifische Aufträge sind in § 104

---

258 VK Brandenburg, Beschluss v. 1.2.2007 – 2 VK 56/06; VK Niedersachsen, Beschluss v. 27.6.2003 – 203-VgK--14/2003; vgl. auch EuGH, Urteil v. 14.6.2007 – Rs. C-6/05 (Medipac), zur Beschaffung von Medizinprodukten durch ein Krankenhaus.

259 VK Bund, Beschluss v. 29.6.2005 – VK 3-52/05.

260 Allgemein zur Berücksichtigung des Grundsatzes des Geheimwettbewerbs bei der Information nichtberücksichtigter Bieter Rn. 55.

261 Vgl. Gesetzesbegründung zu § 134 GWB, VergRModG 2016, BT-Drs. 18/6281, 121 f.

GWB definiert,[262] der von verteidigungs- und sicherheitsspezifischen *öffentlichen* Aufträgen spricht. Da sich der Anwendungsbereich des Kartellvergaberechts von vornherein nur auf öffentliche Aufträge bezieht (§ 103 GWB), zeitigt das Fehlen des Zusatzes „öffentlich" bezogen auf die Aufträge in § 134 Abs. 3 S. 2 GWB keine Rechtsfolge, sondern ist als Redaktionsversehen anzusehen.

Der Wortlaut der Vorschrift („Offenlegung") legt nahe, dass es sich bei den zurückzuhaltenden Informationen um **Betriebs-** und **Geschäftsgeheimnisse** handeln muss, also um Tatsachen, die im Zusammenhang mit dem betroffenen Unternehmen stehen, nicht offenkundig sind, nach dem bekundeten Willen des Inhabers geheim gehalten werden sollen, für die Wettbewerbsfähigkeit des Unternehmens von Bedeutung sind und an deren Geheimhaltung der Unternehmer ein berechtigtes Interesse hat.[263] Geschäftsgeheimnisse sind vor allem kaufmännisches Wissen, etwa Umsätze, Ertragslagen, Geschäftsbücher, Kundenlisten, Bezugsquellen, Konditionen, Marktstrategien, Kalkulationsgrößen u.a., durch welches die wirtschaftlichen Verhältnisse eines Betriebs maßgeblich bestimmt werden können.[264] 106

Die öffentlichen Auftraggeber können Informationen zunächst zurückhalten, wenn deren Offenlegung den **Gesetzesvollzug** behindert. Diese Fallgruppe dürfte in erster Linie solche Gesetze betreffen, deren Zweck die Untersagung der Weitergabe von Informationen ist, also etwa Vorschriften des GWB, des UWG, des UrhG oder des Datenschutzrechts.[265] Auch Informationen, deren Offenlegung die Funktionsfähigkeit staatlicher Einrichtungen beeinträchtigen könnte, also in erster Linie sicherheitsrelevante Informationen, können nach dieser Fallgruppe zurückgehalten werden.[266] 107

Informationen können auch dann zurückgehalten werden, wenn deren Offenlegung dem **öffentlichen Interesse**, insbesondere Verteidigungs- oder Sicherheitsinteressen, **zuwiderläuft**. Diese Ausnahmebestimmung ist bedenklich weit formuliert, da sich Verteidigungs- oder Sicherheitsinteressen bei der Vergabe entsprechender Aufträge in aller Regel leicht begründen lassen werden. Im Widerspruch zum öffentlichen Interesse kann die Offenlegung von Informationen etwa dann liegen, wenn sie der militärischen oder sonstigen (polizeilichen) Geheimhaltung unterliegen.[267] 108

Schließlich können bestimmte Informationen zurückgehalten werden, deren Offenlegung **berechtigte geschäftliche Interessen** von Unternehmen schädigt oder den **lauteren Wettbewerb** zwischen ihnen beeinträchtigen könnte. Eine Beeinträchtigung berechtigter geschäftlicher Interessen oder des lauteren Wettbewerbs kann durch sämtliche Angaben entstehen, die geeignet sind, zusammen etwa mit der Leistungsbeschreibung und dem Preis, Rückschlüsse auf die Kalkulation, Bezugsquellen oder Marktstrategien des (voraussichtlichen) Auftragnehmers zuzulassen, wodurch dieser bei künftigen Vergabeverfahren Wettbewerbsnachteile erleiden bzw. seine Konkurrenten entsprechende Wettbewerbsvorteile erlangen könnte(n).[268] 109

D. Rechtsschutz

§ 134 GWB dient der Gewährung des (Primär-)Rechtsschutzes in Vergabeverfahren. Die mit der Unwirksamkeit des Vertrages gemäß § 135 Abs. 1 Nr. 1 GWB sanktionierte Informations- und Wartepflicht dient keinem Selbstzweck, noch soll sie einen allgemeinen Gerechtigkeitsgedanken absichern.[269] Vielmehr garantiert sie, dass die Bewerber bzw. Bieter ihr in § 97 Abs. 6 GWB garantiertes Recht, verletzte vergaberechtliche Ansprüche im Nachprüfungsver- 110

262 Für Einzelheiten hierzu siehe *Dippel* zu § 104 GWB.
263 BVerfG, Beschluss v. 14.3.2006 – 1 BvR 2087/03 und 1 BvR 2111/03; vgl. jetzt auch die Legaldefinition in § 2 GeschGehG.
264 *Glahs*, NZBau 2014, 75 (80).
265 Statt vieler *Mentzinis*, in: Pünder/Schellenberg, Vergaberecht, § 35 VSVgV Rn. 2.
266 *Mentzinis*, in: Pünder/Schellenberg, Vergaberecht, § 35 VSVgV Rn. 2.
267 *Mentzinis*, in: Pünder/Schellenberg, Vergaberecht, § 35 VSVgV Rn. 2.
268 *Mentzinis*, in: Pünder/Schellenberg, Vergaberecht, § 35 VSVgV Rn. 2.
269 OLG Celle, Beschluss v. 8.12.2005 – 13 Verg 2/05.

fahren durchzusetzen, auch tatsächlich geltend machen können. Die Informations- und Wartepflicht hat damit – wie z. B. auch die Vorschriften über die Dokumentationspflichten im Vergabeverfahren – vor allem instrumentellen Charakter für den Rechtsschutz eines Bewerbers bzw. Bieters. Wie schon die Entstehungsgeschichte des § 13 VgV a.F. belegt, verfolgte der Verordnungsgeber den Zweck, einem betroffenen Bieter die zur rechtzeitigen Geltendmachung eines Nachprüfungsverfahrens erforderlichen Informationen von dem beabsichtigten Abschluss des Vergabeverfahrens zu verschaffen und ihm damit den Zugang zum Nachprüfungsverfahren offenzuhalten, bevor endgültige und rechtsvernichtende Tatsachen zu seinen Lasten eintreten. Primäres Ziel der nachträglich eingeführten Vorabinformation vor Zuschlagserteilung war und ist es, die (jetzt) in § 168 Abs. 1 GWB vorgesehene zivilrechtlichen Grundsätzen folgende Unumkehrbarkeit eines einmal erteilten Zuschlags im Sinne eines effektiven Rechtsschutzes dadurch zu relativieren, dass die nichtberücksichtigten Bieter im Vorfeld von dem beabsichtigten Zuschlag und dem hierfür ausgewählten Unternehmen erfahren und die individuellen Gründe für ihre Nichtberücksichtigung bei der Zuschlagsentscheidung mitgeteilt bekommen. Die Vorabinformation dient somit keinem eigenständigen vergaberechtlichen Ziel, sondern hat vor allem eine, der Ermöglichung von Rechtsschutz „dienende" Funktion.[270]

111 Hieraus ergeben sich zwei Konsequenzen für den Rechtsschutz. Zum einen kann ein Bewerber oder Bieter, der **vor** der **Zuschlagserteilung** von dem (vermeintlichen) Vergaberechtsverstoß erfahren und daraufhin ein Nachprüfungsverfahren eingeleitet hat, sich nicht mehr auf die Unwirksamkeitsfolge nach § 135 Abs. 1 Nr. 2 GWB berufen.[271] Mängel der Information können noch vor Einleitung eines Nachprüfungsverfahrens oder auch erst in dessen Verlauf geheilt werden.[272] Der öffentliche Auftraggeber kann die ordnungsgemäße Information i.S.d. § 134 GWB auch dann noch nachholen; diese ist nicht unheilbar unwirksam; soweit der Antragsteller durch die Information Kenntnis von weiteren Vergabeverstößen erhält, kann er diese nachträglich in das Nachprüfungsverfahren einführen.[273] **Nach Zuschlagserteilung** soll die unzureichende Information allerdings nicht geheilt werden können. Wird der Zuschlag nach einer unzureichenden Information nach § 134 GWB erteilt, ist ein Nachprüfungsantrag auch nach Zuschlagserteilung zulässig.[274]

112 Neben dem gerügten **Verstoß gegen** die **Informationspflicht** muss aber stets ein (weiteres) vergaberechtliches Fehlverhalten des öffentlichen Auftraggebers in der Sache hinzutreten, damit das Nachprüfungsverfahren Erfolg haben kann.[275] Der betroffene Bewerber bzw. Bieter muss in seinen Rechten verletzt sein.[276] Dies setzt schon die in § 160 Abs. 2 S. 2 GWB geregelte Antragsbefugnis voraus, wonach ein Antragsteller stets eine Verletzung seiner Rechte nach § 97 Abs. 6 GWB durch die Nichtbeachtung von Vergabevorschriften geltend machen und darlegen muss, dass ihm durch das Verhalten des öffentlichen Auftraggebers ein Schaden entstanden ist oder zu entstehen droht. Ein Schaden in diesem Sinne liegt vor allem dann vor, wenn die Chance auf den Zuschlag des Unternehmens durch das Verhalten des öffentlichen Auftraggebers beeinträchtigt wurde. Allein durch einen Verstoß gegen die Informationspflicht des § 134 Abs. 1 S. 1 GWB tritt ein solcher Schaden nicht ein.[277] Kann eine über den Verstoß gegen § 134 GWB hinausgehende Rechtsverletzung nicht festgestellt werden, bleibt der Nachprüfungsantrag trotz eines Verstoßes gegen die Informationspflicht im Ergebnis erfolg-

---

270 VK Thüringen, Beschluss v. 9.10.2020 – 250-4003-3711/2020-E-008-GTH mit Verweis auf VK Bund, Beschluss v. 3.6.2018 – VK 2-44/18.

271 Vgl. OLG Celle, Beschluss v. 8.12.2005 – 13 Verg 2/05; OLG Schleswig, Beschluss v. 28.11.2005 – 6 Verg 7/05, jeweils zu § 13 VgV a.F.

272 OLG Koblenz, Beschluss v. 25.9.2012 – 1 Verg 5/12; VK Niedersachsen, Beschluss v. 27.9.2019 – VgK-34/2019; VK Bund, Beschluss v. 10.10.2013 – VK-1 83/13; VK Südbayern, Beschluss v. 31.5.2011 – Z3-3-3194-11-03/11.

273 OLG Karlsruhe, Beschluss v. 9.10.2012 – 15 Verg 12/11; Beschluss v. 16.6.2010 – 15 Verg 4/10; VK Rheinland, Beschluss v. 10.7.2019 – VK 19/19-L.

274 VK Niedersachsen, Beschluss v. 11.1.2021 – VgK-51/2020; VK Südbayern, Beschluss v. 31.1.2020 – Z 3-3-3194-1-51-11/19; ähnlich VK Rheinland, Beschluss v. 15.5.2019 – VK 8/19-B.

275 KG, Beschluss v. 19.12.2019 – Verg 9/19; vgl. OLG Karlsruhe, Beschluss v. 9.10.2012 – 15 Verg 12/11, m.w.N.; zuletzt etwa VK Sachsen, Beschluss v. 11.6.2021 – 1/SVK/006-21; VK Thüringen, Beschluss v. 9.10.2020 – 250-4003-3711/2020-E-008-GTH.

276 Vgl. z. B. OLG Düsseldorf, Beschluss v. 27.10.2010 – VII-Verg 47/10.

277 § 135 GWB Rn. 54.

los.[278] Eine rein „abstrakte" Unwirksamkeitserklärung würde dazu führen, dass ein Bewerber bzw. Bieter, der auch bei einer ordnungsgemäßen Vorabinformation keine Aussicht auf den Zuschlag gehabt hätte, ein neues Vergabeverfahren veranlassen könnte, um dort gegebenenfalls ein geändertes Angebot vorzulegen. Das ist nicht der Sinn eines Nachprüfungsverfahrens; es soll einem zu Unrecht nicht berücksichtigten Bewerber bzw. Bieter die Möglichkeit verschaffen, zu einer rechtmäßigen Berücksichtigung seines Angebotes und gegebenenfalls zum Zuschlag zu gelangen.[279] Wegen § 135 Abs. 2 GWB ist es zwar in **Ausnahmekonstellationen** denkbar, dass ein Nachprüfungsantrag allein die Feststellung begehrt, dass ein Verstoß gegen § 134 GWB vorliegt und der dennoch abgeschlossene Vertrag daher unwirksam ist. Ein solcher Antrag hat jedoch nur dann Erfolg, wenn der Antragsteller bereits durch eine fehlende oder inhaltlich unzureichende Vorabinformation in seinen Rechten verletzt ist.[280] Daran wird es zumeist fehlen. Im Einzelfall kann die Feststellung eines in einer unzureichenden Information nach § 134 GWB liegenden Verstoßes gegen Vergaberecht in Verbindung mit einer unzureichenden Dokumentation der Bewertung der Angebote dazu führen, dass ein Bieter einen Schadensersatzanspruch begründen kann.[281] Auch bei der Entscheidung über die Kosten eines Nachprüfungsverfahrens kann eine unzureichende Information nach § 134 GWB unter Billigkeitsgesichtspunkten dazu führen, dass der öffentliche Auftraggeber die Kosten auferlegt bekommt.[282] Dass der öffentliche Auftraggeber zwischenzeitlich bereits den Zuschlag an einen Konkurrenten erteilt hat, steht der Statthaftigkeit eines solchen Nachprüfungsantrags nicht entgegen. Der mit dem Zuschlag zustande gekommene Vertrag ist nach § 135 Abs. 1 Nr. 1 GWB von Anfang an unwirksam, wenn es tatsächlich an einer ordnungsgemäßen Vorabinformation fehlt. Nach § 135 Abs. 2 S. 1 GWB muss die Unwirksamkeit des Vertrages in einem Nachprüfungsverfahren innerhalb von dreißig Kalendertagen ab Kenntnis des Verstoßes, jedoch nicht später als sechs Monate nach Vertragsschluss geltend gemacht werden. Hat der öffentliche Auftraggeber die Auftragsvergabe im Amtsblatt der Europäischen Union bekannt gemacht, endet die Frist zur Geltendmachung der Unwirksamkeit dreißig Kalendertage nach der Veröffentlichung (§ 135 Abs. 2 S. 2 GWB).

Anlage

Gesetzesbegründung – VergRModG 2016 (BT-Drs. 18/6281)

Seite 121

§ 134 entspricht im Wesentlichen dem bisherigen § 101a GWB. Die Vorschrift wurde strukturell und sprachlich überarbeitet. Der Regelungsgehalt des bisherigen § 101a Absatz 1 GWB wurde zum besseren Verständnis in den neuen § 134 Absatz 1 und 2 übernommen. Der bisherige § 101a Absatz 2 GWB wurde in § 135 Absatz 3 Satz 1 überführt. Darüber hinaus wurden in den neuen § 134 Absatz 3 Satz 2 die Ausnahmen von der Informationspflicht

Seite 122

bei verteidigungs- oder sicherheitsspezifischen Aufträgen gemäß Artikel 35 Absatz 3 der Richtlinie 2009/81/EG aus dem bisherigen § 36 Absatz 2 VSVgV in das GWB übernommen. Als berechtigte geschäftliche Interessen von Unternehmen können in die Interessenabwägung gemäß Artikel 35 Absatz 3 der Richtlinie 2009/81/EG solche öffentlicher oder privater Unternehmen eingebracht werden.

---

278 § 135 GWB Rn. 61.
279 OLG München, Beschluss v. 31.1.2013 – Verg 31/12.
280 VK Bund, Beschluss v. 10.10.2013 – VK1-83/13.
281 OLG Frankfurt, Beschluss v. 22.9.2020 – 11 Verg 7/20.
282 OLG Düsseldorf, Beschluss v. 8.10.2020 – VII-Verg 13/20 (im konkreten Fall aber abgelehnt).

§ 135 GWB
Unwirksamkeit

(1) Ein öffentlicher Auftrag ist von Anfang an unwirksam, wenn der öffentliche Auftraggeber

1. gegen § 134 verstoßen hat oder

2. den Auftrag ohne vorherige Veröffentlichung einer Bekanntmachung im Amtsblatt der Europäischen Union vergeben hat, ohne dass dies aufgrund Gesetzes gestattet ist,

und dieser Verstoß in einem Nachprüfungsverfahren festgestellt worden ist.

(2) Die Unwirksamkeit nach Absatz 1 kann nur festgestellt werden, wenn sie im Nachprüfungsverfahren innerhalb von 30 Kalendertagen nach der Information der betroffenen Bieter und Bewerber durch den öffentlichen Auftraggeber über den Abschluss des Vertrags, jedoch nicht später als sechs Monate nach Vertragsschluss geltend gemacht worden ist. Hat der Auftraggeber die Auftragsvergabe im Amtsblatt der Europäischen Union bekannt gemacht, endet die Frist zur Geltendmachung der Unwirksamkeit 30 Kalendertage nach Veröffentlichung der Bekanntmachung der Auftragsvergabe im Amtsblatt der Europäischen Union.

(3) Die Unwirksamkeit nach Absatz 1 Nummer 2 tritt nicht ein, wenn

1. der öffentliche Auftraggeber der Ansicht ist, dass die Auftragsvergabe ohne vorherige Veröffentlichung einer Bekanntmachung im Amtsblatt der Europäischen Union zulässig ist,

2. der öffentliche Auftraggeber eine Bekanntmachung im Amtsblatt der Europäischen Union veröffentlicht hat, mit der er die Absicht bekundet, den Vertrag abzuschließen, und

3. der Vertrag nicht vor Ablauf einer Frist von mindestens zehn Kalendertagen, gerechnet ab dem Tag nach der Veröffentlichung dieser Bekanntmachung, abgeschlossen wurde.

Die Bekanntmachung nach Satz 1 Nummer 2 muss den Namen und die Kontaktdaten des öffentlichen Auftraggebers, die Beschreibung des Vertragsgegenstands, die Begründung der Entscheidung des Auftraggebers, den Auftrag ohne vorherige Veröffentlichung einer Bekanntmachung im Amtsblatt der Europäischen Union zu vergeben, und den Namen und die Kontaktdaten des Unternehmens, das den Zuschlag erhalten soll, umfassen.

Übersicht Rn.

A. Allgemeines ... 1
I. Unionsrechtlicher Hintergrund ... 2
II. Historie ... 7
III. Praktische Wirksamkeit ... 14
B. Unwirksamkeit (Abs. 1) ... 17
I. Anwendungsbereich ... 20
II. Verstoß gegen Informations- oder Wartepflicht (Nr. 1) ... 21
1. Fehlende Information ... 23
2. Unvollständige Information ... 24
3. Inhaltlich mangelhafte Information ... 25
4. In sonstiger Weise mangelhafte Information ... 27
5. Verstoß gegen Wartepflicht ... 29
III. De-facto-Vergabe (Nr. 2) ... 30
1. Rechtsentwicklung ... 31
2. Auftragserteilung ohne vorherige EU-weite Bekanntmachung ... 35
3. Gestattung aufgrund Gesetzes ... 42
C. Feststellung des Verstoßes im Nachprüfungsverfahren (Abs. 1 a.E.) ... 46
I. Nachprüfungsverfahren ... 46
II. Zulässigkeitsvoraussetzungen ... 50
1. Antragsbefugnis ... 51
a) Geschützter Personenkreis ... 51
b) Verstoß gegen Informations- oder Wartepflicht ... 53
c) Auftragsvergabe ohne Veröffentlichung einer EU-Auftragsbekanntmachung ... 55
2. Rügeobliegenheit ... 58
III. Begründetheit des Nachprüfungsantrags ... 60
IV. Fristen (Abs. 2) ... 62
1. Dreißig-Tage-Frist ab Information der Bewerber und Bieter (S. 1 Hs. 1) ... 66
2. Höchstfrist von sechs Monaten (S. 1 Hs. 2) ... 74

3. Dreißig-Tage-Frist bei Vergabebekanntmachung (S. 2) ... 80
a) Beginn und Ende der Frist ... 81
b) Form und Inhalt der Bekanntmachung ... 82
4. Verwirkung ... 85
D. Keine Unwirksamkeit (Abs. 3) ... 86
I. Ansicht des öffentlichen Auftraggebers (S. 1 Nr. 1) ... 88
II. Bekanntmachung (S. 1 Nr. 2 und S. 2) ... 92
III. Frist (S. 1 Nr. 3) ... 95
E. Rechtsfolge ... 98
F. Weitere Unwirksamkeitstatbestände . 103
I. Gesetzliches Verbot (§ 134 BGB) .. 105
II. Sittenwidriges Rechtsgeschäft (§ 138 BGB) ... 106
G. Vertragsverletzungsverfahren ... 108
I. Rechtsfolge ... 111
II. Kündigung vergaberechtswidriger Verträge ... 114
1. Allgemeine Kündigungsrechte 115
2. Besonderes Kündigungsrecht nach § 133 GWB ... 117
Anlage
Gesetzesbegründung

A. Allgemeines

1 § 135 GWB sanktioniert – wie vor Inkrafttreten des VergRModG 2016 die Vorschrift des § 101a GWB a.F. – in Abs. 1 Nr. 1 die Verletzung der Informations- und Wartepflicht nach § 134 GWB und in Abs. 1 Nr. 2 die rechtswidrige freihändige Vergabe[1] eines Auftrags. Beide Verstöße führen zur Unwirksamkeit des Vertrages über den jeweiligen Auftrag, wenn sie in einem nach den Vorgaben des § 135 Abs. 2 GWB rechtzeitig eingeleiteten Nachprüfungsverfahren festgestellt werden.

I. Unionsrechtlicher Hintergrund

2 Die Rechtsfolge der Unwirksamkeit des nach einem der beiden Verstöße geschlossenen Vertrages stellt den europarechtlich gebotenen Primärrechtsschutz sicher, da gemäß § 168 Abs. 2 S. 1 GWB der einmal erteilte Zuschlag nicht aufgehoben werden kann und für den Vertrag der Grundsatz „pacta sunt servanda" gilt.[2] § 135 GWB beruht auf unionsrechtlichen Vorgaben der Rechtsmittelrichtlinie 89/665/EWG.

3 § 135 **Abs. 1 Nr. 1** GWB setzt Art. 2d Abs. 1 lit. b RL 89/665/EWG um. Nach der früheren deutschen Rechtsprechung war ein Unternehmen, das sein Interesse an einem Auftrag nur allgemein und abstrakt bekundet, bevor der konkrete Beschaffungsbedarf etwa überhaupt entstanden war, nicht in den Schutzbereich des § 13 VgV a.F. einbezogen und konnte sich daher auch nicht auf die Nichtigkeit des Vertrages bei einer unzulässigen Direktvergabe berufen. Ob dies den unionsrechtlichen Vorgaben in der Auslegung durch den EuGH[3] entsprach, war zweifelhaft. Eine gesetzgeberische Klarstellung zur Unwirksamkeit von De-facto-Vergaben war daher unerlässlich. Die RL 89/665/EWG verpflichtet in Art. 2d Abs. 1 lit. a in diesen Fällen die Mitgliedstaaten, dafür Sorge zu tragen, dass ein Vertrag durch eine von dem öffentlichen Auftraggeber unabhängige Nachprüfungsstelle für unwirksam erklärt wird oder dass sich seine Unwirksamkeit aus der Entscheidung einer solchen Stelle ergibt. Dem hatte der deutsche Gesetzgeber mit der durch das Gesetz zur Modernisierung des Vergaberechts 2009 in das GWB aufgenommenen Regelung in § 101b Abs. 1 Nr. 2 GWB a.F. entsprochen. Die Neufassung des § 101b Abs. 1 Nr. 2 GWB a.F. durch § 135 **Abs. 1 Nr. 2** GWB lehnt sich noch enger an die Formulierung in der RL 89/665/EG an und dient der (präziseren) Umsetzung der Vorgaben in Art. 2d Abs. 1 lit. a RL 89/665/EWG. Es war erklärtes Ziel der novellierten Rechtsmittelrichtlinie, gegen die rechtswidrige freihändige Vergabe von Aufträgen vorzugehen, die der

1 „Freihändige Vergabe" wird hier im Sinne der Rechtsmittelrichtlinie in der Fassung der RL 2007/66/EG verstanden (vgl. Erwägungsgründe 13 ff. RL 2007/66/EG) als die rechtswidrige Direktvergabe eines öffentlichen Auftrags oberhalb des EU-Schwellenwertes, bei der die Veröffentlichung der Vergabeabsicht im Amtsblatt der Europäischen Union rechtswidrig unterlassen bleibt; vgl. hierzu etwa OLG Saarbrücken, Beschluss v. 29.1.2014 – 1 Verg 3/13; VK Bund, Beschluss v. 20.2.2014 – VK 1-4/14.

2 Siehe hierzu § 134 GWB Rn. 14.

3 Vgl. EuGH, Urteil v. 11.1.2005 – Rs. C-26/03 (Stadt Halle).

EuGH als die schwerwiegendste Verletzung des Unionsrechts im Bereich des öffentlichen Auftragswesens durch öffentliche Auftraggeber oder Auftragnehmer bezeichnet hat.[4] Die Unwirksamkeit eines Vertrages sieht der Richtliniengeber dabei als das beste Mittel an, den Wettbewerb wiederherzustellen und neue Geschäftsmöglichkeiten für die Wirtschaftsteilnehmer zu schaffen, denen rechtswidrig Wettbewerbsmöglichkeiten vorenthalten wurden. Nach Auffassung des Richtliniengebers sollte daher eine rechtswidrige freihändige Vergabe i.S.d. RL 89/665/EWG alle Auftragsvergaben ohne vorherige Veröffentlichung einer Bekanntmachung im Amtsblatt der Europäischen Union umfassen.[5] Schon unter Geltung des § 101b Abs. 1 Nr. 2 GWB a.F. widersprach es damit den unionsrechtlichen Vorgaben, von einem ungültigen Vertrag allein in den Fällen auszugehen, in denen überhaupt kein Wettbewerb um den Auftrag stattgefunden hatte.[6] Auch unter Geltung des § 101b Abs. 1 Nr. 2 GWB a.F. reichte es demnach gerade nicht aus, dass der öffentliche Auftraggeber mehrere Unternehmen „irgendwie" am Vergabeverfahren beteiligt hatte.[7] Eine Nichtbeteiligung anderer Unternehmen war bei richtlinienkonformer Auslegung des § 101b Abs. 1 Nr. 2 GWB a.F. vielmehr auch dann gegeben, wenn der Vergabe eines den §§ 97 ff. GWB unterfallenden öffentlichen Auftrags keine EU-weite Bekanntmachung und entgegen § 101 GWB a.F. kein wettbewerbliches Verfahren[8] vorangegangen und dies nicht aufgrund Gesetzes gestattet war.[9] Eine rechtswidrige freihändige Vergabe i.S.d. RL 89/665/EWG lag (und liegt) demnach auch dann vor, wenn Wirtschaftsteilnehmern dadurch rechtswidrig Wettbewerbsmöglichkeiten vorenthalten werden, dass der öffentliche Auftraggeber einen öffentlichen Auftrag lediglich national, trotz vorliegender Voraussetzungen aber nicht EU-weit ausgeschrieben hatte.[10]

§ 135 **Abs. 2 S. 1** GWB dient der Umsetzung des Art. 2f Abs. 1 lit. a RL 89/665/EWG.[11] Nach Art. 2f Abs. 1 lit. a Spiegelstr. 2 RL 89/665/EWG ist es den Mitgliedstaaten erlaubt, die Ausschlussfrist zur Geltendmachung der Unwirksamkeit des Vertrages beginnen zu lassen, wenn *„der öffentliche Auftraggeber die betroffenen Bieter und Bewerber über den Abschluss des Vertrags informiert hat, sofern diese Information eine Zusammenfassung der einschlägigen Gründe [...] enthält"*. Die herrschende Meinung hat daher schon § 101b Abs. 2 S. 1 GWB a.F. richtlinienkonform ausgelegt.[12] 4

§ 135 **Abs. 2 S. 2** GWB setzt Art. 2f Abs. 1 lit. a Spiegelstr. 1 der RL 89/665/EWG in deutsches Recht um. Hiernach können die Mitgliedstaaten vorsehen, dass eine Nachprüfung innerhalb von 30 Kalendertagen erfolgen muss, gerechnet von dem Tag an, der auf den Tag folgt, an dem der öffentliche Auftraggeber eine Bekanntmachung über die Auftragsvergabe veröffentlicht hat, wenn darin begründet wird, warum der Auftrag ohne vorherige Veröffentlichung einer Bekanntmachung im Amtsblatt der Europäischen Union vergeben wurde. 5

§ 135 **Abs. 3** GWB beruht auf Art. 2d RL 89/665/EWG.[13] Von dieser Möglichkeit, in Form einer freiwilligen „Ex-ante-Transparenz" bereits die Absicht bekannt zu machen, einen Auf- 6

4 Vgl. Erwägungsgrund 13 RL 2007/66/EG.
5 Erwägungsgrund 14 RL 2007/66/EG; vgl. hierzu etwa OLG Saarbrücken, Beschluss v. 29.1.2014 – 1 Verg 3/13; VK Bund, Beschluss v. 20.2.2014 – VK 1-4/14.
6 Ebenso z. B. *Bulla/Schneider*, VergabeR 2011, 664 (670).
7 *Hattig*, in: Hattig/Maibaum, Kartellvergaberecht, § 101b GWB Rn. 27 f.
8 OLG Dresden, Beschluss v. 12.10.2010 – WVerg 9/10.
9 Vgl. OLG Düsseldorf, Beschluss v. 28.3.2012 – VII-Verg 37/11; Beschluss v. 11.1.2012 – VII-Verg 67/11; Beschluss v. 3.8.2011 – VII-Verg 33/11; Beschluss v. 21.7.2010 – VII-Verg 19/10; OLG Dresden, Beschluss v. 12.10.2010 – WVerg 9/10; *Höß*, in: Heuvels/Höß/Kuß/Wagner, Vergaberecht, § 135 GWB Rn. 1; a.A. OLG München, Beschluss v. 31.1.2013 – Verg 31/12 (ohne nähere Begründung); VK Bund, Beschluss v. 23.2.2011 – VK 1-12/11; Beschluss v. 1.12.2009 – VK 3-205/09.
10 Auch hierin lag eine unzulässige „Nichtbeteiligung" anderer Unternehmen i.S.d. § 101b Abs. 1 Nr. 2 GWB a.F. vor, OLG Naumburg, Beschluss v. 14.3.2014 – 2 Verg 1/14; OLG Saarbrücken, Beschluss v. 29.1.2014 – 1 Verg 3/13; OLG Dresden, Beschluss v. 24.7.2012 – Verg 2/12; OLG Düsseldorf, Beschluss v. 3.8.2011 – VII-Verg 33/11; VK Niedersachsen, Beschluss v. 1.2.2011 – VgK-75/2010; i.E. auch VK Baden-Württemberg, Beschluss v. 21.10.2009 – 1 VK 51/09; anders war eine Konstellation zu beurteilen, in der es dem Auftraggeber gerade gestattet war, den Auftrag im nationalen Vergabeverfahren zu vergeben, VK Bund, Beschluss v. 1.12.2009 – VK 3-205/09.
11 Gesetzesbegründung zu § 135 Abs. 2 GWB, VergRModG 2016, BT-Drs. 18/6281, 122.
12 OLG Düsseldorf, Beschluss v. 1.8.2012 – VII-Verg 15/12; Beschluss v. 3.8.2011 – VII-Verg 33/11.
13 Gesetzesbegründung zu § 135 Abs. 3 GWB, VergRModG 2016, BT-Drs. 18/6281, 122.

trag ohne Veröffentlichung vergeben zu wollen, hatte der deutsche Gesetzgeber bis zum VergRModG 2016 keinen Gebrauch gemacht. Auch wenn ein entsprechendes EU-Standardformular in der VO (EG) 1150/2009 vorgesehen war, konnten deutsche Auftraggeber die mit der Veröffentlichung der Vergabeabsicht verbundene Rechtswirkung bis dahin – jedenfalls unmittelbar nach deutschem Vergaberecht[14] – nicht nutzen, nach Einhalten einer Mindestfrist von zehn Kalendertagen den Zuschlag ohne förmliches Vergabeverfahren erteilen zu können. Diese Möglichkeit sieht § 135 Abs. 3 GWB seit der Novelle des GWB-Vergaberechts 2016 ausdrücklich vor. Der Richtliniengeber befürwortet eine solche Regelung im Interesse der Rechtssicherheit, zumal eine solche freiwillige Veröffentlichung keine Ausdehnung der Verpflichtungen bedeute, die sich aus den EU-Vergaberichtlinien ergeben.[15] Der Inhalt der freiwilligen Ex-ante-Bekanntmachung, wie ihn § 135 Abs. 3 S. 2 GWB vorschreibt, geht zurück auf Art. 3a RL 89/665/EWG.

II. Historie

7 Den unter Umgehung des Vergaberechts direkt mit einem Unternehmen geschlossenen Verträgen war mit den Mitteln des deutschen Vergaberechts **früher** nur schwer beizukommen. Nachdem der Vertrag einmal wirksam geschlossen war, existierte kein vergaberechtlicher Primärrechtsschutz mehr (vgl. jetzt § 168 Abs. 2 S. 1 GWB). Die leer ausgegangenen Konkurrenten des Auftragnehmers waren – wenn sie von der Auftragsvergabe überhaupt erfuhren – bis dahin auf vor den Zivilgerichten durchzusetzende Schadensersatzansprüche verwiesen. Um die auf diese Weise entstehende eklatante Lücke im Rechtsschutz der Bieter zu schließen, hatte es in der Rechtsprechung schon vor Geltung des § 101b GWB a.F. verschiedene Bemühungen gegeben, die – an sich für einen Verstoß gegen die Informations- und Wartepflicht festgelegte – Nichtigkeitsfolge des § 13 S. 6 VgV a.F. auch bei völliger Missachtung der Ausschreibungspflicht anzuwenden.[16] Erst § 101b GWB a.F. verwirklichte aber in vollem Umfang den gemeinschafts- bzw. unionsrechtlich gebotenen Rechtsschutz in diesen Fällen.

8 Vor diesem Hintergrund will § 135 GWB – ebenso wie zuvor § 101b GWB a.F. – ermöglichen, dass ein vergaberechtswidrig erteilter Auftrag noch nachträglich einem geordneten Vergabeverfahren zugeführt werden kann.[17] Wegen dieser gemeinsamen **Zielsetzung** bildet § 135 Abs. 1 GWB zusammen mit § 134 GWB eine Einheit zur Gewährleistung des wirksamen Rechtsschutzes für die Bieter.[18] Zugleich ist Sinn des § 135 Abs. 2 und 3 GWB, für Rechtssicherheit zu sorgen, indem ein vergaberechtliches Vorgehen gegen bereits abgeschlossene Verträge nach Ablauf einer gewissen Zeit untersagt wird, sodass die Verträge wirksam sind.[19] Der Vertrag kann nach Ablauf der Fristen in § 135 Abs. 2 GWB vergaberechtlich nicht mehr infrage gestellt werden, sondern vor Ablauf der Vertragslaufzeit dann allenfalls von den Vertragsparteien, etwa durch Kündigung oder Ähnliches, beendet werden[20] sowie Gegenstand eines Vertragsverletzungsverfahrens der Europäischen Kommission oder eines aufsichtsbehördlichen Verfahrens sein.

9 Mit der 2016 in das GWB aufgenommenen **freiwilligen Vorab-Bekanntmachung** nach § 135 Abs. 3 GWB kann der öffentliche Auftraggeber die Unwirksamkeit des Vertrages unter bestimmten Voraussetzungen darüber hinaus von vornherein verhindern, wenn er der Ansicht ist, dass die Auftragsvergabe ohne vorherige Veröffentlichung der Vergabeabsicht im Amtsblatt der Europäischen Union rechtmäßig ist.

---

14 Für eine unmittelbare Anwendung des Art. 2d Abs. 4 RL 89/665/EWG *Shirvani*, VergabeR 2013, 669 (675).
15 Erwägungsgrund 26 RL 2007/66/EG.
16 Vgl. hierzu Rn. 31 ff.
17 BGH, Beschluss v. 18.6.2012 – X ZB 9/11; OLG München, Beschluss v. 19.7.2012 – Verg 8/12; VK Südbayern, Beschluss v. 22.12.2014 – Z3-3-3194-1-51-11/14; VK Sachsen, Beschluss v. 23.4.2012 – 1/SVK/008-12.
18 *Dreher/Hoffmann*, in: Burgi/Dreher, Vergaberecht, § 135 GWB Rn. 11.
19 EuGH, Urteil v. 8.5.2014 –Rs. C-161/13; OLG Schleswig, Beschluss v. 4.11.2014 – 1 Verg 1/14; OLG München, Beschluss v. 13.6.2013 – Verg 1/13; Beschluss v. 19.7.2012 – Verg 8/12.
20 VK Südbayern, Beschluss v. 22.12.2014 – Z3-3-3194-1-51-11/14; VK Bund, Beschluss v. 12.11.2012 – VK-1 109/12.

§ 135 Abs. 1 GWB entspricht im Wesentlichen dem bisherigen § 101b Abs. 1 S. 1 und 2 GWB a.F. § 101b Abs. 1 Nr. 1 GWB a.F. hatte bei der Novelle des Vergaberechts im Jahre 2009 die frühere Regelung des § 13 VgV a.F. – wenn auch unter erheblichen Modifikationen – bei Verstößen gegen die Informationspflicht übernommen: Anders als zuvor führten diese Verstöße demnach nicht zur Nichtigkeit, sondern zur nachträglich festgestellten Unwirksamkeit des jeweiligen Vertrages „von Anfang an"; dies erschien dem Gesetzgeber damals sachgerechter.[21] Dabei ist es auch nach der Novelle des GWB-Vergaberechts 2016 in § 135 Abs. 1 S. 1 GWB geblieben.

Der Anwendungsbereich des § 135 **Abs. 1 Nr. 2** GWB ist im Vergleich mit § 101b GWB a.F. neu gefasst worden. § 101b Abs. 1 Nr. 2 GWB a.F. stellte erstmals ausdrücklich klar, dass rechtswidrige Direktvergaben, für die sich der ungenaue Begriff „De-facto-Vergabe" durchgesetzt hat, zur Unwirksamkeit des Vertrages führen (können). Während § 101b GWB a.F. für die Unwirksamkeit des Vertrages jedoch daran anknüpfte, dass der Auftrag rechtswidrig direkt an ein Unternehmen vergeben wurde, ohne dass dies aufgrund Gesetzes gestattet war, kommt es für die Unwirksamkeit eines Vertrages seit dem VergRModG 2016 auf die rechtswidrig unterlassene vorherige Veröffentlichung der Vergabeabsicht im Amtsblatt der Europäischen Union an.[22] Diese Änderung dient der (präziseren) Umsetzung der Vorgaben der Rechtsmittelrichtlinie[23] und trägt der schon zuvor vorgenommenen erweiternden Auslegung des § 101b Abs. 1 Nr. 2 GWB a.F. durch die Rechtsprechung Rechnung.[24] Die Neufassung der Vorschrift durch die Novelle des GWB-Vergaberechts 2016 hat zugleich mehr Rechtssicherheit und -klarheit geschaffen, da bis dahin die Auslegung des Wortlauts des § 101b GWB a.F. durchaus Fragen hinsichtlich der Reichweite der Vorschrift aufwarf;[25] mit dem rechtswidrigen Unterlassen einer an sich zwingenden EU-weiten Bekanntmachung der beabsichtigten Auftragsvergabe setzt die Vorschrift seit dem VergRModG 2016 einen objektiven Anknüpfungspunkt. 10

§ 135 **Abs. 2 S. 1** GWB entspricht im Wesentlichen dem bisherigen § 101b Abs. 2 S. 1 GWB a.F. Anders als nach dem Wortlaut des § 101b GWB a.F., der den Fristbeginn an die „Kenntnis" des Antragstellers von dem Verstoß knüpfte, setzt der Lauf der Frist, innerhalb der ein Unternehmen die Feststellung der Unwirksamkeit eines Vertrags beantragen kann, eine Information der betroffenen Bieter oder Bewerber durch den öffentlichen Auftraggeber über den Abschluss des Vertrags voraus. Eine (anderweitige) Kenntniserlangung durch den Bieter oder Bewerber genügt als fristauslösendes Ereignis damit nicht.[26] Auch diese Änderung dient der Umsetzung der Vorgaben in der RL 89/665/EWG und entspricht im Übrigen der zuvor schon vertretenen Auslegung des § 101b GWB a.F. durch die Rechtsprechung.[27] § 135 Abs. 2 GWB bezieht sich insoweit auf die in § 135 Abs. 1 GWB genannten Verstöße, also auf einen Vertragsschluss ohne vorherige Mitteilung der unterlegenen Bieter und Bewerber nach § 134 GWB bzw. ohne vorherige Veröffentlichung der beabsichtigten Auftragsvergabe in einer Bekanntmachung im Amtsblatt der Europäischen Union.[28] Dadurch, dass § 135 Abs. 2 S. 1 GWB den Fristbeginn an die Information durch den öffentlichen Auftraggeber und damit – ebenso wie § 135 Abs. 1 Nr. 2 GWB – an eine objektive Tatsache knüpft, sorgt die Vorschrift auch insoweit für mehr Rechtssicherheit, da auf diese Weise die Unsicherheiten vermieden werden, die 11

21 Gesetzesbegründung zu § 101b GWB, VergRModG 2009, BT-Drs. 16/10117, 21.
22 Gesetzesbegründung zu § 135 Abs. 1 GWB, VergRModG 2016, BT-Drs. 18/6281, 122.
23 Hierzu sogleich Rn. 11 sowie Rn. 35.
24 Gesetzesbegründung zu § 135 GWB Abs. 1 GWB, VergRModG 2016, BT-Drs. 18/6281, 122, die insoweit auf OLG Düsseldorf, Beschluss v. 11.1.2012 – VII-Verg 67/11 m.w.N. verweist. Schon die bisherige h.M. war der Auffassung, dass mit „Verstoß" der Vertragsschluss ohne die vorher notwendige EU-weite Auftragsbekanntmachung gemeint ist, vgl. z. B. OLG Düsseldorf, Beschluss v. 3.8.2011 – VII-Verg 33/11.
25 Vgl. VK Bund, Beschluss v. 21.1.2015 – VK2-113/14, Beschluss v. 20.2.2014 – VK 1-4/14; VK Niedersachsen, Beschluss v. 1.2.2011 – VgK-75/2010; VK Rheinland-Pfalz, Beschluss v. 22.10.2010 – VK 2-34/10.
26 Gesetzesbegründung zu § 135 Abs. 2 GWB, VergRModG 2016, BT-Drs. 18/6281, 122.
27 OLG Düsseldorf, Beschluss v. 1.8.2012 – VII-Verg 15/12.
28 Gesetzesbegründung zu § 135 Abs. 2 GWB, VergRModG 2016, BT-Drs. 18/6281, 122, mit Verweis auf OLG Düsseldorf, Beschluss v. 3.8.2011 – VII-Verg 33/11; vgl. auch Beschluss v. 1.8.2012 – VII-Verg 15/12.

zuvor bei der Anwendung des § 101 GWB a.F. mit der Feststellung der „Kenntnis" eines Verstoßes und damit einer inneren, subjektiven Tatsache in jedem Einzelfall verbunden waren.[29]

12 § 135 **Abs. 2 S. 2** GWB entspricht § 101b Abs. 2 S. 2 GWB a.F. Nach wie vor stellt S. 2 auf die Veröffentlichung der Bekanntmachung der Auftragsvergabe im Amtsblatt der Europäischen Union als fristauslösendes Ereignis ab, sodass auch hier die Kenntnis der betroffenen Bieter oder Bewerber von einem Verstoß gegen § 135 Abs. 1 GWB entsprechend des Art. 2f Abs. 1 lit. a RL 89/665/EWG auf einer Information des öffentlichen Auftraggebers beruht.[30]

13 § 135 **Abs. 3** GWB übernimmt die in der RL 89/665/EWG vorgesehene Möglichkeit, die Unwirksamkeit eines Vertrages über einen öffentlichen Auftrag, der ohne vorherige EU-weite Bekanntmachung der Auftragsabsicht vergeben worden ist, zu vermeiden, wenn der öffentliche Auftraggeber der Ansicht ist, eine Vergabe sei ohne vorherige Veröffentlichung im Amtsblatt der Europäischen Union zulässig.[31] Damit die Unwirksamkeitsfolge nicht eintritt, muss der öffentliche Auftraggeber die Absicht des Vertragsschlusses in einer freiwilligen Ex-ante-Bekanntmachung im Amtsblatt der Europäischen Union bekunden. Der Vertrag darf nicht vor Ablauf einer Frist von mindestens zehn Kalendertagen – gerechnet ab dem Tag nach der Veröffentlichung der Bekanntmachung – abgeschlossen werden.[32]

III. Praktische Wirksamkeit

14 Trotz der von der Nichtigkeit des Vertrages zu dessen Unwirksamkeit in § 101b GWB a.F. „gemilderten" Sanktion fügte sich die Vorschrift an der Schnittstelle von Rechtssicherheit einerseits und Bieterrechtsschutz andererseits nicht harmonisch in die deutsche Zivilrechtssystematik ein. Das gilt nach wie vor. Die Regelung in § 101b Abs. 1 Nr. 2 GWB a.F. dürfte den Einsatz rechtsmissbräuchlicher Direktvergaben bei Beschaffungsvorhaben der öffentlichen Hand nicht vollends gestoppt haben.

15 Die Fristenregelungen erhöhen zwar die Rechtssicherheit, bedeuten für potenzielle Bieter aber zugleich eine Einschränkung ihres Rechtsschutzes.[33] Die Befristung konnte und kann öffentliche Auftraggeber und ihre Vertragspartner dazu verleiten, sich in den ersten sechs Monaten nach Vertragsschluss möglichst „bedeckt" zu halten und den Beginn der Leistungserbringung erst nach Ablauf der Sechsmonatsfrist nach **§ 135 Abs. 2 S. 1 GWB** zu vereinbaren, um so die Kenntnis eines Konkurrenten vom Vertragsschluss zu verhindern und die Durchführung eines Nachprüfungsverfahrens zumindest zu erschweren. Indes droht in diesen – schwer nachweisbaren – Fällen gegebenenfalls die Nichtigkeit des Vertrages nach § 138 BGB.[34]

16 Um auszuschließen, dass öffentliche Auftraggeber einen Vertragsabschluss bewusst in Kenntnis von dessen Vergaberechtswidrigkeit im Amtsblatt der Europäischen Union nach **§ 135 Abs. 2 S. 2 GWB** veröffentlichen, um darauf zu hoffen, dass niemand innerhalb der Dreißig-Tage-Frist Notiz von der Veröffentlichung nimmt,[35] ist ein strenger Maßstab an den Inhalt der Bekanntmachung anzulegen; diese muss wahrheitsgemäß und so aussagekräftig sein, dass ein Konkurrent in der Lage ist, gegebenenfalls ein Nachprüfungsverfahren gegen die Direktvergabe des Auftrags einzuleiten.[36] Das gilt gleichermaßen für die freiwillige Vorab-Bekanntmachung nach § 135 Abs. 3 GWB, mit der eine nachträglich eintretende Unwirksamkeit des Vertrages von vornherein vermieden werden kann, und nicht berücksichtigten Bieter dabei die Zehn-Tage-Frist zur Einleitung eines Nachprüfungsverfahrens zur Verfügung steht.

---

29 Vgl. etwa OLG Düsseldorf, Beschluss v. 12.2.2014 – VII-Verg 32/13; OLG Frankfurt, Beschluss v. 30.1.2014 – 11 Verg 15/13; OLG München, Beschluss v. 21.2.2013 – Verg 21/12; OLG Naumburg, Beschluss v. 26.7.2012 – 2 Verg 2/12; VK Saarland, Beschluss v. 24.7.2014 – 3 VK 02/2014; VK Baden-Württemberg, Beschluss v. 31.1.2012 – 1 VK 66/11; VK Schleswig-Holstein, Beschluss v. 23.8.2012 – VK-SH 21/12.

30 Gesetzesbegründung zu § 135 Abs. 2 GWB, VergRModG 2016, BT-Drs. 18/6281, 122.

31 Gesetzesbegründung zu § 135 Abs. 3 GWB, VergRModG 2016, BT-Drs. 18/6281, 122.

32 Gesetzesbegründung zu § 135 Abs. 3 GWB, VergRModG 2016, BT-Drs. 18/6281, 122, mit Verweis auf EuGH, Urteil v. 11.9.2014 – Rs. C-19/13 (Fastweb SpA), Rn. 42.

33 Vgl. *Dreher/Hoffmann*, in: Burgi/Dreher, Vergaberecht, § 135 GWB Rn. 7.

34 Siehe Rn. 106; vgl. Stellungnahme des Bundesrates, VergRModG 2009, BT-Drs. 16/10117, 32.

35 Vgl. *Greb/Stenzel*, NZBau 2012, 404 (408).

36 Siehe Rn. 82 f.

B. Unwirksamkeit (Abs. 1)

17 Nach § 135 Abs. 1 GWB ist ein Vertrag von Anfang an unwirksam, wenn der öffentliche Auftraggeber gegen die Informations- oder Wartepflicht nach § 134 GWB verstoßen hat (Nr. 1) oder einen öffentlichen Auftrag ohne vorherige Veröffentlichung einer Bekanntmachung im Amtsblatt der Europäischen Union vergeben hat, ohne dass dies aufgrund Gesetzes gestattet ist (Nr. 2).

18 In beiden Fällen muss der Verstoß in einem **Nachprüfungsverfahren** nach den Vorgaben des § 135 Abs. 2 GWB festgestellt werden. Nur unter dieser zusätzlichen Voraussetzung kann der zunächst („schwebend") wirksame Vertrag nachträglich „von Anfang an" unwirksam werden.

19 Es kommt dabei allein darauf an, ob **objektiv** ein Verstoß gegen § 135 Abs. 1 Nr. 1 oder 2 GWB vorliegt, ohne dass ein subjektives Element – sprich: die Kenntnis des Verstoßes aufseiten des öffentlichen Auftraggebers oder des Auftragnehmers – erforderlich wäre.[37]

I. Anwendungsbereich

20 § 135 GWB gilt im Bereich oberhalb der Schwellenwerte[38] für sämtliche Vergaben öffentlicher Aufträge durch öffentliche Auftraggeber i.S.d. § 115 GWB. Auch für Vergaben durch Sektorenauftraggeber gilt § 135 GWB (§ 142 GWB). Für die Vergabe von verteidigungs- und sicherheitsspezifischen Aufträgen ist § 135 GWB gemäß § 147 GWB und für die Vergabe von Konzessionen gemäß § 154 Nr. 4 GWB anwendbar. § 8b Abs. 7 PBefG regelt die Anwendbarkeit von § 135 GWB auf Dienstleistungskonzessionen im Bereich des Bus- und Straßenbahnverkehrs.[39]

II. Verstoß gegen Informations- oder Wartepflicht (Nr. 1)

21 Nach § 135 Abs. 1 Nr. 1 GWB ist der Vertrag von Anfang an unwirksam, wenn der öffentliche Auftraggeber gegen die Informations- und Wartepflicht des § 134 GWB verstoßen hat – und dies in einem Nachprüfungsverfahren entsprechend den Vorgaben in § 135 Abs. 2 GWB festgestellt wird. Die Unwirksamkeitsfolge nach § 135 GWB sichert die Einhaltung der in § 134 Abs. 2 S. 1 und 2 GWB festgelegten Wartefrist von fünfzehn bzw. zehn Kalendertagen. Sie schützt die unterlegenen Bewerber und Bieter, indem sie verhindert, dass durch die Erteilung des Zuschlags unumkehrbare Rechtsfolgen eintreten. Damit entspricht die Regelung dem gemeinschaftsrechtlichen Gebot, die dem Vertragsschluss vorangehende Entscheidung des öffentlichen Auftraggebers darüber, mit welchem Bieter eines Vergabeverfahrens er den Vertrag schließt, in jedem Fall einem Nachprüfungsverfahren zugänglich zu machen.[40]

22 Der Wortlaut der Vorschrift legt nahe, dass die Unwirksamkeitsfolge nicht von der **Art** des Verstoßes gegen § 134 GWB abhängig ist, sondern dass jeder festgestellte Verstoß gegen § 134 GWB zur Unwirksamkeit des Vertrages führt. Es ist jedoch zu differenzieren:

1. Fehlende Information

23 Die Rechtsfolge der Unwirksamkeit des Vertrages von Anfang an tritt in Fällen ein, in denen der öffentliche Auftraggeber die Wartefrist oder die Informationspflicht gänzlich missachtet hat, also z. B. überhaupt keine Information gemäß § 134 GWB vor Zuschlagserteilung versandt hat oder die Zuschlagserteilung vor Ablauf der Frist erfolgt ist.[41]

---

37 *Dreher/Hoffmann*, in: Burgi/Dreher, Vergaberecht, § 135 GWB Rn. 14.
38 Zum Rechtsschutz unterhalb der Schwellenwert vgl. § 134 GWB Rn. 16.
39 VK Rheinland-Pfalz, Beschluss v. 31.10.2019 – VK 1-17/19.
40 Vgl. auch BGH, Urteil v. 22.2.2005 – KZR 36/03 zu § 13 VgV a.F.
41 Vgl. zuletzt etwa VK Niedersachsen, Beschluss v. 11.1.2021 – VgK-51/2020.

2. Unvollständige Information

24 Die Unwirksamkeitssanktion muss gleichzeitig immer auch dann greifen, wenn einzelne der in § 134 GWB gesetzlich ausdrücklich geforderten Angaben (Name des erfolgreichen Bieters, Gründe für die eigene Nichtberücksichtigung, frühester Zeitpunkt des Vertragsschlusses) in der Information fehlen.[42] Dieses Verständnis folgt aus der gebotenen unionsrechtskonformen Auslegung des § 135 Abs. 1 Nr. 1 GWB.[43] Nach Art. 2d Abs. 1 lit. b RL 89/665/EWG muss die Unwirksamkeit eintreten, sofern das Fehlen der Angaben dazu führt, dass der Bieter, der eine Nachprüfung beantragt, nicht mehr die Möglichkeit hat, vor Abschluss des Vertrags Rechtsschutz zu erlangen, und dieser Verstoß verbunden ist mit einem Verstoß gegen die RL 2014/24/EU, falls der letztgenannte Verstoß die Aussichten des Bieters, der eine Nachprüfung beantragt, auf die Erteilung des Zuschlags beeinträchtigt hat. Die Angaben, die § 134 GWB vorsieht und die auf Art. 2a Abs. 2 RL 89/665/EWG beruhen, wurden vom Gesetzgeber als erforderlich angesehen, um über einen Nachprüfungsantrag zu entscheiden. Als Verstoß i.S.d. § 135 Abs. 1 Nr. 1 GWB sind daher auch die Fälle zu zählen, in denen der öffentliche Auftraggeber nicht alle Gründe für die Nichtberücksichtigung eines Bewerbers oder Bieters in der Information nennt.[44] Ansonsten führte die Regelung des § 134 GWB – wie auch sonst beim Fehlen einer der gesetzlich vorgeschriebenen Angaben – ins Leere, da ein Bieter seine Position im Vergabeverfahren und die Chancen eines Nachprüfungsverfahrens nicht mehr verlässlich abschätzen könnte. Gerade Umstände, die etwa in der Person des erfolgreichen Bieters liegen (z. B. dessen fragliche Eignung) und die mitgeteilten Gründe für die Nichtberücksichtigung des eigenen Angebots können einem nichtberücksichtigten Bieter Anlass geben, ein Nachprüfungsverfahren anzustrengen. Ohne die gesetzlich geforderten Angaben in der Vorabinformation wäre damit ein wirksamer Rechtsschutz, den § 134 GWB gerade sicherstellen will, dann infrage gestellt. Fehlt eine solche Angabe bzw. werden nicht alle Gründe für die Nichtberücksichtigung genannt, liegt daher immer ein Verstoß gegen § 134 Abs. 1 S. 1 GWB vor und die erste Voraussetzung für die Unwirksamkeit des Vertrages ist gegeben. Das gilt auch in den Fällen, in denen der frühestmögliche Zeitpunkt des Vertrages nicht angegeben wird.[45]

3. Inhaltlich mangelhafte Information

25 Es ist jedoch fraglich, ob ein Vertrag auch dann unwirksam ist, wenn der öffentliche Auftraggeber der Informationspflicht des § 134 GWB als solcher zwar Genüge getan hat, das Informationsschreiben selbst auch die gesetzlich geforderten Angaben enthält, diese aber unzutreffend oder unzureichend sind bzw. das Schreiben ansonsten inhaltlich fehlerhaft ist. Nach dem Wortlaut des § 135 Abs. 1 Nr. 1 GWB ist auch eine solcherart mangelhafte Vorabinformation ausreichend für die Feststellung der Unwirksamkeit des Vertrages. Denn auch in diesen Fällen hat der öffentliche Auftraggeber *„gegen § 134 GWB verstoßen."* Die Vorabinformation muss der Wahrheit entsprechen und die gesetzlich geforderten Angaben müssen vollständig, zutreffend und jedenfalls so konkret sein, dass ein Bieter seine Stellung im Wettbewerb und die Chancen eines Nachprüfungsverfahrens belastbar einschätzen kann. Allein diese Auslegung entspricht dem Ziel des § 134 GWB, einen wirksamen Bieterrechtsschutz sicherzustellen.[46]

---

42 Vgl. OLG Karlsruhe, Beschluss v. 22. 2.2019 – 15 Verg 9/18; OLG Düsseldorf, Beschluss v. 4.2.2013 – VII-Verg 52/12; Beschluss v. 3.3.2010 – VII-Verg 11/10; OLG Karlsruhe, Beschluss v. 9.10.2012 – 15 Verg 12/11; OLG Koblenz, Beschluss v. 25.9.2012 – 1 Verg 5/12; OLG Jena, Beschluss v. 9.9.2010 – 9 Verg 4/10.

43 Vgl. *Dreher/Hoffmann*, in: Burgi/Dreher, Vergaberecht, § 135 GWB Rn. 18.

44 Siehe § 134 GWB Rn. 60 ff.

45 Siehe hierzu § 134 Rn. 75; OLG Brandenburg, Beschluss v. 22.12.2011 – Verg 14/11; OLG München, Beschluss v. 10.3.2011 – Verg 1/11; VK Brandenburg, Beschluss v. 15.9.2015 – VK 16/15; VK Bund, Beschluss v. 7.7.2015 – VK 2-49/15; Beschluss v. 26.11.2013 –VK 2-104/13.

46 Vgl. auch *Dreher/Hoffmann*, in: Burgi/Dreher, Vergaberecht, § 135 GWB Rn. 22.

Zum Teil wird eine **teleologische Reduktion** von § 135 GWB gefordert.[47] Es sei im Einzelfall nach Rechtsschutzgesichtspunkten zu entscheiden, ob die Unwirksamkeitsfolge geboten ist.[48] Hintergrund ist, dass ein unzureichend informierter Bieter oder Bewerber ein Nachprüfungsverfahren mit dem Ziel einleiten kann, die Vergabestelle zu verpflichten, ihm eine ausreichende Begründung zu erteilen.[49] Bis zur Entscheidung der Vergabekammer und dem Ablauf der Beschwerdefrist bleibt er durch das Zuschlagsverbot des § 169 Abs. 1 GWB vor einem Rechtsverlust geschützt. Damit liegt es allein bei ihm, seine Rechte im Rahmen des ihm tatsächlich eröffneten Nachprüfungsverfahrens durchzusetzen. Durch eine teleologische Reduktion des Anwendungsbereichs von § 135 GWB[50] darf der wirksame Rechtsschutz jedoch keinesfalls gefährdet werden. Bei der Frage, ob § 135 GWB bei unzureichenden oder unzutreffenden Vorabinformationen eingreift, ist stets der Zweck der zum Schutze des Bieters (bzw. im Fall des § 134 Abs. 1 S. 2 GWB des Bewerbers) bestehenden Begründungspflicht nach § 134 GWB zu berücksichtigen, diesen über die tatsächlichen und rechtlichen Umstände seiner Nichtberücksichtigung aufzuklären und ihm so die Möglichkeit zu verschaffen, auf dieser Grundlage die Aussichten eines Nachprüfungsverfahrens einzuschätzen.[51] Sind die Fehler der Information für den Adressaten nicht erkennbar, wird er durch die Information nach § 134 GWB gerade nicht in die Lage versetzt, die Erfolgsaussichten eines etwaigen Nachprüfungsverfahrens verlässlich einzuschätzen, sodass in einer solchen Konstellation ein Verstoß gegen § 134 GWB i.S.d. § 135 Abs. 1 Nr. 1 GWB vorliegt.[52] Das gilt namentlich für eine nicht den Tatsachen entsprechende Begründung der eigenen Nichtberücksichtigung. Kein Verstoß gegen § 134 GWB i.S.d. § 135 Abs. 1 Nr. 1 GWB liegt dagegen vor, wenn ein Bieter oder Bewerber trotz der fehlerhaften Information nicht daran gehindert wird, die Chancen eines Nachprüfungsverfahrens realistisch einzuschätzen. Damit sind Fälle angesprochen, in denen die Information erkennbare Fehler aufweist. Das kann z. B. der Fall sein, wenn der Adressat der Vorabinformation den für den Zuschlag ausgewählten Konkurrenten trotz falsch geschriebenen Namens oder fehlerhafter Angabe der Adresse etc. zweifelsfrei identifizieren kann. Ebenso zu behandeln sind für den Informationsadressaten erkennbare Zahlendreher und Ähnliches.[53] 26

4. In sonstiger Weise mangelhafte Information

Es stellt sich schließlich die Frage, ob ein „Verstoß gegen § 134 GWB" i.S.d. § 135 Abs. 1 Nr. 1 GWB auch dann vorliegt, wenn der öffentliche Auftraggeber die Information nicht in **Textform** versendet, sie also lediglich mündlich erteilt. In diesen Fällen liegt schon keine Information i.S.d. § 134 GWB vor. Sie sind daher so zu behandeln, als ob überhaupt keine Information erteilt worden wäre. Denn § 134 Abs. 1 S. 2 GWB sieht die Textform mit guten Gründen ausdrücklich vor. Hierdurch wird der gebotenen Rechtsklarheit Rechnung getragen und Beweisschwierigkeiten werden verhindert. Wird die Information nicht in Textform, sondern le- 27

---

47 Zu § 13 VgV a.F. hatte sich die Auffassung durchgesetzt, dass nicht jede falsche oder unvollständige Information die Nichtigkeitsfolge auszulösen vermochte. § 13 VgV a.F. sei vielmehr im Sinne einer teleologischen Reduktion so auszulegen, dass auch eine unvollständige oder falsche Mitteilung eine „Information" i.S.d. § 13 VgV a.F. darstelle und daher nicht die Nichtigkeitsfolge auslöse. Dies gelte jedenfalls dann, wenn der Auftraggeber nicht bewusst unzutreffende Angaben mache oder der Verstoß sonst als so schwerwiegend zu qualifizieren sei, dass nicht mehr von einer „Information" gesprochen werden könne, auf deren Grundlage ein Bieter die Erfolgsaussichten eines Nachprüfungsantrags einschätzen könne. Aus der Gesetzesbegründung zum VergRModG 2009, BT-Drs. 16/10117, 21, ergibt sich, dass § 101b GWB a.F. vor allem zu mehr Rechtssicherheit führen sollte. Abgesehen von der gesetzlichen Regelung der De-facto-Vergabe war mit § 101b GWB a.F. eine Ausdehnung des Anwendungsbereichs des § 13 VgV a.F. vom Gesetzgeber gerade nicht beabsichtigt. Ablehnend gegenüber einer teleologischen Reduktion: *Braun*, in: Ziekow/Völlink, Vergaberecht, § 135 GWB Rn. 40.

48 Vgl. etwa auch VK Nordbayern, Beschluss v. 18.11.2011 – VK 3194-36/11; *Glahs*, in: Reidt/Stickler/Glahs, Vergaberecht, § 135 GWB Rn. 9; *Maimann*, in: Röwekamp/Kus/Portz/Prieß, GWB-Vergaberecht, § 135 Rn. 10.

49 Hierauf verweist auch *Freytag*, in: Gabriel/Krohn/Neun, Handbuch Vergaberecht, § 37 Rn. 42, letztlich bestehe daher kein Anlass für eine teleologische Reduktion.

50 Ablehnend z. B. *Freytag*, in: Gabriel/Krohn/Neun, Handbuch Vergaberecht, § 37 Rn. 42 m.w.N.

51 OLG Dresden, Beschluss v. 14.2.2003 – WVerg 11/01, zu § 13 VgV a.F.; vgl. *Dreher/Hoffmann*, in: Burgi/Dreher, Vergaberecht, § 135 GWB Rn. 22.

52 Zu § 13 VgV a.F. *Kühnen*, in: Byok/Jaeger, Vergaberecht, 2. Auflage, § 13 VgV Rn. 1590; vgl. *Dreher/Hoffmann*, in: Burgi/Dreher, Vergaberecht, § 135 GWB Rn. 22.

53 *Dreher/Hoffmann*, in: Burgi/Dreher, Vergaberecht, § 135 GWB Rn. 23.

diglich mündlich erteilt, liegt stets ein Verstoß gegen § 134 GWB i.S.d. § 135 Abs. 1 Nr. 1 GWB und damit eine Voraussetzung für die Feststellung der Unwirksamkeit des Vertrages durch die Vergabekammer vor.[54]

28 Informiert der öffentliche Auftraggeber dagegen die betroffenen Bewerber und Bieter entgegen § 134 Abs. 1 S. 1 GWB nicht **unverzüglich**, liegt an sich zwar ebenfalls ein Verstoß gegen § 134 GWB vor. Mit Blick auf den Normzweck des § 134 GWB, effektiven Rechtsschutz zu gewährleisten, liegt hierin jedoch kein Verstoß i.S.d. § 135 Abs. 1 Nr. 1 GWB, der die Unwirksamkeit des Vertrages rechtfertigen könnte.[55] Liegt kein sonstiger Verstoß gegen § 134 GWB vor, können die betroffenen Bewerber und Bieter in diesen Fällen während der Wartefrist des § 134 GWB, die ihnen auch dann voll zur Verfügung steht, effektiven Rechtsschutz erlangen. In diesen Fällen sind allenfalls Schadensersatzansprüche gegen den öffentlichen Auftraggeber denkbar, weil die Bindung an das Angebot länger als erforderlich ist.[56]

5. Verstoß gegen Wartepflicht

29 Eine Zuschlagserteilung vor Ablauf der Frist nach § 134 Abs. 2 GWB führt gleichermaßen zur schwebenden Unwirksamkeit des Vertrages.[57]

III. De-facto-Vergabe (Nr. 2)

30 § 135 Abs. 1 Nr. 2 GWB sanktioniert eine rechtswidrige Auftragsvergabe ohne vorherige Bekanntmachung im Amtsblatt der Europäischen Union, die gesetzlich mit der Unwirksamkeit des hierauf geschlossenen Vertrages belegt wird, soweit dies in einem Nachprüfungsverfahren unter den Voraussetzungen des § 135 Abs. 2 GWB geltend gemacht wird. Nach § 135 Abs. 1 Nr. 2 GWB ist demnach ein Vertrag von Anfang an unwirksam, wenn der öffentliche Auftraggeber den Auftrag ohne vorherige Veröffentlichung einer Bekanntmachung im Amtsblatt der Europäischen Union vergeben hat, ohne dass dies aufgrund Gesetzes gestattet ist (und dieser Verstoß in einem Nachprüfungsverfahren nach § 135 Abs. 2 GWB festgestellt wird).

1. Rechtsentwicklung

31 Unter welchen Voraussetzungen die Nichtigkeitsfolge des § 13 S. 6 VgV a.F. auch auf De-facto-Vergaben anzuwenden ist, gehörte früher zu den umstrittensten Problemkreisen im deutschen Vergaberecht. § 13 VgV a.F. nannte allein „Bieter" als Adressaten der Vorabinformation. Demnach konnten also nur „Bieter" beanspruchen, über das Ergebnis des Vergabeverfahrens eigens in einer Information unterrichtet zu werden. Bei einer De-facto-Vergabe fehlte es aber gerade an einem förmlichen Verfahren, es fehlt an Angeboten und damit auch an „Bietern" im vergaberechtlichen Sinne.[58]

32 Vor diesem Hintergrund hatte der BGH in gemeinschaftsrechtskonformer Auslegung der Vorschrift eine entsprechende Anwendung von **§ 13 VgV a.F.** auf De-facto-Vergaben, bei denen vor Vertragsschluss kein förmliches Vergabeverfahren stattfindet, zwar grundsätzlich befürwortet.[59] Die analoge Anwendung blieb aber auf Fälle beschränkt, in denen ein Beschaffungsvorgang zu einer Beteiligung mehrerer Bieter und zu verschiedenen Angeboten und schließlich zu einer Auswahlentscheidung durch den Auftraggeber führte, also eine Art wettbewerbliches Verfahren stattgefunden hatte.[60] In einer solchen Konstellation sind mehrere außenstehende Dritte als Bieter aufgetreten, deren Angebote aber nicht berücksichtigt werden sollen, sodass es auch Gründe für ihre Nichtberücksichtigung gibt, die mitgeteilt werden kön-

54 So auch *Dreher/Hoffmann*, in: Burgi/Dreher, Vergaberecht, § 135 GWB Rn. 24.
55 So auch *Dreher/Hoffmann*, in: Burgi/Dreher, Vergaberecht, § 135 GWB Rn. 26; vgl. auch *Höß*, in: Heuvels/Höß/Kuß/Wagner, Vergaberecht, § 135 GWB Rn. 8 m.w.N., der von einer *„Obliegenheitsverletzung"* des Auftraggebers spricht.
56 Vgl. *Höß*, in: Heuvels/Höß/Kuß/Wagner, Vergaberecht, § 135 GWB Rn. 8.
57 VK Niedersachsen, Beschluss v. 19.1.2021 – VgK-54/2020.
58 Zum Begriff siehe eingehend OLG Naumburg, Beschluss v. 3.9.2009 – 1 Verg 4/09.
59 BGH, Urteil v. 1.2.2005 – X ZB 27/04; vgl. z. B. auch OLG Naumburg, Beschluss v. 15.3.2007 – 1 Verg 14/06.
60 Siehe OLG Brandenburg, Beschluss v. 15.7.2010 – Verg 4/09.

nen.[61] Eine Informationspflicht nach § 13 VgV a.F. sollte dagegen dann nicht existieren, wenn der Auftraggeber nur mit einem Unternehmen Verhandlungen führte und diesem auch den Auftrag erteilte; die hierdurch entstehende eklatante Rechtsschutzlücke konnte allenfalls in Ausnahmefällen über § 138 BGB[62] geschlossen werden. Um über den Ausgang eines Verfahrens informiert zu werden, musste ein Unternehmen der Vergabestelle – in welcher Form auch immer – demnach mitgeteilt haben, dass es sich für den Auftrag interessiert.[63] Ein bloß potenzielles Interesse eines Unternehmens an einer Auftragserteilung, das dem Auftraggeber gegenüber jedoch nicht hervorgetreten ist, sollte demgegenüber unbeachtlich sein.[64] Zur Begründung wurde darauf verwiesen, dass bei De-facto-Vergaben ansonsten die Möglichkeit bestünde, dass jeder beliebige Marktteilnehmer, der – womöglich erst nach geraumer Zeit – von der Vergabe eines zu seinem Leistungssortiment zählenden Auftrags zugunsten eines Dritten erfährt, ein Nachprüfungsverfahren einleiten könnte. Eine Eröffnung des Nachprüfungsverfahrens für den gesamten Markt widerspräche der subjektiven und bieterbezogenen Ausrichtung der Regeln über das Nachprüfungsverfahren, liefe aber auch dem Sinn und Zweck der Informationspflicht zuwider.[65]

Ausgehend von der Frage, ob einem Unternehmen ein „Bieterstatus" bzw. eine „bieterähnliche Stellung" einzuräumen war, musste die Rechtsprechung auch nach der zitierten Grundsatzentscheidung des BGH in zahlreichen Einzelfällen der Frage nachgehen, ob § 13 S. 6 VgV a.F. in Fällen einer De-facto-Vergabe anzuwenden war.[66] Die hiermit verbundene erhebliche Rechtsunsicherheit suchte bereits die Vorschrift des **§ 101b GWB a.F.**, die durch das VergRModG 2009 in das damals geltende GWB eingefügt wurde, zu beseitigen. Schon nach der Regelung in § 101b Abs. 1 Nr. 2 GWB a.F. setzte eine unzulässige De-facto-Vergabe keine „bieterähnliche Stellung" oder ein durchgeführtes „wettbewerbliches Verfahren" mehr voraus. Allein maßgeblich war, ob ein objektiver Verstoß i.S.d. § 101 b GWB Abs. 1 Nr. 2 a.F. vorlag.[67] 33

Dabei ist es geblieben. Nach **§ 135 Abs. 1 Nr. 2 GWB** kann ein Vertrag zwischen einem öffentlichen Auftraggeber und einem Unternehmen unter zwei Voraussetzungen von der Vergabekammer für unwirksam erklärt werden: Erstens muss der öffentliche Auftraggeber einen öffentlichen Auftrag ohne vorherige Veröffentlichung einer Bekanntmachung im Amtsblatt der Europäischen Union an ein Unternehmen erteilt haben, und dies darf zweitens nicht „aufgrund Gesetzes" gestattet sein. Es geht also darum, jene Verträge mit der Unwirksamkeitsfeststellung zu belasten, denen es an jeglicher Transparenz in Bezug auf den Kreis der potenziell an einem Vertragsschluss interessierten Unternehmen fehlt, der Vertragsschluss also unter vollständiger Umgehung des Marktes zustande kommt.[68] Bei einem derartigen Transparenzdefizit ist die nachträgliche Feststellung der Unwirksamkeit durch die Nachprüfungsinstanzen alternativlos, da eine Ex-ante-Überprüfung von vornherein nicht in Betracht kommt.[69] Ebenso wie bei einem Verstoß nach § 135 Abs. 1 Nr. 1 GWB muss die auf eine Direktvergabe nach § 135 Abs. 1 Nr. 2 GWB gestützte Unwirksamkeit des Vertrages nach § 135 Abs. 2 GWB in einem Nachprüfungsverfahren vor der Vergabekammer festgestellt werden. Zugleich führt 34

61 BGH, Urteil v. 1.2.2005 – X ZB 27/04.
62 Siehe Rn. 106 f.
63 Vgl. OLG Düsseldorf, Beschluss v. 2.12.2009 – VII-Verg 39/09; Beschluss v. 25.1.2005 –VII-Verg 93/04.
64 Vgl. z. B. OLG Hamburg, Beschluss v. 25.1.2007 – 1 Verg 5/06; OLG Jena, Beschluss v. 28.1.2004 – 6 Verg 11/03.
65 Vgl. OLG Dresden, Beschluss v. 14.2.2003 – WVerg 0011/01.
66 Vgl. etwa OLG Naumburg, Beschluss v. 3.9.2009 – 1 Verg 4/09, zur Bietereigenschaft eines Unternehmens bei fehlendem eigenen bzw. nicht fristgerecht eingereichtem Angebot; VK Brandenburg, Beschluss v. 17.6.2008 – VK 13/08, zur Anzeige einer gewerblichen Altpapiersammlung als Interessenbekundung hinsichtlich einer dauernden Altpapierentsorgung; VK Münster, Beschluss v. 6.5.2008 –VK 4/08, zu Mitgliedern einer Bietergemeinschaft und Nachunternehmern und einer Interessenbekundung für wesentliche Teilleistungen; VK Düsseldorf, Beschluss v. 12.3.2008 – VK-03/2008-B, bei einer Wiederaufnahme der Bemühungen zur Veräußerung eines Grundstücks nach etlichen Jahren und grundlegend geänderter Nutzung; nach Aufhebung des förmlichen Vergabeverfahrens und anschließender freihändiger Vergabe z. B. OLG Düsseldorf, Beschluss v. 25.9.2008 – VII-Verg 57/08; OLG Dresden, Beschluss v. 25.1.2008 – WVerg 10/07, bei einer Interimsbeauftragung.
67 So auch VK Münster, Beschluss v. 18.3.2010 – VK 2/10.
68 VK Bund, Beschluss v. 21.1.2015 – VK 2-113/14; Beschluss v. 20.2.2014 – VK 1-4/14.
69 VK Bund, Beschluss v. 21.1.2015 – VK 2-113/14; Beschluss v. 20.2.2014 – VK 1-4/14.

§ 135 Abs. 1 Nr. 2 GWB die Regelung des § 101b Abs. 1 Nr. 2 GWB a.F. fort, welche die Antwort auf die bereits unter Geltung des § 13 VgV a.F. virulente Frage, welche Unternehmen sich auf die nachträgliche Ungültigkeit eines Vertrages berufen können, nicht überflüssig gemacht hatte; sie muss seither im Rahmen der Antragsbefugnis eines Unternehmens nach § 160 Abs. 2 GWB und insbesondere der Voraussetzung „Interesse am Auftrag" gefunden werden.[70]

2. Auftragserteilung ohne vorherige EU-weite Bekanntmachung

35 Eine unzulässige Direktvergabe im Sinne des § 135 Abs. 1 Nr. 2 GWB setzt voraus, dass der Auftrag rechtswidrig ohne vorherige Veröffentlichung einer Bekanntmachung im Amtsblatt der Europäischen Union vergeben wurde.

36 Hiermit ist die reguläre **Auftragsbekanntmachung** einer beabsichtigten Auftragsvergabe gemeint. Insofern weicht § 135 Abs. 1 Nr. 2 GWB von seiner Vorgängervorschrift § 101b Abs. 1 Nr. 2 GWB ab, der darauf abstellte, dass ein Auftrag unmittelbar an ein Unternehmen erteilt wurde, ohne andere Unternehmen am Vergabeverfahren zu beteiligen. Die Anknüpfung an die unterlassene Bekanntmachung der Vergabeabsicht im Amtsblatt der Europäischen Union in der Neuregelung ist eindeutiger. Die Durchführung eines Vergabeverfahrens im Anwendungsbereich der RL 2014/24/EU ist grundsätzlich europaweit bekannt zu machen. Nach Art. 49, 26 Abs. 5 UAbs. 1 und Art. 32 RL 2014/24/EU werden Vergabeverfahren unabhängig von der gewählten Verfahrensart durch eine Auftragsbekanntmachung in Gang gesetzt.[71] Dies soll Transparenz, Gleichbehandlung und Wettbewerb gewährleisten.[72] Diese Vorgaben werden u.a. durch § 37 VgV bzw. § 12 EU Abs. 3 VOB/A in deutsches Recht umgesetzt.[73] Nach § 37 Abs. 2 VgV teilt der öffentliche Auftraggeber seine Absicht, einen öffentlichen Auftrag zu vergeben oder eine Rahmenvereinbarung abzuschließen, in einer Auftragsbekanntmachung nach dem Muster gemäß Anhang II VO (EU) 2015/1986 mit.[74] Die Sanktion in § 135 Abs. 1 Nr. 2 GWB knüpft daran an, dass der öffentliche Auftraggeber in rechtswidriger Weise gegen die grundsätzliche Bekanntmachungspflicht verstoßen hat.

37 § 135 Abs. 1 Nr. 2 GWB stellt auf die fehlende Auftragsbekanntmachung im **Amtsblatt der Europäischen Union** ab. Die Folge der Unwirksamkeit tritt daher auch dann ein, wenn eine Auftragsbekanntmachung publiziert wurde, diese aber in einem anderen Veröffentlichungsmedium zum Beispiel auf einer nationalen Vergabeplattform veröffentlicht wurde, obwohl eine Auftragsbekanntmachung im Amtsblatt der Europäischen Union gefordert war.[75] Inwieweit sich hierauf auch Unternehmen berufen können, die die nationale Bekanntmachung zur Kenntnis genommen haben und an dem Vergabeverfahren teilgenommen haben, ist im Nachprüfungsverfahren unter dem Gesichtspunkt der Rechtsverletzung bzw. der Kausalität zwischen Rechtsverletzungen und Schaden zu prüfen.

38 § 135 Abs. 1 Nr. 2 GWB greift jedoch auch dann, wenn der öffentliche Auftrag zunächst bekanntgemacht wurde, das Vergabeverfahren jedoch nicht mit einem Zuschlag abgeschlossen werden konnte und der öffentliche Auftrag nach erfolgloser Beendigung des Vergabeverfahrens schließlich direkt vergeben wird, obwohl dieser nicht mehr den ursprünglich bekannt gemachten Anforderungen entspricht.[76] Maßgeblich für die Unwirksamkeitsfolge des § 135 Abs. 1 Nr. 2 GWB ist, ob für die tatsächlich **durchgeführte Vergabe**, also den erteilten Auftrag, eine vorherige Auftragsbekanntmachung stattgefunden hat, deren veröffentlichten Anforderungen der letztlich erteilte Auftrag vollumfänglich entspricht, so dass die Auftragserteilung auch tatsächlich auf der ursprünglichen Auftragsbekanntmachung beruht.

70 Vgl. hierzu Rn. 52 ff.
71 Verordnungsbegründung zu § 37 Abs. 1 VgV, VergRModVO, BR-Drs. 87/16, 190.
72 Verordnungsbegründung zu § 37 Abs. 1 VgV, VergRModVO, BR-Drs. 87/16, 190.
73 Verordnungsbegründung zu § 37 Abs. 1 VgV, VergRModVO, BR-Drs. 87/16, 190; vgl. auch § 12 EU Abs. 3 Nr. 1 VOB/A; § 35 SektVO, § 18 KonzVgV.
74 Vgl. z. B. auch § 12 EU Abs. 3 Nr. 1 und 2 VOB/A.
75 VK Thüringen, Beschluss v. 21.5.2015 – 250-4003-2353/2015-E-003-SON.
76 VK Bund, Beschluss v. 25.3.2020 – VK 1-12/20.

39 Die Unwirksamkeitsfolge nach § 135 Abs. 1 GWB greift nur im **Anwendungsbereich der §§ 97 ff. GWB** und **der Vergaberichtlinien** ein. Sie tritt dagegen nicht ein, wenn der öffentliche Auftraggeber z. B. gegen Bekanntmachungspflichten verstoßen hat, die sich nach der Mitteilung der Europäischen Kommission zu Auslegungsfragen in Bezug auf das Gemeinschaftsrecht, das für die Vergabe öffentlicher Aufträge gilt, die nicht oder nur teilweise unter die Vergaberichtlinien fallen,[77] aus dem EU-Primärrecht ergeben.[78] Auch eine analoge Anwendung des § 135 Abs. 1 Nr. 2 GWB kommt in diesen Fällen nicht in Betracht, da diese eine sogenannte planwidrige Regelungslücke voraussetzen würde. Eine solche Regelungslücke liegt aber seit Inkrafttreten des VergRModG 2009 nicht mehr vor, da der Gesetzgeber die De-facto-Vergaben einer expliziten und abschließenden Regelung zuführen wollte.[79]

40 Aus welchen subjektiven **Beweggründen** der öffentliche Auftraggeber eine EU-weite Bekanntmachung unterlassen hat, spielt keine Rolle. Allein entscheidend ist, ob der Anwendungsbereich des GWB-Vergaberechts nach den §§ 98, 99 und 103 GWB eröffnet ist.[80] Es ist daher unerheblich, ob der öffentliche Auftraggeber etwa irrtümlich davon ausging, dass die – jetzt an § 108 GWB zu messenden – Voraussetzungen für ein In-House-Geschäft tatsächlich vorlagen oder er beispielweise den Wert des auszuschreibenden Auftrags, aus welchen Gründen auch immer, fehlerhaft geschätzt hat.[81] Eine unzulässige De-facto-Vergabe im Sinne des § 135 Abs. 1 Nr. 2 GWB kann z. B. auch in der (wesentlichen) Änderung eines laufenden Vertrages über einen öffentlichen Auftrag liegen.[82] In all diesen Fällen gilt: Unterbleibt die Auftragsbekanntmachung einer Ausschreibung im Amtsblatt der Europäischen Union vergaberechtswidrig und konnte ein Unternehmen sich deshalb um den betreffenden Auftrag nicht bewerben und ein Angebot abgeben, kann es sich auf eine Verletzung des § 135 Abs. 1 Nr. 2 GWB berufen.

41 **Sonstige Vergaberechtsverstöße**, die nicht in der rechtswidrig unterlassenen EU-weiten Auftragsbekanntmachung liegen, führen dagegen nicht zur Unwirksamkeit des Vertrages nach § 135 Abs. 1 Nr. 2 GWB,[83] mögen sie auch den Kreis der potenziellen Auftragnehmer rechtswidrig begrenzen (z. B. die unzulässige Nichtberücksichtigung eines Angebots). Ein Verstoß gegen § 135 Abs. 1 Nr. 2 GWB scheidet dann aus, wenn der öffentliche Auftraggeber die Vergabe dem europaweiten Wettbewerb durch die Veröffentlichung einer EU-weiten Auftragsbekanntmachung unterstellt hat. Das gilt etwa auch dann, wenn der öffentliche Auftraggeber ausweislich der Darlegung in der Bekanntmachung von einem Verfahren sui generis ausgeht, für welches er in Ermangelung eines passenden Bekanntmachungsmusters auf das Bekanntmachungsmuster für offene Verfahren zurückgegriffen hat.[84] Gemäß Art. 2d Abs. 1 lit. a RL 89/665/EWG ist ein Vertrag nur dann unwirksam, wenn der öffentliche Auftraggeber diesen vergeben hat, ohne vorher eine Auftragsbekanntmachung zu veröffentlichen und ohne dass dies nach der RL 2004/18/EG bzw. nunmehr nach der RL 2014/24/EU zulässig ist. Nach Erwägungsgrund 14 RL 2007/66/EG liegt eine rechtswidrige Direktvergabe (in der deutschen Übersetzung als *„freihändige Vergabe"* bezeichnet) nur dann vor, wenn (irgend-)eine Bekanntmachung fehlt. Auch der Wortlaut des Art. 2d Abs. 1 lit. a RL 89/665/EWG stützt diese Auslegung: Hiernach wird allein die Auftragsvergabe *„ohne vorherige Veröffentlichung einer Bekanntmachung im Amtsblatt der Europäischen Union"* sanktioniert, ohne dass *„dies"* – also der Verzicht auf eine Bekanntmachung, nicht jedoch die inhaltlich fehlerhafte

---

77 Amtsblatt der Europäischen Union, 1.6.2006 (2006/C179/02).

78 VK Bund, Beschluss v. 1.12.2009 – VK 3-205/09.

79 VK Bund, Beschluss v. 1.12.2009 – VK 3-205/09, zum Stand der Rechtsprechung zu Primärrechtsschutz unterhalb der Schwellenwerte vgl. § 134 GWB Rn. 16.

80 Vgl. *Dreher/Hoffmann*, in: Burgi/Dreher, Vergaberecht, § 135 GWB Rn. 30; *Freytag*, in: Gabriel/Krohn/Neun, Handbuch Vergaberecht, § 37 Rn. 45 m.w.N.

81 Vgl. *Hattig*, in: Hattig/Maibaum, Kartellvergaberecht, § 101b GWB Rn. 23 ff.; zu einer fehlerhaften Schätzung des Auftragswertes mit der Folge einer nationalen, statt einer EU-weiten Ausschreibung OLG Rostock, Beschluss v. 6.11.2015 – 17 Verg 2/15, das in diesen Fällen von einer *„unechten De-facto-Vergabe"* spricht.

82 OLG Schleswig, Beschluss v. 9.12.2021 – 54 Verg 8/21; vgl. hierzu *Hattig*, in: Hattig/Maibaum, Kartellvergaberecht, § 101b GWB Rn. 18 ff., sowie jetzt § 132 GWB.

83 Vgl. OLG Saarbrücken, Beschluss v. 29.1.2014 – 1 Verg 3/13.

84 VK Bund, Beschluss v. 21.1.2015 – VK 2-113/14.

Bekanntmachung – zulässig ist. Anderenfalls könnte jeder Vertrag, der etwa aufgrund einer fehlerhaften Auftragsbekanntmachung zustande gekommen ist (indem z. B. ein Verhandlungsverfahren anstelle des gebotenen offenen Verfahrens durchgeführt worden ist), innerhalb der Fristen des Art. 2f Abs. 1 RL 89/665/EWG bzw. des § 135 Abs. 2 GWB mit dem Argument angegriffen werden, es handele sich hierbei um eine rechtswidrige Direktvergabe. Wenn der öffentliche Auftraggeber einen Vertrag auf der Grundlage einer EU-weiten Auftragsbekanntmachung abgeschlossen hat, ist § 135 Abs. 1 Nr. 2 GWB jedoch gerade nicht einschlägig; dies gilt etwa auch dann, wenn der öffentliche Auftraggeber die „falsche" Vergabeart gewählt hat[85] oder durch die EU-weite Bekanntmachung des von ihm beabsichtigten Verfahrens transparent gemacht hat, dass er „vergaberechtsfreie" Verträge mit Unternehmen schließen will.[86] Für § 135 Abs. 1 Nr. 2 GWB ist es also z. B. unerheblich, ob sich rein tatsächlich nur ein Unternehmen am Vergabeverfahren beteiligt und den Zuschlag erhalten hat, nachdem der öffentliche Auftraggeber die Unternehmen über die anstehende Auftragsvergabe in Form einer EU-weiten Bekanntmachung informiert hat.

3. Gestattung aufgrund Gesetzes

42 Die Unwirksamkeit des Vertrages nach § 135 Abs. 1 Nr. 2 GWB setzt schließlich voraus, dass das Unterlassen einer EU-weiten Bekanntmachung der beabsichtigten Auftragsvergabe nicht „aufgrund Gesetzes" gestattet war.

43 Dies gilt bei **Ausnahmen** vom Anwendungsbereich des Vergaberechts (§§ 107, 108, 109, 116, 117, 132, 137, 138, 139, 140, 145, 149, 150 GWB) und bei Ausnahmen von der grundsätzlichen Pflicht zur Bekanntmachung der Vergabeabsicht:[87] bei zulässigen Verhandlungsverfahren ohne Teilnahmewettbewerb.[88] Eine unzulässige Direktvergabe i.S.d. § 135 Abs. 1 Nr. 2 GWB liegt damit dann nicht vor, wenn die einschlägigen Ausnahmebestimmungen der über § 113 GWB zu beachtenden Regelungen in § 14 Abs. 4 Nr. 1 bis 9 VgV, § 3a EU Abs. 3 VOB/A, § 13 Abs. 2 SektVO, § 20 KonzVgV und § 12 VSVgV jeweils Verhandlungsverfahren ohne Teilnahmewettbewerb zulassen. So ist es z. B. nach § 14 Abs. 4 Nr. 2 VgV zulässig, einen Auftrag im Verhandlungsverfahren ohne Teilnahmewettbewerb zu vergeben, wenn der Auftrag nur von einem bestimmten Unternehmen erbracht oder bereitgestellt werden kann,[89] weil ein einzigartiges Kunstwerk oder eine einzigartige künstlerische Leistung erschaffen oder erworben werden soll, weil aus technischen Gründen kein Wettbewerb vorhanden ist oder wegen des Schutzes von ausschließlichen Rechten, insbesondere von gewerblichen Schutzrechten.[90] Weitere, in der Praxis regelmäßig herangezogene Tatbestände beziehen sich z. B. auf notwendige Zusatzleistungen vom bisherigen Auftragnehmer[91] oder betreffen Fälle besonders dringlicher Auftragsvergaben.[92] Um die Unwirksamkeitsfolge des § 135 Abs. 1 Nr. 2 GWB zu vermeiden, muss die Vergabestelle für jeden Einzelfall genau prüfen, ob sie auf die Ausnahmebestimmungen zurückgreifen und auf die EU-weite Veröffentlichung einer Bekanntmachung verzichten darf.

44 Nicht endgültig geklärt ist bislang, ob § 135 Abs. 1 Nr. 2 GWB funktional dahingehend auszulegen ist, dass sich die Gestattung des Absehens von der EU-weiten Bekanntmachung nicht allein auf die Bekanntmachung als solche beschränkt, sondern sich auch auf das vom Auftraggeber gewählte Verfahren bis zur Auftragserteilung als Ganzes bezieht. Eine Ausnahme, die

85 VK Düsseldorf, Beschluss v. 15.5.2019 – VK 8/19; VK Bund, Beschluss v. 20.2.2014 – VK 1-4/14.

86 Bei dieser Konstellation hätte jedes potenziell interessierte Unternehmen mithin die Möglichkeit gehabt, dieses Verfahren vor den vergaberechtlichen Nachprüfungsinstanzen anzugreifen und damit durch Auslösung des Zuschlagsverbots (§ 169 Abs. 2 GWB) Vertragsabschlüsse zu verhindern. Eines darüber hinausgehenden Schutzes in Gestalt einer Feststellung der Unwirksamkeit nach § 134 GWB bedarf es dann nicht, VK Bund, Beschluss v. 21.1.2015 – VK 2-113/14; Beschluss v. 20.2.2014 – VK 1-4/14.

87 Abgesehen von den Fällen nach § 38 Abs. 4 VgV oder nach § 12 EU Abs. 3 Nr. 1 S. 2 VOB/A, in denen die Vorinformation eine Auftragsbekanntmachung entbehrlich werden lässt.

88 Z. B. nach § 17 Abs. 5 VgV; Verordnungsbegründung zu § 37 Abs. 1 VgV, BR-Drs. 87/16, 190.

89 Vgl. etwa VK Bund, Beschluss v. 24.7.2013 – VK 3-62/139 (zu § 3 EG Abs. 4 lit. c VOL/A).

90 Vgl. auch § 3a EU Abs. 3 Nr. 3 VOB/A.

91 Vgl. z. B. § 14 Abs. 4 Nr. 5 VgV.

92 Vgl. § 14 Abs. 4 Nr. 3 VgV bzw. § 3a EU Abs. 3 Nr. 4 VOB/A.

„dies aufgrund Gesetzes gestattet“ wäre danach nur dann gegeben, wenn der öffentliche Auftraggeber das an die Stelle der Bekanntmachung tretende, **gesetzlich zugelassene Verfahren** auch eingehalten hat.[93] Das OLG Rostock hat die Vertragsunwirksamkeit in Fällen einer Notvergabe bei äußerster Dringlichkeit der Beschaffung bejaht, in denen der öffentliche Auftraggeber dadurch gegen das Wettbewerbsgebot verstößt, dass er nur ein Unternehmen bei der Auftragsvergabe berücksichtigt, anstatt mehrere Angebote einzuholen. Das Vorliegen der tatbestandlichen Voraussetzungen des § 14 Abs. 4 Nr. 3 VgV rechtfertige demnach allein kein gänzliches Absehen von einer Vergabe nach wettbewerblichen Grundsätzen; vielmehr nötige das auf der Rechtsfolge eingeräumte Ermessen dazu, grundsätzlich auch in den Fällen der Notvergabe zumindest mehrere Angebote einzuholen und damit wenigstens Wettbewerb „light“ zu eröffnen.[94] Nur als ultima ratio komme eine Direktvergabe an einen von vornherein alleinig angesprochenen Marktteilnehmer in Betracht. Ist danach der Tatbestand des § 14 Abs. 4 Nr. 3 VgV zwar erfüllt, die „konkurrenzlose“ Direktbeauftragung des von vornherein exklusiv angesprochenen Unternehmens aber ermessenfehlerhaft, so ist der abgeschlossene Vertrag nach Maßgabe des § 135 Abs. 1 Nr. 2 GWB unwirksam. Dass der öffentliche Auftraggeber in einem solchen Fall den öffentlichen Auftrag auch ohne Ausschreibung rechtmäßig hätte vergeben können, sei nicht ausschlaggebend.[95] Bezugspunkt des vergaberechtlichen Vorwurfs wäre danach ebenfalls die unterbliebene Veröffentlichung, allerdings bereits dann, wenn sie nicht so weit wie gesetzlich vorgesehen kompensiert werde, der Transparenz- und Wettbewerbsgrundsatz also über das notwendige (und zugelassene) Maß hinaus eingeschränkt sei.[96] Ob sich diese – jedenfalls vordergründig einem effektiven Rechtsschutz verpflichtete – Rechtsprechung durchsetzen wird, erscheint fraglich. Für die Gegenauffassung, die davon ausgeht, dass der in dieser Konstellation angenommene Verstoß gegen den Wettbewerbsgrundsatz keine Feststellung der Unwirksamkeit des abgeschlossenen Vertrages ermögliche,[97] sprechen die überzeugenderen Argumente. Schon der Ausgangspunkt des OLG Rostock, dass die von ihm vorgenommene erweiterte Auslegung mit dem Wortlaut des § 135 Abs. 1 Nr. 2 GWB vereinbar sei, ist zweifelhaft.[98] Denn der Wortlaut der Vorschrift („dies“) bezieht sich eindeutig auf die unterbliebene Veröffentlichung einer Bekanntmachung im Amtsblatt der Europäischen Union und nicht auf das weitere, vom öffentlichen Auftraggeber gewählte Verfahren. Ein erweitertes Verständnis des § 135 Abs. 1 Nr. 2 GWB wäre auch von einer richtlinienkonformen Auslegung nicht mehr gedeckt, da Art. 2d Abs. 1 lit. a RL 89/665/EWG solche Fälle seinerseits nicht erfasst. Die Unwirksamkeitsfolge ist demnach nur vorzusehen, wenn der öffentliche Auftraggeber einen öffentlichen Auftrag ohne vorherige Veröffentlichung einer Bekanntmachung im Amtsblatt der Europäischen Union vergeben hat, ohne dass dies nach der RL 2014/24/EU zulässig ist. Für eine analoge Anwendung des § 135 Abs. 1 Nr. 2 GWB auf diese Fälle dürfte es schon an der planwidrigen Regelungslücke fehlen, da der deutsche Gesetzgeber die Fälle der De-facto-Vergaben mit § 135 Abs. 1 Nr. 2 GWB einer expliziten und abschließenden Regelung unterstellt hat.[99] Zudem hat der Gesetzgeber die Unwirksamkeitsfolge bewusst an das Unterlassen einer EU-weiten Auftragsbekanntmachung – und damit an einen objektiven, eindeutig bestimmbaren Anknüpfungspunkt – geknüpft, um die Vorgaben der Rechtsmittelrichtlinie präziser umzusetzen, Unschärfen der Reichweite des

93 OLG Rostock, Beschluss v. 9.12.2020 – 17 Verg 4/20 mit Verweis auf *Dreher/Hoffmann*, in: Burgi/Dreher, Vergaberecht, § 135 GWB Rn. 31 sowie nachfolgend OLG Rostock, Beschluss v. 1.9.2021 – 17 Verg 2/21 und OLG Rostock, Beschluss v. 11.11.2021 – 17 Verg 4/21.

94 Zuletzt OLG Rostock, 11.11.2021 – 17 Verg 4/21; vgl. auch VK Baden-Württemberg, Beschluss v. 31.7.2020 – 1 VK 27/20 sowie VK Südbayern, Beschluss v. 21.10.2020 – 3194.Z3-3-01-20-31; die bloße fehlerhafte Auswahl der drei Unternehmen, die an dem Wettbewerb nach § 14 Abs. 4 Nr. 3 VgV beteiligt werden, führt nach BayObLG, Beschluss v. 20.1.2022 – Verg 7/21, nicht zu Unwirksamkeit nach § 135 Abs. 1 Nr. 2 GWB.

95 OLG Rostock, Beschluss v. 9.12.2020 – 17 Verg 4/20 und nachfolgend OLG Rostock, Beschluss v. 1.9.2021 – 17 Verg 2/21; so auch VK Berlin, Beschluss v. 18.1.2022 – VK-B1-52/21.

96 OLG Rostock, Beschluss v. 9.12.2020 – 17 Verg 4/20 und nachfolgend OLG Rostock, Beschluss v. 1.9.2021 – 17 Verg 2/21; zustimmend *Conrad*, COVuR 2021, 164 (175); *Gielen*, VergabeR 2021, 337 (338); *Müller*, jurisPR-VergR 2/2021, Anm. 1.

97 *Voppel*, in: Voppel/Osenbrück/Bubert, VgV, § 135 GWB Rn. 61; vgl. auch *Freytag*, in: Gabriel/Krohn/Neun, Handbuch Vergaberecht, § 37 Rn. 50.

98 So auch *Roth/Landwehr*, NZBau 2021, 441 (447).

99 So auch *Freytag*, in: Gabriel/Krohn/Neun, Handbuch Vergaberecht, § 37 Rn. 50.

§ 101b GWB a.F. zu beseitigen und so mehr Rechtssicherheit und -klarheit zu schaffen.[100] Von daher greift auch der Verweis des OLG Rostock auf die historische Auslegung des § 135 Abs. 1 Nr. 2 GWB im Lichte des damaligen Verständnisses von § 101b Abs. 1 Nr. 2 GWB a.F. zu kurz,[101] wonach auch das beinahe vollständige Absehen von Wettbewerb und das „heimliche" Verhandeln mit einem Anbieter sanktioniert werden sollte.[102] Die gesetzgeberische Intention würde nicht unerheblich in Frage gestellt, wollte man mit der Unwirksamkeitsfolge auch Fälle sanktionieren, in denen die nicht im Einzelnen definierten Anforderungen[103] eines Wettbewerbs „light" unerfüllt bleiben. Dann wäre die Tür weit dafür geöffnet, auch weitere Vergaberechtsverstöße mit der Unwirksamkeitsfolge zu belegen,[104] was systemwidrig dem in der Regelung des § 168 Abs. 2 S. 1 GWB zum Ausdruck kommenden Anliegen der Rechtssicherheit („*pacta sunt servanda*") zuwiderliefe. Anders als vom OLG Rostock angenommen, rechtfertigt letztlich auch das Anliegen eines effektiven Rechtschutzes nichtberücksichtigter Bieter die funktionale Auslegung des § 135 Abs. 1 Nr. 2 GWB nicht. Nichtberücksichtigte Bieter sind auch bei einer dem Gedanken der Rechtssicherheit verpflichteten Auslegung des § 135 Abs. 1 Nr. 2 GWB nicht völlig rechtsschutzlos gestellt. Der deutsche Gesetzgeber jedenfalls erachtet offenbar die Geltendmachung von Schadensersatzansprüchen vor den ordentlichen Gerichten als adäquaten und ausreichenden Rechtsschutz, um den Vorgaben der Rechtsmittelrichtlinie zu genügen.[105] Dass der Primärrechtsschutz in diesen Fällen zurückzutreten hat, lässt sich auch der Regelung des § 134 Abs. 3 S. 1 GWB entnehmen, wonach die Informationspflicht des § 134 Abs. 1 GWB bei Verhandlungsverfahren ohne Teilnahmewettbewerb wegen besonderer Dringlichkeit entfällt.

45 Der **Beweis** dafür, dass die jeweils erforderlichen, außergewöhnlichen Umstände für die ausnahmsweise Gestattung eines Absehens von der EU-weiten Auftragsbekanntmachung (und eines wettbewerblichen Vergabeverfahrens) vorliegen, ist in der Regel vom öffentlichen Auftraggeber zu erbringen.[106] Die Anforderungen an den Umfang der von einem öffentlichen Auftraggeber in diesem Zusammenhang anzustellenden Ermittlungen, bevor er ausnahmsweise auf ein wettbewerbliches Vergabeverfahren verzichten darf, sind hoch.[107] Im Fall des § 14 Abs. 4 Nr. 2 lit. b VgV bzw. § 3a EU Abs. 3 Nr. 3 lit. b VOB/A kommt der öffentliche Auftraggeber der Beweislast nicht bereits durch den Nachweis nach, dass ein bestimmter Anbieter den Auftrag am besten ausführen kann; die Vergabestelle muss vielmehr beweisen, dass alleine dieser Anbieter für die Ausführung des Auftrags in Betracht kommt.[108] Der öffentliche Auftraggeber ist z. B. hinsichtlich § 14 Abs. 4 Nr. 2 lit. b VgV gehalten, mittels einer sorgfältigen Markterforschung[109] vorab festzustellen, dass ausschließlich nur ein Unternehmen zur Auftragsdurchführung in der Lage ist. Hierfür muss er sich eine Übersicht über den europaweiten Markt verschaffen. Die Markterforschung muss zu dem Ergebnis kommen, dass ein Unternehmen gleichsam Monopolist für die Erbringung der nachgefragten Leistung ist.[110] Nicht ausreichend ist es, wenn der öffentliche Auftraggeber lediglich subjektiv zu der Auffas-

---

100 Vgl. Rn. 10.
101 So auch *Roth/Landwehr*, NZBau 2021, 441 (447).
102 Vgl. OLG Rostock, Beschluss v. 9.12.2020 – 17 Verg 4/20 mit Verweis auf *Braun*, in: Ziekow/Völlink, Vergaberecht, § 135 GWB Rn. 53 und nachfolgend OLG Rostock, Beschluss v. 1.9.2021 – 17 Verg 2/21.
103 Auf die unscharfen Konturen des Begriffs weisen auch *Roth/Landwehr*, NZBau 2021, 441 (446) hin: Es fehlten letztlich objektive Maßstäbe zur Bildung eines vom Auftraggeber im Sinne eines Wettbewerbs „light" zu berücksichtigenden Bieterfeldes.
104 Vgl. *Conrad*, COVuR 2021, 164 (175), der die Unwirksamkeitsfolge auch auf andere Vergaberechtsverstöße als die unterlassene Beteiligung mehrerer Unternehmen am Verfahren erstreckt; zum Beispiel in Fällen, in denen der Auftraggeber zwar in zulässiger Weise nur ein Unternehmen in das nicht bekanntgemachte Verhandlungsverfahren einbezieht, dieses aber ungeeignet ist und dennoch den Zuschlag erhält.
105 Vgl. auch *Freytag*, in: Gabriel/Krohn/Neun, Handbuch Vergaberecht, § 37 Rn. 50.
106 Vgl. z. B. OLG Karlsruhe, Beschluss v. 21.7.2010 – 15 Verg 6/10; VK Südbayern, Beschluss v. 24.7.2014 – Z3-3-3194-1-22-05/14.
107 VK Bund, Beschluss v. 23.10.2019 – VK 1-75/19; vgl. auch OLG Düsseldorf, Beschluss v. 12.7.2017 – VII-Verg 13/17.
108 Vgl. EuGH, Urteil v. 2.6.2005 – Rs. C-394/02; VK Brandenburg, Beschluss v. 22.5.2008 – VK 11/08; VK Bund, Beschluss v. 20.5.2003 – VK 1-35/03.
109 Vgl. hierzu VK Bund, Beschluss v. 29.9.2020 – VK 2-73/20.
110 Vgl. z. B. VK Bund, Beschluss v. 24.7.2013 – VK 3-62/13 (zu § 3 EG Abs. 4 lit. c VOL/A).

sung gelangt, dass nur ein bestimmtes Unternehmen die wirtschaftlichste Leistungserbringung erwarten lässt.[111] Strenge Anforderungen gelten z. B. auch dann, wenn der Auftrag wegen „besonderer Dringlichkeit" im Verhandlungsverfahren ohne vorherige öffentliche Bekanntmachung vergeben werden soll.[112] Sind die Gründe für die Ausnahmetatbestände nicht ausreichend dokumentiert, kann bereits dieser Dokumentationsmangel zur Feststellung des Verstoßes i.S.d. § 135 Abs. 1 Nr. 2 GWB durch die Vergabekammer führen und die Unwirksamkeit des Vertrages zur Folge haben.[113]

C. Feststellung des Verstoßes im Nachprüfungsverfahren (Abs. 1 a.E.)

I. Nachprüfungsverfahren

Neben einem Verstoß gegen § 135 Abs. 1 Nr. 1 oder 2 GWB bestimmt § 135 Abs. 1 a.E. GWB als weitere Voraussetzung für die Unwirksamkeit eines Vertrages „von Anfang an", dass der jeweilige Verstoß in einem Nachprüfungsverfahren „festgestellt" worden ist. Für dieses Nachprüfungsverfahren gelten die besonderen Regeln des § 135 Abs. 2 GWB.[114] 46

Die Unwirksamkeit des Vertrages infolge eines Verstoßes i.S.d. § 135 Abs. 1 GWB kann nur im Wege eines **Nachprüfungsverfahrens** nach §§ 160 ff. GWB geltend gemacht werden.[115] Die Unwirksamkeit eines Vertrages kann auch dann zum Gegenstand eines neuen Nachprüfungsverfahrens gemacht werden, wenn ein Beschluss der Vergabekammer bereits bestandskräftig geworden ist, der den öffentlichen Auftraggeber für den Fall fortbestehender Beschaffungsabsicht zur Neuausschreibung verpflichtet.[116] Ist in einem Nachprüfungsverfahren kein Vergabeverstoß i.S.d. § 135 Abs. 1 GWB festgestellt worden, kein entsprechendes Nachprüfungsverfahren mehr anhängig und sind die Fristen des § 135 Abs. 2 GWB[117] abgelaufen, wird der bis dahin schwebend wirksame Vertrag[118] endgültig wirksam. 47

Schon vorher hat der Vertrag jedoch zwischen den Vertragspartnern seine Wirkung vollumfänglich entfaltet. Ein **Leistungsverweigerungsrecht** eines Vertragspartners während des Schwebezustandes besteht nicht. Gegebenenfalls kann der auf einen eventuellen Verzögerungsschaden gerichtete Ersatzanspruch nach allgemeinem Zivilrecht geltend gemacht werden, sollte ein Vertragspartner während des Schwebezustands seinen vertraglichen Verpflichtungen nicht nachkommen. 48

Unabhängig von einem Nachprüfungsverfahren und den Fristen nach § 135 Abs. 2 GWB ist die **Nichtigkeit** des Vertrages, z. B. bei einer nach § 138 BGB sittenwidrigen Auftragsvergabe,[119] möglich.[120] 49

II. Zulässigkeitsvoraussetzungen

Für das Nachprüfungsverfahren, das auf die Feststellung der Unwirksamkeit eines Vertrags gerichtet ist, gelten – unabhängig von den weiteren Erfordernissen in § 135 Abs. 2 GWB – zunächst die in den §§ 160 ff. GWB geregelten allgemeinen Zulässigkeitsvoraussetzungen.[121] Wird gerade die Unwirksamkeit des erteilten Zuschlags nach § 134 GWB geltend gemacht, so 50

---

111 VK Brandenburg, Beschluss v. 22.5.2008 – VK 11/08; VK Hessen, Beschluss v. 27.4.2007 – 69d-VK-11/2007.
112 Vgl. etwa § 14 Abs. 4 Nr. 3 VgV; hierzu § 134 GWB Rn. 92 ff.
113 OLG Karlsruhe, Beschluss v. 21.7.2010 – 15 Verg 6/10.
114 Zum Rechtsschutz gegen De-facto-Vergaben siehe *Opheys*, NZBau 2017, 714.
115 Vgl. OLG Naumburg, Beschluss v. 26.7.2012 – 2 Verg 2/12; VK Südbayern, Beschluss v. 14.7.2010 – Z 3-3-3194-1-29-05/10.
116 OLG Naumburg, Beschluss v. 26.7.2012 – 2 Verg 2/12.
117 Siehe hierzu nachfolgend Rn. 62 ff.
118 Siehe hierzu nachfolgend Rn. 98.
119 Siehe hierzu nachfolgend Rn. 106.
120 Vgl. schon die Stellungnahme des Bundesrates, VergRModG 2009, BT-Drs.16/10117, 32, bzw. Gegenäußerung der Bundesregierung, hierzu BT-Drs. 16/10117, 41, bzw. Gesetzesbegründung zu § 133 GWB, VergRModG 2016, BT-Drs. 18/6281, 120 f.
121 OLG Düsseldorf, Beschluss v. 18.4.2012 – VII-Verg 93/11.

ist die Statthaftigkeit des Nachprüfungsantrags trotz § 168 Abs. 2 S. 1 GWB zu bejahen, da ja gerade die Wirksamkeit des Zuschlags streitig ist. Eine Bezeichnung des beauftragten Unternehmens ist für einen Antrag nach § 135 GWB nicht erforderlich.[122] Ob die Informationspflicht z. B. nach § 134 Abs. 3 S. 1 GWB tatsächlich entfallen durfte, weil z. B. die Durchführung eines Verhandlungsverfahrens ohne vorherige Bekanntmachung wegen besonderer Dringlichkeit gerechtfertigt war, ist in diesem Fall eine Frage der Begründetheit des Nachprüfungsantrags.[123] Die Feststellung des Verstoßes in einem Nachprüfungsverfahren setzt zudem ein schutzwürdiges Feststellungsinteresse des Antragstellers voraus,[124] wobei die beantragte Feststellung geeignet sein muss, die Rechtsposition des Antragstellers in einem der genannten Bereiche zu verbessern und eine Beeinträchtigung seiner Rechte auszugleichen oder wenigstens zu mildern.[125] Der Antragsteller muss insbesondere antragsbefugt i.S.v. § 160 Abs. 2 S. 1 GWB sein und den Rügeerfordernissen (§ 160 Abs. 3 GWB) entsprochen haben.[126]

1. Antragsbefugnis

a) Geschützter Personenkreis

51 § 135 GWB legt hinsichtlich eines Verstoßes gegen § 135 Abs. 1 Nr. 1 GWB selbst nicht fest, wer in den Schutzbereich der Informations- und Wartepflicht des § 134 GWB fällt. Ebenso wie bei § 135 Abs. 1 Nr. 2 GWB zählt für die Unwirksamkeit des Vertrages insoweit allein der objektive Verstoß gegen die (Informations-, Warte- bzw.) Bekanntmachungspflicht.[127] An sich würde das bedeuten, dass sich auch außenstehende Dritte darauf berufen können, dass der öffentliche Auftraggeber die Information betroffener Bewerber und Bieter nach § 134 GWB unterlassen hat, und so die Unwirksamkeit eines Vertrages geltend machen. Das gilt auch im Falle einer unzulässigen Direktvergabe nach § 135 Abs. 1 Nr. 2 GWB.

52 Dadurch, dass ein Verstoß gegen § 135 Abs. 1 Nr. 1 oder 2 GWB in einem Nachprüfungsverfahren geltend gemacht werden muss, wird der Personenkreis, der sich auf die Unwirksamkeit des Vertrages berufen kann, indessen eingegrenzt. Dies bedeutet letztlich, dass die Unwirksamkeit des Vertrages durch Einleitung eines Nachprüfungsverfahrens nur durch ein **antragsbefugtes Unternehmen** vor der Vergabekammer geltend gemacht werden kann.[128] Voraussetzung ist eine materielle Beschwer des Antragstellers.[129] Diese kann schon in der Rechtsunsicherheit bestehen, dass ein Vertrag mit der Unwirksamkeitsfolge des § 135 Abs. 1 Nr. 2 GWB behaftet sein könnte, sodass darin eine für die Antragsbefugnis ausreichende Beschwer für das an einer unzulässigen De-facto-Vergabe beteiligte Unternehmen liegen kann.[130] Zum Teil wird angenommen, die Antragsbefugnis läge nicht vor, wenn das Angebot des Antragstellers zwingend auszuschließen ist. In diesem Fall wirke sich der Vergabeverstoß, der in der Verletzung der Wartefrist nach § 134 GWB zu sehen ist, nicht auf die Zuschlagschancen aus.[131] Richtigerweise ist dies jedoch eine Frage der Begründetheit des Nachprüfungsantrags.[132] Weder der öffentliche Auftraggeber selbst noch der Bieter, der den Zuschlag erhalten hat, kön-

122 VK Bund, Beschluss v. 19.2.2021 – VK 1-120/20.

123 VK Bund, Beschluss v. 14.7.2015 – VK 2-57/15; Beschluss v. 25.11.2014 – VK 2-93/14; VK Südbayern, Beschluss v. 22.12.2014 – Z3-3-3194-1-51-11/14; a.A. VK Niedersachsen, Beschluss v. 12.6.2019 – VgK-20/2019.

124 Vgl. OLG Düsseldorf, Beschluss v. 18.4.2012 – VII-Verg 93/11.

125 Vgl. OLG Düsseldorf, Beschluss v. 29.1.2014 – VII-Verg 28/13 m.w.N.

126 VK Niedersachsen, Beschluss v. 1.2.2011 – VgK 75-2010; VK Schleswig-Holstein, Beschluss v. 26.5.2010 – VK-SH 01/10.

127 OLG Celle, Beschluss v. 30.10.2014 – 13 Verg 8/14; OLG Brandenburg, Beschluss v. 14.9.2010 – Verg W 8/10; VK Bund, Beschluss v. 10.1.2014 – VK 1-113/13.

128 OLG Celle, Beschluss v. 30.10.2014 – 13 Verg 8/14; vgl. OLG Naumburg, Beschluss v. 26.7.2012 – 2 Verg 2/12; Beschluss v. 3.9.2009 – 1 Verg 4/09; VK Schleswig-Holstein, Beschluss v. 5.3.2015 – VK-SH 01/15; VK Bund, Beschluss v. 10.1.2014 – VK 1-113/13; vgl. schon Gesetzesbegründung zu § 101b GWB a.F., VergRModG 2009, BT-Drs. 16/10117, 21.

129 OLG Brandenburg, Beschluss v. 15.7.2010 – Verg W 4/09.

130 Vgl. auch OLG Naumburg, Beschluss v. 26.7.2012 – 2 Verg 2/12; VK Bund, Beschluss v. 10.6.2011 – VK-3 59/11.

131 VK Niedersachsen, Beschluss v. 19.1.2021 – VgK-54/2020.

132 Siehe unten Rn. 60 ff.

nen sich jedoch auf die Unwirksamkeitsfolge berufen.[133] Die Antragsbefugnis richtet sich nach § 160 Abs. 2 S. 1 GWB. Danach ist jedes Unternehmen antragsbefugt, das ein Interesse an dem öffentlichen Auftrag nachweisen kann und durch die Nichtbeachtung der Vergabevorschriften eine Rechtsverletzung sowie einen (drohenden) Schaden erlitten hat. Das Interesse am öffentlichen Auftrag wird in der Regel dadurch nachgewiesen, dass ein Unternehmen ein Angebot abgegeben oder zumindest sein Interesse an dem ausgeschriebenen öffentlichen Auftrag bekundet hat.

b) Verstoß gegen Informations- oder Wartepflicht

Bei Verletzung der Informations- und Wartepflicht nach § 134 GWB als einem Verstoß i.S.d. **53**
§ 135 Abs. 1 Nr. 1 GWB dürfte die Darstellung des **Interesses am Auftrag** weniger ein Problem darstellen, als der nichtberücksichtigte Bewerber oder Bieter in der Regel ein Angebot abgegeben oder sonstwie sein Interesse an dem ausgeschriebenen Auftrag bekundet haben wird.

Gemäß § 160 Abs. 2 S. 2 GWB ist jedoch auch der entstandene oder drohende Schaden dar- **54**
zulegen. Als **Schaden** in diesem Sinne ist allgemein die Verschlechterung der Zuschlagsaussichten durch den beanstandeten Vergaberechtsverstoß anzusehen.[134] Es ist dabei zu berücksichtigen, dass die Vorgaben des § 134 GWB lediglich das Ziel verfolgen, den Einstieg in den Primärrechtsschutz im Wege eines Nachprüfungsverfahrens zu ermöglichen.[135] Ein Verstoß gegen die Informations- und Wartepflicht allein ist demnach nicht geeignet, einen Schaden i.S.d. § 160 Abs. 2 S. 2 GWB zu begründen, die Zuschlagschancen oder sonstigen Erfolgsaussichten der Bieter zu verbessern.[136] War ein Bieter trotz der unzureichenden Information also nicht gehindert, einen Nachprüfungsantrag zu stellen, der nach Zustellung das gesetzliche Zuschlagsverbot nach § 169 Abs. 1 GWB auslöst, ist der Primärrechtsschutz eröffnet und damit das Ziel des § 134 GWB erreicht. Deshalb kommt einem Bieter, der ein Nachprüfungsverfahren eingeleitet hat, kein schützenswertes Interesse im Hinblick auf die Einhaltung der Vorschrift des § 134 GWB mehr zu.[137] Ein über die Verletzung des § 134 GWB nicht hinausgehender Verstoß ist somit letztlich ohne Belang. Es bedarf einer Rechtsverletzung des Antragstellers durch die Nichtbeachtung von anderen Bestimmungen des Vergaberechts.[138] Ein Antragsteller kann den potenziellen Schaden jedoch zunächst allein auf die (zuvor gerügte) unzureichende Information stützen, wenn es möglich erscheint, dass sich ein Vergaberechtsverstoß erst aus den fehlenden Informationsbestandteilen ergibt.[139] Werden die fehlenden Inhalte erst während des Nachprüfungsverfahrens nachgereicht und geht aus ihnen kein möglicher Vergaberechtsverstoß hervor, hat sich das Nachprüfungsverfahren erledigt.[140]

c) Auftragsvergabe ohne Veröffentlichung einer EU-Auftragsbekanntmachung

Schwieriger ist die Antragsbefugnis bei einem Verstoß i.S.d. § 135 Abs. 1 Nr. 2 GWB zu beur- **55**
teilen, da ein Unternehmen bei einer unzulässigen freihändigen Vergabe in der Regel weder überhaupt von dem konkreten Beschaffungsbedarf noch von den wettbewerblichen Rahmenbedingungen wusste und daher kein Angebot abgeben noch sein Interesse am Auftrag in anderer Weise bekunden kann.

In Fallgestaltungen, in denen dem Antragsteller die Vergabeabsicht des öffentlichen Auftrag- **56**
gebers nicht bekannt war und er sich am Vergabeverfahren von vornherein nicht beteiligen konnte, muss er jedoch eine formale Bewerber- oder Bietereigenschaft gerade nicht inneha-

133 Vgl. VK Bund, Beschluss v. 2.6.2017 – VK 2-52/17; vgl. Gesetzesbegründung zu § 101b GWB, VergRModG 2009, BT-Drs. 16/10117, 21, sowie *Hattig*, in: Hattig/Maibaum, Kartellvergaberecht, § 101b GWB Rn. 39.
134 BGH, Urteil v. 10.11.2009 – X ZB 8/09: VK Lüneburg, Beschluss v. 11.1.2021 – VgK-51/2020.
135 VK Bund, Beschluss v. 30.7.2013 – VK-3 61/13.
136 Vgl. z. B. VK Schleswig-Holstein, Beschluss v. 11.2.2010 – VK SH-29/09, sowie die Nachweise bei *Bulla/Schneider*, VergabeR 2011, 664 (669), Fn. 32 f.
137 VK Brandenburg, Beschluss v. 12.11.2008 – VK 35/08.
138 OLG Düsseldorf, Beschluss v. 11.12.2019 – VII-Verg 53/18; OLG München, Beschluss v. 12.5.2011 – Verg 26/10.
139 OLG Naumburg, Beschluss v. 27.5.2010 – 1 Verg 1/10.
140 Zu den Kostenfolgen in diesen Fällen siehe *Dreher*, in: Burgi/Dreher, Vergaberecht, § 135 GWB Rn. 46.

ben, um antragsbefugt zu sein.[141] Im Übrigen ist in der Rechtsprechung anerkannt, dass ein Unternehmen gleichwohl sein **Interesse am Auftrag** hinreichend bekundet hat, wenn er berechtigt geltend machen kann, an der Abgabe eines aussichtsreichen Angebots durch die – von ihm als vergaberechtswidrig angesehenen – Bedingungen des Vergabeverfahrens gehindert worden zu sein.[142] Im Fall einer De-facto-Vergabe kann ein Unternehmen in der Regel nachvollziehbar darlegen, an der Abgabe eines Angebots gehindert worden zu sein, weil der Beschaffungsbedarf des öffentlichen Auftraggebers sowie z. B. die Zuschlagskriterien, die Unterkriterien sowie deren jeweilige Gewichtung nicht transparent waren.[143] Für die Darlegung eines Interesses am Auftrag i.S.d. § 160 Abs. 2 GWB bei einer rechtswidrigen Direktvergabe, an die allgemein keine allzu hohen Anforderungen gestellt werden dürfen,[144] dürfte damit ausreichend sein, wenn ein Unternehmen darlegt bzw. glaubhaft macht, zur Erbringung des fraglichen Auftrags willens und in der Lage, also geeignet zu sein.[145] Den tatsächlichen Nachweis der Eignung kann ein Unternehmen in einer solchen Situation – ohne ordnungsgemäßes Vergabeverfahren – jedoch nicht erbringen, und dies kann auch von der Vergabekammer nicht beurteilt werden; andernfalls würde ein Unternehmen in diesen Fällen gleichsam mit einer präventiven Vertragssperre belegt.[146] Nicht von Bedeutung ist, ob sich der Antragsteller in der Vergangenheit an einer vorausgegangenen Ausschreibung mit einem Angebot oder einer Interessenbekundung beteiligt hat. Er ist ebenfalls nicht verpflichtet, ein fiktives Angebot abzugeben. Es genügt, wenn das Unternehmen der Branche angehört, die die Auftragsausführung anbietet, und er dann sein Interesse mit dem Nachprüfungsantrag dokumentiert.[147] Das Unternehmen muss plausibel darlegen, dass es sich im Fall einer vorherigen Bekanntmachung an dem Vergabeverfahren beteiligt hätte.[148] Der Nichtigkeitsfeststellungsantrag nach § 135 Abs. 2 S. 1 GWB erfordert nach der Rechtsprechung kein besonderes Feststellungsinteresse.[149] Ohne die Feststellung der Unwirksamkeit durch die Vergabekammer tritt die Unwirksamkeitsfolge nicht ein, der Bieter muss also ein Nachprüfungsverfahren anstrengen, wenn er dies erreichen will. Dies kann im Einzelfall auch noch zulässig sein, wenn der Vertrag bereits abgewickelt wurde.[150]

57 Der potenzielle **Schaden** i.S.d. § 107 Abs. 2 S. 2 GWB liegt in den Fällen des § 135 Abs. 1 Nr. 2 GWB darin, dass der Antragsteller in vergaberechtswidriger Weise nicht am Vergabeverfahren beteiligt wurde und hierdurch seine Zuschlagschancen nicht nur verschlechtert, sondern vollständig vereitelt werden.[151] Ein drohender Schaden ist aber allgemein bereits dann dargetan, wenn der Antragsteller im Fall eines ordnungsgemäßen (neuerlichen) Vergabeverfahrens bessere Chancen auf den Zuschlag haben könnte als in dem beanstandeten Verfahren.[152] Das kann etwa der Fall sein, dass ein Auftrag – etwa infolge einer fehlerhaften Schätzung des Auftragswertes – nur national statt EU-weit ausgeschrieben wurde.[153] Auch wenn das eingeleitete Vergabeverfahren aufgrund der Wahl der falschen Verfahrensart nicht durch Zuschlag beendet werden darf und zur Bedarfsdeckung eine Neuausschreibung in Betracht kommt, droht einem Bieter, der sich durch die Abgabe eines Angebotes am Vergabeverfahren beteiligt hat, regelmäßig ein Schaden durch die Verletzung von Vergabevorschriften.[154]

141 Vgl. EuGH v. 11.1.2005 – Rs. C-26/03 (Stadt Halle), Rn. 40.
142 OLG Düsseldorf, Beschluss v. 29.9.2008 – VII-Verg 35/08; OLG München, Beschluss v. 2.8.2007 – Verg 7/07; OLG Jena, Beschluss v. 6.6.2007 – 9 Verg 3/07.
143 OLG Naumburg, Beschluss v. 3.9.2009 – 1 Verg 4/09.
144 Vgl. nur BVerfG, Beschluss v. 29.7.2004 – 2 BvR 2248/03; BGH, Beschluss v. 1.2.2005 – X ZB 27/04; OLG Karlsruhe, Beschluss v. 15.11.2013 – 15 Verg 5/13 m.w.N.
145 Vgl. OLG Jena, Beschluss v. 19.10.2010 – 9 Verg 5/10; VK Bund, Beschluss v. 24.7.2013 – VK 3-62/13; VK Schleswig-Holstein, Beschluss v. 2.12.2009 – VK-SH 21/09.
146 Vgl. auch OLG Naumburg, Beschluss v. 26.7.2012 – 2 Verg 2/12; VK Bund, Beschluss v. 2.12.2009 – VK 1-06/09.
147 VK Rheinland-Pfalz, Beschluss v. 5.7.2013 – VK 1-11/13.
148 VK Bund, Beschluss v. 2.12.2021 – 1-04/21.
149 OLG Rostock, Beschluss v. 9.12.2020 – 17 Verg 4/20.
150 OLG Rostock, Beschluss v. 9.12.2020 – 17 Verg 4/20.
151 Vgl. OLG Naumburg, Beschluss v. 26.7.2012 – 2 Verg 2/12.
152 Vgl. BGH, Urteil v. 10.11.2009 – X ZB 8/09.
153 Vgl. hierzu etwa OLG Rostock, Beschluss v. 6.11.2015 – 17 Verg 2/15.
154 Vgl. BGH, Urteil v. 10.11.2009 – X ZB 8/09.

2. Rügeobliegenheit

58 Bei einem Verstoß gegen § 134 GWB und einem Antrag auf Feststellung der Unwirksamkeit nach **§ 135 Abs. 1 Nr. 1 GWB** ist eine Rügeobliegenheit nach § 160 Abs. 3 S. 2 GWB nicht ausgeschlossen. Die Rügeobliegenheit entfällt daher nicht.[155] Eine Rüge ist einem Unternehmen möglich, wenn es an einem Vergabeverfahren beteiligt war, jedoch keine oder nur eine unvollständige oder unrichtige Vorabinformation erhalten hat und von diesem Umstand noch vor Vertragsschluss Kenntnis erlangt. In einem solchen Fall ist es gemäß § 160 Abs. 3 GWB verpflichtet, den fraglichen Verstoß gegen § 134 GWB innerhalb von zehn Kalendertagen gegenüber dem öffentlichen Auftraggeber zu beanstanden.[156] Die Ausschlussfristen des § 160 Abs. 3 GWB und des § 135 Abs. 2 GWB stehen in diesen Fällen nebeneinander und gelten unabhängig voneinander.[157] Eine Rügeobliegenheit kommt jedoch von vornherein nur dann in Betracht, wenn die Vorabinformation als solche erkennbar ist.[158] Auch bei unmittelbar drohender Zuschlagserteilung ist die Rüge nach zutreffender Ansicht zwar vor Einreichung des Nachprüfungsantrags zu erheben, in diesen Fällen muss dem öffentlichen Auftraggeber jedoch nicht Zeit und Gelegenheit gegeben werden, auf die Rüge noch vor Einleitung des Nachprüfungsverfahrens zu antworten.[159] Ist ein Bieter in der Lage, die gänzlich unterlassene oder (erkannte) fehlerhafte Information nach § 134 GWB zu rügen bzw. in einem Nachprüfungsverfahren noch vor Vertragsschluss zu beanstanden, ist er durch die Einleitung des Nachprüfungsverfahrens und das hierdurch ausgelöste Zuschlagsverbot ausreichend geschützt; unter Rechtsschutzgesichtspunkten besteht daher kein Anlass, ihn mit der Unwirksamkeit des Vertrages zusätzlich abzusichern.[160] Erfährt ein Bieter von der gänzlich unterlassenen bzw. fehlerhaften Information erst nach Vertragsschluss, greift die Rügeobliegenheit des § 160 Abs. 3 GWB dagegen nicht, da der Sinn und Zweck einer Rüge, dem öffentlichen Auftraggeber die Möglichkeit zu geben, sein Verhalten selbst zu korrigieren, dann nicht mehr erreicht werden kann.[161] Ist ein Vertrag entgegen § 134 GWB geschlossen worden, ohne dass die betroffenen Bieter informiert wurden, kann der öffentliche Auftraggeber diesen nicht mehr von sich aus für unwirksam erklären und wird regelmäßig auch selbst an dem Vertrag festhalten wollen. Die Rügeobliegenheit greift damit insbesondere nicht in den Fällen ein, in denen der öffentliche Auftraggeber gegen die Wartepflicht des § 134 GWB verstoßen und den Zuschlag zu früh erteilt hat. Eine Rügeobliegenheit besteht dann nicht.[162]

59 Grundsätzlich setzt ein zulässiger Nachprüfungsantrag gemäß § 160 Abs. 3 GWB eine Rüge voraus. Bei einer rechtswidrigen De-facto-Vergabe i.S.d. **§ 135 Abs. 1 Nr. 2 GWB** ist eine Rüge nach § 160 Abs. 3 S. 2 GWB nicht erforderlich.[163] Die Vorschrift setzt voraus, dass der Auftrag bereits erteilt, der Vertrag also geschlossen ist.[164] Die Erfüllung der Rügeobliegenheit erschöpft sich dann letztlich in einer bloßen Förmelei, die den öffentlichen Auftraggeber ohnehin nicht zur Selbstkorrektur veranlassen kann. Teilweise wird eine Rügeobliegenheit jedoch für den Fall angenommen, dass eine De-facto-Vergabe droht und das Unternehmen Kenntnis davon erhält.[165] Gegen diese Auffassung sprechen der Wortlaut von § 160 Abs. 3 S. 2 GWB und der Umstand, dass der öffentliche Auftraggeber die Verpflichtung zur Bekanntmachung

---

155 VK Rheinland-Pfalz, Beschluss v. 21.12.2017 – VK 1-24/17.
156 Vgl. z. B. OLG München, Beschluss v. 31.1.2013 – Verg 31/12; VK Bund, Beschluss v. 26.11.2013 – VK 2-104/13.
157 OLG Rostock, Beschluss v. 20.10.2010 – 17 Verg 5/10; VK Rheinland-Pfalz, Beschluss v. 13.6.2019 – VK 1-4/19.
158 OLG Düsseldorf, Beschluss v. 1.10.2009 – VII-Verg 31/09; hierzu und zum Erfordernis einer erneuten Rüge wegen eines aus der ergänzten Information erkannten Verstoßes vgl. OLG Frankfurt, Beschluss v. 8.12.2009 – 11 Verg 6/09.
159 Vgl. z. B. *Neun*, in: Gabriel/Krohn/Neun, Handbuch Vergaberecht, § 41 Rn. 68.
160 Rn. 10 ff. sowie § 134 GWB Rn. 13 ff.
161 OLG Düsseldorf, Beschluss v. 12.6.2019 – VII-Verg 54/18; OLG Celle, Beschluss v. 30.10.2014 – 13 Verg 8/14.
162 So auch *Dreher*, in: Burgi/Dreher, Vergaberecht, § 135 GWB Rn. 54.
163 OLG Koblenz, Beschluss v. 1.9.2021 – Verg /21.
164 Ob ein Nachprüfungsverfahren bei De-facto-Vergaben auch schon vor Vertragsschluss zulässig ist, ist streitig, dagegen OLG Schleswig, Beschluss v. 15.3.2013 – 1 Verg 4/12; differenzierter OLG Düsseldorf, Beschluss v. 17.12.2014 – VII-Verg 26/14, und VK Sachsen, Beschluss v. 27.4.2015 – 1/SVK/012-15.
165 VK Rheinland-Pfalz, Beschluss v. 30.4.2021 – VK 2-5/21; vgl. aber die Beschwerdeentscheidung OLG Koblenz, Beschluss v. 1.9.2021 – 1/21.

verletzt, so dass es angemessen erscheint, wenn der Bieter im Gegenzug von der Rügeobliegenheit befreit ist. § 160 Abs. 3 S. 2 GWB stellt klar, dass die Rügeobliegenheit nicht bei einem Antrag auf Feststellung der Unwirksamkeit des Vertrages nach § 135 Abs. 1 Nr. 2 GWB gilt.[166] Anders als noch der Wortlaut des § 101b Abs. 1 Nr. 2 GWB a.F. knüpft die Rechtsfolge der Unwirksamkeit des § 135 Abs. 1 Nr. 2 GWB nicht mehr an die fehlende Beteiligung anderer Unternehmen an der Auftragsvergabe an, sondern an die unterlassene Veröffentlichung einer Bekanntmachung im Amtsblatt der Europäischen Union.[167] In der Folge muss auch ein Unternehmen, das die Möglichkeit hatte, sich um die Auftragsvergabe zu bewerben, auf Grund der klaren gesetzlichen Regelung des § 160 Abs. 3 S. 2 GWB nicht vorab die unterlassene europaweite Bekanntmachung bei einer De-facto-Vergabe rügen.[168] Auch § 160 Abs. 3 S. 1 Nr. 4 GWB findet in diesen Fällen keine Anwendung, da diese Vorschrift eine Rügeobliegenheit voraussetzt.[169]

III. Begründetheit des Nachprüfungsantrags

60 Für eine Feststellung des Verstoßes und der Unwirksamkeit des Vertrages durch die Vergabekammer muss der Nachprüfungsantrag begründet sein.[170] Dies kann bei einem Feststellungsantrag eines Bieters nur dann der Fall sein, wenn sich der Verstoß auch zu seinen Lasten ausgewirkt hat, er also **kausal** in seinen Rechten verletzt wird oder dies zumindest nicht auszuschließen ist. Das Nachprüfungsverfahren dient auch in den durch § 135 GWB angesprochenen Fallkonstellationen nicht einer allgemeinen Rechtmäßigkeitskontrolle, sondern dem Individualrechtsschutz des einzelnen Bieters.[171]

61 Hat sich der Vergaberechtsverstoß **nicht kausal** auf die Zuschlagschance eines Bieters ausgewirkt, ist also sein Angebot auch bei ordnungsgemäßem Ablauf des Vergabeverfahrens aus anderen Gründen zu Recht nicht berücksichtigt worden, ist er im Endergebnis in seiner Rechtsposition nicht beeinträchtigt. Der betroffene Bieter hat dann weder einen Anspruch auf eine Wiederholung oder Neudurchführung des Ausschreibungsverfahrens noch auf eine Feststellung nach § 135 Abs. 2 GWB.[172] Allein ein Verstoß gegen § 134 GWB i.S.d. § 135 Abs. 1 GWB kann nicht zum Erfolg des Nachprüfungsantrags und damit zur Feststellung der Unwirksamkeit des Vertrages führen.[173] Für die Begründetheit des Nachprüfungsantrags bedarf es eines über den Verstoß gegen § 134 GWB hinausgehenden, weiteren Verstoßes.[174] Eine Heilung einer unzureichenden Information nach § 134 GWB ist möglich.[175]

IV. Fristen (Abs. 2)

62 § 135 Abs. 2 S. 1 GWB sieht Ausschlussfristen für die Geltendmachung der Unwirksamkeit des Vertrages vor. Danach kann die Unwirksamkeit des Vertrages nach § 135 Abs. 1 GWB nur festgestellt werden, wenn ein Verstoß gegen § 135 Abs. 1 Nr. 1 oder 2 GWB im Nachprüfungsverfahren innerhalb von dreißig Kalendertagen nach der Information der betroffenen Bieter und Bewerber über den Abschluss des Vertrages (relative Ausschlussfrist)[176], jedoch nicht später als sechs Monate nach Vertragsschluss (absolute Ausschlussfrist)[177], geltend gemacht worden ist. Hat der öffentliche Auftraggeber die Auftragsvergabe im Amtsblatt der Eu-

---

166 OLG Karlsruhe, Beschluss v. 4.12.2020 – 15 Verg 8/20; OLG München, Beschluss v. 21.2.2013 – Verg 21/12; VK Bund, Beschluss v. 10.1.2014 – VK 1-113/13, sowie die Nachweise bei *Freytag*, in: Gabriel/Krohn/Neun, Handbuch Vergaberecht, § 37 Rn. 87.
167 OLG Koblenz, Beschluss v. 1.9.2021 – Verg 1/21 mit Verweis auf die Fristenregelung in § 135 Abs. 2 S. 1 GWB.
168 VK Südbayern, Beschluss v. 5.8.2019 – Z3-3-3-3194-1-14-05/19; VK Niedersachsen, Beschluss v. 6.2.2018 – VgK-42/2017.
169 Vgl. nur OLG Karlsruhe, Beschluss v. 15.11.2013 – 15 Verg 5/13 m.w.N.
170 OLG Brandenburg, Beschluss v. 14.9.2010 – WVerg 8/10.
171 OLG München, Beschluss v. 31.1.2013 – Verg 31/12.
172 OLG München, Beschluss v. 31.1.2013 – Verg 31/12; VK Bund, Beschluss v. 14.7.2015 – VK 2-57/15.
173 § 134 GWB Rn. 112.
174 Vgl. OLG Karlsruhe, Beschluss v. 16.6.2010 – 15 Verg 4/09; VK Rheinland, Beschluss v. 10.7.2019 – VK 19/19-L.
175 VK Rheinland, Beschluss v. 7.5.2019 – VK 12/19-B.
176 OLG Frankfurt, Beschluss v. 24.9.2013 – 11 Verg 12/13.
177 OLG Schleswig, Beschluss v. 4.11.2014 – 1 Verg 1/14; VK Bund, Beschluss v. 19.2.2021 – VK 1-120/20.

ropäischen Union bekannt gemacht, endet die Frist (absolute Ausschlussfrist) zur Geltendmachung eines Verstoßes gegen § 135 Abs. 1 Nr. 1 und 2 GWB mit der Folge der Unwirksamkeit des Vertrages nach § 135 Abs. 2 S. 2 GWB dreißig Kalendertage nach Veröffentlichung der Bekanntmachung der Auftragsvergabe im Amtsblatt der Europäischen Union.

In § 135 Abs. 2 GWB sind damit insgesamt drei verschiedene **Fristen** festgelegt, die vom Antragsteller zu beachten sind: 63

1. dreißig Kalendertage ab Information des öffentlichen Auftraggebers über den erfolgten Vertragsschluss (§ 135 Abs. 2 S. 1 Hs. 1 GWB),
2. sechs Monate nach Vertragsschluss (§ 135 Abs. 2 S. 1 Hs. 2 GWB) und
3. dreißig Kalendertage nach Veröffentlichung einer Bekanntmachung über vergebene Aufträge im Amtsblatt der Europäischen Union (§ 135 Abs. 2 S. 2 GWB).

Ist nur eine dieser Fristen abgelaufen, ist der Vertrag wirksam.[178] Da es sich bei den Fristen um formelle Ausschlussfristen handelt, ist weder eine Rechtsbehelfsbelehrung erforderlich, noch ist erheblich, ob das Unternehmen, das die Unwirksamkeit eines Vertrages geltend macht, die Rechtsfolgen bei Überschreitung der Fristen kannte.[179] Aus demselben Grund führt der Ablauf der Fristen zum Rechtsverlust des betroffenen Unternehmens ohne Hemmung, Unterbrechung oder Wiedereinsetzungsmöglichkeit im Interesse der Rechtssicherheit.[180] Angesichts der gesetzgeberischen Zielsetzung, nach einer gewissen Frist Rechtssicherheit über den abgeschlossenen Vertrag herzustellen, kommt namentlich eine Wiedereinsetzung in den vorigen Stand nicht in Betracht.[181] Die Unwirksamkeitsfolge des § 135 Abs. 1 GWB kann nicht mehr eintreten, wenn bis zum Ablauf der Fristen in § 135 Abs. 2 GWB der Verstoß gegen § 135 Abs. 1 Nr. 1 oder 2 GWB nicht geltend gemacht worden ist. Gerade bei Anpassungen bestehender Verträge, welche die Vertragsparteien unter sich aushandeln, ohne dass potenzielle Wettbewerber hiervon in der Regel etwas erfahren,[182] dürfte die Fristbindung in der Praxis eine gewisse Hürde für vergaberechtlichen Primärrechtsschutz bedeuten.[183]

Die Ausschlusswirkung nach § 135 Abs. 2 GWB betrifft den **Vertrag**, den der öffentliche Auftraggeber geschlossen hat. Wird z. B. im Sinne von § 135 Abs. 2 S. 1 GWB über einen Vertrag informiert, der bereits Optionsrechte für anknüpfende Leistungen enthält, läuft die Ausschlussfrist nach § 135 Abs. 2 S. 1 GWB auch bezüglich der optionalen Leistungen.[184] 64

Die Fristenbindung gemäß § 135 Abs. 2 GWB gilt nur für ein **Nachprüfungsverfahren** zur Feststellung der Unwirksamkeit eines Vertrages über einen öffentlichen Auftrag gemäß § 135 Abs. 1 Nr. 1 und 2 GWB. Sie gilt nicht für die Geltendmachung der Nichtigkeit des Vertrages aus anderen Gründen,[185] für ein Vertragsverletzungsverfahren durch die Europäische Kommission[186] oder für die Ankündigung einer beabsichtigten Direktvergabe nach Art. 5 Abs. 2 VO (EG) Nr. 1370/2007.[187] 65

---

178 VK Brandenburg, Beschluss v. 15.9.2015 – VK 16/15.
179 VK Bund, Beschluss v. 19.2.2021 – VK 1-120/20.
180 OLG Schleswig, Beschluss v. 4.11.2014 – 1 Verg 1/1; vgl. OLG Brandenburg, Beschluss v. 22.12.2011 – Verg W 14/11; OLG München, Beschluss v. 10.3.2011 – Verg 1/11; VK Sachsen, Beschluss v. 8.4.2011 – 1/SVK/002-11.
181 OLG Schleswig, Beschluss v. 4.11.2014 – 1 Verg 1/1; vgl. OLG Brandenburg, Beschluss v. 22.12.2011 – Verg W 14/11; OLG München, Beschluss v. 10.3.2011 – Verg 1/11; VK Sachsen, Beschluss v. 8.4.2011 – 1/SVK/002-11.
182 Vgl. aber die durch § 132 Abs. 5 GWB angeordnete ex post-Bekanntmachungspflicht für Auftragsänderungen während der Vertragslaufzeit gemäß § 132 Abs. 2 Nr. 2 und 3 GWB.
183 *Greb/Stenzel*, NZBau 2012, 404 (408).
184 VK Bund, Beschluss v. 19.2.2021 – VK 1-120/20.
185 Siehe Rn. 104.
186 Siehe Rn. 79.
187 Vgl. OLG Düsseldorf, Beschluss v. 16.10.2019 – VII-Verg 43/18: Für eine analoge Anwendung des § 135 Abs. 2 GWB in diesen Fällen fehle es an einer vergleichbaren Interessenslage: Bei der Bekanntmachung einer beabsichtigten Direktvergabe gehe es nicht um die schwebende Wirksamkeit eines Vertrages, vielmehr solle eine Beauftragung überhaupt erst ausgesprochen werden; diese Situation werde im Falle der Bekanntmachung einer beabsichtigten Direktvergabe spezieller von den Präklusionsvorschriften des § 160 Abs. 3 S. 1 GWB erfasst; vgl. auch OLG Jena, Beschluss v. 12.6.2019 – 2 Verg 1/18; offen gelassen von OLG München, Beschluss v. 31.3.2016 – Verg 14/15.

1. Dreißig-Tage-Frist ab Information der Bewerber und Bieter (S. 1 Hs. 1)

66 Voraussetzung für die Feststellung der Unwirksamkeit des Vertrages in einem Nachprüfungsverfahren ist, dass die Unwirksamkeit im Nachprüfungsverfahren innerhalb von dreißig Kalendertagen nach der Information der betroffenen Bieter und Bewerber durch den öffentlichen Auftraggeber über den Abschluss des Vertrages geltend gemacht wird (§ 135 Abs. 2 S. 1 Hs. 1 GWB).

67 Die Frist in § 135 Abs. 2 S. 1 Hs. 1 GWB geht zurück auf Art. 2f Abs. 1 lit. a Spiegelstr. 2 **RL 89/665/EWG**. Hiernach ist es den Mitgliedstaaten u.a. erlaubt, die Ausschlussfrist beginnen zu lassen, wenn *„der öffentliche Auftraggeber die betroffenen Bieter und Bewerber über den Abschluss des Vertrags informiert hat, sofern diese Information eine Zusammenfassung der einschlägigen Gründe [...] enthält"*.

68 Die Dreißig-Tage-Frist beginnt nach § 135 Abs. 2 S. 1 GWB ab der Information der betroffenen Bieter und Bewerber über den Abschluss des Vertrages durch den öffentlichen Auftraggeber.[188] Die Berechnung der **Frist** richtet sich nach § 31 VwVfG i.V.m. § 187 Abs. 1 BGB.[189] Die Frist nach § 135 Abs. 2 S. 2 GWB beginnt damit mit dem Tag, der auf den Tag folgt, an dem der öffentlichen Auftraggeber den Antragsteller über den Vertragsschluss i.S.d. § 135 Abs. 1 S. 1 GWB informiert hat.[190] Dies folgt der Vorgabe in Art. 2f Abs. 1 lit. a RL 89/665/EWG. Das Fristende ist nach § 188 Abs. 1 BGB zu berechnen. Die Frist endet mit Ablauf von dreißig vollen Kalendertagen nach dem Tag, an dem der Antragsteller durch den öffentlichen Auftraggeber über den Abschluss des betreffenden Vertrages informiert worden ist und auf diese Weise jedenfalls die Möglichkeit der Kenntnisnahme von einem Verstoß im Sinne des § 135 Abs. 1 Nr. 1 und 2 GWB erlangt hat. Liegt der Fristbeginn auf einem gesetzlichen Feiertag, verschiebt sich das Fristende entsprechend § 193 BGB auf den nächsten Werktag.[191]

69 Das **Nachprüfungsverfahren** muss vor Ablauf der dreißig Kalendertage durch Stellen eines Antrags i.S.v. § 160 Abs. 1 GWB eingeleitet sein und hierin die Unwirksamkeit des abgeschlossenen Vertrages gemäß § 160 Abs. 2 GWB und des § 161 Abs. 2 GWB geltend gemacht werden. Voraussetzung ist, dass der Nachprüfungsantrag bei der Vergabekammer eingegangen ist; auf die Information des öffentlichen Auftraggebers über den Nachprüfungsantrag durch die Vergabekammer (§ 169 Abs. 1 GWB) kommt es nicht an.[192] Dieses Verständnis trägt auch den Vorgaben der RL 89/665/EWG Rechnung, die in Art. 2f Abs. 1 ebenfalls davon ausgeht, dass das Nachprüfungsverfahren innerhalb der Frist lediglich beantragt sein muss.

70 Eine mehr oder minder zufällige Kenntnisnahme der nichtberücksichtigten Bieter von dem Vergaberechtsverstoß – z. B. aufgrund eigener Recherchen oder von dritter Seite zugetragener Informationen – ist insoweit irrelevant.[193] Notwendig ist eine aktive, gezielte und unaufgeforderte **Information** durch den öffentlichen Auftraggeber selbst.[194] Macht ein Unternehmen Informationsansprüche nach dem IFG geltend, stellen die daraufhin gewährten Informationen keine Information der betroffenen Bieter und Bewerber *durch den öffentlichen Auftraggeber* im Sinne von § 135 Abs. 2 S. 1 GWB dar.[195] Außerdem beginnt die Frist nur

188 VK Sachsen, Beschluss v. 27.5.2021 – 1/SVK/004-21.

189 Vgl. z. B. VK Südbayern, Beschluss v. 22.12.2014 – Z3-3-3194-1-51-11/14, und die Nachweise z. B. bei *Freytag*, in: Gabriel/Krohn/Neun, Handbuch Vergaberecht, § 37 Rn. 64.

190 VK Sachsen, Beschluss v. 26.9.2017 – 1/SVK/016-17.

191 Vgl. hierzu im Einzelnen *Dreher/Hoffmann*, in: Burgi/Dreher, Vergaberecht, § 135 GWB Rn. 57.

192 *Höß*, in: Heuvels/Höß/Kuß/Wagner, Vergaberecht, § 135 GWB Rn. 38; vgl. z. B. auch OLG Naumburg, Beschluss v. 26.7.2012 – 2 Verg 2/12; zu einer atypischen Fallkonstellation, die vom Normzweck des § 101b GWB a.F. abweicht und in der es gegen Treu und Glauben verstoßen würde, wenn der Antragsteller erst längere Zeit nach dem auch ihm bekannten Abschluss des Planungswettbewerbs gegen die Wirksamkeit des Vertrages vorgehen könnte, siehe OLG München, Beschluss v. 13.6.2013 – Verg 1/13.

193 VK Sachsen, Beschluss v. 27.5.2021 – 1/SVK/004-21 unter Berufung auf OLG Düsseldorf, Beschluss v. 1.8.2012 – VII-Verg 15/12; Gesetzesbegründung zu § 135 GWB, VergRModG 2016, BT-Drs. 18/6281, 122.

194 VK Sachsen, Beschluss v. 27.5.2021 – 1/SVK/004-21.

195 KG, Beschluss v. 8.6.2020 – Verg 1002/20.

dann zu laufen, wenn der Vertragsschluss bei Information bereits erfolgt ist. Es genügt nicht, ein Unternehmen über einen in der Zukunft geplanten Zuschlag zu informieren.[196]

71 § 135 Abs. 2 S. 1 GWB enthält keine Vorgaben dazu, welchen **Inhalt** die Information über den Vertragsschluss haben muss, sondern spricht nur von der Information der betroffenen Bieter und Bewerber durch den öffentlichen Auftraggeber über den Abschluss des Vertrages.[197] Daraus wird hergeleitet, dass die Mitteilung das Datum des Vertragsschlusses nicht enthalten muss[198] und dass auch die Adresse des Vertragspartners, eine Rechtsmittelbelehrung oder auch nur ein Hinweis auf die Regelung und die Fristen nach § 135 GWB nicht erforderlich sind, um den Fristbeginn auszulösen.[199] Art. 2f Abs. 1 lit. a Spiegelstr. 2 RL 89/665/EWG stellt aber darauf ab, dass die fristauslösende Information eine Zusammenfassung der einschlägigen Gründe gemäß Art. 55 Abs. 2 RL 2014/24/EU vorbehaltlich des Art. 55 Abs. 3 RL 2014/24/EU enthält. Art. 55 Abs. 2 RL 2014/24/EU betrifft Informationen, die der öffentliche Auftraggeber Bietern auf Antrag zur Verfügung stellen muss, wenn sie Angebote eingereicht haben. § 135 Abs. 2 S. 1 GWB greift dies nicht auf. Aufgrund der Vorgaben der Richtlinie wird man § 135 Abs. 2 S. 1 GWB aber so auslegen müssen, dass die Information die in Art. 55 RL 2014/24/EU genannten Gründe für die Ablehnung des Teilnahmeantrages bzw. des Angebotes und Informationen über die Merkmale und relativen Vorteile des ausgewählten Angebotes sowie über den Namen des erfolgreichen Bieters oder der Parteien der Rahmenvereinbarung bzw. über den Verlauf und die Fortschritte der Verhandlungen und des Dialogs mit den Bietern enthalten muss, um den Beginn der Dreißig-Tage-Frist auszulösen.[200] Dies entspricht im Wesentlichen dem Inhalt einer Vorabinformation nach § 134 Abs. 1 S. 1 GWB ohne die Angabe des Zeitpunktes des Vertragsschlusses, da der öffentliche Auftraggeber den Vertrag bereits abgeschlossen hat.[201]

72 **Adressaten** der Information des öffentlichen Auftraggebers über den erfolgten Vertragsabschluss sind die *„betroffenen Bewerber und Bieter"*.[202] Der Fristlauf wird folglich nicht ausgelöst, wenn ein Wirtschaftsteilnehmer, der keine Bieter- oder Bewerberstellung innehat, direkt von der Vergabestelle informiert wird.[203] Bei De-facto-Vergaben, an denen andere Bewerber oder Bieter nicht beteiligt waren, existieren solche nicht und Gründe für die Ablehnung können nicht mitgeteilt werden. In diesen Fällen soll die Information an Unternehmen durch den öffentlichen Auftraggeber nicht die Frist nach § 135 Abs. 2 S. 1 GWB auslösen.[204] Zum Teil wird angenommen, eine Information nach § 135 Abs. 2 S. 1 GWB könne auch bei De-facto-Vergaben die Dreißig-Tage-Frist auslösen. Dann müsse allerdings zumindest die Angabe eines Grundes für die Berechtigung zur De-facto-Vergabe in der Information enthalten sein.[205] Aufgrund des Schutzzwecks von § 135 Abs. 2 S. 1 GWB spricht hierfür einiges. Ein Unternehmen, das eine unmittelbare Information über den Vertragsschluss mit Angabe der Gründe erhält, verfügt in Bezug auf die Entscheidung über einen Nachprüfungsantrag über die gleichen Voraussetzungen wie ein Unternehmen, das als Bieter oder Bewerber betroffen ist. Dagegen spricht aber der Wortlaut der Regelung in § 135 GWB und der zugrunde liegenden Regelung in der Rechtsmittelrichtlinie, der auf „betroffene Bewerber und Bieter" abstellt. Es erscheint auch nicht unangemessen, die über die Information erlangte Verkürzung der Höchstfrist für einen Nachprüfungsantrag gegen einen Vertragsschluss in Fällen der De-facto-Vergabe nicht

196 VK Nordbayern, Beschluss v. 19.8.2019 – RMF-SG21-3194-4-40; a.A. *Kühnen*, in: Byok/Jaeger, Vergaberecht, § 135 GWB Rn. 38, der in Fällen, in denen der Vertrag bei Information noch nicht geschlossen worden ist, von einem Lauf der Frist ab dem Tag nach dem Vertragsschluss ausgeht.
197 OLG Karlsruhe, Beschluss v. 22.2.2019 – 15 Verg 9/18.
198 VK Bund, Beschluss v. 19.2.2021 – VK 1-120/20.
199 VK Bund, Beschluss v. 19.2.2021 – VK 1-120/20; *Kühnen*, in: Byok/Jaeger, Vergaberecht, § 135 GWB Rn. 37.
200 OLG Karlsruhe, Beschluss v. 22.2.2019 – 15 Verg 9/18; *Kühnen*, in: Byok/Jaeger, Vergaberecht, § 135 GWB Rn. 40.
201 *Höß*, in: Heuvels/Höß/Kuß/Wagner, Vergaberecht, § 135 GWB Rn. 41.
202 Zu diesem Begriff siehe § 134 GWB Rn. 38 ff.
203 VK Nordbayern, Beschluss v. 26.7.2018 – RMF-SG21-3194-3-19.
204 OLG Koblenz, Beschluss v. 27.1.2021 – Verg 1/19 unter Berufung auf die unionsrechtlichen Vorgaben.
205 VK Sachsen, Beschluss v. 27.5.2021 – 1/SVK/004-21.

anzuwenden. Bei De-facto-Vergaben liegt aufgrund des vollständigen Verzichts auf ein Vergabeverfahren der gravierendste Verstoß gegen Vergaberecht vor.

73 Die **Beweislast** für die Umstände, die die Dreißig-Tage-Frist als Verkürzung gegenüber der Sechsmonatsfrist nach § 135 Abs. 2 S. 1 Hs. 2 GWB begründen, liegt beim öffentlichen Auftraggeber.[206]

2. Höchstfrist von sechs Monaten (S. 1 Hs. 2)

74 Der Betroffene muss innerhalb von dreißig Tagen ab Information des öffentlichen Auftraggebers über den erfolgten Vertragsschluss ein Nachprüfungsverfahren i.S.v. § 160 Abs. 1 GWB eingeleitet haben, der Vergabekammer muss also innerhalb der Frist ein Nachprüfungsantrag i.S.d. §§ 160, 161 GWB zugegangen sein,[207] in dem die Unwirksamkeit des Vertrages aus den Gründen des § 135 Abs. 1 Nr. 1 oder 2 GWB geltend gemacht wird. Dies ist längstens innerhalb eines Zeitraumes von sechs Monaten ab Vertragsschluss möglich. Die sechs Monate markieren eine absolute zeitliche Grenze,[208] vor deren Ablauf in jedem Fall ein Nachprüfungsverfahren beantragt sein muss. Mit Ablauf der Sechsmonatsfrist ab Vertragsschluss ist der Vertrag endgültig wirksam. Das hat zur Folge, dass der Vertrag der vergaberechtlichen Nachprüfung nicht mehr unterliegt.[209]

75 Ungeachtet des insoweit nicht eindeutigen Wortlauts[210] gilt die Sechsmonatsfrist unterschiedslos in allen **Fallkonstellationen** und unabhängig davon, ob der Antragsteller Kenntnis von dem Verstoß hat oder nicht.[211] Allein dieses Verständnis trägt dem Anliegen des Gesetzgebers Rechnung, nach Ablauf der Frist für Rechtssicherheit zu sorgen.[212] Die Sechsmonatsfrist gilt auch im Fall von Vertragsänderungen, die an sich nach § 132 GWB ein neues Vergabeverfahren erfordert hätten.[213] Fehlt es im Falle einer Vertragsänderung an einer schriftlich fixierten Vereinbarung zwischen den Beteiligten, so ist für den Beginn der Sechsmonatsfrist auf eine Willenserklärung des öffentlichen Auftraggebers abzustellen, mit der die wesentliche Änderung des ursprünglichen öffentlichen Auftrags hinreichend konkret und verbindlich wird.[214]

76 Die **Sechsmonatsfrist** beginnt gemäß § 187 Abs. 1 BGB an dem Tag, der auf den Tag folgt, an dem der Vertrag geschlossen wurde. Sie endet gemäß § 188 Abs. 2 BGB nach Ablauf von sechs Monaten, genauer im sechsten Monat mit dem Ablauf des Tages, der in seiner Zahl dem Tag des Vertragsschlusses entspricht. Fehlt diese Zahl im letzten Monat, gilt § 188 Abs. 3 BGB, sodass die Frist mit dem Ablauf des letzten Tages dieses Monats endet.[215] Diese Berechnung entspricht den Vorgaben in Art. 2f Abs. 1 lit. b RL 89/665/EWG. Fällt der letzte Tag der Frist auf einen Sonnabend, Sonntag oder gesetzlichen Feiertag, verschiebt sich das Fristende entsprechend § 193 BGB auf den nächsten Werktag.

77 Rein tatsächlich kann sich die Sechsmonatsfrist für die betroffenen Unternehmen dadurch **verkürzen**, dass der Antragsteller erst einige Zeit nach Vertragsschluss – auf anderen Wegen als durch eine Information des öffentlichen Auftraggebers – Kenntnis von der unzulässigen De-facto-Vergabe erhält; daneben kann der öffentliche Auftraggeber die Frist durch eine Bekanntmachung gemäß § 135 Abs. 2 S. 2 GWB verkürzen.[216]

---

206 Vgl. OLG Karlsruhe, Beschluss v. 21.7.2010 – 15 Verg 6/10.
207 Siehe Rn. 69 ff.
208 So auch VK Brandenburg, Beschluss v. 18.10.2011 – VK 41/11; VK Münster, Beschluss v. 20.1.2011 – VK 7/10.
209 OLG Schleswig, Beschluss v. 4.11.2014 – 1 Verg 1/14; OLG Frankfurt, Beschluss v. 24.9.2013 – 11 Verg 12/13.
210 Vgl. *Dreher/Hoffmann*, in: Burgi/Dreher, Vergaberecht, § 135 GWB Rn. 56, die darauf verweisen, dass sich die Ausschlussfristen auf die Geltendmachung der Unwirksamkeit beziehen, es aber nach § 135 Abs. 1 GWB für die anfängliche Unwirksamkeit des Vertrages nur eines Verstoßes gemäß § 135 Nr. 1 oder 2 GWB und seiner Feststellung im Nachprüfungsverfahren bedürfe, ohne dass es auf die Geltendmachung der Unwirksamkeit ankäme.
211 OLG Brandenburg, Beschluss v. 22.12.2011 – Verg 14/11; vgl. auch Art. 2f Abs. 1 lit. b RL 89/665/EWG.
212 Vgl. *Dreher/Hoffmann*, in: Burgi/Dreher, Vergaberecht, § 135 GWB Rn. 56.
213 OLG Frankfurt, Beschluss v. 3.5.2016 – 11 Verg 12/15.
214 VK Baden-Württemberg, Beschluss v. 7.6.2018 – 1 VK 10/18.
215 *Dreher/Hoffmann*, in: Burgi/Dreher, Vergaberecht, § 135 GWB Rn. 59.
216 Siehe Rn. 80 ff.

Eine **Verlängerung** der Sechsmonatsfrist ist in jedem Fall ausgeschlossen. Sechs Monate nach Vertragsschluss bleibt der Vertrag damit endgültig wirksam, sodass insoweit Rechtssicherheit eintritt. Dies ist sachgerecht, da nach sechs Monaten eine Vielzahl von Verträgen über öffentliche Aufträge bereits vollständig erfüllt sein wird, sodass eine Rückabwicklung nach §§ 812 ff. BGB erheblichen tatsächlichen Schwierigkeiten begegnet. Zudem soll auch das Unternehmen, das den Auftrag erhalten hat, zugleich jedoch nicht zwingend von dem Verstoß des öffentlichen Auftraggebers Kenntnis haben muss, zu einem bestimmten Zeitpunkt nicht mehr mit der Unwirksamkeit nach § 135 GWB rechnen müssen. 78

Von der Frist des § 135 GWB unbenommen bleibt aber die Befugnis der Europäischen Kommission, im Rahmen eines **Vertragsverletzungsverfahrens**[217] die Beendigung eines vergaberechtswidrigen Vertrages zu fordern.[218] 79

3. Dreißig-Tage-Frist bei Vergabebekanntmachung (S. 2)

Hat der öffentliche Auftraggeber die Auftragsvergabe im Amtsblatt der Europäischen Union bekannt gemacht, verkürzt sich die Frist zur Feststellung der Unwirksamkeit des Vertrages gemäß § 135 Abs. 2 S. 2 GWB auf dreißig Tage nach Veröffentlichung dieser Bekanntmachung über die Auftragsvergabe. Hierdurch wird in Umsetzung der Vorgaben der RL 89/665/EWG ein Gleichlauf mit § 135 Abs. 2 S. 1 GWB hergestellt, da in beiden Fällen die Kenntnis der betroffenen Bieter und Bewerber von einem Verstoß gegen § 135 Abs. 1 GWB auf einer Information des öffentlichen Auftraggebers beruht.[219] Zugrundegelegt wird, dass die Unternehmen wegen der Veröffentlichung der Auftragsvergabe im Amtsblatt der Europäischen Union die Möglichkeit haben, vom Vertragsabschluss Kenntnis zu erlangen, und daher innerhalb von dreißig Kalendertagen einen Nachprüfungsantrag stellen können. Die Rechtsprechung geht davon aus, dass Unternehmen, die sich um öffentliche Aufträge bewerben, regelmäßig die maßgeblichen Veröffentlichungsorgane beobachten müssen.[220] Mit der Bekanntmachung wird dem öffentlichen Auftraggeber die Möglichkeit gegeben, schneller Rechtssicherheit über die Auftragsvergabe zu erlangen. Nach Ablauf von dreißig Kalendertagen nach Veröffentlichung der Bekanntmachung in dem Amtsblatt der Europäischen Union kann der Vertrag nicht mehr wegen Verstoßes gegen § 135 Abs. 1 GWB angegriffen werden. Es handelt sich nach der gesetzlichen Formulierung also auch in diesem Fall um eine absolute Frist.[221] 80

a) Beginn und Ende der Frist

Auch hier genügt der Antragsteller der Frist, wenn sein Nachprüfungsantrag der Vergabekammer innerhalb der dreißig Kalendertage zugeht. Die Frist beginnt mit der Veröffentlichung der Bekanntmachung – nicht bereits mit der Versendung der Bekanntmachung. Insoweit ist der Wortlaut eindeutig. Es ist auch unerheblich, ob ein Dritter auch tatsächlich von der Bekanntmachung Kenntnis genommen hat. Potenzielle Bieter müssen durch die Bekanntmachung zumindest aber der Möglichkeit nach in die Lage versetzt werden, erkennen zu können, ob ein Verstoß gegen § 135 Abs. 1 Nr. 1 oder 2 GWB vorliegt.[222] Der Tag der Veröffentlichung der Bekanntmachung zählt schon nach dem Wortlaut der Vorschrift bei der Bestimmung des Fristbeginns nicht mit. Die Frist beginnt damit am Tag nach der Veröffentlichung der Bekanntmachung im Amtsblatt der Europäischen Union und endet mit Ablauf der dreißig vollen Kalendertage. Dies entspricht den Vorgaben von Art. 2f RL 89/665/EWG. Auf das Fristende finden § 193 BGB, § 31 Abs. 3 VwVfG und § 222 ZPO Anwendung. 81

---

217 Siehe Rn. 108 ff.
218 Vgl. EuGH, Urteil v. 18.7.2007 – Rs. C-503/04 (Abfallentsorgung Braunschweig II).
219 Gesetzesbegründung zu § 135 GWB, VergRModG 2016, BT-Drs. 18/6281, 122.
220 Vgl. OLG Saarbrücken, Beschluss v. 25.7.2007 – 1 Verg 1/07.
221 OLG Frankfurt, Beschluss v. 24.9.2013 – 11 Verg 12/13; VK Rheinland-Pfalz, Beschluss v. 20.10.2011 – VK 1-35/11; VK Sachsen, Beschluss v. 8.4.2011 – 1/SVK/002-11.
222 Siehe dazu Rn. 82.

b) Form und Inhalt der Bekanntmachung

82 Das einschlägige **Formular** zur Bekanntmachung vergebener Aufträge nach der VO (EU) 2015/1986 verweist in Abschnitt IV.1.1 (Verfahrensart) bei dem Feld *„Auftragsvergabe ohne vorherige Bekanntmachung eines Aufrufs zum Wettbewerb im Amtsblatt der Europäischen Union"* auf den Anhang D1. Dieser Anhang D1[223] ist übertitelt *„Begründung der Auftragsvergabe ohne vorherige Bekanntmachung eines Aufrufs zum Wettbewerb im Amtsblatt der Europäischen Union (Abl. S)"*.

83 Der Anhang sieht eine **Begründungspflicht** für Auftragsvergaben ohne vorherige Veröffentlichung einer Bekanntmachung im Amtsblatt der Europäischen Union vor. Gefordert wird in dem Formular, dass die Begründung den einschlägigen Artikeln der RL 2014/24/EU entsprechen muss. In Punkt 1 des Formulars ist hierzu die *„Begründung der Wahl des Verhandlungsverfahrens ohne vorherige Bekanntmachung eines Aufrufs zum Wettbewerb im Amtsblatt der Europäischen Union"* gemäß Art. 32 Abs. 2 RL 2014/24/EU aufzuführen. Hierzu sind jeweils konkrete Angaben zu machen, z. B. ist anzukreuzen *„keine oder keine geeigneten Angebote/ Teilnahmeanträge im Anschluss an ein offenes/nichtoffenes Verfahren"* oder *„Die Bauleistungen/Lieferungen/Dienstleistungen können aus folgenden Gründen nur von einem bestimmten Wirtschaftsteilnehmer ausgeführt werden, und zwar wegen eines nicht vorhandenen Wettbewerbs aus technischen Gründen, wegen der Erschaffung oder des Erwerbs eines einzigartigen Kunstwerks oder einer einzigartigen künstlerischen Leistung als Ziel der Auftragsvergabe (bzw.) aufgrund des Schutzes von ausschließlichen Rechten einschließlich Rechten des geistigen Eigentums"*. Punkt 2[224] erfordert Angaben dazu, warum der Auftrag nicht unter die RL 2014/24/EU fällt. Zusätzlich zu dem/den jeweils angekreuzten Kästchen muss unter Nr. 3 des Formulars zudem *„in einer klaren und leicht verständlichen Form"*, jedoch in maximal 500 Wörtern erläutert werden, warum die Auftragsvergabe ohne vorherige Veröffentlichung im Amtsblatt der Europäischen Union rechtmäßig ist. Dabei sind die „entsprechenden Tatsachen und gegebenenfalls die rechtlichen Schlussfolgerungen im Einklang mit der Richtlinie" anzuführen. Wegen der gemäß § 135 Abs. 2 S. 2 GWB eintretenden Rechtsfolgen einer vorzeitigen „Bestandskraft" des nach einer Direktvergabe geschlossenen Vertrages gilt für die Vergabebekanntmachung i.S.d. § 135 Abs. 2 S. 2 GWB inhaltlich ein strenger Maßstab.[225] Die relevanten Fakten müssen vollständig und zutreffend dargestellt werden und jedenfalls so aussagekräftig sein, dass ein an dem Auftrag interessiertes Unternehmen verlässlich beurteilen kann, ob es sich lohnt, ein Nachprüfungsverfahren einzuleiten. Auch wenn § 135 Abs. 2 S. 2 GWB keine Vorgaben zum Inhalt der Bekanntmachung enthält, wird aus Art. 2f Abs. 1 lit. a RL 89/665/EWG hergeleitet, dass die Angabe, warum der öffentliche Auftraggeber den Auftrag ohne Veröffentlichung einer Bekanntmachung zu vergeben hat, erforderlich sei.[226] Denn nach Art. 2f Abs. 1 lit. a Spiegelstr. 1 RL 89/665/EWG besteht die Möglichkeit der Fristverkürzung nur, sofern in der Bekanntmachung *„die Entscheidung des öffentlichen Auftraggebers begründet wird, einen Auftrag ohne vorherige Veröffentlichung einer Bekanntmachung im Amtsblatt der Europäischen Union zu vergeben"*. Die frühere VO (EG) 1150/2009 zur Änderung der Standardformulare hatte im Übrigen in Erwägungsgrund 1 und in den Standardformularen des Anhangs D hierauf Bezug genommen. In den bisherigen Standardformularen wurde ausdrücklich darauf hingewiesen, dass der Auftraggeber, *„um von dem […] beschränkten Zeitraum profitieren zu können, klar und ausführlich zu erläutern hat, warum die Auftragsvergabe ohne vorherige Veröffentlichung einer Bekanntmachung im Amtsblatt der*

223 Anhang D1 für Allgemeine Aufträge; vgl. auch Anhang VI (Bekanntmachung vergebener Aufträge – Versorgungssektoren) sowie Anhang XV (Bekanntmachung vergebener Aufträge – Verteidigung und Sicherheit); VO (EU) 2015/1986 wird durch die Durchführungsverordnung (EU) 2019/1780 der Kommission vom 23.9.2019 zur Einführung von Standardformularen für die Veröffentlichung von Bekanntmachungen für öffentliche Aufträge und zur Aufhebung der Durchführungsverordnung (EU) 2015/1986 („elektronische Formulare – eForms") zum 25.10.2023 aufgehoben und abgelöst.

224 Sonstige Begründung der Auftragsvergabe ohne vorherige Bekanntmachung eines Aufrufs zum Wettbewerb im Amtsblatt der Europäischen Union.

225 *Hattig*, in: Hattig/Maibaum, Kartellvergaberecht, § 101b GWB Rn. 67 ff.

226 VK Mecklenburg-Vorpommern, Beschluss v. 7.1.2020 – 3 VK 08/19.

Europäischen Union rechtmäßig ist". Diese Angabe ergibt sich aus dem für eine Bekanntmachung über den vergebenen Auftrag im Falle einer Auftragsvergabe ohne vorherige Auftragsbekanntmachung zu verwendenden Formular.[227]

Alle in dem Formular abgefragten **Pflichtangaben** sind vom öffentlichen Auftraggeber anzugeben; so muss namentlich die richtige Nachprüfungsstelle in der Bekanntmachung genannt werden.[228] Fehlen diese Mindestinhalte oder sind diese fehlerhaft, tritt die Fristverkürzung nicht ein und es bleibt bei der Frist des § 135 Abs. 2 S. 1 GWB.[229] Das Gleiche gilt für bewusst irreführende Angaben oder solche, die auf die Entscheidung eines Interessenten, ein Nachprüfungsverfahren einzuleiten, in anderer Weise Einfluss zu nehmen suchen.[230] Erst diese Auslegung wird den europarechtlichen Vorgaben gerecht.[231] In der Bekanntmachung waren nach den Anhängen III und IV der früheren VO (EG) 1564/2005 als weitere notwendige Bestandteile auch Angaben zu den Rechtsbehelfs- bzw. Nachprüfungsverfahren zu machen; dabei ist die zuständige Stelle für Nachprüfungsverfahren ebenso anzugeben wie die Fristen für die Einlegung von Rechtsbehelfen.[232] Das gilt nach wie vor. Fehlen diese Bestandteile oder enthalten die Angaben Fehler, die den wirksamen Rechtsschutz betroffener Unternehmen vereiteln, tritt mangels Veröffentlichung einer ordnungsgemäßen Bekanntmachung keine Fristverkürzung nach § 135 Abs. 2 S. 2 GWB ein.[233] Unerheblich für den Lauf der Ausschlussfrist sind allerdings Fehler, die den effektiven Rechtsschutz der Bieter nicht beeinträchtigen.[234] Eine Rechtsbehelfsbelehrung, wie sie z. B. im § 58 Abs. 1 VwGO vorgesehen ist, muss nicht in die Bekanntmachung aufgenommen werden. Der Gesetzgeber ist insoweit davon ausgegangen, dass die betroffenen Bieter jedenfalls dann, wenn sie aus den in Art. 2f RL 89/665/EWG geforderten Angaben erkennen können, dass der bekannt gegebene – vergebene – öffentliche Auftrag für sie von Interesse ist, die weiteren Anforderungen zur Rechtsverfolgung ohne Weiteres dem Gesetz entnehmen können.[235] 84

4. Verwirkung

In Einzelfällen kann eine Verwirkung des Rechts auf Nachprüfung in Betracht kommen. Hat ein Unternehmen z. B. durch eine Information nach Art. 7 Abs. 2 VO (EG) Nr. 1370/2007 über einen langen Zeitraum Kenntnis von einer Direktvergabe und sucht es nicht um Primärrechtsschutz nach, kann das Rechtsschutzbedürfnis für den Unwirksamkeitsfeststellungsantrag nach § 135 Abs. 1 Nr. 2 GWB entfallen.[236] Dies kann allerdings nur in Ausnahmefällen gelten. Der Gesetzgeber hat in § 135 Abs. 2 GWB eine detaillierte Regelung geschaffen, bis wann und unter welchen Umständen die Geltendmachung der Unwirksamkeit des abgeschlossenen Vertrages möglich ist. In Fällen, in denen die Voraussetzungen für eine Verkürzung der Frist auf dreißig Kalendertage nicht vorliegen und der Vertragsschluss noch keine sechs Monate zurückliegt, kommt regelmäßig also keine Verwirkung in Betracht.[237] 85

---

227 Durchführungsverordnung (EU) 2019/1780; nicht zwingend ist die Angabe bei der Beschaffung von sozialen und anderen besonderen Dienstleistungen nach Art. 74 RL 2014/24 EU bzw. Art. 91 RL 2014/24/EU.

228 VK Sachsen, Beschluss v. 8.4.2011 – 1/SVK/002-11.

229 OLG Frankfurt, Beschluss v. 24.9.2013 – 11 Verg 12/13; *Hattig*, in: Hattig/Maibaum, Kartellvergaberecht, § 101b GWB Rn. 67 ff.

230 So auch *Gass/Willenbruch*, BehördenSpiegel 2/2010, 21.

231 OLG Düsseldorf, Beschluss v. 21.4.2010 – VII-Verg 55/09; vgl. hierzu im Einzelnen *Dreher/Hoffmann*, in: Burgi/Dreher, Vergaberecht, § 135 GWB Rn. 66; *Bulla/Schneider*, VergabeR 2011, 664 (668).

232 VK Sachsen, Beschluss v. 8.4.2011 – 1/SVK/002-11; a.A. OLG Schleswig, Beschluss v. 1.4.2010 – 1 Verg 5/09.

233 Vgl. *Dreher/Hoffmann*, in: Burgi/Dreher, Vergaberecht, § 135 GWB Rn. 66.

234 OLG Frankfurt, Beschluss v. 24.9.2013 – 11 Verg 12/13.

235 OLG Schleswig, Beschluss v. 4.11.2014 – 1 Verg 1/14; VK Sachsen-Anhalt, Beschluss v. 11.5.2012 – 1 VK LSA 38/11.

236 OLG Düsseldorf, Beschluss v. 27.4.2020 – VII-Verg 27/19.

237 VK Sachsen, Beschluss v. 27.5.2021 – 1/SVK/004-21.

D. Keine Unwirksamkeit (Abs. 3)

86 § 135 Abs. 3 GWB übernimmt die in Art. 2d RL 89/665/EWG vorgesehene Möglichkeit, die Unwirksamkeit eines öffentlichen Auftrags zu vermeiden, wenn der öffentliche Auftraggeber der Ansicht ist, eine Vergabe sei ohne vorherige Veröffentlichung im Amtsblatt der Europäischen Union zulässig. Hierzu muss der öffentliche Auftraggeber die Absicht eines Vertragsschlusses im Wege einer freiwilligen Vorab-Bekanntmachung im Amtsblatt der Europäischen Union bekunden. Der betreffende Vertrag darf zudem nicht vor Ablauf einer Frist von mindestens zehn Kalendertagen, gerechnet ab dem Tag nach der Veröffentlichung der Bekanntmachung, geschlossen werden.[238]

87 § 135 Abs. 3 GWB bezieht sich ausdrücklich auf **§ 135 Abs. 1 Nr. 2 GWB**, d.h. den Fall einer De-facto-Vergabe. Eine Unwirksamkeit gemäß § 135 Abs. 1 Nr. 1 GWB wegen unterlassener Vorabinformation nach § 134 GWB ist von § 135 Abs. 3 GWB nicht erfasst.[239]

I. Ansicht des öffentlichen Auftraggebers (S. 1 Nr. 1)

88 Gemäß § 135 Abs. 3 S. 1 Nr. 1 GWB muss der öffentliche Auftraggeber zunächst „der Ansicht" sein, dass die Auftragsvergabe ohne vorherige Veröffentlichung einer Bekanntmachung im Amtsblatt der Europäischen Union zulässig ist.

89 § 135 Abs. 3 S. 1 Nr. 1 GWB übernimmt dabei den Wortlaut des Art. 2d Abs. 4 Spiegelstr. 1 **RL 89/665/EWG**.

90 Der Wortlaut sollte allerdings nicht darüber hinwegtäuschen, dass es auch in diesen Fällen letztlich allein darauf ankommt, ob ein Auftrag ohne vorherige Veröffentlichung der Vergabeabsicht in einer EU-weiten Bekanntmachung vergeben werden durfte. Allein maßgeblich ist demnach, ob die **Voraussetzungen** der einschlägigen Ausnahmetatbestände in Art. 32 Abs. 2 der RL 2014/24/EU bzw. nach § 14 Abs. 4 Nr. 1 bis 9 VgV und § 3a EU Abs. 3 VOB/A 2016 objektiv vorliegen. Eine Einschätzungsprärogative oder Ähnliches kommt dem öffentlichen Auftraggeber hierbei nicht zu; die Entscheidung, einen öffentlichen Auftrag ohne die gebotene EU-weite Bekanntmachung zu vergeben, ist voll justiziabel.[240]

91 Die „**Ansicht**" des öffentlichen Auftraggebers ist im Übrigen ohnehin in einer Bekanntmachung nach § 135 Abs. 3 S. 1 Nr. 2 und S. 2 GWB zu substantiieren; dabei ist der in § 135 Abs. 3 S. 2 GWB vorgegebenen Begründungspflicht für die Entscheidung des öffentlichen Auftraggebers, den Auftrag ohne vorherige Veröffentlichung einer Bekanntmachung im Amtsblatt der Europäischen Union zu vergeben, gewissenhaft Rechnung zu tragen. Dem wird Genüge getan, wenn die Nachprüfungsinstanzen aufgrund konkreter Anhaltspunkte feststellen können, dass der öffentliche Auftraggeber, obwohl die getroffene Entscheidung vergaberechtlich falsch war, dennoch der Überzeugung war, den Auftrag ohne vorherige europaweite Ausschreibung vergeben zu dürfen.[241] Maßgeblich ist die subjektive Vorstellung des öffentlichen Auftraggebers.[242] Ausgangspunkt dafür ist der Entscheidungsfindungsprozess selbst: Zu prüfen ist, ob der öffentliche Auftraggeber sorgfältig die Sach- und Rechtslage geprüft hat und aufgrund der Ergebnisse zu der Auffassung gelangen konnte, den Auftrag ohne vorherige europaweite Ausschreibung vergeben zu können.[243] Den öffentlichen Auftraggeber trifft insoweit die materielle Beweislast.[244] Insofern kann schon die mangelnde Dokumentation der Annahme, der öffentliche Auftraggeber sei in vertretbarer Weise zu der Ansicht gelangt, eine Vergabe ohne Veröffentlichung einer Bekanntmachung sei zulässig, entgegenstehen. Auch der Verweis, sich auf eine anwaltliche Einschätzung verlassen zu haben, reicht für die Feststel-

238 Siehe auch EuGH, Urteil v. 11.9.2014 – Rs. C-19/13 (Fastweb SpA), Rn. 42.
239 VK Niedersachsen, Beschluss v. 6.2.2018 – VgK-42/17.
240 VK Westfalen, Beschluss v. 28.2.2017 – VK 1-02/17; anderer Ansicht *Wolf/Wolters*, NZBau 2019, 560 (561 ff.), die einen subjektiv-objektiven Maßstab anlegen.
241 OLG Düsseldorf, Beschluss v. 12.7.2017 – VII-Verg 13/17.
242 VK Niedersachsen, Beschluss v. 6.2.2018 – VgK-42/17.
243 OLG Düsseldorf, Beschluss v. 12.7.2017 – VII-Verg 13/17.
244 OLG Düsseldorf, Beschluss v. 12.7.2017 – VII-Verg 13/17.

lung einer sorgfältigen Prüfung der Sach- und Rechtslage durch den öffentlichen Auftraggeber nicht aus.[245]

II. Bekanntmachung (S. 1 Nr. 2 und S. 2)

§ 135 Abs. 3 S. 1 Nr. 2 und S. 2 GWB stellen klar, dass allein ein Rechtsirrtum über die Anwendung des Vergaberechts nicht zur Heilung des Vergabeverstoßes führt. Der Nichteintritt der Unwirksamkeit nach § 135 Abs. 3 GWB setzt eine Bekanntmachung des beabsichtigten Vertragsschlusses (S. 1 Nr. 2) mit einem bestimmten Mindestinhalt (S. 2) voraus.[246] Eine solche Bekanntmachung muss vor Vertragsschluss erfolgen, kann aber verfahrensbegleitend stattfinden.[247] Es handelt es sich um eine freiwillige Veröffentlichung, die das Ziel verfolgt, in den Genuss der Rechtsfolge des § 135 Abs. 3 GWB zu kommen. Die Bekanntmachung muss gemäß § 135 Abs. 3 S. 2 GWB 92

1. den Namen und die Kontaktdaten des öffentlichen Auftraggebers,
2. die Beschreibung des Vertragsgegenstands,
3. die Begründung der Entscheidung des öffentlichen Auftraggebers, den Auftrag ohne vorherige Veröffentlichung einer Bekanntmachung im Amtsblatt der Europäischen Union zu vergeben, und
4. den Namen und die Kontaktdaten des Unternehmens, das den Zuschlag erhalten soll,

umfassen. Weitere Angaben sieht § 135 Abs. 3 GWB für die Bekanntmachung nach § 135 Abs. 3 S. 1 Nr. 2 GWB nicht vor.

Wegen der gemäß § 135 Abs. 3 S. 1 GWB eintretenden Rechtsfolgen einer vorzeitigen „Bestandskraft" des nach einer Direktvergabe geschlossenen Vertrages gilt für die freiwillige Ex-ante-Transparenzbekanntmachung i.S.d. § 135 Abs. 3 S. 1 Nr. 2 und S. 2 GWB **inhaltlich** ein strenger Maßstab.[248] Die relevanten Fakten sind vollständig und zutreffend anzugeben und müssen jedenfalls so aussagekräftig sein, dass ein an dem Auftrag interessiertes Unternehmen in die Lage versetzt wird, ein Nachprüfungsverfahren einzuleiten. Daraus ergibt sich unter anderem, dass an die Darstellung des Auftragsgegenstandes hohe Anforderungen zu stellen sind.[249] Fehlen diese Mindestinhalte oder sind sie fehlerhaft, tritt die Rechtswirkung des § 135 Abs. 3 S. 1 GWB nicht ein. Das Gleiche gilt für bewusst irreführende Angaben oder solche, die auf die Entscheidung eines Interessenten, ein Nachprüfungsverfahren einzuleiten, auf sonstige Weise Einfluss zu nehmen suchen. Erst diese Auslegung wird den europarechtlichen Vorgaben gerecht. Denn nach Art. 2d Abs. 4 lit. a Spiegelstr. 1 RL 89/665/EWG besteht die Möglichkeit der Fristverkürzung nur, sofern der öffentliche Auftraggeber im Amtsblatt der Europäischen Union eine Bekanntmachung veröffentlicht hat, *„wie sie in Art. 3a der vorliegenden Richtlinie beschrieben ist und mit der er seine Absicht bekundet, den Vertrag abzuschließen"*. Zu den notwendigen Bestandteilen der Bekanntmachung zählen gemäß Art. 3a RL 89/665/EWG die in § 135 Abs. 3 S. 2 GWB aufgeführten Bestandteile, u.a. ausdrücklich die *„Begründung der Entscheidung des öffentlichen Auftraggebers, den Auftrag ohne vorherige Veröffentlichung einer Bekanntmachung im Amtsblatt der EU zu vergeben"*. 93

Nach Art. 5 VO (EU) 2015/1986 verwenden öffentliche Auftraggeber für die Veröffentlichung von Bekanntmachungen gemäß Art. 2d Abs. 4 Spiegelstr. 2 RL 89/665/EWG im Amtsblatt der Europäischen Union die **Standardformulare** in Anhang XII zur *„Freiwilligen Ex-ante-Transparenzbekanntmachung"*.[250] Die VO (EU) 2015/1986 ist von öffentlichen Auftraggebern zu be- 94

245 OLG Celle, Beschluss v. 9.11.2021 – 13 Verg 9/21.
246 VK Niedersachsen, Beschluss v. 6.2.2018 – VgK-42/17.
247 VK Niedersachsen, Beschluss v. 6.2.2018 – VgK-42/17.
248 Vgl. Rn. 83.
249 Die VK Bund hat im Falle eines Open-House-Modells eine unmissverständliche Beschreibung des Beitrittsmodells für erforderlich gehalten, aus der sich ergibt, ob es sich um eine Bekanntmachung für ein offenes Verfahren oder um eine Herstellung von Transparenz für ein Beitrittsmodell handeln soll; VK Bund, Beschluss v. 6.2.2017 – VK 2-6/17.
250 Standardformular 15.

achten.[251] Das einschlägige Formular verpflichtet in Abschnitt VI.1.1 dazu, den Anhang D auszufüllen. Anhang D1 sieht die Begründung für Auftragsvergaben ohne vorherige Veröffentlichung einer Bekanntmachung im Amtsblatt der Europäischen Union vor. Nach dem Formular ist zu belegen, dass die Begründung den einschlägigen Artikeln der RL 2014/24/EU entsprechen muss. Hierzu sind jeweils konkrete Angaben zu machen, z. B. ist anzukreuzen *„keine oder keine geeigneten Angebote/Teilnahmeanträge im Anschluss an ein offenes/nichtoffenes Verfahren"* oder *„Dringende Gründe im Zusammenhang mit für den öffentlichen Auftraggeber unvorhersehbaren Ereignissen, die den strengen Anforderungen der Richtlinie genügen"* oder *„Zusätzliche Lieferungen, deren Beschaffung den strengen Vorschriften der Richtlinie genügt"*. Unter Nr. 2 von Anhang D1 des Formulars[252] sind Angaben dazu zu machen, warum der Auftrag nicht unter die jeweilige Richtlinie fällt. Zusätzlich zu dem/den jeweils angekreuzten Kästchen muss unter Nr. 3 von Anhang D1 des Formulars zudem *„in einer klaren und leicht verständlichen Form"*, jedoch in maximal 500 Wörtern erläutert werden, warum die Auftragsvergabe ohne vorherige Veröffentlichung im Amtsblatt der Europäischen Union rechtmäßig ist. Alle in dem Formular abgefragten Pflichtangaben sind vom öffentlichen Auftraggeber anzugeben.

III. Frist (S. 1 Nr. 3)

95 Gemäß § 135 Abs. 3 S. 1 Nr. 3 GWB tritt die Unwirksamkeit nach § 135 Abs. 1 Nr. 2 GWB schließlich nur dann nicht ein, wenn der Vertrag nicht vor Ablauf einer Frist von mindestens zehn Kalendertagen, gerechnet ab dem Tag nach der Veröffentlichung dieser Bekanntmachung, abgeschlossen wurde.

96 Bei dieser **Frist** handelt es sich um eine „Mindest-Stillhaltefrist", die eine wirksame Nachprüfung ermöglichen soll.[253] Dauer und Berechnung der Frist entsprechen der Zehn-Tage-Frist in § 134 GWB.[254] Öffentliche Auftraggeber können auch einen längeren Zeitraum bis zum Vertragsschluss abwarten.

97 Das Standardformular für eine freiwillige Ex-ante-Transparenzbekanntmachung sieht in Abschnitt V.2.1 die Angabe des *„Tages des Abschlusses des Vertrages"* vor. Aus Gründen des Rechtsschutzes sollte der **Zeitpunkt des Vertragsschlusses** auch in der Bekanntmachung gemäß § 135 Abs. 3 S. 1 Nr. 2 GWB genannt werden, auch wenn dies § 135 Abs. 3 S. 2 GWB bzw. Art. 3a RL 89/665/EWG nicht ausdrücklich vorsehen.[255] Letztlich gelten hier die gleichen Erwägungen wie bei einer Vorabinformation gemäß § 134 GWB. Erst die Mitteilung des beabsichtigten Zeitpunktes des Vertragsschlusses realisiert die Rechtsschutzfunktion der Bekanntmachung in vollem Umfang, da die Unternehmen erst dann zuverlässig abschätzen können, welcher Zeitraum ihnen zu Verfügung steht, um gegebenenfalls ein Nachprüfungsverfahren gegen die aus ihrer Sicht rechtswidrige freihändige Vergabe des Auftrags einzuleiten.

E. Rechtsfolge

98 Der Vertrag, der unter einem nach § 135 Abs. 2 GWB festgestellten Verstoß gegen § 134 GWB zustande gekommen ist oder das Ergebnis einer nach § 135 Abs. 2 GWB festgestellten De-facto-Vergabe war, ist nach § 135 Abs. 1 GWB von Anfang an unwirksam.

99 Eine **Nichtigkeitsfolge** tritt durch den Verstoß im Sinne von § 135 Abs. 1 GWB nicht schon ein. Eine solche nach § 13 S. 6 VgV a.F. noch angeordnete Rechtsfolge wurde schon in § 101b

---

251 VO (EU) 2015/1986 wird durch die Durchführungsverordnung (EU) 2019/1780 der Kommission vom 23.9.2019 zur Einführung von Standardformularen für die Veröffentlichung von Bekanntmachungen für öffentliche Aufträge und zur Aufhebung der Durchführungsverordnung (EU) 2015/1986 („elektronische Formulare — eForms") zum 25.10.2023 aufgehoben und abgelöst.

252 *„Sonstige Begründung der Auftragsvergabe ohne vorherige Bekanntmachung eines Aufrufs zum Wettbewerb im Amtsblatt der Europäischen Union"*.

253 Erwägungsgrund 26 RL 2007/66/EG.

254 Vgl. hierzu § 134 GWB Rn. 76 ff.

255 Art. 3a lit. e RL 89/665/EWG sieht jedoch vor, dass die Bekanntmachung *„gegebenenfalls jede andere vom öffentlichen Auftraggeber für sinnvoll erachtete Angabe"* enthalten kann.

GWB a.F. durch die *„schwebende […] Unwirksamkeit des Vertrages"*[256] ersetzt, da eine *„aufschiebende oder auflösende Bedingung"* von dem Gesetzgeber bei der Modernisierung des Vergaberechts 2009 im Vergleich zur bis dahin durch § 13 VgV a.F. angeordneten Nichtigkeit des Vertrages als sachgerechter erachtet wurde.[257]

Trotz des Verstoßes gegen § 135 Abs. 1 Nr. 1 oder 2 GWB ist der zwischen einem öffentlichen Auftraggeber und einem Unternehmen geschlossene Vertrag **(zunächst) wirksam**; ein Leistungsverweigerungsrecht eines Vertragspartners oder Vergleichbares während des Schwebezustandes besteht also nicht; kommt ein Vertragspartner seinen vertraglichen Pflichten während des Schwebezustandes nicht nach, sind Schadensersatzansprüche oder Ähnliches denkbar.[258] Erst die Feststellung des Verstoßes gegen § 135 Abs. 1 Nr. 1 oder 2 GWB in einem Nachprüfungsverfahren macht ihn von Anfang an (ex tunc) unwirksam. Vor diesem Hintergrund kann man somit allenfalls von vorläufiger oder schwebender Wirksamkeit des Vertrages, nicht aber von dessen schwebender Unwirksamkeit sprechen. Nach der Empfehlung des Bundesrates vom 4. Juli 2008,[259] den Begriff „schwebend" vor dem Wort „unwirksam" einzufügen, hat die Bundesregierung dementsprechend versucht, den von ihr gebrauchten Begriff der „schwebenden Unwirksamkeit" zu korrigieren. „Schwebende Unwirksamkeit" bedeute, dass die Wirksamkeit eines geschlossenen Vertrages davon abhängig sei, dass nachträglich dafür eine weitere Voraussetzung erbracht werde. So hänge gemäß § 108 Abs. 1 BGB die Wirksamkeit eines von einem Minderjährigen geschlossenen Vertrages von der Genehmigung des gesetzlichen Vertreters ab. Im Rahmen des § 101b GWB (neu) gehe es dagegen um einen Umstand, nämlich die Feststellung des vergaberechtlichen Verstoßes in einem Nachprüfungsverfahren, der den wirksam geschlossenen Vertrag von Anfang an unwirksam werden lasse.[260] Der Sache nach ist der Vertrag also „schwebend wirksam" und steht unter dem Vorbehalt (wenn auch nicht unter einer auflösenden Bedingung i.S.d. § 158 Abs. 2 BGB)[261], dass ein Verstoß i.S.d. § 135 Abs. 1 GWB in einem Nachprüfungsverfahren entsprechend den Vorgaben des § 135 Abs. 2 GWB festgestellt wird. Eine solche „schwebende Wirksamkeit" kennt das allgemeine deutsche Zivilrecht auch in anderen Fällen. So kann auch eine Anfechtung eines zunächst wirksamen Vertrages nach § 119 BGB dazu führen, dass dessen anfängliche Wirksamkeit nach § 142 Abs. 1 BGB ex tunc entfällt. Im Unterschied zur Anfechtungssituation können im Fall des § 135 Abs. 1 GWB ausschließlich nichtberücksichtigte Bieter und damit Dritte die Unwirksamkeit eines Vertrages geltend machen. Für die Zeit des „Schwebezustandes" des Vertrages kann dies zu erheblichen Problemen innerhalb der Leistungsbeziehungen zwischen dem öffentlichen Auftraggeber und seinem Vertragspartner, dem erfolgreichen Bieter, führen. Denn die durch den Vertrag begründeten beiderseitigen Leistungsverpflichtungen bestehen trotz der möglicherweise drohenden Unwirksamkeit des Vertrages von Anfang an in vollem Umfang. 100

Ist der Verstoß gegen § 135 Abs. 1 Nr. 1 oder 2 GWB in einem **Nachprüfungsverfahren** festgestellt worden, ist der Vertrag „von Anfang an unwirksam". Die Vergabekammer hat in diesen Fällen zunächst die Feststellung der Unwirksamkeit des abgeschlossenen Vertrages auszusprechen.[262] Nach § 168 Abs. 1 GWB hat sie zudem die geeigneten Maßnahmen zu treffen, um eine Rechtsverletzung des Antragstellers zu beseitigen und eine Schädigung der betroffe- 101

256 So die unzutreffende Gesetzesbegründung zu § 101b GWB, VergRModG 2009, BT-Drs. 16/10117, 21.
257 Gesetzesbegründung zu § 101b GWB, VergRModG 2009, BT-Drs. 16/10117, 21.
258 Siehe Rn. 48.
259 Stellungnahme des Bundesrates, VergRModG 2009, BR-Drs. 349/08 (B), 11 f.
260 Gegenäußerung der Bundesregierung, VergRModG 2009, BT-Drs. 16/10117, 41; für die „schwebende Wirksamkeit" des Vertrages mit dezidierter Begründung auch *Dreher/Hoffmann*, in: Burgi/Dreher, Vergaberecht, § 135 GWB Rn.73 ff.1, sowie vorher schon *Dreher/Hoffmann*, NZBau 2009, 216 (218 ff.), sowie dezidiert *dies.*, NZBau 2010, 201 ff.
261 Vgl. *Dreher/Hoffmann*, NZBau 2010, 201 (206).
262 Allgemeine Meinung; vgl. nur OLG Düsseldorf, Beschluss v. 12.7.2017 – VII-Verg 13/17; OLG Dresden, Beschluss v. 12.10.2010 – WVerg 9/10.

nen Interessen zu verhindern. Die ausdrückliche Anordnung der Rückabwicklung des unwirksamen Vertrages ist dagegen nicht erforderlich.[263]

102 Die Unwirksamkeit des Vertrages führt dazu, dass die während der schwebenden Wirksamkeit vorgenommenen Leistungen ohne Rechtsgrund erbracht wurden und der geschlossene Vertrag vollständig nach den Grundsätzen der **ungerechtfertigten Bereicherung** (§§ 812 ff. BGB) – in concreto: wegen einer Leistungskondiktion nach § 812 Abs. 1 S. 1 Alt. 1 BGB – abzuwickeln ist.[264] Der öffentliche Auftraggeber ist zur Rückabwicklung des Vertrages verpflichtet; dieses Ergebnis folgt schon aus der gebotenen richtlinienkonformen Auslegung.[265] Da es dem öffentlichen Auftraggeber zumeist nicht möglich sein wird, das Erlangte in natura herauszugeben, hat er gemäß § 818 Abs. 2 BGB dessen Wert zu ersetzen. Der Wertersatz bemisst sich nach der üblichen, hilfsweise nach der angemessenen, vom öffentlichen Auftraggeber ersparten, höchstens jedoch nach der vereinbarten Vergütung.[266] Gegebenenfalls ist dem erfolgreichen Bieter auch **Schadensersatz** aus culpa in contrahendo (§ 311 Abs. 2 BGB) zu gewähren.[267] Besteht der Beschaffungsbedarf beim öffentlichen Auftraggeber weiterhin, muss der konkrete Auftrag unter Beachtung des Vergaberechts im Wettbewerb und in einem formellen Vergabeverfahren erneut vergeben werden.[268]

F. Weitere Unwirksamkeitstatbestände

103 Neben § 135 Abs. 1 Nr. 2 GWB müssen andere Nichtigkeits- und Unwirksamkeitstatbestände nicht mehr herangezogen werden, um die völlige Missachtung der Bekanntmachungspflicht zu sanktionieren.

104 Auch nach der heutigen Rechtslage haben (sonstige) Nichtigkeitsgründe ihre Bedeutung in diesem Zusammenhang jedoch nicht völlig verloren. Im Unterschied zu § 135 GWB ist die **Nichtigkeit** nämlich nicht von deren Geltendmachung und damit auch nicht von der Einhaltung einer Frist abhängig. Die Nichtigkeit wirkt – anders als die in § 135 GWB als Rechtsfolge angeordnete Unwirksamkeit des Vertrages – grundsätzlich für und gegen jedermann und ist im Prozess von Amts wegen zu berücksichtigen. Unwirksamkeits- oder Nichtigkeitsgründe, die sich aus anderen gesetzlichen Vorschriften ergeben, sind daher neben § 135 GWB anwendbar.[269]

I. Gesetzliches Verbot (§ 134 BGB)

105 Vor der Einführung des § 101b GWB a.F. wurde in der Rechtsprechung und Literatur diskutiert, ob sich die Unwirksamkeit eines Vertrages neben § 13 S. 6 VgV a.F., der nur in seltenen Fällen zur Anwendung kam, auch auf § 134 BGB stützen lässt, wenn der Vertrag vergaberechtswidrig auf einer direkten Auftragserteilung an ein Unternehmen beruht.[270] Voraussetzung wäre insoweit, dass man die vergaberechtlichen Vorschriften als gesetzliche Gebote ansieht, deren Fälle einem gesetzlichen Verbot gleichkämen. Dies wurde jedoch von der Rechtsprechung zu Recht mehrheitlich abgelehnt.[271] Hiernach löst die Missachtung der Ver-

---

263 Vgl. OLG Karlsruhe, Beschluss v. 12.11.2008 – 15 Verg 4/08; VK Sachsen, Beschluss v. 8.4.2011 – 1/SVK/002-11.

264 So auch *Dreher/Hoffmann*, NZBau 2010, 201 (206); vgl. im Einzelnen auch *Dreher/Hoffmann*, in: Burgi/Dreher, Vergaberecht, § 135 GWB Rn. 81.

265 Siehe hierzu im Einzelnen *Dreher/Hoffmann*, in: Burgi/Dreher, Vergaberecht, § 135 GWB Rn. 83; vgl. auch Erwägungsgründe 14 und 21 RL 2007/66/EG, letzterer betont ausdrücklich, dass mit der Festlegung von Regeln durch die Mitgliedstaaten, die gewährleisten, dass ein Vertrag als unwirksam gilt, erreicht werden soll, dass *„die Rechte und Verpflichtungen der Parteien im Rahmen des Vertrages nicht mehr ausgeübt und nicht mehr durchgesetzt werden"*.

266 BGH, Urteil v. 19.12.1996 – III ZR 9/95; Urteil v. 31.5.1990 – VII ZR 336/89; Urteil v. 25.6.1962 – VII ZR 120/61.

267 Vgl. *Peters*, NZBau 2011, 7 (8).

268 Vgl. z. B. OLG Naumburg, Beschluss v. 3.9.2009 – 1 Verg 4/09.

269 Vgl. die Nachweise bei *Freytag, in:* Gabriel/Krohn/Neun, Handbuch Vergaberecht, § 37 Rn. 103.

270 Für die Nichtigkeit: *Kaiser*, NZBau 2005, 311 (312 ff.); gegen die Nichtigkeit: *Bitterich*, NJW 2006, 1845 (1846); *v. Gehlen*, NZBau 2005, 503 (504); *Prieß/Gabriel*, NZBau 2006, 219 (220).

271 OLG Hamburg, Beschluss v. 25.1.2007 – 1 Verg m.w.N.; vgl. z. B. KG, Beschluss v. 19.4.2012 – Verg 7/11, sowie die weiteren Nachweise bei *Freytag*, in: Gabriel/Krohn/Neun, Handbuch Vergaberecht, § 37 Rn. 105.

gaberegeln als solche noch kein Zuschlagsverbot aus. Nach § 169 Abs. 1 GWB entsteht ein solches Zuschlagsverbot vielmehr erst mit der Information des Auftraggebers über den Nachprüfungsantrag durch die Vergabekammer. Dieses Zuschlagsverbot gilt unabhängig davon, ob das Verfahren zur Auftragsvergabe vergaberechtlich zu beanstanden ist oder nicht. Die hiermit zum Ausdruck gekommene gesetzgeberische Entscheidung sei zu respektieren, ohne dass es darauf ankomme, ob gegen einzelne Vorschriften oder das Vergaberecht insgesamt verstoßen werde. Ein anderer Ansatz verweist darauf, dass § 97 Abs. 1 GWB nicht gegen den geschlossenen Vertrag als solchen gerichtet sei, sondern das Verfahren, das zu seinem Abschluss führe, betreffe. Eine Vorschrift, die sich nicht gegen das Rechtsgeschäft als solches, sondern nur gegen sein Zustandekommen richte, sei jedoch als reine Ordnungsvorschrift kein Verbotsgesetz. Der Verstoß gegen § 97 Abs. 1 GWB führt daher auch unter diesem Aspekt nicht zur Nichtigkeit des geschlossenen Vertrages gemäß § 134 BGB.[272]

II. Sittenwidriges Rechtsgeschäft (§ 138 BGB)

Im Einzelfall kann sich die Nichtigkeit eines Vertrages auch daraus ergeben, dass er nach Würdigung der Gesamtumstände, die zum Vertragsschluss geführt haben, als sittenwidrig i.S.v. § 138 Abs. 1 BGB anzusehen ist. **106**

Umstände, die einen Vertrag mit dem Makel der **Sittenwidrigkeit** behaften, liegen nur in ganz besonderen Ausnahmefällen vor, z. B. bei Bestechungsfällen. Eine Sittenwidrigkeit nach § 138 Abs. 1 BGB setzt voraus, dass der öffentliche Auftraggeber in bewusster Missachtung des Vergaberechts gehandelt, er also entweder weiß, dass der betreffende Auftrag dem GWB-Vergaberecht unterfällt, oder er sich einer solchen Kenntnis mutwillig verschließt,[273] und überdies kollusiv, also zum Nachteil eines Dritten, etwa eines Konkurrenten des Auftragnehmers, mit dem Auftragnehmer zusammengewirkt hat.[274] Umstände, die einen sittenwidrig geschlossenen Vertrag nahelegen, können z. B. vorliegen, wenn die Vertragsparteien einen Vertrag in beiderseitiger Kenntnis von dessen Unwirtschaftlichkeit schließen, welche durch einen Wettbewerb offenkundig werden könnte.[275] Auch gemeinsame wirtschaftliche Interessen und Verflechtungen der Vergabestelle mit einem Bieter sollen ein kollusives Zusammenwirken des öffentlichen Auftraggebers mit dem Auftragnehmer nach der Rechtsprechung ebenso nahelegen[276] wie die Aufspaltung der Beschaffungsvorgänge zum Nachteil eines potenziellen Bieters.[277] **107**

G. Vertragsverletzungsverfahren

Außerhalb des § 135 GWB und unabhängig von den Ausschlussfristen in § 135 Abs. 2 GWB bleibt es Bietern, die bei der öffentlichen Auftragsvergabe nicht berücksichtigt wurden, unbenommen, sich auch im Wege einer **Beschwerde** an die Europäische Kommission[278] zu wenden und geltend zu machen, dass die konkrete öffentliche Auftragsvergabe gegen das EU-Vergaberecht verstößt.[279] Die Europäische Kommission hat in einer Mitteilung die Verwaltungsmaßnahmen zugunsten des Beschwerdeführers dargestellt, zu deren Einhaltung sie sich bei der Bearbeitung der Beschwerde und der Prüfung des entsprechenden Vertragsverlet- **108**

272 Vgl. die Nachweise bei *Dreher/Hoffmann*, in: Burgi/Dreher, Vergaberecht, § 135 GWB Rn. 85.
273 OLG Celle, Beschluss v. 25.8.2005 – 13 Verg 8/05.
274 Vgl. OLG Düsseldorf, Beschluss v. 3.12.2003 – VII-Verg 37/03; ein einseitiges sittenwidriges Verhalten der Vergabestelle alleine reicht dafür nicht aus, OLG Hamburg, Beschluss v. 25.1.2007 – 1 Verg 5/06; OLG Brandenburg, Beschluss v. 29.1.2002 – Verg W 8/01; OLG Celle, Beschluss v. 25.8.2005 – 13 Verg 8/05; zuletzt etwa LG Saarbrücken, Urteil v. 6.11.2014 – 3 O 260/11 sowie OLG Brandenburg, Beschluss v. 16.12.2015 – 4 U 77/14.
275 VK Düsseldorf, Beschluss v. 20.11.2006 – VK 46/2006-L.
276 Vgl. VK Arnsberg, Beschluss v. 17.6.2004 – VK 2-06/2004.
277 Vgl. OLG Düsseldorf, Beschluss v. 25.1.2005 – VII-Verg 93/04.
278 Hierzu im Einzelnen Europäische Kommission, , Mitteilung der Kommission v. 2.4.2012 – EU-Recht: Bessere Ergebnisse durch bessere Anwendung, (2017/C 18/02), sowie z. B. *Freytag*, in: Gabriel/Krohn/Neun, Handbuch Vergaberecht, § 39 Rn. 9 ff.
279 Die Europäische Kommission kann ein Vertragsverletzungsverfahren auch von Amts wegen einleiten.

zungsdossiers verpflichtet.[280] Dem Beschwerdeführer steht kein subjektives Recht auf Einleitung eines Vertragsverletzungsverfahrens durch die Europäische Kommission zu; lehnt diese eine Verfahrenseinleitung ab, kann der Beschwerdeführer weder im Wege der Nichtigkeitsklage noch im Wege der Untätigkeitsklage mit Aussicht auf Erfolg vorgehen.[281]

109 Aufgrund einer solchen Beschwerde kann die Europäische Kommission ein sog. **Vertragsverletzungsverfahren** nach Art. 258 AEUV einleiten, an dessen Ende sie die Beendigung eines vergaberechtswidrigen Vertrages fordern kann.[282] Das Vertragsverletzungsverfahren ist ein eigenständiges Sanktionsinstrument der Kommission gegenüber den EU-Mitgliedstaaten, um für die einheitliche Beachtung und Durchsetzung des EU-Rechts Sorge zu tragen.[283] Im Rahmen eines derartigen Verfahrens kann die Kommission – nachdem sie dem betroffenen Mitgliedstaat in einem mehrstufigen Verfahren, inklusive eines informellen Vorverfahrens,[284] Gelegenheit zur Stellungnahme bzw. zur Abhilfe gegeben hat – die gerichtliche Feststellung durch den EuGH beantragen, dass ein Mitgliedstaat gegen das EU-(Vergabe-)Recht verstoßen habe. Als Urheber einer solchen Verletzungshandlung kommen sämtliche Einrichtungen der Mitgliedstaaten in Betracht, die an der Ausübung staatlicher Gewalt beteiligt sind, also auch öffentliche Auftraggeber i.S.d. § 98 GWB. Am Ende eines derartigen Vertragsverletzungsverfahrens kann der EuGH wegen eines Vergaberechtsverstoßes eines öffentlichen Auftraggebers feststellen, dass ein Mitgliedstaat gegen eine Verpflichtung aus dem Unionsrecht verstoßen hat (Art. 260 Abs. 1 AEUV). Diese Feststellung kommt nicht nur in Betracht, wenn eine Vorgabe der insoweit geltenden EU-Vergaberichtlinie missachtet worden ist, sondern auch dann, wenn Grundregeln des AEUV durch den betreffenden öffentlichen Auftraggeber verletzt worden sind.

110 Die von § 135 Abs. 1 Nr. 2 GWB erfassten Fälle der unzulässigen Direktvergabe bzw. **De-facto-Vergabe** waren bislang schon mehrfach Gegenstand von derartigen Vertragsverletzungsverfahren.[285] Im Wege eines Vertragsverletzungsverfahrens können aber keineswegs nur diese schwerwiegenden Verstöße gegen das EU-Vergaberecht geltend gemacht werden.

I. Rechtsfolge

111 Stellt der EuGH fest, dass die Bundesrepublik Deutschland gegen eine Verpflichtung aus dem EU-Vertrag verstoßen hat, weil ein deutscher öffentlicher Auftraggeber sich nicht dem EU-Vergaberecht entsprechend verhalten hat, führt dies für sich genommen ebenso wenig wie der Vergabeverstoß des öffentlichen Auftraggebers zur **Unwirksamkeit** des hierauf geschlossenen Vertrages.[286] Der Verstoß gegen das EU-Recht als solcher führt auch nicht zur Nichtigkeit gemäß § 134 BGB;[287] zugleich wird eine Nichtigkeit des Vertrages gemäß § 138 BGB nur in besonderen Ausnahmefällen in Betracht kommen.[288]

112 Ein Mitgliedstaat, dessen hoheitliche Einrichtungen gegen das EU-Vergaberecht verstoßen hat, muss jedoch die **Maßnahmen** ergreifen, die sich aus dem Urteil des EuGH ergeben (Art. 260 Abs. 1 AEUV). Mit der Beseitigung der Vertragsverletzung muss in der Regel unver-

280 Europäische Kommission, Mitteilung der Kommission v. 2.4.2012 – EU-Recht: Bessere Ergebnisse durch bessere Anwendung, (2017/C 18/02), S. 3 m.w.N.; wegen der näheren Einzelheiten siehe auch *Freytag*, in: Gabriel/Krohn/Neun, Handbuch Vergaberecht, § 39 Rn. 20 ff.

281 *Freytag*, in: Gabriel/Krohn/Neun, Handbuch Vergaberecht, § 39 Rn. 23; vgl. auch Europäische Kommission, Mitteilung der Kommission v. 2.4.2012 – EU-Recht: Bessere Ergebnisse durch bessere Anwendung, (2017/C 18/02), S. 3 m.w.N.

282 EuGH, Urteil v. 18.7.2007 – Rs. C-503/04 (Abfallentsorgung Braunschweig II).

283 Zum Vertragsverletzungsverfahren im Einzelnen z. B. *Freytag*, in: Gabriel/Krohn/Neun, Handbuch Vergaberecht, § 39 Rn. 9 ff.

284 Siehe hierzu z. B. *Freytag*, in: Gabriel/Krohn/Neun, Handbuch Vergaberecht, § 39 Rn. 24.

285 Vgl. die Gesamtübersicht für Deutschland unter https://ec.europa.eu/atwork/applying-eu-law/infringements-proceedings/infringement_decisions/index.cfm?lang_code=EN&typeOfSearch=true&active_only=0&noncom=0&r_dossier=&decision_date_from=&decision_date_to=&EM=DE&title=&submit=Search.

286 Vgl. EuGH, Urteil v. 18.7.2007 – Rs. C-503/04 (Abfallentsorgung Braunschweig II), NZBau 2007, 594 (596).

287 Vgl. Rn. 105.

288 Vgl. Rn. 106.

züglich begonnen werden und sie ist innerhalb der kürzest möglichen Frist abzuschließen.[289] Dies bedeutet letztlich bei noch anhaltenden Verletzungen des EU-Vergaberechts, dass der Mitgliedstaat (bzw. der betreffende nationale öffentliche Auftraggeber) vergaberechtswidrige Verträge für die Zukunft beenden, also kündigen muss,[290] jedenfalls, soweit diese Wirkungen für die Zukunft besitzen, also in der Regel bei Dauerschuldverhältnissen. Denn Verträge, die ohne Ausschreibung und förmliches Vergabeverfahren geschlossen wurden, verletzen das EU-Vergaberecht fortdauernd. Der Verstoß dauert so lange an, bis die unter Verletzung des EU-Vergaberechts geschlossenen Verträge vollständig erfüllt sind.[291] Der Verstoß gegen das Vergaberecht setzt sich im Ergebnis also auf der Vertragsebene fort, der Zuschlag bildet keine Zäsur für die Pflicht eines Mitgliedstaates, den europarechtswidrigen Zustand für die Zukunft zu beenden. Der in der deutschen Rechtspraxis geltende Grundsatz „pacta sunt servanda" besitzt also insoweit ebenso wenig Gültigkeit, wie die Grundsätze der Rechtssicherheit und des Vertrauensschutzes bzw. das Grundrecht auf Eigentum die Bestandskraft des unionsrechtswidrig geschlossenen Vertrages bzw. die Nichtdurchführung eines die Vertragsverletzung gemäß Art. 258 AEUV feststellenden Urteils zu rechtfertigen vermögen. Ansonsten könnte sich der betreffende Mitgliedstaat seiner gemeinschaftsrechtlichen Verantwortung entziehen.[292]

Geht ein Mitgliedstaat nach Auffassung der Europäischen Kommission den sich aus dem Urteil ergebenden Maßnahmen – hier in der Regel die Kündigung der entsprechenden Verträge[293] – nicht nach, so kann sie das **Sanktionsverfahren**[294] gemäß Art. 260 Abs. 2 AEUV einleiten, an dessen Ende der EuGH gegen den betreffenden Mitgliedstaat auch die Zahlung eines Pauschalbetrages und/oder eines Zwangsgeldes verhängen kann. Dieses Sanktionsverfahren ist ebenfalls als mehrstufiges Verfahren mit Vorverfahren und Klageverfahren ausgestaltet. Nach einem Feststellungsurteil des EuGH richtet die Europäische Kommission in der Regel innerhalb von vier Wochen ein Schreiben an den verurteilten Mitgliedstaat, in dem sie diesen an seine Verpflichtung nach Art. 260 Abs. 1 AEUV erinnert und um Mitteilung der zur Befolgung des Urteils ergriffenen Maßnahmen bittet.[295] Reagiert der Mitgliedstaat auf diese Erinnerung nicht oder aus Sicht der Europäischen Kommission nicht zufriedenstellend, befindet sie über die Einleitung des Verfahrens gemäß Art. 260 Abs. 2 AEUV. Ergreift der Mitgliedstaat ab einer bestimmten, von der Europäischen Kommission gesetzten Frist die Maßnahmen nicht, die sich nach Auffassung der Europäischen Kommission aus dem Urteil des EuGH ergeben, so kann die Europäische Kommission den EuGH erneut anrufen. Gegenstand dieses zweiten Verfahrens nach Art. 260 Abs. 2 AEUV ist dann also letztlich der Vorwurf, dass der auf einen Verstoß gegen das EU-Vergaberecht beruhende Vertrag nicht als Folge des Feststellungsurteils des EuGH, entweder im Einvernehmen der Vertragsparteien oder wirksam durch einseitige Erklärung des öffentlichen Auftraggebers, beendet worden ist (Art. 260 Abs. 1 und 2 AEUV). Stellt der EuGH fest, dass der Mitgliedstaat nicht den Maßnahmen, die sich aus dem ersten Urteil ergeben, nachgekommen ist, so kann der EuGH den Mitgliedstaat durch Festsetzung eines Pauschalbetrages oder von Zwangsgeldern hierzu anhalten (Art. 260 Abs. 2 UAbs. 2 AEUV). Es können auch beide finanzielle Sanktionen, also Zwangsgeld und Pauschalbetrag, zusammen verhängt werden.[296] In ihrer Klage benennt die Europäische Kommission die Höhe des von dem betreffenden Mitgliedstaat zu zahlenden Pauschalbetrages oder des Zwangsgeldes, die sie den Umständen nach für angemessen hält.[297] Hieran ist der EuGH jedoch nicht gebunden, er verfügt über einen weiten Ermessensspielraum bei der Festsetzung 113

289 EuGH, Urteil v. 25.11.2003 – Rs. C-278/01, Rn. 27 m.w.N.
290 Siehe Rn. 114 ff.; vgl. EuGH, Urteil v. 18.7.2007 – Rs. C-503/04 (Abfallentsorgung Braunschweig II), NZBau 2007, 594 (596).
291 EuGH, Urteil v. 18.7.2007 – Rs. C-503/04 (Abfallentsorgung Braunschweig II), NZBau 2007, 594 (596).
292 EuGH, Urteil v. 18.7.2007 – Rs. C-503/04 (Abfallentsorgung Braunschweig II), NZBau 2007, 594 (596).
293 Vgl. Rn. 114 ff.
294 Hierzu näher z. B. *Freytag*, in: Gabriel/Krohn/Neun, Handbuch Vergaberecht, § 39 Rn. 60 ff.
295 Europäische Kommission, Mitteilung der Kommission – Anwendung von Artikel 260 Absatz 3 AEUV, (2011/C 12/01), Abschnitt I Punkt 3.
296 EuGH, Urteil v. 12.7.2005 – Rs. C-304/02, vgl. schon Europäische Kommission, Mitteilung der Kommission – Anwendung von Artikel 228 EG-Vertrag (SEK(2005) 1658), Nr. 10.3.
297 Zur Berechnung von Zwangsgeld und Pauschalbetrag siehe *Freytag*, in: Gabriel/Krohn/Neun, Handbuch Vergaberecht, § 39 Rn. 70 f.

der Sanktionen, sowohl hinsichtlich des „Ob" als auch hinsichtlich der Art und der Höhe der Sanktion.[298] Spätestens mit der Verhängung des Zwangsgeldes oder des Pauschalbetrages soll die gemeinschaftsrechtliche Verpflichtung des Mitgliedstaates durchgesetzt werden, dass ein gemeinschaftsrechtswidrig zustande gekommener Beschaffungsvertrag beendet wird, wenn nur so der rechtswidrige Zustand beseitigt werden kann. Diese Handlungspflicht betrifft zunächst nur die Bundesrepublik Deutschland als EU-Mitgliedstaat selbst.[299] Sie ist jedoch der Gemeinschaft gegenüber unabhängig davon zu erfüllen, welche Probleme sich bei der Befolgung aufgrund der Bestimmungen, Übungen oder Umstände der internen deutschen Rechtsordnung einschließlich des bundesstaatlichen Aufbaus der Bundesrepublik Deutschland ergeben.[300] Art. 260 Abs. 3 AEUV sieht schließlich seit dem Vertrag von Lissabon ein neues Sanktionsinstrument vor, hiernach kann die Europäische Kommission dem Gerichtshof bereits in ihrer Klage zur Feststellung einer Vertragsverletzung nach Art. 258 AEUV vorschlagen, in dem Urteil, mit dem er die Vertragsverletzung feststellt, zugleich die Zahlung eines Pauschalbetrages oder eines Zwangsgeldes zu verhängen. Art. 260 Abs. 3 AEUV betrifft dabei die Fälle, dass ein Mitgliedstaat Maßnahmen zur Umsetzung einer Richtlinie überhaupt nicht gemeldet hat oder eine solche Meldung unvollständig ist.

II. Kündigung vergaberechtswidriger Verträge

114 In den Fällen, in denen der EuGH nach einem entsprechenden Vertragsverletzungsverfahren der Europäischen Kommission die Gemeinschaftsrechtswidrigkeit eines Vertrages festgestellt hat, bleibt dem öffentlichen Auftraggeber daher nur die Möglichkeit, den Vertrag mit Wirkung für die Zukunft zu beenden, also in der Regel durch Abschluss eines Aufhebungsvertrages oder durch Kündigung aufzulösen, um auf diese Weise den Verstoß gegen das EU-Vergaberecht zu beseitigen.

1. Allgemeine Kündigungsrechte

115 Ein **vertragliches Sonderkündigungsrecht** für den Fall, dass der Abschluss des Vertrages EU-Vergaberecht verletzt, vereinbaren die Parteien in der Praxis bislang nur selten. Wegen der Rechtsprechung des EuGH[301] war den Vergabestellen jedoch auch nach Einführung des § 101b GWB a.F. die Vereinbarung eines derartigen Sonderkündigungsrechts anzuraten, um im Streitfall einen gemeinschaftsrechtskonformen Zustand herstellen zu können, ohne sich schadensersatzpflichtig zu machen.[302] Eine solche Vertragsklausel birgt allerdings gegebenenfalls die Gefahr, dass nationale Gerichte darin ein Indiz für ein sittenwidriges Verhalten, konkret ein kollusives Zusammenwirken des öffentlichen Auftraggebers und seinem Vertragspartner sehen und den Vertrag daher gemäß § 138 BGB als nichtig ansehen könnten.[303]

116 Außerhalb eines vertraglichen Kündigungsrechts konnte der öffentliche Auftraggeber in diesen Fällen – wenn überhaupt – nur in ganz speziellen Ausnahmefällen von einem **gesetzlichen Kündigungsrecht** gemäß §§ 313, 314 BGB Gebrauch machen.[304] Die Entscheidung des LG München,[305] in der die Anwendbarkeit des § 314 BGB bejaht wird, ist zu Recht eine Einzelfallentscheidung geblieben.

---

298 *Freytag*, in: Gabriel/Krohn/Neun, Handbuch Vergaberecht, § 39 Rn. 73.
299 Vgl. aber Art. 104a Abs. 6 GG sowie das LastG. z. B. nach Art. 57 Abs. 7 der Niedersächsischen Landesverfassung kann das Land, wenn es wegen eines Rechtsverstoßes einer kommunalen Körperschaft in Anspruch genommen wird, nach Maßgabe eines Landesgesetzes bei der Kommune Rückgriff nehmen.
300 St. Rspr., vgl. z. B. EuGH, Urteil v. 14.5.2002 – Rs. C-383/00.
301 EuGH, Urteil v. 18.7.2007 – Rs. C-503/04 (Abfallentsorgung Braunschweig II).
302 *Hattig*, in: Hattig/Maibaum, Kartellvergaberecht, § 101b GWB Rn. 81.
303 Hierauf weist zurecht hin *Freytag*, in: Gabriel/Krohn/Neun, Handbuch Vergaberecht, § 37 Rn. 108.
304 Vgl. hierzu im Einzelnen *Hattig*, in: Hattig/Maibaum, Kartellvergaberecht, § 101b GWB Rn. 81 ff.; siehe auch die Nachweise bei *Freytag*, in: Gabriel/Krohn/Neun, Handbuch Vergaberecht, § 37 Rn. 19 f.
305 LG München, Urteil v. 20.12.2005 – 33 O 16465/05, NZBau 2006, 269.

2. Besonderes Kündigungsrecht nach § 133 GWB

Diesen – wenig befriedigenden – Zustand[306] löst die Regelung des § 133 GWB zur Kündigung 117
von öffentlichen Aufträgen in besonderen Fällen.[307] § 133 Abs. 1 GWB legt erstmals Bedingungen fest, unter denen öffentliche Auftraggeber „vergaberechtlich" die Möglichkeit haben, einen öffentlichen Auftrag während der Vertragslaufzeit zu kündigen.[308] § 133 Abs. 1 GWB dient der Umsetzung von Art. 73 RL 2014/24/EU.[309]

Einen Vorschlag zur Einführung einer § 133 GWB entsprechenden Regelung hatte der Bun- 118
desrat bereits im Gesetzgebungsverfahren zum **VergRModG 2009** gemacht; hiernach sollte ein neuer Abs. 3 in die Vorschrift des § 101b GWB a.F. eingefügt werden.[310] Der Vorschlag des Bundesrates sah u.a. die Beschränkung der Schadensersatzpflicht auf die Zeit bis zum nächsten ordentlichen Kündigungstermin bei einem zeitlich unbefristeten Vertrag vor. Mit einem zeitlich befristeten Vertrag sollte sich die Ersatzpflicht nach dem Vorschlag des Bundesrates auf fünf Jahre, insgesamt jedoch auf die Hälfte der Restlaufzeit des Vertrages beschränken.[311] Die Bundesregierung war diesem Vorschlag damals jedoch (noch) nicht gefolgt.[312]

Wie es in der Gesetzesbegründung heißt, muss den öffentlichen Auftraggebern über den 119
Grundsatz der „clausula rebus sic stantibus"[313] ein **Auflösungsrecht** des Vertrages zumindest in den § 133 Abs. 1 Nr. 1 bis 3 GWB genannten besonderen Fälle vorbehalten bleiben, in denen ein Festhalten am Vertrag das öffentliche Interesse an der Gesetzmäßigkeit der Verwaltung beeinträchtigen würde.[314] Insbesondere aus dem Unionsrecht könne sich die Pflicht ergeben, im Interesse einer effektiven Umsetzung (effet utile) der aus dem Unionsrecht erwachsenden Verpflichtungen eine Kündigung von vertraglichen Vereinbarungen vorzunehmen. § 133 Abs. 1 Nr. 3 GWB[315] sieht daher vor, dass öffentliche Auftraggeber einen öffentlichen Auftrag während der Vertragslaufzeit kündigen können, wenn der öffentliche Auftrag aufgrund einer schweren Verletzung der Verpflichtungen aus dem AEUV oder aus den Vorschriften des Teil 4 GWB nicht an den Auftragnehmer hätte vergeben werden dürfen. Voraussetzung hierfür ist, dass der EuGH einen solchen Verstoß in einem Verfahren gemäß Art. 258 AEUV festgestellt hat.

Eine Beendigung unionsrechtswidriger Beschaffungsverträge ohne Beanstandung durch den 120
EuGH in einem entsprechenden **Feststellungsurteil**[316] kommt damit nach wie vor nicht in Betracht. Die Gesetzesbegründung[317] weist darauf hin, dass bereits nach bisheriger Rechtslage der öffentliche Auftraggeber nach der Rechtsprechung des EuGH verpflichtet war, einen unionsrechtswidrig zustande gekommenen, noch laufenden Vertrag zu beenden.[318] Soweit dies erforderlich ist, könne der öffentliche Auftraggeber daher einen laufenden Vertrag kündigen, um ein ansonsten drohendes Vertragsverletzungsverfahren der Europäischen Kommission zu verhindern. Die Vorschrift des § 133 Abs. 1 Nr. 3 GWB normiere dieses Kündigungs-

306 Vgl. *Hattig*, in: Hattig/Maibaum, Kartellvergaberecht, § 101b GWB Rn. 85.
307 Wegen der näheren Einzelheiten siehe *Fülling* zu § 133 GWB.
308 Gesetzesbegründung zu § 133 GWB, VergRModG 2016, BT-Drs. 18/6281, 120.
309 Gesetzesbegründung zu § 133 GWB, VergRModG 2016, BT-Drs. 18/6281, 120.
310 Stellungnahme des Bundesrates, VergRModG 2009, BR-Drs. 349/08 (B), 12 f.; vgl. hierzu im Einzelnen *Hattig*, in: Hattig/Maibaum, Kartellvergaberecht, § 101b GWB Rn. 83 ff.
311 Vgl. Stellungnahme des Bundesrates, VergRModG 2009, BR-Drs. 349/08 (B), 12 f.
312 Vgl. Gegenäußerung der Bundesregierung, VergRModG 2009, BT-Drs. 16/10117, 41: *„Die Frage der Anwendbarkeit der zivilrechtlichen Vorschriften – wie beispielsweise §§ 313 f. BGB – sei nach den tatsächlichen Umständen des jeweiligen Einzelfalles zu beantworten. Dazu zähle insbes. die Klärung des Umstandes, ob der Verstoß der Auftragsvergabe gegen das Europäische Gemeinschaftsrecht im Einzelfall der Risikosphäre des Auftraggebers zuzuordnen sei, sodass ein Leistungsforderungsrecht des Unternehmers nach § 649 S. 2 BGB interessengerecht wäre. Eine pauschale Betrachtung durch gesetzliche Verweisung würde vertragliche Lösungen ausschließen und könnte sachgerechte Lösungen im Einzelfall nicht gleichermaßen sicherstellen."*
313 Der Grundsatz meint den Vorbehalt, dass ein Schuldversprechen oder ein Geschäft seine bindende Wirkung bei Veränderungen der Verhältnisse verliert.
314 Gesetzesbegründung zu § 133 GWB, VergRModG 2016, BT-Drs. 18/6281, 120.
315 § 133 Abs. 1 Nr. 3 GWB dient der Umsetzung von Art. 73 lit. c RL 2014/24/EU.
316 Vgl. hierzu *Freytag*, in: Gabriel/Krohn/Neun, Handbuch Vergaberecht, § 39 Rn. 77.
317 Gesetzesbegründung zu § 133 GWB, VergRModG 2016, BT-Drs. 18/6281, 120.
318 EuGH, Urteil v.18.7.2007 – Rs. C-503/04 (Abfallentsorgung Braunschweig II); siehe hierzu Rn. 112 ff.

recht für den Fall im GWB, dass der EuGH eine entsprechende Vertragsverletzung festgestellt habe.[319]

121 Im Übrigen ist eine Kündigung nur möglich, wenn sich aus dem Vertrag **fortdauernde Pflichten** ergeben. Haben sich dagegen die vertraglichen Beziehungen in einem einmaligen Austausch von Leistung und Gegenleistung erschöpft, so ist der Vertrag erfüllt (§ 362 BGB) und mithin für eine Kündigung kein Raum mehr.[320]

122 Die in § 133 Abs. 1 GWB aufgezählten Kündigungsgründe sind nicht abschließend und erweitern die bereits bislang bestehenden Möglichkeiten zur Beendigung von öffentlichen Aufträgen.[321] Nicht berührt wird durch die Vorschrift das Recht der Beteiligten zur Geltendmachung eines vereinbarten oder in Anwendung der Vorschriften des BGB anzuerkennenden gesetzlichen Kündigungsrechts einschließlich des Rechts gemäß **§ 314 BGB** zur Kündigung von Dauerschuldverhältnissen aus wichtigem Grund.[322] Die Gesetzesbegründung weist insoweit darauf hin, dass es zum Beispiel erforderlich sein könne, einen laufenden Vertrag zu kündigen, um schwere Nachteile für das Gemeinwohl zu verhüten oder zu beseitigen, insbesondere um ein ansonsten drohendes Vertragsverletzungsverfahren der Europäischen Kommission zu verhindern.[323] Durch die Vorschrift unberührt bleibt ferner die durch die Rechtsprechung anerkannte Möglichkeit, dass, wenn der öffentliche Auftraggeber in bewusster Missachtung des Vergaberechts handelt oder er sich einer solchen Kenntnis mutwillig verschließt und er kollusiv mit dem Auftragnehmer zusammenwirkt, der zwischen öffentlichem Auftraggeber und Auftragnehmer geschlossene Vertrag mit der Folge **nichtig** sein kann, dass Vergütungs-, Rückforderungs- und Gewährleistungsansprüche wechselseitig ausgeschlossen sind.[324]

123 Anders als die Regelung zur Unwirksamkeit in § 135 GWB, nach dessen Abs. 2 S. 1 eine Unwirksamkeit nur innerhalb von sechs Monaten nach Vertragsschluss festgestellt werden kann, enthält § 133 GWB keine **Frist** und bietet daher eine Kündigungsmöglichkeit auch über die ersten sechs Monate hinaus.[325] Sofern einer der in § 133 Abs. 1 Nr. 1 bis 3 GWB genannten Kündigungsgründe vorliegt, können öffentliche Auftraggeber damit öffentliche Aufträge während deren Laufzeit kündigen, ohne an eine Frist gebunden zu sein.[326]

124 § 133 Abs. 2 GWB regelt die **Rechtsfolgen** einer Kündigung durch den öffentlichen Auftraggeber nach § 133 Abs. 1 GWB. Nach § 133 Abs. 2 S. 1 GWB ist der Auftragnehmer grundsätzlich berechtigt, einen seinen bisherigen Leistungen entsprechenden Teil der Vergütung zu verlangen. Dies entspricht der Wertung des § 628 Abs. 1 S. 1 BGB.[327]Aus Sicht des Gesetzgebers ermöglicht dies einen angemessenen Interessenausgleich zwischen öffentlichem Auftraggeber und Auftragnehmer. Zwar sei der öffentliche Auftraggeber unmittelbar durch die Vorschriften des Vergaberechts verpflichtet. Er trage aber das Risiko dafür, dass vergaberechtliche Gesichtspunkte einer weiteren Durchführung des Vertrags entgegenstehen, bei wirtschaftlicher Betrachtung nicht allein.[328]

125 § 133 Abs. 3 GWB stellt schließlich klar, dass durch die Kündigung etwaige **Schadensersatzansprüche** unberührt bleiben. Der Gesetzgeber geht davon aus, dass im Rahmen des Schadensersatzrechts die Verantwortlichkeiten und das (Mit-)Verschulden im Einzelfall gerecht gewertet werden können.[329]

---

319 Gesetzesbegründung zu § 133 GWB, VergRModG 2016, BT-Drs. 18/6281, 120.
320 Gesetzesbegründung zu § 133 GWB, VergRModG 2016, BT-Drs. 18/6281, 120.
321 Gesetzesbegründung zu § 133 GWB, VergRModG 2016, BT-Drs. 18/6281, 120.
322 Gesetzesbegründung zu § 133 GWB, VergRModG 2016, BT-Drs. 18/6281, 120; vgl. hierzu *Hattig*, in: Hattig/Maibaum, Kartellvergaberecht, § 101b GWB Rn. 81 ff; siehe auch die Nachweise bei *Freytag*, in: Gabriel/Krohn/Neun, Handbuch Vergaberecht, § 37 Rn. 17.
323 Gesetzesbegründung zu § 133 GWB, VergRModG 2016, BT-Drs. 18/6281, 120.
324 Gesetzesbegründung zu § 133 GWB, VergRModG 2016, BT-Drs. 18/6281, 120.
325 Gesetzesbegründung zu § 133 GWB, VergRModG 2016, BT-Drs. 18/6281, 120.
326 Gesetzesbegründung zu § 133 GWB, VergRModG 2016, BT-Drs. 18/6281, 120.
327 Gesetzesbegründung zu § 133 GWB, VergRModG 2016, BT-Drs. 18/6281, 120.
328 Gesetzesbegründung zu § 133 GWB, VergRModG 2016, BT-Drs. 18/6281, 120.
329 Gesetzesbegründung zu § 133 GWB, VergRModG 2016, BT-Drs. 18/6281, 120.

Anlage

Gesetzesbegründung – VergRModG 2016 (BT-Drs. 18/6281)

Seite 122

Zu Absatz 1

§ 135 Absatz 1 entspricht im Wesentlichen dem bisherigen § 101b Absatz 1 Satz 1 und 2 GWB. Der Anwendungsbereich des Absatzes 1 Nummer 2 wird dahingehend neu gefasst, dass für die Unwirksamkeit auf die fehlende vorherige Veröffentlichung einer Bekanntmachung im Amtsblatt der Europäischen Union abgestellt wird. Diese Neufassung dient der Umsetzung der Vorgaben des Artikel 2d Absatz 1Buchstabe a der Richtlinien 89/665/EWG und 92/13/EWG, jeweils in der Fassung der Richtlinie 2007/66/EG und entspricht der erweiternden Auslegung des § 101b Absatz 1 Nummer 2 GWB durch die Rechtsprechung (OLG Düsseldorf, Beschluss vom 11. Januar 2012, VII-Verg 67/11 m. w. N.).

Zu Absatz 2

§ 135 Absatz 2 Satz 1 entspricht im Wesentlichen dem bisherigen § 101b Absatz 2 Satz 1 GWB, mit der Änderung, dass nunmehr der Lauf der Frist, innerhalb der ein Unternehmen die Feststellung der Unwirksamkeit eines Vertrags beantragen kann, eine Information der betroffenen Bieter oder Bewerber durch den öffentlichen Auftraggeber über den Abschluss des Vertrags voraussetzt. Eine anderweitige Kenntniserlangung durch den Bieter oder Bewerber genügt als fristauslösendes Ereignis nicht. Diese Änderung dient der Umsetzung des Artikel 2f Absatz 1 Buchstabe a der Richtlinien 89/665/EWG und 92/13/EWG, jeweils in der Fassung der Richtlinie 2007/66/EG. Absatz 2 bezieht sich insoweit auf die in Absatz 1 genannten Verstöße, also auf einen Vertragsschluss ohne vorherige Mitteilung an die unterlegenen Bieter und Bewerber nach § 134 bzw. ohne Veröffentlichung einer Bekanntmachung im Amtsblatt der Europäischen Union (vgl. OLG Düsseldorf, Beschluss vom 3. August 2011, VII-Verg 33/11).

§ 135 Absatz 2 Satz 2 entspricht dem bisherigen § 101b Absatz 2 Satz 2 GWB. Indem auf die Veröffentlichung der Bekanntmachung der Auftragsvergabe im Amtsblatt der Europäischen Union als fristauslösendes Ereignis abgestellt wird, beruht die Kenntnis der betroffenen Bieter oder Bewerber von einem Verstoß gegen Absatz 1 entsprechend des Artikel 2f Absatz 1 Buchstabe a der Richtlinien 89/665/EWG und 92/13/EWG, jeweils in der Fassung der Richtlinie 2007/66/EG, auch insoweit auf einer Information des öffentlichen Auftraggebers.

Zu Absatz 3

§ 135 Absatz 3 übernimmt die in Artikel 2d der Richtlinie 89/665/EWG und 92/13/EWB, jeweils in der Fassung der Richtlinie 2007/66/EG, vorgesehene Möglichkeit, die Unwirksamkeit eines öffentlichen Auftrags zu vermeiden, wenn der öffentliche Auftraggeber der Ansicht ist, eine Vergabe sei ohne vorherige Veröffentlichung im Amtsblatt der Europäischen Union zulässig, indem der öffentliche Auftraggeber unter bestimmten Voraussetzungen im Amtsblatt der Europäischen Union die Absicht des Vertragsschlusses bekundet und dieser Vertragsschluss nicht vor Ablauf einer Frist von mindestens 10 Kalendertagen gerechnet ab dem Tag nach der Veröffentlichung der Bekanntmachung abgeschlossen wird, siehe auch EuGH, Rs. C-19/13, Urteil vom 11. September 2014, „Fastweb SpA", Rn. 42.

Teil 4

Vergabe von öffentlichen Aufträgen und Konzessionen

Kapitel 1
Vergabeverfahren

Abschnitt 3
Vergabe von öffentlichen Aufträgen in besonderen Bereichen und von Konzessionen

Unterabschnitt 1
Vergabe von öffentlichen Aufträgen durch Sektorenauftraggeber

§ 136 GWB
Anwendungsbereich

Dieser Unterabschnitt ist anzuwenden auf die Vergabe von öffentlichen Aufträgen und die Ausrichtung von Wettbewerben durch Sektorenauftraggeber zum Zweck der Ausübung einer Sektorentätigkeit.

Übersicht

	Rn.
A. Allgemeines	1
I. Unionsrechtlicher Hintergrund	1
II. Vergleichbare Regelungen	2
III. Historie	3
B. Anwendungsbereich	4
C. Vergabe von öffentlichen Aufträgen	8
D. Ausrichtung von Wettbewerben	18
E. Zum Zwecke der Ausübung einer Sektorentätigkeit	21
F. Rechtsschutz	25
Anlage Gesetzesbegründung	

A. Allgemeines

I. Unionsrechtlicher Hintergrund

§ 136 GWB setzt Art. 1 Abs. 1 und 2 RL 2014/25/EU um.[1] 1

II. Vergleichbare Regelungen

§ 136 GWB hat eine Scharnierfunktion,[2] die den Anwendungsbereich des sektorenspezifischen Vergaberechts definiert.[3] Ähnliche Funktionen erfüllen § 144 GWB für den Unterabschnitt 2 Abschnitt 3 Teil 4 GWB und die dort festgelegten besonderen Bestimmungen für die Vergabe von verteidigungs- oder sicherheitsspezifischen öffentlichen Aufträgen und § 148 GWB für die Vergabe von Konzessionen gemäß Unterabschnitt 3 Abschnitt 3 Teil 4 GWB. 2

III. Historie

§ 136 GWB kennt keine vergleichbare Vorgängernorm im GWB und wurde mit dem VergRModG 2016 erstmals in das Gesetz aufgenommen. 3

B. Anwendungsbereich

§ 136 GWB regelt den sachlichen Anwendungsbereich des Sektorenvergaberechts. Danach unterliegen Sektorenauftraggeber im Sinne von § 100 GWB bei der Vergabe öffentlicher Aufträge und bei der Ausrichtung von Wettbewerben zum Zwecke der Ausübung einer Sektorentätigkeit den Bestimmungen von Unterabschnitt 1 Abschnitt 3 Kapitel 1 Teil 4 GWB. 4

Gemäß § 103 Abs. 5 S. 2 GWB gelten für die Vergabe von Rahmenvereinbarungen grundsätzlich dieselben Vorschriften wie für die Vergabe **öffentlicher Aufträge**. Obwohl vom Wortlaut des § 136 GWB nicht ausdrücklich abgedeckt, regelt Unterabschnitt 1 daher auch die Vergabe von Rahmenvereinbarungen durch Sektorenauftraggeber.[4] Für Konzessionsvergaben zum Zwecke der Ausübung einer Sektorentätigkeit mit Ausnahme des Sektorenbereichs Wasser gemäß § 102 Abs. 1 GWB gelten gemäß § 154 Nr. 5, 6 und 7 GWB aus dem Unterabschnitt 1 Abschnitt 3 Kapitel 1 Teil 4 GWB die Ausnahmetatbestände der §§ 138, 139, 140 GWB ent- 5

1 Anders aber *Dietrich*, in: Greb/Müller, Sektorenvergaberecht, § 136 GWB Rn. 5: *„keine Entsprechensnorm in der Richtlinie 2014/25/EU"*.
2 *Schellenberg*, in: Pünder/Schellenberg, Vergaberecht, § 136 GWB Rn. 1.
3 *Summa*, in: Heiermann/Zeiss/Summa, Vergaberecht, § 136 GWB Rn. 1.
4 *Kling*, in: Immenga/Mestmäcker, Wettbewerbsrecht, § 136 GWB Rn. 9.

sprechend. Für verteidigungs- und sicherheitsspezifische öffentliche Aufträge zum Zwecke der Ausübung einer Sektorentätigkeit gelten die Bestimmungen aus Unterabschnitt 1 Abschnitt 3 Kapitel 1 Teil 4 GWB nicht.

6 Unterabschnitt 1 Abschnitt 3 Kapitel 1 Teil 4 GWB enthält keine **abschließenden Bestimmungen** zur Regelung des sachlichen Anwendungsbereichs des Sektorenvergaberechts. Die §§ 136 bis 143 GWB treten neben die Bestimmungen des Abschnitt 2 Kapitel 1 Teil 4 GWB, auf die § 142 GWB verweist.[5] Anzuwenden sind auch die allgemeinen Regelungen des GWB in Abschnitt 1 Kapitel 1 Teil 4 (§§ 97 bis 114 GWB), soweit diese nicht ausdrücklich nur für klassische öffentliche Auftraggeber i.S.d. § 99 GWB gelten. Das Verfahrensrecht ist im Einzelnen in der SektVO geregelt.

7 Der sachliche Anwendungsbereich wird ausdrücklich auch auf **Wettbewerbe** erstreckt. § 1 Abs. 1 SektVO trifft eine analoge Regelung. Diese Erweiterung beruht darauf, dass Auslobungsverfahren nach dem Recht vor Inkrafttreten des VergRModG 2016 (vgl. § 99 Abs. 1 und 5 GWB a.F.) unter den Begriff des öffentlichen Auftrags subsumiert wurden, während der Gesetzgeber beide Begriffe, dem Leitbild des Richtliniengebers folgend,[6] in § 103 GWB Abs. 1 und 6 GWB nunmehr voneinander trennt. Diese Trennung ist konsequent und richtig. Anders als in einem Vergabeverfahren verfolgen Auftraggeber im Rahmen eines Wettbewerbs gerade nicht – jedenfalls nicht primär – den Zweck, einen öffentlichen Auftrag zu vergeben. Ziel ist vielmehr, dem Auftraggeber aufgrund vergleichender Beurteilung durch ein Preisgericht mit oder ohne Verteilung von Preisen zu einem Plan zu verhelfen. Dies wird in § 103 Abs. 6 GWB klargestellt.

C. Vergabe von öffentlichen Aufträgen

8 **Öffentliche Aufträge** sind nach § 103 Abs. 1 GWB entgeltliche Verträge zwischen öffentlichen Auftraggebern oder Sektorenauftraggebern und Unternehmen über die Beschaffung von Leistungen, die die Lieferung von Waren, die Ausführung von Bauleistungen oder die Erbringung von Dienstleistungen zum Gegenstand haben.

9 Ein öffentlicher Auftrag ist immer ein **entgeltlicher Vertrag**. Damit fallen im Ausgangspunkt nur Schenkungsverträge aus dem sachlichen Anwendungsbereich des Sektorenvergaberechts heraus. Der vergaberechtliche Entgeltbegriff ist in einem weiten Sinne zu verstehen. Entgelt bedeutet nicht nur finanzielle Vergütung, sondern jede Art von geldwertem Vorteil. Dabei ist weder eine Gewinnerzielung noch eine vollständige Kostendeckung[7] erforderlich noch muss der geldwerte Vorteil unmittelbar durch den Auftraggeber gewährt werden.

10 Die Fälle, in denen das Entgelt von dritter Seite gezahlt wird, sind abzugrenzen von **Konzessionen**, die nach §§ 148 ff. GWB beauftragt werden. Ein Konzessionär erhält mit dem zeitweiligen Recht zur Nutzung der zu erbringenden Bau- oder Dienstleistung zwar auch einen geldwerten Vorteil. Anders als der Auftragnehmer im Rahmen eines öffentlichen Auftrags ist er aber gemäß § 105 Abs. 2 GWB den „Unwägbarkeiten des Marktes" ausgesetzt, d.h., er trägt das wirtschaftliche Risiko, die für die Erfüllung seiner Leistungspflicht aufgewendeten Mittel zu amortisieren.[8] Trägt der Leistungserbringer dagegen die jedem Vertrag üblicherweise immanenten Risiken, wie das Risiko einer mangelhaften Leistungserbringung oder einer mangelhaften Beurteilung der wirtschaftlichen Grundlagen, sprechen bessere Gründe für das Vorliegen eines öffentlichen Auftrags.[9]

11 Öffentliche Aufträge haben gemäß § 103 Abs. 1 GWB die **Beschaffung** von Liefer-, Bau- oder Dienstleistungen zum Gegenstand. Das Sektorenvergaberecht regelt daher nur solche Vorhaben, mit denen Sektorenauftraggeber als Nachfrager von Leistungen am Markt auftreten. Un-

---

5 *Bosselmann*, in: Reidt/Stickler/Glahs, Vergaberecht, § 136 GWB Rn. 2; *Opitz*, in: Röwekamp/Kus/Portz/Prieß, GWB-Vergaberecht § 136 Rn. 2.
6 Art. 1 Abs. 1 RL 2014/24/EU und Art. 1 Abs. 1 RL 2014/25/EU.
7 Vgl. EuGH, Urteil v. 18.10.2018 – Rs. C-606/17 (IBA), Rn. 29; kritisch *Deckers*, VergabeR 2019, 374 (374 f.).
8 Vgl. EuGH, Urteil v. 10.11.2011 – Rs. C-348/10 (Norma-A), Rn. 48.
9 OLG Koblenz, Beschluss v. 10.7.2018 – Verg 1/18.

ter der Voraussetzung, dass der Sektorenauftraggeber ein unmittelbar wirtschaftliches Interesse an der Leistung hat, muss er die Leistung nicht persönlich entgegennehmen, nutzen oder für sich selbst verbrauchen.

Ein **unmittelbar wirtschaftliches Interesse** des Sektorenauftraggebers wird ausdrücklich nur für öffentliche Bauaufträge vorausgesetzt (§ 103 Abs. 3 GWB).[10] Diese Voraussetzung gilt jedoch für öffentliche Dienstleistungs- und Lieferaufträge gleichermaßen. Ein solches Interesse kann durch die rechtliche Sicherstellung der Verfügbarkeit der Leistung für öffentliche Zwecke zum Ausdruck kommen oder sich in einer finanziellen Beteiligung oder Risikoübernahme durch den Auftraggeber manifestieren. Für die Annahme einer Beschaffung ist zwar nicht zwingend erforderlich, dass Leistungen zur Erfüllung einer hoheitlichen Aufgabe beauftragt werden.[11] Allerdings wird das vorausgesetzte unmittelbar wirtschaftliche Interesse in aller Regel dann vorliegen, wenn ein Auftragnehmer gegen Entgelt zur Erfüllung einer Aufgabe der öffentlichen Daseinsvorsorge mit der Erbringung der vertragsgegenständlichen Leistungen verpflichtet wird[12] und wenn der Auftraggeber einen einklagbaren Anspruch auf Erfüllung der vertraglichen Leistungspflicht hat.[13] 12

Wenn Sektorenauftraggeber Leistungen und Güter am Markt anbieten, wird dadurch grundsätzlich kein vergabeverfahrenspflichtiger Sachverhalt begründet. Ausnahmsweise kann in eine **Veräußerung** eine Beschaffung von Leistungen eingekapselt sein. Erforderlich und ausreichend zur Eröffnung des sachlichen Anwendungsbereichs des Vergaberechts ist es in diesem Fall, wenn die Beschaffungskomponente eines Veräußerungsgeschäfts von nicht völlig untergeordneter Bedeutung ist.[14] Sofern Veräußerung und Beschaffung nicht in einem einheitlichen Vertrag umgesetzt werden, ist dies für die Begründung einer Vergabeverfahrenspflicht unschädlich, sofern beide Vorgänge im Rahmen einer Gesamtbetrachtung in einem engen sachlich-zeitlichen Zusammenhang zueinander stehen.[15] 13

Lieferaufträge sind gemäß § 103 Abs. 2 GWB Verträge zur Beschaffung von Waren, die insbesondere Kauf, Ratenkauf oder Leasing, Miet- oder Pachtverhältnisse mit oder ohne Kaufoption betreffen und die auch Nebenleistungen umfassen können. Andere, nicht ausdrücklich genannte Vertragsarten über die Beschaffung von Waren unterfallen ebenso § 103 Abs. 2 GWB wie Verträge, in denen die Parteien die Abholung der Ware durch den Auftraggeber und nicht eine Lieferung vereinbaren. 14

Bauaufträge können nach § 103 Abs. 3 S. 1 GWB die Ausführung oder gleichzeitige Planung und Ausführung von Bauleistungen im Zusammenhang mit einer der Tätigkeiten, die in Anhang I RL 2014/25/EU genannt sind, oder eines Bauwerks umfassen, das Ergebnis von Tief- oder Hochbauarbeiten ist und eine wirtschaftliche oder technische Funktion erfüllen soll. Der Begriff des öffentlichen Bauauftrags ist weit auszulegen. Das auch insoweit erforderliche Beschaffungselement setzt ein unmittelbar wirtschaftliches Interesse des Sektorenauftraggebers an der Bauleistung voraus. Das bedeutet nicht, dass er zwingend Eigentümer des zu errichtenden Bauwerks oder von Teilen davon werden muss. Auch sonst ist keine Beschaffung in einem gegenständlich oder körperlich zu verstehenden Sinne erforderlich.[16] Beschaffung in diesem Sinne setzt aber eine einklagbare Pflicht zur Erbringung der Bauleistung voraus. Grundlage eines entsprechenden Leistungsanspruchs des Sektorenauftraggebers muss dabei der Bauvertrag selbst sein.[17] Ein Bauauftrag liegt nach § 103 Abs. 3 S. 2 GWB auch vor, wenn ein Dritter eine Bauleistung gemäß den vom Sektorenauftraggeber genannten Erfordernissen erbringt. Bauen durch Dritte in diesem Sinne soll Umgehungsgeschäfte in den Fällen vermeiden, in denen der Sektorenauftraggeber nicht selbst als Bauherr auftritt, sondern den Auftragnehmer als Bauherrn in die Leistungskette einbindet. Der Auftragnehmer leitet die Vorgaben des Sek- 15

10 Vgl. EuGH, Urteil v. 25.3.2010 – Rs. C-451/08 (Helmut Müller).
11 Vgl. EuGH, Urteil v. 18.11.2004 – Rs. C-126/03 (Heizkraftwerk München), Rn. 18.
12 Vgl. OLG München, Beschluss v. 22.1.2012 – Verg 17/11; Beschluss v. 25.3.2011 – Verg 4/11.
13 OLG Düsseldorf, Beschluss v. 11.7.2018 – VII-Verg 1/18.
14 BGH, Beschluss v. 1.2.2005 – X ZB 27/04.
15 Vgl. EuGH, Urteil v. 10.11.2005 – Rs. C-29/04 (Mödling), Rn. 38 ff.
16 EuGH, Urteil v. 25.3.2010 – Rs. C-451/08 (Helmut Müller), Rn. 54.
17 EuGH, Urteil v. 25.3.2010 – Rs. C-451/08 (Helmut Müller), Rn. 60, 62.

torenauftraggebers an den bauausführenden Dritten weiter. Die vom Sektorenauftraggeber vorgegebenen Erfordernisse müssen sich gerade aus einem mit dem Auftragnehmer geschlossenen Vertrag ergeben.

16 Öffentliche Aufträge sind nach § 103 Abs. 1 und 4 GWB ferner **Dienstleistungsaufträge**. § 103 Abs. 4 GWB ist ein Auffangtatbestand und erfasst alle Aufträge, die nicht Liefer- oder Bauauftrag sind. Soweit das europäische Primärrecht Tätigkeiten, die dauernd oder zeitweise mit der Ausübung hoheitlicher Gewalt gemäß Art. 62, 51 AEUV verbunden sind, wieder vom Anwendungsbereich der Dienstleistungsfreiheit ausnimmt, haben der Richtliniengeber und der deutsche Umsetzungsgesetzgeber diese Ausnahme nunmehr erstmals in Art. 21 lit. c sublit. v RL 2014/25/EU und in § 116 Abs. 1 Nr. 1 lit. e GWB in Bezug auf Rechtsdienstleistungen, im Übrigen jedoch ausdrücklich nicht übernommen. Dienstleistungsaufträge sind nicht zu verwechseln mit Dienstverträgen i.S.v. §§ 611 ff. BGB. Auch und gerade zivilrechtliche Werkverträge (§§ 631 ff. BGB) können öffentliche Dienstleistungsaufträge im Sinne des Vergaberechts sein. Auf den Vertragstyp kommt es nicht an.

17 Aufträge, die soziale oder **andere besondere Dienstleistungen** zum Gegenstand haben, werden nach § 130 GWB vergeben und nach § 39 SektVO bekannt gemacht. Gesonderte Verfahrensregeln gibt es, anders als nach §§ 64 ff. VgV, für den Sektorenbereich nicht. Die Vergabe von Rahmenvereinbarungen richtet sich nach § 19 SektVO.

D. Ausrichtung von Wettbewerben

18 **Wettbewerbe** sind nach § 103 Abs. 6 GWB Auslobungsverfahren,[18] die dem Auftraggeber aufgrund vergleichbarer Beurteilung durch ein Preisgericht mit oder ohne Verteilung von Preisen zu einem Plan verhelfen sollen. Die in der Praxis relevantesten Anwendungsbereiche sind die Raumplanung, der Städtebau, das Bauwesen und die Datenverarbeitung.

19 Ein Wettbewerb kann einem Vergabeverfahren **vorgeschaltet** werden. In diesem Fall werden Lösungen und Bewerber ermittelt, die sich als am besten zur Projektrealisierung geeignet erweisen, wobei kein Anspruch des Erstplatzierten auf Auftragserteilung besteht.[19]

20 Nähere Regelungen zum **Ablauf** eines Wettbewerbs und zur Zusammensetzung des **Preisgerichts** enthalten für den Sektorenbereich die §§ 60 ff. SektVO.

E. Zum Zwecke der Ausübung einer Sektorentätigkeit

21 § 136 GWB stellt klar, dass Sektorenauftraggeber nur dann die speziellen Regelungen der §§ 137 ff. GWB und der SektVO anwenden, wenn der Auftrag zum Zweck der Ausübung einer Sektorentätigkeit nach § 102 GWB vergeben werden soll.[20]

22 Bis zur Entscheidung des EuGH in der Rechtssache „Fernwärme Wien"[21] war umstritten, ob öffentliche Auftraggeber, die zumindest auch im Bereich der Versorgungssektoren tätig sind, das Vergaberecht der RL 2004/18/EG oder das Sektorenvergaberecht der RL 2004/17/EG anwenden müssen.[22] Der EuGH entschied, dass öffentliche Auftraggeber alle Aufträge, die mit der Ausübung einer Sektorentätigkeit in einem Zusammenhang stehen, nach den Verfahrensregeln des Sektorenvergaberechts vergeben, und alle Aufträge, die einen solchen Zusammenhang nicht aufweisen, nach den Verfahrensregeln der RL 2004/18/EG.[23] Eine **„Infizierung"** von Aufträgen ohne Zusammenhang mit der Ausübung einer Sektorentätigkeit findet nicht

18 Anstelle des bislang verwendeten Begriffs „Auslobungsverfahren" übernimmt der Gesetzgeber im Rahmen der Eins-zu-eins-Umsetzung des Richtlinienrechts nunmehr den Begriff „Wettbewerb" aus Art. 2 Abs. 1 Nr. 21 RL 2014/24/EU und Art. 2 Nr. 17 RL 2014/25/EU, siehe Gesetzesbegründung zu § 103 Abs. 1 GWB, VergRModG 2016, BT-Drs. 18/6281, 74.

19 VK Niedersachsen, Beschluss v. 23.1.2012 – VgK-57/2011 m.w.N.

20 Art. 1 Abs. 2 RL 2014/25/EU.

21 EuGH, Urteil v. 10.4.2008 – Rs. C-393/06 (Fernwärme Wien).

22 Vgl. *Opitz*, in: Eschenbruch/Opitz/Röwekamp, SektVO, Einleitung – Teil 1 Rn. 16.

23 EuGH, Urteil v. 10.4.2008 – Rs. C-393/06 (Fernwärme Wien), Rn. 58; siehe hierzu schon *Opitz*, NZBau 2002, 19 (21).

statt.[24] Hintergrund ist, dass Sektorenauftraggeber erst und nur dann von den Verfahrenserleichterungen des Sektorenvergaberechts profitieren sollen, wenn die Auftragsvergabe im Einzelfall der Ausübung der Sektorentätigkeit dient.[25] Aus § 136 GWB ergibt sich daher nicht nur, dass öffentliche Auftraggeber, die eine Sektorentätigkeit ausüben, öffentliche Aufträge außerhalb des Sektorenbereichs nach dem allgemeinen Vergaberegime der VgV und der VOB/A zu vergeben haben. Aus § 136 GWB folgt auch, dass private Sektorenauftraggeber, die Aufträge für andere Zwecke als die Ausübung einer Sektorentätigkeit vergeben, dabei vergaberechtlich nicht gebunden sind.[26]

Im Einzelfall zu prüfen ist der für die sachliche Anwendbarkeit des Sektorenvergaberechts erforderliche Zweck der Ausübung einer Sektorentätigkeit. Der zur Eröffnung des sachlichen Anwendungsbereichs des Sektorenvergaberechts erforderliche **Zweckzusammenhang**[27] liegt nach der Rechtsprechung bereits dann vor, wenn der Auftragsgegenstand die Sektorentätigkeit ermöglicht, erleichtert, fördert oder sonst unterstützt (sog. Sektorenhilfstätigkeiten).[28] Beispiele aus der Rechtspraxis sind etwa die Beschaffung von Büromaterial, von Dienstleistungen zur Sicherung des Betriebsgeländes[29], von Versicherungsleistungen,[30] von Planungsleistungen für die Errichtung eines Verwaltungsgebäudes,[31] von Ingenieurleistungen zur Bauüberwachung von Flugbetriebsflächen[32], einer übergeordneten Leittechnik zur Steuerung von Wasserkraftwerken[33] oder die Suche eines strategischen Partners zum Betrieb von Energieversorgungsnetzen.[34] Unter Zugrundelegung dieses weiten Begriffsverständnisses erfolgt auch die Beschaffung von Leistungen vor erstmaliger Aufnahme des operativen Betriebs zum Zwecke der Ausübung der Sektorentätigkeit und eröffnet mithin den sachlichen Anwendungsbereich des Sektorenvergaberechts, wenn die zu beschaffenden Leistungen nicht eindeutig und abgrenzbar zu anderen Zwecken beschafft werden sollen.[35] 23

Andere Zwecke als die Ausübung einer Sektorentätigkeit werden nur in seltenen und eng auszulegenden Ausnahmefällen anzunehmen sein, wenn der Auftrag einer Aufgabe dient, die ganz losgelöst von der Versorgung der Allgemeinheit mit Energie, Trinkwasser oder Verkehrsleistungen wahrgenommen wird.[36] Ein Beispiel sind Tätigkeiten, die nicht zu einem funktionierenden Ablauf eines Flughafenbetriebes gehören, wie etwa der Betrieb eines Hotels oder Speditionstätigkeiten. Sie werden für andere Zwecke als für die Sektorentätigkeit im Bereich Flughäfen[37] ausgeführt.[38] Dasselbe gilt für den Betrieb eines Fahrradverleihsystems durch einen im Übrigen im Bereich Verkehr tätigen Auftraggeber. Ein Fahrradverleih ist keine Sektorenhilfstätigkeit, weil er losgelöst von der Sektorentätigkeit angeboten werden kann.[39] 24

---

24 EuGH, Urteil v. 10.4.2008 – Rs. C-393/06 (Fernwärme Wien), Rn. 31; vgl. *Werner*, in: Byok/Jaeger, Vergaberecht, § 100 GWB Rn. 10, sowie auch *Matthey*, Das Recht der Auftragsvergabe in den Sektoren, S. 117.

25 VK Niedersachsen, Beschluss v. 15.11.1999 – 203-VgK-12/99; *Gabriel*, in: Säcker, Wettbewerbsrecht, § 100 GWB Rn. 9.

26 Siehe auch § 137 GWB Rn. 45 ff.

27 EuGH, Urteil v. 19.4.2018 – Rs. C-152/17 (Consorzio Italian Management).

28 OLG München, Beschluss v. 13.3.2017 – Verg 13/17.

29 OLG Düsseldorf, Beschluss v. 24.3.2010 – VII-Verg 58/09 (Abschlepp- und Inkassodienstleistungen für das Gelände des Düsseldorfer Flughafens); VK Sachsen, Beschluss v. 19.10.2010 – 1/SVK/037/10 (Bauüberwachungsleistungen – Flugbetriebsflächen).

30 *Franke/Höfler*, BB 1998, 433 (434).

31 OLG München, Beschluss v. 13.3.2017 – Verg 13/17; OLG Düsseldorf, Beschluss v. 21.5.2008 – VII-Verg 19/08.

32 OLG Brandenburg, Beschluss v. 16.1.2007 – Verg W 7/06.

33 OLG München, Beschluss v. 12.5.2011 – Verg 26/10.

34 OLG Düsseldorf, Beschluss v. 9.1.2013 – VII-Verg 26/12.

35 OLG Düsseldorf, Beschluss v. 9.1.2013 – VII-Verg 26/12; *Opitz*, in: Eschenbruch/Opitz/Röwekamp, SektVO, Einleitung – Teil 1 Rn. 15; *Dreher*, in: Immenga/Mestmäcker, Wettbewerbsrecht, § 102 GWB Rn. 17; siehe aber *Opitz*, VergabeR 2014, 369 (371), wonach der Anwendungsbereich des Sektorenvergaberechts aufgrund der Verwendung des Präsens in Art. 4 RL 2014/25/EU (ausüben) für Stellen, die noch keine Sektorentätigkeit ausüben, Aufträge aber im Hinblick auf die Aufnahme einer solchen Tätigkeit vergeben, weiterhin ungeklärt sei; ebenso *Wolters*, in: Eschenbruch/Opitz/Röwekamp, SektVO, § 100 GWB Rn. 45.

36 *Opitz*, in: Eschenbruch/Opitz/Röwekamp, SektVO, Einleitung – Teil 1 Rn. 15; *Matthey*, Das Recht der Auftragsvergabe in den Sektoren, S. 117; vgl. auch VK Nordbayern, Beschluss v. 26.7.2018 – RMF-SG21-3194-3-19.

37 Siehe hierzu § 102 GWB Rn. 44 f.

38 *Matthey*, Das Recht der Auftragsvergabe in den Sektoren, S. 117.

39 VK Nordbayern, Beschluss v. 26.7.2018 – RMF-SG21-3194-3-19.

F. Rechtsschutz

25 Der für die Eröffnung des Anwendungsbereichs des Sektorenvergaberechts nach § 136 GWB erforderliche Zweckzusammenhang unterliegt uneingeschränkt der **Nachprüfung**.[40] Der Sektorenauftraggeber, der ein Vergabeverfahren unter Anwendung des spezifischen Sektorenvergaberechts und der daraus abzuleitenden Verfahrenserleichterungen durchführen möchte, trägt im Nachprüfungsverfahren die materielle Beweislast[41] dafür, dass die Auftragsvergabe zum Zwecke der Ausübung der Sektorentätigkeit erfolgt.

26 Sofern sich nicht ausnahmsweise Anhaltspunkte aus der Auftragsbekanntmachung oder aus den Vergabeunterlagen ergeben, dass der Auftrag zu anderen Zwecken vergeben werden soll und dass die Anwendung des Sektorenvergaberechts daher nicht gerechtfertigt ist, dürfte keine **Rügeobliegenheit** aus § 160 Abs. 3 S. 1 Nr. 2 und 3 GWB bestehen.

Anlage

Gesetzesbegründung – VergRModG 2016 (BT-Drs. 18/6281)

Seite 122

§ 136 bestimmt den Anwendungsbereich des Unterabschnitts 1 des neuen Abschnitts 3 des Teils 4 des GWB. Unterabschnitt 1 regelt das Sektorenvergaberecht, das heißt die besonderen Vorschriften für die Vergabe von öffentlichen Aufträgen und die Ausrichtung von Wettbewerben im Bereich der Trinkwasser- oder Energieversorgung sowie des Verkehrs durch Sektorenauftraggeber nach § 100 für die Ausführung von Sektorentätigkeiten nach § 102. Damit werden die wesentlichen Bestimmungen der Richtlinie 2014/25/EU im GWB umgesetzt. Ergänzend gelten die Regelungen der Sektorenverordnung. Nach § 142 finden auf die Vergabe von öffentlichen Aufträgen im Bereich der Trinkwasser- oder Energieversorgung sowie des Verkehrs grundsätzlich die allgemeinen Vorschriften des Abschnitts 2 entsprechende Anwendung, sofern in den §§ 137 bis 141 nicht etwas Abweichendes geregelt ist.

40 *Debus*, in: Ziekow/Völlink, Vergaberecht, § 136 GWB Rn. 19.
41 Siehe hierzu OLG Düsseldorf, Beschluss v. 7.8.2019 – VII-Verg 9/19.

§ 137 GWB
Besondere Ausnahmen

(1) Dieser Teil ist nicht anzuwenden auf die Vergabe von öffentlichen Aufträgen durch Sektorenauftraggeber zum Zweck der Ausübung einer Sektorentätigkeit, wenn die Aufträge Folgendes zum Gegenstand haben:

1. Rechtsdienstleistungen im Sinne des § 116 Absatz 1 Nummer 1,

2. Forschungs- und Entwicklungsdienstleistungen im Sinne des § 116 Absatz 1 Nummer 2,

3. Ausstrahlungszeit oder Bereitstellung von Sendungen, wenn diese Aufträge an Anbieter von audiovisuellen Mediendiensten oder Hörfunkmediendiensten vergeben werden,

4. finanzielle Dienstleistungen im Sinne des § 116 Absatz 1 Nummer 4,

5. Kredite und Darlehen im Sinne des § 116 Absatz 1 Nummer 5,

6. Dienstleistungen im Sinne des § 116 Absatz 1 Nummer 6, wenn diese Aufträge aufgrund eines ausschließlichen Rechts vergeben werden,

7. die Beschaffung von Wasser im Rahmen der Trinkwasserversorgung,

8. die Beschaffung von Energie oder von Brennstoffen zur Energieerzeugung im Rahmen der Energieversorgung oder

9. die Weiterveräußerung oder Vermietung an Dritte, wenn

a) dem Sektorenauftraggeber kein besonderes oder ausschließliches Recht zum Verkauf oder zur Vermietung des Auftragsgegenstandes zusteht und

b) andere Unternehmen die Möglichkeit haben, den Auftragsgegenstand unter den gleichen Bedingungen wie der betreffende Sektorenauftraggeber zu verkaufen oder zu vermieten.

(2) Dieser Teil ist ferner nicht anzuwenden auf die Vergabe von öffentlichen Aufträgen und die Ausrichtung von Wettbewerben, die Folgendes zum Gegenstand haben:

1. Liefer-, Bau- und Dienstleistungen sowie die Ausrichtung von Wettbewerben durch Sektorenauftraggeber nach § 100 Absatz 1 Nummer 2, soweit sie anderen Zwecken dienen als einer Sektorentätigkeit, oder

2. die Durchführung von Sektorentätigkeiten außerhalb des Gebietes der Europäischen Union, wenn der Auftrag in einer Weise vergeben wird, die nicht mit der tatsächlichen Nutzung eines Netzes oder einer Anlage innerhalb dieses Gebietes verbunden ist.

Übersicht

	Rn.
A. Allgemeines	1
I. Unionsrechtlicher Hintergrund	6
II. Vergleichbare Regelungen	7
III. Historie	8
B. Rechtsdienstleistungen (Abs. 1 Nr. 1)	9
C. Forschungs- und Entwicklungsdienstleistungen (Abs. 1 Nr. 2)	14
D. Ausstrahlungszeit oder Bereitstellung von Sendungen (Abs. 1 Nr. 3)	17
E. Finanzielle Dienstleistungen, Kredite und Darlehen (Abs. 1 Nr. 4 und 5)	23
F. Dienstleistungsaufträge an öffentliche Auftraggeber (Abs. 1 Nr. 6)	28
G. Beschaffung von Wasser, Energie oder Brennstoffen zur Energieerzeugung (Abs. 1 Nr. 7 und 8)	34
H. Aufträge zum Zwecke der Weiterveräußerung oder Weitervermietung (Abs. 1 Nr. 9)	39
I. Aufträge und Wettbewerbe für andere Zwecke als eine Sektorentätigkeit (Abs. 2 Nr. 1)	45
J. Durchführung von Sektorentätigkeiten außerhalb der Europäischen Union (Abs. 2 Nr. 2)	49
K. Rechtsschutz	52
Anlage Gesetzesbegründung	

A. Allgemeines

1 § 137 GWB enthält in Abs. 1 eine Liste der öffentlichen Aufträge, die Sektorenauftraggeber zum Zweck der Ausübung einer Sektorentätigkeit[1] vergeben, die von der Pflicht zur Anwendung des Teil 4 GWB jedoch ausgenommen sind.

2 Der Anwendungsbereich des § 137 GWB wird durch § 136 GWB bestimmt. Freigestellt sind bei Vorliegen der Voraussetzungen die Vergabe von öffentlichen Aufträgen und die Durchführung von Wettbewerben. Die Vergabe von Rahmenvereinbarungen unterliegt gemäß § 103 Abs. 5 S. 2 GWB denselben Vorschriften des GWB wie die Vergabe von öffentlichen Aufträgen, soweit nichts anderes bestimmt ist. Daher sind auch diese unter den Voraussetzungen des § 137 GWB ausgenommen. Für Konzessionsvergaben ebenso wie für verteidigungs- und sicherheitsspezifische öffentliche Aufträge zum Zwecke der Ausübung einer Sektorentätigkeit gilt § 137 GWB nicht, weil die Vorschrift in § 147 und in § 154 GWB nicht in Bezug genommen ist.

3 Die Ausnahmetatbestände des § 137 GWB gelten mit Ausnahme des § 137 Abs. 2 Nr. 1 GWB für alle in § 100 GWB genannten **Sektorenauftraggeber**. Öffentliche Aufträge und die Ausrichtung von Wettbewerben, die Liefer-, Bau- und Dienstleistungen zum Gegenstand haben, sind nach § 137 Abs. 2 Nr. 1 GWB nur von der Pflicht zur Anwendung des Sektorenvergaberechts nach den §§ 136 ff. GWB befreit, soweit Sektorenauftraggeber i.S.v. § 100 Abs. 1 Nr. 2 GWB sie zu anderen Zwecken als einer Sektorentätigkeit vergeben. Öffentliche Sektorenauftraggeber i.S.v. §§ 100 Abs. 1 Nr. 1, 99 Nr. 1 bis 3 GWB müssen außerhalb des Sektorenbereichs allgemeines Vergabeverfahrensrecht nach Maßgabe der §§ 115 ff. GWB anwenden.

4 § 137 GWB ist **abschließend**.[2] Andere außergesetzliche Ausnahmetatbestände insbesondere aus dem Primärrecht des AEUV, aber auch aus konkurrierendem Bundesrecht sind ausgeschlossen.[3] Wenn bereits der Zusammenhang zur Sektorentätigkeit fehlt, ist bereits der sachliche Anwendungsbereich der §§ 136 ff. GWB nicht eröffnet und ein Rückgriff auf eine besondere Ausnahme des § 137 Abs. 1 GWB scheidet aus.

5 Mit Blick auf das Ziel des Sektorenvergaberechts, welches gemäß Erwägungsgrund 1 RL 2014/25/EU darin besteht, die staatlichen oder staatlich begründeten Monopole oder Oligopole in den Versorgungssektoren zu durchbrechen und die nationalen Beschaffungsmärkte für einen EU-weiten, auf transparenten, nichtdiskriminierenden Regeln beruhenden Vergabewettbewerb zu öffnen, sind die in § 137 GWB normierten Ausnahmetatbestände wie alle Ausnahmen vom Vergaberecht grundsätzlich **eng auszulegen**.[4]

I. Unionsrechtlicher Hintergrund

6 § 137 Abs. 1 GWB dient der Umsetzung von Art. 18, 20, 21, 22, 23 RL 2014/25/EU.[5] § 137 Abs. 2 GWB setzt Art. 19 Abs. 1 RL 2014/25/EU um und begründet Ausnahmen vom sachlichen Anwendungsbereich des Sektorenvergaberechts für öffentliche Aufträge, die anderen Zwecken dienen als einer Sektorentätigkeit (§ 137 Abs. 2 Nr. 1 GWB) oder die die Durchführung von Sektorentätigkeiten vollständig außerhalb des Gebietes des Europäischen Union zum Gegenstand haben (§ 137 Abs. 2 Nr. 2 GWB).

---

1 Siehe hierzu § 136 GWB Rn. 21 ff.

2 Vgl. zum abschließenden Charakter der ausdrücklich in den Richtlinien normierten Ausnahmetatbestände: EuGH, Urteil v. 17.11.1993 – Rs. C-71/92 (Kommission/Königreich Spanien), Rn. 9; sowie für das GWB: BGH, Beschluss v. 8.2.2011 – X ZB 4/10 (Abellio); Beschluss v. 1.12.2008 – X ZB 31/08.

3 Vgl. BGH, Beschluss v. 8.2.2011 – X ZB 4/10 (Abellio); Beschluss v. 1.12.2008 – X ZB 31/08.

4 EuGH, Urteil v. 2.10.2008 – Rs. C-151/06 (Agusta), Rn. 23; Urteil v. 17.11.1993 – Rs. C-71/92 (Kommission/Königreich Spanien), Rn. 36; Urteil v. 10.3.1987 – Rs. 199/85 (Kommission/Italienische Republik); OLG Koblenz, Beschluss v. 15.9.2010 – 1 Verg 7/10; vgl. auch OLG Frankfurt, Beschluss v. 30.8.2011 – 11 Verg 3/11; *Franßen*, in: Byok/Jaeger, Vergaberecht, § 137 GWB Rn. 3; *Röwekamp*, in: Röwekamp/Kus/Portz/Prieß, GWB-Vergaberecht, § 137 Rn. 1; *Donhauser*, VergabeR 2013, 531 (533).

5 Gesetzesbegründung zu § 137 Abs. 1 GWB, VergRModG 2016, BT-Drs. 18/6281, 123.

II. Vergleichbare Regelungen

7 In der gesetzlichen Systematik begründen die in § 137 GWB genannten Tatbestände neben den auch für Sektorenauftraggeber geltenden allgemeinen Ausnahmen des Abschnitt 1 Kapitel 1 Teil 4 GWB (§§ 107 bis 109 GWB) sowie den Ausnahmen für die Vergabe öffentlicher Aufträge an verbundene Unternehmen gemäß § 138 GWB die besonderen Ausnahmen vom Sektorenvergaberecht. Für die Vergabe von Konzessionen zum Zwecke der Ausübung einer Sektorentätigkeit gelten die besonderen Ausnahmen des § 149 GWB. § 145 GWB regelt besondere Ausnahmen für die Vergabe sicherheits- und verteidigungsspezifischer öffentlicher Aufträge durch Sektorenauftraggeber.

III. Historie

8 Inhaltliche Änderungen im Vergleich zum Rechtsstand vor Inkrafttreten des VergRModG 2016 hat der Gesetzgeber mit § 137 GWB nicht bezweckt.[6] Mit § 137 Abs. 1 Nr. 3 GWB wurde lediglich die Ausnahme des § 100a Abs. 2 Nr. 1 GWB a.F., die ausdrücklich nur für nicht sektorspezifische Aufträge galt, auch in das Sektorenvergaberecht übernommen.

B. Rechtsdienstleistungen (Abs. 1 Nr. 1)

9 Ausgenommen vom Anwendungsbereich des Sektorenvergaberechts sind öffentliche Aufträge zum Zweck der Ausübung einer Sektorentätigkeit über die Erbringung der in § 116 Abs. 1 Nr. 1 GWB genannten Rechtsdienstleistungen.[7]

10 **Rechtsdienstleistungen** gemäß §§ 137 Abs. 1 Nr. 1, 116 Abs. 1 Nr. 1 lit. a und b GWB sind solche im Sinne des RDG, wobei die Ausnahme nach §§ 137 Abs. 1 Nr. 1, 116 Abs. 1 Nr. 1 GWB lediglich öffentliche Aufträge über die gerichtliche, schiedsgerichtliche oder behördliche Vertretung und solche Rechtsdienstleistungen im Vorfeld eines zumindest hoch wahrscheinlichen gerichtlichen, schiedsgerichtlichen oder behördlichen Verfahrens umfasst.[8] Die übrigen gemäß §§ 137 Abs. 1 Nr. 1, 116 Abs. 1 Nr. 1 lit. c bis e GWB ausgenommenen Rechtsdienstleistungen sind solche von Notaren, gerichtlich bestellten Betreuern, Vormündern und sonstige Rechtsdienstleistungen, die zumindest teilweise mit der Ausübung von hoheitlichen Befugnissen verbunden sind.

11 **Hintergrund** dieser Ausnahme ist das insbesondere im Rahmen forensischer Anwaltstätigkeit regelmäßig erforderliche besondere Vertrauensverhältnis zwischen Mandant und Rechtsanwalt, das in einem formellen Vergabeverfahren, welches auf Abschluss eines wirtschaftlichen Vertrages gerichtet ist, nicht oder jedenfalls nur sehr eingeschränkt abgebildet werden kann. Aus Auftraggebersicht erleichtert dieser neue Ausnahmetatbestand die Anwaltssuche im Zusammenhang mit oder im Vorfeld von gerichtlichen, schiedsgerichtlichen oder behördlichen Verfahren.

12 Öffentliche Aufträge über projektbegleitende Rechtsberatung unterfallen dagegen gemäß §§ 142, 130 GWB als sogenannte soziale und andere **besondere Dienstleistung** dem Sektorenvergaberecht. Für sie gilt aufgrund ihrer vermuteten eingeschränkten Binnenmarktrelevanz[9] gemäß § 106 Abs. 2 Nr. 2 GWB i.V.m. Art. 15 lit. c RL 2014/25/EU ein Schwellenwert von 1 Mio. Euro.

13 Unberührt bleiben sowohl bei öffentlichen Aufträgen über forensische als auch bei öffentlichen Aufträgen über projektbegleitende anwaltliche Dienstleistungen **haushaltsrechtliche Bindungen**.

---

6 Gesetzesbegründung zu § 137 Abs. 1 GWB, VergRModG 2016, BT-Drs. 18/6281, 123.
7 Siehe im Einzelnen auch *Schneevogl* zu § 116 GWB Rn. 8 ff.
8 Siehe hierzu *Otting*, AnwBl. 2014, 304.
9 Erwägungsgrund 122 RL 2014/25/EU.

C. Forschungs- und Entwicklungsdienstleistungen (Abs. 1 Nr. 2)

14 Ausgenommen sind ferner öffentliche Aufträge zum Zweck der Ausübung einer Sektorentätigkeit über Forschungs- und Entwicklungsdienstleistungen.[10] Hintergrund der Freistellung ist die bezweckte Förderung von Innovation und Forschung durch die Europäische Kommission.[11]

15 Die Begriffe **Forschung** und **Entwicklung** sind weder im GWB noch im untergesetzlichen Vergabeverfahrensrecht der VgV, der VOB/A oder der SektVO definiert. Allein § 4 Abs. 5 S. 1 VSVgV enthält eine auf Art. 1 Nr. 27 RL 2009/81/EG zurückgehende Begriffsbestimmung. Danach sind Forschung und Entwicklung alle Tätigkeiten, die Grundlagenforschung, angewandte Forschung und experimentelle Entwicklung umfassen. Nach einer älteren Entscheidung des BayObLG[12] hat Forschung das Ziel, neue Erkenntnisse zu gewinnen, gleich ob es sich um Grundlagenforschung oder um angewandte Forschung handelt.[13] Da keine Anhaltspunkte dafür bestehen, dass der europäische oder der deutsche Gesetzgeber im allgemeinen Vergaberecht und im Sektorenvergaberecht ein unterschiedliches Verständnis als im Bereich der Vergabe verteidigungs- und sicherheitsrelevanter Aufträge zugrunde legen wollte, ist die Definition aus § 4 Abs. 5 S. 1 VSVgV auf die Ausnahmeregelung nach §§ 138 Abs. 1 Nr. 2, 116 Abs. 1 Nr. 2 GWB übertragbar.

16 Die **Rückausnahme** betrifft Aufträge über die Forschungs- und Entwicklungsdienstleistungen zu den in § 116 Abs. 1 Nr. 2 GWB genannten CPV-Codes, deren Ergebnisse ausschließlich Eigentum des Sektorenauftraggeber für seinen Gebrauch bei der Ausübung seiner eigenen Tätigkeit werden und die vollständig durch den Sektorenauftraggeber vergütet werden.[14]

D. Ausstrahlungszeit oder Bereitstellung von Sendungen (Abs. 1 Nr. 3)

17 Öffentliche Aufträge zum Zweck der Ausübung einer Sektorentätigkeit, die die Ausstrahlungszeit oder die Bereitstellung von Sendungen zum Gegenstand haben, sind nach § 137 Abs. 1 Nr. 3 GWB vom Anwendungsbereich des Sektorenvergaberechts ausgenommen, wenn diese Aufträge an Anbieter von audiovisuellen Mediendiensten oder Hörfunkmediendiensten vergeben werden.

18 Ein Grund für die Übernahme dieses ursprünglich zur Privilegierung von Rundfunkanstalten geschaffenen Ausnahmetatbestandes, über den die Berücksichtigung besonderer kultureller und gesellschaftspolitischer Erwägungen möglich sein soll,[15] in den Sektorenbereich, in dem derartige **Erwägungen** in der Regel keine Rolle spielen,[16] ist nicht bekannt. Auf seiner Grundlage ist es Sektorenauftraggebern möglich, beispielsweise Unternehmensvideos zum Zweck der Ausübung einer Sektorentätigkeit als sog. Sektorenhilfstätigkeit[17] ohne Durchführung EU-weiter Vergabeverfahren zu beauftragen.

19 § 137 Abs. 1 Nr. 3 GWB ist, dem Wortlaut der Richtlinie entsprechend, enger gefasst als die Ausnahmeregelung des **§ 116 Abs. 1 Nr. 3 GWB**.[18] Nicht freigestellt sind daher öffentliche Aufträge zum Zweck der Ausübung einer Sektorentätigkeit über Erwerb, Entwicklung, Produktion oder Koproduktion von Sendematerial für audiovisuelle Mediendienste oder Hörfunkmediendienste, die von Mediendienstanbietern vergeben werden.[19] Ein praktischer An-

10 Siehe hierzu im Einzelnen auch *Schneevogl* zu § 116 GWB Rn. 43 ff.
11 *Lausen*, in: Burgi/Dreher, Vergaberecht, § 137 GWB Rn. 35.
12 BayObLG, Beschluss v. 27.2.2003 – Verg 25/02.
13 *Franßen*, in: Byok/Jaeger, Vergaberecht, § 137 GWB Rn. 11.
14 Siehe hierzu im Einzelnen auch *Schneevogl* zu § 116 GWB Rn. 49 ff.
15 Erwägungsgrund 23 RL 2014/24/EU.
16 Die praktische Relevanz bezweifelnd auch *Kling*, in: Immenga/Mestmäcker, Wettbewerbsrecht, § 137 GWB Rn. 9; noch weitergehend: *Antweiler*, in: Ziekow/Völlink, Vergaberecht, § 137 GWB Rn. 6.
17 Siehe hierzu § 100 GWB Rn. 11.
18 Gesetzesbegründung zu § 137 Abs. 1 Nr. 3 GWB, VergRModG 2016, BT-Drs. 18/6281, 123.
19 *Lausen*, in: Burgi/Dreher, Vergaberecht, § 137 GWB Rn. 42.

wendungsbereich ist insoweit nicht ersichtlich, weil Mediendienstanbieter Aufträge regelmäßig nicht zum Zweck der Ausübung einer Sektorentätigkeit vergeben.

Sendungen sind, was sich aus Art. 22 lit. 1 S. 3 RL 2014/25/EU i.V.m. Art. 1 Abs. 1 lit. b RL 2010/13/EU ergibt, eine Abfolge von bewegten Bildern mit oder ohne Ton, die Einzelbestandteil eines von einem Mediendiensteanbieter erstellten Sendeplans oder Katalogs ist und deren Form und Inhalt mit der Form und dem Inhalt von Fernsehprogrammen vergleichbar sind. Als Beispiele für Sendungen werden in Art. 1 Abs. 1 lit. b RL 2010/13/EU Spielfilme, Sportberichte, Fernsehkomödien, Dokumentarfilme, Kindersendungen und Originalfernsehspiele genannt. **Ausstrahlungszeit** ist die Tageszeit, an der eine Sendung ausgestrahlt wird. 20

Anbieter von Mediendiensten sind gemäß Art. 22 lit. 1 S. 3 RL 2014/25/EU i.V.m. Art. 1 Abs. 1 lit. d RL 2010/13/EU natürliche oder juristische Personen, die die redaktionelle Verantwortung für die Auswahl der audiovisuellen Inhalte des audiovisuellen Mediendienstes tragen und bestimmen, wie diese gestaltet werden. 21

Die Ausnahme ermöglicht nicht die **Beschaffung** des für die Produktion, die Koproduktion und die Ausstrahlung dieser Sendungen erforderlichen **technischen Materials**,[20] auch wenn dies in der RL 2014/25/EU – anders als in Erwägungsgrund 23 S. 4 RL 2014/24/EU – nicht ausdrücklich festgelegt ist. Die zur Beschaffung des für die Produktion von Unternehmensvideos erforderlichen technischen Materials sind daher grundsätzlich EU-weit zur Vergabe auszuschreiben, vorausgesetzt der Schwellenwert des § 106 Abs. 2 Nr. 2 GWB in Verbindung mit Art. 15 RL 2014/25/EU ist erreicht oder überschritten. 22

E. Finanzielle Dienstleistungen, Kredite und Darlehen (Abs. 1 Nr. 4 und 5)

Öffentliche Aufträge über finanzielle Dienstleistungen zum Zweck der Ausübung einer Sektorentätigkeit sind vom Teil 4 GWB ausgenommen. Finanzielle Dienstleistungen sind gemäß dem in § 137 Abs. 1 Nr. 4 GWB in Bezug genommenen § 116 Abs. 1 Nr. 4 GWB solche, die im Zusammenhang mit der Ausgabe, dem Verkauf, dem Ankauf oder der Übertragung von Wertpapieren oder anderen Finanzinstrumenten stehen, Dienstleistungen der Zentralbanken sowie mit der Europäischen Finanzstabilisierungsfazilität und dem Europäischen Stabilitätsmechanismus durchgeführte Transaktionen. 23

Ausgenommen sind öffentliche Aufträge über finanzielle Dienstleistungen, die nicht Kredite oder Darlehen sind, daher nur dann, wenn sie im **Zusammenhang mit** der Ausgabe, dem Verkauf, dem Kauf oder der Übertragung von **Wertpapieren oder anderen Finanzinstrumenten** stehen.[21] Soweit vertreten wird, dass auch vorbereitende Tätigkeiten wie beispielweise beratende Tätigkeiten, die Entwicklung von Anlage- und Vermarktungsstrategien und -konzepten unter diesen Ausnahmetatbestand fallen,[22] ist dieser Auffassung nicht zu folgen. Ihr ist zum einen das Gebot der restriktiven Auslegung von Ausnahmetatbeständen entgegenzuhalten, der das Vorhandensein eines unmittelbaren Zusammenhangs der Finanzdienstleistung mit dem Verkauf, dem Kauf oder der Übertragung von Wertpapieren oder anderen Finanzinstrumenten erfordert, und zum anderen der Sinn und Zweck dieser Ausnahme. Die Beschaffung von Leistungen, die üblicherweise auf den Kapitalmärkten gehandelt werden, kann nicht im Rahmen formeller und zeitaufwändiger Vergabeverfahren umgesetzt werden. Alle anderen Geschäfte, die nicht den Erfordernissen der Kapitalmärkte unterliegen, können und müssen, gegebenenfalls unter Inanspruchnahme von Verfahrenserleichterungen, im Wege formeller Vergabeverfahren beschafft werden.[23] 24

---

20 Vgl. EuGH, Urteil v. 13.12.2007 – Rs. C-337/06 (Bayerischer Rundfunk), Rn. 64.

21 Siehe hierzu bereits *Dreher/Opitz*, WM 2002, 413 (421); *Kullack/Terner*, ZfBR 2004, 244 (248 f.).

22 Vgl. *Röwekamp*, in: Röwekamp/Kus/Portz/Prieß, GWB-Vergaberecht, § 116 GWB Rn. 17 m.w.N.; *Dreher/Opitz*, WM 2002, 413 (421); *Kullack/Terner*, ZfBR 2004, 244 (248 f.); auch die soweit ersichtlich einzige Entscheidung in der vergaberechtlichen Spruchpraxis legt ein eher weites Verständnis zugrunde: VK Baden-Württemberg, Beschluss v. 30.11.2001 – 1 VK 40/01 zu Arrangeurleistungen bei US-Leasingtransaktionen.

23 *Lausen*, in: Burgi/Dreher, Vergaberecht, § 137 GWB Rn. 49.

25 Im Interesse eines einheitlichen Binnenmarkts haben die Begriffe „Wertpapier" und „Finanzinstrument" im Sinne von Art. 21 lit. d RL 2014/25/EU dieselbe Bedeutung wie in anderen Rechtsakten über den Binnenmarkt (vgl. Erwägungsgrund 34 RL 2014/25/EU). Entsprechend sind auch die Begriffe des deutschen Umsetzungsrechts in §§ 137 Abs. 1 Nr. 4, 116 Abs. 1 Nr. 4 GWB auszulegen. **Wertpapiere** sind nach der Definition in Art. 4 Abs. 1 Nr. 44 RL 2014/65/EU Aktien, Schuldverschreibungen und sonstige verbriefte Schuldtitel, die auf dem Kapitalmarkt gehandelt werden können, zum anderen alle sonstigen üblicherweise gehandelten Titel, die zum Erwerb solcher Wertpapiere berechtigen. **Finanzinstrumente** sind gemäß Art. 4 Abs. 1 Nr. 50 lit. a VO (EU) 575/2013 Verträge, die für eine der beteiligten Seiten einen finanziellen Vermögenswert und für die andere Seite eine finanzielle Verbindlichkeit oder ein Eigenkapitalinstrument schaffen. Dazu zählen z. B. Geldmarktinstrumente, Optionen, Terminkontrakte, Swaps und Derivatkontrakte.

26 **Dienstleistungen der Zentralbanken** sind die in den §§ 14 ff. und 19 ff. BBankG geregelten Geschäfte der Bundesbank und ihrer Hauptgeschäftsstellen.[24]

27 Die Ausnahme für **Kredite** und **Darlehen** nach § 137 Abs. 1 Nr. 5 GWB gilt unabhängig davon, ob der jeweilige Kredit oder das Darlehen im Zusammenhang mit der Ausgabe, dem Verkauf, dem Ankauf oder der Übertragung von Wertpapieren oder anderen Finanzinstrumenten steht.[25] Grund für die erstmals in Art. 24 lit. c RL 2004/17/EG[26] eingeführte Ausnahme nach § 137 Abs. 1 Nr. 5 GWB ist die Überlegung, dass die Durchführung von Vergabeverfahren zur Beschaffung von Krediten, die an funktionierenden, transparenten Geldmärkten aufgenommen werden und von kurzfristigen Zinssatzänderungen beeinflusst sind, unzweckmäßig wäre.[27]

F. Dienstleistungsaufträge an öffentliche Auftraggeber (Abs. 1 Nr. 6)

28 Keine Anwendung findet Teil 4 GWB gemäß §§ 137 Abs. 1 Nr. 6, 116 Abs. 1 Nr. 6 GWB ferner auch auf Dienstleistungsaufträge zum Zweck der Ausübung einer Sektorentätigkeit, die an öffentliche Auftraggeber i.S.v. § 99 Nr. 1 bis 3 GWB vergeben werden, denen ein auf Gesetz oder Verordnung beruhendes ausschließliches Recht zur Erbringung der Leistung verliehen wurde.

29 Die Verleihung des ausschließlichen Rechts muss im Einklang mit dem höherrangigen Recht des **AEUV**, namentlich den Art. 105 ff. AEUV stehen.[28] Das ergab sich ausdrücklich noch aus Art. 25 RL 2004/17/EG. Dass der Zusatz *„mit dem Vertrag übereinstimmender"* in der deutschen Fassung des Art. 22 RL 2014/25/EU entfallen ist, bedeutet nicht, dass das Gesetz oder die Verordnung, auf dessen bzw. deren Grundlage ein ausschließliches Recht verliehen wird, nicht mehr mit dem Primärrecht des AEUV vereinbar sein muss. Hierbei handelt es sich um einen Übersetzungsfehler, weil der Zusatz in anderssprachigen Fassungen des Art. 22 RL 2014/25/EU nach wie vor enthalten ist.[29]

30 Sinn und **Zweck** der Regelung ist es, zeit- und kostenaufwendige Vergabeverfahren zu vermieden, wenn aus Rechtsgründen von vornherein nur ein Auftragnehmer für die Leistung in Betracht kommt. Dann wäre die Durchführung des Vergabeverfahrens ein nutzloser und nicht zuletzt irreführender Formalismus.[30]

31 Ausgenommen sind ausdrücklich nur **Dienstleistungsaufträge** i.S.v. § 103 Abs. 4 GWB. Nicht von der Regelung erfasst sind daher Lieferaufträge nach § 103 Abs. 2 GWB und Bauaufträge nach § 103 Abs. 3 GWB.

---

24 *Antweiler*, in: Ziekow/Völlink, Vergaberecht, § 116 GWB Rn. 23.
25 Deutlicher ist insoweit der Wortlaut von Art. 22 lit. e RL 2014/25/EU.
26 Entsprach Art. 16 lit. d RL 2004/18/EG.
27 Vgl. *Kullack/Terner*, ZfBR 2004, 244 (246); kritisch bereits *Dreher/Opitz*, WM 2002, 413.
28 EuGH, Urteil v. 10.11.1998, Rs. C-360/96 (Gemeente Arnhem), Rn. 45; *Franßen*, in: Byok/Jaeger, Vergaberecht, § 137 GWB Rn. 21.
29 Etwa *„[...] regulation or published administrative provision which is compatible with the TFEU."*; *„[...] à condition que ces dispositions soient compatibles avec le traité sur le fonctionnement de l'Union européenne."*
30 KG, Beschluss v. 29.2.2012 – Verg 8/11.

Voraussetzung ist, dass das **ausschließliche Recht** des avisierten Auftragnehmers „auf Gesetz oder Verordnung" beruht. Nach Art. 22 RL 2014/25/EU ist auch die Einräumung ein ausschließliches Rechts ausreichend, welches aufgrund entsprechender Rechtsvorschriften und veröffentlichter Verwaltungsvorschriften verliehen wurde.[31] Auch wenn diese Abweichung der Gesetzgeber angestrebten Eins-zu-eins-Umsetzung des Richtlinienrechts widerspricht, besteht für eine erweiternde Auslegung des Ausnahmetatbestands angesichts des insoweit eindeutigen Wortlauts keine Grundlage.[32] Das ausschließliche Recht zur Erbringung der auftragsgegenständlichen Dienstleistung im Sinne von § 137 Abs. 1 Nr. 6 GWB muss, um Umgehungssachverhalte auszuschließen, bereits vor Auftragserteilung bestanden haben.[33] Ausreichend ist eine Ausschließlichkeitsstellung gegenüber dem Auftraggeber (sogenannte relative Monopolstellung). Positive wie negative Praxisbeispiele außerhalb des Sektorenvergaberechts sind insbesondere aus dem Bereich der Abfallwirtschaft bekannt.[34] 32

Die in dem letzten Halbsatz formulierte weitere Tatbestandsvoraussetzung, nach der die ausgenommenen „Aufträge **aufgrund eines ausschließlichen Rechts vergeben** werden" müssen, hat bei Auslegung im Lichte des zugrunde liegenden Richtlinienrechts, der Vorgängernorm und der Gesetzesbegründung[35] keinen über die in Bezug genommene Vorschrift des § 116 Abs. 1 Nr. 6 GWB hinausgehenden Bedeutungsgehalt.[36] 33

G. Beschaffung von Wasser, Energie oder Brennstoffen zur Energieerzeugung (Abs. 1 Nr. 7 und 8)

Ausgenommen vom Teil 4 GWB sind weiterhin öffentliche Aufträge zum Zweck der Ausübung einer Sektorentätigkeit, die 34

- die Beschaffung von Wasser durch Sektorenauftraggeber auf dem Gebiet der Trinkwasserversorgung[37] (§ 137 Abs. 1 Nr. 7 GWB) und
- die Beschaffung von Energie oder Brennstoffen zur Energieerzeugung durch Sektorenauftraggeber im Rahmen der Energieversorgung (§ 137 Abs. 1 Nr. 8 GWB)

zum Gegenstand haben.

Hintergrund der Ausnahme nach § 137 Abs. 1 Nr. 7 GWB ist die Überlegung, dass die Vergabevorschriften für die Beschaffung von Wasser ungeeignet sind angesichts der Notwendigkeit,[38] sich aus in der Nähe des Verwendungsorts gelegenen Quellen zu versorgen.[39] Sinn und Zweck der Ausnahme gemäß § 137 Abs. 1 Nr. 8 GWB ist die Erkenntnis, dass das Vergaberecht kein taugliches Instrument zur Liberalisierung des Energiemarktes ist.[40] 35

Privilegiert wird nur der zweckbezogene Bezug von **Brennstoffen**. Umfasst sind sämtliche, nicht nur fossile Brennstoffe, mit denen Energieerzeugung möglich ist. Der Sektorenauftraggeber muss die zu beschaffenden Brennstoffe zur Energieerzeugung einsetzen. Die Auffassung, wonach auch der Gaseinkauf unabhängig vom weiteren Verwendungszweck vom sachlichen Anwendungsbereich des Sektorenvergaberechts ausgenommen sein soll,[41] ist mit dem Wortlaut von § 137 Abs. 1 Nr. 8 GWB und mit dem Grundsatz der restriktiven Auslegung von Ausnahmetatbeständen nicht vereinbar.[42] 36

---

31 *Franßen*, in: Byok/Jaeger, Vergaberecht, § 137 GWB Rn. 20.
32 *Röwekamp*, in: Röwekamp/Kus/Portz/Prieß, GWB-Vergaberecht, § 137 GWB Rn. 26.
33 *Lausen*, in: Burgi/Dreher, Vergaberecht, § 137 GWB Rn. 66.
34 *Dreher*, in: Immenga/Mestmäcker, Wettbewerbsrecht, § 116 GWB Rn. 56.
35 Gesetzesbegründung zu § 137 Abs. 1 Nr. 6 GWB, VergRModG 2016, BT-Drs. 18/6281, 123.
36 *Lausen*, in: Burgi/Dreher, Vergaberecht, § 137 GWB Rn. 63.
37 Zum Trinkwasserbegriff siehe § 102 GWB Rn. 8.
38 § 50 Abs. 2 S. 1 WHG; siehe auch Erwägungsgrund 24 S. 3 RL 2014/25/EU.
39 *Kling*, in: Immenga/Mestmäcker, Wettbewerbsrecht, § 137 GWB Rn. 15.
40 *Lausen*, in: Burgi/Dreher, Vergaberecht, § 137 GWB Rn. 72; *Kling*, in: Immenga/Mestmäcker, Wettbewerbsrecht, § 137 GWB Rn. 16; *Donhauser*, VergabeR 2013, 531 (533).
41 *Donhauser*, VergabeR 2013, 531 (533 f.).
42 *Lausen*, in: Burgi/Dreher, Vergaberecht, § 137 GWB Rn. 73.

37 Der Bezug von **Energie** ist dagegen unabhängig von dem Verwendungszweck vom Sektorenvergaberecht ausgenommen. Die Syntax des deutschen Umsetzungsrechts ist nicht ideal. Aus Art. 23 lit. b RL 2014/25/EU folgt, dass der Zweckzusammenhang *„zur Energieversorgung"* nur bei der Beschaffung von Brennstoffen vorausgesetzt wird. Voraussetzung ist nach Auffassung des OLG München für die Ausnahme des § 137 Abs. 1 Nr. 8 GWB, dass der Sektorenauftraggeber, der die Ausnahme für den Energiebezug geltend macht, als Energieanbieter auf dem Gebiet der Energieversorgung tätig ist. Netzbetreiber könnten sich nicht auf die Ausnahme berufen.[43] Dieser Auffassung ist nicht zu folgen. Nach dem Wortlaut der Vorschrift ist lediglich eine Beschaffung „im Rahmen der Energieversorgung" erforderlich. Art. 23 lit. b RL 2014/25/EU setzt voraus, dass der Sektorenauftraggeber im Energiesektor tätig ist. Daher können sich grundsätzlich auch Übertragungsnetzbetreiber auf § 137 Abs. 1 Nr. 8 GWB berufen, wenn sie Energie beziehen, um die Sicherheit und Zuverlässigkeit des Elektrizitätsversorgungssystems bei einem tatsächlichen örtlichen Ausfall eines oder mehrerer Betriebsmittel im Übertragungsnetz wieder herzustellen.[44] Von der Ausnahme des § 137 Abs. 1 Nr. 8 GWB werden allerdings nur reine Energielieferverträge erfasst. Wenn der Sektorenauftraggeber aber auch vertragliche Festlegungen zum Bau oder Betrieb von Energieerzeugungslagen trifft, unterfällt der Vertrag insgesamt dem Sektorenvergaberecht.[45] Das ergibt sich normativ bereits aus § 111 Abs. 3 Nr. 5 GWB.

38 Im Gegensatz zur Beschaffung von Wasser oder Energie in den Bereichen Wasser, Elektrizität, Gas und Wärme werden Beschaffungen von Wasser, Energie und Brennstoffen im Bereich der **Verkehrsleistungen** gemäß § 102 Abs. 4 GWB durch § 137 Abs. 1 Nr. 7 und 8 GWB nicht privilegiert. Grundsätzlich unterfallen daher z. B. Aufträge über die Beschaffung von Brennstoffen für den Betrieb von Fahrzeugen im ÖPNV und SPNV dem Sektorenvergaberecht. Dasselbe gilt für den Einkauf von Bahnstrom.

H. Aufträge zum Zwecke der Weiterveräußerung oder Weitervermietung (Abs. 1 Nr. 9)

39 Gemäß § 137 Abs. 1 Nr. 9 GWB sind öffentliche Aufträge im Sektorenbereich von der Anwendung des Teil 4 GWB ausgenommen, die zum Zwecke[46] der Weiterveräußerung oder der Vermietung des jeweiligen Auftragsgegenstands an Dritte getätigt werden. Hierfür bestehen folgende Voraussetzungen:

- Dem Sektorenauftraggeber darf kein besonderes oder ausschließliches Recht zum Verkauf oder zur Vermietung des Auftragsgegenstandes zustehen und
- andere Unternehmen müssen die Möglichkeit haben, den Auftragsgegenstand unter gleichen Bedingungen wie der betreffende Sektorenauftraggeber zu verkaufen oder zu vermieten.

40 **Besondere** oder **ausschließliche Rechte** sind solche i.S.v. § 100 Abs. 2 GWB. Darunter sind Rechte zu verstehen, die dazu führen, dass die Ausübung dieser Tätigkeit einem oder mehreren Unternehmen vorbehalten wird und dass die Möglichkeit anderer Unternehmen, diese Tätigkeit auszuüben, erhebliche beeinträchtigt wird. Nicht hierunter fallen Rechte, die aufgrund eines Verfahrens nach den Vorschriften des Teil 4 GWB oder aufgrund eines sonstigen Verfahrens gewährt wurden, das angemessen bekannt gemacht wurde und auf objektiven Kriterien beruht.[47]

41 Die Ausnahme ist anders als nach dem Rechtsstand vor Inkrafttreten des VergRModG 2016 (vgl. § 100b Abs. 3 GWB a.F.) nicht mehr nur auf Waren beschränkt, sondern umfasst, da sich

---

43 OLG München, Beschluss v. 9.3.2020 – Verg 27/19.
44 Vgl. § 11 Abs. 3 S. 1 EnWG.
45 OLG München, Beschluss v. 9.3.2020 – Verg 27/19; ebenso *Lausen*, in Burgi/Dreher, Vergaberecht, § 137 GWB Rn. 74; *Marx*, in: Säcker, Wettbewerbsrecht, § 137 GWB Rn. 8; *Antweiler*, in: Ziekow/Völlink, Vergaberecht, § 137 GWB Rn. 11.
46 So ausdrücklich Art. 18 Abs. 1 RL 2014/25/EU.
47 Siehe hierzu § 100 GWB Rn. 23 ff.

der Wortlaut nunmehr allgemein auf den „**Auftragsgegenstand**" bezieht, auch die Weitergabe von Dienstleistungen oder von Bauleistungen.[48]

42 Es wird vertreten, dass der Ausnahmetatbestand nicht eingreife, wenn der Sektorenauftraggeber den Auftragsgegenstand vor der Weitergabe noch **be-** oder **verarbeiten** wolle.[49] Richtig ist, dass die Weiterveräußerung oder Vermietung an Dritte auf den ursprünglich beschafften Auftragsgegenstand beziehen müssen. Ein generelles Be- oder Verarbeitungsverbot lässt sich dem Tatbestand von § 137 Abs. 9 GWB und auch Art. 18 RL 2014/25/EU aber nicht entnehmen. Für die Bestimmung der Grenze, ab der nach Be- oder Verarbeitung nicht mehr von dem ursprünglich beschafften Auftragsgegenstand ausgegangen werden kann, ist eine Orientierung an den allgemeinen Grundsätzen der wesentlichen Änderung öffentlicher Aufträge gemäß § 132 Abs. 1 GWB möglich.

43 Als **Beispiel** für diesen Ausnahmetatbestand wurde von der Europäischen Kommission der Kauf von Haushaltsgeräten durch bestimmte Gas- und Stromversorgungsbetriebe zum Weiterverkauf an Privatabnehmer im direkten Wettbewerb mit dem Einzelhandel genannt.[50] Denkbar ist etwa die Beschaffung von Wärmemengenzählern durch einen Sektorenauftraggeber i.S.v. §§ 100, 102 Abs. 3 GWB, gegebenenfalls in Kombination mit Montageleistungen zur Weitergabe an Endkunden. Bei der Weitergabe kann sich der Sektorenauftraggeber auch der Dienste Dritter, wie beispielsweise Handelsagenturen, Großhändlern, Börsen, Maklern, Generalmietern und im Einzelfall Betreiberunternehmen bedienen.[51]

44 Nach Art. 18 Abs. 2 S. 1 RL 2014/25/EU sind Sektorenauftraggeber verpflichtet, der Europäischen Kommission auf Verlangen alle Kategorien von Waren und Tätigkeiten **mitzuteilen**, die ihres Erachtens unter die Ausnahmeregelung fallen. Die Europäische Kommission kann in regelmäßigen Abständen Listen der Kategorien von Waren und Tätigkeiten im Amtsblatt der Europäischen Union zur Information veröffentlichen, die ihres Erachtens unter die Ausnahmeregelung fallen, wobei sie die Vertraulichkeit der sensiblen geschäftlichen Angaben wahrt, soweit die Sektorenauftraggeber dies bei der Übermittlung der Informationen geltend machen. Art. 18 Abs. 1 S. 2 RL 2014/25/EU wurde nicht umgesetzt und gilt daher unmittelbar.

I. Aufträge und Wettbewerbe für andere Zwecke als eine Sektorentätigkeit (Abs. 2 Nr. 1)

45 Ausgenommen vom Vergaberecht des Teil 4 GWB sind ferner öffentliche Aufträge und die Ausrichtung von Wettbewerben durch Sektorenauftraggeber, die nicht öffentliche Auftraggeber i.S.v. § 100 Abs. 1 Nr. 1 GWB sind, soweit die Aufträge oder Wettbewerbe anderen Zwecken dienen als einer Sektorentätigkeit.[52]

46 Die Ausnahme betrifft **öffentliche Sektorenauftraggeber** deshalb nicht, weil sie nach der Rechtsprechung des EuGH Aufträge zu anderen Zwecken als einer Sektorentätigkeit nach dem allgemeinen Vergaberegime der §§ 115 ff. GWB zu vergeben haben.[53]

47 Dass **private Sektorenauftraggeber** i.S.v. § 100 Abs. 1 Nr. 2 GWB, die Aufträge für andere Zwecke als die Ausübung einer Sektorentätigkeit vergeben, dabei nicht an das Verfahrensrecht der SektVO gebunden sind, folgt bereits aus § 136 GWB, § 1 SektVO. Allerdings könnte im Übrigen eine Pflicht zur Auftragsvergabe nach den allgemeinen Grundsätzen des Teil 4 GWB begründet werden und auch der Rechtsweg zu den Nachprüfungsinstanzen nach den §§ 155 ff. GWB wäre eröffnet, wenn nicht § 137 Abs. 2 Nr. 1 GWB private Sektorenauftragge-

48 *Kling*, in: Immenga/Mestmäcker, Wettbewerbsrecht, § 137 GWB Rn. 18; so bereits *Egger*, Europäisches Vergaberecht, Rn. 753.
49 *Bosselmann*, in: Reidt/Stickler/Glahs, Vergaberecht, § 137 GWB Rn. 9 m.w.N.
50 Europäische Kommission, Geänderter Vorschlag für eine Richtlinie des Rates betreffend die Auftragsvergabe durch Auftraggeber im Bereich der Wasser-, Energie- und Verkehrsversorgung sowie im Telekommunikationssektor (KOM(89) 380, endg.), 31.8.1989, S. 7; ABl. Nr. C 264 v. 16.10.1989, S. 22.
51 *Lausen*, in: Burgi/Dreher, Vergaberecht, § 137 GWB Rn. 77; *Röwekamp*, in: Röwekamp/Kulartz/Kus/Portz, GWB-Vergaberecht, § 137 Rn. 7.
52 Siehe hierzu § 100 GWB Rn. 11 und § 136 GWB Rn. 22 f.
53 EuGH, Urteil v. 10.4.2008 – Rs. C-393/06 (Fernwärme Wien), Rn. 58.

ber auch insoweit befreien würde.[54] Der Auffassung, nach der die Ausnahme § 137 Abs. 2 Nr. 1 GWB überflüssig sei,[55] ist daher nicht zu folgen.

48 Bei Aufträgen, die mehrere Tätigkeiten umfassen, von denen eine Tätigkeit Sektorentätigkeit ist, gilt § 112 GWB.[56] Ist bei Vergabe eines **Gesamtauftrages** dieser hauptsächlich für die Sektorentätigkeit bestimmt, gilt gemäß § 112 Abs. 3 S. 1 GWB Sektorenvergaberecht nach Maßgabe der §§ 136 ff. GWB.[57] Dasselbe gilt gemäß § 112 Abs. 5 Nr. 3 GWB, wenn es objektiv unmöglich ist, festzustellen, für welche Tätigkeit der Auftrag hauptsächlich bestimmt ist.[58]

J. Durchführung von Sektorentätigkeiten außerhalb der Europäischen Union (Abs. 2 Nr. 2)

49 Schließlich befreit § 137 Abs. 2 Nr. 2 GWB solche öffentlichen Aufträge und die Durchführung von Wettbewerben von der Pflicht zur Anwendung des Teil 4 GWB, die die Durchführung von Sektorentätigkeiten außerhalb des Gebietes der Europäischen Union zum Gegenstand haben, wenn der Auftrag in einer Weise vergeben wird, die nicht mit der tatsächlichen Nutzung eines Netzes oder einer Anlage innerhalb dieses Gebietes verbunden ist.

50 Die **Rückausnahme** erfasst in der Praxis vor allem Fälle der grenznahen bzw. grenzüberschreitenden Sektorentätigkeit an den Außengrenzen der Europäischen Union.[59] Ausgenommen sind nur Sektorentätigkeiten in Bezug auf Netze oder Anlagen, die sich in einem Drittland befinden und ausschließlich dort betrieben werden.[60]

51 Nach Art. 19 Abs. 2 S. 1 RL 2014/25/EU sind Sektorenauftraggeber verpflichtet, der Europäischen Kommission auf Verlangen alle Tätigkeiten **mitzuteilen**, die ihres Erachtens unter die Ausnahmeregelung fallen. Die Europäische Kommission kann in regelmäßigen Abständen Listen der Tätigkeitskategorien im Amtsblatt der Europäischen Union zur Information veröffentlichen, die ihres Erachtens unter die Ausnahmeregelung fallen. Dabei ist wiederum die Vertraulichkeit der sensiblen geschäftlichen Angaben zu wahren, soweit die Sektorenauftraggeber dies bei der Übermittlung der Informationen geltend machen. Art. 19 Abs. 1 S. 2 RL 2014/25/EU wurde nicht umgesetzt und gilt daher unmittelbar.

K. Rechtsschutz

52 Die Ausnahmetatbestände des § 137 GWB unterliegen uneingeschränkt der **Nachprüfung**. Da der Rechtsweg zu den Nachprüfungsinstanzen nicht der Disposition der Parteien unterliegt, sind die in Betracht kommenden Ausnahmetatbestände selbst dann von Amts wegen zu prüfen, wenn sich der Sektorenauftraggeber nicht auf sie beruft.[61] Sektorenauftraggeber, die sich auf eine Ausnahme berufen, tragen für das Vorliegen der ausnahmebegründenden Voraussetzungen die Darlegungslast.[62]

53 Soweit in § 137 GWB **außervergaberechtliche Anknüpfungsnormen** in Bezug genommen werden, sind diese von den Nachprüfungsinstanzen zu prüfen. Das betrifft beispielsweise die Prüfung von außervergaberechtlichen Gesetzen oder Verordnungen, auf deren Grundlage

---

54 *Röwekamp*, in: Röwekamp/Kulartz/Kus/Portz, GWB-Vergaberecht, § 137 Rn. 9.
55 *Marx*, in: Säcker, Wettbewerbsrecht, § 137 GWB Rn. 10; *Antweiler*, in: Ziekow/Völlink, Vergaberecht, § 137 GWB Rn. 16.
56 Wegen der Einzelheiten siehe auch *Hövelberndt* in § 112 GWB Rn. 6 ff.
57 *Marx*, in: Säcker, Wettbewerbsrecht, § 137 GWB Rn. 11; anders *Lausen*, in: Burgi/Dreher, Vergaberecht, § 137 GWB Rn. 87.
58 Im Ergebnis ebenso *Röwekamp*, in: Röwekamp/Kulartz/Kus/Portz, GWB-Vergaberecht, § 137 Rn. 11.
59 *Lausen*, in: Burgi/Dreher, Vergaberecht, § 137 GWB Rn. 89; *Röwekamp*, in: Röwekamp/Kulartz/Kus/Portz, GWB-Vergaberecht, § 137 Rn. 14.
60 *Antweiler*, in: Ziekow/Völlink, Vergaberecht, § 137 GWB Rn. 16.
61 Vgl. OLG München, Beschluss v. 9.3.2020 – Verg 27/19; OLG Düsseldorf, Beschluss v. 1.8.2012 – VII-Verg 10/12.
62 Vgl. EuGH, Urteil v. 2.10.2008 – Rs. C-151/06 (Kommission/Italienische Republik), Rn. 23; Urteil v. 8.4.2008 – Rs. C-337/05 (Agusta), Rn. 58; *Antweiler*, in: Ziekow/Völlink, Vergaberecht, § 137 GWB Rn. 1.

ein ausschließliches Recht verliehen wurde, die auftragsgegenständliche Leistung zu erbringen, §§ 137 Abs. 1 Nr. 6, 116 Abs. 1 Nr. 6 GWB.[63]

Anlage

Gesetzesbegründung – VergRModG 2016 (BT-Drs. 18/6281)

Seite 123

Zu Absatz 1

Zu Nummer 1

§ 137 Absatz 1 Nummer 1 dient der Umsetzung von Artikel 21 Buchstabe c der Richtlinie 2014/25/EU. Im Übrigen wird auf die Begründung zu § 116 Absatz 1 Nummer 1 verwiesen.

Zu Nummer 2

§ 137 Absatz 1 Nummer 2 dient der Umsetzung von Artikel 32 der Richtlinie 2014/25/EU. Im Übrigen wird auf die Begründung zu § 116 Absatz 1 Nummer 2 verwiesen.

Zu Nummer 3

§ 137 Absatz 1 Nummer 3 dient der Umsetzung von Artikel 21 Buchstabe i der Richtlinie 2014/25/EU und ist entsprechend dem Wortlaut der Richtlinie enger gefasst als die allgemeine Ausnahmeregelung des § 116 Absatz 1 Nummer 3. Anders als § 116 Absatz 1 Nummer 3 und § 149 Nummer 3 umfasst § 137 Nummer 3 keine Aufträge über Erwerb, Entwicklung, Produktion oder Koproduktion von Sendematerial für audiovisuelle Mediendienste oder Hörfunkmediendienste, die von Mediendienstleistern vergeben werden, sondern nur Aufträge über Ausstrahlungszeit oder Bereitstellung von Sendungen, die an Anbieter von audiovisuellen Mediendiensten oder Hörfunkmediendiensten vergeben werden. Im Übrigen wird auf die Begründung zu § 116 Absatz 1 Nummer 3 verwiesen.

Zu Nummer 4

§ 137 Absatz 1 Nummer 4 dient der Umsetzung von Artikel 21 Buchstabe d der Richtlinie 2014/25/EU. Bislang war die Ausnahme im Sektorenbereich für bestimmte finanzielle Dienstleistungen in § 100b Absatz 2 Nummer 1 GWB geregelt. Die Ausnahme für bestimmte finanzielle Dienstleistungen entspricht der Ausnahme des § 116 Absatz 1 Nummer 4. Insofern wird auf die Begründung zu § 116 Absatz 1 Nummer 4 verwiesen.

Zu Nummer 5

§ 137 Absatz 1 Nummer 5 dient der Umsetzung von Artikel 21 Buchstabe e der Richtlinie 2014/25/EU. Die Ausnahme für Kredite und Darlehen entspricht der Ausnahme des § 116 Absatz 1 Nummer 5. Insofern wird auf die Begründung zu § 116 Absatz q Nummer 5 verwiesen.

Zu Nummer 6

§ 137 Absatz 1 Nummer 6 dient der Umsetzung von Artikel 22 der Richtlinie 2014/25/EU. Die Ausnahme für Dienstleistungsaufträge, die aufgrund eines ausschließlichen Rechts vergeben werden, entspricht Artikel 11 der Richtlinie 2014/24/EU. Insofern wird auf die Begründung zu § 116 Absatz 1 Nummer 6 verwiesen.

---

63 Vgl. OLG Düsseldorf, Beschluss v. 7.11.2012 – VII-Verg 69/11, juris Rn. 24.

Zu Nummer 7

§ 137 Absatz 1 Nummer 7 übernimmt unverändert die Ausnahme des bisherigen § 100b Absatz 2 Nummer 2 GWB und setzt damit Artikel 23 Buchstabe a der Richtlinie 2014/25/EU um.

Zu Nummer 8

§ 137 Absatz 1 Nummer 8 übernimmt unverändert die Ausnahme des bisherigen § 100b Absatz 2 Nummer 3 GWB und setzt damit Artikel 23 Buchstabe b der Richtlinie 2014/25/EU um.

Zu Nummer 9

§ 137 Absatz 1 Nr. 9 übernimmt unverändert die bisherige Ausnahme des § 100b Absatz 4 Nummer 3 GWB. Damit wird Artikel 18 der RL 2014/25/EG umgesetzt.

Zu Absatz 2

Zu Nummer 1

§ 137 Absatz 2 Nummer 1 übernimmt inhaltsgleich die Ausnahme des bisherigen § 100b Absatz 4 Nummer 1 GWB. Die entsprechende Richtlinienregelung findet sich in Artikel 19 Absatz 1 Richtlinie 2014/25/EU.

Zu Nummer 2

§ 137 Absatz 2 Nummer 2 übernimmt inhaltsgleich die Ausnahme des bisherigen § 100b Absatz 4 Nummer 2 GWB. Die entsprechende Richtlinienregelung findet sich in Artikel 19 Absatz 1 RL 2014/25/EU.

§ 138 GWB
Besondere Ausnahme für die Vergabe an verbundene Unternehmen

(1) Dieser Teil ist nicht anzuwenden auf die Vergabe von öffentlichen Aufträgen,

1. die ein Sektorenauftraggeber an ein verbundenes Unternehmen vergibt oder

2. die ein Gemeinschaftsunternehmen, das ausschließlich mehrere Sektorenauftraggeber zur Durchführung einer Sektorentätigkeit gebildet haben, an ein Unternehmen vergibt, das mit einem dieser Sektorenauftraggeber verbunden ist.

(2) Ein verbundenes Unternehmen im Sinne des Absatzes 1 ist

1. ein Unternehmen, dessen Jahresabschluss mit dem Jahresabschluss des Auftraggebers in einem Konzernabschluss eines Mutterunternehmens entsprechend § 271 Absatz 2 des Handelsgesetzbuchs nach den Vorschriften über die Vollkonsolidierung einzubeziehen ist, oder

2. ein Unternehmen, das

a) mittelbar oder unmittelbar einem beherrschenden Einfluss nach § 100 Absatz 3 des Sektorenauftraggebers unterliegen kann,

b) einen beherrschenden Einfluss nach § 100 Absatz 3 auf den Sektorenauftraggeber ausüben kann oder

c) gemeinsam mit dem Auftraggeber aufgrund der Eigentumsverhältnisse, der finanziellen Beteiligung oder der für das Unternehmen geltenden Bestimmungen dem beherrschenden Einfluss nach § 100 Absatz 3 eines anderen Unternehmens unterliegt.

(3) Absatz 1 gilt für Liefer-, Bau- oder Dienstleistungsaufträge, sofern unter Berücksichtigung aller Liefer-, Bau- oder Dienstleistungen, die von dem verbundenen Unternehmen während der letzten drei Jahre in der Europäischen Union erbracht wurden, mindestens 80 Prozent des im jeweiligen Leistungssektor insgesamt erzielten durchschnittlichen Umsatzes dieses Unternehmens aus der Erbringung von Liefer-, Bau- oder Dienstleistungen für den Sektorenauftraggeber oder andere mit ihm verbundene Unternehmen stammen.

(4) Werden gleiche oder gleichartige Liefer-, Bau- oder Dienstleistungen von mehr als einem mit dem Sektorenauftraggeber verbundenen und mit ihm wirtschaftlich zusammengeschlossenen Unternehmen erbracht, so werden die Prozentsätze nach Absatz 3 unter Berücksichtigung des Gesamtumsatzes errechnet, den diese verbundenen Unternehmen mit der Erbringung der jeweiligen Liefer-, Dienst- oder Bauleistung erzielen.

(5) Liegen für die letzten drei Jahre keine Umsatzzahlen vor, genügt es, wenn das Unternehmen etwa durch Prognosen über die Tätigkeitsentwicklung glaubhaft macht, dass die Erreichung des nach Absatz 3 geforderten Umsatzziels wahrscheinlich ist.

Übersicht

	Rn.
A. Allgemeines	1
I. Unionsrechtlicher Hintergrund	3
II. Vergleichbare Regelungen	5
III. Historie	8
B. Freigestellte öffentliche Aufträge (Abs. 1)	11
C. Verbundenes Unternehmen (Abs. 2)	16
I. Vollkonsolidierung (Nr. 1)	19
II. Beherrschung (Nr. 2)	22
D. Umsatzschwelle (Abs. 3 bis 5)	29
I. Umsatzschwelle für verbundenes Unternehmen (Abs. 3)	29
II. Umsatzschwelle für mehre verbundene Unternehmen (Abs. 4)	34
III. Nichtvorliegen von Umsatzzahlen (Abs. 5)	37
E. Rechtsschutz	40
Anlage Gesetzesbegründung	

A. Allgemeines

1 § 138 GWB nimmt Auftragsvergaben von Sektorenauftraggebern an konzernverbundene Unternehmen vom Sektorenvergaberecht aus (sog. Konzernprivileg).

2 Der Sinn und **Zweck** des Sektorenvergaberechts besteht darin, Auftraggeber in den abgeschotteten Märkten der Versorgungssektoren zur wirtschaftlichen Beschaffung von Leistungen aufgrund transparenter und nichtdiskriminierender Verfahrensregeln anzuhalten. Wenn Sektorenauftraggeber jedoch die Möglichkeit haben, Leistungen innerhalb eines Konzernverbundes zu beschaffen, soll dies unter den im Einzelnen in § 138 GWB definierten Voraussetzungen weiterhin möglich sein. Das Sektorenvergaberecht erkennt den Konzernverbund damit neben der öffentlich-öffentlichen Zusammenarbeit gemäß § 108 GWB als eine weitere Möglichkeit an, einen Bedarf an Leistungen über auftraggebereigene oder ihm zuzurechnende Mittel abzudecken, wenn dieser Weg im Vergleich zur Beschaffung von Leistungen am Markt für zweckmäßiger befunden wird. Diese Grundsatzentscheidung des Auftraggebers kann auf unterschiedlichen Erwägungen beruhen[1] und wird durch das Vergaberecht grundsätzlich nicht reglementiert.

I. Unionsrechtlicher Hintergrund

3 Die Regelung dient der Umsetzung von **Art. 29 RL 2014/25/EU**. Der Wortlaut des § 138 Abs. 2 Nr. 1 GWB weicht insoweit von dem zugrunde liegenden Art. 29 Abs. 1 RL 2014/25/EU dahingehend ab, dass danach „verbundenes Unternehmen" im Sinne dieses Artikels jedes Unternehmen ist, dessen Jahresabschlüsse gemäß den Bestimmungen der RL 2013/34/EU mit denen des Auftraggebers konsolidiert werden, während es nach der deutschen Umsetzungsnorm in § 138 Abs. 2 Nr. 1 GWB auf die Pflicht ankommt, den Jahresabschluss mit dem Jahresabschluss des Auftraggebers in einem Konzernabschluss eines Mutterunternehmens entsprechend § 271 Abs. 2 HGB nach den Vorschriften über die Vollkonsolidierung einzubeziehen („einzubeziehen ist").[2]

4 Art. 29 RL 2014/25/EU hat die entsprechende Regelung der **Vorgängerrichtlinie** des Art. 23 RL 2004/17/EG dahingehend modifiziert, dass für die Berechnung der Umsatzschwelle ausdrücklich der insgesamt erzielte durchschnittliche Umsatz des Unternehmens aus der Erbringung von Liefer-, Bau- bzw. Dienstleistungen für den Auftraggeber oder andere mit ihm verbundene Unternehmen stammen muss.[3] Art 29 RL 2014/25/EU erstreckt den Anwendungsbereich des Konzernprivilegs wie bereits zuvor Art. 23 RL 2004/17/EG auf Bau-, Liefer- und Dienstleistungsaufträge, während nach der RL 93/38/EWG lediglich die Vergabe von Dienstleistungsaufträgen unter dem Konzernprivileg von der Pflicht zur Anwendung des Sektorenvergaberechts befreit war.[4]

II. Vergleichbare Regelungen

5 Die Möglichkeiten privilegierter Auftragsvergaben im Konzern aufgrund von § 138 GWB können neben den nach § 108 GWB vom Vergaberecht ausgenommenen Formen öffentlich-öffentlicher Zusammenarbeit bestehen.

6 Die Ausnahmen für die Fälle **öffentlich-öffentlicher Zusammenarbeit** sind als allgemeine Ausnahmen in § 108 Abs. 1 GWB geregelt und gelten daher für die Vergabe von öffentlichen Aufträgen nach Maßgabe der §§ 116 ff. GWB wie für die Vergabe öffentlicher Aufträge im Sektorenbereich nach den §§ 136 ff. GWB gleichermaßen. § 108 Abs. 8 GWB stellt dies klar

---

1 Z. B. Haftungsbeschränkung, steuerliche Optimierung, getrennte Kostenkontrolle und effizientes Management, vgl. Kommission der Europäischen Gemeinschaften, Vorschlag für eine Richtlinie des Rates zur Änderung der Richtlinie 90/531/EWG betreffend die Auftragsvergabe durch Auftraggeber im Bereich der Wasser-, Energie- und Verkehrsversorgung sowie im Telekommunikationssektor. KOM (91) 347 endg., Erwägungsgrund 22.

2 Hierzu sogleich Rn. 20.

3 *Franßen*, in: Byok/Jaeger, Vergaberecht, § 138 GWB Rn. 9.

4 Kritisch hierzu *Opitz*, in: Eschenbruch/Opitz/Röwekamp, SektVO, § 138 GWB Rn. 9.

und löst den Streit damit zugunsten der Auffassung, die die Ausnahme für Inhouse-Geschäfte bereits nach dem Rechtsstand vor Inkrafttreten des VergRModG 2016 auch im Sektorenbereich für anwendbar hielt.[5] Aus § 108 Abs. 8 GWB folgt im Umkehrschluss aber auch, dass sich Sektorenauftraggeber im Sinne von § 100 Abs. 1 Nr. 2 GWB nicht auf die Ausnahmen nach § 108 GWB berufen können. Sie sind öffentlichen Auftraggebern im Sinne von § 100 Abs. 1 Nr. 1 GWB vorbehalten.[6]

Ob und inwieweit in der **Praxis** der Sektorenauftragsvergabe die nach § 108 GWB bestehenden Gestaltungsmöglichkeiten öffentlich-öffentlicher Zusammenarbeit für öffentliche Auftraggeber neben dem Konzernprivileg Bedeutung erlangen werden, ist offen. Die Voraussetzungen für eine vom Anwendungsbereich des Vergaberechts ausgenommene öffentlich-öffentliche Zusammenarbeit sind teilweise strenger als die Voraussetzungen für eine Konzernprivilegierung nach § 138 GWB, weil nach § 138 GWB, anders als nach § 108 Abs. 1 Nr. 1 GWB, insbesondere nicht vorausgesetzt wird, dass der Auftraggeber eine dienststellenartige Kontrolle über den Auftragnehmer ausübt.[7] Während nach § 108 Abs. 1 Nr. 3 GWB eine Beteiligung privater Unternehmen am Auftragnehmer grundsätzlich ausgeschlossen ist,[8] steht eine Minderheitsbeteiligung einer Verbundenheit nach § 138 Abs. 2 GWB nicht entgegen.[9] Private Kapitalbeteiligungen sind in den durch § 108 Abs. 6 GWB nunmehr geregelten Fällen horizontaler Zusammenarbeit öffentlicher Auftraggeber zwar möglich.[10] Allerdings muss die Zusammenarbeit, um nicht dem Vergaberecht zu unterfallen, der Erfüllung einer beiden Partnern obliegenden Aufgabe des öffentlichen Interesses dienen und auf einem kooperativen Konzept beruhen. Während Hilfsgeschäfte, wie z. B. die Beschaffung von Reinigungs-[11] oder von IT-Leistungen[12], nicht Gegenstand einer horizontalen öffentlich-öffentlichen Zusammenarbeit sein können, besteht eine derartige Einschränkung nach § 138 GWB nicht. Teilweise sind die Anforderungen für eine Konzernprivilegierung nach § 138 GWB aber auch strenger als die Voraussetzungen für eine öffentlich-öffentliche Zusammenarbeit in Form eines Inhouse-Geschäfts.[13] 7

III. Historie

Die Umsetzung des Konzernprivilegs nach der Sektorenkoordinierungsrichtlinie 93/38/EWG im Teil 4 GWB erfolgte erstmals mit dem VergRModG 2009 in § 100 Abs. 2 lit. o GWB a.F. Ziel des Gesetzgebers des VergRModG 2016 war es, das Konzernprivileg mit der Neuregelung in § 138 GWB ohne inhaltliche Änderungen im Vergleich zum bisherigen Recht (§ 100b Abs. 6 und 7 GWB a.F.) insgesamt übersichtlicher zu gestalten.[14] Dem Gesetzgeber ist es gelungen, einige Zweifelsfragen zu lösen, die mit der bisherigen Regelung verbunden waren. Das betrifft neben der Definition der Konzernverbundenheit in § 138 Abs. 2 GWB[15] auch die Frage der parallelen Geltung des vergabefreien In-House-Geschäfts[16] sowie die Konkretisierung der Umsatzschwelle von 80 %, die ein verbundenes Unternehmen gemäß § 138 Abs. 3 nicht unterschreiten darf, um seine Privilegierung nicht zu verlieren.[17] 8

5 *Dreher*, NZBau 2004, 14 (16); a.A. *Opitz*, in: Eschenbruch/Opitz, SektVO, 1. Aufl. 2012, Anhang zu § 1 Rn. 34.
6 Kritisch hierzu *Greb*, VergabeR 2016, 303 (303).
7 *Drömann*, NZBau 2015, 202 (203); *Graef/Haberstroh*, VersorgW 2011, 309 (310); *Greb*, VergabeR 2009, 140 (141); *Orlowski*, NZBau 2007, 80 (83).
8 EuGH, Urteil v. 10.9.2009 – Rs. C-573/07 (Sea), Rn. 46 m.w.N.
9 *Greb*, VergabeR 2009 140 (141); *Orlowski*, NZBau 2007, 80 (83).
10 Gesetzesbegründung zu § 108 Abs. 6 GWB, VergRModG 2016, BT-Drs. 18/6281, 82.
11 EuGH, Urteil v. 13.6.2013 – Rs. C-386/11 (Piepenbrock), Rn. 39.
12 KG, Beschluss v. 16.9.2013 – Verg 4/13.
13 Siehe zu den durch § 138 Abs. 4 GWB im Vergleich zu § 108 GWB eingeschränkten Möglichkeiten, Fremdgeschäfte auf andere Konzernunternehmen auszugliedern unten Rn. 29.
14 Gesetzesbegründung zu § 138 GWB, VergRModG 2016, BT-Drs. 18/6281, 124; kritisch insoweit zum bisherigen Recht u.a. *Graef/Haberstroh*, VersorgW 2011, 309 (311); *Greb*, VergabeR 2009, 140 (145).
15 Hierzu sogleich Rn. 15 ff.
16 Siehe hierzu Rn. 5 ff.
17 Hierzu sogleich Rn. 26 ff.

9 **Konzernverbundenheit** wurde vor Inkrafttreten des VergRModG 2016 in § 100b Abs. 7 S. 4 GWB a.F. durch die entsprechende Geltung von § 36 Abs. 2 und 3 GWB und den dortigen Verweis auf §§ 17, 18 AktG definiert.[18] Da Art. 23 Abs. 1 RL 2004/17/EG, wonach Unternehmen, deren Jahresabschlüsse gemäß der sog. Bilanzrichtlinie[19] mit demjenigen des Sektorenauftraggebers konsolidiert werden müssen, privilegierte verbundene Unternehmen sind, in § 100b Abs. 6 und 7 GWB a.F. nicht umgesetzt war, wurde verbreitet eine unmittelbare Geltung von Art. 23 Abs. 1 RL 2004/17/EG angenommen.[20] Der These von der unmittelbaren Geltung war entgegenzuhalten, dass die Mitgliedstaaten nicht verpflichtet sind, die ihnen durch das Richtlinienrecht eröffneten Möglichkeiten, bestimmte öffentliche Aufträge vom Anwendungsbereich des Vergaberechts auszunehmen, in das nationale Recht umzusetzen.[21] Dem Gesetzgeber stand es daher frei, den Kreis der konzernprivilegierten Unternehmen in § 100b Abs. 7 S. 4 GWB enger zu definieren als der Richtliniengeber. Weder eine *„irreführende"*[22] noch eine *„äußerst unübersichtliche"*[23] Umsetzung von Richtlinienrecht führt zu einem Umsetzungsdefizit und zu einer unmittelbaren Geltung der europäischen Norm. Freilich erkannte offenbar auch der Gesetzgeber einen Mangel an Übersichtlichkeit in der bisherigen Umsetzung des Richtlinienrechts[24] und entschloss sich im Rahmen der angestrebten Eins-zu-eins-Umsetzung der RL 2017/25/EU nunmehr zu einer nahezu wortlautidentischen Übernahme von Art. 29 Abs. 1 und 2 RL 2014/25/EU.

10 Nach dem Rechtsstand vor Inkrafttreten des VergRModG 2016 war zudem unklar, worauf sich die Vorgabe des geforderten **Mindestumsatzes** von 80 %, den das verbundene Unternehmen konzernintern erbringen muss (§ 100b Abs. 7 S. 1 GWB a.F.), bezog. Unterschiedliche Ansätze zur Berechnung wurden vertreten.[25] Nach der überwiegenden Auffassung war mit Blick auf den Wortlaut von § 100b Abs. 7 S. 1 und 3 GWB nur auf Umsätze aus Aufträgen über die Erbringung von gleichen oder gleichartigen Leistungen abzustellen,[26] was zwar grundsätzlich eine großzügigere Anwendungspraxis ermöglichte, gleichzeitig aber aufgrund des unbestimmten Rechtsbegriffs der Gleichartigkeit auch eine erhöhte Rechtsunsicherheit[27] und damit ein erhöhtes Nachprüfungsrisiko begründete. Durch die Neufassung in § 138 Abs. 3 GWB hat der Gesetzgeber auch hier – mit Einschränkungen – Klarheit geschaffen.[28]

B. Freigestellte öffentliche Aufträge (Abs. 1)

11 Von der Pflicht zur Anwendung des Sektorenvergaberechts sind gemäß § 138 Abs. 1 GWB öffentliche Aufträge ausgenommen,

- die ein Sektorenauftraggeber an ein verbundenes Unternehmen vergibt (Nr. 1) oder
- die ein Gemeinschaftsunternehmen, das ausschließlich mehrere Sektorenauftraggeber zur Durchführung einer Sektorentätigkeit gebildet haben, an ein Unternehmen vergibt, das mit einem dieser Sektorenauftraggeber verbunden ist (Nr. 2).

12 Der **Anwendungsbereich** des § 138 GWB wird durch § 136 GWB bestimmt. Freigestellt sind bei Vorliegen der Voraussetzungen die Vergabe von öffentlichen Aufträgen und Durchfüh-

---

18 Anders *Opitz*, in: Eschenbruch/Opitz, SektVO, 1. Aufl. 2012, Anhang zu § 1 Rn. 43, der annimmt, § 100b Abs. 6 GWB habe den Begriff des verbundenen Unternehmens vorausgesetzt.

19 Siebente Richtlinie 83/349/EWG des Rates v. 13. Juni 1983 aufgrund von Artikel 54 Absatz 3 Buchstabe g) des Vertrages über den konsolidierten Abschluss, ABl. L 193/1 v. 18.7.1983, abgelöst durch die Richtlinie 2013/34/EU des Europäischen Parlaments und des Rates v. 26.6.2013 über den Jahresabschluss, den konsolidierten Abschluss und damit verbundene Berichte von Unternehmen bestimmter Rechtsformen, ABl. L 182/19 v. 29.6.2013.

20 *Drömann*, NZBau 2015, 202 (204); *Graef/Haberstroh*, VersorgW 2012, 309 (313); offen *Conrad*, AnwZert BauR 12/2015, Anm. 2.

21 Vgl. BGH, Beschluss v. 1.12.2008 – X ZB 32/08.

22 *Graef/Haberstroh*, VersorgW 2012, 309 (311).

23 *Greb*, VergabeR 2009, 140, bezogen auf die frühere Umsetzung durch § 10 VgV vor Inkrafttreten des VergRModG 2009.

24 Gesetzesbegründung zu § 138 GWB, VergRModG 2016, BT-Drs. 18/6281, 124.

25 Siehe hierzu *Greb*, VergabeR 2009, 140 (143).

26 OLG Frankfurt, Beschluss v. 30.8.2011 – 11 Verg 3/11; *Greb*, VergabeR 2009, 140 (144).

27 *Conrad*, AnwZert BauR 12/2015, Anm. 2.

28 Hierzu sogleich Rn. 26 ff.

rung von Wettbewerben. Die Vergabe von Rahmenvereinbarungen unterliegt gemäß § 103 Abs. 5 S. 2 GWB denselben Vorschriften des GWB wie die Vergabe von öffentlichen Aufträgen, soweit nichts anderes bestimmt ist. Daher sind auch sie unter den Voraussetzungen des § 138 GWB ausgenommen. Für Konzessionsvergaben zum Zwecke der Ausübung einer Sektorentätigkeit mit Ausnahme des Sektorenbereichs Wasser gemäß § 102 Abs. 1 GWB gilt § 138 GWB gemäß § 154 Nr. 5 GWB entsprechend. Für verteidigungs- und sicherheitsspezifische öffentliche Aufträge zum Zwecke der Ausübung einer Sektorentätigkeit gilt § 138 GWB nicht, weil die Vorschrift in § 147 GWB nicht in Bezug genommen ist.

Vorausgesetzt wird damit zunächst eine Auftragsvergabe durch einen oder mehrere **Sektorenauftraggeber** im Sinne von § 100 GWB. Entscheidend ist nach einer vom OLG Frankfurt[29] vertretenen Auffassung insoweit, dass der Auftraggeber zum Zeitpunkt der Beauftragung des konzernverbundenen Unternehmens selbst Sektorenauftraggeber ist. Erlangt er seine Stellung als Sektorenauftraggeber erst in der Zukunft durch Umsetzung des abzuschließenden Vertrages, soll das nicht ausreichend sein. Diese Auffassung ist nicht frei von Bedenken. Richtig ist zwar die Überlegung, dass Ausnahmetatbestände grundsätzlich eng auszulegen und nicht analogiefähig sind.[30] Wenn Auftraggeber jedoch Leistungen beschaffen, um die Ausübung einer Sektorentätigkeit erst zu ermöglichen, und dabei an das Sektorenvergaberecht gebunden sind,[31] erscheint es überzeugender, wenn sie sich dabei auch schon auf die gesetzlichen Ausnahmetatbestände berufen können, wenn die Voraussetzungen im Einzelfall erfüllt sind.[32] 13

Verbundene Unternehmen sind solche im Sinne des § 138 Abs. 2 GWB. Das verbundene Unternehmen muss selbst nicht Sektorenauftraggeber sein.[33] Wenn ein vergaberechtlich ungebundenes Konzernunternehmen Leistungen beschafft, nur um sie konzernintern weiterzugeben, ist der Beschaffungsvorgang selbst dann nicht vergaberechtsfrei, wenn dieses grundsätzlich ungebundene Unternehmen die Leistungen in eigenem Namen und (nach außen) auf eigene Rechnung einkauft. Wenngleich der Vertrag zivilrechtlich zwischen dem ungebundenen Unternehmen und dem Lieferanten zustande kommt, ist vergaberechtlich auf den tatsächlichen Bedarfs- und Kostenträger im Konzern abzustellen.[34] Sektorenauftraggeber sind daher gut beraten, derartige *„Beschaffungsvehikel"*[35] im Konzern nur unter Anwendung des Sektorenvergaberechts zu nutzen. Anderenfalls ist der ohne Durchführung des vorgeschriebenen Vergabeverfahrens geschlossene Vertrag unter den weiteren Voraussetzungen des § 135 Abs. 1 Nr. 2 GWB von Anfang an unwirksam. 14

Das Konzernprivileg erstreckt sich gemäß § 138 Abs. 1 Nr. 2 GWB auch auf Auftragsvergaben von **Gemeinschaftsunternehmen** an ein mit den Gesellschaftern dieses Gemeinschaftsunternehmens im Sinne von § 138 Abs. 2 GWB verbundenes weiteres Unternehmen. Gemeinschaftsunternehmen sind gemäß § 138 Abs. 1 Nr. 2 GWB Unternehmen, die ausschließlich mehrere Sektorenauftraggeber zur Durchführung einer Sektorentätigkeit im Sinne von § 102 GWB gebildet haben. Der klare Wortlaut („ausschließlich") schließt Beteiligungen von anderen Unternehmen als Sektorenauftraggebern aus. Das gilt zur Vermeidung von Umgehungen während der gesamten Laufzeit des öffentlichen Auftrags, der auf dieser Grundlage an ein verbundenes Unternehmen vergeben wurde. Die Erweiterung des Konzernprivilegs auf Auftragsvergaben von einem Gemeinschaftsunternehmen an ein mit einem seiner Gesellschafter 15

---

29 OLG Frankfurt, Beschluss v. 30.8.2011 – 11 Verg 3/11; ebenso *Dreher*, in: Immenga/Mestmäcker, Wettbewerbsrecht, § 98 GWB Rn. 31; *Graef/Haberstroh*, VersorgW 2011, 309 (310).

30 OLG Frankfurt, Beschluss v. 30.8.2011 – 11 Verg 3/11.

31 OLG Düsseldorf, Beschluss v. 9.1.2013 – VII-Verg 26/12: Suche eines strategischen Partners zum zukünftigen Betrieb von Energieversorgungsnetzen.

32 Ebenso *Opitz*, in: Eschenbruch/Opitz/Röwekamp, SektVO, § 138 GWB Rn. 17; der Entscheidung des OLG Frankfurt, Beschluss v. 30.8.2011 – 11 Verg 3/11, ist im Ergebnis gleichwohl zuzustimmen, weil der Antragsgegner die Sektorentätigkeit (Betrieb eines Netzes zur Trinkwasserversorgung) vollständig übertragen wollte und aus diesem Grund kein Sektorenauftraggeber war.

33 *Opitz*, in: Eschenbruch/Opitz/Röwekamp, SektVO, § 138 GWB Rn. 31; *Graef/Haberstroh*, VersorgW 2011, 309 (310).

34 Vgl. VK Bund, Beschluss v. 8.6.2006 – VK 2-114/05.

35 *Opitz*, in: Eschenbruch/Opitz/Röwekamp, SektVO, § 138 GWB Rn. 31.

verbundenes Unternehmen ist dadurch gerechtfertigt, dass derartige Gemeinschaftsunternehmen für die Ausübung einer Sektorentätigkeit oftmals nur gegründet werden, um die für ein bestimmtes Projekt erforderlichen Ressourcen mehrerer Sektorenauftraggeber in einem Unternehmen zu bündeln.[36]

C. Verbundenes Unternehmen (Abs. 2)

16 Der vergaberechtlich privilegierte Konzernverbund besteht unter den alternativen Voraussetzungen des § 138 Abs. 2 GWB. Der Begriff der Konzernverbundenheit im Sinne von § 138 Abs. 2 GWB ist ein Begriff des Vergaberechts und geht zurück auf Art. 29 Abs. 1 und 2 RL 2014/25/EU. Ein Rückgriff auf die aktienrechtliche Definition des Konzerns in § 18 AktG ist nicht erforderlich, insbesondere nicht zur Auslegung des Beherrschungstatbestands des § 138 Abs. 2 Nr. 1 GWB.[37]

17 Auch wenn im Vergaberecht ein grundsätzlich weit auszulegender funktionaler Unternehmensbegriff vorherrscht,[38] ist jedenfalls erforderlich, dass es sich um einen eigenständigen **Rechtsträger** handelt. Abteilungen eines Sektorenauftraggebers ohne eigene Rechtspersönlichkeit sind keine Unternehmen im Sinne von § 138 Abs. 1 GWB. In den Fällen, in denen eine Abteilung des Sektorenauftraggebers als zentraler Konzerndienstleister tätig wird, liegt dann, wenn Leistungen zugunsten des Sektorenauftraggebers erbracht werden, dem die Abteilung angehört, ein Fall der vergaberechtlich nicht geregelten Eigenerbringung vor.

18 Der Systematik des § 138 Abs. 2 GWB liegt die Intention des Richtliniengebers zugrunde, das Merkmal der Verbundenheit des Auftragnehmers als die vom Anwendungsbereich des Sektorenvergaberechts befreiende Voraussetzung möglichst einfach prüfen zu können. Das Merkmal der Verbundenheit unterliegt insoweit einer **gestuften Prüfung**. Wenn der Jahresabschluss des Auftragnehmers mit dem Abschluss des Sektorenauftraggebers in einen konsolidierten Konzernabschluss einbezogen wird, müssen die Voraussetzungen eines beherrschenden Einflusses zur Begründung der Ausnahme nach § 138 Abs. 1 GWB nicht geprüft werden. Das Unternehmen gilt allein aufgrund der Konsolidierung des Konzernabschlusses als verbunden im Sinne von § 138 Abs. 1 GWB. Nur dann, wenn die Regeln über die Erstellung konsolidierter Jahresabschlüsse nicht anzuwenden sind, muss geprüft werden, ob beherrschender Einfluss auf das Unternehmen ausgeübt wird und ob das Unternehmen deshalb als verbundenes Unternehmen aufgrund von § 138 Abs. 1 GWB beauftragt werden darf.[39]

I. Vollkonsolidierung (Nr. 1)

19 Ein verbundenes Unternehmen im Sinne von § 138 Abs. 1 GWB ist nach § 138 Abs. 2 Nr. 1 GWB ein Unternehmen, dessen Jahresabschluss mit dem Jahresabschluss des Auftraggebers in einem Konzernabschluss eines Mutterunternehmens entsprechend § 271 Abs. 2 HGB nach den Vorschriften über die Vollkonsolidierung einzubeziehen ist. § 271 Abs. 2 HGB verweist insoweit auf § 290 HGB, in dem für das deutsche Recht die Vorschriften der Bilanzrichtlinie 2013/34/EU umgesetzt sind. Art. 29 Abs. 1 RL 2014/25/EU nimmt zur Definition des verbundenen Unternehmens im Sinne der vergaberechtlichen Vorschriften über die Konzernprivilegierung unmittelbar Bezug auf die Bestimmungen der Richtlinie 2013/34/EU.

20 Nach dem Wortlaut des § 132 Abs. 2 Nr. 1 GWB („einzubeziehen [...] ist.") kommt es auf die **Pflicht zur Einbeziehung** an, während Art. 29 Abs. 1 RL 2014/25/EU auf die tatsächliche Konsolidierung der Abschlüsse abstellt („dessen Jahresabschlüsse [...] konsolidiert werden.").

---

36 Kommission der Europäischen Gemeinschaften, Vorschlag für eine Richtlinie des Rates zur Änderung der Richtlinie 90/531/EWG betreffend die Auftragsvergabe durch Auftraggeber im Bereich der Wasser-, Energie- und Verkehrsversorgung sowie im Telekommunikationssektor. KOM (91) 347 endg., Erwägungsgrund 22; *Röwekamp*, in: Röwekamp/Kus/Portz/Prieß, GWB-Vergaberecht, § 138 Rn. 4; *Conrad*, AnwZert BauR 12/2015, Anm. 2.

37 *Opitz*, in: Eschenbruch/Opitz/Röwekamp, SektVO, § 138 GWB Rn. 22; a.A. *Greb*, in: Greb/Müller, Sektorenvergaberecht, §§ 138, 139 GWB Rn. 21.

38 *Ganske*, in: Reidt/Stickler/Glahs, Vergaberecht, § 103 GWB Rn. 46 m.w.N.

39 Erwägungsgrund 41 RL 2014/25/EU.

Diese Abweichung ist erheblich. Während nach dem Wortlaut des deutschen Umsetzungsrechts die Voraussetzungen für die Pflicht zur Konsolidierung geprüft werden müssen, reicht es nach dem Richtlinienrecht aus, wenn die Abschlüsse tatsächlich konsolidiert werden.

Unter Zugrundelegung des Wortlauts von § 138 Abs. 2 Nr. 1 GWB müssten die **bilanzrechtlichen Voraussetzungen** des § 271 Abs. 2 HGB in Verbindung mit den §§ 290 ff. HGB im vergaberechtlichen Kontext geprüft werden. Dieses bilanzrechtliche Prüfprogramm[40] entspricht jedoch gerade nicht der in Erwägungsgrund 41 RL 2014/25/EU dokumentierten Intention des Richtliniengebers, grundsätzlich eine vereinfachte Prüfung der Voraussetzungen für eine Verbundenheit im Sinne der Regelungen über das Konzernprivileg zu ermöglichen. Der Umsetzungsgesetzgeber beabsichtigte zudem eine Eins-zu-eins Umsetzung des Richtlinienrechts. Es sprechen daher bessere Gründe dafür, den abweichenden Wortlaut § 138 Abs. 2 Nr. 1 GWB im Lichte von Art. 29 Abs. 1 und Erwägungsgrund 41 RL 2014/25/EU dahingehend auszulegen, dass es ausreicht, wenn vollkonsolidierte Jahresabschlüsse der beteiligten Unternehmen vorliegen.[41] Die mit der konzerninternen Beschaffung befasste Stelle des Sektorenauftraggebers muss § 271 Abs. 2 HGB dann nicht mehr im Einzelnen prüfen. Die Vollkonsolidierung der Abschlüsse ist vielmehr konstitutiv und lediglich die Vollkonsolidierung selbst muss – neben den weiteren Voraussetzungen des § 138 GWB – als der Sachverhalt dokumentiert werden, der die privilegierte Auftragsvergabe im Konzern rechtfertigt, nicht dagegen die bilanzrechtlichen Voraussetzungen für die Vollkonsolidierung. Solange keine Anhaltspunkte dafür vorliegen, dass der durch die Vorlage eines konsolidierten Abschlusses begründete Sachverhalt nicht zutrifft, besteht keine Pflicht zur weitergehenden Aufklärung des den vergaberechtlichen Ausnahmetatbestand begründenden Sachverhalts. 21

II. Beherrschung (Nr. 2)

Ein verbundenes Unternehmen im Sinne von § 138 Abs. 1 GWB ist nach § 138 Abs. 2 Nr. 2 GWB auch ein Unternehmen, 22

- das mittelbar oder unmittelbar einem beherrschenden Einfluss nach § 100 Abs. 3 GWB des Sektorenauftraggebers unterliegen kann (lit. a),
- einen beherrschenden Einfluss nach § 100 Abs. 3 GWB auf den Sektorenauftraggeber ausüben kann (lit. b) oder
- gemeinsam mit dem Auftraggeber aufgrund der Eigentumsverhältnisse, der finanziellen Beteiligung oder der für das Unternehmen geltenden Bestimmungen dem beherrschenden Einfluss nach § 100 Abs. 3 GWB eines anderen Unternehmens unterliegt (lit. c).

§ 138 Abs. 2 Nr. 2 GWB ist ein **Auffangtatbestand** zu § 138 Abs. 2 Nr. 1 GWB und erstreckt den vergaberechtlichen Begriff des verbundenen Unternehmens auf diejenigen Unternehmen, die zwar nicht den Bilanzierungsvorschriften der RL 2013/34/EU unterfallen und für die dementsprechend kein vollkonsolidierter Jahresabschluss vorgelegt werden kann, für die jedoch trotzdem die Möglichkeit einer Auftragsvergabe außerhalb des Anwendungsbereichs des Teil 4 GWB eröffnet werden soll.[42] 23

Mutter- oder Tochterunternehmen, die von der Pflicht zur Erstellung vollkonsolidierter Jahresabschlüsse gemäß § 291 f. HGB **befreit** sind, gelten zwar bilanzrechtlich gemäß § 271 Abs. 2 HGB als verbundene Unternehmen.[43] Dasselbe gilt für Tochterunternehmen, die aus den in § 296 HGB genannten Gründen nicht in den Konzernabschluss des obersten Mutterunternehmens einbezogen werden müssen; sie sind wegen § 271 Abs. 2 Hs. 2 HGB bilanzrechtlich ebenfalls als verbundene Unternehmen zu qualifizieren.[44] Weil für sie aber kein vollkonsoli- 24

40 Siehe hierzu *Greb*, VergabeR 2016, 303 (304 f.).
41 A.A. *Antweiler*, in: Ziekow/Völlink, Vergaberecht, § 138 GWB Rn. 8; *Drömann*, NZBau 2015, 202 (205).
42 Gesetzesbegründung zu § 138 GWB Abs. 2 Nr. 2, VergRModG 2016, BT-Drs. 18/6281, 124.
43 *Merkt*, in: Baumbach/Hopt, HGB, § 271 Rn. 9; *Böcking/Gros*, in: Ebenroth/Boujong/Joost/Strohn, HGB § 271 Rn. 11.
44 *Merkt*, in: Baumbach/Hopt, HGB, § 271 Rn. 9; *Böcking/Gros*, in: Ebenroth/Boujong/Joost/Strohn, HGB, § 271 Rn. 12; *Ruppelt*, in: Häublein/Hoffmann-Theinert, HGB, § 271 Rn. 40.

dierter Jahresabschluss vorgelegt werden kann, müssen für sie die Voraussetzungen für eine Verbundenheit nach § 138 Abs. 2 Nr. 2 GWB im Einzelnen nachgewiesen werden, um die vergaberechtliche Ausnahme nach § 138 Abs. 1 GWB zu begründen.

25 Voraussetzung für die Verbundenheit nach § 138 Abs. 2 Nr. 2 GWB ist in allen drei Varianten ein **beherrschender Einfluss**. § 138 Abs. 2 Nr. 2 GWB verweist hierzu jeweils auf § 100 Abs. 3 GWB. Konzernverbundenheit liegt demnach in den Fällen vor, in denen ein beherrschender Einfluss im Sinne von § 100 Abs. 3 GWB jeweils vermutet wird:

- Ein öffentlicher Auftraggeber besitzt unmittelbar oder mittelbar die Mehrheit des gezeichneten Kapitals des Unternehmens,
- verfügt über die Mehrheit der mit den Anteilen am Unternehmen verbundenen Stimmrechte oder
- kann mehr als die Hälfte der Mitglieder des Verwaltungs-, Leitungs- oder Aufsichtsorgans des Unternehmens bestellen.

Die Beherrschungsvermutung ist widerlegbar.

26 In den Varianten des § 138 Abs. 2 Nr. 2 **lit. a** und **b** GWB ist jeweils die Möglichkeit, beherrschenden Einfluss auszuüben, ausreichend. Ein mittelbar beherrschender Einfluss im Sinne von § 138 Abs. 2 Nr. 2 lit. a GWB liegt beispielsweise dann vor, wenn ein Enkelunternehmen in einem mehrstufigen Konzern indirekt über das beherrschte Tochterunternehmen kontrolliert wird. Eine lediglich mittelbare Einflussnahmemöglichkeit ist auch im Falle des § 138 Abs. 2 Nr. 2 lit. b GWB ausreichend (vgl. Erwägungsgrund 41 S. 1 RL 2014/25/EU, der insoweit nicht differenziert).

27 § 138 Abs. 2 Nr. 2 **lit. c** GWB betrifft die Verbundenheit zweier Schwesterunternehmen im Konzern, Auftraggeber und Auftragnehmer, die beide dem beherrschenden Einfluss eines anderen Unternehmens unterliegen. § 138 Abs. 2 Nr. 2 lit. c GWB setzt voraus, dass der beherrschende Einfluss tatsächlich ausgeübt wird.[45] Aufgrund des Verweises auf § 100 Abs. 3 GWB ist ein eigener Bedeutungsgehalt der Tatbestandsmerkmale „aufgrund der Eigentumsverhältnisse, der finanziellen Beteiligung oder der für das Unternehmen geltenden Bestimmungen" nicht erkennbar, weil bereits § 100 Abs. 3 GWB die Grundlagen des beherrschenden Einflusses beschreibt. Ein Grund dafür, dass der Gesetzgeber in § 138 Abs. 2 Nr. 2 lit. c GWB den Begriff des „Auftraggebers" verwendet und nicht den des „Sektorenauftraggebers", ist nicht erkennbar. Der zugrundeliegende Art. 29 Abs. 1 RL 2014/25/EU verwendet einheitlich den Begriff des „Auftraggebers".

28 Ob ein beherrschender Einfluss im Sinne von § 138 Abs. 2 Nr. 2 GWB auch über die ausdrücklich in § 100 Abs. 3 GWB genannten drei Fälle hinaus vorliegen kann, ist zweifelhaft. § 138 Abs. 2 Nr. 2 GWB verweist – anders als § 100 Abs. 1 Nr. 2 lit. b GWB – ausdrücklich auf § 100 Abs. 3 GWB, was dafürspricht, dass die in § 100 Abs. 3 GWB genannten Beherrschungskonstellationen mit Blick auf § 138 Abs. 2 Nr. 2 GWB **abschließend** sind. Auch der Charakter von § 138 Abs. 1 GWB als eng auszulegende Ausnahme spricht gegen eine Erweiterung über die in § 138 Abs. 2 Nr. 2 GWB ausdrücklich in Bezug genommenen Beherrschungskonstellationen des § 100 Abs. 3 GWB hinaus. Für die Annahme einer planwidrigen Regelungslücke bestehen keine Anhaltspunkte, zumal auch der Richtliniengeber in Art. 29 Abs. 2 UAbs. 2 RL 2014/25/EU allein auf Art. 4 Abs. 2 UAbs. 2 RL 2014/25/EU und nicht auch auf den in § 100 GWB nicht übernommenen UAbs. 1 verwiesen hat.

D. Umsatzschwelle (Abs. 3 bis 5)

I. Umsatzschwelle für verbundenes Unternehmen (Abs. 3)

29 Zum Konzernverbund im Sinne von § 138 Abs. 2 GWB muss gemäß § 138 Abs. 3 GWB hinzukommen, dass unter Berücksichtigung aller Liefer-, Bau- oder Dienstleistungen, die von dem

45 *Summa*, in: Heiermann/Zeiss/Summa, Vergaberecht, § 138 GWB Rn. 16 f.

verbundenen Unternehmen während der letzten drei Jahre in der Europäischen Union erbracht wurden,[46] mindestens 80 % des im jeweiligen Leistungssektor insgesamt erzielten durchschnittlichen Umsatzes dieses Unternehmens aus der Erbringung von Liefer-, Bau- oder Dienstleistungen für den Sektorenauftraggeber oder andere mit ihm verbundene Unternehmen stammen. Die Existenz des konzernverbundenen Unternehmens muss also darauf gegründet und dadurch gerechtfertigt sein, Leistungen überwiegend für die Unternehmensgruppe zu erbringen, nicht dagegen, seine Aktivitäten zu vermarkten.[47] Ein Unternehmen, das seine Leistungen überwiegend außerhalb des Konzernverbundes anbietet und insofern im Wettbewerb mit anderen Unternehmen steht, muss sich wie seine Wettbewerber behandeln lassen und ist nicht durch § 138 GWB privilegiert.[48]

Maßgeblicher Betrachtungszeitraum sind die vergangenen **drei Jahre**. Aus praktischen Gründen sollten die Umsätze der letzten drei Geschäftsjahre zugrunde gelegt werden. Es ist auch aus Art. 29 RL 2014/25/EU heraus kein Grund dafür ersichtlich, auf Kalenderjahre abzustellen, für die, wenn sie nicht mit den Geschäftsjahren identisch sind, die Zahlen i.d.R. nicht verfügbar sind.[49] **30**

Relevant sind nur solche Liefer-, Bau- oder Dienstleistungen, die innerhalb der **Europäischen Union** erbracht wurden.[50] Umsätze für solche Leistungen, die außerhalb dieses Staatenverbundes erbracht wurden, haben daher außer Betracht zu bleiben. Dies gilt auch für solche Umsätze, die in den EWR-Staaten Norwegen, Island, Liechtenstein und der Schweiz erzielt werden.[51] Für einen Willen des Gesetzgebers zur Berücksichtigung solcher Umsätze gibt es keine Anhaltspunkte. Der Wortlaut des § 138 Abs. 3 GWB ist insoweit eindeutig und spricht gegen eine Einbeziehung von Umsätzen aus EWR-Staaten. **31**

Die Formulierung in § 138 Abs. 3 GWB soll durch das Wort „**insgesamt**" klarstellen, dass der Gesamtumsatz des Unternehmens „im jeweiligen Leistungssektor" maßgeblich ist. Eine getrennte Berechnung der 80-Prozent-Vorgabe etwa nach unterschiedlichen Sektorentätigkeiten[52] oder Sparten soll nicht mehr möglich sein.[53] **32**

Missverständlich ist in diesem Zusammenhang zwar die Verwendung des Begriffs „**Leistungssektor**" in § 138 Abs. 3 GWB. „Leistungssektor" meint jedoch nicht etwa den relevanten Versorgungssektor, sondern die jeweilige Leistungsart (Liefer-, Bau- oder Dienstleistungen).[54] Maßgeblich sind daher die Umsätze aus Aufträgen über die Leistungsart, die auch Gegenstand des konkret zu vergebenden Auftrags ist. Eine Quersaldierung von Umsätzen aus Aufträgen über andere Leistungsarten ist ausgeschlossen. So ist es beispielsweise nicht möglich, einen Umsatz von mehr als 20 % aus Dienstleistungsaufträgen mit konzernexternen Dritten durch einen konzerninternen Umsatz von mehr als 80 % aus Bauaufträgen auszugleichen, wenn im konkreten Fall ein Dienstleistungsauftrag konzernintern an das betreffende Unternehmen vergeben werden soll.[55] Auch die zum bisherigen Recht von der überwiegenden Literaturmeinung und auch von der Spruchpraxis noch vertretene weitere Differenzierung **33**

46 *Opitz*, in: Eschenbruch/Opitz/Röwekamp, SektVO, § 138 GWB Rn. 25, weist in diesem Zusammenhang allerdings zu Recht darauf hin, dass in vielen Konzernen landesspezifische Umsatzangaben oft nicht vorhanden sind.

47 Vgl. Kommission der Europäischen Gemeinschaften, Vorschlag für eine Richtlinie des Rates zur Änderung der Richtlinie 90/531/EWG betreffend die Auftragsvergabe durch Auftraggeber im Bereich der Wasser-, Energie- und Verkehrsversorgung sowie im Telekommunikationssektor. KOM (91) 347 endg., Erwägungsgrund 23.

48 *Opitz*, in: Eschenbruch/Opitz/Röwekamp, SektVO, § 138 GWB Rn. 23; vgl. auch *Drömann*, NZBau 2015, 202 (205).

49 Ebenso *Opitz*, in: Eschenbruch/Opitz/Röwekamp, SektVO, § 138 GWB Rn. 24; im Ergebnis ebenso *Greb*, in: Greb/Müller, Sektorenvergaberecht, §§ 138, 139 GWB, Rn. 29; *Drömann*, NZBau 2015, 202 (207), hält auch einen gleitenden 36-Monats-Durchschnitt für sachgerecht, für den sich allerdings weder in Art. 29 Abs. 4 RL 2014/25/EU noch in § 138 Abs. 3 GWB Anhaltspunkte finden.

50 *Drömann*, NZBau 2015, 202 (208).

51 A.A. *Opitz*, in: Eschenbruch/Opitz/Röwekamp, SektVO, § 138 GWB Rn. 25.

52 Für eine sektorspezifische Betrachtung siehe noch VK Hessen, Beschluss v. 28.2.2011 – 69d-VK47/2010.

53 Gesetzesbegründung zu § 138 GWB Abs. 3, VergRModG 2016, BT-Drs. 18/6281, 124.

54 Gesetzesbegründung zu § 138 GWB Abs. 3, VergRModG 2016, BT-Drs. 18/6281, 124.

55 Vgl. bereits zu § 100b Abs. 7 GWB a.F. *Drömann*, NZBau 2015, 202 (207).

nach bestimmten Liefer-, Bau- oder Dienstleistungen (z. B. Planungsleistungen vs. Instandsetzungsleistungen)[56] findet nach neuem Recht nicht statt.[57]

II. Umsatzschwelle für mehre verbundene Unternehmen (Abs. 4)

34 Durch § 138 Abs. 4 GWB wird klargestellt, dass bei mehreren mit dem Sektorenauftraggeber verbundenen und mit ihm wirtschaftlich zusammengeschlossenen Unternehmen der Gesamtumsatz aller dieser Unternehmen zur Bestimmung der 80-Prozent-Grenze des § 138 Abs. 3 GWB zugrunde zu legen ist, wenn diese gleiche oder gleichartige Liefer-, Bau- oder Dienstleistungen erbracht haben. Damit soll verhindert werden, dass die Schwelle des § 138 Abs. 3 GWB nur deshalb eingehalten wird, weil das konzernexterne Geschäft mit gleichen oder gleichartigen Leistungen auf ein anderes Konzernunternehmen übertragen wird.[58] Eine solche Gestaltung ist außerhalb der Versorgungssektoren zur Schaffung oder zur Erhaltung der In-House-Fähigkeit eines Unternehmens üblich und zulässig, was die öffentlich-öffentliche Zusammenarbeit insoweit attraktiver erscheinen lässt als das Konzernprivileg.

35 Die Unternehmen müssen mit dem Sektorenauftraggeber **verbunden** sein. Die Verbindung der Unternehmen untereinander genügt daher für sich nicht. Verbunden ist ein Unternehmen in diesem Sinne, wenn die Voraussetzungen nach § 138 Abs. 2 GWB vorliegen. Auch wenn sich § 138 Abs. 2 GWB ausdrücklich nur auf das Unternehmen im Sinne des § 138 Abs. 1 GWB bezieht, ist der Begriff aus systematischen Gründen innerhalb des Regelungskomplexes in einem einheitlichen Sinne zu verstehen ist.

36 Das Merkmal der **wirtschaftlich zusammengeschlossenen** Unternehmen hat keinen erkennbaren, über die Konzernverbundenheit im Sinne von § 138 Abs. 2 GWB hinausgehenden Regelungsgehalt.

III. Nichtvorliegen von Umsatzzahlen (Abs. 5)

37 Liegen für die letzten drei Jahre keine Umsatzzahlen vor, so reicht es nach § 138 Abs. 5 GWB aus, dass das Unternehmen etwa durch Prognosen über die Tätigkeitsentwicklung glaubhaft macht, dass die Erreichung der nach § 138 Abs. 3 GWB geforderten Umsatzgrenze wahrscheinlich ist.

38 Dieser Behelf ist nur **ausnahmsweise zulässig**, wenn das Unternehmen neu errichtet wurde oder es erst kürzlich die Tätigkeit aufgenommen hat, was sich aus Art. 29 Abs. 5 RL 2014/25/EU ergibt, in dessen Lichte § 138 Abs. 5 GWB insoweit einschränkend auszulegen ist.

39 § 138 Abs. 5 GWB nennt als geeignetes Mittel für eine Glaubhaftmachung die **Prognose über die Tätigkeitsentwicklung**. Wird eine frühere Abteilung des Sektorenauftraggebers als Unternehmen ausgegründet, kann eine solche Prognose beispielsweise über die bisherigen Innenumsätze, im Übrigen über einen Finanzplan geführt werden. Ausweislich des Wortlauts von § 138 Abs. 5 GWB („etwa") ist die Prognose über die Tätigkeitsentwicklung nur beispielhaft als ein Mittel der Glaubhaftmachung angegeben. Die Glaubhaftmachung kann daher auch durch andere geeignete Mittel erfolgen.

E. Rechtsschutz

40 Diese Voraussetzungen des Konzernprivilegs nach § 138 GWB sind **unternehmensschützend** und unterliegen daher uneingeschränkt der Nachprüfung.[59]

41 Wird die Auftragsvergabe durch die Nachprüfungsinstanzen überprüft, werden die **bilanzrechtlichen Voraussetzungen** für einen konsolidierten Konzernabschluss nach §§ 271

---

56 Siehe oben Rn. 10.
57 *Conrad*, AnwZert BauR 12/2015, Anm. 2.
58 *Opitz*, in: Eschenbruch/Opitz/Röwekamp, SektVO, § 138 GWB Rn. 29.
59 *Greb*, VergabeR 2009, 140 (141).

Abs. 2 i.V.m. 290 HGB durch die Nachprüfungsinstanzen als Vorfrage für die Zulässigkeit einer auf § 138 Abs. 1 und Abs. 2 Nr. 1 GWB gestützten konzerninternen Auftragsvergabe jedenfalls dann geprüft werden müssen, wenn an ihrem Vorliegen begründete Zweifel bestehen. Hierfür trägt der Antragsteller im Nachprüfungsverfahren die Darlegungslast, weil bei Vorlage eines konsolidierten Abschlusses prima facie der Beherrschungstatbestand erfüllt ist.[60]

Anlage

Gesetzesbegründung – VergRModG 2016 (BT-Drs. 18/6281)

Seite 124

§ 138 dient der Umsetzung von Artikel 29 der Richtlinie 2014/25/EU und betrifft eine Ausnahme von der Anwendung des Vergaberechts für Vergaben an verbundene Unternehmen. Die bisherige Regelung des § 100b Absatz 6 und 7 GWB wird dabei inhaltlich übernommen und insgesamt übersichtlicher gestaltet. Die Ausnahmeregelung für Vergaben durch Sektorenauftraggeber nach § 100 Absatz 1 Nummer 1 an verbundene Unternehmen ist dabei neben der allgemeinen Ausnahme des § 108 (Ausnahmen bei öffentlich-öffentlicher Zusammenarbeit) anwendbar.

Zu Absatz 1

§ 138 Absatz 1 dient der Umsetzung von Artikel 29 Absatz 3 der Richtlinie 2014/25/EU und entspricht inhaltlich dem bisherigen § 100b Absatz 6 GWB.

Zu Absatz 2

Zu Nummer 1

§ 138 Absatz 2 Nummer 1 dient der Umsetzung von Artikel 29 Absatz 1 der Richtlinie 2014/25/EU. Der Begriff des verbundenen Unternehmens wird nunmehr zunächst anhand der EU-Bilanzrichtlinie 2013/34/EU definiert.

Zu Nummer 2

§ 138 Absatz 2 Nummer 2 dient der Umsetzung von Artikel 29 Absatz 2 der Richtlinie 2014/25/EU und betrifft Situationen, in denen zwar kein verbundenes Unternehmen im Sinne der EU-Bilanzrichtlinie vorliegt, für das Sektorenvergaberecht aber dennoch von einem verbundenen Unternehmen ausgegangen wird. Dabei wird jeweils auf den beherrschenden Einfluss abgestellt, dem das verbundene Unternehmen entweder unterliegt oder welchen es selbst ausüben kann. Die Definition des Begriffs „beherrschender Einfluss" entspricht der des § 100 Absatz 3.

Zu Absatz 3

§ 138 Absatz 3 dient der Umsetzung von Artikel 29 Absatz 4 der Richtlinie 2014/25/EU und übernimmt im Wesentlichen die bisherige Regelung des § 100b Absatz 7 Satz 1 GWB. Mit der Vorschrift wird klargestellt, dass Vergaben an verbundene Unternehmen nur dann von der Anwendung des Vergaberechts ausgenommen sind, wenn die verbundenen Unternehmen mindestens 80 Prozent des Umsatzes für den Sektorenauftraggeber bzw. für andere mit diesem verbundene Unternehmen erbringen. Bislang war in diesem Zusammenhang allerdings unklar, ob sich die Vorgaben des geforderten Mindestumsatzes, den das verbundene Unternehmen für den Auftraggeber erbringen muss, nur auf die jeweilige Tätigkeit selbst (z. B. in der Sparte Energie) oder den Gesamtumsatz des Unternehmens beziehen. Die neue Formulierung stellt nun durch Einfügen des Wortes „insgesamt" klar, dass

60 Siehe oben Rn. 20.

in diesem Fall der Gesamtumsatz des Unternehmens im jeweiligen Leistungssektor (Liefer-, Bau- oder Dienstleistungen) maßgeblich ist. Eine getrennte Berechnung der 80-Prozent-Vorgabe etwa nach unterschiedlichen Tätigkeiten oder Sparten ist somit nicht mehr möglich.

Zu Absatz 4

§ 138 Absatz 4 entspricht dem bisherigen § 100b Absatz 7 Satz 3 GWB. Damit wird klargestellt, dass bei mehreren verbundenen und wirtschaftlich zusammengeschlossenen Unternehmen der Gesamtumsatz aller dieser Unternehmen zur Bestimmung der 80-Prozent-Grenze des Absatz 3 zugrunde zu legen ist.

Zu Absatz 5

§ 138 Absatz 5 dient der Umsetzung von Artikel 29 Absatz 5 der Richtlinie 2014/25/EU und entspricht dem bisherigen § 100b Absatz 7 Satz 2 GWB. Wurde das Unternehmen neu errichtet oder hat erst kürzlich die Tätigkeit aufgenommen, so reicht danach eine plausible und nachvollziehbare Prognose aus, wonach das Unternehmen die 80-Prozent-Grenze erreichen wird, um den Ausnahmetatbestand des § 138 zu erfüllen.

§ 139 GWB
Besondere Ausnahme für die Vergabe durch oder an ein Gemeinschaftsunternehmen

(1) Dieser Teil ist nicht anzuwenden auf die Vergabe von öffentlichen Aufträgen,

1. die ein Gemeinschaftsunternehmen, das mehrere Sektorenauftraggeber ausschließlich zur Durchführung von Sektorentätigkeiten gebildet haben, an einen dieser Auftraggeber vergibt oder

2. die ein Sektorenauftraggeber, der einem Gemeinschaftsunternehmen im Sinne der Nummer 1 angehört, an dieses Gemeinschaftsunternehmen vergibt.

(2) Voraussetzung ist, dass

1. das Gemeinschaftsunternehmen im Sinne des Absatzes 1 Nummer 1 gebildet wurde, um die betreffende Sektorentätigkeit während eines Zeitraums von mindestens drei Jahren durchzuführen, und

2. in dem Gründungsakt des Gemeinschaftsunternehmens festgelegt wird, dass die das Gemeinschaftsunternehmen bildenden Sektorenauftraggeber dem Gemeinschaftsunternehmen mindestens während desselben Zeitraums angehören werden.

Übersicht

	Rn.
A. Allgemeines	1
I. Vergleichbare Regelungen	3
II. Historie	4
III. Unionsrechtlicher Hintergrund	5
B. Anwendungsbereich	6
C. Vergabe an oder von Gemeinschaftsunternehmen (Abs. 1)	9
I. Bildung eines Gemeinschaftsunternehmens	11
II. Anforderungen an die beteiligten Auftraggeber	14
III. Betätigung des Gemeinschaftsunternehmens	16
D. Stabilität des Gemeinschaftsunternehmens (Abs. 2)	19
E. Rechtsschutz	23
Anlage Gesetzesbegründung	

A. Allgemeines

1 Nach § 139 GWB sind für Aufträge, die zwischen einem Gemeinschaftsunternehmen und den an diesem Unternehmen beteiligten Sektorenauftraggebern abgewickelt werden, die §§ 97 ff. GWB nicht anzuwenden. Die Ausnahme gilt gemäß § 136 GWB nur für die Vergabe von Aufträgen, die der Ausübung einer Sektorentätigkeit dienen. An dem Unternehmen können nur Sektorenauftraggeber beteiligt sein; diese müssen bei der Gründung des Gemeinschaftsunternehmens bestätigen, dem Unternehmen mindestens für drei Jahre anzugehören.

2 Der Entschluss mehrerer Sektorenauftraggeber, die Durchführung von Sektorentätigkeiten auf ein gemeinsames Unternehmen zu übertragen, soll nicht zur Anwendung der §§ 97 ff. GWB führen, wenn sichergestellt wird, dass damit keine **Wettbewerbsverzerrungen** einhergehen.[1] Die Ausnahme für Gemeinschaftsunternehmen berücksichtigt damit die Tatsache, dass viele Auftraggeber als Wirtschaftsgruppe aus einer Reihe getrennter Unternehmen mit jeweils spezialisierten Aufgaben organisiert sind.[2] Dabei sollen zunächst die technischen Kompetenzen und die Ressourcen der an dem Unternehmen beteiligten Anteilseigner in dem Gemeinschaftsunternehmen gebündelt werden; entsprechend profitieren die beteiligten Sektorenauftraggeber von den Leistungen des Gemeinschaftsunternehmens auf diese Weise.[3]

---

1 Erwägungsgrund 39 RL 2014/25/EU; *Lausen*, in: Burgi/Dreher, Vergaberecht, § 139 GWB Rn. 4.
2 Erwägungsgrund 39 RL 2014/25/EU.
3 *Opitz*, in: Eschenbruch/Opitz/Röwekamp, SektVO, § 139 GWB Rn. 1.

I. Vergleichbare Regelungen

3 Wie im Fall der Ausnahmen bei der öffentlich-öffentlichen Zusammenarbeit nach § 108 GWB geht es bei der Ausnahme für Gemeinschaftsunternehmen um interne Beschaffungsvorgänge und nicht um marktrelevante Nachfragen.[4] Die Ausnahmen nach § 139 und § 108 GWB, die gemäß § 108 Abs. 7 GWB auch auf Sektorenauftraggeber anzuwenden ist, haben damit bei unterschiedlichen Voraussetzungen Schnittmengen hinsichtlich des Anwendungsbereiches. Auch mit der Ausnahme für die Vergabe an verbundene Unternehmen nach § 138 GWB kann es Überschneidungen geben.

II. Historie

4 § 139 GWB übernimmt die zuvor in der Vorgängerregelung des § 100b Abs. 8 und 9 GWB a.F. geregelte Ausnahme inhaltsgleich.

III. Unionsrechtlicher Hintergrund

5 § 139 GWB beruht auf der unionsrechtlichen Regelung in Art. 30 RL 2014/25/EU. Diese Regelung übernimmt die zuvor in Art. 23 Abs. 4 RL 2004/17/EG zu findenden Voraussetzungen der Ausnahme.

B. Anwendungsbereich

6 Die Ausnahme des § 139 GWB betrifft zwei **Fallkonstellationen**: Freigestellt wird nach § 139 Abs. 1 Nr. 1 GWB einerseits die Auftragsvergabe des Gemeinschaftsunternehmens an die beteiligten Sektorenauftraggeber und nach § 139 Abs. 1 Nr. 2 GWB andererseits die Auftragsvergabe eines beteiligten Sektorenauftraggebers an das Gemeinschaftsunternehmen.[5] Beschaffungen im Zusammenhang mit Dritten, die nicht an dem betreffenden Gemeinschaftsunternehmen beteiligt sind, werden nicht freigestellt.

7 Die Vergabe von Aufträgen durch das Gemeinschaftsunternehmen, die nicht unmittelbar an einen beteiligten Sektorenauftraggeber erfolgt, sondern an ein mit einem dieser Sektorenauftraggeber **verbundenes Unternehmen**, ist ebenfalls freigestellt; die Ausnahme für diese Variante findet sich in § 138 Abs. 1 Nr. 2 GWB.

8 In Verbindung mit § 154 Nr. 6 GWB gilt die Ausnahme des § 139 GWB in den genannten Fallkonstellationen auch für **Konzessionen**, die der Ausübung einer Sektorentätigkeit dienen.

C. Vergabe an oder von Gemeinschaftsunternehmen (Abs. 1)

9 § 139 GWB setzt im Ergebnis eine gewisse Stabilität und Dauer des Gemeinschaftsunternehmens und der Beteiligungen der Sektorenauftraggeber voraus. Sowohl die beteiligten Sektorenauftraggeber als auch das Gemeinschaftsunternehmen müssen jeweils Sektorentätigkeiten ausüben.[6]

10 Die **Umsätze** zwischen dem Gemeinschaftsunternehmen und den beteiligten Sektorenauftraggebern sind anders als im Fall des § 138 GWB für die Ausnahme aber nicht relevant.[7] Auch eine **Kontrolle** der Sektorenauftraggeber über das Gemeinschaftsunternehmen, so wie es etwa § 108 GWB vorsieht, ist keine Voraussetzung im Rahmen des § 139 GWB. Bei dem Gemeinschaftsunternehmen und den daran beteiligten Sektorenauftraggebern muss es sich auch nicht um verbundene Unternehmen im Sinne von § 138 Abs. 2 GWB handeln.

---

4 *Antweiler*, in: Ziekow/Völlink, Vergaberecht, § 139 GWB Rn. 2; *Greb*, VergabeR 2016, 303.
5 *Graef/Haberstroh*, VersorgW 2011, 309 (313).
6 VK Münster, Beschluss v. 7.9.2010 – VK 6/10.
7 *Greb*, VergabeR 2016, 303 (306).

I. Bildung eines Gemeinschaftsunternehmens

Beide Fallgruppen des § 139 GWB setzen die Bildung eines Gemeinschaftsunternehmens voraus. Was unter der Bildung eines **Gemeinschaftsunternehmens** zu verstehen ist, erläutern § 139 GWB sowie der zugrundeliegende Art. 30 RL 2014/25/EU nicht. Die Verwendung des Begriffs „joint venture" in der englischen Sprachfassung der Richtlinie dürfte aber darauf hinweisen, dass hier ein weites Begriffsverständnis vorliegt und dass verschiedenste Formen der Kooperation zwischen zwei oder mehr Unternehmen möglich sind. Vorgaben zur Anzahl der teilnehmenden Sektorenauftraggeber oder zum etwaigen Verhältnis von Anteilen oder Stimmrechten lassen sich weder § 139 GWB noch Art. 30 RL 2014/25/EU entnehmen. 11

Auch zur **Rechtsform** des Gemeinschaftsunternehmens werden keine Vorgaben gemacht. In den meisten Fällen dürfte das Gemeinschaftsunternehmen in privatrechtlicher Rechtsform organisiert sein. Das Gemeinschaftsunternehmen kann grundsätzlich aber auch in öffentlich-rechtlicher Rechtsform, etwa als Zweckverband oder als gemeinsame Anstalt des öffentlichen Rechts, geführt werden. 12

Notwendig erscheint es jedoch, dass überhaupt eine **rechtlich selbstständige Einheit** gegründet wird. Denn anders als im Wortlaut des § 108 Abs. 6 GWB, der ausdrücklich eine Ausnahme für Verträge zwischen mehreren öffentlichen Auftraggebern vorsieht, ist in § 139 GWB von einem Gemeinschaftsunternehmen und von dessen Gründungsakt die Rede. Auf rein vertragliche Vereinbarungen von Sektorenauftraggebern dürfte § 139 GWB somit nicht anzuwenden sein.[8] Um dem Wortlaut des § 139 GWB zu genügen, dürfte aber jedenfalls die Gründung einer GbR ausreichen. 13

II. Anforderungen an die beteiligten Auftraggeber

Ob sich an Gemeinschaftsunternehmen auch öffentliche Auftraggeber beteiligen können, die nicht **Sektorenauftraggeber** sind, ist nicht abschließend geklärt. Der Wortlaut des § 139 GWB steht dem jedenfalls nicht ausdrücklich entgegen. Allerdings geht z. B. aus der englischen Sprachfassung des Art. 30 RL 2014/25/EU hervor, dass ausschließlich Sektorenauftraggeber ein entsprechendes Gemeinschaftsunternehmen bilden können. 14

Auftraggeber, die ein Gemeinschaftsunternehmen gründen oder sich daran beteiligen möchten, müssen bereits vorab **in einem der Sektoren tätig** sein.[9] Es würde nicht genügen, erst durch die betreffende Auftragserteilung an das neu zu gründende Gemeinschaftsunternehmen eine Aktivität im Sektorenbereich aufzunehmen.[10] Für die Annahme einer Betätigung in einem Sektor genügt es, wenn die Betätigung des beteiligten Auftraggebers einen hinreichenden Zusammenhang mit der Versorgungstätigkeit in dem betreffenden Sektor aufweist.[11] 15

III. Betätigung des Gemeinschaftsunternehmens

Die Ausnahme gilt nur für Aufträge, die im Zusammenhang mit einer **Sektorentätigkeit** nach § 102 GWB stehen. Für sonstige Aufträge, die von öffentlichen Auftraggebern nach § 99 Nr. 1 bis 3 GWB vergeben werden, kann die Ausnahme des § 139 GWB nicht angewendet werden, wie sich bereits aus § 136 GWB ergibt. 16

Das Gemeinschaftsunternehmen muss sich in den Sektoren selbst aktiv **betätigen**. Zumindest muss das Gemeinschaftsunternehmen Hilfstätigkeiten leisten oder Querschnittsfunktionen für die beteiligten Sektorenauftraggeber übernehmen.[12] Das Gemeinschaftsunternehmen 17

---

8 *Opitz*, in: Eschenbruch/Opitz/Röwekamp, SektVO, § 139 GWB Rn. 5.
9 *Röwekamp*, in: Röwekamp/Kus/Portz/Prieß, GWB-Vergaberecht, § 139 Rn 3.
10 Vgl. OLG Frankfurt, Beschluss v. 30.8.2011 – 11 Verg 3/11.
11 OLG München, Beschluss v. 13.3.2017 – Verg 15/16; *Marx*, Vergaberecht für Versorgungsbetriebe, 2. Kap. Rn. 30.
12 *Opitz*, in: Eschenbruch/Opitz/Röwekamp, SektVO, § 139 GWB Rn. 8.

muss aber nicht alle Anforderungen an einen Sektorenauftraggeber nach § 100 GWB erfüllen.

18 Nach dem Wortlaut des § 139 Abs. 1 Nr. 1 GWB wird das Gemeinschaftsunternehmen „ausschließlich **zur Durchführung von Sektorentätigkeiten** gebildet". Der Wortlaut knüpft somit an den formalen Gründungsakt an, nicht aber die tatsächlich durchgeführte Tätigkeit.[13] Ob sich somit aus dem Wortlaut für das Gemeinschaftsunternehmen ein Verbot der Betätigung in anderen Geschäftsfeldern[14] ableiten lässt, erscheint daher bereits fraglich. Und auch die strengen Vorgaben an den Gründungsakt lassen sich bei einem Vergleich des Art. 30 RL 2014/25/EU der deutschen Sprachfassung mit den anderen Sprachfassungen hinterfragen. Nur in der deutschen Sprachfassung findet man die Vorgabe, dass das Gemeinschaftsunternehmen ausschließlich zur Durchführung von Sektorentätigkeiten gebildet wird. Art. 30 RL 2014/25/EU in den anderen Sprachfassungen, etwa in der englischen oder französischen Sprachfassung, kennt diese ausdrückliche Einschränkung des Gründungszwecks auf Sektorentätigkeiten nicht. Die Vorgabe des § 139 Abs. 1 Nr. 1 GWB, nach der das Gemeinschaftsunternehmen ausschließlich zur Durchführung von Sektorentätigkeiten gebildet wird, ist somit offensichtlich das Ergebnis eines Übersetzungsfehlers in der deutschen Fassung von Art. 30 RL 2014/25/EU.

D. Stabilität des Gemeinschaftsunternehmens (Abs. 2)

19 In § 139 Abs. 2 GWB werden die Anforderungen an die Zusammensetzung und die Stabilität des Gemeinschaftsunternehmens[15] geregelt. Nach § 139 Abs. 2 Nr. 1 GWB muss mit der Bildung des Gemeinschaftsunternehmens eine mindestens dreijährige Durchführung der betreffenden Sektorentätigkeit beabsichtigt werden. § 139 Abs. 2 Nr. 2 GWB setzt voraus, dass sich die Sektorenauftraggeber bei Gründung des Gemeinschaftsunternehmens verpflichten, dem Unternehmen für ebendiesen Zeitraum von drei Jahren, in welchem die betreffende Sektorentätigkeit durchgeführt werden soll, anzugehören. Diese Voraussetzungen gelten für beide Fallkonstellationen des § 139 Abs. 1 GWB und sollen Wettbewerbsverzerrungen durch eine nur vorübergehende Bildung von Gemeinschaftsunternehmen zur Umgehung des Vergaberechts verhindern.[16]

20 Der **Gründungsakt** bezieht sich in der Regel auf den Gesellschaftsvertrag oder die Satzung des Gemeinschaftsunternehmens. Wenn in dem Gründungsdokument die nach § 139 Abs. 2 GWB erforderlichen Angaben noch nicht enthalten sind, können diese Angaben nachträglich aufgenommen werden, soweit die Stabilität des Gemeinschaftsunternehmens für den bevorstehenden Dreijahreszeitraum anzunehmen ist. Dies gilt z. B. bei Altunternehmen, die schon vor Inkrafttreten der entsprechenden vergaberechtlichen Vorgaben als Gemeinschaftsunternehmen gegründet worden sind.[17]

21 Kommt es zu einem **Wechsel** oder einem **Neueintritt** eines Sektorenauftraggebers in das Gemeinschaftsunternehmen, ist die Frage der Stabilität des Gemeinschaftsunternehmens unter den neuen Gegebenheiten erneut zu prüfen. Da § 139 GWB eine Ausnahme von der Durchführung eines Vergabeverfahrens vorsieht, kommt es darauf an, dass die Voraussetzungen für den Zeitraum der betreffenden Beschaffungen vorliegen. Im Übrigen sind Änderungen der Beteiligungsverhältnisse möglich.

22 Der Wortlaut des § 139 Abs. 2 Nr. 2 GWB schließt auch nicht aus, dass sich die **Beteiligungsverhältnisse** der das Gemeinschaftsunternehmen bildenden Sektorenauftraggeber an dem Gemeinschaftsunternehmen innerhalb des Dreijahreszeitraums ändern. Nach Sinn und Zweck der Vorschrift dürfte das Absenken einer Beteiligung aber jedenfalls nicht dergestalt erfolgen, dass der Charakter eines Gemeinschaftsunternehmens in Frage gestellt wird.

---

13 *Greb*, VergabeR 2009, 140 (144).
14 Vgl. *Graef/Haberstroh*, VersorgW 2011, 309 (313).
15 Vgl. Erwägungsgrund 39 RL 2014/25/EU.
16 *Greb*, VergabeR 2009, 140 (144).
17 *Opitz*, in: Eschenbruch/Opitz/Röwekamp, SektVO, § 139 GWB Rn. 8.

E. Rechtsschutz

23 Da § 139 GWB eine Ausnahme von der Anwendbarkeit der Bestimmungen des Teil 4 GWB vorsieht, können Bieter bzw. Anbieter der betreffenden Dienstleistungen, die im Falle einer Ausschreibung ein Interesse an der Abgabe eines Angebots gehabt hätten, das Nichtvorliegen der Voraussetzungen des § 139 GWB rügen und die Einleitung eines Nachprüfungsverfahrens bei der zuständigen Vergabekammer nach den §§ 160 ff. GWB beantragen.

Anlage

Gesetzesbegründung – VergRModG 2016 (BT-Drs. 18/6281)

Seite 124

§ 139 setzt Artikel 30 der Richtlinie 2014/25/EU um. Die Regelung entspricht inhaltsgleich dem bisherigen § 100b Absatz 8 und 9 GWB. Demnach finden die Vorschriften des Teils 4 des GWB keine Anwendung auf Auftragsvergaben durch ein Gemeinschaftsunternehmen an einen Sektorenauftraggeber, durch den dieses Gemeinschaftsunternehmen (mit-) errichtet wurde. Dasselbe gilt für Aufträge, die ein (mit-)errichtender Auftraggeber an ein Gemeinschaftsunternehmen vergibt. § 139 ist – wie auch die Ausnahme für Vergaben an verbundene Unternehmen nach § 138 – neben den allgemeinen Ausnahmen nach § 108 (Ausnahmen bei öffentlich-öffentlicher Zusammenarbeit) anwendbar.

§ 140 GWB
Besondere Ausnahme für unmittelbar dem Wettbewerb ausgesetzte Tätigkeiten

(1) Dieser Teil ist nicht anzuwenden auf öffentliche Aufträge, die zum Zweck der Ausübung einer Sektorentätigkeit vergeben werden, wenn die Sektorentätigkeit unmittelbar dem Wettbewerb auf Märkten ausgesetzt ist, die keiner Zugangsbeschränkung unterliegen. Dasselbe gilt für Wettbewerbe, die im Zusammenhang mit der Sektorentätigkeit ausgerichtet werden.

(2) Für Gutachten und Stellungnahmen, die aufgrund der nach § 113 Satz 2 Nummer 8 erlassenen Rechtsverordnung vorgenommen werden, erhebt das Bundeskartellamt Kosten (Gebühren und Auslagen) zur Deckung des Verwaltungsaufwands. § 62 Absatz 1 Satz 3 und Absatz 2 Satz 1, Satz 2 Nummer 1, Satz 3 und 4, Absatz 5 Satz 1 sowie Absatz 6 Satz 1 Nummer 2, Satz 2 und 3 gilt entsprechend. Hinsichtlich der Möglichkeit zur Beschwerde über die Kostenentscheidung gilt § 73 Absatz 1 und 4 entsprechend.

Übersicht Rn.

A. Allgemeines ... 1
I. Zweck der Ausnahmeregelung ... 5
II. Historie ... 6
III. Unionsrechtlicher Hintergrund ... 9
B. Voraussetzungen der Freistellung (Abs. 1) ... 11
I. Markt ohne Zugangsbeschränkung ... 12
1. Annahme eines unbeschränkten Marktzugangs bei Liberalisierung des betreffenden Sektors ... 13
2. Nachweis des unbeschränkten Marktzugangs ... 14
3. Marktzugang in den einzelnen Sektoren ... 15
II. Unmittelbarer Wettbewerb ... 17
1. Marktabgrenzung ... 20
a) Sachlich relevanter Markt ... 21
b) Räumlich relevanter Markt ... 23
2. Wettbewerbliche Kriterien ... 25
C. Praxisfälle in Deutschland ... 26
I. Freistellung der Erzeugung und des Großhandels von Strom aus konventionellen Quellen ... 27
II. Freistellung des Elektrizitäts- und Gaseinzelhandels ... 31
D. Freistellungsverfahren ... 36
I. Antragstellung ... 37
II. Beteiligung des Bundeskartellamtes (Abs. 2) ... 39
III. Entscheidung der Europäischen Kommission ... 43
IV. Freistellung nach Bekanntmachung ... 46
E. Rechtsschutz ... 48
Anlage
Gesetzesbegründung

A. Allgemeines

1 Aufträge, die der Ausübung einer Sektorentätigkeit dienen, müssen nach der Ausnahme des § 140 GWB nicht nach den §§ 97 ff. GWB ausgeschrieben werden, wenn die jeweilige Sektorentätigkeit auf einem Markt ohne Zugangsbeschränkung unmittelbar dem Wettbewerb ausgesetzt ist.

2 Die Ausnahme gilt nach § 140 Abs. 1 S. 1 und 2 GWB ausdrücklich für **öffentliche Aufträge** und **Wettbewerbe** – und i.V.m. § 154 Nr. 7 GWB auch für entsprechende Konzessionen. Rahmenvereinbarungen, für die nach § 103 Abs. 5 S. 2 GWB grundsätzlich dieselben Vorschriften gelten wie für die Vergabe entsprechender öffentlicher Aufträge, profitieren ebenfalls von der Ausnahme des § 140 GWB. Bei der Vergabe von verteidigungs- oder sicherheitsspezifischen öffentlichen Aufträgen kommt § 140 GWB dagegen nicht (entsprechend) zur Anwendung.

3 Die Ausnahme kommt allerdings nur zur Anwendung, nachdem die Europäische Kommission für die jeweilige Sektorentätigkeit ein **Freistellungsverfahren** durchgeführt hat. Dies ergibt

sich allerdings nicht mehr unmittelbar aus § 140 GWB, sondern nur noch aus § 3 SektVO sowie aus Art. 35 RL 2014/25/EU. Das Freistellungsverfahren wird in § 3 SektVO geregelt. In Deutschland gibt es mit der Freistellung der Erzeugung und des Großhandels von Strom aus konventionellen Quellen[1] sowie der Freistellung des Elektrizitäts- und Gaseinzelhandels[2] bislang zwei Anwendungsfälle dieser Ausnahme, die jeweils den Sektor der Energieversorgung betreffen. In anderen Mitgliedstaaten der Europäischen Union gibt es auch Freistellungsentscheidungen für den Sektor der Postdienstleistungen, in welchem in Deutschland in Ermangelung von Sektorenauftraggebern ohnehin kein Vergaberecht mehr zur Anwendung kommt, sowie für den Sektor der Verkehrsdienstleistungen. In den anderen Sektoren hat die Europäische Kommission bislang keine Freistellungen vom Vergaberecht beschlossen.

4 Die Ausnahme des § 140 GWB führt ausdrücklich zu einer **Freistellung** der betreffenden Sektorentätigkeiten von den Vorgaben des Teil 4 GWB und damit von den bundesgesetzlichen vergaberechtlichen Vorgaben. Auch die Vorgaben der SektVO sind bei Beschaffungen somit nicht mehr anzuwenden. Bei den vergaberechtlichen Vorgaben der Länder ist dagegen zu differenzieren: Einige Landesvorgaben erklären § 140 GWB ausdrücklich für anwendbar (vgl. § 6 Abs. 3 NWertVO). Andere Landesvorgaben enthalten eine weitgehende Freistellung für Aufträge von Sektorenauftraggebern (vgl. § 1 Abs. 6 TVgG NRW, § 3 Abs. 3 VGSH, § 1 Abs. 3 Nr. 2 ThürVgG). Soweit in entsprechenden Landesvorgaben überhaupt keine Bezugnahme auf die besonderen Vorgaben für die Vergabe von Sektorenaufträgen besteht, ist durch Auslegung zu ermitteln, ob die entsprechende Anwendung der besonderen Ausnahmen des Sektorenvergaberechts möglich ist. Primärrechtliche Grundsätze des Vergaberechts sind jedoch auch nach einer Freistellung weiterhin zu beachten, soweit ein grenzüberschreitendes Interesse an der jeweiligen Beschaffung besteht. Soweit die Ausschreibungspflicht aus anderen Gründen besteht, etwa aufgrund eines Fördermittelbescheides, führt § 140 GWB nicht ohne Weiteres zu einer Befreiung von der Ausschreibungspflicht.

I. Zweck der Ausnahmeregelung

5 Mit der Ausnahme möchte der europäische Gesetzgeber eine Möglichkeit zur Überprüfung der Entwicklung des Wettbewerbs in den Sektoren schaffen. Aktuelle oder künftige Liberalisierungen einzelner Sektorenbereiche sollen berücksichtigt werden mit der Folge, dass die jeweiligen betroffenen Sektorentätigkeiten aus dem Anwendungsbereich der Sektorenrichtlinie herausgenommen werden können.[3] Denn soweit eine bestimmte Sektorentätigkeit einem wirksamen Wettbewerb ausgesetzt ist, ist es nicht mehr erforderlich, die betreffenden öffentlichen Aufträge dem Vergaberecht zu unterwerfen. Der Wettbewerbsdruck übernimmt in diesen Fällen die ordnungspolitische Funktion des Vergaberechts, die Sektorenauftraggeber zu kostenbewussten und marktkonformen Beschaffungen anzuhalten.[4]

II. Historie

6 § 140 GWB übernimmt die zuvor in **§ 100b Abs. 4 Nr. 4 GWB a.F.** geregelte Ausnahmeregelung. Die Neuregelung verzichtet auf den ausdrücklichen Hinweis auf die erforderliche Durchführung eines Freistellungsverfahrens durch die Europäische Kommission und auf die Notwendigkeit einer Bekanntmachung der Freistellungsentscheidung im Bundesanzeiger durch das Bundesministerium für Wirtschaft und Energie. Diese Hinweise sowie die entsprechende

1 Durchführungsbeschluss der Kommission vom 24. April 2012 zur Freistellung der Erzeugung und des Großhandels von Strom aus konventionellen Quellen in Deutschland von der Anwendung der Richtlinie 2004/17/EG des Europäischen Parlaments und des Rates zur Koordinierung der Zuschlagserteilung durch Auftraggeber im Bereich der Wasser-, Energie- und Verkehrsversorgung sowie der Postdienste (C (2012) 2426).

2 Durchführungsbeschluss (EU) 2016/1674 der Kommission vom 15. September 2016 zur Ausnahme des Elektrizitäts- und Gaseinzelhandels in Deutschland von der Anwendung der Richtlinie 2014/25/EU des Europäischen Parlaments und des Rates (C (2016) 5779).

3 Erwägungsgrund 43 RL 2014/25/EU; *Burgi/Rast*, in: Burgi/Dreher, Vergaberecht, § 3 SektVO Rn. 4.

4 Vgl. Verordnungsbegründung zu § 3 SektVO, VergRModVO, BR-Drs. 522/09, 39.

Verfahrensbeschreibung finden sich nur noch in § 3 SektVO. Inhaltliche Änderungen sind damit nicht verbunden.

§ 3 SektVO beschränkt sich darauf, das Verfahren der Antragstellung und die Beteiligung der Behörden in Deutschland zu beschreiben. Die näheren **Voraussetzungen einer Freistellung** nach § 140 GWB sind nicht mehr in § 3 SektVO enthalten, sondern nur noch in Art. 34 RL 2014/25/EU. 7

Die in § 140 Abs. 2 GWB geregelte Ermächtigung des Bundeskartellamtes, **Kosten für eine Verfahrensbeteiligung** zu erheben, sowie die Hinweise zum Verfahren der Kostenerhebung sind inhaltsgleich aus § 127a Abs. 1 GWB a.F. übernommen worden. Die zuvor in § 127a Abs. 2 GWB a.F. enthaltene Verordnungsermächtigung zur Kostenerhebung findet sich nun in dem Katalog der Verordnungsermächtigungen in § 113 Nr. 8 GWB. 8

III. Unionsrechtlicher Hintergrund

§ 140 Abs. 1 GWB übernimmt die Ausnahme des Art. 34 **RL 2014/25/EU**. Das Verfahren für die Bestimmung der Anwendbarkeit von Art. 34 regelt Art. 35 RL 2014/25/EU. Bislang waren sowohl die Voraussetzungen als auch die Verfahrensmodalitäten in Art. 30 RL 2004/17/EG geregelt. Die Neuregelungen und insbesondere die Erwägungsgründe 43 bis 50 RL 2014/25/EU fallen deutlich ausführlicher aus als die Vorgängerregelungen. Eine inhaltliche Neuausrichtung der Rechtslage ist damit aber nicht verbunden. Vielmehr scheinen die Erfahrungen, die die Europäische Kommission mit den bisherigen Freistellungsverfahren[5] erlangt hat, nun teilweise im Richtlinientext berücksichtigt worden zu sein. Die Voraussetzungen der Art. 34 und 35 RL 2014/25/EU sowie die internen Durchführungsbestimmungen der Europäischen Kommission[6] sind somit bei einem Antrag über die Freistellung einer Sektorentätigkeit zusätzlich zu beachten. 9

Die bislang ergangenen **Freistellungsentscheidungen** der Europäischen Kommission nach Art. 30 RL 2004/17/EG haben weiterhin Bestand.[7] 10

B. Voraussetzungen der Freistellung (Abs. 1)

§ 140 GWB ermöglicht die Freistellung für bestimmte Typen von Sektorentätigkeiten von den §§ 97 ff. GWB. Sektorenauftraggeber, die eine nach § 140 GWB freigestellte Tätigkeit durchführen, werden jedoch nicht insgesamt freigestellt, sondern müssen bei jeder Beschaffungstätigkeit prüfen, ob diese unter die Ausnahme fällt.[8] Nach § 140 GWB muss es sich um Sektorentätigkeiten auf einem Markt ohne Zugangsbeschränkung handeln. Die Tätigkeit muss zudem unmittelbar dem Wettbewerb ausgesetzt sein. Die Voraussetzungen des § 140 GWB werden dabei weiter konkretisiert durch Art. 34 RL 2014/25/EU sowie den Durchführungsbeschluss (EU) 2016/1804 der Europäischen Kommission. Weitere Voraussetzung für eine Freistellung ist schließlich die erfolgreiche Durchführung des Freistellungsverfahrens.[9] 11

5 Eine Übersicht der Entscheidungen der Europäischen Kommission zu Anträgen über die Freistellung von Sektorentätigkeiten in den Mitgliedstaaten findet sich unter: https://ec.europa.eu/growth/single-market/public-procurement/legal-rules-and-implementation/exempt-markets_en. Bis April 2022 ist die Europäische Kommission in 49 Freistellungsverfahren tätig geworden.

6 Durchführungsbeschluss (EU) 2016/1804 der Kommission vom 10. Oktober 2016 über die Durchführungsmodalitäten für die Anwendung der Artikel 34 und 35 der Richtlinie 2014/25/EU des Europäischen Parlaments und des Rates über die Vergabe von Aufträgen durch Auftraggeber im Bereich der Wasser-, Energie- und Verkehrsversorgung sowie der Postdienste (C (2016) 6351).

7 Erwägungsgrund 43 RL 2014/25/EU.

8 VK Sachsen, Beschluss v. 9.12.2014 – 1/SVK/032-14, Rn. 128.

9 Siehe dazu Abschnitt D.

I. Markt ohne Zugangsbeschränkung

12 Ob für eine bestimmte Tätigkeit ein Markt ohne Zugangsbeschränkung vorliegt, ist anhand der Vorgaben des Art. 34 Abs. 3 i.V.m. Anhang III RL 2014/25/EU festzustellen.

1. Annahme eines unbeschränkten Marktzugangs bei Liberalisierung des betreffenden Sektors

13 Zunächst gilt nach der Vermutung des Art. 34 Abs. 3 UAbs. 1 RL 2014/25/EU der Zugang zu einem Markt dann als nicht beschränkt, wenn der jeweilige Mitgliedstaat die Rechtsvorschriften des Anhang III RL 2014/25/EU umgesetzt hat und anwendet. Für die in Deutschland relevanten Sektoren der Trinkwasserversorgung, der Energieversorgung und des Verkehrs sind in diesem Anhang Rechtsvorschriften für die Fortleitung oder Abgabe von Gas und Wärme (RL 2009/73/EG), für die Erzeugung, Fortleitung oder Abgabe von Elektrizität (RL 2009/72/EG) sowie für Auftraggeber im Bereich der Eisenbahndienste im Schienengüterverkehr und grenzüberschreitenden Schienenpersonenverkehr (RL 2012/34/EU) aufgeführt.

2. Nachweis des unbeschränkten Marktzugangs

14 Soweit Anhang III RL 2014/25/EU für eine Sektorentätigkeit keine Rechtsvorschriften benennt oder soweit entsprechende Rechtsvorschriften vom jeweiligen Mitgliedstaat nicht umgesetzt oder angewendet werden, bleibt nach Art. 34 Abs. 3 UAbs. 2 RL 2014/25/EU im Einzelfall die Möglichkeit, nachzuweisen, dass der unbeschränkte Marktzugang faktisch und rechtlich gegeben ist. Der Antragsteller müsste dann nachweisen, dass trotzdem ein Rechtsrahmen gegeben ist, der potenziellen Anbietern einen diskriminierungsfreien Zugang zum Markt bietet. Dabei müsste insbesondere die einschlägige Rechtsprechung des Europäischen Gerichtshofs hinsichtlich der Niederlassungsfreiheit gemäß Art. 49 AEUV beachtet werden.[10]

3. Marktzugang in den einzelnen Sektoren

15 Im Bereich der **Energieversorgung** ist das Kriterium des unbeschränkten Marktzugangs somit aufgrund der Umsetzung und Anwendung der RL 2009/72/EG und der RL 2009/73/EG erfüllt. Im **Verkehrsbereich** trifft dies aufgrund der Umsetzung und Anwendung der RL 2012/34/EU für die Bereiche des Schienengüterverkehrs und des grenzüberschreitenden Schienenpersonenverkehrs zu.

16 Für den Sektor der **Trinkwasserversorgung** gibt es keine europäischen Rechtsvorschriften im Sinne des Art. 34 Abs. 3 UAbs. 1 RL 2014/25/EU. In der Bundesrepublik Deutschland gibt es zudem mit §§ 31 bis 31b GWB weiterhin kartellrechtliche Sonderregelungen über die Missbrauchsaufsicht für die öffentliche Wasserversorgung. Die Weitergeltung kartellrechtlicher Sonderregelungen für die Wasserversorgung wird mit der speziellen Struktur und der Tatsache begründet, dass die Wasserversorgung einer strengen staatlichen Fachaufsicht unterworfen ist, um eine qualitativ hochwertige und hygienisch einwandfreie Trinkwasserversorgung sowie einen flächendeckenden Gewässerschutz gewährleisten zu können.[11] Eine Freistellung von Tätigkeiten aus dem Bereich der Trinkwasserversorgung nach § 140 GWB ist aufgrund der Marktsituation nicht zu erwarten.

II. Unmittelbarer Wettbewerb

17 Weiterhin muss die freizustellende Sektorentätigkeit unmittelbar dem Wettbewerb ausgesetzt sein.

---

10 Durchführungsbeschluss (EU) 2017/132 der Kommission vom 24. Januar 2017 zur Anwendbarkeit von Artikel 34 der Richtlinie 2014/25/EU des Europäischen Parlaments und des Rates auf Verträge zur Bereitstellung von Flughafeninfrastruktur für den Frachtverkehr in Österreich (C(2017) 260), Rn. 26 ff.

11 *Zuber*, in: Loewenheim/Meessen/Riesenkampff/Kersting/Meyer-Lindemann, Kartellrecht, Einführung vor § 31 GWB Rn. 3 und 4.

Die Europäische Kommission berücksichtigt in jedem Freistellungsverfahren die tatsächliche **Marktsituation** und ermittelt zunächst den für die betreffende Tätigkeit sachlich und räumlich relevanten Markt. 18

Im weiteren Verlauf prüft die Europäische Kommission anhand von objektiven Kriterien, die den Wettbewerbsbestimmungen des AEUV entsprechen und die die besonderen Merkmale des jeweiligen Sektors berücksichtigen, ob ein unmittelbarerer **Einfluss des Wettbewerbs** vorliegt.[12] Als Kriterien nennt Art. 34 Abs. 2 RL 2014/25/EU die Merkmale der betreffenden Waren und Leistungen, das Vorhandensein alternativer Waren oder Dienstleistungen, die auf Angebots- oder Nachfrageseite als austauschbar gelten, die Preise sowie die tatsächliche oder potenzielle Präsenz von mehr als einem Anbieter der betreffenden Waren oder Dienstleistungen. Konkretisierungen dieser Kriterien lassen sich aus der bisherigen Entscheidungspraxis der Europäischen Kommission ableiten. 19

1. Marktabgrenzung

Der Markt für die betreffende Sektorentätigkeit ist in sachlicher und geografischer Hinsicht abzugrenzen.[13] 20

a) Sachlich relevanter Markt

Der **sachlich relevante Markt** umfasst sämtliche Erzeugnisse und/oder Dienstleistungen, die von den Verbrauchern hinsichtlich ihrer Eigenschaften, Preise und ihres vorgesehenen Verwendungszwecks als austauschbar oder substituierbar angesehen werden.[14] Zu prüfen ist daher, inwieweit die Produkte oder Dienstleistungen, die im Rahmen der Sektorentätigkeit hergestellt werden, gleichen Bedürfnissen dienen. 21

Für die Bestimmung des sachlich relevanten Marktes sind insbesondere die folgenden **Kriterien** zu beachten: 22

- Eigen- und Kreuzpreiselastizität der Nachfrage nach den betreffenden Produkten und/oder Dienstleistungen,
- Unterschiede in der für die Produkte vorgesehenen Endverwendung,
- die Preisdifferenz zwischen zwei Produkten,
- Umstellungskosten zwischen zwei potenziell konkurrierenden Produkten,
- überlieferte oder verfestigte Verbraucherpräferenzen für eine Produktart oder -gruppe,
- die Produktklassifikationen.[15]

b) Räumlich relevanter Markt

Der **geografisch relevante Markt** gemäß Art. 34 Abs. 2 UAbs. 2 RL 2014/25/EU umfasst das **Gebiet**, 23

- in dem die betreffenden Unternehmen an Angebot und Nachfrage der Waren oder Dienstleistungen beteiligt sind,
- in dem die Wettbewerbsbedingungen ausreichend homogen sind und
- das von benachbarten Gebieten unterschieden werden kann, da insbesondere die Wettbewerbsbedingungen in jenen Gebieten deutlich andere sind.

---

12 Erwägungsgrund 44 RL 2014/25/EU.

13 Vgl. Abschnitt 3 des Durchführungsbeschlusses (EU) 2016/1804 der Kommission vom 10. Oktober 2016 über die Durchführungsmodalitäten für die Anwendung der Artikel 34 und 35 der Richtlinie 2014/25/EU des Europäischen Parlaments und des Rates über die Vergabe von Aufträgen durch Auftraggeber im Bereich der Wasser-, Energie- und Verkehrsversorgung sowie der Postdienste (C (2016) 6351).

14 Bekanntmachung der Kommission über die Definition des relevanten Marktes im Sinne des Wettbewerbsrechts der Gemeinschaft (97/C 372 /03), Rn. 7.

15 Abschnitt 3 des Durchführungsbeschlusses (EU) 2016/1804 der Kommission vom 10. Oktober 2016 über die Durchführungsmodalitäten für die Anwendung der Artikel 34 und 35 der Richtlinie 2014/25/EU des Europäischen Parlaments und des Rates über die Vergabe von Aufträgen durch Auftraggeber im Bereich der Wasser-, Energie- und Verkehrsversorgung sowie der Postdienste (C (2016) 6351).

Die Abgrenzung des relevanten geografischen Marktes ist wichtig für die Feststellung, ob eine Tätigkeit auf einem Markt unmittelbar dem Wettbewerb ausgesetzt ist. Denn den Marktanteilen jedes Unternehmens kommt in einem größeren Marktgebiet ein geringeres relatives Gewicht zu als in einem enger umgrenzten Marktgebiet. Der relevante geografische Markt muss nicht mit dem Hoheitsgebiet eines Mitgliedstaates übereinstimmen, sondern kann auch nur Teile des jeweiligen Hoheitsgebietes betreffen.[16] Andererseits kann der relevante geografische Markt auch über das Hoheitsgebiet des Mitgliedstaates hinausgehen, der die Freistellung beantragt.[17]

24 Bei der Definition des geografisch relevanten Marktes sind gemäß Art. 34 Abs. 2 UAbs. 2 RL 2014/25/EU insbesondere folgende **Kriterien** zu berücksichtigen:

- die Art und die Merkmale der betreffenden Waren oder Dienstleistungen,
- das Vorhandensein von Eintrittsbarrieren,
- das Vorhandensein von Verbraucherpräferenzen,
- deutliche Unterschiede bei den Marktanteilen der Unternehmen oder
- substanzielle Preisunterschiede zwischen dem betreffenden Gebiet und benachbarten Gebieten.

2. Wettbewerbliche Kriterien

25 In den zunächst auf Art. 30 RL 2004/17/EG und nun auf Art. 34 RL 2014/25/EU gestützten Freistellungsverfahren hat die Europäische Kommission die Prüfung, ob eine Sektorentätigkeit unmittelbarem Wettbewerb ausgesetzt ist, anhand einer Gesamtbetrachtung verschiedener Kriterien vorgenommen, von denen keines für sich genommen ausschlaggebend war. Bei Entscheidungen, die die Freistellung der Erzeugung von Strom betreffen, hat die Europäische Kommission regelmäßig den Konzentrationsgrad und die Verteilung der Marktanteile der Hauptakteure untersucht, sowie das Funktionieren des Ausgleichsmarktes, das Bestehen von Preiswettbewerb, die Versorgerwechselrate durch die Verbraucher und die Liquidität auf dem Großhandelsmarkt.[18] Für das Vorliegen eines funktionierenden Wettbewerbs sprechen insbesondere das Bestehen von Preiswettbewerb, eine hohe Wechselrate bei den Kunden sowie eine angemessene Verteilung der Marktanteile.[19]

---

16 Erwägungsgrund 45 RL 2014/25/EU; vgl. auch Entscheidung der Kommission vom 8. März 2006 über die Anwendung von Artikel 30 Absatz 1 der Richtlinie 2004/17/EG des Europäischen Parlaments und des Rates zur Koordinierung der Zuschlagserteilung durch Auftraggeber im Bereich der Wasser-, Energie- und Verkehrsversorgung sowie der Postdienste auf die Stromerzeugung in England, Schottland und Wales (K (2006) 690).

17 Vgl. Entscheidung der Kommission vom 19. Juni 2006 über die Anwendung von Artikel 30 Absatz 1 der Richtlinie 2004/17/EG des Europäischen Parlaments und des Rates zur Koordinierung der Zuschlagserteilung durch Auftraggeber im Bereich der Wasser-, Energie- und Verkehrsversorgung sowie der Postdienste auf die Erzeugung und den Verkauf von Strom in Finnland mit Ausnahme der Åland-Inseln (K (2006) 2337); Entscheidung der Kommission vom 29. Oktober 2007 zur Freistellung der Erzeugung und des Verkaufs von Strom in Schweden von der Anwendung der Richtlinie 2004/17/EG des Europäischen Parlaments und des Rates zur Koordinierung der Zuschlagserteilung durch Auftraggeber im Bereich der Wasser-, Energie- und Verkehrsversorgung sowie der Postdienste (K (2007) 5197).

18 Vgl. Entscheidung der Kommission vom 7. Juli 2008 zur Freistellung der Erzeugung von Strom in Österreich von der Anwendung der Richtlinie 2004/17/EG des Europäischen Parlaments und des Rates zur Koordinierung der Zuschlagserteilung durch Auftraggeber im Bereich der Wasser-, Energie- und Verkehrsversorgung sowie der Postdienste, K (2008) 3382, Rn. 6; vgl. Durchführungsbeschluss der Kommission vom 24. April 2012 zur Freistellung der Erzeugung und des Großhandels von Strom aus konventionellen Quellen in Deutschland von der Anwendung der Richtlinie 2004/17/EG des Europäischen Parlaments und des Rates zur Koordinierung der Zuschlagserteilung durch Auftraggeber im Bereich der Wasser-, Energie- und Verkehrsversorgung sowie der Postdienste, C (2012) 2426, Rn. 6.

19 *Rosenkötter/Plantiko*, NZBau 2010, 78 (81 ff.).

C. Praxisfälle in Deutschland

26 In Deutschland gibt es mit der Freistellung der Erzeugung und des Großhandels von Strom aus konventionellen Quellen[20] und der Freistellung des Elektrizitäts- und Gaseinzelhandels[21] bislang zwei Anwendungsfälle des § 140 GWB, die Teilausschnitte des Sektors der Energieversorgung betreffen. Für Beschaffungen in anderen Teilbereichen der Energieversorgung, d.h. der Wärmeversorgung, des Netzbetriebs, des Messstellenbetriebs (soweit kein Zusammenhang mit dem Strom- oder Gaseinzelhandel besteht) und der Energiedienstleistungen, sowie für Beschaffungen in anderen Sektoren als der Energieversorgung gibt es in Deutschland keine Freistellungen nach § 140 GWB.[22]

I. Freistellung der Erzeugung und des Großhandels von Strom aus konventionellen Quellen

27 Durch den **Freistellungsbeschluss** vom 24. April 2012 werden Sektorenauftraggeber nach § 100 GWB von der für diese zuvor bestehenden Pflicht befreit, Beschaffungen über die Errichtung, den Kauf, den Betrieb oder die Wartung von Anlagen zur Stromerzeugung aus konventionellen Quellen nach den Vorgaben der §§ 97 ff. GWB auszuschreiben.[23] Das gilt auch für die Stilllegung oder den Rückbau einer Stromerzeugungsanlage, wenn diese im Zusammenhang mit dem Neubau oder Umbau der Anlage erfolgt.[24] Die Freistellung gilt auch für Hilfstätigkeiten, die die Stromerzeugung oder den Großhandel als Sektorentätigkeit im engeren Sinne lediglich unterstützen.[25]

28 Nicht vom Freistellungsbeschluss vom 24. April 2012 erfasst ist dagegen ausdrücklich die Erzeugung von Strom, der in den Anwendungsbereich des EEG fällt. Bei der Beschaffung von Anlagen zur Erzeugung von **Strom aus erneuerbaren Energien** sind die §§ 97 ff. GWB daher weiterhin anzuwenden. Demgegenüber kann nicht eingewendet werden, dass auch das EEG in neueren Fassungen stets weitere wettbewerbliche Elemente enthält. So können etwa nur noch solche neu in Betrieb genommenen EEG-Anlagen eine finanzielle Förderung erhalten, die zuvor erfolgreich an einer Ausschreibung der Bundesnetzagentur teilgenommen haben. Dies gilt zumindest für Biomasseanlagen ab einer installierten Leistung von mehr als 150 kW, für Windenergieanlagen an Land sowie für Solaranlagen (jeweils ab einer Leistung von mehr als 750 kW) und für Windenergieanlagen auf See.[26] Bei einer zunehmenden wettbewerblichen Ausrichtung des EEG wäre es somit im Falle einer erneuten Befassung der Europäischen Kommission nicht fernliegend, auch Beschaffungen zum Zwecke der Stromerzeugung aus erneuerbaren Energien freizustellen.

29 Strom, der nach dem **KWKG** gefördert wird, fällt dagegen in den Anwendungsbereich der Freistellungsentscheidung. Freigestellt werden allerdings grundsätzlich nur Beschaffungen, die der Erzeugung von Strom dienen. Beschaffungen zur Erzeugung bzw. zur Verteilung von Wärme sind nicht privilegiert.

30 Bei sog. **gemischten Aufträgen**, die einerseits der Erzeugung von Strom aus konventionellen Quellen dienen und andererseits nicht privilegierten Tätigkeiten, wie z. B. der Erzeugung von Strom aus erneuerbaren Energien oder der Erzeugung von Wärme, kommt eine Freistel-

20 Durchführungsbeschluss der Kommission vom 24. April 2012 zur Freistellung der Erzeugung und des Großhandels von Strom aus konventionellen Quellen in Deutschland von der Anwendung der Richtlinie 2004/17/EG des Europäischen Parlaments und des Rates zur Koordinierung der Zuschlagserteilung durch Auftraggeber im Bereich der Wasser-, Energie- und Verkehrsversorgung sowie der Postdienste (C (2012) 2426).
21 Durchführungsbeschluss (EU) 2016/1674 der Kommission vom 15. September 2016 zur Ausnahme des Elektrizitäts- und Gaseinzelhandels in Deutschland von der Anwendung der Richtlinie 2014/25/EU des Europäischen Parlaments und des Rates (C (2016) 5779).
22 Vgl. *Tugendreich/Heller*, NZBau 2017, 387 (390).
23 *Wrede*, in: Müller-Wrede, SektVO, § 3 Rn. 57 ff.
24 *Röwekamp*, in: Röwekamp/Kus/Portz/Prieß, GWB-Vergaberecht, § 140 Rn 4.
25 Vgl. OLG München, Beschluss v. 13.3.2017 – Verg 15/16.
26 Siehe § 22 EEG 2021 über die wettbewerbliche Ermittlung der Marktprämie.

lung nach § 140 GWB nur dann in Betracht, wenn die freigestellten Sektorentätigkeiten den Hauptgegenstand der Beschaffung darstellen.[27]

II. Freistellung des Elektrizitäts- und Gaseinzelhandels

31 Der **Freistellungsbeschluss** vom 15. September 2016 betrifft öffentliche Aufträge von Sektorenauftraggebern nach § 100 GWB im Bereich des Stromeinzelhandels mit solchen Kunden, deren Stromverbrauch durch Leistungsmessung erfasst wird (registrierende Leistungsmessung, „RLM-Kunden"), sowie mit Kunden, deren Stromverbrauch auf der Grundlage eines Standardlastprofils berechnet wird („SLP-Kunden"). Öffentliche Aufträge, die den Stromeinzelhandel mit SLP-Kunden ermöglichen sollen, die gemäß gesetzlichen Standardlieferbedingungen beliefert werden, sowie öffentliche Aufträge, die den Heizstrommarkt betreffen, profitieren nicht von der Freistellung. Der Beschluss betrifft ebenso öffentliche Aufträge, die den Gaseinzelhandel mit RLM- und SLP-Kunden ermöglichen sollen. Ausgeschlossen sind auch im Bereich des Gaseinzelhandels öffentliche Aufträge im Zusammenhang mit Kunden, die gemäß gesetzlichen Standardbedingungen beliefert werden.[28]

32 Als **Stromeinzelhandel** bezeichnet der Beschluss die „Einspeisung von Elektrizität auf Endkundenebene". Andere Möglichkeiten der Stromversorgung des Endkunden, etwa durch Contracting, fallen nicht in den Anwendungsbereich der Freistellung. Der Beschluss definiert nicht, welche Beschaffungsgegenstände in den Anwendungsbereich fallen. Maßgeblich ist, dass die jeweilige Beschaffung die vorgenannten Tätigkeiten in den Bereichen des Strom- oder Gaseinzelhandels ermöglichen soll. Das betrifft z. B. sämtliche Leistungen zur Kundenwerbung, -beratung und zum Kundenmanagement einschließlich der Anschaffung sowie der Wartung und Pflege entsprechender Gebäude samt Ausstattung, IT-Infrastruktur und Software, Mittel zur Kundenansprache sowie Abrechnungs- und Inkassodienstleistungen.[29] In den Anwendungsbereich des Freistellungsbeschlusses können auch öffentliche Aufträge fallen, die der Durchführung des Messstellenbetriebs dienen, da die Durchführung von Messungen erforderlich ist, um Energielieferungen zu ermöglichen bzw. abzurechnen.[30] Die Beschaffung von Strom oder Gas zum Zwecke des Einzelhandels fällt ebenfalls grundsätzlich in den Anwendungsbereich dieses Freistellungsbeschlusses. Für diesen Fall gibt es allerdings bereits die spezielle Ausnahmeregelung in § 137 Abs. 1 Nr. 8 GWB.

33 Für Kunden in der **Grundversorgung** bzw. in der **Ersatzversorgung**, die zu Allgemeinen Bedingungen und Preisen nach § 36 bzw. § 38 EnWG mit Strom oder Gas beliefert werden, gilt die Freistellung nicht. In diesen Bereichen liegt nach Ansicht der Europäischen Kommission kein hinreichender Wettbewerb vor.[31] Die Europäische Kommission sieht in der Belieferung von Sonderkunden und von Kunden in der Grund- bzw. Ersatzversorgung jeweils getrennte sachlich relevante Märkte. Dieses Ergebnis lässt sich aber durchaus hinterfragen. Denn in der Praxis ist es üblich, dass Kunden in der Grund- oder Ersatzversorgung mit hinreichender Bonität Angebote von anderen Energielieferanten zum Abschluss eines Sonderkundenvertrages erhalten.[32]

34 Der Markt für die Belieferung von Kunden mit Strom zum Zweck der Raumheizung (**Heizstrommarkt**) wird ebenfalls nicht freigestellt. Nach Ansicht der Europäischen Kommission unterliegt der Markt je nach Jahreszeit erheblichen Schwankungen. In Spitzenzeiten werde der Markt von erheblich größerer Nachfrage gekennzeichnet als der Markt für Haushaltsstrom.

---

27 VK Sachsen, Beschluss v. 9.12.2014 – 1/SVK/032-14, Rn. 134.

28 Art. 1 des Durchführungsbeschlusses (EU) 2016/1674 der Kommission vom 15. September 2016 zur Ausnahme des Elektrizitäts- und Gaseinzelhandels in Deutschland von der Anwendung der Richtlinie 2014/25/EU des Europäischen Parlaments und des Rates (C (2016) 5779).

29 Vgl. *Tugendreich/Heller*, NZBau 2017, 387 (389); *Wrede/Klotz*, RdE 2017, 287 (291).

30 Vgl. BGH, Beschluss v. 26.1.2016 – EnVR 51/14.

31 Durchführungsbeschluss (EU) 2016/1674 der Kommission vom 15. September 2016 zur Ausnahme des Elektrizitäts- und Gaseinzelhandels in Deutschland von der Anwendung der Richtlinie 2014/25/EU des Europäischen Parlaments und des Rates (C (2016) 5779), Rn. 16, 21.

32 Vgl. *Dietrich*, in: Greb/Müller, Sektorenvergaberecht, § 140 GWB Rn. 52.

§ 140 Abs. 2 GWB i.V.m. § 62 Abs. 2 S. 3 GWB 100.000 Euro betragen oder auch aus Billigkeitsgründen reduziert werden.[37] Bei Rücknahme des Antrags vor Erlass einer Entscheidung ist nach § 62 Abs. 5 S. 1 GWB die Hälfte der Gebühr zu entrichten. Zudem werden nach § 62 Abs. 1 Nr. 3 GWB als **Auslagen** insbesondere die Kosten der Veröffentlichungen und der öffentlichen Bekanntmachungen erhoben.

42 Gegen die Kostenentscheidung des Bundeskartellamtes kann nach § 140 Abs. 2 S. 2 GWB bei entsprechender Anwendung des § 73 Abs. 1 und 4 GWB **Beschwerde** vor dem Oberlandesgericht, das für den Sitz der Kartellbehörde zuständig ist, d. h. vor dem OLG Düsseldorf, erhoben werden.

III. Entscheidung der Europäischen Kommission

43 Das Verfahren in der Europäischen Kommission zur Herbeiführung der Entscheidung über den eingebrachten Antrag wird in Art. 35 Abs. 3 bis 6 RL 2014/25/EU geregelt.

44 Die **Frist** zur Herbeiführung einer Entscheidung durch die Europäische Kommission beträgt nach Art. 35 Abs. 3 i.V.m. Anlage IV RL 2014/25/EU in den Fällen, in denen von einem unbeschränkten Marktzugang nach Art. 34 Abs. 3 UAbs. 1 RL 2014/25/EU ausgegangen werden kann, 90 Tage. Diese Frist kann in den in der Anlage IV RL 2014/25/EU aufgeführten Fällen oder mit Zustimmung des Auftraggebers verlängert werden.

45 Auch nach Antragstellung können sich die Antragsteller mit der Europäischen Kommission gemäß Art. 35 Abs. 4 RL 2014/25/EU auf eine **Anpassung** des Antrags verständigen.

IV. Freistellung nach Bekanntmachung

46 Nach Art. 35 Abs. 3 UAbs. 2 und Abs. 6 RL 2014/25/EU fallen die Sektorentätigkeiten, auf die sich der Freistellungsantrag bezieht, nicht mehr in den Anwendungsbereich der Richtlinie, sobald die Europäische Kommission eine positive **Entscheidung** innerhalb der Entscheidungsfrist getroffen und diese Entscheidung im Amtsblatt der Europäischen Union veröffentlicht hat. Das Gleiche gilt auch dann, wenn die Europäische Kommission innerhalb der Entscheidungsfrist keine Entscheidung trifft.

47 Nach § 3 Abs. 6 SektVO ist für die Feststellung der Freistellung zudem erforderlich, dass das Bundesministerium für Wirtschaft und Energie die Feststellung oder den Ablauf der Frist im **Bundesanzeiger** bekanntgemacht hat.

E. Rechtsschutz

48 Der Ausnahmeregelung des § 140 GWB kommt im Hinblick auf das der Norm zugrunde liegende Freistellungsverfahren nach Art. 34, 35 RL 2014/25/EU und § 3 SektVO kein **unternehmensschützender Charakter** zu. Dieses Verfahren regelt die Freistellung von Sektorentätigkeiten, für die aufgrund einer erfolgten Liberalisierung des Sektorenbereichs für eine Anwendung des Vergaberechts keine Erforderlichkeit mehr besteht. Damit dient das Verfahren nicht dem Schutz potenzieller Bieter.

49 Unternehmen können bei einem konkreten Beschaffungsfall allerdings gegenüber der Vergabekammer monieren, dass die betreffende zu beschaffende Leistung nicht in den **Anwendungsbereich** der jeweiligen Freistellungsentscheidung der Europäischen Kommission fällt und damit der Anwendungsbereich des § 140 GWB nicht eröffnet ist. Beschaffungen, die nicht vom Anwendungsbereich der jeweiligen Freistellungsentscheidung abgedeckt sind, stellen insoweit eine De-facto-Vergabe dar.[38] Eine Pflicht zur Rüge des Vergabeverstoßes innerhalb einer bestimmten Frist ab Erkennbarkeit des Verstoßes gibt es bei De-Facto-Vergaben nach § 160 Abs. 3 S. 2 GWB nicht.

---

37 *Dietrich*, in: Greb/Müller, Sektorenvergaberecht, § 140 GWB Rn. 38.
38 VK Sachsen, Beschluss v. 9.12.2014 – 1/SVK/032-14, Rn. 148.

Dies führe zu erheblichen Preisunterschieden, die eine Substitution mit den anderen genannten Produkten nicht zuließen.[33]

35 In der Praxis beschränken sich Beschaffungen in den Bereichen des Strom- oder Gaseinzelhandels regelmäßig nicht auf die oben genannten freigestellten Bereiche, sondern können grundsätzlich auch im Zusammenhang mit Verträgen der Grund- und Ersatzversorgung oder mit Heizstromverträgen stehen. Bei derartigen **gemischten Aufträgen** ist § 140 GWB nur dann anwendbar, wenn die freigestellten Bereiche den Hauptgegenstand des Auftrags betreffen.

D. Freistellungsverfahren

36 Anders als die Vorgängerregelung in § 100b Abs. 4 Nr. 4 GWB a.F. nimmt § 140 GWB nicht mehr Bezug auf das durchzuführende Freistellungsverfahren.[34] Das Freistellungsverfahren wird umfassend in Art. 35 RL 2014/25/EU geregelt. § 3 SektVO beschränkt sich im Wesentlichen darauf, die Rechte und Obliegenheiten möglicher Antragsteller, die in Deutschland einen entsprechenden Antrag stellen können, zu benennen und die Mitwirkung des Bundesministeriums für Wirtschaft und Energie, des Bundeskartellamts und der Bundesnetzagentur festzulegen.

I. Antragstellung

37 Das Verfahren auf Freistellung einer bestimmten Sektorentätigkeit wird eingeleitet durch einen **Antrag** an die Europäische Kommission. Diesen Antrag können einerseits nach § 3 Abs. 1 und 2 SektVO einzelne Auftraggeber oder ein Verband der Auftraggeber stellen und andererseits das Bundesministerium für Wirtschaft und Energie nach § 3 Abs. 5 SektVO.

38 Inhaltliche **Anforderungen** an den Antrag sowie formelle Angaben, wie z. B. die Adresse, an die der Antrag zu richten ist, hat die Europäische Kommission in ihrem Durchführungsbeschluss vom 10. Oktober 2016 festgelegt.[35]

II. Beteiligung des Bundeskartellamtes (Abs. 2)

39 In beiden Fällen ist dem Antrag eine **Stellungnahme** des Bundeskartellamtes beizufügen. Das Bundeskartellamt holt dazu eine weitere Stellungnahme der Bundesnetzagentur ein.

40 Für die Erarbeitung der Stellungnahme erhebt das Bundeskartellamt **Kosten** auf Grundlage des § 140 Abs. 2 GWB bei entsprechender Anwendung des § 62 Abs. 1 S. 3 und Abs. 2 S. 1, S. 2 Nr. 1, S. 3 und 4, Abs. 5 S. 1 sowie Abs. 6 S. 1 Nr. 2, S. 2 und 3 GWB. Eine besondere Regelung für die Kostenerhebung im Rahmen von Freistellungsverfahren nach § 140 GWB i.V.m. § 3 SektVO ist notwendig, da die Kostenregelung in § 62 GWB nur für die Kostenerhebung im Zusammenhang mit kartellrechtlichen Verfahren gilt.[36] Kostenschuldner ist bei entsprechender Anwendung des § 62 Abs. 5 GWB der Auftraggeber oder der Verband von Auftraggebern, der die Stellungnahme beim Bundeskartellamt gemäß § 3 SektVO beantragt.

41 Die Höhe der **Gebühren** richtet sich gemäß § 62 Abs. 2 S. 1 GWB nach dem personellen und sachlichen Aufwand des Kartellamtes sowie nach der wirtschaftlichen Bedeutung des Gegenstands der Stellungnahme. Der Gebührenhöchstsatz nach § 140 Abs. 2 GWB i.V.m. § 62 Abs. 2 S. 2 Nr. 1 GWB beträgt 50.000 Euro. In Ausnahmefällen kann der Höchstsatz nach

---

33 Durchführungsbeschluss (EU) 2016/1674 der Kommission vom 15. September 2016 zur Ausnahme des Elektrizitäts- und Gaseinzelhandels in Deutschland von der Anwendung der Richtlinie 2014/25/EU des Europäischen Parlaments und des Rates (C (2016) 5779), Rn. 16.

34 Wegen ausführlicher Erläuterungen zum Freistellungsverfahren siehe: *Sudbrock*, in: Eschenbruch/Opitz/Röwekamp, SektVO, § 3; *Wrede*, in: Müller-Wrede, SektVO, § 3.

35 Durchführungsbeschluss (EU) 2016/1804 der Kommission vom 10. Oktober 2016 über die Durchführungsmodalitäten für die Anwendung der Artikel 34 und 35 der Richtlinie 2014/25/EU des Europäischen Parlaments und des Rates über die Vergabe von Aufträgen durch Auftraggeber im Bereich der Wasser-, Energie- und Verkehrsversorgung sowie der Postdienste (C (2016) 6351).

36 *Zeiss*, NVwZ 2010, 556 (557).

Anlage

Gesetzesbegründung – VergRModG 2016 (BT-Drs. 18/6281)

Seite 125

§ 140 dient der Umsetzung von Artikel 34 Absatz 1 der Richtlinie 2014/25/EU. Die Ausnahme für unmittelbar dem Wettbewerb ausgesetzte Tätigkeiten war schon in Artikel 30 der Vorgängerrichtlinie 2004/17/EG vorgesehen und bislang sowohl in § 100b Absatz 4 Nummer 4 GWB als auch § 3 SektVO umgesetzt. Die Neuregelung des § 140 beschränkt sich auf die Regelung des reinen Ausnahmetatbestands. Die dazugehörigen Verfahrensvorschriften, die in Artikel 34 Absatz 2 und 3 sowie Artikel 35 der Richtlinie 2014/25/EU enthalten sind, werden nunmehr ausschließlich in der Sektorenverordnung geregelt.

§ 141 GWB
Verfahrensarten

(1) Sektorenauftraggebern stehen das offene Verfahren, das nicht offene Verfahren, das Verhandlungsverfahren mit Teilnahmewettbewerb und der wettbewerbliche Dialog nach ihrer Wahl zur Verfügung.

(2) Das Verhandlungsverfahren ohne Teilnahmewettbewerb und die Innovationspartnerschaft stehen nur zur Verfügung, soweit dies aufgrund dieses Gesetzes gestattet ist.

Übersicht

	Rn.
A. Allgemeines	1
I. Unionsrechtlicher Hintergrund	2
II. Vergleichbare Regelungen	4
III. Historie	6
B. Verfahrensarten	9
C. Wahlfreiheit (Abs. 1)	10
I. Wahlmöglichkeiten des Sektorenauftraggebers	10
II. Verfahrenswahl bei geförderten Maßnahmen	14
D. Gesetzliche Gestattung weiterer Verfahrensarten (Abs. 2)	16
I. Verhandlungsverfahren ohne Teilnahmewettbewerb	17
II. Innovationspartnerschaft	22
E. Rechtsschutz	23
Anlage	
Gesetzesbegründung	

A. Allgemeines

1 Nach § 141 Abs. 1 GWB können Sektorenauftraggeber bei der Vergabe von Aufträgen zum Zweck der Ausübung einer Sektorentätigkeit zwischen dem offenen Verfahren, dem nicht offenen Verfahren, dem Verhandlungsverfahren mit Teilnahmewettbewerb und dem wettbewerblichen Dialog frei wählen. Nach § 141 Abs. 2 GWB stehen zudem bei Vorliegen der gesetzlich definierten Voraussetzungen das Verhandlungsverfahren ohne Teilnahmewettbewerb und die Innovationspartnerschaft zur Verfügung. Seine Konkretisierung auf Verordnungsebene findet § 141 GWB in § 13 SektVO. § 13 Abs. 1 S. 1 SektVO enthält eine dem § 141 Abs. 1 GWB weitestgehend entsprechende Aufzählung der frei wählbaren Verfahrensarten. Die Regelungen des § 141 GWB gelten für alle Sektorenauftraggeber i.S.d. § 100 GWB, also sowohl für öffentliche als auch private Sektorenauftraggeber, gleichermaßen.[1]

I. Unionsrechtlicher Hintergrund

2 § 141 Abs. 1 GWB dient der Umsetzung von Art. 44 Abs. 1 bis 3 **RL 2014/25/EU**, § 141 Abs. 2 GWB der weiteren Umsetzung von Art. 44 Abs. 3 und 5 RL 2014/25/EU. Als mögliche Verfahrensarten für Sektorenauftragsvergaben kennt das Unionsrecht das offene Verfahren (Art. 45 RL 2014/25/EU), das nichtoffene Verfahren (Art. 46 RL 2014/25/EU), das Verhandlungsverfahren mit vorherigem Aufruf zum Wettbewerb (Art. 47 RL 2014/25/EU), den wettbewerblichen Dialog (Art. 48 RL 2014/25/EU), die Innovationspartnerschaft (Art. 49 RL 2014/25/EU) und das Verhandlungsverfahren ohne vorherigen Aufruf zum Wettbewerb (Art. 50 RL 2014/25/EU). Die Aufzählung der Arten des Aufrufs zum Wettbewerb in Art. 44 Abs. 4 RL 2014/25/EU hat der nationale Gesetzgeber hingegen nicht in § 141 GWB aufgenommen, sondern die Bekanntmachungsarten in §§ 35 bis 37 SektVO geregelt.

3 Die **Systematik** einerseits frei wählbarer und andererseits an Voraussetzungen geknüpfter Verfahrensarten ergibt sich im Unionsrecht aus einer Zusammenschau des Art. 44 Abs. 1 bis 3 und 5 RL 2014/25/EU mit den Art. 45 bis 50 RL 2014/25/EU, in denen entweder die freie Anwendbarkeit angelegt ist oder Anwendungsvoraussetzungen aufgeführt werden. Mit § 141

1 Vgl. dazu näher unten Rn. 7.

GWB hat der nationale Gesetzgeber die unionsrechtlichen Vorgaben mithin inhaltlich übereinstimmend übernommen.

II. Vergleichbare Regelungen

4 Für **„klassische" Auftragsvergaben** sind die zur Verfügung stehenden Verfahrensarten in § 119 Abs. 1 und 2 GWB geregelt. Der „klassische" Auftraggeber kann nur zwischen dem offenen und dem nicht offenen Verfahren frei wählen, während die anderen Verfahrensarten nur gewählt werden können, wenn dies aufgrund des GWB gestattet ist.[2] Die näheren Voraussetzungen für deren Wahl sind in der VgV und für Bauleistungen in der VOB/A-EU aufgeführt.

5 Für **Konzessionsvergaben** enthält § 151 GWB keine Eingrenzung auf bestimmte Verfahrensarten, sondern verpflichtet den Konzessionsgeber lediglich zur Bekanntmachung seiner Vergabeabsicht und überlässt ihm im Übrigen die Gestaltung des Vergabeverfahrens vorbehaltlich der zu beachtenden Vorgaben der Konzessionsvergabeverordnung (KonzVgV).[3]

III. Historie

6 § 141 Abs. 1 GWB übernimmt die Regelung des **§ 101 Abs. 7 S. 2 GWB a.F.** zur Wahlfreiheit hinsichtlich der Verfahrensarten bei der Vergabe von Sektorenaufträgen. Die Funktion des § 141 Abs. 2 GWB, in besonderen Situationen weitere Verfahrensarten zu ermöglichen, hatte bislang ausschließlich § 101 Abs. 7 S. 1 Hs. 2 GWB a.F. inne.

7 Seit Inkrafttreten der SektVO im Jahr 2009 gilt die weitgehend freie Wahl der Verfahrensart für alle **Sektorenauftraggeber**. Die RL 2004/17/EG hat im Interesse einer wirklichen Marktöffnung und eines angemessenen Gleichgewichts eine weitgehende Gleichbehandlung der Auftraggeber im öffentlichen Sektor und der Auftraggeber im privaten Sektor umgesetzt.[4] Die ursprüngliche Differenzierung zwischen öffentlichen und privaten Sektorenauftraggebern sowie nach dem Beschaffungsgegenstand, die in vielen Konstellationen Sektorenauftraggebern die freie Verfahrenswahl vorenthielt, wurde insoweit aufgegeben.[5] Folgerichtig verweist § 142 GWB ohne Unterscheidung zwischen öffentlichen und privaten Sektorenauftraggebern auf die §§ 118 und 141 GWB.

8 Bisher nicht in § 101 Abs. 7 S. 2 GWB a.F. geregelt waren der wettbewerbliche Dialog und die Innovationspartnerschaft. Während letztere als gänzlich neue Verfahrensart mit der Reform des Vergaberechts im Jahr 2016 hinzugetreten ist, gab es den **wettbewerblichen Dialog** bereits zuvor, ohne dass § 101 Abs. 7 S. 2 GWB a.F. hierzu eine Aussage getroffen hätte. Die kritisch beurteilte Auffassung der Bundesregierung, Sektorenauftraggeber könnten das Verhandlungsverfahren wie einen wettbewerblichen Dialog ausgestalten, weshalb § 101 Abs. 7 S. 2 GWB a.F. keine Regelungslücke aufweise,[6] ist mit dem neuen § 141 GWB obsolet geworden. Der Gesetzgeber hat nunmehr in Übereinstimmung mit den Regelungen für „klassische" Auftragsvergaben alle zur Verfügung stehenden Verfahrensarten ausdrücklich benannt. Ebenfalls wurde auf Ebene des formellen Gesetzes klargestellt, dass „nur" das **Verhandlungsverfahren mit Teilnahmewettbewerb** zur freien Verfügung steht, während es für die Wahl des Verhandlungsverfahrens ohne Teilnahmewettbewerb einer besonderen Begründung bedarf. Nach der alten Rechtslage ergab sich dies nicht unmittelbar aus § 101 Abs. 7 S. 2 GWB a.F. („…und das Verhandlungsverfahren nach ihrer Wahl zur Verfügung"), sondern erst in einer Zusammenschau mit § 6 Abs. 2 SektVO a.F., der die Anwendungsfälle des Verhandlungsverfahrens ohne Bekanntmachung (heute: Verhandlungsverfahren ohne Teilnahmewettbewerb) enumerativ aufzählte.

---

2 Siehe zu den Gründen der großzügigeren Regelung für Sektorenauftraggeber unten Rn. 12.
3 Vgl. §§ 12 ff. KonzVgV.
4 Siehe dazu Erwägungsgrund 10 RL 2004/17/EG.
5 Zur alten Rechtslage *Jasper/Soudry*, in: Dreher/Motzke, Vergaberecht, § 101 GWB Rn. 26.
6 Gesetzesbegründung zu § 101 GWB a.F., VergRModG 2009, BT-Drs. 16/10117, 20; kritisch dazu etwa *Pünder*, in: Pünder/Schellenberg, Vergaberecht, § 101 GWB Rn. 46 m.w.N.

B. Verfahrensarten

9 § 141 GWB zählt alle dem Sektorenauftraggeber frei oder unter bestimmten Voraussetzungen zur Verfügung stehenden Verfahrensarten abschließend auf. Die einzelnen Verfahrensarten werden in § 119 Abs. 3 bis 7 GWB näher definiert.[7] § 119 GWB gilt unmittelbar für die Vergabe von Aufträgen, die nicht der Durchführung von Sektorentätigkeiten dienen und die auch nicht verteidigungs- und sicherheitsspezifische öffentliche Aufträge betreffen. Nach § 142 GWB wird § 119 GWB bei der Vergabe von Sektorenaufträgen entsprechend angewendet, soweit § 141 GWB keine abweichenden Regelungen enthält. Die §§ 14 bis 18 SektVO ergänzen diese Verfahrensdefinitionen. Während die §§ 14 und 15 SektVO zum offenen Verfahren sowie zum nicht offenen Verfahren und zum Verhandlungsverfahren mit Teilnahmewettbewerb knappgehalten sind, konkretisieren die §§ 17 (Wettbewerblicher Dialog) und 18 (Innovationspartnerschaft) SektVO die Definitionen des § 119 Abs. 6 und 7 GWB umfassender und enthalten ausführliche Beschreibungen der einzelnen Verfahrensstufen.

C. Wahlfreiheit (Abs. 1)

I. Wahlmöglichkeiten des Sektorenauftraggebers

10 Die in § 141 Abs. 1 GWB vorgesehene weitergehende **Wahlmöglichkeit** hinsichtlich der Verfahrensart bei der Vergabe von Sektorenaufträgen stellt eine wesentliche Erleichterung gegenüber der Vergabe von „klassischen" öffentlichen Aufträgen dar, die im zweiten Abschnitt des vierten Teils des GWB geregelt ist (vgl. § 119 Abs. 1 und 2 GWB).[8] Das Verhandlungsverfahren mit Teilnahmewettbewerb hat aufgrund seiner Stellung als frei wählbares Regelverfahren im Sektorenbereich eine erheblich größere praktische Bedeutung als bei der „klassischen" Auftragsvergabe.[9] Die Wahlfreiheit bezieht sich aber nur auf die bestehenden Verfahrensarten („Typenzwang"). Elemente verschiedener Verfahren können anders als bei der Konzessionsvergabe[10] nicht miteinander kombiniert werden.[11] Dies gilt mangels gesetzlicher Privilegierung sowohl für öffentliche als auch für private Sektorenauftraggeber gleichermaßen. Daher müssen Sektorenauftraggeber, die sich für ein offenes Verfahren entscheiden, die Vergabe nach den entsprechenden Verfahrensregeln beenden und können keine Nachverhandlungen führen.[12]

11 Das offene Verfahren, das nicht offene Verfahren und das Verhandlungsverfahren mit Teilnahmewettbewerb stehen dem Sektorenauftraggeber „nach seiner Wahl" zur Verfügung. Das Gesetz eröffnet dem Sektorenauftraggeber somit einen Ermessensspielraum.[13] In der Literatur werden daraus teilweise umfassende **Begründungs-** und **Dokumentationspflichten** abgeleitet.[14] Begründet wird dies damit, dass subjektive Verfahrensrechte der Bieter in Rede stünden und deshalb der dokumentierten Begründung eine hohe Bedeutung zukomme. Bei seiner Verfahrenswahl sei der Auftraggeber an die fundamentalen Grundsätze des Vergaberechts gebunden, namentlich das Wettbewerbs- und Transparenzgebot und den Gleichbehandlungsgrundsatz. Die Ermessensentscheidung sei erforderlichenfalls auf das Vorliegen von Ermessensfehlern hin im Nachprüfungsverfahren gemäß §§ 155 ff. GWB zu überprüfen. So

---

7 Für Definitionen und Erläuterungen zu § 119 GWB siehe *Knauff* in § 119 GWB Rn. 22 ff.

8 Vgl. dazu oben Rn. 9.

9 *Schulz*, in: Gabriel/Krohn/Neun, Handbuch Vergaberecht, § 50 Rn. 5.

10 Siehe dazu § 151 GWB und § 12 KonzVgV, welche die Ausgestaltung des Konzessionsverfahrens der freien Entscheidung des Konzessionsgebers überlassen. Dazu *Bergmann*, in: Burgi/Dreher, Vergaberecht, § 151 GWB Rn. 14 ff.

11 So auch *Wichmann*, in: Eschenbruch/Opitz/Röwekamp, SektVO, § 141 GWB Rn. 10.

12 VK Südbayern, Beschluss v. 17.7.2001 – 23-06/01; *Schulz*, in: Gabriel/Krohn/Neun, Handbuch Vergaberecht, § 50 Rn. 8.

13 Zum Ermessensspielraum des Auftraggebers bei der Verfahrenswahl *Ricken*, Beurteilungsspielräume und Ermessen im Vergaberecht, S. 327 ff.; mit anderem dogmatischen Ansatz einen Entscheidungsspielraum ebenfalls bejahend *Gerlach*, Entscheidungsspielräume der Verwaltung, S. 232 ff.

14 *Pünder*, in: Pünder/Schellenberg, Vergaberecht, § 141 GWB Rn. 8 ff.; *Wankmüller*, www.vergabeblog.de vom 1.11.2015, Nr. 23996.

könne etwa ein Ermessensfehlgebrauch vorliegen, wenn eine Vergabestelle aus sachwidrigen Gründen anstelle eines offenen oder eines nicht offenen Verfahrens ein weniger wettbewerbsintensives Verfahren wähle. Die Gegenansicht hält eine Begründung und Dokumentation für nicht erforderlich.[15] Der Gesetz- und Verordnungsgeber habe in § 141 GWB und in § 13 Abs. 1 und 2 SektVO das Verhandlungsverfahren mit Teilnahmewettbewerb gleichberechtigt mit dem offenen und dem nicht offenen Verfahren zur Wahl gestellt. Konsequenterweise verlange daher § 8 Abs. 2 SektVO eine besondere Begründung der Verfahrenswahl nur für das Verhandlungsverfahren ohne Teilnahmewettbewerb.[16] Darüber hinausgehende Voraussetzungen müssten daher weder vorliegen noch dokumentiert sein. Dieser letztgenannten Ansicht ist der Vorzug zu geben. Ohne Weiteres ist zuzugestehen, dass die Ausübung von Entscheidungsspielräumen im Vergaberecht kein normativ vollkommen ungebundener Vorgang ist.[17] Es gelten die aus dem Verwaltungsrecht bekannten Grundsätze zu Beurteilungs- und Ermessensspielräumen einschließlich der entwickelten Fehlerlehren. Daraus aber zu schließen, der Sektorenauftraggeber sei angehalten, seine Verfahrenswahl auch innerhalb der Grenzen des § 141 Abs. 1 GWB bei jeder Abweichung von der Wahl des offenen Verfahrens oder des nicht offenen Verfahrens besonders prüfen und begründen zu müssen, erweist sich als contra legem. Denn insoweit hat der Gesetz- und Verordnungsgeber die Entscheidung getroffen, dass auch das Verhandlungsverfahren mit Teilnahmewettbewerb und der wettbewerbliche Dialog als Regelverfahren zur Verfügung stehen. Den oben erwähnten Ermessensfehlgebrauch kann es insoweit gar nicht geben, da die Wahl eines Regelverfahrens nicht auf sachwidrigen Gründen beruhen kann. Obgleich der Wettbewerbsgrundsatz einen fundamentalen Stellenwert hat und das offene oder auch das nicht offene Verfahren diesem Grundsatz grundsätzlich am besten Rechnung tragen, hat der Unionsgesetzgeber anerkannt, dass Auftraggeber bisweilen zusätzliche Flexibilität benötigen und dies durchaus den grenzüberschreitenden Handel fördern kann.[18] Für Sektorenauftraggeber sind die kooperativeren Verfahrensarten aufgrund des höheren Marktdrucks[19] generell zugelassen worden. Dies ist mit § 8 SektVO ohne Weiteres in Einklang zu bringen. Der Fortgang des Vergabeverfahrens, kann durch die schlichte Feststellung der gewählten Verfahrensart in der Dokumentation festgehalten werden, wie in § 8 Abs. 1 SektVO gefordert.[20] Einer weiteren Begründung bedarf es hingegen nicht. Ansonsten wäre auch nicht ersichtlich, worin der Unterschied zu § 8 Abs. 2 S. 2 Nr. 2 SektVO bestehen soll, wonach die Rechtfertigung der Wahl des Verhandlungsverfahrens ohne vorherigen Teilnahmewettbewerb nachvollziehbar dokumentiert sein muss.

12 Die Wahlfreiheit begründet sich insbesondere im Hinblick auf die Tatsache, dass Sektorenauftraggeber in (teil-) liberalisierten Märkten weitgehend wie private Unternehmen unter Wettbewerbsdruck agieren und daher anders als „klassische" staatliche Stellen auf **flexiblere Beschaffungsprozesse** angewiesen sind, um wettbewerbsfähig sein zu können.[21] Dies rechtfertigt die Annahme, dass Sektorenauftraggeber ein erhöhtes Eigeninteresse an wettbewerblichen Beschaffungsverfahren haben, um zu wirtschaftlichen Ausschreibungsergebnissen zu kommen. Für die freie Wahl eines Verfahrens, das den Erfordernissen des jeweiligen Beschaffungsvorgangs entgegenkommt, spricht zudem, dass in den Sektorenbereichen viele

15 *Jansen*, in: Burgi/Dreher, Vergaberecht, § 141 GWB Rn. 6; *Wichmann*, in: Eschenbruch/Opitz/Röwekamp, SektVO, § 141 GWB Rn. 9; *Kruse/Hirsch/Kaelble*, in: Müller-Wrede, SektVO, § 13 Rn. 42.

16 Auch § 8 Abs. 2 Nr. 6 und 7 VgV sieht eine zwingende Begründung nur für die Wahl des Verhandlungsverfahrens mit oder ohne Teilnahmewettbewerb oder des wettbewerblichen Dialogs vor, da im Anwendungsbereich der Vergabeverordnung eben nur für diese Verfahren besondere Umstände vorliegen müssen, die deren Anwendung rechtfertigen.

17 Dazu ausführlich *Ricken*, Beurteilungsspielräume und Ermessen im Vergaberecht, S. 189 ff.

18 Siehe dazu den Erwägungsgrund 42 RL 2014/24/EU.

19 Dazu unten Rn. 12.

20 Dies kann bei der Wahl des Verhandlungsverfahrens mit Teilnahmewettbewerb oder des wettbewerblichen Dialogs etwa mit dem Hinweis verbunden werden, dass es sich hierbei nach § 141 Abs. 1 GWB und § 13 Abs. 1 SektVO um gesetzlich vorgesehene Regelverfahren handelt.

21 Vgl. Gesetzesbegründung zu § 110 Abs. 5 GWB a.F., VgRÄG, BT-Drs. 13/9340, 15 f. Siehe auch *Wichmann*, in: Eschenbruch/Opitz/Röwekamp, SektVO, § 141 GWB Rn. 7.

Aufträge darauf ausgerichtet sind, technisch hochkomplexe Anlagen mit einer großen Bedeutung für die Erbringung von Leistungen der Daseinsvorsorge zu errichten oder zu betreiben.[22]

Im Hinblick auf die vorstehende Begründung ist es konsequent, dass § 141 GWB nur anzuwenden ist auf die Vergabe von öffentlichen Aufträgen und die Ausrichtung von Wettbewerben durch Sektorenauftraggeber zum **Zweck der Ausübung einer Sektorentätigkeit**, § 136 GWB. Das Verhandlungsverfahren mit Teilnahmewettbewerb und der wettbewerbliche Dialog stehen ohne Erfüllung weiterer Voraussetzungen nur Sektorenauftraggebern (§ 100 GWB)[23] und nur für öffentliche Aufträge und Wettbewerbe offen, die der Ausübung einer Sektorentätigkeit aus den Bereichen Wasser, Elektrizität, Gas und Wärme, Verkehrsleistungen, Häfen und Flughäfen und fossile Brennstoffe (§ 102 GWB) dienen.[24] In Unternehmen mit mehreren Sparten, die nur teilweise Sektorentätigkeiten ausüben, ist daher besonders zu beachten, ob der Beschaffungsgegenstand zum Zweck der Ausübung einer Sektorentätigkeit dient. Die Sektoreneigenschaft bestimmt sich stets nach den einzelnen Tätigkeiten eines Auftraggebers und ist deshalb teilbar (sog. „relative" Sektorentätigkeit), eine „Infektion" ist nicht möglich.[25] 13

II. Verfahrenswahl bei geförderten Maßnahmen

Eine besondere Problemstellung hinsichtlich der Wahlfreiheit kann entstehen, wenn der Sektorenauftraggeber Beschaffungen im Zusammenhang mit öffentlich geförderten Maßnahmen durchführt. Für solche Förderungen gelten zumeist besondere Vorgaben des Fördermittelgebers, die als Auflagen i.S.d. § 36 Abs. 2 Nr. 4 VwVfG mit dem Förderbescheid verbunden werden. Diese **Nebenbestimmungen** sind je nach Förderzusammenhang und -gegenstand unterschiedlich ausgestaltet.[26] Grundsätzlich gehen sie im Interesse einer wirtschaftlichen Beschaffung vom Vorrang des offenen Verfahrens bzw. der öffentlichen Ausschreibung aus. Verstöße gegen diese Allgemeinen Nebenbestimmungen können einen (Teil-)Widerruf des Zuwendungsbescheids gemäß § 49 Abs. 3 S. 1 Nr. 2 VwVfG und die (Teil-)Rückforderung der – nicht selten bereits verbrauchten – Fördersumme nebst Zinsen gemäß § 49a VwVfG zur Folge haben. Auf diese Folgen ist von der Rechtsprechung im Regelfall auch für die Wahl einer unzulässigen Verfahrensart erkannt worden.[27] Zwar sind nach dieser Rechtsprechung die Einzelumstände zu würdigen, es gilt aber zunächst die Regelannahme eines schwerwiegenden Verstoßes gegen die Auflage.[28] Dies steht in Konflikt mit der Wahlfreiheit des § 141 Abs. 1 GWB, nach der die zur Gewährung größerer Flexibilität im Sektorenvergaberecht kooperativeren Verfahrensarten des Verhandlungsverfahrens mit Teilnahmewettbewerb und des wettbewerblichen Dialogs ohne weitere Rechtfertigung zulässig sind. Die zuwendungsrechtlichen Auflagen, so sie denn wirksam ergehen, könnten letztlich somit dahin führen, dass ein Sektorenauftraggeber im Zusammenhang mit geförderten Maßnahmen angehalten ist, wie ein „klassischer" Auftraggeber auszuschreiben und damit die Wahlfreiheit des § 141 Abs. 1 GWB 14

22 Zu diesen Motiven *Pünder*, in: Pünder/Schellenberg, Vergaberecht, § 141 GWB Rn. 7.

23 Dazu *Röbke* in § 100 GWB Rn. 10 ff.

24 Siehe hierzu *Röbke* in § 102 GWB Rn. 5 ff.

25 VK Baden-Württemberg, Beschluss v. 4.12.2007 – 1 VK 47/17.

26 Siehe etwa die Allgemeinen Nebenbestimmungen für Zuwendungen zur institutionellen Förderung (ANBest-I), die Allgemeinen Nebenbestimmungen für Zuwendungen zur Projektförderung (ANBest-P) und die Allgemeinen Nebenbestimmungen für Zuwendungen zur Projektförderung unter Einsatz von Mitteln aus dem Europäischen Fonds für regionale Entwicklung (ANBest-EFRE).

27 BVerwG, Beschluss v. 13.2.2013 – 3 B 58/12 (Fernwärme-Übernahme-Station), NZBau 2013, 391, dazu *Burgi*, NVwZ 2013, 1083 und *Schäling*, IBR 2013, 294; VGH Mannheim, Urteil v. 17.10.2013 – 9 S 123/12, DVBl. 2014, 321; Urteil v. 28.9.2011 – 9 S 1273/10, VBlBW 2012, 221; OVG Berlin-Brandenburg, Urteil v. 27.2.2013 – 6 B 34.12, ZfBR 2013, 617; OVG Koblenz, Urteil v. 25.9.2012 – 6 A 10478/12.OVG; OVG Münster, Urteil v. 20.4.2012 – 4 A 1055/09, NVwZ-RR 2012, 671.

28 Dies klarstellend BVerwG, Beschluss v. 13.2.2013 – 3 B 58/12 (Fernwärme-Übernahme-Station), NZBau 2013, 391 (392); die Regelannahme kann etwa durchbrochen werden durch eine erhebliche Mitverantwortung der Bewilligungsbehörde für die vergaberechtlichen Verstöße, so VGH Mannheim, Urteil v. 17.10.2013 – 9 S 123/12, DVBl. 2014, 321, der aber die grundsätzliche Geltung der Regelannahme ausdrücklich bestätigt.

nicht nutzen zu können, ohne dem Risiko einer Rückforderung der Fördersumme ausgesetzt zu sein.[29] Dies gilt auch für private Sektorenauftraggeber i.S.v. § 100 Abs. 1 Nr. 2 GWB.[30]

15 Letztlich kann diese Anwendungspraxis **nicht überzeugen**. Die Wahlfreiheit des Sektorenauftraggebers fußt auf der nationalen Umsetzung des Art. 44 Abs. 2 RL 2014/25/EU, weshalb schon der unionsrechtliche effet utile (Art. 4 Abs. 3 EUV) einer Eingrenzung entgegenstehen dürfte.[31] Zudem ist die Rechtsprechungspraxis der Verwaltungsgerichte verfassungsrechtlich problematisch. Bei den Allgemeinen Nebenbestimmungen für Fördermaßnahmen handelt es sich verwaltungsrechtlich betrachtet um Anlagen zu norminterpretierenden bzw. ermessenslenkenden Verwaltungsvorschriften zur Bundeshaushaltsordnung (BHO) bzw. den jeweiligen Landeshaushaltsordnungen (LHO). Es dürfte ihre Stellung in der Normenhierarchie deutlich übersteigen und daher rechtsstaatlich bedenklich sein, die unionsrechtlich determinierten gesetzlichen Vorgaben des GWB und verordnungsrechtlichen Konkretisierungen in der VgV und der SektVO einzuschränken.[32] Auch Mischformen zwischen Sektorenvergaberecht und „klassischem" Vergaberecht sind abzulehnen, weshalb richtigerweise alleine die Vorgaben des GWB und der SektVO maßgeblich sein können.[33] Sind diese eingehalten und liegt zudem keine Beeinträchtigung des haushaltsrechtlichen Ziels einer wirtschaftlichen und sparsamen Beschaffung vor, kann kein schwerwiegender Verstoß gegen die zuwendungsrechtlichen Vorgaben zur Anwendung des Vergaberechts gegeben sein.[34]

D. Gesetzliche Gestattung weiterer Verfahrensarten (Abs. 2)

16 Nach § 141 Abs. 2 GWB stehen hingegen – wie bei der „klassischen" Auftragsvergabe – auch bei der Vergabe von Sektorenaufträgen das Verhandlungsverfahren ohne Teilnahmewettbewerb und die Innovationspartnerschaft nicht ohne Weiteres zur Verfügung, sondern nur *„soweit dies aufgrund dieses Gesetzes gestattet ist"*. Diese Formulierung umfasst nicht nur die Regelungen des GWB selbst, sondern über die Verordnungsermächtigung des § 113 GWB auch die Bestimmungen der Sektorenverordnung. In § 113 S. 2 Nr. 2 GWB wird der Verordnungsgeber ausdrücklich zur Regelung von Anforderungen an das Vergabeverfahren, insbesondere zur Regelung der Verfahrensart ermächtigt. Für die Sektorenauftragsvergabe hat er diese Ermächtigung in den §§ 13 ff. SektVO umgesetzt.

I. Verhandlungsverfahren ohne Teilnahmewettbewerb

17 Nach § 141 Abs. 2 GWB kommt das Verhandlungsverfahren ohne Teilnahmewettbewerb nur dann in Betracht, wenn dies **aufgrund des GWB gestattet** ist. Eine entsprechende Aufzählung der Fälle, in denen ein Verhandlungsverfahren ohne Teilnahmewettbewerb durchgeführt werden kann, enthält § 13 Abs. 2 SektVO.[35] Die restriktive Handhabung des Verhandlungsverfahrens ohne Teilnahmewettbewerb beruht auf der Tatsache, dass der jeweilige Beschaffungsvorgang bei einem Verzicht auf eine vorherige europaweite Bekanntmachung weitestgehend dem Wettbewerb entzogen wird, indem regelmäßig nur ein Bieter adressiert wird.[36]

18 Die Aufzählung der Anwendungsfälle ist abschließend. Da es sich um **Ausnahmen** handelt, werden die Regelungen zudem eng ausgelegt. Den Sektorenauftraggeber trifft insoweit die

29 Zu dieser Konsequenz *Jansen*, in: Burgi/Dreher, Vergaberecht, § 141 GWB Rn. 9.
30 Zu privaten Sektorenauftraggebern *Röbke* in § 100 GWB Rn. 12 ff.
31 So auch *Jansen*, in: Burgi/Dreher, Vergaberecht, § 141 GWB Rn. 9.
32 Auf dieses verfassungsrechtliche Problem weist ausdrücklich *Burgi*, NVwZ 2013, 1083 (1085) hin. Da das Zuwendungsrecht vom Gedanken des haushaltsrechtlichen Wirtschaftlichkeitsgebots getragen werde, müsse die Anknüpfung an das Vergaberecht auf diejenigen Vorgaben beschränkt werden, die eine wirtschaftliche und sparsame Mittelverwendung sicherstellen. Hierzu zählt Burgi nicht *„die sehr strikten und teilweise nicht einmal europarechtlich determinierten Bestimmungen über das Rangverhältnis zwischen den verschiedenen Verfahren mit Bekanntmachung"*.
33 Dies betont *Jansen*, in: Burgi/Dreher, Vergaberecht, § 141 GWB Rn. 9.
34 So auch *Burgi*, NVwZ 2013, 1083 (1085); *Hildebrandt/Conrad*, ZfBR 2013, 130 (138); *Krist*, NZBau 2013, 481 (482).
35 Verordnungsbegründung zu § 13 Abs. 2 SektVO, VergRModVO, BR-Drs. 87/16, 237.
36 *Wichmann*, in: Eschenbruch/Opitz/Röwekamp, SektVO, § 13 Rn. 11.

Pflicht, seine vollständig überprüfbare Einschätzung darzulegen, dass die Voraussetzungen eines bestimmten Anwendungsfalles des § 13 Abs. 2 SektVO vorliegen.[37] Der Rückgriff auf das Verhandlungsverfahrens ohne Teilnahmewettbewerb ist gemäß § 8 Abs. 2 S. 2 Nr. 2 SektVO in den Unterlagen des Sektorenauftraggebers so zu dokumentieren, dass die Entscheidung über die Verfahrenswahl zu einem späteren Zeitpunkt nachvollzogen und gerechtfertigt werden kann.

§ 13 Abs. 2 SektVO sieht im Einklang mit Art. 50 RL 2014/25/EU zehn **Anwendungsfälle** für die Durchführung eines Verhandlungsverfahrens ohne Teilnahmewettbewerb vor:[38] 19

1. Im Rahmen eines Verhandlungsverfahrens mit Teilnahmewettbewerb werden keine oder keine geeigneten Angebote oder keine geeigneten Teilnahmeanträge abgegeben.[39]
2. Der Auftrag dient ausschließlich den Zwecken von Forschung, Experimenten, Studien oder Entwicklung.
3. Der Auftrag kann nur von einem bestimmten Unternehmen durchgeführt werden
   a) aus künstlerischen Gründen,
   b) weil aus technischen Gründen kein Wettbewerb vorhanden ist oder
   c) wegen des Schutzes von ausschließlichen Rechten.
4. Äußerst dringende, zwingende Gründe aufgrund von nicht vorhersehbaren Ereignissen lassen es nicht zu, die Mindestfristen der Vergabeverfahren einzuhalten.
5. Es werden zusätzliche Lieferleistungen des ursprünglichen Auftragnehmers beschafft, die zu einer Erneuerung oder Erweiterung bereits erbrachter Leistungen bestimmt sind.
6. Es werden Bau- oder Dienstleistungen durch denselben Auftraggeber an denselben Auftragnehmer innerhalb desselben Grundprojekts vergeben, die in der Wiederholung gleichartiger Leistungen bestehen.
7. Die Beschaffung betrifft eine auf einer Warenbörse notierte und gekaufte Lieferleistung.
8. Es besteht kurzfristig eine besonders günstige Gelegenheit zur Warenbeschaffung.[40]
9. Aufgrund einer Geschäftsaufgabe oder Insolvenz können Liefer- oder Dienstleistungen zu besonders günstigen Bedingungen erworben werden.
10. Der Dienstleistungsauftrag muss im Anschluss an einen Planungswettbewerb nach § 60 SektVO an einen der Gewinner vergeben werden.

Auch bei Vorliegen der Voraussetzungen einer der Ausnahmeregelungen des § 13 Abs. 2 SektVO kann sich der Auftraggeber **freiwillig** dafür entscheiden, formstreng auszuschreiben und die Vergabe im Amtsblatt der EU zu veröffentlichen. Die Wahl eines Verfahrens, das die Intensität des Wettbewerbs über das gesetzlich erforderliche Maß erhöht, ist grundsätzlich möglich. Ein subjektives Recht auf Schutz vor Konkurrenz in einem wettbewerblichen Verfahren gibt es nicht.[41] 20

Fraglich ist, ob der Sektorenauftraggeber bei Vorliegen eines Rechtfertigungsgrundes nach § 13 Abs. 2 SektVO freiwillig nur eine **nationale Bekanntmachung** veröffentlichen darf. Teilweise wird dies jedenfalls dann für unzulässig erachtet, wenn im konkreten Einzelfall ein grenzüberschreitendes Interesse an der Auftragsausführung feststellbar ist. In diesem Fall verlange das Primärrecht eine europaweite Ausschreibung.[42] Noch strenger ist die Ansicht, nach 21

37 EuGH, Urteil v. 4.6.2009 – Rs. C-250/07 (Kommission/Griechenland), Rn. 34.
38 Siehe zu den Fallgruppen im Einzelnen *Kruse/Hirsch/Kaelble*, in: Müller-Wrede, SektVO, § 13 Rn. 36 ff.
39 Der Verordnungsgeber hat die Regelung des § 6 Abs. 2 Nr. 1 SektVO a.F. dahingehend eingeschränkt, dass nicht „ein Verfahren mit vorheriger Bekanntmachung" genügt, sondern ein Verhandlungsverfahren mit Teilnahmewettbewerb stattgefunden haben muss, um sich auf den Rechtfertigungsgrund des § 13 Abs. 2 Nr. 1 SektVO berufen zu können. Daraus ergibt sich ein Stufenverhältnis zwischen offenem/nicht offenem Verfahren, Verhandlungsverfahren mit Teilnahmewettbewerb und Verhandlungsverfahren ohne Teilnahmewettbewerb. Siehe hierzu *Kruse/Hirsch/Kaelble*, in: Müller-Wrede, SektVO, § 13 Rn. 49.
40 Vgl. *Jansen*, in: Burgi/Dreher, Vergaberecht, § 141 GWB Rn. 11.
41 *Wichmann*, in: Eschenbruch/Opitz/Röwekamp, SektVO, § 13 Rn. 17.
42 *Wichmann*, in Eschenbruch/Opitz/Röwekamp, SektVO, § 13 Rn. 17.

der eine nationale Bekanntmachung alleine in keinem Fall möglich sein soll, weil das Bedürfnis nach einer solchen Bekanntmachung einer Rechtfertigung der Wahl eines Verhandlungsverfahrens ohne Teilnahmewettbewerb entgegenstehe, dieses Verfahren mithin in einem solchen Fall gar nicht gewählt werden dürfe.[43] Die strenge Ansicht überzeugt insoweit nicht. Denn es ist angesichts des Wettbewerbsgrundsatzes nach § 97 Abs. 1 GWB nicht nachvollziehbar, warum einem Sektorenauftraggeber eine nationale Bekanntmachung verwehrt sein soll, wenn die Begründungsanforderungen des § 13 Abs. 2 SektVO erfüllt sind. Vielmehr dürfte nach den einzelnen Ausnahmegründen zu differenzieren sein.[44] So steht eine nationale Bekanntmachung sicherlich der Annahme entgegen, dass ein einzigartiges Kunstwerk oder eine einzigartige künstlerische Leistung beschafft werden soll oder aus technischen Gründen oder wegen des Schutzes von ausschließlichen Rechten, einschließlich der Rechte des geistigen Eigentums, kein Wettbewerb vorhanden ist (§ 13 Abs. 2 Nr. 3 GWB). Gleiches gilt etwa für das Vorliegen äußerst dringlicher, zwingender Gründe im Zusammenhang mit für den Sektorenauftraggeber unvorhersehbaren Ereignissen (§ 13 Abs. 2 Nr. 4 SektVO). Wenn aber etwa der Sektorenauftraggeber bei der Beschaffung einer Bau- oder Dienstleistung im Falle der Wiederholung gleichartiger Leistungen das Unternehmen wieder beauftragen dürfte, welches den ersten Auftrag erhalten hat, ohne eine Bekanntmachung zu veröffentlichen, ist nicht ersichtlich, warum dann nicht als ein „Mehr" an Wettbewerb bei Fehlen eines grenzüberschreitenden Interesses zumindest eine nationale Bekanntmachung zulässig sein soll.

II. Innovationspartnerschaft

22 Die Innovationspartnerschaft wurde im Zuge der Modernisierung des EU-Vergaberechts in Umsetzung des Art. 49 RL 2014/25/EU als neue Verfahrensart mit der Reform des Vergaberechts im Jahr 2016 in das GWB und die SektVO aufgenommen. Sie ist ein besonderes Vergabeverfahren zur Entwicklung und dem anschließenden Erwerb innovativer Liefer-, Bau- oder Dienstleistungen, wenn der bestehende Bedarf nicht durch bereits auf dem Markt verfügbare Lösungen befriedigt werden kann. Mit der Innovationspartnerschaft wird dem Auftraggeber erstmals ermöglicht, im Rahmen eines einzigen Verfahrens sowohl die Entwicklung einer Innovation[45] zu unterstützen und gleichzeitig auch den anschließenden Erwerb zu regeln, ohne erneut ausschreiben zu müssen. Voraussetzung ist, dass für solche innovativen Leistungen die vereinbarten Leistungs- und Kostenniveaus eingehalten werden können.[46] Die Innovationspartnerschaft wird im Einzelnen in § 18 SektVO geregelt. Sie stützt sich im Kern auf die Verfahrensregeln, die für das Verhandlungsverfahren gelten. Sie ist nur unter den Maßgaben des § 18 SektVO anwendbar, vgl. § 13 Abs. 1 S. 2 SektVO. Unabhängig davon, ob es um sehr große Vorhaben oder um kleinere innovative Vorhaben geht, sollte die Innovationspartnerschaft so strukturiert sein, dass sie die erforderliche Marktnachfrage bewirken kann, die die Entwicklung einer innovativen Lösung anstößt.[47] Wesentliche Voraussetzung für die Anwendbarkeit der Innovationspartnerschaft ist, dass der Beschaffungsgegenstand nicht durch auf dem Markt bereits verfügbare Leistungen befriedigt werden kann. Ziel des Auftraggebers muss die Entwicklung eines innovativen Produkts oder einer innovativen Leistung und zugleich deren Erwerb sein, d.h. es muss unmittelbar um die Erfüllung eines Beschaffungszwecks gehen. Das unterscheidet die Innovationspartnerschaft von der allgemeinen staatlichen Innovations- und Forschungsförderung.[48]

---

43 So *Voppel*, in: Voppel/Osenbrück/Bubert, VgV, § 14 Rn. 17.
44 Ebenso *Wichmann*, Eschenbruch/Opitz/Röwekamp, SektVO, § 13 Rn. 18.
45 Der Begriff der Innovation ist legaldefiniert in Art. 2 Nr. 18 RL 2014/25/EU.
46 Gesetzesbegründung zu § 119 Abs. 7 GWB, VergRModG 2016, BT-Drs. 18/6281, 98.
47 Siehe die Verordnungsbegründung zu § 18 SektVO, VergRModVO, BR-Drs. 87/16, 241; ausführlich zur Funktion der Innovationspartnerschaft *Knauff/Meurers*, in: Müller-Wrede, SektVO, § 18 Rn. 1 ff.
48 Zu den Voraussetzungen und Merkmalen der Innovationspartnerschaft *Knauff/Meurers*, in: Müller-Wrede, SektVO, § 18 Rn. 10 ff.

E. Rechtsschutz

Eine Verletzung des § 141 GWB durch die Wahl einer unzulässigen Verfahrensart kann in einem **Nachprüfungsverfahren** gemäß §§ 155 ff. GWB geltend gemacht werden. Die Vorgaben über die Arten der Vergabeverfahren und deren Rangfolge gehören zu den Bestimmungen über das Vergabeverfahren, auf deren Einhaltung die Unternehmen gemäß § 97 Abs. 6 GWB einen Anspruch haben.[49] 23

Der Antragsteller muss geltend machen, dass ihm durch die Wahl des Verfahrens ein **Schaden** entstanden ist oder zu entstehen droht. Dieser Schaden droht bei der Wahl einer unzulässigen Verfahrensart dadurch, dass das eingeleitete Verfahren nicht ohne weiteres durch Zuschlag beendet werden darf und zur Bedarfsdeckung eine Neuausschreibung in Betracht kommt. Der Bieter braucht regelmäßig nicht darzulegen, welches aussichtsreichere Angebot er in einem Verfahren unter Wahl der zulässigen Verfahrensart abgegeben hätte.[50] Die Wahl eines Verhandlungsverfahrens ohne Teilnahmewettbewerb nach § 141 Abs. 2 GWB, ohne dass eine der Voraussetzungen des § 13 Abs. 2 SektVO vorliegt, benachteiligt alle Unternehmen, die nicht zur Angebotsabgabe aufgefordert werden. Der Antragsteller muss den Verstoß gegen Vergabevorschriften rechtzeitig gegenüber dem Sektorenauftraggeber i.S.v. § 160 Abs. 3 GWB gerügt haben.[51] 24

Anlage

Gesetzesbegründung – VergRModG 2016 (BT-Drs. 18/6281)

Seite 125

Zu Absatz 1

§ 141 Absatz 1 dient der Umsetzung von Artikel 44 Absätze 1 bis 3 der Richtlinie 2014/25/EU. Danach können Auftraggeber bei Auftragsvergaben im Zusammenhang mit Sektorentätigkeiten wie bisher schon nach § 101 Absatz 7 Satz 2 GWB frei zwischen den vier Verfahrensarten – offenes Verfahren, nicht offenes Verfahren, Verhandlungsverfahren mit vorherigem Teilnahmewettbewerb und wettbewerblicher Dialog als neue Verfahrensart – wählen.

Zu Absatz 2

§ 141 Absatz 2 dient der weiteren Umsetzung von Artikel 44 Absatz 3 der Richtlinie 2014/25/EU, der für Auftragsvergaben im Zusammenhang mit Sektorentätigkeiten im Vergleich zur Richtlinie 2004/17/EG mit der Innovationspartnerschaft eine weitere neue Verfahrensart vorsieht. Absatz 2 stellt zudem klar, dass das Verhandlungsverfahren ohne vorherigen Teilnamewettbewerb ebenfalls nur bei Vorliegen der jeweiligen Voraussetzungen anwendbar ist.

---

49 BGH, Beschluss v. 10.11.2009 – X ZB 8/09 (Endoskopiesysteme), NZBau 2010, 124.

50 BGH, Beschluss v. 10.11.2009 – X ZB 8/09 (Endoskopiesysteme), NZBau 2010, 124; Beschluss v. 26.9.2006 – X ZB 14/06 (Polizeianzüge), NZBau 2006, 800 (802); OLG Celle, Beschluss v. 24.9.2014 – 13 Verg 9/14, NZBau 2014, 784 (785); VK Rheinland-Pfalz, Beschluss v. 27.8.2019 – VK 1-13/19.

51 Zum Ganzen *Pünder*, in: Pünder/Schellenberg, Vergaberecht, § 119 GWB Rn. 75 ff.; *Koenig/Kühling*, NZBau 2003, 126.

§ 142 GWB
Sonstige anwendbare Vorschriften

Im Übrigen gelten für die Vergabe von öffentlichen Aufträgen durch Sektorenauftraggeber zum Zweck der Ausübung von Sektorentätigkeiten die §§ 118 und 119, soweit in § 141 nicht abweichend geregelt, die §§ 120 bis 129, 130 in Verbindung mit Anhang XVII der Richtlinie 2014/25/EU sowie die §§ 131 bis 135 mit der Maßgabe entsprechend, dass

1. **Sektorenauftraggeber abweichend von § 122 Absatz 1 und 2 die Unternehmen anhand objektiver Kriterien auswählen, die allen interessierten Unternehmen zugänglich sind,**
2. **Sektorenauftraggeber nach § 100 Absatz 1 Nummer 2 ein Unternehmen nach § 123 ausschließen können, aber nicht ausschließen müssen,**
3. **§ 132 Absatz 2 Satz 2 und 3 nicht anzuwenden ist.**

Übersicht

	Rn.
A. Allgemeines	1
I. Unionsrechtlicher Hintergrund	4
II. Historie	9
B. Verweis und Anpassungen	11
I. Verweis auf die Regelungen über die „klassische" Auftragsvergabe	12
II. Anpassungen für Sektorenauftragsvergaben	15
1. Verfahrensarten (§ 141 GWB)	15
2. Ausschlussgründe nach § 124 Abs. 2 GWB	16
3. Eignungskriterien (Nr. 1)	19
4. Zwingende Ausschlussgründe (Nr. 2)	25
5. Auftragsänderungen (Nr. 3)	27
III. Soziale und andere besondere Dienstleistungen	29
IV. Verhältnis zum Zuwendungsrecht	32
C. Rechtsschutz	34
Anlage Gesetzesbegründung	

A. Allgemeines

§ 142 GWB enthält eine zentrale Weichenstellung für den bei der Vergabe von **öffentlichen Aufträgen** durch Sektorenauftraggeber zu beachtenden Normenkanon. Denn die Vorschriften des Unterabschnitts 1 des Abschnitts 3 von Kapitel 1 in Teil 4 GWB (Vergabe von öffentlichen Aufträgen durch Sektorenauftraggeber, §§ 136 bis 143 GWB) beinhalten nur einen Ausschnitt der Vorgaben des GWB, die in entsprechenden Verfahren zu beachten sind. Auch auf Sektorenauftragsvergaben sind zunächst die Vorschriften über Grundsätze, Definitionen und den Anwendungsbereich nach den §§ 97 bis 114 GWB anzuwenden. Über die Verweisungsnorm in § 142 GWB kommen die Verfahrensvorgaben der §§ 118 und 119 GWB, soweit in § 141 GWB nicht abweichend geregelt, die §§ 120 bis 129, 130 GWB in Verbindung mit Anhang XVII RL 2014/25/EU sowie die §§ 131 bis 135 GWB hinzu. Allerdings bestimmt § 142 GWB in mehreren Punkten Anpassungen für Sektorenauftragsvergaben, welche eine flexiblere Verfahrensgestaltung gestatten.[1] 1

§ 142 GWB gilt auch für die Vergabe von **Rahmenvereinbarungen** und die Ausrichtung von **Wettbewerben**. Zwar werden beide nicht ausdrücklich erwähnt, während etwa § 136 GWB die Ausrichtung von Wettbewerben im Wortlaut benennt. Jedoch müsste man andernfalls annehmen, der Gesetzgeber habe bezüglich Rahmenvereinbarungen Art. 51 RL 2014/25/EU und bezüglich der Durchführung von Wettbewerben Art. 95 ff. RL 2014/25/EU nicht im GWB umgesetzt. Ihre Einbeziehung in § 142 GWB folgt daher dem Gedanken einer unionsrechtskonformen Auslegung. Zudem sind nach § 103 Abs. 5 S. 2 GWB auf die Vergabe von Rahmenvereinbarungen, soweit nichts anderes bestimmt ist, dieselben Vorschriften wie für die 2

1 Vgl. Rn. 15 ff.

Vergabe entsprechender öffentlicher Aufträge anzuwenden. Weitere Vorgaben zu Rahmenvereinbarungen und Wettbewerben finden sich in der SektVO (§§ 19 und 60 ff.).[2]

3 Für die Vergabe von **Konzessionen** durch Sektorenauftraggeber finden die §§ 136 ff. GWB und damit auch die Verweisungsnorm des § 142 GWB keine Anwendung. Öffentliche Sektorenauftraggeber nach § 100 Abs. 1 Nr. 1 GWB und private Sektorenauftraggeber nach § 100 Abs. 1 Nr. 2 GWB, die eine Sektorentätigkeit gemäß § 102 Abs. 2 bis 6 GWB ausüben und eine Konzession zum Zwecke der Ausübung dieser Tätigkeit vergeben, sind Konzessionsgeber gemäß § 101 Abs. 1 Nr. 2 GWB (öffentliche Sektorenauftraggeber) oder § 101 Abs. 1 Nr. 3 GWB (private Sektorenauftraggeber). Für sie gelten dann die Regeln über die Konzessionsvergabe (§§ 97 bis 114 GWB, §§ 148 bis 154 GWB sowie über die Verweisungsnorm in § 154 GWB die §§ 118, 123 bis 126, 131 Abs. 2 und 3, 132 bis 135 und 138 bis 140 GWB mit teilweisen Modifikationen für die Konzessionsvergabe). Eine Vergabestelle wird nach dieser Systematik immer nur als Sektorenauftraggeber oder als Konzessionsgeber tätig, niemals aber als Sektorenauftraggeber und Konzessionsgeber.

I. Unionsrechtlicher Hintergrund

4 Da die europäischen Vergaberichtlinien nicht mit einer vergleichbaren Verweistechnik arbeiten, sondern für ihren jeweiligen Regelungsgegenstand alle Vorgaben gesondert enthalten,[3] findet § 142 GWB kein Pendant in der RL 2014/25/EU. Allerdings setzen die drei Abweichungen vom „klassischen" Vergaberecht (Nr. 1 bis 3) jeweils unionsrechtliche Vorgaben um.

5 So dient § 142 Nr. 1 GWB, der einen Dispens von den Vorgaben des § 122 Abs. 1 und 2 GWB enthält, der Umsetzung von Art. 78 RL 2014/25/EU, nach dem Auftraggeber objektive Vorschriften und Kriterien für den **Ausschluss** und die **Auswahl** von Bewerbern oder Bietern festlegen können, wobei diese Vorschriften und Kriterien den interessierten Wirtschaftsteilnehmern zur Verfügung stehen müssen. Diese Vorgabe eröffnet Sektorenauftraggebern deutlich mehr Gestaltungsfreiheit als die Art. 56 ff. RL 2014/24/EU, welche detaillierte Vorgaben für die qualitativen Eignungskriterien enthalten.

6 Mit § 142 Nr. 2 GWB setzt der deutsche Gesetzgeber Art. 80 Abs. 1 UAbs. 2 RL 2014/25/EU um, der nur für öffentliche Auftraggeber i.S.d. Art. 3 RL 2014/25/EU[4] auf die zwingenden **Ausschlussgründe** des Art. 57 Abs. 1 und 2 RL 2014/24/EU verweist.

7 Schließlich greift § 142 Nr. 3 GWB die Regelung zur **Auftragsänderung** in Art. 89 Abs. 1 lit. b und c RL 2014/25/EU auf, in dem sich anders als in Art. 72 Abs. 1 lit. b und c RL 2014/24/EU zur Beauftragung zusätzlicher Bau-, Liefer- oder Dienstleistungen bzw. von Änderungen aufgrund unvorhersehbarer Umstände keine Einschränkung auf maximal 50 % des Werts des ursprünglichen Auftrags finden.

8 Mit dem Verweis auf § 130 GWB in Verbindung mit Anhang XVII RL 2014/25/EU[5] werden des Weiteren die Art. 91 ff. RL 2014/25/EU umgesetzt, nach denen für die Vergabe von Aufträgen für soziale und andere **besondere Dienstleistungen** ein vereinfachtes Vergabeverfahren gilt und der Schwellenwert gemäß Art. 15 lit. c RL 2014/25/EU auf 1.000.000 Euro angehoben ist. Die Beschaffungsabsicht ist EU-weit bekanntzumachen. Im Übrigen beschränkt sich Art. 93 RL 2014/25/EU aber darauf, ein transparentes Verfahren unter Beachtung des Grundsatzes der Gleichbehandlung zu fordern. Da sich die Vorgaben der Art. 91 ff. RL 2014/25/EU mit den Regelungen in Art. 74 ff. RL 2014/24/EU decken, genügt insoweit zur Umsetzung der Verweis auf § 130 GWB und Anhang XVII der RL 2014/25/EU.[6]

2 Im Ergebnis ebenso *Debus*, in: Ziekow/Völlink, Vergaberecht, § 142 GWB Rn. 3 f.
3 Siehe dazu unten Rn. 9.
4 Entspricht den öffentlichen Auftraggebern i.S.d. § 99 GWB.
5 Dieser Anhang entspricht inhaltlich Anhang XIV RL 2014/24/EU.
6 Siehe auch Gesetzesbegründung zu § 142 GWB, VergRModG 2016, BT-Drs. 18/6281, 125 f.

II. Historie

§ 142 GWB ist mit dem VergRModG 2016 neu eingefügt worden und seitdem unverändert geblieben. Die Vorschrift hat keinen Vorgänger im Vergaberecht und ist der neuen **Systematik** der vergaberechtlichen Vorschriften im Teil 4 GWB geschuldet, die der Gesetzgeber mit der Reform des Jahres 2016 eingefügt hat. Nunmehr enthält Kapitel 1 des Teil 4 GWB (§§ 97 bis 154) die Regelungen über das Vergabeverfahren. Kapitel 1 beginnt mit einem Abschnitt über Grundsätze, Definitionen und Anwendungsbereich des GWB-Vergaberechts (§§ 97 bis 114 GWB), in welchem die allgemeinen Regelungen „vor die Klammer gezogen" werden. Es folgt ein Abschnitt mit den wesentlichen Regeln für alle Verfahrensschritte der sog. „klassischen" Auftragsvergabe (§§ 115 bis 135 GWB). Die abweichenden Regeln für die Vergabe von öffentlichen Aufträgen durch Sektorenauftraggeber (§§ 136 bis 143 GWB), für die Vergabe von verteidigungs- und sicherheitsspezifischen öffentlichen Aufträgen (§§ 144 bis 147 GWB) und für die Vergabe von Konzessionen (§§ 148 bis 154 GWB) folgen in einem dritten Abschnitt mit mehreren Unterabschnitten. Diese separaten Unterabschnitte enthalten aber nur die besonderen, vom zweiten Abschnitt abweichenden Vorgaben und beziehen sich im Übrigen – teilweise mit Modifikationen – auf die Regelungen zur „klassischen" Auftragsvergabe. Durch diese Verweistechnik vermeidet der Gesetzgeber Wiederholungen. Er hat damit einen anderen Weg gewählt als die zugrundeliegenden Richtlinien 2014/23/EU, 2014/24/EU und 2014/25/EU, die jeweils für ihre Regelungsgegenstände („klassische" Auftragsvergabe, Sektorenauftragsvergabe und Konzessionsvergabe) alle Regelungen umfassend enthalten. Die Systematik der §§ 97 ff. GWB enthält damit zwar eine ganze Reihe von Verweisungen, die zum Verständnis der Regelungszusammenhänge verfolgt werden müssen, kommt aber mit einem deutlich geringeren Umfang aus als die drei Richtlinien und lässt Unterschiede leichter erkennbar werden. Aufgrund des bereits bekannten vergaberechtlichen Kaskadenprinzips[7] mit der Aufteilung der Regelungsinhalte für Sektorenauftragsvergaben in Gesetz und Verordnung[8] unter Beachtung des „überbauenden" Richtlinienrechts hat der Gesetzgeber einen rechtsanwenderfreundlichen Weg der Umsetzung gefunden. 9

Der Gesetzgeber hat die Systematik der Verweisung auch für die Vergabe von **verteidigungs- und sicherheitsspezifischen öffentlichen Aufträgen** und für die Vergabe von **Konzessionen** umgesetzt. Daher finden sich Parallelvorschriften zu § 142 GWB in § 147 GWB und § 154 GWB, die allerdings inhaltlich hinsichtlich der in Bezug genommenen Vorschriften und der Modifikationen, welche diese für die jeweilige Vergabeart enthalten, voneinander abweichen. 10

B. Verweis und Anpassungen

Neben den Ausnahmevorschriften der §§ 137 ff. GWB, den weitergehenden Möglichkeiten bei der Wahl der Vergabeverfahren, die § 141 GWB vorsieht, und der Anwendung der SektVO (§ 1 SektVO), erklärt § 142 GWB für die Vergabe von Sektorenaufträgen die §§ 118 bis 135 GWB für anwendbar, statuiert aber Abweichungen bei deren Anwendung. Diese Abweichungen von den allgemeinen Regelungen des Abschnitts 2 in Kapitel 1 Teil 4 GWB sind aufgeführt und gehen insofern den allgemeinen Vorschriften des Abschnitts 2 in Kapitel 1 Teil 4 GWB als Spezialregelung vor.[9] 11

I. Verweis auf die Regelungen über die „klassische" Auftragsvergabe

§ 142 GWB nimmt die folgenden Regelungen für die klassische Auftragsvergabe in Bezug und erklärt sie auch für die Sektorenauftragsvergabe für entsprechend anwendbar: 12

- § 118 GWB Bestimmten Auftragnehmern vorbehaltene öffentliche Aufträge;
- § 119 GWB Verfahrensarten, soweit § 141 GWB nichts Abweichendes regelt;

7 Zum Kaskadenprinzip *Burgi*, Vergaberecht, § 4 II. 1. Rn. 15 ff.
8 Die VOB/A gilt für die Sektorenauftragsvergabe nicht.
9 Gesetzesbegründung zu § 142 GWB, VergRModG 2016, BT-Drs. 18/6281, 125.

- § 120 GWB Besondere Methoden und Instrumente in Vergabeverfahren;
- § 121 GWB Leistungsbeschreibung;
- § 122 GWB Eignung;
- § 123 GWB Zwingende Ausschlussgründe;
- § 124 GWB Fakultative Ausschlussgründe;
- § 125 GWB Selbstreinigung;
- § 126 GWB Zulässiger Zeitraum für Ausschlüsse;
- § 127 GWB Zuschlag;
- § 128 GWB Auftragsausführung;
- § 129 GWB Zwingend zu berücksichtigende Ausführungsbedingungen;
- § 130 GWB Vergabe von öffentlichen Aufträgen über soziale und andere besondere Dienstleistungen;
- § 131 GWB Vergabe von öffentlichen Aufträgen über Personenverkehrsleistungen im Eisenbahnverkehr;
- § 132 GWB Auftragsänderungen während der Vertragslaufzeit;
- § 133 GWB Kündigung von öffentlichen Aufträgen in besonderen Fällen;
- § 134 GWB Informations- und Wartepflicht;
- § 135 GWB Unwirksamkeit.

13 Die **§§ 115 bis 117 GWB** gelten hingegen nicht für Sektorenauftragsvergaben, da die §§ 136 bis 140 GWB insoweit speziellere Regelungen für diese Vergabeart enthalten.

14 § 142 GWB gilt größtenteils für öffentliche **Sektorenauftraggeber** i.S.d. § 100 Abs. 1 Nr. 1 GWB und private Sektorenauftraggeber i.S.d. § 100 Abs. 1 Nr. 2 GWB[10] gleichermaßen. Nur in § 142 Nr. 2 GWB differenziert die Vorschrift und gestattet lediglich den privaten Sektorenauftraggebern im Rahmen von § 123 GWB ein Absehen von der ansonsten zwingenden Rechtsfolge des Ausschlusses.

II. Anpassungen für Sektorenauftragsvergaben

1. Verfahrensarten (§ 141 GWB)

15 Wenn § 142 GWB auf die Abweichungen des § 141 GWB von § 119 GWB[11] abstellt, so meint dies die großzügigere Bestimmung von Regelverfahren für Sektorenauftraggeber. Denn während § 119 Abs. 2 GWB nur das offene und das nicht offene Verfahren mit Teilnahmewettbewerb zur freien Wahl stellt, gestattet § 141 Abs. 1 GWB auch die Wahl des Verhandlungsverfahrens mit Teilnahmewettbewerb und des wettbewerblichen Dialogs, ohne dass hierfür besondere Gründe vorliegen und dokumentiert werden müssen.[12] Die Aufzählung der generell vorhandenen Verfahrensarten in § 119 Abs. 1 GWB sowie die Beschreibung der einzelnen Verfahrensarten in § 119 Abs. 3 bis 7 GWB gelten hingegen auch für Sektorenauftragsvergaben. Das Recht der Sektorenauftragsvergabe kennt nicht etwa weitere, eigenständige Verfahrensarten.

2. Ausschlussgründe nach § 124 Abs. 2 GWB

16 Soweit § 142 GWB auf § 124 GWB verweist, umfasst dies auch die Klarstellung des § 124 Abs. 2 GWB, dass die Ausschlussgründe nach § 21 AEntG, § 98c AufenthG, § 19 MiLoG und § 21 SchwarzArbG unberührt bleiben. Diese Vorschriften differenzieren aber teilweise ihrerseits wiederum zwischen öffentlichen Auftraggebern und Sektorenauftraggebern.

10 Zum Begriff des Sektorenauftraggebers nach § 100 Abs. 1 Nr. 2 GWB *Röbke* in § 100 GWB Rn. 12 ff.
11 Auf die Erläuterungen von *Knauff* zu § 119 GWB wird verwiesen.
12 Vgl. dazu ausführlich die Kommentierung zu § 141 GWB Rn. 10 ff.

So stellt **§ 98c AufenthG** überhaupt nur auf öffentliche Auftraggeber nach § 99 GWB ab. Obgleich auch Sektorenauftraggeber nach § 100 Abs. 1 Nr. 1 GWB öffentliche Auftraggeber nach § 99 Nr. 1 bis 3 GWB sind, die eine Sektorentätigkeit gemäß § 102 GWB ausüben, ist jedenfalls nach historischer und systematischer Auslegung des § 98c AufenthG festzuhalten, dass Sektorenauftraggeber von dieser Regelung nicht umfasst werden. Denn § 98c AufenthG ist durch Art. 2 Abs. 1 VergRModG 2016 geändert worden, so dass hier von einer bewussten Entscheidung des Gesetzgebers auszugehen ist.[13] Auch die alte Fassung des § 98c Abs. 1 AufenthG stellte nur auf die öffentlichen Auftraggeber nach § 98 Nr. 1 bis 3 und 5 GWB a.F. ab, klammerte also ebenfalls Sektorenauftraggeber aus. **17**

In **§ 21 Abs. 1 AEntG**, **§ 19 Abs. 1 MiLoG** und **§ 21 SchwarzArbG** werden hingegen auch Auftraggeber nach § 100 GWB als Normadressaten genannt. Sofern also der Bewerber oder Bieter um einen Sektorenauftrag gegen die in den einzelnen Gesetzen näher bezeichneten Verbote verstoßen hat, kommt ein Ausschluss vom Vergabeverfahren in Betracht. Zu beachten ist dabei, dass nach allen drei Vorschriften entsprechende Bewerber oder Bieter nicht nur ausgeschlossen werden können, sondern ausgeschlossen werden sollen. Die Vergabesperre ist damit die grundsätzliche Folge eines entsprechenden Verstoßes, von der nur bei Vorliegen besonderer Gründe abgewichen werden darf. Des Weiteren geben alle drei Gesetze nur den öffentlichen Auftraggebern i.S.d. § 99 GWB auf, beim Gewerbezentralregister Auskünfte oder von den Bewerbern bzw. Bietern Eigenerklärungen über das Nichtvorliegen der Ausschlussgründe einzuholen, wobei im Falle der Eigenerklärung zudem ab einem Auftragswert von 30.000 Euro vor Zuschlagserteilung eine Auskunft aus dem Gewerbezentralregister nach § 150a GewO einzuholen ist, vgl. § 21 Abs. 2 bis 4 AEntG, § 19 Abs. 2 bis 4 MiLoG und § 21 Abs. 1 Satz 3 bis 5 SchwarzArbG. Von diesen bürokratischen Vorgaben zusätzlicher Verfahrenspflichten sind Sektorenauftraggeber hingegen befreit. **18**

Mit Wirkung zum 1.1.2023 wird § 124 Abs. 2 GWB ergänzt um einen Verweis auf **§ 22 LkSG**. Danach sollen auch Unternehmen von Vergabeverfahren ausgeschlossen werden, die wegen eines rechtskräftig festgestellten Verstoßes gegen § 24 Abs. 1 LkSG mit einer Geldbuße von wenigstens 175.000,00 Euro belegt worden sind. Für die in § 22 Abs. 2 S. 2 Nr. 1 bis 3 LkSG benannten Verstöße liegt die Bußgeldschwelle für eine Vergabesperre deutlich höher. § 22 LkSG gilt für „klassische" öffentliche Auftraggeber ebenso wie für Sektorenauftraggeber. Unternehmen können vorbehaltlich einer Selbstreinigung gemäß § 125 GWB innerhalb eines Zeitraums von drei Jahren auf dieser Grundlage von Vergabeverfahren ausgeschlossen werden. Nach drei Jahren erfolgt entsprechend eine automatische Löschung der Eintragung des Verstoßes aus dem Wettbewerbsregister, § 7 Abs. 1 S. 3 WRegG. Das betroffene Unternehmen kann die Löschung im Rahmen eines Selbstreinigungsverfahrens auch früher erreichen, § 8 WRegG.[14] **19**

3. Eignungskriterien (Nr. 1)

§ 122 GWB[15] gilt bei der Vergabe von Sektorenaufträgen mit der Maßgabe entsprechend, dass öffentliche und private Sektorenauftraggeber abweichend von § 122 Abs. 1 und 2 GWB die geeigneten Unternehmen anhand objektiver Kriterien auswählen, die allen interessierten Unternehmen zugänglich sind. § 46 Abs. 1 SektVO wiederholt die Regelung des § 142 Nr. 1 GWB. Weitere Konkretisierungen zu den Anforderungen an die Unternehmen sowie zur Feststellung der Eignung finden sich in den §§ 45 bis 50 SektVO. **20**

Mit der **Abweichung** von § 122 Abs. 1 und 2 GWB weicht der Gesetzgeber die Vorgaben für Sektorenauftraggeber deutlich auf. Denn während öffentliche Auftraggeber die geeigneten Unternehmen ausschließlich nach ihrer Fachkunde und Leistungsfähigkeit auswählen dürfen, ist dieser feste Rahmen für Sektorenauftraggeber wesentlich gelockert, indem bei der Festlegung der Kriterien weite Spielräume eröffnet werden. Einzige Vorgabe ist die Objektivität der **21**

13 Siehe auch Gesetzesbegründung zur Änderung des § 98c AufenthG, VergRModG 2016, BT-Drs. 18/6281, 137.
14 Vgl. Gesetzesbegründung zu § 22 LkSG, BT-Drs. 19/28649, 57.
15 Auf die Erläuterungen von *Gnittke/Hattig* zu § 122 GWB wird verwiesen.

gewählten Kriterien, worunter zu verstehen ist, dass – auch durch Dritte – überprüfbar sein muss, ob das jeweilige Kriterium erfüllt ist.[16] Obgleich eine Anwendung der Vergabeverordnung auf die Vergabe von öffentlichen Aufträgen und die Ausrichtung von Wettbewerben durch Sektorenauftraggeber zum Zweck der Ausübung einer Sektorentätigkeit nach § 1 Abs. 2 Nr. 1 VgV ausgeschlossen ist, begegnet die Anwendung von Kriterien der §§ 44 ff. VgV aufgrund des gerade größeren Handlungsspielraums bei der Sektorenauftragsvergabe keinen Bedenken.[17]

22 § 46 Abs. 2 S. 1 SektVO konkretisiert, dass die **Kriterien** nichtdiskriminierend sein müssen. Des Weiteren stellt § 46 Abs. 2 SektVO den privaten Sektorenauftraggebern in Anwendung von § 142 Nr. 2 GWB zur Wahl, ob die objektiven und nichtdiskriminierenden Kriterien die Anwendung des § 123 GWB umfasst, während öffentliche Sektorenauftraggeber dieses Kriterium zwingend aufzunehmen haben. Die gleichmäßige Anwendung des § 142 Nr. 1 GWB auf öffentliche und private Sektorenauftraggeber erfährt in Zusammenschau mit § 142 Nr. 2 GWB und § 46 Abs. 2 SektVO insoweit mithin eine Durchbrechung. Es fällt auf, dass § 142 Nr. 1 GWB lediglich davon spricht, die objektiven Kriterien müssten allen interessierten Unternehmen „zugänglich" sein. Die ansonsten anzutreffende Differenzierung der Bekanntmachungspflichten zwischen Auftragsbekanntmachung, Aufforderung zur Interessensbestätigung, Vorinformation oder Vergabeunterlagen fehlt. Zudem enthält § 142 Nr. 1 GWB keine einschränkenden Vorgaben zum Inhalt der Kriterien. Dabei ist aber zu beachten, dass § 142 Nr. 1 GWB nur von der Beachtung der Absätze 1 und 2 des § 122 GWB befreit, also insbesondere keine Einschränkung der Eignungsprüfung auf Fachkunde und Leistungsfähigkeit fordert, sondern auch andere Kriterien wie Kapazität, Verfolgung mittelständischer Interessen, Marktpflege oder strategische Aspekte des Sozial- und Umweltschutzes zulässt, die „klassischen" öffentlichen Auftraggebern durch den festen Kriterienkanon der § 122 Abs. 1 und 2 GWB und §§ 44 ff. VgV nicht zur Auswahl stehen.[18] § 122 Abs. 3 und 4 GWB bleiben hingegen auch für Sektorenauftraggeber anwendbar. Durch § 122 Abs. 4 GWB wird der sehr weite Gestaltungsspielraum des Sektorenauftraggebers wieder eingehegt. Neben der Zulässigkeit von Präqualifizierungssystemen müssen demnach insbesondere die gewählten Kriterien in Verbindung mit dem Auftragsgegenstand und zu diesem in einem angemessenen Verhältnis stehen.[19]

23 Des Weiteren müssen die gewählten Kriterien entsprechend § 122 Abs. 4 S. 2 GWB veröffentlicht werden. Obgleich also der Begriff der „**Zugänglichkeit**" in § 142 Nr. 1 GWB sehr weich formuliert ist, ist aus der Inbezugnahme des § 122 Abs 4 S. 2 GWB der gesetzgeberische Wille ersichtlich, dass eine Benennung in den Vergabeunterlagen allein nicht genügen soll.[20] Im Hinblick darauf, dass § 142 Nr. 1 GWB dem Sektorenauftraggeber ohnehin einen großen Gestaltungsspielraum bei der Bestimmung der Eignungskriterien gewährt, wird nachvollziehbar als Ausgleich gefordert,[21] die Publikationspflicht des § 122 Abs. 4 S. 2 GWB restriktiv anzuwenden, um den vergaberechtlichen Fundamentalgrundsätzen gerecht zu werden. Wenn Sektorenauftraggeber objektive und nichtdiskriminierende Kriterien ihrer Auswahlentscheidung zugrunde legen, müssen diese daher entsprechend in der Auftragsbekanntmachung veröffentlicht werden.[22] Andernfalls ist ein Ausschluss des Bewerbers oder Bieters vom Verfahren unzulässig.

16 Vgl. *Debus*, in: Ziekow/Völlink, Vergaberecht, § 142 GWB Rn. 12.

17 VK Westfalen, Beschluss v. 19.7.2019 – VK 2-13/19, ZfBR 2020, 310 (Ls.), zum Nachweis einer Betriebshaftpflichtversicherung oder einer Eigenerklärung, im Falle der Beauftragung eine solche abzuschließen. Im Ergebnis ebenso VK Thüringen, Beschluss v. 9.11.2017 – 250-4003-8222/2017-E-S-015-GTH, IBR 2018, 91, allerdings unter Verkennung des Verhältnisses von § 122 Abs. 1 und 2 GWB und § 142 GWB.

18 Vgl. *Jansen*, in: Burgi/Dreher, Vergaberecht, § 142 GWB Rn. 15.

19 OLG München, Beschluss v. 13.3.2017 – Verg 15/16, NZBau 2017, 371 (376); VK Westfalen, Beschluss v. 19.7.2019 – VK 2-13/19, ZfBR 2020, 310 (Ls.).

20 VK Berlin, Beschluss v. 20.6.2018 – VK-B2-10/18.

21 So *Jansen*, in: Burgi/Dreher, Vergaberecht, § 142 GWB Rn. 15.

22 OLG Naumburg, Beschluss v. 4.12.2020 – 7 Verg 3/20, juris Rn. 39.

24 Nicht eindeutig geklärt ist hingegen, ob in der Auftragsbekanntmachung auch alle **Eignungsnachweise** abschließend aufgeführt werden müssen.[23] Eine vermittelnde Ansicht verlangt, in der Auftragsbekanntmachung sämtliche Mindestbedingungen für die Eignung aufzuführen, bei deren Nichterfüllung ein Ausschluss erfolgen soll, was regelmäßig auch die Mitteilung der hierzu erforderlichen Eignungsnachweise voraussetzt. Es verbleibt für den Sektorenauftraggeber aber die Möglichkeit, weitere Eignungsnachweise in den Vergabeunterlagen zu verlangen.[24] Diese Ansicht kommt dem Inhalt des § 46 Abs. 1 SektVO am nächsten, der die Zugänglichkeit der objektiven Kriterien für alle interessierten Unternehmen verlangt. Eine dem § 48 Abs. 1 VgV vergleichbare Regelung zu den Eignungsnachweisen fehlt im Sektorenvergaberecht.

25 Dabei ist zu beachten, dass das Sektorenvergaberecht zwar die Auftragsbekanntmachung und die Aufforderung zur Interessensbestätigung kennt. Der Rechtsbegriff der **Vorinformation** ist dem Sektorenvergaberecht hingegen nicht bekannt. Als vergleichbares Instrument ist die regelmäßige nicht verbindliche Bekanntmachung (§ 36 SektVO) vorgesehen.[25] Da § 142 GWB eine entsprechende Anwendung u.a. des § 122 Abs. 4 S. 2 GWB anordnet, ist die Veröffentlichung in der Vorinformation durch die Veröffentlichung in der regelmäßigen nicht verbindlichen Bekanntmachung zu ersetzen. Es gilt zu beachten, dass die Angabe der Eignungskriterien in der regelmäßigen nicht verbindlichen Bekanntmachung nach Anhang IV RL 2014/25/EU und § 36 Abs. 3 und 4 SektVO nur dann verpflichtend ist, wenn die Bekanntmachung einer Verkürzung der Mindestfrist für die Einreichung der Angebote oder als Aufruf zum Wettbewerb dienen soll, mit dem eine weitere Auftragsbekanntmachung entbehrlich wird. Nur, wenn die Kriterien in dieser Bekanntmachung vollständig und allen Anforderungen genügend veröffentlicht sind, können sie dem Verfahren wirksam zugrunde gelegt werden und den Ausschluss von Teilnehmern bei Nichterfüllung begründen. Eine weitere Differenzierung zwischen den Arten der Vorinformation oder der regelmäßigen nicht verbindlichen Bekanntmachung enthalten § 122 GWB, § 38 VgV und § 36 SektVO nicht.

4. Zwingende Ausschlussgründe (Nr. 2)

26 Nach § 142 Nr. 2 GWB gilt die Pflicht zur strikten Beachtung der zwingenden Ausschlussgründe nach § 123 GWB[26] nur für die **Sektorenauftraggeber nach § 100 Abs. 1 Nr. 1 GWB**, d.h. für die Sektorenauftraggeber, die zugleich öffentliche Auftraggeber nach § 99 Nr. 1 bis 3 GWB sind. Hingegen steht es im Ermessen von Sektorenauftraggebern nach § 100 Abs. 1 Nr. 2 GWB, bei Erfüllung eines Ausschlussgrundes nach § 123 GWB den betreffenden Teilnehmer vom Verfahren auszuschließen. Ihnen bleibt mithin eine Entscheidungsfreiheit für das Kriterium der Zuverlässigkeit erhalten, die öffentlichen Sektorenauftraggebern bei Vorliegen eines Ausschlussgrundes nach § 123 GWB nicht zusteht.[27] § 142 Nr. 2 GWB durchbricht damit die ansonsten bestehende Gleichstellung zwischen den öffentlichen Auftraggebern, die Sektorentätigkeiten ausüben, und den „privaten" Sektorenauftraggebern.[28] Die fakultativen Ausschlussgründe gemäß § 124 GWB sowie die Selbstreinigung gemäß § 125 GWB und die zeitliche Begrenzung der Berücksichtigung von Ausschlussgründen gemäß § 126 GWB sind hingegen über § 142 GWB als entsprechend anwendbare Vorschriften von beiden Gruppen der Sektorenauftraggeber gleichermaßen zu beachten.[29]

27 **§ 46 Abs. 2 SektVO** greift die Differenzierung zwischen öffentlichen Sektorenauftraggebern (§ 100 Abs. 1 Nr. 1 SektVO) und privaten Sektorenauftraggebern (§ 100 Abs. 1 Nr. 2 SektVO) auf und legt – sprachlich umständlich – fest, dass erstere die zwingenden Ausschlussgründe

---

23 Dies bejahend *Dietrich*, in: Eschenbruch/Opitz/Röwekamp, SektVO, § 46 Rn. 28; a.A. *Kolpatzik*, in Müller-Wrede, SektVO, § 46 Rn. 25; wohl auch *Mager*, in: Burgi/Dreher, Vergaberecht, § 46 SektVO Rn. 9.
24 OLG Naumburg, Beschluss v. 4.12.2020 – 7 Verg 3/20, juris Rn. 43 ff.
25 *Gnittke/Hattig*, in: Müller-Wrede, SektVO, § 36 Rn. 1.
26 Auf die Erläuterungen von *Gnittke/Hattig* zu § 123 GWB wird verwiesen.
27 Dazu *Kolpatzik*, in: Müller-Wrede, SektVO, § 46 Rn. 37.
28 *Kolpatzik*, in: Müller-Wrede, SektVO, § 46 Rn. 37.
29 Zur über § 142 GWB entsprechenden Geltung des § 124 GWB für die Vergabe von Aufträgen durch einen Sektorenauftraggeber VK Bund, Beschluss v. 19.8.2020 – VK 2-59/20, ZfBR 2020, 905 (908).

des § 123 GWB strikt zu beachten haben, während letztere die Tatbestände des § 123 GWB als objektive und nichtdiskriminierende Kriterien (vgl. § 142 Nr. 1 GWB) für die Beurteilung der Bewerber- bzw. Bieterauswahl zugrunde legen können, ohne hierzu verpflichtet zu sein. In der Zusammenschau von § 142 Nr. 2 GWB und § 46 Abs. 2 SektVO überlässt es der deutsche Gesetz- und Verordnungsgeber damit privaten Sektorenauftraggebern nicht nur, wie in Art. 80 Abs. 1 RL 2014/25/EU vorgesehen, ob sie die Ausschlusstatbestände des § 123 GWB als objektive und nichtdiskriminierende Kriterien anwenden, sondern auch, welche Konsequenzen sie aus deren Erfüllung ziehen, ob sie einen Bewerber bzw. Bieter also in diesem Fall vom Verfahren ausschließen oder nicht.[30] Da §§ 123, 124 GWB zu den sonstigen anwendbaren Vorschriften zählen und die Ausschlussgründe von Gesetzes wegen zu berücksichtigen sind, müssen private Sektorenauftraggeber ihre Entscheidung nicht bereits in der Auftragsbekanntmachung oder den Vergabeunterlagen treffen und dokumentieren. Vielmehr gelten die Ausschlussgründe unabhängig von einem Hinweis in der Auftragsbekanntmachung.[31] Wenn sie aber eine Entscheidung getroffen haben, müssen sie zwingend alle Teilnehmer gleichbehandeln.[32]

5. Auftragsänderungen (Nr. 3)

28 Die mit der Reform des Vergaberechts im Jahr 2016 neugeschaffene Regelung zur Auftragsänderung (§ 132 GWB),[33] die auf der bis dahin ergangenen Rechtsprechung insbesondere des Europäischen Gerichtshofs beruht,[34] gilt über § 142 GWB auch für die Sektorenauftragsvergabe. Allerdings ist für Sektorenauftraggeber in Umsetzung von Art. 89 Abs. 1 lit. b und c RL 2014/25/EU eine deutliche Erleichterung vorgesehen, indem gemäß § 142 Nr. 3 GWB die Regelung in § 132 Abs. 2 S. 2 und 3 GWB nicht anzuwenden ist. Dies betrifft Auftragsänderungen nach § 132 Abs. 2 S. 1 Nr. 2 und 3 GWB. Weitere Abweichungen zugunsten von Sektorenauftraggebern sieht § 142 GWB nicht vor, so dass § 132 GWB im Übrigen auch im Sektorenbereich uneingeschränkt anwendbar ist.[35] So besteht auch für Sektorenauftraggeber die Bekanntmachungspflicht des § 132 Abs. 5 GWB für Auftragsänderungen nach § 132 Abs. 2 S. 1 Nr. 2 und 3 GWB. Die Transparenzpflicht kann als Korrektiv zu der wertmäßig unbegrenzt möglichen Auftragsänderung verstanden werden.

29 Nach § 132 Abs. 2 S. 1 Nr. 2 GWB ist die Änderung eines öffentlichen Auftrags ohne Durchführung eines neuen Vergabeverfahrens zulässig, wenn zusätzliche Liefer-, Bau- oder Dienstleistungen erforderlich geworden sind, die nicht in den ursprünglichen Vergabeunterlagen vorgesehen waren, und ein Wechsel des Auftragnehmers aus wirtschaftlichen oder technischen Gründen nicht erfolgen kann oder[36] mit erheblichen Schwierigkeiten oder beträchtlichen Zusatzkosten für den öffentlichen Auftraggeber verbunden wäre. Des Weiteren sind solche Auftragsänderungen nach § 132 Abs. 2 S. 1 Nr. 3 GWB auch dann zulässig, wenn die Änderung aufgrund von Umständen erforderlich geworden ist, die der öffentliche Auftraggeber im Rahmen seiner Sorgfaltspflicht nicht vorhersehen konnte, und sich aufgrund der Änderung der Gesamtcharakter des Auftrags nicht verändert. Für „klassische" öffentliche Auftraggeber

30 Kritisch dazu *Dietrich*, in: Eschenbruch/Opitz/Röwekamp, SektVO, § 142 GWB Rn. 6 ff.
31 VK Bund, Beschluss v. 19.8.2020 – VK 2-59/20, ZfBR 2020, 905 (909).
32 *Dietrich*, in: Eschenbruch/Opitz/Röwekamp, SektVO, § 46 Rn. 33; *Kolpatzik*, in: Müller-Wrede, SektVO, § 46 Rn. 42.
33 Auf die Erläuterungen von *von Engelhardt/Kaelble* zu § 132 GWB wird verwiesen.
34 Siehe nur EuGH, Urteil v. 7.9.2016 – Rs. C-549/14 (Finn Frogne), ZfBR 2017, 169; Urteil v. 13.4.2010 – Rs. C-91/08 (Wall AG), NZBau 2010, 382; Urteil v. 19.6.2008 – Rs. C-454/08 (pressetext), NJW 2008, 3341.
35 Ebenso *Dietrich*, in: Eschenbruch/Opitz/Röwekamp, Sektorenvergaberecht, § 142 GWB Rn. 90.
36 Im Gesetzestext steht an dieser Stelle ein „und", weshalb man annehmen könnte, die beiden Voraussetzungen müssten kumulativ vorliegen. Richtigerweise stehen die beiden Varianten aber in einem alternativen Verhältnis, weshalb hier ein „oder" stehen müsste. Denn wenn die Beschaffung der zusätzlichen Leistungen von einem anderen Unternehmen aus wirtschaftlichen oder technischen Gründen unmöglich ist, macht es keinen Sinn, zusätzlich zu verlangen, dass der (dann notwendig objektiv mögliche) Wechsel des Auftragnehmers mit erheblichen Schwierigkeiten oder beträchtlichen Zusatzkosten für den öffentlichen Auftraggeber verbunden wäre. Der deutsche Gesetzgeber hat diesen Fehler aus Art. 72 Abs. 1 lit. b RL 2014/24/EU und Art. 89 Abs. 1 lit. b RL 2014/25/EU übernommen. So auch *Jaeger*, in: Säcker, Wettbewerbsrecht, § 132 GWB Rn. 37; *Summa*, NZBau 2015, 329 (330), mit Verweis auf Erwägungsgrund 108 RL 2014/24/EU, in welchem der Richtliniengeber selbst von einer Alternativität ausgeht.

gilt allerdings gemäß **§ 132 Abs. 2 S. 2 und 3 GWB** die erhebliche Einschränkung, dass in den vorgenannten Fällen der Auftragsänderung der Preis um nicht mehr als 50 % des Wertes des ursprünglichen Auftrags erhöht werden darf, wobei bei mehreren aufeinanderfolgenden Änderungen des Auftrags diese Beschränkung für den Wert jeder einzelnen Änderung gilt, sofern damit keine Umgehung vergaberechtlicher Anforderungen bezweckt wird. Indem § 142 Nr. 3 GWB diese Beschränkung für Sektorenauftraggeber aufhebt, gestattet er diese Auftragsänderungen unabhängig von deren Wert. Insbesondere für große Bauvorhaben im Sektorenbereich, bei denen größere Nachträge nicht unüblich sind, stellt dies eine signifikante Erleichterung dar.

III. Soziale und andere besondere Dienstleistungen

§ 142 GWB weist darauf hin, dass das in § 130 GWB geregelte Verfahren zur Vergabe von öffentlichen Aufträgen über soziale und andere besondere Dienstleistungen (Art. 91 ff. RL 2014/25/EU) im Fall der Vergabe von Sektorenaufträgen für Dienstleistungen im Sinne der Anlage XVII RL 2014/25/EU gilt.[37] § 130 GWB verweist für Dienstleistungen der vorgenannten Art (Art. 74 ff. RL 2014/24/EU) für „klassische" Auftragsvergaben auf die Anlage XIV RL 2014/24/EU. Die Vergabe von Aufträgen über soziale und andere besondere Dienstleistungen unterliegt gelockerten Verfahrensanforderungen und einem höheren Schwellenwert,[38] weil solchen Dienstleistungen, insbesondere im Sozial-, Gesundheits- und Bildungsbereich, aufgrund ihrer Natur nach wie vor lediglich eine begrenzte grenzüberschreitende Dimension zugeschrieben wird. Diese Dienstleistungen werden in einem spezifischen Kontext erbracht, der sich, bedingt durch unterschiedliche kulturelle Traditionen, in den einzelnen Mitgliedstaaten höchst unterschiedlich darstellt.[39] 30

Die beiden genannten **Anlagen** zu den privilegierten Dienstleistungen enthalten derzeit inhaltlich identische Dienstleistungen. Die einzige Abweichung besteht darin, dass in Anhang XIV RL 2014/24/EU von „Dienstleistungen für Haftanstalten" gesprochen wird, während Anhang XVII RL 2014/25/EU „Dienstleistungen für den Strafvollzug" nennt. Dies dürfte rein sprachlicher Natur sein, ohne dass ein anderer Auftragsgegenstand gemeint ist. Grundsätzlich könnte der Unionsgesetzgeber die Richtlinien und deren Anhänge jedoch unabhängig voneinander weiterentwickeln. 31

Ein wesentlicher Unterschied bei der Vergabe von sozialen und anderen besonderen Dienstleistungen besteht in der Höhe des anzuwendenden **Schwellenwerts**. Für Sektorenaufträge liegt der Schwellenwert nach Art. 15 lit. c RL 2014/25/EU für diese Dienstleistungen bei 1.000.000 Euro; Art. 4 lit. d RL 2014/24/EU legt demgegenüber einen Schwellenwert von 750.000 Euro für die „klassischen" Auftragsvergaben fest. Sektorenauftraggeber müssen folglich erst ab einem deutlich höheren Schwellenwert Aufträge über soziale und andere besondere Dienstleistungen europaweit ausschreiben. Dies ist mit Blick auf den auch ansonsten für Liefer- und Dienstleistungsaufträge im Sektorenbereich erhöhten Schwellenwert (Art. 15 lit. a RL 2014/25/EU) konsequent. 32

IV. Verhältnis zum Zuwendungsrecht

Ein praktisches Problem bei der Anwendung des Sektorenvergaberechts kann sich an der Schnittstelle zum Zuwendungsrecht (Haushaltsrecht) ergeben, wenn Sektorenauftraggeber Beschaffungen im Zusammenhang mit öffentlich geförderten Maßnahmen durchführen. Für solche Förderungen gelten zumeist besondere Vorgaben des Fördermittelgebers, die als Auflagen i.S.d. § 36 Abs. 2 Nr. 4 VwVfG mit dem Förderbescheid verbunden werden. Diese **Nebenbestimmungen** sind je nach Förderzusammenhang und -gegenstand unterschiedlich 33

37 Auf die Erläuterungen von *Amelung* zu § 130 GWB wird verwiesen.
38 Zu den Einzelheiten der erleichterten Beschaffung *Amelung* in § 130 GWB Rn. 35 ff.
39 Siehe Erwägungsgrund 120 RL 2014/25/EU.

ausgestaltet.[40] Zumeist ordnen sie die Anwendung vergaberechtlicher Regelungen der VOB/A oder der VOL/A bzw. UVgO an. Verstöße gegen diese Allgemeinen Nebenbestimmungen können als schwerwiegend eingestuft werden und einen (Teil-)Widerruf des Zuwendungsbescheids gemäß § 49 Abs. 3 S. 1 Nr. 2 VwVfG sowie die (Teil-)Rückforderung der – nicht selten bereits verbrauchten – Fördersumme nebst Zinsen gemäß § 49a VwVfG zur Folge haben.[41] Diese Vorgaben drohen, die für Sektorenauftraggeber geltenden Freiheiten ganz erheblich zu beschränken.

34 Letztlich kann diese Anwendungspraxis **nicht überzeugen**.[42] Die bundesgesetzlichen Regelungen der §§ 136 ff. GWB und der SektVO dürften aus verfassungsrechtlichen Gründen ebenso wie als Umsetzung unionsrechtlicher Vorgaben aufgrund des Effet-utile-Grundsatzes nicht durch Anlagen zu norminterpretierenden bzw. ermessenslenkenden Verwaltungsvorschriften zum Haushaltsrecht des Bundes und der Länder[43] abbedungen werden können.[44] Auch Mischformen zwischen Sektorenvergaberecht und „klassischem" Vergaberecht, etwa durch punktuelle Einschränkungen der für Sektorenauftraggeber vorgesehenen Handlungsfreiheiten, sind abzulehnen, weshalb richtigerweise alleine die Vorgaben des GWB und der SektVO maßgeblich sein können. Weder § 136 GWB („ist anzuwenden") noch § 1 Abs. 1 SektVO („das einzuhaltende Verfahren") lassen einen Zweifel an ihrem Geltungsanspruch. Das Sektorenvergaberecht begründet in seinem Geltungsbereich überdies subjektive Rechte der beteiligten Unternehmen nach § 97 Abs. 6 GWB.[45] Sind die Verfahrensregeln des GWB und der SektVO eingehalten und liegt zudem keine Beeinträchtigung des haushaltsrechtlichen Ziels einer wirtschaftlichen und sparsamen Beschaffung vor, kann richtigerweise kein schwerwiegender Verstoß gegen die zuwendungsrechtlichen Vorgaben zur Anwendung des Vergaberechts anzunehmen sein.[46] Die Vorgaben der Allgemeinen Nebenbestimmungen in Zuwendungsfällen sind somit im Sinne des GWB und der SektVO anzuwenden.

C. Rechtsschutz

35 Fragen zum Rechtsschutz ergeben sich bei § 142 GWB stets in Zusammenschau mit den in Bezug genommenen Rechtsnormen, so dass auf die dortigen Kommentierungen verwiesen wird. Einerseits können Unternehmen gegen die Anwendung von Vorschriften der „klassischen" Auftragsvergabe, die über § 142 GWB in Sektorenauftragsvergaben eingeführt werden, um Rechtsschutz ersuchen. Andererseits können Unternehmen sich mit der Behauptung, der Sektorenauftraggeber habe eine Vorschrift der „klassischen" Auftragsvergabe unter fehlerhafter Anwendung des § 142 GWB seinem Verfahren zugrunde gelegt und sie hierdurch i.S.d. § 97 Abs. 6 GWB in ihren Rechten verletzt, gemäß §§ 155 ff. GWB an die Nachprüfungsbehörden wenden.

---

40 Siehe etwa die Allgemeinen Nebenbestimmungen für Zuwendungen zur institutionellen Förderung (ANBest-I), die Allgemeinen Nebenbestimmungen für Zuwendungen zur Projektförderung (ANBest-P) und die Allgemeinen Nebenbestimmungen für Zuwendungen zur Projektförderung unter Einsatz von Mitteln aus dem Europäischen Fonds für regionale Entwicklung (ANBest-EFRE).

41 BVerwG, Beschluss v. 13.2.2013 – 3 B 58/12 (Fernwärme-Übernahme-Station), NZBau 2013, 391; VGH Mannheim, Urteil v. 17.10.2013 – 9 S 123/12, DVBl. 2014, 321; Urteil v. 28.9.2011 – 9 S 1273/10, VBlBW 2012, 221; OVG Berlin-Brandenburg, Urteil v. 27.2.2013 – 6 B 34.12, ZfBR 2013, 617; OVG Koblenz, Urteil v. 25.9.2012 – 6 A 10478/12.OVG; OVG Münster, Urteil v. 20.4.2012 – 4 A 1055/09, NVwZ-RR 2012, 671. Zu damit verbundenen Problemen *Stelkens*, in: Stelkens/Bonk/Sachs, VwVfG, § 36 Rn. 104.

42 Siehe auch die Ausführungen in § 141 GWB Rn. 15.

43 Als solche sind die beschriebenen Allgemeinen Nebenbestimmungen verwaltungsrechtlich zu qualifizieren.

44 So auch *Jansen*, in: Burgi/Dreher, Vergaberecht, § 142 GWB Rn. 9; *Burgi*, NVwZ 2013, 1083 (1083).

45 Ablehnend zu Mischformen auch *Jansen*, in: Burgi/Dreher, Vergaberecht, § 142 GWB Rn. 9, unter Verweis auf den Grundsatz der Einheitlichkeit der Rechtsordnung.

46 So auch *Burgi*, NVwZ 2013, 1083 (1085); *Hildebrandt/Conrad*, ZfBR 2013, 130 (138); *Krist*, NZBau 2013, 481 (482).

Anlage

Gesetzesbegründung – VergRModG 2016 (BT-Drs. 18/6281)

Seite 125

Nach § 142 sind für die Vergabe von Aufträgen im Bereich der Trinkwasser- oder Energieversorgung sowie des Verkehrs im Übrigen die allgemeinen Vorschriften des Abschnitts 2 für die Vergabe von öffentlichen Aufträgen durch öffentliche Auftraggeber entsprechend anzuwenden. Hintergrund der Regelung ist, dass die Richtlinien 2014/24/EU und 2014/25/EU weitestgehend inhaltsgleiche Regelungen enthalten, so dass auf die Vorschriften des Abschnitts 2 verwiesen werden kann. Bestehende Abweichungen von den allgemeinen Regelungen des Abschnitts 2 sind aufgeführt und gehen insofern den allgemeinen Vorschriften des Abschnitts 2 als Spezialregelung vor.

Artikel 78 der Richtlinie 2014/25/EU schreibt vor, dass Sektorenauftraggeber objektive Kriterien für die Auswahl von Bewerbern und Bietern festlegen können. Diese Regelung ist gegenüber dem klassischen Vergaberecht (Richtlinie 2014/24/EU) weniger streng und lässt bezüglich der Festlegung der Kriterien Spielräume. Daher sind die in § 122 Absatz 1 und 2 enthaltenen Vorgaben für die klassische Auftragsvergabe für die Sektorenauftragsvergabe nicht anzuwenden. Die weitere Ausgestaltung, die sich an Artikel 78 der Richtlinie 2014/25/EU orientiert, erfolgt in der Sektorenverordnung.

Die Regelungen des zwingenden Ausschlusses gemäß § 123 sind für „private" Sektorenauftraggeber nicht obligatorisch, sondern fakultativ ausgestaltet (siehe Artikel 80 der Richtlinie 2014/25/EU). Daher ist die Einschränkung in Nummer 1 erforderlich.

Die Rückausnahme nach § 142 Nummer 3 ergibt sich aus Artikel 89 Absatz 1 der Richtlinie 2014/25/EU. Anders als in Artikel 72 Absatz 1 der Richtlinie 2014/24/EU findet sich in der Richtlinie 2014/25/EU bei der zulässigen Vertragsverlängerung wegen zusätzlicher Dienstleistungen keine Einschränkung auf maximal 50 Prozent des ursprünglichen Preises.

Die Artikel 91 ff. der Richtlinie 2014/25/EU zur Vergabe von sozialen und anderen besonderen Dienstleistungen durch Sektorenauftraggeber werden durch Verweisung auf die Vorschrift zur Vergabe von sozialen und anderen besonderen Dienstleistungen durch öffentliche Auftraggeber umgesetzt. Der Unionsgesetzgeber hebt in Erwägungsgrund 120 hervor, dass es den Mitgliedstaaten und Auftraggebern auch künftig frei stehe, diese Dienstleistungen selbst zu erbringen oder soziale Dienstleistungen in einer Weise zu organisieren, die nicht mit der Vergabe öffentlicher Aufträge verbunden ist, beispielsweise durch die bloße Finanzierung solcher Dienstleistungen oder durch Erteilung von Lizenzen oder Genehmigungen – ohne Beschränkung oder Festsetzung von Quoten – für alle Wirtschaftsteilnehmer, die die vom öffentlichen Auftraggeber vorab festgelegten Bedingungen erfüllen; dabei weist der Unionsgesetzgeber auf die Voraussetzung hin, dass ein solches System eine ausreichende Bekanntmachung gewährleistet und den Grundsätzen der Transparenz und Nichtdiskriminierung genügt.

Seite 126

Als besondere Beschaffungsregelung sieht die Richtlinie 2014/25/EU für diese sozialen und anderen besonderen Dienstleistungen ein vereinfachtes Vergabeverfahren vor. Dieses vereinfachte Vergabeverfahren zeichnet sich dadurch aus, dass öffentliche Auftraggeber gemäß Artikel 93 Absatz 1 Satz 2 der Richtlinie 2014/25/EU lediglich verpflichtet sind, im Vergabeverfahren die Grundsätze der Transparenz und der Gleichbehandlung der Unternehmen einzuhalten. Darüber hinaus sind gemäß Artikel 92 der Richtlinie 2014/25/EU die beabsichtigte Vergabe sowie die Ergebnisse des Vergabeverfahrens EU-weit bekannt zu machen. Gemäß Artikel 91 i. V. m. Artikel 15 Buchstabe c der Richtlinie 2014/25/EU greift für soziale und andere besondere Dienstleistungen im Sinne des Anhangs XVII der Richtlinie 2014/25/EU ein besonderer Schwellenwert von 1.000.000 €.

Da sich die Vorschriften der Artikel 90 ff. der Richtlinie 2014/25/EU – abgesehen von der Höhe des Schwellenwertes – inhaltlich mit den Artikeln 74 ff. der Richtlinie 2014/24/EU decken, setzt § 144 die Artikel 90 ff. der Richtlinie 2014/25/EU über eine entsprechende Anwendbarkeit des § 130 um. Im Einzelnen sind die sozialen und anderen besonderen Dienstleistungen im Anhang XVII der Richtlinie 2014/25/EU aufgeführt, der Anhang XIV der Richtlinie 2014/24/EU entspricht.

§ 143 GWB
Regelung für Auftraggeber nach dem Bundesberggesetz

(1) Sektorenauftraggeber, die nach dem Bundesberggesetz berechtigt sind, Erdöl, Gas, Kohle oder andere feste Brennstoffe aufzusuchen oder zu gewinnen, müssen bei der Vergabe von Liefer-, Bau- oder Dienstleistungsaufträgen oberhalb der Schwellenwerte nach § 106 Absatz 2 Nummer 2 zur Durchführung der Aufsuchung oder Gewinnung von Erdöl, Gas, Kohle oder anderen festen Brennstoffen die Grundsätze der Nichtdiskriminierung und der wettbewerbsorientierten Auftragsvergabe beachten. Insbesondere müssen sie Unternehmen, die ein Interesse an einem solchen Auftrag haben können, ausreichend informieren und bei der Auftragsvergabe objektive Kriterien zugrunde legen. Die Sätze 1 und 2 gelten nicht für die Vergabe von Aufträgen, deren Gegenstand die Beschaffung von Energie oder Brennstoffen zur Energieerzeugung ist.

(2) Die Auftraggeber nach Absatz 1 erteilen der Europäischen Kommission über das Bundesministerium für Wirtschaft und Energie Auskunft über die Vergabe der unter diese Vorschrift fallenden Aufträge nach Maßgabe der Entscheidung 93/327/EWG der Kommission vom 13. Mai 1993 zur Festlegung der Voraussetzungen, unter denen die öffentlichen Auftraggeber, die geographisch abgegrenzte Gebiete zum Zwecke der Suche oder Förderung von Erdöl, Gas, Kohle oder anderen Festbrennstoffen nutzen, der Kommission Auskunft über die von ihnen vergebenen Aufträge zu erteilen haben (ABl. L 129 vom 27.5.1993, S. 25). Sie können über das Verfahren gemäß der Rechtsverordnung nach § 113 Satz 2 Nummer 8 unter den dort geregelten Voraussetzungen eine Befreiung von der Pflicht zur Anwendung dieser Bestimmung erreichen.

Übersicht Rn.

A. Allgemeines ... 1
I. Unionsrechtlicher Hintergrund ... 2
II. Vergleichbare Regelungen ... 5
III. Historie ... 6
B. Anwendungsbereich und Verfahren (Abs. 1) ... 9
I. Persönlicher Anwendungsbereich (S. 1) ... 9
II. Sachlicher Anwendungsbereich (S. 1 und 3) ... 12
III. Verfahrensanforderungen (S. 1 und 2) ... 17
C. Auskunft und Befreiung (Abs. 2) ... 21
I. Auskunftspflicht (S. 1) ... 21
II. Befreiung einzelner Auftraggeber (S. 2) ... 25
D. Rechtsschutz ... 28
Anlage
Gesetzesbegründung

A. Allgemeines

1 § 143 GWB enthält Sondervergaberegeln für Auftraggeber nach dem BBergG. Im Hinblick auf die europäischen Vergabeschwellenwerte wird klarstellend auf die Regelung in § 106 GWB verwiesen.[1] Die Norm richtet sich ausdrücklich nur an „Sektorenauftraggeber".

I. Unionsrechtlicher Hintergrund

2 Mit § 143 GWB setzt der Bundesgesetzgeber **Art. 33 Abs. 1 RL 2014/25/EU** um. Diese Richtliniennorm regelt Aufträge, die besonderen Vorschriften unterliegen. Sie ähnelt dem früheren Art. 27 RL 2004/17/EG. Mit Art. 33 RL 2014/25/EU sollen einige Tätigkeiten im Öl- und Gassektor ausgenommen werden, die bereits nach der RL 93/38/EWG ausgenommen waren.[2]

1 Gesetzesbegründung zu § 143 GWB, VergRModG 2016, BT-Drs. 18/6281, 126.
2 *Poulsen*, in: Steinicke/Vesterdorf, Brussels Commentary on EU Public Procurement Law, Art. 33 RL 2014/25/EU Rn. 1.

3 Im Allgemeinen bestimmt **Art. 14 RL 2014/25/EU** für die Unionsstaaten die Geltung des europäischen Sektorenvergaberechts für Tätigkeiten zur Nutzung eines geografisch abgegrenzten Gebiets

- zum Zwecke der Förderung von (Erd-)Öl oder Gas (lit. a) sowie
- zum Zwecke der Exploration oder Förderung von Kohle oder anderen festen Brennstoffen (lit. b).

Diese Richtlinienregelung weicht von ihrer Vorläuferbestimmung (Art. 7 lit. a RL 2004/17/EG) insoweit ab, als das Aufsuchen von (Erd-)Öl oder Gas keine Erwähnung mehr findet. Hierbei handelt es sich um kein Redaktionsversehen, weil der europäische Richtliniengeber ausdrücklich zwischen der „Gewinnung" und der „Exploration" von (Erd-)Öl und Gas unterscheidet.[3] Die „Gewinnung" von Erdöl und Erdgas fällt weiterhin in den Anwendungsbereich der sektoralen Vergaberichtlinie. Unter die „Gewinnung" fällt nicht nur die Erzeugung von Erdöl und Erdgas, sondern auch die „Entwicklung", d.h. die Errichtung einer angemessenen Infrastruktur für die künftige Erzeugung (Ölplattformen, Rohrleitungen, Terminalanlagen usw.).[4] Der Begriff der „Exploration" hingegen umfasst Tätigkeiten, die durchgeführt werden, um festzustellen, ob Erdöl und Erdgas in einem bestimmen Gebiet vorhanden sind, und, wenn dies der Fall ist, ob es gewerblich nutzbar ist.[5]

4 Von dieser allgemeingültigen Regelung weicht Art. 33 RL 2014/25/EU im Falle Deutschlands in besonderer Weise ab. Die Vorschrift nimmt Bezug auf die **Entscheidung 2004/73/EG**, wonach die Nutzung geografisch abgegrenzter Gebiete zum Zweck der Suche nach oder der Förderung von Erdöl, Gas, Kohle oder anderen Festbrennstoffen in Deutschland nicht den sektoralen Vergabebestimmungen unterfällt, wenn gewährleistet ist, dass vor allem die Grundsätze der Nichtdiskriminierung und der wettbewerblichen Beschaffung beachtet werden sowie der Kommission Auskunft über die vergebenen Aufträge erteilt wird (Art. 33 Abs. 1 RL 2014/25/EU). Zur Vermeidung eines Wertungswiderspruchs zur allgemeinen Regelung, wonach die „Exploration" von (Erd-)Öl und Gas, was mit der Suche nach Erdöl und Gas gleichzusetzen ist, wegen des starken Wettbewerbsdrucks nicht dem sektoralen Vergaberecht zu unterstellen ist, nimmt Art. 33 Abs. 3 RL 2014/25/EU diese Tätigkeiten ausdrücklich von der Geltung der besonderen Vorschriften aus.

II. Vergleichbare Regelungen

5 In den übrigen vergaberechtlichen Regelungsregimen bestehen keine mit § 143 GWB vergleichbaren Vorschriften.

III. Historie

6 Die Vorschrift entspricht inhaltlich weitgehend der **Vorläufervorschrift** des § 129b GWB a.F. Ursprünglich geht der heutige § 143 GWB auf § 4 VgV a.F. vom 22. Februar 1994 zurück.[6] Mit der Ersten Verordnung zur Änderung der Vergabeverordnung vom 29. September 1997 wurde § 4 VgV a.F. in § 5 VgV a.F. geändert.[7] Mit der Vergabeverordnung vom 9. Januar 2001 wurde § 5 VgV a.F. in § 11 VgV a.F. verortet.[8] Mit dem VergRModG 2009 vom 20. April 2009 erlangte die Regelung für Auftraggeber nach dem BBergG in § 129b GWB a.F. erstmals Gesetzesrang.[9]

7 Gegenüber dem **Referentenentwurf** zum VergRModG 2016 vom 30. April 2015 wurden im Gesetzentwurf der Bundesregierung vom 8. Juli 2015 in § 143 GWB-RegE nur redaktionelle

3 Erwägungsgrund 25 RL 2014/25/EU.
4 Erwägungsgrund 25 RL 2014/25/EU.
5 Erwägungsgrund 25 RL 2014/25/EU.
6 BGBl. I 1994, 323.
7 BGBl. I 1997, 2384.
8 BGBl. I 2001, 113.
9 BGBl. I 2009, 796.

(„feste Brennstoffe" anstatt „Festbrennstoffe" sowie „§ 113 S. 2 Nr. 8" anstatt „§ 113 Nr. 8") und klarstellende („Satz 1 und 2 gelten nicht" anstatt „dies gilt nicht") Änderungen vorgenommen. Materiell-inhaltliche Veränderungen sind zwischen dem Referenten- und Regierungsentwurf nicht festzustellen. Der Gesetzentwurf der Bundesregierung vom 8. Juli 2015 wurde unverändert dem Bundesrat zur Beschlussfassung zugeleitet,[10] der zu § 143 GWB-RegE keine Änderungen beschloss.[11] Gleiches galt für den Bundestag.[12]

Die Vorschrift des § 143 GWB **privilegiert**[13] Sektorenauftraggeber bei der Vergabe von Aufträgen, die nach dem BBergG berechtigt sind, Erdöl oder Gas zu gewinnen sowie Kohle oder andere Festbrennstoffe aufzusuchen oder zu gewinnen: Sie sind bei der Beschaffung von Bau-, Liefer- und Dienstleistungen lediglich an die Grundsätze der Nichtdiskriminierung und der wettbewerbsorientierten Auftragsvergabe gebunden. § 143 Abs. 1 GWB **verschärft** das europäische Sektorenvergaberecht hingegen für Sektorenauftraggeber, die Erdöl oder Gas lediglich explorieren bzw. aufsuchen. Denn diese unterfallen wegen Art. 33 Abs. 3 RL 2014/25/EU weder den besonderen Vorschriften gemäß Art. 33 Abs. 1 RL 2014/25/EU noch den sektoralen Vergabebestimmungen nach Art. 14 RL 2014/25/EU. 8

B. Anwendungsbereich und Verfahren (Abs. 1)

I. Persönlicher Anwendungsbereich (S. 1)

§ 143 Abs. 1 S. 1 GWB erfasst ausdrücklich „**Sektorenauftraggeber**" und meint damit solche nach § 100 Abs. 1 GWB. Es sind sowohl öffentliche Auftraggeber nach § 99 Nr. 1 bis 3 GWB (Nr. 1) als auch natürliche oder juristische Personen des privaten Rechts erfasst (Nr. 2), soweit sie jeweils eine Sektorentätigkeit nach § 102 GWB ausüben. § 102 Abs. 6 GWB definiert den Sektorenbereich „Fossile Brennstoffe" als Tätigkeiten zur Nutzung eines geografisch abgegrenzten Gebiets zum Zweck der Förderung von Öl (gemeint ist Erdöl) oder Gas (gemeint ist Erdgas, Nr. 1) oder der Exploration oder Förderung von Kohle oder anderen festen Brennstoffen (Nr. 2). 9

§ 143 Abs. 1 S. 1 GWB **ergänzt** die allgemeine Sektorendefinition „Fossile Brennstoffe" noch klarstellend um das Recht des Sektorenauftraggebers nach dem BBergG, Erdöl, Gas (gemeint ist Erdgas), Kohle (z. B. Braun- und Steinkohle) oder andere feste Brennstoffe (u.U. Torf) auch aufsuchen oder gewinnen zu dürfen. Nur Sektorenauftraggeber, die legal (gemäß BBergG) nach fossilen Brennstoffen suchen oder solche gewinnen, unterfallen dem persönlichen Anwendungsbereich, was in einem etwaigen Nachprüfungsverfahren zu prüfen wäre. 10

Öffentliche Auftraggeber nach § 99 Nr. 4 GWB und **Konzessionsgeber** i.S.d. § 101 GWB sind nicht in den persönlichen Anwendungsbereich einbezogen. 11

II. Sachlicher Anwendungsbereich (S. 1 und 3)

§ 143 GWB betrifft die Vergabe von **Bau-**, **Liefer-** oder **Dienstleistungsaufträgen** i.S.d. § 103 GWB zur Durchführung der Aufsuchung oder Gewinnung von Erdöl, Gas, Kohle oder anderen Festbrennstoffen. Konzessionen nach § 105 GWB sind sachlich nicht erfasst. 12

§ 143 GWB knüpft mit den Begriffen „**Aufsuchung**" und „**Gewinnung**" an den Gesetzeswortlaut von § 4 Abs. 1 und 2 BBergG an.[14] Beide Begrifflichkeiten entsprechen inhaltlich den in § 102 Abs. 6 GWB verwendeten Formulierungen „Exploration" (Aufsuchung) und „Förderung" (Gewinnung). 13

---

10 Gesetzesbegründung, VergRModG 2016, BR-Drs. 367/15, 37.
11 Gesetzesbegründung, VergRModG 2016, BR-Drs. 367/15, 1 ff.
12 Gesetzesbegründung, VergRModG 2016, BT-Drs. 18/6281, 38.
13 VK Arnsberg, Beschluss v. 10.1.2008 – VK 42/07; Beschluss v. 11.4.2002 – VK 2-06/2002 (zu § 11 VgV a.F.).
14 Vgl. zu § 129b GWB a.F. die Beschlussempfehlung und den Bericht des Ausschusses für Wirtschaft und Technologie, VergRModG 2009, BT-Drs. 16/11428, 52, wonach ausdrücklich eine Anpassung des Wortlautes an § 4 BBergG vorgenommen wurde.

14 Die Vorschrift erfasst nur Bau-, Liefer- oder Dienstleistungsaufträge, die der „Aufsuchung“ und „Gewinnung“ von fossilen Brennstoffen dienen. Zwischen der Auftragsvergabe und der Durchführung der in § 4 Abs. 1 und 2 BBergG definierten Tätigkeiten muss ein **Sachzusammenhang** bestehen. Deshalb unterfällt nicht jede Auftragsvergabe eines zur „Aufsuchung“ oder „Gewinnung“ nach dem BBergG berechtigten Sektorenauftraggebers dem Vergaberegime des § 143 GWB. Es ist stets im Einzelfall zu prüfen, ob die Bau-, Dienst- oder Lieferbeauftragung in einem sachlichen Zusammenhang mit der „Aufsuchung“ oder „Gewinnung“ steht, um § 143 GWB anwenden zu können. Ein Sachzusammenhang liegt z. B. auch bei bergwerkabsichernden Tätigkeiten vor, wie etwa Schachtverfüllungen.[15]

15 § 143 GWB gilt zudem nur für Bau-, Liefer- und Dienstleistungsaufträge oberhalb der **EU-Vergabeschwellenwerte** nach § 106 Abs. 2 Nr. 2 GWB. Maßgebend sind die EU-Vergabeschwellenwerte aus Art. 15 RL 2014/25/EU in der jeweils geltenden Fassung: Derzeit[16] betragen die EU-Vergabeschwellenwerte 428.000 Euro bei Liefer- und Dienstleistungsaufträgen sowie 5.350.000 Euro bei Bauaufträgen. Unterschreitet der zu vergebende Auftrag den jeweils gültigen EU-Vergabeschwellenwert, so findet § 143 GWB keine Anwendung.

16 Nach § 143 Abs. 1 S. 3 GWB gilt die Vorschrift ausdrücklich nicht für die Vergabe von Liefer-, Bau- oder Dienstleistungsaufträgen, die der Beschaffung von Energie oder Brennstoffen zur **Energieerzeugung** dienen. Diese Ausnahmeregelung findet ihren Grund in § 137 Abs. 1 Nr. 8 GWB, der wiederum die bisherige Ausnahme des § 100b Abs. 2 Nr. 3 GWB a.F. unverändert übernommen hat und auf diese Weise Art. 23 lit. b RL 2014/25/EU umsetzt. Zu den Vorgängerregelungen halten deren Erwägungsgründe fest, dass Vergabevorschriften nicht zur Überwindung der beim Kauf von Energie und Brennstoffen im Energiesektor bestehenden Hindernisse führen würden, weshalb Energiekäufe nicht in die Richtlinie einbezogen werden sollen.[17] Die der Ausnahmeregelung des § 143 Abs. 1 S. 3 GWB unterfallenden Auftragsvergaben werden dadurch vollständig dem Anwendungsbereich des GWB-Vergaberechts entzogen.

III. Verfahrensanforderungen (S. 1 und 2)

17 Nach § 143 Abs. 1 S. 1 GWB sind die Grundsätze der Nichtdiskriminierung (inhaltsgleich mit dem Gleichbehandlungsgrundsatz gemäß § 97 Abs. 2 GWB) und der – mit dem Wettbewerbsgrundsatz nach § 97 Abs. 1 S. 1 GWB bedeutungsgleichen – wettbewerbsorientierten Auftragsvergabe zwingend zu beachten. Gemäß § 143 Abs. 1 S. 2 GWB sind Unternehmen über das Vergabeverfahren ausreichend zu informieren, die ein Interesse an einem solchen Auftrag haben können, und bei der Auftragsvergabe sind objektive Kriterien zugrunde zu legen, womit vor allem die Auswahlkriterien zur Ermittlung des zu bezuschlagenden Bieters gemeint sind.

18 Auftragsvergaben im Anwendungsbereich des § 143 GWB unterliegen wegen der abschließenden Regelung damit **keinen weiteren** besonderen **Verfahrensanforderungen**.[18] Dies bedeutet einen geringeren Verwaltungsaufwand und erhebliche Flexibilität für die betroffenen Auftraggeber, denen weite Spielräume bei der Festlegung von Spezifikationen und Fristen offen stehen, sodass längerfristige Kooperationen möglich sind.[19] Solche Auftraggeber sind zwar nicht unmittelbar an den Wortlaut der Vergabeverordnungen gebunden, die das GWB für bestimmte Verfahren vorsieht. Wenn sie jedoch von den gesetzgeberischen Vorschlägen zur Durchführung eines sachgerechten Verfahrens abweichen, so sind sie verpflichtet, eine die Ziele des Verfahrens einhaltende, adäquate Lösung anzuwenden und deren Eignung nachzuweisen.[20]

---

15 VK Westfalen, Beschluss v. 20.2.2019 – VK 1-40/18.
16 Art. 1 VO (EU) 2019/1829.
17 Erwägungsgrund 17 RL 93/38/EWG bzw. RL 90/531/EWG.
18 VK Arnsberg, Beschluss v. 10.1.2008 – VK 42/07 (zu § 11 VgV a.F.).
19 *Egger*, Europäisches Vergaberecht, Rn. 554 (zu Art. 3 RL 93/38/EWG).
20 VK Arnsberg, Beschluss v. 11.3.2010 – VK 1/10, zu § 129b GWB a.F.

§ 143 GWB sieht lediglich ein Vergabeverfahren vor, das auf die Einhaltung der durch die Grundsätze der Nichtdiskriminierung, des Wettbewerbs und der Transparenz vorgeschriebenen **Mindeststandards** beschränkt ist.[21] Die Anwendung des Grundsatzes der wettbewerbsorientierten Auftragsvergabe erfordert eine Öffnung des Verfahrens für alle potenziellen Bieter und das Unterlassen aller den Wettbewerb einschränkenden Maßnahmen, soweit sie nicht sachlich gerechtfertigt und notwendig sind, um das Ziel eines transparenten und den Gleichbehandlungsgrundsatz wahrenden Wettbewerbs zu stützen.[22] Zu den vergaberechtswidrigen Praktiken zählen z. B. die Einschränkung einer Leistungsbeschreibung auf bestimmte Hersteller oder markenbezogene Produkte oder die Begrenzung des Wettbewerbs auf Teilnehmer aus einer bestimmten Region.[23] 19

Die VK Arnsberg hat sich als erste Nachprüfungsbehörde mit der Frage auseinandergesetzt, ob die vergaberechtliche **Informations-** und **Wartepflicht** (nach alter Rechtslage) auch von Auftraggebern nach dem BBergG beachtet werden muss, und diese letztlich bejaht.[24] Diese Bewertung ist für die nach den §§ 143, 134 und 135 GWB vorgegebene Rechtslage ebenso zutreffend, was die VK Westfalen zuletzt bestätigt hat.[25] Zwar sind die §§ 134 und 135 GWB in dem das Vergabeverfahren regelnden Abschnitt 2 von Kapitel 1 Teil 4 GWB verortet, was ihren vergabeverfahrensrechtlichen Charakter hervorhebt und gleichzeitig das Argument unterstützt, dass ein strenges Vergabeverfahren von § 143 GWB gerade nicht gewollt ist.[26] Ungeachtet dessen haben die §§ 134 und 135 GWB ihren eigentlichen Schwerpunkt in der Gewährleistung eines effektiven Rechtsschutzes. Gerade dieser wurde von der Kommission für die Entscheidung 2004/73/EG vorausgesetzt und ist nach der RL 92/13/EWG auch für den Bereich des Art. 33 RL 2014/25/EU (früher: Art. 27 RL 2004/17/EG) vorgesehen. Darüber hinaus bestimmt § 134 Abs. 3 GWB ausdrücklich, bei welchen Sachverhalten die Informations- und Wartepflicht ausnahmsweise entfällt. Danach ist insbesondere eine besondere Dringlichkeit erforderlich, die beispielsweise bei Flutkatastrophen gegeben sein kann. Es sind somit nur Sachverhalte ausgenommen, bei denen der Auftraggeber in der Lage sein muss, die erforderlichen Aufträge sofort zu vergeben, ohne eine Wartefrist einhalten zu müssen.[27] Eine derartige Dringlichkeit liegt der Regelung nach § 143 GWB aber nicht zugrunde.[28] 20

C. Auskunft und Befreiung (Abs. 2)

I. Auskunftspflicht (S. 1)

Gemäß § 143 Abs. 2 S. 1 GWB erteilen die unter § 143 Abs. 1 S. 1 GWB fallenden Auftraggeber der Europäischen Kommission über das Bundesministerium für Wirtschaft und Energie, das somit primärer Ansprechpartner für die Erfüllung der Auskunftspflicht gegenüber der EU-Kommission ist, zwingend Auskunft über die Vergabe der unter die Vorschrift fallenden Aufträge, weshalb die in § 143 Abs. 1 S. 3 GWB genannten Aufträge nicht von der Auskunftspflicht erfasst werden. Dabei ist ausdrücklich die Entscheidung 93/327/EWG von Bedeutung. 21

21 Vgl. VK Arnsberg, Beschluss v. 10.1.2008 – VK 42/07 (zu § 11 VgV a.F.); *Bosselmann/Ganske*, in: Reidt/Stickler/Glahs, Vergaberecht, § 143 GWB Rn. 9.

22 VK Arnsberg, Beschluss v. 11.3.2010 – VK 1/10 (zu § 129b GWB a.F.).

23 VK Arnsberg, Beschluss v. 11.3.2010 – VK 1/10 (zu § 129b GWB a.F.).

24 Vgl. VK Arnsberg, Beschluss v. 10.1.2008 – VK 42/07; Beschluss v. 11.4.2002 – VK 2-06/2002, jeweils zu § 11 VgV a.F.; *Wagner*, in: Heuvels/Höß/Kuß/Wagner, Vergaberecht, § 129b GWB Rn. 5.

25 VK Westfalen, Beschluss v. 20.2.2019 – VK 1-40/18; *Schellenberg*, in: Pünder/Schellenberg, Vergaberecht, § 143 GWB Rn. 12; *Bosselmann/Ganske*, in: Reidt/Stickler/Glahs, Vergaberecht, § 143 GWB Rn. 11; a.A. *Franßen*, in: Byok/Jaeger, Vergaberecht, § 143 GWB Rn. 24.

26 So wohl *Debus*, in: Ziekow/Völlink, Vergaberecht, § 143 GWB Rn. 9.

27 Vgl. Gesetzesbegründung zu § 101a GWB a.F., VergRModG 2009, BT-Drs. 16/10117, 21.

28 *Egger*, Europäisches Vergaberecht, Rn. 553, zu den Hintergründen der Vorläuferregelung in Art. 27 RL 93/38/EWG.

22 Im Anhang zur Entscheidung 93/327/EWG sind die für die Auskunftserteilung maßgeblichen **Informationen** aufgezählt:

„1. Name und Anschrift des Auftraggebers.

2. Art des Auftrags (Liefer- oder Bauauftrag;[29] falls zweckdienlich, Angabe, ob es sich um einen Rahmenvertrag handelt).

3. Genaue Angaben der Art der gelieferten Produkte, Bau- oder Dienstleistungen (z. B. unter Anwendung der CPA-Kennziffern).

4. Angabe darüber, ob und wo (Zeitung/-en, Fachzeitschrift/-en)[30] auf den zu vergebenden Auftrag hingewiesen wurde. Wie wurde anderenfalls zum Wettbewerb aufgerufen?

5. Anzahl der eingegangenen Angebote.

6. Zeitpunkt der Auftragsvergabe.

7. Name und Anschrift erfolgreicher Auftragnehmer.

8. Wert des Auftrags.[31]

9. Voraussichtliche Dauer des Auftrags.[32]

10. Angabe des Teils des Auftrags, der an Zulieferer vergeben wurde bzw. werden kann (nur bei Überschreiten von 10 %).[33]

11. Ursprungsland des Erzeugnisses oder der Dienstleistung.[34]

12. Für die Feststellung des wirtschaftlich günstigsten Angebots zugrunde gelegte Hauptvergabekriterien.[35]

13. Wurde der Auftrag an einen Bieter vergeben, der ein von den ursprünglichen Spezifikationen des Auftraggebers abweichendes Angebot vorlegte?"[36]

23 In Art. 1 und 2 Entscheidung 93/327/EWG sind – differenziert nach ausdrücklich genannten **Wertgrenzen** – unterschiedliche Vorgehensweisen für die Auftraggeber bei der Auskunftserteilung vorgesehen. Dass diese Wertgrenzen in ECU angegeben sind, bereitet keine Anwendungsprobleme, da nach Art. 2 Abs. 1 S. 1 VO (EG) 1103/97 jede Bezugnahme in einem Rechtsinstrument auf ECU durch eine Bezugnahme auf den Euro zum Kurs von 1 Euro für 1 ECU ersetzt wird.[37]

24 Nach § 143 Abs. 2 S. 1 GWB i.V.m. Art. 1 Entscheidung 93/327/EWG[38] müssen die Auftraggeber der Kommission für jeden von ihnen vergebenen Auftrag mit einem Wert von **über 5.000.000 Euro** alle im Anhang genannten Auskünfte innerhalb einer Frist von 48 Tagen nach der Vergabe des Auftrags erteilen. Nach § 143 Abs. 2 S. 1 GWB i.V.m. Art. 2 Entscheidung 93/327/EWG gehen die Auftraggeber bei Aufträgen, deren Wert zwischen **400.000 Euro und 5.000.000 Euro** liegt, folgendermaßen vor: Sie halten die in den Punkten 1 bis 9 des Anhangs genannten Angaben für jeden Auftrag mindestens während eines Zeitraums von vier Jahren nach dem Datum der Auftragsvergabe bereit und teilen der Kommission diese Auskünfte für jeden im Laufe eines Kalendervierteljahres vergebenen Auftrag entweder direkt auf deren Ersuchen oder spätestens 48 Tage nach Ablauf jedes Vierteljahres mit.

---

29 Neben Bau- und Lieferaufträgen sind auch Dienstleistungsaufträge erfasst.

30 Die Aufzählung ist beispielhaft zu verstehen.

31 Der Auftragswert ist gleichbedeutend mit der tatsächlichen Auftragssumme.

32 Die Auftragsdauer schließt etwaige Vertragsverlängerungsoptionen ein.

33 Die Regelung ist ähnlich der in Vergabeverfahren regelmäßig verlangten Angabe, welche Teile des Auftrags unter Umständen als Unteraufträge vergeben werden sollen.

34 Die Regelung scheint darauf abzuzielen, etwaige Leistungserbringer aus Nicht-EU-Staaten zu identifizieren. Bauleistungen werden insoweit nicht erfasst, weil diese typischerweise in der EU erbracht werden.

35 Mit den Hauptvergabekriterien sind die objektiven Kriterien zur Auswahl des besten Angebotes gemeint.

36 Insoweit können Fälle erfasst sein, in denen im Rahmen einer an ein Verhandlungsverfahren angelehnten Vergabe über den Inhalt der Ausschreibung verhandelt wurde oder ein bieterseitiges Nebenangebot abgegeben wurde.

37 Wenn im Folgenden von Wertgrenzen unter Angabe von Euro die Rede ist, handelt es sich um Wertgrenzen, die in der Entscheidung 93/327/EWG in ECU angegeben sind und durch die Bezeichnung „Euro" ersetzt wurden.

38 *Debus*, in: Ziekow/Völlink, Vergaberecht, § 143 GWB Rn. 10, ordnet Art. 1 Entscheidung 93/327/EWG als dynamische Verweisung ein.

II. Befreiung einzelner Auftraggeber (S. 2)

25 Nach § 143 Abs. 2 S. 2 GWB können die Auftraggeber über das Verfahren gemäß der Rechtsverordnung nach § 113 S. 2 Nr. 8 GWB von der Bundesregierung unter den dort geregelten Voraussetzungen von der Pflicht zur Anwendung des § 143 GWB befreit werden.

26 Nach der Regelung in **§ 113 S. 2 Nr. 8 GWB** ist die Bundesregierung zur Regelung der Voraussetzungen ermächtigt, nach denen Sektorenauftraggeber, Konzessionsgeber oder Auftraggeber nach dem BBergG von der Verpflichtung zur Anwendung des Teil 4 GWB befreit werden können sowie des dabei anzuwendenden Verfahrens einschließlich der erforderlichen Ermittlungsbefugnisse des Bundeskartellamtes und der Einzelheiten der Kostenerhebung. Der Verordnungsgeber hat dies in den Vorschriften über das Freistellungsverfahren nach § 3 SektVO umgesetzt, die nach § 3 Abs. 7 SektVO für Auftraggeber nach dem BBergG entsprechend gelten. Sowohl die Voraussetzungen, unter denen eine solche Befreiung möglich ist, als auch das dabei anzuwendende Verfahren, einschließlich der erforderlichen Ermittlungsbefugnisse des Bundeskartellamtes, ergeben sich aus § 3 SektVO.

27 Die Befreiungsmöglichkeit nach § 143 Abs. 2 S. 2 GWB betrifft **sämtliche Verpflichtungen** aus § 143 GWB. Die systematische Stellung von § 143 Abs. 2 S. 2 GWB legt zwar nahe, dass sich die Regelung nur auf die vorhergehende Auskunftspflicht nach § 143 Abs. 2 S. 1 GWB erstrecken könnte. Jedoch macht der ausdrückliche Verweis auf das Verfahren gemäß der Verordnung nach § 113 S. 2 Nr. 8 GWB deutlich, dass § 143 Abs. 2 S. 2 GWB eine umfassende Befreiung von der Anwendungsverpflichtung des Teil 4 GWB meint. Denn § 113 S. 2 Nr. 8 GWB ermächtigt zur Festlegung der Voraussetzungen, nach denen bestimmte Auftraggeber von der Anwendungsverpflichtung des gesamten Teil 4 GWB befreit werden können. Auch die Gesetzesbegründung zu § 129b GWB a.F.[39], wonach den Auftraggebern die Möglichkeit eröffnet wird, sich gänzlich von der Anwendungsverpflichtung dieser Vorschrift zu befreien, legt diese Normauslegung auch bei § 143 GWB nahe. § 143 Abs. 2 S. 2 GWB ist deshalb wie ein dritter Absatz zu lesen.

D. Rechtsschutz

28 Die in den Anwendungsbereich des § 143 GWB fallenden Vergabeverfahren unterliegen der **Nachprüfung** durch Rechtsschutzinstanzen nach den §§ 155 bis 184 GWB. Gemäß der RL 92/13/EWG unterfallen auch Aufträge nach Art. 33 RL 2014/25/EU (früher: Art. 27 RL 2004/17/EG) dem unionsweiten Rechtsschutzsystem.[40] Das durch § 143 GWB lediglich besonders ausgestaltete Vergabeverfahren ist aus diesen Gründen im Wege des primären Rechtsschutzes nachprüfbar.[41]

29 Dies wird aufgrund des Wortlautes der Entscheidung 2004/73/EG, wonach die Nutzung geografisch abgegrenzter Gebiete zum Zweck der Suche oder der Förderung von Erdöl, Gas, Kohle oder anderen Festbrennstoffen in Deutschland seit dem 15. Januar 2004 nicht als Tätigkeit i.S.d. Art. 2 Abs. 2 lit. b sublit. i RL 93/38/EWG gilt,[42] teilweise[43] **bezweifelt**. Die Regelung ist – trotz der von Teilen geäußerten systematischen Bedenken, wonach § 143 Abs. 2 S. 2 GWB eine vermeintlich umfassende Befreiung von den Regelungen des Teil 4 GWB ermöglichen wolle – als eine nur das Vergabeverfahren modifizierende Regelung zu verstehen, die als solche voraussetzt, dass der Anwendungsbereich des Teil 4 GWB eröffnet ist. Sie führt den darin geregelten Tätigkeitsbereich nicht im Sinne einer Bereichsausnahme aus dem Anwen-

39 Gesetzesbegründung zu § 129b GWB a.F., VergRModG 2009, BT-Drs. 16/10117, 25.

40 Vgl. Art. 1 Abs. 1 UAbs. 1 RL 92/13/EWG, wonach die Tätigkeit nach Art. 27 RL 2004/17/EG nicht unter die vom Anwendungsbereich der RL 92/13/EWG ausgenommenen Tätigkeiten fällt.

41 VK Arnsberg, Beschluss v. 10.1.2008 – VK 42/07; Beschluss v. 11.4.2002 – VK 2-06/2002 (zu § 11 VgV a.F.); *Gröning*, in: Burgi/Dreher, Vergaberecht, § 143 Rn. 11; *Wieddekind*, in: Willenbruch/Wieddekind, Vergaberecht, § 143 GWB Rn. 7; so wohl auch *Verfürth*, in: Röwekamp/Kus/Portz/Prieß, GWB-Vergaberecht, § 143 Rn. 10.

42 Vgl. Art. 1 UAbs. 1 Entscheidung 2004/73/EG.

43 So wohl *Debus*, in: Ziekow/Völlink, Vergaberecht, § 143 GWB Rn. 9.

dungsbereich des GWB-Vergaberechts, sondern nur zur Anwendung eines Ersatzregimes.[44] Die aufgrund des Wortlautes der Kommissionsentscheidung bestehenden Bedenken werden durch den historischen Ablauf des Kommissionsentscheidungsverfahrens ausgeräumt: Einem ersten Antrag Deutschlands vom 15. November 1991, der noch auf Art. 3 RL 90/531/EWG zurückging, wurde von der Kommission nicht stattgegeben, weil die in § 57a HGrG a.F. enthaltene Rechtsschutzregel keinen effektiven Rechtsschutz gewährt hat. Erst nach der Verabschiedung des Teil 4 GWB gab die Kommission einem erneuten Antrag vom 12. November 2002 statt.[45]

Anlage

Gesetzesbegründung – VergRModG 2016 (BT-Drs. 18/6281)

Seite 126

§ 143 entspricht der bisherigen Regelung in § 129b GWB. Im Hinblick auf die Schwellenwerte wird nunmehr auf die Regelung in § 106 verwiesen.

44 *Egger*, Europäisches Vergaberecht, Rn. 554, zu den europäischen Richtlinienbestimmungen.
45 Vgl. Erwägungsgrund 4 Entscheidung 2004/73/EG sowie EU-ABl. L 16/57 v. 23.1.2004, 57, Fn. 4.

Teil 4

Vergabe von öffentlichen Aufträgen und Konzessionen

Kapitel 1
Vergabeverfahren

Abschnitt 3
Vergabe von öffentlichen Aufträgen in besonderen Bereichen und von Konzessionen

Unterabschnitt 2
Vergabe von verteidigungs- oder sicherheitsspezifischen öffentlichen Aufträgen

§ 144 GWB
Anwendungsbereich

Dieser Unterabschnitt ist anzuwenden auf die Vergabe von verteidigungs- oder sicherheitsspezifischen öffentlichen Aufträgen durch öffentliche Auftraggeber und Sektorenauftraggeber.

Übersicht

	Rn.
A. Allgemeines	1
I. Unionsrechtlicher Hintergrund	1
II. Historie	2
III. Vergleichbare Regelungen	3
B. Regelungsinhalt	4
I. Sachlicher Anwendungsbereich	5
II. Persönlicher Anwendungsbereich	8
III. Regelungsumfang	11
C. Rechtsschutz	12
Anlage Gesetzesbegründung	

A. Allgemeines

I. Unionsrechtlicher Hintergrund

1 Unterabschnitt 2 in Abschnitt 3 Kapitel 1 Teil 4 GWB enthält die auf die Vergabe von verteidigungs- oder sicherheitsspezifischen öffentlichen Aufträgen anzuwendenden Verfahrensvorschriften. Ausweislich der Gesetzesbegründung[1] sollen durch sie die wesentlichen Bestimmungen der RL 2009/81/EG im GWB umgesetzt werden. Tatsächlich setzen die §§ 144 ff. GWB jedoch nur die Bereichsausnahmen der Art. 12 und 13 RL 2009/81/EG sowie die Vorschriften des Art. 25 RL 2009/81/EG (Anwendbare Verfahren) und Art. 39 Abs. 2 lit. e RL 2009/81/EG (Ausschluss wegen fehlender Vertrauenswürdigkeit) um. Die übrigen Bestimmungen der RL 2009/81/EG werden in der VSVgV umgesetzt.

II. Historie

2 § 144 GWB ist im Rahmen des VergRModG 2016 neu in Teil 4 GWB aufgenommen worden. Diese Bestimmung hat keinen Vorläufer in früheren gesetzlichen Regelungen. Die Bereichsausnahmen (§ 145 GWB) waren hingegen vormals in § 100c GWB a.F. und die Ausschlussmöglichkeit wegen fehlender Vertrauenswürdigkeit (§ 147 GWB) in § 101 Abs. 7 S. 3 GWB a.F. geregelt.

III. Vergleichbare Regelungen

3 §§ 136 und 148 GWB enthalten vergleichbare Regelungen zum Anwendungsbereich einschlägiger anderer Unterabschnitte zu Abschnitt 3 Kapitel 1 Teil 4 GWB (Vergabe von öffentlichen Aufträgen in besonderen Bereichen und von Konzessionen). § 136 GWB bestimmt den Anwendungsbereich des Unterabschnitt 1 auf die Vergabe von öffentlichen Aufträgen und die Ausrichtung von Wettbewerben durch Sektorenauftraggeber. § 148 GWB regelt den Anwendungsbereich des Unterabschnitt 3 für die Vergabe von Konzessionen durch Konzessionsgeber. Der Gesetzgeber verfolgt hier also eine einheitliche Regelungstechnik.

B. Regelungsinhalt

4 § 144 GWB bestimmt den Anwendungsbereich des zweiten Unterabschnitts des dritten Abschnitts in Kapitel 1 Teil 4 GWB, der sich ausweislich der Überschrift „Vergabe von öffentlichen Aufträgen in besonderen Bereichen und von Konzessionen" mit der Auftragsvergabe in be-

1 Gesetzesbegründung zu § 144 GWB, VergRModG 2016, BT-Drs. 18/6281, 126.

sonderen Bereichen befasst. Zu den besonderen Bereichen zählt auch die Vergabe von verteidigungs- oder sicherheitsspezifischen öffentlichen Aufträgen i.S.v. § 104 GWB. Unterabschnitt 2 Abschnitt 3 Kapitel 1 Teil 4 GWB regelt die Vergabe solcher Aufträge durch öffentliche Auftraggeber und Sektorenauftraggeber. Einzelheiten sind in der VSVgV geregelt.

I. Sachlicher Anwendungsbereich

5 Der sachliche Anwendungsbereich des zweiten Unterabschnitts umfasst die Vergabe von verteidigungs- oder sicherheitsspezifischen öffentlichen Aufträgen i.S.v. § 104 GWB.

6 Auf die Vergabe von Aufträgen, die **Verteidigungs-** oder **Sicherheitsaspekte** umfassen, ohne verteidigungs- oder sicherheitsspezifisch i.S.v. § 104 GWB zu sein,[2] findet dieser Unterabschnitt keine Anwendung. Der Unterabschnitt findet ebenfalls keine Anwendung auf die Vergabe von Konzessionen in den Bereichen Verteidigung und Sicherheit; diese ist Gegenstand des Unterabschnitt 3 in Abschnitt 3 Kapitel 1 Teil 4 GWB (§§ 148 ff. GWB), der auf den besonderen Bereich der Vergabe von Konzessionen Anwendung findet. Der Unterabschnitt 2 des Abschnitt 3 Kapitel 1 Teil 4 GWB findet schließlich auch keine Anwendung auf die Vergabe von öffentlichen Aufträgen durch **Sektorenauftraggeber** zum Zweck der Ausübung einer Sektorentätigkeit, denn diese ist Gegenstand des Unterabschnitts 1 in Abschnitt 3 Kapitel 1 Teil 4 GWB. Generell lässt sich feststellen, dass der sachliche Anwendungsbereich des Unterabschnittes 2 in Abschnitt 3 Kapitel 1 Teil 4 GWB nur gegeben ist, soweit § 144 GWB diesen positiv eröffnet. Daraus folgt zugleich: Soweit § 144 GWB diesen Unterabschnitt sachlich nicht für anwendbar erklärt, ist er nicht anwendbar. Dabei kann dessen Nichtanwendbarkeit zum einen darauf beruhen, dass der Sachverhalt in den sachlichen Anwendungsbereich eines anderen, spezielleren Unterabschnitts fällt (wie den Unterabschnitt 1 und 3 in Abschnitt 3 Kapitel 1 Teil 4 GWB) oder aber der Sachverhalt schlicht nicht geregelt ist. In dem zuletzt genannten Fall stellt sich die Frage nach der analogen Anwendbarkeit der Bestimmungen des Unterabschnittes 2 in Abschnitt 3 Kapitel 1 Teil 4 GWB auf **ungeregelte**, aber vergleichbare **Sachverhalte**. Dies könnten sonstige Einkaufsvorgänge der öffentlichen Hand in einem unspezifischen Bereich von Verteidigung und Sicherheit sein, die weder verteidigungs- und sicherheitsspezifisch i.S.d. § 104 GWB sind noch Verteidigungs- und Sicherheitsaspekte umfassen, ohne verteidigungs- oder sicherheitsspezifisch zu sein (§ 117 GWB). Unabhängig davon, ob hier eine Regelungslücke sachlogisch überhaupt denkbar ist, kommt eine analoge Anwendung von Ausnahmebestimmungen nach allgemeinen Regeln generell nicht in Betracht.

7 Eine andere Frage ist, ob **Rahmenvereinbarungen** und **Wettbewerbe** in den sachlichen Anwendungsbereich des Unterabschnitts 2 in Abschnitt 3 Kapitel 1 Teil 4 GWB fallen. Rahmenvereinbarungen sind Vereinbarungen zwischen einem oder mehreren öffentlichen Auftraggebern oder Sektorenauftraggebern, die dazu dienen, die Bedingungen für die öffentlichen Aufträge, die während eines bestimmten Zeitraums vergeben werden sollen, festzulegen (§ 103 Abs. 5 S. 1 GWB). Speziell in den Bereichen Verteidigung und Sicherheit sind Rahmenvereinbarungen ein in der Beschaffungspraxis sehr verbreitetes Instrument. § 14 VSVgV enthält hierfür eine spezielle gesetzliche Regelung. Unabhängig davon sieht auch § 103 Abs. 5 S. 2 GWB vor, dass für die Vergabe von Rahmenverträgen dieselben Vorschriften gelten wie für die Vergabe entsprechender öffentlicher Aufträge. Unterabschnitt 2 in Abschnitt 3 Kapitel 1 Teil 4 GWB findet mithin auf die Vergabe von Rahmenvereinbarungen Anwendung. Auf Wettbewerbe i.S.v. § 103 Abs. 6 GWB findet § 144 GWB bzw. der Unterabschnitt 2 in Abschnitt 3 Kapitel 1 Teil 4 GWB hingegen keine Anwendung. Wettbewerbe sind, wie sich aus § 1 VSVgV ergibt, bei der Vergabe von verteidigungs- und sicherheitsspezifischen öffentlichen Aufträgen (im Unterschied zu solchen gemäß § 117 GWB, die Verteidigungs- und Sicherheitsaspekte umfassen, ohne verteidigungs- oder sicherheitsspezifisch zu sein) nicht vorgesehen. Auf diese findet § 144 GWB also keine Anwendung, und zwar auch nicht im Wege der Analogie. Öffentliche Auftraggeber oder Sektorenauftraggeber, die Planungswett-

2 Zur Abgrenzung siehe § 117 GWB Rn. 8.

bewerbe im Zusammenhang mit verteidigungs- oder sicherheitsspezifischen öffentliche Aufträgen ausrichten wollten, könnten also allenfalls die allgemeinen Ausnahmen in Anspruch nehmen.

II. Persönlicher Anwendungsbereich

Der persönliche Anwendungsbereich des Unterabschnitt 2 in Abschnitt 3 Kapitel 1 Teil 4 GWB umfasst sowohl öffentliche Auftraggeber (§ 99 GWB) als auch Sektorenauftraggeber (§ 100 GWB). Damit gelten die §§ 144 ff. GWB nicht nur für verteidigungs- oder sicherheitsspezifische Beschaffungen der Bundes- und Landesbehörden, sondern auch für solche der Sektorenauftraggeber. **8**

Eine andere Frage ist, ob es in der Praxis überhaupt denkbar ist, dass **Sektorenauftraggeber** verteidigungs- oder sicherheitsspezifische öffentliche Aufträge vergeben, also z. B. Aufträge über die Lieferung von Militärausrüstung oder Verschlusssachenaufträge (§ 104 Abs. 1 GWB). Es ist durchaus nicht ungewöhnlich und keineswegs ausgeschlossen, dass Sektorenauftraggeber Aufträge außerhalb des Sektorenbereichs vergeben. Die Auftragsvergabe hat dann nach den Bestimmungen der jeweils einschlägigen Vergabeverordnung zu erfolgen. Insofern wäre es durchaus denkbar, dass Sektorenauftraggeber verteidigungs- oder sicherheitsspezifische öffentliche Aufträge vergeben. Auf diese würde nicht die SektVO, sondern die VSVgV Anwendung finden (§§ 1 Abs. 2 SektVO, 1 VSVgV). Die praktische Relevanz dieser Möglichkeit dürfte zwar gering sein, gänzlich ausgeschlossen ist dieser Fall aber nicht. **9**

Nicht in den persönlichen Anwendungsbereich des Unterabschnitt 2 in Abschnitt 3 Kapitel 1 Teil 4 GWB fallen **Konzessionsgeber**. Für die Vergabe von Konzessionen durch Konzessionsgeber ist Unterabschnitt 3 in Abschnitt 3 Kapitel 1 Teil 4 GWB (§§ 148 ff. GWB) anzuwenden, der speziellere und damit vorrangige Bestimmungen für die Vergabe von Konzessionen in den Bereichen Verteidigung und Sicherheit enthält. Ein Rückgriff auf die Regelungen des Unterabschnitt 2 ist, soweit Unterabschnitt 3 anwendbar ist, nicht zulässig und, soweit dies nicht der Fall ist, aufgrund des bei der Anwendung von Ausnahmebestimmungen im Vergaberecht geltenden Analogieverbots nicht statthaft. **10**

III. Regelungsumfang

Der zweite Unterabschnitt des dritten Abschnitts des Kapitel 1 in Teil 4 GWB enthält lediglich vier Bestimmungen. Während § 144 GWB den Anwendungsbereich definiert, enthält § 145 GWB wichtige Ausnahmen vom Anwendungsbereich, bei deren Vorliegen ein Vergabeverfahren nach den Vorschriften des GWB bzw. der VSVgV nicht durchzuführen ist. Ferner sind Regelungen zu den anwendbaren Verfahrensarten (§ 146 GWB) und zu sonstigen anwendbaren Vorschriften (§ 147 GWB) enthalten. Sofern in den §§ 145 bis 147 GWB nichts Abweichendes geregelt ist, finden auf die Vergabe von verteidigungs- oder sicherheitsspezifischen öffentlichen Aufträgen die allgemeinen Verfahrensvorschriften der §§ 119 ff. GWB Anwendung. Ergänzend hierzu sind auch die allgemeinen Bestimmungen der §§ 97 ff. GWB, die Grundsätze der Vergabe, Definitionen und Regelungen zum Anwendungsbereich enthalten, zu beachten, sowie die Bestimmungen der §§ 155 ff. GWB über das Nachprüfungsverfahren anwendbar. §§ 144 ff. GWB enthalten mithin keine abschließende Regelung über die bei der Vergabe von verteidigungs- oder sicherheitsspezifischen öffentlichen Aufträgen anzuwendenden Vorschriften. Anwendbar sind darüber hinaus die §§ 97 ff., 119 ff. und 155 ff. GWB. **11**

C. Rechtsschutz

Im Nachprüfungsverfahren ist der persönliche und sachliche Anwendungsbereich der für die Vergabe verteidigungs- oder sicherheitsspezifischer öffentlicher Aufträge maßgeblichen Verfahrensbestimmungen durch die Nachprüfungsstellen von Amts wegen zu prüfen. Liegen die persönlichen oder sachlichen Voraussetzungen für die Anwendung des Unterabschnitts 2 in Abschnitt 3 Kapitel 1 Teil 4 GWB bzw. eine der in §§ 144 bis 147 GWB enthaltenen Regelun- **12** gen nicht vor, ist das Verfahren insoweit fehlerhaft und kann von Unternehmen im Nachprüfungsverfahren beanstandet werden.

Anlage

Gesetzesbegründung – VergRModG 2016 (BT-Drs. 18/6281)

Seite 126

§ 144 bestimmt den Anwendungsbereich des Unterabschnitts 2 des Abschnitts 3. Unterabschnitt 2 regelt die besonderen Vorschriften für die Vergabe von verteidigungs- oder sicherheitsspezifischen öffentlichen Aufträgen. Damit werden die wesentlichen Bestimmungen der Richtlinie 2009/81/EG nunmehr im GWB umgesetzt. Nach § 144 finden auf die Vergabe von verteidigungs- oder sicherheitsspezifischen öffentlichen Aufträgen grundsätzlich die allgemeinen Vorschriften des Abschnitts 2 Unterabschnitt 2 Anwendung, sofern in den §§ 145 bis 147 nicht etwas Abweichendes geregelt ist.

§ 145 GWB
Besondere Ausnahmen für die Vergabe von verteidigungs- oder sicherheitsspezifischen öffentlichen Aufträgen

Dieser Teil ist nicht anzuwenden auf die Vergabe von verteidigungs- oder sicherheitsspezifischen öffentlichen Aufträgen, die

1. **den Zwecken nachrichtendienstlicher Tätigkeiten dienen,**
2. **im Rahmen eines Kooperationsprogramms vergeben werden, das**
   a) **auf Forschung und Entwicklung beruht und**
   b) **mit mindestens einem anderen Mitgliedstaat der Europäischen Union für die Entwicklung eines neuen Produkts und gegebenenfalls die späteren Phasen des gesamten oder eines Teils des Lebenszyklus dieses Produkts durchgeführt wird;**

   beim Abschluss eines solchen Abkommens teilt die Europäische Kommission den Anteil der Forschungs- und Entwicklungsausgaben an den Gesamtkosten des Programms, die Vereinbarung über die Kostenteilung und gegebenenfalls den geplanten Anteil der Beschaffungen je Mitgliedstaat mit,
3. **in einem Staat außerhalb der Europäischen Union vergeben werden; zu diesen Aufträgen gehören auch zivile Beschaffungen im Rahmen des Einsatzes von Streitkräften oder von Polizeien des Bundes oder der Länder außerhalb des Gebiets der Europäischen Union, wenn der Einsatz es erfordert, dass im Einsatzgebiet ansässige Unternehmen beauftragt werden; zivile Beschaffungen sind Beschaffungen nicht-militärischer Produkte und Beschaffungen von Bau- oder Dienstleistungen für logistische Zwecke,**
4. **die Bundesregierung, eine Landesregierung oder eine Gebietskörperschaft an eine andere Regierung oder an eine Gebietskörperschaft eines anderen Staates vergibt und die Folgendes zum Gegenstand haben:**
   a) **die Lieferung von Militärausrüstung im Sinne des § 104 Absatz 2 oder die Lieferung von Ausrüstung, die im Rahmen eines Verschlusssachenauftrags im Sinne des § 104 Absatz 3 vergeben wird,**
   b) **Bau- und Dienstleistungen, die in unmittelbarem Zusammenhang mit dieser Ausrüstung stehen,**
   c) **Bau- und Dienstleistungen speziell für militärische Zwecke oder**
   d) **Bau- und Dienstleistungen, die im Rahmen eines Verschlusssachenauftrags im Sinne des § 104 Absatz 3 vergeben werden,**
5. **Finanzdienstleistungen mit Ausnahme von Versicherungsdienstleistungen zum Gegenstand haben,**
6. **Forschungs- und Entwicklungsdienstleistungen zum Gegenstand haben, es sei denn, die Ergebnisse werden ausschließlich Eigentum des Auftraggebers für seinen Gebrauch bei der Ausübung seiner eigenen Tätigkeit und die Dienstleistung wird vollständig durch den Auftraggeber vergütet, oder**
7. **besonderen Verfahrensregeln unterliegen,**
   a) **die sich aus einem internationalen Abkommen oder einer internationalen Vereinbarung ergeben, das oder die zwischen einem oder mehreren Mitgliedstaaten der Europäischen Union und einem oder mehreren Staaten, die nicht Vertragsparteien des Übereinkommens über den Europäischen Wirtschaftsraum sind, geschlossen wurde,**
   b) **die sich aus einem internationalen Abkommen oder einer internationalen Vereinbarung im Zusammenhang mit der Stationierung von Truppen ergeben, das oder die Unternehmen eines Mitgliedstaates der Europäischen Union oder eines anderen Staates betrifft, oder**
   c) **die für eine internationale Organisation gelten, wenn diese für ihre Zwecke Beschaffungen tätigt oder wenn ein Mitgliedstaat öffentliche Aufträge nach diesen Regeln vergeben muss.**

Übersicht

	Rn.
A. Allgemeines	1
I. Unionsrechtlicher Hintergrund	3
II. Historie	5
III. Vergleichbare Regelungen	6
B. Die einzelnen Ausnahmetatbestände	7
I. Nachrichtendienstliche Tätigkeiten (Nr. 1)	7
II. Kooperationsprogramme (Nr. 2)	12
III. Auftragsvergaben im Einsatzgebiet (Nr. 3)	22
IV. Regierungsaufträge (Nr. 4)	29
V. Finanzdienstleistungen (Nr. 5)	35
VI. Forschungs- und Entwicklungsdienstleistungen (Nr. 6)	38
VII. Aufträge nach besonderen Verfahrensregeln (Nr. 7)	44
1. Internationale Abkommen zwischen EU-Mitgliedstaaten und Nicht-EWR-Staaten (lit. a)	46
2. Internationale Abkommen im Zusammenhang mit der Stationierung von Truppen (lit. b)	52
3. Verfahrensregeln internationaler Organisationen (lit. c)	57
C. Rechtsschutz	62
Anlage Gesetzesbegründung	

A. Allgemeines

1 § 145 GWB enthält besondere Ausnahmen für die Vergabe von verteidigungs- oder sicherheitsspezifischen öffentlichen Aufträgen i.S.v. § 104 GWB durch öffentliche Auftraggeber und Sektorenauftraggeber.

2 Der persönliche und sachliche **Anwendungsbereich** der Bereichsausnahme ist durch § 144 GWB definiert, der den Anwendungsbereich des Unterabschnitts 2 regelt. In Übereinstimmung mit § 144 GWB findet § 145 GWB auch auf Rahmenvereinbarungen (§ 105 Abs. 5 GWB) Anwendung, nicht hingegen auf Wettbewerbe.[1] § 145 GWB kommt neben und zusätzlich zu den allgemeinen, auf alle Vergaben anwendbaren Ausnahmen des § 107 GWB zur Anwendung.[2] Als Ausnahmetatbestand ist § 145 GWB eng auszulegen und keiner analogen Anwendung zugänglich.

I. Unionsrechtlicher Hintergrund

3 § 145 GWB dient der Umsetzung der Art. 12 und 13 **RL 2009/81/EG**. Allerdings werden in § 145 GWB nur diejenigen Ausnahmen der Art. 12 und 13 RL 2009/81/EG umgesetzt, die nicht bereits in der allgemeinen Ausnahme des § 107 GWB umgesetzt sind. Ausnahmen, die inhaltlich übereinstimmend in allen Vergaberichtlinien enthalten sind, hat der Gesetzgeber in der allgemeinen Ausnahme des § 107 GWB umgesetzt. Im Ergebnis setzt § 145 GWB damit nur Art. 12 und Art. 13 lit. b, c, d, f, h und j RL 2009/81/EG um. Die übrigen Ausnahmen des Art. 13 RL 2009/81/EG sind Gegenstand von § 107 GWB.

4 Die **Umsetzung** der unionsrechtlichen Vorgaben ist in Teilen nicht geglückt. Verfehlt ist z. B. die in § 145 Nr. 2 GWB statuierte Mitteilungspflicht der Europäischen Kommission, die es zum einen in dieser Form nicht gibt und die zum anderen offenlässt, wem gegenüber sie bestehen sollte. Missverständlich formuliert ist die Regelung ziviler Beschaffungen in § 145 Nr. 3 GWB; zivile Beschaffungen sind nicht Gegenstand des Unterabschnitts 2 in Abschnitt 3 von Kapitel 1 Teil 4 GWB. In § 145 Nr. 4 GWB (Regierungskauf) ist die Anwendung des Regierungsbegriffs aus der RL 2009/81/EG auf den dreigliedrigen deutschen Staatsaufbau sprachlich nicht ganz eindeutig. § 145 Nr. 7 GWB (besondere Verfahrensregeln) enthält überflüssige Doppelungen („internationalen Abkommen oder internationalen Vereinbarung") und Redundanzen ohne

1 Siehe hierzu § 144 GWB Rn. 7.
2 *Dreher*, in: Immenga/Mestmäcker, Wettbewerbsrecht, § 145 GWB Rn. 3.

Erklärungswert („das oder die Unternehmen eines Mitgliedstaates der Europäischen Union oder eines anderen Staates betrifft").

II. Historie

Ausweislich der Gesetzesbegründung[3] übernimmt § 145 GWB den Inhalt des bisherigen § 100c Abs. 2 bis 4 GWB a.F., der durch das Gesetz zur Änderung des Vergaberechts für die Bereiche Verteidigung und Sicherheit vom 7. Dezember 2011 eingefügt worden war. 5

III. Vergleichbare Regelungen

§§ 117 und 150 GWB enthalten vergleichbare Regelungen. § 117 GWB regelt Ausnahmen für öffentliche Aufträge, die Verteidigungs- oder Sicherheitsaspekte beinhalten, ohne verteidigungs- oder sicherheitsspezifisch i.S.v. § 104 GWB zu sein. § 150 GWB enthält spezielle Ausnahmen für Konzessionen in den Bereichen Verteidigung und Sicherheit. 6

B. Die einzelnen Ausnahmetatbestände

I. Nachrichtendienstliche Tätigkeiten (Nr. 1)

§ 145 Nr. 1 GWB nimmt Auftragsvergaben zum Zweck nachrichtendienstlicher Tätigkeiten vom Anwendungsbereich des Vergaberechts aus. Nachrichtendienstliche Tätigkeiten dienen dem Staatsschutz und staatlichen Sicherheitsinteressen. Die gesammelten Erkenntnisse, nachrichtendienstliche Verbindungen, Nachrichtentechnik und der Kreis der Mitarbeiter sind geheimhaltungsbedürftig.[4] Beschaffungen im Zusammenhang mit nachrichtendienstlichen Tätigkeiten sind deshalb für eine Vergabe in einem transparenten, wettbewerblichen Verfahren ungeeignet,[5] wobei die Definition von „nachrichtendienstlicher Tätigkeit" Sache der Mitgliedstaaten ist.[6] 7

Für die Nachrichtendienste des Bundes enthalten § 1 Abs. 2 BNDG, § 1 MADG und § 3 BVerfSchG entsprechende Definitionen. Eine **nachrichtendienstliche Tätigkeit** liegt vor, wenn sie von einer der vorgenannten Aufgaben- und Befugnisnormen oder entsprechenden gesetzlichen Regelungen der Länder gedeckt ist.[7] Am Beispiel des Bundesnachrichtendienstes erfasst die nachrichtendienstliche Tätigkeit das Sammeln und Auswerten von Informationen zur Gewinnung von Erkenntnissen über das Ausland, soweit diese von außen- oder sicherheitspolitischer Bedeutung für die Bundesrepublik Deutschland sind (§ 1 Abs. 2 BNDG). 8

Die Ausnahmebestimmung erfasst zum einen Aufträge, die ein Auftraggeber **an einen Nachrichtendienst** vergibt, und zum anderen Aufträge, die ein staatlicher Nachrichtendienst zum Zwecke seiner nachrichtendienstlichen Tätigkeiten **an Dritte** vergibt.[8] Beschaffungen zur Abwehr nachrichtendienstlicher Tätigkeiten („counter-intelligence activities") sind ebenfalls ausgenommen.[9] Freigestellt sind Beschaffungen für nachrichtendienstliche Tätigkeiten, nicht die Nachrichtendienste als solche und auch nicht die Tätigkeiten der Nachrichtendienste im Allgemeinen. 9

Die Bestimmung lässt offen, was unter nachrichtendienstlicher Tätigkeit funktional zu verstehen ist. Nach der Rechtsprechung des OLG Düsseldorf ist ein enger **Zusammenhang** zwischen dem Auftragsgegenstand und der nachrichtendienstlichen Tätigkeit erforderlich. Nicht jede Beschaffung eines Nachrichtendienstes dient der Ausübung nachrichtendienstlicher Tä- 10

3 Gesetzesbegründung zu § 116 Abs. 1 Nr. 2 GWB, VergRModG 2016, BT-Drs. 18/6281, 126.
4 Vgl. OLG Düsseldorf, Beschluss v. 30.3.2005 – VII-Verg 101/04 (BND Neubau), Rn. 18.
5 Europäische Kommission, Guidance Note, Defence- and security-specific exclusions (Ref. Ares(2016)764884), S. 5.
6 Erwägungsgrund 27 RL 2009/81/EG.
7 *Voll*, Sicherheit als Argument im Vergaberecht, S. 302.
8 Gesetzesbegründung zu § 100c Abs. 2 Nr. 2 GWB a.F., Gesetz zur Änderung des Vergaberechts für die Bereiche Verteidigung und Sicherheit, BT-Drs. 17/7275, 17.
9 Erwägungsgrund 27 RL 2009/81/EG.

tigkeiten.[10] Erfasst sind zunächst Beschaffungen, die unmittelbar den Zwecken nachrichtendienstlicher Tätigkeit dienen, wie z. B. die Beschaffung von technischer Ausrüstung für Spionage und Gegenspionage, Funktechnik und Verschlüsselungstechnologie.[11] Beschaffungen, die nur mittelbar nachrichtentechnischen Zwecken dienen (z. B. Bürobedarf) und nicht in Zusammenhang mit den Kernaufgaben von Nachrichtendiensten stehen, sind hingegen nicht freigestellt. Die Grenze zieht das Umgehungsverbot gemäß Art. 11 RL 2009/81/EG.[12]

11 **Nachrichtendienste** im engeren, institutionellen Sinne sind der Bundesnachrichtendienst (BND), das Bundesamt für Verfassungsschutz (BfV), der Militärische Abschirmdienst (MAD) und die Verfassungsschutzbehörden der Länder. Die Ausnahme erstreckt sich aber auch auf Beschaffungen anderer Behörden, die diese in dem ihnen gesetzlich zugewiesenen Aufgabenbereich für nachrichtendienstliche Zwecke vornehmen. Deshalb sind auch Auftragsvergaben der Bundeswehr, des Bundeskriminalamtes, der Bundespolizei und des Zollkriminalamtes für nachrichtendienstliche Zwecke freigestellt.[13]

II. Kooperationsprogramme (Nr. 2)

12 Gemäß § 145 Nr. 2 GWB sind Kooperationsprogramme der Mitgliedstaaten, die dazu dienen, neue Verteidigungsausrüstung gemeinsam zu entwickeln, vom Anwendungsbereich des GWB-Vergaberechts ausgenommen.

13 Die Bereichsausnahme dient der Umsetzung der **unionsrechtlichen Bestimmung** in Art. 13 lit. c RL 2009/81/EG.

14 Zwischenstaatliche **Kooperationsprogramme** spielen im Verteidigungsbereich eine große Rolle. Sie erleichtern die Entwicklung neuer Technologien und ermöglichen häufig erst die Finanzierung der oftmals hohen Forschungs- und Entwicklungskosten bei der Einführung komplexer Waffensysteme. Die Europäische Union misst kooperativen Beschaffungsmodellen der Mitgliedstaaten mit gemeinsamer Forschung und Entwicklung eine hohe Bedeutung für die Stärkung der europäischen Verteidigungszusammenarbeit und den Aufbau einer gemeinsamen europäischen verteidigungsindustriellen Basis zu.[14] Beispiele für Kooperationsprogramme sind die Beschaffungsprogramme Eurofighter sowie IRIS-T und Meteor. Einige dieser Programme werden von internationalen Organisationen (insbesondere OCCAR, NATO Agenturen, EDA) verwaltet, die die Aufträge im Namen der beteiligten Mitgliedstaaten vergeben. In anderen Fällen werden Aufträge von einem Mitgliedstaat auch im Namen eines anderen Mitgliedstaates vergeben („lead nation concept").

15 Voraussetzung für ein Kooperationsprogramm ist stets, dass es sich um eine echte Kooperation handelt, bei der die beteiligten Nationen die technischen und finanziellen Programmrisiken teilen und eine gemeinsame Steuerung des Programms stattfindet.[15] Die **Teilnahme** an einem Kooperationsprogramm ist daher mehr als der bloße Kauf der Ausrüstung. Im Hinblick auf die unterschiedlichen Verteidigungsbudgets der Mitgliedstaaten und die unterschiedlichen Bedürfnisse der Streitkräfte in den Mitgliedstaaten können die Beiträge der Kooperationspartner erheblich variieren. Dementsprechend stellt die Kommission bei der Frage, ob ein kooperatives Konzept verfolgt wird, auf die Qualität der Beteiligung ab und nicht auf quanti-

---

10 OLG Düsseldorf, Beschluss v. 13.4.2016 – VII-Verg 46/15. Das Gericht bejahte einen engen Zusammenhang zwischen der Beschaffung sondergeschützter Fahrzeuge und der nachrichtendienstlichen Tätigkeit, weil der Einsatz der Fahrzeuge gerade der Abwehr typischer Gefährdungen, die mit einer nachrichtendienstlichen Tätigkeit in Krisengebieten einhergehen, dient.

11 *Dippel*, in: Dippel/Sterner/Zeiss, VSVgV, § 145 GWB Rn. 5.

12 *Trybus*, Buying Defence and Security in Europe, S. 301 ff.

13 *Mösinger/Thomas*, Verteidigungs- und Sicherheitsvergaben, S. 47 f.

14 Europäische Kommission, Bekanntmachung der Kommission zu Leitlinien für die kooperative Beschaffung in den Bereichen Verteidigung und Sicherheit (2019/C 157/01), S. 1.

15 Europäische Kommission, Bekanntmachung der Kommission zu Leitlinien für die kooperative Beschaffung in den Bereichen Verteidigung und Sicherheit (2019/C 157/01), S. 6; *Trybus*, Buying Defence and Security in Europe, S. 285; *Rosenkötter*, VergabeR 2012, 267 (272).

tative Kriterien.[16] Die Ausnahmebestimmung gilt auch für Auftraggeber, die einem Kooperationsprogramm nachträglich beitreten und ein vollwertiges Mitglied des Kooperationsprogramms werden.[17] Dies setzt eine formale Vereinbarung mit den anderen teilnehmenden Mitgliedstaaten voraus.[18]

Das Kooperationsprogramm muss (a) auf **Forschung und Entwicklung** (F&E)[19] beruhen und (b) für die Entwicklung eines neuen Produkts durchgeführt werden. Dies bedeutet, dass das Vorhaben zwingend eine Forschungs- und Entwicklungsphase umfassen, d.h. einen F&E-Anteil haben muss[20]. Die gemeinschaftliche Beschaffung eines vorhandenen „Off the Shelf"-Produkts genügt damit nicht. Forschung und Entwicklung umfasst Grundlagenforschung, angewandte Forschung und experimentelle Entwicklung. Letztere kann auch die Entwicklung von technischen Demonstratorsystemen einschließen.[21] Eine bestimmte Mindesthöhe für den F&E-Anteil ist nicht definiert.[22] Ebenso wenig ist gefordert, dass alle Stufen auf der Skala der technologischen Reife abgedeckt sein müssen.[23] 16

Im Einzelfall kann auch eine auf Forschung und Entwicklung beruhende **Modernisierung** bestehender Produkte in den Anwendungsbereich der Ausnahme fallen. Nach Auffassung der Kommission ist dies der Fall, wenn die Modernisierung zu wesentlichen Änderungen oder wesentlichen Verbesserungen des Produkts führt. Relevante Kriterien für die Bewertung solcher Änderungen oder Verbesserungen seien: wesentliche Änderungen an der bestehenden Ausrüstung, Umfang der neuen Funktionen der Ausrüstung und strukturelle Veränderungen der Plattform.[24] Eine geringfügige technische Anpassung eines marktverfügbaren Produkts dürfte nicht ausreichen.[25] 17

Das Kooperationsprogramm braucht gemäß § 145 Nr. 2 lit. b GWB nicht auf die Entwicklungsphase beschränkt zu sein, sondern kann auch die späteren **Lebenszyklusphasen** (oder Teile hiervon) des Produkts (z. B.: Produktion, Instandhaltung, Modernisierung, Änderung, Logistik, Schulung, Erprobung, Beseitigung) einschließen.[26] Regelmäßig geht es den am Kooperationsprogramm beteiligten Staaten nicht nur um eine gemeinsame Entwicklung von Verteidigungsgütern, sondern auch um deren Herstellung, Lieferung, Einführung in die Streitkräfte, operationelle Nutzung, technisch-logistische Betreuung und Instandhaltung sowie gegebenenfalls um eine spätere Nachlieferung und Modernisierung. Auch diese späteren, auf die gemeinsame Entwicklung zeitlich nachfolgenden Phasen im Lebenszyklus von Verteidigungsgütern können Gegenstand des Kooperationsprogramms sein. 18

Liegen die Voraussetzungen von § 145 Nr. 2 GWB vor, ist das gesamte Kooperationsvorhaben einschließlich der umfassten Folgephasen **dem Vergaberecht entzogen**. Damit ist es auch möglich, die Instandsetzung, Ersatzteilversorgung und technisch-logistische Betreuung eines 19

16 Europäische Kommission, Bekanntmachung der Kommission zu Leitlinien für die kooperative Beschaffung in den Bereichen Verteidigung und Sicherheit (2019/C 157/01), S. 6.

17 *Trybus*, Buying Defence and Security in Europe, S. 284; *Rosenkötter*, VergabeR 2012, 267 (272).

18 Europäische Kommission, Bekanntmachung der Kommission zu Leitlinien für die kooperative Beschaffung in den Bereichen Verteidigung und Sicherheit (2019/C 157/01), S. 6.

19 Forschung und Entwicklung umfasst gemäß § 4 Abs. 5 VSVgV bzw. Art. 1 Nr. 27 RL 2009/81/EG Grundlagenforschung, angewandte Forschung und experimentelle Entwicklung, wobei Letztere die Herstellung von Demonstratorsystemen einschließt.

20 Europäische Kommission, Bekanntmachung der Kommission zu Leitlinien für die kooperative Beschaffung in den Bereichen Verteidigung und Sicherheit (2019/C 157/01), S. 5.

21 Näher: Europäische Kommission, Bekanntmachung der Kommission zu Leitlinien für die kooperative Beschaffung in den Bereichen Verteidigung und Sicherheit (2019/C 157/01), S. 5, unter Verweis auf die Definitionen in Art. 1 Nr. 27 und Erwägungsgrund 13 RL 2009/81/EG.

22 *Trybus*, Buying Defence and Security in Europe, S. 286.

23 Europäische Kommission, Bekanntmachung der Kommission zu Leitlinien für die kooperative Beschaffung in den Bereichen Verteidigung und Sicherheit (2019/C 157/01), S. 5. Nach Auffassung der Kommission umfasst Forschung und Entwicklung typischerweise die Stufen 1 bis 7 der Skala.

24 Europäische Kommission, Bekanntmachung der Kommission zu Leitlinien für die kooperative Beschaffung in den Bereichen Verteidigung und Sicherheit (2019/C 157/01), S. 6. Vgl. auch *Dippel*, in: Dippel/Sterner/Zeiss, VSVgV, § 145 GWB Rn. 10.

25 Europäische Kommission, Guidance Note, Defence- and security-specific exclusions (Ref. Ares(2016)764884), S. 6; vgl. *Dippel*, in: Dippel/Sterner/Zeiss, VSVgV, § 145 GWB Rn. 10.

26 Vgl. Art. 1 Nr. 26 RL 2009/81/EG zum Begriff „Lebenszyklus".

gemeinsam entwickelten Produkts ausschreibungsfrei zu vergeben.[27] Voraussetzung ist, dass die Vergabe im Rahmen und nach den Regeln des Kooperationsprogramms durch die zuständige Stelle erfolgt. Entschließt sich ein Mitgliedstaat, Beauftragungen in den Folgephasen eigenständig zu tätigen, greift die Ausnahme nicht.[28]

20 Das Kooperationsprogramm muss mit mindestens einem anderen **Mitgliedstaat der Europäischen Union** geschlossen sein. Eine zusätzliche Beteiligung von Drittstaaten ist möglich. An dem Kooperationsprogramm müssen gemäß § 145 Nr. 2 lit. b GWB jedoch mindestens zwei Mitgliedsstaaten teilnehmen („mit mindestens einem anderen Mitgliedstaat der Europäischen Union"). In der Praxis sind sowohl Kooperationsprogramme zwischen mehreren Mitgliedstaaten als auch solche zwischen mehreren Mitgliedstaaten und einem oder mehreren Drittstaaten (d.h. Staaten, die nicht der EU angehören) gebräuchlich.

21 Sofern das Kooperationsprogramm allein zwischen Mitgliedstaaten der Europäischen Union geschlossen wird, müssen diese der Europäischen Kommission den Anteil der F&E-Ausgaben an den Gesamtkosten des Programms, die Vereinbarung über die Kostenteilung und gegebenenfalls den geplanten Anteil der Beschaffungen je Mitgliedstaat **mitteilen**.[29] Bei Beteiligung eines Drittstaats besteht die Notifizierungspflicht nicht. Dies folgt aus Art. 13 lit. c Satz 2 RL 2009/81/EG, wonach eine Notifizierungspflicht nur besteht, wenn das Kooperationsprogramm „allein zwischen Mitgliedstaaten" geschlossen wurde. Entgegen dem Wortlaut des § 145 Nr. 2 lit. b Satz 2 GWB ist die Mitteilungspflicht eine Verpflichtung der Mitgliedstaaten gegenüber der Europäischen Kommission (und keine Verpflichtung der Europäischen Kommission). Hier ist dem Gesetzgeber ein Fehler unterlaufen.[30] Anhand der Mitteilung kann die Europäische Kommission bewerten, ob es sich tatsächlich um ein kooperatives, auf die Entwicklung eines neuen Produkts gerichtetes Vorhaben handelt oder lediglich um einen symbolischen Beitrag zu einem nationalen Programm eines anderen Mitgliedstaats.[31] Die Notifizierungspflicht drückt die Besorgnis des EU-Gesetzgebers vor einem möglichen Missbrauch von Kooperationsvorhaben zur Umgehung von Ausschreibungspflichten aus.[32] Es sind häufig Großvorhaben, die Gegenstand einer Kooperation sind und einen Großteil der nationalen Verteidigungsbudgets über lange Zeiträume binden.

III. Auftragsvergaben im Einsatzgebiet (Nr. 3)

22 Nach § 145 Nr. 3 GWB ist Teil 4 GWB nicht anzuwenden auf die Vergabe von verteidigungs- oder sicherheitsspezifischen öffentlichen Aufträgen, die in einem Staat außerhalb der Europäischen Union vergeben werden. Die Regelung betrifft „Vor-Ort-Beschaffungen" im Rahmen von Einsätzen der Bundeswehr oder von Sicherheitskräften des Bundes oder der Länder außerhalb der Europäischen Union. Die im Einsatzgebiet stationierten oder tätigen Kräfte sollen die Möglichkeit haben, Aufträge ohne Anwendung des Vergaberechts an im Einsatzgebiet ansässige Unternehmen zu vergeben, wenn der Einsatz dies erfordert.[33]

23 Der missverständliche Wortlaut der Regelung legt nahe, dass sich das Einsatzerfordernis nur auf zivile Beschaffungen im Einsatzgebiet bezieht und bei **militärischen Beschaffungen** ein solches nicht gefordert wird. Dieses Verständnis ist jedoch unzutreffend. Die Ausnahme soll, wie Erwägungsgrund 29 RL 2009/81/EG klarstellt, sowohl die Vergabe von verteidigungs- oder sicherheitsspezifischen öffentlichen Aufträgen an im Einsatzgebiete ansässige Unternehmen als auch zivile Beschaffungen freistellen. Zivile Beschaffungen mögen in der Praxis der

27 *Krohn*, in: Gabriel/Krohn/Neun, Handbuch Vergaberecht, 2. Auflage, § 57 Rn. 60.
28 Europäische Kommission, Bekanntmachung zu Leitlinien für die kooperative Beschaffung in den Bereichen Verteidigung und Sicherheit (2019/C 157/01), S. 6; *Voll*, Sicherheit als Argument im Vergaberecht, S. 303.
29 Art. 13 lit. c RL 2009/81/EG.
30 Zutreffend *Dreher*, in: Immenga/Mestmäcker, Wettbewerbsrecht, § 145 GWB Rn. 16.
31 Europäische Kommission, Guidance Note, Defence- and security-specific exclusions (Ref. Ares(2016)764884), S. 7; *Trybus*, Buying Defence and Security in Europe, S. 285.
32 *Trybus*, in: Gabriel/Mertens/Prieß/Stein, Vergaberecht, § 145 GWB Rn. 13.
33 Gesetzesbegründung zu § 100c Abs. 3 GWB a.F., Gesetz zur Änderung des Vergaberechts für die Bereiche Verteidigung und Sicherheit, BT-Drs. 17/7275, 17.

Hauptanwendungsfall der Ausnahme sein. Genau genommen sind sie aber gar nicht Gegenstand der RL 2009/81/EG und des Unterabschnitts 2.

Als **Auftraggeber** kommen nur Einsatzkräfte des Bundes oder der Länder in Betracht, die in einem Einsatzgebiet außerhalb der Europäischen Union stationiert sind. Es handelt sich um einen Fall dezentraler Beschaffung durch den Bund oder ein Land als Auftraggeber. Denkbar wären – wie sich aus § 144 GWB ergibt und im Rahmen dieses Kommentars nicht unerwähnt bleiben soll – sogar auch „Einsatzkräfte von Sektorenauftraggebern". 24

Entgegen dem Wortlaut der Ausnahme ist nicht jede Auftragsvergabe in einem Drittland freigestellt.[34] Voraussetzung für die Freistellung ist, dass die Auftragsvergabe in unmittelbarem Zusammenhang mit der Durchführung eines Einsatzes steht und der Einsatz die Vor-Ort-Beschaffung erfordert.[35] Wie bereits dargestellt gilt das Einsatzerfordernis auch bei militärischen Beschaffungen und nicht – wie die deutsche Umsetzung nahe legt – nur für zivile Beschaffungen. Ein **Einsatzerfordernis** („operational need") kann z. B. gegeben sein, wenn die Auftragsvergabe an Lieferanten in der Europäischen Union aus operationellen oder logistischen Gründen nicht in Betracht kommt (zu lange Lieferwege und Lieferzeiten, zu hohe Transportkosten oder -risiken, Sicherheitsgründe, etc.). Abzustellen ist auf die speziellen Gegebenheiten und Bedingungen des konkreten Einsatzes. Es muss sachlich nachvollziehbare Gründe geben, den Auftrag vor Ort zu vergeben, wobei keine allzu hohen Anforderungen zu stellen sein werden.[36] Je nach der Natur des Einsatzes kann auch die Notwendigkeit der Einbindung der ortsansässigen Bevölkerung und Wirtschaft genügen.[37] 25

Freigestellt sind militärische und zivile **Beschaffungen** im Rahmen des Einsatzes von Streitkräften des Bundes oder der Länder außerhalb der Europäischen Union. Für die Bedürfnisse von Einsatzkräften, die außerhalb der Europäischen Union operieren, sollen Bund und Länder bei Vor-Ort-Beschaffungen außerhalb der Europäischen Union von Ausschreibungspflichten befreit sein. Hauptanwendungsfall dürften zivile Beschaffungen sein, soweit diese in unmittelbarem Zusammenhang mit der Durchführung des Einsatzes stehen.[38] Als „zivile Beschaffungen" definiert § 145 Nr. 3 Hs. 3 GWB die Beschaffung nicht militärischer Produkte sowie Bau- und Dienstleistungen für logistische Zwecke. Dies können z. B. Nahrungsmittel, Wasser und sonstige Versorgungsgüter sein. Dienstleistungen für logistische Zwecke sind z. B. Lagerhaltung, Transport, Materialinstandsetzung, Unterbringung und medizinische Versorgung.[39] Letztere können sowohl nicht-militärischer als auch militärischer Art sein, da die Ausnahme beide freistellt. Militärische Beschaffungen erfolgen im Regelfall nicht im Einsatzgebiet, sondern zentral durch das Bundesamt für Ausrüstung, Informationstechnik und Nutzung der Bundeswehr für die Teilstreitkräfte der Bundeswehr. 26

Die Auftragsvergabe muss an **Unternehmen im Einsatzgebiet** erfolgen. Der Gesetzgeber verwendet „Staat außerhalb der Europäischen Union" und „Einsatzgebiet" gleichbedeutend. Gemeint ist, dass die Auftragsvergabe in einem Staat außerhalb der Europäischen Union an ein Unternehmen, das dort – also im Einsatzgebiet – ansässig ist, stattfindet (§ 145 Nr. 3 Hs. 2 GWB). Im Einsatzgebiet ansässige Unternehmen können auch lokale Zweigstellen von Unternehmen mit Sitz in der Europäischen Union sein. Entsprechend den praktischen Erfordernissen bei Auslandseinsätzen ist auch eine Vergabe an Lieferanten in direkt an das Einsatzgebiet angrenzende Staaten zulässig („surrounding geographic zone").[40] Der Auftrag kann auch an 27

34 Vgl. *Otting*, in: Burgi/Dreher, Vergaberecht, § 145 GWB Rn. 15; *Antweiler*, in: Ziekow/Völlink, Vergaberecht, § 145 GWB Rn. 10.

35 Vgl. Erwägungsgrund 29 RL 2009/81/EG.

36 *Dippel*, in: Dippel/Sterner/Zeiss, VSVgV, § 145 GWB Rn. 17; *Mösinger/Thomas*, Verteidigungs- und Sicherheitsvergaben, S. 51.

37 *Dippel*, in: Dippel/Sterner/Zeiss, VSVgV, § 145 GWB Rn. 17; enger *Trybus*, Buying Defence and Security in Europe, S. 285.

38 Erwägungsgrund 29 RL 2009/81/EG.

39 Europäische Kommission, Guidance Note, Defence- and security-specific exclusions (Ref. Ares(2016)764884), S. 8. Die Erstreckung der Ausnahme auf zivile Beschaffungen ist an sich systematisch verfehlt, da zivile Beschaffungen ohnehin nicht in den Anwendungsbereich der RL 2009/81/EG fallen. Praktisch läuft dies auf eine Freistellung von den Bestimmungen der RL 2014/24/EU hinaus.

40 Europäische Kommission, Guidance Note, Defence- and security-specific exclusions (Ref. Ares(2016)764884), S. 9.

eine lokale Niederlassung eines Unternehmens mit Sitz in der Europäischen Union vergeben werden, sofern er nicht de facto durch die Mutterfirma in der Europäischen Union ausgeführt wird. Letzteres wäre nach Auffassung der Europäischen Kommission keine Auftragsvergabe an ein Unternehmen im Einsatzgebiet.[41]

28 Soweit § 145 Nr. 3 GWB greift, finden auf die Auftragsvergabe an sich die Grundfreiheiten und das allgemeine Diskriminierungsverbot des **EU-Primärrechts** Anwendung, was in Anbetracht der einsatz- und sicherheitssensitiven Situation einer Auftragsvergabe im Einsatzgebiet ungewöhnlich erscheint. Bei zulässiger Berufung auf § 145 Nr. 3 GWB dürften aber vielfach zugleich die Voraussetzungen des Art. 346 Abs. 1 lit. b AEUV vorliegen, sodass die Vergabe auch keinen primärrechtlichen Bindungen unterliegt.[42]

IV. Regierungsaufträge (Nr. 4)

29 § 145 Nr. 4 GWB nimmt sog. Government-to-Government („G2G")-Beschaffungen im Verteidigungs- und Sicherheitsbereich vom Anwendungsbereich des Teil 4 GWB aus. Gemeinschaftsrechtliche Grundlage ist Art. 13 lit. f RL 2009/81/EG.[43]

30 Regierungskäufe sind eine bei größeren Rüstungsprojekten und insbesondere beim Erwerb von sensibler US-Rüstungstechnologie im Wege des „Foreign Military Sales"-Programms verbreitete **Praxis**.[44] Die beschaffende Regierung hat bei einer G2G-Beschaffung keinen direkten Kontakt mit dem Hersteller der Ausrüstung. Der Hersteller verkauft vielmehr direkt an seine nationale Beschaffungsstelle zu den ihm bekannten Bedingungen und muss sich nicht um den Vertrieb im Export kümmern. Das Verfahren ist damit für alle Beteiligten vorteilhaft und kostengünstig. Zu unterscheiden sind zwei Gestaltungen: (i) die Abgabe von Wehrmaterial aus vorhandenen Beständen einer Streitkraft und (ii) der Verkauf von neuen Produkten, die die abgebende Regierung erst beim Hersteller beauftragen muss. In dem zuletzt genannten Fall unterliegt der Einkauf der abgebenden Regierung beim Hersteller der Ausrüstung den jeweiligen nationalen Vergabebestimmungen (innerhalb der Europäischen Union also den Vergaberichtlinien). Die Materialabgabe an die beschaffende Regierung ist hingegen vergaberechtsfrei. Letzteres folgt bei einer G2G-Beschaffung durch die Bundesregierung oder einer Landesregierung aus § 145 Nr. 4 GWB.

31 Voraussetzung ist, dass der Auftrag von der Bundesregierung, einer Landesregierung oder einer Gebietskörperschaft an „eine andere Regierung" oder „eine Gebietskörperschaft eines anderen Staates" (auch eines Drittstaates) vergeben wird. Auf andere juristische Personen des öffentlichen Rechts, die nicht Regierung oder Gebietskörperschaft sind, sowie Staatsunternehmen findet § 145 Nr. 4 GWB seinem Wortlaut nach keine Anwendung.[45] Das bedeutet, dass der G2G-Auftrag über die Beschaffung von verteidigungs- oder sicherheitsspezifischer Ausrüstung von der Bundesregierung (diese z. B. vertreten durch das Bundesministerium der Verteidigung oder das Bundesministerium des Innern, für Bau und für Heimat), der Regierung eines der sechzehn Länder oder einem Kreis oder einer Gemeinde in einem der sechzehn Länder der Bundesrepublik Deutschland als **Auftraggeber** vergeben werden muss. Auftraggeber, die nicht institutionell Regierung oder Gebietskörperschaft sind, scheiden damit als Auftraggeber im G2G-Business aus. Dies folgt daraus, dass die zugrundeliegende Definition von „Regierung" in Art. 1 Nr. 9 RL 2009/81/EG nur nationale, regionale oder lokale Gebietskörper-

41 Vgl. *Rosenkötter*, VergabeR 2012, 267 (272), unter Hinweis auf das Umgehungsverbot in Art. 11 RL 2009/81/EG; *Dippel*, in: Dippel/Sterner/Zeiss, VSVgV, § 145 GWB Rn. 17; *Trybus*, in: Gabriel/Mertens/Prieß/Stein, Vergaberecht, § 145 Rn. 22.

42 *Trybus*, Buying Defence and Security in Europe, S. 291.

43 Die Ausnahmeregelung adressiert ein Spezifikum der Verteidigungsbeschaffung, nämlich den Einkauf bei den Streitkräften anderer Staaten. Gleichwohl darf die Notwendigkeit dieser Ausnahme bezweifelt werden, da Beschaffungsverträge zwischen Regierungen verschiedener Staaten ohnehin nicht in das Regelungssystem des Vergaberechts fallen; vgl. hierzu *Trybus*, Buying Defence and Security in Europe, S. 293.

44 Näher: Europäische Kommission, Leitlinien für die Vergabe von Aufträgen zwischen Regierungen in den Bereichen Verteidigung und Sicherheit (2016/C 450/01).

45 *Dippel*, in: Dippel/Sterner/Zeiss, VSVgV, § 145 GWB Rn. 20; *Voll*, Sicherheit als Argument im Vergaberecht, S. 305.

schaften eines Mitgliedsstaats umfasst. Der Regierungskauf setzt auftraggeberseitig folglich eine klassische, institutionelle Regierung voraus.

Hiervon zu unterscheiden ist die Frage, wer auf **Auftragnehmerseite** als Material abgebende Stelle in Betracht kommt und in den Anwendungsbereich der Bereichsausnahme fällt. Nach dem Wortlaut der Bestimmung muss dies entweder (i) eine andere Regierung oder (ii) eine Gebietskörperschaft eines anderen Staates sein. Bei wörtlicher Anwendung ergeben sich hier mehrere Fragen: Muss es sich um die Regierung eines anderen Mitgliedstaates handeln oder sollen auch die Regierungen der Länder umfasst sein, denen nach staatsrechtlichem Verständnis Staatlichkeit zukommt? Letzteres würde vergaberechtsfreie Materialabgaben G2G zwischen Bund und Ländern oder zwischen Ländern im Verteidigungs- und Sicherheitsbereich ermöglichen. Wenn innerstaatliche Regierungskäufe erfasst und vergaberechtsfrei gestellt sein sollten, weshalb gilt dies dann nicht für interkommunale Beschaffungen im Verteidigungs- und Sicherheitsbereich? Hier schreibt die Ausnahme ausdrücklich einen grenzüberschreitenden Bezug vor: es muss sich um die Gebietskörperschaft eines anderen Staates handeln. Der pragmatisch denkende Rechtsanwender ist geneigt, die gestellten Fragen unter Hinweis auf den Sinn und Zweck der Regelung und die unionsrechtliche Grundlage dahin zu beantworten, dass nur die Materialabgabe über mitgliedstaatliche Grenzen hinweg gemeint sein könne. Nach diesseitiger Auffassung spricht jedoch nichts dagegen, die Ausnahme auch auf intergouvernementale Beschaffungsvorgänge im Bund-Land- oder Land-Land-Verhältnis anzuwenden und Materialabgaben im Verteidigungs- und Sicherheitsbereich zwischen institutionellen öffentlichen Auftraggebern vergaberechtsfrei zu stellen. Soweit die abgebende Regierung das Material zunächst am Markt zu beschaffen hätte, unterläge dieser Einkaufsvorgang den GWB-Vergabebestimmungen. 32

Als **Auftragsgegenstand** kommen in Betracht: 33

- die Lieferung von Militärausrüstung nach § 104 Abs. 2 GWB oder Ausrüstung im Rahmen eines Verschlusssachenauftrags nach § 104 Abs. 3 GWB (lit. a),
- Bau- oder Dienstleistungen in unmittelbarem Zusammenhang damit (lit. b),
- Bau- oder Dienstleistungen speziell für militärische Zwecke (lit. c) und
- Bau- oder Dienstleistungen, die im Rahmen eines Verschlusssachenauftrags vergeben werden (lit. d).[46]

Die Aufzählung der Gegenstände von G2G-Beschaffungen in § 145 Nr. 4 lit. a bis d GWB greift die Definition von verteidigungs- oder sicherheitsspezifischen öffentlichen Aufträgen gemäß § 104 Abs. 1 Nr. 1 bis 4 GWB auf und deckt sich mit dieser.[47]

Die Ausnahmebestimmung ist insbesondere für den Ankauf von Ausrüstung aus dem Bestand eines anderen Staates (einschließlich eines Drittstaates) und den Erwerb neuer, häufig besonders sensibler Produkte über die Regierung des Herstellerlandes **relevant**. Wenn die verkaufende Regierung das Material erst noch beschaffen muss, kann dieser Beschaffungsvorgang den Bestimmungen der RL 2009/81/EG unterliegen.[48] Dies gilt naturgemäß nicht, wenn die verkaufende Regierung ein Drittstaat ist, da für diesen die Bestimmungen der RL 2009/81/EG nicht gelten. Um hier Umgehungsmöglichkeiten zu vermeiden, wird vertreten, dass die Ausnahme nicht zur Anwendung kommt, wenn die zu beschaffende Leistung ohne weiteres innerhalb der Europäischen Union beschafft werden könnte.[49] 34

46 Beispiele: a) Die Bundesregierung vereinbart mit der US-Regierung die Durchführung eines Pilotentrainings durch die US Air Force. b) Die Bundesregierung kauft Trainingsflugzeuge aus Beständen der britischen Streitkräfte.
47 Insofern kann auf die dortige Kommentierung verwiesen werden.
48 *Dippel*, in: Dippel/Sterner/Zeiss, VSVgV, § 145 GWB Rn. 22; *Trybus*, Buying Defence and Security in Europe, S. 294.
49 *Krohn*, in: Gabriel/Krohn/Neun, Handbuch Vergaberecht, § 57 Rn. 86; *Voll*, Sicherheit als Argument im Vergaberecht, S. 307.

V. Finanzdienstleistungen (Nr. 5)

35 Gemäß § 145 Nr. 5 GWB sind verteidigungs- oder sicherheitsspezifische öffentliche Aufträge, die „Finanzdienstleistungen mit Ausnahme von Versicherungsdienstleistungen" zum Gegenstand haben, vom Anwendungsbereich des Teil 4 GWB ausgenommen. Diese Bestimmung setzt Art. 13 lit. h RL 2009/81/EG um. Die Ausnahme soll dem Umstand Rechnung tragen, dass Finanzdienstleistungen häufig von einem besonderen Vertrauensverhältnis geprägt sind und sich die Auswahl eines Finanzdienstleisters nicht mit den Verfahrensregeln des Vergaberechts verträgt.[50]

36 Eine Definition von „**Finanzdienstleistungen**" enthalten weder die RL 2009/81/EG noch das GWB-Vergaberecht. Letzteres unterscheidet zudem noch zwischen „finanziellen Dienstleistungen"[51] und „Finanzdienstleistungen"[52], ohne deutlich zu machen, worin der Unterschied in der Sache bestehen soll. In Ermangelung von sinnvollen Anhaltspunkten im Vergaberecht für eine Definition erscheint es vertretbar, den Katalog von Finanzdienstleistungen in § 1 KWG heranzuziehen. Eine Finanzdienstleistung aus diesem Katalog mit gewisser Relevanz für die Finanzierung von verteidigungs- oder sicherheitsspezifischen öffentlichen Aufträgen ist z. B. das Finanzierungsleasing und die Inanspruchnahme von Beratungsdienstleistungen durch die öffentliche Hand in diesem Zusammenhang. Generell können Finanzdienstleistungen jeglicher Art, die in unmittelbarem Zusammenhang mit der Beschaffung von Militärausrüstung oder Verschlusssachenaufträgen stehen, vergaberechtsfrei beauftragt werden.[53] Anders als in § 116 Abs. 1 Nr. 4 GWB müssen die Finanzdienstleistungen nicht in Zusammenhang mit Wertpapieren oder anderen Finanzinstrumenten stehen. Ein Kapitalmarktbezug ist nicht gefordert.[54] Haushaltsrechtliche Bindungen bleiben unberührt.

37 **Versicherungsdienstleistungen** unterliegen dem Vergaberecht und werden daher von der Ausnahmebestimmung nicht erfasst. Gemeint ist die Bereitstellung von Versicherungsleistungen durch Versicherungsgesellschaften.

VI. Forschungs- und Entwicklungsdienstleistungen (Nr. 6)

38 Verträge von Auftraggebern über Forschungs- und Entwicklungsleistungen fallen gemäß § 145 Nr. 6 GWB nicht in den Anwendungsbereich des GWB-Vergaberechts, es sei denn,

- ihre Ergebnisse werden ausschließlich Eigentum des Auftraggebers für seinen Dienstgebrauch und
- die Dienstleistung wird vollständig durch den Auftraggeber vergütet.

Forschungs- und Entwicklungsaufträge sind also nicht generell den Vergaberegeln entzogen; greift die Rückausnahme, bleibt das Vergaberecht anwendbar.

39 Die Ausnahme dient der Umsetzung der **unionsrechtlichen Bestimmung** in Art. 13 lit. j RL 2009/81/EG.

40 Bislang war die Ausnahme für Forschungs- und Entwicklungsdienstleistungen als allgemeine Ausnahme in **§ 100 Abs. 4 Nr. 2 GWB a.F.** geregelt. Da die neuen EU-Vergaberichtlinien[55] einen etwas weiteren Ausnahmebereich für Forschungs- und Entwicklungsdienstleistungen vorsehen als bislang und für Vergaben in den Bereichen Verteidigung und Sicherheit die bisherige Vorschrift des Art. 13 lit. j RL 2009/81/EG unverändert weiter gilt, war dem Gesetzgeber eine Einordnung unter die allgemeinen Ausnahmen des § 107 GWB nicht möglich.[56]

---

50 *Voll*, Sicherheit als Argument im Vergaberecht, S. 300.
51 § 116 Abs. 1 Nr. 4 GWB.
52 § 145 Nr. 5 GWB.
53 *Höß*, in: Heuvels/Höß/Kuß/Wagner, Vergaberecht, 1. Auflage, § 100c GWB Rn. 4. A.A. bzw. deutlich restriktiver: *Antweiler*, in: Ziekow/Völlink, Vergaberecht, § 145 GWB Rn. 15; *Dreher*, in: Immenga/Mestmäcker, Wettbewerbsrecht, § 145 GWB Rn. 32.
54 *Antweiler*, in: Ziekow/Völlink, Vergaberecht, § 145 GWB Rn. 15.
55 Art. 14 RL 2014/24/EU, Art. 25 RL 2014/23/EU und Art. 32 RL 2014/25/EU, umgesetzt in § 116 Abs. 1 Nr. 2 GWB.
56 Gesetzesbegründung zu § 116 Abs. 1 Nr. 2 GWB, VergRModG 2016, BT-Drs. 18/6281, 94.

Für die Vergabe von Forschungs- und Entwicklungsdienstleistungen in den Bereichen Verteidigung und Sicherheit[57] kommt das Vergaberecht bei wirtschaftlicher Betrachtung nur zur Anwendung, wenn die Ergebnisse der Forschungs- und Entwicklungstätigkeiten ausschließlich dem Auftraggeber zugutekommen („ausschließlich Eigentum des Auftraggebers") und allein durch ihn finanziert („vollständig durch den Auftraggeber vergütet") werden. Das ist bei reiner **Auftragsforschung** oder -entwicklung der Fall. Demgegenüber sollen Aufträge mit forschungsförderndem Charakter nicht dem Vergaberecht unterliegen. Durch diese Regelung soll die Kofinanzierung von Forschungs- und Entwicklungsprogrammen durch die Industrie gefördert werden, da in diesen Fällen das Vergaberecht nicht zur Anwendung kommt.[58] Demnach wären F&E-Aufträge schon bei geringfügiger Kofinanzierung durch den Auftraggeber freigestellt. Die Grenze dürfte hier das Umgehungsverbot (Art. 11 RL 2009/81/EG) ziehen. **41**

Forschung und **Entwicklung** sind nach der Definition in § 4 Abs. 5 VSVgV alle Tätigkeiten, die Grundlagenforschung, angewandte Forschung und experimentelle Entwicklung umfassen. Dies ist weit zu verstehen und geht von theoretisch-experimentell forschender Tätigkeit bis hin zur Konzeption und Planung neuer Produkte, Verfahren und Dienstleistungen. Auf eine nähere Definition und Abgrenzung von Grundlagenforschung, angewandte Forschung und experimentelle Entwicklung als Bestandteile von Forschung und Entwicklung verzichtet § 4 Abs. 5 VSVgV. Lediglich für die experimentelle Entwicklung ist klargestellt, dass diese die Herstellung von technologischen Demonstratorsystemen einschließen kann. Nicht hierunter fallen die Qualifizierung, Industrialisierung und Herstellung neuer Produkte. Die Unterscheidung scheint bei Verteidigungsaufträgen eine Trennung von Entwicklungsphase und Produktionsphase nahezulegen. Während die Entwicklung vergaberechtlich freigestellt ist, muss die Produktion im Wettbewerb vergeben werden. Eine phasenübergreifende Beauftragung von Entwicklung und Produktion nach Maßgabe der Bestimmungen über die Vergabe verteidigungs- oder sicherheitsspezifischer öffentlicher Aufträge wäre aber zulässig.[59] **42**

Maßgebliches Abgrenzungskriterium ist nach dem Wortlaut der Bestimmung, ob der Auftraggeber **ausschließliches Eigentum** an den mit seinen Mitteln erarbeiteten Forschungs- und Entwicklungsergebnissen erhält. „Ausschließliches Eigentum" ist nicht rein zivilrechtlich, sondern in einem übertragenen Sinn zu verstehen.[60] Maßgeblich ist, ob sich der Auftraggeber das ausschließliche Nutzungsrecht und damit die Verwertung am Markt vorbehält.[61] Lässt sich der Auftraggeber lediglich ein nicht ausschließliches Nutzungsrecht einräumen oder soll der Auftragnehmer das Vorhaben teilweise eigenfinanzieren, ist der Auftrag vom Anwendungsbereich des GWB-Vergaberechts ausgenommen. Studien- und Entwicklungsaufträge der Bundeswehr, die ein nicht ausschließliches Nutzungsrecht zugunsten des Auftraggebers vorsehen, sind dementsprechend freigestellt. Lässt sich die Bundeswehr im Einzelfall ausschließliche Rechte an Studien- oder Entwicklungsergebnissen einräumen, muss sie die Dienstleistung im Wettbewerb vergeben. Da der Auftraggeber die freistellende Wirkung durch entsprechende Gestaltung leicht erreichen kann, besteht eine weitgehende Freistellung staatlicher F&E-Aufträge. Dies entspricht der Intention bei überwiegend staatlich geförderten F&E-Aufträgen.[62] **43**

VII. Aufträge nach besonderen Verfahrensregeln (Nr. 7)

§ 145 Nr. 7 GWB enthält Ausnahmen für die Vergabe verteidigungs- oder sicherheitsspezifischer öffentlicher Aufträge, wenn der Auftraggeber verpflichtet ist, diese auf der Grundlage besonderer, internationaler Verfahrensregeln vorzunehmen. Es handelt sich um eine gegenüber der allgemeinen Ausnahme des § 109 GWB speziellere Ausnahme für den Bereich der **44**

---

57 Z. B. Referenznummern des Common Procurement Vocabulary 73400000-6 Forschung und Entwicklung für Sicherheits- und Verteidigungsgüter oder 73410000-9 Militärforschung und -technologie.
58 Erwägungsgrund 35 RL 2014/24/EU.
59 *Trybus*, in: Gabriel/Mertens/Prieß/Stein, Vergaberecht, § 145 GWB Rn. 38 ff.
60 *Dreher*, in: Immenga/Mestmäcker, Wettbewerbsrecht, § 145 GWB Rn. 37.
61 BayObLG, Beschluss v. 27.2.2003 – Verg 15/02, NZBau 2003, 634 (635); a.A. *Boesen*, Vergaberecht, § 100 GWB Rn. 144.
62 *Hattenhauer/Betzert*, VergabeR 2017, 580 (583 f.).

verteidigungs- und sicherheitsspezifischen öffentlichen Aufträge. Parallelen gibt es auch zu § 117 Nr. 4 GWB.[63] Die Ausnahme unterstreicht die Bedeutung internationaler Zusammenarbeit bei Rüstungsvorhaben.[64]

45 **Zweck** ist es, Kollisionen zwischen gemeinschaftsrechtlichem Vergaberecht und spezielleren Vergabeverfahrensregeln, die ein Auftraggeber in Deutschland aufgrund internationaler Abkommen anzuwenden hat, zu verhindern.[65]

1. Internationale Abkommen zwischen EU-Mitgliedstaaten und Nicht-EWR-Staaten (lit. a)

46 § 145 Nr. 7 lit. a GWB stellt Aufträge frei, die nach besonderen Verfahrensregeln vergeben werden, die sich aus einem internationalen Abkommen oder einer internationalen Vereinbarung ergeben, das oder die zwischen einem oder mehreren Mitgliedstaaten der Europäischen Union und einem oder mehreren Nicht-EWR-Staaten geschlossen wurde.

47 **Zweck** dieser Bestimmung ist, dass Drittstaaten im Rahmen von Abkommen mit EU-Mitgliedstaaten nicht gezwungen sein sollen, eine Auftragsvergabe nach EU-Vergaberichtlinien (bzw. den hieraus abgeleiteten innerstaatlichen Rechtsvorschriften der Mitgliedstaaten, in Deutschland also dem GWB-Vergaberecht) zu akzeptieren. Derartige Aufträge können nach den in dem internationalen Abkommen oder der internationalen Vereinbarung geregelten Verfahren vergeben werden.

48 Die Begriffe „**internationales Abkommen**" (agreement) und „**internationale Vereinbarung**" (arrangement) werden synonym verwendet: Es muss sich um eine verbindliche zwischenstaatliche Vereinbarung unter Einschluss Deutschlands (sowie gegebenenfalls weiterer Mitgliedstaaten der Europäischen Union) und mindestens einem Drittstaat handeln.[66] Drittstaaten sind Staaten, die nicht dem Europäischen Wirtschaftsraum angehören. Für Abkommen mit Nichtmitgliedstaaten, die dem Europäischen Wirtschaftsraum angehören (wie z. B. Norwegen), findet die Ausnahme folglich keine Anwendung. Derartige Vereinbarungen können auch die im Verteidigungsbereich üblichen zwischenstaatlichen Regierungs-MoUs (Memorandum of Understanding) sein, nicht jedoch Vereinbarungen mit internationalen Organisationen (wie Organisation Conjointe de Coopération en Matière d'Armement [OCCAR] und European Defence Agency [EDA]).[67]

49 Anders als in § 117 Nr. 4 lit. a GWB und § 109 Nr. 1 lit. a GWB ist hier nicht ausdrücklich gefordert, dass das Abkommen im Einklang mit den **EU-Verträgen** geschlossen worden sein muss.

50 Im Vergleich zu § 145 Nr. 2 GWB können zwischenstaatliche Beschaffungskooperationen auf der Grundlage internationaler Abkommen mit Drittstaaten leichter den vergaberechtlichen Bindungen entzogen werden, da weder ein **F&E-Anteil** noch die Entwicklung eines neuen Produkts gefordert ist und auch keine **Notifizierungspflichten** gegenüber der Europäischen Kommission bestehen.

51 Allerdings muss die Kooperationsvereinbarung spezielle **Verfahrensregeln** für die Auftragsvergabe vorsehen.[68] Fehlen diese oder verweist das Abkommen auf nationales Recht, bleibt das Vergaberecht anwendbar.[69] Die bloße Aufteilung der Arbeitsanteile der beteiligten Staaten in einem Abkommen genügt nicht.[70]

---

63 Zur Abgrenzung siehe § 109 GWB Rn. 6.

64 *Dippel*, in: Dippel/Sterner/Zeiss, VSVgV, § 145 GWB Rn. 34.

65 § 145 Nr. 7 GWB entspricht dem bisherigen § 100c Abs. 4 GWB a.F., der Art. 12 RL 2009/81/EG umsetzt.

66 *Rosenkötter*, VergabeR 2012, 267 (271). Gemäß Europäische Kommission, Guidance Note, Defence- and security-specific exclusions (Ref. Ares(2016)764884), S. 3, muss es sich um Vereinbarungen auf Regierungsebene handeln; Vereinbarungen mit Stellen unterhalb dieser Ebene genügen nicht.

67 *Trybus*, Buying Defence and Security in Europe, S. 273.

68 Europäische Kommission, Guidance Note, Defence- and security-specific exclusions (Ref. Ares(2016)764884), S. 2.

69 *Krohn*, in: Gabriel/Krohn/Neun, Handbuch Vergaberecht, § 57 Rn. 97.

70 *Dippel*, in: Dippel/Sterner/Zeiss, VSVgV, § 145 GWB Rn. 36.

2. Internationale Abkommen im Zusammenhang mit der Stationierung von Truppen (lit. b)

§ 145 Nr. 7 lit. b GWB stellt Aufträge von der Anwendung des Teil 4 GWB frei, die aufgrund eines internationalen Abkommens oder einer internationalen Vereinbarung im Zusammenhang mit der Stationierung von Truppen nach besonderen Verfahrensregeln vergeben werden. Für Aufträge, die Verteidigungs- oder Sicherheitsaspekte umfassen, ohne verteidigungs- oder sicherheitsspezifisch i.S.v. § 104 GWB zu sein, enthält § 117 Nr. 4 lit. b GWB eine vergleichbare Ausnahmebestimmung. **52**

Die Begriffe „**internationales Abkommen**" und „**internationale Vereinbarung**" werden synonym verwendet. Es muss sich um eine verbindliche vertragliche Vereinbarung handeln und zwar – so wäre zu ergänzen – unter Einschluss von oder in Bezug auf Deutschland. Eine Übereinstimmung des Stationierungsabkommens mit EU-Recht ist nicht gefordert. Der ergänzende Hinweis des Gesetzgebers, dass das Abkommen „das oder die Unternehmen eines Mitgliedstaates der Europäischen Union oder eines anderen Staates" betreffen muss, hat keinen zusätzlichen Erklärungswert, da dies alle Unternehmen weltweit einschließt.[71] Im Ergebnis sind Auftragsvergaben aufgrund von Stationierungsabkommen generell freigestellt. **53**

Die Auftragsvergabe soll hier vorrangig nach den im jeweiligen Truppenstationierungsabkommen vereinbarten Verfahren erfolgen. Die Ausnahme statuiert insoweit einen Anwendungsvorrang für die auf Stationierungsabkommen beruhenden Verfahrensregeln. Nach Erwägungsgrund 26 RL 2009/81/EG soll die Ausnahmevorschrift Abkommen betreffend die **Stationierung** von Truppen **54**

- aus einem Mitgliedstaat in einem anderen Mitgliedstaat,
- in einem Drittstaat oder
- aus einem Drittstaat in einem Mitgliedstaat

erfassen.[72]

Der Sinn und **Zweck** dieser Ausnahme darf durchaus bezweifelt werden: Während Truppen aus Drittstaaten ohnehin nicht in den persönlichen Anwendungsbereich des Vergaberechts fallen, ist es fraglich, warum Truppen eines Mitgliedstaates, die in einem anderen Mitgliedstaat stationiert sind, ausgenommen sein sollen, wenn sie doch in ihrem Heimatstaat den Vergaberegeln unterliegen.[73] **55**

Wichtigster **Anwendungsfall** sind militärische Beschaffungen der in Deutschland stationierten Truppen einschließlich deren zivilem Gefolge gemäß Art. IX des NATO-Truppenstatuts[74] i.V.m. Art. 47 des Zusatzabkommens.[75] Im Geltungsbereich dieser Abkommen können die von der ausländischen Truppe oder dem zivilen Gefolge benötigten Lieferungen und Leistungen entweder unmittelbar durch die Behörden der ausländischen Truppe oder – nach vorheriger Vereinbarung – mittelbar durch die deutschen Behörden beschafft werden. In beiden Fällen kann dies nach den Verfahrensregeln des Stationierungsabkommens geschehen. Das GWB-Vergaberecht findet keine Anwendung.[76] **56**

---

71 Vgl. hierzu auch die Parallelvorschrift § 117 Nr. 4 lit. b GWB, die bestimmt, dass das Stationierungsabkommen Unternehmen betreffen muss, „die ihren Sitz in der Bundesrepublik Deutschland oder einem Staat haben, der nicht Vertragspartei des Übereinkommens über den Europäischen Wirtschaftsraum ist." Auch diese Aussage schließt potentiell alle Unternehmen weltweit ein und ist daher überflüssig.

72 Gesetzesbegründung zu § 100c Abs. 4 Nr. 2 GWB a.F., Gesetz zur Änderung des Vergaberechts für die Bereiche Verteidigung und Sicherheit, BT-Drs. 17/7275, 18.

73 *Trybus*, Buying Defence and Security in Europe, S. 275.

74 Abkommen zwischen den Parteien des Nordatlantikvertrages über die Rechtsstellung ihrer Truppen (NATO-Truppenstatut) vom 19.6.1951 (BGBl. II 1961 S. 1190).

75 Zusatzabkommen zu dem Abkommen zwischen den Parteien des Nordatlantikvertrages über die Rechtsstellung ihrer Truppen hinsichtlich der in der Bundesrepublik Deutschland stationierten ausländischen Truppen vom 3.8.1959 (BGBl. II 1961 S. 1183, 1218). Die Abkommen haben gemäß Art. 59 Abs. 2 GG den Rang einfachen Bundesrechts. Näher: *Müller*, in: Daub/Eberstein, VOL/A, § 1 Rn. 44 ff.; *Riese*, Vergaberecht, S. 39 ff. Zur Errichtung von Reihen- und Doppelhäusern für Angehörige der US-Streitkräfte siehe VK Bund, Beschluss v. 20.12.2005 – VK 2-156/05.

76 VK Bund, Beschluss v. 9.1.2013 – VK 2-140/12; *Krohn*, in: Gabriel/Krohn/Neun, Handbuch Vergaberecht, § 57 Rn. 99.

3. Verfahrensregeln internationaler Organisationen (lit. c)

57 § 145 Nr. 7 lit. c GWB stellt verteidigungs- oder sicherheitsspezifische öffentliche Aufträge, die aufgrund des besonderen Verfahrens einer internationalen Organisation vergeben werden, von der Anwendung des GWB-Vergaberechts frei. Die Regelung unterscheidet – anders als § 109 Nr. 1 lit. b GWB und § 117 Nr. 4 lit. c GWB – zwei Alternativen. Gemäß der ersten Alternative sind Aufträge freigestellt, die den besonderen Verfahrensregeln einer internationalen Organisation unterliegen, die für ihre Zwecke Beschaffungen tätigt. Nach der zweiten Alternative sind Aufträge freigestellt, die von einem Mitgliedstaat nach den für eine internationale Organisation spezifischen Regeln vergeben werden müssen. Voraussetzung für eine Freistellung ist folglich, dass entweder eine internationale Organisation den betreffenden Auftrag für ihre Zwecke vergibt[77] oder ein Mitgliedstaat Aufträge nach diesen Regeln vergeben muss.

58 **Gemeinschaftsrechtliche Grundlage** ist Art. 12 lit. c RL 2009/81/EG. Die Europäische Kommission hat in ihrer „Bekanntmachung der Kommission zu Leitlinien für die kooperative Beschaffung in den Bereichen Verteidigung und Sicherheit" vom 8. Mai 2019[78] eine Auslegungshilfe zum Verständnis dieser Ausnahme gegeben.

59 Der Begriff „**internationale Organisation**" ist im völkerrechtlichen Sinne zu verstehen. Gemeint sind durch völkerrechtliche Verträge geschaffene zwischenstaatliche Einrichtungen mit eigener Rechtsfähigkeit und eigener Organisation[79], wie z. B. North Atlantic Treaty Organization (NATO), Europäische Verteidigungsagentur (EDA), Organisation Conjointe de Coopération en Matière d'Armement (OCCAR). Nichtstaatliche internationale Organisationen (NGOs) sowie Vereinigungen ohne Rechtsfähigkeit fallen nicht hierunter. Praktische Relevanz hat § 145 Nr. 7 GWB für die NATO und ihre Unterorganisationen (z. B. NATO Maintenance and Supply Agency [NSPA]), da diese Militärausrüstung auch für eigene Zwecke beschaffen. EDA und OCCAR beschaffen hingegen nur für die Mitgliedstaaten.[80]

60 In Bezug auf Auftragsvergaben einer internationalen Organisation für ihre eigenen Zwecke (erste Alternative) ist die Ausnahme deklaratorischer Natur. Internationale Organisationen sind weder Auftraggeber im Sinne des § 98 GWB noch Adressaten der EU-Vergaberichtlinien. Damit kommt das Vergaberecht bei Beschaffungen, die eine internationale Organisation für eigene Zwecke in eigenem Namen und auf eigene Rechnung tätigt, nicht zur Anwendung.[81] „**Für eigene Zwecke**" bedeutet, dass ein klarer Zusammenhang zwischen den Zwecken und Zielen der Organisation, die üblicherweise in den Gründungsakten festgelegt sind, und dem Beschaffungsgegenstand bestehen muss.[82] Vergaben einer internationalen Organisation für Zwecke ihrer Mitglieder fallen nicht unter die Ausnahmevorschrift.[83] Mitgliedstaaten können ihre Aufträge also nicht über eine internationale Organisation mit dem Ziel vergeben, die Bestimmungen des Vergaberechts zu umgehen.[84]

61 Die zweite Alternative ermöglicht es Auftraggebern in Deutschland, anstelle des GWB-Vergaberechts das **bei einer internationalen Organisation geltende Verfahren** anzuwenden,

---

77 Wobei internationale Organisationen selbst keine Auftraggeber im Sinne der Vergaberichtlinien sind. Siehe Erwägungsgrund 22 RL 2014/24/EU; Europäische Kommission, Guidance Note, Defence- and security-specific exclusions (Ref. Ares(2016)764884), S. 4; Leitfaden zu den Gemeinschaftsvorschriften für die Vergabe von öffentlichen Lieferaufträgen, 1997, S. 20. Allgemein zum Vergabeverfahren internationaler Organisationen: *Ullrich*, VergabeR 2002, 331 ff.

78 Europäische Kommission, Bekanntmachung der Kommission zu Leitlinien für die kooperative Beschaffung in den Bereichen Verteidigung und Sicherheit (2019/C 157/01).

79 Europäische Kommission, Bekanntmachung der Kommission zu Leitlinien für die kooperative Beschaffung in den Bereichen Verteidigung und Sicherheit (2019/C 157/01), S. 7.

80 *Trybus*, Buying Defence and Security in Europe, S. 276.

81 Europäische Kommission, Bekanntmachung zu Leitlinien für die kooperative Beschaffung in den Bereichen Verteidigung und Sicherheit (2019/C 157/01), S. 7.

82 Europäische Kommission, Bekanntmachung der Kommission zu Leitlinien für die kooperative Beschaffung in den Bereichen Verteidigung und Sicherheit (2019/C 157/01), S. 7.

83 Gesetzesbegründung zu § 100c Abs. 4 Nr. 3 GWB a.F., Gesetz zur Änderung des Vergaberechts für die Bereiche Verteidigung und Sicherheit, BT-Drs. 17/7275, 18.

84 *Krohn*, in: Gabriel/Krohn/Neun, Handbuch Vergaberecht, § 57 Rn. 103; *Trybus*, Buying Defence and Security in Europe, S. 276.

wenn dies im Einzelfall erforderlich ist, weil für die Bundesrepublik Deutschland eine entsprechende rechtliche Verpflichtung besteht. Das kann z. B. der Fall sein, wenn der Auftraggeber im Namen einer internationalen Organisation handelt oder von dieser einen finanziellen Beitrag zur Auftragsausführung erhält.[85] Voraussetzung ist, dass die Statuten der internationalen Organisation spezielle Verfahrensregeln für die Vergabe von Aufträgen enthalten. Dies wird – zumindest in Form allgemeiner haushaltswirtschaftlicher Grundsätze – regelmäßig der Fall sein. Enthalten die Statuten keine Regelungen oder verweisen diese auf das innerstaatliche Recht, bleibt das Vergaberecht anwendbar.

C. Rechtsschutz

Im **Nachprüfungsverfahren** ist das Vorliegen der Voraussetzungen eines der in § 145 GWB genannten Ausnahmen seitens der Nachprüfungsinstanzen von Amts wegen zu prüfen. Liegen die Voraussetzungen eines Ausnahmetatbestandes vor, gilt Teil 4 GWB für den gesamten Auftrag nicht.[86] Der Nachprüfungsantrag ist unzulässig.[87] Die Vergabeentscheidung des Auftraggebers wird in der Sache weder überprüft noch beanstandet. Der Rechtsschutz im Nachprüfungsverfahren ist in solchen Fällen auf eine Kontrolle darauf beschränkt, ob die Voraussetzungen des Ausnahmetatbestandes von der Vergabestelle zutreffend angenommen worden sind. Dazu gehört es auch, zu prüfen, ob die Vergabestelle bei der Anwendung unbestimmter Rechtsbegriffe die Grenzen ihres (weiten) Beurteilungsspielraums überschritten bzw. sachfremde Erwägungen angestellt hat.[88] 62

Sofern das **Nachprüfungsverfahren nicht statthaft** ist, können Unternehmen um Rechtsschutz vor den Zivilgerichten bzw. in Einzelfällen auch vor den Verwaltungsgerichten nachsuchen.[89] Eine Verweisung an das zuständige Zivil- oder Verwaltungsgericht erfolgt jedoch nicht. 63

Anlage

Gesetzesbegründung – VergRModG 2016 (BT-Drs. 18/6281)

Seite 126

§ 145 übernimmt den Inhalt des bisherigen § 100c Absatz 2 bis 4 GWB in eine gesonderte Vorschrift zu den besonderen Ausnahmen für verteidigungs- oder sicherheitsspezifische öffentliche Aufträge. Wie nach der bisherigen Konzeption des GWB zu § 100 Absatz 3 bis 6 sowie § 100c kommt die Vorschrift zu den allgemeinen Ausnahmen des neuen § 107 neben § 145 zur Anwendung.

Zu Nummer 1

§ 145 Nummer 1 entspricht dem bisherigen § 100c Absatz 2 Nummer 2 GWB, der Artikel 13 Buchstabe b der Richtlinie 2009/81/EG umsetzt.

Zu Nummer 2

§ 145 Nummer 2 entspricht dem bisherigen § 100c Absatz 2 Nummer 3 GWB, der Artikel 13 Buchstabe c der Richtlinie 2009/81/EG umsetzt.

---

85 Europäische Kommission, Bekanntmachung der Kommission zu Leitlinien für die kooperative Beschaffung in den Bereichen Verteidigung und Sicherheit (2019/C 157/01), S. 7.
86 OLG Düsseldorf, Beschluss v. 30.3.2005 – VII-Verg 101/04 (Neubau BND).
87 VK Sachsen, Beschluss v. 29.8.2008 – 1/SVK/042-08; VK Bund, Beschluss v. 3.2.2006 – VK 1-01/06.
88 *Hölzl*, in: von Wietersheim, Vergaben im Bereich Verteidigung und Sicherheit, S. 183 f.
89 Näher: *Hölzl*, in: von Wietersheim, Vergaben im Bereich Verteidigung und Sicherheit, S. 184 ff.; *Renner/Rubach-Larsen/Sterner*, NZBau 2007, 407.

Zu Nummer 3

§ 145 Nummer 3 entspricht dem bisherigen § 100c Absatz 3 GWB, der Artikel 13 Buchstabe d der Richtlinie 2009/81/EG umsetzt.

Zu Nummer 4

§ 145 Nummer 4 entspricht dem bisherigen § 100c Absatz 2 Nummer 4 GWB, der Artikel 13 Buchstabe f der Richtlinie 2009/81/EG umsetzt.

Zu Nummer 5

§ 145 Nummer 5 entspricht der bisherigen Ausnahme für Finanzdienstleistungen mit Ausnahme von Versicherungsdienstleistungen des § 100c Absatz 2 Nummer 1 GWB und dient der Umsetzung von Artikel 13 Buchstabe h der Richtlinie 2009/81/EG.

Zu Nummer 6

Die Ausnahme des § 145 Nummer 6 für Forschungs- und Entwicklungsdienstleistungen dient der Umsetzung des Artikel 13 Buchstabe j der Richtlinie 2009/81/EG und entspricht der bisherigen Ausnahme des § 100 Absatz 4 Nummer 2 GWB. Im Übrigen wird auf die Begründung zu § 116 Absatz 1 Nummer 2 verwiesen.

Seite 127

Zu Nummer 7

§ 145 Nummer 7 entspricht dem bisherigen § 100c Absatz 4 GWB, der Artikel 13 Buchstabe h der Richtlinie 2009/81/EG umsetzt.

§ 146 GWB
Verfahrensarten

Bei der Vergabe von verteidigungs- oder sicherheitsspezifischen öffentlichen Aufträgen stehen öffentlichen Auftraggebern und Sektorenauftraggebern das nicht offene Verfahren und das Verhandlungsverfahren mit Teilnahmewettbewerb nach ihrer Wahl zur Verfügung. Das Verhandlungsverfahren ohne Teilnahmewettbewerb und der wettbewerbliche Dialog stehen nur zur Verfügung, soweit dies aufgrund dieses Gesetzes gestattet ist.

Übersicht Rn.

A. Allgemeines ... 1
B. Regelverfahren (S. 1) ... 5
C. Ausnahmeverfahren (S. 2) ... 7
D. Rechtsschutz ... 9
Anlage
Gesetzesbegründung

A. Allgemeines

1 § 146 GWB bestimmt, welche Verfahrensarten bei der Vergabe sicherheits- und verteidigungsspezifischer öffentlicher Aufträge i.S.v. § 104 GWB zur Verfügung stehen.

2 Der **Katalog** über die Verfahrensarten ist abschließend, so dass beispielsweise die Innovationspartnerschaft im Anwendungsbereich der VSVgV nicht gewählt werden darf.

3 Die Norm entspricht der **früheren Regelung** in § 101 Abs. 7 S. 3 GWB a.F. und dient der Umsetzung der **unionsrechtlichen Bestimmung** in Art. 25 RL 2009/81/EG.

4 Der **Adressatenkreis** der Vorschrift erfasst entsprechend der neuen Systematik der §§ 98 f. GWB und im Einklang mit Art. 1 Nr. 17 RL 2009/81/EG nunmehr nicht nur öffentliche Auftraggeber i.S.d. § 99 GWB, sondern auch Sektorenauftraggeber i.S.d. § 100 GWB.[1]

B. Regelverfahren (S. 1)

5 § 146 S. 1 GWB bestimmt, dass öffentliche Auftraggeber und Sektorenauftraggeber bei der Vergabe sicherheits- und verteidigungsspezifischer öffentlicher Aufträge zwischen dem zur Verfügung stehenden **nicht offenen Verfahren** und dem **Verhandlungsverfahren mit Teilnahmewettbewerb** frei wählen dürfen. Die Wahlfreiheit wird für den Bereich der Liefer- und Dienstleistungsaufträge in § 11 Abs. 1 S. 1 VSVgV entsprechend ausgestaltet. Für den Bereich der Bauaufträge findet sich die verwandte Regelung in § 3a VS Abs. 1 VOB/A. Die Wahl der Verfahrensart muss im Vergabevermerk nicht besonders begründet werden, da die beiden Verfahrensarten nicht in einem Regel-Ausnahme-Verhältnis stehen. Im Hinblick auf das Wettbewerbsprinzip und auf die Transparenz sind beide Verfahrensarten insoweit vergleichbar, als dass bei beiden zwingend der Teilnahmewettbewerb voranzustellen ist.

6 Im Vergleich zu den allgemeinen Auftragsvergaben fällt weiter auf, dass das **offene Verfahren** nicht gewählt werden kann und darf. Grund hierfür ist die Vorgabe in Art. 25 RL 2009/81/EG, wonach Auftraggeber sicherheits- und verteidigungsspezifische Aufträge im nicht offenen Verfahren oder im Verhandlungsverfahren mit Veröffentlichung einer Bekanntmachung vergeben. Das offene Verfahren wurde vor dem Hintergrund der Sensibilität bei der Vergabe von sicherheits- oder verteidigungsspezifischen Aufträgen als nicht sachgemäß erachtet, weil beispielsweise die Vergabeunterlagen ohne vorherige Eignungsprüfung im Teil-

1 Gesetzesbegründung zu § 146 GWB, VergRModG 2016, BT-Drs. 18/6281, 127; siehe auch *Soudry*, in: Burgi/Dreher, Vergaberecht, § 146 GWB Rn. 3.

nahmewettbewerb sämtlichen Bewerbern zugesendet werden müssten. Da diese aber oftmals schützenswerte Informationen enthalten, besteht ein Widerspruch zur regelmäßig vorliegenden Sensibilität der Auftragsvergabe in diesem Bereich.[2] Hier liegt eine Besonderheit im Bereich der Vergabe verteidigungs- oder sicherheitsspezifischer öffentlicher Aufträge, da bei den allgemeinen Auftragsvergaben gemäß § 119 Abs. 2 S. 1 GWB öffentlichen Auftraggebern lediglich die Wahl zwischen dem offenen und dem nicht offenen Verfahren zusteht.

C. Ausnahmeverfahren (S. 2)

7 Das **Verhandlungsverfahren ohne Teilnahmewettbewerb** und der **wettbewerbliche Dialog** stehen dem öffentlichen Auftraggeber oder Sektorenauftraggeber nach § 146 S. 2 GWB nur zur Verfügung, soweit dies in den näheren Bestimmungen der entsprechenden verordnungsrechtlichen Regelungen erlaubt ist. Die entsprechenden Erlaubnisse finden sich in den §§ 12 und 13 VSVgV.

8 Die **Innovationspartnerschaft** gemäß § 119 Abs. 7 GWB ist im Katalog der Vergabearten gemäß § 146 GWB, die bei der Vergabe verteidigungs- und sicherheitsspezifischer öffentlicher Aufträge anzuwenden sind, nicht enthalten. Dabei handelt es sich um ein Verfahren zur Entwicklung innovativer, noch nicht auf dem Markt verfügbarer Liefer-, Bau- oder Dienstleistungen und zum anschließenden Erwerb der daraus hervorgehenden Leistungen. Es ist vorgesehen, dass der Auftraggeber nach einem Teilnahmewettbewerb in mehreren Phasen mit den ausgewählten Unternehmen über die Erst- und Folgeangebote verhandelt. Dabei wird das Verfahren entsprechend dem Forschungs- und Innovationsprozess in aufeinanderfolgende Phasen strukturiert und kann die Herstellung der Produkte, die Erbringung der Dienstleistungen oder die Fertigstellung der Bauleistung umfassen (Art. 31 Abs. 2 UAbs. 2 S. 1 RL 2014/24/EU). Gerade bei komplexeren Rüstungsprojekten würde diese auf die Entwicklung und den späteren Erwerb innovativer, noch nicht auf dem Markt verfügbarer Leistungen zugeschnittene Verfahrensart ein breites Anwendungsfeld finden. Von der Rechtsprechung ist noch nicht explizit entschieden, ob die Durchführung einer Vergabe nach den Regeln der Innovationspartnerschaft im Bereich der Vergabe verteidigungs- und sicherheitsspezifischer Aufträge unzulässig wäre. Allein aus dem Umstand, dass diese Verfahrensart in § 146 GWB nicht erwähnt wird, ein entsprechendes Verbot zu folgern, ist nicht zwingend. Denn die Innovationspartnerschaft bietet für den oben beschriebenen Verwendungszweck die Möglichkeit, unter Wahrung der vergaberechtlichen Prinzipien die Vergabe des innovativen Leistungsgegenstandes zu bewerkstelligen. Eine Beeinträchtigung der Rechtspositionen der an diesem Verfahren weiterhin beteiligten Bewerber und Bieter erscheint daher bei ordnungsgemäßer Durchführung nicht zwingend. Auf der anderen Seite spricht gegen eine analoge Anwendung der Regelungen zur Innovationspartnerschaft, dass das Vorliegen einer planwidrigen Regelungslücke zu verneinen ist. Sollte der Auftrag konzeptionelle oder innovative Lösungen umfassen (vgl. § 14 Abs. 3 Nr. 2 VgV), kann im Bereich der VSVgV ohnehin das Verhandlungsverfahren mit Teilnahmewettbewerb als ein Regelverfahren durchgeführt werden. Der identische Normgeber hat im Bereich der nicht verteidigungs- bzw. sicherheitsspezifischen öffentlichen Aufträge zusätzlich die Möglichkeit der Innovationspartnerschaft geschaffen. Für den Anwendungsbereich der VSVgV hat er dies unterlassen, womit eine planwidrige Regelungslücke zu verneinen ist.

D. Rechtsschutz

9 Bieter und Bewerber haben einen Anspruch darauf, dass bei der Vergabe von sicherheits- und verteidigungsspezifischen öffentlichen Aufträgen ausschließlich die gemäß § 146 GWB zugelassenen Verfahrensarten zur Anwendung kommen, und können diesen Anspruch auch im Wege des Nachprüfungsverfahrens durchsetzen.

2 Siehe auch Verordnungsbegründung zu § 11 Abs. 1 VSVgV, BR-Drs. 321/12, 46; *Byok*, NVwZ 2012, 70 (72); *Rosenkötter*, VergabeR 2012, 267 (276).

Anlage

Gesetzesbegründung – VergRModG 2016 (BT-Drs. 18/6281)

Seite 127

§ 146 entspricht dem bisherigen § 101 Absatz 7 Satz 3 GWB. Der Adressatenkreis der Vorschrift erfasst entsprechend der neuen Systematik der §§ 98 f. und im Einklang mit Artikel 1 Nummer 17 Richtlinie 2009/81/EG nunmehr nicht nur öffentliche Auftraggeber im Sinne des § 99, sondern auch Sektorenauftraggeber im Sinne des § 100.

§ 147 GWB
Sonstige anwendbare Vorschriften

Im Übrigen gelten für die Vergabe von verteidigungs- oder sicherheitsspezifischen öffentlichen Aufträgen die §§ 119, 120, 121 Absatz 1 und 3 sowie die §§ 122 bis 135 mit der Maßgabe entsprechend, dass ein Unternehmen gemäß § 124 Absatz 1 auch dann von der Teilnahme an einem Vergabeverfahren ausgeschlossen werden kann, wenn das Unternehmen nicht die erforderliche Vertrauenswürdigkeit aufweist, um Risiken für die nationale Sicherheit auszuschließen. Der Nachweis, dass Risiken für die nationale Sicherheit nicht auszuschließen sind, kann auch mit Hilfe geschützter Datenquellen erfolgen.

Übersicht Rn.

A. Allgemeines ... 1
I. Unionsrechtlicher Hintergrund ... 2
II. Historie ... 3
B. Anwendbare Regelungen ... 6
C. Barrierefreiheit in der Leistungsbeschreibung (§ 121 Abs. 2) ... 10
D. Ausschlussgründe nach §§ 123 und 124 GWB ... 11
E. Ausschlussgrund der fehlenden Vertrauenswürdigkeit ... 12
F. Rechtsschutz ... 17
Anlage
Gesetzesbegründung

A. Allgemeines

Gemäß § 147 GWB finden für die Vergabe von verteidigungs- oder sicherheitsspezifischen öffentlichen Aufträgen grundsätzlich die §§ 119 bis 135 GWB entsprechende Anwendung. Besondere Vorschriften bestehen weiterhin zu den besonderen Ausnahmen vom Vergaberecht für verteidigungs- oder sicherheitsspezifische öffentliche Aufträge (§ 145 GWB) und zu den Verfahrensarten (§ 146 GWB). Auch die Regelung zur grundsätzlichen Berücksichtigung der Zugänglichkeitskriterien für Menschen mit Behinderung oder der Konzeption für alle Nutzer in der Leistungsbeschreibung (§ 121 Abs. 2 GWB) wurde nicht in die Verweisungskette aufgenommen. **1**

I. Unionsrechtlicher Hintergrund

Die materiellrechtlichen Regelungen der RL 2009/81/EG entsprechen weitgehend den Bestimmungen der RL 2014/24/EU, zumindest soweit man von verteidigungs- oder sicherheitsspezifischen Besonderheiten absieht. Wesentliche Unterschiede bestehen insbesondere darin, dass die RL 2014/24/EU im Gegensatz zur RL 2009/81/EG explizite Regelungen zur Änderung während der Vertragslaufzeit (umgesetzt in § 132 GWB) und zur Kündigung von öffentlichen Aufträgen in besonderen Fällen (umgesetzt in § 133 GWB) vorsieht. Im Bereich der Ausschlussgründe bestehen ebenfalls Unterschiede zwischen den Regelungen in Art. 39 RL 2009/81/EG und Art. 57 Abs. 1 bis 5 RL 2014/24/EU. Im Interesse einer Gleichbehandlung und einer einheitlichen Praxis wurde jedoch auch anstelle der in RL 2009/81/EG als fakultativ vorgesehenen Ausschlüsse bei Nichtentrichtung von Steuern und Sozialabgaben der in der RL 2014/24/EU und in § 123 GWB vorgesehene zwingende Ausschluss vorgesehen.[1] Darüber hinaus enthält die RL 2009/81/EG in Art. 39 Abs. 2 lit. e eine Spezialregelung zum fakultativen Ausschluss bei fehlender Vertrauenswürdigkeit, die in § 147 GWB und § 24 Abs. 1 VgV umgesetzt wurde. Die Spezialregelung wurde notwendig, weil der fakultative Ausschlussgrund der fehlenden Vertrauenswürdigkeit des Art. 39 Abs. 2 lit. e RL 2009/81/EG, der bislang in § 24 Abs. 1 Nr. 5 **2**

1 *von Wietersheim*, in: Burgi/Dreher, Vergaberecht, § 147 GWB Rn. 5.

VSVgV a.F. verankert war, – mangels entsprechender Vorgabe in den allgemeinen Vergaberichtlinien – nicht in § 124 Abs. 1 GWB enthalten ist.

II. Historie

3 Der Gesetzgeber hat mit § 147 GWB angeordnet, dass weite Teile der allgemeinen vergaberechtlichen Vorschriften auch im Bereich der sicherheits- und verteidigungsspezifischen Aufträge Anwendung finden. Diese Bestimmung hat keine direkte Vorgängervorschrift.

4 Historisch waren die entsprechend anzuwendenden Vorschriften inhaltlich schon von der **VSVgV** umfasst. Allerdings ist durch die Neustrukturierung des Teil 4 GWB eine entsprechende Verweisungsnorm notwendig geworden, da der Gesetzgeber auf der gesetzlichen Ebene keine entsprechenden eigenständigen Regelungen für den Bereich der Vergabe von verteidigungs- und sicherheitsspezifischen öffentlichen Aufträgen getroffen hat. Für den Rechtsanwender bedeutet dies, dass er neben den Bestimmungen der VSVgV auch die entsprechenden Bestimmungen des allgemeinen Vergaberechts im Blick haben muss, auf die in § 147 GWB besonders verwiesen wurde. Mit dieser Vereinheitlichung soll ein höheres Maß an Rechtssicherheit erzielt werden.

5 Der in § 147 GWB explizit benannte **Ausschlussgrund** der mangelnden Vertrauenswürdigkeit war bis zur Rechtsänderung 2016 in § 24 Nr. 5 VSVgV a.F. enthalten. Nach der Neufassung des § 24 VSVgV verweist dieser nunmehr umfassend auf den Ausschlusskatalog des § 124 GWB sowie den speziellen Ausschlussgrund des § 147 GWB.[2]

B. Anwendbare Regelungen

6 Gemäß § 144 GWB ist § 147 GWB auf die Vergabe von verteidigungs- oder sicherheitsspezifischen öffentlichen Aufträgen durch öffentliche Auftraggeber und Sektorenauftraggeber anzuwenden.

7 Die **Verweisungskette** des § 147 GWB erfasst die Regelungen des Unterabschnitt 2 Abschnitts 2 Kapitel 1 Teil 4 GWB (Vergabeverfahren und Auftragsausführung) nahezu vollständig. Hierzu zählen die folgenden Bestimmungen:

- § 119 Verfahrensarten;
- § 120 Besondere Methoden und Instrumente in Vergabeverfahren;
- § 121 Leistungsbeschreibung (ohne Abs. 2);
- § 122 Eignung;
- § 123 Zwingende Ausschlussgründe;
- § 124 Fakultative Ausschlussgründe,
- § 125 Selbstreinigung;
- § 126 Zulässiger Zeitraum für Ausschlüsse;
- § 127 Zuschlag;
- § 128 Auftragsausführung;
- § 129 Zwingend zu berücksichtigende Ausführungsbedingungen;
- § 130 Vergabe von öffentlichen Aufträgen über soziale und andere besondere Dienstleistungen;
- § 131 Vergabe von öffentlichen Aufträgen über Personenverkehrsleistungen im Eisenbahnverkehr;
- § 132 Auftragsänderungen während der Vertragslaufzeit;
- § 133 Kündigung von öffentlichen Aufträgen in besonderen Fällen;

2 *von Wietersheim*, in: Burgi/Dreher, Vergaberecht, § 147 GWB Rn. 3.

- § 134 Informations- und Wartepflicht;
- § 135 Unwirksamkeit.

Die Verweisungen greifen jedoch nur insoweit, als die §§ 144 bis 146 GWB keine abweichende und aufgrund der Spezialität **vorrangige Regelung** getroffen haben, was aus der Verwendung der Formulierung „Im Übrigen" zu folgern ist. Beispielsweise enthält § 146 GWB eine Sonderbestimmung zu den bei der Vergabe sicherheits- und verteidigungsspezifischer Aufträge anzuwendenden Verfahrensarten, wonach das offene Verfahren nicht zur Verfügung steht. Diese Spezialnorm geht diesbezüglich den allgemeinen Regelungen des § 119 GWB vor. 8

Darüber hinaus stellt sich die Frage, ob die Verweisungskette in sachlicher Hinsicht nicht etwas zu weit gefasst ist. Beispielsweise lassen sich Anwendungsfälle im Bereich des § 130 GWB (Vergabe von öffentlichen Aufträgen über soziale und andere **besondere Dienstleistungen**), die gleichzeitig in die Rubrik der verteidigungs- oder sicherheitsspezifischen Aufträge fallen, nur schwer vorstellen. 9

C. Barrierefreiheit in der Leistungsbeschreibung (§ 121 Abs. 2)

§ 121 Abs. 2 GWB wurde explizit von der Verweisungskette ausgenommen. Danach sind bei der Beschaffung von Leistungen, die zur Nutzung durch natürliche Personen vorgesehen sind, bei der Erstellung der Leistungsbeschreibung grundsätzlich Zugänglichkeitskriterien für Menschen mit Behinderungen oder die Konzeption für alle Nutzer zu berücksichtigen. Weil in der RL 2009/81/EU keine entsprechende Regelung für die Vergabe sicherheits- und verteidigungsspezifischer Aufträge vorgesehen ist, wurde die Bestimmung von der Verweisungskette ausgenommen.[3] Dies dürfte bei einer Vielzahl von Fällen im besonderen Bereich der Vergabe verteidigungs- und sicherheitsspezifischer Aufträge durchaus sachgerecht sein, da Menschen mit Behinderungen typischerweise nicht die Nutzer von Militärgerät sind. Gleichwohl sind derartige Fälle denkbar, beispielsweise im Bereich ziviler Mitarbeiter in Kasernen oder militärischen Behörden. Insoweit wäre eine Regelung mit dem Regel-Ausnahme-Verhältnis des § 121 Abs. 2 GWB durchaus sachgerecht. 10

D. Ausschlussgründe nach §§ 123 und 124 GWB

Durch die Verweisung werden die zwingenden und fakultativen Ausschlussgründe der §§ 123 und 124 GWB, die auf den entsprechenden Katalogen des Art. 57 Abs. 1 bis 5 RL 2014/24/EU beruhen, auch für den Bereich der sicherheits- und verteidigungsspezifischen Aufträge zur Anwendung vorgeschrieben. Die Bestimmungen der RL 2014/24/EU sind aber nicht deckungsgleich mit der entsprechenden Regelung in Art. 39 RL 2009/81/EG. So werden in Art. 57 RL 2014/24/EU zwingende Ausschlussgründe, wie Nichtentrichtung von Steuern oder Sozialabgaben, aufgeführt, die in Art. 39 RL 2009/81/EG und bislang in § 24 Abs. 1 Nr. 6 VSVgV als fakultative Ausschlussgründe enthalten sind. Der Gesetzgeber wollte erreichen, dass Auftraggeber bei der Vergabe von verteidigungs- oder sicherheitsspezifischen Aufträgen im Hinblick auf die Schwere dieser Rechtsverstöße und die betroffenen Rechtsgüter rechtlich nicht anders behandelt werden als sonstige öffentliche Auftraggeber. Im Interesse der Rechtssicherheit werden daher auch die Regelungen der §§ 123 und 124 GWB zu den zwingenden und fakultativen Ausschlussgründen für verteidigungs- oder sicherheitsspezifische Aufträge vollständig für anwendbar erklärt. 11

E. Ausschlussgrund der fehlenden Vertrauenswürdigkeit

Nach § 147 S. 1 GWB findet § 124 Abs. 1 GWB mit der Maßgabe Anwendung, dass ein Unternehmen auch dann von der Teilnahme an einem Vergabeverfahren ausgeschlossen werden 12

3 Gesetzesbegründung zu § 147 GWB, VergRModG 2016, BT-Drs. 18/6281, 127.

kann, wenn das Unternehmen nicht die erforderliche Vertrauenswürdigkeit aufweist, um Risiken für die nationale Sicherheit auszuschließen.

13 Der Begriff der **nationalen Sicherheit** erfasst dabei sowohl die äußere als auch die innere Sicherheit und damit sowohl militärische als auch nicht militärische Risiken (beispielsweise internationaler Terrorismus, organisierte Kriminalität und Wirtschaftsspionage).

14 Weder die Gesetzesbegründung noch die RL 2009/81/EG definieren in Abgrenzung zu den vergaberechtlichen Begriffen der Zuverlässigkeit und Eignung den Begriff der **Vertrauenswürdigkeit**. Letztlich wird es auch bei der Vertrauenswürdigkeit um eine Einschätzung gehen, ob der Bewerber oder Bieter die Gewähr bietet, den zu vergebenden Auftrag ordnungsgemäß abzuarbeiten. Zusätzlich dürften in dieser Prognose über den konkreten öffentlichen Auftrag hinaus auch zeitlich nachgelagerte mögliche Entwicklungen zu berücksichtigen sein: so beispielsweise die Gefahr der späteren rechtswidrigen Verwendung der im Rahmen des Vergabeverfahrens oder der Auftragsabwicklung erworbenen Informationen, Erkenntnisse, technischen Fähigkeiten und gegebenenfalls der auftragsbezogenen technischen Ausstattung. Dieser weite Ansatz findet seine Rechtfertigung in dem besonders sensiblen und hochrangigen Schutzgut, nämlich der nationalen Sicherheit. Der Normtext senkt dabei die Eintrittsschwelle niedrig: So soll es schon ausreichen, dass Risiken für die nationale Sicherheit nicht auszuschließen sind – sie müssen also noch nicht einmal wahrscheinlich sein.

15 Ob dieser Ausschlusstatbestand tatsächlich in der **Praxis** relevante Auswirkungen zeitigt, wird weiter abzuwarten sein. Schon jetzt ist es gängige Praxis, dass im Bereich der Aufträge der VSVgV regelmäßig Sicherheitsüberprüfungen der handelnden Personen in den unterschiedlichen Abstufungen im Rahmen der Eignungsprüfung abgefordert werden. Auch dort ist u.a. Prüfungsmaßstab, ob die Personen ein Risiko für die nationale Sicherheit darstellen. Zusätzlich wird das Vorverhalten der Personen von den Ausschlusstatbeständen des § 124 Abs. 1 Nr. 3 und 4 GWB sehr umfassend erfasst; hierzu zählen auch Handlungen, die Risiken für die nationale Sicherheit bedeuten (beispielsweise Geheimnisverrat oder Sabotage). Flankiert werden diese Bestimmungen durch Zuverlässigkeitsprüfungen beispielsweise im Bereich der Exportkontrolle und des KrWaffKontrG.

16 Der **Nachweis**, dass Risiken für die nationale Sicherheit nicht auszuschließen sind, kann nach § 147 S. 2 GWB auch mithilfe geschützter Datenquellen erfolgen. Der Gesetzgeber vollzieht hier einen Spagat: Einerseits ist ein Ausschluss aus einem Vergabeverfahren eine gravierende Maßnahme, so dass ein Nachweis für das Vorhandensein der fehlenden Vertrauenswürdigkeit in Form von Anhaltspunkten tatsächlich geführt werden muss. Auf der anderen Seite stammen Informationen über Risiken für die nationale Sicherheit typischerweise aus dem Bereich der Geheimdienste oder der Sicherheitsbehörden. Aus Gründen des Quellenschutzes ist es dabei regelmäßig nicht opportun, diese Quellen offen zu legen. Insoweit bestimmt § 147 S. 2 GWB, dass der Nachweis, dass Risiken für die nationale Sicherheit nicht auszuschließen sind, mithilfe geschützter Datenquellen erfolgen kann. Diese Quellen sind beispielsweise in einem Nachprüfungsverfahren nicht offenzulegen und erfahren damit einen besonderen Schutz.

F. Rechtsschutz

17 Bieter und Bewerber haben einen Anspruch darauf, dass der öffentliche Auftraggeber oder der Sektorenauftraggeber bei der Vergabe von verteidigungs- und sicherheitsspezifischen öffentlichen Aufträgen die unternehmensschützenden Bestimmungen, auf die § 147 GWB verweist, einhält. Dieser Anspruch kann im Wege eines Nachprüfungsverfahrens grundsätzlich durchgesetzt werden.

Anlage

Gesetzesbegründung – VergRModG 2016 (BT-Drs. 18/6281)

Seite 127

Gemäß § 147 finden für die Vergabe von verteidigungs- oder sicherheitsspezifischen öffentlichen Aufträgen grundsätzlich die §§ 119 bis 135 Anwendung. Besonderer Vorschriften bedarf es weiterhin zu den besonderen Ausnahmen vom Vergaberecht für verteidigungs- oder sicherheitsspezifische öffentliche Aufträge (§ 145) und zu den Verfahrensarten (§ 146). Auch § 121 Absatz 2 wurde nicht in die Verweisungskette aufgenommen, weil im Bereich der verteidigungs- oder sicherheitsspezifischen Aufträge die Richtlinie 2009/81/EU aus diesem Grund keinerlei vergleichbare Vorgaben trifft.

Im Interesse der Rechtssicherheit werden auch die Regelungen der Richtlinie 2014/24/EU zur Auftragsänderung und Kündigung in besonderen Fällen für anwendbar erklärt, durch welche die diesbezüglichen primärrechtlichen Anforderungen präzisiert werden. Weiterhin enthält die Richtlinie 2009/81/EG in Artikel 39 zwar eine Regelung zu zwingenden und fakultativen Ausschlussgründen, die mit der in Artikel 57 Absatz 1 bis 5 der Richtlinie 2014/24/EU getroffenen Regelung nicht vollständig deckungsgleich ist. So werden in Artikel 57 der Richtlinie 2014/24/EU zwingende Ausschlussgründe wie Nichtentrichtung von Steuern oder Sozialabgaben aufgeführt, die in Artikel 39 der Richtlinie 2009/81/EG und bislang in § 24 Absatz 1 Nummer 6 VSVgV als fakultative Ausschlussgründe enthalten sind. In der Sache sollen Auftraggeber bei der Vergabe von verteidigungs- oder sicherheitsspezifischen Aufträgen im Hinblick auf die Schwere dieser Rechtsverstöße und die betroffenen Rechtsgüter rechtlich jedoch nicht anders behandelt werden als sonstige öffentliche Auftraggeber. Im Interesse der Rechtssicherheit werden daher auch die Regelungen der §§ 123 und 124 zu den zwingenden und fakultativen Ausschlussgründen für verteidigungs- oder sicherheitsspezifische Aufträge vollständig für anwendbar erklärt. Dabei trägt die Verweisung in § 147 dem zusätzlichen, nicht in der Richtlinie 2014/24/EU enthaltenen, fakultativen Ausschlussgrund der fehlenden Vertrauenswürdigkeit Rechnung und überführt Artikel 39 Absatz 2 Buchstabe e der Richtlinie 2009/81/EG im Wortlaut des bisherigen § 24 Nummer 5 VSVgV in das GWB. Eine schwere Verfehlung gemäß § 124 Absatz 1 Nummer 3, durch die die Integrität des Unternehmens in Frage gestellt wird, liegt bei verteidigungs- oder sicherheitsspezifischen öffentlichen Aufträgen gemäß Artikel 39 Absatz 2 Buchstabe c und d insbesondere dann vor, wenn eine rechtskräftige Verurteilung wegen eines Verstoßes gegen geltende Rechtsvorschriften über die Ausfuhr von Verteidigungs- und/oder Sicherheitsgütern erfolgt ist oder wenn im Rahmen eines früheren Auftrags die Pflicht zur Gewährleistung der Informations- oder Versorgungssicherheit verletzt wurde.

Teil 4

Vergabe von öffentlichen Aufträgen und Konzessionen

Kapitel 1
Vergabeverfahren

Abschnitt 3
Vergabe von öffentlichen Aufträgen in besonderen Bereichen und von Konzessionen

Unterabschnitt 3
Vergabe von Konzessionen

§ 148 GWB
Anwendungsbereich

Dieser Unterabschnitt ist anzuwenden auf die Vergabe von Konzessionen durch Konzessionsgeber.

Übersicht

	Rn.
A. Allgemeines	1
B. Sachlicher Anwendungsbereich: Vergabe von Konzessionen	4
I. Begriff der Konzession	5
1. Entgeltlicher Vertrag	8
a) Vertrag	8
aa) Funktionaler Vertragsbegriff	9
bb) Beleihung	12
cc) Transparente und nicht diskriminierende Zugangssysteme	13
dd) Unbeachtlichkeit der Rechtsnatur des Vertrages	15
ee) Schriftlichkeit	17
b) Entgelt	19
aa) Befristetes Nutzungs- oder Verwertungsrecht	20
bb) Laufzeitbegrenzung	23
2. Betrauung mit der Erbringung von Bau- oder Dienstleistungen	25
a) Bau- oder Dienstleistungen	25
aa) Bauleistungen (Baukonzession)	26
bb) Dienstleistungen (Dienstleistungskonzession)	27
cc) Beschränkung auf öffentliche Dienstleistungen?	28
dd) Gemischte Konzessionen und gemischte Verträge	31
b) Betrauen	33
c) Beschaffungszweck	34
aa) Beschaffung von Bau- oder Dienstleistungen	35
bb) Keine reinen Genehmigungen oder Gestattungen	37
cc) Keine bloße Finanzierung	41
3. Übergang des Betriebsrisikos	42
a) Allgemeines	42
b) Kriterien für den Übergang des Betriebsrisikos	43
aa) Kriterien nach § 105 Abs. 2 GWB	43
bb) Ausgleichs- oder Zuschusszahlungen	45
cc) Regulatorische Rahmenbedingungen	46
dd) Keine bloßen Vertragsrisiken	47
c) Praxisbeispiele	48
aa) Baukonzessionen	48
bb) Dienstleistungskonzessionen	49
4. Wegenutzungsverträge	50
a) Erwägungsgrund 16 RL 2014/23/EU	50
b) Keine Bereichsausnahme für Wegenutzungsverträge	51
c) Energiewirtschaftliche Wegenutzungsverträge	53
d) Gestattungsverträge im Fernwärmebereich	57
e) Rechtsfolgen	60
II. Praxisbeispiele für Konzessionen	63
1. Baukonzession	64
2. Dienstleistungskonzession	65
III. Erreichen oder Überschreiten des Schwellenwerts	67
C. Persönlicher Anwendungsbereich: Konzessionsgeber	70
I. Öffentliche Auftraggeber	71
II. Öffentliche Sektorenauftraggeber	72
III. Private Sektorenauftraggeber	74
Anlage Gesetzesbegründung	

A. Allgemeines

1 § 148 GWB regelt den Anwendungsbereich des Unterabschnitt 3, in dem es um die „Vergabe von Konzessionen" i.S.d. § 105 GWB durch Konzessionsgeber geht. Der deutsche Gesetzgeber bezweckt mit den §§ 148 ff. GWB die Umsetzung der wesentlichen Vorgaben der RL 2014/23/EU.[1] Vor der GWB-Vergaberechtsreform im Jahr 2016 waren Baukonzessionen als

1 Vgl. Gesetzesbegründung zu § 148 GWB, VergRModG 2016, BT-Drs. 18/6281, 127; zur Entstehungsgeschichte der Richtlinie *Opitz*, NVwZ 2014, 753; instruktiv auch Europäische Kommission, Memo/14/19 v. 15.1.2014, Directive of the European Parliament and the Council on the award of Concession Contracts – Frenquently Asked Questions.

öffentliche Aufträge definiert (vgl. § 99 Abs. 6 GWB a.F.), Dienstleistungskonzessionen hingegen vom Anwendungsbereich des förmlichen Vergaberechts ausdrücklich ausgenommen.[2] Insgesamt wird der Wettbewerb um Konzessionen durch die §§ 148 ff. GWB daher gestärkt. Der Gesetzgeber trägt damit dem Umstand Rechnung, dass diese Form der Beschaffung in der Praxis zunehmend an Bedeutung gewinnt. Dennoch bleibt die Vergabe von Konzessionen in der Praxis im Vergleich zur Vergabe von öffentlichen Aufträgen die Ausnahme. Aus diesem Grund und wegen des hohen EU-Schwellenwerts ist die Vergabe von Konzessionen nach §§ 148 ff. GWB auch weniger oft Gegenstand von Nachprüfungsverfahren gemäß §§ 155 ff. GWB.

2 **Vor** dem **Inkrafttreten der §§ 148 ff. GWB** wurden Dienstleistungskonzessionen noch (ausschließlich) nach den Grundsätzen des Unionsprimärrechts vergeben. Dies hatte der EuGH in seiner Entscheidung „Telaustria“[3] aus dem Jahr 2000 klargestellt. Konzessionsgeber waren danach verpflichtet, zugunsten potenzieller Bewerber und Bieter einen angemessenen Grad von Öffentlichkeit sicherzustellen, der den Dienstleistungsmarkt dem Wettbewerb öffnet und die Nachprüfung ermöglicht, ob das Vergabeverfahren unparteiisch durchgeführt wurde.[4] Die bis zum Jahr 2000 übliche Praxis, Dienstleistungskonzessionen direkt zu vergeben, änderte sich infolge dieser Entscheidung. Auftraggeber gingen dazu über, Dienstleistungskonzessionen in einem Verfahren zu vergeben, das dem eines förmlichen Vergabeverfahrens ähnlich war oder sich sogar ausdrücklich an die Regelungen des förmlichen Vergaberechts anlehnte (strukturiertes Bieterverfahren). Ein weiterer Unterschied bei der Vergabe von Dienstleistungskonzessionen bestand bis dahin im Bereich des Rechtsschutzes: Die Anwendung der primärrechtlichen Grundsätze musste vor den Zivil- oder Verwaltungsgerichten durchgesetzt werden, da die vergaberechtlichen Nachprüfungsinstanzen nur für Baukonzessionen als öffentliche Aufträge, nicht aber für Dienstleistungskonzessionen zuständig waren (vgl. § 102 GWB i.V.m. § 99 Abs. 1 und 6 GWB a.F.).[5] Nach der GWB-Vergaberechtsreform unterliegen einheitlich alle Oberschwellen-Konzessionen der Nachprüfung durch die Vergabekammern (§ 155 GWB).

3 Die **Anwendbarkeit** der §§ 148 ff. GWB setzt

- die Vergabe einer „Konzession“ i.S.d. § 105 GWB,
- durch einen „Konzessionsgeber“ gemäß § 101 GWB,
- mit einem geschätzten Vertragswert (ohne Umsatzsteuer) oberhalb der jeweiligen EU-Schwellenwerte (§ 106 GWB)[6]

voraus.

B. Sachlicher Anwendungsbereich: Vergabe von Konzessionen

4 In sachlicher Hinsicht setzt die Anwendbarkeit der §§ 148 ff. GWB eine „Konzession“ voraus.

I. Begriff der Konzession

5 Der Begriff „Konzession“ ist in § 105 GWB legaldefiniert.[7] Unionsrechtliche Vorgabe dieser Definition ist Art. 5 Nr. 1 RL 2014/23/EU. § 105 GWB unterscheidet zwischen Baukonzessio-

---

2 Vgl. Art. 17 RL 2004/18/EG; EuGH, Urteil v. 7.12.2000 – Rs. C-324/98 (Telaustria), Rn. 28 ff.; BGH, Beschluss v. 23.1.2012 – X ZB 5/11, NZBau 2012, 248.

3 EuGH, Urteil v. 7.12.2000 – Rs. C-324/98 (Telaustria), Rn. 60.

4 Vgl. etwa EuGH, Urteil v. 3.6.2010 – Rs. C-203/08 (Sporting Exchange), Rn. 41; Urteil v. 13.4.2010 – Rs. C-91/08 (Wall), Rn. 36; Urteil v. 6.4.2006 – Rs. C-410/04 (ANAV), Rn. 21; Urteil v. 13.10.2005 – Rs. C-458/03 (Parking Brixen), Rn. 49; Urteil v. 18.6.2002 – Rs. C-92/00 (Hospital Ingenieure), Rn. 47; Urteil v. 30.5.2002 – Rs. C-358/00 (Buchhändler-Vereinigung); Urteil v. 7.12.2000 – Rs. C-324/98 (Telaustria), Rn. 62; zum sog. Primärvergaberecht *Kühling/Huerkamp*, in: Montag/Säcker, Wettbewerbsrecht, Einleitung zum Vergaberecht, Rn. 6 ff.; *Prieß/Simonis*, NZBau 2015, 731 ff.

5 Vereinzelt wurden die §§ 102 ff. GWB a.F. auch analog angewendet: vgl. OLG Frankfurt, Beschluss v. 10.11.2015 – 11 Verg 8/15; dagegen: OLG Naumburg, Beschluss v. 15.4.2016 – 7 Verg 1/16.

6 Vgl. auch Art. 1 Abs. 1 RL 2014/23/EU.

7 Vgl. dazu auch Gesetzesbegründung zu § 105 GWB, VergRModG 2016, BT-Drs. 18/6281, 75 f.

nen (§ 105 Abs. 1 Nr. 1 GWB) und Dienstleistungskonzessionen (§ 105 Abs. 1 Nr. 2 GWB).[8] Nach § 105 Abs. 1 GWB sind Konzessionen entgeltliche Verträge, mit denen ein oder mehrere Konzessionsgeber ein oder mehrere Unternehmen

1. mit der Erbringung von Bauleistungen betrauen (Baukonzessionen), wobei die Gegenleistung entweder allein in dem Recht zur Nutzung des Bauwerks oder in diesem Recht zuzüglich einer Zahlung besteht, oder
2. mit der Erbringung und der Verwaltung von Dienstleistungen betrauen, die nicht in der Erbringung von Bauleistungen nach § 105 Abs. 1 Nr. 1 GWB bestehen (Dienstleistungskonzessionen), wobei die Gegenleistung entweder allein in dem Recht zur Verwertung der Dienstleistungen oder in diesem Recht zuzüglich einer Zahlung besteht.

Gegenstand von Konzessionsverträgen ist die Beschaffung von Bau- und/oder Dienstleistungen durch Vergabe eines Nutzungs- oder Verwertungsrechts.[9] Hauptmerkmal von Konzessionen i.S.d. § 105 GWB ist die Ausgestaltung der **Vergütungsabrede**: Anstatt einer reinen Zahlung, wie sie bei einem öffentlichen Auftrag üblich ist, besteht die Vergütung bei Konzessionen in dem Recht zur Nutzung eines Bauwerkes oder Verwertung einer Dienstleistung, gegebenenfalls ergänzt durch eine zusätzliche Zahlung. Die Ausgestaltung des Vertragswerks muss ferner zur Folge haben, dass das Betriebsrisiko nach Maßgabe des § 105 Abs. 2 GWB (Art. 5 Nr. 1 UAbs. 2 RL 2014/23/EU) auf den Konzessionsnehmer übergeht; andernfalls finden die Regelungen über öffentliche Aufträge (§§ 115 ff. GWB) Anwendung. 6

Tatbestandlich setzt eine Konzession i.S.d. § 105 GWB voraus: 7

- einen entgeltlichen Vertrag,
- bei dem das Entgelt in dem Recht zur Nutzung des Bauwerks oder zur Verwertung der Dienstleistungen (gegebenenfalls ergänzt durch eine Zahlung) besteht;
- eine Betrauung mit der Erbringung von Bau- und/oder Dienstleistungen;
- den Übergang des Betriebsrisikos auf den Konzessionsnehmer.

1. Entgeltlicher Vertrag

a) Vertrag

Eine Konzession setzt nach § 105 Abs. 1 GWB einen „Vertrag" voraus. 8

aa) Funktionaler Vertragsbegriff

Ob ein „Vertrag" vorliegt oder nicht, bestimmt sich im Anwendungsbereich der RL 2014/23/EU für alle Mitgliedstaaten einheitlich nach dem Unionsrecht.[10] Dem Unionsrecht liegt ein funktionaler Vertragsbegriff zugrunde.[11] Das nationale Vertragsrecht (§§ 145 ff. BGB gegebenenfalls i.V.m. § 62 VwVfG) kann zwar eine erste Orientierung bieten, ist aber letztlich nicht maßgebend. 9

Nach der Rechtsprechung des EuGH ist das EU-Vergaberecht mangels Vertrag nicht anwendbar, wenn eine Vereinbarung in Wirklichkeit eine einseitige hoheitliche Regelung ist.[12] Die Anwendbarkeit der EU-Vergaberichtlinien setzt damit ein Mindestmaß an **Verhandlungsspielraum** voraus. Konzessionsgeber und -nehmer müssen sich über den Inhalt der Konzession einigen können.[13] Nach diesen Maßstäben können zum Beispiel auch gesellschaftsrechtliche Weisungen erfasst sein, wenn der Inhalt nicht einseitig festgelegt, sondern zuvor in Einver- 10

8 Bislang war in § 99 Abs. 6 GWB a.F. lediglich die Definition der Baukonzession geregelt.
9 Vgl. Art. 1 Abs. 1 RL 2014/23/EU; Erwägungsgrund 11 RL 2014/23/EU.
10 Vgl. EuGH, Urteil v. 18.12.2007 – Rs. C-220/06 (Asociación Profesional), Rn. 50.
11 Vgl. OLG Düsseldorf, Beschluss v. 3.7.2019 – VII-Verg 51/16.
12 Vgl. EuGH, Urteil v. 18.12.2007 – Rs. C-220/06 (Asociación Profesional), Rn. 51, 54; auch OVG Magdeburg, Urteil v. 22.2.2012 – 3 L 259/10, unbeanstandet von BVerwG, Beschluss v. 20.12.2012 – 3 B 35/12; *Braun*, in: Prieß/Lau/Kratzenberg, Festschrift für Fridhelm Marx, S. 39 ff.; *ders.*, VergabeR 2020, 251 (258); *Wagner/Pfohl*, ZfBR 2014, 745 (747).
13 Vgl. EuGH, Urteil v. 19.4.2007 – Rs. C-295/05 (Asemfo), Rn. 54; BGH, Beschluss v. 12.11.2019 – XIII ZB 120/19, Rn. 32.

nehmen erzielt wurde.[14] Erforderlich sollen allerdings zwei Rechtssubjekte sein.[15] Wenn das Recht zur Durchführung von Leistungen nicht das Ergebnis einer Verhandlung über Vertragsbedingungen ist, sondern einseitig durch eine staatliche Stelle bestimmt wird, ist das (europäische) Verwaltungsrecht und nicht das EU-Vergaberecht anwendbar.[16]

11 Aus diesem Grund erfüllt die bloße **Erteilung einer Genehmigung**, die es einem Unternehmen ermöglicht, bestimmte Bau- und/oder Dienstleistungen zu erbringen, nicht die Voraussetzungen einer Konzession i.S.d. § 105 GWB. Anders kann dies zu beurteilen sein, wenn die Genehmigung im Zusammenhang mit einem ausgehandelten Vertrag steht.[17] Nach den Grundsätzen, die der EuGH in seiner Entscheidung „Promoimpresa" aufgestellt hat, kann bei der Erteilung von Genehmigungen zudem eine Pflicht zur Durchführung eines neutralen und transparenten Verfahrens aus den Vorgaben der Dienstleistungsrichtlinie 2006/123 (insbesondere Art. 12) oder dem Unionsprimärrecht folgen.[18]

bb) Beleihung

12 Nach Auffassung des BGH sind auch hoheitliche Beleihungsakte keine Verträge im Sinne des Vergaberechts.[19] Das betrifft aber nur die Übertragung der Befugnis selbst, also die Übertragung der Kompetenz zur selbstständigen hoheitlichen Wahrnehmung bestimmter Verwaltungsaufgaben im eigenen Namen. Sofern die Beleihung durch (öffentlich-rechtliche) Vereinbarungen über die Erbringung von bestimmten Aufgaben ergänzt wird, sind diese hingegen im Grundsatz als Verträge einzuordnen, die die Anwendbarkeit des Vergaberechts auslösen können.[20] Der BGH hat aber offengelassen, ob zur Vermeidung von Umgehungsmöglichkeiten fallweise eine Beauftragung auf vertragsähnlichem Wege ausreichen kann.[21] In der Literatur wird dies etwa für Verwaltungsakte angenommen, die die Zustimmung des Adressaten voraussetzen (sog. zustimmungsbedürftige Verwaltungsakte).[22] Außerdem hat das OLG Naumburg zutreffend erkannt, dass dem Unionsrecht die im deutschen Recht herrschende strikte Unterscheidung zwischen Verwaltungsakt und Vertrag fremd ist.[23] Insgesamt kann die Einordnung der Beleihung daher noch nicht als abschließend geklärt angesehen werden; stattdessen ist eine differenzierte Betrachtung geboten, die jedenfalls zwischen der Übertragung der Befugnis und etwaigen weiteren Vertragsbeziehungen unterscheidet.

cc) Transparente und nicht diskriminierende Zugangssysteme

13 Aus Erwägungsgrund 13 RL 2014/23/EU folgt darüber hinaus, dass Regelungen, nach denen ohne gezielte **Auswahl** alle Unternehmen, die bestimmte Voraussetzungen erfüllen, berechtigt sind, eine bestimmte Aufgabe wahrzunehmen, nicht als Konzession gelten sollen. Nach dem Willen des Unionsgesetzgebers soll dies selbst dann gelten, wenn die Unternehmen auf Grundlage einer rechtsgültigen Vereinbarung mit einer Behörde tätig werden. Derartige Systeme beruhten typischerweise auf der Entscheidung einer Behörde, mit der transparente und nicht diskriminierende Voraussetzungen für den kontinuierlichen Zugang von Wirtschaftsteil-

---

14 Vgl. OLG Düsseldorf, Beschluss v. 3.7.2019 – VII-Verg 51/16, Rn. 73 unter Verweis auf BGH, Beschluss v. 1.12.2008 – X ZB 31/08, Rn. 17 a.E.; a.A. OLG Jena, Beschluss v. 25.6.2019 – 13 Verg 4/19.

15 Vgl. OLG Düsseldorf, Beschluss v. 3.7.2019 – VII-Verg 51/16, Rn. 73; *Mohr*, in: Säcker, Wettbewerbsrecht, § 105 GWB Rn. 35; anders ist dies jedenfalls bei der Vergabe von Wegenutzungsrechten gemäß § 46 EnWG, vgl. BGH, Urteil v. 17.12.2013 – KZR 65/12 (Stromnetz Heiligenhafen).

16 Vgl. *Braun*, in: Hettich/Soudry, Das neue Vergaberecht, S. 163; zur Abgrenzung Vertrag/hoheitliches Handeln auch *Eschenbruch*, in: Röwekamp/Kus/Portz/Prieß, GWB-Vergaberecht, § 103 Rn. 103 ff.; *Pünder*, in: Müller-Wrede, Kompendium des Vergaberechts, Kap. 6 Rn. 55.

17 Vgl. VK Westfalen, Beschluss v. 2.7.2019 – VK 1-17/19; dazu *Braun*, VergabeR 2020, 251 (258 f.).

18 EuGH, Urteil v. 14.7.2016 – Rs. C-458/14, C-67/15 (Promoimpresa), Rn. 36 ff.

19 Vgl. BGH, Beschluss v. 1.12.2008 – X ZB 31/08; Beschluss v. 12.6.2001 – X ZB 10/01; vgl. dazu auch *Braun/Buchmann*, NZBau 2007, 691; kritisch *Zeiss*, DVBl. 2003, 435 ff.

20 Vgl. BGH, Beschluss v. 12.6.2001 – X ZB 10/01; *Pünder*, in: Müller-Wrede, Kompendium des Vergaberechts, Kap. 6 Rn. 59; *Braun/Buchmann*, NZBau 2007, 691 (693); *Dreher*, NZBau 2002, 245 (255); *Koenig/Hentschel*, ZIP 2005, 1937 (1944).

21 Vgl. BGH, Beschluss v. 1.12.2008 – X ZB 31/08; dafür *Müller-Wrede/Kaelble*, in: Müller-Wrede, Taschenkommentar GWB-Vergaberecht, § 99 Rn. 28.

22 Vgl. *Burgi*, NVwZ 2007, 383 (385).

23 Vgl. OLG Naumburg, Beschluss v. 4.11.2010 – 1 Verg 10/10.

nehmern zur Erbringung bestimmter Dienstleistungen (z. B. sozialer Art), festgelegt würden, wobei den Kunden die Wahl zwischen den Anbietern freistünde.[24]

Der deutsche Gesetzgeber schließt daraus, dass die Zulassung von Dienstleistungserbringern im sog. **sozialhilferechtlichen Dreiecksverhältnis**[25] nicht der RL 2014/23/EU bzw. den §§ 148 ff. GWB unterfällt.[26] In der Literatur wird demgegenüber die Auffassung vertreten, dass es sich jedenfalls bei öffentlich-rechtlichen Vereinbarungen i.S.d. § 75 Abs. 3 SGB XII um öffentliche Aufträge i.S.d. § 103 GWB handelt.[27] Die Gesetzesbegründung geht ferner davon aus, dass der Erwägungsgrund 13 RL 2014/23/EU auch die Zulassung von Pflegeeinrichtungen sowie die Feststellung der fachlichen Eignung im Rahmen der Zulassung besonderer Dienste oder besonderer Einrichtungen erfasst.[28] 14

dd) Unbeachtlichkeit der Rechtsnatur des Vertrages

Unbeachtlich ist, welche Rechtsnatur der Vertrag hat.[29] Ein Konzessionsvertrag kann sowohl privatrechtlicher als auch öffentlich-rechtlicher Natur sein (vgl. §§ 54 ff. VwVfG): Das unionsrechtlich geprägte GWB-Vergaberecht unterscheidet nicht zwischen privatrechtlichen und öffentlich-rechtlichen Verträgen.[30] Es widerspräche dem „effet utile" des Unionsrechts, wenn Mitgliedstaaten durch die Einordnung eines Vertrages als privatrechtlich oder öffentlich-rechtlich darüber entscheiden könnten, ob der Vertrag in den Anwendungsbereich des Vergaberechts fällt oder nicht. Es gibt keinen Sachgrund, etwa öffentlich-rechtliche Verträge aus dem Anwendungsbereich der RL 2014/23/EU bzw. dem der §§ 148 ff. GWB auszuklammern. 15

Die Unterscheidung zwischen privatrechtlichen und öffentlich-rechtlichen Konzessionsverträgen hatte vor der Umsetzung der RL 2014/23/EU für den **Rechtsweg** Bedeutung. Für öffentlich-rechtliche Konzessionsverträge waren gemäß § 40 Abs. 1 VwGO die Verwaltungsgerichte zuständig, bei der Vergabe privatrechtlicher Verträge die ordentlichen Gerichte.[31] Nach § 155 GWB müssen die Nachprüfungsinstanzen nunmehr für alle Konzessionen, also sowohl für Bau- als auch für Dienstleistungskonzessionen, Primärrechtsschutz gewähren. Insoweit handelt es sich um eine abdrängende Sonderzuweisung in das GWB.[32] Diese greift jedoch nicht, wenn der Tatbestand einer Ausnahme gemäß §§ 107 ff., 149 f. GWB erfüllt ist. In diesem Fall kann auch der Verwaltungsrechtsweg eröffnet sein.[33] Vergaberechtlicher Rechtsschutz ist jedoch nur dann eröffnet, wenn der EU-Schwellenwert[34] erreicht oder überschritten ist. Unterhalb der EU-Schwellenwerte muss weiterhin zwischen öffentlich-rechtlichen und privatrechtlichen Konzessionsverträgen differenziert werden.[35] 16

---

24 Vgl. EuGH, Urteil v. 1.3.2018 – Rs. C-9/17 (Tirkkonen), Rn. 29 ff.; Urteil v. 2.6.2016 – Rs. C-410/14 (Falk Pharma); dazu *Dreher*, NZBau 2019, 275.

25 Vgl. §§ 75 ff. SGB XII; ausführlich dazu *Pattar*, Sozialrecht aktuell 2012, 85 ff.

26 Vgl. Gesetzesbegründung zu § 105 Abs. 1 GWB, VergRModG 2016, BT-Drs. 18/6281, 76.

27 Vgl. *Kingreen*, VergabeR 2007 (Sonderheft 2a), 354 (357); *Luthe*, ZfE 2015, 80 ff.; a.A. *Waldhorst-Kahnau*, Gemeindehaushalt 2015, 115 ff.; in diesem Kontext auch *Schröder*, VergabeR 2007, 418 ff.; zur Rechtsprechung vgl. OLG Düsseldorf, Beschluss v. 8.9.2004 – VII-Verg 35/04; OVG Münster, Beschluss v. 27.9.2004 – 12 B 1397/04.

28 Vgl. Gesetzesbegründung zu § 105 Abs. 1 GWB, VergRModG 2016, BT-Drs. 18/6281, 76.

29 So auch *Friton/Stein*, in: Pünder/Schellenberg, Vergaberecht, § 105 GWB Rn. 12.

30 Vgl. EuGH, Urteil v. 29.4.2010 – Rs. C-160/08 (Kommission/Deutschland), Rn. 90; Urteil v. 12.7.2001 – Rs. C-399/98 (Teatro alla Bicocca), Rn. 73; BGH, Beschluss v. 1.12.2008 – X ZB 31/08; OLG Naumburg, Beschluss v. 4.11.2010 – 1 Verg 10/10.

31 Vgl. BGH, Beschluss v. 23.1.2012 – X ZB 5/11; OLG Karlsruhe, Beschluss v. 14.11.2014 – 15 Verg 10/14; Beschluss v. 6.2.2013 – 15 Verg 11/12.

32 Vgl. VGH München, Urteil v. 26.4.2019 – 12 C 19.621.

33 Vgl. VG Düsseldorf, Beschluss 15. 9.2016 – 7 L 2411/16; sowie *Mohr*, in: Säcker, Wettbewerbsrecht, § 105 GWB Rn. 32; für Rechtsschutz im Verwaltungsrechtsweg bei Vergabe einer Dienstleistungskonzession im Zusammenhang mit der Durchführung eines Weihnachtsmarkts OVG Thüringen, Beschluss v. 26.2.2020 – 3 VO 517/17, Rn. 4 ff.

34 Nach Art. 8 Abs. 1 RL 2014/23/EU i.V.m. Art. 1 VO (EU) 2019/1827 beträgt dieser Schwellenwert derzeit 5.350.000 Euro.

35 Zu Rechtswegfragen außerhalb des förmlichen Vergaberechts siehe *Braun*, VergabeR 2020, 251 (255 ff.). Zur Kritik an der Rechtswegzersplitterung etwa *Braun*, NZBau 2019, 622 f.; *Kirst*, VergabeR 2019, 242.

ee) Schriftlichkeit

17 Der Wortlaut des § 105 Abs. 1 GWB setzt im Gegensatz zu Art. 5 Nr. 1 RL 2014/23/EU keine **Schriftlichkeit** des Vertrages voraus.[36] Vielmehr hat der deutsche Gesetzgeber im Rahmen der Umsetzung in § 105 Abs. 1 GWB im Gegensatz zu Art. 5 Nr. 1 RL 2014/23/EU auf das darin vorgesehene Tatbestandsmerkmal der Schriftlichkeit verzichtet. Der Verzicht auf die Schriftform ist auch unionsrechtlich zulässig, weil der Anwendungsbereich der RL 2014/23/EU bzw. der §§ 148 ff. GWB im Ergebnis ausgedehnt wird.[37] Ohnehin kann nicht davon ausgegangen werden, dass die RL 2014/23/EU eine abschließende Vollharmonisierung bezweckt.[38] Insbesondere konkludent geschlossene Verträge werden daher gleichsam erfasst, obwohl dies in der Praxis bei der Vergabe von Konzessionen höchst selten vorkommen wird. Ein konkludenter Vertragsschluss ist in aller Regel fernliegend. Daher wird der Vertrag regelmäßig durch das Zuschlagsschreiben zustande kommen.

18 Selbst wenn im Rahmen des § 105 GWB ein schriftlicher Vertrag verlangt würde, wäre jedenfalls nicht die **Schriftform** des § 126 BGB, der eine Unterzeichnung der Vertragsparteien auf derselben Urkunde verlangt, als Maßstab heranzuziehen. Denn der Unionsgesetzgeber hat in Art. 5 Nr. 6 RL 2014/23/EU definiert, dass unter „Schriftlichkeit" eine aus Wörtern oder Ziffern bestehende Darstellung zu verstehen ist, die gelesen, reproduziert und mitgeteilt werden kann, einschließlich anhand elektronischer Mittel übertragener und gespeicherter Informationen.[39]

b) Entgelt

19 Gemäß § 105 Abs. 1 GWB muss der Konzessionsvertrag „entgeltlich" sein.

aa) Befristetes Nutzungs- oder Verwertungsrecht

20 Die Ausgestaltung der Entgeltabrede weist einen charakteristischen Unterschied zu derjenigen von öffentlichen Aufträgen im Sinne von § 103 GWB auf: An die Stelle eines Anspruchs auf Zahlung eines Entgeltes aus dem Vermögen des öffentlichen Auftraggebers tritt bei Konzessionen entweder allein das Recht zur Nutzung eines Bauwerks oder zur Verwertung der Dienstleistung oder dieses Recht zuzüglich einer Zahlung (§ 105 Abs. 1 Nr. 1 und 2 GWB a.E.).

21 Aufgrund des Nutzungs- oder Verwertungsrechts des Konzessionärs sind die Zahlungsbeziehungen bei Konzessionen in der Regel durch ein **Dreiecksverhältnis** gekennzeichnet. Der Konzessionär erhält eine Zahlung üblicherweise nicht vom Konzessionsgeber, sondern von Dritten.[40] Typische Beispiele hierfür sind etwa Nutzungsentgelte wie Eintrittsgelder für ein Schwimmbad oder Parkgebühren für ein Parkhaus.[41] Allerdings ist es für das Vorliegen einer Dienstleistungskonzession unschädlich, wenn der Konzessionsgeber als „Zahlstelle" fungiert, solange der Konzessionsnehmer im Innenverhältnis als Ausdruck des Nutzungs- oder Verwertungsrechts das Betriebsrisiko übernimmt (§ 105 Abs. 2 GWB).[42]

22 Neben das Nutzungs- bzw. Verwertungsrecht des Konzessionärs kann eine **Zuzahlung** des Konzessionsgebers an den Konzessionsnehmer treten. Der Begriff der Zuzahlung ist dabei weit zu verstehen; es kommt lediglich darauf an, dass der Konzessionsnehmer zusätzlich zum Nutzungs- oder Verwertungsrecht geldwerte Vorteile erhält.[43] Die Höhe der Zuzahlung spielt vor allem für die Frage eine Rolle, ob von einem Übergang des Betriebsrisikos ausgegangen

---

36 So auch zu Art. 1 Abs. 2 lit. a RL 2004/18/EG und § 99 GWB a.F.: OLG Naumburg, Beschluss v. 22.12.2011 – 2 Verg 10/11; OLG Düsseldorf, Beschluss v. 28.7.2011 – VII-Verg 20/11. Gegen jegliches Formerfordernis *Friton/Stein*, in: Pünder/Schellenberg, Vergaberecht, § 105 GWB Rn. 13.

37 Vgl. *Eschenbruch*, in: Röwekamp/Kus/Portz/Prieß, GWB-Vergaberecht, § 103 Rn. 150; *Pünder*, in: Müller-Wrede, Kompendium des Vergaberechts, Kap. 6 Rn. 56.

38 Vgl. Erwägungsgrund 8 RL 2014/23/EU.

39 Vgl. zum schriftlichen Vertrag i.S.d. RL 2004/18/EG: EuGH, Urteil v. 8.5.2013 – Rs. C-197/11 und C-203/11 (Libert u.a.), Rn. 111; auch EuGH, Urteil v. 12.7.2001 – Rs. C-399/98 (Teatro alla Bicocca), Rn. 87.

40 Vgl. hierzu aus der Rechtsprechung OLG Naumburg, Beschluss v. 17.6.2016 – 7 Verg 2/16.

41 Beispiele nach *Wollenschläger*, in: Burgi/Dreher, Vergaberecht, § 105 GWB Rn. 59.

42 Vgl. VK Brandenburg, Beschluss v. 26.1.2004 – VK-1/04.

43 Vgl. BGH, Beschluss v. 8.2.2011 – X ZB 4/10 (Abellio); OLG Naumburg, Beschluss v. 15.4.2016 – 7 Verg 1/16.

werden kann.[44] Es spielt ferner keine Rolle, ob die Zahlungen Dritter privatrechtlich oder öffentlich-rechtlich geregelt ist.[45]

bb) Laufzeitbegrenzung

Aus der Legaldefinition des § 105 GWB folgt keine Pflicht zur Befristung des Nutzungs- oder Verwertungsrechts.[46] Längere Laufzeiten mögen daher zwar unzulässig sein, berühren aber nicht die Einordnung eines Vertrages als Konzession. Eine Pflicht zur Begrenzung der Laufzeit von Konzessionen, wie sie Art. 18 RL 2014/23/EU vorgibt, hat der deutsche Gesetzgeber in **§ 3 KonzVgV** umgesetzt. Gemäß § 3 Abs. 1 S. 1 KonzVgV ist die Laufzeit von Konzessionen grundsätzlich beschränkt, wenngleich keine konkreten Höchst- oder Mindestlaufzeiten vorgeschrieben werden. Nach § 3 Abs. 2 S. 1 KonzVgV darf bei Konzessionen mit einer Laufzeit von über fünf Jahren die Laufzeit nicht über den Zeitraum hinausgehen, innerhalb dessen der Konzessionsnehmer nach vernünftigem Ermessen die Investitionsaufwendungen für die Errichtung und den Betrieb des Bauwerks oder die Erbringung der Dienstleistungen zuzüglich einer Rendite auf das investierte Kapital unter Berücksichtigung der zur Verwirklichung der spezifischen Vertragsziele notwendigen Investitionen wieder erwirtschaften kann. Die Bestimmung der Laufzeit unterliegt somit der Schätzung durch den Konzessionsgeber, dem insoweit eine Einschätzungsprärogative zukommt.[47] **23**

Unabhängig von der Regelung in § 3 KonzVgV bzw. Art. 18 RL 2014/23/EU ist davon auszugehen, dass die Laufzeitbegrenzung schon aus dem **Unionsprimärrecht** folgt. So hat der EuGH mit Blick auf Baukonzessionen entschieden, dass *„gewichtige Gründe, zu denen insbesondere die Aufrechterhaltung des Wettbewerbs gehört, Grund zur Annahme [geben], dass die unbefristete Erteilung von Konzessionen [...] gegen die Rechtsordnung der Union verstoßen würde."*[48] **24**

2. Betrauung mit der Erbringung von Bau- oder Dienstleistungen

a) Bau- oder Dienstleistungen

Gegenstand von Konzessionen i.S.d. § 105 GWB ist entweder die Beschaffung von Bauleistungen (Baukonzessionen) oder von Dienstleistungen (Dienstleistungskonzessionen). **25**

aa) Bauleistungen (Baukonzession)

Wenn Konzessionsgeber Unternehmen mit der Erbringung von Bauleistungen betrauen, handelt es sich nach § 105 Abs. 1 Nr. 1 GWB um eine Baukonzession. Was unter dem Begriff „Bauleistung" i.S.d. § 105 Abs. 1 Nr. 1 GWB zu verstehen ist, ergibt sich aus Anhang I RL 2014/23/EU.[49] Im GWB ist der Begriff hingegen nicht definiert. Art. 5 Nr. 7 RL 2014/23/EU („Ausführung von Bauleistungen") nimmt auf Anhang I RL 2014/23/EU auch direkt Bezug. Gegenstand der Bauleistungen ist stets die Errichtung eines Bauwerks, da das Entgelt einer Baukonzession gerade im Recht zur Nutzung des Bauwerks oder in diesem Recht zuzüglich einer Zahlung besteht. **26**

bb) Dienstleistungen (Dienstleistungskonzession)

Dienstleistungskonzessionen i.S.d. § 105 Abs. 1 Nr. 2 GWB betreffen dagegen die Erbringung und Verwaltung von Dienstleistungen, „die nicht in der Erbringung von Bauleistungen" bestehen. Der Dienstleistungskonzession ist damit die Funktion eines Auffangtatbestandes zugewiesen. § 105 Abs. 1 Nr. 2 GWB geht von einem weiten Dienstleistungsbegriff aus. Damit sind **27**

---

44 Vgl. *Friton/Stein*, in: Pünder/Schellenberg, Vergaberecht, § 105 GWB Rn. 16.

45 Vgl. EuGH, Urteil v. 10.9.2009 – Rs. C-206/08 (Eurawasser), Rn. 55.

46 Vgl. bereits Gesetzesbegründung zu § 105 Abs. 1 GWB, VergRModG 2016, BT-Drs. 18/6281, 75; sowie *Friton/Stein*, in: Pünder/Schellenberg, Vergaberecht, § 105 GWB Rn. 8; *Ziekow*, in: Ziekow/Völlink, Vergaberecht, § 105 GWB Rn. 5.

47 Vgl. dazu *Kadenbach*, in: Müller-Wrede/Braun, KonzVgV, § 3 Rn. 11 ff.

48 EuGH, Urteil v. 25.3.2010 – Rs. C-451/08 (Helmut Müller), Rn. 79; zuvor bereits EuGH, Urteil v. 19.6.2008 – Rs. C-454/06 (pressetext), Rn. 73; ausführlich dazu *Sauer*, Das Recht der Vergabe von Strom- und Gaskonzessionsverträgen, S. 165 ff.

49 So auch *Prieß/Stein*, VergabeR 2014, 499 (501).

letztlich alle Verträge als Dienstleistungskonzessionen zu qualifizieren, die keinem anderen Konzessionstypen zuzuordnen sind.[50] „Lieferkonzessionen" gibt es im Regelungssystem der RL 2014/23/EU bzw. des GWB nicht.[51]

cc) Beschränkung auf öffentliche Dienstleistungen?

28 In der Zusammenschau mit dem Tatbestandsmerkmal der Betrauung stellt sich die Frage, ob jegliche Dienstleistung Grundlage einer Dienstleistungskonzession sein kann oder ob die Dienstleistung eine bestimmte inhaltliche Qualität aufweisen muss.

29 Letzteres könnte anzunehmen sein, da mehrfach in der **Richtlinie** der Begriff der „öffentlichen Dienstleistungen" verwendet wird. So heißt es in Art. 2 Abs. 1 UAbs. 1 S. 2 RL 2014/23/EU: „Es steht diesen Körperschaften frei, zu entscheiden, wie die Erbringung von Bau- oder Dienstleistungen am besten gesteuert werden kann, damit bei öffentlichen Dienstleistungen insbesondere ein hohes Maß an Qualität [...] sowie die Förderung des allgemeinen Zugangs und der Nutzungsrechte gewährleistet werden können."[52] Hieraus könnte abgeleitet werden, eine Dienstleistungskonzession im Sinne der RL 2014/23/EU setze voraus, dass es sich um eine „öffentliche Dienstleistung" handeln muss, also eine primär der öffentlichen Hand zugewiesene Dienstleistung/Aufgabe, die infolge des Abschlusses der Dienstleistungskonzession anstelle der öffentlichen Hand durch einen Dritten erbracht wird. Entsprechende Anforderungen sind in der deutschen Rechtsprechung und Literatur auch bereits in der Vergangenheit formuliert worden: So wurde verlangt, dass der Konzessionsgeber eine *„öffentliche Aufgabe"*[53] oder Leistungen *„im öffentlichen Interesse"*[54] überträgt.[55]

30 Gegen ein solch enges Verständnis des Tatbestandsmerkmals der Dienstleistung im Rahmen der RL 2014/23/EU und des § 148 bzw. § 105 GWB spricht jedoch erstens, dass die **Begriffsdefinition** in Art. 5 Nr. 1 lit. b RL 2014/23/EU und auch der Erwägungsgrund 11 RL 2014/23/EU diese Einschränkung gerade nicht vorsehen. Zweitens kann der **Rechtsprechung** des EuGH das Erfordernis einer bestimmten Dienstleistung als Voraussetzung einer Konzession nicht entnommen werden. So hat z. B. im Fall „Parking Brixen" der EuGH einen entgeltlichen Vertrag über die Parkraumbewirtschaftung als vergabepflichtige Dienstleistungskonzession beurteilt.[56] Der Gegenstand dieser Dienstleistungskonzession – die Parkraumbewirtschaftung – wurde vom EuGH mit keinem Wort problematisiert. Auch in den übrigen Entscheidungen des EuGH zu Bau- oder Dienstleistungskonzessionen werden keine qualitativen Anforderungen an die vom Konzessionär zu erbringende Dienstleistung gestellt.[57] Im Übrigen folgt auch nichts anderes aus der Entscheidung „Helmut Müller": Nach dieser Entscheidung setzt ein öffentlicher Bauauftrag (konkret: eine Baukonzession) lediglich voraus, dass die Leistungen für den öffentlichen Auftraggeber ein *„unmittelbares wirtschaftliches Interesse"* bedeuten und nicht bloß städtebauliche Regelungszuständigkeiten ausgeübt werden. Ein solches wirtschaftliches Interesse liegt jedoch bereits dann vor, wenn der Auftraggeber vertragliche Rechtspositionen erlangt, die ihn ermächtigen, den Vertragspartner auf Erbringung von Bau- oder Dienstleistungen in Anspruch zu nehmen.[58] Es geht also um die Frage, ob sich der öffentliche Auftraggeber etwas beschafft; es werden aber keine besonderen Anforderungen an den Inhalt der Beschaffung gestellt.

---

50 *Mohr*, in: Säcker, Wettbewerbsrecht, § 105 GWB Rn. 52.

51 Vgl. OLG Düsseldorf, Beschluss v. 19.12.2007 – VII-Verg 51/07; VK Bund, Beschluss v. 22.8.2008 – VK 2-73/08.

52 Der Begriff der öffentlichen Dienstleistung wird weiterhin verwendet in Art. 2 Abs. 2 S. 2 RL 2014/23/EU, Art. 17 Abs. 4 lit. a RL 2014/23/EU und in den Erwägungsgründen 47 und 78 RL 2014/23/EU.

53 KG, Urteil v. 22.1.2015 – 2 U 14/14 Kart; OLG München, Beschluss v. 19.1.2012 – Verg 17/11; Beschluss v. 25.3.2011 – Verg 4/11.

54 OLG Brandenburg, Beschluss v. 30.5.2008 – Verg W 5/08.

55 So vor allem auch *Ruhland*, Die Dienstleistungskonzession (2006), S. 73 ff. passim; *Hattig/Ruhland*, NZBau 2005, 626 ff.; *Hövelberndt*, NZBau 2010, 599.

56 Vgl. EuGH, Urteil v. 13.10.2005 – Rs. C-458/03 (Parking Brixen); Urteil v. 14.11.2013 – Rs. C-221/12 (Belgacom), Rn. 26: Fernsehdienste; Urteil v. 7.12.2000 – Rs. C-324/98 (Telaustria): Telefonbücher.

57 Vgl. *Sauer*, Das Recht der Vergabe von Strom- und Gas-Konzessionsverträgen im EnWG, S. 226 ff.; zustimmend *Donhauser/Hölzlwimmer*, VergabeR 2015, 509 (512); auch *Jennert*, NZBau 2005, 131 (132).

58 Vgl. EuGH, Urteil v. 25.3.2010 – Rs. C-451/08 (Helmut Müller), Rn. 49 ff., und die Diskussion des OLG Düsseldorf, Beschluss v. 28.3.2012 – VII-Verg 37/11.

dd) Gemischte Konzessionen und gemischte Verträge

Gegenstand von Konzessionsverträgen sind oftmals sowohl **Bau-** als auch **Dienstleistungen**. 31
In diesem Fall spricht man von gemischten Konzessionen. Diese gemischten Konzessionen werden gemäß § 110 Abs. 1 S. 2 i.V.m. S. 1 GWB (Art. 20 Abs. 1 RL 2014/23/EU) nach den Vorschriften vergeben, denen der Hauptgegenstand des Vertrages zuzuordnen ist.[59] Dies sind die Leistungen, die den Vertrag als solchen prägen.[60] Bei der Ausstattung einer Einsatzleitstelle mit Alarmierungstechnik wird etwa deren Montage regelmäßig nicht ausreichen, um dem Auftrag das Gepräge einer Baukonzession zu geben.[61] § 110 Abs. 2 GWB regelt weitere Konstellationen von gemischten Konzessionen (insbesondere wenn auch soziale und andere besondere Dienstleistungen nach § 153 GWB betroffen sind).

Darüber hinaus können Verträge nicht nur Bau- und Dienstleistungen zum Gegenstand ha- 32
ben, sondern auch Elemente eines **öffentlichen Auftrags** und einer **Konzession** aufweisen,[62] die isoliert betrachtet unterschiedlichen rechtlichen Regelungen unterliegen würden. Entscheidungsvorgaben für solche Konstellationen sind in § 111 GWB geregelt.[63] Wird ein Gesamtauftrag vergeben, der sich aus einem Bauauftrag und einer Konzession zusammensetzt, sind nach der VK Westfalen die Vorschriften zur Vergabe von öffentlichen Aufträgen anzuwenden, wenn der Bauauftrag im Verhältnis zur Konzessionsvergabe den geltenden Schwellenwert erreicht oder überschreitet.[64] Auf die entsprechenden Kommentierungen zu § 110 GWB und § 111 GWB wird verwiesen.

b) Betrauen

Der Wortlaut des § 105 Abs. 1 GWB setzt voraus, dass der Konzessionär mit einer Bau- oder 33
Dienstleistung betraut wird.[65] Der Begriff „betrauen" wirft die Frage auf, ob an die Vergabe, den Inhalt der Bau- oder Dienstleistung oder den Vertragsschluss besondere Anforderungen zu stellen sind. Das ist jedoch mit der herrschenden Meinung abzulehnen.[66] Aus dem Begriff „betrauen" folgen keine besonderen Voraussetzungen für das Vorliegen einer Konzession i.S.d. § 105 GWB. In materieller Hinsicht grenzt § 105 Abs. 2 GWB Konzessionen ausschließlich durch den Übergang des Betriebsrisikos ab. Das folgt auch aus Erwägungsgrund 11 RL 2014/23/EU, in dem es heißt: *„Konzessionen sind entgeltliche Verträge, mit denen ein oder mehrere öffentliche Auftraggeber einen oder mehrere Wirtschaftsteilnehmer mit der Erbringung von Bauleistungen oder der Verwaltung von Dienstleistungen beauftragen."* Auch aus der Rechtsprechung des EuGH lässt sich nicht ableiten, dass eine Dienstleistungskonzession besondere Anforderungen an die Form oder die inhaltliche Qualität des Vertrags stellt. In der Rechtsprechung des EuGH wird vielfach ganz allgemein von einer *„Vergabe"* oder von einem *„Auftrag"* gesprochen, wenn es um die Frage einer Dienstleistungskonzession geht.[67] Die gegenteilige Sichtweise würde zudem der Intention des Gesetzgebers widersprechen, den Vergabewettbewerb um Konzessionen zu stärken.

c) Beschaffungszweck

Nach § 105 Abs. 1 GWB müssen Konzessionsgeber die Konzessionsnehmer vertraglich mit der 34
Erbringung von Bau- oder Dienstleistungen betrauen.

59 Vgl. zur Maßgeblichkeit des Hauptgegenstandes bereits EuGH, Urteil v. 6.5.2010 – Rs. 145/08 (Club Hotel Loutraki), Rn. 48 ff.; Urteil v. 19.4.1994 – Rs. C-331/92 (Gestión Hotelera International), Rn. 26; OLG Karlsruhe, Beschluss v. 6.2.2013 – 15 Verg 11/12; OLG Brandenburg, Beschluss v. 3.8.1999 – 6 Verg 1/99.
60 Vgl. OLG Dresden, Beschluss v. 21.8.2019 – Verg 5/19, Rn. 15 ff.; *Byok*, NJW 2019, 1650 (1652).
61 So VK Rheinland, Beschluss v. 12.11.2018 – VK K 42/18 L, zur Abgrenzung von Bau- und Dienstleistungsaufträgen.
62 Vgl. etwa VK Münster, Beschluss v. 25.1.2018 – VK 1-43/17.
63 Unionsrechtliche Vorgaben sind Art. 23 f. RL 2014/23/EU.
64 VK Westfalen, Beschluss v. 25.1.2018 – VK 1-43/17.
65 Kritisch zum Begriff *Knauff/Badenhausen*, NZBau 2014, 395 (396).
66 Vgl. statt vieler *Wollenschläger*, in: Burgi/Drecher, Vergaberecht, § 105 GWB Rn. 37; *Friton/Stein*, in: Pünder/Schellenberg, Vergaberecht, § 105 GWB Rn. 11; *Ziekow*, in: Ziekow/Völlink, Vergaberecht, § 105 GWB Rn. 12.
67 Vgl. EuGH, Urteil v. 12.12.2013 – Rs. C-292/12 (Ragn-Sells); Urteil v. 14.11.2013 – Rs. C-221/12 (Belgacom).

aa) Beschaffung von Bau- oder Dienstleistungen

35 Dies ist nur der Fall, wenn der Konzessionsvertrag zu **Beschaffungszwecken** abgeschlossen wird.[68] Das folgt zunächst aus Art. 1 Abs. 1 RL 2014/23/EU: Nach dieser Vorschrift gelten die Bestimmungen der RL 2014/23/EU für die „Beschaffung im Wege von Konzessionen". Ziel von Konzessionsverträgen i.S.d. Art. 5 Nr. 1 RL 2014/23/EU bzw. § 105 GWB ist also die Beschaffung von Bau- oder Dienstleistungen. Der Nutzen der Bau- und Dienstleistungen muss dem Konzessionsgeber zustehen.[69] Erforderlich ist somit die Nachfrage von Bau- oder Dienstleistungen durch den Konzessionsgeber am Markt. Dazu muss der Konzessionsgeber zur Deckung eines bestimmten Bedarfs entschlossen sein und mit dem Ziel eines Vertragsschlusses mit organisatorischen oder planerischen Schritten zur Durchführung des Beschaffungsvorgangs begonnen haben.[70]

36 Nicht erfasst sind dagegen Sachverhalte, in denen Unternehmen nur **Rechte eingeräumt** werden (etwa in Form einer Erlaubnis) oder sich Konzessionsgeber als schlichte Anbieter (etwa Verkauf eines Grundstücks)[71] am Markt betätigen. Eine Beschaffung liegt nur dann vor, wenn der Vertragspartner nicht nur berechtigt, sondern auch verpflichtet ist, Bau- oder Dienstleistungen zu erbringen.[72] Mit Blick auf die spezifische Struktur von Konzessionen (Nutzungs- oder Verwertungsrecht) ist es allerdings nicht notwendig, dass die Bau- oder Dienstleistungen auch unmittelbar gegenüber dem Konzessionsgeber erbracht werden.[73] Auch ein Eigentumsübergang auf den Auftraggeber ist nicht erforderlich.[74] Im Ergebnis kommt es also nur darauf an, dass der Konzessionsnehmer gegenüber dem Konzessionsgeber durchsetzbare Vertragspflichten übernimmt, bestimmte (nicht nur untergeordnete) Bau- und/oder Dienstleistungen zu erbringen.[75]

bb) Keine reinen Genehmigungen oder Gestattungen

37 Die Notwendigkeit eines Beschaffungsbezugs kommt explizit auch in Erwägungsgrund 14 RL 2014/23/EU zum Ausdruck: Danach sollen bestimmte Handlungen der Mitgliedstaaten, wie die Erteilung von Genehmigungen oder Lizenzen, durch die der Mitgliedstaat oder eine seiner Behörden die Bedingungen für die Ausübung einer Wirtschaftstätigkeit festlegt, die üblicherweise auf Antrag des Wirtschaftsteilnehmers erteilt wird und bei der der Wirtschaftsteilnehmer das Recht hat, sich von der Erbringung von Bau- oder Dienstleistungen zurückzuziehen, nicht als Konzessionen gelten. Stattdessen seien diese Sachverhalte anhand der Bestimmungen der Dienstleistungsrichtlinie 2006/123 zu messen. Dementsprechend hat der EuGH im Fall „Promoimpresa" entschieden, dass in der reinen behördlichen Erlaubnis, eine bestimmte Tätigkeit auszuüben, keine Konzession zu sehen ist.[76] Im Gegensatz zu derartigen Handlungen der Mitgliedstaaten enthalten Konzessionsverträge wechselseitig bindende Verpflichtungen, denen zufolge die Erbringung der Bau- oder Dienstleistungen bestimmten Anforderungen entsprechen muss, die vom Auftraggeber festgelegt werden und rechtlich durchsetzbar sind.

38 Nach diesen Grundsätzen wurde mehrfach entschieden, dass Erteilungen von **Erlaubnissen** zur Errichtung sowie zum Betrieb von Spielhallen i.S.d. § 24 GlüStV in der Regel keine Dienst-

---

68 So auch *Classen*, VergabeR 2016, 13 (17).

69 Vgl. Erwägungsgrund 11 RL 2014/23/EU; EuGH, Urteil v. 25.3.2010 – Rs. C-451/08 (Helmut Müller), Rn. 49 ff.; Urteil v. 14.7.2016 – Rs. C-458/14, C-67/15 (Promoimpresa), Rn. 48; OVG Nordrhein-Westfalen, Beschluss v. 8.6.2017 – 4 B 307/17.

70 Vgl. OLG Celle, Beschluss v. 16.10.2018 – 13 Verg 3/18.

71 Vgl. EuGH, Urteil v. 25.3.2010 – Rs. C-451/08 (Helmut Müller), Rn. 41; OLG Düsseldorf, Beschluss v. 28.3.2012 – VII-Verg 37/11.

72 Vgl. EuGH, Urteil v. 25.3.2010 – Rs. C-451/08 (Helmut Müller), Rn. 59 ff.; OLG Düsseldorf, Beschluss v. 11.7.2018 – VII-Verg 1/18, Rn. 36 ff.; *Classen*, VergabeR 2016, 13 (14).

73 Zutreffend *Opitz*, NVwZ 2014, 753 (756); so auch *Classen*, VergabeR 2016, 13 (17).

74 Vgl. Erwägungsgrund 11 RL 2014/23/EU.

75 So im Ergebnis auch *Friton/Stein*, in: Pünder/Schellenberg, Vergaberecht, § 105 GWB Rn. 22.

76 Vgl. EuGH, Urteil v. 14.7.2016 – Rs. C-458/14, C-67/15 (Promoimpresa), Rn. 47; *Ziekow*, in: Ziekow/Völlink, Vergaberecht, § 105 GWB Rn. 7.

leistungskonzessionen darstellen.[77] Eine Dienstleistungskonzession hat hingegen das OLG Hamburg angenommen, weil nach hamburgischen Recht zugleich eine Verpflichtung zum Betrieb der einzigen Hamburger Spielbank bestand.[78] Dementsprechend hat jüngst das VG Darmstadt im Hinblick auf Konzessionen für Sportwettbüros entschieden, dass eine Dienstleistungskonzession mangels Beschaffung zumindest zweifelhaft und im Ergebnis auch nicht gegeben ist, wenn aufgrund einer fehlenden Kontingentierung die für eine Konzessionsvergabe typische Auswahl des öffentlichen Auftraggebers aus mehreren Bewerbern entfällt.[79] Keine Konzessionen § stellen deswegen nach Auffassung des OLG Celle auch Genehmigungen zur Erprobung neuer Verkehre gemäß § 2 Abs. 7 PBefG dar. Es fehle dabei an einer Beschaffung und an der Übernahme einklagbarer Leistungspflichten.[80]

Ferner weist der EU-Richtliniengeber in Erwägungsgrund 15 RL 2014/23/EU darauf hin, dass bestimmte Vereinbarungen, die das Recht eines Wirtschaftsteilnehmers regeln, **öffentliche Bereiche** oder **Ressourcen** wie z. B. Land oder öffentliche Liegenschaften öffentlich-rechtlich oder privatrechtlich zu nutzen, insbesondere in See-, Binnen- oder Flughäfen, wobei der Staat oder der Konzessionsgeber nur allgemeine Bedingungen für deren Nutzung festlegt, ohne bestimmte Bau- oder Dienstleistungen zu beschaffen, nicht als Konzessionen im Sinne der RL 2014/23/EU gelten sollen.[81] Diese Vereinbarungen beträfen in der Regel Pachtverträge über öffentliche Liegenschaften oder Land, die meist Klauseln enthalten, die die Besitzübernahme durch den Pächter, die vorgesehene Nutzung und die Pflichten von Pächter und Eigentümer hinsichtlich der Instandhaltung der Liegenschaft, die Dauer der Verpachtung und die Rückgabe des Besitzes an den Eigentümer, den Pachtzins sowie die vom Pächter zu zahlenden Nebenkosten regeln. **39**

Allerdings hat der **EuGH** bereits mehrfach entschieden, dass sich eine Gestattung in Bezug auf die Verpflichtung zur Beachtung der Grundregeln des Vertrags und der sich daraus ergebenden Grundsätze nicht von einer Dienstleistungskonzession unterscheide, wenn die Ausübung dieser Tätigkeit auch in einem anderen Mitgliedstaat niedergelassene Wirtschaftsteilnehmer interessieren könnte.[82] Für solche Rechtseinräumungen gelten daher zwar nicht die §§ 148 ff. GWB, jedoch die allgemeinen Grundsätze des Unionsprimärrechts. Ob daraus Ausschreibungspflichten folgen, ist aber noch nicht abschließend geklärt.[83] Das Gleichbehandlungs- und Transparenzgebot legt dies jedenfalls nahe; es ist lediglich kein förmliches Verfahren durchzuführen. Bei Genehmigungen kann sich die Pflicht zur Durchführung eines neutralen und transparenten Verfahrens auch aus Art. 12 RL 2006/123 ergeben, wenn die Zahl der für eine bestimmte Dienstleistungstätigkeit verfügbaren Genehmigungen aufgrund der Knappheit der natürlichen Ressourcen oder der verfügbaren technischen Kapazitäten begrenzt ist.[84] Vor diesem Hintergrund hat die Europäische Kommission gegen acht Mitglied- **40**

---

77 Vgl. OVG Nordrhein-Westfalen, Beschluss v. 8.6.2017 – 4 B 307/07; Beschluss v. 16.08.2019 – 4 B 659/18; OLG Düsseldorf; Beschluss v. 23.1.2019 – VII-Verg 22/18; VK Rheinland Köln, Beschluss v. 12.3.2018 – VK K 2/18 - L; VG Cottbus, Beschluss v. 2.10.2017 – 3 L 424/17; VG Regensburg, Gerichtsbescheid v. 24.1.2019 – RN 5 K 17.1281; VG Würzburg, Urteil v. 23.1.2020 – W 5 K 18.147; vgl. insgesamt dazu auch *Wagner*, in: Heiermann/Zeiss/Summa, Vergaberecht, § 105 GWB Rn. 68.1.

78 Vgl. OLG Hamburg, Beschluss v. 1.11.2017 – 1 Verg 2/17; kritisch dazu *Braun*, NZBau 2019, 622 (624); eine Dienstleistungskonzession hat auch OLG Stuttgart, Beschluss v. 4.11.2002 – 2 Verg 4/02 angenommen; zum Ganzen auch Friton/Stein, in: Pünder/Schellenberg, Vergaberecht, § 105 GWB Rn. 27.

79 VG Darmstadt, Beschluss v. 1.4.2020 – 3 L 446/20, Rn. 25.

80 OLG Celle, Beschluss v. 16.10.2018 – 13 Verg 3/18, Rn. 11 ff.

81 Ausführlich *Classen*, VergabeR 2016, 13 ff.; instruktiv auch *Schwab/Giesemann*, VergabeR 2014, 351 (366).

82 Vgl. EuGH, Urteil v. 14.11.2013 – Rs. C-221/12 (Belgacom), Rn. 33; zuvor bereits Urteil v. 9.9.2010 – Rs. C-64/08 (Engelmann), Rn. 52; Urteil v. 3.6.2010 – Rs. C-203/08 (Sporting Exchange), Rn. 46; Urteil v. 6.5.2010 – Rs. C-145/08 und C-149/08 (Club Hotel Loutraki), Rn. 63.

83 Nach EuGH, Urteil v. 9.9.2010 – Rs. C-64/08 (Engelmann), Rn. 50, schreibt das Transparenzgebot *„nicht unbedingt"* eine Ausschreibung vor. Im Ergebnis stellte der EuGH jedoch einen Verstoß gegen das Transparenzgebot fest, weil die Genehmigung *„ohne Ausschreibung"* erfolgt sei. Man kann daraus schließen, dass es lediglich keines förmlichen Ausschreibungsverfahrens bedarf.

84 EuGH, Urteil v. 14.7.2016 – Rs. C-458/14, C-67/15 (Promoimpresa), Rn. 36 ff.

staaten, darunter auch Deutschland, ein Vertragsverletzungsverfahren wegen der nationalen Genehmigungspraxis für den Bau und Betrieb von Wasserkraftanlagen eingeleitet.[85]

cc) Keine bloße Finanzierung

41 Der Unionsgesetzgeber hat in Erwägungsgrund 12 RL 2014/23/EU weiterhin klargestellt, dass die bloße Finanzierung – insbesondere durch öffentliche Zuschüsse – von Tätigkeiten nicht in den Geltungsbereich der Konzessionsrichtlinie fällt. Das gilt auch dann, wenn sich der Empfänger verpflichtet, erhaltene Beträge bei nicht bestimmungsgemäßer Verwendung zurückzuzahlen. Dementsprechend hat das OLG Düsseldorf für die Vergabe öffentlicher Aufträge (§ 103 GWB) entschieden, dass Zuwendungen für die soziale Betreuung von Flüchtlingen nicht in den Anwendungsbereich des GWB-Vergaberechts fallen, wenn durch Zuwendungsbescheid fremde Aufgaben gefördert werden, der Auftragnehmer aber keine einklagbaren Leistungspflichten übernimmt.[86]

3. Übergang des Betriebsrisikos

a) Allgemeines

42 Eine Konzession i.S.d. § 105 GWB setzt „in Abgrenzung zur Vergabe öffentlicher Aufträge" voraus, dass mit der Ausgestaltung der Entgeltabrede das Betriebsrisiko für die Nutzung des Bauwerks oder für die Verwertung der Dienstleistung auf den Konzessionsnehmer übergeht.[87] Dabei handelt es sich um eine eigenständige Tatbestandsvoraussetzung, die noch nicht automatisch durch die Einräumung eines Nutzungs- oder Verwertungsrechts erfüllt wird.[88] Geht das Betriebsrisiko nicht auf den Konzessionsnehmer über, kommen die Regelungen der öffentlichen Auftragsvergabe zur Anwendung. Denn nach Auffassung des Unionsgesetzgebers ist die Anwendung besonderer Bestimmungen auf Konzessionen nicht gerechtfertigt, wenn der Konzessionsgeber das Unternehmen von jedem möglichen Verlust freistellen würde, indem ihm Einnahmen mindestens in Höhe der bei der Durchführung des Vertrags entstehenden Investitionsaufwendungen und Kosten garantiert werden.[89]

b) Kriterien für den Übergang des Betriebsrisikos

aa) Kriterien nach § 105 Abs. 2 GWB

43 In der Praxis hat vormals insbesondere die Anwendung der Voraussetzung des Übergangs des Betriebsrisikos häufig zu Rechtsunsicherheit und Rechtsstreitigkeiten geführt. Nunmehr präzisiert § 105 Abs. 2 S. 2 GWB den Übergang des Betriebsrisikos, wobei im Wesentlichen die durch den EuGH entwickelten Kriterien[90] in § 105 GWB kodifiziert wurden.[91] Nach § 105 Abs. 2 S. 2 GWB geht das Betriebsrisiko auf den Vertragspartner über, wenn

1. unter normalen Betriebsbedingungen nicht gewährleistet ist, dass die Investitionsaufwendung oder die Kosten für den Betrieb des Bauwerks oder die Erbringung der Dienstleistung wieder erwirtschaftet werden können (§ 105 Abs. 2 S. 2 Nr. 1 GWB),

---

85 Pressemitteilung der Europäischen Kommission v. 7.3.2019 „Wasserkraftkonzessionen: Kommission fordert acht Mitgliedstaaten zur Einhaltung des EU-Rechts auf", https://ec.europa.eu/commission/presscorner/detail/de/IP_19_1477.

86 OLG Düsseldorf, Beschluss v. 11.7.2018 – VII-Verg 1/18, Rn. 36.

87 Vgl. auch Art. 5 Nr. 1 UAbs. 2 RL 2014/23/EU; grundlegend EuGH, Urteil v. 13.10.2005 – Rs. C-458/03 (Parking Brixen), Rn. 40.

88 Vgl. EuGH, Urteil v. 10.11.2011 – Rs. C-348/10 (Norma-A), Rn. 44; Urteil v. 10.3.2011 – Rs. C-274/09 (Stadler), Rn. 26; Urteil v. 10.9.2009 – Rs. C-206/08 (Eurawasser), Rn. 58 ff.; BGH, Beschluss v. 8.2.2011 – X ZB 4/10 (Abellio); *Diemon-Wies/Hesse*, NZBau 2012, 341 (342).

89 Vgl. Erwägungsgrund 18 RL 2014/23/EU; auch EuGH, Urteil v. 10.9.2009 – Rs. C-206/08 (Eurawasser), Rn. 67; *Siegel*, VergabeR 2015, 265 (267).

90 Vgl. etwa EuGH, Urteil v. 10.11.2011 – Rs. C-348/10 (Norma-A); Urteil v. 10.3.2011 – Rs. C-274/09 (Stadler); Urteil v. 10.9.2009 – Rs. C-206/08 (Eurawasser); Urteil v. 13.10.2005 – Rs. C-458/03 (Parking Brixen).

91 So auch *Friton/Stein*, in: Pünder/Schellenberg, Vergaberecht, § 105 GWB Rn. 33; *Prieß/Stein*, VergabeR 2014, 499 (502).

2. und der Konzessionsnehmer den Unwägbarkeiten des Marktes tatsächlich ausgesetzt ist, sodass potenziell geschätzte Verluste des Konzessionsnehmers nicht vernachlässigbar sind (§ 105 Abs. 2 S. 2 Nr. 2 GWB).

Das Betriebsrisiko kann ein Nachfrage- oder Angebotsrisiko sein (§ 105 Abs. 2 S. 3 GWB).[92]

Insgesamt können diese gesetzgeberischen Konkretisierungen allerdings auch zukünftig eine **Einzelfallprüfung**[93] nicht ersetzen: Entscheidend ist und bleibt weiterhin die Frage, ob das Unternehmen einem (substanziellen) unternehmerischen Risiko ausgesetzt ist, weil es sein Entgelt entweder über die Nutzung eines Bauwerks und/oder die Verwertung einer Dienstleistung realisiert. Relevante Umstände – die im Übrigen positiv feststellbar sein müssen[94] – sind insbesondere[95] 44

- die Marktstruktur sowie der Wettbewerbsdruck (etwa eine Monopolstellung),[96]
- die regulatorischen Rahmenbedingungen (etwa ein Anschluss- und Benutzungszwang),
- die Wahrscheinlichkeit der Zahlungsunfähigkeit derjenigen, die die Bezahlung der erbrachten Dienstleistungen schulden[97]
- sowie die Ausgestaltung des Konzessionsvertrages (etwa Haftung für Schäden bei der Leistungserbringung).

Von einem Übergang des Betriebsrisikos kann jedenfalls dann nicht ausgegangen werden, wenn die zu erwartenden Einnahmen aus der Nutzung der Leistung die voraussichtlichen Ausgaben deutlich übersteigen und deshalb „rote Zahlen" während der Vertragslaufzeit ausgeschlossen werden können.[98]

bb) Ausgleichs- oder Zuschusszahlungen

Einem Übergang des Betriebsrisikos i.S.d. § 105 Abs. 2 GWB steht eine Ausgleichs- oder Zuschusszahlung im Grundsatz nicht entgegen.[99] Eine solche Ausgleichs- oder Zuschusszahlung schließt eine Konzession erst dann aus, wenn ihr bei wertender Betrachtung kein bloßer Zuschusscharakter mehr beigemessen werden kann.[100] Daher ist auch eine einmalige Anschubfinanzierung unschädlich, wenn und soweit das Prognoserisiko, dass eine Refinanzierung über die Kundenakquise in nicht kostendeckendem Maße erfolgt, bei dem Konzessionsnehmer verbleibt.[101] Insgesamt aber ist eine Einzelfallbetrachtung erforderlich; nicht festgelegt werden kann aufgrund unterschiedlicher Fallgestaltungen eine starre Obergrenze oder ein fester Prozentsatz.[102] Jedenfalls geht das Betriebsrisiko dann nicht über, wenn branchenspezifische Regelungen zur Folge haben, dass dem Unternehmen der Ausgleich seiner Investitionen und der aufgrund der Vertragsdurchführung anfallenden Kosten garantiert wird.[103] 45

92 Vgl. dazu auch Erwägungsgrund 20 RL 2014/23/EU; *Wagner*, in: Heiermann/Zeiss/Summa, Vergaberecht, § 105 GWB Rn. 91.

93 So BGH, Beschluss v. 8.2.2011 – X ZB 4/10 (Abellio); OLG Düsseldorf, Beschluss v. 19.2.2020 – VII-Verg 1/19, Rn. 48; OLG München, Beschluss v. 14.10.2019 – Verg 16/19, Rn. 40; OLG Koblenz, Beschluss v. 10.7.2018 – Verg 1/18; vgl. auch *Friton/Stein*, in: Pünder/Schellenberg, Vergaberecht, § 105 GWB Rn. 34 m.w.N.; sowie *Wollenschläger*, in: Burgi/Dreher, Vergaberecht, § 105 GWB Rn. 90 m.w.N.

94 Vgl. etwa OLG München, Beschluss v. 14.10.2019 – Verg 16/19, Rn. 44 f.

95 Instruktiv zum Ganzen etwa OLG Düsseldorf, Beschluss v. 19.2.2020 – VII-Verg 1/19, Rn. 48.

96 Vgl. OLG Karlsruhe, Beschluss v. 30.10.2018 – 15 Verg 7/18, Rn. 20.

97 OLG Düsseldorf, Beschluss v. 19.2.2020 – VII-Verg 1/19, Rn. 48.

98 Vgl. OLG Koblenz, Beschluss v. 10.7.2018 – Verg 1/18.

99 Vgl. OLG Brandenburg, Beschluss v. 12.1.2010 – Verg W 7/09; VK Mecklenburg-Vorpommern, Beschluss v. 13.12.2018 – 3 VK 09/18.

100 Vgl. BGH, Beschluss v. 8.2.2011 – X ZB 4/10 (Abellio); VK Münster, Beschluss v. 25.1.2018 – VK 1 43/17, Rn. 13.

101 Vgl. VK Südbayern, Beschluss vom 27.5.2015 – Z3-3-3194-1-15-03/15, ZfBR 2015, 713 (714); *Ziekow*, in: Ziekow/Völlink, Vergaberecht, § 105 GWB Rn. 30.

102 OLG München, Beschluss v. 14.10.2019 – Verg 16/19, Rn. 40; *Friton/Stein*, in: Pünder/Schellenberg, Vergaberecht, § 105 GWB Rn. 47 m.w.N; siehe jedoch auch OLG Düsseldorf, Beschluss v. 19.2.2020 – VII-Verg 1/19, Rn. 52, wonach Kostendeckung von mindestens 50 % durch den Auftragnehmer zumindest ein Indiz für das Vorliegen einer Dienstleistungskonzession sein könne.

103 Vgl. Erwägungsgrund 19 RL 2014/23/EU.

cc) Regulatorische Rahmenbedingungen

46 Des Weiteren kann das Betriebsrisiko durch regulatorische Maßnahmen erheblich reduziert sein (etwa durch einen Anschluss- und Benutzungszwang oder regulierte Entgelte). Der EuGH hat jedoch in seinen Entscheidungen „Eurawasser" und „Norma-A" klargestellt, dass ein bereits aufgrund der regulatorischen Rahmenbedingungen eingeschränktes Betriebsrisiko der Vergabe einer Konzession im Grundsatz nicht entgegensteht, da der Konzessionsgeber in diesen Fällen keinen Einfluss auf die risikobegrenzenden regulatorischen Rahmenbedingungen habe. Allerdings muss dann das verbleibende Risiko voll oder zumindest zu einem wesentlichen Teil auf den Konzessionsnehmer übertragen werden.[104] Wenn und soweit das Betriebsrisiko allerdings bereits auf Seiten des Konzessionsgebers derart beschränkt ist, dass es für den Konzessionsnehmer vernachlässigbar ist, so scheidet eine Konzession aus, wenn (nur) dieses geringe Betriebsrisiko insgesamt oder zum Teil übertragen wird.[105]

dd) Keine bloßen Vertragsrisiken

47 Schließlich sind bloße Vertragsrisiken für den Übergang des Betriebsrisikos nicht ausreichend. Der EuGH hat dies bereits in seinen Entscheidungen „Stadler" sowie „Norma-A" entschieden.[106] Nicht ausreichend sind deswegen etwa Risiken wie diejenigen einer mangelhaften Betriebsführung oder diejenigen aus Beurteilungsfehlern[107] oder die Gefahr des Vertragsbruchs.[108]Auch die Gefahr eines Falles „höherer Gewalt" ist nicht ausreichend.[109] Denn solche Risiken haften auch anderen Verträgen, vor allem auch öffentlichen Aufträgen, an.[110] Stattdessen muss sich das Betriebsrisiko aus Faktoren ergeben, die sich dem Einfluss der Vertragsparteien entziehen, insbesondere weil der Konzessionsnehmer die Bau- und Dienstleistungen selbst vermarkten muss.

c) Praxisbeispiele

aa) Baukonzessionen

48 Für den Übergang des Betriebsrisikos bei Baukonzessionen sind die folgenden Fälle in der bisherigen Entscheidungspraxis zu nennen.

- Das Betriebsrisiko geht etwa nach Auffassung des OLG Bremen bei einem Pachtvertrag über ein Grundstück einer Gemeinde zum Zwecke der Errichtung und des Betriebes von Windkraftanlagen (auf Kosten der Pächter) über.[111]
- Der Übergang des Betriebsrisikos wurde auch für die Errichtung und den Betrieb eines Hochschulcampus bei nahezu vollständiger Übernahme des Nutzungsrisikos angenommen; das Nutzungsrisiko wurde lediglich durch bestimmte Nutzungsrechte des Freistaates Bayern eingeschränkt.[112]
- In ihrem Beschluss „Berliner Olympiastadion" hat die VK Berlin die Auffassung vertreten, dass zumindest dann, wenn der Konzessionsgeber 50 % bzw. sogar 75 % der Baukostenrisiken übernimmt, nicht mehr die für eine Baukonzession typische Risikoverteilung vorliege.[113]

---

104 Vgl. Erwägungsgrund 19 RL 2014/23/EU; EuGH, Urteil v. 10.11.2011 – Rs. C-348/10 (Norma-A), Rn. 44 ff.; Urteil v. 10.9.2009 – Rs. C-206/08 (Eurawasser), Rn. 59 ff.; OLG Brandenburg, Beschluss v. 12.1.2010 – Verg W 7/09; *Hövelberndt*, NZBau 2010, 599 ff.; *Wagner/Pfohl*, ZfBR 2014, 745 (747); a.A. *Opitz*, NVwZ 2014, 753 (756).

105 *Friton/Stein*, in: Pünder/Schellenberg, Vergaberecht, § 105 GWB Rn. 41.

106 Vgl. EuGH, Urteil v. 10.11.2011 – Rs. C-348/10 (Norma-A), Rn. 49; Urteil v. 10.3.2011 – Rs. C-274/09 (Stadler), Rn. 38.

107 Siehe jeweils OLG Düsseldorf, Beschluss v. 19.2.2020 – VII-Verg 1/19, Rn. 48.

108 Siehe jedoch auch insoweit OLG Düsseldorf, Beschluss v. 19.2.2020 – VII-Verg 1/19, Rn. 48, wonach zumindest das „Risiko der Zahlungsunfähigkeit" des Vertragspartners beachtlich sein könne.

109 Vgl. Erwägungsgrund 20 RL 2014/23/EU.

110 So z. B. OLG Koblenz, Beschluss v. 25.3.2015 – Verg 11/14, für ÖPNV-Leistungen; so auch OLG Düsseldorf, Beschluss v. 19.2.2020 – VII-Verg 1/19, Rn. 48.

111 Vgl. OLG Bremen, Beschluss v. 13.3.2008 – Verg 5/07.

112 Vgl. OLG München, Beschluss v. 5.4.2012 – Verg 3/12.

113 Vgl. VK Berlin, Beschluss v. 31.5.2000 – VK-B2-15/00.

- Das OLG Schleswig hat beim Projekt „Trawe-Querung Lübeck" eine Baukonzession bejaht, obwohl eine Anschubfinanzierung von 20 % der Baukosten gewährt wurde.[114]

bb) Dienstleistungskonzessionen

In der bisherigen Entscheidungspraxis sind für den Übergang des Betriebsrisikos bei Dienstleistungskonzessionen die folgenden Fälle zu nennen. **49**

- Der EuGH hat entschieden, dass bei einem Vertrag über die Abfallentsorgung kein Übergang des Betriebsrisikos erfolgt, wenn als Gegenleistung ein bestimmter Betrag in Euro pro Tonne zu zahlen ist. Unbeachtlich sei, dass die Unternehmen durch den Verkauf der bei der Abfallbehandlung erzeugten Elektrizität Einkünfte erzielen könnten.[115]
- Ferner geht das Betriebsrisiko nach Auffassung des EuGH nicht über, wenn bestimmte Dienstleistungen im Gesundheitsbereich von der spanischen Verwaltung vergütet werden und diese für sämtliche Schäden haftbar ist, die im Zusammenhang mit der Erbringung dieser Dienstleistungen stehen.[116]
- Der BGH ist davon ausgegangen, dass kein Übergang des Betriebsrisikos erfolgt, wenn ein Verkehrsunternehmen für den Betrieb von S-Bahn-Linien pro gefahrenem Zugkilometer Zahlungen erhält, die ca. 64 % der bei Vertragsdurchführung anfallenden Gesamtkosten abdecken. Hinzu kamen weitere risikominimierende Umstände.[117]
- Nach Auffassung des OLG Brandenburg steht eine gesetzlich angeordnete Kostenbeteiligung von bis zu zwei Dritteln der Kosten der Annahme einer Dienstleistungskonzession für die Tierkörperbeseitigung im Land Brandenburg nicht entgegen.[118]
- Keine Dienstleistungskonzession (sondern ein öffentlicher Auftrag) liegt nach Ansicht des OLG Düsseldorf ferner vor, wenn ein Sozialhilfeträger eine Einrichtung mit der Sicherstellung des Betreuungsbedarfs von Sozialhilfebedürftigen beauftragt, dieser Exklusivität zusichert und teilweise das Insolvenzrisiko übernimmt.[119]
- Keine Dienstleistungskonzession liegt auch dann vor, wenn ein Unternehmen für die Durchführung der Notfallrettung und des Krankentransports eine feste Vergütung erhält, auch wenn diese nicht vom Vertragspartner, sondern der Krankenkasse gezahlt wird.[120]
- Nach Auffassung der VK Mecklenburg-Vorpommern scheidet eine Dienstleistungskonzession bei einem Gestattungsvertrag über die Grundversorgung der Mieter eines Wohnungsunternehmens mit Fernseh- und Hörfunkprogrammen aus, wenn dem Vertragspartner das Ertragsrisiko durch ein Zentralinkasso im Wesentlichen abgenommen wird.[121]

4. Wegenutzungsverträge

a) Erwägungsgrund 16 RL 2014/23/EU

Nach Erwägungsgrund 16 RL 2014/23/EU fallen bestimmte Wegenutzungsverträge nicht in den Anwendungsbereich der RL 2014/23/EU. In Erwägungsgrund 16 RL 2014/23/EU heißt es: **50**

> *„Außerdem sollten Vereinbarungen über die Gewährung von Wegerechten hinsichtlich der Nutzung öffentlicher Liegenschaften für die Bereitstellung oder den Betrieb fester Leitungen oder Netze, über die eine Dienstleistung für die Allgemeinheit erbracht werden soll, ebenfalls nicht im Sinne dieser Richtlinie gelten, sofern derartige Vereinbarungen weder eine Lieferverpflichtung auferlegen, noch den Erwerb von Dienstleistungen durch den öffentlichen Auftraggeber oder den Auftraggeber für sich selbst oder für Endnutzer vorsehen."*

114 Vgl. OLG Schleswig, Beschluss v. 6.7.1999 – 6 U Kart 22/99.
115 Vgl. EuGH, Urteil v. 18.7.2007 – Rs. C-382/05 (Kommission/Italien), Rn. 29 ff.
116 Vgl. EuGH, Urteil v. 27.10.2005 – Rs. C-234/03 (Contse), Rn. 22.
117 Vgl. BGH, Beschluss v. 8.2.2011 – X ZB 4/10 (Abellio).
118 Vgl. OLG Brandenburg, Beschluss v. 12.1.2010 – Verg W 7/09.
119 Vgl. OLG Düsseldorf, Beschluss v. 8.9.2004 – VII-Verg 35/04.
120 Vgl. OLG Dresden, Beschluss v. 4.7.2008 – WVerg 0003/08.
121 Vgl. VK Mecklenburg-Vorpommern, Beschluss v. 22.9.2014 – 2 VK 12/14.

Der deutsche Gesetzgeber versteht Erwägungsgrund 16 RL 2014/23/EU so, dass *„diese Ausführungen […] vor allem Wegenutzungsverträge im Sinne des § 46 des Energiewirtschaftsgesetzes zu Strom- und Gasleitungen sowie Wegenutzungsverträge zu Fernwärmeleitungen"* betreffen.[122] Die RL 2014/23/EU bzw. §§ 148 GWB fänden daher auf Wegenutzungsrechte für Strom und Gas gemäß § 46 EnWG grundsätzlich keine Anwendung.[123] Diese Auffassung wird zudem in der Begründung des Gesetzentwurfs zur Reform des § 46 EnWG wiederholt.[124] Auch der Leitfaden des Bundeskartellamtes und der Bundesnetzagentur weist auf Erwägungsgrund 16 RL 2014/23/EU hin, allerdings ohne sich eindeutig zu den Rechtsfolgen dieses Erwägungsgrundes zu positionieren.[125]

b) Keine Bereichsausnahme für Wegenutzungsverträge

51 Es ist davor zu warnen, allein aus dem **Erwägungsgrund 16 RL 2014/23/EU** vorschnell den Schluss ziehen zu wollen, dass Wegenutzungsverträge – insbesondere gemäß § 46 EnWG – nicht in den Anwendungsbereich der RL 2014/23/EU fallen. Zwar lässt sich dem Wortlaut des Erwägungsgrundes 16 RL 2014/23/EU *„sollten […] nicht als Konzessionen im Sinne dieser Richtlinie gelten"* entnehmen, dass reine Wegenutzungsrechte (mangels Konzession) nicht in den Anwendungsbereich der RL 2014/23/EU fallen sollen. Einen mit dem Erwägungsgrund 16 RL 2014/23/EU korrespondierenden Ausnahmetatbestand – wie er etwa für den Wasserbereich aufgenommen wurde (Art. 12 RL 2014/23/EU, § 149 Nr. 9 GWB) – gibt es indes nicht. Ein Erwägungsgrund hat jedoch keine rechtlichen Wirkungen, sondern nur eine erläuternde Funktion und ist vor allem bei der Auslegung der Richtlinienbestimmungen heranzuziehen.[126] Daran ändert es auch nichts, dass eine generelle Ausnahme für Wegenutzungsverträge möglicherweise den rechtspolitischen Vorstellungen bestimmter Interessenvertreter im Gesetzgebungsprozess entsprach.[127] Solange diese Vorstellungen keinen Niederschlag in konkreten Regelungen der RL 2014/23/EU oder dem GWB gefunden haben, sind sie unbeachtlich. Hinzu kommt, dass Erwägungsgrund 16 RL 2014/23/EU einer von mehreren Erwägungsgründen ist, die die Reichweite des Konzessionsbegriffs näher konkretisieren (vgl. Erwägungsgründe 11 ff. RL 2014/23/EU). Alle diese Erwägungsgründe präzisieren das Beschaffungselement, das dem Konzessionsbegriff der RL 2014/23/EU nach dem Willen des Unionsgesetzgebers immanent ist. Aus dieser systematischen Stellung von Erwägungsgrund 16 RL 2014/23/EU kann man schließen, dass es dem Unionsgesetzgeber darum ging, klarzustellen, dass „reine Gestattungen" ohne Beschaffungscharakter keine Konzessionen im Sinne der RL 2014/23/EU sein sollen.[128] Entscheidend ist deshalb, ob die Vergabe eines Wegenutzungsrechts – insbesondere gemäß § 46 Abs. 2 EnWG – stets oder jedenfalls im konkreten Einzelfall die Beschaffung einer Dienstleistung umfasst, also die Voraussetzungen einer Konzession im Sinne der RL 2014/23/EU erfüllt.[129]

52 Der **BGH** hat die Frage in seiner Entscheidung „Gasnetz Leipzig" vom 28. Januar 2020 ausdrücklich angesprochen, aber offengelassen.[130] Er hatte in dieser Entscheidung die Frage aufgeworfen, ob § 5 KonzVgV für die Beurteilung von Mitwirkungsverboten von Gemeinderatsmitgliedern mit Doppelmandat im Aufsichtsrat eines kommunalen Eigenbewerbers anwend-

122 Vgl. Gesetzesbegründung zu § 105 Abs. 1 GWB, VergRModG 2016, BT-Drs. 18/6281, 76; auch *Schwab/Giesemann*, VergabeR 2014, 351 (366).

123 So auch das VG Berlin, Urteil v. 30.6.2017 – 4 K 16/15 (Rn. 125), das im Falle der Vergabe eines Wegerechts zur Fernwärmeversorgung die Einordnung dergleichen als Dienstleistungskonzession ausdrücklich auch unter Bezug auf Erwägungsgrund 16 RL 2014/23/EU ablehnt.

124 Vgl. Gesetzesbegründung, Gesetz zur Änderung der Vorschriften zur Vergabe von Wegenutzungsrechten zur leitungsgebundenen Energieversorgung, BT-Drs. 18/8184, 10; so auch *Kermel/Wagner*, RdE 2014, 222.

125 Vgl. Bundesnetzagentur/Bundeskartellamt, Gemeinsamer Leitfaden von Bundeskartellamt und Bundesnetzagentur zur Vergabe von Strom- und Gaskonzessionen und zum Wechsel des Konzessionsnehmers, Rn. 14.

126 Vgl. EuGH, Urteil v. 2.4.2009 – Rs. C-134/08 (Tyson Parketthandel), Rn. 16.

127 Vgl. etwa für die Position des Bundesrates BR-Drs. 874/11 (B)(2), 4 (Ziff. 9); BR-Drs. 785/12 (B), 2 (Ziff. 5).

128 Vgl. *Dornhauser/Hölzlwimmer*, VergabeR 2015, 509 (517).

129 So auch *Mohr*, in: Säcker, Wettbewerbsrecht, § 105 GWB Rn. 103 ff.

130 BGH, Urteil v. 28.1.2020 – EnZR 99/18, Rn. 25; auch offengelassen durch OLG Stuttgart, Urteil v. 6.6.2019 – 2 U 218/18, Rn. 55; OLG Frankfurt, Beschluss v. 16.4.2018 – 11 Verg 1/18, Rn. 43; gegen eine Dienstleistungskonzession: OLG Brandenburg, Urteil v. 6.4.2021 – 17 U 3/19, S. 19 f.; für eine Dienstleistungskonzession dagegen: OLG Düsseldorf, Beschluss v. 15.7.2015 – VI-2 Kart 1/15 (V), Rn. 58 ff.

bar ist. Das zeigt, dass diese Debatte noch nicht beendet ist. Eine Vorlagefrage nach Art. 267 AEUV an den EuGH steht noch aus.

c) Energiewirtschaftliche Wegenutzungsverträge

Wegenutzungsverträge gemäß § 46 Abs. 1 und 2 EnWG beziehen sich nach dem Wortlaut der Vorschrift zunächst einmal auf die Einräumung eines Wegenutzungsrechts, öffentliche Verkehrswege zu nutzen. Es gibt keinen gesetzlich vorgesehenen Automatismus, dass derjenige, der von der Gemeinde ein Wegenutzungsrecht für öffentliche Verkehrswege eingeräumt bekommt, auch den Netzbetrieb im Gemeindegebiet übernehmen muss. Ausgehend von dieser Betrachtung läge es auf der Hand, zu sagen, Wegenutzungsverträge gemäß § 46 Abs. 1 und 2 EnWG beschränkten sich auf eine reine Gestattung und erfüllten deshalb nicht die Voraussetzungen einer Dienstleistungskonzession, weil es letztlich an einer Beschaffung durch die Gemeinde fehle.[131] Eine solche rein **formale Betrachtung** geht jedoch, jedenfalls bei Wegenutzungsverträgen gemäß § 46 Abs. 2 EnWG, an der praktischen und wirtschaftlichen Realität vorbei. Wenn sich Unternehmen, sei es der Altkonzessionär oder ein potenzieller Neukonzessionär, um die von einer Gemeinde zu vergebenden Wegenutzungsrechte gemäß § 46 Abs. 2 EnWG bewerben, dann tun sie dies deshalb, um auf der Grundlage des Wegenutzungsrechts in das Eigentum oder den Besitz des Netzes der allgemeinen Versorgung zu gelangen und das Strom- oder Gasverteilernetz in der Gemeinde betreiben zu können. Rechtsgrundlage hierfür ist der Übereignungsanspruch nach § 46 Abs. 2 S. 2 EnWG oder der Anspruch auf Besitzeinräumung nach § 46 Abs. 2 S. 3 EnWG. 53

Der Betrieb der Verteilernetze im Gemeindegebiet ist somit nach dem Konzept der §§ 46 ff. EnWG Folge der Einräumung eines Wegenutzungsrechts und wirtschaftliche Grundlage einer Bewerbung um das Wegenutzungsrecht gemäß § 46 Abs. 2 EnWG. Aus diesem Grund ist die Frage, ob die Vergabe von Wegenutzungsrechten gemäß § 46 Abs. 2 EnWG die Voraussetzungen einer Dienstleistungskonzession erfüllt, nicht isoliert zu betrachten, sondern ist im Wege einer **Gesamtbetrachtung** – unter Einbeziehung des späteren Betriebs des Netzes der allgemeinen Versorgung – zu beurteilen. Die praktische Verknüpfung des Wegenutzungsrechts gemäß § 46 Abs. 2 EnWG mit dem Netzbetrieb zeigt sich übrigens auch in § 46 Abs. 4 EnWG, wonach die Gemeinde bei der Auswahl des Konzessionärs den Zielen des § 1 EnWG verpflichtet ist, nämlich einer sichereren, preisgünstigen, verbraucherfreundlichen, effizienten und umweltverträglichen leitungsgebundenen Versorgung der Allgemeinheit mit Strom und Gas. Entscheidend wird daher sein, ob der Inhaber des Wegenutzungsrechts gemäß § 46 Abs. 2 EnWG unter Berücksichtigung des Netzbetriebs eine Dienstleistung für die Gemeinde übernimmt. Vor diesem Hintergrund gehen viele Stimmen trotz Erwägungsgrund 16 RL 2014/23/EU davon aus, dass die Vergabe eines Wegenutzungsrechts gemäß § 46 Abs. 2 EnWG, da sie mit dem Netzbetrieb aufs Engste verknüpft ist, die Voraussetzungen einer Dienstleistungskonzession erfüllt.[132] 54

Dies wird teilweise mit dem Argument verneint, mit dem Abschluss des Wegenutzungsvertrages sei keine **Versorgungspflicht** im Gemeindegebiet mit der Versorgung von Strom und Gas (mehr) verbunden.[133] Teilweise wird argumentiert, dass die Pflichten eines Netzbetreibers nicht aus dem Wegenutzungsrecht resultieren, sondern sich aus den entsprechenden Regelungen des EnWG für den Netzbetrieb ergeben (§§ 11 f. EnWG), weshalb die Dienstleistungen des Netzbetriebs keine Beschaffung der Gemeinde darstellen.[134] Nach dieser Sichtweise hätte 55

131 So etwa *Herten-Koch*, in: Kermel, Praxishandbuch der Konzessionsverträge und Konzessionsabgaben, Kap. 5 Rn. 86 ff.; *Huber*, in: Kment, EnWG, § 46 Rn. 67; *Wegner*, in: Säcker, Energierecht, § 46 EnWG Rn. 118; *Burgi*, in: Körber, Zukunft der Verteilernetze, S. 24; *Hohenstein-Bartholl/Jacob*, RdE 2017, 454.

132 Vgl. etwa aus der Rechtsprechung OLG Düsseldorf, Beschluss v. 15.7.2015 – VI-2 Kart 1/15 (V); Beschluss v. 9.1.2013 – VII-Verg 26/12; VGH Mannheim, Beschluss v. 22.8.2013 – 1 S 1047/13; LG Köln, Urteil v. 22.3.2013 – 90 O 51/13; VG Aachen, Beschluss v. 22.7.2011 – 1 L 286/11; *Sauer*, Das Recht der Vergabe von Strom- und Gas-Konzessionsverträgen im EnWG, S. 201 ff.; *Dornhauser/Hölzlwimmer*, VergabeR 2015, 509 ff.; *Kupfer*, NVwZ 2017, 428 (433); *Mohr*, RdE 2016, 269 (275).

133 Vgl. *Huber*, in: Kment, EnWG, § 46 Rn. 67.

134 OLG Brandenburg, Urteil v. 6.4.2021 – 17 U 3/19, S. 19 f.; *Wegner*, in: Säcker, Energierecht, § 46 EnWG Rn. 104; *Hohenstein-Bartholl/Jacob*, RdE 2017, 454 (461); *Kment/Vorwalter*, EnWZ 2015, 387 (393).

die Gemeinde nur die Aufgabe, alle 20 Jahre gemäß §§ 46 ff. EnWG eine Auswahlentscheidung zu treffen. Das Argument, den Netzbetreiber treffe gegenüber den Letztverbrauchern keine Versorgungspflicht, hat nur wenig Überzeugungskraft. Seit der Liberalisierung der Strom- und Gasmärkte ist der Netzbetrieb von den Belieferungsmärkten entflochten (§§ 6 ff. EnWG). Die Aufgabe der Verteilernetzbetreiber beschränkt sich danach auf die Zurverfügungstellung und den Betrieb der Infrastruktur des Netzes. Auch Netzbetreiber sind aber weiterhin Energieversorgungsunternehmen (§ 3 Nr. 18 EnWG). Es lässt sich daher schwer argumentieren, dass Netzbetreiber im Gemeindegebiet keine Versorgungsaufgabe erbringen. Hinzu kommt, dass die Konzessionäre gegenüber den Gemeinden in den Wegenutzungsverträgen viele Pflichten übernehmen (Investitionen, Art und Weise des Netzbetriebs, Umweltverträglichkeit usw.). Die Übernahme dieser Pflichten legt einen Beschaffungsvorgang der Gemeinde nahe.[135]

56 Auch das Argument, die Netzbetreiberpflichten seien **gesetzlich verankert**, weshalb die Dienstleistung des Netzbetriebs keine Leistung des Netzbetreibers gegenüber der Gemeinde darstelle, ist nicht zwingend. Mit der Auswahl des (neuen) Konzessionärs sucht sich die Gemeinde letztlich einen zuverlässigen und leistungsstarken Netzbetreiber, der in ihrem Gemeindegebiet den Netzbetrieb langfristig gewährleisten kann. Nur weil die Pflichten eines Netzbetreibers zusätzlich im EnWG verankert sind, bedeutet dies nicht, dass der Netzbetreiber die Dienstleistung des Netzbetriebs nicht auch gegenüber der Gemeinde (für sich bzw. für die in der Gemeinde ansässigen Letztverbraucher) erbringt. Der BGH hat in seiner Entscheidung „Stromnetz Berkenthin" entschieden, dass Gemeinden bei der Vergabe von Wegenutzungsrechten nicht nur als Anbieter ihr öffentliches Straßenland kommerzialisieren, sondern auch als Nachfrager den Bedarf nach einem sicheren und preisgünstigen Netzbetrieb im Gemeindegebiet befriedigen.[136]

d) Gestattungsverträge im Fernwärmebereich

57 Für Wegenutzungsverträge im Fernwärmebereich müssen die Überlegungen zu Wegenutzungsverträgen im Strom- und Gasbereich ebenso gelten. Auch im Bereich der Fernwärme ist die Einräumung des Wegenutzungsrechts durch die Gemeinde letztlich mit dem Netzbetrieb aufs Engste verknüpft (mangels Entflechtungsvorgaben ist hier sogar mit dem Netzbetrieb automatisch die Versorgung der Endkunden mit Fernwärme verbunden). Es ist deshalb davon auszugehen, dass durch die Einräumung eines Wegenutzungsrechts für Fernwärmeleitungen die Voraussetzungen einer Dienstleistungskonzession erfüllt werden, wenn eine Gemeinde die Aufgabe der Wärmeversorgung (neu) vergibt.[137] Das kommt z. B. bei der Erschließung neuer „Quartiere" in Betracht.

58 Ein Beschaffungsvorgang liegt hingegen nicht vor, wenn Fernwärmeversorgungsunternehmen in der Vergangenheit eigeninitiativ ein Fernwärmenetz auf Grundlage von **privatrechtlichen Wegenutzungsverträgen** aufgebaut haben. Die Rechtslage nach Auslaufen dieser Verträge ist höchst umstritten. Das Spektrum der dazu vertretenen Rechtsauffassungen ist breit gefächert. Vertreten werden ein Selbsteintrittsrecht der Gemeinden, kartellrechtliche Ausschreibungspflichten[138] oder ein kartellrechtlicher Kontrahierungszwang[139] auf Verlängerung des Wegenutzungsvertrags.[140] Das OLG Stuttgart hat sich in seiner Entscheidung vom 26. März 2020 zum Stuttgarter Fernwärmenetz geäußert. Dabei hat es sowohl einen Übereignungsanspruch der Gemeinde als auch einen Anspruch auf Vertragsschluss des Altkonzessionärs abgelehnt.[141] Beide Parteien haben Nichtzulassungsbeschwerde eingelegt, so dass die Chance auf eine baldige Klärung durch den BGH besteht.

---

135 Vgl. *Tugendreich*, ZfBR 2014, 547 (552).
136 Vgl. BGH, Urteil v. 17.12.2013 – KZR 66/12, Rn. 45.
137 Vgl. dazu auch *Kühling* in: Körber/Kühling, Ausschreibung von Fernwärmenetzen, S. 9 ff.
138 *Sauer*, IR 2018, 4 ff.
139 *Körber*, Kartellrechtlicher Anspruch auf Einräumung von Wegenutzungsrechten für die Verlegung von Fernwärmeleitungen.
140 Vgl. zum Streitstand: *v. Hammerstein/Heller*, EWeRK 2020, 130, (142 ff.).
141 OLG Stuttgart, Urteil v. 26.3.2020 – 2 U 82/19, kritisch dazu *v. Hammerstein/Heller*, EWeRK 2020, 130, 142 ff.

Mit einem **Sonderfall** hat sich das VG Berlin im Jahr 2017 beschäftigt. Nach Auffassung des VG Berlin richtet sich die Einräumung von Wegenutzungsrechten für Fernwärmeverteilungsanlagen nach dem Berliner Straßenrecht. Das Land Berlin hatte gegenüber *Vattenfall* auf Übereignung geklagt und dies unter anderem damit begründet, dass es die Aufgabe der Wärmeversorgung nach dem Unionsrecht ausschreiben müsse. Das VG Berlin ist der Argumentation des Landes Berlin nicht gefolgt. Das Unionsrecht gebiete es – zur Förderung des Wettbewerbs – nicht, dass ein Unternehmer, der Investitionen getätigt hat, das Ergebnis dieser Investitionen an den Staat gibt, damit es dieser an ihn und seine Konkurrenten zur Bewirtschaftung ausschreibt. Stattdessen habe Vattenfall einen Anspruch auf Erteilung von Sondernutzungserlaubnissen. Bei diesen Erlaubnissen handele es sich um Gestattungen und nicht um Dienstleistungskonzessionen.[142] 59

e) Rechtsfolgen

Für den Fall, dass ein Wegenutzungsvertrag die Voraussetzungen einer Dienstleistungskonzession i.S.d. § 105 GWB erfüllt und der prognostizierte Vertragswert den Schwellenwert überschreitet, stellt sich des Weiteren die Frage, welche Rechtsfolgen diese Einordnung hat.[143] Problematisch ist insbesondere bei Konzessionsverträgen für Strom und Gas das **Verhältnis zu** den Vorgaben der **§§ 46 ff. EnWG**, die in wichtigen Punkten von den Vorgaben des GWB abweichen (etwa Bekanntmachung, Laufzeitbegrenzung, In-House-Vergabe, Zuschlagskriterien, Fehlerfolgen von Rechtsverstößen, Rügeobliegenheiten und Wartefristen sowie Rechtsschutz durch die Zivilgerichte [§ 47 Abs. 5 EnWG]).[144] Entsprechende Vorschriften gibt es im Fernwärmebereich nicht, sodass Konfliktpotenzial vor allem bei Strom- und Gaskonzessionen besteht. Hinzu kommt, dass Gemeinden bei der Vergabe von Wegenutzungsrechten auch Adressaten des kartellrechtlichen Missbrauchsverbotes (§§ 19, 20 GWB; gegebenenfalls Art. 102, 106 AEUV) sind.[145] 60

Zu klären ist daher, wie das Verhältnis dieser sich überlagernden Rechtsmaterien aufzulösen ist. Dies richtet sich nach folgenden **Grundsätzen**: 61

- Die RL 2014/23/EU verbietet es dem deutschen Gesetzgeber als Richtlinie i.S.d. Art. 288 Abs. 3 AEUV grundsätzlich nicht, (strengere) nationale Spezialvorschriften wie § 46 EnWG beizubehalten und vorrangig anzuwenden, solange sie den Richtlinienbestimmungen nicht widersprechen (Vorrang des Unionsrechts).[146] Das gilt auch für §§ 19, 20 GWB; Art. 102, 106 AEUV stehen ohnehin als Primärrecht über den Vorgaben der RL 2014/23/EU.
- Dagegen dürfen nationale Vorgaben nicht angewendet werden, wenn die Vorgaben der RL 2014/23/EU als Harmonisierungsmaßnahme abschließend sein sollen, was durch Auslegung zu ermitteln ist.[147] Für einen abschließenden Charakter spricht zwar die hohe Regelungsdichte der RL 2014/23/EU, die für eigenständige nationale Regelungen kaum Raum lässt. Mit Blick auf Erwägungsgrund 8 RL 2014/23/EU ist jedoch nicht von einer Vollharmonisierung auszugehen.[148] Dort heißt es: *„Für Konzessionen in Höhe oder oberhalb eines bestimmten Schwellenwertes ist es zweckmäßig, auf der Grundlage der Grundsätze des AEUV ein Mindestmaß an Koordinierung der nationalen Verfahren für die Vergabe vorzusehen, um die Öffnung der Vergabeverfahren für den Wettbewerb sicherzustellen und eine angemessene Rechtssicherheit zu gewährleisten. Diese Koordinierungsbestimmun-*

142 VG Berlin, Urteil v. 30.6.2017 – 4 K 16/15, Rn. 120 ff.
143 Vgl. dazu auch *Mohr*, in: Säcker, Wettbewerbsrecht, § 152 GWB Rn. 147 ff.
144 Vgl. zur Vergabe von Strom- und Gaskonzessionen gemäß § 46 Abs. 2 EnWG: *Wegner*, in: Säcker, Energierecht, §§ 46 ff. EnWG; *Braun*, in: Müller-Wrede/Braun, KonzVgV, EnWG.
145 Vgl. BGH, Urteil v. 17.12.2013 – KZR 66/12; Urteil v. 28.1.2020 – EnZR 99/18 (Gasnetz Leipzig); Urteil v. 28.1.2020 – EnZR 116/18 (Stromnetz Steinbach); Bundesnetzagentur/Bundeskartellamt, Gemeinsamer Leitfaden von Bundeskartellamt und Bundesnetzagentur zur Vergabe von Strom- und Gaskonzessionen und zum Wechsel des Konzessionsnehmers, Rn. 18 m.w.N.
146 So auch *Mohr*, RdE 2016, 269 (277).
147 Vgl. EuGH, Urteil v. 8.11.2007 – Rs. C-374/05 (Gintec), Rn. 25; Urteil v. 8.4.2003 – Rs. C-44/01 (Pippig Augenoptik), Rn. 44.
148 So auch *Mohr*, RdE 2016, 269 (277).

gen sollten nicht über das für die Erreichung der vorstehend genannten Ziele erforderliche Maß hinausgehen und für ein gewisses Maß an Flexibilität sorgen. Den Mitgliedstaaten sollte es freistehen, diese Bestimmungen zu ergänzen und weiterzuentwickeln, wenn sie dies für sinnvoll halten, um insbesondere die Wahrung der obigen Grundsätze besser sicherzustellen."

- Nicht zu beanstanden ist deswegen auch, dass der deutsche Gesetzgeber die gerichtliche Kontrolle der Vergabe von Strom- und Gaskonzessionen nach §§ 46 ff. EnWG gemäß § 47 Abs. 5 S. 1 EnWG den Zivilgerichten zugewiesen hat. Gemäß § 47 Abs. 5 S. 2 EnWG gelten die Vorschriften der ZPO über das einstweilige Verfügungsverfahren (§§ 935 ff. ZPO). Dementsprechend hat der Vergabesenat des OLG Frankfurt im Jahr 2018 eine Zuständigkeit der Nachprüfungsinstanzen nach §§ 155 ff. GWB abgelehnt.[149] Für den Fall, dass man die Vergabe von Wegenutzungsrechten nach § 46 Abs. 2 EnWG als Konzessionen i.S.d. § 105 GWB einstuft, hat das OLG Frankfurt weiter festgestellt, dass § 47 Abs. 5 EnWG auch mit den Vorgaben der Rechtmittelrichtlinie 89/665/EWG in Einklang stehe.[150]

Vor diesem Hintergrund hat das OLG Düsseldorf bereits die Auffassung vertreten, dass die Verpflichtung, die Zuschlagskriterien an den Zielen des § 1 EnWG zu orientieren (§ 46 Abs. 4 EnWG), nicht gegen Art. 41 Abs. 1 und 2 RL 2014/23/EU verstößt.[151] Entsprechend ist davon auszugehen, dass auch das Verbot der In-House-Vergabe (§ 46 Abs. 6 EnWG) weiterhin zu beachten ist.[152]

62 Sofern hingegen die Vorgaben der RL 2014/23/EU bzw. des GWB **strengere** oder **zusätzliche Vorgaben** enthalten, müssen auch diese beachtet werden:

- Das wird zunächst etwa bei der Bekanntmachung relevant: Nach § 46 Abs. 3 S. 2 EnWG ist eine Bekanntmachung im Amtsblatt der Europäischen Union erst zwingend, wenn im Gemeindegebiet mehr als 100.000 Kunden an das Netz angeschlossen sind. Dagegen ist eine unionsweite Ausschreibung bei Überschreiten des Schwellenwerts (§ 106 Abs. 2 Nr. 4 GWB i.V.m. Art. 8 RL 2014/23/EU) stets erforderlich. Das kann (angesichts der Laufzeit der Wegenutzungsverträge) auch bei Gemeinden mit weniger als 100.000 angeschlossenen Kunden die Pflicht begründen, die Vergabeabsicht nach § 151 S. 1 GWB bekannt zu geben.[153]
- Die RL 2014/23/EU sieht im Grundsatz auch kürzere Laufzeiten vor. Während Wegenutzungsrechte für Strom und Gas für maximal 20 Jahre abgeschlossen werden dürfen (§ 46 Abs. 2 S. 1 EnWG), darf die Laufzeit von Konzessionen mit einer Laufzeit von über fünf Jahren nicht länger sein als der Zeitraum, innerhalb dessen der Konzessionsnehmer nach vernünftigem Ermessen die Investitionsaufwendungen zuzüglich einer Rendite wieder erwirtschaften kann (Art. 18 RL 2014/23/EU; § 3 KonzVgV). Das sind bei Wegenutzungsverträgen für Strom und Gas nicht unbedingt 20 Jahre, stattdessen bedarf es einer Prüfung im Einzelfall.

II. Praxisbeispiele für Konzessionen

63 In der Praxis sind Konzessionen (ohne Anspruch auf Vollständigkeit) in folgenden Fällen diskutiert worden.

1. Baukonzession

64 Die Rechtsprechung hat eine Baukonzession bejaht für:

- Ausbau und Betrieb des Flughafens Berlin Schönefeld zum Flughafen Berlin Brandenburg International;[154]

---

149 OLG Frankfurt, Beschluss v. 16.4.2018 – 11 Verg 1/18, Rn. 37 ff.
150 OLG Frankfurt, Beschluss v. 16.4.2018 – 11 Verg 1/18, Rn. 49 f.
151 Vgl. OLG Düsseldorf, Beschluss v. 15.7.2015 – VI-2 Kart 1/15 (V); dazu auch *Braun*, NZBau 2015, 355 (357).
152 So auch *Knauff*, EnWZ 2015, 51 (56).
153 So bereits *Sauer*, EWeRK 2014, 159 (161).
154 Vgl. OLG Brandenburg, Beschluss v. 3.8.1999 – 6 Verg 1/99.

- Pachtvertrag über Grundstück einer Gemeinde zum Zwecke der Errichtung und des Betriebes von Windkraftanlagen;[155]
- Errichtung und Betrieb eines Hochschulcampus bei nahezu vollständiger Übernahme des Nutzungsrisikos;[156]
- Trawe-Querung in Lübeck (Brücke).[157]

Demgegenüber hat die Rechtsprechung eine Baukonzession abgelehnt für die Sanierung und Modernisierung sowie Betrieb des Berliner Olympiastadions bei Übernahme der Baukostenrisiken in Höhe von 50 bis 75 %.[158]

2. Dienstleistungskonzession

Eine Dienstleistungskonzession wurde **bejaht** für: 65

- die Herausgabe von Telefonbüchern;[159]
- öffentliche Verlagsdienstleistungen;[160]
- den Betrieb eines öffentlichen Parkhauses;[161]
- den Betrieb eines Hallenbades, einer Sauna und eines Freibades inklusive Gastronomiebereich;[162]
- den Betrieb eines Freizeitzentrums;[163]
- den Betrieb der städtischen Leichenhalle;[164]
- die Errichtung und den Betrieb einer Feuerbestattungsanlage;[165]
- den Betrieb einer strahlentherapeutischen Praxis in einer Klinik;[166]
- einen Bierliefervertrag für eine Festwoche;[167]
- die Essensversorgung öffentlicher Einrichtungen;[168]
- Gestattungsverträge zur Versorgung mit Rundfunk- und Fernsehsignalen;[169]
- den Betrieb eines Kabelfernsehnetzes;[170]
- die Breitbandversorgung in einem strukturschwachen Gebiet;[171]
- eine Vereinbarung zur Nutzung von Kabelfernsehnetzen;[172]
- den Betrieb und die Instandhaltung öffentlicher Toilettenanlagen;[173]

---

155 Vgl. OLG Bremen, Beschluss v. 13.3.2008 – Verg 5/07.
156 Vgl. OLG München, Beschluss v. 5.4.2012 – Verg 3/12.
157 Vgl. OLG Schleswig, Beschluss v. 6.7.1999 – 6 U Kart 22/99.
158 Vgl. VK Berlin, Beschluss v. 31.5.2000 – VK-B2-15/00.
159 Vgl. EuGH, Urteil v. 7.12.2000 – Rs. C-324/98 (Telaustria).
160 Vgl. EuGH, Beschluss v. 30.5.2002 – Rs. C-358/00 (Buchhändler-Vereinigung); OLG Düsseldorf, Beschluss v. 2.8.2000 – Verg 7/00.
161 Vgl. EuGH, Beschluss v. 25.5.2020 – Rs. C-643/19 (Resopre), Rn. 22 ff; Urteil v. 13.10.2005 – Rs. C-458/03 (Parking Brixen).
162 Vgl. VK Baden-Württemberg, Beschluss v. 11.9.2006 – 1 VK 53/06.
163 Vgl. OLG Düsseldorf, Beschluss v. 28.3.2012 – VII-Verg 37/11, vgl. dazu *Würfel*, NZBau 2012, 752.
164 Vgl. VG Münster, Beschluss v. 9.3.2007 – 1 L 64/07.
165 Vgl. OLG Düsseldorf, Beschluss v. 10.5.2006 – VII-Verg 12/06.
166 Vgl. VG München, Urteil v. 17.10.2007 – M 7 K 05.5966.
167 Vgl. VK Nordbayern, Beschluss v. 11.11.2011 – 21.VK-3194-33/11; a.A. OLG München, Beschluss v. 19.1.2012 – Verg 17/11 (mangels Beschaffungsvorgangs).
168 Vgl. VK Sachsen, Beschluss v. 13.8.2009 – 1/SVK/034-09; auch VK Brandenburg, Beschluss v. 27.5.2009 – VK 21/09.
169 Vgl. OLG Brandenburg, Beschluss v. 3.8.2001 – Verg 3/01; VK Hessen, Beschluss v. 7.10.2005 – 69d-VK–39 54-57/2005.
170 Vgl. EuGH, Urteil v. 13.11.2008 – Rs. C-324/07 (Coditel).
171 Vgl. OLG München, Beschluss v. 25.3.2011 – Verg 4/11; OLG Karlsruhe, Beschluss v. 14.11.2014 – 15 Verg 10/14; VK Südbayern, Beschluss v. 27.5.2015 – Z3-3-3194-1-15-03/15; vgl. ferner zur Einordnung der Breitbandversorgung als Konzession OLG Dresden, Beschluss v. 21.8.2019 – Verg 5/19; VK Sachsen, Beschluss v. 17.7.2019 – 1/SVK/017-19; VK Mecklenburg-Vorpommern, Beschluss v. 13.12.2018 – 3 VK 09/18; eine Dienstleistungskonzession ablehnend VG Dresden, Beschluss v. 14.8.2019 – 4 L 416/19.
172 Vgl. EuGH, Urteil v. 14.11.2013 – Rs. C-221/12 (Belgacom); Urteil v. 13.11.2008 – Rs. C-324/07 (Coditel).
173 Vgl. EuGH, Urteil v. 13.4.2010 – Rs. C-91/08 (Wall).

- einen Vertrag über das Aufstellen und Vermarkten von Großflächenwerbungsanlagen auf öffentlichem Grund und Boden;[174]
- einen Gestattungsvertrag über die Ausübung von Werberechten auf öffentlichen Flächen der Freien Hansestadt Bremen;[175]
- das Aufstellen von Altkleider-Sammelcontainern;[176]
- ein Fahrgastinformationsprogramm in öffentlichen Verkehrsmitteln;[177]
- Stadtmöblierung;[178]
- den Betrieb einer Fahrradstation mit angeschlossenem Servicebereich;[179]
- den Bau und den Betrieb einer Autobahnraststätte mit Tankstelle;[180]
- den Betrieb einer Renn- und Teststrecke;[181]
- eine Spielbankkonzession;[182]
- eine Konzession für Wettbüros in Italien;[183]
- den Betrieb einer städtischen Spielstätte;[184]
- die Gestattung eines Wochenmarktes;[185]
- die Veranstaltung eines Weihnachtsmarktes;[186]
- die Beseitigung tierischer Nebenprodukte;[187]
- den Betrieb einer Zentrale zur Vermittlung von Abschleppaufträgen;[188]
- den Vertrag eines Trägers der Jugendhilfe mit mehreren Einrichtungen über zu erbringende Leistungen in der sozialpädagogischen Familienhilfe;[189]
- einen ÖPNV-Finanzierungsvertrag;[190]
- Strom- und Gaskonzessionen (Wegenutzungsrechte);[191]
- Trinkwasserversorgung und Abwasserbeseitigung;[192]
- die Koordinierung der Versorgung der Patienten eines Krankenhauses mit Heil- und Hilfsmitteln im Rahmen des Entlassungsmanagements;[193]

174 Vgl. VK Südbayern, Beschluss v. 28.12.2001 – 47-11/01.
175 Vgl. VG Bremen, Urteil v. 18.3.2015 – 1 K 480/11.
176 Vgl. OLG Celle, Urteil v. 23.2.2016 – 13 U 148/15; sowie Beschluss v. 8.9.2014 – 13 Verg 7/14; OVG Lüneburg, Beschluss v. 1.3.2019 – 7 LA 94/18.
177 Vgl. BayObLG, Beschluss v. 11.12.2001 – Verg 15/01.
178 Vgl. OLG Koblenz, Beschluss v. 6.11.2000 – Verg 4/00.
179 Vgl. OLG Hamburg, Beschluss v. 10.4.2003 – 1 Verg 1/03.
180 Vgl. OLG Karlsruhe, Beschluss v. 6.2.2013 – 15 Verg 11/12.
181 Vgl. OLG Brandenburg, Beschluss v. 30.5.2008 – Verg W 5/08.
182 Vgl. OLG Hamburg, Beschluss v. 1.11.2017 – 1 Verg 2/17; OLG Stuttgart, Beschluss v. 4.11.2002 – 2 Verg 4/02; VK Hamburg, Beschluss v. 31.7.2017 – VgK FB 3/17.
183 Vgl. EuGH, Urteil v. 13.9.2007 – Rs. C-260/04 (Kommission/Italien).
184 Vgl. VK Sachsen-Anhalt, Beschluss v. 1.8.2013 – 2 VK LSA 4/13.
185 Vgl. OLG Naumburg, Beschluss v. 4.12.2001 – 1 Verg 10/01.
186 Vgl. OVG Thüringen, Beschluss v. 26.2.2020 – 3 VO 517/17; VG Weimar, Beschluss v. 30.5.2017 – 3 K 230/17 We; sowie bereits VG Köln, Urteil v. 16.10.2008 – 1 K 4507/08; dazu auch *Braun*, NVwZ 2009, 747 (748).
187 Vgl. OLG Brandenburg, Beschluss v. 12.1.2010 – Verg W 7/09.
188 Vgl. BayObLG, Beschluss v. 12.12.2001 – Verg 19/01.
189 Vgl. OLG Düsseldorf, Beschluss v. 22.9.2004 – VII-Verg 44/04.
190 Vgl. EuGH, Urteil v. 10.11.2011 – Rs. C-348/10 (Norma-A); OLG Karlsruhe, Beschluss v. 13.7.2005 – 6 W 35/05 (Verg).
191 Streitig: Dafür aus der Rechtsprechung OLG Düsseldorf, Beschluss v. 9.1.2013 – VII-Verg 26/12; VG Aachen, Beschluss v. 22.7.2011 – 1 L 286/11; VGH Mannheim, Beschluss v. 22.8.2013 – 1 S 1047/13; LG Köln, Urteil v. 22.3.2013 – 90 O 51/13; vgl. umfassend *Sauer*, Das Recht der Vergabe von Strom- und Gaskonzessionsverträgen, S. 201 ff. m.w.N.
192 Vgl. EuGH, Urteil v. 10.9.2009 – Rs. C-206/08 (WAZV Gotha); OLG Hamm, Urteil v. 26.9.2012 – I-12 U 142; vgl. aber auch VK Sachsen, Beschluss v. 12.4.2017 – 1/SVK/003-17; sowie bereits Beschluss v. 29.2.2004 – 1/SVK/157-03; vgl. zur wasser- und kommunalrechtlichen Unzulässigkeit einer Dienstleistungskonzession für die Abwasserbeseitigung: OLG Brandenburg, Beschluss v. 28.8.2012 – Verg W 19/11; vgl. ferner *Heller*, EWeRK 2016, 210 ff.; *Herten-Koch*, EWeRK 2013, 248 ff.
193 Vgl. OLG Brandenburg, Beschluss v. 21.6.2011 – Verg W 9/11.

- Rettungsdienstleistungen;[194]
- Intensivtransporte im Rettungsdienst mit Intensivtransporthubschraubern;[195]
- die Vermarktung und den Betrieb eines Internetauftritts einer Gebietskörperschaft;[196]
- einen „Letter of Support" für die Bewerbung um eine Top-Level-Domain;[197]
- eine Sondernutzungserlaubnis für das Aufstellen von Alttextilcontainern;[198]
- Dienstleistungen im Bereich der Straßenreinigung;[199]
- den Betrieb einer Sport- und Freizeitanlage;[200]
- einen Vertrag über die Erbringung von Luftnotfallrettung.[201]

Demgegenüber hat die Rechtsprechung eine Dienstleistungskonzession **abgelehnt** für: 66

- den Betrieb gastronomischer Einrichtungen in einem Flughafenterminal;[202]
- einen Pachtvertrag über die Berliner Waldbühne (Veranstaltungsstätte);[203]
- ein Öffentliches Fahrrad-Vermietungssystem;[204]
- eine Vereinbarung über die Erbringung von Betreuungsleistungen (durch Sozialhilfeträger);[205]
- Schuldner- und Insolvenzberatung;[206]
- einen Gestattungsvertrag über die Grundversorgung der Mieter eines Wohnungsunternehmens mit Fernseh- und Hörfunkprogrammen;[207]
- die LKW-Maut in Deutschland;[208]
- die Erweiterung der LKW-Maut auf alle Bundesstraßen;[209]
- Spezialisierte ambulante Palliativversorgung;[210]
- Speiseversorgung;[211]
- die Erbringung von Leistungen im SPNV;[212]
- die Erbringung von Leistungen im ÖPNV;[213]
- die Suche eines Kooperationspartner für gemeinsame Bewerbung um ein Wegenutzungsrecht nach § 46 EnWG;[214]
- Rettungsdienstleistungen;[215]

---

194 Vgl. EuGH, Urteil v. 10.3.2011 – Rs. C-274/09 (Stadler); OLG Jena, Beschluss v. 22.7.2015 – 2 Verg 2/15; VG Ansbach, Beschluss v. 10.04.2018 – AN 14 E 18.00200; VK Sachsen-Anhalt, Beschluss v. 31.5.2018 – 2 VK LSA 15/17; sowie Beschluss v. 27.6.2018 – 2 VK LSA 20/17.
195 OLG Rostock, Beschluss v. 12.8.2020 – 17 Verg 2/20.
196 Vgl. OLG Dresden, Urteil v. 13.8.2013 – 16 W 439/13.
197 Vgl. *Maaßen/Schreiber*, MMR 2011, 363.
198 Vgl. OVG Lüneburg, Urteil v. 19.2.2015 – 7 LC 63/13; auch VG Trier, Urteil v. 8.12.2014 – 6 K 410/14.TR.
199 OLG Naumburg, Beschluss v. 15.4.2016 – 7 Verg 1/16.
200 Vgl. OLG Düsseldorf, Beschluss v. 13.12.2017 – I-27 U 25/17.
201 Vgl. VK Baden-Württemberg, Beschluss v. 26.3.2018 – 1 VK 56/17.
202 Vgl. VK Baden-Württemberg, Beschluss v. 18.12.2000 – VK-32/00.
203 Vgl. KG, Urteil v. 22.1.2015 – 2 U 14/14 Kart.
204 Vgl. VK Baden-Württemberg, Beschluss v. 25.7.2012 – 1 VK 20/12.
205 Vgl. OLG Düsseldorf, Beschluss v. 8.9.2004 – VII-Verg 35/04.
206 Vgl. OLG Hamburg, Beschluss v. 7.12.2007 – 1 Verg 4/07.
207 Vgl. VK Mecklenburg-Vorpommern, Beschluss v. 22.9.2014 – 2 VK 12/14.
208 Vgl. VK Bund, Beschluss v. 25.7.2001 – VK 2-20/01.
209 Vgl. VK Bund, Beschluss v. 18.2.2016 – VK 2-137/15.
210 Vgl. VK Bund, Beschluss v. 23.12.2015 – VK 2-103/15
211 Vgl. VK Sachsen, Beschluss v. 27.9.2001 – 1/SVK/85-01.
212 Vgl. BGH, Beschluss v. 8.2.2011 – X ZB 4/10 (Abellio); OLG München, Beschluss v. 21.5.2008 – Verg 5/08; OLG Düsseldorf, Beschluss v. 26.7.2002 – Verg 22/02; offengelassen von VK Münster, Beschluss v. 25.1.2017 – VK 1 - 47/16.
213 Vgl. OLG Koblenz, Beschluss v. 25.3.2015 – Verg 11/14; VK Rheinland-Pfalz, Beschluss v. 31.10.2019 – VK 1-17/19.
214 Zweifelnd OLG Karlsruhe, Beschluss v. 30.10.2018 – 15 Verg 6/18, Rn. 30.
215 Vgl. BGH, Beschluss v. 1.12.2008 – X ZB 31/08; OLG Naumburg, Beschluss v. 4.11.2010 – 1 Verg 10/10.

- Abfallentsorgung nach § 16 Abs. 1 KrW-/AbfG;[216]
- Altpapierentsorgung;[217]
- Restmüllentsorgung (in Italien);[218]
- die Genehmigung zur Erprobung einer neuen Verkehrsart;[219]
- Fischereipachtverträge;[220]
- den Betrieb von Spielhallen;[221]
- die Erbringung von Bodenabfertigungsdienstleistungen;[222]
- Konzessionen für Sportwetten.[223]

III. Erreichen oder Überschreiten des Schwellenwerts

67 Das GWB-Vergaberecht findet nur auf Konzessionen Anwendung, deren Vertragswert den EU-Schwellenwert (in Höhe von derzeit 5.350.000 Euro) erreicht oder überschreitet (vgl. § 106 Abs. 2 Nr. 4 GWB i.V.m. Art. 8 RL 2014/23/EU).[224] Eine Unterscheidung zwischen Bau- und Dienstleistungskonzessionen ist nicht vorgesehen. In der Literatur wurde der Schwellenwert bereits als zu hoch kritisiert.[225] Die Europäische Kommission hatte ursprünglich lediglich 2.500.000 Euro vorgeschlagen.[226]

68 Der **Vertragswert** entspricht dem geschätzten Gesamtumsatz (ohne Umsatzsteuer), den der Konzessionsnehmer während der Vertragslaufzeit erzielen kann (§ 2 Abs. 3 KonzVgV; Art. 8 Abs. 2 S. 1 RL 2014/23/EU). Weitere Einzelheiten sind in § 2 KonzVgV (Art. 8 RL 2014/23/EU) geregelt.[227]

69 Wird dieser Schwellenwert **nicht erreicht**, so sind dennoch die allgemeinen Vergabegrundsätze des Unionsprimärrechts zu beachten, wenn die Konzession Binnenmarktrelevanz hat, mithin ein grenzüberschreitendes Interesse an dem Auftrag zu bejahen ist. In der Konsequenz muss auch in solchen Fällen insbesondere das Transparenzgebot beachtet werden, sodass die Bedingungen und Modalitäten des Vergabeverfahrens klar, präzise und eindeutig in der Bekanntmachung der Vergabe zu formulieren sind.[228] Ein Unterschreiten des Schwellenwerts schließt die Binnenmarktrelevanz grundsätzlich nicht aus.[229]

C. Persönlicher Anwendungsbereich: Konzessionsgeber

70 § 101 GWB bestimmt, wer Konzessionsgeber ist: Erfasst sind sowohl öffentliche Auftraggeber (§ 101 Abs. 1 Nr. 1 GWB) als auch öffentliche und private Sektorenauftraggeber (§ 101 Abs. 1 Nr. 2 und 3 GWB), wenn sie eine Konzession vergeben. § 101 GWB setzt Art. 6 f. RL 2014/23/

216 Vgl. OLG Düsseldorf, Beschluss v. 19.10.2011 – VII-Verg 51/11; § 16 Abs. 1 KrW-/AbfG wurde durch die im Wesentlichen inhaltsgleiche Bestimmung des § 22 Abs. 1 KrWG ersetzt.

217 Vgl. OLG Düsseldorf, Beschluss v. 27.10.2004 – VII-Verg 41/04; OLG Celle, Beschluss v. 5.2.2004 – 13 Verg 26/03; BayObLG, Beschluss v. 23.1.2003 – Verg 2/03.

218 Vgl. EuGH, Urteil v. 18.7.2007 – Rs. C-382/05 (Kommission/Italien).

219 Vgl. OLG Celle, Beschluss v. 16.10.2018 – 13 Verg 3/18; sowie VK Niedersachen, Beschluss v. 19.6.2018 – VgK-18/2018.

220 Vgl. OLG Koblenz, Beschluss v. 10.7.2018 – Verg 1/18; VK Rheinland-Pfalz, Beschluss v. 6.1.2018 – VK 1-31/17.

221 Vgl. OLG Düsseldorf, Beschluss v. 23.1.2019 – VII-Verg 22/18; OVG Nordrhein-Westfalen, Beschluss v. 8.6.2017 – 4 B 307/07; sowie Beschluss v. 16.8.2019 – 4 B 659/18; VG Würzburg, Urteil v. 23.1.2020 – W 5 K 18.147; VG Regensburg, Gerichtsbescheid v. 24.1.2019 – RN 5 K 17.1281; VK Rheinland, Beschluss v. 12.3.2018 – VK K 2/18-L; VG Freiburg, Beschluss v. 29.11.2017 – 1 K 2506/15; VG Cottbus, Beschluss v. 2.10.2017 – 3 L 424/17. Vgl. OLG Hamburg, Urteil v. 1.11.2017 – 1 Verg 2/17.

222 OVG Nordrhein-Westfalen, Urteil v. 23.11.2017 – 20 D 4/16.AK, juris Rn. 179.

223 Vgl. VG Darmstadt, Beschluss v. 1.4.2020 – 3 L 446/20.

224 Nach Art. 8 Abs. 1 RL 2014/23/EU i.V.m. Art. 1 VO (EU) 2019/1827 beträgt dieser Schwellenwert derzeit 5.350.000 Euro.

225 Etwa *Braun*, in: Hettich/Soudry, Das neue Vergaberecht, S. 169.

226 Vorschlag für eine Richtlinie über die Konzessionsvergabe KOM (2011) 897 endg., Art. 5 Abs. 2.

227 Ausführlich dazu siehe *Radu*, in: Müller-Wrede/Braun, KonzVgV, § 2 Rn. 1 ff.

228 Vgl. OLG Celle, Urteil v. 23.2.2016 – 13 U 148/15.

229 Vgl. EuGH, Urteil v. 16.4.2015 – Rs. C-278/14 (SC Enterprise Focused Solutions), Rn. 16 ff.

EU um.[230] Insgesamt deckt sich der persönliche Anwendungsbereich für die Vergabe von Konzessionen im Wesentlichen mit dem persönlichen Anwendungsbereich für die Vergabe öffentlicher Aufträge (§§ 99, 100 GWB).

I. Öffentliche Auftraggeber

Konzessionsgeber sind nach § 101 Abs. 1 Nr. 1 GWB zunächst öffentliche Auftraggeber gemäß § 99 Nr. 1 bis 3 GWB, die eine Konzession vergeben. Das sind: 71

1. Gebietskörperschaften sowie deren Sondervermögen (z. B. Bund, Länder, Kommunen);
2. andere juristische Personen des öffentlichen und des privaten Rechts, die zu dem besonderen Zweck gegründet wurden, im Allgemeininteresse liegende Aufgaben nicht wirtschaftlicher Art zu erfüllen, sofern
   a) sie überwiegend von Stellen nach § 99 Nr. 1 oder 3 GWB einzeln oder gemeinsam durch Beteiligung oder auf sonstige Weise finanziert werden,
   b) ihre Leitung der Aufsicht durch Stellen nach § 99 Nr. 1 oder 3 GWB unterliegt oder
   c) mehr als die Hälfte der Mitglieder eines ihrer zur Geschäftsführung oder zur Aufsicht berufenen Organe durch Stellen nach § 99 Nr. 1 oder 3 GWB bestimmt worden sind;
3. Verbände, deren Mitglieder unter § 99 Nr. 1 oder 2 GWB fallen (z. B. kommunale Zweckverbände).[231]

II. Öffentliche Sektorenauftraggeber

Konzessionsgeber sind ferner gemäß § 101 Abs. 1 Nr. 2 GWB Sektorenauftraggeber gemäß § 100 Abs. 1 Nr. 1 GWB, die eine Sektorentätigkeit nach § 102 GWB Abs. 2 bis 6 GWB ausüben und eine Konzession zum Zweck der Ausübung dieser Tätigkeit vergeben.[232] Sektorenauftraggeber gemäß § 100 Abs. 1 Nr. 1 GWB sind öffentliche Auftraggeber gemäß § 99 Nr. 1 bis 3 GWB. 72

Sektorentätigkeiten gemäß § 102 GWB sind Tätigkeiten in den Bereichen Wasser (§ 102 Abs. 1 GWB), Elektrizität (§ 102 Abs. 2 GWB), Gas und Wärme (§ 102 Abs. 3 GWB), Verkehrsleistungen (§ 102 Abs. 4 GWB), Häfen und Flughäfen (§ 102 Abs. 5 GWB) und fossile Brennstoffe (§ 102 Abs. 6 GWB).[233] § 102 Abs. 1 GWB (Wasser) wird jedoch ausdrücklich nicht von § 101 Abs. 1 Nr. 2 GWB in Bezug genommen.[234] 73

III. Private Sektorenauftraggeber

Konzessionsgeber sind nach § 101 Abs. 1 Nr. 3 GWB schließlich Sektorenauftraggeber gemäß § 100 Abs. 1 Nr. 2 GWB, die eine Sektorentätigkeit gemäß § 102 Abs. 2 bis 6 GWB (nicht § 102 Abs. 1 GWB) ausüben und eine Konzession zum Zweck der Ausübung dieser Tätigkeit vergeben.[235] 74

Anknüpfungspunkt dieser Regelung sind die **privaten Sektorenauftraggeber** im Sinne von § 100 Abs. 1 Nr. 2 GWB. Das sind natürliche oder juristische Personen des privaten Rechts, die eine Sektorentätigkeit ausüben, wenn diese Tätigkeit auf der Grundlage von besonderen oder ausschließlichen Rechten ausgeübt wird, die von einer zuständigen Behörde gewährt wurden (lit. a), oder öffentliche Auftraggeber gemäß § 99 Nr. 1 bis 3 GWB auf diese Personen einzeln oder gemeinsam einen beherrschenden Einfluss ausüben können (lit. b). 75

---

230 Vgl. Gesetzesbegründung zu § 101 GWB, VergRModG 2016, BT-Drs. 18/6281, 72.
231 Für weitere Einzelheiten siehe *Braun* in § 101 GWB.
232 Für Einzelheiten siehe *Braun* in § 101 GWB.
233 Für Einzelheiten siehe *Röbke* in § 102 GWB.
234 Für Konzessionen im Wasserbereich ist die besondere Ausnahme gemäß § 149 Nr. 9 GWB zu beachten.
235 Für Einzelheiten siehe *Röbke* in § 100 GWB und *Braun* in § 101 GWB.

76 Für die Definition von **besonderen** oder **ausschließlichen Rechten** ist die Vorschrift des § 100 Abs. 2 GWB heranzuziehen.

Anlage

Gesetzesbegründung – VergRModG 2016 (BT-Drs. 18/6281)

Seite 127

§ 148 bestimmt den Anwendungsbereich des Unterabschnitts 3 des Abschnitts 3 Unterabschnitt 3 regelt die Vergabe von Konzessionen und setzt damit die wesentlichen Vorschriften der Richtlinie 2014/23/EU um.

§ 149 GWB
Besondere Ausnahmen

Dieser Teil ist nicht anzuwenden auf die Vergabe von:

1. Konzessionen zu Rechtsdienstleistungen im Sinne des § 116 Absatz 1 Nummer 1,
2. Konzessionen zu Forschungs- und Entwicklungsdienstleistungen im Sinne des § 116 Absatz 1 Nummer 2,
3. Konzessionen zu audiovisuellen Mediendiensten oder Hörfunkmediendiensten im Sinne des § 116 Absatz 1 Nummer 3,
4. Konzessionen zu finanziellen Dienstleistungen im Sinne des § 116 Absatz 1 Nummer 4,
5. Konzessionen zu Krediten und Darlehen im Sinne des § 116 Absatz 1 Nummer 5,
6. Dienstleistungskonzessionen, die an einen Konzessionsgeber nach § 101 Absatz 1 Nummer 1 oder Nummer 2 aufgrund eines auf Gesetz oder Verordnung beruhenden ausschließlichen Rechts vergeben werden,
7. Dienstleistungskonzessionen, die an ein Unternehmen aufgrund eines ausschließlichen Rechts vergeben werden, das diesem im Einklang mit den nationalen und unionsrechtlichen Rechtsvorschriften über den Marktzugang für Tätigkeiten nach § 102 Absatz 2 bis 6 gewährt wurde; ausgenommen hiervon sind Dienstleistungskonzessionen für Tätigkeiten, für die die Unionsvorschriften keine branchenspezifischen Transparenzverpflichtungen vorsehen; Auftraggeber, die einem Unternehmen ein ausschließliches Recht im Sinne dieser Vorschrift gewähren, setzen die Europäische Kommission hierüber binnen eines Monats nach Gewährung dieses Rechts in Kenntnis,
8. Konzessionen, die hauptsächlich dazu dienen, dem Konzessionsgeber im Sinne des § 101 Absatz 1 Nummer 1 die Bereitstellung oder den Betrieb öffentlicher Kommunikationsnetze oder die Bereitstellung eines oder mehrerer elektronischer Kommunikationsdienste für die Öffentlichkeit zu ermöglichen,
9. Konzessionen im Bereich Wasser, die
   a) die Bereitstellung oder das Betreiben fester Netze zur Versorgung der Allgemeinheit im Zusammenhang mit der Gewinnung, dem Transport oder der Verteilung von Trinkwasser oder die Einspeisung von Trinkwasser in diese Netze betreffen oder
   b) mit einer Tätigkeit nach Buchstabe a im Zusammenhang stehen und einen der nachfolgend aufgeführten Gegenstände haben:
      aa) Wasserbau-, Bewässerungs- und Entwässerungsvorhaben, sofern die zur Trinkwasserversorgung bestimmte Wassermenge mehr als 20 Prozent der Gesamtwassermenge ausmacht, die mit den entsprechenden Vorhaben oder Bewässerungs- oder Entwässerungsanlagen zur Verfügung gestellt wird, oder
      bb) Abwasserbeseitigung oder -behandlung,
10. Dienstleistungskonzessionen zu Lotteriedienstleistungen, die unter die Referenznummer des Common Procurement Vocabulary 92351100-7 fallen, und die einem Unternehmen auf der Grundlage eines ausschließlichen Rechts gewährt werden,
11. Konzessionen, die Konzessionsgeber im Sinne des § 101 Absatz 1 Nummer 2 und 3 zur Durchführung ihrer Tätigkeiten in einem nicht der Europäischen Union angehörenden Staat in einer Weise vergeben, die nicht mit der physischen Nutzung eines Netzes oder geografischen Gebiets in der Europäischen Union verbunden ist, oder
12. Konzessionen, die im Bereich der Luftverkehrsdienste auf der Grundlage der Erteilung einer Betriebsgenehmigung im Sinne der Verordnung (EG) Nr. 1008/2008 des Europäischen Parlaments und des Rates vom 24. September 2008 über gemeinsame Vorschriften für die Durchführung von Luftverkehrsdiensten in der Gemeinschaft (ABl. L 293 vom 31.10.2008, S. 3) vergeben werden, oder von Konzessionen, die die Beförderung von Personen im Sinne des § 1 des Personenbeförderungsgesetzes betreffen.

Übersicht

	Rn.
A. Allgemeines	1
B. Die Ausnahmen im Einzelnen	4
I. Konzessionen für Rechtsdienstleistungen (Nr. 1)	4
1. Allgemeines	4
2. Anwaltliche Vertretung	10
3. Anwaltliche Beratung	14
4. Beglaubigungs- und Beurkundungsdienstleistungen	18
5. Rechtsdienstleistungen von gerichtlich bestellten Personen	21
6. Teilweise Ausübung hoheitlicher Befugnisse	25
II. Konzessionen für Forschungs- und Entwicklungsdienstleistungen (Nr. 2)	29
1. Allgemeines	30
2. Forschungs- und Entwicklungsdienstleistungen	33
3. Rückausnahme	35
III. Konzessionen zu audiovisuellen Mediendiensten oder Hörfunkmediendiensten (Nr. 3)	40
1. Allgemeines	41
2. Voraussetzungen	43
a) Sendematerial	43
aa) Programmbezug	44
bb) Begrifflichkeiten	46
b) Ausstrahlungszeit und Bereitstellung von Sendungen	50
IV. Konzessionen für finanzielle Dienstleistungen (Nr. 4)	53
1. Allgemeines	54
2. Voraussetzungen	59
a) Finanzielle Dienstleistungen	59
b) Dienstleistungen der Zentralbanken	63
c) EFSF und ESM	64
V. Konzessionen für Kredite und Darlehen (Nr. 5)	66
1. Allgemeines	67
2. Voraussetzungen	69
VI. Dienstleistungskonzessionen an andere Konzessionsgeber mit ausschließlichem Recht (Nr. 6)	72
1. Allgemeines	73
2. Voraussetzungen	77
VII. Dienstleistungskonzessionen aufgrund eines ausschließlichen Rechts zur Ausübung einer Sektorentätigkeit (Nr. 7)	81
1. Allgemeines	82
2. Voraussetzungen	84
VIII. Konzessionen für öffentliche Kommunikationsdienste und -netze (Nr. 8)	90
1. Allgemeines	91
2. Voraussetzungen	92
IX. Wasserkonzessionen (Nr. 9)	96
1. Allgemeines	97
a) Regelungszweck	97
b) Entwicklung der Regelung	99
c) Streit im Verfahren zur Abstimmung der Richtlinie	101
2. Voraussetzungen	103
a) Gegenstand einer Wasserkonzession	104
b) Übernahme des Betriebsrisikos	108
c) Wortlaut	110
aa) Betätigung im Bereich der Trinkwasserversorgung	110
bb) Abwasserbeseitigung und sonstige Betätigungen	111
3. Rechtsfolge	112
a) Kartellrechtliche Anforderungen	114
b) Anforderungen des EU-Primärrechts	115
aa) Binnenmarktrelevanz	116
bb) Transparente Durchführung des Vergabeverfahrens	118
cc) Neutrale Durchführung des Vergabeverfahrens	119
dd) Laufzeit	121
c) Ausnahmen	124
aa) Öffentlich-öffentliche Zusammenarbeit	125
bb) Besondere Ausnahmen für Sektorenauftraggeber	126
cc) Organisationsentscheidungen des Aufgabenträgers	127
dd) Vergabe an den Eigentümer des Wasserversorgungsnetzes	128
4. Rechtsschutz	129
X. Dienstleistungskonzessionen für Lotteriedienstleistungen (Nr. 10)	131
1. Allgemeines	132
2. Voraussetzungen	133
XI. Konzessionen für Tätigkeiten in einem Drittland (Nr. 11)	138
XII. Konzessionen für bestimmte Verkehrsdienste (Nr. 12)	142
1. Allgemeines	143

2. Voraussetzungen ... 145
a) Konzessionen im Bereich der Luftverkehrsdienste (Alt. 1) ... 145
b) Konzession zur Beförderung von Personen (Alt. 2) ... 147
aa) Vorrang des Verkehrsvergaberechts ... 147
bb) Öffentliche Personenverkehrsleistungen im Eisenbahnverkehr? ... 151
cc) Fehlende Kohärenz zur Regelung in § 131 GWB ... 153
Anlage
Gesetzesbegründung

A. Allgemeines

1 § 149 GWB regelt in Umsetzung verschiedener Bestimmungen der RL 2014/23/EU diverse besondere Ausnahmen vom Anwendungsbereich des GWB-Vergaberechts für Konzessionen. Die allgemeinen Bereichsausnahmen für öffentliche Aufträge und Konzessionen sind in § 107 GWB geregelt.[1] Die Ausnahmen sind oftmals Folge politischer Kompromisse; die sachliche Rechtfertigung ist deshalb teilweise fraglich. Insgesamt ist die Anzahl der Ausnahmen während des europäischen Gesetzgebungsprozesses im Vergleich zum ursprünglichen Vorschlag der Kommission[2] stetig angestiegen. Der Anwendungsbereich des EU-Vergaberechts wird dadurch fragmentiert und teilweise unübersichtlich.[3] Insbesondere die Ausnahme für Wasserkonzessionen (§ 149 Nr. 9 GWB) war bis zum Schluss des europäischen Gesetzgebungsverfahrens hart umkämpft; letztlich haben sich die Befürworter einer Bereichsausnahme durchgesetzt.[4] Die Gemeinden unterliegen jedoch bei der Vergabe, jedenfalls wenn sie privatrechtlich handeln, kartellrechtlichen Bindungen.[5]

2 Darüber hinaus sind einige der besonderen Ausnahmen aus der **RL 2014/24/EU** in die RL 2014/23/EU überführt worden: § 149 Nr. 1 bis 5 GWB verweisen aus diesem Grund auf § 116 Abs. 1 Nr. 1 bis 5 GWB. Nicht alle dieser Ausnahmen passen jedoch auf die Vergabe von Konzessionen im Sinne des § 105 GWB. Oft sind Beschaffungen mittels Konzessionen für die ausgenommenen Tätigkeiten aufgrund der tatsächlichen oder rechtlichen Rahmenbedingungen jedenfalls in Deutschland schwer vorstellbar. Der Unionsgesetzgeber hat schematisch die (Ausnahme-)Regelungen aus dem Bereich der Vergabe öffentlicher Aufträge auf den Bereich der Konzessionsvergabe übertragen, ohne kritisch zu überprüfen, ob es dafür überhaupt einen Anwendungsbereich gibt. Der deutsche Gesetzgeber – der eine 1:1-Umsetzung anstrebt – hat diese Regelungen übernommen. Die Ausnahmen laufen daher in der Praxis teilweise leer.

3 Wichtig ist schließlich: Die Ausnahmen des § 149 GWB betreffen nur den Anwendungsbereich der RL 2014/23/EU, also des europäischen Sekundärrechts und dessen Umsetzung in Teil 4 GWB sowie der KonzVgV. Dagegen gelten die Rechte und Pflichten des **Unionsprimärrechts** auch dann, wenn eine der Ausnahmen des § 149 GWB greift. Sofern an der Konzession ein grenzüberschreitendes Interesse[6] besteht (Binnenmarktrelevanz), müssen im Einklang mit der ständigen Rechtsprechung des EuGH die Grundsätze der Gleichbehandlung, Nichtdiskriminierung, Transparenz und Verhältnismäßigkeit beachtet werden.[7] Primärrechtlich ist daher bei einem grenzüberschreitenden Interesse stets ein strukturiertes Bieterverfahren geboten, das diesen Grundsätzen Rechnung trägt.[8] Der Konzessionsgeber muss nach der Rechtsprechung des EuGH zugunsten potenzieller Bewerber und Bieter zumindest einen angemes-

1 Weitere Ausnahmen folgen für öffentliche und private Sektorenauftraggeber aus § 154 Nr. 5 bis 7 GWB.
2 Europäische Kommission, Vorschlag für Richtlinie des Europäischen Parlaments und des Rates über die Konzessionsvergabe, (KOM(2011) 897 endgültig).
3 Kritisch auch *Braun*, in: Hettich/Soudry, Das neue Vergaberecht, S. 170.
4 Vgl. zur Vergabe von Wasserkonzessionen nach der Vergaberechtsreform: *Gersterkamp*, VergabeR 2020, 705 ff.; *Heller*, EWeRK 2016, 210 ff.; vgl. zur Kontroverse um die Einführung der Bereichsausnahme für Wasserkonzessionen m.w.N. *Gremelmann*, in: Burgi/Dreher, Vergaberecht, § 149 GWB Rn. 6.
5 OLG Düsseldorf, Urteil v. 21.3.2018 – VI-2 U (Kart) 6/16, unbeanstandet durch BGH, Beschluss v. 26.2.2019 – KZR 22/18; auch OLG Düsseldorf, Urteil v. 13.6.2018 – VI-2 U 7/16 (Kart).
6 Vgl. jüngst EuGH, Urteil v. 16.4.2015 – Rs. C-278/14 (SC Enterprise Focused Solutions), Rn. 16 ff.
7 Vgl. zum sog. Primärvergaberecht *Prieß/Simonis*, NZBau 2015, 731 ff.
8 So auch *Braun*, in: Hettich/Soudry, Das neue Vergaberecht, S. 178.

senen Grad von Öffentlichkeit sicherstellen, der den Markt dem Wettbewerb öffnet und die Nachprüfung ermöglicht, ob das Vergabeverfahren unparteiisch durchgeführt wurde.[9] Der entscheidende Unterschied besteht darin, dass der Rechtsweg zu den Nachprüfungsinstanzen nicht eröffnet ist, wenn die Voraussetzungen einer Ausnahme erfüllt sind.[10] Rechtsschutz ist entweder vor den Zivilgerichten oder den Verwaltungsgerichten zu suchen.

B. Die Ausnahmen im Einzelnen

I. Konzessionen für Rechtsdienstleistungen (Nr. 1)

1. Allgemeines

4 § 149 Nr. 1 GWB nimmt die Vergabe von Konzessionen für verschiedene Rechtsdienstleistungen vom Anwendungsbereich des GWB aus.

5 Der deutsche Gesetzgeber setzt damit die **unionsrechtlichen Vorgaben** des Art. 10 Abs. 8 lit. d RL 2014/23/EU um. Diese Vorschrift spricht zwar von „juristischen Dienstleistungen" anstatt von „Rechtsdienstleistungen", meint jedoch das Gleiche.

6 **Entsprechende Ausnahmen** sind in Art. 10 lit. d RL 2014/24/EU (§ 116 Abs. 1 Nr. 1 GWB) und Art. 21 lit. c RL 2014/25/EU (§ 137 Abs. 1 Nr. 1 GWB) geregelt. Um Wiederholungen zu vermeiden, verweist § 149 Nr. 1 GWB deshalb zur Bestimmung der konkret ausgenommenen Rechtsdienstleistungen auf § 116 Abs. 1 Nr. 1 GWB.[11]

7 Im Bereich der Vergabe öffentlicher Aufträge waren Dienstleistungen der „Rechtsberatung" bislang **nicht prioritäre Dienstleistungen** nach Anhang II Teil B RL 2004/18/EG[12] (Kategorie 21; CPC-Code: 861; CPV-Codes: 79100000-5 bis 79140000-7). Die Regelungen des GWB waren daher nur sehr eingeschränkt anwendbar.[13] Nach Art. 21 RL 2004/18/EG (§ 1 Abs. 2 VOF a.F.) fanden nur die Vorschriften über die nachträgliche Veröffentlichung der Vergabe eines solchen Auftrags (Art. 35 Abs. 4 RL 2004/18/EG; § 14 VOF a.F.) sowie bestimmte Regeln für technische Spezifikationen bei der Leistungsbeschreibung (Art. 23 RL 2004/18/EG; § 6 Abs. 2 bis 7 VOF) Anwendung. Letztere haben aber für Dienstleistungen überwiegend keine Relevanz.[14] Hintergrund war die Annahme, dass nicht prioritäre Dienstleistungen regelmäßig keine oder nur eine geringe Binnenmarktrelevanz aufweisen, sodass die vollumfängliche Anwendbarkeit der unionsrechtlichen Vorgaben auf diese Dienstleistungen für entbehrlich gehalten wurde.[15]

8 Im Gegensatz dazu hat der (Unions-)Gesetzgeber in den neuen EU-Vergaberichtlinien auf eine umfassende Ausnahme für Rechtsdienstleistungen verzichtet.[16] Wie bei der Vergabe von öffentlichen Aufträgen[17] stellt Art. 10 Abs. 8 lit. d RL 2014/23/EU i.V.m. § 149 Nr. 1 GWB nur die dort explizit genannten Dienstleistungskonzessionen vom Anwendungsbereich des GWB frei. Für den Bereich der Konzessionen hat der Unionsgesetzgeber auf eine erläuternde Erwägung verzichtet. Sinn und **Zweck** der Ausnahmeregelung lassen sich aber Erwägungsgrund 25

9 Vgl. etwa EuGH, Urteil v. 3.6.2010 – Rs. C-203/08 (Sporting Exchange), Rn. 41; Urteil v. 13.4.2010 – Rs. C-91/08 (Wall), Rn. 36; Urteil v. 6.4.2006 – Rs. C-410/04 (ANAV), Rn. 21; Urteil v. 13.10.2005 – Rs. C-458/03 (Parking Brixen), Rn. 49; Urteil v. 18.6.2002 – Rs. C-92/00 (Hospital Ingenieure), Rn. 47; Urteil v. 7.12.2000 – Rs. C-324/98 (Telaustria), Rn. 62.

10 Vgl. auch VG Düsseldorf, Beschluss v. 15.9.2016 – 7 L 2411/16, juris Rn. 5 ff.; *Mohr*, in: Säcker, Wettbewerbsrecht, § 105 GWB Rn. 32.

11 Vgl. Gesetzesbegründung zu § 149 Nr. 1 GWB, VergRModG 2016, BT-Drs. 18/6281, 127.

12 Vgl. auch Anhang I Teil B VOL/A bzw. Anhang I Teil B VOF.

13 Vgl. OLG Düsseldorf, Beschluss v. 21.4.2010 – VII-Verg 55/09; *Otting*, AnwBl 2014, 304.

14 Anders bei Ausschreibungen nach VOL/A: Nach § 1 EG Abs. 3 VOL/A i.V.m. § 4 Abs. 2 VgV fanden über die unionsrechtlichen Vorgaben hinaus die Vorgaben des ersten Abschnitts der VOL/A a.F. Anwendung. In der Regel wurden juristische Dienstleistungen jedoch nach der VOF ausgeschrieben (§ 1 Abs. 1 VOF); vgl. zur Abgrenzung OLG Düsseldorf, Beschluss v. 2.1.2012 – VII-Verg 70/11.

15 Vgl. Erwägungsgründe 18 f. RL 2004/18/EG.

16 Vgl. *Schwab/Giesemann*, VergabeR 2014, 351 (357).

17 Vgl. Art. 10 lit. d RL 2014/24/EU i.V.m. § 116 Abs. 1 Nr. 1 GWB.

RL 2014/24/EU zur öffentlichen Auftragsvergabe entnehmen.[18] Danach ist der Unionsgesetzgeber im Kern der Auffassung, dass diese Rechtsdienstleistungen von Personen erbracht werden, deren Bestellung oder Auswahl nicht mit einem Vergabeverfahren kompatibel ist. In Erwägungsgrund 25 RL 2014/24/EU heißt es: *„Einige Rechtsdienstleistungen werden von durch ein Gericht eines Mitgliedstaates bestellten Dienstleistern erbracht, betreffen die Vertretung von Mandanten in Gerichtsverfahren durch Rechtsanwälte, müssen durch Notare erbracht werden oder sind mit der Ausübung von hoheitlichen Befugnissen verbunden. Solche Rechtsdienstleistungen werden in der Regel durch Organisationen oder Personen erbracht, deren Bestellung oder Auswahl in einer Art und Weise erfolgt, die sich nicht nach Vergabevorschriften für öffentliche Aufträge richten kann, wie z.B. bei der Ernennung von Staatsanwälten in einigen Mitgliedstaaten. Diese Rechtsdienstleistungen sollten daher vom Anwendungsbereich dieser Richtlinie ausgenommen werden."*

Für sonstige Konzessionen über Rechtsdienstleistungen im Sinne des Anhangs IV zur RL 2014/23/EU[19] ordnet Art. 19 RL 2014/23/EU unter der Überschrift „Soziale und andere **besondere Dienstleistungen**" eine eingeschränkte Geltung an (vereinfachtes Vergabeverfahren). Danach sind nur die Vorgaben der Art. 31 Abs. 3 RL 2014/23/EU[20] (Vorinformation), Art. 32 RL 2014/23/EU (Zuschlagsbekanntmachung), Art. 46 RL 2014/23/EU (Rechtsschutz) und Art. 47 RL 2014/23/EU (Rechtsschutz) zu beachten. Vor diesem unionsrechtlichen Hintergrund bestimmt § 153 GWB allerdings (überschießend), dass für die Vergabe von Konzessionen für soziale und andere besondere Dienstleistungen im Sinne des Anhangs VI RL 2014/23/EU die allgemein für die Konzessionsvergaben geltenden Vorschriften der §§ 151, 152 GWB Anwendung finden (Bekanntmachung, Leistungsbeschreibung, Eignung, Zuschlag, Ausführungsbedingungen). Der Verweis in § 154 GWB auf diverse Vorschriften zur Vergabe von öffentlichen Aufträgen durch öffentliche Auftraggeber bezieht Konzessionen i.S.d. § 153 GWB vollumfänglich mit ein. Für Konzessionen im Sinne des § 153 GWB greift gemäß § 106 Abs. 2 Nr. 4 GWB i.V.m. Art. 8 Abs. 1 RL 2014/23/EU auch der allgemeine Schwellenwert von derzeit 5.350.000 Euro.[21] Dieser Schwellenwert dürfte in der Praxis – wenn Rechtsdienstleistungen überhaupt im Wege der Konzession beschafft werden – jedoch nur selten erreicht oder überschritten werden. 9

2. Anwaltliche Vertretung

Nicht in den Anwendungsbereich des GWB-Vergaberechts fällt gemäß § 149 Nr. 1 GWB i.V.m. § 116 Abs. 1 Nr. 1 lit. a GWB die Vergabe von Konzessionen für die Vertretung eines Mandanten durch einen Rechtsanwalt in Gerichts- oder Verwaltungsverfahren vor nationalen oder internationalen Gerichten, Behörden oder Einrichtungen (sublit. aa) sowie nationalen oder internationalen Schiedsgerichts- oder Schlichtungsverfahren (sublit. bb). 10

Aus der Gesetzesbegründung folgt, dass die oben genannten Verfahren bereits „**begonnen**" haben müssen.[22] Dagegen fallen Vorfeldberatungen, die auf Verfahren im Sinne des § 116 Abs. 1 Nr. 1 lit. a GWB bezogen sind, unter § 116 Abs. 1 Nr. 1 lit. b GWB. Da die Ausnahme „nationale oder internationale" Verfahren erfasst, kann das Verfahren in Deutschland, einem EU-Mitgliedstaat, einem Drittstaat, einem Schiedsgericht oder vor internationalen Organisationen und Einrichtungen anhängig sein. Die Ausnahme ist in dieser Hinsicht sehr weit. 11

Der deutsche Wortlaut legt nahe, dass es auf die **Herkunft** des Rechtsanwalts nicht ankommt, sodass etwa auch Rechtsanwälte, die außerhalb der EU ansässig sind, unter die Ausnahmevorschrift fallen. Aus Art. 10 Abs. 8 lit. d RL 2014/23/EU folgt jedoch in unionsrechtskonformer Auslegung, dass die Ausnahme nur für EU-Rechtsanwälte nach Art. 1 der 12

18 Vgl. zur Vergabe von öffentlichen Aufträgen, die Rechtsdienstleistungen zum Gegenstand haben, *Otting*, AnwBl 2014, 304 (305).

19 CPV-Codes: 79100000-5 bis 79140000-7, 75231100-5, soweit nicht nach Art. 10 Abs. 8 lit. d RL 2014/23/EU ausgenommen.

20 Vgl. auch § 22 KonzVgV.

21 Zuletzt geändert durch VO (EU) 2019/1827.

22 Vgl. Gesetzesbegründung zu § 116 Abs. 1 Nr. 1 lit. a GWB, VergRModG 2016, BT-Drs. 18/6281, 93.

RL 77/249/EWG gilt; die Mandatierung von Rechtsanwälten aus Drittstaaten fällt daher nicht in den Anwendungsbereich der Ausnahme. Nach der Gesetzesbegründung gilt § 116 Abs. 1 Nr. 1 lit. a GWB auch für den Fall, dass der Anwalt gerichtlich beigeordnet wird (etwa nach § 141 StPO).[23]

13 Sehr fraglich ist allerdings, ob Konzessionen für die anwaltliche Vertretung in der **Vergabepraxis** zukünftig überhaupt anzutreffen sein werden. Denn es ist nur schwer vorstellbar, dass eine anwaltliche Vertretung in Gerichts-, Verwaltungs-, Schiedsgerichts- und Schlichtungsverfahren die Merkmale einer Konzession im Sinne des § 105 GWB erfüllt. In Betracht käme allenfalls eine Dienstleistungskonzession gemäß § 105 Abs. 1 Nr. 2 GWB. Eine solche setzt aber voraus, dass die Gegenleistung für die Dienstleistung (hier: „anwaltliche Vertretung") zumindest zu einem überwiegenden Teil in dem Recht zur Verwertung der Dienstleistung besteht und das Betriebsrisiko auf den Vertragspartner, also den Konzessionsnehmer, übergeht (§ 105 Abs. 2 GWB). Andernfalls – wenn also die Dienstleistung von der Vergabestelle vollständig vergütet wird – handelt es sich um einen öffentlichen Auftrag. Dritte werden aber jedenfalls in Deutschland regelmäßig nicht für die anwaltliche Vertretung der Vergabestelle aufkommen. Im Ergebnis ist daher davon auszugehen, dass die Ausnahme in Deutschland insoweit keinen bzw. einen nur sehr eingeschränkten Anwendungsbereich hat.

3. Anwaltliche Beratung

14 § 149 Nr. 1 GWB i.V.m. § 116 Abs. 1 Nr. 1 lit. b GWB stellt des Weiteren die Vergabe von Konzessionen für bestimmte anwaltliche Beratungstätigkeiten vom Anwendungsbereich des GWB-Vergaberechts frei, die der anwaltlichen Vertretung vorgelagert sind. Danach ist Teil 4 GWB nicht auf die Rechtsberatung durch einen Rechtsanwalt, sofern diese zur Vorbereitung eines Verfahrens im Sinne von § 116 Abs. 1 Nr. 1 lit. a GWB dient oder wenn konkrete Anhaltspunkte dafür vorliegen und eine hohe Wahrscheinlichkeit besteht, dass die Angelegenheit, auf die sich die Rechtsberatung bezieht, Gegenstand eines solchen Verfahrens werden wird, anzuwenden. Diese Ausnahme flankiert die Ausnahme für die anwaltliche Vertretung in Gerichts-, Verwaltungs-, Schiedsgerichts- oder Schlichtungsverfahren gemäß § 149 Nr. 1 i.V.m. § 116 Abs. 1 Nr. 1 lit. a GWB. Nach der Gesetzesbegründung ist *„aufgrund der in den genannten Verfahren bestehenden Notwendigkeit umfassender Prozessverantwortung durch den Rechtsbeistand […] eine Ausnahme vom Vergaberecht angezeigt."*[24]

15 Die Ausnahme setzt zunächst eine „Rechtsberatung durch einen **Rechtsanwalt**" voraus. In unionsrechtskonformer Auslegung sind auch hier nur EU-Rechtsanwälte i.S.d. Art. 1 RL 77/249/EWG erfasst (vgl. Art. 10 Abs. 8 lit. d sublit. ii RL 2014/23/EU). Aus dem Begriff „Rechtsberatung" folgen hingegen keinerlei spezifische Grenzen: Gegenstand der Beratung müssen lediglich Rechtsfragen irgendeiner Art sein.

16 Da die Ausnahmevorschrift keine allgemeine Ausnahme für sämtliche anwaltliche Beratungsleistungen enthalten soll,[25] kommt den weiteren Tatbestandsmerkmalen maßgebliche Bedeutung zu: Es muss ein Zusammenhang zu einem künftigen nationalen oder internationalen **Gerichts-**, **Verwaltungs-**, **Schiedsgerichts-** oder **Schlichtungsverfahren** bestehen. Das ist einerseits der Fall, wenn ein solches Verfahren konkret vorbereitet wird; andererseits, wenn konkrete Anhaltspunkte dafür vorliegen und eine hohe Wahrscheinlichkeit besteht, dass die Angelegenheit, auf die sich die Rechtsberatung bezieht, Gegenstand eines solchen Verfahrens werden wird.[26] Um Umgehungen vorzubeugen, muss diese zweite Alternative restriktiv ausgelegt werden. Es spricht deshalb einiges dafür, dass die Tatbestandsvoraussetzungen (noch) nicht vorliegen, wenn Gegenstand der zu beauftragenden Rechtsdienstleistung erst die Ermittlung der Wahrscheinlichkeit eines gerichtlichen Verfahrens u.a. sein soll. Eine hohe Wahrscheinlichkeit setzt zudem vom Wortlaut der Norm mehr voraus als eine „überwiegende Wahrscheinlichkeit", sodass die 50%ige Wahrscheinlichkeit einer gerichtlichen Auseinander-

23 Vgl. Gesetzesbegründung zu § 116 Abs. 1 Nr. 1 lit. a GWB, VergRModG 2016, BT-Drs. 18/6281, 93.
24 Vgl. Gesetzesbegründung zu § 116 Abs. 1 Nr. 1 lit. b GWB, VergRModG 2016, BT-Drs. 18/6281, 93.
25 Vgl. Gesetzesbegründung zu § 116 Abs. 1 Nr. 1 lit. b GWB, VergRModG 2016, BT-Drs. 18/6281, 93.
26 Kritisch dazu *Otting*, AnwBl 2014, 304 (306).

setzung nicht ausreichen dürfte. Da es um die Auslegung von unbestimmten Rechtsbegriffen geht, ist diese Entscheidung des Konzessionsgebers für oder gegen ein Vergabeverfahren voll überprüfbar. Ob diese hohen Hürden für eine ausschreibungsfreie Beratung im Vorfeld einer gerichtlichen Auseinandersetzung zweckmäßig sind, ist zu bezweifeln.

Allerdings stellt sich auch hier wieder die Frage, ob Dienstleistungen der „anwaltlichen Beratung" überhaupt in einer Art und Weise vergeben werden können, die die Merkmale einer **Konzession** im Sinne des § 105 GWB erfüllen. Der Inhalt dieser Dienstleistungen steht einer Verwertung am Markt im Grundsatz entgegen. Das Entgelt wird auch hier in aller Regel durch die Vergabestelle entrichtet werden. 17

4. Beglaubigungs- und Beurkundungsdienstleistungen

Nach § 149 Nr. 1 GWB i.V.m. § 116 Abs. 1 lit. c GWB ist die Vergabe von Konzessionen für Beglaubigungs- und Beurkundungsdienstleistungen vom GWB-Vergaberecht freigestellt, sofern sie von Notaren zu erbringen sind. 18

In Deutschland sind die **Notare** nach § 20 Abs. 1 S. 1 BNotO dafür zuständig, Beurkundungen jeder Art vorzunehmen sowie Unterschriften, Handzeichen und Abschriften zu beglaubigen. Dabei kann das Tätigwerden des Notars je nach Art des von ihm zu beurkundenden Akts obligatorisch oder fakultativ sein. Aus der Formulierung „sofern sie von Notaren vorzunehmen sind" folgt, dass allenfalls obligatorische Notartätigkeiten in den Anwendungsbereich der Ausnahme fallen. 19

Allerdings ist – zumindest in Deutschland – die Existenz von **Konzessionen** für Beglaubigungs- und Beurkundungsdienstleistungen durch Notare sehr zweifelhaft bzw. ausgeschlossen: Da die Notare bereits kraft Gesetzes (§ 20 Abs. 1 S. 1 BNotO) befugt sind, Beurkundungen jeder Art vorzunehmen sowie Unterschriften, Handzeichen und Abschriften zu beglaubigen, besteht keinerlei Grund, dies zusätzlich zum Gegenstand einer vertraglichen Konzession im Sinne des § 105 GWB zu machen. Entscheidend kommt hinzu, dass die Vergütung für Beglaubigungs- und Beurkundungsdienstleistungen durch Notare im GNotKG abschließend geregelt ist. Damit verbleibt kein Raum für eine Vereinbarung zwischen Auftraggeber und Notar, einen Teil der Vergütung durch das Recht auf Verwertung der vom Notar zu erbringenden Dienstleistung zu ersetzen, was Voraussetzung für eine Dienstleistungskonzession wäre. Die Vereinbarung einer Dienstleistungskonzession ist danach in Deutschland gesetzlich gar nicht zulässig. Allenfalls die Bestellung des Notars selbst könnte eine Dienstleistungskonzession sein, wenn man im Anschluss an eine in der Literatur vertretene Ansicht unter einem Vertrag im Sinne des § 105 Abs. 1 GWB als vertragsähnlichen Zustand auch zustimmungsbedürftige Verwaltungsakte versteht,[27] wie er in § 12 BNotO für die Bestellung von Notaren vorgesehen ist. Allerdings bezieht sich die in § 149 Nr. 1 GWB i.V.m. § 116 Abs. 1 lit. c GWB normierte Ausnahme gerade nicht auf die Bestellung als solche, sondern auf konkret nachgefragte Beglaubigungs- und Beurkundungsdienstleistungen. Nach Auffassung des EuGH handelt es sich bei den notariellen Tätigkeiten in Deutschland nicht um die Ausübung öffentlicher Gewalt im Sinne des Art. 51 AEUV.[28] 20

5. Rechtsdienstleistungen von gerichtlich bestellten Personen

§ 149 Nr. 1 GWB i.V.m. § 116 Abs. 1 Nr. 1 lit. d GWB bestimmt, dass die Vergabe von Konzessionen für Tätigkeiten von gerichtlich bestellten Betreuern, Vormündern, Pflegern, Verfahrensbeiständen, Sachverständigen oder Verwaltern oder sonstige Rechtsdienstleistungen, deren Erbringer durch ein Gericht dafür bestellt oder durch Gesetz dazu bestimmt werden, um bestimmte Aufgaben unter der Aufsicht dieser Gerichte wahrzunehmen, nicht in den Anwendungsbereich des GWB-Vergaberechts fällt. 21

---

27 Vgl. hierzu § 148 GWB Rn. 12.

28 Vgl. EuGH, Urteil v. 24.5.2011 – Rs. C-54/08 (Kommission/BRD), Rn. 78 ff.; vgl. dazu *Henssler/Kilian*, NJW 2012, 481.

22 Diese Ausnahme findet ihren Ursprung in Art. 10 Abs. 8 lit. d sublit. iv **RL 2014/23/EU**. Der deutsche Gesetzgeber hat den Wortlaut leicht modifiziert und konkretisiert.

23 § 116 Abs. 1 Nr. 1 lit. d GWB gilt in **persönlicher Hinsicht** zunächst für Betreuer, Vormünder, Pfleger, Verfahrensbeistände, Sachverständige und Verwalter, wenn sie gerichtlich bestellt sind. Überdies gilt die Ausnahme aber auch für sonstige Rechtsdienstleistungen, sofern der Erbringer dafür gerichtlich oder durch Gesetz bestellt ist. Maßgebliches Abgrenzungskriterium ist also die gerichtliche Bestellung oder der gesetzliche Auftrag. Nach der Gesetzbegründung erfasst § 116 Abs. 1 Nr. 1 lit. d GWB insbesondere die Tätigkeit von Ergänzungs- und Umgangspflegern, Verfahrens- und Nachlasspflegern, Insolvenzverwaltern, Sachwaltern und Treuhändern, Sachverständigen sowie von Zwangsverwaltern und Sequestern in Zwangsvollstreckungsverfahren. Außerdem soll die Ausnahme für Dienstleistungen von gerichtlich bestellten Sachverständigen, die wegen ihrer besonderen Sachkunde zur Beratung und Beweiserhebung bestellt werden, gelten.[29]

24 Allerdings wird die gerichtliche Bestellung oder der gesetzliche Auftrag einer erforderlichen zusätzlichen vertraglichen Abrede im Sinne des § 105 GWB regelmäßig entgegenstehen, so etwa im Fall der Bestellung eines Insolvenzverwalters: Zusätzliche vertragliche Abreden werden nicht getroffen, weder unmittelbar bei der Auswahl der Insolvenzverwalter noch bei der Gestaltung der Rechtsbeziehungen; insbesondere die Vergütung des Insolvenzverwalters wird durch gerichtlichen Beschluss einseitig festgelegt (§ 64 Abs. 1 InsO).[30] Auch diese Ausnahme dürfte im deutschen Rechtsraum daher mangels **Konzession** im Sinne des § 105 GWB regelmäßig leerlaufen, zumal auch der Schwellenwert nach Art. 106 Abs. 2 Nr. 4 GWB i.V.m. Art. 8 Abs. 1 RL 2014/23/EU kaum jemals überschritten werden wird.

6. Teilweise Ausübung hoheitlicher Befugnisse

25 Nach § 149 Nr. 1 GWB i.V.m. § 116 Abs. 1 Nr. 1 lit. e GWB ist schließlich die Vergabe von Konzessionen für Tätigkeiten, die zumindest teilweise mit der Ausübung von hoheitlichen Befugnissen verbunden sind, vom Anwendungsbereich des Teil 4 GWB ausgenommen.

26 Diese Ausnahme beruht auf Art. 10 Abs. 8 lit. d sublit. v **RL 2014/23/EU**. Auch hier hat der deutsche Gesetzgeber den Wortlaut leicht modifiziert, ohne damit aber inhaltliche Änderungen zu bezwecken. In der unionsrechtlichen Vorgabe heißt es insbesondere anstatt „Ausübung von hoheitlichen Befugnissen" – wie in Art. 51 AEUV – „Ausübung öffentlicher Gewalt". Hinter den Regelungen steht also letztlich die (integrationspolitisch mittlerweile fragwürdige) Bereichsausnahme des Art. 51 AEUV (gegebenenfalls i.V.m. Art. 61 AEUV). Danach finden die Regelungen über die Niederlassungsfreiheit (Art. 49 ff. AEUV) bzw. die Dienstleistungsfreiheit (Art. 56 ff. AEUV) keine Anwendung, wenn Tätigkeiten in einem Mitgliedstaat dauernd oder zeitweise mit der Ausübung öffentlicher Gewalt verbunden sind.[31] Ferner ist das Wort „teilweise" in zeitlicher Hinsicht zu verstehen. Das folgt daraus, dass in Art. 10 Abs. 8 lit. d sublit. v RL 2014/23/EU das Wort „gelegentlich" verwendet wird.

27 Der EuGH hat zum Begriff **„öffentliche Gewalt"** bereits im Jahr 1974 grundlegend in der Rechtssache „Reyners" entschieden, *„daß den anerkannten Ausnahmen vom Grundsatz der Niederlassungsfreiheit durch [Artikel 51 AEUV] gemeinschaftsrechtliche Grenzen gesetzt sind, durch die verhindert werden soll, daß der Vertrag durch einseitige Maßnahmen der Mitgliedstaaten seiner Wirksamkeit beraubt wird"*[32]. Eine allgemeine Definition des Begriffs der öffentlichen Gewalt i.S.d. Art. 51 Abs. 1 AEUV durch den EuGH fehlt bislang. Entscheidend ist jedoch insbesondere, dass der EuGH die Vorschrift eng auslegt. Die Ausnahmeregelung des Art. 51 AEUV beschränkt sich auf Tätigkeiten, *„die als solche unmittelbar und spezifisch mit*

29 Vgl. Gesetzesbegründung zu § 116 Abs. 1 Nr. 1 lit. d GWB, VergRModG 2016, BT-Drs. 18/6281, 93.
30 Vgl. *Koenig/Hentschel*, ZIP 2005, 1937 (1943).
31 Vgl. zum Begriff der öffentlichen Gewalt etwa *Forsthoff*, in: Grabitz/Hilf/Nettesheim, Das Recht der Europäischen Union, 66. Ergänzungslieferung, Art. 51 AEUV Rn. 9 ff. m.w.N.; *Tiedje*, in: von der Groeben/Schwarze/Hatje, Europäisches Unionsrecht, Art. 51 AEUV Rn. 5 ff. m.w.N.
32 EuGH, Urteil v. 21.6.1974 – Rs. 2/74 (Reyners), Rn. 48, 50.

der Ausübung öffentlicher Gewalt verbunden sind".[33] Wichtige Indizien sind die Übertragung von Entscheidungs- oder Zwangsbefugnissen[34] sowie Zwangsmitteln.[35] In seiner Entscheidung zum Staatsangehörigkeitsvorbehalt für Notare hat der EuGH außerdem darauf hingewiesen, dass es für die Ausübung der öffentlichen Gewalt *„untypisch"* sei, dass diese unter Wettbewerbsbedingungen erbracht wird.[36] Gegen die Ausübung öffentlicher Gewalt spricht schließlich, wenn sie unter unmittelbarer staatlicher Aufsicht erfolgt.[37] Ferner beschränkt sich die Ausnahmeregelung des Art. 51 AEUV auf Tätigkeiten, *„die als solche unmittelbar und spezifisch mit der Ausübung öffentlicher Gewalt verbunden sind"*.[38] Allgemeine Bereichs- oder Berufsausnahmen sind danach grundsätzlich unzulässig.

§ 149 Nr. 1 GWB i.V.m. § 116 Abs. 1 Nr. 1 lit. e GWB hat folglich einen sehr schmalen **Anwendungsbereich**. Der deutsche Gesetzgeber zählt in der Gesetzbegründung zu § 116 Abs. 1 Nr. 1 lit. e GWB beispielhaft die Tätigkeit von Gerichtsvollziehern auf: Diese seien einerseits selbstständige Organe der Rechtspflege und andererseits im Rahmen der gesetzlichen Vorgaben an die Weisungen der jeweiligen Gläubiger gebunden.[39] Allerdings ist auch bei den Tätigkeiten der Gerichtsvollzieher fraglich, ob diese jemals die Merkmale einer Konzession im Sinne des § 105 GWB erfüllen und im Übrigen die maßgeblichen Schwellenwerte erreichen. 28

II. Konzessionen für Forschungs- und Entwicklungsdienstleistungen (Nr. 2)

§ 149 Nr. 2 GWB bestimmt, dass die Vergabe von Konzessionen für Forschungs- und Entwicklungsdienstleistungen i.S.d. § 116 Abs. 1 Nr. 2 GWB grundsätzlich nicht nach GWB-Vergaberecht ausgeschrieben werden muss. Eine Rückausnahme soll nur für bestimmte enumerativ aufgezählte CPV-Codes gelten, wenn 29

- die Ergebnisse der Forschungs- und Entwicklungsdienstleistungen ausschließlich Eigentum des Konzessionsgebers für seinen Gebrauch bei der Ausübung seiner eigenen Tätigkeit werden (lit. a)

und

- die Dienstleistung vollständig durch den Auftraggeber vergütet wird (lit. b).

1. Allgemeines

§ 149 Nr. 2 GWB i.V.m. § 116 Abs. 1 Nr. 2 GWB bezweckt die Umsetzung von Art. 25 **RL 2014/23/EU**. Parallelregelungen zu Art. 25 RL 2014/23/EU finden sich in Art. 14 RL 2014/24/EU sowie Art. 32 RL 2014/25/EU. Bisher war eine Ausnahme für öffentliche Aufträge, die Forschungs- und Entwicklungsdienstleistungen betrafen, in § 100 Abs. 4 Nr. 2 GWB a.F. geregelt. Da die neuen EU-Vergaberichtlinien jedoch einen etwas weiteren Ausnahmebereich für Forschungs- und Entwicklungsdienstleistungen vorsehen als bislang und für Vergaben in den Bereichen Verteidigung und Sicherheit die bisherige Vorschrift des Art. 13 lit. j RL 2009/81/EG gilt, hat der deutsche Gesetzgeber von einer Einordnung unter die allgemeinen Ausnahmen des § 107 GWB abgesehen.[40] Der deutsche Gesetzgeber hat Art. 25 RL 2014/23/EU leicht modifiziert umgesetzt: Zum einen ergibt sich aus § 149 Nr. 2 GWB i.V.m. § 116 Abs. 1 Nr. 2 GWB, dass Konzessionen für Forschung und Entwicklungsdienstleistungen grundsätzlich ausgenommen sind, sofern nicht die Rückausnahme greift. Auf Ersteres hat der Unionsgesetzgeber verzichtet: Die unionsrechtliche Regelung besteht deswegen nur aus der Rückausnahme. Zum 30

33 EuGH, Urteil v. 24.5.2011 – Rs. C-54/08 (Kommission/BRD), Rn. 86 m.w.N.
34 Vgl. für Entscheidungsbefugnisse EuGH, Urteil v. 16.6.2015 – Rs. C-593/13 (Rina Services), Rn. 19 f.; Urteil v. 13.7.1993 – Rs. C-42/92 (Thijssen), Rn. 21 f.; für Zwangsbefugnisse EuGH, Urteil v. 29.10.1998 – Rs. C-114/97 (Kommission/Spanien), Rn. 37; in diesem Sinne bereits EuGH, Urteil v. 21.6.1974 – Rs. 2/74 (Reyners), Rn. 51, 53.
35 Vgl. EuGH, Urteil v. 30.9.2003 – Rs. C-47/02 (Anker), Rn. 61.
36 Vgl. EuGH, Urteil v. 16.6.2015 – Rs. C-593/13 (Rina Services), Rn. 19, Urteil v. 24.5.2011 – Rs. C-54/08 (Kommission/BRD), Rn. 110.
37 Vgl. EuGH, Urteil v. 16.6.2015 – Rs. C-593/13 (Rina Services), Rn. 20.
38 EuGH, Urteil v. 24.5.2011 – Rs. C-54/08 (Kommission/BRD), Rn. 86 m.w.N.
39 Vgl. Gesetzesbegründung zu § 116 Abs. 1 Nr. 1 lit. e GWB, VergRModG 2016, BT-Drs. 18/6281, 93.
40 Vgl. Gesetzesbegründung zu § 116 Abs. 1 Nr. 2 GWB, VergRModG 2016, BT-Drs. 18/6281, 94.

anderen heißt es in Anknüpfung an § 100 Abs. 4 Nr. 2 GWB a.F. i.V.m. Art. 16 lit. f RL 2004/18/EG, dass „die Ergebnisse ausschließlich Eigentum des Auftraggebers [...] werden" müssen. Der Unionsgesetzgeber hat in der Neuregelung auf den Begriff „Eigentum" verzichtet. Nach Art. 25 lit. a RL 2014/23/EU lautet die erste Voraussetzung der Rückausnahme nunmehr: „Die Ergebnisse stehen ausschließlich dem öffentlichen Auftraggeber [...] zu."

31 Ein erläuternder Erwägungsgrund zu Art. 25 RL 2014/23/EU fehlt. Bei der entsprechenden Vorschrift für öffentliche Aufträge (Art. 14 RL 2014/24/EU) geht es nach allgemeiner und zutreffender Auffassung in erster Linie um die Abgrenzung zwischen vergaberechtsfreier staatlicher Forschungsförderung einerseits und **Auftragsforschung** andererseits (vgl. Erwägungsgrund 35 RL 2014/24/EU).[41] Nur die Auftragsforschung soll Gegenstand des GWB-Vergaberechts sein. Sie liegt vor, wenn Forschung und Entwicklung ausschließlich für den eigenen Nutzen und auf eigene Rechnung der Vergabestelle erfolgt. Staatliche Forschungsförderung liegt hingegen vor, wenn die Forschungsergebnisse in erster Linie dem Konzessionsnehmer bzw. der Allgemeinheit zur Verfügung stehen und der Konzessionsgeber den Auftrag nur mitfinanziert.[42]

32 Indes machen diese Überlegungen bei **Konzessionen** nur wenig Sinn: Es ist äußerst fraglich, ob der „Auftragsforschung" vergleichbare „Auftragsforschungskonzessionen" überhaupt denkbar sind. Denn das Merkmal der „Beschaffung" im Rahmen einer Konzession dient bereits seinem Wesen nach nicht dazu, Forschungs- und Entwicklungsdienstleistungen ausschließlich für die Vergabestelle zu beschaffen. Vielmehr ist wesentliches Merkmal einer Konzession gerade ein zumindest teilweiser Übergang der Verwertungsmöglichkeiten der Dienstleistung auf den Vertragspartner (vgl. § 105 Abs. 1 GWB). Es ist daher davon auszugehen, dass „Auftragsforschungskonzessionen" in der Praxis nicht vorkommen werden und Konzessionen für Forschungs- und Entwicklungsdienstleistungen in der Regel nicht nach §§ 148 ff. GWB ausgeschrieben werden müssen.

2. Forschungs- und Entwicklungsdienstleistungen

33 Im Zentrum der Ausnahme stehen die Begriffe „**Forschung**" und „**Entwicklung**". Sie sind in den EU-Vergaberichtlinien nicht definiert. Auch die Art. 179 ff. AEUV setzen den Begriff der Forschung voraus, definieren ihn aber nicht. Schließlich hat auch der deutsche Gesetzgeber auf eine Definition im novellierten GWB verzichtet. Der Vergabesenat des BayObIG hat im Jahr 2003 erkannt, dass Forschung jedenfalls zum Ziel habe, neue Erkenntnisse zu gewinnen, gleich ob es sich um Grundlagenforschung oder angewandte Forschung handelt.[43] Außerdem kann Kategorie 8 („Forschung und Entwicklung") des Anhangs II Teil A RL 2004/18/EG[44] als ein erster Orientierungspunkt dienen. Allerdings gibt es eine Reihe von Tätigkeitsbereichen, bei denen unter Zuhilfenahme wissenschaftlicher Regeln und Methoden neue Erkenntnisse hervorgebracht werden sollen, obwohl sie keinem CPV-Code der Kategorie 8 unterfallen. So ist es Forschung immanent, dass die unterschiedlichen Forschungstätigkeiten und Forschungsgegenstände nicht vorab festgelegt werden können. Deswegen ist eine eigenständige abstrakte Definition erforderlich. Anleihen dafür können zunächst bei Art. 1 Nr. 27 RL 2009/81/EG gemacht werden. Dort definiert der Unionsgesetzgeber die Begriffe „Forschung und Entwicklung" abstrakt als alle Tätigkeiten, die Grundlagenforschung, angewandte Forschung und experimentelle Entwicklung beinhalten, wobei letztere die Herstellung von technologischen Demonstrationssystemen, d. h. von Vorrichtungen zur Demonstration der Leistungen eines neuen Konzepts oder einer neuen Technologie in einem relevanten oder repräsentativen Umfeld, einschließen kann.[45] Zur weiteren Erläuterung der Begriffe kann der

---

41 Vgl. noch zu § 100 Abs. 2 lit. n GWB a.F. BayObIG, Beschluss v. 27.2.2003 – Verg 25/02.

42 Vgl. *Sterner*, in: Müller-Wrede, Taschenkommentar GWB-Vergaberecht, § 100 Rn. 14; *Aicher*, in: Müller-Wrede, Kompendium des Vergaberechts, Kap. 11 Rn. 21.

43 BayObIG, Beschluss v. 27.2.2003 – Verg 25/02.

44 CPV-Codes: 73000000-2 bis 73436000-7 (außer 73200000-4, 73210000-7, 73220000-0).

45 Umgesetzt durch § 4 Abs. 5 VSVgV; vgl. dazu Generaldirektion Binnenmarkt, Industrie, Unternehmertum und KMU, Directive 2009/81/EC on the award of contracts in the fields of defence and security, Guidance Note Research and development (Ref. Ares(2016)765006).

„Unionsrahmen für staatliche Beihilfen zur Förderung von Forschung, Entwicklung und Innovation“[46] aus dem Jahr 2014 herangezogen werden.

Konzessionen für Forschungs- und Entwicklungsdienstleistungen sind, soweit ersichtlich, noch nicht Gegenstand der Vergabepraxis bzw. der Rechtsprechung gewesen. Ein Praxisbeispiel könnte etwa der Betrieb einer Forschungseinrichtung oder eines Labors sein. 34

3. Rückausnahme

Wenn die Voraussetzungen einer Konzession für Forschungs- und Entwicklungsdienstleistungen vorliegen, ist weiter zu prüfen, ob die Voraussetzungen der Rückausnahme nach § 149 Nr. 2 GWB i.V.m. § 116 Abs. 1 Nr. 2 GWB vorliegen und die Konzession deswegen doch nach §§ 148 ff. GWB ausgeschrieben werden muss. 35

Die Rückausnahme greift nur für bestimmte **CPV-Codes**. Diese sind: 36

- CPV-Code 73000000-2 (Forschungs- und Entwicklungsdienste und zugehörige Beratung)
- CPV-Code 73100000-3 (Dienstleistungen im Bereich Forschung und experimentelle Entwicklung)
- CPV-Code 7311000-6 (Forschungsdienste)
- CPV-Code 73111000-3 (Forschungslabordienste)
- CPV-Code 73112000-0 (Meeresforschungsdienste)
- CPV-Code 73120000-9 (Experimentelle Entwicklung)
- CPV-Code 73300000-5 (Planung und Ausführung von Forschung und Entwicklung)
- CPV-Code 73420000-2 (Vordurchführbarkeitsstudie und technologische Demonstration)
- CPV-Code 73430000-5 (Test und Bewertung)

Alle anderen Forschungs- und Entwicklungsdienstleistungen sind ohnehin ausgenommen, ohne dass es auf die weiteren Voraussetzungen der Rückausnahme ankäme. Die Gesetzesbegründung zu § 116 Abs. 1 Nr. 2 GWB nennt etwa CPV-Code 73400000-6 (Forschung und Entwicklung für Sicherheits- und Verteidigungsgüter) oder CPV-Code 73410000-9 (Militärforschung und -technologie).[47]

Außerdem sieht die Rückausnahme zwei weitere, kumulative Voraussetzungen vor: Erstens müssen dem Wortlaut des § 116 Abs. 1 Nr. 2 GWB nach die Ergebnisse der Forschungs- und Entwicklungsaktivitäten ausschließliches **Eigentum** des Auftraggebers für seinen Gebrauch bei der Ausübung seiner eigenen Tätigkeit werden (lit. a). Dabei muss der Begriff Eigentum unionsrechtskonform weit ausgelegt werden, sodass nicht nur Sacheigentum im Sinne des § 903 BGB erfasst ist, sondern auch alle ausschließlichen Nutzungs- und Verwertungsrechte.[48] Denn in Art. 25 lit. a RL 2014/23/EU heißt es lediglich, dass die Ergebnisse ausschließlich dem öffentlichen Auftraggeber oder dem Auftraggeber für die Verwendung in seinem eigenen Geschäftsbetrieb „zustehen“ müssen. Der Begriff „Eigentum“ wird im Gegensatz zu Art. 16 lit. f RL 2004/18/EG i.V.m. § 100 Abs. 4 Nr. 2 GWB a.F. nicht mehr verwendet. Maßgeblich ist also, ob die Ergebnisse (bzw. deren Nutzung und Verwertung) alleine der Sphäre des Konzessionsgebers zugeordnet werden oder auch der Sphäre des Konzessionsnehmers. Da ein Verwertungsrecht des Konzessionsnehmers konstitutives Merkmal einer Dienstleistungskonzession ist (§ 105 Abs. 1 Nr. 2 GWB), wird die Rückausnahme regelmäßig allerdings bereits an dieser Voraussetzung scheitern. 37

Zweitens muss der Konzessionsgeber die Forschungs- und Entwicklungsdienstleistungen vollständig **vergüten** (§ 116 Abs. 1 Nr. 2 lit. b GWB). Auch diese Voraussetzung widerspricht jedoch der für eine Dienstleistungskonzession charakteristischen Entgeltabrede, nach der das 38

46 Europäische Kommission, Mitteilung der Kommission, Unionsrahmen für staatliche Beihilfen zur Förderung von Forschung, Entwicklung und Innovation (2014/C 198/01); so auch *Aicher*, in: Müller-Wrede, Kompendium des Vergaberechts, Kap. 11 Rn. 22.

47 Vgl. Gesetzesbegründung zu § 116 Abs. 1 Nr. 2 GWB, VergRModG 2016, BT-Drs. 18/6281, 94.

48 So bereits BayOblG, Beschluss v. 27.2.2003 – Verg 25/02.

Entgelt jedenfalls teilweise im Verwertungsrecht für die Dienstleistung besteht (§ 105 Abs. 1 Nr. 2 GWB). Eine vollständige Vergütung von Forschungs- und Entwicklungsdienstleistungen steht also per se der Annahme einer Konzession im Sinne des § 105 GWB entgegen.

39 Im Ergebnis ist daher nicht davon auszugehen, dass Forschungs- und Entwicklungsdienstleistungskonzessionen nach §§ 148 ff. GWB ausgeschrieben werden müssen.

III. Konzessionen zu audiovisuellen Mediendiensten oder Hörfunkmediendiensten (Nr. 3)

40 Nach § 149 Nr. 3 GWB ist auch die Vergabe von Konzessionen zu audiovisuellen Mediendiensten oder Hörfunkmediendiensten im Sinne des § 116 Abs. 1 Nr. 3 GWB vom Anwendungsbereich des Teil 4 GWB ausgenommen.

1. Allgemeines

41 § 149 Nr. 3 GWB i.V.m. § 116 Abs. 1 Nr. 3 GWB beruht auf der **unionsrechtlichen Vorgabe** des Art. 10 Abs. 8 lit. b RL 2014/23/EU. Eine entsprechende Ausnahme ist in Art. 10 lit. b RL 2014/24/EU geregelt und wird durch § 116 Abs. 1 Nr. 3 GWB in deutsches Recht umgesetzt. Diese Regelung entspricht im Wesentlichen § 100a Abs. 2 Nr. 1 GWB a.F. Der deutsche Gesetzgeber hat § 116 Abs. 1 Nr. 3 GWB allerdings Art. 10 lit. b RL 2014/24/EU folgend an die technischen Entwicklungen angepasst.[49] Insbesondere wurde die Begrifflichkeit „Rundfunk- oder Fernsehanstalten" durch „Anbieter von audiovisuellen Mediendiensten oder Hörfunkmediendiensten" ersetzt. Gegenstand sind jetzt nicht mehr „Programme, die zur Ausstrahlung [...] bestimmt sind", sondern „Sendematerial für audiovisuelle Mediendienste oder Hörfunkdienste". Schließlich wurde die „Ausstrahlung von Sendungen" durch „Ausstrahlungszeit oder die Bereitstellung von Sendungen" ersetzt. Insgesamt sind die Begriffe und die Struktur der Ausnahme nicht besonders anwenderfreundlich.

42 Der Unionsgesetzgeber erläutert die **Zielsetzung** der Ausnahme in Erwägungsgrund 43 RL 2014/23/EU: *„Bei der Vergabe von Konzessionen für bestimmte audiovisuelle und Hörfunkmediendienste durch Mediendienstleister sollten besondere kulturelle und gesellschaftspolitische Erwägungen berücksichtigt werden können, die die Anwendung von Vorschriften für die Konzessionsvergabe unangemessen erscheinen lassen. [...].“*[50] Zweck der Ausnahme ist also die *„Gewährleistung der völlig unabhängigen und unparteilichen Erfüllung der öffentlichen Aufgabe der [Mediendienstleister]“*[51]. Sie sollen im Anwendungsbereich der Ausnahme nicht den Zwängen des förmlichen Vergaberechts unterliegen. Damit dient § 149 Nr. 3 GWB schließlich der Informationsfreiheit, welche verfassungsrechtlich in Art. 5 Abs. 1 GG und mittlerweile auch explizit in Art. 11 Abs. 1 GRCh als Unionsgrundrecht gewährleistet wird.[52]

2. Voraussetzungen

a) Sendematerial

43 Die Ausnahme betrifft zunächst Konzessionen für den Erwerb, die Entwicklung, die Produktion oder die Koproduktion von Sendematerial für audiovisuelle Mediendienste und Hörfunkmediendienste, die von Anbietern von audiovisuellen Mediendiensten oder Hörfunkmediendiensten vergeben werden (§ 149 Nr. 3 GWB i.V.m. § 116 Abs. 1 Nr. 3 Alt. 1 GWB). Konzessionsgeber sind in dieser ersten Variante also die Anbieter von audiovisuellen Mediendiensten oder Hörfunkmediendiensten.

---

49 Vgl. Gesetzesbegründung zu § 116 Abs. 1 Nr. 3 GWB, VergRModG 2016, BT-Drs. 18/6281, 94.

50 Entsprechend Erwägungsgrund 23 RL 2014/24/EU; so auch bereits Erwägungsgrund 25 RL 2004/18/EG.

51 Vgl. EuGH, Urteil v. 13.12.2007 – Rs. C-337/06 (Bayerischer Rundfunk), Rn. 63; auch Urteil v. 18.6.1991 – Rs. C-260/89 (ERT), Rn. 44 f.

52 Vgl. auch *Mohr*, in: Säcker, Wettbewerbsrecht, § 149 GWB Rn. 21.

aa) Programmbezug

In seinem Urteil „Bayerischer Rundfunk" hat der EuGH für eine entsprechende Vorgängerregelung für öffentliche Aufträge erkannt, dass die Vorschrift als Ausnahme **restriktiv auszulegen** sei, sodass *„öffentliche Aufträge über Dienstleistungen, die in keinem Zusammenhang mit den Tätigkeiten stehen, die zur Erfüllung der eigentlichen öffentlichen Aufgabe der öffentlich-rechtlichen Rundfunkanstalten gehören, voll und ganz den Gemeinschaftsvorschriften [unterliegen]"*[53]. Im konkreten Fall ging es um Reinigungsarbeiten. Entsprechend hat die VK Bremen für den Bereich der öffentlichen Aufträge entschieden, dass die Beschaffung von Sanitär- und Heizungstechnik durch eine öffentlich-rechtliche Landesrundfunkanstalt nicht unter die Ausnahme fällt.[54] Dieser Grundgedanke greift auch für Konzessionen im Sinne des § 105 GWB und muss deshalb übertragen werden, sodass Konzessionen ohne Programmbezug nicht von der Ausnahme erfasst werden. 44

Nach Erwägungsgrund 43 RL 2014/23/EU soll die Ausnahme (mangels Programmbezugs) deswegen nicht für die Bereitstellung des für die Produktion, die Koproduktion und die Ausstrahlung dieser Sendungen erforderlichen **technischen Materials** gelten. Demgegenüber sind **Vorbereitungsdienste**, die Dienste im Zusammenhang mit den für die Produktion von Sendungen erforderlichen Drehbüchern oder künstlerischen Leistungen zum Gegenstand haben, nach dem Willen des Unionsgesetzgebers von der Ausnahme erfasst. Wenn die Konzession eine Kombination zwischen technischen und inhaltlichen Dienstleistungen betrifft, kommt es darauf an, welche Komponente überwiegt. Außerdem soll die Ausnahme gleichermaßen für Ausstrahlungs-Mediendienste wie für Abrufdienste (sog. nicht lineare Dienste) gelten. 45

bb) Begrifflichkeiten

Nach der Gesetzesbegründung sollen die Begriffe „**audiovisuelle Mediendienste**" und „**Anbieter von Mediendiensten**" (= „Anbietern von audiovisuellen Mediendiensten oder Hörfunkmediendiensten") dieselbe Bedeutung wie in Art. 1 Abs. 1 lit. a und d RL 2010/13/EU haben.[55] Dies folgt auch direkt aus Art. 10 Abs. 8 lit. b RL 2014/23/EU, obwohl dort nicht von Anbietern von Mediendiensten, sondern von „Mediendienstleistern" die Rede ist. Da sich die RL 2010/13/EU allerdings nur auf audiovisuelle Mediendienste bezieht, müssen die Definitionen für Hörfunkmediendienste entsprechend angewendet werden. Das ist auch in Art. 10 Abs. 8 lit. b S. 3 und 4 RL 2014/23/EU für die übrigen Begriffe vorgesehen. Gemäß Art. 1 Abs. 1 lit. a RL 2010/13/EU versteht man unter „audiovisueller Mediendienst" einerseits (sublit. i) eine Dienstleistung im Sinne der Art. 56 und 57 AEUV, für die ein Mediendiensteanbieter die redaktionelle Verantwortung trägt und deren Hauptzweck die Bereitstellung von Sendungen zur Information, Unterhaltung oder Bildung der allgemeinen Öffentlichkeit über elektronische Kommunikationsnetze im Sinne des Art. 2 lit. a RL 2002/21/EG ist. Bei diesen audiovisuellen Mediendiensten handelt es sich entweder um Fernsehprogramme gemäß Art. 1 Abs. 1 lit. e RL 2010/13/EU oder um audiovisuelle Mediendienste auf Abruf gemäß Art. 1 Abs. 1 lit. g RL 2010/13/EU. Anderseits ist auch die audiovisuelle kommerzielle Kommunikation umfasst (sublit. ii). 46

Entgegen der Vorstellung des Unionsgesetzgebers definiert Art. 1 Abs. 1 lit. d RL 2010/13/EU nicht den unionsrechtlichen Begriff „Mediendienstleister", sondern nur den Begriff „**Mediendiensteanbieter**". Allerdings dürfte es sich hierbei um ein Redaktionsversehen handeln, sodass Art. 1 Abs. 1 lit. d RL 2010/13/EU dennoch herangezogen werden kann. Mediendiensteanbieter ist danach, wer als natürliche oder juristische Person die redaktionelle Verantwortung für die Auswahl der audiovisuellen Inhalte des audiovisuellen Mediendienstes trägt und bestimmt, wie diese gestaltet werden. Wie bereits ausgeführt muss diese Definition für Hörfunkmediendienste entsprechend herangezogen werden. 47

Zu § 100a Abs. 2 Nr. 1 GWB a.F. wurde die Auffassung vertreten, dass mit „**Rundfunk- oder Fernsehanstalten**" nur die in der ARD zusammengeschlossenen Länderanstalten, das ZDF 48

53 Vgl. EuGH, Urteil v. 13.12.2007 – Rs. C-337/06 (Bayerischer Rundfunk), Rn. 64.
54 Vgl. VK Bremen, Beschluss v. 1.2.2006 – VK 1/06.
55 Vgl. Gesetzesbegründung zu § 116 Abs. 1 Nr. 3 GWB, VergRModG 2016, BT-Drs. 18/6281, 94.

sowie die direkt aus dem Bundeshaushalt finanzierten Veranstalter des Deutschlandfunks und der Deutschen Welle gemeint sind.[56] Mit Blick auf Art. 1 Abs. 1 lit. d RL 2010/13/EU ist davon auszugehen, dass die Begrifflichkeit „Anbietern von audiovisuellen Mediendiensten oder Hörfunkmediendiensten" im Sinne des § 116 Abs. 1 Nr. 3 Alt. 1 GWB weiter zu verstehen ist: Maßgeblich ist allein eine redaktionelle Verantwortung bei der Programmauswahl und -gestaltung. Allerdings dürften insbesondere private Anbieter von audiovisuellen Mediendiensten oder Hörfunkmediendiensten in den seltensten Fällen Konzessionsgeber sein.

49 Nach der Gesetzesbegründung und Art. 10 Abs. 8 lit. b RL 2014/23/EU soll der Begriff „**Sendematerial**" dieselbe Bedeutung haben wie der Begriff „Sendung" im Sinne des Art. 1 Abs. 1 lit. b RL 2010/13/EU.[57] Eine Sendung ist danach eine Abfolge von bewegten Bildern mit oder ohne Ton, die Einzelbestandteil eines von einem Mediendiensteanbieter erstellten Sendeplans oder Katalogs ist und deren Form und Inhalt mit der Form und dem Inhalt von Fernsehprogrammen vergleichbar sind. Beispiele für Sendungen sind unter anderem Spielfilme, Videoclips, Sportberichte, Fernsehkomödien, Dokumentarfilme, Kindersendungen und Originalfernsehspiele. Außerdem umfasst der Begriff Sendung Hörfunksendungen und Hörfunk-Sendematerial (vgl. Art. 10 Abs. 8 lit. b RL 2014/23/EU).

b) Ausstrahlungszeit und Bereitstellung von Sendungen

50 Die Ausnahme betrifft ferner Konzessionen für die Ausstrahlungszeit oder Bereitstellung von Sendungen, die an Anbieter von audiovisuellen Mediendiensten oder Hörfunkmediendiensten vergeben werden (§ 149 Nr. 3 GWB i.V.m. § 116 Abs. 1 Nr. 3 Alt. 2 GWB). Wichtig ist bei dieser zweiten Alternative, dass die Anbieter von audiovisuellen Mediendiensten oder Hörfunkmediendiensten im Gegensatz zu § 149 Nr. 3 GWB i.V.m. § 116 Abs. 1 Nr. 3 Alt. 1 GWB nicht Konzessionsgeber, sondern Konzessionsnehmer sind.

51 Unter die Ausnahme fallen also Konzessionen für die **Ausstrahlungszeit** an Anbieter von audiovisuellen Mediendiensten oder Hörfunkmediendiensten, also die Vermarktung der Dienstleistung der Ausstrahlung (Übertragung und Verbreitung über einen audiovisuellen Medien- oder Hörfunkdienst) in einem bestimmten Zeitfenster. Konzessionsnehmer ist hier folglich ein Dritter.

52 Alternativ sind Konzessionen ausgenommen, deren Gegenstand die Bereitstellung von **Sendungen** ist. Wie bereits erläutert, hat der Begriff „Sendung" dieselbe Bedeutung wie in Art. 1 Abs. 1 lit. b RL 2010/13/EU, umfasst aber auch Hörfunksendungen.

IV. Konzessionen für finanzielle Dienstleistungen (Nr. 4)

53 Nach § 149 Nr. 4 GWB ist die Vergabe von Konzessionen für bestimmte finanzielle Dienstleistungen im Sinne des § 116 Abs. 1 Nr. 4 GWB vom Anwendungsbereich des GWB-Vergaberechts ausgenommen. Nach § 116 Abs. 1 Nr. 4 GWB sind dies finanzielle Dienstleistungen im Zusammenhang mit der Ausgabe, dem Verkauf, dem Ankauf oder der Übertragung von Wertpapieren oder anderen Finanzinstrumenten, Dienstleistungen der Zentralbanken sowie mit der Europäischen Finanzstabilisierungsfazilität (EFSF) und dem Europäischen Stabilitätsmechanismus (ESM) durchgeführte Transaktionen. Alle anderen finanziellen Dienstleistungen[58] unterliegen folglich dem GWB-Vergaberecht.[59]

1. Allgemeines

54 Die Ausnahme nach Art. 149 Nr. 4 GWB i.V.m. § 116 Abs. 1 Nr. 4 GWB bezweckt die Umsetzung von Art. 10 Abs. 8 lit. e **RL 2014/23/EU**. Entsprechende Ausnahmen sind in Art. 10 lit. e RL 2014/24/EU (= § 116 Abs. 1 Nr. 4 GWB) und Art. 21 lit. d RL 2014/25/EU (= § 137 Nr. 4

56 Vgl. *Schellenberg*, in: Pünder/Schellenberg, Vergaberecht, 2. Auflage, § 100a GWB Rn. 1; a.A. *Aicher*, in: Müller-Wrede, Kompendium des Vergaberechts, Kap. 11 Rn. 57.
57 Gesetzesbegründung zu § 116 Abs. 1 Nr. 3 GWB, VergRModG 2016, BT-Drs. 18/6281, 94.
58 Vgl. CPV-Codes 66000000-0 ff.
59 Vgl. zur früheren Rechtslage *Aicher*, in: Müller-Wrede, Kompendium des Vergaberechts, Kap. 11 Rn. 62.

GWB) geregelt. Deswegen verweisen § 149 Nr. 4 GWB und § 137 Nr. 4 GWB auf § 116 Abs. 1 Nr. 4 GWB. § 116 Abs. 1 Nr. 4 GWB setzt den Wortlaut der Unionsvorgaben nahezu identisch um.

Diese Regelung betrifft Ausnahmen für bestimmte finanzielle Dienstleistungen, die vor Inkrafttreten des **VergRModG 2016** identisch in § 100a Abs. 2 Nr. 2 GWB a.F.[60] für den Bereich der klassischen Auftraggeber und in § 100b Abs. 2 Nr. 1 GWB a.F.[61] für den Bereich der Sektorenauftraggeber geregelt waren.[62] Weggefallen ist der Passus „insbesondere Geschäfte, die der Geld- oder Kapitalbeschaffung dienen"; Kredite und Darlehen sind nunmehr Gegenstand von § 116 Abs. 1 Nr. 5 GWB. **55**

Die Ausnahme für finanzielle Dienstleistungen wird mit dem Argument begründet, dass in Anbetracht der Marktbedingungen an funktionierenden und transparenten Kapitalmärkten die Durchführung eines Vergabeverfahrens unzweckmäßig ist.[63] Die Ausnahme **bezweckt** also die Vergabefreiheit für geschäftliche Transaktionen auf Kapitalmärkten, auf deren Eigenarten und Gesetzmäßigkeiten ein formalisiertes Vergabeverfahren kaum rechtzeitig reagieren könnte.[64] So ist davon auszugehen, dass das Vergaberecht die Transaktionskosten erhöhen würde, weil durch die mit dem Vergabeverfahren verbundenen zeitlichen Verzögerungen die Anbieter zu Termingeschäften gezwungen würden. Teilweise wird auch (wenig überzeugend) auf ein besonderes Vertrauensverhältnis hingewiesen.[65] **56**

Mit der Neuregelung sollen nunmehr ebenfalls Transaktionen mit der **EFSF** und dem **ESM** von der Anwendung des Vergaberechts ausgenommen sein. Dazu heißt es in Erwägungsgrund 26 RL 2014/24/EU für den Bereich der öffentlichen Aufträge: *„Ferner sollte mit Blick auf die kürzlich erfolgte Schaffung der Europäischen Finanzstabilisierungsfazilität und des Europäischen Stabilitätsmechanismus festgehalten werden, dass mit dieser Fazilität und diesem Mechanismus durchgeführte Transaktionen aus dem Anwendungsbereich dieser Richtlinie ausgenommen werden sollten."* **57**

Im Ergebnis geht es bei dieser Ausweitung der Ausnahme also darum, den finanz- und geldpolitischen Spielraum der Mitgliedstaaten (gerade auch) in Krisenzeiten zu gewährleisten. **58**

2. Voraussetzungen

a) Finanzielle Dienstleistungen

Nach § 149 Nr. 4 GWB i.V.m. § 116 Abs. 1 Nr. 4 Alt. 1 GWB ist zunächst die Vergabe von Konzessionen vom Anwendungsbereich des Teil 4 GWB ausgenommen, die finanzielle Dienstleistungen im Zusammenhang mit der Ausgabe, dem Verkauf, dem Ankauf oder der Übertragung von Wertpapieren oder anderen Finanzinstrumenten zum Gegenstand haben. Beide Begriffe werden in den EU-Vergaberichtlinien nicht definiert. **59**

Aus der Formulierung „oder andere Finanzinstrumente" folgt, dass der Begriff „**Wertpapier**" im Sinne des § 116 Abs. 1 Nr. 4 Alt. 1 GWB eine spezielle Kategorie des Oberbegriffs „Finanzinstrument" bildet. Wertpapiere im Sinne der Vorschrift sind somit stets auch Finanzinstrumente. Um eine einheitliche Anwendung der EU-Vergaberichtlinien zu gewährleisten, müssen beide Begriffe in allen Mitgliedstaaten im Lichte des Unionsrechts ausgelegt werden. **60**

In Erwägungsgrund 26 RL 2014/24/EU zu Art. 10 lit. e RL 2014/24/EU heißt es deshalb, *„dass der Begriff ‚Finanzinstrumente' im Sinne dieser Richtlinie dieselbe Bedeutung hat wie in anderen Rechtsakten über den Binnenmarkt"*. In der Konsequenz bietet sich zuvorderst ein Rückgriff auf das kapitalmarktrechtliche Sekundärrecht, insbesondere die RL 2014/65/EU an. Nach **61**

---

60 Die Vorschrift basierte auf Art. 16 lit. d RL 2004/18/EG; vgl. dazu Erwägungsgrund 27 RL 2004/18/EG.
61 Die Vorschrift basierte auf Art. 24 lit. c RL 2004/17/EG, bis auf den Zentralbankenzusatz.
62 Diese Aufspaltung in zwei Vorschriften folgt daraus, dass in RL 2009/81/EG keine entsprechende Ausnahme vorgesehen ist, vgl. Gesetzesbegründung zu § 100b Abs. 2 Nr. 1 GWB a.F., Gesetz zur Änderung des Vergaberechts für die Bereiche Verteidigung und Sicherheit, BT-Drs. 17/7275, 16.
63 Vgl. zu den Vorgängerregelungen *Kullack/Terner*, ZfBR 2004, 244 (246) m.w.N.
64 Vgl. *Aicher*, in: Müller-Wrede, Kompendium des Vergaberechts, Kap. 11 Rn. 66.
65 Vgl. VK Baden-Württemberg, Beschluss v. 30.11.2001 – 1 VK 40/01.

Art. 4 Nr. 15 RL 2014/65/EU sind „**Finanzinstrumente**" die in Anhang I C RL 2014/65/EU enumerativ aufgezählten Instrumente. Dort sind unter anderem auch übertragbare Wertpapiere genannt, die in Art. 4 Abs. 1 Nr. 44 RL 2014/65/EU weiter definiert werden. Nur urkundlich verbriefte Titel (nicht übertragbare Wertpapiere) sind demnach nicht von der Ausnahme erfasst.[66]

62 Ferner müssen die finanziellen Dienstleistungen im Zusammenhang mit der Ausgabe, dem Verkauf, dem Ankauf oder der Übertragung von Wertpapieren oder anderen Finanzinstrumenten stehen (sog. **Zusammenhangsgeschäfte**). Wann der Zusammenhang vorliegt, ist nach wie vor streitig.[67] Dies gilt insbesondere für die Frage, ob auch vorbereitende Tätigkeiten wie die Entwicklung von Vermarktungsstrategien, die Formulierung von Vermarktungskonzepten und Beratungstätigkeiten bei der Wertpapieremission erfasst sind.[68] In diesem Zusammenhang hat die VK Baden-Württemberg im Jahr 2001 entschieden, dass Arrangeurleistungen – wegen des *„besonderen kapitalmarktbezogenen Vertrauensverhältnisses"* – bei US-Leasingtransaktionen nach der Vorgängerregelung des § 100 Abs. 2 lit. m GWB a.F. freigestellt sind.[69] Konkret ging es um die Vermittlung eines US-Cross-Border-Leasing-Vertrages für Einrichtungen der Stadtentwässerung.[70]

b) Dienstleistungen der Zentralbanken

63 Von der Ausnahme werden nach § 149 Nr. 4 GWB i.V.m. § 116 Abs. 1 Nr. 4 Alt. 2 GWB ferner auch Konzessionen für Dienstleistungen der Zentralbanken erfasst. Unter „Dienstleistungen der Zentralbanken" versteht man alle im BBankG geregelte Dienstleistungen, die die Deutsche Bundesbank und ihre Hauptgeschäftsstellen (§ 8 BBankG) erbringen. Die Anwendung des GWB-Vergaberechts ist aber nur für Konzessionen an die Zentralbank ausgeschlossen; nicht erfasst sind hingegen Konzessionen, die von den Zentralbanken selbst vergeben werden.[71]

c) EFSF und ESM

64 Schließlich ist nach § 149 Nr. 4 GWB i.V.m. § 116 Abs. 1 Nr. 4 Alt. 3 GWB die Vergabe von Konzessionen für mit der EFSF[72] und dem ESM[73] durchgeführte Transaktionen vom Anwendungsbereich des Teil 4 GWB ausgenommen (auch wenn die Existenz solcher Konzessionen nur schwer vorstellbar ist).

65 Beim **EFSF** und **ESM** handelt es sich um finanzpolitische Organisationen, die im Rahmen der sog. Schulden- und Euro-Krise geschaffen wurden, um die Finanzstabilität im Euro-Raum aufrechtzuerhalten. Beide Institutionen basieren auf völkerrechtlichen Vereinbarungen zwischen den Mitgliedstaaten, die außerhalb des Unionsrechts geschlossen wurden. Der ESM hat den EFSF im Jahr 2012 abgelöst; der EFSF wird aber erst vollständig aufgelöst, wenn alle Finanzhilfen zurückgezahlt worden sind. Der ESM stellt allen ESM-Mitgliedern mit schwerwiegenden Finanzierungsproblemen Finanzhilfen unter anderem in Form von Darlehen zur Verfügung.[74]

---

66 Vgl. *Dreher*, in: Immenga/Mestmäcker, Wettbewerbsrecht, § 116 GWB Rn. 44; *Aicher*, in: Müller-Wrede, Kompendium des Vergaberechts, Kap. 11 Rn. 67.

67 Vgl. *Schellenberg*, in: Pünder/Schellenberg, Vergaberecht, § 149 GWB Rn. 38; zum Streitstand vgl. *Mohr*, in: Säcker, Wettbewerbsrecht, § 149 GWB Rn. 32; sowie *Röwekamp*, in: Röwekamp/Kus/Portz/Prieß, GWB-Vergaberecht, § 116 Rn. 17 f.

68 *Röwekamp*, in: Röwekamp/Kus/Portz/Prieß, GWB-Vergaberecht, § 116 Rn. 17 f.

69 VK Baden-Württemberg, Beschluss v. 30.11.2001 – 1 VK 40/01; kritisch dazu *Schellenberg*, in: Pünder/Schellenberg, Vergaberecht, § 149 GWB Rn. 38.

70 Arrangeure bieten deutschen Anlagenbetreibern Vermittlungsdienste bei der Suche nach geeigneten US-Investoren für US-Leasingtransaktionen an.

71 Für den Bereich der öffentlichen Auftragsvergabe VK Bund, Beschluss v. 30.9.2010 – VK 2-80/10; vgl. dazu auch *Prieß/Hölzl*, NZBau 2011, 65.

72 Vgl. zum EFSF https://www.esm.europa.eu/efsf-overview.

73 Vgl. zum ESM http://www.esm.europa.eu/.

74 Ausführlich zu EFSF und ESM vgl. *Mohr*, in: Säcker, Wettbewerbsrecht, § 149 GWB Rn. 35 f.

V. Konzessionen für Kredite und Darlehen (Nr. 5)

Nach § 149 Nr. 5 GWB i.V.m. § 116 Abs. 1 Nr. 5 GWB ist die Vergabe von Konzessionen für Kredite und Darlehen, auch im Zusammenhang mit der Ausgabe, dem Verkauf, dem Ankauf oder der Übertragung von Wertpapieren oder anderen Finanzinstrumenten, vom Anwendungsbereich des GWB-Vergaberechts ausgenommen. 66

1. Allgemeines

§ 149 Nr. 5 GWB dient der Umsetzung von Art. 10 Abs. 8 lit. f **RL 2014/23/EU**. Entsprechende Ausnahmen sind in Art. 10 lit. f RL 2014/24/EU (= § 116 Abs. 1 Nr. 5 GWB) und in Art. 21 lit. e RL 2014/25/EU (= § 137 Nr. 5 GWB) vorgesehen. Insofern verweist § 149 Nr. 5 GWB auf § 116 Abs. 1 Nr. 5 GWB. In der RL 2014/23/EU ist die Ausnahme nicht weiter erläutert. In Erwägungsgrund 26 RL 2014/24/EU heißt es zu Art. 10 lit. f RL 2014/24/EU: *„Schließlich sollte klargestellt werden, dass Darlehen oder Kredite, gleich ob sie mit der Ausgabe von Wertpapieren oder andere[n] Finanzinstrumenten oder mit anderen diese betreffenden Transaktionen im Zusammenhang stehen oder nicht, aus dem Anwendungsbereich dieser Richtlinie ausgenommen werden sollten."* 67

Wenngleich mehr als fraglich ist, ob eine Kredit- und Darlehensaufnahme der öffentlichen Hand überhaupt die Voraussetzungen einer **Dienstleistungskonzession** im Sinne des § 105 Abs. 1 Nr. 2 GWB zu erfüllen vermag, stellt Art. 10 Abs. 8 lit. f RL 2014/23/EU sicher, dass die Darlehens- und Kreditaufnahme vollständig vom förmlichen Vergaberecht ausgenommen ist.[75] Diese Bereichsausnahme bezweckt – in Anlehnung an die Zweckbestimmung des § 149 Nr. 4 GWB – gleichfalls die Vergabefreiheit für die Aufnahme von Krediten bzw. Darlehen, da die Durchführung eines Vergabeverfahrens auch in diesem Bereich unzweckmäßig erscheint.[76] 68

2. Voraussetzungen

§ 149 Nr. 5 GWB i.V.m. § 116 Abs. 1 Nr. 5 GWB regelt eine umfassende Ausnahme für „**Kredite** und **Darlehen**". Beide Begriffe meinen das Gleiche; in Deutschland ist ohnehin nur das Darlehen als typisiertes Schuldverhältnis geregelt (vgl. §§ 488 ff. BGB). Der deutsche Gesetzgeber hat sich am Wortlaut des Art. 10 Abs. 8 lit. f RL 2014/23/EU orientiert. 69

Wichtig ist, dass Kredite bzw. Darlehen vorbehaltlos freigestellt sind. Aus dem Wortlaut des § 116 Abs. 1 Nr. 5 GWB („auch") und Erwägungsgrund 26 RL 2014/24/EU folgt eindeutig, dass es auf einen etwaigen Zusammenhang zu Wertpapiergeschäften oder anderen **Finanztransaktionen** nicht ankommt. Die Ausnahme erfasst also auch reine Darlehensaufnahmen. Für § 100a Abs. 2 Nr. 2 GWB a.F./§ 100b Abs. 2 Nr. 1 GWB a.F. war dies mit Blick auf den Passus „insbesondere Geschäfte, die der Geld- oder Kapitalbeschaffung [...] dienen" noch umstritten.[77] 70

Weiterhin stellt sich – auch wenn Anwendungsfälle nur schwer denkbar sind – die Frage, ob unter den Begriff des Kredits bzw. Darlehens im Sinne des § 149 Nr. 5 GWB auch das **Finanzierungsleasing** gefasst werden kann, wenn und soweit das Leasinggeschäft der Finanzierung zur Beschaffung von Waren oder Bauleistungen dient.[78] Denn das Finanzierungsleasing umfasst eine dem Darlehen vergleichbare Finanzierungsfunktion, die darin zu sehen ist, dass ein Leasinggeber ohne Eigeninteresse an der konkreten Investition einem Dritten eine Anschaffung – in der hiesigen Fallgestaltung eine Beschaffung von Waren oder Bauleistungen – finanziert.[79] Aufgrund dieser Finanzierungsfunktion wird das Finanzierungsleasing von Teilen 71

75 Nach *Opitz*, NVwZ 2014, 753 (754, Fn. 16) werden im nicht näher spezifizierten Ausland Kommunalkredite als Dienstleistungskonzessionen beschafft.
76 Vgl. auch *Mohr*, in: Säcker, Wettbewerbsrecht, § 149 GWB Rn. 37.
77 Zum Streitstand *Aicher*, in: Müller-Wrede, Kompendium des Vergaberechts, Kap. 11 Rn. 70.
78 Siehe hierzu und zu Folgendem auch *Röwekamp*, in: Röwekamp/Kus/Portz/Prieß, GWB-Vergaberecht, § 116 Rn. 22.
79 *Koch*, in: Münchener Kommentar zum BGB, Anhang § 515 Rn. 33.

der zivilrechtlichen Literatur auch als Darlehens- oder Kreditvertrag qualifiziert.[80] Darüber hinaus wird speziell für das sog. „sale-and-lease-back"-Verfahren angenommen, dass bei dieser Form des Finanzierungsleasings, bei welcher der Leasinggeber den Leasinggegenstand gegen Kaufpreiszahlung vom Leasingnehmer erhält, dem an den Leasingnehmer ausgezahlte und in Raten rückzuzahlende Kaufpreis eine Kreditwirkung zukomme.[81] Auch umsatzsteuerrechtlich wurde das Finanzierungsleasing in dieser Form des „sale-and-lease-back"-Verfahrens als Darlehensgewährung eingestuft.[82]

VI. Dienstleistungskonzessionen an andere Konzessionsgeber mit ausschließlichem Recht (Nr. 6)

72 Gemäß § 149 Nr. 6 GWB ist auch die Vergabe von Dienstleistungskonzessionen, die an einen Konzessionsgeber nach § 101 Abs. 1 Nr. 1 oder 2 GWB aufgrund eines auf Gesetz oder Verordnung beruhenden ausschließlichen Rechts vergeben werden, vom Anwendungsbereich des Teil 4 GWB ausgenommen.

1. Allgemeines

73 § 149 Nr. 6 GWB dient der Umsetzung von Art. 10 Abs. 1 UAbs. 1 **RL 2014/23/EU**.[83] Entsprechende Regelungen sind in Art. 11 RL 2014/24/EU (§ 116 Abs. 1 Nr. 6 GWB) und Art. 22 RL 2014/25/EU (§ 137 Nr. 6 GWB) vorgesehen.

74 § 116 Abs. 1 Nr. 6 GWB entspricht dem bisherigen § 100a Abs. 3 **GWB a.F.**; § 137 Nr. 6 GWB dem bisherigen § 100b Abs. 3 GWB a.F.

75 Die Ausnahme basiert auf der **Erwägung**, dass ein Vergabeverfahren wegen des ausschließlichen Rechts zwecklos ist, weil ohnehin nur dessen Inhaber die Dienstleistung erbringen können und in der Regel auch müssen.[84] Anwendungsbereich der Vorschrift sind also bestimmte gesetzliche Monopole bzw. Oligopole, die zugleich entweder Konzessionsgeber nach § 101 Abs. 1 Nr. 1 oder 2 GWB sind, wenn zwischen diesen und einem anderen Konzessionsgeber Vereinbarungen bestehen, die die Voraussetzungen einer Dienstleistungskonzession im Sinne des § 105 Abs. 1 Nr. 2 GWB erfüllen.[85]

76 Anders als bei § 149 Nr. 7 GWB besteht keine **Meldepflicht** gegenüber der Europäischen Kommission über die Gewährung des ausschließlichen Rechts.

2. Voraussetzungen

77 Die Ausnahme des § 149 Nr. 6 GWB setzt voraus:

- die Vergabe einer Dienstleistungskonzession im Sinne des § 105 GWB (nicht Baukonzession) durch einen Konzessionsgeber;
- an Konzessionsgeber nach § 101 Abs. 1 Nr. 1 GWB (öffentliche Auftraggeber gemäß § 99 Nr. 1 bis 3 GWB, die eine Konzession vergeben) oder § 101 Abs. 1 Nr. 2 GWB (öffentliche Sektorenauftraggeber gemäß § 100 Abs. 1 Nr. 1 GWB, die eine Sektorentätigkeit gemäß § 102 Abs. 2 bis 6 GWB ausüben und eine Konzession zum Zweck der Ausübung dieser Tätigkeit vergeben);

---

80 Streitig, vgl. hierzu *Koch*, in: Münchener Kommentar zum BGB, Anhang § 515 Rn. 30, mit Verweis auf *Borggräfe*, Die Zwangsvollstreckung in das Leasinggut, S. 50 ff, 72 f.; *Schmidt-Salzer*, Allgemeine Geschäftsbedingungen, S. 255.

81 *Göb/Nebel*, NZI 2020, 10 (12), mit Verweis auf *Mylich*, ZIP 2019, 2233.

82 *Röwekamp*, in: Röwekamp/Kus/Portz/Prieß, GWB-Vergaberecht, § 116 Rn. 22, mit Verweis auf BFH, Urteil v. 9.2.2006 – V R 22/03.

83 Vgl. Gesetzesbegründung zu § 149 Nr. 6 GWB, VergRModG 2016, BT-Drs. 18/6281, 128.

84 Vgl. für den Bereich der öffentlichen Aufträge Erwägungsgrund 30 RL 2014/24/EU.

85 Vgl. Verpflichtung, das Vergaberecht auch unter öffentlichen Auftraggebern anzuwenden, EuGH, Urteil v. 18.1.2007 – Rs. C-220/05 (Auroux), Rn. 58 ff.

- auf Grundlage eines ausschließlichen Rechts, das auf einem Gesetz oder einer Verordnung beruht und mit dem Unionsrecht im Einklang steht.[86]

Im Rahmen der Definition des Sektorenauftraggebers bestimmt § 100 Abs. 2 S. 1 GWB, dass 78
besondere oder **ausschließliche Rechte** solche Rechte sind, die dazu führen, dass die Ausübung dieser Tätigkeit einem oder mehreren Unternehmen vorbehalten wird und dass die Möglichkeit anderer Unternehmen, diese Tätigkeit auszuüben, erheblich beeinträchtigt wird. Diese Definition kann auch im Rahmen des § 149 Nr. 6 GWB als Ausgangspunkt herangezogen werden, obwohl der Wortlaut von § 149 Nr. 6 GWB nur von „ausschließlichen Rechten" spricht. Entsprechend versteht auch der Unionsgesetzgeber nach Art. 5 Nr. 10 RL 2014/23/EU unter einem ausschließlichen Recht ein Recht, das eine zuständige Behörde eines Mitgliedstaats im Wege einer mit den Verträgen im Einklang stehenden Rechts- oder veröffentlichten Verwaltungsvorschrift gewährt hat, wodurch die Möglichkeit anderer Wirtschaftsteilnehmer zur Ausübung dieser Tätigkeit wesentlich eingeschränkt wird.[87] Aus dem Wortlaut dieser Legaldefinition („wesentlich eingeschränkt") folgt, dass nicht nur Monopole, sondern auch Oligopole mit hohen Marktzutrittsschranken erfasst sind.[88] Die Auslegung dieser Definitionen kann sich an Art. 106 Abs. 1 AEUV orientieren, da es auch dort um Unternehmen geht, denen besondere oder ausschließliche Rechte gewährt wurden.[89]

Allerdings muss das ausschließliche Recht nach § 149 Nr. 6 GWB entweder auf **Gesetz** oder 79
Verordnung beruhen – nicht hingegen auf einer Verwaltungsvorschrift, einem Verwaltungsakt, einem Vertrag oder einer Satzung. Nach mehreren Beschlüssen des OLG Düsseldorf ist selbst eine ordnungsbehördliche Verordnung (§ 26 OBG NRW) nicht ausreichend.[90] Das deutsche Recht ist insofern strenger als die Richtlinienvorgabe des Art. 10 Abs. 1 UAbs. 1 RL 2014/23/EU, die lediglich ein ausschließliches Recht verlangt, aber keine Vorgaben in Bezug auf den Ursprung macht.

Da ausschließliche Rechte durch das Unionsprimärrecht stetig zurückgedrängt werden, dürfte 80
der praktische **Anwendungsbereich** der Ausnahme jedoch insgesamt überschaubar bleiben. Das KG hat beispielsweise entschieden, dass die Abfallüberlassungspflicht an den öffentlich-rechtlichen Entsorgungsträger nach § 13 Abs. 1 S. 2 Krw-/AbfG (jetzt: § 17 Abs. 1 KrWG) ein ausschließliches Recht im Sinne des § 100a Abs. 3 GWB a.F. ist.[91] Nach Auffassung des OLG Düsseldorf räumt hingegen ein verbindlich erklärter Abfallwirtschaftsplan dem Betreiber einer Abfallentsorgungsanlage kein Exklusivrecht ein, weil aus ihm allein eine Verpflichtung der beseitigungspflichtigen Kreise und kreisfreien Städte, aber kein Recht auf die Erbringung der Abfallentsorgungsleistung folgt.[92]

VII. Dienstleistungskonzessionen aufgrund eines ausschließlichen Rechts zur Ausübung einer Sektorentätigkeit (Nr. 7)

§ 149 Nr. 7 GWB nimmt die Vergabe von Dienstleistungskonzessionen, die an ein Unterneh- 81
men aufgrund eines ausschließlichen Rechts vergeben werden, das diesem Unternehmen im Einklang mit den nationalen und unionsrechtlichen Rechtsvorschriften über den Marktzugang für Tätigkeiten nach § 102 Abs. 2 bis 6 GWB gewährt wurde, vom Anwendungsbereich des Teil 4 GWB aus. Ausgenommen hiervon sind Dienstleistungskonzessionen für Tätigkeiten, für die die Unionsvorschriften keine branchenspezifischen Transparenzverpflichtungen vorsehen. Auftraggeber, die einem Unternehmen ein ausschließliches Recht im Sinne des § 149 Nr. 7

86 Vgl. Gesetzesbegründung zu § 149 Nr. 6 GWB, VergRModG 2016, BT-Drs. 18/6281, 128.
87 Vgl. dazu Erwägungsgrund 22 RL 2014/23/EU.
88 A.A. *Mohr*, in: Säcker, Wettbewerbsrecht, § 105 GWB Rn. 40.
89 So auch OLG München, Beschluss v. 12.5.2011 – Verg 26/10, zu § 98 Nr. 4 Alt. 1 GWB a.F; vgl. zu Art. 106 Abs. 1 AEUV *Schweitzer/Mestmäcker*, in: Immenga/Mestmäcker, Wettbewerbsrecht, Art. 106 AEUV Rn. 46, 50 f.
90 Vgl. OLG Düsseldorf, Beschluss v. 1.8.2012 – VII-Verg 105/11; Beschluss v. 9.4.2003 – Verg 66/02; Beschluss v. 4.9.2002 – Kart 26/02 (V).
91 Vgl. KG, Beschluss v. 29.2.2012 – Verg 8/11.
92 Vgl. OLG Düsseldorf, Beschluss v. 1.8.2012 – VII-Verg 105/11; Beschluss v. 9.4.2003 – Verg 66/02; Beschluss v. 4.9.2002 – Kart 26/02 (V).

GWB gewähren, setzen die Europäische Kommission hierüber binnen eines Monats nach Gewährung dieses Rechts in Kenntnis.

1. Allgemeines

82 § 149 Nr. 7 GWB setzt Art. 10 Abs. 1 UAbs. 2 und Abs. 2 **RL 2014/23/EU** um; die Abweichungen von den unionsrechtlichen Vorgaben sind aber irreführend formuliert. Die Struktur der Regelung entspricht im Grundsatz derjenigen des § 149 Nr. 6 GWB. Im Gegensatz zu § 149 Nr. 6 GWB ist Gegenstand des § 149 Nr. 7 GWB allerdings ein ausschließliches Recht zur Ausübung einer Sektorentätigkeit im Sinne des § 102 Abs. 2 bis 6 GWB durch ein Unternehmen (welches im Gegensatz zu § 149 Nr. 6 GWB selbst nicht Konzessionsgeber sein muss).

83 **Hintergrund** der Freistellung ist wie bei § 149 Nr. 6 GWB, dass ein diskriminierungsfreies, transparentes und wettbewerbliches Auswahlverfahren bei einem ausschließlichen Recht seinen Zweck nicht erfüllen kann.[93] In Erwägungsgrund 33 RL 2014/23/EU heißt es, dass *„die Anwendung eines wettbewerblichen Verfahrens bei Vorliegen eines solchen Rechts nicht möglich ist"*.

2. Voraussetzungen

84 Die Freistellung des § 149 Nr. 7 GWB umfasst eine Konstellation, in der eine Dienstleistungskonzession i.S.d. § 105 Abs. 1 Nr. 2 GWB (nicht Baukonzession) an ein Unternehmen vergeben wird, das eine Sektorentätigkeit im Sinne des § 102 Abs. 2 bis 6 GWB ausübt und dem für diese Tätigkeit ein ausschließliches Recht gewährt wurde.

85 Voraussetzung ist also zunächst ein ausschließliches Recht für eine **Sektorentätigkeit** im Sinne des § 102 Abs. 2 bis 6 GWB: Diese Regelung definiert Sektorentätigkeiten für die Bereiche Elektrizität (§ 102 Abs. 2 GWB), Gas und Wärme (§ 102 Abs. 3 GWB), Verkehr (§ 102 Abs. 4 GWB), Häfen und Flughäfen (§ 102 Abs. 5 GWB) sowie die Förderung von fossilen Brennstoffen (§ 102 Abs. 6 GWB). Sektorentätigkeiten nach § 102 Abs. 1 GWB (Wasser) sind dagegen nicht erfasst, sondern in § 149 Nr. 9 GWB gesondert geregelt.

86 Wie bei § 149 Nr. 6 GWB kann für die Definition eines **ausschließlichen Rechts** auf die Definitionen in § 100 Abs. 2 GWB bzw. Art. 5 Nr. 10 RL 2014/23/EU (i.V.m. Art. 106 AEUV) zurückgegriffen werden, wobei allerdings auch § 149 Nr. 7 GWB nur von „ausschließlichen Rechten" spricht. § 149 Nr. 7 GWB verlangt jedoch nicht, dass diese ausschließlichen Rechte durch Gesetz oder Verordnung gewährt werden. Das OLG Celle hat beispielsweise zu § 98 Nr. 4 Alt. 1 GWB a.F. im Jahr 2013 entschieden, dass Gasnetzbetreiber in Deutschland ihre Tätigkeiten nicht auf Grundlage von besonderen oder ausschließlichen Rechten ausüben.[94] Dagegen geht die VK Niedersachsen ebenfalls in einer Entscheidung zu § 98 Nr. 4 Alt. 1 GWB a.F. davon aus, dass der Betreiber eines Übertragungsnetzes für Strom, dessen Recht zu keinem Zeitpunkt jemals dem öffentlichen und transparenten Wettbewerb ausgesetzt gewesen ist, ein besonderes oder ausschließliches Recht in Anspruch nimmt. Die dauerhaft lenkende und fördernde Duldung eines bestehenden Oligopols stehe der staatlichen Gewährung durch Rechts- oder Verwaltungsvorschrift gleich.[95] Ferner geht das OLG München davon aus, dass ein Unternehmen, dem in einem Staatsvertrag ursprünglich ein exklusives Recht zur Nutzung der Wasserkraft bestimmter Grenzflüsse eingeräumt wurde, auf Grundlage eines ausschließlichen Rechts im Sinne des § 98 Abs. 4 Alt. 1 GWB a.F. tätig wird, wenn diese privilegierte Stellung bis heute faktisch fortwirkt.[96]

87 § 149 Nr. 7 GWB setzt seinem Wortlaut nach weiterhin voraus, dass die ausschließlichen Rechte im Einklang mit den nationalen und unionsrechtlichen **Vorschriften über** den **Marktzugang** gewährt worden sein müssen. Unionsrechtliche Vorschriften über den Marktzugang

93 Vgl. auch Europäische Kommission, Memo/14/19 v. 15.1.2014, Directive of the European Parliament and the Council on the award of Concession Contracts – Frequently Asked Questions, S. 6.
94 Vgl. OLG Celle, Beschluss v. 8.8.2013 – 13 Verg 7/13.
95 Vgl. VK Niedersachsen, Beschluss v. 30.9.2015 – VgK-30/2015.
96 Vgl. OLG München, Beschluss v. 12.5.2011 – Verg 26/10.

sind vor allem Art. 106 Abs. 1 AEUV i.V.m. Art. 101 ff. AEUV sowie die Grundfreiheiten (Art. 28 ff., 49 ff. und 56 ff. AEUV) und das diese konkretisierende Sekundärrecht. In diesem Zusammenhang stellt sich die Frage, was die Rechtsfolge eines fehlerhaften Verfahrens zur Gewährung des ausschließlichen Rechts ist. Streng genommen kann dann die Ausnahmevorschrift des § 149 Nr. 7 GWB nicht greifen. Allerdings wird durch ein fehlerhaftes Verfahren nicht zwingend das ausschließliche Recht infrage gestellt (ähnlich einem fehlerhaften Vergabeverfahren, das dennoch zu einem wirksamen Vertrag führt); in diesem Fall – unterstellt, das ausschließliche Recht hat Bestand – kann der Auftraggeber die Dienstleistungskonzession gerade wegen dieses ausschließlichen Rechts möglicherweise gerade nicht an ein anderes Unternehmen vergeben; die Durchführung eines Vergabeverfahrens wäre sinnlos. Dieses Dilemma, ob die Ausnahmevorschrift nur bei einem ordnungsgemäß/fehlerfrei verliehenen ausschließlichen Recht greift oder auch darüber hinaus, wird die Rechtsprechung zu lösen haben.

§ 149 Nr. 7 GWB bestimmt weiter, dass Dienstleistungskonzessionen nicht von der Ausnahmevorschrift umfasst sind, wenn die Unionsvorschriften für sie keine **branchenspezifischen Transparenzverpflichtungen** (vgl. Anhang III RL 2014/23/EU) vorsehen. Die Regelung ist als Rückausnahme formuliert. Dies würde konsequenterweise bedeuten, dass bei fehlenden branchenspezifischen Transparenzverpflichtungen eine umfassende Ausschreibungspflicht der Konzession greift. Eine solche Ausschreibung dürfte jedoch in den meisten Fällen ausgeschlossen sein, da die Konzession wegen des bestehenden ausschließlichen Rechts nur an ein Unternehmen vergeben werden kann – ganz unabhängig davon, ob es branchenspezifische Transparenzverpflichtungen gibt oder nicht. Anzumerken ist in diesem Zusammenhang, dass diese Passage der Regelung des § 149 Nr. 7 GWB nicht mit der unionsrechtlichen Vorgabe des Art. 10 Abs. 2 UAbs. 1 RL 2014/23/EU übereinstimmt. Denn dort ist für den Fall, dass es keine branchenspezifischen Transparenzpflichten (vgl. Anhang III RL 2014/23/EU) gibt, nicht etwa der Wegfall der Freistellung vorgesehen, sondern nur – aus Gründen der Transparenz – eine Zuschlagsbekanntmachung nach Art. 32 RL 2014/23/EU. Es spricht vieles dafür, dass es sich hier um ein Redaktionsversehen des deutschen Gesetzgebers handelt. 88

§ 149 Nr. 7 GWB regelt schließlich eine **Meldepflicht**: Nach dem Wortlaut müssen „Auftraggeber", die einem Unternehmen ein ausschließliches Recht gewähren, die Kommission binnen eines Monats in Kenntnis setzen. Auftraggeber werden aber regelmäßig nicht die Befugnis haben, ein ausschließliches Recht zu gewähren. Mit Blick auf den Wortlaut von Art. 10 Abs. 2 UAbs. 2 RL 2014/23/EU – dort ist von „Mitgliedstaat" die Rede – muss die Regelung zur Meldepflicht so verstanden werden, dass Adressat der Meldepflicht der jeweilige Mitgliedstaat ist. 89

VIII. Konzessionen für öffentliche Kommunikationsdienste und -netze (Nr. 8)

Nach § 149 Nr. 8 GWB gilt das GWB-Vergaberecht nicht für die Vergabe von Konzessionen, die hauptsächlich dazu dienen, dem Konzessionsgeber im Sinne des § 101 Abs. 1 Nr. 1 GWB die Bereitstellung oder den Betrieb öffentlicher Kommunikationsnetze oder die Bereitstellung eines oder mehrerer elektronischer Kommunikationsdienste für die Öffentlichkeit zu ermöglichen. 90

1. Allgemeines

§ 149 Nr. 8 GWB setzt die Ausnahme des Art. 11 RL 2014/23/EU um. Der Unionsgesetzgeber hat diese Ausnahme nicht in einem Erwägungsgrund erläutert; ein Sachgrund für diese Freistellung ist nicht ersichtlich. Eine inhaltsgleiche Ausnahmevorschrift findet sich in Art. 8 RL 2014/24/EU (§ 116 Abs. 2 GWB), die aus Art. 13 RL 2004/18/EG[97] übernommen wurde. 91

97 Umgesetzt durch § 100a Abs. 4 GWB a.F.

2. Voraussetzungen

92 § 149 Nr. 8 GWB gilt für **Konzessionen** im Sinne des § 105 GWB: Erfasst werden also Baukonzessionen (§ 105 Abs. 1 Nr. 1 GWB) und Dienstleistungskonzessionen (§ 105 Abs. 1 Nr. 2 GWB). Ferner bestimmt § 149 Nr. 8 GWB, dass die Regelung nur für **Konzessionsgeber** gemäß § 101 Abs. 1 Nr. 1 GWB gilt, also nur für öffentliche Auftraggeber im Sinne des § 99 Nr. 1 bis 3 GWB; eine Einschränkung ist damit aber nicht verbunden, weil § 101 Abs. 1 Nr. 2 und 3 GWB ohnehin nur für Konzessionen gilt, die Sektorentätigkeiten betreffen.

93 Die Ausnahme greift nur, wenn die Konzessionen „hauptsächlich" dazu dienen, dem Konzessionsgeber im Sinne des § 101 Abs. 1 Nr. 1 GWB die Bereitstellung oder den Betrieb öffentlicher Kommunikationsnetze oder die Bereitstellung eines oder mehrerer elektronischer Kommunikationsdienste für die Öffentlichkeit zu ermöglichen.[98] Dieser **Zweck** muss also Schwerpunkt der Konzession sein.

94 Aus Art. 11 UAbs. 2 RL 2014/23/EU sowie der Gesetzesbegründung[99] folgt, dass für die Begrifflichkeiten „**öffentliches Kommunikationsnetz**" und „**elektronischer Kommunikationsdienst**" die Begrifflichkeiten der RL 2002/21/EG maßgeblich sind. Nach Art. 2 lit. d RL 2002/21/EG versteht man unter einem öffentlichen Kommunikationsnetz ein elektronisches Kommunikationsnetz (Art. 2 lit. a RL 2002/21/EG), das ganz oder überwiegend zur Bereitstellung öffentlich zugänglicher elektronischer Kommunikationsdienste dient. Art. 2 lit. c RL 2002/21/EG definiert elektronische Kommunikationsdienste als gewöhnlich gegen Entgelt erbrachte Dienste, die ganz oder überwiegend in der Übertragung von Signalen über elektronische Kommunikationsdienste bestehen, einschließlich Telekommunikations- und Übertragungsdienste in Rundfunknetzen, jedoch ausgenommen solcher Dienste, die Inhalte über elektronische Kommunikationsnetze und -dienste anbieten oder eine redaktionelle Kontrolle über sie ausüben. Ferner nicht dazu gehören die Dienste der Informationsgesellschaft im Sinne von Artikel Art. 1 RL 93/34/EG, die nicht ganz oder überwiegend in der Übertragung von Signalen über elektronische Kommunikationsnetze bestehen. Entscheidend für die Einordnung als „Kommunikationsnetz" ist lediglich, dass das System die Möglichkeit der Signalübertragung bietet; auf Inhalt und Art der übertragenen Information kommt es dabei nicht an.[100]

95 Praktische Bedeutung hat die Ausnahme vor allem im Zusammenhang mit Konzessionen für Breitbandnetze[101] erlangt. In diesem Kontext wurde bereits frühzeitig kontrovers diskutiert, ob die Ausnahme des § 149 Nr. 8 GWB derartige Konzessionen erfasst.[102] Problematisch ist, ob solche Konzessionen hauptsächlich dazu dienen, einem Konzessionsgeber im Sinne des § 101 Abs. 1 Nr. 1 GWB die **Bereitstellung** oder den **Betrieb** eines Breitbandnetzes für die Öffentlichkeit zu ermöglichen. Teile der Literatur legen § 149 Nr. 8 GWB eng aus und erachten die Bereichsausnahme daher nur dann für einschlägig, wenn der Konzessionsgeber das Kommunikationsnetz selbst bereitstellt oder betreibt.[103] Diese Auffassung stützt sich maßgeblich auf eine frühere Entscheidung der VK Bund. Die VK Bund hat für die entsprechende Ausnahme im öffentlichen Auftragswesen die Auffassung vertreten, dass ein „Bereitstellen" einen unmittelbaren Zugriff des Auftraggebers auf den Kommunikationsdienst erfordert.[104] Die Übertragung dieser Ansicht auf den Bereich der Vergabe von Konzessionen ist allerdings bereits im Ausgangspunkt mehr als fraglich, da bei Konzessionen im Sinne des § 105 GWB

98 Vgl. dazu für die Vorgängerregelung im Bereich der Vergabe öffentlicher Aufträge VK Bund, Beschluss v. 2.9.2011 – VK 1-108/11.
99 Vgl. Gesetzesbegründung zu § 149 Nr. 8 GWB, VergRModG 2016, BT-Drs. 18/6281, 128.
100 *Kling*, in: Immenga/Mestmäcker, Wettbewerbsrecht, § 149 GWB Rn. 43.
101 Vgl. OLG Karlsruhe, Beschluss v. 14.11.2014 – 15 Verg 10/14; OLG München, Beschluss v. 25.3.2011 – Verg 4/11; VK Südbayern, Beschluss v. 27.5.2015 – Z3-3-3194-1-15-03/15; zu Breitbandausschreibungen auch *Braun/Zwetkow*, VergabeR 2015, 521 ff.
102 Dafür *Opitz*, NVwZ 2014, 753 (758).
103 *Germelmann*, in: Burgi/Dreher, Vergaberecht, § 149 GWB Rn. 72 f.; *Ziekow*, in: Ziekow/Völlink, Vergaberecht, § 149 GWB Rn. 13, mit Verweis auf § 116 GWB Rn. 29.
104 Vgl. VK Bund, Beschluss v. 2.9.2011 – VK 1-108/11.

immer der Konzessionär die Leistung erbringt und dementsprechend Zugriff hat.[105] In der Konsequenz hat das OLG Dresden[106] – den Beschluss der VK Sachsen[107] bestätigend – entschieden, dass § 149 Nr. 8 GWB weit auszulegen und daher im Regelfall für Breitbandausschreibungen nach dem Wirtschaftlichkeitslückenmodell einschlägig sei. Dies sei insbesondere auch dann der Fall, wenn nicht der Konzessionsgeber selbst öffentliche Kommunikationsnetze bereitstellt oder betreibt, sondern auch dann, wenn er sich dazu externer Dritter bedient.[108] Dafür spreche bereits der Wortlaut der Vorschrift, der es nach Ansicht des OLG Dresden für die „Ermöglichung" der Bereitstellung oder des Betriebs eines Kommunikationsnetzes durch den Konzessionsgeber genügen lasse, dass diese Aufgabe auf externe Dritte übertragen werde.[109] Zudem verbliebe kein Anwendungsbereich für § 149 Nr. 8 GWB, wenn maßgebend wäre, dass der Konzessionsgeber die Tätigkeiten, für die er Konzessionen erteilt, selbst ausführe, da es bei Konzessionen – wie ausgeführt – gerade typischerweise der Konzessionär ist, der die Leistung erbringt.[110] Weiterhin sei die Aufteilung zwischen der die Bereitstellung von Telekommunikationsnetzen für die Öffentlichkeit ermöglichenden öffentlichen Hand einerseits und dem die Anlagen tatsächlich betreibenden privaten Dritten andererseits typisch für das Telekommunikationsrecht, wofür u.a. auch Art. 87f Abs. 1 und 2 GG sprächen.[111] Und schließlich folge etwas Gegenteiliges auch nicht aus dem Regelungsgehalt des § 110a Abs. 4 GWB a.F., da zum Zeitpunkt von dessen Geltung die Vergabe von Konzessionen insgesamt nicht in den Anwendungsbereich des Kartellvergaberechts gefallen war und somit keine gegenteiligen Folgerungen daraus gezogen werden könnten.[112]

IX. Wasserkonzessionen (Nr. 9)

96 § 149 Nr. 9 GWB setzt die Ausnahme für Konzessionen im Bereich Wasser des Art. 12 RL 2014/23/EU um. Die Ausnahme gilt im Wesentlichen für Konzessionen im Bereich der Trinkwasserversorgung. Bei anderen wasserwirtschaftlichen Betätigungen wie der Abwasserbeseitigung oder der Abwasserbehandlung, bei Wasserbauvorhaben sowie Bewässerungs- und Entwässerungsvorhaben kann diese Ausnahme unter bestimmten Bedingungen angewendet werden, wenn die vorgenannten Betätigungen in einem Zusammenhang mit der Betätigung im Bereich der Trinkwasserversorgung stehen.

1. Allgemeines

a) Regelungszweck

97 Konzessionen im Bereich Wasser unterliegen häufig spezifischen und zugleich komplexen Regelungen, die besonders zu berücksichtigen sind, da Wasser ein öffentliches Gut von grundlegendem Wert darstellt.[113] Mit der vorliegenden Ausnahme können diese Vorgaben sowie die **Besonderheiten der Strukturen** der Wasserversorgung in den Mitgliedstaaten, insbesondere auf kommunaler Ebene, bei der Vergabe von Konzessionen im Bereich Wasser berücksichtigt werden. Letztendlich soll die bestmögliche Versorgung der Bürgerinnen und Bürger mit Trinkwasser sichergestellt werden.[114] Mit der Herausnahme der Konzessionen im Bereich Wasser aus dem Anwendungsbereich der RL 2014/23/EU bzw. des GWB wird auch solchen Bedenken Rechnung getragen, nach denen diese Richtlinie einen mittelbaren Druck zur Priva-

105 Zu Recht *Donhauser*, KommP BY 2014, 206 (209).
106 OLG Dresden, Beschluss v. 21.8.2019 – Verg 5/19.
107 VK Sachsen, Beschluss v. 17.7.2019 – 1/SVK/017-19.
108 OLG Dresden, Beschluss v. 21.8.2019 – Verg 5/19, Rn. 22; VK Sachsen, Beschluss v. 17.7.2019 – 1/SVK/017-19, Rn. 79; VK Mecklenburg-Vorpommern, Beschluss v. 13.12.2018 – 3 VK 09/18.
109 OLG Dresden, Beschluss v. 21.8.2019 – Verg 5/19, Rn. 23; VK Sachsen, Beschluss v. 17.7.2019 – 1/SVK/017-19, Rn. 81, mit Verweis auf *Braun/Zwetkow*, in: Müller/Wrede, KonzVgV, AGVO/NGA-RR Rn. 35; vgl. auch VK Mecklenburg-Vorpommern, Beschluss v. 13.12.2018 – 3 VK 09/18, Rn. 11.
110 OLG Dresden, Beschluss v. 21.8.2019 – Verg 5/19, Rn. 23.
111 OLG Dresden, Beschluss v. 21.8.2019 – Verg 5/19, Rn. 24.
112 OLG Dresden, Beschluss v. 21.8.2019 – Verg 5/19, Rn. 25 ff.
113 Erwägungsgrund 40 RL 2014/23/EU.
114 Gesetzesbegründung zu § 149 Nr. 9 GWB, VergRModG 2016, BT-Drs. 18/6281, 128.

tisierung auf die kommunale Wasserwirtschaft ausübt.[115] Dieser Privatisierungsdruck hätte die Versorgungssicherheit und die Versorgungsqualität des elementaren Versorgungsgutes Wasser spürbar beeinträchtigen können.[116]

98 Da in Deutschland mehr als 95 % der Wasserbetriebe – gemessen am Wasseraufkommen im Jahr 2003 – unter direktem oder indirektem eigentumsrechtlichem Einfluss kommunaler Gebietskörperschaften stehen,[117] hat die Ausnahme des § 149 Nr. 9 GWB hohe **praktische Bedeutung** für die Wasserwirtschaft in Deutschland.

b) Entwicklung der Regelung

99 Die ausdrückliche Ausnahme für die Vergabe von Konzessionen im Bereich Wasser ist mit der RL 2014/23/EU eingeführt worden. Eine Umsetzung in das deutsche Recht ist erstmals mit § 149 Nr. 9 GWB im Rahmen des **VergRModG 2016** erfolgt.

100 **Vor Inkrafttreten der RL 2014/23/EU** am 17. April 2014 wurden ausdrücklich nur Baukonzessionen, nicht aber Dienstleistungskonzessionen, zu denen auch die Konzessionen im Bereich der Trinkwasserversorgung zählen, von den derzeit anwendbaren RL 2004/17/EG und 2004/18/EG erfasst.[118] Durch die Rechtsprechung des EuGH wurden jedoch primärrechtliche Anforderungen an die Vergabe von Dienstleistungskonzessionen und insbesondere auch von Wasserkonzessionen gestellt.[119] Bei der Vergabe von Konzessionen im Bereich Wasser bleibt es somit im Ergebnis auch nach der Ausweitung des Anwendungsbereichs des formellen Vergaberechts auf Dienstleistungskonzessionen durch die RL 2014/23/EU aufgrund der ausdrücklichen Bereichsausnahme in Art. 12 dieser Richtlinie bei der bisherigen Rechtslage, nach der die durch das Primärrecht gebotenen Grundsätze der Transparenz, der Gleichbehandlung und der Verhältnismäßigkeit zu beachten sind.[120]

c) Streit im Verfahren zur Abstimmung der Richtlinie

101 Die Ausnahme für Wasserkonzessionen war im **Abstimmungsprozess** über die Konzessionsvergaberichtlinie äußerst umstritten.[121] Im Vorschlag der Europäischen Kommission vom 20. Dezember 2011 für eine Richtlinie des Europäischen Parlaments und des Rates über die Konzessionsvergabe[122] war noch keine Ausnahme für Wasserkonzessionen vorgesehen. Nach intensiven Debatten und insbesondere auf Druck der ersten europäischen „Bürgerinitiative Right2Water"[123] sowie der deutschen Kommunen bot die Europäische Kommission als Kompromiss zunächst eine Regelung an, nach der die Vergabe von Wasserkonzessionen an mehrheitlich kommunale Mehrspartenstadtwerke unter bestimmten Voraussetzungen nicht unter die Richtlinie fallen sollte. Diese Ausnahmeregelung, die im Grunde ein „erweitertes In-House-Geschäft für den Wasserbereich" darstellte, lehnte sich an die Ausnahme für verbundene Unternehmen in Art. 13 RL 2014/23/EU an. Bei der Bewertung der Umsätze zwischen den verbundenen Unternehmen sollten nur die Umsätze im Bereich der Wasserwirtschaft betrachtet werden, nicht aber weitere Umsätze aus anderen, insbesondere wettbewerblich geprägten Bereichen. Um die sich hinziehenden Trilog-Gespräche noch vor dem anstehenden

115 Vgl. *Schwab/Giesemann*, VergabeR 2014, 351 (366); Europäische Kommission, Mitteilung der Europäischen Kommission über die Europäische Bürgerinitiative „Wasser und sanitäre Grundversorgung sind ein Menschenrecht! Wasser ist ein öffentliches Gut, keine Handelsware" (COM(2014) 177 final).

116 Vgl. Bundesrat, Beschluss des Bundesrates, Vorschlag für eine Richtlinie des Europäischen Parlaments und des Rates über die Konzessionsvergabe, BR-Drs. 874/11, 1; vgl. *Opitz*, NVwZ 2014, 753 (758).

117 Monopolkommission, Sondergutachten Nr. 63, Die 8. GWB-Novelle aus wettbewerbspolitischer Sicht, Rn. 117.

118 Siehe Art. 18 RL 2004/17/EG; Art. 17 RL 2004/18/EG; vgl. § 99 Abs. 1 GWB in der bis zum 17. April 2016 geltenden Fassung.

119 Siehe z. B. EuGH, Urteil v. 10.9.2009 – Rs. C-206/08 (WAZV Gotha); Urteil v. 13.10.2005 – Rs. C-458/03 (Parking Brixen); Urteil v. 7.12.2000 – Rs. C-324/98 (Telaustria); Europäische Kommission, Mitteilung der Kommission zu Auslegungsfragen im Bereich Konzessionen im Gemeinschaftsrecht (2000/C 121/02).

120 Vgl. Gesetzesbegründung zu § 149 Nr. 9 GWB, VergRModG 2016, BT-Drs. 18/6281, 128; *Gesterkamp*, VergabeR 2020, 705 (707); *Herten-Koch*, EWeRK 2013, 248; a.A. *Jacob/Schmidt*, RdE 2016, 114 (119).

121 Ausführlich *Dierkes/Skrobanek*, ZFW 2013, 183 (189 ff.); *Sudbrock*, KommJur 2014, 41 (42).

122 Europäische Kommission, Vorschlag der Europäischen Kommission vom 20. Dezember 2011 für eine Richtlinie des Europäischen Parlaments und des Rates über die Konzessionsvergabe (KOM (2011) 897 endgültig).

123 Vgl. *Sule*, EuZW 2014, 725 ff.

Wechsel der Ratspräsidentschaft zum Abschluss zu bringen, machte die Kommission am 21. Juni 2013 schließlich den weiter gehenden Vorschlag, Konzessionen im Bereich Wasser insgesamt aus dem Anwendungsbereich der RL 2014/23/EU herauszunehmen.[124]

Die Europäische Kommission hatte sich aber in Art. 53 UAbs. 3 RL 2014/23/EU vorbehalten, eine **Überprüfung** der wirtschaftlichen Auswirkungen der Ausnahme für Wasserkonzessionen auf den Binnenmarkt unter Berücksichtigung der besonderen Strukturen in der Wasserwirtschaft vorzunehmen und dem Europäischen Parlament und dem Rat bis zum 18. April 2019 darüber Bericht zu erstatten.[125] Inzwischen hat die Europäische Kommission im Jahr 2021 die Erfahrungen der Mitgliedstaaten der Europäischen Union im Zusammenhang mit der Erteilung von Wasserkonzessionen abgefragt. Einen Ergebnisbericht hat die Europäische Kommission aber bislang nicht veröffentlicht. **102**

2. Voraussetzungen

Die Ausnahme gilt für Konzessionen nach § 105 GWB im Bereich Wasser.[126] In der Praxis sind Wasserkonzessionen Dienstleistungskonzessionen gemäß § 105 Abs. 1 Nr. 2 GWB.[127] Aber auch für den Fall, dass eine zu vergebende Konzession durch den Neubau eines Trinkwasserversorgungsnetzes geprägt wird und ausnahmsweise eine Baukonzession nach § 105 Abs. 1 Nr. 1 GWB anzunehmen ist, wäre § 149 Nr. 9 GWB anwendbar. **103**

a) Gegenstand einer Wasserkonzession

Unter **Wasserkonzessionen** versteht man in der Regel langfristige Verträge über die Trinkwasserversorgung, mit denen einem Wasserversorgungsunternehmen die Rechte sowohl zur Nutzung der öffentlichen Wege für die Verlegung und den Betrieb von Wasserleitungen als auch zur Belieferung der Verbraucher mit Trinkwasser eingeräumt werden. Ebenso wird das Wasserversorgungsunternehmen berechtigt, im eigenen Namen und auf eigene Rechnung Entgelte von den Nutzern zu erheben.[128] Das Entgelt kann privatrechtlich als Preis oder öffentlich-rechtlich als Gebühr geregelt werden.[129] Wasserversorgungsunternehmen verpflichten sich gegenüber dem Konzessionsgeber regelmäßig dazu, Trinkwasser an die Haus- und Grundeigentümer in der Gemeinde zu liefern.[130] **104**

Bei **ausschließlichen Wasserkonzessionen**, bei denen sich die Gemeinde ausdrücklich dazu verpflichtet, im Gemeindegebiet ausschließlich einem Wasserversorgungsunternehmen die Verlegung und den Betrieb von Leitungen auf oder unter öffentlichen Wegen für die Wasserversorgung von Letztverbrauchern zu gestatten, ist eine vollständige Anmeldung des Konzessionsvertrages bei der Kartellbehörde nach § 31a GWB erforderlich, um die Wirksamkeit des Konzessionsvertrages zu bewirken.[131] Denn erst durch die Anmeldung erfolgt die kartellrechtliche Freistellung vom Verbot wettbewerbsbeschränkender Vereinbarungen nach § 1 GWB. Wird die Anmeldung unterlassen, sind entsprechende Konzessionsverträge nichtig.[132] **105**

Konzessionsverträge für die Wasserversorgung enthalten zudem regelmäßig **besondere Klauseln** zu Konzessionsabgaben, zur Löschwasservorhaltung sowie Endschaftsklauseln.[133] **106**

---

124 Vgl. Pressemeldung der Europäischen Kommission v. 21.6.2013, http://www.presseportal.de/pm/35368/2498658.
125 Vgl. *Siebler/Wellmann*, VersorgW 2015, 172.
126 Auf *Braun* zu § 105 GWB wird verwiesen.
127 Vgl. EuGH, Urteil v. 10.9.2009 – Rs. C-206/08 (WAZV Gotha), Rn. 80.
128 *Gesterkamp*, VergabeR 2020, 705 (706); *Prieß/Marx/Hölzl*, NVwZ 2011, 65 (66).
129 EuGH, Urteil v. 10.9.2009 – Rs. C-206/08 (Eurawasser), Rn. 55.
130 Landeskartellbehörde Niedersachsen, Hinweise zur Vergabe von Wasserkonzessionsverträgen gemäß §§ 31, 31a GWB (Stand: 17.4.2019), S. 2; *Prieß/Marx/Hölzl*, NVwZ 2011, 65 (66).
131 *Zuber*, in: Schäfer/Uechtritz/Zuber, Rechtsgestaltung in der kommunalen Praxis, S. 410.
132 Landeskartellbehörde Nordrhein-Westfalen, Häufig gestellte Fragen zu dem Verfahren, dem Abschluss und der Freistellung von Wasserkonzessionsverträgen (Stand Januar 2019), S. 6.
133 Ausführlich: Landeskartellbehörde Niedersachsen, Hinweise zur Vergabe von Wasserkonzessionsverträgen gemäß §§ 31, 31a GWB (Stand: 17.4.2019), S. 8; Landeskartellbehörde Nordrhein-Westfalen, Häufig gestellte Fragen zu dem Verfahren, dem Abschluss und der Freistellung von Wasserkonzessionsverträgen (Stand Januar 2019), S. 8, 11; *Zuber*, in: Schäfer/Uechtritz/Zuber, Rechtsgestaltung in der kommunalen Praxis, S. 412.

107 Gelegentlich ist auch die **Abwasserbeseitigung** weiterer Gegenstand eines Wasserkonzessionsvertrages.[134] Verträge mit einem Vorversorger bzw. Fernwasserversorger können, sofern sie als Konzession ausgestaltet sind, ebenfalls unter § 149 Nr. 9 GWB fallen.

b) Übernahme des Betriebsrisikos

108 Konzessionen grenzen sich gemäß § 105 Abs. 2 S. 1 GWB dadurch von öffentlichen Aufträgen ab, dass der Konzessionsnehmer – anders als der Auftragnehmer – das Betriebsrisiko für die Nutzung der Verwertung der zu erbringenden Dienstleistungen trägt. Dieser Voraussetzung steht nicht entgegen, dass die Betriebsrisiken in Bereichen der öffentlichen Daseinsvorsorge, wie z. B. der Wasserwirtschaft, von vornherein durch gesetzliche Bestimmungen, insbesondere durch einen kommunalen **Anschluss-** und **Benutzungszwang**, erheblich eingeschränkt sind. Für die Einordnung einer Vereinbarung als Konzession reicht es aus, wenn damit das volle, in der jeweiligen Branche übliche Betriebsrisiko oder zumindest ein wesentlicher Teil davon auf den Konzessionsnehmer übergeht. Denn letztendlich muss es öffentlichen Auftrag- bzw. Konzessionsgebern möglich sein, Dienstleistungen im Wege einer Konzession erbringen zu lassen, wenn sie der Auffassung sind, dass die Erbringung der betreffenden gemeinwirtschaftlichen Leistung so am besten sicherzustellen ist.[135]

109 In der Wasserversorgung bestehen auch bei Anordnung eines Anschluss- und Benutzungszwangs **Absatzrisiken**. Denn es ist zunächst nicht vor Vertragsschluss abzusehen, in welcher Menge Wasser von privaten und industriellen Kunden abgenommen wird bzw. Abwasser zur Entsorgung anfällt. Entgeltansprüche des Konzessionärs können bei Insolvenz der Kunden ausfallen bzw. entfallen, wenn sich Kunden vom Anschluss- und Benutzungszwang befreien lassen. Letztendlich hat der Konzessionär im Einzelfall keinen Anspruch darauf, den Anschluss- und Benutzungszwang durchzusetzen. Soweit diese mit den Dienstleistungen originär verbundenen Risiken vollständig, d.h. ohne risikoabsenkende Nebenabreden, auf den Konzessionär übertragen werden, ist davon auszugehen, dass das Betriebsrisiko im Sinne von § 105 Abs. 2 S. 1 GWB auf den Konzessionär übergeht.[136]

c) Wortlaut

aa) Betätigung im Bereich der Trinkwasserversorgung

110 Die Definition der Konzessionen im Bereich Trinkwasser in § 149 Nr. 9 lit. a GWB entspricht inhaltlich der Definition der Sektorentätigkeiten im Bereich Wasser nach § 102 Abs. 1 S. 1 GWB.[137] Dass § 149 Nr. 9 lit. a GWB neben der Bereitstellung und dem Betreiben des Wasserversorgungsnetzes auf die Gewinnung, den Transport oder die Verteilung von Trinkwasser abstellt, während in § 102 Abs. 1 S. 1 Nr. 1 GWB von der Gewinnung, Fortleitung und Abgabe von Trinkwasser die Rede ist, ist den unterschiedlichen Übersetzungen des Art. 10 Abs. 1 lit. a RL 2014/25/EU und des Art. 12 Abs. 1 lit. a RL 2014/23/EU von den englischen in die jeweils deutschen Fassungen der Richtlinien geschuldet. Zu inhaltlichen Abweichungen führt der unterschiedliche Wortlaut nicht.

bb) Abwasserbeseitigung und sonstige Betätigungen

111 Die Definition der Wasserkonzession enthält neben der in §149 Nr. 9 lit. a GWB genannten Trinkwasserversorgung als weitere Varianten unter § 149 Nr. 9 lit. b GWB Wasserbau-, Bewässerungs- und Entwässerungsvorhaben sowie die Abwasserbeseitigung und -behandlung. Diese Vorhaben müssen in einem Zusammenhang mit der Betätigung im Bereich der Trinkwasserversorgung stehen. Ein objektiv nachvollziehbarer unternehmerischer oder organisatorischer Zusammenhang reicht dabei aus. Nicht erforderlich ist ein baulich-technischer Zusammenhang.[138] Ob diese Ausnahme in der Praxis angewendet werden kann, ist danach zu beur-

---

134 Vgl. EuGH, Urteil v. 10.9.2009 – Rs. C-206/08 (Eurawasser), Rn. 2; VK Sachsen, Beschluss v. 12.4.2017 – 1/SVK/003-17; *Herten-Koch*, EWeRK 2013, 248 (250).

135 EuGH, Urteil v. 10.9.2009 – Rs. C-206/08 (Eurawasser), Rn. 72 ff.

136 OLG Jena, Beschluss v. 11.12.2009 – 9 Verg 2/08, Rn. 26 ff.; *Prieß/Marx/Hölzl*, NVwZ 2011, 65 (67).

137 Auf *Röbke* zu § 102 Abs. 1 S. 1 und 2 GWB wird verwiesen.

138 VK Sachsen, Beschluss v. 12.4.2017 – 1/SVK/003-17.

teilen, ob Dienstleistungskonzessionen im Bereich der Abwasserbeseitigung und -behandlung nach öffentlich-rechtlichen Normen, insbesondere nach wasser- und kommunalabgabenrechtlichen Vorschriften statthaft sind.[139]

3. Rechtsfolge

Aufgrund der Herausnahme von Wasserkonzessionen aus dem Anwendungsbereich von Teil 4 GWB ist bei der Vergabe von Wasserkonzessionen kein förmliches Vergabeverfahren einschließlich einer Bekanntmachung der Beschaffungsabsicht im Amtsblatt der Europäischen Union erforderlich. Bei der Vergabe einer Wasserkonzession findet zudem keine **Nachprüfung** vor den Vergabekammern statt.[140] **112**

Das Fehlen eines förmlichen Vergabeverfahrens bedeutet aber nicht, dass auf jegliche Ausschreibung verzichtet werden kann. Ein Verfahren zur Erteilung einer Dienstleistungskonzession im Bereich Wasser muss vielmehr **kartellrechtlichen** sowie **primärrechtlichen** Anforderungen genügen.[141] Das Verfahren kann dabei ein- oder mehrstufig strukturiert werden.[142] **113**

a) Kartellrechtliche Anforderungen

Städte und Gemeinden handeln beim Abschluss von Konzessionsverträgen als Unternehmen im Sinne des Kartellrechts. Auf dem sachlich und räumlich relevanten Markt, dem jeweiligen Gemeindegebiet, sind sie ohne Wettbewerber und verfügen somit für den Bereich des Verlegens von Leitungen über eine marktbeherrschende Stellung. Daher müssen die Kommunen das Behinderungsverbot des § 19 Abs. 2 Nr. 1 GWB beachten. Die besonderen kartellrechtlichen Regelungen für Verträge in der Wasserwirtschaft nach den §§ 31 und 31b GWB beinhalten insoweit keine Ausnahme von dem Behinderungsverbot. Dies ergibt sich ausdrücklich aus § 31b Abs. 6 GWB.[143] Um eine entsprechende unbillige Behinderung von Bewerbern um eine Wasserkonzession zu vermeiden, müssen die verfahrensbezogenen und materiellen Anforderungen bei der Vergabe einer Konzession dem kartellrechtlichen Diskriminierungsverbot, dem allgemeinen Gleichbehandlungsgrundsatz des Art. 3 Abs. 1 GG in Form des Willkürverbots und regelmäßig, soweit es nicht ausnahmsweise an der Binnenmarktrelevanz fehlt, den primärrechtlichen Grundsätzen des AEUV Rechnung tragen.[144] Andernfalls muss davon ausgegangen werden, dass die Chancen der Bieter auf den Abschluss des Konzessionsvertrags beeinträchtigt werden. **114**

b) Anforderungen des EU-Primärrechts

Anforderungen an das Verfahren zur Erteilung einer Dienstleistungskonzession im Rahmen der Ausnahme des § 149 Nr. 9 GWB werden insbesondere aus den Grundsätzen des Europäischen Primärrechts abgeleitet.[145] Dies hat der EuGH bereits bei mehreren Vergabeverfahren von Dienstleistungskonzessionen, für die unter der bisherigen Rechtslage keine förmlichen Vergabeverfahren notwendig waren, festgestellt. Konzessionsgeber gemäß § 101 GWB müssen somit bei der Vergabe einer Wasserkonzession die Grundsätze des AEUV und insbesondere das Verbot der Diskriminierung aus Gründen der Staatsangehörigkeit, den Gleichbehandlungsgrundsatz sowie die sich aus diesen Grundsätzen ergebende Pflicht zur transparenten Durchführung des Vergabeverfahrens beachten.[146] **115**

---

139 Ablehnend OLG Brandenburg, Beschluss v. 28.8.2012 – Verg W 19/11; zulassend OVG Bautzen, Beschluss v. 24.9.2004 – 5 BS 119/04; offenlassend OLG Jena, Beschluss v. 11.12.2009 – 9 Verg 2/08; ablehnend zu Entsorgungstätigkeiten nach § 16 Abs. 1 KrW/AbfG: OLG Düsseldorf, Beschluss v. 19.10.2011 – VII-Verg 51/11.

140 OLG Hamm, Urteil v. 26.9.2012 – I-12 U 142/12, Rn. 47; VK Sachsen, Beschluss v. 12.4.2017 – 1/SVK/003-17.

141 OLG Düsseldorf, Urteil v. 13.6.2018 – VI-2 U 7/16 (Kart), Rn. 91.

142 Landeskartellbehörde Niedersachsen, Hinweise zur Vergabe von Wasserkonzessionsverträgen gemäß §§ 31, 31a GWB (Stand: 17.4.2019), S. 10; *Dierkes/Wrede*, Konzessionsverträge in der Wasserversorgung BDEW-Anwendungshilfe, S. 14 ff.

143 OLG Düsseldorf, Urteil v. 13.6.2018 – VI-2 U 7/16 (Kart), Rn. 84 bis 88.

144 OLG Düsseldorf, Urteil v. 13.6.2018 – VI-2 U 7/16 (Kart), Rn. 91.

145 *Knauff/Badenhausen*, NZBau 2014, 395 (398); *Sudbrock*, KommJur 2014, 41 (42).

146 EuGH, Urteil v. 13.4.2010 – Rs. C-91/08 (Wall), Rn. 33; Urteil v. 13.10.2005 – Rs. C-458/03 (Parking Brixen), Rn. 46; Urteil v. 7.12.2000 – Rs. C-324/98 (Telaustria); OLG Düsseldorf, Urteil v. 13.6.2018 – VI-2 U 7/16 (Kart), Rn. 91; a.A. *Jacob/Schmidt*, RdE 2016, 114 (119).

aa) Binnenmarktrelevanz

116 Die Pflicht zur Beachtung des europäischen Primärrechts besteht aber nur dann, wenn an der Konzession ein **grenzüberschreitendes Interesse** besteht.[147] Bei der Vergabe einer Wasserkonzession wird man dies im Regelfall annehmen können. Im Einzelfall kann man aber wegen besonderer Umstände, wie beispielsweise einer sehr geringen wirtschaftlichen Bedeutung der zu vergebenden Konzession oder auch wegen einer kurzen Laufzeit, zu dem Ergebnis kommen, dass bei Unternehmen aus anderen Mitgliedstaaten der Europäischen Union kein Interesse an der Erteilung der betreffenden Konzession besteht und dass diese Konzession keine Relevanz für den Binnenmarkt hat.[148] Ein anzunehmender Konzessionswert von bis zu 25% des jeweils geltenden maßgeblichen EU-Schwellenwertes (d.h. derzeit ca. 1,3 Mio. Euro) könnte ein Indiz gegen die Binnenmarkrelevanz einer Konzession darstellen.[149]

117 Grundsätzlich ergibt sich das sog. grenzüberschreitende Interesse **insbesondere** aus der wirtschaftlichen Bedeutung der abzuschließenden Vereinbarung oder aus dem Ort der Durchführung.[150] Eine Entfernung des Konzessionsgebietes von 100 km zur Landesgrenze spricht für Binnenmarktrelevanz; bei einer Distanz von 200 km oder mehr zwischen Konzessionsgebiet und Landesgrenze wäre die Binnenmarktrelevanz dagegen nicht ohne Weiteres anzunehmen.[151] Für die Annahme, dass ein grenzüberschreitendes Interesse vorliegt, ist es nicht zwingend notwendig, dass tatsächlich Interesse von Wirtschaftsteilnehmern aus anderen Mitgliedstaaten der Europäischen Union bekundet wird. Denn letztendlich könnte das Fehlen von Interesse von Bietern aus anderen Mitgliedstaaten im Einzelfall auch auf eine nicht hinreichend bekannt gemachte Beschaffungsabsicht zurückzuführen sein.[152] Auf die Transparenzpflicht des Konzessionsgebers können sich alle potenziellen Bieter stützen; dabei kommt es nicht darauf an, ob die Bieter in einem anderen Mitgliedstaat der Europäischen Union oder in demselben Mitgliedstaat der Europäischen Union wie der Konzessionsgeber niedergelassen sind.[153]

bb) Transparente Durchführung des Vergabeverfahrens

118 Aufgrund der Pflicht zur transparenten Durchführung des Vergabeverfahrens müssen Konzessionsgeber zugunsten potenzieller Bieter einen angemessenen Grad von Öffentlichkeit herstellen. Sie müssen einen Wettbewerb um die Erbringung der Dienstleistung ermöglichen. Zudem muss per Nachprüfung festgestellt werden können, ob das Vergabeverfahren unparteiisch durchgeführt wurde.[154] Die Konzessionsgeber veröffentlichen daher zu Beginn des Vergabeverfahrens eine Bekanntmachung. In Betracht kommen für die Veröffentlichung z. B. Vergabeportale, nationale Amtsblätter, lokale, regionale und überregionale Zeitungen, das Amtsblatt der Europäischen Union oder die Internetseite des jeweiligen Konzessionsgebers. Dabei gilt der Grundsatz: Je interessanter eine Wasserkonzession für potenzielle Bieter aus anderen Mitgliedstaaten ist, desto weiter sollte diese bekannt gemacht werden.[155] Ist die zu vergebende Konzession für den Binnenmarkt relevant, wird inzwischen eine europaweite Bekanntmachung im Amtsblatt der Europäischen Union für notwendig angesehen, um den Vorgaben des Primär- und des Kartellrechts zu genügen.[156] Die Bekanntmachung enthält die notwendigen Informationen, die interessierte Unternehmen benötigen, um zu entscheiden,

---

147 Vgl. EuGH, Urteil v. 13.4.2010 – Rs. C-91/08 (Wall), Rn. 34; Urteil v. 21.7.2005 – Rs. C-231/03 (Coname), Rn. 17; OLG Celle, Urteil v. 23.2.2016 – 13 U 148/15, Rn. 12; *Opitz*, NVwZ 2012, 753 (755).

148 VG Bayreuth, Urteil v. 11.12.2012 – B 1 K 12.445, Rn. 99.

149 *Schröder*, NVwZ 2017, 504 (505).

150 EuGH, Urteil v. 14.11.2013 – Rs. C-221/12 (Belgacom), Rn. 28, 29.

151 *Schröder*, NVwZ 2017, 504 (505).

152 EuGH, Urteil v. 21.7.2005 – Rs. C-231/03 (Coname), Rn. 17, 18.

153 EuGH, Urteil v. 14.11.2013 – Rs. C-221/12 (Belgacom), Rn. 32; noch nicht so deutlich EuGH, Urteil v. 13.4.2010 – Rs. C-91/08 (Wall), Rn. 36.

154 EuGH, Urteil v. 14.11.2013 – Rs. C-221/12 (Belgacom), Rn. 28, 29; Urteil v. 13.10.2005 – Rs. C-458/03 (Parking Brixen), Rn. 46; Urteil v. 7.12.2000 – Rs. C-324/98 (Telaustria), Rn. 60 ff.

155 Europäische Kommission, Mitteilung der Kommission zu Auslegungsfragen in Bezug auf das Gemeinschaftsrecht, das für die Vergabe öffentlicher Aufträge gilt, die nicht oder nur teilweise unter die Vergaberichtlinien fallen (2006/C 179/02), S. 2 f.; Mitteilung der Kommission zu Auslegungsfragen im Bereich Konzessionen im Gemeinschaftsrecht (2000/C 121/02), S. 7.

156 OLG Düsseldorf, Urteil v. 13. 6.2018 – VI-2 U 7/16 (Kart), Rn. 93; *Zuber*, IR 2018, 263 (264).

ob sie sich um die Konzession bewerben. Dazu gehören eine diskriminierungsfreie Beschreibung des Gegenstands der Konzession, Auswahl- und Zuschlagskriterien sowie Art und Umfang der vom Konzessionär erwarteten Leistungen.[157] Weitergehende Informationen können auch bei Gewährleistung eines diskriminierungsfreien Zugangs auf Antrag erteilt werden.[158]

cc) Neutrale Durchführung des Vergabeverfahrens

Nach den allgemeinen Wettbewerbsgrundsätzen müssen die Verfahren zur Vergabe einer Wasserkonzession unparteiisch durchgeführt werden. Dies gilt insbesondere im Hinblick auf den Zugang zu Informationen, die Einräumung angemessener Fristen, die Auswahl, Gewichtung und Bewertung der anzuwendenden Zuschlagskriterien. **119**

Die Entscheidung über den **Zuschlag** darf nur auf solche Kriterien gestützt werden, die in den Vergabeunterlagen benannt wurden.[159] Es ist daher nicht gestattet, die Gewichtung der Zuschlagskriterien nach Ablauf der Angebotsfrist zu ändern oder nachträglich die sonstigen Vergabeunterlagen nicht nur unwesentlich zu ändern. Anforderungen ohne sachlichen Zusammenhang mit der Vergabe der Wasserkonzession dürfen nicht aufgestellt werden.[160] Der Konzessionsgeber kann bei der Aufstellung der Zuschlagskriterien grundsätzlich frei entscheiden, muss aber die öffentlich-rechtliche Bindung an Verfahrensgrundsätze beachten. Bei der Vergabe einer Wasserkonzession können insbesondere folgende Kriterien vorgegeben werden: Wasserqualität, (gleichbleibende) Wasserhärte, Wasserbezug, Preisgünstigkeit und Verbraucherfreundlichkeit sowie der Beschäftigungsort des Personals für den Netzbetrieb oder die Gewährleistung einer Notversorgung.[161] **120**

dd) Laufzeit

Bei Wasserkonzessionsverträgen gibt es keine **gesetzliche Beschränkung** der Laufzeit. Somit können grundsätzlich auch Laufzeiten von mehr als 20 Jahren gewählt werden.[162] Laufzeiten von 30 Jahren werden durch die Rechtsprechung akzeptiert.[163] Die Landeskartellbehörde in Nordrhein-Westfalen akzeptiert Laufzeiten von bis zu 40 Jahren.[164] Nicht anzuwenden ist die Regelung des § 3 KonzVgV, nach der die Laufzeit von Konzessionen, soweit diese mehr als fünf Jahre betragen soll, auf den Zeitraum zu beschränken ist, der zur Refinanzierung der zu tätigenden notwendigen Investitionen im Rahmen der Durchführung der Konzession erforderlich ist. **121**

Eine **unbefristete Erteilung** von Konzessionen dürfte aber aufgrund entgegenstehender wettbewerblicher Gründe nicht in Betracht kommen. Dies hat der EuGH in einem Verfahren zu einer Baukonzession geäußert.[165] Diese Wertung dürfte auf Dienstleistungskonzessionen übertragbar sein. Dasselbe gilt für die Vereinbarung einer festen Laufzeit mit einer automatischen Verlängerung bei nicht rechtzeitiger Kündigung.[166] **122**

Besonders **kurze Laufzeiten** können ebenfalls unzulässig sein, wenn aufgrund der Investitionsbedürftigkeit der Versorgungsanlagen und möglicher Transaktionskosten nur der Altkonzessionär in der Lage wäre, den bereits bestehenden Konzessionsvertrag fortzusetzen.[167] **123**

---

157 OLG Celle, Urteil v. 23.2.2016 – 13 U 148/15, Rn. 16; Europäische Kommission, Mitteilung der Kommission zu Auslegungsfragen im Bereich Konzessionen im Gemeinschaftsrecht (2000/C 121/02), S. 7; *Schröder*, NVwZ 2017, 504 (508).
158 *Katz*, KommJur 2018, 1 (10).
159 Vgl. BGH, Urteil v. 17.2.1999 – X ZR 101/97; *Schröder*, NVwZ 2017, 504 (508).
160 Vgl. *Herten-Koch*, EWeRK 2013, 248 (249).
161 OLG Düsseldorf, Urteil vom 13.6.2018 – VI-2 U 7/16 (Kart), Rn. 106, 138; OLG Hamm, Urteil v. 26.9.2012 – I-12 U 142/12, Rn. 67 ff; *Schröder*, NVwZ 2017, 504 (509).
162 *Zuber*, in: Schäfer/Uechtritz/Zuber, Rechtsgestaltung in der kommunalen Praxis, S. 413; *Lotze/Dierkes*, RdE 2017, 165.
163 EuGH, Urteil v. 15.10.2009 – Rs. C-196/08 (Acoset), Rn. 40, 41; OLG Düsseldorf, Urteil v. 21.3.2018 – VI-2 U (Kart) 6/16, Rn. 31.
164 Landeskartellbehörde Nordrhein-Westfalen, a.a.O., S. 13.
165 EuGH, Urteil v. 25.3.2010 – Rs. C-451/08 (Helmut Müller), Rn. 79.
166 Landeskartellbehörde Niedersachsen, Hinweise zur Vergabe von Wasserkonzessionsverträgen gemäß §§ 31, 31a GWB (Stand: 17.4.2019), S. 12.
167 Landeskartellbehörde Nordrhein-Westfalen, Häufig gestellte Fragen zu dem Verfahren, dem Abschluss und der Freistellung von Wasserkonzessionsverträgen (Stand Januar 2019), S. 13.

c) Ausnahmen

124 Ein vollständiger Verzicht auf Durchführung eines Vergabeverfahrens ist dann möglich, wenn die Erteilung der Wasserkonzession keinen Beschaffungsvorgang am Markt begründet. Verfahrenserleichterungen in Ausnahmefällen, die das GWB vorsieht, sind ebenso entsprechend übertragbar.

aa) Öffentlich-öffentliche Zusammenarbeit

125 Auf ein Vergabeverfahren kann zunächst ganz verzichtet werden, wenn die Voraussetzungen eines In-House-Geschäftes nach § 108 Abs. 1 bis 5 GWB oder die Voraussetzungen einer Zusammenarbeit von Konzessionsgebern nach § 108 Abs. 6 GWB vorliegen.[168] In beiden Fällen liegt keine Beschaffung von Leistungen am Markt vor. § 108 GWB ist bei der Vergabe von Wasserkonzessionen entsprechend anwendbar.[169] Die Privilegierung durch § 149 Nr. 9 GWB soll nicht dazu führen, dass Wasserkonzessionen im Hinblick auf das Europäische Primärrecht strenger behandelt werden als solche Dienstleistungskonzessionen, die in den Anwendungsbereich des GWB fallen.

bb) Besondere Ausnahmen für Sektorenauftraggeber

126 Grundsätzlich möglich wäre auch die entsprechende Anwendung der besonderen Ausnahmeregeln für die Konzessionsvergabe durch Sektorenauftraggeber an ein verbundenes Unternehmen nach § 154 Nr. 5 GWB i.V.m. § 138 GWB oder für die Konzessionsvergabe an ein Gemeinschaftsunternehmen nach § 154 Nr. 6 GWB i.V.m. § 139 GWB. Dazu müsste der Konzessionsgeber zum Zeitpunkt der Konzessionsvergabe selbst Sektorenauftraggeber sein und sich im Sektor Wasser betätigen. Eine Betätigung in Kernbereichen der Wasserversorgung wird dabei nicht verlangt.[170]

cc) Organisationsentscheidungen des Aufgabenträgers

127 Ein Beschaffungsvorgang liegt jenseits der Ausnahmeregelungen des GWB auch dann nicht vor, wenn sich eine Kommune entscheidet, die Trinkwasserversorgung selbst durch einen Regie- oder Eigenbetrieb durchzuführen oder die Aufgabe der Trinkwasserversorgung vollständig auf eine andere Körperschaft des öffentlichen Rechts zu übertragen, z. B. auf einen Zweckverband oder eine Anstalt öffentlichen Rechts. Reine Organisationsentscheidungen des Aufgabenträgers werden durch Art. 4 Abs. 2 EUV gewährleistet. Sie stellen keinen Beschaffungsvorgang dar[171] und begründen daher keine Pflicht zur Ausschreibung. Erforderlich ist dabei das Vorliegen einer echten Kompetenzverlagerung. Das setzt voraus, dass dem neuen Aufgabenträger die mit der zu verlagernden Kompetenz verbunden Zuständigkeiten übertragen worden sind, dass er eine eigene Entscheidungsbefugnis erhält und über eine finanzielle Unabhängigkeit vom bisherigen Aufgabenträger verfügt.[172]

dd) Vergabe an den Eigentümer des Wasserversorgungsnetzes

128 Auf eine Bekanntmachung der Konzessionsvergabeabsicht kann nach § 20 Abs. 1 S. 1 Nr. 3 KonzVgV verzichtet werden, wenn an dem Konzessionsgegenstand ein ausschließliches Recht besteht. Eine entsprechende Anwendung dieser Ausnahmeregelung betrifft insbesondere den Fall der freihändigen Vergabe einer Wasserkonzession an ein selbstständiges kommunales Wasserversorgungsunternehmen, das Eigentümer der Wasserversorgungsleitungen im Gemeindegebiet ist.[173] Enthält der laufende Konzessionsvertrag keine Endschaftsklausel, nach

168 Vgl. EuGH, Urteil v. 13.6.2013 – Rs. C-386/11 (Piepenbrock), Rn. 33 bis 36; Urteil v. 19.12.2012 – Rs. C-159/11 (Lecce), Rn. 31 bis 34; auf *von Engelhardt/Kaelble* zu § 108 Abs. 1 bis 6 GWB wird verwiesen.

169 Vgl. EuGH, Urteil v. 13.11.2008 – Rs. C-324/07 (Coditel); Urteil v. 13.10.2005 – Rs. C-458/03 (Parking Brixen); *Gesterkamp*, VergabeR 2020, 705 (709); *Prieß/Marx/Hölzl*, NVwZ 2011, 65 (68).

170 Vgl. OLG München, Beschluss v. 13.3.2017 – Verg 15/16, Rn. 57.

171 Vgl. Art. 1 Abs. 4 RL 2014/23/EU.

172 EuGH, Urteil v. 21.12.2016 – Rs. C-51/15 (Remondis); OLG Celle, Urteil v. 3.8.2017 – 13 Verg 3/13.

173 Für eine entsprechende Anwendung der Ausnahme: Europäische Kommission, Mitteilung der Kommission zu Auslegungsfragen in Bezug auf das Gemeinschaftsrecht, das für die Vergabe öffentlicher Aufträge gilt, die nicht oder nur teilweise unter die Vergaberichtlinien fallen (2006/C 179/02), S. 4.

der bei Auslaufen der Konzession das Eigentum an dem Versorgungsnetz wieder auf die Kommune übergeht, so verfügt das Wasserversorgungsunternehmen über ein ausschließliches Recht im Sinne von § 20 Abs. 1 S. 1 Nr. 3 KonzVgV und kann es ablehnen, dass das Versorgungsnetz Dritten zum Zwecke des Netzbetriebs zur Verfügung gestellt wird.[174] Der Konzessionsgeber kann den Eigentümer, anders als in den Fällen des § 46 Abs. 2 S. 2 EnWG, nicht zum Verkauf oder zur Verpachtung des Wasserversorgungsnetzes zwingen.[175] Auch wenn die Übertragung des Eigentums an dem Wasserversorgungsnetz keine zwingende Voraussetzung für die Erteilung einer Wasserkonzession ist, stellen die Modelle eines Pacht-, Leasing- oder Betriebsführungsvertrags keine Alternativen dar, wenn der Eigentümer des Wasserversorgungsnetzes nicht zustimmt.[176] Ersatzlösungen im Sinne des § 20 Abs. 1 S. 2 KonzVgV, bei denen das Eigentum als Ausschließlichkeitsrecht einer Ausschreibung nicht entgegenstehen würde – in Gestalt einer anderen Form der Überlassung des Gebrauchs des Versorgungsnetzes – sind somit nicht ohne Weiteres ersichtlich.[177] Eine Pflicht der Kommune, als Gesellschafterin das kommunale Wasserunternehmen anzuweisen, das Eigentum an dem Versorgungsnetz zur Verfügung zu stellen, kommt nicht in Betracht, da darin ein Verstoß gegen gesellschaftsrechtliche Treuepflichten liegen würde.[178]

4. Rechtsschutz

129 Bei Streitigkeiten zur Vergabe einer Trinkwasserkonzession ist der **Rechtsweg** zu den ordentlichen Gerichten gemäß § 13 GVG eröffnet. Die Vereinbarung einer Trinkwasserkonzession erfolgt durch Abschluss eines privatrechtlichen Vertrages, der das Recht zur Benutzung von Straßen und Wegen für Versorgungsleitungen gewährt, ohne den öffentlich-rechtlichen Gemeingebrauch zu regeln. Der Verwaltungsrechtsweg kommt somit nicht in Betracht. Aufgrund der Ausnahmeregel des § 149 Nr. 9 GWB unterliegen Trinkwasserkonzessionen auch nicht den Nachprüfungsverfahren durch die Vergabekammern.[179]

130 Im Einzelfall können unterlegene Bieter einen Anspruch auf **Untersagung der** beabsichtigten **Konzessionsvergabe** nach den §§ 280 Abs. 1, 311 Abs. 2, 241 Abs. 2 BGB geltend machen, wenn der Konzessionsgeber die Pflicht, das Vergabeverfahren transparent und diskriminierungsfrei durchzuführen, verletzt hat, soweit die Verletzungshandlung oder der pflichtwidrig geschaffene Zustand noch andauern.[180]

X. Dienstleistungskonzessionen für Lotteriedienstleistungen (Nr. 10)

131 § 149 Nr. 10 GWB regelt eine Ausnahme vom Anwendungsbereich des Teil 4 GWB für die Vergabe von Dienstleistungskonzessionen für Lotteriedienstleistungen, die unter den CPV-Code 92351100-7 fallen und einem Unternehmen auf der Grundlage eines ausschließlichen Rechts gewährt werden.

1. Allgemeines

132 § 149 Nr. 10 GWB setzt die Ausnahme des Art. 10 Abs. 9 S. 1 RL 2014/23/EU um.[181] Der Regelungsgehalt von Art. 10 Abs. 9 S. 2 und UAbs. 2 RL 2014/23/EU wird hingegen durch § 149 Nr. 10 GWB nicht abgebildet; er wird lediglich in der Gesetzesbegründung wiedergegeben. In Erwägungsgrund 35 RL 2014/23/EU erläutert der Unionsgesetzgeber die Regelung: *„Diese Richtlinie sollte das Recht der Mitgliedstaaten nicht beschränken, im Einklang mit dem*

174 Vgl. OLG Frankfurt, Beschluss v. 30.8.2011 – 11 Verg 3/11, Rn. 73.
175 Landeskartellbehörde Niedersachsen, Hinweise zur Vergabe von Wasserkonzessionsverträgen gemäß §§ 31, 31a GWB (Stand: 17.4.2019), S. 8.
176 Vgl. *Gesterkamp*, VergabeR 2020, 705 (711).
177 *Schröder*, NVwZ 2017, 504 (507); a.A.: *Heller*, EWeRK 2016, 210 (212).
178 OLG Frankfurt, Beschluss v. 30.8.2011 – 11 Verg 3/11, Rn. 78.
179 OLG Hamm, Urteil v. 26.9.2012 – I-12 U 142/12, Rn. 45 ff.; VK Sachsen, Beschluss v. 12.4.2017 – 1/SVK/003-17.
180 OLG Hamm, Urteil v. 26.9.2012 – I-12 U 142/12, Rn. 54, 59.
181 Vgl. Gesetzesbegründung zu § 149 Nr. 10 GWB, VergRModG 2016, BT-Drs. 18/6281, 128.

Unionsrecht zu entscheiden, auf welche Weise – einschließlich durch Genehmigungen – der Spiel- und Wettbetrieb organisiert und kontrolliert wird. Es ist angezeigt, Konzessionen für den Betrieb von Lotterien aus dem Anwendungsbereich dieser Richtlinie auszuschließen, die ein Mitgliedstaat einem Wirtschaftsteilnehmer auf der Grundlage eines ausschließlichen Rechts mittels eines nicht veröffentlichen Verfahrens nach nationalen Rechts- oder veröffentlichten Verwaltungsvorschriften im Einklang mit dem AEUV gewährt hat. Dieser Ausschluss ist gerechtfertigt, weil ein ausschließliches Recht an einen Wirtschaftsteilnehmer vergeben wird, wodurch kein wettbewerbliches Verfahren zur Anwendung kommen kann, und weil es den Mitgliedstaaten möglich bleiben muss, aufgrund ihrer Verpflichtungen zum Schutz der öffentlichen und sozialen Ordnung den Bereich Spieltätigkeiten auf nationaler Ebene zu regeln."

2. Voraussetzungen

133 Die Ausnahme des § 149 Nr. 10 GWB gilt dem Wortlaut nach ausdrücklich nur für Dienstleistungskonzessionen im Sinne des § 105 Abs. 1 Nr. 2 GWB zur Erbringung von **Lotteriedienstleistungen** i.S.d. CPV-Code 92351100-7. Nicht erfasst sind ähnliche Dienstleistungen: des Spiel- und Wettbetriebs (CPV-Code: 92350000-9), von Spiel- und Wetteinrichtungen (CPV-Code: 92351000-6), von Spielkasinos (CPV-Code: 92351200-8), von Wetteinrichtungen (CPV-Code: 92352000-3) oder Buchmacherdienste (CPV-Code: 92352200-5).[182]

An diesem engen Anwendungsbereich der Ausnahme ändert sich auch nichts, weil in Erwägungsgrund 35 RL 2014/23/EU von „Spiel- und Wettbetrieb" die Rede ist; Art. 10 Abs. 9 RL 2014/23/EU umfasst ausdrücklich nur „Dienstleistungen von Lotterien" im Sinne des CPV-Code 92351100-7.[183]

134 Im Übrigen ist zu bedenken, dass Glücksspiele je nach konkreter Ausgestaltung der Regulierung in den Mitgliedstaaten oftmals im Wege der bloßen Erlaubnis nur gestattet werden, aber nicht die Merkmale einer **Konzession** im Sinne des § 105 GWB aufweisen. Entsprechend hat es das OVG Nordrhein-Westfalen mangels Vorliegens einer Dienstleistungskonzession für den Betrieb einer Spielhalle gemäß §§ 24 GlüStV, 16 AG GlüStV NRW dahinstehen lassen (können), ob die Bereichsausnahme des § 149 Nr. 10 GWB einschlägig gewesen wäre.[184]

135 Sofern eine Lotteriekonzession vorliegt, ist diese nur von den GWB-Regelungen zur Konzessionsvergabe ausgenommen, wenn sie dem Unternehmen auf Grundlage eines **ausschließlichen Rechts** gewährt wurde: Im Rahmen der Definition des Sektorenauftraggebers bestimmt § 100 Abs. 2 S. 1 GWB, dass besondere oder ausschließliche Rechte solche Rechte sind, die dazu führen, dass die Ausübung dieser Tätigkeit einem oder mehreren Unternehmen vorbehalten wird und dass die Möglichkeit anderer Unternehmen, diese Tätigkeit auszuüben, erheblich beeinträchtigt wird. Diese Definition kann auch im Rahmen des § 149 Nr. 10 GWB als Ausgangspunkt herangezogen werden, wobei allerdings auch § 149 Nr. 10 GWB nur von „ausschließlichen Rechten" spricht. Entsprechend versteht der Unionsgesetzgeber nach Art. 5 Nr. 10 RL 2014/23/EU unter einem ausschließlichen Recht ein Recht, das eine zuständige Behörde eines Mitgliedstaats im Wege einer mit den Verträgen im Einklang stehenden Rechts- oder veröffentlichten Verwaltungsvorschrift gewährt hat, wodurch die Möglichkeit anderer Wirtschaftsteilnehmer zur Ausübung dieser Tätigkeit wesentlich eingeschränkt wird.[185] Aus dem Wortlaut dieser Legaldefinition „wesentlich eingeschränkt" folgt, dass nicht nur Monopole, sondern auch Oligopole mit hohen Marktzutrittsschranken erfasst sind. Die Auslegung dieser Definitionen kann sich an Art. 106 Abs. 1 AEUV orientieren, da es auch dort um Unternehmen geht, denen „besondere oder ausschließliche Rechte" gewährt wurden.[186]

---

182 So auch *Mohr*, in: Säcker, Wettbewerbsrecht, § 149 GWB Rn. 60; a.A. in Bezug auf Sportwetten und Spielkasinos *Schellenberg*, in: Pünder/Schellenberg, Vergaberecht, § 149 GWB Rn. 13; *Willenbruch*, in: Willenbruch/Wieddekind, Vergaberecht, § 149 GWB Rn. 12.
183 A.A. *Dietlein/Peters*, ZfWG 2015, 158 (163).
184 OVG Nordrhein-Westfalen, Beschluss v. 8.6.2017 – 4 B 307/17, Rn. 77 ff., 88.
185 Vgl. dazu auch Erwägungsgrund 22 RL 2014/23/EU.
186 So auch OLG München, Beschluss v. 12.5.2011 – Verg 26/10 (zu § 98 Nr. 4 Alt. 1 GWB a.F.).

136 Art. 10 Abs. 9 S. 2 RL 2014/23/EU bestimmt, dass der Begriff „ausschließliches Recht" für die Zwecke des Art. 10 Abs. 9 S. 1 RL 2014/23/EU nicht die ausschließlichen Rechte nach Art. 7 Abs. 2 RL 2014/23/EU abdeckt. Art. 7 Abs. 2 RL 2014/23/EU (vgl. § 100 Abs. 2 S. 2 GWB) regelt für Sektorenauftraggeber eine Ausnahme, wonach in bestimmten Fällen trotz Vorliegens besonderer oder ausschließlicher Rechte das Vergaberecht nicht zur Anwendung kommen soll. Im Kern wird damit klargestellt, dass Rechte, die im Wege eines Verfahrens gewährt wurden, das auf angemessenen **Kriterien** beruht und bei dem eine angemessene **Publizität** gewährleistet wurde, keine besonderen oder ausschließlichen Rechte im Sinne der RL 2014/23/EU darstellen. Die Anwendung des Vergaberechts ist in diesen Fällen insofern entbehrlich, da schon bei der Gewährung der besonderen oder ausschließlichen Rechte den grundlegenden Vergabegrundsätzen Rechnung getragen wurde.[187] Das ist bei der Erteilung glücksspielrechtlicher Erlaubnisse nach der Rechtsprechung des EuGH geboten: Danach haben öffentliche Stellen, die Konzessionen auf dem Gebiet der Glücksspiele vergeben, die Grundregeln der Verträge, insbesondere die Art. 49 und 56 AEUV, sowie den Gleichbehandlungsgrundsatz, das Verbot der Diskriminierung aus Gründen der Staatsangehörigkeit und das daraus folgende Transparenzgebot zu beachten.[188] Allerdings ist Art. 7 Abs. 2 RL 2014/23/EU nach seinem Wortlaut und seiner Stellung ohnehin nur für die Frage relevant, ob ein Unternehmen Sektorenauftraggeber ist. Daher ist die Regelung des Art. 10 Abs. 9 S. 2 RL 2014/23/EU an sich überflüssig; ihr kommt nur eine klarstellende Funktion zu.

137 Schließlich folgt unmittelbar aus Art. 10 Abs. 9 UAbs. 2 RL 2014/23/EU die Verpflichtung der Mitgliedstaaten, ein solches ausschließliches Recht im **Amtsblatt der Europäischen Union** bekannt zu machen. Der deutsche Gesetzgeber hat diese Vorgabe nicht umgesetzt. Die Richtlinienvorgabe ist allerdings so konkret und bestimmt, dass sie unmittelbar anwendbar ist.

XI. Konzessionen für Tätigkeiten in einem Drittland (Nr. 11)

138 § 149 Nr. 11 GWB regelt eine Freistellung vom Anwendungsbereich des Teil 4 GWB für die Vergabe von Konzessionen, die Konzessionsgeber im Sinne des § 101 Abs. 1 Nr. 2 und 3 GWB zur Durchführung ihrer Sektorentätigkeiten in einem nicht der Europäischen Union angehörenden Staat in einer Weise vergeben, die nicht mit der physischen Nutzung eines Netzes oder geografischen Gebiets in der Union verbunden ist.

139 § 149 Nr. 11 GWB setzt die Ausnahme des Art. 10 Abs. 10 **RL 2014/23/EU** um. Ein Erwägungsgrund zu dieser Ausnahme fehlt.

140 Die Ausnahme gilt nur für **Konzessionsgeber** nach § 101 Abs. 1 Nr. 2 und 3 GWB, also nur für Sektorenauftraggeber, die eine Sektorentätigkeit gemäß § 102 Abs. 2 bis 6 GWB ausüben und eine Konzession zum Zweck der Ausübung dieser Tätigkeit vergeben. Für Konzessionsgeber im Sinne des § 101 Abs. 1 Nr. 1 GWB gilt die Freistellung demzufolge nicht.

141 Freigestellt sind alle Konzessionen für Tätigkeiten in einem Staat, der nicht Mitglied der Europäischen Union ist (sog. **Drittstaat**). Das gilt allerdings nur, wenn die Konzession erstens nicht mit der Nutzung eines Netzes oder zweitens eines geografischen Gebiets in der Europäischen Union verbunden ist. Es werden somit nur diejenigen Sektorentätigkeiten in Bezug auf Netze oder Anlagen ausgenommen, die sich nicht in einem der europäischen Mitgliedstaaten befinden und auch ausschließlich in einem Drittland betrieben werden.[189]

187 Vgl. Gesetzesbegründung zu § 100 Abs. 2 GWB, VergRModG 2016, BT-Drs. 18/6281, 71.

188 Vgl. EuGH, Urteil v. 19.12.2018 – Rs. C-375/17 (Stanley International Betting), Rn. 54 ff.; Urteil v. 4.2.2016 – Rs. C-336/14 (Ince), Rn. 85 ff.; Urteil v. 16.2.2012 – Rs. C-72/10 und C-77/10 (Costa), Rn. 54; Urteil v. 9.9.2010 – Rs. C-64/08 (Engelmann), Rn. 52; Urteil v. 3.6.2010 – Rs. C-203/08 (Sporting Exchange), Rn. 46; OVG Berlin-Brandenburg, Beschluss v. 12.5.2015 – OVG 1 S 102.14; *Dietlein/Peters*, ZfWG 2015, 158 (164) m.w.N.

189 *Mohr*, in: Säcker, Wettbewerbsrecht, § 149 GWB Rn. 63.

XII. Konzessionen für bestimmte Verkehrsdienste (Nr. 12)

142 § 149 Nr. 12 GWB stellt zum einen die Vergabe von Konzessionen vom Anwendungsbereich des GWB-Vergaberechts frei, die im Bereich der Luftverkehrsdienste auf der Grundlage der Erteilung einer Betriebsgenehmigung im Sinne der VO (EG) 1008/2008 vergeben werden. Zum anderen sind auch Konzessionen, die die Beförderung von Personen im Sinne des § 1 PBefG betreffen, von den GWB-Regelungen zur Konzessionsvergabe ausgenommen. Die Ausnahme stellt somit den Vorrang der spezifischen Regelungen des europäischen Verkehrsvergaberechts klar.

1. Allgemeines

143 § 149 Nr. 12 GWB setzt die Ausnahme des Art. 10 Abs. 3 **RL 2014/23/EU** um. Die Ausnahme bezweckt eine Abgrenzung zu den sektorspezifischen Regelungen der VO (EG) 1008/2008 und der VO (EG) 1370/2007.[190] Um Normkollisionen vorzubeugen, stellt der (Unions-)Gesetzgeber mit dieser Ausnahme klar, dass zwischen diesen Rechtsakten und der RL 2014/23/EU ein Exklusivitätsverhältnis besteht. Sofern in der VO (EG) 1008/2008 oder der VO (EG) 1370/2007 die Vergabe von Konzessionen spezifisch geregelt wird, greifen die neuen Vorgaben der RL 2014/23/EU daher nicht.

144 Wichtig ist, dass es sich bei beiden Rechtsakten um **EU-Verordnungen** handelt: Nach Art. 288 Abs. 2 AEUV haben diese allgemeine Geltung. Ferner sind sie in allen ihren Teilen verbindlich und gelten unmittelbar in jedem Mitgliedstaat, also ohne Umsetzungsakt. Der EuGH hat deswegen für die VO (EG) 1370/2007 entschieden, dass deren Vorgaben auch dann gelten, wenn nach Art. 5 Abs. 1 VO (EG) 1370/2007 eines Auftrags über öffentliche Personenverkehrsdienste mit Bussen die Bestimmungen von Art. 5 Abs. 2 bis 6 der VO (EG) 1370/2007 nicht anwendbar sind.[191]

2. Voraussetzungen

a) Konzessionen im Bereich der Luftverkehrsdienste (Alt. 1)

145 Obwohl sich dies dem weiten Wortlaut nicht unmittelbar entnehmen lässt, stellt § 149 Nr. 12 Alt. 1 GWB im Ergebnis nur Konzessionen für den Linienverkehr auf bestimmten Flugstrecken mit sog. gemeinwirtschaftlichen Verpflichtungen frei. Die übrigen Vorschriften der VO (EG) 1008/2008 regeln in Art. 3 ff. VO (EG) 1008/2008 insbesondere die Erteilung einer sog. Betriebsgenehmigung (vgl. Art. 2 Nr. 1 VO (EG) 1008/2008). Die Betriebsgenehmigung weist aber selbst nicht den Charakter einer (Dienstleistungs-)Konzession auf.

146 Die **gemeinwirtschaftlichen Verpflichtungen** sind in Art. 16 VO (EG) 1008/2008 geregelt. Danach kann ein Mitgliedstaat gemäß Art. 16 VO (EG) 1008/2008 im Linienflugverkehr für bestimmte Strecken (Flughäfen in Rand- oder Entwicklungsgebieten; wenig frequentierte Strecken) gemeinwirtschaftliche Verpflichtungen auferlegen. Nach Art. 16 Abs. 9 VO (EG) 1008/2008 kann der Mitgliedstaat den Linienflugverkehr auf dieser Strecke für die Dauer von bis zu vier Jahren einem einzigen Luftfahrtunternehmen der Union vorbehalten. In diesem Fall muss das Recht zur Durchführung in dem in Art. 17 VO (EG) 1008/2008 geregelten Verfahren ausgeschrieben werden (Art. 16 Abs. 10 VO (EG) 1008/2008). Für die Vergabe von Konzessionen für diese Strecken ist eine parallele Anwendung der Vorgaben der §§ 148 ff. GWB nach § 149 Nr. 12 Alt. 1 GWB ausgeschlossen.

---

190 Vgl. Europäische Kommission, Commission Staff Working Document, Impact Assessment of an Initiative on Concessions (SEC(2011) 1588 final), S. 26.

191 EuGH, Urteil v. 27.10.2016 – Rs. C-221/12 (Hörmann Reisen), Rn. 41; Urteil v. 20.9.2018 – Rs. C-518/17 (Rudigier), Rn. 46.

b) Konzession zur Beförderung von Personen (Alt. 2)

aa) Vorrang des Verkehrsvergaberechts

Bei § 149 Nr. 12 Alt. 2 GWB hat der deutsche Gesetzgeber nicht dem Wortlaut des Art. 10 Abs. 3 RL 2014/23/EU entsprechend und wie bei der VO (EG) 1008/2008 (§ 149 Nr. 12 Alt. 1 GWB) auf die VO (EG) 1370/2007 Bezug genommen. Stattdessen knüpft die Ausnahme des § 149 Nr. 12 Alt. 2 GWB an § 1 PBefG an. Gleichwohl ist die Bereichsausnahme mit den sektorspezifischen Vorgaben der VO (EG) 1370/2007 vereinbar.[192] **147**

Nach § 1 PBefG umfasst der sachliche Anwendungsbereich des **PBefG** die entgeltliche oder geschäftsmäßige Beförderung von Personen mit Straßenbahnen, mit Oberleitungsbussen (Obussen) und mit Kraftfahrzeugen, sofern nicht eine Ausnahme nach § 1 Abs. 2 PBefG einschlägig ist. Als Straßenbahnen i.S.d. § 1 PBefG gelten gemäß § 4 Abs. 2 PBefG auch Hoch- und Untergrundbahnen, Schwebebahnen und ähnliche Bahnen besonderer Bauart. Nach der Gesetzesbegründung gelten für diese öffentlichen Personenverkehrsdienste weiterhin die Sonderregelungen für die Vergabe von Konzessionen über Personenbeförderungsleistungen nach § 8b PBefG und Art. 5 Abs. 3 VO (EG) 1370/2007.[193] Die **VO (EG) 1370/2007** regelt ein sektorspezifisches Sonderregime, das sowohl beihilferechtliche als auch vergaberechtliche Vorgaben (vgl. Art. 5 VO (EG) 1370/2007) enthält. Die vergaberechtlichen Vorschriften umfassen insbesondere auch spezifische Vorgaben über Direktvergaben und In-House-Konstellationen. Im Ergebnis wird durch die Ausnahme gemäß § 149 Nr. 12 Alt. 2 GWB auch der Rechtsschutz nicht beschränkt, da auch die Vergabe eines öffentlichen Dienstleistungsauftrages nach Art. 5 Abs. 2 bis 5 VO (EG) 1370/2007 für den Verkehr mit Straßenbahnen, Omnibussen oder Kraftfahrzeugen einer Nachprüfung nach §§ 155 ff. GWB unterliegt. **148**

Unabhängig von der Ausnahme gemäß § 149 Nr. 12 Alt. 2 GWB war bislang im Hinblick auf Art. 5 Abs. 1 S. 2 VO (EG) 1370/2007 in der Rechtsprechung der Oberlandesgerichte umstritten, ob bei einer Ausgestaltung eines Verkehrsvertrags als öffentlichem Auftrag eine **Direktvergabe** an § 108 GWB[194] oder an Art. 5 Abs. 2 VO (EG) 1370/2007[195] zu messen ist. Zum Teil wurde auch vertreten, dass die Voraussetzungen beider Regelungen kumulativ vorliegen müssen.[196] Auf Vorlagen des OLG Düsseldorf hat der EuGH in seinem Urteil vom 21. März 2019 klargestellt, dass sich die Direktvergabe von Verträgen über öffentliche Personenverkehrsdienste mit Bussen nur dann nach Art. 5 Abs. 2 VO (EG) 1370/2007 richtet, wenn die Voraussetzungen einer Dienstleistungskonzession erfüllt sind. Ist der Verkehrsvertrag hingegen als öffentlicher Auftrag ausgestaltet, kommt eine Direktvergabe nur als In-House-Vergabe nach dem GWB-Vergaberecht in Betracht.[197] Ob die Voraussetzungen des § 108 GWB vorliegen, kann ebenfalls nach §§ 155 ff. GWB zum Gegenstand eines Nachprüfungsverfahrens gemacht werden.[198] **149**

Obwohl § 149 Abs. 12 Alt. 2 GWB von „**Konzessionen**" spricht, ist dennoch davon auszugehen, dass die Ausnahme nur für Dienstleistungskonzessionen im Sinne des § 105 Abs. 1 Nr. 2 GWB gilt. Baukonzessionen fallen dagegen in den Anwendungsbereich der §§ 148 ff. GWB: Denn diese waren nach Art. 1 Abs. 3 VO (EG) 1370/2007 dem Anwendungsbereich der RL 2004/18/EG bzw. RL 2004/17/EG zugewiesen. Nach zutreffender Auffassung der Europäischen Kommission sind die Verweise in Art. 1 Abs. 3 VO (EG) 1370/2007 nach dem Inkrafttreten der EU-Vergaberichtlinien 2014 als Verweise auf das neue Recht zu verstehen, sodass Baukonzessionen für öffentliche Personenverkehrsdienste mit der Eisenbahn und anderen schie- **150**

---

192 Vgl. VK Niedersachen, Beschluss v. 19.6.2018 – Vgk-18/2018, Rn. 56 ff.

193 Vgl. Gesetzesbegründung zu § 149 Nr. 12 GWB, VergRModG 2016, BT-Drs. 18/6281, 129.

194 OLG Frankfurt, Beschluss v. 10.11.2015 – 11 Verg 8/15, Rn. 39; Beschluss v. 30.1.2014 – 11 Verg 15/13.

195 OLG Düsseldorf, EuGH-Vorlage v. 3.5.2017 – VII-Verg 51/16; EuGH-Vorlage v. 3.5.2017 – VII-Verg 17/16 u.a.; in diesem Sinne auch Urteil v. 12.10.2016 – VI-U (Kart) 2/16, Rn. 62 ff.

196 OLG München, Beschluss v. 31.3.2016 – Verg 14/15, Rn. 145 ff.; Beschluss v. 22.6.2011 – Verg 6/11, Rn. 61; OLG Rostock, Beschluss v. 4.7.2012 – 17 Verg 3/12, Rn. 51; OLG Düsseldorf, Beschluss v. 2.3.2011 – VII-Verg 48/10, Rn. 62.

197 EuGH, Urteil v. 21.3.2019, verb. Rs. C-266/17 und C- 267/17 (Hüttebräucker); nachgehend BGH, Beschluss v. 12.11.2019 – XIII ZB 120/19.

198 OLG Düsseldorf, Beschluss v. 27.4.2020 – VII-Verg 27/19, Rn. 34 f.

nengebundenen Verkehrsträgern sowie auf der Straße ausschließlich unter die RL 2014/23/EU fallen.[199] Auch der deutsche Gesetzgeber geht in der Gesetzesbegründung davon aus, dass § 149 Nr. 12 Alt. 2 GWB nur für die Vergabe von „Dienstleistungskonzessionen" für öffentliche Personenbeförderungsdienste (gemäß § 1 PBefG) gilt.[200]

bb) Öffentliche Personenverkehrsleistungen im Eisenbahnverkehr?

151 Die Ausnahme des § 149 Nr. 12 Alt. 2 GWB gilt nach ihrem Wortlaut und dem ausdrücklichen Willen des **deutschen Gesetzgebers** nicht für Konzessionen über öffentliche Personenverkehrsleistungen im Eisenbahnverkehr außerhalb des PBefG.[201] Das GWB-Vergaberecht (§§ 148 ff. GWB) soll für die Vergabe solcher Konzessionen also anwendbar sein und vor allem Dienstleistungskonzessionen im Schienenpersonennahverkehr (SPNV), etwa den Betrieb von S-Bahnen, erfassen, vgl. § 2 Abs. 5 AEG. Das deutsche Recht ist also insoweit strenger als das europäische Recht.

152 Fraglich ist aber, ob nicht auch solche Dienstleistungskonzessionen jedenfalls in den Anwendungsbereich der **VO (EG) 1370/2007** fallen und § 149 Abs. 12 Alt. 2 GWB unionsrechtskonform im Sinne des Art. 10 Abs. 3 RL 2014/23/EU auszulegen ist. Dieser bestimmt, dass die RL 2014/23/EU nicht für Konzessionen gilt, die dem Anwendungsbereich der VO (EG) 1370/2007 unterfallen. Nach dem ausdifferenzierten Regelungssystem des Art. 5 Abs. 1 VO (EG) 1370/2007 werden sämtliche Dienstleistungskonzessionen im Anwendungsbereich der VO (EG) 1370/2007 nach Art. 5 Abs. 2 ff. VO (EG) 1370/2007 vergeben.[202] Nach Art. 1 Abs. 2 VO (EG) 1370/2007 gilt diese Verordnung für den innerstaatlichen und grenzüberschreitenden Personenverkehr mit der Eisenbahn und andere Arten des Schienenverkehrs sowie auf der Straße, mit Ausnahme von Verkehrsdiensten, die hauptsächlich aus Gründen historischen Interesses oder zu touristischen Zwecken betrieben werden. Danach würden auch Dienstleistungskonzessionen über öffentliche Personenverkehrsdienstleistungen im Eisenbahnverkehr – die nicht von den Regelungen des PBefG erfasst sind – grundsätzlich in den Anwendungsbereich der VO (EG) 1370/2007 fallen. Dennoch stehen die §§ 148 ff. GWB als strengeres nationales Recht etwa einer Direktvergabe entgegen (vgl. Art. 5 Abs. 6 VO (EG) 1370/2007).[203] Nach der Rechtsprechung des BGH soll es dem nationalen Gesetzgeber jedoch nicht verwehrt sein, den Eisenbahnbereich in die nationalen vergaberechtlichen Regelungen einzubeziehen.[204] Genau dies hat der Gesetzgeber durch die eng formulierte Ausnahmevorschrift für den Bereich der Konzessionen getan.

cc) Fehlende Kohärenz zur Regelung in § 131 GWB

153 Die Regelungen in § 131 GWB einerseits und in § 149 Nr. 12 GWB andererseits stehen in einem gewissen Wertungswiderspruch zueinander. Während bei öffentlichen Aufträgen mit den Regelungen in § 131 GWB, insbesondere in Abs. 1 und 2, Erleichterungen bei der Vergabe von Personenverkehrsleistungen im Eisenbahnverkehr verbunden sind, die für die Vergabe von Personenverkehrsdiensten gemäß § 1 PBefG nicht gelten, ist es bei der Vergabe von Konzessionen genau andersherum. Hier werden Vergaben von Personenverkehrsdiensten gemäß § 1 PBefG ausdrücklich vom Anwendungsbereich des Teil 4 GWB ausgenommen, im Eisenbahnverkehr bleibt Teil 4 GWB anwendbar. Eine sachlich plausible Erklärung für diese unterschiedliche Behandlung ist nicht erkennbar.

199 Vgl. Europäische Kommission, Mitteilung der Kommission über die Auslegungsleitlinien zu der Verordnung (EG) Nr. 1370/2007 über öffentliche Personenverkehrsdienste auf Schiene und Straße (2014/C 92/01), S. 2.

200 Vgl. Gesetzesbegründung zu § 149 Nr. 12 GWB, VergRModG 2016, BT-Drs. 18/6281, 129.

201 Vgl. Gesetzesbegründung zu § 149 Nr. 12 GWB, VergRModG 2016, BT-Drs. 18/6281, 129.

202 EuGH, Urteil v. 21.3.2019 – Verb. Rs. C-266/17 und C- 267/17 (Hüttebräucker); Europäische Kommission, Mitteilung der Kommission über die Auslegungsleitlinien zu der Verordnung (EG) Nr. 1370/2007 über öffentliche Personenverkehrsdienste auf Schiene und Straße (2014/C 92/01), S. 2 f.

203 Vgl. dazu auch *Knauff*, NZBau 2012, 65 ff.

204 Vgl. BGH, Beschluss v. 8.2.2011 – X ZB 4/10 (Abellio). Die Bereichsausnahme ist daher auch europarechtskonform, vgl. dazu VK Niedersachen, Beschluss v. 19.6.2018 – Vgk-18/2018, Rn. 53.

Anlage

Gesetzesbegründung – VergRModG 2016 (BT-Drs. 18/6281)

Seite 127

Zu Nummer 1

§ 149 Nummer 1 dient der Umsetzung von Artikel 10 Absatz 8 Buchstabe d der Richtlinie 2014/23/EU. Im Übrigen wird auf die Begründung zu § 116 Absatz 1 Nummer 1 verwiesen.

Zu Nummer 2

§ 149 Nummer 2 dient der Umsetzung von Artikel 25 der Richtlinie 2014/23/EU. Im Übrigen wird auf die Begründung zu § 116 Absatz 1 Nummer 2 verwiesen.

Zu Nummer 3

§ 149 Nummer 3 dient der Umsetzung von Artikel 10 Absatz 8 Buchstabe b der Richtlinie 2014/23/EU. Die Ausnahme für bestimmte audiovisuelle Mediendienste und Hörfunkmediendienste entspricht der Ausnahme des § 116 Absatz 1 Nummer 3. Insofern wird auf die Begründung zu § 116 Absatz 1 Nummer 3 verwiesen.

Seite 128

Zu Nummer 4

§ 149 Nummer 4 dient der Umsetzung von Artikel 10 Absatz 8 Buchstabe e der Richtlinie 2014/23/EU. Die Ausnahme für bestimmte finanzielle Dienstleistungen entspricht der Ausnahme des § 116 Absatz 1 Nummer 4. Insofern wird auf die Begründung zu § 116 Absatz 1 Nummer 4 verwiesen.

Zu Nummer 5

§ 149 Nummer 5 dient der Umsetzung von Artikel 10 Absatz 8 Buchstabe f der Richtlinie 2014/23/EU. Die Ausnahme für Kredite und Darlehen entspricht der Ausnahme des § 116 Absatz 1 Nummer 5. Insofern wird auf die Begründung zu § 116 Absatz 1 Nummer 5 verwiesen.

Zu Nummer 6

§ 149 Nummer 6 dient der Umsetzung von Artikel 10 Absatz 1 Unterabsatz 1 der Richtlinie 2014/23/EU. Der erste Halbsatz betrifft wie in § 116 Absatz 1 Nummer 6 Fälle, in denen ein bestimmter öffentlicher Auftraggeber oder ein Verbund von öffentlichen Auftraggebern der einzige Anbieter einer bestimmten Dienstleistung sein kann, da er für deren Erbringung ein auf ein Gesetz oder Verordnung beruhendes und mit den Vorschriften des Vertrags über die Arbeitsweise der Europäischen Union in Einklang stehendes ausschließliches Recht besitzt. In diesen Fällen soll das Vergaberecht des Teils 4 des GWB keine Anwendung finden.

Zu Nummer 7

§ 149 Nummer 7 erstreckt die Ausnahme des § 149 Nummer 6 auf die Dienstleistungskonzession, die an ein Unternehmen aufgrund eines ausschließlichen Rechts zur Ausübung einer Sektorentätigkeit vergeben wurde. Voraussetzung dafür ist, dass das ausschließliche Recht dem Unternehmen gemäß den nationalen Rechts- und Verwaltungsvorschriften sowie im Einklang mit dem Vertrag über die Arbeitsweise der Europäischen Union und den Unionsrechtsakten zur Festlegung gemeinsamer Vorschriften über den Marktzugang für die in § 102 Absatz 2 bis 7 genannten Sektorentätigkeiten gewährt wurde. Aus Gründen der Transparenz ist eine Zuschlagsbekanntmachung der Europäischen Kommission binnen einen Monats nach Gewährung dieses Rechts bekannt zu machen, soweit nicht die branchenspezifischen Rechtsvorschriften bereits Transparenzanforderungen enthalten.

Zu Nummer 8

§ 149 Nummer 8 setzt die Ausnahme des Artikels 11 der Richtlinie 2014/23/EU um. Die Begriffe „öffentliches Kommunikationsnetz" und „elektronischer Kommunikationsdienst" sind gemäß Artikel 11 der Richtlinie 2014/23/EU entsprechend den Definitionen der Richtlinie 2002/21/EG über einen gemeinsamen Rechtsrahmen für elektronische Kommunikationsnetze und -dienste (Rahmenrichtlinie) (ABl. L 108 vom 24.4.2002, S. 33) auszulegen. Dabei kann es sich zum Beispiel um öffentliche Kommunikationsnetze im Sinne des § 3 Nummer 16a, 27 des Telekommunikationsgesetzes (TKG) oder die Bereitstellung eines oder mehrerer elektronischer Kommunikationsdienste im Sinne des § 3 Nummer 17a, 24 des TKG handeln.

Zu Nummer 9

§ 149 Nummer 9 setzt die Ausnahme des Artikels 12 der Richtlinie 2014/23/EU für Konzessionen im Wasserbereich um. Durch diese Ausnahme vom EU-Sekundärrecht kann bei der Vergabe von Konzessionen im Wasserbereich vor allem den Besonderheiten der Strukturen der Wasserversorgung auf kommunaler Ebene in den Mitgliedstaaten Rechnung getragen werden. Damit soll die bestmögliche Trinkwasserversorgung der Bürgerinnen und Bürger, insbesondere in ländlichen Regionen, sichergestellt werden. Gleichwohl ist im Vergabeverfahren für Konzessionen im Wasserbereich die durch das Europäische Primärrecht gebotene Transparenz, Gleichbehandlung und Verhältnismäßigkeit zu beachten.

Zu Nummer 10

§ 149 Nummer 10 setzt die Ausnahme des Artikels 10 Absatz 9 der Richtlinie 2014/23/EU für Dienstleistungskonzessionen um, die ein Mitgliedstaat für Lotteriedienstleistungen auf der Grundlage eines ausschließlichen Rechts gewährt. Artikel 10 Absatz 9 der Richtlinie 2014/23/EU enthält darüber hinaus die Klarstellung, dass für die Zwecke des Artikel 10 Absatz 9 sich der Begriff „ausschließliches Recht" nicht mit den ausschließlichen Rechten im Sinne des Artikels 7 Absatz 2 Richtlinie 2014/23/EU deckt und die Gewährung eines solchen ausschließlichen Rechts im Amtsblatt der Europäischen Union zu veröffentlichen ist. Die Ausnahme für Dienstleistungskonzessionen zu Lotteriedienstleistungen bei Lotteriebetrieben wird durch den Erwägungsgrund 35 der Richtlinie 2014/23/EU weiter konkretisiert.

Zu Nummer 11

§ 149 Nummer 11 setzt die Ausnahme des Artikels 10 Absatz 10 der Richtlinie 2014/23/EU um.

Seite 129

Zu Nummer 12

§ 149 Nummer 12 setzt die Ausnahme des Artikels 10 Absatz 3 der Richtlinie 2014/23/EU um. Von Teil 4 des GWB ausgenommen wird dadurch die Vergabe von Dienstleistungskonzessionen über öffentliche Personenverkehrsdienste im Sinne des § 1 des Personenbeförderungsgesetz, das heißt über die entgeltliche oder geschäftsmäßige Beförderung von Personen mit Straßenbahnen, Untergrundbahnen, Oberleitungsbussen und mit Kraftfahrzeugen. Als „Straßenbahnen" im Sinne des § 1 PBefG gelten gemäß § 4 Absatz 2 PBefG auch Hoch- und Untergrundbahnen, Schwebebahnen und ähnliche Bahnen besonderer Bauart. Für diese öffentliche Personenverkehrsdienste im Sinne des § 1 PBefG gelten weiterhin die Sonderregelungen für die Vergabe von Konzessionen über Personenbeförderungsleistungen nach § 8b des Personenbeförderungsgesetzes und Artikel 5 Absatz 3 der Verordnung (EG)

Nr. 1370/2007. Auf Dienstleistungskonzessionen über öffentliche Personenverkehrsleistungen im Eisenbahnverkehr – die nicht unter das Personenbeförderungsgesetz fallen – sind die für die Vergabe von Konzessionen geltenden Regelungen in Teil 4 des GWB und in der Konzessionsverordnung anwendbar.

§ 150 GWB
Besondere Ausnahmen für die Vergabe von Konzessionen in den Bereichen Verteidigung und Sicherheit

Dieser Teil ist nicht anzuwenden auf die Vergabe von Konzessionen in den Bereichen Verteidigung und Sicherheit,

1. **bei denen die Anwendung der Vorschriften dieses Teils den Konzessionsgeber verpflichten würde, Auskünfte zu erteilen, deren Preisgabe seines Erachtens den wesentlichen Sicherheitsinteressen der Bundesrepublik Deutschland zuwiderläuft, oder wenn die Vergabe und Durchführung der Konzession als geheim zu erklären sind oder von besonderen Sicherheitsmaßnahmen gemäß den geltenden Rechts- oder Verwaltungsvorschriften begleitet sein müssen, sofern der Konzessionsgeber festgestellt hat, dass die betreffenden wesentlichen Interessen nicht durch weniger einschneidende Maßnahmen gewahrt werden können, wie beispielsweise durch Anforderungen, die auf den Schutz der Vertraulichkeit der Informationen abzielen, die Konzessionsgeber im Rahmen eines Konzessionsvergabeverfahrens zur Verfügung stellen,**
2. **die im Rahmen eines Kooperationsprogramms vergeben werden, das**
   a) **auf Forschung und Entwicklung beruht und**
   b) **mit mindestens einem anderen Mitgliedstaat der Europäischen Union für die Entwicklung eines neuen Produkts und gegebenenfalls die späteren Phasen des gesamten oder eines Teils des Lebenszyklus dieses Produkts durchgeführt wird,**
3. **die die Bundesregierung an eine andere Regierung für in unmittelbarem Zusammenhang mit Militärausrüstung oder sensibler Ausrüstung stehende Bau- und Dienstleistungen oder für Bau- und Dienstleistungen speziell für militärische Zwecke oder für sensible Bau- und Dienstleistungen vergibt,**
4. **die in einem Staat, der nicht Vertragspartei des Übereinkommens über den Europäischen Wirtschaftsraum ist, im Rahmen des Einsatzes von Truppen außerhalb des Gebiets der Europäischen Union vergeben werden, wenn der Einsatz erfordert, dass diese Konzessionen an im Einsatzgebiet ansässige Unternehmen vergeben werden,**
5. **die durch andere Ausnahmevorschriften dieses Teils erfasst werden,**
6. **die nicht bereits gemäß den Nummern 1 bis 5 ausgeschlossen sind, wenn der Schutz wesentlicher Sicherheitsinteressen der Bundesrepublik Deutschland nicht durch weniger einschneidende Maßnahmen garantiert werden kann, wie beispielsweise durch Anforderungen, die auf den Schutz der Vertraulichkeit der Informationen abzielen, die Konzessionsgeber im Rahmen eines Konzessionsvergabeverfahrens zur Verfügung stellen, oder**
7. **die besonderen Verfahrensregeln unterliegen,**
   a) **die sich aus einem internationalen Abkommen oder einer internationalen Vereinbarung ergeben, das oder die zwischen einem oder mehreren Mitgliedstaaten der Europäischen Union und einem oder mehreren Staaten, die nicht Vertragsparteien des Übereinkommens über den Europäischen Wirtschaftsraum sind, geschlossen wurde,**
   b) **die sich aus einem internationalen Abkommen oder einer internationalen Vereinbarung im Zusammenhang mit der Stationierung von Truppen ergeben, das oder die Unternehmen eines Mitgliedstaates der Europäischen Union oder eines anderen Staates betrifft, oder**
   c) **die für eine internationale Organisation gelten, wenn diese für ihre Zwecke Beschaffungen tätigt oder wenn ein Mitgliedstaat der Europäischen Union Aufträge nach diesen Regeln vergeben muss.**

Übersicht

	Rn.
A. Allgemeines	1
I. Unionsrechtlicher Hintergrund	5
II. Historie	6
B. Die einzelnen Ausnahmetatbestände	7
I. Schutzwürdige staatliche Sicherheitsbelange (Nr. 1)	7
1. Preisgabe von Auskünften (Var. 1)	8
2. Geheimschutz (Var. 2)	12
3. Besondere Sicherheitsmaßnahmen (Var. 3)	17
4. Verhältnismäßigkeit	20
II. Konzessionen im Rahmen von Kooperationsprogrammen (Nr. 2)	22
III. Konzessionsvergaben an andere Staaten (Nr. 3)	26
IV. Konzessionsvergaben im Einsatzgebiet (Nr. 4)	29
V. Andere Ausnahmevorschriften (Nr. 5)	35
VI. Schutz wesentlicher Sicherheitsinteressen (Nr. 6)	38
VII. Konzessionsvergaben nach besonderen Verfahrensregeln (Nr. 7)	43
1. Internationale Abkommen zwischen EU-Mitgliedstaaten und Nicht-EWR-Staaten (lit. a)	44
2. Internationale Abkommen im Zusammenhang mit der Stationierung von Truppen (lit. b)	47
3. Verfahrensregeln internationaler Organisationen (lit. c)	49
C. Rechtsschutz	53
Anlage Gesetzesbegründung	

A. Allgemeines

1 § 150 GWB regelt besondere Ausnahmen von der Anwendungsverpflichtung des Teil 4 GWB für die Vergabe von Konzessionen in den Bereichen Verteidigung und Sicherheit. Die in § 150 GWB zusammengefassten Ausnahmen sind an die Ausnahmen der §§ 117 und 145 GWB angelehnt.

2 Im Unterschied zur Vergabe von verteidigungs- oder sicherheitsspezifischen öffentlichen Aufträgen gibt es für Konzessionen in den Bereichen Verteidigung und Sicherheit keine speziellen **Verfahrensvorschriften**; das GWB enthält nur besondere Ausnahmen.

3 Die **praktische Bedeutung** dieser Ausnahmen ist gering, da die Vergabe von Konzessionen zur Bedarfsdeckung im Verteidigungs- und Sicherheitsbereich nur in seltenen Fällen in Betracht kommen wird.[1] In den Bereichen Verteidigung und Sicherheit decken Auftraggeber ihren Beschaffungsbedarf üblicherweise über die Vergabe öffentlicher Aufträge und nicht durch Konzessionen, bei denen die Gegenleistung in einem Nutzungs- oder Verwertungsrecht des Auftragnehmers besteht.

4 § 150 GWB kommt neben und zusätzlich zu den allgemeinen, auf alle Vergaben anwendbaren Ausnahmen des **§ 107 GWB** zur Anwendung. Teil 4 GWB gilt damit auch für die Vergabe von Konzessionen in den Bereichen Verteidigung und Sicherheit, soweit die in § 107 GWB genannten allgemeinen Ausnahmen und die in § 150 GWB aufgeführten besonderen Ausnahmen für Konzessionen in den Bereichen Verteidigung und Sicherheit nichts Gegenteiliges bestimmen. Als Ausnahmetatbestand ist § 150 GWB eng auszulegen und keiner analogen Anwendung zugänglich.

1 *Krohn*, in: Gabriel/Krohn/Neun, Handbuch Vergaberecht, § 57 Rn. 129; *von Hoff*, in: Gabriel/Mertens/Prieß/Stein, Vergaberecht, § 150 GWB Rn. 2.

I. Unionsrechtlicher Hintergrund

§ 150 GWB setzt Art. 10 Abs. 5 bis 7 RL 2014/23/EU in innerstaatliches Recht um, wobei der Begriff der „Konzessionen in den Bereichen Verteidigung und Sicherheit" weder in der RL 2014/23/EU noch in der RL 2009/81/EG definiert wird. Aus einer Zusammenschau von Art. 5 Nr. 1 RL 2014/23/EU sowie Art. 2 lit. c und d RL 2009/81/EG ergibt sich jedoch, dass hier Konzessionen für Bau- oder Dienstleistungen gemeint sind, die im unmittelbaren Zusammenhang mit der Lieferung von Militärausrüstung oder Ausrüstung im Rahmen eines Verschlusssachenauftrags stehen, bzw. um Bau- und Dienstleistungen speziell für militärische Zwecke oder um Bau- und Dienstleistungen, die im Rahmen eines Verschlusssachenauftrags vergeben werden.[2] 5

II. Historie

Die Vorschrift wurde im Rahmen des VergRModG 2016 neu in das GWB aufgenommen. Regelungen über die Vergabe von Konzessionen durch Konzessionsgeber waren bis dahin nicht in Teil 4 GWB enthalten. 6

B. Die einzelnen Ausnahmetatbestände

I. Schutzwürdige staatliche Sicherheitsbelange (Nr. 1)

§ 150 Nr. 1 GWB stellt Konzessionen in den Bereichen Verteidigung und Sicherheit frei, die den Konzessionsgeber (§ 101 GWB) zur Preisgabe von Auskünften zwingen würden, die den wesentlichen Sicherheitsinteressen der Bundesrepublik Deutschland zuwiderlaufen würden (Var. 1), die für geheim zu erklären sind (Var. 2) oder von besonderen Sicherheitsmaßnahmen begleitet sein müssen (Var. 3). Die Bestimmung greift ausdrücklich das Verhältnismäßigkeitsgebot auf: Die Ausnahme ist nicht anzuwenden, wenn die schutzwürdigen Sicherheitsbelange durch weniger einschneidende Maßnahmen gewährleistet werden können. 7

1. Preisgabe von Auskünften (Var. 1)

Die erste Fallgruppe mit Relevanz für schutzwürdige staatliche Sicherheitsbelange betrifft die Vergabe von Konzessionen in den Bereichen Verteidigung und Sicherheit, bei denen die Anwendung der Vergabevorschriften den Konzessionsgeber nach § 101 GWB dazu zwingen würde, „Auskünfte zu erteilen, deren Preisgabe seines Erachtens seinen wesentlichen Sicherheitsinteressen zuwiderläuft." Die Regelung entspricht inhaltlich § 107 Abs. 2 Nr. 1 und § 117 Nr. 2 GWB. Sie hat daher keine eigenständige inhaltliche Bedeutung.[3] 8

Im Unterschied zu § 107 Abs. 2 Nr. 1 GWB, der eine weitgehend inhaltsgleiche allgemeine Ausnahme enthält, fehlt hier – wie auch in Art. 10 Abs. 6 lit. a RL 2014/23/EU – der ausdrückliche Verweis auf **Art. 346 Abs. 1 lit. a AEUV**. In der Sache macht das allerdings keinen Unterschied.[4] Es ist nicht anzunehmen, dass für Konzessionsgeber in den Bereichen Verteidigung und Sicherheit andere oder geringere Voraussetzungen gelten sollen. 9

Bei der Inanspruchnahme der Ausnahme hat der Konzessionsgeber einen **Ermessensspielraum** („seiner Ansicht nach"), dessen Ausübung lediglich einer Plausibilitätskontrolle durch die Nachprüfungsinstanzen unterliegt.[5] 10

Als **Beispiele** kommen Konzessionen für Bau- oder Dienstleistungen im Rahmen eines Verschlusssachenauftrags oder im Zusammenhang mit der Lieferung von Militärausrüstung in Betracht, die so sensibel sind, dass deren Existenz geheim gehalten werden muss[6] oder bei de- 11

2 Gesetzesbegründung zu § 150 GWB, VergRModG 2016, BT-Drs. 18/6281, 129.
3 *von Hoff*, in: Gabriel/Mertens/Prieß/Stein, Vergaberecht, § 150 GWB Rn. 11.
4 Es wird daher auf die Kommentierung zu § 107 Abs. 2 Nr. 1 GWB verwiesen.
5 *Sitsen*, in: forum vergabe Jahrbuch 2012, Bd. 44, S. 118 f.
6 Erwägungsgrund 20 RL 2009/81/EG.

nen ein äußerst hohes Maß an Vertraulichkeit erforderlich ist (z. B. im Zusammenhang mit Verschlüsselungstechnologie oder der Bekämpfung von Terrorismus bzw. organisierter Kriminalität)[7].

2. Geheimschutz (Var. 2)

12 Die zweite Fallgruppe betrifft Konzessionen, deren Vergabe und Durchführung als geheim zu erklären sind. Diese Fallgruppe entspricht inhaltlich § 117 Nr. 3 GWB.

13 Der Ausnahmetatbestand eröffnet die Möglichkeit, Konzessionen zum Schutz betroffener Sicherheitsbelange verschlossen zu halten, und gilt für alle Konzessionen, die „als **geheim** zu erklären sind". Dabei ist nicht näher definiert, von wem und auf welcher Grundlage die Konzession für geheim zu erklären ist. Der interessierte Leser wird sich möglicherweise fragen, weshalb eine Konzession überhaupt für geheim erklärt werden sollte und wem gegenüber eine Geheimerklärung zu erfolgen hätte. Bedarf es hierfür einer gesetzlichen Grundlage oder erklärt der Konzessionsgeber die Konzession nach freiem Ermessen für geheim oder offen? Da der Wortlaut der Bestimmung schweigt, scheint eine weite Auslegung vertretbar. Und ist „geheim" überhaupt in einem formalen, geheimschutzrechtlichen Sinne zu verstehen? Falls ja, was muss konkret Gegenstand der Geheimhaltung sein und wieweit muss sie reichen, um eine Ausnahme von Teil 4 GWB zu rechtfertigen? Mit alltagssprachlicher Wortlautauslegung ist der Regelung nicht beizukommen. Richtiger erscheint es, den Terminus „als geheim zu erklären" als Rechtsbegriff zu verstehen und aus dem Kontext des innerstaatlichen Geheimschutzrechtes heraus zu definieren. Hierfür spricht auch der Sinn und Zweck der Geheimausnahme, der darin besteht, staatlichen Geheimhaltungsinteressen Vorrang vor vergaberechtlichen Verfahrensvorgaben zu geben.[8] Dies setzt voraus, dass die Geheimerklärung ihrerseits in Übereinstimmung mit den gesetzlichen Vorschriften erfolgt. Einschlägige Regelungen enthalten das „Gesetz über die Voraussetzungen und das Verfahren der SÜG i.V.m. der VSA sowie die entsprechenden Vorschriften der Länder. Die Konzession muss folglich nach Maßgabe dieser gesetzlichen Geheimschutzvorschriften als geheim erklärt worden sein, worunter die Einstufung mit dem Geheimhaltungsgrad „VS-VERTRAULICH" oder höher verstanden wird.[9] Nur dann kann die Geheimhaltungsbedürftigkeit einer Konzession einen sachbedingten Hinderungsgrund für die Durchführung einer Konzessionsvergabe darstellen.[10]

14 In **formeller Hinsicht** muss die Einstufung durch eine amtliche Stelle oder auf deren Veranlassung erfolgen, § 4 Abs. 2 SÜG. Es genügt, wenn wesentliche Teile der Konzession (z. B. die Leistungsbeschreibung) eingestuft sind und die Leistung nicht ohne Kenntnisnahme eingestufter Informationen ausgeführt werden kann.

15 **Materielle Voraussetzung** für die Einstufung ist, dass die Konzession einen im öffentlichen Interesse geheimhaltungsbedürftigen Gegenstand betrifft, dessen Kenntnisnahme durch Unbefugte die Sicherheit der Bundesrepublik Deutschland oder ihrer Länder gefährden oder ihren Interessen Schaden zufügen kann (vgl. § 4 SÜG). Dabei ist zu beachten, dass die Geheimerklärung i.S.d. § 150 Nr. 1 GWB nicht identisch ist mit dem Geheimhaltungsrad „GEHEIM" gemäß § 4 Abs. 2 SÜG. Auch Verschlusssachen, die als „VS-VERTRAULICH" eingestuft sind, rechtfertigen eine Geheimerklärung des Auftrags, da Informationen ab diesem Geheimhaltungsgrad nur einem eingeschränkten, VS-ermächtigten Personenkreis zugänglich gemacht

7 Erwägungsgrund 27 RL 2009/81/EG; vgl. auch *Rosenkötter*, VergabeR 2012, 267 (271).

8 Siehe hierzu die ausgezeichnete Arbeit von *Voll*, Sicherheit als Argument im Vergaberecht, S. 168 ff.

9 Aus der Entscheidungspraxis der Nachprüfungsinstanzen sind insbesondere zu nennen: OLG Düsseldorf, Beschluss v. 30.3.2005 – VII-Verg 101/04 (Neubau BND) zur Vergabe der geheim eingestuften Objektplanung für das Dienstgebäude des BND; VK Bund, Beschluss v. 14.7.2005 – VK 3-55/05 (BOS-Digitalfunk), in dem es um die Geheimerklärung eines Auftrages zum Betrieb eines BOS-Digitalfunks ging; VK Bund, Beschluss v. 9.2.2004 – VK 2-154/03 (Absicherung der Bundewehrliegenschaft Meppen), betreffend die Geheimerklärung eines Vergabevorganges durch den MAD.

10 Vgl. *Voll*, Sicherheit als Argument im Vergaberecht, wobei er zu dem Ergebnis gelangt, dass die nach dem Geheimschutzrecht erforderlichen personellen und materiellen Geheimschutzmaßnahmen nicht durch die Anwendung des GWB-Vergaberechts beeinträchtigt werden.

werden dürfen.[11] Die Einstufung „VS-NUR FÜR DEN DIENSTGEBRAUCH" genügt demgegenüber nicht.[12] Der Geheimerklärung steht nicht entgegen, dass das Projekt als solches oder die Beschaffungsabsicht öffentlich bekannt sind.[13]

Der Konzessionsgeber hat im Hinblick auf das Vorliegen der tatbestandlichen Voraussetzungen der Geheimerklärung einen **Beurteilungsspielraum**. Es genügt, dass er nachvollziehbar darlegt, dass die Geheimerklärung die Vorgaben der zugrunde liegenden Rechts- und Verwaltungsvorschriften (d.h. z. B. SÜG und VSA) einhält. Der Vergabekammer obliegt es nur, zu prüfen, ob die Grenzen dieses Beurteilungsspielraums überschritten sind. Das ist z. B. der Fall, wenn die Geheimerklärung auf einem unzutreffenden Sachverhalt beruht oder ihr ansonsten unsachgemäße Erwägungen zugrunde liegen.[14] Eine missbräuchlich weite Auslegung von Geheimschutzinteressen mit dem Ziel, das Vergaberecht zu umgehen, wäre nicht statthaft.[15] 16

3. Besondere Sicherheitsmaßnahmen (Var. 3)

Die dritte Fallgruppe betrifft Konzessionen in den Bereichen Verteidigung und Sicherheit, die „von besonderen Sicherheitsmaßnahmen gemäß den geltenden Rechts- oder Verwaltungsvorschriften begleitet sein müssen".[16] Diese Fallgruppe entspricht inhaltlich § 117 Nr. 3 GWB. Gemeint sind Konzessionen, bei deren Ausführung staatliche Sicherheitsinteressen in besonderem Maße gefährdet sind und dementsprechend durch Gesetz oder Verwaltungsvorschrift besondere Sicherheitsmaßnahmen angeordnet sind, die bei der Vergabe und Durchführung der Konzession einzuhalten sind.[17] Die Entscheidung, ob an die Durchführung einer Konzession besondere Sicherheitsanforderungen zu stellen sind, sowie die Bestimmung solcher Sicherheitsanforderungen obliegt den zuständigen staatlichen Stellen.[18] 17

Besondere Sicherheitsmaßnahmen sind zum Beispiel Sicherheitsüberprüfungen nach den Sicherheitsüberprüfungsgesetzen des Bundes und der Länder. So erfordert die Ausführung geheim erklärter Konzessionen als besondere Sicherheitsmaßnahme eine Sicherheitsüberprüfung der mit der Ausführung befassten Personen.[19] Bei Vorliegen der Fallgruppe Geheimschutz[20] ist folglich auch das Erfordernis besonderer Sicherheitsmaßnahmen gegeben. Besondere Sicherheitsmaßnahmen sind generell bei der Ausübung einer sicherheitsempfindlichen Tätigkeit erforderlich. Eine solche übt aus, wer Zugang zu Verschlusssachen mit der Einstufung VS-VERTRAULICH und höher hat (oder sich verschaffen kann) oder an einer sicherheitsempfindlichen Stelle innerhalb einer lebens- oder verteidigungswichtigen Einrichtung i.S.d. § 1 Abs. 4 SÜG beschäftigt werden soll.[21] Die Maßnahmen dienen dem vorbeugenden Sabotageschutz. Weitere einschlägige Vorschrift ist § 7 Abs. 1 LuftSiG. Die Bestimmung ordnet zum Schutz vor Angriffen auf die Sicherheit des Luftverkehrs eine Zuverlässigkeitsprüfung für bestimmte Personen an.[22] 18

Die Sicherheitsmaßnahme muss durch **Rechts-** oder **Verwaltungsvorschrift** vorgegeben sein. Es genügt nicht, dass die Sicherheitsmaßnahme lediglich auf Vorgaben des Konzessions- 19

11 Vgl. Gesetzesbegründung zu § 100 Abs. 2 GWB a.F., VergRModG 2009, BT-Drs. 16/10117, 19; *Höß*, in: Heuvels/Höß/Kuß/Wagner, Vergaberecht, 1. Auflage, § 100 GWB Rn. 48; *Ziekow*, VergabeR 2007, 711 (715).
12 *Voll*, Sicherheit als Argument im Vergaberecht, S. 170.
13 VK Bund, Beschluss v. 14.7.2005 – VK 3-55/05 (BOS-Digitalfunk).
14 OLG Düsseldorf, Beschluss v. 30.3.2005 – VII-Verg 101/04 (Neubau BND); VK Bund, Beschluss v. 14.7.2005 – VK 3-55/05 (BOS-Digitalfunk).
15 *Hailbronner*, in: Byok/Jäger, Vergaberecht, § 100 GWB Rn. 554.
16 Aus der Entscheidungspraxis ist zu nennen: EuGH, Urteil v. 16.10.2003 – Rs. C-252/01 (Luftfotografie), VergabeR 2004, 56; VK Bund, Beschluss v. 30.5.2008 – VK 1-48/08 (Baumaßnahme im Anwendungsbereich des Luftsicherheitsgesetzes); Beschluss v. 12.12.2006 – VK 1-136/06 (TV-Überwachungsanlagen für Flughäfen); Beschluss v. 3.2.2006 – VK 1-01/06 (Sicherheitsüberprüfung für Wachpersonal); Beschluss v. 18.5.1999 – VK 2-8/99 (Umzug Auswärtiges Amt).
17 Vgl. VK Bund, Beschluss v. 12.12.2006 – VK 1-136/06.
18 EuGH, Urteil v. 16.10.2003 – Rs. C 252/01, VergabeR 2004, 56 (59 f.).
19 Vgl. VK Niedersachsen, Beschluss v. 9.10.2015 – VgK – 39/2015, 9 f.
20 Siehe hierzu Rn. 12 ff.
21 § 1 Abs. 2 SÜG, VK Bund, Beschluss v. 2.2.2006 – VK 2-02/06.
22 VK Bund, Beschluss v. 30.5.2008 – VK 1-48/08; Beschluss v. 12.12.2006 – VK 1-136/06.

gebers beruht.[23] Zu den Rechts- oder Verwaltungsvorschriften zählen alle Bestimmungen, die unmittelbar oder mittelbar dem Schutz staatlicher Sicherheitsinteressen dienen.[24] Dies sind insbesondere die Sicherheitsüberprüfungsgesetze des Bundes und der Länder.

4. Verhältnismäßigkeit

20 Sind die Voraussetzungen einer der vorgenannten Fallgruppen erfüllt, ist die Konzession damit nicht automatisch der Anwendung des GWB-Vergaberechts entzogen, sondern es bedarf einer einzelfallbezogenen Prüfung und Feststellung, dass die staatlichen Sicherheitsbelange nicht durch weniger einschneidende Maßnahmen gewährleistet werden können (Verhältnismäßigkeitsgebot). Zu den weniger einschneidenden Maßnahmen gehören zum Beispiel Anforderungen, die auf den Schutz der Vertraulichkeit von Informationen abzielen, die der Konzessionsgeber im Rahmen eines Konzessionsvergabeverfahrens zur Verfügung stellt. Der Konzessionsgeber hat zu prüfen, ob den schutzwürdigen Sicherheitsbelangen nicht auch durch eine spezifische Gestaltung der Ausschreibungsbedingungen, insbesondere durch bestimmte Mindestanforderungen an die Eignung von Bewerbern und Bietern, entsprochen werden kann.[25]

21 Im Rahmen der Verhältnismäßigkeitsprüfung hat sodann eine **Abwägung** zwischen staatlichen Sicherheitsbelangen und den Interessen der Bieter an einem mit subjektivem Rechtsschutz ausgestatteten Vergabeverfahren zu erfolgen. Aus der Abwägung muss hervorgehen, dass gerade die Anwendung vergaberechtlicher Bestimmungen der Durchführung und Beachtung notwendiger Sicherheitsmaßnahmen entgegensteht und diese beeinträchtigen könnte. Sicherheitsmaßnahmen, die völlig unabhängig von der Vergabe der Konzession durchgeführt werden müssen oder die ausschließlich die Ausführung des Auftrags betreffen, rechtfertigen es nicht ohne Weiteres, von einer wettbewerblichen Vergabe abzusehen, sofern diese ohne Gefährdung staatlicher Sicherheitsinteressen durchgeführt werden könnte.[26] Nur wenn festgestellt ist, dass die durch die Anwendung der vergaberechtlichen Bestimmungen zu besorgende Beeinträchtigung der staatlichen Sicherheitsbelange so schwerwiegend ist, dass demgegenüber die Bieterinteressen zurückzutreten haben, darf von der Anwendung des GWB-Vergaberechts abgesehen werden. Der Konzessionsgeber hat die tatsächlichen Gründe, die im Interesse der staatlichen Sicherheitsinteressen eine Einschränkung der Bieterrechte erfordern, in einem Vergabevermerk zu dokumentieren.[27]

II. Konzessionen im Rahmen von Kooperationsprogrammen (Nr. 2)

22 Das Kartellvergaberecht gilt nicht für Konzessionen, die im Rahmen eines Kooperationsprogramms i.S.d. § 150 Nr. 2 GWB vergeben werden. Das sind Kooperationsprogramme unter Beteiligung mindestens eines weiteren Mitgliedstaats der Europäischen Union, die (a) auf Forschung und Entwicklung beruhen und (b) für die Entwicklung eines neuen Produkts durchgeführt werden. Die Regelung entspricht § 145 Nr. 2 GWB.[28] Zwischenstaatliche Kooperationsprogramme spielen im Verteidigungsbereich eine große Rolle, da sie die Finanzierung der oftmals hohen Entwicklungskosten bei der Einführung neuer Waffensysteme erleichtern. Ob im

---

23 VK Bund, Beschluss v. 15.7.2008 – VK 3-89/08.

24 VK Sachsen, Beschluss v. 12.6.2009 – 1/SVK/011-09 (BOS Digitalfunk Sachsen).

25 Vgl. aus der Spruchpraxis der Nachprüfungsinstanzen: EuGH, Urteil v. 16.10.2003 – Rs. C-252/01 (Luftfotografie), VergabeR 2004, 56; OLG Düsseldorf, Beschluss v. 1.8.2012 – VII-Verg 10/12 (Warnsystem), VergabeR 2012, 846 (848); Beschluss v. 8.6.2011 – VII-Verg 49/11 (Bundesdruckerei); Beschluss v. 30.3.2005 – VII-Verg 101/04 (Neubau BND), VergabeR 2003, 55; OLG Celle, Beschluss v. 3.12.2009 – 13 Verg 14/09 (Großleitstelle), VergabeR 2010, 230 (232); *Höß*, in: Heuvels/Höß/Kuß/Wagner, Vergaberecht, 1. Auflage, § 100 GWB Rn. 41 und 55; *Probst/Tews*, VergabeR 2011, 818 (828). A.A. OLG Dresden, Beschluss v. 18.9.2009 – WVerg 00003/09 (BOS-Digitalfunk Sachsen), VergabeR 2010, 90; VK Bund, Beschluss v. 30.5.2008 – VK 1-48/08; Beschluss v. 12.12.2006 – VK 1-136/06; *Noch*, VergabeR 2010, 94 f.; *Ziekow*, VergabeR 2007, 711 (717 f.).

26 Vgl. *Höß*, in: Heuvels/Höß/Kuß/Wagner, Vergaberecht, 1. Auflage, § 100 GWB Rn. 56.

27 OLG Düsseldorf, Beschluss v. 10.9.2009 – VII-Verg 12/09 (IT-Vor-Ort-Service), VergabeR 2010, 83 (87); VK Niedersachsen, Beschluss v. 9.10.2015 – VgK-39/2015, 9 f.

28 Auf die Kommentierung zu § 145 Nr. 2 GWB wird daher für weitere Einzelheiten verwiesen.

Rahmen solcher Kooperationsprogramme in der Praxis auch Konzessionen vergeben werden, ist eine andere Frage.

Forschung und **Entwicklung** (F&E) umfasst gemäß § 4 Abs. 5 VSVgV bzw. Art. 1 Nr. 27 RL 2009/81/EG Grundlagenforschung, angewandte Forschung und experimentelle Entwicklung, wobei Letztere die Herstellung von Demonstratorsystemen einschließt. Das Vorhaben muss zwingend einen F&E-Anteil haben.[29] Eine erhebliche technische Verbesserung eines vorhandenen Produkts (z. B. Kampfwertsteigerung) kann im Einzelfall ebenfalls genügen. Die gemeinschaftliche Beschaffung eines vorhandenen handelsüblichen Produkts genügt jedoch nicht. Ebenso wenig reicht eine geringfügige technische Anpassung eines marktverfügbaren Produkts aus.[30] 23

Das Kooperationsprogramm braucht nicht auf die Entwicklungsphase beschränkt zu sein, sondern kann auch die späteren **Lebenszyklusphasen** (Produktion, Instandhaltung, Modernisierung, Änderung, Logistik, Schulung, Erprobung, Beseitigung) einschließen.[31] Freigestellt ist die Konzession, wenn sie im Rahmen eines solchen zwischenstaatlichen Kooperationsprogramms vergeben wird. 24

Anders als § 145 Nr. 2 GWB statuiert § 150 Nr. 2 GWB keine ausdrückliche Pflicht der Mitgliedstaaten der Europäischen Union, den Abschluss und bestimmte wesentliche Inhalte des zwischenstaatlichen Kooperationsprogrammes der Europäischen Kommission mitzuteilen. Die zugrunde liegende Richtlinienbestimmung Art. 10 Abs. 6 lit. b RL 2014/23/EU sieht eine solche **Mitteilungspflicht** ebenfalls nicht vor. Die Bezugnahme auf Art. 13 lit. c RL 2009/81/EG in Art. 10 Abs. 6 lit. b RL 2014/23/EU mag für eine Mitteilungspflicht sprechen,[32] ausdrücklich angeordnet ist diese jedoch nicht und es kann auch nicht angenommen werden, dass die Richtlinie solche speziellen mitgliedstaatlichen Verfahrenspflichten ohne ausdrückliche Regelung begründen will. 25

III. Konzessionsvergaben an andere Staaten (Nr. 3)

Gemäß § 150 Nr. 3 GWB vom Teil 4 GWB freigestellt sind Government-to-Government-Konzessionen für bestimmte Bau- und Dienstleistungen im Zusammenhang mit Militärausrüstung oder sensibler Ausrüstung. 26

Voraussetzung ist, dass die Konzession von der **Bundesregierung** als Konzessionsgeber an die Regierung eines anderen Staates vergeben wird. Im Unterschied zur Parallelvorschrift des § 145 Nr. 4 GWB sind Konzessionen einer Landesregierung oder einer Gebietskörperschaft bzw. an eine Gebietskörperschaft eines anderen Staates nicht erfasst. 27

Als **Gegenstände** kommen in Betracht: 28

- Konzessionen für Bau- und Dienstleistungen, die in unmittelbarem Zusammenhang mit Militärausrüstung nach § 104 Abs. 2 GWB oder sensibler Ausrüstung stehen,
- Konzessionen für Bau- und Dienstleistungen speziell für militärische Zwecke oder
- Konzessionen für sensible Bau- oder Dienstleistungen.[33]

Unter sensibler Ausrüstung sowie sensiblen Bau- oder Dienstleistungen sind gemäß Art. 1 Nr. 7 RL 2009/81/EG die Ausrüstung, Bauleistungen oder Dienstleistungen für Sicherheitszwecke, bei denen Verschlusssachen verwendet werden oder die Verschlusssachen erfordern und/oder beinhalten, zu verstehen. Verschlusssachen sind gemäß der Definition in § 4 SÜG im öffentlichen Interesse geheimhaltungsbedürftige Tatsachen, Gegenstände oder Erkenntnisse, die von einer amtlichen Stelle oder auf deren Veranlassung in Geheimhaltungsgrade eingestuft sind. Die genannten Gegenstände stehen ausweislich des Wortlauts („oder") alternativ zueinander. Es genügt daher für die Freistellung vom Anwendungsbereich des

---

29 Europäische Kommission, Guidance Note, Defence- and security-specific exclusions (Ref. Ares(2016)764884), S. 6.
30 Europäische Kommission, Guidance Note, Defence- and security-specific exclusions (Ref. Ares(2016)764884), S. 6.
31 Vgl. Art. 1 Nr. 26 RL 2009/81/EG zum Begriff „Lebenszyklus".
32 *von Hoff*, in: Gabriel/Mertens/Prieß/Stein, Vergaberecht, § 150 GWB Rn. 18.
33 Näher § 145 GWB Rn. 33.

Teil 4 GWB, wenn einer der genannten Gegenstände von der Government-to-Government-Konzession erfasst.

IV. Konzessionsvergaben im Einsatzgebiet (Nr. 4)

29 § 150 Nr. 4 GWB betrifft Konzessionen, die im Rahmen des Einsatzes von Truppen außerhalb der Europäischen Union an Unternehmen im Einsatzgebiet vergeben werden.

30 „**Truppen**" sind nach allgemeinem Sprachgebrauch die Streitkräfte der Luftwaffe, der Marine und des Heeres eines Mitgliedstaates des Europäischen Union. Bezogen auf Deutschland sind dies die Teilstreitkräfte der Bundeswehr. Die außerhalb der Europäischen Union im Einsatzgebiet stationierten oder tätigen Streitkräfte der Bundeswehr sollen die Möglichkeit haben, bei Konzessionsvergaben an im Einsatzgebiet ansässige Unternehmen von der Anwendung des GWB-Vergaberechts abzusehen, wenn der Einsatz dies erfordert. Es handelt sich um einen Fall der dezentralen Beschaffung durch die Bundeswehr bzw. den Bund als Auftraggeber.

31 Anders als § 145 Nr. 3 GWB gilt die Ausnahme nicht für Konzessionsvergaben im Rahmen eines **Polizeieinsatzes** außerhalb der Europäischen Union. Damit ist die Vergabe von Konzessionen im Rahmen von Einsätzen der Polizeien des Bundes oder der Länder außerhalb der Europäischen Union nicht freigestellt. Bei einem kombinierten Einsatz von Streitkräften und Polizeikräften des Bundes kommt die Ausnahme hingegen zur Anwendung.

32 Ebenfalls abweichend zu § 145 Nr. 3 GWB stellt § 150 Nr. 3 GWB „**zivile Konzessionen**" nicht frei. Zivile Konzessionen wären Konzessionen, die nicht im unmittelbaren Zusammenhang mit der Vergabe von Konzessionen für Militärausrüstung, sensible Ausrüstung oder Bau- und Dienstleistungen speziell für militärische Zwecke stehen. Eine analoge Anwendung oder weite Auslegung des § 150 Nr. 3 GWB ist – wie bei allen Ausnahmen vom Vergaberecht – nicht zulässig. Hierzu besteht auch keine praktische Notwendigkeit. Zivile Beschaffungen wären über § 145 Nr. 3 GWB freigestellt und zivile Konzessionsvergaben an lokale Unternehmen in Einsatzgebieten mangels Relevanz bei Auslandseinsätzen nicht regelungsbedürftig.

33 Die Konzession muss an Unternehmen im **Einsatzgebiet**, aber außerhalb des Europäischen Wirtschaftsraums vergeben werden. Bei einem Truppeneinsatz in einem Staat des Europäischen Wirtschaftsraums greift die Ausnahme nicht. Entsprechend den praktischen Erfordernissen bei Auslandseinsätzen dürfte auch eine Vergabe an Unternehmen zulässig sein, die in direkt an das Einsatzgebiet angrenzenden Staaten ansässig sind („surrounding geographic zone"),[34] sofern diese nicht der Europäischen Union oder dem Europäischen Wirtschaftsraum angehören. Die Konzession kann auch an eine lokale Niederlassung eines Unternehmens mit Hauptsitz in der Europäischen Union vergeben werden, sofern die Leistungen nicht de facto durch die Mutterfirma in der Europäischen Union erbracht werden. Letzteres wäre eine unzulässige Umgehung.[35]

34 Soweit § 150 Nr. 3 GWB greift, finden auf die Konzessionsvergabe an sich die Grundfreiheiten und das allgemeine Diskriminierungsverbot des **EU-Primärrechts** Anwendung. In Anbetracht der einsatz- und sicherheitssensitiven Situation einer Vergabe im Einsatzgebiet dürften bei zulässiger Berufung auf § 150 Nr. 3 GWB zugleich die Voraussetzungen des Art. 346 Abs. 1 lit. b AEUV vorliegen, weshalb die Vergabe in der Praxis auch keinen primärrechtlichen Bindungen unterliegt.

V. Andere Ausnahmevorschriften (Nr. 5)

35 Gemäß § 150 Nr. 5 GWB ist Teil 4 GWB nicht anzuwenden auf die Vergabe von Konzessionen in den Bereichen Verteidigung und Sicherheit, „die durch andere Ausnahmevorschriften dieses Teils erfasst werden".

---

34 Europäische Kommission, Guidance Note, Defence- and security-specific exclusions (Ref. Ares(2016)764884), S. 9.

35 Vgl. *Rosenkötter*, VergabeR 2012, 267 (272), unter Hinweis auf das Umgehungsverbot gemäß Art. 11 RL 2009/81/EG.

Die Bestimmung dient der Umsetzung der **unionsrechtlichen Bestimmung** in Art. 10 Abs. 6 lit. e RL 2014/23/EU, wonach die RL 2014/23/EU in den Bereichen Verteidigung und Sicherheit nicht zur Anwendung kommt, sofern es sich um „gemäß dieser Richtlinie anderweitig ausgeschlossene Konzessionen" handelt. 36

Anderweitige **Ausnahmen** vom Anwendungsbereich für Konzessionsvergaben enthalten z. B. Art. 10 Abs. 1 bis 5 und Abs. 7 bis 10 sowie Art. 11 bis 17 RL 2014/23/EU bzw. die zu ihrer Umsetzung ergangenen §§ 107, 109 und 149 GWB. Soweit die Vergabe einer Konzession nach einer anderen Bestimmung des Teil 4 vom Anwendungsbereich des GWB ausgenommen ist, gilt diese Ausnahme auch für Konzessionen in den Bereichen Verteidigung und Sicherheit. In den Bereichen Verteidigung und Sicherheit sollen also mindestens die Ausnahmevorschriften zur Anwendung kommen, die in den „zivilen" Bereichen für Konzessionen gelten. 37

VI. Schutz wesentlicher Sicherheitsinteressen (Nr. 6)

§ 150 Nr. 6 GWB stellt Konzessionen in den Bereichen Verteidigung und Sicherheit von der Anwendung des GWB-Vergaberechts frei, soweit dies zum Schutz wesentlicher Sicherheitsinteressen der Bundesrepublik Deutschland erforderlich ist. Diese Vorschrift setzt Art. 10 Abs. 7 RL 2014/23/EU um und kommt subsidiär zur Anwendung, wenn die Konzessionsvergabe nicht bereits gemäß § 150 Nr. 1 bis 5 GWB ausgenommen ist. Die Ausnahme entspricht im Wesentlichen § 117 Nr. 1 GWB. 38

Zugleich greift § 150 Nr. 6 GWB den Grundsatz der **Verhältnismäßigkeit** auf: Die Ausnahme vom Vergaberecht ist nur insoweit zulässig, als der Schutz wesentlicher Sicherheitsinteressen nicht durch weniger einschneidende Maßnahmen gewährleistet werden kann. Zu den weniger einschneidenden Maßnahmen gehören zum Beispiel Anforderungen, die auf den Schutz der Vertraulichkeit solcher Informationen abzielen, die der Konzessionsgeber im Rahmen eines Konzessionsvergabeverfahrens zur Verfügung stellt. 39

Der Ausnahmetatbestand erkennt an, dass es auch außerhalb des Anwendungsbereichs des Art. 346 Abs. 1 lit. b AEUV **wesentliche** staatliche **Sicherheitsinteressen** geben kann, die einer wettbewerblichen Vergabe von Konzessionen in den Bereichen Verteidigung und Sicherheit entgegenstehen. Es liegt in der Zuständigkeit der Mitgliedstaaten der Europäischen Union bzw. des Konzessionsgebers nach § 101 GWB, diese zu definieren und zu schützen. In Anlehnung an die Rechtsprechung zu Art. 346 Abs. 1 lit. b AEUV müssen sowohl der Anwendungsbereich als auch die Bedingungen für die Inanspruchnahme der Ausnahme eng ausgelegt werden.[36] Ferner muss sich der Konzessionsgeber im Einzelfall auf den Ausnahmetatbestand berufen und im Streitfall nachweisen, dass seine Voraussetzungen vorliegen.[37] Die Inanspruchnahme der Ausnahmeregelung muss zur Wahrung wesentlicher Sicherheitsinteressen der Bundesrepublik Deutschland erforderlich sein. Der Konzessionsgeber muss darlegen und – im Streitfall – nachweisen können, dass die Anwendung des Kartellvergaberechts auf das spezielle Vorhaben seine wesentlichen Sicherheitsinteressen gefährden würde. Hier bedarf es einer eingehenden Dokumentation, welches wesentliche staatliche Sicherheitsinteresse konkret betroffen ist, worin der Zusammenhang zwischen dem Sicherheitsinteresse und der konkreten Vergabe besteht und weshalb die Nichtanwendung des GWB-Vergaberechts in diesem speziellen Fall für den Schutz des wesentlichen Sicherheitsinteresses erforderlich ist. 40

Erforderlich ist die Nichtanwendung der Vergabevorschriften, wenn die zu erwartende Beeinträchtigung des staatlichen Sicherheitsinteresses objektiv so schwerwiegend ist, dass demgegenüber das Bieterinteresse an einem mit subjektivem Rechtsschutz ausgestatteten Vergabeverfahren zurückzutreten hat. Hier ist eine **Abwägung** der Sicherheitsbelange gegen die Interessen der Bieter zu treffen und der Grundsatz der Verhältnismäßigkeit zu beachten. Der Konzessionsgeber hat im Einzelfall zu prüfen, ob den Sicherheitsbelangen unter Umständen 41

---

36 Vgl. zu Art. 346 AEUV EuGH, Urteil v. 15.3.1986 – Rs. 222/84 (Johnston), Slg. 1986, 1651 (1684), Rn. 26; EuGH, Urteil v. 16.9.1999 – Rs. C-414/97 (Kommission/Spanien), Slg. 1999, I-5585 (5606), Rn. 21 f.

37 Vgl. zu Art. 346 AEUV bzw. Art. 296 EGV: EuGH, Urteil v. 16.9.1999 – Rs. C-414/97 (Kommission/Spanien), Slg. 1999, I-5585, Rn. 22.

durch weniger einschneidende Maßnahmen mit den Mitteln des Vergaberechts entsprochen werden kann. § 150 Nr. 6 GWB nennt als Beispiel besondere Anforderungen an den Schutz der Vertraulichkeit von Informationen, die im Rahmen des Vergabeverfahrens zur Verfügung gestellt werden sollen. Der Konzessionsgeber muss prüfen, ob schutzwürdigen Sicherheitsbelangen nicht auch durch eine spezifische Gestaltung der Ausschreibungsbedingungen, insbesondere durch Mindestanforderungen an die Eignung von Bewerbern und Bietern, entsprochen werden kann.[38] Sicherheitsmaßnahmen, die völlig unabhängig von der Konzessionsvergabe durchgeführt werden müssen oder die ausschließlich die Leistungserbringung betreffen, rechtfertigen es nicht ohne Weiteres, von einer wettbewerblichen Vergabe abzusehen, sofern diese ohne Gefährdung staatlicher Sicherheitsinteressen durchgeführt werden könnte.[39]

42 Fälle mit **Relevanz** für wesentliche staatliche Sicherheitsinteressen, bei denen die Nichtanwendung des Kartellvergaberechts geboten sein kann, könnten z. B. Konzessionen im Zusammenhang mit dem Betrieb von IT- oder Telekommunikationsanlagen sein.

VII. Konzessionsvergaben nach besonderen Verfahrensregeln (Nr. 7)

43 § 150 Nr. 7 GWB enthält Ausnahmen für die Vergabe von Konzessionen in den Bereichen Verteidigung und Sicherheit, wenn der Konzessionsgeber verpflichtet ist, diese auf der Grundlage besonderer, internationaler Verfahrensregeln vorzunehmen. Zweck ist es, Kollisionen zwischen gemeinschaftsrechtlichem Vergaberecht und spezielleren Vergabeverfahrensregeln, die ein Konzessionsgeber nach § 101 GWB in Deutschland aufgrund internationaler Abkommen anzuwenden hat, zu verhindern.[40] Die Regelungen entsprechen § 145 Nr. 7 GWB.[41]

1. Internationale Abkommen zwischen EU-Mitgliedstaaten und Nicht-EWR-Staaten (lit. a)

44 § 150 Nr. 7 lit. a GWB stellt Konzessionen frei, die nach besonderen Verfahrensregeln vergeben werden, die sich aus einer internationalen Vereinbarung ergeben, die zwischen Mitgliedstaaten der Europäischen Union und Drittstaaten außerhalb des Europäischen Wirtschaftsraum geschlossen wurde. Die Bestimmung entspricht § 145 Nr. 7 lit. a GWB.[42]

45 **Zweck** dieser Ausnahme ist, dass Drittstaaten im Rahmen von Abkommen mit Mitgliedstaaten der Europäischen Union nicht gezwungen sein sollen, eine Konzessionsvergabe nach EU-Vergaberichtlinien zu akzeptieren. Derartige Konzessionen können nach den in dem internationalen Abkommen oder der internationalen Vereinbarung geregelten Verfahren vergeben werden.

46 Die Begriffe „**internationales Abkommen**" und „**internationale Vereinbarung**" werden synonym verwendet: Es muss sich um eine verbindliche zwischenstaatliche Vereinbarung, z. B. in Form eines Memorandum of Understanding, zwischen der Bundesrepublik Deutschland und mindestens einem Drittstaat handeln.[43] Auf Abkommen mit Staaten, die nicht der Europäischen Union aber dem Europäischen Wirtschaftsraum angehören (z. B. Norwegen), findet die Ausnahme keine Anwendung. Anders als in § 117 Nr. 4 lit. a GWB und § 109 Nr. 1 lit. a

---

38 Vgl. hierzu EuGH, Urteil v. 16.10.2003 – Rs. C-252/01 (Luftfotografie), VergabeR 2004, 56; OLG Düsseldorf, Beschluss v. 1.8.2012 – VII-Verg 10/12 (Warnsystem), VergabeR 2012, 846 (848); Beschluss v. 8.6.2011 – VII-Verg 49/11 (Bundesdruckerei); Beschluss v. 30.3.2005 – VII-Verg 101/04 (Neubau BND), VergabeR 2003, 55; OLG Celle, Beschluss v. 3.12.2009 – 13 Verg 14/09 (Großleitstelle), VergabeR 2010, 230 (232); *Höß*, in: Heuvels/Höß/Kuß/Wagner, Vergaberecht, §§ 100 GWB Rn. 41 und 55; *Probst/Tews*, VergabeR 2011, 818 (828); a.A. OLG Dresden, Beschluss v. 18.9.2009 – WVerg 00003/09 (BOS-Digitalfunk Sachsen), VergabeR 2010, 90; VK Bund, Beschluss v. 30.5.2008 – VK 1-48/08; Beschluss v. 12.12.2006 – VK 1-136/06; *Noch*, VergabeR 2010, 94 f.; *Ziekow*, VergabeR 2007, 711 (717 f.).

39 Vgl. *Höß*, in: Heuvels/Höß/Kuß/Wagner, Vergaberecht, § 100 GWB Rn. 56.

40 § 150 Nr. 7 GWB dient der Umsetzung von Art. 10 Abs. 5 RL 2014/23/EU. Allerdings hat sich der Gesetzgeber bei der Umsetzung nicht am Wortlaut der Richtlinie orientiert, sondern an § 145 Nr. 7 GWB, der dem bisherigen § 100c Abs. 3 GWB a.F. entspricht.

41 Es wird daher weitgehend auf die dortige Kommentierung verwiesen.

42 Es wird daher für weitere Einzelheiten auf die dortige Kommentierung verwiesen.

43 *Rosenkötter*, VergabeR 2012, 267 (271). Gemäß Europäische Kommission, Guidance Note, Defence- and security-specific exclusions (Ref. Ares(2016)764884), S. 3, muss es sich um Vereinbarungen auf Regierungsebene handeln. Siehe auch § 145 GWB Rn. 48.

GWB ist nicht ausdrücklich gefordert, dass das internationale Abkommen im Einklang mit den EU-Verträgen geschlossen sein muss. Ob Konzessionsvergaben aufgrund unionsrechtswidriger internationaler Vereinbarungen freigestellt sein sollen, darf gleichwohl bezweifelt werden. Naheliegender ist, dass Unionsrechtskonformität in Anlehnung an die genannten Parallelvorschriften auch hier gefordert ist, da es die Mitgliedstaaten der Europäischen Union ansonsten in der Hand hätten, über den Abschluss von beliebigen Abkommen mit Drittstaaten Konzessionsvergaben dem Vergaberecht zu entziehen.

2. Internationale Abkommen im Zusammenhang mit der Stationierung von Truppen (lit. b)

§ 150 Nr. 7 lit. b GWB stellt Konzessionen in den Bereichen Sicherheit und Verteidigung frei, die aufgrund eines internationalen Abkommens oder einer internationalen Vereinbarung im Zusammenhang mit der Stationierung von Truppen nach besonderen Verfahrensregeln vergeben werden. Die Konzessionsvergabe soll hier vorrangig nach den im jeweiligen Truppenstationierungsabkommen vereinbarten Verfahren erfolgen. Die Ausnahme entspricht § 145 Nr. 7 lit. b GWB.[44] 47

Möglicher **Anwendungsfall** sind Konzessionen im Zusammenhang mit Vorhaben der in Deutschland stationierten Truppen einschließlich deren zivilem Gefolge gemäß Art. IX des NATO-Truppenstatuts[45] i.V.m. Art. 47 des Zusatzabkommens.[46] Ein weiteres Beispiel wäre die Vergabe von Baukonzessionen für Bauvorhaben der gemeinsam finanzierten NATO-Infrastruktur.[47] 48

3. Verfahrensregeln internationaler Organisationen (lit. c)

Gemäß § 150 Nr. 7 lit. c GWB sind Konzessionen, die den besonderen Verfahrensregeln einer internationalen Organisation unterliegen oder die ein Mitgliedstaat der Europäischen Union nach diesen Regeln vergeben muss, von der Anwendung des GWB-Vergaberechts ausgenommen. Die Ausnahme ermöglicht es Konzessionsgebern, das bei einer internationalen Organisation geltende Verfahren anzuwenden. Diese Ausnahme entspricht § 145 Nr. 7 lit. c GWB.[48] 49

Voraussetzung ist, dass eine internationale Organisation die betreffende Konzession **für ihre Zwecke** vergibt oder dass ein Mitgliedstaat der Europäischen Union Konzessionen **nach diesen Regeln** vergeben muss. Internationale Organisationen sind allerdings ohnehin weder Auftraggeber im Sinne des § 98 GWB noch Adressaten der EU-Vergaberichtlinien.[49] Damit kommt das Vergaberecht bei Beschaffungen, die eine internationale Organisation für eigene Zwecke in eigenem Namen und auf eigene Rechnung tätigt, nicht zur Anwendung.[50] Konzessionen einer internationalen Organisation für Zwecke ihrer Mitglieder fallen ebenfalls nicht unter die Ausnahmevorschrift.[51] Mitgliedstaaten der Europäischen Union können internationale Organisation also nicht beauftragen, in ihrem Auftrag und für ihre Zwecke Konzessionen zu vergeben. 50

44 Es wird daher für weitere Einzelheiten auf die dortige Kommentierung verwiesen.

45 Abkommen zwischen den Parteien des Nordatlantikvertrages über die Rechtsstellung ihrer Truppen (NATO-Truppenstatut) vom 19. Juni 1951 (BGBl. II 1961 S. 1190).

46 Zusatzabkommen zu dem Abkommen zwischen den Parteien des Nordatlantikvertrages über die Rechtsstellung ihrer Truppen hinsichtlich der in der Bundesrepublik Deutschland stationierten ausländischen Truppen vom 3.8.1959 (BGBl. II 1961 S. 1183, 1218). Die Abkommen haben gemäß Art. 59 Abs. 2 GG den Rang einfachen Bundesrechts. Näher *Müller*, in: Daub/Eberstein, VOL/A, § 1 Rn. 44 ff.; *Riese*, Vergaberecht, S. 39 ff.; Zur Errichtung von Reihen- und Doppelhäusern für Angehörige der US-Streitkräfte siehe VK Bund, Beschluss v. 20.12.2005 – VK 2-156/05.

47 Siehe „Richtlinien zur Vergabe von Aufträgen für Bauvorhaben des gemeinsam finanzierten NATO-Sicherheits-Investitionsprogramms – RiNATO –" und hierzu VK Bund, Beschluss v. 17.1.2006 – VK 3-163/05.

48 Es wird daher für weitere Einzelheiten auf die dortige Kommentierung verwiesen.

49 Siehe Erwägungsgrund 22 RL 2014/24/EU; Europäische Kommission, Guidance Note, Defence- and security-specific exclusions (Ref. Ares(2016)764884), S. 4; Leitfaden zu den Gemeinschaftsvorschriften für die Vergabe von öffentlichen Lieferaufträgen, 1997, S. 20. Allgemein zum Vergabeverfahren internationaler Organisationen: *Ullrich*, VergabeR 2002, 331 ff.

50 Europäische Kommission, Bekanntmachung zu Leitlinien für die kooperative Beschaffung in den Bereichen Verteidigung und Sicherheit (2019/C 157/01), S. 7.

51 Gesetzesbegründung zu § 100c Abs. 4 Nr. 3 GWB a.F., Gesetz zur Änderung des Vergaberechts für die Bereiche Verteidigung und Sicherheit, BT-Drs. 17/7275, 18.

51 Zudem ist erforderlich, dass die Statuten der internationalen Organisation **spezielle Verfahrensregeln** für die Vergabe von Konzessionen enthalten.

52 Der Begriff **„internationale Organisation"** ist im völkerrechtlichen Sinne zu verstehen. Gemeint sind durch völkerrechtliche Verträge geschaffene zwischenstaatliche Organisationen mit eigener Rechtsfähigkeit, wie z. B. die NATO und ihre Unterorganisationen.

C. Rechtsschutz

53 Im **Nachprüfungsverfahren** ist das Vorliegen der Voraussetzungen einer der in § 150 GWB genannten Ausnahmen seitens der Nachprüfungsinstanzen von Amts wegen zu prüfen. Liegen die Voraussetzungen eines Ausnahmetatbestandes vor, gilt Teil 4 GWB für den gesamten Auftrag nicht[52] und der Nachprüfungsantrag ist unzulässig.[53] Der Rechtsschutz ist in solchen Fällen auf eine Kontrolle darauf beschränkt, ob die Voraussetzungen des Ausnahmetatbestandes von der Vergabestelle zutreffend angenommen worden sind. Dazu gehört es auch, zu prüfen, ob die Vergabestelle bei der Anwendung unbestimmter Rechtsbegriffe die Grenzen ihres (weiten) Beurteilungsspielraums überschritten bzw. sachfremde Erwägungen angestellt hat.[54]

54 Sofern das **Nachprüfungsverfahren nicht statthaft** ist, können Unternehmen um Rechtsschutz vor den Zivilgerichten bzw. in Einzelfällen auch vor den Verwaltungsgerichten nachsuchen.[55] Eine Verweisung an das zuständige Zivil- oder Verwaltungsgericht erfolgt jedoch nicht.

Anlage

Gesetzesbegründung – VergRModG 2016 (BT-Drs. 18/6281)

Seite 129

§ 150 setzt die besonderen Ausnahmen für Konzessionen in den Bereichen Verteidigung und Sicherheit des Artikels 10 Absatz 5, 6 und 7 der Richtlinie 2014/23/EU um.

Artikel 10 Absatz 5 und Absatz 6 der Richtlinie 2014/23/EU sprechen von Ausnahmen für Konzessionen in den Bereichen Verteidigung und Sicherheit gemäß der Richtlinie 2009/81/EG. Der Begriff der Konzessionen in den Bereichen Verteidigung und Sicherheit wird weder in der Richtlinie 2014/23/EU noch in der Richtlinie 2009/81/EG definiert. Aus einer Zusammenschau von Artikel 5 Nummer 1 der Richtlinie 2014/23/EU und Artikel 2 Buchstabe c und d der Richtlinie 2009/81/EG ergibt sich, dass es sich um solche Konzessionen handelt, deren vertragliche Regelung Bau- oder Dienstleistungen umfassen, die im unmittelbaren Zusammenhang mit Militärausrüstung oder Ausrüstung im Rahmen eines Verschlusssachenauftrags stehen bzw. um Bau- und Dienstleistungen speziell für militärische Zwecke oder Bau- und Dienstleistungen, die im Rahmen eines Verschlusssachenauftrags vergeben werden.

Artikel 10 Absatz 5 und Absatz 6 der Richtlinie 2014/23/EU fassen eine Reihe von Ausnahmetatbeständen für Konzessionen in den Bereichen Verteidigung und Sicherheit zusammen, die an die Ausnahmetatbestände der Artikel 12 und Artikel 13 der Richtlinie 2009/81/EG sowie Artikel 15 Absatz 2 und Absatz 3 und Artikel 17 Absatz 1 und 2 der Richtlinie 2014/24/EU angelehnt sind. Besonders hervorzuheben ist Artikel 10 Absatz 6 Buchstabe a der Richtlinie 2014/23/EU, der den Schutz vor Preisgabe von Auskünften umfasst, die nach Erachten des betroffenen Mitgliedstaates seinen wesentlichen Sicherheitsinteressen zuwiderläuft, die Geheimerklärung sowie die besonderen Sicherheitsmaßnahmen gemäß den im jeweiligen Mitgliedstaat geltenden Rechts- und Verwaltungsvorschriften,

52 OLG Düsseldorf, Beschluss v. 30.3.2005 – VII-Verg 101/04 (Neubau BND).
53 VK Sachsen, Beschluss v. 29.8.2008 – 1/SVK/042-08; VK Bund, Beschluss v. 3.2.2006 – VK 1-01/06.
54 *Hölzl*, in: von Wietersheim, Vergaben im Bereich Verteidigung und Sicherheit, S. 183 f.
55 Näher: *Hölzl*, in: von Wietersheim, Vergaben im Bereich Verteidigung und Sicherheit, S. 184 ff.; *Renner/Rubach-Larsen/Sterner*, NZBau 2007, 407.

siehe ebenso Artikel 15 Absatz 2 Unterabsatz 2 und Absatz 3 der Richtlinie 2014/24/EU und Artikel 24 Absatz 2 Unterabsatz 2 und Absatz 3 der Richtlinie 2014/25/EU.

Artikel 10 Absatz 7 der Richtlinie 2014/23/EU sieht ebenso wie Artikel 15 Absatz 2 Unterabsatz 2 der Richtlinie 2014/24/EU und Artikel 24 Absatz 2 Unterabsatz 2 der Richtlinie 2014/25/EU den Schutz wesentlicher Sicherheitsinteressen als Ausnahmetatbestand vor und greift ausdrücklich das Verhältnismäßigkeitsgebot auf. Das Vergaberecht ist nicht anzuwenden, wenn der Schutz wesentlicher Sicherheitsinteressen nicht durch weniger einschneidende Maßnahmen als die Ausnahme vom Vergaberecht gewährleistet werden kann. Zu den weniger einschneidenden Maßnahmen gehören zum Beispiel Anforderungen, die auf den Schutz der Vertraulichkeit solcher Informationen abzielen, die der öffentliche Auftraggeber im Rahmen eines Vergabeverfahrens zur Verfügung stellt.

Zu Nummer 1

§ 150 Nummer 1 dient der Umsetzung von Artikel 10 Absatz 6 Buchstabe a der Richtlinie 2014/23/EU.

Zu Nummer 2

§ 150 Nummer 2 dient der Umsetzung von Artikel 10 Absatz 6 Buchstabe b der Richtlinie 2014/23/EU.

Zu Nummer 3

§ 150 Nummer 3 dient der Umsetzung von Artikel 10 Absatz 6 Buchstabe c der Richtlinie 2014/23/EU.

Zu Nummer 4

§ 150 Nummer 4 dient der Umsetzung von Artikel 10 Absatz 6 Buchstabe d der Richtlinie 2014/23/EU.

Seite 130

Zu Nummer 5

§ 150 Nummer 5 dient der Umsetzung von Artikel 10 Absatz 6 Buchstabe e der Richtlinie 2014/23/EU.

Zu Nummer 6

§ 150 Nummer 6 dient der Umsetzung von Artikel 10 Absatz 7 der Richtlinie 2014/23/EU.

Zu Nummer 7

§ 150 Nummer 7 dient der Umsetzung von Artikel 10 Absatz 5 der Richtlinie 2014/23/EU.

§ 151 GWB
Verfahren

Konzessionsgeber geben die Absicht bekannt, eine Konzession zu vergeben. Auf die Veröffentlichung der Konzessionsvergabeabsicht darf nur verzichtet werden, soweit dies aufgrund dieses Gesetzes zulässig ist. Im Übrigen dürfen Konzessionsgeber das Verfahren zur Vergabe von Konzessionen vorbehaltlich der aufgrund dieses Gesetzes erlassenen Verordnung zu den Einzelheiten des Vergabeverfahrens frei ausgestalten.

Übersicht Rn.

A. Allgemeines ... 1
B. Grundsatz der freien Verfahrensgestaltung (S. 3) ... 6
I. Allgemeines ... 6
II. Grenzen ... 8
1. Allgemeine Vergabegrundsätze ... 9
2. Besondere Verfahrensvorgaben ... 10
3. Unionsprimärrecht ... 11
C. Konzessionsbekanntmachung (S. 1 und 2) ... 12
I. Allgemeines ... 12
II. Inhalt, Form und Publikationsmedium ... 15
1. Inhalt und Form ... 15
2. Publikationsmedium ... 19
III. Inhaltliche Änderungen ... 22
IV. Verzicht auf die Konzessionsbekanntmachung ... 25
1. Kein Wettbewerb ... 27
2. Keine oder ungeeignete Teilnahmeanträge bzw. Angebote ... 28
Anlage
Gesetzesbegründung

A. Allgemeines

1 Der Unionsgesetzgeber macht in dem mit „Vorschriften für die Konzessionsvergabe" überschrieben Titel II in Art. 30 ff. RL 2014/23/EU Vorgaben für die Ausgestaltung des Verfahrens für die Konzessionsvergabe. Für die Vergabe von Dienstleistungskonzessionen werden damit erstmalig inhaltliche Vorgaben zum Vergabeverfahren gemacht. Bislang waren Konzessionsgeber bei der Ausgestaltung des Verfahrens zur Vergabe einer Dienstleistungskonzession nur an die durch den EuGH geprägten allgemeinen Verfahrensgrundsätze des Unionsprimärrechts, insbesondere an die Grundsätze der Gleichbehandlung, Nichtdiskriminierung und Transparenz gebunden.[1]

2 Im Bereich der Vergabe von **Baukonzessionen** werden mit den Regelungen in Art. 30 ff. RL 2014/23/EU bzw. deren Umsetzung in §§ 151, 152 GWB die konkreten Vorgaben zum Vergabeverfahren erheblich gelockert, da insoweit bislang die deutlich strikteren Vorgaben für öffentliche Aufträge galten. In Deutschland hatten öffentliche Auftraggeber bei der Vergabe von Baukonzessionen die Regelungen in Abschnitt 1 VOB/A 2012 sinngemäß anzuwenden (vgl. § 22 EG Abs. 2 VOB/A a.F.).

3 Der deutsche Gesetzgeber hat sich dafür entschieden, lediglich einen Teil der Vorgaben der Art. 30 ff. RL 2014/23/EU auf Ebene des **GWB** umzusetzen. §§ 151, 152 GWB regeln daher nur die Eckpunkte eines Konzessionsvergabeverfahrens (Konzessionsvergabebekanntmachung, Leistungsbeschreibung, Eignung, Zuschlag, Ausführung der Konzession). § 151 GWB soll die wesentlichen verfahrensrechtlichen Vorschriften der RL 2014/23/EU über das Konzessionsvergabeverfahren umsetzen. Nach der Gesetzesbegründung gehören zu diesen Grundsätzen vor allem Art. 30 Abs. 1 und 2 RL 2014/23/EU i.V.m. Art. 3 RL 2014/23/EU („Allgemeine Grundsätze") sowie Art. 31 RL 2014/23/EU („Konzessionsbekanntmachungen") und Art. 32

1 Vgl. etwa OLG Celle, Urteil v. 23.2.2016 – 13 U 148/15; auch Europäische Kommission, Mitteilung der Kommission zu Auslegungsfragen in Bezug auf das Gemeinschaftsrecht, das für die Vergabe öffentlicher Aufträge gilt, die nicht oder nur teilweise unter die Vergaberichtlinien fallen (2006/C 179/02).

RL 2014/23/EU („Zuschlagsbekanntmachung").[2] Nicht alle diese Bestimmungen haben jedoch tatsächlich Eingang in § 151 GWB gefunden. Ausdrücklich geregelt wird letztlich nur die Pflicht zur Bekanntgabe der Absicht, eine Konzession zu vergeben (§ 151 S. 1 und 2 GWB) sowie der Grundsatz der freien Verfahrensgestaltung (§ 151 S. 3 GWB). Eine Regelung zur Zuschlagsbekanntmachung kennt § 151 GWB dagegen nicht. Auch die allgemeinen Grundsätze werden in § 151 GWB nicht ausdrücklich geregelt. Sie ergeben sich aber auch für die Vergabe von Konzessionen aus § 97 Abs. 1 und 2 GWB.

4 Die weiteren Einzelheiten des Verfahrens zur Vergabe von Konzessionen werden in der **KonzVgV** geregelt. Rechtsgrundlage dieser Verordnung ist § 113 GWB. Die KonzVgV gilt auch für Konzessionen zur Erbringung sozialer und anderer besonderer Dienstleistungen i.S.d. Anhangs IV RL 2014/23/EU (§ 153 GWB, § 1 KonzVgV). Das deutsche Recht ist an dieser Stelle damit strenger als das Unionsrecht, das in Bezug auf diese Konzessionen nur wenig Vorgaben macht (vgl. Art. 19 RL 2014/23/EU).

5 Der deutsche Gesetzgeber hat zunächst – anders als es die RL 2014/23/EU vorsieht – die Konzessionsbekanntmachung als spezielle und (üblicherweise) verfahrenseinleitende Vorgabe vor dem allgemeinen Grundsatz der freien Verfahrensgestaltung in § 151 S. 3 GWB normiert. Da Art. 30 Abs. 1 RL 2014/23/EU („Allgemeine Grundsätze") mit dem Grundsatz der freien Verfahrensgestaltung beginnt, werden zunächst der Grundsatz der freien Verfahrensgestaltung (B.) und erst danach die Regelungen zur Konzessionsbekanntmachung (C.) dargestellt.

B. Grundsatz der freien Verfahrensgestaltung (S. 3)

I. Allgemeines

6 § 151 S. 3 GWB normiert den **Grundsatz der freien Verfahrensgestaltung** (§ 12 Abs. 1 S. 1 KonzVgV; Art. 30 Abs. 1 RL 2014/23/EU). Danach ist im Grundsatz alles erlaubt, was nicht den unionsrechtlichen oder nationalen Vorgaben widerspricht. Nach Auffassung des Unionsgesetzgebers ist dieser – im Vergleich zum Bereich der öffentlichen Auftragsvergabe – größere verfahrensrechtliche Spielraum erforderlich, weil Konzessionen in der Regel langfristige und komplexe Vereinbarungen betreffen (Erwägungsgrund 68 RL 2014/23/EU). Zudem soll der Rechtsrahmen für Konzessionen möglichst einfach und unbürokratisch ausgestaltet sein (Erwägungsgrund 2 RL 2014/23/EU).

7 Wichtige Ausprägungen dieses Gestaltungsspielraums sind:

- Weder die RL 2014/23/EU noch das GWB zwingen Konzessionsgeber, Konzessionen in näher definierten **Verfahrensarten** (vgl. § 119 GWB) zu vergeben.[3] Der Konzessionsgeber kann das Verfahren zur Vergabe der Konzession daher im Rahmen der gesetzlichen Vorgaben frei gestalten und spezifisch auf den zu vergebenden Konzessionsgegenstand zuschneiden. Das ist ein zentraler Unterschied zum Bereich der öffentlichen Auftragsvergabe.[4] Allerdings ist es dem Konzessionsgeber unbenommen, sein Vergabeverfahren an den in § 119 GWB definierten Verfahrensarten zu orientieren.
- Zulässig sind also sowohl **einstufige** als auch **mehrstufige Vergabeverfahren** (z. B. Teilnahme und gleichzeitige Abgabe von Angeboten oder Einreichung von Teilnahmeanträgen mit anschließender Angebotsphase). Das hat der deutsche Gesetzgeber in § 12 Abs. 2 S. 1 KonzVgV klargestellt.[5] Allerdings müssen die Bewerber und Bieter stets über den geplanten Verfahrensablauf einschließlich eines unverbindlichen Schlusstermins informiert

2 Vgl. Gesetzesbegründung zu § 151 GWB, VergRModG 2016, BT-Drs. 18/6281, 130.
3 Vgl. Gesetzesbegründung zu § 151 GWB, VergRModG 2016, BT-Drs. 18/6281, 130.
4 So auch *Schröder*, NZBau 2015, 351.
5 Vgl. auch Art. 39 Abs. 4 RL 2014/23/EU: „Findet das Verfahren in aufeinanderfolgenden Stufen statt, […]."; Gesetzesbegründung zu § 151 GWB, VergRModG 2016, BT-Drs. 18/6281, 130.

werden (§ 13 Abs. 3 S. 1 KonzVgV; Art. 37 Abs. 4 RL 2014/23/EU).[6] Bewerber oder Bieter können über den geplanten Verfahrensablauf bereits in der Konzessionsbekanntmachung informiert werden, ohne dass dies jedoch zwingend wäre. Gegebenenfalls kann die Anzahl der Bewerber oder Angebote begrenzt werden, solange die Anzahl ausreichend ist, um einen echten Wettbewerb zu gewährleisten (§ 13 Abs. 4 S. 2 KonzVgV; Art. 37 Abs. 3 RL 2014/23/EU).[7] Außerdem muss nach § 13 Abs. 4 S. 1 auch bei der Auswahl der Bewerber nach objektiven Kriterien vorgegangen werden und dies muss in transparenter Weise geschehen.[8]

- Ferner sind **Verhandlungen** sowohl bei ein- als auch mehrstufigen Verfahren zulässig, sofern sie nicht den Konzessionsgegenstand, die Zuschlagskriterien und die Mindestanforderungen betreffen (§ 12 Abs. 2 S. 2 und 3 KonzVgV; Art. 37 Abs. 6 RL 2014/23/EU). Außerdem sind Verhandlungen über Teilnahmebedingungen (= Eignungskriterien) mit Blick auf den Gleichbehandlungs- und Transparenzgrundsatz ebenfalls unzulässig.[9] Aus § 12 Abs. 1 S. 2 KonzVgV folgt, dass der deutsche Gesetzgeber eine Orientierung am Verhandlungsverfahren mit Teilnahmewettbewerb in der Regel für sachgerecht hält. [10]

II. Grenzen

Allerdings hat der Rechtsrahmen für die Vergabe von Konzessionen nach der EU-Vergaberechtsreform eine Regelungsdichte, die – jedenfalls soweit es Dienstleistungskonzessionen betrifft – weit über die bisher vom EuGH aus dem Unionsprimärrecht abgeleiteten Anforderungen hinausgeht und den Gestaltungsspielraum der Konzessionsgeber begrenzt. Das sind die allgemeinen Vergabegrundsätze, besondere Verfahrensvorgaben sowie das Unionsprimärrecht. 8

1. Allgemeine Vergabegrundsätze

Art. 30 Abs. 2 S. 1 RL 2014/23/EU i.V.m. § 97 Abs. 1 und 2 GWB bestimmen zentral, dass bei der Ausgestaltung des Konzessionsvergabeverfahrens stets die aus den primärrechtlichen Grundfreiheiten abgeleiteten allgemeinen Grundsätze des Art. 3 Abs. 1 RL 2014/23/EU (Gleichbehandlung, Nichtdiskriminierung, Transparenz) zu beachten sind.[11] Insbesondere muss sich der Konzessionsgeber während des Vergabeverfahrens jeder diskriminierenden Weitergabe von Informationen enthalten, durch die bestimmte Bewerber oder Bieter gegenüber anderen begünstigt werden können (§ 12 Abs. 3 KonzVgV; Art. 30 Abs. 2 S. 2 RL 2014/23/EU). Obwohl in Art. 3 RL 2014/23/EU nicht explizit genannt, zählt zu den allgemeinen Vergabegrundsätzen auch der Grundsatz des freien Wettbewerbs im Binnenmarkt (vgl. Erwägungsgründe 3, 8, 51 und 52 RL 2014/23/EU, Art. 38 Abs. 1 S. 2 RL 2014/23/EU, § 97 Abs. 1 GWB).[12] Des Weiteren dürfen gemäß § 97 Abs. 3 GWB bei der Vergabe Aspekte der Qualität und der Innovation sowie soziale und umweltbezogene Aspekte nach Maßgabe der §§ 97 ff. GWB berücksichtigt werden. Der Grundsatz der Vergabe in Losen nach § 97 Abs. 4 GWB ist dagegen nicht auf Konzessionen anwendbar,[13] sondern nur für die Vergabe von öffentlichen Aufträgen. Ohnehin dürfte die Losvergabe bei Konzessionen nur in den seltensten Fällen überhaupt in Betracht kommen. 9

---

6 So bereits VG Darmstadt, Beschluss v. 10.9.2015 – 4 L 1180/15.DA; zum grundsätzlich zwingenden Charakter des § 13 Abs. 3 KonzVgV siehe *Gaus*, in: Müller-Wrede/Braun, KonzVgV, § 13 Rn. 41. Zum Begriff und zur Wahl des Schlusstermins *Gaus*, in: Müller-Wrede/Braun, KonzVgV, § 13 Rn. 43.

7 Näher *Gaus*, in: Müller-Wrede/Braun, KonzVgV, § 13 Rn. 50 ff.

8 Näher zur Transparenz *Gaus*, in: Müller-Wrede/Braun, KonzVgV, § 13 Rn. 49.

9 Zutreffend *Schröder*, NZBau 2015, 351 (352).

10 Siehe dazu *Rommelfanger*, in: Müller-Wrede/Braun, KonzVgV, § 12 Rn. 7.

11 Vgl. auch Gesetzesbegründung zu § 151 GWB, VergRModG 2016, BT-Drs. 18/6281, 130.

12 *Rafii*, in: Reidt/Stickler/Glahs, Vergaberecht, § 151 GWB Rn. 19; vgl. ferner *Knauff/Badenhausen*, NZBau 2014, 396 (400); im Ergebnis auch *Schröder*, NZBau 2015, 351.

13 VK Südbayern, Beschluss v. 24.7.2018 – Z3-3-3194-1-11-04/18, Rn. 128; *Bergmann*, in: Burgi/Dreher, Vergaberecht, § 151 GWB Rn. 15; a.A. *Fandrey*, in: Röwekamp/Kus/Portz/Prieß, GWB-Vergaberecht, § 151 Rn. 19.

2. Besondere Verfahrensvorgaben

10 Darüber hinaus wird der Grundsatz der freien Verfahrensgestaltung auch durch weitere besondere Verfahrensvorgaben begrenzt. Auf unionsrechtlicher Ebene sind diese in den Art. 26 ff. RL 2014/23/EU geregelt. Der deutsche Gesetzgeber setzt manche dieser Vorgaben im GWB, die Mehrheit allerdings in der KonzVgV um. Teilweise sind die Vorgaben der KonzVgV trotz der vom deutschen Gesetzgeber beabsichtigten 1:1-Umsetzung strenger als die unionsrechtlichen Vorgaben. Wichtige Verfahrensvorgaben sind:

- Vorgaben zur Vertraulichkeit (§ 4 KonzVgV; Art. 28 RL 2014/23/EU);
- Vorgaben zur Vermeidung von Interessenkonflikten[14] (§ 5 KonzVgV; Art. 35 RL 2014/23/EU);
- Vorgaben zur Dokumentation und zum Vergabevermerk (§ 6 KonzVgV; Art. 37 Abs. 5 RL 2014/23/EU);
- Vorgaben zur Art und Weise der Kommunikation (§ 97 Abs. 5 GWB; §§ 7 ff. KonzVgV; Art. 29, 33, 34 RL 2014/23/EU);
- Vorgaben zur Konzessionsbekanntmachung (§§ 151, 153 GWB; §§ 19 ff. KonzVgV; Art. 31, 33 RL 2014/23/EU);
- Mindestfristen für den Eingang von Teilnahmeanträgen und Angeboten (§ 27 KonzVgV; Art. 39 RL 2014/23/EU);
- Vorgaben für die Leistungsbeschreibung (§ 152 Abs. 1 GWB i.V.m. § 121 GWB; § 15 KonzVgV; Art. 36 RL 2014/23/EU);
- Vorgaben für die Ausführung der Konzession (§ 152 Abs. 4 i.V.m. §§ 128 f. GWB);
- Vorgaben für die Eignungsprüfung (§ 152 Abs. 2 GWB i.V.m. § 122 GWB; § 25 f. KonzVgV; Art. 38 RL 2014/23/EU);
- Anforderungen an die Zuschlagskriterien und den Wertungsvorgang (§ 152 Abs. 3 GWB; § 31 KonzVgV; Art. 41 RL 2014/23/EU);
- Unterrichtung der Bewerber und Bieter (§ 154 S. 1 Nr. 4 GWB i.V.m. § 134 GWB; § 30 KonzVgV; Art. 40 RL 2014/23/EU);
- Vergabebekanntmachung (§ 21 Abs. 1 KonzVgV; Art. 32, 33 RL 2014/23/EU).

3. Unionsprimärrecht

11 Ergänzend zu den besonderen Verfahrensvorgaben sind stets die Vorgaben des Unionsprimärrechts zu beachten: Weder die Vorgaben der RL 2014/23/EU noch die nationalen Umsetzungsakte dürfen im Widerspruch zu den primärrechtlichen Grundsätzen der Nichtdiskriminierung, Transparenz und Verhältnismäßigkeit stehen oder ausgelegt werden.[15]

C. Konzessionsbekanntmachung (S. 1 und 2)

I. Allgemeines

12 § 151 S. 1 GWB bestimmt, dass Konzessionsgeber ihre Absicht der Konzessionsvergabe bekannt machen müssen. Das Konzessionsvergabeverfahren wird dadurch förmlich eingeleitet. Näher ausgeformt wird dieses Erfordernis durch die §§ 19 ff. KonzVgV.

13 Eine spezielle Form der Konzessionsbekanntmachung ist die sog. **Vorinformation**. Die Vorinformation ist zwingend für soziale und andere besondere in Anhang IV RL 2014/23/EU ge-

---

14 Vgl. dazu EuGH, Urteil v. 12.3.2015 – Rs. C-538/13 (eViglio); zu § 5 KonzVgV: OLG Karlsruhe, Beschluss v. 30.10.2018 – 15 Verg 6/18.

15 Vgl. EuGH, Urteil v. 14.11.2013 – Rs. C-388/12 (Comune di Ancona), Rn. 45 ff.; Urteil v. 13.10.2005 – Rs. C-458/03 (Parking Brixen), Rn. 46 ff.; Urteil v. 7.12.2000 – Rs. C-324/98 (Telaustria), Rn. 60.

nannte Dienstleistungen zu veröffentlichen (vgl. § 153 GWB i.V.m. § 151 GWB; § 22 KonzVgV; Art. 31 Abs. 3 RL 2014/23/EU).

14 Die gesetzlich festgelegte Bekanntmachungspflicht ist Ausfluss des Transparenzgebotes und des Wettbewerbsgrundsatzes: Durch die Bekanntmachung wird gewährleistet, dass alle potenziellen Unternehmen von der bevorstehenden Konzessionsvergabe Kenntnis erlangen können und über die Geschäftsmöglichkeiten informiert werden.[16] Ohne sie kann es keinen Konzessionswettbewerb geben. Darüber hinaus knüpfen andere Vorschriften an die Konzessionsbekanntmachung an: Zunächst hat sie **Bedeutung** für die Schätzung des Wertes der Konzession. Maßgeblicher Zeitpunkt für die Schätzung ist grundsätzlich die Absendung der Konzessionsbekanntmachung (§ 2 Abs. 5 KonzVgV; Art. 8 Abs. 2 UAbs. 2 RL 2014/23/EU). Ferner müssen im Grundsatz die Vergabeunterlagen ab dem Datum der Veröffentlichung der Konzessionsbekanntmachung elektronisch verfügbar sein. Das gilt nicht, wenn erst später zur Angebotsabgabe aufgefordert wird (vgl. § 17 KonzVgV; Art. 34 Abs. 1 RL 2014/23/EU). Schließlich spielt die Konzessionsbekanntmachung für die Berechnung der Teilnahme-/Angebotsfristen eine Rolle: § 27 Abs. 3 S. 1 KonzVgV (Art. 39 Abs. 3 RL 2014/23/EU) bestimmt, dass die Mindestfrist für den Eingang von Teilnahmeanträgen mit oder ohne Angebote mindestens 30 Tage ab dem Tag der Übermittlung der Konzessionsbekanntmachung beträgt.

II. Inhalt, Form und Publikationsmedium

1. Inhalt und Form

15 Der **Inhalt** der Konzessionsbekanntmachung wird in § 151 GWB nicht geregelt, wird jedoch durch § 19 KonzVgV (insbesondere Abs. 2 und 3) konkretisiert, die der Umsetzung der unionsrechtlichen Vorgaben in Art. 31 RL 2014/23/EU dienen.[17] Nach Art. 31 Abs. 2 RL 2014/23/EU i.V.m. Art. 33 Abs. 1 RL 2014/23/EU und Art. 37 Abs. 2 RL 2014/23/EU müssen Konzessionsbekanntmachungen die in Anhang V RL 2014/23/EU genannten Vorgaben enthalten (z. B. Beschreibung der Konzession; Teilnahmebedingungen (= Eignungskriterien), Frist zur Einreichung von Teilnahmeanträgen oder zum Eingang von Angeboten; Zuschlagskriterien, soweit nicht in anderen Vergabeunterlagen genannt). Dabei muss das Standardformular Nr. 24 nach Anhang XXI VO (EU) Nr. 2015/1986 verwendet werden (§ 19 Abs. 2 KonzVgV; Art. 33 Abs. 1 RL 2014/23/EU).[18] Weiterhin fordert § 19 Abs. 3 KonzVgV die Angabe der Vergabekammer, an die sich die Unternehmen zur Nachprüfung geltend gemachter Vergabeverstöße wenden können, was jedoch mit Blick auf die bereits nach § 19 Abs. 2 KonzVgV erforderlichen Angaben letztlich deklaratorisch ist.[19] Mit Blick auf den Rechtsschutz kommt den in § 19 KonzVgV enthaltenen Bekanntmachungsvorschriften ein unternehmensschützender Charakter zu; es handelt sich also nicht etwa um bloße Formvorschriften, sondern notwendige Voraussetzungen eines transparenten Bieterwettbewerbs, deren Verletzung zur Rechtswidrigkeit des Vergabeverfahrens führt.[20]

16 Nicht zu verwechseln ist die **Vorinformation**: Diese muss die in Anhang VI RL 2014/23/EU genannten Informationen umfassen (§ 22 Abs. 1 KonzVgV; Art. 31 Abs. 3 RL 2014/23/EU). Es ist das Standardformular Nr. 23 nach Anhang XX VO (EU) Nr. 2015/1986 zu verwenden.

17 Die **Standardformulare** für die Konzessionsbekanntmachung sowie die Vorinformation können auf der Internetseite des Informationssystems SIMAP[21] abgerufen werden.

---

16 Vgl. Erwägungsgründe 50 und 53 RL 2014/23/EU.
17 Siehe insoweit nur Verordnungsbegründung zu § 19 KonzVgV, BR-Drs. 87/16, 289.
18 Näher zur Verwendung des Standardformulars nach § 19 Abs. 2 KonzVgV *Hofmann*, in: Müller-Wrede/Braun, KonzVgV, § 19 Rn. 13 ff.
19 *Hofmann*, in: Müller-Wrede/Braun, KonzVgV, § 19 Rn. 19. Die Bestimmung der zuständigen Vergabekammer richtet sich nach den in §§ 156, 159 GWB enthaltenen Vorgaben.
20 Näher hierzu *Hofmann*, in: Müller-Wrede/Braun, KonzVgV, § 19 Rn. 21 ff.
21 Siehe unter https://simap.ted.europa.eu/de_DE/web/simap/standard-forms-for-public-procurement.

18 Konzessionsgeber können mangels ausdrücklicher normativer Vorgaben darüber hinaus in der Konzessionsbekanntmachung auch jede **andere Angabe** machen, die sie für sinnvoll erachten (Art. 31 Abs. 2 RL 2014/23/EU). Das können insbesondere Informationen über den geplanten Ablauf/die Organisation des Verfahrens (z. B. einstufig oder mehrstufig) sowie ein unverbindlicher Schlusstermin sein (vgl. § 13 Abs. 3 S. 1 KonzVgV; Art. 37 Abs. 4 S. 1 RL 2014/23/EU); diese Informationen können aber auch erst in den weiteren Vergabeunterlagen enthalten sein. Wenn bereits in der Konzessionsbekanntmachung zur Angebotsabgabe aufgefordert wird, muss die Konzessionsbekanntmachung die Internetadresse benennen, über die die weiteren Vergabeunterlagen abgerufen werden können (§ 17 Abs. 1 KonzVgV; Art. 34 Abs. 1 RL 2014/23/EU; Anhang V Nr. 3 RL 2014/23/EU).

2. Publikationsmedium

19 Konzessionsbekanntmachungen werden im **Amtsblatt der Europäischen Union** veröffentlicht.[22] Zu diesem Zweck sind sie an das Amt für Veröffentlichungen der Europäischen Union zu senden (§ 23 KonzVgV; Art. 33 Abs. 2 S. 1 RL 2014/23/EU), welches die Konzessionsbekanntmachungen nach Maßgabe des Anhangs IX RL 2014/23/EU veröffentlicht. § 23 Abs. 2 KonzVgV enthält nähere Regelungen zum Nachweis der Veröffentlichungen.

20 Die Veröffentlichung erfolgt in einer oder mehreren vom Konzessionsgeber gewählten **Amtssprachen**; nur diese sind verbindlich (vgl. Art. 33 Abs. 3 S. 1 RL 2014/23/EU). In den übrigen Amtssprachen wird eine Zusammenfassung veröffentlicht (vgl. Art. 33 Abs. 3 S. 2 RL 2014/23/EU).

21 Der Konzessionsgeber ist auch befugt, die Konzessionsbekanntmachung zusätzlich in nationalen Medien bekannt zu machen. Allerdings dürfen nach § 23 Abs. 3 KonzVgV zusätzliche **nationale Bekanntmachungen** – etwa auf Vergabeplattformen – erst 48 Stunden nach der Bestätigung des Eingangs der Konzessionsbekanntmachung durch das Amt für Veröffentlichungen der Europäischen Union erfolgen. Sie dürfen keine zusätzlichen Angaben enthalten außer dem Datum der Übermittlung an das Amt für Veröffentlichungen der Europäischen Union (vgl. § 23 Abs. 3 KonzVgV; Art. 33 Abs. 4 RL 2014/23/EU).

III. Inhaltliche Änderungen

22 Inhaltliche Änderungen der Konzessionsbekanntmachung, die nicht nur den Organisations- und Zeitplan, sondern auch und gerade sämtliche Inhalte einschließlich der freiwilligen Angaben erfassen,[23] müssen allen Wirtschaftsteilnehmern bekannt gegeben werden, um dem Gleichbehandlungs- und Transparenzgrundsatz Rechnung zu tragen (Art. 37 Abs. 4 S. 2 RL 2014/23/EU, Erwägungsgrund 68 RL 2014/23/EU). Erforderlich ist eine **Änderungsbekanntmachung** (§ 13 Abs. 3 S. 3 KonzVgV).[24] Die Pflicht zur Veröffentlichung einer solchen Änderungsbekanntmachung besteht ab dem Zeitpunkt, ab dem eine Vergabeabsicht bekannt gemacht wird. Sie dauert auch noch nach dem Abschluss des Teilnahmewettbewerbs an, um dem Grundsatz der Transparenz und Gleichbehandlung umfassend gerecht zu werden, und endet erst mit dem Zuschlag.[25]

23 Fraglich ist, ob auch eine solche Änderungsbekanntmachung zwingend im **Amtsblatt der Europäischen Union** zu veröffentlichen ist. Das ist weder in der KonzVgV noch in der RL 2014/23/EU geregelt. Teilweise wird davon ausgegangen, dass die Änderungsbekanntmachung stets in dem gleichen Medium wie die Konzessionsbekanntmachung, mithin im Amtsblatt der EU, veröffentlicht werden muss.[26] Jedenfalls bei wesentlichen Änderungen kann nur

22 Vgl. Erwägungsgrund 50 RL 2014/23/EU.
23 Vgl. *Friton/Stein*, in: Pünder/Schellenberg, Vergaberecht, § 13 KonzVgV Rn. 10 ff.
24 So *Schröder*, NZBau 2015, 351 (352).
25 Vgl. dazu ausführlich *Fandrey*, in: Röwekamp/Kus/Portz/Prieß, GWB-Vergaberecht, § 151 Rn. 10.
26 So *Fandrey*, in: Röwekamp/Kus/Portz/Prieß, GWB-Vergaberecht, § 151 Rn. 11; ferner *Friton/Stein*, in: Pünder/Schellenberg, Vergaberecht, § 13 KonzVgV Rn. 13.

durch eine solche im Amtsblatt der Europäischen Union veröffentlichte Änderungsbekanntmachung dem Transparenzgebot Rechnung getragen werden.

Schließlich ist eine neue Konzessionsbekanntmachung erforderlich, wenn die Zuschlagskriterien bereits bekannt gemacht wurden und der Konzessionsgeber die **Reihenfolge der Zuschlagskriterien** ändern möchte, weil eine innovative Lösung mit außergewöhnlich hoher funktioneller Leistungsfähigkeit vorgeschlagen wird (vgl. § 31 Abs. 2 S. 3 KonzVgV; Art. 41 Abs. 3 UAbs. 2 RL 2014/23/EU; Erwägungsgrund 73 RL 2014/23/EU). **24**

IV. Verzicht auf die Konzessionsbekanntmachung

Nach § 151 S. 2 GWB kann eine Konzessionsbekanntmachung unterbleiben, wenn ein Verzicht „**aufgrund dieses Gesetzes**" zulässig ist. Wie sich diesem Wortlaut („aufgrund") entnehmen lässt, werden die Ausnahmen aber nicht auf Ebene des § 151 GWB, sondern in § 20 KonzVgV geregelt. Unionsrechtliche Vorgabe ist Art. 30 Abs. 4 RL 2014/23/EU. **25**

Die Ausnahmen sind aber unter Berücksichtigung von Erwägungsgrund 51 RL 2014/23/EU **restriktiv** zu handhaben: Nach dieser Erwägung soll ein Verzicht auf die Konzessionsbekanntmachung *„nur unter sehr außergewöhnlichen Umständen zulässig sein"*. Ausnahmen sollen sich auf Fälle beschränken, *„in denen von Beginn an klar ist, dass eine Veröffentlichung nicht zu mehr Wettbewerb führen würde, insbesondere weil es objektiv nur einen Wirtschaftsteilnehmer gibt, der den Konzessionsvertrag durchführen kann."* **26**

1. Kein Wettbewerb

Gemäß § 20 Abs. 1 KonzVgV (Art. 31 Abs. 4 RL 2014/23/EU) darf eine Konzessionsbekanntmachung zunächst unterbleiben, wenn Bau- oder Dienstleistungen aus den folgenden Gründen nur von einem bestimmten Wirtschaftsteilnehmer erbracht werden können: **27**

- Ziel der Konzession ist die Erschaffung oder der Erwerb eines einzigartigen Kunstwerks oder einer einzigartigen künstlerischen Leistung (vgl. § 20 Abs. 1 Nr. 1 KonzVgV; Art. 30 Abs. 4 lit. a RL 2014/23/EU).
- Aus technischen Gründen ist kein Wettbewerb vorhanden (vgl. § 20 Abs. 1 Nr. 2 KonzVgV; Art. 30 Abs. 4 lit. b RL 2014/23/EU).
- Es besteht ein ausschließliches Recht (vgl. § 20 Abs. 1 Nr. 3 KonzVgV; Art. 30 Abs. 4 lit. c RL 2014/23/EU).
- Rechte des geistigen Eigentums oder andere als die in § 101 Abs. 2 GWB i.V.m. § 100 Abs. 2 S. 1 GWB (Art. 5 Nr. 10 RL 2014/23/EU) definierten ausschließlichen Rechte sind zu beachten (§ 20 Abs. 1 Nr. 4 KonzVgV; Art. 30 Abs. 4 lit. d RL 2014/23/EU).

Allerdings finden die Ausnahmen nach § 20 Abs. 1 S. 1 Nr. 2 bis 4 KonzVgV (Art. 30 Abs. 4 lit. b bis d RL 2014/23/EU) nur Anwendung, „wenn es keine sinnvolle Alternative oder Ersatzlösung gibt und der fehlende Wettbewerb nicht das Ergebnis einer künstlichen Einengung der Parameter der Konzessionsvergabe ist."

2. Keine oder ungeeignete Teilnahmeanträge bzw. Angebote

Darüber hinaus können Konzessionsgeber gemäß § 20 Abs. 2 KonzVgV i.V.m. Art. 30 Abs. 5 RL 2014/23/EU von einer Konzessionsbekanntmachung absehen, wenn bei einem vorausgegangenen Konzessionsvergabeverfahren keine oder keine geeigneten Teilnahmeanträge oder Angebote eingereicht wurden. Dies gilt allerdings nur, wenn die ursprünglichen Bedingungen des Konzessionsvertrages nicht grundlegend geändert werden und der Kommission auf Anforderung ein Verfahrensbericht vorgelegt wird. Die Anforderungen an eine „grundlegende Änderung" gemäß § 20 Abs. 2 KonzVgV entsprechen dabei denen an eine „Wesentlichkeit" i.S.d. § 132 Abs. 2 GWB.[27] **28**

27 Hierzu sowie insgesamt näher zur „grundlegenden Änderung der Bedingungen" *Dewald*, in: Müller-Wrede/Braun, KonzVgV, § 20 Rn. 78 ff.

29 Ein **Teilnahmeantrag** gilt gemäß § 20 Abs. 2 Nr. 1 KonzVgV als **ungeeignet**, wenn der betreffende Antragsteller gemäß § 154 Nr. 2 GWB i.V.m. §§ 123 bis 126 GWB (Art. 38 Abs. 5 bis 9 RL 2014/23/EU) auszuschließen ist oder ausgeschlossen werden könnte oder die nach § 152 Abs. 2 GWB i.V.m. § 122 GWB (Art. 38 Abs. 1 RL 2014/23/EU) festgelegten Eignungskriterien nicht erfüllt werden.

30 Ferner gilt ein **Angebot** gemäß § 20 Abs. 2 Nr. 2 KonzVgV als **ungeeignet**, wenn es ohne wesentliche Abänderung offensichtlich den in den Vergabeunterlagen genannten Bedürfnissen und Anforderungen des Konzessionsgebers nicht entsprechen kann (vgl. Art. 30 Abs. 5 UAbs. 2 RL 2014/23/EU).

Anlage

Gesetzesbegründung – VergRModG 2016 (BT-Drs. 18/6281)

Seite 130

§ 151 setzt die wesentlichen Vorschriften der Richtlinie 2014/23/EU zu den Grundsätzen des Verfahrens der Konzessionsvergabe um. Dazu gehören vor allem Artikel 30 Absatz 1 und 2 in Verbindung mit Artikel 3, Artikel 31 und Artikel 32 der Richtlinie 2014/23/EU.

§ 151 Satz 1 greift zur Konkretisierung des in Artikel 3 Absatz 1 der Richtlinie 2014/23/EU vorgesehenen Transparenzgebotes die in der Richtlinie 2014/23/EU vorgesehenen Bekanntmachungspflichten auf. Dazu gehört die in Artikel 31 Absatz 1 der Richtlinie 2014/23/EU festgelegte Pflicht zur Bekanntmachung der Konzessionsvergabeabsicht.

§ 151 Satz 2 stellt klar, dass Ausnahmen von der Pflicht zur Bekanntmachung der Konzessionsvergabeabsicht in der aufgrund § 113 durch die Bundesregierung mit Zustimmung des Bundesrates erlassenen Rechtsverordnung festgelegt werden können. Solche Ausnahmen sind die in Artikel 31 Absatz 4 und 5 der Richtlinie 2014/23/EU vorgesehenen Ausnahmen.

§ 151 Satz 3 dient der Umsetzung von Artikel 30 Absatz 1 der Richtlinie 2014/23/EU und hebt hervor, dass die Konzessionsgeber im Übrigen das Verfahren zur Wahl des Konzessionsnehmers vorbehaltlich der Einhaltung dieser Richtlinie frei gestalten können. Konzessionsgeber sind damit nicht an die in § 119 aufgeführten Verfahrensarten für die Vergabe öffentlicher Aufträge gebunden. Stattdessen wird das Konzessionsvergabeverfahren gemäß Artikel 30 Absatz 2 Satz 1 der Richtlinie 2014/23/EU unter Einhaltung der Grundsätze nach Artikel 3 dieser Richtlinie konzipiert. Artikel 3 Absatz 1 zufolge behandeln Konzessionsgeber alle Unternehmen gleich und in nichtdiskriminierender Weise und wahren in ihrem Handeln Transparenz und Verhältnismäßigkeit. Auch der Grundsatz der wettbewerblichen Vergabe wird von der Richtlinie 2014/23/EU vielfach in Bezug genommen, siehe Artikel 31 Absatz 4 Unterabsatz 1 Buchstabe b, Artikel 31 Absatz 4 Unterabsatz 2, Artikel 35, Artikel 37 Absatz 3, Artikel 38 Absatz 1 sowie Erwägungsgrund 3, 8, 51, 52, 73. Alle diese grundsätzlichen Maßgaben der Richtlinie 2014/23/EU finden im deutschen Vergaberecht über Abschnitt 1 des Teils 4 gemäß § 97 Absatz 1 und Absatz 2 auf die Konzessionsvergabe Anwendung. Demzufolge steht die Befugnis zur freien Ausgestaltung des Vergabeverfahrens für Konzessionen gemäß § 151 Satz 3 unter dem Vorbehalt, dass Konzessionsgeber diese Konzessionen im Wettbewerb und im Wege transparenter, nichtdiskriminierender Verfahren unter Wahrung des Grundsatzes der Verhältnismäßigkeit vergeben, siehe § 97 Absatz 1. Darüber hinaus sind die Teilnehmer an einem Vergabeverfahren gleich zu behandeln, es sei denn, eine Ungleichbehandlung ist aufgrund eines Gesetzes gerechtfertigt, siehe § 97 Absatz 2. Die Konzessionsvergabe unterliegt nunmehr gemäß Artikel 46, 47 der Richtlinie 2014/23/EU dem Primärrechtsschutz, so dass die Einhaltung dieser Maßgaben im Nachprüfungsverfahren durch den unterlegenen Bieter und Bewerber überprüft werden kann. Ergänzend zu berücksichtigen ist, dass gemäß Artikel 37 Absatz 6 der Richtlinie 2014/23/EU der Konzessionsgeber mit den Bewerbern oder Bietern Verhandlungen führen kann. Während der Verhandlungen dürfen der Konzessionsgegenstand, die Zuschlagskriterien und die Mindestanforderungen nicht geändert werden. Daraus ist abzuleiten, dass Konzessionsgeber die Konzessionsvergabe beispielsweise nicht nur in einem einstufigen Verfahren, sondern auch ohne besondere Zulassungsvoraussetzung in einem zweistufigen Verhandlungsverfahren mit vorgeschaltetem Teilnahmewettbewerb durchführen können. Dieses zweistufige

Verfahren wäre vergleichbar mit dem im § 119 Absatz 5 vorgesehenen Verhandlungsverfahren mit vorgeschaltetem Teilnahmewettbewerb für die Vergabe öffentlicher Aufträge. Die Zulässigkeit sowohl einstufiger als auch zweistufiger Verfahren folgt auch aus Artikel 39 Absatz 3 und 4 der Richtlinie 2014/23/EU, die eine Mindestfrist von 30 Tagen ab dem Tag der Übermittlung der Konzessionsbekanntmachung für den Eingang von Teilnahmeanträgen mit oder ohne Angebote und eine Mindestfrist für den Eingang von Erstangeboten von 22 Tagen ab dem Tag der Aufforderung zur Angebotsabgabe im zweistufigen Verfahren vorsehen. Die Einzelheiten des Verfahrens zur Vergabe von Konzessionen werden in der aufgrund § 113 erlassenen Verordnung umgesetzt.

§ 152 GWB
Anforderungen im Konzessionsvergabeverfahren

(1) Zur Leistungsbeschreibung ist § 121 Absatz 1 und 3 entsprechend anzuwenden.

(2) Konzessionen werden an geeignete Unternehmen im Sinne des § 122 vergeben.

(3) Der Zuschlag wird auf der Grundlage objektiver Kriterien erteilt, die sicherstellen, dass die Angebote unter wirksamen Wettbewerbsbedingungen bewertet werden, sodass ein wirtschaftlicher Gesamtvorteil für den Konzessionsgeber ermittelt werden kann. Die Zuschlagskriterien müssen mit dem Konzessionsgegenstand in Verbindung stehen und dürfen dem Konzessionsgeber keine uneingeschränkte Wahlfreiheit einräumen. Sie können qualitative, umweltbezogene oder soziale Belange umfassen. Die Zuschlagskriterien müssen mit einer Beschreibung einhergehen, die eine wirksame Überprüfung der von den Bietern übermittelten Informationen gestatten, damit bewertet werden kann, ob und inwieweit die Angebote die Zuschlagskriterien erfüllen.

(4) Die Vorschriften zur Auftragsausführung nach § 128 und zu den zwingend zu berücksichtigenden Ausführungsbedingungen nach § 129 sind entsprechend anzuwenden.

Übersicht

	Rn.
A. Allgemeines	1
B. Leistungsbeschreibung (Abs. 1)	2
I. Allgemeines	2
II. Leistungsbeschreibung	5
1. Zweck und Funktionen	6
2. Eindeutig und erschöpfend	7
3. Weitere Anforderungen nach § 15 KonzVgV	10
a) Leitprinzip: Wettbewerbliches Vergabeverfahren	11
b) Zulässige Merkmale der Leistungsbeschreibung	13
c) Grundsatz der hersteller- und produktneutralen Leistungsbeschreibung	14
d) Gleichwertigkeitsnachweis	15
e) Nebenangebote?	16
4. Auslegung	19
5. Bestandteil der Vergabeunterlagen	20
C. Eignung (Abs. 2)	21
I. Allgemeines	21
II. Eignung und Eignungskriterien	26
1. Eignung	26
2. Eignungskriterien	28
III. Bekanntmachung der Eignungskriterien	32
IV. Nachweis der Eignung	34
1. Eigenerklärungen und Referenzen	35
2. Eignungsleihe	37
3. Nachweis durch Präqualifizierungssysteme?	38
4. Einheitliche Europäische Eigenerklärung?	41
D. Zuschlag (Abs. 3)	42
I. Maßstab: Wirtschaftlicher Gesamtvorteil (S. 1)	43
II. Zuschlagskriterien (S. 2 bis 4)	46
1. Anforderungen	47
a) Allgemeine Grundsätze	47
b) Verbindung zum Konzessionsgegenstand und keine uneingeschränkte Wahlfreiheit	48
c) Qualitative, umweltbezogene oder soziale Belange	51
d) Preis als Zuschlagskriterium	56
e) Beschreibung der Zuschlagskriterien	58
2. Bekanntgabe der Bedeutung der Zuschlagskriterien	59
a) Gewichtung?	60
b) Zeitpunkt	63
3. Änderung der Reihenfolge der Zuschlagskriterien	65
E. Anforderungen an die Auftragsausführung (Abs. 4)	70
I. Auftragsausführung (§ 128 GWB)	71
1. Pflichten bei Ausführung des Auftrags (Abs. 1)	72
2. Ausführungsbedingungen (Abs. 2)	76
II. Zwingend zu berücksichtigende Ausführungsbedingungen (§ 129 GWB)	80
Anlage	
Gesetzesbegründung	

A. Allgemeines

1 § 152 GWB regelt weitere Vorgaben an das Verfahren zur Vergabe von Konzessionen. Dazu verweist die Vorschrift in wesentlichen Punkten auf Regelungen zur Vergabe öffentlicher Aufträge. Regelungsgegenstand sind die folgenden Eckpunkte eines Vergabeverfahrens: Leistungsbeschreibung, Eignung, Zuschlag und Ausführung. Ausschließlich der Zuschlag und die Zuschlagskriterien sind abweichend vom Recht der öffentlichen Auftragsvergabe geregelt (§ 152 Abs. 3 GWB).

B. Leistungsbeschreibung (Abs. 1)

I. Allgemeines

2 Nach § 152 Abs. 1 GWB ist für die Leistungsbeschreibung § 121 Abs. 1 und 3 GWB, nicht aber Absatz 2 der Vorschrift entsprechend anzuwenden. § 121 GWB regelt die Anforderungen an die Leistungsbeschreibung im Bereich der öffentlichen Aufträge.

3 Ob § 121 Abs. 2 GWB (**Zugänglichkeitskriterien** für Menschen mit Behinderung oder **Konzeption für alle Nutzer**) bewusst vom Verweis ausgenommen ist, ist unklar. An sich ist kein plausibler Grund dafür ersichtlich, warum § 121 Abs. 2 GWB bei Konzessionsvergaben keine Anwendung finden sollte, denn im Rahmen von Konzessionen können auch Leistungen beschafft werden, die zur Nutzung durch natürliche Personen bestimmt sind; die in § 121 Abs. 2 GWB formulierten Anforderungen sind insoweit sinnvoll. Es könnte daher anzunehmen sein, dass ein Redaktionsversehen vorliegt. Dafür spricht zunächst die Gesetzesbegründung. Denn darin heißt es, dass *„die in § 121 für öffentliche Aufträge geregelten Anforderungen an die Leistungsbeschreibung für Konzessionen entsprechend zur Anwendung kommen"*[1]. Diese Formulierung, die auch § 121 Abs. 2 GWB erfasst, deutet auf den gesetzgeberischen Willen hin, auf alle Absätze des § 121 GWB zu verweisen. Weiterhin spricht für ein Redaktionsversehen, dass die Konzessionsgeber gemäß § 15 Abs. 1 KonzVgV „die Leistungsbeschreibung gemäß § 152 Absatz 1 in Verbindung mit § 121 Absatz 1 und 2 des Gesetzes gegen Wettbewerbsbeschränkungen in einer Weise [fassen], dass allen Unternehmen der gleiche Zugang zum Vergabeverfahren gewährt wird". Ein Verweis auf § 121 Abs. 2 GWB würde ins Leere laufen, wenn § 121 Abs. 2 GWB gar nicht anwendbar wäre. Demgegenüber kann gegen ein Redaktionsversehen die Verordnungsbegründung angeführt werden, in welcher wiederum nur von *„§ 121 Absatz 1 und 3 des Gesetzes gegen Wettbewerbsbeschränkungen"* die Rede ist.[2] Zudem spricht letztlich ebenso für einen bewussten Verzicht des Gesetzgebers, auch auf § 121 Abs. 2 GWB zu verweisen, dass § 121 Abs. 2 GWB der Umsetzung von Art. 42 Abs. 1 UAbs. 4 und 5 RL 2014/24/EU dient – eine entsprechende Vorgabe gibt es in der RL 2014/23/EU jedoch nicht.[3]

4 § 152 Abs. 1 GWB soll die Vorgaben des Art. 36 Abs. 1 RL 2014/23/EU („Technische und funktionelle Anforderungen") umsetzen. Nach Auffassung des deutschen Gesetzgebers entspricht *„diese Definition der technischen und funktionellen Anforderungen im Konzessionsvergabeverfahren […] im Grundsatz der Definition der technischen Spezifikationen im Vergabeverfahren zu öffentlichen Aufträgen gemäß Art. 42 Absatz 1 Satz 2 RL 2014/24/EU"*.[4] Der deutsche Gesetzgeber hat sich daher für einen Verweis auf § 121 GWB entschieden, da § 121 GWB gerade der Umsetzung des Art. 42 Abs. 1 RL 2014/24/EU in Teilen dient.[5] Allerdings ist zu beachten, dass die technischen und funktionellen Anforderungen i.S.d. Art. 36 Abs. 1 RL 2014/23/EU gerade nicht mit den **technischen Spezifikationen** i.S.d. Art. 42 Abs. 1 RL 2014/24/EU

---

1 Gesetzesbegründung zu § 152 Abs. 1 GWB, VergRModG 2016, BT-Drs. 18/6281, 131.
2 Vgl. Verordnungsbegründung zu § 15 KonzVgV, VergRModVO, BR-Drs. 87/16, 288.
3 Für ein Redaktionsversehen *Burgi/Wolff*, in: Burgi/Dreher, Vergaberecht, § 152 GWB Rn. 10; dagegen *Friton/Stein*, in: Pünder/Schellenberg, Vergaberecht, § 152 GWB Rn. 5.
4 Vgl. Gesetzesbegründung zu § 152 Abs. 1 GWB, VergRModG 2016, BT-Drs. 18/6281, 131.
5 Vgl. Gesetzesbegründung zu § 121 GWB, VergRModG 2016, BT-Drs. 18/6281, 100.

gleichzusetzen sind. Das Europäische Parlament hatte nämlich den mit „Technische Spezifikationen" überschriebenen Art. 32 des Richtlinienentwurfs der Kommission ersetzt, um den Besonderheiten bei der Konzessionsvergabe Rechnung zu tragen: *„Der Artikel unterscheidet sich von den technischen Spezifikationen (Artikel 32 [jetzt Art. 42 RL 2014/24/EU]), die zu ausführlich sind und dem Grundsatz der Risikoübertragung zuwiderlaufen, wobei dem Konzessionsnehmer ein gewisser Spielraum im Zusammenhang mit der Risikoübertragung erhalten bleiben muss."*[6] Allerdings lassen die Formulierungen des § 121 Abs. 1 GWB einen weiten Spielraum bei Art und Umfang der Beschreibung zu, sodass dem Willen des Unionsgesetzgebers, an die Leistungsbeschreibung bei der Vergabe von Konzessionen weniger strenge Anforderungen zu stellen, Rechnung getragen wird. Das Gebot, Art und Umfang der Leistung zu beschreiben, kann sowohl Art. 36 Abs. 1 RL 2014/23/EU als auch Art. 42 Abs. 1 S. 2 RL 2014/24/EU entnommen werden. Außerdem setzt § 15 KonzVgV, der die Leistungsbeschreibung für Konzessionen weiter konkretisiert, die übrigen Vorgaben aus Art. 36 RL 2014/23/EU um.

II. Leistungsbeschreibung

Nach § 152 Abs. 1 GWB i.V.m. § 121 Abs. 1 GWB muss der Konzessionsgeber in der Leistungsbeschreibung den Konzessionsgegenstand festlegen. 5

1. Zweck und Funktionen

Die Leistungsbeschreibung definiert den Konzessionsgegenstand und legt den sachlichen Gehalt der Angebote fest.[7] In ihr beschreibt der Konzessionsgeber das Leistungssoll, also Art und Umfang der vertraglich geschuldeten Leistung. Der Konzessionsgeber muss sich im Vorfeld der Konzession genau überlegen, was Gegenstand der Konzession sein soll, insbesondere welche Pflichten auf den Konzessionsnehmer übertragen werden. Die wesentlichen Funktionen der Leistungsbeschreibung sind: 6

- Die Leistungsbeschreibung trägt dazu bei, dass Angebote und Konzessionsgegenstand korrespondieren.
- Außerdem ist sie Kalkulationsgrundlage der Bieter und gewährleistet die Vergleichbarkeit der Angebote.
- Ferner ist sie Grundlage der Angebotswertung (formale und inhaltliche Angebotswertung).
- Schließlich bildet die Leistungsbeschreibung auch die Grundlage des späteren Konzessionsvertrages.

2. Eindeutig und erschöpfend

In entsprechender Anwendung des § 121 Abs. 1 S. 1 GWB[8] muss der Konzessionsgeber den Konzessionsgegenstand eindeutig und erschöpfend beschreiben, sodass die Beschreibung für alle Unternehmen im gleichen Sinne verständlich ist und die Angebote miteinander verglichen werden können. Die Regelung ist vor allem eine Ausprägung der vergaberechtlichen Grundprinzipien der Transparenz und Gleichbehandlung: Nur wenn die anzubietende Leistung eindeutig und erschöpfend beschrieben wurde, ist ein transparenter Kalkulations- und Wertungsmaßstab für einen fairen Wettbewerb gegeben.[9] 7

Nach der Rechtsprechung zu den Vorgängernormen des § 121 Abs. 1 S. 1 GWB ist die Leistungsbeschreibung dann nicht „**eindeutig**", wenn unterschiedliche Auslegungsmöglichkeiten in Betracht kommen, die das Unternehmen im Unklaren lassen, welche Leistung von ihm in welcher Form und unter welchen Bedingungen angeboten werden soll. „**Erschöpfend**" 8

6 Vgl. Europäisches Parlament, Plenarsitzungsdokument v. 1.2.2013 (A7-0030/2013), S. 169.
7 Vgl. Gesetzesbegründung zu § 121 Abs. 1 GWB, VergRModG 2016, BT-Drs. 18/6281, 100.
8 Für Einzelheiten wird auf *Traupel/Schmidt* zu § 121 GWB verwiesen.
9 Vgl. EuGH, Urteil v. 29.4.2004 – Rs. C-496/99 P (CAS Succhi di Frutta), Rn. 110 f.; BGH, Urteil v. 22.7.2010 – VII ZR 213/08; vgl. auch VK Sachsen-Anhalt, Beschluss v. 25.9.2018 – 3 VK LSA 58/18.

bedeutet, dass keine Restbereiche verbleiben dürfen, die seitens des Auftraggebers nicht klar umrissen sind.[10] Dabei richten sich die im Einzelfall an den Konkretisierungsgrad der Leistungsbeschreibung zu stellenden Anforderungen nach dem Gegenstand des Vergabeverfahrens. Es stellt aber keinen Verstoß gegen das Gebot der eindeutigen und erschöpfenden Leistungsbeschreibung dar, wenn die Leistungsbeschreibung auslegungsbedürftig ist. Denn auch bei sorgfältiger Erstellung einer Leistungsbeschreibung kann nicht ausgeschlossen werden, dass geringe Unklarheiten auftreten, da jeder Begriff auslegungsfähig ist und das genaue Verständnis stets vom Empfängerhorizont abhängt.[11]

9 § 121 Abs. 1 S. 2 GWB präzisiert, dass die Leistungsbeschreibung die **Funktions-** und **Leistungsanforderungen** oder eine Beschreibung der zu lösenden **Aufgabe** enthält, deren Kenntnis für die Erstellung des Angebots erforderlich ist, sowie die Umstände und Bedingungen der Leistungserbringung. § 121 Abs. 1 S. 2 GWB a.E. regelt nun explizit das Gebot der Nennung aller kalkulationsrelevanten Umstände, das bislang in das Gebot der eindeutigen und erschöpfenden Leistungsbeschreibung hineingelesen wurde.[12]

3. Weitere Anforderungen nach § 15 KonzVgV

10 § 15 KonzVgV soll (neben Art. 151 Abs. 1 i.V.m. § 121 Abs. 1 und 3 GWB) die übrigen Vorgaben des Art. 36 RL 2014/23/EU umsetzen. Die Vorschrift ist § 31 VgV nachgebildet.[13]

a) Leitprinzip: Wettbewerbliches Vergabeverfahren

11 Zunächst bestimmt § 15 Abs. 1 KonzVgV als übergeordnetes Gestaltungsprinzip für die Leistungsbeschreibung, dass allen Unternehmen der gleiche Zugang zum Vergabeverfahren gewährt wird und die Öffnung des nationalen Beschaffungsmarktes für den Wettbewerb nicht in ungerechtfertigter Weise behindert wird. Die Regelung entspricht § 31 Abs. 1 VgV, der Art. 42 Abs. 2 RL 2014/24/EU umsetzt.[14] Auch Erwägungsgrund 67 RL 2014/23/EU lässt sich entnehmen, dass die technischen und funktionellen Anforderungen es erlauben müssen, die Konzession in einem wettbewerblichen Verfahren zu vergeben.

12 Aus § 13 Abs. 1 Nr. 1 KonzVgV (Art. 37 Abs. 1 lit. a RL 2014/23/EU) folgt jedoch, dass der Konzessionsgeber „gegebenenfalls" **Mindestanforderungen** festlegen kann. Derartige Mindestanforderungen beziehen sich auf den Inhalt des Angebots und finden sich dementsprechend in der Leistungsbeschreibung wieder.[15] Sofern Mindestanforderungen festgelegt werden, darf der Zuschlag nur auf Angebote erteilt werden, die diese Mindestanforderungen erfüllen. Gerade bei komplexen Beschaffungsvorhaben sollte der Konzessionsgegenstand daher hinreichend weit und die Mindestanforderungen nicht zu streng formuliert werden.

b) Zulässige Merkmale der Leistungsbeschreibung

13 § 15 Abs. 2 KonzVgV bestimmt, auf welche Merkmale sich die Leistungsbeschreibung beziehen darf. Solche Merkmale können Aspekte der Qualität und Innovation sowie soziale und umweltbezogene Aspekte betreffen.[16] Zudem können sich die Merkmale auf den spezifischen Prozess oder die spezifische Methode zur Herstellung oder Erbringung der Bau- oder Dienstleistungen oder ein anderes Stadium im Lebenszyklus des Gegenstandes der Konzession beziehen (vgl. § 15 Abs. 2 S. 2 KonzVgV).[17] Eingeschlossen ist die Produktions- und Lieferkette, auch wenn derartige Faktoren keine materiellen Bestandteile der Bau- oder Dienstleistungen

10 Vgl. OLG Karlsruhe, Beschluss v. 25.7.2014 – 15 Verg 4/14; OLG München, Beschluss v. 20.3.2014 – Verg 17/13; OLG Brandenburg, Beschluss v. 29.1.2013 – Verg W 8/12; OLG Düsseldorf, Beschluss v. 12.10.2011 – VII-Verg 46/11.

11 Vgl. OLG Karlsruhe, Beschluss v. 25.7.2014 – 15 Verg 4/14.

12 Vgl. OLG Brandenburg, Beschluss v. 29.1.2013 – Verg W 8/12.

13 Vgl. Verordnungsbegründung zu § 15 KonzVgV, VergRModVO, BR-Drs. 87/16, 288; zu Einzelheiten siehe auch *Traupel*, in: Müller-Wrede/Braun, KonzVgV, § 15 Rn. 4.

14 Vgl. Verordnungsbegründung zu § 15 Abs. 1 KonzVgV, VergRModVO, BR-Drs. 87/16, 288.

15 *Gaus*, in: Müller-Wrede/Braun, KonzVgV, § 13 Rn. 27, 29.

16 *Mohr*, in: Säcker, Wettbewerbsrecht, § 152 GWB Rn. 36 ff. m.w.N.

17 Näher zur Berücksichtigung des Lebenszyklus *Müller-Wrede/Braun*, in: Müller-Wrede/Braun, KonzVgV, § 15 Rn. 35 ff.

sind, sofern diese Merkmale in Verbindung mit dem Gegenstand der Konzession stehen und zu dessen Wert und Beschaffungszielen verhältnismäßig sind. Nach Art. 36 Abs. 1 UAbs. 2 S. 2 RL 2014/23/EU kann dies etwa Qualitätsstufen, Umwelt- und Klimaleistungsstufen, „Design für alle" (einschließlich des Zugangs von Menschen mit Behinderungen) und Konformitätsbewertungsstufen, Leistung, Sicherheit oder Abmessungen des Erzeugnisses, Terminologie, Symbole, Prüfungen und Prüfverfahren, Kennzeichnung und Beschriftung oder Gebrauchsanleitungen umfassen.

c) Grundsatz der hersteller- und produktneutralen Leistungsbeschreibung

Nach § 15 Abs. 3 KonzVgV darf in der Leistungsbeschreibung nicht auf eine bestimmte **14**

- Machart (Nr. 1),
- Herkunft (Nr. 2),
- ein besonderes Verfahren, das die Erzeugnisse oder Dienstleistungen eines bestimmten Unternehmens kennzeichnet (Nr. 3),
- oder auf gewerbliche Schutzrechte, Typen oder eine bestimmte Erzeugung (Nr. 4),

verwiesen werden, wenn dadurch bestimmte Unternehmen oder bestimmte Erzeugnisse begünstigt oder ausgeschlossen werden. Ausnahmsweise sind solche Verweise zulässig, wenn der Konzessionsgegenstand ansonsten nicht hinreichend genau und allgemein verständlich beschrieben werden kann. Allerdings ist ein solcher Verweis in diesem Fall mit dem Zusatz „oder gleichwertig" zu versehen.

d) Gleichwertigkeitsnachweis

Schließlich dürfen Angebote nach § 15 Abs. 4 KonzVgV im Rahmen der Angebotsprüfung[18] **15** nicht mit der Begründung abgelehnt werden, dass die angebotenen Bau- und Dienstleistungen nicht den in der Leistungsbeschreibung genannten technischen und funktionellen Anforderungen entsprechen, wenn der Bieter in seinem Angebot mit geeigneten Mitteln nachgewiesen hat, dass die von ihm vorgeschlagenen Lösungen diese Anforderungen in gleicher Weise erfüllen (vgl. auch Art. 36 Abs. 3 RL 2014/23/EU).[19] Maßstab für die Gleichwertigkeitsprüfung sind „diese Anforderungen", also die Anforderungen der Leistungsbeschreibung. Die Gleichwertigkeit muss durch die Bieter nachgewiesen werden; entsprechende Nachweise sind dem Angebot unaufgefordert beizufügen. Es ist davon auszugehen, dass die Gleichwertigkeitsprüfung in der Praxis erhebliche Schwierigkeiten bereiten wird und im Grundsatz dem Transparenzgedanken zuwiderläuft.[20] Eine Grenze folgt jedenfalls aus § 20 Abs. 2 Nr. 2 KonzVgV: Nach dieser Vorschrift ist ein Angebot ungeeignet, wenn dieses ohne wesentliche Abänderung offensichtlich den in den Vergabeunterlagen genannten Bedürfnissen und Anforderungen des Konzessionsgebers nicht entsprechen kann.

e) Nebenangebote?

Sowohl auf europäischer Ebene als auch auf nationaler Ebene fehlt eine ausdrückliche und **16** umfassende Regelung dazu, ob und in welchem Umfang Konzessionsgeber Nebenangebote zulassen dürfen bzw. zulassen müssen.

Soweit es um **Abweichungen von** den in der Leistungsbeschreibung genannten **technischen und funktionellen Anforderungen** geht (das betrifft wohl die meisten Nebenangebote), ist bei der Vergabe von Konzessionen § 15 Abs. 4 KonzVgV maßgeblich. Dies bedeutet **17** erstens, dass Nebenangebote, die sich durch eine Abweichung von den technischen und funktionellen Anforderungen in der Leistungsbeschreibung auszeichnen, von Bietern unterbreitet werden können, ohne dass es einer ausdrücklichen Zulassung solcher Nebenangebote durch den Konzessionsgeber bedarf. Konsequenterweise können deshalb für solche Abwei-

18 Vgl. für den Bereich der öffentlichen Auftragsvergabe EuGH, Urteil v. 16.10.2003 – Rs. C-421/01 (Traunfellner), Rn. 35 ff.
19 Vgl. auch § 7a EU Abs. 3 VOB/A.
20 Vgl. sinngemäß BGH, Beschluss v. 7.1.2014 – X ZB 15/13.

chungen weder Mindestanforderungen seitens des Konzessionsgebers gefordert noch akzeptiert werden. Solche Mindestanforderungen liefen nämlich Sinn und Zweck der Regelung des § 15 Abs. 4 KonzVgV bzw. Art. 36 Abs. 3 RL 2014/23/EU zuwider, denn die Regelung eröffnet gerade dem Bieter die Möglichkeit, in Abweichung von den Vorgaben der Leistungsbeschreibung eine gleichwertige Lösung anzubieten. Diese Möglichkeit würde eingeschränkt, wenn der Konzessionsgeber Mindestanforderungen formulieren müsste oder auch nur formulieren dürfte. Zweitens ergibt sich aus der Vorschrift des § 15 Abs. 4 KonzVgV, dass Nebenangebote in Abweichung von den technischen und funktionellen Anforderungen der Leistungsbeschreibung vom Konzessionsgeber nicht ausgeschlossen werden dürfen. Ein generell formulierter Ausschluss von Nebenangeboten in einer Ausschreibung wäre also – jedenfalls teilweise – verfahrensfehlerhaft.

18 Bei allen **sonstigen Nebenangeboten**, d.h. solchen, die sich nicht durch eine Abweichung von den technischen und funktionellen Anforderungen in der Leistungsbeschreibung auszeichnen, stellen sich folgende Fragen: Sind Nebenangebote grundsätzlich zulässig, auch wenn es keine Regelung hierzu in der RL 2014/23/EU bzw. der KonzVgV gibt? Müssen Nebenangebote ausdrücklich vom Konzessionsgeber zugelassen werden, damit sie in die Wertung einfließen dürfen? Bedarf es für wertbare Nebenangebote der Festlegung von Mindestanforderungen durch den Konzessionsgeber? Können Nebenangebote vom Konzessionsgeber ausgeschlossen werden? § 15 Abs. 4 KonzVgV spricht dafür, dass auch sonstige Nebenangebote grundsätzlich zulässig sind. § 15 Abs. 4 KonzVgV ist Ausdruck einer grundsätzlich positiven Wertungsentscheidung zugunsten von Nebenangeboten; mit dieser Regelung wird allein der Konzessionsgeber (erheblich) beschränkt, bestimmte Nebenangebote auszuschließen. Aus einer solchen positiven Wertungsentscheidung kann nicht der Umkehrschluss gezogen werden, dass Nebenangebote grundsätzlich – soweit nicht ausdrücklich zugelassen – unzulässig sind. Schwieriger ist schon der Vergleich mit den Regelungen im Bereich der Vergabe öffentlicher Aufträge. Dort sind Nebenangebote grundsätzlich nur zulässig, wenn sie ausdrücklich zugelassen und Mindestbedingungen aufgestellt sind. Diese Anforderungen werden auf die Grundsätze eines transparenten und diskriminierungsfreien Verfahrens gestützt.[21] Diese Grundsätze gelten natürlich auch bei der Konzessionsvergabe. Ein grundsätzliches Verbot von Nebenangeboten in Konzessionsvergaben scheint dennoch nicht sachgerecht. Schließlich sind bestimmte Nebenangebote, nämlich die von § 15 Abs. 4 KonzVgV erfassten, sogar ohne zuvor aufgestellte Mindestanforderungen zulässig. Das heißt, solche Nebenangebote werden ohne die Hürden einer Mindestanforderung zugelassen und müssen – bei Nachweis der Gleichwertigkeit – gewertet werden. Die Hürde für die Zulassung dieser Nebenangebote ist also sehr viel niedriger als im Bereich der Vergabe öffentlicher Aufträge. Hierzu stünde es im Widerspruch, wenn alle sonstigen – also nicht von § 15 Abs. 4 KonzVgV erfassten – Nebenangebote nun gänzlich ausgeschlossen wären, obwohl sie im Bereich der öffentlichen Auftragsvergabe zulässig sind. Ausgehend von diesen Prämissen spricht viel dafür, Nebenangebote, soweit es sich nicht um Abweichungen von den technischen und funktionellen Anforderungen der Leistungsbeschreibung handelt, auch im Rahmen der Vergabe von Konzessionen zuzulassen, wenn der Konzessionsgeber Mindestanforderungen festgelegt hat. So würden die Anforderungen an ein transparentes und diskriminierungsfreies Verfahren gewahrt, ebenso wie die grundsätzlich positive Wertungsentscheidung des Gesetzgebers zu Nebenangeboten. Dies hätte automatisch zur Konsequenz, dass nur vom Konzessionsgeber ausdrücklich zugelassene Nebenangebote (weil er Mindestanforderungen festlegen muss) zulässig wären. Letztlich hätte die Forderung nach der Festlegung von Mindestanforderungen auch zur Folge, dass der Konzessionsgeber nicht erwünschte sonstige Nebenangebote ausschließen könne bzw. schlösse er sie automatisch dadurch aus, wenn er keine Mindestanforderungen aufstellte.

21 Vgl. für den Bereich der öffentlichen Auftragsvergabe EuGH, Urteil v. 16.10.2003 – Rs. C-421/01 (Traunfellner), Rn. 29; BGH, Beschluss v. 7.1.2014 – X ZB 15/13; § 35 VgV.

4. Auslegung

Auch für die Auslegung der Leistungsbeschreibung kann auf die bisher in der Rechtsprechung erarbeiteten Grundsätze zurückgegriffen werden: 19

- Nach der Rechtsprechung des BGH ist die Frage, welcher Erklärungswert dem Inhalt von Vergabeunterlagen zukommt, nach den für die Auslegung von Willenserklärungen geltenden Grundsätzen (§§ 133, 157 BGB) unter Berücksichtigung des Umstands zu ermitteln, dass die Vergabeunterlagen von der Vergabestelle vorformuliert sind.[22] Maßgeblich für das Verständnis ist dabei der objektive Empfängerhorizont der potenziellen Bewerber und Bieter; das mögliche Verständnis nur einzelner Empfänger kann nicht berücksichtigt werden.[23] Das ergibt sich aus dem erklärten Zweck der Ausschreibung, gleiche Wettbewerbsbedingungen der Anbieter herzustellen.[24]
- Dabei kommt dem Wortlaut der Erklärung besondere Bedeutung zu. Nicht ausgesprochene Einschränkungen sind zwar nicht völlig zu vernachlässigen, doch können sie nur zum Tragen kommen, wenn sie jeder der gedachten Empfänger als solche verstehen konnte und im Zweifel auch so verstehen musste.[25] Wenn es sich bei Leistungsbeschreibungen in Vergabeverfahren um technisch spezialisierte Texte handelt, die für technische Fachleute formuliert werden, ist als „Wortlaut" das allgemeinsprachliche Verständnis der Aussagen jedenfalls dann nicht von Bedeutung, wenn die verwendete Formulierung von den angesprochenen Fachleuten in einem spezifischen technischen Sinn verstanden wird (§ 133 BGB) oder wenn für bestimmte Aussagen Bezeichnungen verwendet werden, die in den maßgeblichen Fachkreisen verkehrsüblich sind oder für deren Verständnis und Verwendung es gebräuchliche technische Regeln (z. B. DIN-Normen) gibt (§ 157 BGB).[26]
- Schließlich ist die Leistungsbeschreibung als *„sinnvolles Ganzes"* auszulegen. Es gibt keinen Vorrang bestimmter Teile der Leistungsbeschreibung.[27]

5. Bestandteil der Vergabeunterlagen

Aus § 152 Abs. 1 GWB i.V.m. § 121 Abs. 3 GWB folgt, dass die Leistungsbeschreibung Bestandteil der Vergabeunterlagen ist (§ 16 KonzVgV; Art. 5 Nr. 12 Hs. 2 RL 2014/23/EU). 20

C. Eignung (Abs. 2)

I. Allgemeines

Nach § 152 Abs. 2 GWB dürfen Konzessionen nur an Unternehmen vergeben werden, die i.S.d. § 122 GWB geeignet sind. Die Vorschrift regelt nicht nur das Recht zur Eignungsprüfung, sondern auch eine **Pflicht**, die Eignung der Bewerber und Bieter zu prüfen: Unterlässt der Auftraggeber die Eignungsprüfung, stellt dies einen Verfahrensverstoß dar, der von allen Verfahrensteilnehmern angegriffen werden kann.[28] Die Eignungsprüfung dient dazu, diejenigen Unternehmen zu ermitteln, die zur Erbringung der konkret zu erbringenden Bau- oder Dienstleistung generell in Betracht kommen (Fähigkeit) sowie in der Konsequenz auch dazu, unqualifizierte Unternehmen auszusondern.[29] Mit den Eignungskriterien werden Anforderungen für Bewerber und Bieter festgelegt, um sich überhaupt an dem konkreten Vergabeverfahren beteiligen zu können. 21

---

22 Vgl. BGH, Urteil v. 20.11.2012 – X ZR 108/10; Urteil v. 10.6.2008 – X ZR 78/07.
23 Vgl. BGH, Urteil v. 20.11.2012 – X ZR 108/10; Urteil v. 22.4.1993 – VII ZR 118/92; Urteil v. 28.1.2020 – EnZR 116/18 (Stromnetz Steinbach) zu §§ 46 ff. EnWG.
24 Vgl. BGH, Urteil v. 22.4.1993 – VII ZR 118/92.
25 Vgl. BGH, Urteil v. 22.4.1993 – VII ZR 118/92.
26 Vgl. BGH, Urteil v. 23.6.1994 – VII ZR 163/93.
27 Vgl. BGH, Urteil v. 11.3.1999 – VII ZR 179/98.
28 Vgl. auch Art. 37 Abs. 1 RL 2014/23/EU.
29 Vgl. BayVGH, Beschluss v. 15.11.2018 – 21 CE 18.854, Rn. 68.

22 In einstufigen Verfahren erfolgt die Eignungsprüfung auch bei der Vergabe von Konzessionen als zweite **Wertungsstufe** nach der formalen Angebotsprüfung (z. B. formale Mängel, Nichterfüllung etwaiger Mindestanforderungen).[30] In zweistufigen Verfahren mit Teilnahmewettbewerb erfolgt die Eignungsprüfung dagegen als erste Stufe des Verfahrens.

23 Die Eignungsprüfung ist eine Prognose- und Wertungsentscheidung des Konzessionsgebers. Sie unterliegt deshalb nur einer eingeschränkten **Kontrolle** durch die vergaberechtlichen Nachprüfungsinstanzen.[31]

24 Der deutsche Gesetzgeber will mit § 152 Abs. 2 GWB i.V.m. § 122 GWB die *„grundlegenden Vorgaben"* des Art. 38 Abs. 1 S. 1 RL 2014/23/EU („Auswahl und qualitative Bewertung der Bewerber") umsetzen.[32] Gegenstand dieser Regelung ist die Eignung der Bewerber und Bieter. Allerdings wird – anders als in Art. 58 Abs. 1 RL 2014/24/EU – nicht der Begriff „Eignungskriterien", sondern der Begriff „Teilnahmebedingungen" verwendet. Der deutsche Gesetzgeber hat sich dennoch für einen **Komplettverweis** entschieden, da er davon ausgeht, dass Art. 38 Abs. 1 S. 1 RL 2014/23/EU mit den Vorgaben aus dem Bereich der öffentlichen Auftragsvergabe übereinstimmt. Nach dem Willen des deutschen Gesetzgebers sollen die in § 122 GWB für öffentliche Aufträge geregelten Anforderungen an die Eignung für Konzessionen entsprechend zur Anwendung kommen.[33] Aus diesem Grund sind richtigerweise auch die in §§ 123, 124 GWB normierten Ausschlussregelungen anzuwenden, allerdings mit den Maßgaben nach § 154 Nr. 2 GWB.

25 § 122 GWB wurde im Zuge der **Vergaberechtsreform 2016** neu strukturiert: Die bisherige deutsche Systematik (Fachkunde, Leistungsfähigkeit, Zuverlässigkeit und Gesetzestreue, vgl. § 97 Abs. 4 S. 1 GWB a.F.) wurde aufgegeben und ein Gleichlauf mit den Anforderungen des Art. 58 Abs. 1 RL 2014/24/EU herbeigeführt.[34] § 152 Abs. 2 GWB i.V.m. § 122 GWB wird in §§ 25 f. KonzVgV weiter konkretisiert.

II. Eignung und Eignungskriterien

1. Eignung

26 Unternehmen sind geeignet, wenn sie fachkundig und leistungsfähig sind (§ 122 Abs. 1 GWB). Nach § 122 Abs. 2 GWB i.V.m. § 152 Abs. 2 GWB ist dies der Fall, wenn die Unternehmen die durch den Konzessionsgeber im Einzelnen zur ordnungsgemäßen Ausführung des öffentlichen Auftrags festgelegten Kriterien (Eignungskriterien) erfüllen.

27 Eignungskriterien sind dabei (streng) von den **Zuschlagskriterien** zu trennen: Die Zuschlagskriterien dienen dazu, qualitative/preisliche Unterschiede zwischen den konkret abgegebenen Angeboten für die ausgeschriebenen Leistungen herauszuarbeiten; die Eignungskriterien knüpfen hingegen an das bietende Unternehmen selbst und seine bisherigen Tätigkeiten an.[35] Eignung und Wertung sind also zwei unterschiedliche Vorgänge, die unterschiedlichen Regeln unterliegen und nach ständiger Rechtsprechung nicht vermengt werden dürfen (sog. Vermengungsverbot).[36] Allerdings kann die Qualifikation eines Bieters im Einzelfall auch Einfluss auf die Qualität der angebotenen Leistungen haben und darf dann auch bei den Zuschlagskriterien bewertet werden.[37]

---

30 Vgl. *Schröder*, NZBau 2015, 351 (353).
31 Vgl. OLG Karlsruhe, Beschluss v. 15.4.2015 – 15 Verg 2/15; OLG Saarbrücken, Urteil v. 28.1.2015 – 1 U 138/14; VK Bund, Beschluss v. 10.2.2004 – VK 2-150/03.
32 Vgl. Gesetzesbegründung zu § 152 Abs. 2 GWB, VergRModG 2016, BT-Drs. 18/6281, 131.
33 Vgl. Gesetzesbegründung zu § 152 Abs. 2 GWB, VergRModG 2016, BT-Drs. 18/6281, 131.
34 Vgl. Gesetzesbegründung zu § 122 Abs. 1 GWB, VergRModG 2016, BT-Drs. 18/6281, 100.
35 Vgl. dazu auch VK München, Beschluss v. 24.7.2018 – Z3-3-31941-11-04/18.
36 Vgl. OLG Rostock, Beschluss v. 12.8.2020 – 17 Verg 2/20, Rn. 56 ff. m.w.N.; für den Bereich der öffentlichen Aufträge EuGH, Urteil v. 1.3.2018 – Rs. C-9/17 (Tirkkonen), Rn. 36 ff.; Urteil v. 26.3.2015 – Rs. C-601/13 (Ambisig); Urteil v. 12.11.2009 – Rs. C-199/07 (Kommission/Hellenische Republik), Rn. 51; Urteil v. 24.1.2008 – Rs. C-532/06 (Lianakis), Rn. 26; Urteil v. 19.6.2003 – Rs. C-315/01 (GAT), Rn. 63 ff.; Urteil v. 20.9.1988 – Rs. 31/87 (Beentjes) Rn. 15 ff.; *Braun*, in: Gabriel/Krohn/Neun, Handbuch Vergaberecht, § 28 Rn. 24 ff.
37 OLG Rostock, Beschluss v. 12.8.2020 – 17 Verg 2/20, Rn. 58; OLG Celle, Beschluss v. 12.1.2012 – 13 Verg 9/11, Rn. 25.

2. Eignungskriterien

28 Nach der abschließenden Liste des § 122 Abs. 2 S. 2 GWB dürfen Eignungskriterien „ausschließlich" folgende Aspekte betreffen:

- Befähigung und Erlaubnis zur Berufsausübung;
- wirtschaftliche und finanzielle Leistungsfähigkeit;
- technische und berufliche Leistungsfähigkeit.

29 Diese Vorgaben (die auf Art. 58 Abs. 1 RL 2014/24/EU basieren) weichen im Wortlaut von der **unionsrechtlichen Vorgabe** des Art. 38 Abs. 1 RL 2014/23/EU ab. Danach prüfen die Konzessionsgeber die Erfüllung der Teilnahmebedingungen (= Eignungskriterien) nur hinsichtlich der beruflichen und fachlichen Befähigung sowie der finanziellen und wirtschaftlichen Leistungsfähigkeit der Bewerber und Bieter.[38]

30 Insbesondere eine Prüfung der **technischen Leistungsfähigkeit** ist nicht ausdrücklich in der RL 2014/23/EU vorgesehen.[39] Dennoch hat sich der deutsche Gesetzgeber für einen Komplettverweis auf § 122 GWB entschieden und begründet dies wie folgt: In der Sache bestehe zwischen den Vorgaben des Art. 58 Abs. 1 RL 2014/24/EU und Art. 38 Abs. 1 RL 2014/23/EU kein Unterschied; ferner sei kein Sachgrund ersichtlich, wieso bei der Konzessionsvergabe andere qualitative Anforderungen gelten sollten.[40] Es ist in der Tat nicht nachvollziehbar, warum der europäische Normgeber die technische Leistungsfähigkeit als mögliche *Teilnahmebedingung* nicht erwähnt hat. Allerdings bedeutet die Ergänzung dieses Kriteriums in den Katalog möglicher Eignungskriterien auf nationaler Ebene eine (mögliche) Einengung des Wettbewerbs, also des möglichen Bieterkreises. Es kann durchaus bezweifelt werden, dass dies europarechtskonform ist.[41] Wegen des abweichenden Wortlauts der Vorgaben der RL 2014/23/EU ist davon auszugehen, dass die deutsche Umsetzung zu Rechtsunsicherheit führt.

31 Der Konzessionsgeber legt die Eignungskriterien für die konkrete Konzessionsvergabe fest. Ihm steht ein weiter **Beurteilungsspielraum** zu. Allerdings müssen die Eignungskriterien mit dem Konzessionsgegenstand in Verbindung stehen und angemessen sein (§ 122 Abs. 4 GWB i.V.m. § 152 Abs. 2 GWB; Art. 38 Abs. 1 RL 2014/23/EU). Die Frage, ob Eignungskriterien angemessen sind, hängt vom Konzessionsgegenstand ab und ist eine Frage des Einzelfalls.

III. Bekanntmachung der Eignungskriterien

32 Eignungskriterien sind nach dem Wortlaut des § 122 Abs. 4 S. 2 GWB „in der Auftragsbekanntmachung, der Vorinformation oder der Aufforderung zur Interessenbekundung aufzuführen". Nach der Gesetzesbegründung ist § 122 Abs. 4 S. 2 GWB unter Berücksichtigung der Richtlinienvorgaben auszulegen.[42] Denn die Eignungskriterien/Teilnahmebedingungen müssen in Konzessionsvergabeverfahren bereits in der **Konzessionsbekanntmachung** enthalten sein (§ 151 GWB i.V.m. Art. 31 Abs. 2 RL 2014/23/EU und Anhang V Nr. 7, Art. 38 Abs. 1 RL 2014/23/EU).

33 Nur bei Konzessionsvergaben für soziale und andere besondere Dienstleistungen (§ 153 GWB) sind die Eignungskriterien/Teilnahmebedingungen in die **Vorinformation** – als spezielle Form der Konzessionsbekanntmachung – aufzunehmen.[43]

38 Vgl. auch Erwägungsgrund 63 RL 2014/23/EU.
39 Vgl. auch Europäisches Parlament, Plenarsitzungsdokument v. 1.2.2013 (A7-0030/2013), S. 160.
40 Vgl. Gesetzesbegründung zu § 152 Abs. 2 GWB, VergRModG 2016, BT-Drs. 18/6281, 131; auch *Prieß/Stein*, VergabeR 2014, 499 (508), zählen die technische Leistungsfähigkeit zu den bekannt zu machenden Teilnahmebedingungen; a.A. *Schröder*, NZBau 2015, 351 (353).
41 Vgl. auch *Mohr*, in: Säcker, Wettbewerbsrecht, § 152 GWB Rn. 73; a.A. *Rafii*, in: Reidt/Stickler/Glahs, Vergaberecht, § 152 GWB Rn. 11, mit Verweis auf eine systematische Auslegung der RL 2014/23/EU unter Inbezugnahme des Art. 26 Abs. 2 UAbs. 2 S. 1 RL 2014/23/EU.
42 Vgl. Gesetzesbegründung zu § 152 Abs. 2 GWB, VergRModG 2016, BT-Drs. 18/6281, 131.
43 So wohl auch die Gesetzesbegründung zu § 152 Abs. 2 GWB, VergRModG 2016, BT-Drs. 18/6281, 131.

IV. Nachweis der Eignung

34 Kehrseite der Pflicht, die Eignung der an der Konzession interessierten Unternehmen zu prüfen, ist das Recht, die Vorlage von Eignungsnachweisen zu fordern. Gleichwohl unterliegt aber auch dieses Forderungsrecht – wie die Festlegung von Eignungskriterien – Grenzen.

1. Eigenerklärungen und Referenzen

35 Aus Art. 38 Abs. 1 S. 1 RL 2014/23/EU folgt, dass Bewerber und Bieter die Erfüllung der Eignungskriterien durch „**Eigenerklärungen** oder Referenzen" nachweisen können. § 26 KonzVgV spricht dagegen von „Eigenerklärungen" und „Nachweisen". Entsprechend § 22 Abs. 2 S. 1 VSVgV ist unter einer Eigenerklärung zu verstehen, dass Bewerber oder Bieter ihre Eignung durch die Vorlage einer Erklärung belegen, dass sie die vom Konzessionsgeber verlangten Eignungskriterien erfüllen und die festgelegten Nachweise auf Aufforderung unverzüglich beibringen können.[44] Darüber hinaus ist der Passus „**Referenzen**, die als Nachweis einzureichen sind" i.S.d. Art. 38 Abs. 1 RL 2014/23/EU nach dem Verständnis des Verordnungsgebers weit zu verstehen und umfasst zum Beispiel auch die Vorlage eines Führungszeugnisses. Der Verordnungsgeber hat sich deswegen für den Oberbegriff „Nachweis" entschieden, der inhaltlich auch Referenzen umfasst.[45]

36 Die **Entscheidung** des Konzessionsgebers darüber, welche konkreten Eignungsnachweise gefordert werden, bewegt sich im Spannungsfeld zwischen dem Anliegen, das Vergabeverfahren mit nur tatsächlich geeigneten Bewerbern oder Bietern fortzusetzen, und dem Interesse, die Zahl der Unternehmen und damit den Wettbewerb nicht durch zu strenge Anforderungen unnötig zu verringern.

2. Eignungsleihe

37 Auch zu einer möglichen Eignungsleihe[46] schweigt § 122 GWB. Zur Umsetzung von Art. 38 Abs. 2 RL 2014/23/EU bestimmt § 25 Abs. 3 S. 1 KonzVgV jedoch, dass ein Unternehmen zur Erfüllung der Eignungskriterien Kapazitäten anderer Unternehmen einbeziehen darf. Auf die rechtlichen Beziehungen zwischen diesen Unternehmen kommt es dabei nicht an. Insoweit verstößt ein von dem Konzessionsgeber festgelegtes Selbstausführungsgebot in der Regel gegen den Grundsatz der Verhältnismäßigkeit.[47] Allerdings hat es das OLG Rostock bei Intensivtransporten mit Hubschraubern nicht beanstandet, dass eine Selbstausführung in der Wertungsstufe positiv berücksichtigt wird, wenn dies – plausibel – die Versorgungssicherheit erhöht.[48] Hinsichtlich der finanziellen Leistungsfähigkeit können Konzessionsgeber verlangen, dass die Unternehmen gemeinschaftlich für die Vertragsdurchführung haften (§ 25 Abs. 3 S. 1 KonzVgV). Außerdem können Konzessionsgeber den Nachweis verlangen, dass die zur Erfüllung der Eignungskriterien erforderlichen Mittel während der gesamten Konzessionslaufzeit zur Verfügung stehen werden, sog. Verfügbarkeitsnachweis (vgl. § 26 Abs. 3 KonzVgV). Das kann durch eine entsprechende Zusage des Unternehmens erfolgen (Verpflichtungserklärung).[49]

3. Nachweis durch Präqualifizierungssysteme?

38 Nach § 122 Abs. 3 GWB kann die Eignung sowie das Nichtvorliegen von Ausschlussgründen nach §§ 123, 124 GWB ganz oder teilweise durch die Teilnahme an Präqualifizierungssystemen[50] nachgewiesen werden.

---

44 Vgl. Verordnungsbegründung zu § 26 Abs. 1 KonzVgV, VergRModVO, BR-Drs. 87/16, 294 f.
45 Vgl. Verordnungsbegründung zu § 26 Abs. 1 KonzVgV, VergRModVO, BR-Drs. 87/16, 295.
46 Vgl. dazu auch EuGH, Urteil v. 7.4.2016 – Rs. C-324/14 (Partner Apelski Dariusz); ausführlich zur Eignungsleihe siehe *Stoye/Brugger*, in: Müller-Wrede/Braun, KonzVgV, § 25 Rn. 54 ff.
47 *Stoye/Brugger*, in: Müller-Wrede/Braun, KonzVgV, § 25 Rn. 65; zum Selbstausführungsgebot im Unterschwellenbereich siehe EuGH, Urteil v. 5.4.2017 – Rs. C-298/15 (Borta), Rn. 51 ff.
48 OLG Rostock, Beschluss v. 12.8.2020 – 17 Verg 2/20, Rn. 62 ff.
49 Vgl. Verordnungsbegründung zu § 26 Abs. 3 KonzVgV, VergRModVO, BR-Drs. 87/16, 295.
50 Vgl. dazu *Tugendreich*, NZBau 2011, 467 ff.

39 § 122 Abs. 3 GWB basiert auf Art. 64 RL 2014/24/EU („Amtliche Verzeichnisse zugelassener Wirtschaftsteilnehmer und Zertifizierung durch öffentlich-rechtliche oder privatrechtliche Stellen") bzw. Art. 77 RL 2014/25/EU („Qualifizierungssystem").[51] Dagegen fehlt eine entsprechende **unionsrechtliche Vorgabe** in der RL 2014/23/EU. Es ist daher davon auszugehen, dass ein entsprechender Eignungsnachweis jedenfalls durch den Unionsgesetzgeber nicht vorgesehen war. Warum der Unionsgesetzgeber auf Präqualifizierungssysteme im Konzessionsbereich verzichtet hat, begründet er nicht. Eine Erklärung könnte sein, dass Präqualifizierungssysteme bei der Vergabe von Konzessionen ihren Zweck nicht erfüllen – die Einsparung von Transaktionskosten durch Feststellung der generellen Eignung.[52] Denn Konzessionen sind oftmals individuelle und komplexe Vertragsbeziehungen, sodass die Feststellung einer generellen Eignung nur begrenzt möglich ist.

40 Ob nun Konzessionsgebern die Möglichkeit offensteht, ein Präqualifizierungssystem einzurichten oder die Eignungsprüfung auf eine Präqualifikation zu stützen, ist durchaus fraglich. Dagegen könnte sprechen, dass erklärtes Ziel des deutschen Gesetzgebers eine 1:1-**Umsetzung** war. Zudem werden in der Gesetzesbegründung zu § 152 Abs. 2 GWB Präqualifikationssysteme nicht thematisiert. Letztlich fehlen auch untergesetzliche Regelungen, die § 48 Abs. 8 VgV oder § 48 SektVO entsprechen. Dafür könnte hingegen sprechen, dass Präqualifizierungssysteme wegen der Absenkung des Teilnahmeaufwands den potenziellen Bieterkreis erhöhen, also zu mehr Wettbewerb führen. Hinzu kommt, dass das Verfahren bei der Konzessionsvergabe erklärtermaßen viel freier ausgestaltet sein soll als bei der Vergabe öffentlicher Aufträge, also dem Konzessionsgeber bei der Ausgestaltung des Verfahrens ein großer Spielraum zustehen soll. Es gibt somit keinen Grund, warum es dem deutschen Gesetzgeber nicht möglich sein sollte, Präqualifizierungssysteme im Rahmen von Konzessionsvergaben zuzulassen bzw. vorzusehen, auch wenn es keine entsprechende europäische Grundlage gibt.

4. Einheitliche Europäische Eigenerklärung?

41 Des Weiteren ist davon auszugehen, dass die sog. Einheitliche Europäische Eigenerklärung (EEE) nicht für die Vergabe von Konzessionen gilt.[53] Diese ist für den Bereich der öffentlichen Auftragsvergabe in Art. 59 RL 2014/24/EU geregelt: Danach genügt im Regelfall bei der Einreichung von Teilnahmeanträgen und Angeboten zum vorläufigen Nachweis, dass kein Ausschlussgrund gemäß Art. 57 RL 2014/24/EU gegeben ist, die festgelegten Eignungskriterien nach Art. 58 RL 2014/24/EU und gegebenenfalls auch die objektiven Regeln und Kriterien nach Art. 65 RL 2014/24/EU erfüllt sind sowie dass eine entsprechende standardisierte Erklärung des Bewerbers und Bieters anstelle von Behörden oder Dritten vorliegt (Art. 59 Abs. 1 RL 2014/24/EU; § 48 Abs. 3 VgV). Die EEE wurde von der Europäischen Kommission in der VO (EU) 2016/7 festgelegt[54] (Art. 59 Abs. 2 RL 2014/24/EU). Sie soll zur Vereinfachung des Vergabeverfahrens beitragen. In der RL 2014/23/EU (ebenso wie in den deutschen Umsetzungsakten) fehlen jedoch entsprechende Vorgaben.

D. Zuschlag (Abs. 3)

42 § 152 Abs. 3 GWB regelt den Zuschlag. Die Vorschrift basiert auf der unionsrechtlichen Vorgabe des Art. 41 RL 2014/23/EU.

I. Maßstab: Wirtschaftlicher Gesamtvorteil (S. 1)

43 Nach § 152 Abs. 3 S. 1 GWB wird der Zuschlag auf Grundlage objektiver Kriterien erteilt, die sicherstellen, dass die Angebote unter wirksamen Wettbewerbsbedingungen bewertet werden und ein „**wirtschaftlicher Gesamtvorteil**" für den Konzessionsgeber ermittelt werden

51 Vgl. Gesetzesbegründung zu § 122 Abs. 3 GWB, VergRModG 2016, BT-Drs. 18/6281, 101.
52 Vgl. *Tugendreich*, NZBau 2011, 467 (468).
53 So auch *Braun*, in: Hettich/Soudry, Das neue Vergaberecht, S. 193.
54 Vgl. Anhang 2 VO (EU) 2016/7.

kann. Der Maßstab „wirtschaftlicher Gesamtvorteils" ist neu und weicht von der bisher üblichen Terminologie der RL 2014/24/EU und RL 2014/25/EU ab. Dort muss das „wirtschaftlichste Angebot" den Zuschlag erhalten.[55] Dagegen handelt es sich bei dem „wirtschaftlichen Gesamtvorteil" um einen flexiblen Maßstab, der durch die Konzessionsgeber entsprechend ihrem konkreten Bedarf ausgefüllt werden muss. Dabei können die Konzessionsgeber die Zuschlagskriterien grundsätzlich frei wählen, solange diese den Anforderungen des § 152 Abs. 3 GWB (i.V.m. Art. 41 RL 2014/23/EU) entsprechen.[56] Das folgt vor allem aus Erwägungsgrund 73 RL 2014/23/EU: *„Zur Sicherstellung der Gleichbehandlung und Transparenz sollten Kriterien für die Konzessionsvergabe stets einigen allgemeinen Standards entsprechen. Diese Standards können auch nicht rein wirtschaftliche Faktoren berücksichtigen, die aus der Sicht des öffentlichen Auftraggebers oder des Auftraggebers den Wert eines Angebots beeinflussen und es ihm ermöglichen, einen wirtschaftlichen Gesamtvorteil zu ermitteln."*

44 Der Unterschied zwischen dem Maßstab des „**wirtschaftlichsten Angebots**" einerseits und des „wirtschaftlichen Gesamtvorteils" andererseits ist lediglich ein gradueller, und zwar in Bezug auf die Berücksichtigung des Preises bei der Festlegung der Zuschlagskriterien. Während die Ermittlung des „wirtschaftlichsten Angebots" zwingend eine (angemessene) Berücksichtigung des Preises voraussetzt, kann ein „wirtschaftlicher Gesamtvorteil" auch ohne Preis bzw. bei untergeordneter Berücksichtigung des Preiskriteriums ermittelt werden. Dieses Verständnis spiegelt sich im Gesetzeswortlaut wider: § 127 Abs. 1 GWB spricht davon, dass zur Ermittlung des wirtschaftlichsten Angebots „neben dem Preis oder den Kosten auch qualitative, umweltbezogene oder soziale Aspekte berücksichtigt werden" können. In § 152 Abs. 3 S. 3 GWB heißt es hingegen nur, dass die Zuschlagskriterien „qualitative, umweltbezogene oder soziale Belange umfassen" können; eine Bezugnahme auf den Preis fehlt in den Anforderungen an die Zuschlagskriterien bei der Konzessionsvergabe. Daraus lässt sich Folgendes ableiten: Sowohl bei der Auftragsvergabe als auch bei der Konzessionsvergabe können die Zuschlagskriterien qualitative, umweltbezogene oder soziale Belange umfassen. Insoweit unterscheiden sich die Maßstäbe für die Bildung der Zuschlagskriterien also nicht. Der Unterschied besteht jedoch darin, dass bei der Auftragsvergabe darüber hinaus der Preis grundsätzlich ein (maßgebliches) Zuschlagskriterium sein muss, das in angemessener Weise Berücksichtigung findet,[57] weil sich nur so ein Preis-Leistungs-Verhältnis ermitteln lässt, aus dem sich wiederum das wirtschaftlichste Angebot ergibt. Bei der Konzessionsvergabe gibt es eine entsprechende Vorgabe, also dem Preis ein angemessenes Gewicht bei der Bildung der Zuschlagskriterien beizumessen, nicht.

45 Irrelevant ist, bei wem der **Nutzen** eintritt, der den wirtschaftlichen Gesamtvorteil ausmacht. Dieser muss nicht notwendigerweise beim Konzessionsgeber eintreten; es kann ebenso gut auf den späteren Nutzer der Leistung/Ware abgestellt werden.

II. Zuschlagskriterien (S. 2 bis 4)

46 Die wesentlichen Vorgaben für die Zuschlagskriterien sind in § 152 Abs. 3 S. 1 bis 3 GWB geregelt. Die Vorgaben kodifizieren im Wesentlichen – bis auf die Frage der Gewichtung – die Rechtsprechung des EuGH.

1. Anforderungen

a) Allgemeine Grundsätze

47 Ausgangspunkt ist, dass der Zuschlag auf Grundlage objektiver Kriterien erteilt wird (§ 152 Abs. 3 S. 1 GWB). Zuschlagskriterien sind objektiv, wenn sie mit den allgemeinen Vergabe-

55 Vgl. Art. 67 Abs. 1 RL 2014/24/EU, Art. 82 Abs. 1 RL 2014/25/EU i.V.m. § 127 Abs. 1 S. 1 GWB.

56 Vgl. auch Europäische Kommission, Memo/14/19 v. 15.1.2014, Directive of the European Parliament and the Council on the award of Concession Contracts – Frequently Asked Questions, S. 5.

57 Ob es eine bestimmte Mindestwertigkeit – z. B. 30 % – oder maximale Obergrenze für das Kriterium Preis gibt, ist im Rahmen der Auftragsvergabe umstritten, vgl. z. B. OLG Düsseldorf, Beschluss v. 9.1.2013 – VII-Verg 33/12; Beschluss v. 25.5.2005 – VII-Verg 08/05; OLG Dresden, Beschluss v. 5.1.2001 – WVerg 11/00 und WVerg 12/00.

grundsätzen vereinbar sind. Das folgt aus Art. 41 Abs. 1 RL 2014/23/EU, der eine Grundforderung der Rechtsprechung des EuGH kodifiziert: Nach dieser Vorschrift müssen die Zuschlagskriterien den in Art. 3 RL 2014/23/EU festgelegten Grundsätzen entsprechen (Gleichbehandlung, Nichtdiskriminierung, Transparenz, Verhältnismäßigkeit) und sicherstellen, dass die Angebote unter wirksamen Wettbewerbsbedingungen bewertet werden.[58] Auch die Gesetzesbegründung zu § 152 Abs. 3 GWB verweist auf die Grundsätze des § 97 Abs. 1 GWB (Wettbewerb, Transparenz, Wirtschaftlichkeit, Verhältnismäßigkeit).[59] Es ist davon auszugehen, dass die Formulierung „unter wirksamen Wettbewerbsbedingungen" derjenigen in § 127 Abs. 4 S. 1 GWB („Möglichkeit eines wirksamen Wettbewerbs") entspricht. Voraussetzung eines wirksamen Wettbewerbs ist jedoch die Einhaltung der vergaberechtlichen Grundsätze (Gleichbehandlung, Nichtdiskriminierung, Transparenz, Verhältnismäßigkeit), so dass dieser Voraussetzung keine eigenständige Bedeutung zukommt.

b) Verbindung zum Konzessionsgegenstand und keine uneingeschränkte Wahlfreiheit

Darüber hinaus bestimmt § 152 Abs. 3 S. 2 GWB[60] den grundsätzlichen Rahmen, in dem Konzessionsgeber Zuschlagskriterien wählen und ausgestalten können. Nach dieser Vorschrift müssen die Zuschlagskriterien **48**

- mit dem Konzessionsgegenstand in Verbindung stehen und
- dürfen dem Konzessionsgeber keine uneingeschränkte Wahlfreiheit einräumen.

Auch diese Vorgaben haben ihren Ursprung in der Rechtsprechung des EuGH.[61]

Dabei dürfen die Anforderungen nicht überspannt werden. Der Konzessionsgeber hat einen weiten Gestaltungsspielraum. So hat der EuGH etwa mit Blick auf einen Lieferauftrag entschieden, dass es für den notwendigen Zusammenhang nicht erforderlich ist, dass sich ein Zuschlagskriterium *„auf eine echte innere Eigenschaft eines Erzeugnisses, also ein Element, das materiell Bestandteil von ihm ist, bezieht"*.[62] Auch das OLG Düsseldorf stellt an die Voraussetzung „**in Verbindung stehen**" keine strengen Anforderungen: Mit Blick auf die entsprechende Vorgabe in Art. 67 Abs. 2 RL 2014/24/EU hat das Gericht entschieden, dass Zuschlagskriterien sich lediglich auf die ausgeschriebene Leistung beziehen, sich jedoch nicht unmittelbar aus dem Leistungsgegenstand ergeben müssen. Zur Begründung verweist das OLG Düsseldorf unter anderem auf den gesetzgeberischen Willen des Unionsgesetzgebers, nach dem mit den Zuschlagskriterien auch mittelbare, teils sogar sekundäre Ziele verfolgt werden können.[63] Umgekehrt hat das OLG Rostock – trotz des Gestaltungsspielraums des Konzessionsgebers – einen Verstoß gegen § 152 Abs. 3 S. 2 GWB erkannt, wenn ein Zuschlagskriterium bei einer Konzession für Intensivtransporte mittels Hubschraubern auf die „Gesamtflottenstärke" abstellt, wenn keine Verbindung zum verfahrensgegenständlichen Standort erkennbar ist.[64] **49**

Mit der Formulierung „**keine uneingeschränkte Wahlfreiheit**" sollen willkürliche Entscheidungen ausgeschlossen werden. Über die Zuschlagskriterien muss daher eine hinreichende Selbstbindung des Konzessionsgebers herbeigeführt werden, so dass die Bieter ihre Angebote auf seine Präferenzen zuschneiden können und gleichzeitig vor Diskriminierungen geschützt werden. **50**

58 Vgl. EuGH, Urteil v. 17.9.2002 – Rs. C-513/99 (Concordia), Rn. 63; Urteil v. 26.9.2000 – Rs. C-225/98 (Kommission/Frankreich), Rn. 50; Urteil v. 20.9.1988 – Rs. 31/87 (Beentjes), Rn. 29.
59 Vgl. Gesetzesbegründung zu § 152 Abs. 3 GWB, VergRModG 2016, BT-Drs. 18/6281, 131.
60 Vgl. Art. 41 Abs. 2 S. 1 RL 2014/23/EU.
61 Vgl. EuGH, Urteil v. 4.12.2013 – Rs. C-448/01 (Wienstrom), Rn. 36; Urteil v. 10.5.2012 – Rs. C-368/10 (Max Havelaar), Rn. 89; Urteil v. 17.9.2002 – Rs. C-513/99 (Concordia), Rn. 64.
62 Vgl. EuGH, Urteil v. 10.5.2012 – Rs. C-368/10 (Max Havelaar), Rn. 91.
63 Vgl. OLG Düsseldorf, Beschluss v. 19.11.2014 – VII-Verg 30/14.
64 OLG Rostock, Beschluss v. 12.8.2020 – 17 Verg 2/20, Rn. 51.

c) Qualitative, umweltbezogene oder soziale Belange

51 152 Abs. 3 S. 3 GWB präzisiert, dass Gegenstand von Zuschlagskriterien qualitative, umweltbezogene oder soziale Belange sein können (sofern die übrigen Anforderungen beachtet werden).[65]

52 Der Wortlaut weicht etwas von der **unionsrechtlichen Vorgabe** ab: Nach Art. 41 Abs. 2 UAbs. 1 S. 2 RL 2014/23/EU können „unter anderem ökologische, soziale oder innovationsbezogene Kriterien berücksichtigt" werden. Ein inhaltlicher Unterschied folgt aus dieser Abweichung aber nicht, da auch § 152 Abs. 3 S. 3 GWB von „können" spricht und primär das Konzept des „wirtschaftlichen Gesamtvorteils" gemäß § 152 Abs. 3 S. 1 GWB maßgeblich ist.

53 Obwohl die Berücksichtigung solcher **Sekundärzwecke** nach der EuGH-Rechtsprechung[66] auch vor der EU-Vergaberechtsreform unter den oben genannten Voraussetzungen ohne weiteres möglich war, wird durch deren explizite Hervorhebung dennoch die politisch-strategische Beschaffung insgesamt gestärkt.[67] Das folgt auch aus dem Umstand, dass haushaltspolitische Zielsetzungen nicht ausdrücklich genannt werden (etwa Grundsatz der Wirtschaftlichkeit, vgl. aber § 97 Abs. 1 S. 2 GWB). Haushaltspolitische Zielsetzungen treten vielmehr sogar in den Hintergrund, wenn verstärkt soziale und ökologische Kriterien herangezogen werden.[68]

54 Aus Erwägungsgrund 64 RL 2014/23/EU folgt, dass qualitative, umweltbezogene und soziale Belange die zu erbringenden Bau- und Dienstleistungen in jeder Hinsicht und in jeder **Phase** ihres Lebenszyklus von der Gewinnung der Rohstoffe bis zur Entsorgung betreffen können, auch wenn derartige Faktoren kein materieller Bestandteil der Leistungen sind. Etwa:

- Die Dienstleistungen werden mit energieeffizienten Maschinen erbracht.
- Es werden nur „fair gehandelte Waren" verwendet.
- Zahlung eines Mindestpreises oder Preisaufschlags an Unterauftragnehmer;
- Maßnahmen zur Abfallminimierung und Ressourceneffizienz.

55 Ebenfalls Gegenstand von Zuschlagskriterien können *„Maßnahmen zum Schutz der Gesundheit der am Prozess der Ausführung der Konzession beteiligten Arbeitskräfte, zur Förderung der* **sozialen Integration** *von benachteiligten Personen oder Angehörigen sozial schwacher Gruppen"* sein, sofern sie mit der Konzession im Zusammenhang stehen.[69] Derartige Zuschlagskriterien *„können sich unter anderem auf die Beschäftigung von Langzeitarbeitslosen oder die Umsetzung von Ausbildungsmaßnahmen für Arbeitslose oder Jugendliche im Zuge der Ausführung der zu vergebenden Konzession beziehen"*.[70]

d) Preis als Zuschlagskriterium

56 Der Wortlaut des § 152 Abs. 3 S. 3 GWB – anders als die Regelung in § 127 Abs. 1 S. 3 GWB – nennt ausdrücklich nur qualitative, umweltbezogene oder soziale Belange als mögliche Zuschlagskriterien. Dies ist jedoch nicht als abschließende Regelung dahingehend zu verstehen, dass der Preis als **Zuschlagskriterium** ausgeschlossen ist. Unter Berücksichtigung des Konzepts des „wirtschaftlichen Gesamtvorteils" (§ 151 Abs. 3 S. 1 GWB) und des Grundsatzes der freien Verfahrensgestaltung (§ 151 S. 3 GWB) ist dem Konzessionsgeber bei der Bildung der Zuschlagskriterien ein großer Freiraum zuzugestehen.[71] Konsequenterweise bedeutet der Grundsatz der freien Verfahrensgestaltung darüber hinaus auch, dass es bei der Vergabe von Konzessionen – wie auch bei der Vergabe von öffentlichen Aufträgen – möglich ist, nur auf

65 Vgl. auch Erwägungsgründe 2 und 3 RL 2014/23/EU.
66 Vgl. EuGH, Urteil v. 17.9.2002 – Rs. C-513/99 (Concordia); Urteil v. 26.9.2000 – Rs. C-225/98 (Kommission/Frankreich); Urteil v. 20.9.1988 – Rs. 31/87 (Beentjes).
67 Kritisch *Braun*, in: Hettich/Soudry, Das neue Vergaberecht, S. 183; *Siegel*, VergabeR 2015, 265 (270).
68 Zutreffend *Braun*, in: Hettich/Soudry, Das neue Vergaberecht, S. 155 bis 186.
69 Vgl. Erwägungsgrund 66 RL 2014/23/EU.
70 Vgl. Erwägungsgrund 66 RL 2014/23/EU.
71 So auch *Braun*, in: Hettich/Soudry, Das neue Vergaberecht, S. 155 bis 195.

den Preis der Angebote abzustellen (wenn der Konzessionsgeber dies mit Blick auf den Konzessionsgegenstand für sachgerecht hält).[72]

Eine Regelung, nach der Angebote mit **ungewöhnlich niedrigen Preisen** auszuschließen sind, kennt der Rechtsrahmen zur Vergabe von Konzessionen allerdings nicht. 57

e) Beschreibung der Zuschlagskriterien

Schließlich müssen die Zuschlagskriterien so beschrieben sein, dass sie eine wirksame Überprüfung der von den Bietern übermittelten Informationen gestatten, um bewerten zu können, ob und inwieweit die Angebote die Zuschlagskriterien erfüllen (§ 152 Abs. 3 S. 4 GWB; Art. 41 Abs. 2 UAbs. 2 RL 2014/23/EU). Diese Anforderung verlangt eine hinreichende Bestimmtheit der Zuschlagskriterien, was bereits aus den allgemeinen Grundsätzen folgt. In diesem Sinne hatte das OLG Dresden bereits mit Blick auf eine Dienstleistungskonzession entschieden, dass das vergaberechtliche Transparenzgebot erfordert, Wertungskriterien, deren Inhalt sich für die Bieter nicht von selbst versteht, mit den Vergabeunterlagen so konkretisiert werden müssen, dass die Bieter die dahinterstehenden Wertungspräferenzen des Konzessionsgebers erkennen und ihre Angebote danach ausrichten können.[73] 58

2. Bekanntgabe der Bedeutung der Zuschlagskriterien

Aus § 31 Abs. 1 KonzVgV i.V.m. Art. 41 Abs. 3 RL 2014/23/EU folgt, dass die Zuschlagskriterien gemäß absteigender Reihenfolge ihrer Bedeutung anzugeben sind. Diese Vorgabe unterscheidet sich von jener für öffentliche Aufträge. Dort wird explizit eine Gewichtung der Zuschlagskriterien verlangt und nur für den Fall, dass dies aus objektiven Gründen nicht möglich ist, eine Angabe der Zuschlagskriterien in absteigender Reihenfolge ihrer Bedeutung zugelassen (vgl. Art. 67 Abs. 5 RL 2014/24/EU i.V.m. § 58 Abs. 3 VgV bzw. Art. 82 Abs. 5 RL 2014/25/EU i.V.m. § 52 Abs. 3 SektVO). 59

a) Gewichtung?

Fraglich ist deshalb, ob im Rahmen von Konzessionsvergaben grundsätzlich auf eine Gewichtung der Zuschlagskriterien verzichtet werden kann. Damit sind zwei Aspekte angesprochen. Erstens die Frage, ob gänzlich auf eine Gewichtung verzichtet werden kann, also letztlich die Angebote auch ohne Gewichtung bewertet werden können. Zweitens die Frage, ob bei einer doch erfolgten Gewichtung – gegebenenfalls zu einem späteren Zeitpunkt des Verfahrens – auf eine Bekanntgabe den Bietern gegenüber verzichtet werden kann. 60

Gänzlich auf eine Gewichtung der einzelnen Zuschlagskriterien zu **verzichten**, dürfte praktisch schwierig bzw. ausgeschlossen sein. Denn eine Bewertung der Angebote auf der Grundlage verschiedener Zuschlagskriterien setzt gedanklich eine – auch genaue – Festlegung voraus, mit welchem Gewicht die jeweiligen Kriterien in die Bewertung einfließen. 61

Der Verzicht auf eine Gewichtung könnte deshalb richtigerweise nur bedeuten, dass die Zuschlagskriterien zu Beginn des Verfahrens oder zum Zeitpunkt der (finalen) Angebotsaufforderung noch nicht gewichtet sind und erst später – aber vor Bewertung der (finalen) Angebote – gewichtet werden. Eine solche **spätere Gewichtung**, jedoch ohne Bekanntgabe gegenüber den Bietern, dürfte allerdings mit dem Transparenzgrundsatz nicht vereinbar sein. So folgt nach Auffassung des EuGH – jedenfalls bei der Vergabe öffentlicher Aufträge – aus den Grundsätzen der Gleichbehandlung und Transparenz die Pflicht, dass den potenziellen Bietern zum Zeitpunkt der Vorbereitung ihrer Angebote alle Kriterien, die vom öffentlichen Auftraggeber bei der Bestimmung des wirtschaftlich günstigsten Angebots berücksichtigt werden, und – wenn möglich – deren relative Bedeutung bekannt sind.[74] Ob dazu eine Gewichtung 62

72 So auch Europäische Kommission, Memo 14/19 v. 15.1.2014, Directive of the European Parliament and the Council on the Award of Concession Contracts – Frequently Asked Questions, S. 5.

73 Vgl. OLG Dresden, Urteil v. 13.8.2013 – 16 W 439/13; so auch OLG Celle, Urteil v. 23.2.2016 – 13 U 148/15.

74 Vgl. EuGH, Urteil v. 24.1.2008 – Rs. C-532/06 (Lianakis), Rn. 36; Urteil v. 24.11.2005 – Rs. C-331/04 (ATI EAC), Rn. 24; Urteil v. 12.12.2002 – Rs. C-470/99 (Universale-Bau), Rn. 98; Urteil v. 25.4.1996 – Rs. C-87/94 (Kommission/Belgien), Rn. 88.

zwingend erforderlich ist, hat der EuGH hingegen bislang offengelassen. Sofern allerdings im Vorhinein eine Gewichtung bekannt gemacht wurde, sind nachträgliche Änderungen grundsätzlich unzulässig.[75] Die deutsche Rechtsprechung geht demgegenüber bei der Vergabe öffentlicher Aufträge von einer Pflicht zur Gewichtung in den Verfahrensbedingungen vor Angebotsabgabe aus. So entspricht es (übrigens unter Berufung auf die obige Rechtsprechung des EuGH) ständiger Rechtsprechung des OLG Düsseldorf, dass das Gebot der Transparenz grundsätzlich die vollständige und rechtzeitige Bekanntgabe der Zuschlagskriterien und Unterkriterien, deren Gewichtung sowie der Methode zur Ermittlung des wirtschaftlich günstigsten Angebots fordert.[76] Entsprechende Anforderungen stellt der BGH auch bei der Vergabe von Wegenutzungsrechten für Strom- und Gasnetze. In seinen Grundsatzentscheidungen „Stromnetz Heiligenhafen" und „Stromnetz Berkenthin" hat der BGH entschieden, dass das aus dem Diskriminierungsverbot folgende Transparenzgebot verlangt, den am Netzbetrieb interessierten Unternehmen die Entscheidungskriterien der Gemeinde und ihre Gewichtung rechtzeitig vor Angebotsabgabe mitzuteilen.[77] Allerdings hat der BGH in dieser Entscheidungen nur das aus § 19 Abs. 2 Nr. 1 GWB, § 46 EnWG folgende Transparenzgebot ausgelegt und sich nicht zum Unionsrecht geäußert. Es sind jedoch keine Gründe ersichtlich, wieso das kartellrechtliche Transparenzgebot strenger sein soll als das aus den Grundfreiheiten abgeleitete Transparenzgebot. Hieraus ergibt sich Folgendes: Auch wenn das Europäische Parlament zu einer Art. 41 RL 2014/23/EU entsprechenden Entwurfsfassung explizit klargestellt hat, dass eine Gewichtung nicht erforderlich sein soll und die Pflicht zur Gewichtung gestrichen wurde, um die notwendige „Flexibilität" zu schaffen,[78] kann dieser grundsätzliche und umfassende Verzicht auf eine Gewichtung rechtlich wohl kaum Bestand haben. Der Grundsatz der Transparenz ist eine Verfahrensanforderung, die sich bereits aus den allgemeinen Grundsätzen und dem europäischen Primärrecht ergeben. Die Gewichtung und Bekanntgabe der Gewichtung vor (finaler) Angebotserstellung sind essenzielle Bausteine eines transparenten Vergabeverfahrens – auch einer Konzessionsvergabe. Die daraus nach europäischem Primärrecht bestehende Anforderung an eine Gewichtung der Zuschlagskriterien – soweit möglich – kann nicht durch sekundäres Richtlinienrecht ausgehebelt werden.[79] Im Ergebnis bedeutet dies, dass – entgegen dem Wortlaut von § 31 Abs. 1 KonzVgV – auch bei der Konzessionsvergabe die Zuschlagskriterien grundsätzlich zu gewichten sind und diese Gewichtung den Unternehmen, spätestens mit der Aufforderung zur Erstellung der finalen Angebote, mitzuteilen ist.

b) Zeitpunkt

63 Weder die RL 2014/23/EU noch die KonzVgV legen einen konkreten Zeitpunkt fest, wann die Zuschlagskriterien (spätestens) anzugeben sind. Daraus ist zu schließen, dass die Angabe nicht schon in der Konzessionsbekanntmachung erfolgen muss. Dies ergibt sich ausdrücklich auch aus Art. 37 Abs. 2 lit. b RL 2014/23/EU i.V.m. Anhang V Nr. 9 RL 2014/23/EU, wonach die Zuschlagskriterien entweder in der Bekanntmachung oder „in anderen **Konzessionsunterlagen**" bekannt gegeben werden können. Welche anderen Konzessionsunterlagen (deutsche Terminologie: Vergabeunterlagen) damit gemeint sind, wann also die Zuschlagskriterien spätestens bekannt zu geben sind, wird nicht näher definiert. Um dem Grundsatz der Transparenz zu genügen, müssen die Zuschlagskriterien jedoch spätestens mit der Aufforderung zur finalen Angebotsabgabe den Bietern bekannt gegeben werden.

64 Sind die Zuschlagskriterien bereits zu einem früheren Zeitpunkt bekannt gegeben worden, folgt aus dem Grundsatz der Transparenz jedoch auch, dass eine nachträgliche **Änderung**

75 Vgl. EuGH, Urteil v. 18.11.2010 – Rs. C-226/09 (Kommission/Irland), Rn. 66.
76 Vgl. OLG Düsseldorf, Beschluss v. 15.7.2015 – VII-Verg 11/15 m.w.N.; Beschluss v. 16.12.2015 – Verg 25/15; Beschluss v. 21.10.2015 – Verg 28/14.
77 Vgl. BGH, Urteil v. 17.12.2013 – KZR 65/12; Urteil v. 17.12.2013 – KZR 66/12 m.w.N.
78 Vgl. Europäisches Parlament, Plenarsitzungsdokument v. 1.2.2013 (A7-0030/2013), S. 170.
79 Wohl ebenso *Knauff/Badenhausen*, NZBau 2014, 395 (401); a.A. *Schröder*, NZBau 2015, 351 (354); *Wagner/Pfohl*, ZfBR 2014, 745 (749).

grundsätzlich unzulässig ist (vgl. zur Ausnahme der Änderung der Reihenfolge der Zuschlagskriterien sogleich).[80]

3. Änderung der Reihenfolge der Zuschlagskriterien

§ 31 Abs. 2 KonzVgV (Art. 41 Abs. 3 UAbs. 3 RL 2014/23/EU) eröffnet unter bestimmten Voraussetzungen die Möglichkeit, die Reihenfolge der Zuschlagskriterien zu ändern. Das ist der Fall, wenn dem Konzessionsgeber ein Angebot unterbreitet wird, in dem eine innovative Lösung mit außergewöhnlich hoher funktioneller Leistungsfähigkeit vorgeschlagen wird, die der Konzessionsgeber bei aller Umsicht nicht vorhersehen konnte. In diesem Fall darf der Konzessionsgeber ausnahmsweise die Reihenfolge der Zuschlagskriterien ändern, um der innovativen Lösung Rechnung zu tragen.[81] Die Regelung steht im Widerspruch zu der Rechtsprechung des EuGH, dass Zuschlagskriterien nach den primärrechtlichen Grundsätzen der Gleichbehandlung und Transparenz nach der ersten Prüfung der Angebote eigentlich nicht mehr geändert werden dürfen.[82] **65**

Der Begriff **Innovation** ist zwar nicht im GWB oder in der KonzVgV, aber in Art. 5 Nr. 13 RL 2014/23/EU definiert. Danach versteht der Unionsgesetzgeber unter dem Begriff „Innovation" die Einführung von neuen oder deutlich verbesserten Waren, Dienstleistungen oder Verfahren, einschließlich – aber nicht beschränkt auf – Produktions-, Bau- oder Konstruktionsverfahren, einer neuen Vermarktungsmethode oder eines neuen Organisationsverfahrens in Bezug auf Geschäftspraktiken, Abläufe am Arbeitsplatz oder externe Beziehungen, u. a. mit dem Zweck, zur Meisterung gesellschaftlicher Herausforderungen beizutragen oder die Strategie Europa 2020 zu unterstützen. Darüber hinaus wird zum Teil auch verlangt, dass sich die Lösung zusätzlich durch eine „außergewöhnlich hohe funktionelle Leistungsfähigkeit" auszeichnet. Dies sei dann der Fall, wenn die Leistungsfähigkeit über das gewöhnliche Maß einer hohen Leistungsfähigkeit hinausgeht.[83] **66**

Nimmt der Konzessionsgeber eine Änderung vor, so muss er alle Bieter von der geänderten Reihenfolge der Zuschlagskriterien unterrichten und unter Einhaltung der Mindestfristen eine neue Aufforderung zur Angebotsabgabe **veröffentlichen**. Wurden die Zuschlagskriterien zusammen mit der Konzessionsbekanntmachung veröffentlicht, bedarf es einer neuen Konzessionsbekanntmachung. **67**

Nach Art. 41 Abs. 3 UAbs. 3 RL 2014/23/EU darf die Änderung nicht zu einer **Diskriminierung** führen. Eine solche Diskriminierung liegt aber insbesondere vor, wenn die Norm rechtsmissbräuchlich eingesetzt wird, um ein bestimmtes Angebot zu bevorzugen bzw. einen bestimmten unliebsamen Bieter zu benachteiligen. **68**

An das Vorliegen einer innovativen Lösung müssen deshalb **hohe Anforderungen** gestellt werden. Der Konzessionsgeber trägt die materielle Beweislast. **69**

E. Anforderungen an die Auftragsausführung (Abs. 4)

§ 152 Abs. 4 GWB ordnet schließlich auch für die Vergabe von Konzessionen die Geltung des § 128 GWB („Auftragsdurchführung") sowie des § 129 GWB („Zwingend zu berücksichtigende Ausführungsbedingungen") an. Dabei hat sich der deutsche Gesetzgeber an den Regelungen zur Vergabe öffentlicher Aufträge orientiert. Die RL 2014/23/EU macht diesbezüglich hingegen keine Vorgaben. **70**

---

80 Vgl. EuGH, Urteil v. 18.11.2010 – Rs. C-226/09 (Kommission/Irland), Rn. 66.
81 Vgl. Erwägungsgrund 73 RL 2014/23/EU.
82 Vgl. EuGH, Urteil v. 18.11.2010 – Rs. C-226/09 (Kommission/Irland), Rn. 66.
83 *Müller-Wrede*, in: Müller-Wrede/Braun, KonzVgV, § 31 Rn. 80.

I. Auftragsausführung (§ 128 GWB)

71 § 128 GWB fasst in seinen beiden Absätzen Regelungen für die Ausführung öffentlicher Aufträgen zusammen. Während § 128 Abs. 1 GWB eine generelle Aussage zu den bei der Auftragsaufführung einzuhaltenden Rechtsvorschriften trifft, kann der Konzessionsgeber nach § 128 Abs. 2 GWB individuelle Ausführungsbedingungen vorgeben, die gesetzlich zwar nicht gefordert sind, dem Konzessionsgeber aber dennoch sinnvoll erscheinen.[84]

1. Pflichten bei Ausführung des Auftrags (Abs. 1)

72 Nach § 128 Abs. 1 GWB haben Unternehmen bei der Ausführung einer Konzession alle für sie geltenden rechtlichen Verpflichtungen einzuhalten. Das sind insbesondere

- die Verpflichtung zur Entrichtung von Steuern, Abgaben und Beiträge zur Sozialversicherung sowie
- die Einhaltung der Mindestarbeitsbedingungen einschließlich des Mindestentgelts, das nach dem MiLoG, einem nach dem TVG mit den Wirkungen des AEntG für allgemein verbindlich erklärten Tarifvertrag oder einer nach § 7, § 7a oder § 11 AEntG oder einer nach § 3a AÜG erlassenen Rechtsverordnung für die betreffende Leistung verbindlich vorgegeben wird.

73 Mit § 128 Abs. 1 GWB bezweckt der deutsche Gesetzgeber die Umsetzung von Art. 18 Abs. 1 **RL 2014/24/EU**. Danach haben die Mitgliedstaaten sicherzustellen, dass Unternehmen, die öffentliche Aufträge ausführen, die geltenden umwelt-, sozial- und arbeitsrechtlichen Verpflichtungen einhalten. Die Regelung des § 128 Abs. 1 GWB geht hierüber noch hinaus, indem sie klarstellt, dass alle für das betreffende Unternehmen geltenden rechtlichen Vorschriften eingehalten werden müssen.[85]

74 Der deutsche Gesetzgeber geht davon aus, dass die Einhaltung dieser Vorschriften durch die in diesen Gesetzen vorgesehenen speziellen **Sanktionsmechanismen** gewährleistet werden (wie etwa Straf- oder Bußgeldtatbestände, besondere Ausschlussgründe für künftige Vergabeverfahren, Einrichtung besonderer Kontrollbehörden etc.).[86]

75 Der deutsche Gesetzgeber hält einen Verweis auf den in Art. 18 Abs. 2 RL 2014/24/EU genannten Anhang X RL 2014/24/EU für entbehrlich, da die dort genannten **völkerrechtlichen Übereinkommen** bereits vollständig in deutsches Recht umgesetzt seien. Der deutsche Gesetzgeber meint, dass anders als in der RL 2014/24/EU die RL 2014/23/EU keine Regelungen zu den Ausführungsbedingungen enthalte, diese jedoch in den Erwägungsgründen 64, 65, 66 RL 2014/24/EU vorausgesetzt werden.[87] Dabei übersieht er jedoch Art. 30 Abs. 3 RL 2014/23/EU, der Art. 18 Abs. 2 RL 2014/24/EU entspricht.

2. Ausführungsbedingungen (Abs. 2)

76 § 128 Abs. 2 GWB regelt, dass öffentliche Auftraggeber darüber hinaus besondere Bedingungen für die Ausführung eines Auftrags (Ausführungsbedingungen) festlegen können, sofern diese mit dem Auftragsgegenstand entsprechend § 127 Abs. 3 GWB in Verbindung stehen.

77 Aus der entsprechenden Anwendung von § 128 Abs. 2 S. 2 GWB folgt, dass diese Ausführungsbedingungen entweder in der **Konzessionsbekanntmachung** oder den sonstigen **Vergabeunterlagen** enthalten sein müssen.

78 § 128 Abs. 2 S. 3 GWB präzisiert, dass diese Ausführungsbedingungen insbesondere wirtschaftliche, innovationsbezogene, umweltbezogene, soziale oder beschäftigungspolitische Belange oder den Schutz der Vertraulichkeit von Informationen umfassen können. § 128 Abs. 2 GWB setzt Art. 70 RL 2014/24/EU um; eine entsprechende unionsrechtliche Vorgabe

84 Vgl. Gesetzesbegründung zu § 128 GWB, VergRModG 2016, BT-Drs. 18/6281, 113.
85 Vgl. Gesetzesbegründung zu § 128 Abs. 1 GWB, VergRModG 2016, BT-Drs. 18/6281, 113.
86 Vgl. Gesetzesbegründung zu § 128 Abs. 1 GWB, VergRModG 2016, BT-Drs. 18/6281, 113.
87 Vgl. Gesetzesbegründung zu § 152 Abs. 4 GWB, VergRModG 2016, BT-Drs. 18/6281, 131.

fehlt in der RL 2014/23/EU. Der deutsche Gesetzgeber hat den Sinn und **Zweck** von Ausführungsbedingungen in der Gesetzesbegründung instruktiv beschrieben: „*Neben Leistungsbeschreibung, Eignungs- und Zuschlagskriterien bieten Ausführungsbedingungen ein weiteres wesentliches Instrument für den öffentlichen Auftraggeber, um das Vergabeverfahren nach seinem Beschaffungsbedarf zu gestalten. Denn mit der Vorgabe solcher Bedingungen kann der öffentliche Auftraggeber auch für den Zeitraum nach der Zuschlagserteilung auf die Art und Weise der Erbringung der Leistung unmittelbar Einfluss nehmen. Ausführungsbedingungen kommt somit eine wichtige Steuerungswirkung zu. Regelungstechnisch handelt es sich hierbei um Vertragsbedingungen, die dem Auftragnehmer zwingend zur Beachtung und Einhaltung vorgegeben werden. Anders als bei den Zuschlagskriterien findet hier keinerlei Wertung statt; sofern ein Bewerber oder Bieter nicht willens oder in der Lage ist, im Falle der Zuschlagserteilung diese Bedingungen bei der Auftragsausführung zu beachten, liegt von Beginn an kein zuschlagsfähiges Angebot vor. Kommt ein Auftragnehmer den Ausführungsbedingungen während der Erbringung der Leistungen nicht nach, liegt eine Vertragsverletzung vor, die zivilrechtliche Konsequenzen nach sich ziehen kann. Darüber hinaus bleibt es dem öffentlichen Auftraggeber unbenommen, sich die Einhaltung der Ausführungsbedingungen bei Angebotsabgabe durch eine gesonderte Erklärung seitens des Bieters oder Bewerbers zusichern zu lassen oder die Einhaltung durch Vertragsstrafen bzw. Sonderkündigungsrechte abzusichern.*"[88]

Nach § 128 Abs. 2 S. 1 GWB a.E. müssen die Ausführungsbedingungen mit dem Gegenstand des Auftrags in **Verbindung** stehen. Nach der Gesetzesbegründung ist es beispielsweise zulässig, den Einsatz von Auszubildenden oder Langzeitarbeitslosen bei der Ausführung des konkreten Auftrags festzuschreiben, da in diesen Fällen eine Verbindung zum Auftragsgegenstand vorliegt.[89] Nicht möglich sei es hingegen, über Ausführungsbedingungen dem Unternehmen allgemeine Vorgaben für seine Unternehmenspolitik oder Betriebsorganisation zu machen.[90] **79**

II. Zwingend zu berücksichtigende Ausführungsbedingungen (§ 129 GWB)

§ 152 Abs. 4 GWB verweist auch auf § 129 GWB. Dieser bestimmt, dass Ausführungsbedingungen, die der öffentliche Auftraggeber dem beauftragten Unternehmen verbindlich vorzugeben hat, nur aufgrund eines Bundes- oder Landesgesetzes festgelegt werden dürfen. Die Regelung entspricht § 97 Abs. 4 S. 3 GWB a.F. § 129 GWB begrenzt den Gestaltungsspielraum der Konzessionsgeber dahin gehend, dass diese aus übergeordneten politischen Erwägungen den Konzessionsnehmern bestimmte Bedingungen obligatorisch für die Ausführung der Konzession vorgeben müssen. Dies können insbesondere soziale, beschäftigungspolitische und umweltbezogene Aspekte sein.[91] **80**

---

88 Vgl. Gesetzesbegründung zu § 128 Abs. 2 GWB, VergRModG 2016, BT-Drs. 18/6281, 113.
89 Vgl. Gesetzesbegründung zu § 128 Abs. 2 GWB, VergRModG 2016, BT-Drs. 18/6281, 114; auch Erwägungsgrund 66 RL 2014/23/EU
90 Vgl. Gesetzesbegründung zu § 128 Abs. 2 GWB, VergRModG 2016, BT-Drs. 18/6281, 114.
91 Vgl. Gesetzesbegründung zu § 128 Abs. 2 GWB, VergRModG 2016, BT-Drs. 18/6281, 114.

Anlage

Gesetzesbegründung – VergRModG 2016 (BT-Drs. 18/6281)

Seite 131

Zu Absatz 1

§ 152 Absatz 1 setzt die Vorgaben des Artikel 36 Absatz 1 der Richtlinie 2014/23/EU zu den technischen und funktionellen Anforderungen um. Gemäß Artikel 36 Absatz 1 Satz 1 der Richtlinie 2014/23/EU werden in den technischen und funktionellen Anforderungen die für die vertragsgegenständlichen Bau- oder Dienstleistungen geforderten Merkmale festgelegt. Diese Definition der technischen und funktionellen Anforderungen im Konzessionsvergabeverfahren entspricht im Grundsatz der Definition der technischen Spezifikationen im Vergabeverfahren zu öffentlichen Aufträgen gemäß Artikel 42 Absatz 1 Satz 2 der Richtlinie 2014/24/EU. Damit sollen die in § 121 für öffentliche Aufträge geregelten Anforderungen an die Leistungsbeschreibung für Konzessionen entsprechend zur Anwendung kommen.

Zu Absatz 2

§ 152 Absatz 2 setzt die grundlegenden Vorgaben des Artikel 38 Absatz 1 Satz 1 der Richtlinie 2014/23/EU an die Auswahl und qualitative Bewertung der Bewerber um. Gemäß Artikel 38 Absatz 1 Satz 1 prüfen die Konzessionsgeber die Erfüllung der Teilnahmebedingungen hinsichtlich der beruflichen und fachlichen Befähigung sowie der finanziellen und wirtschaftlichen Leistungsfähigkeit der Bewerber oder Bieter. Im Hinblick auf Konzessionen weichen die Festlegungen in Artikel 38 Absatz 1 Satz 1 zwar im Wortlaut von der Festlegung der Eignungskriterien im Vergabeverfahren zu öffentlichen Aufträgen gemäß Artikel 58 Absatz 1 der Richtlinie 2014/24/EU ab. Ausdrücklich wird die Befähigung zur Berufsausübung sowie die technische Leistungsfähigkeit in Artikel 38 Absatz 1 der Richtlinie 2014/23/EU nicht aufgeführt. In der Sache besteht jedoch zwischen den in Artikel 38 Absatz 1 Satz 1 der Richtlinie 2014/23/EU und den in Artikel 58 Absatz 1 der Richtlinie 2014/24/EG genannten Anforderungen kein Unterschied. Auch ist kein sachlicher Grund ersichtlich, der es rechtfertigen würde, an die Auswahl der Bewerber im Hinblick auf die Erbringung von Dienstleistungen oder Bauleistungen im Rahmen einer Konzessionsvergabe andere qualitative Anforderungen stellen als an die Ausführung öffentlicher Dienstleistungs- oder Bauleistungsaufträge. In beiden Fällen sollen die Eignungsanforderungen die ordnungsgemäße Auftragsausführung sicherstellen. Damit sollen die in § 122 für öffentliche Aufträge geregelten Anforderungen an die Eignung für Konzessionen entsprechend zur Anwendung kommen.

§ 122 Absatz 4 Satz 2 ist allerdings mit der Maßgabe entsprechend anzuwenden, dass die Teilnahmebedingungen in der Veröffentlichung nach § 151 Satz 1 (Konzessionsbekanntmachung) enthalten sein müssen. Denn nach Artikel 38 Absatz 1 Satz 1 der Richtlinie 2014/23/EU prüfen die Konzessionsgeber die Erfüllung der Teilnahmebedingungen hinsichtlich der Eignung der Bewerber oder Bieter gemäß den in der Konzessionsbekanntmachung angegebenen Anforderungen. Nach Artikel 31 Absatz 2 in Verbindung mit Anhang V Nummer 7 Buchstabe c der Richtlinie 2014/23/EU enthält die Konzessionsbekanntmachung hinsichtlich der Teilnahmebedingungen eine Nennung und kurze Beschreibung der Eignungskriterien, der einzuhaltenden Mindeststandards und einzureichender Unterlagen. Eine Vorinformation steht für Konzessionsvergaben außerhalb von Konzessionen für soziale und andere besondere Dienstleistungen (vgl. § 153 Satz 1) nicht zur Verfügung. Eine Veröffentlichung der Eignungskriterien in einer Vorinformation oder eine Angabe in einer Aufforderung zur Interessenbestätigung sind daher ausgeschlossen.

Zu Absatz 3

§ 152 Absatz 3 Satz 1 dient der Umsetzung von Artikel 41 Absatz 1 der Richtlinie 2014/23/EU. Als objektive Kriterien müssen die Zuschlagskriterien den in § 97 Absatz 1 genannten Grundsätzen genügen. Anders als Artikel 67 Absatz 1 der Richtlinie 2014/24/EU erfordert Artikel 41 Absatz 1 der Richtlinie 2014/23/EU nicht den Zuschlag an das wirtschaftlich günstigste Angebot, sondern setzt voraus, dass ein wirtschaftlicher Gesamtvorteil für den Konzessionsgeber ermittelt werden kann. Gleichwohl überprüft der Konzessionsgeber gemäß Artikel 41 Absatz 2 Unterabsatz 3 der Richtlinie 2014/23/EU, ob die Angebote die Zuschlagskriterien erfüllen und bewertet dabei auch, welches der Angebote die Zuschlagskriterien am besten realisiert. § 152 Absatz 3 Satz 2 setzt Artikel 41 Absatz 2 Unterabsatz 1 Satz 1 der Richtlinie 2014/23/EU um. § 152 Absatz 3 Satz 3 dient der Umsetzung von Artikel 41 Absatz 2 Unterabsatz 1 Satz 2 Richtlinie 2014/23/EU. § 152 Absatz 3 Satz 4 setzt Artikel 41 Absatz 2 Unterabsatz 2 und 3 der Richtlinie 2014/23/EU im Wortlaut des § 127 Absatz 5 um.

Zu Absatz 4

Die Richtlinie 2014/23/EU sieht zwar anders als die Richtlinie 2014/24/EU keine Regelungen zu den Ausführungsbedingungen vor, setzt jedoch die Möglichkeit von Ausführungsbedingungen für Konzessionen in den Erwägungsgründen 64, 65, 66 voraus. In der Sache sind keine Unterschiede zwischen Ausführungsbedingungen für

Seite 132

öffentliche Dienstleistungs- oder Bauaufträge oder Ausführungsbedingungen für Dienstleistungen oder Bauleistungen im Rahmen einer Konzessionsvergabe ersichtlich. Damit können die Vorschriften über die Ausführungsbedingungen für öffentliche Aufträge gemäß §§ 128, 129 entsprechende Anwendung finden.

§ 153 GWB
Vergabe von Konzessionen über soziale und andere besondere Dienstleistungen

Für das Verfahren zur Vergabe von Konzessionen, die soziale und andere besondere Dienstleistungen im Sinne des Anhangs IV der Richtlinie 2014/23/EU betreffen, sind die §§ 151 und 152 anzuwenden.

Übersicht

	Rn.
A. Allgemeines	1
I. Unionsrechtlicher Hintergrund	3
II. Vergleichbare Regelungen	8
III. Historie	12
B. Konzessionen über soziale und andere besondere Dienstleistungen	15
I. (Dienstleistungs-)Konzessionen	16
II. Soziale und andere besondere Dienstleistungen	20
III. Anwendungsbereiche für besondere Dienstleistungskonzessionen	28
C. Vereinfachte Verfahrensanforderungen	31
I. Schwellenwert	32
II. Verfahrensregeln	37
1. Anwendung von § 151 GWB	39
2. Anwendung von § 152 GWB	44
3. Anwendung von § 154 GWB	45
4. Anwendung der Vergabegrundsätze	46
D. Rechtsschutz	50
I. Ab Erreichen des Schwellenwertes	51
II. Unterhalb des Schwellenwertes	54
1. Beschaffungsvorgang ohne Binnenmarktrelevanz	56
2. Beschaffungsvorgang mit Binnenmarktrelevanz	61
Anlagen	
Gesetzesbegründung	
Anhang IV RL 2014/23/EU	

A. Allgemeines*

1 § 153 GWB enthält vereinfachte Verfahrensregelungen, die bei der Vergabe von Konzessionen, die soziale und besondere Dienstleistungen betreffen, einzuhalten sind. Aus systematischer Sicht geschieht dies durch einen direkten Verweis auf bestehende Verfahrensvorschriften – konkret die §§ 151 und 152 GWB.

2 Die Bezeichnung „**Konzessionsvergabe**" ist genau genommen irreführend, da es sich gerade nicht um eine Vergabe handelt.[1] Allerdings trägt die RL 2014/23/EU in der deutschen Sprachfassung die Bezeichnung „Konzessionsvergabe" nicht nur in ihrem Titel, sondern nutzt die Bezeichnung auch innerhalb des Verordnungstextes. Aufgrund dessen findet die Bezeichnung „Konzessionsvergabe" auch in dieser Kommentierung Verwendung.

I. Unionsrechtlicher Hintergrund

3 § 153 GWB dient der Umsetzung von Art. 19 **RL 2014/23/EU**. Diese Regelung sieht für die Vergabe von Konzessionen zur Erbringung sozialer und anderer besonderer Dienstleistungen – über die Bereichsausnahme des Art. 10 Abs. 8 lit. g RL 2014/23/EU für Dienstleistungen des Katastrophen- und Zivilschutzes sowie der Gefahrenabwehr hinaus – vereinfachte Verfahrensanforderungen vor, indem er für ihre Vergabe nur die Art. 31 Abs. 3 und Art. 32, 46 sowie 47 RL 2014/23/EU zur Anwendung kommen lässt. Die Vergabe von Konzessionen zur Erbringung sozialer und anderer besonderer Dienstleistungen ist damit deutlich weniger reglementiert als die Vergabe öffentlicher Aufträge.

* Die Kommentierung basiert auf der Kommentierung des § 153 GWB in der Vorauflage dieses Kommentars durch Herrn *Dr. Christian Braun*, dem ich für die Zurverfügungstellung des Manuskripts herzlich danke.

1 Vgl. *Rixen*, in: Burgi/Dreher, Vergaberecht, § 151 GWB Rn. 2 Fn. 1.

4 Vor allem über die Anwendbarkeit der Transparenzvorschriften hinaus lässt der Unionsgesetzgeber den Konzessionsgebern für die Vergabe von Konzessionen zur Erbringung sozialer und anderer besonderer Dienstleistungen einen weiten **Ermessensspielraum** dahingehend, wie sie die allgemeinen in Art. 3 Abs. 1 RL 2014/23/EU benannten Grundsätze der Gleichbehandlung, Nichtdiskriminierung, Transparenz und Verhältnismäßigkeit innerhalb des Konzessionsverfahrens konkret berücksichtigen wollen.[2]

5 Bei der Vergabe von Konzessionen zur Erbringung sozialer und anderer besonderer Dienstleistungen handelt es sich um eine **Kombination** aus zwei vergaberechtlich besonders behandelten Bereichen: nämlich einerseits Konzessionen (als eine Art der Beschaffung neben dem öffentlichen Auftrag) und andererseits sozialen und anderen besonderen Dienstleistungen (als besonderen Beschaffungsgegenstand). Für beide Bereiche sieht das Vergaberecht jeweils Sonderregime in Form von – teils erheblichen – Verfahrensvereinfachungen vor. Der Grund hierfür liegt darin, dass man beiden Bereichen eine eingeschränkte Binnenmarktrelevanz zuschreibt.

6 Die besondere vergaberechtliche Behandlung von **Konzessionen** generell – und der Dienstleistungskonzession im Besonderen – liegt darin begründet, dass es bei der Vergabe von Konzessionen um die private Finanzierung von im Ausgangspunkt öffentlichen Projekten geht[3] und um in der Regel langfristige, komplexe Vereinbarungen, bei denen der Konzessionsnehmer Verantwortlichkeiten und Risiken übernimmt, die üblicherweise vom (öffentlichen) Auftraggeber getragen werden und normalerweise in dessen Zuständigkeitsbereich fallen.[4] Da die Vergabe von Dienstleistungskonzessionen in den einzelnen EU-Mitgliedstaaten über Jahrzehnte sehr unterschiedlich gehandhabt wurde – sowohl was die Übertragung von Befugnissen bei der Verwaltung von öffentlichen Dienstleistungen als auch die Einzelheiten bei der Befugnisübertragung anging[5] – konnte man sich erst in der letzten großen Vergaberechtsmodernisierung auf Regelungen für die Vergabe von Dienstleistungskonzessionen – in Form der RL 2014/23/EU – einigen.[6] Die diversen sachlich begründeten Ausnahmebereiche in der Konzessionsvergabe bekunden das politische Ringen um tragfähige Kompromisse.[7] Getrieben wurde die Einigung durch die angespannte Haushaltslage in vielen europäischen Mitgliedstaaten,[8] die zu einer verstärkten Privatisierung staatlicher Aufgaben führte.[9] Die besondere vergaberechtliche Behandlung der (Bau-, Liefer- und Dienstleistungs-)Konzession zeigt sich bereits darin, dass ihre Vergabe in einer eigenen Richtlinie normiert ist, die regelt, dass ihr Vergabeverfahren unter dem Primat der Gestaltungsfreiheit[10] (Art. 30 Abs. 1 RL 2014/23/EU) steht, und dass der Unionsgesetzgeber der Vergabe von Konzessionen erst Binnenmarktrelevanz[11] ab einem im Verhältnis zu den öffentlichen Aufträgen deutlich erhöhten Schwellenwert zuschreibt.

7 Die spezielle vergaberechtliche Behandlung der Beschaffung **sozialer und anderer besonderer Dienstleistungen** – ob als öffentlicher Auftrag oder als Konzession – ergibt sich daraus, dass sie häufig personen- und ortsgebunden sind.[12] Darüber hinaus werden gerade Dienstleistungen im Sozial-, Gesundheits- und Bildungsbereich in einem besonderen Kontext erbracht, der sich aufgrund unterschiedlicher kultureller Traditionen in den einzelnen EU-Mit-

2 Erwägungsgrund 68 RL 2014/23/EU.
3 *Krönke*, NVwZ 2016, 568 (574); *Tegeler*, VergabeFokus 2016, 16 (16).
4 Erwägungsgrund 68 RL 2014/23/EU.
5 EuGH, Urteil v. 7.12.2000 – Rs. C-324/98 (Telaustria).
6 Kritisch zur Notwendigkeit der normativen Regulierung der Dienstleistungskonzession der Deutsche Bundesrat in: Vorschlag für eine Richtlinie des Europäischen Parlaments und des Rates über die Konzessionsvergabe am 2.3.2012 (BT-Drs. 874/11) sowie *Prieß/Marx/Hölzl*, NVwZ 2011, 65 (71).
7 *Knauff/Badenhausen*, NZBau 2014, 395 (401); *Prieß/Simonis*, NZBau 2015, 731 (731).
8 *Braun* in § 105 GWB Rn. 6; *Prieß*, VergabeR 2014, 499 (499).
9 Schon 2005 beschreibt *Burgi*, in NZBau 2005, 610 (611), die Dienstleistungskonzessionen als *„boomendes Zukunftsmodell"*.
10 Formulierung nach *Schröder*, NZBau 2015, 351 (351).
11 Erwägungsgrund 23 RL 2014/23/EU fordert eine „klare länderübergreifende Bedeutung der Konzession für Wirtschaftsteilnehmer".
12 Gesetzesbegründung zu § 153 GWB, VergRModG 2016, BT-Drs. 18/6281, 132.

gliedstaaten sehr unterscheidet[13] – und sich auch in der Kompetenzverteilung zwischen der EU und den Mitgliedstaaten in diesem Bereich (vgl. insbesondere Art. 153 AEUV, Art. 4 Abs. 1 S. 2 RL 2014/23/EU) widerspiegelt. Dieser Gemengelage liegt auch die langjährige Diskussion um die Anwendbarkeit und die Einflüsse des (europäischen) Wettbewerbsrechts auf das deutsche Sozialrecht zugrunde.[14] Infolgedessen geht der Unionsgesetzgeber davon aus, dass die Vergabe von Konzessionen, die soziale und andere besondere Dienstleistungen betreffen, für Konzessionsnehmer aus anderen EU-Mitgliedstaaten in aller Regel nicht von Interesse sein dürfte und räumt den mitgliedstaatlichen Gesetzgebern daher einen weiten Ermessensspielraum dabei ein, die Auswahl der Dienstleister rechtlich zu organisieren.

II. Vergleichbare Regelungen

§ 130 GWB enthält Regelungen zur Vergabe von öffentlichen Aufträgen über soziale und andere besondere Dienstleistungen und stellt insoweit eine Parallelnorm dar. 8

Bereits vor der letzten großen Vergaberechtsmodernisierung – die auf EU-Ebene 2014 im Erlass der drei Vergabe-Richtlinien (RL 2014/23 bis 25/EU) mündete und die 2016 durch das VergRModG ins deutsche Recht umgesetzt wurden (im Folgenden: Vergaberechtsreform 2014/2016) – galten für die Beschaffung sog. **nachrangiger** (im Sinne von weniger binnenmarktrelevanter) **Dienstleistungen**, wie z. B. die im „Gesundheits-, Veterinär- und Sozialwesen" nach Anhang II Nr. 25 RL 2004/18/EG bzw. Anhang I B Nr. 25 VOF, die vergaberechtlichen Regelungen nur in sehr eingeschränktem Umfang. Hierfür musste lediglich eine einheitliche Leistungsbeschreibung angefertigt und eine Bekanntgabe über die erfolgte Auftragserteilung veröffentlicht werden.[15] Mit den neuen europäischen Vergaberegeln wurde zwar die bisherige Unterscheidung in vorrangige, prioritäre (A-)Dienstleistungen einerseits und nachrangige, nichtprioritäre (B-)Dienstleistungen andererseits aufgegeben, die RL 2014/24/EU enthält aber weiterhin die Verpflichtung der Mitgliedstaaten zur Einführung von Verfahrenserleichterungen für diese besonderen Dienstleistungen. 9

Als zwingende **Verfahrensanforderung** wurde seitens des EU-Richtliniengebers lediglich die Ex-ante- und Ex-post-Transparenz (Art. 75 RL 2014/24/EU) gestellt. Darüber hinaus wurde den Mitgliedstaaten viel Raum für die Umsetzung gewährt (Art. 76 Abs. 1 RL 2014/24/EU) und es wurden ihnen insbesondere keine Verfahrensarten vorgegeben. Diesen Vorgaben folgend, enthält § 130 GWB – genauso wie § 153 GWB – Sondervorschriften, die eine weniger starke vergaberechtliche Regulierung vorsehen. So gilt bei der Beschaffung sozialer und anderer besonderer Dienstleistungen ein erhöhter Schwellenwert (Art. 4 lit. d RL 2014/24/EU i.V.m. § 106 Abs. 2 Nr. 1 GWB), der allerdings nicht so hoch ist, wie der für Konzessionen. Und § 130 GWB i.V.m. §§ 64 ff. VgV gewährt den öffentlichen Auftraggebern Verfahrenserleichterungen, vor allem einen größeren Spielraum bei der Wahl der Verfahrensart und eine größere Flexibilität bei der Änderung bestehender Aufträge.[16] 10

Die Begründung für diese Sonderbehandlung liegt im besonderen Beschaffungsgegenstand der „sozialen und anderen besonderen Dienstleistungen" begründet und ist identisch mit der für die Sonderbehandlung der Vergabe von Konzessionen über soziale und andere besondere Dienstleistungen.[17] Infolgedessen ist von einer **Kongruenz** der Auslegung(-smaßstäbe) auszugehen[18], die sich auch in der Parallelität der Anhänge der drei EU-Vergaberichtlinien zeigt.[19] 11

---

13 Erwägungsgrund 53 RL 2014/23/EU; Erwägungsgründe 114 ff. RL 2014/24/EU; Gesetzesbegründung zu § 153 GWB, VergRModG 2016, BT-Drs. 18/6281, 132.

14 Vgl. exemplarisch *Höfer/Nolte*, NZS 2015, 441 ff.; *Wallrabenstein*, NZS 2015, 48 ff.

15 Vgl. Art. 21 i.V.m. Art. 23 und 35 Abs. 4 RL 2004/18/EG sowie § 4 Abs. 2 S. 1 Nr. 2 VgV a.F. i.V.m. §§ 8, 15 Abs. 10 und 23 VOL/A.

16 *Luthe*, SGb 2016, 489 (491 ff.); *Gerner*, NZS 2016, 492 (495 ff.).

17 *Amelung* in § 130 GWB Rn. 36; *Csaki*, in: Byok/Jaeger, Vergaberecht, § 130 GWB Rn. 1; *Luthe*, in: Heiermann/Zeiss/Summa, Vergaberecht, § 130 GWB Rn. 7; *Rafii*, in: Reidt/Stickler/Glahs, Vergaberecht, § 130 GWB Rn. 5; siehe auch Rn. 7.

18 *Rixen*, in: Burgi/Dreher, Vergaberecht, § 153 GWB Rn. 8 ff.

19 Siehe Rn. 22.

III. Historie

12 § 153 GWB wurde mit dem **VergRModG 2016** erstmals in das GWB eingeführt. Die Regelung trat zum 18. April 2016 in Kraft und hatte – mangels einer bis dato existierenden Normierung der Dienstleistungskonzession – keine Entsprechung im vorherigen Recht.

13 § 153 GWB in der Fassung des VergRModG-**RefE** vom 30. April 2015 hatte die Anwendung des § 152 GWB noch ausgeschlossen.[20] Der **RegE** des VergRModG vom 8. Juli 2015 enthielt die Einbeziehung des § 152 GWB[21] und blieb im fortlaufenden Gesetzgebungsverfahren unverändert.[22]

14 Nach der **amtlichen Begründung** dient die Regelung der Umsetzung der Vorschriften der RL 2014/23/EU über die Vergabe von Konzessionen zur Erbringung sozialer und anderer besonderer Dienstleistungen durch Konzessionsgeber und sieht als besondere Beschaffungsregelungen ein vereinfachtes Vergabeverfahren vor.[23]

B. Konzessionen über soziale und andere besondere Dienstleistungen

15 § 153 GWB enthält Verfahrensregelungen, die bei der Vergabe von Konzessionen betreffend soziale und andere besondere Dienstleistungen zu beachten sind. Der Anwendungsbereich der Regelung ist durch die Kombination aus den beiden vergaberechtlich besonders behandelten Bereichen für die Vergabe von (Dienstleistungs-)konzessionen und die Vergabe von sozialen und anderen besonderen Dienstleistungen gekennzeichnet.

I. (Dienstleistungs-)Konzessionen

16 Entsprechend der Regelung in Art. 5 Nr. 1 lit. b RL 2014/23/EU sind **Dienstleistungskonzessionen** nach § 105 Abs. 1 Nr. 2 GWB „entgeltliche Verträge, mit denen ein oder mehrere Konzessionsgeber ein oder mehrere Unternehmen mit der Erbringung und der Verwaltung von Dienstleistungen betrauen, die nicht in der Erbringung von Bauleistungen [...] bestehen; dabei besteht die Gegenleistung entweder allein in dem Recht zur Verwertung der Dienstleistungen oder in diesem Recht zuzüglich einer Zahlung". Mit anderen Worten erhält das beauftragte Unternehmen bei einer Konzession statt einer unmittelbaren finanziellen Vergütung für seine Dienstleistung vom Konzessionsgeber das Recht zur Erbringung und Verwertung der Dienstleistung gegenüber Dritten (gegebenenfalls zuzüglich einer Zahlung).[24] Es besteht also ein Dreiecksverhältnis zwischen Konzessionsgeber, Konzessionsnehmer und Nutzern.[25] Die Konzession ist einerseits durch ein erhöhtes Maß an Freiheit in Hinblick auf die Bedingungen des Anbietens und Erbringens der Dienstleistung gekennzeichnet, die andererseits regelmäßig damit einhergeht, dass der Konzessionsnehmer das (wesentliche) Risiko der Inanspruchnahme durch die Nutzer und der damit verbundenen Einnahmeerzielung trägt.[26]

17 Die **Abgrenzung** zwischen dem öffentlichen Auftrag (insbesondere dem Rahmenvertrag[27]) und der Konzession erfolgt prüfungssystematisch am Merkmal der Entgeltlichkeit des Beschaffungsvertrages.[28] Denn anders als beim öffentlichen Auftrag ist die zu erbringende Leistung nicht mit einer von vornherein festgelegten geldwerten Gegenleistung des Konzessionsgebers verknüpft, sondern lediglich mit einem Nutzungs- und Verwertungsrecht. Konkret ist

---

20 § 153 GWB i.d.F. VergModG-RefE lautete: Konzessionsauftraggeber geben ihre Absicht zur Vergabe von Konzessionen, die soziale und andere besondere Dienstleistungen im Sinne des Anhangs IV der Richtlinie 2014/23/EU des Europäischen Parlaments und des Rates v. 26.2.2014 über die Konzessionsvergabe betreffen, durch Veröffentlichung einer Vorinformation bekannt. § 152 kommt nicht zur Anwendung.
21 VergRModG 2016, BT-Drs. 18/6281, 42.
22 Vgl. Ausschussbericht und Beschlussempfehlung, VergRModG 2016, BT-Drs. 18/7086.
23 Gesetzesbegründung zu § 153 GWB, VergRModG 2016, BT-Drs. 18/6281, 132.
24 *Tegeler*, VergabeFokus 2016, 16 (16).
25 *Ganske*, in: Reidt/Stickler/Glahs, Vergaberecht, § 105 GWB Rn. 10.
26 *Höfer/Nolte*, NZS 2015, 441 (444).
27 *Wagner*, in: Heiermann/Zeiss/Summa, Vergaberecht, § 105 GWB Rn. 80.
28 *Wagner*, in: Heiermann/Zeiss/Summa, Vergaberecht, § 105 GWB Rn. 87; *Höfer/Nolte*, NZS 2015, 441 (444).

die Abgrenzung wie auch schon vor der Vergaberechtsreform 2014/2016 weiterhin in jedem Einzelfall[29] nach den von der Rechtsprechung aufgestellten Kriterien vorzunehmen, wonach die Entgeltlichkeit – und damit das Vorliegen eines öffentlichen Auftrags – insbesondere von der Übernahme des Betriebsrisikos[30] durch den Leistungserbringer abhängt.[31] Ergänzend wird auf die Kommentierung zu § 105 GWB verwiesen.

Fehlt es hingegen bereits an einer **Auswahlentscheidung**, wie bei inklusiven Zulassungsverfahren – die insbesondere auch im sozial(-hilfe-)rechtlichen Dreiecksverhältnis eine Rolle spielen können –, so wird der Beschaffungsvorgang von vornherein nicht vom europäischen Vergaberecht erfasst – weder als öffentlicher Auftrag noch als Konzession.[32] 18

Die Konzessionsvergabe ist durch diverse sachlich begründete **Ausnahmebereiche** gekennzeichnet. Gerechtfertigt werden sie z. B. damit, dass 19

- es den EU-Mitgliedstaaten möglich bleiben müsse, aufgrund ihrer Verpflichtung zum Schutz der öffentlichen und sozialen Ordnung den Bereich der Spieltätigkeiten (Spiel- und Wettbetriebe) selbst zu regeln,[33]
- sonst der spezielle Charakter von gemeinnützigen Organisationen oder Vereinigungen die Notdienste erbringen, nur schwer gewahrt werden könne,[34]
- Wasser als öffentliches Gut für alle Bürger der Union von grundlegendem Wert sei.[35]

Diese und alle weiteren Ausnahmen (vgl. Art. 10 ff. RL 2014/23/EU, §§ 107, 149 GWB) sind Ausdruck politischer Kompromissfindung.[36] Rechtlich betrachtet sind sie jedoch – vor allem unter Zugrundelegung des Wettbewerbsgebots, das der Verwirklichung des europäischen Binnenmarktes dienen soll (Art. 26 AEUV), – wenig überzeugend.[37]

II. Soziale und andere besondere Dienstleistungen

Die Begrifflichkeit „soziale und andere besondere Dienstleistungen" wurde durch die Vergaberechtsreform 2014/2016 eingeführt. Eine Legaldefinition kennt weder das europäische noch das deutsche Recht. 20

Wie § 130 GWB verweist § 153 GWB auf den im **Anhang IV RL 2014/23/EU** enthaltenen Katalog (s. Anlage2 im Anhang), dem mangels Legaldefinition der „sozialen und anderen soziale Dienstleistungen" eine erhebliche praktische Bedeutung zukommt. 21

Laut der Gesetzesbegründung entspricht Anhang IV RL 2014/23/EU den entsprechenden Anhängen der **RL 2014/24/EU** (Anhang XIV) und der **RL 2014/25/EU** (Anhang XVII).[38] Abweichungen im Schriftbild bzw. der Formatierung sind redaktionell und haben inhaltliche keine Bedeutung.[39] 22

---

29 *Wagner*, in: Heiermann/Zeiss/Summa, Vergaberecht, § 105 GWB Rn. 31; *Höfer/Nolte*, NZS 2015, 441 (445); *Knauff/Badenhausen*, NZBau 2014, 395 (396); *Wallrabenstein*, NZS 2015, 48 (52).

30 Betriebsrisiko i.S.v. Art. 5 Nr. 1 UAbs. 2 RL 2014/23/EU, vgl. hierzu auch Erwägungsgrund 20 RL 2014/23/EU sowie *Braun* in § 105 GWB Rn. 26 und 70 ff.; *Brüning*, in: Byok/Jaeger, Vergaberecht, § 105 GWB Rn. 28 ff.; *Wagner*, in: Heiermann/Zeiss/Summa, Vergaberecht, § 105 GWB Rn. 90 ff.; *Ganske*, in: Reidt/Stickler/Glahs, Vergaberecht, § 105 GWB Rn. 54 und 63 ff.; *Mösinger*, NZBau 2015, 545 (546); *Prieß*, VergabeR 2014, 499 (502); *Tegeler*, VergabeFokus 2016, 16 (18).

31 Grundlegend hierzu EuGH, Urteil v. 10.3.2011 – Rs. C-274/09 (Rettungsdienst Stadler); Urteil v. 10.9.2009 – Rs. C-206/08 (Eurawasser); Urteil v. 11.6.2009 – Rs. C-300/07 (Oymanns); Urteil v. 13.10.2005 – Rs. C-458/03 (Parking Brixen); Urteil v. 7.12.2000 – Rs. C-324/98 (Telaustria).

32 Erwägungsgrund 13 RL 2014/23/EU; Erwägungsgrund 4 RL 2014/24/EU; VergRModG 2016, BT-Drs. 18/6281, 76; *Kaelble/von Engelhardt* in § 103 GWB Rn. 84 ff. und *Braun* in § 105 GWB Rn. 99 ff.; *Ganske*, in: Reidt/Stickler/Glahs, Vergaberecht, § 105 GWB Rn. 39 bis 40; *Rafii*, in: Reidt/Stickler/Glahs, Vergaberecht, § 153 GWB Rn. 3; *Ganske*, in: Reidt/Stickler/Glahs, Vergaberecht, § 105 GWB Rn. 39 bis 40; *Fülling*, SRa 2017, 226 (228 f.); *Höfer/Nolte*, NZS 2015, 441 (443 und 446 f.).

33 Erwägungsgrund 35 RL 2014/23/EU.

34 Erwägungsgrund 36 RL 2014/23/EU. Zu Recht kritisch: *Gröning*, NZBau 2015, 690 (693).

35 Erwägungsgrund 40 RL 2014/23/EU. Die Anwendung des Vergaberechts auf den Bereich der Wasserversorgung wurde während des europäischen Richtlinienprozesses von einer intensiven öffentlich geführten Debatte begleitet.

36 Siehe Rn. 6.

37 *Knauff/Badenhausen*, NZBau 2014, 395 (401); *Prieß/Simonis*, NZBau 2015, 731 (731).

38 Gesetzesbegründung zu § 153 GWB, VergRModG 2016, BT-Drs. 18/6281, 132.

39 Ebenso *Rixen*, in: Burgi/Dreher, Vergaberecht, § 153 GWB Rn. 9.

23 **Dienstleistungen** werden in § 103 Abs. 4 GWB nur negativ definiert als Aufträge über die Erbringung von Leistungen, die weder Liefer- noch Bauaufträge sind.[40] Sie erhalten dadurch die Funktion eines umfassend zu verstehenden Auffangtatbestandes.[41] Ergänzend wird insoweit auf die Kommentierung zu § 103 GWB verwiesen.

24 Die Behandlung **gemischter Konzessionen** – sowohl solche, die sowohl Bau- als auch Dienstleistungsanteile zum Gegenstand haben, als auch solche, die nur zum Teil aus sozialen und anderen besonderen Dienstleistungen bestehen, – richtet sich gemäß § 110 Abs. 1 S. 2 und Abs. 2 GWB nach dem Hauptgegenstand.

25 Die Auflistung der sozialen und anderen besonderen Dienstleistungen im Anhang IV RL 2014/23/EU enthält eine kurze Beschreibung bzw. Benennung von Dienstleistungsbereichen sowie die jeweils zugehörigen Referenznummern, die sog. **CPV-Codes**[42].

26 Zwar differenziert § 153 GWB – wie Art. 9 RL 2014/23/EU – sprachlich zwischen einerseits „**sozialen Dienstleistungen**" und andererseits „anderen **besonderen Dienstleistungen**", doch ist dies schlicht dem Umstand geschuldet, dass die anderen besonderen Dienstleistungen weniger plakativ einem einheitlichen Oberbegriff untergeordnet werden können. Die sprachliche Differenzierung hat keine rechtliche Relevanz und die im Anhang IV RL 2014/23/EU aufgelisteten Dienstleitungen stehen gleichberechtigt nebeneinander.

27 Im **Anhang IV RL 2014/23/EU** werden folgende Bereiche genannt:

- Dienstleistungen des Gesundheits- und Sozialwesens und zugehörige Dienstleistungen
- Verwaltungsdienstleistungen im Sozial-, Bildungs- und Gesundheitswesen und im Bereich Kultur
- Dienstleistungen im Rahmen der gesetzlichen Sozialversicherung
- Beihilfen, Unterstützungsleistungen und Zuwendungen
- Sonstige öffentliche und persönliche Dienstleistungen, einschließlich Dienstleistungen von Arbeitnehmervereinigungen, politischen Organisationen, Jugendverbänden und anderen Mitgliederorganisationen
- Dienstleistungen religiöser Vereinigungen
- Gaststätten und Beherbergungsgewerbe
- Dienstleistungen im juristischen Bereich (soweit nicht nach Art. 10 Abs. 8 lit. d RL 2014/23/EU, §§ 149 Nr. 1, 116 Abs. 1 Nr. 1 GWB ausgeschlossen)
- Sonstige Dienstleistungen der Verwaltung und für die öffentliche Verwaltung
- Dienstleistungen für das Gemeinwesen
- Dienstleistungen für den Strafvollzug, Dienstleistungen im Bereich öffentliche Sicherheit, Rettungsdienste (soweit nicht nach Art. 10 Abs. 8 lit. g RL 2014/23/EU, § 107 Abs. 1 Nr. 4 GWB ausgeschlossen)
- Ermittlungs- und Sicherheitsdienstleistungen
- Postdienste
- Sonstige Dienstleistungen
- Internationale Dienstleistungen

Nach alldem handelt es sich bei den im Anhang IV RL 2014/23/EU aufgeführten besonderen Dienstleistungen um personennahe Leistungen im Bereich der staatlichen Vor- und Fürsorge sowie infrastruktureller Sozialgestaltung, die weder Liefer- noch Bauleistungen sind.[43] Gemein

---

40 So bereits im VgRÄG, vgl. Gesetzesbegründung zu § 108 GWB a.F., VgRÄG, BT-Drs. 13/9340, S. 15.

41 OLG Düsseldorf, Beschluss v. 21.1.2002 – Verg 45/01; *Zeiss*, in: Heiermann/Zeiss/Summa, Vergaberecht, § 103 GWB Rn. 98; *Ganske*, in: Reidt/Stickler/Glahs, Vergaberecht, § 103 GWB Rn. 129; *Luthe*, SGb 2016, 489 (491).

42 CPV ist die Abkürzung für Common Procurement Vocabulary, steht also für das „Gemeinsame Vokabular für öffentliche Aufträge" und dient einer einheitlichen Klassifikation im öffentlichen Beschaffungswesen. Rechtsgrundlage hierfür ist die VO (EG) 213/2008.

43 So *Luthe*, SGb 2016, 489 (491) sowie *ders.*, in: Heiermann/Zeiss/Summa, Vergaberecht, § 130 GWB Rn. 19.

ist ihnen der nationale Bezug aufgrund unterschiedlicher kultureller Traditionen in den einzelnen EU-Mitgliedstaaten. Auch wenn die im Anhang IV RL 2014/23/EU genannten Bereiche recht umfassende Begrifflichkeiten enthalten, findet die Auslegung – wegen des gesetzlichen Verweises[44] – ihre Begrenzung in einer Subsumtion unter die genannten CPV-Codes.[45] Darüber hinaus ist die Aufzählung abschließend.[46]

III. Anwendungsbereiche für besondere Dienstleistungskonzessionen

28 Einer der wichtigsten Anwendungsbereiche für die Konzessionsvergabe im Bereich sozialer Dienstleistungen stellt die Beschaffung von **Krankentransporten** dar, die im Konzessionsmodell vergeben werden. Hierbei handelt es sich um diejenigen Patiententransporte, die weder unter die Bereichsausnahme nach Art. 10 Abs. 8 lit. g RL 2014/23/EU, § 107 Abs. 1 Nr. 4 GWB fallen, noch nach Landesrecht im Wege des Submissionsmodelles als öffentliche Aufträge ausgestaltet sind. Das Konzessionsmodell und das Submissionsmodell unterscheiden sich danach, durch wen die Benutzungsentgelte verhandelt und vergütet werden: Im Submissionsmodell (so z. B. in Sachsen) werden die Benutzungsentgelte zwischen dem öffentlichen Auftraggeber (Landkreise und kreisfreie Städte) und den Sozialversicherungsträgern ausgehandelt. Die Auftragnehmer sind an diese gebunden und die Benutzungsentgelte werden durch die öffentlichen Auftraggeber ausgezahlt. Im Konzessionsmodell (so z. B. in Bayern) verhandeln die Auftragnehmer das Benutzungsentgelt direkt mit den Sozialversicherungsträgern und rechnen mit ihnen ab.[47]

29 Ob der **Rettungsdienst** der Bereichsausnahme des Art. 10 Abs. 8 lit. g RL 2014/23/EU, § 107 Abs. 1 Nr. 4 GWB unterfällt, war längere Zeit umstritten, dürfte durch die EuGH-Rechtsprechung in der Rechtssache Falck Rettungsdienste[48] allerdings als geklärt gelten. Hiernach unterfällt der Rettungsdienst der Bereichsausnahme der Gefahrenabwehr, soweit es sich hierbei um die Versorgung von Notfallpatienten handelt. Unter die Bereichsausnahme fallen daher Transporte von Notfallpatienten, die in einem Rettungswagen durch Rettungsassistenten/Rettungssanitäter betreut und versorgt werden, sowie qualifizierte Krankentransporte, d.h. Transporte von erkrankten Personen, bei denen das Risiko besteht, dass sich ihr Gesundheitszustand während des Transports verschlechtert, und die deshalb in einem Rettungswagen vorsorglich von qualifiziertem Personal begleitet werden, um erforderlichenfalls versorgt werden zu können. Zudem gilt die Bereichsausnahme nur für die Beauftragung von Organisationen, deren Ziel in der Erfüllung sozialer Aufgaben besteht, die nicht erwerbswirtschaftlich tätig sind und die etwaige Gewinne zielorientiert reinvestieren, also keine weitergehende Gewinnerzielungsabsicht haben. Eine staatliche Anerkennung als Zivil- und Katastrophenschutzorganisation ist nur dann ausreichend für eine Qualifizierung als gemeinnützige Organisation oder Vereinigung, wenn die fehlende Gewinnerzielungsabsicht Voraussetzung für die Anerkennung ist und geprüft wird. Als Indiz kann die Feststellung der „Selbstlosigkeit" i.S.d. § 55 AO, die Voraussetzung für die Gewährung einer Steuervergünstigung nach den §§ 52 ff. AO ist, dienen.[49] Typische Fälle der nicht notfallmäßigen Patientenbeförderung per Krankenwagen – und die somit im Falle einer Konzessionsvergabe dem § 153 GWB unterfallen können – sind beispielsweise einfache Krankentransporte, wie etwa die Beförderung eines entlassenen Patienten nach Hause, oder Dialysefahrten.

30 Eine **typische besondere Dienstleistungskonzession** aus dem Bereich des Gaststätten- und Beherbergungsgewerbes kann z. B. der Betrieb einer Kantine sein. Bei einer besonderen

44 *Luthe*, in: Heiermann/Zeiss/Summa, Vergaberecht, § 130 GWB Rn. 9.
45 Gesetzesbegründung zu § 130 GWB, VergRModG, BT-Drs. 18/6281, 115.
46 *Amelung* in § 130 GWB Rn. 20.
47 *Ganske*, in: Reidt/Stickler/Glahs, Vergaberecht, § 105 GWB Rn. 49.
48 EuGH, Urteil v. 21.3.2019 – Rs. C-465/17 (Falck Rettungsdienste).
49 EuGH, Urteil v. 21.3.2019 – Rs. C-465/17 (Falck Rettungsdienste); *Summa,* in: Heiermann/Zeiss/Summa, Vergaberecht, § 107 GWB Rn. 38.1.

Dienstleistungskonzession aus dem Bereich der Ermittlungs- und Sicherheitsdienstleistungen könnte es sich bei einem Wachdienst z. B. bei der Flüchtlingsbetreuung handeln.[50]

C. Vereinfachte Verfahrensanforderungen

31 § 153 GWB stellt die Konzessionsvergabe zur Erbringung sozialer und anderer besonderer Dienstleistungen unter besondere Verfahrensregelungen, die durch ein vereinfachtes Vergabeverfahren gekennzeichnet sind. Dieses vereinfachte Verfahren zeichnet sich dadurch aus, dass der Konzessionsgeber nach Art. 19 RL 2014/23/EU lediglich zur Ex-ante- und Ex-post-Transparenz verpflichtet ist. D.h. eine beabsichtigte Konzessionsvergabe ist durch Vorabinformation gemäß Art. 31 Abs. 3 RL 2014/23/EU und die Zuschlagserteilung gemäß Art. 32 RL 2014/23/EU EU-weit bekannt zu machen.

I. Schwellenwert

32 § 153 GWB findet – wie alle Regelungen für öffentliche Aufträge oder Konzessionen – nur Anwendung, wenn der einschlägige Schwellenwert erreicht ist.

33 Für die Vergabe von Konzessionen, die soziale oder andere besondere Dienstleistungen betreffen, gilt kein spezieller **Schwellenwert**. Vielmehr gilt gemäß Art. 8 Abs. 1 RL 2014/23/EU in Korrelation zur Binnenmarktrelevanz[51] der für alle Konzessionen einheitlich geltende Schwellenwert.

34 Die neuen Schwellenwerte sind aufgrund der Verweisung in § 106 Abs. 2 Nr. 4 GWB in Deutschland **unmittelbar anwendbar** und werden gemäß § 106 Abs. 3 GWB – mit rein deklaratorischer Wirkung – vom Bundesministerium für Wirtschaft und Energie im Bundesanzeiger veröffentlicht.[52]

35 Seit dem 1. Januar 2022 beträgt dieser **5.382.000 Euro**.[53] Der Schwellenwert wird gemäß Art. 9 RL 2014/23/EU alle zwei Jahre von der Europäischen Kommission überprüft und an die Wechselkursentwicklung angepasst. Vom 1. Januar 2020 bis 31. Dezember 2021 betrug der Schwellenwert für Konzessionen 5.350.000 Euro.[54] Vom 1. Januar 2018 bis 31. Dezember 2019 betrug er 5.548.000 Euro.[55] Seit Inkrafttreten des modernisierten Vergaberechts, dem 18. April 2016 (vgl. § 187 Abs. 2 GWB), bis 31. Dezember 2017 betrug er 5.225.000 Euro.[56]

36 Gemäß § 2 Abs. 3 KonzVgV ist bei der Berechnung des geschätzten **Vertragswerts** von dem voraussichtlichen Gesamtumsatz ohne Umsatzsteuer auszugehen, den der Konzessionsnehmer während der Vertragslaufzeit als Gegenleistung erzielt. § 2 Abs. 4 KonzVgV zählt verschiedene Faktoren auf, die der Konzessionsgeber dabei nach den Umständen des jeweiligen Einzelfalles zu berücksichtigen hat. Im Fall der Losvergabe ist nach § 2 Abs. 6 KonzVgV der geschätzte Gesamtwert aller Lose zu berücksichtigen. Maßgeblicher Zeitpunkt für die Berechnung des geschätzten Vertragswerts ist nach § 2 Abs. 5 S. 1 KonzVgV der Zeitpunkt, zu dem die Konzessionsbekanntmachung abgesendet oder das Vergabeverfahren auf sonstige Weise eingeleitet wird. Abweichend davon ist der Zeitpunkt des Zuschlags maßgeblich, falls der Vertragswert zu diesem Zeitpunkt den zum Zeitpunkt der Bekanntmachung bzw. Einleitung geschätzten Wert um mehr als 20 % übersteigt.

---

50 *Van de Sande*, eBook Vergaberecht 2018, S. 6, https://www.euroforum.de/vergaberecht/wp-content/uploads/2017/11/eBook_Vergaberecht_2018.pdf.

51 Vgl. Erwägungsgrund 23 RL 2014/23/EU.

52 Vgl. zuletzt Bundesministerium für Wirtschaft und Energie, Bekanntmachung der ab dem 1. Januar 2022 geltenden EU-Schwellenwerte für die Vergabe öffentlicher Aufträge vom 1. Dezember 2021, BAnz AT v. 13.12.2021 B1.

53 Vgl. Art. 1 VO (EU) 2021/1952.

54 Vgl. Art. 1 VO (EU) 2019/1828.

55 Vgl. Art. 1 VO (EU) 2017/2366.

56 Der in Art. 8 Abs. 1 RL 2014/23/EU ursprünglich vorgesehene Schwellenwert in Höhe von 5.186.000 Euro wurde im Rahmen der zweijährigen Anpassung an die Wechselkursentwicklung auf 5.225.000 Euro erhöht, vgl. VO (EU) 2015/2172.

II. Verfahrensregeln

Die europäischen Vorgaben des Art. 19 RL 2014/23/EU wurden im deutschen Recht auf einfachrechtlicher Ebene durch § 153 GWB sowie auf Verordnungsebene durch insbesondere § 22 KonzVgV umgesetzt. Neben § 22 KonzVgV, der Regelungen zur Bekanntmachung enthält, finden auf die Konzessionsvergabe von sozialen und anderen besonderen Dienstleistungen aber auch alle anderen Regelungen der KonzVgV Anwendung.[57] 37

§ 153 GWB verweist direkt auf die **§§ 151** und **152 GWB**.[58] 38

1. Anwendung von § 151 GWB

Nach § 151 GWB sind die Regelungen zur **Vorinformation** auf die Konzessionsgeber nach § 153 GWB anwendbar. Hiernach und nach § 22 Abs. 1 KonzVgV sind die Konzessionsgeber lediglich zur Bekanntgabe ihrer Konzessionsvergabeabsicht mittels Vorinformation verpflichtet. Einer Bekanntmachung in Form einer Konzessionsbekanntmachung i.S.v. § 19 KonzVgV bedarf es hingegen nicht. D.h. die Vorinformation ersetzt bei der Vergabe von Konzessionen über soziale und andere besondere Dienstleistungen die Bekanntmachung und ist ihr nicht nur vorgelagert. Daher stellt die Regelung des § 22 Abs. 1 KonzVgV auch keine Ausnahme von der Transparenzpflicht (wie § 20 KonzVgV) i.S.v. § 151 S. 2 GWB dar, sondern setzt sie um. 39

Regelungen zur **Bekanntgabe der Zuschlagserteilung** finden sich in § 22 Abs. 2 und 3 KonzVgV. Hiernach hat der Konzessionsgeber die Vergabe einer Konzession nach den Regelungen der § 22 Abs. 2 und 3 sowie § 21 Abs. 1 KonzVgV, d.h. grundsätzlich innerhalb von 48 Stunden nach der Konzessionsvergabe (ex post), bekanntzumachen. Der Konzessionsgeber hat jedoch nach § 22 Abs. 2 S. 2 KonzVgV auch die Möglichkeit, die Bekanntmachungen vierteljährlich zusammenzufassen. Ausweislich des Wortlauts „kann" steht die Entscheidung in seinem Ermessen.[59] Entscheidet sich der Konzessionsgeber für die vierteljährliche Zusammenfassung, hat er die Veröffentlichung innerhalb von 48 Tagen nach Quartalsende zu veranlassen. Für die Fristberechnung ist nach § 36 KonzVgV die VO (EWG, Euratom) 1182/71 anzuwenden. 40

Die Bekanntmachung sowohl der Vorabinformation als auch der Zuschlagserteilung erfolgt gemäß § 22 Abs. 3 KonzVgV nach dem **Muster** gemäß Anhang XX VO (EU) 2015/1986, die auf Anhang VI RL 2014/23/EU beruht. Das Standardformular Nr. 23 „Soziale und andere besondere Dienstleistungen – Konzessionen" beinhaltet weit weniger (Mindest-)Angaben als diejenigen, die für einfache Konzessionen (Standardformular Nr. 21) zu beachten sind und ist sowohl für die Vorinformation als auch für die Zuschlagsbekanntmachung zu nutzen. 41

Bekannt zu machen sind nach § 22 Abs. 4 KonzVgV auch **Änderungen** einer Konzession, die nach §§ 154 Nr. 3 und 132 Abs. 5 GWB trotz wesentlicher Änderung kein neues Vergabeverfahren erfordern. Die Bekanntmachung erfolgt gemäß § 21 Abs. 2 KonzVgV nach dem Muster gemäß Anhang XVII VO (EU) 2015/1986 (Standardformular Nr. 20). 42

Die Bekanntmachungen sind gemäß § 23 Abs. 1 KonzVgV elektronisch zu übermitteln. Sie erfolgen mittels der Online-Anwendung eNOTICES oder mittels TED-eSender im Tenders Electronic Daily (TED), dem Supplement zum Amtsblatt der EU.[60] 43

2. Anwendung von § 152 GWB

Über die genannten Anforderungen zur (Ex-ante- und Ex-post-)Transparenz hinaus verpflichtet § 153 GWB i.V.m. § 152 GWB die Konzessionsgeber zur Beachtung der bekannten Voraussetzungen an die Leistungsbeschreibung, die Eignungsprüfung, die Zuschlagserteilung und die Konzessionsausführung. Hiernach ist auch bei der Beschaffung von Konzessionen über so- 44

57 Verordnungsbegründung zu § 22 KonzVgV, VergRModVO, BR-Drs. 87/16, S. 291.
58 Ergänzend wird auf *Tugendreich/Heller* zu §§ 151, 152 GWB sowie auf *Ruff*, in: Müller-Wrede/Braun, KonzVgV, § 22 Rn. 1 ff., verwiesen.
59 So auch *Ruff*, in: Müller-Wrede/Braun, KonzVgV, § 22 Rn. 31.
60 Art. 6 VO (EU) 2015/1986.

ziale und andere besondere Dienstleistungen eine möglichst eindeutige und erschöpfende Leistungsbeschreibung vorzunehmen, die Konzession ist nur an geeignete und nicht ausgeschlossene Konzessionsnehmer zu vergeben und die objektiven Zuschlagskriterien müssen zu einem wirtschaftlichen Gesamtvorteil führen und mit dem Konzessionsgegenstand in Verbindung stehen.[61]

3. Anwendung von § 154 GWB

45 Zudem ist § 154 GWB zu beachten, der nach seinem ausdrücklichen Wortlaut unter anderem auch für Konzessionen nach § 153 GWB weitere Vorschriften des GWB entsprechend zur Anwendung bringt. Hiernach hat der Konzessionsgeber die Möglichkeit zur ausschließlichen Vergabe an Werkstätten für Menschen mit Behinderung und Unternehmen, deren Hauptzweck die soziale und berufliche Integration von Menschen mit Behinderungen oder von benachteiligten Personen ist (§ 118 GWB) und nach der die Ausschlussregelungen (§§ 123 bis 126 GWB) sowie die Kündigungsregelungen (§§ 133 bis 135 GWB) Anwendung finden.[62]

4. Anwendung der Vergabegrundsätze

46 Konzessionsgeber dürfen das Verfahren zur Vergabe von Konzessionen gemäß Art. 30 Abs. 1 RL 2014/23/EU und § 151 Abs. 1 S. 3 GWB grundsätzlich frei ausgestalten – wobei nach Art. 30 Abs. 2 RL 2014/23/EU die auch explizit für (alle) Konzessionen in Art. 3 RL 2014/23/EU und § 97 Abs. 1 und 2 GWB geregelten allgemeinen **Vergabegrundsätze**, insbesondere der Gleichbehandlung, Nichtdiskriminierung, Transparenz und Verhältnismäßigkeit,[63] zu beachten sind.[64] Gleiches gilt für den in Art. 3 RL 2014/23/EU nicht explizit genannten Grundsatz des Wettbewerbs, der sich – wie alle Verfahrensgrundsätze[65] – bereits aus den primärrechtlichen Anforderungen an die Vergabe von Dienstleistungskonzessionen ergibt.[66]

47 Auch die in § 97 Abs. 3 GWB enthaltenen **strategischen Ziele** Qualität, Innovation sowie soziale und umweltbezogene Aspekte können bei der Dienstleistungskonzessionsvergabe in jeder Phase des Vergabeverfahrens, von der Definition der Leistung über die Festlegung von Eignungs- und Zuschlagskriterien bis hin zu Ausführungsbedingungen, berücksichtigt werden.[67] Will der Konzessionsgeber bei der Vergabe einer (besonderen) Dienstleistungskonzession strategische Aspekte berücksichtigen, dürfen die sich hieraus für die Bieter ergebenden Anforderungen – mit Blick auf das Umgehungsverbot[68] – jedoch nicht zu hoch sein.

48 Zwar war es durchaus ein Ziel der Novellierung der Vergabe von Konzessionen, kleinen und mittleren Unternehmen (KMU) den Zugang zu den Konzessionsmärkten zu erleichtern[69], doch existiert eine Regelung wie Art. 46 RL 2014/24/EU, die die Unterteilung von Aufträgen in Lose regelt, für Konzessionen gerade nicht. Dazu kommt, dass mit dem VergRModG 2016 in § 97 Abs. 4 GWB neben den öffentlichen Auftraggebern ausdrücklich auch Sektorenauftraggeber, nicht aber – wie in § 97 Abs. 1 GWB – Konzessionsgeber aufgenommen wurden. Nach alldem ist davon auszugehen, dass bei der Konzessionsvergabe **mittelständische Interessen** nicht i.S.d. § 97 Abs. 4 GWB zwingend zu berücksichtigen sind.[70] Gleichwohl können Konzessionsgeber eine Konzession in Lose aufteilen. Denn auch wenn es an einer ausdrückli-

61 Siehe für Einzelheiten *Tugendreich/Heller* zu § 152 GWB.

62 Siehe für Einzelheiten *Delcuvé* zu § 154 GWB.

63 Siehe für Einzelheiten *Lux* zu § 97 Abs. 1 und 2 GWB.

64 *Wagner*, in: Heiermann/Zeiss/Summa, Vergaberecht, § 153 GWB Rn. 4; auch der deutsche Gesetzgeber geht in der Gesetzesbegründung zu § 152 GWB, VergRModG 2016, BT-Drs. 18/6281, 131, davon aus, dass *„[a]ls objektive Kriterien […] die Zuschlagskriterien den in § 97 Absatz 1 genannten Grundsätzen genügen [müssen]"*.

65 Siehe Rn. 62.

66 *Knauff/Badenhausen*, NZBau 2014, 395 (400); *Schröder*, NZBau 2015, 351 (351).

67 Gesetzesbegründung zu § 97 Abs. 3 GWB, VergRModG 2016, BT-Drs. 18/6281, 68; *Fehns-Böer* in § 97 GWB Rn. 108 ff.; *Kau*, in: Byok/Jaeger, Vergaberecht, § 97 GWB Rn. 98.

68 Siehe Rn. 49.

69 Erwägungsgründe 1, 4 und 63 sowie Art. 38 RL 2014/23/EU; *Ganske*, in: Reidt/Stickler/Glahs, Vergaberecht, § 105 GWB Rn. 4.

70 *Kau*, in: Byok/Jaeger, Vergaberecht, § 97 GWB Rn. 142.

chen Regelung zur Zulässigkeit der Losvergabe bei der Konzessionsvergabe fehlt, ergibt sich diese mittelbar aus Art. 8 Abs. 5 und 6 RL 2014/23/EU sowie § 2 Abs. 6 KonzVgV.

Eine weitere Grenze in der freien Verfahrensgestaltung findet sich im **Umgehungsverbot** des § 14 KonzVgV, wonach ein Konzessionsvergabeverfahren nicht so ausgestaltet werden darf, dass es vom Anwendungsbereich des Vergaberechts ausgenommen wird oder bestimmte Teilnehmer im Wettbewerb unzulässig bevorzugt oder benachteiligt werden. 49

D. Rechtsschutz

Der Rechtsschutz bei der Vergabe von Konzessionen, die soziale und andere besondere Dienstleistungen betreffen, ist – wie bei der Vergabe öffentlicher Aufträge – abhängig von dem Erreichen des einschlägigen Schwellenwertes. 50

I. Ab Erreichen des Schwellenwertes

Im Zuge der Vergaberechtsreform 2014/2016 erweiterten Art. 46 und 47 RL 2014/24/EU den sachlichen Anwendungsbereich der vergaberechtlichen Rechtsmittelrichtlinien oberhalb des Schwellenwertes auch auf Dienstleistungskonzessionen. Im Einklang mit dieser Vorgabe unterliegen gemäß § 97 Abs. 6 GWB auch die Konzessionen insoweit den gängigen Regeln und Zuständigkeiten, d.h. dem **Nachprüfungsverfahren** durch die Vergabekammern und die Vergabesenate der Oberlandesgerichte.[71] Zwar verweist § 153 GWB nicht auf die §§ 155 ff. GWB, doch betrifft § 153 GWB ausschließlich die Besonderheiten des Konzessionsvergabe*verfahrens* (Kapitel 1). Die Geltung des Nachprüfungsverfahrens (Kapitel 2) bleibt hingegen von den Anordnungen zur Verfahrensvereinfachung unberührt, wie sich auch aus der expliziten Nennung der Konzessionen im § 155 GWB ergibt.[72] 51

Dabei ist für Konzessionen, die soziale und andere besondere Dienstleistungen betreffen, auch im Rechtsschutz das eingeschränkte **Verfahrensreglement** zur berücksichtigen.[73] So sind z. B. dritt- oder bieterschützend i.S.v. § 97 Abs. 6 GWB: 52

- die Bekanntgabe der Vorinformation nach § 22 Abs. 1 KonzVgV – nicht hingegen die Bekanntgabe der Vergabe-/Zuschlagserteilung i.S.v. § 22 Abs. 3 KonzVgV[74],
- die Verwendung von Mustern in Form der Standardformulare für Bekanntmachungen nach § 22 Abs. 3 KonzVgV[75],
- die De-facto-Konzessionsvergabe[76] (z. B. durch die fälschliche Einordnung der Dienstleistungskonzession in Anhang IV RL 2014/23/EU und den hieraus folgenden Verzicht auf eine EU-weite Ausschreibung bei Überschreitung des normalen, aber noch nicht des höheren Schwellenwertes) sowie
- ein Verstoß gegen das Umgehungsverbot nach § 14 KonzVgV.[77]

Verstöße gegen Vorschriften, zu deren Einhaltung der Konzessionsgeber nicht verpflichtet ist, können nur dann erfolgreich geltend gemacht werden, wenn sich der Konzessionsgeber ihnen **freiwillig unterworfen** hat.[78] 53

71 Vgl. hierzu ausführlich die Kommentierungen zu §§ 155 ff. GWB.
72 Dass auch die Konzessionsvergabe von sozialen und anderen besonderen Dienstleistungen dem Primärrechtsschutz unterliegt, ergibt sich auch aus der Gesetzesbegründung zu § 153 GWB VergRModG 2016, BT-Drs. 18/6281, 132.
73 *Mußgnug*, in: Pünder/Schellenberg, Vergaberecht, § 153 GWB Rn. 10.
74 *Ruff*, in: Müller-Wrede/Braun, KonzVgV, § 22 Rn. 69 f.
75 *Ruff*, in: Müller-Wrede/Braun, KonzVgV, § 22 Rn. 71.
76 *Ganske*, in: Reidt/Stickler/Glahs, Vergaberecht, § 105 GWB Rn. 89.
77 *Braun*, in: Müller-Wrede/Braun, KonzVgV, § 14 Rn. 33, und *Ganske*, in: Reidt/Stickler/Glahs, Vergaberecht, § 105 GWB Rn. 89, jeweils mit Hinweis auf die Verordnungsbegründung zu § 14 KonzVgV, BR-Drs. 87/16, S. 288.
78 BGH, Urteil v. 21.2.2006 – X ZR 39/03 (für Private); OLG Koblenz, Urteil v. 17.8.2017 – 1 U 7/17 (für den Fall der Auslobung); OLG Naumburg, Urteil v. 25.6.2015 – 2 U 17/15 Lw; *Brüning*, in: Byok/Jaeger, Vergaberecht, § 153 GWB Rn. 6.

II. Unterhalb des Schwellenwertes

54 Im Gegensatz zum Vergabe- und Konzessionsrecht oberhalb der Schwellenwerte, das mit den §§ 155 ff. GWB ein förmliches Vergabenachprüfungsverfahren vor den Nachprüfungsinstanzen vorsieht, gibt es einen solchen förmlichen Vergaberechtsschutz unterhalb der Schwellenwerte nicht. Politisch ist er schlicht nicht gewollt.[79] Die damit einhergehende nach Schwellenwerten differenzierende Möglichkeit im Rechtsschutz sieht das BVerfG als verfassungsgemäß an: Sie verletze weder den Gleichheitssatz (Art. 3 Abs. 1 GG) noch den Justizgewährungsanspruch (Art. 20 Abs. 3 GG), da dem unterlegenen Bieter die Möglichkeit zustehe, Beschaffungen auch im Unterschwellenbereich gerichtlich überprüfen zu lassen.[80] Zum Rechtsschutz bei der Dienstleistungskonzessionsvergabe unterhalb des einschlägigen Schwellenwertes existiert zwar hilfreiche Rechtsprechung des EuGH aus der Zeit vor der Vergaberechtsreform 2014/2016. Allerdings ist er aufgrund der weniger formellen Verfahrensvorgaben[81] noch immer von einer gewissen Unsicherheit hinsichtlich seiner Reichweite[82] und dem einschlägigen Rechtsweg geprägt. Angesichts der Tatsache, dass den Vergaben im Unterschwellenbereich quantitativ eine immense Bedeutung zukommt (sie machen rund 90 % aller Vergaben aus), ist dies nicht unproblematisch.[83]

55 Zu unterscheiden ist der Rechtsschutz bei der Unterschwellen-Dienstleistungskonzessionsvergabe danach, ob dem Beschaffungsvorgang grenzüberschreitende Bedeutung, sog. **Binnenmarktrelevanz**, zukommt oder nicht.

1. Beschaffungsvorgang ohne Binnenmarktrelevanz

56 Bei Nichtvorliegen der Binnenmarktrelevanz[84] ist der Konzessionsgeber bei der Vergabe von Konzessionen betreffend soziale und andere besondere Dienstleistungen nicht völlig frei. Denn aus dem Verfassungsrecht ergibt sich ein vergaberechtlicher Mindeststandard.

57 Aus dem allgemeinen Gleichbehandlungsgrundsatz (Art. 3 Abs. 1 GG), der Berufsfreiheit (Art. 12 Abs. 1 GG), dem Rechtsstaatsprinzip (Art. 20 Abs. 3 GG) und dem Gebot des effektiven Rechtsschutzes (Art. 19 Abs. 4 GG) ergibt sich ein **verfassungsrechtlicher Teilhabeanspruch** der Bieter, der sich sowohl auf die (förmliche) Ausgestaltung des Vergabeverfahrens als auch auf die Möglichkeit der Erlangung effektiven Rechtsschutzes auswirkt.[85]

58 Konkret gelten die – dem Vergaberecht immanenten – **Verfahrensgrundsätze** der Transparenz, der Gleichbehandlung, der Nichtdiskriminierung, des Wettbewerbs und der Verhältnismäßigkeit.[86] Dabei wird dem unterlegenen Bieter ein subjektiv öffentlich-rechtlicher Anspruch auf Durchführung eines Verfahrens, das diesen Grundsätzen genügt, zugestanden.[87]

59 Konkretere Reglungen zum Verfahrensrecht im Unterschwellenbereich ergeben sich aus dem nationalen **Haushaltsrecht**, d.h. dem Haushaltsgrundsätzegesetz (HGrG), der Bundeshaushaltsordnung (BHO) und den Haushaltsordnungen von Bund, Ländern und Gemeinden. Hingewiesen sein soll darauf, dass zwar sowohl auf Bundes- als auch teilweise auf Landesebene durch entsprechende Anwendungsbefehle die UVgO zur Anwendung gebracht wurde[88], diese bei Konzessionsvergaben – mangels Eröffnung des sachlichen Anwendungsbereichs –

79 *Gerlach*, in: Heiermann/Zeiss/Summa, Vergaberecht, Vorbemerkung UVgO Rn. 150.
80 BVerfG, Urteil v. 13.6.2006 – 1 BvR 1160/03.
81 *Prieß/Marx/Hölzl*, NVwZ 2011, 65 (68).
82 *Jansen/Geitel*, VergabeR 2018, 376 (386).
83 *Gerlach*, in: Heiermann/Zeiss/Summa, Vergaberecht, Vorbemerkung UVgO Rn. 154; *Summa*, in: Heiermann/Zeiss/Summa, Vergaberecht, § 155 GWB Rn. 9 ff.
84 Siehe Rn. 64.
85 *Braun* in § 105 GWB Rn. 139; *Ganske*, in: Reidt/Stickler/Glahs, Vergaberecht, § 105 GWB Rn. 95.
86 *Braun* in § 105 GWB Rn. 140; *Ganske*, in: Reidt/Stickler/Glahs, Vergaberecht, § 105 GWB Rn. 95.
87 *Braun* in § 105 GWB Rn. 140; *Ganske*, in: Reidt/Stickler/Glahs, Vergaberecht, § 105 GWB Rn. 95.
88 Bei der UVgO handelt es sich nicht um eine Rechtsverordnung i.S.v. Art. 80 GG, sondern um eine Verwaltungsvorschrift, die über einen entsprechenden Anwendungsbefehl zur Anwendung gelangt, *Gerlach*, in: Heiermann/Zeiss/Summa, Vergaberecht, Vorbem. UVgO Rn. 13.

jedoch nicht zur Anwendung gelangt.[89] Allerdings verschafft das nationale Haushaltsrecht keine effektiv einklagbaren Rechtspositionen. Zum einen, weil es sich dabei um interne Verwaltungsvorschriften ohne Außenwirkung handelt[90] und Verstöße gegen das Haushaltsrecht in einem Vergabeverfahren allein aus dem Grundsatz der Selbstbindung der Verwaltung (Art. 3 GG) gerichtlich geltend gemacht werden können.[91] Zum anderen, weil das Haushaltsrecht für die Vergabe von Dienstleistungskonzessionen, wie dies im Oberschwellenbereich vorgesehen ist, keine Sonderregelungen kennt.[92]

Lediglich in einzelnen Bundesländern (Mecklenburg-Vorpommern, Sachsen, Sachsen-Anhalt und Thüringen) finden sich **Landesregelungen**, die einen effektiven Rechtsschutz unterhalb der Schwelle des GWB ermöglichen.[93] 60

2. Beschaffungsvorgang mit Binnenmarktrelevanz

Erreicht der Auftragswert zwar den einschlägigen Schwellenwert nicht, kommt der Beschaffung jedoch grenzüberschreitende Bedeutung zu, ist neben den nationalen Anforderungen[94] der sich aus dem europäischen Primärrecht ergebende vergaberechtliche Mindeststandard zu berücksichtigen.[95] 61

In diesem Fall sind die Regelungen des AEUV zu beachten. Im Laufe der Zeit hat der EuGH in seiner Rechtsprechung aus der Warenverkehrsfreiheit (Art. 34 ff. AEUV), der Niederlassungsfreiheit (Art. 49 ff. AEUV), der Dienstleistungsfreiheit (Art. 56 ff. AEUV) sowie dem Diskriminierungsverbot (Art. 18 AEUV) spezifische (Mindes-)**Verfahrensanforderungen** entwickelt[96]: Das Transparenzgebot, das Gebot der Gleichbehandlung und der Nichtdiskriminierung sowie das Gebot des Wettbewerbs und der Verhältnismäßigkeit.[97] 62

Die **Konkretisierung** dieser Grundsätze lässt sich anhand der Rechtsprechung des EuGH[98] sowie der Mitteilung der Kommission zu Auslegungsfragen in Bezug auf das Gemeinschaftsrecht, das für die Vergabe öffentlicher Aufträge gilt, die nicht oder nur teilweise unter die Vergaberichtlinien fallen,[99] vornehmen:[100] 63

- Die Beschaffungsabsicht ist öffentlich bekannt zu geben. Der Grad der Öffentlichkeit ist dabei an der Binnenmarktrelevanz auszurichten.
- In der Bekanntmachung müssen alle Angaben enthalten sein, anhand derer Unternehmen beurteilen können, ob sie Interesse an dem Auftrag/der Konzession haben: mindestens eine Kurzbeschreibung des zu erteilenden Auftrags/der zu erteilenden Konzession sowie des Verfahrens, d.h. zumindest die Nennung der Eignungs- und Zuschlagskriterien.

---

89 *Gerlach*, in: Heiermann/Zeiss/Summa, Vergaberecht, § 1 UVgO Rn. 70; *Müller-Wrede*, in: Müller-Wrede, VgV/UVgO, § 1 UVgO Rn. 13.
90 *Dietlein/Fandrey*, in: Byok/Jaeger, Vergaberecht, § 97 GWB Rn. 87 und 100; *Pünder*, in: Ehlers/Fehling/Pünder, Besonderes Verwaltungsrecht - Band 1, II. Rn. 1; *Summa*, in: Heiermann/Zeiss/Summa, Vergaberecht, § 155 GWB Rn. 66.
91 *Dietlein/Fandrey*, in: Byok/Jaeger, Vergaberecht, § 97 GWB Rn. 96; *Pünder*, in: Ehlers/Fehling/Pünder, Besonderes Verwaltungsrecht, Band 1, Kapitel II Rn. 1.
92 *Rechten/Röbke*, Basiswissen Vergaberecht, Kapitel 1.3.2.
93 Vgl. *Gerlach*, in: Heiermann/Zeiss/Summa, Vergaberecht, Vorbemerkung UVgO Rn. 157, und *Summa*, in: Heiermann/Zeiss/Summa, Vergaberecht, § 155 GWB Rn. 36 ff.
94 Siehe Rn. 56 ff.
95 *Ganske*, in: Reidt/Stickler/Glahs, Vergaberecht, § 105 GWB Rn. 96.
96 Grundlegend hierzu vor allem EuGH, Urteil v. 13.11.2007 – Rs. C-507/03 (Kommission/Irland); Urteil v. 13.10.2005 – Rs. C-458/03 (Parking Brixen); Urteil v. 21.7.2005 – Rs. C-231/03 (Coname); Urteil v. 7.12.2000 – Rs. C-324/98 (Telaustria).
97 BGH, Urteil v. 30.8.2011 – X ZR 55/10; OLG Celle, Urteil v. 10.3.2016 – 13 U 147/15; *Kruse*, VR 2015, 53 (55); *Prieß/Simonis*, NZBau 2015, 731 (734 ff.).
98 Siehe Quellen in Fn. 96.
99 Kommission, Mitteilung der Kommission zu Auslegungsfragen in Bezug auf das Gemeinschaftsrecht, das für die Vergabe öffentlicher Aufträge gilt, die nicht oder nur teilweise unter die Vergaberichtlinien fallen, vom 1.8.2006 (2006/C 179/02); vgl. zu ihrer rechtlichen Wirkung auch EuG, Urteil v. 20.5.2010 – Rs. T-258/06 (Deutschland/Kommission).
100 *Kruse*, VR 2015, 53 (55); *Lorff*, ZESAR 2007, 104 (108); *Prieß/Simonis*, NZBau 2015, 731 (734 f.).

- Das Verfahren ist ergebnisoffen, unparteiisch und fair zu führen. So müssen z. B. alle Entscheidungsträger unparteiisch sein und eine Anknüpfung an inländische Produkte und Standards muss sachlich gerechtfertigt sein.
- Die Verfahrensfristen müssen so ausgestaltet sein, dass auch Unternehmer aus anderen EU-Mitgliedstaaten ausreichend Zeit haben, das Angebot zu bewerten und am Verfahren teilzunehmen.
- Alle (Verfahrens-)Anforderungen an die Bieter müssen dem Umfang und der Bedeutung des Auftrags/der Konzession gerecht werden und dürfen nicht übermäßig aufwändig gestaltet sein.
- Eine Begrenzung der Bieterzahl darf nur anhand objektiver zuvor festgelegter Kriterien mit Bezug zum Auftragsgegenstand erfolgen.

64 Voraussetzung für die Geltung der sich aus dem europäischen Primärrecht ergebenden Verfahrensgrundsätze ist das Vorliegen eines grenzüberschreitenden Bezuges. Über das Vorliegen dieser **Binnenmarktrelevanz** hat der Konzessionsgeber eine Prognose anzustellen, bei der er als maßgebliche Kriterien den Auftragsgegenstand, den geschätzten Auftragswert, die Besonderheiten des betreffenden Sektors (Größe und Struktur des Marktes, wirtschaftliche Gepflogenheiten usw.) sowie die Grenznähe am Ort der Leistungserbringung zu berücksichtigten hat.[101] Für Konzessionen, die soziale und andere besondere Dienstleistungen betreffen, ist ein *eindeutiges* grenzüberschreitendes Interesse zu fordern.[102]

65 Der zulässige **Rechtsweg** ergibt sich aus der zugrundeliegenden Rechtsnatur der Dienstleistungskonzession, die sich aus der Rechtsform staatlichen Handelns ergibt[103] und ist für jeden Einzelfall gesondert zu prüfen. Erfolgt die Konzessionsvergabe durch privatrechtlichen Vertrag, ist der Zivilrechtsweg eröffnet.[104] Hat sie hingegen öffentlich-rechtlichen Charakter[105], ist der Verwaltungsrechtsweg zu beschreiten.[106] Im Bereich der sozialen Dienstleistungen kann unter Umständen auch der Rechtsweg zu den Sozialgerichten eröffnet sein.[107]

66 Verstößt der Konzessionsgeber gegen die Verfahrensgrundsätze, besteht für den unterlegenen Bieter die Möglichkeit, im Wege des **Primärrechtsschutzes** die Unterlassung der Fortsetzung des Vergabeverfahrens und der Zuschlagserteilung geltend zu machen.

67 Verfahrensverstöße können zudem eine sekundärrechtliche **Schadensersatzpflicht** des Konzessionsgebers begründen. Als Anspruchsgrundlage für einen Unterlassungsanspruch dient in der Regel § 1004 Abs. 1 BGB analog i.V.m. §§ 241 Abs. 2, 311 Abs. 2 BGB,[108] die in der Praxis

---

101 EuGH, Urteil v. 16.4.2015 – Rs. C-278/14 (Enterprise Focused Solutions); Urteil v. 23.12.2009 – Rs. C-376/08 (Serrantoni); Urteil v. 15.5.2008 – Rs. C-147/06 u.a. (SECAP und Santorso); Urteil v. 13.11.2007 – Rs. C-507/03 (Kommission/Irland); EuG, Urteil v. 20.5.2010 – Rs. T-258/06 (Deutschland/Kommission); Kommission, Mitteilung der Kommission zu Auslegungsfragen in Bezug auf das Gemeinschaftsrecht, das für die Vergabe öffentlicher Aufträge gilt, die nicht oder nur teilweise unter die Vergaberichtlinien fallen, vom 1.8.2006 (2006/C 179/02); BGH, Urteil v. 30.8.2011 – X ZR 55/10; *Ganske*, in: Reidt/Stickler/Glahs, Vergaberecht, § 105 GWB Rn. 96.

102 So der EuGH vor der Vergaberechtsreform 2014/2016 für die ehemals nachrangigen Dienstleistungen: EuGH, Urteil v. 10.3.2011 – Rs. C-274/09 (Rettungsdienst Stadler); Urteil v. 13.11.2007 – Rs. C-507/03 (Kommission/Irland); *Braun* in § 105 GWB Rn. 141 ff.; *Opitz*, NVwZ 2014, 753 (755) generell für Dienstleistungskonzessionen; *Vavra*, VergabeR 2013, 384 (387).

103 *Braun* in § 105 GWB Rn. 151; *Brüning*, in: Byok/Jaeger, Vergaberecht, § 105 GWB Rn. 5; *Ganske*, in: Reidt/Stickler/Glahs, Vergaberecht, § 105 GWB Rn. 97.

104 So sah das BVerwG, Beschluss v. 2.5.2007 – 6 B 10/07 nicht den Verwaltungsrechtsweg, sondern den Zivilrechtsweg als eröffnet an, da sich die öffentliche Hand bei der Vergabe öffentlicher Aufträge in aller Regel im Bereich des Privatrechts bewege.

105 I.d.R. dürfte es sich dabei um öffentlich-rechtliche Verträge handeln. An einem Vertrag i.S.v. § 105 Abs. 1 GWB fehlt es i.d.R. bei einseitigen Verwaltungsakten (EuGH, Urteil v. 18.12.2007 – Rs. C-220/06 („AP"); OVG Sachsen-Anhalt, Urteil v. 22.2.2012 – 3 L 259/10) – es sei denn, es handelt sich um einen Fall der Umgehung, vgl. *Braun* in § 105 Rn. 33; *Ganske*, in: Reidt/Stickler/Glahs, Vergaberecht, § 105 GWB Rn. 18.

106 *Braun* in § 105 GWB Rn. 152; *Ganske*, in: Reidt/Stickler/Glahs, Vergaberecht, § 105 GWB Rn. 97; *Braun*, in: Hettich/Soudry, Das neue Vergaberecht, S. 204 ff.; *Goldbrunner*, VergabeR 2016, 365 (384); *Opitz*, NVwZ 2014, 753 (759); *Tegeler*, VergabeFokus 2016, 16 (21).

107 *Ganske*, in: Reidt/Stickler/Glahs, Vergaberecht, § 105 GWB Rn. 97.

108 BGH, Urteil v. 5.6.2012 – X ZR 161/11; *Braun* in § 155 Rn. 135; *Summa*, in: Heiermann/Zeiss/Summa, Vergaberecht, § 155 GWB Rn. 18; *Gerlach*, in: Heiermann/Zeiss/Summa, Vergaberecht, Vorbemerkung UVgO Rn. 156; *Kühnen*, in: Byok/Jaeger, Vergaberecht, § 106 GWB Rn. 8.

häufig im einstweiligen Verfahren nach § 935 ZPO geltend gemacht werden.[109] Der Antrag wird zumeist darauf zu richten sein, dass der Konzessionsgeber es zu unterlassen hat, einem bestimmten Bieter den Zuschlag zu erteilen. Sekundärrechtlich wird für einen Schadensersatzanspruch der Verstoß gegen das vorvertragliche Vertrauensverhältnis (ehemals culpa in contrahendo) nach den §§ 241 Abs. 2, 311 Abs. 2 und 280 Abs. 1 BGB bemüht[110] und kann sich auf nutzlos getätigte Aufwendungen (negatives Interesse) genauso wie auf den Ersatz des entgangenen Gewinns (positives Interesse) richten.

Qualität und **Reichweite** des unterschwelligen Rechtsschutzes sind in der Praxis sehr unterschiedlich, da die Anspruchsvoraussetzungen und der Prüfungsmaßstab von den Gerichten sehr unterschiedlich beurteilt werden.[111] Auch verlangen einige Gerichte vor Erlass einer einstweiligen Verfügung in Anlehnung an § 160 Abs. 3 GWB eine vorherige Rüge.[112] Zumindest in den Fällen, in denen der Zuschlag nicht unmittelbar bevorsteht, dürfte es in der Tat am Verfügungsgrund mangeln, wenn der Bieter – der wie der Konzessionsgeber dem Gebot der Rücksichtnahme unterliegt – nicht vor der Beantragung einer einstweiligen Verfügung das beanstandete Verhalten beim Konzessionsgeber gerügt hat.[113] 68

Neben dieser vorgenannten Rechtsunsicherheit ist die größte **Schwachstelle** des Primärrechtsschutzes im Unterschwellenbereich jedoch das Fehlen eines gesetzlichen Zuschlagsverbots wie dem des § 169 GWB.[114] Entscheidet sich das Gericht für eine mündliche Verhandlung, erfährt der Konzessionsgeber durch die Terminsbestimmung vom anhängigen Verfahren und hat die Gelegenheit, durch eine Zuschlagserteilung vollendete Tatsachen zu schaffen. Um dies zu verhindern, kann das Gericht im Wege einer Zwischenverfügung jedoch ein befristetes Zuschlagsverbot aussprechen.[115] 69

Anlagen

Gesetzesbegründung – VergRModG 2016 (BT-Drs. 18/6281)

Seite 132

§ 153 dient der Umsetzung der Vorschriften der Richtlinie 2014/23/EU über die Vergabe von Konzessionen zur Erbringung sozialer und anderer besonderer Dienstleistungen durch Konzessionsgeber. Für diese Konzessionen greift gemäß Artikel 8 Absatz 1 der Richtlinie 2014/23/EU der allgemeine EU-Schwellenwert für Konzessionen in Höhe von 5.186.000 €. Die neuen sozialen und anderen besonderen Dienstleistungen sind im Einzelnen im Anhang IV der Richtlinie 2014/23/EU aufgeführt. Dieser Anhang IV der Richtlinie 2014/23/EU entspricht An-hang XIV der Richtlinie 2014/24/EU und Anhang XVII der Richtlinie 2014/25/EU.

Die Vergabe von Konzessionen zur Erbringung sozialer und anderer besonderer Dienstleistungen unterstellt Artikel 19 der Richtlinie 2014/23/EU besonderen Beschaffungsregelungen. Als besondere Beschaffungsregelung sieht die Richtlinie 2014/23/EU für Konzessionen zur Erbringung sozialer und anderer besonderer Dienstleistungen ein vereinfachtes Vergabeverfahren vor. Dieses vereinfachte Vergabeverfahren zeichnet sich dadurch aus, dass Konzessionsgeber gemäß Artikel 19 der Richtlinie 2014/23/EU lediglich verpflichtet sind, gemäß Artikel 31 Absatz 3 dieser Richtlinie durch Vorinformation die beabsichtigte Vergabe sowie gemäß Artikel 32 der Richtlinie die Ergebnisse des Konzessionsvergabeverfahrens EU-weit bekannt zu machen. Im Übrigen können Konzessionsgeber auch die Konzessionsvergabe für soziale und andere besondere Dienstleistungen nach Maßgabe der aufgrund

109 *Spinzig* in § 155 GWB Rn. 40 ff.; *Summa*, in: Heiermann/Zeiss/Summa, Vergaberecht, § 155 GWB Rn. 15.

110 BGH, Urteil v. 9.6.2011 – X ZR 143/10; *Gerlach*, in: Heiermann/Zeiss/Summa, Vergaberecht, Vorbemerkung UVgO Rn. 158; *Kühnen*, in: Byok/Jaeger, Vergaberecht, § 106 GWB Rn. 10.

111 *Noch*, in: Byok/Jaeger, Vergaberecht, § 155 GWB Rn. 7; *Gerlach*, in: Heiermann/Zeiss/Summa, Vergaberecht, Vorbemerkung UVgO Rn. 156; *Summa*, in: Heiermann/Zeiss/Summa, Vergaberecht, § 155 GWB Rn. 16; *Dicks*, VergabeR 2012, 531 (531 f.).

112 LG Wiesbaden, Beschluss v. 12.7.2012 – 4 O 17/12; LG Berlin, Beschluss v. 5.12.2011 – 52 O 254/11.

113 Ebenso *Summa*, in: Heiermann/Zeiss/Summa, Vergaberecht, § 155 GWB Rn. 26.

114 *Brüning*, in: Byok/Jaeger, Vergaberecht, § 105 GWB Rn. 5; *Summa*, in: Heiermann/Zeiss/Summa, Vergaberecht, § 155 GWB Rn. 27; *Ganske*, in: Reidt/Stickler/Glahs, Vergaberecht, § 105 GWB Rn. 97.

115 *Summa*, in: Heiermann/Zeiss/Summa, Vergaberecht, § 155 GWB Rn. 27 f.

§ 113 erlassenen Verordnung frei gestalten, sind allerdings gemäß Artikel 3 Absatz 1 der Richtlinie 2014/23/EU und im Einklang mit der ständigen Rechtsprechung des Europäischen Gerichtshofes zur Beachtung der Grundsätze der Gleichbehandlung, Nichtdiskriminierung, Transparenz und Verhältnismäßigkeit verpflichtet. Auch die Konzessionsvergabe für soziale und andere besonderen Dienstleistungen unterliegt gemäß Artikel 19 i.V.m. Artikel 46, 47 der Richtlinie 2014/23/EU dem Primärrechtsschutz, so dass die Einhaltung dieser Maßgaben im Nachprüfungsverfahren durch den unterlegenen Bieter und Bewerber überprüft werden kann.

Grund für dieses vereinfachte Vergabeverfahren ist, dass diesen oftmals personen- oder ortsgebundenen Dienstleistungen nur eingeschränkt eine grenzüberschreitende Dimension zukommt (vergleiche beispielhaft Erwägungsgründe 114 ff. der Richtlinie 2014/24/EU). Gerade Dienstleistungen im Sozial-, Gesundheits- und Bildungsbereich werden in einem besonderen Kontext erbracht, der sich aufgrund unterschiedlicher kultureller Tradition in den einzelnen Mitgliedstaaten sehr unterscheidet (siehe Erwägungsgrund 53 der Richtlinie 2014/23/EU). Betroffen sind beispielsweise Konzessionen zur reinen Patientenbeförderung durch Einsatz von Krankenwagen. Dagegen unterfallen Notfallrettungsdienste und der Einsatz von Krankenwagen bestehend aus allgemeinen und fachspezifischen ärztlichen Dienstleistungen in einem Rettungswagen nicht dem Vergaberecht, siehe Artikel 10 Absatz 8 Buchstabe g der Richtlinie 2014/23/EU und § 107 Nummer 4.

§ 153 bestimmt, dass für die Vergabe von Konzessionen, die soziale und andere besondere Dienstleistungen im Sinne des Anhangs IV der Richtlinie 2014/23/EU des Europäischen Parlaments und des Rates vom 26. Februar 2014 über die Konzessionsvergabe betreffen, die in § 151 und § 152 festgelegten Vorgaben zum Vergabeverfahren und zu den Anforderungen im Vergabeverfahren (Leistungsbeschreibung, Eignung, Zuschlag, Ausführungsbedingungen) zur Anwendung kommen. Zu sonstigen anwendbare Vorschriften kommt § 154 zum Tragen. Etwaige weitere Erleichterungen für die Vergabe von Konzessionen über soziale und andere besondere Dienstleistungen werden auf Verordnungsebene festgelegt.

Anhang IV der Richtlinie 2014/23/EU

Beschreibung	CPV-Referenznummer
79611000-0; 75200000-8; 75231200-6; 75231240-8; 79622000-0 [Überlassung von Haushaltshilfen]; 79624000-4 [Überlassung von Pflegepersonal] und 79625000-1 [Überlassung von medizinischem Personal] von 85000000-9 bis 85323000-9; 85143000-3; 98133100-5, 98133000-4 und 98200000-5 und 98500000-8 [Privathaushalte mit Hausangestellten] und 98513000-2 bis 98514000-9 [Bereitstellung von Arbeitskräften für private Haushalte, Vermittlung von Arbeitskräften für private Haushalte, Bereitstellung von Bürokräften für private Haushalte, Bereitstellung von Zeitarbeitskräften für private Haushalte, Dienstleistungen von Haushaltshilfen und Haushaltungsdienste]	Dienstleistungen des Gesundheits- und Sozialwesens und zugehörige Dienstleistungen
85321000-5 und 85322000-2, 75000000-6 [Dienstleistungen der öffentlichen Verwaltung, der Verteidigung und der Sozialversicherung], 75121000-0, 75122000-7, 75124000-1; von 79995000-5 bis 79995200-7; von 80000000-4 Allgemeine und berufliche Bildung bis 80660000-8; von 92000000-1 bis 92342200-2; von 92360000-2 bis 92700000-8 79950000-8 [Veranstaltung von Ausstellungen, Messen und Kongressen], 79951000-5 [Veranstaltung von Seminaren],	Verwaltungsdienstleistungen im Sozial-, Bildungs- und Gesundheitswesen- und im Bereich Kultur

Beschreibung	CPV-Referenznummer
79952000-2 [Event-Organisation], 79952100-3 [Organisation von Kulturveranstaltungen], 79953000-9 [Organisation von Festivals], 79954000-6 [Organisation von Partys], 79955000-3 [Organisation von Modenschauen], 79956000-0 [Organisation von Messen und Ausstellungen]	
75300000-9	Dienstleistungen im Rahmen der gesetzlichen Sozialversicherung (1)
75310000-2, 75311000-9, 75312000-6, 75313000-3, 75313100-4, 75314000-0, 75320000-5, 75330000-8, 75340000-1	Beihilfen, Unterstützungsleistungen und Zuwendungen
98000000-3, 98120000-0, 98132000-7, 98133110-8 und 98130000-3	Sonstige öffentliche und persönliche Dienstleistungen, einschließlich Dienstleistungen von Arbeitnehmervereinigungen, politischen Organisationen, Jugendverbänden und anderen Mitgliederorganisationen
98131000-0	Dienstleistungen religiöser Vereinigungen
55100000-1 bis 55410000-7, 55521000-8 bis 55521200-0 [55521000-8 Verpflegungsdienste für Privathaushalte, 55521100-9 Essen auf Rädern, 55521200-0 Auslieferung von Mahlzeiten] 55520000-1 Verpflegungsdienste, 55522000-5 Verpflegungsdienste für Transportunternehmen, 55523000-2 Verpflegungsdienste für sonstige Unternehmen oder andere Einrichtungen, 55524000-9 Verpflegungsdienste für Schulen 55510000-8 Dienstleistungen von Kantinen, 55511000-5 Dienstleistungen von Kantinen und anderen nicht öffentlichen Cafeterias, 55512000-2 Betrieb von Kantinen, 55523100-3 Auslieferung von Schulmahlzeiten	Gaststätten und Beherbergungsgewerbe
von 79100000-5 bis 79140000-7, 75231100-5	Dienstleistungen im juristischen Bereich, soweit nicht aufgrund des Artikels 10 Absatz 8 Buchstabe d ausgeschlossen
von 75100000-7 bis 75120000-3, 75123000-4, von 75125000-8 bis75131000-3	Sonstige Dienstleistungen der Verwaltung und für die öffentliche Verwaltung
75200000-8 bis 75231000-4	Dienstleistungen für das Gemeinwesen
75231210-9 bis 75231230-5; 75240000-0 bis 75252000-7; 794300000-7; 98113100-9	Dienstleistungen für den Strafvollzug, Dienstleistungen im Bereich öffentliche Sicherheit, Rettungsdienste, soweit nicht aufgrund des Artikels 10 Absatz 8 Buchstabe g ausgeschlossen

Beschreibung	CPV-Referenznummer
79700000-1 bis 79721000-4 [Ermittlungs- und Sicherheitsdienstleistungen, Dienstleistungen von Sicherheitsdiensten, Überwachung von Alarmanlagen, Bewachungsdienste, Überwachungsdienste, Dienstleistungen in Verbindung mit Suchsystemen, Fahndung nach Flüchtigen, Streifendienste, Ausgabe von Mitarbeiterausweisen, Ermittlungsdienste und Dienstleistungen von Detekteien] 79722000-1 [Dienstleistungen von Grafologen], 79723000-8 [Abfallanalyse]	Ermittlungs- und Sicherheitsdienstleistungen
64000000-6 [Post- und Fernmeldedienste], 64100000-7 [Post- und Kurierdienste], 64110000-0 [Postdienste], 64111000-7 [Postdienste im Zusammenhang mit Zeitungen und Zeitschriften], 64112000-4 [Briefpostdienste], 64113000-1 [Paketpostdienste], 64114000-8 [Post-Schalterdienste], 64115000-5 [Vermietung von Postfächern], 64116000-2 [Dienste im Zusammenhang mit postlagernden Sendungen], 64122000-7 [Interne Bürobotendienste]	Postdienste
50116510-9 [Reifenrunderneuerung], 71550000-8 [Schmiedearbeiten]	Sonstige Dienstleistungen
98900000-2 [Von extraterritorialen Organisationen und Körperschaften erbrachte Leistungen] und 98910000-5 [Dienstleistungen von internationalen Organisationen und Körperschaften]	Internationale Dienstleistungen

(1) Diese Dienstleistungen werden von dieser Richtlinie nicht erfasst, wenn sie als nicht wirtschaftliche Dienstleistungen von allgemeinem Interesse organisiert sind. Es steht den Mitgliedstaaten frei, Dienstleistungen der gesetzlichen Sozialversicherung oder andere Dienstleistungen als Dienstleistungen von allgemeinem Interesse oder als nicht wirtschaftliche Dienstleistungen von allgemeinem Interesse zu organisieren.

§ 154 GWB
Sonstige anwendbare Vorschriften

Im Übrigen sind für die Vergabe von Konzessionen einschließlich der Konzessionen nach § 153 folgende Vorschriften entsprechend anzuwenden:

1. **§ 118 hinsichtlich vorbehaltener Konzessionen,**
2. **die §§ 123 bis 126 mit der Maßgabe, dass**
   a) **Konzessionsgeber nach § 101 Absatz 1 Nummer 3 ein Unternehmen unter den Voraussetzungen des § 123 ausschließen können, aber nicht ausschließen müssen,**
   b) **Konzessionsgeber im Fall einer Konzession in den Bereichen Verteidigung und Sicherheit ein Unternehmen von der Teilnahme an einem Vergabeverfahren ausschließen können, wenn das Unternehmen nicht die erforderliche Vertrauenswürdigkeit aufweist, um Risiken für die nationale Sicherheit auszuschließen; der Nachweis kann auch mithilfe geschützter Datenquellen erfolgen,**
3. **§ 131 Absatz 2 und 3 und § 132 mit der Maßgabe, dass**
   a) **§ 132 Absatz 2 Satz 2 und 3 für die Vergabe von Konzessionen, die Tätigkeiten nach § 102 Absatz 2 bis 6 betreffen, nicht anzuwenden ist und**
   b) **die Obergrenze des § 132 Absatz 3 Nummer 2 für Bau- und Dienstleistungskonzessionen einheitlich 10 Prozent des Wertes der ursprünglichen Konzession beträgt,**
4. **die §§ 133 bis 135,**
5. **§ 138 hinsichtlich der Vergabe von Konzessionen durch Konzessionsgeber im Sinne des § 101 Absatz 1 Nummer 2 und 3 an verbundene Unternehmen,**
6. **§ 139 hinsichtlich der Vergabe von Konzessionen durch Konzessionsgeber im Sinne des § 101 Absatz 1 Nummer 2 und 3 an ein Gemeinschaftsunternehmen oder durch Gemeinschaftsunternehmen an einen Konzessionsgeber im Sinne des § 101 Absatz 1 Nummer 2 und 3 und**
7. **§ 140 hinsichtlich der Vergabe von Konzessionen durch Konzessionsgeber im Sinne des § 101 Absatz 1 Nummer 2 und 3 für unmittelbar dem Wettbewerb ausgesetzte Tätigkeiten.**

Übersicht

Rn.
A. Allgemeines ... 1
I. Unionsrechtlicher Hintergrund ... 4
II. Historie ... 5
B. Anwendungsbereich ... 6
C. Vorbehaltene Konzessionen (Nr. 1) ... 7
D. Verfahrensarten ... 11
E. Besondere Methoden und Instrumente ... 12
F. Leistungsbeschreibung ... 13
G. Eignung und Vorliegen von Ausschlussgründen ... 14
I. Eignung ... 15
II. Ausschlussgründe (Nr. 2) ... 16
1. Zwingende Ausschlussgründe ... 17
a) Ausschluss wegen Straftaten ... 18
b) Ausschluss wegen Nichterfüllung der Verpflichtungen zur Zahlung von Steuern und Sozialversicherungsbeiträgen ... 21
c) Ausnahme vom zwingenden Ausschluss ... 24
d) Fakultative Geltung der zwingenden Ausschlussgründe (lit. a) ... 27
2. Fakultative Ausschlussgründe ... 32
a) Verstoß gegen umwelt-, sozial- oder arbeitsrechtliche Verpflichtungen ... 36
b) Zahlungsunfähigkeit, Insolvenz und Liquidation ... 40
c) Schwere Verfehlung ... 45
d) Wettbewerbsbeschränkende Vereinbarung oder Verhaltensweise ... 49
e) Interessenskonflikt ... 53
f) Vorbefassung ... 57
g) Schlechtleistung ... 60
h) Schwerwiegende Täuschung, Zurückhaltung von Informationen, Nichtübermittlung von Nachweisen ... 65
i) Unzulässige Einflussnahme ... 69
j) Vertrauensmangel (lit. b) ... 72

3. Selbstreinigung 83
a) Selbstreinigungsmaßnahmen 84
b) Bewertung der Selbstreinigungsmaßnahmen 88
4. Zulässiger Zeitraum für Ausschlüsse 91
H. Zuschlagskriterien 96
I. Ausführungsbedingungen 97
J. Personenverkehrsleistungen im Eisenbahnverkehr und Auftragsänderungen (Nr. 3) 98
I. Personenverkehrsleistungen 99
II. Konzessionsänderungen 105
1. Grundsätzliche Vergabepflicht für wesentliche Konzessionsänderungen 109
2. Ausnahmen von der Vergabepflicht für wesentliche Änderungen 112
a) Derivative Konzessionsänderung 113
b) Zusätzliche Leistungen 117
c) Unvorhergesehener Änderungsbedarf 121
d) Wechsel des Konzessionsnehmers 125
e) Bagatelländerungen (lit. b) 128
f) Wertgrenze 133
aa) Allgemeine Konzessionen 133
bb) Sektorenkonzessionen (lit. a) 138
3. Verpflichtung zur Bekanntmachung 141
K. Kündigung, Informations- und Wartepflicht sowie Unwirksamkeit (Nr. 4) 146
I. Kündigung 149
1. Kündigungsrecht 151
2. Vergütung 156
3. Schadensersatz 159
II. Informations- und Wartepflicht .. 160
1. Informationspflicht 161
2. Wartepflicht 165
3. Wegfall der Informationspflicht .. 168
III. Unwirksamkeit 170
L. Vergabe an verbundene Unternehmen (Nr. 5) 175
M. Vergabe an oder durch Gemeinschaftsunternehmen (Nr. 6) 183
N. Ausnahme für unmittelbar dem Wettbewerb ausgesetzte Tätigkeiten (Nr. 7) 189
O. Rechtsschutz 194
Anlage
Gesetzesbegründung

A. Allgemeines

1 Die Vorschrift des § 154 GWB schließt den Unterabschnitt 3 des Abschnitt 3 Kapitel 1 Teil 4 GWB ab und enthält Regelungen zum Anwendungsbereich und zum Verfahren für die Vergabe von Konzessionen.

2 Verfahrensregelungen zur Vergabe von Konzessionen sind bereits in den **§§ 151, 152 GWB** enthalten. § 154 GWB tritt insoweit ergänzend neben diese Bestimmungen. Systematisch übernimmt § 154 GWB damit lediglich eine Komplementärfunktion, was auch durch die Überschrift „Sonstige anwendbare Vorschriften" zum Ausdruck gebracht wird. Die inhaltliche Tragweite der Vorschrift des § 154 GWB für das Verfahren über die Vergabe von Konzessionen wird durch die systemische Stellung der Vorschrift als Rudiment des Unterabschnitt 3 des Abschnitt 3 Kapitel 1 Teil 4 GWB nicht angemessen reflektiert. Insgesamt ist die gesetzgeberische Entscheidung zur Allokation der Verfahrensregelungen auf die Vorschriften §§ 151, 152, 154 GWB fragwürdig, inhaltlich aber auch ohne Bedeutung.

3 Auffällig ist, dass die Regelungen des § 154 GWB nicht ausgeschrieben werden, sondern der Gesetzgeber eine **entsprechende Anwendung** von einzelnen Regelungen des öffentlichen Auftragsvergaberechts und des Sektorenvergaberechts anordnet. Diese gesetzgeberische Analogie soll wohl der Vermeidung von Repetitionen und einer übersichtlicheren Struktur dienen. Die Rechtsanwendung wird hierdurch jedoch erschwert, da die referenzierten Regelungen nicht unmittelbar herangezogen werden können, sondern aufgrund der nur „entsprechenden" Anwendung geprüft werden muss, wie die referenzierten Regelungen im Kontext des Konzessionsvergaberechts auszulegen sind. Diese mitunter diffizile Aufgabe hat der Gesetzgeber dem Rechtsanwender überlassen.

I. Unionsrechtlicher Hintergrund

Mit der Vorschrift des § 154 GWB transferiert der deutsche Gesetzgeber diverse unionsrechtliche Bestimmungen in deutsches Recht. Es handelt sich überwiegend um Bestimmungen der RL 2014/23/EU und vereinzelt um Bestimmungen der RL 89/665/EWG und der RL 92/13/EWG. 4

II. Historie

Die Vorschrift des § 154 GWB ist durch das VergRModG 2016 erstmalig eingeführt worden und hat keinen historischen Vorgänger. Sie ist seit ihrer Einführung unverändert geblieben. 5

B. Anwendungsbereich

Die Vorschrift des § 154 GWB ist systematisch dem Unterabschnitt 3 des Abschnitt 3 Kapitel 1 Teil 4 GWB zugeordnet. Dieser Unterabschnitt regelt die „Vergabe von Konzessionen" und gilt nach § 148 GWB für die Vergabe von Konzessionen durch Konzessionsgeber, wobei hiermit Konzessionen i.S.v. § 105 GWB und Konzessionsgeber nach § 101 GWB gemeint sind. Nur in diesem Anwendungsbereich gilt auch die Vorschrift des § 154 GWB. Sie regelt zudem ausdrücklich, dass auch Konzessionen nach § 153 GWB erfasst sind. Dies sind Konzessionen, die soziale und andere besondere Dienstleistungen im Sinne des Anhangs IV RL 2014/23/EU betreffen. An sich hätte es dieser Regelung nicht bedurft, weil es sich auch bei solchen Konzessionen um Konzessionen im Sinne des § 105 GWB handelt. Da § 153 GWB die Anwendung der Verfahrensregelungen in § 151, 152 GWB explizit auf Konzessionen im Sinne des Anhangs IV RL 2014/23/EU für anwendbar erklärt, hat sich der Gesetzgeber wohl veranlasst gesehen, diesen Anwendungsbereich auch für § 154 GWB klarzustellen. 6

C. Vorbehaltene Konzessionen (Nr. 1)

Nach § 154 Nr. 1 GWB ist § 118 GWB hinsichtlich vorbehaltener Konzessionen entsprechend anzuwenden. Eine bestimmte Maßgabe ist mit der entsprechenden Anwendung nach § 154 Nr. 1 GWB nicht verbunden. § 154 i.V.m. § 118 GWB ist daher wie folgt zu lesen: Nach dessen Absatz 1 können Konzessionsgeber das Recht zur Teilnahme an Vergabeverfahren Werkstätten für Menschen mit Behinderungen und Unternehmen vorbehalten, deren Hauptzweck die soziale und berufliche Integration von Menschen mit Behinderungen oder von benachteiligten Personen ist, oder bestimmen, dass Konzessionen im Rahmen von Programmen mit geschützten Beschäftigungsverhältnissen durchzuführen sind. Absatz 2 regelt ergänzend, dass mindestens 30 Prozent der in diesen Werkstätten oder Unternehmen Beschäftigten Menschen mit Behinderungen oder benachteiligte Personen sind. 7

Mit der Regelung macht der deutsche Gesetzgeber von der in Art. 24 S. 1 **RL 2014/23/EU** eingeräumten Befugnis Gebrauch, das Recht zur Teilnahme an einem Konzessionsvergabeverfahren geschützten Werkstätten und Wirtschaftsteilnehmern vorzubehalten, deren Hauptziel die gesellschaftliche und berufliche Integration von Menschen mit Behinderungen oder benachteiligten Personen ist, oder vorzusehen, dass solche Konzessionen im Rahmen von Programmen für geschützte Beschäftigungsverhältnisse durchgeführt werden, wenn mindestens 30 % der Arbeitskräfte dieser Werkstätten, Wirtschaftsteilnehmer oder Programme Menschen mit Behinderungen oder Personen aus benachteiligten Gruppen sind. Soweit die Gesetzesbegründung[1] allgemein davon spricht, dass Art. 24 RL 2014/23/EU durch § 154 Nr. 1 GWB umgesetzt werde, ist dies ungenau, da die Regelung in Art. 24 S. 2 RL 2014/23/EU nicht durch § 154 Nr. 1 GWB in deutsches Recht übersetzt wurde. Nach Art. 24 S. 2 RL 2014/23/EU ist in der Konzessionsbekanntmachung oder – im Fall von Dienstleistungskonzessionen gemäß Art. 19 RL 2014/23/EU – in der Vorabinformation auf Art. 24 RL 2014/23/EU zu verweisen. Einen solchen Verweis sieht das deutsche Recht nicht vor. Auch in den nach § 19 Abs. 2 und 8

1 Gesetzesbegründung zu § 154 Nr. 1 GWB, VergRModG 2016, BT-Drs. 18/6281, 132.

§ 22 Abs. 3 KonzVgV zu verwendenden Veröffentlichungsformularen für die Konzessionsbekanntmachung nach Anhang XXI VO (EU) 2015/1986 und die Vorinformation nach Anhang XX VO (EU) 2015/1986 ist ein Verweis auf Art. 24 RL 2014/23/EU nicht vorgesehen. Die Formulare sehen aber die Angabe darüber vor, ob die Konzession geschützten Werkstätten und Wirtschaftsteilnehmern vorbehalten ist, deren Hauptziel die gesellschaftliche und berufliche Integration von Menschen mit Behinderungen oder benachteiligten Personen ist oder die Ausführung der Konzession sich auf Programme im Rahmen der geschützten Beschäftigung beschränkt. Damit ist zwar kein expliziter Verweis auf Art. 24 RL 2014/23/EU aufgenommen. Der wesentliche Inhalt dieser Regelung wird jedoch abgebildet.[2] Ein darüber hinausgehender relevanter Informationswert folgt aus einem Verweis auf Art. 24 RL 2014/23/EU jedenfalls nicht, sodass kein Umsetzungsdefizit von Art. 24 S. 2 RL 2014/23/EU festzustellen ist.

9 Auffällig ist, dass der Gesetzgeber die entsprechende Anwendung „**hinsichtlich vorbehaltener Konzessionen**" erklärt. Dieser Ergänzung bedürfte es nicht, wenn der Gesetzgeber schlicht die Regelung des § 118 GWB hätte für entsprechend anwendbar erklären wollen. Dies könnte so verstanden werden, dass die entsprechende Anwendung nur für § 118 Abs. 1 Alt. 1 GWB, nicht aber für § 118 Alt. 2 GWB gilt. Während § 118 Abs. 1 Alt. 1 GWB einen Vorbehalt für die Teilnahme von bestimmten Unternehmen am Vergabeverfahren konstituiert, sieht § 118 Abs. 1 Alt. 2 GWB lediglich ein Bestimmungsrecht des Auftraggebers vor, dass der Auftrag im Rahmen von Programmen mit geschützten Beschäftigungsverhältnissen auszuführen ist. Eine Einschränkung der entsprechenden Anwendung auf § 118 Abs. 1 Alt. 1 GWB ist § 154 Nr. 1 GWB bei genauer Betrachtung jedoch nicht zu entnehmen. § 118 GWB ist mit „Bestimmten Auftragnehmern vorbehaltene öffentliche Aufträge" überschrieben, sodass nach der inneren Systematik auch Aufträge nach § 118 Abs. 1 Alt. 2 GWB als vorbehaltene Aufträge gelten. Zudem ist kein sachlicher Grund erkennbar, die entsprechende Anwendung des § 118 GWB für das Konzessionsvergaberecht nicht auch für § 118 Abs. 1 Alt. 2 GWB zuzulassen. Der Gesetzgeber hat mit § 118 GWB ausweislich der Gesetzesbegründung[3] vielmehr die Regelung in Art. 24 S. 1 RL 2014/23/EU umsetzen wollen, die insoweit keine Einschränkungen vorsieht.

10 Der **Regelungsgehalt** des § 118 GWB ist im Ergebnis auf das Konzessionsvergaberecht zu übertragen, ohne dass hierfür konzessionsspezifische Besonderheiten festzustellen sind.[4]

D. Verfahrensarten

11 § 154 GWB enthält keinen Befehl zur entsprechenden Anwendung der Regelung in § 119 GWB über die Verfahrensarten. Auch in den übrigen Verfahrensregelungen des Konzessionsvergaberechts wird die Regelung nicht einbezogen. Eine Bindung des Konzessionsgebers an die in § 119 GWB normierten Verfahrensarten besteht daher nicht. Anstelle dessen hat der Gesetzgeber mit § 151 S. 3 GWB eine Spezialregelung für das Konzessionsvergaberecht normiert. Hiernach darf der Konzessionsgeber das Verfahren unter Berücksichtigung der Maßstäbe in § 151 S. 1 und 2 GWB sowie der Vorgaben aus der KonzVgV frei ausgestalten.

E. Besondere Methoden und Instrumente

12 Für die Regelungen zu den besonderen Methoden und Instrumenten in § 120 GWB wird weder in § 154 GWB noch an anderer Stelle in Unterabschnitt 3 des Abschnitt 3 Kapitel 1 Teil 4 GWB eine entsprechende Anwendung angeordnet. Dies entspricht der Rechtslage der RL 2014/23/EU, die solche Regelungen für das unionale Konzessionsvergaberecht ebenfalls nicht vorsieht. Hintergrund hierfür dürfte sein, dass Richtlinien- und Gesetzgeber die Methoden und Instrumente des Titel II Kapitel II RL 2014/23/EU bzw. § 120 GWB für Konzessionsver-

2 Wohl auch *Brüning*, in: Byok/Jaeger, Vergaberecht, § 154 GWB Rn. 4.
3 Gesetzesbegründung zu § 154 Nr. 1 GWB, VergRModG 2016, BT-Drs. 18/6281, 132.
4 Für Einzelheiten zu der Regelung wird daher auf die Kommentierung von *Fehns-Böer* zu § 118 GWB verwiesen.

gaben wohl aufgrund der gegenüber Auftragsvergaben komplexeren Struktur von Konzessionen nicht als geeignet ansehen.

F. Leistungsbeschreibung

Auch ein Verweis auf die Bestimmungen des § 121 GWB über die Leistungsbeschreibung ist in § 154 GWB nicht enthalten. Die entsprechende Anwendung von § 121 Abs. 1 und 3 GWB wird jedoch in § 152 Abs. 1 GWB angeordnet, sodass es einer Regelung hierzu in § 154 GWB nicht bedurfte. **13**

G. Eignung und Vorliegen von Ausschlussgründen

Nach § 154 Nr. 2 GWB sind die §§ 123 bis 126 GWB mit der Maßgabe entsprechend anzuwenden, dass Konzessionsgeber nach § 101 Abs. 1 Nr. 3 GWB ein Unternehmen unter den Voraussetzungen des § 123 GWB ausschließen können, aber nicht ausschließen müssen (lit. a), und Konzessionsgeber im Fall einer Konzession in den Bereichen Verteidigung und Sicherheit ein Unternehmen von der Teilnahme an einem Vergabeverfahren ausschließen können, wenn das Unternehmen nicht die erforderliche Vertrauenswürdigkeit aufweist, um Risiken für die nationale Sicherheit auszuschließen, was auch mithilfe geschützter Datenquellen nachgewiesen werden kann (lit. b). **14**

I. Eignung

Die entsprechende Anwendung von § 122 GWB wird durch § 154 GWB nicht angeordnet. Der Anwendungsbefehl im Kontext der Eignungsprüfung erschöpft sich auf die Regelungen in §§ 123 bis 126 GWB. Die Maßstäbe für die Eignung der Unternehmen sind für das Konzessionsvergaberecht vielmehr in § 152 Abs. 2 GWB festgelegt. Danach werden Konzessionen an geeignete Unternehmen im Sinne des § 122 GWB vergeben. Der Anordnung zur entsprechenden Anwendung von § 122 GWB bedurfte es in § 154 GWB daher nicht. **15**

II. Ausschlussgründe (Nr. 2)

Der Befehl zur entsprechenden Anwendung aus § 154 Nr. 2 GWB umfasst die in §§ 123, 124 GWB geregelten Ausschlussgründe. Diese Ausschlussgründe werden in Abhängigkeit ihrer Rechtsfolge zum einen in zwingende Ausschlussgründe (§ 123 GWB) und zum anderen in fakultative Ausschlussgründe (§ 124 GWB) unterteilt. **16**

1. Zwingende Ausschlussgründe

Nach § 154 Nr. 2 GWB ist zunächst § 123 GWB entsprechend anzuwenden. § 123 GWB enthält die Regelungen über zwingende Ausschlussgründe. Liegen die Voraussetzungen für einen solchen Ausschlussgrund vor, ist der öffentliche Auftraggeber grundsätzlich verpflichtet, das betroffene Unternehmen vom Vergabeverfahren auszuschließen. Ein Ermessensspielraum steht dem öffentlichen Auftraggeber insoweit daher insoweit nicht zu.[5] § 154 Nr. 2 GWB überträgt den Regelungsgehalt des § 123 GWB auf das Konzessionsvergaberecht. Damit gilt, dass auch Konzessionsgeber solche Unternehmen, bei denen sie Kenntnis über das Vorliegen von zwingenden Ausschlussgründen nach § 123 GWB haben, grundsätzlich vom Vergabeverfahren ausschließen müssen. Eine abweichende Bestimmung hiervon trifft § 154 Nr. 2 lit. a GWB für Konzessionsgeber nach § 101 Abs. 1 Nr. 3 GWB. **17**

---

5 Siehe *Gnittke/Hattig* in § 123 GWB Rn. 34.

a) Ausschluss wegen Straftaten

18 Nach § 154 Nr. 2 i.V.m. § 123 Abs. 1 GWB schließen Konzessionsgeber ein Unternehmen von der Teilnahme an einem Vergabeverfahren zu jedem Zeitpunkt dieses Vergabeverfahrens aus, wenn sie Kenntnis davon haben, dass eine Person, deren Verhalten nach § 154 Nr. 2 i.V.m. § 123 Abs. 3 GWB dem Unternehmen zuzurechnen ist, rechtskräftig verurteilt ist, oder wenn gegen das Unternehmen wegen einer der in § 123 Abs. 1 GWB genannten Straftaten eine Geldbuße nach § 30 OWiG rechtskräftig festgesetzt worden ist. Mit § 154 Nr. 2 i.V.m. § 123 Abs. 2 GWB wird geregelt, dass eine Verurteilung oder die Festsetzung einer Geldbuße nach den vergleichbaren Vorschriften anderer Staaten einer Verurteilung oder der Festsetzung einer Geldbuße im Sinne des § 154 Nr. 2 i.V.m. § 123 Abs. 1 GWB gleichsteht. Das Verhalten einer rechtskräftig verurteilten Person ist einem Unternehmen nach § 154 Nr. 2 i.V.m. § 123 Abs. 3 GWB zuzurechnen, wenn diese Person als für die Leitung des Unternehmens Verantwortlicher gehandelt hat, wozu auch die Überwachung der Geschäftsführung oder die sonstige Ausübung von Kontrollbefugnissen in leitender Stellung gehört.

19 Die Regelungen setzen die **unionsrechtlichen Vorgaben** in Art. 38 Abs. 4 UAbs. 1 RL 2014/23/EU um, die den Parallelregelungen für das allgemeine Auftragsvergaberecht in Art. 57 Abs. 2 UAbs. 1 und 2 RL 2014/24/EU entsprechen.

20 Die **Regelungssubstanz** des § 123 Abs. 1 bis 3 GWB ist im Ergebnis auf das Konzessionsvergaberecht zu übertragen, ohne dass hierfür konzessionsspezifische Besonderheiten festzustellen sind.[6]

b) Ausschluss wegen Nichterfüllung der Verpflichtungen zur Zahlung von Steuern und Sozialversicherungsbeiträgen

21 § 123 Abs. 4 GWB enthält einen besonderen Ausschlussgrund für die Nichterfüllung von Verpflichtungen zur Zahlung von Steuern und Sozialversicherungsbeiträgen. In entsprechender Anwendung dieser Regelung nach § 154 Nr. 2 GWB gilt, dass Konzessionsgeber ein Unternehmen von der Teilnahme an einem Vergabeverfahren zu jedem Zeitpunkt dieses Vergabeverfahrens ausschließen, wenn das Unternehmen seinen Verpflichtungen zur Zahlung von Steuern, Abgaben oder Beiträgen zur Sozialversicherung nicht nachgekommen ist und dies durch eine rechtskräftige Gerichts- oder bestandskräftige Verwaltungsentscheidung festgestellt wurde (Nr. 1) oder die Konzessionsgeber auf sonstige geeignete Weise die Verletzung einer Verpflichtung nach § 154 Nr. 2 i.V.m. § 123 Abs. 4 S. 1 Nr. 1 GWB nachweisen können (Nr. 2).

22 Die Regelung setzt die **unionsrechtlichen Vorgaben** in Art. 38 Abs. 5 UAbs. 1 und 2 RL 2014/23/EU um, die der Parallelregelung für das allgemeine Auftragsvergaberecht in Art. 57 Abs. 2 UAbs. 1 und 2 RL 2014/24/EU entspricht.

23 Die **Regelungssubstanz** des § 123 Abs. 4 GWB wird im Ergebnis auf das Konzessionsvergaberecht übersetzt, ohne dass hierfür konzessionsspezifische Besonderheiten festzustellen sind.[7]

c) Ausnahme vom zwingenden Ausschluss

24 Von dem Befehl zur entsprechenden Anwendung nach § 154 Nr. 2 GWB werden auch die Regelungen in § 123 Abs. 5 GWB erfasst. Gemäß § 154 Nr. 2 i.V.m. § 123 Abs. 5 S. 1 GWB kann der Konzessionsgeber von dem Ausschluss nach § 154 Nr. 2 i.V.m. § 123 Abs. 1 GWB absehen, wenn dies aus zwingenden Gründen des öffentlichen Interesses geboten ist. Von einem Ausschluss nach § 154 Nr. 2 i.V.m. § 123 Abs. 4 S. 1 GWB kann der Konzessionsgeber in Gemäßheit von § 154 Nr. 2 i.V.m. § 123 Abs. 5 S. 2 GWB absehen, wenn dies aus zwingenden Gründen des öffentlichen Interesses geboten ist oder ein Ausschluss offensichtlich unverhältnismäßig wäre.

6 Für Einzelheiten zu den Regelungen wird daher auf die Kommentierung von *Gnittke/Hattig* zu § 123 GWB verwiesen.

7 Für Einzelheiten zu der Regelung wird daher auf die Kommentierung von *Gnittke/Hattig* zu § 123 GWB verwiesen.

Der deutsche Gesetzgeber hat damit von der **unionsrechtlichen Regelungsbefugnis** in Art. 38 Abs. 6 RL 2014/23/EU Gebrauch gemacht. Hiernach können die Mitgliedstaaten ausnahmsweise aus unabdingbaren Gründen des öffentlichen Interesses, wie z. B. der öffentlichen Gesundheit oder des Umweltschutzes, eine Abweichung vom zwingenden Ausschluss gemäß Art. 38 Abs. 4 und 5 RL 2014/23/EU vorsehen. Für den zwingenden Ausschluss nach Art. 38 Abs. 5 RL 2014/23/EU können die Mitgliedstaaten nach Art. 38 Abs. 6 UAbs. 2 RL 2014/23/EU ferner eine Abweichung vorsehen, wenn ein Ausschluss eindeutig unverhältnismäßig wäre. Die Bestimmungen in Art. 38 Abs. 6 RL 2014/23/EU entsprechen denjenigen für das allgemeine Auftragsvergaberecht in Art. 57 Abs. 3 RL 2014/24/EU. 25

Die **Regelungssubstanz** des § 123 Abs. 5 GWB ist damit auf das Konzessionsvergaberecht zu transferieren, ohne dass hierfür konzessionsspezifische Besonderheiten festzustellen sind.[8] 26

d) Fakultative Geltung der zwingenden Ausschlussgründe (lit. a)

Nach § 154 Nr. 2 lit. a GWB ist § 123 GWB entsprechend anzuwenden mit der Maßgabe, dass Konzessionsgeber nach § 101 Abs. 1 Nr. 3 GWB ein Unternehmen unter den Voraussetzungen des § 123 GWB ausschließen können, aber nicht ausschließen müssen. 27

Die Regelung setzt die **unionsrechtlichen Bestimmungen** in Art. 38 Abs. 4 UAbs. 3 und Abs. 5 UAbs. 2 RL 2014/23/EU um.[9] Hiernach können Auftraggeber im Sinne des Art. 7 Abs. 1 lit. a RL 2014/23/EU solche Wirtschaftsteilnehmer vom Vergabeverfahren ausschließen, bei denen die Gründe nach Art. 38 Abs. 4 UAbs. 1 und Abs. 5 UAbs. 1 RL 2014/23/EU festgestellt werden. Auftraggeber im Sinne des Art. 7 Abs. 1 lit. a RL 2014/23/EU entsprechen im deutschen Recht den Konzessionsgebern nach § 101 Abs. 1 Nr. 3 GWB. Ausweislich des Wortlauts („können") ist damit in diesem personellen Anwendungsrahmen kein obligatorischer Ausschluss der betroffenen Unternehmen bei Vorliegen zwingender Ausschlussgründe vorgesehen. Diese Besonderheit transferiert § 154 Nr. 2 lit. a GWB in deutsches Recht. 28

Rechtlicher Hintergrund von § 154 Nr. 2 lit. a GWB ist, dass § 154 Nr. 2 i.V.m. § 123 Abs. 1 und 4 GWB den zwingenden Ausschluss von Unternehmen aus dem Vergabeverfahren anordnet, sodass Konzessionsgebern grundsätzlich kein **Ermessensspielraum** über den Ausschluss des betroffenen Unternehmens vom Vergabeverfahren zusteht. Hiervon weicht § 154 Nr. 2 lit. a GWB ab, indem Konzessionsgebern nach § 101 Abs. 1 Nr. 3 GWB ein solcher Spielraum ausweislich des Wortlauts der Regelung („können") eingeräumt wird. 29

Der **persönliche Anwendungsbereich** von § 154 Nr. 2 lit. a GWB ist auf Konzessionsgeber nach § 101 Abs. 1 Nr. 3 GWB beschränkt. Dies sind Sektorenauftraggeber gemäß § 100 Abs. 1 Nr. 2 GWB, die eine Sektorentätigkeit gemäß § 102 Abs. 2 bis 6 GWB ausüben und eine Konzession zum Zweck der Ausübung dieser Tätigkeit vergeben. E contrario gilt die Privilegierung für Konzessionsgeber nach § 101 Abs. 1 Nr. 1 und 2 GWB nicht. 30

§ 154 Nr. 2 lit. a GWB bezieht sich auf die Regelungen in § 123 GWB insgesamt. Eine Einschränkung sieht die Bestimmung nicht vor. Die fakultative Geltung wird damit sowohl für die **Ausschlussgründe** nach § 123 Abs. 1 GWB als auch für den Ausschlussgrund nach § 123 Abs. 4 GWB angeordnet. 31

2. Fakultative Ausschlussgründe

Der Befehl zur entsprechenden Anwendung nach § 154 Nr. 2 GWB umfasst auch die fakultativen Ausschlussgründe nach § 124 GWB. Liegen solche Ausschlussgründe vor, steht dem öffentlichen Auftraggeber ein Ermessensspielraum darüber zu, ob er das betreffende Unternehmen vom Vergabeverfahren ausschließt. Über § 154 Nr. 2 GWB gilt dies auch für Konzessionsgeber. 32

---

8 Für Einzelheiten zu der Regelung wird daher auf die Kommentierung von *Gnittke/Hattig* zu § 123 GWB verwiesen.
9 Vgl. Gesetzesbegründung zu § 154 Nr. 2 lit. a GWB, VergRModG 2016, BT-Drs. 18/6281, 133.

33 Insoweit wird die **unionsrechtliche Vorgabe** in Art. 38 Abs. 7 RL 2014/23/EU umgesetzt. Danach können oder müssen – falls von einem Mitgliedstaat verlangt – öffentliche Auftraggeber oder Auftraggeber in bestimmten Situationen einen Wirtschaftsteilnehmer von der Teilnahme an einem Vergabeverfahren ausschließen. Der deutsche Gesetzgeber hat von der Möglichkeit, die in Art. 38 Abs. 7 RL 2014/23/EU bestimmten Situationen als zwingende Ausschlussgründe im deutschen Recht vorzusehen, keinen Gebrauch gemacht.

34 Die **entsprechende Geltung** der Regelungen in § 124 GWB für das Konzessionsvergaberecht wird in § 154 Nr. 2 GWB uneingeschränkt angeordnet. Die entsprechende Anwendung indiziert, dass für die jeweilige in Bezug genommene Regelung zu prüfen ist, ob und in welcher Weise die Regelung in den Normkontext des Konzessionsvergaberechts übersetzt werden kann. Dies gilt ausnahmslos. Fehlleitend ist insoweit die Gesetzesbegründung, die davon spricht, dass *„grundsätzlich"*[10] eine entsprechende Geltung angeordnet sei und hierdurch suggeriert, dass es Ausnahmen von der entsprechenden Anwendung geben könnte.

35 Der **persönliche Anwendungsbereich** des Anwendungsbefehls von § 154 Nr. 2 i.V.m. § 124 GWB umfasst Konzessionsgeber nach § 101 GWB und damit – anders als § 154 Nr. 5 bis 7 GWB – sowohl solche nach § 101 Abs. 1 Nr. 1 GWB als auch solche nach § 101 Abs. 1 Nr. 2 und 3 GWB. Dies entspricht der unionsrechtlichen Grundlage in Art. 38 Abs. 7 RL 2014/23/EU. Diese Bestimmung regelt den persönlichen Anwendungsbereich für „öffentliche Auftraggeber" und „Auftraggeber". Gemeint sind hiermit öffentliche Auftraggeber i.S.v. Art. 6 RL 2014/23/EU, die Konzessionsgebern nach § 101 Abs. 1 Nr. 1 GWB entsprechen, und Auftraggeber i.S.v. Art. 7 RL 2014/23/EU, die Konzessionsgebern nach § 101 Abs. 1 Nr. 2 und 3 GWB entsprechen.

a) Verstoß gegen umwelt-, sozial- oder arbeitsrechtliche Verpflichtungen

36 Die Regelung in § 124 Abs. 1 Nr. 1 GWB sieht einen fakultativen Ausschlussgrund für den Verstoß des betroffenen Unternehmens gegen umwelt-, sozial- oder arbeitsrechtliche Verpflichtungen vor. In entsprechender Anwendung nach § 154 Nr. 2 GWB ist die Regelung so zu lesen, dass Konzessionsgeber unter Berücksichtigung des Grundsatzes der Verhältnismäßigkeit ein Unternehmen von der Teilnahme an einem Vergabeverfahren zu jedem Zeitpunkt dieses Vergabeverfahrens ausschließen können, wenn das Unternehmen bei der Ausführung von Konzessionen nachweislich gegen geltende umwelt-, sozial- oder arbeitsrechtliche Verpflichtungen verstoßen hat.

37 Die Regelung dient der Umsetzung der **unionsrechtlichen Vorgabe** in Art. 38 Abs. 7 lit. a RL 2014/23/EU. Danach können oder müssen – falls von einem Mitgliedstaat verlangt – öffentliche Auftraggeber oder Auftraggeber einen Wirtschaftsteilnehmer von der Teilnahme an einem Vergabeverfahren ausschließen, wenn „sie in jeder geeigneten Weise eine Verletzung der geltenden Verpflichtungen nach Art. 30 Abs. 3 RL 2014/23/EU nachweisen" können. Dies entspricht der Parallelregelung für das allgemeine Auftragsvergaberecht in Art. 57 Abs. 4 UAbs. 1 lit. a RL 2014/24/EU. Während Art. 38 Abs. 7 lit. a RL 2014/23/EU allerdings den Nachweis in „jeder geeigneten Weise" fordert, verlangt die Parallelvorschrift in Art. 57 Abs. 4 UAbs. 1 lit. a RL 2014/24/EU den Nachweis „auf geeignete Weise". Ein inhaltlicher Unterschied ist hiermit nicht verbunden. Es handelt sich vielmehr um eine rein sprachliche Abweichung, was dadurch bekräftigt wird, dass die englische und französische Sprachfassung insoweit einheitlich formuliert sind („any appropriate means" bzw. „tout moyen approprié").

38 Der Verstoß gegen die umwelt-, sozial- oder arbeitsrechtliche Verpflichtungen muss bei der Ausführung eines **Konzessionsvertrages** erfolgt sein. Dieses Ergebnis der entsprechenden Anwendung von § 124 Abs. 1 Nr. 1 GWB wird durch Art. 38 Abs. 7 lit. a RL 2014/23/EU bestätigt, der über Art. 30 Abs. 3 RL 2014/23/EU explizit auf die „Durchführung von Konzessionsverträgen" abstellt. Damit genügen Verstöße gegen die genannten Verpflichtungen bei der Ausführung eines öffentlichen Auftrags für den Ausschlussgrund nach § 154 Nr. 2 GWB i.V.m. § 124 Abs. 1 Nr. 1 GWB nicht. Diese Einschränkung ist in Ansehung des Zwecks der Regelung

10 Gesetzesbegründung zu § 154 Nr. 2 GWB, VergRModG 2016, BT-Drs. 18/6281, 133.

fragwürdig. Im Hinblick auf den eindeutigen Wortlaut der Richtlinienbestimmung und den Sanktionscharakter der Vorschrift, der eine restriktive Auslegung gebietet, dürfte sie jedoch hinzunehmen sein.

Im Übrigen ist die Regelungssubstanz des § 124 Abs. 1 Nr. 1 GWB in das Konzessionsvergaberecht zu übertragen, ohne dass hierfür konzessionsspezifische Besonderheiten festzustellen sind.[11] 39

b) Zahlungsunfähigkeit, Insolvenz und Liquidation

Die Regelung in § 124 Abs. 1 Nr. 2 GWB ist in entsprechender Anwendung nach § 154 Nr. 2 GWB so zu verstehen, dass Konzessionsgeber unter Berücksichtigung des Grundsatzes der Verhältnismäßigkeit ein Unternehmen von der Teilnahme an einem Vergabeverfahren zu jedem Zeitpunkt dieses Vergabeverfahrens ausschließen können, wenn das Unternehmen zahlungsunfähig ist, über das Vermögen des Unternehmens ein Insolvenzverfahren oder ein vergleichbares Verfahren beantragt oder eröffnet worden ist, die Eröffnung eines solchen Verfahrens mangels Masse abgelehnt worden ist, sich das Unternehmen im Verfahren der Liquidation befindet oder seine Tätigkeit eingestellt hat. 40

Hierdurch wird die **unionsrechtliche Vorgabe** in Art. 38 Abs. 7 lit. b RL 2014/23/EU umgesetzt. Danach können oder müssen – falls von einem Mitgliedstaat verlangt – öffentliche Auftraggeber oder Auftraggeber einen Wirtschaftsteilnehmer von der Teilnahme an einem Vergabeverfahren ausschließen, wenn „der Wirtschaftsteilnehmer […] zahlungsunfähig [ist] oder […] sich in einem Insolvenzverfahren oder in Liquidation [befindet], seine Vermögenswerte […] von einem Insolvenzverwalter oder Gericht [verwaltet werden] oder er […] sich in einem Vergleichsverfahren [befindet] oder seine […] gewerbliche Tätigkeit eingestellt [hat] oder er […] sich aufgrund eines in den nationalen Rechtsvorschriften vorgesehenen gleichartigen Verfahrens in einer vergleichbaren Lage [befindet]". Diese Regelung hat ihre Entsprechung für das allgemeine Auftragsvergaberecht in der Parallelbestimmung des Art. 57 Abs. 4 UAbs. 1 lit. b RL 2014/24/EU. 41

Während die unionsrechtliche Vorgabe für § 124 Abs. 1 Nr. 2 GWB in Art. 57 Abs. 4 UAbs. 1 lit. b RL 2014/24/EU verlangt, dass die gewerbliche Tätigkeit des Unternehmens **eingestellt** *wurde*, erfordert Art. 38 Abs. 7 lit. b RL 2014/23/EU, dass das Unternehmen seine gewerbliche Tätigkeit eingestellt *hat*. Dies dürfte auf ein redaktionelles Versehen zurückzuführen sein, weil sich die Richtlinien in der französischen und englischen Sprachfassung nicht unterscheiden, sodass eine abweichende Anwendung von § 154 Nr. 2 GWB i.V.m. § 124 Abs. 1 Nr. 2 GWB gegenüber § 124 Abs. 1 Nr. 2 GWB insoweit nicht geboten ist. 42

Nach Art. 38 Abs. 7 lit. b RL 2014/23/EU kann oder muss – falls von einem Mitgliedstaat verlangt – der Konzessionsgeber jedoch beschließen, einen Wirtschaftsteilnehmer, der sich in einer der obengenannten Situationen befindet, **nicht auszuschließen**, wenn er unter Berücksichtigung der geltenden nationalen Vorschriften und Maßnahmen betreffend die Fortführung der Geschäftstätigkeit in diesen Situationen festgestellt hat, dass der fragliche Wirtschaftsteilnehmer in der Lage sein wird, die Konzession durchzuführen. Diese Regelung ist im nationalen Recht nicht explizit umgesetzt worden. § 124 Abs. 1 GWB ordnet jedoch ausdrücklich an, dass der Grundsatz der Verhältnismäßigkeit bei der Entscheidung über den Ausschluss des Unternehmens vom Vergabeverfahren zu berücksichtigen ist. Stellt der Konzessionsgeber fest, dass das fragliche Unternehmen trotz der in § 124 Abs. 1 Nr. 2 GWB genannten Situationen in der Lage sein wird, die Konzession ordnungsgemäß auszuführen, verbietet sich der Ausschluss dieses Unternehmens vom Vergabeverfahren aus Gründen der Verhältnismäßigkeit. Insofern ist ein Umsetzungsdefizit nicht festzustellen. 43

Die **Regelungssubstanz** des § 124 Abs. 1 Nr. 2 GWB gilt im Ergebnis im Konzessionsvergaberecht, ohne dass hierfür konzessionsspezifische Besonderheiten festzustellen sind.[12] 44

---

11 Für Einzelheiten zu der Regelung wird insoweit auf die Kommentierung von *Conrad* zu § 124 GWB verwiesen.
12 Für Einzelheiten zu der Regelung wird auf die Kommentierung von *Conrad* zu § 124 GWB verwiesen.

c) Schwere Verfehlung

45 In entsprechender Anwendung von § 124 Abs. 1 Nr. 3 GWB nach § 154 Nr. 2 GWB können Konzessionsgeber unter Berücksichtigung des Grundsatzes der Verhältnismäßigkeit ein Unternehmen von der Teilnahme an einem Vergabeverfahren zu jedem Zeitpunkt dieses Vergabeverfahrens ausschließen, das Unternehmen im Rahmen der beruflichen Tätigkeit nachweislich eine schwere Verfehlung begangen hat, durch die die Integrität des Unternehmens infrage gestellt wird. Dabei ist § 123 Abs. 3 GWB ist entsprechend anzuwenden.

46 Die Regelung dient der Umsetzung der **unionsrechtlichen Vorgabe** in Art. 38 Abs. 7 lit. c RL 2014/23/EU. Danach können oder müssen – falls von einem Mitgliedstaat verlangt – öffentliche Auftraggeber oder Auftraggeber einen Wirtschaftsteilnehmer von der Teilnahme an einem Vergabeverfahren ausschließen, wenn „der öffentliche Auftraggeber [...] in jeder geeigneten Weise nachweisen [kann], dass der Wirtschaftsteilnehmer im Rahmen seiner beruflichen Tätigkeit eine schwere Verfehlung begangen hat, die seine Integrität in Frage stellt". Während Art. 38 Abs. 7 lit. c RL 2014/23/EU den Nachweis in „jeder geeigneten Weise" fordert, verlangt die Parallelvorschrift in Art. 57 Abs. 4 UAbs. 1 lit. c RL 2014/24/EU den Nachweis „auf geeignete Weise". Ein inhaltlicher Unterschied ist hiermit nicht verbunden. Es handelt sich vielmehr um eine rein sprachliche Abweichung, was dadurch bekräftigt wird, dass die englische und französische Sprachfassung insoweit einheitlich formuliert sind („any appropriate means" bzw. „tout moyen approprié").

47 § 154 Nr. 2 GWB i.V.m. § 124 Abs. 1 Nr. 3 GWB gilt für **Konzessionsgeber** nach § 101 GWB. Es ist daher unerheblich, ob das betreffende Vergabeverfahren von einem Konzessionsgeber nach § 101 Nr. 1 GWB oder einem Konzessionsgeber nach § 101 Nr. 2 oder 3 GWB durchgeführt wird. Dies entspricht der unionsrechtlichen Vorgabe in Art. 38 Abs. 7 lit. c RL 2014/23/EU. Im ersten Halbsatz von Art. 38 Abs. 7 RL 2014/23/EU wird ausgewiesen, dass „öffentliche Auftraggeber" und „Auftraggeber" ein Unternehmen in den Situationen nach Art. 38 Abs. 7 lit. a bis i RL 2014/23/EU vom Vergabeverfahren ausschließen können. Gemeint sind damit „öffentliche Auftraggeber" nach Art. 6 RL 2014/23/EU, die Konzessionsgebern nach § 101 Nr. 1 GWB entsprechen, und „Auftraggeber" nach Art. 7 RL 2014/23/EU, die Konzessionsgebern nach § 101 Nr. 2 und 3 GWB entsprechen. Demgegenüber stellt Art. 38 Abs. 7 lit. c RL 2014/23/EU nur darauf ab, dass der „öffentliche Auftraggeber" in jeder geeigneten Weise die schwere Verfehlung nachweisen kann. Hierbei handelt es sich jedoch um ein redaktionelles Versehen, da die Bestimmung bei wortlautgetreuer Auslegung keinen Sinn ergäbe. Die Ausschlussbefugnis wird im ersten Halbsatz von Art. 38 Abs. 7 lit. c RL 2014/23/EU grundlegend den öffentlichen Auftraggebern und Auftraggebern zugewiesen. Es ist nicht logisch, dass der „Auftraggeber" ein Unternehmen von dem Vergabeverfahren nur ausschließen könnte, wenn ein „öffentlicher Auftraggeber" die schwere Verfehlung nachweisen kann. Im Übrigen ist auch kein sachlicher Grund für eine Differenzierung erkennbar und sind Anhaltspunkte hierfür weder den Gesetzgebungsmaterialien noch den Erwägungsgründen zu entnehmen.

48 Die **Regelungssubstanz** des § 124 Abs. 1 Nr. 3 GWB ist damit im Konzessionsvergaberecht anzuwenden, ohne dass hierfür konzessionsspezifische Besonderheiten festzustellen sind.[13]

d) Wettbewerbsbeschränkende Vereinbarung oder Verhaltensweise

49 In entsprechender Anwendung nach § 152 Nr. 2 GWB gilt gemäß § 124 Abs. 1 Nr. 4 GWB, dass Konzessionsgeber unter Berücksichtigung des Grundsatzes der Verhältnismäßigkeit ein Unternehmen von der Teilnahme an einem Vergabeverfahren zu jedem Zeitpunkt dieses Vergabeverfahrens ausschließen können, wenn der Konzessionsgeber über hinreichende Anhaltspunkte dafür verfügt, dass das Unternehmen mit anderen Unternehmen Vereinbarungen getroffen oder Verhaltensweisen aufeinander abgestimmt hat, die eine Verhinderung, Einschränkung oder Verfälschung des Wettbewerbs bezwecken oder bewirken.

13 Für Einzelheiten zu der Regelung wird auf die Kommentierung von *Conrad* zu § 124 GWB verwiesen.

50 Die Regelung dient der Umsetzung der **unionsrechtlichen Vorgabe** in Art. 38 Abs. 7 lit. e RL 2014/23/EU. Danach können oder müssen – falls von einem Mitgliedstaat verlangt – öffentliche Auftraggeber oder Auftraggeber einen Wirtschaftsteilnehmer von der Teilnahme an einem Vergabeverfahren ausschließen, wenn „der öffentliche Auftraggeber [...] über hinreichend stichhaltige Hinweise darauf [verfügt], dass der Wirtschaftsteilnehmer mit anderen Wirtschaftsteilnehmern Vereinbarungen getroffen hat, die auf eine Verzerrung des Wettbewerbs abzielen". Während Art. 38 Abs. 7 lit. e RL 2014/23/EU „hinreichend stichhaltige Hinweise" fordert, verlangt die Parallelvorschrift in Art. 57 Abs. 4 UAbs. 1 lit. d RL 2014/24/EU „hinreichend plausible Anhaltspunkte". Ein inhaltlicher Unterschied ist hiermit nicht verbunden. Es handelt sich vielmehr um eine rein sprachliche Abweichung, was dadurch bekräftigt wird, dass die englische und französische Sprachfassung insoweit einheitlich sind („plausible indications" bzw. „éléments plausibles").

51 § 154 Nr. 2 GWB i.V.m. § 124 Abs. 1 Nr. 3 GWB gilt für **Konzessionsgeber** nach § 101 GWB. Es ist daher unerheblich, ob das betreffende Vergabeverfahren von einem Konzessionsgeber nach § 101 Nr. 1 GWB oder einem Konzessionsgeber nach § 101 Nr. 2 oder 3 GWB durchgeführt wird. Dies entspricht der unionsrechtlichen Vorgabe in Art. 38 Abs. 7 lit. e RL 2014/23/EU. Im ersten Halbsatz von Art. 38 Abs. 7 RL 2014/23/EU wird ausgewiesen, dass „öffentliche Auftraggeber" und „Auftraggeber" ein Unternehmen in den Situationen nach Art. 38 Abs. 7 lit. a bis i RL 2014/23/EU vom Vergabeverfahren ausschließen können. Gemeint sind damit „öffentliche Auftraggeber" nach Art. 6 RL 2014/23/EU, die Konzessionsgebern nach § 101 Nr. 1 GWB entsprechen, und „Auftraggeber" nach Art. 7 RL 2014/23/EU, die Konzessionsgebern nach § 101 Nr. 2 und 3 GWB entsprechen. Demgegenüber stellt Art. 38 Abs. 7 lit. e RL 2014/23/EU nur darauf ab, dass der „öffentliche Auftraggeber" über hinreichend stichhaltige Hinweise verfügen muss. Hierbei handelt es sich jedoch um ein redaktionelles Versehen, da die Bestimmung bei wortlautgetreuer Auslegung keinen Sinn ergäbe. Die Ausschlussbefugnis wird im ersten Halbsatz von Art. 38 Abs. 7 lit. e RL 2014/23/EU grundlegend den öffentlichen Auftraggebern und Auftraggebern zugewiesen. Es ist nicht logisch, dass der „Auftraggeber" ein Unternehmen von dem Vergabeverfahren nur ausschließen könnte, wenn ein „öffentlicher Auftraggeber" über hinreichend stichhaltige Nachweise einer wettbewerbsbeschränkenden Vereinbarung oder Verhaltensweise verfügt. Im Übrigen ist auch kein sachlicher Grund für eine Differenzierung erkennbar und Anhaltspunkte hierfür sind weder den Gesetzgebungsmaterialien noch den Erwägungsgründen zu entnehmen.

52 Die **Regelungssubstanz** des § 124 Abs. 1 Nr. 4 GWB gilt damit im Konzessionsvergaberecht, ohne dass hierfür konzessionsspezifische Besonderheiten festzustellen sind.[14]

e) Interessenskonflikt

53 Die Regelung in § 124 Abs. 1 Nr. 5 GWB ist in entsprechender Anwendung nach § 154 Nr. 2 GWB so zu lesen, dass Konzessionsgeber unter Berücksichtigung des Grundsatzes der Verhältnismäßigkeit ein Unternehmen von der Teilnahme an einem Vergabeverfahren zu jedem Zeitpunkt dieses Vergabeverfahrens ausschließen können, wenn ein Interessenkonflikt bei der Durchführung des Vergabeverfahrens besteht, der die Unparteilichkeit und Unabhängigkeit einer für den Konzessionsgeber tätigen Person bei der Durchführung des Vergabeverfahrens beeinträchtigen könnte und der durch andere, weniger einschneidende Maßnahmen nicht wirksam beseitigt werden kann.

54 Die Regelung dient der Umsetzung der **unionsrechtlichen Vorgabe** in Art. 38 Abs. 7 lit. d RL 2014/23/EU. Danach können oder müssen – falls von einem Mitgliedstaat verlangt – öffentliche Auftraggeber oder Auftraggeber einen Wirtschaftsteilnehmer von der Teilnahme an einem Vergabeverfahren ausschließen, „wenn ein Interessenkonflikt im Sinne des Artikel 35 Absatz 2 [...] durch andere, weniger einschneidende Maßnahmen nicht wirksam beseitigt werden" kann. Die Regelung in Art. 38 Abs. 7 lit. d RL 2014/23/EU entspricht der Parallel-

14 Für Einzelheiten zu der Regelung wird auf die Kommentierung von *Conrad* zu § 124 GWB verwiesen.

bestimmung des allgemeinen Auftragsvergaberechts in Art. 57 Abs. 4 UAbs. 1 lit. e RL 2014/24/EU.

55 Was unter einem **Interessenskonflikt** im Sinne des Ausschlussgrundes zu verstehen ist, wird im deutschen Recht anders als in Art. 38 Abs. 7 lit. d RL 2014/23/EU, der eine Bezugnahme auf die Begriffsdefinition in Art. 35 RL 2014/23/EU enthält, nicht konturiert. Lediglich in Bezug auf das Mitwirkungsverbot von konfliktionären Personen wird der Begriff in § 5 KonzVgV näher ausgestaltet. Aufgrund der gemeinsamen Zielsetzung der Regelungen in § 125 Abs. 1 Nr. 5 GWB und § 5 KonzVgV, die Durchführung des Vergabeverfahrens aufseiten des Konzessionsgebers von wirtschaftlichen und persönlichen Interessen freizuhalten, und der insoweit klaren unionsrechtlichen Bestimmung in Art. 38 Abs. 7 lit. d RL 2014/23/EU ist die Begriffsbestimmung des Interessenskonflikts in § 5 KonzVgV auch für die Auslegung des § 124 Abs. 1 Nr. 5 GWB heranzuziehen. Aus systematischen Gründen wäre es indes glücklicher gewesen, wenn der Gesetzgeber die Begriffsbestimmung des Interessenskonflikts im GWB geregelt hätte.

56 Die **Regelungssubstanz** des § 124 Abs. 1 Nr. 5 GWB ist damit in das Konzessionsvergaberecht zu übertragen, ohne dass hierfür konzessionsspezifische Besonderheiten festzustellen sind.[15]

f) Vorbefassung

57 § 124 Abs. 1 Nr. 6 GWB regelt den Ausschlussgrund aufgrund der Vorbefassung eines Unternehmens. In entsprechender Anwendung der Regelung nach § 154 Nr. 2 GWB können Konzessionsgeber unter Berücksichtigung des Grundsatzes der Verhältnismäßigkeit ein Unternehmen von der Teilnahme an einem Vergabeverfahren zu jedem Zeitpunkt dieses Vergabeverfahrens ausschließen, wenn eine Wettbewerbsverzerrung daraus resultiert, dass das Unternehmen bereits in die Vorbereitung des Vergabeverfahrens einbezogen war, und diese Wettbewerbsverzerrung nicht durch andere, weniger einschneidende Maßnahmen beseitigt werden kann.

58 Die Regelung des § 152 Nr. 2 GWB i.V.m. § 124 Abs. 1 Nr. 6 GWB hat keine **unionsrechtliche Grundlage**. Eine entsprechende Regelung zu Art. 41 RL 2014/24/EU gibt es in der RL 2014/23/EU nicht. Die Regelung steht gleichwohl mit den unionsrechtlichen Vorgaben im Einklang, da sie dem Schutz des Wettbewerbs dient und damit einem wesentlichen Grundgedanken des europäischen Richtlinienrechts entspricht.

59 Der **Regelungssubstanz** des § 124 Abs. 1 Nr. 6 GWB ist in das Konzessionsvergaberecht zu übernehmen, ohne dass hierfür konzessionsspezifische Besonderheiten festzustellen sind.[16]

g) Schlechtleistung

60 § 124 Abs. 1 Nr. 7 GWB sieht die Möglichkeit des Ausschlusses wegen der mangelhaften Erfüllung eines früheren öffentlichen Auftrags oder Konzessionsvertrags vor. Die Regelung ist in entsprechender Anwendung nach § 154 Nr. 2 GWB so zu lesen, dass Konzessionsgeber unter Berücksichtigung des Grundsatzes der Verhältnismäßigkeit ein Unternehmen von der Teilnahme an einem Vergabeverfahren zu jedem Zeitpunkt dieses Vergabeverfahrens ausschließen können, wenn das Unternehmen eine wesentliche Anforderung bei der Ausführung einer früheren öffentlichen Auftrags oder Konzessionsvertrags erheblich oder fortdauernd mangelhaft erfüllt hat und dies zu einer vorzeitigen Beendigung, zu Schadensersatz oder zu einer vergleichbaren Rechtsfolge geführt hat.

61 Die Regelung dient der Umsetzung der **unionsrechtlichen Vorgabe** in Art. 38 Abs. 7 lit. f RL 2014/23/EU. Hiernach können oder müssen – falls von einem Mitgliedstaat verlangt – öffentliche Auftraggeber oder Auftraggeber einen Wirtschaftsteilnehmer von der Teilnahme an einem Vergabeverfahren ausschließen, wenn der Wirtschaftsteilnehmer „bei der Durchführung einer wesentlichen Anforderung im Rahmen einer früheren Konzession oder eines

15 Für Einzelheiten zu der Regelung wird auf die Kommentierung von *Conrad* zu § 124 GWB verwiesen.
16 Für Einzelheiten zu der Regelung wird auf die Kommentierung von *Conrad* zu § 124 GWB verwiesen.

früheren Vertrags mit einem öffentlichen Auftraggeber oder einem Auftraggeber im Sinne dieser Richtlinie oder im Sinne der Richtlinie 2014/25/EU erhebliche oder dauerhafte Mängel erkennen lassen [hat], die die vorzeitige Kündigung dieses früheren Vertrags, Schadenersatz oder andere vergleichbare Sanktionen nach sich gezogen haben". Diese Regelung entspricht weitestgehend der Parallelregelung zum allgemeinen Auftragsvergaberecht in Art. 57 Abs. 4 UAbs. 1 lit. g RL 2014/24/EU.

§ 154 Nr. 2 i.V.m. § 124 Abs. 1 Nr. 7 GWB ist nicht auf die Schlechtleistung bei **Konzessionen** im Sinne von § 105 GWB beschränkt. Zunächst ergibt sich bereits aus § 124 Abs. 1 Nr. 7 GWB unmittelbar, dass auch eine Schlechtleistung bei der Ausführung eines öffentlichen Auftrages im Sinne von § 103 Abs. 1 GWB erfasst ist. Für das Konzessionsvergaberecht gilt bei entsprechender Anwendung der Regelung nichts Anderes. Darüber hinaus dürfte die Regelung indes auch Schlechtleistungen bei der Ausführung solcher Aufträge erfassen, die nicht die Anforderungen nach § 103 Abs. 1 GWB oder § 105 GWB erfüllen. In Art. 38 Abs. 7 lit. f RL 2014/23/EU wird darauf abgestellt, dass die Schlechtleistung „im Rahmen einer früheren Konzession oder eines früheren Vertrags" erfolgt ist. Die Richtlinie lässt daher eine Schlechtleistung im Rahmen der Ausführung von einem „Vertrag" genügen. Dieser Begriff lässt ein weites Verständnis zu, sodass auch private Aufträge als Bezugsgegenstand anzusehen sein dürften. Die deutsche Regelung in § 154 Nr. 2 GWB i.V.m. § 124 Abs. 1 Nr. 7 GWB ist entsprechend richtlinienkonform auszulegen, da der deutsche Gesetzgeber[17] ausweislich der Gesetzesbegründung die unionsrechtlichen Bestimmungen in Art. 38 Abs. 7 RL 2014/23/EU hat umsetzen wollen. 62

Eine Eingrenzung erfolgt indes in Art. 38 Abs. 7 lit. f RL 2014/23/EU dadurch, dass die frühere Konzession oder der frühere Vertrag mit einem öffentlichen **Auftraggeber** oder einem Auftraggeber im Sinne der RL 2014/23/EU oder im Sinne der RL 2014/25/EU geschlossen sein muss. In § 154 Nr. 2 GWB i.V.m. § 124 Abs. 1 Nr. 7 GWB findet sich diese Einschränkung nicht explizit wieder. Implizit wird dies jedoch dadurch vorausgesetzt, dass es sich nach dem Wortlaut um einen früheren öffentlichen Auftrag oder einen Konzessionsvertrag handelt. Dies ist nach den entsprechenden Legaldefinitionen in § 103 Abs. 1 GWB und § 105 GWB nur gegeben, wenn der öffentliche Auftrag bzw. der Konzessionsvertrag durch einen Auftraggeber im Sinne von § 98 GWB vergeben wurde. 63

Im Übrigen ist die Regelungsmaterie des § 124 Abs. 1 Nr. 7 GWB in das Konzessionsvergaberecht zu transferieren, ohne dass hierfür konzessionsspezifische Besonderheiten festzustellen sind.[18] 64

h) Schwerwiegende Täuschung, Zurückhaltung von Informationen, Nichtübermittlung von Nachweisen

Mit § 154 Nr. 2 GWB dekretiert der Gesetzgeber auch die entsprechende Anwendung von § 124 Abs. 1 Nr. 8 GWB. Hiernach können Konzessionsgeber unter Berücksichtigung des Grundsatzes der Verhältnismäßigkeit ein Unternehmen von der Teilnahme an einem Vergabeverfahren zu jedem Zeitpunkt dieses Vergabeverfahrens ausschließen, wenn das Unternehmen in Bezug auf Ausschlussgründe oder Eignungskriterien eine schwerwiegende Täuschung begangen oder Auskünfte zurückgehalten hat oder nicht in der Lage ist, die erforderlichen Nachweise zu übermitteln. 65

Die Regelung dient der Umsetzung der **unionsrechtlichen Vorgabe** in Art. 38 Abs. 7 lit. g RL 2014/23/EU. Danach können oder müssen – falls von einem Mitgliedstaat verlangt – öffentliche Auftraggeber oder Auftraggeber einen Wirtschaftsteilnehmer von der Teilnahme an einem Vergabeverfahren ausschließen, wenn der Wirtschaftsteilnehmer „sich bei seinen Auskünften zur Überprüfung des Fehlens von Ausschlussgründen und der Einhaltung der Eignungskriterien einer schwerwiegenden Täuschung schuldig gemacht hat, [...] derartige Auskünfte zurückgehalten [hat] oder [...] nicht in der Lage [ist], die erforderlichen Unterlagen zur 66

17 Gesetzesbegründung zu § 154 Nr. 2 GWB, VergRModG 2016, BT-Drs. 18/6281, 133.
18 Für Einzelheiten zu der Regelung wird auf die Kommentierung von *Conrad* zu § 124 GWB verwiesen.

Belegung dieser Auskünfte einzureichen". Während die Parallelregelung für das allgemeine Auftragsvergaberecht in Art. 57 Abs. 4 UAbs. 1 lit. g RL 2014/24/EU in der letzten Variante verlangt, dass der Wirtschaftsteilnehmer nicht in der Lage ist, die gemäß Art. 59 RL 2014/24/EU erforderlichen zusätzlichen Unterlagen zur Belegung dieser Auskünfte einzureichen, enthält Art. 38 Abs. 7 lit. g RL 2014/23/EU einen entsprechenden Normbezug für die erforderlichen Unterlagen nicht. Bei den erforderlichen zusätzlichen Unterlagen nach Art. 59 RL 2014/24/EU handelt es sich um diejenigen Unterlagen, die über die Einheitliche Europäische Eigenerklärung hinausgehen. Dies sind all diejenigen Unterlagen, die der Auftraggeber zur Überprüfung der Eignung des Unternehmens und des Nichtvorliegens von Ausschlussgründen gefordert hat. Es besteht daher insoweit kein inhaltlicher Unterschied zwischen Art. 57 Abs. 4 UAbs. 1 lit. g RL 2014/24/EU und Art. 38 Abs. 7 lit. g RL 2014/23/EU, der bei der Auslegung von § 152 Nr. 2 GWB i.V.m. § 124 Abs. 1 Nr. 8 GWB zu berücksichtigen sein könnte.

67 § 154 Nr. 2 i.V.m. § 124 Abs. 1 Nr. 8 GWB bezieht sich auf Ausschlussgründe und Eignungskriterien. Mit **Ausschlussgründen** sind diejenigen referenziert, die nach § 154 Nr. 2 i.V.m. §§ 123, 124 GWB vorgesehen sind. Zu berücksichtigen ist hierbei auch die Maßgabe des § 154 Nr. 2 lit. b RL 2014/23/EU, sodass auch der mit dieser Maßgabe für das Konzessionsvergaberecht speziell geregelte Ausschlussgrund bei der Auslegung von § 154 Nr. 2 i.V.m. § 124 Abs. 1 Nr. 8 GWB einzubeziehen ist. **Eignungskriterien** sind diejenigen Kriterien, die Konzessionsgeber zur Feststellung der Eignung der Unternehmen nach § 152 Abs. 2 GWB aufgestellt haben.

68 **Im Übrigen** gilt der Regelungsgehalt des § 124 Abs. 1 Nr. 8 GWB im Konzessionsvergaberecht, ohne dass hierfür konzessionsspezifische Besonderheiten festzustellen sind.[19]

i) Unzulässige Einflussnahme

69 Aufgrund von § 124 Abs. 1 Nr. 9 GWB kann die unzulässige Beeinflussung des öffentlichen Auftraggebers mit dem Ausschluss vom Vergabeverfahren sanktioniert werden. Die Regelung ist entsprechender Anwendung nach § 152 Nr. 2 GWB so zu lesen, dass Konzessionsgeber unter Berücksichtigung des Grundsatzes der Verhältnismäßigkeit ein Unternehmen von der Teilnahme an einem Vergabeverfahren zu jedem Zeitpunkt dieses Vergabeverfahrens ausschließen können, wenn das Unternehmen

- versucht hat, die Entscheidungsfindung des Konzessionsgebers in unzulässiger Weise zu beeinflussen (lit. a),
- versucht hat, vertrauliche Informationen zu erhalten, durch die es unzulässige Vorteile beim Vergabeverfahren erlangen könnte (lit. b), oder
- fahrlässig oder vorsätzlich irreführende Informationen übermittelt hat, die die Vergabeentscheidung des Konzessionsgebers erheblich beeinflussen könnten, oder versucht hat, solche Informationen zu übermitteln (lit. c).

70 Die Regelung dient der Umsetzung der **unionsrechtlichen Bestimmung** in Art. 38 Abs. 7 lit. g RL 2014/23/EU. Diese Bestimmung entspricht der Parallelvorschrift zum allgemeinen Auftragsvergaberecht in Art. 57 Abs. 4 UAbs. 1 lit. i RL 2014/24/EU.

71 Die **Regelungssubstanz** des § 124 Abs. 1 Nr. 9 GWB ist damit in das Konzessionsvergaberecht zu übertragen, ohne dass hierfür konzessionsspezifische Besonderheiten festzustellen sind.[20]

19 Für Einzelheiten zu der Regelung wird auf die Kommentierung von *Conrad* zu § 124 GWB verwiesen.
20 Für Einzelheiten zu der Regelung wird auf die Kommentierung von *Conrad* zu § 124 GWB verwiesen.

j) Vertrauensmangel (lit. b)

Nach § 154 Nr. 2 lit. b Hs. 1 GWB können Konzessionsgeber im Fall einer Konzession in den Bereichen Verteidigung und Sicherheit ein Unternehmen von der Teilnahme an einem Vergabeverfahren ausschließen, wenn das Unternehmen nicht die erforderliche Vertrauenswürdigkeit aufweist, um Risiken für die nationale Sicherheit auszuschließen. Der Nachweis kann gemäß § 154 Nr. 2 lit. b Hs. 2 GWB auch mithilfe geschützter Datenquellen erfolgen. Für die Vergabe von öffentlichen Aufträgen gibt es ein zu § 154 Nr. 2 lit. b GWB entsprechendes Pendant in § 147 GWB. **72**

Die Regelung dient der Umsetzung der **unionsrechtlichen Vorgabe** in Art. 38 Abs. 7 lit. i RL 2014/23/EU.[21] Danach können oder müssen – falls von einem Mitgliedstaat verlangt – öffentliche Auftraggeber oder Auftraggeber einen Wirtschaftsteilnehmer von der Teilnahme an einem Vergabeverfahren ausschließen, wenn „der Wirtschaftsteilnehmer [...] für Konzessionen im Verteidigungs- und Sicherheitsbereich im Sinne der Richtlinie 2009/81/EG nicht die erforderliche Vertrauenswürdigkeit [aufweist], um Risiken für die Sicherheit des Mitgliedstaats auszuschließen, was mit Hilfe gleich welchen Beweismittels, einschließlich geschützter Datenquellen, nachgewiesen wurde". Der Ausschlussgrund entspricht demjenigen für das Auftragsvergaberecht in Art. 39 Abs. 2 UAbs. 1 lit. e RL 2009/81/EG. **73**

Der **Hintergrund** der entsprechenden Regelung für das Auftragsvergaberecht in § 147 GWB liegt ausweislich Erwägungsgrund 67 RL 2009/81/EG in der *„elementare[n] Bedeutung"* der Vertrauenswürdigkeit *„angesichts der Sensibilität des Verteidigungs- und Sicherheitsbereichs"* begründet. Diese Erwägungen dürften auch Art. 38 Abs. 7 lit. g RL 2014/23/EU und damit § 154 Nr. 2 lit. b GWB zugrunde liegen. **74**

Der **Anwendungsbereich** der Regelung ist auf Konzessionen in den Bereichen Verteidigung und Sicherheit beschränkt. Außerhalb dieses Anwendungsbereichs gilt der Ausschlussgrund daher nicht. Die Zuordnung von Konzessionen zum Bereich Verteidigung und Sicherheit i.S.v. § 154 Nr. 2 lit. b Hs. 1 GWB setzt voraus, dass diese Konzessionen sich auf Bau- oder Dienstleistungen i.S.v. § 104 Abs. 1 Nr. 3 und 4 GWB beziehen.[22] Dies ergibt sich nicht unmittelbar aus dem Gesetz, sondern ist aus den unionsrechtlichen Bestimmungen abzuleiten, in deren Sinne § 154 Nr. 2 lit. b Hs. 1 GWB auszulegen ist. Die unionsrechtliche Vorgabe von § 154 Nr. 2 lit. b Hs. 1 GWB in Art. 38 Abs. 7 lit. g RL 2014/23/EU spricht von „Konzessionen im Verteidigungs- und Sicherheitsbereich im Sinne der Richtlinie 2009/81/EG". Der Richtliniengeber ordnet insoweit eine gesetzgeberische Analogie an, da die RL 2009/81/EG nur „Aufträge in den Bereichen Verteidigung und Sicherheit", nicht aber entsprechende Konzessionen kennt. Die RL 2009/81/EG gilt ausweislich des Wortlauts von Art. 2 RL 2009/81/EG nur für einen Teil der „Aufträge in den Bereichen Verteidigung und Sicherheit", nämlich denjenigen, der in Art. 2 RL 2009/81/EG eingegrenzt wird.[23] Es ist davon auszugehen, dass sich der Verweis in Art. 38 Abs. 7 lit. g RL 2014/23/EU nur auf diesen Teilbereich bezieht, nicht aber darüber hinausgehend auf Aufträge in den Bereichen Verteidigung und Sicherheit, die von der RL 2009/81/EG nicht erfasst sind.[24] Sinn und Zweck des Verweises ist es, den in der RL 2009/81/EG markierten Rechtsrahmen für den Ausschlussgrund in Art. 39 Abs. 2 UAbs. 1 lit. e RL 2009/81/EG auf das Konzessionsvergaberecht zu übertragen. Andernfalls hätte der Verweis auf die RL 2009/81/EG keinen Sinn. Art. 38 Abs. 7 lit. i RL 2014/23/EU kann daher insoweit nicht über Art. 39 Abs. 2 UAbs. 1 lit. e RL 2009/81/EG hinausgehen. Dieses Verständnis des Begriffs der Konzessionen in den Bereichen Verteidigung und Sicherheit liegt ausweislich der Gesetzesmaterialien zum VergRModG 2016[25] auch der Regelung des § 154 Nr. 2 lit. b GWB zugrunde. Nach Auffassung des Gesetzgebers ergibt sich *„aus einer Zusammenschau von Artikel 5 Nummer 1 der Richtlinie 2014/23/EU und Artikel 2 Buchstabe c und d der Richtlinie 2009/81/EG [...], dass es* **75**

---

21 Gesetzesbegründung, BT-Drs. 18/6281, 133. Die Regelung entspricht auch § 24 Abs. 1 Nr. 5 VSVgV.

22 So wohl auch *Brüning*, in: Byok/Jaeger, Vergaberecht, § 154 GWB Rn. 8; *Rafii*, in: Reidt/Stickler/Glahs, Vergaberecht, § 154 GWB Rn. 5.

23 Vgl. *Scherer*, in: Heuvels/Höß/Kuß/Wagner, Vergaberecht, § 154 GWB Rn. 8

24 A.A. *Scherer*, in: Heuvels/Höß/Kuß/Wagner, Vergaberecht, § 154 GWB Rn. 8.

25 Gesetzesbegründung zu § 150 GWB, VergRModG 2016, BT-Drs. 18/6281, 129.

sich um solche Konzessionen handelt, deren vertragliche Regelung Bau- oder Dienstleistungen umfassen, die im unmittelbaren Zusammenhang mit Militärausrüstung oder Ausrüstung im Rahmen eines Verschlusssachenauftrags stehen bzw. um Bau- und Dienstleistungen speziell für militärische Zwecke oder Bau- und Dienstleistungen, die im Rahmen eines Verschlusssachenauftrags vergeben werden."

76 Über den Ausschluss des betroffenen Unternehmens steht dem Konzessionsgeber ausweislich des Wortlauts der Regelung („können") ein **Ermessensspielraum** zu. Konzessionsgeber sind daher nicht verpflichtet, das betroffene Unternehmen von dem Vergabeverfahren auszuschließen, wenn die Voraussetzungen der Regelung vorliegen. Entsprechend steht anderen am Vergabeverfahren beteiligten Unternehmen kein Anspruch auf den Ausschluss eines betroffenen Unternehmens zu, sondern lediglich auf eine ordnungsgemäße Ermessensausübung des Konzessionsgebers, die von den Nachprüfungsinstanzen nach den Maßstäben der Ermessenslehre nur beschränkt überprüft werden kann.

77 In systematischer Hinsicht regelt die Vorschrift des § 154 Nr. 2 lit. b GWB unter Ansehung der angeordneten Rechtsfolge einen **fakultativen Ausschlussgrund**. Es handelt sich daher um eine Komplementärvorschrift zu § 124 GWB.

78 Der Ausschluss des Unternehmens nach § 154 Nr. 2 lit. b GWB setzt voraus, dass dieses Unternehmen nicht die erforderliche **Vertrauenswürdigkeit** aufweist, um Risiken für die nationale Sicherheit auszuschließen. Der Begriff der Vertrauenswürdigkeit wird weder im GWB noch in der RL 2014/23/EU näher bestimmt. Ausweislich Erwägungsgrund 67 RL 2009/81/EG hängt die Annahme der Vertrauenswürdigkeit insbesondere von der Fähigkeit ab, die Anforderungen der Auftraggeber an die Informations- und die Versorgungssicherheit zu erfüllen. Hierbei hat der Konzessionsgeber eine Prognose zu treffen, ob die Vertrauenswürdigkeit des Unternehmens über die gesamte vorgesehene Vertragslaufzeit gegeben ist, wobei dem Konzessionsgeber aufgrund der Prognose- und Risikoentscheidung ein Beurteilungsspielraum zuzugestehen ist.[26]

79 Die Vertrauenswürdigkeit muss von solcher Qualität sein, dass Risiken für die **nationale Sicherheit** ausgeschlossen sind. Eine Eingrenzung auf bestimmte Sicherheitsbereiche nimmt die Regelung nicht vor. Die Sicherheitsbeeinträchtigung kann daher für die innere oder die äußere Sicherheit sowie insbesondere für die Versorgungs- und Informationssicherheit bestehen. Der Begriff der nationalen Sicherheit impliziert, dass Sicherheitsinteressen von nationaler Tragweite betroffen sein müssen. Auch nach Erwägungsgrund 67 RL 2009/81/EG sollen mit der Regelung *„wesentliche Sicherheitsinteressen des betreffenden Mitgliedstaats"* adressiert sein. Allein die Sicherheitsinteressen des jeweiligen Konzessionsgebers genügen daher nicht. Ebenso wenig kommt es auf die Sicherheitsinteressen anderer Mitgliedstaaten an.

80 Die Risiken für die nationale Sicherheit können ausweislich Erwägungsgrund 65 RL 2009/81/EG mit bestimmten Merkmalen der vom Unternehmen gelieferten **Produkte** zusammenhängen. Es ist jedoch zweifelhaft, ob dies ein Anwendungsbereich des § 154 Nr. 2 lit. b Hs. 1 GWB sein kann, da der Ausschlussgrund des § 154 Nr. 2 lit. b Hs. 1 GWB unternehmens- und nicht angebotsbezogen ist. Sieht das Angebot des Bieters Produkte vor, die nicht den Sicherheitsanforderungen genügen, dürfte eher in Frage stehen, ob das Angebot den Anforderungen der Vergabeunterlagen entspricht. Anders liegt es für die in Erwägungsgrund 65 RL 2009/81/EG ebenfalls genannte **Gesellschaftsstruktur** des Unternehmens. Die grundlegenden Entscheidungen einer Gesellschaft und die personelle Besetzung der Geschäftsführung des Unternehmens werden regelmäßig durch die stimmberechtigten Gesellschafter beeinflusst. Vor diesem Hintergrund kann die Vertrauenswürdigkeit eines Unternehmens in Frage stehen, wenn Gesellschafter an diesem Unternehmen beteiligt sind, die Interessen verfolgen, welche mit den nationalen Sicherheitsinteressen nicht vereinbar sind.

81 Die fehlende Vertrauenswürdigkeit kann auch auf ein **vergangenes Fehlerverhalten** zurückzuführen sein. Ein solches Fehlverhalten kann etwa darin liegen, dass das Unternehmen

26 A.A. *Germelmann*, in: Burgi/Dreher/Opitz, Vergaberecht, § 154 GWB Rn. 27.

in der Vergangenheit vertrauliche Informationen, insbesondere Verschlusssachen, an Dritte unbefugt weitergegeben hat. § 154 Nr. 2 lit. b Hs. 1 GWB wird in Bezug auf vergangenes Fehlverhalten nicht durch die Ausschlussgründe der schweren Verfehlung und der mangelhaften Erfüllung nach § 154 Nr. 2 i.V.m. § 124 Abs. 1 Nr. 3 oder 7 GWB gesperrt. Der umfassende Schutz nationaler Sicherheitsinteressen gebietet es, dass auch Fehlverhalten, die nicht die Voraussetzungen der Ausschlussgründe nach § 154 Nr. 2 i.V.m. § 124 Abs. 1 Nr. 3 oder 7 GWB erfüllen, zum Ausschluss des betroffenen Unternehmens nach § 154 Nr. 2 lit. b Hs. 1 GWB führen können.

Die **Nachweislast** für das Vorliegen des Ausschlussgrundes nach § 154 Nr. 2 lit. b Hs. 2 GWB liegt beim Konzessionsgeber. In der Wahl des Mittels über den Nachweis ist der Konzessionsgeber von Gesetzes wegen nicht eingeschränkt. In der unionsrechtlichen Bestimmung des Art. 38 Abs. 7 lit. g RL 2014/23/EU wird dies ausdrücklich festgehalten, wonach der Nachweis „mit Hilfe gleich welchen Beweismittels" geführt werden kann. Bei einem solchen Beweismittel kann es sich nach § 154 Nr. 2 lit. b Hs. 2 GWB um eine geschützte Datenquelle handeln. Der Begriff der geschützten Datenquelle wird weder im Gesetz noch in der Richtlinie konturiert. Hiermit dürften Informationsträger gemeint sein, die besonderen Schutzanforderungen unterliegen und daher nicht offengelegt werden dürfen. Auch wenn diese Datenquelle nicht offengelegt werden kann, stellt § 154 Nr. 2 lit. b Hs. 2 GWB sicher, dass der Konzessionsgeber den Ausschluss des betroffenen Unternehmens hierauf stützen und damit erforderlichenfalls das Vorliegen des Ausschlussgrundes im Nachprüfungsverfahren nachweisen kann. **82**

3. Selbstreinigung

§ 125 GWB enthält die Regelungen zur sog. Selbstreinigung. Diese Regelungen ermöglichen es Unternehmen, die Wiederherstellung ihrer Zuverlässigkeit bei Vorliegen von Ausschlussgründen nach §§ 123, 124 GWB nachzuweisen und ihren Ausschluss vom Vergabeverfahren damit abzuwehren. Die Vorschrift des § 125 GWB wird durch § 152 Nr. 2 GWB im Konzessionsvergaberecht für entsprechend anwendbar erklärt. **83**

a) Selbstreinigungsmaßnahmen

§ 125 Abs. 1 S. 1 GWB ist in entsprechender Anwendung nach § 154 Nr. 2 GWB dahingehend zu lesen, dass Konzessionsgeber ein Unternehmen, bei dem ein Ausschlussgrund nach § 154 Nr. 2 i.V.m. § 123 oder § 124 GWB vorliegt, nicht von der Teilnahme an dem Vergabeverfahren ausschließen, wenn das Unternehmen nachgewiesen hat, dass es für jeden durch eine Straftat oder ein Fehlverhalten verursachten Schaden einen Ausgleich gezahlt oder sich zur Zahlung eines Ausgleichs verpflichtet hat, die Tatsachen und Umstände, die mit der Straftat oder dem Fehlverhalten und dem dadurch verursachten Schaden in Zusammenhang stehen, durch eine aktive Zusammenarbeit mit den Ermittlungsbehörden und dem Konzessionsgeber umfassend geklärt hat, und konkrete technische, organisatorische und personelle Maßnahmen ergriffen hat, die geeignet sind, weitere Straftaten oder weiteres Fehlverhalten zu vermeiden. Die Sonderregelung zur Selbstreinigung in § 154 Nr. 2 i.V.m. § 123 Abs. 4 S. 2 GWB bleibt nach § 154 Nr. 2 i.V.m. § 125 Abs. 1 S. 2 GWB unberührt. **84**

Die Regelung setzt die **unionsrechtlichen Vorgaben** zum sog. „self cleaning" aus Art. 38 Abs. 9 UAbs. 1 und UAbs. 2 S. 1 RL 2014/23/EU in deutsches Recht um. Die Möglichkeit des Nachweises über die Selbstreinigung kann nach der Rechtsprechung des EuGH[27] durch die Mitgliedstaaten nicht ausgeschlossen werden. Art. 38 Abs. 9 UAbs. 1 und UAbs. 2 S. 1 RL 2014/23/EU entspricht der Parallelregelung zum allgemeinen Auftragsvergaberecht in Art. 57 Abs. 6 UAbs. 1 und 2 RL 2014/24/EU. **85**

Die entsprechende Anwendung von § 125 GWB für das Konzessionsvergaberecht ermöglicht Unternehmen die Selbstreinigung für die Ausschlussgründe nach **§§ 123, 124 GWB** in deren entsprechenden Anwendung durch § 154 Nr. 2 GWB. Dabei ist die Maßgabe des § 154 Nr. 2 lit. b GWB zu berücksichtigen. Dies folgt nicht klar aus der Bestimmung in § 154 Nr. 2 GWB, **86**

27 Vgl. EuGH, Urteil v. 11.6.2020 – Rs. C-472/19 (Vert Marine), Rn. 19.

ergibt sich jedoch aus einer richtlinienkonformen Auslegung der Vorschrift. Art. 38 Abs. 9 UAbs. 1 RL 2014/23/EU bezieht die Möglichkeit der Selbstreinigung auch auf Art. 38 Abs. 7 lit. i RL 2014/23/EU, der die unionsrechtliche Grundlage von § 154 Nr. 2 lit. b GWB bildet.

87 Die **Regelungssubstanz** des § 125 Abs. 1 GWB ist damit in das Konzessionsvergaberecht zu übersetzen, ohne dass hierfür konzessionsspezifische Besonderheiten festzustellen sind.[28]

b) Bewertung der Selbstreinigungsmaßnahmen

88 § 125 Abs. 2 S. 1 GWB ist in seiner entsprechenden Anwendung durch § 154 Nr. 2 GWB so zu lesen, dass Konzessionsgeber die von dem Unternehmen ergriffenen Selbstreinigungsmaßnahmen bewerten und dabei die Schwere und die besonderen Umstände der Straftat oder des Fehlverhaltens berücksichtigen. Erachten die Konzessionsgeber die Selbstreinigungsmaßnahmen des Unternehmens als unzureichend, so begründen sie nach § 154 Nr. 2 i.V.m. § 125 Abs. 2 S. 2 GWB diese Entscheidung gegenüber dem Unternehmen.

89 Mit § 125 Abs. 2 S. 1 GWB wird die **unionsrechtliche Vorgabe** in Art. 38 Abs. 9 UAbs. 2 S. 2 RL 2014/23/EU umgesetzt. § 125 Abs. 2 S. 2 GWB hat seine unionsrechtliche Grundlage in Art. 38 Abs. 9 UAbs. 2 S. 3 RL 2014/23/EU. Art. 38 Abs. 9 UAbs. 2 S. 2 und 3 RL 2014/23/EU ist wortgleich zu der Parallelregelung für das allgemeine Auftragsvergaberecht in Art. 57 Abs. 6 UAbs. 3 RL 2014/24/EU.

90 Die **Regelungssubstanz** des § 125 Abs. 2 GWB ist damit im Konzessionsvergaberecht anzuwenden, ohne dass hierfür konzessionsspezifische Besonderheiten festzustellen sind.[29]

4. Zulässiger Zeitraum für Ausschlüsse

91 In § 126 GWB sind die zulässigen Zeiträume für den Ausschluss von Unternehmen wegen des Vorliegens von zwingenden oder fakultativen Ausschlussgründen bei der Vergabe von öffentlichen Aufträgen geregelt. § 154 Nr. 2 GWB verfügt die entsprechende Anwendung auch dieser Vorschrift für das Konzessionsvergaberecht. Danach darf ein Unternehmen, bei dem ein Ausschlussgrund vorliegt und das keine oder keine ausreichenden Selbstreinigungsmaßnahmen nach § 125 GWB ergriffen hat,

- bei Vorliegen eines Ausschlussgrundes nach § 154 Nr. 2 i.V.m. § 123 GWB höchstens fünf Jahre ab dem Tag der rechtskräftigen Verurteilung von der Teilnahme an Vergabeverfahren ausgeschlossen werden (Nr. 1) und
- bei Vorliegen eines Ausschlussgrundes nach § 154 Nr. 2 GWB i.V.m. § 124 GWB höchstens drei Jahre ab dem betreffenden Ereignis von der Teilnahme an Vergabeverfahren ausgeschlossen werden (Nr. 2).

92 Die Regelung setzt die **unionsrechtliche Vorgabe** in Art. 38 Abs. 10 S. 2 und 3 RL 2014/23/EU um. Danach legen die Mitgliedstaaten den höchstzulässigen Zeitraum des Ausschlusses für den Fall fest, dass der Wirtschaftsteilnehmer keine Selbstreinigungsmaßnahmen gemäß Art. 38 Abs. 9 RL 2014/23/EU zum Nachweis seiner Zuverlässigkeit ergriffen hat.

93 Mit § 154 Nr. 2 i.V.m. § 126 Nr. 1 GWB wird der zulässige Ausschlusszeitraum für die **zwingenden Ausschlussgründe** nach § 123 GWB normiert. Die Einordnung dieser Ausschlussgründe gilt unbenommen davon, dass § 154 Nr. 2 lit. a GWB die fakultative Geltung der zwingenden Ausschlussgründe für Konzessionsgeber nach § 101 Abs. 1 Nr. 3 GWB anordnet. Die hiermit verbundene Änderung der Rechtsfolge führt nicht zu einer Änderung der systematischen Einordnung dieser Gründe. Auch im Anwendungsbereich von § 154 Nr. 2 lit. a GWB sind die Ausschlussgründe nach § 123 GWB daher als Ausschlussgründe im Sinne des § 126 Nr. 1 GWB zu behandeln. Dies entspricht auch der unionsrechtlichen Wertung in Art. 38 Abs. 10 S. 3 RL 2014/23/EU.

28 Für Einzelheiten zu der Regelung wird auf die Kommentierung von *Radu* zu § 125 GWB verwiesen.
29 Für Einzelheiten zu der Regelung wird auf die Kommentierung von *Radu* zu § 125 GWB verwiesen.

§ 154 Nr. 2 i.V.m. § 126 Nr. 2 GWB betrifft die **fakultativen Ausschlussgründe** nach § 124 GWB. Die Bezugnahme erfasst auch den Ausschlussgrund in § 154 Nr. 2 lit. b GWB. Dies wird durch die Systematik der unionsrechtlichen Vorgabe in Art. 38 Abs. 10 S. 2 und 3 RL 2014/23/EU bestätigt, die keinen Anhaltspunkt dafür gibt, dass Art. 38 Abs. 7 lit. i RL 2014/23/EU, der § 154 Nr. 2 lit. b GWB zugrunde liegt, nicht erfasst sein sollte. Voraussetzung der Bestimmung eines zulässigen Zeitraums für den Ausschluss ist nach § 154 Nr. 2 i.V.m. § 126 Nr. 2 GWB indes, dass ein betreffendes Ereignis festgestellt werden kann. Die Feststellung der mangelnden Vertrauenswürdigkeit nach § 154 Nr. 2 lit. b GWB ist jedoch an eine Eigenschaft des Unternehmens orientiert, die für das jeweilige Vergabeverfahren festzustellen ist. Grundsätzlich besteht daher insoweit kein Raum für die Anwendung von § 154 Nr. 2 i.V.m. § 126 Nr. 2 GWB. Nur sofern der Vertrauensverlust in einem konkreten Fehlverhalten begründet liegt, ist dieses Fehlverhalten als Ereignis anzusehen, das für den Fristbeginn nach § 154 Nr. 2 i.V.m. § 126 Nr. 2 GWB maßgeblich ist. 94

Im Übrigen ist der Regelungsgehalt des § 126 GWB in das Konzessionsvergaberecht zu übernehmen, ohne dass konzessionsspezifische Besonderheiten hierfür festzustellen sind.[30] 95

H. Zuschlagskriterien

Die entsprechende Anwendung der Regelung über die Zuschlagskriterien in § 127 GWB wird durch § 154 GWB nicht angeordnet. Das Konzessionsvergaberecht enthält zu den Zuschlagskriterien in § 152 Abs. 3 GWB eine spezielle Regelung. Für die entsprechende Anwendung von § 127 GWB in § 154 GWB gab es daher keinen Regelungsbedarf. 96

I. Ausführungsbedingungen

Auch ein Verweis auf die Bestimmungen des §§ 128, 129 GWB über die Ausführungsbedingungen ist in § 154 GWB nicht enthalten. Die entsprechende Anwendung von §§ 128, 129 GWB wird jedoch in § 152 Abs. 4 GWB angeordnet, sodass es einer Regelung hierzu in § 154 GWB nicht bedurfte. 97

J. Personenverkehrsleistungen im Eisenbahnverkehr und Auftragsänderungen (Nr. 3)

Nach § 154 Nr. 3 GWB sind für die Vergabe von Konzessionen einschließlich der Konzessionen nach § 153 GWB die Regelungen in § 131 Abs. 2 und 3 GWB und § 132 GWB mit der Maßgabe entsprechend anzuwenden, dass § 132 Abs. 2 S. 2 und 3 GWB für die Vergabe von Konzessionen, die Tätigkeiten nach § 102 Abs. 2 bis 6 GWB betreffen, nicht anzuwenden ist (lit. a) und die Obergrenze des § 132 Abs. 3 Nr. 2 GWB für Bau- und Dienstleistungskonzessionen einheitlich 10 Prozent des Wertes der ursprünglichen Konzession beträgt (lit. b). 98

I. Personenverkehrsleistungen

§ 154 Nr. 3 GWB ordnet die entsprechende Anwendung von § 131 Abs. 2 und 3 GWB ohne eine besondere Maßgabe an. 99

Der **Anwendungsbereich** von § 154 Nr. 3 GWB i.V.m. § 131 Abs. 2 und 3 GWB ist auf die Vergabe von Konzessionen über Personenverkehrsleistungen im Eisenbahnverkehr beschränkt. In persönlicher Hinsicht gilt der Anwendungsbefehl in § 154 Nr. 3 GWB uneingeschränkt für Konzessionsgeber nach § 101 GWB. Die entsprechende Anwendung ist daher – anders als bei § 154 Nr. 5 bis 7 GWB – sowohl für Konzessionsgeber nach § 101 Abs. 1 Nr. 1 GWB wie auch für Konzessionsgeber nach § 101 Abs. 1 Nr. 2 und 3 GWB maßgeblich. 100

30 Für Einzelheiten zu der Regelung wird auf die Kommentierung von *Radu* zu § 126 GWB verwiesen.

101 § 154 Nr. 3 GWB ordnet nicht die entsprechende Anwendung von **§ 131 Abs. 1 GWB** an. Diese Regelung sieht vor, dass bei der Vergabe von öffentlichen Aufträgen, deren Gegenstand Personenverkehrsleistungen im Eisenbahnverkehr sind, dem öffentlichen Auftraggebern das offene und das nicht offene Verfahren, das Verhandlungsverfahren mit Teilnahmewettbewerb, der wettbewerbliche Dialog und die Innovationspartnerschaft nach seiner Wahl und das Verhandlungsverfahren ohne Teilnahmewettbewerb nur zur Verfügung stehen, soweit dies aufgrund des GWB gestattet ist. Für die Vergabe von Konzessionen über Personenverkehrsleistungen im Eisenbahnverkehr gilt diese Regelung daher nicht. Maßgeblich ist für die Verfahrensgestaltung vielmehr die Regelung in § 151 S. 2 GWB. Danach dürfen Konzessionsgeber das Verfahren zur Vergabe von Konzessionen vorbehaltlich der aufgrund des GWB erlassenen Verordnung zu den Einzelheiten des Vergabeverfahrens frei ausgestalten.

102 Nach **§ 131 Abs. 2 GWB** ist anstelle des § 108 Abs. 1 GWB die Regelung des Art. 5 Abs. 2 VO (EG) Nr. 1370/2007 anzuwenden. § 108 Abs. 1 GWB regelt die sog. klassische In-House-Vergabe, welche die Vergabe öffentlicher Aufträge an eine kontrollierte juristische Person unter bestimmten Voraussetzungen von der Anwendung des Teil 4 GWB freistellt. Diese Regelung wird durch Art. 5 Abs. 2 VO (EG) Nr. 1370/2007 surrogiert. Danach kann jede zuständige örtliche Behörde beschließen, selbst öffentliche Personenverkehrsdienste zu erbringen oder öffentliche Dienstleistungsaufträge direkt an eine rechtlich getrennte Einheit zu vergeben, über die die zuständige örtliche Behörde eine Kontrolle ausübt, die der Kontrolle über ihre eigenen Dienststellen entspricht. Mit der entsprechenden Anwendung von § 131 Abs. 2 GWB in Gemäßheit von § 154 Nr. 3 GWB wird die Direktvergabe nach Art. 5 Abs. 2 VO (EG) Nr. 1370/2007 für die Vergabe von Konzessionen über Personenverkehrsleistungen im Eisenbahnverkehr normiert.

103 In entsprechender Anwendung nach § 154 Nr. 3 GWB ist die Regelung in **§ 131 Abs. 3 GWB** so zu lesen, dass Konzessionsgeber, die Konzessionen über Personenverkehrsleistungen im Eisenbahnverkehr vergeben, gemäß Art. 4 Abs. 5 VO (EG) Nr. 1370/2007 verlangen sollen, dass bei einem Wechsel des Betreibers der Personenverkehrsleistung der ausgewählte Betreiber die Arbeitnehmerinnen und Arbeitnehmer, die beim bisherigen Betreiber für die Erbringung dieser Verkehrsleistung beschäftigt waren, übernimmt und ihnen die Rechte gewährt, auf die sie Anspruch hätten, wenn ein Übergang gemäß § 613a BGB erfolgt wäre.

104 Die **Regelungssubstanz** des § 131 Abs. 2 und 3 GWB ist damit in das Konzessionsvergaberecht zu überführen, ohne dass hierfür konzessionsspezifische Besonderheiten festzustellen sind.[31]

II. Konzessionsänderungen

105 Nach § 154 Nr. 3 GWB ist § 132 GWB mit der Maßgabe entsprechend anzuwenden, dass § 132 Abs. 2 S. 2 und 3 GWB für die Vergabe von Konzessionen, die Tätigkeiten nach § 102 Abs. 2 bis 6 GWB betreffen, nicht anzuwenden ist (lit. a) und die Obergrenze des § 132 Abs. 3 Nr. 2 GWB für Bau- und Dienstleistungskonzessionen einheitlich 10 Prozent des Wertes der ursprünglichen Konzession beträgt (lit. b).

106 § 154 Nr. 3 GWB transferiert damit insoweit die **unionsrechtlichen Bestimmungen** des Art. 43 RL 2014/23/EU in deutsches Recht.[32] Diese Bestimmungen entsprechen weitgehend denjenigen zum allgemeinen Auftragsvergaberecht in Art. 72 RL 2014/24/EU. Während die Bestimmungen in Art. 72 RL 2014/24/EU explizit auch für Rahmenvereinbarungen gelten, werden diese in Art. 43 RL 2014/23/EU nicht erwähnt. Dies liegt darin begründet, dass das Instrument der Rahmenvereinbarungen im Konzessionsvergaberecht nicht vorgesehen ist.

107 Der **Hintergrund** für die Einführung der Bestimmungen über Konzessionsänderungen ist in Erwägungsgrund 75 RL 2014/23/EU ausgeführt. Danach seien typischerweise langfristige technisch und finanziell komplexe Regelungen in Konzessionsverträge enthalten, die häufig

31 Für Einzelheiten zu der Regelung wird auf die Kommentierung von *Schröder* zu § 131 GWB verwiesen.
32 Vgl. Gesetzesbegründung zu § 154 Nr. 3 GWB, VergRModG 2016, BT-Drs. 18/6281, 133.

Änderungen der äußeren Umstände unterliegen. Es müsse daher klargestellt werden, unter welchen Voraussetzungen Änderungen einer Konzession während des Durchführungszeitraums ein neues Konzessionsvergabeverfahren erforderten, wobei der einschlägigen Rechtsprechung des EuGH Rechnung zu tragen sei.

Der **persönliche Anwendungsbereich** des Anwendungsbefehls von § 154 Nr. 3 GWB ist auf Konzessionsgeber nach § 101 GWB, nicht aber weitergehend eingeschränkt. Die entsprechende Anwendung gilt daher – anders als bei § 154 Nr. 5 bis 7 GWB – sowohl für Konzessionsgeber nach § 101 Abs. 1 Nr. 1 GWB wie auch für Konzessionsgeber nach § 101 Abs. 1 Nr. 2 und 3 GWB. **108**

1. Grundsätzliche Vergabepflicht für wesentliche Konzessionsänderungen

Die grundsätzliche Verpflichtung des öffentlichen Auftraggebers zur Einleitung eines neuen Vergabeverfahrens ist in § 132 Abs. 1 S. 1 GWB geregelt. In entsprechender Anwendung dieser Regelung nach § 154 Nr. 3 GWB gilt, dass wesentliche Änderungen einer Konzession während der Vertragslaufzeit ein neues Vergabeverfahren erfordern. Wesentlich sind Änderungen nach § 154 Nr. 3 i.V.m. § 132 Abs. 1 S. 2 GWB, wenn sie dazu führen, dass sich die Konzession erheblich von der ursprünglich vergebenen Konzession unterscheidet. Gemäß § 154 Nr. 3 i.V.m. § 132 Abs. 1 S. 3 GWB liegt eine wesentliche Änderung insbesondere vor, wenn **109**

- mit der Änderung Bedingungen eingeführt werden, die, wenn sie für das ursprüngliche Vergabeverfahren gegolten hätten, die Zulassung anderer Bewerber oder Bieter ermöglicht hätten, die Annahme eines anderen Angebots ermöglicht hätten oder das Interesse weiterer Teilnehmer am Vergabeverfahren geweckt hätten (Nr. 1),
- mit der Änderung das wirtschaftliche Gleichgewicht der Konzession zugunsten des Konzessionsnehmers in einer Weise verschoben wird, die in der ursprünglichen Konzession nicht vorgesehen war (Nr. 2),
- mit der Änderung der Umfang der Konzession erheblich ausgeweitet wird (Nr. 3) oder
- ein neuer Konzessionsnehmer den Konzessionsnehmer in anderen als den in § 154 Nr. 3 i.V.m. § 132 Abs. 2 S. 1 Nr. 4 GWB vorgesehenen Fällen ersetzt (Nr. 4).

§ 154 Nr. 3 i.V.m. § 132 Abs. 1 S. 1 GWB setzt die **unionsrechtliche Vorgabe** in Art. 43 Abs. 5 RL 2014/23/EU um. § 154 Nr. 3 i.V.m. § 132 Abs. 1 S. 2 und 3 GWB hat seine unionsrechtliche Grundlage in Art. 43 Abs. 4 RL 2014/23/EU. Die Bestimmungen entsprechen denjenigen für das allgemeine Auftragsvergaberecht in Art. 73 Abs. 4 und 5 RL 2014/24/EU. **110**

Die **Regelungssubstanz** des § 132 Abs. 1 GWB gilt damit im Konzessionsvergaberecht, ohne dass hierfür konzessionsspezifische Besonderheiten festzustellen sind.[33] **111**

2. Ausnahmen von der Vergabepflicht für wesentliche Änderungen

Bei Vorliegen einer der Fallgruppen des § 154 Nr. 3 i.V.m. § 132 Abs. 2 und 3 GWB erfordern wesentliche Änderungen einer Konzession ausnahmsweise nicht die Durchführung eines erneuten Vergabeverfahren. **112**

a) Derivative Konzessionsänderung

Nach § 154 Nr. 3 i.V.m. § 132 Abs. 2 Nr. 1 GWB ist die Änderung einer Konzession unbeschadet des § 154 Nr. 3 i.V.m. § 132 Abs. 1 GWB ohne die Durchführung eines neuen Vergabeverfahrens zulässig, wenn in den ursprünglichen Vergabeunterlagen klare, genaue und eindeutig formulierte Überprüfungsklauseln oder Optionen vorgesehen sind, die Angaben zu Art, Umfang und Voraussetzungen möglicher Konzessionsänderungen enthalten, und sich aufgrund der Änderung der Gesamtcharakter der Konzession nicht verändert. **113**

§ 154 Nr. 3 i.V.m. § 132 Abs. 2 Nr. 1 GWB setzt die **unionsrechtliche Bestimmung** in Art. 43 Abs. 1 UAbs. 1 lit. a RL 2014/23/EU um. Nach Art. 43 Abs. 1 UAbs. 1 lit. a S. 1 RL 2014/23/EU **114**

---

33 Für Einzelheiten zu der Regelung wird auf die Kommentierung von *von Engelhardt/Kaelble* zu § 132 GWB verwiesen.

können Konzessionen ohne die Durchführung eines neuen Konzessionsvergabeverfahrens geändert werden, „wenn die Änderungen, unabhängig von ihrem Geldwert, in den ursprünglichen Konzessionsunterlagen in Form von klar, präzise und eindeutig formulierten Überprüfungsklauseln, die auch Wertüberprüfungsklauseln beinhalten können, oder Optionen vorgesehen sind." Diese Regelung entspricht der Parallelbestimmung zum allgemeinen Auftragsvergaberecht in Art. 72 Abs. 1 UAbs. 1 lit. a RL 2014/24/EU.

115 § 132 Abs. 2 Nr. 1 GWB verlangt die Angabe der Überprüfungsklausel oder Option in den **Vergabeunterlagen**. Dies gilt auch in entsprechender Anwendung der Vorschrift nach § 154 Nr. 3 GWB, was mit den unionsrechtlichen Vorgaben im Einklang steht. Zwar fordert Art. 43 Abs. 1 UAbs. 1 lit. a S. 1 RL 2014/23/EU die Angabe in den „Konzessionsunterlagen". Dies ist nach Art. 5 Nr. 12 RL 2014/23/EU jedoch jede Unterlage, die vom öffentlichen Auftraggeber oder vom Auftraggeber erstellt wird oder auf die er sich bezieht, um Bestandteile der Konzession oder des Verfahrens zu beschreiben oder festzulegen, wozu nach der Regelung insbesondere die Konzessionsbekanntmachung und die technischen Anforderungen und Funktionsanforderungen zählen. Die Vergabeunterlagen sind als eine solche Konzessionsunterlage anzusehen.

116 Die **Regelungssubstanz** des § 132 Abs. 2 Nr. 1 GWB ist damit in das Konzessionsvergaberecht zu überführen, ohne dass hierfür konzessionsspezifische Besonderheiten festzustellen sind.[34]

b) Zusätzliche Leistungen

117 Nach § 154 Nr. 3 i.V.m. § 132 Abs. 2 Nr. 2 GWB ist die Änderung einer Konzession unbeschadet des § 154 Nr. 3 i.V.m. § 132 Abs. 1 GWB ohne die Durchführung eines neuen Vergabeverfahrens zulässig, wenn zusätzliche Bau- oder Dienstleistungen erforderlich geworden sind, die nicht in den ursprünglichen Vergabeunterlagen vorgesehen waren, und ein Wechsel des Konzessionsnehmers aus wirtschaftlichen oder technischen Gründen nicht erfolgen kann und mit erheblichen Schwierigkeiten oder beträchtlichen Zusatzkosten für den Konzessionsgeber verbunden wäre.

118 § 154 Nr. 3 i.V.m. § 132 Abs. 2 Nr. 2 GWB setzt die **unionsrechtliche Bestimmung** in Art. 43 Abs. 1 UAbs. 1 lit. b RL 2014/23/EU um. Hiernach können Konzessionen ohne Durchführung eines neuen Konzessionsvergabeverfahrens im Einklang mit der RL 2014/23/EU geändert werden, wenn zusätzliche Bau- oder Dienstleistungen des „ursprünglichen Konzessionsnehmers, die erforderlich geworden sind und in der ursprünglichen Konzession nicht enthalten waren [und] ein Wechsel des Konzessionsnehmers aus wirtschaftlichen oder technischen Gründen wie der Austauschbarkeit oder Kompatibilität mit im Rahmen der ursprünglichen Konzession beschafften Ausrüstungsgegenständen, Dienstleistungen oder Anlagen nicht erfolgen kann [sublit. i] und mit erheblichen Schwierigkeiten oder beträchtlichen Zusatzkosten für den öffentlichen Auftraggeber oder den Auftraggeber verbunden wäre [sublit. ii]". Für das allgemeine Auftragsvergaberecht enthält Art. 72 Abs. 1 UAbs. 1 lit. b RL 2014/24/EU eine Parallelbestimmung. Während diese Bestimmung verlangt, dass die zusätzlichen Leistungen nicht in den „ursprünglichen Auftragsunterlagen" vorgesehen waren, fordert Art. 43 Abs. 1 UAbs. 1 lit. b RL 2014/23/EU, dass die zusätzlichen Leistungen nicht in der „ursprünglichen Konzession" vorgesehen waren. Gemeint sind indes die Konzessionsunterlagen im Sinne von Art. 5 Nr. 12 RL 2014/23/EU, da nur in diesen Unterlagen die Anforderungen und der Umfang des Auftragsgegenstands geregelt werden. Der Begriff der Konzessionsunterlagen entspricht dem Begriff der Auftragsunterlagen. In der Sache besteht daher kein Unterschied zwischen den unionalen Vorgaben des Auftrags- und des Konzessionsvergaberechts.

119 Zwar sieht § 132 Abs. 2 Nr. 2 GWB neben der Freistellung von zusätzlichen Bau- oder Dienstleistungen auch die Freistellung von **zusätzlichen Lieferleistungen** vor. § 154 Nr. 3 i.V.m. § 132 Abs. 2 Nr. 2 GWB ist jedoch unionsrechtskonform dahingehend auszulegen, dass diese

34 Für Einzelheiten zu der Regelung wird auf die Kommentierung von *von Engelhardt/Kaelble* zu § 132 GWB verwiesen.

Art der Leistungen nicht erfasst wird. Die unionsrechtliche Grundlage der Vorschrift in Art. 43 Abs. 1 UAbs. 1 lit. b RL 2014/23/EU sieht nämlich nur die Freistellung von zusätzlichen Bau- oder Dienstleistungen vor. Diese Beschränkung könnte damit erklärt werden, dass das Konzessionsvergaberecht die Vergabe von Lieferkonzessionen nicht als Kategorie des Konzessionsbegriffs regelt. Nachvollziehbar ist die Beschränkung auf Bau- und Dienstleistungen in Art. 43 Abs. 1 UAbs. 1 lit. b RL 2014/23/EU allerdings nicht. Wie Art. 8 Abs. 2 UAbs. 1 RL 2014/23/EU zeigt, können auch Lieferleistungen von dem Konzessionsvertrag umfasst sein. Es ist kein vernünftiger Grund ersichtlich, weshalb nicht auch zusätzliche Lieferleistungen unter den weiteren Voraussetzungen des Art. 43 Abs. 1 UAbs. 1 lit. b RL 2014/23/EU vom Kartellvergaberecht freigestellt werden sollten.

Im Übrigen ist die Regelungsmaterie des § 132 Abs. 2 Nr. 2 GWB in das Konzessionsvergaberecht zu transferieren, ohne dass hierfür konzessionsspezifische Besonderheiten festzustellen sind.[35] **120**

c) Unvorhergesehener Änderungsbedarf

Nach § 154 Nr. 3 i.V.m. § 132 Abs. 2 Nr. 3 GWB ist die Änderung einer Konzession unbeschadet des § 154 Nr. 3 i.V.m. § 132 Abs. 1 GWB ohne die Durchführung eines neuen Vergabeverfahrens zulässig, wenn die Änderung aufgrund von Umständen erforderlich geworden ist, die der Konzessionsgeber im Rahmen seiner Sorgfaltspflicht nicht vorhersehen konnte, und sich aufgrund der Änderung der Gesamtcharakter der Konzession nicht verändert. **121**

§ 154 Nr. 3 i.V.m. § 132 Abs. 2 Nr. 3 GWB setzt die **unionsrechtliche Bestimmung** in Art. 43 Abs. 1 UAbs. 1 lit. c sublit. i und ii RL 2014/23/EU um. Diese Bestimmung entspricht der Parallelvorschrift zum allgemeinen Auftragsvergaberecht in Art. 72 Abs. 1 UAbs. 1 lit. c sublit. i und ii RL 2014/24/EU. **122**

Der **Hintergrund** der Regelung liegt ausweislich von Erwägungsgrund 76 RL 2014/23/EU darin, dass sich Auftraggeber *„mit externen Rahmenbedingungen konfrontiert sehen [können], die sie zum Zeitpunkt der Konzessionsvergabe nicht absehen konnten, insbesondere wenn sich die Ausführung der Konzession über einen langen Zeitraum erstreckt."* In solchen Fällen sei *„ein gewisses Maß an Flexibilität erforderlich, um die Konzession an die Gegebenheiten anzupassen, ohne ein neues Vergabeverfahren einleiten zu müssen."* **123**

Die **Regelungssubstanz** des § 132 Abs. 2 Nr. 3 GWB ist damit in das Konzessionsvergaberecht zu übernehmen, ohne dass hierfür konzessionsspezifische Besonderheiten festzustellen sind.[36] **124**

d) Wechsel des Konzessionsnehmers

Nach § 154 Nr. 3 i.V.m. § 132 Abs. 2 Nr. 4 GWB ist die Änderung einer Konzession unbeschadet des § 154 Nr. 3 i.V.m. § 132 Abs. 1 GWB ohne die Durchführung eines neuen Vergabeverfahrens zulässig, wenn ein neuer Konzessionsnehmer den bisherigen Konzessionsnehmer ersetzt **125**

- aufgrund einer Überprüfungsklausel im Sinne von § 154 Nr. 3 i.V.m. § 132 Abs. 2 Nr. 1 GWB (lit. a),
- aufgrund der Tatsache, dass ein anderes Unternehmen, das die ursprünglich festgelegten Anforderungen an die Eignung erfüllt, im Zuge einer Unternehmensumstrukturierung, wie zum Beispiel durch Übernahme, Zusammenschluss, Erwerb oder Insolvenz, ganz oder teilweise an die Stelle des ursprünglichen Konzessionsnehmer tritt, sofern dies keine weiteren wesentlichen Änderungen im Sinne des § 154 Nr. 3 i.V.m. § 132 Abs. 1 GWB zur Folge hat (lit. b), oder

35 Für Einzelheiten zu der Regelung wird insoweit auf die Kommentierung von *von Engelhardt/Kaelble* zu § 132 GWB verwiesen.

36 Für Einzelheiten zu der Regelung wird auf die Kommentierung von *von Engelhardt/Kaelble* zu § 132 GWB verwiesen.

- aufgrund der Tatsache, dass der Konzessionsgeber selbst die Verpflichtungen des Hauptkonzessionsnehmers gegenüber seinen Unterkonzessionsnehmer übernimmt (lit. c).

126 § 154 Nr. 3 i.V.m. § 132 Abs. 2 Nr. 3 GWB setzt die **unionsrechtliche Bestimmung** in Art. 43 Abs. 1 UAbs. 1 lit. d RL 2014/23/EU um. Die Bestimmung entspricht der Parallelvorschrift zum allgemeinen Auftragsvergaberecht in Art. 72 Abs. 1 UAbs. 1 lit. d RL 2014/24/EU.

127 Die **Regelungssubstanz** des § 132 Abs. 2 Nr. 4 GWB gilt damit im Konzessionsvergaberecht, ohne dass hierfür konzessionsspezifische Besonderheiten festzustellen sind.[37]

e) Bagatelländerungen (lit. b)

128 § 154 Nr. 3 lit. b GWB befiehlt die entsprechende Anwendung von § 132 GWB mit der Maßgabe, dass die Obergrenze des § 132 Abs. 3 S. 1 Nr. 2 GWB für Bau- und Dienstleistungskonzessionen einheitlich 10 Prozent des Wertes der ursprünglichen Konzession beträgt. § 132 Abs. 3 S. 1 GWB ist hiernach so zu lesen, dass die Änderung einer Konzession ohne Durchführung eines neuen Vergabeverfahrens zulässig ist, wenn

- sich der Gesamtcharakter der Konzession nicht ändert,
- der Wert der Änderung den Schwellenwert nach § 106 Abs. 2 Nr. 4 GWB nicht übersteigt und
- nicht mehr als 10 Prozent des ursprünglichen Konzessionswerts beträgt.

129 Die Regelung hat ihren **unionsrechtlichen Ursprung** in Art. 43 Abs. 2 RL 2014/23/EU. Sie entspricht derjenigen zum allgemeinen Auftragsvergaberecht in Art. 72 Abs. 2 RL 2014/24/EU.

130 Anders als § 154 Nr. 3 lit. a GWB ist § 154 Nr. 3 lit. b GWB in seinem **Anwendungsbereich** nicht auf die Vergabe von Konzessionen, die Tätigkeiten nach § 102 Abs. 2 bis 6 GWB betreffen, beschränkt. Dies folgt aus der syntaktischen Struktur von § 154 Nr. 3 lit. b GWB und wird durch die zugrundeliegende unionsrechtliche Bestimmung in Art. 43 Abs. 2 RL 2014/23/EU, die eine solche Einschränkung nicht enthält, bestätigt.

131 § 154 Nr. 3 lit. b GWB löst die in § 132 Abs. 3 Nr. 2 GWB enthaltene Differenzierung zwischen Dienstleistungen und Bauleistungen auf und legt für **Bau- und Dienstleistungskonzessionen** einen einheitlichen Bagatellwert von nicht mehr als 10 Prozent des ursprünglichen Konzessionswerts fest.[38] Folglich kommt es insoweit nicht darauf an, ob sich die Änderung auf eine Baukonzession nach § 105 Abs. 1 Nr. 1 GWB oder eine Dienstleistungskonzession nach § 105 Abs. 1 Nr. 2 GWB bezieht. Ein Bagatellwert für Lieferkonzessionen wird von § 154 Nr. 3 lit. a GWB hingegen nicht geregelt, da § 105 GWB eine entsprechende Kategorie nicht vorsieht.

132 **Im Übrigen** gilt die Regelungssubstanz des § 132 Abs. 3 S. 1 Nr. 2 GWB im Konzessionsvergaberecht, ohne dass konzessionsspezifischen Besonderheiten festzustellen sind.[39]

f) Wertgrenze

aa) Allgemeine Konzessionen

133 Mit § 154 Nr. 3 GWB wird die entsprechende Anwendung von § 132 Abs. 2 S. 2 und 3 GWB angeordnet. Hiernach darf der Wert in den Fällen des § 154 Nr. 3 i.V.m. § 132 Abs. 2 S. 1 Nr. 2 und 3 GWB um nicht mehr als 50 Prozent des Wertes der ursprünglichen Konzession erhöht werden. Bei mehreren aufeinander folgenden Änderungen der Konzession gilt diese Beschränkung für den Wert jeder einzelnen Änderung, sofern die Änderungen nicht mit dem Ziel vorgenommen werden, die Vorschriften des Teil 4 GWB zu umgehen. Eine abweichende Maßgabe enthält § 154 Nr. 3 lit. a GWB für Sektorenkonzessionen.

---

37 Für Einzelheiten zu der Regelung wird auf die Kommentierung von *von Engelhardt/Kaelble* zu § 132 GWB verwiesen.

38 Vgl. Gesetzesbegründung zu § 154 Nr. 3 lit. b GWB, VergRModG 2016, BT-Drs. 18/6281, 133.

39 Für Einzelheiten zu der Regelung wird insoweit auf die Kommentierung von *von Engelhardt/Kaelble* zu § 132 GWB verwiesen.

§ 154 Nr. 3 i.V.m. § 132 Abs. 2 S. 2 und 3 GWB setzt die **unionsrechtliche Bestimmung** in Art. 43 Abs. 1 lit. b S. 2 und 3 sowie lit. c S. 2 und 3 RL 2014/23/EU um. Die Regelungen entsprechen denjenigen für das allgemeine Auftragsvergaberecht in Art. 72 Abs. 1 lit. b Hs. 2 und lit. c sublit. iii RL 2014/23/EU. **134**

§ 154 Nr. 3 i.V.m. § 132 Abs. 2 S. 2 und 3 GWB gilt ausweislich des Wortlauts nur für die Fälle des § 154 Nr. 3 i.V.m. **§ 132 Abs. 2 S. 1 Nr. 2 und 3 GWB**. In den Fällen des § 154 Nr. 3 i.V.m. § 132 Abs. 2 S. 1 Nr. 1 und 4 GWB gilt die Grenze daher nicht. **135**

§ 132 Abs. 2 S. 2 und 3 GWB verlangt, dass der **Preis** des ursprünglichen Auftrags nicht um mehr als 50 Prozent erhöht werden kann. Der Begriff „Preis" suggeriert eine Vergütung durch den Konzessionsgeber. Eine solche Vergütung ist nur in den Fällen des § 105 Abs. 1 Nr. 1 Hs. 2 Alt. 2 und Nr. 2 Hs. 2 Alt. 2 GWB vorgesehen. Eine dahingehende Einschränkung des Anwendungsbereichs von § 132 Abs. 2 S. 2 und 3 GWB ist gesetzgeberisch indes nicht intendiert. Mit dem Begriff des Preises ist vielmehr der Wert der Konzession gemeint. Dies ist in der unionsrechtlichen Vorgabe der Vorschrift aus Art. 43 Abs. 1 lit. b S. 2 und 3 sowie lit. c S. 2 und 3 RL 2014/23/EU, die mit § 154 Nr. 3 i.V.m. § 132 Abs. 2 S. 2 und 3 GWB umgesetzt werden soll, auch so formuliert und daher entsprechend auszulegen. **136**

Abgesehen von der Maßgabe in § 153 Nr. 3 lit. a GWB ist die **Regelungssubstanz** des § 132 Abs. 2 S. 2 und 3 GWB in das Konzessionsvergaberecht zu übertragen, ohne dass hierfür konzessionsspezifische Besonderheiten festzustellen sind.[40] **137**

bb) Sektorenkonzessionen (lit. a)

Gemäß § 154 Nr. 3 GWB ist § 132 GWB mit der Maßgabe entsprechend anzuwenden, dass § 132 Abs. 2 S. 2 und 3 GWB für die Vergabe von Konzessionen, die Tätigkeiten nach § 102 Abs. 2 bis 6 GWB betreffen, nicht anzuwenden ist. **138**

Der deutsche Gesetzgeber berücksichtigt damit die entsprechende Privilegierung in den **unionsrechtlichen Bestimmungen** des Art. 43 Abs. 1 lit. b UAbs. 2 und lit. c UAbs. 2 RL 2014/23/EU. Dies entspricht den Bestimmungen zum Sektorenvergaberecht in Art. 89 RL 2014/25/EU, die ebenfalls keine Wertgrenze vorsehen. **139**

§ 154 Nr. 3 lit. a GWB suspendiert die Wertgrenze des § 132 Abs. 2 S. 2 und 3 GWB für die Vergabe von Konzessionen, die Tätigkeiten nach **§ 102 Abs. 2 bis 6 GWB** betreffen. Dies sind Sektorentätigkeiten in den Bereichen Elektrizität (Abs. 2), Gas und Wärme (Abs. 3), Verkehrsleistungen (Abs. 4), Häfen und Flughäfen (Abs. 5) und fossile Brennstoffe (Abs. 6). § 154 Nr. 3 lit. a GWB enthält keinen Verweis auf § 102 Abs. 1 GWB. Für Sektorentätigkeiten im Bereich Wasser gilt die Ausnahme folglich nicht. Dies wird durch die Gesetzesbegründung[41] und die unionsrechtliche Vorgabe in Art. 43 Abs. 1 lit. b und c RL 2014/23/EU bestätigt, die ebenfalls keinen Verweis auf diese Sektorentätigkeit enthalten. Während die Gesetzesbegründung[42] davon spricht, dass § 154 Nr. 3 lit. a GWB sich auf *„Tätigkeiten, die § 102 Absatz 2 bis 7 betreffen"*, bezieht, findet sich ein Verweis auf § 102 Abs. 7 GWB im Normtext nicht wieder. Dies ist jedoch unerheblich, da § 102 Abs. 7 GWB lediglich die referenzierten Sektorentätigkeiten nach § 102 Abs. 2 bis 6 GWB näher ausgestaltet und insoweit auch ohne ausdrücklichen Verweis in § 154 Nr. 3 lit. a GWB zu berücksichtigen ist. **140**

3. Verpflichtung zur Bekanntmachung

Der Befehl aus § 154 Nr. 3 GWB zur entsprechenden Anwendung von § 132 GWB umfasst schließlich die Regelung in § 132 Abs. 5 GWB. Hiernach gilt, dass Änderungen nach § 154 Nr. 3 i.V.m. § 132 Abs. 2 S. 1 Nr. 2 und 3 GWB im Amtsblatt der Europäischen Union bekannt zu machen sind. **141**

40 Insoweit wird für Einzelheiten zu der Regelung auf die Kommentierung von *von Engelhardt/Kaelble* zu § 132 GWB verwiesen.
41 Gesetzesbegründung zu § 154 Nr. 3 lit. a GWB, VergRModG 2016, BT-Drs. 18/6281, 133.
42 Gesetzesbegründung zu § 154 Nr. 3 lit. a GWB, VergRModG 2016, BT-Drs. 18/6281, 133.

142 Die Regelung setzt die **unionsrechtliche Vorgabe** in Art. 43 Abs. 1 UAbs. 2 S. 1 RL 2014/23/EU um. Diese Vorgabe entspricht derjenigen zum allgemeinen Auftragsvergaberecht in Art. 73 Abs. 1 UAbs. 2 S. 1 RL 2014/24/EU.

143 Der **Anwendungsbereich** von § 154 Nr. 3 i.V.m. § 132 Abs. 5 GWB ist auf Änderungen nach § 154 Nr. 3 i.V.m. § 132 Abs. 2 S. 1 Nr. 2 und 3 GWB beschränkt. Für Konzessionsänderungen nach § 154 Nr. 3 i.V.m. § 132 Abs. 2 S. 1 Nr. 1 und 4 GWB besteht mithin keine Bekanntmachungsverpflichtung.

144 Mit § 154 Nr. 3 i.V.m. § 132 Abs. 5 GWB wird lediglich die grundlegende Verpflichtung zur Bekanntmachung geregelt. Die **Einzelheiten** der Bekanntmachung sind auf Verordnungsebene in § 21 Abs. 2 KonzVgV reguliert.

145 **Im Übrigen** gilt der Regelungsgehalt des § 132 Abs. 5 GWB im Konzessionsvergaberecht, ohne dass hierfür konzessionsspezifische Besonderheiten festzustellen sind.[43]

K. Kündigung, Informations- und Wartepflicht sowie Unwirksamkeit (Nr. 4)

146 Nach § 154 Nr. 4 GWB sind die §§ 133 bis 135 GWB entsprechend anzuwenden. Diese Vorschriften treffen Regelungen über die Kündigung von öffentlichen Aufträgen in besonderen Fällen (§ 133 GWB), zur Informations- und Wartepflicht bei der Vergabe von öffentlichen Aufträgen (§ 134 GWB) und zur Unwirksamkeit von öffentlichen Aufträgen (§ 135 GWB). Mit § 154 Nr. 4 GWB wird deren Regelungsgehalt in das Konzessionsvergaberecht übertragen.

147 Der persönliche **Anwendungsbereich** des Anwendungsbefehls von § 154 Nr. 4 GWB ist auf Konzessionsgeber nach § 101 GWB, nicht aber weitergehend eingeschränkt. Die entsprechende Anwendung gilt daher – anders als bei § 154 Nr. 5 bis 7 GWB – sowohl für Konzessionsgeber nach § 101 Abs. 1 Nr. 1 GWB wie auch für Konzessionsgeber nach § 101 Abs. 1 Nr. 2 und 3 GWB. Auch gilt die Regelung unabhängig davon, ob es sich um die Vergabe von Konzessionen handelt, die Tätigkeiten nach § 102 Abs. 2 bis 6 GWB betreffen, wie sie in § 154 Nr. 3 lit. a GWB anzutreffen ist.

148 Eine bestimmte **Maßgabe** ist mit der entsprechenden Anwendung nach § 154 Nr. 4 GWB nicht verbunden. Von Gesetzes wegen wird daher eine umfassende Übertragung der jeweiligen Regelungsmaterie dekretiert.

I. Kündigung

149 Der Befehl zur entsprechenden Anwendung nach § 154 Nr. 4 GWB erfasst zunächst die Bestimmungen über die Kündigung von öffentlichen Aufträgen aus § 133 GWB.

150 Dies hat ausweislich Erwägungsgrund 80 RL 2014/23/EU den **Hintergrund**, dass Konzessionsgeber mit Umständen konfrontiert sein können, *„die eine vorzeitige Kündigung eines Konzessionsvertrags erfordern, damit Verpflichtungen gemäß dem Unionsrecht im Bereich der Konzessionen eingehalten werden."* Konzessionsgeber sollen daher *„über die Möglichkeit verfügen, einen Konzessionsvertrag während seiner Laufzeit zu kündigen, wenn dies aufgrund des Unionsrechts erforderlich ist."*

1. Kündigungsrecht

151 § 133 Abs. 1 GWB ist in der entsprechenden Anwendung durch § 154 Nr. 4 GWB so zu lesen, dass Konzessionsgeber unbeschadet von § 154 Nr. 4 GWB i.V.m. § 135 GWB eine Konzession während der Vertragslaufzeit kündigen können, wenn eine wesentliche Änderung vorgenommen wurde, die nach § 154 Nr. 3 i.V.m. § 132 GWB ein neues Vergabeverfahren erfordert hätte (Nr. 1), zum Zeitpunkt der Zuschlagserteilung ein zwingender Ausschlussgrund nach § 154 Nr. 2 GWB i.V.m. § 123 Abs. 1 bis 4 GWB vorlag (Nr. 2) oder die Konzession aufgrund

43 Insoweit wird für Einzelheiten zu der Regelung auf die Kommentierung von *von Engelhardt/Kaelble* zu § 132 GWB verwiesen.

einer schweren Verletzung der Verpflichtungen aus dem AEUV oder aus den Vorschriften des Teil 4 GWB, die der EuGH in einem Verfahren nach Art. 258 AEUV festgestellt hat, nicht an den Konzessionsnehmer hätte vergeben werden dürfen.

Mit § 154 Nr. 4 GWB i.V.m. § 133 Abs. 1 GWB wird die **unionsrechtliche Vorgabe** in Art. 44 RL 2014/23/EU umgesetzt.[44] Hiernach stellen die Mitgliedstaaten sicher, dass „öffentliche Auftraggeber und Auftraggeber unter bestimmten Bedingungen, die im anwendbaren nationalen Recht festgelegt sind, über die Möglichkeit verfügen, eine Konzession während ihrer Laufzeit zu kündigen, wenn eine oder mehrere der folgenden Voraussetzungen erfüllt ist/sind: Es wurde eine Änderung der Konzession vorgenommen, die ein neues Konzessionsvergabeverfahren gemäß Artikel 43 erforderlich gemacht hätte [lit. a]; der Konzessionsnehmer befand sich zum Zeitpunkt der Konzessionsvergabe in einer der in Artikel 38 Absatz 4 genannten Situationen und hätte daher vom Konzessionsvergabeverfahren ausgeschlossen werden müssen [lit. b]; der Gerichtshof der Europäischen Union entscheidet in einem Verfahren nach Artikel 258 AEUV, dass ein Mitgliedstaat gegen eine Verpflichtung aus den Verträgen dadurch verstoßen hat, dass ein öffentlicher Auftraggeber oder ein Auftraggeber dieses Mitgliedstaats die fragliche Konzession unter Verletzung seiner Verpflichtungen aus den Verträgen und aus dieser Richtlinie vergeben hat [lit. c]." Die Regelung entspricht der Parallelbestimmung für das allgemeine Auftragsvergaberecht in Art. 73 RL 2014/24/EU. **152**

Die Feststellung einer **wesentlichen Änderung** nach § 154 Nr. 4 GWB i.V.m. § 133 Abs. 1 Nr. 1 GWB richtet sich nach den Vorgaben in § 154 Nr. 3 i.V.m. § 132 Abs. 1 GWB. Erforderlich ist nach § 154 Nr. 4 GWB i.V.m. § 133 Abs. 1 GWB darüber hinaus, dass die Änderung die Durchführung eines neuen Vergabeverfahrens erfordert. Dies ist bei Vorliegen einer wesentlichen Änderung gemäß § 154 Nr. 3 i.V.m. § 132 Abs. 1 S. 1 GWB gegeben. Nur unter den Voraussetzungen nach § 154 i.V.m. § 132 Abs. 2 und 3 GWB ist die Durchführung eines neuen Vergabeverfahrens nicht erforderlich. Dabei ist die Maßgabe nach § 154 Nr. 3 GWB zu berücksichtigen, sodass die hiernach bestehenden erleichterten Voraussetzungen für den Verzicht auf die Durchführung eines neuen Vergabeverfahrens auch im Rahmen von § 154 Nr. 4 i.V.m. § 133 Abs. 1 Nr. 1 GWB gelten. **153**

Die Kündigung des Konzessionsvertrages nach § 154 Nr. 4 GWB i.V.m. § 133 Abs. 1 Nr. 2 GWB setzt das Vorliegen eines **zwingenden Ausschlussgrundes** nach § 154 Nr. 2 GWB i.V.m. § 123 Abs. 1 bis 4 GWB im Zeitpunkt der Zuschlagserteilung vor. Anders als es der Wortlaut der Regelung suggeriert, genügt das Vorliegen eines solchen Ausschlussgrundes nicht bereits. Die Regelung ist so auszulegen, dass das Unternehmen auch zwingend vom Vergabeverfahren hätte ausgeschlossen werden müssen. So sieht es das unionsrechtliche Vorbild in Art. 44 lit. b RL 2014/23/EU ausdrücklich vor. Ausweislich der Gesetzesbegründung[45] ist mit § 154 Nr. 4 GWB die Umsetzung von Art. 44 RL 2014/23/EU beabsichtigt. Es bestehen keine Anhaltspunkte, dass der deutsche Gesetzgeber über diese Vorgabe hat hinausgehen wollen. Dies hat zur Folge, dass das Kündigungsrecht nach § 154 Nr. 4 i.V.m. § 133 Abs. 1 Nr. 2 GWB für Konzessionsgeber nach § 101 Abs. 1 Nr. 3 GWB nicht zur Verfügung steht, da § 154 Nr. 2 GWB für diese Konzessionsgeber die fakultative Geltung der zwingenden Ausschlussgründe anordnet. **154**

Im Übrigen ist der Regelungsgehalt des § 133 Abs. 1 GWB in das Konzessionsvergaberecht zu übertragen, ohne dass hierfür konzessionsspezifische Besonderheiten festzustellen sind.[46] **155**

2. Vergütung

Nach § 154 Nr. 4 i.V.m. § 133 Abs. 2 S. 1 GWB kann der Konzessionsnehmer einen seinen bisherigen Leistungen entsprechenden Teil der Vergütung verlangen, wenn die Konzession nach § 154 Nr. 4 GWB i.V.m. § 135 Abs. 1 GWB gekündigt wird. Im Falle des § 154 Nr. 4 i.V.m. § 133 Abs. 1 Nr. 2 GWB steht dem Konzessionsnehmer nach § 154 Nr. 4 i.V.m. § 133 Abs. 2 **156**

44 Gesetzesbegründung zu § 154 Nr. 4 GWB, VergRModG 2016, BT-Drs. 18/6281, 133.
45 Gesetzesbegründung zu § 154 Nr. 4 GWB, VergRModG 2016, BT-Drs. 18/6281, 133.
46 Insoweit wird für Einzelheiten zu der Regelung auf die Kommentierung von *Fülling* zu § 133 GWB verwiesen.

S. 2 GWB ein Anspruch auf Vergütung insoweit nicht zu, als seine bisherigen Leistungen infolge der Kündigung für den Konzessionsgeber nicht von Interesse sind.

157 Die Zahlung einer **Vergütung** durch den Konzessionsgeber ist allerdings kein wesentliches Merkmal der Gegenleistung einer Konzession im Sinne von § 105 GWB. Die Gegenleistung besteht im Wesentlichen vielmehr in dem Recht zur Nutzung des Bauwerks im Falle einer Baukonzession nach § 105 Abs. 1 Nr. 1 Hs. 2 Alt. 1 GWB oder der Verwertung der Dienstleistung im Falle einer Dienstleistungskonzession nach § 105 Abs. 1 Nr. 2 Hs. 2 Alt. 1 GWB. Gemäß § 105 Abs. 1 Nr. 1 Hs. 2 Alt. 2 und Nr. 2 Hs. 2 Alt. 2 GWB kann eine Zahlung zuzüglich zu der Einräumung des Rechts vorgesehen werden. Nur in diesem Fall erfolgt eine Vergütung durch den Konzessionsgeber, die Gegenstand des § 154 Nr. 4 i.V.m. § 133 Abs. 2 S. 1 GWB sein kann.[47] Im Falle des § 105 Abs. 1 Nr. 1 Hs. 2 Alt. 1 und Nr. 2 Hs. 2 Alt. 1 GWB ist § 154 Nr. 4 i.V.m. § 133 Abs. 2 S. 1 GWB daher nicht anwendbar.

158 **Im Übrigen** ist die Regelungssubstanz des § 133 Abs. 2 GWB in das Konzessionsvergaberecht zu übernehmen, ohne dass hierfür wesentliche konzessionsspezifischen Besonderheiten festzustellen sind.[48]

3. Schadensersatz

159 Die Berechtigung, Schadensersatz zu verlangen, wird nach § 154 Nr. 4 i.V.m. § 133 Abs. 3 GWB durch die Kündigung nach § 154 Nr. 4 i.V.m. § 133 Abs. 1 GWB nicht ausgeschlossen. Konzessionsspezifische Besonderheiten gelten für die Anwendung dieser Regelung nicht.[49]

II. Informations- und Wartepflicht

160 Mit § 154 Nr. 4 GWB werden die Bestimmungen über die Informations- und Wartepflicht aus § 134 GWB in das Konzessionsvergaberecht übertragen.

1. Informationspflicht

161 In entsprechender Anwendung von § 154 Nr. 4 GWB ist § 134 Abs. 1 S. 1 GWB so zu lesen, dass Konzessionsgeber die Bieter, deren Angebote nicht berücksichtigt werden sollen, über den Namen des Unternehmens, dessen Angebot angenommen werden soll, über die Gründe der vorgesehenen Nichtberücksichtigung ihres Angebots und über den frühesten Zeitpunkt des Vertragsschlusses unverzüglich in Textform zu informieren haben. Entsprechendes gilt nach § 154 Nr. 4 i.V.m. § 134 Abs. 1 S. 2 GWB für Bewerber, denen keine Information über die Ablehnung ihrer Bewerbung zur Verfügung gestellt wurde, bevor die Mitteilung über die Zuschlagsentscheidung an die betroffenen Bieter ergangen ist.

162 Die **unionsrechtliche Grundlage** für § 154 Nr. 4 GWB i.V.m. § 134 Abs. 1 GWB ist in Art. 2a RL 89/665/EWG und Art. 2a RL 92/13/EWG zu finden. Diese Bestimmungen gelten für das allgemeine Auftragsvergaberecht gleichermaßen, sodass insoweit keine Abweichungen bestehen.

163 Neben der Informationspflicht nach § 154 Nr. 4 i.V.m. § 134 Abs. 1 S. 1 GWB haben Konzessionsgeber die Informationspflichten nach **§ 30 KonzVgV** einzuhalten, die unbeschadet der Informationspflicht des § 154 Nr. 4 i.V.m. § 134 Abs. 1 S. 1 GWB zu beachten sind.

164 Die **Regelungssubstanz** des § 134 Abs. 1 GWB ist im Ergebnis auf das Konzessionsvergaberecht zu überführen, ohne dass hierbei konzessionsspezifische Besonderheiten festzustellen sind.[50]

---

47 Siehe auch *Brüning*, in: Byok/Jaeger, Vergaberecht, § 154 GWB Rn. 19.
48 Insoweit wird für Einzelheiten zu der Regelung auf die Kommentierung von *Fülling* zu § 133 GWB verwiesen.
49 Für Einzelheiten zu der Regelung wird daher auf die Kommentierung von *Fülling* zu § 133 GWB verwiesen.
50 Für Einzelheiten zu der Regelung wird auf die Kommentierung von *Gnittke/Hattig* zu § 134 GWB verwiesen.

2. Wartepflicht

In entsprechender Anwendung von § 134 Abs. 2 S. 1 GWB nach § 154 Nr. 4 GWB gilt, dass ein Vertrag erst 15 Kalendertage nach Absendung der Information nach § 154 Nr. 4 GWB i.V.m. § 134 Abs. 1 GWB geschlossen werden darf. Wird die Information auf elektronischem Weg oder per Fax versendet, verkürzt sich die Frist gemäß § 154 Nr. 4 GWB i.V.m. § 134 Abs. 2 S. 2 GWB auf zehn Kalendertage. Die Frist beginnt gemäß § 154 Nr. 4 GWB i.V.m. § 134 Abs. 2 S. 3 GWB am Tag nach der Absendung der Information durch den Konzessionsgeber, sodass es auf den Zugang beim Bieter oder Bewerber nicht ankommt. **165**

Die **unionsrechtliche Grundlage** für § 154 Nr. 4 GWB i.V.m. § 134 Abs. 2 GWB ist in Art. 2a RL 89/665/EWG und Art. 2a RL 92/13/EWG zu finden. Diese Bestimmungen gelten für das allgemeine Auftragsvergaberecht gleichermaßen, sodass insoweit keine Abweichungen bestehen. **166**

Die **Regelungssubstanz** des § 134 Abs. 2 GWB gilt daher im Konzessionsvergaberecht, ohne dass hierfür konzessionsspezifische Besonderheiten festzustellen sind.[51] **167**

3. Wegfall der Informationspflicht

Nach § 134 Abs. 3 S. 1 GWB entfällt die Informationspflicht in Fällen, in denen das Verhandlungsverfahren ohne Teilnahmewettbewerb wegen besonderer **Dringlichkeit** gerechtfertigt ist. Das Konzessionsvergaberecht regelt jedoch keine bestimmten Verfahrensarten und sieht dementsprechend kein Verhandlungsverfahren ohne Teilnahmewettbewerb wegen Dringlichkeit vor. Dies ist darauf zurückzuführen, dass es sich bei Konzessionen nach Auffassung des Richtliniengebers um *„in der Regel langfristige, komplexe Vereinbarungen"*[52] handelt. Vor diesem Hintergrund geht der Richtliniengeber wohl davon aus, dass Konzessionsvergabeverfahren langfristig zu planen und nicht Gegenstand von dringlichen Vergaben seien. Damit kommt der Verzicht auf eine Vorabinformation nach § 154 Nr. 4 i.V.m. § 134 Abs. 1 GWB im Konzessionsvergabeverfahren wegen Dringlichkeit nicht in Betracht.[53] **168**

In entsprechender Anwendung durch § 154 Nr. 4 GWB ist § 134 Abs. 3 S. 2 GWB so zu lesen, dass Konzessionsgeber im Fall der Vergabe von Konzessionen im Bereich **Verteidigung** und **Sicherheit** beschließen können, bestimmte Informationen über die Zuschlagserteilung oder den Abschluss einer Rahmenvereinbarung nicht mitzuteilen, soweit die Offenlegung **169**

- den Gesetzesvollzug behindert,
- dem öffentlichen Interesse, insbesondere Verteidigungs- oder Sicherheitsinteressen, zuwiderläuft,
- berechtigte geschäftliche Interessen von Unternehmen schädigt oder
- den lauteren Wettbewerb zwischen ihnen beeinträchtigen könnte.

Die Regelung des § 134 Abs. 3 S. 2 GWB bezieht sich unmittelbar auf verteidigungs- oder sicherheitsspezifische Aufträge und meint damit solche im Sinne des § 104 GWB. Eine Entsprechung dieser Aufträge besteht im Konzessionsvergaberecht mit den „Konzessionen im Bereich Verteidigung und Sicherheit".[54] Die Interessenlage ist für die Vergabe von Konzessionen im Bereich Verteidigung und Sicherheit und für die Vergabe von verteidigungs- oder sicherheitsspezifischen Aufträgen im Hinblick auf § 134 Abs. 3 S. 2 GWB identisch, sodass davon auszugehen ist, dass der Gesetzgeber solche Konzessionen aufgrund des Befehls zur entsprechenden Anwendung von § 134 Abs. 3 S. 2 GWB einbezogen wissen wollte. Im Übrigen ist der Regelungsgehalt des § 134 Abs. 3 S. 2 GWB in das Konzessionsvergaberecht zu übertragen, ohne dass hierbei konzessionsspezifische Besonderheiten zu beachten sind.[55]

51 Für Einzelheiten zu der Regelung wird auf die Kommentierung von *Gnittke/Hattig* zu § 134 GWB verwiesen.
52 Erwägungsgrund 68 RL 2014/23/EU.
53 A.A. *Mohr*, in: Säcker/Ganske/Knauff, Wettbewerbsrecht, § 154 GWB Rn. 45.
54 Siehe oben Rn. 75.
55 Insoweit wird für Einzelheiten zu der Regelung auf die Kommentierung von *Gnittke/Hattig* zu § 134 GWB verwiesen.

III. Unwirksamkeit

170 Mit § 154 Nr. 4 GWB werden die Bestimmungen über die Unwirksamkeitsfolge aus § 135 GWB in das Konzessionsvergaberecht übertragen.

171 In entsprechender Anwendung nach § 154 Nr. 4 GWB ist § 135 Abs. 1 GWB so zu lesen, dass eine Konzession von Anfang an **unwirksam** ist, wenn der Konzessionsgeber gegen § 154 Nr. 4 i.V.m. § 134 GWB verstoßen (Nr. 1) oder die Konzession ohne vorherige Veröffentlichung einer Bekanntmachung im Amtsblatt der Europäischen Union vergeben hat, ohne dass dies aufgrund Gesetzes gestattet ist (Nr. 2), und dieser Verstoß in einem Nachprüfungsverfahren festgestellt worden ist.

172 Die Voraussetzungen für die **Feststellung** der Unwirksamkeit sind in § 135 Abs. 2 GWB geregelt. § 135 Abs. 2 S. 1 GWB ist in entsprechender Anwendung nach § 154 Nr. 4 GWB so zu verstehen, dass die Unwirksamkeit nach § 154 Nr. 4 i.V.m. § 135 Abs. 1 GWB nur festgestellt werden kann, wenn sie im Nachprüfungsverfahren innerhalb von 30 Kalendertagen nach der Information der betroffenen Bieter und Bewerber durch den Konzessionsgeber über den Abschluss des Vertrags, jedoch nicht später als sechs Monate nach Vertragsschluss geltend gemacht worden ist. Hat der Konzessionsgeber die Auftragsvergabe im Amtsblatt der Europäischen Union bekannt gemacht, endet nach § 154 Nr. 4 i.V.m. § 135 Abs. 2 S. 2 GWB die Frist zur Geltendmachung der Unwirksamkeit dreißig Kalendertage nach Veröffentlichung der Bekanntmachung der Konzessionsvergabe im Amtsblatt der Europäischen Union.

173 § 135 Abs. 3 GWB regelt die sog. **Ex-ante-Bekanntmachung**, welche die Unwirksamkeitsfolge nach § 135 Abs. 1 Nr. 2 GWB entfallen lässt. In entsprechender Anwendung dieser Regelung nach § 154 Nr. 4 GWB gilt, dass die Unwirksamkeit nach § 154 Nr. 4 i.V.m. § 135 Abs. 1 Nr. 2 GWB nicht eintritt, wenn

- der Konzessionsgeber der Ansicht ist, dass die Konzessionsvergabe ohne vorherige Veröffentlichung einer Bekanntmachung im Amtsblatt der Europäischen Union zulässig ist (Nr. 1),
- der Konzessionsgeber eine Bekanntmachung im Amtsblatt der Europäischen Union veröffentlicht hat, mit der er die Absicht bekundet, den Vertrag abzuschließen (Nr. 2), und
- der Vertrag nicht vor Ablauf einer Frist von mindestens zehn Kalendertagen, gerechnet ab dem Tag nach der Veröffentlichung dieser Bekanntmachung, abgeschlossen wurde (Nr. 3).

Die Bekanntmachung nach § 135 Abs. 3 S. 1 Nr. 2 GWB muss gemäß § 154 Nr. 4 i.V.m. § 135 Abs. 3 S. 2 GWB den Namen und die Kontaktdaten des Konzessionsgebers, die Beschreibung des Vertragsgegenstands, die Begründung der Entscheidung des Konzessionsgebers, die Konzession ohne vorherige Veröffentlichung einer Bekanntmachung im Amtsblatt der Europäischen Union zu vergeben, und den Namen und die Kontaktdaten des Unternehmens, das den Zuschlag erhalten soll, umfassen.

174 Die **Regelungssubstanz** des § 135 GWB ist daher auf das Konzessionsvergaberecht zu überführen, ohne dass hierfür konzessionsspezifische Besonderheiten festzustellen sind.[56]

L. Vergabe an verbundene Unternehmen (Nr. 5)

175 Nach § 154 Nr. 5 GWB ist § 138 GWB hinsichtlich der Vergabe von Konzessionen durch Konzessionsgeber im Sinne des § 101 Abs. 1 Nr. 2 und 3 GWB an verbundene Unternehmen entsprechend anzuwenden. Hiernach gilt, dass Teil 4 GWB nicht auf die Vergabe von Konzessionen anzuwenden ist,

- die ein Konzessionsgeber im Sinne des § 101 Abs. 1 Nr. 2 und 3 GWB an ein verbundenes Unternehmen vergibt (Nr. 1) oder

56 Insoweit wird für Einzelheiten zu der Regelung auf die Kommentierung von *Gnittke/Hattig* zu § 134 GWB verwiesen.

- die ein Gemeinschaftsunternehmen, das ausschließlich mehrere Sektorenauftraggeber zur Durchführung einer Sektorentätigkeit gebildet haben, an ein Unternehmen vergibt, das mit einem dieser Sektorenauftraggeber verbunden ist (Nr. 2).

Der **Hintergrund** der Regelung ist in Erwägungsgrund 38 RL 2014/23/EU hinterlegt. Danach seien viele Auftraggeber als eine Wirtschaftsgruppe organisiert, die aus einer Reihe getrennter Unternehmen bestehen kann und von denen jedes eine spezielle Aufgabe in der Wirtschaftsgruppe habe. Es sei daher angezeigt, *„bestimmte Dienstleistungs- und Baukonzessionen auszuschließen, die an ein verbundenes Unternehmen vergeben werden, welches seine Dienst- oder Bauleistungen nicht am Markt anbiete, sondern hauptsächlich für die eigene Unternehmensgruppe erbringe."* 176

Die Regelung geht auf die **unionsrechtliche Bestimmung** in Art. 13 Abs. 3 RL 2014/23/EU zurück.[57] Hiernach gilt die RL 2014/23/EU ungeachtet von Art. 17 RL 2014/23/EU und unter Voraussetzung von Art. 13 Abs. 4 RL 2014/23/EU nicht für Konzessionen, „die ein Auftraggeber an ein mit ihr verbundenes Unternehmen vergibt [lit. a], oder die ein Gemeinschaftsunternehmen, das ausschließlich von mehreren Auftraggebern zur Durchführung von in Anhang II genannten Tätigkeiten gebildet wurde, an ein Unternehmen vergibt, das mit einem dieser Auftraggeber verbunden ist [lit. b]." Diese Bestimmung entspricht derjenigen zum Sektorenvergaberecht in Art. 29 Abs. 3 RL 2014/25/EU. Anders als diese Regelung spricht Art. 13 Abs. 3 lit. a RL 2014/23/EU von einem mit „ihr" verbundenen Unternehmen, wobei der reflexive Anknüpfungspunkt unklar bleibt. Dies ist jedoch ein redaktionelles Versehen, was sich anhand der englischen Sprachfassungen der Richtlinien, die insoweit gleichlautend sind, feststellen lässt. Die Verbindung muss auch nach dem Recht der RL 2014/23/EU zu dem „Auftraggeber" bestehen. 177

Der **persönliche Anwendungsbereich** der Regelung ist auf Konzessionsgeber nach § 101 Abs. 1 Nr. 2 und 3 GWB beschränkt. Für Konzessionsgeber nach § 101 Abs. 1 Nr. 1 GWB gilt die Regelung folglich nicht. Dies entspricht der unionsrechtlichen Bestimmung in Art. 13 Abs. 3 RL 2014/23/EU. Diese Regelung gilt für „Auftraggeber". Gemeint sind hiermit jedoch die Stellen nach Art. 7 RL 2014/23/EU, die einer der in Anhang II RL 2014/23/EU genannten Tätigkeiten nachgehen und eine Konzession zum Zweck der Ausübung einer dieser Tätigkeiten vergeben. Art. 13 Abs. 3 RL 2014/23/EU ist daher ebenfalls nur auf solche Konzessionsgeber anzuwenden, die eine Sektorentätigkeit ausüben. 178

§ 138 Nr. 2 lit. b GWB verlangt, dass das **Gemeinschaftsunternehmen** ausschließlich von mehreren Sektorenauftraggebern zur Durchführung einer Sektorentätigkeit gebildet wurde. Dies gilt auch im Konzessionsvergaberecht. Die entsprechende Anwendung von § 138 Nr. 2 lit. b GWB führt nicht dazu, dass das Gemeinschaftsunternehmen im Rahmen des Konzessionsvergaberechts nur durch Konzessionsgeber gebildet sein darf. Der Begriff des Sektorenauftraggebers ist in § 100 GWB rein institutionell orientiert, wohingegen der Begriff des Konzessionsgebers nach § 105 GWB sowohl institutionell als auch in Bezug auf den konkreten Vergabegegenstand, nämlich die Vergabe einer Konzession, bestimmt wird. Aufgrund dieses Bezugspunkts ist der Begriff des Konzessionsgebers untauglich für die Bestimmung der institutionellen Zusammensetzung des Gemeinschaftsunternehmens, da es für die Zusammensetzung des Gemeinschaftsunternehmens nicht auf einen Vergabegegenstand ankommen kann. Dieses Verständnis entspricht indes nicht dem Wortlaut der unionsrechtlichen Bestimmung in Art. 13 Abs. 3 RL 2014/23/EU, die ausschließlich auf „Auftraggeber" abstellt, für die nach der Legaldefinition in Art. 7 Abs. 1 RL 2014/23/EU die Vergabe einer Konzession vorausgesetzt wird. Dem Sinn und Zweck nach wird Art. 13 Abs. 3 RL 2014/23/EU jedoch so auszulegen sein, dass sich der dort enthaltene Begriff des Auftraggebers ausschließlich auf die institutionellen Anforderungen in Art. 7 Abs. 1 lit. a bis c RL 2014/23/EU bezieht. 179

§ 154 Nr. 5 i.V.m. § 138 GWB gilt explizit für die Vergabe von **Konzessionen**. Die Konzessionen müssen dabei zum Zwecke der Ausübung einer Sektorentätigkeit vergeben werden. Dies folgt aus § 136 GWB. Diese Vorschrift regelt den Anwendungsbereich von Unterabschnitt 1 180

57 Vgl. Gesetzesbegründung zu § 154 Nr. 5 GWB, VergRModG 2016, BT-Drs. 18/6281, 133.

Abschnitt 3 Kapitel 1 Teil 4 GWB, dem auch § 138 GWB angehörig ist. Dieser Unterabschnitt gilt nach § 136 GWB für die Vergabe von öffentlichen Aufträgen und die Ausrichtung von Wettbewerben durch Sektorenauftraggeber zum Zweck der Ausübung einer Sektorentätigkeit. Bei der entsprechenden Anwendung von § 138 GWB ist dieser Sektorenbezug mitzudenken. Dies entspricht auch der unionalen Grundlage in Art. 13 Abs. 3 RL 2014/23/EU.

181 Auffällig ist, dass § 154 Nr. 5 GWB explizit die entsprechende Anwendung von § 138 GWB „hinsichtlich der Vergabe […] an **verbundene Unternehmen**" erklärt. Diese Bezugnahme ist rein deskriptiv und führt nicht zu einer Einschränkung des Anwendungsbefehls von § 138 GWB, da diese Vorschrift neben der Vergabe an verbundene Unternehmen keinen weiteren Regelungsgegenstand führt. Unter welchen Voraussetzungen ein verbundenes Unternehmen vorliegt, wird in § 138 Abs. 2 bis 7 GWB geregelt, der für das Konzessionsvergaberecht über den Verweis in § 154 Nr. 5 GWB entsprechend gilt.

182 **Im Übrigen** ist die Regelungssubstanz des § 138 GWB auf das Konzessionsvergaberecht zu übertragen, ohne dass hierfür konzessionsspezifische Besonderheiten festzustellen sind.[58]

M. Vergabe an oder durch Gemeinschaftsunternehmen (Nr. 6)

183 Gemäß § 154 Nr. 6 GWB ist § 139 GWB hinsichtlich der Vergabe von Konzessionen durch Konzessionsgeber im Sinne des § 101 Abs. 1 Nr. 2 und 3 GWB an ein Gemeinschaftsunternehmen oder durch Gemeinschaftsunternehmen an einen Konzessionsgeber im Sinne des § 101 Abs. 1 Nr. 2 und 3 GWB entsprechend anzuwenden. Die von § 154 Nr. 6 GWB in Bezug genommene Vorschrift des § 139 GWB befindet sich in Unterabschnitt 1 Abschnitt 3 Kapitel 1 Teil 4 GWB und gilt damit nach § 136 GWB unmittelbar für die Vergabe von öffentlichen Aufträgen und die Ausrichtung von Wettbewerben durch Sektorenauftraggeber zum Zweck der Ausübung einer Sektorentätigkeit. § 154 Nr. 6 GWB transferiert den Regelungsgehalt von § 139 GWB in das Konzessionsvergaberecht. Die Regelung in § 139 Abs. 1 GWB ist in entsprechender Anwendung so zu lesen, dass Teil 4 GWB nicht auf die Vergabe von Konzessionen anzuwenden ist,

- die ein Gemeinschaftsunternehmen, das mehrere Sektorenauftraggeber ausschließlich zur Durchführung von Sektorentätigkeiten gebildet haben, an einen dieser Auftraggeber vergibt (Nr. 1) oder
- die ein Sektorenauftraggeber, der einem Gemeinschaftsunternehmen im Sinne der § 139 Abs. 1 Nr. 1 GWB angehört, an dieses Gemeinschaftsunternehmen vergibt (Nr. 2).

Voraussetzung ist nach § 154 Nr. 6 i.V.m. § 139 Abs. 2 GWB, dass das Gemeinschaftsunternehmen im Sinne des § 139 Abs. 1 Nr. 1 GWB gebildet wurde, um die betreffende Sektorentätigkeit während eines Zeitraums von mindestens drei Jahren durchzuführen, und in dem Gründungsakt des Gemeinschaftsunternehmens festgelegt wird, dass die das Gemeinschaftsunternehmen bildenden Sektorenauftraggeber dem Gemeinschaftsunternehmen mindestens während desselben Zeitraums angehören werden.

184 Die Regelung geht auf die **unionsrechtliche Bestimmung** in Art. 14 RL 2014/23/EU zurück.[59] Diese Bestimmung entspricht derjenigen zum Sektorenvergaberecht in Art. 30 RL 2014/25/EU.

185 Der **persönliche Anwendungsbereich** der Regelung ist auf Konzessionsgeber nach § 101 Abs. 1 Nr. 2 und 3 GWB beschränkt. Für Konzessionsgeber nach § 101 Abs. 1 Nr. 1 GWB gilt die Regelung folglich nicht. Dies entspricht der unionsrechtlichen Bestimmung in Art. 14 RL 2014/23/EU. Diese Regelung gilt zwar für „Auftraggeber". Gemeint sind hiermit jedoch die Stellen nach Art. 7 RL 2014/23/EU, die einer der in Anhang II RL 2014/23/EU genannten Tätigkeiten nachgehen und eine Konzession zum Zweck der Ausübung einer dieser Tätigkeiten

58 Insoweit wird für Einzelheiten zu der Vorschrift auf die Kommentierung von *Röbke* zu § 138 GWB verwiesen.
59 Vgl. Gesetzesbegründung zu § 154 Nr. 6 GWB, VergRModG 2016, BT-Drs. 18/6281, 134.

vergeben. Art. 14 RL 2014/23/EU ist daher ebenfalls nur auf solche Konzessionsgeber anzuwenden, die eine Sektorentätigkeit ausüben.

§ 139 GWB verlangt, dass es sich bei den am Gemeinschaftsunternehmen beteiligten Auftraggebern um **Sektorenauftraggeber** handelt. Dies hat auch in entsprechender Anwendung der Regelung nach § 154 Nr. 6 GWB zu gelten. Die Regelung ist daher nicht in der Weise entsprechend auszulegen, dass nur Konzessionsgeber am Gemeinschaftsunternehmen beteiligt sein dürfen. Anders als der Begriff des Sektorenauftraggebers setzt der Begriff des Konzessionsgebers neben einer institutions- auch eine tätigkeitsbezogene Komponente, nämlich die Vergabe einer Konzession, voraus. Aufgrund der tätigkeitsbezogenen Komponente ist der Begriff des Konzessionsgebers untauglich für die Bestimmung der institutionellen Zusammensetzung des Gemeinschaftsunternehmens, da es für die Zusammensetzung des Gemeinschaftsunternehmens nicht auf einen Vergabegegenstand ankommen kann. Dieses Verständnis kann in der zugrunde liegenden unionsrechtlichen Bestimmung des Art. 14 RL 2014/23/EU indes nicht klar abgebildet werden. Die Regelung stellt auf den Begriff des Auftraggebers ab, der nach Art. 7 Abs. 1 RL 2014/23/EU dadurch gekennzeichnet ist, dass die fragliche Stelle eine Konzession vergibt. Die Regelung des Art. 14 RL 2014/23/EU ist ihrem Sinn und Zweck nach jedoch so auszulegen, dass die Bezugnahme auf den Begriff des Auftraggebers nur in institutioneller Hinsicht (Art. 7 Abs. 1 lit. a bis c RL 2014/23/EU) gilt. 186

§ 154 Nr. 6 GWB erklärt explizit, dass die entsprechende Anwendung von § 139 GWB „hinsichtlich der Vergabe an ein Gemeinschaftsunternehmen oder durch **Gemeinschaftsunternehmen**" gilt. Diese Bezugnahme ist rein deskriptiv und führt nicht zu einer Einschränkung des Anwendungsbefehls von § 139 GWB, da diese Vorschrift neben der Vergabe an oder durch Gemeinschaftsunternehmen keinen weiteren Regelungsgegenstand führt. 187

Im Übrigen ist die Regelungssubstanz des § 139 GWB für das Konzessionsvergaberecht zu übernehmen, ohne dass hierfür konzessionsspezifische Besonderheiten festzustellen sind.[60] 188

N. Ausnahme für unmittelbar dem Wettbewerb ausgesetzte Tätigkeiten (Nr. 7)

Nach § 154 Nr. 7 GWB ist § 140 GWB hinsichtlich der Vergabe von Konzessionen durch Konzessionsgeber im Sinne des § 101 Abs. 1 Nr. 2 und 3 GWB für unmittelbar dem Wettbewerb ausgesetzte Tätigkeiten entsprechend anzuwenden. Die Vorschrift des § 140 GWB befindet sich in Unterabschnitt 1 Abschnitt 3 Kapitel 1 Teil 4 GWB und gilt damit nach § 136 GWB für die Vergabe von öffentlichen Aufträgen und die Ausrichtung von Wettbewerben durch Sektorenauftraggeber zum Zweck der Ausübung einer Sektorentätigkeit. § 154 Nr. 7 GWB transferiert den Regelungsgehalt des § 140 GWB in das Konzessionsvergaberecht. Diese Regelung ist in ihrer entsprechenden Anwendung so zu lesen, dass Teil 4 GWB nicht auf Konzessionen anzuwenden ist, die zum Zweck der Ausübung einer Sektorentätigkeit vergeben werden, wenn die Sektorentätigkeit unmittelbar dem Wettbewerb auf Märkten ausgesetzt ist, die keiner Zugangsbeschränkung unterliegen. § 154 Nr. 7 i.V.m. § 140 Abs. 2 GWB ergänzt Regelungen zur Kostentragungspflicht für Gutachten und Stellungnahmen des Bundeskartellamtes. 189

Die Vorschrift transferiert den Regelungsgehalt von Art. 16 **RL 2014/23/EU** in deutsches Recht.[61] Nach dieser Vorschrift gilt die RL 2014/23/EU nicht für von Auftraggebern vergebene Konzessionen, wenn gemäß Art. 35 RL 2014/25/EU festgestellt wurde, dass die Tätigkeit in dem Mitgliedstaat, in dem sie im Rahmen der Konzessionen durchgeführt wird, gemäß Art. 34 RL 2014/23/EU unmittelbar dem Wettbewerb ausgesetzt ist. 190

Der **persönliche Anwendungsbereich** der Regelung von § 154 Nr. 7 GWB ist auf Konzessionsgeber nach § 101 Abs. 1 Nr. 2 und 3 GWB beschränkt. Für Konzessionsgeber nach § 101 Abs. 1 Nr. 1 GWB gilt die Regelung folglich nicht. Dies entspricht der unionsrechtlichen Bestimmung in Art. 16 RL 2014/23/EU. Diese Regelung gilt zwar für „Auftraggeber". Gemeint 191

60 Insoweit wird für Einzelheiten zu der Vorschrift auf die Kommentierung von *Sudbrock* zu § 139 GWB verwiesen.
61 Vgl. Gesetzesbegründung zu § 154 Nr. 7 GWB, VergRModG 2016, BT-Drs. 18/6281, 134.

sind hiermit die Stellen nach Art. 7 RL 2014/23/EU, die einer der in Anhang II RL 2014/23/EU genannten Tätigkeiten nachgehen und eine Konzession zum Zweck der Ausübung einer dieser Tätigkeiten vergeben. Art. 16 RL 2014/23/EU ist daher ebenfalls nur auf solche Konzessionsgeber anzuwenden, die eine Sektorentätigkeit ausüben.

192 § 154 Nr. 7 GWB erklärt explizit, dass die entsprechende Anwendung von § 140 GWB hinsichtlich der Vergabe von Konzessionen „für **unmittelbar dem Wettbewerb ausgesetzte Tätigkeiten**" gilt. Diese Bezugnahme ist rein deskriptiv und führt nicht zu einer Einschränkung des Anwendungsbefehls für § 140 GWB, da diese Vorschrift neben der Vergabe von Konzessionen für unmittelbar dem Wettbewerb ausgesetzte Tätigkeiten keinen weiteren Regelungsgegenstand führt.

193 Die **Regelungssubstanz** des § 140 GWB ist im Ergebnis auf das Konzessionsvergaberecht zu übertragen, ohne dass hierfür konzessionsspezifische Besonderheiten festzustellen sind.[62]

O. Rechtsschutz

194 Der unternehmensschützende Charakter der von § 154 GWB referenzierten Regelungen und die Rechtsschutzmöglichkeiten der Unternehmen sind für das Konzessionsvergaberecht nicht anders zu beurteilen als für das Auftragsvergaberecht.[63]

Anlage

Gesetzesbegründung – VergRModG 2016 (BT-Drs. 18/6281)

Seite 132

Soweit möglich, wird zur Umsetzung der weiteren wesentlichen Vorschriften der Richtlinie 2014/23/EU – gegebenenfalls unter bestimmten Maßgaben – auf die Vorschriften zur Vergabe von öffentlichen Aufträgen durch öffentliche Auftraggeber verwiesen. Die Verweisung kommt sowohl für allgemeine Konzessionen als auch für Konzessionen zu sozialen und anderen besonderen Dienstleistungen im Sinne des § 153 zum Tragen.

Zu Nummer 1

Nach § 154 Nummer 1 findet die in § 118 geregelte Vorschrift zu den vorbehaltenen Aufträgen zwecks Umsetzung von Artikel 24 der Richtlinie 2014/23/EU entsprechende Anwendung.

Zu Nummer 2

Artikel 38 Absatz 4 Unterabsatz 1 und Absatz 5 Unterabsatz 1 der Richtlinie 2014/23/EU sehen vor, dass für diejenigen Konzessionsgeber, bei denen es sich um öffentliche Auftraggeber nach Artikel 6 oder um im Sekto-

Seite 133

renbereich tätige öffentliche Auftraggeber nach Artikel 7 Absatz 1 Buchstabe a handelt, zwingende Ausschlussgründe gelten, die denen nach Artikel 57 Absatz 1 und 2 der Richtlinie 2014/24/EU entsprechen. Daher wird für diese Konzessionsgeber grundsätzlich eine entsprechende Geltung der für die Vergabe von öffentlichen Aufträgen geltenden Regelung zu zwingenden Ausschlussgründe vorgesehen.

Da die in Artikel 38 Absatz 7 der Richtlinie 2014/23/EU vorgesehenen fakultativen Ausschlussgründe für das Konzessionsvergabeverfahren weitestgehend deckungsgleich mit den in Artikel 57 Absatz 4 der Richtlinie 2014/24/EU geregelten fakultativen Ausschlussgründen für das Verfahren zur Vergabe

62 Insoweit wird für Einzelheiten zu der Vorschrift auf die Kommentierung von *Sudbrock* zu § 140 GWB verwiesen.
63 Insoweit wird auf die Kommentierungen zu den referenzierten Regelungen verwiesen.

öffentlicher Aufträge sind, wird ebenfalls grundsätzlich eine entsprechende Geltung der diesbezüglichen Regelung für die Vergabe von öffentlichen Aufträgen vorgesehen.

Im Übrigen passen die Regelungen zu Selbstreinigung und Höchstdauer des Ausschlusses ohne Modifikationen auch für die Vergabe von Konzessionen.

Zu Buchstabe a

Für Konzessionsgeber nach Artikel 7 Absatz 1 Buchstabe b und c wird entsprechend Artikel 38 Absatz 4 Unterabsatz 3 und Absatz 5 Unterabsatz 2 der Richtlinie 2014/23/EU ausnahmsweise eine fakultative Geltung der zwingenden Ausschlussgründe vorgesehen.

Zu Buchstabe b

Für Konzessionsvergaben im Verteidigungs- oder Sicherheitsbereich wird der in Artikel 38 Absatz 7 der Richtlinie 2014/23/EU enthaltene zusätzliche fakultative Ausschlussgrund umgesetzt.

Zu Nummer 3

Nach § 154 Nummer 3 wird die Vorschrift des § 131 Absatz 2, die für die Vergabe von öffentlichen Aufträgen über Personenverkehrsleistungen im Eisenbahnverkehr auf bestimmte Regelungen der Verordnung (EG) 1370/2007 verweist, sowie die Vorschrift des § 131 Absatz 3, die den Personalübergang bei einem Betreiberwechsel im Eisenbahnverkehr regelt, auf Konzessionen im Eisenbahnverkehr für entsprechend anwendbar erklärt. Darüber hinaus sind die Regelungen des § 132 zu Auftragsänderungen während der Vertragslaufzeit auf die Vergabe von Konzessionen grundsätzlich entsprechend anwendbar. Damit wird Artikel 43 der Richtlinie 2014/23/EU umgesetzt.

Zu Buchstabe a

Wie die Richtlinie 2014/25/EU sieht Artikel 43 Absatz 1 Satz 2 bis 3 Richtlinie 2014/23/EU für Tätigkeiten, die § 102 Absatz 2 bis 7 betreffen, keine absolute Begrenzung in Höhe von 50 Prozent des Wertes des ursprünglichen Auftrags für erlaubte Änderungen nach § 132 Absatz 2 Satz 2 und 3 vor, so dass die Verweisung insofern eingeschränkt wird.

Zu Buchstabe b

Zudem gibt es bei der de-minimis-Grenze des § 132 Absatz 3 Nummer 2 entsprechend von Artikel 43 Absatz 2 Buchstabe ii der Richtlinie 2014/23/EU keine Unterscheidung zwischen Bau- und Dienstleistungskonzessionen, sondern eine einheitliche Höchstgrenze in Höhe von 10 Prozent des ursprünglichen Wertes der Konzession.

Zu Nummer 4

§ 154 Nummer 4 dient der Umsetzung von Artikel 44 der Richtlinie 2014/23/EU und erklärt die Regelung der §§ 133 bis 135 zur Kündigung von Aufträgen hinsichtlich der Kündigung von Konzessionen für entsprechend anwendbar. Inhaltlich entspricht die Regelung in der Konzessionsrichtlinie der Regelung in Artikel 73 Richtlinie 2014/24/EU.

Zu Nummer 5

§ 154 Nummer 5 dient der Umsetzung von Artikel 13 der Richtlinie 2014/23/EU und erklärt die Ausnahme des § 138 für Vergaben an verbundene Unternehmen für entsprechend anwendbar. Ebenso wie die Richtlinie 2014/25/EU enthält auch die Konzessionsrichtlinie eine besondere Ausnahme für die Vergabe von Konzessionen an verbundene Unternehmen. Die Ausnahme gilt bei der Vergabe von Konzessionen allerdings nur für Auftraggeber im Sinne des § 101 Absatz 1 Nummer 2 und 3, das heißt solche Auftraggeber, die einer Tätigkeit nach § 102 Absatz 2 bis 7 nachgehen. Im Übrigen wird auf die Begründung zu § 138 verwiesen.

Seite 134

Zu Nummer 6

§ 154 Nummer 6 dient der Umsetzung von Artikel 14 der Richtlinie 2014/23/EU und betrifft die Ausnahmen für Vergaben von Konzessionen an oder durch ein Gemeinschaftsunternehmen. § 139 wird für entsprechend anwendbar erklärt. Wie bei der Ausnahme des § 154 Nummer 3 für Vergaben an verbundene Unternehmen betrifft auch § 154 Nummer 6 nur Auftraggeber im Sinne des § 100 Absatz 2, das heißt solche Auftraggeber, die einer Sektorentätigkeit nach § 102 Absatz 2 bis 7 nachgehen. Im Übrigen wird auf die Begründung zu § 139 verwiesen.

Zu Nummer 7

§ 154 Nummer 7 dient der Umsetzung von Artikel 16 der Richtlinie 2014/23/EU und betrifft die Ausnahme für von Auftraggebern nach § 101 Absatz 1 Nummer 2 und 3 vergebene Konzessionen, wenn die Tätigkeit unmittelbar dem Wettbewerb ausgesetzt ist. § 140 wird für entsprechend anwendbar erklärt. Artikel 16 der Richtlinie 2014/23/EU verweist insofern auf die Artikel 34 und 35 der Richtlinie 2014/25/EU. Im Übrigen wird auf die Begründung zu § 140 verwiesen.

Teil 4

Vergabe von öffentlichen Aufträgen und Konzessionen

Kapitel 2
Nachprüfungsverfahren

Abschnitt 1
Nachprüfungsbehörden

§ 155 GWB
Grundsatz

Unbeschadet der Prüfungsmöglichkeiten von Aufsichtsbehörden unterliegt die Vergabe öffentlicher Aufträge und von Konzessionen der Nachprüfung durch die Vergabekammern.

Übersicht

	Rn.
A. Allgemeines	1
I. Unionsrechtlicher Hintergrund	2
II. Vergleichbare Regelungen	3
III. Historie	4
B. Rechtsschutzsystem	8
I. Nachprüfungsmöglichkeiten	9
II. Primär- und Sekundärrechtsschutz	14
C. Rechtsschutz oberhalb der Schwellenwerte	16
I. Zuständigkeit der Vergabenachprüfungsinstanzen	16
1. Erreichen oder Überschreiten der Schwellenwerte	18
2. Auftraggeber	19
3. Öffentliche Aufträge und Konzessionen	20
4. Bereichsausnahmen	22
5. Vergabe	23
a) Unterlassen oder Aufhebung des Vergabeverfahrens	23
b) Beginn des Vergabeverfahrens	24
c) Verwirkung	27
6. Sonstige Anwendungsbereiche	30
II. Verfahrensgrundsätze und Verfahrensablauf	31
D. Rechtsschutz unterhalb der Schwellenwerte	37
I. Ausgangslage	37
II. Zuständigkeit der Zivilgerichte	40
III. Vorgaben des EU-Rechts für den Rechtsschutz unterhalb der Schwellenwerte	43
1. EU-Primärrecht	43
2. Auslegungsmitteilung der Europäischen Kommission	47
3. Bewertung und Ausblick	49
E. Weitere Prüfmöglichkeiten	50
I. Überprüfung durch die Aufsichtsbehörde	50
1. Zuständigkeit der Aufsichtsbehörde	54
2. Unterschiede zum Nachprüfungsverfahren	57
II. Überprüfung durch die Vergabeprüfstellen und Vergabeüberwachungsausschüsse	58
F. Verhältnis der Überprüfungsmöglichkeiten zueinander	60
G. Weitere Überprüfungsmöglichkeiten	62
I. Vertragsverletzungsverfahren	63
II. Vorabentscheidungsersuchen	65
III. Prüfungsmöglichkeiten der Kartellbehörden	66
Anlage	
Gesetzesbegründung	

A. Allgemeines*

Mit § 155 GWB beginnt zugleich das 2. Kapitel und der 1. Abschnitt des 4. Teils des GWB. In diesem befinden sich die Regelungen zum Nachprüfungsverfahren und den Nachprüfungsbehörden. Der § 155 GWB begründet die Zuständigkeit der Vergabekammern zur Nachprüfung der Vergabe von öffentlichen Aufträgen und Konzessionen. 1

I. Unionsrechtlicher Hintergrund

Mit der RL 89/665/EWG verfolgt der Rat der Europäischen Gemeinschaft das Ziel, den Unternehmen europaweit zu ermöglichen, die Vergabe von öffentlichen Aufträgen zum Gegenstand eines Nachprüfungsverfahrens zu machen. Letztere waren nach Ansicht des Rates in einigen Mitgliedstaaten nicht wirksam oder nur unzulänglich ausgestaltet. Mit den EU-Verga- 2

* Diese Kommentierung schreibt die Kommentierung des § 155 GWB in der Vorauflage dieses Kommentars durch Frau *Ingeborg Diemon-Wies* fort, der ich für die Zurverfügungstellung des Manuskripts herzlich danke.

berichtlinien RL 92/13/EWG, RL 92/50/EWG, RL 93/36/EWG, RL 93/37/EWG, RL 93/38/EWG wurden das Regelungswerk zum Nachprüfungsverfahren und die Anforderungen an die von den Mitgliedstaaten zu schaffenden Nachprüfungsstellen noch erweitert. Diese Vorgaben und die Rechtsprechung des EuGH und nationaler Gerichte führten zum VgRÄG und damit der Errichtung des Systems der Nachprüfung durch die Vergabekammern.[1] Der Gesetzgeber entschied sich für das sogenannte „dänische Model", welches ein gerichtsähnlich konzipiertes Rechtsschutzverfahren vor einer der Verwaltung zugehörigen Organisationseinheit vorsieht. Aufgrund der positiven Erfahrungen aus dem Nachbarland wurde dieses auch in Deutschland nachgebildet.[2] Inzwischen haben sich 14 von 28 Mitgliedstaaten für diese Organisationsform bei Nachprüfungsverfahren entschieden.[3]

II. Vergleichbare Regelungen

3 Eine nebeneinander bestehende Zuständigkeit von zwei Prüfinstanzen sieht auch z. B. § 109 Abs. 2 LHO BW vor, indem er bestimmt: *„Die zuständige Stelle führt die Rechnungsprüfung unbeschadet einer Prüfung durch den Rechnungshof durch"*.

III. Historie

4 § 155 GWB ersetzte nach der Neufassung des GWB durch das VergRModG 2016 mit Wirkung zum 18. April 2016 den bisherigen § 102 GWB a.F. Der § 102 GWB a.F. wiederum geht auf § 112 GWB in der Fassung vom 1. Januar 1999 zurück, der mit dem VgRÄG vom 26. August 1998 geschaffen wurde. Der Inhalt und der Umfang des Wortlautes haben sich seitdem jedoch nur moderat geändert. So ist der Hinweis auf die Überprüfungsmöglichkeit der Vergabe öffentlicher Aufträge durch Vergabeprüfstellen mit der Vergaberechtsnovelle zum 24. April 2009 entfallen.

5 Bis zum 18. April 2016 bezog sich die Überprüfungsmöglichkeit der Vergabekammern ausschließlich auf die Entscheidung über die „Vergabe von öffentlichen Aufträgen". Infolge der Modernisierung wurde im Gesetz die Möglichkeit aufgenommen, die „Vergabe von **Konzessionen**" durch die Vergabekammern überprüfen zu lassen. Damit wird auch die neue RL 2004/23/EU zur Vergabe von Konzessionen in nationales Recht umgesetzt.

6 Die Vergabekammern sind als besondere, gerichtsähnliche Kontrollinstanzen mit dem VgRÄG „geboren" worden. Bis dahin gab es in der BRD die sogenannte **haushaltsrechtliche Lösung**, wonach die Vergaben rechtlich ausschließlich dem öffentlichen Haushaltsrecht zugeordnet waren. Unternehmen konnten lediglich die sogenannten Vergabeüberwachungsausschüsse anrufen, die die Entscheidungen der Vergabestellen auf Rechtmäßigkeit überprüften. Es gab aber keine „gerichtlich durchsetzbaren" Ansprüche für die Unternehmen. Auch führten diese Verfahren nicht zu einem Suspensiveffekt, sodass der Auftrag unabhängig von einem solchen Verfahren erteilt werden konnte.

7 Gemeinschaftsrechtlich wurde zur Verbesserung des Rechtsschutzes aber gefordert, dass eine „gerichtliche oder zumindest gerichtsähnliche Kontrolle" der Vergabeentscheidungen möglich sein musste, was dann zur Schaffung der Vergabekammern mit der Möglichkeit der Nachprüfungsverfahren führte. Zeitgleich wurden die Vergabeüberwachungsausschüsse abgeschafft. Mit dem Teil 4 GWB hat der deutsche Gesetzgeber somit erstmals ein förmliches Verfahren zur Überprüfung der Vergabe öffentlicher Aufträge geschaffen, welches es zuvor nicht gab. Wegen der Nähe zum Kartell- und Wettbewerbsrecht sind die Verfahrensregeln im Teil 4 GWB aufgenommen worden (sogenannte **kartellrechtliche Lösung**).[4]

---

1 Gegenäußerung der Bundesregierung, VgRÄG, BT-Drs. 13/9340, 47.
2 Gesetzesbegründung, VgRÄG, BT-Drs. 13/9340, 13.
3 *Burgi*, NZBau 2020, 3.
4 Gegenäußerung der Bundesregierung, VgRÄG, BT-Drs. 13/9340, 48.

B. Rechtsschutzsystem

Im Rechtsschutzsystem des Vergaberechts ist zwischen dem Primär- und Sekundärrechtsschutz zu unterscheiden. Der Primärrechtsschutz unterfällt dann nochmals in den Rechtsschutz oberhalb und unterhalb bestimmter Auftragswerte (§ 106 GWB; sogenannter Schwellenwerte). Insgesamt stehen den Unternehmen im Rahmen des Primärrechtsschutzes folgende Stellen zur Verfügung, um eine Vergabeentscheidung eines Auftraggebers überprüfen zu lassen. 8

I. Nachprüfungsmöglichkeiten

Die **Vergabeprüfstellen** wurden zwar bereits durch das VergRModG 2009 gestrichen. Es blieb aber letztlich dem Bund und den Ländern überlassen, ob sie weiterhin Vergabeprüfstellen und ein entsprechendes Prüfverfahren vorhalten wollten. Weshalb eine solche z. B. in Schleswig-Holstein immer noch vorzufinden ist. 9

§ 155 GWB eröffnet durch die Formulierung *„unbeschadet der Prüfungsmöglichkeiten von Aufsichtsbehörden"* weiterhin die Kontrollmöglichkeit durch die **Aufsichtsbehörden**. In der Praxis spielt diese Nachprüfungsmöglichkeit aber wegen der engen Fristen bei der Vergabe von öffentlichen Aufträgen und der geringen Effektivität hinsichtlich des Rechtsschutzes eine stark untergeordnete Rolle. Die Aufsichtsbehörden haben nicht die Möglichkeit, die Erteilung des Zuschlags gemäß § 169 Abs. 1 GWB zu untersagen, die Einsichtnahme in die Vergabeakten, wie in § 163 Abs. 2 GWB vorgesehen, ist in der Praxis unüblich, und sie sind auch nicht verpflichtet, eine Entscheidung in einem Zeitraum von fünf Wochen, so wie dies § 167 Abs. 1 GWB vorschreibt, zu treffen. Demgegenüber sind die Verfahren vor den Aufsichtsbehörden, im Gegensatz zu den Verfahren vor den Vergabekammern, aber gebührenfrei. 10

Aufsichtsbehörden und **Vergabekammern** sind streng voneinander zu trennen. Auch wenn die Vergabekammern mitunter bei den für sie zuständigen Aufsichtsbehörden – z. B. in den Wirtschaftsministerien der Länder Niedersachsen und Schleswig-Holstein, in der Wirtschaftsbehörde Hamburg oder der für Wirtschaft zuständigen Senatsverwaltung in Berlin – eingerichtet sind, sind sie aufgrund ihrer besonderen Stellung, die in § 157 GWB gefordert und näher konkretisiert wird, selbstständige, d.h. weisungsunabhängige Einheiten.[5] 11

Dem im Wettbewerb unterlegenen Unternehmen – gleich ob als Teilnehmer oder Bieter – stehen somit oberhalb der sog. Schwellenwerte drei **Nachprüfungsmöglichkeiten** zur Verfügung, wenn es der Auffassung ist, dass im Verfahren zur Vergabe eines öffentlichen Auftrages oder einer Konzession gegen Vergaberechtsgrundsätze verstoßen wird. Davon nennt § 155 GWB die Aufsichtsbehörden und die Vergabekammern, während die Vergabeprüfstellen nicht mehr im GWB erwähnt werden. In der Praxis hat sich jedoch gezeigt, dass die Kontrollverfahren durch die Aufsichtsbehörden oder die Vergabeprüfstellen, wegen der geringen Effektivität des Rechtsschutzes, kaum in Anspruch genommen werden. Die überwiegende Anzahl der oberhalb der Schwellenwerte Rechtsschutzsuchenden wendet sich deshalb an die Vergabekammern. Im Jahr 2019 sind diese in insgesamt 799 Fällen von Unternehmen angerufen worden.[6] 12

Dazu kommt, dass ein Verfahren vor einer Vergabekammer zwingend zu durchlaufen ist, wenn die Auftragsvergabe noch einer **gerichtlichen Kontrolle** durch ein Oberlandesgericht nach §§ 171 Abs. 3 GWB bzw. für das Bundesland Bayern durch das Bayerische Oberste Landesgericht gemäß § 171 Abs. 4 GWB unterzogen werden soll. Von den 763 in 2019 von den Vergabekammern des Bundes und der Länder entschiedenen Nachprüfungsverfahren wurde von den Verfahrensbeteiligten in 127 Fällen das zuständige OLG zur Überprüfung angerufen.[7] Die Vergabekammern haben sich somit, wie vom Gesetzgeber auch ursprünglich beabsich- 13

5 Vgl. § 157 GWB Rn. 7 f.
6 VergabeNews 6/2020, 82.
7 https://www.bmwk.de/Redaktion/DE/Downloads/G/gesamtuebersicht-vergabekammern.html

tigt,[8] seit Einführung des Rechtsschutzes im Jahre 1999 zu den primären Kontrollinstanzen entwickelt.

II. Primär- und Sekundärrechtsschutz

14 Die in § 155 GWB genannten Vergabekammern, die Aufsichtsbehörden wie auch die Vergabeprüfstellen und die Oberlandesgerichte bzw. das Bayerische Oberste Landesgericht gewährleisten insgesamt den **Primärrechtsschutz** für die unterlegenen Unternehmen. Diese Stellen werden in der Regel vor Erteilung des Zuschlags angerufen, um die Vergabeentscheidungen der Auftraggeber zu überprüfen. Die Erteilung des Auftrages an ein anderes Unternehmen untersagen können nur die Vergabekammern nach § 169 Abs. 1 GWB und die Oberlandesgerichte nach § 174 GWB. Zum Primärrechtsschutz sind auch die Fälle zuzurechnen, in denen überhaupt kein Vergabeverfahren durchgeführt wurde (sogenannte Direkt- oder De-facto-Vergaben, vgl. § 135 Abs. 2 GWB) oder eine Aufhebungsentscheidung des Auftraggebers zur Überprüfung gestellt wird. Hat sich das Nachprüfungsverfahren erledigt (§ 168 Abs. 2 GWB), so hat der Antragsteller unter bestimmten Voraussetzungen in einem Nachprüfungsverfahren vor einer Vergabekammer einen Anspruch auf Feststellung, ob eine Rechtsverletzung vorgelegen hat. Ein solches Verfahren auf Feststellung einer Rechtsverletzung kann insbesondere zur Vorbereitung eines Schadensersatzprozesses (vgl. § 181 GWB) dienen, aber auch, wenn die Wiederholung eines Rechtsverstoßes durch den Auftraggeber in vergleichbaren Vergabeverfahren zukünftig zu erwarten ist.[9]

15 Demgegenüber richtet sich der **Sekundärrechtsschutz** nach § 181 GWB auf Schadensersatzansprüche, die einem in einem Vergabeverfahren übergangenen Unternehmen gegebenenfalls zustehen können, wenn es eine reelle Chance auf Erteilung des Zuschlags gehabt hat und diese Chance durch einen Verstoß des Auftraggebers gegen eine bieterschützende Vorschrift beeinträchtigt wurde. Nach § 181 GWB kann ein solches Unternehmen Schadensersatz für die Vorbereitung des Angebots oder der Teilnahme an einem Vergabeverfahren verlangen, aber es erhält in der Regel nicht den entgangenen Gewinn. Für diesen Sekundärrechtsschutz sind die Zivilgerichte zuständig, wobei diese aber nach § 179 Abs. 1 GWB an die bestandskräftige Entscheidung einer Vergabekammer oder eines Oberlandesgerichts gebunden sind, soweit ein solches Nachprüfungsverfahren stattgefunden hat.

C. Rechtsschutz oberhalb der Schwellenwerte

I. Zuständigkeit der Vergabenachprüfungsinstanzen

16 Wegen der Sonderzuweisung in § 155 GWB sind für die rechtliche Überprüfung der Auftragsvergaben oberhalb der Schwellenwerte ausschließlich die **Vergabekammern** und **Oberlandesgerichte** oder Oberste Landesgerichte entsprechend § 171 Abs. 3 und 4 GWB zuständig.[10] Klagen gegen die Auftraggeber vor einem Verwaltungs- oder Zivilgericht kommen deshalb in diesem Bereich nicht in Betracht.

17 Die Zuständigkeit der Vergabenachprüfungsinstanzen ist aber nur gegeben, wenn die Vergabe des öffentlichen Auftrages oder der Konzession in den **Anwendungsbereich** des Vergaberechts des Teil 4 GWB fällt. Im Rahmen der Zulässigkeit eines Nachprüfungsverfahrens prüft eine Vergabekammer deshalb von Amts wegen, ob bestimmte Zugangsvoraussetzungen erfüllt sind. Dabei handelt es sich um folgende Anforderungen:

---

8 Gesetzesbegründung, VgRÄG, BT-Drs. 13/9340, 13.
9 Vgl. OLG Düsseldorf, Beschluss v. 22.2.2017 – VII-Verg 29/16.
10 BVerwG, Beschluss v. 2.5.2007 – 6 B 10.07.

1. Erreichen oder Überschreiten der Schwellenwerte

Der geschätzte Gesamtwert des Auftrages oder der Konzession muss den Schwellenwert erreichen oder überschreiten (§ 106 GWB). Ein irrtümlich oder freiwillig durchgeführtes europaweites Vergabeverfahren[11] begründet die Zuständigkeit der Vergabekammer ebenso wenig wie die unzutreffende Benennung der Vergabekammer als zuständige Nachprüfungsbehörde in der Bekanntmachung,[12] wenn der zu überprüfende Auftrag die Schwellenwerte objektiv nicht erreicht. Demgegenüber gilt: Wenn der Preis des wirtschaftlichsten Angebots nicht den Schwellenwert erreicht oder überschreitet, der Auftraggeber aber aufgrund seiner realistischen und nachvollziehbar dokumentierten Schätzung zu einem Auftragswert oberhalb der Schwellenwerte gelangt war, ist die Anrufung der Vergabekammer statthaft.[13] Eine Vergabekammer ist somit im Rahmen der Prüfung der Statthaftigkeit des Nachprüfungsantrages stets verpflichtet, zu kontrollieren, ob die Schätzung des Auftraggebers hinsichtlich des Auftragswertes zutreffend und sachlich nachvollziehbar ist. 18

2. Auftraggeber

Für die Begründung der Zuständigkeit der Nachprüfungsinstanzen muss die Vergabe durch einen Auftraggeber im Sinne des § 98 GWB erfolgen. Neben den herkömmlichen öffentlichen Auftraggebern, die in § 99 GWB aufgeführt werden, sind die Sektorenauftraggeber in § 100 GWB geregelt und die Konzessionsgeber in § 101 GWB. 19

3. Öffentliche Aufträge und Konzessionen

Die Vergabekammern sind dem Wortlaut des § 155 GWB nach nur und ausschließlich zur Überprüfung der Vergabe **öffentlicher Aufträge** oder **Konzessionen** berufen. Ein expliziter Verweis auf die §§ 103 bis 105 GWB fehlt dabei im Gesetz. Jedoch ergibt sich aus Art. 1 Abs. 1 RL 89/665/EWG und Art. 1 Abs. 1 RL 92/13/EWG, dass die Nachprüfung von Aufträgen nach der RL 2014/24/EU und Konzessionen nach RL 2014/23/EU, soweit sie nicht explizit ausgeschlossen sind, den Nachprüfungsstellen des Mitgliedstaates und damit den Vergabekammern nach § 155 GWB unterliegt. Das schließt damit auch verteidigungs- oder sicherheitsspezifische öffentliche Aufträge aus § 104 GWB sowie Wettbewerbe gemäß § 103 Abs. 6 GWB und auch Rahmenvereinbarungen nach § 103 Abs. 5 GWB ein. Zudem sind die in § 132 GWB geregelten wesentliche Vertragsänderungen, soweit diese ein neues Vergabeverfahren erfordern, ebenfalls als (neuer) öffentlicher Auftrag anzusehen und damit auch der Überprüfung der Vergabekammern unterstellt. Konzessionen waren bis zur Neuregelung des GWB am 18. April 2016 von der Nachprüfung durch die Vergabekammern ausgenommen, sind aber dann im § 105 GWB aufgenommen worden, da der nationale Gesetzgeber die Richtlinie zur Vergabe von Konzessionen (RL 2014/23/EU) bis dahin umzusetzen hatte. Wie bei den öffentlichen Aufträgen kommt der Rechtsschutz für die Vergabe von Konzessionen vor den Kammern aber erst ab dem jeweils hierfür gültigen Schwellenwert (§ 106 Abs. 2 Nr. 4 GWB) zum Tragen. 20

Nach § 133 GWB können öffentliche Auftraggeber einen öffentlichen Auftrag während dessen Laufzeit **kündigen**, wenn die in § 133 Abs. 1 Nr. 1 bis 3 GWB genannten Gründe vorliegen. Da die Vergabekammern grundsätzlich den Rechtsschutz vor Erteilung des Zuschlags gewährleisten sollen, spricht vieles dafür, dass die Vergabekammern nicht für die Überprüfung dieser Kündigungen zuständig sind. § 133 GWB ist zwar in Teil 4 GWB aufgenommen worden. Allerdings sind die Vergabekammern in der Regel nicht mehr zuständig, sobald der Zuschlag wirksam erteilt wurde.[14] Soweit der Unternehmer mit der Kündigung nicht einverstanden sein sollte, muss er vor den Zivilgerichten die Klärung über deren Wirksamkeit herbeiführen. Der in § 133 Abs. 1 Nr. 1 GWB genannte Kündigungsgrund „wesentliche Änderung" 21

11 OLG Celle, Beschluss v. 8.8.2013 – 13 Verg 7/13; OLG Jena, Beschluss v. 11.12.2009 – 9 Verg 2/08.
12 OLG München, Beschluss v. 28.9.2005 – Verg 19/05.
13 KG, Beschluss v. 24.10.2013 – Verg 11/13; OLG Brandenburg, Beschluss v. 7.12.2010 – Verg W 16/10.
14 OLG Düsseldorf, Beschluss v. 19.4.2017 – VII-Verg 38/16.

überschneidet sich zwar mit dem Rechtsschutz des nicht berücksichtigten Interessenten nach § 135 GWB, wonach eine sogenannte De-facto-Vergabe in einem bestimmten Zeitraum in einem Nachprüfungsverfahren vor einer Vergabekammer zur Überprüfung gestellt werden kann. Diese Konstellation ist aber nicht mit der aus § 133 GWB vergleichbar, da die Kündigung das Rechtsverhältnis zwischen Unternehmer und öffentlichem Auftraggeber betrifft, nicht hingegen die Interessen eines anderen Mitbewerbers.

4. Bereichsausnahmen

22 Statthaft ist die Nachprüfung durch Vergabekammern nur dann, wenn keine der Bereichsausnahmen vorliegt. Diese finden sich teilweise in § 107 GWB und weitere Ausnahmen ergeben sich insbesondere aus § 109 GWB, § 145 GWB und § 149 GWB. Danach sind z. B. Arbeitsverträge, der Erwerb, die Miete oder Pacht von Grundstücken als auch Dienstleistungen des Katastrophen-, Zivilschutzes und der Gefahrenabwehr, die von gemeinnützigen Organisationen erbracht werden und bestimmten CPV-Codes unterfallen, von der Anwendung des Teil 4 GWB und damit auch vom vergaberechtlichen Rechtsschutzsystem ausgenommen.

5. Vergabe

a) Unterlassen oder Aufhebung des Vergabeverfahrens

23 Der Begriff „Vergabe" umfasst nicht nur etwa die eigentliche Vergabe des Auftrages oder der Konzession durch Zuschlagserteilung, sondern auch solche Maßnahmen, die das pflichtwidrige Unterlassen von förmlichen Vergabeverfahren betreffen. Auch die Aufhebung eines förmlichen Vergabeverfahrens (vgl. § 63 VgV bzw. § 17 EU VOB/A) kann von den Bewerbern oder Bietern zur Überprüfung gestellt werden, da im Gegensatz zur Zuschlagserteilung die Aufhebung den Primärrechtsschutz nicht ausschließt.[15] Die Verpflichtung des Auftraggebers zum Abschluss eines Vertrages mit einem bestimmten Bieter kann in der Regel jedoch nicht ausgesprochen werden. Denn im Vergaberecht gibt es grundsätzlich keinen allgemeinen vertraglichen Kontrahierungszwang.[16] Lediglich in besonderen Einzelfallkonstellationen, z. B. der der Scheinaufhebung, kommt eine sogenannte „Aufhebung der Aufhebung" und damit die Anordnung der Fortführung des Vergabeverfahrens überhaupt nur in Betracht.[17]

b) Beginn des Vergabeverfahrens

24 Darüber hinaus muss die Vergabekammer auch in zeitlicher Hinsicht feststellen, dass ein Vergabeverfahren **eingeleitet** wurde. Bei bloß internen Überlegungen oder bei reinen Tätigkeiten des Auftraggebers zur Markterkundung, liegt keine Maßnahme des Auftraggebers vor, die überprüft werden kann. Entscheidend ist hier nicht ein formales Verständnis – also formaler Rechtsakt, wie beispielsweise eine europaweite Auftragsbekanntmachung –, sondern der Beginn eines Vergabeverfahrens wird materiell (inhaltlich) beurteilt.[18] Ein Vergabeverfahren hat begonnen, wenn sich der Auftraggeber dazu entschließt, einen (gegenwärtigen oder künftigen) Bedarf nicht durch Eigenleistung, sondern durch Beschaffen von Lieferungen und Leistungen als Nachfrager auf dem Markt zu decken (interner Beschaffungsbeschluss), und er darüber hinaus zweckbestimmt äußerlich wahrnehmbar Anstalten trifft, den Auftragnehmer mit dem Ziel eines Vertragsschlusses auszuwählen.[19] Beispielsweise reicht ein interner Kreistagsbeschluss allein nicht aus, sondern dieser muss erst noch durch die Verwaltung (extern) umgesetzt werden.

25 Ein **vorbeugender Rechtsschutz** gegen vermutete Vergaberechtsverstöße wird durch Teil 4 GWB nicht gewährt.[20] Vielmehr muss die Vergabestelle nach außen erkennbar den ersten

---

15 OLG Düsseldorf, Beschluss v. 26.6.2013 – VII-Verg 2/13.
16 BGH, Beschluss v. 20.3.2014 – X ZB 18/13.
17 BGH, Beschluss v. 20.3.2014 – X ZB 18/13.
18 EuGH, Urteil v. 11.1.2005 – Rs. C-26/03 (Stadt Halle); OLG Düsseldorf, Beschluss v. 17.7.2013 – VII-Verg 10/13; OLG München, Beschluss v. 19.7.2012 – Verg 8/12.
19 OLG Naumburg, Beschluss v. 17.3.2017 – 7 Verg 8/16; OLG Düsseldorf, Beschluss v. 17.12.2014 – VII-Verg 26/14.
20 OLG Koblenz, Beschluss v. 15.8.2014 – 1 Verg 7/14.

Schritt zur Durchführung desjenigen Verfahrens in die Wege leiten, welches zu einem konkreten Vertragsabschluss führen soll. Bei europaweiten regelkonform geführten Vergaben ist dies spätestens die Absendung der Auftragsbekanntmachung an das Amt für Veröffentlichungen der Europäischen Union.[21]

Bei Auftragsvergaben, die der Auftraggeber **ohne geregeltes Vergabeverfahren** durchführt, ist auf die nach außen wahrnehmbar hervorgetretene Willensäußerung des Auftraggebers abzustellen, einen Auftragnehmer mit dem Ziel eines Vertragsschlusses auszuwählen, was dann anzunehmen ist, wenn der Auftraggeber mitteilt, ohne Bekanntmachung und Teilnahmewettbewerb eine Vergabe im Verhandlungsverfahren zu beabsichtigen, oder auch bereits das ausgewählte Unternehmen zwecks Abschluss eines Vertrages kontaktiert hat.[22] 26

c) Verwirkung

Ein Nachprüfungsverfahren vor einer Vergabekammer kann mitunter auch dann nicht statthaft sein, wenn der Antragsteller sein Antragsrecht verwirkt hat. 27

Eine **Verwirkung** greift nur dann ein, wenn das betroffene Unternehmen keine Maßnahmen ergreift, obwohl ihm dies möglich war, und das Unternehmen durch sein derart langes Zuwarten mit der Rüge oder bei der Weiterverfolgung der Rüge bei der Vergabestelle das Vertrauen erweckt, es werde keine Schritte mehr unternehmen (Zeitmoment), und die Vergabestelle im Vertrauen darauf in dem Vergabeverfahren fortfährt (Umstandsmoment).[23] 28

Die Verwirkung von Rechten ist ein Sonderfall des Einwandes des widersprüchlichen Verhaltens im Sinne von § 242 BGB und führt dazu, dass ein Nachprüfungsverfahren nicht mehr durchgeführt wird, der Antrag somit **nicht statthaft** ist. Ein Bieter, der geltend macht, es fehle eine ordnungsgemäße Ausschreibung, verwirkt sein Nachprüfungsrecht, wenn er seit dem Zeitpunkt der Ausschreibung zwölf Monate und seit der Entscheidung des Auftraggebers, dass er kein Los erhalten werde, zehn bis fünf Monate verstreichen lässt, bevor er ein Nachprüfungsverfahren einleitet.[24] 29

6. Sonstige Anwendungsbereiche

Die Vergabekammern sind mitunter auch für die Nachprüfung von Vergaben zuständig, die nicht in Teil 4 GWB genannt sind. Derartige Sondervergabeverfahren ergeben sich beispielsweise aus der VO (EG) 1370/2007, die für die Gewährung von Ausgleichsleistungen und die Vergabe von Leistungen im öffentlichen Personennahverkehr in der Bundesrepublik Deutschland unmittelbar gilt, da es sich nicht um eine Richtlinie, sondern um eine Verordnung handelt. Vergaben von Wegenutzungsverträgen nach § 46 ff. EnWG fallen primär in die Zuständigkeit der ordentlichen Gerichte nach § 47 EnWG und nicht in die der Vergabekammern.[25] Dennoch kann es Fallkonstellationen bei solchen Verfahren geben, die eine Zuständigkeit der Nachprüfungsinstanz begründen.[26] 30

II. Verfahrensgrundsätze und Verfahrensablauf

Die Verfahren vor der Vergabekammer können nur **antragsbefugte Unternehmen** im Sinne von § 160 GWB einleiten, die grundsätzlich zuvor gegenüber dem Auftraggeber eine Verletzung ihrer Rechte aus § 97 Abs. 6 GWB und einen (hierdurch drohenden) Schaden geltend gemacht (gerügt) haben. Bei De-facto-Vergaben entfällt diese Rügeobliegenheit, da ein ordnungsgemäßes Vergabeverfahren nicht stattgefunden hat.[27] Nach § 160 Abs. 3 S. 2 GWB ist 31

---

21 OLG München, Beschluss v. 12.11.2010 – Verg 21/10.

22 OLG Düsseldorf, Beschluss v. 31.5.2017 – VII-Verg 36/16; OLG Düsseldorf, Beschluss v. 21.7.2010 – VII-Verg 19/10.

23 OLG Celle, Beschluss v. 29.10.2009 – 13 Verg 8/09; OLG Karlsruhe, Beschluss v. 13.6.2008 – 15 Verg 3/08; OLG Düsseldorf, Beschluss v. 30.4.2008 – VII-Verg 23/08; VK Münster, Beschluss v. 6.5.2008 – VK 4/08.

24 OLG Brandenburg, Beschluss v. 15.9.2009 – Verg W 13/08.

25 OLG Frankfurt, Beschluss v. 16.4.2018 – 11 Verg 1/18.

26 Vgl. hierzu § 156 GWB Rn. 30 ff.

27 OLG Düsseldorf, Beschluss v. 19.4.2017 – VII-Verg 38/16; Beschluss v. 19.7.2006 – VII-Verg 26/06.

eine Rüge auch dann nicht erforderlich, wenn das Unternehmen die Feststellung der Unwirksamkeit des Vertrages nach § 125 Abs. 1 Nr. 2 GWB begehrt.[28]

32 Die Vergabekammern sind zwar keine **Gerichte** im Sinne von Art. 92 GG, aber sie erlassen in grundsätzlich kontradiktorisch ausgetragenen Verfahren streitentscheidende Verwaltungsakte, die funktional gerichtlichen Entscheidungen entsprechen und auch wie solche – vor einem Rechtsmittelgericht – anzufechten sind.[29] Vom EuGH[30] ist entschieden worden, dass die deutschen Vergabekammern Gerichte im Sinne des Art. 267 AEUV sind und damit auch berechtigt sind, den EuGH im Wege der Vorabentscheidung anzurufen. In der Regel wird diese Möglichkeit von den Kammern deutlich seltener genutzt als von den Oberlandesgerichten.

33 Wegen des **Zuschlagsverbots** in § 169 Abs. 1 GWB, das mit der Übermittlung der Antragsschrift durch die Vergabekammer an den Auftraggeber entsteht, wird gemeinsam mit der **Stillhaltefrist** aus § 134 GWB ein effektiver Rechtsschutz für die Unternehmen gewährleistet, der sie davor schützt, dass der Auftraggeber durch die Zuschlagserteilung vollendete Tatsachen schafft.

34 Im Nachprüfungsverfahren ist die Vergabekammer wegen des **modifizierten Untersuchungsgrundsatzes** nach § 163 Abs. 1 GWB gehalten, den Sachverhalt von Amts wegen zu erforschen. So kann sie sich auf das Vorbringen des Antragstellers beschränken und ist nicht zur umfassenden Rechtmäßigkeitskontrolle verpflichtet. Bei schweren Vergabeverstößen, wie z. B. fehlender Bekanntmachung der Eignungsanforderungen, ist die Vergabekammer jedoch verpflichtet, Rechtsverletzungen nachzugehen, auch wenn der Antragsteller diese weder gerügt noch im Nachprüfungsantrag geltend gemacht hat.[31] Dies ist dem Umstand geschuldet, dass der Antragsteller die Ausschreibungsunterlagen zwar kennt, allerdings nicht die Vergabeakte des Auftraggebers, sodass er auch nicht alle Vergaberechtsverstöße geltend machen und darlegen kann, die für ihn nicht offensichtlich sind. Entscheidend ist dabei aber, dass durch einen solchen (verdeckten) Vergaberechtsverstoß der Antragsteller auch in seinen Rechten beeinträchtigt ist und ihm kausal dadurch ein Schaden droht.[32] Dem Antragsteller wird gemäß § 165 GWB Akteneinsicht gewährt und die Beanstandungen (Rügen) werden dann gemäß § 166 GWB in einer mündlichen Verhandlung mit allen Beteiligten erörtert. Auf die mündliche Verhandlung kann mit Zustimmung der Verfahrensbeteiligten oder bei Unzulässigkeit oder offensichtlicher Unbegründetheit auch verzichtet werden.

35 Die Vergabekammer muss ihre abschließende **Entscheidung**, die durch Beschluss in der Form eines Verwaltungsakts ergeht (§ 168 Abs. 3 GWB), gemäß § 167 GWB grundsätzlich innerhalb einer Frist von fünf Wochen treffen und begründen. Diese Entscheidungsfrist kann im Ausnahmefall, beim Vorliegen von tatsächlichen oder rechtlichen Schwierigkeiten, verlängert werden, wobei das Ausmaß der Verlängerung nicht mehr als zwei zusätzliche Wochen betragen soll. Damit ist einerseits dem Anspruch des Antragstellers auf effektiven Rechtsschutz Genüge getan, andererseits sollen auch die Vergabeverfahren nicht unnötig in die Länge gezogen werden.

36 Im Anschluss an ein Verfahren vor einer Vergabekammer (§§ 160 bis 170 GWB) kann von den daran Beteiligten innerhalb von zwei Wochen nach Zustellung der Entscheidung die **sofortige Beschwerde** vor dem Oberlandesgericht bzw. Obersten Landesgericht eingelegt werden (§§ 171 bis 178 GWB). Da es sich entsprechend § 172 Abs. 1 GWB um eine Notfrist handelt, ist diese keiner Verlängerung zugänglich.

---

28 OLG Düsseldorf, Beschluss v. 7.6.2017 – VII-Verg 53/16.
29 BGH, Beschluss v. 25.10.2011 – X ZB 5/10.
30 EuGH, Urteil v. 18.9.2014 – Rs. C-549/13 (Bundesdruckerei).
31 OLG Düsseldorf, Beschluss v. 11.7.2018 – VII-Verg 24/18.
32 OLG Düsseldorf, Beschluss v. 5.9.2018 – VII-Verg 32/18.

D. Rechtsschutz unterhalb der Schwellenwerte

I. Ausgangslage

Bei der Vergabe von öffentlichen Aufträgen und Konzessionen unterhalb der Schwellenwerte (§ 106 GWB) steht den Unternehmen als gerichtlicher Rechtsschutz die Möglichkeit einer Klage vor den **Zivilgerichten** zur Überprüfung eines Vergabeverfahrens offen. Die in §§ 155 ff. GWB enthaltene Sonderzuweisung zu den Vergabekammern und den Oberlandesgerichten bzw. Obersten Landesgerichten aus § 171 Abs. 3 und 4 GWB gilt lediglich für die Aufträge und Konzessionen von Auftraggebern, welche die EU-Schwellenwerte erreichen oder überschreiten.[33] Die Vergabe öffentlicher Aufträge unterhalb der Schwellenwerte unterliegt also nicht der Überprüfung durch die Vergabekammern.[34] 37

Zusätzlich steht den Unternehmen offen, die für den Auftraggeber zuständige Fach- und Rechtsaufsicht anzurufen und dort die Verletzung von vergaberechtlichen Vorschriften geltend zu machen.[35] Damit einher geht aber kein effektiver Rechtsschutz für das einzelne Unternehmen, denn die Einschaltung der Aufsichtsbehörde hat lediglich die Prüfung der Einhaltung von bestehendem Recht durch den Auftraggeber zum Gegenstand. Die Zuschlagserteilung kann dadurch jedoch weder verhindert noch rückgängig gemacht werden. Die Zweiteilung des vergaberechtlichen Rechtsschutzes in oberhalb und unterhalb der Schwelle ist **verfassungsrechtlich** zulässig.[36] Nach Auffassung des BVerfG ist die Differenzierung nach dem Auftragswert ein sachverhaltsbezogenes Kriterium, welches nicht zur Ungleichbehandlung von Personengruppen führt und damit keinen Verstoß gegen den Gleichbehandlungsgrundsatz darstellt. Zudem ist der Gesetzgeber nicht verpflichtet, gesonderte Regelungen für ein Rechtsschutzverfahren unterhalb der Schwellenwerte im Vergaberecht zu schaffen, verwehrt ist es ihm jedoch auch nicht.[37] 38

Die Länder **Rheinland-Pfalz**, **Sachsen-Anhalt** und **Thüringen** haben im Gegensatz hierzu jedoch eigene Rechtsschutzverfahren für Aufträge unterhalb der Schwellenwerte durch das jeweilige landesspezifische Vergaberecht ausgestaltet.[38] Abgesehen von diesen Ausnahmen können die Unternehmen bei Vergaben unterhalb des Schwellenwertes lediglich bei den Zivilgerichten um Rechtsschutz ersuchen. Die Einführung der UVgO änderte mithin nichts an der Zweiteilung des Rechtsschutzes in „oberhalb" und „unterhalb" der Schwellenwerte. 39

II. Zuständigkeit der Zivilgerichte

Wenn ein Bieter rechtzeitig erfährt, dass der Zuschlag an einen Mitkonkurrenten erteilt werden soll, und er dies für nicht gerechtfertigt hält, so kann er gegen den Auftraggeber ein **einstweiliges Verfügungsverfahren** nach §§ 935 ff. ZPO beantragen. Nach der Grundsatzentscheidung des Bundesverwaltungsgerichts[39] im Jahre 2007 ist abschließend geklärt, dass für solche einstweilige Verfügungsverfahren nicht die Verwaltungsgerichte, sondern die Zivilgerichte zuständig sind. Die davor ergangene Rechtsprechung einiger Oberverwaltungsgerichte zur Zuständigkeit von Verwaltungsgerichten gilt damit als überholt. 40

Ziel des Rechtsschutzes ist die gerichtlich angeordnete einstweilige Untersagung des Zuschlags, denn eine Klage gegen die Verletzung von Vergaberechtsnormen hindert den Auftraggeber nicht daran, wie das Zuschlagsverbot aus § 169 Abs. 1 GWB, einen Vertragsschluss mit einem Unternehmen herbeizuführen. Der nicht berücksichtigte Bewerber oder Bieter 41

33 OVG Nordrhein-Westfalen, Beschluss v. 20.9.2005 – 15 E 1188/05; OVG Rheinland-Pfalz, Beschluss v. 25.5.2005 – 7 B 10356/05.
34 BGH, Beschluss v. 1.2.2005 – X ZB 27/04.
35 Vgl. hierzu Rn. 50 ff.
36 BVerfG, Beschluss v. 13.6.2006 – 1 BvR 1160/03.
37 BVerfG, Beschluss v. 13.6.2006 – 1 BvR 1160/03; *Junk*, in: Vergabeblog.de vom 3.11.2006, Nr. 7.
38 Vgl. § 4 ff. Landesverordnung über die Nachprüfung von Vergabeverfahren durch Vergabeprüfstellen; § 19 Abs. 3 ThürVgG; § 19 Abs. 3 LVG LSA.
39 BVerwG, Beschluss v. 2.5.2007 – 6 B 10.07.

muss hierzu vor einem Landgericht einen **Verfügungsgrund** geltend machen, also darlegen, dass durch eine Veränderung des bestehenden Zustandes die Verwirklichung eines Rechts des Antragstellers vereitelt oder wesentlich erschwert werden könnte. Doch auch beim Bestehen einer Rechtsverletzung und dem Drohen eines Schadenseintritts, kann der Verfügungsgrund entfallen, wenn es unwahrscheinlich ist, dass der betroffene Bieter den Zuschlag erhalten kann.[40] Eine entsprechende Einschätzung, ob er Zuschlagschancen hat, kann der Bieter jedoch nur in einem Verfahren gewinnen, in dem der Auftraggeber ihm diese Positionierung mitteilt. Zudem ist es bei Verfahren, die eine Umgehung der vergaberechtlichen Regelungen anstreben, für die Unternehmen schwierig, überhaupt von dem Bevorstehen einer Auftragsvergabe Kenntnis zu erlangen, weshalb hier in der Praxis bereits eine hohe Hürde für die rechtzeitige Inanspruchnahme des Rechtsschutzes bestehen dürfte.

42 Weiterhin muss sich der Bieter dabei auf einen **Verfügungsanspruch** beziehen, also auf eine konkrete Anspruchsgrundlage für den Erlass einer einstweiligen Verfügung. Aufgrund ihrer Rechtsnatur kann der Bieter keine Anspruchsgrundlage aus VOB/A und UVgO herleiten. Unterhalb der Schwellenwerte sind diese Regelungen lediglich Haushaltsrecht und damit „Innenrecht", auf welches der Bieter keinen Anspruch stützen kann. Nach Auffassung des OLG Düsseldorf[41] können als Anspruchsgrundlage die Rücksichtnahmepflichten aus vorvertraglichen Schuldverhältnissen dienen. Diese Rücksichtnahmepflichten bei der Vertragsanbahnung waren früher unter der Rechtsfigur der „culpa in contrahendo" bekannt und sind seit dem Jahre 2002 mit Inkrafttreten des Schuldrechtsmodernisierungsgesetzes ausdrücklich in § 241 Abs. 2 BGB geregelt. Diese Regelungen sind auch bei Vergabeverfahren im Bereich unterhalb der Schwellenwerte zu beachten.[42] Der Bewerber oder Bieter muss somit vor dem Landgericht beantragen, dass der Zuschlag an seinen Mitkonkurrenten „unterlassen" wird. Der Unterlassungsanspruch ist dabei nicht auf Fälle von Willkür oder bewusst diskriminierendem Verhalten des Auftraggebers beschränkt.[43] Vielmehr begründet die Eröffnung eines Ausschreibungsverfahrens zwischen den Bewerbern oder Bietern und dem ausschreibenden Auftraggeber, der bestimmten Vergaberegeln kraft Gesetzes unterliegt oder sich bestimmten Vergaberegeln unterworfen hat, ein vorvertragliches Schuldverhältnis, das u.a. wechselseitige Rücksichtnahmepflichten zum Gegenstand hat. Das gilt auch gegenüber privaten Auftraggebern, wie beispielsweise Zuwendungsempfängern, wenn diese die Einhaltung der VOB/A, VOL/A oder UVgO zugesagt haben, wobei aus Gründen der Effektivität – ansonsten wäre Primärrechtsschutz nicht mehr erreichbar – dem Auftraggeber zunächst durch eine Zwischenverfügung der Vertragsabschluss zu untersagen sein wird.[44] Daraus folgt, dass allein der Verstoß gegen Vergabevorschriften den Rechtsschutz auslöst. Es kommt nicht darauf an, dass der Auftraggeber auch noch gegen Art. 3 Abs. 1 GG verstoßen hat, also besonders willkürlich vorgegangen ist. Der Verfügungsanspruch wie auch der Verfügungsgrund sind entsprechend § 936 i.V.m. § 920 Abs. 2 ZPO vom Bieter bzw. Bewerber glaubhaft zu machen. Hierzu kann er sich nach § 294 Abs. 1 ZPO aller zivilgerichtlich vorgesehenen Beweismittel bedienen. Aufgrund der Zuständigkeit der Landgerichte ist jedoch eine anwaltliche Vertretung nach § 78 Abs. 1 ZPO zwingend.

III. Vorgaben des EU-Rechts für den Rechtsschutz unterhalb der Schwellenwerte

1. EU-Primärrecht

43 Auch wenn die Vergaberichtlinien und die Rechtsmittelrichtlinie keine Anwendung auf die Vergabe öffentlicher Aufträge unterhalb der Schwellenwerte finden, enthält das Gemeinschaftsrecht wichtige Vorgaben für den Rechtsschutz der Unternehmen außerhalb des GWB. Vergabestellen müssen auch unterhalb der Schwellenwerte die **Vorgaben des Unionsrechts**

40 OLG Düsseldorf, Beschluss v. 13.1.2010 – I-27 U 1/09.
41 OLG Düsseldorf, Beschluss v. 31.1.2010 – 27 U 1/09; Beschluss v. 15.10.2008 – 27 W 2/08.
42 Vgl. dazu BGH, Beschluss v. 9.6.2011 – X ZR 143/10; Beschluss v. 3.4.2007 – X ZR 19/06.
43 OLG Saarbrücken, Beschluss v. 13.6.2012 – 1 U 357/11.
44 OLG Düsseldorf, Beschluss v. 15.8.2011 – 27 W 1/11.

beachten. Der EuGH hat schon Ende 2000 im Fall „Telaustria"[45] klargestellt, dass etwa bei der Vergabe von Dienstleistungskonzessionen, die zu dem Zeitpunkt nicht den Vergaberichtlinien unterlagen, bestimmte Vorgaben des EG-Vertrages, namentlich das Verbot der Diskriminierung aufgrund der Staatsangehörigkeit, zu beachten sind. Hieraus leitete der EuGH ab, dass die Vergabestellen bei der Vergabe von Dienstleistungskonzessionen für einen angemessenen Grad an Öffentlichkeit sorgen müssen, damit alle potenziellen Bieter eine faire Chance erhalten, an dem jeweiligen Vergabeverfahren teilnehmen zu können.[46] Diese Rechtsprechung hat der EuGH in der Folgezeit weiter präzisiert. Wenn ein Auftrag unterhalb der Schwellenwerte grenzüberschreitende Bedeutung hat, liegt in seiner ohne jede Transparenz erfolgenden Vergabe an ein im Mitgliedstaat des Auftraggebers niedergelassenes Unternehmen eine Ungleichbehandlung zum Nachteil der in einem anderen Mitgliedstaat niedergelassenen Unternehmen, die auch an diesem Auftrag interessiert sein könnten. Eine solche Ungleichbehandlung stellt nach den Grundfreiheiten aus Art. 49 AEUV (Niederlassungsfreiheit) und Art. 56 AEUV (Dienstleistungsfreiheit) eine verbotene mittelbare Diskriminierung aufgrund der Staatsangehörigkeit dar, sofern sie nicht durch objektive Umstände gerechtfertigt ist.[47]

Die vom EuGH aus den Grundfreiheiten des AEUV abgeleiteten Anforderungen an Auftragsvergaben von Dienstleistungskonzessionen und Aufträgen unterhalb der Schwellenwerte gelten indes nur, wenn an einem Auftrag ein **eindeutiges grenzüberschreitendes Interesse** besteht.[48] Im Einzelfall ist somit zu fragen, ob dem Auftrag „Binnenmarktrelevanz" zukommt oder nicht. Ein eindeutiges grenzüberschreitendes Interesse (Binnenmarktrelevanz) ist nach Auffassung des EuGH anzunehmen, wenn ein Auftragswert von gewisser Bedeutung – im zugrundeliegenden Fall ging es um Bauleistungen mit einem auf 4,7 Millionen Euro geschätzten Auftragswert – vorliegt und auch der Ort der Ausführung der Arbeiten ein solches Interesse nicht ausschließt. Bei grenzüberschreitenden Ballungsräumen, die sich über das Gebiet verschiedener Mitgliedstaaten erstrecken, könnte aber auch an Aufträgen mit einem niedrigen Auftragswert ein eindeutiges grenzüberschreitendes Interesse bestehen, sodass auch dann die vom EuGH aus dem AEUV abgeleiteten Anforderungen durch den Auftraggeber zu beachten sind.[49] 44

Der **BGH** hat diese Rechtsprechung des EuGH aufgenommen und ausgeführt, dass es zunächst Sache der nationalen Gerichte ist, alle maßgeblichen Gegebenheiten, die den fraglichen Auftrag betreffen, zu würdigen, um festzustellen, ob im Einzelfall ein eindeutiges grenzüberschreitendes Interesse besteht.[50] Nach Auffassung des BGH bietet es sich an, eine Prognose darüber anzustellen, ob der Auftrag nach den konkreten Marktverhältnissen auch für ausländische Anbieter interessant sein könnte. Es ist demnach also in jedem Einzelfall zu untersuchen, ob die Bereitschaft der durch die Auftragsvergabe angesprochenen Branche bestehen könnte, den konkreten Auftrag in Anbetracht des Auftragsvolumens und des Ortes der Auftragsdurchführung auch grenzüberschreitend auszuführen. 45

Trotz dieser von der Rechtsprechung entwickelten Grundsätze bestehen aber nach wie vor erhebliche **Rechtsunsicherheiten** hinsichtlich der tatsächlichen und rechtlichen Voraussetzungen und Wirkungen des Primärrechts bei der Beurteilung des Vorliegens von Binnenmarktrelevanz bei Unterschwellenvergaben.[51] 46

45 EuGH, Urteil v. 7.12.2000 – Rs. C-324/98 (Telaustria).
46 EuGH, Urteil v. 7.12.2000 – Rs. C-324/98 (Telaustria).
47 EuGH, Urteil v. 21.2.2008 – Rs. C-412/04.
48 EuGH, Urteil v. 23.12.2009 – Rs C-376/08 (Serrantoni).
49 EuGH, Urteil v. 15.5.2008 – Rs. C-147/06 und C-148/06 (SECAP).
50 BGH, Urteil v. 30.8.2011 – X ZR 55/10.
51 *Deling*, NZBau 2012, 17.

2. Auslegungsmitteilung der Europäischen Kommission

47 Zusätzlich hierzu hat die Europäische Kommission die sogenannte „**Unterschwellenmitteilung**" vom 1. August 2006[52] erlassen, die die sich für den Rechtsschutz unterhalb der Schwellenwerte aus der Rechtsprechung des EuGH ergebenden Konsequenzen zu verdeutlichen versucht. Mit dieser Auslegungsmitteilung verfolgte die Europäische Kommission ausdrücklich das Ziel, ihr Verständnis für die EuGH-Rechtsprechung zu erläutern und den Mitgliedstaaten auf dieser Grundlage *„bewährte Verfahren"* an die Hand zu geben, um die *„Möglichkeiten des Binnenmarktes voll ausschöpfen zu können"*.

48 Die Auslegungsmitteilung der Kommission ist für die Vergabestellen jedoch nicht verbindlich, sondern stellt lediglich eine Auswertung und Zusammenfassung von Entscheidungen des EuGH dar. Die Europäische Kommission kann **keine verbindlichen Regelungen** erlassen, auch nicht für die Vergaben unterhalb der Schwellenwerte. Denn hierfür fehlt der Kommission als Exekutivgewalt die Rechtsetzungskompetenz. Die Klage der Bundesregierung gegen die Auslegungsmitteilung vom 1. August 2006 wurde deshalb vom EuG zurückgewiesen, weil der EuG der Auffassung war, dass eine Mitteilung der Kommission zu Auslegungsfragen in Bezug auf das Gemeinschaftsrecht, welche lediglich das aktuelle Gemeinschaftsrecht wiedergibt, nicht als Akt der Rechtssetzung angegriffen werden könne.[53] Die Klage war deshalb unzulässig.

3. Bewertung und Ausblick

49 Für die strikte Trennung zwischen den Vergaben oberhalb und unterhalb der Schwellenwerte gibt es keine rechtliche Erforderlichkeit, sondern lediglich eine historische und praktische Begründung. Da ein Rechtsschutz unterhalb der Schwellenwerte vor den Landgerichten wenig effektiv ist, weil die unterliegenden Unternehmen häufig nicht rechtzeitig (vor Zuschlagserteilung) informiert werden und die zivilgerichtliche Auseinandersetzung ein erhebliches finanzielles Risiko für die Bieter darstellt, finden die Vergaben unterhalb der Schwellenwerte weitestgehend ohne Rechtskontrolle statt. Nachvollziehbar und begrüßenswert ist deshalb, dass bereits Bundesländer wie Rheinland-Pfalz, Sachsen-Anhalt oder Thüringen darauf reagiert haben und für Vergaben unterhalb der Schwellenwerte einen Rechtsschutz – wenn auch vereinfacht – anbieten, um die Grundsätze von Transparenz und Wettbewerb zu stärken, aber auch um der Korruption zu begegnen, die sich in „rechtsfreien" Räumen einfacher etabliert.

E. Weitere Prüfmöglichkeiten

I. Überprüfung durch die Aufsichtsbehörde

50 Durch die Formulierung in § 155 GWB „unbeschadet der Prüfungsmöglichkeiten von Aufsichtsbehörden" wird klargestellt, dass Aufsichtsbehörden die Auftragsvergaben auch oberhalb der EU-Schwellenwerte überprüfen können.

51 Das Einschreiten von Aufsichtsbehörden, das in Bezug von Vergaben oberhalb und unterhalb der Schwellenwerte möglich ist, kann aber von einem Beschwerdeführer nicht **gerichtlich** eingeklagt werden. Denn die staatliche Aufsicht hat keine individualschützende Funktion, sondern dient ausschließlich dem öffentlichen Interesse an einem ordnungsgemäßen Gesetzesvollzug und gewährleistet damit den Grundsatz der Bindung der Exekutive an Recht und Gesetz.

52 Unter **Aufsicht** ist die Überprüfung staatlichen Handelns auf seine Recht- und/oder Zweckmäßigkeit gemeint. Die Aufsicht kann nach den einschlägigen Kommunal- und Fachgesetzen als Rechts- oder Fachaufsicht ausgestaltet sein. Die Rechtsaufsicht beschränkt sich auf die

---

52 Europäische Kommission, Mitteilung der Kommission zu Auslegungsfragen in Bezug auf das Gemeinschaftsrecht, das für die Vergabe öffentlicher Aufträge gilt, die nicht oder nur teilweise unter die Vergaberichtlinien fallen, EG-ABl. C 179 v. 1.8.2006.

53 EuG, Urteil v. 20.5.2010 – Rs. T-258/06.

Kontrolle, ob Recht und Gesetz eingehalten worden sind.[54] Im Gegensatz zur Fachaufsicht greift die Rechtsaufsicht nicht in die organisatorischen, wirtschaftlichen und unternehmerischen Entscheidungen des betreffenden Rechtsträgers ein; auch die präventive Rechtsaufsicht dient nur dem Ziel, rechtswidrige Handlungen zu verhindern[55] und nicht dazu, den Sinn und Zweck der Entscheidungen zu hinterfragen.

Eine **Dienstaufsichtsbeschwerde** adressiert hingegen keine sachlichen Beanstandungen im Zusammenhang mit der Ausschreibung, sondern beanstandet gegenüber dem Dienstvorgesetzten das konkrete dienstliche Verhalten desjenigen Beamten oder Angestellten, der die Vergabe durchführt. Inhaltlich geht es um die Amtsführung und die in den Beamtengesetzen des Bundes und der Länder normierten allgemeinen Beamten-/Dienstpflichten, wie die Pflicht, das Amt uneigennützig und nach bestem Gewissen zu verwalten. Mithin ist es kein geeignetes Mittel für Unternehmen, Verstöße gegen vergaberechtliche Regelungen vorzubringen. 53

1. Zuständigkeit der Aufsichtsbehörde

Oberhalb der Schwellenwerte sind die Vergabestellen verpflichtet, bereits in der Auftragsbekanntmachung oder den Vergabeunterlagen die Anschrift der zuständigen Vergabekammer **mitzuteilen**. Angaben zu den Aufsichtsbehörden im Bereich unterhalb der Schwellenwerte sind jedoch fakultativ. 54

In der Regel führt die **nächsthöhere Behörde** die Aufsicht über die ihr nachgeordneten Behörden. Bei Unterschwellenvergaben kann der Bieter bzw. Bewerber die Aufsichtsbehörde im Idealfall aus den Ausschreibungs- oder Vergabeunterlagen entnehmen (vgl. § 21 VOB/A). Bei Aufträgen oberhalb der Schwellenwerte ist lediglich die Vergabekammer angegeben, weshalb dann – da die Verwaltungsstrukturen im Bund, den Bundesländern und zwischen den einzelnen Ländern stark unterschiedlich sind – die zuständige Aufsichtsbehörde im Einzelfall anhand der Organisationsgesetze des Bundes und der Länder ermittelt werden. So führen in Nordrhein-Westfalen z. B. die Kreise die Aufsicht über die kreisangehörigen Gemeinden, während die Bezirksregierungen die Vergaben der Kreise und die der kreisangehörigen Städte im Wege der Aufsicht überprüfen. Die Aufsicht über die Landesbetriebe liegt direkt bei den Ministerien des Landes. 55

Daneben gibt es eine Reihe von Auftraggebern, die **keiner Aufsicht unterliegen**. Meist handelt es sich um privatrechtlich organisierte Auftraggeber oder auch Zuwendungsempfänger, die als Dritte über öffentliche Mittel verfügen, wie beispielsweise aufgrund eines Zuwendungsbescheides. Hier bleibt dann nur die Möglichkeit, um Rechtsschutz vor den Vergabekammern nachzusuchen, was aber von der Höhe des Auftragswertes abhängig ist. Denn die Zuständigkeit einer Vergabekammer wird stets von Amts wegen ermittelt und muss objektiv festgestellt werden. 56

2. Unterschiede zum Nachprüfungsverfahren

Im Vergleich zu den Nachprüfungsverfahren gibt es zu einer Überprüfung von Auftragsvergaben durch die Aufsichtsbehörde damit folgende wesentliche Unterschiede zu beachten: 57

- Die Überprüfung durch die Aufsichtsbehörde ist kein individuelles Beschwerdeverfahren und kann deshalb auch von Personen verlangt werden, die weder Bieter noch Bewerber in einem Vergabeverfahren sind.
- Es wird lediglich eine behördliche Überprüfung durch die Aufsichtsbehörde veranlasst. Auf die Intensität und den Fortgang dieser Prüfung hat der Beschwerdeführer keinen Einfluss. Der Beschwerdeführer hat weder ein Recht auf aufsichtsbehördliches Einschreiten noch einen Anspruch auf Entscheidung in seinem Sinne.
- Eine Überprüfung der Ausgangsentscheidung der Aufsichtsbehörde kann durch ein Gericht, beispielsweise ein Oberlandesgericht, nicht ersucht werden.

54 BayObLG, Beschluss v. 24.5.2004 – Verg 6/04.
55 BayObLG, Beschluss v. 10.9.2002 – Verg 23/02.

- Die Aufsichtsbeschwerde führt weder zu einem Suspensiv- noch zu einem Devolutiveffekt, insbesondere nicht zu einem Zuschlagsverbot im Sinne von § 169 Abs. 1 GWB. Die Vergabestelle kann damit den Zuschlag jederzeit – unabhängig vom Stand der Prüfung – erteilen.
- Aufsichtsbeschwerden sind form- und fristlose Rechtsbehelfe, die in der Regel gebührenfrei sind.
- Eine Aufsichtsbehörde kann im Gegensatz zu einer Vergabekammer auch von Amts wegen tätig werden; sie ist nicht von einem Nachprüfungsantrag abhängig, sondern kann selbstständig ohne Anrufung durch ein Unternehmen, wenn sie selbst dies für erforderlich hält, tätig werden und die Ausschreibung überprüfen. Die Aufsichtsbehörde hat die Möglichkeit, eine allgemeine Rechtsmäßigkeitskontrolle durchzuführen, ohne dabei auf die „Beeinträchtigung der Rechte eines bestimmten Unternehmens" – so § 168 Abs. 1 GWB –, also eines Antragstellers, begrenzt zu sein.

II. Überprüfung durch die Vergabeprüfstellen und Vergabeüberwachungsausschüsse

58 Die Vergabeprüfstellen, die bis zur Neuregelung im Jahre 2009 in § 103 GWB erwähnt wurden, sind in Teil 4 GWB ersatzlos gestrichen worden. Nach ursprünglicher Vorstellung des Gesetzgebers sollten diese **Vergabeprüfstellen** bei den Fach- und Rechtsaufsichtsbehörden angesiedelt (z. B. der Kommunalaufsicht) werden und auf Antrag oder auch von Amts wegen die Einhaltung der von den Auftraggebern anzuwendenden Vergabevorschriften überprüfen. Sie sollten streitschlichtend und beratend wirken. Allerdings sind diese Vergabeprüfstellen kaum in Anspruch genommen worden, weil ihnen die weitreichenden Befugnisse (Anordnung eines Zuschlagsverbots oder Aufhebung eines Vertragsschlusses) der Vergabekammern fehlten.

59 Daneben gab es bis zum Jahre 1999 auch noch **Vergabeüberwachungsausschüsse** im Bund und den einzelnen Bundesländern. Diese sind mit dem Vergaberechtsänderungsgesetz, das zur Einfügung des vierten Teils in das GWB im Jahre 1999 führte, abgeschafft worden.

F. Verhältnis der Überprüfungsmöglichkeiten zueinander

60 Die oben behandelten Möglichkeiten, öffentliche Aufträge und Konzessionen überprüfen zu lassen, sind **unabhängig** voneinander, es besteht kein Rangverhältnis zueinander. Ein Unternehmen muss damit nicht erst die Aufsichtsbehörden oder die Vergabeprüfstellen anrufen, bevor es einen Nachprüfungsantrag bei einer Vergabekammer einlegt. Der Formulierung „unbeschadet" in § 155 GWB kann auch entnommen werden, dass ein Unternehmen parallel verschiedene Nachprüfungsbehörden anrufen kann.

61 Da eine parallele Prüfung durch verschiedene Nachprüfungsbehörden möglich ist, sind auch **divergierende Entscheidungen** denkbar, wobei sich die Frage stellt, wie bei widersprüchlichen Entscheidungen zu verfahren ist. Man wird letztlich davon ausgehen müssen, dass die bezogen auf den Rechtsschutz weiterreichende Entscheidung einer Vergabekammer, die maßgebliche sein wird. In der Praxis sind solche Fallkonstellationen – soweit ersichtlich – noch nicht vorgekommen, weil die Anrufung einer Vergabekammer im Vordergrund steht und die anderen Möglichkeiten aufgrund des für den am Auftrag interessierten Bieter und Bewerber nicht effektiven Rechtsschutzes kaum genutzt werden.

G. Weitere Überprüfungsmöglichkeiten

62 Neben den in § 155 GWB genannten Überprüfungsinstanzen gibt es noch weitere Überprüfungsverfahren, die bei Vergaberechtsverstößen infrage kommen.

I. Vertragsverletzungsverfahren

Auf der Grundlage von Art. 258 AEUV (vormals Art. 226 EGV) hat die Europäische Kommission die Möglichkeit, ein Vertragsverletzungsverfahren gegen einen Mitgliedstaat einzuleiten. Dadurch soll der Mitgliedstaat zur Einhaltung der Grundregeln des **AEUV** angehalten werden.[56] Auch Unternehmen können sich unabhängig von bestimmten Ausschlussfristen im Wege einer Beschwerde an die Europäische Kommission wenden und geltend machen, dass eine konkrete öffentliche Auftragsvergabe gegen das EU-Vergaberecht verstößt. Ob die Europäische Kommission ein Vertragsverletzungsverfahren einleitet und gegebenenfalls auch den EuGH anruft, liegt in ihrem pflichtgemäßen Ermessen. Zwingende Folge einer Beschwerde ist das nicht. Die Europäische Kommission unterscheidet diesbezüglich auch nicht zwischen einem Vergabeverfahren oberhalb und unterhalb der EU-Schwellenwerte. 63

Führt das Vertragsverletzungsverfahren nicht dazu, dass der Vorwurf des Verstoßes gegen EU-Vergaberecht ausgeräumt wird, kann die Kommission ein **Klageverfahren** vor dem EuGH einleiten.[57] Stellt der EuGH fest, dass ein Mitgliedstaat gegen das EU-Vergaberecht verstoßen hat, muss dieser Staat die Maßnahmen ergreifen, die sich aus dem Urteil des Gerichtshofes ergeben.[58] Dauert der Verstoß gegen das Vergaberecht an, muss der Mitgliedstaat dafür Sorge tragen, dass ein solcher Vertrag vom Auftraggeber gekündigt wird.[59] Da diese Kündigungsmöglichkeiten nach dem nationalen Recht bislang nicht vorgesehen waren, hatten die öffentlichen Auftraggeber kaum die Möglichkeit, diese bestehenden Verträge zu kündigen. Aus diesem Grunde ist die Regelung in § 133 GWB aufgenommen worden. Den Auftraggebern wird damit eine Kündigungsmöglichkeit für besondere Fälle eingeräumt. 64

II. Vorabentscheidungsersuchen

Von den Vertragsverletzungsverfahren zu unterscheiden sind die Vorabentscheidungsersuchen gemäß Art. 267 AEUV. Eine solche Vorlage an den EuGH kann das Gericht machen, das mit der Sache befasst ist, wenn es der Auffassung ist, dass nationales Recht nicht mit dem Unionsrecht vereinbar ist und es bei der Entscheidungsfindung darauf ankommt.[60] 65

III. Prüfungsmöglichkeiten der Kartellbehörden

Die Prüfungsmöglichkeiten der Kartellbehörden sind von den Überprüfungsmöglichkeiten nach § 155 GWB **getrennt** zu betrachten. So stellt § 156 Abs. 3 GWB ausdrücklich klar, dass die Befugnisse der Kartellbehörden zur Verfolgung von Verstößen insbesondere gegen die §§ 19 und 20 GWB unberührt bleiben. 66

Die **Vergabekammern** können grundsätzlich nur Verstöße gegen Vergabevorschriften in Nachprüfungsverfahren aufgreifen. Demgegenüber können Verstöße außerhalb von Vergabeverfahren und Nachprüfungsverfahren nur durch die **Kartellbehörden** des Bundes und der Länder überprüft werden. Allerdings kann es dann zu Überschneidungen mit den Nachprüfungsverfahren kommen, wenn sich der Kartellrechtsverstoß auch in einem Vergabeverfahren auswirkt.[61] 67

---

56 Beispielsweise das Vertragsverletzungsverfahren der Europäischen Kommission gegen die Bundesrepublik Deutschland wegen der Mindest- und Höchstsätze bei Honoraren für Planungsleistungen, das zur Entscheidung EuGH, Urteil v. 4.7.2019 – Rs. C-377/17, führte.
57 EuGH, Urteil v. 2.6.2005 – Rs. C-394/02.
58 EuGH, Urteil v. 18.11.2004 – Rs. C-126/03 (Heizkraftwerk München).
59 EuGH, Urteil v. 18.7.2007 – Rs. C-503/04 (Abfallentsorgung Braunschweig II).
60 Beispiele dafür: EuGH, Urteil v. 17.11.2015 – Rs. C-115/14 (RegioPost); Urteil v. 18.9.2014 – Rs. C-549/13 (Bundesdruckerei).
61 OLG Düsseldorf, Beschluss v. 27.6.2012 – VII-Verg 7/12; VK Münster, Beschluss v. 8.6.2012 – VK 6/12.

Anlage

Gesetzesbegründung – VergRModG 2016 (BT-Drs. 18/6281)

Seite 134

§ 155 entspricht dem bisherigen § 102 GWB. Der Grundsatz der Nachprüfung durch die Vergabekammern erfasst nunmehr gemäß Artikel 46, 47 der Richtlinie 2014/23/EU neben der Vergabe öffentlicher Aufträgen auch die Vergabe von Konzessionen.

§ 156 GWB
Vergabekammern

(1) Die Nachprüfung der Vergabe öffentlicher Aufträge und der Vergabe von Konzessionen nehmen die Vergabekammern des Bundes für die dem Bund zuzurechnenden öffentlichen Aufträge und Konzessionen, die Vergabekammern der Länder für die diesen zuzurechnenden öffentlichen Aufträge und Konzessionen wahr.

(2) Rechte aus § 97 Absatz 6 sowie sonstige Ansprüche gegen Auftraggeber, die auf die Vornahme oder das Unterlassen einer Handlung in einem Vergabeverfahren gerichtet sind, können nur vor den Vergabekammern und dem Beschwerdegericht geltend gemacht werden.

(3) Die Zuständigkeit der ordentlichen Gerichte für die Geltendmachung von Schadensersatzansprüchen und die Befugnisse der Kartellbehörden zur Verfolgung von Verstößen insbesondere gegen die §§ 19 und 20 bleiben unberührt.

Übersicht

Rn.
A. Allgemeines ... 1
I. Unionsrechtlicher Hintergrund ... 1
II. Historie ... 2
III. Ergänzende Regelungen ... 3
B. Abgrenzung der Zuständigkeiten ... 4
I. Abgrenzungskriterien (Abs. 1) ... 7
II. Besondere Zuständigkeitsregelungen ... 10
III. Vergabekammern der Länder ... 11
IV. Verweisung bei Unzuständigkeit ... 12
1. Verweisung an die zuständige Vergabekammer ... 12
2. Verweisung an Verwaltungs- oder Zivilgericht ... 14
C. Ausschließliche Rechtswegzuweisung (Abs. 2) ... 15
I. Rechte aus § 97 Abs. 6 GWB ... 17
II. Außervergaberechtlichen Vorschriften ... 19
III. Besondere Beispiele der Zuständigkeiten der Vergabekammer ... 25
1. Öffentlicher Personenverkehr ... 25
2. Energiewirtschaftliche Konzession ... 30
3. Zulässigkeit kommunalwirtschaftlicher Betätigung ... 35
4. Verrat von Geschäfts- und Betriebsgeheimnissen ... 38
5. Verbot wettbewerbsbeschränkender Vereinbarungen ... 39
IV. Verstoß im Vergabeverfahren ... 40
1. Beginn des Vergabeverfahrens ... 41
2. Abschluss des Vergabeverfahrens ... 47
D. Zuständigkeit der ordentlichen Gerichte und der Kartellbehörden (Abs. 3) ... 52
I. Zuständigkeit der ordentlichen Gerichte ... 52
II. Befugnisse der Kartellbehörden ... 54
Anlage
Gesetzesbegründung

A. Allgemeines*

I. Unionsrechtlicher Hintergrund

1 Aufgrund der Aufnahme der Konzessionsvergabe in das europäische Vergaberecht und der durch Art. 46 und 47 RL 2014/23/EU erfolgten Änderungen an den dem § 156 GWB zu Grunde liegenden RL 89/665/EWG und RL 92/13/EWG musste in dessen Text auch die Nachprüfung der Vergabe von Konzessionen durch die Vergabekammer Eingang finden.

* Diese Kommentierung schreibt die Kommentierung des § 156 GWB in der Vorauflage dieses Kommentars durch Frau *Ingeborg Diemon-Wies* fort, der ich für die Zurverfügungstellung des Manuskripts herzlich danke.

II. Historie

2 § 156 GWB ersetzte nach der Neufassung des GWB durch das VergRModG mit Wirkung zum 18. April 2016 den bisherigen § 104 GWB a.F. Bedingt durch die Einbeziehung der Konzessionen in das GWB wird im § 156 Abs. 1 GWB – anders als noch in § 104 GWB a.F. – neben der Vergabe der öffentlichen Aufträge auch die Vergabe von Konzessionen angesprochen, darüber hinaus ist der Text inhaltsgleich zur vorangegangenen Regelung.

III. Ergänzende Regelungen

3 Ergänzt wird § 156 GWB durch § 159 GWB, der nähere Regelungen zur Verteilung der Zuständigkeiten zwischen den Vergabekammern des Bundes und der Länder enthält. Demgegenüber machen die §§ 157, 158 GWB nähere Vorgaben zu der Besetzung, der Einrichtung und der internen Organisation der Vergabekammern.

B. Abgrenzung der Zuständigkeiten

4 § 156 GWB regelt die **Zuständigkeit** der Vergabekammern des Bundes und der Länder. Gleichzeitig dient diese Vorschrift der Abgrenzung zu den ordentlichen Gerichten und den Kartellbehörden. § 156 Abs. 1 GWB enthält nur eine grobe Abgrenzungsregelung. Öffentliche Aufträge und Konzessionen, die dem Bund zugerechnet werden, unterliegen der Nachprüfung durch die Vergabekammern des Bundes, während die öffentlichen Aufträge und Konzessionen, die den Ländern zuzurechnen sind, der Nachprüfung durch die Vergabekammern der Länder unterliegen. Die Details zur Abgrenzung sind in § 159 GWB geregelt.

5 § 156 Abs. 2 GWB sieht eine ausschließliche **Rechtswegzuweisung** zu den Vergabekammern und den Beschwerdegerichten für die Durchsetzung von Rechten aus § 97 Abs. 6 GWB und den sonstigen Ansprüchen gegen Auftraggeber vor.

6 Für die Geltendmachung von **Schadensersatzansprüchen** sind nach § 156 Abs. 3 GWB weiterhin die ordentlichen Gerichte zuständig, während der Verweis auf die §§ 19 und 20 GWB bedeutet, dass die Befugnisse der Kartellbehörden unverändert bestehen bleiben.

I. Abgrenzungskriterien (Abs. 1)

7 Die Abgrenzung der sachlichen Zuständigkeit zwischen den Vergabekammern des Bundes und der Länder erfolgt nach dem Wortlaut des § 156 Abs. 1 GWB durch die Zurechnung des öffentlichen Auftrages bzw. der Konzession.

8 Dabei sind die Vergabeverfahren nicht auf **öffentliche Aufträge** nach § 103 Abs. 1 GWB und **Konzessionen** nach § 105 GWB beschränkt, sondern umfassen alle Vergabeverfahren oberhalb der EU-Schwellenwerte – somit auch die Rahmenvereinbarung gemäß § 103 Abs. 5 GWB, den Wettbewerb nach § 103 Abs. 6 GWB, verteidigungs- oder sicherheitsspezifische öffentliche Aufträge im Sinne von § 104 GWB, die Auftragsänderung gemäß § 132 Abs.1 GWB und weitere dem Kartellvergaberecht unterfallende Verfahren.

9 Ist ein solches Vergabeverfahren einem Auftraggeber des Bundes **zuzurechnen**, nehmen die Vergabekammern des Bundes die Nachprüfung wahr. Die sachliche Zuständigkeit der Vergabekammern der Länder ist dann gegeben, wenn ein dem Land zuzurechnender Auftraggeber ein dem Teil 4 GWB unterfallendes Vergabeverfahren durchführt. Einzelheiten dazu ergeben sich jedoch erst aus § 159 GWB, der durch detaillierte Abgrenzung der Zuständigkeiten den § 156 GWB konkretisiert.

II. Besondere Zuständigkeitsregelungen

10 Neben dem allgemeinen Abgrenzungskriterium – Zurechnung des öffentlichen Auftrages oder der Konzession – gibt es noch eine Reihe von besonderen Fallkonstellationen, die sich

mit dieser Formel nicht sicher regeln lassen. Abgrenzungsprobleme können beispielsweise auftreten, wenn länderübergreifende Beschaffungen durch mehrere Auftraggeber erfolgen oder ein Auftraggeber sowohl dem Bund als auch einem oder mehreren Ländern zugeordnet werden kann, wie dies beispielsweise bei den Rabattverträgen der gesetzlichen Krankenkassen der Fall ist.[1] Die zuständige Vergabekammer ist in diesen Fällen anhand von § 159 GWB zu bestimmen. Darüber hinaus gibt es Sonderfälle wie die VO (EG) 1370/2007, die Regelungen für die Vergabe von Aufträgen und Konzessionen im Bereich des öffentlichen Personennahverkehrs enthält und vorschreibt, dass hierfür ein wirksames Nachprüfungsverfahren durch den nationalen Gesetzgeber vorzusehen ist.[2]

III. Vergabekammern der Länder

Die örtliche Zuständigkeit einer Vergabekammer innerhalb eines Landes ergibt sich aus Vorschriften außerhalb des GWB. In den Ländern sind dazu Rechtsverordnungen erlassen worden, aus denen sich die Anzahl, der Sitz und die örtliche Zuständigkeit der Vergabekammer ergibt. In Bayern, Hamburg wie auch in Nordrhein-Westfalen gibt es beispielsweise zwei Vergabekammern, während es in anderen Bundesländern wie Baden-Württemberg, dem Saarland oder Thüringen eine Vergabekammer gibt, die landesweit zuständig ist.[3] Gerade bei zwei Vergabekammern in einem Bundesland kommt diesen landesspezifischen zusätzlichen Regelungen zur örtlichen Zuständigkeit besondere Bedeutung zu. **11**

IV. Verweisung bei Unzuständigkeit

1. Verweisung an die zuständige Vergabekammer

Antragsteller, die die Nachprüfung bei der sachlich oder örtlich nicht zuständigen Vergabekammer eingelegt haben, werden in der Regel an die zuständige Vergabekammer verwiesen oder aufgefordert, den Nachprüfungsantrag unmittelbar bei der zuständigen Vergabekammer erneut zu stellen. Die Frage einer zuständigkeitsbedingten **Verweisung** zwischen den Vergabekammern des Bundes und der Länder ist gesetzlich nicht geregelt.[4] Wiederholt ist deshalb eine entsprechende Anwendung der §§ 83 S. 1 VwGO, 17a Abs. 2 GVG für sachgerecht gehalten worden.[5] Denn das Vergabenachprüfungsverfahren – so die Rechtsprechung – sei dem Verwaltungsgerichtsverfahren angenähert, weshalb die VwGO zur Ausfüllung von Gesetzeslücken herangezogen werden könne. Diese geht in § 83 S. 2 VwGO von der Unanfechtbarkeit von Verweisungsbeschlüssen ebenso aus wie § 281 Abs. 2 S. 2 ZPO, dessen Abs. 1 alternativ als Grundlage für eine Verweisungsentscheidung herangezogen werden könnte. Da die Rechtsfolgen gleich sind, kommt es nicht darauf an, aufgrund welcher Rechtsnorm die Verweisung erfolgt. **12**

Bei der Entscheidung, das Nachprüfungsverfahren an eine andere Vergabekammer zu verweisen, handelt es sich um eine **Zwischenentscheidung** der Vergabekammer, gegen die die sofortige Beschwerde nicht statthaft ist.[6] Ebenso wenig kommt eine Zurückverweisung an die ursprüngliche Vergabekammer in Betracht, weil diese mit dem Grundgedanken der Verfahrensbeschleunigung in § 167 GWB nicht vereinbar ist und die Herstellung der Rechtssicherheit für die Beteiligten noch länger verzögern würde.[7] **13**

1 OLG Düsseldorf, Beschluss v. 18.12.2007 – VII-Verg 44/07.
2 Vgl. hierzu Rn. 25 ff.
3 Übersicht zu den Vergabekammern der Länder unter https://www.bundeskartellamt.de/DE/UeberUns/LinksundAdressen/Vergabekammern_der_L%C3%A4nder/Vergabekammern_artikel.html.
4 LSG Nordrhein-Westfalen, Beschluss v. 28.4.2009 – L 21 KR 40/09 SFB; VK Sachsen, Beschluss v. 12.2.2010 – 1/SVK/002-10.
5 OLG Dresden, Beschluss v. 26.6.2012 – Verg 3/12; OLG Jena, Beschluss v. 16.7.2007 – 9 Verg 4/07; OLG Düsseldorf, Beschluss v. 18.1.2005 – VII-Verg 104/04.
6 OLG Düsseldorf, Beschluss v. 18.1.2005 – VII-Verg 104/04.
7 VK Bund, Beschluss v. 1.2.2011 – VK 3-135/10; Beschluss v. 8.6.2006 – VK 2-114/05.

2. Verweisung an Verwaltungs- oder Zivilgericht

14 Die Nachprüfungsverfahren vor den Vergabekammern sind keine ordentlichen Gerichtsverfahren, da die Vergabekammern keine Gerichte im Sinne des Art. 92 GG und § 17 GVG sind.[8] Eine Verweisung des Nachprüfungsverfahrens von der Vergabekammer in ein ordentliches Klageverfahren kommt deshalb nicht in Betracht,[9] ebenso wie eine Verweisung des Nachprüfungsantrags an ein Verwaltungsgericht unter entsprechender Anwendung des § 17a GVG. Die Vergabekammern sind als Verwaltungsorgane und damit als Teil der Verwaltungsbehörden zu betrachten.[10] Wegen dieser Einordnung wird auch die Verweisung eines Rechtsstreits von einem Gericht zur Vergabekammer grundsätzlich ausgeschlossen und auch eine entsprechende Anwendung der Regelung des § 17 GVG mangels planwidriger Regelungslücke abgelehnt.[11] In einer Entscheidung, die als Einzelfall zu betrachten ist, hielt die VK Bund die Verweisung eines Gerichtes – im entschiedenen Fall war es ein Sozialgericht – an die Vergabekammer jedoch für bindend, wenn es dem ausdrücklichen Willen des Antragstellers entspricht, dass ein vergaberechtliches Nachprüfungsverfahren geführt werden soll und dieser die Verweisung als unanfechtbar und damit bindend betrachtet.[12] Verweise von Rechtsstreitigkeiten zu anderen Gerichten im Sinne von § 17a GVG stehen damit grundsätzlich erst den Vergabesenaten der zuständigen Oberlandesgerichte zu.[13]

C. Ausschließliche Rechtswegzuweisung (Abs. 2)

15 Nach § 156 Abs. 2 GWB können die Rechte aus § 97 Abs. 6 GWB sowie sonstige Ansprüche gegen Auftraggeber, die auf die Vornahme oder das Unterlassen einer Handlung in einem Vergabeverfahren gerichtet sind, nur vor den Nachprüfungsinstanzen, also den Vergabekammern und den Beschwerdegerichten, geltend gemacht werden.[14] Für den Primärrechtsschutz enthält die Regelung somit eine ausschließliche und abschließende Rechtswegzuweisung.[15] Daraus folgt, dass oberhalb der Schwellenwerte der Rechtsweg zu den Verwaltungs- oder Zivilgerichten ausdrücklich ausgeschlossen ist.

16 Entgegen dem eindeutigen Wortlaut bleiben aber neben den Vergabekammern und Beschwerdegerichten die **Aufsichtsbehörden** und die **Vergabeprüfstellen** für den Rechtsschutz im Vergabeverfahren weiterhin zuständig. Während sich das für die Aufsichtsbehörden bereits aus § 155 GWB ergibt, kann dies auch für die Vergabeprüfstellen angenommen werden. Im Gesetzgebungsverfahren im Jahre 2009 sind die Vergabeprüfstellen ersatzlos im GWB gestrichen worden. Der Gesetzgeber hat aber in seiner Begründung[16] vermerkt, dass auf die gesetzliche Regelung zwar verzichtet werde, gleichwohl soll aber die grundsätzliche Prüfungsmöglichkeit durch Vergabeprüfstellen auch ohne ausdrückliche Erwähnung im GWB bestehen bleiben.

I. Rechte aus § 97 Abs. 6 GWB

17 Der ausschließlichen Rechtswegzuweisung nach § 156 Abs. 2 GWB unterfallen insbesondere die Rechte aus **§ 97 Abs. 6 GWB**. Danach haben die Unternehmen, die sich um öffentliche Aufträge oder Konzessionen bewerben, einen Anspruch darauf, dass die Bestimmungen über das Vergabeverfahren eingehalten werden. § 97 Abs. 6 GWB vermittelt für die Bieter ein kon-

---

8 BSG, Beschluss v. 6.3.2019 – B 3 SF 1/18 R; BGH, Beschluss v. 25.10.2011 – X ZB 5/10.
9 OLG Celle, Beschluss v. 4.5.2001 – 13 Verg 5/00; VK Baden-Württemberg, Beschluss v. 25.7.2014 – 1 VK 29/14.
10 VGH München, Beschluss v. 26.4.2019 – 12 C 19.621; VK Baden-Württemberg, Beschluss v. 26.1.2007 – 1 VK 82/06; VK Brandenburg, Beschluss v. 14.3.2003 – VK 14/03.
11 BSG, Beschluss v. 6.3.2019 – B 3 SF 1/18 R; VGH München, Beschluss v. 26.4.2019 – 12 C 19.621.
12 VK Bund, Beschluss v. 2.3.2018 – VK 1-165/17.
13 BGH, Beschluss v. 23.1.2012 – X ZB 5/11.
14 OLG Düsseldorf, Beschluss v. 20.3.2019 – VII-Verg 65/18; VK Bund, Beschluss v. 16.1.2020 – VK 1-93/19; Beschluss v. 22.8.2019 – VK 1-51/19.
15 OVG Bautzen, 9.2.2016 – 5 B 315/15; VGH München, Beschluss v. 26.4.2019 – 12 C 19.621; VG Regensburg, Beschluss v. 26.2.2019 – RN 4 K 18.2140.
16 Gesetzesbegründung zu § 103 GWB a.F., VergRModG 2009, BT-Drs. 16/10117, 22.

stitutiv wirkendes subjektives Recht auf Einhaltung der Bestimmungen des Vergabeverfahrens, was Gegenstand eines Nachprüfungsverfahrens von der Vergabekammer und gegebenenfalls im Rahmen des Beschwerdeverfahrens vor dem für Vergaben zuständigen Oberlandesgericht sein kann.

Das OLG Düsseldorf[17], aber auch andere Oberlandesgerichte[18] und die Vergabekammern[19], haben wiederholt definiert, dass zu den **Bestimmungen über das Vergabeverfahren** die Vorschriften des Teil 4 GWB, der VgV, der VSVgV, der KonzVgV, der VOB/A, der SektVO und dasjenige europäische Recht, auf dem diese nationalen Regelungen beruhen, zählen.[20] Bestimmungen über das Vergabeverfahren können nach Auffassung des OLG Karlsruhe[21] zudem auch noch allgemeine Verwaltungsgrundsätze sowie die Vergabebedingungen des Auftraggebers in den Vergabeunterlagen sein. Die Reichweite dieser „Definitionen" hat erhebliche Auswirkungen. Ein Unternehmen kann vor einer Nachprüfungsinstanz nur die Verletzung von unternehmensschützenden „Bestimmungen" geltend machen.[22] Wird dem Auftraggeber hingegen vorgehalten, dass er andere Rechte aus anderen Gesetzen oder Vorschriften, die nicht zum „Vergaberecht" zählen, unbeachtet lässt, findet keine Nachprüfung statt. Vielmehr muss das betroffene Unternehmen sich in diesen Fällen gegebenenfalls an die Verwaltungs- oder Zivilgerichte wenden. Eine Besonderheit besteht hingegen, wenn die Vorschrift im Rahmen einer Inzident-Kontrolle zur Überprüfung gestellt wird.[23] 18

II. Außervergaberechtlichen Vorschriften

Entgegen § 160 Abs. 2 GWB kann ein Unternehmen neben den Rechten aus § 97 Abs. 6 GWB auch noch einen Anspruch darauf haben, dass die Verletzung von außervergaberechtlichen Rechtsnomen in einem Nachprüfungsverfahren vor der Vergabekammer überprüft werden. Diese Fälle sind als Abweichungen vom Grundsatz aus § 160 Abs. 2 GWB Ausnahmen und vom Vorliegen der durch die Rechtsprechung gebildeten Voraussetzungen abhängig. 19

Nach Auffassung des BGH[24] sind die Nachprüfungsinstanzen verpflichtet, im Rahmen von Nachprüfungsverfahren solche Vorschriften, die selbst nicht zu den Bestimmungen über das Vergabeverfahren gemäß § 97 Abs. 6 GWB zu rechnen sind, **inzident** zu prüfen (Inzident-Kontrolle), wenn diese die Anwendbarkeit der § 97 ff. GWB betreffen und die konkret aufgeworfene Rechtsfrage nicht die Zulässigkeit eines anderen Rechtswegs begründet. Im konkreten Fall ging es um die Auslegung und Anwendung des § 16 Abs. 1 KrW-/AbfG und die Frage, ob Dienstleistungskonzessionen nach dieser Bestimmung überhaupt zulässig sind und damit eine zum damaligen Zeitpunkt vom Teil 4 GWB noch nicht erfasste Ausgestaltung des streitgegenständlichen Auftrages. 20

Nach Auffassung des OLG Düsseldorf[25] spricht einiges dafür, **kartellrechtliche Verstöße**, die ohne zeitaufwendige Untersuchung einwandfrei festzustellen sind, in einem Nachprüfungsverfahren mit zu berücksichtigen, sofern eine vergaberechtliche Anknüpfungsnorm hierzu existiert.[26] Vergabekammern sind dann – neben den Kartellbehörden, die für solche Rechtsverstöße gemäß § 156 Abs. 3 GWB zuständig sind – ebenfalls zuständig (parallele Zuständigkeit). Einen allgemeinen Rechtssatz des Inhalts, wonach außervergaberechtliche Normen im 21

---

17 OLG Düsseldorf, Beschluss v. 3.8.2019 – VII-Verg 30/18; Beschluss v. 27.6.2018 – VII-Verg 59/17; Beschluss v. 26.7.2002 – Verg 22/02; Beschluss v. 22.5.2002 – Verg 6/02; VK Sachsen, Beschluss v. 6.3.2014 – 1/SVK/047-13; VK Münster, Beschluss v. 8.6.2012 – VK 6/12; VK Baden-Württemberg, Beschluss v. 25.1.2011 – 1 VK 70/10.

18 OLG Brandenburg, Beschluss v. 7.10.2010 – Verg W 12/10.

19 VK Sachsen, Beschluss v. 6.3.2014 – 1/SVK/047-13; VK Münster, Beschluss v. 8.6.2012 – VK 6/12; VK Baden-Württemberg, Beschluss v. 25.1.2011 – 1 VK 70/10.

20 OLG Düsseldorf, Beschluss v. 3.8.2019 – VII-Verg 30/18; Beschluss v. 27.6.2018 – VII-Verg 59/17; OLG Brandenburg, Beschluss v. 7.10.2010 – Verg W 12/10.

21 OLG Karlsruhe, Beschluss v. 1.4.2011 – 15 Verg 1/11.

22 OLG Düsseldorf, Beschluss v. 27.6.2018 – VII-Verg 59/17; *Diemon-Wies/Graiche*, NZBau 2009, 410.

23 Vgl. hierzu Rn. 20 ff.

24 BGH, Beschluss v. 18.6.2012 – X ZB 9/11.

25 OLG Düsseldorf, Beschluss v. 27.6.2012 – VII-Verg 7/12; ebenso OLG Saarbrücken, Beschluss v. 27.6.2016 – 1 Verg 2/16.

26 OLG Düsseldorf, Beschluss v. 27.6.2018 – VII-Verg 59/17.

Nachprüfungsverfahren nicht zu prüfen sind, gibt es nicht.[27] Insbesondere bei der Fragestellung, ob die gebildete Bietergemeinschaft gegen § 1 GWB verstößt, hat die Inzident-Kontrolle eine hohe Praxisrelevanz. § 97 Abs. 1 GWB wird dabei als Anknüpfungsnorm hinsichtlich des im Vergaberecht zu beachtenden Wettbewerbsprinzips herangezogen, um darauf die inzidente kartellrechtliche Prüfung des § 1 GWB zu stützen.[28]

22 Soweit jedoch ein Bieter gegen einen **Mitbewerber** vorgehen will, hat er § 156 Abs. 3 GWB zu beachten, d.h. solche Rechtsverletzungen sind entweder vor den Zivilgerichten oder den Kartellbehörden und nicht vor den Vergabekammern geltend zu machen.[29]

23 Eine Inzident-Kontrolle von sonstigen Vorschriften findet aber nur statt, wenn ohne die Überprüfung dieser Rechtsnormen das Vergabeverfahren **nicht abschließend erfolgen kann**.[30] Bejaht wurde dies z. B. für § 6 KrWG. Dessen Entsorgungsrangfolge ist im Rahmen der Ermessensausübung bzw. des Entscheidungsspielraums zur Bestimmung des Leistungsgegenstandes vom Auftraggeber zu beachten[31] und deshalb auch einer Inzident-Kontrolle zugänglich. Die Prüfung der Rechtmäßigkeit der Erteilung einer zur Auftragsausführung notwendigen abfallrechtlichen Genehmigung wurde vom OLG München dagegen abgelehnt. Es ist nicht Aufgabe der Nachprüfungsinstanzen einen bestandskräftigen Verwaltungsakt zu hinterfragen bzw. anzuzweifeln, weil ein Mitbewerber Einwände hiergegen im Nachprüfungsverfahren erhebt.[32]

24 Als **Faustregel** kann gelten, dass ein zeitlicher Zusammenhang mit den außervergaberechtlichen Rechtsnormen feststellbar ist, wenn der Wettbewerb ohne Beantwortung dieser Frage nicht entschieden werden kann und der Umfang der Prüfung zumutbar erscheint.

III. Besondere Beispiele der Zuständigkeiten der Vergabekammer

1. Öffentlicher Personenverkehr

25 Neben ihrem Hauptzweck, die beihilfekonforme Finanzierung des öffentlichen Personenverkehrs auf Schiene und Straße zu regulieren, enthält die VO (EG) 1370/2007 auch ein „Sondervergaberecht" für die Vergabe von Leistungen des öffentlichen Personenverkehrs. Die VO (EG) 1370/2007 ist unmittelbar geltendes Recht in der Bundesrepublik Deutschland und bedarf nicht, wie etwa eine Richtlinie noch der Umsetzung in nationales Recht. Art. 5 Abs. 7 VO (EG) 1370/2007 verpflichtet die Mitgliedstaaten, die erforderlichen Maßnahmen sicherzustellen, dass die gemäß Art 5 Abs. 2 bis 6 VO (EG) 1370/2007 getroffenen Entscheidungen wirksam und rasch auf Antrag einer Person überprüft werden können. Das OLG Düsseldorf hat dazu ausgeführt: *„Diese Regelung muss durch die Mitgliedstaaten ausgefüllt werden, was in der Bundesrepublik Deutschland bisher nicht geschehen ist. Es ist daher mangels einer ausdrücklichen nationalen Regelung unklar, ob die Nachprüfung nach Art. 5 Abs. 7 VO gegenwärtig durch die nach §§ 102 ff. GWB gebildeten Vergabekammern und -senate oder durch andere Gerichte zu erfolgen hat."*[33] Dies ist allerdings auch bedingt durch das weite Verständnis des „öffentlichen Dienstleistungsauftrages" nach Art. 2 lit. i VO (EG) 1370/2007. Danach kann die Vergabe der Leistungen sowohl als Vertrag[34] aber auch als Verwaltungsakt ausgestaltet werden. Letzterer unterfällt dann zur Überprüfung naturgemäß der Zuständigkeit der Verwaltungsgerichte und nicht derjenigen der Vergabekammern.

26 Im Anschluss an diese Entscheidung des OLG Düsseldorf ist im Bereich des **PBefG** eine solche Regelung geschaffen worden. Nach § 8a Abs. 2 und 7 PBefG sind grundsätzlich die Vergabe-

27 OLG Saarbrücken, Beschluss v. 27.6.2016 – 1 Verg 2/16; OLG Düsseldorf, Beschluss v. 6.2.2013 – VII-Verg 32/12; Beschluss v. 7.12.2012 – VII-Verg 69/11; Beschluss v. 1.8.2012 – VII-Verg 105/11.
28 Beispielhaft hierzu OLG Düsseldorf, Beschluss v. 29.7.2015 – VII-Verg 5/15; vgl. auch Rn. 39.
29 BGH, Beschluss v. 3.7.2008 – I ZR 145/05.
30 OLG Düsseldorf, Beschluss v. 9.4.2014 – VII-Verg 8/14; Beschluss v. 13.8.2008 – VII-Verg 42/07; VK Münster, Beschluss v. 8.6.2012 – VK 6/12.
31 OLG München, Beschluss v. 9.3.2018 – Verg 10/17.
32 OLG München, Beschluss v. 27.7.2018 – Verg 02/18.
33 OLG Düsseldorf, Beschluss v. 21.7.2010 – VII-Verg 19/10.
34 OLG Düsseldorf, Beschluss v. 3.7.2019 – VII-Verg 51/16.

kammern bei „öffentlichen Dienstleistungsaufträgen" nach der VO (EG) 1370/2007, die öffentliche Aufträge nach § 103 GWB sind, und Verkehre mit Straßenbahnen, Oberleitungsbussen oder mit Kraftfahrzeugen im Linienverkehr zum Gegenstand haben, als Nachprüfungsinstanzen im Sinne des Art. 5 Abs. 7 VO (EG) 1370/2007 bestimmt worden. Entsprechend der Entscheidung des EuGH in der Rechtssache „Hüttenbräucker"[35] sind die Regelungen in Art. 5 Abs. 2 bis 6 VO (EG) 1370/2007 nur auf die Vergabe von Konzessionen und die Vergabe von Auftragen über Personenverkehrsdienste mit Eisenbahnen und U-Bahnen anzuwenden. Verträge über die Vergabe von Bus- und Straßenbahnverkehren unterfallen der Anwendung der RL 2004/17/EG und RL 2004/18/EG[36] bzw. deren neueren Entsprechungen RL 2014/24/EU und RL 2014/25/EU.

27 Allerdings sind die Vergabekammern nur für die Nachprüfung von **gemeinwirtschaftlichen Auftragsvergaben** – zumeist handelt es sich dabei um Busdienstleistungen – zuständig. Für sogenannte eigenwirtschaftliche Verkehrsdienstleistungen, bei denen der Dienstleister sich aus den Fahrgeldeinnahmen, gegebenenfalls Ausgleichsleistungen und sonstigen Erträgen und somit unabhängig von finanziellen Mitteln aus dem öffentlichen Haushalt finanziert, findet keine Vergabenachprüfung statt.[37]

28 Der **BGH**[38] hatte bereits 2011 geurteilt, dass die Leistungen von Eisenbahnverkehrsunternehmen von Teil 4 GWB erfasst werden, weil der Ausnahmekatalog des § 100 Abs. 2 GWB a.F. abschließend sei und eben für diese Leistungen keine Ausnahmen vorsehe. Nach Auffassung des BGH begründen die Verordnungen, und zwar zunächst die VO (EG) 1191/69, die durch die VO (EG) 1370/2007 ersetzt wurde, kein Sonderrecht für die Schienenpersonennahverkehrsleistungen. Von einem durch die Verordnung begründeten, die Anwendung des Teil 4 GWB auf den Eisenbahnbereich ausschließenden Sonderrechts könnte nur ausgegangen werden, wenn der Abschluss von entsprechenden Verträgen zwischen Auftraggebern und Eisenbahnverkehrsunternehmen im Wege förmlicher Vergabeverfahren sich schlechthin nicht in Einklang mit den Zielen der Verordnung (Schutz der Eisenbahnunternehmen vor unkompensierten finanziellen Lasten und Abbau von Wettbewerbsverfälschungen) bringen ließe. Davon kann nach Auffassung des BGH keine Rede sein. Daraus hat der BGH geschlossen, dass trotz der VO (EG) 1370/2007 die Eisenbahndienstleistungen nicht den nationalen Regelungen zur Vergabe solcher Aufträge (also GWB und VgV) entzogen sind, soweit diese Vergabe der Leistungen in den Anwendungsbereich des Teil 4 GWB fällt und damit auch der Nachprüfung durch die Vergabekammern unterliegen.

29 Droht die Unterbrechung der Verkehrsleistung bzw. ist eine solche eingetreten, ermöglicht Art. 5 Abs. 5 VO (EG) 1370/2007, **Notmaßnahmen** zu ergreifen, insbesondere die betroffenen Verkehrsdienste auf einen anderen Dienstleistungserbringer zu übertragen, jedoch längstens für zwei Jahre. Für den Eisenbahnverkehr lässt der § 131 Abs. 2 GWB die Anwendung des Art. 5 Abs. 5 VO (EG) 1370/2007 ausdrücklich zu. Die Vergabekammern können somit für die Überprüfung einer solchen Notmaßnahme bei der Vergabe von Eisenbahnverkehren zuständig sein. Da der Wortlaut des Art. 5 Abs. 5 VO (EG) 1370/2007 mehrere Gestaltungsmöglichkeiten der Vergabe des Eisenbahnverkehrs zulässt, kann eine solche Notmaßnahe als Direktvergabe, Vertrag/Vertragserweiterung aber auch als Verwaltungsakt gegenüber dem Betreiber ergehen. Letzterer wäre dann einer Überprüfung durch die Vergabekammer entzogen und würde ausschließlich eine verwaltungsgerichtliche Zuständigkeit begründen.

2. Energiewirtschaftliche Konzession

30 Die Überprüfung von Konzessionsverträgen nach § 46 EnWG fällt nur in bestimmten Ausnahmekonstellationen in die Zuständigkeit der Vergabekammern. **Grundsätzlich** ist in § 102

35 EuGH, Urteil v. 21.3.2019 – Verb. Rs. C-266/17 und C-267/17 (Hüttebräucker).
36 EuGH, Urteil v. 21.3.2019 – Verb. Rs. C-266/17 und C-267/17 (Hüttebräucker), Rn. 70, 73.
37 *Diemon-Wies*, VergabeR 2014, 305.
38 BGH, Beschluss v. 8.2.2011 – X ZB 4/10 (Abellio).

Abs. 1 EnWG geregelt, dass die für sich aus dem EnWG ergebenden bürgerlichen Rechtsstreitigkeiten die Landgerichte für Zivilsachen ausschließlich zuständig sind.[39]

31 Liegen jedoch die im **Erwägungsgrund 16 RL 2014/23/EU** genannten Ausnahmetatbestände vor, also wird z. B. dem Auftragnehmer eine Lieferpflicht auferlegt oder auch eine Dienstleistung durch den Auftraggeber für sich selbst oder die Endnutzer beschafft, unterfallen diese Konzessionen dem Anwendungsbereich des GWB. Inhalt der Vereinbarungen nach dem EnWG zwischen den Kommunen und Energieversorgern ist die Nutzung der öffentlichen Verkehrswege in den Gemeinden für die Verlegung und den Betrieb eines örtlichen Energieversorgungsnetzes für die allgemeine Versorgung der Bevölkerung mit Strom oder Gas (vgl. Anhang II RL 2014/23/EU, wonach die Bereitstellung und das Betreiben solcher Netze erfasst werden). § 46 EnWG regelt die Vergabe dieser Aufträge in einem eigenen, in Teilen an vergaberechtliche Grundsätze angelehnten, Verfahren. Diese Vereinbarungen zwischen den Kommunen und den Energieversorgern werden als Konzessionen eingestuft,[40] weil der Netzbetreiber von der Gemeinde kein Geld dafür erhält, sondern er sich vielmehr über die Inanspruchnahme Dritter (in der Regel der Endnutzer) finanzieren muss.

32 Die Vergabe von Konzessionen kann nach § 155 GWB Gegenstand einer Nachprüfung durch Vergabekammern sein. Jedoch ist § 155 GWB im Lichte der RL 2014/23/EU einschränkend anzuwenden. Der Erwägungsgrund 16 RL 2014/23/EU führt hierzu aus:

> „Außerdem sollten Vereinbarungen über die Gewährung von Wegerechten hinsichtlich der Nutzung öffentlicher Liegenschaften für die Bereitstellung oder den Betrieb fester Leitungen oder Netze, über die eine Dienstleistung für die Allgemeinheit erbracht werden soll, ebenfalls nicht als Konzession im Sinne dieser Richtlinie gelten, sofern derartige Vereinbarungen weder eine Lieferverpflichtung auferlegen, noch den Erwerb von Dienstleistungen durch den öffentlichen Auftraggeber für sich selbst oder für Endnutzer vorsehen".

Handelt es sich um reine **Gestattungen** zur Nutzung öffentlicher Liegenschaften ohne Beschaffungsabsicht, sind diese Wegenutzungsrechte dem Anwendungsbereich des GWB entzogen. Kommt es der Gemeinde, also dem Konzessionsgeber, hingegen darauf an, Dienstleistungen entweder für sich oder für den Endverbraucher zu erwerben, und gestattet die Gemeinde gerade deshalb dem Energieversorger, die Netze zu nutzen, liegt kein Ausschluss nach dem Erwägungsgrund 16 vor. Vielmehr kann dann eine Dienstleistungskonzession „im Dreiecksverhältnis" vorliegen. Die Gemeinde erfüllt ihre Aufgaben gegenüber der Allgemeinheit, indem sie unter Inanspruchnahme der Energieversorgungsunternehmen für die Versorgung der Bevölkerung mit Strom und Gas sorgt. Soweit also die Ausnahmen aus dem Erwägungsgrund 16 RL 2014/23/EU vorliegen, die sich im Einzelfall praktisch nur aufgrund der konkreten Vertragsgestaltung erschließen lassen, unterliegen die Konzessionen über Wegerechte nach § 46 EnWG dem Vergabenachprüfungsregime des Teil 4 GWB.

33 Etwas anderes ergibt sich auch nicht aus der Rechtsprechung des **OLG Düsseldorf**[41]. Gegenstand dieser Rechtsprechung war die Gründung einer öffentlich-privaten Partnerschaft mit einem Energieversorgungsunternehmen (erste Stufe), um sich dann gemeinsam auf eine Wegekonzession nach § 46 EnWG (zweite Stufe) zu bewerben. Soweit der Vertrag auf der ersten Stufe Dienstleistungen enthält und der maßgebliche Schwellenwert erreicht oder überschritten wird, liegt ein öffentlicher Auftrag im Sinne des Teil 4 GWB vor, der der Nachprüfung durch die Vergabekammern nach § 155 GWB unterfällt. Allein das war Gegenstand des Streitverfahrens, das deshalb zu Recht in die Zuständigkeit der Nachprüfungsinstanzen fiel.

34 Das **OLG Frankfurt** sieht durch das EnWG insbesondere den §§ 46, 46a, 47 und 102 EnWG ein eigenes Rechtsregime außerhalb des GWB-Vergaberechts errichtet.[42] Ob daneben noch Raum für die Anwendung des GWB ist, ließ es jedoch offen. In dem zu entscheidenden Fall beurteilte das Gericht den Sachverhalt so, dass eine Zuschlagsentscheidung noch nicht im

39 Vgl. auch OVG Nordrhein-Westfalen, Beschluss v. 10.2.2012 – 11 B 1187/11.
40 Vgl. § 48 EnWG.
41 OLG Düsseldorf, Beschluss v. 9.1.2013 – VII-Verg 26/12.
42 OLG Frankfurt, Beschluss v. 16.4.2018 – 11 Verg 1/18.

Raum stand, sondern nur vorgelagerte Schritte der Überprüfung unterzogen werden sollen. Aufgrund dessen sah es ausschließlich den Anwendungsbereich des § 47 Abs. 5 EnWG eröffnet.

3. Zulässigkeit kommunalwirtschaftlicher Betätigung

In den jeweiligen Bundesländern existieren unterschiedliche Normen (z. B. Art. 87 Abs. 1 S. 2 BayGO, § 121 HGO, § 107 GO NRW, § 136 Abs. 1 Nr. 1 NKomVG)[43], die die wirtschaftliche Betätigung einer Kommune regeln. Bei diesen handelt es sich um „außervergaberechtliche Rechtsnormen", die aber dennoch mittelbar in einem Nachprüfungsverfahren von einer Vergabekammer geprüft werden können. **35**

Eine solche Überprüfung kann erforderlich werden, wenn sich ein kommunaler öffentlicher **Auftraggeber als Bieter** an einem Vergabeverfahren beteiligt und damit wirtschaftlich tätig wird. Beispielsweise kann der für die Abfalleinsammlung in seinem Bereich (Gemeinde- oder Verbandsgebiet) zuständige öffentliche Auftraggeber in Konkurrenz zu anderen privaten Unternehmen treten, wenn er außerhalb seines Zuständigkeitsbereichs solche Aufgaben übernehmen will und sich deshalb als Bieter an einem Vergabeverfahren mit einem Angebot beteiligt. In einem solchen Fall steht er dann im Wettbewerb mit den privaten Unternehmen.[44] **36**

Das OLG Düsseldorf[45] hat in der Vergangenheit in mehreren Entscheidungen den Rechtsweg zu den Nachprüfungsinstanzen gemäß § 156 Abs. 2 GWB als eröffnet angesehen, obwohl sich auf § 107 GO NRW keine Ansprüche gegen einen Auftraggeber in einem Vergabeverfahren stützen lassen. Das OLG Düsseldorf hat die Rechtswegzuständigkeit der vergaberechtlichen Nachprüfungsinstanzen in diesen Fällen dennoch bejaht, da es in der Sache stets um einen **Verstoß gegen das Wettbewerbsgebot** (§ 97 Abs. 1 S. 1 GWB) gehe.[46] Das wurde auch noch nach Aufhebung des § 2 Nr. 1 Abs. 2 VOL/A 2006 weiterhin angenommen, da das nach früherem Rechtszustand an den Auftraggeber gerichtete Gebot, wettbewerbsbeschränkende Verhaltensweisen zu unterbinden, im Wettbewerbsgrundsatz des § 97 Abs. 1 S. 1 GWB aufging.[47] In der Sache wurde häufig die Frage behandelt, ob die grenzüberschreitende Tätigkeit noch von § 107 GO NRW gedeckt wird oder diese Privilegierung der kommunalen Abfallentsorgungstätigkeit bei Überschreiten der Zuständigkeitsgrenzen nicht mehr zulässig ist, weil damit bei der konkreten Ausschreibung ein Eingriff in den Wettbewerb erfolgte. Aufgrund des aktuellen Beschlusses des OLG Düsseldorf vom 14. Oktober 2020 ist jedoch fraglich, ob dieser Fallgruppe weiterhin eine ebenso hohe Praxisrelevanz wie in der Vergangenheit zukommt.[48] **37**

4. Verrat von Geschäfts- und Betriebsgeheimnissen

Aus den allgemeinen Vorgaben, dass wettbewerbsbeschränkende und unlautere Verhaltensweisen bei öffentlichen Auftragsvergaben zu bekämpfen sind, hat das OLG Brandenburg[49] den Schluss gezogen, dass auch Verstöße gegen § 17 UWG (nunmehr § 23 GeschGehG) der Nachprüfung durch die Vergabekammern und Oberlandesgerichte unterliegen können. Nach § 17 Abs. 2 UWG war es unzulässig und sogar strafbewehrt, wenn sich jemand zu Zwecken des Wettbewerbs ein Geschäfts- oder Betriebsgeheimnis unbefugt beschafft und verwendet. Aufgrund der durch die RL (EU) 2016/943 angestoßenen nationalen Neuregelung wurde das UWG aufgehoben, aber inhaltlich in das Gesetz zum Schutz von Geschäftsgeheimnissen **38**

---

43 Oder weitere vergleichbare Vorschriften anderer Bundesländer aus deren Gemeinde- oder Kommunalordnungen bzw. Kommunalverfassungsgesetzen.
44 *Burgi*, NZBau 2003, 543; *Hertwig*, NZBau 2009, 355; *Ortner*, VergabeR 2009, 852.
45 OLG Düsseldorf, Beschluss v. 17.6.2002 – VII-Verg 18/02; Beschluss v. 12.1.2000 – Verg 3/99.
46 OLG Düsseldorf, Beschluss v. 13.8.2007 – VII-Verg 42/07; VK Münster, Beschluss v. 31.10.2007 – VK 23/07; Beschluss v. 31.10.2007 – VK 22/07; Beschluss v. 4.10.2004 – VK 21/04; VK Saarland, Beschluss v. 12.12.2005 – 3 VK 03/2005 und 04/2005; VK Niedersachsen, Beschluss v. 11.1.2001 – 203-VgK-19/2000.
47 OLG Düsseldorf, Beschluss v. 9.11.2011 – VII-Verg 35/11.
48 OLG Düsseldorf, Beschluss v. 14.10.2020 – VII-Verg 36/19; vgl. weiterführend hierzu *Otting*, VPR 2021, 3; *Schneider*, vergabeblog.de vom 19.11.2020, Nr. 45694.
49 OLG Brandenburg, Beschluss v. 6.10.2005 – Verg W 7/05.

(GeschGehG) aufgenommen. Hier hat der § 23 GeschGehG den Regelungsgehalt aufgenommen. Dem OLG Brandenburg lag ein Fall vor, in dem sich der Antragsteller eines Nachprüfungsverfahrens das Angebot eines Konkurrenten beschafft hatte und zu eigenen Gunsten auswertete. Das Verhalten des Antragstellers stellte sich nach Auffassung des OLG Brandenburg als unlauter dar, was zur Folge hatte, dass das Angebot nach § 25 Abs. 1 Nr. 1 lit. f VOL/A 2002 auszuschließen war. Die Aufhebung der VOL/A führt nicht dazu, dass die Entscheidung obsolet wäre. Aufgrund des nunmehr gültigen § 124 Abs. 1 Nr. 4 GWB und dessen weit gefassten Wortlauts, der jede Vereinbarung oder Verhaltensweise erfasst, die eine Verhinderung, Einschränkung oder Verfälschung des Wettbewerbs bezweckt oder bewirkt, ist anzunehmen, dass diese Rechtsprechung weiterhin Gültigkeit für sich beanspruchen kann.

5. Verbot wettbewerbsbeschränkender Vereinbarungen

39 Die Entstehung und Teilnahme einer Bietergemeinschaft an der Vergabe eines öffentlichen Auftrags wird von der Rechtsprechung mitunter kartellrechtlich kritisch gesehen und geprüft, ob diesbezüglich ein Verstoß gegen § 1 GWB vorliegt.[50] Die Bildung einer Bietergemeinschaft und die Abgabe eines gemeinsamen Angebots kann gegen § 1 GWB verstoßen, wenn sie eine spürbare Verhinderung, Einschränkung oder Verfälschung des Wettbewerbs bezweckt oder bewirkt.[51] Daraus folgt, dass im Nachprüfungsverfahren gegebenenfalls auch kartellrechtliche Fragen im Zusammenhang mit der Bildung einer Bietergemeinschaft aufgeworfen werden können und dann von den zuständigen Vergabekammern und Oberlandesgerichten zu prüfen sind.[52]

IV. Verstoß im Vergabeverfahren

40 Die Zuständigkeit der vergaberechtlichen Nachprüfungsinstanzen ist nach dem Wortlaut von § 156 Abs. 2 GWB („in einem Vergabeverfahren") an die weitere Voraussetzung geknüpft, dass es sich bei dem Gegenstand des Nachprüfungsverfahrens um Rechtsverletzungen handelt, die in einem laufenden Vergabeverfahren erfolgt sind. Verstöße gegen Vergaberecht, die zeitlich vor der Einleitung eines Vergabeverfahrens oder nach dem Abschluss eines Vergabeverfahrens liegen, werden nicht erfasst.[53] Die Festlegung des zeitlichen Rahmens, ab wann ein Vergabeverfahren beginnt, ist für die potenziellen Antragsteller deshalb von entscheidender Bedeutung.

1. Beginn des Vergabeverfahrens

41 Der „**Beginn des Vergabeverfahrens**" ist materiell (inhaltlich) zu beurteilen und gerade nicht von einem förmlichen Verfahren abhängig.[54] Auf die Erfüllung von förmlichen Voraussetzungen, z. B. durch die Veröffentlichung einer Bekanntmachung im Amtsblatt der Europäischen Union, kommt es für die Einleitung des Vergabeverfahrens nicht an. Gerade auch in dem Unterlassen derartiger Formalien liegt ein besonders schwerwiegender Vergaberechtsverstoß (de-facto-Vergabe), der bei einer formellen Betrachtungsweise letztlich dazu führt, dass Bietern der Rechtsschutz gänzlich versagt bleibt.

42 Noch nicht als Beginn eines Vergabeverfahrens zu werten sind **Vorbereitungshandlungen**, wie Machbarkeitsstudien, die Kontaktaufnahmen mit potenziellen Vertragspartnern, welche sich ohne konkrete Beschaffungsinitiative auf Marktsondierung, Marktbeobachtung be-

50 OLG Düsseldorf, Beschluss v. 9.11.2011 – VII-Verg 35/11.

51 OLG Düsseldorf, Beschluss v. 29.7.2015 – VII-Verg 5/15 und VII-Verg 6/15; Beschluss v. 28.1.2015 – VII-Verg 31/14; Beschluss v. 17.12.2014 – VII-Verg 22/14; Beschluss v. 17.2.2014 – VII-Verg 4/14; OLG Brandenburg, Beschluss v. 16.2.2012 – Verg W 1/12.

52 So auch VK Südbayern, Beschluss v. 1.2.2016 – Z3-3-3194-1-58-11/15; VK Münster, Beschluss v. 22.3.2013 – VK 3/13.

53 OLG Düsseldorf, Beschluss v. 22.5.2002 – Verg 6/02.

54 EuGH, Urteil v. 11.1.2005 – Rs. C-26/03 (Stadt Halle). Eine andere Auffassung vertrat hierzu in der Vergangenheit z. B. OLG Naumburg, Beschluss v. 8.1.2003 – 1 Verg 7/02.

schränken oder der Vorbereitung eines politischen Willensbildungsprozesses dienen.[55] Die Schwelle von der bloßen Markterkundung zum Beginn eines Vergabeverfahrens im materiellen Sinn wird jedoch dann überschritten, wenn der Auftraggeber seinen internen Beschaffungsbeschluss objektiv erkennbar nach außen durch Maßnahmen umsetzt, welche konkret zu einem Vertragsschluss mit einem auszuwählenden Unternehmen führen sollen.[56] Im Falle z. B. eines Kreistagsbeschlusses, der lediglich eine interne Beschaffungsentscheidung enthält, muss diese durch die Verwaltung (extern) erst umgesetzt werden.[57] Auch die Bekanntmachung der Auswahlentscheidung des Generalinspekteurs im Bundestag ist lediglich als Information über die interne getroffene Entscheidung zur Beschaffung zu betrachten und noch nicht als Beginn des Vergabeverfahrens.[58]

Ein Nachprüfungsverfahren kann auch nicht bereits schon dann mit Erfolg eingeleitet werden, wenn allein die Gefahr droht, dass der Auftraggeber einen öffentlichen Auftrag oder eine Konzession ohne ein nach dem Teil 4 GWB vorgeschriebenes Vergabeverfahren vergeben werde. Die Nachprüfungsverfahren gewähren entsprechend dem Wortlaut des § 156 Abs. 2 GWB gerade keinen **vorbeugenden Rechtsschutz**.[59] Auf zukünftiges Beschaffungsverhalten eines Auftraggebers gerichtete Entscheidungen sind den Vergabekammern sowie den Beschwerdegerichten untersagt.[60] 43

Die Zulässigkeit eines Nachprüfungsantrages setzt mithin ein **materiell** schon **begonnenes Vergabeverfahren** voraus. Davon ist dann auszugehen, wenn sich der Auftraggeber (intern) zur Deckung eines künftigen oder derzeitigen Bedarfs an Waren, Bau- oder Dienstleistungen entschieden hat und nach außen (über interne Überlegungen und Vorbereitungen hinaus) gerichtet Maßnahmen ergreift, um den Auftragnehmer zu ermitteln oder zu bestimmen, mit dem der Vertragsschluss erfolgen soll.[61] Bei de-facto-Vergaben, die nach Willen des Auftraggebers gerade ohne geregeltes Vergabeverfahren durchgeführt werden, sind die nach außen wahrnehmbar hervorgetretenen Handlungen des Auftraggebers, die der Auswahl eines Auftragnehmers zum Vertragsschluss dienen, damit für die Einordnung entscheidend.[62] 44

In **Verfahren mit Auftragsbekanntmachung** bzw. Konzessionsbekanntmachung ist die erste externe Maßnahme, zu deren Vornahme die Vergabestelle in einem Vergabeverfahren verpflichtet ist, die Absendung der Bekanntmachung an das Amt für Veröffentlichungen der Europäischen Union.[63] Ein nach Aufhebung des offenen Verfahrens durchgeführtes Verhandlungsverfahren ohne Teilnahmewettbewerb ist ein eigenständiges förmliches Vergabeverfahren. Die Vorinformation wird wegen ihres freiwilligen und inhaltlich unverbindlichen Charakters grundsätzlich nicht als Beginn des Vergabeverfahrens angesehen.[64] Sofern aber die Vorabveröffentlichung von Informationen Voraussetzung für die Einleitung eines Vergabeverfahren ist, wie z. B. in Art. 7 Abs. 2 VO (EG) 1370/2007, ist der Beginn des Vergabeverfahren auf den Zeitpunkt der Veröffentlichung dieser Informationen vorverlagert. 45

In **Verfahren ohne Auftragsbekanntmachung** ist für den maßgeblichen Beginn des Verfahrens auf die erste nach außen gerichtete Erklärung des Auftraggebers über die Neuausschreibung abzustellen.[65] Von dem Beginn eines Vergabeverfahrens im Sinne des § 97 GWB kann erst dann ausgegangen werden, wenn hinreichend sicher ist, dass Leistungen als öffentlicher Auftrag gemäß § 103 GWB bzw. als Konzession nach § 105 GWB durch einen Auftrag- 46

55 OLG Naumburg, Beschluss v. 8.10.2009 – 1 Verg 9/09; OLG Düsseldorf, Beschluss v. 20.6.2001 – Verg 3/01.
56 OLG München, Beschluss v. 19.7.2012 – Verg 8/12.
57 OLG Düsseldorf, Beschluss v. 17.12.2014 – VII-Verg 26/14.
58 OLG Düsseldorf, Beschluss v. 31.5.2017 – VII-Verg 36/16.
59 OLG Koblenz, Beschluss v. 15.8.2014 – 1 Verg 7/14; OLG Düsseldorf, Beschluss v. 19.7.2006 – VII-Verg 26/06; VK Baden-Württemberg, Beschluss v. 22.9.2017 – 1 VK 35/17.
60 OLG Düsseldorf, Beschluss v. 10.3.2014 – VII-Verg 11/14.
61 OLG Düsseldorf, Beschluss v. 31.5.2017 – VII-Verg 36/16; Beschluss v. 1.8.2012 – VII-Verg 10/12; Beschluss v. 29.10.2008 – VII-Verg 35/08; Beschluss v. 11.3.2002 – Verg 43/01; Beschluss v. 20.6.2001 – Verg 3/01; BayObLG, Beschluss v. 22.1.2002 – Verg 18/01.
62 OLG Düsseldorf, Beschluss v. 21.7.2010 – VII-Verg 19/10.
63 OLG München, Beschluss v. 12.11.2010 – Verg 21/10; OLG Naumburg, Beschluss v. 8.10.2009 – 1 Verg 9/09.
64 OLG Naumburg, Beschluss v. 8.11.2009 – 1 Verg 9/09.
65 OLG Naumburg, Beschluss v. 18.8.2011 – 2 Verg 3/11.

geber im Sinne des § 98 GWB vergeben werden sollen.[66] Nachprüfbar sind alle Willensäußerungen des Auftraggebers im Zusammenhang mit einem Beschaffungsvorgang, die auf irgendeine Weise den interessierten Unternehmen zur Kenntnis gelangt sind, sofern sie über das Stadium der Vorbereitung und Sondierung hinausgegangen sind und Rechtswirkungen entfalten können.[67] Schon die Aufnahme konkreter Vertragsverhandlungen mit einem Interessenten stellt eine solche Willensäußerung dar.[68] Ein Vergabeverfahren kann auch schon dadurch als begonnen angesehen werden, wenn die Vertragsentwürfe abgestimmt werden, die Beschlussempfehlungen der intern zuständigen Organe jedoch noch ausstehen.[69] Ausgehend von dem materiellen Verständnis des Beginns des Vergabeverfahrens unterliegt darüber hinaus auch schon die (interne) Entscheidung des Auftraggebers, kein förmliches Vergabeverfahren einzuleiten, der Nachprüfung durch die Nachprüfungsinstanzen.[70] Andernfalls wären gerade besonders schwere Vergabeverstöße – wie z. B. das rechtswidrige Unterbleiben einer Ausschreibung und damit die Verletzung des Transparenzgebots – der Nachprüfung durch die Vergabekammern entzogen.

2. Abschluss des Vergabeverfahrens

47 Die Formulierung in § 156 Abs. 2 GWB „in einem Vergabeverfahren" bedeutet auch, dass der Rechtsschutz vor der Vergabekammer grundsätzlich nur während eines laufenden Vergabeverfahrens gewährt wird, also nur vor dessen Beendigung.

48 Der Rechtsschutz endet grundsätzlich mit Abschluss des Vergabeverfahrens, also in der Regel mit der Erteilung des – wirksamen – **Zuschlags**. Ein wirksam erteilter Zuschlag kann gemäß § 168 Abs. 2 GWB nicht aufgehoben werden. Ein Nachprüfungsantrag, der erst zu diesem Zeitpunkt bei der Vergabekammer gestellt wird, ist unzulässig und führt nicht mehr zur Einleitung eines Nachprüfungsverfahrens.

49 Gegenstand der Nachprüfung durch die Vergabekammer kann auch die Rechtmäßigkeit einer **Aufhebung** des Vergabeverfahrens bzw. einer Wiederaufnahme des Vergabeverfahrens sein.[71] Bei wesentlichen **Auftragsänderungen** im Sinne des § 132 GWB kann ein Unternehmer ebenfalls die Überprüfung solcher Maßnahmen durch eine Vergabekammer einfordern.

50 Unter bestimmten Voraussetzungen kann selbst die Unwirksamkeit eines bereits **geschlossenen Vertrages** zur Nachprüfung gestellt werden. Schließt der Auftraggeber einen Vertrag unter Verstoß gegen die Informations- und Wartepflicht des § 134 GWB oder erteilt der Auftraggeber im Wege einer unzulässigen Direktvergabe, also z. B. ohne die erforderliche Veröffentlichung der Bekanntmachung im Amtsblatt der Europäischen Union, den Auftrag unmittelbar an ein Unternehmen im Sinne von § 135 GWB, so kommt auch eine Überprüfung durch die Vergabenachprüfungsinstanzen in Betracht. Soweit die Vergabekammer einen dieser Verstöße feststellt, ist die Zuschlagserteilung und damit die Auftragsvergabe als von Anfang an unwirksam anzusehen. Die Kammer kann aber nur solange angerufen werden, wie die Fristen nach § 135 Abs. 2 GWB noch nicht abgelaufen sind. Ein durch wirksam erteilten Zuschlag geschlossener Vertrag kann nicht mehr aufgehoben werden. Rechtsschutz vor den vergaberechtlichen Nachprüfungsinstanzen ist dann nicht mehr zu erlangen, da das Vergabeverfahren beendet ist.[72]

51 Auch die **Kündigung** des Vertrages durch den Auftraggeber, die entsprechend des § 133 GWB während der Vertragslaufzeit aus besonderen Gründen zulässig ist, lässt das ursprüngliche Verfahren nicht wieder aufleben. Für die Überprüfung einer solchen Kündigung sind deshalb gerade nicht die Vergabekammern, sondern die Zivilgerichte zuständig. Der Rechtsschutz

66 OLG Düsseldorf, Beschluss v. 4.3.2009 – VII-Verg 67/08.
67 EuGH, Beschluss v. 1.11.2005 – Rs. C-26/03 (Stadt Halle).
68 OLG Düsseldorf, Beschluss v. 23.2.2005 – VII-Verg 78/04; Beschluss v. 11.3.2002 – Verg 43/01.
69 OLG Düsseldorf, Beschluss v. 2.3.2011 – VII-Verg 48/10.
70 EuGH, Beschluss v. 2.6.2005 – Rs. C-15/04 (Koppensteiner); BGH, Beschluss v. 1.2.2005 – X ZB 27/04; OLG Düsseldorf, Beschluss v. 13.6.2007 – VII-Verg 2/07; Beschluss v. 18.10.2006 – VII-Verg 36/06; Beschluss v. 19.7.2006 – VII-Verg 26/06; Beschluss v. 12.1.2004 – VII-Verg 71/03.
71 BGH, Beschluss v. 20.3.2014 – X ZB 18/13; Beschluss v. 18.12.2003 – X ZB 43/02.
72 BGH, Beschluss v. 19.12.2000 – X ZB 14/00.

vor den Nachprüfungsinstanzen ist zeitlich – von den genannten Besonderheiten der Unwirksamkeit des Vertragsschlusses, der De-facto-Vergabe und der Aufhebungsentscheidung abgesehen – nur „in einem Vergabeverfahren" möglich.[73] Erst das aus der Kündigung entstehende neue Vergabeverfahren kann Gegenstand einer Überprüfung durch die Vergabekammern sein.

D. Zuständigkeit der ordentlichen Gerichte und der Kartellbehörden (Abs. 3)

I. Zuständigkeit der ordentlichen Gerichte

Nach § 156 Abs. 3 GWB bleibt die Zuständigkeit der ordentlichen Gerichte für die Geltendmachung von **Schadensersatzansprüchen** unberührt. Schadensersatzansprüche von Bietern können sich aus § 181 GWB, der Haftung aus Verschulden bei Vertragsschluss (culpa in contrahendo, §§ 311, 280, 241 BGB), aus unerlaubter Handlung (§ 823 Abs. 1 und 2 BGB), aus der Verletzung von Sonderrechten (z. B. § 9 UWG) bzw. aus kartellrechtlichen Anspruchsgrundlagen ergeben. Für Schadensersatzansprüche des Auftraggebers wegen der rechtsmissbräuchlichen Inanspruchnahme der Nachprüfungsinstanzen gemäß § 180 GWB sind ebenfalls die ordentlichen Gerichte ausschließlich zuständig. 52

Nach § 179 Abs. 1 GWB sind die Zivilgerichte in einem nachfolgenden Schadensersatzprozess an die bestandskräftigen Feststellungen der Nachprüfungsinstanzen **gebunden**, um eine nochmalige Befassung mit denselben Sach- und Rechtsfragen zu vermeiden und eine bundeseinheitliche Rechtsprechung auf dem Gebiet des Vergaberechts zu gewährleisten.[74] 53

II. Befugnisse der Kartellbehörden

Von dem Grundsatz, dass der primäre Vergaberechtsschutz bei den Vergabekammern und den Beschwerdegerichten konzentriert werden soll, lässt § 156 Abs. 3 GWB eine Ausnahme zu. Danach sollen die Befugnisse der **Kartellbehörden** aus den §§ 1 bis 96 GWB unberührt bleiben. Die in § 48 GWB näher bezeichneten Kartellbehörden bleiben damit befugt, nach § 54 Abs. 1 S. 1 GWB auf Antrag oder von Amts wegen unabhängig neben den Nachprüfungsinstanzen tätig zu werden. 54

Die Verletzung der kartellrechtlichen Vorschriften, insbesondere der §§ 19 und 20 GWB, ist grundsätzlich in einem Abwehrprozess vor den **Kartellgerichten** zu rügen und gegebenenfalls festzustellen. Bei Vergaberechtsverstößen, die sich gleichzeitig als kartellrechtliche Verstöße qualifizieren lassen, kann die parallele Zuständigkeit der Kartellbehörden und der Vergabekammern gegeben sein.[75] Das ist dann anzunehmen, wenn sich der Verstoß des Auftraggebers gegen kartellrechtliche Bestimmungen, wie die des § 1 GWB oder der §§ 19 und 20 GWB, auch auf ein konkretes Vergabeverfahren auswirkt.[76] 55

Durch das **VergRModG** wurde bereits im Jahr 2009 in § 104 Abs. 3 GWB a.F. ausdrücklich der Verweis auf die §§ 19 und 20 GWB aufgenommen und ist bis zu der derzeit gültigen Fassung des § 156 Abs. 3 GWB beibehalten worden. Damit ist klargestellt, dass sich trotz der Novellen des GWB-Kartell- und Vergaberechts an den Befugnissen der Kartellbehörden im Falle eines unzulässigen Verhaltens eines marktstarken Auftraggebers nichts ändert.[77] 56

---

73 OLG Düsseldorf, Beschluss v. 5.4.2006 – VII-Verg 8/06.
74 Gesetzesbegründung zu § 103 GWB a.F., VgRÄG, BT-Drs. 13/9340, 22.
75 OLG Düsseldorf, Beschluss v. 27.6.2012 – VII-Verg 7/12.
76 VK Münster, Beschluss v. 8.6.2012 – VK 6/12.
77 Gesetzesbegründung zu § 104 GWB a.F., VergRModG 2009, BT-Drs. 16/10117, 22.

Anlage

Gesetzesbegründung – VergRModG 2016 (BT-Drs. 18/6281)

Seite 134

§ 156 entspricht dem bisherigen § 104 GWB. Auch bei der Zuständigkeit der Vergabekammern wurde gemäß Artikel 46, 47 der Richtlinie 2014/23/EU neben der Vergabe öffentlicher Aufträge auch die Vergabe von Konzessionen berücksichtigt.

§ 157 GWB
Besetzung, Unabhängigkeit

(1) Die Vergabekammern üben ihre Tätigkeit im Rahmen der Gesetze unabhängig und in eigener Verantwortung aus.

(2) Die Vergabekammern entscheiden in der Besetzung mit einem Vorsitzenden und zwei Beisitzern, von denen einer ein ehrenamtlicher Beisitzer ist. Der Vorsitzende und der hauptamtliche Beisitzer müssen Beamte auf Lebenszeit mit der Befähigung zum höheren Verwaltungsdienst oder vergleichbar fachkundige Angestellte sein. Der Vorsitzende oder der hauptamtliche Beisitzer muss die Befähigung zum Richteramt haben; in der Regel soll dies der Vorsitzende sein. Die Beisitzer sollen über gründliche Kenntnisse des Vergabewesens, die ehrenamtlichen Beisitzer auch über mehrjährige praktische Erfahrungen auf dem Gebiet des Vergabewesens verfügen. Bei der Überprüfung der Vergabe von verteidigungs- oder sicherheitsspezifischen Aufträgen im Sinne des § 104 können die Vergabekammern abweichend von Satz 1 auch in der Besetzung mit einem Vorsitzenden und zwei hauptamtlichen Beisitzern entscheiden.

(3) Die Kammer kann das Verfahren dem Vorsitzenden oder dem hauptamtlichen Beisitzer ohne mündliche Verhandlung durch unanfechtbaren Beschluss zur alleinigen Entscheidung übertragen. Diese Übertragung ist nur möglich, sofern die Sache keine wesentlichen Schwierigkeiten in tatsächlicher oder rechtlicher Hinsicht aufweist und die Entscheidung nicht von grundsätzlicher Bedeutung sein wird.

(4) Die Mitglieder der Kammer werden für eine Amtszeit von fünf Jahren bestellt. Sie entscheiden unabhängig und sind nur dem Gesetz unterworfen.

Übersicht

	Rn.
A. Allgemeines	1
I. Unionsrechtlicher Hintergrund	2
II. Vergleichbare Regelungen	4
III. Historie	5
B. Rechtliche Stellung der Vergabekammer (Abs. 1)	7
I. Unabhängigkeit	7
II. Spruchrichterprivileg	10
III. Gesetzesbindung	11
IV. Aussetzungs- und Verwerfungskompetenz	12
C. Besetzung der Vergabekammer (Abs. 2)	13
I. Grundsatz (S. 1)	13
II. Ausnahme für verteidigungs- oder sicherheitsspezifische öffentliche Aufträge (S. 5)	17
III. Qualifikation (S. 2 bis 4)	20
1. Vorsitzender und hauptamtliche Beisitzer (S. 2 und 3)	20
2. Besondere Anforderungen an die Beisitzer (S. 4)	23
D. Übertragung der Entscheidungsbefugnis (Abs. 3)	26
I. Übertragung durch Beschluss	28
II. Voraussetzungen	32
1. Keine wesentlichen Schwierigkeiten	32
2. Keine grundsätzliche Bedeutung	36
3. Zeitpunkt	37
E. Amtszeit und Unabhängigkeit der Mitglieder (Abs. 4)	38
I. Amtszeit (S. 1)	38
II. Unabhängigkeit (S. 2)	41
F. Rechtsschutz	44
I. Rechtsgrundlage	45
II. Besorgnis der Befangenheit	46
III. Sofortige Beschwerde	51
Anlage Gesetzesbegründung	

A. Allgemeines*

§ 157 GWB ist im ganz Kleinen für die Vergabekammern das, was für die Gerichte das GVG ist. Er statuiert für die Vergabekammern als auch deren Mitglieder deren Unabhängigkeit im **1**

* Diese Kommentierung schreibt die Kommentierung des § 157 GWB in der Vorauflage dieses Kommentars durch Frau *Dr. Ingeborg Diemon-Wies* fort, der ich für die Zurverfügungstellung des Manuskripts herzlich danke.

Rahmen ihrer Tätigkeit, wenn auch bei weitem nicht so umfänglich wie Art. 97 GG. Darüber hinaus sind im § 157 GWB für die hauptamtlichen Mitglieder der Kammern als auch die ehrenamtlichen Beisitzer gewisse fachliche Mindestqualifikationen vorgesehen, um qualitative Entscheidungen zu bewirken.[1]

I. Unionsrechtlicher Hintergrund

2 Die **Rechtsmittelrichtlinien** 89/665/EWG und 92/13/EWG enthalten hauptsächlich Vorgaben zum Nachprüfungsverfahren, jedoch auch zu Nachprüfungsstellen. So ist in Art. 2 Abs. 9 RL 89/665/EWG wie auch wortgleich in Art. 2 Abs. 9 RL 92/13/EWG für Sektorenauftraggeber bestimmt, dass die Nachprüfungsstelle unabhängig ist. Für die Ernennung, die Dauer der Amtszeit sowie für die Absetzbarkeit und das Ende der Amtszeit der Mitglieder dieser unabhängigen Nachprüfungsstellen gelten die gleichen Bedingungen wie für Richter, und zumindest der Vorsitzende soll die juristischen und beruflichen Qualifikationen eines Richters besitzen.

3 Die Vorschrift des **§ 157 GWB** enthält diese Grundsätze zur rechtlichen Stellung der Mitglieder und der Vergabekammern. Die sachliche Unabhängigkeit der Vergabekammern als Spruchkörper ist in § 157 Abs. 1 GWB, die persönliche Unabhängigkeit der Kammermitglieder in § 157 Abs. 4 GWB geregelt. § 157 Abs. 2 GWB enthält die Anforderungen an die juristische Qualifikation des Vorsitzenden als Volljurist, lässt es aber auch ausreichen, dass ein hauptamtlicher Beisitzer diese Voraussetzung erfüllt.

II. Vergleichbare Regelungen

4 Art. 97 GG und Art. 114 Abs. 2 GG sehen die Unabhängigkeit der Richter und der Mitglieder des Bundesrechnungshofes vor. Abgeschwächt findet dieses Prinzip auch in § 157 Abs. 1 GWB für die Tätigkeit der Vergabekammer und in § 157 Abs. 4 GWB für deren Mitglieder Anwendung. Hinsichtlich der Organisation der Beschlussabteilungen des Bundeskartellamts nach § 51 GWB sind Parallelen zu Vergabekammern und der Regelung aus § 157 Abs. 2 GWB zu erkennen, wobei nur bei letzterer ehrenamtliche Beisitzer zum Einsatz kommen.

III. Historie

5 § 157 GWB entspricht inhaltlich der **früheren Regelung** in § 105 GWB a.F. Neben den europarechtlichen Vorgaben trifft die Vorschrift auch inhaltliche Aussagen zur Struktur der Besetzung der Vergabekammern. Daneben sind noch zusätzlich in § 157 Abs. 3 GWB Verfahrensregelungen über die Befugnis zur Übertragung des Verfahrens auf den Vorsitzenden oder auf den hauptamtlichen Beisitzer zur alleinigen Entscheidung festgelegt sowie eine Verfahrensvereinfachung für die Überprüfung von Vergaben im verteidigungs- und sicherheitsrelevanten Bereich in § 157 Abs. 2 S. 5 GWB. Letztere ist mit dem Gesetz zur Änderung des Vergaberechts für die Bereiche Verteidigung und Sicherheit (VergRVÄndG) mit Wirkung zum 7. Dezember 2011 in das Gesetz aufgenommen worden.

6 Im Gesetzgebungsverfahren zum **VergRModG 2016** war zunächst beabsichtigt, folgenden Satz neu in § 157 Abs. 4 GWB aufzunehmen: „§ 839 Abs. 2 des Bürgerlichen Gesetzbuches gilt für die Tätigkeit der Mitglieder der Vergabekammer entsprechend."[2] Dieses Haftungsprivileg wurde insbesondere von den Vergabekammern aus den Ländern im Hinblick auf die Haftungsrisiken, die mit der Gewährung der Akteneinsicht einhergehen, gefordert. Das sogenannte Spruchrichterprivileg in § 839 Abs. 2 BGB unterstützt und schützt die Unabhängigkeit der Richterinnen und Richter. Die gleiche Problematik besteht in den Nachprüfungsverfahren für die Mitglieder der Vergabekammern, insbesondere auch für die ehrenamtlichen Mitglie-

1 Gegenäußerung der Bundesregierung zur Stellungnahme des Bundesrates zu § 115 Abs. 2 GWB a.F., VgRÄG, BT-Drs 13/9340, 49.

2 Stellungnahme des Bundesrates zu § 157 Abs. 4 S. 3 GWB, VergRModG 2016, BT-Drs. 18/6281, 156.

der, die nicht in einem Beamtenverhältnis stehen. Eine Anwendung des Spruchrichterprivilegs auf Mitglieder der Vergabekammer erscheint vor dem Hintergrund der Einordnung der Vergabekammern als Gerichte i.S.d. Art. 267 AEUV durch den EuGH als konsequent.[3] Im Gesetzgebungsverfahren hat sich diese Initiative aber nicht durchgesetzt. Wegen § 839 Abs. 3 BGB hielt die Bundesregierung Schadensersatzklagen gegen Mitglieder der Vergabekammer als wenig erfolgversprechend. Die Anwendung des Spruchrichterprivilegs, das dem Schutz der Rechtskraft gerichtlicher Entscheidungen dient, würde zur Haftungsprivilegierung des Staates führen, die im Hinblick auf die institutionelle Garantie der Staatshaftung rechtfertigungsbedürftig wäre.[4] Als zukünftige Lösung für dieses Problem wird in der Literatur vorgeschlagen, den Haftungsmaßstab durch eine Ergänzung des § 157 Abs. 4 GWB so einzuengen, dass das Handeln der Vergabekammermitglieder anhand der Schuldmaßstäbe der Strafvorschriften nach § 839 Abs. 2 S. 2 BGB beurteilt wird.[5]

B. Rechtliche Stellung der Vergabekammer (Abs. 1)

I. Unabhängigkeit

Die Vergabekammern sind nach nationalem Recht keine Gerichte, sondern Verwaltungsbehörden. Nach Auffassung des BGH[6] handelt es sich bei den Vergabekammern um **gerichtsähnliche Instanzen**, da sie in grundsätzlich kontradiktorisch ausgetragenen Verfahren streitentscheidende Verwaltungsakte nach § 168 Abs. 3 GWB erlassen, die funktional gerichtlichen Entscheidungen entsprechen und auch wie solche – vor einem Rechtsmittelgericht – anzufechten sind. Demgegenüber werden sie auf europäischer Ebene als Gerichte i.S.v. Art. 267 AEUV angesehen.[7] Diese Zwitterstellung der Vergabekammern verursacht nicht nur bei den – nicht anwaltlich vertretenen – Antragsstellern mitunter Verwirrung, sondern führt auch zu einer Vielzahl von rechtlichen Problemen, die im jeweiligen Einzelfall zu entscheiden sind. Beispielsweise ist hinsichtlich der Durchführung von Vergabenachprüfungsverfahren zu entscheiden, ob die Verfahrensgrundsätze aus der VwGO, der ZPO oder dem VwVfG zur Anwendung kommen. Für die nach § 171 Abs. 3 GWB bei dem Oberlandesgericht bzw. nach § 171 Abs. 4 GWB bei dem Obersten Landesgericht verankerte Beschwerdeinstanz stellen sich diese Fragen naturgemäß nicht mehr. 7

Da die Vergabekammern mit dem „Blick durch die nationale Brille" als Verwaltungsbehörden eingeordnet werden, sind sie Teil der Exekutive und unterliegen als solche nach den Landesorganisationsgesetzen der Fach- und Rechtsaufsicht anderer, in der Regel den übergeordneten Behörden (z. B. den für Wirtschaft zuständigen Ministerien in Niedersachen, Nordrhein-Westfalen und Schleswig-Holstein). Nach dem Wortlaut des § 157 Abs. 1 GWB üben die Vergabekammern ihre Tätigkeit aber „im Rahmen der Gesetze unabhängig und in eigener Verantwortung" aus. § 157 Abs. 4 S. 2 GWB bestimmt zudem noch, dass die Mitglieder der Kammer „**unabhängig**" entscheiden und „nur dem Gesetz unterworfen" sind. Das Gesetz garantiert also die Unabhängigkeit für die Tätigkeit der Vergabekammern insgesamt wie auch für jedes Mitglied der Vergabekammer. Die durch § 157 Abs. 1 GWB normierte Unabhängigkeit ist dahingehend zu verstehen, dass die Vergabekammern, obwohl Teil der Exekutive, im Rahmen ihrer Tätigkeit nicht der Aufsicht übergeordneter Behörden unterliegen. Die Vergabekammer ist danach unabhängig von Anordnungen oder Weisungen der übergeordneten Behörden, wie beispielsweise der Ministerien. Der Passus, dass die Vergabekammern ihre Tätigkeit „in eigener Verantwortung" ausüben, betont nochmals deren Unabhängigkeit als Institution. Über die sachliche Unabhängigkeit der Vergabekammer als Spruchkörper hinaus, garantiert 8

3 EuGH, Urteil v. 18.9.2014 – Rs. C-549/13 (Bundesdruckerei).
4 Gegenäußerung der Bundesregierung zur Stellungahme des Bundesrates zu § 157 Abs. 4 S. 3 GWB, VergRModG 2016, BT-Drs. 18/6281, 159.
5 *Burgi*, NZBau 2020, 3 (5 f.).
6 BGH, Beschluss v. 25.10.2011 – X ZB 5/10.
7 EuGH, Urteil v. 18.9.2014 – Rs. C-549/13 (Bundesdruckerei).

§ 157 Abs. 4 S. 2 GWB zudem die unabhängige individuelle Entscheidung jedes einzelnen Mitglieds der Kammer.

9 Die Unabhängigkeit der einzelnen Mitglieder der Vergabekammer ist erforderlich, weil in den **Rechtsmittelrichtlinien** (Art. 2 Abs. 9 RL 89/665/EWG sowie Art. 2 Abs. 8 RL 92/13/EWG) eine Nachprüfung der Vergabeverfahren durch ein Gericht oder durch eine „unabhängige Stelle" verlangt wird. Da, nach nationaler Auffassung, die Vergabekammern aber gerade keine Gerichte sind, sondern Teil der Verwaltung, muss die Unabhängigkeit des Spruchkörpers durch die Regelung des § 157 Abs. 4 S. 2 GWB gewährleistet werden.

II. Spruchrichterprivileg

10 Im Gesetzgebungsverfahren zum VergRModG 2016 ist intensiv darüber diskutiert worden, ob den Mitgliedern der Vergabekammern das sogenannte Spruchrichterprivileg zustehen sollte.[8] Die Einbeziehung des § 839 Abs. 2 BGB war von den Ländern angeregt, aber dann von der Bundesregierung abgelehnt worden. Nach dem richterlichen Haftungsprivileg gemäß § 839 Abs. 2 BGB ist ein Beamter, wenn er bei dem Urteil in einer Rechtssache seine Amtspflicht verletzt, für den daraus entstehenden Schaden nur dann verantwortlich, wenn die Pflichtverletzung in einer Straftat besteht. Die Mitglieder der Vergabekammern setzen sich bzw. ihren Dienstherrn bei jeder Entscheidung einem erheblichen Haftungsrisiko aus, insbesondere bei der Gewährung von Akteneinsicht. Je nach Auftragsgegenstand und Verfahrensstand, insbesondere nach Einreichung der Angebote, können die Vergabeakten Betriebs- und Geschäftsgeheimnisse wie Kalkulationsdaten, Zulieferpreise oder technisches Know-how enthalten, die ein Konkurrent auf dem Markt aus Gründen des Wettbewerbs nicht erhalten sollte. Die Vergabekammer steht somit bei der Entscheidung über die Akteneinsicht in einem Konflikt zwischen der Wahrung des Rechts der Parteien auf Akteneinsicht und dem Schutz des Trägers der Vergabekammer sowie ihrer Mitglieder vor Haftungsanforderungen eines Verfahrensbeteiligten. Ein Haftungsprivileg hätte diesen Konflikt gelöst. Der Bundesgesetzgeber hat sich hingegen gegen dieses Haftungsprivileg entschieden.[9]

III. Gesetzesbindung

11 Die Vergabekammern üben nach § 157 Abs. 1 GWB ihre Tätigkeit „im Rahmen der Gesetze" aus, wodurch klargestellt wird, dass für die Vergabekammern, wie auch für die gesamte Exekutive, das verfassungsrechtliche Prinzip der Gesetzmäßigkeit der Verwaltung i.S.v. Art. 20 Abs. 3 GG gilt. Die Vergabekammern sind also bei ihren Entscheidungen an die Gesetze, insbesondere an die Vorschriften aus dem Vergaberecht gebunden. Aus der Gesetzesbindung folgt auch die Pflicht zur verfassungskonformen und richtlinienkonformen Auslegung der vergaberechtlichen Normen unter Beachtung der hierzu ergangenen Rechtsprechung.

IV. Aussetzungs- und Verwerfungskompetenz

12 Die Vergabekammern sind auf nationaler Ebene nicht als Gerichte i.S.v. Art. 92 GG, Art. 100 Abs. 1 GG anzusehen. Daraus folgt, dass die Vergabekammern bei Zweifeln an der Verfassungsmäßigkeit einer Rechtsnorm keine Aussetzungs- oder Verwerfungskompetenz haben (Art. 100 GG), sondern dass sie die geltenden Normen anwenden und auf deren Grundlage entscheiden müssen.[10] Demgegenüber stehen den Vergabekammern im Kontext der europäischen Richtlinien weitergehende Befugnisse zu. Insbesondere kommt ihnen eine Normverwerfungskompetenz zu, wenn sie Zweifel daran haben, ob innerstaatliche Normen mit dem Unionsrecht vereinbar sind. Die zur Klärung bestimmten Fragen kann die Vergabekammer

8 Empfehlungen der Ausschüsse, VergRModG 2016, BR-Drs. 367/1/15.
9 Vgl. Rn. 6 und zur vollständigen Argumentation der Bundesregierung siehe BT-Drs. 18/6281, 159.
10 VK Münster, Beschluss v. 6.4.2005 – VK 7/05.

dann selbst dem EuGH vorlegen.[11] Wie bei anderen Vorlageersuchen ist bis zur Beantwortung durch den EuGH das Nachprüfungsverfahren ruhend zu stellen,[12] was naturgemäß zu einer deutlich längeren Verfahrensdauer bis zur Entscheidung durch die Vergabekammer führt.

C. Besetzung der Vergabekammer (Abs. 2)

I. Grundsatz (S. 1)

13 § 157 Abs. 2 GWB legt die personelle Besetzung für Entscheidungen durch die Vergabekammern sowie die Qualifikationsvoraussetzungen für deren Mitglieder fest. Diese Merkmale ergeben sich aus Art. 2 Abs. 9 RL 89/665/EWG sowie Art. 2 Abs. 8 RL 92/13/EWG und sind deshalb bei der Umsetzung der Richtlinie im GWB vom Bundesgesetzgeber, aber auch von den Vergabekammern des Bundes und denen der Länder bei deren Einrichtung und Organisation im Rahmen des § 158 GWB zu beachten.

14 Die Vergabekammer entscheidet grundsätzlich, wie auch die Kammern an Landgerichten in den Fällen von § 348 Nr. 1 und 2 ZPO, als **Dreiergremium**: Dieses setzt sich aus einem Vorsitzenden und zwei Beisitzern zusammen, von denen einer der Beisitzer hauptamtlich tätig sein muss, der andere hingegen aus den Reihen der ehrenamtlichen Beisitzer ausgewählt wird. Daraus ergibt sich für die Einrichtung der Vergabekammern, dass diesen wenigstens zwei Personen aus der Verwaltung zugeordnet werden müssen, um eine personell ordnungsgemäße Ausstattung aufzuweisen. Zur Entscheidungsfähigkeit ist dann noch die Hinzuziehung eines ehrenamtlichen Mitglieds als Beisitzer notwendig. Unabhängig davon kann eine Vergabekammer aber grundsätzlich über mehr als diese drei Mitglieder verfügen, was im Hinblick auf die ehrenamtlichen Mitglieder auch mehr als sinnvoll ist, um diese durch regelmäßiges Wechseln zu entlasten.

15 Hinsichtlich der **Geschäftsverteilung** innerhalb der Vergabekammern müssen keine ähnlich strikten Regelungen getroffen werden, wie sie sich bei den Gerichten aus § 21e GVG ergeben und dort auch notwendig sind, um dem Grundsatz des Art. 101 Abs. 1 GG zu genügen. Gehindert, Regelungen zu schaffen, die bestimmen, dass die Festlegung einer Geschäftsverteilung zu erfolgen hat, sind der Bund und die Länder jedoch nicht.[13] Beim Bestehen mehrerer Spruchkörper innerhalb einer Vergabekammer müssen für diese keine bestimmten fachlichen Zuständigkeiten zugewiesen werden. Möglich ist dies jedoch, wie Beispiele aus Berlin (§ 1 Abs. 1 GOVk) und Hamburg (Abschnitt I Nr. 1 und 2 der Anordnung über die Zuständigkeit für die Einrichtung, Organisation und Besetzung der Nachprüfungsbehörden nach dem Gesetz gegen Wettbewerbsbeschränkungen vom 20. Januar 2011) zeigen. Auch für die Veränderung der Zusammensetzung von mehreren Spruchkörpern bestehen im Gegensatz zu den Gerichten (vgl. § 21e Abs. 3 GVG) keine so hohen Hürden. Dies verdeutlicht wiederum die Einordnung der Vergabekammern in die Verwaltung.

16 Die Einbindung von **ehrenamtlichen Beisitzern** im Nachprüfungsverfahren ist nach dem Wortlaut des Gesetzes zwingend. Sie erfolgte nach dem Willen des Gesetzgebers, um deren praktische Erfahrung mit der Vergabe von Aufträgen sowie deren Wissen auf technischen und betriebswirtschaftlichen Gebieten bei der Entscheidungsfindung einzubeziehen.[14]

II. Ausnahme für verteidigungs- oder sicherheitsspezifische öffentliche Aufträge (S. 5)

17 Abweichend von § 157 Abs. 2 S. 1 GWB kann im Falle von verteidigungs- oder sicherheitsspezifischen öffentlichen Aufträgen i.S.v. § 104 GWB die Vergabekammer nach § 157 Abs. 2 S. 5

11 Beispielsweise VK München, Beschluss v. 7.3.2017 – Z3-3-3194-1-45-11/16; VK Arnsberg, Beschluss v. 22.10.2013 – VK 18/13.
12 VK Rheinland-Pfalz, Beschluss v. 23.2.2015 – VK 1-39/14.
13 Beispiel für eine jährliche Festlegung der Geschäftsverteilung ist § 2 Abs. 1 der Geschäftsordnung der Vergabekammern der Freien und Hansestadt Hamburg.
14 Gesetzesbegründung zu § 115 GWB a.F., VgRÄG, BT-Drs 13/9340, 17.

GWB in der Besetzung mit einem Vorsitzenden und zwei hauptamtlichen Beisitzern entscheiden. Hintergrund dieser im Jahre 2011 neu ins GWB aufgenommenen Regelung ist die Umsetzung der RL 2009/81/EG, die die Nachprüfung der Vergabe von verteidigungs- und sicherheitsrelevanten Aufträgen ermöglichte.

18 Die Einbindung eines **ehrenamtlichen Beisitzers** ist in diesem Bereich fakultativ und kann deshalb vom Vorsitzenden abgeändert werden.

19 Nachprüfungsverfahren nach § 157 Abs. 2 S. 5 GWB betreffen in der Regel Beschaffungsvorhaben von Bundeswehr, Verfassungsschutz, Polizei, Feuerwehr oder anderen Sicherheitsbehörden, die als Verschlusssachen eingestuft sind und deshalb auch nur von sicherheitsüberprüften Personen überhaupt eingesehen werden dürfen. Die Vergabekammermitglieder, die solche Verfahren durchführen, müssen somit entsprechend den Vorgaben des SÜG **sicherheitsüberprüft** sein. Aufgrund des Aufwands, den eine solche Sicherheitsüberprüfung bedeutet, und weil diese nicht ohne triftigen Grund durchgeführt wird, haben ehrenamtliche Beisitzer in der Regel eine solche Prozedur nicht durchlaufen.

III. Qualifikation (S. 2 bis 4)

1. Vorsitzender und hauptamtliche Beisitzer (S. 2 und 3)

20 Der Vorsitzende und der hauptamtliche Beisitzer müssen nach dem Wortlaut des § 157 Abs. 2 S. 2 GWB **Beamte auf Lebenszeit mit der Befähigung zum höheren Verwaltungsdienst** sein, wobei auch vergleichbare fachkundige Angestellte in einer Vergabekammer eingesetzt werden dürfen, was auch Verwaltungsangestellten mit einem Hochschulstudienabschluss die Tätigkeit als Kammermitglieder ermöglicht.

21 Zudem müssen nach § 157 Abs. 2 S. 3 GWB entweder der Vorsitzende oder der hauptamtliche Beisitzer die **Befähigung zum Richteramt** i.S.d. § 5 DRiG haben, wobei in der Regel der Vorsitzende diese Befähigung haben sollte, da dieser, sofern keine Übertragung an den hauptamtlichen Beisitzer erfolgt ist, wesentliche Entscheidungen im Nachprüfungsverfahren trifft. Diese Vorgabe der Befähigung zum Richteramt ist zwingend und kann nicht durch eine vergleichbare Fachkunde ersetzt werden. So lässt sich Art. 2 Abs. 9 RL 89/665/EWG bzw. der wortgleichen Regelung aus Art. 2 Abs. 8 RL 92/13/EWG entnehmen: „Zumindest der Vorsitzende der unabhängigen Stelle muss die juristischen und beruflichen Qualifikationen eines Richters besitzen."

22 Sinn und **Zweck** der Regelungen ist es, den juristischen Sachverstand des Spruchkörpers zu gewährleisten. Denn die Tatsache, dass die Vergabekammern als erste Nachprüfungsinstanz tätig werden und ihre Entscheidungen von den Oberlandesgerichten bzw. Obersten Landesgerichten als zweite Nachprüfungsinstanz überprüft werden, führt unweigerlich dazu, dass bereits die Ausgangsentscheidungen förmlich an Urteile angelehnt werden, sich bei der juristischen Würdigung des Sachverhalts an der aktuellen Rechtsprechung der Beschwerdeinstanzen orientieren und die Verfahren, insbesondere die mündlichen Verhandlungen, wie Gerichtsverfahren durchgeführt werden. Schon aus diesen Gründen ist juristischer Sachverstand zwingend erforderlich. Letzterer ist grundsätzlich auch förderlich, um den vom Gesetzgeber bei dem Entwurf des VgRÄG formulierten Anspruch der hohen Qualität der Arbeit der Vergabekammern und damit der Vermeidung einer häufigen Anrufung der Beschwerdeinstanz nachzukommen.[15]

2. Besondere Anforderungen an die Beisitzer (S. 4)

23 Nach § 157 Abs. 2 S. 4 GWB sollen alle Beisitzer bei den Kammern über gründliche Kenntnisse des Vergabewesens verfügen, die ehrenamtlichen Beisitzer zusätzlich auch über mehrjährige praktische Erfahrungen auf dem Gebiet des Vergabewesens.

---

15 Gegenäußerung der Bundesregierung zur Stellungnahme des Bundesrates zu § 115 Abs. 2 GWB a.F., VgRÄG, BT-Drs 13/9340, 49.

Die Anforderungen an die hauptamtlichen und/oder ehrenamtlichen Beisitzer werden als **Sollvorschrift** formuliert und sind somit nicht zwingend. Im Sinne einer umfassenden Entscheidungsfindung durch die Vergabekammer sind entsprechende Kenntnisse einerseits förderlich. Anderseits ist die Gewinnung von haupt- und ehrenamtlichen Mitgliedern für die Vergabekammer nicht immer einfach, weshalb es hilfreich ist, von den Anforderungen abweichen zu können. 24

Gründliche Kenntnisse im Vergabewesen sind anzunehmen, wenn die Beisitzer auf eine längere Tätigkeit in diesem Gebiet verweisen können, wie z. B. in Vergabestellen. Die **mehrjährigen praktischen Erfahrungen** können vielfältig erworben sein, beispielsweise in einer Verbandstätigkeit bzw. Interessenvertretung, bei einem öffentlichen Auftraggeber oder in einem Unternehmen, welches sich regelmäßig an öffentlichen Ausschreibungen beteiligt. 25

D. Übertragung der Entscheidungsbefugnis (Abs. 3)

Nach § 157 Abs. 3 GWB kann das Verfahren dem Vorsitzenden oder dem hauptamtlichen Beisitzer zur alleinigen Entscheidung übertragen werden. Die Regelung soll der Beschleunigung des Verfahrens dienen und nicht etwa über momentane Personalnot in einer Vergabekammer hinweghelfen. Der mit der Durchführung eines Nachprüfungsverfahrens mit drei Vergabekammermitgliedern verbundene organisatorische und zeitliche Aufwand kann durch die Übertragung auf ein Kammermitglied verringert werden. 26

Mangels statistischer Erfassung ist unklar, ob von dieser Möglichkeit bisher rege **Gebrauch** gemacht worden ist. Angesichts der nachfolgend dargestellten praktischen Hürden und der Voraussetzungen des § 157 Abs. 3 GWB ist dies zu bezweifeln. 27

I. Übertragung durch Beschluss

Die Übertragung des Verfahrens auf den Vorsitzenden oder den hauptamtlichen Beisitzer liegt ausschließlich im pflichtgemäßen **Ermessen** der Vergabekammer, soweit die Voraussetzungen vorliegen. Die Verfahrensbeteiligten haben, auch wenn diese ein beschleunigtes Verfahren anstreben, keinen rechtlichen Anspruch auf die Übertragung. Den Verfahrensbeteiligten stehen dann vielmehr, wenn die Entscheidung im Nachprüfungsverfahren nicht abgewartet werden kann, unter den jeweiligen Voraussetzungen die vorläufigen Maßnahmen nach § 169 Abs. 2 bzw. 3 GWB offen. 28

Für den Übertragungsbeschluss ist zunächst die vollständige Besetzung der Vergabekammer mit drei Mitgliedern gemäß § 157 Abs. 2 GWB erforderlich. Eine explizite Regelung zu Form und Bekanntgabe ist dem Normtext nicht zu entnehmen. Dennoch muss der Beschluss zur Übertragung, wie andere Entscheidungen der Kammer, entsprechend § 61 GWB, **schriftlich** abgefasst, begründet und den Beteiligten **bekannt** gegeben werden. Letzteres ergibt sich zudem aus der Gesetzessystematik, da sich bei einer Entscheidung, die den Beteiligten nicht mitgeteilt werden müsste, auch die Regelung zur Unanfechtbarkeit erübrigen würde. Auch aus den Art. 2 Abs. 9 RL 89/665/EWG bzw. Art. 2 Abs. 8 RL 93/13/EWG wird deutlich, dass Entscheidungen der Nachprüfungsinstanz einer schriftlichen Begründung bedürfen. 29

Aufgrund der **Unanfechtbarkeit** des Übertragungsbeschlusses nach § 157 Abs. 1 S. 1 GWB gibt es keine Rechtsmittel gegen eine solche Entscheidung. Die Verfahrensbeteiligten müssen diese Entscheidung hinnehmen und können sich nicht im Wege der sofortigen Beschwerde zur Wehr setzen. Durch die Übertragung tritt das einzelne Mitglied vollumfänglich an die Stelle der ansonsten in § 157 Abs. 2 GWB vorgesehenen Besetzung der Vergabekammer und darf deshalb deren Befugnisse umfassend und allein ausüben. So könnte das einzelne Mitglied einen Beiladungsbeschluss selbstständig ausfertigen. 30

Das Gesetz bestimmt nicht, ob ein solcher Beschluss **rückgängig** gemacht werden darf. Dass die ZPO in § 348 Abs. 3 S. 4 ZPO und die VwGO in § 6 Abs. 3 S. 2 VwGO eine Rückübertragung von der Kammer auf den Einzelrichter ausdrücklich ausschließen, ist dem Umstand geschuldet, dass dort das Regel-Ausnahmeverhältnis entgegengesetzt zum GWB normiert ist. 31

§ 348 Abs. 3 S. 1 ZPO und § 6 Abs. 3 S. 1 VwGO dagegen sehen vor, dass der Einzelrichter eine Übertragung an die Kammer anregen kann, wenn die Rechtssache grundsätzliche Bedeutung hat oder die Sache besondere Schwierigkeiten tatsächlicher oder rechtlicher Art aufweist. Wenn im Verlauf eines Nachprüfungsverfahrens neue tatsächliche Umstände auftreten, insbesondere die Rechtslage sich komplexer darstellt, als zu Beginn des Verfahrens angenommen, und damit die Voraussetzungen des § 157 Abs. 2 GWB entfallen, sollte deshalb auch die Übertragung rückgängig gemacht werden können, um die Entscheidung im Nachprüfungsverfahren wieder durch drei Kammermitglieder treffen zu lassen. Jedenfalls dann, wenn auch das zunächst bestimmte Kammermitglied keine Einwände hiergegen erhebt, ist der Übertragungsbeschluss aufzuheben.

II. Voraussetzungen

1. Keine wesentlichen Schwierigkeiten

32 Eine Übertragung des Verfahrens auf ein einzelnes Kammermitglied setzt voraus, dass die Sache in tatsächlicher oder rechtlicher Hinsicht keine wesentlichen Schwierigkeiten aufweist und die Entscheidung auch nicht von grundsätzlicher Bedeutung ist.

33 Der Terminus „keine **besonderen Schwierigkeiten** in tatsächlicher und rechtlicher Hinsicht" entstammt dem Prozessrecht, der Wortlaut findet sich in den Vorschriften des § 348 Abs. 3 ZPO oder des § 6 Abs. 1 VwGO und des § 84 VwGO. Im Unterschied zu diesen Vorschriften wird in § 157 Abs. 3 GWB auf „wesentliche Schwierigkeiten" abgestellt. Gemeint sind damit aber in beiden Fällen überdurchschnittliche Schwierigkeiten, und zwar nicht unbedingt in quantitativer, sondern vielmehr in qualitativer Hinsicht. Insofern können diese Vorschriften aus dem Prozessrecht als Auslegungshilfen herangezogen werden. Aufgrund der vage formulierten Anforderungen sind schwer eindeutige Kriterien für eine klare Abgrenzung bei Zweifelsfällen zu bilden, anhand derer sich beurteilen ließe, welche Nachprüfungsverfahren sich noch und welche sich gerade nicht mehr für die Übertragung eignen.

34 In **tatsächlicher Hinsicht** treten insbesondere dann Schwierigkeiten auf, wenn der Auftraggeber kein ordnungsgemäßes Vergabeverfahren nach dem Teil 4 GWB durchgeführt hat. Aber auch Vergaben, in denen die Ausschreibungsunterlagen technisch, fachlich oder auch wirtschaftlich sehr anspruchsvoll und deshalb umfangreich sind, eignen sich nicht für eine Übertragung auf ein einzelnes Vergabekammermitglied.

35 In **rechtlicher Hinsicht** bedeuten häufig außergewöhnliche Fragestellungen wesentliche Schwierigkeiten, die eine Vergabekammer als Ganzes entscheiden sollte. Demgegenüber bieten sich die Fälle, in denen der Nachprüfungsantrag offensichtlich unzulässig, z. B. aufgrund von nicht aus dem Nachprüfungsantrag zu erkennender Präklusion, oder offensichtlich unbegründet ist, als einfach gelagerte Sachverhalte zur Übertragung auf ein einzelnes Kammermitglied an.

2. Keine grundsätzliche Bedeutung

36 Eine Übertragung ist nicht möglich, wenn der anhängige Rechtsstreit Grundsatzfragen berührt oder eine Rechtsfortbildung von allgemeinem Interesse erforderlich wird. Dies ist insbesondere der Fall, wenn der Sachverhalt eine Problematik aufwirft, die aufgrund einer Vergaberechtsreform erstmalig entstanden ist und weder von Vergabekammern noch den Beschwerdeinstanzen entschieden wurde. Zweifelsohne ist grundsätzliche Bedeutung anzunehmen, wenn sich die berechtigte Frage stellt, ob die Richtlinie eine korrekte Umsetzung erfahren hat oder eine nationale Regelung mit der Richtlinie vereinbar ist. Gleiches kann gelten, wenn es um grundlegende wirtschaftliche Interessen für ein Wirtschaftsunternehmen geht, z. B. bei der Zulässigkeit des Abweichens von der Losvergabe zugunsten einer Gesamtvergabe.

3. Zeitpunkt

§ 157 Abs. 3 GWB enthält keine Regelung über den Zeitpunkt der Übertragung. Dem beabsichtigten Beschleunigungseffekt am dienlichsten ist eigentlich nur eine möglichst frühe Übertragung zu Beginn des Nachprüfungsverfahrens. Nur dadurch können der Organisations- und Koordinationsaufwand bei der Kammer und die Einhaltung der Frist des § 167 Abs. 1 GWB gewährleistet werden. Zu diesem Zeitpunkt ist allerdings häufig – von den Fällen der offensichtlichen Unzulässigkeit oder Unbegründetheit abgesehen – nicht erkennbar, welche tatsächlichen oder rechtlichen Schwierigkeiten das Verfahren noch mit sich bringt. Eine solche Einschätzung durch die Kammer lässt sich in der Regel erst nach Einsicht in die Vergabeakte vornehmen. Da im Gesetz kein Zeitpunkt für die Übertragung genannt wird, ist eine Übertragung im Gegensatz zu § 6 Abs. 2 GWB auch noch nach einer mündlichen Verhandlung zulässig, wenn sich herausstellt, dass noch eine weitere Verhandlung erforderlich ist, die aber keine besonderen Schwierigkeiten aufweisen wird. Insgesamt hat die Regelung vor dem Hintergrund des Beschleunigungsgrundsatzes kaum praktische Relevanz. **37**

E. Amtszeit und Unabhängigkeit der Mitglieder (Abs. 4)

I. Amtszeit (S. 1)

Die Mitglieder der Vergabekammer werden jeweils für eine Amtszeit von fünf Jahren bestellt. Diese Amtszeit ergibt sich direkt aus § 157 Abs. 4 S. 1 GWB. Durch diese gesetzliche Festlegung soll einerseits die Unabhängigkeit des Spruchkörpers „Vergabekammer" gestärkt und andererseits die Kontinuität der Mitglieder gewährleistet werden. Durch eine hohe personelle Fluktuation würde die Einarbeitung und vertiefte Auseinandersetzung mit dem Vergaberecht erschwert und damit der Rechtsschutz vor den Vergabekammern nachteilig beeinflusst. **38**

Die Festlegung der Amtszeit auf fünf Jahre gilt für alle hauptamtlichen als auch ehrenamtlichen **Mitglieder** einer Vergabekammer. **39**

Ob sie während dieser Zeit gegen ihren Willen **abrufbar** sind, ist umstritten.[16] Einerseits wird aufgrund der besonderen Unabhängigkeit der Vergabekammer davon ausgegangen, dass eine Abberufung nur im absoluten Ausnahmefall und nur bei positivem Beschluss der Kammer hierüber möglich ist.[17] Andere halten dagegen die Abberufung gegen den Willen des jeweiligen Kammermitglieds für generell möglich, da die allgemeinen beamtenrechtlichen Vorschriften nach §§ 27, 28 BBG anwendbar seien.[18] Der Wortlaut des Art. 2 Abs. 9 UAbs. 2 RL 89/665/EWG, der für „die Absetzbarkeit die gleichen Bedingungen wie für Richter" vorsieht, spricht für eine richtlinienkonforme Auslegung, wonach die richterrechtlichen Vorschriften in den § 157 Abs. 4 GWB hineinzulesen und anzuwenden sind.[19] Eine Abordnung oder Versetzung gegen den Willen während der fünfjährigen Amtszeit ist folglich nicht möglich. **40**

II. Unabhängigkeit (S. 2)

Während § 157 Abs. 1 GWB die institutionelle Unabhängigkeit und Weisungsfreiheit der Vergabekammern als Spruchkörper garantiert, wird die sachliche Unabhängigkeit der einzelnen Mitglieder der Vergabekammern in § 157 Abs. 4 S. 2 GWB zusätzlich betont. Hiernach entscheiden die Mitglieder der Kammer unabhängig und sind nur dem Gesetz unterworfen. **41**

Diese **sachliche Unabhängigkeit** der Kammermitglieder bezieht sich lediglich auf die Entscheidungen im Zusammenhang mit den Nachprüfungsverfahren. Die richterliche Unabhängigkeit aus Art. 97 Abs. 1 GG umfasst dagegen auch die persönliche Unabhängigkeit. Die Kammermitglieder unterliegen also in anderen, außerhalb der Nachprüfungsverfahren ste- **42**

16 *Burgi*, NZBau 2020, 5.
17 *Landsberg*, in: Pünder/Schellenberg, Vergaberecht, § 157 GWB Rn. 6.
18 *Horn/Hofmann*, in: Burgi/Dreher, Vergaberecht, § 157 GWB Rn. 22.
19 *Burgi*, NZBau 2020, 5.

henden dienstlichen Belangen, z. B. bei einer anteiligen Tätigkeit für eine andere Organisationseinheit einer Behörde, weiterhin der Weisungsbefugnis des jeweiligen Vorgesetzten.

43 Sofern die hauptamtlichen Kammermitglieder anteilig in der Kammer und ansonsten auch **außerhalb** noch für eine Behörde tätig werden, kann dadurch ein besonderes Spannungsverhältnis entstehen, wenn es sich um einen Bereich handelt, der unmittelbar oder mittelbar durch die Entscheidungen der Vergabekammer betroffen ist. Einfachste Lösung ist, auf den Einsatz in solchen Sachgebieten zu verzichten. Dies schränkt naturgemäß aber die Verwendbarkeit des Beamten für seinen Dienstherren stark ein. Das Vergabekammermitglied könnte auch darauf verzichten, an der Entscheidung mitzuwirken, die die Tätigkeit jenseits der Kammer berührt, was jedoch nur möglich ist, wenn die Kammer auch über zwei weitere hauptamtliche Mitglieder verfügt. Dies ist jedoch nur bei Kammern anzunehmen, die über eine entsprechend hohe Anzahl von Fällen verfügen. Ausschließen lässt sich diese Thematik nur, wenn die hauptamtlichen Mitglieder der Kammer dieser ausschließlich zugewiesen sind.

F. Rechtsschutz

44 Einen Rechtsschutz entfaltet die Norm des § 157 GWB nicht. Allerdings kann sich der Antragsteller gegen die Mitwirkung von einzelnen Kammermitgliedern in einem Nachprüfungsverfahren mittels eines Befangenheitsantrages zur Wehr setzen. Unter welchen Voraussetzungen Personen an einem Vergabeverfahren nicht mitwirken dürfen, regelt § 6 VgV ausdrücklich. Über die Voraussetzungen, die an den Antrag auf Ablehnung der Mitwirkung eines Kammermitglieds bei einem Vergabeverfahren zu stellen sind, trifft das Vergaberecht keine Vorgaben. Mithin ist nicht nur nicht geregelt, welche Vorschriften bei Befangenheitsanträgen gegen Mitglieder der Vergabekammern zum Tragen kommen, sondern es bestehen hierzu auch unterschiedliche Auffassungen. Dies hängt wiederum mit der Zwitterstellung der Vergabekammern zusammen, die zwar gerichtsähnlich ausgestaltet sind, aber national gesetzlich als Verwaltungsbehörden eingeordnet werden. Damit können entweder die Regelungen zur Befangenheit aus den Verwaltungsverfahrensgesetzen zur Anwendung kommen oder die Vorschriften aus den Prozessordnungen für Gerichte wie die ZPO oder die VwGO.

I. Rechtsgrundlage

45 Ursprünglich existierten auch unterschiedliche Auffassungen darüber, ob bei Befangenheitsanträgen ein Rückgriff auf die ZPO und die VwGO[20] oder auf das VwVfG[21] erfolgen soll. Letztlich hat sich unter den Beschwerdeinstanzen letztere Auffassung durchgesetzt.[22] Danach wird eine unmittelbare Anwendung der Regelungen des VwVfG, insbesondere von § 20 Abs. 4, § 21 Abs. 1 und 2, § 71 Abs. 1 und 3 VwVfG, bei Ablehnungsgesuchen gegen Ausschussmitglieder als sachgerecht betrachtet.[23] Die Vergabekammern sind danach einem Ausschuss im Sinne von § 88 VwVfG ähnlich und nicht einem Gericht und üben auch nicht dessen Funktion aus.[24] Folglich entscheidet die Vergabekammer in einer Vertreterbesetzung ohne die Mitwirkung des Mitglieds, um dessen Befangenheit es geht.[25] Bei Vergabekammern, die lediglich über zwei hauptamtliche Mitglieder verfügen, führt dies dazu, dass hier weitere Vertreter zu bestellen sind, also eine hinreichende personelle Ausstattung besteht, um im Falle von Befangenheitsanträgen auch über diese entscheiden zu können.[26]

20 OLG Düsseldorf, Beschluss v. 23.1.2006 – VII-Verg 96/05.
21 Ursprünglich bereits OLG Jena, Beschluss v. 22.12.1999 – 6 Verg 3/99; so auch das OLG Naumburg, Beschluss v. 31.1.2011 – 2 Verg 1/11; OLG Jena, Beschluss v. 22.12.1999 – 6 Verg 3/99; ähnlich OLG Frankfurt, Beschluss v. 26.8.2008 – 11 Verg 8/08; Beschluss v. 2.3.2007 – 11 Verg 15/06; OLG Schleswig, Beschluss v. 4.5.2001 – 6 Verg 2/01.
22 Zusammenfassend hierzu OLG Rostock, Beschluss v. 3.2.2021 – 17 Verg 7/20; Aufgeben der ursprünglichen Auffassung mit OLG Düsseldorf, Beschluss v. 14.11.2012 – VII-Verg 42/12.
23 OLG Düsseldorf, Beschluss v. 14.11.2012 – VII-Verg 42/12.
24 OLG Rostock, Beschluss v. 3.2.2021 – 17 Verg 7/20.
25 OLG Rostock, Beschluss v. 3.2.2021 – 17 Verg 7/20.
26 OLG Rostock, Beschluss v. 3.2.2021 – 17 Verg 7/20.

II. Besorgnis der Befangenheit

Die **Besorgnis der Befangenheit** ist gegeben, wenn ein Grund vorliegt, der geeignet ist, an der unparteiischen Amtsausübung eines Amtsträgers zu zweifeln. Diese Voraussetzung ist wiederum erfüllt, wenn aufgrund objektiv feststellbarer Tatsachen die subjektiv vernünftigerweise mögliche Besorgnis nicht auszuschließen ist, ein bestimmter Amtsträger werde in der Sache nicht unparteiisch, unvoreingenommen oder unbefangen entscheiden.[27] Geeignet, Misstrauen gegen eine unparteiische Amtsausübung des Richters zu rechtfertigen, sind nur objektive Gründe, die vom Standpunkt des Ablehnenden aus bei vernünftiger Betrachtung die Befürchtung wecken können, der Richter stehe der Sache nicht unvoreingenommen und damit nicht unparteiisch gegenüber.[28] Ein im Rahmen der richterlichen Aufklärung gebotenes richterliches Verhalten begründet niemals einen Ablehnungsgrund, selbst wenn dadurch die Prozesschancen einer Partei verringert werden. Auch vorläufige Meinungsäußerungen, durch die sich der Richter noch nicht abschließend festgelegt hat, bilden in der Regel keinen Ablehnungsgrund.[29] 46

Die pauschale Ablehnung eines Spruchkörpers wegen Besorgnis der Befangenheit ist nicht zulässig. Vielmehr müssen die Sachverhalte, die die Besorgnis der Befangenheit begründen, für jedes einzelne Mitglied des Spruchkörpers **dargelegt** werden.[30] 47

Im Fall des OLG Düsseldorf[31] ging es um einen Befangenheitsantrag gegen eine ehrenamtliche Beisitzerin einer Vergabekammer. Diesbezüglich war das OLG Düsseldorf der Auffassung, dass auch ein **kollegiales Verhältnis** eines Mitglieds des Spruchkörpers, wie beispielsweise zu einem von einem Verfahrensbeteiligten eingeschalteten Privatsachverständigen, nur dann ein Grund sei, an der Objektivität zu zweifeln, wenn über dieses bloße kollegiale Verhältnis hinaus ein enges persönliches Verhältnis des zur Entscheidung berufenen Mitglieds zum gegnerischen Verfahrensbeteiligten oder zu den von ihm zugezogenen Hilfspersonen, wie einem Sachverständigen, bestehen würde. Ein solches persönliches Näheverhältnis wurde im konkreten Fall nicht angenommen. 48

Die VK Münster[32] beschäftigte sich mit einem Ablehnungsgesuch eines ihrer ehrenamtlichen Beisitzer und gab diesem statt. Der ehrenamtliche Beisitzer, ein Vertreter der **Handwerkskammer**, war zunächst als Beisitzer für das konkrete Nachprüfungsverfahren bestellt worden, stellte dann aber fest, dass ein Unternehmen beigeladen werden sollte, das in der Handwerksrolle der Handwerkskammer als Unternehmen eingetragen war. Allein die Eintragung der Beigeladenen in der Handwerksrolle vermag zwar objektiv nicht geeignet sein, einem Mitglied der Handwerkskammer eine unvoreingenommene Amtsausübung zu unterstellen. Allerdings meinte die VK Münster, dass bereits dem „bösen Anschein" entgegengewirkt werden sollte. 49

Das KG[33] betonte in einer Entscheidung, dass eine Vergabekammer als eine gerichtsähnliche Nachprüfungsinstanz allen Beteiligten gegenüber zur Neutralität verpflichtet sei. Eine Vergabekammer, die einen Nachprüfungsantrag nicht zustellt, sondern telefonisch mit einer Vergabestelle Kontakt aufnimmt, verhält sich zumindest fragwürdig. Unterrichtet die Vergabekammer die Vergabestelle in einer Phase, in der der Vertragsschluss kurz bevorsteht, vom Eingang eines Nachprüfungsantrags, kann dies möglicherweise die Entscheidung der Vergabestelle insbesondere in zeitlicher Hinsicht beeinflussen. Aus der Sicht eines Bieters können derartige interne **Korrespondenzen zwischen Vergabekammer und Vergabestelle** deshalb geeignet sein, Zweifel an der Unvoreingenommenheit der Nachprüfungsbehörde zu wecken. 50

---

27 OLG Frankfurt, Beschluss v. 2.3.2007 – 11 Verg 15/06; OLG Jena, Beschluss v. 22.12.1999 – 6 Verg 3/99.
28 OLG Frankfurt, Beschluss v. 26.8.2008 – 11 Verg 8/08.
29 OLG Frankfurt, Beschluss v. 26.8.2008 – 11 Verg 8/08.
30 VK Düsseldorf, Beschluss v. 8.3.2011 – VK 45/2010.
31 OLG Düsseldorf, Beschluss v. 14.11.2012 – VII-Verg 42/12.
32 VK Münster, Beschluss v. 21.3.2005 – VK 7/05.
33 KG, Beschluss v. 4.4.2002 – KartVerg 5/02.

III. Sofortige Beschwerde

51 Die Entschließung der Vergabekammer im Falle der Ablehnung eines ihrer Mitglieder wegen Besorgnis der Befangenheit, gleich ob diese positiv oder negativ für den Antragsteller ausfällt, kann nicht mit der sofortigen Beschwerde angefochten werden.[34] Die Entscheidung ist entsprechend § 44a VwGO kein Verwaltungsakt. Solche sogenannten Zwischenentscheidungen der Vergabekammer können nicht separat angefochten werden.[35] Ausgenommen hiervon sind die Kostenentscheidung, die Entscheidung über den Umfang der Akteneinsicht[36] und nach Auffassung des OLG Celle[37] auch die Ablehnung eines Gutachters wegen Befangenheit. Dies wird dadurch gerechtfertigt, dass dem Beschleunigungsgebot bei der Möglichkeit, jede Zwischenentscheidung der Vergabekammer zur sofortigen Beschwerde zuzulassen, die Aushöhlung droht.[38] Die Verfahrensbeteiligten können somit nur den Beschluss der Vergabekammer im Nachprüfungsverfahren mit einer sofortigen Beschwerde angreifen und dann auch die Zwischenentscheidung über den Befangenheitsantrag überprüfen lassen.

Anlage

Gesetzesbegründung – VergRModG 2016 (BT-Drs. 18/6281)

Seite 134

§ 157 entspricht dem bisherigen § 105 GWB.

---

34 OLG Düsseldorf, Beschluss v. 28.4.2008 – VII-Verg 24/08; Beschluss v. 23.1.2006 – VII-Verg 96/05.
35 OLG Frankfurt, Beschluss v. 12.12.2014 – 11 Verg 8/14; OLG Düsseldorf, Beschluss v. 28.12.2007 – VII-Verg 40/07.
36 BGH, Beschluss v. 31.1.2017 – X ZB 10/16; OLG Düsseldorf, Beschluss v. 28.12.2007 – VII-Verg 40/07.
37 OLG Celle, Beschluss v. 25.5.2010 – 13 Verg 7/10.
38 OLG Düsseldorf, Beschluss v. 28.12.2007 – VII-Verg 40/07.

§ 158 GWB
Einrichtung, Organisation

(1) Der Bund richtet die erforderliche Anzahl von Vergabekammern beim Bundeskartellamt ein. Einrichtung und Besetzung der Vergabekammern sowie die Geschäftsverteilung bestimmt der Präsident des Bundeskartellamts. Ehrenamtliche Beisitzer und deren Stellvertreter ernennt er auf Vorschlag der Spitzenorganisationen der öffentlich-rechtlichen Kammern. Der Präsident des Bundeskartellamts erlässt nach Genehmigung durch das Bundesministerium für Wirtschaft und Energie eine Geschäftsordnung und veröffentlicht diese im Bundesanzeiger.

(2) Die Einrichtung, Organisation und Besetzung der in diesem Abschnitt genannten Stellen (Nachprüfungsbehörden) der Länder bestimmen die nach Landesrecht zuständigen Stellen, mangels einer solchen Bestimmung die Landesregierung, die die Ermächtigung weiter übertragen kann. Die Länder können gemeinsame Nachprüfungsbehörden einrichten.

Übersicht Rn.

A. Allgemeines ... 1
I. Unionsrechtlicher Hintergrund ... 3
II. Historie ... 4
B. Vergabekammern des Bundes (Abs. 1) ... 5
I. Zuordnung und Anzahl Vergabekammern (S. 1) ... 7
II. Einrichtung, Besetzung und Geschäftsverteilung (S. 2) ... 9
1. Besetzung ... 10
2. Geschäftsverteilung ... 17
III. Ernennung der ehrenamtlichen Beisitzer (S. 3) ... 20
IV. Geschäftsordnung (S. 4) ... 25
C. Nachprüfungsbehörden der Länder (Abs. 2) ... 29
I. Einrichtung, Organisation, Besetzung (S. 1) ... 35
II. Gemeinsame Nachprüfungsbehörden (S. 2) ... 43
Anlage
Gesetzesbegründung

A. Allgemeines*

1 § 158 GWB ersetzt wortgleich den § 106 GWB a.F.[1] und verpflichtet den Bund und die Länder zur Schaffung und Ausstattung von Vergabekammern. Während Abs. 1 die Einrichtung und Organisation der Vergabekammern des Bundes regelt, enthält Abs. 2 entsprechende Regelungen für die Vergabekammern der Länder.

2 Die **Besetzung** der Vergabekammern ist hingegen in § 157 GWB geregelt und die **Zuständigkeiten** der Vergabekammern werden nach den §§ 156 Abs. 1, 159 GWB abgegrenzt.[2]

I. Unionsrechtlicher Hintergrund

3 Die europäischen Rechtsmittelrichtlinien 89/665/EWG und 92/13/EWG, die durch die Vergaberechtsreform von 2014 weitgehend unberührt blieben, machen detaillierte Vorgaben zum Gebot effektiven Rechtsschutzes im vergaberechtlichen Nachprüfungsverfahren. Diese Vorgaben setzt § 158 GWB in das nationale Recht um und gewährleistet, dass die Vergabekammern die Entscheidungen der öffentlichen Auftraggeber „wirksam und vor allem möglichst rasch"[3] auf potenzielle Vergaberechtsverstöße überprüfen.

* Die Kommentierung basiert auf der Kommentierung des § 158 GWB in der Vorauflage dieses Kommentars durch Frau *Ingeborg Diemon-Wies*, der ich für die Zurverfügungstellung des Manuskripts herzlich danke.

1 Gesetzesbegründung zu § 158 GWB, VergRModG 2016, BT-Drs. 18/6281, 134.

2 Die §§ 155 bis 159 GWB enthalten die Grundzüge des Vergaberechtswegs, während die §§ 160 bis 170 GWB die wesentlichen Prozessvorgaben für das Nachprüfungsverfahren regeln.

3 Art. 1 Abs. 1 der Richtlinie 89/665/EWG sowie Art. 1 Abs. 1 der Richtlinie 92/13/EWG (siehe Fn. 3).

II. Historie

4 Seit 1994 war eine Nachprüfung von Vergabeverfahren ab dem Schwellenwert durch die zwei Instanzen der Vergabeprüfstellen und der Vergabeüberwachungsausschüsse eingeführt worden. Diese Systematik hielt der EuGH[4] im Ergebnis für nicht ausreichend, weil sie weder einen subjektiven Rechtsschutz noch eine gerichtliche Überprüfung ermöglichte. Daher wurde mit dem VgRÄG per 1. Januar 1999 das heute noch geltende Nachprüfungsverfahren mit den zwei Instanzen der Vergabekammern und der Oberlandesgerichte eingeführt.[5]

B. Vergabekammern des Bundes (Abs. 1)

5 § 158 Abs. 1 **S. 1** GWB enthält die organisatorische Verpflichtung des Bundes zur Einrichtung von Vergabekammern beim Bundeskartellamt. Der verpflichtende Charakter der Vorschrift resultiert aus der Formulierung im Indikativ („richtet [...] ein"), die dem Bund keinen Entscheidungsspielraum hinsichtlich des „ob" einräumt, sondern einen verbindlichen Organisationsauftrag enthält.

6 § 158 Abs. 1 **S. 2 bis 4** GWB machen konkrete Organisationsvorgaben für die Vergabekammern, die funktional dem Präsidenten des Bundeskartellamts zugewiesen sind.

I. Zuordnung und Anzahl Vergabekammern (S. 1)

7 § 158 Abs. 1 S. 1 GWB legt die Zuständigkeit des Bundes für die Einrichtung der Vergabekammern auf Bundesebene fest und bestimmt mit dem Bundeskartellamt in Bonn auch die zuständige Bundesbehörde für die Nachprüfung öffentlicher Aufträge des Bundes. Diese behördliche Zuordnung entspricht der materiellen Anknüpfung des GWB-Vergaberechts im Kartellrecht.[6]

8 Der Bund hat seine gesetzliche Verpflichtung nicht schon mit der Einrichtung einer oder mehrerer Vergabekammern erfüllt. Vielmehr muss er dafür Sorge tragen, dass mit der erforderlichen **Anzahl** von Vergabekammern ausreichende Kapazitäten verfügbar sind. Der Begriff der Erforderlichkeit bietet dem Bund insoweit einen organisatorischen Entscheidungsspielraum,[7] um den Primärrechtsschutz im Nachprüfungsverfahren effektiv und innerhalb der Fünf-Wochen-Frist des § 167 Abs. 1 S. 1 GWB zu gewährleisten. Die erforderliche Anzahl hängt von der Auslastung, d.h. der Anzahl der durchschnittlich zu bearbeitenden Nachprüfungsverfahren, ab. Kann die fristgerechte Verfahrensdurchführung regelmäßig nicht gewährleistet werden, kommt das der Verweigerung effektiven Rechtsschutzes gleich und verstößt gegen die Anforderungen der EU-Richtlinien.[8] Verfügte das Bundeskartellamt bis 2013 noch über drei Spruchkörper, wurden sie aufgrund der rückläufigen Anzahl von Nachprüfungsverfahren (seit

---

4 EuGH, Urteil v. 11.8.1995 – Rs. C-433/93, Slg. 1995, I-2303 ff. (Kommission/Deutschland).

5 VgRÄG, BT-Drs. 13/9340, 12, 17. Zur Entwicklung des Rechtsschutzes im Ober- und Unterschwellenbereich siehe *Dittmann*, in: Ziekow/Völlink, Vergaberecht, vor § 155 GWB Rn. 3 bis 22.

6 *Dittmann*, in: Ziekow/Völlink, Vergaberecht, § 158 GWB Rn. 4.

7 *Portz/Steck*, in: Röwekamp/Kus/Portz/Prieß, GWB-Vergaberecht, § 158 Rn. 4 m.w.N.; *Gause*, in: Willenbruch/Wieddekind, Vergaberecht, § 158 GWB, Rn. 2, unterstellt die Entscheidung dem pflichtgemäßen Ermessen des Präsidenten im Rahmen seiner Organisationsgewalt (siehe Rn. 10 ff.).

8 Die europäischen Rechtsmittel-Richtlinien 89/665/EWG und 92/13/EWG verlangen jeweils in Art. 1 Abs. 1, dass die Entscheidungen der Vergabebehörden „wirksam und vor allem möglichst rasch" überprüft werden können (siehe auch Rn. 3). Da die Dauer eines Nachprüfungsverfahrens weitreichende Folgen haben und die längerfristige Verzögerung der Zuschlagsentscheidung die Bieterexistenzen gefährden kann, stellt die Verfahrensdauer ein sachgerechtes Argument für die Einrichtung einer weiteren Kammer dar. So auch *Reider*, in: Säcker, Wettbewerbsrecht, § 158 GWB Rn. 6.

2010 ca. 130 Verfahren pro Jahr) auf zwei Vergabekammern reduziert.[9] Als Beschwerdeinstanz ist das OLG Düsseldorf zuständig.[10]

II. Einrichtung, Besetzung und Geschäftsverteilung (S. 2)

Nach § 158 Abs. 1 S. 2 GWB bestimmt der Präsident des Bundeskartellamtes die Einrichtung und die personelle Besetzung der Vergabekammern des Bundes sowie ihre Geschäftsverteilung. Mit der „Einrichtung" verantwortet er die Verwaltungsorganisation im Hinblick auf die Vergabekammern (funktionale Anbindung, Stellen- und Mittelausstattung, Geschäftsverteilung, Geschäftsordnung etc.). Diese Funktionszuweisung entspricht seinen organisatorischen Befugnissen als Behördenleiter des Bundeskartellamts nach § 51 Abs. 2 S. 2 GWB. 9

1. Besetzung

Bei seinen **Organisationsentscheidungen** muss der Präsident neben dem Gebot effektiven Rechtsschutzes aus § 158 Abs. 1 S. 1 GWB vor allem die gesetzlichen Vorgaben des § 157 Abs. 1, 2 und 4 GWB im Hinblick auf die Gremienbesetzung, die Unabhängigkeits- und Qualifikationsanforderungen sowie die Amtszeit der Mitglieder beachten.[11] 10

Der Präsident ist bei der **personellen Gremienbesetzung** an § 157 Abs. 2 S. 1 GWB gebunden, wonach eine Vergabekammer grundsätzlich als Dreiergremium – mit Vorsitzendem, hauptamtlichem Beisitzer (als Berichterstatter) und ehrenamtlichem Beisitzer – entscheidet. Von dieser Besetzung kann die Kammer nur in Ausnahmefällen, nämlich bei der Überprüfung der Vergaben von verteidigungs- oder sicherheitsspezifischen Aufträgen (§ 157 Abs. 2 S. 5 GWB) oder bei Verfahren ohne wesentliche Schwierigkeiten (§ 157 Abs. 3 GWB), abweichen. 11

Neben dem Gremium darf die Vergabestelle aus **weiteren Personen** (z. B. Geschäftsstelle, Sachbearbeiter) bestehen, die am Nachprüfungsverfahren beteiligt sind, ohne an der Entscheidung mitzuwirken.[12] 12

Die **hauptamtlichen Mitglieder** der Vergabekammern des Bundes, d.h. Vorsitz und hauptamtlicher Beisitz, werden allein durch den Präsidenten ausgesucht und bestimmt (Umkehrschluss aus § 158 Abs. 1 S. 3 GWB). Für diese Besetzungsentscheidung bestehen weder Vorschlagsrecht noch Zustimmungserfordernis.[13] 13

Bei ihrer Besetzung hat der Präsident des Bundeskartellamts darauf zu achten, dass die hauptamtlichen Mitglieder über die nach § 157 Abs. 4 S. 2 GWB erforderliche **Unabhängigkeit** verfügen. Auch wenn die Unabhängigkeitsgewähr erst ab dem Zeitpunkt der Berufung gilt,[14] geht sie mit einer Neutralitätspflicht des Mitglieds einher. Daher hat der Präsident des Bundeskartellamts negativ festzustellen, dass kein geeigneter Grund vorliegt, der ein Misstrauen gegen die unparteiische Amtsausübung des Kammermitglieds rechtfertigen und damit zur Abberufung wegen Befangenheit führen könnte.[15] Der Verweis auf die Gesetzesbindung in den 14

---

9 Die Vergabekammern und Oberlandesgerichte müssen das Bundesministerium für Wirtschaft und Energie jährlich über Anzahl und Ergebnisse ihrer Nachprüfungsverfahren unterrichten (§ 184 GWB). Die Verfahrenszahlen der Vergabekammern des Bundes sind dem Tätigkeitsbericht des Bundeskartellamts zu entnehmen (die Vergabestatistik ist auch abrufbar über https://www.bmwi.de/Redaktion/DE/Artikel/Wirtschaft/vergabestatistik.html).

10 Obwohl Bonn im Bezirk des OLG Köln liegt, hat das Land Nordrhein-Westfalen durch die „Verordnung über die Zusammenfassung der Entscheidungen über die sofortige Beschwerde gegen Entscheidungen der Vergabekammer" v. 15.123.1998, GVBl. NRW 1998, S. 775, eine Zuständigkeitskonzentration beim Vergabesenat des OLG Düsseldorf begründet; zu den Einzelheiten siehe *Noch*, in: Byok/Jaeger, Vergaberecht, § 158 GWB Rn. 2.

11 Diese zwingenden Vorgaben des § 157 GWB gehen auf die Rechtsmittelrichtlinien 89/665/EWG und 92/13/EWG zurück.

12 § 1 Abs. 1 S. 1 der Geschäftsordnung der Vergabekammern des Bundes v. 26.6.2017, BAnz AT 24.4.2019 B4, in Kraft seit 1.7.2017; vgl. auch *Dittmann*, in: Ziekow/Völlink, Vergaberecht, § 157 GWB Rn. 25.

13 So schon *Bork-Galle*, in: Heuvels/Höß/Kuß/Wagner, Vergaberecht, § 106 GWB Rn. 3.

14 Aus diesem Grund die Unabhängigkeitskontrolle ablehnend *Horn/Hofmann*, in: Burgi/Dreher, Vergaberecht, § 158 GWB Rn. 8 in Fn. 12.

15 Wie hier auch *Dittmann*, in: Ziekow/Völlink, Vergaberecht, § 158 GWB Rn. 10; *Portz/Steck*, in: Röwekamp/Kus/Portz/Prieß, GWB-Vergaberecht, § 158 Rn. 11. Dieselbe Argumentation gilt für die Abberufung eines parteiischen Mitglieds während der Amtsperiode, vgl. *Dittmann*, in: Ziekow/Völlink, Vergaberecht, § 157 GWB Rn. 13 f.; OVG Hamburg, Beschluss v. 30.6.2005 – 1 Bs 182/05; siehe auch unten Rn. 20 zu den ehrenamtlichen Mitgliedern.

Unabhängigkeitsregelungen des § 157 Abs. 1 und Abs. 4 S. 2 GWB[16] ist rein deklaratorischer Natur, weil die Vergabekammer als Teil der Exekutive ohnehin der Gesetzesmäßigkeit der Verwaltung gemäß Art. 20 Abs. 3 GG unterworfen ist.[17] Ein originärer Regelungsgehalt kommt aber der Weisungsunabhängigkeit zu, die dienstrechtliche Weisungen gegenüber den Vergabekammern sowohl allgemeiner Art als auch im Einzelfall verbietet.[18]

15 Darüber hinaus ist der Präsident bei seiner Personalentscheidung an die besonderen fachlichen **Qualifikationsanforderungen** der Mitglieder aus § 157 Abs. 2 S. 2 bis 4 GWB gebunden. Der Vorsitzende und der hauptamtliche Beisitzer müssen Beamte auf Lebenszeit mit der Befähigung zum höheren Verwaltungsdienst oder vergleichbar fachkundige Angestellte sein (S. 2). Einer von ihnen – dies soll in der Regel der Vorsitzende sein – muss die Befähigung zum Richteramt haben (S. 3). Die Beisitzer sollen über gründliche Kenntnisse des Vergabewesens verfügen, die ehrenamtlichen Beisitzer auch über mehrjährige praktische Erfahrungen (S. 4).

16 Darüber hinaus muss der Präsident bei der Ernennung die fünfjährige **Amtszeit** der Mitglieder der Vergabekammern nach § 157 Abs. 4 S. 1 GWB beachten, so dass alle fünf Jahre ein neues Besetzungsverfahren durchzuführen ist.[19]

2. Geschäftsverteilung

17 Die **Geschäftsverteilung** nach § 158 Abs. 1 S. 2 GWB bezeichnet die Regeln über die Zuweisung der eingehenden Nachprüfungsanträge an die jeweilige Vergabekammer. Es sind verschiedene Modelle denkbar, wobei sich die Vergabekammern des Bundes für das Rotationsprinzip ohne Anschauung des Verfahrensgegenstands entschieden haben.[20]

18 Umstritten ist, ob die Geschäftsverteilung der Vergabekammern ähnlichen Anforderungen wie die der Gerichte nach **§ 21e GVG** folgen muss.[21] Diese Diskussion spiegelt das ewige Dilemma der Vergabekammern wider, die organisatorisch als Sonderverwaltungsbehörde und funktional als gerichtsähnliche Spruchkörper anzusehen sind.[22] Es verwundert wenig, dass die Vergabekammern in der organisationsrechtlichen Betrachtungsweise des BGH[23] keine Gerichte im Sinne des Art. 92 GG sind, weil sie im nationalen Recht gemäß § 1 Abs. 1 VwVfG als Teil einer Verwaltungsbehörde gelten. Umgekehrt sieht der EuGH[24] die Vergabekammern in funktionaler Betrachtungsweise als vorlageberechtigte Gerichte im Sinne des Art. 267 Abs. 2 AEUV an. Der deutschen Rechtsprechung folgend, muss die Geschäftsverteilung nicht den Anforderungen des § 21e GVG entsprechen.[25] Letztlich ist der Streit aber wenig praxisrele-

---

16 Während § 157 Abs. 1 GWB die institutionelle Unabhängigkeit der Vergabekammer vorschreibt, gewährleistet § 157 Abs. 4 S. 2 GWB die persönliche Unabhängigkeit ihrer Mitglieder. Die europäischen Rechtsmittelrichtlinien und geben in Art. 2 Abs. 8 UAbs. 2 S. 1 RL 89/665/EWG und Art. 2 Abs. 9 UAbs. 2 S. 1 RL 92/13/EWG vor, dass insoweit „die gleichen Bedingungen wie für Richter" gelten müssen.

17 *Landsberg*, in: Pünder/Schellenberg, Vergaberecht, § 158 GWB Rn. 2. Das richterliche Haftungsprivileg aus § 839 Abs. 2 BGB gilt für Vergabekammermitglieder, die keine Richter im Sinne des Art. 92 GG sind, indes nicht und seine analoge Anwendung ist höchst strittig: siehe *Spinzig* zu § 157 GWB Rn. 6 und 10.

18 Ist ein hauptamtliches Mitglied verbeamtet, stellt § 157 Abs. 4 S. 2 GWB eine „besondere gesetzliche Vorschrift" nach § 62 BBG bzw. entsprechenden landesrechtlichen Regelungen dar, die ihn von der beamtenrechtlichen Pflicht zur Befolgung dienstlicher Anordnungen seines Vorgesetzten oder dessen Richtlinien entbindet; vgl. *Dittmann*, in: Ziekow/Völlink, Vergaberecht, § 157 GWB Rn. 6 und 9.

19 Da die feste Amtsperiode der Unabhängigkeit des einzelnen Kammermitglieds sowie der Kontinuität der Spruchpraxis des Gremiums dient (Gesetzesbegründung zu § 115 GWB a.F., VgRÄG, BT-Drs. 13/9340, 17), steht sie der erneuten Bestellung eines Mitglieds für eine weitere Amtszeit nicht entgegen. Ebenso *Dittmann*, in: Ziekow/Völlink, Vergaberecht, § 157 GWB Rn. 8.

20 § 2 Abs. 2 der Geschäftsordnung der Vergabekammern des Bundes v. 26.6.2017, BAnz AT 24.4.2019 B4; vgl. dazu auch *Noch*, in: Byok/Jaeger, Vergaberecht, § 158 GWB Rn. 13. Demgegenüber sehen etwa die Vergabekammern in Hamburg eine Geschäftsverteilung nach dem sachlichen Leistungsbezug und in Nordrhein-Westfalen nach dem Sitz des Auftraggebers vor.

21 Nach § 21e Abs. 1 S. 2 GVG legt das Präsidium die Zusammensetzung der Spruchkörper zu Beginn eines Geschäftsjahres fest und Änderungen sind nur in den Ausnahmefällen des § 21e Abs. 3 GVG möglich.

22 Die Vergabekammer ist eine „gerichtsähnliche Instanz" nach der Begründung zum VgRÄG, BT-Drs. 13/9340, 20.

23 BGH, Beschluss v. 25.10.2011 – X ZB 5/10 (dort Rn. 24). Zum Vergabekammerverfahren zwischen VwVfG und ZPO/VwGO z. B. OLG Düsseldorf, Beschluss v. 12.5.2011 – VII-Verg 32/11 (dort in Nr. 1b).

24 EuGH, Urteil v. 18.9.2014 – Rs. C-549/13 (Bundesdruckerei); Urteil v. 13.12.2012 – Rs. C-465/11 (Forposta).

25 So genügt es, wenn die verwaltungsinterne Geschäftsordnung bestimmt, dass der ehrenamtliche Beisitzer den Vergabekammerbeschluss nicht unterschreiben muss: BGH, Beschluss v. 12.6.2001 – X ZB 10/01; ebenso OLG Düsseldorf, Beschluss v. 5.9.2001 – Verg 18/01; vgl. unten Rn. 42.

vant, weil die Abläufe der Vergabekammern jedenfalls neutral, transparent, vorhersehbar sein und das Gleichbehandlungsgebot wahren müssen. Eine neutrale, an sachlichen Kriterien ausgerichtete Systematik der Geschäftsverteilung ist deshalb zur Sicherstellung einer transparenten und willkürfreien Verwaltungspraxis ohnehin angezeigt.[26]

Keine Frage der Geschäftsverteilung ist hingegen die Aufgabenverteilung **innerhalb der Vergabekammer**, etwa die Besetzung der Kammer für ein konkretes Nachprüfungsverfahren. Diese obliegt – als Teil der Unabhängigkeitsgarantie des § 157 Abs. 1 GWB – der Vergabekammer selbst und richtet sich nach ihrer Geschäftsordnung.[27] 19

III. Ernennung der ehrenamtlichen Beisitzer (S. 3)

Der Präsident des Bundeskartellamtes ernennt die ehrenamtlichen Beisitzer und ihre Stellvertreter nach § 158 Abs. 1 S. 3 GWB auf Vorschlag der Spitzenorganisationen der öffentlich-rechtlichen Kammern. 20

Dieses **Vorschlagsrecht** bindet den Präsidenten. Er darf nur ehrenamtliche Beisitzer benennen, die auch tatsächlich vorgeschlagen wurden. Lediglich wenn die Spitzenorganisationen mehr Personen als benötigt vorschlagen, steht dem Präsidenten insoweit ein Auswahlermessen zu.[28] Das Vorschlagsrecht soll sicherstellen, dass in der Kammer neben dem juristischen Sachverstand der hauptamtlichen Mitglieder auch ein wirtschaftlicher oder technischer Sachverstand vorhanden ist,[29] dem bei der Amtsermittlung (§ 163 GWB) und der Entscheidungsfindung (§ 168 GWB) eine gleichgewichtige Stimme zukommt. 21

Zu den **Spitzenorganisationen** der öffentlich-rechtlichen Kammern gehören insbesondere Deutsche Industrie- und Handelskammertag (DIHK), Zentralverband des Deutschen Handwerks (ZDH), Deutscher Industrie- und Handelstag (DIHT), Bundesrechtsanwaltskammer, Bundesarchitektenkammer (BAK), Bundesingenieurkammer (BIngK) und vergleichbare Institutionen.[30] 22

Auch hier fällt dem Präsidenten im Rahmen des Besetzungsverfahrens die Prüfung der besonderen **fachlichen Anforderungen** des § 157 Abs. 2 S. 4 GWB an die Kenntnisse und Erfahrungen der vorgeschlagenen Person zu.[31] Die mit der **Unabhängigkeit** des ehrenamtlichen Beisitzers einhergehende Neutralitätspflicht[32] stellt eine ungeschriebene Ernennungsvoraussetzung dar.[33] Der Präsident kann eine vorgeschlagene Person mithin ablehnen, wenn sie die gesetzlichen Anforderungen an die Unabhängigkeit, Eigenverantwortlichkeit und Erfahrung ersichtlich nicht erfüllt. 23

Da die **Anzahl** der ehrenamtlichen Mitglieder eine effektive und ordnungsgemäße Bearbeitung der Nachprüfungsverfahren innerhalb der Zeitvorgaben des § 167 Abs. 1 GWB gewährleisten muss, ist die Benennung mehrerer ehrenamtlicher Beisitzer und Stellvertreter sinnvoll.[34] Sie müssen nicht einer konkret genannten Kammer zugewiesen werden, sondern können nach der Geschäftsordnung auch mehreren Kammern angehören.[35] So kann der spezifische 24

---

26 Ebenso *Portz/Steck*, in: Röwekamp/Kus/Portz/Prieß, GWB-Vergaberecht, § 158 Rn. 10; *Reider*, in: Säcker, Wettbewerbsrecht, § 158 GWB Rn. 3.

27 *Noch*, in: Byok/Jaeger, Vergaberecht, § 158 GWB Rn. 13 ff.; *Portz/Steck*, in: Röwekamp/Kus/Portz/Prieß, GWB-Vergaberecht, § 158 Rn. 10; *Gause*, in: Willenbruch/Wieddekind, Vergaberecht, § 158 GWB Rn. 3; vgl. § 3 der Geschäftsordnung der Vergabekammern des Bundes v. 26.6.2017, BAnz AT 24.4.2019 B4.

28 *Noch*, in: Byok/Jaeger, Vergaberecht, § 158 GWB Rn. 5; *Landsberg*, in: Pünder/Schellenberg, Vergaberecht, § 158 GWB Rn. 2; *Dittmann*, in: Ziekow/Völlink, Vergaberecht, § 158 GWB Rn. 11.

29 Gesetzesbegründung zu § 115 GWB a.F., VgRÄG, BT-Drs. 13/9340, 17; vgl. auch *Portz/Steck*, in: Röwekamp/Kus/Portz/Prieß, GWB-Vergaberecht, § 158 Rn. 11; *Dittmann*, in: Ziekow/Völlink, Vergaberecht, § 157 GWB Rn. 23.

30 Vgl. *Portz/Steck*, in: Röwekamp/Kus/Portz/Prieß, GWB-Vergaberecht, § 158 Rn. 11.

31 *Horn/Hofmann*, in: Burgi/Dreher, Vergaberecht, § 158 GWB Rn. 8; *Portz/Steck*, in: Röwekamp/Kus/Portz/Prieß, GWB-Vergaberecht, § 158 Rn. 11; *Dittmann*, in: Ziekow/Völlink, Vergaberecht, § 158 GWB Rn. 10.

32 Dazu oben Rn. 14.

33 So auch *Portz/Steck*, in: Röwekamp/Kus/Portz/Prieß, GWB-Vergaberecht, § 158 Rn. 11; *Dittmann*, in: Ziekow/Völlink, Vergaberecht, § 158 GWB Rn. 10; a.A. (keine Ernennungsvoraussetzung): *Horn/Hofmann*, in: Burgi/Dreher, Vergaberecht, § 158 GWB Rn. 8 in Fn. 12; siehe ausführlich in Rn. 13 f. zu den hauptamtlichen Mitgliedern.

34 *Dittmann*, in: Ziekow/Völlink, Vergaberecht, § 158 GWB Rn. 11.

35 § 1 Abs. 1 S. 2 der Geschäftsordnung der Vergabekammern des Bundes v. 26.6.2017, BAnz AT 24.4.2019 B4.

Sachverstand eines ehrenamtlichen Mitgliedes genutzt werden: Liegt dieser beispielsweise im Baubereich, erscheint es sachdienlich, den Beisitzer in Nachprüfungsverfahren zum Regelungsregime der VOB/A einzusetzen.

IV. Geschäftsordnung (S. 4)

25 Der Präsident des Bundeskartellamtes erlässt nach § 158 Abs. 1 S. 4 GWB die Geschäftsordnung für die Vergabekammern des Bundes und veröffentlicht sie im Bundesanzeiger. Für ihre Wirksamkeit ist die Geschäftsordnung zuvor durch das Bundesministerium für Wirtschaft und Energie zu genehmigen, zu dessen Geschäftsbereich das Bundeskartellamt gehört.[36]

26 Die Geschäftsordnung darf von den höherrangigen **gesetzlichen Vorgaben** im Teil 4 GWB (z. B. § 157 Abs. 2 GWB) grundsätzlich nicht abweichen, kann sie aber näher konkretisieren. Nach ihrer Präambel gilt die Geschäftsordnung des Bundeskartellamts ergänzend in Bezug auf allgemeine Regelungen.[37]

27 Die Geschäftsordnung der Vergabekammern des Bundes[38] ist reines **Innenrecht** ohne rechtliche Außenwirkungen. Sie regelt im Abschnitt I die interne Organisation (Geschäftsjahr, Geschäftsverteilung und Vertretungen) sowie in den Abschnitten II bis IV den Verfahrensablauf (Antragseingang, Kostenvorschuss,[39] Ladung, Verhandlungsvorbereitung, Sitzungsleitung, Protokoll, Beschluss, etc.) in den Vergabekammern, soweit er sich nicht bereits zwingend aus dem GWB ergibt. Die Geschäftsordnung regelt auch die Einzelheiten zu Besetzung und Zuständigkeiten der Bundesvergabekammern. Etwa gehören einer Kammer nach § 1 Abs. 1 der Geschäftsordnung ein Vorsitzender, mindestens zwei hauptamtliche und vier ehrenamtliche Beisitzer sowie weitere Mitarbeiter an.[40]

28 Ob den hauptamtlichen Mitgliedern der Vergabekammern neben ihrer Kammertätigkeit noch **weitere Aufgaben** übertragen werden können, entscheidet sich nicht nach dem GWB,[41] sondern unterfällt der Organisationshoheit der Behörde. Ein weitergehender Aufgabenbereich der Mitglieder setzt voraus, dass den Besonderheiten hinreichend Rechnung getragen wird, die sich für ihre unabhängig und eigenverantwortlich auszuübende Kammertätigkeit ergeben.[42] Ein Spannungsverhältnis kann zum Beispiel entstehen, wenn eilige und wichtige Aufgaben eine Pflichtenkollision mit dem Beschleunigungsgrundsatz aus § 167 GWB verursachen[43] oder die von § 157 Abs. 4 S. 2 GWB vorausgesetzte Unabhängigkeit der Mitglieder beeinträchtigen können.[44] So wird etwa eine Vorbefassung die Besorgnis der Befangenheit begründen und das Mitglied vom Nachprüfungsverfahren analog §§ 20, 21 VwVfG ausschließen müssen.[45]

---

36 Bei einer Umbenennung des Ministeriums bliebe das Ressort Wirtschaft für die Genehmigung zuständig.

37 Dies ist sachgerecht, weil die Vergabekammern ein Teil des Bundeskartellamts sind und die Vorschrift an den Rechtsschutz durch die Beschlussabteilungen angelehnt wurde (VgRÄG, BT-Drs. 13/9340, 13), deren Organisation § 51 GWB regelt. So im Ergebnis auch *Dittmann*, in: Ziekow/Völlink, Vergaberecht, § 158 GWB Rn. 12.

38 Geschäftsordnung der Vergabekammern des Bundes v. 26.6.2017, BAnz AT 24.4.2019 B4.

39 Zum Kostenvorschuss siehe unten Rn. 41.

40 Ausführliche Kommentierung der einzelnen Bestimmungen der Geschäftsordnung bei *Noch*, in: Byok/Jaeger, Vergaberecht, § 158 GWB Rn. 7 bis 41.

41 Der Begriff „Hauptamtlichkeit" meint keine ausschließliche Tätigkeit, sondern dient der Abgrenzung zur Ehrenamtlichkeit: *Portz/Steck*, in: Röwekamp/Kus/Portz/Prieß, GWB-Vergaberecht, § 158 Rn. 8.

42 Ähnlich *Portz/Steck*, in: Röwekamp/Kus/Portz/Prieß, GWB-Vergaberecht, § 158 Rn. 8 m.w.N. Mehrere Vergabekammern der Länder (z. B. Hamburg, Schleswig-Holstein) sind mit hauptamtlichen Mitgliedern besetzt, die ihre Kammertätigkeit unter Berücksichtigung der genannten Besonderheiten erfolgreich mit weiteren dienstlichen Aufgaben vereinbaren.

43 *Reider*, in: Säcker, Wettbewerbsrecht, § 158 GWB Rn. 7.

44 Z. B. sind die Vergabekammern des Bundes von den Beschlussabteilungen des Bundeskartellamts nach § 51 Abs. 2 GWB organisatorisch und personell getrennt. Dies wäre aber nicht zwingend, obwohl erstere ihre Tätigkeiten unabhängig und eigenverantwortlich ausüben (§ 157 Abs. 1, 4 GWB) und letztere gegenüber dem Bundeswirtschaftsministerium weisungsgebunden sind (§ 52 GWB).

45 *Landsberg*, in: Pünder/Schellenberg, Vergaberecht, § 158 GWB Rn. 4 m.w.N.

C. Nachprüfungsbehörden der Länder (Abs. 2)

§ 158 Abs. 2 GWB trifft Regelungen über Konstituierung und Organisation der Nachprüfungsbehörden in den Bundesländern. 29

Die Formulierung im Indikativ („bestimmen") stellt klar, dass den Ländern kein Entscheidungsspielraum hinsichtlich des „ob" zukommt. § 158 Abs. 2 GWB enthält insoweit eine besondere **Rahmenregelung** für die Länder, die ansonsten die Einrichtung der Behörden und das Verwaltungsverfahren selbst bestimmen können (Art. 84 Abs. 1 S. 1 GG).[46] 30

§ 158 Abs. 2 S. 1 GWB bezeichnet mit dem Begriff der **Nachprüfungsbehörden** die „in diesem Abschnitt genannten Stellen". Darin sind allerdings seit dem VergRModG 2009 allein die Vergabestellen geregelt, nachdem die in § 103 GWB a.F. noch genannten Vergabeprüfstellen wegen ihrer geringen Relevanz im Rechtsschutzsystem ersatzlos aus dem Abschnitt gestrichen wurden. Nachdem sich der Bundesrat für die Beibehaltung der Vergabeprüfstellen als unbürokratischen Schlichterstellen ausgesprochen hatte, stellte die Bundesregierung indes klar, dass sie auch ohne ausdrückliche Erwähnung im GWB durchaus weiterhin neben den Vergabekammern eingerichtet sein dürfen.[47] 31

§ 158 Abs. 2 S. 1 GWB enthält neben dem Organisationsauftrag (dem „ob") bloß eine Zuständigkeitsregelung. Daher können die Länder über das „wie" der Einrichtung, Organisation und Besetzung ihrer Vergabekammern grundsätzlich **eigene Regelungen** treffen. Die Vorgaben des § 158 Abs. 1 GWB gelten nach ihrem Wortlaut nur für die Vergabekammern des Bundes unmittelbar. 32

Dass der Bundesgesetzgeber in § 158 GWB von konkreten **Einzelvorgaben** für die Vergabekammern der Länder abgesehen hat, entspricht dem föderalen Verwaltungsaufbau des Grundgesetzes und dem Grundsatz der Länderexekutive, nach dem die Länder die Bundesgesetze grundsätzlich im Wege der Auftragsverwaltung durchführen (Subsidiaritätsprinzip des Art. 83 GG). Vorliegend führen die Länder die für das Nachprüfungsverfahren maßgeblichen Bestimmungen des Teil 4 GWB als eigene Angelegenheit aus.[48] 33

Allerdings ist die Organisationshoheit der Länder an die **gesetzlichen Vorgaben** in Teil 4 GWB zum Nachprüfungsverfahren gebunden. Weil diese auf der konkurrierenden Gesetzgebungskompetenz des Bundes aus Art. 74 Abs. 1 Nr. 11 GG (Recht der Wirtschaft) basieren, sind abweichende Landesregelungen nach Art. 72 Abs. 1 GG unzulässig. 34

I. Einrichtung, Organisation, Besetzung (S. 1)

Nach § 158 Abs. 2 S. 1 GWB obliegt die Einrichtung, Organisation und Besetzung der Vergabekammern den nach Landesrecht zuständigen Stellen oder mangels Regelung der Landesregierung, die diese Ermächtigung delegieren kann. 35

Im Gegensatz zur Vergabekammer des Bundes, deren **Organisation** beim Bundeskartellamt von § 158 Abs. 1 S. 1 GWB verbindlich vorgegeben ist, können die Länder über die verwaltungsorganisatorische Anbindung der Vergabekammern selbst entscheiden. Während die meisten Länder ihre Vergabekammern bei den Ministerien im Wirtschaftsressort[49] organisie- 36

---

46 Dem Wunsch der Länder, die Organisation und Besetzung der Vergabekammern auch abweichend regeln zu können, folgte das VgRÄG nicht (vgl. die Stellungnahme des Bundesrats v. 7.11.1997, VgRÄG, BR-Drs. 646/97); vgl. schon *Bork-Galle,* in: Heuvels/Höß/Kuß/Wagner, Vergaberecht, § 106 GWB Rn. 2.

47 Gesetzesbegründung zu § 103 GWB a.F., VergRModG 2009, BT-Drs. 16/10117, 22; Vergabeprüfstellen sind z. B. noch beim Bund, in den Ländern Brandenburg, Bremen, Rheinland-Pfalz und Schleswig-Holstein vorhanden.

48 *Noch,* in: Byok/Jaeger, Vergaberecht§ 158 GWB Rn. 42; *Portz/Steck,* in: Röwekamp/Kus/Portz/Prieß, GWB-Vergaberecht, § 158 Rn. 16; *Gause,* in: Willenbruch/Wieddekind, Vergaberecht, § 158 GWB Rn. 4; vgl. schon *Bork-Galle,* in: Heuvels/Höß/Kuß/Wagner, Vergaberecht, § 106 GWB Rn. 8.

49 In Hamburg sind die beiden Vergabekammern gemäß ihrer Sachzuständigkeit im Finanzressort (Liefer- und Dienstleistungsvergaben) und im Bauressort (Bauvergaben) eingerichtet, Anordnung v. 20.1.2011, Amtl. Anz. S. 150.

ren, haben einige Länder sie unter Ausnutzung ihres Delegationsrechts bei Mittelinstanzen oder Landesoberbehörden eingerichtet.[50]

37 Die Bundesländer haben **Landesgesetze**, **Rechtsverordnungen** oder **Verwaltungsvorschriften** erlassen, die den Vorgaben aus Teil 4 GWB entsprechen.[51] Sie machen von ihrer Gestaltungsfreiheit im Hinblick auf Einrichtung und Besetzung der Vergabekammern recht wenig Gebrauch und folgen weitgehend der Regelung des § 158 Abs. 1 GWB über die Vergabekammern des Bundes.

38 Allerdings schränkt die Bindung an die gesetzlichen Vorgaben in Teil 4 GWB den **Gestaltungsspielraum** der Länder nicht unerheblich ein.[52] Dies gilt etwa für die Unabhängigkeitsanforderungen des § 157 Abs. 1 und 4 GWB sowie für die Qualifikationsvoraussetzungen des § 157 Abs. 2 GWB, die für die Vergabekammern von Bund und Ländern gleichermaßen gelten.[53] Für die Verfahrensvorgaben der §§ 160 bis 169 GWB stellt § 170 GWB das sogar ausdrücklich – wenn auch rein deklaratorisch – fest.

39 Die **Anzahl der Vergabekammern** in den Ländern variiert kaum: Nur drei Bundesländer (Hamburg, Nordrhein-Westfalen und Bayern) haben jeweils zwei Vergabekammern eingerichtet, die übrigen dreizehn Bundesländer verfügen über jeweils eine Vergabekammer.[54]

40 Die Zuständigkeitsanordnungen bestimmen in der Regel, welche Stelle für den Erlass der Geschäftsordnung zuständig ist. Die **Geschäftsordnungen** regeln wiederum – wie bei den Bundeskammern – die Einzelheiten der internen Geschäftsverteilung innerhalb der Vergabekammer. Die Länder können in den Geschäftsordnungen aber kein abweichendes Verfahrensrecht vorsehen, da sie nach § 170 GWB an die bundesrechtlichen Regelungen im zweiten Abschnitt (§§ 160 bis 170 GWB) gebunden sind. Auch richtet sich die sachliche Zuständigkeit der Länderkammern zwingend nach den §§ 156, 159 GWB.

41 Eine für das Nachprüfungsverfahren sehr praxisrelevante – und durch das GWB nicht vorgegebene – Regelung in den Geschäftsordnungen betrifft die Zahlung eines **Kostenvorschusses** in Höhe der Mindestgebühr von 2.500 Euro (§ 182 Abs. 2 GWB) zur Sicherung der Verfahrenskosten bei Unterliegen. Die meisten Geschäftsordnungen machen die Zustellung des Nachprüfungsantrags an den Antragsgegner (unter Auslösung des Zuschlagsverbots) vom Nachweis der Vorschussleistung abhängig.[55]

---

50 Die Zuständigkeitsanordnungen der Länder sind in der Textsammlung Vergaberecht (Beck-Texte im dtv 5595, 22. Aufl. 2020) abgedruckt.

51 Zu den Zuständigkeitsanordnungen der Länder siehe Fn. 54.

52 So wohl auch *Gause*, in: Willenbruch/Wieddekind, Vergaberecht, § 158 GWB Rn. 4, und *Dittmann*, in: Ziekow/Völlink, Vergaberecht, § 158 GWB Rn. 18, die zudem auf die Bindung der Länder an die Vorgaben der EU-Rechtsmittelrichtlinien verweist.

53 Nach § 106 Abs. 2 S. 2 GWB a.F. galten für die Länderkammern bis zum 24.4.2009 noch erleichterte Besetzungsanforderungen, wonach nur ein Mitglied zum Richteramt befähigt sein musste und „nach Möglichkeit" gründliche Kenntnisse des Vergaberechts haben sollte, an die übrigen Kammermitglieder wurden gar keine Qualifikationsanforderungen gestellt. Weil die gleich gewichtigen Schwierigkeiten und Bedeutungen der Nachprüfungsverfahren vor Bund- und Länderkammern aber keine Anforderungsabstriche rechtfertigten und eine Evaluierung des Bundeswirtschaftsministeriums von der Unzufriedenheit mit der Entscheidungsqualität der Länderkammern zeugte, wurden die Besetzungsanforderungen im Zuge der Vergabereform 2009 vereinheitlicht (vgl. Gesetzesbegründung zu § 106 Abs. 2 GWB a.F., VergRModG 2009, BT-Drs. 16/10117, 22). Sie waren bei späteren Novellierungen nicht mehr streitig. Für die Länder gibt § 157 GWB nur einen Mindeststandard vor, sie könnten sogar noch strengere Qualifikationsanforderungen stellen, vgl. *Portz/Steck*, in: Röwekamp/Kus/Portz/Prieß, GWB-Vergaberecht, § 158 Rn. 2.

54 Hamburg: VK bei der Finanzbehörde und VK bei der Behörde für Stadtentwicklung und Umwelt (Anordnung v. 20.1.2011, Amtl. Anz. S. 150; inzwischen umbenannt in Behörde für Stadtentwicklung und Wohnen); Nordrhein-Westfalen: VK Westfalen bei der Bezirksregierung Münster und die VK Rheinland bei der Bezirksregierung Köln (Zuständigkeitsverordnung v. 2.12.2014, GV.NRW. S. 872); Bayern: VK Nordbayern bei den Mittelinstanzen in Mittelfranken und VK Südbayern bei den Mittelinstanzen in Oberbayern (Verordnung v. 1.1.1999, GVBl. S. 2). Die aktuellen Kontaktdaten der Vergabekammern von Bund und Ländern sind unter www.vergabekammern.de abrufbar.

55 Und folgen damit § 4 Abs. 1 der Geschäftsordnung der VK Bund (siehe Fn. 11); dazu ausführlich *Noch*, in: Byok/Jaeger, Vergaberecht, § 158 GWB Rn. 18 f.

42 Mangels gesetzlicher Vorgaben können die Geschäftsordnungen auch eigenständig regeln, welche **Unterschriften** für einen rechtswirksamen Beschluss formal erforderlich sind;[56] ein Verzicht auf die Unterschrift des ehrenamtlichen Beisitzers hat sich weitgehend durchgesetzt.[57]

II. Gemeinsame Nachprüfungsbehörden (S. 2)

43 Der Wortlaut des § 158 Abs. 2 S. 2 GWB („können") eröffnet den Ländern die Möglichkeit, gemeinsame Nachprüfungsbehörden einzurichten, etwa um den Sachverstand zu bündeln und Kosten zu reduzieren. Aufgrund der föderalen Verwaltungsstruktur der Bundesrepublik Deutschland und der von Anfang an hohen Auslastung der Vergabekammern der Länder ist hiervon bisher kein Gebrauch gemacht worden.

Anlage

Gesetzesbegründung – VergRModG 2016 (BT-Drs. 18/6281)

Seite 134

§ 158 entspricht dem bisherigen § 106 GWB.

---

56 BGH, Beschluss v. 12.6.2001 – X ZB 10/01 (dort in den Rn. 17 bis 23); OLG Düsseldorf, Beschluss v. 5.9.2001 – Verg 18/01; vgl. auch *Portz/Steck*, in: Röwekamp/Kus/Portz/Prieß, GWB-Vergaberecht, § 158 Rn. 20 m.w.N.; a.A. *Bork-Galle*, in: Heuvels/Höß/Kuß/Wagner, Vergaberecht, § 158 GWB Rn. 7 m.w.N. zum gleichen Ergebnis über § 37 Abs. 3 VwVfG.

57 Vgl. § 8 Abs. 1 S. 6 der Geschäftsordnung der Geschäftsordnung der Vergabekammern des Bundes v. 26.6.2017, BAnz AT 24.4.2019 B4; dazu *Noch*, in: Byok/Jaeger, Vergaberecht, § 158 GWB Rn. 34.

§ 159 GWB
Abgrenzung der Zuständigkeit der Vergabekammern

(1) Die Vergabekammer des Bundes ist zuständig für die Nachprüfung der Vergabeverfahren

1. des Bundes;

2. von öffentlichen Auftraggebern im Sinne des § 99 Nummer 2, von Sektorenauftraggebern im Sinne des § 100 Absatz 1 Nummer 1 in Verbindung mit § 99 Nummer 2 und Konzessionsgebern im Sinne des § 101 Absatz 1 Nummer 1 in Verbindung mit § 99 Nummer 2, sofern der Bund die Beteiligung überwiegend verwaltet oder die sonstige Finanzierung überwiegend gewährt hat oder über die Leitung überwiegend die Aufsicht ausübt oder die Mitglieder des zur Geschäftsführung oder zur Aufsicht berufenen Organs überwiegend bestimmt hat, es sei denn, die an dem Auftraggeber Beteiligten haben sich auf die Zuständigkeit einer anderen Vergabekammer geeinigt;

3. von Sektorenauftraggebern im Sinne des § 100 Absatz 1 Nummer 2 und von Konzessionsgebern im Sinne des § 101 Absatz 1 Nummer 3, sofern der Bund auf sie einen beherrschenden Einfluss ausübt; ein beherrschender Einfluss liegt vor, wenn der Bund unmittelbar oder mittelbar die Mehrheit des gezeichneten Kapitals des Auftraggebers besitzt oder über die Mehrheit der mit den Anteilen des Auftraggebers verbundenen Stimmrechte verfügt oder mehr als die Hälfte der Mitglieder des Verwaltungs-, Leitungs- oder Aufsichtsorgans des Auftraggebers bestellen kann;

4. von Auftraggebern im Sinne des § 99 Nummer 4, sofern der Bund die Mittel überwiegend bewilligt hat;

5. die im Rahmen der Organleihe für den Bund durchgeführt werden;

6. in Fällen, in denen sowohl die Vergabekammer des Bundes als auch eine oder mehrere Vergabekammern der Länder zuständig sind.

(2) Wird das Vergabeverfahren von einem Land im Rahmen der Auftragsverwaltung für den Bund durchgeführt, ist die Vergabekammer dieses Landes zuständig. Ist in entsprechender Anwendung des Absatzes 1 Nummer 2 bis 5 ein Auftraggeber einem Land zuzuordnen, ist die Vergabekammer des jeweiligen Landes zuständig.

(3) In allen anderen Fällen wird die Zuständigkeit der Vergabekammern nach dem Sitz des Auftraggebers bestimmt. Bei länderübergreifenden Beschaffungen benennen die Auftraggeber in der Vergabebekanntmachung nur eine zuständige Vergabekammer.

Übersicht Rn.

A. Allgemeines ... 1
I. Unionsrechtlicher Hintergrund ... 7
II. Historie ... 8
B. Zuständigkeit der Bundeskammer (Abs. 1) ... 10
I. Vergaben des Bundes (Nr. 1) ... 15
II. Vom Bund beherrschte Auftraggeber (Nr. 2) ... 18
1. Grundsätzliche Zuständigkeit (Hs. 1) ... 19
2. Abweichende Einigung (Hs. 2) ... 27
III. Vom Bund beherrschte Sektorenauftraggeber und Konzessionsgeber (Nr. 3) ... 31
IV. Subventionen des Bundes (Nr. 4) ... 36
V. Organleihe für den Bund (Nr. 5) ... 40
VI. Vorrangzuständigkeit (Nr. 6) ... 43
C. Zuständigkeit der Vergabekammern der Länder (Abs. 2) ... 48
I. Bundesauftragsverwaltung (S. 1) ... 49
II. Landesbezogene Vergaben (S. 2) ... 53
D. Generalklausel (Abs. 3 S. 1) ... 58
E. Länderübergreifende Beschaffungen (Abs. 3 S. 2) ... 67
Anlage
Gesetzesbegründung

A. Allgemeines*

1 § 159 GWB grenzt die Zuständigkeiten der Vergabekammern des Bundes und der Länder voneinander ab. Er folgt in Abs. 1 und 2 weitgehend der Systematik des § 99 GWB und sieht in Abs. 3 eine Auffangregelung für uneindeutige Fälle vor.

2 Die Grundnorm für die Abgrenzung der sachlichen Zuständigkeiten der Vergabekammern von Bund und Ländern findet sich in **§ 156 Abs. 1 GWB**.[1] Danach sind die Bundeskammern für dem Bund zuzurechnende Vergaben und die Länderkammern für den Ländern zuzurechnende Vergaben zuständig. Die ausschließliche Zuständigkeit der Nachprüfungsbehörden richtet sich also danach, ob der Auftraggeber einer Auftrags- oder Konzessionsvergabe dem Bund oder einem Land zuzurechnen ist.[2] Diese Grobabgrenzung über den unbestimmten Rechtsbegriff der Zurechnung konkretisiert § 159 GWB in detaillierten Zurechnungsregelungen. Sie sind für eine klare Zuordnung des Auftrag- oder Konzessionsgebers zum Bund oder Land häufig notwendig, etwa wenn ein Auftraggeber vom Bund und einem Land oder mehreren Ländern beherrscht oder finanziert wird.

3 Aus der allgemeinen Auffangregel des § 159 Abs. 3 S. 1 GWB ergibt sich im Umkehrschluss, dass die in § 159 Abs. 1 und 2 GWB genannten **Anwendungsfälle abschließend** sind. Ist eine Zurechnung danach nicht möglich, ist kein Rückgriff auf die Grundnorm des § 156 Abs. 1 GWB zulässig,[3] vielmehr ist auf die Generalklausel des § 159 Abs. 3 S. 1 GWB zu rekurrieren.[4]

4 Ergeben sich allerdings aus verschiedenen Zurechnungstatbeständen für ein Vergabeverfahren **parallele Zuständigkeiten**, so stehen diese grundsätzlich gleichberechtigt nebeneinander.[5] Kann im Einzelfall keine zuständige Vergabekammer über § 159 GWB bestimmt werden, steht dem insoweit schutzwürdigen Antragsteller zwischen den möglichen Vergabekammern ein Wahlrecht analog § 35 ZPO zu.[6] Dieses Wahlrecht erstreckt sich aber nicht auf eine an sich unzuständige Vergabekammer.

5 Maßgeblich für die **Zurechnung** nach § 159 GWB ist die objektive Rechtslage, nicht die Angabe in der Bekanntmachung.[7] Fehlerhafte Angaben in der Auftragsbekanntmachung oder den Vergabeunterlagen können keine Zuständigkeit einer an sich unzuständigen Vergabekammer begründen. Die Dispositionsbefugnis über die örtliche Zuständigkeit ist von § 159 Abs. 1 Nr. 2 und Abs. 3 S. 2 GWB abschließend geregelt und muss sich im Übrigen an rechtsstaatlichen Maßstäben messen lassen. Die Vereinbarung einer sachfremden Kammer verstieße gegen das rechtsstaatliche Willkürverbot, auch kann keine privatrechtliche Vereinbarung die Zuständigkeit einer nach den gesetzlichen Zuständigkeitsregelungen unzuständigen Behörde begründen.[8] Ebenso wenig wird die Zuständigkeit einer unzuständigen Vergabekammer

---

* Die Kommentierung basiert auf der Kommentierung des § 159 GWB in der Vorauflage dieses Kommentars durch Frau *Ingeborg Diemon-Wies*, der ich für die Zurverfügungstellung des Manuskripts herzlich danke.

1 Vgl. Gesetzesbegründung u.a. zu § 114 GWB a.F., VgRÄG, BT-Drs. 13/9340, 12, 17. Die §§ 155 bis 159 GWB enthalten die Grundzüge des Vergaberechtswegs, während die §§ 160 bis 170 GWB die wesentlichen Prozessvorgaben zum Nachprüfungsverfahren regeln.

2 *Müller*, in: Byok/Jaeger, Vergaberecht, § 159 GWB Rn. 1; *Kadenbach*, in: Willenbruch/Wieddekind, Vergaberecht, § 159 GWB Rn. 2.

3 *Horn/Hofmann*, in: Burgi/Dreher, Vergaberecht, § 159 GWB Rn. 5.

4 Wenn sich auch daraus keine zuständige Vergabekammer ableiten lässt, sind die Rechtsfolgen umstritten; auf die unterschiedlichen Fallkonstellationen wird im Folgenden eingegangen.

5 VK Sachsen, Beschluss v. 25.5.2012 – 1/SVK/014-12; *Kadenbach*, in: Willenbruch/Wieddekind, Vergaberecht, § 159 GWB Rn. 2; ausführlich zu kumulativen Zuständigkeiten unten Rn. 60.

6 *Ohlerich*, in: Röwekamp/Kus/Portz/Prieß, GWB-Vergaberecht, § 159 Rn. 6, 29; *Dittmann*, in: Ziekow/Völlink, Vergaberecht, § 159 GWB Rn. 4; siehe Rn. 60.

7 OLG Frankfurt, Beschluss v. 2.12.2014 – 11 Verg 7/14; OLG Jena, Beschluss v. 26.9.2013 – 9 Verg 4/13; VK Bund, Beschluss v. 25.5.2012 – VK 3-54/12; so schon *Bork-Galle*, in: Heuvels/Höß/Kuß/Wagner, Vergaberecht, § 106a GWB Rn. 1 und 18; *Ohlerich*, in: Röwekamp/Kus/Portz/Prieß, GWB-Vergaberecht, § 159 Rn. 7; *Dittmann*, in: Ziekow/Völlink, Vergaberecht, § 159 GWB Rn. 1; *Weyand*, Vergaberecht, § 106a GWB Rn. 3. Abweichend wohl *Kadenbach*, in: Willenbruch/Wieddekind, Vergaberecht, § 159 GWB, die zwar auch auf die objektive Rechtslage abstellt (Rn. 2 und 14 m.w.N.) aber bei mehreren Auftraggebern eine Bestimmung analog § 159 Abs. 1 Nr. 2 letzter Hs, Abs. 3 S. 2 GWB befürwortet (Rn. 6 und 15 m.w.N.).

8 Siehe auch unter Rn. 29.

durch das rügelose Einlassen des Antragsgegners begründet.[9] Erstens regeln § 159 Abs. 1 Nr. 2 a. E. und Abs. 3 S. 2 GWB abschließend, wann die örtliche Zuständigkeit einer Kammer dispositiv ist. Und zweitens kommt keine analoge Anwendung des § 39 ZPO in Betracht, weil der Amtsermittlungsgrundsatz des § 163 Abs. 1 GWB im Nachprüfungsverfahren dem Dispositionsgrundsatz im Zivilprozess der erforderlichen Vergleichbarkeit entgegensteht.

Der **Beurteilungszeitpunkt** im Nachprüfungsverfahren ist grundsätzlich die letzte mündliche Verhandlung. Da eine Änderung der Anknüpfungssachverhalte (z. B. der Finanzierung) im laufenden Verfahren aber zu geänderten Zuständigkeiten führen kann, ist für die Bestimmung der zuständigen Vergabekammer ausnahmsweise der Vergabezeitpunkt als maßgeblicher Beurteilungszeitpunkt anzusehen.[10] 6

I. Unionsrechtlicher Hintergrund

Mangels entsprechender europäischer Vorgaben unterfällt die Zuständigkeitsabgrenzung der Vergabekammern der Gestaltungsfreiheit des nationalen Gesetzgebers. 7

II. Historie

§ 159 GWB entspricht im Wesentlichen dem § 106a **GWB a.F.**,[11] der wiederum weitgehend inhaltsgleich mit dem aufgehobenen § 18 VgV a.F. war. Mit der Neufassung des § 106a GWB im Zuge der GWB-Reform 2009 bündelte der Gesetzgeber die Regeln über das Nachprüfungsverfahren im Teil 4 GWB. 8

Die wichtigste **Änderung** gegenüber der Vorgängernorm betrifft den Auftraggeber: Mit der GWB-Reform 2016 wurde § 159 GWB begrifflich an die neue Systematik der §§ 98 ff. GWB angepasst und differenziert nun zwischen den öffentlichen Auftraggebern, Sektorenauftraggebern und Konzessionsgebern.[12] Darüber hinaus wurde die Auffangzuständigkeit der Vergabekammern des Bundes in Nr. 6 neu aufgenommen, um eine größere Rechtssicherheit bei einer Zuständigkeitskonkurrenz mit den Länderkammern zu bieten. Wegen der im Übrigen weitgehenden Identität der Regelungen kann die frühere Rechtsprechung zu § 106a GWB a.F. weiterhin berücksichtigt werden. 9

B. Zuständigkeit der Bundeskammer (Abs. 1)

§ 159 Abs. 1 GWB befasst sich ausschließlich mit der Zuständigkeit der Vergabekammer des Bundes. Die Nummern 1 bis 6 bestimmen abschließend,[13] in welchen Fällen ihr die Nachprüfung von Vergabeverfahren obliegt. 10

Die Vergabekammer des Bundes ist nach § 159 Abs. 1 **Nr. 1** GWB für alle Aufträge und Konzessionen zuständig, die unmittelbar vom Bund selbst vergeben werden. Diese Regelung betrifft also den Bund als öffentlichen Auftraggeber im Sinne des § 99 Nr. 1 GWB. 11

Nach § 159 Abs. 1 **Nr. 2 und 3** GWB ist die Vergabekammer des Bundes für alle Aufträge und Konzessionen von Auftraggebern zuständig, die auf verschiedene Weisen vom Bund beherrscht werden. Die Regelungen folgen der differenzierten Systematik der §§ 98 ff. GWB nach öffentlichen Auftraggebern, Sektorenauftraggebern und Konzessionsgebern:[14] Erfasst sind sowohl öffentliche Auftraggeber nach § 99 Nr. 1 bis 3 GWB, die Aufträge oder Konzessi- 12

---

9 Ebenso *Noch*, in: Byok/Jaeger, Vergaberecht, § 158 GWB Rn. 15 m.w.N.; *Horn/Hofmann*, in: Burgi/Dreher, Vergaberecht, § 159 GWB Rn. 30; in diese Richtung auch *Müller*, in: Byok/Jaeger, Vergaberecht, § 159 GWB Rn. 10 und *Ohlerich*, in: Röwekamp/Kus/Portz/Prieß, GWB-Vergaberecht, § 159 Rn. 13, die jedenfalls für § 159 Abs. 1 Nr. 2 GWB eine ausdrückliche Zuständigkeitsvereinbarung fordern (siehe unten Fn. 33).

10 EuGH, Urteil v. 10.11.2005 – Rs. C-29/04 (dort in Rn. 38).

11 Gesetzesbegründung zu § 106a GWB a.F., VergRModG 2009, BT-Drs. 16/10117, 22.

12 Gesetzesbegründung zu §§ 152 Abs. 1, 159 GWB, VergRModG 2016, BT-Drs. 18/6281, 131, 134.

13 Siehe oben Rn. 3.

14 Da die Konzessionsvergabe nun abschließend in der RL 2014/23/EU geregelt ist, konnte der Gesetzgeber den früheren § 106a Abs. 1 Nr. 6 a.F. zu Baukonzessionen ersatzlos streichen.

onen vergeben, als auch Sektorenauftraggeber (§ 100 Abs. 1 Nr. 1 GWB) und Konzessionsgeber (§ 101 Abs. 1 Nr. 1 GWB), auf die Auftraggeber im Sinne des § 99 Nr. 1 bis 3 GWB einen beherrschenden Einfluss ausüben.[15]

13 § 159 Abs. 1 **Nr. 4 und 5** GWB regeln die Fälle der Subventionen vom Bund und der Organleihe für den Bund.

14 Über den neuen Auffangtatbestand des § 159 Abs. 1 **Nr. 6** GWB wird ein Zuständigkeitsvorrang der Vergabekammer des Bundes begründet, wenn sowohl diese als auch eine oder mehrere Vergabekammern der Länder zuständig sind.

I. Vergaben des Bundes (Nr. 1)

15 Nach § 159 Abs. 1 Nr. 1 GWB ist die Vergabekammer des Bundes[16] für alle Nachprüfungsverfahren in Bezug auf **bundesunmittelbare Beschaffungen** zuständig. Korrespondierend mit dem Auftraggeberbegriff des § 99 Nr. 1 GWB umfasst diese Fallgruppe die Vergabeverfahren aller Organe, Behörden, Anstalten und sonstige Einrichtungen, die ein unselbständiger Teil der Gebietskörperschaft Bund sind.[17] Auch wenn die Einrichtungen als Vergabestellen handeln, bleibt der Auftraggeber immer die Bundesrepublik Deutschland.

16 Eine **bundeseigene Verwaltung** nach Art. 86 f. GG ist nur in den vom Grundgesetz ausdrücklich benannten Angelegenheiten zulässig. Dazu gehören nach Art. 86, 87 Abs. 1 GG zunächst alle Vergaben durch den Bund selbst (Bundesregierung und Bundesministerien) sowie die obersten Bundesbehörden (z. B. Bundesrechnungshof, Auswärtiger Dienst, Bundesfinanzverwaltung, Bundeswehrverwaltung, Bundeswasser- und Schifffahrtsverwaltung). Dazu gehören auch die Vergaben der bundesunmittelbaren Verwaltung im Sinne des Art. 87 Abs. 3 S. 1 GG durch unselbständige Bundesoberbehörden (z. B. Bundeskartellamt, Bundesamt für Bauwesen und Raumordnung, Beschaffungsamt, Bundesamt für Naturschutz, Bundeskriminalamt) und bundesunmittelbare Einrichtungen ohne eigene Rechtspersönlichkeit (z. B. bundesunmittelbare Körperschaften[18] wie die Deutsche Rentenversicherung Bund und Anstalten öffentlichen Rechts[19] wie das Technische Hilfswerk).

17 Nicht zu den bundesunmittelbaren Beschaffungen zählen die Vergaben durch **selbständige Einrichtungen** mit eigener Rechtspersönlichkeit (z. B. rechtsfähige Körperschaften des öffentlichen Rechts wie die Bundesagentur für Arbeit), die vom Bund beherrscht oder finanziert werden; für sie gilt § 159 Abs. 1 Nr. 2 bis 3 GWB.[20]

II. Vom Bund beherrschte Auftraggeber (Nr. 2)

18 § 159 Abs. 1 Nr. 2 GWB begründet die grundsätzliche Zuständigkeit der Vergabekammer des Bundes für Vergaben von Auftraggebern, die durch den Bund beherrscht werden (Hs. 1). Eine Ausnahme lässt die Regelung zu, wenn sich die am Auftraggeber Beteiligten auf die Zuständigkeit einer anderen Vergabekammer geeinigt haben (Hs. 2).

15 *Portz/Steck*, in: Röwekamp/Kus/Portz/Prieß, GWB-Vergaberecht, § 158 Rn. 22.
16 Zu den Vergabekammern des Bundes siehe die Kommentierung zu § 158 GWB Rn. 5 ff.
17 *Ohlerich*, in: Röwekamp/Kus/Portz/Prieß, GWB-Vergaberecht, § 159 Rn. 10; wohl auch *Müller*, in: Byok/Jaeger, Vergaberecht, § 159 GWB Rn. 5, und bereits *Bork-Galle*, in: Heuvels/Höß/Kuß/Wagner, Vergaberecht, § 106a GWB Rn. 4, obwohl sie nur die unmittelbaren Bundeseinrichtungen wie Bundestag, Bundesrat, Bundesministerien anführen.
18 VK Bund, Beschluss v. 5.5.2015 – VK 1-26/15.
19 Wobei es maßgeblich auf das jeweilige Errichtungsstatut ankommt: *Kadenbach*, in: Willenbruch/Wieddekind, Vergaberecht, § 159 GWB Rn. 3.
20 *Müller*, in: Byok/Jaeger, Vergaberecht, § 159 GWB Rn. 5; *Ohlerich*, in: Röwekamp/Kus/Portz/Prieß, GWB-Vergaberecht, § 159 Rn. 10. Für die Zuordnung von Körperschaften und Anstalten des öffentlichen Rechts ist mithin auf das Errichtungsstatut zu rekurrieren, vgl. bereits *Weyand*, Vergaberecht, § 106a GWB Rn. 4.

1. Grundsätzliche Zuständigkeit (Hs. 1)

Nach § 159 Abs. 1 Nr. 2 Hs. 1 GWB ist die Vergabekammer des Bundes zuständig für die Nachprüfung von Vergaben öffentlicher Auftraggeber nach § 99 Nr. 2 GWB, die auf bestimmte Weise vom Bund beherrscht werden. 19

§ 159 Abs. 1 Nr. 2 Hs. 1 GWB bezieht sich auf alle juristischen Personen des öffentlichen und privaten Rechts, die die Voraussetzungen des **§ 99 Nr. 2 GWB** erfüllen. Der Anwendungsbereich erfasst also alle öffentlichen Auftraggeber im Sinne des § 99 Nr. 2 GWB, unabhängig davon, ob sie Aufträge vergeben, eine Sektorentätigkeit ausüben (als Sektorenauftraggeber nach § 100 Abs. 1 Nr. 1 GWB) oder eine Konzession vergeben (als Konzessionsgeber nach § 101 Abs. 1 Nr. 1 GWB).[21] 20

Die zusätzlich erforderliche **Beherrschung** des jeweiligen Auftraggebers durch den Bund liegt vor, wenn der Bund die Beteiligung überwiegend verwaltet oder die sonstige Finanzierung überwiegend gewährt hat oder über die Leitung überwiegend die Aufsicht ausübt oder die Mitglieder des zur Geschäftsführung oder zur Aufsicht berufenen Organs überwiegend bestimmt hat.[22] 21

Alle vier Alternativen müssen **überwiegend**, also zu mehr als 50 % gegeben sein. Im Umkehrschluss sind geringere Anteile für die Kammerzuständigkeit bedeutungslos. Während die ersten zwei Varianten (überwiegende Beteiligung; überwiegende Finanzierung) direkt am öffentlichen Auftraggeber, Sektorenauftraggeber oder Konzessionsgeber gegeben sein müssen, betreffen die letzten zwei Varianten (überwiegende Aufsicht; überwiegende Organmitglieder) deren Leitungen. 22

Die Norm stellt diese Beherrschungsvarianten gleichberechtigt nebeneinander.[23] Bei **konkurrierenden Beherrschungsverhältnissen**, bei denen nach den verschiedenen Varianten jeweils unterschiedliche Vergabekammern zuständig wären (z. B. überwiegende Finanzierung durch Bund oder Land bei einer Aufsichtsratsmehrheit eines anderen Landes), kann – je nach Sachlage – eine einvernehmliche Festlegung der zuständigen Vergabekammer erfolgen (§ 159 Abs. 1 Nr. 2 Hs. 2 GWB), die Zuständigkeitskonzentration der Bundeskammer gegeben sein (§ 159 Abs. 1 Nr. 6 GWB), gegebenenfalls der Auffangtatbestand des § 159 Abs. 3 S. 1 GWB eingreifen oder ein Wahlrecht des Antragstellers zwischen den zuständigen Vergabekammern analog § 35 ZPO bestehen.[24] 23

Die Bestimmung einer zuständigen Vergabekammer bei **paritätischer Beherrschung** ist ungleich schwieriger. Auf paritätische Beteiligungsverhältnisse an der beschaffenden Einrichtung (z. B. 50:50-Beteiligung, Stimmengleichheit, gleiche Finanzierungsanteile) ist § 159 Abs. 1 Nr. 2 GWB unanwendbar, weil eben kein „überwiegen" gegeben ist. Auch der Auffangtatbestand des § 159 Abs. 1 Nr. 6 GWB hilft nicht weiter, weil er eine kumulative Zuständigkeit der Bund- und Länderkammern voraussetzt, hier aber schon keine Zuständigkeit der Bundesvergabekammer begründet wurde. Insbesondere ist eine generelle Auffangzuständigkeit der Bundeskammer abzulehnen, weil schon die Struktur des § 159 GWB gerade keine übergeordnete Rolle gegenüber den Länderkammern kennt[25] und zudem die verfassungsmäßige Kompetenzordnung der Art. 83 ff. GG der Vorzugsstellung einer Verwaltungsbehörde des Bundes 24

---

21 Nach *Ohlerich*, in: Röwekamp/Kus/Portz/Prieß, GWB-Vergaberecht, § 159 Rn. 11, ist der Anwendungsbereich auf Konzessionsgeber im Sinne des § 101 Abs. 1 Nr. 2 GWB zu erweitern, die über den Verweis auf § 100 Abs. 1 Nr. 1 GWB ebenfalls auf die Definition des § 99 Nr. 2 GWB zurückgreifen. Die Nichterwähnung dieser Verweiskette beruhe auf einem Redaktionsversehen des Gesetzgebers und sei als planwidrige Regelungslücke über eine Analogie des § 101 Abs. 1 Nr. 1 GWB zu schließen.

22 Da diese Beherrschungsalternativen inhaltlich den Beherrschungsarten des § 99 Nr. 2 lit. a bis c GWB entsprechen, kann auf deren Kommentierungen verwiesen werden.

23 *Müller*, in: Byok/Jaeger, Vergaberecht, § 159 GWB Rn. 8 m.w.N.; *Ohlerich*, in: Röwekamp/Kus/Portz/Prieß, GWB-Vergaberecht, § 159 Rn. 12.

24 Vgl. auch oben Rn. 4 und ausführlich zu kumulativen Zuständigkeiten unten Rn. 60.

25 Vgl. *Horn/Hofmann*, in: Burgi/Dreher, Vergaberecht, § 159 GWB Rn. 10; *Ohlerich*, in: Röwekamp/Kus/Portz/Prieß, GWB-Vergaberecht, § 159 Rn. 29; so bereits *Bork-Galle*, in: Heuvels/Höß/Kuß/Wagner, Vergaberecht, § 106a GWB Rn. 14. Für einen Vorrang der Bundeskammer unter Verweis auf § 159 Abs. 1 Nr. 6 GWB aber *Kadenbach*, in: Willenbruch/Wieddekind, Vergaberecht, § 159 GWB Rn. 5, jedoch ohne Erklärung bei reiner Länderzuständigkeit.

entgegensteht. Ein Rückgriff auf die Grundnorm des § 156 Abs. 1 GWB verbietet sich, weil die in § 159 Abs. 1 und 2 GWB genannten Anwendungsfälle – argumentum e contrario § 159 Abs. 3 S. 1 GWB – abschließend sind.[26] Also bleibt nur die Vergabekammer am Sitz des Auftraggebers unter Rückgriff auf die Generalklausel des § 159 Abs. 3 S. 1 GWB, wonach die paritätische Beherrschung als „anderer Fall" anzusehen ist.

25 Zur Auslegung des Merkmals der überwiegenden **Finanzierung** kann auf die europäischen Maßstäbe des § 99 Nr. 2 GWB zurückgegriffen werden.[27] Von einer überwiegenden Finanzierung ist bei einem Finanzierungsanteil über 50 % unproblematisch auszugehen. Aber sie dürfte nach dem Wortlaut und dem Normenzweck ausnahmsweise auch bei einem geringeren Finanzierungsanteil gegeben sein, wenn die Anteile der übrigen Finanziers deutlich dahinter zurückbleiben.[28]

26 Für eine überwiegende **Aufsicht über die Leitung** genügt es nach zutreffender Auffassung des OLG Düsseldorf,[29] wenn seine Aufsicht es dem Bund ermöglicht, die Entscheidungen der Gesellschaft in Bezug auch auf öffentliche Aufträge zu beeinflussen. Diese Einflussnahme muss keine konkrete Vergabeentscheidung betreffen, zumal sich Aufsichtsorgane regelmäßig nicht mit Fragen der alltäglichen Betriebsführung (wie eben Beschaffungsvorgängen) beschäftigen. Vielmehr genügt nach dem Gesetzeswortlaut bereits die Möglichkeit des Aufsichtsorgans zur Beeinflussung der allgemeinen Geschäftspolitik.[30] Für die Bestimmung sind neben den gesetzlichen Aufsichtsbefugnissen im Einzelfall auch weitere, etwa durch Satzung oder Vertrag begründete Eingriffsbefugnisse zu berücksichtigen.[31]

2. Abweichende Einigung (Hs. 2)

27 § 159 Abs. 1 Nr. 2 GWB sieht im letzten Halbsatz eine Ausnahmeregelung vor. Diese bietet den am Auftraggeber (Sektorenauftraggeber, Konzessionsgeber) Beteiligten[32] die Möglichkeit, sich abweichend von den bestehenden Beherrschungsanteilen auf die Zuständigkeit einer Vergabekammer zu einigen.

28 Die örtliche Zuständigkeit der Vergabekammer ist insoweit dispositiv. Danach können die Beteiligten selbst bei einer überwiegenden Beteiligung des Bundes einvernehmlich die Zuständigkeit einer anderen Landeskammer festlegen. Eine solche **Zuständigkeitsvereinbarung** kann generell oder auch nur für eine konkrete Vergabe erfolgen.[33] Die gewählte Vergabekammer ist nach den allgemeinen Grundsätzen zu dokumentieren und transparent mitzuteilen (vgl. § 37 Abs. 3 VgV) und kann nicht wieder geändert werden.[34]

29 Auch wenn der Gesetzeswortlaut die Wahlfreiheit an keine Voraussetzungen bindet, ergeben sich aus dem Gesetzeszweck und dem Ziel eines effektiven Rechtsschutzes durchaus **Einschränkungen**. Da die Vereinbarung für die Zuständigkeit der Nachprüfungsbehörde konstitutiv ist, muss sie sich an rechtsstaatlichen Maßstäben messen lassen. So ist die von § 159 Abs. 1 Nr. 2 GWB eröffnete Dispositionsbefugnis der Beteiligten dahingehend eingeschränkt, als sie nur unter den Vergabekammern der beteiligten Auftraggeber auswählen und sich nicht

---

26 *Horn/Hofmann*, in: Burgi/Dreher, Vergaberecht, § 159 GWB Rn. 5.

27 Zur h.M. siehe nur *Horn/Hofmann*, in: Burgi/Dreher, Vergaberecht, § 159 GWB Rn. 8 m.w.N.

28 *Horn/Hofmann*, in: Burgi/Dreher, Vergaberecht, § 159 GWB Rn. 8.

29 OLG Düsseldorf, Beschluss v. 30.4.2003 – VII-Verg 67/02, dort Rn. 43 ff. unter Verweis auf eine richtlinienkonforme Auslegung nach EuGH, Urteil v. 1.2.2001 – Rs. C-237/99.

30 So wurden etwa die Träger der gesetzlichen Unfallversicherung als öffentlicher Auftraggeber angesehen, da sie der Staatsaufsicht (des Landes) unterliegen: OLG Düsseldorf, Beschluss v. 6.7.2005 – VII-Verg 22/05; so auch VK Bund, Beschluss v. 18.7.2002 – VK 2-40/02 für den Fall der Bestellung des Vorsitzenden des Aufsichtsorgans.

31 *Horn/Hofmann*, in: Burgi/Dreher, Vergaberecht, § 159 GWB Rn. 9.

32 Mit dem VergRModG 2009 hat der Gesetzgeber den früheren Streit um den Begriff der „Beteiligten" klargestellt, vgl. *Kadenbach*, in: Willenbruch/Wieddekind, Vergaberecht, GWB, § 159 Rn. 6; *Müller*, in: Byok/Jaeger, Vergaberecht, § 159 GWB Rn. 9.

33 *Müller*, in: Byok/Jaeger, Vergaberecht, § 159 GWB Rn. 10 m.w.N. Zudem muss die Einigung nach *Ohlerich*, in: Röwekamp/Kus/Portz/Prieß, GWB-Vergaberecht, § 159 Rn. 13, und *Müller*, in: Byok/Jaeger, Vergaberecht, § 159 GWB Rn. 10, ausdrücklich erfolgen; a.A. *Reidt*, in: Reidt/Stickler/Glahs, Vergaberecht, § 159 GWB Rn. 14, der eine stillschweigende oder konkludente Einigung für ausreichend hält.

34 *Ohlerich*, in: Röwekamp/Kus/Portz/Prieß, GWB-Vergaberecht, § 159 Rn. 13; *Reider*, in: Säcker, Wettbewerbsrecht, § 159 GWB Rn. 3.

auf eine gänzlich unzuständige Vergabekammer einigen können.[35] Denn die Vereinbarung einer sachfremden Kammer verstieße gegen das rechtsstaatliche Willkürverbot und dürfte auch rechtsmissbräuchlich sein, wenn sie dem Antragsteller die Verfahrensbetreibung erschwert. Schon weil für Sachurteilsvoraussetzungen wie die Bestimmung des zuständigen Spruchkörpers stets die objektive Rechtslage entscheidend ist, kann keine privatrechtliche Vereinbarung die Zuständigkeit einer gesetzlich unzuständigen Behörde begründen. Gesetzliche Zuständigkeitsregeln dienen der Rechtssicherheit im Außenverhältnis und stehen nicht zur Disposition privater Interessen.

Schon nach dem Wortlaut als enge Ausnahmevorschrift angelegt, kommt keine analoge Anwendung des § 159 Abs. 1 Nr. 2 Hs. 2 GWB auf die anderen Fallgruppen in **§ 159 Abs. 1 Nr. 3 bis 5 GWB** in Betracht.[36] **30**

III. Vom Bund beherrschte Sektorenauftraggeber und Konzessionsgeber (Nr. 3)

Nach § 159 Abs. 1 Nr. 3 Hs. 1 GWB ist die Vergabekammer des Bundes zuständig für die Nachprüfung von Vergabeverfahren von Sektorenauftraggebern nach § 100 Abs. 1 Nr. 2 GWB und Konzessionsgebern nach § 101 Abs. 1 Nr. 3 GWB, sofern diese vom Bund auf die – im Gesetz näher bestimmte – Weise beherrscht werden. **31**

Sektorenauftraggeber nach § 100 Abs. 1 Nr. 2 GWB sind natürliche oder juristische Personen des Privatrechts, die eine Sektorentätigkeit (§ 102 GWB) ausüben, wenn sie die Tätigkeit auf der Grundlage von besonderen oder ausschließlichen Rechten ausüben, die von einer zuständigen Behörde gewährt wurden, oder wenn öffentliche Auftraggeber nach § 99 Nr. 1 bis 3 GWB einzeln oder gemeinsam einen beherrschenden Einfluss auf sie ausüben können. Da auch natürliche Personen und Personengemeinschaften in Betracht kommen,[37] geht der persönliche Anwendungsbereich von § 159 Abs. 1 Nr. 3 GWB über den von § 159 Abs. 1 Nr. 2 GWB hinaus. **32**

Als **Konzessionsgeber** nach § 101 Abs. 1 Nr. 3 GWB sind auch Sektorenauftraggeber einbezogen, die eine Konzession zum Zweck der Ausübung ihrer Sektorentätigkeit (ohne Wasser nach § 102 Abs. 1 GWB) vergeben. Mithin sind die vorgenannten Sektorenauftraggeber erfasst, gleich ob sie einen öffentlichen Auftrag oder eine Konzession vergeben. **33**

§ 159 Abs. 1 Nr. 3 Hs. 1 GWB setzt voraus, dass der Bund einen **beherrschenden Einfluss** ausübt. Es kommen gemäß der Legaldefinition in § 159 Abs. 1 Nr. 3 Hs. 2 GWB für die Beherrschung drei Varianten in Betracht: Der Bund kann unmittelbar oder mittelbar die Mehrheit des gezeichneten Kapitals des Auftraggebers besitzen (Kapitalmehrheit), über die Mehrheit der mit den Anteilen des Auftraggebers verbundenen Stimmrechte verfügen (Stimmenmehrheit) oder mehr als die Hälfte der Mitglieder des Verwaltungs-, Leitungs- oder Aufsichtsorgans des Auftraggebers bestellen (Organmehrheit). Die Anforderungen entsprechen denen der wortgleichen Legaldefinition in § 100 Abs. 3 GWB, die über § 101 Abs. 2 GWB auch für Konzessionsgeber gilt.[38] **34**

Trotz des mehrdeutigen Wortlauts ergibt sich aus dem Sinn und Zweck der Norm, dass sich die Tatbestandsmerkmale „**unmittelbar oder mittelbar**" auf alle drei Varianten beziehen. Mithin reicht eine bloß mittelbare Einflussnahme des Bunds sowohl durch seine Kapitalbeteili- **35**

35 Ganz h.M.: *Horn/Hofmann*, in: Burgi/Dreher, Vergaberecht, § 159 GWB Rn. 19 m.w.N.; *Müller*, in: Byok/Jaeger, Vergaberecht, § 159 GWB Rn. 10; *Ohlerich*, in: Röwekamp/Kus/Portz/Prieß, GWB-Vergaberecht, § 159 Rn. 14 m.w.N.; *Reider*, in: Säcker, Wettbewerbsrecht, § 159 GWB Rn. 3; *Kadenbach*, in: Willenbruch/Wieddekind, Vergaberecht, § 159 GWB Rn. 6, 14; *Dittmann*, in: Ziekow/Völlink, Vergaberecht, § 159 GWB Rn. 9; so bereits *Bork-Galle*, in: Heuvels/Höß/Kuß/Wagner, Vergaberecht, § 106a GWB Rn. 5 und 16.

36 Für diese Auffassung spricht auch die Systematik als Ausnahmeregelung. Ebenso jedenfalls für § 159 Abs. 1 Nr. 3 GWB: *Müller*, in: Byok/Jaeger, Vergaberecht, § 159 GWB Rn. 11. A.A. (konkludente Zuständigkeitsvereinbarung analog § 159 Abs. 1 Nr. 2 letzter Hs. und Abs. 3 S. 2 GWB bei Benennung der Bundeskammer in Bekanntmachung und Vergabeunterlagen) noch VK Bund, Beschluss v. 29.8.2011 – VK 1-105/11; *Kadenbach*, in: Willenbruch/Wieddekind, Vergaberecht, § 159 GWB Rn. 6.

37 Z. B. Gesellschaft bürgerlichen Rechts, offene Handelsgesellschaft und Kommanditgesellschaft, vgl. *Wolters*, in: Eschenbruch/Opitz/Röwekamp, SektVO, § 100 Rn. 26 m.w.N.

38 Siehe daher für Einzelheiten *Röbke* in § 100 GWB Rn. 26 ff.

gung als auch über seine Stimmenmehrheit oder Aufsichtsorgane aus. Er muss also die Gesellschaftsanteile oder Stimmrechte nicht selbst halten oder die Mitgliederbestellung für die Aufsichtsorgane selbst vornehmen. § 159 Abs. 1 Nr. 3 GWB erfasst auch Sektorenauftraggeber, deren Kapital, Stimmen oder Aufsicht der Bund nur mittelbar (z. B. über Konzerngesellschaften oder beauftragte Dritte[39]) beherrscht.

IV. Subventionen des Bundes (Nr. 4)

36 § 159 Abs. 1 Nr. 4 GWB begründet die Zuständigkeit der Vergabekammer des Bundes bei Vergaben bestimmter Subventionsempfänger, deren Mittel der Bund überwiegend bewilligt hat. In der Zusammenschau des § 159 Abs. 1 Nr. 4 GWB i.V.m. § 99 Nr. 4 GWB müssen drei Tatbestandsmerkmale kumulativ erfüllt sein:

37 Diese **Subventionsempfänger** müssen zunächst Auftraggeber nach § 99 Nr. 4 GWB sein. Damit sind sowohl natürliche Personen als auch juristische Personen des öffentlichen oder privaten Rechts erfasst, soweit sie nicht bereits unter § 99 Nr. 2 GWB fallen.

38 Zudem müssen öffentliche Mittel für die in § 99 Nr. 4 GWB genannten **Maßnahmen** (z. B. Errichtung von Krankenhäusern, Freizeiteinrichtungen, Schulgebäuden) zur Verfügung gestellt werden und die Maßnahmen zu mehr als 50 % subventionieren.

39 Zuletzt müssen diese öffentlichen Mittel **überwiegend** vom Bund bewilligt worden sein, er muss also mehr als 50 % der vorgenannten Subventionen bewilligt haben. Mithin liegt bei dieser Fallgruppe keine auftraggeber-, sondern eine projektbezogene Beherrschung des Bundes vor.[40] Bewilligt sind Mittel schon dann, wenn der Genehmigungsbescheid über die Fördermittel durch den Bund ergeht, unabhängig von der Mittelherkunft (z. B. aus europäischen Förderfonds).[41] Wird eine Maßnahme weder von Bund noch Land überwiegend finanziert, greift die Generalklausel des § 159 Abs. 3 S. 1 GWB.[42]

V. Organleihe für den Bund (Nr. 5)

40 Ebenfalls der Nachprüfung durch die Vergabekammern des Bundes unterliegen Vergabeverfahren, die ein Land im Rahmen einer Organleihe für den Bund durchführt.

41 Bei einer **Organleihe** nimmt das beliehene Organ eines Rechtsträgers weisungsgebunden die Aufgaben des Bundes wahr.[43] Da sie eine Ausnahme vom Verwaltungsgrundsatz der eigenverantwortlichen Aufgabenwahrnehmung darstellt, erfordert die Organleihe einen besonderen Grund.[44] Die Handlungen und Entscheidungen des beliehenen Organs (z. B. eines Landes) werden dem ausleihenden Verwaltungsträger (dem Bund) unmittelbar zugerechnet.[45] Im Rahmen der Organleihe beschafft das Land also im Namen und für Rechnung der Bundesrepublik Deutschland. Da das Land nur in Stellvertretung für den Bund handelt, bleibt der Bund alleiniger Auftraggeber des Vergabeverfahrens und wird zum Vertragspartner.[46] Schon aus der Vertreterstellung des Landes ergibt sich als logische Konsequenz die Zuständigkeit der Vergabekammer des Bundes, die § 159 Abs. 1 Nr. 5 GWB ausdrücklich für die Nachprüfung solcher Vergabeverfahren anordnet.

---

39 *Müller*, in: Byok/Jaeger, Vergaberecht, § 159 GWB Rn. 11, zu den „Auftraggeberketten".

40 Terminus bei *Kadenbach*, in: Willenbruch/Wieddekind, Vergaberecht§ 159 GWB Rn. 8; *Müller*, in: Byok/Jaeger, Vergaberecht, § 159 GWB Rn. 12, spricht von einer *„Finanzierungsbeherrschung"*.

41 VK Bund, Beschluss v. 3.7.2007 – VK 2-45/07 und 57/07 (zu EFRE-Mitteln); dazu bereits *Weyand*, Vergaberecht, § 106a GWB Rn. 16.

42 Siehe oben Rn. 24 zu paritätischen Beschaffungen; ebenso *Ohlerich*, in: Röwekamp/Kus/Portz/Prieß, GWB-Vergaberecht, § 159 Rn. 17 m.w.N.

43 *Horn/Hofmann*, in: Burgi/Dreher, Vergaberecht, § 159 GWB Rn. 15; *Kadenbach*, in: Willenbruch/Wieddekind, Vergaberecht, § 159 GWB Rn. 9.

44 BVerfG, Urteil v. 12.1.1983 – 2 BvL 23/81. Z. B. werden Hochbaumaßnahmen des Bundes regelmäßig im Wege der Organleihe von den Finanzbauverwaltungen der Länder durchgeführt (vgl. § 5b FVG).

45 Allgemeine Ansicht: BVerfG, Urteil v. 12.1.1983 – 2 BvL 23/81; BVerwG, Urteil v. 29.10.1963 – VI C 198/61; *Funke-Kaiser*, in: Bader/Ronellenfitsch, VwVfG, § 4 Rn. 34; *Schmitz*, in: Stelkens/Bonk/Sachs, VwVfG, § 4 Rn. 39 m.w.N.

46 Grundlegend BVerwG, Urteil v. 3.3.1989, 8 C 98/85.

Im umgekehrten Fall der **Organleihe eines Landes**, bei der eine Bundesbehörde stellvertretend für ein Land tätig wird, ergibt sich die Zuständigkeit der Länderkammer über § 159 Abs. 2 S. 2 i.V.m. Abs. 1 Nr. 5 GWB. 42

VI. Vorrangzuständigkeit (Nr. 6)

Nach § 159 Abs. 1 Nr. 6 GWB erfolgt die Nachprüfung durch die Vergabekammer des Bundes, wenn eine kumulative Zuständigkeit sowohl der Vergabekammer des Bundes als auch einer oder mehrerer Vergabekammern der Länder vorliegt. 43

Der Gesetzgeber hat die **Zuständigkeitskonzentration** bei der Bundeskammer im Zuge der GWB-Reform 2016 neu aufgenommen und damit eine frühere Lücke des § 106a GWB a.F. geschlossen. Im Interesse der Verfahrenskonzentration und -beschleunigung sollte sie divergierende Entscheidungen vermeiden.[47] 44

Der Auffangtatbestand des § 159 Abs. 1 Nr. 6 GWB setzt für die Vorrangzuständigkeit der Bundeskammer ausdrücklich voraus, dass „sowohl" die Vergabekammer des Bundes „als auch" eine oder mehrere Länderkammern daneben originär zuständig ist. Die Norm begründet also keine Zuständigkeit, sondern ist eine reine **Kollisionsregel** für den Fall bereits bestehender Parallelzuständigkeiten von Bund- und Länderkammern. Die ausschließliche Vorrangzuständigkeit der Bundeskammer stellt sicher, dass alle Nachprüfungsanträge an eine Vergabekammer gerichtet und zugleich die Zuständigkeiten nach § 159 Abs. 1 Nr. 1 bis 5 GWB gewahrt bleiben.[48] 45

Die Zuständigkeit mehrerer Vergabekammern ist besonders bei Vergabeverfahren der **gesetzlichen Krankenkassen** virulent, die in allen Bundesländern anfallen. Für eine Zurechnung zum Bund spricht die Finanzierung der Krankenkassen über die Pflichtversicherung der Krankenkassenmitglieder bzw. den staatlichen Gesundheitsfonds auf Grundlage eines Bundesgesetzes (§§ 3, 5, 220 ff. SGB V).[49] Für eine Zurechnung zum betreffenden Land spricht, dass die gesetzlichen Krankenkassen als landesunmittelbare Körperschaften des öffentlichen Rechts der Aufsicht durch die Länder unterstehen (Art. 87 Abs. 2 S. 2 GG i.V.m. § 90 Abs. 2 und § 3 SGB IV).[50] Vor Inkrafttreten des § 159 Abs. 1 Nr. 6 GWB lehnte die Rechtsprechung eine Zurechnung nach der Finanzierung oder Aufsicht ab und rekurrierte auf allgemeine verfahrensrechtliche Grundsätze, nach denen der Antragsteller analog § 35 ZPO ein Wahlrecht zwischen den zuständigen Vergabekammern habe.[51] Mit der Neuregelung des § 159 Abs. 1 Nr. 6 GWB ist diese Rechtsprechung obsolet, weil das Wahlrecht zugunsten der Zuständigkeitskonzentration bei der Vergabekammer des Bundes entfallen ist. 46

Da die **kumulative Zuständigkeit** von Bundes- und Länderkammern („sowohl ... als auch") eine zwingende Tatbestandsvoraussetzung des § 159 Abs. 1 Nr. 6 GWB ist, regelt die Vorschrift weder die Zuständigkeitslücke bei paritätischer Beherrschung[52] noch die kumulative Zuständigkeit mehrerer Länderkammern.[53] 47

---

47 Gesetzesbegründung zu § 159 GWB, VergRModG 2016, BT-Drs. 18/6281, 134.

48 Gesetzesbegründung zu § 159 GWB, VergRModG 2016, BT-Drs. 18/6281, 134; ebenso OLG Dresden, Beschluss v. 26.6.2012 – Verg 3/12; *Kadenbach*, in: Willenbruch/Wieddekind, Vergaberecht, § 159 GWB Rn. 10.

49 OLG Düsseldorf, Beschluss v. 18.12.2013 – VII-Verg 24/13; Beschluss v. 11.12.2013 – VII-Verg 25/13 m.w.N.; Beschluss v. 1.8.2012 – VII-Verg 15/12; OLG Dresden, Beschluss v. 26.6.2012 – Verg 4/12; VK Bund, Beschluss v. 23.11.2015 – VK -103/15; Beschluss v. 20.2.2015 – VK 2-3/15; Beschluss v. 10.9.2014 – VK 1-66/14; Beschluss v. 21.12.2009 – VK 1-212/09; Beschluss v. 15.11.2007 – VK 2-102/07; Beschluss v. 14.11.2007 – VK 3-124/0.

50 VK Westfalen, Beschluss v. 22.4.2015 – VK 1-12/15; VK Brandenburg, Beschluss v. 11.2.2014 – VK 29/13; VK Arnsberg, Beschluss v. 3.12.2009 – VK 30/09; VK Düsseldorf, Beschluss v. 31.10.2007 – VK 31/07.

51 OLG Düsseldorf, Beschluss v. 18.12.2013 – VII-Verg 24/13; Beschluss v. 11.12.2013 – VII-Verg 25/13; Beschluss v. 19.12.2007 – VII-Verg 51/07 (zu Rabattverträgen); OLG Dresden, Beschluss v. 26.6.2012 – Verg 3/12 und 4/12.

52 Zur paritätischen Beherrschung siehe oben Rn. 24.

53 Dazu ausführlich unten Rn. 60.

C. Zuständigkeit der Vergabekammern der Länder (Abs. 2)

48 In Abgrenzung zu § 159 Abs. 1 GWB regelt § 159 Abs. 2 GWB die Zuständigkeiten der Vergabekammern der Länder.

I. Bundesauftragsverwaltung (S. 1)

49 Nach § 159 Abs. 2 S. 1 GWB ist die Vergabekammer des Landes für die Nachprüfung zuständig, wenn ein Land ein Vergabeverfahren im Rahmen der Auftragsverwaltung für den Bund durchführt.

50 Die **Auftragsverwaltung** nach Art. 85 GG ist eine Form der Landesverwaltung.[54] Die Länder handeln im Außenverhältnis eigenständig und in unmittelbarer Verantwortung als Landesverwaltung, auch wenn sie im Innenverhältnis die Gesetze nur im Rahmen ihrer Beauftragung und nach Weisungen des Bundes ausführen (Art. 85 Abs. 3 und 4 GG).[55] Die Einrichtung und Ausstattung der Behörden mit eigenen Personal- und Sachmitteln bleibt die Angelegenheit der Länder (Art. 85 Abs. 1 GG). Die Beschränkungen aus dem Innenverhältnis berühren die Ausübung von Staatsgewalt der Länder im Außenverhältnis nicht.[56] Ein Beispiel ist die Auftragsverwaltung ist die Vergabe von Bau- und Instandsetzungsarbeiten an Bundesfernstraßen nach Art. 90 Abs. 3 GG durch die Landesbehörden.[57]

51 Unabhängig von der Zuständigkeit der Länderkammer nach § 159 GWB ist der richtige **Antragsgegner** im Nachprüfungsverfahren nach § 161 Abs. 2 GWB zu bestimmen. Bei der Auftragsverwaltung ist das Land der richtige Antragsgegner, weil es im eigenen Namen handelt und selbst Vertragspartner wird.[58] Schon daraus folgt in logischer Konsequenz die Zuständigkeit der Landeskammer, die § 159 Abs. 2 S. 1 GWB ausdrücklich für die Nachprüfung solcher Vergabeverfahren anordnet. Die Behörden der Länder vertreten den Bund in vermögensrechtlichen Angelegenheiten ihrer Aufgaben zudem gerichtlich und außergerichtlich.[59] Eine falsche Bezeichnung des Antragsgegners hat indes selten materielle Auswirkungen, weil die Nachprüfungsinstanzen den Antrag im Interesse effektiven Rechtsschutzes antragstellerfreundlich auslegen, sofern die Auslegung der Vergabeunterlagen eine Zuordnung zum richtigen Antragsgegner ermöglicht.[60]

52 § 159 Abs. 2 S. 1 GWB ist lex specialis gegenüber § 159 Abs. 1 GWB und begründet daher eine **ausschließliche Zuständigkeit** der Länderkammer für die Auftragsverwaltung, selbst wenn der Bund das Vorhaben überwiegend finanziert.[61]

---

54 BVerfG, Urteil v. 22.5.1990 – 2 BvG 1/88; BVerwG, Urteil v. 30.11.1995 – 7 C 56/93; *Müller*, in: Byok/Jaeger, Vergaberecht, § 159 GWB, Rn. 15; *Kadenbach*, in: Willenbruch/Wieddekind, Vergaberecht, § 159 GWB Rn. 11 m.w.N.

55 BVerfG, Urteil v. 22.5.1990 – 2 BvG 1/88.

56 Unabhängig davon, ob das Land das Auftragsverhältnis zum Bund offenlegt: VK Baden-Württemberg, Beschluss v. 21.11.2002 – 1 VK 59/02, dort in Nr. 1 a. E. aber mit dem Hinweis, dass das Vertretungsverhältnis im Rubrum offengelegt werden soll.

57 Die Bundesautobahnen werden nach Art. 90 Abs. 2 GG n.F. (BGBl. I 2347 f.; in Kraft per 20.7.2017) bis zum 31.12.2020 von der früheren Auftragsverwaltung in die Bundesverwaltung (vgl. § 159 Abs. 1 Nr. 1 GWB) überführt (vgl. Art. 143e Abs. 1 GG); BGH, Beschluss v. 20.3.2014 – X ZB 18/13; OLG München, Beschluss v. 9.4.2015 – Verg 1/15.

58 Inzwischen entschieden durch die Leitentscheidung des BGH, Beschluss v. 20.3.2014 – X ZB 18/13 (zu Bundesautobahnen); vgl. auch BVerwG, Urteil v. 28.8.2003 – 4 C 9/02; OLG München, Beschluss v. 22.10.2015 – Verg 5/15; Beschluss v. 9.4.2015 – Verg 1/15; OLG Celle, Beschluss v. 10.6.2013 – 13 Verg 6/13; Beschluss v. 6.6.2011 – 13 Verg 2/11; VK Südbayern, Beschluss v. 10.7.2015 – Z3-3-3194-1-17-03/15. Die frühere Gegenmeinung hielt den Bund für den richtigen Antragsgegner, der bei Vertragsschluss sowie gerichtlichen und außergerichtlichen Verfahren vom Land vertreten wird: OLG Karlsruhe, Beschluss v. 16.12.2009 – 15 Verg 5/09; *Neun*, in: Gabriel/Krohn/Neun, Handbuch Vergaberecht, § 40 Rn. 22.

59 BGH, Beschluss v. 20.3.2014 – X ZB 18/13 m.w.N.; OLG München, Beschluss v. 9.4.2015 – Verg 1/15; VK Baden-Württemberg, Beschluss v. 21.11.2002 – 1 VK 59/02, dort Nr. 1 a. E. mit dem Hinweis, dass die Vertretung im Rubrum offengelegt werden soll; *Dittmann*, in: Ziekow/Völlink, Vergaberecht, § 159 GWB Rn. 17; sehr ausführlich schon *Weyand*, Vergaberecht, § 106a GWB Rn. 19 ff. m.w.N.

60 VK Bund, Beschluss v. 29.1.2015 – VK 2-119/14; Beschluss v. 7.8.2013 – VK 2-68/13.

61 *Müller*, in: Byok/Jaeger, Vergaberecht, § 159 GWB Rn. 15; *Ohlerich*, in: Röwekamp/Kus/Portz/Prieß, GWB-Vergaberecht, § 159 Rn. 21 m.w.N.; wohl auch *Kadenbach*, in: Willenbruch/Wieddekind, Vergaberecht, § 159 GWB Rn. 11.

II. Landesbezogene Vergaben (S. 2)

§ 159 Abs. 2 S. 2 GWB sieht eine Zuständigkeit der Vergabekammer des jeweiligen Landes für die Nachprüfung aller landesbezogenen Vergabeverfahren vor. 53

Die Länderkammer ist danach zuständig für alle Beschaffungen durch Auftraggeber, die dem **Land zuzurechnen** sind. Für die Zurechnung verweist § 159 Abs. 2 S. 2 GWB auf die Fallgruppen des § 159 Abs. 1 Nr. 2 bis 5 GWB, die entsprechend auf das Land als Rechtsträger anzuwenden sind. Ist danach ein Vergabeverfahren einem bestimmten Bundesland – oder einer angehörigen Kommune[62] – zuzurechnen, ist die Vergabekammer dieses Landes zuständig. Allerdings bezieht sich die analoge Anwendung der Fallgruppen nur auf die Inbezugnahme von § 99 Nr. 2 GWB sowie die Beherrschungsdefinition, nicht aber – nach Wortlaut, Sinn und Zweck der Norm – auf das Wahlrecht der Beteiligten aus § 159 Abs. 1 Nr. 2 Hs. 2 GWB. Liegt eine der Fallgruppen des § 159 Abs. 1 GWB vor, so ist im Rahmen des § 159 Abs. 2 GWB stets die Vergabekammer des jeweiligen Landes zuständig.[63] 54

Weder verweist § 159 Abs. 2 GWB auf die Fallgruppe des § 159 Abs. 1 Nr. 1 GWB noch wird die **unmittelbare Landesverwaltung** durch die Gebietskörperschaften des Landes oder der Kommunen gesondert erwähnt. Für alle landesunmittelbaren Beschaffungen (z. B. Landesregierung, Landesministerien, Landesbehörden) sind selbstverständlich die Vergabekammern des jeweiligen Landes zuständig.[64] Es kann dahinstehen, ob man diese Zuständigkeit für Beschaffungen der öffentlichen Auftraggeber nach § 99 Nr. 1 GWB auf die Grundnorm des § 156 Abs. 1 GWB[65] oder wegen der – hier vertretenen – Rückgriffsperre auf die Auffangtatbestand des § 159 Abs. 3 S. 1 GWB stützt.[66] 55

Kommunale Beschaffungen sind in § 159 Abs. 2 GWB nicht gesondert geregelt und ihre Einordnung ist umstritten. Da die Kommunen staatsrechtlich als ein Teil der Länder anzusehen sind,[67] fallen die Nachprüfungsverfahren gegen Städte, Gemeinden, kommunale Einrichtungen und Unternehmen (z. B. Stadtwerke) sowie gegen kommunale Zusammenschlüsse (z. B. Zweckverbände) in die Zuständigkeit der jeweiligen Länderkammer.[68] Die Gegenmeinung ordnet sie im Hinblick auf die kommunalen Selbstverwaltungsgarantie aus Art. 28 Abs. 2 GG[69] hingegen als „andere Fälle" im Sinne des § 159 Abs. 3 S. 1 GWB ein.[70] 56

Führt die Anwendung des § 159 Abs. 1 Nr. 2 bis 5 GWB zu einer **kumulativen Zuständigkeit** von Bund- und Länderkammern, greift entweder die Vorrangzuständigkeit der Vergabekammer des Bundes (§ 159 Abs. 1 Nr. 6 GWB) oder es wird eine zuständige Vergabekammer nach § 159 Abs. 3 S. 2 GWB benannt. Ansonsten kann der schutzwürdige Antragsteller eine der zuständigen Länderkammern auswählen.[71] 57

D. Generalklausel (Abs. 3 S. 1)

Nach § 159 Abs. 3 S. 1 GWB wird in allen anderen Fällen die Zuständigkeit der Vergabekammern nach dem Sitz des Auftraggebers bestimmt. 58

Die Regelung enthält eine subsidiäre Auffangzuständigkeit für „**alle anderen Fälle**" der Vergabekammer am Sitz des Auftraggebers. Dies betrifft Fälle, bei denen eine zuständige Vergabekammer weder nach § 159 Abs. 1 GWB noch nach § 159 Abs. 2 GWB bestimmt werden 59

62 Zur Einordnung kommunaler Beschaffungen siehe Rn. 56.
63 *Reider*, in: Säcker, Wettbewerbsrecht, § 159 GWB Rn. 5.
64 Wie die Bundesvergabekammer für bundesunmittelbare Beschaffungen nach § 159 Abs. 1 Nr. 1 GWB.
65 *Ohlerich*, in: Röwekamp/Kus/Portz/Prieß, GWB-Vergaberecht, § 159 Rn. 23; *Portz/Steck*, in: Röwekamp/Kus/Portz/Prieß, GWB-Vergaberecht, § 158 Rn. 22; so schon *Bork-Galle*, in: Heuvels/Höß/Kuß/Wagner, Vergaberecht, § 106a GWB Rn. 4.
66 So auch *Horn/Hoffmann*, in: Burgi/Dreher, Vergaberecht, § 159 GWB Rn. 5.
67 BVerfG, Urteil v. 19.11.2002 – 2 BvR 329/97.
68 Wohl h.M., vgl. nur *Müller*, in: Byok/Jaeger, Vergaberecht, § 159 GWB Rn. 1 und 16; *Ohlerich*, in: Röwekamp/Kus/Portz/Prieß, GWB-Vergaberecht, § 159 Rn. 4 und 23 m.w.N.
69 Die insbesondere die Finanzhoheit umfasst: BVerfG, Beschluss v. 7.1.1999 – 2 BvR 929/97, dort in Nr. 1.
70 *Horn/Hofmann*, in: Burgi/Dreher, Vergaberecht, § 159 GWB Rn. 21 m.w.N.
71 Ausführlich zur kumulativen Zuständigkeit siehe Rn. 60.

kann. Die Auffangregel stellt sicher, dass für jeden Auftraggeber auch eine Vergabekammer zuständig ist. Da sie auf den Sitz des Auftraggebers abstellt, kann sie nur zur Zuständigkeit einer Länderkammer, nicht aber der Bundeskammer führen.[72] Die „anderen Fälle", die nicht unter § 159 Abs. 1 bis 2 GWB gefasst werden können, sind vielfältiger Natur. So ist der normative Anwendungsbereich etwa für mehrere sachzuständige Länderkammern,[73] für mehrere Sitze eines Auftraggebers oder für paritätische Beteiligungen[74] eröffnet.

60 Umgekehrt erfasst der Anwendungsbereich des § 159 Abs. 3 S. 1 GWB nicht die **kumulative Zuständigkeit** mehrerer Länderkammern (z. B. der oder die Auftraggeber sind mehreren Ländern zuzurechnen). Nur die Bundeskammer genießt eine Vorrangzuständigkeit nach § 159 Abs. 1 Nr. 6 GWB, während die Zuständigkeiten der Länderkammern gleichberechtigt nebeneinander bestehen.[75] Deshalb müssen die Beteiligten einer länderübergreifenden Beschaffung eine zuständige Vergabekammer nach § 159 Abs. 3 S. 2 GWB benennen.[76] Versäumen sie dies, führt auch die subsidiäre Generalklausel des § 159 Abs. 3 S. 1 GWB zu keiner eindeutigen Zuständigkeit. In diesem Fall steht dem Antragsteller analog § 35 ZPO ein Wahlrecht zwischen den verschiedenen zuständigen Vergabekammern zu, das er mit seiner Antragstellung ausübt.[77] Sind indes ausschließlich Vergabekammern desselben Landes betroffen, richtet sich ihre Binnenzuständigkeit nach dem internen Organisationsrecht des Landes (vgl. § 158 Abs. 2 GWB).[78]

61 Aus der Auffangzuständigkeit des § 159 Abs. 3 S. 1 GWB ergibt sich, dass für die von § 159 GWB nicht erfassten Fälle kein Rückgriff auf die allgemeine Grundsatznorm des **§ 156 Abs. 1 GWB** in Betracht kommt.[79]

62 Der **Sitz des Auftraggebers** ist der juristische Unternehmenssitz, der sich nach dem materiellen Recht bestimmt.[80] Bei einem privatrechtlichen Auftraggeber ist der gesellschaftsrechtliche Satzungssitz maßgeblich, der sich bei juristischen Personen und Handelsgesellschaften dem jeweiligen Register entnehmen lässt.[81] Bei einem öffentlich-rechtlichen Auftraggeber ist der Sitz durch den Errichtungsakt (Gesetz oder Verordnung) bestimmt. Der Sitz muss nicht identisch mit der ausschreibenden Betriebsstätte sein.[82] Sind mehrere Sitze eines Auftragge-

---

72 *Müller*, in: Byok/Jaeger, Vergaberecht, § 159 GWB Rn. 18; *Ohlerich*, in: Röwekamp/Kus/Portz/Prieß, GWB-Vergaberecht, § 159 Rn. 25.

73 Sofern sich deren Zuständigkeit nicht aus dem internen Organisationsrecht bzw. der Geschäftsverteilung ergibt, siehe Rn. 60 und die Kommentierung zu § 158 GWB Rn. 17 ff.

74 Zu paritätischen Beteiligungen siehe oben Rn. 24.

75 VK Sachsen, Beschluss v. 25.5.2012 – 1/SVK/014-12; *Kadenbach*, in: Willenbruch/Wieddekind, Vergaberecht, § 159 GWB Rn. 2.

76 Zur Analogiefähigkeit dieser Norm siehe Fn. 85.

77 Siehe bereits oben in Rn. 4, 23, 46 und 57. Dies entspricht der h.M.: OLG Düsseldorf, Beschluss v. 18.12.2013 – VII-Verg 21/13; Beschluss v. 11.12.2013 – VII-Verg 25/13 m.w.N.; VK Bund, Beschluss v. 24.7.2013 – VK 3-62/13; *Müller*, in: Byok/Jaeger, Vergaberecht, § 159 GWB Rn. 14 und 20 (zur De-facto-Vergabe); *Ohlerich*, in: Röwekamp/Kus/Portz/Prieß, GWB-Vergaberecht, § 159 Rn. 6; *Dittmann*, in: Ziekow/Völlink, § 159 GWB Rn. 4. Eingeschränkt auch schon *Bork-Galle*, in: Heuvels/Höß/Kuß/Wagner, Vergaberecht, § 106a GWB Rn. 19, sofern keine Zuordnung nach dem *„Schwerpunkt der Beschaffung"* möglich ist. Auf den *„Schwerpunkt des Einflusses"* stellte *Weyand*, Vergaberecht, § 106a GWB Rn. 6 noch ab, bevor Konflikte konkurrierender Zuständigkeit über den Vorrang nach § 159 Abs. 1 Nr. 6 GWB lösbar war (dazu heute in Rn. 23).

78 Zur Geschäftsverteilung siehe die Kommentierung zu § 158 GWB Rn. 17 ff.; ferner *Ohlerich*, in: Röwekamp/Kus/Portz/Prieß, GWB-Vergaberecht, § 159 Rn. 1; *Reider*, in: Säcker, Wettbewerbsrecht, § 159 GWB Rn. 53. Diejenigen Literaturmeinungen, die kommunale Beschaffungen als Sonderform der Beteiligung nicht den Ländern zuordnen wollen (dazu oben Rn. 56), wenden die Generalklausel auf Vergaben kommunaler Auftraggeber an: *Horn/Hofmann*, in: Burgi/Dreher, Vergaberecht, § 159 GWB Rn. 24; *Dittmann*, in: Ziekow/Völlink, Vergaberecht, § 159 GWB Rn. 20.

79 Siehe oben Rn. 3; so auch *Horn/Hoffmann*, in: Burgi/Dreher, Vergaberecht, § 159 GWB Rn. 5; zur a.A. siehe Fn. 65.

80 *Horn/Hofmann*, in: Burgi/Dreher, Vergaberecht, § 159 GWB Rn. 25 m.w.N. stellt subsidiär auf den Betriebsmittelpunkt ab, was aber bei mehreren Niederlassungen schwierig sein kann.

81 Vgl. §§ 5, 278 AktG; § 3 Abs. 1 GmbHG, §§ 24, 57, 80 f. BGB; § 7 Abs. 5 PartGG, § 18 VAG.

82 *Reider*, in: Säcker, Wettbewerbsrecht, § 159 GWB Rn. 6. Auf den Sitz einer (unselbständigen) Niederlassung kommt es nicht an. Anders noch *Diemon-Wies* in der Vorauflage unter Rn. 35, die auf den Sitz der vertragsschließenden Tochtergesellschaft oder Niederlassung abstellte.

bers vorhanden, muss dem schutzwürdigen Antragsteller auch hier ein Wahlrecht analog § 35 ZPO zustehen.[83]

Einkaufskooperationen nach § 4 VgV, bei denen mehrere Auftraggeber mit unterschiedlichem Sitz lediglich für ein Vergabeverfahren gemeinsam agieren (z. B. Zweckverbände eines oder mehrerer Länder für die Ausschreibungen von Schienenpersonennahverkehrsleistungen; Kommunale Einkaufsgemeinschaft für die gemeinsame Beschaffung von Plaketten für KfZ-Zulassungsstellen[84]), bestimmen regelmäßig eine Vergabekammer in der Auftragsbekanntmachung nach § 159 Abs. 3 S. 2 GWB. Während die Norm direkt nur die „länderübergreifenden Beschaffungen" regelt, ist sie auf gemeinsame Beschaffungen mehrerer Auftraggeber innerhalb eines Bundeslandes analog anwendbar: Denn anders als die eng auszulegende Ausnahmevorschrift des § 159 Abs. 1 Nr. 2 Hs. 2 GWB ist die Regelung des § 159 Abs. 3 S. 2 GWB einer Analogie bei mehreren betroffenen Ländervergabekammern je nach Fallkonstellation durchaus zugänglich.[85] **63**

Gelegentlich ergibt sich bei mehreren Auftraggebern **keine Festlegung über die zuständige Vergabekammer** aus der Bekanntmachung oder den Vergabeunterlagen. Dies betrifft insbesondere die Nachprüfung einer De-facto-Vergabe nach § 160 Abs. 3 S. 2 GWB i.V.m. § 135 Abs. 1 Nr. 2 GWB oder einer unzulässigen Unterschwellenvergabe sowie die Fallgruppe der paritätischen Beherrschung.[86] Die jeweiligen Fallkonstellationen sind differenziert zu handhaben: Über § 159 Abs. 1 Nr. 6 GWB kann weder eine konstitutive Zuständigkeit der an sich unzuständigen Bundesvergabekammer noch ihre generelle Auffangzuständigkeit für alle ungeregelten Fälle begründet werden.[87] Wurde allerdings eine Vergabe ohne die erforderliche EU-Bekanntmachung vorgenommen, so gelten für die Nachprüfung dieser unzulässigen De-facto-Vergabe nach § 135 Abs. 1 Nr. 2 i.V.m. Abs. 2 GWB die allgemeinen Regeln.[88] Wären für die Nachprüfung also die Bundes- und Länderkammern kumulativ zuständig, kann auch auf die Zuständigkeitskonzentration aus § 159 Abs. 1 Nr. 6 GWB zurückgegriffen werden. Nur wenn sich über die Anwendung dieser allgemeinen Regeln keine zuständige Vergabekammer bestimmen lässt, dürfte der § 159 GWB mangels ausdrücklicher Anordnung in der Tat unanwendbar sein. In diesem Fall steht dem schutzwürdigen Antragsteller unter Rückgriff auf das allgemeine Prozessrecht ein Wahlrecht unter den in Betracht kommenden Vergabekammern analog § 35 ZPO zu, das er über die Einreichung seines Nachprüfungsantrags ausübt.[89] Die angerufene Kammer befindet dann über ihre Zuständigkeit und verweist gegebenenfalls an die zuständige Vergabekammer.[90] **64**

Eine ungeschriebene Zuständigkeit bei **Gefahr in Verzug** analog § 3 Abs. 4 VwVfG ist abzulehnen. Die ältere Rechtsprechung hatte eine solche Notzuständigkeit bei einer bevorstehenden De-facto-Vergabe angenommen, um das Zuschlagsverbot nach § 169 Abs. 1 GWB auszulösen. Hierfür besteht kein praktisches Bedürfnis, weil bei De-facto-Vergaben keine überzogenen Anforderungen an die Bestimmung der örtlichen Zuständigkeit zu stellen sind und das **65**

83 Ebenso *Dittmann*, in: Ziekow/Völlink, Vergaberecht, § 159 GWB Rn. 5 und 20; a.A. *Reider*, in: Säcker, Wettbewerbsrecht, § 159 GWB Rn. 6, der analog zu § 159 Abs. 1 und 2 GWB erst auf den *„überwiegenden Beschaffungsanteil"* und dann auf die *„überwiegende Möglichkeit der Einflussnahme"* abstellt (siehe auch Fn. 89).

84 OLG Düsseldorf – Beschluss v. 22.5.2002 – VII-Verg 6/02.

85 Für eine analoge Anwendung der Vorgängernorm § 106a Abs. 3 S. 2 GWB a.F. bereits *Weyand*, Vergaberecht, § 106a GWB Rn. 11 und 35 im Sinne der damals noch fehlenden Vorrangregelung des § 159 Abs. 1 Nr. 6 GWB a.F.

86 Zur fehlenden Zuständigkeit bei paritätischer Beherrschung siehe bereits oben Rn. 24.

87 Siehe dazu bereits oben Rn. 24 und 45.

88 Da nach den europäischen Rechtsmittelrichtlinien alle Entscheidungen der Auftraggeber nachprüfbar sein müssen (Art. 1 Abs. 1 RL 89/665/EWG und Art. 1 Abs. 1 RL 92/13/EWG), müssen die Vergabekammern gerade auch vergaberechtswidrige Nichtausschreibungen nachprüfen, vgl. EuGH, Urteil v. 2.6.2005 – Rs. C-15/04 (Koppensteiner); *Dittmann*, in: Ziekow/Völlink, Vergaberecht, § 155 GWB Rn. 24 m.w.N. in Fn. 24.

89 Vgl. OLG Düsseldorf, Beschluss v. 19.12.2007 – VII-Verg 51/07 (zu § 35 ZPO); OLG München, Beschluss v. 12.5.2011 – Verg 26/10; VK Bund, Beschluss v. 23.1.2014 – VK2-126/13; *Kadenbach*, in: Willenbruch/Wieddekind, Vergaberecht, § 159 GWB Rn. 15 a. E.; vgl. auch schon Rn. 23. Hingegen stellt *Reider*, in: Säcker, Wettbewerbsrecht, § 159 GWB Rn. 6 analog § 159 Abs. 1 und 2 GWB auf den Sitz des Beteiligten mit dem überwiegenden Beschaffungsanteil und subsidiär der überwiegenden Einflussmöglichkeit ab; so wohl auch *Neun*, in: Gabriel/Krohn/Neun, Handbuch Vergaberecht, § 40 Rn. 17.

90 *Horn/Hofmann*, in: Burgi/Dreher, Vergaberecht, § 159 GWB Rn. 27; im Einzelnen zur Verweisungsbefugnis siehe Rn. 73.

Zuschlagsverbot im Eilfall auch durch Anrufung einer unzuständigen Vergabekammer ausgelöst wird.[91]

66 Die **internationale Zuständigkeit** einer deutschen Vergabekammer für die Nachprüfung grenzüberschreitender Beschaffungen mehrerer internationaler Auftraggeber ist mangels entsprechender Gesetzgebungskompetenz weder in den §§ 155, 156 und 159 GWB geregelt,[92] noch finden sich Regelungen im spezifischen europäischen Vergaberecht. Haben die Auftraggeber keine Nachprüfungsinstanz festgelegt,[93] greift die Rechtsprechung[94] für die Zuständigkeitsbestimmung auf die allgemeinen Prozessgrundsätze zurück: Da das Vergabeverfahren als „vorvertragliches Auswahlverfahren eigener Art" dem Zivilrecht zuzuordnen ist, richtet sich die internationale Zuständigkeit nach den allgemeinen Grundsätzen der EuGVVO. Dass die Vergabekammern nach nationalem Recht als Teil der Verwaltung gelten, steht dem nicht entgegen, weil der EuGH sie längst als Gerichte im Sinne des Art. 267 AEUV – und damit im Sinne der EuGVVO – anerkannt hat[95] und Art. 1 Abs. 1 S. 1 EuGVVO auch nicht auf die Art der Gerichtsbarkeit abstellt.[96] Dass Art. 1 Abs. 1 S. 2 EuGVVO die verwaltungsrechtlichen Angelegenheiten vom Anwendungsbereich ausnimmt, ist unerheblich, weil das Nachprüfungsverfahren zivilrechtlicher Natur ist: Der materiell-rechtliche Streitgegenstand betrifft nicht die Ausübung hoheitlicher Befugnisse, sondern den Abschluss eines zivilrechtlichen Vertrags am Ende des Vergabeverfahrens.[97] Die örtliche Zuständigkeit ist daher nach den Art. 7 ff. EuGVVO (insbesondere Sitz der Antragsgegnerin) zu bestimmen.

E. Länderübergreifende Beschaffungen (Abs. 3 S. 2)

67 Nach § 159 Abs. 3 S. 2 GWB müssen die Auftraggeber bei länderübergreifenden Beschaffungen in der Vergabebekanntmachung eine zuständige Vergabekammer benennen.[98] Während die Absätze 1 und 2 einen Auftraggeber betreffen, der seinerseits von mehreren Auftraggebern auf unterschiedliche Weise beherrscht wird, bezieht sich diese Norm auf Beschaffungen, die von mehreren Auftraggebern aus verschiedenen Ländern gemeinsam durchgeführt werden.

68 § 159 Abs. 3 S. 2 GWB setzt tatbestandlich voraus, dass Auftraggeber **mehrerer Länder** an einem eines Vergabeverfahrens mitwirken (z. B. Rabattverträge der gesetzlichen Krankenversicherungen,[99] Schienenpersonennahverkehr über Ländergrenzen,[100] Einkaufskooperationen mehrerer Länder). Damit sich die beteiligten Auftraggeber auf eine zuständige Vergabekammer verständigen und diese in der Bekanntmachung benennen dürfen, muss eine ausschließlich länderübergreifende Beschaffung vorliegen. Es darf also kein Auftraggeber beteiligt sein, der dem Bund zugerechnet werden kann, weil bei kumulativer Zuständigkeit von Länder- und Bundesvergabekammern der Zuständigkeitsvorrang der Bundeskammer aus § 159 Abs. 1 Nr. 6 GWB eingreift.

---

91 VK Münster, Beschluss v. 9.8.2001 – 19/01 (dort in Nr. 2.1).
92 OLG Düsseldorf, Beschluss v. 17.12.2012 – VII-Verg 47/12; OLG München, Beschluss v. 12.5.2011 – Verg 26/10 noch zu § 106a GWB (dort in Nr. 3); VK Südbayern, Beschluss v. 11.3.2015 – Z3-3-194-1-65-12/14.
93 Zur internationalen Gerichtsstandsvereinbarung: VK Westfalen, Beschluss v. 28.7.2016 – VK 2-24/16.
94 OLG München, Beschluss v. 12.5.2011 – Verg 26/10 (dort in Nr. 3b): Nach der EuGVVO sei für die Beschaffungen der Kraftwerke eines mehrstaatlichen Unternehmens (mit den Anteilseignern Bayern und Österreich) sowohl die internationale als auch die örtliche Zuständigkeit der Vergabekammer Südbayern nach dem Sitz der Antragsgegnerin in Bayern begründet.
95 EuGH, Urteil v. 18.9.2014 – Rs. C-549/13 (Bundesdruckerei), siehe auch Fn. 112; VK Südbayern, Beschluss v. 11.3.2015 – Z3-3-3194-1-65-12/14, stellt zudem darauf ab, dass sonst der Rechtsschutz wesentlich erschwert wäre.
96 VK Westfalen, Beschluss v. 28.7.2016 – VK 2-24/16.
97 *Horn/Hofmann*, in: Burgi/Dreher, Vergaberecht § 159 GWB Rn. 39; kritisch aber *Ohlerich*, in: Röwekamp/Kus/Portz/Prieß, GWB-Vergaberecht, § 159 Rn. 2.
98 Diese Vorgabe wurde auf Bundesratsinitiative in das VergRModG 2009 aufgenommen, vgl. Stellungnahme des Bundesrates zum VergRModG 2009, BR-Drs. 349/08, 16. Zur Historie siehe *Müller*, in: Byok/Jaeger, Vergaberecht, § 159 GWB Rn. 19.
99 Zur Einordnung der Krankenkassen siehe oben Rn. 46.
100 Vgl. Stellungnahme des Bundesrates zum VergRModG 2009, BR-Drs. 349/08, 16.

Eine **länderübergreifende Beschaffung** liegt vor, wenn eine gemeinsame Vergabe durch Auftraggeber aus verschiedenen Ländern, etwa im Rahmen von Einkaufskooperationen nach § 4 VgV,[101] erfolgt. Eine Einschränkung danach, ob die Länder die Vergabe bloß aus rein zeitlichen und organisatorischen Gründen gemeinsam ausführen,[102] ist abzulehnen: Die objektive Sachlage der gemeinsamen Durchführung der Vergabe muss für die Bestimmung der Sachurteilsvoraussetzung des zuständigen Spruchkörpers genügen, auf etwaige subjektive Gründe, die für den Antragsteller zudem intransparent sind, kann es für die Einordnung nicht ankommen. Keine länderübergreifende Beschaffung liegt indes vor, wenn eine Mehr-Länder-Vergabestelle im Auftrag für einen Auftraggeber aus nur einem Land tätig wird: hier handelt die Vergabestelle ausschließlich in Vertretung für diesen einen Auftraggeber.[103] 69

Die örtliche Zuständigkeit der Landesvergabekammer ist insoweit **dispositiv**. Die Benennung der Kammer eines beteiligten Landes begründet die konstitutive Zuständigkeit der genannten Kammer mit entsprechender Bindungswirkung.[104] Dem entsprechend muss sich die Zuständigkeitsvereinbarung an rechtsstaatlichen Maßstäben messen lassen. Die von § 159 Abs. 3 S. 2 GWB eröffnete Dispositionsbefugnis der Auftraggeber ist insoweit eingeschränkt, als sie nur eine Kammer unter den Vergabekammern eines beteiligten Landes auswählen können. Denn die Vereinbarung einer unbeteiligten Länderkammer verstieße gegen das rechtsstaatliche Willkürverbot.[105] Die Benennung kann also keine Zuständigkeit einer an sich unzuständigen Vergabekammer begründen. 70

Nach § 159 Abs. 3 S. 2 GWB muss die Benennung der Vergabekammer in der „**Vergabebekanntmachung**" erfolgen. Dieser Terminus, der die nachträgliche Bekanntmachung nach Vergabe des öffentlichen Auftrags oder der Konzession gemäß § 39 VgV, § 38 SektVO und § 21 KonzVgV bezeichnet, geht allerdings auf ein Versehen des Gesetzgebers zurück. Da ein Nachprüfungsantrag zu diesem Zeitpunkt regelmäßig nicht mehr zulässig ist, wäre eine Zuständigkeitsangabe der Vergabekammer in der Vergabebekanntmachung sinnlos. Es ist anzunehmen, dass der Gesetzgeber die Formulierung aus § 106a Abs. 3 S. 2 GWB a.F. unbesehen übernommen und es versäumt hat, sie an die neue Terminologie anzupassen. Vielmehr ist nach § 159 Abs. 3 S. 2 GWB die Bestimmung der Vergabekammer in der vorherigen Auftragsbekanntmachung gemäß § 37 VgV oder § 35 SektVO bzw. der vorherigen Konzessionsbekanntmachung gemäß § 19 KonzVgV erforderlich,[106] damit bereits zu Beginn des Vergabeverfahrens ihre Zuständigkeit feststeht. Für die Benennung genügt es, wenn die (federführende) Vergabestelle in dem EU-Bekanntmachungsformular an der dafür vorgesehenen Stelle die zuständige Vergabekammer einträgt. Mit dieser Eintragung treffen die Auftraggeber ihre Auswahl zwischen mehreren in Betracht kommenden Vergabekammern. 71

Verletzen die Auftraggeber ihre Obliegenheiten und benennen unzulässiger Weise **keine oder eine unbeteiligte Vergabekammer**, sieht der Wortlaut keine Heilungsmöglichkeit vor.[107] Die zuständige Vergabekammer ist sodann nach den allgemeinen Kriterien des § 159 Abs. 2 GWB zu bestimmen[108] und wenn dies zu keinem Ergebnis führt, hat der Antragsteller ein Wahlrecht analog § 35 ZPO unter den Vergabekammern am Sitz eines beliebigen Auftraggebers.[109] Bei Anrufung mehrerer Vergabekammern durch parallele Nachprüfungsanträge 72

---

101 Vgl. oben Rn. 63.

102 VK Baden-Württemberg, Beschluss v. 16.5.2013 – 1 VK 12/13 (dort in Nr. 1); *Kadenbach*, in: Willenbruch/Wieddekind, Vergaberecht, § 159 GWB Rn. 14; so schon *Bork-Galle*, in: Heuvels/Höß/Kuß/Wagner, Vergaberecht, § 106a GWB, Rn. 19 für *„eigenständige Aufträge"*, die *„lediglich gebündelt ausgeschrieben"* werden.

103 OLG Schleswig, Beschluss v. 28.6.2016 – 54 Verg 2/16 (1. Leitsatz); VK Hamburg, Beschluss v. 30.7.2007 – VgK FB 6/07; dazu schon *Weyand*, Vergaberecht, § 106a GWB Rn. 31.

104 *Ohlerich*, in: Röwekamp/Kus/Portz/Prieß, GWB-Vergaberecht, § 159 Rn. 26; *Kadenbach*, in: Willenbruch/Wieddekind, Vergaberecht, § 159 GWB Rn. 14.

105 Zu den Grenzen der Dispositionsbefugnis siehe oben Rn. 29.

106 H.M., vgl. nur *Ohlerich*, in: Röwekamp/Kus/Portz/Prieß, GWB-Vergaberecht, § 159 Rn. 27.

107 Streitig, vgl. *Horn/Hofmann*, in: Burgi/Dreher, Vergaberecht, § 159 GWB Rn. 23 m.w.N.

108 A.A. VK Baden-Württemberg, Beschluss v. 16.5.2013 – 1 VK 12/13 (dort in Nr. 1) stellt auf den *„Schwerpunkt der Maßnahme"* ab.

109 Wohl h.M.: *Müller*, in: Byok/Jaeger, Vergaberecht, § 159 GWB Rn. 20 f.; *Ohlerich*, in: Röwekamp/Kus/Portz/Prieß, GWB-Vergaberecht, § 159 Rn. 26; *Reider*, in: Säcker, Wettbewerbsrecht, § 159 GWB Rn. 7.

müssen die Kammern untereinander ihre Zuständigkeit klären und entsprechend verweisen.[110]

73 Die ganz herrschende Meinung gesteht einer angerufenen unzuständigen Vergabekammer eine **Verweisungsbefugnis** analog § 83 S. 1 VwGO, § 17a Abs. 2 GVG zu, um das Nachprüfungsverfahren von Amts wegen oder auf Antrag eines Beteiligten an die tatsächlich zuständige Vergabekammer zu verweisen.[111] Da weder das GWB noch § 3 VwVfG, der zunächst auf das besondere Verwaltungsverfahren nach den §§ 155 ff. GWB[112] heranzuziehen ist, eine Verweisungsbefugnis vorsehen, liegt eine planwidrigen Lücke vor. Diese kann über die Analogie zu § 17a Abs. 2 GVG geschlossen werden, zumal eine vergleichbare Interessenlage von Nachprüfungs- und Verwaltungsgerichtsverfahren angesichts der Regelungen zur Verfahrensbeschleunigung, Zuständigkeitsklärung und Präklusion anzunehmen ist.[113] Die Kosten für den Verweisungsbeschluss bleiben der endgültigen Kostenentscheidung vorbehalten (vgl. § 17b Abs. 2 S. 1 GVG). Die Verweisungsentscheidung ist als Zwischenentscheidung nicht isoliert anfechtbar[114] und grundsätzlich bindend, sofern sie nicht auf schwerwiegenden Verfahrensfehlern oder auf Willkür beruht.[115]

Anlage

Gesetzesbegründung – VergRModG 2016 (BT-Drs. 18/6281)

Seite 134

§ 159 entspricht im Wesentlichen dem bisherigen § 106a. Die Aufzählung weiterer Auftraggeber in § 159 Nummer 2 und 3 geht zurück auf die neue Systematik der Auftraggeber im Sinne der §§ 98 ff. und der damit einhergehenden Differenzierung zwischen öffentlichen Auftraggebern, Sektorenauftraggebern und Konzessionsgebern. Der neu eingefügte § 159 Absatz 1 Nummer 6 bestimmt die Zuständigkeit der Vergabekammer des Bundes, wenn die Nachprüfung von Vergabeverfahren sowohl in die Zuständigkeit der Vergabekammer des Bundes als auch in die Zuständigkeit von Vergabekammern der Länder fällt. Die Zuständigkeitskonzentration bei einer Vergabekammer dient der Verfahrenskonzentration und -beschleunigung in Fällen, in denen aufgrund der Zuständigkeit unterschiedli-

110 *Reider*, in: Säcker, Wettbewerbsrecht, § 159 GWB Rn. 7.

111 Vgl. *Spinzig* in § 156 GWB Rn. 12. Hier nur statt aller OLG Schleswig, Beschluss v. 28.6.2016 – 54 Verg 2/16 (3. Leitsatz); OLG Dresden, Beschluss v. 26.6.2012 – Verg 3/12 und 4/12; OLG Bremen, Urteil v. 17.8.2000 – Verg 2/00; VK Rheinland, Beschluss v. 23.6.2020 – VK 15/20; VK Baden-Württemberg, Beschluss v. 16.5.2013 – 1 VK 12/13 (dort in Nr. 4); VK Bund,Beschluss v. 25.5.2012 – VK 3-54/12; VK Sachsen, Beschluss v. 25.5.2012 – 1/SVK/014-12; VK Münster, Beschluss v. 9.8.2001 – 19/01 (dort Nr. 1.2); *Kadenbach*, in: Willenbruch/Wieddekind, Vergaberecht, § 159 GWB Rn. 2 und 16. Dies ist sachgerecht, weil sonst die unzuständige Vergabekammer einen Nachprüfungsantrag als unzulässig zurückzuweisen und der Antragsteller einen neuen Antrag bei der zuständigen Kammer einreichen müsste. Dies würde einen unnötigen Formalismus bedeuten und es könnte eine zwischenzeitliche Zuschlagserteilung drohen.

112 Sie sind keine Gerichte nach Art. 92 GG, da sie nicht – im Sinne der Gewaltenteilung des Art. 20 Abs. 2 GG – von der Verwaltung getrennt sind, sondern von der Exekutive organisiert werden. Vgl. statt aller: BGH, Beschluss v. 25.10.2011 – X ZB 5/10; OLG Brandenburg, Beschluss v. 7.8.2008 – Verg W 11/08; OLG München, Beschluss v. 16.11.2006 – Verg 14/06; *Neun*, in: Gabriel/Krohn/Neun, Handbuch Vergaberecht, § 40 Rn. 10. Ihre von § 157 Abs. 1, Abs. 4 S. 2 GWB eingeräumte gerichtsähnliche Rechtstellung (richterliche Unabhängigkeit während der Amtszeit garantiert) genügt der nationalen Rechtsprechung nicht, während der EuGH die Vorlageberechtigung der Vergabekammern als Gerichten im Sinne des Art. 267 AEUV bejaht hat: Urteil v. 18.9.2014 – Rs. C-549/13 (Bundesdruckerei).

113 OLG Schleswig, Beschluss v. 28.6.2016 – 54 Verg 2/16; OLG Bremen, Beschluss v. 17.8.2000 – Vg 2/00; VK Rheinland, Beschluss v. 23.6.2020 – VK 15/20; VK Baden-Württemberg, Beschluss v. 12.3.2015 – 1 VK 9/15; VK Bund, Beschluss v. 11.8.2011 – VK 3-113/11; *Horn/Hofmann*, in: Burgi/Dreher, Vergaberecht, § 159 GWB Rn. 33 m.w.N; *Landsberg*, in: Pünder/Schellenberg, Vergaberecht, § 159 GWB Rn. 11; *Reider*, in: Säcker, Wettbewerbsrecht, § 159 GWB Rn. 7; *Neun*, in: Gabriel/Krohn/Neun, Handbuch Vergaberecht, § 40 Rn. 19.

114 OLG Dresden, Beschluss v. 26.6.2012 – Verg 3/12 und 4/12; OLG Düsseldorf, Beschluss v. 18.1.2005 – VII-Verg 104/04; VK Bund, Beschluss v. 9.5.2007 – VK 1-26/07; *Dittmann*, in: Ziekow/Völlink, Vergaberecht, § 159 GWB Rn. 5.

115 OLG Schleswig, Beschluss v. 28.6.2016 – 54 Verg 2/16; OLG Dresden, Beschluss v. 26.6.2012 – Verg 3/12 und 4/12; OLG Jena, Beschluss v. 16.7.2007 – 9 Verg 4/07; VK Rheinland, Beschluss v. 23.6.2020 – VK 15/20; *Müller*, in: Byok/Jaeger, Vergaberecht, § 158 GWB Rn. 21; *Noch*, in: Byok/Jaeger, Vergaberecht, § 158 GWB Rn. 15; *Ohlerich*, in: Röwekamp/Kus/Portz/Prieß, GWB-Vergaberecht, § 159 Rn. 30; *Dittmann*, in: Ziekow/Völlink, Vergaberecht, § 159 GWB Rn. 5; *Neun*, in: Gabriel/Krohn/Neun, Handbuch Vergaberecht, § 40 Rn. 20. Weitergehend VK Arnsberg, Beschluss v. 17.11.2014 – VK 16/14, und *Kadenbach*, in: Willenbruch/Wieddekind, Vergaberecht, § 159 GWB Rn. 16, die wegen des Beschleunigungsgebots eine Bindung selbst an einen willkürlichen Verweisungsbeschluss annehmen.

cher Beschwerdeinstanzen die Gefahr divergierender Entscheidungen besteht. Durch die Ergänzung einer ausschließlichen Zuständigkeit der Vergabekammer des Bundes wird in diesen Fällen sichergestellt, dass alle Nachprüfungsanträge bei derselben Vergabekammer gestellt werden und gleichzeitig die Zuständigkeit der Vergabekammer des Bundes gemäß § 159 Absatz 1 Nummer 1 bis 6 gewahrt bleibt.

Teil 4

Vergabe von öffentlichen Aufträgen und Konzessionen

Kapitel 2
Nachprüfungsverfahren

Abschnitt 2
Verfahren vor der Vergabekammer

§ 160 GWB
Einleitung, Antrag

(1) Die Vergabekammer leitet ein Nachprüfungsverfahren nur auf Antrag ein.

(2) Antragsbefugt ist jedes Unternehmen, das ein Interesse an dem öffentlichen Auftrag oder der Konzession hat und eine Verletzung in seinen Rechten nach § 97 Absatz 6 durch Nichtbeachtung von Vergabevorschriften geltend macht. Dabei ist darzulegen, dass dem Unternehmen durch die behauptete Verletzung der Vergabevorschriften ein Schaden entstanden ist oder zu entstehen droht.

(3) Der Antrag ist unzulässig, soweit

1. **der Antragsteller den geltend gemachten Verstoß gegen Vergabevorschriften vor Einreichen des Nachprüfungsantrags erkannt und gegenüber dem Auftraggeber nicht innerhalb einer Frist von zehn Kalendertagen gerügt hat; der Ablauf der Frist nach § 134 Absatz 2 bleibt unberührt,**
2. **Verstöße gegen Vergabevorschriften, die aufgrund der Bekanntmachung erkennbar sind, nicht spätestens bis zum Ablauf der in der Bekanntmachung benannten Frist zur Bewerbung oder zur Angebotsabgabe gegenüber dem Auftraggeber gerügt werden,**
3. **Verstöße gegen Vergabevorschriften, die erst in den Vergabeunterlagen erkennbar sind, nicht spätestens bis zum Ablauf der Frist zur Bewerbung oder zur Angebotsabgabe gegenüber dem Auftraggeber gerügt werden,**
4. **mehr als 15 Kalendertage nach Eingang der Mitteilung des Auftraggebers, einer Rüge nicht abhelfen zu wollen, vergangen sind.**

Satz 1 gilt nicht bei einem Antrag auf Feststellung der Unwirksamkeit des Vertrags nach § 135 Absatz 1 Nummer 2. § 134 Absatz 1 Satz 2 bleibt unberührt.

Übersicht Rn.

A. Allgemeines ... 1
I. Unionsrechtlicher Hintergrund ... 2
II. Vergleichbare Regelungen ... 5
III. Historie ... 6
B. Antragserfordernis und Antragswirkungen (Abs. 1) ... 8
C. Antragsbefugnis (Abs. 2) ... 15
I. Unternehmen ... 17
II. Interesse am Auftrag oder der Konzession ... 20
III. Verletzung in eigenen Rechten ... 24
IV. Drohender Schaden ... 30
D. Rügeobliegenheit (Abs. 3 S. 1 Nr. 1 bis 3 und S. 2) ... 36
I. Bedeutung ... 41
II. Rügepflichtiges Verhalten ... 46
III. Anforderungen ... 49
1. Person des Rügenden ... 49
2. Form und Inhalt ... 51
3. Zugang beim Auftraggeber ... 54
IV. Erkannte Verstöße (S. 1 Nr. 1) ... 57
1. Kenntnis der Vergaberechtsverstöße ... 59
2. Rügefrist ... 64
V. Erkennbare Verstöße (S. 1 Nr. 2 und 3) ... 69
1. Erkennbarkeit ... 72
2. Bekanntmachung/Vergabeunterlagen ... 77
3. Rügefrist bei aus der Bekanntmachung erkennbaren Verstößen (Nr. 2) ... 80
4. Rügefrist bei aus den Vergabeunterlagen erkennbaren Verstößen (Nr. 3) ... 83
VI. Ausnahmen ... 86
1. Gesetzliche Ausnahme für De-facto-Vergaben (S. 2) ... 86
2. Weitere Ausnahmen der Rechtsprechung ... 90
E. Reaktionsfrist (Abs. 3 S. 1 Nr. 4) ... 94
F. Verwirkung ... 100
G. Darlegungs- und Beweislast ... 104
Anlage
Gesetzesbegründung

A. Allgemeines

1 Die §§ 160 ff. GWB regeln das Verfahren vor den Vergabekammern, namentlich die Einleitung, Durchführung und Beendigung des Nachprüfungsverfahrens. In § 160 GWB sind die Anforderungen für die Einleitung des Verfahrens normiert. In Absatz 1 der Vorschrift ist der Antragsgrundsatz des Vergabenachprüfungsverfahrens festgelegt. Weiterhin stellt § 160 GWB mit der Antragsbefugnis in Absatz 2 und den Rügeobliegenheiten bzw. der Reaktionspflicht auf Nichtabhilfemitteilungen in Absatz 3 zentrale Zugangsvoraussetzungen für das Vergabenachprüfungsverfahren auf. Deren praktische Relevanz zeigt sich insbesondere in den zahlreichen dazu ergangenen Entscheidungen der Vergabekammern und -senate, aber auch des Bundesgerichtshofs, des Bundesverfassungsgerichts und des Europäischen Gerichtshofs.

I. Unionsrechtlicher Hintergrund

2 § 160 GWB dient der Umsetzung von Vorgaben der RL 89/665/EWG (Rechtsmittelrichtlinie) und RL 92/13/EWG (Sektorenrichtlinie). Nach deren jeweiligem Art. 1 Abs. 1 UAbs. 4 haben die Mitgliedstaaten sicherzustellen, dass hinsichtlich der in den Anwendungsbereich der RL 2014/24/EU beziehungsweise der RL 2014/23/EU fallenden Aufträge oder Konzessionen die Entscheidungen der öffentlichen Auftraggeber wirksam und vor allem möglichst rasch auf Verstöße gegen das Gemeinschaftsrecht im Bereich des öffentlichen Auftragswesens oder gegen die einzelstaatlichen Vorschriften, die dieses Recht umsetzen, nachgeprüft werden können.

3 § 160 Abs. 1 GWB normiert dem folgend den **Zugang** zu den Nachprüfungsverfahren und Nachprüfungsbehörden (Vergabekammern). Die Regelung in § 160 Abs. 2 GWB dient der Umsetzung von Art. 1 Abs. 3 RL 89/665/EWG und 92/13/EWG. Danach müssen Nachprüfungsverfahren zumindest jedem zur Verfügung stehen, der ein Interesse an einem bestimmten Auftrag hat oder hatte und dem durch einen behaupteten Rechtsverstoß ein Schaden entstanden ist bzw. zu entstehen droht.

4 Deutschland hat zudem auch von der Möglichkeit in Art. 1 Abs. 4 RL 89/665/EWG und 92/13/EWG Gebrauch gemacht. Danach können die Mitgliedstaaten insbesondere verlangen, dass die Person, die ein Nachprüfungsverfahren anzustrengen beabsichtigt, den Auftraggeber über den behaupteten Verstoß und die beabsichtigte Nachprüfung unterrichtet. Dies wurde mit dem Erfordernis einer vorherigen **Rüge** gegenüber dem Auftraggeber gemäß § 160 Abs. 3 S. 1 Nr. 1 bis 3 GWB umgesetzt. Eine Rüge erfordert allerdings – und insoweit wurde der Unionsrahmen nicht vollkommen ausgeschöpft – nach dem Wortlaut der nationalen Regelung und auch der dazu ergangenen Rechtsprechung gerade keinen Hinweis auf eine beabsichtigte Nachprüfung bei den Vergabekammern.[1] In der aktuellen Fassung der Rügeverpflichtungen dürften auch die vormaligen Bedenken an dessen Europarechtskonformität nun nicht mehr bestehen. Teile der Rechtsprechung hatten § 107 Abs. 3 S. 1 Nr. 1 GWB 2009 wegen des enthaltenen Begriffs der „Unverzüglichkeit" nicht für bestimmt genug gehalten und deswegen nicht mehr angewandt.[2] Dieses Tatbestandsmerkmal ist aber nun durch eine konkrete Frist ersetzt worden.

II. Vergleichbare Regelungen

5 In § 160 GWB sind verschiedene Verfahrensgrundsätze normiert, die sich auch in anderen Prozessordnungen wiederfinden. § 160 Abs. 1 GWB ist letztlich Ausdruck der Dispositionsmaxime, wonach ein Verfahren nur durch eine Partei, aber niemals durch die Vergabekammern von Amts wegen eingeleitet werden kann.[3] Diese Prozessmaxime findet sich ebenso im Zivilprozessrecht (§ 253 Abs. 1 ZPO), im Verwaltungsprozess (§ 81 Abs. 1 VwGO), im sozialgericht-

1 Dazu und zu den Anforderungen an eine Rüge vgl. Rn. 52.
2 Vgl. Rn. 65.
3 Vgl. dazu im Weiteren Rn. 8 ff.

lichen (§ 94 SGG) und arbeitsgerichtlichen Verfahren (§ 46 ArbGG i.V.m. ZPO). Dem § 160 Abs. 2 GWB vergleichbare Regelungen finden sich z. B. in § 42 Abs. 2 VwGO, wonach Kläger nur eigene, aber keine allgemeinen Rechte geltend machen können. Mit der Rügeverpflichtung statuiert § 160 Abs. 3 GWB schließlich eine Obliegenheit, wonach der Betroffene seine Einwendungen in der Sache rechtzeitig vorbringen muss, um mit diesem Vortrag später nicht ausgeschlossen werden zu können (Präklusionswirkung). Vergleichbare Regelungen finden sich etwa im Bereich der Planfeststellung (§ 73 Abs. 4 VwVfG). Das Rügeverfahren ist dagegen nicht mit einem Widerspruchsverfahren zu vergleichen, welches als ordentliches Rechtsbehelfsverfahren ausgestattet ist. Die Rüge verpflichtet den Auftraggeber aber weder zu einer Reaktion, noch findet bei einer „Nichtabhilfe" die Überprüfung durch eine Aufsichtsbehörde statt (Devolutiveffekt).

III. Historie

6 § 160 GWB geht auf die Regelungen in § 107 GWB 2009 zurück. Ihre wesentlichen Änderungen hat die Vorschrift mit der **Vergaberechtsnovellierung 2009** erfahren. Dabei wurden insbesondere die einzelnen Rügetatbestände konkreter gefasst und in ihrer jetzigen Form aufgenommen. Zudem wurde die Reaktionsfrist in § 160 Abs. 3 S. 1 Nr. 4 GWB neu eingeführt.

7 Zuletzt geändert wurde die Vorschrift im Rahmen der **Vergaberechtsnovelle 2016**. Dabei wurde insbesondere ein wesentlicher Streitpunkt gesetzgeberisch geklärt, indem das Kriterium der Unverzüglichkeit in § 160 Abs. 3 S. 1 Nr. 1 GWB gestrichen wurde. Dieses wurde durch eine Rügefrist von zehn Tagen ersetzt. Im Übrigen wurden einige, aber durchaus nicht unwesentliche Schärfungen in § 160 GWB vorgenommen. So wurde in § 160 Abs. 3 S. 1 Nr. 1 GWB klargestellt, dass der Antrag unzulässig ist, wenn der Bieter Verstöße „vor Einreichung des Antrages" erkannt und nicht gerügt hat. In § 160 Abs. 3 S. 1 Nr. 3 GWB wurden zudem die Wörter „in der Bekanntmachung" gestrichen.

B. Antragserfordernis und Antragswirkungen (Abs. 1)

8 Die Vergabekammer wird nach § 160 Abs. 1 GWB nur auf Antrag tätig. Die Einleitung eines Vergabenachprüfungsverfahrens von Amts wegen ist damit nicht möglich. Mit Antragstellung wird der Nachprüfungsantrag rechtshängig.[4]

9 Einer **zusätzlichen Handlung** der Vergabekammer bedarf es dazu entgegen dem Wortlaut der Norm („leitet ein") nicht. Auch die Übermittlung des Antrages an den Auftraggeber gemäß § 163 Abs. 2 S. 3 GWB hat keine verfahrensbegründende Funktion. Sie löst lediglich das Zuschlagsverbot nach § 169 Abs. 1 GWB aus. Mit Antragstellung beginnt auch die Entscheidungsfrist der Vergabekammer nach § 167 Abs. 1 S. 1 GWB.

10 Der Antrag ist dabei jeweils auf den konkreten **Streitgegenstand** begrenzt, also auf das Begehren, das sich aus dem Antrag ergibt, und dem zu dessen Begründung vorgetragenen Sachverhalt.[5] Der bei der Vergabekammer anhängige Streitgegenstand kann anderweitig von keiner Partei noch einmal anhängig gemacht werden.[6] Wichtig ist, dass sich auch das Zuschlagsverbot nur so weit erstreckt. Besteht ein Auftrag also beispielsweise aus mehreren Losen, so ist der Auftraggeber frei, in nicht streitbefangenen Losen den Zuschlag zu erteilen. Bieter sollten in diesen Fällen klar formulieren, ob sich der Nachprüfungsantrag auf alle, mehrere oder einzelne Lose bezieht. Versäumen sie dies, so wären unter Umständen alle Lose streitbefangen, wodurch der Nachprüfungsantrag unter Umständen teilweise unzulässig oder unbegründet würde und mit den entsprechenden Kostenfolgen abzulehnen wäre.

11 Aus dem Antragsgrundsatz ergibt sich gleichzeitig die **Dispositionsbefugnis** des Antragstellers. Ein gestellter Antrag kann durch ihn (auch teilweise) zurückgenommen werden, selbst

4 Vgl. BGH, Beschluss v. 9.2.2004 – X ZB 44/03, Rn. 22, eine Unterscheidung zwischen Anhängigkeit des Antrages und seiner Rechtshängigkeit findet nicht statt.
5 VK Bund, Beschluss v. 28.10.2010 – VK 3-93/10; vgl. auch OLG München, Beschluss v. 17.1.2013 – Verg 30/12.
6 VK Bund, Beschluss v. 28.10.2010 – VK 3-93/10.

nach einer – noch nicht bestandskräftigen – Entscheidung der Vergabekammer.[7] Eine Zustimmung des Antragsgegners oder der Beigeladenen ist nicht erforderlich, nach nicht unumstrittener Ansicht auch nicht in der Beschwerdeinstanz.[8] Das Verfahren ist bei erfolgter Rücknahme ohne Entscheidung in der Sache beendet, eine schon ergangene Entscheidung der Vergabekammer ist wirkungslos.[9] Ein zurückgenommener Antrag kann allerdings erneut bei der Vergabekammer gestellt werden.[10] Zu beachten ist dann natürlich, dass zum Zeitpunkt der neuerlichen Antragstellung die Zulässigkeitsvoraussetzungen noch vorliegen müssen.

12 Da der Antragsteller in formeller Hinsicht und der Antragsgegner in materieller Hinsicht über den Verfahrensgegenstand verfügen können, sind auch **Vergleiche** vor der Vergabekammer (oder den Senaten) denkbar und in der Praxis anerkannt.[11] Da in der Regel Dritte – mit meist gegensätzlichen Interessen – am Verfahren beteiligt und von dessen Ausgang betroffen sind, kommen Vergleiche in der Praxis aber nicht sehr häufig vor. Denn ein Vertrag zulasten Dritter ist auch im Vergabenachprüfungsverfahren nicht möglich. Die Dritten müssten – sofern ihre Rechtsposition betroffen ist – in den Vergleich mit einbezogen werden.[12] Eine Betroffenheit liegt nicht nur dann vor, wenn etwa der Zuschlagsbieter selbst ausgeschlossen werden soll. Auch eine Begünstigung des Antragstellers, beispielsweise durch vergleichsweise Bejahung seiner Eignung, ohne dass er die erforderlichen Nachweise und Erklärungen vorlegen konnte, verletzt den Beigeladenen in seinen subjektiven Rechten aus § 97 Abs. 6 GWB.[13] In der Praxis kommen daher am häufigsten Vergleiche über Kosten des Verfahrens oder in Bezug auf die Bedingungen der Auftragsvergabe vor. Ob einem vor den Vergabekammern geschlossenen Vergleich gleichzeitig verfahrensbeendende Wirkung zukommt, wird teilweise angezweifelt.[14] Die Diskussion dazu ist aber noch im Fluss, gute Gründe sprechen für eine Verfahrensbeendigung.[15] Jedenfalls aber ist in diesen Fällen natürlich eine Erledigung durch übereinstimmende Erklärung der Beteiligten möglich. Ist ein Vergleich wirksam geschlossen, entfaltet er nur zwischen den beteiligten Parteien Bindungswirkung.[16] Deswegen ist es ratsam, bei einer Betroffenheit eines Dritten auch diesen in den Vergleich mit einzubeziehen. Auch die Vergabekammer soll in einem denkbaren, weiteren Vergabenachprüfungsverfahren diesen Vergleich zu beachten haben und darf die vergleichsweise geregelten Punkte nicht im Wege der Amtsermittlung aufgreifen und eine vom Vergleich abweichende Entscheidung treffen.[17]

13 **Antragserweiterungen** oder **Antragsänderungen** im Vergabenachprüfungsverfahren sind grundsätzlich möglich.[18] Das Problem stellt sich insbesondere bei „sich überholenden" Vergabenachprüfungsverfahren. Der Auftraggeber ist durch ein anhängiges Vergabenachprüfungsverfahren nicht gehindert, das Vergabeverfahren weiter bis zum Zuschlag zu betreiben. Nur die Erteilung des Zuschlages selbst ist ihm verwehrt (§ 169 Abs. 1 GWB). Dadurch ist es denkbar, dass während des Vergabenachprüfungsverfahrens weitere Vergabeverstöße aus folgenden Verfahrensstufen hinzutreten. Wendet sich ein Antragsteller beispielsweise gegen die Vorgaben der Vergabeunterlagen oder der Bekanntmachung und gibt vorsichtshalber gleichwohl ein Angebot ab, so kann es durchaus vorkommen, dass das Vergabenachprü-

---

7 Vgl. BGH, Beschluss v. 24.3.2009 – X ZB 29/08, es findet dann nur noch eine Entscheidung hinsichtlich der Kosten statt.
8 OLG Celle, Beschluss v. 8.5.2019 – 13 Verg 10/18; OLG Naumburg, Beschluss v. 17.8.2007 – 1 Verg 5/07; vgl. auch BGH, Beschluss v. 24.3.2009 – X ZB 29/08, der zumindest § 269 Abs. 1 ZPO nicht analog anwendet; a.A. OLG Koblenz, Beschluss v. 15.8.2006 – 1 Verg 7/06.
9 OLG Düsseldorf, Beschluss v. 9.11.2009 – VII-Verg 35/09; OLG Dresden, Beschluss v. 16.11.2006 – WVerg 15/06.
10 OLG Düsseldorf, Beschluss v. 29.12.2001 – VII-Verg 22/01; möglich etwa bei mangels Rüge noch nicht zulässigen Anträgen.
11 OLG Frankfurt, Beschluss v. 16.10.2012 – 11 Verg 9/11; *Bastius,* in: Müller-Wrede, Taschenkommentar GWB-Vergaberecht, § 124 Rn. 38.
12 *Bastius,* in: Müller-Wrede, Taschenkommentar GWB-Vergaberecht, § 124 Rn. 38.
13 *Dreher/Glöckle*, NZBau 2015, 529 (530).
14 *Conrad*, ZfBR, 2014, 658 (660). Grund soll der vergaberechtliche Beschleunigungsgrundsatz sein, der einem etwaigen Streit über die Wirksamkeit des Vergleiches und damit auch die wirksame Beendigung des Vergabenachprüfungsverfahrens entgegenstünde.
15 Mit den besseren Argumenten entgegengetreten ist *Dreher/Glöckle*, NZBau, 2015, 459 (462 f.).
16 OLG Frankfurt, Beschluss v. 16.10.2012 – 11 Verg 9/11; *Conrad*, ZfBR 2014, 658 (661).
17 OLG Frankfurt, Beschluss v. 16.10.2012 – 11 Verg 9/11.
18 Vgl. etwa OLG Jena, Beschluss v. 26.3.2007 – 9 Verg 2/07.

fungsverfahren bis zum Abschluss der Wertung noch nicht beendet ist. Der Antragsteller steht dann gegebenenfalls vor der Situation, auch gegen die Vergabeentscheidung vorgehen zu wollen. Es stellt sich die Frage, ob dieser Vortrag in das laufende Verfahren eingebracht werden kann oder ein eigenständiges Vergabenachprüfungsverfahren eingeleitet werden muss. Letzteres wird teilweise wegen des Beschleunigungsgrundsatzes in § 167 Abs. 2 S. 1 GWB angenommen.[19] Danach haben die Beteiligten allerdings erst einmal nur an der Aufklärung des Sachverhalts mitzuwirken, wie es einem auf Förderung und raschen Abschluss des Verfahrens bedachten Vorgehen entspricht. Das Mitwirkungsgebot der Beteiligten kann sich demnach nur auf solche Sachverhalte beziehen, die ihnen im jeweiligen Verfahrensstadium auch bekannt sind. Das Hinzutreten neuer Vergabefehler kann dagegen denknotwendigerweise frühestens zu dem Zeitpunkt ihrer Kenntnis vorgebracht werden. Auf der anderen Seite verzögert ein zusätzliches Vergabenachprüfungsverfahren gleichsam die Auftragsvergabe. Deshalb wird teilweise die Verfahrensförderungspflicht sogar verfahrensübergreifend beurteilt. Ein Antrag soll danach unzulässig sein, wenn der Vortrag schon in einem früheren Verfahren hätte geltend gemacht werden können.[20] Deswegen kann das Einbringen von Verstößen späterer Verfahrensstufen, die dem Antragsteller bei Antragstellung noch gar nicht bekannt sein konnten, nicht per se mit dem Hinweis auf die Verfahrensförderungspflicht ausgeschlossen werden. Die Vergabekammer hat dann zumindest eine Trennung der Verfahren zu prüfen.[21] Sind hinsichtlich des Vorbringens der späteren Verfahrensstufen Dritte erstmals beizuladen, ist eine Abtrennung wegen der unterschiedlichen Beteiligten zweckmäßig. Hat allerdings ein Antrag schon auf einer früheren Stufe Erfolg und ist deswegen das Verfahren aufzuheben oder zurückzuversetzen, ist eine Befassung mit (den dann erledigten) Fehlern nachfolgender Verfahrensabschnitte wegen § 167 GWB nicht geboten.[22] Keine Änderung eines Antrages ist dagegen das Nachschieben von weiteren rechtlichen Begründungen, die den ursprünglich gestellten Antrag stützen sollen.

Die **formellen Anforderungen** an den Antrag sind in § 161 GWB geregelt. Danach ist der Antrag insbesondere schriftlich zu stellen und unverzüglich zu begründen. Die Begründung muss gemäß § 161 Abs. 2 GWB die Bezeichnung des Antragsgegners, eine Beschreibung der behaupteten Rechtsverletzung mit Sachverhaltsdarstellung und die Bezeichnung der verfügbaren Beweismittel enthalten sowie darlegen, dass die Rüge gegenüber dem Auftraggeber erfolgt ist. Der Antrag soll zudem ein bestimmtes Begehren enthalten. Tenorierungsfähige Anträge sind wegen des Amtsermittlungsgrundsatzes der Vergabekammern allerdings nicht erforderlich.[23] Es ist ausreichend, dass sich das Begehren aus der Begründung des Antrages ergibt. 14

C. Antragsbefugnis (Abs. 2)

Die Norm garantiert zum einen den Zugang zu den Vergabekammern, begrenzt diesen aber gleichzeitig. § 160 Abs. 2 GWB stellt dabei eine Ausformung des allgemeinen Rechtsschutzinteresses dar und trägt so dem Umstand Rechnung, dass das Vergabenachprüfungsverfahren in erster Linie dem Individualrechtsschutz dient. Dadurch sollen zunächst sogenannte „Popularanträge" ausgeschlossen werden, mit denen ein Antragsteller keine eigenen Rechte geltend macht. Zudem muss sich die Rechtsstellung des Antragstellers im Ergebnis des Verfahrens zumindest verbessern können. Der Auftraggeber soll so vor aussichtslosen und den Zuschlag verzögernden Nachprüfungsverfahren bewahrt werden.[24] 15

§ 160 Abs. 2 GWB verlangt **kumulativ** ein Interesse am Auftrag oder an der Konzession, die Darlegung einer Rechtsverletzung von Rechten aus § 97 Abs. 6 GWB sowie einen durch diese Rechtsverletzung verursachten Schaden. § 160 Abs. 2 GWB ist durch die Vergabekammern 16

19 Vgl. VK Niedersachsen, Beschluss v. 18.9.2012 – VgK-36/12.
20 VK Bund, Beschluss v. 28.9.2010 – VK 3-93/10.
21 Eine Trennung und Verbindung von Verfahren ist grundsätzlich analog § 93 VwGO, § 147 ZPO möglich.
22 Vgl. VK Sachsen, Beschluss v. 4.2.2013 – 1/SVK/039-12.
23 VK Bund, Beschluss v. 23.12.2005 – VK 1-155/05.
24 Vgl. Stellungnahme des Bundesrates zu § 117 Abs. 2 S. 2 GWB a.F., VgRÄG, BT-Drs. 13/9340, 40.

von Amts wegen zu beachten. Liegen die Voraussetzungen nicht vor, ist der Antrag unzulässig und allein deswegen abzulehnen.

I. Unternehmen

17 Nach § 160 Abs. 2 GWB sind nur **Unternehmen** antragsbefugt. Dies sind zunächst alle potenziellen Auftragnehmer, egal ob es sich um natürliche oder juristische Personen oder Personenvereinigungen handelt. Auch der Rechtsnachfolger eines Bieters kann einen Nachprüfungsantrag stellen.[25]

18 **Bietergemeinschaften** und **Bewerbergemeinschaften** können nur gemeinsam ein Vergabenachprüfungsverfahren betreiben, ein einzelnes Mitglied einer Bieter- bzw. Bewerbergemeinschaft ist nach herrschender Auffassung allein nicht antragsbefugt.[26] Da die Bietergemeinschaft nur gemeinschaftlich ein Angebot abgegeben hat, hat sie auch nur als Ganzes ein Interesse am Auftrag.[27] Möglich ist aber die Ermächtigung eines einzelnen Mitgliedes durch alle Mitglieder der Bietergemeinschaft, den Antrag im Namen der Bietergemeinschaft zu stellen.[28] In entsprechender Anwendung der im Zivilprozessrecht anerkannten gewillkürten Prozessstandschaft wird dafür die Ermächtigung durch die am Verfahren nicht teilnehmenden Mitglieder der Bietergemeinschaft sowie ein schutzwürdiges Eigeninteresse der Antragstellerin gefordert.[29] Ob die Ermächtigung zur Vertretung der Bietergemeinschaft im Vergabeverfahren auch die Befugnis zur Geltendmachung fremder Rechte in prozessualer Hinsicht einschließt, bedarf der Prüfung im Einzelfall. Automatisch umfasst ist sie jedenfalls nicht.[30]

19 Ein **Unterauftragnehmer** kann dagegen keinen eigenen Antrag stellen.[31] Dieser hat kein eigenes Interesse am (Gesamt-)Auftrag. Sein mittelbares Interesse genügt nicht. Dies gilt erst recht für ein Unternehmen, auf dessen Kapazitäten sich ein Bewerber oder Bieter zum Nachweis seiner Leistungsfähigkeit i.S.d. § 47 Abs. 1 VgV beruft (**Eignungsleihe**). Auch dieses hat kein unmittelbares Interesse am Auftrag, an dessen Ausführung es nicht einmal beteiligt sein muss.

II. Interesse am Auftrag oder der Konzession

20 Der Antragsteller muss (noch) ein **Interesse an** dem **Auftrag** oder der **Konzession** haben. Gleiches gilt bei einer Rahmenvereinbarung i.S.d. § 103 Abs. 5 S. 1 GWB. Gegenstand ist hier zwar noch kein konkreter Auftrag, allerdings alle potentiell in einem konkreten Zeitraum zu vergebenden Aufträge. Für diese werden bereits vorab die Bedingungen mit einem oder mehreren Unternehmen festgelegt. Der Antragsteller muss dann noch ein Interesse an den in diesem Zeitraum konkret zu vergebenden Aufträgen haben. Auch bei Wettbewerben i.S.d. § 103 Abs. 6 GWB muss der Antragsteller ein Interesse am Auftrag haben.[32] Das Interesse ist weit auszulegen. Es liegt in der Regel vor, wenn der Bieter vor Stellung des Nachprüfungsantrages am Vergabeverfahren durch Abgabe eines eigenen Angebotes teilgenommen und einen Ver-

---

25 Vgl. OLG Schleswig, Beschluss v. 13.4.2006 – 1 (6) Verg 10/05; nach VK Niedersachsen, Beschluss v. 4.10.2012 – VgK-38/2012 kann auch der Insolvenzverwalter einen Antrag stellen.

26 EuGH, Urteil v. 4.10.2007 – Rs. C-492/06 (San Raffaele), Rn. 25; Urteil v. 8.9.2005 – Rs. C-129/04 (Sofibail), Rn. 28; OLG Düsseldorf, Beschluss v. 18.11.2009 – VII-Verg 19/09.

27 VK Nordbayern, Beschluss v. 20.11.2014 – 21.VK-3194-31/14.

28 OLG Düsseldorf, Beschluss v. 30.3.2005 – VII-Verg 101/04; *Dicks*, in: Ziekow/Völlink, Vergaberecht, § 160 GWB Rn. 10.

29 OLG Frankfurt, Beschluss v. 23.1.2007 – 11 Verg 11/06: Eigeninteresse bejaht, weil dem Mitglied der Bietergemeinschaft ein Erfolg der Nachprüfung in gleicher Weise zukommt; VK Bund, Beschluss v. 16.10.2017 – VK 1-103/17; *Dicks*, in: Ziekow/Völlink, Vergaberecht, § 160 GWB Rn. 10.

30 Für die Erhebung der Rüge vgl. VK Sachsen, Beschluss v. 1.6.2006 – 1/SVK/045-06; ebenso *Summa*, in: Heiermann/Zeiss/Summa, Vergaberecht, § 160 GWB Rn. 145; a.A. VK Bund, Beschluss v. 16.10.2017 – VK 1–103/17, die zudem eine sehr weitreichend erscheinende Auslegung der Antragsschrift im Hinblick auf die Voraussetzungen der Verfahrensstandschaft vornimmt.

31 BVerfG, Beschluss v. 23.4.2009 – 1 BvR 3424/08; OLG Düsseldorf, Beschluss v. 5.11.2014 – VII-Verg 20/14; Beschluss v. 29.10.2008 – VII-Verg 35/08; VK Bremen, Beschluss v. 26.5.2015 – 16 VK 3/15.

32 VK Sachsen, Beschluss v. 9.12.2013 – 1/SVK/035-13; Beschluss vom 22.2.2013 – 1/SVK/047-12.

gabeverstoß ordnungsgemäß gerügt hat.[33] Das Interesse wird auch durch die Teilnahme an einem Teilnahmewettbewerb bereits ausreichend dokumentiert.[34] Die Antragsbefugnis ist allerdings abzulehnen, wenn ein Antragsteller lediglich geltend macht, der Auftrag dürfte nicht in einem Vergabeverfahren vergeben werden, sondern sei direkt mit ihm, dem Antragsteller, zu schließen.[35]

Grundsätzlich lässt auch der **Ablauf der Bindefrist** des Angebotes das Interesse am Auftrag nicht entfallen. Denn mit dem Nachprüfungsantrag bringt der Bieter deutlich zum Ausdruck, dass er auch weiterhin ein grundsätzliches Interesse am Auftrag hat und sich an sein Angebot weiterhin gebunden fühlt.[36] Der Auftraggeber hat in diesen Fällen zudem weiterhin die Möglichkeit, das Angebot zu bezuschlagen.[37] Auch muss der Antragsteller nicht von sich aus die Bindefrist seines Angebots gegenüber dem Auftraggeber verlängern, vielmehr hat der Auftraggeber die Verlängerung der Bindefrist zu besorgen.[38] Etwas anderes gilt allerdings dann, wenn der Antragsteller die Aufforderung des Auftraggebers zur Verlängerung der Bindefrist ablehnt,[39] oder dieser nicht rechtzeitig nachkommt.[40] Ein unbedingter Wille zur Bindung an das Angebot liegt dann gerade nicht mehr vor.[41] 21

Hat sich der Antragsteller nicht mit einem eigenen **Angebot** bzw. **Teilnahmeantrag** am Verfahren beteiligt, so spricht dies dann nicht gegen ein Interesse am Auftrag, wenn er sich gerade gegen die Bedingungen der Auftragsvergabe richtet.[42] Denn es ist weder gerechtfertigt noch zumutbar, von einem Antragsteller zur Darlegung seiner Antragsbefugnis die Einreichung eines Angebots zu verlangen, dessen Grundlagen er im Vergabenachprüfungsverfahren als rechtswidrig bekämpft, sodass bei einem Erfolg des Nachprüfungsbegehrens die zur Angebotserstellung aufgewendete Zeit und Mühe als unnötig vertan erscheinen muss.[43] Dies ist vor allem vor dem Hintergrund des teils erheblichen Aufwandes für eine Angebotserstellung gerechtfertigt. Allerdings werden in diesen Fällen zum Teil höhere Anforderungen an die Darlegung des Interesses gestellt.[44] Richtigerweise reicht es, wenn das Unternehmen schlüssig vortragen kann, gerade durch den Vergabefehler an der Abgabe eines Angebotes oder auch nur eines besseren Angebotes gehindert worden zu sein.[45] Gründe können dabei etwa der jeweilige Loszuschnitt, die aufgestellten Eignungskriterien, unklare Vorgaben der Leistungsbeschreibung bzw. unklare Wertungskriterien, eine nicht produktneutrale Ausschreibung usw. sein. Diese Fehler sind in der Regel erheblich, d.h. kalkulationsrelevant, sodass der Antragsteller bei einem vermeintlichen Verstoß an der Abgabe eines optimal kalkulierten und wirtschaftlichen Angebotes gehindert ist. Teilweise wird es sogar schon für ausreichend erachtet, dass das Interesse durch eine Rüge und den anschließenden Nachprüfungsantrag doku- 22

33 BVerfG, Beschluss v. 29.7.2004 – 2 BvR 2248/03.
34 VK Sachsen, Beschluss v. 10.10.2008 – 1/SVK/051-08.
35 OLG Düsseldorf, Beschluss v. 27.6.2018 – VII-Verg 59/17; VK Bund, Beschluss v. 21.9.2018 – VK 1-83/18, wobei offen gelassen wurde, ob dann bereits das Interesse am konkret ausgeschriebenen Auftrag zu verneinen ist.
36 OLG Celle, Beschluss v. 30.1.2020 – 13 Verg 4/19; OLG Düsseldorf, Beschluss v. 12.12.2012 – VII-Verg 38/12; OLG Jena, Beschluss v. 30.3.2009 – 9 Verg 12/08.
37 Vgl. OLG Dresden, Beschluss v. 30.1.2007 – WVerg 0001/07.
38 Vgl. OLG München, Beschluss v. 23.6.2009 – Verg 8/09, das von einer stillschweigenden Verlängerung ausgeht, solange der Antragsteller sein Angebot nicht zurückzieht; OLG Jena, Beschluss v. 30.3.2009 – 9 Verg 12/08.
39 *Summa,* in: Heiermann/Zeiss/Summa, Vergaberecht, § 160 GWB Rn. 80.1.
40 VK Nordbayern, Beschluss v. 4.9.2019 – RMF-SG 21-3194-4-41.
41 Wie hier *Summa,* in: Heiermann/Zeiss/Summa, Vergaberecht, § 160 GWB Rn. 80.1; a.A. OLG Celle, Beschluss v. 30.1.2020 – 13 Verg 4/19.
42 Vgl. EuGH, Urteil v. 12.2.2004 – Rs. C-230/02 (Grossmann), Rn. 28 ff.
43 OLG Rostock, Beschluss v. 12.8.2020 – 17 Verg 3/20; OLG Schleswig-Holstein, Beschluss v. 13.6.2019 – 54 Verg 2/19; OLG Düsseldorf, Beschluss v. 29.2.2012 – VII-Verg 75/11.
44 VK Berlin, Beschluss v. 13.6.2011 – VK B 2-7/11, wonach der Antragsteller in substanziierter Weise vorzutragen hat, inwieweit er die geforderten Eignungsnachweise erbringen und die Leistungen zu einem angemessenen Preis anbieten könnte.
45 Statt vieler vgl. etwa OLG Düsseldorf, Beschluss v. 21.12.2011 – VII-Verg 74/11; VK Baden-Württemberg, Beschluss v. 3.6.2011 – 1 VK 25/11; *Kirch,* in: Hattig/Maibaum, Kartellvergaberecht, § 107 GWB Rn. 32; vgl. auch *Summa,* in: Heiermann/Zeiss/Summa, Vergaberecht, § 160 GWB Rn. 66.

mentiert wird.[46] Etwas anderes kann allenfalls dann gelten, wenn der Antragsteller für eine Auftragserbringung nach ihrer Art und ihrem Umfang offensichtlich nicht in Betracht käme.

23 Hat ein Vergabeverfahren nicht stattgefunden (sog. **De-facto-Vergabe**), so besteht das Interesse bei jedem Unternehmen, welches sich am Verfahren hätte beteiligen können. Dazu ist es ausreichend, wenn das Unternehmen zu der in Betracht kommenden Branche gehört und damit generell dafür eingerichtet ist, Aufträge dieser Art auszuführen.[47] Ist dies nicht der Fall – etwa bei Newcomern –, muss der Antragsteller darlegen, in welcher Weise er sich die erforderlichen Mittel beschafft hätte.[48] Dies kann auch dadurch erfolgen, dass der Antragsteller Kooperationspartner benennt, die er hätte binden können.[49]

III. Verletzung in eigenen Rechten

24 Der Antragsteller muss eine Verletzung in eigenen, d.h. unternehmensschützenden Rechten aus § 97 Abs. 6 GWB durch Nichtbeachtung von Vergabevorschriften geltend machen. Damit ist eine sog. „Popularklage" (eigentlich ja „Popularantrag") ohne eigene Rechtsbetroffenheit ausgeschlossen. Denn das Vergabenachprüfungsverfahren dient dem Individualrechtsschutz der Bieter und nicht der allgemeinen Überprüfung von Vergabeverfahren. Die Vergabekammern sind keine Rechtsaufsichtsbehörden.

25 Gemäß § 97 Abs. 6 GWB haben die Unternehmen Anspruch darauf, dass der Auftraggeber die **Bestimmungen des Vergabeverfahrens** einhält. Dazu zählen im Wesentlichen die Vorschriften des Kapitel 1 Teil 4 GWB, der VgV (die den Regelungsbereich der früheren VgV, der VOL/A, der VOF und Teile der VOB/A umfasst), der SektVO, der VSVgV und der VOB/A.

26 Daneben kann sich eine Rechtsverletzung auch aus anderen, **außerhalb des Vergaberechts liegenden Normen** ergeben. Anknüpfungspunkt ist hier § 156 Abs. 2 GWB, der auch die Überprüfung „sonstige Ansprüche" auf Tun oder Unterlassen in einem Vergabeverfahren den Vergabekammern zuweist. Zwar verweist § 160 Abs. 2 GWB nicht explizit auf diese Norm, dabei dürfte es sich aber um ein Redaktionsversehen handeln, da der Prüfumfang der Vergabekammern denknotwendigerweise kongruent mit den von den Antragstellern verfolgbaren Rechten sein muss. In der Praxis haben sich die Vergabekammern und -senate unter anderem mit Vorschriften aus dem Kommunalverfassungsrecht, dem Kreislaufwirtschafts- und Abfallgesetz oder mit patentrechtlichen Vorschriften beschäftigt.[50] Ebenso geprüft wurden wettbewerbliche Tätigkeitsverbote.[51] Unterschiedlich beantwortet wird, ob und inwieweit kartellrechtliche Vorgaben durch die Vergabekammern geprüft werden müssen.[52] Auch arbeitsrechtliche Vorschriften können eine Rolle spielen.[53] Erforderlich ist aber stets ein vergaberechtlicher Anknüpfungspunkt.[54] Das heißt, die Normen müssen sich in irgendeiner Weise auf die Stellung des Antragstellers im Vergabeverfahren auswirken können.

---

46 OLG Düsseldorf, Beschluss v. 29.2.2012 – VII-Verg 75/11; *Dicks,* in: Ziekow/Völlink, Vergaberecht, § 160 GWB Rn. 12.

47 *Dicks,* in: Ziekow/Völlink, Vergaberecht, § 160 GWB Rn 15; a.A. wohl VK Rheinland, Beschluss v. 2.8.2019 – VK 17/19 – L, die diesen Umstand dann im Rahmen der Begründetheit des Antrages prüft.

48 Vgl. OLG Saarbrücken, Beschluss v. 29.1.2014 – 1 Verg 3/13; im Ergebnis ebenso OLG Düsseldorf, Beschluss v. 21.3.2012 – VII-Verg 92/11; *Dicks,* in: Ziekow/Völlink, Vergaberecht, § 160 GWB Rn 15.

49 OLG Saarbrücken, Beschluss v. 29.1.2014 – 1 Verg 3/13.

50 Etwa OLG Düsseldorf, Beschluss v. 13.8.2008 – VII-Verg 42/07 (Gemeinderecht); Beschluss v. 21.2.2005 – VII-Verg 91/04 (Patentrecht); OLG Dresden, Beschluss v. 4.11.2014 – Verg 5/14 (Arzneimittelrecht); VK Bund, Beschluss v. 23.3.2015 – VK 1-14/15 (Kommunalverfassungsrecht); dagegen abgelehnt für vermeintlichen Verstoß gegen das beihilferechtliche Durchführungsverbot des Art. 108 Abs. 3 S. 3 AEUV: OLG Naumburg, Beschluss v. 6.12.2012 – 2 Verg 5/12; im Einzelfall ebenfalls abgelehnt VK Nordbayern, Beschluss v. 3.8.2012 – 21.VK-3194-12/12.

51 VK Südbayern, Beschluss v. 22.12.2014 – Z3-3-3194-1-51-11/14 zu Art. 5 Abs. 2 lit. b VO (EG) 1370/2007.

52 Bejahend OLG Düsseldorf, Beschluss v. 29.7.2015 – VII-Verg 5/15 hinsichtlich der Prüfung, ob die Bildung einer Bietergemeinschaft gegen § 1 GWB verstößt; dahin tendierend wohl auch OLG München, Beschluss v. 20.1.2020 – Verg 19/19 wenn ein Kartellrechtsverstoß durch die Vergabestelle feststeht oder ohne weitere zeitaufwendige Prüfung zweifelsfrei festgestellt werden kann; ablehnend VK Bund, Beschluss v. 1.3.2012 – VK 2-5/12; gegen eine Prüfungspflicht spricht aber massiv das Beschleunigungsgebot in § 156 Abs. 3 GWB.

53 VK Sachsen, Beschluss v. 7.3.2014 – 1/SVK/048-13.

54 So auch *Dicks,* in: Ziekow/Völlink, Vergaberecht, § 160 GWB Rn. 21.

Einzelne Vertragsklauseln können durch die Vergabenachprüfungsinstanzen dagegen grundsätzlich nicht auf ihre **zivilrechtliche Wirksamkeit** hin überprüft werden. Diese gehören nicht zum eigentlichen Vergabeverfahrensrecht, sondern enthalten Regelungen zum Inhalt des später abzuschließenden Vertrages.[55] Die Korrektur einer unangemessenen Klausel erfolgt über das allgemeine Zivilrecht nach Abschluss des Vertrages.[56] Etwas anderes gilt nur dann, wenn durch die vertraglichen Regelungen die vertraglichen Risiken des abzuschließenden Vertrages in unangemessener Weise auf den Bieter verlagert werden.[57] Dies kann mit einem Vergabenachprüfungsverfahren überprüft werden.[58] Die **Höhe der Vergütung** für erbrachte Planungsleistungen nach § 77 Abs. 2 VgV i.V.m. HOAI ist bereits im Vergabenachprüfungsverfahren geltend zu machen.[59] **Schadensersatzansprüche** gegen den Auftraggeber können gemäß § 156 Abs. 2 GWB vor den Vergabekammern nicht geltend gemacht werden. Gleiches gilt für Ansprüche des Auftraggebers nach § 180 GWB. Insoweit entfalten aber die Entscheidungen der Vergabenachprüfungsinstanzen gemäß § 179 Abs. 1 GWB Bindungswirkung für nachfolgende zivilrechtliche Schadensersatzprozesse. 27

Kann der Antragsteller die Möglichkeit einer Verletzung von Normen des Vergabeverfahrens hinreichend substanziiert dartun, so liegt regelmäßig auch eine **Betroffenheit** in eigenen Rechten vor. Die vergaberechtlichen Normen stellen in der Regel gleichzeitig subjektive Rechte der (potentiellen) Teilnehmer an einem Vergabeverfahren dar. Normen, die lediglich Ordnungsfunktion haben oder lediglich den Interessen der Allgemeinheit bzw. des Auftraggebers dienen, kann ein Antragsteller dagegen nicht geltend machen.[60] Allerdings ist der bisher bedeutendste Anwendungsfall mittlerweile höchstrichterlich – zugunsten der Antragsteller – geklärt. Umstritten war, ob sich ein Antragsteller darauf berufen konnte, das Angebot eines Mitbewerbers sei unauskömmlich und deswegen auszuschließen.[61] Nach vormals herrschender Meinung sollten die Vorgaben in den Vergabeordnungen zur Prüfung der Angebote im Hinblick auf unangemessen niedrige Preise in erster Linie dem Schutz des Auftraggebers dienen. Der BGH hat nunmehr allerdings entschieden, dass sich auch andere Anbieter auf die Beachtung dieser Vorgaben berufen können.[62] 28

Die Rechtsverletzung muss durch ein bereits vorliegendes oder zumindest verbindlich angekündigtes Verhalten des Auftraggebers verursacht werden.[63] Sogenannter **vorbeugender Rechtsschutz** ist unzulässig: Allgemeine Hinweise auf mögliche zukünftige Vergabeverstöße oder vergaberechtswidrige Handlungen sind damit noch nicht angreifbar.[64] Ebenfalls (noch) nicht angreifbar sind lediglich interne Willensbildungen des Auftraggebers im Vorfeld einer Auftragsvergabe, die noch der externen Umsetzung bedürfen.[65] Etwas anderes gilt aber dann, wenn der Auftraggeber ein formelles Verfahren gerade nicht durchführt – sog. De- 29

---

55 In diesem Sinne wohl auch VK Bund, Beschluss v. 16.1.2020 – VK 1-93/19: keine Rechtsverletzung, soweit der Antragsteller nicht in seiner Rolle als Bieter, sondern in seiner Rolle als Vertragspartner des öffentlichen Auftraggebers oder sonstiger Marktteilnehmer beeinträchtigt sein kann.

56 VK Sachsen, Beschluss v. 21.4.2015 – 1/SVK/010-15; wohl auch, ohne nähere Begründung VK Arnsberg, Beschluss v. 6.2.2013 – VK 21/12 (Rettungsdienst): *„… ist nicht zu prüfen"*; *Vavra*, in: Kulartz/Marx/Portz/Prieß, VOL/A, § 9 Rn. 19.

57 OLG Dresden, Beschluss v. 26.7.2013 – Verg 5/13.

58 Dies gilt auch im Anwendungsbereich der VgV, egal ob man nun die Grundsätze des außergewöhnlichen Wagnisses heranzieht (etwa OLG Dresden, Beschluss v. 26.7.2013 – Verg 5/13, durch Antragsrücknahme gegenstandslos, Beschluss v. 2.8.2011 – Verg 4/11; ebenso OLG Jena, Beschluss v. 22.8.2011 – 9 Verg 2/11) oder auf die Unzumutbarkeit abstellt (vgl. OLG Düsseldorf, Beschluss v. 10.4.2013 – VII-Verg 50/12; Beschluss v. 20.2.2013 – VII-Verg 44/12; OLG Koblenz, Beschluss. v. 29.11.2012 – 1 Verg 6/12; OLG München, Beschluss v. 6.8.2012 – Verg 14/12).

59 BGH, Urteil v. 19.4.2016 – X ZR 77/14; OLG München, Beschluss v. 20.3.2013 – Verg 5/13; OLG Koblenz, Urteil v. 6.7.2012 – 8 U 45/11, die in der Vorschrift eine verfahrensrechtliche Vorgabe für die Durchführung des Vergabeverfahrens sehen.

60 OLG Karlsruhe, Beschluss v. 22.7.2011 – 15 Verg 8/11; VK Sachsen, Beschluss v. 6.3.2014 – 1/SVK/047-13.

61 Dazu OLG Karlsruhe, Beschluss v. 22.7.2011 – 15 Verg 8/11; OLG Düsseldorf, Beschluss v. 29.9.200 – VII-Verg 50/08; weniger streng VK Sachsen, Beschluss v. 17.11.2011 – 1/SVK/042-11.

62 BGH, Beschluss v. 31.1.2017 – X ZB 10/16: in der Sache gehe es um einen Verstoß gegen den Wettbewerbsgrundsatz konkretisierende Regelungen.

63 OLG Naumburg, Beschluss v. 3.11.2005 – 1 Verg 9/05.

64 OLG Koblenz, Beschluss v. 15.8.2014 – 1 Verg 7/14; OLG München, Beschluss v. 15.3.2012 – Verg 2/12; VK Sachsen, Beschluss v. 4.2.2013 – 1/SVK/039-12.

65 OLG Düsseldorf, Beschluss v. 17.12.2014 – VII-Verg 26/14 für Vorgehen gegen einen Kreistagsbeschluss.

facto-Vergabe. Dann ist es ausreichend, dass sich der öffentliche Auftraggeber zur Deckung eines bestimmten Bedarfs entschlossen und mit dem Ziel eines Vertragsschlusses mit organisatorischen oder planerischen Schritten zur Durchführung des Beschaffungsvorganges begonnen hat (Vergabeverfahren im materiellen Sinn).[66] Ebenfalls angreifbar sind schon verbindliche Vorgaben des Auftraggebers, die notwendigerweise einen späteren Vergaberechtsfehler, etwa eine vergaberechtswidrige Angebotswertung, nach sich ziehen werden.[67] Dies gilt selbst für Vorgaben, die sich materiell erst in einem späteren Verfahren auswirken können, wenn sie bereits im laufenden Verfahren Auswirkungen auf die Kalkulation der Angebote haben können.[68]

IV. Drohender Schaden

30 Dem Antragsteller muss durch die Verletzung der Vergabevorschriften ein **Schaden** entstanden sein oder noch zu entstehen drohen.[69] Bei dem Schaden muss es sich um einen Vermögensschaden im Sinne der §§ 249 ff. BGB handeln.[70] Dies ist in der Regel der Verlust des Auftrages, um den sich der Bieter im Rahmen des Vergabeverfahrens bewirbt oder bewerben will. Bei einem Wettbewerb gemäß § 103 Abs. 6 GWB kann sich der Schaden auch durch die Aussicht auf oder den drohenden Verlust des Preisgeldes ergeben.[71] Nicht ausreichend sind dagegen nutzlose Aufwendungen, die einem Bieter durch die erfolglose Teilnahme an einem Vergabeverfahren entstanden sind,[72] oder streitige zivilrechtliche Ansprüche.[73]

31 Der Antragsteller muss zur Behauptung seines Schadens nicht im Sinne einer zwingenden Kausalität darlegen, dass auf sein eigenes Angebot ohne das beanstandete Verhalten der Zuschlag hätte erteilt werden müssen.[74] Vielmehr soll durch das Kriterium nur verhindert werden, dass ein Antragsteller, der auch bei rechtmäßigem Verhalten keine Aussicht auf Berücksichtigung seines Angebotes gehabt hätte, ein – verzögerndes – Nachprüfungsverfahren einleiten kann.[75] An die Darlegung werden daher – wie insgesamt bei der Antragsbefugnis – keine hohen **Anforderungen** gestellt. Es reicht aus, wenn der Antragsteller schlüssig darlegt, dass sich seine Chancen auf Zuschlagserteilung durch den einzelnen Vergaberechtsverstoß zumindest verschlechtert haben könnten.[76] Dies kann richtigerweise auch dann der Fall sein, wenn der Antragsteller geltend macht, durch einen Vergabefehler schon an der Teilnahme an einem Vergabeverfahren gehindert zu sein oder kein wirtschaftliches Angebot abgeben zu können.[77] Umgekehrt kann in solchen Fällen ein potenzieller Schaden nicht allein deswegen ausgeschlossen werden, weil der Antragsteller – vorsichtshalber – ein Angebot abgegeben hat.[78] Kann ein Antragsteller darlegen, dass er ohne den Vergaberechtsverstoß möglicherweise ein anderes, wirtschaftlicheres Angebot abgegeben hätte, so ist die Antragsbefugnis zu bejahen.[79] Zu weitgehend ist daher die Auffassung, wonach die Antragsbefugnis entfallen

66 OLG München, Beschluss v. 19.7.2012 – Verg 8/12; VK Sachsen, Beschluss v. 27.4.2015 – 1/SVK/12-15.
67 VK Bund, Beschluss v. 29.12.2009 – VK 2-207/09.
68 Vgl. VK Sachsen, Beschluss v. 4.2.2013 – 1/SVK/039-12.
69 Die Regelung geht über die Vorgaben der Richtlinie hinaus, ist europarechtlich aber unbedenklich: EuGH, Urteil v. 19.6.2003 – Rs. C-249/01 (Hackermüller), Rn. 19.
70 *Byok,* in: Byok/Jaeger, Vergaberecht, § 160 GWB Rn. 47.
71 Vgl. VK Sachsen, Beschluss v. 22.2.2013 – 1/SVK/047-12.
72 *Summa,* in: Heiermann/Zeiss/Summa, § 160 GWB Rn. 99; diese können allenfalls in den Fällen des § 168 Abs. 2 S. 2 GWB eine Rolle spielen.
73 VK Bund, Beschluss v. 27.5.2019 – VK 2-24/19.
74 BVerfG, Beschluss v. 29.7.2004 – 2 BvR 2248/03.
75 Stellungnahme des Bundesrates zu § 117 Abs. 2 S. 2 GWB a.F., VgRÄG, BT-Drs. 13/9340, 40.
76 BVerfG, Beschluss v. 29.7.2004 – 2 BvR 2248/03; BGH, Beschluss v. 10.11.2009 – X ZB 8/09, Rn. 32.
77 Vgl. EuGH, Urteil v. 12.2.2004 – Rs. C-230/02 (Grossmann), Rn. 28 ff.; OLG Rostock, Beschluss v. 12.8.2020 – 17 Verg 3/20, wonach ein Antragsteller, soweit er sich gegen Eignungsanforderungen wendet, allerdings auch darlegen muss, dass er einzelne Eignungsanforderungen nicht erfülle oder die Zuschlagschancen dadurch verschlechtert seien; OLG Brandenburg, Beschluss v. 27.3.2012 – Verg W 13/11; im Ergebnis ebenso OLG Dresden, Beschluss v. 24.7.2012 – Verg 2/12; *Kirch,* in: Hattig/Maibaum, Kartellvergaberecht, § 107 GWB Rn. 60; a.A. etwa OLG Saarbrücken, Beschluss v. 7.5.2008 – 1 Verg 5/07, wonach der Antragsteller darlegen muss, welches Angebot er in einem fehlerfrei durchgeführten Vergabeverfahren abgegeben hätte.
78 Vgl. BGH, Beschluss v. 10.11.2009 – X ZB 8/09, Rn. 35.
79 Vgl. VK Bund, Beschluss v. 1.6.2012 – VK 1-49/12; VK Hessen, Beschluss v. 26.4.2007 – 69d-VK-08/2007.

soll, wenn der Antragsteller sich auf die Unzumutbarkeit kaufmännischer Kalkulation beruft und gleichwohl ein Angebot abgibt.[80] Dies würde die Rechtsschutzmöglichkeiten der Unternehmen verkürzen, die sich faktisch entscheiden müssten, ob sie das Risiko einer Vergabennachprüfung eingehen oder sich am Vergabeverfahren beteiligen wollen.

Ob ein Schaden dann vorliegt, wenn der Auftraggeber ein **Verfahren** nicht europaweit, aber **national bekannt gemacht** hat, ist umstritten. Teilweise wird darin dann kein Schaden gesehen, wenn der Bieter sich gleichwohl in einem nationalen Verfahren beteiligt hat bzw. beteiligen konnte.[81] Mit zunehmendem Auseinanderfallen der Rechtsregime im Oberschwellen- und Unterschwellenbereich dürfte jedoch auch die Relevanz für die Wahl des richtigen Vergaberegimes steigen. Zudem wird der Weg zu den Vergabekammern im Falle einer nur national bekannt gemachten Vergabe zumindest erschwert.[82] Die Wahl einer unzulässigen Verfahrensart kann eine mögliche Verminderung der Zuschlagschancen dagegen begründen.[83] 32

Nur wenn ein Angebot selbst bei Korrektur des geltend gemachten Vergabefehlers **keine Chance auf Zuschlag** hat, ist der Antrag unzulässig.[84] Bei einem Ausschluss des Angebotes des Antragstellers auf einer der Wertungsstufen kann dies nur dann der Fall sein, wenn der Antragsteller diesen Ausschluss nicht angegriffen hat und auch nicht mehr angreifen kann. Andernfalls ist die Frage der Rechtmäßigkeit des Ausschlusses gerade streitbefangen und im Rahmen der Begründetheit des Falles zu prüfen. Eine Ablehnung des Antrages als unzulässig kann dann nicht erfolgen. Ebenso kann dem Bieter nicht allein deswegen die Chance auf den Zuschlag abgesprochen werden, weil sich sein Angebot nach der Wertung (bisher) auf einem abgeschlagenen Rang befindet. Es reicht der schlüssige Vortrag, dass der Antragsteller ohne die Vergaberechtsverstöße zumindest auf einen aussichtsreicheren Platz kommen könnte.[85] Die Anforderungen, die an die Substanziierung dieses Vortrags gestellt werden, sind in der Rechtsprechung nicht einheitlich. So wird teilweise verlangt, dass der Antragsteller hier dezidierter vortragen müsse, wie er eine aussichtsreiche Position erreichen könne.[86] Richtigerweise sollten auch hier keine übertriebenen Anforderungen gestellt werden. Ob die Vergabeverstöße tatsächlich zu einem Schaden führen können, ist erst im Rahmen der Begründetheit zu beurteilen.[87] Beispielsweise ist die Antragsbefugnis zu bejahen, wenn der Antragsteller sich explizit gegen Verstöße der Wertungsentscheidung wendet (und der Preis nicht das einzige Zuschlagskriterium ist). Denn die Vergabekammer kann eine Wertung anstelle des Auftraggebers nicht selbst vornehmen. Auch die Begründung, dass alle vor ihm liegenden Angebote ausgeschlossen werden müssten, reicht zur Darlegung des Schadens. 33

Schließlich ist weitgehend anerkannt, dass auch die Möglichkeit einer sog. **„Zweiten Chance"** ausreicht, um einen drohenden Schaden zu begründen. Macht der Antragsteller geltend, dass das Vergabeverfahren insgesamt nicht wirksam durch einen Zuschlag beendet werden könne, also aufzuheben oder zurückzuversetzen sei, ist es möglich, dass er bei erneu- 34

80 Dahin tendierend VK Bund, Beschluss v. 20.5.2020 – VK 1-34/20.

81 Vgl. OLG Düsseldorf, Beschluss v. 21.3.2012 – VII-Verg 92/11; OLG Frankfurt, Beschluss v. 16.6.2015 – 11 Verg 3/15; OLG Koblenz, Beschluss v. 4.2.2009 – 1 Verg 4/08; offen gelassen BGH, Beschluss v. 10.11.2009 – X ZB 8/09, Rn. 34; zu streng insoweit OLG Saarbrücken, Beschluss v. 29.1.2014 – 1 Verg 3/13, welches sogar für einen ausländischen Bieter fordert, dass dieser sich grenzüberschreitend in nationalen Bekanntmachungsorganen über Ausschreibungen informiert.

82 So auch KG, Beschluss v. 10.10.2002 – 2 KartVerg 13/02; VK Sachsen, Beschluss v. 3.5.2012 – 1/SVK/008-12.

83 BGH, Beschluss v. 10.11.2009 – X ZB 8/09, Rn. 33 ff. für die Wahl des Verhandlungsverfahrens statt eines offenen Verfahrens; anders OLG Brandenburg, Beschluss v. 27.3.2012 – Verg W 13/11 bei offenem Verfahren anstatt Verhandlungsverfahren.

84 Vgl. VK Bund, Beschluss v. 11.6.2012 – VK 3-51/12.

85 Statt vielen: OLG Brandenburg, Beschluss v. 9.2.2010 – Verg W 10/09; VK Nordbayern, Beschluss v. 6.9.2012 – 21.VK-3194-15/12.

86 Vgl. VK Baden-Württemberg, Beschluss v. 28.5.2009 – 1 VK 21/09.

87 Vgl. etwa OLG München, Beschluss v. 12.11.2012 – Verg 23/12; OLG Düsseldorf, Beschluss v. 1.10.2012 – VII-Verg 34/12; vgl. auch EuGH, Urteil v. 12.2.2004 – Rs. C-230/02 (Grossmann), Rn. 28 ff.; BVerfG, Beschluss v. 29.7.2004 – 2 BvR 2248/03; BGH, Beschluss v. 10.11.2009 – X ZB 8/09.

ter Ausschreibung ein chancenreicheres Angebot abgeben kann.[88] Hervorzuheben ist hier insbesondere die Entscheidung des BGH, wonach ein Bieter auch dann einen Schaden geltend machen kann, wenn sein Angebot zwar zwingend auszuschließen ist, alle anderen Angebote aber ebenfalls auszuschließen sind.[89]

35 Weitere Sonderfälle: **Fehler im Informationsschreiben** nach § 134 GWB können einen Schaden nur dann begründen, wenn diese ursächlich für einen (drohenden) Schaden des Antragstellers im Vergabeverfahren, z. B. die Nichtberücksichtigung der Bewerbung des Antragstellers, waren.[90] Wird der Antragsteller also nicht gehindert, rechtzeitig einen Nachprüfungsantrag zu stellen, der nach Zustellung das Zuschlagsverbot auslöst, ist der Primärrechtsschutz eröffnet und das Ziel des § 134 GWB erreicht.[91] Ein Schaden liegt dann nicht vor. Schließlich führen **Dokumentationsmängel** nur dann zu einer Rechtsverletzung des Bieters, wenn dies gerade Umstände betrifft, die sich auf die Rechtsstellung des Antragstellers ausgewirkt haben können.[92] Allgemeine Dokumentationsmängel zählen dazu nicht.

D. Rügeobliegenheit (Abs. 3 S. 1 Nr. 1 bis 3 und S. 2)

36 § 160 Abs. 3 GWB stellt mit der „Pflicht" (eigentlich eine Obliegenheit), Vergabeverstöße vor Antragstellung zu rügen, ein zentrales Erfordernis für einen Vergabenachprüfungsantrag auf.

37 Die einzelnen Rügetatbestände wurden durch das **VergRModG 2009** geändert und erweitert.[93] Im Rahmen der **Novelle 2016** wurden die einzelnen Rügetatbestände beibehalten, jedoch inhaltlich geschärft. Zudem enthält § 160 Abs. 3 S. 1 Nr. 1 GWB seitdem erstmals eine konkrete Rügefrist von zehn Tagen. Diese ersetzte den vorher enthaltenen und höchst umstrittenen Begriff der Unverzüglichkeit. Neben den drei Rügetatbeständen enthält § 160 Abs. 3 S. 2 GWB eine gesetzliche Ausnahme von der Rügepflicht für De-facto-Vergaben.

38 Sinn und **Zweck** der Rüge ist es, dem Auftraggeber vor Antragseinreichung noch einmal die Möglichkeit zu geben, den geltend gemachten Vergaberechtsverstößen von selbst abzuhelfen und so ein verzögerndes Vergabenachprüfungsverfahren zu vermeiden.[94] Dies wird allgemein mit dem vorvertraglichen Vertrauensverhältnis gerechtfertigt, welches durch die Teilnahme an einem Vergabeverfahren begründet wird und die Beteiligten zur gegenseitigen Rücksichtnahme verpflichtet.[95] Zudem soll ein Bieter nicht darauf spekulieren können, dass sich ein Verfahrensverstoß möglicherweise zu seinen Gunsten auswirken wird.[96] Letztlich sind die Reglungen in § 160 Abs. 3 S. 1 Nr. 2 und 3 GWB auch Ausdruck des Beschleunigungsgrundsatzes, wonach Vergabemängel, die zu einer Zurückversetzung des Vergabeverfahrens führen können, im Verfahren frühzeitig geltend gemacht werden müssen.

39 Die einzelnen Rügetatbestände sind **nebeneinander anwendbar**.[97] Das heißt insbesondere, dass bei Kenntnis eines Verstoßes im Vorfeld der Angebotsabgabe eine Rüge nach § 160 Abs. 3 S. 1 Nr. 1 GWB innerhalb von zehn Tagen erhoben werden muss. Der Bieter kann dann nicht bis zum Ende der Angebotsfrist (Nr. 2 und 3) warten. Dies entspricht auch dem Sinn und Zweck einer möglichst frühzeitigen Fehlerkorrektur.[98]

---

88 Vgl. BGH, Beschluss v. 10.11.2009 – X ZB 8/09, Rn. 32; OLG Düsseldorf, Beschluss v. 30.6.2011 – VII-Verg 25/11; Beschluss v. 12.3.2008 – VII-Verg 56/07; einschränkend OLG Schleswig-Holstein, Beschluss v. 12.11.2020 – 54 Verg 2/20, welches wohl davon ausgeht, dass sich die Möglichkeit der Abgabe eines aussichtsreicheren Angebotes gerade aus dem zur Aufhebung führenden Vergabefehler ergeben muss (verneint bei der fehlerhaften Bekanntmachung von Eignungskriterien, deren Berücksichtigung die dortige Antragstellerin nicht begünstigt hätten).

89 BGH, Beschluss v. 26.9.2006 – X ZB 14/06, Rn. 29 ff.

90 VK Sachsen, Beschluss v. 18.3.2015 – 1/SVK/001-15; VK Bund, Beschluss. v. 10.10.2013 – VK 1-83/13.

91 OLG Düsseldorf, Beschluss. v. 7.1.2002 – Verg 36/01.

92 OLG Karlsruhe, Beschluss v. 25.7.2014 – 15 Verg 5/14; OLG München, Beschluss v. 2.11.2012 – Verg 26/12.

93 Zur Historie vgl. *Byok*, in: Byok/Jaeger, Vergaberecht, § 160 GWB Rn. 63ff.

94 Gesetzesbegründung zu § 117 Abs. 3 GWB a.F., VgRÄG, BT-Drs. 13/9340, 17.

95 Vgl. *Dicks*, in: Ziekow/Völlink, Vergaberecht, § 160 GWB Rn. 37 m.w.N. aus der Rechtsprechung.

96 Gesetzesbegründung zu § 117 GWB a.F., VgRÄG, BT-Drs. 13/9340, 17.

97 OLG Karlsruhe, Beschluss v. 25.7.2014 – 15 Verg 5/14.

98 *Weyand*, Vergaberecht, § 107 GWB Rn. 772.

Schließlich ist in § 160 Abs. 3 S. 3 GWB angeordnet, dass **§ 134 Abs. 1 S. 2 GWB** unberührt bleibt. Diese Regelung ist einigermaßen unklar. Die Vorschrift, auf die hier verwiesen wird, trifft Anordnungen für die Information von Bewerbern, die in einem Verfahren mit vorgeschaltetem Teilnahmewettbewerb schon nicht zur Angebotsabgabe aufgefordert worden sind, darüber aber noch nicht informiert wurden. Es ist nicht im Ansatz ersichtlich, inwieweit diese Verpflichtung des Auftraggebers durch die Rügeobliegenheit der Bieter entfallen können sollte.[99] § 160 Abs. 3 S. 3 GWB ist mit der Novelle 2009 (damals § 107 Abs. 3 S. 3 GWB a.F.) in das Gesetz aufgenommen worden, eine Begründung findet sich in den Gesetzesmaterialien nicht. Die durchaus nachvollziehbare Vermutung, dass es sich um ein Redaktionsversehen handeln müsse und eigentlich auf den jetzigen § 134 Abs. 2 S. 1 GWB hätte verwiesen werden sollen,[100] lässt sich nun nicht mehr aufrechterhalten. Denn ein solcher Verweis findet sich jetzt ausdrücklich in § 160 Abs. 3 S. 1 Nr. 1 GWB, wohingegen der Verweis in § 160 Abs. 3 S. 3 GWB nicht berichtigt wurde. 40

I. Bedeutung

Bei der Rüge handelt sich um eine Obliegenheit des Antragstellers. Der Auftraggeber muss den Bieter auch nicht auf das Rügeerfordernis hinweisen.[101] § 160 Abs. 3 GWB regelt dabei nicht nur die verfahrensrechtliche Konsequenz einer fehlenden Rüge, sondern stellt gleichzeitig eine Präklusionsregel, d.h. einen materiellen Rechtsausschluss, für das Vergabenachprüfungsverfahren auf. 41

Die Rüge ist zum einen eine zwingend von den Vergabeammern von Amts wegen zu beachtende **Sachentscheidungsvoraussetzung**. Die Rüge ist zwingend vor der Einreichung des Nachprüfungsantrages zu erheben.[102] Ohne die vorherige Rüge ist ein Antrag unzulässig und allein deswegen abzulehnen.[103] Etwas anderes kann nur dann gelten, wenn die Rüge ausnahmsweise entbehrlich ist.[104] Die Rüge kann auch nicht im Laufe des Vergabenachprüfungsverfahrens nachgeholt werden.[105] Der Wortlaut ist nunmehr in § 160 Abs. 3 S. 1 Nr. 1 GWB noch eindeutiger gefasst. Dieser stellt nun klar, dass ein Antrag unzulässig ist, soweit der Antrag „vor Einreichung des Nachprüfungsantrages" erkannt und nicht gerügt worden ist. Andernfalls würde auch der Sinn und Zweck der Rüge, dem Auftraggeber die Möglichkeit einer Abhilfeprüfung zu geben, leer laufen. In der Spruchpraxis nicht mehr vertreten wird daher – soweit ersichtlich – die Auffassung, bei einem ohne vorherige Rüge erhobenem Nachprüfungsantrag müsse die Rüge dann in der Regel am selben Tag nachgeholt werden.[106] Möglich ist nur, den Antrag zurückzunehmen und nach erfolgter Rüge noch einmal zu stellen. Dabei müssen natürlich zum Zeitpunkt der erneuten Antragstellung die übrigen Zulässigkeitsvoraussetzungen noch vorliegen. 42

---

99 So auch *Jäger*, NZBau 2009, 558 (562).

100 So *Hattig*, in: Hattig/Maibaum, Kartellvergaberecht, § 107 GWB Rn. 182 f.; in der Sache ist dies richtig, da der Auftraggeber nicht den Ablauf der Rügefrist abwarten muss, sondern den Zuschlag gleichwohl erteilen kann (siehe auch Rn. 66).

101 OLG München, Beschluss v. 4.4.2008 – Verg 4/08.

102 Ausführlich VK Berlin, Beschluss v. 15.5.2020 – VK-B-15/19 mit Hinweis auf eine abweichende Auffassung des KG, Beschluss v. 6.1.2020 – Verg 10/19 n.v. (im Ergebnis vom KG aber wohl offen gelassen); i.E. ebenso VK Niedersachsen, Beschluss v. 21.1.2020 – VgK-41/2019, welche in der Begründung aber – insoweit problematisch – darauf abstellt, ob Rüge oder Nachprüfungsantrag als erstes abgesendet bzw. über den Postschalter gereicht worden sei. Es kommt aber nicht auf die Absendung, sondern auf den Zugang respektive Eingang an; VK Sachsen-Anhalt, Beschluss v. 19.12.2017 – 2 VK LSA 18/17; offen gelassen OLG Frankfurt, Beschluss v. 23.6.2020 – 11 Verg 2/20.

103 VK Brandenburg, Beschluss v. 28.1.2019 – VK 22/18; nach OLG Düsseldorf, Beschluss v. 21.10.2015 – VII-Verg 28/14 kann die Frage auch nicht dahingestellt bleiben mit der Argumentation, der Antrag sei jedenfalls unbegründet.

104 Vgl. Rn. 86 ff.

105 Ebenso *Kirch*, in: Hattig/Maibaum, Kartellvergaberecht, § 107 GWB Rn. 81; a.A. *Reidt*, in: Reidt/Stickler/Glahs, Vergaberecht, § 160 GWB Rn. 8.

106 So noch OLG Düsseldorf, Beschluss v. 5.12.2006 – VII-Verg 56/06, mittlerweile aber wohl ebenso wie hier, vgl. Beschluss v. 1.4.2020 – VII-Verg 30/19; a.A. aber *Reidt*, in: Reidt/Stickler/Glahs, Vergaberecht, § 160 GWB Rn. 78, der ein Nachholen der Rüge bis zu einer Entscheidung der Vergabekammer für zulässig hält.

43 Daneben kommt der Rüge **Präklusionswirkung** zu. Auf Vergaberechtsverstöße, die der Antragsteller nicht vorab gegenüber dem Auftraggeber gerügt hat, kann er sich im Vergabenachprüfungsverfahren nicht mehr berufen.[107] Er hat sich dann rügelos auf das Verfahren eingelassen. Umfasst sind davon auch spätere Vergabeverstöße, die zwangsläufig auf der ungerügten Vorgabe beruhen.[108] Dies gilt dagegen nicht für Vergabeverstöße, die tatsächlich erst in Phasen des Vergabeverfahrens ergangen sind, welche dem präkludierten Verstoß zeitlich nachfolgen.[109] Mit anderen Worten: Ist eine erneute Entscheidung des Auftraggebers erforderlich und wendet er nicht lediglich (nicht mehr angreifbare) Vorgaben an, so kann eine Präklusion nicht eintreten. Beispiele dazu: Wird ein Antragsteller vom weiteren Verfahren wegen fehlender Erklärungen oder Nachweise ausgeschlossen, kann er sich nicht mehr darauf berufen, dass deren Forderung nicht zulässig gewesen sei. Diesen Umstand hätte er vorab rügen müssen. Auch einen erkennbaren Verstoß gegen das Gebot der Produktneutralität kann der Antragsteller nicht mehr geltend machen, wenn sich bei der Wertung herausstellt, dass sein Angebot die Spezifikationen der Ausschreibung nicht erfüllt.[110] Präkludierte Vergabefehler können von der Vergabekammer auch nicht mehr im Wege der **Amtsermittlung** aufgegriffen werden,[111] denn die Rügeobliegenheit dient gleichzeitig den Interessen des Auftraggebers an einem zügigen Verfahrensabschluss. Er muss sich daher auf den Rechtsausschluss berufen können.[112] Etwas anderes kann ausnahmsweise dann gelten, wenn die Vergabeverstöße so gravierend sind, dass das Vergabeverfahren insgesamt, also über die individuelle Rechtsverletzung hinaus, nicht wirksam durch Zuschlag beendet werden kann, weil sich eine auf dem Boden des Vergaberechts bewegende Entscheidung nicht mehr treffen ließe.[113] Eine weitere rechtliche Begründung für einen bereits gerügten Vergaberechtsverstoß ist nicht von der Ausschlusswirkung erfasst.[114]

44 Aus dem Wortlaut der Norm („soweit") geht schließlich hervor, dass sich die Rügeverpflichtung auf jeden **einzelnen Vergaberechtsverstoß** bezieht. Die Voraussetzungen sind daher für jeden geltend gemachten Verstoß einzeln zu prüfen.

45 Eine Rüge kann auch mit Wirkung für die Zukunft **zurückgenommen** werden.[115] Denn der Auftraggeber hat dann keine Veranlassung mehr, sein Verhalten zu überprüfen. Die Rüge ist dann für das Vergabenachprüfungsverfahren unbeachtlich. Eine neue Rüge ist allerdings möglich. Das Problem wird dann aber die Einhaltung der jeweiligen Rügefrist sein.

II. Rügepflichtiges Verhalten

46 **Gegenstand** einer Rüge kann immer nur ein konkretes Verhalten des Auftraggebers sein. Deswegen sind Rügen in Bezug auf ein mögliches, zukünftiges Verhalten des Auftraggebers (vorsorgliche Rügen oder Verdachtsrügen) ebenso wenig zulässig wie in Bezug auf lediglich

107 OLG München, Beschluss v. 5.4.2012 – Verg 3/12; KG, Beschluss v. 20.4.2011 – Verg 2/11; OLG Koblenz, Beschluss v. 10.6.2010 – 1 Verg 3/10; Beschluss v. 3.4.2008 – 1 Verg 1/08.

108 OLG Schleswig-Holstein, Beschluss v. 13.6.2019 – 54 Verg 2/19; VK Bund, Beschluss v. 24.4.2012 – VK 1-25/12; *Summa*, in: Heiermann/Zeiss/Summa, Vergaberecht, § 160 GWB Rn. 314 ff. mit weiteren Beispielen.

109 EuGH, Urteil v. 11.11.2007 – Rs. C-241/06 (Lämmerzahl), Rn. 57.

110 OLG Koblenz Beschluss v. 3.4.2008 – 1 Verg 1/08.

111 OLG Schleswig-Holstein, Beschluss v. 13.6.2019 – 54 Verg 2/19, welches seine gegenteilige Auffassung (Beschluss v. 15.4.2011 – 1 Verg 10/10) damit offensichtlich aufgegeben hat; OLG Naumburg, Beschluss v. 18.8.2011 – 2 Verg 3/11; VK Sachsen, Beschluss v. 2.10.2012 – 1/SVK/022-12; *Summa*, in: Heiermann/Zeiss/Summa, Vergaberecht, § 160 GWB Rn. 310.

112 Vgl. VK Sachsen, Beschluss v. 2.10.2012 – 1/SVK/022-12.

113 Vgl. OLG Düsseldorf, Beschluss v. 11.7.2018 – VII-Verg 24/18 (bejaht bei Unwirksamkeit aller aufgestellten Eignungsanforderungen); OLG München, Beschluss v. 10.8.2017 – Verg 3/17 (abgelehnt für als intransparent beanstandete Auswahlkriterien eines Wettbewerbs); VK Hamburg, Beschluss v. 12.9.2019 – Vgk FB 6/19 (abgelehnt für u.a. unterlassene Angabe der Eignungskriteriengewichtung); VK Sachsen, Beschluss v. 28.8.2015 – 1/SVK/020-15 (bejaht für den Fall, dass keinerlei Eignungsnachweise wirksam gefordert sind); *Summa*, in: Heiermann/Zeiss, Vergaberecht, § 107 GWB Rn. 315.

114 Vgl. VK Sachsen, Beschluss v. 5.2.2013 – 1/SVK/039-12.

115 OLG Dresden, Beschluss v. 25.2.2014 – Verg 9/13.

vorbereitende Handlungen.[116] Die Rügeverpflichtung wird beispielsweise nicht schon durch Hinweise auf ein fehlerhaftes Verhalten von Mitbewerbern ausgelöst. Eine Rüge ist erst dann erforderlich, wenn der Bieter durch Mitteilung des Auftraggebers Klarheit darüber bekommt, dass dieser dieses Verhalten nicht mit der gesetzlich gebotenen Rechtsfolge – etwa einem Ausschluss des Angebotes – behandelt.[117]

Der Antragsteller muss ein und denselben Fehler nicht **mehrfach** gegenüber dem Auftraggeber **rügen**, selbst dann nicht, wenn dieser in Reaktion auf eine erste Rüge sein Vorbringen weiter vertieft und dem Bieter damit zusätzliche Informationen liefert oder einen Ausschluss auf einen weiteren Ausschlussgrund stützt.[118] Etwas anderes kann aber dann gelten, wenn der Auftraggeber auf eine erste Rüge – beispielsweise zur Zuschlagsfähigkeit des Angebotes des Bestbieters – dem Antragsteller erstmals mitteilt, dass dessen eigenes Angebot auszuschließen sei. Dies hat mit dem zunächst geltend gemachten Vergaberechtsverstoß nichts zu tun und ist daher gleichwohl zu rügen.[119] Etwas anderes gilt auch, wenn der Auftraggeber einen Verfahrensabschnitt komplett wiederholt. Dann muss auch der Bieter einen entdeckten Verfahrensverstoß neu rügen.[120] Diese im Grunde richtige Auffassung wird teilweise überdehnt, indem auch bei einer Wiederholung des identischen Verfahrensverstoßes eine erneute Rügeobliegenheit angenommen wird.[121] Dabei wird aber übersehen, dass dann schon tatsächlich keine Wiederholung vorliegen dürfte, sondern allenfalls eine Bestätigung. Es würde den Rechtsschutz aber unzumutbar erschweren, wenn der Bieter so durch den Auftraggeber in eine erneute Rügeobliegenheit gezwungen werden könnte.[122] 47

Die Rügeverpflichtungen wurden mittlerweile auch auf Verfahren angewandt, die nicht direkt Teil 4 GWB unterfallen. So haben mehrere Gerichte entschieden, dass auch im **Unterschwellenbereich** vor Beantragung des Erlasses einer einstweiligen Verfügung (bzw. eines anderen Rechtsmittels) eine Rüge auszusprechen ist.[123] Auch in Verfahren nach der **VO (EG) 1370/2007** über öffentliche Personenverkehrsdienste auf Schiene und Straße soll eine Rüge entsprechend § 160 Abs. 3 GWB erforderlich sein.[124] Für Wettbewerbe gemäß § 103 Abs. 6 GWB geltend die Rügeverpflichtungen dagegen schon unmittelbar.[125] 48

III. Anforderungen

1. Person des Rügenden

Die Rüge muss deutlich den Absender **erkennen lassen**.[126] Wird die Rüge für einen Dritten erhoben, muss dies nach außen erkennbar sein und es muss eine wirksame Bevollmächtigung 49

116 OLG Düsseldorf, Beschluss v. 16.10.2019 – VII-Verg 13/19; Beschluss v. 17.12.2014 – VII-Verg 26/14; Beschluss v. 17.11.2012 – VII-Verg 11/12; OLG München, Beschluss v. 15.3.2012 – 1 Verg 2/12; OLG Koblenz, Beschluss v. 18.9.2003 – 1 Verg 4/03; VK Düsseldorf, Beschluss v. 7.1.2015 – VK-5/2014.

117 Ebenso *Summa*, in: Heiermann/Zeiss/Summa, Vergaberecht, § 160 GWB Rn. 216, mit Verweis auf die abweichende Entscheidung des OLG Karlsruhe, Beschluss v. 8.1.2010 – 15 Verg 1/10; zu einem Grenzfall – Unterbreitung einer Beschlussvorlage an den Kreistag – VK Baden-Württemberg, Beschluss v. 2.2.2010 – 1 VK 75/09.

118 OLG Koblenz, Beschluss v. 18.9.2003 – 1 Verg 4/03.

119 In diesem Sinne wohl auch OLG Koblenz, Beschluss v. 18.9.2003 – 1 Verg 4/03 (Fehleridentität); großzügiger dagegen OLG Brandenburg, Beschluss v. 4.6.2010 – 11 Verg 4/10.

120 OLG Koblenz, Beschluss v. 18.9.2003 – 1 Verg 4/03.

121 VK Mecklenburg-Vorpommern, Beschluss v. 28.2.2012 – 2 VK 8/11; so wohl auch *Byok*, in: Byok/Jaeger, Vergaberecht, § 160 GWB Rn. 122.

122 Vgl. insoweit auch EuGH, Urteil v. 11.10.2007 – Rs. C-241/06 (Lämmerzahl); im Ergebnis wohl ebenso *Summa*, in: Heiermann/Zeiss/Summa, Vergaberecht, § 160 GWB Rn. 166.

123 OLG Saarbrücken, Urteil v. 28.1.2015 – 1 U138/14; LG Bielefeld, Urteil v. 27.2.2014 – 1 O 23/14; LG Wiesbaden, Beschluss v. 12.7.2012 – 4 O 17/12; LG Berlin, Urteil v. 5.12.2011 – 52 O 254/11.

124 OLG Düsseldorf, Beschluss v. 19.2.2020 – VII-Verg 27/17; OLG Rostock, Beschluss v. 20.11.2013 – 17 Verg 7/13; noch offengelassen VK Sachsen, Beschluss v. 8.8.2013 – 1/SVK/025-13.

125 In diesem Sinne OLG Dresden, Beschluss v. 25.2.2014 – Verg 9/13; VK Sachsen, Beschluss v. 9.12.2013 – 1/SVK/035-13; Beschluss v. 22.2.2013 – 1/SVK/047-12.

126 VK Sachsen, Beschluss v. 4.9.2014 – 1/SVK/026-14.

vorliegen. § 174 S. 1 BGB (Vollmachtsurkunde) ist aber weder unmittelbar noch entsprechend anzuwenden, sodass eine Vollmachtsurkunde der Rüge nicht beigefügt werden muss.[127]

50 Bei einer **Bietergemeinschaft** müssen alle Mitglieder rügen. Wenn ein Mitglied als Vertreter der Bietergemeinschaft bestellt ist, muss dieser mit Vollmacht und im Namen der gesamten Bietergemeinschaft rügen.[128] Gleiches muss für eine **Bewerbergemeinschaft** gelten. Ein bloß intern gebliebenes Einverständnis der Mitglieder mit der Rüge eines einzelnen Mitgliedes genügt dazu nicht.[129] Die im Rahmen des Vergabeverfahrens abgegebene Vollmacht zum Abschluss von Rechtsgeschäften soll nach Auffassung der Rechtsprechung zur Bevollmächtigung auch für ein Rügeverfahren ebenfalls nicht ausreichend sein.[130]

2. Form und Inhalt

51 Eine besondere **Form** für die Rüge schreibt § 160 Abs. 3 GWB nicht vor. Deswegen sind grundsätzlich auch mündliche Rügen[131] oder Rügen per E-Mail oder Telefax[132] möglich. Mit Einführung der elektronischen Kommunikation im Vergabeverfahren (§ 97 Abs. 5 GWB) stellen sich hier allerdings weitere Fragen. Nach dazu ergangener Rechtsprechung kann eine Rüge auch über die allgemeine Bieterkommunikation eines E-Vergabesystems erfolgen,[133] muss es aber nicht.[134] Bei mündlich erhobenen Rügen besteht allerdings die Gefahr, dass deren konkreter Inhalt im Rahmen des Vergabenachprüfungsverfahrens gegebenenfalls nicht ausreichend dargelegt werden kann.[135] Deswegen sollte die Rüge in der Praxis schriftlich oder zumindest in Textform (z. B. per E-Mail) erfolgen.

52 Die Rüge muss nicht zwingend als solche bezeichnet sein.[136] Erforderlich ist allerdings, dass aus ihr für den Auftraggeber unmissverständlich hervorgeht, welches Verhalten als **Vergaberechtsverstoß** angesehen wird und inwiefern der Bieter vom Auftraggeber **Abhilfe** verlangt.[137] Entscheidend ist hier eine objektive Betrachtung aus Sicht des Auftraggebers. Das Unternehmen kann sich daher nicht später darauf berufen, dass als Fragen formulierte Rügen gar nicht als Rügen gemeint gewesen seien.[138] Die Fülle von vergaberechtlichen Entscheidungen zeigt, dass hier Bieter oft zu ungenau formulieren. Allgemeine Fragen[139] und Hinweise, Kritik oder Unverständnis stellen genauso wenig eine ausreichende Rüge dar, wie die Ankündigung, man werde das nicht hinnehmen.[140] Ebenso wenig ausreichend ist die Äußerung eines Wunsches oder einer Bitte zur Änderung bestimmter Vorgaben der Leistungsbeschreibung.[141] Zurückhaltung, um es sich mit dem Auftraggeber nicht „zu verscherzen", kann dazu führen, dass ein Vergabenachprüfungsverfahren nicht mehr erfolgreich betrieben werden kann. Für den Auftraggeber muss deutlich werden, welcher Vergabeverstoß nach Auffassung

---

127 OLG Düsseldorf, Beschluss v. 5.12.2001 – Verg 31/01; VK Sachsen, Beschluss v. 4.10.2011 – 1/SVK/037-11; *Dicks*, in: Ziekow/Völlink, Vergaberecht, § 160 GWB Rn. 52.

128 OLG Rostock, Beschluss v. 20.12.2018 – 17 Verg 7/18; *Kadenbach*, in: Willenbruch/Wieddekind, Vergaberecht, § 160 GWB Rn. 52.

129 OLG Dresden, Beschluss v. 23.7.2013 – Verg 4/13.

130 VK Sachsen, Beschluss v. 1.6.2006 – 1/SVK/045-06; ebenso *Summa*, in: Heiermann/Zeiss/Summa, Vergaberecht, § 160 GWB Rn. 145; a.A. VK Nordbayern, Beschluss v. 12.10.2006 – 21-VK-3194-25/06.

131 OLG Düsseldorf, Beschluss v. 16.10.2019 – VII-Verg 13/19; OLG Brandenburg, Beschluss v. 13.9.2011 – Verg W 10/11; OLG Celle, Beschluss v. 30.9.2010 – 13 Verg 10/10; OLG Jena, Beschluss v. 31.8.2009 – 9 Verg 6/09.

132 Vgl. BGH, Beschluss v. 9.2.2004 – X ZB 44/03.

133 OLG Schleswig-Holstein, Beschluss v. 12.9.2019 – 54 Verg 3/19.

134 VK Thüringen, Beschluss v. 21.11.2019 – 250-4003-15123/2019-E-021 – EF; VK Sachsen, Beschluss v. 27.2.2020 – 1/SVK/041–19, selbst für den Fall einer entsprechenden Beschränkung der Kommunikationswege durch den Auftraggeber. Diese stelle eine unzulässige Verschärfung der materiellen und prozessualen Zugangsvoraussetzungen zum Nachprüfungsverfahren dar, die geeignet sei, Bieter unangemessen zu benachteiligen.

135 Zu einem solchen Fall, vgl. OLG Düsseldorf, Beschluss v. 16.10.2019 – VII-Verg 13/19.

136 OLG Jena, Beschluss v. 31.8.2009 – 9 Verg 6/09.

137 OLG Düsseldorf, Beschluss v. 7.12.2011 – VII-Verg 81/11; OLG Celle, Beschluss v. 30.9.2010 – 13 Verg 10/10; VK Bund, Beschluss v. 28.5.2020 – VK 1-34/20; *Byok*, in: Byok/Jaeger, Vergaberecht, § 160 GWB Rn. 108.

138 VK Bund, Beschluss v. 28.5.2020 – VK 1-34/20.

139 Zur Abgrenzung von (Verständnis-)Fragen und von als Fragen ausgestalteten Rügen: VK Bund, Beschluss v. 28.5.2020 – VK 1-34/20.

140 Mit zahlreichen Nachweisen aus der Rechtsprechung: *Weyand*, Vergaberecht, § 107 GWB Rn. 494 ff.

141 OLG Düsseldorf, Beschluss v. 12.2.2020 – VII-Verg 24/19.

des Bieters vorliegt und dass dieser beseitigt werden soll.[142] Der Bieter muss nach vorzuziehender Ansicht den Auftraggeber dabei nicht darauf hinweisen, dass er bei Nichtabhilfe der gerügten Vergaberechtsverstöße die Vergabekammern anrufen wird und dem Auftraggeber eine „letzte Chance" geben will.[143] Die gegenteilige (gegebenenfalls überholte) Auffassung[144] findet weder im Wortlaut des § 160 Abs. 3 GWB eine Stütze, noch erfordert es der Sinn und Zweck der Norm. Da die Rüge Zulässigkeitsvoraussetzung eines Nachprüfungsantrages ist und damit regelmäßig auch dessen Vorbereitung dient, braucht der Auftraggeber darauf nicht noch einmal explizit hingewiesen zu werden.

Im Übrigen sind auch an den **Inhalt** einer Rüge keine übertriebenen Anforderungen zu stellen.[145] Insbesondere sind rechtliche Ausführungen des Rügenden oder die Subsumtion unter eine vergaberechtliche Norm nicht erforderlich.[146] Dies gilt umso mehr, wenn es sich um einen nicht anwaltlich vertretenen Bieter handelt.[147] Allerdings muss auch die Rüge inhaltlich eine gewisse Substanz aufweisen. So sind Rügen „ins Blaue" hinein, d.h. pauschale, nicht spezifizierte Behauptungen ohne tatsächliche Anhaltspunkte unzulässig.[148] Nicht ausreichend ist daher die stichwortartige Aufzählung von mehreren Verstößen ohne jegliche Begründung, die nicht mehr Bezug zum konkreten Vergabeverfahren hat als das *„Stichwortverzeichnis am Ende eines Vergaberechtskommentars"*.[149] Der Bieter steht aber meist vor dem Problem, dass er nur geringen Einblick in das Vergabeverfahren, insbesondere in die Wertung des Auftraggebers, hat. In der Regel enthalten auch die Begründungen der Vorabinformationsschreiben nach § 134 GWB nur wenige Informationen. Auch die Verwertung von Angebotsinhalten der Mitbieter ist mit Risiken verbunden.[150] Nach der in der Rechtsprechung verwendeten Faustformel darf der Bieter daher behaupten, was er auf der Grundlage seines – oft nur beschränkten – Informationsstands redlicherweise für wahrscheinlich oder möglich halten darf, insbesondere dann, wenn es um Vergabeverstöße geht, die sich ausschließlich in der Sphäre der Vergabestelle abspielen oder das Angebot eines Mitbewerbers betreffen.[151] Die Vergabekammern stellen teilweise bei Vergabeverfahren für Liefer- und Dienstleistungen, in denen die Angebote nicht öffentlich submittiert werden, geringere Substanziierungsanforderungen.[152] Der Antragsteller muss aber zumindest tatsächliche Anknüpfungstatsachen oder Indizien vortragen, die einen hinreichenden Verdacht auf einen bestimmten Vergaberechtsverstoß begründen.[153] Die Grenzen sind dabei fließend und die Spruchpraxis der einzelnen Kammern und Senate unterschiedlich „streng". Dies führt in der Praxis zu einem beträchtlichen Maß an Rechtsunsicherheit, auch für den Auftraggeber, da Bieter teilweise mit Rügen erfolgreich in das Verfahren kommen, deren Substanz doch überschaubar ist. Beruft sich ein Antragsteller auf die viel bemühte „Marktkenntnis", ohne zu unterlegen, was sich aus dieser konkret für Mängel im Angebot eines anderen Bieters ergeben sollten, so bleibt der Vortrag gleichsam eine Behauptung und damit substanzlos. Etwas anderes gilt, wenn ein Antragsteller konkret vor- 53

142 OLG München, Beschluss v. 10.12.2009 – Verg 16/09.
143 OLG München, Beschluss v. 10.12.2009 – Verg 16/09; Beschluss v. 5.11.2009 – Verg 15/09; VK Bund, Beschluss v. 16.10.2017 – VK 1-103/17; *Byok*, in: Byok/Jaeger, Vergaberecht, § 160 GWB Rn. 108.
144 OLG Brandenburg, Beschluss v. 17.2.2005 – Verg W 11/04.
145 Statt vieler OLG Brandenburg, Beschluss v. 29.5.2012 – Verg W 5/12; *Dicks*, in: Ziekow/Völlink, Vergaberecht, § 160 GWB Rn. 53.
146 OLG Dresden, Beschluss v. 21.10.2005 – WVerg 5/05.
147 OLG München, Beschluss v. 6.12.2012 – Verg 29/12.
148 OLG München, Beschluss v. 12.10.2012 – Verg 16/12; OLG Brandenburg, Beschluss v. 16.2.2012 – Verg W 1/12.
149 VK Niedersachsen, Beschluss v. 12.6.2015 – VgK-17/2015.
150 Vgl. OLG Brandenburg, Beschluss v. 6.10.2005 – Verg W 7/05: Ein Bieter hatte das ihm zugespielte Angebot in das Vergabenachprüfungsverfahren eingebracht und war wegen Verstoß gegen das Wettbewerbsprinzip selbst ausgeschlossen worden.
151 Vgl. KG, Beschluss v. 19.12.2019 – Verg 9/19, wonach die Substantiierungsanforderungen sinken, wenn der Auftraggeber den Bieter über die inhaltlichen Gründe der Bewertung seines Angebotes weitestgehend im Unklaren lässt; OLG Frankfurt, Beschluss v. 9.7.2010 – 11 Verg 5/10.
152 OLG Celle, Beschluss v. 13.1.2011 – 13 Verg 15/10; VK Münster, Beschluss v. 25.1.2011 – VK 10/10.
153 OLG Düsseldorf, Beschluss v. 1.4.2020 – VII-Verg 30/19; Beschluss v. 16.8.2019 – VII-Verg 56/18; Beschluss v. 13.4.2011 – VII-Verg 58/10; OLG Brandenburg, Beschluss v. 29.5.2012 – Verg W 5/12; OLG Frankfurt, Beschluss v. 9.7.2010 – 11 Verg 5/10; vgl. auch VK Baden-Württemberg, Beschluss v. 23.1.2018 – 1 VK 57/17, die zudem auf § 124 Abs. 1 Nr. 9 lit c GWB abstellt.

tragen kann, aufgrund welcher Umstände er Veranlassung zu der Vermutung hat, dass ein anderer Bieter beispielsweise die Eignungsanforderungen nicht erfüllt oder ein vom Leistungsverzeichnis abweichendes Produkt angeboten hat.[154] Nicht ausreichend ist auch der Vortrag, dass die Erfahrung aus der Teilnahme an zahlreichen Vergabeverfahren diesen oder jenen Mangel vermuten lasse. Erforderlich ist immer der Bezug zum konkreten Verfahren. Substanzlos ist auch eine Rüge, bei der sich die Vermutung der Unvollständigkeit der Angebotsunterlagen auf einen *„ausgesprochen schlanken Umfang"* der Angebotsunterlagen eines Bieters stützt.[155]

3. Zugang beim Auftraggeber

54 Die Rüge ist **gegenüber** dem Auftraggeber zu erheben. Ausnahmsweise kann auch gegenüber einem vom Auftraggeber eingesetzten Dritten (etwa einem eingesetzten Planungsbüro) wirksam gerügt werden, wenn dieser im Vergabeverfahren gegenüber den Unternehmen als Vertreter des Auftraggebers aufgetreten ist.[156] Fallen Vergabestelle und Auftraggeber auseinander, z. B. in den Fällen des § 120 Abs. 4 S. 2 Alt. 2 GWB (zentrale Beschaffungsstelle, soweit diese im Auftrag eines anderen öffentlichen Auftraggeber tätig wird) so kann nach den oben genannten Grundsätzen auch gegenüber der Vergabestelle gerügt werden. Wird ein Auftrag oder eine Konzession durch mehrere Auftraggeber gemeinschaftlich vergeben, so kann das Rügeschreiben an den Auftraggeber gesandt werden, der im Vergabeverfahren gegenüber den Bietern aufgetreten ist. Zur Sicherheit sollte im Rügeschreiben als Adressat aber dann die Auftraggebergemeinschaft bezeichnet werden.[157]

55 Bisher wurde weitgehend vertreten, dass die Rüge erst mit **Zugang** beim Auftraggeber wirksam ist. Der Zugang sollte damit zwingend noch vor Erhebung des Nachprüfungsantrages vorliegen. Maßgeblich ist § 130 BGB, unabhängig davon, ob die Rüge als Willenserklärung oder geschäftsähnliche Handlung angesehen wird.[158] Danach gilt eine Rüge als zugegangen, wenn sie so in den Bereich des Empfängers gelangt ist, dass dieser unter normalen Verhältnissen die Möglichkeit hat, vom Inhalt der Erklärung Kenntnis zu nehmen. Rügen, die nach Dienstschluss bei der Vergabestelle eingehen, sollten der Vergabestelle daher erst am nächsten Arbeitstag zugegangen sein.[159] Diese Auffassung lässt sich nunmehr zumindest für den Rügetatbestand des § 160 Abs. 3 S. 1 Nr. 1 GWB nicht mehr aufrechterhalten. Dieser enthält jetzt eine konkrete Frist. Für die Einhaltung der Rügefrist kommt es damit nicht mehr darauf an, ob der Auftraggeber die Rüge noch am selben Tag zur Kenntnis nehmen kann. Eine gesetzliche Frist kann der Bieter bis zur letzten Sekunde ausschöpfen. Damit ist auch eine Rüge kurz vor Mitternacht noch fristgemäß.[160] Allerdings muss die Rüge immer noch vor Stellung eines Nachprüfungsantrages erfolgen.[161]

56 Eine **Wartefrist** zwischen Erhebung der Rüge und Stellung eines Antrages bei der Vergabekammer existiert nicht. Der Bieter muss insbesondere nicht abwarten, ob bzw. wie der Auftraggeber auf seine Rüge reagiert. Er kann vielmehr unmittelbar nach Zugang der Rüge einen Antrag auf Vergabenachprüfung stellen. Der Antrag auf Nachprüfung ist dann ohne Probleme zulässig.[162] Droht die Zuschlagsfrist noch nicht unmittelbar abzulaufen, ist dem Bieter gleichwohl zu empfehlen, eine etwaige Entscheidung des Auftraggebers abzuwarten. Hilft dieser der Rüge ab, so kann ein schon gestellter Vergabenachprüfungsantrag zwar als zuläs-

---

154 Vgl. etwa OLG Schleswig-Holstein, Beschluss v. 12.11.2020 – 54 Verg 2/20.
155 OLG Dresden, Beschluss v. 30.1.2007 – WVerg 0001/07.
156 VK Sachsen, Beschluss v. 1.4.2010 – 1/SVK/007-10; VK Baden-Württemberg, Beschluss v. 29.6.2009 – 1 VK 27/09; einschränkend *Dicks,* in: Ziekow/Völlink, Vergaberecht, § 160 GWB Rn. 52, mit Verweis auf OLG Düsseldorf, Beschluss v. 8.10.2003 – VII-Verg 32/01.
157 Vgl. OLG Naumburg, Beschluss v. 6.12.2012 – 2 Verg 5/12, welches von einer Unzulässigkeit des Nachprüfungsantrages gegen nur einen von vier Auftraggebern ausgeht.
158 OLG Düsseldorf, Beschluss v. 7.12.2011 – VII-Verg 81/11.
159 OLG Düsseldorf, Beschluss v. 7.12.2011 – VII-Verg 81/11; OLG Dresden, Beschluss v. 11.9.2006 – WVerg 13/06; VK Sachsen, Beschluss v. 11.4.2012 – 1/SVK/005-12 für Rüge freitags um 16:36 Uhr.
160 Siehe hierzu Rn. 67.
161 Siehe hierzu Rn. 42.
162 OLG Düsseldorf, Beschluss v. 11.5.2011 – VII-Verg 10/11; OLG Frankfurt, Beschluss v. 5.10.2010 – 11 Verg 7/10.

sig, aber unnötigerweise verfrüht angesehen werden, mit der Folge, dass der Antragsteller möglicherweise die Kosten des erledigten Verfahrens zu tragen hat.[163]

IV. Erkannte Verstöße (S. 1 Nr. 1)

Hat ein Antragsteller einen Verstoß gegen Vergabevorschriften im Vergabeverfahren erkannt, so hat er diesen innerhalb von zehn Tagen zu rügen, wenn er ihn noch erfolgreich zum Gegenstand eines Vergabenachprüfungsverfahrens machen will. 57

Die konkret bemessene Zehn-Tages-Frist ist im Rahmen des **VergRModG 2016** neu aufgenommen worden und ersetzt den Begriff der Unverzüglichkeit in § 107 Abs. 3 S. 1 Nr. 1 GWB a.F. Damit ist ein wesentlicher Streitpunkt der letzten Jahre entschärft.[164] 58

1. Kenntnis der Vergaberechtsverstöße

§ 160 Abs. 3 S. 1 Nr. 1 GWB stellt – anders als Nr. 2 und 3, bei denen schon Erkennbarkeit ausreicht – auf die **positive Kenntnis** des Vergaberechtsverstoßes ab.[165] Nach einer Entscheidung des BGH besteht dabei noch insoweit Einigkeit, dass für den Beginn der Rügeverpflichtung sowohl die vollständige Kenntnis der Tatsachen, aus denen die Beanstandung im Nachprüfungsverfahren abgeleitet wird, als auch eine zumindest laienhafte rechtliche Bewertung, dass diese Tatsachen zu einer Missachtung von Bestimmungen über das Vergabeverfahren führen, erforderlich ist.[166] Vermutungen reichen daher nicht aus, um die erforderliche Kenntnis zu begründen, ebenso wenig schadet nach herrschender Auffassung fahrlässige oder grob fahrlässige Unkenntnis.[167] Daraus folgt, dass auch eine Pflicht, sich durch Nachforschung Kenntnis der Verstöße zu verschaffen, nicht besteht.[168] 59

Bei **Zweifeln an der Rechtslage** ist positive Kenntnis ausgeschlossen.[169] Ebenfalls nicht ausreichend ist es, dass ein Bieter mit einer bestimmten Vorgabe der Ausschreibung nicht einverstanden ist.[170] Nicht erforderlich ist allerdings die Kenntnis eines völlig zweifelsfreien und in jeder Beziehung sicher nachweisbaren Vergabefehlers.[171] Ausreichend ist vielmehr das Wissen um einen Sachverhalt, der den Schluss auf einen Vergaberechtsverstoß erlaubt und der es bei vernünftiger Betrachtung als gerechtfertigt erscheinen lässt, das Vergabeverfahren als fehlerhaft zu beanstanden.[172] Der Kenntnis des Verstoßes soll es dabei gleichstehen, wenn sich ihr der Bieter willentlich verschließt.[173] An diese Ausnahme sind aber strenge Anforderungen zu stellen. Insbesondere darf dies nicht dazu führen, dass tatsächlich auf die Erkennbarkeit des Verstoßes (vgl. § 160 Abs. 3 S. 1 Nr. 2 und 3 GWB) abgestellt wird. Der Vergabefehler muss sich geradezu aufdrängen. Hat ein Bieter beispielsweise schon mehrere Fehler der Vergabeunterlagen gerügt, so kann daraus nicht geschlossen werden, dass er die Vergabeunterlagen 60

---

163 OLG Düsseldorf, Beschluss v. 11.5.2011 – VII-Verg 10/11; OLG Frankfurt, Beschluss v. 5.10.2010 – 11 Verg 7/10; VK Sachsen, Beschluss v. 5.7.2011 – 1/SVK/026-11, wonach ein Antrag aber dann nicht verfrüht ist, wenn der Auftraggeber mitgeteilt hat, den Zuschlag erst später, als in der Information nach § 134 GWB mitgeteilt wurde, erteilen zu wollen. Ein gleichwohl nach Ablauf der ursprünglich mitgeteilten Frist erteilter Zuschlag wäre dadurch nicht unwirksam, sodass dem Antragsteller diese Rechtsunsicherheit nicht zugemutet werden kann.

164 Siehe hierzu Rn. 65.

165 Nach EuGH, Urteil v. 28.1.2010 – Rs. C-406/08 (Uniplex), Rn. 32, entspricht dies den Anforderungen an Art. 1 Abs. 1 RL 89/665/EWG.

166 BGH, Beschluss v. 26.9.2006 – X ZB 14/06, Rn. 35; dem folgend etwa nur OLG Brandenburg, Beschluss v. 28.8.2012 – Verg W 19/11; OLG Karlsruhe, Beschluss v. 6.4.2011 – 15 Verg 3/11; OLG Dresden, Beschluss v. 23.4.2009 – WVerg 11/08.

167 OLG Frankfurt, Beschluss v. 5.10.2010 – 11 Verg 7/10; *Byok,* in: Byok/Jaeger, Vergaberecht, § 160 GWB Rn. 75; *Dicks,* in: Ziekow/Völlink, Vergaberecht, § 160 GWB Rn. 40.

168 OLG Brandenburg, Beschluss v. 28.8.2012 – Verg W 19/11; OLG Dresden, Beschluss v. 23.4.2009 – WVerg 11/08; OLG Jena, Beschluss v. 30.3.2009 – 9 Verg 12/08; *Byok,* in: Byok/Jaeger, Vergaberecht, § 160 GWB Rn. 76.

169 OLG Düsseldorf, Beschluss v. 16.12.2009 – VII-Verg 32/09; *Byok,* in: Byok/Jaeger, Vergaberecht, § 160 GWB Rn. 75.

170 OLG Karlsruhe, Beschluss v. 6.4.2011 – 15 Verg 3/11.

171 OLG Koblenz, Beschluss v. 3.4.2008 – 1 Verg 1/08; *Byok,* in: Byok/Jaeger, Vergaberecht, § 160 GWB Rn. 75.

172 OLG Karlsruhe, Beschluss v. 6.2.2007 – 17 Verg 7/06.

173 BGH, Beschluss v. 26.9.2006 – X ZB 14/06, Rn. 35; OLG Dresden, Beschluss v. 23.4.2009 – WVerg 11/08; jeweils im konkreten Fall bejaht: OLG Karlsruhe, Beschluss v. 6.2.2007 – 17 Verg 7/06; VK Südbayern, Beschluss v. 6.5.2009 – Z3-3-3194-1-14-04/09; *Kadenbach,* in: Willenbruch/Wieddekind, Vergaberecht, § 160 GWB Rn. 61.

schon vollständig durchdrungen und auch andere Verstöße der Vergabeunterlagen erkannt hat.[174] Auch eine unterlassene Weiterleitung der Informationen an den fachkundigen Mitarbeiter des Bieters soll im Bereich der fahrlässigen Verhinderung der Kenntniserlangung liegen und damit rechtlich die Erkennbarkeit des Vergabeverstoßes betreffen, welche für die Begründung der Rügeobliegenheit nach § 160 Abs. 3 S. 1 Nr. 1 GWB nicht ausreicht.[175] Die Abgrenzung zwischen nur vermuteten und erkannten Vergaberechtsverstößen ist äußerst schwierig. Eine umstrittene Rechtslage oder fehlende höchstrichterliche Entscheidungen schließen eine rechtliche Würdigung eines Verhaltens als rechtsfehlerhaft aber nicht von vornherein aus. Für eine Kenntnis i.S.d. § 160 Abs. 3 S. 1 Nr. 1 GWB kann es nicht als erforderlich angesehen werden, dass der Bieter ein Verhalten als definitiv vergaberechtswidrig einordnet. Fragwürdig ist in diesem Zusammenhang insbesondere die Konsequenz, bei lediglich vermuteten jedoch nicht positiv erkannten Verstößen gegen Vergaberecht auf die Rügeverpflichtung gänzlich zu verzichten.[176] Denn mit Antragstellung wird gerade die Rechtswidrigkeit einzelner Verhaltensweisen des Auftraggebers geltend gemacht, deshalb muss natürlich spätestens zu diesem Zeitpunkt die Vermutung zu einer ausreichenden Kenntnis gereift sein.[177] Insoweit darf die erforderliche Kenntnis nicht mit der Gewissheit über das Bestehen des Vergaberechtsverstoßes verwechselt werden. Diese gewinnt der Antragsteller freilich erst am Ende des Nachprüfungs- bzw. Beschwerdeverfahrens. Zu verlangen ist also mindestens ein Zustand, in dem ein beanstandetes Vergabeverhalten auch in rechtlicher Hinsicht als problematisch eingestuft wird und nicht nur bloße Rechtszweifel bestehen.[178]

61 Bei der Beurteilung ist auf die individuellen Fähigkeiten des Antragstellers abzustellen und somit in jedem Verfahren eine Einzelfallentscheidung zu treffen. **Kriterien** sind die Erfahrung mit öffentlichen Vergabeverfahren, die Schwierigkeit der Sach- und Rechtslage, die Fachkunde der Mitarbeiter bzw. das Vorhandensein einer eigenen Rechtsabteilung in Großunternehmen. Bei Bietern ohne besondere Erfahrung mit öffentlichen Vergabeverfahren oder ausländischen Bietern wird eine rechtliche Beurteilung erst nach Einholung von Rechtsrat möglich sein.[179] Großkonzerne mit eigener Rechtsabteilung und fachkundigen, in Ausschreibung erfahrenen Mitarbeitern werden anwaltliche Hilfe nur in Ausnahmefällen, also bei besonderer Sach- und Rechtslage und außergewöhnlichen Verstößen, benötigen.[180]

62 Bei **juristischen Personen** muss die Kenntnis nicht zwingend beim vertretungsberechtigten Organ vorliegen. Vielmehr ist es ausreichend, wenn derjenige Kenntnis hat, der befugt ist, für ein Unternehmen im konkreten Vergabeverfahren verbindliche Erklärungen abzugeben.[181] Auch die Kenntnis eines Wissensvertreters, also desjenigen, der nach der Geschäftsorganisation berufen ist, bestimmte Aufgaben in eigener Verantwortung zu erledigen und Informationen zur Kenntnis zu nehmen und weiterzugeben, ist ausreichend.[182] Die Kenntnis eines Verfahrensbevollmächtigten muss sich ein Antragsteller ebenfalls zurechnen lassen.[183]

63 § 160 Abs. 3 S. 1 Nr. 1 GWB gilt zudem nur für Verstöße, die **vor Einreichen des Vergabenachprüfungsverfahrens** erkannt worden sind. Damit ist die Vorschrift jetzt noch deutlicher gefasst. Zuvor war in § 107 Abs. 3 S. 1 Nr. 1 GWB a.F. von „Verstößen im Vergabeverfahren" die Rede. Inhaltlich hat sich dadurch allerdings nichts geändert. Denn schon nach der Rechtsprechung zur alten Fassung musste ein Bieter Verstöße, die er erst im Vergabenachprüfungsverfahren erkannt hat, nicht mehr rügen. Vielmehr konnten diese auch bisher sofort in das

174 Vgl. OLG Dresden, Beschluss v. 23.4.2009 – WVerg 11/08.
175 OLG Naumburg, Beschluss v. 18.10.2019 – 7 Verg 4/19.
176 So aber OLG Düsseldorf, Beschluss v. 16.12.2009 – VII-Verg 32/09.
177 VK Bund, Beschluss v. 30.10.2019 – VK 1-77/19; so im Ergebnis auch *Summa,* in: Heiermann/Zeiss/Summa, Vergaberecht, § 160 GWB Rn. 243.
178 OLG Karlsruhe, Beschluss v. 6.2.2007 – 17 Verg 7/06.
179 OLG München, Beschluss v. 3.11.2011 – Verg 14/11; *Byok,* in: Byok/Jaeger, Vergaberecht, § 160 GWB Rn. 76 m.w.N.
180 OLG Frankfurt, Beschluss v. 15.7.2008 – 11 Verg 4/08; OLG Bremen, Beschluss v. 3.4.2007 – Verg 2/07.
181 OLG Düsseldorf, Beschluss v. 16.10.2019 – VII-Verg 13/19; VK Baden-Württemberg, Beschluss v. 20.5.2009 – 1 VK 18/09; im Ergebnis ebenso VK Bund, Beschluss v. 6.7.2011 – VK 3-80/11.
182 *Dicks,* in: Ziekow/Völlink, Vergaberecht, § 160 GWB Rn. 42 m.w.N. und Abgrenzungsbeispielen.
183 VK Hamburg, Beschluss v. 12.9.2019 – Vgk FB 6/19.

Vergabenachprüfungsverfahren eingebracht werden.[184] Ist eine Rüge nicht erforderlich, so muss der Vortrag auch nicht innerhalb von zehn Tagen entsprechend § 160 Abs. 3 S. 1 Nr. 1 GWB in das Verfahren eingebracht werden. Die Vorschrift ist im Nachprüfungsverfahren nicht, auch nicht analog anwendbar.[185] Der Antragsteller kann mit dem Vorbringen nur ausgeschlossen werden, wenn er seine Verfahrensförderungspflicht aus § 167 Abs. 2 S. 1 GWB verletzt.[186]

2. Rügefrist

Der Vergaberechtsverstoß ist innerhalb von zehn Tagen nach Kenntnis zu rügen. **64**

Die Rügefrist wurde durch das **VergRModG 2016** neu eingefügt. Sie ersetzt den vorher in **65** § 107 Abs. 3 S. 1 Nr. 1 GWB a.F. enthaltenen Begriff der Unverzüglichkeit. Im Referentenentwurf des BMWi war zunächst überhaupt keine Frist für die Rüge mehr vorgegeben. Die Vorgabe einer konkreten Frist dürfte im Vergleich zur vorherigen Rechtslage zu erheblich mehr Rechtssicherheit aufseiten der Bieter als auch aufseiten der Auftraggeber führen. Denn die Ausfüllung des Kriteriums der Unverzüglichkeit in § 107 Abs. 3 S. 1 Nr. 1 GWB a.F. war von mehreren Unwägbarkeiten betroffen. Teile der obergerichtlichen Rechtsprechung, denen die Literatur wohl überwiegend gefolgt ist, gingen aufgrund einer Entscheidung des EuGH schon davon aus, dass die deutsche Umsetzung von Art. 1 Abs. 1 RL 89/665/EWG europarechtswidrig und daher nicht anzuwenden war.[187] Der EuGH hatte entschieden, dass Art. 1 Abs. 1 RL 89/665/EWG einer nationalen Bestimmung entgegensteht, auf deren Grundlage ein nationales Gericht einen Nachprüfungsantrag in Anwendung des nach Ermessen beurteilten Kriteriums der Unverzüglichkeit der Verfahrenseinleitung wegen Fristversäumnis zurückweisen kann.[188] Diese Rechtsprechung des EuGH war letztlich auch der Grund für die gesetzliche Novellierung.[189] Darüber hinaus war auch die Spruchpraxis der Vergabenachprüfungsinstanzen zur Frage, welche Frist noch als unverzüglich anzusehen ist, sehr uneinheitlich.[190] Insofern ist eine gesetzlich geregelte Frist zu begrüßen.

Mit der Rügefrist von zehn Tagen sollen insbesondere die Zulässigkeitsanforderungen des **66** § 160 Abs. 3 S. 1 Nr. 1 GWB sowie die **Informations-** und **Wartepflicht** gemäß § 134 Abs. 1 und 2 GWB besser aufeinander abgestimmt werden.[191] Die Mindeststillhaltefrist des Auftraggebers beträgt gemäß § 134 Abs. 2 GWB je nach Übermittlungsart fünfzehn bzw. (bei Übermittlung auf elektronischem Wege oder per Fax) zehn Tage. Diese Mindestüberlegungsfrist soll durch die Rügefrist von zehn Tagen gewährleistet und gestärkt werden. Im Einzelfall werden Stillhaltefrist des Auftraggebers und Rügefrist der Bieter gleichwohl nicht parallel laufen. Denn während § 134 Abs. 2 GWB auf die Absendung der Vorabinformation abstellt, ist für den Beginn der Rügefrist die Kenntnis des Verstoßes ausschlaggebend. Diese können im Einzelfall natürlich (auch erheblich) voneinander abweichen. Insoweit ist auch die neu aufgenom-

---

184 Vgl. BGH, Beschluss v. 26.9.2006 – X ZB 14/06, Rn. 37; KG, Beschluss v. 18.3.2010 – 2 Verg 12/09; dies gilt selbst dann, wenn der Antrag zunächst unzulässig war: OLG Frankfurt, Beschluss v. 8.12.2009 – 11 Verg 6/09.

185 VK Baden-Württemberg, Beschluss v. 23.1.2018 – 1 VK 57/17; so auch *Byok,* in: Byok/Jaeger, Vergaberecht, § 160 GWB Rn. 121; a.A. für § 107 Abs. 3 S. 1 Nr. 1 GWB a.F. wohl OLG Brandenburg, Beschluss v. 10.1.2012 – Verg W 18/11 (unverzüglich).

186 OLG Frankfurt, Beschluss v. 10.6.2011 – 11 Verg 4/11.

187 OLG Koblenz, Beschluss v. 16.9.2013 – 1 Verg 5/13; OLG Celle, Beschluss v. 26.4.2010 – 13 Verg 4/10 (nicht tragend); VK Südbayern, Beschluss v. 18.3.2015 – Z3-3-3194-1-62-12/14; VK Arnsberg, Beschluss v. 25.8.2010 – VK 15/10; VK Hamburg, Beschluss v. 7.4.2010 – VK BSU 2/10; VK Rheinland-Pfalz, Beschluss v. 20.4.2010 – VK 2-9/10; VK Saarland, Beschluss v. 1.3.2010 – 1 VK 03/2010; *Byok,* in: Byok/Jaeger, Vergaberecht, § 160 GWB Rn. 83 ff.; *Summa,* in: Heiermann/Zeiss/Summa, Vergaberecht, § 160 GWB Rn. 207; a.A. OLG Rostock, Beschluss v. 20.10.2010 – 17 Verg 5/10; OLG Dresden, Beschluss v. 7.5.2010 – WVerg 6/10; dem sind gefolgt VK Niedersachsen, Beschluss v. 14.2.2012 – VgK-05/2012; VK Bund, Beschluss v. 9.1.2012 – VK 1-162/11; VK Brandenburg, Beschluss v. 17.10.2011 – VK 39/11; VK Baden-Württemberg, Beschluss v. 9.6.2011 – 1 VK 26/11; VK Sachsen-Anhalt, Beschluss v. 25.5.2011 – 1 VK LSA 58/10.

188 EuGH, Urteil v. 28.1.2010 – Rs. C-406/08 (Uniplex), Rn. 41 ff.; Urteil v. 28.1.2010 – Rs. C-456/08 (Kommission/Irland), Rn. 74 ff.

189 Vgl. Gesetzesbegründung zu § 160 GWB, VergRModG 2016, BT-Drs. 18/6281, 135.

190 Diese ging von wenigen Tagen bis zu zwei Wochen, vgl. zu den Einzelheiten *Hofmann,* in: Müller-Wrede, Taschenkommentar GWB-Vergaberecht, § 107 Rn. 32.

191 Vgl. Gesetzesbegründung zu § 160 GWB, VergRModG 2016, BT-Drs. 18/6281, 134.

mene Klarstellung in § 160 Abs. 3 S. 1 Nr. 1 Hs. 2 GWB zu begrüßen. Danach bleibt der Ablauf der Stillhaltefrist nach § 134 Abs. 2 GWB unberührt. Denn die Rügefrist konkretisiert nur die Rügeobliegenheit der Bieter, berührt aber nicht die Möglichkeit des Auftraggebers, den Zuschlag zu erteilen. Dieser kann vielmehr den Zuschlag – wie im Informationsschreiben nach § 134 Abs. 1 GWB angekündigt – erteilen. Ein Zuwarten auf eine Rüge ist nicht erforderlich. Mit (wirksamer) Erteilung des Zuschlages ist auch ein Vergabenachprüfungsverfahren nicht mehr zulässig, § 168 Abs. 2 S. 1 GWB. Dies bedeutet im Ergebnis, dass ein Bieter zwar maximal zehn Tage Zeit zur Rüge hat, diese Frist aber im Einzelfall nicht völlig ausschöpfen kann, wenn er noch einen Vergabenachprüfungsantrag bei der Vergabekammer stellen will. Zu beachten ist insoweit auch, dass die Zuschlagssperre des § 169 Abs. 1 GWB erst mit Übermittlung des Antrages an den Auftraggeber eintritt. Zudem hat die Vergabekammer den Antrag vor Übermittlung noch darauf zu überprüfen, ob dieser offensichtlich unzulässig oder unbegründet ist, § 163 Abs. 2 S. 1 GWB. Die Bieter müssen also unbedingt den vom Auftraggeber mitgeteilten Zeitpunkt des frühestmöglichen Vertragsschlusses im Auge behalten, um eine Rüge und einen Vergabenachprüfungsantrag noch rechtzeitig platzieren zu können. Ob damit in Zukunft der Sinn der Rüge, dem Auftraggeber noch die Möglichkeit zur Überprüfung und gegebenenfalls der Abhilfe zu geben, noch eine große Rolle spielt, oder vielmehr die Rüge zum reinen Formalismus verkommt, wird abzuwarten sein. Zumindest bei Rügen aufgrund der Vorabinformation nach § 134 Abs. 1 GWB kann Bietern, die tatsächlich auf eine Abhilfe hoffen, daher nur empfohlen werden, so schnell wie möglich zu rügen, damit der Auftraggeber noch Zeit zur Reaktion hat. Die Zehn-Tage-Frist wird daher vor allem für die Fälle von Bedeutung sein, in denen Bieter im Laufe des Vergabeverfahrens Kenntnis von Vergabeverstößen erlangt haben.

67 Die Frist **beginnt** mit Kenntnis des Vergaberechtsverstoßes. Der Tag, an dem die Kenntnisnahme erfolgt, wird gemäß § 31 Abs. 1 VwVfG i.V.m. § 187 Abs. 1 BGB als fristauslösendes Ereignis nicht mitgezählt. Die Rügefrist beginnt daher erst am Tag nach der Kenntnis und endet am zehnten Tag um 24:00 Uhr. Auf den Zugang der Rüge, also die Möglichkeit der Kenntnis des Auftraggebers unter normalen Umständen, kommt es nicht an. Fällt das Fristende auf einen Feiertag, Sonnabend oder Sonntag, so verlängert sich die Frist gemäß § 31 Abs. 3 VwVfG (bzw. § 193 BGB) bis auf den nächsten Werktag. Auch insoweit besteht ein Unterschied zur Wartefrist in § 134 Abs. 2 GWB. Für deren Ablauf ist es unerheblich, wenn das Ende auf einen Sonnabend, Sonntag oder Feiertag fällt.[192]

68 Eines **Hinweises** in der Auftragsbekanntmachung oder im Informationsschreiben nach § 134 Abs. 1 GWB bedarf es nicht.[193] Denn bei der Rügefrist des § 160 Abs. 3 S. 1 Nr. 1 GWB handelt es sich – anders als bei § 160 Abs. 3 S. 1 Nr. 4 GWB[194] – nicht um eine Rechtsbehelfsfrist, sondern um eine Obliegenheit.

V. Erkennbare Verstöße (S. 1 Nr. 2 und 3)

69 Anders als § 160 Abs. 3 S. 1 Nr. 1 GWB stellen Nr. 2 und Nr. 3 nicht auf die positive Kenntnis, sondern nur auf die Erkennbarkeit der Vergaberechtsverstöße ab. Nr. 2 bezieht sich dabei auf Fehler, die aus der Bekanntmachung erkennbar sind, und Nr. 3 auf Fehler, die sich erst aus den Vergabeunterlagen ergeben.

70 Im Hinblick auf **europarechtliche Vorgaben** ist die Vorschrift unbedenklich.[195] Nach der Rechtsprechung des EuGH sind Ausschlussfristen für die Einlegung von Rechtsbehelfen grundsätzlich zulässig. Voraussetzung ist, dass der Rechtsschutzsuchende von dem geltend gemachten Verstoß gegen die genannten Vorschriften Kenntnis erlangt hat oder – wie in den Fällen des § 160 Abs. 3 S. 1 Nr. 2 und 3 GWB – hätte erlangen müssen.[196]

---

192 VK Bund, Beschluss v. 30.1.2015 – VK 2-115/14.
193 OLG Frankfurt, Beschluss v. 23.6.2020 – 11 Verg 2/20.
194 Vgl. Rn. 95.
195 EuGH, Urteil v. 12.3.2015 – Rs. C-538/13 (eVigilo), Rn. 51, 55; so auch *Byok*, in: Byok/Jaeger, Vergaberecht, § 160 GWB Rn. 87; a.A. noch *Jäger*, NZBau 2009, 558 (560).
196 EuGH, Urteil v. 12.3.2015 – Rs. C-538/13 (eVigilo), Rn. 51, 52.

Eines **Hinweises** in der Auftragsbekanntmachung oder den Vergabeunterlagen auf die Rügeobliegenheit bedarf es nicht.[197] 71

1. Erkennbarkeit

Die Bestimmung des Begriffs der **Erkennbarkeit** begegnet ähnlichen Problemen wie die Auslegung der Kenntnis. Erkennbar ist ein Vergaberechtsverstoß, wenn sich die zugrunde liegenden Tatsachen aus der Bekanntmachung bzw. den Vergabeunterlagen ergeben und von einem durchschnittlichen Bieter als Verstoß gegen Bestimmungen des Vergabeverfahrens erkannt werden können.[198] Auch die Erkennbarkeit muss also sowohl in tatsächlicher als auch in rechtlicher Hinsicht vorliegen. Wann dies der Fall sein wird, ist auch hier sehr schwer abzugrenzen. Erforderlich ist immer eine Betrachtung des Einzelfalles, sowohl im Hinblick auf den Bieterkreis als auch bezogen auf das konkrete Verfahren. Die einzelnen Vergabenachprüfungsinstanzen sind zudem unterschiedlich streng. Teilweise sind hier Tendenzen auszumachen, nach denen die Rügeverpflichtungen insgesamt nur noch restriktiv ausgelegt und sparsam angewandt werden.[199] Dies führt im Ergebnis dazu, dass die Rügeverpflichtungen nach § 160 Abs. 3 S. 1 Nr. 2 und 3 GWB teilweise leerlaufen. Erforderlich ist dies nicht, da die Pflicht zur vorherigen Rüge grundsätzlich richtlinienkonform ist.[200] Hierbei darf aber nicht übersehen werden, dass es in erster Linie Aufgabe des Auftraggebers ist, ein vergaberechtskonformes Vergabeverfahren durchzuführen. Diese Verantwortung darf nicht über § 160 Abs. 3 S. 1 Nr. 2 und 3 GWB auf den Bieter verlagert werden. Nach Sinn und Zweck der Rüge wird ihm aber aufgrund des vorvertraglichen Vertrauensverhältnisses zugemutet, den Auftraggeber auf die Vergabeverstöße aufmerksam zu machen, die ihm auffallen müssen. 72

Überwiegend wird bei der Feststellung der Erkennbarkeit auf einen **objektiven Maßstab** abgestellt. Erkennbar sind danach Verstöße, die bei üblicher Sorgfalt und den üblichen Kenntnissen von einem durchschnittlichen Unternehmen erkannt werden.[201] Beim Maßstab der Erkennbarkeit ist also nicht auf den Vergaberechtsexperten, sondern vielmehr auf diejenigen abzustellen, die Adressaten der Bekanntmachung sind, nämlich die Bieter; diese prägen den objektiven Empfängerhorizont, aus dem heraus die Erkennbarkeit zu beurteilen ist.[202] Der Maßstab kann aufgrund des konkreten Bieterkreises durchaus divergieren. Handelt es sich um einen Markt mit nur wenigen, spezialisierten Großunternehmen, die im Wesentlichen Aufträge für öffentliche Auftraggeber ausführen (z. B. im Bereich von Schienenfahrzeugen), können im Zweifel strengere Maßstäbe anzusetzen sein,[203] als bei einem Markt mit kleinen oder mittleren Unternehmen, die sich nur gelegentlich an öffentlichen Ausschreibungen beteiligen. So wird insgesamt auch eine Entscheidung des EuGH zu verstehen sein, wonach Fristen für ein Nachprüfungsverfahren erst dann beginnen können, wenn ein durchschnittlich fachkundiger Bieter den relevanten Sachverhalt (nachvollziehen konnte oder) hätte nachvollziehen können müssen.[204] Andere Teile der Rechtsprechung berücksichtigen dagegen (zusätzlich) die individuellen vergaberechtlichen Kenntnisse des jeweiligen Antragstellers,[205] etwa ob ein Unternehmen schon (erhebliche) Erfahrungen mit öffentlichen Aufträgen hat und daher gewisse Rechtskenntnisse vorausgesetzt werden können.[206] 73

197 OLG Frankfurt, Beschluss v. 23.6.2020 – 11 Verg 2/20.
198 OLG Düsseldorf, Beschluss v. 12.10.2011 – VII-Verg 46/11.
199 So in OLG Düsseldorf, Beschluss v. 21.10.2015 – VII-Verg 28/14; vgl. auch Beschluss v. 22.1.2014 – VII-Verg 26/13.
200 Siehe Rn. 70.
201 OLG Schleswig-Holstein, Beschluss v. 12.11.2020 – 54 Verg 2/20; OLG Frankfurt, Beschluss v. 11.6.2013 – 11 Verg 3/13; OLG Celle, Beschluss v. 16.6.2011 – 13 Verg 3/11; offengelassen OLG München, Beschluss v. 29.7.2010 – Verg 9/10; *Summa*, in: Heiermann/Zeiss/Summa, Vergaberecht, § 160 GWB Rn. 267.
202 VK Bund, Beschluss v. 10.2.2011 – VK 3 – 8/11.
203 Vgl. KG, Beschluss v. 20.3.2020 – Verg 7/19.
204 EuGH, Urteil v. 12.3.2015 – Rs. C-538/13 (eVigilo), Rn. 55.
205 So insbesondere OLG Düsseldorf, Beschluss v. 19.6.2013 – VII-Verg 8/13; Beschluss v. 18.10.2006 – VII-Verg 35/06; VK Brandenburg, Beschluss v. 10.2.2012 – VK 1/12 (gegenstandslos); einschränkend auch VK Schleswig-Holstein, Beschluss v. 28.10.2011 – VK-SH 16/11; VK Berlin, Beschluss v. 26.4.2011 – VK B 2-3/11.
206 VK Schleswig-Holstein, Beschluss v. 14.9.2015 – VK-SH 11/15.

74 In **tatsächlicher Hinsicht** ist die Erkennbarkeit meist weniger problematisch, da sich die relevanten Sachverhalte in der Regel unmittelbar aus den Vergabeunterlagen oder der Bekanntmachung ergeben. Etwas anderes gilt aber dann, wenn beispielsweise erhebliche technische Kompetenz und Marktkenntnis erforderlich sind, etwa um eine versteckte, fehlende Produktneutralität zu erkennen.[207] Ebenso nicht erkennbar sind Unklarheiten in den Verdingungsunterlagen, wenn bei objektiver Lesart mehrere Auslegungen vertretbar sind.[208] Offensichtliche Widersprüche fallen allerdings nicht darunter, insbesondere solche, die dem Bieter bei der Erstellung des Angebotes auffallen müssen.

75 Weit größere Abgrenzungsprobleme werden sich in aller Regel bei der Erkennbarkeit in **rechtlicher Hinsicht** ergeben. Voraussetzung ist hier, dass die Rechtsvorschriften, gegen die verstoßen wird, zum allgemeinen und grundlegenden Wissen der beteiligten Bieterkreise gehören.[209] Hier ist grundsätzlich von einem anwaltlich noch nicht beratenen Bieter auszugehen.[210] Maßstab kann aber genauso wenig der rechtlich völlig ahnungslose Bieter sein. Vielmehr wird ein durchschnittlicher Bieter, der sich nicht zum ersten Mal an einer Ausschreibung beteiligt, schon über eine gewisse Erfahrung in Vergabeverfahren verfügen. Insgesamt stellt sich die Frage, inwiefern eine unübersichtliche bzw. schwierige Rechtslage oder divergierende Entscheidungen der Vergabenachprüfungsbehörden einer Erkennbarkeit in rechtlicher Hinsicht entgegenstehen. Auf die entsprechenden Ausführungen zu § 160 Abs. 3 S. 1 Nr. 1 GWB[211] wird sinngemäß verwiesen. Erforderlich, aber auch ausreichend ist, dass ein durchschnittlicher Bieter einen Sachverhalt zumindest als rechtlich problematisch einstufen würde. Dies soll der Fall sein, wenn sich der Verstoß bei Beachtung der gebotenen Sorgfalt bereits als vergaberechtswidrig erschließt.[212] Zu weitgehend ist dagegen, dass ein Bieter den Sachverhalt als definitiv vergaberechtswidrig einordnen können muss. Denn dies wird er im Zweifel erst nach Abschluss des Vergabenachprüfungsverfahrens beurteilen können. Ebenfalls zu weitgehend ist die Begrenzung auf Rechtsverstöße, die auf der allgemeinen Überzeugung der Vergabepraxis beruhen und jedem ins Auge fallen.[213] Jedenfalls Vergaberechtsverstöße, die sich schon durch bloßes Lesen der einschlägigen Normen und einen Vergleich mit dem Text der Vergabeunterlagen ohne weiteres feststellen lassen, sind für einen durchschnittlichen Bieter erkennbar.[214] Auch Verstöße, die dem Antragsteller bei der Kalkulation ins Auge springen oder dem Bieter bei der Erstellung des Angebotes Probleme bereiten und dem Verfahren quasi *„auf die Stirn geschrieben"* sind, müssen zu einer Erkennbarkeit führen.[215] Beruht der Verstoß dagegen auf einer Auslegung der Gesetze oder der Spruchpraxis der Vergabenachprüfungsinstanzen, so ist zu fragen, ob die Entscheidung dem relevanten Bieterkreis schon bekannt sein wird. Auch bei Grundsatzentscheidungen des EuGH oder des BGH ist dies nur mit einigem Nachlauf der Fall.[216] Etwas anderes gilt dann, wenn die Problematik so intensiv und zahlreich in der Rechtsprechung und der einschlägigen Kommentarliteratur behandelt und thematisiert wurde, dass ein durchschnittliches Unternehmen, das nicht unerfahren mit öffentlichen Aufträgen ist, sich vor diesem Thema nicht verschließen kann.[217]

---

207 Vgl. OLG Frankfurt, Beschluss v. 11.6.2013 – 11 Verg 3/13; VK Südbayern, Beschluss v. 19.5.2014 – Z3-3-3194-1-08-03/14, im konkreten Fall Erkennbarkeit bejaht.

208 So auch VK Münster, Beschluss v. 24.6.2011 – VK 6/11.

209 OLG Düsseldorf, Beschluss v. 3.4.2019 – VII-Verg 49/18.

210 OLG Frankfurt, Beschluss v. 11.6.2013 – 11 Verg 3/13.

211 Siehe Rn. 60.

212 BGH, Beschluss v. 26.9.2006 – X ZB 14/06.

213 So aber OLG Düsseldorf, Beschluss v. 22.1.2014 – VII-Verg 26/13.

214 OLG Celle, Beschluss v. 16.6.2011 – 13 Verg 3/11; OLG Koblenz, Beschluss v. 7.11.2007 – 1 Verg 6/07; *Summa,* in: Heiermann/Zeiss/Summa, Vergaberecht, § 160 GWB Rn. 277.

215 OLG Schleswig-Holstein, Beschluss v. 12.11.2020 – 54 Verg 2/20; VK Nordbayern, Beschluss v. 5.2.2013 – 21.VK-3194-34/12; VK Baden-Württemberg, Beschluss v. 13.9.2012 – 1 VK 32/12; *Dicks,* in: Ziekow/Völlink, Vergaberecht, § 160 GWB Rn. 49.

216 KG, Beschluss v. 20.3.2020 – Verg 7/19 (im konkreten Fall bejaht); vgl. VK Sachsen, Beschluss v. 10.4.2014 – 1/SVK/007-14.

217 OLG Karlsruhe, Beschluss v. 5.11.2014 – 15 Verg 6/14.

Als **erkennbare Vergaberechtsverstöße** wurden etwa angenommen: die Wahl der falschen Verfahrensart,[218] die Wahl der falschen Vergabeordnung,[219] das vollständige Unterlassen einer Losaufteilung,[220] das vollständige Fehlen einer Gewichtung der Wertungskriterien, insbesondere das gänzliche Fehlen einer Umrechnungsformel für die Bewertung des Kriteriums Preis.[221] Das Gleiche muss auch dann gelten, wenn Wertungskriterien derart unbestimmt sind, dass ein Bieter sein Angebot nicht daran ausrichten kann. Nicht erkennbar wird dagegen die Frage sein, ob eine konkrete Umrechnungsformel vergaberechtskonform ist.[222] Als nicht erkennbar wurde auch das Erfordernis der Bekanntgabe der Unter-Unterkriterien angenommen.[223] Erkennbar ist ein potenzieller Verstoß gegen das Gebot der produktneutralen Ausschreibung, wenn unübersehbar ein Leitfabrikat oder eine bestimmte Herkunft (ohne den Zusatz oder gleichwertig) gefordert ist.[224] Ebenfalls erkennbar ist die fehlerhafte Bekanntmachung von Eignungskriterien.[225] Dagegen ist die Frage der Zulässigkeit von eignungsbezogenen Zuschlagskriterien zumindest nach der Vergaberechtsnovelle nicht mehr erkennbar, da das frühere strikte Verbot der Vermischung von Eignungs- und Zuschlagskriterien mittlerweile aufgeweicht wurde.[226] Art. 67 Abs. 2 S. 2 lit. a RL 2014/24/EU lässt in bestimmten Fällen nun die Berücksichtigung der Organisation, Qualifikation und der Ausbildung des Personals als Wertungskriterien zu. Die Kenntnis der ausdifferenzierten Rechtsprechung zur Wertung von Nebenangeboten (Vorgabe von Mindestbedingungen) kann dagegen kaum von einem durchschnittlichen Bieter verlangt werden.[227] Hier zeigt die Praxis, dass selbst Auftraggeber dieses Erfordernis oft nicht kennen. Unterschiedlich sind auch die Entscheidungen zur Frage der Erkennbarkeit der (Nicht-)Anwendung vergaberechtlicher Tariftreueerklärungen.[228] 76

2. Bekanntmachung/Vergabeunterlagen

Unter **Bekanntmachung** ist nicht nur die Auftrags- bzw. Konzessionsbekanntmachung im Supplement des Amtsblattes der Europäischen Union zu verstehen. Vielmehr fällt darunter jede Form der Veröffentlichung, also auch in Tageszeitungen, in amtlichen Veröffentlichungsblättern oder auf Internetportalen.[229] Eine Vorinformation nach § 38 VgV oder § 12 EU Abs. 1 und 2 VOB/A und die regelmäßig nicht verbindliche Bekanntmachung gemäß § 36 SektVO können nur dann eine unmittelbare Rügeverpflichtung nach § 160 Abs. 3 S. 1 Nr. 2 und 3 GWB auslösen, wenn damit gleichzeitig ein Interessensbekundungsverfahren oder ein Aufruf zum Wettbewerb verbunden wird (§ 38 Abs. 4 VgV, § 12 EU Abs. 2 VOB/A, § 36 Abs. 4 SektVO). Soweit der Auftraggeber lediglich eine Verkürzung der Angebotsfrist erreichen will (§ 38 Abs. 3 VgV, § 12 EU Abs. 1 Nr. 2 VOB/A, § 36 Abs. 3 SektVO), enthält die Bekanntmachung noch keine Frist zur Angebotsabgabe oder zur Teilnahme. Eine Rüge gemäß § 160 Abs. 3 S. 1 Nr. 2 GWB – bis zum Ende der Frist zur Angebotsabgabe oder zur Teilnahme – ist damit schon rein praktisch ausgeschlossen. Eine Rügemöglichkeit kann sich in diesen Fällen 77

---

218 OLG Frankfurt, Beschluss v. 5.3.2014 – 11 Verg 2/14.

219 OLG Frankfurt, Beschluss v. 5.3.2014 – 11 Verg 2/14; VK Sachsen, Beschluss v. 18.3.2015 – 1/SVK/001-15.

220 OLG Celle, Beschluss v. 8.9.2011 – 13 Verg 4/11; VK Bund, Beschluss v. 26.7.2013 – VK 2-46/13.

221 VK Sachsen, Beschluss v. 12.6.2015 – 1/SVK/016-15.

222 OLG Düsseldorf, Beschluss v. 29.4.2015 – VII-Verg 35/14; Beschluss v. 22.1.2014 – VII-Verg 26/13; VK Südbayern, Beschluss v. 24.7.2015 – Z3-3-3194-1-28-04/15.

223 OLG Düsseldorf, Beschluss v. 19.6.2013 – VII-Verg 8/13.

224 VK Sachsen, Beschluss v. 22.9.2014 – 1/SVK/029-14; VK Rheinland-Pfalz, Beschluss v. 19.10.2010 – VK 2 – 36/10; a.A. OLG Düsseldorf, Beschluss v. 9.1.2013 – VII-Verg 33/12, vgl. dazu auch Rn 58.

225 OLG Schleswig-Holstein, Beschluss v. 12.11.2020 – 54 Verg 2/20.

226 So schon zur alten Rechtslage OLG Düsseldorf, Beschluss v. 29.4.2015 – VII-Verg 35/14; a.A. noch OLG Karlsruhe, Beschluss v. 5.11.2014 – 15 Verg 6/14.

227 A.A. aber OLG Celle, Beschluss v. 11.2.2010 – 13 Verg 16/09.

228 Ablehnend OLG Karlsruhe, Beschluss. v. 5.11.2014 – 15 Verg 6/14; a.A. VK Schleswig-Holstein, Beschluss v. 14.9.2015 – VK-SH 11/15.

229 OLG Karlsruhe, Beschluss v. 16.12.2009 – 15 Verg 5/09; *Byok*, in: Byok/Jaeger, Vergaberecht, § 160 GWB Rn. 91; *Kadenbach*, in: Willenbruch/Wieddekind, Vergaberecht, § 160 GWB Rn. 75.

allenfalls ergeben, soweit das Unternehmen positive Kenntnis von einem potentiellen Vergaberechtsverstoß erhält.[230]

78 Die **Vergabeunterlagen** umfassen nach § 29 Abs. 1 VgV bzw. § 8 EU Abs. 1 VOB/A das Anschreiben, die Bewerbungs- bzw. Teilnahmebedingungen sowie die Vertragsunterlagen, d. h. die Leistungsbeschreibung und Vertragsbedingungen. Ebenso zählen die Antworten auf Bieteranfragen zu den Vergabeunterlagen.[231]

79 Die Verstöße müssen sich allein aus der Bekanntmachung bzw. den Vergabeunterlagen ergeben. Sind dazu **weitergehende Informationen erforderlich**, so wird eine Rügeobliegenheit nicht ausgelöst. Dies gilt auch dann, wenn in der Bekanntmachung explizit darauf verwiesen wird. Erkennbar sind Verstöße insbesondere dann nicht, wenn sie sich erst aus der Vergabedokumentation ergeben. Verwechselt werden darf dies aber nicht mit den Fällen, in denen sich eine regelmäßig nicht zulässige Vorgabe mit entsprechender Begründung, welche sich wiederum im Vergabevermerk befindet, ausnahmsweise rechtfertigen lässt. Für solche Fälle wird teilweise vertreten, dass ein Bieter einen Vergabeverstoß gar nicht erkennen könne, wenn er – was regelmäßig der Fall ist – nicht die in der Vergabedokumentation niedergelegte Begründung kenne. Ein Beispiel ist eine produktspezifische Ausschreibung, die nur in Ausnahmefällen mit einer entsprechenden Begründung zulässig ist, vgl. § 31 Abs. 6 VgV, § 7 EU Abs. 2 VOB/A.[232] Diese Auffassung ist abzulehnen.[233] Denn der Verstoß ergibt sich hier nicht erst aus der Begründung des Auftraggebers. Aus dieser lässt sich allenfalls ersehen, dass der Auftraggeber gegebenenfalls doch rechtmäßig gehandelt hat. Ist aber eine Vorgabe des Auftraggebers grundsätzlich unzulässig, so kann ein Bieter nicht darauf vertrauen, dass der Auftraggeber in seiner Vergabedokumentation einen rechtfertigenden Grund niedergelegt haben werde. Die gegenteilige Auffassung würde dazu führen, dass die Bieter, da sie in die Vergabedokumentation und die dort niedergelegten Gründe regelmäßig während des Vergabeverfahrens keine Einsicht nehmen können, sich zunächst rügelos auf das Verfahren einlassen und erst nach Zuschlagsentscheidung Vergabefehler geltend machen könnten. Dies würde dem Sinn und Zweck des § 160 Abs. 3 S. 1 Nr. 2 und 3 GWB entgegenstehen, der es dem Auftraggeber im Sinne der Verfahrensbeschleunigung frühzeitig ermöglichen soll, Fehler in den Vergabeunterlagen zu beheben.[234]

3. Rügefrist bei aus der Bekanntmachung erkennbaren Verstößen (Nr. 2)

80 Rügen gegen Verstöße, die aus der Bekanntmachung erkennbar sind, sind bis zum Ende der in der Bekanntmachung benannten Frist zur Angebotsabgabe oder zur Bewerbung zu erheben.

81 Wird die Frist zur Angebotsabgabe durch den Auftraggeber ohne erneute Bekanntmachung **verlängert**, ist strittig, welche Frist gilt. Ausgehend vom Wortlaut wird teilweise angenommen, dass die in der Bekanntmachung angegebene Frist weiterhin gilt.[235] Die gegenteilige Auffassung nimmt unter Berufung auf den Grundsatz von Treu und Glauben die verlängerte Angebotsfrist als Rügefrist an, da es sich um Gründe handelt, die aus dem Bereich des Auftraggebers stammen.[236] Dies ist zumindest für die Fälle, in denen die Verlängerung wegen einer Änderung der Vergabebedingungen erfolgt und der Bieter sich damit auch länger mit der Erstellung und Kalkulation des Angebotes befassen darf, einleuchtend und damit vorzugs-

---

230 Allerdings wird dies nicht einheitlich beantwortet: zustimmend VK Sachsen, Beschluss v. 10.2.2012 – 1/SVK/050-11; wohl auch VK Bund, Beschluss v. 25.2.2010 – VK 3-9/10; ablehnend OLG Düsseldorf, Beschluss v. 15.9.2010 – VII-Verg 16/10, so wohl auch VK Bund, Beschluss v. 7.4.2011 – VK 1-23/11; aufgrund der Unverbindlichkeit der Vorinformation ist der Betroffene nach hiesiger Meinung zur Rüge jedenfalls nicht verpflichtet.

231 OLG Schleswig-Holstein, Beschluss v. 12.11.2020 – 54 Verg 2/20.

232 Vgl. OLG Düsseldorf, Beschluss v. 9.1.2013 – VII-Verg 33/12.

233 Für eine unterbliebene Losbildung: OLG Schleswig-Holstein, Beschluss v. 13.6.2019 – 54 Verg 2/19.

234 Wie hier VK Sachsen, Beschluss v. 22.9.2014 – 1/SVK/029-14; VK Südbayern, Beschluss v. 8.8.2014 – Z 3-3-3194-1-31-06/14 für eine Rahmenvereinbarung mit einer Laufzeit von mehr als vier Jahren.

235 KG, Beschluss v. 11.7.2000 – KartVerg 7/00; VK Baden-Württemberg, Beschluss v. 9.12.2010 – 1 VK 56/10; *Summa,* in: Heiermann/Zeiss/Summa, Vergaberecht, § 160 GWB Rn. 280.

236 OLG Düsseldorf, Beschluss v. 29.4.2009 – VII-Verg 76/08; dem folgend VK Düsseldorf, Beschluss v. 14.6.2011 – VK-16/2011–B; *Byok,* in: Byok/Jaeger, Vergaberecht, § 160 GWB Rn. 94; *Kadenbach,* in: Willenbruch/Wieddekind, Vergaberecht, § 160 GWB Rn. 79; *Dicks,* in: Ziekow/Völlink, Vergaberecht, § 160 GWB Rn. 51.

würdig. Erfolgt eine Berichtigung der Frist mittels erneuter europaweiter Bekanntmachung, gilt unstrittig diese Frist.[237]

Die Frist ist nicht gewahrt, wenn die Rüge **zusammen mit** dem **Angebot** abgegeben wird. Da der Auftraggeber das Angebot vor der Abgabefrist nicht öffnen darf, ist mit einer rechtzeitigen Kenntnisnahme nach den gewöhnlichen Umständen nicht zu rechnen und damit auch der erforderliche Zugang der Rüge ausgeschlossen.[238] **82**

4. Rügefrist bei aus den Vergabeunterlagen erkennbaren Verstößen (Nr. 3)

Verstöße, die aus den Vergabeunterlagen erkennbar sind, sind bis zum Ablauf der Frist zur Bewerbung (bei einem Verfahren mit vorgeschaltetem Teilnahmewettbewerb) oder zur Angebotsabgabe zu rügen. **83**

Für diesen Rügetatbestand wurde im Zuge der Vergaberechtsnovelle 2016 der **Bezug auf die Bekanntmachung** gestrichen. Der Grund dafür ist, dass bei Verfahren mit vorherigem Teilnahmewettbewerb eine Angebotsfrist in der Regel noch nicht in der Bekanntmachung angegeben ist.[239] Gleichwohl sollen aus den Vergabeunterlagen erkennbare Verstöße auch in Verfahren mit vorherigem Teilnahmewettbewerb bis zum Ende der Angebotsfrist gerügt werden. Der Auftraggeber soll frühzeitig Sicherheit über die Wirksamkeit seiner Ausschreibungsbedingungen erlangen. Insoweit ist die schon vor der Vergaberechtsnovelle 2016 unzutreffende Auffassung überholt, dass bei Verfahren mit vorgeschaltetem Teilnahmewettbewerb eine Rüge der Verstöße, die aus den Vergabeunterlagen erkennbar sind, nicht erforderlich sei.[240] Soweit in einem mehrstufigen Vergabeverfahren (Teilnahmewettbewerb mit nachfolgendem Verhandlungsverfahren oder einer Innovationspartnerschaft) in den einzelnen „Stufen" bereits verbindliche Vorgaben oder Mindestanforderungen an die Unternehmen und deren Angebote erfolgen, trifft die Bieter die entsprechende Rügeobliegenheit.[241] Ist daher bereits aus den Teilnahmeunterlagen ein Vergabeverstoß erkennbar, der erst für die Abgabe der Angebote relevant ist, ist er gleichwohl bis zum Ende der Bewerbungsfrist zu rügen. Der Wortlaut ließe zwar auch eine andere Auslegung zu („Frist zur Bewerbung oder zur Angebotsabgabe"). Sinn und Zweck des § 160 Abs. 3 S. 1 Nr. 2 und 3 GWB ist es jedoch gerade, aus Gründen der Verfahrensbeschleunigung und der Rechtssicherheit, dem Auftraggeber frühzeitig die Möglichkeit zur Fehlerkorrektur zu geben und ein Zurückhalten von rügefähigem Vortrag durch die Unternehmen zu vermeiden. Angebotsfristen i.S.d. § 160 Abs. 3 S. 2 Nr. 3 GWB sind auch Fristen für die Abgabe noch nicht verbindlicher, indikativer Angebote, soweit für diese bereits verbindlich ein bestimmter Leistungsumfang oder Leistungsanforderungen festgelegt sind.[242] Die Unternehmen können in diesen Fällen mit ihren Rügen nicht bis zum Ende der Frist zur Abgabe der finalen, letztverbindlichen Angebote zuwarten. **84**

Da kein Bezug auf die Bekanntmachung genommen wird, stellt sich auch nicht das Problem der **verlängerten Angebotsfrist**. Allerdings gilt auch hier, dass Rügen, die mit dem Angebot abgegeben werden, nicht rechtzeitig erfolgt sind.[243] **85**

VI. Ausnahmen

1. Gesetzliche Ausnahme für De-facto-Vergaben (S. 2)

§ 160 Abs. 3 S. 2 GWB enthält einen gesetzlichen Ausnahmetatbestand für sog. De-facto-Vergaben. Dies sind Fälle, in denen der Auftraggeber einen Auftrag direkt und ohne das gebo- **86**

237 *Summa,* in: Heiermann/Zeiss/Summa, Vergaberecht, § 160 GWB Rn. 281; *Kühn*, VergabeR 2015, 22 (26), der zudem auf das Gebot effektiven Rechtsschutzes nach den RL 89/665/EWG und RL 92/13/EWG, abstellt.
238 OLG Düsseldorf, Beschluss v. 7.12.2011 – VII-Verg 81/11; VK Bund, Beschluss v. 18.8.2017 – VK 2-82/17.
239 Vgl. Gesetzesbegründung zu § 160 GWB, VergRModG 2016, BT-Drs. 18/6281, 135.
240 So aber OLG Düsseldorf, Beschluss v. 21.10.2015 – VII-Verg 28/14; a.A. zur alten Rechtslage OLG Naumburg, Beschluss v. 18.8.2011 – 2 Verg 3/11; VK Südbayern, Beschluss v. 13.10.2014 – Z3-3-3194-1-37-08/14.
241 OLG Schleswig-Holstein, Beschluss v. 13.6.2019 – 54 Verg 2/19.
242 OLG Schleswig-Holstein, Beschluss v. 13.6.2019 – 54 Verg 2/19.
243 Vgl. hierzu Rn. 82.

tene Vergabeverfahren vergeben hat. Will der Antragsteller die Unwirksamkeit eines solchen Vertrages nach § 135 Abs. 1 Nr. 2 GWB feststellen lassen, so bedarf es einer vorherigen Rüge nicht. § 135 Abs. 1 Nr. 2 GWB ist – nach umstrittener, aber vorzugswürdiger Meinung – auch auf Fälle anwendbar, in denen ein Vertragsschluss noch unmittelbar bevorsteht.[244] In § 160 Abs. 3 S. 2 GWB wurde die vorherige Rechtsprechung der Vergabesenate übernommen.[245] Denn die Rügeobliegenheit ist Ausdruck des vorvertraglichen Vertrauensverhältnisses[246] und soll dem Auftraggeber die Möglichkeit der Abhilfe geben. Besteht aber ein solches Verhältnis nicht, weil der Auftraggeber einen Auftrag ohne Vergabeverfahren – also de facto – vergibt, kann er sich auch auf ein Vertrauensverhältnis nicht berufen.[247]

87 Etwas anderes gilt für die nach Art. 5 Abs. 2 VO (EG) 1370/2007 gesetzlich vorgesehenen Verfahren zur Direktvergabe von öffentlichen **Personenverkehrsdiensten**, jedenfalls soweit die erforderliche Bekanntmachung nach Art. 7 Abs. 2 VO (EG) 1370/2007 ordnungsgemäß erfolgt ist. In diesen Verfahren ist eine Rüge erforderlich, wenn der Vertrag noch nicht geschlossen wurde.[248]

88 § 135 Abs. 1 Nr. 2 GWB stellt nunmehr – anders als noch die Vorgängerregelung in § 101b Abs. 1 Nr. 2 GWB a.F. – darauf ab, ob der Auftraggeber den Auftrag **ohne** eine **vorherige** Veröffentlichung einer **Bekanntmachung** im Amtsblatt der Europäischen Union und ohne dass ihm dies aufgrund Gesetzes gestattet wäre, vergeben hat. Damit werden Art. 2d Abs. 1 lit. a RL 89/665/EWG und RL 92/13/EWG, jeweils in der Fassung der RL 2007/66/EG, nunmehr richtlinienkonform umgesetzt.[249] Bisher wurde in § 101b Abs. 1 Nr. 2 GWB a.F. lediglich darauf abgestellt, ob der Auftraggeber den Auftrag unmittelbar und „ohne Beteiligung anderer Unternehmen am Vergabeverfahren" vergeben hat. Damit galt die Vorschrift dem Wortlaut nach nicht für die Fälle, in denen der Auftraggeber mehrere Unternehmen aufgefordert hat bzw. ein förmliches, aber kein den Anforderungen des GWB genügendes Verfahren durchgeführt hat. Die Vergabesenate haben § 101b Abs. 1 Nr. 2 GWB zwar insoweit entsprechend angewandt. Strittig war aber, ob in diesen Fällen auch die Rügeverpflichtung entfiel.[250] Dieses Problem stellt sich nach der Neuregelung nicht mehr. Es ist klargestellt, dass in allen Fällen eine Rügeverpflichtung nicht besteht, in denen der Auftraggeber keine Bekanntmachung im Amtsblatt der Europäischen Union veröffentlich hat. Darunter fällt also auch beispielsweise die Durchführung eines nationalen anstatt eines gebotenen europaweiten Verfahrens. Auch in diesen Fällen ist eine Rüge somit grundsätzlich nicht erforderlich.

89 Probleme stellen sich allerdings dann, wenn der Antragsteller zunächst selbst **am Verfahren teilgenommen** hat und sich erst dann mit dem Vortrag der De-facto-Vergabe gegen das Verfahren wendet, wenn er nicht zum Zuge kommt.[251] Bisher wurde eine Rügepflicht in diesen Fällen teilweise bejaht.[252] Ob sich dies nach dem jetzigen Wortlaut noch aufrechterhalten lässt, ist fraglich.[253] Der Wortlaut der Norm gibt dies nun nicht mehr her, da er einschrän-

---

244 Wie hier OLG München, Beschluss v. 19.7.2012 – Verg 8/12; OLG Hamburg, Beschluss v. 14.12.2010 – 1 Verg 5/10; VK Sachsen, Beschluss v. 27.4.2015 – 1/SVK/012-15; *Kriener,* in: Müller-Wrede, Taschenkommentar GWB-Vergaberecht, § 101b Rn. 5b; a.A. OLG Schleswig, Beschluss v. 15.3.2013 – 1 Verg 4/12; KG, Beschluss v. 13.9.2012 – Verg 4/12; VK Südbayern, Beschluss v. 22.12.2014 – Z3-3-3194-1-51-11/14.

245 So etwa OLG Brandenburg, Beschluss v. 15.9.2009 – Verg W 13/08.

246 Siehe hierzu Rn. 38.

247 OLG Brandenburg, Beschluss v. 22.4.2010 – Verg W 5/10.

248 Vgl. auch OLG Düsseldorf, Beschluss v. 19.2.2020 – VII-Verg 27/17.

249 Vgl. Gesetzesbegründung zu § 135 Abs. 1 GWB, VergRModG 2016, BT-Drs. 18/6281, 119; zur Kritik an der Vorgängerregelung in § 101b Abs. 1 Nr. 2 GWB a.F. vgl. *Zeiss,* in: Heiermann/Zeiss, Vergaberecht, § 101b Rn. 22 ff.

250 OLG Düsseldorf, Beschluss v. 11.1.2012 – VII-Verg 67/11; Beschluss v. 14.4.2010 – VII-Verg 60/09 für lediglich nationale statt europaweiter Ausschreibung; vgl. auch OLG Brandenburg, Beschluss v. 20.9.2011 – Verg W 11/11; VK Düsseldorf, Beschluss v. 9.1.2013 – VK-29/2012; offengelassen OLG München, Beschluss v. 19.7.2012 – Verg 8/12.

251 Vgl. zu solchen Fällen VK Südbayern, Beschluss v. 16.12.2014 – Z3-3-3194-1-43-09/14.

252 OLG Rostock, Beschluss v. 20.11.2013 – 17 Verg 7/13; OLG Brandenburg, Beschluss v. 28.8.2012 – Verg W 19/11 m.w.N.; dies entspricht der Rechtsprechung vor Einführung des § 107 Abs. 3 S. 2 GWB a.F., wonach durch die Beteiligung an einem Vergabeverfahren ein zur Rüge verpflichtendes vorvertragliches Vertrauensverhältnis entsteht.

253 Rügepflicht verneinend VK Südbayern, Beschluss v. 5.8.2019 – Z3-3-3194-1-14-05/19; VK Niedersachsen, Beschluss v. 6.2.2018 – VgK-42/2017 m.w.N. zum Meinungsstand.

kungslos alle Verfahren ohne vorherige Bekanntmachung von der Rügeverpflichtung ausnimmt. Auch hat der Gesetzgeber insoweit eine Anpassung im Rahmen der neuesten Novelle nicht vorgenommen, obwohl ihm dies möglich gewesen wäre. Dies kann aber insbesondere in den Fällen zu unbilligen Ergebnissen führen, in denen der Bieter die Vergaberechtswidrigkeit des Verfahrens ohne vorherige europaweite Vergabebekanntmachung, an dem er auch beteiligt war, positiv erkannt hat. Zu einer Rügeverpflichtung käme man in diesen Fällen nur, wenn nicht erst der Vertragsschluss (ohne europaweite Bekanntmachung), sondern schon die Wahl des (nicht europaweiten) Verfahrens als Anknüpfungspunkt der Rügeverpflichtung gesehen wird. Der vergaberechtswidrige Vertragsschluss wäre daraus nur die zwingende Konsequenz und damit gleichfalls von der Präklusionswirkung umfasst. Zu denken ist zudem an eine Verwirkung.[254]

2. Weitere Ausnahmen der Rechtsprechung

Darüber hinaus lässt die Rechtsprechung in sehr engen Grenzen gesetzlich nicht normierte Ausnahmen von der Rügeobliegenheit zu. 90

Dies wurde etwa dann bejaht, wenn eine Rüge ihren Zweck nicht mehr erfüllen kann, weil der Auftraggeber von vornherein eindeutig zu erkennen gegeben hat, dass er **unumstößlich** an seiner Entscheidung festhält und auch auf eine Rüge unter keinen Umständen davon abrücken wird. Die Rüge würde dann zur bloßen Förmelei verkommen.[255] Dies ist freilich nicht allein deswegen der Fall, weil die Vergabestelle ihre Entscheidung verteidigt.[256] Allerdings soll es ausreichen, wenn der Auftraggeber eine identische Rüge gegenüber einem anderen Bieter bereits zurückgewiesen hat.[257] Ebenso verhält es sich, wenn der Auftraggeber auf eine noch nicht oder nicht formgerecht erhobene Rüge reagiert und diese zurückgewiesen hat.[258] Dann braucht der Bieter nicht noch einmal „formwirksam" zu rügen. 91

Dagegen kann die **drohende Zuschlagserteilung** nur ausnahmsweise eine vorherige Rüge entbehrlich machen, nämlich nur dann, wenn dadurch die Rechtsschutzmöglichkeiten des Antragstellers ganz vereitelt werden würden.[259] Dies ist nicht allein deswegen der Fall, weil zeitnah oder sogar am nächsten Tag die Zuschlagserteilung droht.[260] Kritisch ist daher eine Entscheidung zu sehen, wonach ein Auftraggeber sich auf eine unterbliebene Rüge nicht berufen kann, weil er durch Versendung des Vorabinformationsschreibens vor den Osterfeiertagen die Zeit für Rüge und Stellen des Nachprüfungsantrages faktisch auf drei Werktage reduziert hat.[261] Da die Rüge auch noch unmittelbar vor der Einreichung eines Vergabenachprüfungsantrages erfolgen kann, ist eine Vereitelung des Rechtsschutzes überhaupt nur denkbar, wenn dem Auftraggeber die Rüge vor Ablauf der Zuschlagsfrist ohnehin nicht mehr wirksam zugehen kann – etwa wegen Problemen bei deren Übermittlung – oder die Zuschlagsfrist bereits abgelaufen, der Zuschlag aber noch nicht erteilt worden ist. Ob dann eine Übersendung des Antrages durch die Vergabekammer überhaupt noch rechtzeitig erfolgen kann (§ 173 Abs. 1 GWB), ist eine andere Frage. Der Bieter sollte sich auf derartige Ausnahmen daher nicht verlassen, sondern vor Einreichung eines Nachprüfungsantrages den sicheren Weg gehen und gleichwohl rügen. 92

Eine Rüge ist nicht deswegen entbehrlich, weil der Auftraggeber den Bieter zur **Rücknahme** einer erhobenen Rüge bewegt, zumindest dann nicht, wenn die Grenzen des § 123 BGB nicht erreicht sind.[262] Ebenso entfällt die Verpflichtung zur Rüge nicht deswegen, weil der Antrag- 93

---

254 Siehe hierzu Rn. 100 ff.

255 OLG Düsseldorf, Beschluss v. 11.1.2012 – VII-Verg 67/11; OLG Celle, Beschluss v. 15.12.2005 – 13 Verg 14/05; OLG Dresden, Beschluss v. 21.10.2005 – WVerg 5/05; VK Bund, Beschluss v. 18.8.2017 – VK 2-82/17 (im konkreten Fall abgelehnt, weil der Auftraggeber erst nach Zugang der verspäteten Rüge ablehnend reagiert hat); *Byok*, in: Byok/Jaeger, Vergaberecht, § 160 GWB Rn. 120.

256 OLG Dresden, Beschluss v. 30.1.2007 – WVerg 0001/07.

257 OLG Düsseldorf, Beschluss v. 11.1.2012 – VII-Verg 67/11.

258 Vgl. OLG Düsseldorf, Beschluss v. 16.8.2019 – VII-Verg 56/18.

259 VK Düsseldorf, Beschluss v. 7.1.2015 – VK-5/2014; VK Nordbayern, Beschluss v. 30.9.2010 – 21.VK-3194-33/10.

260 OLG Frankfurt, Beschluss v. 23.6.2020 – 11 Verg 2/20; VK Bund, Beschluss v. 26.8.2004 – VK 1-165/04.

261 So OLG Düsseldorf, Beschluss v. 5.11.2015 – VII-Verg 20/14.

262 VK Sachsen, Beschluss v. 9.12.2013 – 1/SVK/035-13.

steller zunächst meint, dass sich eine Vorgabe des Auftraggebers **nicht zu seinen Ungunsten** auswirken wird.[263]

E. Reaktionsfrist (Abs. 3 S. 1 Nr. 4)

94 Grundsätzlich ist der Antrag auf Vergabenachprüfung nicht fristgebunden, d.h. der Antrag kann – vorbehaltlich der Fälle des § 135 Abs. 1 GWB – bis zur Erteilung des Zuschlages zulässigerweise erhoben werden, danach ist er unzulässig. Allerdings enthält § 160 Abs. 3 S. 1 Nr. 4 GWB eine Reaktionspflicht der Bieter im Falle der Nichtabhilfe einer Rüge. Danach ist ein Antrag unzulässig, soweit nicht innerhalb von fünfzehn Tagen nach der Mitteilung des Auftraggebers, einer Rüge nicht abhelfen zu wollen, der Vergabenachprüfungsantrag gestellt wurde. Daneben regelt § 135 Abs. 2 GWB eine Frist für die Feststellung der Unwirksamkeit eines bereits erteilten Zuschlages. Auf die dortigen Ausführungen[264] wird insoweit verwiesen. Beide Regelungen dienen der Rechtssicherheit und dem Rechtsfrieden, wonach der Auftraggeber nach Ablauf einer gewissen Zeit grundsätzlich von der Wirksamkeit seiner Entscheidungen ausgehen kann. Der Auftraggeber soll frühzeitig Klarheit über die Rechtmäßigkeit des Verfahrens erhalten.[265]

95 Bei der Frist nach § 160 Abs. 3 S. 1 Nr. 4 GWB handelt es sich um eine **Ausschlussfrist**, d.h. nach Ablauf der Frist ist ein Vergabenachprüfungsantrag unzulässig. Die Frist steht als gesetzliche Frist auch nicht zur Disposition des Auftraggebers, kann also weder verlängert, noch verkürzt werden.[266] Setzt der Auftraggeber aufgrund einer falschen Belehrung einen entgegenstehenden Vertrauenstatbestand, so ist allenfalls eine Wiedereinsetzung in den vorigen Stand denkbar.[267] Da es sich um eine echte **Rechtsbehelfsfrist** handelt,[268] geht die herrschende Meinung – mit unterschiedlicher Begründung – zudem davon aus, dass die Frist nur dann zu laufen beginnt, wenn der Auftraggeber in der Bekanntmachung[269] auf die Frist und deren Ausschlussfolgen, gegebenenfalls auf die Stelle, bei der Auskünfte zu erhalten sind, explizit hingewiesen hat.[270] Nach Ansicht der VK Bund ist die Angabe der Vergabekammer als auskunftsfähige Stelle i.S.v. Abschnitt VI.4.4 des Bekanntmachungsformulars (Anhang 2 VO (EU) 2015/1986) jedoch nicht ausreichend.[271] Fehlen diese Angaben, gilt auch nicht die Jahresfrist entsprechend § 58 Abs. 2 VwGO,[272] die aber ohnehin nur in Ausnahmefällen abgelaufen sein dürfte. Ist eine ordnungsgemäße Belehrung in der Bekanntmachung dagegen schon erfolgt, bedarf es eines erneuten Hinweises auf die Frist in der Nichtabhilfeentscheidung nicht mehr.[273]

96 Voraussetzung für die Anwendbarkeit von § 160 Abs. 3 S. 1 Nr. 4 GWB ist zunächst, dass inhaltlich überhaupt eine **Rüge** des Unternehmens vorlag. Anwendbar ist § 160 Abs. 3 S. 1 Nr. 4

263 VK Sachsen, Beschluss v. 22.9.2014 – 1/SVK/029-14.
264 *Gnittke/Hattig* in § 135 GWB Rn. 80 ff.
265 Gesetzesbegründung zu § 107 Abs. 3 GWB a.F., VergRModG 2009, BT-Drs. 16/10117, 22.
266 VK Bund, Beschluss v. 20.12.2016 – VK 1-122/16.
267 A.A. VK Bund, Beschluss v. 20.12.2016 – VK 1-122/16, die von einer Verlängerung der Frist ausgeht; allgemein zur Zulässigkeit der Wiedereinsetzung in den vorigen Stand: *Weyand*, Vergaberecht, § 107 GWB Rn. 859; *Kadenbach*, in: Willenbruch/Wieddekind, Vergaberecht, § 160 GWB Rn. 93.
268 OLG Brandenburg, Beschluss v. 13.9.2011 – Verg W 10/11; OLG Celle, Beschluss v. 4.3.2010 – 13 Verg 1/10; VK Bund, Beschluss v. 28.5.2020 – VK 1-34/20.
269 Die entsprechenden Angaben sind unter Abschnitt VI.4.3 bzw. VI.4.4 des Bekanntmachungsformulars zu vermerken, vgl. Anhang II VO (EU) 2015/1986.
270 Im Wege richtlinienkonformer Auslegung OLG Celle, Beschluss v. 4.3.2010 – 13 Verg 1/10; OLG Düsseldorf, Beschluss v. 9.12.2009 – VII-Verg 37/09; dagegen in analoger Anwendung § 58 VwGO, § 79 VwVfG: VK Sachsen, Beschluss v. 11.12.2009 – 1/SVK/054-09; unter Verweis auf § 37 Abs. 2 VgV i.V.m. Anhang II VO (EU) 2015/1986 sowie Anhang V Teil C Nr. 25 RL 2014/24/EU: VK Südbayern, Beschluss v. 19.4.2018 – Z3-3-3194-1-61-12/17.
271 VK Bund, Beschluss v. 30.10.2009 – VK 2-180/09; offengelassen VK Sachsen, Beschuss v. 19.4.2012 – 1/SVK/009-12; a.A. VK Rheinland-Pfalz, Beschluss v. 3.9.2010 – VK 2-28/10.
272 *Dirksen*, VergabeR 2013, 410 (413).
273 So auch OLG Schleswig-Holstein, Beschluss v. 12.9.2019 – 54 Verg 3/19; VK Bund, Beschluss v. 28.5.2020 – VK 1-34/20; *Dirksen*, VergabeR 2013, 410 (414); dafür, dies *„möglichst“* aufzunehmen, ist VK Hessen, Beschluss v. 24.10.2011 – 69d-VK-38/2011.

GWB auf Rügen nach § 160 Abs. 3 S. 1 Nr. 1 bis 3 GWB.[274] Antworten der Vergabestelle auf allgemeine Hinweise, Bedenken und Anregungen der Unternehmen, die schon keine Rügen darstellen, können demzufolge auch die Frist des § 160 Abs. 3 S. 1 Nr. 4 GWB nicht auslösen. Der Antragsteller muss erst dann reagieren, wenn er tatsächlich gerügt und auf die Rüge eine Nichtabhilfemitteilung erhalten hat. Ebenso gilt dies bei Antworten der Vergabestelle auf eine vorsorgliche und deshalb nach dem Gesetz nicht erforderliche Rüge.[275]

Die Frist beginnt nach dem Wortlaut mit „**Eingang**" der Mitteilung, der Rüge nicht abhelfen zu wollen. Soweit ersichtlich, wird von der Rechtsprechung auf den Zugang, also auf die Möglichkeit zur Kenntnisnahme nach regelmäßigen Umständen, abgestellt.[276] Dafür sprechen auch gute Gründe, insbesondere natürlich die Auslösung einer Rechtsbehelfsfrist. In welcher Form die Mitteilung erfolgt, ist unbeachtlich. Auch eine Information des Auftraggebers über die Bieterkommunikation des E-Vergabesystems kann daher eine Nichtabhilfe darstellen.[277] Die Nichtabhilfe kann auch mündlich erfolgen,[278] wobei dann der Auftraggeber gegebenenfalls Nachweisprobleme im Rahmen des Vergabenachprüfungsverfahrens haben kann.[279] Die Nichtabhilfe muss jedoch eindeutig hervorgehen.[280] Dies ist auch dann der Fall, wenn der Auftraggeber zu konkreten Rügen Stellung nimmt, eine Änderung der Vergabeunterlagen aber nicht in Aussicht stellt.[281] Eine auf eine Rüge erfolgte Zurückversetzung unter Beibehaltung der gerügten Vorgaben ist dagegen keine solche eindeutige Nichtabhilfe.[282] Die Nichtabhilfe muss zudem gegenüber dem rügenden Bieter ergehen. Eine wie auch immer geartete Wissenszurechnung – etwa aus Mitteilungen gegenüber anderen Bietern, von denen der Rügende erfahren konnte – findet nicht statt.[283] 97

Bei der **Berechnung der Frist** wird gemäß § 31 Abs. 1 VwVfG i.V.m. § 187 Abs. 1 BGB der Tag des Zugangs (bzw. Eingangs) als fristauslösendes Ereignis nicht mitgezählt.[284] Die Rechtsbehelfsfrist beginnt daher erst am Tag nach Zugang und endet am fünfzehnten Tag um 24:00 Uhr. Fällt das Fristende auf einen Feiertag, Sonnabend oder Sonntag, so verlängert sich die Frist gemäß § 31 Abs. 3 VwVfG (bzw. § 193 BGB) bis auf den nächsten Werktag. Zu beachten ist aber, dass der Auftraggeber keinesfalls fünfzehn Tage abwarten muss, bis er den Zuschlag erteilen kann. Die Frist nach § 134 Abs. 1 GWB bleibt auch hier unberührt, auch wenn dies – anders als in § 160 Abs. 3 S. 1 Nr. 1 Hs. 2 GWB – nicht explizit klargestellt wurde. Der Antrag muss daher noch rechtzeitig vor dem Ende der Zuschlagsfrist gestellt werden. Dabei ist auch zu beachten, dass der Antrag von der Vergabekammer nach § 163 Abs. 2 S. 1 GWB noch darauf geprüft werden muss, ob er offensichtlich unzulässig oder unbegründet ist und vor allem an den Auftraggeber übermittelt werden muss. Andernfalls tritt die Zuschlagssperre nach § 169 S. 1 GWB nicht ein. Steht der Zuschlag unmittelbar bevor, vielleicht sogar schon am nächsten Tag, sollte sich der Bieter im eigenen Interesse bei der Vergabekammer nach deren Geschäftszeiten erkundigen. 98

Zu beachten ist außerdem, dass die Fünfzehn-Tages-Frist bei **mehreren Rügen** und mehreren **Nichtabhilfen** für jeden Vergaberechtsverstoß einzeln eingehalten sein muss. Eine erneute Rüge des gleichen Verstoßes, etwa mit einer weitergehenden Begründung, und die darauf erfolgte Nichtabhilfe, setzen die Frist des § 160 Abs. 3 S. 1 Nr. 4 GWB nicht erneut in Gang. Der 99

---

274 A.A. *Dicks*, in: Ziekow/Völlink, Vergaberecht, § 160 GWB Rn. 55, der den Anwendungsbereich ohne Not und gegen den Gesetzeswortlaut auf Rügen nach § 160 Abs. 3 S. 1 Nr. 1 GWB reduziert.

275 OLG Düsseldorf, Beschluss v. 17.11.2012 – VII-Verg 11/12.

276 So ausdrücklich VK Bund, Beschluss v. 30.1.2015 – VK 2-115/14; z.T. wird jedenfalls der Begriff des „Zugangs" verwendet, vgl. OLG Karlsruhe, Beschluss v. 8.1.2010 – 15 Verg 1/10; wie hier auch *Byok*, in: Byok/Jaeger, Vergaberecht, § 160 GWB Rn. 143.

277 OLG Schleswig-Holstein, Beschluss v. 12.9.2019 – 54 Verg 3/19.

278 Vgl. VK Hessen, Beschluss v. 24.10.2011 – 69d-VK-38/2011.

279 Zur Darlegungs- und Beweislast siehe Rn. 104.

280 OLG Dresden, Beschluss v. 17.1.2014 – Verg 7/13. *Byok*, in: Byok/Jaeger, Vergaberecht, § 160 GWB Rn. 138.

281 VK Bund, Beschluss v. 28.5.2020 – VK 1-34/20.

282 OLG Dresden, Beschluss v. 17.1.2014 – Verg 7/13.

283 VK Sachsen, Beschluss v. 13.12.2013 – 1/SVK/038-13.

284 VK Bund, Beschluss v. 30.1.2015 – VK 2-115/14; VK Sachsen, Beschluss v. 19.4.2012 – 1/SVK/009-12.

Antragsteller muss dann innerhalb von fünfzehn Tagen seit der ersten Nichtabhilfe einen Antrag stellen.

F. Verwirkung

100 In engen Ausnahmefällen kann der Antrag auf Vergabenachprüfung nach den Grundsätzen von Treu und Glauben (§ 242 BGB) **verwirkt** sein. Dies ist dann der Fall, wenn der Antragsteller sein Recht längere Zeit nicht geltend gemacht hat und der Auftraggeber nach dem gesamten Verhalten des Antragstellers davon ausgehen durfte, dass dieser das Recht auch in Zukunft nicht mehr geltend machen wird.[285] Entscheidend ist also nicht allein der Zeitablauf, vielmehr müssen Umstände hinzukommen, die ein entsprechendes Vertrauen des Auftraggebers begründen können.

101 Dies wurde etwa in einem Fall bejaht, in dem sich ein Bieter an einem nicht europaweit ausgeschriebenen Verfahren beteiligt und erst **Monate nach der Information**, dass der Zuschlag auf das Angebot eines anderen Bieters erteilt werden soll, einen Antrag auf Nachprüfung gestellt hat.[286] Allein die Beteiligung eines Bieters an einer – vergaberechtswidrigen – Direktvergabe begründet dagegen nicht zwingend einen ausreichenden Vertrauenstatbestand. Der Auftraggeber soll dann nicht darauf vertrauen können, dass der Bieter keine Schutzansprüche geltend macht, da er aufgrund der Schwere des Vergabeverstoßes nicht schutzwürdig ist.[287]

102 Eine Verwirkung wurde bejaht in einem Fall, in dem der Antragsteller sich zunächst mit mehreren Rügen gegen die Vergabeunterlagen gewandt hatte, die aber vom Auftraggeber zurückgewiesen wurden. Die Frist des § 160 Abs. 3 S. 1 Nr. 4 GWB war mangels Hinweises in der Auftragsbekanntmachung durch den Antragsteller nicht einzuhalten. Der Antragsteller hatte dann von einer Angebotsabgabe abgesehen und damit den Anschein erweckt, sich nicht mehr am Verfahren beteiligen zu wollen. Erst **kurz vor Zuschlagserteilung** hatte er dann einen **Vergabenachprüfungsantrag gestellt**.[288] Etwas anderes gilt aber dann, wenn der Auftraggeber auf eine Rüge eines Bieters gegen die Vergabeunterlagen schlicht nicht reagiert. Der Bieter darf diesen Verstoß auch in einem späteren Nachprüfungsverfahren noch aufgreifen. Der Auftraggeber ist dann nicht schutzwürdig.[289]

103 Auch kann sich ein Ausschluss nach dem Grundsatz des **widersprüchlichen Verhaltens** (venire contra factum proprium) ergeben, wenn der Antragsteller die Vergaberechtswidrigkeit von Vorgaben geltend macht, die erst auf seine Anregung in die Vergabeunterlagen aufgenommen wurden und ihm eine Angebotsabgabe überhaupt erst ermöglicht haben.[290]

G. Darlegungs- und Beweislast

104 Die Verteilung der Darlegungs- und Beweislast folgt dem allgemein gültigen Grundsatz, dass derjenige, der sich auf für ihn günstige Tatsachen beruft, diese auch darlegen und beweisen muss.

---

285 OLG Brandenburg, Beschluss v. 15.9.2009 – Verg W 13/08; *Dicks*, in: Ziekow/Völlink, § 160 GWB Rn. 61; im Ergebnis ebenso OLG München, Beschluss v. 13.6.2013 – Verg 1/13, welches in einem besonders gelagerten Fall angenommen hat, dass sich ein Bieter nicht auf die Unwirksamkeit eines Vertrages nach § 135 Abs. 2 GWB berufen kann.

286 OLG Brandenburg, Beschluss v. 15.9.2009 – Verg W 13/08.

287 Vgl. zu unterschiedlichen Konstellationen VK Südbayern, Beschluss v. 22.12.2014 – Z 3-3-3194-1-51-11/14, Antragsteller war Vertragspartner einer Direktvergabe und hatte, nachdem diese von einem Dritten angegriffen worden war, wiederum andere Direktvergaben angegriffen; Beschluss v. 16.12.2014 – Z3-3-3194-1-43-09/14, der Auftraggeber hatte lediglich drei Bieter zur Angebotsaufgabe aufgefordert, ein Bieter hat – nachdem ihm mitgeteilt wurde, dass er nicht zum Zug kommt – Nachprüfungsantrag gestellt und die Direktvergabe angegriffen.

288 VK Brandenburg, Beschluss v. 16.8.2013 – VK12/13; a.A. zu einem vergleichbaren Fall, in dem sich der Bieter allerdings mit einem Angebot am Vergabeverfahren beteiligt hatte: VK Südbayern, Beschluss v. 19.4.2018 – Z3-3-3194-1-61-12/17, wonach der Auftraggeber bis zum Abschluss des Vergabeverfahrens jederzeit noch mit einem Vergabenachprüfungsverfahren zu rechnen hat, wenn er nicht in ausreichender Form auf die Rechtswirkungen des § 160 Abs. 3 S. 1 Nr. 4 GWB hingewiesen hat.

289 VK Sachsen, Beschluss v. 13.12.2013 – 1/SVK/038-13.

290 VK Sachsen, Beschluss v. 21.4.2015 – 1/SVK/010-15.

105 Aufgrund des Amtsermittlungsgrundsatzes trifft die Beteiligten keine prozessuale Beweislast, da die Vergabekammer den Sachverhalt von Amts wegen aufzuklären hat. Nur wenn sich keine eindeutigen Tatsachen feststellen lassen, geht dies zulasten des Beweisbelasteten.[291] Nach diesem Grundsatz obliegt es **grundsätzlich** dem Antragsteller, die Zulässigkeitsvoraussetzungen des § 160 Abs. 2 und 3 GWB darzulegen.

106 Bei der **Rüge** ist allerdings zu differenzieren. Es besteht noch insoweit Einigkeit, dass der Antragsteller darlegen muss, dass er gegenüber dem Auftraggeber gerügt hat und die Rüge bei diesem eingegangen ist (vgl. auch § 161 Abs. 2 GWB).[292] Ob sich dies auch auf die Rechtzeitigkeit der Rüge bezieht, ist strittig.[293] Aus dem Vortrag des Antragstellers muss sich richtigerweise zumindest schlüssig ergeben, dass die Rüge rechtzeitig, d.h. innerhalb von zehn Tagen im Fall des § 160 Abs. 3 S. 1 Nr. 1 GWB bzw. bis zum Ende der Angebots- oder Bewerbungsfrist in den Fällen des § 160 Abs. 3 S. 1 Nr. 2 und 3 GWB, erfolgt ist. Im Bestreitensfall trägt der Antragsteller richtigerweise auch die Beweislast für den Zeitpunkt des Eingangs der Rüge beim Auftraggeber.[294] Will sich der Auftraggeber dagegen auf einen früheren Beginn der Rügefrist, also etwa auf eine frühere Kenntnis des Antragstellers hinsichtlich der Vergaberechtsverstöße berufen, so hat er dies darzulegen und zu beweisen.[295] Dazu reicht es nicht, dass der Antragsteller die Bekanntmachung bzw. die Vergabeunterlagen abgerufen und schon einige Rügen erhoben hat. Daraus kann nicht geschlossen werden, dass er die Unterlagen vollständig durchdrungen und sämtliche Fehler erkannt hat.[296] Gleiches gilt für den Beginn der Fünfzehn-Tage-Frist nach § 160 Abs. 3 S. 1 Nr. 4 GWB. Auch hier ist der Auftraggeber beweispflichtig, wenn er einen zeitigeren Zugang des Nichtabhilfeschreibens geltend machen will.[297]

107 Bei einer Übersendung von Schriftstücken per **Telefax** stellt sich mitunter das Problem des wirksamen Zugangs, wenn der Empfänger behauptet, dieses nicht erhalten zu haben. Selbst ein positiver Sendebericht („OK-Bericht") begründet weder einen Beweis noch einen Anscheinsbeweis, sondern ist allenfalls Indiz.[298] Allerdings werden vereinzelt demjenigen, der sich auf den Nichtzugang eines ordnungsgemäß abgesandten Schreibens beruft, höhere Anforderungen hinsichtlich des Bestreitens auferlegt, die pauschale Behauptung des Nichtzugangs reicht dann nicht.[299] Der Versender sollte sich gleichwohl den Erhalt des Telefaxes umgehend bestätigen lassen oder telefonisch nachfragen, um Auseinandersetzungen über diese Frage zu vermeiden.

291 Ebenso *Dicks,* in: Ziekow/Völlink, Vergaberecht, § 160 GWB Rn. 60.

292 VK Schleswig-Holstein, Beschluss v. 28.10.2011 – VK-SH 16/11; *Hattig,* in: Hattig/Maibaum, Kartellvergaberecht, § 107 GWB Rn. 185.

293 Nach BGH, Beschluss v. 1.2.2005 – X ZB 27/04, ist die Zulässigkeit des Antrags nicht von einer entsprechenden Darlegung durch den Antragsteller abhängig, dieser muss auch nicht einen etwaigen Verdacht ausräumen, verspätet gerügt zu haben. Daraus wird z.T. gefolgert, dass der Antragsteller die Rechtzeitigkeit des Zugangs der Rüge nicht darlegen und beweisen muss, vgl. *Byok,* in: Byok/Jaeger, Vergaberecht, § 160 GWB Rn. 126 m.w.N.; a.A. *Hattig,* in: Hattig/Maibaum, Kartellvergaberecht, § 107 GWB Rn. 185; *Summa*, in: Heiermann/Zeiss/Summa, Vergaberecht, § 108 GWB Rn. 50.

294 OLG Düsseldorf, Beschluss v. 12.2.2020 – VII-Verg 24/19.

295 BGH, Beschluss v. 1.2.2005 – X ZB 27/04; OLG Brandenburg, Beschluss v. 28.8.2012 – Verg W 19/11; VK Sachsen, Beschluss v. 5.2.2013 – 1/SVK/039-12.

296 Vgl. OLG Dresden, Beschluss v. 23.4.2009 – WVerg 11/08; im Ergebnis ebenso OLG Brandenburg, Beschluss v. 28.8.2012 – Verg W 19/11.

297 OLG Celle, Beschluss v. 8.9.2011 – 13 Verg 4/11.

298 BGH, Beschluss v. 21.7.2011 – IX ZR 148/10; OLG Jena, Beschluss v. 9.9.2002 – 6 Verg 4/02.

299 OLG Jena, Beschluss v. 9.9.2002 – 6 Verg 4/02; VK Bund, Beschluss v. 3.4.2006 – VK 2-14/06; a.A. VK Schleswig-Holstein, Beschluss v. 28.10.2011 – VK-SH 16/11.

Anlage

Gesetzesbegründung – VergRModG 2016 (BT-Drs. 18/6281)

Seite 134

§ 160 entspricht im Wesentlichen dem bisherigen § 107 GWB.

Der frühere § 107 Absatz 3 Satz 1 Nummer 1 wird in § 160 Absatz 3 Nummer 1 neu gefasst. Im Grundsatz bleibt die Rügeobliegenheit im Vergabeverfahren gemäß § 107 Absatz 3 Satz 1 Nummer 1 zwar bestehen, konkretisiert wird allerdings mit einer Dauer von 10 Kalendertagen die Frist, innerhalb derer der Antragsteller nach Erkennen den im Nachprüfungsverfahren geltend gemachten Verstoß im Vergabeverfahren gerügt haben musste. Diese Änderung trägt der Rechtsprechung des Europäischen Gerichtshofs Rechnung, der zufolge eine Bestimmung, nach der ein Verfahren unverzüglich eingeleitet werden muss, als nicht mit Artikel 1 Absatz 1 der Richtlinie

Seite 135

89/665/EWG in der Fassung der Richtlinie 2007/66/EG vereinbar angesehen werden kann (EuGH, Urteil vom 28. Januar 2010, Rs. C-406/08 „Uniplex (UK) Ltd.“, Rn. 43). Die Länge einer Ausschlussfrist ist für den Betroffenen nicht vorhersehbar, wenn sie in das Ermessen des zuständigen Gerichts gestellt wird (EuGH, Urteil vom 28. Januar 2010, Rs. C-456/08, Rn. 75). Die neue Fassung des Absatz 3 Satz 1 Nummer 1 beseitigt die bisher bestehende Rechtsunsicherheit. Nach Einreichen des Nachprüfungsantrags erkannte Vergaberechtsverstöße unterliegen dagegen keiner Rügeobliegenheit (vgl. BGH, Beschluss vom 26. September 2006, X ZB 14/06; OLG Düsseldorf, Beschluss vom 19. Juli 2006, VII-Verg 27/06; VK Bund, Beschluss vom 10. November 2014, VK 1-88/14, m. w. N.; Dicks in: Ziekow/Völlink, 2. Aufl., § 107 GWB, Rn. 40 a. E. bzw. Fn. 133). Die Mindestüberlegungsfrist des Bieters wird durch § 134 gewährt, der Artikel 2a Absatz 2 der Richtlinie 2007/66/EG (Stilhaltefrist) umsetzt. Danach ist je nach Übermittlungsart des Vorabinformationsschreibens eine Frist von 10 bis 15 Kalendertagen vorgesehen, in der betroffene Bieter vor Vertragsschluss des öffentlichen Auftraggebers mit dem obsiegenden Bieter geschützt sind. Denn nach § 168 Absatz 2 Satz 1 führt der wirksam erteilte Zuschlag dazu, dass Nachprüfungsanträge nicht mehr statthaft sind. Diese Schutzfunktion der Stillhaltefrist des § 134 wird durch die Streichung des Erfordernisses der „Unverzüglichkeit“ gestärkt und nicht mehr in ihrer praktischen Wirksamkeit beeinträchtigt. Die neue Fristbestimmung von 10 Kalendertagen trägt der Stillhalte- und Überlegungsfrist nach Artikel 2a Absatz 2 der Richtlinie 2007/66/EG Rechnung, die mindestens 10 Kalendertage ab Eingang der Vorabinformation betragen muss. Durch die Neufassung werden die Zulässigkeitsanforderungen des § 160 Absatz 3 Satz 1 Nummer 1 und die Informations- und Wartepflicht gemäß § 134 Absatz 1 und 2 besser aufeinander abgestimmt.

In § 160 Absatz 3 Satz 1 Nummer 3 werden die Wörter „in der Bekanntmachung“ gestrichen. Damit werden Vergabeverfahren mit vorgeschaltetem Teilnahmewettbewerb auch in der Angebotsphase in den Anwendungsbereich der Vorschrift einbezogen. Die Angebotsfrist wird in Verhandlungsverfahren und nicht offenen Verfahren mit Teilnahmewettbewerb regelmäßig nicht in der Bekanntmachung benannt (vgl. VK Bund, Beschluss vom 12. Dezember 2013, VK 1 – 101/13). Mit Streichung des Bezugs auf die Bekanntmachung ist nunmehr gewährleistet, dass auch in Vergabeverfahren mit vorgeschaltetem Teilnahmewettbewerb eine Rügeobliegenheit der ausgewählten Teilnehmer in Bezug auf in den Vergabeunterlagen erkennbare Vergabeverstöße bis zum Ablauf der Angebotsfrist besteht.

§ 161 GWB
Form, Inhalt

(1) Der Antrag ist schriftlich bei der Vergabekammer einzureichen und unverzüglich zu begründen. Er soll ein bestimmtes Begehren enthalten. Ein Antragsteller ohne Wohnsitz oder gewöhnlichen Aufenthalt, Sitz oder Geschäftsleitung im Geltungsbereich dieses Gesetzes hat einen Empfangsbevollmächtigten im Geltungsbereich dieses Gesetzes zu benennen.

(2) Die Begründung muss die Bezeichnung des Antragsgegners, eine Beschreibung der behaupteten Rechtsverletzung mit Sachverhaltsdarstellung und die Bezeichnung der verfügbaren Beweismittel enthalten sowie darlegen, dass die Rüge gegenüber dem Auftraggeber erfolgt ist; sie soll, soweit bekannt, die sonstigen Beteiligten benennen.

Übersicht Rn.

A. Allgemeines ... 1
I. Sinn und Zweck ... 3
II. Historie ... 4
III. Vergleichbare Regelungen ... 5
B. Formelle Voraussetzungen des Antrags (Abs. 1) ... 6
I. Antragsteller ... 6
II. Schriftform (S. 1) ... 8
III. Sprache ... 16
IV. Einreichung bei der Vergabekammer (S. 1) ... 17
V. Unverzügliche Begründung (S. 1) ... 22
VI. Bestimmtes Begehren (S. 2) ... 28
VII. Ausländischer Antragsteller (S. 3) ... 33
C. Inhaltliche Anforderungen an die Begründung des Antrags (Abs. 2) ... 38
I. Mindestinhalt der Begründung (Hs. 1) ... 38
1. Bezeichnung des Antragsgegners ... 42
2. Beschreibung der behaupteten Rechtsverletzung mit Sachverhaltsdarstellung ... 49
3. Bezeichnung der verfügbaren Beweismittel ... 54
4. Darlegung der Rüge ... 60
II. Benennung der sonstigen Beteiligten (Hs. 2) ... 63
Anlage
Gesetzesbegründung

A. Allgemeines*

§ 161 GWB regelt Form und Inhalt des Nachprüfungsantrages. Sowohl Verstöße gegen die Formvorschriften als auch die Nichteinhaltung der inhaltlichen Mindestanforderungen können den Antrag unzulässig machen,[1] soweit es nicht nur um Soll-Bestimmungen wie § 161 Abs. 2 Hs. 2 GWB (Benennung der sonstigen Beteiligten) geht. Ein Nachprüfungsantrag, der die Formvorschriften oder die inhaltlichen Mindestanforderungen des § 161 GWB nicht einhält, wird regelmäßig offensichtlich unzulässig im Sinne des § 163 Abs. 2 S. 1 GWB sein, sodass die Vergabekammer in diesen Fällen von einer Übermittlung des Antrags absehen wird. 1

Auch wenn sich § 161 GWB in Bezug auf Form und Inhalt des Nachprüfungsantrags an zivil- bzw. verwaltungsgerichtlichen Klageschriften orientiert, ist der Antrag dennoch an die Verwaltung gerichtet und das Nachprüfungsverfahren vor der Vergabekammer ein Verwaltungsverfahren.[2] Dementsprechend gelten für den Antrag, soweit Teil 4 GWB nicht ausdrücklich abweichende Regelungen trifft, die Regelungen der **Verwaltungsverfahrensgesetze** des Bundes und der Länder. 2

* Die Kommentierung basiert zu großen Teilen auf der Kommentierung des § 161 GWB in der Vorauflage dieses Kommentars durch Herrn *Hans-Werner Behrens*, dem ich für die Zurverfügungstellung des Manuskriptes herzlich danke.

1 Siehe hierzu Rn. 13, 38 und 64.

2 BGH, Beschluss v. 9.12.2003 – X ZB 14/03.

I. Sinn und Zweck

3 § 161 GWB ist, wie aus der Gesetzesbegründung[3] bereits deutlich wird, eine Ausprägung des Beschleunigungsgrundsatzes und hier insbesondere der Verfahrensförderungspflicht der Beteiligten (§ 167 Abs. 2 GWB). Es soll von Anfang an ein sachlich fundiertes Verfahren in Gang kommen.

II. Historie

4 § 161 GWB entspricht § 108 GWB in der vor dem 18. April 2016 geltenden Fassung des GWB. Sie wurde inhaltlich seit ihrer Einfügung in das GWB im Jahr 1999 nicht verändert.[4]

III. Vergleichbare Regelungen

5 § 161 GWB legt neben der Schriftform (Abs. 1 S. 1) vor allem die inhaltlichen Mindestanforderungen des Nachprüfungsantrags (Abs. 2) fest. Sie orientiert sich an den entsprechenden Regelungen für den Inhalt von Klageschriften (vgl. § 253 ZPO, § 82 VwGO).

B. Formelle Voraussetzungen des Antrags (Abs. 1)

I. Antragsteller

6 Ein Nachprüfungsantrag kann von jedem **Unternehmen** im kartellrechtlichen Sinn gestellt werden,[5] das als Bieter in einem Vergabeverfahren in Betracht kommt. Maßgeblich für die Unternehmenseigenschaft ist der durch die ständige Rechtsprechung des BGH geprägte funktionale Unternehmensbegriff, der *„jedwede Tätigkeit im geschäftlichen Verkehr"* erfasst, wobei Gewinnerzielungsabsicht und Rechtsform ohne Bedeutung sind.[6]

7 Ob das betreffende Unternehmen in dem konkreten Vergabeverfahren, das den Gegenstand des Nachprüfungsantrags bildet, als **Bieter** aufgetreten ist, ist für die bei § 161 GWB allein maßgebliche Frage von Form und Mindestinhalt des Nachprüfungsantrags unerheblich; die Rolle des Antragstellers im streitgegenständlichen Vergabeverfahren ist vielmehr eine Frage der Antragsbefugnis (§ 160 Abs. 2 GWB) und dementsprechend dort relevant.

II. Schriftform (S. 1)

8 Nach § 161 Abs. 1 GWB muss der Nachprüfungsantrag der **Schriftform** gemäß § 126 BGB genügen. Der Nachprüfungsantrag muss daher als Schriftstück bei der Vergabekammer eingehen und vom Antragsteller oder dessen Bevollmächtigten eigenhändig unterschrieben sein. Die Anforderungen an die Form entsprechen insoweit einem bestimmenden Schriftsatz i.S.d. ZPO (z. B. einer Klageschrift nach § 253 ZPO).[7] Ein mündlich, telefonisch oder per einfacher E-Mail gestellter Antrag ist unzulässig.

9 Ebenso wie bei der Einreichung von bestimmenden Schriftsätzen in sämtlichen gerichtlichen Verfahren[8] erfüllt nach einhelliger Rechtsprechung und Praxis ein per **Telefax** eingereichter Nachprüfungsantrag das Schriftformerfordernis des § 161 Abs. 1 S. 1 GWB.[9] Bei einem Telefax wird das Erscheinungsbild der Vorlage einschließlich der Unterschrift originalgetreu wiedergegeben und am Empfangsort festgehalten.[10]

---

3 Gesetzesbegründung zu § 118 GWB a.F., VgRÄG, BT-Drs. 13/9340, 18.
4 BGBl. I 1998 S. 2571.
5 Vgl. *Hofmann* in § 160 GWB Rn. 17.
6 BGH, Beschluss v. 22.3.1976 – GSZ 2/75.
7 *Horn/Hofmann*, in: Burgi/Dreher, Vergaberecht, § 161 GWB Rn. 6.
8 Siehe z. B. BVerfG, Beschluss v. 11.2.1987 – 1 BvR 475/85; BGH, Beschluss v. 6.10.1988 – VII ZB 17/88; BVerwG, Urteil v. 6.12.1988 – 9 C 40/87.
9 VK Bund, Beschluss v. 15.12.2011 – VK 3-155/11; VK Sachsen, Beschluss v. 23.4.2004 – 1/SVK/026-04.
10 BGH, Beschluss v. 28.2.1983 – AnwZ (B) 2/83.

Ebenso zulässig ist die Übermittlung des Nachprüfungsantrags per **Computerfax**.[11] Maßgeblich für die Beurteilung der Wirksamkeit des elektronisch übermittelten Schriftsatzes ist nicht eine etwa beim Absender vorhandene Kopiervorlage oder eine nur im Textverarbeitungs-PC befindliche Datei, sondern allein die auf seine Veranlassung am Empfangsort erstellte körperliche Urkunde. Der alleinige Zweck der Schriftform, die Rechtssicherheit und insbesondere die Verlässlichkeit der Eingabe zu gewährleisten, kann auch im Falle einer Übermittlung per Computerfax gewahrt werden.[12] Ein Ausschluss einer solchen Einreichungsmöglichkeit würde den Zugang zu den in den Verfahrensordnungen eingeräumten Instanzen in unzumutbarer, aus Sachgründen nicht mehr zu rechtfertigender Weise erschweren.[13] Die Übermittlung per Fax ist schon aufgrund der knappen Zeiträume für die Einreichung eines Nachprüfungsverfahrens in der Praxis der absolute Regelfall, die Einreichung in Papierform eine seltene Ausnahme. 10

Auch eine Übermittlung des Nachprüfungsantrags per E-Mail mit qualifizierter elektronischer Signatur – also in **elektronischer Form** gemäß § 126a BGB – ist möglich, soweit die entsprechende Vergabekammer hierfür einen Zugang eröffnet hat (§ 3a Abs. 2 VwVfG). Gemäß § 126 Abs. 3 BGB kann die Schriftform generell durch die elektronische Form ersetzt werden, § 161 Abs. 1 S. 1 GWB steht dem nicht entgegen, da er die elektronische Form nicht explizit ausschließt. Vor einer Antragstellung per E-Mail mit qualifizierter elektronischer Signatur sollten Antragsteller allerdings derzeit bei allen Vergabekammern abklären, ob diese überhaupt den elektronischen Rechtsverkehr im Sinne von § 3a Abs. 1 VwVfG eröffnet haben und technisch in der Lage sind, qualifiziert signierte Dokumente zu empfangen bzw. Signaturen zu prüfen. Dies dürfte momentan bei den meisten Vergabekammern nicht der Fall sein. 11

Nicht abschließend geklärt ist derzeit, ob eine Einreichung des Nachprüfungsantrags auch über den Übertragungsweg vom Anwaltspostfach auf ein besonderes Behördenpostfach der Vergabekammer rechtlich zulässig ist. Eine dem § 130a Abs. 3, Abs. 4 Nr. 2 ZPO oder dem § 55a Abs. 3, Abs. 4 Nr. 2 VwGO entsprechende Regelung, welche es ermöglicht, schriftlich einzureichende Anträge stattdessen als elektronisches Dokument von der verantwortenden Person mit einer fortgeschrittenen Signatur signiert und auf einem sicheren Übermittlungsweg einzureichen, existiert im GWB nicht. Das GWB ordnet über die Verweisungskette §§ 163 Abs. 2 S. 5, 57 Abs. 2 bzw. 61 GWB die Anwendbarkeit einzelner Normen der ZPO explizit an, die dortige Regelung zu elektronischen Dokumenten jedoch nicht. Eine Verweisung auf § 130a ZPO fehlt im GWB. Allerdings ist insoweit von einem gesetzgeberischen Versehen auszugehen – die Vergabekammern sind bei den entsprechenden Reformvorhaben wohl einfach vergessen worden – sodass viel dafür spricht, § 130a ZPO entsprechend anzuwenden.[14] In der Praxis scheitert eine solche Antragstellung derzeit aber daran, dass die meisten Vergabekammern aktuell nicht über ein besonderes Behördenpostfach verfügen. 12

Das **Fehlen der Unterschrift** oder Signatur macht den Antrag grundsätzlich unzulässig, da das Schriftformerfordernis eine zwingende Regelung über den Mindestinhalt des Nachprüfungsantrags darstellt. Nur durch das Unterschriftserfordernis wird sichergestellt, dass der Antrag vom Antragsteller oder seinem Bevollmächtigten autorisiert ist und es sich um einen ernst gemeinten Antrag handelt, der nicht lediglich einen Entwurf darstellt. 13

Würde die Vergabekammer in diesem Fall allerdings den Nachprüfungsantrag wegen fehlender Unterschrift als unzulässig verwerfen, könnte der Antragsteller unverzüglich nach Verwerfung seines Antrags den inhaltsgleichen, diesmal unterschriebenen Antrag erneut stellen. Zur Vermeidung dieser Förmelei wird es daher der Vergabekammer im Rahmen ihrer Amtsermittlungspflicht (§ 163 Abs. 1 GWB) i.d.R. obliegen, den Antragsteller auf die fehlende Unterschrift hinzuweisen und ihm die (kurzfristige) Möglichkeit zur Nachholung einzuräumen. Bis zur **Nachholung der Unterschrift** hat jedoch die Übermittlung des Nachprüfungsantrags zu unterbleiben, da ein dem Schriftformerfordernis genügender Antrag nicht vorliegt. Wird die 14

11 Siehe BGH, Beschluss v. 14.10.2014 – XI ZB 13/13, zur Wahrung der Schriftform im Anwaltsprozess bei eingescannter Unterschrift.
12 GmS-OGB, Beschluss v. 5.4.2000 – GmS-OGB 1/98.
13 BVerfG, Beschluss v. 11.2.1987 – 1 BvR 475/85.
14 So jetzt auch VK Südbayern, Beschluss v. 28.9.2020 – 3194.Z3-3-01-20-11.

Unterschrift innerhalb der von der Vergabekammer gesetzten Frist nachgeholt, steht der Übermittlung wegen mangelnder Schriftform nichts mehr im Wege.[15] Wird die Unterschrift innerhalb der gesetzten Frist nicht nachgeholt, ist der Antrag als offensichtlich unzulässig i.S.d. § 163 Abs. 2 S. 1 GWB zu verwerfen.

15 Die Wahrung des Unterschriftserfordernisses kann zudem im Fall der **Bietergemeinschaft** problematisch sein, wenn der Nachprüfungsantrag ausdrücklich im Namen der Bietergemeinschaft gestellt wird, aber nicht von allen Mitgliedern der Bietergemeinschaft autorisiert ist. In der Rechtsprechung wird diese Problematik im Rahmen der Antragsbefugnis (§ 160 Abs. 2 GWB) behandelt.[16] Streng genommen kann sich die Zulässigkeitsfrage hier aber auch im Rahmen des Unterschriftserfordernisses stellen. Denn ein Unternehmen kann einen Nachprüfungsantrag nicht mit Wirkung für oder gegen die übrigen Mitglieder der Bietergemeinschaft unterzeichnen, wenn es hierzu nicht ausdrücklich von den übrigen Mitgliedern der Bietergemeinschaft ermächtigt ist (fehlende Aktivlegitimation). Dabei ist es grundsätzlich nicht erforderlich, dass alle Mitglieder der Bietergemeinschaft den Nachprüfungsantrag unterzeichnen. Es ist vielmehr als ausreichend anzusehen, wenn das vertragliche Innenverhältnis der Bietergemeinschaft den Antragsteller auch zur Durchführung eines vergaberechtlichen Nachprüfungsverfahrens im Namen der Bietergemeinschaft ermächtigt. Dies ist jedoch oft nicht der Fall, da sich das vertragliche Innenverhältnis der Bietergemeinschaft häufig nur auf die Abgabe von das Vergabeverfahren betreffenden Erklärungen gegenüber der Vergabestelle erstreckt. Soweit also für die Vergabekammer aus dem Nachprüfungsantrag ersichtlich ist, dass der Antrag für die Bietergemeinschaft gestellt werden soll, aber nicht von allen Mitgliedern der Bietergemeinschaft unterzeichnet wurde, kann die Vergabekammer vor Übermittlung des Antrags klären, ob der Antragsteller von den übrigen Mitgliedern der Bietergemeinschaft zur Antragstellung ermächtigt wurde. Bei unmittelbar bevorstehender Zuschlagserteilung empfiehlt es sich allerdings, den Antrag zur Auslösung des Zuschlagsverbots (§ 169 Abs. 1 GWB) zunächst zu übermitteln und erst nach Aufklärung der Frage, ob eine Ermächtigung seitens der übrigen Mitglieder der Bietergemeinschaft vorliegt, über die Zulässigkeitsfrage zu entscheiden. Wird hingegen der Antrag nicht für die Bietergemeinschaft gestellt, sondern ausdrücklich nur von bestimmten, (aber nicht allen) Mitgliedern der Bietergemeinschaft, ist zumindest das Unterschriftserfordernis gewahrt; die Zulässigkeit des Nachprüfungsantrags ist dann im Rahmen der Antragsbefugnis zu klären.[17] Die vorstehenden Ausführungen sind sinngemäß – bis auf die auf die Ausführungen in Bezug auf die Auslösung des Zuschlagsverbots – auf Nachprüfungsanträge übertragbar, die im Rahmen eines Teilnahmewettbewerbs durch Bewerbergemeinschaften gestellt werden.

III. Sprache

16 Der Nachprüfungsantrag ist gemäß § 23 VwVfG in deutscher Sprache einzureichen. Die Einreichung des Nachprüfungsantrags in einer anderen Sprache führt jedoch nicht automatisch zur Unzulässigkeit des Nachprüfungsantrags. Vielmehr ist gemäß § 23 Abs. 2 VwVfG von der Vergabekammer unverzüglich die Vorlage einer Übersetzung zu verlangen. Bis zur Vorlage der Übersetzung kann der Nachprüfungsantrag nicht übermittelt werden. Soweit die Übersetzung nicht unverzüglich – gegebenenfalls innerhalb einer von der Vergabekammer hierfür gesetzten Frist – vorliegt, ist der Antrag gemäß § 163 Abs. 2 S. 1 GWB als offensichtlich unzulässig zurückzuweisen.

---

15 Vgl. OLG Dresden, Beschluss v. 16.10.2001 – WVerg 7/01.

16 OLG Düsseldorf, Beschluss v. 30.3.2005 – VII-Verg 101/04; Beschluss v. 20.12.2004 – VII-Verg 101/04; OLG Hamburg, Beschluss v. 10.10.2003 – 1 Verg 2/03.

17 Siehe *Hofmann* in § 160 GWB Rn. 18.

IV. Einreichung bei der Vergabekammer (S. 1)

Der Nachprüfungsantrag muss gemäß § 161 Abs. 1 S. 1 GWB bei der Vergabekammer gestellt werden. 17

Ein beim **Auftraggeber** oder einer für diesen als Vertreterin agierenden Vergabestelle eingereichter Nachprüfungsantrag vermag dementsprechend keinerlei Rechtswirkungen zugunsten des Antragstellers zu entfalten. In einem solchen Fall besteht insbesondere kein Anspruch des Antragstellers auf Weiterleitung seines Antrags an die zuständige Vergabekammer. Der für die Durchführung des Nachprüfungsverfahrens unzuständige Auftraggeber bzw. die unzuständige Vergabestelle kann in diesem Fall jedoch gehalten sein, im Rahmen der Beratungs- und Auskunftspflicht (§ 25 VwVfG) den Antragsteller auf die zuständige Vergabekammer als richtige Adressatin des Nachprüfungsantrags hinzuweisen. 18

Das Stellen des Nachprüfungsantrags bei der für die Nachprüfung **zuständigen Vergabekammer** wird an sich für den Antragsteller kein Problem darstellen, da die für die Nachprüfung zuständige Vergabekammer gemäß § 37 Abs. 3 VgV in der Auftragsbekanntmachung und in den Vergabeunterlagen zu benennen ist. Eine unzutreffende Benennung in der Auftragsbekanntmachung führt jedoch nicht zur Zuständigkeit der falsch benannten Vergabekammer.[18] 19

Dennoch kann es, z. B. bei falscher Benennung der zuständigen Vergabekammer in der Bekanntmachung oder den Vergabeunterlagen, vorkommen, dass ein Nachprüfungsantrag bei einer **unzuständigen Vergabekammer** eingereicht wird. In diesem Fall ist die unzuständige Vergabekammer nach dem allgemeinen Rechtsgedanken des § 17a Abs. 2 GVG in Verbindung mit dem Beschleunigungsgrundsatz (§ 167 GWB) verpflichtet, das Nachprüfungsverfahren durch Beschluss an die zuständige Vergabekammer zu verweisen,[19] wobei auch im Falle der Übermittlung des Antrags durch die unzuständige Kammer das Zuschlagsverbot gemäß § 169 Abs. 1 GWB ausgelöst wird und auch nach Verweisung bestehen bleibt.[20] Die Auslösung des Zuschlagsverbots durch die unzuständige Vergabekammer ist sachgerecht, da andernfalls die Rechtsschutzmöglichkeiten des antragstellenden Bieters unzumutbar eingeschränkt würden, wenn im Verlauf der rechtlichen Auseinandersetzung über die zuständige Vergabekammer der Zuschlag wirksam erteilt werden könnte. Auf die Verweisung ist aufgrund des Beschleunigungsgrundsatzes § 17a Abs. 2 S. 2 GVG anzuwenden. Sie ist damit für die Vergabekammer, an die verwiesen wurde, bindend, sofern der Verweisungsbeschluss nicht auf offensichtlicher Willkür beruht.[21] 20

Eine **Verweisung** durch die Vergabekammer **an ein Gericht**, wenn z. B. der Zivil- oder Verwaltungsrechtsweg eröffnet ist, oder durch ein Gericht an die Vergabekammer kommt nicht in Betracht, da die Vergabekammer kein Gericht ist, sondern ein Verwaltungsorgan, das durch Verwaltungsakt entscheidet.[22] 21

V. Unverzügliche Begründung (S. 1)

Gemäß § 161 Abs. 1 S. 1 GWB ist der Nachprüfungsantrag unverzüglich zu begründen. 22

Dies bedeutet im Regelfall, dass die Begründung – soweit möglich – bereits in der Antragsschrift enthalten sein muss.[23] § 161 Abs. 1 S. 1 GWB eröffnet dem Antragsteller aber die Möglichkeit, seinen Nachprüfungsantrag erst nach dessen Einreichung zu begründen. Die Möglichkeit zur unverzüglichen Begründung betrifft vor allem jene **Fallkonstellationen**, in denen ein Antrag unvollständig eingereicht wird oder gemäß § 161 Abs. 2 GWB erforderliche Be- 23

18 OLG Schleswig, Beschluss v. 28.6.2016 – 54 Verg 2/16.
19 OLG Düsseldorf, Beschluss v. 18.1.2005 – VII-Verg 104/04.
20 OLG Bremen, Beschluss v. 17.8.2000 – Verg 2/00; VK Sachsen, Beschluss v. 1.9.2004 – 1/SVK/066-04; VK Münster, Beschluss v. 9.8.2001 – VK 19/01.
21 OLG Jena, Beschluss v. 16.7.2007 – 9 Verg 4/07; *Reidt*, in: Reidt/Stickler/Glahs, Vergaberecht, § 161 GWB Rn. 9.
22 VGH Bayern, Beschluss v. 26.4.2019 – 12 C 19.621; *Reidt*, in: Reidt/Stickler/Glahs, Vergaberecht, § 161 GWB Rn. 11 f.
23 *Reidt*, in: Reidt/Stickler/Glahs, Vergaberecht, § 161 GWB Rn. 16.

gründungsinhalte fehlen. Hat z. B. ein Antragsteller seinen Antrag vorab per Fax ohne Anlagen an die Vergabekammer gesandt, so soll dies nicht dazu führen, dass der Antrag wegen offensichtlicher Unzulässigkeit nicht dem Auftraggeber übermittelt und kostenpflichtig verworfen wird. Vielmehr hat es der Antragsteller in der Hand, die fehlenden Anlagen nachzureichen oder Darlegungen nachzuholen. Er muss dies jedoch im Sinne des Beschleunigungsgrundsatzes (§ 167 Abs. 2 GWB) unverzüglich, d.h. ohne schuldhaftes Zögern tun.[24]

24 Das **Fehlen einer** den Anforderungen des § 161 Abs. 2 GWB genügenden **Antragsbegründung** kann die Vergabekammer nicht ohne Weiteres zum Anlass einer Antragszurückweisung nehmen. Zwar dient § 161 Abs. 2 GWB dem besonderen Beschleunigungsprinzip des Nachprüfungsverfahrens (vgl. § 167 GWB). Dennoch ist es der Vergabekammer verwehrt, einen Nachprüfungsantrag ohne Weiteres wegen formaler Mängel zu verwerfen, wenn es nach der gegebenen Sachlage nicht ausgeschlossen ist, dass der formale Mangel umgehend behoben wird. In einem solchen Fall obliegt es der Vergabekammer, den Antragsteller auf den formalen Fehler hinzuweisen und ihm Gelegenheit zur kurzfristigen Abhilfe einzuräumen.[25] In der Praxis werden die Nachprüfungsanträge in den meisten Fällen bereits mit Begründung eingereicht. Dies ist schon deshalb empfehlenswert, da die Vergabekammer die für die Übermittlung des Antrags erforderliche Prüfung gemäß § 163 Abs. 2 GWB (Übermittlung des Antrags nur, wenn dieser nicht offensichtlich unzulässig oder unbegründet ist) in aller Regel nur auf der Grundlage einer umfassenden Antragsbegründung durchführen kann.[26] Lediglich für den Fall des Fehlens von Anlagen oder der fehlenden Bezeichnung von verfügbaren Beweismitteln kann die Vergabekammer möglicherweise in der Lage sein – dies hängt aber immer vom Einzelfall ab –, die Prüfung nach § 163 Abs. 2 GWB vorzunehmen und den Antrag trotz unvollständiger Begründung zu übermitteln.

25 Die Begründung des Nachprüfungsantrags hat, soweit sie nicht bereits mit der Einreichung erfolgt ist, **unverzüglich** zu erfolgen. Diese Voraussetzung ist erfüllt, wenn die Begründung ohne schuldhaftes Zögern (§ 121 BGB) nachgereicht wird.[27] Angesichts des das Nachprüfungsverfahren beherrschenden Beschleunigungsgrundsatzes und der damit verbundenen kurzen Entscheidungsfristen der Vergabekammer sind an die Unverzüglichkeit strenge Maßstäbe anzulegen. Was noch als unverzüglich i.S.d. § 161 Abs. 1 S. 1 GWB gelten kann, hängt von den Umständen des Einzelfalles ab, wie etwa der erforderlichen Einholung von Rechtsrat oder einer sich schwierig gestaltenden Sachverhaltsrecherche. Deutlich überschritten ist die Grenze der Unverzüglichkeit jedenfalls 21 Tage nach Einreichung des Nachprüfungsantrags bei der Vergabekammer.[28] In Anlehnung an die Neuregelung zur Rügeobliegenheit bei erkannten Vergabeverstößen (§ 160 Abs. 3 S. 1 Nr. 1 GWB) dürfte in diesen Fällen eine zeitliche Obergrenze bei maximal zehn Tagen anzusetzen sein, wobei sich diese Frist – je nach den Umständen des Einzelfalles – bis auf wenige Tage verkürzen kann. In der Praxis begrenzt regelmäßig der in der Information nach § 134 GWB genannte frühestmögliche Termin zur Zuschlagserteilung den Zeitraum zur Vorlage der Begründung, da die nicht vorliegende Begründung regelmäßig zur (vorläufigen) Nichtübermittlung des Nachprüfungsantrags an den Auftraggeber nach § 163 Abs. 2 S. 1 GWB führt und damit nach § 169 Abs. 1 GWB kein Zuschlagsverbot eintritt. Der Antragsteller wird in Fällen einer Antragstellung ohne oder mit unvollständiger Begründung daher immer zu überlegen haben, ob er überhaupt einen (in der Regel nicht übermittlungsfähigen) Nachprüfungsantrag stellt oder besser abwartet, bis er die rechtlichen und tatsächlichen Grundlagen für den Nachprüfungsantrag geklärt hat.

26 Der Fall der unzureichenden Begründung eines Nachprüfungsantrags ist von den Fällen zu unterscheiden, in denen der Antragsteller aufgrund seines **begrenzten** (und nicht mehr erweiterbaren) **Informationsstandes** nicht mehr vortragen kann. Bei einer derartigen Sachverhaltskonstellation darf der Antragsteller im Nachprüfungsverfahren behaupten, was er auf

---

24 VK Bund, Beschluss v. 15.12.2011 – VK3-155/11; VK Sachsen, Beschluss v. 8.11.2001 – 1/SVK/104-01.
25 OLG Jena, Beschluss v. 23.1.2003 – 6 Verg 11/02.
26 *Horn/Hofmann*, in: Burgi/Dreher, Vergaberecht, § 161 GWB Rn. 10.
27 VK Sachsen, Beschluss v. 8.11.2001 – 1/SVK/104-01.
28 VK Baden-Württemberg, Beschluss v. 2.12.2004 – 1 VK 74/04.

der Grundlage seines – oft nur beschränkten – Informationsstandes redlicherweise für wahrscheinlich oder möglich halten darf.[29]

27 Ebenfalls keine Frage der unverzüglichen Begründung ist die Fallkonstellation, dass ein Unternehmen einen Antrag nebst Begründung stellt, der sich auf verschiedene Vergabeverstöße stützt, nachträglich jedoch weitere Vergabeverstöße in das Nachprüfungsverfahren eingeführt und begründet werden. Diese **nachträglich** in das Nachprüfungsverfahren **eingeführten Vergabeverstöße** können unproblematisch in das Verfahren eingeführt werden, wenn sie dem Antragsteller vorher nicht bekannt waren und nach Bekanntwerden unverzüglich im Rahmen des laufenden Nachprüfungsverfahrens geltend gemacht werden.[30] Andernfalls kann unter Umständen die Zulässigkeit der Einführung solcher Verstöße in das Nachprüfungsverfahren sowohl unter dem Aspekt der Rügepräklusion nach § 160 Abs. 3 GWB als auch unter dem Aspekt der Verfahrensförderungspflicht der Beteiligten gemäß § 167 Abs. 2 GWB problematisch sein.

VI. Bestimmtes Begehren (S. 2)

28 Die Vorschrift des § 161 Abs. 1 S. 2 GWB regelt, dass der Nachprüfungsantrag ein bestimmtes Begehren enthalten soll.

29 Es handelt sich hier ausweislich des Wortlauts der Regelung („soll") um eine **Sollvorschrift**, also um kein für die Zulässigkeit des Antrags zwingendes Erfordernis.

30 Die Antragsschrift muss lediglich klar erkennen lassen, worin das **Verfahrensziel** des Antragstellers besteht; der Formulierung eines bestimmten Antrags bedarf es nicht.[31] Insbesondere die Stellung bestimmter oder gar tenorierungsfähiger Anträge, also solcher Anträge, die die Entscheidungsformel (Tenor) des Beschlusses der Vergabekammer schon vorgeben, ist nicht erforderlich. Dies ergibt sich bereits aus § 168 Abs. 1 S. 2 GWB, wonach die Vergabekammer an Anträge nicht gebunden ist und unabhängig von etwaigen Anträgen auf die Rechtmäßigkeit des Vergabeverfahrens einwirken kann.

31 Auch wenn sich somit aus dem Sachvortrag des Antragstellers nicht ergeben muss, durch welche Maßnahmen der Vergabekammer die geltend gemachte Rechtsverletzung beseitigt werden soll, muss dem Nachprüfungsantrag zumindest zu entnehmen sein, welche **Rechtsverletzungen** den Gegenstand der Nachprüfung durch die Vergabekammer bilden sollen. Dies ergibt sich aus der Vorschrift des § 161 Abs. 2 GWB, die den Antragsteller zur Beschreibung der behaupteten Rechtsverletzung verpflichtet.[32]

32 Trotz fehlender Verpflichtung des Antragstellers, ein bestimmtes Begehren im Nachprüfungsantrag zu benennen, kann es für den Antragsteller dennoch ratsam sein, möglichst konkrete **Maßnahmen** zu beantragen, damit sich die Vergabekammer im Rahmen der Anordnung geeigneter Maßnahmen i.S.d. § 168 Abs. 1 GWB hieran zumindest orientieren kann. Welche Maßnahmen konkret beantragt werden, hängt von der durch den Antragsteller geltend gemachten Rechtsverletzung, seinem Rechtsschutzziel und dem Stadium des Vergabeverfahrens ab. So kann der Antragsteller beispielsweise die Aufhebung der Ausschreibung oder eine Untersagung der Zuschlagserteilung, die Änderung der Leistungsbeschreibung, die Wiederholung der Wertung unter Berücksichtigung seines Angebots, eine neuerliche Wertung unter Beachtung der bekannt gemachten Zuschlagskriterien, die Feststellung der Unwirksamkeit der Zuschlagserteilung oder die Feststellung einer Rechtsverletzung beantragen.

---

29 BGH, Beschluss v. 26.9.2006 – X ZB 14/06.
30 OLG Stuttgart, Beschluss v. 24.3.2000 – 2 Verg 2/99; OLG Jena, Beschluss v. 22.12.1999 – 6 Verg 3/99; OLG Celle, Beschluss v. 30.4.1999 – 13 Verg 1/99.
31 OLG Düsseldorf, Beschluss v. 18.7.2001 – Verg 16/01.
32 Siehe hierzu Rn. 49 ff.

VII. Ausländischer Antragsteller (S. 3)

33 Nach § 161 Abs. 1 S. 3 GWB muss ein ausländischer Antragsteller, der im Geltungsbereich des GWB weder über einen Wohnsitz noch einen gewöhnlichen Aufenthalt, einen Sitz oder eine Geschäftsleitung verfügt, einen Empfangsbevollmächtigten im Geltungsbereich des GWB benennen. Diese gesetzliche Festlegung ist dem Beschleunigungsgrundsatz (§ 167 GWB) geschuldet, denn angesichts der kurzen Entscheidungsfristen der Vergabekammer sollen verfahrensverzögernde Auswirkungen, die sich im Zusammenhang mit erforderlichen Zustellungen oder der Erreichbarkeit eines ausländischen Antragstellers ergeben können, von vornherein ausgeschlossen werden.[33]

34 Der **Empfangsbevollmächtigte** muss in der Lage sein, Mitteilungen und Erklärungen, die das Nachprüfungsverfahren betreffen, mit Wirkung für und gegen den Antragsteller entgegenzunehmen.

35 Die **Nichtbenennung** eines Bevollmächtigten führt grundsätzlich zur Unzulässigkeit des Antrags. In diesem Fall wird man jedoch die Vergabekammer vor der Verwerfung des Nachprüfungsantrags, jedenfalls wenn der ausländische Antragsteller erreichbar ist, für verpflichtet halten müssen, den Antragsteller auf diese Bestimmung hinzuweisen, um ihm innerhalb einer angemessenen Frist die Gelegenheit zur Benennung eines Bevollmächtigten zu geben.

36 Ist der ausländische Antragsteller hingegen **nicht erreichbar**, reagiert er auf den Hinweis der Vergabekammer nicht oder verweigert er die Benennung, ist der Nachprüfungsantrag als offensichtlich unzulässig zu verwerfen.[34]

37 Soweit ein **beigeladenes Unternehmen** keinen Sitz im Geltungsbereich des GWB hat, ist zur Beschleunigung des Verfahrens und hier insbesondere zur Bewirkung von Zustellungen regelmäßig zweckmäßig, § 161 Abs. 1 S. 3 GWB analog anzuwenden, also auch insoweit die Benennung eines Empfangsbevollmächtigten zu verlangen.

C. Inhaltliche Anforderungen an die Begründung des Antrags (Abs. 2)

I. Mindestinhalt der Begründung (Hs. 1)

38 § 161 Abs. 2 Hs. 1 GWB legt i.V.m. § 160 Abs. 2 und 3 GWB fest, welchen Mindestanforderungen die Antragsbegründung genügen muss.

39 Es handelt sich hier ausweislich des Wortlauts („muss") um eine **zwingende Vorschrift**, deren Nichteinhaltung den Nachprüfungsantrag unzulässig macht.[35] Diese Konsequenz entspricht dem Willen des Gesetzgebers, das Nachprüfungsverfahren so schnell wie möglich entscheidungsreif zu machen. Die Begründung des Nachprüfungsantrags dient der Festlegung des Verfahrensgegenstandes vor der Vergabekammer und der Eingrenzung des aus der Sicht des Antragstellers entscheidungserheblichen Streitstoffes. Für den Antragsteller ist der Begründungsinhalt des von ihm eingereichten Nachprüfungsantrags deshalb bedeutsam, weil die Begründung des Nachprüfungsantrags die Grundlage für die Entscheidung der Vergabekammer über die Zustellung des Nachprüfungsantrags bildet. Denn nur wenn der Nachprüfungsantrag nicht offensichtlich unzulässig oder unbegründet ist, wird die Vergabekammer gemäß § 163 Abs. 2 S. 3 GWB die Übermittlung veranlassen.

40 **Maßstab** für den Mindestinhalt der Begründung sind die Absätze 2 und 3 des § 160 GWB. Aus der Antragsbegründung des Antragstellers muss somit für die Vergabekammer zumindest implizit erkennbar sein, dass der Antragsteller

- ein Interesse am Auftrag hat,

---

33 VK Sachsen-Anhalt, Beschluss v. 7.7.2004 – 1 VK LVwA 38/04.
34 VK Sachsen-Anhalt, Beschluss v. 7.7.2004 – 1 VK LvwA 38/04.
35 Gesetzesbegründung zu § 118 GWB a.F., VgRÄG, BT-Drs. 13/9340, 18.

- behauptet, durch die Nichtbeachtung von Vergabevorschriften in seinen Rechten verletzt zu sein,
- ihm hierdurch ein Schaden entstanden ist oder zumindest zu entstehen droht und
- er seiner Rügeobliegenheit nachgekommen ist, soweit eine solche besteht.[36]

Dieser notwendige Begründungsumfang ist in § 161 Abs. 2 GWB zwar nur zum Teil explizit dargelegt, er ergibt sich aber aus Sinn und Zweck des Gesetzes, da ein Antrag, dem es an einem der vorgenannten Merkmale fehlt, von der Vergabekammer als offensichtlich unzulässig zurückzuweisen wäre.

Trotz der vorgenannten Inhaltserfordernisse in Bezug auf die Begründung sind an das Begründungserfordernis im Hinblick darauf, dass im Verfahren vor der Vergabekammer kein Anwaltszwang besteht und wegen Art. 19 Abs. 4 GG bzw. Art. 1 Abs. 1 UAbs. 3 RL 2007/66/EG der Zugang zum Rechtsschutz nicht unbillig erschwert werden darf, aber keine allzu hohen **Anforderungen** zu stellen, vielmehr ist auch eine laienhafte Darstellung des Begehrens als ausreichend anzusehen.[37] **41**

1. Bezeichnung des Antragsgegners

Nach § 161 Abs. 2 GWB muss die Begründung des Nachprüfungsantrags u.a. die **Bezeichnung des Antragsgegners** enthalten. Hierbei handelt es sich um den Auftraggeber, da sich der Nachprüfungsantrag gegen ihn als Verfahrensbeteiligten (§ 162 GWB) richtet. Richtiger Antragsgegner ist derjenige Auftraggeber, dem der streitgegenständliche Auftrag zuzurechnen ist,[38] d.h. im Regelfall derjenige, der Vertragspartner des zu vergebenden Vertrags werden soll.[39] Unschädlich ist es, wenn im Nachprüfungsantrag anstelle der betreffenden Körperschaft nur deren als Vergabestelle handelnde Behörde genannt wird (z. B. ein staatliches Bauamt anstelle eines Bundeslands).[40] Es muss allerdings zumindest im Wege der Auslegung des Antrags ermittelbar sein, gegen wen sich der Antrag richtet.[41] Für den Antragsteller empfiehlt es sich in jedem Fall, den Antragsgegner möglichst präzise mit Adresse und, soweit möglich, mit Telefon- und Telefaxnummer zu bezeichnen, damit die Vergabekammer möglichst unverzüglich und ohne eigene Ermittlungen die Übermittlung des Antrags veranlassen kann. **42**

Bedient sich der Auftraggeber eines von ihm hierzu **bevollmächtigten Dritten** als Vergabestelle und benennt der Antragsteller in seinem Nachprüfungsantrag diesen als Auftraggeber, hat dies keine Auswirkungen auf Verfahrenshandlungen, die die Vergabekammer oder der Antragsteller gegenüber der Vergabestelle vornehmen. In diesem Fall ist lediglich das Rubrum des Nachprüfungsantrags durch die Vergabekammer oder das Beschwerdegericht von Amts wegen zu berichtigen.[42] **43**

Bei einer **Mehrheit von Auftraggebern**, die einen gemeinsamen Auftrag vergeben (vgl. § 4 VgV), sind alle im Nachprüfungsantrag zu benennen, da es sich um einen Fall notwendiger Streitgenossenschaft handelt. Wird einer oder mehrere dieser Auftraggeber im Antrag nicht benannt, kommt eine Rubrumsberichtigung in Betracht, wenn sich aus dem Nachprüfungsantrag ergibt, dass dieser gegen alle Auftraggeber gerichtet ist.[43] Sofern nur einzelne Teile des Vergabeverfahrens gemeinsam durchgeführt werden (§ 4 Abs. 2 S. 3 VgV), gilt die gemeinsame Verantwortung nur für den gemeinsamen Teil. Für die vom einzelnen Auftraggeber selb- **44**

36 VK Sachsen, Beschluss v. 25.11.2004 – 1/SVK/110-04.
37 OLG München, Beschluss v. 29.9.2009 – Verg 12/09; ähnlich OLG Düsseldorf, Beschluss v. 4.3.2020 – VII-Verg 11/18.
38 *Horn/Hofmann*, in: Burgi/Dreher, Vergaberecht, § 161 GWB Rn. 13.
39 OLG München, Beschluss v. 31.5.2012 – Verg 4/12; zur Sondersituation beim landeseigenen Vollzug von Bundesgesetzen BGH, Beschluss v. 20.3.2014 – X ZB 18/13.
40 *Reidt*, in: Reidt/Stickler/Glahs, Vergaberecht, § 161 GWB Rn. 22.
41 OLG Düsseldorf, Beschluss v. 5.10.2016 – VII-Verg 24/16; *Reidt*, in: Reidt/Stickler/Glahs, Vergaberecht, § 161 GWB Rn. 22.
42 OLG Düsseldorf, Beschluss v. 16.10.2019 – Verg 13/19; OLG Schleswig, Beschluss v. 26.9.2019 – 54 Verg 4/19; OLG Brandenburg, Beschluss v. 7.12.2010 – Verg W 16/10; OLG Naumburg, Beschluss v. 16.10.2007 – 1 Verg 6/07.
43 *Reidt*, in: Reidt/Stickler/Glahs, Vergaberecht, § 161 GWB Rn. 22.

ständig durchgeführten Teile ist der selbständig agierende Auftraggeber allein verantwortlich und im Falle eines Nachprüfungsverfahrens nur er der Antragsgegner.[44]

45 Ein Antrag, der den Antragsgegner **nicht bezeichnet**, ist unzulässig, da ihm die Verbindlichkeit fehlt.

46 Die lediglich **fehlerhafte Bezeichnung** des Antragsgegners führt hingegen nicht zur Unzulässigkeit des Antrags,[45] soweit aus dem Nachprüfungsantrag klar ersichtlich ist, gegen wen sich der Nachprüfungsantrag materiell richtet,[46] wer also Auftraggeber ist. In diesem Fall ist die Vergabekammer gehalten, den Nachprüfungsantrag auszulegen, und hat dementsprechend die Übermittlung an den richtigen Antragsgegner zu veranlassen.[47] Der Nachprüfungsantrag ist in diesem Fall auch nicht zwingend wegen fehlender passiver Prozessführungsbefugnis unzulässig. In derartigen Fällen kann die Vergabekammer das Rubrum des Nachprüfungsantrags (und damit auch das Rubrum der Hauptsacheentscheidung) von Amts wegen jedenfalls dann berichtigen.[48] Die Falschbezeichnung kann jedoch dazu führen, dass die Vergabekammer den Nachprüfungsantrag an den fehlerhaft bezeichneten Antragsgegner übermittelt und somit das Zuschlagsverbot des § 169 Abs. 1 GWB nicht in Kraft tritt.[49] Eine entsprechende Auslegung des Nachprüfungsantrags ist allerdings nur dann möglich, wenn sich der richtige Antragsgegner zumindest durch Auslegung unzweifelhaft aus dem Nachprüfungsantrag ergibt. Andernfalls ist die Vergabekammer im Rahmen ihrer Amtsermittlungspflicht nach § 163 Abs. 1 GWB lediglich gehalten, den Antragsteller auf die fehlerhafte oder unklare Bezeichnung des Antragsgegners hinzuweisen; die Übermittlung kann die Vergabekammer in diesem Fall erst veranlassen, wenn der Auftraggeber vom Antragsteller eindeutig bezeichnet wurde. Die zur Aufklärung verpflichtende Amtsermittlungspflicht der Vergabekammer setzt aber erst ein, wenn der Antragsgegner für die Vergabekammer offensichtlich fehlerhaft oder unklar bezeichnet wurde. Soweit die Vergabekammer die Falschbezeichnung nicht als solche zu erkennen vermag, wird sie den Antrag schlicht dem falschen Antragsgegner übermitteln, ohne dass das Zuschlagsverbot des § 169 Abs. 1 GWB gegenüber dem tatsächlichen Auftraggeber in Kraft treten kann.

47 Es ist einem Bieter, der einen Nachprüfungsantrag stellen will, hingegen nicht zumutbar, **Ungewissheiten** hinsichtlich des Auftraggebers aufzuklären, wenn der Auftraggeber diese Ungewissheiten selbst verschuldet hat oder die diesbezügliche Rechtslage ungeklärt ist.[50] Kann ein Antragsteller den Antragsgegner nicht mit letzter Sicherheit benennen, weil die Bekanntmachung und die Aufforderung zur Angebotsabgabe diesbezüglich widersprüchliche Angaben enthalten, gehen insoweit unklare oder widersprüchliche Angaben zulasten des Antragsgegners.[51]

48 Handelt es sich hingegen um eine Falschbezeichnung des Antragsgegners, die nicht durch Auslegung von Amts wegen zu korrigieren ist, und ändert bzw. erweitert der Antragsteller daraufhin in einem späteren Verfahrensstadium den Antragsgegner, so liegt hierin eine **Parteiänderung** oder eine **Parteierweiterung** und nicht lediglich eine Berichtigung der Antragsgegnerbezeichnung. In einem solchen Falle gelten vor der Änderung bzw. Erweiterung vorgenommene Verfahrenshandlungen nicht gegenüber dem neuen Antragsgegner.[52] Dies betrifft insbesondere das durch Zustellung des Nachprüfungsantrags gemäß § 169 Abs. 1 GWB ausgelöste Zuschlagsverbot,[53] das nur bei wirksamer Übermittlung des Nachprüfungs-

---

44 OLG München, Beschluss v. 28.8.2019 – Verg 15/19.

45 OLG Brandenburg, Beschluss v. 19.12.2002 – Verg W 12/02.

46 OLG Frankfurt, Beschluss v. 2.12.2014 – 11 Verg 7/14.

47 OLG Brandenburg, Beschluss v. 19.12.2002 – Verg W 12/02; VK Bund, Beschluss v. 6.7.2006 – VK 3-54/06; Beschluss v. 28.9.2005 – VK 2-120/05; Beschluss v. 26.1.2005 – VK 3-224/04.

48 VK Thüringen, Beschluss v. 10.1.2019 – 250-4003-8071/2018-E-002-J.

49 BayObLG, Beschluss v. 1.7.2003 – Verg 3/03.

50 Dies war z. B. vor BGH, Beschluss v. 20.3.2014 – X ZB 18/13, für den Bereich der Bundesauftragsverwaltung im Fernstraßenbau der Fall.

51 VK Bund, Beschluss v. 20.6.2007 – VK 3-55/07.

52 BayObLG, Beschluss v. 1.7.2003 – Verg 3/03; das BayObLG spricht zwar von Prozesshandlungen, das Gleiche muss aber auch für Verfahrenshandlungen im Rahmen des Vergabekammerverfahrens gelten.

53 BayObLG, Beschluss v. 1.7.2003 – Verg 3/03.

antrags an den richtigen Auftraggeber ausgelöst werden kann. Auch für die Wahrung der Fristen des § 135 Abs. 2 und 3 GWB kann die korrekte Bezeichnung des Auftraggebers bedeutsam sein.[54] Die Parteiänderung oder Parteierweiterung kann insbesondere dann problematisch sein, wenn der Vergabeverstoß gegenüber dem neuen Antragsgegner nicht gerügt wurde und es somit an einem Zulässigkeitserfordernis (§ 160 Abs. 3 GWB) fehlt. Hier stellt sich die Frage, ob eine Rüge ausnahmsweise entbehrlich ist. Letztlich wird die Entscheidung über die Entbehrlichkeit der Rüge immer von den Umständen des Einzelfalles abhängen. Im Falle der Parteiänderung oder Parteierweiterung wird man die Entbehrlichkeit zumindest dann bejahen können, wenn dem neuen Antragsgegner das Nachprüfungsverfahren bekannt war und er bereits hat erkennen lassen, dass eine Abhilfe für ihn nicht in Betracht kommt.

2. Beschreibung der behaupteten Rechtsverletzung mit Sachverhaltsdarstellung

Die Sachverhaltsdarstellung darf in dem Antrag nicht völlig fehlen und muss zumindest so erfolgen, dass sich aus ihr die konkrete **Möglichkeit einer Rechtsverletzung** zum Nachteil des Antragstellers ergibt.[55] Der Antragsteller muss also deutlich machen, welche Handlung oder Unterlassung des Auftraggebers seiner Ansicht nach einen Verstoß gegen Vergabevorschriften darstellt. Die Darlegungspflicht des Antragstellers erstreckt sich jedoch nur auf solche Tatsachen, die dem Antragsteller bekannt sind. Insoweit ist zu berücksichtigen, dass der Antragsteller bestimmte Sachverhaltselemente gar nicht vortragen kann, weil sie sich auf interne Vorgänge der Vergabestelle beziehen, die dem Antragsteller in aller Regel nicht bekannt sind.[56] **49**

Soweit für den Antragsteller möglich, muss die Sachverhaltsdarstellung so umfassend erfolgen, dass die Nachprüfungsinstanzen die Antragsbefugnis i.S.d. § 160 Abs. 2 GWB beurteilen können.[57] Ist der Antragsteller in der Lage konkrete Tatsachen vorzutragen, kann eine Antragsbegründung **unzureichend** i.S.d. § 161 Abs. 2 GWB sein, wenn sich aus der Begründung keine konkrete Rechtsverletzung ergibt, sondern nur die abstrakte Möglichkeit eines Verstoßes gegen das Vergaberecht in den Raum gestellt wird. Dabei ist auch schlüssig darzulegen, dass aus der Rechtsverletzung ein Schaden entstanden ist oder droht (§ 160 Abs. 2 S. 2 GWB) und die Rügeobliegenheit erfüllt wurde.[58] **50**

Vor dem Hintergrund der geringen inhaltlichen Anforderungen an das Vorabinformationsschreiben nach § 134 GWB[59] sowie des Umstands, dass sich Vergabeverstöße oft in der Sphäre der Vergabestelle abspielen und somit dem Bieter oft erst nach Akteneinsicht bekannt werden, dürfen die **Anforderungen** an die Darlegungslast des Antragstellers nicht überspannt werden.[60] Die Anforderungen richten sich danach, welche Kenntnisse der Bieter bezüglich der gerügten Vergabestöße hat oder haben kann.[61] So wird der Antragsteller z. B. Einzelheiten der Angebotswertung, die ihm zumeist erst durch Akteneinsicht im Verlauf des Nachprüfungsverfahrens zur Kenntnis gelangen, i.d.R. nicht zum Gegenstand eines substantiierten Sachverhaltsvortrags bei Einreichung des Nachprüfungsantrags machen können.[62] Ähnlich wird es regelmäßig bei Nachprüfungsanträgen aufgrund von angenommenen Verstößen gegen die korrekte Durchführung der Prüfung ungewöhnlich niedrig erscheinender Angebote von Konkurrenten sein. Dennoch kann der Antragsteller auch in solchen Fällen auf eine Sachverhaltsdarstellung nicht völlig verzichten und sich nur auf pauschale Behauptun- **51**

54 Siehe hierzu OLG Naumburg, Beschluss v. 6.12.2012 – 2 Verg 5/12 zu der Konstellation, dass ein Auftrag durch mehrere Auftraggeber vergeben werden soll, der Nachprüfungsantrag aber nicht alle Auftraggeber bezeichnet.
55 OLG Jena, Beschluss v. 16.1.2002 – 6 Verg 7/01.
56 Siehe hierzu auch Rn. 51.
57 VK Hamburg, Beschluss v. 13.6.2014 – Vgk FB 4/14; *Möllenkamp*, in: Röwekamp/Kus/Portz/Prieß, GWB-Vergaberecht, § 161 Rn. 23.
58 OLG Koblenz, Beschluss v. 22.3.2001 – Verg 9/00, Beschluss v. 10.8.2000 – 1 Verg 2/00.
59 Vgl. zu den geringen inhaltlichen Anforderungen nach der alten, aber im Wesentlichen unveränderten Rechtslage BayObLG, Beschluss v. 22.4.2004 – Verg 8/02; OLG Koblenz, Beschluss v. 25.3.2002 – 1 Verg 1/02, sowie *Gnittke/Hattig* in § 134 GWB Rn. 53 ff.
60 OLG Düsseldorf, Beschluss v. 13.4.2011 – VII-Verg 58/10.
61 *Möllenkamp*, in: Röwekamp/Kus/Portz/Prieß, GWB-Vergaberecht, § 161 Rn. 24.
62 VK Niedersachsen, Beschluss v. 20.8.2002 – 203-VgK-12/2002.

gen – einen sogenannten „Antrag ins Blaue" – beschränken.[63] Der Antragsteller muss daher auch in diesem Fall zumindest diejenigen tatsächlichen Anhaltspunkte vorbringen, aus denen er ein vergaberechtswidriges Verhalten der Vergabestelle ableitet. Insbesondere reichen bloße Anregungen des Antragstellers, die auf ein Tätigwerden der Vergabekammer von Amts wegen abzielen, nicht aus.[64]

52 Vom Antragsteller kann und muss verlangt werden, dass er ihm **bekannte Tatsachen** (z. B. bestimmte Inhalte der Bekanntmachung oder der Leistungsbeschreibung) zur Grundlage seiner Antragsbegründung macht, wenn er aus diesen Tatsachen die Verletzung seiner Rechte ableitet. Denn es ist nicht Aufgabe der Vergabekammer, ohne einen konkreten Hinweis des Antragstellers eine mit dem Nachprüfungsantrag allgemein mitgeteilte Tatsache auf ihre Vergaberechtskonformität zu untersuchen, wenn sich der Antragsteller zur Begründung der von ihm geltend gemachten Rechtsverletzung nicht konkret auf diese Tatsache beruft.[65] So entspricht z. B. eine Antragsbegründung nicht den Anforderungen des § 161 Abs. 2 Hs. 1 GWB, wenn sich die Begründung abstrakt darauf beruft, die Leistungsbeschreibung sei nicht eindeutig und erschöpfend, ohne konkret zu benennen, welche Bestandteile der Leistungsbeschreibung gemeint sind. Diese Anforderung an den Begründungsinhalt begegnet auch vor dem Hintergrund des im Nachprüfungsverfahren vor der Vergabekammer grundsätzlich geltenden Untersuchungsgrundsatzes nach § 163 Abs. 1 GWB keinen Bedenken, da im Nachprüfungsverfahren seitens der Vergabekammer keine allgemeine und umfassende Rechtmäßigkeitskontrolle des Vergabeverfahrens stattfindet.[66]

53 Eine Verpflichtung der Vergabekammer, dem Antragsteller eine Frist zur **Beseitigung einer unzureichenden Beschreibung** der Rechtsverletzung oder einer mangelhaften Sachverhaltsdarstellung zu setzen, kann nur im Ausnahmefall angenommen werden. Eine solche Verpflichtung kommt nur in Betracht, wenn es sich um einen formalen Mangel handelt (z. B. keine Darlegung der tatsächlich erfolgten Rüge) und sich aus dem Nachprüfungsantrag bereits Anhaltspunkte dafür ergeben, dass der Mangel umgehend behoben werden kann.[67] Für den Fall einer lediglich ungenügenden Bezeichnung der verfügbaren Beweismittel wird man von der Vergabekammer allerdings verlangen können, dennoch auf solche Beweismittel zurückzugreifen.[68] Eine allgemeine Pflicht der Vergabekammer, den Antragsteller vor Zurückweisung des Antrags auf dessen offensichtliche Unzulässigkeit – also auf das Fehlen einer unzureichenden Beschreibung der Rechtsverletzung oder einer mangelhaften Sachverhaltsdarstellung – hinzuweisen, besteht auch vor dem Hintergrund der Rechtsprechung des EuGH[69] nicht. Der EuGH hat lediglich festgestellt, dass ein Verstoß gegen die EU-Rechtsmittelrichtlinie 89/665/EWG vorliegt, wenn einem Bieter aufgrund einer Entscheidung der Nachprüfungsinstanz der Zugang zum Nachprüfungsverfahren wegen des zwingenden Ausschlusses seines Angebots verwehrt wird, ohne ihm rechtliches Gehör zu dem der Entscheidung zugrunde liegenden Ausschlussgrund zu gewähren. Die Entscheidung des EuGH betrifft somit materielle Fragen des Vergabeverfahrens, nicht aber formelle Fragen der Einleitung eines Nachprüfungsverfahrens. Die Formvorschrift des § 161 Abs. 2 GWB würde ausgehöhlt, wenn jeder Antragsteller vor Zurückweisung seines Antrags auf das Fehlen gemäß § 161 Abs. 2 GWB zwingender Begründungsinhalte seines Antrags hingewiesen werden müsste und ihm Gelegenheit zur Abhilfe einzuräumen wäre. Die Annahme einer solchen Verpflichtung stünde im Übrigen auch in Widerspruch zu dem das Nachprüfungsverfahren beherrschenden Beschleunigungsgrundsatz (§ 167 GWB).

---

63 KG, Beschluss v. 29.2.2012 – Verg 8/11; VK Südbayern, Beschluss v. 19.2.2008 – Z3-3-3194-1-02-01/08; VK Sachsen, Beschluss v. 24.3.2003 – 1/SVK/018-03; zu der insoweit vergleichbaren Situation bei der Rüge siehe OLG Frankfurt, Beschluss v. 7.8.2007 – 11Verg 3/07.

64 VK Bund, Beschluss v. 16.7.2013 – VK3-47/13.

65 So für den Fall der Leistungsbeschreibung OLG Koblenz, Beschluss v. 10.8.2000 – 1 Verg 2/00.

66 Siehe hierfür *Gaus* in § 163 GWB Rn. 17 ff.

67 So für den Fall der fehlenden Rügedarlegung OLG Jena, Beschluss v. 23.1.2003 – 6 Verg 11/02.

68 Siehe hierzu Rn. 54 ff.

69 EuGH, Urteil v. 19.6.2003 – Rs. C-249/01 (Hackermüller).

3. Bezeichnung der verfügbaren Beweismittel

Die nach § 161 Abs. 2 GWB bestehende Verpflichtung des Antragstellers, in der Antragsbegründung die verfügbaren Beweismittel zu bezeichnen, ist Ausdruck der allgemeinen Mitwirkungspflicht der Beteiligten nach § 167 Abs. 2 GWB und dient der Beschleunigung des Nachprüfungsverfahrens nach § 167 Abs. 1 GWB. Bereits mit der Antragsbegründung soll die Vergabekammer beurteilen können, welche entscheidungserheblichen Tatsachen nachgewiesen werden müssen und wie dieser Nachweis erfolgen kann. Die Vergabekammer wird damit bereits in einem frühen Stadium des Verfahrens in die Lage versetzt, den entscheidungserheblichen Sachverhalt gezielt aufzuklären. 54

Der Antragsteller hat allerdings nur die ihm tatsächlich **verfügbaren** Beweismittel zu bezeichnen. Beweismittel, die der Antragsteller nicht kennt, sind nicht verfügbar i.S.d. § 161 Abs. 2 GWB und können daher auch nicht bezeichnet werden. Der Antragsteller muss auch keine Aktivitäten entfalten, um die Beweismittel erst noch zu erlangen. Soweit es sich um schriftliche Beweismittel handelt, über die der Antragsteller die körperliche Verfügungsgewalt besitzt (z. B. den Bekanntmachungstext, die Leistungsbeschreibung, schriftliche Äußerungen der Vergabestelle), empfiehlt es sich, diese Schriftstücke bereits mit dem Nachprüfungsantrag nicht nur zu bezeichnen, sondern auch einzureichen. 55

Die **fehlende Angabe** von verfügbaren Beweismitteln macht einen Nachprüfungsantrag regelmäßig nicht unzulässig, sie kann aber dazu führen, dass bestimmte Umstände nicht bewiesen werden können und dies zu Lasten des darlegungspflichtigen Antragstellers geht.[70] 56

Unter den Begriff der **Beweismittel** fällt alles, was geeignet ist, die vom Antragsteller geltend gemachte Rechtsverletzung und den hierzu vorgetragenen Sachverhalt zu beweisen. Eine diesbezüglich nicht abschließende Aufzählung enthält § 26 Abs. 1 VwVfG (Einholung von Auskünften, Anhörung von Beteiligten, Vernehmung von Zeugen und Sachverständigen, Beiziehung von Urkunden und Akten, Augenschein). Die in der Praxis bedeutsamsten Beweismittel sind die Beiziehung der Vergabeakte, die gemäß § 163 Abs. 2 S. 3 GWB durch die Vergabekammer von Amts wegen veranlasst wird, die Anhörung der Beteiligten, die über Schriftsätze und im Rahmen der mündlichen Verhandlung erfolgt, sowie sehr selten die Vernehmung von Zeugen und Sachverständigen. Ungeeignet sind Beweismittel, wenn sie der Logik und der aktuellen wissenschaftlichen Erkenntnis widersprechen oder durch sie keine entscheidungserheblichen Tatsachen bewiesen werden können. 57

Im Regelfall sind auch Beweismittel geeignet und verwertbar, die der Antragsteller durch den **Verstoß gegen Rechtsvorschriften** (z. B. Verstoß eines Mitarbeiters der Vergabestelle gegen die Verschwiegenheitspflicht) erlangt hat oder deren „Veröffentlichung" im Nachprüfungsverfahren eine Verletzung von Betriebs- oder Geschäftsgeheimnissen bedeuten würde. Insbesondere für den Fall der Verletzung der Verschwiegenheitspflicht eines Mitarbeiters der Vergabestelle träte für den Antragsteller eine unzumutbare Rechtsschutzverkürzung ein, wenn die (rechtswidrig) erteilte Information eines Mitarbeiters der Vergabestelle im Nachprüfungsverfahren nicht verwertet werden dürfte. Zudem hätte es die Vergabestelle so in der Hand, ihr zum Nachteil gereichende Tatsachen dem Nachprüfungsverfahren zu entziehen.[71] Anders ist dies unter Umständen im Einzelfall zu beurteilen, wenn der Antragsteller die Beweismittel durch eine Straftat erlangt hat, z. B. durch Bestechung eines Mitarbeiters der Vergabestelle. Hier könnte gegebenenfalls ein Verwertungsverbot in Betracht kommen. 58

Auf Beweismittel, die für die Aufklärung des entscheidungserheblichen Sachverhalts erforderlich sind und dem Antragsteller bekannt waren, gleichwohl von ihm aber im Nachprüfungsantrag **nicht bezeichnet** wurden, ist grundsätzlich zurückzugreifen, wenn sie der Vergabekammer bekannt werden. In der Regel wird sich diese Frage nicht bereits mit Einreichung des Nachprüfungsantrags stellen, sondern erst im weiteren Verlauf des Nachprüfungsverfahrens, da erst dann offensichtlich werden kann, dass der Antragsteller bekannte Beweismittel nicht 59

---

70 *Reidt*, in: Reidt/Stickler/Glahs, Vergaberecht, § 161 GWB Rn. 26.

71 A.A. OLG Brandenburg, Beschluss v. 6.10.2005 – Verg W 7/05, wonach dem Antragsteller durch die Vergabestelle zugespielte Teile der Angebote anderer Bieter im Nachprüfungsverfahren nicht berücksichtigt werden dürfen.

benannt hat. Da es hier – anders als bei der Sachverhaltsdarstellung – nicht um die Tatsachen als solche geht, sondern lediglich um ihren Beweis, hat die Vergabekammer in diesem Fall (anders als bei der mangelhaften Beschreibung der Rechtsverletzung oder der mangelhaften Sachverhaltsdarstellung), auf diese Beweismittel zuzugreifen. Dies folgt aus dem Untersuchungsgrundsatz nach § 163 Abs. 1 GWB, welcher der Vergabekammer grundsätzlich abverlangt, zur Erforschung des Sachverhalts auch auf nicht benannte Beweismittel zurückzugreifen. Dabei ist aber zu berücksichtigen, dass sich die Vergabekammer bei der Erforschung des Sachverhaltes auf Umstände beschränken kann, die von den Beteiligten vorgebracht wurden oder der Vergabekammer „sonst bekannt sein" müssen (§ 163 Abs. 1 S. 2 GWB). Die Verpflichtung der Kammer zur Erforschung des Sachverhalts hat jedenfalls dort ihre Grenzen, wo die Mitwirkungs- und Verfahrensförderungspflicht der Beteiligten nach § 167 Abs. 2 GWB einsetzt. Dementsprechend ist die Vergabekammer nicht gehalten, Beweismittel heranzuziehen, die sich ihr aufgrund des vorgetragenen Sachverhalts nicht aufdrängen.

4. Darlegung der Rüge

60 Nach § 161 Abs. 2 GWB muss der Antragsteller in seiner Begründung auch darlegen, dass die Rüge gegenüber dem Auftraggeber erfolgt ist. Die Darlegung der Rüge ist erforderlich, damit die Vergabekammer die Zulässigkeit des Nachprüfungsantrags feststellen kann. Denn ein Nachprüfungsantrag, der die Rügeobliegenheit gemäß § 160 Abs. 3 GWB nicht wahrt, ist – soweit Rügepräklusion eingetreten ist – unzulässig. Zudem grenzt die Rüge den Streitgegenstand ein, da der Antragsteller mit seinem Nachprüfungsantrag nur solche Vergabeverstöße – vorausgesetzt, die Vergabeverstöße waren bekannt bzw. erkennbar i.S.d. § 160 Abs. 3 GWB – geltend machen kann, die er zuvor gegenüber der Vergabestelle gerügt hat. Macht der Antragsteller folglich mit der Einreichung des Nachprüfungsantrags Vergabeverstöße geltend, die er trotz bestehender Rügeobliegenheit gemäß § 160 Abs. 3 GWB zuvor nicht gegenüber der Vergabestelle gerügt hat, ist der Antrag insoweit unzulässig.[72]

61 Neben der Tatsache, dass er die von ihm geltend gemachten Vergabeverstöße gerügt hat, muss der Antragsteller regelmäßig nicht die **Rechtzeitigkeit der Rüge** darlegen.[73] Ein entsprechender Vortrag in der Begründung des Nachprüfungsantrags empfiehlt sich allerdings bei Sachverhaltskonstellationen, die berechtigte Zweifel an der Rechtzeitigkeit der Rüge aufkommen lassen. So sollte der Antragsteller in den Fällen des § 160 Abs. 3 S. 1 Nr. 2 und 3 GWB (aufgrund der Bekanntmachung oder aus den Vergabeunterlagen erkennbare Verstöße) darlegen, dass er die Rüge innerhalb der dort festgelegten Fristen (Bewerbungsfrist, Angebotsfrist) erhoben hat. Rügt der Antragsteller einen Vergabeverstoß im Rahmen der Angebotswertung erst nach Erhalt des Informationsschreibens nach § 134 GWB, wird die Vergabekammer, wenn die Rüge rechtzeitig nach Erhalt des Schreibens erhoben wurde, annehmen dürfen, dass der Antragsteller diesen Vergabeverstoß nicht bereits vorher gekannt hat. Gleichwohl kann den Antragsteller hierzu im weiteren Verlauf des Nachprüfungsverfahrens eine Darlegungslast treffen, wenn der Zeitpunkt der Kenntniserlangung im Nachprüfungsverfahren streitig gestellt wird.

62 Auch bei vollständig **fehlender Darlegung zur Rüge** darf die Vergabekammer den Nachprüfungsantrag nicht sofort wegen formaler Mängel als offensichtlich unzulässig verwerfen. Dies gilt jedenfalls dann, wenn nach der bestehenden Sachlage nicht ausgeschlossen werden kann, dass der formale Mangel umgehend behoben wird. In einem solchen Fall obliegt es der Vergabekammer, den Antragsteller auf den formalen Fehler hinzuweisen und ihm Gelegenheit zur kurzfristigen Abhilfe in Gestalt einer „unverzüglichen Begründung" einzuräumen.[74] Allerdings wird bis zur Darlegung der Rüge in vielen Fällen keine Übermittlung des Nachprüfungsantrags an den Auftraggeber gemäß § 163 Abs. 2 S. 3 GWB erfolgen, sodass nach § 169 Abs. 1 GWB kein Zuschlagsverbot eintritt. Jedenfalls ist der Nachprüfungsantrag, soweit er keine Darlegungen zur Rüge enthält, dann nicht unzulässig, wenn der Sachverhalt, aus der

72 Zu weiteren Einzelheiten der Rügeobliegenheit siehe *Hofmann* in § 160 GWB Rn. 36 ff.
73 BGH, Beschluss v. 1.2.2005 – X ZB 27/04.
74 OLG Jena, Beschluss v. 23.1.2003 – 6 Verg 11/02.

sich die Erfüllung der Rügeobliegenheit ergibt, auch ohne Hinweis der Vergabekammer noch rechtzeitig in das Nachprüfungsverfahren eingebracht wird.[75]

II. Benennung der sonstigen Beteiligten (Hs. 2)

Schließlich regelt § 161 Abs. 2 Hs. 2 GWB, dass in der Antragsbegründung auch die sonstigen Beteiligten benannt werden sollen, soweit sie dem Antragsteller bekannt sind. **63**

Die gesetzliche Aufforderung an den Antragsteller zur Benennung der sonstigen Beteiligten ist als **Sollvorschrift** formuliert, d.h., eine unterlassene Benennung bleibt für den Antragsteller ohne unmittelbare rechtliche Konsequenzen und kann damit insbesondere nicht die Unzulässigkeit des Nachprüfungsantrags zur Folge haben. Mittelbar nachteilige Rechtsfolgen für den Antragsteller, der die Benennung der sonstigen Beteiligten unterlässt, könnten allenfalls aus der Verletzung der Verfahrensförderungspflicht nach § 167 Abs. 2 GWB entstehen. Solche mittelbar nachteiligen Rechtsfolgen dürften aber im Einzelfall selten eintreten, da die Vergabekammer die Informationen zu den sonstigen Beteiligten auch der (unverzüglich vorzulegenden) Vergabeakte entnehmen kann und sich insbesondere für eine Beiladung nicht auf die Angaben des Antragstellers, sondern in der Regel auf den Akteninhalt stützen wird. **64**

Der Begriff der **sonstigen Beteiligten** wird in § 161 Abs. 2 Hs. 2 GWB nicht näher erläutert. Hiermit ist jedenfalls nicht der Antragsgegner bzw. Auftraggeber gemeint, da dessen Benennung gemäß § 161 Abs. 2 Hs. 1 GWB obligatorisch ist.[76] Aus der Gesetzesbegründung ergibt sich aber, dass mit den sonstigen Beteiligten jene Unternehmen gemeint sind, deren Interessen durch die Vergabekammerentscheidung schwerwiegend berührt werden können und die dementsprechend gemäß § 162 GWB durch die Vergabekammer beizuladen sind. **65**

In der Praxis empfiehlt es sich, die **Beiladung** nicht bereits aufgrund der Angaben des Antragstellers in seinem Nachprüfungsantrag vorzunehmen. Denn sowohl der Grund für die Beiladung als auch die genaue Bezeichnung des oder der Beizuladenden (Name, Anschrift) können seitens der Vergabekammer erst durch die Vorlage der Vergabeakte verifiziert werden. Eine Beiladung allein auf der Grundlage von Angaben des Antragstellers beinhaltet daher das Risiko einer fehlerhaften Beiladung, deren Korrektur vor dem Hintergrund des Beschleunigungsgrundsatzes nach § 167 GWB nicht wünschenswert ist und daher vermieden werden sollte. **66**

Anlage

Gesetzesbegründung – VergRModG 2016 (BT-Drs. 18/6281)

Seite 135

§ 161 entspricht dem bisherigen § 108. In der Überschrift wird klargestellt, dass § 161 nicht nur Vorgaben zur Form, sondern auch zum Inhalt regelt.

75 OLG Dresden, Beschluss v. 27.1.2009 – WVerg 10/08.
76 Siehe hierzu Rn. 42 ff.

§ 162 GWB
Verfahrensbeteiligte, Beiladung

Verfahrensbeteiligte sind der Antragsteller, der Auftraggeber und die Unternehmen, deren Interessen durch die Entscheidung schwerwiegend berührt werden und die deswegen von der Vergabekammer beigeladen worden sind. Die Entscheidung über die Beiladung ist unanfechtbar.

Übersicht

	Rn.
A. Allgemeines	1
I. Historie	3
II. Vergleichbare Regelungen	4
B. Vergabekammer	5
C. Notwendig Beteiligte am Nachprüfungsverfahren (S. 1)	10
I. Antragsteller	13
II. Auftraggeber	16
D. Weitere Beteiligte (S. 1)	19
I. Unternehmen	20
II. Schwerwiegende Interessenberührung	22
E. Entscheidung über die Beiladung	38
F. Zeitpunkt der Beiladung	42
G. Rechtsfolgen der Beiladung	46
H. Dauer und Widerruf der Beiladung	50
I. Ende der Beiladung	50
II. Widerruf der Beiladung	51
I. Grenzüberschreitende Beiladung	57
J. Rechtsschutz (S. 2)	58
Anlage	
Gesetzesbegründung	

A. Allgemeines

1 Die Vorschrift beschreibt abschließend den Kreis der Verfahrensbeteiligten im Verwaltungsverfahren vor der Vergabekammer. Die Vergabekammer lädt als Verwaltungsbehörde von Amts wegen bei, Anträge auf Beiladung sind möglich.[1] Die ausgesprochene Beiladung wirkt unmittelbar in das gerichtliche Beschwerdeverfahren, denn § 174 GWB überträgt die Entscheidung der Vergabekammer. Es bedarf also anders als im Verhältnis von § 13 Abs. 1 Nr. 4, Abs. 2 VwVfG und § 65 VwGO keiner wiederholenden Entscheidung der Justiz, nachdem die Verwaltungsbehörde bereits über die Beiladung entschieden hat.

2 Da das Vergabenachprüfungsverfahren gemäß § 168 Abs. 3 S. 1 GWB wie auch das Verwaltungsverfahren gemäß § 9 VwVfG auf den Erlass eines Verwaltungsaktes gerichtet sind, bleiben die Regelungen des **VwVfG** des Bundes oder der Länder für das Nachprüfungsverfahren anwendbar, soweit das GWB in Teil 4 keine spezielleren Regelungen trifft.

I. Historie

3 Die Vorschrift wurde durch das VgRÄG nicht verändert, sondern nur verschoben. Sie entspricht seit ihrer Einführung in das GWB dem früheren § 109 GWB.

II. Vergleichbare Regelungen

4 Vorschriften mit ähnlichen Regelungen zur Beiladung finden sich in § 65 VwGO, § 59 ff. ZPO, § 54 GWB und § 13 Abs. 2 VwVfG. Diese Regelungen sind älter, sodass die Anwendungserfahrungen dieser Vorschriften in die Formulierung der Beiladung nach GWB eingeflossen sind. Das GWB übernimmt meist Begriffe der VwGO. § 13 Abs. 2 VwVfG weist formal und inhaltlich mit § 54 GWB die größte Nähe zur Regelung des § 162 GWB auf.

---

1 *Summa*, in: Heiermann/Zeiss/Summa, Vergaberecht, § 162 GWB Rn 4.

B. Vergabekammer

5 Der Begriff „die Vergabekammer" meint die Dienststelle der **Vergabekammer**. Der Begriff ist nicht auf Personen bezogen. Er meint also nicht bestimmte Mitglieder der Vergabekammer als gemäß § 88 VwVfG gemeinschaftlich handelnder Spruchkörper in der gemäß § 168 GWB über die Hauptsache entscheidenden Zusammensetzung.[2] Ein kurzfristiger Wechsel der handelnden Personen ist daher jederzeit formlos möglich.

6 Die Vergabekammer ist zwar europarechtlich ein **Gericht** i.S.d. Art. 267 AEUV,[3] gehört aber nach bundesdeutscher Regelung nicht zur Judikative, sondern als Verwaltungsbehörde zur Exekutive. Ihre Zusammensetzung ist daher nicht gemäß Art. 101 Abs. 1 S. 2 GG gesetzlich vorzubestimmen. Auf europarechtlicher Ebene fehlt ohnehin eine dem Art. 101 Abs. 1 S. 2 GG entsprechende Besetzungsvorgabe.

7 Der Gesetzgeber hat der Vergabekammer in § 167 GWB eine Entscheidungspflicht von regelmäßig fünf Wochen auferlegt. Eine solche Vorgabe wäre mit dem Richterprivileg der Unabhängigkeit nicht vereinbar, daher bei einem Gericht unzulässig. Mit diesem Beschleunigungsgebot ist es nicht vereinbar, die **Formalien** einzuführen, welche geeignet sind, die Verfahren der Justiz zu verlängern. Daher muss die Vergabekammer nicht ihre Zusammensetzung in einer Geschäftsordnung mit mittelbarer Außenwirkung vorab verbindlich festlegen. Soweit einzelne Vergabekammern gleichwohl Regelungen zur Geschäftsverteilung vorhalten, können sich Verfahrensbeteiligte mangels Außenwirkung dieser Dienstanweisungen nicht wirksam darauf berufen.

8 Es ist daher weder erforderlich noch durch Dritte durchsetzbar, dass die Vergabekammer vorab abstrakt und überprüfbar festlegt, wer welche Fälle entscheidet. Ebenso bedarf es keiner förmlichen internen Entscheidung über die Beiladung[4] oder sogar über die Übermittlung des soeben eingegangenen Nachprüfungsantrags. Auch die Justiz hat mit § 87a Abs. 1 Nr. 6 VwGO in der dort erforderlichen Förmlichkeit die Entscheidung über die Beiladung dem Vorsitzenden übertragen. Die Vergabekammer benötigt jedoch als Verwaltungsbehörde[5] für vorbereitende Maßnahmen keine vergleichbare Norm. § 157 Abs. 3 GWB bezieht sich auf das gesamte Verfahren, vorrangig auf die Verhandlung und die Entscheidung. Üblicherweise wird die **Beiladungsentscheidung** formlos zwischen einem diensthabenden Vorsitzenden und einem hauptamtlichen Beisitzenden intern abgestimmt und immer in Textform oder noch schriftlich allen Verfahrensbeteiligten mitgeteilt. Eine sachliche Begründung der Einzelfallentscheidung ist nicht erforderlich,[6] da die Entscheidung nicht anfechtbar ist.

9 Die Vergabekammer kann im Interesse der Verfahrensbeschleunigung die personelle Zusammensetzung des Entscheidungsteams auch während eines **laufenden Nachprüfungsverfahrens** verändern. Den ehrenamtlichen Beisitzenden kann sie frei aus dem Kreis der bestellten Beisitzer auswählen und erst im laufenden Nachprüfungsverfahren hinzuziehen. Die teilweise vertretene Annahme,[7] der Ehrenamtliche müsse schon an der ersten Einschätzung, ob der Nachprüfungsantrag nach § 163 Abs. 2 GWB übermittelt werden müsse, mitwirken, verkennt, dass der Ehrenamtliche nicht in der Dienststelle der Vergabekammer arbeitet, und nicht sofort verfügbar ist. Schon dessen formale Einschaltung würde die rechtzeitige Verhängung des Zuschlagsverbots verhindern. Mancher Rechtsschutz würde so im Ansatz durch Förmelei vereitelt. Die Einbeziehung des Ehrenamtlichen im laufenden Verfahren muss nur mit dem für

---

2 A.A. *Dittmann*, in: Röwekamp/Kus/Portz/Prieß, GWB-Vergaberecht, § 162 Rn. 20, es sei ein Verwaltungsakt in der Besetzung des § 157 GWB erforderlich.

3 EuGH, Urteil v. 18.9.2014 – Rs. C-549/13 (Bundesdruckerei); vgl. auch Art. 2 Abs. 8 RL 89/665/EWG: Für die Ernennung und die Amtszeit der Mitglieder der unabhängigen Nachprüfungsinstanz, die kein Gericht ist, gelten gleiche Bedingungen wie für Richter.

4 A.A. *Dittmann*, in: Röwekamp/Kus/Portz/Prieß, GWB-Vergaberecht, § 162 Rn. 20, es sei ein Verwaltungsakt in der Besetzung des § 157 GWB erforderlich.

5 Siehe oben Rn. 2.

6 A.A. *Fett*, in: Gabriel/Mertens/Stein/Prieß, Vergaberecht, § 162 GWB Rn. 18.

7 A.A. *Horn/Hofmann*, in: Burgi/Dreher, Vergaberecht, § 163 GWB Rn. 19.

die interne Einarbeitung erforderlichen Vorlauf vor der mündlichen Verhandlung erfolgen.[8] Sinnvollerweise sollten die Teilnehmer der mündlichen Verhandlung den Beschluss als zusammenhängendes Dokument unterzeichnen.[9] Sind einzelne Teilnehmer etwa urlaubsbedingt nach der inhaltlichen Beschlussabstimmung an der Unterschrift verhindert, kann ihre Unterschrift mit einem erläuternden Zusatz ersetzt werden. Dieses Verfahren sollte vorab intern festgelegt und im Einzelfall dokumentiert sein.

C. Notwendig Beteiligte am Nachprüfungsverfahren (S. 1)

Die Regelung nennt die Verfahrensbeteiligten abschließend. Andere als die genannten Verfahrensbeteiligten gibt es daher nicht. Unmittelbar verfahrensbeteiligt sind notwendigerweise **Antragsteller** und **Auftraggeber**. Für sie wird in der Literatur[10] auch die Bezeichnung „geborene Verfahrensbeteiligte" verwendet. Abgeleitet vom gerichtlichen Sprachgebrauch hat sich in den Nachprüfungsverfahren für den Auftraggeber die Bezeichnung „Antragsgegner" durchgesetzt. 10

Antragsteller und Auftraggeber erhalten ihre verfahrensrechtliche Rechtsstellung aufgrund des § 162 S. 1 GWB bereits mit Eingang des Nachprüfungsantrags bei der Vergabekammer gemäß § 160 Abs. 1 GWB. Das gilt selbst, wenn die Vergabekammer entscheiden sollte, den Nachprüfungsantrag nicht dem Auftraggeber zu übermitteln. Voraussetzung ist jedoch, dass das bei der Vergabekammer eingegangene Schriftstück trotz aller etwaiger formeller und inhaltlicher Mängel als **Nachprüfungsantrag** erkennbar ist. Der Antrag muss also **schriftlich** gemäß § 161 GWB bei der Vergabekammer eingegangen sein. Die für in Textform abzugebende elektronische Angebote entwickelten Erleichterungen[11] gelten hier also nicht. Abweichungen von der Schriftform sind nur im gesetzlich ausdrücklich vorgesehenen Rahmen erlaubt. Die elektronische Form ist nach § 3a Abs. 2 VwVfG zulässig. Es bedarf danach eines elektronischen Dokuments mit einer qualifizierten elektronischen Signatur, die den Urheber des Signaturschlüsselsatzes erkennen lässt (ähnlich § 126a BGB)[12]. Die weit verbreitete Sitte, Schreiben nur in Textform, also als nicht signierte PDF-Datei einzureichen, genügt vor der Vergabekammer nicht den Anforderungen. Das hat der BGH[13] noch einmal bestätigt. Hinsichtlich der Unterscheidung zwischen unterschriebenem Fax oder einer PDF-Datei mit gescanntem Bild einer Unterschrift[14] besteht weiterhin Unsicherheit. Auch wenn das Fax früher ohne Datentransfer via PC unmittelbar beim Empfänger ausgedruckt wurde, handelt es sich heute wie bei der PDF-Datei um einen (grobkörnigen) Datensatz mit der Kopie einer Unterschrift. Erst der Empfänger entscheidet über dessen Ausdruck, und zwar entweder generalisiert durch Umleiten auf ein Faxgerät bzw. Drucker oder im Einzelfall nach Betrachten des Datensatzes im Eingangsserver. Den Eingang nicht vom vollendeten Hochladen auf den Server des Empfängers,[15] sondern vom Zeitpunkt des Ausdrucks auf der Empfängerseite abhängig zu machen,[16] erscheint wegen der Zufälligkeit also problematisch. Die Echtheit der Datensätze „Fax" und „PDF" hat der Empfänger nach den gleichen Grundsätzen zu prüfen. 11

Der **Nachprüfungsantrag** muss in **inhaltlicher Hinsicht** den Antragsteller und den Auftraggeber klar benennen und zweifelsfrei erkennen lassen, welche konkrete Vergabeentschei- 12

8 A.A. *Dittmann*, in: Röwekamp/Kus/Portz/Prieß, GWB-Vergaberecht, § 162 Rn. 20.
9 OLG Koblenz, Beschluss v. 17.6.2020 – Verg 1/20, Rn. 18 ff.
10 *Summa*, in: Heiermann/Zeiss/Summa, Vergaberecht, § 162 GWB Rn. 1; *Bungenberg*, in: Pünder/Schellenberg, Vergaberecht, § 162 GWB Rn. 1.
11 OLG Naumburg, Beschluss v. 4.10.2019 – 7 Verg 3/19, Bieter muss bei der Anforderung „Textform" die Formblätter mit Unterschriftenzeile nicht ausdrucken, unterschreiben und wieder einscannen; anders OLG Düsseldorf, Beschluss v. 5.9.2018 – VII-Verg 32/18, wenn das Angebot mit fortgeschrittener elektronischer Signatur oder qualifizierter elektronischer Signatur zu versehen war.
12 Vgl. *Einsele*, in: Münchener Kommentar zum BGB, § 126a Rn. 11 ff.
13 Zur Unterscheidung Fax oder E-Mail mit PDF vgl. BGH, Beschluss v. 8.5.2019 – XII ZB 8/19 Rn. 7, 8, 15.
14 Insoweit offen OLG Naumburg, Beschluss v. 4.10.2019 – 7 Verg 3/19.
15 Vgl. etwa Verordnungsbegründung zu § 57 Abs. 1 Nr. 1 VgV, VergRModVO, BR-Drs. 87/16, 210, Bieter trägt Beweislast für rechtzeitiges Hochladen; ähnlich VK Westfalen, Beschluss v. 20.2.2019 – VK 1-40/18.
16 So BGH, Beschluss v. 17.12.2020 – III ZB 31/20 Rn. 9; ebenso BGH, Beschluss v. 8.5.2019 – XII ZB 8/19, in einem obiter dictum Rn. 12, 17.

dung angegriffen werden soll. Außerdem muss es dem Antragsteller erkennbar darum gehen, die Vergabekammer in ihrer Funktion als Wettbewerbsbehörde und nicht etwa als (kostenfreie) Aufsichtsbehörde mit dem Fall zu befassen.[17]

I. Antragsteller

13 Tauglich als Antragsteller sind alle Unternehmen (vgl. § 97 Abs. 6 GWB), die an dem Auftrag unmittelbar **interessiert** sind. Das betrifft zunächst diejenigen Unternehmen, die konkret ein Angebot abgegeben haben, daneben diejenigen Unternehmen, die sich an der Angebotsabgabe durch angebliche Vergabefehler des Auftraggebers gehindert sehen.

14 **Unterauftragnehmer** kommen nicht als Antragsteller in Betracht. Sie haben kein unmittelbares Interesse an dem Auftrag, sondern nur ein mittelbares über den Hauptauftragnehmer.[18] Nur er wird Vertragspartner des Auftraggebers. Nach § 36 Abs. 5 S. 2 VgV, § 6d EU Abs. 1 S. 5 VOB/A verlangt der Auftraggeber vom Hauptauftragnehmer die Ersetzung des Unterauftragnehmers, wenn dieser ungeeignet ist. Diese Beschränkung der Rolle des Unterauftragnehmers gilt selbst dann, wenn der Unterauftragnehmer eigentlich unersetzlich ist, weil seine Fähigkeiten erst die Eignung herstellen (Eignungsverleiher).[19] Die Auffassung des OLG Düsseldorf[20], ein Unterauftragnehmer sei beizuladen, erscheint daher als allgemeine Regel inkonsequent, bezogen auf den dort zu entscheidenden atypischen Fall einer Direktvergabe aber angemessen.

15 Bei der **Bietergemeinschaft** bzw. – im Teilnahmewettbewerb – der **Bewerbergemeinschaft** ist die Sonderkonstellation möglich, dass nicht nur die Bieter- oder Bewerbergemeinschaft einen Nachprüfungsantrag stellt, sondern auch ein Mitglied der Bieter- oder Bewerbergemeinschaft mit der Darstellung, durch Vergabefehler des Auftraggebers, etwa die unterlassene Fachlosbildung, sei es ihm nicht möglich gewesen, sich als einzelner Unternehmer ohne Hinzuziehung der anderen Teilnehmer der Bieter- oder Bewerbergemeinschaft um den Auftrag zu bewerben.[21] In diesem besonderen Fall ist ein einzelnes Mitglied der Bieter- oder Bewerbergemeinschaft tauglicher Antragsteller und damit Verfahrensbeteiligter. Die Bieter- oder Bewerbergemeinschaft, zu welcher der Antragsteller gehört, wäre beizuladen.

II. Auftraggeber

16 **Auftraggeber** ist die in §§ 99, 100 GWB bezeichnete Gebietskörperschaft, die juristische Person oder der Verband.[22]

17 Handelt eine **zentrale Vergabestelle** für einen Auftraggeber, etwa für mehrere Behörden eines Bundeslandes, so ist das Bundesland bzw. die das Bundesland nach außen vertretende Behörde Auftraggeber.[23] Die zentrale Vergabestelle soll als interne Dienststelle der Körperschaft dafür sorgen, dass die Vergabe frei von Verfahrensfehlern und wirtschaftlich optimiert abläuft.

18 Davon abzugrenzen ist die **zentrale Beschaffungsstelle** gemäß § 120 Abs. 4 GWB. Sie arbeitet für mehrere öffentliche Auftraggeber, handelt daher als nun ausdrücklich zugelassene Einkaufsgemeinschaft. Die zentrale Beschaffungsstelle sollte unbedingt in der EU-Bekanntma-

---

17 *Kadenbach*, in: Willenbruch/Wieddekind, Vergaberecht, § 162 GWB Rn. 4.

18 OLG Düsseldorf, Beschluss v. 22.12.2010 – VII-Verg 43/10; VK Rheinland, Beschluss v. 25.3.2020 – VK 3/20-L: möglicher Nachunternehmer hat keinen Anspruch auf Teilnahme an Interimsvergabe; *Bungenberg*, in: Pünder/Schellenberg, Vergaberecht, § 162 GWB Rn. 8.

19 Vgl. EuGH, Urteil v. 14.9.2017 – Rs. C-223/16 (Casertana Costruzioni); Anmerkung hierzu *Summa*, VPR 2017, 217.

20 OLG Düsseldorf, Beschluss v. 19.2.2020 – VII-Verg 26/17.

21 VK Niedersachsen, Beschluss v. 7.10.2015 – VgK-31/2015.

22 OLG München, Beschluss v. 9.3.2020 – Verg 27/19, wer nicht nach außen erkennbar auftritt, ist nicht Auftraggeber.

23 Zur richtigen Bezeichnung und Heilung einer Falschbezeichnung durch Rubrumsberichtigung o.Ä. vgl. etwa BGH, Beschluss v. 20.3.2014 – X ZB 18/13, Rn. 18, Bau einer Bundesautobahn durch Land im Auftrag des Bundes, Rubrumsänderung möglich; OLG Naumburg, Beschluss v. 6.12.2012 – 2 Verg 5/12, nur einer von vier Auftraggebern wird im Antrag genannt, keine Rubrumsänderung möglich; OLG Celle, Beschluss v. 24.9.2014 – 13 Verg 9/14; Beschluss v. 10.6.2013 – 13 Verg 6/13.

chung offenlegen, für welche Auftraggeber die Leistung beschafft werden soll.[24] Die klare Benennung der Auftraggeber ist wichtig. Beschließt die Vergabekammer eine Maßnahme nach § 168 GWB, so ist die Maßnahme nur dann allen Auftraggebern gegenüber wirksam, wenn sie allen Auftraggebern oder deren Vertreter zugestellt werden kann. Legen die Auftraggeber die Vertretung der Vergabestelle unter Abschnitt I Nr. 4 der EU-Auftragsbekanntmachung nach Anhang II VO (EU) 2015/1986 nicht offen, so ist die Beschaffungsstelle im Nachprüfungsverfahren formal der Auftraggeber[25] i.S.d. § 162 GWB. Die durch diese Vergabestelle vertretenen Auftraggeber müssen sich das Verhalten ihrer in Abschnitt I Nr. 1 der EU-Auftragsbekanntmachung nach Anhang II VO (EU) 2015/1986 genannten Kontaktstelle zurechnen lassen.[26] Das OLG Celle[27] hat die zentrale Vergabestelle als Vertreter der Auftraggeber bezeichnet, also nicht als Verfahrensbeteiligten. Für eine zentrale Beschaffungsstelle gibt es bisher noch keine obergerichtliche Entscheidung.

D. Weitere Beteiligte (S. 1)

Verfahrensbeteiligt sind ferner diejenigen, die die Vergabekammer beigeladen hat. Die Beiladung dient der einheitlichen Entscheidung gegenüber allen, deren Rechte durch den Zuschlag beeinträchtigt werden oder werden können. Sie soll schnell Rechtssicherheit schaffen und verhindern, dass Rechte Dritter ohne Anhörung beeinträchtig werden.[28] Damit außer Antragsteller und Auftraggeber weitere Personen zum Nachprüfungsverfahren hinzugezogen werden, bedarf es einer gestaltenden Rechtshandlung der Vergabekammer. Die Literatur spricht daher von den *„gekorenen Beteiligten"*.[29] Die Beiladung ist ein verfahrensrechtlicher Verwaltungsakt.[30] § 162 GWB beschreibt den Vorgang rückblickend. Da die Vergabekammer früh über die Beiladung entscheiden muss, trifft sie die Beiladungsentscheidung aufgrund einer konkreten Prognose aus der Sicht ex ante mit den aufgrund der Entscheidung in einem frühen Verfahrensstadium unvermeidbaren Unsicherheiten. **19**

I. Unternehmen

Die Vergabekammer lädt gemäß § 162 GWB Unternehmen bei. Dieser Begriff ist **abschließend**.[31] Verbände oder sonstige Dritte können nicht beigeladen werden. **20**

Der Begriff des **Unternehmens** ist die deutsche Übersetzung des Wirtschaftsteilnehmers aus Art. 2 Abs. 1 Nr. 10 RL 2014/24/EU. § 162 GWB bezieht sich nicht auf handelsrechtliche Formen des Unternehmens. Gemeint ist das Unternehmen in wettbewerblicher und funktionaler[32] Hinsicht. Umfasst werden Unternehmen in der konkreten Form, in der sie sich um den Zuschlag bemühen. Eine aus mehreren Mitgliedern bestehende Bietergemeinschaft ist i.S.d. § 162 GWB ein Unternehmen.[33] Ebenso sind Bewerbergemeinschaften im Verhandlungsver- **21**

24 OLG München, Beschluss v. 9.3.2020 – Verg 27/19; VK Rheinland, Beschluss v. 23.6.2020 – VK 15/20-K (Kostenbeschluss zum Verhältnis von Rahmenvertrag der zentralen Beschaffungsstelle und Einzelaufträgen der vertretenen Auftraggeberinnen); VK Niedersachsen, Beschluss v. 11.10.2019 – VgK-29/2019, nachfolgend OLG Celle, Beschluss v. 31.3.2020 – 13 Verg 13/19 (Region beschafft Feuerwehrbedarf für viele ihrer Gemeinden).

25 OLG Celle, Beschluss v. 31.3.2020 – 13 Verg 13/19, siehe oben Fn. 19; Beschluss v. 29.5.2018 – 13 Verg 9/17 (AöR eines Landkreises beschafft Software für Gemeinden des Kreises); OLG Naumburg, Beschluss v. 6.12.2012 – Verg 5/12, und OLG Schleswig, Beschluss v. 30.10.2012 – 1 Verg 5/12 (jeweils offengelegte Mehrheit von Auftraggebern); OLG Karlsruhe, Beschluss v. 16.11.2012 – 15 Verg 9/12 (zentrale Beschaffungsgesellschaft); VK Bund, Beschluss v. 27.3.2009 – VK 3-46/09 (Bündelung von Krankenkassen).

26 OLG Naumburg, Beschluss v. 23.2.2012 – 2 Verg 15/11, für eine von Bund und Land gemeinsam in Auftrag gegebene Bundesstraße.

27 OLG Celle, Beschluss v. 31.3.2020 – 13 Verg 13/19.

28 *Summa*, in: Heiermann/Zeiss/Summa, Vergaberecht, § 162 GWB Rn. 2.

29 *Fett*, in: Gabriel/Mertens/Prieß/Stein, § 162 GWB Rn. 1; *Summa*, in: Heiermann/Zeiss/Summa, Vergaberecht, § 162 GWB Rn. 1.

30 *Bungenberg*, in: Pünder/Schellenberg, Vergaberecht, § 162 GWB Rn. 17.

31 *Dittmann*, in: Röwekamp/Kus/Portz/Prieß, GWB-Vergaberecht, § 162 Rn. 17.

32 *Bungenberg*, in: Pünder/Schellenberg, Vergaberecht, § 162 GWB Rn. 5.

33 OLG Düsseldorf, Beschluss v. 8.7.2020 – VII-Verg 6/20.

fahren i.S.d. Teil 4 GWB ein „Unternehmen“.[34] Die in den §§ 59 und 61 GWB enthaltene Differenzierung zwischen Unternehmen und Vereinigungen von Unternehmen wird wegen des weiten wettbewerblichen Unternehmensbegriffs hier nicht verwendet. In atypischen Fällen wurden sogar Körperschaften wegen einer Verletzung der Planungshoheit beigeladen.[35]

II. Schwerwiegende Interessenberührung

22 Für eine Beiladung ist weiterhin erforderlich, dass die Interessen des Unternehmens durch die Entscheidung schwerwiegend berührt werden.

23 Durch die Entscheidung schwerwiegend berührt werden diejenigen Unternehmen, deren rechtliche oder wirtschaftliche Belange durch den Gegenstand des Nachprüfungsverfahrens oder die Entscheidung der Vergabekammer unter Berücksichtigung der Stellung des betreffenden Unternehmens im Vergabeverfahren in besonderer Weise betroffen sind.[36] Die gesetzliche Formulierung umfasst den weiten Begriff „**berührt**“, der durch die Einschränkung „**schwerwiegend**“ eingegrenzt wird. Die Berührung erfasst formal sowohl Verschlechterungen als auch Verbesserungen der Interessen, gemeint ist aber nach der Begründung zu § 119 des Gesetzentwurfs von 1997[37] in Entsprechung der zutreffenden Rechtsprechung des OLG München[38] die Beteiligung derjenigen, die durch eine für sie nachteilige Entscheidung der Vergabekammer eine Verletzung ihrer eigenen Rechte erfahren und – bei Nichtbeteiligung – ein weiteres Überprüfungsverfahren beantragen könnten. Damit sind alle Unternehmen berührt, deren Chancen auf den Zuschlag ebenso groß sind wie die Chancen des Antragstellers.

24 Der Kreis beiladungsfähiger Unternehmen ist formal auf die Unternehmen begrenzt, die ein **Angebot** abgegeben haben. Unternehmen, die vortragen, sie hätten ein Angebot abgeben wollen, seien aber durch angebliche Fehler des Auftraggebers daran gehindert worden, können selbst einen zulässigen Nachprüfungsantrag stellen,[39] gehören bis dahin aber nicht zu den Beizuladenden. Das gleiche gilt für ausgeschlossene Unternehmen.[40] Haben sie bereits einen Nachprüfungsantrag gestellt, werden sie zur einheitlichen Entscheidung beiladungsfähig.

Für das Unternehmen, dem der Auftraggeber den **Zuschlag** erteilen wollte, liegt immer eine schwerwiegende Rechtsbeeinträchtigung vor. Dieses Unternehmen kann den bereits sicher gewähnten Auftrag verlieren. Durch das Zuschlagsverbot verzögert sich außerdem der Zeitpunkt des Vertragsschlusses, mit Folgen für die interne Auftragsablaufplanung, die Verlängerung der Bindefrist und mit weiteren Auswirkungen wie beispielsweise auf die Unterauftragnehmer. Das OLG Düsseldorf[41] hat den Kreis beiladungsfähiger Unternehmen ausnahmsweise auf Unterauftragnehmer erweitert.[42]

25 Bei einem **offensichtlich unbegründeten Nachprüfungsantrag** kann die Vergabekammer in sehr seltenen Ausnahmefällen[43] davon absehen, dieses für den Zuschlag vorgesehene Unternehmen beizuladen,[44] weil die beabsichtigte Entscheidung in der Sache die wirtschaftliche Position dieses Unternehmens nicht verändert, erst recht nicht schwerwiegend beeinträchtigt, und eine schnelle Entscheidung über den offensichtlich unbegründeten Nachprüfungsantrag Vorrang hat. Lädt die Vergabekammer den Erstplatzierten nicht bei und verpflichtet dennoch die Vergabestelle zu einer neuen Entscheidung, so kann der Nicht-Beigeladene gegen die Ent-

---

34 LSG Mecklenburg-Vorpommern, Beschluss v. 24.8.2009 – L 6 B 172/09 m. w. N.
35 OLG Düsseldorf, Beschluss v. 13.2.2007 – VII-Verg 2/07 (Flughafen Ahlhorn).
36 OLG Düsseldorf, Beschluss v. 26.6.2002 – VII-Verg 24/02.
37 Gesetzesbegründung zu § 119 GWB a.F., VgRÄG, BT-Drs. 13/9340, 18.
38 OLG München, Beschluss v. 28.8.2019 – Verg 10/19: Die schwerwiegende Berührung wirtschaftlicher Interessen ergibt sich aus der Schlechterstellung der vorher gegebenen Chance auf den Auftrag.
39 OLG Düsseldorf, Beschluss v. 12.6.2013 – VII-Verg 7/13; VK Niedersachen, Beschluss v. 7.10.2015 – VgK-31/2015; Beschluss v. 17.3.2011 – VK-65/2010.
40 *Dicks*, in: Ziekow/Völlink, Vergaberecht, § 162 GWB Rn. 4.
41 OLG Düsseldorf, Beschluss v. 19.2.2020 – VII-Verg 26/17.
42 Vgl. oben Rn. 10.
43 Vgl. KG, Beschluss v. 27.5.2019 – Verg 4/19, Ziffer 3, zur Pflicht der Vergabekammer, beizuladen.
44 VK Saarland, Beschluss v. 1.3.2005 – 1 VK 01/2005.

scheidung der Vergabekammer auch nach deren **Bestandskraft** sofortige Beschwerde erheben,[45] weil die Bestandskraft des Beschlusses nur zwischen den Beteiligten gilt. Die Beiladung des Erstplatzierten sollte also fast immer erfolgen.

Nur der für den Zuschlag vorgesehene Unternehmer hat als Beigeladener ein Interesse daran, dem Verfahren vor der Vergabekammer auf der **Seite des Auftraggebers** beizutreten. Nur für ihn ist daher die gelegentlich verwendete Bezeichnung aus der ZPO, er sei Streitgenosse des Auftraggebers,[46] zutreffend, nicht jedoch für die anderen Beigeladenen.[47] Ein gemeinsamer Nachprüfungsantrag mehrerer konkurrierender Bieter ist in mehrere Verfahren zu trennen, damit sich einzelne Rücknahmen hinsichtlich der Erledigung der Gebührenpflicht und der Kostenlast leichter bearbeiten lassen. Wenden sich mehrere Unternehmen gegen Inhalte der Vergabeunterlagen, so streiten sie zwar streckenweise gemeinsam, bilden aber wegen ihres nicht miteinander zu vereinbarenden einzelnen Interesses am Zuschlag keine Streitgenossenschaft.[48] **26**

Unternehmen, die wegen derselben Vergabe ebenfalls einen Nachprüfungsantrag gestellt haben, sind beizuladen, um eine einheitlich bestandskräftige Entscheidung herbeizuführen. Durch diese **wechselseitige Beiladung**,[49] die sinnvollerweise durch eine gemeinsame Terminierung ergänzt werden sollte, tritt ein ähnlicher Effekt ein wie bei der Verbindung der Verfahren gemäß § 93 VwGO. **27**

Die Vergabekammer lädt nur die Unternehmen bei, für welche sie die schwerwiegende Interessenberührung erwartet. Mit dem Tatbestandsmerkmal „**schwerwiegend**" weicht § 162 GWB von den Regelungen in der VwGO und im VwVfG einschränkend ab. Das weist darauf hin, dass der Beteiligtenkreis eher klein zu halten ist.[50] Der in der Literatur verwendete Begriff der möglichen Interessensberührung[51] oder der in der Rechtsprechung verwendete Begriff der abstrakten Eignung unabhängig von den Erfolgsaussichten[52] fassen den Kreis der zu Beteiligenden zu weit. Es geht immer um die konkrete wirtschaftliche Chance[53] auf den Zuschlag. Allerdings darf der Kreis der zu Beteiligenden nicht so eng gezogen werden, dass nicht beigeladene Unternehmen gegen die vom Auftraggeber vorzunehmende Umsetzung der Entscheidung der Vergabekammer, also z. B. eine neue Wertung, selbst ein Nachprüfungsverfahren anstrengen können.[54] Mehrere nacheinander stattfindende Nachprüfungsverfahren wegen einer Vergabe würden das Vergabeverfahren stärker beeinträchtigen und verzögern als ein Verfahren mit einem etwas größeren Beteiligtenkreis. **28**

Unternehmen, die aufgrund der erwarteten Entscheidung der Vergabekammer[55] zur **Zurückversetzung des Vergabeverfahrens** neu zu berücksichtigen wären, sind nicht beizuladen. Die neu zu berücksichtigenden Unternehmen werden durch die Entscheidung der Vergabekammer zwar im Wortsinn berührt, aber im obigen Sinne nicht beeinträchtigt. Ihre Beiladung ist daher nicht erforderlich, behindert eher eine straffe Verfahrensführung.[56] Soweit sie am Auftrag nicht mehr interessiert sind, können sie die Verlängerung der Bindefrist ablehnen oder **29**

45 OLG Dresden, Beschluss v. 12.6.2015 – Verg 2/15.
46 *Kadenbach*, in: Willenbruch/Wieddekind, Vergaberecht, § 162 GWB Rn. 7.
47 *Horn/Hofmann*, in: Burgi/Dreher, Vergaberecht, § 162 GWB Rn. 7.
48 Vgl. KG, Beschluss v. 10.10.2016 – Verg 16/15, das wegen gleicher Interessen sogar die Beiladung aufgehoben hat.
49 OLG Hamburg, Beschluss v. 2.10.2012 – 1 Verg 2/12; *Lausen*, VergabeR 2002, 117 (123).
50 OLG Düsseldorf, Beschluss v. 14.11.2018 – VII-Verg 31/18, Rn. 88, keine Beiladung nach mündlicher Verhandlung, damit der Beigeladene dazu beitragen kann, den Sachverhalt aufzuklären.
51 *Bungenberg*, in: Pünder/Schellenberg, Vergaberecht, § 162 GWB Rn. 10.
52 OLG Naumburg, Beschluss v. 9.12.2004 – 1 Verg 21/04; *Lausen*, VergabeR 2002, 117 (119).
53 OLG München, Beschluss v. 28.8.2019 – Verg 10/19; Beschluss v. 28.8.2019 – Verg 11/19 (keine Beiladung des Betreibers der E-Vergabeplattform); VK Westfalen, Beschluss v. 19.7.2019 – VK 2-13/19, Rn. 35; *Bungenberg*, in: Pünder/Schellenberg, Vergaberecht, § 162 GWB Rn. 7; *Reidt*, in: Reidt/Stickler/Glahs, Vergaberecht, § 162 GWB Rn. 11.
54 *Lausen*, VergabeR 2002, 117, (119).
55 *Dicks*, in: Ziekow/Völlink, Vergaberecht, § 162 GWB Rn. 4.
56 *Dittmann*, in: Röwekamp/Kus/Portz/Prieß, GWB-Vergaberecht, § 162 Rn. 13.

verstreichen[57] lassen, um die der Auftraggeber die Anbieter üblicherweise bittet, sobald ihm der Nachprüfungsantrag übermittelt worden ist.

30 Für **weitere** gegebenenfalls **Beizuladende** neben dem für den Zuschlag vorgesehenen Unternehmen ist die Schwelle der möglichen schwerwiegenden Beeinträchtigung erreicht, wenn der Nachprüfungsantrag voraussichtlich zulässig ist und wenn deren Zuschlagschancen bei korrekter Wertung[58] nach Rechtsauffassung der Vergabekammer nicht schlechter erscheinen als die des Antragstellers. Ansätze, den Kreis der Beizuladenden aufgrund des Wertungsergebnisses zu definieren,[59] (nur nicht ausgeschlossene Unternehmen, nur Unternehmen, die die vierte Wertungsstufe erreicht haben) umschreiben diese allgemeine Erklärung konkret. Dabei darf und wird sich die Vergabekammer unter dem Zeitdruck des § 167 GWB regelmäßig auf die Wertung des Auftraggebers beziehen.[60] Die auf diesem Wege beigeladenen Unternehmen können ihre Argumente zur Wertung in das Vergabenachprüfungsverfahren einführen, auch wenn sie selbst keine Rüge erhoben haben.

31 Dadurch werden diese Beigeladenen unter Umständen mittelbar **Nutznießer** des vom Antragsteller erhobenen Nachprüfungsantrags. Das wäre jedoch auch ohne Beiladung der Fall, wenn die Vergabekammer den Auftraggeber verpflichtet, die Wertung erneut durchzuführen,[61] oder wenn sie sogar das Vergabeverfahren in den Stand vor Aufforderung zur Angebotsabgabe zurückversetzt. Hat der Beigeladene z. B. nicht den Ausschluss seines Angebotes gerügt, die Vergabekammer aber auf den Vortrag des Antragstellers hin die Ausschlusskriterien als rechtswidrig angesehen und eine neue Wertung vorgegeben, so kann auch der Beigeladene von dieser neuen Wertung profitieren und den Zuschlag erhalten. Dieser Beigeladene bleibt aber immer davon abhängig, ob der Antragsteller seinen Nachprüfungsantrag aufrechterhält. Mit der Rücknahme des Nachprüfungsantrags, die auch noch vor dem Beschwerdegericht erfolgen kann, wird sogar die bereits getroffene, aber bis dahin nicht in Bestandskraft erwachsene Entscheidung der Vergabekammer wirkungslos[62] und der Beigeladene verliert die durch den Antragsteller gewonnene und sicher gewähnte Rechtsposition.[63]

32 Für die Vergabekammer kann die Einschätzung des Beigeladenen zu fachspezifischen Fragen wie der Eindeutigkeit des Leistungsverzeichnisses für einen Kreis fachkundiger Unternehmen hilfreich sein. Einen eigenen **Anspruch** auf Beiladung haben die nicht für den Zuschlag vorgesehenen Unternehmen nicht.

33 Sind mehrere **Lose** Gegenstand des Vergabenachprüfungsverfahrens, so empfiehlt es sich, die Beiladung auf bestimmte Lose zu beschränken. Das reduziert das Kostenrisiko der Beteiligten, weil alle Gebühren dann nur nach dem Auftragswert des Loses berechnet werden, für die die Beiladung erfolgte. Es ist auch hilfreich, um den Streitgegenstand zu begrenzen. Jeder Beigeladene äußert sich dann nur zu den Losen, für die er aussichtsreich angeboten hat.

34 Richtet sich der Nachprüfungsantrag bereits **gegen Inhalte der Vergabeunterlagen**, so muss der Antragsteller ihn aufgrund der vorgegebenen Zeitabläufe für die Rüge und wegen der drohenden Präklusion des Nachprüfungsantrags nach Rügezurückweisung gegebenenfalls so früh erheben, dass die Wertung der Angebote zum Zeitpunkt der Nachprüfungsentscheidung noch nicht abgeschlossen ist,[64] oder bereits im Teilnahmewettbewerb erheben, in dem noch keine Angebote, sondern nur Teilnahmeanträge vorliegen. In diesem Fall könnte

57 Beachte OLG Celle, Beschluss v. 30.1.2020 – 13 Verg 14/19, VergabeR 2020, 639; kritische Anmerkung: *Noch*, VergabeNavigator 4/2020, 30; a.A. *Hünemörder/Diemieff*, VergabeR 2020, 651.

58 So auch *Reidt*, in: Reidt/Stickler/Glahs, Vergaberecht, § 162 GWB Rn. 14.

59 Vgl. *Dicks*, in: Ziekow/Völlink, Vergaberecht, § 162 GWB Rn. 4.

60 Anders einmal VK Niedersachsen, Beschluss v. 9.10.2015 – VgK-39/2015.

61 *Weyand*, Vergaberecht, § 109 GWB Rn. 12.

62 BGH, Beschluss v. 24.3.2009 – X ZB 29/08, Rn. 12; BayObLG, Beschluss v. 26.10.2021 – Verg 4/21; OLG Naumburg, Beschluss v. 9.7.2014 – 2 Verg 3/14; OLG Düsseldorf, Beschluss v. 9.11.2009 – VII-Verg 35/09; *Weyand*, Vergaberecht, § 107 GWB Rn. 34.

63 Vgl. OLG München, Beschluss v. 28.8.2019 – 10/19: keine Beiladung nach Rücknahme des Nachprüfungsantrags; aber OLG Dresden, Beschluss v. 12.6.2015 – Verg 2/15: Beiladung nach Bestandskraft eines Beschlusses der Vergabekammer.

64 Vgl. VK Niedersachsen, Beschluss v. 30.9.2015 – VgK-30/2015; Beschluss v. 26.8.2014 – VgK-31/2014; Beschluss v. 18.9.2012 – VgK-36/2012.

die Vergabekammer entweder alle Unternehmen beiladen oder von der Beiladung vollständig absehen. Die Beiladung aller Unternehmen verzögert das Nachprüfungsverfahren unangemessen. Sie erhöht überdies das Kostenrisiko des Antragstellers signifikant. Unternehmen, die keine Rüge erhoben haben, werden dem Nachprüfungsverfahren eher auf der Seite des Antragsgegners beitreten. Jedes beigeladene Unternehmen kann anwaltlichen Beistand hinzuziehen. Die Vergabekammer ist daher aufgrund ihrer Fürsorgepflicht auch gegenüber dem Antragsteller gehalten, den Kreis der Beizuladenden gering zu halten.[65] Dazu eignet sich etwa eine verfahrenslenkende Verfügung vor Beiladung.

Es gibt besondere Konstellationen wie die Vergabe von Rabattverträgen durch gesetzliche Krankenkassen,[66] bei denen typischerweise eine sehr **hohe Zahl von Unternehmen** für eine Beiladung in Betracht kommt. Hierzu wird unter Rückgriff auf die Regelungen in § 65 Abs. 3 VwGO, § 67 VwVfG teilweise[67] vertreten, die Entscheidung der Vergabekammer zur Beiladung auf den Kreis der Beizuladenden zu verlagern. Die Vergabekammer wählt in diesem Fall den Weg der öffentlichen Bekanntmachung gemäß § 67 Abs. 1 S. 4 VwVfG, dass ein Nachprüfungsverfahren anhängig ist. Die öffentliche Bekanntmachung ist zulässig, wenn mehr als 50 Ladungen vorzunehmen sind. Den am Ausgang des Verfahrens interessierten Unternehmen eröffnet die Vergabekammer somit die Möglichkeit, einen Beiladungsantrag zu stellen. Die Beiladung wird dann auf diejenigen Unternehmen beschränkt, die einen solchen Antrag stellen.[68] Bei mehr als 50 auf Erforderlichkeit zu prüfenden Beiladungen ist das Verfahren gut vertretbar. Allerdings bleibt der Vergabekammer ein eigenständiges Prüfrecht, so dass sie die Beiladungsanträge im Einzelfall auch ablehnen kann, wenn ein Unternehmen nicht beiladungsfähig erscheint. 35

Die Vergabekammer wird aus dem Kreis der Unternehmen diejenigen beiladen, die in streitbefangenen Losen **für den Zuschlag vorgesehen** waren. Hinzu kommen die Unternehmen, die in der Wertung einen **Rang vor dem Antragsteller** belegt haben. Je abgeschlagener der Antragsteller in der Rangliste der anbietenden Unternehmen lag, desto länger wird eine solche Liste der beizuladenden Unternehmen, bis zu der Grenze, an der die Antragsbefugnis gemäß § 160 Abs. 2 GWB problematisch wird.[69] Das OLG Düsseldorf[70] hat entschieden, ein drittplatzierter Anbieter sei nicht mehr schwerwiegend berührt. Die Vergabekammer muss ein erkennbar berechtigt ausgeschlossenes Unternehmen nicht beiladen.[71] Soweit nach der Rechtsprechung des BGH[72] die Antragsbefugnis wegen der Chance auf den Zuschlag im zweiten Verfahren besteht, wenn alle Unternehmen auszuschließen sind, bezieht sich das nur auf die Antragsbefugnis als Antragsteller. Ein Unternehmen kann seine Beiladung nicht mit der Begründung einfordern, der Antragteller trage vor, dass alle Angebote auszuschließen seien. 36

Die Vergabekammer wird die Entscheidung über die Beiladung regelmäßig nach dem durch das Zuschlagsverbot fixierten **Stand des Vergabeverfahrens** treffen. Hat der Auftraggeber bis dahin noch keine Bieterinformation gemäß § 134 Abs. 1 GWB versandt, und liegt keines der oben angesprochenen Vergabeverfahren mit sehr vielen Bietern vor, sollte die Vergabekammer auf die Beiladung weiterer Unternehmen verzichten.[73] Der Auftraggeber ist gemäß § 169 GWB formal nur an der Erteilung des Zuschlags gehindert. Er könnte die Vergabe trotz laufenden Nachprüfungsverfahrens bis zur Zuschlagsreife intern fortführen, wird aber mit Beginn des Nachprüfungsverfahrens weitere nach außen wirksame Entscheidungen wie die Bie- 37

65 VK Schleswig-Holstein, Beschluss v. 20.4.2010 – VK-SH 3/10; *Summa*, in: Heiermann/Zeiss/Summa, Vergaberecht, § 162 GWB Rn. 18, ein unüberschaubares Kostenrisiko für den Antragsteller sollte vermieden werden; *Dittmann*, in: Röwekamp/Kus/Portz/Prieß, GWB-Vergaberecht, § 162 Rn. 12, grundsätzlich gegen eine Beiladung.
66 Vgl. *Dicks*, in: Ziekow/Völlink, Vergaberecht, § 162 GWB Rn. 7.
67 *Horn/Hofmann*, in: Burgi/Dreher, Vergaberecht, § 162 GWB Rn. 20.
68 *Horn/Hofmann*, in: Burgi/Dreher, Vergaberecht, § 162 GWB Rn. 20.
69 *Reidt*, in: Reidt/Stickler/Glahs, Vergaberecht, § 160 GWB Rn. 36 m.w.N.; *Kadenbach*, in: Willenbruch/Wieddekind, Vergaberecht, § 160 GWB Rn. 39 ff.
70 OLG Düsseldorf, Beschluss v. 14.11.2018 – VII-Verg 31/18.
71 OLG Rostock, Beschluss v. 9.9.2003 – 17 Verg 11/03.
72 BGH, Beschluss v. 26.9.2006 – X ZB 14/06.
73 OLG Celle, Beschluss v. 1.7.2014 – 13 Verg 4/14, vorgehend VK Niedersachsen, Beschluss v. 28.2.2015 – VgK-1/2014 (Nachprüfung vor Angebotsabgabe).

terinformation gemäß § 134 Abs. 1 GWB unterlassen. Damit lässt sich aus der Menge der anbietenden Unternehmen nicht mehr sicher ermitteln, wessen Unternehmensinteresse das Nachprüfungsverfahren schwerwiegend berührt. Die Gegenauffassung des OLG Dresden[74] übersieht, dass ein Angebot mit einem niedrigen Preis nicht automatisch in besonderem Maße für den Zuschlag in Betracht kommt, sondern zuvor auch dieser Anbieter auf Eignung und der von ihm angebotene Preis auf Angemessenheit zu prüfen ist.

E. Entscheidung über die Beiladung

38 § 162 GWB äußert sich nicht ausdrücklich dazu, ob die Vergabekammer ein **Ermessen** hat, ein Unternehmen beizuladen. Die Regelung stellt lediglich das Ergebnis fest, ein von der Vergabekammer beigeladenes Unternehmen sei bereits Verfahrensbeteiligter geworden. Von einem Ermessen ist jedoch auszugehen,[75] denn § 13 Abs. 2 VwVfG als eine der Vorbildregelungen[76] räumt der Verwaltungsbehörde ein Ermessen bei der Hinzuziehung Dritter als Beteiligter ein.

39 Das VwVfG reduziert das Ermessen allerdings zu einer **Pflicht**, wenn der Ausgang des Verfahrens rechtsgestaltende Wirkung für den Dritten hat. Förmliche Anträge, den Dritten hinzuzuziehen, sind deutliche Hinweise auf solche Auswirkungen. Daraus wird zum Teil eine Differenzierung in notwendige Beiladung und einfache Beiladung abgeleitet.[77] Diese Differenzierung ist künstlich, weil sie nicht aus dem einheitlichen Tatbestand des § 162 GWB begründbar ist. Die Differenzierung umschreibt allerdings die von der Vergabekammer regelmäßig zu treffende Entscheidung im Ergebnis richtig.

40 § 162 GWB weicht aufgrund des Beschleunigungsgrundsatzes vom Antragserfordernis des VwVfG ab und konzentriert die Entscheidungspflicht bei der Vergabekammer. Die Vergabekammer muss früh **von Amts wegen** entscheiden, wessen Interessen durch die künftige Entscheidung schwerwiegend berührt werden. Die teilweise[78] vorgeschlagenen Vorgehensweisen, etwa die Beizuladenden zunächst über das anhängige Nachprüfungsverfahren zu unterrichten und sie dann auf Antrag beizuladen, oder alle Beteiligten vor einer Beiladung anzuhören,[79] sind aus verfahrensökonomischen Gründen abzulehnen. Das wichtige Ziel der schnellen bestandskräftigen Entscheidung für alle wird möglicherweise verfehlt, wenn die Beizuladenden das Angebot zunächst nicht, später aber doch nutzen. Da für den Antrag auf Beiladung keine gesetzliche Ausschlussfrist existiert, ist der erst spät hinzutretende Beigeladene nicht daran gehindert, das Nachprüfungsverfahren mit einem Hinweis auf die für ihn unzureichende Einarbeitungszeit weiter zu verzögern. Die gleiche Verzögerung verursacht eine Anhörung vor Beiladung, abgeleitet aus Art. 103 GG. Die Beiladung dient dazu, die Anhörung des Drittbetroffenen im Verfahren zu gewährleisten. Eine Anhörung vor Anhörung widerspricht dem gesetzlichen Beschleunigungsgebot des § 167 GWB.

41 Soweit der Antragsteller in **§ 161 Abs. 2 GWB** die sonstigen Beteiligten benennen soll, handelt es sich nur um eine Information nach eigener Einschätzung ohne bindende Wirkung für die Vergabekammer. Ein gleichwohl gestellter Antrag wäre unschädlich und verpflichtet die Vergabekammer nicht zu einer förmlichen Ablehnung im Beschluss mit Auswirkung auf die Kostenlastentscheidung, erst recht nicht zu einer rechtsmittelbewehrten Zwischenentscheidung. Sie muss den Antrag aufgrund ihrer eingeschränkten Amtsermittlungspflicht gemäß § 163 GWB inhaltlich prüfen.

---

74 OLG Dresden, Beschluss v. 12.6.2015 – Verg 2/15, für Beiladung des Anbieters mit dem geringsten Preis.
75 Vgl. VK Schleswig-Holstein, Beschluss v. 20.4.2010 – VK-SH 3/10.
76 Vgl. oben Rn. 4.
77 *Summa*, in: Heiermann/Zeiss/Summa, Vergaberecht, § 162 GWB Rn. 11, 20; *Reidt*, in: Reidt/Stickler/Glahs, Vergaberecht, § 162 GWB Rn. 22 f.; *Lausen*, VergabeR 2002, 117 (121).
78 *Weyand*, Vergaberecht, § 109 GWB Rn. 19.
79 *Jaeger*, in: Säcker, Wettbewerbsrecht, § 162 GWB Rn. 7; *Dicks*, in: Ziekow/Völlink, Vergaberecht, § 162 GWB Rn. 2.

F. Zeitpunkt der Beiladung

Die Beiladung soll **möglichst früh** erfolgen. Das folgt nicht nur aus dem den Auftraggeber und den für den Zuschlag vorgesehenen Beigeladenen schützenden Beschleunigungsgebot gemäß § 167 GWB, sondern zusätzlich aus dem Verfahrensanspruch aller Beigeladenen auf rechtliches Gehör bzw. Gelegenheit zur Stellungnahme aus § 166 Abs. 1 S. 2 GWB. Die ermessensfehlerfreie Entscheidung über die Beiladung setzt jedoch hinreichende Kenntnis des Sachverhalts voraus. Konkret muss die Vergabekammer die Vergabeakte daraufhin ausgewertet haben, wessen Interessen voraussichtlich durch die zu diesem Zeitpunkt noch nicht feststehende Entscheidung schwerwiegend berührt werden. Die Vergabekammer kann daher in sachgerechter Weise nicht bereits mit Übermittlung des Nachprüfungsantrags über die Beiladung entscheiden.[80] Die erforderliche Sachverhaltskenntnis gewinnt sie erst, wenn ihr die Vergabeakte und die Antragserwiderung vorliegen.[81] 42

Reidt[82] meint, wenn der Antragsteller behaupte, das Angebot des Konkurrenten müsse ausgeschlossen werden, sei umgehend nach Information des Auftraggebers über den **Nachprüfungsantrag** beizuladen. Das ist rechtlich nachvollziehbar, zwänge die Vergabekammer aber zur unkritischen Übernahme des Vortrags der Antragstellerin. Es würde der Vergabekammer die wichtige und verfahrensbeschleunigende Möglichkeit nehmen, vor der weitere Kosten auslösenden Beiladung auf eine einvernehmliche Verfahrensbeendigung zum Beispiel durch Rücknahme des Nachprüfungsantrags oder Abhilfe durch den Auftraggeber hinzuwirken. Darüber hinaus wird dem Antragsteller zumindest bei Liefer- und Dienstleistungsverträgen nur das Unternehmen bekannt sein, welches für den Zuschlag vorgesehen ist. Die Vergabekammer kann jedoch bei pflichtgemäßer Ausübung ihres Ermessens gehalten sein, mehr Unternehmen beizuladen. Sie entscheidet innerhalb ihrer kurzen Bearbeitungsfrist gemäß § 167 GWB über den Kreis der beizuladenden Unternehmen verfahrensökonomisch einheitlich. 43

Die Beiladung muss wegen ihrer Funktion als Anhörung nach Art. 103 Abs. 1 GG so rechtzeitig erfolgen, dass der Beizuladende gemäß § 165 Abs. 1 S. 2 GWB die **Gelegenheit** hat, **Stellung zu nehmen**. Die Stellungnahme dient der Vorbereitung der mündlichen Verhandlung, also muss die Gelegenheit zur Stellungnahme vorher bestehen. Bei der gesetzlichen Vorgabe eines innerhalb von fünf Wochen abzuwickelnden Nachprüfungsverfahrens ergeben sich daraus zwei Folgerungen für die rechtzeitige Beiladung. Sie sollte möglichst zum Ende der zweiten Woche erfolgen. Ein Abstand von knapp zwei Wochen zwischen Beiladung und mündlicher Verhandlung muss dem Beigeladenen zur Einarbeitung in den Vortrag des Antragstellers genügen.[83] Diese Zeitfenster sind nicht normiert, ergeben sich aber aus den bei Einhaltung der gesetzlichen Entscheidungsfrist notwendigen Abläufen im Nachprüfungsverfahren. 44

Um dieses innerhalb der Frist des § 167 Abs. 1 GWB abschließen zu können, hat sich folgender **Zeitplan** bewährt: Die erste Woche dient dem Auftraggeber zur elektronischen Versendung der notwendigerweise elektronischen Vergabeunterlagen (maximal zwei Arbeitstage) sowie der Antragserwiderung. Die zweite Woche dient der Vergabekammer zur Einarbeitung in die Vergabeakten des Auftraggebers bei zeitgleicher Vorbereitung und Gewährung der Akteneinsicht für den Antragsteller, sowie der Gelegenheit zur ergänzenden Stellungnahme für den Antragsteller. Danach lädt die Vergabekammer unter Versendung des bis dahin entstandenen Schriftwechsels bei, gewährt dem Beigeladenen in der dritten Woche auf Antrag Akteneinsicht und gibt ihm Gelegenheit zur Stellungnahme. In der vierten Woche findet die mündliche Verhandlung statt. In der fünften Woche setzt die Vergabekammer den schriftlichen Beschluss ab. Daraus ergeben sich die oben genannten zeitlichen Vorgaben mehr oder weniger als Sachzwang, von denen sich die Vergabekammer durch eine Verlängerungsverfü- 45

80 Vgl. *Lausen*, VergabeR 2002, 117 (119).
81 A.A. *Reidt*, in: Reidt/Stickler/Glahs, Vergaberecht, § 162 GWB Rn. 27.
82 *Reidt*, in: Reidt/Stickler/Glahs, Vergaberecht, § 162 GWB Rn. 27.
83 So auch OLG Schleswig, Beschluss v. 15.4.2014 – 1 Verg 4/13.

gung gemäß § 167 Abs. 1 S. 2 GWB befreien kann.[84] Rechtsprechung, welche die gewährte Gelegenheit zur Stellungnahme des Beigeladenen als unzureichend angesehen hat und daraus inhaltliche Mindestanforderungen beschreibt, gibt es auch zwanzig Jahre nach Einführung der Bearbeitungsfrist von fünf Wochen nicht.

G. Rechtsfolgen der Beiladung

46 Durch die Beiladung erhält der Beigeladene konstitutiv alle **Rechte** und Lasten eines Beteiligten.[85] Zu den Rechten gehören insbesondere das Recht auf Akteneinsicht gemäß § 165 Abs. 1 GWB, das Recht auf eigene Stellungnahmen gemäß § 166 Abs. 1 S. 2 GWB und das Recht auf eigene Anträge. Die Last besteht in der Verfahrensförderpflicht nach § 167 Abs. 2 GWB, also im zeitnahen[86] und sachgerechten Vortrag. Außerdem ist die Entscheidung der Vergabekammer auch gegenüber dem Beigeladenen bindend.[87] Ein Risiko, an den Kosten des Nachprüfungsverfahrens und den Aufwendungen eines obsiegenden Verfahrensbeteiligten beteiligt zu werden, entsteht erst, wenn der Beigeladene eigene Anträge stellt.[88]

47 Die Befugnis, eigene **Anträge** zu stellen, normiert § 160 Abs. 1 GWB ausdrücklich nur für den Antragsteller. Mittelbar folgt aus § 182 Abs. 3 GWB auch für die anderen Verfahrensbeteiligten, also Antragsgegner und Beigeladene, die Befugnis, Anträge zu stellen und sich somit dem dort beschriebenen Risiko auszusetzen, im Verfahren zu unterliegen.[89] Die eigene Antragsbefugnis des Beigeladenen trägt zur Verfahrensstraffung bei. Erhält der Beigeladene im Rahmen der Akteneinsicht erstmals Kenntnis von Vergabeverstößen, muss er keinen eigenen Nachprüfungsantrag stellen. Er kann sein Anliegen in das anhängige Nachprüfungsverfahren einbringen. Deshalb soll nach einer Literaturmeinung die Antragsbefugnis für einen weiteren eigenen Nachprüfungsantrag des Beigeladenen entfallen.[90] Nur wenn Antragsteller und Auftraggeber das Nachprüfungsverfahren übereinstimmend für erledigt erklären, lebe das mögliche Rechtsschutzinteresse des Beigeladenen an einem eigenen Nachprüfungsantrag wieder auf. Dann könnte der eigene Nachprüfungsantrag wegen der Fristen in § 160 Abs. 3 GWB allerdings bereits präkludiert sein. Die Stellung des Beigeladenen ist wegen der Abhängigkeit von dem durch Dritte erhobenen Nachprüfungsantrag deutlich schwächer als die des Antragstellers.

48 So ist die **übereinstimmende Erledigungserklärung** nicht von der Zustimmung des Beigeladenen abhängig.[91] Mit einer solchen Erledigung oder auch mit der Antragsrücknahme können Auftraggeber und Antragsteller eine vom Beigeladenen im Nachprüfungsverfahren erhoffte Verbesserung der eigenen Position verhindern. Das gilt selbst dann, wenn der Beigeladene bis zur einvernehmlichen Erledigung bereits eigene Anträge gestellt hat. Der Beigeladene kann zwar aufgrund der erfolgten Beiladung wie ein Antragsteller agieren. Das gilt auch, wenn er zuvor keine Rüge erhoben hat oder wenn ein eigener Nachprüfungsantrag des Beigeladenen aus anderen Gründen unzulässig wäre. Er bleibt allerdings von dem zulässigerweise erhobenen Nachprüfungsantrag des Antragstellers abhängig. Es gibt keine gesetzliche Basis dafür, dass sich die Stellung des Beigeladenen im Nachprüfungsverfahren zu einer dem Antragsteller gleichen Rechtsstellung verfestigt.[92]

---

84 Der Anteil der Verlängerungen liegt mit regionalen Unterschieden bei 50%. Siehe Vergabestatistik unter https://www.bmwk.de/Redaktion/DE/Artikel/Wirtschaft/vergabestatistik.html (abgerufen am 02.06.2022).

85 *Lausen*, VergabeR 2002, 117 (122).

86 Vgl. VK Niedersachsen, Beschluss v. 7.8.2018 – VgK 19/2018; abschwächend wegen der Flucht in die Beschwerde OLG Celle, Beschluss v. 10.10.2018 – 13 Verg 6/18.

87 OLG Dresden, Beschluss v. 12.6.2015 – Verg 2/15; VK Münster, Beschluss v. 13.3.2012 – VK2/12, ZfBR 2012, 728 Ls.; *Weyand*, Vergaberecht, § 109 GWB Rn. 7.

88 OLG Celle, Beschluss v. 12.1.2012 – 13 Verg 9/11; OLG Brandenburg, Beschluss v. 9.2.2010 – Verg W 10/09, juris Rn. 46; VK Sachsen, Beschluss v. 27.4.2004 – 1/SVK/031-04.

89 Vgl. OLG Frankfurt, Beschluss v. 4.3.2015 – 1 Verg 2/14.

90 *Dreher*, in: Immenga/Mestmäcker, Wettbewerbsrecht, § 109 GWB Rn. 20; *Lausen*, VergabeR 2002, 117 (122).

91 *Dreher*, in: Immenga/Mestmäcker, Wettbewerbsrecht, § 109 GWB Rn. 21; *Dicks*, in: Ziekow/Völlink, Vergaberecht, § 162 GWB Rn. 1.

92 Vgl. OLG München, Beschluss v. 28.8.2019 – Verg 10/19 (keine Beiladung nach Rücknahme des Nachprüfungsantrags); ebenso *Summa*, in: Heiermann/Zeiss/Summa, Vergaberecht § 162 GWB Rn. 25 ff.

Das Antragsrecht umfasst auch die Befugnis, eine **Vorabentscheidung** der Vergabekammer gemäß § 169 Abs. 2 GWB zu beantragen. Die Beschwerde gegen Entscheidungen der Vergabekammer steht gemäß § 171 Abs. 1 GWB allen Beteiligten offen, somit auch dem zum Entscheidungszeitpunkt noch Beigeladenen,[93] soweit die weiteren Voraussetzungen für die Beschwerde erfüllt sind. 49

H. Dauer und Widerruf der Beiladung

I. Ende der Beiladung

Die Beiladung ist zeitlich begrenzt auf die Dauer des Nachprüfungsverfahrens. Sie endet mit dem Nachprüfungsverfahren, sei es durch Antragsrücknahme, Abhilfe, übereinstimmende Erledigungserklärung, Beschluss oder Kostenbeschluss. Die zum Zeitpunkt der abschließenden Hauptsacheentscheidung der Vergabekammer bestehende Beiladung lebt im Fall einer Beschwerde vor dem Oberlandesgericht aufgrund der gesetzlich unmittelbar angeordneten Rechtsfolge (§ 174 GWB) wieder auf, ohne dass es einer gestaltenden Verfahrenshandlung bedarf. Es steht dem Oberlandesgericht aber frei, in der Beschwerde weitere Anbieter beizuladen.[94] 50

II. Widerruf der Beiladung

Die Vergabekammer kann die Beiladung trotz fehlender **Ermächtigungsgrundlage** im GWB widerrufen.[95] Dogmatisch muss neben der Beiladung auch eine gegenläufige Entscheidung möglich sein. Rechtsgrundlage ist mangels spezieller Regelung im GWB § 49 Abs. 2 Nr. 3 VwVfG als subsidiär anzuwendende allgemeine Regelung, weil die Beiladung wie oben ausgeführt ein verfahrensrechtlicher Verwaltungsakt ist. 51

Der Widerruf einer Beiladung[96] ist wegen der möglichen Rechtsmittel des Ausgeladenen nur für die Masseverfahren zu empfehlen, in denen der mit der Reduzierung der Beteiligten verbundene Vorteil den Versuch eines Verfahrensstreits[97] überwiegt. **Praktisch relevant** ist die Option selten, es sei denn, die Zahl der Beigeladenen ist so groß, dass eine öffentliche Bekanntmachung erforderlich war und die Reduzierung der Zahl der Verfahrensbeteiligten wichtig ist, um die technische Leistungsfähigkeit der Vergabekammer zu gewährleisten.[98] 52

Der Widerruf der Beiladung ist **materiell rechtmäßig**, wenn die Vergabekammer im Nachprüfungsverfahren feststellt, dass einzelne Unternehmen nicht oder deutlich weniger als der Antragsteller für den Zuschlag in Betracht kommen und der Aufwand der weiteren Beteiligung der ursprünglich Beigeladenen den Widerruf der Beiladung in der kurzen Zeit bis zum Beschluss der Vergabekammer sachlich rechtfertigt. 53

Die Vergabekammer entscheidet über den Widerruf der Beiladung in der gleichen **Form** wie über die Beiladung. 54

Ein **Verzicht des Beigeladenen** auf seine Rechtsstellung als Beigeladener hat keine unmittelbare Außenwirkung zwischen den Verfahrensbeteiligten, da es sich bei der Beiladung um ein Gestaltungsrecht handelt, welches ausschließlich der Vergabekammer zusteht. 55

Der im Zeitpunkt der Hauptsacheentscheidung gemäß § 168 GWB nicht mehr Beigeladene ist grundsätzlich[99] nicht zur sofortigen **Beschwerde** gegen die Entscheidung der Vergabekam- 56

---

93 OLG Frankfurt, Beschluss v. 12.12.2014 – 11 Verg 8/14, NZBau 2015, 514; OLG Naumburg, Beschluss v. 29.10.2013 – 2 Verg 3/13.
94 OLG Brandenburg, Beschluss v. 21.1.2003 – Verg-W15/02.
95 KG, Beschluss v. 10.10.2016 – Verg 16/15; *Horn/Hofmann*, in: Burgi/Dreher, Vergaberecht, § 162 GWB Rn. 27; *Summa*, in: Heiermann/Zeiss/Summa, Vergaberecht, § 162 GWB Rn. 8.
96 Vgl. *Dittmann*, in: Röwekamp/Kus/Portz/Prieß, GWB-Vergaberecht, § 162 Rn. 22.
97 Vgl. hierzu Rn. 36, 56.
98 *Dicks*, in: Ziekow/Völlink, Vergaberecht § 162 GWB Rn. 6.
99 Ausnahme OLG Dresden, Beschluss v. 12.6.2015 – Verg 2/15.

mer berechtigt.[100] Erhebt ein anderer Verfahrensbeteiligter Beschwerde vor dem Oberlandesgericht, so kann das Oberlandesgericht kraft seiner Verfahrensherrschaft neu darüber entscheiden, wer beizuladen ist.[101]

I. Grenzüberschreitende Beiladung

57 Für Beigeladene, die keine ladungsfähige Anschrift in der Bundesrepublik Deutschland haben, wird wie für den Antragsteller ohne deutschen Firmensitz ein inländischer Empfangsbevollmächtigter in der Bundesrepublik Deutschland zu benennen sein (§ 161 Abs. 1 S. 2 GWB).

J. Rechtsschutz (S. 2)

58 Nach § 162 S. 2 GWB ist die Entscheidung über die Beiladung **unanfechtbar**. Das gilt erkennbar sowohl für die erfolgte Beiladung als auch für die abgelehnte[102] Beiladung.

59 Ob auch der **Widerruf** der erfolgten Beiladung unanfechtbar sein soll, ist bisher nicht Gegenstand der Rechtsprechung geworden. Die Absicht des GWB spricht für eine einheitliche Handhabung, also eine Beschränkung der Rechtsmittel auf die Hauptsacheentscheidung. Eine ähnliche Schutzvorschrift vor einer Verzögerung des Verfahrens findet sich in § 44a VwGO. § 71 ZPO hat einen verfahrensrechtlich anderen Weg beschritten. Dort gibt es einen Zwischenstreit über die Nebenintervention mit Zwischenurteil und anschließender Beschwerde. So ein Verfahren würde dem Beschleunigungsgrundsatz aus § 167 GWB zuwiderlaufen. Der Antragsteller hat kaum eine Möglichkeit, die Erteilung des Zuschlags durch Verlängerung des Nachprüfungsverfahrens zu verzögern. Vom Antragsgegner, der den Zuschlag baldmöglichst erteilen will, erwartet das GWB keine Verfahrensverzögerung, belässt ihm und dem Beigeladenen[103] an anderen Stellen, insbesondere in § 165 Abs. 4 GWB, die Möglichkeit, die seiner Auffassung nach zu umfassende Akteneinsicht mit einem Zwischenstreit anzugreifen.[104]

Anlage

Gesetzesbegründung – VergRModG 2016 (BT-Drs. 18/6281)

Seite 135

§ 162 entspricht dem bisherigen § 109.

---

100 A.A. OLG Karlsruhe, Beschluss v. 25.11.2008 – 15 Verg 13/08; wie hier *Kadenbach*, in: Willenbruch/Wieddekind, Vergaberecht, § 162 GWB Rn. 24.

101 OLG Düsseldorf, Beschluss v. 19.2.2020 – VII-Verg 26/17; OLG Naumburg, Beschluss v. 17.6.2003 – 1 Verg 9/03; Beschluss v. 9.9.2003 – 1 Verg 5/03; *Horn/Hofmann*, in: Burgi/Dreher, Vergaberecht, § 162 GWB Rn. 18; *Dittmann*, in: Röwekamp/Kus/Portz/Prieß, GWB-Vergaberecht, § 162 Rn. 6, 25; *Lausen*, VergabeR 2002, 117 (119).

102 KG, Beschluss v. 18.10.2012 – Verg 8/11; OLG Karlsruhe, Beschluss v. 25.11.2008 – 15 Verg 13/08, ZfBR 2009, 493; OLG Düsseldorf, Beschluss v. 30.4.2008 – VII-Verg 23/08; Beschluss v. 13.2.2007 – VII-Verg 2/07; OLG Frankfurt, Beschluss v. 28.6.2005 – 11 Verg 9/05.

103 OLG Frankfurt, Beschluss v. 12.12.2014 – 11 Verg 8/14, NZBau 2015, 514.

104 BGH, Beschluss v. 31.1.2017 – X ZB 10/16, juris Rn. 51, 52; KG, Beschluss v. 2.8.2021 – Verg 1/21; OLG Celle, Beschluss v. 5.10.2020 – 13 Verg 5/20; OLG Düsseldorf, Beschluss v. 28.12.2007 – VII-Verg 40/07, VergabeR 2008, 281; *Bungenberg*, in: Pünder/Schellenberg, Vergaberecht, § 165 GWB Rn. 30; *Reidt*, in: Reidt/Stickler/Glahs, Vergaberecht, § 165 GWB Rn. 50; *Kus*, in: Röwekamp/Kus/Portz/Prieß, GWB-Vergaberecht, § 165 Rn. 61.

§ 163 GWB
Untersuchungsgrundsatz

(1) Die Vergabekammer erforscht den Sachverhalt von Amts wegen. Sie kann sich dabei auf das beschränken, was von den Beteiligten vorgebracht wird oder ihr sonst bekannt sein muss. Zu einer umfassenden Rechtmäßigkeitskontrolle ist die Vergabekammer nicht verpflichtet. Sie achtet bei ihrer gesamten Tätigkeit darauf, dass der Ablauf des Vergabeverfahrens nicht unangemessen beeinträchtigt wird.

(2) Die Vergabekammer prüft den Antrag darauf, ob er offensichtlich unzulässig oder unbegründet ist. Dabei berücksichtigt die Vergabekammer auch einen vorsorglich hinterlegten Schriftsatz (Schutzschrift) des Auftraggebers. Sofern der Antrag nicht offensichtlich unzulässig oder unbegründet ist, übermittelt die Vergabekammer dem Auftraggeber eine Kopie des Antrags und fordert bei ihm die Akten an, die das Vergabeverfahren dokumentieren (Vergabeakten). Der Auftraggeber hat die Vergabeakten der Kammer sofort zur Verfügung zu stellen. Die §§ 57 bis 59 Absatz 1 bis 4, § 59a Absatz 1 bis 3 und § 59b sowie § 61 gelten entsprechend.

Übersicht Rn.

A. Allgemeines ... 1
I. Unionsrechtlicher Hintergrund ... 2
II. Historie ... 3
B. Amtsermittlung (Abs. 1 S. 1) ... 4
C. Einschränkung der Amtsermittlung (Abs. 1 S. 2 bis 4) ... 11
I. Beteiligtenvortrag und eigene Kenntnis (S. 2) ... 12
II. Keine Pflicht zur umfassenden Rechtmäßigkeitskontrolle (S. 3) ... 17
III. Keine unangemessene Beeinträchtigung (S. 4) ... 22
IV. Beweislast ... 24
D. Geschäftsabläufe (Abs. 2) ... 26
I. Vorab-Prüfung (S. 1) ... 27
II. Zeitraum der Vorab-Prüfung ... 31
III. Schutzschrift (S. 2) ... 34
IV. Übermittlung des Nachprüfungsantrags und Anforderung der Vergabeakten (S. 3) ... 38
V. Vorlage der Vergabeakten (S. 4) ... 45
VI. Kostenvorschuss ... 49
VII. Verweise auf weitere Vorschriften (S. 5) ... 53
E. Rechtsschutz ... 55
Anlage
Gesetzesbegründung

A. Allgemeines

1 § 163 GWB umreißt den Prüfungsumfang der Vergabekammer und trifft für die sensible und eilbedürftige Phase bis zur Entscheidung über die Übermittlung des Nachprüfungsantrags wichtige Regelungen.

I. Unionsrechtlicher Hintergrund

2 Die Regelung basiert nicht unmittelbar auf EU-Primärrecht. Hilfreich für das Verständnis sind aber RL 89/665/EWG und 92/13/EWG, beide geändert durch RL 2007/66/EG.

II. Historie

3 Die Vorschrift entspricht wörtlich der Vorgängerregelung des § 110 GWB a.F. Die Vorschrift wurde 1999 mit der Einführung des Nachprüfungsverfahrens eingefügt.[1] 2009 wurde sie überarbeitet, indem in Absatz 1 die Sätze 2 und 3 eingefügt wurden und Absatz 2 neu gefasst wurde.[2] Seitdem sind Schutzschriften ausdrücklich bei der Entscheidung über die Übermitt-

1 BGBl. I 1998 S. 2515.
2 BGBl. I 2009 S. 794.

lung des Nachprüfungsantrags zu berücksichtigen. Das GWB 2016 übernimmt die Vorgängerfassung unverändert. Die Vorschrift beschreibt in Absatz 1 die Verpflichtungen der Vergabekammer im Rahmen der Amtsermittlung, während sie in Absatz 2 darüber hinaus der Vergabekammer konkrete Verfahrensabläufe vorgibt.

B. Amtsermittlung (Abs. 1 S. 1)

4 Die Vergabekammer erforscht den Sachverhalt von Amts wegen. Die Formulierung des § 163 Abs. 1 S. 1 GWB ist identisch mit § 86 Abs. 1 S. 1. Hs. 1 VwGO. Die sprachlich modernere Fassung gemäß § 24 Abs. 1 S. 1 VwVfG oder die Regelung des § 57 GWB blieben unberücksichtigt. Der Satz ist im Indikativ formuliert und begründet damit eine **Verpflichtung** der Vergabekammer, den relevanten Sachverhalt von Amts wegen zu erforschen. § 163 GWB ist daher stringenter als die Ermessensregelung in § 57 GWB.

5 Die Amtsermittlung entbindet die Vergabekammer von der Verpflichtung, mit den für die Sachentscheidung erforderlichen Ermittlungen des relevanten Sachverhalts zu warten, bis einer der Verfahrensbeteiligten durch eigenen **Sachvortrag** zur Aufklärung Anlass gegeben hat. Der Antragsteller kennt bis zur Akteneinsicht nicht alle dokumentierten Erwägungen der Vergabestelle. Während des gesamten Nachprüfungsverfahrens bleiben ihm die Angebote der Konkurrenten verschlossen. Er kann daher im Zweifel nicht alles Relevante hinreichend konkret vortragen. Zugleich macht die Amtsermittlung die Vergabekammer unabhängig von sachlich nicht weiterführenden Ausforschungsanträgen eines Verfahrensbeteiligten.[3] Die Vergabekammer tritt nicht schon dann in die Beweiserhebung ein, wenn eine entscheidungserhebliche Tatsache formal streitig gestellt wird, sondern erst, wenn ihr das Vorliegen entscheidungserheblicher Tatsachen ernsthaft zweifelhaft erscheint.[4]

6 Der Amtsermittlungsgrundsatz kann der Vergabekammer in seltenen Situationen erlauben, von dem Grundsatz nur einer **mündlichen Verhandlung** gemäß § 166 GWB abzuweichen und nach mündlicher Verhandlung in eine weitere mündliche Verhandlung einzutreten.[5] Das ist im Hinblick auf den Beschleunigungsgrundsatz problematisch. Das Erfordernis kann aber nur entstehen, wenn der Auftraggeber, dessen Auftragsplanung mit dem Beschleunigungsgebot vor nachtragsgefährdeten Verzögerungen geschützt werden soll,[6] in der mündlichen Verhandlung und einer gewährten Nachlassfrist Fragen nicht aufklären kann. Da eine wirksame für die Beschwerde fortgeltende Präklusion in § 167 Abs. 2 GWB fehlt,[7] beschleunigt eine umfassende und befriedende Sachverhaltsaufklärung das Nachprüfungsverfahren mehr, als die Option, präkludierten Vortrag in der Beschwerde zu wiederholen.

7 Da die Verfahrensbeteiligten die Statthaftigkeit eines Nachprüfungsverfahrens nicht vereinbaren dürfen, hat die Vergabekammer immer im Wege der Amtsermittlung zu überprüfen, ob der **Schwellenwert** erreicht oder überschritten ist.[8] Erweist sich die Kostenschätzung des Auftraggebers als unzureichend, so hat die Vergabekammer auf der Basis des in den Vergabeakten vorgefundenen Materials eine eigene Kostenschätzung zu erstellen.[9]

8 Der Vergabekammer stehen für die Amtsermittlung gemäß § 57 bis § 59 Abs. 1 bis 4 GWB auch § 59a, § 59b GWB sowie § 61 GWB, auf die § 163 Abs. 2 S. 5 GWB verweist, alle **Beweismittel** zur Verfügung. Nicht bewährt hat sich die Sachverhaltsaufklärung durch Sachverständigengutachten, obgleich zivilrechtlich orientierte Rechtsanwälte diesen Beweis immer wieder gerne anbieten. Allein die Auswahl des Sachverständigen und erst recht die Zeit bis zur Erstellung des Gutachtens sprengen den gemäß § 167 Abs. 1 GWB zur abschließenden

---

3 *Ohlerich*, in: Röwekamp/Kus/Portz/Prieß, GWB-Vergaberecht, § 163 Rn. 4.
4 VK Schleswig-Holstein, Beschluss v. 6.5.2015 – VK-SH 04/15.
5 VK Bund, Beschluss v. 14.9.2018 – VK 2-76/18, aus anderen Gründen aufgehoben von OLG Düsseldorf, Beschluss v. 16.8.2019 – VII-Verg 56/18; für zweite Verhandlung Beschluss v. 16.12.2015 – VII-Verg 24/15.
6 Zu Nachträgen siehe *Maurer*, ZfBr 2019, 659, (663).
7 OLG Celle, Beschluss v. 12.10.2021 – 13 Verg 7/21 a.E.; Beschluss v. 21.1.2016 – 13 Verg 8/15, unter Hinweis auf eine fehlende Regelung in § 531 Abs. 1 ZPO.
8 OLG Brandenburg, Beschluss v. 30.1.2014 – Verg W 2/14.
9 VK Niedersachsen, Beschluss v. 22.4.2015 – VgK-6/2015.

schriftlichen Entscheidung gewährten Zeitraum.[10] Ebenso hat die Zeugenaussage nur eine geringe praktische Bedeutung. Was der Auftraggeber nicht dokumentiert, was der Anbieter nicht gerügt hat, ist selten so relevant, dass es von Zeugen in das Nachprüfungsverfahren eingeführt werden müsste. Um die Beeidigung eines Zeugen müsste die Vergabekammer gemäß § 57 Abs. 6 GWB das Amtsgericht ersuchen. Auch der Augenschein wird selten angewandt. Bewährt hat sich dagegen die Vorlage oder Einholung von Urkunden. Dabei verzichtet die Vergabekammer in der Regel auf gerichtsähnliche Beweisbeschlüsse oder andere förmliche Ermittlungshandlungen und holt die erbetenen Auskünfte selbst von den Verfahrensbeteiligten oder Dritten ein.[11] Die Vergabekammer kann daher etwa Providerauskünfte zum Zugang von E-Mails einholen.[12] Sie kann die Meta-Daten eines USB-Sticks auslesen lassen, um dem plausibel geschilderten Verdacht eines unbefugten Zugriffs auf Angebotsdateien nachzugehen.[13] Ebenso kann sie prüfen, ob das Angebot des für den Zuschlag vorgesehenen Beigeladenen an denselben Fehlern leidet wie das Angebot des aus diesem Grund ausgeschlossenen Antragstellers.[14] Letzteres verschließt sich meist der Kenntnis des Antragstellers, die ungleiche Prüftiefe kann daher nur von der Vergabekammer aufgedeckt werden. Sie ist zur Prüfung der Parameter und Kriterien der Angebotswertung von Amts wegen verpflichtet[15] und dazu nicht auf den Vortrag der Beteiligten angewiesen. Sie kann bei vorgetragenen konkreten Eignungszweifeln die Staatsanwaltschaft um einen Sachstandsbericht bestimmter Ermittlungen bitten.[16]

Jedoch verstößt der Versuch eines Antragstellers, die im Rahmen der Vorbereitung des Nachprüfungsantrags aufwendige, aber erforderliche Sachverhaltsaufklärung auf die Vergabekammer zu delegieren, gegen die **Mitwirkungspflicht** gemäß § 167 Abs. 2 GWB. Nach OLG-München[17] und OLG Düsseldorf[18] darf der Antragsteller in der Rüge und im Nachprüfungsantrag keine pauschalen und unsubstantiierten Behauptungen in der Erwartung aufstellen, die Amtsermittlungspflicht der Vergabekammer werde zum Nachweis eines Vergabeverstoßes führen. Die Vergabekammer ist bei einem Vortrag „ins Blaue hinein" von der Notwendigkeit einer vollständigen Sachaufklärung von Amts wegen entbunden. Somit stehen Amtsermittlungspflicht und Sachvortrag in einer Wechselwirkung. Je unzureichender der Sachvortrag, desto geringer sind die Anforderungen an die ergänzende Amtsermittlungspflicht.[19] 9

§ 163 GWB erwähnt in Absatz 1 Satz 1 nicht ausdrücklich, dass die Vergabekammer sich bei der Aufklärung auf den wettbewerbsrechtlich **relevanten Sachverhalt** beschränkt. Die Vergabekammer klärt nur die Gesichtspunkte auf, welche für die Zulässigkeit und Begründetheit eines Nachprüfungsantrages sowie zur Entscheidung, ob und welche Maßnahmen die Vergabekammer verhängt, erforderlich sind. Die Vorgabe der Amtsermittlung ermöglicht daher der Vergabekammer die zur Einhaltung der engen Frist gemäß § 167 GWB erforderliche straffe Verfahrensführung. 10

C. Einschränkung der Amtsermittlung (Abs. 1 S. 2 bis 4)

§ 163 Abs. 1 S. 2 bis 4 GWB beschränkt in Übernahme einer älteren Rechtsprechung des BGH[20] den Umfang der erforderlichen Erforschung. 11

10 Vgl. VK Niedersachsen, Beschluss v. 20.12.2010 – VgK-48/2009.
11 Vgl. VK Niedersachsen, Beschluss v. 22.9.2014 – VgK-32/2014.
12 Vgl. VK Bund, Beschluss v. 3.2.2014 – VK 2-01/14.
13 VK Niedersachsen, Beschluss v. 20.4.2017 – VgK-4/2017.
14 VK Niedersachsen, Beschluss v. 8.11.2013 – VgK-34/2013.
15 BGH, Beschluss v. 31.1.2017 – X ZB 10/16, Rn. 68.
16 VK Niedersachsen, Beschluss v. 18.10.2005 – VgK-47/2005.
17 OLG München, Beschluss v. 7.8.2007 – Verg 08/07.
18 OLG Düsseldorf, Beschluss v. 7.11.2018 – VII-Verg 39/18 (Wärmebildkamera); Beschluss v. 28.6.2017 – VII-Verg 24/17 (Kontrastmittel); Schlussentscheidung Beschluss v. 16.5.2018 – VII-Verg 24/17, VergabeR 2020, 101.
19 VK Brandenburg, Beschluss v. 31.7.2019 – VK 10/19; VK Berlin, Beschluss v. 12.6.2019 – VK-B1-10/19; VK Sachsen, Beschluss v. 8.7.2014 – 1/SVK/020-14.
20 BGH, Beschluss v. 9.2.2004 – X ZB 44/03; Urteil v. 19.12.2000 – X ZB 14/00.

I. Beteiligtenvortrag und eigene Kenntnis (S. 2)

12 § 163 Abs. 1 S. 2 GWB gestattet der Vergabekammer die Beschränkung der Prüfung auf den Vortrag der Beteiligten. Hinzu tritt, was der Vergabekammer ergänzend „bekannt sein muss".

13 Die Regelung meint wohl, dass sich die Vergabekammer nicht mutwillig Fakten verschließen darf, die ihr aus vorangegangenen Vergabenachprüfungsverfahren oder anderen dienstlichen Belangen bekannt sind oder hätten **bekannt sein müssen**.[21] Maßstab für ein „Kennenmüssen" der Vergabekammer kann nur ein zum Schadensersatz führendes Verhalten im Sinne einer Amtspflichtverletzung gemäß § 839 BGB sein.

14 Zu den Informationen, die der Vergabekammer bekannt sein müssen, zählen diejenigen Informationen, die sich aus der **Vergabeakte** ergeben.[22] Die Vergabekammer muss die angeforderten Dateien, welche die Vergabeakten des Auftraggebers darstellen, gründlich durcharbeiten, auch daraufhin überprüfen, ob sie vollständig sind, und gegebenenfalls weitere Dateien nachfordern. Die Nachforderung von Dateien geschieht seit der Einführung der digitalen Vergabe deutlich häufiger, weil der Umfang der Vorlagepflicht elektronischer Dateien vielen Vergabestellen unklar erscheint.[23]

15 Die in der Gesetzesbegründung zu § 110 GWB a.F.[24] erwähnte Verpflichtung zur Auswertung der Vergabekammer vorliegender **Presseartikel** setzt voraus, dass die in der Regel örtlich großräumig zuständige Vergabekammer auf solche eher regional verfügbaren Presseartikel ohne Sachvortrag der Verfahrensbeteiligten zurückgreifen kann. Das wird selten der Fall sein. Es bleibt unklar, welche Zeitungen die Vergabekammer verpflichtend auszuwerten hat.

16 An die Stelle des tatbestandlich zu prüfenden Mitverschuldens des Geschädigten tritt hier die Möglichkeit des Verfahrensbeteiligten, den Sachverhalt, den die Vergabekammer seiner Ansicht nach auch ohne Sachvortrag des Verfahrensbeteiligten hätte kennen müssen, selbst vorzutragen. Die Möglichkeit des Vortrags verdichtet sich aufgrund der **Verfahrensförderpflicht** gemäß § 167 Abs. 2 GWB regelmäßig zu einer Verpflichtung der Verfahrensbeteiligten, den gesamten bekannten und objektiv als relevant erkennbaren Sachverhalt vorzutragen, und nicht auf die Amtskenntnis der Vergabekammer zu vertrauen. Die in § 167 GWB umfangreich beschriebene Verfahrensförderpflicht der Verfahrensbeteiligten begrenzt somit den Inhalt der eingeschränkten Amtsermittlungspflicht. Die Vergabekammer muss nicht prüfen, was zu wenig, zu spät oder zu abseitig, also erkennbar nicht relevant vorgetragen wird.

II. Keine Pflicht zur umfassenden Rechtmäßigkeitskontrolle (S. 3)

17 § 163 Abs. 1 S. 3 GWB stellt klar, dass die Vergabekammer nicht zu einer umfassenden Rechtmäßigkeitskontrolle verpflichtet ist. Die Vergabekammer handelt zwar als Behörde, aber während Behörden grundsätzlich im öffentlichen Interesse und nicht im Privatinteresse handeln, ist es im Vergabenachprüfungsverfahren umgekehrt. Das Nachprüfungsverfahren erfüllt das öffentliche Interesse an einem fairen Wettbewerb, indem es unterlegenen Unternehmen die Möglichkeit verschafft, eine mögliche Verletzung ihrer individuellen Chancen auf den Zuschlag verwaltungsrechtlich überprüfen zu lassen.

18 § 163 Abs. 1 S. 3 GWB verdeutlicht, dass die Vergabekammer im **Interesse des unterlegenen Anbieters**, nicht aber im öffentlichen Interesse tätig wird. Sie hat daher keinen gesetzli-

---

21 VK Bund, Beschluss v. 30.8.2019 – VK 2-60/19: der Vergabekammer ist die kurz zuvor ergangene Entscheidung des EuGH zur Europarechtswidrigkeit der Preisregeln der HOAI (EuGH, Urteil v. 4.7.2019 – Rs. C-377/17) von Amts wegen bekannt; VK Brandenburg, Beschluss v. 22.6.2018 – VK 5/18.

22 Vgl. Gesetzesbegründung zu § 110 GWB a.F., VergRModG 2009, BT-Drs. 16/10117, 22.

23 VK Saarland, Beschluss v. 9.9.2019 – 2 VK 01/2019, weist auf unstrukturierte elektronische Vergabeakten hin. Vgl. Rn 46.

24 Gesetzesbegründung zu § 110 GWB a.F., VergRModG 2009, BT-Drs. 16/10117, 22.

chen Auftrag, das Handeln der Vergabestelle umfassend zu überprüfen.[25] Der Antrag und das Vorbringen des Antragstellers bilden grundsätzlich den Rahmen der Sachverhaltserforschung und der Rechtmäßigkeitskontrolle, zu der die Vergabekammer und das Oberlandesgericht befugt sind.[26] Das Nachprüfungsverfahren unterscheidet sich insoweit grundlegend von der Aufsichtsbeschwerde etwa im Kommunalrecht. Die Vergabekammer wird nur den Sachverhalt ermitteln, der in zulässiger Weise zum Gegenstand des Nachprüfungsverfahrens geworden ist.[27] Anderenfalls würde § 160 Abs. 3 GWB entwertet. Deshalb greift die Vergabekammer ungerügte Sachverhalte nicht auf. Davon gibt es die Ausnahme, dass keine Rügeobliegenheit für Vergabefehler besteht, die dem Antragsteller etwa durch die Akteneinsicht erst im laufenden Nachprüfungsverfahren bekannt werden.

Allerdings haben die Nachprüfungsinstanzen gelegentlich nicht der Versuchung widerstehen können, bei Vorliegen eines zulässigen Nachprüfungsantrags[28] und der Bejahung einer Rechtsverletzung die Amtsermittlungspflicht gemeinsam mit der in § 168 Abs. 1 S. 2 GWB verliehenen Befugnis, auf die Rechtmäßigkeit des Vergabeverfahrens einzuwirken, als Argument für aufsichtsähnliches Handeln zu verwenden. Voraussetzung war, dass jeweils **evidente Fehler** der Vergabestelle erkennbar waren.[29] Das ist nicht zu beanstanden. § 163 Abs. 1 S. 3 GWB untersagt nicht die umfassende Rechtmäßigkeitskontrolle, sondern entbindet die Nachprüfungsinstanzen nur von der Verpflichtung einer umfassenden Rechtmäßigkeitskontrolle. Der Ansatz des Gesetzgebers, das öffentliche Interesse durch individuelle Rechtsschutzverfahren zu sichern, ist zwar bei komplexen Sachverhalten wie der Vergabe öffentlicher Aufträge mindestens ebenso effektiv wie die in § 155 GWB immerhin erwähnte staatliche Aufsicht, führt aber im Einzelfall zwangsläufig zu ungerechten Ergebnissen. Die Kontrollinstanzen müssen dann unter Berücksichtigung des eingeschränkten gesetzlichen Auftrags entscheiden, ob das Ergebnis noch hinnehmbar ist.[30] 19

In diesem Sinne ist dieses Vorgehen von der **Rechtsprechung des EuGH**[31] gedeckt. Der EuGH hat sogar eine über den einzelnen Auftrag hinausgehende Amtsermittlung bestätigt. Es verstoße nicht gegen die RL 89/665/EWG, wenn die für das Nachprüfungsverfahren zuständige Instanz von Amts wegen die rechtswidrigen Aspekte einer anderen Entscheidung des Auftraggebers als der vom Bieter angefochtenen aufgreife. Folglich können die Vergabekammern offensichtliche und schwerwiegende Vergaberechtsverstöße im Rahmen ihrer Entscheidung berücksichtigen, obwohl diese Verstöße von der Antragstellerin nicht gerügt wurden.[32] Nach der Rechtsprechung kommt ein Einschreiten der Vergabekammer von Amts wegen nur in Betracht, wenn ein Fehler vorliegt, der es unmöglich macht, das Vergabeverfahren fortzusetzen, z. B. weil eine vergaberechtskonforme Wertung der vorliegenden Angebote und ein entsprechender Zuschlag auf der Grundlage der vorliegenden Ausschreibung nicht möglich ist, vielmehr nur willkürliche oder sachfremde Kriterien verbleiben oder das vorgegebene Wertungssystem so unbrauchbar ist, dass es jede beliebige Zuschlagsentscheidung ermöglicht.[33] 20

25 OLG Düsseldorf, Beschluss v. 5.9.2018 – VII-Verg 32/18, Rn. 23; NZBau 2019, 193; OLG München, Beschluss v. 10.8.2017 – Verg 3/17; VK Westfalen, Beschluss v. 7.2.2017 – VK 1-50/16; *Horn/Hofmann*, in: Burgi/Dreher, Vergaberecht, § 163 GWB Rn. 7; *Summa*, in: Heiermann/Zeiss/Summa, Vergaberecht, § 163 GWB Rn. 10.

26 OLG Celle, Beschluss v. 12.1.2012 – 13 Verg 8/11; OLG München, Beschluss v. 9.8.2010 – Verg 13/10; OLG Koblenz, Beschluss v. 4.2.2009 – 1 Verg 4/08.

27 *Kadenbach*, in: Willenbruch/Wieddekind, Vergaberecht, § 163 GWB Rn. 4.

28 Vgl. VK Sachsen, Beschluss v. 2.10.2012 – 1/SVK/022-12, mit Zusammenstellung der divergierenden Rechtsprechung; *Summa*, in: Heiermann/Zeiss/Summa, Vergaberecht, § 163 GWB Rn. 13: grundsätzlich keine Umgehung eines präkludierten Vortrags durch die Amtsermittlung.

29 OLG Düsseldorf, Beschluss v. 13.5.2019 – VII-Verg 47/18, Rn. 41, NZBau 2019, 668.

30 OLG Rostock, Beschluss v. 30.9.2021 – 17 Verg 3/21; VK Niedersachsen, Beschluss v. 27.1.2009 – VgK-51/2008, Zurückweisung trotz ungerechtfertigter nationaler Vergabe.

31 EuGH, Urteil v. 19.6.2003 – Rs. C-315/01 (GAT), Rn. 56.

32 OLG Düsseldorf, Beschluss v. 13.5.2019 – VII Verg 47/18, Rn. 41, NZBau 2019, 666 (668); Beschluss v. 11.7.2018 – VII-Verg 24/18, Rn. 42, NZBau 2019, 64, (67), fehlerhafte Bekanntmachung der Eignungsanforderungen durch Link auf die Vergabeunterlagen rechtfertigt Aufgreifen von Amts wegen; OLG Celle, Beschluss v. 17.11.2011 – 13 Verg 6/11; Beschluss v. 8.11.2001 – 13 Verg 9/01; OLG Schleswig, Beschluss v. 15.4.2011 – 1 Verg 10/10; a.A. OLG Naumburg, Beschluss v. 18.8.2011 – 2 Verg 3/11 unter 2c.

33 OLG München, Beschluss v. 10.8.2017 – Verg 3/17; OLG Celle, Beschluss v. 17.11.2011 – 13 Verg 6/11; Beschluss v. 11.2.2010 – 13 Verg 16/9.

Allerdings darf die Vergabekammer nicht gerügte Vergabeverstöße im Wege der Amtsermittlung zugunsten des Antragstellers erst aufgreifen, wenn bereits ein aus anderen Gründen zulässiger Nachprüfungsantrag vorliegt.[34]

21 Ergibt sich aus der Amtsermittlung dagegen, dass der Nachprüfungsantrag aus Gründen, die der Antragsteller nicht erkannt und der Auftraggeber übersehen hat, **unzulässig** oder **unbegründet** ist, darf die Vergabekammer diese Fehler immer ermitteln und ihrer Entscheidung zugrunde legen. Der Nachprüfungsantrag darf die Chance des Antragstellers auf den Zuschlag nicht über das objektiv gegebene Maß hinaus verbessern.[35] Hat der Auftraggeber ein Angebot berechtigterweise auf der ersten Wertungsstufe (formale Angebotsprüfung) ausgeschlossen, kann ein möglicher Wertungsfehler auf der vierten Wertungsstufe auch unter Berücksichtigung der Amtsermittlung nicht mehr zum Erfolg des Nachprüfungsantrags führen.[36]

III. Keine unangemessene Beeinträchtigung (S. 4)

22 Nach § 163 Abs. 1 S. 4 GWB achtet die Vergabekammer bei ihrer gesamten Tätigkeit darauf, dass der Ablauf des Vergabeverfahrens nicht unangemessen beeinträchtigt wird. Aus der Beschreibung im Indikativ folgt die Pflicht der Vergabekammer, dies zu berücksichtigen. Die Regelung verpflichtet die Vergabekammer, den Beschleunigungsgrundsatz und die Amtsermittlungspflicht angemessen gegeneinander abzuwägen. Das Vergabeverfahren steht nicht einseitig im Vordergrund.[37]

23 Die Vergabekammer soll nicht jede **Beeinträchtigung** des Vergabeverfahrens vermeiden, sondern nur dessen unangemessene Beeinträchtigung.[38] Unangemessen beeinträchtigt die Vergabekammer das Vergabeverfahren, wenn sie die Erteilung des Zuschlags verzögert, ohne dass aus der Sicht ex ante ein hinreichender Anhaltspunkt für einen zulässigen und möglicherweise begründeten Nachprüfungsantrag vorliegt. Eine von Verfahrensbeteiligten einklagbare Rechtspflicht der Vergabekammer wird damit nicht begründet, jedenfalls nicht, solange die Vergabekammer sich in den Zeiträumen gemäß § 167 Abs. 1 GWB bewegt.

IV. Beweislast

24 Die Beweislast ist aufgrund der dem Auftraggeber obliegenden **Dokumentationspflichten** im Nachprüfungsverfahren ungleich und insoweit abweichend von den allgemein geltenden Beweisregeln der ZPO verteilt. Der Auftraggeber muss in seiner Dokumentation nachweisen, dass er die im Rahmen der Verhältnismäßigkeit gebotenen Schritte unternommen hat, um die Angebote im Rahmen der Wertung auf formelle Fehler, fehlende Eignung der Anbieter und unangemessen niedrige Preise zu prüfen.[39] Aus der Dokumentation muss sich auch die transparente und diskriminierungsfreie Behandlung aller Anbieter ergeben. Ebenso hat er z. B. anhand einer erläuterten Matrix zu begründen, warum er welches Unternehmen für den Zuschlag ausgewählt hat.

25 **Dokumentationsmängel** wirken sich stets zulasten des Auftraggebers aus. Damit obliegt ihm ein wesentlicher Schwerpunkt bei der Darlegungs- und somit im Nachprüfungsverfahren auch der Beweislast. Erst nachrangig zur Dokumentationspflicht gilt der allgemeine zivilprozessrechtliche Grundsatz, dass derjenige, der aus einem bestimmten Sachverhalt rechtliche Ansprüche herleitet, diesen Sachverhalt auch zu beweisen hat. So hat der Antragsteller nachzuweisen, dass er eine Rüge mündlich erhoben oder per Mail versandt hat, der Antragsgegner

---

34 VK Niedersachsen, Beschluss v. 27.1.2009 – VgK-51/2008.
35 OLG München, Beschluss v. 9.8.2010 – Verg 13/10; *Horn/Hofmann*, in: Burgi/Dreher, Vergaberecht, § 163 GWB Rn. 12.
36 OLG Düsseldorf, Beschluss v. 5.9.2018 – VII-Verg 32/18.
37 *Ohlerich*, in: Röwekamp/Kus/Portz/Prieß, GWB-Vergaberecht, § 163 Rn. 25.
38 OLG Düsseldorf, Beschluss v. 12.6.2019 – VII-Verg 54/18, VergabeR 2020, 92, NZBau 2020, 109 (111); VK Bund, Beschluss v. 13.2.2020 – VK 1-02/20.
39 Vgl. VK Münster, Beschluss v. 14.1.2010 – VK 24/09.

kann den Gegenbeweis, die Rüge nicht erhalten zu haben, durch Vorlage der Logfiles antreten.[40]

D. Geschäftsabläufe (Abs. 2)

26 § 163 GWB beschreibt in Abs. 2 diejenigen Geschäftsabläufe, die die Vergabekammer einzuhalten hat.

I. Vorab-Prüfung (S. 1)

27 § 163 Abs. 2 S. 1 und 2 GWB beschreiben die verpflichtende Vorab-Prüfung auf offensichtliche Unzulässigkeit oder auf offensichtliche Unbegründetheit.

28 Das Wort „**offensichtlich**" bezieht sich sowohl auf die Unzulässigkeit als auf die Unbegründetheit, auch wenn es sprachlich nur einmal aufgeführt ist. Der Begriff der Offensichtlichkeit wird für das GWB nicht näher definiert. Es handelt sich um einen unbestimmten Rechtsbegriff, dessen Inhalt durch die Rechtsprechung der Nachprüfungsinstanzen auszufüllen ist. Das Verständnis der Rechtsprechung über den Begriff der Offensichtlichkeit variiert je nach Gesetzeskontext erheblich. Gemäß § 214 Abs. 1 Nr. 1 BauGB soll ein Mangel der bauleitplanerischen Abwägung bereits offensichtlich sein, wenn der Mangel aus der aktenmäßigen Zusammenstellung und Aufbereitung des Abwägungsmaterials in den Verwaltungsakten erkennbar ist.[41] Bei der Erstellung eines Bebauungsplanes sind das beträchtliche Aktenvolumina. Eine so weitgehende Definition des Begriffs der Offensichtlichkeit scheidet hier aus. Der Vergabekammer liegen zum Zeitpunkt der Vorab-Prüfung die Akten der Vergabestelle nicht vor. Es kann sich daher nur um eine Schlüssigkeitsprüfung mit geringer Prüftiefe[42] handeln. Die Vergabekammer hat vorläufig anzunehmen, dass die Sachverhaltsdarstellung des Antragstellers vollständig zutrifft. Erweist sich der Nachprüfungsantrag unter dieser Annahme zweifellos schon als vollständig unzulässig oder unbegründet, so liegt eine offensichtliche Unzulässigkeit bzw. Unbegründetheit vor.[43] Ein voraussichtlich auch nur teilweise zulässiger und begründeter Nachprüfungsantrag ist dagegen zu übermitteln. Ein Nachprüfungsantrag, dessen Erfolg von weiteren einzuholenden Informationen abhängt, die der Antragsteller nicht bereits mit dem Nachprüfungsantrag hätte vorlegen müssen, ist gleichfalls zu übermitteln.

29 In der **Praxis** wird die Vergabekammer prüfen, ob der Schwellenwert zur Begründung der eigenen Zuständigkeit erreicht oder überschritten ist, ob der Antragsteller ein Angebot abgegeben hat oder hätte abgeben wollen, ob er rechtzeitig nach Erhalt der ablehnenden Information eine hinreichend konkrete Rüge erhoben hat, ob zwischen Rügezurückweisung und Erhebung des Nachprüfungsantrags mehr als 15 Kalendertage vergangen sind, und ob eine Bietergemeinschaft wirksam vertreten ist.[44] Die Vergabekammer kann vorab nicht prüfen, ob der Vertrag bereits geschlossen worden ist. Nicht alle Auftraggeber erteilen den Zuschlag zum frühestmöglichen Zeitpunkt. Eine Abfrage beim Auftraggeber vor Übermittlung des Nachprüfungsantrags und Eintritt des Zuschlagsverbots kann den Zuschlag unbeabsichtigt beschleunigen. Ein Nachprüfungsantrag übersteht daher die Vorab-Prüfung im Zweifel unbeschadet, dem der Antragsteller eine EU-Bekanntmachung, ein Angebotsschreiben, ein Schreiben des Auftraggebers über den Ausschluss des Angebots oder eine Information gemäß § 134 GWB und eine Rüge, soweit vorhanden auch die Rügezurückweisung, beifügt. Empfehlenswert ist auch eine Information, ab wann der Zuschlag droht.

30 Die Vergabekammer entscheidet als Behörde. Daher ist hier wie bei der Beiladung gemäß § 162 GWB für die Übermittlung des Nachprüfungsantrags weder eine förmliche **Entscheidung** durch Beschluss noch eine förmliche Kollegialentscheidung in der Zusammensetzung

40 VK Bund, Beschluss v. 5.11.2012 – VK 3-120/12.
41 BVerwG, Urteil v. 21.8.1981 – 4 C 57/80, BVerwGE 64, 33; OVG Lüneburg, Urteil v. 29.8.1996 – 1 K 3875/95.
42 *Ohlerich*, in: Röwekamp/Kus/Portz/Prieß, GWB-Vergaberecht, § 163 Rn. 39.
43 VK Hessen, Beschluss v. 28.1.2014 – 69d-VK 01/2014.
44 OLG Frankfurt, Beschluss v. 2.10.2013 – 11 Verg 10/13.

des Spruchkörpers gemäß § 168 GWB erforderlich.[45] Die Entscheidung, den Nachprüfungsantrag endgültig nicht zu übermitteln, wird dagegen wegen der größeren Bedeutung intern kollegial abgestimmt werden.

II. Zeitraum der Vorab-Prüfung

31 Die Vergabekammer muss ihre Schlüssigkeitsprüfung durchführen, bevor der Nachprüfungsantrag dem Antragsgegner übermittelt wird, also bevor das Zuschlagsverbot gemäß § 169 Abs. 1 GWB eintritt. Ein **Zeitraum**, innerhalb dessen diese Prüfung abzuschließen ist, wird vom Gesetzgeber nicht genannt.

32 Die Vergabekammer kann und wird im Zweifel vergessene Anlagen oder unterlassenen Vortrag, der geeignet ist, die Zulässigkeit des Nachprüfungsantrags besser einschätzen zu können, formlos mit Frist innerhalb von Stunden **nachfordern**.[46] Sie ist dazu nicht verpflichtet, weil es primär Aufgabe des Antragstellers ist, unter Würdigung der aufklärenden Hinweise im Internet-Auftritt der Vergabekammer eine vollständige und fehlerfreie Antragsschrift vorzulegen. Die Vergabekammer sollte möglichst nur solche Unterlagen anfordern, von denen sie berechtigterweise annehmen kann, dass diese Unterlagen dem Antragsteller bereits vorliegen, daher von ihm binnen weniger Stunden beschafft werden können oder aber dem Nachprüfungsantrag bei Erfüllung der Verfahrensförderpflicht gemäß § 167 Abs. 2 GWB auch ohne ausdrückliche Anforderung hätten beigefügt werden müssen. Jede Nachforderung von Unterlagen vor Übermittlung des Nachprüfungsantrags verzögert die Vorab-Prüfung. Sie erhöht damit das Risiko des Antragstellers, dass der Zuschlag wirksam vor Übermittlung des Nachprüfungsantrags erteilt wird.[47] Die scheinbar den Antragsteller belastende Regelung dient letztendlich dessen Interesse, weil er so die Gelegenheit erhält, einen ansonsten aus formalen Gründen zurückzuweisenden Nachprüfungsantrag in einen übermittlungsfähigen Zustand zu versetzen. Es entspricht insbesondere anwaltlicher Sorgfaltspflicht, Nachprüfungsanträge so vorzubereiten, dass eine Nachforderung nicht erforderlich ist. Würde die Vergabekammer den Nachprüfungsantrag ohne inhaltliche Prüfung übermitteln und somit das Zuschlagsverbot verhängen, würde sie gegen § 163 Abs. 1 S. 4 GWB verstoßen und den Ablauf des Vergabeverfahrens unangemessen beeinträchtigen.

33 **In der Regel** ist die Vorab-Prüfung innerhalb von 24 Stunden mit dienstüblichen Bürozeiten nach Eingang des Nachprüfungsantrags abgeschlossen. Besonders kritisch sind daher Nachprüfungsanträge am Freitagnachmittag bei beabsichtigter Zuschlagserteilung am Montag. Das hat der Antragsteller bereits vor Antragstellung zu berücksichtigen. Es obliegt ihm, die Hinweise der zuständigen Vergabekammer in deren Internet-Auftritt bei der Zeitplanung des Nachprüfungsantrags zu berücksichtigen. Er sollte einen Nachprüfungsantrag, den er zu ungewöhnlichen Zeiten erheben muss, zuvor der Vergabekammer telefonisch ankündigen.

III. Schutzschrift (S. 2)

34 Nach § 163 Abs. 2 S. 2 GWB ist die Vergabekammer verpflichtet, eine Schutzschrift des Auftraggebers zu berücksichtigen. Auch hier folgt die Verpflichtung aus der indikativen Formulierung der Vorschrift.

35 **Schutzschriften** sind vorbeugende Verteidigungsmittel für Eilverfahren, in denen die Mitwirkung des Antragsgegners nicht vorgesehen ist. Sie sind zum Beispiel aus der einstweiligen Verfügung gemäß § 935 ZPO bekannt. Auch bei der Übermittlung des Nachprüfungsantrags ist die Mitwirkung des Auftraggebers nicht vorgesehen.

36 Die **Wirkung** der Schutzschrift erscheint im Vergaberecht gelegentlich unklar, denn sie soll einen Dritten (die Vergabekammer) mit Argumenten überzeugen, die eigentlich an einen po-

---

45 A.A. *Horn/Hofmann*, in: Burgi/Dreher, Vergaberecht, § 163 GWB Rn. 19.

46 VK Saarland, Beschluss v. 9.9.2019 – 2 VK 01/2019, weist auf unstrukturierte elektronische Vergabeakten hin; *Dicks*, in: Ziekow/Völlink, Vergaberecht, § 163 GWB Rn. 13.

47 OLG Jena, Beschluss v. 26.9.2013 – 9 Verg 4/13.

tenziellen Vertragspartner und damit einer gemäß § 311 Abs. 2 BGB im Rahmen der vorvertraglichen Rücksichtspflicht zu informierenden Person zu richten sind. Wenn der Auftraggeber alle ihm zur Verfügung stehenden Argumente in der Rügezurückweisung dargelegt hat, besteht kein sachlicher Grund, dieselben Argumente erneut in einer Schutzschrift darzustellen. Gleichwohl gibt es erfolgreiche Gegenbeispiele.[48] Der Antragsteller sollte eine Rügezurückweisung immer als Anlage zur Antragsschrift vorlegen, sich keinesfalls dem Verdacht aussetzen, er würde vergaberechtlich relevanten Schriftverkehr mit dem Auftraggeber zurückhalten, um die Übermittlung des Nachprüfungsantrags zu erleichtern. Er belegt mit Vorlage der Rügezurückweisung überdies, die Antragsfrist gemäß § 160 Abs. 3 S. 1 Nr. 4 GWB eingehalten zu haben.

Wenn die Argumente des Auftraggebers allerdings **Betriebs-** oder **Geschäftsgeheimnisse** des Beizuladenden gemäß § 165 Abs. 2 GWB betreffen, daher weder vor noch im Vergabenachprüfungsverfahren dem Antragsteller mitgeteilt werden dürfen, ist die Schutzschrift grundsätzlich besser als die Rügezurückweisung geeignet, die Übermittlung eines Nachprüfungsantrags zu verhindern. Ob die Vergabekammer auf diesen Parteivortrag hin ohne Vorlage der vollständigen Vergabeunterlagen die Übermittlung des Nachprüfungsantrags ablehnt, ist von ihr im Einzelfall mit der mit der bei Verweigerung rechtlichen Gehörs gebotenen Zurückhaltung zu entscheiden. Eine dem Zuschlagsverbot vorgelagerte Anhörung des Antragstellers[49] kostet Zeit, gibt dem Auftraggeber Zeit, den Zuschlag wirksam zu erteilen. Nach der Übermittlung des Nachprüfungsantrags erhält der Antragsteller die um Betriebsgeheimnisse Dritter reduzierte Schutzschrift zur Stellungnahme. Sie wird dann zu einer vorgezogenen weiteren Antragserwiderung. **37**

IV. Übermittlung des Nachprüfungsantrags und Anforderung der Vergabeakten (S. 3)

§ 163 Abs. 2 S. 3 GWB beschreibt auch das förmliche Vorgehen der Vergabekammer nach Eingang des Nachprüfungsantrags und Abschluss der Vorab-Prüfung. Die Vergabekammer übermittelt eine Kopie des Nachprüfungsantrags. **38**

Die **frühere Regelung** in § 120 Abs. 2 S. 1 GWB a.F., der Nachprüfungsantrag sei zuzustellen, erwies sich wegen der langen Postläufe als nicht praktikabel. Der Gesetzgeber ging 2016 erkennbar noch von einer Übermittlung per Fernkopie (Fax) an die in der EU-Bekanntmachung oder den Vergabeunterlagen genannte Kontaktstelle aus. Das Fax erweist sich aber mit der Umstellung auf VoIP Telefonie als zunehmend unzuverlässig. Die E-Mail ersetzt das Fax daher zunehmend als Übermittlungsmedium, ohne dass die nahtlose Kommunikation zwischen Vergabestellen und Vergabekammern im Sinne der §§ 10 ff., § 13 VgV technisch etwa durch Systemintegration gesichert wäre. Das wird sich ab 2022 mit dem OZG ändern. Die Praxis arbeitet bereits erfolgreich mit elektronischen Empfangsbekenntnissen entsprechend § 5 Abs. 5 bis 7 VwZG. **39**

Der Begriff der „Übermittlung" erlaubt auch mehr als nur den Faxversand. Die qualitativen Anforderungen nach § 3a Abs. 2 VwVfG, § 126a BGB (schriftformersetzend) werden nicht gefordert. Ein Verordnungsvorbehalt wie in § 130a ZPO zur Bestimmung der geeigneten Form des Dokuments besteht nicht. Es ist daher zulässig, den Nachprüfungsantrag auch elektronisch als Anhang einer **E-Mail** von einer und an eine nicht durch qualifizierte elektronische Signatur verifizierte E-Mail-Adresse zu übermitteln.[50] Die E-Mail ist eine lesbare Erklärung, benennt auch die Person des Erklärenden. Die Vergabekammer muss aber den Zeitpunkt kennen, ab dem ihr Zuschlagsverbot greift. Sie wird daher nicht auf den formal erfolgten aber nicht wahrgenommenen Zugang der Übermittlung per E-Mail vertrauen, muss vielmehr organisatorische Maßnahmen ergreifen, die auch die Wahrnehmung des Zugangs gewährleis- **40**

48 OLG Frankfurt, Beschluss v. 4.3.2015 – 11 Verg 2/14; Beschluss v. 5.3.2014 – 11 Verg 2/14; VK Berlin, Beschluss v. 3.2.2017 – VK-B 2-40/16; VK Thüringen, Beschluss v. 2.4.2013 – 250-4004-3167/2013-E-016-EF.
49 So *Dicks*, in: Ziekow/Völlink, Vergaberecht, § 163 GWB Rn. 16.
50 VK Niedersachsen, Beschluss v. 11.3.2021 – VgK-08/2021; *Kadenbach*, in: Willenbruch/Wieddekind, Vergaberecht, § 163 GWB Rn. 15.

ten,[51] im Zweifel beim Auftraggeber ausdrücklich nachfragen und von ihm eine Eingangsbestätigung abfordern.

41 Der Nachprüfungsantrag ist dem Auftraggeber nicht, wie etwa in § 126a BGB oder dem an Endverbraucher gerichteten § 312 Abs. 1 S. 2 BGB für Papiersurrogate gefordert, auf einem dauerhaften **Datenträger** zur Verfügung zu stellen. Auf die Rechtsfrage ob die Speicherung auf einem dauerhaften Datenträger erst vorliegt, wenn der Empfänger sie vom Datenserver in seinen Machtbereich herunterlädt,[52] oder ob bereits die Übersendung einer E-Mail als eine auf einem dauerhaften Datenträger übermittelte Erklärung anzusehen ist, weil der Server, auf dem die E-Mail gespeichert wird, geeignet sei, die Informationen dauerhaft zu speichern und vom Unternehmer nicht mehr geändert werden könne,[53] kommt es daher hier nicht an.

42 Weil es keine formalen Beschränkungen wie in § 130a ZPO oder § 3a VwVfG gibt, ist der Nachprüfungsantrag bereits **übermittelt**, wenn er in den Geschäftsbereich des Auftraggebers gelangt ist. Es ist unerheblich, ob der Auftraggeber die eingegangene Datei (Fax oder E-Mail) gelesen hat. Es obliegt ihm, seine Faxgeräte, Faxeingangsserver oder E-Mail-Accounts auf Eingang wichtiger Schriftstücke zu kontrollieren. Die unmittelbare Rechtsfolge der Übermittlung, das Zuschlagsverbot, ergibt sich aus § 169 Abs. 1 GWB. Eine technisch fehlerhaft übermittelte Datei, welche nicht vollständig lesbar, deren Gegenstand aber erkennbar ist, führt gleichfalls zum Zuschlagsverbot.

43 Der Nachprüfungsantrag wird meist ohne **Anlagen** übermittelt. Das genügt zur Auslösung des Zuschlagsverbots. Im Übrigen ergibt sich aus der obigen Darstellung zu den notwendigen Anlagen eines Nachprüfungsantrags,[54] dass die zu übersendenden Anlagen dem Auftraggeber bekannt sind, es daher keiner erneuten Übersendung bedarf. Viele Auftraggeber und viele Anwälte gestalten ihren Vortrag vor der Vergabekammer inzwischen so, dass etwaige Geschäftsgeheimnisse nur noch in Anlagen zu den Schriftsätzen oder zum Vergabevermerk enthalten sind.

44 Nach § 163 Abs. 2 S. 3 GWB hat die Vergabekammer bei dem Auftraggeber die **Vergabeakten** anzufordern. Nach der Legaldefinition sind unter Vergabeakten diejenigen Akten zu verstehen, die das Vergabeverfahren dokumentieren (etwa nach § 8 VgV). Die vollständige „Vergabeakte" gibt vom Beginn des Vergabeverfahrens darüber Auskunft, wer wann was entschieden oder wer wann was wem übermittelt hat. Das OLG Düsseldorf[55] hat definiert, wann das Vergabeverfahren beginnt. Es beginnt, wenn sich der öffentliche Auftraggeber dazu entschließt, einen (gegenwärtigen oder künftigen) Bedarf nicht durch Eigenleistung, sondern durch Beschaffen von Lieferungen oder Leistungen als Nachfrage auf dem Markt zu decken (interner Beschaffungsentschluss) und er darüber hinaus zweckbestimmt äußerlich wahrnehmbare Anstalten trifft, den Auftragnehmer mit dem Ziel eines Vertragsabschlusses auszuwählen (externe Umsetzung). Damit beginnt das Vergabeverfahren nicht erst mit der EU-Bekanntmachung, sondern gegebenenfalls bereits früher z. B. mit dem Beschluss einer kommunalen Vertretung, die Leistung zu beschaffen. Auch dieser Beschluss gehört mit der begründenden Vorlage in die Vergabeakte.[56]

V. Vorlage der Vergabeakten (S. 4)

45 Der Auftraggeber hat die Vergabeakten der Kammer nach § 163 Abs. 2 S. 4 GWB sofort zur Verfügung zu stellen.

---

51 BGH, Beschluss v. 17.7.2013 – I ZR 64/13.
52 So BGH, Beschluss v. 8.5.2019 – XII ZB 8/19, für eine Beschwerdeschrift, die nicht gemäß § 130a ZPO einging, daher erst zuging, als sie drei Wochen nach Eingang ausgedruckt wurde; ebenso BGH, Beschluss v. 17.12.2020 – III ZB 31/20.
53 *Einsele*, in: Säcker, BGB, § 126b Rn. 6; *Schirmbacher*, in: Spindler/Schuster, Recht der elektronischen Medien, § 312 f. BGB Rn. 26.
54 Siehe Rn. 32.
55 OLG Düsseldorf, Beschluss v. 17.12.2014 – VII-Verg 26/14.
56 VK Niedersachsen, Beschluss v. 22.4.2015 – VgK-6/2015.

Die Bandbreite der vorgelegten Vergabedokumentationen reicht in der **Praxis** derzeit von einem Konvolut von PDF-Dateien über einen zum Zeitpunkt der Übermittlung der Vergabeakte an die Vergabekammer eingefrorenen Stand eines Subreports des elektronischen Vergabesystems bis hin zum unmittelbaren Zugriff auf die in Bearbeitung befindliche E-Vergabeplattform. **46**

Der Auftraggeber hat bei analoger Versendung die **Originalunterlagen** zu übermitteln. Er darf der Vergabekammer keine Kopie seiner etwaigen analogen Unterlagen vorlegen. Es besteht die konkrete Gefahr, dass auch bei sorgfältig angefertigten Kopien durch verloren gegangene Rückseiten vergaberechtlich relevante Informationen verloren gehen.[57] Wie das in der digitalen Akte umzusetzen ist, wird sich noch erweisen.[58] Die Vergabekammern arbeiten zunehmend auch mit elektronischen Akten. Vermutlich wird auf analoge Akten bald verzichtet werden, nachdem auch traditionelle Auftraggeber auf Ausdrucke des digitalen Originals verzichten.[59] **47**

Der Begriff „**sofort**" ist als Steigerung des Begriffs „unverzüglich" zu lesen.[60] Der Auftraggeber soll damit verpflichtet werden, die bis dahin elektronisch erstellten Vergabeakten ohne Bedenkzeit und ohne Ergänzung der bis dahin möglicherweise unvollständigen Vergabeakten zu versenden. In der Praxis wird der Vergabestelle jedoch eine Zeit von etwa einem Werktag zugestanden, um die vorhandenen Vergabeakten auf ein geeignetes Medium zu transformieren. **48**

VI. Kostenvorschuss

Die Vergabekammer kann die Übermittlung des Nachprüfungsantrags von der Erhebung eines Kostenvorschusses abhängig machen. **49**

Die **Ermächtigungsgrundlage** liegt in § 182 Abs. 1 GWB in Verbindung mit einer statischen Verweisung auf das inzwischen aufgehobene und durch das Bundesgebührengesetz ersetzte BVwKostG in der am 14. August 2013 geltenden Fassung. § 16 BVwKostG enthielt die Befugnis, die Vornahme von Amtshandlungen von der Zahlung eines Kostenvorschusses abhängig zu machen. Der Regelung entspricht heute § 15 BGebG. **50**

Nicht alle Vergabekammern erheben einen Vorschuss. Bei **anwaltlicher Versicherung**, den Kostenvorschuss alsbald zu begleichen, wird der Nachprüfungsantrag in der Regel vorab übermittelt. **51**

Die Vergabekammern, die den **Vorschuss** anfordern, begrenzen ihn in der Regel auf die Mindestgebühr von 2.500 Euro. Bei Firmen mit Sitz im innereuropäischen Ausland ist eine etwa erforderliche Auslandsvollstreckung aufwändig. Zudem haben Dänemark, Großbritannien und Nordirland die Vollstreckungsabkommen nicht unterzeichnet, so dass die Zustellung und Vollstreckung deutscher Titel nicht über § 9 Abs. 1 Nr. 1 VwZG durch Einschreiben mit Rückschein möglich ist. Es bedarf des konsularischen Wegs gemäß § 9 Abs. 1 Nr. 3 VwZG. Sofern Bieter aus diesen Ländern über keinen deutschen Sitz verfügen, ist ein Kostenvorschuss wegen dieser möglichen Aufwände sachlich gerechtfertigt. **52**

VII. Verweise auf weitere Vorschriften (S. 5)

Der Verweis in § 163 Abs. 2 S. 5 GWB auf die § 57 bis 59 Abs. 1 bis 4, § 59a Abs. 1 bis 3 und § 59b sowie § 61 GWB führt zu einem Kettenverweis über die **Beweiserhebung**, der die Re- **53**

---

57 VK Niedersachsen, Beschluss v. 12.12.2011 – VgK-52/2011, Ziffer 2c.

58 *Dicks*, in: Ziekow/Völlink, Vergaberecht, § 163 GWB Rn. 14a.

59 Vgl. VK Niedersachsen, Beschluss v. 12.9.2019 – VgK-32/2019, S. 11, Auftraggeber fordert und erhält elektronische Angebote mit großformatigen Plandateien, wertet aber auf der Basis seiner auf ein unleserliches Format verkleinerten Ausdrucke. VK Saarland, Beschluss v. 9.9.2019 – 2 VK 01/2019, weist auf unstrukturierte elektronische Vergabekaten hin.

60 VK Niedersachsen, Beschluss v. 11.2.2021 – VgK-53/20; *Horn/Hofmann*, in: Burgi/Dreher, Vergaberecht, § 163 GWB Rn. 22.

geln der ZPO zur Anwendung bringt. Praktisch relevant sind jedoch weder die Zeugenbefragung noch die Beschlagnahme noch das qualifizierte Auskunftsverlangen.

54 Gemäß dem Verweis auf § 61 GWB ist die Entscheidung der Vergabekammer nach § 168 Abs. 1 GWB zu **begründen** und mit einer **Belehrung** über das zulässige Rechtsmittel zu versehen. Die Entscheidung ist den Beteiligten nach den Vorschriften des Verwaltungszustellungsgesetzes **zuzustellen**. Durch den Verweis ist auch das Verfahren zur Zustellung von Entscheidungen der Vergabekammer an Firmen, die keinen Sitz im Inland haben, geregelt. Für Antragsteller trifft § 161 Abs. 1 S. 3 GWB eine besondere Regelung, die die aufwendige öffentliche Zustellung durch Bekanntmachung im Bundesanzeiger vermeidet.

E. Rechtsschutz

55 Ein angeblicher Verstoß der Vergabekammer gegen die Verpflichtung zur eingeschränkten Amtsermittlung oder zum Inhalt der Vorab-Prüfung ist nicht selbstständig anfechtbar. Der Unterlegene hat sich gegen den Beschluss der Vergabekammer in der Hauptsache zu wenden. Das Oberlandesgericht entscheidet in der Regel abschließend selbst, hat aber ebenso die Möglichkeit, die Angelegenheit zur Vergabekammer zurückzuverweisen mit der Auflage, den Sachverhalt vollständig zu ermitteln.[61] Die Regelung des § 178 GWB ist nicht auf die Rechtsauffassung des Gerichts beschränkt, sondern könnte bei Bedarf auch die Arbeit am Sachverhalt umfassen.

Anlage

Gesetzesbegründung – VergRModG 2016 (BT-Drs. 18/6281)

Seite 135

§ 163 entspricht dem bisherigen § 110.

61 BGH, Beschluss v. 10.11.2009 – X ZB 8/09 (Endoskopie), Rn. 57.

§ 164 GWB
Aufbewahrung vertraulicher Unterlagen

(1) Die Vergabekammer stellt die Vertraulichkeit von Verschlusssachen und anderen vertraulichen Informationen sicher, die in den von den Parteien übermittelten Unterlagen enthalten sind.

(2) Die Mitglieder der Vergabekammern sind zur Geheimhaltung verpflichtet; die Entscheidungsgründe dürfen Art und Inhalt der geheim gehaltenen Urkunden, Akten, elektronischen Dokumente und Auskünfte nicht erkennen lassen.

Übersicht Rn.

A. Allgemeines ... 1
I. Unionsrechtlicher Hintergrund ... 4
II. Vergleichbare Regelungen ... 5
III. Historie ... 7
B. Verschlusssachen und andere vertrauliche Informationen (Abs. 1) ... 8
C. Behandlung der Unterlagen ... 13
D. Verwahrung von Verschlusssachen und Anspruch auf rechtliches Gehör ... 16
E. Verpflichtung zur Geheimhaltung (Abs. 2) ... 21
Anlage
Gesetzesbegründung

A. Allgemeines

§ 164 GWB regelt die Aufbewahrung vertraulicher Unterlagen durch die Vergabekammern. **1**

Eine Beschränkung dieser Verpflichtung auf **verteidigungs-** oder **sicherheitsspezifische öffentliche Aufträge** im Sinne des § 104 GWB ist dem Wortlaut der Norm nicht zu entnehmen. Im Zusammenhang mit § 104 Abs. 1 und 3 GWB dürfte aber ein Anwendungsbereich außerhalb des Geltungsbereiches solcher Aufträge nicht bestehen. **2**

§ 164 GWB ist nach seiner Stellung und dem Wortlaut nur für das Verfahren vor den Vergabekammern anwendbar, soll aber auch im **Beschwerdeverfahren** gelten.[1] Die Grundsätze des § 164 GWB sind nach ihrer Zielsetzung, der Sicherstellung des Geheimschutzes, instanzenübergreifend anwendbar.[2] **3**

I. Unionsrechtlicher Hintergrund

§ 164 GWB dient der Umsetzung von Art. 56 Abs. 10 RL 2009/81/EG. Durch die Richtlinie wurden – bisher vom Vergaberecht nur beschränkt erfasste – verteidigungs- und sicherheitsrelevante Dienstleistungen dem Vergaberecht und der Überprüfung durch die Vergabekammern unterworfen. Diese Aufträge enthalten naturgemäß oftmals Verschlusssachen, die nach den geltenden Verwaltungsvorschriften vor nicht autorisiertem Zugriff geschützt werden müssen.[3] Art. 56 Abs. 10 RL 2009/81/EG fordert daher, dass die für die Nachprüfungsverfahren zuständigen Stellen ein angemessenes Maß an Vertraulichkeit von Verschlusssachen oder anderer Informationen, die in den von den Parteien übermittelten Unterlagen enthalten sind, garantieren und während des gesamten Verfahrens im Einklang mit den Verteidigungs- und/oder Sicherheitsinteressen handeln. Damit dies sichergestellt werden kann, haben auch die Vergabekammern die Vertraulichkeit dieser Unterlagen zu gewährleisten. **4**

1 Vgl. *Summa*, in: Heiermann/Zeiss/Summa, Vergaberecht, § 164 GWB Rn. 3; *Dicks*, in: Ziekow/Völlink, Vergaberecht, § 164 GWB Rn. 3.
2 *Dicks*, in: Ziekow/Völlink, Vergaberecht, § 164 GWB Rn. 3.
3 Vgl. Erwägungsgrund 20 RL 2009/81/EG.

II. Vergleichbare Regelungen

5 § 164 **Abs. 2** GWB ist § 99 Abs. 2 S. 10 VwGO nahezu wortgleich nachgebildet.[4] § 99 Abs. 2 VwGO regelt für verwaltungsrechtliche Streitigkeiten ein Zwischenverfahren, soweit die zuständige oberste Aufsichtsbehörde aus Gründen des Geheimschutzes die Vorlage von Urkunden oder Akten, die Übermittlung elektronischer Dokumente oder die Erteilung von Auskünften an das Gericht verweigert. Ein besonderer Spruchkörper des Oberverwaltungsgerichts bzw. des Bundesverwaltungsgerichts entscheidet in diesen Fällen durch Beschluss, ob die Weigerung der Behörde rechtmäßig war. Die Mitglieder des Gerichts sind – insoweit identisch zur Regelung des § 164 Abs. 2 GWB – zur Geheimhaltung verpflichtet, der Beschluss darf Art und Inhalt der geheim gehaltenen Urkunden, Akten, elektronischen Dokumente und Auskünfte nicht erkennen lassen. Im Unterschied zu § 164 Abs. 2 VwGO besteht bei einer rechtmäßigen Weigerung der Behörde (sog. Sperrvermerk) allerdings schon keine Verpflichtung zur Aktenvorlage. Die geheim gehaltenen Aktenteile werden dann nicht Gegenstand des Rechtsstreites und werden dem erkennenden Spruchkörper auch nicht bekannt. Die Regelung des § 164 Abs. 2 GWB löst den Konflikt zwischen Geheimschutzbedürfnis und dem Anspruch auf rechtliches Gehör dagegen erst auf der Ebene der Entscheidung der Vergabekammer über den Vergabenachprüfungsantrag. Der Vergabekammer sind die Aktenteile zwar bekannt, die Entscheidung darf aber die geheim zuhaltenden Unterlagen nicht erkennen lassen.[5]

6 § 164 **Abs. 1** GWB findet keine wörtliche Entsprechung in § 99 Abs. 2 VwGO. § 99 Abs. 2 S. 7 VwGO ist allerdings vom Regelungsgehalt her vergleichbar. Danach unterliegt das Verfahren – gemeint ist das Verfahren zur Entscheidung über die Rechtmäßigkeit der Weigerung der Vorlage der Akten – den Vorschriften des materiellen Geheimschutzes.

III. Historie

7 § 164 GWB übernimmt unverändert die Regelung aus § 110a GWB a.F. Die Regelung ist mit dem Gesetz zur Änderung des Vergaberechts für die Bereiche Verteidigung und Sicherheit vom 7. Dezember 2011[6] neu in das GWB aufgenommen worden.

B. Verschlusssachen und andere vertrauliche Informationen (Abs. 1)

8 § 164 Abs. 1 GWB gilt für Verschlusssachen und andere vertrauliche Informationen, die in den von den Parteien übermittelten Unterlagen enthalten sind.

9 Eine Definition enthält die RL 2009/81/EG zumindest für den Begriff der **Verschlusssache**. Dies sind nach Art. 1 Nr. 8 RL 2009/81/EG Informationen (bzw. Materialien), denen unabhängig von Form, Beschaffenheit oder Art der Übermittlung ein Geheimhaltungsgrad zugewiesen ist oder für die eine Schutzbedürftigkeit anerkannt wurde und die im Interesse der nationalen Sicherheit und nach den in dem betreffenden Mitgliedstaat geltenden Rechts- und Verwaltungsvorschriften gegen Missbrauch, Zerstörung, Entfernung, Bekanntgabe, Verlust oder Zugriff durch Unbefugte oder jede andere Art der Preisgabe an Unbefugte geschützt werden müssen. Damit unterscheidet sich die europarechtliche Definition von der nationalen Definition des SÜG. Nach der dort enthaltenen gesetzlichen Definition sind Verschlusssachen im öffentlichen Interesse geheimhaltungsbedürftige Tatsachen, Gegenstände oder Erkenntnisse, unabhängig von ihrer Darstellungsform (§ 4 Abs. 1 SÜG). Die Einstufung der Verschlusssachen nach dem SÜG erfolgt entsprechend ihrer Schutzbedürftigkeit als STRENG GEHEIM[7], GE-

4 So auch Gesetzesbegründung zu § 110a GWB a.F., Gesetz zur Änderung des Vergaberechts für die Bereiche Verteidigung und Sicherheit, BT-Drs. 17/7275, 18.
5 Ob die Vergabekammer bzw. der Vergabesenat die Informationen auch verwerten darf, vgl. unter Rn. 24.
6 BGBl. I 2011 S. 2570.
7 § 4 Abs. 2 Nr. 1 SÜG: wenn die Kenntnisnahme durch Unbefugte den Bestand oder lebenswichtige Interessen der Bundesrepublik Deutschland oder eines ihrer Länder gefährden kann.

HEIM[8], VS-VERTRAULICH[9] und VS-NUR FÜR DEN DIENSTGEBRAUCH[10]. Während die europarechtliche Definition also auf nationale Sicherheitsinteressen abstellt, sind nach der Definition des SÜG allgemein Nachteile für Interessen der Bundesrepublik oder eines der Länder ausreichend, um die Einstufung als Verschlusssache zu rechtfertigen. Ob dies insbesondere bei der Einstufung als VS-NUR FÜR DEN DIENSTGEBRAUCH jeweils Sicherheitsinteressen sein müssen, wird angezweifelt.[11] § 4 Abs. 1 SÜG spricht jedenfalls zunächst nur von öffentlichen Interessen. Dies können gemäß § 4 Abs. 1 S. 2 SÜG auch Geschäfts-, Betriebs-, Erfindungs-, Steuer- oder sonstige private Geheimnisse oder Umstände des persönlichen Lebensbereichs sein. Insoweit wird teilweise eine richtlinienkonforme, d.h. einengende Auslegung des Begriffs der Verschlusssachen auf Sicherheitsinteressen gefordert.[12] Diese ist aber praktisch nicht von Relevanz. Da § 164 GWB – und insoweit auch in Übereinstimmung mit Art. 56 Abs. 10 RL 2009/81/EG – über Verschlusssachen hinaus auch für andere – nur – vertrauliche Informationen anwendbar ist, ist eine solche Auslegung nicht geboten. Als vertraulich können auch Unterlagen, die als VS-NUR FÜR DEN DIENSTGEBRAUCH eingestuft worden sind, angesehen werden. Im Ergebnis ergibt sich dadurch keine Einengung von Bieterrechten.

Ausweislich der Definition ist es unbeachtlich, in welcher **Form** die Informationen vorliegen. 10
Dazu zählen Schriftstücke, Zeichnungen, Karten, Fotokopien, Lichtbildmaterial, elektronische Dateien und Datenträger, elektrische Signale, Geräte, technische Einrichtungen oder das gesprochene Wort, aber auch Zwischenmaterial, wie Vorentwürfe, Stenogramme, Tonträger, Folien oder Fehldrucke.[13]

Andere vertrauliche Informationen sind solche, die im Hinblick auf ihre Geheimhaltungs- 11
bedürftigkeit der Einstufung als Verschlusssache gleichkommen. Als Beispiele werden etwa Anlagen zu Angeboten genannt, die vom Staat, wenn er die Verfügungsgewalt über sie hätte, sofort als Verschlusssachen eingestuft würden.[14] Das Interesse der Wahrung von Betriebs- und Geschäftsgeheimnissen der Bieter i.S.d. § 165 Abs. 2 GWB gehört nicht automatisch dazu,[15] allerdings können Geschäfts-, Betriebs-, Erfindungs-, Steuer- oder sonstige private Geheimnisse oder Umstände des persönlichen Lebensbereichs gemäß § 2 Abs. 1 S. 2 der Verschlusssachenanweisung des Bundes (VSA)[16] im Einzelfall wiederum als geheimhaltungsbedürftig einzustufen sein.

Der Wortlaut beschränkt den Anwendungsbereich auf die von den Parteien übermittelten Un- 12
terlagen. Der Begriff der „**Partei**" wird für die Bezeichnung der Beteiligten des Vergabenachprüfungsverfahren sonst nicht verwendet (ausnahmsweise nur in § 182 Abs. 4 S. 2 GWB, wobei es sich offensichtlich um ein Redaktionsversehen handelt, da auch in § 182 GWB im Übrigen von den „Beteiligten" gesprochen wird).[17] Gemeint sind hier die Beteiligten des Vergabenachprüfungsverfahrens gemäß § 162 GWB: Antragsteller, Auftraggeber sowie die gegebenenfalls Beigeladenen. Ausgehend vom Gesetzeszweck kann allerdings die Verpflichtung zur vertraulichen Behandlung der Vergabekammer nicht deswegen entfallen, weil ihr – etwa im Rahmen ihrer Amtsermittlungspflicht – die Unterlagen im Ausnahmenfall nicht von den Beteiligten nach § 162 GWB, sondern von einer anderen Stelle übermittelt wurden. Die Verpflichtung bezieht sich vielmehr auf alle Unterlagen i.S.d. § 164 Abs. 1 GWB, die in den Geschäftsbereich der Vergabekammer gelangen.

8 § 4 Abs. 2 Nr. 2 SÜG: wenn die Kenntnisnahme durch Unbefugte die Sicherheit der Bundesrepublik Deutschland oder einer ihrer Länder gefährden oder ihren Interessen schweren Schaden zufügen kann.

9 § 4 Abs. 2 Nr. 3 SÜG: wenn die Kenntnisnahme durch Unbefugte für die Interessen der Bundesrepublik Deutschland oder eines ihrer Länder schädlich sein kann.

10 § 4 Abs. 2 Nr. 4 SÜG: wenn die Kenntnisnahme durch Unbefugte für die Interessen der Bundesrepublik Deutschland oder eines ihrer Länder nachteilig sein kann.

11 Vgl. *Schreyer-Leydecker*, NZBau 2012, 533 (538).

12 Vgl. *Schreyer-Leydecker*, NZBau 2012, 533 (538).

13 Vgl. § 2 Abs. 1 und 2 VSA des Bundes.

14 *Summa*, in: Heiermann/Zeiss/Summa, Vergaberecht, § 160 GWB Rn. 22.

15 So auch *Summa*, in: Heiermann/Zeiss/Summa, Vergaberecht, § 160 GWB Rn. 21.

16 Allgemeine Verwaltungsvorschriften des Bundesministeriums des Innern für Bau und Heimat zum materiellen Geheimschutz (Verschlussachenanweisung – VSA) v. 10.8.2018.

17 Vgl. zum Begriff der „Partei" auch *Dicks*, in: Ziekow/Völlink, Vergaberecht, § 164 GWB Rn. 3.

C. Behandlung der Unterlagen

13 Der Umgang mit Verschlusssachen ist in den entsprechenden Verwaltungsvorschriften des Bundes bzw. der Länder vorgegeben.[18] Diese enthalten detaillierte Regelungen über die Behandlung von Verschlusssachen sowie die erforderlichen organisatorischen, materiellen, technischen und IT-spezifischen Maßnahmen. Für Vergabekammern, die organisatorisch nicht an eine Einrichtung angebunden sind, die bereits über die erforderlichen Infrastrukturen verfügt, dürfte der Aufwand beachtlich sein. Die einzuhaltenden Sicherheitsvorkehrungen steigen dabei mit der Einstufung der Verschlusssache.

14 Dies beginnt damit, dass ab der Einstufung VS-VERTRAULICH nur noch Personen **Zugang** zu den Unterlagen haben dürfen, die sich einer Sicherheitsüberprüfung nach dem SÜG unterzogen haben. Dies betrifft auch die Mitglieder der Vergabekammern, da diese keine Richter i.S.d. § 2 Abs. 3 S. 1 Nr. 2 SÜG sind.[19] § 157 Abs. 2 S. 5 GWB bietet daher bei Verfahren zur Vergabe verteidigungs- oder sicherheitsspezifischer öffentlicher Aufträge im Sinne des § 104 GWB die Möglichkeit, dass die Vergabekammer abweichend vom Regelfall in der Besetzung mit einem Vorsitzenden und zwei hauptamtlichen Beisitzern entscheidet. Dies trägt dem Umstand Rechnung, dass möglicherweise sicherheitsüberprüfte ehrenamtliche Beisitzer nicht immer kurzfristig vor Ort zur Verfügung stehen und auch der Versand von Verschlusssachen an nicht ortsansässige ehrenamtliche Beisitzer nicht ohne weiteres möglich ist.[20]

15 Weiter sind ab einer Einstufung als VS-VERTRAULICH spezielle **VS-Registraturen** erforderlich und selbstverständlich müssen auch die **Verwahrräume** bestimmten Sicherheitsanforderungen entsprechen. VS-Verwahrstellen sind beispielsweise Stahlschränke und Aktensicherungsräume, die außerhalb der Arbeitszeit zu überwachen oder durch eine Alarmanlage technisch zu sichern sind. Auch die **Versendung** der Verschlusssachen darf nur durch VS-Kuriere oder in bestimmten Fällen durch private Zustelldienste erfolgen. Dies alles dürfte es den Vergabekammern zumindest erschweren, eine Entscheidung innerhalb der fünfwöchigen Entscheidungsfrist zu treffen.

D. Verwahrung von Verschlusssachen und Anspruch auf rechtliches Gehör

16 Mit der Pflicht der Vergabekammer, die Verschlusssachen zu verwahren, stellt sich automatisch die Frage, ob und welche Informationen sie dem Antragsteller zur Verfügung stellen kann. Das Problem besteht nicht nur in Bezug auf die gegebenenfalls zu gewährende Akteneinsicht. Es ist zumindest nicht gänzlich auszuschließen, dass die vom Auftraggeber übersandten Schriftsätze Informationen enthalten, die als Verschlusssache eingestuft sind oder einzustufen wären.

17 Nach Art. 56 Abs. 10 UAbs. 4 RL 2009/81/EG legen die Mitgliedstaaten fest, wie die Nachprüfung die Vertraulichkeit von Verschlusssachen mit der Einhaltung der Verteidigungsrechte in Einklang bringt, und gewährleisten dabei, dass das Verfahren insgesamt dem Recht auf ein faires Verfahren entspricht. Dies darf zumindest nicht als vollumfänglich geglückt angesehen werden. **§ 164 GWB** erklärt sich nicht zum Verhältnis von berechtigten Geheimhaltungsinteressen der Auftraggeber und Anspruch auf effektiven Rechtschutz der Unternehmen. Die Interessen in Einklang zu bringen, wird daher den Vergabenachprüfungsinstanzen überlassen bleiben.

---

18 Welche der Vorschriften anzuwenden ist, richtet sich danach, ob eine der Vergabekammern des Bundes oder eine Ländervergabekammer mit der Sache befasst ist.

19 Davon geht auch die Gesetzesbegründung zu § 105 Abs. 2 GWB a.F. aus, vgl. Gesetz zur Änderung des Vergaberechts für die Bereiche Verteidigung und Sicherheit, BT-Drs. 17/7275, 18 dort zu Nr. 5; so auch *Byok*, in: Byok/Jaeger, Vergaberecht, § 164 GWB Rn. 9; *Summa*, in: Heiermann/Zeiss/Summa, Vergaberecht, § 164 GWB Rn. 6; ähnlich auch *Dicks*, in: Ziekow/Völlink, Vergaberecht, § 164 GWB Rn. 3; für eine analoge Anwendung des § 2 Abs. 3 S. 1 Nr. 2 SÜG auf Vorsitzende und hauptamtliche Mitglieder der Vergabekammern plädiert *Contag*, in: Dippel/Sterner/Zeiss, VSVgV, § 164 GWB Rn. 7 ff.

20 Gesetzesbegründung zu § 105 Abs. 2 GWB a.F., Gesetz zur Änderung des Vergaberechts für die Bereiche Verteidigung und Sicherheit, BT-Drs. 17/7275, 18.

18 In Bezug auf § 165 Abs. 2 GWB wurde zur Rechtslage vor der Einführung des § 110a GWB a.F. vertreten, dass das Recht auf **Einsicht in die Vergabeakten** eingeschränkt sein kann, soweit Belange der inneren und/oder äußeren Sicherheit tangiert sein könnten bzw. die Aktenbestandteile dem Geheimschutz unterliegen.[21] Diese Fälle waren aber wegen der Bereichsausnahme des § 100 Abs. 2 lit. d GWB in der Fassung vor dem 14. Dezember 2011 ohnehin von der Anwendbarkeit des Vergaberechts weitestgehend ausgeschlossen. Würde diese Rechtsprechung weiterhin Gültigkeit beanspruchen, wäre eine Einsicht in die Vergabeakte in vielen Fällen wahrscheinlich faktisch ausgeschlossen. Durch die Ausweitung des Vergaberechts auf den Bereich der sicherheitsrelevanten Beschaffung hat sich der Normgeber aber gerade entschlossen, auch diese Bereiche dem Wettbewerb zu öffnen und damit eine gewisse Transparenz herzustellen. Es scheint daher nach Änderung der Rechtslage nicht mehr möglich, sämtliche Verschlusssachen von dem Recht auf Akteneinsicht auszunehmen, nur weil es sich um Verschlusssachen handelt. Auch § 164 GWB kann nicht die Grundlage dafür bieten, eine Akteneinsicht komplett zu verweigern.[22] Vielmehr hat die Vergabekammer – wie immer nach § 165 Abs. 1 GWB – eine Abwägung zu treffen.

19 Dabei wird auch zu berücksichtigen sein, inwiefern die Unternehmen bereits im Vergabeverfahren **Zugang zu Verschlusssachen** erhalten haben. Mit Art. 7 RL 2009/81/EG wird den Mitgliedstaaten explizit die Möglichkeit gegeben, Wirtschaftsteilnehmern Auflagen zum Schutz von Verschlusssachen zu machen, die die Auftraggeber im Zuge des Verfahrens zur Vergabe eines Auftrages weitergeben. Bei der nationalen Umsetzung in § 7 VSVgV wurde diese Möglichkeit zu einer Verpflichtung der Auftraggeber konkretisiert. Auftraggeber müssen die entsprechenden Maßnahmen, Anforderungen und Auflagen in der Bekanntmachung oder den Vergabeunterlagen festlegen. Muss der Zugang zu den Verschlusssachen schon für die Erstellung des Teilnahmeantrages oder des Angebotes gewährt werden, müssen die Erklärungen vor Gewährung des Zugangs zu den Verschlusssachen vorliegen. Andernfalls muss der Bieter ausgeschlossen werden. Es ist nicht recht ersichtlich, weswegen dann in einem Nachprüfungsverfahren nicht entsprechend dem bisherigen Wissensstand Zugang zu Verschlusssachen gewährt werden kann. Dies muss zumindest für Inhalte gelten, die den Unternehmen im Rahmen der Ausschreibung ohnehin zur Verfügung gestellt werden. Darüber hinaus ist eine Beschränkung der Akteneinsicht denkbar.[23] Dabei sind die widerstreitenden Belange gegeneinander abzuwägen.

20 Aufgrund der eindeutigen Verpflichtung der Vergabekammer in § 164 Abs. 1 GWB, die Vertraulichkeit von Verschlusssachen „sicherzustellen", dürfte eine Weitergabe von als **VS-VERTRAULICH oder höher** eingestuften Verschlusssachen an nicht sicherheitsüberprüfte Antragsteller nicht zulässig sein. § 3 Abs. 2 VSA legt insoweit eindeutig fest, dass Zugang nur Personen erhalten können, die einer Überprüfung nach dem SÜG unterzogen wurden und so zum Zugang ermächtigt sind. Der Verordnungsgeber hat zudem in § 7 VSVgV sowie in § 36 Abs. 2 und § 35 Abs. 2 VSVgV besondere Regelungen geschaffen, um die Vertraulichkeit der Unterlagen während des Vergabeverfahrens zu gewährleisten. Insofern erscheint es nicht sachgerecht, diese Schranken in einem Vergabenachprüfungsverfahren völlig zu negieren. Die Hinweise, dass dies insbesondere im Hinblick auf Verfahrensbevollmächtigte problematisch sein kann, sind berechtigt.[24] Das Problem stellt sich aber nicht zwingend erst im Vergabenachprüfungsverfahren. Kommt der Bieter schon im Vergabeverfahren mit Verschlusssachen in Berührung, darf er dessen Inhalt aufgrund der vom Auftraggeber zwingend vorzusehenden Verpflichtung nach § 7 Abs. 2 Nr. 2 VSVgV nicht ohne weiteres weitergeben.

---

21 Vgl. *Summa*, in: Heimermann/Zeiss/Summa, Vergaberecht, § 165 GWB Rn. 25.

22 Vgl. *Summa*, in: Heimermann/Zeiss/Summa, Vergaberecht, § 164 GWB Rn. 27 f.; *Byok*, NVwZ 2012, 70 (75); *Roth/Lamm*, NZBau 2012, 609 (611).

23 So auch OLG Düsseldorf, Beschluss v. 8.6.2011 – VII-Verg 49/11.

24 Vgl. *Summa*, in: Heimermann/Zeiss/Summa, Vergaberecht, § 164 GWB Rn. 12 ff., der jedoch im Ergebnis dafür plädiert, dass ein Bieter auf die berechtigten Interessen seines potentiellen Vertragspartners Rücksicht nehmen und seinen Verfahrensbevollmächtigten aus dem Kreis der Rechtsanwälte auswählen soll; a.A. *Byok*, in: Byok/Jaeger, Vergaberecht, § 164 GWB Rn. 9.

E. Verpflichtung zur Geheimhaltung (Abs. 2)

21 § 165 Abs. 2 GWB entspricht § 99 Abs. 2 S. 10 VwGO. Die Regelung stellt im ersten Halbsatz zunächst klar, dass die Mitglieder der Vergabekammer zur Geheimhaltung verpflichtet sind.

22 Die Verpflichtung trifft nach dem Wortlaut der Norm die **Mitglieder der Vergabekammer**. Mitglieder des Spruchkörpers sind gemäß § 157 Abs. 2 GWB die oder der Vorsitzende sowie die hauptamtlichen und ehrenamtlichen Beisitzerinnen und Beisitzer. Die Formulierung ist § 99 Abs. 2 S. 10 VwGO nachgebildet, der die Mitglieder des Gerichts zur Geheimhaltung verpflichtet. Für weitere Personen enthält § 165 Abs. 2 GWB – anders als zumindest § 99 Abs. 2 S. 11 VwGO, wonach für das nichtrichterliche Personal die Regelungen des personellen Geheimschutzes gelten, – keine expliziten Regelungen. Das bedeutet freilich nicht, dass etwa Mitarbeiter und Mitarbeiterinnen der Geschäftsstellen der Vergabekammer zur Geheimhaltung nicht verpflichtet wären. Für diese ergibt sich dies aus den oben beschriebenen Grundsätzen zur vertraulichen Behandlung und dem allgemeinen Grundsatz der Amtsverschwiegenheit.

23 Aufgrund des Vorgenannten dürfen gemäß § 165 Abs. 2 Hs. 2 GWB die **Entscheidungsgründe** der Vergabekammer dann auch Art und Inhalt der geheim gehaltenen Urkunden, Akten, elektronischen Dokumente und Auskünfte nicht erkennen lassen. Das GWB kennt den Begriff der Entscheidungsgründe nicht (ebenso wenig wie übrigens die VwGO für die nach § 99 Abs. 2 VwGO zu fassenden Beschlüsse[25]). Die Pflicht erstreckt sich nach dem Zweck der Regelung daher auf die gesamte Entscheidung einschließlich des Sachverhaltes und des Tenors. Aus diesen dürfen die Beteiligten keine Rückschlüsse auf den Inhalt der geheim gehaltenen Unterlagen ziehen. Soweit sich bereits aus der Art der Unterlage[26] Rückschlüsse auf die geheim gehaltenen Informationen ergeben können, dürfen auch diese nicht aus der Entscheidung hervorgehen. Sind die geheim zu haltenden Unterlagen gleichwohl für die Entscheidung der Vergabekammer tragend (vgl. dazu auch im Folgenden), so ist jedenfalls in der Begründung anzuführen, dass die Entscheidung auf Daten beruht, welche aus Gründen der Geheimhaltung oder Vertraulichkeit nicht offenbart werden können.

24 Die Regelung verbietet der Vergabekammer zumindest dem Wortlaut nach nicht, ihre Entscheidung auch auf die geheim gehaltenen Unterlagen zu stützen. Nach einer älteren Entscheidung des OLG Düsseldorf schied ein sog. **„In camera"-Verfahren** im Anwendungsbereich des GWB aus. Danach konnte die Vergabekammer ihre Entscheidung auf Unterlagen nur insoweit stützen, als ihr Inhalt vorgetragen und zum Gegenstand des Verfahrens gemacht worden war.[27] Eine Verwertung der Unterlagen, ohne den Beteiligten dazu rechtliches Gehör zu gewähren, war damit ausgeschlossen. Die uneingeschränkte Gültigkeit dieses Grundsatzes für Vergaben i.S.d. § 104 Abs. 1 GWB wurde allerdings angezweifelt.[28] Der BGH hat sich mit dem Problemkreis nunmehr in einer äußerst lesenswerten Entscheidung ausführlich auseinandergesetzt.[29] Soweit Geschäftsgeheimnisse der Bieter betroffen sind und Einsicht in diese Informationen zu Recht verweigert wird, soll die Vergabekammer unter sinngemäßer Anwendung von § 76 Abs. 1 S. 3 GWB gleichwohl berechtigt sein, diese Umstände in ihrer Entscheidung zu verwerten. Die Vergabekammer darf bei der Sachentscheidung Umstände berücksichtigen, deren Offenlegung sie mit Rücksicht auf ein Geheimhaltungsinteresse abgelehnt hat, das nach Abwägung aller Umstände das Interesse der Beteiligten auf rechtliches Gehör auch unter Beachtung des Rechts auf effektiven Rechtsschutz überwiegt.[30] Damit hat der BGH für den Bereich der Vergabenachprüfung ein „In camera"-Verfahren für grundsätzlich denk-

25 *Geiger*, NJW 2002, 1248 (1249 Fn. 21).
26 Vgl. Rn. 10.
27 OLG Düsseldorf, Beschluss v. 28.12.2007 – VII-Verg 40/07.
28 Vgl. Kommentierung zu § 164 GWB in der Vorauflage, Rn. 15; so auch *Roth/Lamm*, NZBau 2012, 609 (611 f.).
29 Vgl. BGH, Beschluss v. 31.1.2017 – X ZB 10/16, instruktiv auch hinsichtlich der materiellen und verfahrensrechtlichen Anforderungen an die Gewährung und Verweigerung der Akteneinsicht in diesen Fällen.
30 Vgl. BGH, Beschluss v. 31.1.2017 – X ZB 10/16, Rn. 56.

bar erachtet.[31] Da danach die Grundsätze des Anspruchs auf rechtliches Gehör und des effektiven Rechtsschutzes einer Abwägung mit privaten Geheimhaltungsinteressen zugänglich sind, kann nichts anderes gelten, wenn aus öffentlichem Interesse geheim gehaltene Umstände betroffen sind. Die Geheimhaltung von Vorgängen, deren Bekanntwerden dem Wohl des Bundes oder eines deutschen Landes Nachteile bereiten würde, ist ein legitimes Interesse des Allgemeinwohls.[32] Dies kann es auch rechtfertigen, den Anspruch des Einzelnen auf rechtliches Gehör einzuschränken, wenn der begrenzte Verzicht darauf seinen Rechtsschutz ausnahmsweise verbessert.[33] In Fällen, in denen die Sicherheitsinteressen eine Weitergabe von Verschlusssachen an die übrigen Beteiligten des Verfahrens verbieten, ist ein „In-camera"-Verfahren daher geeignet, den Rechtsschutz überhaupt zu gewährleisten. Die Schwierigkeit wird für die Vergabekammern bei der Abfassung der Beschlüsse darin bestehen, ohne Bezugnahme auf Inhalte von vertraulichen Unterlagen gleichwohl eine schlüssige Begründung zu formulieren, so dass sich daraus auch eine Rechtsmittelbegründung ableiten lässt.[34]

Anlage

Gesetzesbegründung – VergRModG 2016 (BT-Drs. 18/6281)

Seite 135

§ 164 entspricht dem bisherigen § 110a.

31 Anders dagegen für den Bereich verwaltungsrechtlicher Verfahren BVerwG, Beschluss v. 8.3.2010 – 20 F 11/09, Rn. 16.
32 BVerfG, Beschluss v. 27.10.1999 – 1 BvR 385/90, Rn. 87.
33 BVerfG, Beschluss v. 27.10.1999 – 1 BvR 385/90, Rn. 94.
34 *Dicks*, in: Ziekow/Völlink, Vergaberecht, § 164 GWB Rn. 6.

§ 165 GWB
Akteneinsicht

(1) Die Beteiligten können die Akten bei der Vergabekammer einsehen und sich durch die Geschäftsstelle auf ihre Kosten Ausfertigungen, Auszüge oder Abschriften erteilen lassen.

(2) Die Vergabekammer hat die Einsicht in die Unterlagen zu versagen, soweit dies aus wichtigen Gründen, insbesondere des Geheimschutzes oder zur Wahrung von Betriebs- oder Geschäftsgeheimnissen geboten ist.

(3) Jeder Beteiligte hat mit Übersendung seiner Akten oder Stellungnahmen auf die in Absatz 2 genannten Geheimnisse hinzuweisen und diese in den Unterlagen entsprechend kenntlich zu machen. Erfolgt dies nicht, kann die Vergabekammer von seiner Zustimmung auf Einsicht ausgehen.

(4) Die Versagung der Akteneinsicht kann nur im Zusammenhang mit der sofortigen Beschwerde in der Hauptsache angegriffen werden.

Übersicht

	Rn.
A. Historie	1
B. Wesentlicher Inhalt und Zweck der Vorschrift	2
C. Recht auf Akteneinsicht (Abs. 1)	5
I. Gegenstand	5
II. Voraussetzungen	7
1. Antragsberechtigung	7
2. Antrag	8
3. Form	9
4. Eröffnung des Nachprüfungsverfahrens	11
5. Keine Präklusion	12
III. Praktische Durchführung	13
D. Umfang und Grenzen	17
I. Grundlagen	17
II. Einschränkungen wegen fehlendem Rechtsschutzbedürfnis	20
III. Versagung der Akteneinsicht (Abs. 2)	22
1. Erforderlichkeit einer Begrenzung der Akteneinsicht	22
2. Wichtige Gründe	23
a) Geheimschutz	24
b) Betriebs- oder Geschäftsgeheimnisse	29
3. Entscheidung der Vergabekammer	33
a) Vorgehen der Vergabekammer – Zwischenverfahren	33
b) Abwägungsentscheidung	37
c) Vorrang des Einsichtsrechts	41
d) Vorrang des Geheimnisschutzes	42
e) In-camera-Verfahren	44
E. Hinweis der Verfahrensbeteiligten (Abs. 3)	46
F. Rechtsschutz (Abs. 4)	54
I. Rechtsmittel gegen die Versagung der Akteneinsicht	54
II. Rechtsmittel gegen die Stattgabe der Akteneinsicht	56
Anlage Gesetzesbegründung	

A. Historie*

1 Die Vorschrift entspricht § 111 GWB in der vor dem 18. April 2016 geltenden Fassung des GWB. Sie wurde inhaltlich seit ihrer Einfügung in das GWB im Jahr 1999 praktisch nicht verändert. Die ursprünglich genannten Fabrikationsgeheimnisse wurden mit der 7. GWB-Novelle im Jahr 2005 gestrichen, da sie unter den Begriff der Betriebsgeheimnisse fallen.[1]

---

* Die Kommentierung basiert auf der Kommentierung des § 165 GWB in der Vorauflage dieses Kommentars durch Herrn *Hans-Werner Behrens*, dem ich für die Zurverfügungstellung des Manuskriptes herzlich danke.

1 *Vavra*, in: Burgi/Dreher, Vergaberecht, § 165 GWB Rn. 2.

B. Wesentlicher Inhalt und Zweck der Vorschrift

2 Das Recht auf Akteneinsicht ist von zentraler Bedeutung für einen effektiven **Rechtsschutz** und die Durchsetzung der Bieterrechte im öffentlichen Auftragswesen. Das Recht auf Akteneinsicht dient zudem der **Verfahrenstransparenz**, da den am Vergabeverfahren beteiligten Bietern die das Vergabeverfahren betreffenden Unterlagen des Auftraggebers grundsätzlich nicht bekannt sind.[2] Oft wird der Antragsteller im Nachprüfungsverfahren erst nach erfolgter Akteneinsicht in die Lage versetzt, die mit seinem Nachprüfungsantrag geltend gemachten Vergaberechtsverstöße substantiiert vorzutragen.[3] Das Recht auf Akteneinsicht ist aber nicht nur für den Antragsteller im Nachprüfungsverfahren, sondern auch für die gemäß § 162 GWB beigeladenen Unternehmen von Bedeutung. Für beigeladene Unternehmen kann eine Akteneinsicht geboten sein, um sich gegen das Vorbringen des Antragstellers auf der gleichen Tatsachengrundlage verteidigen zu können.

3 Die Akteneinsicht wird durch die **Vergabekammer** gewährt und kann sich, soweit die Einsichtnahme in die Vergabeakten betroffen ist, nur auf jene Akten erstrecken, die der Vergabekammer nach Zustellung des Nachprüfungsantrags vom Auftraggeber gemäß § 163 Abs. 2 S. 3 GWB zur Verfügung gestellt wurden.[4] Soweit Akten der Vergabekammer nicht oder unvollständig vorgelegt werden, hat die Vergabekammer durch entsprechende Maßnahmen eine vollständige Vorlage zu erwirken (§ 163 Abs. 2 S. 5 GWB i.V.m. §§ 57 bis 59 Abs. 1 bis 5 GWB sowie § 61 GWB).

4 Große praktische Bedeutung erlangt das Recht auf Akteneinsicht zudem auch im Hinblick auf **Vergabefehler**, die mit dem Nachprüfungsantrag noch nicht geltend gemacht wurden, weil diese Vergabefehler auf Vorgängen innerhalb der Sphäre der Vergabestelle beruhen, deren Kenntnis sich dem Bieter regelmäßig entzieht. Eine Kenntnis dieser Vergabefehler erlangt der Bieter in diesen Fällen erst durch Akteneinsicht. Die auf diesem Wege erkannten Vergabefehler kann der antragstellende Bieter in das bereits anhängige Nachprüfungsverfahren einbringen, ohne dass es hierfür einer Rüge bedürfte. Denn die Rügeobliegenheit gilt nach § 160 Abs. 3 S. 1 Nr. 1 GWB nur für bis zur Einleitung des Nachprüfungsverfahrens erkannte Vergabeverstöße.[5]

C. Recht auf Akteneinsicht (Abs. 1)

I. Gegenstand

5 Dem Gesetzeswortlaut nach können die Beteiligten die Akten bei der Vergabekammer einsehen und sich durch die Geschäftsstelle auf ihre Kosten Ausfertigungen, Auszüge oder Abschriften erteilen lassen. Kann allerdings ein Beteiligter aufgrund unterlassener Akteneinsicht nicht umfassend vortragen, kann dies wegen des eingeschränkten Untersuchungsgrundsatzes der Vergabekammer gemäß § 163 Abs. 1 S. 2 bis 4 GWB zu seinen Lasten gehen.

6 § 165 GWB spricht allgemein von einem Recht auf Akteneinsicht der Beteiligten, ohne die dem Einsichtsrecht unterliegenden Akten näher zu definieren. Aus der allgemeinen Bezugnahme der Vorschrift auf „**die Akten**" ergibt sich aber, dass die vom Einsichtsrecht umfassten Unterlagen zum einen die von der Vergabestelle auf der Grundlage des § 163 Abs. 2 S. 3 GWB übermittelten Vergabeakten umfassen, also die Dokumentation aller Vorgänge im Rahmen eines Vergabeverfahrens, die notwendig sind, um die Rechtmäßigkeit des Verfahrens beurteilen zu können. Damit gehören zu den Vergabeakten alle Bestandteile einer ordnungsgemäßen Dokumentation im Sinne der vergaberechtlichen Vorgaben (z. B. § 8 VgV). Zum anderen umfasst der Begriff „die Akten" aber auch die bei der Vergabekammer geführten Verfahrensak-

2 Gesetzesbegründung zu § 121 GWB a.F., VgRÄG, BT-Drs. 13/9340, 18.
3 OLG Celle, Beschluss v. 10.9.2001 – 13 Verg 12/01.
4 Zum Gesamtumfang der vom Einsichtsrecht betroffenen Akten siehe Rn. 5 ff.
5 So bereits zur früheren Rechtslage BGH, Beschluss v. 26.9.2006 – X ZB 14/06; OLG Düsseldorf, Beschluss v. 9.4.2003 – VII-Verg 66/02 m.w.N.

ten sowie alle anderen bei der Vergabekammer im Rahmen des konkreten Nachprüfungsverfahrens vorhandenen Unterlagen, wie z. B. beigezogene Akten anderer Behörden, Gutachten, Fotos, Karten usw. Kein Einsichtsrecht besteht, soweit es sich um Entwürfe von Beschlüssen, Vorbereitungsarbeiten oder Abstimmungspapiere der Vergabekammer handelt. Das Einsichtsrecht in die bei der Vergabekammer geführten Verfahrensakten ist allerdings in der Praxis von geringer Bedeutung, da die Verfahrensakten im Wesentlichen den Nachprüfungsantrag sowie die Schriftsätze der Verfahrensbeteiligten enthalten, also Schriftstücke, die den Verfahrensbeteiligten ohnehin durch die Vergabekammer übermittelt werden. Dementsprechend ist ein Antrag auf Einsicht in die Verfahrensakten in der Praxis sehr selten. Praktische Bedeutung kann eine Einsicht in die Verfahrensakten dann erlangen, wenn es um die Wahrung von Fristen geht, wie z. B. die Fünf-Wochen-Frist des § 167 Abs. 1 S. 1 GWB, die Ausschlussfristen des § 167 Abs. 2 S. 2 GWB und § 160 Abs. 3 S. 1 Nr. 4 GWB oder die Frist für die Einlegung der sofortigen Beschwerde gemäß § 172 Abs. 1 S. 1 GWB.

II. Voraussetzungen

1. Antragsberechtigung

Das Recht auf Akteneinsicht besteht zugunsten der am Nachprüfungsverfahren Beteiligten. 7
Dies sind gemäß § 162 GWB der Antragsteller, der Antragsgegner und die beigeladenen Unternehmen. Dritte, die (noch) nicht beigeladen sind, haben kein Recht auf Akteneinsicht. Der Antragsgegner, der im Regelfall die Vergabeakten geführt und erstellt hat, benötigt – wenn überhaupt – allenfalls Akteneinsicht in die Verfahrensakten der Vergabekammer.

2. Antrag

Die Gewährung von Akteneinsicht durch die Vergabekammer ist kein Automatismus, sondern 8
setzt regelmäßig einen Antrag des jeweiligen Verfahrensbeteiligten voraus. In der Praxis wird die Gewährung von Akteneinsicht in der Regel bereits mit Einreichung des Nachprüfungsantrags oder im weiteren Verlauf des Nachprüfungsverfahrens beantragt. Das Antragserfordernis ergibt sich allerdings nicht aus dem Wortlaut des § 165 GWB und es gilt auch nicht ausnahmslos. Stößt die Vergabekammer bei ihrer Prüfung der Vergabeakten auf einen entscheidungserheblichen, von den Beteiligten bislang nicht vorgebrachten und nicht präkludierten Vergabeverstoß, hat sie den Verfahrensbevollmächtigten hierzu rechtliches Gehör zu erteilen und – in den Grenzen des § 165 Abs. 2 GWB – gegebenenfalls auch Akteneinsicht zu erteilen[6].

3. Form

Für die Beantragung von Akteneinsicht gelten keine **Formvorschriften** und keine Vorgaben 9
zum **Übermittlungsweg**. Üblich ist die Beantragung in Schriftform, per Fax oder E-Mail oder durch Übermittlung eines Schriftsatzes über das besondere Anwaltspostfach (beA), soweit die Vergabekammer hierfür einen Zugang eröffnet hat.

Der Antrag muss grundsätzlich nicht begründet werden, eine **Begründung** empfiehlt sich 10
aber, wenn die Einsicht in bestimmte, möglicherweise geheimschutzbedürftige Aktenteile erstrebt wird.

4. Eröffnung des Nachprüfungsverfahrens

Die Gewährung von Akteneinsicht durch die Vergabekammer setzt voraus, dass die Kammer 11
ein Nachprüfungsverfahren überhaupt eröffnet hat, den Antrag also nicht als offensichtlich unzulässig oder unbegründet einstuft (§ 163 Abs. 2 S. 1 GWB), ihn im Anschluss an diese Prüfung an den Auftraggeber oder seinen Vertreter übermittelt und dabei zugleich die Akten gemäß § 163 Abs. 2 S. 3 GWB anfordert.[7] Wird der Nachprüfungsantrag aus vorgenannten

6 *Dicks*, in: Ziekow/Völlink, Vergaberecht, § 165 GWB Rn. 5.
7 VK Bund, Beschluss v. 10.7.2002 – VK 2-24/02.

Gründen nicht übermittelt, kann der Antragsteller kein Rechtsschutzinteresse in Bezug auf die Akteneinsicht geltend machen, sodass ein Recht auf Akteneinsicht in diesem Fall nicht besteht.[8] Dies gilt allerdings nicht, soweit bestimmte Aktenbestandteile für die Beurteilung der Zulässigkeit erheblich sind.[9]

5. Keine Präklusion

12 Dem Antrag auf Akteneinsicht ist seitens der Vergabekammer grundsätzlich auch dann stattzugeben, wenn er in einem späten Verfahrensstadium gestellt wird. Es wird aber in diesem Fall durch die Vergabekammer zu prüfen sein, ob ein daraufhin erfolgter Vortrag des Beteiligten nach § 167 Abs. 2 S. 2 GWB unberücksichtigt zu bleiben hat. Dies kann z. B. der Fall sein, wenn sich der Antragsteller trotz durch die Vergabekammer gesetzter Fristen nicht zu einem Sachvortrag der Vergabestelle eingelassen hat, auf den er sich (fristgerecht) hätte einlassen können, wenn er auf den Sachvortrag hin unverzüglich die Gewährung von Akteneinsicht begehrt hätte.[10] Andererseits kann keinem Beteiligten abverlangt werden, die Akteneinsicht präventiv zu beantragen, wenn aufgrund des bisher im Nachprüfungsverfahren erfolgten Sachvortrags kein Anlass für eine Akteneinsicht bestand. In diesem Fall begegnen auch ein in einem späten Verfahrensstadium gestellter Antrag auf Akteneinsicht und ein daraufhin erfolgter Sachvortrag keinen Bedenken im Hinblick auf § 167 Abs. 2 S. 2 GWB.

III. Praktische Durchführung

13 Dem Gesetzeswortlaut entsprechend können die Beteiligten die Akten bei der Vergabekammer **einsehen**. Das Gesetz beschränkt somit das Recht auf Akteneinsicht der Beteiligten in örtlicher Hinsicht auf die Geschäftsstelle der Vergabekammer. Es besteht insbesondere kein Anspruch der Beteiligten auf die Mitnahme oder Übersendung von Akten oder Aktenbestandteilen. Allerdings haben die Parteien Anspruch darauf, dass die Geschäftsstelle der Vergabekammer ihnen auf ihre Kosten Ausfertigungen, Auszüge oder Abschriften der Vergabeakten erteilt. Gemeint ist damit wohl die Erstellung von (auszugsweisen) Kopien der Vergabeakten.

14 In der Praxis der Vergabekammern hat es sich bewährt, den Beteiligten auf ihre Kosten **Kopien** der Akten, soweit darin keine Geheimnisse i.S.d. § 165 Abs. 2 GWB enthalten sind, per Post, Telefax oder über das besondere Anwaltspostfach zu übermitteln. Diese Vorgehensweise trägt einerseits dem Beschleunigungsgrundsatz (§ 167 GWB) Rechnung und spart andererseits Auslagen, die durch die Anreise zum Sitz der Vergabekammer entstehen würden und gemäß § 182 GWB durch den (oder die) unterliegenden Beteiligten zu tragen wären. Anders ist zu verfahren, wenn die Akten Dokumente enthalten, die durch ihren Urheber als Verschlusssache gekennzeichnet und dementsprechend mit einem Geheimhaltungsgrad versehen wurden. In diesen Fällen ist bei einer Weitergabe dieser Dokumente die Allgemeine Verwaltungsvorschrift des Bundesministeriums des Innern zum materiellen Schutz von Verschlusssachen (VS-Anweisung – VSA) vom 31. März 2006 zu beachten.[11]

15 Wurde das Vergabeverfahren mit elektronischen Mitteln (sog. **E-Vergabe**) durchgeführt, wie dies seit dem Ablauf der letzten Übergangsfristen im Jahr 2018 für Vergabeverfahren oberhalb der EU-Schwellenwerte gemäß § 9 ff. VgV im Regelfall vorgesehen ist, kann die Akteneinsicht de facto nur durch die Übermittlung von Kopien der Akten erfolgen. Wenn gemäß § 53 Abs. 1 VgV bzw. § 13 EU Abs. 1 VOB/A die Abgabe der Interessensbekundungen, Interessensbestätigungen, Teilnahmeanträge und Angebote in Textform nach § 126b BGB mithilfe elektronischer Mittel gemäß § 10 VgV erfolgt, stellen die auf den hierfür benutzten Vergabeplattformen eingestellten Dokumente einen wesentlichen Teil der „Akten" dar. Es ist sogar

8 VK Mecklenburg-Vorpommern, Beschluss v. 5.3.2012 – 2 VK 9/11; VK Brandenburg, Beschluss v. 27.3.2008 – VK 5/08.
9 KG, Beschluss v. 29.2.2012 – Verg 8/11.
10 Hierzu KG, Beschluss v. 18.10.2012 – Verg 7/12.
11 Zur Sicherstellung der Vertraulichkeit von Verschlusssachen und anderer vertraulicher Informationen durch die Vergabekammer siehe *Hofmann* zu § 164 GWB.

zweckmäßig, die gesamte Dokumentation eines Vergabeverfahrens – soweit technisch möglich – auf der Vergabeplattform einzustellen. Die derzeit am Markt verfügbaren Vergabeplattformen ermöglichen es technisch jedoch nicht, einem Bieter Akteneinsicht in den rechtlichen Grenzen des § 165 Abs. 2 GWB zu erteilen. Insbesondere können – zumindest mit vertretbarem Aufwand – die entsprechenden Rollen und Zugriffsrechte nicht so fein eingestellt werden, dass die Akteneinsicht technisch auf den im jeweiligen Beschluss der Nachprüfungsinstanzen festgelegten Umfang beschränkt werden könnte und nicht der Akteneinsicht unterliegende Dokumente ausgenommen oder geschwärzt werden. Die Nachprüfungsinstanzen können daher derzeit lediglich Kopien der auf den Vergabeplattformen eingestellten elektronischen Dokumente gegebenenfalls in teilweise geschwärzter Form im Rahmen der Akteneinsicht übermitteln. Es bleibt abzuwarten, ob in Zukunft eine Akteneinsicht durch Freischaltung der freigegebenen Dokumente erteilt werden kann.

Im Rahmen der praktischen Durchführung der Akteneinsicht können Aktenbestandteile, die dem **Einsichtsrecht nicht unterliegen** – entweder weil es bereits an den grundlegenden Voraussetzungen für eine Akteneinsicht fehlt[12] oder ein Versagungsgrund i.S.d. § 165 Abs. 2 GWB vorliegt[13] –, den Akten entnommen oder aber durch Schwärzungen in zuvor angefertigten Aktenkopien unkenntlich gemacht werden. 16

D. Umfang und Grenzen

I. Grundlagen

Der **Umfang** des Rechts auf Akteneinsicht orientiert sich am Zweck des Nachprüfungsverfahrens, das für sämtliche Teilnehmer eines Vergabeverfahrens eine wettbewerbliche, transparente und diskriminierungsfreie Vergabeentscheidung gewährleisten soll.[14] Das Recht auf Akteneinsicht ist Ausfluss des Anspruchs auf Gewährung rechtlichen Gehörs (Art. 103 Abs. 1 GG) und des Grundrechts auf effektiven Rechtsschutz gemäß Art. 19 Abs. 4 GG.[15] Vor diesem Hintergrund regelt § 165 Abs. 1 GWB im Grundsatz ein unbeschränktes Akteneinsichtsrecht der Beteiligten, das nur dann eine Einschränkung erfährt, wenn wichtige Gründe nach § 165 Abs. 2 GWB, insbesondere des Geheimschutzes oder zur Wahrung von Betriebs- oder Geschäftsgeheimnissen die Versagung der Einsicht gebieten.[16] 17

In der Rechtsprechung der **Vergabekammern** und **Vergabesenate** sowie eines Teils der Literatur herrschte allerdings lange Zeit die Ansicht vor, dass das Akteneinsichtsrecht nur in dem Umfang bestehe, wie es zur Durchsetzung der subjektiven Rechte des betreffenden Verfahrensbeteiligten erforderlich sei.[17] Das nach dem Wortlaut des § 165 Abs. 1 GWB im Ansatz unbeschränkte Recht auf Akteneinsicht sei teleologisch zu reduzieren.[18] Der Gegenstand des Nachprüfungsverfahrens sollte somit den Maßstab für den Umfang der zu gewährenden Akteneinsicht bilden.[19] Diese Auffassung trägt der subjektiven Ausrichtung des Nachprüfungsverfahrens Rechnung, die den Rechtsschutz des antragstellenden Bieters auf die Geltendmachung der Verletzung eigener Rechte begrenzt (vgl. § 160 Abs. 2 GWB). So soll z. B. ein Bieter, der mangels Eignung vom Vergabeverfahren ausgeschlossen wurde und diesen Ausschluss im 18

---

12 Hierzu Rn. 20 ff.
13 Hierzu Rn. 22 ff.
14 So grundlegend OLG Jena, Beschluss v. 26.10.1999 – 6 Verg 3/99.
15 *Vavra*, in: Burgi/Dreher, Vergaberecht, § 165 GWB Rn. 9 f.
16 KG, Beschluss v. 10.2.2020 – Verg 6/19, Rn. 6; OLG Hamburg, Beschluss v. 30.3.2020 – 1 Verg 1/20; OLG Düsseldorf, Beschluss v. 28.12.2007 – VII-Verg 40/07; *Reidt*, in: Reidt/Stickler/Glahs, Vergaberecht, § 165 GWB Rn. 19.
17 Zum Beispiel OLG Celle Beschluss v. 24.9.2014 – 13 Verg 9/14; OLG Brandenburg, Beschluss v. 10.11.2011 – Verg W 13/11; OLG Jena, Beschluss v. 11.1.2007 – 9 Verg 9/06; in jüngerer Zeit noch VK Rheinland, Beschluss v. 19.11.2019 – VK 40/19-L; VK Hamburg, Beschluss v. 12.9.2019 – Vgk FB 6/19.
18 So beispielsweise *Kus*, in: Röwekamp/Kus/Portz/Prieß, GWB-Vergaberecht, § 165 Rn. 29 ff; VK Rheinland-Pfalz, Beschluss v. 13.6.2019 – VK 1-4/19; VK Bund, Beschluss v. 3.4.2018 – VK 2-24/18.
19 OLG Naumburg, Beschluss v. 1.6.2011 – 2 Verg 3/11; OLG Jena, Beschluss v. 11.1.2007 – 9 Verg 9/06; OLG Stuttgart, Beschluss v. 12.4.2000 – 2 Verg 3/00; VK Bund, Beschluss v. 23.1.2004 – VK 2-132/03; VK Hamburg, Beschluss v. 12.9.2019 – Vgk FB 6/19.

Rahmen eines Nachprüfungsverfahrens angreift, keinen Anspruch auf Einsicht in die Wirtschaftlichkeitsbewertung der übrigen Angebote haben.[20] Für die übrigen Verfahrensbeteiligten, insbesondere die gemäß § 162 GWB beigeladenen Unternehmen, soll das Recht auf Akteneinsicht in dem Umfang bestehen, wie es zur Verteidigung der eigenen, durch das Nachprüfungsverfahren berührten Interessen erforderlich ist.

19 Diese Auffassung war nie mit dem Wortlaut und dem Sinn und Zweck des Gesetzes zu vereinbaren und ist aufgrund der aktuellen Rechtsprechung des **BGH**[21] überholt. Der BGH hat vollkommen zu Recht darauf hingewiesen, dass sich die Frage der Entscheidungserheblichkeit in die Einsicht von Aktenbestandteilen nur bei solchen Unterlagen stellt, für die ein Geheimhaltungsinteresse nachvollziehbar dargetan wurde.[22] In diesem Fall ist die Beschränkung auf entscheidungserhebliche Unterlagen im Beschwerdeverfahren aufgrund von § 175 Abs. 2 i.V.m. § 76 Abs. 2 S. 4 GWB gesetzlich geregelt. Im Verfahren vor der Vergabekammer ist – trotz einer fehlenden Verweisung – § 76 Abs. 2 S. 4 GWB sinngemäß ebenso anzuwenden.[23] Einer allgemeinen teleologischen Reduktion des Akteneinsichtsrechts gerade im Hinblick auf Unterlagen, für die kein Geheimhaltungsinteresse nachvollziehbar dargetan wurde, bedarf es nicht. Eine solche teleologische Reduktion wäre auch in der Verfahrenspraxis kritisch, weil sich die Vergabenachprüfungsinstanzen damit anmaßen würden, abschließend beurteilen zu können, welchen Umfang an Akteneinsicht ein Bieter zur Durchsetzung seiner subjektiven Rechte im Verfahren braucht. Es ist aber nie auszuschließen, dass ein Bieter nach erfolgter Akteneinsicht neue, nicht der Rügepräklusion unterliegende Vergabeverstöße vorbringt, die ihn in seinen Rechten nach § 97 Abs. 6 GWB verletzen und die die Nachprüfungsinstanzen bisher nicht erkannt haben. Eine allgemeine Bedürfnisprüfung durch die Nachprüfungsinstanzen für die Einsicht in bestimmte Aktenbestandteile ist daher abzulehnen.[24] Erst recht nicht mit dem Sinn und Zweck des Akteneinsichtsrechts und mit dem Gesetzeswortlaut zu vereinbaren ist die von manchen Nachprüfungsinstanzen vertretene Auffassung, dass das Akteneinsichtsrecht nicht dazu diene, ein Unternehmen in die Lage zu versetzen, ihm bisher unbekannte Vergaberechtsmängel aufzudecken, um sie anschließend zum Gegenstand einer Rüge machen zu können.[25] Damit würde sich das Akteneinsichtsrecht auf die Verifizierung bereits gerügter Vergabeverstöße beschränken und die Aufdeckung von Vergaberechtsverstößen, die dem Bieter nicht bekannt sein können und damit auch nicht der Rügepräklusion nach § 160 Abs. 3 GWB unterliegen, wie z. B. unzulässige Nachverhandlungen oder das Missachten zwingender Ausschlussgründe in Konkurrenzangeboten, würde unmöglich gemacht.[26] Eine solche Einschränkung des grundrechtlich geschützten Akteneinsichtsrechts ist nicht vertretbar.

II. Einschränkungen wegen fehlendem Rechtsschutzbedürfnis

20 Aus dem Korrespondenzverhältnis zwischen subjektiven Bieterrechten und dem Recht auf Akteneinsicht folgt, dass dem Antragsteller bei **unzulässigem Nachprüfungsantrag** mangels Rechtsschutzbedürfnisses in vielen Fällen kein Recht auf umfassende Akteneinsicht zusteht.[27] Vollständig ist die Akteneinsicht wegen Unzulässigkeit des Vergabenachprüfungsantrags allerdings nur dann zu versagen, wenn die Unzulässigkeit offensichtlich ist.[28] Eine teilweise Gewährung von Akteneinsicht im Fall der Unzulässigkeit des Nachprüfungsantrags ist geboten, wenn die Vergabeakten Informationen zur Klärung der Zulässigkeitsfrage enthalten. In diesem Fall steht dem Antragsteller ein Akteneinsichtsrecht jedenfalls insoweit zu, als die Verga-

20 VK Bund, Beschluss v. 7.12.2005 – VK 1-146/05.
21 BGH, Beschluss v. 31.1.2017 – X ZB 10/16, so bereits auch *Glahs*, NZBau 2014, 75 (19).
22 Vgl. hierzu OLG München, Beschluss v. 28.4.2016 – Verg 3/16.
23 BGH, Beschluss v. 31.1.2017 – X ZB 10/16.
24 *Dicks*, in: Ziekow/Völlink, Vergaberecht, § 165 GWB Rn. 5.
25 So OLG Jena, Beschluss v. 11.1.2007 – 9 Verg 9/06; OLG Naumburg Beschluss v. 11.6.2003 – 1 Verg 6/03.
26 So auch KG, Beschluss v. 10.2.2020 – Verg 6/19; *Reidt*, in: Reidt/Stickler/Glahs, Vergaberecht, § 165 GWB Rn. 19.
27 VK Mecklenburg-Vorpommern, Beschluss v. 26.8.2014 – 2 VK 10/14; VK Bund, Beschluss v. 1.7.2002 – VK 1-33/02.
28 KG, Beschluss v. 10.2.2020 – Verg 6/19; VK Brandenburg, Beschluss v. 12.3.2019 – VK1/19.

beakten die Unzulässigkeit des Nachprüfungsantrags dokumentieren.[29] Dies gilt z. B. für den Fall einer seitens der Vergabestelle geltend gemachten Unstatthaftigkeit des Nachprüfungsantrags wegen Nichterreichen der maßgeblichen Auftragsschwellenwerte (§ 106 GWB). Hier ist regelmäßig eine Akteneinsicht in die Grundlage der Auftragswertschätzung geboten. Auch im Falle eines wegen erfolgter Zuschlagserteilung möglicherweise unzulässigen Nachprüfungsantrags wird die Vergabekammer in der Regel eine Übermittlung des Nachprüfungsantrags an den Auftraggeber oder seinen Vertreter vornehmen und die Vergabeakten (zumindest in den relevanten Teilen) anfordern, weil sich die Frage der wirksamen Zuschlagserteilung erst aufgrund einer Einsichtnahme der Kammer in die Vergabeakten zuverlässig beantworten lässt. In diesem Fall ist die Vergabekammer gehalten, soweit entsprechende Akteneinsicht beantragt wurde, dem Antragsteller Einsicht in die den Zuschlag dokumentierenden Aktenbestandteile zu gewähren.

Andererseits ist die Akteneinsicht zu versagen, wenn die Vergabekammer zu dem Ergebnis kommt, der Nachprüfungsantrag ist aus Gründen unzulässig, die gegenüber dem Antragsteller bereits dokumentiert sind und demnach dem Antragsteller auch ohne Akteneinsicht **bereits bekannt** sind. Dies kann z. B. bei Nichteinhaltung der Rügeobliegenheit (§ 160 Abs. 3 GWB) der Fall sein oder wenn mit dem Nachprüfungsantrag ausschließlich die Verletzung nicht bieterschützender Normen geltend gemacht wird und es somit an der Antragsbefugnis (§ 160 Abs. 2 GWB) fehlt. 21

III. Versagung der Akteneinsicht (Abs. 2)

1. Erforderlichkeit einer Begrenzung der Akteneinsicht

Gemäß § 165 Abs. 2 GWB hat die Vergabekammer die Einsicht in Unterlagen zu versagen, soweit dies aus wichtigen Gründen, insbesondere des Geheimschutzes oder zur Wahrung von Betriebs- oder Geschäftsgeheimnissen geboten ist. Diese Einschränkung des Akteneinsichtsrechts ist notwendig, um berechtigte Interessen des Auftraggebers oder eines am Vergabeverfahren Beteiligten zu schützen und um Rechtsmissbrauch zu verhindern.[30] Dabei ist zu beachten, dass insbesondere die Wahrung der Betriebs- oder Geschäftsgeheimnisse ebenfalls grundrechtlich garantiert ist. Art 14 GG schützt die wirtschaftliche Handlungsfreiheit und das geistige Eigentum, während Art. 12 GG im Rahmen der Berufsfreiheit auch den Schutz von Betriebs- und Geschäftsgeheimnissen umfasst.[31] Ebenso ist der Schutz von vertraulichen Informationen, insbesondere von Betriebs- oder Geschäftsgeheimnissen ausdrücklich in Art. 21 Abs. 1 RL 2014/24/EU festgeschrieben. 22

2. Wichtige Gründe

Im Rahmen der Abwägungsentscheidung der Vergabekammer über Vorliegen oder Nichtvorliegen eines wichtigen Grundes nennt § 165 Abs. 2 GWB beispielhaft („insbesondere") einige wichtige Gründe, die jeweils Geheimhaltungsinteressen der Vergabestelle und der am Vergabeverfahren teilnehmenden Bieter betreffen. Bei diesen Daten, an denen andere Bieter ein Geheimhaltungsinteresse haben, handelt es sich zumeist um Angebotsbestandteile konkurrierender Bieter, wie z. B. Preis- oder Produktangaben, Kalkulationsgrundlagen, Lösungsvorschläge bei funktionalen Ausschreibungen, Inhalte von Nebenangeboten oder Änderungsvorschlägen, technische Ausstattung von Unternehmen. Daneben können in besonderen Fällen auch Geheimhaltungsinteressen des Auftraggebers zu beachten sein. 23

29 OLG Frankfurt, Beschluss v. 12.12.2014 – 11 Verg 8/14; KG, Beschluss v. 29.2.2012 – Verg 8/11; OLG München, Beschluss v. 8.11.2010 – Verg 20/10.
30 Gesetzesbegründung zu § 121 GWB a.F., VgRÄG, BT-Drs. 13/9340, 18.
31 BVerfG, Beschluss v. 14.3.2006 – 1 BvR 2087/03; OLG Düsseldorf, Beschluss v. 27.5.2020 – VII-Verg 2/19; *Vavra*, in: Burgi/Dreher, Vergaberecht, § 165 GWB Rn. 12.

a) Geheimschutz

24 Der erste in § 165 Abs. 2 GWB genannte Beispielsfall ist der Geheimschutz. Hier handelt es sich in aller Regel um Akteninhalte, an deren Geheimhaltung der Auftraggeber ein berechtigtes Interesse hat.[32] Solche Geheimhaltungsinteressen des Auftraggebers müssen durch berechtigte und für die Vergabekammer nachvollziehbare Gründe gedeckt sein.

25 Dies kann z. B. in Bezug auf bestimmte **interne Vorgänge** des Auftraggebers (Haushaltsansätze, zukünftige Einkaufsstrategien o.Ä.) der Fall sein, nicht aber beim Ergebnis seiner **Auftragswertschätzung**, da diese nach Anhang V Teil C Nr. 8 RL 2014/24/EU zu den Pflichtangaben der Auftragsbekanntmachung zählt.[33] In der Praxis spielen die vorgenannten Beispiele allerdings kaum eine Rolle, da derartige Interna des Auftraggebers in der Regel keinen Bezug zu möglichen Rechtsverletzungen eines Bieters aufweisen und daher für eine Einsicht in diese Aktenbestandteile in vielen Fällen kein Rechtsschutzbedürfnis besteht.

26 Von größerer Bedeutung in der Praxis ist hingegen die Konstellation, dass ein Auftraggeber seine **Angebotswertung** als geheimhaltungsbedürftig kennzeichnet, weil sie Geschäftsgeheimnisse anderer Bieter enthält. In diesem Fall handelt es sich jedoch in erster Linie um Geheimhaltungsinteressen der Bieter[34], durch deren Offenbarung der Auftraggeber nicht in eigenen Rechten verletzt werden kann. Er kann sich daher nicht zum Anwalt der Geheimhaltungsinteressen der weiteren Bieter aufschwingen.[35]

27 Daneben wird man unter den Begriff des „Geheimschutzes" in § 165 Abs. 2 GWB auch Interna des Auftraggebers zu verstehen haben, die von ihm mit einem Geheimhaltungsgrad im Sinne der Allgemeinen Verwaltungsvorschrift des Bundesministeriums des Innern zum materiellen Schutz von **Verschlusssachen** (VS-Anweisung – VSA) vom 31. März 2006 versehen wurden. In diesen Fällen scheidet eine Akteneinsicht nicht per se aus, sondern unterliegt hinsichtlich ihrer Gewährung demselben Abwägungsprozess, der auch für alle anderen Aktenbestandteile gilt, die für eine Akteneinsicht in Betracht kommen.[36] Wenn im Rahmen der Akteneinsicht indes Dokumente übermittelt werden sollen, die unter die VS-Anweisung fallen, sind die hierfür geltenden besonderen Regelungen der VS-Anweisung zu beachten.[37]

28 Ebenfalls kein Fall von Geheimschutzinteressen des Auftraggebers sind z. B. die in § 117 Nr. 3 GWB genannten Aufträge, die z. B. in Übereinstimmung mit den Rechts- und Verwaltungsvorschriften der Bundesrepublik Deutschland für geheim erklärt werden oder deren Ausführung nach diesen Vorschriften besondere Sicherheitsmaßnahmen erfordert. Denn hier handelt es sich um Fälle, in denen das Nachprüfungsverfahren von vornherein nicht statthaft ist und somit ein Anspruch auf Akteneinsicht gar nicht erst entsteht. In Betracht kommt hier allerdings – soweit die Anwendung des § 117 Nr. 3 GWB durch den Antragsteller mit dem Nachprüfungsantrag angegriffen wird – ein Einsichtsrecht in jene Aktenbestandteile, in denen der Auftraggeber die Gründe für die Anwendung dieser Norm dokumentiert. Die vorstehenden Ausführungen gelten sinngemäß auch für alle anderen vom GWB erfassten **Ausnahmebereiche** (insbesondere §§ 116, 117, 137, 138, 139, 140, 145, 149, 150 GWB), soweit es gerade um die Dokumentation der Gründe für die Nichtanwendung des Teil 4 GWB geht.

b) Betriebs- oder Geschäftsgeheimnisse

29 Die zweite in § 165 Abs. 2 GWB genannte Beispielsgruppe, nämlich die Wahrung von Betriebs- oder Geschäftsgeheimnissen, spielt in der Praxis eine weitaus größere Rolle als die Geheimschutzinteressen des Auftraggebers. Bei dieser Beispielsgruppe handelt es sich in aller Regel um Aktenbestandteile, an deren Geheimhaltung in erster Linie ein berechtigtes Interesse der am Vergabeverfahren teilnehmenden Bieter oder Bewerber besteht. Maßgeblich ist inso-

---

32 Vgl. Gesetzesbegründung zu § 121 GWB a.F., VgRÄG, BT-Drs. 13/9340, 18.
33 OLG Düsseldorf, Beschluss v. 28.12.2007 – VII-Verg 40/07.
34 Siehe Rn. 29 ff.
35 OLG München, Beschluss v. 28.4.2016 – Verg 3/16.
36 Siehe hierzu Rn. 37 ff.
37 Zur Sicherstellung der Vertraulichkeit von Verschlusssachen und anderer vertraulicher Informationen durch die Vergabekammer siehe *Hofmann* zu § 164 GWB.

weit die Frage, ob die fraglichen Aktenbestandteile dem betriebsbezogenen Vertraulichkeitsbereich eines am Vergabeverfahren Beteiligten zuzuordnen sind und nach dessen erkennbarem Willen geheim gehalten werden sollen.[38]

Vor dem Inkrafttreten des GeschGehG fielen unter den Begriff der Betriebsgeheimnisse jene Tatsachen, welche die technische Seite des Unternehmens betreffen, also das allgemeine technische Know-how, wie z. B. Produktionsmethoden und Verfahrensabläufe, die nicht offenkundig, sondern nur einem begrenzten Personenkreis zugänglich sind und an deren Nichtverbreitung das Unternehmen ein schutzwürdiges wirtschaftliches Interesse hat.[39] Unter den Begriff der Geschäftsgeheimnisse fiel insbesondere der kaufmännische Bereich des Unternehmens, wie z. B. Kalkulationen, Marktstrategien und Kundenlisten. 30

Der Begriff der **Geschäftsgeheimnisse** ist mittlerweile in § 2 Nr. 1 GeschGehG definiert. 31
Nach § 1 Abs. 2 GeschGehG sollen zwar öffentlich-rechtliche Vorschriften zur Geheimhaltung, Erlangung, Nutzung oder Offenlegung von Geschäftsgeheimnissen wie § 165 GWB den Regelungen des GeschGehG vorgehen. Es bietet sich aber dennoch an, die Legaldefinition des § 2 Nr. 1 GeschGehG auch im Vergaberecht heranzuziehen.[40] Ein Geschäftsgeheimnis ist eine Information, die weder insgesamt noch in der genauen Anordnung und Zusammensetzung ihrer Bestandteile den Personen in den Kreisen, die üblicherweise mit dieser Art von Informationen umgehen, allgemein bekannt oder ohne Weiteres zugänglich ist und daher von wirtschaftlichem Wert ist und die Gegenstand von den Umständen nach angemessenen Geheimhaltungsmaßnahmen durch ihren rechtmäßigen Inhaber ist und bei der ein berechtigtes Interesse an der Geheimhaltung besteht. Die Definition nach § 2 Nr. 1 GeschGehG ist weiter als der bisherige Begriff des Geschäftsgeheimnisses, er umfasst sowohl technische als auch kaufmännische Informationen. Im Kontext der Akteneinsicht in einem vergaberechtlichen Nachprüfungsverfahren sind hier insbesondere die technischen Angebotsdetails, sowie die kalkulatorischen Annahmen eines Bieters von Bedeutung. Zu den Geschäftsgeheimnissen zählen auch die einzelnen Preispositionen der Angebote. Der Gesamtpreis eines Angebots ist regelmäßig ebenfalls ein Geschäftsgeheimnis, anders ist dies nur bei Bauvergaben nach der VOB/A, wo nach § 14 EU Abs. 6 VOB/A die Bekanntgabe der Endbeträge der Angebote oder einzelner Lose bekanntzugeben ist.

Soweit eine Tatsache **offenkundig**, also nicht nur einem beschränkten Personenkreis bekannt ist, kann sie kein Geheimnis i.S.d. § 165 Abs. 2 GWB sein, da es dann am notwendigen Geheimhaltungsinteresse mangelt. Dies trifft z. B. auf sog. marktbekannte Umstände zu, also das Unternehmen betreffende Tatsachen, die jedenfalls im Marktumfeld des Unternehmens bekannt sind. Ob eine Verletzung der Obliegenheit angemessener Geheimschutzmaßnahmen nach § 2 Nr. 1 lit. b GeschGehG auch im Vergabenachprüfungsverfahren zum Verlust des Geheimschutzes für diese Information führt[41], ist allerdings fraglich, weil die Vergabenachprüfungsinstanzen stets die möglichen Folgen der Offenbarung von Informationen bei ihrer Abwägungsentscheidung[42] zu beachten haben. 32

3. Entscheidung der Vergabekammer

a) Vorgehen der Vergabekammer – Zwischenverfahren

Wird in einem Nachprüfungsverfahren Einsicht in solche Aktenbestandteile beantragt, für die ein Geheimhaltungsinteresse nachvollziehbar dargetan wurde, haben die Nachprüfungsinstanzen eine **Abwägung** zwischen den Geheimhaltungsinteressen der Vergabestelle und insbesondere der weiteren am Vergabeverfahren teilnehmenden Bieter und dem Interesse des Antragstellers an einem effektiven Rechtsschutz vorzunehmen. Dass es hierbei zu Interessen- 33

---

38 OLG Hamburg, Beschluss v. 30.3.2020, 1 Verg 1/20; OLG Düsseldorf, Beschluss v. 28.12.2007 – VII-Verg 40/07; OLG Jena, Beschluss v. 26.10.1999 – 6 Verg 3/99.
39 BVerfG, Beschluss v. 14.3.2006 – 1 BvR 2087/03, 1 BvR 2111/03; BGH, Beschluss v. 16.11.2009 – X ZB 37/08; OLG Düsseldorf, Beschluss v. 27.5.2020 – VII-Verg 2/19.
40 So auch *Rosenkötter/Seeger*, NZBau 2019, 619 (620).
41 So *Rosenkötter/Seeger*, NZBau 2019, 619 (620).
42 Siehe Rn. 37 ff.

kollisionen kommt, liegt auf der Hand. Der antragstellende Bieter hat in der Regel ein Interesse daran, Einblick in sämtliche Aktenbestandteile zu erhalten, die im Zusammenhang mit der ihn benachteiligenden Entscheidung der Vergabestelle stehen, um die von ihm mit dem Nachprüfungsantrag geltend gemachten Rechtsverletzungen zu konkretisieren oder zusätzliche, erst aufgrund der Akteneinsicht erkennbare Rechtsverletzungen in das Verfahren einzubringen. Dem stehen etwaige Geheimhaltungsinteressen der Vergabestelle oder der anderen Bieter hinsichtlich ihrer angebots- und unternehmensbezogenen Daten entgegen. Die anderen Bieter können ein berechtigtes Interesse daran haben, dass diese Daten dem Antragsteller, der gleichzeitig auch Wettbewerber ist, nicht zugänglich gemacht werden. Der grundrechtlich garantierte Anspruch auf rechtliches Gehör sowie auf effektiven Rechtsschutz und die ebenfalls grundrechtlich geschützten Geheimhaltungsinteressen sind unter Berücksichtigung der Umstände des Einzelfalls gegeneinander abzuwägen. Die Grundrechte auf rechtliches Gehör (Art. 103 Abs. 1 GG) und auf effektiven Rechtsschutz (Art. 19 Abs. 4 GG) stehen den Grundrechten aus Art. 12 und 14 GG, auf denen der Schutz der Betriebs- und Geschäftsgeheimnisse basiert, im Grundsatz gleichberechtigt gegenüber, sodass die Abwägung der widerstreitenden Grundrechtspositionen immer am konkreten Einzelfall vorgenommen werden muss.[43]

34 Um der Vergabekammer zumindest erste Anhaltspunkte für etwaige Geheimhaltungsinteressen der am Nachprüfungsverfahren Beteiligten zu geben, regelt § 165 Abs. 3 S. 1 GWB, dass bereits mit Übersendung der Akten auf die in § 165 Abs. 2 GWB genannten Geheimnisse hinzuweisen ist. Diese **Hinweise der Vergabestelle** entheben die Vergabekammer jedoch nicht von der Verpflichtung, eine eigene Prüfung dahingehend vorzunehmen, ob im konkreten Fall Geheimhaltungsinteressen der am Vergabeverfahren Beteiligten, namentlich der Vergabestelle und sämtlicher Bieter, verletzt würden. Da die Vergabeakten in weiten Bereichen Geheimnisse der Bieter enthalten (z. B. technische Inhalte bei Nebenangeboten, Preise), die nicht ohne Weiteres zur Disposition der Vergabestelle stehen, hat die Vergabekammer hier im Rahmen einer Abwägungsentscheidung besonders zu prüfen, ob die von der Vergabestelle als geheimhaltungsbedürftig bezeichneten Tatsachen zu erweitern oder einzuschränken sind.

35 Bei Zweifeln über die Geheimhaltungsbedürftigkeit hat die Vergabekammer eine **Stellungnahme des Geheimnisträgers**, also des Auftraggebers oder des betroffenen Unternehmens, einzuholen. Soweit sich dieser in seiner Stellungnahme auf die Geheimhaltungsbedürftigkeit beruft, ist dies gegenüber der Vergabekammer nachvollziehbar zu begründen.[44]

36 Gelangt die Vergabekammer trotz gegenteiliger Einlassung des Geheimnisträgers zu der Auffassung, dass Geheimhaltungsinteressen nicht verletzt werden, und beruft sich der Geheimnisträger weiterhin auf sein Geheimhaltungsinteresse, kann die Vergabekammer insoweit zunächst keine Akteneinsicht gewähren. Die Vergabekammer hat in diesem Fall zunächst eine rechtsmittelfähige **Zwischenentscheidung** zu treffen und kann Akteneinsicht erst nach Ablauf der Rechtsmittelfrist bzw. abschließender bestätigender Entscheidung des Beschwerdegerichts gewähren oder muss – soweit das Beschwerdegericht die Zwischenentscheidung der Vergabekammer aufhebt – die Akteneinsicht versagen.[45] Bei diesem Zwischenverfahren um die Gewährung von Akteneinsicht in Geschäfts- oder Betriebsgeheimnisse handelt es sich um ein sogenanntes „In-camera"-Verfahren. Für den Streit um die Geheimhaltung von Aktenbestandteilen dürfen die Informationen, um deren Geheimhaltung es geht, dem außenstehenden Beteiligten nicht zugänglich gemacht werden.[46]

---

43 OLG München, Beschluss v. 28.4.2016 – Verg 3/16; *Vavra*, in: Burgi/Dreher, Vergaberecht, § 165 GWB Rn. 19.; a.A. OLG Jena, Beschluss v. 8.10.2015 – Verg 4/15, wonach ein grundsätzlicher Vorrang des Akteneinsichtsrechts bestehen soll.

44 OLG München, Beschluss v. 28.4.2016 – Verg 3/16.

45 Siehe auch Rn. 56 ff.; grundlegend BGH, Beschluss v. 31.1.2017 – X ZB 10/16; ebenso OLG Frankfurt, Beschluss v. 12.12.2014 – 11 Verg 8/14; OLG Düsseldorf, Beschluss v. 28.12.2007 – VII-Verg 40/07.

46 BGH, Beschluss v. 31.1.2017 – X ZB 10/16.

b) Abwägungsentscheidung

37 Gelangt die Vergabekammer zu dem Schluss, dass durch Einsicht in bestimmte Aktenbestandteile Geheimhaltungsinteressen betroffen sein können, hat die Vergabekammer, wie sich aus dem Begriff „geboten" ergibt, im Zwischenverfahren abzuwägen, ob eine Akteneinsicht dennoch in Betracht kommt. Dabei besteht allerdings kein Regel-Ausnahme-Verhältnis zugunsten der Akteneinsicht und zulasten schützenswerter Geheimnisse. Denn durch das Nachprüfungsverfahren darf der Geheimwettbewerb nicht eingeschränkt werden, ansonsten bestünde die Gefahr des Missbrauchs von Nachprüfungsverfahren mit dem Ziel der Ausforschung der Konkurrenz.[47]

38 Im Rahmen der von der Vergabekammer in einem solchen Fall zu treffenden **Abwägungsentscheidung** ist zu prüfen, ob das Geheimhaltungsinteresse des Betroffenen hinter noch wichtigeren Interessen des die Akteneinsicht begehrenden Beteiligten zurückzutreten hat. Auch wenn bestimmte Informationen und Daten ihrer Qualität nach als Geschäfts- oder Betriebsgeheimnisse anzuerkennen sind, folgt daraus nicht, dass sie unter allen Umständen von der Akteneinsicht eines anderen Beteiligten ausgeschlossen wären.[48] Dabei sind sowohl im Verfahren vor der Vergabekammer als auch im Beschwerdeverfahren – dort explizit aufgrund der Verweisung in § 175 Abs. 2 GWB – die Grundsätze von § 76 Abs. 2 S. 4 GWB zu berücksichtigen. Danach können die Vergabenachprüfungsinstanzen die Offenlegung von Aktenbestandteilen, deren Geheimhaltung aus wichtigen Gründen, insbesondere zur Wahrung von Betriebs- oder Geschäftsgeheimnissen, verlangt wird, nach Anhörung des von der Offenlegung Betroffenen durch Beschluss anordnen, soweit es für die Entscheidung auf diese Tatsachen oder Beweismittel ankommt, andere Möglichkeiten der Sachaufklärung nicht bestehen und nach Abwägung aller Umstände des Einzelfalles die Bedeutung der Sache für die Sicherung des Wettbewerbs das Interesse des Betroffenen an der Geheimhaltung überwiegt.[49]

39 Für die eigentliche Abwägungsentscheidung sind zugunsten des Inhabers unternehmensbezogener Geheimnisse die mit einiger Wahrscheinlichkeit zu erwartenden **Nachteile** zu berücksichtigen, die er im zukünftigen Wettbewerb durch die Offenlegung der fraglichen Informationen erleiden könnte. Er hat deshalb im Streit um die Akteneinsicht plausibel – wenn auch ohne inhaltliche Preisgabe seiner Geheimnisse – aufzuzeigen, inwieweit die Kenntnis des Gegners von den fraglichen Informationen seine Stellung im zukünftigen Wettbewerb außerhalb des konkreten Nachprüfungsverfahrens beeinträchtigen könnte.[50] Zugunsten des Akteneinsicht begehrenden Beteiligten ist insbesondere zu berücksichtigen, ob es ihm erst durch die Kenntnis dieser Informationen möglich ist, durch detailliertes und von der eigenen Sachkunde getragenes Vorbringen zum richtigen Ausgang des Nachprüfungsverfahrens und damit mittelbar auch zu einer vergaberechtskonformen Zuschlagserteilung beizutragen.[51]

40 Bei der Entscheidung über Ablehnung oder Stattgabe eines Antrags auf Akteneinsicht steht der Vergabekammer kein **Ermessens-** oder **Beurteilungsspielraum** zu.[52] Maßstab der Vergabekammer für Stattgabe oder Ablehnung eines Akteneinsichtsantrags ist somit ausschließlich das Ergebnis der Interessenabwägung.

c) Vorrang des Einsichtsrechts

41 Eine Gewährung von Akteneinsicht in Aktenbestandteile, die unternehmensbezogene Geheimnisse (Betriebs- und Geschäftsgeheimnisse) enthalten, kommt nur dann und insoweit in Betracht, als deren Kenntnis entscheidungserheblich ist und andere Möglichkeiten der Sachaufklärung nicht bestehen.[53] Dazu ist der Beteiligte, dessen Geheimnisse gegebenenfalls offengelegt werden, stets vor der Zwischenentscheidung der Vergabekammer und vor der

47 OLG München, Beschluss v. 28.4.2016 – Verg 3/16; a.A. OLG Jena, Beschluss v. 8.10.2015 – 2 Verg 4/15.
48 BGH, Beschluss v. 31.1.2017 – X ZB 10/16.
49 BGH, Beschluss v. 31.1.2017 – X ZB 10/16.
50 BGH, Beschluss v. 16.11.2009 – X ZB 37/08.
51 BGH, Beschluss v. 31.1.2017 – X ZB 10/16.
52 OLG Düsseldorf, Beschluss v. 28.12.2007 – VII-Verg 40/07.
53 BGH, Beschluss v. 31.1.2017 – X ZB 10/16.

Offenlegung anzuhören. Gelangt die Vergabekammer zu dem Ergebnis, dass bestimmte Informationen, für die Schutz als Geschäfts- oder Betriebsgeheimnis beansprucht wird, offenzulegen sind, fasst sie im Zwischenverfahren einen rechtsmittelfähigen Beschluss darüber.

d) Vorrang des Geheimnisschutzes

42 Soweit die Vergabekammer Akteneinsicht wegen vorrangigen Geheimnisschutzes **verweigert**, gilt § 165 Abs. 4 GWB; diese Entscheidung kann nur im Zusammenhang mit der sofortigen Beschwerde in der Hauptsache angegriffen werden. Wird in einem Nachprüfungsverfahren ein solcher rechtsmittelfähiger Beschluss über die Gewährung der Akteneinsicht erforderlich, führt dies zu einer erheblichen Verzögerung des Nachprüfungsverfahrens. Die Fünf-Wochen-Frist des § 167 Abs. 1 S. 1 GWB kann in einem solchen Fall regelmäßig selbst dann nicht eingehalten werden, wenn gegen den Beschluss keine sofortige Beschwerde[54] erhoben wird. Muss der Vergabesenat über den Umfang der Akteneinsicht entscheiden, ist mit mehreren Monaten Verfahrensdauer zu rechnen.[55]

43 Auch in dem Fall, dass sich in der Abwägungsentscheidung die **Geheimhaltungsinteressen** als **vorrangig** erweisen, darf vor dem Hintergrund der Gewährung effektiven Rechtsschutzes (Art. 19 Abs. 4 GG) und rechtlichem Gehör (Art. 103 Abs. 1 GG) sowie der Transparenz des Vergabeverfahrens (§ 97 Abs. 1 S. 1 GWB) die Versagung der Akteneinsicht in der Regel aber nicht so weit gehen, dass den Beteiligten nur noch formale Bestandteile der Akte (z. B. Auftragsbekanntmachung, Vergabeunterlagen) zugänglich gemacht werden, die der Bieter ohnehin zumeist kennt und die für die von ihm geltend gemachten Rechtsverletzungen ohne Bedeutung sind. Zumindest die für die geltend gemachte Rechtsverletzung des Antragstellers maßgeblichen Aktenbestandteile sind grundsätzlich im Rahmen der Akteneinsicht zur Verfügung zu stellen. Soweit diese Aktenbestandteile schützenswerte Geheimnisse anderer Bieter (z. B. Preise, technische Details) enthalten, was oft der Fall ist, hat die Vergabekammer durch entsprechende Schwärzungen in den Aktenkopien den berechtigten Schutzinteressen der betroffenen Beteiligten Rechnung zu tragen.[56] Zudem ist zu prüfen, ob und inwieweit die übrigen Verfahrensbeteiligten über die von der Akteneinsicht auszunehmenden Inhalte ohne Preisgabe des Geheimnisses zumindest in allgemeiner oder anonymisierter Form unterrichtet werden können.[57] Entscheidend für den rechtsschutzsuchenden Antragsteller ist letztlich, dass er erkennen kann, auf welchen Erwägungen die ihn benachteiligende Entscheidung der Vergabestelle basiert und ob diese die Problematik überhaupt erkannt und dokumentiert hat.

e) In-camera-Verfahren

44 Ist eine Akteneinsicht auch in entscheidungserhebliche Aktenbestandteile nach § 165 Abs. 2 GWB aus wichtigen Gründen ganz oder teilweise zu versagen und können die entscheidungserheblichen Tatsachen auch nicht in allgemeiner oder anonymisierter Form vorgetragen werden, sind die Vergabenachprüfungsinstanzen ähnlich wie die Gerichte in Verfahren nach § 138 Abs. 2 und 3 TKG nicht generell daran gehindert, diese Aktenbestandteile im sog. **In-camera-Verfahren**[58] zu verwerten und ihrer Entscheidung zugrunde zu legen. Sowohl im Nachprüfungsverfahren vor der Vergabekammer – trotz fehlender Verweisung – als auch im Beschwerdeverfahren gemäß § 175 Abs. 2 GWB ist § 76 Abs. 1 S. 3 GWB sinngemäß anzuwenden.[59] Danach dürfen die Vergabenachprüfungsinstanzen von dem Grundsatz in § 70 Abs. 2 S. 3 GWB, dass die Entscheidung nur auf Tatsachen und Beweismittel gestützt werden darf, zu denen die Beteiligten sich äußern konnten (eine Ausprägung des Grundrechts auf rechtliches Gehör gemäß Art. 103 Abs. 1 GG), abweichen, soweit Beteiligten aus wichtigen Gründen, insbesondere zur Wahrung von Betriebs- oder Geschäftsgeheimnissen, Akteneinsicht nicht gewährt und der Akteninhalt aus diesen Gründen auch nicht vorgetragen worden

54 Vgl. Rn. 56 ff.
55 Siehe z. B. den Verfahrensablauf der zu OLG München, Beschluss v. 28.4.2016 – Verg 3/16, führte.
56 OLG München, Beschluss v. 28.4.2016 – Verg 3/16.
57 OLG Naumburg, Beschluss v. 1.6.2011 – 2 Verg 3/11.
58 Siehe hierzu BVerfG, Beschluss v. 27.10.1999 – 1 BvR 385/90 zu § 99 VwGO.
59 BGH, Beschluss v. 31.1.2017 – X ZB 10/16.

ist. Würden dem Antragsteller im Nachprüfungsverfahren die Einsicht in unternehmensbezogene Geheimnisse eines Mitbewerbers vorenthalten und der Grundsatz des rechtlichen Gehörs im Sinne der Regelungen in § 76 Abs. 1 S. 2 GWB oder § 108 Abs. 2 VwGO in der Weise angewendet, dass die Vergabekammer oder der Vergabesenat die geheimen Tatsachen, die dem Antragsteller vorenthalten wurden, bei der Entscheidung nicht berücksichtigen darf, erginge insoweit in jedem Fall eine Beweislastentscheidung zum Nachteil des Antragstellers. Dürfen die Vergabekammer und der Vergabesenat die fraglichen Geheimnisse dagegen berücksichtigen, kann eine Entscheidung zugunsten des Antragstellers ergehen, wenn dies der Sachlage entspricht.[60] Ein solches „In-camera"-Verfahren kann aber nur das letzte Mittel zur Vermeidung einer reinen Beweislastentscheidung darstellen. Denkbar ist die Anwendung eines solchen „In-camera"-Verfahrens insbesondere bei der Nachprüfung einer vom Auftraggeber durchgeführten Prüfung eines ungewöhnlich niedrigen Angebots.

Die Versagung der Akteneinsicht im **Beschwerdeverfahren** richtet sich gemäß § 175 Abs. 2 **45**
GWB ebenfalls nach § 165 Abs. 2 GWB, wobei im Rahmen der Abwägungsentscheidung des Gerichts aufgrund der hier bestehenden Verweisung in § 175 Abs. 2 GWB gleichfalls § 72 Abs. 2 S. 4 GWB zu beachten ist.[61] Der Entscheidungsmaßstab ist damit im Verfahren vor der Vergabekammer und im Beschwerdeverfahren identisch.

E. Hinweis der Verfahrensbeteiligten (Abs. 3)

Gemäß § 165 Abs. 3 S. 1 GWB hat jeder Verfahrensbeteiligte, also Antragsteller, Antragsgeg- **46**
ner und Beigeladene, mit Übersendung seiner Akten oder in den im Verfahren ausgetauschten Schriftsätzen auf die in § 165 Abs. 2 GWB genannten Geheimnisse hinzuweisen und diese in den Unterlagen entsprechend kenntlich zu machen. Da die Verfahrensbeteiligten bei den von ihnen eingereichten Unterlagen am besten deren schutzbedürftige Bestandteile beurteilen können, trifft sie auch die Obliegenheit, diese Bestandteile entsprechend zu kennzeichnen.[62] Die Verfahrensbeteiligten erleichtern durch die Kennzeichnung die der Vergabekammer gemäß § 165 Abs. 2 GWB obliegende Prüfpflicht. Denn Inhalte, die schon von den Verfahrensbeteiligten als nicht geheimhaltungsbedürftig eingeschätzt werden, können grundsätzlich auch kein Geheimnis dieser Beteiligten sein. Etwas Anderes gilt allerdings dann, wenn die Geheimhaltung zwar nicht im Interesse des Beteiligten liegt, dafür aber ein öffentliches Interesse an der Geheimhaltung besteht.

Bei einer in Papier geführten Vergabedokumentation hat es sich bewährt, eine **Kennzeich-** **47**
nung auf den jeweiligen Unterlagen selbst anzubringen, etwa durch einen Vermerk „vertraulich" oder „Betriebs- und Geschäftsgeheimnis". Bei einer mit elektronischen Mitteln geführten Vergabedokumentation bleibt häufig nur die Übergabe einer Liste mit den geheimhaltungsbedürftigen Unterlagen, weil eine nachträgliche Kennzeichnung der elektronischen Dokumente nicht immer möglich ist. An die Kennzeichnung dürfen keine überzogenen Anforderungen gestellt werden. Bei umfangreichen Unterlagen muss nicht jedes einzelne Blatt gekennzeichnet werden, es reicht vielmehr ein allgemeiner Hinweis auf die Geheimhaltungsbedürftigkeit der Unterlagen insgesamt oder bestimmter Teile der Unterlagen.[63]

Bei **nicht erfolgter Kenntlichmachung** kann die Vergabekammer nach § 165 Abs. 3 S. 2 **48**
GWB von einer Zustimmung des betroffenen Beteiligten zur uneingeschränkten Einsicht durch alle weiteren Verfahrensbeteiligten ausgehen. Dies entbindet die Vergabekammer jedoch nicht von der Verpflichtung, eine eigene Prüfung dahingehend vorzunehmen, ob im konkreten Fall Geheimhaltungsinteressen der am Vergabeverfahren Beteiligten, insbesondere konkurrierender Bieter, verletzt würden. Dies ergibt sich aus dem Grundsatz des Schutzes vertraulicher Informationen auch im Nachprüfungsverfahren, der z. B. in § 164 GWB teilweise normiert wurde. Die Vorschrift schützt die Mitarbeiter der Vergabekammer jedoch in gewis-

60 BGH, Beschluss v. 31.1.2017 – X ZB 10/16.
61 OLG Naumburg, Beschluss v. 1.6.2011 – 2 Verg 3/11.
62 Gesetzesbegründung zu § 121 GWB a.F., VgRÄG, BT-Drs. 13/9340, 19.
63 A.A. wohl OLG Celle, Beschluss v. 10.9.2001 – 13 Verg 12/01.

sem Umfang vor etwaigen Amtshaftungsansprüchen aufgrund der Offenbarung von geheimhaltungsbedürftigen Aktenbestandteilen.

49 Die Obliegenheit der Verfahrensbeteiligten zur Kenntlichmachung der sie betreffenden Geheimnisse umfasst jedoch nicht die Befugnis, der Vergabekammer diese Unterlagen von vornherein **vorzuenthalten**, zumal die Vergabekammer die Möglichkeit haben muss, auf eine Freigabe möglicherweise entscheidungserheblicher „Sperrvermerke" der Verfahrensbeteiligten hinzuwirken. Dies umfasst gegebenenfalls auch den Erlass einer auf die Freigabe der als geheimhaltungsbedürftig gekennzeichneten Bestandteile gerichteten (rechtsmittelfähigen) Zwischenentscheidung der Vergabekammer.[64]

50 Im Rahmen der Kennzeichnungsobliegenheit des § 165 Abs. 3 GWB ist jedoch zu berücksichtigten, dass jeder Verfahrensbeteiligte nur über die ihn selbst betreffenden Geheimnisse **disponieren** kann. Relevant ist dies vor allem bei der Übermittlung der Vergabeakten durch den Auftraggeber. Wenn hier Geheimnisse anderer Bieter (z. B. bestimmte Angebotsinhalte) durch den Auftraggeber nicht gekennzeichnet wurden, kann die Zustimmungsfiktion des § 165 Abs. 3 S. 2 GWB nicht greifen. Die Vergabekammer hat hier in Zweifelsfällen eine Stellungnahme des betroffenen Beteiligten einzuholen, wenn sie nicht bereits von sich aus über Vorliegen oder Nichtvorliegen eines Geschäftsgeheimnisses entscheiden kann. Dabei kann die Vergabekammer bei bestimmten Angebotsinhalten (z. B. Preise bei Lieferaufträgen, konkrete technische Inhalte von Nebenangeboten oder Änderungsvorschlägen, Fabrikate und Preise für Produkte, die zur Erbringung der Leistung eingesetzt werden sollen, Angaben zur Kalkulation des Angebots) in aller Regel von deren Geheimhaltungsbedürftigkeit ausgehen, sodass sich eine Nachfrage der Vergabekammer bei dem betroffenen Beteiligten unter Umständen erübrigt.

51 Denkbar ist auch, dass die Vergabeakten Geheimnisse von nicht am Nachprüfungsverfahren beteiligten **Dritten** enthalten (z. B. Geschäftsgeheimnisse eines Unterauftragnehmers). Auch in diesem Fall kann die Vergabekammer nicht ohne Weiteres von der Zustimmung des Betroffenen zur Akteneinsicht ausgehen, sondern muss, soweit es sich um (potenziell) entscheidungserhebliche Tatsachen handelt, die Geheimhaltungsbedürftigkeit eigenständig prüfen und gegebenenfalls eine Stellungnahme des Betroffenen einholen.

52 In Anbetracht des Wortlauts der Vorschrift kann von den Verfahrensbeteiligten nicht verlangt werden, bereits im Rahmen der von ihnen vorgenommenen Kennzeichnung auch eine nachvollziehbare Darlegung und **Begründung** für die Geheimhaltungsbedürftigkeit zu verlangen.[65] Es wäre wenig praktikabel, von den Beteiligten bereits im Vorhinein Darlegungen und Begründungen für das Vorliegen eines schützenswerten Geheimnisses zu verlangen, obwohl noch nicht absehbar ist, inwieweit eine Einsicht in diese Unterlagen zur Durchsetzung subjektiver Rechte der Beteiligten überhaupt erforderlich ist. Wenn eine Einsichtnahme aus den vorgenannten Gründen erforderlich sein sollte, kann die Vergabekammer, soweit sie überhaupt Zweifel an der Geheimhaltungsbedürftigkeit hat, innerhalb kurzer Fristen von dem betroffenen Beteiligten eine Begründung anfordern und auf dieser Grundlage eine Entscheidung über die Gewährung der Akteneinsicht treffen. Werden die Beteiligten allerdings von der Vergabekammer dazu aufgefordert, müssen diejenigen, die an einem Aktenbestandteil ein Geheimhaltungsinteresse in Anspruch nehmen können, dies nachvollziehbar begründen.[66]

53 Die in der Praxis verbreitete **missbräuchliche Kennzeichnung** der gesamten Vergabedokumentation als geheimhaltungsbedürftig führt zu einer vermeidbaren Verzögerung von Nachprüfungsverfahren, da die Vergabekammern in solchen Fällen auch eine Zwischenentscheidung gegebenenfalls mit Anhörung der Beteiligten über die Einbeziehung von Unterlagen in die Akteneinsicht treffen müssen, für die überhaupt kein Geheimhaltungsinteresse ersichtlich ist.

---

64 Siehe hierzu Rn. 37 ff.
65 A.A. OLG Jena, Beschluss v. 12.12.2001 – 6 Verg 5/01; OLG Celle, Beschluss v. 10.9.2001 – 13 Verg 12/01.
66 OLG München, Beschluss v. 28.4.2016 – Verg 3/16.

F. Rechtsschutz (Abs. 4)

I. Rechtsmittel gegen die Versagung der Akteneinsicht

Die Versagung der Akteneinsicht durch die Vergabekammer ist nicht isoliert **anfechtbar**. Dies gilt sowohl für die teilweise als auch für die vollständige Versagung. Die Versagung der Akteneinsicht kann gemäß § 165 Abs. 4 GWB nur im Zusammenhang mit der sofortigen Beschwerde in der Hauptsache angegriffen werden. Die Beteiligten müssen folglich, wenn sie die ablehnende Entscheidung der Vergabekammer angreifen wollen, die Hauptsacheentscheidung abwarten und die Versagung der Akteneinsicht zunächst hinnehmen.[67] 54

Diese durch den Gesetzgeber gezogene Konsequenz ist sachgerecht, denn letztlich wird nur der Verfahrensbeteiligte die Verweigerung der Akteneinsicht angreifen wollen (und vor dem Beschwerdegericht die erforderliche Beschwer geltend machen können), der in der Hauptsache ganz oder teilweise unterlegen ist. Die Vorschrift des § 165 Abs. 4 GWB vermeidet damit eine Zersplitterung des Nachprüfungsverfahrens und dient zugleich der **Verfahrensbeschleunigung**.[68] Des Weiteren entspricht § 165 Abs. 4 GWB dem allgemeinen verwaltungsgerichtlichen Grundsatz, dass behördliche Entscheidungen nicht isoliert, sondern nur mit dem gegen die Sachentscheidung zulässigen Rechtsbehelf angegriffen werden können (vgl. § 44a VwGO). 55

II. Rechtsmittel gegen die Stattgabe der Akteneinsicht

Um einen durch das Gesetz nicht geregelten Fall handelt es sich hingegen, wenn die Vergabekammer dem Antrag auf Akteneinsicht stattgeben will, obwohl sich ein Verfahrensbeteiligter auf Geheimschutzinteressen beruft. Bei dieser Konstellation kann die Gewährung der Akteneinsicht für den betroffenen Beteiligten zu einem endgültigen Rechtsverlust führen, da seine Geheimnisse bekannt gegeben werden. Diese Konsequenz wäre mit der Rechtsschutzgarantie des Art. 19 Abs. 4 GG schwerlich vereinbar. Dementsprechend lässt die Rechtsprechung auch bei § 44a VwGO, dessen Rechtsgedanken § 165 Abs. 4 GWB abbildet, Ausnahmen zu, wenn die nachträgliche Geltendmachung von Rechtsverletzungen durch behördliche Verfahrensverhandlungen zu irreversiblen Schäden führt.[69] 56

Es ist daher in der Rechtsprechung anerkannt, dass auch die einem Akteneinsichtsantrag stattgebende Entscheidung der Vergabekammer einer eigenständigen **gerichtlichen Überprüfung** zugänglich ist,[70] da eine lediglich im Zusammenhang mit der Hauptsache zulässige Überprüfung einen effektiven Rechtsschutz des betroffenen Beteiligten vereiteln würde, sofern durch einen Vollzug, namentlich durch eine faktisch gestattete Einsichtnahme in die Akten, Rechte des von der Akteneinsicht nachteilig Betroffenen in einer durch die Hauptsacheentscheidung nicht wiedergutzumachenden Weise beeinträchtigt werden können. Dementsprechend hat die Vergabekammer eine Zwischenentscheidung zu treffen. Der betroffene Beteiligte kann in diesem Fall gegen die der Akteneinsicht stattgebende Zwischenentscheidung der Vergabekammer die sofortige Beschwerde gemäß § 171 Abs. 1 GWB einlegen.[71] Die Vergabekammer ist dann bis zu einer abschließenden Entscheidung des Beschwerdegerichts gehindert, dem Akteneinsichtsantrag stattzugeben. 57

Die Vergabekammer ist hingegen nicht gehindert, das **Nachprüfungsverfahren** in der Hauptsache trotz des anhängigen Rechtsstreits über die Akteneinsicht **fortzusetzen**. Aufgrund des im Nachprüfungsverfahren geltenden Beschleunigungsgrundsatzes (§ 167 GWB) ist es für die Vergabekammer sogar geboten, das Nachprüfungsverfahren – zunächst ohne 58

67 BayObLG, Beschluss v. 10.10.2000 – Verg 5/00.
68 Gesetzesbegründung zu § 121 GWB a.F., VgRÄG, BT-Drs. 13/9340, 19.
69 BVerfG, Beschluss v. 24.10.1990 – 1 BvR 1028/90.
70 BGH, Beschluss v. 31.1.2017 – X ZB 10/16; OLG München, Beschluss v. 28.4.2016 – Verg 3/16; OLG Celle, Beschluss v. 5.10.2020 – 13 Verg 5/20.
71 OLG Frankfurt, Beschluss v. 12.12.2014 – 11 Verg 8/14; OLG Düsseldorf, Beschluss v. 28.12.2007 – VII-Verg 40/07 m.w.N.

Gewährung von Akteneinsicht in Bezug auf die streitigen Unterlagen – fortzuführen. Kommt es allerdings bei einer solchen Fallkonstellation auf die streitbefangenen Aktenbestandteile an, kann die Vergabekammer keine Hauptsacheentscheidung treffen und muss die Entscheidungsfrist gemäß § 167 Abs. 1 S. 2 GWB verlängern, bis das zuständige Oberlandesgericht über das Rechtsmittel gegen die der Akteneinsicht stattgebende Zwischenentscheidung der Vergabekammer entschieden hat. De facto führt eine sofortige Beschwerde gegen eine der Akteneinsicht stattgebende Zwischenentscheidung der Vergabekammer zu einer erheblichen Verzögerung des Nachprüfungsverfahrens.[72]

Anlage

Gesetzesbegründung – VergRModG 2016 (BT-Drs. 18/6281)

Seite 135

§ 165 entspricht dem bisherigen § 111.

72 Zum Beispiel eine Verzögerung von etwa drei Monaten im Falle des OLG München, Beschluss v. 28.4.2016 – Verg 3/16.

§ 166 GWB
Mündliche Verhandlung

(1) Die Vergabekammer entscheidet aufgrund einer mündlichen Verhandlung, die sich auf einen Termin beschränken soll. Alle Beteiligten haben Gelegenheit zur Stellungnahme. Mit Zustimmung der Beteiligten oder bei Unzulässigkeit oder bei offensichtlicher Unbegründetheit des Antrags kann nach Lage der Akten entschieden werden.

(2) Auch wenn die Beteiligten in dem Verhandlungstermin nicht erschienen oder nicht ordnungsgemäß vertreten sind, kann in der Sache verhandelt und entschieden werden.

Übersicht Rn.

A. Allgemeines ... 1
I. Historie ... 3
II. Unionsrechtlicher Hintergrund ... 4
B. Grundsatz der mündlichen Verhandlung (Abs. 1 S. 1 und S. 2) ... 5
I. Erfordernis der mündlichen Verhandlung (S. 1) ... 5
II. Gelegenheit zur Stellungnahme (S. 2) ... 18
C. Ausnahme: Entscheidung nach Lage der Akten (Abs. 1 S. 3) ... 25
I. Zustimmung der Beteiligten (Var. 1) ... 29
II. Unzulässiger oder offensichtlich unbegründeter Antrag (Var. 2 und 3) ... 36
1. Unzulässiger Antrag (Var. 2) ... 41
2. Offensichtlich unbegründeter Antrag (Var. 3) ... 44
D. Mündliche Verhandlung ohne die Beteiligten (Abs. 2) ... 47
Anlage
Gesetzesbegründung

A. Allgemeines

1 § 166 GWB regelt die mündliche Verhandlung vor der Vergabekammer und die Geltung bestimmter Verfahrensgrundsätze. § 166 Abs. 1 S. 1 GWB betrifft das Erfordernis der mündlichen Verhandlung und beinhaltet den Mündlichkeitsgrundsatz (Hs. 1) sowie die Konzentrationsmaxime (Hs. 2). Die Beschränkung auf einen Termin ist Ausdruck des Beschleunigungsgebots im Nachprüfungsverfahren. § 166 Abs. 1 S. 2 GWB bestimmt, dass der Grundsatz des rechtlichen Gehörs nach Art. 103 Abs. 1 GG gilt.[1] Unter den in § 166 Abs. 1 S. 3 GWB genannten Voraussetzungen kann von einer mündlichen Verhandlung ausnahmsweise abgesehen werden. In § 166 Abs. 2 GWB wird die Situation geregelt, dass die Beteiligten zur mündlichen Verhandlung vor der Vergabekammer nicht erschienen oder nicht ordnungsgemäß vertreten sind.

2 Neben § 166 GWB sind für die mündliche Verhandlung vor den Vergabekammern die **Geschäftsordnungen** zu beachten, die sich die einzelnen Vergabekammern gegeben haben. Nach § 158 Abs. 1 S. 4 GWB erlässt der Präsident des Bundeskartellamts nach Genehmigung durch das Bundesministerium für Wirtschaft und Energie eine Geschäftsordnung für die Vergabekammern des Bundes. Für die Vergabekammern der Länder ergibt sich diese Möglichkeit aus den landesrechtlichen Regelungen über die Einrichtung, Organisation und Besetzung der Vergabekammern. Es finden sich regelmäßig in den Geschäftsordnungen u.a. Hinweise zu

1 OLG Koblenz, Beschluss v. 22.3.2001 – Verg 9/00.

den Ladungsfristen sowie zu Mindestinhalten der Niederschriften über die mündliche Verhandlung.[2]

I. Historie

3 Die Vorschrift des § 166 GWB entspricht dem bis zur GWB-Novelle zur Umsetzung der neuen EU-Vergaberichtlinien geltenden § 112 GWB a.F. Inhaltlich wurde die Vorschrift nicht geändert.[3]

II. Unionsrechtlicher Hintergrund

4 Konkrete rechtliche Vorgaben für diese Vorschrift finden sich im EU-Recht nicht. Die Vorschrift dient dazu, den Anforderungen der Rechtmittelrichtlinien an eine wirksame und vor allem möglichst rasche Nachprüfung gerecht zu werden.[4]

B. Grundsatz der mündlichen Verhandlung (Abs. 1 S. 1 und S. 2)

I. Erfordernis der mündlichen Verhandlung (S. 1)

5 Nach § 166 Abs. 1 S. 1 GWB entscheidet die Vergabekammer aufgrund einer mündlichen Verhandlung, die sich auf einen Termin beschränken soll.

6 **Mündliche Verhandlung** bedeutet Erörterung des Verfahrensstoffes bei gleichzeitiger Anwesenheit der Verfahrensbeteiligten bzw. deren Vertreter vor der erkennenden Kammer.[5]

7 Dies gilt für alle **Entscheidungen** der Vergabekammer in der Hauptsache, abgesehen von den Fällen des § 163 Abs. 2 S. 3 GWB, bei denen es nicht zu einer Übermittlung des Nachprüfungsantrags an den Antragsgegner kommt.[6] Eine Entscheidung in der Hauptsache liegt vor im Fall des § 168 Abs. 1 S. 1 GWB und des § 168 Abs. 2 S. 2 GWB. Eine solche liegt dagegen nicht vor, wenn die Kammer etwa nach Rücknahme des Antrags oder nach übereinstimmender Erledigungserklärung nur noch über die Kosten zu entscheiden hat.[7] Nicht erfasst vom Grundsatz einer mündlichen Verhandlung sind auch Entscheidungen der Kammer gemäß § 169 Abs. 2 und 3 GWB.

8 Hat die Kammer eine mündliche Verhandlung durchgeführt, folgt aus § 166 Abs. 1 S. 1 GWB auch, dass die Kammer in der **Besetzung** zu entscheiden hat, in der mündlich verhandelt wurde.[8]

9 Aus der Formulierung „entscheidet aufgrund der mündlichen Verhandlung" ergibt sich, dass die Kammer bei ihrer Entscheidung nur das berücksichtigen darf, was **Gegenstand der mündlichen Verhandlung** war. Deren Inhalt setzt den Schlusspunkt der Sachverhaltsermittlung sowie der inhaltlichen Auseinandersetzung mit den Verfahrensbeteiligten im Nachprüfungsverfahren. Darauf sollte der Vorsitzende insbesondere hinweisen, wenn Verfahrensbe-

---

2 Vgl. § 6 Abs. 2, § 7 Abs. 2 Geschäftsordnung der Vergabekammern des Bundes v. 15.7.2005 in der geänderten Fassung der Bekanntmachung v. 12.8.2005 (BAnz. 2005 Nr. 151, S. 12296); § 4 Nr. 2 und 4 Geschäftsordnung der Vergabekammer Südbayern v. 23.7.2018, https://www.regierung.oberbayern.bayern.de/ueber_uns/zentralezustaendigkeiten/vergabekammer-suedbayern/index.html; § 5 Abs. 3 und 5 Gemeinsame Geschäftsordnung der Vergabekammern Rheinland-Pfalz v. 15.4.2019, https://mwvlw.rlp.de/fileadmin/mwkel/Abteilung_2/Vergabekammer/Gemeinsame_Geschaeftsordnung_der_Vergabekammern_Rheinland-Pfalz.pdf.

3 Vgl. Gesetzesbegründung zu § 166 GWB, VergRModG 2016, BT-Drs. 18/6281, 135.

4 Vgl. Art. 1 Abs. 1 UAbs. 3 RL 89/665/EWG sowie Art. 1 Abs. 1 UAbs. 3 RL 92/13/EWG.

5 Vgl. *Greger*, in: Zöller, ZPO, § 128 Rn. 1. Vgl. weitergehend *Ahlers*, NZBau 2020, 628 ff. (zur Zulässigkeit einer konsentierten Videoverhandlung in entsprechender Anwendung des § 128a ZPO bzw. § 102a VwGO).

6 *Gröning*, in: Burgi/Dreher, Vergaberecht, § 166 GWB Rn. 4, 30; vgl. auch OLG Jena, Beschluss v. 9.9.2002 – 6 Verg 4/02: Die Zwischenentscheidung, dass sich das auf die Gewährung von Primärrechtsschutz gerichtete Nachprüfungsverfahren infolge Zuschlagserteilung erledigt habe, ist bei Streit der Beteiligten über die Wirksamkeit eines erteilten Zuschlags zulässig und muss auf Grund einer mündlichen Verhandlung getroffen werden.

7 OLG München, Beschluss v. 28.8.2019 – Verg 11/19.

8 BayObLG, Beschluss v. 2.12.2002 – Verg 24/02; OLG Düsseldorf, Beschluss v. 5.9.2001 – Verg 18/01; Beschluss v. 22.1.2001 – Verg 24/00.

teiligte nicht anwaltlich vertreten sind. Weiterer Tatsachenvortrag durch einen Verfahrensbeteiligten nach Schluss der mündlichen Verhandlung muss die Kammer grundsätzlich nicht mehr berücksichtigen.[9] Beabsichtigt die Kammer nach Schluss der mündlichen Verhandlung bisher nicht erörterte tatsächliche Umstände ihrer Entscheidung zu Grunde zu legen, hat sie die mündliche Verhandlung wiederzueröffnen.[10]

Dies sollte allerdings eine Ausnahme sein. Denn die Vorschrift betont des Weiteren das Beschleunigungsgebot im Nachprüfungsverfahren, da sich die mündliche Verhandlung auf **einen Termin** beschränken soll.[11] Zwar handelt es sich nach dem Wortlaut des § 166 Abs. 1 S. 1 GWB insoweit um eine „Soll"-Vorschrift. Dem Ziel, möglichst rasch die Entscheidungsreife herbeizuführen, liefe es aber zuwider, wenn die Kammer von vornherein plante, mehrere Termine zur mündlichen Verhandlung durchzuführen. Entsprechend muss die Kammer die mündliche Verhandlung inhaltlich so vorbereiten, dass der in tatsächlicher wie in rechtlicher Hinsicht relevante Verfahrensstoff abschließend erörtert werden kann. **10**

Der **Ablauf** und **Inhalt** der mündlichen Verhandlung ist im Gesetz nicht geregelt. Angesichts dieser Regelungslücke ist nach zutreffender Ansicht auf die allgemeinen Grundsätze des Verwaltungsverfahrensrechts zurückzugreifen.[12] Insoweit ist auf die Gesetzesbegründung zu verweisen, die ausdrücklich auf das Verwaltungsverfahrensrecht als subsidiär anzuwendende Regelung Bezug nimmt.[13] Einzelheiten für die Durchführung der mündlichen Verhandlung können sich daneben aus der jeweiligen Geschäftsordnung der Kammer ergeben.[14] Die Verhandlung wird vom Vorsitzenden der Kammer geleitet, der entsprechend § 68 Abs. 3 S. 1 VwVfG auch für die Ordnung in der Verhandlung verantwortlich ist.[15] Nach Aufruf der Sache und Vortrag des wesentlichen Inhalts der Akte durch ein Kammermitglied, erfolgt die „Verhandlung", d.h. die Erörterung der streitrelevanten Sach- und Rechtsfragen mit den Verfahrensbeteiligten.[16] **11**

Über die mündliche Verhandlung ist eine **Niederschrift** anzufertigen, wobei sich deren Inhalt aus § 68 Abs. 4 VwVfG ergibt.[17] Zum notwendigen Inhalt des Verhandlungsprotokolls zählen nur Tatsachen und Verfahrensergebnisse sowie bei berechtigtem Interesse auch Erklärungen und Aussagen der Verfahrensbeteiligten, dagegen nicht die von der Vergabekammer in der mündlichen Verhandlung geäußerten vorläufigen Rechtsauffassungen, vor allem nicht, wenn diese nicht entscheidungserheblich sind.[18] Nach § 68 Abs. 4 Nr. 3 VwVfG sind auch die gestellten Anträge in die Niederschrift aufzunehmen. **12**

Die Vorschriften im GWB über das Verfahren vor der Vergabekammer enthalten insbesondere keine Regelungen über die Terminmitteilung oder **Ladung**. Insoweit besteht keine Pflicht zu einer förmlichen Ladung nach den Regelungen der ZPO oder der VwGO.[19] In analoger Anwendung des § 67 Abs. 1 S. 2 VwVfG, der für das förmliche Verwaltungsverfahren gilt, sind die Verfahrensbeteiligten jedoch schriftlich zu laden.[20] **13**

---

9 *Ohlerich*, in: Röwekamp/Kus/Portz/Prieß, GWB-Vergaberecht, § 166 Rn. 3.

10 Vgl. OLG Düsseldorf, Beschluss v. 16.12.2015 – VII-Verg 24/15.

11 Vgl. VK Südbayern, Beschluss v. 19.2.2008 – Z3-3-3194-1-02-01/08.

12 *Byok*, in: Byok/Jaeger, Vergaberecht, § 166 GWB Rn. 2; *Ohlerich*, in: Röwekamp/Kus/Portz/Prieß, GWB-Vergaberecht, § 166 Rn. 2; *Frister*, in: Ziekow/Völlink, Vergaberecht, § 166 GWB Rn. 2.

13 Vgl. Gesetzesbegründung zu § 120 GWB a.F., VgRÄG, BT-Drs. 13/9340, 18.

14 *Byok*, in: Byok/Jaeger, Vergaberecht, § 166 GWB Rn. 2.

15 *Gröning*, in: Burgi/Dreher, Vergaberecht, § 166 GWB Rn. 12; vgl. auch *Reidt*, in: Reidt/Stickler/Glahs, Vergaberecht, § 166 GWB Rn. 10, der jedoch als Rechtsgrundlage hierfür § 89 VwVfG annimmt.

16 *Bungenberg*, in: Pünder/Schellenberg, Vergaberecht, § 166 GWB Rn. 14; *Reidt*, in: Reidt/Stickler/Glahs, Vergaberecht, § 166 GWB Rn. 9.

17 *Byok*, in: Byok/Jaeger, Vergaberecht, § 166 GWB Rn. 3; vgl. auch *Gröning*, in: Burgi/Dreher, Vergaberecht, § 166 GWB Rn. 13, der auf §§ 163 Abs. 2 S. 5, 57 Abs. 3 und 4 GWB verweist; *Reidt*, in: Reidt/Stickler/Glahs, Vergaberecht, § 166 GWB Rn. 10, der als Rechtsgrundlage § 93 VwVfG heranzieht. Offen gelassen durch VK Bund, Beschluss v. 12.12.2014 – VK 1-98/14, die auf § 7 Abs. 2 der Geschäftsordnung der Vergabekammern des Bundes verweist.

18 VK Bund, Beschluss v. 12.12.2014 – VK 1-98/14.

19 *Summa*, in: Heiermann/Zeiss/Summa, Vergaberecht, § 166 GWB Rn. 11; a.A. *Gröning*, in: Burgi/Dreher, Vergaberecht, § 166 GWB Rn. 6, der für eine entsprechende Anwendung der §§ 216 ff. ZPO plädiert.

20 *Summa*, in: Heiermann/Zeiss/Summa, Vergaberecht, § 166 GWB Rn. 11; *Ohlerich*, in: Röwekamp/Kus/Portz/Prieß, GWB-Vergaberecht, § 166 Rn. 8.

14 In den Geschäftsordnungen der Vergabekammern finden sich Regelungen zu den **Ladungsfristen**. Diese belaufen sich beispielsweise im Falle der Vergabekammern des Bundes gemäß § 6 Abs. 2 der Geschäftsordnung auf drei Tage nach Eingang der Terminmitteilung bei den Verfahrensbeteiligten. Vor dem Hintergrund, dass auch § 217 ZPO in Prozessen ohne Anwaltszwang von einer Ladungsfrist von mindestens drei Tagen ausgeht, und dass das Beschleunigungsgebot zu beachten ist, erscheint diese Ladungsfrist hinreichend. Die Verfahrensbeteiligten sowie deren Verfahrensbevollmächtigte müssen sich daher darauf einstellen, dass die Möglichkeit besteht, kurzfristig zu einer mündlichen Verhandlung geladen zu werden. Gleichwohl erscheint es sinnvoll, dass die Kammer im Vorfeld der mündlichen Verhandlung den Versuch unternimmt, einen Termin zu finden, an dem alle Verfahrensbeteiligte bzw. Verfahrensbevollmächtigte anwesend sein können. Lässt sich eine einvernehmliche Terminfindung nicht herbeiführen, muss die Kammer den Termin zu bestimmen, um das Beschleunigungsgebot zu befolgen und die Entscheidungsfrist des § 167 Abs. 1 S. 1 GWB von grundsätzlich fünf Wochen zu halten. Bei der Ladung sollte weiterhin auf die Möglichkeit hingewiesen werden, dass gemäß § 166 Abs. 2 GWB auch ohne die Beteiligten verhandelt und entschieden werden kann.[21]

15 Als Teil des Nachprüfungsverfahrens gilt für die mündliche Verhandlung der **Untersuchungsgrundsatz** nach § 163 GWB. Danach erforscht die Vergabekammer den Sachverhalt von Amts wegen. Unter Beachtung des Beschleunigungsgebots kann sie sich dabei aber auf das beschränken, was von den Beteiligten vorgebracht wird oder ihr sonst bekannt sein muss.[22] Die aus dem Untersuchungsgrundsatz resultierenden Befugnisse der Kammer ergeben sich aus § 163 Abs. 2 S. 5 GWB, der auf die entsprechende Geltung der §§ 57 bis 59 Abs. 1 bis 5 sowie § 61 GWB verweist. Insoweit kann die Kammer wie eine Kartellbehörde in deren Verfahren Ermittlungen führen und alle Beweise erheben, die erforderlich sind (§ 57 Abs. 1 GWB). Entsprechend anzuwenden sind auch die Regelungen über die Beweisaufnahme durch Augenschein, Zeugen und Sachverständige (§ 57 Abs. 2 bis 6 GWB), die Beschlagnahme (§ 58 GWB) sowie ein Auskunftsverlangen (§ 59 Abs. 1 bis 5 GWB). Die praktische Relevanz hält sich indes in Grenzen. Zwar kommt es gelegentlich vor, dass eine Vergabekammer Zeugen einvernimmt. Aufgrund des Beschleunigungsgebots werden Sachverständigengutachten aber nur sehr selten eingeholt. Weiterhin entsprechend anzuwenden sind die Regelungen des § 61 GWB, die den Verfahrensabschluss, die Begründung und die Zustellung von Verfügungen betreffen. Folglich ist die Entscheidung der Vergabekammer nach § 168 Abs. 1 GWB zu begründen, mit einer Belehrung über das zulässige Rechtsmittel zu versehen und den Verfahrensbeteiligten nach den Vorschriften des Verwaltungszustellungsgesetzes zuzustellen.[23]

16 Das GWB regelt nicht, ob die mündliche Verhandlung vor der Vergabekammer **öffentlich** ist. Für die mündliche Verhandlung im Beschwerdeverfahren verweist das Gesetz dagegen in § 175 Abs. 2 GWB auf § 73 Nr. 1 GWB und damit auf die Vorschriften der §§ 169 bis 197 GVG über die Öffentlichkeit einer Verhandlung vor dem erkennenden Gericht.[24] Nach § 68 Abs. 1 S. 1 VwVfG findet eine mündliche Verhandlung im förmlichen Verwaltungsverfahren nicht öffentlich statt. Dementsprechend regeln die Geschäftsordnungen der Vergabekammern, dass die mündlichen Verhandlungen nicht öffentlich stattfinden.[25]

17 Entscheidet die Vergabekammer rechtsfehlerhaft ohne eine mündliche Verhandlung, besteht kein eigenständiger verfahrensrechtlicher **Anspruch auf** eine **Verhandlung** vor der Vergabekammer, der im Wege der sofortigen Beschwerde durchsetzbar wäre. Der verfahrensrechtliche „Anspruch" auf eine mündliche Verhandlung ist lediglich ein Ausdruck des Anspruchs auf rechtliches Gehör. Dieser Anspruch wird regelmäßig durch die mündliche Verhandlung vor dem Vergabesenat erfüllt. Eine Zurückverweisung der Sache an die Vergabekammer (nur) aus

---

21 Vgl. Rn. 47 ff.
22 Vgl. zu den Einzelheiten *Gaus* in § 163 GWB Rn. 11 ff.
23 Vgl. dazu *Gaus* in § 163 GWB Rn. 51.
24 *Vavra*, in: Burgi/Dreher, Vergaberecht, § 175 GWB Rn. 22; *Summa*, in: Heiermann/Zeiss/Summa, Vergaberecht, § 166 GWB Rn. 6.
25 Kritisch insoweit *Gröning*, in: Burgi/Dreher, Vergaberecht, § 166 GWB Rn. 11.

diesem Grund kommt deshalb nicht in Betracht.[26] Auch aus § 178 GWB, wonach der Vergabesenat bei Begründetheit der sofortigen Beschwerde die Entscheidung der Vergabekammer aufhebt und entweder in der Sache selbst entscheidet oder an die Kammer zurückverweist, ergibt sich kein solcher Anspruch. Denn die beiden Entscheidungsalternativen stehen dabei entgegen der Formulierung des Gesetzes nicht gleichberechtigt nebeneinander. Der Beschleunigungsgrundsatz lässt vielmehr eine Aufhebung und Zurückverweisung nur im Ausnahmefall zu. Eine Ermessensentscheidung dahingehend, ob es in der Hauptsache selbst entscheidet oder die Sache zurückverweist, steht dem Gericht nur zu, soweit keine Entscheidungsreife besteht.[27]

II. Gelegenheit zur Stellungnahme (S. 2)

Obgleich die Vergabekammern organisatorisch Teil der Verwaltung, die Mitglieder der Kammern Verwaltungsbeamte bzw. Ehrenamtliche und die Entscheidungen der Vergabekammern gemäß § 168 Abs. 3 GWB Verwaltungsakte sind, ist das Verfahren gerichtsähnlich ausgestaltet.[28] Nach der Rechtsprechung des BGH entsprechen die Entscheidungen der Kammern funktional gerichtlichen Entscheidungen.[29] Vor diesem Hintergrund bestimmt § 166 Abs. 1 S. 2 GWB, dass alle Beteiligten in der mündlichen Verhandlung Gelegenheit zur Stellungnahme haben. Dadurch hat der Gesetzgeber die Geltung des Grundsatzes des rechtlichen Gehörs nach Art. 103 Abs. 1 GG auch für das erstinstanzliche Nachprüfungsverfahren vor der Vergabekammer angeordnet. Gegenstand der Stellungnahmen ist grundsätzlich der gesamte Verfahrensstoff, den die Kammer ihrer Entscheidung zugrunde zu legen beabsichtigt. 18

Danach haben die Beteiligten ein Recht darauf, sich vor Erlass der Entscheidung zu dem zugrundeliegenden Sachverhalt zu äußern und ihre Auffassung hierzu in tatsächlicher und rechtlicher Hinsicht darzulegen. Diesem Recht entspricht die **Pflicht der Kammer**, Anträge und Ausführungen der Verfahrensbeteiligten zur Kenntnis zu nehmen und in Erwägung zu ziehen. Zwar kann das rechtliche Gehör durch die Verfahrensordnungen im Interesse einer Beschleunigung des Verfahrens begrenzt werden; dazu bedarf es jedoch ausdrücklicher Präklusionsvorschriften, die strengen Ausnahmecharakter haben müssen.[30] Hat beispielsweise die Kammer nach Übermittlung des Nachprüfungsantrags an den Antragsgegner dem Antragsteller Akteneinsicht gewährt und eine Frist zur Stellungnahme gesetzt, muss die Kammer das daraufhin fristgerecht eingehende Vorbringen überprüfen und bei der Entscheidung berücksichtigen.[31] Lediglich verspätetes Vorbringen darf unter den Voraussetzungen des § 167 Abs. 2 S. 2 GWB unbeachtet bleiben.[32] 19

Ziel der mündlichen Verhandlung ist es, mit den Verfahrensbeteiligten den Streitstoff in tatsächlicher wie rechtlicher Hinsicht umfassend und abschließend zu erörtern. Dies setzt wie oben erwähnt voraus, dass die Kammer die mündliche Verhandlung entsprechend **vorbereitet** hat.[33] In der mündlichen Verhandlung, deren konkreter Ablauf mangels Vorgaben im GWB durch den Vorsitzenden dem Einzelfall angepasst gestaltet werden kann, besteht die Möglichkeit, durch ein Kammermitglied den bisherigen Streitstand in tatsächlicher Hinsicht 20

26 OLG Brandenburg, Beschluss v. 12.1.2010 – Verg W 5/09; OLG Schleswig-Holstein, Beschluss v. 30.6.2005 – 6 Verg 5/05; *Summa*, in: Heiermann/Zeiss/Summa, Vergaberecht, § 166 Rn. 8; *Reidt*, in: Reidt/Stickler/Glahs, Vergaberecht, § 166 GWB Rn. 22; *Frister*, in: Ziekow/Völlink, Vergaberecht, § 166 GWB Rn. 1.

27 OLG Brandenburg, Beschluss v. 12.1.2010 – Verg W 5/09; vgl. KG, Beschluss v. 21.12.2018 – Verg 7/18. Das Kammergericht sah neben dem unzulässigen Verzicht auf eine mündliche Verhandlung auch das Recht der Antragstellerin auf Akteneinsicht als verletzt an und monierte eine unterbliebene Beiladung. Gleichzeitig sah es sich nicht imstande abschließend die Erfolgsaussichten des Nachprüfungsantrags in der Sache zu bewerten und wies das Verfahren daher an die Vergabekammer zurück; vgl. auch OLG Düsseldorf, Beschluss v. 2.3.2005 – VII-Verg 70/04; *Schäfer*, in: Röwekamp/Kus/Portz/Prieß, GWB-Vergaberecht, § 178 Rn. 19 f.; *Frister*, in: Ziekow/Völlink, Vergaberecht, § 166 GWB Rn. 1.

28 *Burgi*, NZBau 2020, 3 (3).

29 BGH, Beschluss v. 25.10.2011 – X ZB 5/10.

30 OLG Koblenz, Beschluss v. 22.3.2001 – 1 Verg 9/00; vgl. auch § 167 GWB Rn. 35 ff.

31 OLG Koblenz, Beschluss v. 22.3.2001 – 1 Verg 9/00.

32 Zu den Einzelheiten § 167 GWB Rn. 35 ff.

33 Vgl. Rn. 10.

darzustellen und die schriftsätzlich vorgetragenen Argumente der Verfahrensbeteiligten wiederzugeben.[34] Dies kann zu der Feststellung führen, dass mangels Ergänzungen der Verfahrensbeteiligten zum sog. Sachbericht der Kammer der streitgegenständliche Sachverhalt – ob unstreitig oder streitig – abschließend erfasst ist. Damit wird erreicht, dass in der weiteren Verhandlung die strukturierte Erörterung des Streitgegenstandes erfolgt, ohne dass aus Sicht der Verfahrensbeteiligten wesentliche Punkte unerörtert bleiben.

21 Obgleich es der Kammer unbenommen ist, schon vor der mündlichen Verhandlung auf aus ihrer Sicht wesentliche Sachverhaltsaspekte oder Rechtsfragen **hinzuweisen**, haben die Verfahrensbeteiligten sich darauf einzustellen, dass in der mündlichen Verhandlung auf neue Gesichtspunkte hingewiesen wird.[35] Daher kann auch im Hinblick auf den Beschleunigungsgrundsatz ein Beteiligter nicht davon ausgehen, die Vergabekammer werde ihm so lange vor der mündlichen Verhandlung auf Rechtsbedenken hinweisen, dass er hierauf vorbereitet verhandeln kann. Vermag ein Beteiligter auf einen solchen Hinweis nicht schon in der Verhandlung zu antworten, wird ihm auch in Beachtung der Grundsätze des fairen Verfahrens binnen kurz bemessener Frist Gelegenheit zu nachträglicher Stellungnahme zu geben sein.[36] Dabei ist aber zu bedenken, dass dann wiederum der Anspruch der übrigen Verfahrensbeteiligten auf rechtliches Gehör zu beachten ist und regelmäßig auch diesen wiederum Gelegenheit zur Erwiderung zu geben sein wird. Um anschließend nicht erneut eine mündliche Verhandlung anberaumen zu müssen, empfiehlt es sich, bereits in der mündlichen Verhandlung die Zustimmung der Verfahrensbeteiligten einzuholen, nach Eingang der verschiedenen Stellungnahmen dann nach § 166 Abs. 1 S. 3 GWB zu entscheiden, und die entsprechenden Erklärungen in der Niederschrift zu protokollieren.

22 Aus § 166 Abs. 1 S. 2 GWB ergibt sich auch, dass bei streitigem Sachverhalt die angebotenen **Beweise** erhoben werden müssen, wenn sie nach dem Antragsvorbringen eine Aufklärung versprechen. Auch im gerichtsähnlichen Verfahren der Vergabekammern herrscht das Verbot der Vorwegnahme einer Beweiswürdigung. Es kommt nicht darauf an, ob der Kammer eine Beweisaufnahme nicht sinnvoll oder erfolgversprechend erscheint.[37]

23 **Beteiligte** sind alle Verfahrensbeteiligten i.S.d. § 162 GWB, demnach Antragsteller, Antragsgegner und gegebenenfalls Beigeladener.[38]

24 Eine **Verletzung** allein des Anspruchs auf rechtliches Gehör durch die Kammer führt in der Regel nicht zu einer Aufhebung der Entscheidung und Zurückverweisung an die Kammer durch den Vergabesenat,[39] da die Gewährung des rechtlichen Gehörs durch diesen erfolgt.[40]

C. Ausnahme: Entscheidung nach Lage der Akten (Abs. 1 S. 3)

25 In den in § 166 Abs. 1 S. 3 GWB abschließend[41] aufgeführten Fällen kann die Kammer von der Durchführung einer mündlichen Verhandlung absehen. Das Gesetz gestattet dies in drei bestimmt bezeichneten Fällen, da insoweit eine mündliche Verhandlung für grundsätzlich entbehrlich erachtet wird.[42] Die Kammer kann daher ohne mündliche Verhandlung nach Lage der Akten in der Hauptsache entscheiden, wenn alle Verfahrensbeteiligten, d.h. einschließlich der Beigeladenen zustimmen, bei Unzulässigkeit des Antrags oder bei offensichtlicher Unbe-

---

34 Vgl. *Bungenberg*, in: Pünder/Schellenberg, Vergaberecht, § 166 GWB Rn. 14.
35 OLG Jena, Beschluss v. 17.3.2003 – 6 Verg 2/03.
36 OLG Jena, Beschluss v. 17.3.2003 – 6 Verg 2/03; *Ohlerich*, in: Röwekamp/Kus/Portz/Prieß, GWB-Vergaberecht, § 166 Rn. 6.
37 Vgl. OLG Düsseldorf, Beschluss v. 29.4.2009 – VII-Verg 73/08; Beschluss v. 20.1.2006 – VII-Verg 98/05.
38 *Gaus* in § 162 GWB Rn. 13 ff., 19 ff.
39 Siehe bereits oben Rn. 17.
40 Vgl. OLG Naumburg, Beschluss v. 9.8.2019 – 7 Verg 1/19; OLG Brandenburg, Beschluss v. 12.1.2010 – Verg W 5/09; OLG Düsseldorf, Beschluss v. 2.3.2005 – VII-Verg 70/04. Vgl. auch BayObLG, Beschluss v. 9.11.2021 – Verg 5/21, das zwar zum gleichen Ergebnis kommt, aber als maßgeblich für die Gewährung rechtlichen Gehörs im Nachprüfungsverfahren vor der Vergabekammer das durch Art. 2 Abs. 1 GG in Verbindung mit dem Rechtsstaatsprinzip (Art. 20 Abs. 3 GG) gewährleistete Grundrecht auf ein faires Verfahren ansieht.
41 OLG Jena, Beschluss v. 9.9.2002 – 6 Verg 4/02; ebenso *Frister*, in Ziekow/Völlink, Vergaberecht, § 166 GWB Rn. 8.
42 Vgl. Gesetzesbegründung zu § 122 GWB a.F., VgRÄG, BT-Drs. 13/9340, 19.

gründetheit des Antrags. Die Regelung beruht auf dem Beschleunigungsgebot im Nachprüfungsverfahren.[43]

Da es sich um eine Kann-Vorschrift handelt, steht es im pflichtgemäßen **Ermessen** der Kammer, ob sie bei Vorliegen der Voraussetzungen des § 166 Abs. 1 S. 3 GWB nach Aktenlage entscheiden oder doch eine mündliche Verhandlung durchführen will.[44] Hierbei wird die Kammer erwägen, ob sich nicht doch bei Durchführung einer mündlichen Verhandlung ergänzender Sachvortrag des Antragstellers ergeben kann, der zu einer von der Aktenlage abweichenden Bewertung führen könnte. Auch wird sie das Beschleunigungsgebot zu beachten haben. Hier kann allerdings mitunter auch zu berücksichtigen sein, dass die sachliche Auseinandersetzung und vollständige Erörterung in der mündlichen Verhandlung dazu führen kann, dass etwa durch Rücknahme des Antrags, Abhilfe durch den Auftraggeber oder beiderseitige Erledigungserklärung eine Entscheidung in der Hauptsache obsolet wird. 26

Zwischenentscheidungen – wie etwa die Gestattung der Akteneinsicht oder Beweisbeschlüsse –, welche die Entscheidung in der Hauptsache nur vorbereiten, bedürfen grundsätzlich keiner mündlichen Verhandlung.[45] 27

In den Fällen, in denen die Kammer nach Aktenlage von der Unzulässigkeit oder der offensichtlichen Unbegründetheit ausgehen kann, besteht keine Verpflichtung, die Verfahrensbeteiligten vorab auf die entsprechende Entscheidung nach Lage der Akten **hinzuweisen**.[46] Gleichwohl wird in der Praxis eine Kammer erwägen, ob nicht ein entsprechender Hinweis an den Antragsteller sinnvoll erscheint, um ihm die Möglichkeit zu geben, aus Kostengründen den Antrag zurückzunehmen. 28

I. Zustimmung der Beteiligten (Var. 1)

Eine Entscheidung nach Lage der Akten kommt gemäß § 166 Abs. 1 S. 3 Var. 1 GWB in Frage, wenn die Beteiligten zugestimmt haben. 29

Zustimmen müssen nach dem eindeutigen Wortlaut alle **Verfahrensbeteiligten**, d.h. gemäß § 162 GWB der Antragsteller, der Auftraggeber sowie alle Unternehmen, die von der Kammer beigeladen wurden.[47] Fehlt auch nur die Zustimmung eines Verfahrensbeteiligten, hat eine mündliche Verhandlung stattzufinden, wenn nicht eine der beiden anderen Varianten des § 166 Abs. 1 S. 3 GWB vorliegt. 30

Da der Gesetzeswortlaut die Zustimmung auf die Entscheidung nach **Lage der Akten** bezieht, die Gesetzesbegründung jedoch die Regelung als angelehnt an § 128 Abs. 2 ZPO bezeichnet,[48] wonach eine Zustimmung zum Verzicht auf eine mündliche Verhandlung zu erklären ist, behilft sich die Praxis damit, dass unter Fristsetzung um eine Zustimmung zu einer Entscheidung nach Lage der Akten ohne mündliche Verhandlung gebeten wird.[49] 31

Das GWB knüpft die Zustimmung der Verfahrensbeteiligten nicht an irgendeine bestimmte **Form**.[50]Aus Beweisgründen wird die Kammer aber regelmäßig darum bitten, die Zustimmung schriftlich oder zumindest in Textform zu erteilen. Um den Ablauf des Nachprüfungsverfah- 32

---

43 *Ohlerich*, in: Röwekamp/Kus/Portz/Prieß, GWB-Vergaberecht, § 166 Rn. 15.

44 KG, Beschluss v. 6.1.2020 – Verg 10/19; Beschluss v. 21.12.2018 – Verg 7/18; BayObLG, Beschluss v. 20.8.2001 – Verg 11/01; VK Mecklenburg-Vorpommern, Beschluss v. 6.6.2019 – 3 VK 4/19; Beschluss v. 13.12.2018 – 3 VK 09/18; VK Rheinland, Beschluss vom 30.4.2019 – VK 10/19-L; VK Niedersachsen, Beschluss v. 19.6.2018 – VgK – 18/2018; VK Schleswig-Holstein, Beschluss v. 7.3.2005 – VK-SH 3/05; *Summa*, in: Heiermann/Zeiss/Summa, Vergaberecht, § 166 GWB Rn. 21; *Ohlerich*, in: Röwekamp/Kus/Portz/Prieß, GWB-Vergaberecht, § 166 Rn. 16.

45 OLG Jena, Beschluss v. 9.9.2002 – 6 Verg 4/02.

46 *Summa*, in: Heiermann/Zeiss/Summa, Vergaberecht, § 166 GWB Rn. 19.

47 *Byok*, in: Byok/Jaeger, Vergaberecht, § 166 GWB Rn. 5; *Reidt*, in: Reidt/Stickler/Glahs, Vergaberecht, § 166 GWB Rn. 14.

48 Gesetzesbegründung zu § 122 GWB a.F., VgRÄG, BT-Drs.13/9340, 19.

49 Vgl. *Ohlerich*, in: Röwekamp/Kus/Portz/Prieß, GWB-Vergaberecht, § 166 Rn. 18; *Frister*, in: Ziekow/Völlink, Vergaberecht, § 166 GWB Rn. 9.

50 *Byok*, in: Byok/Jaeger, Vergaberecht, § 166 GWB Rn. 5; *Bungenberg*, in: Pünder/Schellenberg, Vergaberecht, § 166 GWB Rn. 18; *Frister*, in: Ziekow/Völlink, Vergaberecht, § 166 Rn. 9.

rens zu strukturieren, sollte die Kammer darüber hinaus für die Zustimmungserklärung der Verfahrensbeteiligten eine Frist setzen.

33 Als Verfahrenshandlung muss die Zustimmungserklärung inhaltlich klar und **eindeutig** sowie **vorbehaltslos** sein.[51] Mit der herrschenden Auffassung ist sie auch grundsätzlich unwiderruflich.[52] Nach einer teilweise vertretenen Ansicht soll in Analogie zu § 128 Abs. 2 ZPO die Zustimmung bei einer wesentlichen Änderung der Verfahrenslage widerruflich sein, auch wenn es sich bei der Zustimmungserklärung mangels echter Gerichtsqualität der Vergabekammer nicht um eine Prozesshandlung handele.[53] Allerdings wird sich diese Frage in der Praxis selten stellen, da wegen der engen Fristen im Nachprüfungsverfahren eine Änderung der Verfahrenslage nach der Zustimmungserklärung, aber noch vor der Entscheidung der Kammer, regelmäßig ausbleibt.[54] Die Initiative zum Verzicht auf die mündliche Verhandlung und Entscheidung nach Lage der Akten kann auch von einem Verfahrensbeteiligten ausgehen, etwa wenn nur noch Rechtsfragen im Raum stehen.

34 In der **Praxis** kommt es nicht selten vor, dass Verfahrensbeteiligte die Zustimmung zum Verzicht auf die mündliche Verhandlung verweigern. Zum einen wird in der mündlichen Verhandlung die Chance gesehen, noch einmal den eigenen Standpunkt dezidiert vertreten zu können und die damit verbundene Chance, die Kammer zu überzeugen. Die mündliche Verhandlung bietet insoweit auch den Raum, vor der eigenen Mandantschaft zu glänzen. Zum anderen kommt es auch vor, dass eine mündliche Verhandlung gewünscht wird, um den vertretenen Verfahrensbeteiligten die Sach- und Rechtslage durch die unabhängige Kammer erläutern zu lassen, um damit deren Bereitschaft zur Akzeptanz einer Entscheidung zu fördern. Für eine Zustimmung zum Verzicht auf die mündliche Verhandlung spricht dagegen die Ersparnis von finanziellem und persönlichem Aufwand auf Seiten der Verfahrensbeteiligten.

35 Insbesondere zu Beginn der **COVID-19-Pandemie** stellte sich für die Vergabekammern die Frage, wie einerseits mit behördlich verordneten Bekämpfungsmaßnahmen, wie etwa Kontaktverboten, Abstandsregelungen oder Zutrittsbeschränkungen zu Dienstgebäuden und andererseits dem Anspruch der Verfahrensbeteiligten auf eine mündliche Verhandlung umzugehen ist. Hinzu kam, dass eine gesetzliche Regelung wie § 128a ZPO, die eine Verhandlung im Wege der Bild- und Tonübertragung ermöglicht, für das Nachprüfungsverfahren bislang nicht existiert und ohnehin die technischen Möglichkeiten hierzu nicht in allen Kammern vorhanden sind.[55] Die meisten Kammern unternahmen insoweit den Versuch, die Verfahren mit Zustimmung der Verfahrensbeteiligten ohne mündliche Verhandlung nach Lage der Akten zu entscheiden. Mit gewissen Ausnahmen erklärten die Verfahrensbeteiligten hier regelmäßig ihre Zustimmung.

II. Unzulässiger oder offensichtlich unbegründeter Antrag (Var. 2 und 3)

36 Eine Entscheidung nach Lage der Akten kommt nach § 166 Abs. 1 S. 3 Var. 2 und 3 GWB weiterhin in Betracht, wenn nach Aktenlage die Kammer von der Unzulässigkeit oder der offensichtlichen Unbegründetheit des Nachprüfungsantrags überzeugt ist. In diesen Fällen kommt es auf eine Zustimmungserklärung der Verfahrensbeteiligten nicht an.[56]

---

51 *Bungenberg*, in: Pünder/Schellenberg, Vergaberecht, § 166 GWB Rn. 18.

52 VK Thüringen, Beschluss v. 12.7.2017 – 250-4003-5533/2017-E-16-EF; *Bungenberg*, in: Pünder/Schellenberg, Vergaberecht, § 166 GWB Rn. 18; *Reidt*, in: Reidt/Stickler/Glahs, Vergaberecht, § 166 GWB Rn. 14; *Ohlerich*, in: Röwekamp/Kus/Portz/Prieß, GWB-Vergaberecht, § 166 Rn. 19.

53 *Gröning*, in: Burgi/Dreher, Vergaberecht, § 166 GWB Rn. 24.

54 Vgl. auch VK Thüringen, Beschluss v. 12.7.2017 – 250-4003-5533/2017-E-16-EF; ebenso *Gröning*, in: Burgi/Dreher, Vergaberecht, § 166 GWB Rn. 24.

55 Vgl. *Ahlers*, NZBau 2020, 628 ff. (zur Zulässigkeit einer konsentierten Videoverhandlung in entsprechender Anwendung des § 128a ZPO bzw. § 102a VwGO). Vgl. insoweit VK Niedersachsen, Beschluss v. 11.2.2021 – VgK 53/2020; Beschluss v. 5.2.2021 – VgK 50/2020. Zu der auch insoweit erforderlichen Ermessensausübung der Vergabekammer vgl. BayObLG, Beschluss v. 9.11.2021 – Verg 5/21.

56 VK Berlin, Beschluss v. 15.5.2020 – VK - B 1 - 15/19; VK Mecklenburg-Vorpommern, Beschluss v. 6.6.2019 – 3 VK 4719; *Summa*, in: Heiermann/Zeiss/Summa, Vergaberecht, § 166 GWB Rn. 20.

Grundsätzlich ist hierfür **Voraussetzung**, dass die der Kammer vorliegenden Akten und Schriftsätze der Verfahrensbeteiligten den Verfahrensgegenstand vollständig wiedergeben, dadurch eine Entscheidung nach Lage der Akten ermöglichen, und sich durch eine mündliche Verhandlung keine andere Bewertung ergeben könnte.[57] 37

Möglich ist eine **Kombination** der 2. und 3. Variante des § 166 Abs. 1 S. 3 GWB. Ist der Antrag teilweise unzulässig und im Übrigen offensichtlich unbegründet, kann die Kammer nach pflichtgemäßem Ermessen auf die Durchführung der mündlichen Verhandlung verzichten und im schriftlichen Verfahren entscheiden.[58] 38

Aus § 166 Abs. 1 S. 3 Var. 2 und 3 GWB ergibt sich keine Verpflichtung der Kammer, die Verfahrensbeteiligten darauf hinzuweisen, dass sie beabsichtigt, ohne mündliche Verhandlung zu entscheiden.[59] In Fällen jedoch, in denen die Kammer von der offensichtlichen Unbegründetheit des Antrags ausgeht aufgrund von Erkenntnissen, die sich aus Anlass der Prüfung behaupteter Rechtsverstöße aus den Vergabeakten ergeben und die im Verfahren noch nicht zur Sprache kamen, hat die Kammer – durch einen Hinweis und die Möglichkeit Stellung zu nehmen – rechtliches Gehör gemäß § 166 Abs. 1 S. 2 GWB zu gewähren.[60] Ein **Hinweis** kann darüber hinaus sinnvoll sein, wenn die Kammer dem Antragsteller ermöglichen möchte, aus Gründen der Verfahrensökonomie und zur Beschleunigung des Vergabeverfahrens den Antrag zurückzunehmen. 39

Nimmt der Antragsteller den Nachprüfungsantrag zurück, ist eine mündliche Verhandlung entbehrlich. Die **Antragsrücknahme** steht dem in § 166 Abs. 1 S. 3 GWB ausdrücklich aufgeführten Fall der Unzulässigkeit gleich. Entscheidend ist, dass bei einer Antragsrücknahme eine Sachentscheidung der Vergabekammer nicht mehr in Betracht kommt.[61] Im Falle einer **Erledigung** des Nachprüfungsverfahrens stellt die Kammer auf Antrag eines Beteiligten gemäß § 168 Abs. 2 S. 2 GWB fest, ob eine Rechtsverletzung vorgelegen hat. Wird ein solcher Antrag gestellt, hat die Kammer nunmehr vor dem Hintergrund der Umstellung des Nachprüfungsantrags die Regelungen des § 166 Abs. 1 S. 1 bis 3 GWB zu berücksichtigen. § 168 Abs. 2 S. 3 GWB erklärt lediglich § 167 Abs. 1 GWB für insoweit nicht anwendbar, nicht auch § 166 GWB.[62] 40

1. Unzulässiger Antrag (Var. 2)

In der zweiten Variante des § 166 Abs. 1 S. 3 GWB kann die Kammer nach Lage der Akten entscheiden, wenn nach ihrer freien Überzeugung der Nachprüfungsantrag unzulässig ist. 41

Unzulässigkeit liegt vor, wenn etwa der Antrag nicht den zwingenden Anforderungen des § 161 GWB entspricht,[63] die Antragsbefugnis nach § 160 Abs. 2 GWB fehlt, eine Rügeobliegenheit nach § 160 Abs. 3 GWB nicht erfüllt wurde oder die Voraussetzungen für die Statthaftigkeit des Antrags nicht gegeben sind.[64] Die Kammer hat zu beachten, dass der Nachprüfungsantrag insgesamt unzulässig sein muss. Dies erfordert die isolierte Prüfung jeder einzel- 42

---

57 Vgl. Gesetzesbegründung zu § 122 GWB a.F., VgRÄG, BT-Drs. 13/9340, 19; ebenso VK Berlin, Beschluss v. 15.5.2020 – VK-B1-15/19; VK Mecklenburg-Vorpommern, Beschluss v. 6.6.2019 – 3 VK 4/19; VK Rheinland, Beschluss v. 30.4.2019 – VK 10/19-L; VK Bremen, Beschluss v. 21.11.2018 – 16 VK 4/18; VK Niedersachsen, Beschluss v. 19.6.2018 – VgK 18/2018; VK Hessen, Beschluss v. 12.2.2014 – 69d-VK-55/2013; VK Brandenburg, Beschluss v. 10.2.2003 – VK 80/02.

58 OLG Brandenburg, Beschluss v. 30.4.2013 – Verg W 3/13; VK Hessen, Beschluss v. 25.6.2013 – 69d VK-13/2013.

59 VK Brandenburg, Beschluss v. 10.2.2003 – VK 80/02, wonach auch keine Anhörung der Verfahrensbeteiligten erforderlich ist; ebenso *Gröning*, in: Burgi/Dreher, Vergaberecht, § 166 GWB Rn. 29; *Summa*, in: Heiermann/Zeiss/Summa, Vergaberecht, § 166 GWB Rn. 19. A.A. KG, Beschluss v. 19.12.2019 – Verg 9/19, das aufgrund der erheblichen Bedeutung einer mündlichen Verhandlung für die effektive Wahrnehmung von prozessualen Rechten eine entsprechende Hinweispflicht annimmt; *Frister*, in: Ziekow/Völlink, Vergaberecht, § 166 GWB Rn. 8. Offen gelassen in VK Rheinland, Beschluss v. 30.4.2019 – VK 10/19-L.

60 VK Hessen, Beschluss v. 25.6.2013 – 69d-VK-13/2013.

61 BayObLG, Beschluss v. 29.9.1999 – Verg 5/99; ebenso *Summa*, in: Heiermann/Zeiss/Summa, Vergaberecht, § 166 Rn. 22.

62 Vgl. OLG Düsseldorf, Beschluss v. 2.3.2005 – VII-Verg 70/04.

63 Vgl. VK Brandenburg, Beschluss v. 31.7.2019 – VK 10/19; vgl. *Steck* in § 161 GWB Rn. 6 ff.

64 VK Berlin, Beschluss v. 15.5.2020 – VK-B1-15/19; VK Hessen, Beschluss v. 5.2.2020 – 69d-VK-27/2019; VK Niedersachsen, Beschluss v. 19.6.2018 – VgK 18/2018; vgl. *Spinzig* in § 155 GWB Rn. 16 ff.

nen vom Antragsteller vorgebrachten Rüge, da eine nur teilweise Unzulässigkeit des Antrags nicht zu einem Verzicht auf die mündliche Verhandlung berechtigt.[65] Allerdings setzt die Norm nach dem Wortlaut nicht voraus, dass es sich um eine offensichtliche Unzulässigkeit handelt.[66]

43 Hält die Vergabekammer den Nachprüfungsantrag für unzulässig, kann sie folglich auch dann auf die Durchführung einer mündlichen Verhandlung verzichten und nach Lage der Akten entscheiden, wenn die Kammer den Antrag zuvor an den Antragsgegner **zugestellt** hatte. Denn die Voraussetzung in § 163 Abs. 2 S. 1 GWB, unter der von der Zustellung des Nachprüfungsantrags abgesehen werden kann, ist enger gefasst als die in § 166 Abs. 1 S. 3 GWB. § 163 Abs. 2 S. 1 GWB verlangt eine offensichtliche Unzulässigkeit des Nachprüfungsantrags. Selbst wenn der Antrag diese enge Voraussetzung nicht erfüllt, d.h. seine Unzulässigkeit zunächst nicht ohne weiteres ersichtlich ist, sondern sich erst nach seiner Zustellung aufgrund weiterer Erkenntnisse herausstellt, ist die Vergabekammer nicht gehindert, ohne mündliche Verhandlung nach § 166 Abs. 1 S. 3 GWB zu entscheiden.[67]

2. Offensichtlich unbegründeter Antrag (Var. 3)

44 In der dritten Variante des § 166 Abs. 1 S. 3 GWB kann die Kammer nach Lage der Akten entscheiden, wenn nach ihrer freien Überzeugung der Nachprüfungsantrag offensichtlich unbegründet ist.

45 **Unbegründet** ist der Antrag, wenn gemäß § 168 Abs. 1 S. 1 GWB ein Vergaberechtsverstoß des Auftraggebers, der den Antragsteller in seinen Rechten verletzt, nicht vorliegt.

46 **Offensichtlich** ist die Unbegründetheit des Antrags, wenn der maßgebliche Sachverhalt aus Sicht der Kammer hinreichend aufgeklärt ist, d.h. an der Richtigkeit der tatsächlichen Feststellungen vernünftigerweise kein Zweifel mehr bestehen kann, und eine eindeutige Rechtslage in Bezug auf den streitentscheidungserheblichen Sachverhalt vorliegt, so dass die mündliche Verhandlung keinen besonderen Erkenntnisgewinn verspricht und sich die Zurückweisung des Antrags als unbegründet geradezu aufdrängt.[68] Die Voraussetzungen dieser Alternative können nicht nur dann vorliegen, wenn sich die Unbegründetheit bereits ohne weiteres aus dem Nachprüfungsantrag selbst ergibt und hierüber zügig entschieden werden kann. Es ist der Vergabekammer auch dann nicht verwehrt, nach Aktenlage zu entscheiden, wenn sich die Unbegründetheit erst aufgrund einer vertieften Prüfung der Sach- und Rechtslage anhand der übersandten Vergabeakten und der Schriftsätze der Verfahrensbeteiligten eindeutig ergibt.[69] Soweit vertreten wird, dass es für die Offensichtlichkeit nicht erforderlich sei, dass eine zur Beurteilung der Erfolgsaussichten relevante Rechtsfrage in Rechtsprechung und Literatur einhellig beantwortet würde,[70] ist jedoch darauf zu verweisen, dass in Fällen, in denen die zugrundeliegende Fragestellung unterschiedlich beurteilt wird, eine eindeutige Rechtslage fraglich erscheint. Da das Absehen von einer mündlichen Verhandlung eine Ausnahme vom Grundsatz der mündlichen Verhandlung darstellt, sollte die Kammer in solchen Fällen zurückhaltend agieren und im Zweifel eine mündliche Verhandlung durchführen.

---

65 OLG Celle, Beschluss v. 31.7.2008 – 13 Verg 3/08.

66 OLG Brandenburg, Beschluss v. 5.10.2004 – Verg W 12/04; BayObLG, Beschluss v. 20.8.2001 – Verg 11/01; OLG Koblenz, Beschluss v. 22.3.2001 – Verg 9/00; VK Berlin, Beschluss v. 15.5.2020 – VK - B 1 - 15/19; VK Bremen, Beschluss v. 21.11.2018 – 16 VK 4/18.

67 OLG Koblenz, Beschluss v. 22.3.2001 – Verg 9/00; vgl. auch VK Schleswig-Holstein, Beschluss v. 23.8.2012 – VK-SH 21/12.

68 OLG Naumburg, Beschluss v. 9.8.2019 – 7 Verg 1/19; VK Sachsen-Anhalt, Beschluss v. 30.9.2020 – 2 VK LSA 42/20; VK Berlin, Beschluss v. 17.10.2017 – VK - B 1 - 15/17; Beschluss v. 5.1.2017 – VK - B 1 - 34/16; VK Hessen, Beschluss v. 25.6.2013 – 69d VK-13/2013; VK Schleswig-Holstein, Beschluss v. 17.3.2006 – VK-SH 2/06; Beschluss v. 7.3.2005 – VK-SH 3/05; VK Bund, Beschluss v. 6.10.2003 – VK 2-94/03.

69 OLG Naumburg, Beschluss v. 9.8.2019 – 7 Verg 1/19; vgl. auch VK Niedersachsen, Beschluss v. 14.11.2016 – VgK 44/2016.

70 Vgl. VK Berlin, Beschluss v. 17.10.2017 – VK - B 1 - 15/17.

D. Mündliche Verhandlung ohne die Beteiligten (Abs. 2)

Nach § 166 Abs. 2 GWB kann auch dann in der Sache verhandelt und entschieden werden, wenn die Beteiligten in dem Verhandlungstermin nicht erschienen oder nicht ordnungsgemäß vertreten sind. 47

Die Vorschrift ist eine Ausprägung des **Beschleunigungsgebots** im Nachprüfungsverfahren.[71] Mit ihr wird klargestellt, dass es kein Versäumnisverfahren gibt.[72] Auch wenn der Wortlaut der Norm („die Beteiligten") nicht den Fall erfasst, dass nur ein Beteiligter der mündlichen Verhandlung fernbleibt, soll auch dann eine mündliche Verhandlung durchgeführt werden können.[73] Der praktisch häufigste Fall dürfte sein, dass ein Beigeladener, den ohnehin keine Pflicht zur aktiven Beteiligung am Verfahren trifft, einer mündlichen Verhandlung fernbleibt. 48

Nichterscheinen bedeutet das Fernbleiben eines Beteiligten oder seines bevollmächtigten Vertreters in der mündlichen Verhandlung. 49

Unter einer **nicht ordnungsgemäßen Vertretung** sind alle Fälle einer fehlenden gesetzlichen oder rechtsgeschäftlichen Verfahrensvollmacht zu verstehen.[74] Ein Anwaltszwang besteht im Verfahren vor der Vergabekammer, anders als nach § 175 Abs. 1 S. 1 GWB im Beschwerdeverfahren, allerdings nicht. 50

Voraussetzung für die Anwendung des § 166 Abs. 2 GWB ist, dass die Verfahrensbeteiligten ordnungsgemäß, insbesondere rechtzeitig geladen wurden. Ist das nicht der Fall oder setzt sich die Kammer darüber hinweg, wäre der Grundsatz des rechtlichen Gehörs verletzt.[75] Die Kammer sollte in der Ladung die Beteiligten auf die Möglichkeit einer mündlichen Verhandlung trotz ihres Fernbleibens oder ihrer nicht ordnungsgemäßen Vertretung hinweisen.[76] 51

Hat die Kammer ordnungsgemäß geladen, kommt es dann auf die Ursachen für das Nichterscheinen oder die nicht ordnungsgemäße Vertretung nicht an. Die Verfahrensbeteiligten tragen das **Risiko**, unverschuldet an der mündlichen Verhandlung nicht teilzunehmen.[77] Die Beteiligten haben insoweit auch keinen Anspruch auf eine Terminverlegung.[78] 52

Nach dem Wortlaut der Norm steht es im pflichtgemäßen **Ermessen**, ob die Kammer im Falle der Abwesenheit eines Beteiligten oder mehrerer Beteiligter die mündliche Verhandlung durchführt. Dabei wird vor allem das Beschleunigungsgebot zu berücksichtigen sein. Weiterhin kann die Kammer auch gewichten, aus welchen Gründen ein Beteiligter fernbleibt und ob er dies der Kammer rechtzeitig mitgeteilt hat. Schließlich wird für die Kammer zu erwägen sein, ob gerade der abwesende Beteiligte im Rahmen der mündlichen Verhandlung wesentliches zur Aufklärung des Sachverhalts beitragen kann. Ein neuer Termin sollte grundsätzlich nur dann anberaumt werden, wenn sich die beabsichtigte Entscheidung nachteilig für den Abwesenden auswirken würde.[79] 53

Beabsichtigt die Kammer, ein **schriftsätzliches Vorbringen** eines nicht erschienenen Beteiligten der Entscheidung zugrunde zu legen, muss sie es in der mündlichen Verhandlung einführen.[80] Erscheint keiner der Beteiligten zum Termin der mündlichen Verhandlung trotz ordnungsgemäßer Ladung, kann die Kammer gleichwohl mündlich verhandeln und dann faktisch nach Lage der Akten entscheiden, wenn insoweit Entscheidungsreife besteht.[81] Eine Entschei- 54

---

71 *Bungenberg*, in: Pünder/Schellenberg, Vergaberecht, § 166 Rn. 22.
72 *Ohlerich*, in: Röwekamp/Kus/Portz/Prieß, GWB-Vergaberecht, § 166 Rn. 11; *Frister*, in: Ziekow/Völlink, Vergaberecht, § 166 GWB Rn. 13.
73 *Summa*, in: Heiermann/Zeiss/Summa, Vergaberecht, § 166 GWB Rn. 24.
74 Vgl. VK Westfalen, Beschluss v. 26.1.2016 – VK 1-44/15; *Byok* in: Byok/Jaeger, Vergaberecht, § 166 GWB Rn. 13; *Ohlerich*, in: Röwekamp/Kus/Portz/Prieß, GWB-Vergaberecht, § 166 Rn. 12.
75 *Gröning*, in: Burgi/Dreher, Vergaberecht, § 166 GWB Rn. 14.
76 Ebenso *Bungenberg*, in: Pünder/Schellenberg, Vergaberecht, § 166 GWB Rn. 22.
77 *Frister*, in: Ziekow/Völlink, Vergaberecht, § 166 GWB Rn. 13.
78 *Summa*, in: Heiermann/Zeiss/Summa, Vergaberecht, § 166 GWB Rn. 24.
79 *Summa*, in: Heiermann/Zeiss/Summa, Vergaberecht, § 166 GWB Rn. 24.
80 *Gröning*, in: Burgi/Dreher, Vergaberecht, § 166 GWB Rn. 14.
81 Vgl. *Bungenberg*, in: Pünder/Schellenberg, Vergaberecht, § 166 GWB Rn. 22.

dung muss aber durch die Kammer innerhalb der Frist des § 167 Abs. 1 S. 1 GWB getroffen werden, so dass ein Ruhen des Verfahrens analog § 251a Abs. 3 ZPO nicht in Betracht kommt.[82]

Anlage

Gesetzesbegründung – VergRModG 2016 (BT-Drs. 18/6281)

Seite 135

§ 166 entspricht dem bisherigen § 112.

82 Vgl. *Summa*, in: Heiermann/Zeiss/Summa, Vergaberecht, § 168 GWB Rn. 48 ff.; a.A. *Gröning*, in: Burgi/Dreher, Vergaberecht, § 166 GWB Rn. 15; vgl. zur Frage, ob die Vergabekammer das Verfahren aussetzen darf OLG Düsseldorf, Beschluss v. 11.3.2002 – Verg 43/01.

§ 167 GWB
Beschleunigung

(1) Die Vergabekammer trifft und begründet ihre Entscheidung schriftlich innerhalb einer Frist von fünf Wochen ab Eingang des Antrags. Bei besonderen tatsächlichen oder rechtlichen Schwierigkeiten kann der Vorsitzende im Ausnahmefall die Frist durch Mitteilung an die Beteiligten um den erforderlichen Zeitraum verlängern. Dieser Zeitraum soll nicht länger als zwei Wochen dauern. Er begründet diese Verfügung schriftlich.

(2) Die Beteiligten haben an der Aufklärung des Sachverhalts mitzuwirken, wie es einem auf Förderung und raschen Abschluss des Verfahrens bedachten Vorgehen entspricht. Den Beteiligten können Fristen gesetzt werden, nach deren Ablauf weiterer Vortrag unbeachtet bleiben kann.

Übersicht Rn.

A. Allgemeines ... 1
B. Entscheidungsfrist von fünf Wochen (Abs. 1) ... 8
I. Entscheidungsfrist (S. 1) ... 8
1. Berechnung der Frist ... 9
2. Einhaltung der Entscheidungsfrist ... 11
a) Rechtswirkung einer fehlenden Unterschrift ... 16
b) Automatische Ablehnungsfiktion bei Fristablauf? ... 19
II. Fristverlängerung (S. 2 bis 4) ... 23
1. Voraussetzungen der Fristverlängerung ... 24
2. Rechtzeitigkeit der Fristverlängerung ... 27
3. Dauer der Fristverlängerung (S. 2 und 3) ... 29
4. Wiederholte Fristverlängerung ... 32
5. Rechtsfolgen einer rechtswidrigen Fristverlängerung ... 33
C. Mitwirkungspflichten der Beteiligten (Abs. 2) ... 35
I. Mitwirkungspflichten (S. 1) ... 36
II. Fristsetzung und Ausschluss verspäteten Vorbringens (S. 2) ... 39
Anlage
Gesetzesbegründung

A. Allgemeines

Die Rechtsmittelrichtlinien verpflichten die Mitgliedsstaaten, die erforderlichen Maßnahmen zu ergreifen, um sicherzustellen, dass im Anwendungsbereich der jeweiligen Richtlinie bei Vergabeverfahren Entscheidungen der Auftraggeber wirksam und vor allem möglichst rasch nach Maßgabe der Rechtsmittelrichtlinien überprüft werden können.[1] Die Regelungsinhalte des § 167 GWB betreffen verfahrensmäßige Einzelheiten, die eine rasche Abwicklung eines Nachprüfungsverfahren bezwecken, die aber außerhalb der Detailgenauigkeit der Richtlinienregelungen liegen.[2] 1

Die Vorschrift des § 167 GWB geht **historisch** zurück auf § 113 GWB 1999, der mit dem VgRÄG in das GWB eingeführt wurde. Mit dem VergRModG 2009 wurde der heutige S. 3 in § 113 Abs. 1 GWB 2009 eingefügt, nach dem die Verlängerung maximal zwei Wochen betragen soll.[3] § 167 GWB ist im Zuge der GWB-Novelle 2016 zur Umsetzung der neuen EU-Vergaberichtlinien nicht verändert worden. 2

Nach § 167 Abs. 1 S. 1 GWB hat die Kammer grundsätzlich innerhalb von fünf Wochen zu entscheiden. Die **Regelung** ergänzt § 168 Abs. 3 S. 1 GWB insoweit, als dass sie die Schriftform der Entscheidung festlegt und eine Pflicht zur Begründung statuiert. Die Entscheidungsfrist kann unter den Voraussetzungen des § 167 Abs. 1 S. 2 GWB um den erforderlichen Zeit- 3

1 Vgl. Art. 1 Abs. 1 UAbs. 4 RL 89/665/EWG sowie Art. 1 Abs. 1 UAbs. 4 RL 92/13/EWG.
2 *Gröning*, in: Burgi/Dreher, Vergaberecht, § 167 GWB Rn. 3, der auch darauf hinweist, dass Art. 2 Abs. 9 RL 89/665/EWG, wonach eine Nachprüfungsstelle, die kein Gericht ist, ihre Entscheidung stets schriftlich begründen muss, für die Vergabekammern nicht einschlägig sei, da der Gerichtsbegriff dieser Norm unionsrechtlich zu verstehen sei und die Vergabekammern diesen Gerichtsbegriff erfüllten.
3 Vgl. Art. 1 Nr. 15 VergRModG 2009.

raum verlängert werden, allerdings soll dieser Zeitraum nicht länger als zwei Wochen sein. Schließlich bestimmt § 167 Abs. 1 S. 4 GWB, dass der Vorsitzende die Verfügung über die Entscheidungsfristverlängerung schriftlich zu begründen hat. Während somit in Abs. 1 Normadressat die Vergabekammer ist, richtet sich Abs. 2 zunächst an die Verfahrensbeteiligten. Nach § 167 Abs. 2 S. 1 GWB haben diese generelle Mitwirkungs- und Verfahrensförderungspflichten zu beachten. Die Kammer kann den Verfahrensbeteiligten nach § 167 Abs. 2 S. 2 GWB Fristen setzen, nach deren Ablauf weiterer Vortrag durch die Kammer unbeachtet bleiben kann.

4 Es handelt sich mithin bei § 167 GWB um eine Konkretisierung des das Nachprüfungsverfahren insgesamt bestimmenden **Beschleunigungsgrundsatzes**. Nach der Gesetzesbegründung enthält die Vorschrift sogar die zentrale Regelung für die zügige Durchführung des Nachprüfungsverfahrens vor der Vergabekammer.[4] Innerhalb von grundsätzlich fünf Wochen soll jeder Vergaberechtsstreit durch die Kammer entschieden sein. Nach der damaligen Gesetzesbegründung sollen so Investitionsblockaden nicht entstehen können.[5] Die besondere Bedeutung der Einhaltung der Entscheidungsfrist ergibt sich aus § 171 Abs. 2 GWB, wonach eine sofortige Beschwerde auch dann zulässig ist, wenn die Vergabekammer über einen Antrag auf Nachprüfung nicht innerhalb der Frist entschieden hat. In diesen Fall gilt der Antrag als abgelehnt.[6]

5 Aus den **statistischen Auswertungen** des Bundesministeriums für Wirtschaft und Energie nach § 184 GWB ist aber ersichtlich, dass die Verlängerung der Entscheidungsfrist regelmäßig vorkommt.[7] Im Berichtsjahr 2019 wurde bei einer Gesamtanzahl von 799 im Jahr 2019 eingegangenen Nachprüfungsanträgen bei 426 Verfahren die Entscheidungsfrist verlängert. Im Jahre 2018 ergaben sich bei 745 eingegangenen Nachprüfungsanträgen 400 Entscheidungsfristverlängerungen und im Jahre 2017 bei 824 eingegangenen Nachprüfungsanträgen 427 Entscheidungsfristverlängerungen. Den statistischen Auswertungen lässt sich nicht entnehmen, über welchen Zeitraum sich jeweils die Verlängerung erstreckte. Diese Zahlen machen aber deutlich, dass das gesetzgeberische Ziel einer beschleunigten Durchführung von Nachprüfungsverfahren innerhalb von nur fünf Wochen in der Praxis regelmäßig nicht erreicht wird. Hält man sich vor Augen, dass – neben einer gewissen Komplexität des Vergaberechts – häufig allein die Vergabeakten in bestimmten Beschaffungsbereichen mehrere tausend Seiten aufweisen, ist dieses Ergebnis nicht verwunderlich. Solange das Gesetz eine Entscheidungsfrist von fünf Wochen vorsieht, müssen insbesondere die Länder dafür Sorge tragen, dass die personelle und sachliche Ausstattung der Vergabekammern ein Niveau hat, das die grundsätzliche Einhaltung der fünf Wochen ermöglicht.

6 **Neben § 167 GWB** ist der Beschleunigungsgrundsatz verankert in § 163 Abs. 1 S. 4 GWB, wonach die Vergabekammer bei ihrer gesamten Tätigkeit darauf zu achten hat, dass der Ablauf des Vergabeverfahrens nicht unangemessen beeinträchtigt wird. Auch die Regelungen der Anforderungen an die Antragsbegründung gemäß § 161 Abs. 2 GWB sowie die Verpflichtung des Auftraggebers zur sofortigen Aktenübersendung nach § 163 Abs. 2 S. 4 GWB stellen Ausprägungen des Beschleunigungsgrundsatzes dar.[8] Schließlich dienen auch die Ermittlungsbefugnisse der Kammer dem Ziel, die Entscheidungsfrist von fünf Wochen zu halten.

7 § 167 Abs. 1 GWB ist nach § 168 Abs. 2 S. 3 GWB nicht anzuwenden, wenn sich innerhalb der Entscheidungsfrist das Nachprüfungsverfahren durch Erteilung des Zuschlags, durch Aufhebung oder durch Einstellung des Vergabeverfahrens oder in sonstiger Weise **erledigt** hat und die Kammer auf Antrag eines Beteiligten feststellt, ob eine Rechtsverletzung vorgelegen hat. Somit ist in diesen Fällen die Kammer nicht verpflichtet, innerhalb von fünf Wochen eine

4 Gesetzesbegründung zu § 123 Abs. 1 GWB a.F., VgRÄG, BT-Drs. 13/9340, 19.
5 Gesetzesbegründung zu § 123 Abs. 1 GWB a.F., VgRÄG, BT-Drs. 13/9340, 19.
6 Vgl. Rn. 19 ff.
7 https://www.bmwi.de/Redaktion/DE/Downloads/G/gesamtuebersicht-vergabekammern.pdf?__blob=publicationFile&v=20.
8 *Ohlerich*, in: Röwekamp/Kus/Portz/Prieß, GWB-Vergaberecht, § 167 Rn. 4.

Entscheidung zu treffen.[9] Dies ist folgerichtig, da sich nach der Erledigung des Nachprüfungsverfahrens keine Investitionsblockade durch eben dieses Nachprüfungsverfahren ergeben kann.

B. Entscheidungsfrist von fünf Wochen (Abs. 1)

I. Entscheidungsfrist (S. 1)

Nach § 167 Abs. 1 S. 1 GWB trifft und begründet die Vergabekammer ihre Entscheidung innerhalb einer Frist von fünf Wochen ab Eingang des Antrags. Hat die Vergabekammer über einen Antrag auf Nachprüfung nicht innerhalb der Entscheidungsfrist entschieden, ist gem. § 171 Abs. 2 GWB eine sofortige Beschwerde zulässig und gilt der Antrag als abgelehnt (sog. Ablehnungsfiktion). 8

1. Berechnung der Frist

Da das GWB keine eigenständige Regelung einer **Fristberechnung** enthält und das Verfahren vor der Kammer gemäß § 168 Abs. 3 S. 1 GWB durch Verwaltungsakt endet, ist es sachgerecht, über § 31 VwVfG die Bestimmungen in §§ 187 bis 193 BGB anzuwenden.[10] 9

Da der Eingang des Antrags als fristauslösendes Ereignis in den Verlauf eines Tages fällt, ist für den **Beginn** der Frist § 187 Abs. 1 BGB maßgeblich, so dass der Tag des Eingangs des Nachprüfungsantrags nicht mitgezählt wird. Fristauslösendes Ereignis ist nach dem Wortlaut der Norm der Eingang des Antrags bei der Vergabekammer. Beginn und Dauer des Nachprüfungsverfahrens richten sich nicht etwa danach, wann die Vergabekammer erstmals tätig geworden ist, etwa indem sie veranlasst hat, dass der Antrag dem Antragsgegner zugestellt wird.[11] Eingegangen ist der Antrag, wenn er in üblicher Form in die Verfügungsgewalt der adressierten Vergabekammer gelangt ist, wobei die Verfügungsgewalt der Behörde ausreicht, der die Vergabekammer angehört.[12] Wird der Antrag mittels Fax übersendet, ist der Antrag zum Zeitpunkt des Faxeingangs bei der Vergabekammer eingegangen.[13] Als fristauslösendes Ereignis reicht auch ein Antrag, der gemäß § 161 Abs. 1 S. 1 GWB noch nicht begründet ist.[14] Da der Antrag nach dieser Norm lediglich „unverzüglich" zu begründen ist, setzt er die Frist gleichwohl in Gang. Allerdings wird die Kammer ohne Begründung des Antrags diesen kaum dem Antragsgegner nach § 163 Abs. 2 S. 3 GWB übermitteln. Ein Antragsteller, dem es auf das mit der Übermittlung des Antrags an den Antragsgegner verbundene Zuschlagsverbot nach § 169 Abs. 1 GWB ankommt, wird sich daher kaum auf eine erst unverzüglich nachfolgende Begründung einlassen. Ob der Antrag zulässig ist oder nicht, spielt grundsätzlich für den Beginn der Entscheidungsfrist keine Rolle.[15] Allerdings sind § 83 VwGO, § 17a GVG entsprechend anwendbar, wenn der Nachprüfungsantrag bei einer nicht zuständigen Kammer eingeht.[16] Verweist die ursprünglich angerufene Kammer an die zuständige, beginnt die Entscheidungsfrist, wenn der Antrag bei dieser eingeht.[17] Die Frist des § 167 Abs. 1 GWB gilt analog auch für

9 OLG Naumburg, Beschluss v. 4.9.2001 – 1 Verg 8/01.

10 *Gröning*, in: Burgi/Dreher, Vergaberecht, § 167 GWB Rn. 7; *Summa*, in: Heiermann/Zeiss/Summa, Vergaberecht, § 167 GWB Rn. 4; *Ohlerich*, in: Röwekamp/Kus/Portz/Prieß, GWB-Vergaberecht, § 167 Rn. 10.

11 BGH, Beschluss v. 9.2.2004 – X ZB 44/03.

12 *Ohlerich*, in: Röwekamp/Kus/Portz/Prieß, GWB-Vergaberecht, § 167 Rn. 9.

13 BGH, Beschluss v. 9.2.2004 – X ZB 44/03.

14 *Summa*, in: Heiermann/Zeiss/Summa, Vergaberecht, § 167 GWB Rn. 7; *Bungenberg*, in Pünder/Schellenberg, Vergaberecht, § 166 GWB Rn. 5; *Reidt*, in: Reidt/Stickler/Glahs, Vergaberecht, § 167 GWB Rn. 7; *Ohlerich*, in: Röwekamp/Kus/Portz/Prieß, GWB-Vergaberecht, § 167 Rn. 9.

15 *Byok*, in: Byok/Jaeger, Vergaberecht, § 167 GWB Rn. 1; *Reidt*, in: Reidt/Stickler/Glahs, Vergaberecht, § 167 GWB Rn. 7.

16 OLG Dresden, Beschluss v. 26.6.2012 – Verg 0004/12; OLG Thüringen, Beschluss v. 16.7.2007 – 9 Verg 4/07; OLG Düsseldorf, Beschluss v. 18.1.2005 – VII-Verg 104/04; VK Rheinland-Pfalz, Beschluss v. 28.1.2021 – VK 2-2/21; VK Bund, Beschluss v. 25.5.2012 – VK 3-54/12; VK Baden-Württemberg, Beschluss v. 19.12.2008 – 1 VK 67/08.

17 *Summa*, in: Heiermann/Zeiss/Summa, Vergaberecht, § 167 GWB Rn. 11.

Fälle, in denen das Verfahren gemäß § 178 S. 2 GWB vom Beschwerdegericht an die Vergabekammer zurückverwiesen wird.[18]

10 Die Frist **endet** gemäß § 188 Abs. 2 BGB mit dem Ablauf desjenigen Wochentages, an dem der Antrag fünf Wochen zuvor eingegangen war. Ist der Antrag beispielsweise dienstags eingegangen, endet somit die Frist fünf Wochen später Dienstag, 24.00 Uhr. Fällt das rechnerische Fristende auf einen Samstag, Sonntag oder am Sitz der Vergabekammer gesetzlichen Feiertag, so endet gemäß § 31 Abs. 3 VwVfG, § 193 BGB die Frist mit Ablauf des nächsten Werktages.[19]

2. Einhaltung der Entscheidungsfrist

11 Nach § 167 Abs. 1 S. 1 GWB muss die Kammer innerhalb der Frist von fünf Wochen schriftlich ihre Entscheidung treffen, das heißt wirksam, das Verfahren abschließend entscheiden. Die Entscheidung ist nach dem Gesetzeswortlaut auch innerhalb dieser Frist zu begründen.

12 Das **Schriftformerfordernis** bedeutet zunächst, dass die Urschrift des zu erlassenden Beschlusses unterschriftlich zu beurkunden ist.[20] Nach der Rechtsprechung des BGH folgt aus dem gesetzlichen Erfordernis, dass eine staatliche Entscheidung in bestimmter Besetzung zu fällen ist, nicht ohne Weiteres, dass alle Personen, welche die Entscheidung getroffen haben, die vollständige, mit Gründen versehene Fassung eigenhändig zu unterschreiben haben.[21] Es fehle insoweit eine bundesgesetzliche Regelung, wonach etwa der ehrenamtliche Beisitzer Beschlüsse der Vergabekammer, die unter seiner Mitwirkung gefasst wurden, zu unterzeichnen habe. Aus § 167 Abs. 1 GWB folge nur, dass die Entscheidung der Vergabekammer in schriftlicher Form erginge. Aus der Vorschrift ließe sich aber nicht herleiten, dass unter Einschluss des ehrenamtlichen Beisitzers alle Mitglieder der Vergabekammer (§ 156 Abs. 2 S. 1 GWB) den von ihr gefassten Beschluss unterschreiben müssten. Um die Herkunft des Beschlusses zu verbürgen und sicherzustellen, dass es sich hierbei nicht um einen bloßen Entwurf einer Entscheidung der Vergabekammer handelt, wie dies für die Sicherheit und Klarheit im Rechtsverkehr erforderlich sei, würde es nach dem BGH schon ausreichen, wenn die eigenhändige Unterschrift eines hauptamtlichen Mitglieds unter dem Text des Beschlusses vorhanden ist.[22] Zur Begründung verweist der BGH darauf, dass es sich bei dem Beschluss der Vergabekammer gemäß § 168 Abs. 3 S. 1 GWB um einen – streitentscheidenden[23] – Verwaltungsakt handele, für dessen Form § 37 VwVfG bzw. die entsprechenden Regelungen in den Ländern gelten.[24] Nach § 37 Abs. 3 S. 1 VwVfG muss ein schriftlicher Verwaltungsakt die erlassende Behörde erkennen lassen und die Unterschrift oder die Namenswidergabe des Behördenleiters, seines Vertreters oder seines Beauftragten enthalten. Weiterhin vergleicht der BGH den Beschluss der Kammer mit Strafurteilen und stellt fest, dass die Bedeutung eines Beschlusses der Vergabekammer nicht diejenige übersteige, die ein zu den Akten gelangtes Strafurteil für die Gesellschaft und die von ihm Betroffenen habe. Bei einer solchen Entscheidung bedürfe es ebenfalls nicht der Unterschrift der ehrenamtlichen Mitglieder des Spruchkörpers gemäß § 275 Abs. 2 S. 3 StPO.

13 Die Frage, **welche Mitglieder** der Vergabekammer die Entscheidung eigenhändig zu **unterschreiben** haben, damit diese im Sinne des § 167 Abs. 1 S. 1 GWB innerhalb der Frist ergeht, kann nach der Rechtsprechung dem Bereich der Organisation der Vergabekammer zugeord-

---

18 *Horn*, Müller-Wrede, GWB-Vergaberecht, 1. Auflage, § 167 Rn. 6.

19 *Summa*, in: Heiermann/Zeiss/Summa, Vergaberecht, § 167 GWB Rn. 12; *Reidt*, in: Reidt/Stickler/Glahs, Vergaberecht, § 167 GWB Rn. 7; *Ohlerich*, in: Röwekamp/Kus/Portz/Prieß, GWB-Vergaberecht, § 167 Rn. 10; *Frister*, in: Ziekow/Völlink, Vergaberecht, § 167 GWB Rn. 6; a.A. *Gröning*, in: Burgi/Dreher, Vergaberecht, § 167 GWB Rn. 8.

20 BGH, Beschluss v. 12.6.2001 – X ZB 10/01; OLG Koblenz, Beschluss v. 27.1.2021 – Verg 1/19; OLG Düsseldorf, Beschluss v. 22.1.2001 – Verg 24/00.

21 BGH, Beschluss v. 12.6.2001 – X ZB 10/01.

22 BGH, Beschluss v. 12.6.2001 – X ZB 10/01.

23 BGH, Beschluss v. 25.10.2011 – X ZB 5/10.

24 Vgl. BGH, Beschluss v. 10.12.2019 – XIII ZB 119/19: *„Die Vergabekammer ist kein Gericht […]“*; ausdrücklich in diesem Sinne auch VK Rheinland-Pfalz, Beschluss v. 6.1.2021 – VK 1-22/19.

net werden.[25] Als Rechtsgrundlage wird insoweit § 158 Abs. 1 GWB für die Vergabekammern des Bundes sowie § 158 Abs. 2 GWB für die der Länder herangezogen.[26] Aufgrund dieser Norm kann der Präsident des Bundeskartellamts Einrichtung und Besetzung der Vergabekammern des Bundes sowie die Geschäftsverteilung bestimmen und mit Genehmigung des Bundesministeriums für Wirtschaft und Energie eine Geschäftsordnung erlassen. Die Länder bestimmen die Einrichtung, Organisation und Besetzung ihrer Nachprüfungsbehörden. Wird in einer daraufhin erlassenen Landesverordnung den Vergabekammern die Ermächtigung eingeräumt, in einer Geschäftsordnung u.a. zu bestimmen, wer einen verfahrensbeendenden Beschluss zu unterschreiben hat, ist diese Regelung nach der Rechtsprechung dafür maßgeblich, ob alle zur Entscheidung im Sinne des § 167 Abs. 1 S. 1 GWB erforderlichen Unterschriften der Kammermitglieder vorhanden sind.[27] Mit dem BGH ist davon auszugehen, dass es ausreichend ist, wenn die Geschäftsordnung die Unterschrift lediglich eines hauptamtlichen Mitglieds der Vergabekammer verlangt.

Ist ein hauptamtliches oder beisitzendes Mitglied der Vergabekammer durch Ortsabwesenheit **verhindert**, der Urschrift der Entscheidung seine Unterschrift, soweit diese erforderlich ist, beizufügen, so ist dies in entsprechender Anwendung von § 315 Abs. 1 S. 2 ZPO (auf den auch § 173 VwGO verweist) unter Angabe des Verhinderungsgrundes von dem Vorsitzenden der Vergabekammer, der an der mündlichen Verhandlung, auf die die Entscheidung gefasst worden ist, teilgenommen hat, und bei dessen Verhinderung vom hauptamtlichen Beisitzer der Vergabekammer, welcher an jener mündlichen Verhandlung teilgenommen hat, unter der Entscheidung zu vermerken und wiederum zu unterschreiben (Verhinderungsvermerk).[28] 14

Von der Rechtsprechung wird nicht verlangt, dass der Beschluss innerhalb der Fünf-Wochen-Frist auch den Verfahrensbeteiligten förmlich **zugestellt** sein muss.[29] Die der Vergabekammer nach dem Gesetz zur Verfügung stehende und ohnehin kurz bemessene Entscheidungsfrist soll nicht zusätzlich mit den Unwägbarkeiten einer Zustellung und dem hierfür notwendigen Zeitbedarf belastet werden.[30] Es muss jedoch in den Verfahrensakten der Vergabekammer **dokumentiert** sein, dass die Entscheidung innerhalb der Frist ergangen ist. Wenn die Entscheidung den Verfahrensbeteiligten nicht innerhalb der Frist auch ordnungsgemäß zugestellt worden ist, ist diese Dokumentation dadurch zu objektivieren, dass die ordnungsgemäß unterschriebene Entscheidung entweder in der Verfahrensakte niedergelegt, der Tag der Niederlegung von einem Kammermitglied in der Akte vermerkt und die Akte auf den Weg zur Geschäftsstelle der Vergabekammer gebracht wurde oder auf der Geschäftsstelle der Vergabekammer eingeht und der fristgemäße Eingang dort entsprechend vermerkt wird.[31] 15

---

25 BGH, Beschluss v. 12.6.2001 – X ZB 10/01; OLG Koblenz, Beschluss v. 27.1.2021 – Verg 1/19; Beschluss v. 17.6.2020 – Verg 1/20; OLG Düsseldorf, Beschluss v. 12.3.2003 – Verg 49/02; Beschluss v. 5.9.2001 – Verg 18/01; Beschluss v. 22.1.2001 – 24/00.

26 OLG Düsseldorf, Beschluss vom 12.3.2003 – Verg 49/02.

27 BGH, Beschluss v. 12.6.2001 – X ZB 10/01; OLG Koblenz, Beschluss v. 27.1.2021 – Verg 1/19; Beschluss v. 17.6.2020 – Verg 1/20; OLG Düsseldorf, Beschluss v. 12.3.2003 – Verg 49/02; Beschluss v. 5.9.2001 – Verg 18/01; Beschluss v. 22.1.2001 – 24/00; BayObLG, Beschluss v. 1.10.2001 – Verg 6/01; *Summa*, in: Heiermann/Zeiss/Summa, Vergaberecht, § 167 GWB Rn. 15.

28 OLG Koblenz, Beschluss v. 27.1.2021 – Verg 1/19; Beschluss v. 17.6.2020 – Verg 1/20; OLG Düsseldorf, Beschluss v. 12.3.2003 – Verg 49/02; Beschluss v. 5.9.2001 – Verg 18/01; Beschluss v. 22.1.2001 – Verg 24/00; a.A. VK Rheinland-Pfalz, Beschluss v. 6.1.2021 – VK 1-22/19 (eine analoge Anwendung der §§ 315 Abs. 1 S. 2 ZPO, 173 VwGO scheide mangels Regelungslücke aus, da die Form- und Wirksamkeitserfordernisse einer eindeutig als Verwaltungsakt deklarierten Entscheidung im VwVfG geregelt seien); *Summa*, in: Heiermann/Zeiss/Summa, Vergaberecht, § 167 GWB Rn. 17.

29 OLG Düsseldorf, Beschluss v. 8.5.2002 – VII-Verg 8-15/01; OLG Frankfurt, Beschluss v. 25.9.2000 – 11 Verg 2/99; *Summa*, in: Heiermann/Zeiss/Summa, Vergaberecht, § 167 GWB Rn. 19 ff.; *Frister*, in: Ziekow/Völlink, Vergaberecht, § 167 GWB Rn. 9; a.A. *Reidt*, in: Reidt/Stickler/Glahs, Vergaberecht, § 167 GWB Rn. 5.

30 OLG Naumburg, Beschluss v. 13.10.2006 – 1 Verg 6/06; OLG Düsseldorf, Beschluss v. 8.5.2002 – Verg 8-15/01; OLG Frankfurt, Beschluss v. 25.9.2000 – 11 Verg 2/99.

31 OLG Naumburg, Beschluss v. 13.10.2006 – 1 Verg 6/06; OLG Düsseldorf, Beschluss v. 22.1.2001 – Verg 24/00.

a) Rechtswirkung einer fehlenden Unterschrift

16 Problematisch sind Fälle, in denen die Kammer zwar eine Entscheidung innerhalb der Frist trifft, die Urschrift dieser Entscheidung aber nicht von allen, von der Geschäftsordnung vorgesehenen Mitgliedern der Kammer unterschrieben wurde und sodann dieser „Beschluss" den Verfahrensbeteiligten zugestellt wird. Fallgestaltungen sind etwa eine fehlende Unterschrift eines Kammermitglieds, ein nicht unterschriebener Verhinderungsvermerk[32] oder die Ersetzung einer Unterschrift durch eine Person, die nicht an der mündlichen Verhandlung teilgenommen hat[33].

17 In diesen Fällen geht die **Rechtsprechung** davon aus, dass rechtlich lediglich ein Entwurf einer Entscheidung vorliegt und nicht eine bloß formell fehlerhafte Entscheidung. Liegt daher keine Entscheidung im Sinne des § 167 Abs. 1 S. 1 GWB vor und ist die Fünf-Wochen-Frist abgelaufen, tritt nach der bisherigen Rechtsprechung die Rechtsfolge des § 171 Abs. 2 GWB ein, wonach die sofortige Beschwerde zulässig ist, der Nachprüfungsantrag als abgelehnt gilt (sog. Ablehnungsfiktion) und der angegriffene Beschluss der Vergabekammer klarstellend aufgehoben wird.[34]

18 Diese Rechtsprechung stößt allerdings auf **Bedenken**.[35] Entscheidungen der Vergabekammer ergehen gemäß § 168 Abs. 3 GWB als Verwaltungsakt. In den hier problematischen Fallgestaltungen gelangen Beschlüsse an die Verfahrensbeteiligten, die ihrem äußeren Anschein nach einen solchen Verwaltungsakt darstellen. Werden z. B. nicht alle Unterschriften eigenhändig auf der Urschrift geleistet, sondern etwa durch die Beisitzer lediglich mittels Telefax innerhalb der Frist übersandt – und nach Ablauf der Frist etwa im Umlaufverfahren nachgesandt – und fertigt daraufhin die Geschäftsstelle innerhalb der Frist eine Ausfertigung des Beschlusses einschließlich Namenswidergabe der beteiligten Kammermitglieder an, beglaubigt die Übereinstimmung des Textes der Ausfertigung mit dem der „Urschrift" sowie das Vorhandensein der eingegangenen Unterschriften und stellt diese Ausfertigung den Verfahrensbeteiligten zu, mag diese zugestellte Entscheidung zwar an einem formellen Fehler leiden. Nach dem VwVfG ist dieser „Beschluss" jedoch nicht ohne weiteres nichtig. Nach § 37 Abs. 3 S. 1 VwVfG muss ein schriftlicher Verwaltungsakt die erlassende Behörde erkennen lassen und die Unterschrift oder die Namenswiedergabe des Behördenleiters, seines Vertreters oder seines Beauftragten enthalten. Sinn von Unterschrift/Namenswidergabe ist, dem Empfänger zu verdeutlichen, dass kein bloßer Entwurf vorliegt (Beweisfunktion), der Inhalt der Entscheidung vollständig von der Erklärung gedeckt wird (Vollständigkeitsfunktion) sowie die für den Erlass des Verwaltungsaktes Verantwortlichen nachzuweisen (Garantiefunktion).[36] Hinsichtlich der Rechtsfolgen von Formverstößen gelten die allgemeinen Regelungen aus dem VwVfG.[37] Eine Nichtigkeit nach § 44 Abs. 1 VwVfG dürfte regelmäßig nicht in Betracht kommen, da in Fallgestaltungen wie der geschilderten von offensichtlichen Umständen nicht auszugehen ist. Auch eine Nichtigkeit nach § 44 Abs. 2 Nr. 1 bzw. Nr. 3 VwVfG scheidet aus, wenn erkennbar ist, dass es sich um eine Entscheidung der Vergabekammer handelt, und dieser Verwaltungsakt nicht außerhalb ihrer Zuständigkeit erlassen wurde, ohne hierfür ermächtigt zu sein. Ist der den Verfahrensbeteiligten zugegangene Verwaltungsakt nicht nichtig, bleibt insoweit nur eine etwaige Rechtswidrigkeit, die bei ordnungsgemäßer Bekanntgabe aber nicht eine Unwirksamkeit bedeutet. Dabei erfüllt auch ein Beschluss einer Kammer wie in dem oben genannten Beispiel alle Funktionen eines sowie die Anforderungen an einen schriftlichen Verwaltungsakt. Schließlich ist auch zu bedenken, dass für die Einhaltung der vorgeschriebenen Form eines

---

32 Vgl. OLG Düsseldorf, Beschluss v. 22.1.2001 – Verg 24/00.

33 Vgl. OLG Düsseldorf, Beschluss v. 12.3.2003 – Verg 49/02; Beschluss v. 5.9.2001 – Verg 18/01.

34 OLG Koblenz, Beschluss v. 27.1.2021 – Verg 1/19; OLG Düsseldorf, Beschluss v. 12.3.2003 – Verg 49/02; Beschluss, v. 5.9.2001 – Verg 18/01; Beschluss v. 22.1.2001 – Verg 24/00; vgl. auch OLG Koblenz, Beschluss v. 17.6.2020 – Verg 1/20, im Falle eines Einstellungsbeschlusses der Vergabekammer, mit dem lediglich noch über die Kosten zu entscheiden war; a.A. VK Rheinland-Pfalz, Beschluss v. 6.1.2021 – VK 1-22/19.

35 Vgl. auch VK Rheinland-Pfalz, Beschluss v. 6.1.2021 – VK 1-22/19.

36 *Ramsauer*, in: Kopp/Ramsauer, VwVfG, § 37 Rn. 31; *Stelkens*, in: Stelkens/Bonk/Sachs, VwVfG, § 37 Rn. 106.

37 Vgl. OLG Düsseldorf, Beschluss v. 10.3.2014 – VII-Verg 11/14; vgl. *Ramsauer*, in: Kopp/Ramsauer, VwVfG, § 37 Rn. 36; *Stelkens*, in: Stelkens/Bonk/Sachs, VwVfG, § 37 Rn. 106.

Verwaltungsaktes grundsätzlich nicht entscheidend ist, was innerhalb der Verwaltung passiert, mit anderen Worten, was bei der Geschäftsstelle eingeht, sondern das, was beim Adressaten ankommt. Die Form der (bei den Akten verbleibenden) Urschrift ist für die Bestimmung der Form des Verwaltungsaktes irrelevant, ein schriftlicher Verwaltungsakt kann auch ein Verwaltungsakt sein, der auf Seiten der Behörde – ohne ausgedruckt worden zu sein – unmittelbar vom Rechner an den Empfänger gefaxt wurde.[38] Schließlich ist zu beachten, dass im Rahmen des § 37 Abs. 3 S. 1 VwVfG bei einer Kollegialentscheidung nur die Unterschrift des Vorsitzenden notwendig ist, soweit gesetzlich nichts anderes bestimmt ist.[39] Letzteres ist nach dem BGH im vorliegenden Zusammenhang nicht der Fall.[40] Nach der hier vertretenen Auffassung wäre also stets im Einzelfall zu prüfen, ob lediglich ein rechtlich unverbindlicher Entwurf einer Vergabekammerentscheidung oder ob eine wirksame, gegebenenfalls formell fehlerhafte Entscheidung vorliegt.

b) Automatische Ablehnungsfiktion bei Fristablauf?

Brisanz hatten diese Verfahren vor den **Oberlandesgerichten** auch deshalb, weil diese aufgrund der Ablehnungsfiktion in § 171 Abs. 2 GWB eine Wiederholung einer Entscheidung der Vergabekammer unter Beachtung sämtlicher Formvorschriften für unzulässig erachtet haben.[41] Entsprechend gingen die Oberlandesgerichte überwiegend davon aus, dass auch eine erstmalige Entscheidung der Vergabekammer außerhalb der Fünf-Wochen-Frist unzulässig ist.[42] Nunmehr hat der BGH allerdings entschieden, dass, wenn die Vergabekammer über einen Antrag auf Nachprüfung nicht innerhalb der Frist des § 167 Abs. 1 S. 1 GWB entschieden hat, nur dann der Antrag nach § 171 Abs. 2 GWB als abgelehnt gilt, wenn der Antragsteller innerhalb der Notfrist des § 172 Abs. 1 GWB sofortige Beschwerde einlegt.[43] Dieser Beschluss erging auf eine Vorlage des OLG Karlsruhe, das mit der überwiegenden Auffassung der Oberlandesgerichte[44] davon ausging, dass das Nachprüfungsverfahren vor der Vergabekammer nach Ablauf der Frist des § 167 Abs. 1 GWB beendet sei, da der Nachprüfungsantrag dann gemäß § 171 Abs. 2 GWB als abgelehnt gelte, die Kammer nicht mehr befugt sei über denselben Streitgegenstand zu entscheiden und eine trotzdem getroffene Entscheidung rechtswidrig und daher aufzuheben sei.[45] Damit sah es sich aber im Widerspruch zu Entscheidungen des OLG Rostock[46] und des KG[47], wonach auch eine verspätet ergangene Entscheidung der Kammer wirksam sei und der Vergabesenat daher ungeachtet der verstrichenen Frist des § 167 Abs. 1 GWB in der Sache zu entscheiden habe. 19

Nach Auffassung des **BGH** spreche zunächst der Wortlaut und die systematische Stellung der Norm für die von ihm getroffene Auslegung. Zwar ließe sich das Demonstrativpronomen (*„in diesem Fall"*) in § 171 Abs. 2 GWB auch abstrakt auf eine fehlende Entscheidung der Vergabekammer innerhalb der Frist des § 167 Abs. 1 GWB oder die daran anknüpfende Zulässigkeit einer sofortigen Beschwerde beziehen. Es sei aber ebenso möglich, wenn nicht näherliegender, unter *„diesem Fall"* den Fall der Einlegung einer sofortigen Beschwerde zu verstehen. Hätte der Gesetzgeber anordnen wollen, dass ein Nachprüfungsantrag stets als abgelehnt gelten solle, wenn die Kammer die Frist zur Entscheidung verstreichen lässt, hätte es nahege- 20

---

38 *Stelkens*, in: Stelkens/Bonk/Sachs, VwVfG, § 37 Rn. 45.

39 Vgl. auch BGH, Urteil v. 12.7.2012 – AnwZ (Brfg) 37/11; Beschluss v. 12.6.2001 – X ZB 10/01; *Stelkens*, in: Stelkens/Bonk/Sachs, VwVfG, § 37 Rn. 99.

40 Vgl. Rn. 12.

41 OLG Düsseldorf, Beschluss v. 12.3.2003 – Verg 49/02; Beschluss v. 5.9.2001 – Verg 18/01, Beschluss v. 22.1.2001 – Verg 24/00.

42 OLG München, Beschluss v. 4.4.2008 – Verg 4/08; OLG Dresden, Beschluss v. 17.6.2005 – WVerg 8/05; OLG Düsseldorf, Beschluss v. 12.3.2003 – Verg 49/02; Beschluss v. 5.9.2001 – Verg 18/01, Beschluss v. 22.1.2001 – Verg 24/00; OLG Celle, Beschluss v. 20.4.2001 – 13 Verg 7/01.

43 BGH, Beschluss v. 14.7.2020 – XIII ZB 135/19.

44 OLG München, Beschluss v. 4.4.2008 – Verg 4/08; OLG Dresden, Beschluss v. 17.6.2005 – WVerg 8/05; OLG Düsseldorf, Beschluss v. 12.3.2003 – Verg 49/02; Beschluss v. 5.9.2001 – Verg 18/01; Beschluss v. 22.1.2001 – Verg 24/00; OLG Celle, Beschluss v. 20.4.2001 – 13 Verg 7/01.

45 OLG Karlsruhe, Beschluss v. 20.11.2019 – 15 Verg 4/19.

46 OLG Rostock, Beschluss v. 17.10.2001 – 17 W 18/00.

47 KG, Beschluss v. 7.11.2001 – KartVerg 8/01.

legen, diese Regelung im Abschnitt 2 Kapitel 2 Teil 4 GWB und dort im § 167 GWB zu verorten, nicht aber im Kontext der Zulässigkeit der sofortigen Beschwerde. Aus der Gesetzesbegründung[48] ergäbe sich, dass dem Antragsteller mit § 171 Abs. 2 GWB ein Instrument zur Verfahrensbeschleunigung gegeben werden sollte, mit dem er auf den Fortgang des Verfahrens hinwirken könne und das er – wie die Verpflichtungsklage im verwaltungsgerichtlichen Verfahren – zur Verfahrensbeschleunigung nutzen könne, aber nicht müsse. Es entspreche dem Beschleunigungsgedanken, dass die „Untätigkeitsbeschwerde" dazu führe, dass die Sachentscheidungszuständigkeit auf den Vergabesenat überginge, indem nur zu diesem Zweck eine ablehnende Entscheidung der Vergabekammer fingiert werde. Die andere Auslegung der Norm im Sinne einer absoluten zeitlichen Grenze einer Entscheidung der Vergabekammer bärge für den Antragsteller erhebliche Risiken, denn er müsse, obwohl das Gesetz keine entsprechende Rechtsbehelfsbelehrung vorsähe und kein Anwaltszwang im Vergabekammerverfahren bestünde, eine sofortige Beschwerde rechtzeitig einlegen, um sein Rechtsschutzziel zu erreichen. Schließlich verlange auch das Unionsrecht eine Auslegung des § 171 Abs. 2 GWB, mit der Rechtsschutzmöglichkeiten des Antragstellers erweitert, nicht aber in bestimmten Fällen beschränkt würden. Nach Art. 2 Abs. 9 S. 1 RL 89/665/EWG müsse eine für Nachprüfungsverfahren zuständige Instanz, die kein Gericht sei, *„ihre Entscheidung stets schriftlich begründen"*.[49] Ein solche Begründung fehlte hier aber. Eine Regelung, die eine Entscheidung der Nachprüfungsinstanz innerhalb einer bestimmten Frist verlangte, nach deren Ablauf der Nachprüfungsantrag ohne Begründung als abgelehnt gelte, sähe die Rechtsmittelrichtlinie nicht vor. Eine Regelung, nach der ein Nachprüfungsantrag, mit dem ein Verstoß gegen Unionsvergaberecht gerügt werde, allein aufgrund des Ablaufs eines Entscheidungsfrist der Vergabekammer als abgelehnt gelte, wäre nicht als wirksame Nachprüfung einer Vergabeentscheidung im Sinne der Rechtsmittelrichtlinie anzusehen.[50]

21 Die Entscheidung des BGH stärkt damit die **Rechtsposition** des Antragstellers, der nicht mehr darauf achten muss, dass die Kammer innerhalb der Entscheidungsfrist entscheidet oder die Frist zumindest verlängert. Nach Ablauf der Frist hat er nun die Möglichkeit, entweder sofortige Beschwerde einzulegen oder abzuwarten, wie die Kammer entscheidet. Diese Möglichkeit haben Antragsgegner und Beigeladene dagegen nicht, obgleich sie in der Regel ein größeres Interesse an einer baldigen Entscheidung der Kammer haben dürften. Legt der Antragsteller keine sofortige Beschwerde ein, besteht zwar gleichwohl das Beschleunigungsgebot für die Kammer fort, dieses ist aber nicht mehr mit der Ablehnungsfiktion sanktioniert. Somit könnte überspitzt ausgedrückt ein „entschleunigtes" Verfahren entstehen. Diese Auswirkung wäre sicherlich nicht im Sinne der Art. 1 Abs. 1 RL 89/665/EWG und RL 92/13/EWG[51], wonach die Mitgliedstaaten die erforderlichen Maßnahmen ergreifen, um sicherzustellen, dass Entscheidungen öffentlicher Auftraggeber wirksam und vor allem möglichst rasch nachgeprüft werden können. Auch stellt sich die Frage, ob der **Wortlaut** des § 171 Abs. 2 GWB die Auslegung des BGH tatsächlich näher legt. Der Wortlaut des § 171 Abs. 2 GWB lässt sicherlich die bisher herrschende Auffassung ohne weiteres zu. Zieht man auch § 172 Abs. 1 Alt. 2 GWB heran, könnte man an dem Wortlautargument des BGH zweifeln. Nach dieser Regelung ist die sofortige Beschwerde binnen einer Notfrist von zwei Wochen einzulegen, die *„im Fall des § 171 Abs. 2 mit dem Ablauf der Frist"* beginnt. Insoweit ist klar, dass hier der *„Fall des § 171 Abs. 2"* nur der der Nichtentscheidung innerhalb der Frist sein kann, nicht aber der der Einlegung der sofortigen Beschwerde. Dass *„dieser Fall"* in § 171 Abs. 2 GWB einen anderen meint als *„im Fall des § 171 Abs. 2"* in § 172 Abs. 1 GWB erscheint zumindest fraglich. Auch haben die Oberlandesgerichte, deren Rechtsprechung der BGH nun verworfen hat, darauf hingewiesen, dass das Argument einer fehlenden **Rechtsbehelfsbelehrung** nicht maßgeblich sein

48 Vgl. Gesetzesbegründung zu § 126 Abs. 2 GWB a.F., VgRÄG, BT-Drs. 13/9340, 20.

49 Vgl. hierzu *Gröning*, in: Burgi/Dreher, Vergaberecht, § 167 GWB Rn. 3, der darauf hinweist, dass Art. 2 Abs. 9 RL 89/665/EWG, wonach eine Nachprüfungsstelle, die kein Gericht ist, ihre Entscheidung stets schriftlich begründen muss, für die Vergabekammern nicht einschlägig sei, da der Gerichtsbegriff dieser Norm unionsrechtlich zu verstehen sei und die Vergabekammern diesen Gerichtsbegriff erfüllten.

50 BGH, Beschluss v. 14.7.2020 – XIII ZB 135/19.

51 Die Erwägungen des BGH (Beschluss v. 14.7.2020 – XIII ZB 135/19) dürften insoweit übertragbar sein.

könne, da die den Antragsteller beschwerende Rechtslage nicht Folge einer behördlichen oder gerichtlichen Entscheidung, sondern unmittelbare Konsequenz einer gesetzlichen Bestimmung sei, die ihrer Natur nach nicht mit einer Rechtsbehelfsbelehrung an den von ihr im Einzelfall nachteilig Betroffenen verbunden sein könne.[52] Schließlich wird es auch dann, wenn ein Antragsteller gemäß § 171 Abs. 2 GWB eine sofortige Beschwerde einlegt, keine begründete Entscheidung der Vergabekammer geben, da damit die Ablehnungsfiktion auch nach der Auffassung des BGH greift.

Noch **nicht entschieden** wurde, welche Rechtsfolge eintritt, wenn in diesem Fall der Antragsteller die sofortige Beschwerde zurücknimmt. Allerdings ist wegen der insoweit eindeutigen Rechtsfolgenregelung in § 171 Abs. 2 GWB davon auszugehen, dass (mit der Einlegung der sofortigen Beschwerde) der Nachprüfungsantrag als abgelehnt gilt und die Vergabekammer in der Sache keine Entscheidungszuständigkeit mehr hat. Offen ist auch noch, ob innerhalb der zwei Wochen Notfrist des § 172 Abs. 1 GWB die Kammer entscheiden darf. Solange keine sofortige Beschwerde eingelegt und daher keine Ablehnungsfiktion eingetreten ist, spricht aber wohl der Beschleunigungsgrundsatz dafür, dass auch in diesem Zeitraum die Kammer in der Sache entscheiden darf. 22

II. Fristverlängerung (S. 2 bis 4)

Bei besonderen tatsächlichen oder rechtlichen Schwierigkeiten kann der Vorsitzende gemäß § 167 Abs. 1 S. 2 GWB im Ausnahmefall die Frist durch Mitteilung an die Beteiligten um den erforderlichen Zeitraum verlängern. Dieser Zeitraum soll nach § 167 Abs. 1 S. 3 GWB jedoch nicht länger als zwei Wochen dauern. Der Vorsitzende hat gemäß § 167 Abs. 1 S. 4 GWB diese Verfügung schriftlich zu begründen. 23

1. Voraussetzungen der Fristverlängerung

Die Möglichkeit, die Entscheidungsfrist zu verlängern, stellt eine **Ausnahme** vom Beschleunigungsgrundsatz dar und ist damit restriktiv anzuwenden.[53] Nach der Begründung zu § 123 GWB a.F., die insoweit auch auf die aktuelle Rechtslage übertragbar ist, soll nicht auszuschließen sein, dass in besonders gelagerten Einzelfällen eine Entscheidung nicht innerhalb von fünf Wochen getroffen werden kann.[54] Dies verdeutlicht die Intention des Gesetzgebers, wonach das Nachprüfungsverfahren sehr zügig durchzuführen ist und nur ausnahmsweise eine Verlängerung der Entscheidungsfrist verfügt werden soll. Wie die statistischen Daten des Bundesministeriums für Wirtschaft und Energie jedoch zeigen, wird in der Praxis häufig die Ausnahme zur Regel.[55] Allerdings darf das Beschleunigungsgebot nicht dazu führen, dass der Maßstab der erforderlichen Überzeugung der Vergabekammer abgesenkt oder Beweismittel nicht eingeholt werden, obwohl dies erforderlich wäre.[56] 24

Voraussetzung für eine Verlängerung der Frist zur Entscheidung durch die Kammer sind besondere tatsächliche oder rechtliche Schwierigkeiten, § 167 Abs. 1 S. 2 GWB. **Tatsächliche Schwierigkeiten** können sich ergeben, wenn die Vergabeakten einen erheblichen Umfang aufweisen oder verspätet eingereicht werden, der Gegenstand des Vergabeverfahrens eine ungewöhnliche Komplexität aufweist oder die erforderliche Sachaufklärung ungewöhnlich schwierig ist.[57] Tatsächliche Schwierigkeiten können auch aus dem Verhalten der Verfahrensbeteiligten resultieren, etwa wenn diese neuen Sachvortrag tätigen oder um Fristverlängerungen für eigenen Vortrag bitten, weil z. B. Rücksprachen mit der Mandantschaft noch ausste- 25

52 Vgl. etwa OLG Dresden, Beschluss v. 17.6.2005 – WVerg 8/05; OLG Düsseldorf, Beschluss v. 5.9.2001 – Verg 18/01.
53 *Summa*, in: Heiermann/Zeiss/Summa, Vergaberecht, § 167 GWB Rn. 40.
54 Vgl. Gesetzesbegründung zu § 123 Abs. 1 GWB a.F., VgRÄG, BT-Drs. 13/9340, 19.
55 Siehe Rn. 5.
56 *Gröning*, in: Burgi/Dreher, Vergaberecht, § 167 GWB Rn. 10; *Horn*, in: Müller-Wrede, GWB-Vergaberecht, 1. Auflage, § 167 Rn. 11.
57 *Ohlerich*, in: Röwekamp/Kus/Portz/Prieß, GWB-Vergaberecht, § 167 Rn. 13; *Frister*, in: Ziekow/Völlink, Vergaberecht, § 167 GWB Rn. 12.

hen. Auch terminliche Engpässe und Vertagungswünsche seitens Verfahrensbevollmächtigten bei Terminkollisionen werden als anerkennenswert angesehen, soweit diese sich noch mit dem Beschleunigungsgrundsatz vereinbaren lassen.[58] **Rechtliche Schwierigkeiten** können sich beispielsweise ergeben, wenn über komplexe und noch nicht hinreichend geklärte rechtliche Fragen zu entscheiden ist, wenn eine Vielzahl von Vergaberechtsverstößen geltend gemacht wird oder wenn Vorfragen aus anderen Rechtsgebieten zu prüfen sind.[59] Dabei muss es sich um besondere Schwierigkeiten handeln, also solche, die über das gewöhnliche Maß hinausgehen. Schwierigkeiten, die einen verhältnismäßig langen Zeitraum beanspruchen, ergeben sich regelmäßig, wenn der Antragsgegner weite Teile der Vergabeakten, Antragsteller und Beigeladener Schriftsätze und dazugehörige Anlagen wegen vermeintlicher Betriebs- oder Geschäftsgeheimnisse im Hinblick auf eine Akteneinsicht des gegnerischen Verfahrensbeteiligten ganz oder teilweise sperren möchten und dann die Kammer gehalten ist, die widerstreitenden geschützten Interessen der Parteien – Offenlegungsinteresse einerseits, Schutz von Betriebs- oder Geschäftsgeheimnissen andererseits – in einem Zwischenverfahren abzuwägen und zu entscheiden.[60] Neben solchen verfahrensspezifischen Gründen können auch unvorhergesehene Ereignisse – z. B. die Erkrankung von Kammermitgliedern – tatsächliche Schwierigkeiten im Sinne des § 167 Abs. 1 S. 2 GWB darstellen.[61] Nach dem OLG Düsseldorf sind auch Verlängerungen aus tatsächlichen Gründen vertretbar, wenn eine nicht auf einer unzureichenden Arbeitsorganisation innerhalb der Kammer beruhende Überlastung der Kammermitglieder die zügige Bearbeitung aller anhängigen Verfahren nicht zulässt und daher eine Bearbeitung nach Eingang erfolgt.[62]

26 Der Vorsitzende der Kammer hat nach § 167 Abs. 1 S. 4 GWB die Verlängerung der Entscheidungsfrist schriftlich zu begründen. In der **Begründung** sind die Einzelaspekte aufzuführen, aus denen sich ergibt, dass die Kammer nicht in der vorgesehenen Fünf-Wochen-Frist zu entscheiden vermag. Da es sich nicht um eine Soll-Vorschrift handelt, ist eine Verlängerung ohne Begründung wirkungslos.

2. Rechtzeitigkeit der Fristverlängerung

27 Die Möglichkeit, die Entscheidungsfrist zu verlängern, besteht nur **innerhalb der Fünf-Wochen-Frist**. Die Fristverlängerung einschließlich der Begründung muss vom Vorsitzenden innerhalb der Frist aktenkundig verfügt werden und die Verfügung muss ordnungsgemäß in den Geschäftsgang gelangt sein.[63] Dass die Verlängerungsmitteilung innerhalb der Frist sämtlichen Verfahrensbeteiligten zugestellt wird oder auch nur zugegangen ist, ist unerheblich.[64] Eine in der Literatur vertretene gegenteilige Auffassung, wonach die Fristverlängerung den Zugang dieser Mitteilung voraussetze,[65] führte zu unzumutbaren Rechtsunsicherheiten. Entscheidend ist insoweit, dass unter Zugrundelegung dieser Auffassung ein Verfahrensbeteiligter – und zwar auch ohne eine Notwendigkeit einer förmlichen Zustellung der Verlängerungsverfügung – nicht kontrollieren könnte, ob die Entscheidungsfrist abgelaufen ist und der Antragsteller eine sofortige Beschwerde nach § 171 Abs. 2 GWB einlegen könnte, weil er das Datum der Zustellung oder auch nur das des Zugangs an andere Verfahrensbeteiligte nicht

58 *Gröning*, in: Burgi/Dreher, Vergaberecht, § 167 GWB Rn. 14.

59 *Ohlerich*, in: Röwekamp/Kus/Portz/Prieß, GWB-Vergaberecht, § 167 Rn. 13; *Frister*, in: Ziekow/Völlink, Vergaberecht, § 167 GWB Rn. 12.

60 Vgl. zum Verfahren BGH, Beschluss v. 31.1.2017 – X ZB 10/16.

61 *Summa*, in: Heiermann/Zeiss/Summa, Vergaberecht, § 167 GWB Rn. 41; *Frister*, in: Ziekow/Völlink, Vergaberecht, § 167 GWB Rn. 11.

62 OLG Düsseldorf, Beschluss v. 5.9.2016 – VII-Verg 19/16.

63 OLG Frankfurt, Beschluss v. 24.9.2013 – 11 Verg 12/13; OLG Düsseldorf, Beschluss v. 9.6.2010 – VII-Verg 9/10; OLG Dresden, Beschluss v. 17.6.2005 – WVerg 8/05.

64 OLG Düsseldorf, Beschluss v. 9.6.2010 – VII-Verg 9/10; *Gröning*, in: Burgi/Dreher, Vergaberecht, § 167 GWB Rn. 10; *Summa*, in: Heiermann/Zeiss/Summa, Vergaberecht, § 167 GWB Rn. 47; *Ohlerich*, in: Röwekamp/Kus/Portz/Prieß, GWB-Vergaberecht, § 167 Rn. 16.

65 *Byok*, in: Byok/Jaeger, Vergaberecht, § 167 GWB Rn. 4; *Horn*, in: Müller-Wrede, GWB-Vergaberecht, 1. Auflage, § 167 Rn. 12; *Reidt*, in: Reidt/Stickler/Glahs, Vergaberecht, § 167 GWB Rn. 13.

ohne weiteres in Erfahrung bringen kann. Demgegenüber lässt sich unproblematisch bei der Vergabekammer erfragen, ob und wann eine Verlängerungsmitteilung ergangen ist.[66]

Wurde die Fristverlängerung aber nicht rechtzeitig verfügt, tritt die Rechtsfolge des § 171 Abs. 2 GWB ein.[67] Eine **nachträgliche Verlängerung** der Entscheidungsfrist wurde von der bisherigen Rechtsprechung sowie der Literatur unter Hinweis auf die Regelung des § 171 Abs. 2 GWB ganz überwiegend abgelehnt.[68] Auch nach der Entscheidung des BGH vom 14. Juli 2020[69] ist davon auszugehen, dass eine verspätete Verlängerung der Entscheidungsfrist, die innerhalb der Frist des § 172 Abs. 1 GWB erfolgt, keine rechtliche Wirkung entfaltet, da nach der gesetzlichen Regelung der Antragsteller innerhalb dieser Frist eine sofortige Beschwerde einlegen kann. Nach Ablauf dieser Notfrist von zwei Wochen besteht nach Ansicht des BGH die Entscheidungszuständigkeit der Kammer weiterhin fort, so dass es dann auf eine Verlängerung der Frist zur Entscheidung durch die Kammer nicht mehr ankommt. Eine Verlängerung der Entscheidungsfrist hat daher im Verfahren nur noch die Wirkung, dass mit ihr der Kammervorsitzende verhindert, dass der Antragsteller eine nach § 171 Abs. 2 GWB zulässige sofortige Beschwerde ohne Entscheidung durch die Kammer einlegen kann. 28

3. Dauer der Fristverlängerung (S. 2 und 3)

Nach § 167 Abs. 1 S. 2 GWB kann die Frist um den erforderlichen Zeitraum verlängert werden. Gemäß § 167 Abs. 1 S. 3 GWB soll dieser Zeitraum jedoch nicht länger als zwei Wochen dauern. 29

Welcher Zeitraum **erforderlich** ist, lässt sich nur im Einzelfall bestimmen. Gleichwohl drückt der Gesetzgeber damit die Erwartung aus, dass die Vergabekammer auch rechtlich schwierige oder umfangreiche Nachprüfungsverfahren innerhalb von sieben Wochen abschließt. Ist aber z. B. bei der Gewährung von Akteneinsicht erforderlich, über die Offenlegung im Rahmen eines Zwischenverfahrens einen Beschluss zu fassen, darf die Akteneinsicht nicht vor Eintritt der Bestandskraft dieses Beschlusses gewährt werden.[70] Allein hierdurch werden mehr als zwei Wochen verbraucht sein, so dass der erforderliche Zeitraum des § 167 Abs. 1 S. 2 GWB die Soll-Vorgabe des § 167 Abs. 1 S. 3 GWB übersteigt. Überschreitet die Dauer der Verlängerung die Sollvorgabe des § 167 Abs. 1 S. 3 GWB, ergibt sich hieraus ein erhöhter Begründungsaufwand für die Kammer. 30

Aus Gründen der Rechtsklarheit hinsichtlich § 171 Abs. 2 GWB sollte der Vorsitzende die Entscheidungsfrist nicht um einen **Zeitraum**, sondern bis zu einem datumsmäßig festgelegten Zeitpunkt verlängern.[71] 31

4. Wiederholte Fristverlängerung

Eine wiederholte Fristverlängerung ist nicht per se ausgeschlossen, sondern wurde vielmehr in der Rechtsprechung akzeptiert.[72] Dem Wortlaut des § 167 Abs. 1 GWB lässt sich keine Beschränkung auf eine einzige Verlängerungsmöglichkeit entnehmen.[73] Ist die Verlängerung der 32

---

66 OLG Düsseldorf, Beschluss v. 9.6.2010 – VII-Verg 9/10.

67 Vgl. Rn. 19.

68 OLG Frankfurt, Beschluss v. 24.9.2013 – 11 Verg 12/13; OLG Düsseldorf, Beschluss v. 9.6.2010 – VII-Verg 9/10; OLG Dresden, Beschluss v. 17.6.2005 – WVerg 8/05; *Gröning*, in: Burgi/Dreher, Vergaberecht, § 167 GWB Rn. 11; *Summa*, in: Heiermann/Zeiss/Summa, Vergaberecht, § 167 GWB Rn. 46; *Bungenberg*, in: Pünder/Schellenberg, Vergaberecht, § 167 GWB Rn. 14; *Reidt*, in: Reidt/Stickler/Glahs, Vergaberecht, § 167 GWB Rn. 13; *Ohlerich*, in: Röwekamp/Kus/Portz/Prieß, GWB-Vergaberecht, § 167 Rn. 16.

69 BGH, Beschluss v. 14.7.2020 – XIII ZB 135/19.

70 Vgl. BGH, Beschluss v. 31.1.2017 – X ZB 10/16.

71 *Gröning*, in: Burgi/Dreher, Vergaberecht, § 167 GWB Rn. 11.

72 OLG Düsseldorf, Beschluss v. 7.3.2012 – VII-Verg 82/12; OLG Naumburg, Beschluss v. 13.8.2007 – 1 Verg 8/07; OLG Koblenz, Beschluss v. 31.8.2001 – 1 Verg 3/01; *Summa*, in: Heiermann/Zeiss/Summa, Vergaberecht, § 167 GWB Rn. 43; *Bungenberg*, in: Pünder/Schellenberg, Vergaberecht, § 167 GWB Rn. 19; *Reidt*, in: Reidt/Stickler/Glahs, Vergaberecht, § 167 GWB Rn. 15; *Ohlerich*, in: Röwekamp/Kus/Portz/Prieß, GWB-Vergaberecht, § 167 Rn. 20; *Frister*, in: Ziekow/Völlink, Vergaberecht, § 167 GWB Rn. 14; a.A. *Horn*, in: Müller-Wrede, GWB-Vergaberecht, 1. Auflage, § 167 Rn. 14.

73 OLG Saarbrücken, Beschluss v. 6.5.2006 – 1 Verg 6/05; *Ohlerich*, in: Röwekamp/Kus/Portz/Prieß, GWB-Vergaberecht, § 167 Rn. 20.

Entscheidungsfrist im Einzelfall nicht ausreichend, ist eine erneute Fristverlängerung im Hinblick auf eine sachlich und rechtlich richtige, nachvollziehbare Entscheidung der Vergabekammer zulässig. Die erneute Fristverlängerung muss jedoch innerhalb der vorherigen Frist erfolgen.

5. Rechtsfolgen einer rechtswidrigen Fristverlängerung

33 Die Wirkung einer Verlängerung der Entscheidungsfrist einer Vergabekammer tritt unabhängig davon ein, ob die für die Verlängerung angegebenen Gründe tatsächlich **gerechtfertigt** sind.[74] Darauf, ob die dazu herangezogenen Gründe tatsächlich gerechtfertigt sind, kommt es nicht an. Die Rechtswirksamkeit der vom Vorsitzenden der Vergabekammer verfügten Verlängerung der Entscheidungsfrist hängt nicht von der Art und Qualität ihrer Begründung, ebenso wenig vom tatsächlichen Vorliegen der zu ihrer Rechtfertigung herangezogenen Gründe ab.[75] Anderenfalls wäre ein Antragsteller in jedem Fall einer Verlängerung der Entscheidungsfrist allein zur Rechtswahrung gehalten, eine sofortige Beschwerde einzulegen. Dies wäre weder mit dem Gebot der Rechtsicherheit noch mit dem vom GWB angestrebten raschen Abschluss des Vergabeverfahrens zu vereinbaren.

34 Die Fristverlängerung ist daher auch grundsätzlich **unanfechtbar**.[76] Die Verfahrensbeteiligten sind aufgrund dessen bei einer etwaigen überlangen Dauer des Verfahrens vor der Vergabekammer nicht rechtsschutzlos gestellt. Der Antragsteller ist durch das Zuschlagsverbot des § 169 Abs. 1 GWB geschützt, der Antragsgegner und das Unternehmen, das für den Zuschlag vorgesehen ist, können nach § 169 Abs. 2 GWB einen Antrag auf Gestattung des Zuschlags stellen. Gegen überlange Verfahrensdauern können die Verfahrensbeteiligten in geeigneten Fällen auch mit einer Untätigkeitsbeschwerde vorgehen.[77]

C. Mitwirkungspflichten der Beteiligten (Abs. 2)

35 Den Beschleunigungsgrundsatz im Nachprüfungsverfahren haben nicht nur die Vergabekammern, sondern auch die Verfahrensbeteiligten zu beachten. § 167 Abs. 2 GWB statuiert Mitwirkungspflichten der Beteiligten und ermöglicht es der Kammer, hierfür Fristen zu setzen, nach deren Ablauf weiterer Vortrag unbeachtet bleiben kann.

I. Mitwirkungspflichten (S. 1)

36 Nach § 167 Abs. 2 S. 1 GWB haben die Beteiligten an der Aufklärung des Sachverhalts mitzuwirken, wie es einem auf Förderung und raschen Abschluss des Verfahrens bedachten Vorgehens entspricht. Gemäß § 175 Abs. 2 GWB findet diese Regelung im Gegensatz zu § 167 Abs. 2 S. 2 GWB auch im Beschwerdeverfahren Anwendung. Die Vorschrift dient der Verfahrensbeschleunigung und soll gewährleisten, dass das Vergabenachprüfungsverfahren innerhalb möglichst kurzer Zeit abgeschlossen wird.[78]

37 Die **Mitwirkungspflicht** bezieht sich nach dem klaren Wortlaut nur auf die Sachverhaltsaufklärung, so dass ein Vortrag, der lediglich rechtliche Ausführungen enthält, nicht von der Norm erfasst ist.[79] Insbesondere der Antragsteller muss daher die sein Begehren rechtfertigen-

74 OLG Düsseldorf, Beschluss v. 7.3.2012 – VII-Verg 82/11.

75 OLG Düsseldorf, Beschluss v. 7.3.2012 – VII-Verg 82/11; Beschluss v. 2.1.2012 – VII-Verg 70/11; OLG Naumburg, Beschluss v. 13.8.2007 – 1 Verg 8/07; OLG Brandenburg, Beschluss v. 9.9.2004 – Verg W 9/04; Beschluss v. 30.11.2004 – Verg W 10/04; OLG Koblenz, Beschluss v. 31.8.2001 – 1 Verg 3/01; *Summa*, in: Heiermann/Zeiss/Summa, Vergaberecht, § 167 GWB Rn. 48; *Ohlerich*, in: Röwekamp/Kus/Portz/Prieß, GWB-Vergaberecht, § 167 Rn. 15.

76 OLG Naumburg, Beschluss v. 13.8.2007 – 1 Verg 8/07; *Summa*, in: Heiermann/Zeiss/Summa, Vergaberecht, § 167 GWB Rn. 49; *Ohlerich*, in: Röwekamp/Kus/Portz/Prieß, GWB-Vergaberecht, § 167 Rn. 18.

77 OLG Düsseldorf, Beschluss v. 7.3.2012 – VII-Verg 82/11; OLG Naumburg, Beschluss v. 13.8.2007 – 1 Verg 8/07; OLG Koblenz, Beschluss v. 31.8.2001 – 1 Verg 3/01.

78 OLG Düsseldorf, Beschluss v. 19.11.2003 – Verg 22/03.

79 *Ohlerich*, in: Röwekamp/Kus/Portz/Prieß, GWB-Vergaberecht, § 167 Rn. 32; vgl. auch *Summa*, in: Heiermann/Zeiss/Summa, Vergaberecht, § 167 GWB Rn. 63.

den Tatsachen substantiiert vortragen und Möglichkeiten der Beweiserhebung aufzeigen.[80] Darüber hinaus obliegt es den Verfahrensbeteiligten, von sich aus – und nicht erst auf Aufforderung der Kammer – sämtliche Angriffs- und Verteidigungsmittel so schnell wie möglich vorzubringen. Vergabeverstöße, von denen ein Bieter erst nach Einleitung eines Nachprüfungsverfahrens Kenntnis erlangt, müssen ebenfalls so umgehend eingeführt werden, dass sich das Verfahren nicht verzögert. Die Verfahrensförderungspflicht ist auch insoweit zu beachten.[81] Der Vergabekammer soll die schnellstmögliche Ermittlung von Tatsachen erleichtert werden, um aufgrund eines umfassend festgestellten Sachverhalts die richtige rechtliche Einordnung zu ermöglichen.[82]

Kommt ein Beteiligter dieser Förderungspflicht nicht nach, hat er die sich daraus ergebenden **38** Verfahrensnachteile zu tragen. Diese verfahrensrechtlichen Nachteile bestehen zwar nicht ohne weiteres in der Präklusion des betreffenden Angriffs- oder Verteidigungsmittels. Denn das Gesetz sieht in § 167 Abs. 2 S. 2 GWB die Möglichkeit, Sachvortrag unberücksichtigt zu lassen, ausdrücklich nur für den Fall vor, dass die Vergabekammer dem Beteiligten für seinen Vortrag eine angemessene Frist gesetzt hat und diese Frist fruchtlos verstrichen ist. Daraus ist indes nicht abzuleiten, dass eine Missachtung der allgemeinen Verfahrensförderungspflicht des § 167 Abs. 2 S. 1 GWB vollständig folgenlos bleibt.[83] Ein **Verstoß** gegen die Verfahrensförderungspflicht des § 167 Abs. 2 S. 1 GWB hat mittelbare Folgen. Die Pflicht der Beteiligten zur Verfahrensförderung und die Verpflichtung der Kammer, gemäß § 163 Abs. 1 S. 1 GWB den relevanten Sachverhalt von Amts wegen zu ermitteln, stehen in einer Wechselwirkung. Kommt ein Verfahrensbeteiligter seiner Förderungspflicht nicht nach, reduziert sich zu seinen Lasten die Aufklärungspflicht der Kontrollinstanzen. Dies hat zur Konsequenz, dass die Kammer von sich aus nicht alle nur denkbaren Rechtsverstöße in Erwägung ziehen und sie in tatsächlicher und rechtlicher Hinsicht überprüfen muss. Die Aufklärungs- und Ermittlungspflicht reicht vielmehr nur so weit, wie das Vorbringen der Beteiligten (oder der sonstige Tatsachenstoff) bei verständiger Betrachtung dazu einen hinreichenden Anlass bieten. Ohne einen – im Rahmen des Möglichen und Zumutbaren geforderten – detaillierten Sachvortrag ist die Kammer nicht zur Amtsermittlung verpflichtet. Sie muss deshalb weder bloßen Mutmaßungen eines Beteiligten nachgehen noch nur pauschal und ohne näheren Sachvortrag untermauerten Vorwürfen einer Partei.[84] Trägt ein Verfahrensbeteiligter aber derart spät zur Sache vor, dass den anderen Verfahrensbeteiligten bis zum Schluss der mündlichen Verhandlung, auf die die Entscheidung der Kammer ergeht, eine Erwiderung unter zumutbaren Bedingungen nicht mehr möglich ist, ist von einem Verstoß gegen die Verfahrensförderungspflicht auszugehen. Ein solches Vorbringen muss schon aus verfassungsrechtlichen Gründen bei der Entscheidungsfindung unberücksichtigt bleiben, weil die anderen Verfahrensbeteiligten in der zur Verfügung stehenden Zeitspanne bis zum Verhandlungsschluss ihren verfassungsrechtlich verbürgten Anspruch auf rechtliches Gehör nicht wahrnehmen können. Daraus folgt zugleich, dass das verspätete Vorbringen – weil es nicht zum Nachteil der anderen Verfahrensbeteiligten verwertet werden darf – auch nicht die Amtsermittlungspflicht der Nachprüfungsinstanzen auslösen kann.[85] Dies gilt erst recht, wenn nach Schluss der mündlichen Verhandlung nicht nachgelassener Vortrag eines Verfahrensbeteiligten eingeht.[86]

---

80 Vgl. BGH, Beschluss v. 19.12.2000 – X ZB 14/00; OLG Düsseldorf, Beschluss v. 28.8.2001 – Verg 27/01; Beschluss v. 18.7.2001 – Verg 16/01.

81 OLG Frankfurt, Beschluss v. 2.12.2014 – 11 Verg 7/14; Beschluss v. 13.12.2011 – 11 Verg 8/11.

82 *Horn*, in: Müller-Wrede, GWB-Vergaberecht, 1. Auflage, § 167 Rn. 22.

83 OLG Düsseldorf, Beschluss v. 19.11.2003 – Verg 22/03; *Ohlerich*, in: Röwekamp/Kus/Portz/Prieß, GWB-Vergaberecht, § 167 Rn. 34; *Frister*, in: Ziekow/Völlink, Vergaberecht, § 167 GWB Rn. 14.

84 OLG Düsseldorf, Beschluss v. 19.11.2003 – Verg 22/03; VK Sachsen, Beschluss v. 8.9.2014 – 1/SVK/020-14; Beschluss v. 28.10.2008 – 1/SVK/054-08; *Frister*, in: Ziekow/Völlink, Vergaberecht, § 167 GWB Rn. 14.

85 OLG Düsseldorf, Beschluss v. 28.6.2006 – VII-Verg 18/06; Beschluss v. 19.11.2003 – Verg 22/03; VK Bund, Beschluss v. 24.6.2019 – VK 1-31/19.

86 OLG Frankfurt, Beschluss v. 13.12.2011 – 11 Verg 8/11; *Ohlerich*, in: Röwekamp/Kus/Portz/Prieß, GWB-Vergaberecht, § 167 Rn. 34.

II. Fristsetzung und Ausschluss verspäteten Vorbringens (S. 2)

39 Nach § 167 Abs. 2 S. 2 GWB können den Beteiligten Fristen gesetzt werden, nach deren Ablauf weiterer Vortrag unbeachtet bleiben kann. Die Vorschrift dient der Durchsetzung der Verfahrensförderungspflicht und soll sicherstellen, dass die Kammer auch dann zügig entscheiden kann, wenn Beteiligte sich nicht oder nur zögerlich zur Sache äußern.[87]

40 Eine **Verpflichtung**, Fristen zu setzen, besteht für die Kammer nicht. Allerdings ist es schon aus Gründen eines strukturierten Ablaufs des Nachprüfungsverfahrens sinnvoll, den Verfahrensbeteiligten für entsprechende Stellungnahmen Fristen zu setzen.

41 Die Fristsetzung ist eine nicht selbständig anfechtbare verfahrensgestaltende **Verfügung**.[88] Mangels expliziter Vorgabe im Gesetz muss nicht die Kammer in ihrer Gesamtheit die Frist setzen.[89] Aufgrund des Normzwecks ist es ausreichend, wenn der Vorsitzende die Frist setzt.[90]

42 Das Vorsitzende hat darauf zu achten, dass die im konkreten Einzelfall gesetzte, eindeutig bestimmte **Frist** angesichts der Fünf-Wochen-Frist zwar grundsätzlich kurz, aber doch angemessen ist. Insoweit ist der mit der Stellungnahme verbundene Aufwand für den jeweiligen Beteiligten in den Blick zu nehmen. Zu berücksichtigen ist auch, dass die Verfahrensgerechtigkeit gewährleistet sein muss. Daher darf es keine grundsätzlich unterschiedliche Behandlung der Verfahrensbeteiligten geben, weder was das Ob einer Fristsetzung anbelangt, noch was deren Dauer betrifft.[91]

43 Die Mitteilung der Fristsetzung ist nicht an eine bestimmte **Form** gebunden. Jedoch sind zumindest anwaltlich nicht vertretene Beteiligte aufgrund der möglichen, gravierenden Folgen einer Fristversäumnis auf diese hinzuweisen.[92] Wird Vortrag zu einer bestimmten Fragestellung erwartet, sollte der Vorsitzende auch darauf hinweisen.

44 Die Vergabekammer kann nach § 167 Abs. 2 S. 2 GWB Vortrag, der **nach Ablauf der Frist** eingeht, unberücksichtigt lassen. Ob die Kammer den Vortrag unberücksichtigt lässt, liegt somit im pflichtgemäßen Ermessen der Kammer. Im Rahmen der Ermessensausübung sind das öffentliche Interesse an einer sachgerechten Entscheidung der Vergabekammer und das Interesse an einem raschen Abschluss des Nachprüfungsverfahrens aus § 167 Abs. 1 GWB gegeneinander abzuwägen.[93] Wesentlich ist daher, ob die Berücksichtigung des Vortrags den Verfahrensabschluss hinauszögern würde[94], von welcher Dauer die Verzögerung wäre[95] und, ob es dem Beteiligten möglich gewesen wäre, schon früher vollständig vorzutragen[96]. Über die Nichtberücksichtigung wird nicht gesondert beschlossen, sondern sie fließt in die Begründung der Hauptsacheentscheidung ein.[97] Die Entscheidung der Kammer, verspäteten Vortrag nach § 167 Abs. 2 S. 2 GWB nicht zu berücksichtigen, ist nicht selbständig anfechtbar, sondern muss mit der sofortigen Beschwerde gegen den Hauptsachebeschluss angegriffen werden.[98]

---

87 *Summa*, in: Heiermann/Zeiss/Summa, Vergaberecht, § 167 GWB Rn. 62.
88 *Summa*, in: Heiermann/Zeiss/Summa, Vergaberecht, § 167 GWB Rn. 66.
89 A.A. *Bungenberg*, in Pünder/Schellenberg, Vergaberecht, § 167 GWB Rn. 28.
90 *Gröning*, in: Burgi/Dreher, Vergaberecht, § 167 GWB Rn. 24; *Summa*, in: Heiermann/Zeiss/Summa, Vergaberecht, § 167 GWB Rn. 66; *Frister*, in: Ziekow/Völlink, Vergaberecht, § 167 GWB Rn. 17; weitergehend *Ohlerich*, in: Röwekamp/Kus/Portz/Prieß, GWB-Vergaberecht, § 167 Rn. 37, der entsprechend § 87b Abs. 1 und 2 VwGO auch eine Fristsetzung durch den hauptamtlichen Beisitzer für zulässig hält.
91 *Reidt*, in: Reidt/Stickler/Glahs, Vergaberecht, § 167 GWB, Rn. 29.
92 *Summa*, in: Heiermann/Zeiss/Summa, Vergaberecht, § 167 GWB Rn. 64; *Bungenberg*, in: Pünder/Schellenberg, Vergaberecht, § 113 GWB Rn. 28; *Reidt*, in: Reidt/Stickler/Glahs, Vergaberecht, § 167 GWB, Rn. 32; *Ohlerich*, in: Röwekamp/Kus/Portz/Prieß, GWB-Vergaberecht, § 167 Rn. 39; *Frister*, in: Ziekow/Völlink, Vergaberecht, § 167 GWB Rn. 18.
93 *Ohlerich*, in: Röwekamp/Kus/Portz/Prieß, GWB-Vergaberecht, § 167 Rn. 41.
94 VK Bund, Beschluss v. 9.8.2012 – VK 1-79/12.
95 *Horn*, in: Müller-Wrede, GWB-Vergaberecht, 1. Auflage, § 167 Rn. 26.
96 *Summa*, in: Heiermann/Zeiss/Summa, Vergaberecht, § 167 GWB Rn. 69; *Frister*, in: Ziekow/Völlink, Vergaberecht, § 167 GWB Rn. 19.
97 *Horn*, in: Müller-Wrede, GWB-Vergaberecht, 1. Auflage, § 167 Rn. 29.
98 Gesetzesbegründung zu § 123 Abs. 2 GWB a.F., VgRÄG, BT-Drs. 13/9340, 19; *Ohlerich*, in: Röwekamp/Kus/Portz/Prieß, GWB-Vergaberecht, § 167 Rn. 43.

45 Für das **Beschwerdeverfahren** fehlt es an einer ausdrücklichen Vorschrift wie § 531 Abs. 1 ZPO bzw. § 128a Abs. 2 VwGO, wonach Angriffs- und Verteidigungsmittel, die in der ersten Instanz zu Recht ausgeschlossen worden sind, im Berufungsverfahren ebenfalls unberücksichtigt bleiben. Daher ist im Beschwerdeverfahren ein von der Vergabekammer nach § 167 Abs. 2 S. 2 GWB präkludierter Vortrag zu berücksichtigen.[99] Dies beeinträchtigt zwar die Disziplinierungsfunktion des § 167 Abs. 2 GWB. Die erste zivil- oder verwaltungsgerichtliche Instanz unterliegt jedoch anders als die Vergabekammer nach § 167 Abs. 1 GWB keiner Entscheidungsfrist. Auch wenn die Beschlüsse der Vergabekammer urteilsersetzende Funktion haben, stellt deren Verfahren insbesondere wegen der Fristvorgabe nur ein gerichtsähnliches, aber kein gerichtliches Verfahren dar. Erst das OLG ist nicht fristgebunden und bildet die erste und zugleich letzte Instanz. Da somit keine dem Regelungsgehalt der § 531 Abs. 1 ZPO, § 128a Abs. 2 VwGO vergleichbare Ausgangslage vorliegt und Ausnahmevorschriften der Analogie nicht zugänglich sind, kommt eine entsprechende Anwendung dieser Präklusionsvorschriften nicht in Betracht.[100]

Anlage

Gesetzesbegründung – VergRModG 2016 (BT-Drs. 18/6281)

Seite 135

§ 167 entspricht dem bisherigen § 113.

---

99 OLG Koblenz, Beschluss v. 10.8.2000 – 1 Verg 2/00; *Summa*, in: Heiermann/Zeiss/Summa, Vergaberecht, § 167 GWB Rn. 72 ff.; *Reidt*, in: Reidt/Stickler/Glahs, Vergaberecht, § 167 GWB, Rn. 33; *Ohlerich*, in: Röwekamp/Kus/Portz/Prieß, GWB-Vergaberecht, § 167 Rn. 44; *Frister*, in: Ziekow/Völlink, Vergaberecht, § 167 GWB Rn. 20; a.A. OLG Frankfurt, Beschluss v. 13.12.2011 – 11 Verg 8/11.

100 OLG Koblenz, Beschluss v. 10.8.2000 – 1 Verg 2/00.

§ 168 GWB
Entscheidung der Vergabekammer

(1) Die Vergabekammer entscheidet, ob der Antragsteller in seinen Rechten verletzt ist und trifft die geeigneten Maßnahmen, um eine Rechtsverletzung zu beseitigen und eine Schädigung der betroffenen Interessen zu verhindern. Sie ist an die Anträge nicht gebunden und kann auch unabhängig davon auf die Rechtmäßigkeit des Vergabeverfahrens einwirken.

(2) Ein wirksam erteilter Zuschlag kann nicht aufgehoben werden. Hat sich das Nachprüfungsverfahren durch Erteilung des Zuschlags, durch Aufhebung oder durch Einstellung des Vergabeverfahrens oder in sonstiger Weise erledigt, stellt die Vergabekammer auf Antrag eines Beteiligten fest, ob eine Rechtsverletzung vorgelegen hat. § 167 Absatz 1 gilt in diesem Fall nicht.

(3) Die Entscheidung der Vergabekammer ergeht durch Verwaltungsakt. Die Vollstreckung richtet sich, auch gegen einen Hoheitsträger, nach den Verwaltungsvollstreckungsgesetzen des Bundes und der Länder. Die Höhe des Zwangsgeldes beträgt mindestens 1.000 Euro und höchstens 10 Millionen Euro. § 61 Absatz 1 und 2 gilt entsprechend.

Übersicht Rn.

A. Allgemeines 1
I. Unionsrechtlicher Hintergrund 3
II. Historie 4
III. Vergleichbare Regelungen 8
B. Gegenstand der Entscheidung (Abs. 1) 9
I. Rechtsverletzung/Prüfungsmaßstab (S. 1 Hs. 1) 9
II. Aussetzung und Vorlage an den EuGH 13
III. Befugnisse der Vergabekammer (S. 1 Hs. 2) 19
1. Korrigierende Maßnahmen 23
2. Anweisung zur Aufhebung 28
3. Anweisung zur Aufhebung der Aufhebung 31
4. Anweisung zur Einleitung eines förmlichen Vergabeverfahrens 33
5. Verpflichtung zur Zuschlagserteilung 34
IV. Keine Antragsbindung (S. 2) 35
C. Erledigung des Verfahrens (Abs. 2) 39
I. Keine Aufhebung eines wirksam erteilten Zuschlags (S. 1) 39
II. Fortsetzungsfeststellungsverfahren (S. 2) 44
1. Erledigung 45
2. Umstellung auf einen Fortsetzungsfeststellungsantrag 51
3. Wegfall des Beschleunigungsgebotes 54
D. Form (Abs. 3 S. 1 und 3) 55
E. Vollstreckung (Abs. 3 S. 2 und 3) 60
Anlagen
Gesetzesbegründungen

A. Allgemeines

§ 168 GWB ist die zentrale Vorschrift, in welcher die Entscheidung der Vergabekammer im Vergabenachprüfungsverfahren geregelt wird. 1

§ 168 **Abs. 1** GWB bestimmt zunächst den Rahmen der Entscheidungsbefugnis der Vergabekammer. Diese Entscheidungskompetenz findet ihre Schranken im Verhältnismäßigkeitsgrundsatz, d.h. die Vergabekammer darf nur solche Maßnahmen anordnen, die geeignet sind, festgestellte Rechtsverletzungen zu beseitigen.[1] Die Anordnung darf also nicht weiter als nötig in das Vergabeverfahren eingreifen, um die subjektiven Rechte des Antragstellers und gegebenenfalls weitere damit im Zusammenhang stehende Belange zu sichern.[2] 2

Dabei wird in § 168 Abs. 1 S. 2 GWB ausdrücklich herausgestellt, dass die Vergabekammer an Anträge nicht gebunden ist und auch unabhängig von diesen die Rechtmäßigkeit eines Verga-

1 OLG Frankfurt, Beschluss v. 3.7.2013 – 11 Verg 11/13; VK Sachsen, Beschluss v. 10.4.2014 – 1/SVK/007-14.
2 OLG Naumburg, Beschluss v. 12.4.2012 – 2 Verg 1/12.

beverfahrens überprüfen kann. In § 168 **Abs. 2** GWB wird sodann in Satz 1 klargestellt, dass ein Vergabeverfahren einer Nachprüfung durch die Vergabekammer nicht mehr zugänglich ist, wenn bereits ein wirksamer Zuschlag erteilt worden ist. § 168 Abs. 2 S. 2 Hs. 1 GWB setzt sich mit den alternativen Formen der Erledigung des Nachprüfungsverfahrens auseinander, während Halbsatz 2 betont, dass die Vergabekammer nur auf Antrag eines Beteiligten feststellen darf, ob eine Rechtsverletzung vorgelegen hat. Eine solche Umstellung des ursprünglichen Antrags auf einen Feststellungsantrag im Sinne des § 168 Abs. 2 S. 2 GWB soll es den Verfahrensbeteiligten ermöglichen, etwaige im Nachprüfungsverfahren bereits erarbeitete Ergebnisse zu erhalten und eine nochmalige gerichtliche Prüfung derselben Sach- und Rechtsfragen in späteren Schadensersatzverfahren zu vermeiden.[3] § 168 **Abs. 3** GWB schließlich regelt die Form der Entscheidung durch Verwaltungsakt und deren Durchsetzbarkeit im Wege der Vollstreckung.

I. Unionsrechtlicher Hintergrund

3 § 168 GWB setzt die gemeinschaftsrechtlichen Vorgaben der Rechtsmittelrichtlinien 89/665/EWG und 92/13/EWG, die zuletzt durch die RL 2007/66/EG geändert worden sind, um. Diese schreiben vor, dass für den Fall von Verstößen gegen das Gemeinschaftsrecht im Bereich des öffentlichen Auftragswesens oder gegen die einzelstaatlichen Vorschriften, die dieses Recht umsetzen, Möglichkeiten einer wirksamen und raschen Nachprüfung bestehen müssen. Die Mitgliedstaaten haben insbesondere sicherzustellen, dass von den Nachprüfungsinstanzen vorläufige Maßnahmen ergriffen werden können, um den behaupteten Verstoß zu beseitigen oder weitere Schädigungen der betroffenen Interessen zu verhindern. § 168 **Abs. 1** GWB ist insoweit unter Berücksichtigung von Art. 1 Abs. 1 und Art. 2 Abs. 1 lit. a und b RL 89/665/EWG und dem Prinzip der praktischen Wirksamkeit des Gemeinschaftsrechts zu verstehen[4] und richtlinienkonform auszulegen. § 168 **Abs. 3 S. 2 und 3** setzten Art. 2 Abs. 8 RL 89/665/EWG um, der bestimmt, dass die Mitgliedstaaten sicherstellen, dass die Entscheidungen der Nachprüfungsstellen wirksam durchgesetzt werden können.

II. Historie

4 § 168 GWB geht inhaltlich im Wesentlichen auf § 124 des Regierungsentwurfes zum **VgRÄG** aus dem Jahr 1998 zurück. In der Begründung zum Regierungsentwurf[5] wird ausgeführt, dass der Kammer eine weitgehende Entscheidungskompetenz eingeräumt wird, um ihr eine flexible Reaktion zu ermöglichen, die einerseits in einer effektiven Weise die Belange des Bieters schützt, andererseits auch dem öffentlichen Interesse an einer möglichst zügigen Auftragsvergabe gerecht wird. Weiter heißt es, dass Abs. 2 S. 1 ein Prinzip des deutschen Vergaberechts festschreibe, dass mit dem Zuschlag das Vergabeverfahren beendet und zugleich der Vertrag zwischen Auftraggeber und Auftragnehmer geschlossen werde. Eine Aufhebung dieses Vertrags sei nicht mehr möglich.

5 Der damalige § 114 GWB a.F. und heutige § 168 GWB wurde später durch das am 24. April 2009 in Kraft getretene **VergRModG 2009** dahingehend ergänzt, dass nur ein „wirksam" erteilter Zuschlag nicht aufgehoben werden kann. Durch diese Klarstellung wurde in Anknüpfung an § 135 Abs. 1 GWB nunmehr ausdrücklich geregelt, dass durch die Vergabekammer auch die Unwirksamkeit eines Zuschlags festgestellt werden kann. Des Weiteren wurde durch das VergRModG 2009 die Regelung in Abs. 3 S. 3 dahingehend ergänzt, dass nicht nur § 61 GWB, sondern auch § 86a S. 2 GWB entsprechend gilt.

6 Die Norm hat im Zuge der **Vergaberechtsmodernisierung 2016** keine inhaltliche Änderung erfahren. Lediglich der ursprüngliche Verweis auf den § 113 GWB a.F. ist angepasst worden.

3 BGH, Urteil v. 19.12.2000 – X ZB 14/00.
4 EuGH, Urteil v. 18.6.2002 – Rs. C-92/00 (Hospital Ingenieure), Rn. 52.
5 Gesetzesbegründung zu § 124 Abs. 1 GWB, VgRÄG, BT-Drs. 13/9340, 19.

Insoweit ist die zu § 114 GWB a.F. ergangene Rechtsprechung ohne Einschränkungen übertragbar.

Eine weitere Anpassung hat § 168 GWB durch das **GWB-Digitalisierungsgesetz** vom 18. Januar 2021 erfahren, das der Umsetzung der RL (EU) 2019/1 dient, die bis zum 4. Februar 2021 zu erfolgen hatte. In Umsetzung der RL (EU) 2019/1 wurden die Vorschriften des GWB insbesondere in folgenden Bereichen geändert: Ermittlungsbefugnisse der Kartellbehörden, Sanktionen für Kartellrechtsverstöße, Vorschriften zum gerichtlichen Bußgeldverfahren, Regelungen zum Kronzeugenprogramm für Kartellrechtsverstöße und Amtshilfe für andere Kartellbehörden.[6] Dadurch wurde § 168 Abs. 3 GWB dahingehend geändert, dass nach Satz 2 folgender Satz neu eingefügt wurde: *„Die Höhe des Zwangsgeldes beträgt mindestens 1 000 Euro und höchstens 10 Millionen Euro."* Demgemäß wurde der neue Satz 4 wie folgt gefasst: *„§ 61 Absatz 1 und 2 gilt entsprechend."* Bei diesen Änderungen handelt es sich um eine durch die Neufassung des § 86a S. 2 GWB bedingte Folgeänderung. Durch den Verweis in § 168 Abs. 3 S. 3 auf den bisher geltenden § 86a S. 2 GWB war geregelt, dass bei Entscheidungen der Vergabekammer auch gegen Behörden ein Zwangsgeld in Höhe von 1 000 Euro bis zu 10 Millionen Euro verhängt werden konnte. Durch den neu gefassten § 86a S. 2 GWB wird dessen Adressatenkreis nunmehr explizit auf *„Unternehmen und Unternehmensvereinigungen"* beschränkt, weshalb die Norm im Regelfall nicht mehr auf Auftraggeber im Sinne des § 98 GWB anwendbar ist.[7] Zudem war der bisherige Verweis in § 168 Abs. 3 S. 3 GWB nach der Anpassung des Zwangsgeldrahmens in § 86a S. 2 GWB nicht mehr sinnvoll, da der jetzige Bezug zum im vorausgegangenen Geschäftsjahr erzielten durchschnittlichen weltweiten Tagesgesamtumsatz bei Auftraggebern im Sinne des § 98 GWB nicht immer praktikabel ist. Der bisherige Regelungsgehalt des § 86a S. 2 GWB ist deshalb im jetzt neuen § 168 Abs. 3 S. 3 GWB übernommen worden.[8] 7

III. Vergleichbare Regelungen

Vergleichbare Regelungen zu § 168 GWB existieren nicht. Allenfalls wäre hier § 88 VwGO zu nennen, dem § 168 GWB in Bezug auf die nicht gegebene Antragsbindung nachgebildet ist. Zudem ist die Regelungssystematik des Zuschlagsverbotes mit der in § 80 Abs. 1 VwGO geregelten aufschiebenden Wirkung vergleichbar. 8

B. Gegenstand der Entscheidung (Abs. 1)

I. Rechtsverletzung/Prüfungsmaßstab (S. 1 Hs. 1)

Gemäß § 168 Abs. 1 S. 1 GWB muss die Vergabekammer prüfen und entscheiden, ob der Antragsteller in seinen Rechten aus § 97 Abs. 6 GWB verletzt ist. 9

Diese Ausrichtung des Nachprüfungsverfahrens an den subjektiven Bieterrechten impliziert, dass der Nachprüfungsantrag überhaupt **zulässig** ist. Ein unzulässiger Nachprüfungsantrag ist einer Sachentscheidung durch die Vergabekammer nicht zugänglich und ist ohne sachlich-inhaltliche Prüfung des Vergabeverfahrens zu verwerfen.[9] Insbesondere muss in der Person des Antragstellers die den Zugang zum Nachprüfungsverfahren eröffnende Antragsbefugnis im Sinne von § 160 Abs. 2 GWB vorliegen. Auch darf der Antragsteller die von ihm zu beachtende Rügeobliegenheit nach § 160 Abs. 3 GWB nicht verletzt haben.[10] 10

Es genügt nicht, dass eine unternehmensschützende Vorschrift missachtet wird. Der Antragsteller muss sich auf diese **Verletzung** vielmehr auch konkret berufen können, d.h. die Vor- 11

6 Gesetzesbegründung, GWB-DigitalisierungsG, BT-Drs. 19/23492, 1.
7 Gesetzesbegründung zu § 168 Abs. 3 GWB, GWB-DigitalisierungsG, BT-Drs. 19/23492, 141.
8 Gesetzesbegründung zu § 168 Abs. 3 GWB, GWB-DigitalisierungsG, BT-Drs. 19/23492, 141.
9 OLG Düsseldorf, Beschluss v. 5.9.2018 – VII-Verg 32/18.
10 OLG Düsseldorf, Beschluss v. 15.6.2005 – VII-Verg 5/05.

schrift muss zu seinen Lasten verletzt sein.[11] Die Vergabekammer darf die Ermächtigungsnorm des § 168 Abs. 1 S. 2 GWB nicht dazu heranziehen, ungeachtet einer Rechtsverletzung des Antragstellers auf die Rechtmäßigkeit des Vergabeverfahrens einzuwirken. Die Vorschrift ermächtigt die Vergabekammer zu keiner allgemeinen Rechtmäßigkeitskontrolle. Vielmehr müssen diejenigen Vergaberechtsverstöße, welche die Vergabekammer zum Anlass nimmt, die Rechtmäßigkeit des Vergabeverfahrens sicherzustellen, zugleich den Antragsteller betreffen und ihn in seinen Rechten verletzen.[12] Grundsätzlich kann je nach Einzelfall eine Rechtsverletzung im Sinne des § 168 Abs. 1 S. 1 GWB fraglich sein, wenn die Chance eines Antragstellers auf den Zuschlag wegen nachrangiger Platzierung zweifelhaft erscheint, eine Rechtsverletzung scheidet jedoch nur dann aus, wenn eine Zuschlagschance vollkommen auszuschließen ist.[13] Ist sicher auszuschließen, dass sich ein festgestellter Vergabeverstoß auf die Auftragschancen des Antragstellers ursächlich ausgewirkt haben kann, droht also keine Interessensschädigung (Schaden), bedarf es keines Eingreifens der Vergabekammer.[14] Der Vergabekammer fehlt damit die Befugnis, das Vergabeverfahren anzuhalten und auf diese Weise den vom Gesetz angestrebten möglichst raschen Abschluss des Beschaffungsvorhabens zu verzögern.[15] Der Prüfungsmaßstab der Vergabekammer ist also auf eine rechtsschutzorientierte Rechtmäßigkeitskontrolle beschränkt. Anders als die Widerspruchsbehörde im Verwaltungsverfahren kann sie keine Zweckmäßigkeitskontrolle durchführen und tritt nicht an die Stelle des Auftraggebers.

12 **Rechte**, deren Verletzung von der Vergabekammer festgestellt werden können, ergeben sich vorrangig aus Teil 4 GWB, der Vergabeverordnungen sowie den vergaberechtlichen Richtlinien der Europäischen Union.

II. Aussetzung und Vorlage an den EuGH

13 Der Gesetzgeber hat in den §§ 160 bis 169 GWB keine explizite Möglichkeit der Aussetzung eines Nachprüfungsverfahrens vor der Vergabekammer, beispielsweise bis zur Klärung einer entscheidungserheblichen Vorfrage, die im Rahmen einer sofortigen Beschwerde oder Divergenzvorlage obergerichtlich anhängig ist, vorgesehen. Eine Analogie zu den Vorschriften § 148 ZPO oder § 94 VwGO kommt vor dem Hintergrund, dass das Nachprüfungsverfahren grundsätzlich dem Beschleunigungsgebot (§ 167 GWB) unterliegt, nicht in Betracht.[16] Die Vergabekammer muss über die für ihre Endentscheidung relevanten Vorfragen deshalb selbst entscheiden. Eine dennoch getroffene Aussetzungsentscheidung stellt eine Ablehnung vergaberechtlichen Rechtsschutzes und damit eine Ablehnung des Nachprüfungsantrags auf Zeit dar, die mit einer sofortigen Beschwerde angreifbar ist.[17]

14 Zulässig ist jedoch nach mittlerweile gefestigter Rechtsprechung[18] eine Aussetzung des Verfahrens zum Zwecke der Vorlage an den **EuGH**. Bis zur Entscheidung des EuGH[19] in der Sache „Bundesdruckerei" wurde überwiegend die Auffassung vertreten, dass Vergabekammern keine Aussetzungsbefugnis zustehe, da eine Aussetzung des Verfahrens dem Beschleunigungsgebot des § 167 GWB widerspräche.[20] Zudem stützten sich die eine Vorlagemöglichkeit ablehnenden Vergabekammern darauf, dass sich aus Art. 267 AEUV eine Verpflichtung zur Anrufung des Gerichtshofes nur für Gerichte ergebe und Vergabekammern keine Gerichte

---

11 OLG München, Beschluss v. 5.11.2009 – Verg 15/09.
12 OLG Düsseldorf, Beschluss v. 5.9.2018 – VII-Verg 32/18.
13 OLG Düsseldorf, Beschluss v. 17.1.2018 – VII-Verg 39/17; VK Bund, Beschluss v. 27.5.2020 – VK 2-21/20.
14 VK Südbayern, Beschluss v. 5.6.2018 – Z3-3-3194-1-12-04/18.
15 OLG Düsseldorf, Beschluss v. 28.1.2015 – VII-Verg 31/14; OLG Naumburg, Beschluss v. 12.4.2012 – 2 Verg 1/12; OLG Koblenz, Beschluss v. 2.2.2011 – 1 Verg 1/11; VK Bund, Beschluss v. 3.3.2015 – VK 1-4/15.
16 VK Bund, Beschluss v. 27.5.2019 – VK 2-24/19.
17 OLG Düsseldorf, Beschluss v. 11.3.2002 – Verg 43/01.
18 EuGH, Urteil v. 24.10.2018 – Rs. C-124/17 (Vossloh Laeis).
19 EuGH, Urteil v. 18.9.2014 – Rs. C-549/13 (Bundesdruckerei), Rn. 23.
20 So beispielsweise VK Baden-Württemberg, Beschluss v. 25.7.2014 – 1 VK 29/14; VK Bund, Beschluss v. 5.11.2013 – VK 2-100/13; VK Düsseldorf, Beschluss v. 9.1.2013 – VK-29/2012-L; VK Sachsen, Beschluss v. 29.8.2008 – 1/SVK/042-08; bereits bejahend OLG München, Beschluss v. 18.10.2012 – Verg 13/12; VK Südbayern, Beschluss v. 18.6.2012 – Z3-3194-1-22-05/12.

oder gerichtsähnliche Einrichtungen seien,[21] sondern unabhängige verwaltungsinterne Behörden.[22] Diese Rechtsprechung ist durch die Entscheidung des EuGH[23] „Bundesdruckerei" überholt. Nunmehr dürfte unstreitig sein, dass die Vergabekammern als „Gericht" im Sinne von Art. 267 AEUV zu qualifizieren und ihre Vorabentscheidungsersuchen zulässig sind.

Ungeklärt ist dabei die Frage geblieben, ob eine Vergabekammer, die nach deutschem Rechtsverständnis Verwaltungsbehörde ist,[24] lediglich vorlageberechtigtes Gericht im Sinne des Art. 267 Abs. 2 AEUV ist, oder ob gar die Vergabekammer zur Vorlage **verpflichtet** ist. Gegen eine solche Pflicht zur Anrufung des Gerichtshofs spricht gemäß Art. 267 Abs. 3 AEUV, dass eine Vergabekammerentscheidung mit Rechtsmitteln des innerstaatlichen Rechts angefochten werden kann. Eine solche Vorlagepflicht besteht also allenfalls für Vergabesenate von Oberlandesgerichten oder im Falle des § 179 Abs. 2 S. 2 GWB für den BGH, weil dessen Entscheidung nicht anfechtbar ist[25]. Die nationalen Gerichte haben nach ständiger Rechtsprechung gemäß Art. 267 AEUV ein unbeschränktes Recht zur Vorlage an den Gerichtshof, wenn eine bei ihnen anhängige Rechtssache Fragen nach der Auslegung oder der Gültigkeit der unionsrechtlichen Bestimmungen aufwirft und sie eine Entscheidung darüber zur Entscheidung des ihnen unterbreiteten Rechtsstreits für erforderlich halten.[26] Den nationalen Gerichten steht es zudem frei, diese Möglichkeit in jedem Moment des Verfahrens, den sie für geeignet halten, wahrzunehmen.[27] 15

Die Entscheidung einer Vergabekammer, eine als entscheidungserheblich angesehene Rechtsfrage dem Gerichtshof gemäß Art. 267 AEUV vorzulegen, ist nicht isoliert **anfechtbar**.[28] 16

Da die Vergabekammern keine Gerichte im Sinne des Art. 92 GG sind, haben sie keine Möglichkeit, gemäß Art. 100 GG das **BVerfG** anzurufen, denn trotz des grundsätzlich kontradiktorisch ausgetragenen Verfahrens treffen sie ihre Entscheidung nach § 168 Abs. 3 S. 1 GWB durch Verwaltungsakte gemäß § 35 VwVfG, die allerdings funktional gerichtlichen Entscheidungen entsprechen und auch wie solche vor einem Rechtsmittelgericht anzufechten sind.[29] Dementsprechend können sie einen Nachprüfungsantrag, den sie für unzulässig halten, nicht nach § 17a Abs. 2 GVG an ein **Zivilgericht**[30] oder ein **Verwaltungsgericht**[31] verweisen.[32] Ebenso ist nach Auffassung des BSG, des OVG Niedersachsen und des VGH Bayern eine Rechtswegverweisung nach § 17a Abs. 2 S. 1 GVG durch die Gerichte an die jeweils zuständige Vergabekammer nicht möglich.[33] Verweist jedoch dennoch ein unzuständiges Gericht ein Nachprüfungsverfahren an eine Vergabekammer und wird diese Verweisung rechtskräftig, ist sie bindend und die Vergabekammer ist damit für das Verfahren zuständig.[34] 17

Wurde fälschlicherweise eine **unzuständige Vergabekammer** angerufen, kommt eine Verweisung an die eigentlich zuständige Vergabekammer in Betracht.[35] Die Möglichkeit oder gar Pflicht, den Nachprüfungsantrag zu verweisen, ist gesetzlich nicht geregelt, ergibt sich aber aus einem allgemeinen Rechtsgedanken, der in den §§ 83 VwGO, 17a Abs. 2 GVG ausgedrückt ist. 18

---

21 VK Düsseldorf, Beschluss v. 9.1.2013 – VK-29/2012-L; VK Südbayern, Beschluss v. 3.4.2009 – Z3-3-3194-1-49-12/08; VK Sachsen, Beschluss v. 29.8.2008 – 1/SVK/042-08.
22 VK Sachsen-Anhalt, Beschluss v. 21.12.2015 – 2 VK LSA 033-15.
23 EuGH, Urteil v. 18.9.2014 – Rs. C-549/13 (Bundesdruckerei), Rn. 23.
24 BGH, Beschluss v. 25.10.2011 – X ZB 5/10; Beschluss v. 9.12.2003 – X ZB 14/03.
25 Zur Frage, wann ein letztinstanzliches Gericht an den EuGH vorlegen muss, vgl. BVerfG, Beschluss v. 6.12.2006 – 1 BvR 2085/03.
26 VK Südbayern, Beschluss v. 8.4.2016 – Z3-3-3194-1-57-11/15.
27 EuGH, Urteil v. 6.11.2014 – Rs. C-42/13 (Cartiera dell'Adda SpA), Rn. 26.
28 OLG München, Beschluss v. 18.10.2012 – Verg 13/12.
29 BGH, Beschluss v. 25.10.2011 – X ZB 5/10.
30 OLG Celle, Beschluss v. 4.5.2001 – 13 Verg 5/00.
31 OLG Dresden, Beschluss v. 21.8.2019 – Verg 5/19; OVG Niedersachsen, Beschluss v. 11.6.2010 – 11 ME 583/09.
32 *Steck*, in: Ziekow/Völlink, Vergaberecht, § 168 GWB Rn. 5, mit Verweis auf VGH Bayern, Beschluss v. 26.4.2019 – 12 C 19.621.
33 BSG, Beschluss v. 6.3.2019 – B 3 SF 1/18 R; OVG Niedersachsen, Beschluss v. 12.6.2019 – 13 ME 164/19; VGH Bayern, Beschluss v. 26.4.2019 – 12 C 19.621.
34 VK Bund, Beschluss v. 2.3.2018 – VK 1-165/17.
35 OLG Dresden, Beschluss v. 26.6.2012 – WVerg 003-12; VK Bund, Beschluss v. 25.5.2012 – VK 3-54/12; VK Sachsen, Beschluss v. 12.2.2010 – 1/SVK/002-10.

III. Befugnisse der Vergabekammer (S. 1 Hs. 2)

19 Hat die Vergabekammer eine Rechtsverletzung zulasten des Antragstellers festgestellt, so trifft sie nach § 168 Abs. 1 S. 1 Hs. 2 GWB geeignete Maßnahmen, um diese zu beseitigen und eine Schädigung der betroffenen Interessen zu verhindern.

20 § 168 Abs. 1 S. 1 Hs. 2 GWB räumt der Vergabekammer einen weiten **Entscheidungsspielraum** ein, der nur im Rahmen des Verhältnismäßigkeitsgrundsatzes Schranken findet.[36] Droht wegen einer Rechtsverletzung kein Schaden, mithin keine Beeinträchtigung der Aussichten auf den Erhalt des Auftrags oder der Konzession, sind die Vergabenachprüfungsinstanzen nicht berechtigt, in das Vergabeverfahren einzugreifen[37] oder das Vergabeverfahren anzuhalten und auf diese Weise den vom Gesetz angestrebten möglichst raschen Abschluss des Beschaffungsvorhabens zu verzögern.[38]

21 Der Vergabekammer steht keine allgemeine **Rechtmäßigkeitskontrolle** zu,[39] weshalb sie nicht unabhängig von der Verletzung subjektiver Rechte des Antragstellers abstrakt für die Aufrechterhaltung oder Wiederherstellung der objektiven Rechtmäßigkeit des Vergabeverfahrens sorgen darf.[40] Stellt die Vergabekammer eine Rechtsverletzung fest, die nicht den Antragsteller, sondern ein anderes Unternehmen im Vergabeverfahren verletzt, darf sie dies nicht zum Anlass nehmen, Maßnahmen zu treffen, vielmehr muss das betroffene Unternehmen einen eigenen Nachprüfungsantrag stellen.[41]

22 Wird ein Nachprüfungsantrag jedoch für zulässig erachtet und liegt ein Verstoß gegen unternehmensschützende Vorschriften zulasten des Antragstellers vor, kann die Vergabekammer – ohne Bindung an Anträge – Maßnahmen, die im Interesse des Antragstellers zur Wiederherstellung eines fairen Wettbewerbs geeignet und notwendig sind, treffen.[42] Das schließt ein, Vergaberechtsverstöße auch ohne ausdrückliche Benennung durch den Antragsteller aufzugreifen, wenn und soweit sie aufgrund des zur Prüfung gestellten Sachverhalts zutage treten und subjektive Rechte des Antragstellers betroffen[43] und nicht präkludiert sind.[44] Eine Prüfung präkludierter Vergaberechtsverstöße **von Amts wegen** kommt allenfalls dann in Betracht, wenn ein so schwerwiegender und offenkundiger[45] Fehler vorliegt, dass eine tragfähige Zuschlagsentscheidung bei Fortsetzung des Verfahrens praktisch nicht möglich ist, etwa weil lediglich willkürliche oder sachfremde Zuschlagskriterien verbleiben oder das vorgegebene Wertungssystem so unbrauchbar ist, dass es jede beliebige Zuschlagserteilung ermöglicht.[46] Insoweit enthält § 168 Abs. 1 S. 1 Hs. 2 GWB eine Zweckbindung dahingehend, dass die Maßnahme zur Beseitigung der Rechtsverletzung und der Abwendung der Schädigung betroffener Interessen geeignet, erforderlich und angemessen sein muss.[47]

1. Korrigierende Maßnahmen

23 Im Rahmen ihrer Abwägung muss die Vergabekammer neben dem Rechtsschutzinteresse des Antragstellers aber auch das Interesse des Auftraggebers an einer zügigen Auftrags- bzw. Konzessionsvergabe, als auch die Interessen der konkurrierenden Bewerber bzw. Bieter an der Erhaltung ihrer Wettbewerbsposition beachten.

---

36 VK Thüringen, Beschluss v. 19.12.2019 – 250-4003-15326/2019-E-010-G.
37 OLG Düsseldorf, Beschluss v. 16.8.2019 – VII-Verg 56/18; Beschluss v. 18.4.2018 – VII-Verg 28/17.
38 VK Südbayern, Beschluss v. 5.6.2018 – Z3-3-3194-1-12-04/18; OLG Düsseldorf, Beschluss v. 15.6.2010 – VII-Verg 10/10.
39 OLG Düsseldorf, Beschluss v. 16.12.2015 – VII-Verg 25/15; OLG Koblenz, Beschluss v. 4.2.2009 – 1 Verg 4/08.
40 OLG Frankfurt, Beschluss v. 16.6.2015 – 11 Verg 3/15; OLG München, Beschluss v. 9.8.2010 – Verg 13/10.
41 *Fett*, NZBau 2005, 141 (143).
42 VK Sachsen, Beschluss v. 30.8.2017 – 1/SVK/015-17.
43 OLG Dresden, Beschluss v. 29.5.2001 – WVerg 3/01.
44 OLG Düsseldorf, Beschluss v. 26.7.2002 – Verg 22/02.
45 OLG Düsseldorf, Beschluss v. 18.9.2019 – VII-Verg 10/19; Beschluss v. 12.6.2019 – VII-Verg 54/18; Beschluss v. 11.7.2018 – VII-Verg 24/18.
46 OLG Schleswig, Beschluss v. 13.6.2019 – 54 Verg 2/19; OLG Karlsruhe, Beschluss v. 6.6.2019 – 15 Verg 8/19; OLG München, Beschluss v. 10.8.2017 – Verg 3/17.
47 VK Sachsen, Beschluss v. 10.4.2014 – 1/SVK/007-14; VK Düsseldorf, Beschluss v. 2.11.2011 – VK-24/2011-L.

24 In der Rechtsprechung ist in diesem Zusammenhang umstritten, ob eine Vergabekammer auch **vorbeugend** tätig werden kann, ob sich also ein Antragsteller nur gegen eine bereits erfolgte, oder auch schon gegen eine unmittelbar bevorstehende rechtswidrige Vergabe wenden kann. Nach jüngerer Auffassung in der Rechtsprechung kann eine Vergabekammer einem Auftraggeber auch untersagen, eine geplante Beauftragung eines anderen Unternehmens zu vollziehen, und kann anordnen, dass ein Auftrag bzw. eine Konzession nicht ohne ein wettbewerblich geregeltes Verfahren vergeben werden darf.[48] Nach dieser Auffassung muss sich ein Bieter nicht auf den erfolgten Vertragsschluss verweisen lassen, sondern kann auch schon im Vorfeld des Vertragsschlusses gegen eine geplante Vergabe vorgehen. Kritisch ist in diesem Zusammenhang die Entscheidung des OLG Düsseldorf[49] zu sehen, nach der einer Vergabekammer jedwede vorbeugende, nicht in einem Vergabeverfahren ergehende und auf ein künftiges Beschaffungsverhalten des Auftraggebers gerichtete Entscheidung untersagt wäre. Letztlich wird es für die Inanspruchnahme von Rechtschutz jeweils darauf ankommen, inwieweit ein Auftraggeber einen internen Beschaffungsbeschluss bereits objektiv erkennbar nach außen durch Maßnahmen umsetzt, die Rechtswirkungen entfalten können.[50]

25 Aus dem eingangs erwähnten Grundsatz der **Verhältnismäßigkeit** folgt, dass die Vergabekammer, wenn mehrere Maßnahmen zur Beseitigung der Rechtsverletzung in Betracht kommen, immer das mildeste Mittel wählen muss.[51] Das bedeutet zum einen, dass sie keine Maßnahmen ergreifen oder dem Auftraggeber auferlegen darf, die ihrerseits vergaberechtswidrig sind und andere Teilnehmer des Vergabeverfahrens in deren subjektiven Rechten verletzen. Zum anderen folgt daraus, dass vorrangig korrigierende Maßnahmen anzuordnen sind, sofern dies transparent und nicht diskriminierend möglich ist.[52] Eine Vergabekammer darf dabei niemals Entscheidungen treffen, die nach der Gesetzessystematik dem Auftraggeber zugewiesen sind.[53] So ist z. B. die Eignungsprüfung alleinige Aufgabe des Auftraggebers, weshalb eine Nachprüfungsinstanz nicht befugt ist, sich an dessen Stelle zu setzen und eine fehlerhaft vorgenommene Eignungsprüfung selbst zu korrigieren.[54]Nur wenn die Anordnung einer korrigierenden Maßnahme die Rechtsverletzung nicht beseitigen würde, ist als Ultima Ratio eine Aufhebung des Vergabeverfahrens anzuordnen.[55]

26 In der **Praxis** läuft dies häufig darauf hinaus, dass dem Auftraggeber aufgegeben wird, den Wertungsvorgang unter Berücksichtigung der Rechtsaufassung der Vergabekammer zu wiederholen.[56] Als weiterreichende Maßnahme kann angeordnet werden, dass das Vergabeverfahren ab dem Zeitpunkt zu wiederholen ist, zu dem sich der festgestellte Vergaberechtsverstoß erstmals zum Nachteil des Antragstellers ausgewirkt haben kann.[57] Denkbar ist z. B. auch, dem Auftraggeber aufzuerlegen, ein zu Unrecht ausgeschlossenes Angebot wieder in die Wertung einzubeziehen[58] oder das Vergabeverfahren mindestens in den Stand vor Durchführung der Präsentation[59] oder gar in das Stadium vor Auftragsbekanntmachung[60] zurückzuversetzen. Die Vergabekammer kann beispielsweise auch den Auftraggeber verpflichten,

48 OLG München, Beschluss v. 19.7.2012 – Verg 8/12; OLG Hamburg, Beschluss v. 14.12.2010 – 1 Verg 5/10; VK Bund, Beschluss v. 18.2.2016 – VK 2-137/15; VK Sachsen, Beschluss v. 27.4.2015 – 1/SVK/012-15; indirekt für den Fall, dass ein materielles Vergabeverfahren bereits anzunehmen ist: OLG Celle, Beschluss v. 30.10.2014 – 13 Verg 8/14; a.A. OLG Schleswig, Beschluss v. 15.3.2013 – 1 Verg 4/12; KG, Beschluss v. 13.9.2012 – Verg 4/12.
49 OLG Düsseldorf, Beschluss v. 10.3.2014 – VII-Verg 11/14.
50 EuGH, Urteil v. 11.1.2005 – Rs. C-26/03 (Stadt Halle), Rn. 36 ff.
51 OLG Schleswig, Beschluss v. 15.4.2011 – 1 Verg 10/10; VK Thüringen, Beschluss v. 19.12.2019 – 250-4003-15326/2019-E-010-G; VK Niedersachsen, Beschluss v. 2.5.2019 – VgK-09/2019; VK Sachsen, Beschluss v. 30.8.2017 – 1/SVK/015-17.
52 BGH, Beschluss v. 26.9.2006 – X ZB 14/06.
53 OLG Koblenz, Beschluss v. 25.2.2015 – Verg 5/14.
54 OLG Koblenz, Beschluss v. 25.2.2015 – Verg 5/14.
55 OLG Naumburg, Beschluss v. 14.10.2016 – 7 Verg 3/16.
56 VK Sachsen, Beschluss v. 29.11.2019 – 1/SVK/032-19; VK Niedersachsen, Beschluss v. 2.5.2019 – VgK-09/2019; VK Sachsen, Beschluss v. 9.12.2014 – 1/SVK/038-14; VK Südbayern, Beschluss v. 29.10.2013 – Z3-3-3194-1-25-08/13.
57 OLG Frankfurt, Beschluss v. 24.11.2020 – 11 Verg 12/20.
58 VK Niedersachsen, Beschluss v. 9.9.2020 – VgK-32/2020.
59 VK Bund, Beschluss v. 22.11.2019 – VK 1-83/19.
60 OLG München, Beschluss v. 25.2.2019 – Verg 11/18.

rechtswidrige Angebotsteile oder -ergänzungen oder bestimmte Eignungskriterien[61] unberücksichtigt zu lassen. Zu beachten ist allerdings, dass die Entscheidung der Vergabekammer zur Zurückstufung der Wertung eine etwaige Selbstbindung der Vergabestelle nur in Bezug auf die Rechtsverletzung bricht. An eine Wertung, die nicht Gegenstand des Nachprüfungsverfahrens war, bleibt die Vergabestelle nach den allgemeinen Grundsätzen gebunden. Geeignete Maßnahme im Sinne des § 168 Abs. 1 GWB zur Beseitigung einer von einer Vergabekammer festgestellten Rechtsverletzung kann auch sein, dem Bieter erstmalig die Gelegenheit einzuräumen, ein Angebot im Rahmen eines Vergabeverfahrens abzugeben, in dem der Bieter zu Unrecht nicht berücksichtigt wurde.[62] Die Vergabekammer kann dem Auftraggeber auch ausdrücklich den Zuschlag untersagen, insbesondere wenn infolge unklarer Ausschreibungsbedingungen nicht gewährleistet ist, dass sämtliche Bieter diese im gleichen Sinne verstanden und berücksichtigt haben.[63] Diese Untersagung des Zuschlags wird im Falle einer sofortigen Beschwerde vom Suspensiveffekt des § 173 Abs. 1 S. 1 GWB nicht erfasst und kann nur im Wege des § 173 Abs. 3 i.V.m. § 121 GWB aufgehoben werden.[64]

27 Die Nachprüfung der Vergabe öffentlicher Aufträge und Konzessionen durch die Vergabekammer ist auf den sog. **Primärrechtsschutz** beschränkt, weshalb die Zuerkennung von Schadensersatz nicht von § 168 Abs. 1 GWB erfasst, sondern den ordentlichen Gerichten zugewiesen ist (vgl. § 156 Abs. 3 GWB, § 13 GVG).[65] Die zivilrechtliche Klage eines übergangenen Bieters in einem mit Zuschlagserteilung beendeten Vergabeverfahren auf Ersatz des positiven Interesses wegen einer vermeintlich vergaberechtswidrigen Auswahl des Auftrag- bzw. Konzessionsnehmers ist grundsätzlich auch dann zulässig, wenn der Bieter die ihm eröffnete Möglichkeit der Inanspruchnahme von Primärrechtsschutz nicht genutzt hat.[66]

2. Anweisung zur Aufhebung

28 Die Entscheidungsbefugnis der Vergabekammer umfasst auch die Anweisung des Auftraggebers, eine Ausschreibung aufzuheben. Die Anweisung an den Auftraggeber, das Vergabeverfahren aufzuheben, stellt das einschneidendste Mittel der Vergabekammer dar. Eine Verpflichtung des Auftraggebers, die Ausschreibung aufzuheben, kommt deshalb auch hier wieder nur als **Ultima Ratio** in Betracht,[67] wenn das bisherige Verfahren mit derart gravierenden Mängeln behaftet ist, dass dieses im Rahmen einer chancengleichen und wettbewerbsgerechten Eignungs- und Angebotsprüfung nicht mehr heilbar ist.[68] Es muss sich also um eine alternativlose Situation handeln, in der die Rechtsverletzung im laufenden Vergabeverfahren nicht korrigiert werden kann.[69]

29 Von einer solchen ist **beispielsweise** auszugehen: bei einer fehlerhaften EU-Bekanntmachung,[70] bei unklaren oder fehlerhaften Leistungsbeschreibungen,[71] Preisermittlungsgrundlagen oder bei Zuschlagskriterien,[72] auf die von vornherein kein sachgerechtes Angebot abgegeben werden kann, oder wenn eine unrichtige Vergabeart[73] gewählt worden ist.

30 Dabei ist allerdings der **Verhältnismäßigkeitsgrundsatz** strikt zu beachten; eine Aufhebung der Ausschreibung darf nur angeordnet werden, wenn keine mildere, gleich geeignete Maßnahme zur Verfügung steht. Dies erfordert auch die RL 89/665/EWG, die in Art. 2 Abs. 1 lit. b

---

61 VK Bund, Beschluss v. 25.1.2012 – VK 1-174/11.
62 VK Sachsen, Beschluss v. 19.4.2012 – 1/SVK/009-12; VK Bund, Beschluss v. 9.1.2008 – VK 3-145/07.
63 OLG München, Beschluss v. 21.4.2017 – Verg 1/17; OLG Koblenz, Beschluss v. 29.11.2012 – 1 Verg 6/12; VK Sachsen, Beschluss v. 25.6.2019 – 1/SVK/013-19; VK Bund, Beschluss v. 22.7.2015 – VK 2-61/15.
64 OLG Düsseldorf, Beschluss v. 12.9.2008 – VII-Verg 52/08.
65 BGH, Urteil v. 9.6.2011 – X ZR 143/10; Urteil v. 26.1.2010 – X ZR 86/08; Urteil v. 27.11.2007 – X ZR 18/07.
66 OLG Naumburg, Urteil v. 23.12.2014 – 2 U 74/14; siehe aber auch EuGH, Urteil v. 7.8.2018 – Rs. C-300/17 (Hochtief).
67 OLG Frankfurt, Beschluss v. 16.6.2015 – 11 Verg 3/15; OLG Saarbrücken, Beschluss v. 15.10.2014 – 1 Verg 1/14.
68 OLG Naumburg, Beschluss v. 14.10.2016 – 7 Verg 3/16.
69 OLG Schleswig, Beschluss v. 15.4.2011 – 1 Verg 10/10; VK Bund, Beschluss v. 30.8.2019 – VK 2-60/19; VK Arnsberg, Beschluss v. 6.2.2013 – VK 21/12.
70 VK Sachsen, Beschluss v. 19.5.2015 – 1/SVK/014-15.
71 OLG München, Beschluss v. 8.7.2019 – Verg 2/19; VK Rheinland-Pfalz, Beschluss v. 23.11.2011 – VK 1-34/11.
72 VK Sachsen, Beschluss v. 12.6.2015 – 1/SVK/016-15.
73 BGH, Beschluss v. 10.11.2009 – X ZB 8/09.

den Nachprüfungsinstanzen – ausdrücklich – die Möglichkeit gibt, vergaberechtlich fehlerhafte Teile einer Ausschreibung zu eliminieren, sofern der „*Rest*" noch taugliche Grundlage einer Vergabeentscheidung bleibt.[74]

Inwieweit ein **unvollständiges Leistungsverzeichnis** durch eine Teilaufhebung, d.h. durch eine Beschränkung der Rückversetzung auf die korrekturbedürftigen Leistungspositionen korrigiert werden darf, ist umstritten.[75] Hierzu wird die Auffassung vertreten, dass eine beschränkte Rückversetzung nur zulässig sei, wenn die betroffenen Teilpositionen neu bepreist werden können, ohne dass dadurch das Preisgefüge der Gesamtangebote in relevanter Weise beeinflusst wird. Das OLG Dresden[76] stellt hier für die Zulässigkeit auf einen Anteil der zu korrigierenden Positionen von ca. 15 % der Angebotssumme ab. Das OLG Düsseldorf[77] lehnt eine solche prozentuale Geringfügigkeitsschwelle ab. Stattdessen sollen die Umstände des Einzelfalls maßgeblich sein. 31

3. Anweisung zur Aufhebung der Aufhebung

Die Vergabekammer kann neben den dargestellten korrigierenden Maßnahmen oder der Anweisung, eine Ausschreibung aufzuheben, den Auftraggeber bei fortbestehender Vergabeabsicht auch anweisen, seine Aufhebungsentscheidung aufzuheben („**Aufhebung der Aufhebung**").[78] Mit einer Aufhebung der Aufhebungsentscheidung verstößt die Vergabekammer also nicht gegen die wirtschaftliche Dispositionsfreiheit des Antragsgegners. Die Anweisung zur Aufhebung der Aufhebung ist zunächst grundsätzlich möglich und zulässig, da der Aufhebungsentscheidung keine verfahrensbeendende Wirkung zukommt und sie nicht, wie der Zuschlag (§ 168 Abs. 2 S. 2 GWB), der Aufhebung durch die Vergabekammer entzogen wird.[79] 32

Die Anordnung einer **Fortsetzung** des Vergabeverfahrens, z. B. mit dem Ziel einer neuen Wertung, kann im Einzelfall nur dann in Betracht kommen, wenn die Aufhebung nur zum Schein erfolgt ist[80] oder einen Fall einer rechtsmissbräuchlichen Verfahrenslenkung darstellt oder ein Verstoß gegen die vergaberechtlichen Grundsätze der Transparenz und der Diskriminierungsfreiheit vorliegt, dessen Intensität mit dem Fall einer rechtsmissbräuchlichen Verfahrenslenkung vergleichbar ist.[81] Bei fortbestehender Vergabeabsicht können die Nachprüfungsinstanzen die Aufhebung der Aufhebungsentscheidung des Auftraggebers zudem dann anordnen, wenn die Aufhebungsentscheidung auf einem fehlerhaften Ermessensgebrauch des Auftraggebers beruht, offen ist, zu welchem Ergebnis die korrekte Ermessensausübung durch den Auftraggeber führt, und ihm mehrere Handlungsalternativen verbleiben.[82] Die Vergabekammer verpflichtet den Auftraggeber in diesen Fällen, das Verfahren wieder aufzunehmen und im Einklang mit den Vorschriften des Vergaberechts fortzuführen.[83] In der Regel aber setzt der Grundsatz der Vertragsfreiheit der Regelungskompetenz der Vergabekammern eine Grenze.[84] So kann der Auftraggeber nicht gezwungen werden, ein Vergabeverfahren abzuschließen und einen der Ausschreibung entsprechenden Auftrag zu erteilen, wenn er beispielsweise eine Aufhebung des Verfahrens auf vernünftige, sachliche und nicht diskriminie- 33

---

74 OLG Schleswig, Beschluss v. 30.6.2005 – 6 Verg 5/05; BayObLG, Beschluss v. 17.2.2005 – Verg 27/04.
75 VK Bund, Beschluss v. 14.2.2017 – VK 1-140/16; OLG Düsseldorf, Beschluss v. 12.1.2015 – VII-Verg 29/14; OLG Dresden, Beschluss v. 23.7.2013 – Verg 2/13.
76 OLG Dresden, Beschluss v. 23.7.2013 – Verg 2/13.
77 OLG Düsseldorf, Beschluss v. 12.1.2015 – VII-Verg 29/14.
78 OLG Bremen, Beschluss v. 29.1.2016 – 2 Verg 3/15 (zu den Aufhebungsmöglichkeiten eines VOF-Verfahrens); OLG München, Beschluss v. 31.10.2012 – Verg 19/12; Beschluss v. 28.8.2012 – Verg 11/12; VK Bund, Beschluss v. 11.12.2020 – VK 2-91/20; VK Südbayern, Beschluss v. 15.3.2016 – Z3-3-3194-1-03-01/16.
79 BGH, Beschluss v. 18.2.2003 – X ZB 43/02; VK Bund, Beschluss v. 7.7.2015 – VK 2-49/15.
80 BGH, Beschluss v. 20.3.2014 – X ZB 18/13; OLG Frankfurt, Beschluss v. 4.8.2015 – 11 Verg 4/15; VK Sachsen, Beschluss v. 17.1.2019 – 1/SVK/033-18; VK Westfalen, Beschluss v. 20.3.2018 – VK 1-37/17; Beschluss v. 6.5.2015 – VK 1-11/15.
81 OLG Celle, Beschluss v. 10.3.2016 – 13 Verg 5/15; VK Westfalen, Beschluss v. 20.3.2018 – VK 1-37/1 und Beschluss v. 14.4.2016 – VK 1-9/16; VK Nordbayern, Beschluss v. 15.3.2016 – 21.VK-3194-42/15; VK Niedersachsen, Beschluss v. 23.7.2015 – VgK-15/2015.
82 OLG München, Beschluss v. 31.10.2012 – Verg 19/12.
83 BGH, Beschluss v. 18.2.2003 – X ZB 43/02, Rn. 10.
84 *Steck*, in: Ziekow/Völlink, Vergaberecht, § 168 GWB Rn. 21.

rende Gründe stützen kann.[85] Solche Gründe können z. B. darin liegen, dass sich der Beschaffungsbedarf geändert hat,[86] das Ziel einer Ausschreibung wegen Zeitablaufs nicht mehr erreicht werden kann, Haushaltsmittel nicht mehr sachgerecht eingesetzt werden können[87] oder dass das Vergabeverfahren fehlerbehaftet ist und deshalb ohnehin zurückversetzt werden müsste.[88]

4. Anweisung zur Einleitung eines förmlichen Vergabeverfahrens

34 Ebenso wie die Vergabekammer befugt ist, anzuordnen, dass eine von der Vergabestelle verfügte Aufhebung der Ausschreibung rückgängig gemacht (und das Vergabeverfahren anschließend fortgesetzt) wird, kommt bei sicherem Beschaffungsbedarf und fortbestehender Vergabeabsicht auch die Anordnung in Betracht, innerhalb einer bestimmten Frist ein förmliches Vergabeverfahren einzuleiten, was insbesondere gilt, wenn nach mehrmaliger zeitlich begrenzter Interimsvergabe an den ehemaligen Leistungserbringer eine weitere Vergabe an diesen ohne gemeinschaftsrechtskonformes Verfahren nicht mehr hinnehmbar ist.[89] In Betracht kommt eine solche Anordnung auch, wenn ein Auftraggeber der irrigen Annahme ist, dass eine Ausschreibung nicht zu erfolgen habe.[90] Kritisch ist in diesem Zusammenhang die Entscheidung des OLG Düsseldorf[91] zu sehen, nach der eine Nachprüfungsentscheidung, die dem Auftraggeber aufgibt, umgehend mit einer Vergabebekanntmachung ein förmliches Vergabeverfahren zu beginnen, nichtig sein soll.

5. Verpflichtung zur Zuschlagserteilung

35 In der Rechtsprechung ist umstritten, ob in Ausnahmefällen eine Verpflichtung des Auftraggebers in Betracht kommen kann, dem Antragsteller den Zuschlag zu erteilen. Nach Auffassung der Befürworter kann in Ausnahmefällen, in denen unter Beachtung aller dem Auftraggeber zustehenden Wertungs- und Beurteilungsspielräume die Erteilung des Zuschlags an den Antragsteller die einzige rechtmäßige Entscheidung ist, eine dementsprechende Anweisung an den Auftraggeber in Betracht kommen.[92] Voraussetzung dafür ist das Fortbestehen des Vergabewillens des Auftraggebers und eine Reduzierung des Handlungs-, Wertungs- und Beurteilungsspielraums auf null.[93] Betont wird im Übrigen aber, dass die Nachprüfungsinstanzen nicht in die Beschaffungsautonomie und Vertragsfreiheit des Auftraggebers eingreifen dürfen.[94] Vertreter der ablehnenden Rechtsauffassung berufen sich darauf, dass zum einen einem Ausspruch auf Zuschlagserteilung entgegensteht, dass nach der Rechtsprechung des BGH[95] ein Bieter keinen Anspruch darauf hat, dass in einem Vergabeverfahren ein der Ausschreibung entsprechender Auftrag erteilt wird.[96] Zum anderen wird eingewandt, dass für den Auftraggeber grundsätzlich kein Kontrahierungszwang besteht, denn ein solcher würde der wirtschaftlichen Dispositionsfreiheit des Auftraggebers widersprechen.[97] Diese Rechtsauffassung wird durch den EuGH gestützt, der ebenso keinen Verstoß gegen europäisches Recht annimmt, wenn dem einzigen leistungsfähigen Bieter der Zuschlag nicht erteilt, sondern das Vergabeverfahren aufgehoben wird.[98] Im Ergebnis wird wohl die Zuschlagsverpflichtung be-

---

85 VK Münster, Beschluss v. 5.8.2014 – VK 10/14.

86 VK Südbayern, Beschluss v. 20.7.2015 – Z3-3-3194-1-17-03/15; siehe zur Frage der Änderung des Beschaffungsbedarfes auch VK Sachsen, Beschluss v. 17.1.2019 – 1/SVK/033-18.

87 OLG Celle, Beschluss v. 15.7.2010 – 13 Verg 9/10; OLG Düsseldorf, Beschluss v. 22.7.2005 – VII-Verg 37/05; VK Baden-Württemberg, Beschluss v. 31.1.2020 – 1 VK 69/19; VK Bund, Beschluss v. 4.7.2012 – VK 1-64/12.

88 VK Nordbayern, Beschluss v. 4.9.2018 – RMF-SG21-3194-03-25; VK Westfalen, Beschluss v. 6.5.2015 – VK 1-11/15; VK Bund, Beschluss v. 4.7.2012 – VK 1-64/12.

89 OLG Schleswig, Beschluss v. 7.10.2011 – 1 Verg 1/11; VK Sachsen, Beschluss v. 31.8.2011 – 1/SVK/030-2011.

90 VK Nordbayern, Beschluss v. 26.7.2018 – RMF-SG21-3194-3-19.

91 OLG Düsseldorf, Beschluss v. 10.3.2014 – VII-Verg 11/14.

92 *Steck*, in: Ziekow/Völlink, Vergaberecht, § 168 GWB Rn. 14.

93 KG, Beschluss v. 20.2.2014 – Verg 10/13; OLG Frankfurt, Beschluss v. 14.5.2013 – 11 Verg 4/13; OLG München, Beschluss v. 15.3.2012 – Verg 2/12; VK Sachsen, Beschluss v. 6.9.2013 – 1/SVK/028-13.

94 OLG München, Beschluss v. 15.3.2012 – Verg 2/12.

95 Zuletzt BGH, Beschluss v. 20.3.2014 – X ZB 18/13.

96 VK Bund, Beschluss v. 24.1.2011 – VK 3-150/10.

97 OLG München, Beschluss v. 28.8.2012 – Verg 11/12; Beschluss v. 3.11.2011 – Verg 14/11.

98 EuGH, Urteil v. 11.12.2014 – Rs. C-440/13 (Croce Amica One Italia).

sonders gelagerten Ausnahmefällen vorbehalten bleiben, bei denen das Fortbestehen der Beschaffungsabsicht der Vergabestelle außer Frage steht.[99]

IV. Keine Antragsbindung (S. 2)

Gemäß § 168 Abs. 1 S. 2 GWB ist die Vergabekammer nicht an die gestellten Anträge gebunden und kann unabhängig von diesen auf die Rechtmäßigkeit des Vergabeverfahrens einwirken.[100] Der Kammer ist durch den Gesetzgeber[101] bewusst eine weitgehende Entscheidungskompetenz eingeräumt worden, um eine flexible Reaktion zu ermöglichen, die einerseits in einer effektiven Weise die Belange des Antragstellers schützt, andererseits auch dem öffentlichen Interesse an einer möglichst zügigen Auftragsvergabe gerecht wird. 36

Maßgeblich ist insoweit das erkennbare **Antragsziel**.[102] Sie kann daher auch andere als die von der Antragstellerin ausdrücklich gerügten Vergabeverstöße ihrer Entscheidung zugrunde legen. § 168 Abs. 1 S. 2 GWB ergänzt also den Amtsermittlungsgrundsatz des § 163 GWB, führt jedoch nicht zu einer uneingeschränkten Prüfungskompetenz. Die Einwirkungsbefugnis findet ihre Grenze im **Verhältnismäßigkeitsgrundsatz**, wonach die Vergabekammer stets nur mit Maßnahmen in ein Vergabeverfahren eingreifen darf, die zur Herstellung der Rechtmäßigkeit des Vergabeverfahrens geeignet, erforderlich und angemessen sind.[103] 37

Wegen der Ausrichtung des Nachprüfungsverfahrens auf den Schutz subjektiver Rechte kann die Vergabekammer zwar **über beantragte Begehren hinausgehen**, so beispielsweise wenn nur die Neuwertung eines Angebots beantragt wurde, wegen unzulässiger Wertungskriterien jedoch sämtliche Angebote neu gewertet werden müssen, sie bleibt aber auf die Prüfung von Rechtsverstößen beschränkt, die den Antragsteller belasten.[104] 38

Das heißt, § 168 Abs. 1 S. 2 GWB ermächtigt die Vergabekammer nur dazu, vom Antragsteller zur Begründung seines Nachprüfungsantrages nicht herangezogene, ihn aber gleichwohl belastende Rechtsverstöße der Kammerentscheidung zugrunde zu legen. Es muss sich also immer um Rechtsverstöße handeln, die den Antragsteller – auch wenn er sie unter Umständen nicht gesehen hat – in seinen Rechten verletzt haben. Eine darüberhinausgehende Auslegung des § 168 Abs. 1 S. 2 GWB wäre mit dem auf den Schutz subjektiver Rechte ausgerichteten Charakter des Nachprüfungsverfahrens im Ergebnis nicht vereinbar.[105]

Insoweit ergeben sich für die Prüfungsbefugnis der Vergabekammer hinsichtlich der Feststellung der Rechtsverletzung zwei **Einschränkungen**: Ein nicht gerügter Verstoß muss subjektive Rechte des Antragstellers verletzen[106] und das Vorbringen darf nicht präkludiert sein.[107] Sind mithin lediglich Dritte in ihren Rechten betroffen, so bleibt nur die Möglichkeit, dass diese selbst einen Nachprüfungsantrag stellen.[108] Anderes kann nur in Ausnahmefällen bei schwerwiegenden Verstößen gelten, bei denen eine Fortsetzung des Verfahrens ohne Korrektur nicht zu vertreten wäre.[109] Weil die Vergabekammer von der durch § 168 Abs. 1 S. 2 GWB geschaffenen Ermächtigung nur unter der Einschränkung Gebrauch machen darf, dass der Nachprüfungsantrag zulässig ist,[110] darf sie die Wahrung der Rügeobliegenheit durch den An- 39

99 Bejahend beispielsweise im Falle wiederholter rechtswidriger Interimsvergaben: VK Sachsen, Beschluss v. 25.8.2010 – 1/SVK/023-10.
100 VK Niedersachsen, Beschluss v. 23.7.2015 – VgK-15/2015; zur Entscheidungsbefugnis der Beschwerdeinstanz und dem Grundsatz „ne ultra petita": OLG Schleswig, Beschluss v. 30.4.2015 – 1 Verg 7/14.
101 Gesetzesbegründung, VgRÄG, BT-Drs. 13/9340.
102 Zuletzt VK Mecklenburg-Vorpommern, Beschluss v. 17.12.2014 – 2 VK 17/14.
103 VK Berlin, Beschluss v. 13.3.2020 – VK B 1-36/19; VK Thüringen, Beschluss v. 31.1.2020 – 250-4003-15476/2019-E-010-EA.
104 OLG Dresden, Beschluss v. 8.11.2002 – WVerg 19/02; VK Sachsen, Beschluss v. 29.11.2019 – 1/SVK/032-19.
105 OLG Celle, Beschluss v. 17.11.2011 – 13 Verg 6/11; OLG München, Beschluss v. 9.8.2010 – Verg 13/10.
106 VK Westfalen, Beschluss v. 18.3.2015 – VK 1-6/15.
107 VK Sachsen, Beschluss v. 9.12.2013 – 1/SVK/035-13.
108 OLG Düsseldorf, Beschluss v. 16.12.2015 – VII-Verg 25/15.
109 OLG Celle, Beschluss v. 17.11.2011 – 13 Verg 6/11.
110 OLG Düsseldorf, Beschluss v. 5.9.2018 – VII-Verg 32/18; OLG Naumburg, Beschluss v. 18.8.2011 – 2 Verg 3/11; VK Sachsen, Beschluss v. 9.12.2013 – 1/SVK/035-13; VK Brandenburg, Beschluss v. 29.1.2013 – VK 42/12; anders noch OLG Naumburg, Beschluss v. 12.6.2001 – 1 Verg 3/01; siehe auch oben, Rn. 4.

tragsteller als Zulässigkeitserfordernis des Nachprüfungsantrags nicht mit der Begründung dahingestellt lassen, dass der Nachprüfungsantrag jedenfalls unbegründet sei.[111] Fragen der Zulässigkeit des Nachprüfungsantrags haben einen prozessualen Vorrang vor den im Rahmen der Begründetheit zu entscheidenden Rechtsfragen und dürfen nicht dahingestellt bleiben, weil sich dies auf die Reichweite der Bestandskraft und Rechtskraft der Entscheidung auswirkt.

C. Erledigung des Verfahrens (Abs. 2)

I. Keine Aufhebung eines wirksam erteilten Zuschlags (S. 1)

40 Hat der Auftraggeber bereits vor Anrufung der Vergabekammer den Zuschlag wirksam erteilt, so kann die Vergabekammer diesen gemäß § 168 Abs. 2 S. 1 GWB nicht aufheben. Durch die Aufnahme des Wortes „wirksam" in den Tatbestand des § 168 Abs. 2 GWB wird die Rechtsfolge der Unwirksamkeit nach § 135 GWB auf den Zuschlag erstreckt. Ein nicht wirksam erteilter Zuschlag beendet das Vergabeverfahren also nicht.

41 Das gilt insbesondere dann, wenn der Auftraggeber gegen die **Informations-** und **Wartepflicht** des § 134 Abs. 1 GWB verstoßen hat, weil beispielsweise das Zuschlagsschreiben in Bezug auf den Namen des Unternehmens, dessen Angebot angenommen werden soll, oder die Gründe der vorgesehenen Nichtberücksichtigung des Angebots des betreffenden Bieters zu unbestimmt waren,[112] die Stillhaltefrist verletzt wurde[113] oder weil das Zuschlagsschreiben von einer nicht vertretungsberechtigten Person unterzeichnet wurde.[114] So kann in diesem Zusammenhang die Berufung des Auftraggebers auf § 168 Abs. 2 S. 1 GWB rechtsmissbräuchlich sein, wenn er gezielt versucht, durch die wahrheitswidrige Zusage, den Zuschlag vor einem bestimmten Zeitpunkt nicht zu erteilen, den Bieter über die tatsächlich früher beabsichtigte Zuschlagserteilung zu täuschen, um so dessen Primärrechtsschutz zu vereiteln.[115] Erteilt der Auftraggeber den Zuschlag vor dem von ihm im Informationsschreiben angegebenen „frühesten Zeitpunkt des Vertragsschlusses", ist der Vertrag schwebend unwirksam.[116]

42 Außerdem ist ein im Wege einer **De-facto-Vergabe** zustande gekommener Vertrag gemäß § 135 Abs. 1 Nr. 2 GWB von Anfang an unwirksam, wenn der Vergaberechtsverstoß in einem Nachprüfungsverfahren festgestellt worden ist. Insoweit steht ein erteilter Zuschlag der Statthaftigkeit des Nachprüfungsverfahrens dann nicht entgegen, wenn der Nachprüfungsantrag auf Feststellung der Unwirksamkeit des öffentlichen Auftrags oder der Konzession gemäß § 135 GWB gerichtet ist.[117] Für die Frage der Statthaftigkeit eines auf die Unwirksamkeit des Zuschlags u.a. nach §§ 132, 135 GWB gestützten Nachprüfungsantrags kommt es nämlich nicht darauf an, ob ein solcher zur Unwirksamkeit führender Verstoß im Ergebnis zu bejahen ist. Ein solcher Verstoß betrifft als sogenannte doppelrelevante Tatsache sowohl die Statthaftigkeit als auch die Begründetheit des Nachprüfungsantrags. In solchen Fällen ist eine rechtliche Argumentation, nach der ein solcher Verstoß zu bejahen wäre, nicht schon im Rahmen der Statthaftigkeit des Rechtsbehelfs, sondern erst im Rahmen der Begründetheit zu prüfen.[118]

43 § 168 Abs. 2 S. 1 GWB definiert die Grenzen des vergaberechtlichen **Primärrechtsschutzes**. Das Nachprüfungsverfahren ist nur parallel zu einem laufenden Vergabeverfahren zulässig, denn ab Zuschlagserteilung kann das Verfahrensziel, eine Rechtsverletzung im noch nicht ab-

---

111 OLG Düsseldorf, Beschluss v. 21.10.2015 – Verg 28/14; Beschluss v. 10.6.2015 – VII-Verg 4/15.

112 VK Rheinland, Beschluss v. 7.5.2019 – VK 12/1; VK Niedersachsen, Beschluss v. 1.9.2017 – VgK-25/2017.

113 OLG Düsseldorf, Beschluss v. 12.6.2019 – VII-Verg 54/18; VK Sachsen-Anhalt, Beschluss v. 21.6.2018 – 1 VK LSA 13/18 (zum Ablauf der Stillhaltefrist an einem Samstag, Sonn- oder Feiertag).

114 OLG Brandenburg, Beschluss v. 29.1.2002 – Verg W 8/01; OLG Schleswig, Beschluss v. 1.6.1999 – 6 Verg 1/99.

115 VK Südbayern, Beschluss v. 31.1.2020 – Z3-3-3194-1-51-11/19.

116 VK Niedersachsen, Beschluss v. 19.1.2021 – VgK-54/2020; VK Bund, Beschluss v. 7.7.2015 – VK 2-49/15.

117 OLG Düsseldorf, Beschluss v. 11.12.2019 – VII-Verg 53/18; Beschluss v. 12.6.2019 – VII-Verg 54/18; Beschluss v. 19.4.2017 – VII-Verg 38/16.

118 OLG Celle, Beschluss v. 24.10.2019 – 13 Verg 9/19.

geschlossenen Vergabeverfahren zu beseitigen,[119] nicht mehr erreicht werden, sodass das gemäß § 160 Abs. 2 S. 1 GWB notwendige rechtliche Interesse am Auftrag oder der Konzession entfällt und ein Nachprüfungsantrag unzulässig ist.[120] Kann das infolge eines behaupteten Vergaberechtsverstoßes bestehende Interesse eines Bieters allein noch auf **Schadensersatz** gerichtet sein, weil das Vergabeverfahren durch wirksame Auftrags- bzw. Konzessionsvergabe beendet ist, steht nur noch der Weg zu den hierfür gegebenenfalls zuständigen Zivilgerichten offen.[121]

Der Begriff des **Zuschlags** im Sinne von § 168 Abs. 2 GWB wird in der Rechtsprechung gelegentlich unterschiedlich verstanden. Nach der wohl herrschenden und richtigen Auffassung stellt der Zuschlag nichts anderes als die fristgerechte Annahmeerklärung nach allgemeinem Vertragsrecht (§§ 145 ff. BGB) dar,[122] die als empfangsbedürftige Willenserklärung dem Bieter zugehen muss. Daher stellt eine modifizierte Annahme des Angebots unter Erweiterungen, Einschränkungen und sonstigen Änderungen gemäß § 150 Abs. 2 BGB dessen Ablehnung, verbunden mit einem neuen Antrag auf Abschluss eines abgeänderten Vertrages dar, der zu seiner Wirksamkeit deshalb noch einer Annahmeerklärung des Bieters bedarf, die dem Auftraggeber wiederum zugehen muss.[123] Werden beispielsweise in einem Zuschlagsschreiben neue Vertragstermine festgelegt, liegt darin eine Ablehnung des Bieterangebots verbunden mit dem Antrag auf Abschluss eines anderen Vertrags.[124] Unter dem Begriff des Zuschlags ist im Ergebnis jeder zivilrechtlich wirksame Vertragsschluss zu verstehen, mit dem ein öffentlicher Auftrag oder eine Konzession vergeben wird, selbst wenn dies unter Verstoß gegen eine Vergabebestimmung geschehen sollte, sofern dieser Verstoß nicht zur Nichtigkeit führt.[125] 44

II. Fortsetzungsfeststellungsverfahren (S. 2)

Erledigt sich ein bereits anhängiges Nachprüfungsverfahren, bevor die Vergabekammer in der Sache entschieden hat, kann diese auf Antrag eines Beteiligten (Fortsetzungsfeststellungsantrag) feststellen, ob eine Rechtsverletzung vorgelegen hat. Maßnahmen zur Beseitigung der Rechtsverletzung im Sinne des § 168 Abs. 1 S. 1 GWB können in diesen Fällen nicht mehr getroffen werden. Sinn und Zweck des § 168 Abs. 2 S. 2 GWB ist es, bereits im Verfahren erarbeitete Ergebnisse zu erhalten und so eine nochmalige, der Prozessökonomie widersprechende, zivilgerichtliche Überprüfung derselben Sach- und Rechtslage zu vermeiden.[126] Ein isoliert auf die Feststellung der Rechtswidrigkeit einer Verfahrensaufhebung gerichteter Nachprüfungsantrag, mit dem nicht zugleich um Primärrechtsschutz nachgesucht wird, ist unzulässig.[127] 45

1. Erledigung

Dem Wortlaut nach bezieht sich § 168 Abs. 2 S. 2 GWB ausschließlich auf Fälle der Erledigung eines bereits **anhängigen**, aber noch nicht beendeten **Nachprüfungsverfahrens**.[128] Die Er- 46

119 OLG Brandenburg, Beschluss v. 25.9.2018 – 19 Verg 1/18; OLG Düsseldorf, Beschluss v. 19.4.2017 – VII-Verg 38/16.
120 OLG München, Beschluss v. 30.1.2020 – Verg 28/19.
121 BGH, Urteil v. 19.12.2000 – X ZB 14/00; KG, Beschluss v. 19.4.2012 – Verg 7/11; OLG Celle, Beschluss v. 4.3.2010 – 13 Verg 1/10.
122 OLG Frankfurt, Beschluss v. 24.9.2013 – 11 Verg 12/13; OLG Naumburg, Beschluss v. 16.10.2007 – 1 Verg 6/07; VK Sachsen, Beschluss v. 15.3.2016 – 1/SVK/045-15 sowie Beschluss v. 10.9.2015 – 1/SVK/022-15 (zu VOF-Verfahren).
123 BGH, Urteil v. 3.7.2020 – VII ZR 144/19; Urteil v. 6.9.2012 – VII ZR 193/10; Beschluss v. 9.2.2004 – XZ B 44/03; OLG Naumburg, Beschluss v. 16.10.2007 – 1 Verg 6/07; VK Westfalen, Beschluss v. 12.3.2015 – VK 1-05/15.
124 BGH, Urteil v. 3.7.2020 – VII ZR 144/19, OLG Naumburg, Urteil v. 7.6.2019 – 7 U 69/18.
125 VK Niedersachsen, Beschluss v. 7.8.2019 – VgK-19/2019, mit Verweis auf *Thiele*, in: Kulartz/Kus/Portz/Prieß, GWB-Vergaberecht, 4. Auflage, § 168 Rn. 36 f.
126 OLG Celle, Beschluss v. 19.3.2019 – 13 Verg 1/19; OLG Düsseldorf, Beschluss v. 28.4.2004 – VII-Verg 8/04; VK Schleswig-Holstein, Beschluss v. 25.1.2012 – VK-SH 24/11 m.w.N.
127 OLG Celle, Beschluss v. 19.3.2019 – 13 Verg 1/19; VK Nordbayern, Beschluss v. 5.7.2019 – RMF-SG21-3194-4-23.
128 OLG Düsseldorf, Beschluss v. 24.9.2014 – VII-Verg 19/14; VK Südbayern, Beschluss v. 29.4.2010 – Z3-3-3194-1-03-01/10.

ledigung muss grundsätzlich nach Beginn des Nachprüfungsverfahrens eingetreten sein. In den Fällen der Antragseinreichung nach Erledigung kann hingegen der Antragsteller nur noch auf Schadensersatz klagen, sodass ihm das Rechtsschutzbedürfnis fehlt, da das Regelungsziel der Prozessökonomie nicht erreicht werden kann.[129] Der isoliert auf die Feststellung der Rechtswidrigkeit einer Verfahrensaufhebung gerichtete Nachprüfungsantrag, mit dem nicht zugleich um Primärrechtsschutz nachgesucht wird, ist demgegenüber unzulässig.[130]

47 Als **erledigendes Ereignis** nennt § 168 Abs. 2 S. 2 GWB die rechtswirksame Erteilung des Zuschlags, die Aufhebung oder Einstellung des Vergabeverfahrens oder die Erledigung auf „sonstige Weise". Mit Benennung der Erledigung auf „sonstige Weise" wird klargestellt, dass der Katalog des § 168 Abs. 2 S. 2 GWB in Bezug auf die möglichen erledigenden Ereignisse keinen abschließenden Charakter hat.

48 Eine Erledigung durch **Erteilung des Zuschlages** nach Stellung des Nachprüfungsantrages kann wegen der Sperrwirkung des Antrages gemäß § 169 Abs. 1 S. 1 GWB nur in eng begrenzten Ausnahmefällen in Betracht kommen. Da das prozessuale Zuschlagsverbot des § 169 Abs. 1 GWB nicht bereits mit der Einreichung des Nachprüfungsantrags bei der Vergabekammer einsetzt, sondern erst mit der Information des Auftraggebers über den Nachprüfungsantrag durch die Vergabekammer,[131] kann der Auftraggeber bis zur Zustellung des Nachprüfungsantrags oder Information über den Antrag in Textform durch die Vergabekammer (vgl. § 169 GWB) den Zuschlag wirksam erteilen, und zwar selbst dann, wenn er von dem Antrag und dessen Eingang bei der Vergabekammer Kenntnis hat.[132] Eine Erledigung durch Erteilung des Zuschlags kann also nur in Betracht kommen, wenn der Zuschlag in der Zeit zwischen Eingang des Nachprüfungsantrags bei der Vergabekammer und der Übermittlung des Antrages oder einer entsprechenden Information an den Auftraggeber (Beginn des Zuschlagsverbots nach § 169 Abs. 1 GWB) erteilt wird.[133] Danach ist der Zuschlag gemäß § 169 Abs. 1 GWB i.V.m. § 134 BGB nichtig, soweit das Zuschlagsverbot nicht durch Eilbeschluss gemäß § 169 Abs. 2 S. 1, 3 GWB wieder aufgehoben wurde. Um ein Fortsetzungsfeststellungsverfahren handelt es sich mithin dann nicht, wenn der Nachprüfungsantrag lediglich bei der Vergabekammer rechtshängig war, der Auftraggeber jedoch nicht über den Antrag auf Nachprüfung informiert wurde, ein Vergabenachprüfungsverfahren von der Vergabekammer also nicht eingeleitet worden war.[134] Unternehmen und deren Anwälte müssen bei Einreichung eines Vergabenachprüfungsantrages stets einkalkulieren, dass die von der Vergabekammer vor Übermittlung des Antrages an den Auftraggeber zwingend vorzunehmende Prüfung auf offensichtliche Unzulässigkeit oder Unbegründetheit nach § 163 Abs. 2 GWB einen gewissen Zeitraum beanspruchen kann. Ein, etwa auf den Grundsätzen von Treu und Glauben basierendes, über § 169 Abs. 1 GWB hinausgehendes Zuschlagsverbot aufgrund einer vorherigen Information des Auftraggebers über den bei der Vergabekammer eingereichten Antrag durch den Antragsteller, gibt es nicht.[135]

49 In der Praxis häufiger sind die Fälle, in denen die Erledigung des Nachprüfungsantrags durch **Aufhebung** oder **Einstellung** des Vergabeverfahrens eintritt.[136] Der Auftraggeber kann das Ausschreibungsverfahren auch noch während eines Vergabenachprüfungsverfahrens aufheben. Diese Kompetenz ist Ausfluss seiner (vergabe-) verfahrensrechtlichen Dispositionsbefugnis, denn zivilrechtlich betrachtet stellt die Ausschreibung lediglich eine Aufforderung zur Angebotsabgabe dar, die keinen Kontrahierungszwang für den Auftraggeber in dem Sinne begründet, auf eines der eingehenden Angebote einen Zuschlag erteilen und damit einen

129 BayObLG, Beschluss v. 7.10.1999 – Verg 3/99.
130 OLG Celle, Beschluss v. 19.3.2019 – 13 Verg 1/19.
131 Kritisch zur Europarechtskonformität des Zuschlagsverbotes des § 169 Abs. 1 GWB siehe: *Chen*, VergabeR 2019, 145 (149).
132 VK Bund, Beschluss v. 22.12.2017 – VK 1-135/17.
133 OLG Düsseldorf, Beschluss v. 9.11.2011 – VII-Verg 35/11; *Steck*, in: Ziekow/Völlink, Vergaberecht, § 168 GWB Rn. 38.
134 VK Saarland, Beschluss v. 1.3.2018 – 3 VK 07/17.
135 VK Bund, Beschluss v. 22.12.2017 – VK 1-135/17.
136 OLG München, Beschluss v. 10.4.2019 – Verg 8/18; OLG Celle, Beschluss v. 10.3.2016 – 13 Verg 5/15; VK Thüringen, Beschluss v. 20.2.2019 – 250-4003-9667/2019-E-002-UH.

Vertrag abschließen zu müssen.[137] Dies gilt selbst dann, wenn kein Aufhebungsgrund vorliegt, also die Voraussetzungen für eine rechtmäßige Aufhebung nach der VgV bzw. VOB/A nicht vorliegen.[138]

Eine Erledigung in **sonstiger Weise** liegt vor, wenn das Nachprüfungsverfahren gegenstandslos wird, wenn beispielsweise der Auftraggeber dem Nachprüfungsantrag durch Behebung des angegriffenen Vergaberechtsverstoßes abhilft,[139] oder wenn Antragsteller und Auftraggeber den Nachprüfungsantrag übereinstimmend für erledigt erklären.[140] In dem Ablauf der Zuschlags- und Bindefrist für das Angebot des Antragstellers ist keine Erledigung des Nachprüfungsverfahrens „in sonstige Weise" im Sinne des § 168 Abs. 2 S. 2 GWB zu sehen, da in diesem Fall die Möglichkeiten einer noch wirksamen (modifizierten) Zuschlagserteilung nicht gänzlich ausgeschlossen sind.[141] Auch die einseitige Rücknahme des Nachprüfungsantrags wegen fehlender Erfolgsaussichten führt nicht zur Erledigung des Antrags im Sinne des § 168 Abs. 2 S. 2 GWB.[142] Eine Erledigung setzt zumindest eine Erledigungserklärung des Antragstellers voraus. Wenn der Antragsteller sein Primärbegehren aufrechterhält und nicht nach Eintritt des erledigenden Ereignisses seinen Nachprüfungsantrag auf einen Fortsetzungsfeststellungsantrag umstellt, so ist dieser Antrag als unzulässig abzuweisen.[143] Die Vergabekammer darf in einem solchen Fall nicht unter Hinweis auf eine angebliche Gegenstandslosigkeit oder Erledigung des Nachprüfungsverfahrens von einer Entscheidung innerhalb der Entscheidungsfrist absehen.[144] 50

Schließlich bleibt zu erwähnen, dass auch im vergaberechtlichen Nachprüfungsverfahren eine Verfahrensbeendigung durch **Vergleich** geläufig und jedenfalls dann unbedenklich ist, wenn über die Interessen der am Vergleichsabschluss beteiligten Bieter hinaus keine Interessen unbeteiligter Dritter tangiert werden können.[145] Ob der Abschluss eines Vergleiches, in welchem sich der Antragsteller zur Antragsrücknahme verpflichtet, als Erledigung in sonstiger Weise zu verstehen ist, ist rechtsdogmatisch fraglich.[146] In der Praxis werden solche Vergleiche häufig als Antragsrücknahme behandelt, die das Verfahren unmittelbar beenden.[147] Die Bindungswirkung eines von den Beteiligten geschlossenen und von der Vergabekammer protokollierten Vergleichs geht dabei nicht so weit wie die Bindungswirkung eines Beschlusses der Vergabekammer, da der Vergleich immer nur die beteiligten Parteien bindet, nicht aber Dritte.[148] 51

2. Umstellung auf einen Fortsetzungsfeststellungsantrag

Das Fortsetzungsfeststellungsverfahren nach § 168 Abs. 2 S. 2 GWB setzt ausdrücklich den Antrag eines Beteiligten (Fortsetzungsfeststellungsantrag) voraus, um festzustellen, ob eine Rechtsverletzung vorgelegen hat.[149] 52

Antragsberechtigt sind dabei alle Beteiligten des Nachprüfungsverfahrens. Hierzu zählen neben dem Antragsteller und dem Auftraggeber[150] auch der Beigeladene, auch er kann einen 53

137 VK Südbayern, Beschluss v. 16.9.2015 – Z3-3-3194-1-27-04/15; VK Saarland, Beschluss v. 1.10.2007 – 1 VK 02/2007.
138 BGH, Beschluss v. 18.2.2003 – X ZB 43/02, 11; *Burbulla*, ZfBR 2009, 134.
139 OLG Celle, Beschluss v. 30.10.2014 – 13 Verg 8/14; OLG München, Beschluss v. 19.7.2012 – Verg 8/12; VK Sachsen, Beschluss v. 9.3.2012 – 1/SVK/003-12.
140 OLG München, Beschluss v. 2.5.2019 – Verg 5/19; VK Bund, Beschluss v. 17.11.2014 – VK 2-79/14; Beschluss v. 17.11.2014 – VK 2-77/14.
141 OLG Koblenz, Beschluss v. 23.5.2018 – Verg 2/18; siehe auch oben Rn. 45.
142 OLG Naumburg, Beschluss v. 4.9.2001 – Verg 8/01; *Antweiler*, NZBau 2005, 35.
143 OLG Düsseldorf, Beschluss v. 28.3.2012 – VII-Verg 37/11; VK Hessen, Beschluss v. 2.7.2012 – 69d-VK-23/2012.
144 OLG Düsseldorf, Beschluss v. 28.3.2012 – VII-Verg 37/11.
145 KG, Beschluss v. 9.10.2018 – Verg 5/18; OLG Düsseldorf, Beschluss v. 6.6.2018 – VII-Verg 36/17; OLG Frankfurt, Beschluss v. 16.10.2012 – 11 Verg 9/11.
146 Dazu eingehend *Conrad*, ZfBR 2014, 658 (659); *Dreher/Glöckle*, NZBau 2015, 459 (461); *dies.*, NZBau 2015, 529 (531).
147 VK Hessen, Beschluss v. 25.2.2011 – 69d-VK-02/2011; a.A. OLG Frankfurt, Beschluss v. 25.5.2012 – 11 Verg 1/12 (geht bei Antragsrücknahme auf Basis eines Vergleiches von Erledigung aus).
148 OLG Frankfurt, Beschluss v. 16.10.2012 – 11 Verg 9/11.
149 OLG Celle, Beschluss v. 19.3.2019 – 13 Verg 7/18; OLG Düsseldorf, Beschluss v. 31.1.2018 – VII-Verg 41/16; VK Berlin, Beschluss v. 20.6.2018 – VK B 2-10/18.
150 OLG Düsseldorf, Beschluss v. 16.5.2018 – VII-Verg 24/17.

Feststellungsantrag erzwingen, und zwar sogar gegen den Willen von Antragsteller und Auftraggeber.[151] Fehlt ein solcher Feststellungsantrag, wird der ursprüngliche Nachprüfungsantrag als unzulässig zurückgewiesen.[152]

54 Ungeschriebenes Tatbestandsmerkmal eines Fortsetzungsfeststellungsantrages ist weiterhin ein **Feststellungsinteresse**.[153] Ein solches rechtfertigt sich durch jedes Interesse rechtlicher, wirtschaftlicher oder ideeller Art und muss geeignet sein, die Rechtsposition des Antragstellers in einem der genannten Bereiche zu verbessern und eine Beeinträchtigung seiner Rechte auszugleichen oder zu mildern.[154] Es kann insbesondere dann bejaht werden, wenn der Feststellungsantrag der Vorbereitung einer Schadensersatzforderung dient,[155] oder mit ihm ein Rehabilitationsinteresse[156] verfolgt wird oder eine drohende Wiederholungsgefahr[157] abgewendet werden soll. Auch die Abwendung einer nachteiligen Auslagenentscheidung wird (inzwischen)[158] im Rahmen eines Feststellungsantrages als ein ausreichendes, berechtigtes Interesse wirtschaftlicher Art angesehen.[159] Ein solches Feststellungsinteresse ist beispielsweise gegeben, wenn die Feststellung zur Vorbereitung eines Schadensersatzanspruchs dient und ein solcher Prozess mit hinreichender Sicherheit zu erwarten ist und nicht offenbar aussichtslos erscheint.[160] Die beantragte Feststellung muss geeignet sein, die Rechtsposition des Antragstellers in einem der genannten Bereiche zu verbessern und eine Beeinträchtigung seiner Rechte auszugleichen oder wenigstens zu mildern.[161] Schadensersatzansprüche gegen den Auftraggeber wegen Vergaberechtsverstößen können allerdings auch unmittelbar vor den Zivilgerichten geltend gemacht werden; der Feststellungsantrag nach § 168 Abs. 2 S. 2 GWB ist also keine Zulässigkeitsvoraussetzung für eine Schadensersatzklage. Nicht einmal die Durchführung eines Nachprüfungsverfahrens sieht der BGH unter dem Gesichtspunkt des § 839 BGB als zwingende Voraussetzung für einen erfolgversprechenden Schadensersatzprozess an.[162]

3. Wegfall des Beschleunigungsgebotes

55 Mit Umstellung des Antrages auf Erlass einer Feststellungsentscheidung ist die Vergabekammer gemäß § 168 Abs. 2 S. 3 GWB nicht mehr an die Fünf-Wochen-Frist des § 167 Abs. 1 S. 1 GWB gebunden, da die Eilbedürftigkeit zur Verhinderung einer Investitionsblockade nach erfolgter Zuschlagserteilung nicht mehr besteht.[163] Maßgeblich ist insofern die formale Antragsumstellung durch den Antragsteller. Einer Fristverlängerung nach § 167 Abs. 1 S. 2 GWB bedarf es dann nicht mehr.

D. Form (Abs. 3 S. 1 und 3)

56 Gemäß § 168 Abs. 3 S. 1 GWB ergeht die Entscheidung der Vergabekammer durch Beschluss in Form eines Verwaltungsakts und ist als solcher – der Auslegung zugänglich.[164] Dementsprechend finden bestimmte Regelungen, die für Verwaltungsakte gelten, auf den Beschluss der

151 VK Bund, Beschluss v. 17.11.2014 – VK 2-77/14.
152 VK Hessen, Beschluss v. 2.7.2012 – 69d-VK-23/2012.
153 OLG München, Beschluss v. 19.7.2012 – Verg 8/12; VK Sachsen, Beschluss v. 27.7.2014 – 1/SVK/020-13.
154 OLG Düsseldorf, Beschluss v. 7.8.2019 – VII-Verg 9/19; Beschluss v. 16.5.2018 – VII-Verg 24/17.
155 OLG Celle, Beschluss v. 19.3.2019 – 13 Verg 7/18; OLG Düsseldorf, Beschluss v. 31.1.2018 – VII-Verg 41/16; OLG München, Beschluss v. 19.7.2012 – Verg 8/12; VK Berlin, Beschluss v. 20.6.2018 – VK B 2-10/18; VK Sachsen, Beschluss v. 19.6.2015 – 1/SVK/009-15.
156 VK Berlin, Beschluss v. 20.6.2018 – VK B 2-10/18.
157 VK Nordbayern, Beschluss v. 7.11.2019 – RMF-SG21-3194-4-48.
158 VK Bund, Beschluss v. 21.5.2008 – VK 2-40/08.
159 VK Westfalen, Beschluss v. 29.2.2016 – VK 1-5/16.
160 VK Südbayern, Beschluss v. 28.9.2020 – 3194.Z3-301-20-11, VK Baden-Württemberg, Beschluss v. 31.1.2020 – 1 VK 69/19; VK Nordbayern, Beschluss v. 7.11.2019 – RMF-SG 21-3194-4-47; VK Sachsen, Beschluss v. 19.6.2015 – 1/SVK/009-15; VK Südbayern, Beschluss v. 22.5.2015 – Z3-3-3194-1-63-12/14.
161 *Antweiler*, NZBau 2005, 35.
162 OLG München, Beschluss v. 30.1.2020 – Verg 28/19, mit Verweis auf BGH, Urteil v. 17.9.2019 – X ZR 124/18.
163 VK Sachsen, Beschluss v. 19.6.2015 – 1/SVK/009-15.
164 OLG Schleswig, Beschluss v. 15.4.2014 – 1 Verg 4/13; VK Münster, Beschluss v. 13.3.2012 – VK 2/12; einschränkend insoweit VK Südbayern, Beschluss v. 11.3.2015 – Z3-3-3194-1-65-12/14.

Vergabekammer Anwendung. So ist dieser nach § 167 Abs. 1 S. 1 GWB schriftlich zu begründen. Zudem muss die Entscheidung nach § 37 Abs. 1 VwVfG[165] inhaltlich hinreichend bestimmt, also eindeutig tenoriert sein.[166] Weitere Formanforderungen ergeben sich aus der in § 168 Abs. 3 S. 3 GWB geforderten entsprechenden Anwendung des § 61 GWB. Die Entscheidung ist demgemäß mit einer Rechtsmittelbelehrung zu versehen und den Beteiligten nach den Vorschriften des Verwaltungszustellungsgesetzes zuzustellen.

Weiter ergibt sich aus dem Umstand, dass der Beschluss einen Verwaltungsakt darstellt, dass er auch nach Eintritt seiner **Unanfechtbarkeit** (Bestandskraft) von der Vergabekammer abänderbar ist.[167] Dies ergibt sich aus dem (allgemeinen) Verwaltungsverfahrensrecht, also dem jeweiligen Bundes- bzw. Landesverwaltungsgesetz.[168] Berichtigt werden können analog § 118 VwGO beispielsweise Schreib- oder Rechenfehler, fehlerhafte Parteibezeichnungen oder Kostenfestsetzungen[169] oder ähnliche offenbare Unrichtigkeiten, solange diese als „Irrtümer in der Erklärung" zu werten sind. Irrtümer in der Willensbildung sind hingegen nicht korrigierbar.[170] Daraus, dass die Entscheidung der Vergabekammer im Rechtssinn ein Verwaltungsakt ist, folgt auch, dass dieser nichtig sein kann, soweit er an einem besonders schwerwiegenden Fehler leidet und dies bei verständiger Würdigung aller in Betracht kommenden Umstände offenkundig ist.[171] So ist die Vergabekammer beispielsweise gehalten, dafür zu sorgen, dass der am Ende des Nachprüfungsverfahrens stehende Beschluss als Verwaltungsakt gegenüber dem richtigen Adressaten ergeht, soweit dies durch die konkrete Ausgestaltung des Verfahrens nicht zu einer Verkürzung des rechtlichen Gehörs für den Auftraggeber führt.[172] 57

Nach bisheriger Rechtsauffassung wurde gefordert, dass die Entscheidung der Vergabekammer **unterschrieben** sein muss, wobei eine Unterschrift von denjenigen Mitgliedern der Vergabekammer als notwendig angesehen wurde, die an der mündlichen Verhandlung mitgewirkt haben.[173] Zur Frage, ob im Falle der Verhinderung eines Kammermitgliedes dessen Unterschrift durch einen vom vorsitzenden Mitglied zu unterzeichnenden Verhinderungsvermerk ersetzt werden kann, wurde bisher vorrangig auf die jeweiligen Geschäftsordnungen der Vergabekammern verwiesen, in denen diese Frage unterschiedlich geregelt ist.[174] Die VK Rheinland-Pfalz[175] verweist in diesem Zusammenhang darauf, dass ein schriftlicher Verwaltungsakt gemäß § 37 Abs. 3 VwVfG lediglich die erlassende Behörde erkennen lassen und die Unterschrift oder die Namenswiedergabe des Behördenleiters oder seines Vertreters oder seines Beauftragten enthalten muss. Daraus folgert die VK Rheinland-Pfalz,[176] dass mit der einfachen maschinenschriftlichen Namenswiedergabe bereits den gesetzlichen Anforderungen Genüge getan wird und ein Beglaubigungsvermerk, ein Dienstsiegel oder selbst der Namenszusatz „gez." nach dem Wortlaut des § 37 Abs. 3 VwVfG entbehrlich sei. Eben so wenig komme es für die Formwirksamkeit des Verwaltungsakts auf die Unterschriften der Beisitzer der Vergabekammer an. Mit der maschinenschriftlichen Namenswiedergabe des vorsitzenden Mitglieds der Vergabekammer am Schluss des Verwaltungsaktes würden die formalen Anforderungen nach § 37 Abs. 3 VwVfG bereits erfüllt. Mit der Zustellung gemäß § 168 Abs. 3 S. 3 GWB in Verbindung mit § 61 GWB werde die Entscheidung der Vergabekammer als Verwaltungsakt den Verfahrensbeteiligten im Sinne von § 41 Abs. 1 und Abs. 5 VwVfG wirksam bekanntgegeben. Die eigenhändige Unterschrift sei nicht Voraussetzung einer wirksamen Zustellung. An- 58

165 Für die Vergabekammern der Länder sind die entsprechenden landesrechtlichen Vorschriften heranzuziehen. Dies gilt auch für die folgenden Zitierungen von Vorschriften des VwVfG.
166 Vgl. hierzu: OLG Schleswig, Beschluss v. 13.2.2001 – 6 Verg 1/01.
167 VK Niedersachsen, Beschluss v. 5.6.2014 – VgK-13/2014.
168 OLG Schleswig, Beschluss v. 2.8.2004 – 6 Verg 15/03.
169 VK Sachsen, Beschluss v. 12.11.2018 – 1/SVK/021-18-ERG; nachfolgend OLG Dresden, Beschluss v. 19.2.2019 – Verg 7/18.
170 *Steck*, in: Ziekow/Völlink, Vergaberecht, § 168 GWB Rn. 54.
171 OLG Düsseldorf, Beschluss v. 10.3.2014 – VII-Verg 11/14 mit Verweis auf § 44 Abs. 1 VwVfG NRW.
172 OLG Schleswig, Beschluss v. 26.9.2019 – 54 Verg 4/19.
173 Vgl. OLG Düsseldorf, Beschluss v. 5.9.2001 – Verg 18/01.
174 BGH, Beschluss v. 12.6.2001 – X ZB 10/01; OLG Schleswig, Beschluss v. 2.8.2004 – 6 Verg 15/03; BayObLG, Beschluss v. 6.2.2004 – Verg 24/03; OLG Jena, Beschluss v. 28.2.2001 – 6 Verg 8/00.
175 VK Rheinland-Pfalz, Beschluss v. 6.1.2021 – VK 1-22/19.
176 VK Rheinland-Pfalz, Beschluss v. 6.1.2021 – VK 1-22/19.

gesichts der Tatsache, dass es sich bei der Vergabekammer um kein Gericht, sondern um eine Verwaltungsbehörde handelt, die in einem grundsätzlich kontradiktorisch ausgetragenen Verfahren einen streitentscheidenden Verwaltungsakt erlässt,[177] ist dieser Auffassung zuzustimmen. Dennoch empfiehlt es sich, bis zum Vorliegen einer obergerichtlichen Entscheidung im Zweifelsfalle auf der Nachholung einer fehlenden Unterschrift innerhalb der Fünf-Wochen-Frist zu bestehen, um sicherzustellen, dass die Ablehnungsfiktion des § 171 Abs. 2 Hs. 2 GWB nicht eingreift.

59 Nach §§ 168 Abs. 3 S. 3 i.V.m. § 61 GWB sind die Entscheidungen der Vergabekammer schriftlich zu **begründen** und mit einer **Belehrung** über das zulässige Rechtsmittel (Rechtsmittelbelehrung) zu versehen. Als Rechtsmittel ist hier die sofortige Beschwerde gemeint, wie sie in den §§ 171 ff. GWB im Einzelnen geregelt ist. Im Vergabeverfahren muss die Belehrung über das Rechtsmittel der sofortigen Beschwerde sich auch auf den Anwaltszwang[178] erstrecken und darauf hinweisen, ob die sofortige Beschwerde bei dem zuständigen Oberlandesgericht gegebenenfalls auch elektronisch erhoben werden kann.[179] Ob eine unrichtige Belehrung zur Folge hat, dass die Rechtsmittelfrist nicht zu laufen beginnt und stattdessen analog die Ein-Jahres-Frist des § 58 Abs. 2 VwGO gilt,[180] oder lediglich dem Beschwerdeführer eine Wiedereinsetzung in den vorigen Stand gemäß §§ 120 Abs. 2, 73 Nr. 2 GWB i.V.m. §§ 233 f. ZPO zu gewähren ist,[181] ist bislang noch nicht höchstrichterlich entschieden. Diese Frist erscheint zwar mit Blick auf den im Nachprüfungsverfahren geltenden Beschleunigungsgrundsatz und das gegebenenfalls faktisch fortdauernde Zuschlagsverbot des § 115 Abs. 1 GWB höchst problematisch, mangels einer anderen gesetzlichen Regelung scheint dieses Ergebnis aber unvermeidlich.

60 Durch den Verweis von § 168 Abs. 3 S. 3 GWB auf die entsprechende Anwendung des § 61 Abs. 1 S. 2 GWB ergibt sich, dass Entscheidungen der Vergabekammer gegenüber einem Unternehmen (Antragsteller oder Beigeladener) mit Sitz außerhalb des Geltungsbereichs des GWB demjenigen **zuzustellen** sind, den das Unternehmen der Vergabekammer als Zustellungsbevollmächtigten benannt hat. Hat das Unternehmen keine zustellungsbevollmächtigte Person benannt, so besagt weiter § 61 Abs. 1 S. 3 GWB, dass die Entscheidung durch Bekanntmachung im Bundesanzeiger zugestellt wird. Zwar kann eine Zustellung gemäß § 168 Abs. 3 GWB i.V.m. § 61 Abs. 1 S. 1 GWB auch per Telefax erfolgen. Es muss dabei allerdings für den Empfänger erkennbar sein, ob die Übermittlung per Telefax zum Zwecke der Zustellung oder nur zum Zwecke der Information erfolgt.[182] Ist es bei einer Vergabekammer üblich, dass nach Übersendung der Entscheidung an die Verfahrensbeteiligten eine förmliche Zustellung folgt, kommt der für den Fristbeginn erforderliche Zustellungswille erst mit der förmlichen Zustellung zum Ausdruck.[183]

E. Vollstreckung (Abs. 3 S. 2 und 3)

61 **Vollstreckbar** sind nur die verfügenden Entscheidungen einer Vergabekammer, nicht die feststellenden, da diese keinen vollstreckungsfähigen Inhalt haben. Nach § 168 Abs. 3 S. 2 GWB richtet sich die Vollstreckung der Entscheidung der Vergabekammer auch gegen sog. Hoheitsträger nach den Verwaltungsvollstreckungsgesetzen des Bundes und der Länder.[184] Insoweit empfiehlt es sich, wenn sich die Vollstreckung nach Landesrecht richtet, zu überprüfen, ob die landesrechtlichen Vorschriften bestimmen, dass Rechtsbehelfe gegen Maßnahmen in

177 BGH, Beschluss v. 25.10.2011 – X ZB 5/10; Beschluss v. 9.12.2003 – X ZB 14/03.
178 OLG Celle, Beschluss v. 31.5.2007 – 13 Verg 1/07.
179 VGH Kassel, Beschluss v. 13.1.2012 – 3 A 1582/11.Z; OVG Berlin-Brandenburg, Beschluss v. 2.2.2011 – 2 N 10.10.
180 OLG Celle, Beschluss v. 31.5.2007 – 13 Verg 1/07; *Summa*, in: Heiermann/Zeiss, 3. Auflage, Vergaberecht, § 117 GWB Rn. 6 ff.
181 So noch *Müller-Wrede*, in: Ingenstau/Korbion, VOB, 15. Auflage, § 117 GWB Rn. 23.
182 BGH, Beschluss v. 10.11.2009 – X ZB 8/09; OLG Rostock, Beschluss v. 25.9.2013 – 17 Verg 3/13.
183 OLG Celle, Beschluss v. 17.7.2009 – 13 Verg 3/09.
184 Vgl. OLG Düsseldorf, Beschluss v. 25.7.2002 – Verg 33/02.

der Verwaltungsvollstreckung keine aufschiebende Wirkung haben.[185] § 173 GWB findet in diesen Fällen keine Anwendung. Sofern das Landesrecht – wie etwa in Nordrhein-Westfalen, im Saarland oder in Sachsen-Anhalt – auf § 80 Abs. 5 VwGO verweist, kann der Beschwerdeführer gegebenenfalls beim Oberlandesgericht beantragen, die aufschiebende Wirkung seines Rechtsmittels anzuordnen. Im Übrigen aber hat die Einlegung der sofortigen Beschwerde nach § 173 Abs. 1 S. 1 GWB aufschiebende Wirkung gegenüber eingeleiteten Vollstreckungsmaßnahmen.

Eine Vollstreckung kann **eingeleitet** werden, wenn konkrete Anhaltspunkte für einen gegenwärtigen oder künftigen Verstoß gegen eine durchsetzbare Handlungs- oder Unterlassungspflicht vorliegen.[186] 62

Voraussetzung für eine Vollstreckung ist die **Bestandskraft** des Beschlusses.[187] Die Entscheidung einer Vergabekammer erwächst formell durch Ablauf der Beschwerdefrist in Bestandskraft. Materiell umfasst die Bestandskraft jedenfalls den Tenor, die tragenden Entscheidungsgründe und tatsächlichen Feststellungen zum behaupteten Verstoß, sowie die rechtliche Würdigung zu der Frage, ob ein Vergabeverstoß vorliegt. Auch „Segelanleitungen", mit denen der Vergabestelle auferlegt wird, welche Einzelheiten bei der Neubewertung der Angebote zu berücksichtigen sind, nehmen als Bestandteile der Hauptsacheentscheidung nach verbreiteter Auffassung grundsätzlich an deren Bestandskraft teil.[188] Hat die Vergabekammer den Auftraggeber zu einem im GWB nicht vorgesehenen und zugelassenen Verhalten verpflichtet, indem sie eine im Gesetz nicht vorgesehene, gesetzlose Maßnahme angeordnet, so ist diese Entscheidung nichtig. Dies ist beispielsweise dann der Fall, wenn dem Auftraggeber aufgegeben wird, umgehend mit einer Vergabebekanntmachung ein förmliches Vergabeverfahren zu beginnen. Ein Zwangsgeld zur Durchsetzung dieser (nichtigen) Entscheidung kann nicht angedroht werden.[189] 63

Die Vollstreckung der Entscheidungen der Vergabenachprüfungsinstanzen kann nur auf **Antrag** erfolgen. Dies ergibt sich zwar nicht aus dem Wortlaut des § 168 Abs. 3 S. 2 GWB, wohl aber aus der Überlegung, dass das Nachprüfungsverfahren vor der Vergabekammer gerichtsähnlich ausgestaltet ist und primär die Gewährung subjektiven Rechtsschutzes für die Betroffenen bezweckt. Fehlt es an einem zulässigen Antrag bzw. wird der Antrag auf Anordnung von Vollstreckungsmaßnahmen zurückgenommen, fehlt es an einer formellen Voraussetzung für die Fortführung des Vollstreckungsverfahrens; dieses ist einzustellen.[190] 64

Als **(Zwangs-)Mittel** zur Durchsetzung ihrer Entscheidung stehen der Vergabekammer gemäß § 9 VwVG und den entsprechenden Vorschriften der Länder die Ersatzvornahme (§ 10 VwVG), das Zwangsgeld (§ 11 VwVG) und der unmittelbare Zwang (§ 12 VwVG) zur Verfügung. Bei diesen Zwangsmitteln handelt es sich um Beugemittel zur Erzwingung einer Handlung, Duldung oder Unterlassung, nicht jedoch um Strafmittel.[191] 65

In der Praxis wird aber gegen den Auftraggeber als Vollstreckungsschuldner nur das **Zwangsgeld** als Zwangsmittel in Betracht kommen. Ein solches ist denkbar, wenn ein Auftraggeber einem aus einer Entscheidung der Vergabekammer resultierenden Zuschlagsverbot zuwiderhandelt,[192] nicht jedoch schon, wenn der Auftraggeber derzeit abweichender Meinung ist, denn dann kann nicht ohne Weiteres unterstellt werden, dass er sich nicht der Entscheidung der Vergabekammer fügen werde.[193] § 168 Abs. 3 S. 2 GWB regelt nun explizit, dass die Höhe des Zwangsgeldes mindestens 1 000 Euro und höchstens 10 Millionen Euro beträgt, wodurch die Anordnungen der Vergabekammer effektiver durchgesetzt werden können. Das Zwangs- 66

185 Vgl. hierzu *Summa*, in: Heiermann/Zeiss/Summa, Vergaberecht, § 168 GWB Rn. 77.
186 *Summa*, in: Heiermann/Zeiss/Summa, Vergaberecht, § 168 GWB Rn. 72 ff.
187 VK Rheinland, Beschluss v. 22.7.2019 – VK 21/19; VK Münster, Beschluss v. 13.3.2012 – VK 2/12.
188 OLG Celle, Beschluss v. 17.6.2021 – 13 Verg 2/21, mit Verweis auf OLG Koblenz, Beschluss v. 17.1.2007 – 1 Verg 1/07; VK Münster, Beschluss v. 13.3.2012 – VK 2/12.
189 OLG Düsseldorf, Beschluss v. 10.3.2014 – VII-Verg 11/14.
190 OLG Naumburg, Beschluss v. 27.4.2005 – 1 Verg 3/05.
191 *Fett*, in: Säcker, Wettbewerbsrecht, § 168 GWB Rn. 80.
192 *Gause*, in: Willenbruch/Wieddekind, Vergaberecht, § 68 GWB Rn. 15.
193 VK Sachsen, Beschluss v. 31.8.2011 – 1/SVK/030-2011.

geld muss stets in einem angemessenen Verhältnis zu seinem Zweck stehen. Dabei ist das Zwangsmittel so zu bestimmen, dass der Einzelne und die Allgemeinheit nicht unverhältnismäßig beeinträchtigt werden.[194]

Anlagen

Gesetzesbegründung – GWB-Digitalisierungsgesetz (BT-Drs 19/23492)

Seite 141

Es handelt sich um eine durch die Neufassung des § 86a Satz 2 bedingte Folgeänderung. Durch den Verweis in § 168 Absatz 3 Satz 3 auf den bisher geltenden § 86a Satz 2 war geregelt, dass bei Entscheidungen der Vergabekammer auch gegen Behörden ein Zwangsgeld in Höhe von 1 000 Euro bis zu bis zu 10 Millionen Euro verhängt werden konnte. Durch den neu gefassten § 86a Satz 2 wird dessen Adressatenkreis nunmehr explizit auf „Unternehmen und Unternehmensvereinigungen" beschränkt, weshalb die Norm im Regelfall nicht mehr auf Auftraggeber im Sinne des § 98 anwendbar ist. Zudem ist der bisherige Verweis in § 168 Absatz 3 Satz 3 nach der Anpassung des Zwangsgeldrahmens in § 86a Satz 2 nicht mehr sinnvoll, da der Bezug zum im vorausgegangenen Geschäftsjahr erzielten durchschnittlichen weltweiten Tagesgesamtumsatz bei Auftraggebern im Sinne des § 98 nicht immer praktikabel ist. Der bisherige Regelungsgehalt des § 86a Satz 2 wird deshalb im § 168 Absatz 3 Satz 3 übernommen.

Gesetzesbegründung – VergRModG 2016 (BT-Drs. 18/6281)

Seite 135

§ 168 entspricht dem bisherigen § 114.

194 VK Arnsberg, Beschluss v. 6.2.2014 – VK 22/13.

§ 169 GWB
Aussetzung des Vergabeverfahrens

(1) Informiert die Vergabekammer den Auftraggeber in Textform über den Antrag auf Nachprüfung, darf dieser vor einer Entscheidung der Vergabekammer und dem Ablauf der Beschwerdefrist nach § 172 Absatz 1 den Zuschlag nicht erteilen.

(2) Die Vergabekammer kann dem Auftraggeber auf seinen Antrag oder auf Antrag des Unternehmens, das nach § 134 vom Auftraggeber als das Unternehmen benannt ist, das den Zuschlag erhalten soll, gestatten, den Zuschlag nach Ablauf von zwei Wochen seit Bekanntgabe dieser Entscheidung zu erteilen, wenn unter Berücksichtigung aller möglicherweise geschädigten Interessen sowie des Interesses der Allgemeinheit an einem raschen Abschluss des Vergabeverfahrens die nachteiligen Folgen einer Verzögerung der Vergabe bis zum Abschluss der Nachprüfung die damit verbundenen Vorteile überwiegen. Bei der Abwägung ist das Interesse der Allgemeinheit an einer wirtschaftlichen Erfüllung der Aufgaben des Auftraggebers zu berücksichtigen; bei verteidigungs- oder sicherheitsspezifischen Aufträgen im Sinne des § 104 sind zusätzlich besondere Verteidigungs- und Sicherheitsinteressen zu berücksichtigen. Die besonderen Verteidigungs- und Sicherheitsinteressen überwiegen in der Regel, wenn der öffentliche Auftrag oder die Konzession im unmittelbaren Zusammenhang steht mit

1. einer Krise,

2. einem mandatierten Einsatz der Bundeswehr,

3. einer einsatzgleichen Verpflichtung der Bundeswehr oder

4. einer Bündnisverpflichtung.

Die Vergabekammer berücksichtigt dabei auch die allgemeinen Aussichten des Antragstellers im Vergabeverfahren, den Auftrag oder die Konzession zu erhalten. Die Erfolgsaussichten des Nachprüfungsantrags müssen nicht in jedem Fall Gegenstand der Abwägung sein. Das Beschwerdegericht kann auf Antrag das Verbot des Zuschlags nach Absatz 1 wiederherstellen; § 168 Absatz 2 Satz 1 bleibt unberührt. Wenn die Vergabekammer den Zuschlag nicht gestattet, kann das Beschwerdegericht auf Antrag des Auftraggebers unter den Voraussetzungen der Sätze 1 bis 4 den sofortigen Zuschlag gestatten. Für das Verfahren vor dem Beschwerdegericht gilt § 176 Absatz 2 Satz 1 und 2 und Absatz 3 entsprechend. Eine sofortige Beschwerde nach § 171 Absatz 1 ist gegen Entscheidungen der Vergabekammer nach diesem Absatz nicht zulässig.

(3) Sind Rechte des Antragstellers aus § 97 Absatz 6 im Vergabeverfahren auf andere Weise als durch den drohenden Zuschlag gefährdet, kann die Kammer auf besonderen Antrag mit weiteren vorläufigen Maßnahmen in das Vergabeverfahren eingreifen. Sie legt dabei den Beurteilungsmaßstab des Absatzes 2 Satz 1 zugrunde. Diese Entscheidung ist nicht selbständig anfechtbar. Die Vergabekammer kann die von ihr getroffenen weiteren vorläufigen Maßnahmen nach den Verwaltungsvollstreckungsgesetzen des Bundes und der Länder durchsetzen; die Maßnahmen sind sofort vollziehbar. § 86a Satz 2 gilt entsprechend.

(4) Macht der Auftraggeber das Vorliegen der Voraussetzungen nach § 117 Nummer 1 bis 3 oder § 150 Nummer 1 oder 6 geltend, entfällt das Verbot des Zuschlags nach Absatz 1 fünf Werktage nach Zustellung eines entsprechenden Schriftsatzes an den Antragsteller; die Zustellung ist durch die Vergabekammer unverzüglich nach Eingang des Schriftsatzes vorzunehmen. Auf Antrag kann das Beschwerdegericht das Verbot des Zuschlags wiederherstellen. § 176 Absatz 1 Satz 1, Absatz 2 Satz 1 sowie Absatz 3 und 4 ist entsprechend anzuwenden.

Übersicht

	Rn.
A. Allgemeines	1
I. Historie	5
II. Unionsrechtlicher Hintergrund	8
B. Zuschlagsverbot (Abs. 1)	9
C. Gestattung des vorzeitigen Zuschlags (Abs. 2)	22
I. Voraussetzungen	28
1. Maßstab der Abwägung (S. 1)	33
2. Interesse an wirtschaftlicher Erfüllung (S. 2 Hs. 1)	39
3. Verteidigungs- und Sicherheitsinteressen (S. 2 Hs. 1 und S. 3)	42

4. Allgemeine Aussichten auf Auftrags- oder Konzessionserhalt und Erfolgsaussichten des Nachprüfungsantrags (S. 4 und 5) 48
II. Rechtsschutz 53
1. Wiederherstellung des Zuschlagsverbots (S. 6) 55
2. Gestattung des sofortigen Zuschlags (S. 7) 69
3. Verfahren vor dem Beschwerdegericht (S. 8) 74
4. Unzulässigkeit der sofortigen Beschwerde (S. 9) 76
D. Gefährdung von Rechten des Antragstellers auf andere Weise als durch drohenden Zuschlag (Abs. 3) 77
I. Antragsvoraussetzungen (S. 1) 79
II. Beurteilungsmaßstäbe (S. 2) 86
III. Anfechtung (S. 3) 89
IV. Verwaltungsvollstreckung (S. 4 und 5) 90
E. Besonderheiten für Vergaben mit Verteidigungs- oder Sicherheitsaspekten (Abs. 4) 93
I. Entfall des Zuschlagsverbots (S. 1) 94
II. Rechtsschutz (S. 2 und 3) 98
Anlagen
Gesetzesbegründungen

A. Allgemeines

1 § 169 GWB enthält in **Abs. 1** das zentrale Verbot, das einen effektiven vergaberechtlichen Primärrechtsschutz überhaupt erst ermöglicht – das Zuschlagsverbot. Dieses löst einen Suspensiveffekt bezüglich der Zuschlagserteilung aus. § 169 Abs. 1 GWB entspricht damit Art. 1 und 2 Abs. 1 lit. a RL 89/665/EWG in der Fassung der RL 2007/66/EG, die ebenso wie Art. 19 Abs. 4 GG einen effektiven Rechtsschutz, d.h. Möglichkeiten einer wirksamen und raschen Nachprüfung fordern.[1] Dieser Suspensiveffekt tritt (erst) mit Information des Auftraggebers in Textform über den Nachprüfungsantrag durch die Vergabekammer ein.[2] Da hierdurch ein prozessuales Überholen des Nachprüfungsverfahrens durch einen wirksamen Zuschlag möglich ist, wird gelegentlich bezweifelt, dass § 169 Abs. 1 GWB den europarechtlichen Vorgaben genügt.[3] Diesen Zweifeln wird von der Rechtsprechung[4] das Argument entgegengesetzt, dass vom Gesetzgeber nach dem Konzept des Rechtsschutzsystems des Teil 4 GWB bewusst dem Interesse der Allgemeinheit an einem raschen Abschluss des Vergabeverfahrens und der Vermeidung unkontrollierbarer Vergabeverzögerungen Vorrang vor einem automatischen Zuschlagsverbot gegeben wurde, da die Bieter nicht rechtlos gestellt sind, sondern bereits durch die Informations- und Stillhaltefrist des § 134 GWB und durch die Möglichkeit eines Antrages nach § 169 Abs. 2 S. 2 GWB angemessen geschützt werden. Einer (förmlichen) Zustellung des Nachprüfungsantrags durch die Vergabekammer, wie es noch vor der GWB-Novellierung 2009 erforderlich war, bedarf es nicht mehr. Bis zum Ablauf der Beschwerdefrist, also noch über die Zustellung des Vergabekammerbeschlusses hinaus, entfaltet dieses Zuschlagsverbot seine Wirkung und wahrt so dem Antragsteller die Chance, den Zuschlag noch erhalten zu können.

2 In § 169 **Abs. 2** S. 1 bis 4 GWB wird dann das „Gegengewicht“ zu dieser umfassenden Rechtsschutzmöglichkeit geregelt[5] – die Voraussetzungen, unter denen eine Aussetzung des Zuschlagsverbots möglich ist. Zu beachten ist, dass § 169 Abs. 2 S. 2 GWB seit Inkrafttreten des Gesetz zur Änderung des Vergaberechts für die Bereiche Verteidigung und Sicherheit[6] dahin gehend erweitert wurde, dass bei Vergaben in den Bereichen Verteidigung und Sicherheit besondere Verteidigungs- und Sicherheitsinteressen in die Abwägung der Vergabekammer nach § 169 Abs. 2 S. 1 Hs. 2 GWB einfließen. Diese Klarstellung erfolgte in Umsetzung von

1 BayObLG, Beschluss v. 13.8.2004 – Verg 17/04.
2 VK Bund, Beschluss v. 11.7.2017 – VK 2-62/17.
3 *Chen*, VergabeR 2019, 145 (149); *Diekmann*, VergabeR 2005, 10 (15).
4 VK Bund, Beschluss v. 22.12.2017 – VK 1-135/17; KG, Beschluss v. 15.4.2004 – 2 Verg 6/04
5 VK Bund, Beschluss v. 11.7.2017 – VK 2-62/17.
6 BGBl. I 2011 S. 2570.

Art. 56 Abs. 5 RL 2009/81/EG. § 169 Abs. 2 S. 5 und 6 GWB regeln dann die Rechtsmittel gegen die Entscheidung der Vergabekammer über die Aussetzung des Zuschlagsverbots vor dem Beschwerdegericht. § 169 Abs. 2 S. 7 GWB trifft diesbezüglich Verfahrensregelungen, während § 169 Abs. 2 S. 8 GWB schließlich eine sofortige Beschwerde im Rechtsschutzregime des § 169 Abs. 2 GWB für unzulässig erklärt. § 169 Abs. 2 GWB hat damit durch das VergRModG 2009 erhebliche Veränderung erfahren, die zu einer Erstarkung der Rechte des Auftraggebers und der Beigeladenen geführt haben.[3] Diese Erstarkung der Rechte des Auftraggebers ist auch im Zuge der letzten Novellierung beibehalten worden.

In § 169 **Abs. 3** GWB sind vorläufige, nicht näher konkretisierte Eingriffsmöglichkeiten geregelt, mit denen die Vergabekammer, auf besonderen Antrag des Antragstellers, dessen Rechte aus § 97 Abs. 6 GWB, die auf andere Weise als durch den drohenden Zuschlag gefährdet sind, schützen kann. 3

Durch den im Zuge des VergRModG 2009 eingeführten § 169 **Abs. 4** GWB wird schließlich geregelt, dass bei verteidigungs- oder sicherheitsrelevanten Beschaffungen das Zuschlagsverbot nach § 169 Abs. 1 GWB fünf Werktage nach Zustellung eines entsprechenden Schriftsatzes an den Antragsteller entfällt. Das Verbot des Zuschlages kann in diesen Fällen nur auf Antrag durch das Beschwerdegericht wiederhergestellt werden. 4

I. Historie

§ 169 GWB entspricht weitestgehend dem bisherigen § 115 GWB in der Fassung, die er durch das am 24. April **2009** in Kraft getretene VergRModG 2009 erhalten hatte. Die bis dahin geltende Fassung des § 115 GWB a.F. unterschied sich in einigen Punkten erheblich von der zuletzt geltenden Fassung, so insbesondere dadurch, dass nach früherem Recht der Antrag auf Nachprüfung zugestellt werden musste, um das Zuschlagsverbot auszulösen. Dieses Verfahren wurde durch das VergRModG 2009 erleichtert, das Zuschlagsverbot entsteht seitdem schon dann, wenn die Vergabekammer den Auftraggeber in Textform über den Nachprüfungsantrag informiert. Hinsichtlich des Antrags auf vorzeitige Zuschlagsgestattung wurde zudem mit dieser Novellierung des Vergaberechts der zu berücksichtigenden Abwägungsmaßstab der Sätze 2 bis 4 in den Absatz 2 eingefügt und es wurde dem Unternehmen, das nach den Informationen des Auftraggebers den Zuschlag erhalten soll, eine explizite Antragsbefugnis eingeräumt. Neu war auch, dass vorläufige Maßnahmen i.S.v. § 115 Abs. 3 S. 1 GWB a. F. nach den Verwaltungsvollstreckungsgesetzen des Bundes und der Länder durchgesetzt werden können. Schließlich wurde Absatz 4 mit Inkrafttreten des VergRModG 2009 neu in die Norm eingefügt, um dem Schutz staatlicher Sicherheitsinteressen gegenüber dem Rechtsschutzinteresse der Bieter ein höheres Gewicht beizumessen. 5

Mit dem am 14. Dezember **2011** in Kraft getretenen Gesetz zur Änderung des Vergaberechts für die Bereiche Verteidigung und Sicherheit[7] wurden weitere Änderungen in § 115 Abs. 2 S. 2 GWB a.F. aufgenommen, um die Vorgaben der RL 2009/81/EG in nationales Recht umzusetzen.[8] § 115 Abs. 2 S. 2 GWB a.F. wurde um den Halbsatz ergänzt, dass bei Vergaben im Sinne der neuen Richtlinie besondere Verteidigungs- und Sicherheitsinteressen in die Abwägung der Vergabekammer nach Satz 1 einfließen. 6

Durch das am 2. April **2020** in Kraft getretene Gesetz zur beschleunigten Beschaffung im Bereich der Verteidigung und Sicherheit und zur Optimierung der Vergabestatistik wurden in § 169 GWB Änderungen durch Einfügung von § 169 Abs. 2 S. 3 GWB vorgenommen, um den Bedarf für Einsätze und einsatzgleiche Verpflichtungen der Bundeswehr schneller decken zu können.[9] In § 169 Abs. 4 GWB wird nun ergänzend auf § 150 Nr. 1, 6 GWB Bezug genom- 7

7 BGBl. I 2011 S. 2570.

8 Gesetzesbegründung zu § 115 Abs. 2 S. 2 GWB a.F., Gesetz zur Änderung des Vergaberechts für die Bereiche Verteidigung und Sicherheit, BT-Drs. 17/7275, 18.

9 Vgl. Gesetzesbegründung, Gesetz zur beschleunigten Beschaffung im Bereich der Verteidigung und Sicherheit und zur Optimierung der Vergabestatistik, BT-Drs. 19/15603, 1.

men. Dadurch werden die entsprechenden neuen Ausnahmevorschriften der Richtlinien 2014/23/EU, 2014/24/EU und 2014/25/EU übernommen.

II. Unionsrechtlicher Hintergrund

8 § 169 GWB fußt auf der RL 89/665/EWG und der RL 92/13/EWG, die verlangen, dass für den Fall von Verstößen gegen das Gemeinschaftsrecht im Bereich des öffentlichen Auftragswesens oder gegen die einzelstaatlichen Vorschriften, Möglichkeiten einer wirksamen und raschen Nachprüfung bestehen.[10] Die Mitgliedstaaten haben nach diesen Rechtsmittelrichtlinien sicherzustellen, dass angesichts der Kürze der Verfahren zur Vergabe öffentlicher Aufträge die für die Nachprüfung zuständigen Stellen vor allem befugt sind, vorläufige Maßnahmen zu treffen, um das Vergabeverfahren oder die Durchführung etwaiger Beschlüsse der Vergabebehörde auszusetzen. Die Richtlinien 89/665/EWG und 92/13/EWG wurden später durch die RL 2014/23/EU dahingehend geändert, dass sie auch auf Konzessionsvergabeverfahren Anwendung finden.

B. Zuschlagsverbot (Abs. 1)

9 § 169 Abs. 1 GWB verbietet dem Auftraggeber ab Information über den Antrag auf Nachprüfung durch die Vergabekammer, bis zu deren Entscheidung und während der nachfolgenden Beschwerdefrist des § 172 Abs. 1 GWB, den Zuschlag zu erteilen.

10 Voraussetzung für die Entstehung der Zuschlagssperre des § 169 Abs. 1 GWB ist allein die **Information** des Auftraggebers in Textform durch die Vergabekammer. Solange diese nicht erfolgt ist, darf der Auftraggeber den Auftrag ungeachtet des begonnenen Nachprüfungsverfahrens erteilen.[11] Ein Zuschlagsverbot gemäß § 169 Abs. 1 GWB wird mithin noch nicht ausgelöst, wenn der Antragsteller selbst den Auftraggeber noch vor der Zustellung durch die Vergabekammer über den Nachprüfungsantrag informiert.[12] Ein über § 169 Abs. 1 GWB hinausgehendes Zuschlagsverbot, etwa aufgrund einer vorherigen Information des Auftraggebers durch den Antragsteller, existiert nicht,[13] denn § 169 Abs. 1 GWB regelt das Zuschlagsverbot ausdrücklich und ist dem Wortlaut nach als abschließende Regelung zu verstehen, wonach § 169 Abs. 1 GWB ein „Handeln der Vergabekammer" voraussetzt. Zudem ist § 169 Abs. 1 GWB im Zusammenhang mit § 163 Abs. 2 S. 1 und § 134 GWB zu sehen. Gemäß § 163 Abs. 2 S. 1 GWB überprüft die Vergabekammer bei ihr eingegangene Nachprüfungsanträge darauf, ob diese offensichtlich unzulässig oder unbegründet sind. Sollte dies der Fall sein, werden diese erst gar nicht an den Auftraggeber übermittelt (vgl. § 163 Abs. 2 S. 3 GWB). Würde man hingegen annehmen, dass bereits die Information des Bieters über einen Nachprüfungsantrag ein Zuschlagsverbot auslösen könnte, würde diese erste Prüfung durch die Vergabekammern leerlaufen.[14] Erteilt der Auftraggeber nach dieser Information dennoch den Zuschlag, bevor ihr der Nachprüfungsantrag durch die Vergabekammer zugestellt worden ist, ist der Zuschlag wirksam.[15]

11 Für den **Zugang** der Information über den Vergabenachprüfungsantrag ist auf den Eingang beim Auftraggeber und nicht die Kenntnisnahme durch den zuständigen Mitarbeiter abzustellen. Anderenfalls hinge es von Zufälligkeiten ab, wann ein dem Auftraggeber per Telefax übermitteltes Schriftstück an den zuständigen Bearbeiter gelangt. § 169 Abs. 1 GWB spricht vom Zuschlagsverbot mit Übermittlung des Nachprüfungsantrages an den „Auftraggeber" (als Institution) und nicht an den einzelnen hierfür zuständigen Sachbearbeiter.[16]

---

10 Erwägungsgrund 3 RL 89/665/EWG.
11 OLG Frankfurt, Beschluss v. 6.3.2013 – 11 Verg 7/12; VK Rheinland-Pfalz, Beschluss v. 4.7.2012 – VK 1-13/12.
12 VK Bund, Beschluss v. 22.12.2017 – VK 1-135/17.
13 OLG Düsseldorf, Beschluss v. 11.12.2019 – VII-Verg 53/18.
14 VK Bund, Beschluss v. 22.12.2017 – VK 1-135/17.
15 OLG Frankfurt, Beschluss v. 6.3.2013 – 11 Verg 7/12.
16 OLG Düsseldorf, Beschluss v. 27.3.2013 – VII-Verg 53/12; VK Brandenburg, Beschluss v. 6.8.2013 – VK 11/13.

12 Im Zuge des VergRModG 2009 ist durch die Aufnahme der Möglichkeit der Information des Auftraggebers in **Textform** über den Nachprüfungsantrag eine Vereinfachung des Nachprüfungsverfahrens erzielt worden, da die Übermittlung des oft umfangreichen Nachprüfungsantrages an den Auftraggeber nicht mehr erforderlich ist. Allerdings ergibt sich für die Vergabekammer aus § 163 Abs. 2 S. 3 GWB die Verpflichtung zur Übermittlung einer Kopie des Antrages. Informiert die Vergabekammer den Auftraggeber per E-Mail, sollte sie die Optionsverwaltung ihres E-Mail-Programmes so einrichten, dass sie den Zugang des übermittelten Nachprüfungsantrages mittels einer automatisch abverlangten Empfangs- oder gar Lesebestätigung nachweisen kann, denn allein der Nachweis der Absendung einer E-Mail bietet keinerlei Gewähr dafür, dass die Nachricht den Erklärungsempfänger bzw. dessen Mailbox tatsächlich auch erreicht hat.[17] Die Anforderungen an die Textform richten sich nach § 126b BGB. Danach muss die Erklärung der Vergabekammer auf einem dauerhaften Datenträger übermittelt werden und die Person des Erklärenden nennen. Die Voraussetzungen für ein Zuschlagsverbot nach § 169 Abs. 1 GWB sind mithin erfüllt, sobald die Vergabekammer den Auftraggeber per Telefax, Computerfax oder E-Mail über den Nachprüfungsantrag informiert hat. Eine eigenhändige Unterschrift oder qualifizierte elektronische Signatur ist nicht erforderlich.[18] Verwendet die Vergabekammer ein Telefax, ist mit dem vollständigem Empfang des Datensatzes des Faxes das Schreiben als zugegangen anzusehen, auch wenn ein Ausdruck erst später erfolgen sollte.[19]

13 § 169 Abs. 1 GWB ist ein **Verbotsgesetz** im Sinne des § 134 BGB. Ein entgegen dem gesetzlichen Verbot des § 169 Abs. 1 GWB erteilter Zuschlag ist nichtig[20] (§ 134 BGB), ohne dass es wie in den Fällen des § 135 Abs. 1 Nr. 1 und 2 GWB einer nach rechtzeitigem Antrag ausgesprochenen Feststellung der Vergabekammer bedürfte. Diese Rechtsfolge tritt unabhängig davon ein, ob der Auftraggeber von einem gesetzlichen Zuschlagsverbot ausgeht oder nicht.[21]

14 Das gilt selbst dann, wenn die Information des Auftraggebers über den Nachprüfungsantrag durch eine **unzuständige Vergabekammer** erfolgte.[22] Das Eintreten des Zuschlagsverbots ist dem Wortlaut des § 169 Abs. 1 GWB nach allein davon abhängig, dass eine Vergabekammer einen Nachprüfungsantrag zugestellt hat, anderenfalls bestünde unzumutbare Rechtsunklarheit.[23] Selbst wenn die Vergabekammer einen Nachprüfungsantrag für offensichtlich unzulässig hält und sich zu dessen Übermittlung an den Auftraggeber für nicht verpflichtet ansieht, löst die dennoch erfolgte Übermittlung des Nachprüfungsantrags das gesetzliche Zuschlagsverbot aus.[24] Eine unzuständige Vergabekammer wird gegebenenfalls den Antrag an die eigentlich zuständige Kammer verweisen können bzw. müssen. Jedenfalls aus einem allgemeinen Rechtsgedanken, der in § 83 VwGO, § 17a Abs. 2 GVG ausgedrückt ist, ergibt sich die Möglichkeit und die Pflicht, einen Nachprüfungsantrag an eine eigentlich zuständige Vergabekammer des Bundes oder eines anderen Bundeslandes zu verweisen.[25]

15 Die Anhängigkeit eines Nachprüfungsverfahrens hat entgegen der missverständlichen Überschrift des § 169 GWB nicht die **Aussetzung des Vergabeverfahrens** zur Folge, denn nur der Zuschlag wird dem Auftraggeber mit § 169 Abs. 1 GWB untersagt. Das Vergabeverfahren darf durchaus bis zur Zuschlagsreife fortgesetzt werden. Dem Auftraggeber ist nicht untersagt, seinen Wertungsvorgang oder sein Verhandlungsverfahren fortzusetzen, oder auch Beanstandungen des Antragstellers oder eigene Erkenntnisse aufzugreifen und Fehler im Verfahren zu beseitigen.[26] Lediglich der Zuschlag darf nicht erteilt werden.

---

17 BGH, Beschluss v. 17.7.2013 – I ZR 64/13; OLG Düsseldorf, Beschluss v. 4.10.2002 – 23 U 92/02.
18 *Herrmann*, in: Ziekow/Völlink, Vergaberecht, § 169 GWB Rn. 7.
19 VK Bund, Beschluss v. 5.3.2010 – VK 1-16/10.
20 Gesetzesbegründung zu § 125 Abs. 1 GWB a.F., VgRÄG, BT-Drs. 13/9340, 20; OLG Düsseldorf, Beschluss v. 17.2.2016 – VII-Verg 37/14.
21 OLG Düsseldorf, Beschluss v. 27.3.2013 – VII-Verg 53/12.
22 VK Bund, Beschluss v. 18.9.2008 – VK 3-122/08.
23 VK Bund, Beschluss v. 18.9.2008 – VK 3-122/08; Beschluss v. 18.9.2008 – VK 3-119/08.
24 OLG Düsseldorf, Beschluss v. 17.2.2016 – VII-Verg 37/14.
25 OLG Dresden, Beschluss v. 26.6.2012 – Verg 3/12; *Brauer*, in: Ziekow/Völlink, Vergaberecht, § 168 GWB Rn. 6.
26 VK Niedersachsen, Beschluss v. 18.9.2012 – VgK-36/2012; VK Münster, Beschluss v. 9.7.2010 – VK 3/10.

16 Die Entschließung der Vergabekammer, einen Nachprüfungsantrag nicht zuzustellen, ist eine bloße **Zwischenentscheidung**, die grundsätzlich nicht selbstständig anfechtbar ist. Verwirft die Vergabekammer den Nachprüfungsantrag ohne eine Information an den Auftraggeber als offensichtlich unzulässig, tritt kein Zuschlagsverbot ein, das in der Beschwerdeinstanz verlängert werden könnte.[27] Dem Antragsteller ist in einem solchen Fall zuzumuten, die Entscheidung der Vergabekammer in der Sache abzuwarten und gegen die dann ergehende Sachentscheidung vorzugehen.[28] Dies gilt jedenfalls dann, wenn die Vergabekammer die Sachentscheidung nicht sachwidrig verzögert.

17 Das Zuschlagsverbot des § 169 Abs. 1 GWB gilt bis zur Entscheidung der Vergabekammer und sodann unabhängig vom Inhalt der Entscheidung weitere zwei Wochen bis zum Ablauf der Beschwerdefrist gemäß § 172 Abs. 1 GWB.[29] Diese **beginnt** gemäß § 172 Abs. 1 Alt. 1 GWB mit der wirksamen Zustellung der Entscheidung an die Verfahrensbeteiligten.[30] Maßgeblich ist die Zustellung beim jeweiligen Verfahrensbeteiligten, was zu unterschiedlichen Daten bei den Rechtsmittelfristen führen kann. Das Zuschlagsverbot **endet** in einem solchen Fall mit dem Ablauf der letzten noch laufenden Frist. Sofern eine sofortige Beschwerde erhoben wird, endet es gemäß § 173 Abs. 1 S. 2 GWB zwei Wochen nach Ablauf der Beschwerdefrist.

18 Entscheidet die Vergabekammer nicht innerhalb der regelmäßigen oder verlängerten Frist gemäß § 167 Abs. 1 GWB über den anhängigen Antrag, so gilt dieser gemäß § 171 Abs. 2 GWB als abgelehnt (**Ablehnungsfiktion**). In diesem Fall beginnt die Beschwerdefrist nach § 172 Abs. 1 S. 2 GWB mit dem Zeitpunkt der Ablehnungsfiktion des § 171 Abs. 2 GWB. Die Dauer des Zuschlagsverbots gemäß § 169 Abs. 1 GWB bezieht sich wegen der Verweisung auf den gesamten § 172 Abs. 1 GWB auch auf diese Fälle. Ist die fiktive Ablehnung eines Nachprüfungsantrags gemäß § 116 Abs. 2 GWB mit Ablauf der Beschwerdefrist bestandskräftig geworden, so eröffnet eine danach getroffene Sachentscheidung der Vergabekammer keine – erneute – Beschwerdemöglichkeit für den unterlegenen Bieter und damit kein erneutes Zuschlagsverbot.[31]

19 Im Übrigen endet das Zuschlagsverbot bei Rücknahme des Vergabenachprüfungsantrags[32] oder bei **Erledigung** des Nachprüfungsverfahrens in sonstiger Weise (insbesondere bei übereinstimmender Erledigungserklärung) sowie bei Rechtsmittelverzicht mit Bestandskraft der Entscheidung der Vergabekammer.

20 Im Falle einer **Beschwerdeeinlegung** endet das Zuschlagsverbot zwei Wochen nach Ablauf der Beschwerdefrist, es sei denn, die aufschiebende Wirkung wird gemäß § 173 Abs. 1 S. 3 GWB verlängert.

21 Soweit das Zuschlagsverbot des § 169 Abs. 1 GWB dazu führt, dass die **Bindefrist** der Angebote abläuft, ohne dass der Auftraggeber den Zuschlag erteilen kann, muss er die Bieter zur Verlängerung der Bindefrist rechtzeitig auffordern, da sie sich nicht automatisch verlängert. Versäumt er dies, hat das Verstreichen der Frist zur Folge, dass das Angebot gemäß § 146 BGB erlischt. Die Erteilung des Zuschlags ist zwar auch nach Ablauf der Bindefrist noch möglich, der Bieter, der den Zuschlag erhalten soll, kann aber nach Ablauf der Bindefrist frei darüber entscheiden, ob er seinerseits den dann als Angebot des Auftraggebers zu wertenden Zuschlag annehmen will oder nicht.[33]

---

27 KG, Beschluss v. 29.3.2007 – 2 Verg 6/07; OLG Dresden, Beschluss v. 4.7.2002 – WVerg 0011/02; OLG Koblenz, Beschluss v. 25.3.2002 – 1 Verg 1/02.
28 KG, Beschluss v. 10.2.2020 – Verg 06/19; Beschluss v. 29.3.2007 – 2 Verg 6/07.
29 OLG Düsseldorf, Beschluss v. 17.2.2016 –VII-Verg 37/14.
30 OLG München, Beschluss v. 24.1.2012 – Verg 16/11.
31 OLG Dresden, Beschluss v. 17.6.2005 – WVerg 8/05.
32 VK Rheinland-Pfalz, Beschluss v. 9.8.2018 – VK 2-11/18.
33 BGH, Urteil v. 28.10.2003 – X ZR 248/02; OLG Dresden, Beschluss v. 28.7.2011 – WVerg 5/11; OLG Naumburg, Beschluss v. 16.10.2007 – 1 Verg 6/07; VK Bund, Beschluss v. 8.2.2017 – VK 1-144/16.

C. Gestattung des vorzeitigen Zuschlags (Abs. 2)

Gemäß § 169 Abs. 2 S. 1 GWB kann die Vergabekammer dem Auftraggeber auf seinen Antrag oder auf Antrag des Unternehmens, das nach § 134 GWB vom Auftraggeber als das Unternehmen benannt ist, das den Zuschlag erhalten soll (Zuschlagsbieter) gestatten, den Zuschlag zu erteilen, noch bevor die Vergabekammer ihre Hauptsacheentscheidung gemäß § 168 GWB getroffen hat.[34] 22

Durch das VergRModG 2009 und das Gesetz zur Änderung des Vergaberechts für die Bereiche Verteidigung und Sicherheit[35] ist § 169 Abs. 2 GWB wiederholt neu gefasst und in den S. 2 bis 4 um verschiedene Vorgaben für eine Interessenabwägung ergänzt worden. Die Praxis der Vergabekammern hatte gezeigt, dass Anträge auf Vorabgestattung des Zuschlags kaum gestellt und in der Regel negativ beschieden wurden. Die **Änderungen** sollten diese Situation zugunsten der im öffentlichen Interesse liegenden Auftragsvergabe verbessern.[36] 23

Ungeachtet dessen bleibt aber stets zu berücksichtigen, dass durch die Gestattung des vorzeitigen Zuschlags dem Antragsteller der Primärrechtsschutz irreversibel genommen und er auf den Sekundärrechtsschutz verwiesen wird.[37] Wegen dieses schwerwiegenden Eingriffs können § 169 Abs. 2 S. 1 und 2 GWB nur dahin gehend verstanden werden, dass eine Gestattung des Zuschlags grundsätzlich nur in besonderen **Ausnahmefällen** erfolgen darf, wenn also ein dringendes Interesse besteht, welches deutlich das Interesse an einer ordnungsgemäßen Durchführung des Nachprüfungsverfahrens übersteigt.[38] 24

Gestattet die Vergabekammer gemäß §169 Abs. 2 S. 1 GWB den Zuschlag, darf der Auftraggeber diesen nicht sofort erteilen, sondern muss gemäß § 169 Abs. 2 S. 1 GWB zwei weitere Wochen **abwarten**.[39] Dies ermöglicht den von der Zuschlagsgestattung Betroffenen, einen Antrag auf Wiederherstellung des Zuschlagsverbotes (§ 169 Abs. 2 S. 2 GWB) zu stellen. 25

Die Entscheidung der Vergabekammer über die Gestattung des Zuschlags gemäß § 169 Abs. 2 S. 1 GWB ergeht als **Verwaltungsakt** (§ 168 Abs. 3 S. 1 GWB analog). 26

Der Gestattungsantrag ist an keine **Frist** gebunden. Allerdings kann er nur gestellt werden, solange das Nachprüfungsverfahren noch nicht durch eine Entscheidung abgeschlossen ist. Auch für die Entscheidung über den Gestattungsantrag durch die Vergabekammer sieht das Gesetz keine bestimmte Entscheidungsfrist vor. Ist bis zur Entscheidung der Vergabekammer gemäß § 168 Abs. 1 GWB der Antrag auf Gestattung der vorzeitigen Erteilung des Zuschlags noch nicht entschieden, hat sich dieser Antrag erledigt.[40] 27

I. Voraussetzungen

Voraussetzung für eine vorzeitige Zuschlagsgestattung durch die Vergabekammer ist ein **Antrag** des Auftraggebers[41] oder des Unternehmens, das nach § 134 GWB vom Auftraggeber als das Unternehmen benannt ist, das den Zuschlag erhalten soll (Zuschlagsbieter).[42] Nicht erforderlich ist dabei, dass das antragstellende Unternehmen bereits von der Vergabekammer zum Nachprüfungsverfahren beigeladen wurde, denn eine solche Antragsvoraussetzung ergibt sich aus § 169 Abs. 2 S. 1 GWB nicht. Dass der Zuschlagsbieter mit der Antragstellung vorrangig seine eigenen wirtschaftlichen Interessen verfolgt, ist unschädlich, solange er auch 28

34 VK Sachsen, Beschluss v. 24.10.2018 – 1/SVK/039-18G.
35 BGBl. I 2011 S. 2570.
36 VK Berlin, Beschluss v. 27.4.2010 – VK B 2 3/10 E II.
37 OLG Naumburg, Beschluss v. 18.10.2019 – 7 Verg 4/19; OLG Frankfurt, Beschluss v. 26.1.2017 – 11 Verg 1/17; OLG Dresden, Beschluss v. 15.5.2014 – Verg 2/14; VK Sachsen, Beschluss v. 24.10.2018 – 1/SVK/039-18G; *Opitz*, NZBau 2005, 213.
38 OLG Celle, Beschluss v. 31.1.2011 – 13 Verg 21/10; OLG München, Beschluss v. 9.9.2010 – Verg 16/10.
39 OLG Naumburg, Beschluss v. 18.10.2019 – 7 Verg 4/19.
40 OLG Celle, Beschluss v. 31.1.2011 – 13 Verg 21/10; OLG Düsseldorf, Beschluss v. 22.9.2005 – VII-Verg 49/05; Beschluss v. 22.9.2005 – VII-Verg 50/05; VK Rheinland, Beschluss v. 22.7.2019 – VK 21/19-B; VK Brandenburg, Beschluss v. 17.7.2018 – VK 11/18; Beschluss v. 16.8.2013 – VK 12/13.
41 OLG Naumburg, Beschluss v. 18.10.2019 – 7 Verg 4/19; Beschluss v. 11.9.2018 – 7 Verg 4/18.
42 VK Bund, Beschluss v. 26.6.2018 – VK 2-46/18.

ein überwiegendes öffentliches Interesse der Allgemeinheit an einer raschen Auftragsvergabe geltend machen kann. Denn je größer die Wahrscheinlichkeit für einen Erfolg des für den Zuschlag vorgesehenen Bieters im Sinne einer Zurückweisung des Nachprüfungsantrags ist, umso höher ist in der Regel auch das Interesse der Allgemeinheit an einem raschen Abschluss des Vergabeverfahrens zu gewichten und umgekehrt.[43]

29 Da es sich bei diesem Antrag um ein Eil(zwischen)verfahren handelt, in dem der Vergabekammer für eine Amtsermittlung so gut wie keine Zeit bleibt, sind Auftraggeber und Zuschlagsbieter gehalten, alle entscheidenden **Tatsachen** mit Antragstellung vorzubringen (§ 167 Abs. 2 GWB). Die für eine vorzeitige Gestattung notwendigen Tatsachen hat der Auftraggeber im Einzelnen darzulegen und zu beweisen.[44]

30 Die Gestattung des Zuschlags kommt nur in Betracht, sofern der Auftraggeber bereits ein Unternehmen **ausgewählt** hat, dem der Zuschlag erteilt werden soll, und er darüber die übrigen Bieter nach § 134 GWB informiert hat, da es anderenfalls einen Zuschlag „nach Ablauf von zwei Wochen" nicht geben kann.[45]

31 Die Entscheidung der Vergabekammer über die Gestattung der Zuschlagserteilung ist ausweislich des Wortlauts der Regelung („kann gestatten") eine **Ermessensentscheidung**. Die Vergabekammer ist daher auch bei Vorliegen der Voraussetzungen nicht verpflichtet, die Zuschlagserteilung zu gestatten.

32 Die Regelungen des § 169 Abs. 2 S. 1 bis 4 GWB sehen für ein Gestattungsverfahren – im Gegensatz zum Hauptsacheverfahren (§ 166 Abs. 1 S. 1 GWB) – eine zwingende **mündliche Verhandlung** nicht vor,[46] dementsprechend wird in der Praxis über den Antrag auf vorzeitige Gestattung des Zuschlages häufig im schriftlichen Verfahren entschieden. Gleichwohl muss die Vergabekammer allen Beteiligten des Nachprüfungsverfahrens vor einer Entscheidung über den Eilantrag Gelegenheit zur Stellungnahme geben. Dies ergibt sich zwar nicht aus § 169 Abs. 2 GWB, folgt aber aus § 28 Abs. 1 VwVfG, da es sich bei der Entscheidung der Vergabekammer über die vorzeitige Gestattung des Zuschlags um einen Verwaltungsakt handelt.

1. Maßstab der Abwägung (S. 1)

33 § 169 Abs. 2 S. 1 GWB lässt die Vorabgestattung zu, wenn unter Berücksichtigung aller möglicherweise geschädigten Interessen sowie des Interesses der Allgemeinheit an einem raschen Abschluss des Vergabeverfahrens die nachteiligen Folgen einer Verzögerung der Vergabe bis zum Abschluss der Nachprüfung die damit verbundenen Vorteile überwiegen.

34 Die Entscheidung erfolgt auf Grundlage einer summarischen Prüfung.[47] In dieser ist gemäß § 169 Abs. 2 S. 1 GWB eine **Interessenabwägung** unter Berücksichtigung aller möglicherweise geschädigten Interessen des Antragstellers durch eine vorzeitige Zuschlagserteilung und dem Interesse des Auftraggebers und der Allgemeinheit sowie des Zuschlagsaspiranten an einer zügigen Beendigung des Vergabeverfahrens durchzuführen.[48] Für die Abwägung ist regelmäßig auch, aber „nicht in jedem Fall", auf die Erfolgsaussichten des Antragstellers im Nachprüfungsverfahren abzustellen. Jedenfalls dann, wenn die Erfolgsaussichten des Nachprüfungsantrages schon bei summarischer Prüfung fehlen, sich also die Unzulässigkeit bzw. Unbegründetheit des Nachprüfungsantrags sofort und auf den ersten Blick erschließt, ergibt

43 VK Bund, Beschluss v. 26.6.2018 – VK 2-46/18, mit Verweis auf OLG Düsseldorf, Beschluss v. 9.7.2012 – VII-Verg 18/12.

44 OLG Celle, Beschluss v. 31.1.2011 – 13 Verg 21/10; VK Schleswig-Holstein, Beschluss v. 11.9.2009 – VK-SH 14/09.

45 VK Berlin, Beschluss v. 18.3.2010 – VK B 2 3/10 E.

46 OLG Düsseldorf, Beschluss v. 9.5.2011 – VII-Verg 40/11; Beschluss v. 9.5.2011 – VII-Verg 41/11; VK Sachsen-Anhalt, Beschluss v. 20.9.2019 – 1 VK LSA 16/19; VK Hessen, Beschluss v. 7.9.2017 – 69d-VK-25/2017; VK Berlin, Beschluss v. 18.3.2010 – VK B 2 3/10 E.

47 OLG Naumburg, Beschluss v. 22.11.2019 – 7 Verg 7/19.

48 OLG Naumburg, Beschluss v. 22.11.2019 – 7 Verg 7/19; OLG Düsseldorf, Beschluss v. 20.7.2015 – VII-Verg 37/15; VK Hessen, Beschluss v. 24.2.2014 – 69d-VK-05/2014; VK Nordbayern, Beschluss v. 1.3.2013 – 21.VK-3194-08/13; *Herrmann*, in: Ziekow/Völlink, Vergaberecht, § 169 GWB Rn. 14.

sich hieraus ein maßgeblicher Aspekt für die Abwägungsentscheidung.[49] Allerdings kann allein der Umstand der voraussichtlichen Zurückweisung des Nachprüfungsantrags dem Antrag nach § 169 Abs. 2 GWB nicht per se und automatisch zum Erfolg verhelfen. Ohne Hinzutreten weiterer Umstände wie z. B. einer zeitlichen Verzögerung des Vertragsschlusses würde dies sonst dazu führen, dass der gesetzlich geregelte primäre Vergaberechtsschutz, zu dem der Antrag nach § 169 Abs. 2 GWB in einem Ausnahmeverhältnis steht, ausgehebelt würde.[50] Der Zuschlag kann gestattet werden, wenn das Interesse am Abschluss des Vertrages so stark ist, dass nicht bis zur Entscheidung (in spätestens fünf Wochen zuzüglich zwei Wochen Rechtsmittelfrist) gewartet werden kann, der Vollzug der Vergabe muss also außergewöhnlich eilbedürftig sein.[51] Die nachteiligen Folgen einer Verzögerung der Vergabe bis zum Abschluss des Nachprüfungsverfahrens müssen die Vorteile des Vergaberechtsschutzes deutlich überwiegen.

Im Rahmen der Interessenabwägung über eine Zuschlagsgestattung ist zu berücksichtigen, dass eine vorzeitige Zuschlagsgestattung nur in **Ausnahmefällen**[52] in Betracht kommt, da hierdurch dem Antragsteller der unionsrechtlich gewährte Primärrechtsschutz irreversibel abgeschnitten wird und der Bieter auf den Sekundärrechtsschutz verwiesen wird.[53] An dieser, nicht zuletzt auf verfassungsrechtlichen Erwägungen beruhenden Ausgangsposition, hat sich auch durch die teilweise Neufassung des § 115 (a.F.) GWB im Jahre 2009 nichts Entscheidendes geändert.[54] Zu beachten ist, dass an der Effektivität des Primärrechtsschutzes auch ein Interesse der Allgemeinheit besteht,[55] weil die Durchsetzung der vergaberechtlichen Regelungen in der Beschaffungspraxis vor allem durch die Gewährung von Individualrechtsschutz erfolgen soll, weil das Vergaberecht angewendet und „gelebt" werden und nicht (nur) dessen fehlerhafte Anwendung sanktioniert werden soll.[56] 35

Sind in die Interessenabwägung **Nachteile** einzubeziehen, die dadurch entstehen, dass das Zuschlagsverbot weiterhin besteht, so ist allein die zeitliche Verzögerung um die Dauer des fünfwöchigen Nachprüfungsverfahrens sowie der sich anschließenden zweiwöchigen Rechtsmittelfrist nicht geeignet, einen vorzeitigen Zuschlag zu begründen.[57] Zudem ist bei der Abwägung zu berücksichtigen, ob eine zeitliche Verzögerung, die einen schnellen Zuschlag erfordert, sich auf Umstände stützt, die der Auftraggeber **selbst herbeigeführt** hat, anderenfalls würde man den Auftraggeber privilegieren, der zögerlich und schleppend die Vergabe betreibt.[58] Im Regelfall ist davon auszugehen, dass die kurzen Fristen im Nachprüfungsverfahren und das Beschleunigungsgebot des § 167 Abs. 1 GWB den Interessen des Auftraggebers und der Allgemeinheit bereits hinreichend Rechnung tragen. 36

Etwas anderes kann gelten, wenn durch den Suspensiveffekt die **Auftragsdurchführung unmöglich** wäre, so beispielsweise, wenn der reibungslose Ablauf einer kurz bevorstehenden Großveranstaltung erheblich beeinträchtigt oder gar generell infrage gestellt würde,[59] die Erfüllung öffentlicher Aufgaben[60] oder beispielsweise die Aufrechterhaltung der öffentlichen Sicherheit[61] mit hinreichender Wahrscheinlichkeit beeinträchtigt würde.[62] **Finanzielle Nach-** 37

---

49 OLG Naumburg, Beschluss v. 22.11.2019 – 7 Verg 7/19; VK Bund, Beschluss v. 28.8.2020 – VK 2-57/20; Beschluss v. 11.7.2017 – VK 2-62/17.
50 VK Bund, Beschluss v. 17.12.2018 – VK 2-104/18.
51 VK Sachsen-Anhalt, Beschluss v. 2.2.2018 – 1 VK LSA 45-48/17; VK Schleswig-Holstein, Beschluss v. 11.9.2009 – VK-SH 14/09, mit Verweis auf die Gesetzesbegründung, VgRÄG, BT-Drs. 13/9340, 20 ff., 50.
52 OLG Dresden, Beschluss v. 15.5.2014 – Verg 2/14.
53 VK Berlin, Beschluss v. 29.1.2019 – VK-B1-33/18.
54 VK Baden-Württemberg, Beschluss v. 12.6.2014 – 1 VK 24/14; VK Hessen, Beschluss v. 24.2.2014 – 69d-VK-05/2014; VK Sachsen, Beschluss v. 17.8.2012 – 1/SVK/021-12.
55 VK Sachsen-Anhalt, Beschluss v. 28.2.2019 – 1 VK LSA 03 /19.
56 OLG Naumburg, Beschluss v. 22.11.2019 – 7 Verg 7/19.
57 OLG München, Beschluss v. 9.9.2010 – Verg 16/10; VK Nordbayern, Beschluss v. 1.3.2013 – 21.VK-3194-08/13.
58 VK Hessen, Beschluss v. 24.2.2014 – 69d-VK-05/2014; VK Sachsen, Beschluss v. 13.8.2009 – 1/SVK/034-09; Beschluss v. 13.8.2009 – 1/SVK/034-09G.
59 VK Hessen, Beschluss v. 27.4.2009 – 69d-VK-10/2009; VK Bund, Beschluss v. 30.9.2005 – VK 3-130/05.
60 VK Sachsen-Anhalt, Beschluss v. 23.6.2017 – 2 VK LSA 11/17; VK Arnsberg, Beschluss v. 16.12.2013 – VK 21/13; VK Brandenburg, Beschluss v. 12.4.2002 – VK 15/02.
61 OLG Celle, Beschluss v. 31.1.2011 – 13 Verg 21/11; VK Hessen, Beschluss v. 24.2.2014 – 69d-VK-05/2014.
62 Vgl. etwa VK Bund, Beschluss v. 5.9.2002 – VK 2-68/02; VK Hessen, Beschluss v. 11.2.2002 – 69d-VK-48/2001.

teile des Auftraggebers können allenfalls dann in die Abwägung mit einfließen, wenn sie in erheblicher Höhe auftreten und den Auftraggeber unabhängig vom Auftragswert der Ausschreibung außergewöhnlich stark belasten, da dies anderenfalls zu dem Ergebnis führen würde, dass in Fällen mit erheblichem finanziellem Umfang und herausragender wirtschaftlicher Bedeutung der Grundsatz des § 169 Abs. 1 GWB regelmäßig außer Kraft gesetzt wäre.[63]

38 Ebenso wie bei der Hauptsacheentscheidung gilt auch bei der Gestattung des vorzeitigen Zuschlags das **Verhältnismäßigkeitsprinzip**. Hat der Auftraggeber die Möglichkeit, die Interessen der Allgemeinheit an einem raschen Abschluss des Vergabeverfahrens dadurch zu wahren, dass er eine Interimslösung ergreift, stellt sich dies gegenüber einer vorzeitigen Zuschlagserteilung als das mildere Mittel dar und kann gegen die Gestattung des vorzeitigen Zuschlags sprechen.[64]

2. Interesse an wirtschaftlicher Erfüllung (S. 2 Hs. 1)

39 Nach § 169 Abs. 2 S. 2 Hs. 1 GWB ist bei der Abwägung das Interesse der Allgemeinheit an einer wirtschaftlichen Erfüllung der Aufgaben des Auftraggebers zu berücksichtigen. Die Formulierung „ist zu berücksichtigen" soll klarstellen, dass anstelle eines ursprünglich beabsichtigten absoluten Vorranges wirtschaftlicher Interessen des Auftraggebers[65] nunmehr nur deren grundsätzliche Berücksichtigung bei der Interessenabwägung zu beachten ist.

40 § 169 Abs. 2 S. 2 GWB ist erst im Laufe des Gesetzgebungsverfahrens zum **VergRModG 2009** in § 169 Abs. 2 GWB aufgenommen worden, in der Gesetzesbegründung werden dazu keine gesonderten Ausführungen gemacht.[66] In § 169 Abs. 2 S. 2 GWB konkretisiert der Gesetzgeber das überwiegende Interesse der Allgemeinheit durch die Benennung eines weiteren Beispiels. Sicherlich sollte durch diese Erwähnung das Interesse des Auftraggebers an der verzögerungsfreien und wirtschaftlichen Erfüllung seiner öffentlichen Aufgabe gestärkt werden.

41 Das Interesse der Allgemeinheit an einer **wirtschaftlichen Erfüllung** der Aufgaben des Auftraggebers erhält explizit Gewicht, weshalb in die Abwägung sowohl die Vorzüge einer vorzeitigen Zuschlagserteilung auf das derzeit als wirtschaftlichstes erscheinende Angebot als auch ein unter Umständen bestehendes und vermeidbares Schadensersatzrisiko Berücksichtigung finden können. Soweit sich allerdings ein Auftraggeber lediglich pauschal auf mögliche Kostensteigerungen und Schadensersatzansprüche beruft, wird dies nicht genügen, um darzulegen, dass die behaupteten wirtschaftlichen Belastungen über die typischen und vom Gesetzgeber mit der Regelung eines prozessualen Zuschlagsverbots grundsätzlich in Kauf genommenen Nachteile hinausgehen. Verzögerungsschäden können einen Antrag auf vorzeitige Gestattung des Zuschlags allenfalls dann begründen, wenn sie eine ganz außergewöhnliche wirtschaftliche Belastung für den Auftraggeber darstellen würden und hierdurch herausragende Belange des allgemeinen Wohls gefährdet wären.[67]

3. Verteidigungs- und Sicherheitsinteressen (S. 2 Hs. 1 und S. 3)

42 Bei verteidigungs- oder sicherheitsspezifischen öffentlichen Aufträgen i.S.d. § 104 GWB sind nach § 169 Abs. 2 S. 2 Hs. 2 GWB bei der Interessenabwägung zusätzlich besondere Verteidigungs- und Sicherheitsinteressen zu berücksichtigen.

43 Um welche besonderen **Verteidigungs- und Sicherheitsinteressen** es sich handelt und mit welchem Gewicht die zusätzliche Berücksichtigung erfolgen soll, lässt das Gesetz offen. Sicherlich wird der Auftraggeber die Verteidigungs- und Sicherheitsinteressen konkret darlegen

63 LSG Nordrhein-Westfalen, Beschluss v. 30.1.2009 – L 21 KR 1/08 SFB; VK Arnsberg, Beschluss v. 16.12.2013 – VK 21/13; VK Südbayern, Beschluss v. 29.7.2010 – Z3-3-3194-1-39-06/10.

64 OLG Frankfurt, Beschluss v. 26.1.2017 – 11 Verg 1/17; OLG Düsseldorf, Beschluss v. 20.7.2015 – VII-Verg 37/15; Beschluss v. 24.1.2014 – VII-Verg 3/14; VK Hessen, Beschluss v. 12.1.2017 – 69d-VK-58/2016; VK Schleswig-Holstein, Beschluss v. 11.9.2009 – VK-SH 14/09.

65 Vgl. Beschlussempfehlung und Bericht des Ausschusses für Wirtschaft und Technologie, VergRModG 2009, BT-Drs. 16/11428, 14.

66 Vgl. Gesetzesbegründung zu § 115 GWB a.F., VergRModG 2009, BT-Drs. 16/10117, 23.

67 OLG Naumburg, Beschluss v. 11.9.2018 – 7 Verg 4/18; OLG Dresden, Beschluss v. 14.6.2001 – WVerg 4/ 01.

müssen, ein zwingender Vorrang dieser Interessen wird durch § 169 Abs. 2 S. 2 Hs. 2 GWB aber nicht eingeräumt.

Nach § 169 Abs. 2 S. 3 GWB **überwiegen** diese Interessen in der Regel, wenn der öffentliche Auftrag oder die Konzession im unmittelbaren Zusammenhang steht mit einer Krise (Nr. 1), einem mandatierten Einsatz der Bundeswehr (Nr. 2), einer einsatzgleichen Verpflichtung der Bundeswehr (Nr. 3) oder einer Bündnisverpflichtung (Nr. 4). Durch das am 2. April 2020 in Kraft getretene Gesetz zur beschleunigten Beschaffung im Bereich der Verteidigung und Sicherheit und zur Optimierung der Vergabestatistik wurden in § 169 GWB Änderungen durch Einfügung von § 169 Abs. 2 S. 3 GWB vorgenommen, um den Bedarf für Einsätze und einsatzgleiche Verpflichtungen der Bundeswehr schneller decken zu können,[68] da für diese Fälle angenommen wird, dass hier regelmäßig ein besonders eilbedürftiger Beschaffungsbedarf besteht.[69] Die neu eingefügten Regelbeispiele bezwecken deshalb, dass die Vergabekammer bzw. das Oberlandesgericht diese Fälle besonders berücksichtigt, wenn sie die Abwägungsentscheidung zu treffen haben, ob die Vor- oder die Nachteile einer Zuschlagsgestattung vor Abschluss des Nachprüfungsverfahrens überwiegen. Liegt eine der genannten Fallkonstellationen vor, sollte dies mit derart starkem Gewicht in die Abwägung eingehen, dass der Vorabzuschlag in der Regel gewährt wird. Ziel ist es, insbesondere in diesen Beispielsfällen eine Verzögerung der Beschaffung aufgrund eines Nachprüfungsverfahrens möglichst zu vermeiden oder zumindest – soweit möglich – zu minimieren. 44

Erforderlich ist aber, dass der öffentliche Auftrag oder die Konzession in unmittelbarem Zusammenhang mit einer der aufgezählten **Konstellationen** steht, also im Regelfall einen Beschaffungsbedarf bedienen soll, der aufgrund einer solchen Konstellation entstanden ist oder sich mengenmäßig erhöht hat.[70] Liegt eine der Konstellationen vor, obliegt es aber weiterhin dem zuständigen Spruchkörper, im Wege der Abwägung über die Gestattung des Zuschlags vor Abschluss des Nachprüfungsverfahrens zu entscheiden. Der Begriff der Krise (Nr. 1) ist bereits definiert in § 4 VSVgV, der seinerseits Art. 1 Nr. 10 RL 2009/81/EG umsetzt. Danach ist eine „Krise" jede Situation in einem Mitgliedstaat oder einem Drittland, in der ein Schadensereignis eingetreten ist, welches deutlich über die Ausmaße von Schadensereignissen des täglichen Lebens hinausgeht und dabei Leben und Gesundheit zahlreicher Menschen erheblich gefährdet oder einschränkt, eine erhebliche Auswirkung auf Sachwerte hat oder lebensnotwendige Versorgungsmaßnahmen für die Bevölkerung erforderlich macht; eine Krise liegt auch vor, wenn das Eintreten eines solchen Schadensereignisses als unmittelbar bevorstehend angesehen wird; auch bewaffnete Konflikte und Kriege sind Krisen im Sinne der VSVgV.[71] Unter einem mandatierten Einsatz (Nr. 2) ist ein Auslandseinsatz der Bundeswehr zu verstehen, der auf der Grundlage einer Resolution des Sicherheitsrats der Vereinten Nationen erfolgt und für den ein entsprechendes Mandat des Deutschen Bundestags vorliegt.[72] Als einsatzgleiche Verpflichtung (Nr. 3) sind Tätigkeiten der Bundeswehr anzusehen, die einem Einsatz vergleichbar sind, ohne dass ein förmliches Mandat des Deutschen Bundestags vorliegt.[73] Bei einer Bündnisverpflichtung (Nr. 4) handelt es sich um Beiträge der Bundeswehr, die sich aus ihrer Zugehörigkeit zu einem Verteidigungsbündnis (insbesondere NATO) ergeben.[74] 45

68 Vgl. Gesetzesbegründung, Gesetz zur beschleunigten Beschaffung im Bereich der Verteidigung und Sicherheit und zur Optimierung der Vergabestatistik, BT-Drs. 19/15603, 1.

69 Vgl. Gesetzesbegründung zu § 169 Abs. 2 S. 3 GWB, Gesetz zur beschleunigten Beschaffung im Bereich der Verteidigung und Sicherheit und zur Optimierung der Vergabestatistik, BT-Drs. 19/15603, 59.

70 Vgl. Gesetzesbegründung zu § 169 Abs. 2 S. 3 GWB, Gesetz zur beschleunigten Beschaffung im Bereich der Verteidigung und Sicherheit und zur Optimierung der Vergabestatistik, BT-Drs. 19/15603, 59.

71 Vgl. Gesetzesbegründung zu § 169 Abs. 2 S. 3 GWB, Gesetz zur beschleunigten Beschaffung im Bereich der Verteidigung und Sicherheit und zur Optimierung der Vergabestatistik, BT-Drs. 19/15603, 59.

72 Vgl. Gesetzesbegründung zu § 169 Abs. 2 S. 3 GWB, Gesetz zur beschleunigten Beschaffung im Bereich der Verteidigung und Sicherheit und zur Optimierung der Vergabestatistik, BT-Drs. 19/15603, 59.

73 Vgl. Gesetzesbegründung zu § 169 Abs. 2 S. 3 GWB, Gesetz zur beschleunigten Beschaffung im Bereich der Verteidigung und Sicherheit und zur Optimierung der Vergabestatistik, BT-Drs. 19/15603, 59.

74 Vgl. Gesetzesbegründung zu § 169 Abs. 2 S. 3 GWB, Gesetz zur beschleunigten Beschaffung im Bereich der Verteidigung und Sicherheit und zur Optimierung der Vergabestatistik, BT-Drs. 19/15603, 59.

46 Als Krise, d.h. Schadensereignis, welches deutlich über die Ausmaße von Schadensereignissen des täglichen Lebens hinausgeht und dabei Leben und Gesundheit zahlreicher Menschen erheblich gefährdet oder einschränkt, ist sicherlich auch die **„COVID-19-Krise"** zu verstehen. Dies lässt sich jedenfalls aus der Mitteilung der Kommission vom 1. April 2020 über die Leitlinien der Europäischen Kommission zur Nutzung des Rahmens für die Vergabe öffentlicher Aufträge in der durch die COVID-19-Krise verursachten Notsituation[75] (2020/C 108 I/01) ableiten. Diese definiert die COVID-19-Pandemie als eine *„Gesundheitskrise, die schnelle und intelligente Lösungen und Flexibilität erfordert, wenn es darum geht, eine explodierende Nachfrage nach ähnlichen Waren und Dienstleistungen zu bewältigen, während bestimmte Lieferketten unterbrochen sind"*. Ähnliches ergibt sich aus dem Rundschreiben des Bundesministeriums für Wirtschaft und Energie vom 19. März 2020 zur Anwendung des Vergaberechts im Zusammenhang mit der Beschaffung von Leistungen zur Eindämmung der Ausbreitung des neuartigen Coronavirus SARS-CoV-2.[76]

4. Allgemeine Aussichten auf Auftrags- oder Konzessionserhalt und Erfolgsaussichten des Nachprüfungsantrags (S. 4 und 5)

47 Nach § 169 Abs. 2 S. 4 GWB berücksichtigt die Vergabekammer bei der Interessenabwägung auch die allgemeinen Aussichten des Antragstellers im Vergabeverfahren, den Auftrag oder die Konzession zu erhalten. Die Erfolgsaussichten des Nachprüfungsantrags müssen nach § 169 Abs. 2 S. 5 GWB nicht in jedem Fall Gegenstand der Abwägung sein, sie dürfen es aber.[77]

48 Mit dem **VergRModG** 2009 wurde in den Tatbestand des § 169 Abs. 2 GWB der S. 4 neu aufgenommen, dass die Vergabekammer auch die allgemeinen Aussichten des Antragstellers im Vergabeverfahren, den Auftrag zu erhalten, berücksichtigt. Das VergRModG 2016 ergänzte die Regelung um die allgemeinen Aussichten auf den Erhalt der Konzession.

49 § 169 Abs. 2 S. 4 GWB ist trotz des Einschubs des neuen § 169 Abs. 2 S. 3 GWB unverändert geblieben. Deshalb ist davon auszugehen, dass **Bezugspunkt** für die Formulierung „Die Vergabekammer berücksichtigt dabei" nach wie vor die Interessenabwägung „Bei der Abwägung" des § 169 Abs. 2 S. 2 GWB ist. Gemeint sind hier nicht die Erfolgsaussichten, mit dem gestellten Nachprüfungsantrag zu obsiegen, sondern die Aussichten des Antragstellers, tatsächlich den Zuschlag zu erhalten. Dabei geht es zum Beispiel um die Platzierung des Angebotes des Antragstellers und abgeleitet daraus die Chance, den Zuschlag zu erhalten.[78]

50 Die Aussicht auf **Auftrags-** oder **Konzessionserhalt**, d.h. die Platzierung und die Chance des antragstellenden Bieters, den Zuschlag zu erhalten, soll nach der Regelung ein wichtiges Indiz für die Entscheidungsfindung der Kammer sein.[79]

51 Durch den sich anschließenden § 169 Abs. 2 S. 5 GWB wird klargestellt, dass die Vergabekammer die **Erfolgsaussichten** des Nachprüfungsverfahrens berücksichtigen kann, dazu allerdings nicht verpflichtet ist. Sie darf deshalb grundsätzlich auch (lediglich) auf der Grundlage der Abwägung der beteiligten Interessen die Voraberteilung des Zuschlags gestatten.[80] Als Argument hierfür wird in der amtlichen Begründung angeführt, dass Konstellationen denkbar seien, in denen die summarische Prüfung der Erfolgsaussichten im Nachprüfungsverfahren die Erteilung des Vorabzuschlags ungebührlich verzögern würde und damit dem überwiegenden Interesse der Allgemeinheit an einem raschen Abschluss des Vergabeverfahrens nicht ausrei-

75 Europäische Kommission, Leitlinien der Europäischen Kommission zur Nutzung des Rahmens für die Vergabe öffentlicher Aufträge in der durch die COVID-19-Krise verursachten Notsituation (2020/C 108 I/01).

76 Bundesministerium für Wirtschaft und Energie, Rundschreiben zur Anwendung des Vergaberechts im Zusammenhang mit der Beschaffung von Leistungen zur Eindämmung der Ausbreitung des neuartigen Coronavirus SARS-CoV-2 vom 19. März 2020 (2060 I/000#003).

77 VK Hessen, Beschluss v. 7.9.2017 – 69d-VK-25/2017.

78 Gesetzesbegründung zu § 115 GWB a.F., VergRModG 2009, BT-Drs. 16/10117, 23.

79 Gesetzesbegründung zu § 115 GWB a.F., VergRModG 2009, BT-Drs. 16/10117, 23; *Kühnen*, NZBau 2009, 357 (359).

80 So beispielsweise VK Berlin, Beschluss v. 27.4.2010 – VK B 2 3/10 E II; VK Münster, Beschluss v. 22.1.2010 – VK 29/09 E.

chend Rechnung getragen würde.[81] Dabei soll die prozessuale Durchsetzung des subjektiv-öffentlichen Rechts auf Einhaltung der Vergabevorschriften durch die Möglichkeit der Beschwerde zum Oberlandesgericht sichergestellt sein. Nach herrschender Meinung aber ist der Verzicht auf die Berücksichtigung der Erfolgsaussichten auf Fallkonstellationen begrenzt, in denen einerseits eine Klärung der Erfolgsaussichten noch Zeit in Anspruch nimmt und zum anderen der Auftraggeber besonders dringlich auf die Leistung angewiesen ist.[82] Allerdings könnte selbst die mangelnde Erfolgsaussicht eines Nachprüfungsantrags für sich genommen die Gestattung des vorzeitigen Zuschlags nicht rechtfertigen, ohne dass ein besonderes Beschleunigungsinteresse des Auftraggebers hinzutritt.[83] Ist der Nachprüfungsantrag dahingegen voraussichtlich begründet, kommt eine vorzeitige Gestattung des Zuschlages nur in krassen Ausnahmefällen in Betracht, denn andernfalls würde dies dem Gebot des effektiven Rechtsschutzes zuwiderlaufen. Leidet also beispielsweise das Vergabeverfahren unter erheblichen Mängeln, kommt die Gestattung einer vorzeitigen Zuschlagserteilung nicht in Betracht.[84] Es müsste absehbar sein, dass bei einer Ablehnung des entsprechenden Antrages für die Allgemeinheit massive Nachteile eintreten würden, die durch eine Korrektur des Vergabeverfahrens nicht kompensiert werden könnten.[85]

II. Rechtsschutz

Gegen Entscheidungen der Vergabekammer über die Vorabgestattung des Zuschlags kann der Antragsteller lediglich einen Antrag an das Beschwerdegericht richten, das Verbot des Zuschlags wiederherzustellen (§ 169 Abs. 2 S. 6 GWB).[86] Ein Auftraggeber hingegen kann bei dem Beschwerdegericht gegen die Ablehnung des Antrages auf Vorabgestattung des Zuschlages nach § 169 Abs. 2 S. 7 GWB vorgehen. 52

Bei diesen Anträgen handelt es sich um ein **eigenständiges Rechtsmittel** (eigenständiges Beschwerdeverfahren), das mit der sofortigen Beschwerde nach § 171 Abs. 1 GWB nicht verwechselt werden darf.[87] Aus dem Gesetzeswortlaut folgt, dass eine sofortige Beschwerde i.S.d. § 171 GWB gegen Entscheidungen der Vergabekammer über Anträge auf Gestattung des vorzeitigen Zuschlages nicht zulässig ist – dies ergibt sich auch aus § 169 Abs. 2 S. 9 GWB.[88] 53

1. Wiederherstellung des Zuschlagsverbots (S. 6)

Nach § 169 Abs. 2 S. 6 Hs. 1 GWB kann das Beschwerdegericht auf Antrag das Verbot des Zuschlags nach § 169 Abs. 1 GWB wiederherstellen. Die Regelung in § 168 Abs. 2 S. 1 GWB bleibt nach § 169 Abs. 2 S. 6 Hs. 2 GWB unberührt. 54

Aus der Formulierung „kann wiederherstellen" folgt, wie aus jeder „Kann-Vorschrift", dass dem Beschwerdegericht hier ein **Ermessen** zusteht. 55

Der Antrag auf Wiederherstellung des Zuschlagsverbots ist nicht an eine **Frist** gebunden. Allerdings endet das Zuschlagsverbot gemäß § 169 Abs. 2 S. 1 GWB nach Ablauf von zwei Wochen seit Bekanntgabe der (Gestattungs-)Entscheidung. Durch den Hinweis in § 169 Abs. 2 S. 2 GWB auf § 168 Abs. 2 S. 1 GWB wird ausdrücklich darauf hingewiesen, dass ein (sodann) erteilter Zuschlag vom Beschwerdegericht nicht mehr aufgehoben werden kann. 56

---

81 Gesetzesbegründung zu § 115 GWB a.F., VergRModG 2009, BT-Drs. 16/10117, 24 ff.; OLG Frankfurt, Beschluss v. 12.10.2017 – 11 Verg 13/17.
82 Vgl. OLG Düsseldorf, Beschluss v. 9.5.2011 – VII-Verg 42/11; OLG Celle, Beschluss v. 31.1.2011 – 13 Verg 21/10; VK Baden-Württemberg, Beschluss v. 12.6.2014 – 1 VK 24/14; *Gause*, in: Willenbruch/Wieddekind, Vergaberecht, § 169 GWB Rn. 5.
83 OLG Naumburg, Beschluss v. 22.11.2019 – 7 Verg 7/19; Beschluss v. 12.10.2017 – 11 Verg 13/17; OLG Frankfurt, Beschluss v. 5.3.2014 – 11 Verg 1/14; OLG Düsseldorf, Beschluss v. 9.7.2012 – VII-Verg 18/12; VK Sachsen, Beschluss v. 24.10.2018 – 1/SVK/039-18G; VK Bund, Beschluss v. 26.6.2018 – VK 2-46/18.
84 OLG Düsseldorf, Beschluss v. 20.7.2015 – VII-Verg 37/15.
85 VK Sachsen-Anhalt, Beschluss v. 27.3.2014 – 2 VK LSA 04/14.
86 OLG Naumburg, Beschluss v. 18.10.2019 – 7 Verg 4/19; Beschluss v. 11.9.2018 – 7 Verg 4/18.
87 *Herrmann*, in: Ziekow/Völlink, Vergaberecht, § 169 GWB Rn. 37.
88 VK Berlin, Beschluss v. 18.3.2010 – VK B 2 3/10 E.

57 Der Antrag auf Wiederherstellung des Zuschlagsverbots ist vor dem **Beschwerdegericht** zu stellen. Die Beantragung vor der Vergabekammer genügt daher nicht.

58 Für das Verfahren vor dem Beschwerdegericht herrscht **Anwaltszwang.** Dies ergibt sich aus der Verweisung des § 169 Abs. 2 S. 8 GWB auf § 176 Abs. 3 GWB, der seinerseits auf § 175 GWB verweist. Juristische Personen des öffentlichen Rechts können sich durch Beamte oder Angestellte mit Befähigung zum Richteramt vertreten lassen.

59 **Antragsberechtigt** sind alle durch die vorzeitige Zuschlagsgestattung beschwerten Beteiligten des Nachprüfungsverfahrens, also neben dem Antragsteller[89] auch die Beigeladenen (beispielsweise sofern ihnen nicht der Zuschlag erteilt werden soll).

60 Dieser Antrag hat keinen **Suspensiveffekt**. Insoweit ist dem Antragsteller des Nachprüfungsverfahrens zu raten, gleichzeitig mit der Einlegung der sofortigen Beschwerde eine Zwischenverfügung zu beantragen, nach der das Zuschlagsverbot bis zur Entscheidung des Beschwerdegerichts wieder hergestellt wird.[90] Wenn das Beschwerdegericht bis zum Ablauf der Zwei-Wochen-Frist noch keine Entscheidung getroffen hat, darf der Zuschlag erteilt werden.

61 Gemäß § 169 Abs. 2 S. 6 Hs. 2 GWB bleibt **§ 168 Abs. 2 S. 1 GWB** unberührt, das heißt, der Zuschlag bleibt selbst dann wirksam und kann vom Beschwerdegericht nicht mehr aufgehoben werden, wenn dieses später feststellt, dass die Gestattung des Zuschlages nicht gerechtfertigt war.

62 Ist es dem Beschwerdegericht nicht möglich, innerhalb der Zwei-Wochen-Frist eine sachgerechte Entscheidung zu treffen, kann es im Wege einer **Zwischenverfügung** das Zuschlagsverbot einstweilig bis zur Entscheidung über den Antrag nach § 169 Abs. 2 S. 6 GWB verlängern.[91] Die Möglichkeit zum Erlass einer Zwischenverfügung ergibt sich zwar nicht aus § 169 GWB, in der Rechtsprechung ist die Möglichkeit einer solchen Zwischenverfügung durch das Gericht aber durchaus anerkannt.[92] Die Möglichkeit zum Erlass einer Zwischenverfügung dürfte aus dem allgemeinen Rechtsstaatsprinzip und der Rechtsweggarantie des Art. 19 Abs. 4 S. 1 GG folgen. Diese gewährleisten einen Anspruch des Rechtssuchenden auf Aussetzung der Vollziehung einer Entscheidung bis zu einer möglichen zweitinstanzlichen Entscheidung im Verfahren des einstweiligen Rechtsschutzes, wenn dieser Eilantrag nicht offensichtlich unzulässig oder die Zwischenverfügung missbräuchlich ist.[93]

63 Verfahrensbeteiligte, die verhindern wollen, dass der Auftraggeber den Zuschlag erteilt, sind also gut beraten, schnellstmöglich nach Bekanntgabe des Beschlusses über die vorzeitige Zuschlagsgestattung den **Antrag** auf Wiederherstellung des Zuschlagsverbots beim zuständigen Beschwerdegericht einzureichen, damit dieses noch vor Ablauf der Wartefrist entscheiden kann. Die Beschwerde ist schriftlich einzulegen und muss begründet werden. Dies ergibt sich aus § 169 Abs. 2 S. 8 GWB, der für das Verfahren vor dem Beschwerdegericht die entsprechende Geltung des § 176 Abs. 2 S. 1 und 2 und Abs. 3 GWB anordnet. In diesem Antrag sollte möglichst nachvollziehbar dargelegt werden, warum die von der Vergabekammer angenommene Eilbedürftigkeit des Zuschlags falsch ist. Dafür sollte der Antragsteller alle entscheidungserheblichen Tatsachen, insbesondere die Gründe für die fehlende Eilbedürftigkeit, glaubhaft machen. Es genügt also nicht die bloße Behauptung.

64 Bei der Wiederherstellung des Zuschlagsverbots hat das Beschwerdegericht den gleichen **Prüfungsmaßstab** anzuwenden wie bei der Gestattung des Zuschlags durch die Vergabekammer nach § 169 Abs. 2 S. 1 GWB.[94] Dies ergibt sich zwar nicht explizit aus § 169 Abs. 2 S. 6

89 OLG Naumburg, Beschluss v. 18.10.2019 – 7 Verg 4/19; Beschluss v. 11.9.2018 – 7 Verg 4/18.

90 *Antweiler*, in: Burgi/Dreher, Vergaberecht, § 169 GWB Rn. 49; *Reidt*, in: Reidt/Stickler/Glahs, Vergaberecht, § 169 GWB Rn. 65.

91 OLG Düsseldorf, Beschluss v. 24.1.2014 – VII-Verg 3/14; Beschluss v. 30.4.2008 – VII-Verg 23/08; OLG München, Beschluss v. 9.9.2010 – Verg 16/10; *Herrmann*, in: Ziekow/Völlink, Vergaberecht, § 169 GWB Rn. 38.

92 Vgl. OLG Düsseldorf, Beschluss v. 15.8.2011 – 27 W 1/11; Urteil v. 13.1.2010 – I-U 27 U 1/09.

93 Vgl. zu sogenannten Hängebeschlüssen VG Berlin, Beschluss v. 9.9.2010 – 35 L 315/10; OLG Stuttgart, Beschluss v. 21.7.2015 – 10 31/15; vorhergehend LG Heilbronn, Beschluss v. 15.7.2015 – Si 8 O 197/15.

94 OLG Naumburg, Beschluss v. 18.10.2019 – 7 Verg 4/19; Beschluss v. 11.9.2018 – 7 Verg 4/18; OLG Düsseldorf, Beschluss v. 9.5.2011 – VII-Verg 45/11.

GWB, allerdings verweist § 169 Abs. 2 S. 7 GWB für den umgedrehten Fall, dass die Vergabekammer den Zuschlag nicht gestattet hat, auf die Voraussetzungen, die in § 169 Abs. 2 S. 1 bis 4 GWB geregelt sind. Daraus folgt, dass diese Kriterien auch im Rahmen einer Entscheidung des Beschwerdegerichts gemäß § 169 Abs. 2 S. 6 GWB zugrunde zu legen sind.[95] Auch die Entscheidung über die Wiederherstellung des Zuschlagsverbots hat folglich unter Berücksichtigung aller möglicherweise geschädigten Interessen sowie des Interesses der Allgemeinheit an einem raschen Abschluss des Vergabeverfahrens danach zu ergehen, ob die nachteiligen Folgen einer Verzögerung der Vergabe bis zum Abschluss der Nachprüfung die damit verbundenen Vorteile überwiegen. In die vorzunehmende Abwägung sind darüber hinaus (erneut) auch die summarisch zu prüfenden Erfolgsaussichten des Nachprüfungsantrags einzubeziehen (§ 169 Abs. 2 S. 4 GWB), die im Rahmen der zu treffenden Abwägung in Abhängigkeit der Wahrscheinlichkeit eines Erfolgs zu gewichten sind.[96] Das Beschwerdegericht hat also die Abwägung in eigener Verantwortung selbst vorzunehmen und ist nicht etwa darauf beschränkt, die Ermessensentscheidung der Vergabekammer auf Ermessensfehler zu prüfen.[97]

Ist der **Nachprüfungsantrag** bei der in Eilverfahren gebotenen summarischen Prüfung mit 65
hoher Wahrscheinlichkeit **unbegründet**, und ist die Eilbedürftigkeit der Zuschlagserteilung glaubhaft gemacht worden, war die Zuschlagsgestattung in der Regel statthaft und das Beschwerdegericht wird von einer Wiederherstellung des Zuschlagsverbots absehen.[98] Der Auftraggeber kann in einem solchen Fall den Zuschlag sofort erteilen, da weitere Rechtsmittel hiergegen gemäß § 171 Abs. 1 GWB nicht mehr zur Verfügung stehen. Der Antragsteller kann dann seinen Nachprüfungsantrag nur noch auf einen Fortsetzungsfeststellungsantrag umstellen (§ 168 Abs. 2 S. 2 GWB).

Dem Auftraggeber ist im auf Wiederherstellung des Zuschlagsverbots gerichteten Verfahren 66
durch das Beschwerdegericht **rechtliches Gehör** zu gewähren.[99] Auch dies ergibt sich wieder nicht explizit aus § 169 Abs. 2 S. 6 GWB. Da aber das Beschwerdegericht die Entscheidung der Vergabekammer überprüft, wird es sich an denselben Verfahrensgrundsätzen zu orientieren haben wie die Vergabekammer.[100] Zum anderen ergibt sich aus § 169 Abs. 2 S. 7 i.V.m. § 176 Abs. 3 S. 2 GWB, dass die zu treffenden Entscheidung des Beschwerdegerichts auch ohne eine – gleichwohl zulässige – mündliche Verhandlung ergehen darf. In einem solchen Fall wäre dann aber aus rechtsstaatlichen Grundsätzen rechtliches Gehör zu gewähren (vgl. Art. 103 Abs. 1 GG). Diesem Anspruch auf rechtliches Gehör kann auch schriftlich entsprochen werden.

Die Entscheidung des Beschwerdegerichts ist schriftlich zu **begründen** und mit einer Ent- 67
scheidung über die **Kosten** des Verfahrens vor dem Beschwerdegericht und die **Aufwendungen** der Verfahrensbeteiligten zu versehen. Diese sind von dem unterliegenden Antragsteller zu tragen.[101]

2. Gestattung des sofortigen Zuschlags (S. 7)

Nach § 169 Abs. 2 S. 7 GWB kann das Beschwerdegericht auf Antrag des Auftraggebers unter 68
den Voraussetzungen von § 169 Abs. 2 S. 1 bis 4 GWB den sofortigen Zuschlag gestatten, wenn die Vergabekammer den Zuschlag nicht gestattet. Hat die Vergabekammer den Antrag auf Gestattung des vorzeitigen Zuschlags abgelehnt, kann der dadurch beschwerte Auftraggeber daher beim Beschwerdegericht beantragen, dass dieses den sofortigen Zuschlag gestat-

95 OLG Frankfurt, Beschluss v. 26.1.2017 – 11 Verg 1/17; *Reidt*, in: Reidt/Stickler/Glahs, Vergaberecht, § 169 GWB Rn. 67.
96 OLG Düsseldorf, Beschluss v. 12.2.2013 – VII-Verg 1/13.
97 OLG Naumburg, Beschluss v. 18.10.2019 – 7 Verg 4/19, Beschluss v. 11.9.2018 – 7 Verg 4/18.
98 OLG Naumburg, Beschluss v. 18.10.2019 – 7 Verg 4/19; OLG Düsseldorf, Beschluss v. 9.5.2011 – VII-Verg 45/11.
99 OLG Frankfurt, Beschluss v. 6.8.2015 – 11 Verg 7/15.
100 Vgl. oben Rn. 32.
101 OLG Düsseldorf, Beschluss v. 9.5.2011 – VII-Verg 45/11.

tet.[102] § 169 Abs. 2 S. 7 GWB stellt das prozessuale Gegenstück zu § 169 Abs. 2 S. 6 GWB dar und führt so zur Ausgewogenheit des einstweiligen Rechtsschutzes.

69 Aus der Formulierung „kann gestatten" folgt, wie aus jeder „Kann-Vorschrift", dass dem Beschwerdegericht hier ein **Ermessen** zusteht.

70 Das Beschwerdegericht hat bei seiner Entscheidung dieselben **Kriterien** zugrunde zu legen wie die Vergabekammer gemäß § 169 Abs. 2 S. 1 GWB.[103] Diesbezüglich verweist § 169 Abs. 2 S. 7 GWB für den umgedrehten Fall, dass die Vergabekammer den Zuschlag nicht gestattet hat, auf die Voraussetzungen, die in § 169 Abs. 2 S. 1 bis 4 GWB geregelt sind. Daraus folgt, dass diese Kriterien auch im Rahmen einer Entscheidung des Beschwerdegerichts gemäß § 169 Abs. 2 S. 5 GWB zugrunde zu legen sind.[104]

71 Gibt das Beschwerdegericht dem Antrag statt, so kann der Auftraggeber den Zuschlag sofort erteilen. Eine **Wartefrist** gibt es nicht, weil die Entscheidung des Beschwerdegerichts unanfechtbar ist. Die zweimalige Überprüfung des Zuschlagsgestattungsantrages durch Vergabekammer und Beschwerdegericht bildet insoweit auch ein ausreichendes Rechtsschutzverfahren, selbst wenn im Anschluss an die Eilentscheidung des Beschwerdegerichts die Vergabekammer in der Hauptsache zu einem anderen Ergebnis gelangen und einen Vergaberechtsverstoß feststellen sollte.[105]

72 Der Antrag auf Vorabgestattung des Zuschlages ist wie ein neues Angriffsmittel anzusehen.[106] Dem Auftraggeber können deshalb die **Kosten** eines erfolglosen Antrags auf vorzeitige Zuschlagsgestattung auferlegt werden, auch wenn der Bieter seinen Nachprüfungsantrag zurückgenommen hat.[107]

3. Verfahren vor dem Beschwerdegericht (S. 8)

73 Nach § 169 Abs. 2 S. 8 GWB gelten für das Verfahren vor dem Beschwerdegericht die Regelungen in § 176 Abs. 2 S. 1 und 2 und Abs. 3 GWB entsprechend. Aus der Formulierung in § 169 Abs. 8 GWB, dass § 176 Abs. 2 S. 1 und 2 und Abs. 3 GWB lediglich „entsprechend gelten" ist ablesbar, dass es sich bei dem Beschwerdeverfahren nach Eilentscheidungen der Vergabekammer um ein eigenständiges Beschwerdeverfahren handelt, das nicht gleichzusetzen ist mit dem Verfahren der Vorabentscheidung über den Zuschlag als Zwischenverfahren innerhalb des Verfahrens der sofortigen Beschwerde.

74 Für die durch die Anträge nach § 169 Abs. 2 S. 6 und 7 GWB ausgelösten Verfahren vor dem Beschwerdegericht gilt **§ 176 Abs. 2 S. 1 und 2 und Abs. 3 GWB** entsprechend. Aus § 176 Abs. 2 S. 2 GWB folgt, dass die Anträge schriftlich zu stellen sind und aus § 176 Abs. 3 GWB, dass sie zugleich zu begründen sind. Außerdem sind die zur Begründung des Antrages vorzutragenden Tatsachen sowie der Grund für die Eilbedürftigkeit glaubhaft zu machen. Es genügt also nicht die bloße (schriftsätzliche) Behauptung. Dazu können alle zulässigen Beweismittel i.S.d. § 294 Abs. 1 ZPO herangezogen werden (Zeugen, Sachverständige, Urkunden), insbesondere auch eine Versicherung an Eides statt.

4. Unzulässigkeit der sofortigen Beschwerde (S. 9)

75 § 169 Abs. 2 S. 9 GWB normiert, dass eine sofortige Beschwerde nach § 171 Abs. 1 GWB gegen Entscheidungen der Vergabekammer über einen Antrag auf Vorabgestattung des Zuschlags nicht zulässig ist, wodurch der Charakter als Instrument des Eilrechtsschutzes besonders hervorgehoben wird. § 169 Abs. 2 S. 9 GWB verdeutlicht vielmehr ausdrücklich, dass gegen Entscheidungen der Vergabekammer nur die in § 169 Abs. 2 S. 6 und 7 GWB vorgese-

---

102 OLG Frankfurt, Beschluss v. 12.10.2017 – 11 Verg 13/17.
103 OLG Naumburg, Beschluss v. 18.10.2019 – 7 Verg 4/19; Beschluss v. 11.9.2018 – 7 Verg 4/18.
104 OLG Frankfurt, Beschluss v. 26.1.2017 – 11 Verg 1/17; *Reidt*, in: Reidt/Stickler/Glahs, Vergaberecht, § 169 GWB Rn. 67.
105 *Kus*, in: Röwekamp/Kus/Portz/Prieß, GWB-Vergaberecht, § 169 Rn. 104.
106 *Herrmann*, in: Ziekow/Völlink, Vergaberecht, § 169 GWB Rn. 38.
107 OLG München, Beschluss v. 24.1.2012 – Verg 16/11.

henen Rechtsmittel zulässig sind. Bei diesen Anträgen handelt es sich also um eigenständige Rechtsmittel (eigenständige Beschwerdeverfahren).[108]

D. Gefährdung von Rechten des Antragstellers auf andere Weise als durch drohenden Zuschlag (Abs. 3)

§ 169 Abs. 3 GWB eröffnet dem Antragsteller die Möglichkeit, bei der Vergabekammer „weitere vorläufige Maßnahmen" zur einstweiligen Sicherung seiner Rechte aus § 97 Abs. 6 GWB zu beantragen. 76

Erforderlich ist hierfür ein besonderer **Antrag** des Antragstellers, nicht hingegen eines anderen Verfahrensbeteiligten wie beispielsweise des Beigeladenen. Der Antrag ist an keine bestimmte Form oder Frist gebunden, ebenso verlangt § 169 Abs. 3 GWB keine besondere Begründung.[109] Gleichwohl empfiehlt es sich, dass der Antragsteller die drohende Rechtsverletzung so darlegt, dass sich die Vergabekammer damit gezielt auseinandersetzen kann. Ein Antrag nach § 169 Abs. 3 GWB kann zudem nur während eines noch anhängigen Verfahrens gestellt werden. Anordnungen, die in einem bereits abgeschlossenen Verfahren ergangen sind, können damit nicht verhindert oder durchgesetzt werden.[110] 77

I. Antragsvoraussetzungen (S. 1)

Aus dem Wortlaut von § 169 Abs. 3 S. 1 GWB ergibt sich, dass die Entscheidung der Vergabekammer an zwei Voraussetzungen geknüpft ist. Sie kommt zum einen nur dann in Betracht, wenn die Rechte eines Unternehmens aus § 97 Abs. 6 GWB durch andere Maßnahmen als den Zuschlag (noch) gefährdet sind. Das heißt, einem solchen Antrag fehlt das Rechtsschutzbedürfnis, wenn der Antragsteller seine Rechtsposition durch eine Entscheidung nach § 169 Abs. 3 GWB nicht mehr verbessern kann. Zum anderen dürfen die Rechte des Antragstellers nicht bereits durch das bestehende Zuschlagsverbot gemäß § 169 Abs. 1 GWB ausreichend geschützt sein. Maßstab für das Ergreifen solcher anderweitigen vorläufigen Maßnahmen ist die Vorgabe aus § 169 Abs. 2 S. 1 GWB. 78

Eine solche **Rechtsgefährdung** wäre denkbar bei einer bevorstehenden Aufhebung oder Doppelausschreibung, oder wenn Betriebs- und Geschäftsgeheimnisse des Antragstellers in einem Verhandlungsverfahren oder durch eine bevorstehende Submission gefährdet erscheinen.[111] In solchen Fällen könnte als vorläufige Maßnahme beispielsweise das einstweilige Ruhen des Vergabeverfahrens, die Verlängerung der Angebotsfrist bis zum Abschluss des Nachprüfungsverfahrens[112] oder eine Verschiebung des Schlusstermins für den Eingang der Angebote im Vergabeverfahren[113] angeordnet werden. 79

Die **vorläufigen Maßnahmen**, mit denen die Vergabekammer nach § 169 Abs. 3 GWB in das Verfahren eingreift, sollen eine bevorstehende Entscheidung der Vergabekammer absichern, nicht jedoch einen vorbeugenden Rechtsschutz vermitteln. Deshalb dürfen sie im Ergebnis nicht weiter gehen, als der Antragsteller bei der endgültigen Entscheidung erreichen will und kann.[114] 80

Insbesondere dürfen sie nach hiesiger Ansicht auch keine **zukünftigen Vergabeverfahren**, wie beispielsweise Interimsvergaben betreffen,[115] denn anderenfalls könnten über einen Antrag nach § 169 Abs. 3 GWB anderweitige Vergabeverfahren, die für sich genommen keinem 81

108 OLG Frankfurt, Beschluss v. 26.1.2017 – 11 Verg 1/17; *Herrmann*, in: Ziekow/Völlink, Vergaberecht, § 169 GWB Rn. 31.
109 *Reidt*, in: Reidt/Stickler/Glahs, Vergaberecht, § 169 GWB Rn. 102.
110 VK Niedersachsen, Beschluss v. 16.6.2003 – 203-VgK-12/2003.
111 OLG Düsseldorf, Beschluss v. 11.1.2012 – VII-Verg 58/11; OLG Brandenburg, Beschluss v. 6.10.2006 – Verg W 6/06; VK Brandenburg, Beschluss v. 23.2.2010 – VK 8/10.
112 OLG Celle, Beschluss v. 15.7.2004 – 13 Verg 11/04.
113 OLG Naumburg, Beschluss v. 9.8.2006 – 1 Verg 11/06.
114 OLG Düsseldorf, Beschluss v. 20.10.2008 – VII-Verg 46/08.
115 VK Rheinland, Beschluss v. 28.1.2020 – VK 3/20.

Rechtsschutz nach dem GWB unterliegen, weil beispielsweise deren Auftragswerte nicht die entsprechenden Schwellenwerte erreichen, doch durch die „Hintertür" wieder einer Nachprüfungsmöglichkeit durch die Vergabekammer unterworfen werden. Soweit einzelne Oberlandesgerichte bisher dennoch über vorläufige Maßnahmen, beispielsweise eine Interimsbeauftragung bis zur Entscheidung in der Hauptsache untersagt haben, lag diesen Entscheidungen entweder ein De-facto-Teilvollzug des Auftrages durch unmittelbare Beauftragung eines Dritten[116] oder ein Ignorieren und Übergehen des Zuschlagverbots und (anteilige) Erteilung des Zuschlags an die Beigeladene ohne ein zuvoriges wettbewerbliches Verfahren zu Grunde.[117]

82 Zudem macht der Begriff der „vorläufigen Maßnahmen" deutlich, dass der Eingriff der Vergabekammer nur vorläufigen Charakter haben darf und nicht bereits die Hauptsache vorwegnehmen darf.[118] Dies ist besonders in solchen Fällen zu beachten, in denen das Nachprüfungsverfahren ein bereits **abgeschlossenes Vergabeverfahren** zum Gegenstand hat und der Antragsteller die Feststellung der Unwirksamkeit eines Vertrages nach § 135 GWB beantragt. Hier wird nicht nur zu berücksichtigen sein, dass das Auftragsvolumen nicht zum Nachteil des möglicherweise erfolgreichen Antragstellers verringert wird, sondern auch, dass der Auftraggeber gerade bei Verträgen mit kurzer Laufzeit ein Interesse daran hat, dringende Leistungen aus dem streitigen Vertrag abzurufen.

83 **Antragsbefugt** im Sinne des § 169 Abs. 3 GWB ist nur der Antragsteller des Hauptsacheverfahrens, soweit er die Verletzung ihm zustehender, von § 97 Abs. 6 GWB geschützter Rechtspositionen geltend macht.

84 Obwohl sich die Vorschrift des § 169 Abs. 3 GWB dem Wortlaut nach lediglich auf das Nachprüfungsverfahren vor der Vergabekammer bezieht, ist sie nach herrschender Meinung auch analog auf das **Beschwerdeverfahren** anwendbar. Denn sie dient der Umsetzung des gemeinschaftsrechtlichen Gebots der Gewährung effektiven Rechtsschutzes, welches nach Art. 2 Abs. 1 lit. a RL 89/665/EWG auch erfordert, dass die Mitgliedsstaaten für ihre Nachprüfungsinstanzen Befugnisse zur Anordnung vorläufiger rechtssichernder Maßnahmen vorsehen. Das Gebot der Gewährung effektiven Rechtsschutzes gilt für alle Instanzen unterschiedslos. Das Fehlen einer entsprechenden Vorschrift in den Vorschriften zum Beschwerdeverfahren bzw. eines Verweises erscheint planwidrig.[119]

II. Beurteilungsmaßstäbe (S. 2)

85 Bei der Prüfung, ob die Voraussetzungen des § 169 Abs. 3 GWB vorliegen, hat die Vergabekammer nach § 169 Abs. 3 S. 2 GWB den Entscheidungsmaßstab des § 169 Abs. 2 S. 1 GWB zugrunde zu legen.

86 Die Formulierung „Sie legt dabei [...] zugrunde" ist unscharf. Denn während der Antrag nach § 169 Abs. 3 S. 1 GWB dem Antragsteller durch vorläufige Maßnahmen in denjenigen Fällen effektiven Rechtsschutz vermitteln soll, in denen das Zuschlagsverbot nicht ausreicht, um eine drohende Rechtsverletzung zu verhindern, geht es bei § 169 Abs. 2 GWB um die vorzeitige Gestattung des Zuschlags. Mit der **Bezugnahme** kann also nur gemeint sein, dass eine Abwägung aller widerstreitenden Interessen zu erfolgen hat. Ein Antrag wird mithin nur dann Erfolg haben, wenn die beantragte vorläufige Maßnahme unter Abwägung aller betroffenen Interessen zur Sicherung der Interessen des Antragstellers notwendig ist.

87 Da § 169 Abs. 3 S. 2 GWB nur auf § 169 Abs. 2 S. 1 GWB verweist, der die Erfolgsaussichten in der Hauptsache oder die allgemeinen **Aussichten** des Antragstellers im Vergabeverfahren,

116 OLG Brandenburg, Beschluss v. 6.10.2006 – Verg W 6/06.
117 OLG Düsseldorf, Beschluss v. 16.11.2016 – VII-Verg 40/16.
118 VK Rheinland, Beschluss v. 28.1.2020 – VK 3/20.
119 OLG Düsseldorf, Beschluss v. 20.10.2008 – VII-Verg 46/08; OLG Naumburg, Beschluss v. 31.7.2006 – 1 Verg 6/06; OLG Celle, Beschluss v. 15.7.2004 – 13 Verg 11/04.

den Auftrag oder die Konzession zu erhalten, nicht im Blick hat, erscheint es bedenklich, diese Aspekte als zusätzliche Abwägungsgesichtspunkte zu berücksichtigen.[120]

III. Anfechtung (S. 3)

Gemäß § 169 Abs. 3 S. 3 GWB bestehen gegen die von der Vergabekammer getroffenen Entscheidungen, anders als bei einer Entscheidung nach § 169 Abs. 2 GWB, keine selbstständigen Anfechtungsmöglichkeiten. Die Entscheidung kann daher nur im Zuge einer sofortigen Beschwerde gegen die Entscheidung der Vergabekammer zur Hauptsache entsprechend § 171 GWB angegriffen werden. Über die Kosten von Anträgen nach § 169 Abs. 3 GWB wird im Rahmen der Kostenentscheidung der Hauptsache entschieden.[121] 88

IV. Verwaltungsvollstreckung (S. 4 und 5)

Nach § 169 Abs. 3 S. 4 Hs. 1 GWB kann die Vergabekammer die von ihr getroffenen weiteren vorläufigen Maßnahmen nach den Verwaltungsvollstreckungsgesetzen des Bundes und der Länder durchsetzen. Die Maßnahmen sind gemäß § 169 Abs. 3 S. 4 Hs. 2 GWB sofort vollziehbar. Die Regelung des § 86a S. 2 GWB gilt nach § 169 Abs. 3 S. 5 GWB entsprechend. 89

Mit dem im Zuge des VergRModG 2009 eingeführten S. 4 in § 169 Abs. 3 GWB wird klargestellt, dass die weiteren vorläufigen Maßnahmen nach § 169 Abs. 3 GWB mit den Mitteln der Verwaltungsvollstreckung durchgesetzt werden können. **Voraussetzung** für Vollstreckungsmaßnahmen durch die Vergabekammer ist zum einen, die Unanfechtbarkeit des Verwaltungsaktes[122] nach § 6 Abs. 1 VwVfG. Wurde gegen die Entscheidung sofortige Beschwerde eingelegt, kommt die Einleitung einer Vollstreckung nur in Betracht, wenn keine aufschiebende Wirkung mehr besteht (vgl. § 173 Abs. 1 S. 2 GWB). Zum anderen bedarf es eines Antrages auf Vollstreckung.[123] Als Mittel der Verwaltungsvollstreckung kommen gemäß § 9 VwVfG die Ersatzvornahme, die Anordnung von Zwangsgeld oder gar unmittelbarer Zwang in Betracht, wobei das Zwangsmittel in einem angemessenen Verhältnis zu seinem Zweck stehen muss. In der Praxis dürfte von diesen Mitteln vor allem das Zwangsgeld Relevanz haben. 90

Ebenso wie bei der Vollstreckung in der Hauptsache gemäß § 168 Abs. 3 GWB ist es auch hier sachgerecht, den Zwangsgeldrahmen des § 86a GWB zu übernehmen.[124] Durch die Bezugnahme auf § 86a GWB in § 169 Abs. 3 S. 5 GWB können gegen den Auftraggeber **Zwangsgelder** in einer Spanne von 1.000 Euro bis 10 Millionen Euro verhängt werden. Damit können Anordnungen der Vergabekammer effektiver durchgesetzt werden, als dies mit den durch die Verwaltungsvollstreckungsgesetze festgelegten geringeren Zwangsgeldern möglich wäre. 91

E. Besonderheiten für Vergaben mit Verteidigungs- oder Sicherheitsaspekten (Abs. 4)

§ 169 Abs. 4 GWB ist erst im Zusammenhang mit dem VergRModG 2009 in die Norm aufgenommen worden. Dadurch wollte, ausweislich der amtlichen Begründung,[125] der Gesetzgeber dem Umstand Rechnung tragen, dass der automatische Suspensiveffekt nach § 169 Abs. 1 GWB für Sachverhalte, in denen strittig ist, ob eine Ausnahme von der Vergaberechtspflichtigkeit vorliegt, zu unangemessenen Zeitverzögerungen zulasten der wesentlichen Sicherheitsinteressen des Staates führen kann. Mit Inkrafttreten des Gesetzes zur Änderung des Vergaberechts für die Bereiche Verteidigung und Sicherheit[126] wurde in § 115 Abs. 4 GWB a.F. zunächst die Bezugnahme auf den vormaligen § 100 Abs. 2 lit. d GWB a.F. bzw. den späteren 92

120 A.A. VK Niedersachsen, Beschluss v. 21.8.2006 – VgK-18/2006.
121 VK Sachsen, Beschluss v. 24.10.2018 – 1/SVK/039-18G.
122 VK Bund, Beschluss v. 2.9.2011 – VK 3-62/11.
123 VK Bund, Beschluss v. 2.9.2011 – VK 3-62/11.
124 Gesetzesbegründung zu § 115 GWB a.F., VergRModG 2009, BT-Drs. 16/10117, 24 ff.
125 Gesetzesbegründung zu § 115 GWB a.F., VergRModG 2009, BT-Drs. 16/10117, 24.
126 BGBl. I 2011 S. 2570.

§ 100 Abs. 8 Nr. 1 bis 3 GWB a.F. in das Gesetz aufgenommen. Damit wurde eine Möglichkeit des Auftraggebers, ein kraft Gesetzes eingetretenes Zuschlagsverbot durch eine bloße Behauptung, die keiner Überprüfung unterzogen werden kann, zu Fall zu bringen, installiert. Aus diesem Grunde mag durchaus bezweifelt werden, ob § 169 Abs. 4 S. 1 GWB, der an dieser Ausnahmeregel festhält, damit dem Gebot eines wirksamen Rechtsschutzes entspricht oder diesem zuwiderläuft.[127]

I. Entfall des Zuschlagsverbots (S. 1)

93 Macht der Auftraggeber das Vorliegen der Voraussetzungen nach § 117 Nr. 1 bis 3 oder § 150 Nr. 1 oder 6 GWB geltend, entfällt nach § 169 Abs. 4 S. 1 Hs. 1 GWB das Verbot des Zuschlags nach § 169 Abs. 1 GWB fünf Werktage nach Zustellung eines entsprechenden Schriftsatzes an den Antragsteller. Gemäß § 169 Abs. 4 S. 1 Hs. 2 GWB ist die Zustellung durch die Vergabekammer unverzüglich nach Eingang des Schriftsatzes vorzunehmen. Die Aufnahme des Regelungsgehalts von § 169 Abs. 4 S. 1 GWB in § 115 GWB a.F. wurde damit begründet, dass der automatische Suspensiveffekt *„zu unangemessenen Zeitverzögerungen zu Lasten der wesentlichen Sicherheitsinteressen des Staates führen könne"*.[128]

94 Aus der Formulierung „Macht der Auftraggeber […] **geltend**" ist abzuleiten, dass sich der Auftraggeber lediglich auf das Vorliegen des Ausnahmetatbestands berufen muss, eine dezidierte Begründung ist nicht erforderlich.

95 Nach der Formulierung der Norm entfällt auf Antrag des Auftraggebers das Verbot des Zuschlages nach § 169 Abs. 1 GWB **fünf Werktage nach Zustellung** eines entsprechenden Schriftsatzes an den Antragsteller. Erstaunlicher Weise orientiert § 169 Abs. 4 GWB seine Fristberechnung an Werktagen, während sonst im Vergaberecht entweder auf „Kalendertage" (vgl. § 134 Abs. 2 S. 1 GWB; § 135 Abs. 2 S. 1 GWB; § 160 Abs. 3 Nr. 4 GWB) oder auf „Tage" (vgl. § 38 Abs. 3 S. 1 VgV; § 39 Abs. 1 S. 1 VgV) Bezug genommen wird. Der Begriff „Werktag" bezeichnet nach allgemeingültiger Definition, die sich aus § 3 Abs. 2 BUrlG (Bundesurlaubsgesetz) ableiten lässt, alle Wochentage mit Ausnahme des Sonntags, soweit in die Zeit von Montag bis Samstag keine gesetzlichen Feiertage fallen. Für die Fristberechnung sind § 31 Abs. 1 und Abs. 3 VwVfG i.V.m. § 187 Abs. 1 BGB und § 188 Abs. 2 BGB maßgeblich. Die Frist endet mit Ablauf des fünften Werktages nach Zustellung des Schriftsatzes an den Antragsteller. Der Tag der Zustellung, also des Eingangs des Schriftsatzes wird nicht mitgezählt (§ 187 Abs. 1 BGB). Die nach Werktagen bestimmte Frist endigt mit dem Ablauf des letzten Tages der Frist (§ 188 Abs. 1 BGB). Ist der fünfte Werktag ein Samstag (Sonnabend), gilt § 193 BGB: Die Frist endet dann erst mit dem Ablauf des nächsten Werktags.

96 Weiter folgt aus der Formulierung „die Zustellung ist durch die Vergabekammer unverzüglich nach Eingang des Schriftsatzes vorzunehmen", dass dieser kein **Entschließungsermessen** zusteht. Ihre Tätigkeit beschränkt sich auf die reine Zustellung des Schriftsatzes.

II. Rechtsschutz (S. 2 und 3)

97 Dem Antragsteller verbleibt im Fall des § 169 Abs. 4 S. 1 GWB lediglich die Möglichkeit, sich mit einem Antrag auf Wiederherstellung des Verbotes des Zuschlages an das Beschwerdegericht zu wenden. Das Beschwerdegericht kann nach § 169 Abs. 4 S. 2 GWB das Zuschlagsverbot wiederherstellen.

98 Aus der Formulierung „kann wiederherstellen" folgt, dass dem Beschwerdegericht hier ein **Ermessen** zusteht.

99 Die Regelungen in § 176 Abs. 1 S. 1, Abs. 2 S. 1 sowie Abs. 3 und 4 GWB sind gemäß § 169 Abs. 4 S. 3 GWB **entsprechend anzuwenden**. Soweit eine solche entsprechende Anwen-

---

127 OLG Koblenz, Beschluss v. 15.9.2010 – 1 Verg 7/10; *Herrmann*, in: Ziekow/Völlink, Vergaberecht, § 169 GWB Rn. 46.

128 Gesetzesbegründung zu § 115 GWB a.F., VergRModG 2009, BT-Drs. 16/10117, 24 ff.

dung vorgegeben wird, ist eine sehr zurückhaltende Anwendung geboten. Für eine entsprechende Anwendung des § 176 Abs. 1 S. 1 GWB bleibt allenfalls Raum, wenn im Eilverfahren nach § 169 Abs. 4 S. 2 GWB offenbleibt, ob der Teil 4 GWB (un-)anwendbar ist. Dem Antrag auf Wiederherstellung des Zuschlagsverbots kann dann möglicherweise der Erfolg versagt werden, wenn die Unanwendbarkeit eher wahrscheinlich, der Nachprüfungsantrag also wahrscheinlich unzulässig ist und der Auftrag aus objektiven Gründen sofort vergeben werden muss.[129]

Das Beschwerdegericht kann dem Antrag des Antragstellers zur Wahrung des Primärrechtsschutzes, der Dringlichkeit halber ohne vorherige **Anhörung** des Auftraggebers, jedoch unter Nachholung rechtlichen Gehörs, nach entsprechender Ermessensausübung in der Weise entsprechen, dass das Zuschlagsverbot einstweilen bis zur Entscheidung über den Antrag der Antragstellerin nach § 169 Abs. 4 S. 2 GWB wiederhergestellt wird.[130] 100

Im Ergebnis kehrt § 169 Abs. 4 GWB das Regel-Ausnahme-Prinzip des in § 169 Abs. 1 und Abs. 2 GWB normierten Rechtsschutzes zulasten des Antragstellers um und **verkürzt** den **Rechtsschutz** auf eine Instanz, denn die Entscheidung des Beschwerdegerichts ist ihrerseits nicht weiter anfechtbar.[131] Zwar schreibt § 169 Abs. 4 S. 3 GWB durch den Verweis auf § 176 Abs. 3 S. 1 GWB eine Entscheidung des Beschwerdegerichts innerhalb von (nur) fünf Wochen vor. Da das Zuschlagsverbot aber bereits fünf Tage nach Zustellung des Schriftsatzes des Auftraggebers, in dem dieser sich auf das Vorliegen der Voraussetzungen nach § 172 Nr. 1 bis 3 oder § 150 Nr. 1 oder 6 GWB beruft, entfällt, ist diese Rechtsschutzmöglichkeit nur dann effektiv, wenn das Beschwerdegericht auch innerhalb dieser kurzen Frist tätig wird. Insoweit werden hinsichtlich dieser Regelung völlig zu Recht erhebliche Zweifel an der Vereinbarkeit des § 169 Abs. 4 S. 1 GWB mit den Rechtsmittelrichtlinien geäußert, weil das Gebot eines wirksamen Rechtschutzes infrage gestellt wird.[132] 101

Anlagen

Gesetzesbegründung – Gesetz zur beschleunigten Beschaffung im Bereich der Verteidigung und Sicherheit und zur Optimierung der Vergabestatistik (BT-Drs. 19/15603)

Seite 59

Die wortgleichen Ergänzungen in § 169 Absatz 2 Satz 3, § 173 Absatz 2 Satz 3 und § 176 Absatz 1 Satz 3 GWB betreffen diejenigen Fälle, in denen sich ein Nachprüfungsverfahren auf eine Auftrags- oder Konzessionsvergabe bezieht, die mit Verteidigungs- oder Sicherheitsinteressen in Zusammenhang mit einer Krise, einem mandatierten Einsatz der Bundeswehr, einer einsatzgleichen Verpflichtung der Bundeswehr oder einer Bündnisverpflichtung stehen. Die Neuregelung hat das Ziel, den Besonderheiten der genannten Fallkonstellationen in diesem Bereich angemessenen Rechnung zu tragen. In diesen Fällen besteht regelmäßig ein besonderer eilbedürftigerer Beschaffungsbedarf. Die neu eingefügten Regelbeispiele bezwecken deshalb, dass die Vergabekammer bzw. das Oberlandesgericht diese Fälle besonders berücksichtigt, wenn sie die Abwägungsentscheidung zu treffen hat, ob die Vor- oder Nachteile einer Zuschlagsgestattung vor Abschluss des Nachprüfungsverfahrens überwiegen. Liegt eine der genannten Fallkonstellationen vor, sollte dies mit derart starkem Gewicht in die Abwägung eingehen, dass der Vorabzuschlag in der Regel gewährt wird. Ziel ist es, insbesondere in diesen Beispielsfällen eine Verzögerung der Beschaffung aufgrund eines Nachprüfungsverfahrens möglichst zu vermeiden oder zumindest, soweit möglich, zu minimieren. Erforderlich ist aber, dass der öffentliche Auftrag oder die Konzession in unmittelbarem Zusammenhang mit einer der aufgezählten Konstellationen steht, also im Regelfall einen Beschaffungsbedarf bedienen soll, der aufgrund einer solchen Konstellation entstanden ist oder sich mengenmäßig erhöht hat.

---

129 OLG Koblenz, Beschluss v. 15.9.2010 – 1 Verg 7/10.
130 OLG Düsseldorf, Beschluss v. 7.6.2010 – VII-Verg 26/10.
131 *Herrmann*, in: Ziekow/Völlink, Vergaberecht, § 169 GWB Rn. 45.
132 OLG Düsseldorf, Beschluss v. 8.6.2011 – VII-Verg 49/11; OLG Koblenz, Beschluss v. 15.9.2010 – 1 Verg 7/10.

Der Begriff der Krise ist in Artikel 1 Nummer 10 der Richtlinie 2009/81/EG des Europäischen Parlaments und des Rates vom 13. Juli 2009 über die Koordinierung der Verfahren zur Vergabe bestimmter Bau-, Liefer-, und Dienstleistungsaufträge in den Bereichen Verteidigung und Sicherheit und zur Änderung der Richtlinie 2004/17/EG und 2004/18/EG (Richtlinie 2009/81/EG) definiert. Insbesondere in den Fällen, in denen eine Krise vorliegt, kann es hier sowohl um öffentliche Aufträge oder Konzessionen zur Deckung der Bedarfe der militärischen als auch der nicht-militärischen Sicherheitskräfte gehen.

Unter einem mandatierten Einsatz ist ein Auslandseinsatz der Bundeswehr zu verstehen, der auf der Grundlage einer Resolution des Sicherheitsrats der Vereinten Nationen erfolgt und für den ein entsprechendes Mandat des Deutschen Bundestags vorliegt. Als einsatzgleiche Verpflichtung sind Tätigkeiten der Bundeswehr anzusehen, die einem Einsatz vergleichbar sind, ohne dass ein förmliches Mandat des Deutschen Bundestags vorliegt. Bei einer Bündnisverpflichtung handelt es sich um Beiträge der Bundeswehr, die sich aus ihrer Zugehörigkeit zu einem Verteidigungsbündnis (insbesondere NATO) erheben.

Liegt eine der genannten Konstellationen vor, obliegt es aber entsprechend Artikel 56 Absatz 5 der Richtlinie 2009/81/EG weiterhin dem zuständigen Spruchkörper im Wege der Abwägung über die Gestattung des Zuschlags vor Abschluss des Nachprüfungsverfahrens zu entscheiden.

Gesetzesbegründung – VergRModG 2016 (BT-Drs. 18/6281)

Seite 135

§ 169 entspricht weitestgehend dem bisherigen § 115. In § 169 Absatz 4 wurden die entsprechenden neuen Ausnahmevorschriften der Richtlinien 2014/23/EU, 2014/24/EU, 2014/25/EU übernommen.

§ 170 GWB
Ausschluss von abweichendem Landesrecht

Soweit dieser Abschnitt Regelungen zum Verwaltungsverfahren enthält, darf hiervon durch Landesrecht nicht abgewichen werden.

Übersicht Rn.

A. Allgemeines ... 1
B. Ausschluss von abweichendem Landesrecht ... 5
Anlagen
Gesetzesbegründungen

A. Allgemeines

1 § 170 GWB schließt den Abschnitt 2 „Verfahren vor der Vergabekammer" im Kapitel 2 „Nachprüfungsverfahren" in Teil 4 GWB ab.

2 Die Verfahrensregelungen in §§ 160 bis 169 GWB entsprechen weitestgehend den Regelungen bis zur Vergaberechtsmodernisierung 2016. § 170 GWB stimmt mit dem Wortlaut des **§ 115a GWB a.F.** überein[1]. Nachdem der Wortlaut („Unterabschnitt") durch die neue Einordnung in „Kapitel" und „Abschnitte" nicht der neuen Systematik folgte,[2] wurde der durch das Gesetz zur beschleunigten Beschaffung im Bereich der Verteidigung und Sicherheit und zur Optimierung der Vergabestatistik[3] angepasst.[4] Nunmehr ist klargestellt, dass die Regelungen des „Abschnitts" gemeint sind. Die Wertungen zu § 115a GWB a.F. waren aber auch vorher grundsätzlich übertragbar.

3 Die Vorschrift hat durch das **VergRModG 2009** Eingang in das GWB gefunden.[5] Der Gesetzentwurf der Bundesregierung[6] wurde durch eine veränderte Systematik im Sinne der Stellungnahme des Bundesrates[7] angepasst.[8] Die Gesetzgebungskompetenz ergab sich aus Art. 84 Abs. 1 S. 5 GG, welcher dem Bund in Ausnahmefällen wegen eines besonderen Bedürfnisses nach bundeseinheitlicher Regelung die Möglichkeit gibt, ein Verwaltungsverfahren ohne Abweichungsmöglichkeit für die Länder zu regeln.

4 **Sinn und Zweck** der Regelung ist das Angebot eines einheitlichen Rechtsschutzsystems für die Einhaltung der Bestimmungen des Teil 4 GWB. Nach Einschätzung des Gesetzgebers könnten die andernfalls denkbaren unterschiedlichen Ausgestaltungen in 16 Ländern und beim Bund die Wahrnehmung des Rechtsschutzes faktisch behindern.[9] Die Gesetzesbegründung[10] beschränkt sich auf Ausführungen zum Nachprüfungsverfahren und die Stellungnahme des Bundesrates[11] bestärkt diese Beschränkung.

---

1 Vgl. Gesetzesbegründung zu § 170 GWB, VergRModG 2016, BT-Drs. 18/6281, 135.
2 Vgl. *Antweiler*, in: Burgi/Dreher, Vergaberecht, § 170 GWB Rn. 3; *Bungenberg*, in: Pünder/Schellenberg, Vergaberecht, § 170 GWB Rn. 1.
3 Gesetz v. 25. März 2020 (BGBl. 2020 I S. 674).
4 *Dreher*, in: Immenga/Mestmäcker, Wettbewerbsrecht, § 170 GWB Rn. 1.
5 Zur historischen Entwicklung vgl. *Antweiler*, in: Burgi/Dreher, Vergaberecht, § 170 GWB Rn. 2; *Dreher*, in: Immenga/Mestmäcker, Wettbewerbsrecht, § 170 GWB Rn. 1 f.; *Bungenberg*, in: Pünder/Schellenberg, Vergaberecht, § 170 GWB Rn. 1.
6 Gesetzesbegründung zu § 115 GWB a.F., VergRModG 2009, BT-Drs. 16/10117, 26.
7 Stellungnahme des Bundesrates zu § 115 GWB a.F., VergRModG 2009, BT-Drs. 16/10117, 36; hierzu *Antweiler*, in: Burgi/Dreher, Vergaberecht, § 170 GWB Rn. 2.
8 Kritisch hinsichtlich des Bedarfs einer Anpassung *Antweiler*, in: Burgi/Dreher, Vergaberecht, § 170 GWB Rn. 3.
9 Gesetzesbegründung zu § 115 GWB a.F., VergRModG 2009, BT-Drs. 16/10117, 26.
10 Gesetzesbegründung zu § 115 GWB a.F., VergRModG 2009, BT-Drs. 16/10117, 26.
11 Stellungnahme des Bundesrates zu § 115 GWB a.F., VergRModG 2009, BT-Drs. 16/10117, 36.

B. Ausschluss von abweichendem Landesrecht

5 Die Vorschrift schließt Abweichungen von den Verfahrensvorgaben der §§ 160 bis 169 GWB durch Landesrecht aus, soweit diese Regelungen zum Verwaltungsverfahren enthalten.[12]

6 Bei dem Nachprüfungsverfahren handelt es sich um ein eben solches **Verwaltungsverfahren**[13], welches gemäß § 168 Abs. 3 GWB durch Verwaltungsakt entschieden wird.[14] Die bundeseinheitliche Regelung sollte insbesondere Rechtsunsicherheiten vermeiden und den Interessen kleiner und mittelständischer Unternehmen dienen, was nach der Einschätzung des Gesetzgebers durch eine Vielzahl unterschiedlicher Regelungen des Nachprüfungsverfahrens auf Länderebene beeinträchtigt wäre.[15]

7 Dieser Ausschluss betrifft lediglich den **Oberschwellenbereich**[16] und beschränkt sich auf die Untersagung einer von diesen wesentlichen Verfahrensgrundsätzen abweichende Ausgestaltung in den Ländern.[17] Änderungen des materiellen Vergaberechts in der Oberschwelle sind den Ländern bereits aufgrund von Erwägungen der grundgesetzlich verankerten Gesetzgebungszuständigkeiten verwehrt.[18]

8 Teilweise wird aus dieser Vorschrift eine Sperrwirkung für Regelungen in **Tariftreue-** und **Vergabegesetzen** der Länder geschlossen.[19] Dies soll insbesondere für landesrechtliche Prüfbehörden[20] gelten, soweit diese ein *„zusätzliches Prüfverfahren mit eigenen Feststellungen und Entscheidungen einer Landesbehörde zu vergaberechtlichen Fragen in einem Vergabeverfahren oberhalb der Schwellenwerte"*[21] durchführen. Hierbei wird zum einen verkannt, dass die Prüfbehörden der Länder keineswegs eine Nachprüfung der Vergabeverfahren vornehmen, sondern lediglich die Einhaltung bestimmter Vorgaben (insbesondere der vergabespezifischen Mindestlöhne). Zum anderen setzt es sich nicht mit der Auffassung auseinander, die den Ländern sogar die Einrichtung von Vergabeprüfstellen zugesteht.[22] Die Verfahren vor den Vergabekammern werden davon nicht berührt. Bei der nun in § 129 GWB für zwingende Ausführungsbedingungen vorgesehenen und gegenüber § 97 Abs. 4 S. 3 GWB a.F. eingeschränkten Gesetzgebungskompetenz können die Bundesländer daher weiterhin die Kontrolle dieser Ausführungsbedingungen vorsehen, ohne einen Verstoß gegen § 170 GWB zu begründen.

Anlagen

Gesetzesbegründung – Gesetz zur beschleunigten Beschaffung im Bereich der Verteidigung und Sicherheit und zur Optimierung der Vergabestatistik (BT-Drs. 19/15603)

Seite 59

Die Änderung dient der Korrektur eines Redaktionsversehens.

---

12 Zu verschiedenen Regelungen im Verwaltungsverfahren und zur Abgrenzung zu den enthaltenen Regelungen zu Vollstreckungs- und Beschwerdeverfahren vgl. *Dreher*, in: Immenga/Mestmäcker, Wettbewerbsrecht, § 170 GWB Rn. 7.

13 *Antweiler*, in: Burgi/Dreher, Vergaberecht, § 170 GWB Rn. 6, mit Verweis auf BGH, Beschluss v. 29.9.2009 – X ZB 1/09 sowie Beschluss v. 9.12.2003 – X ZB 14/03.

14 *Bungenberg*, in: Pünder/Schellenberg, Vergaberecht, § 170 GWB Rn. 3.

15 Gesetzesbegründung zu § 115 GWB a.F., VergRModG 2009, BT-Drs. 16/10117, 26; vgl. auch *Holtmann*, in: Säcker, Wettbewerbsrecht, GWB § 170 Rn. 3.

16 *Dreher*, in: Immenga/Mestmäcker, Wettbewerbsrecht, § 170 GWB Rn. 8.

17 *Reidt*, in: Reidt/Stickler/Glahs, Vergaberecht, § 170 GWB Rn. 5 ff.

18 *Reidt*, in: Reidt/Stickler/Glahs, Vergaberecht, § 170 GWB Rn. 8 f.

19 *Antweiler*, in: Burgi/Dreher, Vergaberecht, § 170 GWB Rn. 7; *Dreher*, in: Immenga/Mestmäcker, Wettbewerbsrecht, § 170 GWB Rn. 10 f.; *Dreher*, NZBau 2014, 1 (2); a.A. *Burgi*, NZBau 2015, 597 (599).

20 Hier: die ehemalige Prüfbehörde Tariftreue- und Vergabegesetz NRW (TVgG – NRW).

21 *Dreher*, NZBau 2014, 1 (2).

22 *Bungenberg*, in: Pünder/Schellenberg, Vergaberecht, § 170 GWB Rn. 3; *Reidt*, in: Reidt/Stickler/Glahs, Vergaberecht, § 170 GWB Rn. 15.

Gesetzesbegründung – VergRModG 2016 (BT-Drs. 18/6281)

Seite 135

§ 170 entspricht dem bisherigen § 115a.

Teil 4

Vergabe von öffentlichen Aufträgen und Konzessionen

Kapitel 2
Nachprüfungsverfahren

Abschnitt 3
Sofortige Beschwerde

§ 171 GWB
Zulässigkeit, Zuständigkeit

(1) Gegen Entscheidungen der Vergabekammer ist die sofortige Beschwerde zulässig. Sie steht den am Verfahren vor der Vergabekammer Beteiligten zu.

(2) Die sofortige Beschwerde ist auch zulässig, wenn die Vergabekammer über einen Antrag auf Nachprüfung nicht innerhalb der Frist des § 167 Absatz 1 entschieden hat; in diesem Fall gilt der Antrag als abgelehnt.

(3) Über die sofortige Beschwerde entscheidet ausschließlich das für den Sitz der Vergabekammer zuständige Oberlandesgericht. Bei den Oberlandesgerichten wird ein Vergabesenat gebildet.

(4) Rechtssachen nach den Absätzen 1 und 2 können von den Landesregierungen durch Rechtsverordnung anderen Oberlandesgerichten oder dem Obersten Landesgericht zugewiesen werden. Die Landesregierungen können die Ermächtigung auf die Landesjustizverwaltungen übertragen.

Übersicht Rn.

A. Allgemeines ... 1
I. Unionsrechtlicher Hintergrund und Historie ... 3
II. Vergleichbare Regelungen und anwendbares Verfahrensrecht ... 4
III. Unselbstständige Anschlussbeschwerde ... 5
IV. Begrenzte Einlegung der sofortigen Beschwerde ... 7
V. Prüfungsumfang des Beschwerdegerichts ... 9
1. Vortrag der Beteiligten ... 11
2. Begründeter Anlass im Sachverhalt ... 12
VI. Neuer Vortrag im Beschwerdeverfahren ... 13
VII. Rücknahme der sofortigen Beschwerde ... 16
B. Statthaftigkeit (Abs. 1 und 2) ... 17
I. Entscheidungen der Vergabekammer (Abs. 1 S. 1) ... 18
1. Definition und Abgrenzungsmaßstäbe ... 19
2. Einzelfälle ... 22
a) Endentscheidungen ... 23
b) Nicht beschwerdefähige Zwischenentscheidungen ... 27
aa) Ausdrücklich angeordneter Ausschluss ... 28
bb) Weitere nicht beschwerdefähige Zwischenentscheidungen ... 29
c) Rückausnahme: beschwerdefähige Zwischenentscheidungen ... 34
aa) Gleichstellung zu einer Endentscheidung ... 35
bb) Besonders schwerer Eingriff in Verfahrensrechte ... 38
II. Nach Ablauf der Entscheidungsfrist/Ablehnungsfiktion (Abs. 2) ... 39
1. Fingierter ablehnender Beschluss ... 40
a) Maßgeblicher Zeitpunkt ... 40
aa) Kein Fall des § 171 Abs. 2 GWB bei rechtzeitiger Fristverlängerung ... 41
bb) Entscheidung der Vergabekammer vor Fristablauf ... 44
b) Keine Anwendbarkeit der Ablehnungsfiktion ... 45
2. Entscheidung der Vergabekammer nach Fristablauf ... 48
C. Weitere Zulässigkeitsvoraussetzungen ... 51
I. Beschwerdeberechtigung (Abs. 1 S. 2) ... 52
1. Beteiligte des Vergabekammerverfahrens ... 53
2. Rechtsschutz zu Unrecht nicht Beigeladener ... 54
II. Beschwerdebefugnis ... 56
1. Grundsatz: Formelle und materielle Beschwer ... 57
2. Ausnahme: Materielle Beschwer ausreichend ... 58
III. Sonstige Zulässigkeitsvoraussetzungen ... 59

D. Zuständigkeit (Abs. 3) 61
E. Besondere Zuweisung der Vergabesachen (Abs. 4) 62
I. Zuweisung an andere Oberlandesgerichte (S. 1) 62
II. Übertragung der Ermächtigung an die Landesjustizverwaltungen (S. 2) 64
F. Rechtsschutz 65
Anlage
Gesetzesbegründung

A. Allgemeines

1 § 171 GWB ist die Grundnorm[1] der zweiten Stufe des Rechtsschutzes in Vergabesachen, der sofortigen Beschwerde als Rechtsmittel[2] gegen Entscheidungen der Vergabekammer. In Absatz 1 und 2 des § 171 GWB wird die Statthaftigkeit und in § 171 Abs. 3 und 4 GWB die Zuständigkeit für dieses Rechtsmittel festgelegt. Eine sofortige Beschwerde kann gemäß § 171 Abs. 1 GWB gegen Entscheidungen der Vergabekammer eingelegt werden. § 171 Abs. 2 GWB erweitert die Statthaftigkeit einer sofortigen Beschwerde auf die Fälle, in denen die Vergabekammer nicht innerhalb der Frist des § 167 Abs. 1 GWB entschieden hat. Die sofortige Beschwerde richtet sich dann gegen einen fingierten ablehnenden Beschluss der Vergabekammer. § 171 Abs. 3 GWB weist die Zuständigkeit für die sofortige Beschwerde als spezialgesetzliche Sonderzuweisung den Oberlandesgerichten zu.[3] Die zeitweilig in § 116 Abs. 3 GWB a.F. vorgesehene Zuständigkeit der Landessozialgerichte für Streitigkeiten über Rechtsbeziehungen i.S.d. § 69 SGB V[4] hat der Gesetzgeber durch das Gesetz zur Neuregelung des Arzneimittelmarktes mit Wirkung vom 1. Januar 2011 wieder aufgehoben,[5] so dass eine einheitliche Zuständigkeit der Oberlandesgerichte in Vergabesachen besteht. § 171 Abs. 4 GWB gestattet schließlich die Konzentration der örtlichen Zuständigkeit für Vergabesachen bei einzelnen Oberlandesgerichten oder dem Obersten Landesgericht.

2 Zuständig für die sofortige – also innerhalb einer zweiwöchigen Notfrist einzulegende – Beschwerde sind mit den Oberlandesgerichten **ordentliche Gerichte**. Dies wird auch damit begründet, dass sich der Rechtsschutz vor den ordentlichen Gerichten bereits im Kartellrecht bewährt hat.[6] Daher wurde das vergaberechtliche Beschwerdeverfahren vergleichbar dem kartellrechtlichen Beschwerdeverfahren ausgestaltet und insbesondere mittels verkürzter Fristen mit zusätzlichen Beschleunigungsmechanismen versehen.[7] Diese Zuweisung des Rechtsschutzes zu den ordentlichen Gerichten entspricht auch der regelmäßig vorliegenden Eröffnung des Zivilrechtswegs in vergaberechtlichen Streitigkeiten unterhalb der Schwellenwerte des § 106 GWB.[8]

I. Unionsrechtlicher Hintergrund und Historie

3 § 171 GWB gewährleistet mit der Eröffnung der sofortigen Beschwerde gegen Beschlüsse der Vergabekammer den verfassungs-, europa- und völkerrechtlich geforderten Rechtsschutz. Das Government Procurement Agreement verpflichtet in seinen Art. XX bis XXII, die Überprüfung von Vergabeentscheidungen vor einem unparteiischen Gremium zu gewährleis-

1 OLG Düsseldorf, Beschluss v. 23.1.2006 – VII-Verg 96/05; Beschluss v. 18.1.2000 – Verg 2/00; *Kirch*, in: Hattig/Maibaum, Kartellvergaberecht, § 116 GWB Rn. 5.
2 Der Devolutiveffekt ist in der Verlagerung des Rechtsschutzes auf das Oberlandesgericht, der Suspensiveffekt in der – allerdings gemäß § 173 GWB zeitlich beschränkten – aufschiebenden Wirkung zu sehen.
3 Eine Sonderzuweisung liegt deshalb vor, weil die Vergabekammer durch Verwaltungsakt entscheidet; vgl. auch OLG Rostock, Beschluss v. 2.7.2008 – 17 Verg 4/07.
4 Gesetz zur Weiterentwicklung der Organisationsstruktur der gesetzlichen Krankenversicherungen, BGBl. I 2008 S. 2426.
5 Siehe auch Art. 2 Abs. 2 VergRModG 2016, der die nunmehr gegenstandslose Regelung des § 207 SGG ersatzlos gestrichen hat. Vgl. allerdings verneinend zur Frage, ob § 127 Abs. 1 S. 1, Abs. 6 SGB V im Hinblick auf die vorgelagerten Zweckmäßigkeitserwägungen eine vergaberechtliche Vorschrift sei: OLG Düsseldorf, Beschluss v. 27.6.2018 – VII-Verg 59/17. Siehe auch BSG, Beschluss v. 6.3.2019 – B 3 SF 1/18 R.
6 Vgl. Gesetzesbegründung, VgRÄG, BT-Drs. 13/9340, 20.
7 Vgl. Gesetzesbegründung, VgRÄG, BT-Drs. 13/9340, 20.
8 Vgl. hierzu BVerwG, Beschluss v. 2.5.2007 – 6 B 10.07.

ten. Diese Pflicht findet sich ebenfalls in Art. 1 und 2 RL 89/665/EWG und Art. 1 und 2 RL 92/13/EWG, wobei jedoch der dort geforderte gerichtliche Rechtsschutz schon gewährleistet ist, wenn er durch ein Gericht i.S.d. Art. 234 EGV erfolgt.[9] Der Rechtsschutz muss hierbei gemäß Art. 1 und 2 RL 89/665/EWG und Art. 1 und 2 RL 92/13/EWG wirksam und rasch ausgestaltet sein.[10] Eine Verweisung auf Sekundärrechtsschutz genügt diesen Vorgaben nicht.[11] Dies spiegelt auch die verfassungsrechtlichen Vorgaben wider. Denn der vorliegend aufgrund der durch Verwaltungsakt erfolgenden Entscheidung der Vergabekammer anwendbare Art. 19 Abs. 4 GG fordert die Gewährleistung effektiven Rechtsschutzes.[12] Allerdings hat der EuGH entschieden, dass Art. 2 RL 89/665/EWG nicht dahin auszulegen ist, dass auch dem öffentlichen Auftraggeber gerichtlicher Rechtsschutz gegen die Entscheidungen der für Nachprüfungsverfahren auf dem Gebiet der Vergabe öffentlicher Aufträge zuständigen Grundinstanzen, die keine Gerichte sind, offenstehen muss. Diese Bestimmung hindere die Mitgliedstaaten allerdings nicht daran, in ihren jeweiligen Rechtsordnungen gegebenenfalls einen derartigen Rechtsschutz – wie vorliegend im vergaberechtlichen Beschwerdeverfahren geschehen – zugunsten öffentlicher Auftraggeber vorzusehen.[13]

II. Vergleichbare Regelungen und anwendbares Verfahrensrecht

Das im Rahmen des Beschwerdeverfahrens anwendbare Verfahrensrecht ist vorrangig den §§ 171 bis 178 GWB zu entnehmen. Diese Regelungen werden durch die Verweisung des § 175 Abs. 2 GWB ergänzt. Demnach finden sowohl Vorschriften aus dem Vergabekammerverfahren – §§ 165 und 167 Abs. 2 S. 1 GWB – als auch Vorschriften aus dem Kartellbeschwerdeverfahren Anwendung. Diese Verweisung ist jedoch nicht abschließend.[14] Darüber hinaus auftretende Lücken im Prozessrecht sind unter Berücksichtigung der Besonderheiten des vergaberechtlichen Nachprüfungsverfahrens im jeweiligen Einzelfall auszufüllen.[15] Hierbei sind jedoch vorrangig Regeln der ZPO auf ihre Übertragbarkeit zu untersuchen.[16] Dies folgt aus der Zuweisung des Rechtsschutzes gegen die Entscheidungen der Vergabekammer an die ordentlichen Gerichte und der Bezugnahme des § 72 Nr. 2 GWB auf die Regelungen der ZPO. 4

III. Unselbstständige Anschlussbeschwerde

Die Einlegung einer sofortigen Beschwerde eröffnet den weiteren Verfahrensbeteiligten neben der fristgebundenen Einlegung einer eigenen sofortigen Beschwerde auch die Möglich- 5

9 Vgl. Art. 2 Abs. 9 RL 89/665/EWG und Art. 2 Abs. 9 RL 92/13/EWG; siehe hierzu auch EuGH, Urteil v. 17.9.1997 – Rs. C-54/96 (Dorsch Consult), wonach schon die zum damaligen Zeitpunkt eingerichteten Vergabeüberwachungsausschüsse als Gerichte i.S.d. Art. 234 EGV anzusehen waren.

10 Siehe auch EuGH, Urteil v. 4.7.2013 – Rs. C-100/12 (Fastweb); Urteil v. 19.12.2010 – Rs. C-568/08; Urteil v. 3.4.2008 – Rs. C-444/06; Urteil v. 11.1.2005 – Rs. C-26/03 (Stadt Halle); Urteil v. 24.6.2004 – Rs. C-212/02; Urteil v. 19.6.2003 – Rs. C-410/01; Urteil v. 18.6.2002 – Rs. C-92/00 (Hospital Ingenieure); Urteil v. 28.10.1999 – Rs. C-81/98; vgl. auch EuG, Beschluss v. 4.2.2014 – Rs. T-644/13 R.

11 EuGH, Urteil v. 28.10.1999 – Rs. C-81/98 (Alcatel Austria).

12 BVerfG, Beschluss v. 29.7.2004 – 2 BvR 2248/03; siehe allerdings bezüglich der Anwendbarkeit des allgemeinen Justizgewährungsanspruchs in Vergabeverfahren unterhalb der Schwellenwerte: BVerfG, Beschluss v. 13.6.2006 – 1 BvR 1160/03.

13 EuGH, Urteil v. 21.10.2010 – Rs. C-570/08 (Symvoulio Apochetefseon Lefkosias), Slg 2010, I-10131.

14 OLG Dresden, Beschluss v. 4.7.2008 – WVerg 0003/08; *Stickler*, in: Reidt/Stickler/Glahs, Vergaberecht, Vorb. zu §§ 171 bis 179 GWB Rn. 3.

15 Vgl. einerseits die Anwendbarkeit der ZPO für die Kostenentscheidung unter Hinweis auf das Verfahren vor einem ordentlichen Gericht annehmend: BGH, Beschluss v. 9.2.2004 – X ZB 44/03, andererseits sowohl Regelungen der ZPO als auch der VwGO erwähnend: BGH, Beschluss v. 25.10.2005 – X ZB 25/05; Beschluss v. 9.12.2003 – X ZB 14/03.

16 Vgl. *König*, in: Heuvels/Höß/Kuß/Wagner, Vergaberecht, § 116 GWB Rn. 6; für eine vorrangige Heranziehung der VwGO: OLG Düsseldorf, Beschluss v. 28.12.2007 – VII-Verg 40/07; Beschluss v. 28.8.2001 – Verg 27/01; *Stickler*, in: Reidt/Stickler/Glahs, Vergaberecht, Vorb. zu §§ 171 bis 179 GWB Rn. 4.

keit, eine Anschlussbeschwerde einzulegen.[17] Zwar wird eine unselbstständige Anschlussbeschwerde für das vergaberechtliche Beschwerdeverfahren im GWB nicht ausdrücklich zugelassen. Gleichwohl ist deren Ableitung im Wege der Analogie auch im vergaberechtlichen Beschwerdeverfahren geboten. Denn im Fall der Einlegung einer sofortigen Beschwerde durch den Beschwerdeführer entsteht eine neue Prozesssituation für Beteiligte, die eine für sie teilweise nachteilige Entscheidung unter der Voraussetzung hingenommen haben, dass die Entscheidung bestandskräftig wird.[18] Dies rechtfertigt die entsprechende **Zulassung** der Anschlussbeschwerde auch im vergaberechtlichen Beschwerdeverfahren. Zwar kann die unselbstständige Anschlussbeschwerde ein Beschwerdeverfahren verzögern, sodass der Beschleunigungsgrundsatz gegen deren Zulassung spricht.[19] Allerdings führt eine Rücknahme der sofortigen Beschwerde entsprechend § 524 Abs. 4 ZPO dazu, dass auch die Anschlussbeschwerde wirkungslos wird.[20] Demnach kann die unselbstständige Anschlussbeschwerde lediglich zu Verzögerungen innerhalb des Rechtshängigkeitszeitraums der sofortigen Beschwerde führen, sodass ihre Zulassung auch unter Berücksichtigung des Beschleunigungsgrundsatzes geboten ist.

6 Die unselbständige Anschlussbeschwerde kann in Anlehnung an § 524 Abs. 2 S. 2, § 521 Abs. 2 S. 1 ZPO bis zum Ablauf der dem Beschwerdegegner für die Erwiderung auf die Beschwerde gesetzten Frist eingelegt und begründet werden.[21] Zwar würde eine entsprechende Anwendung der zweiwöchigen Frist für die Einlegung und Begründung der sofortigen Beschwerde gemäß § 172 Abs. 1 ZPO zu einer schnelleren Klarheit über die Erhebung von Anschlussbeschwerden führen, sodass auch das Beschwerdeverfahren zügiger geführt werden kann. Für eine derart starke Betonung des Beschleunigungsgrundsatzes liegen allerdings im Ergebnis keine durchgreifenden Gründe vor, da die Erwiderung ohnehin bis zum Ende der Erwiderungsfrist erstellt werden kann und ein Auseinanderfallen von Erwiderung- und Anschließungsfrist unter prozessökonomischen Gründen wenig sinnvoll erscheint.[22] Die unselbständige Anschlussbeschwerde kann auch bedingt erhoben werden[23] und muss sich gegen dieselbe Entscheidung wie die sofortige Beschwerde richten.[24] **Zulässigkeitsvoraussetzung** einer Anschlussbeschwerde ist darüber hinaus, dass gegenläufige Rechtsschutzziele zwischen der sofortigen Beschwerde und der Anschlussbeschwerde verfolgt werden. Daher kann auch

17 BGH, Beschluss v. 4.4.2017 – X ZB 3/17, juris Rn. 16; OLG Düsseldorf, Beschluss v. 25.3.2020 – VII-Verg 25/19, juris Rn. 57; Beschluss v. 25.2.2004 – VII-Verg 9/02; Beschluss v. 8.5.2002 – VII-Verg 8-15/01; OLG Frankfurt, Beschluss v. 5.11.2019 – 11 Verg 4/19; Beschluss v. 8.4.2014 – 11 Verg 1/14; Beschluss v. 16.5.2000 – 11 Verg 1/99; OLG Naumburg, Beschluss v. 18.8.2011 – 2 Verg 3/11; Beschluss v. 4.9.2008 – 1 Verg 4/08; Beschluss v. 17.2.2004 – 1 Verg 15/03; OLG Dresden, Beschluss v. 4.7.2008 – WVerg 0003/08; OLG München, Beschluss v. 15.3.2005 – Verg 002/05; BayObLG, Beschluss v. 5.11.2002 – Verg 22/02; *Jaeger*, in: Byok/Jaeger, Vergaberecht, § 171 GWB Rn. 27; *Kirch*, in: Hattig/Maibaum, Kartellvergaberecht, § 116 GWB Rn. 37; *Stockmann*, in: Immenga/Mestmäcker, Wettbewerbsrecht, § 171 GWB Rn. 15; *Dieck-Bogatzke*, in: Pünder/Schellenberg, Vergaberecht, § 171 GWB Rn. 45; *Raabe*, in: Willenbruch/Wieddekind, Vergaberecht, § 171 GWB Rn. 37; *Dicks*, in: Ziekow/Völlink, Vergaberecht, § 171 GWB Rn. 8; a.A. *König*, in: Heuvels/Höß/Kuß/Wagner, Vergaberecht, § 116 GWB Rn. 37 ff.

18 Mit vergleichbarer Argumentation für das WEG-Verfahren: BGH, Beschluss v. 18.5.1978 – ZB 30/76.

19 In diesem Sinne *König*, in: Heuvels/Höß/Kuß/Wagner, Vergaberecht, § 116 GWB Rn. 38.

20 Vgl. § 524 Abs. 4 ZPO, § 127 Abs. 5 VwGO; siehe auch OLG Naumburg, Beschluss v. 13.2.2012 – 2 Verg 14/11; OLG Jena, Beschluss v. 4.5.2005 – 9 Verg 03/05.

21 BGH, Beschluss v. 4.4.2017 – X ZB 3/17; OLG München, Beschluss v. 23.11.2020 – Verg 7/20; Beschluss v. 15.3.2005 – Verg 02/05; OLG Düsseldorf, Beschluss v. 25.3.2020 – VII-Verg 25/19; Beschluss v. 17.4.2019 – VII-Verg 36/18; OLG Frankfurt, Beschluss v. 5.11.2019 – 11 Verg 4/19, juris Rn. 37; OLG Dresden, Beschluss v. 4.7.2008 – WVerg 0003/08; wohl auch OLG Naumburg, Beschluss v. 4.9.2008 – 1 Verg 4/08; *Dicks*, in: Ziekow/Völlink, Vergaberecht, § 171 GWB Rn. 9; offenlassend OLG Frankfurt, Beschluss v. 8.4.2014 – 11 Verg 1/14; *Stockmann*, in: Immenga/Mestmäcker, Wettbewerbsrecht, § 171 GWB, Rn. 15; *Gröning*, in: Säcker, Wettbewerbsrecht, § 171 GWB Rn. 15. A.A. OLG Jena, Beschluss v. 20.6.2005 – 9 Verg 03/05; OLG Düsseldorf, Beschluss v. 6.10.2004 – VII-Verg 56/04; Beschluss v. 25.2.2004 – VII-Verg 9/02; *Storr*, in: Löwenheim/Meessen/Riesenkampff, Kartellrecht, § 116 GWB Rn. 9.

22 BGH, Beschluss v. 4.4.2017 – X ZB 3/17.

23 OLG München, Beschluss v. 9.8.2012 – Verg 10/12; OLG Frankfurt, Beschluss v. 19.12.2006 – 11 Verg 7/06; BayObLG, Beschluss v. 9.8.2004 – Verg 15/04; s. bezüglich eines Antrags auf Verlängerung der aufschiebenden Wirkung im Rahmen einer Anschlussbeschwerde: OLG Jena, Beschluss v. 4.5.2005 – 9 Verg 03/05.

24 OLG Düsseldorf, Beschluss v. 5.9.2001 – Verg 18/01; *Jaeger*, in: Byok/Jaeger, Vergaberecht, § 171 GWB, Rn. 27; *Dicks*, in: Ziekow/Völlink, Vergaberecht, § 171 GWB Rn. 8.

die Erhebung einer unselbständigen Anschlussbeschwerde im Verhältnis zwischen Antragsteller und Beigeladenem möglich sein.[25]

IV. Begrenzte Einlegung der sofortigen Beschwerde

Der Beschwerdeführer kann die Entscheidung der Vergabekammer auch nur **teilweise** anfechten. Dies folgt in Bezug auf die Kostenentscheidung bereits aus § 182 Abs. 1 S. 2 GWB i.V.m. § 22 VwKostG.[26] Aber auch Teile der Kostenentscheidungen[27] können ebenso wie Teile der Sachentscheidung der Vergabekammer isoliert zum Gegenstand der sofortigen Beschwerde gemacht werden. Das folgt aus § 172 Abs. 2 S. 2 Nr. 1 GWB, der in der Beschwerdeschrift die Angabe fordert, „inwieweit" die Entscheidung der Vergabekammer angefochten wird. 7

Zulässigkeitsvoraussetzung einer nur teilweise erfolgenden Anfechtung der Vergabekammerentscheidung wird jedoch sein, dass sich die sofortige Beschwerde gegen einen abgrenzbaren Teil des Hauptsachetenors richtet,[28] der einen eigenständigen Streitgegenstand darstellt. Der Streitgegenstand des Vergabekammerverfahrens wird wiederum regelmäßig durch das jeweilige aktive Tun oder Unterlassen des Auftraggebers im Vergabeverfahren gebildet, welches gegen unternehmensschützende Bestimmungen nach § 97 Abs. 6 GWB verstößt.[29] 8

V. Prüfungsumfang des Beschwerdegerichts

Der Prüfungsumfang des Beschwerdegerichts ist im Spannungsfeld zwischen Dispositionsmaxime und dem von §§ 175 Abs. 2, 75 Abs. 1 GWB für anwendbar erklärten Untersuchungsgrundsatz zu bestimmen. 9

Für einen Vorrang der **Dispositionsmaxime** nicht nur bei der Verfahrenseinleitung und -beendigung, sondern auch bei der Bestimmung des Prüfungsumfangs spricht die subjektiv-*unternehmensbezogene Ausgestaltung des vergaberechtlichen Nachprüfungsverfahrens*. Denn bereits die Regelung des § 172 Abs. 2 GWB deutet mit der Bezugnahme auf die Angabe des Rechtsmittelziels ebenso wie die Regelung des § 160 Abs. 3 GWB darauf hin, dass das Vergabenachprüfungsverfahren im Kern subjektiv-unternehmensbezogen ausgestaltet ist. Demnach wird das Vergabeverfahren nicht von Amts wegen auf alle denkbaren Vergaberechtsverstöße untersucht.[30] Dies steht auch im Einklang mit § 163 GWB, der die Dispositionsmaxime betont. 10

1. Vortrag der Beteiligten

Angesichts des Vorrangs der Dispositionsmaxime ist das Beschwerdegericht nicht befugt, solche vermeintlichen Vergaberechtsverstöße zu untersuchen, die Teil des Streitgegenstands des Vergabekammerverfahrens waren, aber vom Beschwerdeführer nicht mit der sofortigen Beschwerde angegriffen werden.[31] Wenn nämlich der Beschwerdeführer entscheidet, dass die 11

25 OLG München, Beschluss v. 21.5.2010 – Verg 2/10; OLG Celle, Beschluss v. 5.9.2007 – 13 Verg 9/07; OLG Jena, Beschluss v. 5.12.2001 – 6 Verg 4/01; *Dieck-Bogatzke*, in: Pünder/Schellenberg, Vergaberecht, § 171 GWB Rn. 47; *Gröning*, in: Säcker, Wettbewerbsrecht, § 171 GWB Rn. 12; *Raabe*, in: Willenbruch/Wieddekind, Vergaberecht, § 171 GWB Rn. 39; *Dicks*, in: Ziekow/Völlink, Vergaberecht, § 171 GWB Rn. 8.

26 OLG Düsseldorf, Beschluss v. 13.9.2018 – VII-Verg 35/17; OLG Rostock, Beschluss v. 2.8.2005 – 17 Verg 7/05; OLG Dresden, Beschluss v. 14.2.2003 – WVerg 11/01; BayObLG, Beschluss v. 20.1.2003 – Verg 29/02.

27 OLG Naumburg, Beschluss v. 15.6.2006 – 1 Verg 5/06.

28 OLG Düsseldorf, Beschluss v. 26.11.2003 – Verg 53/03; *Jaeger*, in: Byok/Jaeger, Vergaberecht, § 171 GWB Rn. 5; siehe auch *Stickler*, in: Reidt/Stickler/Glahs, Vergaberecht, § 171 GWB Rn. 6, unter Hinweis auf die verwaltungsverfahrensrechtlichen Maßstäbe für die isolierte Anfechtung von Nebenbestimmungen.

29 OLG Rostock, Beschluss v. 25.6.2001 – 17W 8/01; OLG Düsseldorf, Beschluss v. 30.5.2001 – Verg 23/00. Dies wird vorrangig auf dem Vortrag des Antragstellers beruhen, kann angesichts des Untersuchungsgrundsatzes jedoch auch einen von der Vergabekammer von Amts wegen ermittelten Sachverhalt umfassen, der einen Vergaberechtsverstoß begründet.

30 OLG Frankfurt, Beschluss v. 8.2.2005 – 11 Verg 24/04; OLG Düsseldorf, Beschluss v. 29.12.2001 – Verg 22/01; Beschluss v. 28.8.2001 – Verg 27/01.

31 *Stickler*, in: Reidt/Stickler/Glahs, Vergaberecht, § 172 GWB Rn. 14 f.; *Raabe*, in: Willenbruch/Wieddekind, Vergaberecht, § 172 GWB Rn. 20.

von ihm selbst in das Vergabekammerverfahren eingeführten vermeintlichen Vergaberechtsverstöße nicht mehr zum Gegenstand der Untersuchung gehören sollen, ist kein Grund dafür erkennbar, weshalb der Untersuchungsgrundsatz dennoch deren Berücksichtigung gestatten soll. Daraus folgt gleichzeitig, dass der Vortrag der Beteiligten einen zentralen Maßstab zur Auslegung des Untersuchungsgrundsatzes darstellt.[32] Demnach ist der Vergabesenat verpflichtet, solchen Vergaberechtsverstößen im Wege des Untersuchungsgrundsatzes nachzugehen, die sich bei verständiger Würdigung des Vortrags der Beteiligten erschließen.[33] Hierbei ist wiederum nur solcher Vortrag zugrunde zu legen, der nicht gemäß § 160 Abs. 3 GWB präkludiert ist.[34]

2. Begründeter Anlass im Sachverhalt

12 Damit ist allerdings die Berücksichtigung von Vergaberechtsverstößen noch nicht ausgeschlossen, die von keinem der Beteiligten geltend gemacht werden. Vielmehr sind auch solche Vergaberechtsverstöße vom Untersuchungsgrundsatz umfasst, für deren Berücksichtigung der Sachverhalt begründeten Anlass bietet.[35] Dies wird insbesondere dann der Fall sein, wenn sich der Verstoß objektiv aufdrängt.[36] Hingegen ist eine ungefragte Fehlersuche durch das Beschwerdegericht nicht mehr vom Untersuchungsgrundsatz umfasst.

VI. Neuer Vortrag im Beschwerdeverfahren

13 Im Beschwerdeverfahren ist neuer Tatsachenvortrag **grundsätzlich** möglich.[37] Dies folgt neben dem Fehlen von Ausschlussvorschriften aus dem Beschleunigungsgrundsatz, da andernfalls ein neues Nachprüfungsverfahren vor der Vergabekammer eingeleitet werden müsste.[38] Zudem streitet der Untersuchungsgrundsatz entscheidend dafür, dass das Beschwerdeverfahren nicht durch den Streitgegenstand des Vergabekammerverfahrens begrenzt ist.[39] Gleichwohl darf nach Ablauf der Frist des § 172 Abs. 1 GWB kein den Streitgegenstand erweiternder Vortrag erfolgen, wenn dieser schon vor Fristablauf bekannt war.[40] Folglich ist neuer Tatsachenvortrag grundsätzlich nur innerhalb eines in der Beschwerdefrist geltend gemachten Sachverhaltskomplexes, der einen Vergaberechtsverstoß darstellen soll, zulässig.[41]

14 Gleichwohl ist neuer Vortrag **nicht uneingeschränkt** zulässig. Dies folgt aus § 160 Abs. 3 GWB. Demnach kann im Rahmen des Beschwerdeverfahrens neuer Vortrag grundsätzlich nur insoweit zulässig sein, als keine Präklusion für diesen Vortrag eingetreten ist.[42] Hierbei ist allerdings zu berücksichtigen, dass § 160 Abs. 3 GWB für während eines Nachprüfungsverfahrens erkannte Vergaberechtsverstöße keine – und auch keine entsprechende[43] – Anwendung findet.[44] Nicht durch § 160 Abs. 3 GWB ausgeschlossen ist neuer Vortrag folglich dann, wenn

---

32 Vgl. OLG Koblenz, Beschluss v. 22.7.2014 – 1 Verg 3/14; *Raabe*, in: Willenbruch/Wieddekind, Vergaberecht, § 172 GWB Rn. 19.

33 OLG Saarbrücken, Beschluss v. 6.4.2005 – 1 Verg 1/05; OLG Düsseldorf, Beschluss v. 29.12.2001 – Verg 22/01; siehe auch OLG Düsseldorf, Beschluss v. 17.11.2004 – VII-Verg 46/04.

34 Siehe in diesem Zusammenhang: KG, Beschluss v. 13.3.2008 – 2 Verg 18/07; BayObLG, Beschluss v. 28.5.2003 – Verg 06/03; vgl. hierzu näher Rn. 13 ff.

35 BGH, Beschluss v. 12.6.2001 – X ZB 10/01; siehe auch *Dicks*, in: Ziekow/Völlink, Vergaberecht, § 172 GWB Rn. 15.

36 OLG Düsseldorf, Beschluss v. 28.4.2008 – VII-Verg 1/08.

37 KG, Beschluss v. 13.3.2008 – 2 Verg 18/07; BayObLG, Beschluss v. 28.5.2003 – Verg 06/03; *Jaeger*, in: Byok/Jaeger, Vergaberecht, § 172 GWB Rn. 18; *Ulbrich*, in: Röwekamp/Kus/Portz/Prieß, GWB-Vergaberecht, § 172 Rn. 30 f.

38 OLG Celle, Beschluss v. 12.5.2005 – 13 Verg 5/05.

39 Siehe hierzu oben unter Rn. 10 ff.

40 Das OLG Brandenburg, Beschluss v. 21.6.2012 – Verg W 4/12, hat eine nach Ablauf der Beschwerdefrist erfolgte Umstellung der Beschwerde – nunmehr gegen die Gebührenfestsetzung gerichtet – als nach Fristablauf unzulässige Erweiterung des Streitgegenstandes angesehen.

41 Siehe auch *Jaeger*, in: Byok/Jaeger, Vergaberecht, § 172 GWB Rn. 18; *Kirch*, in: Hattig/Maibaum, Kartellvergaberecht, § 117 GWB Rn. 24; *Stickler*, in: Reidt/Stickler/Glahs, Vergaberecht, § 117 GWB Rn. 16.

42 KG, Beschluss v. 13.3.2008 – 2 Verg 18/07.

43 Trotz der Mitwirkungspflichten im Beschwerdeverfahren daher wohl zu weitgehend: OLG Celle, Beschluss v. 10.1.2008 – 13 Verg 11/07.

44 BGH, Beschluss v. 26.9.2006 – X ZB 14/06; OLG Düsseldorf, Beschluss v. 28.4.2008 –VII-Verg 1/08; KG, Beschluss v. 13.3.2008 – 2 Verg 18/07.

dieser erst aus der Entscheidung der Vergabekammer oder erst aus Erkenntnissen im Beschwerdeverfahren – etwa durch erweiterte Akteneinsicht – folgt.[45]

Allerdings dürfte Vortrag, der von der Vergabekammer rechtmäßig gemäß § 167 Abs. 2 S. 2 GWB als **präkludiert** ausgeschlossen wurde, im Beschwerdeverfahren dennoch zulässig vorgetragen werden können.[46] Zwar deutet Sinn und Zweck des § 167 Abs. 2 GWB i.V.m. dem Beschleunigungsgrundsatz darauf hin, dass vor der Vergabekammer rechtmäßig ausgeschlossener Vortrag auch vor dem Beschwerdegericht grundsätzlich keine Berücksichtigung finden kann. Andernfalls würde die Einleitung von Beschwerdeverfahren bereits deshalb erwogen werden, um mit solchem Vortrag nunmehr die Entscheidung der Vergabekammer anzugreifen. In diesem Fall hätte es jedoch näher gelegen, schon auf die Aufnahme von § 167 Abs. 2 S. 2 GWB in das Verfahrensrecht des Vergabekammerverfahrens zu verzichten. Allerdings finden sich für das Beschwerdeverfahren keine etwa mit § 531 Abs. 1 ZPO oder § 128a Abs. 2 VwGO vergleichbaren Regelungen. Mangels eindeutiger gesetzlicher Anhaltspunkte scheint daher die Annahme einer Fortwirkung von § 167 Abs. 2 S. 2 GWB auch im Beschwerdeverfahren vor dem Hintergrund der kurzen Zeitdauer eines Vergabekammerverfahrens und des teilweise nur unter hohem Zeitdruck möglichen Tatsachenvortrags nicht gerechtfertigt. 15

VII. Rücknahme der sofortigen Beschwerde

Die sofortige Beschwerde kann bis zur Rechtskraft der Beschwerdeentscheidung zurückgenommen werden. Mangels ausdrücklicher Regelung für das vergaberechtliche Beschwerdeverfahren sind die für die Rücknahme maßgeblichen Verfahrensregelungen der ZPO zu entnehmen.[47] Da das GWB kein Zustimmungserfordernis des Gegners vorsieht, liegt es dabei nahe, § 516 Abs. 1 ZPO heranzuziehen, der die Rücknahme nicht von einer Zustimmung des Gegners abhängig macht.[48] Andernfalls wäre – etwa bei entsprechender Anwendung von § 92 Abs. 1 oder § 126 VwGO – eine Rücknahme nach Stellung der Anträge in der mündlichen Verhandlung nur noch mit Zustimmung des Gegners möglich. Das stünde im Widerspruch zum Beschleunigungsgrundsatz. Der der Rücknahme folgende Ausspruch über den Verlust des Rechtsmittels und die Kostenfolge richten sich nach §§ 175 Abs. 2, 71 S. 2 GWB und 516 Abs. 3 ZPO.[49] 16

B. Statthaftigkeit (Abs. 1 und 2)

Die Statthaftigkeit der sofortigen Beschwerde regelt § 171 GWB in Absatz 1 und 2. Danach kann eine sofortige Beschwerde gemäß § 171 Abs. 1 GWB gegen Entscheidungen der Vergabekammer eingelegt werden, wobei damit im Regelfall nur Hauptsacheentscheidungen der Vergabekammer gemeint sind.[50] Im Hinblick auf die besondere Bedeutung des Beschleunigungsgrundsatzes sieht § 171 Abs. 2 GWB darüber hinaus jedoch auch vor, dass eine sofortige Beschwerde dann statthaft ist, wenn die Vergabekammer nicht rechtzeitig innerhalb der fünfwöchigen bzw. verlängerten Frist des § 167 Abs. 1 GWB entscheidet.[51] Die sofortige Be- 17

45 BayObLG, Beschluss v. 28.5.2003 – Verg 6/03; *Stockmann*, in: Immenga/Mestmäcker, Wettbewerbsrecht, § 172 GWB Rn. 16; *Stickler*, in: Reidt/Stickler/Glahs, Vergaberecht, § 172 GWB Rn. 16.

46 OLG Koblenz, Beschluss v. 10.8.2000 – 1 Verg 2/00; *Kirch*, in: Hattig/Maibaum, Kartellvergaberecht, § 117 GWB Rn. 30; *Raabe*, in: Willenbruch/Wieddekind, Vergaberecht, § 172 GWB Rn. 31; *Ulbrich*, in: Röwekamp/Kus/Portz/Prieß, GWB-Vergaberecht, § 172 Rn. 31; *Stickler*, in: Reidt/Stickler/Glahs, Vergaberecht, § 172 GWB Rn. 18; wohl auch BayObLG, Beschluss v. 28.5.2003 – Verg 6/03.

47 Vgl. hierzu oben unter Rn. 5.

48 OLG Naumburg, Beschluss v. 13.2.2012 – 2 Verg 14/11; *Summa*, in: Heiermann/Zeiss/Summa, Vergaberecht, § 171 GWB Rn. 84; *Stockmann*, in: Immenga/Mestmäcker, Wettbewerbsrecht, § 171 GWB Rn. 27; a.A. für eine entsprechende Heranziehung von § 92 Abs. 1 VwGO: OLG Düsseldorf, Beschluss v. 28.8.2001 – Verg 27/01; *Jaeger*, in: Byok/Jaeger, Vergaberecht, § 171 GWB Rn. 36; a.A. *Raabe*, in: Willenbruch/Wieddekind, Vergaberecht, § 171 GWB Rn. 52; für eine entsprechende Heranziehung von § 269 Abs. 1 ZPO: LSG Baden-Württemberg, Beschluss v. 23.1.2009 – L 11 WB 5971/08.

49 OLG München, Beschluss v. 16.7.2012 – Verg 06/12; OLG Düsseldorf, Beschluss v. 12.1.2006 – VII-Verg 35/05.

50 Vgl. hierzu im Einzelnen nachfolgend unter Rn. 19 ff.

51 Vgl. hierzu im Einzelnen nachfolgend unter Rn. 39 ff.

schwerde richtet sich dann gegen einen fingierten ablehnenden Beschluss der Vergabekammer. Da die Einlegung der sofortigen Beschwerde auch in diesem Fall fristgebunden ist – nämlich zwei Wochen nach Ablauf der Entscheidungsfrist der Vergabekammer – muss hierauf bei der anwaltlichen Fristenkontrolle besonders geachtet werden.

I. Entscheidungen der Vergabekammer (Abs. 1 S. 1)

18 Die sofortige Beschwerde ist gemäß § 171 Abs. 1 GWB gegen Entscheidungen der Vergabekammer zulässig.

1. Definition und Abgrenzungsmaßstäbe

19 Beschwerdefähige Entscheidungen der Vergabekammer i.S.d. § 171 Abs. 1 S. 1 GWB sind solche, gegen die bei Hinwegdenken einer unterstellten **Beschwerdefähigkeit** kein effektiver Rechtsschutz im vergaberechtlichen Nachprüfungsverfahren möglich wäre.[52] Der Begriff des effektiven Rechtsschutzes ist hierbei wiederum vergaberechtsspezifisch auszulegen. Denn dem vergaberechtlichen Nachprüfungsverfahren ist ein Interessengegensatz immanent: Die Sicherung der effektiven Beschaffung durch möglichst schnelle Nachprüfungsverfahren steht den Interessen der Beteiligten an einem möglichst effektiven Rechtsschutzsystem gegenüber. Durch die starke Betonung des Beschleunigungsgrundsatzes hat sich der Gesetzgeber für eine hohe Gewichtung der effektiven Beschaffung im vergaberechtlichen Rechtsschutzsystem entschieden.[53] Diese Wertung muss daher auch der entscheidende Abgrenzungsmaßstab bei der Untersuchung der beschwerdefähigen Entscheidungen der Vergabekammer sein, die im Wege einer Abwägung der Rechtsschutzinteressen mit den Anforderungen des Beschleunigungsgrundsatzes zu ermitteln sind.[54]

20 Demnach unterliegen grundsätzlich nur **Endentscheidungen** – also das Verfahren vor der Vergabekammer abschließende Hauptsacheentscheidungen – der sofortigen Beschwerde.[55] Alle weiteren – nachfolgend als Zwischenentscheidungen bezeichneten – Entscheidungen der Vergabekammer sind hingegen grundsätzlich nicht selbstständig beschwerdefähig, sondern müssen mit den damit verbundenen Effektivitätseinbußen im Wege der sofortigen Beschwerde gegen die Endentscheidung angegriffen werden. Dies folgt daraus, dass andernfalls Verfahrensverzögerungen durch solche Beschwerdeverfahren zu befürchten wären, die durch der Endentscheidung vorgelagerte Streitigkeiten eintreten würden. Denn in diesem Fall wäre das – noch nicht abgeschlossene – Vergabekammerverfahren während der Dauer des Beschwerdeverfahrens nicht mehr effektiv fortführbar.

21 Gleichwohl ist zur Gewährleistung des effektiven Rechtsschutzes eine Rückausnahme erforderlich: Wenn nämlich eine **Zwischenentscheidung** einer abschließenden Hauptsacheentscheidung unter Zugrundelegung einer materiellen Betrachtung gleichkommt oder einen besonders schweren Eingriff in Rechte von Beteiligten enthält, liegt eine Beschwerdefähigkeit auch dieser Entscheidung vor.[56] Denn in diesen Ausnahmefällen überwiegen die Rechtsschutzinteressen der Beteiligten die Anforderungen der effektiven Beschaffung, da der von den §§ 171 ff. GWB vorgesehene Rechtsschutz nicht mehr hinreichend effektiv wäre.[57]

---

52 Vgl. auch OLG Düsseldorf, Beschluss v. 28.12.2007 – VII-Verg 40/07; *Raabe*, in: Willenbruch/Wieddekind, Vergaberecht, § 171 GWB Rn. 5.

53 Siehe auch die Erwägungen bei KG, Beschluss v. 15.4.2004 – 2 Verg 6/04.

54 Vgl. auch eine Interessenabwägung vorschlagend *Stockmann*, in: Immenga/Mestmäcker, Wettbewerbsrecht, § 171 GWB Rn. 9.

55 OLG Düsseldorf, Beschluss v. 28.12.2007 – VII-Verg 40/07; Beschluss v. 18.1.2000 – Verg 2/00.

56 Vgl. die erweiternde Auslegung bei OLG Düsseldorf, Beschluss v. 28.12.2007 – VII-Verg 40/07.

57 Vgl. hinsichtlich des Effektivitätsgrundsatzes im Nachprüfungsverfahren auch BVerfG, Beschluss v. 29.7.2004 – 2 BvR 2248/03.

2. Einzelfälle

Die voranstehenden Maßstäbe werden nachfolgend auf die jeweiligen Entscheidungen der Vergabekammer angewendet: 22

a) Endentscheidungen

Endentscheidungen der Vergabekammern sind beschwerdefähig. Daher sind alle verfahrensabschließenden **Hauptsacheentscheidungen** der Vergabekammer über den Nachprüfungsantrag der sofortigen Beschwerde zugänglich.[58] Dies sind die Hauptsacheentscheidungen der Vergabekammer gemäß § 168 Abs. 1 und Abs. 2 S. 2 GWB.[59] Gleiches gilt für die Zurückweisung eines Nachprüfungsantrags als offensichtlich unzulässig oder unbegründet gemäß § 163 Abs. 2 GWB, sofern eine über die Nichtzustellung hinausgehende abschließende Sachentscheidung getroffen wird.[60] Wird gegen einen den Nachprüfungsantrag als offensichtlich unzulässig oder unbegründet zurückweisenden Beschluss sofortige Beschwerde eingelegt, kommt eine Anordnung der Zustellung durch das Oberlandesgericht in Betracht.[61] Soweit die Vergabekammer über die gestellten Anträge in der Hauptsacheentscheidung nur lückenhaft entschieden hat, ist eine Beschlussergänzung entsprechend § 321 ZPO zu beantragen.[62] 23

Die **Kostenentscheidung** wird über die Regelungen der § 182 Abs. 1 S. 2 GWB i.V.m. § 22 VwKostG einer abschließenden Hauptsacheentscheidung gleichgestellt und kann daher ebenfalls im Wege der sofortigen Beschwerde angegriffen werden.[63] Hierbei ist als Teil der Kostengrundentscheidung auch die Entscheidung der Vergabekammer über die Notwendigkeit der Hinzuziehung eines Verfahrensbevollmächtigten[64] der sofortigen Beschwerde zugänglich. Da § 99 Abs. 1 ZPO keine entsprechende Anwendung findet, kann der Antragsteller auch isoliert gegen die Kostenentscheidung sofortige Beschwerde einlegen.[65] Eine mündliche Verhandlung ist in diesen gegen eine Nebenentscheidung der Vergabekammer gerichteten Fällen nicht erforderlich.[66] 24

---

58 OLG Düsseldorf, Beschluss v. 29.4.2003 – Verg 53/02; Beschluss v. 18.1.2000 – Verg 2/00; *Raabe*, in: Willenbruch/Wieddekind, Vergaberecht, § 171 GWB Rn. 6.

59 OLG Düsseldorf, Beschluss v. 18.1.2000 – Verg 2/00.

60 OLG Jena, Beschluss v. 22.7.2015 – 2 Verg 2/15; OLG Schleswig, Beschluss v. 25.10.2007 – 1 Verg 7/07; OLG Naumburg, Beschluss v. 6.4.2005 – 1 Verg 2/05; OLG Düsseldorf, Beschluss v. 18.1.2000 – Verg 2/00; vgl. hinsichtlich des Rechtsschutzes gegen eine nicht erfolgende Übermittlung gemäß § 163 Abs. 2 GWB als Zwischenentscheidung nachfolgend unter Rn. 33.

61 OLG Schleswig, Beschluss v. 25.10.2007 – 1 Verg 7/07; KG, Beschluss v. 15.4.2004 – 2 Verg 6/04; Beschluss v. 10.12.2002 – KartVerg 16/02; Beschluss v. 26.10.1999 – Kart Verg 8/99; OLG Koblenz, Beschluss v. 25.3.2002 – 1 Verg 1/02; siehe auch OLG Dresden, Beschluss v. 4.7.2002 – WVerg 0011/02.

62 BayObLG, Beschluss v. 8.3.2001 – Verg 5/00; *Raabe*, in: Willenbruch/Wieddekind, Vergaberecht, § 171 GWB Rn. 17.

63 Vgl. etwa BGH, Beschluss v. 25.10.2011 – X ZB 5/10; OLG Frankfurt, Beschluss v. 20.8.2020 – 11 Verg 10/20; Beschluss v. 11.4.2012 – 11 Verg 6/11; OLG Düsseldorf, Beschluss v. 13.9.2018 – VII-Verg 35/17; Beschluss v. 23.12.2014 – VII-Verg 37/13; Beschluss v. 3.1.2011 – VII-Verg 42/10; Beschluss v. 12.7.2010 – VII-Verg 17/10; OLG Rostock, Beschluss v. 21.7.2017 – 17 Verg 2/17; Beschluss v. 2.8.2005 – 17 Verg 7/05; OLG Celle, Beschluss v. 10.6.2013 – 13 Verg 6/13; Beschluss v. 13.2.2002 – 13 Verg 2/02; OLG Jena, Beschluss v. 30.1.2002 – 6 Verg 9/01; *Gröning*, in: Säcker, Wettbewerbsrecht, § 171 GWB Rn. 18.

64 Vgl. OLG Celle, Beschluss v. 5.11.2020 – 13 Verg 7/20; OLG Frankfurt, Beschluss v. 2.11.2017 – 11 Verg 8/17; Beschluss v. 30.3.2010 – 11 Verg 3/10; OLG Düsseldorf, Beschluss v. 3.1.2011 – VII-Verg 42/10; Beschluss v. 20.7.2000 – Verg 1/00; OLG Dresden, Beschluss v. 22.2.2010 – WVerg 0001/10; OLG München, Beschluss v. 11.6.2008 – Verg 6/08; OLG Stuttgart, Beschluss v. 19.7.2000 – 2 Verg 4/00.

65 OLG Düsseldorf, Beschluss v. 28.1.2011 – VII-Verg 60/10. Eine entsprechende Anwendung von § 99 Abs. 1 ZPO scheitert bereits daran, dass andernfalls die Kostengrundentscheidung nicht durch ein unabhängiges Gericht überprüft werden könnte, vgl. OLG München, Beschluss v. 11.6.2008 – Verg 6/08; siehe allerdings OLG Frankfurt, Beschluss v. 22.7.2008 – 11 Verg 7/08, eine isolierte Anfechtung einer Kostenentscheidung eines über einen Eilantrag nach § 169 Abs. 3 S. 1 GWB befindenden Beschlusses ablehnend, kritisch dazu *Summa*, in: Heiermann/Zeiss/Summa, Vergaberecht, § 171 GWB Rn. 17.

66 OLG Düsseldorf, Beschluss v. 23.12.2014 – VII-Verg 37/13; Beschluss v. 28.1.2011 – VII-Verg 60/10; OLG München, Beschluss v. 10.9.2012 – Verg 17/12; OLG Karlsruhe, Beschluss v. 11.7.2011 – 15 Verg 5/11; jedenfalls für die Gebührenfestsetzung: OLG Brandenburg, Beschluss v. 12.3.2013 – Verg W 1/13.

25 Angesichts der auf verfahrensabschließende Entscheidungen begrenzten Auslegung des § 171 Abs. 1 GWB unterliegen auch Entscheidungen der Vergabekammer im Rahmen der **Vollstreckung** nach § 168 Abs. 3 S. 2 GWB der sofortigen Beschwerde.[67]

26 Eine beschwerdefähige Endentscheidung der Vergabekammer liegt darüber hinaus auch dann vor, wenn die Kammer **nach Ablauf der Frist des § 167 Abs. 1 GWB** dennoch eine Endentscheidung erlässt[68] oder wenn der unwirksame Beschluss den Anschein einer wirksamen, im Vergabeverfahren zu beachtenden und im Fall einer Zuwiderhandlung vollstreckbaren Entscheidung erzeugt.[69]

b) Nicht beschwerdefähige Zwischenentscheidungen

27 Alle weiteren Entscheidungen der Vergabekammer sind hingegen regelmäßig nicht beschwerdefähig.

aa) Ausdrücklich angeordneter Ausschluss

28 Die fehlende Beschwerdefähigkeit folgt teilweise bereits aus einem gesetzlich – angesichts der Anforderungen des Beschleunigungsgrundsatzes nicht abschließend[70] – angeordneten Ausschluss der sofortigen Beschwerde. Unanfechtbar sind demnach:

- Die Übertragung der Sache gemäß § 157 Abs. 3 S. 1 GWB auf den Vorsitzenden oder hauptamtlichen Beisitzer.
- Die Entscheidung über die Beiladung gemäß § 162 S. 2 GWB. Hierbei ist sowohl eine erfolgte als auch eine nicht erfolgte Beiladung von der Rechtsmittelsperre des § 162 S. 2 GWB umfasst.[71] Dies folgt schon aus dem Wortlaut des § 162 S. 2 GWB, wonach die Unanfechtbarkeit der „Entscheidung über die Beiladung" angeordnet wird.[72]
- Die Versagung der Akteneinsicht ist gemäß § 165 Abs. 4 GWB nicht isoliert angreifbar.[73]
- Entscheidungen der Vergabekammer gemäß § 169 Abs. 2 S. 8 GWB über eine vorzeitige Zuschlagsgestattung.[74]
- Weitere vorläufige Maßnahmen gemäß § 169 Abs. 3 S. 3 GWB.

bb) Weitere nicht beschwerdefähige Zwischenentscheidungen

29 Angesichts der nicht abschließenden gesetzlichen Ausschlüsse der Beschwerdefähigkeit sind auch sonstige Zwischenentscheidungen der Vergabekammer regelmäßig nicht beschwerdefähig.[75]

---

67 BGH, Beschluss v. 29.6.2010 – X ZB 15/08; OLG Düsseldorf, Beschluss v. 10.3.2014 – VII-Verg 11/14; Beschluss v. 29.4.2003 – Verg 53/02; *Jaeger*, in: Byok/Jaeger, Vergaberecht, § 171 GWB Rn. 12; *Ulbrich*, in: Röwekamp/Kus/Portz/Prieß, GWB-Vergaberecht, § 171 Rn. 21; siehe auch KG, Beschluss v. 24.10.2001 – KartVerg 10/01; *Dieck-Bogatzke*, in: Pünder/Schellenberg, Vergaberecht, § 171 GWB Rn. 40; vgl. bzgl. vorläufigen Rechtsschutzes OLG Naumburg, Beschluss v. 17.3.2005 – 1 Verg 3/05.

68 Vgl. BGH, Beschluss v. 14.7.2020 – XIII ZB 135/19; hierzu näher nachfolgend unter Rn. 48 ff.

69 Vgl. für den Fall eines nicht mit den erforderlichen Unterschriften versehenen Beschlusses OLG Koblenz, Beschluss v. 17.6.2020 – Verg 1/20, BeckRS 2020, 20131 Rn. 11.

70 OLG Düsseldorf, Beschluss v. 23.1.2006 – VII-Verg 96/05; *Ulbrich*, in: Röwekamp/Kus/Portz/Prieß, GWB-Vergaberecht, § 171 Rn. 25.

71 KG, Beschluss v. 8.10.2007 – 2 Verg 14/07; OLG Frankfurt, Beschluss v. 28.6.2005 – 11 Verg 9/05.

72 Vgl. jedoch hinsichtlich der Beiladungsbefugnis des Beschwerdegerichts und der weiteren Rechtsschutzmöglichkeiten zu Unrecht nicht Beigeladener nachfolgend unter Rn. 54 f.

73 OLG Frankfurt, Beschluss v. 12.12.2014 – 11 Verg 8/14; *Ulbrich*, in: Röwekamp/Kus/Portz/Prieß, GWB-Vergaberecht, § 172 Rn. 25.

74 OLG Naumburg, Beschluss v. 11.9.2018 – 7 Verg 4/18; OLG Frankfurt, Beschluss v. 26.1.2017 – 11 Verg 1/17.

75 *Kirch*, in: Hattig/Maibaum, Kartellvergaberecht, § 116 GWB Rn. 14; *Ulbrich*, in: Röwekamp/Kus/Portz/Prieß, GWB-Vergaberecht, § 172 Rn. 26; *Storr*, in: Löwenheim/Meessen/Riesenkampff, GWB, § 116 Rn. 5; *Raabe*, in: Willenbruch/Wieddekind, Vergaberecht, § 171 GWB Rn. 12; *Dicks*, in: Ziekow/Völlink, Vergaberecht, § 171 GWB Rn. 6.

30 Dies sind **beispielsweise** die Verlängerung der fünfwöchigen Entscheidungsfrist durch den Vorsitzenden gemäß § 167 Abs. 1 GWB[76], Beweisbeschlüsse[77] sowie terminvorbereitende Maßnahmen des Vorsitzenden.[78] Auch gegen die Verweisung des Nachprüfungsverfahrens an eine andere Vergabekammer steht keine sofortige Beschwerde offen, da die Verweisung das Nachprüfungsverfahren nicht abschließt.[79] Die Anforderung der Vergabeakten durch die Vergabekammer ist ebenfalls nicht anfechtbar.

31 Gleiches gilt für die Entscheidung über die **Ablehnung** eines Mitglieds der Vergabekammer wegen Besorgnis der Befangenheit.[80] Hierbei wird auch die Ablehnung eines Sachverständigen trotz der Verweisung in den §§ 163 Abs. 2 S. 5, 57 Abs. 2 GWB, § 406 Abs. 5 ZPO auf die sofortige Beschwerde nicht beschwerdefähig sein. Denn § 57 Abs. 2 GWB ordnet lediglich eine sinngemäße Anwendung von § 406 ZPO an, sodass unter Berücksichtigung des Beschleunigungsgrundsatzes gerade kein Zwischenverfahren über § 406 Abs. 5 ZPO eröffnet sein wird.[81]

32 Ebenso wenig können **Fristsetzungen** zur Verlängerung der Entscheidungsfrist gemäß § 167 Abs. 2 S. 2 GWB angefochten werden.[82] Es ist regelmäßig auch nicht möglich, die Vergabekammer im Wege der sofortigen Beschwerde zu einer bestimmten Verfahrenshandlung wie etwa einer Aktenbeschlagnahme zu veranlassen.[83] Die Beschwerdefähigkeit eines Beschlusses kann auch nicht dadurch begründet werden, dass die Rechtsmittelbelehrung einer Zwischenentscheidung der Vergabekammer auf die sofortige Beschwerde hinweist.[84]

33 Die Entscheidung, dass der **Nachprüfungsantrag** gemäß § 163 Abs. 2 S. 3 GWB **übermittelt werden soll**, beendet das Nachprüfungsverfahren nicht, sondern eröffnet dieses und ist daher auch nicht selbstständig anfechtbar.[85] Gleiches gilt grundsätzlich für die nicht erfolgende Übermittlung eines Nachprüfungsantrags durch die Vergabekammer.[86] Die hierdurch eintretende Gefahr des Verlustes des Primärrechtsschutzes durch eine zwischenzeitlich erfolgende Zuschlagserteilung folgt aus dem durch das Gesetz vorgegebenen Rechtsschutzsystem. Daher ist grundsätzlich erst gegen die den Nachprüfungsantrag infolge Unzulässigkeit oder Unbegründetheit zurückweisende Entscheidung der Vergabekammer die sofortige Beschwerde statthaft, es sei denn, die nicht erfolgende Übermittlung gemäß § 163 Abs. 2 S. 3 GWB ist unter keinem Gesichtspunkt mehr begründbar.[87]

---

76 OLG Naumburg, Beschluss v. 13.8.2007 – 1 Verg 8/07; *Ulbrich*, in: Röwekamp/Kus/Portz/Prieß, GWB-Vergaberecht, § 171 Rn. 34; *König*, in: Heuvels/Höß/Kuß/Wagner, Vergaberecht, § 116 GWB Rn. 21, der die Unstatthaftigkeit der Beschwerde bereits aus der nicht der „Vergabekammer", sondern dem Vorsitzenden gesetzlich zugewiesenen Entscheidung ableitet.

77 OLG Jena, Beschluss v. 9.9.2002 – 6 Verg 4/02.

78 *Dicks*, in: Ziekow/Völlink, Vergaberecht, § 171 GWB Rn. 7.

79 OLG Düsseldorf, Beschluss v. 18.1.2005 – VII-Verg 104/04; *Dieck-Bogatzke*, in: Pünder/Schellenberg, Vergaberecht, § 171 GWB Rn. 29; vgl. jedoch *Ulbrich*, in: Röwekamp/Kus/Portz/Prieß, GWB-Vergaberecht, § 171 Rn. 38, der bei offensichtlicher Willkürlichkeit der Verweisung eine Statthaftigkeit der Beschwerde annimmt, dies ebenfalls andeutend OLG Dresden, Beschluss v. 26.6.2012 – Verg 3/12.

80 OLG Düsseldorf, Beschluss v. 28.4.2008 – VII-Verg 24/08; Beschluss v. 23.1.2006 – VII-Verg 96/05; OLG Jena, Beschluss v. 22.12.1999 – 6 Verg 3/99; *Summa*, in: Heiermann/Zeiss/Summa, Vergaberecht, § 171 GWB, Rn. 34.

81 A.A. OLG Celle, Beschluss v. 25.5.2010 – 13 Verg 7/10f; *Kirch*, in: Hattig/Maibaum, Kartellvergaberecht, § 116 GWB Rn. 21; *Summa*, in: Heiermann/Zeiss/Summa, Vergaberecht, § 171 GWB, Rn. 33.

82 *Ulbrich*, in: Röwekamp/Kus/Portz/Prieß, GWB-Vergaberecht, § 171 Rn. 34; die Vergabekammer ist gleichwohl im Rahmen ihrer Ermessensentscheidung über die Berücksichtigung verspäteten Vortrags verpflichtet, nochmals die Frist auf eine Unangemessenheit im Hinblick auf den Grundsatz rechtlichen Gehörs zu überprüfen.

83 OLG Düsseldorf v. 10.6.2009 – VII-Verg 17/09; *Summa*, in: Heiermann/Zeiss/Summa, Vergaberecht, § 171 GWB Rn. 37.

84 OLG Frankfurt, Beschluss v. 22.7.2008 – 11 Verg 7/08; OLG Düsseldorf, Beschluss v. 23.1.2006 – VII-Verg 96/05; *Stockmann*, in: Immenga/Mestmäcker, Wettbewerbsrecht, § 171 GWB Rn. 9; *Summa*, in: Heiermann/Zeiss/Summa, Vergaberecht, § 171 GWB Rn. 10; *Raabe*, in: Willenbruch/Wieddekind, Vergaberecht, § 171 GWB Rn. 5.

85 OLG Düsseldorf, Beschluss v. 18.1.2000 – Verg 2/00; *Kirch*, in: Hattig/Maibaum, Kartellvergaberecht, § 116 GWB Rn. 24; *Dieck-Bogatzke*, in: Pünder/Schellenberg, Vergaberecht, § 171 GWB Rn. 40; *Dicks*, in: Ziekow/Völlink, Vergaberecht, § 171 GWB Rn. 7.

86 KG, Beschluss v. 29.3.2007 – 2 Verg 6/07; Beschluss v. 15.4.2004 – 2 Verg 6/04; OLG Dresden, Beschluss v. 4.7.2002 – WVerg 0011/02; *Ulbrich*, in: Röwekamp/Kus/Portz/Prieß, GWB-Vergaberecht, § 171 Rn. 29; siehe aber auch OLG Schleswig, Beschluss v. 25.10.2007 – 1 Verg 7/07.

87 Vgl. hierzu näher nachfolgend unter Rn. 37.

c) Rückausnahme: beschwerdefähige Zwischenentscheidungen

34 In eng begrenzten Ausnahmefällen kann jedoch auch gegen die grundsätzlich nicht beschwerdefähigen Zwischenentscheidungen im Wege einer materiellen Betrachtungsweise die sofortige Beschwerde statthaft sein. Dies ist dann der Fall, wenn diese Entscheidungen einer verfahrensabschließenden Entscheidung gleichzustellen sind oder ein besonders schwerer Eingriff in Rechte eines Verfahrensbeteiligten erfolgt. Denn in beiden Fällen überwiegen die Rechtsschutzinteressen des betroffenen Beteiligten ausnahmsweise auch unter Berücksichtigung des Beschleunigungsgrundsatzes.

aa) Gleichstellung zu einer Endentscheidung

35 Die in Beschlussform erfolgende Zwischenfeststellung der Vergabekammer, dass sich das Nachprüfungsverfahren **erledigt** habe, ist beschwerdefähig.[88] Zwar wird durch eine derartige Entscheidung das Nachprüfungsverfahren nicht beendet. Die damit verbundene Vorwegnahme eines Teils der Endentscheidung stellt die Feststellung einer Endentscheidung jedoch materiell gleich. Die Beschwerdefähigkeit des Feststellungsbeschlusses ist die Folge.

36 Gleiches gilt für die **Aussetzung** des Nachprüfungsverfahrens, denn auch diese stellt vor Ablauf der Frist des § 167 Abs. 1 GWB eine angesichts der Zeitumstände und des Beschleunigungsgrundsatzes abschließende Entscheidung der Vergabekammer dar.[89] Dies ist jedoch dann nicht der Fall, wenn mit dem Aussetzungsbeschluss ein Vorabentscheidungsersuchen gemäß Art. 267 AEUV an den EuGH ergeht.[90]

37 Auch im Fall einer **sachwidrigen Verzögerung** der Entscheidung über die Übermittlung oder der Entscheidung über die Zurückweisung des Nachprüfungsantrags wird zur Vermeidung von Rechtsschutzlücken trotz des Fehlens einer abschließenden Entscheidung dennoch eine Beschwerdemöglichkeit eröffnet sein.[91] Denn andernfalls droht infolge Zuschlagserteilung der Verlust des Primärrechtsschutzes. Ein derartiger Verlust des Primärrechtsschutzes kann wiederum nur bei einer sachgemäßen Behandlung des Nachprüfungsantrags durch die Vergabekammer gerechtfertigt sein. Dies ist dann nicht der Fall, wenn die Übermittlung des Nachprüfungsantrags oder die Bekanntgabe der Entscheidung über die Zurückweisung des nicht übermittelten Nachprüfungsantrags sachwidrig verzögert wird.[92] Eine derartige sachwidrige Verzögerung wird jedoch nur in eng begrenzten Ausnahmefällen annehmbar sein und angesichts der vor einer Zustellung erforderlichen Prüfung gemäß § 163 Abs. 2 S. 3 GWB das Fehlen jedes sachlichen Grundes erfordern.[93] Unter diesen Voraussetzungen ist nach hier vertretener Auffassung auch dann eine Beschwerdemöglichkeit eröffnet, wenn die vielfache Verlängerung der Entscheidungsfrist eine sachlich nicht zu rechtfertigende Untätigkeit der Vergabekammer mit der Folge eines der Rechtsverweigerung gleichkommenden Verfahrensstillstands auslöst.[94]

88 Vgl. für eine Erledigungsfeststellung infolge Zuschlagserteilung OLG Jena, Beschluss v. 9.9.2002 – 6 Verg 4/02; *Kirch*, in: Hattig/Maibaum, Kartellvergaberecht, § 116 GWB Rn. 21; *König*, in: Heuvels/Höß/Kuß/Wagner, Vergaberecht, § 116 GWB Rn. 19; *Dieck-Bogatzke*, in: Pünder/Schellenberg, Vergaberecht, § 171 GWB Rn. 22; siehe bezüglich einer Zwischenfeststellung auch OLG Jena, Beschluss v. 16.7.2003 – 6 Verg 3/03.

89 OLG Düsseldorf, Beschluss v. 11.3.2002 – Verg 43/01; *Ulbrich*, in: Röwekamp/Kus/Portz/Prieß, GWB-Vergaberecht, § 171 Rn. 18; *Dieck-Bogatzke*, in: Pünder/Schellenberg, Vergaberecht, § 172 GWB Rn. 24.

90 OLG München, Beschluss v. 18.10.2012 – Verg 13/12; *Kirch*, in: Hattig/Maibaum, Kartellvergaberecht, § 116 GWB Rn. 28.

91 Siehe auch *Kirch*, in: Hattig/Maibaum, Kartellvergaberecht, § 116 GWB Rn. 23; siehe auch, im Ergebnis aber offenlassend und teilweise die vorrangige Einlegung anderer Rechtsbehelfe fordernd: KG, Beschluss v. 29.3.2007 – 2 Verg 6/07; OLG Bremen, Beschluss v. 12.3.2007 – Verg 3/06; OLG Dresden, Beschluss v. 4.7.2002 – WVerg0011/02; auch ohne eine sachwidrige Verzögerung Rechtschutzmöglichkeiten andeutend, im Ergebnis aber offenlassend: OLG Schleswig, Beschluss v. 25.10.2007 – 1 Verg 7/07; a.A. *Stickler*, in: Reidt/Stickler/Glahs, Vergaberecht, § 171 GWB Rn. 9; vgl. *Ulbrich*, in: Röwekamp/Kus/Portz/Prieß, GWB-Vergaberecht, § 171 Rn. 30 f.

92 Vgl. eine Verzögerung des gerichtlichen Rechtsschutzes durch Langsamkeit oder Untätigkeit der Vergabekammer als Grund für die Regelung des § 171 Abs. 2 GWB anführend: Gesetzesbegründung zu § 126 Abs. 2 GWB a.F., VgRÄG, BT-Drs. 13/9340, 20.

93 *Summa*, in: Heiermann/Zeiss/Summa, Vergaberecht, § 171 GWB Rn. 47.

94 OLG Düsseldorf, Beschluss v. 7.3.2012 – VII-Verg 82/11; a.A. *König*, in: Heuvels/Höß/Kuß/Wagner, Vergaberecht, § 116 GWB Rn. 26, der den Rechtsschutz über § 171 Abs. 2 GWB hinreichend gewährleistet sieht.

bb) Besonders schwerer Eingriff in Verfahrensrechte

Eine Beschwerdefähigkeit infolge besonders schweren Eingriffs in Rechte eines Verfahrensbeteiligten durch eine Zwischenentscheidung kann auch dann vorliegen, wenn durch die Gewährung von Akteneinsicht Rechte der Verfahrensbeteiligten in einer durch die Hauptsacheentscheidung nicht wiedergutzumachenden Weise beeinträchtigt werden würden.[95] Dies kommt insbesondere in Betracht, wenn durch eine Einsicht in Kalkulationsgrundlagen eine ernsthafte und lang andauernde Gefährdung des Wettbewerbs sowie der Verdrängung von Wettbewerbern folgt.[96] Ebenso ist die Anforderung eines Kostenvorschusses vor Zustellung des Nachprüfungsantrags mit der sofortigen Beschwerde anfechtbar, da eine etwaige unrechtmäßige Anforderung zur zwischenzeitlichen Zuschlagserteilung führen kann.[97] 38

II. Nach Ablauf der Entscheidungsfrist/Ablehnungsfiktion (Abs. 2)

§ 171 Abs. 2 GWB fingiert einen ablehnenden Beschluss der Vergabekammer für den Fall, dass diese nicht innerhalb der Entscheidungsfrist des § 167 Abs. 1 GWB über den Nachprüfungsantrag entscheidet. § 171 Abs. 2 GWB stellt also die gesetzliche Fiktion einer mit ablehnendem Inhalt getroffenen Vergabekammerentscheidung auf. 39

1. Fingierter ablehnender Beschluss

a) Maßgeblicher Zeitpunkt

Ein ablehnender Beschluss wird gemäß § 171 Abs. 2 GWB fingiert, wenn die Vergabekammer über einen Nachprüfungsantrag nicht innerhalb der Frist des § 167 Abs. 1 GWB entschieden hat und ein Beteiligter des Vergabekammerverfahrens deshalb sofortige Beschwerde einlegt.[98] Die Frist des § 167 Abs. 1 GWB beträgt fünf Wochen, sofern die Vergabekammer die Entscheidungsfrist nicht gemäß § 167 Abs. 1 S. 2 GWB verlängert. Daher fingiert § 171 Abs. 2 GWB dann einen ablehnenden Beschluss, wenn die Vergabekammer nicht innerhalb der Fünf-Wochen-Frist oder innerhalb der verlängerten Entscheidungsfrist über den Nachprüfungsantrag entschieden hat und ein Beteiligter des Vergabekammerverfahrens deshalb sofortige Beschwerde einlegt. 40

aa) Kein Fall des § 171 Abs. 2 GWB bei rechtzeitiger Fristverlängerung

Ein ablehnender Beschluss wird nicht fingiert, wenn die Vergabekammer die Frist des § 167 Abs. 1 GWB vor deren Ablauf verlängert. 41

Eine für § 171 Abs. 2 GWB maßgebliche Verlängerung vor Ablauf der Fünf-Wochen-Frist[99] setzt nicht voraus, dass die **Verlängerungsmitteilung** allen Beteiligten zugegangen ist. Vielmehr wird die Frist schon dadurch verlängert, dass die aktenkundig gemachte Entscheidung des Vorsitzenden über die Fristverlängerung in den Geschäftsgang gegeben worden ist.[100] 42

---

95 OLG Celle, Beschluss v. 5.10.2020 – 13 Verg 5/20; OLG Frankfurt, Beschluss v. 12.12.2014 – 11 Verg 8/14; OLG Düsseldorf, Beschluss v. 28.12.2007 – VII-Verg 40/07; siehe auch ohne diese Einschränkung, aber unter Verweis auf den Beschluss v. 28.12.2007 VII-Verg 40/07: OLG Düsseldorf, Beschluss 5.3.2008 – VII-Verg 12/08; ebenso *Kirch*, in: Hattig/Maibaum, Kartellvergaberecht, § 116 GWB Rn. 20, 27; *Dieck-Bogatzke*, in: Pünder/Schellenberg, Vergaberecht, § 171 GWB Rn. 33; *Gröning*, in: Säcker, Wettbewerbsrecht, § 171 GWB Rn. 18; *Raabe*, in: Willenbruch/Wieddekind, Vergaberecht, § 171 GWB Rn. 16; siehe aber OLG Hamburg, Beschluss v. 2.12.2004 – 1 Verg 2/04.

96 Vgl. auch *Stockmann*, in: Immenga/Mestmäcker, Wettbewerbsrecht, § 171 GWB Rn. 10; siehe hierzu und zum Prüfungsmaßstab auch OLG Frankfurt, Beschluss v. 12.12.2014 – 11 Verg 8/14, wonach für den Antragsteller die *„Offenlegung bestimmter Aktenteile wegen des Geheimschutzes oder des Schutzes seiner Betriebs- und Geschäftsgeheimnisse zu einem Eingriff in seine Rechte führen [müsse], ohne dass die damit verbundenen schwerwiegenden wirtschaftlichen Nachteile wieder ausgeglichen werden könnten"*.

97 OLG Düsseldorf, Beschluss v. 18.2.2010 – VII-Verg 18/10.

98 BGH, Beschluss v. 14.7.2020 – XIII ZB 135/19.

99 *Gröning*, in: Säcker, Wettbewerbsrecht, § 172 GWB Rn. 10.

100 OLG Düsseldorf, Beschluss v. 9.6.2010 – VII-Verg 9/10; KG, Beschluss v. 6.11.2003 – 2 Verg 12/03; im Ergebnis offenlassend OLG Hamburg, Beschluss v. 9.7.2010 – 1 Verg 1/10; *Ulbrich*, in: Röwekamp/Kus/Portz/Prieß, GWB-Vergaberecht, § 171 Rn. 56; *Raabe*, in: Willenbruch/Wieddekind, Vergaberecht, § 171 GWB Rn. 26; a.A. *Storr*, in: Löwenheim/Meessen/Riesenkampff, § 116 GWB Rn. 7; *Reidt*, in: Reidt/Stickler/Glahs, Vergaberecht, § 167 GWB Rn. 13.

Zwar deutet der Wortlaut des § 167 Abs. 1 S. 2 GWB, wonach die Fristverlängerung „durch Mitteilung an die Beteiligten" erfolgt, darauf hin, dass erst durch Zugang bei allen Beteiligten die Entscheidungsfrist verlängert ist. Allerdings müsste sich der Antragsteller im Vergabekammerverfahren dann zunächst bei allen Beteiligten darüber informieren, wann die Fristverlängerung jeweils zugegangen ist, bevor entschieden werden kann, ob die Fristverlängerung rechtzeitig erfolgt ist. Die damit einhergehenden Unsicherheiten sind jedoch weder im Hinblick auf das Gebot der Rechtsmittelklarheit noch im Hinblick auf den Beschleunigungsgrundsatz gerechtfertigt.

43 Für die Wirksamkeit der Fristverlängerung ist hingegen unerheblich, ob die **materiellen Voraussetzungen des § 167 Abs. 1 S. 2 GWB** erfüllt sind, also besondere tatsächliche oder rechtliche Schwierigkeiten der Fristverlängerung zugrunde lagen.[101] Andernfalls wäre die erforderliche Rechtssicherheit bei der Fristberechnung nicht gewährleistet. Daher fingiert § 171 Abs. 2 GWB keinen ablehnenden Beschluss, wenn lediglich die materiellen Voraussetzungen der Fristverlängerung nicht erfüllt waren.

bb) Entscheidung der Vergabekammer vor Fristablauf

44 Die Vergabekammer hat i.S.d. § 171 Abs. 2 GWB dann rechtzeitig über einen Nachprüfungsantrag entschieden, wenn der Beschluss vor Fristablauf aktenkundig abgesetzt wurde. Die Zustellung der Entscheidung muss dagegen nicht innerhalb der Entscheidungsfrist erfolgen.[102] Ein Beschluss ist dann aktenkundig abgesetzt, wenn er mit den erforderlichen Unterschriften[103] versehen in den Geschäftsgang gegeben worden ist.[104] Hierauf deutet schon der Wortlaut der von § 171 Abs. 2 GWB in Bezug genommenen Bestimmung des § 167 Abs. 1 GWB hin, wonach die Vergabekammer ihre Entscheidung innerhalb der Frist „trifft". Zudem erfordert auch das Gebot der Rechtsmittelklarheit einen einheitlichen Zeitpunkt zur Ermittlung des Fristablaufs für die sofortige Beschwerde. Da die von § 171 Abs. 2 GWB in Bezug genommene Regelung des § 167 GWB auch eine Begründung des Beschlusses innerhalb der Entscheidungsfrist fordert, wird die Absetzung eines Beschlusses ohne Begründung nicht zur Fristwahrung ausreichen.[105]

b) Keine Anwendbarkeit der Ablehnungsfiktion

45 § 171 Abs. 2 GWB ist dann nicht anwendbar, wenn die Entscheidung der Vergabekammer nicht der Entscheidungsfrist des § 167 Abs. 1 GWB unterfällt. Denn in diesem Fall ist mit der fehlenden Anwendbarkeit der Frist des § 167 Abs. 1 GWB bereits eine Tatbestandsvoraussetzung des § 171 Abs. 2 GWB nicht erfüllt.

46 Die Frist des § 167 Abs. 1 GWB findet wiederum gemäß § 168 Abs. 2 S. 3 GWB dann keine Anwendung, wenn sich das Nachprüfungsverfahren vor Ablauf der Entscheidungsfrist **erledigt** und ein **Feststellungsantrag** gestellt wird.[106] Die Entscheidung über den Feststellungs-

101 OLG Düsseldorf, Beschluss v. 7.3.2012 – VII-Verg 82/11; Beschluss v. 2.1.2012 – VII-Verg 70/11; OLG Naumburg, Beschluss v. 13.8.2007 – 1 Verg 8/07; OLG Brandenburg, Beschluss v. 9.9.2004 – Verg W 9/04; OLG Koblenz, Beschluss v. 31.8.2001 – 1 Verg 3/01; siehe auch *Stickler*, in: Reidt/Stickler/Glahs, Vergaberecht, § 171 GWB Rn. 17.

102 OLG Naumburg, Beschluss v. 13.10.2006 – 1 Verg 7/06; OLG Saarbrücken, Beschluss v. 29.4.2003 – 5 Verg 4/02; siehe auch OLG Düsseldorf, Beschluss v. 8.5.2002 – VII-Verg 8-15/01; OLG Frankfurt, Beschluss v. 25.9.2000 – 11 Verg 2/99; *Jaeger*, in: Byok/Jaeger, Vergaberecht, § 171 GWB Rn. 16; *Kirch*, in: Hattig/Maibaum, Kartellvergaberecht, § 116 GWB Rn. 32; *Raabe*, in: Willenbruch/Wieddekind, Vergaberecht, § 171 GWB Rn. 27; *Dicks*, in: Ziekow/Völlink, Vergaberecht, § 171 GWB Rn. 17; a.A. *Stickler*, in: Reidt/Stickler/Glahs, Vergaberecht, § 172 GWB Rn. 16.

103 OLG Saarbrücken, Beschluss v. 29.4.2003 – 5 Verg 4/02; OLG Düsseldorf, Beschluss v. 12.3.2003 – VII-Verg 49/02; Beschluss v. 22.1.2001 – Verg 24/00; BayObLG, Beschluss v. 30.3.2001; vgl. wegen des aus einer nicht ordnungsgemäßen Besetzung der Vergabekammer resultierenden Fehlens der erforderlichen Unterschriften: OLG Hamburg, Beschluss v. 10.10.2003 – 1 Verg 2/03. Wer die Entscheidung zu unterschreiben hat, folgt aus den Geschäftsordnungen der Vergabekammer; zumeist sind das der Vorsitzende und der hauptamtliche Beisitzer.

104 Vgl. hierzu OLG Saarbrücken, Beschluss v. 29.4.2003 – 5 Verg 4/02; OLG Düsseldorf, Beschluss v. 22.1.2001 – Verg 24/00.

105 KG, Beschluss v. 7.11.2001 – KartVerg 08/01; *Jaeger*, in: Byok/Jaeger, Vergaberecht, § 171 GWB Rn. 15; *Dicks*, in: Ziekow/Völlink, Vergaberecht, § 171 GWB Rn. 17.

106 OLG Dresden, Beschluss v. 14.3.2005 – WVerg 3/05; OLG Naumburg, Beschluss v. 4.9.2001 – 1 Verg 8/01.

antrag unterliegt daher keiner Entscheidungsfrist, so dass der Verweis des § 171 Abs. 2 GWB auf die Entscheidungsfrist des § 167 Abs. 1 GWB leerläuft. Entscheidender Zeitpunkt für die Frage, ob eine Erledigung vor Ablauf der Beschwerdefrist erfolgt ist, ist die Umstellung auf einen Feststellungsantrag. Zwar tritt die Erledigung bereits mit dem Abschluss des erledigenden Ereignisses ein.[107] Allerdings fordert § 168 Abs. 2 S. 2 GWB neben der Erledigung das Vorliegen eines Antrags auf Feststellung der Erledigung, damit die Frist des § 167 Abs. 1 GWB keine Anwendung findet. Da wiederum erst die Nichtanwendbarkeit der Frist des § 167 Abs. 1 GWB den Eintritt der Ablehnungsfiktion gemäß § 171 Abs. 2 GWB ausschließt, wird folglich sowohl eine Erledigung als auch eine Antragsumstellung innerhalb der Frist erforderlich sein.[108] Sind diese Voraussetzungen erst nach Ablauf der Frist des § 167 Abs. 1 GWB erfüllt, liegt daher bereits ein fingierter ablehnender Beschluss nach § 171 Abs. 2 GWB vor.

Ferner findet § 171 Abs. 2 GWB dann keine Anwendung, wenn die Vergabekammer innerhalb der Frist des § 167 Abs. 1 GWB keine **Kostengrundentscheidung** getroffen hat. Denn in diesem Fall liegt kein Fehlen der von § 171 Abs. 2 GWB geforderten Entscheidung über den Antrag auf Nachprüfung – der Hauptsacheentscheidung – vor.[109] Entsprechendes gilt für eine fehlende Entscheidung über die Notwendigkeit der Hinzuziehung von Verfahrensbevollmächtigten.[110] 47

2. Entscheidung der Vergabekammer nach Fristablauf

Entgegen der bis dahin wohl herrschenden Auffassung[111] hat der **BGH** mit Beschluss vom 14. Juli 2020[112] entschieden, dass eine nach Ablauf der – gegebenenfalls verlängerten – Entscheidungsfrist des § 167 Abs. 1 GWB dennoch ergehende Entscheidung der Vergabekammer mit der fristgebundenen sofortigen Beschwerde angreifbar ist. Entscheidet die Vergabekammer über einen Antrag auf Nachprüfung also nicht innerhalb der Frist des § 167 Abs. 1 GWB, gilt der Antrag danach nur dann nach § 171 Abs. 2 GWB als abgelehnt, wenn der Antragsteller innerhalb der Notfrist des § 172 Abs. 2 GWB sofortige Beschwerde einlegt, sodass die Ablehnungsfiktion des § 171 Abs. 2 GWB erst durch die Einlegung einer sofortigen Beschwerde und nicht schon durch den Ablauf der Frist des § 167 Abs. 1 GWB eintritt. Nach dieser die Praxis nun bestimmenden Entscheidung endet die Entscheidungsbefugnis der Vergabekammer nicht mit dem Ablauf der Entscheidungsfrist des § 167 Abs. 1 GWB in der Hauptsache. Erlässt die Vergabekammer nach Fristablauf eine Entscheidung in der Hauptsache, so eröffnet diese einen Weg zur sachlichen Überprüfung der Entscheidung vor dem Oberlandesgericht. Legt der Beschwerte gegen eine nach Fristablauf erlassene Entscheidung der Vergabekammer innerhalb der Notfrist des § 172 Abs. 1 GWB sofortige Beschwerde ein, so hat der Vergabesenat diese nach Fristablauf erlassene Entscheidung auf die sofortige Beschwerde sachlich zu überprüfen. Lässt der Beschwerte dagegen die durch den verspäteten Erlass der Entscheidung dennoch beginnende Notfrist des § 172 Abs. 1 GWB verstreichen, wird die verspätete Entscheidung der Vergabekammer bestandskräftig. 48

Die **Folgen** dieser nun richtungsweisenden Entscheidung werden allerdings zukünftig noch zu klären sein. So stellt sich etwa die Frage, wie mit einer gegen die fingierte ablehnende Entscheidung der Vergabekammer gemäß § 171 Abs. 2 GWB eingelegten sofortigen Beschwerde des Antragstellers umzugehen ist, wenn die Vergabekammer nachträglich noch eine Entscheidung erlässt und der hierdurch etwa beschwerte Auftraggeber sofortige Beschwerde einlegt. Nach hier vertretener Auffassung dürfte wegen des Devolutiveffekts in diesem Fall alleine die 49

107 Vgl. bezüglich einer Klaglosstellung durch Neuvornahme einer Angebotswertung OLG Düsseldorf, Beschluss v. 20.12.2006 – VII-Verg 109/04.
108 A.A. wohl nur die Antragsumstellung als maßgeblich erachtend: OLG Naumburg, Beschluss v. 4.9.2001 – 1 Verg 8/01.
109 OLG Dresden, Beschluss v. 14.3.2005 – WVerg 3/05.
110 KG, Beschluss v. 10.8.2011 – Verg 5/11.
111 OLG München, Beschluss v. 4.4.2008 – Verg 4/08; OLG Dresden, Beschluss v. 17.6.2005 – WVerg 0008/05; OLG Düsseldorf, Beschluss v. 20.6.2001 – Verg 3/01; OLG Celle, Beschluss v. 20.4.2001 – 13 Verg 7/01; a.A. OLG Rostock, Beschluss v. 17.10.2001 – 17 W 18/00; differenzierend *Braun*, NZBau 2003, 134 (136 f.).
112 BGH, Beschluss v. 14.7.2020 – XIII ZB 135/19.

sofortige Beschwerde des Antragstellers gegen die fingierte Entscheidung der Prüfung des Vergabesenats unterfallen.[113] Dagegen könnte die nach Fristablauf erlassene Entscheidung der Vergabekammer allenfalls aus Klarstellungsgesichtspunkten der Aufhebung im Wege der sofortigen Beschwerde unterliegen.

50 Die Vergabekammer bleibt trotz fehlender Entscheidungsbefugnis gleichwohl für die **Kostenentscheidung** zuständig, wenn der fingierte ablehnende Beschluss bestandskräftig wird. Denn in diesem Fall ist weiterhin eine Kostenentscheidung erforderlich, da deren Inhalt nicht vollständig von § 171 Abs. 2 GWB vorgegeben wird.

C. Weitere Zulässigkeitsvoraussetzungen

51 Die Zulässigkeit einer sofortigen Beschwerde erfordert neben deren Statthaftigkeit das Vorliegen einer Beschwerdeberechtigung,[114] einer Beschwerdebefugnis[115] sowie weiterer allgemeiner Zulässigkeitsvoraussetzungen.[116]

I. Beschwerdeberechtigung (Abs. 1 S. 2)

52 Beschwerdeberechtigt sind gemäß § 171 Abs. 1 S. 2 GWB die am Verfahren vor der Vergabekammer Beteiligten.

1. Beteiligte des Vergabekammerverfahrens

53 Beteiligte des Vergabekammerverfahrens sind gemäß § 162 GWB zunächst der Antragsteller und der Auftraggeber. Darüber hinaus sind auch die von der Vergabekammer gemäß § 162 GWB Beigeladenen beschwerdeberechtigt.[117] Soweit eine Beiladung durch die Vergabekammer also tatsächlich erfolgt ist, begründet alleine diese Beiladung unabhängig von ihrer Rechtmäßigkeit die Beschwerdeberechtigung.[118] Soweit eine Bietergemeinschaft am Vergabekammerverfahren beteiligt war, steht das Beschwerderecht nur der Bietergemeinschaft als solcher zu.[119] Gleiches gilt für die Bewerbergemeinschaft.

2. Rechtsschutz zu Unrecht nicht Beigeladener

54 Ist hingegen eine Beiladung durch die Vergabekammer zu Unrecht unterblieben, so sprechen gewichtige Gründe dafür, dass eine **Beiladungsbefugnis des Beschwerdegerichts** besteht.[120] Zwar streitet der Wortlaut des § 174 GWB („die am Verfahren vor der Vergabekammer Beteiligten") gegen eine eigene Beiladungsbefugnis des Beschwerdegerichts. Zur Vermeidung von Rechtsschutzlücken wird gleichwohl im Wege der teleologischen Auslegung eine Beiladungsbefugnis anzunehmen sein. Andernfalls wäre das rechtliche Gehör für einen zu Unrecht nicht Beigeladenen nicht gewährleistet. Die Annahme einer nachträglichen Beiladungsbefugnis der Vergabekammer erscheint demgegenüber schon aus systematischen Erwägungen nicht angezeigt. Denn mit der Einlegung einer sofortigen Beschwerde wird schon unter Beschleunigungsgesichtspunkten die alleinige Zuständigkeit des Beschwerdegerichts für das Nachprüfungsverfahren vorliegen.[121]

---

113 *Peshteryanu*, jurisPR-VergR 11/2020 Anm. 1.
114 Vgl. hierzu nachfolgend unter Rn. 53 ff.
115 Vgl. hierzu nachfolgend unter Rn. 56 ff.
116 Vgl. hierzu nachfolgend unter Rn. 59 f.
117 Vgl. bezüglich der hiervon ebenfalls umfassten Rechtsschutzmöglichkeiten von Bewerber- oder Bietergemeinschaften EuGH, Urteil v. 23.1.2003 – Rs. C-57/01 (Makedoniko Metro).
118 *Stickler*, in: Reidt/Stickler/Glahs, Vergaberecht, § 171 GWB Rn. 21.
119 *Dicks*, in: Ziekow/Völlink, Vergaberecht, § 171 GWB Rn. 10.
120 OLG Naumburg, Beschluss v. 15.7.2008 – 1 Verg 5/08; Beschluss v. 9.12.2004 – 1 Verg 21/04; OLG Düsseldorf, Beschluss v. 30.4.2008 – VII-Verg 23/08; Beschluss v. 13.2.2007 – VII-Verg 2/07; Beschluss v. 26.6.2002 – Verg 24/02; OLG Koblenz, Beschluss v. 23.11.2004 – 1 Verg 6/04; OLG Brandenburg, Beschluss v. 21.1.2003 – Verg W 15/02; OLG Rostock, Beschluss v. 20.9.2000 – 17 W 12/00.
121 *Stockmann*, in: Immenga/Mestmäcker, Wettbewerbsrecht, § 171 GWB Rn. 16.

Darüber hinaus dürfte dem zu Unrecht nicht Beigeladenen ein **eigenes Beschwerderecht** gegen die Hauptsacheentscheidung der Vergabekammer zustehen.[122] Zwar spricht der Wortlaut des § 171 Abs. 1 GWB, der die Beschwerdeberechtigung nur den am Vergabekammerverfahren Beteiligten zuspricht, gegen ein derartiges Beschwerderecht. Das steht jedoch einer ergänzenden Auslegung dieser Vorschrift nicht schon grundsätzlich entgegen, zumal der Bundesgerichtshof die vergleichbare Vorschrift des § 63 Abs. 2 GWB im Kartellbeschwerdeverfahren ergänzend hin zu einem eigenen Beschwerderecht des nicht Beigeladenen auslegt.[123] Zwar ist diese Auslegung im Kartellbeschwerdeverfahren auch Folge des gesetzgeberischen Ziels, Freigabeentscheidungen in der Fusionskontrolle nach europäischem Vorbild mithilfe eines Drittbeschwerderechts einer gerichtlichen Kontrolle zugänglich zu machen.[124] Eine vergleichbar breite Kontrolle ist im vergaberechtlichen Beschwerdeverfahren im Hinblick auf den Beschleunigungsgrundsatz gerade nicht gewollt. Gleichwohl wird das Recht des zu Unrecht nicht Beigeladenen auf Gleichbehandlung sowie der Beschleunigungsgrundsatz dennoch für ein eigenes Beschwerderecht streiten. Denn der zu Unrecht nicht Beigeladene könnte wegen der nur inter partes bindenden Entscheidung der Vergabekammer ohnehin ein neues Nachprüfungsverfahren einleiten, falls der Auftraggeber die Entscheidung der Vergabekammer zu seinem Nachteil umsetzen sollte. Dann ist jedoch kein Grund erkennbar, warum nicht sogleich das Beschwerdeverfahren für ihn eröffnet sein sollte. 55

II. Beschwerdebefugnis

Die Zulässigkeit einer sofortigen Beschwerde erfordert ferner das Vorliegen einer Beschwerdebefugnis des Beschwerdeberechtigten. Die Beschwerdebefugnis setzt wiederum eine Beschwer voraus. 56

1. Grundsatz: Formelle und materielle Beschwer

Ein Beschwer ist grundsätzlich nur dann gegeben, wenn sowohl eine formelle als auch eine materielle Beschwer vorliegen.[125] Eine formelle Beschwer liegt vor, wenn die Entscheidung der Vergabekammer vom Rechtsschutzziel des Beschwerdeführers abweicht. Allerdings kann die formelle Beschwer nicht schon alleine anhand einer Abweichung der Entscheidung von den gestellten Anträgen ermittelt werden.[126] Denn angesichts der fehlenden Antragsbindung der Vergabekammer muss eine Abweichung von den gestellten Anträgen nicht zwingend der Verwirklichung des Rechtsschutzziels des Antragenden entgegenstehen. Entscheidend ist daher für das Vorliegen einer Beschwer, ob der Tenor der Vergabekammerentscheidung[127] vom Rechtsschutzziel des Beschwerdeführers nachteilig abweicht.[128] Nicht beschwert ist daher derjenige, der sein Rechtsschutzziel erreicht hat, auch wenn die Vergabekammer dieses Ergebnis mit unerwünschten Feststellungen oder Rechtsausführungen begründet hat.[129] Die 57

122 *Summa*, in: Heiermann/Zeiss/Summa, Vergaberecht, § 171 GWB, Rn. 55; *Stockmann*, in: Immenga/Mestmäcker, Wettbewerbsrecht, § 171 GWB Rn. 15 ff.; *Dieck-Bogatzke*, in: Pünder/Schellenberg, Vergaberecht, § 171 GWB Rn. 50; *Stickler*, in: Reidt/Stickler/Glahs, Vergaberecht, § 171 GWB Rn. 23; *Gröning*, in: Säcker, Wettbewerbsrecht, § 171 GWB Rn. 2; *Dicks*, in: Ziekow/Völlink, Vergaberecht, § 171 GWB Rn. 14; *a.A.: Jaeger*, in: Byok/Jaeger, Vergaberecht, § 171 GWB Rn. 30 f.; *Kirch*, in: Hattig/Maibaum, Kartellvergaberecht, § 116 GWB Rn. 45 ff.; *Storr*, in: Löwenheim/Meessen/Riesenkampff, GWB, § 116 Rn. 12. Siehe auch, im Ergebnis offenlassend: OLG München, Beschluss v. 28.8.2019 – Verg 11/19.

123 Vgl. BGH, Beschluss v. 7.11.2006 – KVR 37/05 (pepcom).

124 BGH, Beschluss v. 7.11.2006 – KVR 37/05 (pepcom).

125 *Ulbrich*, in: Röwekamp/Kus/Portz/Prieß, GWB-Vergaberecht, § 171 Rn. 62 ff.; *Storr*, in: Löwenheim/Meessen/Riesenkampff, GWB, § 116 Rn. 11; siehe auch OLG Hamburg, Beschluss v. 8.1.2007 – 1 Verg 7/06; a.A. OLG Saarbrücken, Beschluss v. 29.5.2002 – 5 Verg 1/01, wonach entweder formelle oder materielle Beschwer ausreichen sollen.

126 Vgl. auch *Dicks*, in: Ziekow/Völlink, Vergaberecht, § 171 GWB Rn. 11; siehe aber eine Beschwer bei unzureichend gestellten Anträgen, denen die Vergabekammer vollumfänglich entspricht, ablehnend: OLG Frankfurt, Beschluss v. 28.2.2006 – 11 Verg 15/05 und 16/05.

127 *Jaeger*, in: Byok/Jaeger, Vergaberecht, § 171 GWB Rn. 32; *Stockmann*, in: Immenga/Mestmäcker, Wettbewerbsrecht, § 171 GWB Rn. 22.

128 *Wilke*, NZBau 2005, 326 (328).

129 *Dicks*, in: Ziekow/Völlink, Vergaberecht, § 171 GWB Rn. 13.

materielle Beschwer setzt voraus, dass der Beschwerdeführer eine Verletzung seiner subjektiven Rechte gemäß § 97 Abs. 6 GWB bei unterstellter Fehlerhaftigkeit der Entscheidung der Vergabekammer geltend machen kann.[130]

2. Ausnahme: Materielle Beschwer ausreichend

58 Lediglich in Ausnahmefällen kann eine Beschwerdebefugnis auch dann angenommen werden, wenn nur eine materielle Beschwer besteht. Dies ist dann der Fall, wenn für einen Beigeladenen mangels aktiver Beteiligung am Nachprüfungsverfahren kein Rechtsschutzziel ermittelbar ist.[131] Daher ist für die Beschwerdebefugnis eines Beigeladenen ausreichend, wenn dieser bei unterstellter Fehlerhaftigkeit der Entscheidung eine Verletzung seiner subjektiven Rechte gemäß § 97 Abs. 6 GWB geltend machen kann. Dies ist jedenfalls dann der Fall, wenn der Beschwerdeführer damit rechnen muss, den Zuschlag nicht mehr zu erhalten, den er ohne Entscheidung der Vergabekammer mit hinreichender Wahrscheinlichkeit erhalten hätte.[132]

III. Sonstige Zulässigkeitsvoraussetzungen

59 Weitere **Zulässigkeitsvoraussetzungen** neben der Statthaftigkeit der sofortigen Beschwerde, Beschwerdeberechtigung und Beschwerdebefugnis sind das Vorliegen der allgemeinen Prozessvoraussetzungen, das Fehlen von Prozesshindernissen, die form- und fristgerechte Einlegung der sofortigen Beschwerde sowie das Vorliegen des allgemeinen Rechtsschutzbedürfnisses.[133] Die Übermittlung der Beschwerdeschrift gemäß § 172 Abs. 4 GWB stellt hingegen keine Zulässigkeitsvoraussetzung dar.[134]

60 Im Rahmen der **Begründetheit** der sofortigen Beschwerde – nämlich dem Vorliegen eines zulässigen und begründeten Nachprüfungsantrags – ist dann das Vorliegen der Vergabe eines öffentlichen Auftrags oder einer Konzession, dessen bzw. deren geschätzter Wert den jeweils maßgeblichen Schwellenwert nach § 106 GWB erreicht oder überschreitet, durch einen Auftraggeber nach § 98 GWB und das Nichtvorliegen von Ausnahmetatbeständen zu prüfen.[135] Denn diese Anforderungen stellen spezifische Zulässigkeitsvoraussetzungen eines Nachprüfungsantrags dar.

D. Zuständigkeit (Abs. 3)

61 § 171 Abs. 3 S. 1 GWB weist die Zuständigkeit für die sofortige Beschwerde gegen Entscheidungen der Vergabekammer den Oberlandesgerichten zu. Sachlich und örtlich ausschließlich zuständig ist hierbei das für den Sitz der Vergabekammer zuständige Oberlandesgericht. Maßgebend ist also der jeweilige Oberlandesgerichtsbezirk, sofern von der Möglichkeit des § 171 Abs. 4 GWB kein Gebrauch gemacht worden ist. Gemäß § 171 Abs. 3 S. 2 GWB ist bei den betroffenen Oberlandesgerichten ein Vergabesenat zu bilden. Diese Regelungen sollen

---

130 OLG Düsseldorf, Beschluss v. 20.12.2006 – VII-Verg 109/04.

131 OLG Jena, Beschluss v. 22.7.2015 – 2 Verg 2/15; Beschluss v. 7.10.2003 – 6 Verg 6/03; Beschluss v. 16.7.2003 – 6 Verg 3/03; OLG Düsseldorf, Beschluss v. 9.1.2013 – VII-Verg 26/12; Beschluss v. 20.12.2006 – VII-Verg 109/04; OLG Naumburg, Beschluss v. 18.8.2011 – 2 Verg 3/11; OLG München, Beschluss v. 21.5.2010 – Verg 2/10; OLG Frankfurt, Beschluss v. 23.1.2007 – 11 Verg 11/06; OLG Saarbrücken, Beschluss v. 29.5.2002 – 5 Verg 1/01; OLG Dresden, Beschluss v. 5.1.2001 – WVerg 0011/00 und WVerg 0012/00; *Jaeger*, in: Byok/Jaeger, Vergaberecht, § 172 GWB Rn. 34; *Kirch*, in: Hattig/Maibaum, Kartellvergaberecht, § 116 GWB Rn. 49; *König*, in: Heuvels/Höß/Kuß/Wagner, Vergaberecht, § 116 GWB Rn. 34.

132 OLG München, Beschluss v. 21.5.2010 – Verg 2/10; Beschluss v. 10.12.2009 – Verg 16/09; OLG Saarbrücken, Beschluss v. 27.4.2011 – 1 Verg 5/10; Beschluss v. 27.5.2009 – 1 Verg 2/09.

133 OLG Jena, Beschluss v. 14.12.2001 – 6 Verg 4/01; *Stockmann*, in: Immenga/Mestmäcker, Wettbewerbsrecht, § 171 GWB Rn. 26; vgl. insoweit das allgemeine Rechtsschutzbedürfnis für die Beschwerde eines Beigeladenen nach der Vornahme einer dem Rechtsschutzziel des Antragstellers entsprechenden Angebotsneuwertung infolge einer damit einhergehenden Erledigung ablehnend: OLG Düsseldorf, Beschluss v. 20.12.2006 – VII-Verg 109/04.

134 Vgl. hierzu die Kommentierung zu § 172 GWB Rn. 32.

135 OLG Düsseldorf, Beschluss v. 17.4.2008 – VII-Verg 15/08; a.A. dies der Zulässigkeit der sofortigen Beschwerde zuordnend: OLG Naumburg, Beschluss v. 26.2.2004 – 1 Verg 17/03; OLG Koblenz, Beschluss v. 16.12.1999 – 1 Verg 1/99.

die Spezialisierung und damit die Zügigkeit der Entscheidungen fördern.[136] Eine Prorogation ist schon angesichts der ausschließlichen Zuständigkeit ausgeschlossen.[137]

E. Besondere Zuweisung der Vergabesachen (Abs. 4)

I. Zuweisung an andere Oberlandesgerichte (S. 1)

Nach § 171 Abs. 4 S. 1 GWB kann die örtliche Zuständigkeit für sofortige Beschwerden durch Rechtsverordnung von den Landesregierungen anderen Oberlandesgerichten als den für den Sitz der Vergabekammer zuständigen Oberlandesgerichten zugewiesen werden. So kann in einem Bundesland mit mehreren Oberlandesgerichten durch Verordnung der Landesregierung etwa die **Zuständigkeit eines Oberlandesgerichts** für alle in dem Land ansässigen Vergabekammern bestimmt werden. Die hierdurch ermöglichte Konzentration der örtlichen Zuständigkeit für Vergabesachen soll der Spezialisierung und damit auch der Zügigkeit der Entscheidungen dienen. 62

Eine **landesübergreifende Zuständigkeitsübertragung** ist von § 171 Abs. 4 GWB im Gegensatz zu der vergleichbaren Regelung des § 92 Abs. 2 GWB nicht vorgesehen. Diese Nichtregelung trotz der in der Gesetzesbegründung enthaltenen Bezugnahme auf § 92 GWB deutet auf eine erschöpfende Regelung gemäß Art. 72 Abs. 1 i.V.m. Art. 74 Abs. 1 Nr. 1 GG hin. Daher dürfte mangels Ermächtigung und mangels Landeskompetenz eine landesübergreifende Zuständigkeitsübertragung auf der Grundlage des § 171 Abs. 4 unzulässig sein.[138] Demnach kann die Zuständigkeit eines Oberlandesgerichts auf der Grundlage des § 171 Abs. 4 GWB nicht für mehrere Bundesländer festgelegt werden. 63

II. Übertragung der Ermächtigung an die Landesjustizverwaltungen (S. 2)

In § 171 Abs. 4 S. 2 GWB wird den Landesregierungen gestattet, die Konzentrationsermächtigung des § 171 Abs. 4 S. 1 GWB auf die Landesjustizverwaltungen zu übertragen. Diese Übertragung kann gemäß Art. 80 Abs. 1 S. 4 GG nur mittels einer Rechtsverordnung der Landesregierung erfolgen. 64

F. Rechtsschutz

Rechtsmittel gegen die Entscheidungen der Oberlandesgerichte über sofortige Beschwerden gemäß § 171 GWB stehen nicht zur Verfügung. Daher ist bei Verletzung des Anspruchs auf rechtliches Gehör durch die Beschwerdeentscheidung die Anhörungsrüge gemäß §§ 175 Abs. 2, 71a GWB statthaft. Lediglich dann, wenn ein Oberlandesgericht von einer Entscheidung eines anderen Oberlandesgerichts oder einer des Bundesgerichtshofs abweichen will, legt es die Sache dem Bundesgerichtshof gemäß § 179 Abs. 2 S. 1 GWB vor. 65

Anlage

Gesetzesbegründung – VergRModG 2016 (BT-Drs. 18/6281)

Seite 136

§ 171 entspricht dem bisherigen § 116.

---

136 Vgl. Gesetzesbegründung zu § 126 Abs. 3 GWB a.F., VgRÄG, BT-Drs. 13/9340, 20.
137 Vgl. § 40 ZPO; siehe auch *Stickler*, in: Reidt/Stickler/Glahs, Vergaberecht, § 171 GWB Rn. 30.
138 *Boesen*, GWB-Vergaberecht, § 116 Rn. 7; a.A. *Stockmann*, in: Immenga/Mestmäcker, Wettbewerbsrecht, § 171 GWB Rn. 32; *Ulbrich*, in: Röwekamp/Kus/Portz/Prieß, GWB-Vergaberecht, § 171 Rn. 86.

§ 172 GWB
Frist, Form, Inhalt

(1) Die sofortige Beschwerde ist binnen einer Notfrist von zwei Wochen, die mit der Zustellung der Entscheidung, im Fall des § 171 Absatz 2 mit dem Ablauf der Frist beginnt, schriftlich bei dem Beschwerdegericht einzulegen.

(2) Die sofortige Beschwerde ist zugleich mit ihrer Einlegung zu begründen. Die Beschwerdebegründung muss enthalten:

1. die Erklärung, inwieweit die Entscheidung der Vergabekammer angefochten und eine abweichende Entscheidung beantragt wird,

2. die Angabe der Tatsachen und Beweismittel, auf die sich die Beschwerde stützt.

(3) Die Beschwerdeschrift muss durch einen Rechtsanwalt unterzeichnet sein. Dies gilt nicht für Beschwerden von juristischen Personen des öffentlichen Rechts.

(4) Mit der Einlegung der Beschwerde sind die anderen Beteiligten des Verfahrens vor der Vergabekammer vom Beschwerdeführer durch Übermittlung einer Ausfertigung der Beschwerdeschrift zu unterrichten.

Übersicht

	Rn.
A. Allgemeines	1
B. Beschwerdefrist (Abs. 1)	4
I. Regelfall	7
II. Beschwerdefrist bei fingierter ablehnender Entscheidung	12
III. Wiedereinsetzung	15
C. Schriftliche Einlegung (Abs. 1)	18
D. Beschwerdebegründung (Abs. 2)	19
I. Begründung zugleich mit Einlegung (S. 1)	19
II. Begründungserfordernisse (S. 2)	21
1. Rechtsmittelziel (Nr. 1)	23
2. Angabe der Tatsachen und Beweismittel (Nr. 2)	26
3. Mindestmaß an sachlicher Begründung	28
E. Unterzeichnung der Beschwerdeschrift (Abs. 3)	30
F. Unterrichtungspflicht (Abs. 4)	32
G. Rechtsschutz	35
Anlage Gesetzesbegründung	

A. Allgemeines

1 In § 172 GWB werden mit Ausnahme von Absatz 4 Zulässigkeitsvoraussetzungen der sofortigen Beschwerde geregelt.[1] Die Beschwerdefrist beträgt gemäß § 172 Abs. 1 GWB zwei Wochen. § 172 Abs. 2 GWB legt Mindestanforderungen an die Beschwerdebegründung fest. § 172 Abs. 3 i.V.m. § 175 Abs. 1 S. 1 GWB begründet einen Anwaltszwang für das sofortige Beschwerdeverfahren. Zudem fordert § 172 Abs. 4 GWB vom Beschwerdeführer eine Unterrichtung der weiteren Verfahrensbeteiligten über die Einlegung der sofortigen Beschwerde, deren Nichterfüllung jedoch keinen Einfluss auf die Zulässigkeit der Beschwerde hat. Die Absätze 1 bis 3 des § 172 GWB regeln mithin Zulässigkeitsvoraussetzungen der Beschwerde; § 172 Abs. 4 GWB stellt demgegenüber eine reine Ordnungsvorschrift dar.

2 Die Überschrift dieser Vorschrift hat das **VergRModG 2016** durch den Zusatz „Inhalt" ergänzt, um klarzustellen, dass § 172 GWB nicht nur Frist- und Formvorgaben enthält.[2]

3 Sind die **Zulässigkeitsvoraussetzungen** des § 172 Abs. 1 bis 3 GWB **nicht erfüllt**, etwa weil die Beschwerde nicht in der gebotenen Form oder Frist eingelegt oder begründet worden ist oder die Begründung nicht die Mindestanforderungen des § 172 Abs. 2 S. 2 GWB erfüllt,

1 Vgl. hinsichtlich der weiteren Zulässigkeitsvoraussetzungen der sofortigen Beschwerde § 171 GWB Rn. 17 ff. Siehe hinsichtlich der unionsrechtlichen Vorgaben ebenfalls die Kommentierung zu § 171 GWB Rn. 3 ff.
2 Gesetzesbegründung zu § 172 GWB, VergRModG 2016, BT-Drs. 18/6281, 136.

verwirft das Oberlandesgericht die Beschwerde ohne Sachprüfung. Eine mündliche Verhandlung ist dabei in entsprechender Anwendung von § 522 ZPO nicht erforderlich.[3]

B. Beschwerdefrist (Abs. 1)

4 § 172 Abs. 1 GWB bestimmt die Frist für die Einlegung der sofortigen Beschwerde. Diese beträgt zwei Wochen und beginnt im Regelfall mit der Zustellung der Entscheidung der Vergabekammer. Lediglich dann, wenn die Vergabekammer nicht innerhalb der Frist des § 167 Abs. 1 GWB entschieden hat, ist der Ablauf dieser Entscheidungsfrist für den Fristbeginn maßgeblich.

5 Da die Beschwerdefrist eine **Notfrist** darstellt, ist weder eine Verkürzung noch eine Verlängerung dieser Frist möglich.[4]

6 Die Frist für die Einlegung einer **unselbstständigen Anschlussbeschwerde** entspricht der üblicherweise zur Erwiderung auf die sofortige Beschwerde gesetzten Frist.[5]

I. Regelfall

7 Entscheidet die Vergabekammer innerhalb der Frist des § 167 Abs. 1 GWB, ist § 172 Abs. 1 Hs. 1 GWB für die Fristberechnung maßgeblich. Demnach beginnt die Beschwerdefrist mit der **Zustellung** der Entscheidung der Vergabekammer.[6] Da die Entscheidung der Vergabekammer gemäß § 168 Abs. 3 S. 1 GWB als Verwaltungsakt ergeht, finden für diese Zustellung die Vorschriften des Verwaltungszustellungsgesetzes gemäß § 168 Abs. 3 S. 3 GWB i.V.m. § 61 GWB Anwendung.[7]

8 Eine Zustellung – etwa per **Telefax** – ist hierbei gemäß § 5 Abs. 4 VwZG insbesondere an Rechtsanwälte möglich, erfolgt jedoch erst dann, wenn mittels unterzeichneten Empfangsbekenntnisses der Zeitpunkt der empfangsbereiten Kenntnisnahme des Beschlusses bestätigt wird.[8]

9 Eine **Heilung von Zustellungsmängeln** ist gemäß § 8 VwZG möglich.[9] Für eine Heilung muss die Übermittlung des Schriftstücks insbesondere von einem Zustellungswillen getragen sein, der regelmäßig aus dem objektiven Erklärungsgehalt ableitbar ist.[10] Deshalb wird die Beschwerdefrist des § 172 Abs. 1 GWB nicht dadurch in Lauf gesetzt, dass die Vergabekammer eine Beschlussabschrift „vorab" per Telefax übersendet, wenn für den Empfänger zu erkennen ist, dass die Übermittlung per Telefax nur zur Information und nicht zum Zwecke der Zustellung erfolgt.[11] Die Annahme eines Zustellungswillens bei der Übermittlung per Telefax kann auch durch eine darauf folgende Zustellung per Post etwa mittels Zustellungsurkunde widerlegt werden. Soweit bei der vorangegangenen Übermittlung per Telefax ein Empfangsbekenntnis beigefügt war und die Entscheidung gleichwohl auch förmlich auf dem Postweg zugestellt wird, beginnt die Beschwerdefrist wegen des widersprüchlichen Verhaltens der Vergabekammer mit der zuletzt bewirkten Zustellung.[12]

---

3 OLG Düsseldorf, Beschluss v. 17.3.2009 – VII-Verg 1/09.

4 *Stockmann*, in: Immenga/Mestmäcker, Wettbewerbsrecht, § 172 GWB Rn. 2; vgl. auch § 224 ZPO.

5 Vgl. hierzu § 171 GWB Rn. 7.

6 Ist die Entscheidung der Vergabekammer wegen offensichtlicher Unrichtigkeit nachträglich korrigiert worden, löst die Zustellung des Berichtigungsbeschlusses nur dann eine gesonderte Beschwerdefrist aus, wenn sich erst aus der berichtigten Fassung der Entscheidung die Beschwer der Partei oder des Verfahrensbeteiligten ergibt, OLG Düsseldorf, Beschluss v. 17.3.2009 – VII-Verg 1/09.

7 OLG Schleswig, Beschluss v. 27.9.2002 – 6 Verg 3/2002.

8 OLG Karlsruhe, Beschluss v. 13.6.2008 – 15 Verg 3/08; OLG Düsseldorf, Beschluss v. 12.1.2006 – VII-Verg 86/05; Beschluss v. 19.1.2005 – VII-Verg 58/04.

9 OLG Rostock, Beschluss v. 20.9.2006 – 17 Verg 8/06; OLG Naumburg, Beschluss v. 17.2.2004 – 1 Verg 15/03; *Kirch*, in: Hattig/Maibaum, Kartellvergaberecht, § 117 GWB Rn. 6; siehe aber eine Heranziehung von § 189 ZPO erwähnend *Stockmann*, in: Immenga/Mestmäcker, Wettbewerbsrecht, § 172 GWB Rn. 4.

10 OLG Koblenz, Beschluss v. 15.5.2003 – 1 Verg 3/03; OLG Schleswig, Beschluss v. 27.9.2002 – 6 Verg 3/2002.

11 BGH, Beschluss v. 10.11.2009 – X ZB 8/09; siehe auch OLG Dresden, Beschluss v. 10.6.2010 – WVerg 0004/10; *Gröning*, in: Säcker, Wettbewerbsrecht, § 172 GWB Rn. 12.

12 OLG Rostock, Beschluss v. 25.9.2013 – 17 Verg 3/13.

Die **Berechnung** der Frist des § 172 Abs. 1 S. 1 Hs. 1 GWB erfolgt gemäß §§ 175 Abs. 2, 73 Nr. 2 GWB, § 222 ZPO, §§ 186 ff. BGB. Daher zählt der Tag der Zustellung als Ereignis i.S.d. § 187 Abs. 1 BGB bei der Fristbestimmung nicht mit.[13] Die Frist endet gemäß § 188 Abs. 2 BGB mit dem Ablauf des Tages der übernächsten Woche, der durch seine Benennung dem Tag der bewirkten Zustellung entspricht. Fällt das Fristende auf einen Sonnabend, Sonntag oder einen allgemeinen Feiertag, ist gemäß § 222 Abs. 2 ZPO der Ablauf des nächsten Werktages maßgeblich.[14] Da die Zustellung beim jeweiligen Beteiligten maßgeblich ist, können die Rechtsmittelfristen zu unterschiedlichen Daten enden.[15] Das Zuschlagsverbot des § 169 GWB endet hierbei mit dem Ablauf der letzten noch laufenden Frist.[16] 10

Die Entscheidung der Vergabekammer muss gemäß § 168 Abs. 3 S. 3 GWB i.V.m. § 61 Abs. 1 S. 1 GWB eine **Rechtsmittelbelehrung** enthalten. Bei Vorliegen einer fehlenden oder unrichtigen Rechtsmittelbelehrung wird überwiegend vertreten, dass keine Beschwerdefrist in Gang gesetzt wird, sondern die Ein-Jahres-Frist des § 58 VwGO Anwendung findet.[17] Dies erfordere der effektive Rechtsschutz, da andernfalls mit dem Ablauf des Zuschlagsverbots des § 169 Abs. 1 GWB auch ein wirksamer Zuschlag erteilt werden könnte.[18] Trotz dieser gewichtigen Gründe streitet allerdings die Systematik des Gesetzes gegen die Anwendbarkeit des § 58 VwGO. Denn § 172 Abs. 1 Alt. 2 GWB sieht sogar bei Fehlen einer Rechtsmittelbelehrung im Fall eines fingierten ablehnenden Beschlusses eine Beschwerdefrist von zwei Wochen vor. Sowohl im Fall einer fehlenden oder unrichtigen Rechtsmittelbelehrung als auch bei Überschreitung der Entscheidungsfrist mit der Folge des § 171 Abs. 2 GWB liegt wiederum ein Rechtsverstoß der Vergabekammer vor. Dieser soll jedoch im Fall des § 171 Abs. 2 GWB keine Fristverlängerung nach sich ziehen und wird daher auch im Fall einer fehlenden oder unrichtigen Rechtsmittelbelehrung nicht als Anknüpfungspunkt für eine gegenüber § 172 Abs. 1 Alt. 2 GWB großzügigere Frist dienen können.[19] Angesichts dieser Systematik des Gesetzes wird daher auch der nur im Fall der Lückenhaftigkeit der Verfahrensregelungen des Teil 4 GWB zugelassene Rückgriff auf andere Verfahrensordnungen und damit auch auf die VwGO nicht in Betracht kommen.[20] Demnach sprechen trotz der damit einhergehenden Einschränkung des Rechtsschutzes gewichtige Gründe dafür, dass auch bei fehlender oder unrichtiger Rechtsmittelbelehrung die Frist des § 172 Abs. 1 Alt. 1 GWB ab Zustellung des Beschlusses beginnt.[21] Eine infolge unrichtiger oder fehlender Rechtmittelbelehrung versäumte Beschwerdefrist kann allerdings zur Wiedereinsetzung in den vorigen Stand berechtigen.[22] 11

II. Beschwerdefrist bei fingierter ablehnender Entscheidung

Sofern die Vergabekammer nicht innerhalb der Frist des § 167 Abs. 1 GWB entscheidet, sieht § 171 Abs. 2 GWB vor, dass eine ablehnende Entscheidung fingiert wird, wenn eine sofortige Beschwerde gegen diesen fingierten Beschluss eingelegt wird.[23] Die Vergabekammer ent- 12

13 OLG Koblenz, Beschluss v. 15.5.2003 – 1 Verg 3/03.
14 OLG Koblenz, Beschluss v. 15.5.2003 – 1 Verg 3/03; *Raabe*, in: Willenbruch/Wieddekind, Vergaberecht, § 171 GWB Rn. 9. Siehe aber a.A. *Gröning*, in: Säcker, Wettbewerbsrecht, § 172 GWB Rn. 7.
15 *Jaeger*, in: Byok/Jaeger, Vergaberecht, § 172 GWB Rn. 8.
16 *Stockmann*, in: Immenga/Mestmäcker, Wettbewerbsrecht, § 172 GWB Rn. 5.
17 OLG Düsseldorf, Beschluss v. 2.11.2011 – VII-Verg 76/11; OLG Celle, Beschluss v. 31.5.2007 – 13 Verg 1/07; Beschluss v. 20.4.2001 – 13 Verg 7/01 (obiter dictum); *Jaeger*, in: Byok/Jaeger, Vergaberecht, § 117 GWB Rn. 7; *Ulbrich*, in: Röwekamp/Kus/Portz/Prieß, GWB-Vergaberecht, § 172 Rn. 14 ff.; *Raabe*, in: Willenbruch/Wieddekind, Vergaberecht, § 172 Rn. 7; *Dicks*, in: Ziekow/Völlink, Vergaberecht, § 172 GWB Rn. 4; a.A. *Wilke*, NZBau 2005, 325 (328), wonach eine Wiedereinsetzung in den vorigen Stand in Betracht zu ziehen sei.
18 OLG Celle, Beschluss v. 31.5.2007 – 13 Verg 1/07, auf die Möglichkeit einer Verwirkung sowie den Beginn der Beschwerdefrist bei Heilung der unrichtigen Rechtsmittelbelehrung hinweisend.
19 Denkbar wäre die Heranziehung des § 58 VwGO daher wohl dann, wenn entgegen § 172 Abs. 1 Alt. 2 GWB auch bei einem fingierten ablehnenden Beschluss die Frist des § 58 VwGO gelten sollte. Dies dürfte jedoch nicht der Fall sein, vgl. hierzu näher unter Rn. 14.
20 Der über § 168 Abs. 3 GWB in Bezug genommene § 61 GWB verweist nicht auf die VwGO.
21 *Gröning*, in: Säcker, Wettbewerbsrecht, § 172 GWB Rn. 15.
22 Siehe hierzu, insbesondere zu der gegebenenfalls erforderlichen großzügigen Gewährung von Wiedereinsetzung, nachfolgend unter Rn. 15 ff.
23 BGH, Beschluss v. 14.7.2020 – XIII ZB 135/19. Siehe hierzu näher § 171 GWB Rn. 48 ff.

scheidet innerhalb der Frist des § 167 Abs. 1 GWB, wenn vor deren Ablauf der mit den erforderlichen Unterschriften versehene Beschluss dokumentiert in den Geschäftsgang gegeben wird.[24]

13 Fristbeginn für eine sofortige Beschwerde gegen diesen fingierten ablehnenden Beschluss ist gemäß § 172 Abs. 1 Alt. 2 GWB der Ablauf der Frist des § 167 Abs. 1 GWB. Für den Fristbeginn ist § 187 Abs. 2 BGB maßgeblich.[25] Demnach **beginnt** die zweiwöchige Frist mit dem Beginn des auf das Ende der Entscheidungsfrist des § 167 Abs. 1 GWB folgenden Tages. Die Frist **endet** gemäß § 188 Abs. 2 BGB mit Ablauf des Tages der übernächsten Woche, der durch seine Benennung dem Tag des Fristbeginns vorhergeht. Auch hier findet § 222 Abs. 2 ZPO Anwendung.

14 Damit löst eine fingierte ablehnende Entscheidung gemäß § 171 Abs. 2 GWB die Frist des § 172 Abs. 1 Alt. 2 GWB aus, ohne dass die Beteiligten **über Rechtsmittel belehrt** werden. Die damit einhergehende Verringerung der Effektivität des Rechtsschutzes wird jedoch ausweislich der dennoch von § 172 Abs. 1 Alt. 2 GWB angeordneten Zwei-Wochen-Frist dem Beschleunigungsgrundsatz untergeordnet. Trotz gewichtiger Argumente gegen die damit verbundene Verkürzung des Rechtsschutzes[26] wird angesichts der fehlenden Ansatzpunkte für eine ergänzende Auslegung des § 172 Abs. 1 Alt. 2 GWB jedoch eine Anwendbarkeit des § 58 VwGO nicht in Betracht kommen.[27] Vielmehr wird die den Beschwerdeführer im Fall von Verfahrensfehlern der Vergabekammer ohne Anwendung des § 58 VwGO erheblich benachteiligende gesetzliche Regelung der Beschwerdefristen wohl noch durch die besondere Bedeutung effektiver Beschaffung und das daraus abzuleitende besondere Beschleunigungsbedürfnis für den Rechtsschutz begründbar sein.

III. Wiedereinsetzung

15 Eine unverschuldete Versäumung der in § 172 Abs. 1 GWB geregelten Fristen kann auf Antrag zur Wiedereinsetzung in den vorigen Stand führen. Grundlage der Wiedereinsetzung in den vorigen Stand ist die Verweisung des § 175 Abs. 2 GWB i.V.m. § 73 Nr. 2 GWB auf die Vorschriften der ZPO über die Wiedereinsetzung, also die §§ 230 ff. ZPO.

16 Eine Wiedereinsetzung erfordert hiernach insbesondere, dass der Beschwerdeberechtigte die Beschwerdefrist ohne zurechenbares **Verschulden** versäumt hat. Dies kommt etwa bei einer falschen Auskunft der zuständigen gerichtlichen Vermittlungsstelle über die Telefaxnummer in Betracht.[28] Angesichts der aus der Gesetzessystematik folgenden erheblichen Einschränkung des Rechtsschutzes bei Verfahrensfehlern der Vergabekammer[29] kommt der Wiedereinsetzung in den vorigen Stand im vergaberechtlichen Beschwerdeverfahren besondere Bedeutung zur Gewährleistung eines fairen Verfahrens zu. Eine Wiedereinsetzung wird daher insbesondere dann in Betracht zu ziehen sein, wenn die Vergabekammer ihren Beschluss ohne bzw. mit einer fehlerhaften Rechtsmittelbelehrung zugestellt oder über den Nachprüfungsantrag nicht innerhalb der Entscheidungsfrist des § 167 Abs. 1 GWB mit der dann eintretenden Folge

---

24 Vgl. hierzu näher § 171 GWB Rn. 44.

25 Vgl. *Kirch*, in: Hattig/Maibaum, Kartellvergaberecht, § 117 GWB Rn. 7; *Stickler*, in: Reidt/Stickler/Glahs, Vergaberecht, § 172 GWB Rn. 4; *Raabe*, in: Willenbruch/Wieddekind, Vergaberecht, § 171 GWB Rn. 10.

26 Vgl. insoweit *Ulbrich*, in: Röwekamp/Kus/Portz/Prieß, GWB-Vergaberecht, § 172 Rn. 14 ff., für eine Anwendbarkeit des § 58 VwGO.

27 Siehe auch OLG Düsseldorf, Beschluss v. 5.9.2001 – Verg 18/01; *Kirch*, in: Hattig/Maibaum, Kartellvergaberecht, § 117 GWB Rn. 9; *König*, in: Heuvels/Höß/Kuß/Wagner, Vergaberecht, § 116 GWB Rn. 8; *Raabe*, in: Willenbruch/Wieddekind, Vergaberecht, § 172, Rn. 11; *Dicks*, in: Ziekow/Völlink, Vergaberecht, § 171 GWB Rn. 6.

28 BayObLG, Beschluss v. 13.8.2004 – Verg 17/04; siehe hinsichtlich weiterer gewährter Wiedereinsetzungen etwa OLG Düsseldorf, Beschluss v. 29.3.2006 – VII-Verg 77/05; BayObLG, Beschluss v. 2.12.2002 – Verg 24/02: siehe aber auch OLG Düsseldorf, Beschluss v. 25.7.2006 – VII-Verg 97/05; OLG Koblenz, Beschluss v. 5.12.2005 – 1 Verg 5/05; Beschluss v. 22.4.2002 – 1 Verg 1/02.

29 Sowohl bei fehlender als auch bei unrichtiger Rechtsmittelbelehrung sowie bei einer Überschreitung der Entscheidungsfrist spricht die Gesetzessystematik trotz des Verfahrensfehlers der Vergabekammer für die Anwendbarkeit der zweiwöchigen Frist des § 172 Abs. 1 GWB; vgl. hierzu näher oben unter Rn. 11. Siehe auch *Gröning*, in: Säcker, Wettbewerbsrecht, § 172 GWB Rn. 16.

des § 171 Abs. 2 GWB entschieden hat.[30] Denn in diesen Fällen wird die rechtzeitige Einlegung der sofortigen Beschwerde durch Verfahrensfehler der Vergabekammer erschwert. Allerdings wird die deshalb mit besonderer Fairness zu prüfende Wiedereinsetzung[31] dennoch nur ausnahmsweise dann in Betracht kommen, wenn der Beschwerdeberechtigte zumutbare Möglichkeiten zur Erkundigung über die tatsächlich anzuwendende Beschwerdefrist ausgeschöpft und selbst hinreichende Fristenkontrolle durchgeführt hat.[32]

Eine Wiedereinsetzung führt nach hier vertretener Auffassung allerdings nicht dazu, dass das Zuschlagsverbot des § 169 GWB rückwirkend zur Nichtigkeit eines zwischenzeitlich erteilten **Zuschlags** führt.[33] Zwar führt eine Wiedereinsetzung in den vorigen Stand dazu, dass die versäumte Handlung als vorgenommen gilt. Daraus wird teilweise abgeleitet, dass die aufschiebende Wirkung des § 173 GWB rückwirkend eintritt und wegen der damit einhergehenden Fortgeltung des Zuschlagsverbots des § 169 GWB ein zwischenzeitlich erteilter Zuschlag nichtig ist.[34] Diese Konsequenz dürfte jedoch im vergaberechtlichen Beschwerdeverfahren zu weit greifen. Zwar ist auch nach der Rechtsprechung des Bundesgerichtshofs nicht ausgeschlossen, dass sich eine Wiedereinsetzung rückwirkend auch im Verhältnis zwischen Dritten auswirken kann.[35] Allerdings muss auch berücksichtigt werden, dass gegen eine Übertragung dieser Grundsätze auf das vergaberechtliche Beschwerdeverfahren entscheidend der Beschleunigungsgrundsatz streitet. Müsste nämlich entsprechend § 234 Abs. 3 ZPO noch bis zum Ablauf eines Jahres nach dem Ende der Beschwerdefrist mit der Nichtigkeit des zwischenzeitlich erteilten Zuschlags gerechnet werden, wäre die effektive Beschaffung nicht mehr hinreichend gesichert. 17

C. Schriftliche Einlegung (Abs. 1)

Die sofortige Beschwerde ist gemäß § 172 Abs. 1 GWB schriftlich bei dem Beschwerdegericht einzulegen. Damit wird das für Rechtsmittelschriften geltende Schriftformerfordernis in Bezug genommen. Demnach ist insbesondere auch die Einlegung per Telefax sowie als elektronisches Dokument nach § 130a ZPO möglich.[36] Eine Einlegung zu Protokoll der Geschäftsstelle ist hingegen unzulässig.[37] 18

D. Beschwerdebegründung (Abs. 2)

I. Begründung zugleich mit Einlegung (S. 1)

Die sofortige Beschwerde ist gemäß § 172 Abs. 2 S. 1 GWB zugleich mit ihrer Einlegung zu begründen. Folglich müssen sowohl die sofortige Beschwerde als auch ihre Begründung innerhalb der Notfrist beim Beschwerdegericht eingelegt werden. 19

30 Siehe für eine Wiedereinsetzung im Fall des § 171 Abs. 2 GWB OLG Düsseldorf, Beschluss v. 12.3.2003 – Verg 49/02; Beschluss v. 5.9.2001 – Verg 18/01; anders dagegen im Fall einer vor Fristablauf eintretenden Kenntnis über den Zeitpunkt des Eingangs des Nachprüfungsantrags bei der Vergabekammer OLG Dresden, Beschluss v. 17.6.2005 – WVerg 0008/05; siehe auch Wiedereinsetzung im Fall des § 171 Abs. 2 GWB unter anderem mit Hinweis auf eine anwaltliche Vertretung ablehnend OLG Celle, Beschluss v. 20.4.2001 – 13 Verg 7/01.

31 Siehe den Ausgleich von Rechtsschutzeinschränkungen durch Fehler von Gerichten auch im Wege einer mit besonderer Fairness zu prüfenden Wiedereinsetzung fordernd: BVerfG, Beschluss v. 4.5.2004 – 1 BvR 1892/03; Beschluss v. 2.5.2003 – 1 Vollz (Ws) 9/03.

32 Vgl. hierzu OLG Düsseldorf, Beschluss v. 11.11.2009 – VII-Verg 23/09.

33 *Jaeger*, in: Byok/Jaeger, Vergaberecht, § 117 GWB Rn. 9; *König*, in: Heuvels/Höß/Kuß/Wagner, Vergaberecht, § 117 GWB Rn. 10; *Stockmann*, in: Immenga/Mestmäcker, Wettbewerbsrecht, § 172 GWB Rn. 6; *Stickler*, in: Reidt/Stickler/Glahs, Vergaberecht, § 172 GWB Rn. 7; *Raabe*, in: Willenbruch/Wieddekind, Vergaberecht, § 172 GWB Rn. 4.; a.A. BayObLG, Beschluss v. 13.8.2004 – Verg 17/04.

34 BayObLG, Beschluss v. 13.8.2004 – Verg 17/04 unter Hinweis u.a. auf BGH, Urteil v. 1.10.1958 – IV ZR 61/58; *Summa*, in: Heiermann/Zeiss/Summa, Vergaberecht, § 172 GWB Rn. 34.

35 Vgl. BGH, Beschluss v. 8.10.1986 – I ZR 41/86, und kritisch dazu *Vollkommer*, JR 1987, 225.

36 BayObLG, Beschluss v. 19.12.2000 – Verg 7/00; *Stockmann*, in: Immenga/Mestmäcker, Wettbewerbsrecht, § 172 GWB Rn. 10. Siehe zu § 130a ZPO *H. Müller*, in: Ory/Weth, Elektronischer Rechtsverkehr, § 130a ZPO Rn. 3.

37 *Wilke*, NZBau 2005, 326 (328).

20 Allerdings erfolgt eine Begründung i.S.d. § 172 Abs. 2 S. 1 GWB auch dann noch zugleich mit der Einlegung, wenn sie nach der Einlegung, aber **vor Ablauf der Beschwerdefrist** nach § 172 Abs. 1 GWB erfolgt.[38] In diesem Fall sind beide Schriftsätze als einheitliche Beschwerde anzusehen.[39] Denn der Beschwerdeführer darf die Rechtsmittelfrist ohnehin ausschöpfen, so dass der Beschleunigungsgrundsatz dieser Auslegung nicht entgegensteht.[40] Folglich wird die sofortige Beschwerde auch dann rechtzeitig eingelegt, wenn Antrag und Begründung innerhalb der Notfrist eingehen und jeweils von der gemäß § 172 Abs. 3 GWB berechtigten Person unterzeichnet sind.

II. Begründungserfordernisse (S. 2)

21 § 172 Abs. 2 S. 2 GWB[41] statuiert zur Beschleunigung des Beschwerdeverfahrens[42] zwingende **Bestandteile** der Beschwerdebegründung. Der Beschwerdeführer muss das Rechtsmittelziel sowie die zur Erreichung dieses Ziels erforderlichen Tatsachen und Beweismittel angeben. Darüber hinaus folgt aus der Zusammenschau von § 172 Abs. 2 S. 2 Nr. 1 und 2 GWB, dass ein Mindestmaß an sachlicher Begründung in der Beschwerdeschrift enthalten sein muss.

22 **Fehlt** nach Ablauf der Beschwerdefrist einer dieser Bestandteile der Beschwerdebegründung, ist die sofortige Beschwerde unzulässig.[43]. Sofern der Beschwerdeführer innerhalb der Beschwerdefrist den Begründungsmangel – etwa auf einen gerichtlichen Hinweis hin – heilt, führt der anfängliche Begründungsmangel nicht zur Unzulässigkeit der sofortigen Beschwerde.[44]

1. Rechtsmittelziel (Nr. 1)

23 Zwingendes Begründungserfordernis ist gemäß § 172 Abs. 2 S. 2 Nr. 1 GWB, dass der Beschwerdeführer erklärt, inwieweit[45] er die Entscheidung der Vergabekammer angreift und eine abweichende Entscheidung beantragt.

24 Ein ausdrücklicher **Antrag** ist zwar sinnvoll, aber – trotz des Wortlauts des § 172 Abs. 2 GWB „beantragt" – nicht erforderlich.[46] Denn angesichts der Verweisung in § 175 Abs. 2 auf § 75 Abs. 1 GWB ist das Beschwerdegericht nicht an die gestellten Anträge gebunden. Dementsprechend kann auch aus einer Beschwerdebegründung ohne ausdrückliche Antragstellung ableitbar sein, welche abweichende Entscheidung erstritten – und damit „beantragt" i.S.d. § 172 Abs. 2 GWB – werden soll.

25 Daher muss der **Beschwerdebegründung** das Rechtsmittelziel entnommen werden können.[47] An die Konkretisierung dieses Rechtsmittelziels sind wiederum keine strengen Anforde-

38 OLG Brandenburg, Beschluss v. 2.12.2003 – Verg W 6/03; *Ulbrich*, in: Röwekamp/Kus/Portz/Prieß, GWB-Vergaberecht, § 172 Rn. 24; *Storr*, in: Loewenheim/Meessen/Riesenkampff, Kartellrecht, § 117 GWB Rn. 7.
39 OLG Brandenburg, Beschluss v. 2.12.2003 – Verg W 6/03.
40 *Stockmann*, in: Immenga/Mestmäcker, Wettbewerbsrecht, § 172 GWB Rn. 12.
41 Siehe auch die vergleichbare Regelung des § 66 GWB.
42 OLG Koblenz, Beschluss v. 13.2.2006 – 1 Verg 1/06.
43 OLG Frankfurt, Beschluss v. 18.4.2006 – 11 Verg 1/06; *Kirch*, in: Hattig/Maibaum, Kartellvergaberecht, § 117 GWB Rn. 18.
44 OLG Koblenz, Beschluss v. 5.4.2006 – 1 Verg 1/06; *Raabe*, in: Willenbruch/Wieddekind, Vergaberecht, § 172 GWB Rn. 16; siehe im Hinblick auf eine für abgrenzbare Anträge teilweise eintretende Unzulässigkeit infolge Verfehlung der diesbezüglichen Begründungserfordernisse OLG Brandenburg, Beschluss v. 5.1.2006 – Verg W 12/05.
45 Hinsichtlich der bereits ausweislich des Wortlauts des § 116 GWB a.F. – „inwieweit" – zugelassenen begrenzten Einlegung der sofortigen Beschwerde siehe § 171 GWB Rn. 7 f.
46 KG, Beschluss v. 28.9.2009 – 2 Verg 8/09; OLG Frankfurt, Beschluss v. 18.4.2006 – 11 Verg 1/06; OLG Naumburg, Beschluss v. 16.9.2002 – 1 Verg 2/02; OLG Jena, Beschluss v. 22.12.1999 – 6 Verg 3/99; OLG Düsseldorf, Beschluss v. 13.4.1999 – Verg 1/99; *Jaeger*, in: Byok/Jaeger, Vergaberecht, § 172 GWB Rn. 13; *Stickler*, in: Reidt/Stickler/Glahs, Vergaberecht, § 172 GWB Rn. 12.
47 OLG Frankfurt, Beschluss v. 18.4.2006 – 11 Verg 1/06; OLG Naumburg, Beschluss v. 16.9.2002 – 1 Verg 2/02; OLG Jena, Beschluss v. 22.12.1999 – 6 Verg 3/99; *Jaeger*, in: Byok/Jaeger, Vergaberecht, § 172 GWB Rn. 13; *Raabe*, in: Willenbruch/Wieddekind, Vergaberecht, § 172 GWB Rn. 16. Dies in einem Sachverhalt bezweifelnd, in dem mit der Beschwerde eine „Überweisung" an die Vergabekammer beantragt wurde und auch aus der Beschwerdebegründung nicht deutlich wurde, über welchen Antrag die Vergabekammer nach einer Zurückverweisung entscheiden soll, OLG Brandenburg, Beschluss v. 18.2.2010 – Verg W 2/10.

rungen zu stellen. Entscheidend ist, dass aus der Beschwerdebegründung im Wege der Auslegung hinreichend klar und bestimmt ermittelbar ist, in welchem Umfang die Entscheidung der Vergabekammer angegriffen wird.[48]

2. Angabe der Tatsachen und Beweismittel (Nr. 2)

Die Beschwerdebegründung muss ferner zwingend die **Tatsachen** und **Beweismittel** angeben, die zur Begründung des Rechtsmittelziels erforderlich sind. Dies folgt aus dem Wortlaut des § 172 Abs. 2 S. 2 Nr. 2 GWB, der die Angabe solcher Tatsachen und Beweismittel fordert, „auf die sich die Beschwerde stützt". Folglich fordert § 172 Abs. 2 S. 2 Nr. 2 GWB dann eine Angabe der Tatsachen und Beweismittel, wenn mittels dieser Tatsachen und Beweismittel eine von der Entscheidung der Vergabekammer abweichende Entscheidung des Beschwerdegerichts herbeigeführt werden soll.[49] Denn nur in diesem Fall „stützt" sich die Beschwerde auf die Tatsachen und Beweismittel. Hiervon sind allerdings nicht nur neue Tatsachen und Beweismittel umfasst, sondern die, die der Beschwerdeführer als streitig erachten musste.[50] Insgesamt ist danach eine Darlegung der Tatsachen und Beweismittel erforderlich, die nach Ansicht des Beschwerdeführers eine abweichende Entscheidung gebieten.[51] 26

Allerdings ist im Fall einer alleine gegen die rechtliche Würdigung der Vergabekammer gerichteten Beschwerde eine Angabe von Tatsachen oder Beweismitteln **nicht erforderlich**.[52] Hinsichtlich solcher Tatsachen und Beweismittel, über die mangels Entscheidungserheblichkeit nicht von der Vergabekammer entschieden wurde, die jedoch bereits Streitgegenstand des Vergabekammerverfahrens waren, erscheint auch der konkrete Verweis auf Vortrag in Schriftsätzen aus dem Vergabekammerverfahren zulässig.[53] Zur Unzulässigkeit wird die Vorgabe des § 172 Abs. 2 S. 2 Nr. 2 GWB daher nur dann führen, wenn keine Tatsachen und Beweismittel in der Beschwerdebegründung enthalten sind, obwohl deren Bedeutung für die Beschwerdebegründung eindeutig erkennbar ist.[54] 27

3. Mindestmaß an sachlicher Begründung

Darüber hinaus muss die Beschwerdeschrift ein **Mindestmaß** an sachlicher Begründung enthalten.[55] Diese Voraussetzung wird allerdings nicht aus § 172 Abs. 2 S. 2 Nr. 2 GWB ableitbar 28

---

48 OLG Schleswig-Holstein, Beschluss v. 13.6.2019 – 54 Verg 2/19; OLG Jena, Beschluss v. 15.3.2017 – 2 Verg 3/16; OLG Düsseldorf, Beschluss v. 14.11.2012 – VII-Verg 8/12; OLG Frankfurt, Beschluss v. 18.4.2006 – 11 Verg 1/06; *Kirch*, in: Hattig/Maibaum, Kartellvergaberecht, § 117 GWB Rn. 17; *Storr*, in: Loewenheim/Meessen/Riesenkampff, Kartellrecht, § 117 GWB Rn. 8; *Raabe*, in: Willenbruch/Wieddekind, Vergaberecht, § 172 GWB Rn. 16; das OLG Frankfurt, Beschluss v. 18.4.2006 – 11 Verg 1/06, hat im Fall eines auch mittels der Beschwerdebegründung im Wege der Auslegung nicht eindeutig ermittelbaren Rechtschutzziels – nämlich entweder isolierte Kostenbeschwerde oder Verfolgung der Sachanträge aus dem Vergabekammerverfahren – eine Unzulässigkeit angenommen. Das OLG Brandenburg, Beschluss v. 21.6.2012 – Verg W 4/12, hat eine nach Ablauf der Beschwerdefrist erfolgte Umstellung der Beschwerde – nunmehr gegen die Gebührenfestsetzung gerichtet – als nach Fristablauf unzulässige Erweiterung des Streitgegenstandes angesehen.

49 *Raabe*, in: Willenbruch/Wieddekind, Vergaberecht, § 171 GWB Rn. 26.

50 OLG Koblenz, Beschluss v. 3.4.2008 – 1 Verg 1/08; Beschluss v. 15.3.2001 – 1 Verg 1/01; *Schmidt*, in: Immenga/Mestmäcker, Wettbewerbsrecht, § 66 GWB Rn. 14: siehe etwa OLG Frankfurt, Beschluss v. 18.4.2006 – 11 Verg 1/06, wonach das Fehlen von geeigneten Beweismitteln und jeden sachlichen Ausführungen den Anforderungen an eine Beschwerdebegründung zumindest dann nicht genügt, wenn dieses Fehlen von der Vergabekammer maßgeblich herangezogene, nicht widerlegte Zweifel an der wirtschaftlichen Leistungsfähigkeit der Beschwerdeführerin betrifft.

51 OLG Düsseldorf, Beschluss v. 15.1.2020 – VII-Verg 20/19.

52 Vgl. OLG Frankfurt, Beschluss v. 26.6.2012 – 11 Verg 12/11; Beschluss v. 21.2.2012 – 11 Verg 11/11; KG, Beschluss v. 28.9.2009 – 2 Verg 8/09; *Raabe*, in: Willenbruch/Wieddekind, Vergaberecht, § 172 GWB Rn. 26; siehe auch *Jaeger*, in: Byok/Jaeger, Vergaberecht, § 172 GWB Rn. 17, der in diesem Fall Rechtsausführungen fordert; offen OLG Koblenz, Beschluss v. 13.2.2006 – 1 Verg 1/06, wonach das gänzliche Fehlen von Beweismitteln oder Tatsachen zur Unzulässigkeit führen solle, gleichzeitig aber eine Rückausnahme im Fall einer unveränderten Übernahme des von der Vergabekammer dargestellten Sach- und Streitstandes andeutend.

53 OLG Düsseldorf, Beschluss v. 10.12.2008 – VII-Verg 51/08; OLG Stuttgart, Beschluss v. 9.8.2001 – 2 Verg 3/01; anders hingegen bei einem pauschalen Verweis auf Vortrag vor der Vergabekammer OLG Brandenburg, Beschluss v. 5.1.2006 – Verg W 12/05.

54 *Jaeger*, in: Byok/Jaeger, Vergaberecht, § 172 GWB Rn. 17.

55 OLG Frankfurt, Beschluss v. 18.4.2006 – 11 Verg 1/06; OLG Brandenburg, Beschluss v. 5.1.2006 – Verg W 12/05; wohl auch OLG Koblenz, Beschluss v. 3.4.2008 – 1 Verg 1/08; Beschluss v. 13.2.2006 – 1 Verg 1/06; Beschluss v. 15.3.2001 – 1 Verg 1/01.

sein.[56] Denn diese Regelung fordert die Angabe von Tatsachen und Beweismitteln, soweit sich die Beschwerde hierauf stützt. Der Begriff „stützt" deutet zwar eine Verknüpfung von Tatsachen und Rechtsmittelziel an. Gleichwohl folgt daraus noch nicht zwingend, dass diese Verknüpfung zwischen Tatsachen und Rechtsmittelziel auch mit einem Mindestmaß an sachlicher Begründung erläutert werden muss. Vielmehr wird das Erfordernis eines Mindestmaßes an sachlicher Begründung aus der von § 172 Abs. 2 S. 2 GWB geforderten „Begründung" ableitbar sein. Denn nur wenn die Verknüpfung der angegebenen Tatsachen mit dem Rechtsmittelziel erkennbar ist, wird vom Vorliegen einer Begründung ausgegangen werden können.[57]

29 Ein derartiges **Fehlen** eines Mindestmaßes an sachlicher Begründung wird wiederum nur in eng begrenzten Ausnahmefällen in Betracht kommen.[58] Erforderlich wird sein, dass zwar das Rechtsmittelziel erkennbar,[59] nicht aber die für dessen Beurteilung erforderliche Verknüpfung mit der Entscheidung der Vergabekammer herstellbar ist.[60] Dies ist nicht schon dann der Fall, wenn keine schlüssige zusammenhängende Darstellung des Sachverhalts und der maßgeblichen Rechtsfragen erfolgt. Vielmehr wird die Annahme einer fehlenden Begründung regelmäßig erst bei einem dem Fehlen jeder Begründung gleichstellbaren Fehlen verständlicher Ausführungen möglich sein.[61]

E. Unterzeichnung der Beschwerdeschrift (Abs. 3)

30 Soweit die sofortige Beschwerde **nicht** von einer **juristischen Person des öffentlichen Rechts** eingelegt wird, verlangt § 172 Abs. 3 GWB deren Unterzeichnung bzw. qualifizierte elektronische Signatur durch einen Rechtsanwalt[62]. Fehlt eine derartige Unterzeichnung nach Ablauf der Beschwerdefrist, ist die sofortige Beschwerde unzulässig.[63]

31 Für **juristische Personen des öffentlichen Rechts** findet der Anwaltszwang hingegen keine Anwendung. Gleichwohl dürfte aus § 175 Abs. 1 S. 2 GWB zu folgern sein, dass die Beschwerdeschrift von einem Beamten oder Angestellten unterzeichnet sein muss, der die Befähigung zum Richteramt besitzt.[64] Denn ausweislich der Gesetzesbegründung soll die in § 175 Abs. 1 S. 2 GWB vorgesehene Vertretung durch Personen mit der Befähigung zum Richteramt denselben Zweck wie der Anwaltszwang erfüllen.[65] Dann ist aber kein Grund erkennbar, weshalb dies nicht auch für die Beschwerdeschrift gelten soll. Demnach wird § 172 Abs. 3 S. 2 GWB für juristische Personen des öffentlichen Rechts die Befreiung vom Anwaltszwang und § 175 Abs. 1 S. 2 GWB die Anordnung einer Vertretung durch Personen mit Befähigung

56 Diese Vorschrift jedoch als Ausgangspunkt erwähnend OLG Koblenz, Beschluss v. 3.4.2008 – 1 Verg 1/08; Beschluss v. 13.2.2006 – 1 Verg 1/06; Beschluss v. 15.3.2001 – 1 Verg 1/01; siehe auch OLG Frankfurt, Beschluss v. 18.4.2006 – 11 Verg 1/06.

57 Vgl. zu der Ableitung des Mindestmaßes an sachlicher Begründung *Schmidt*, in: Immenga/Mestmäcker, Wettbewerbsrecht, § 66 GWB Rn. 14.

58 *Schmidt*, in: Immenga/Mestmäcker, Wettbewerbsrecht, § 66 GWB Rn. 14; siehe auch OLG Koblenz, Beschluss v. 3.4.2008 – 1 Verg 1/08.

59 Andernfalls läge bereits ein Fall des § 172 Abs. 2 S. 2 Nr. 1 GWB vor.

60 OLG Frankfurt, Beschluss v. 18.4.2006 – 11 Verg 1/06; gleichwohl kann eine nur begrenzt verständliche Beschwerdebegründung dazu führen, dass eine rechtzeitige Entscheidung über den Antrag nach § 173 Abs. 1 S. 3 GWB nicht möglich ist; vgl. OLG Düsseldorf, Beschluss v. 28.1.2004 – Verg 35/03.

61 Siehe etwa OLG Frankfurt, Beschluss v. 18.4.2006 – 11 Verg 1/06, wonach eine Beschwerdebegründung nicht hinreichend ist, wenn sich der erkennende Senat nicht einmal ein grobes Bild vom zugrunde liegenden Sachverhalt bilden kann; siehe auch OLG Koblenz, Beschluss v. 3.4.2008 – 1 Verg 1/08; strengere Anforderungen andeutend, aber im Ergebnis offenlassend OLG Brandenburg, Beschluss v. 7.10.2010 – Verg W 12/10, wonach eine erst unter Heranziehung der Entscheidung der Vergabekammer teilweise verständliche Begründung möglicherweise nicht ausreiche.

62 Dabei sind gemäß § 46c Abs. 2 S. 1 Nr. 1 BRAO Syndikusrechtsanwälte nicht zur gerichtlichen Vertretung ihres Arbeitgebers vor den Oberlandesgerichten befugt.

63 OLG Celle, Beschluss v. 31.5.2007 – 13 Verg 1/07.

64 *König*, in: Heuvels/Höß/Kuß/Wagner, Vergaberecht, § 117 GWB Rn. 16; *Stockmann*, in: Immenga/Mestmäcker, Wettbewerbsrecht, § 172 GWB Rn. 19; *Ulbrich*, in: Röwekamp/Kus/Portz/Prieß, GWB-Vergaberecht, § 172 Rn. 40; *Stickler*, in: Reidt/Stickler/Glahs, Vergaberecht, § 172 GWB Rn. 23; *Raabe*, in: Willenbruch/Wieddekind, Vergaberecht, § 172 GWB Rn. 33; *Dicks*, in: Ziekow/Völlink, Vergaberecht, § 172 GWB Rn. 16; a.A. *Jaeger*, in: Byok/Jaeger, Vergaberecht, § 172 GWB Rn. 3.

65 Gesetzesbegründung zu § 127 Abs. 3 GWB, VgRÄG, BT-Drs. 13/9340, 21.

zum Richteramt für alle Verfahrenshandlungen – und damit auch für die Einlegung der sofortigen Beschwerde – entnehmbar sein.[66]

F. Unterrichtungspflicht (Abs. 4)

Der Beschwerdeführer ist gemäß § 172 Abs. 4 GWB verpflichtet, die Beteiligten des Vergabekammerverfahrens durch die Übermittlung einer Ausfertigung der Beschwerdeschrift von der Einlegung der Beschwerde zu unterrichten. Diese Pflicht ist zugleich mit der Einlegung der sofortigen Beschwerde zu erfüllen und soll durch frühzeitige Kenntnis der Beteiligten von der Einlegung und dem Inhalt einer Beschwerde dem Beschleunigungsgrundsatz dienen.[67] **32**

Mangels Regelungen über Zustellungen im Parteibetrieb unterliegt diese Unterrichtung keinen **Formvorgaben**.[68] Unabhängig von der Übermittlung durch den Beschwerdeführer erfolgt darüber hinaus die Zustellung der Beschwerde durch das Gericht.[69] **33**

Übermittelt der Beschwerdeführer die Beschwerdeschrift entgegen § 172 Abs. 4 GWB nicht an die anderen Beteiligten, führt dies nicht zur Unzulässigkeit der sofortigen Beschwerde.[70] Ebenso wenig führt ein **Verstoß** gegen § 172 Abs. 4 GWB zur Wirksamkeit eines trotz Einlegung der sofortigen Beschwerde erteilten Zuschlags.[71] Denn für eine Verknüpfung der von § 173 Abs. 1 S. 1 GWB ohne jede Einschränkung angeordneten aufschiebenden Wirkung der sofortigen Beschwerde mit einer durch § 172 Abs. 4 GWB herbeigeführten Kenntnis des Auftraggebers fehlen die erforderlichen eindeutigen Anhaltspunkte im Gesetz. **34**

G. Rechtsschutz

Für die Rechtsschutzmöglichkeiten gilt das zu § 171 GWB Gesagte[72] entsprechend. **35**

Anlage

Gesetzesbegründung – VergRModG 2016 (BT-Drs. 18/6281)

Seite 136

§ 172 entspricht dem bisherigen § 117. In der Überschrift wird klargestellt, dass § 161 nicht nur Vorgaben zur Frist und Form, sondern auch zum Inhalt regelt.

---

66 *Ulbrich*, in: Röwekamp/Kus/Portz/Prieß, GWB-Vergaberecht, § 172 Rn. 56; *Stickler*, in: Reidt/Stickler/Glahs, Vergaberecht, § 172 GWB Rn. 23; *Gröning*, in: Säcker, Wettbewerbsrecht, § 172 GWB Rn. 34.

67 Gesetzesbegründung zu § 127 Abs. 4 GWB, VgRÄG, BT-Drs. 13/9340, 21; OLG Jena, Beschluss v. 23.8.2004 – 9 Verg 1/04.

68 *Stickler*, in: Reidt/Stickler/Glahs, Vergaberecht, § 172 GWB Rn. 25.

69 *Ulbrich*, in: Röwekamp/Kus/Portz/Prieß, GWB-Vergaberecht, § 172 Rn. 42.

70 OLG Naumburg, Beschluss v. 2.8.2012 – 2 Verg 3/12; Beschluss v. 1.9.2004 – 1 Verg 11/04; Beschluss v. 13.4.1999 – Verg 1/99; OLG Düsseldorf, Beschluss v. 5.7.2012 – VII-Verg 13/12; Beschluss v. 9.6.2004 – VII-Verg 11/04; OLG Saarbrücken, Beschluss v. 7.5.2008 – 1 Verg 5/07; OLG Jena, Beschluss v. 20.6.2005 – 9 Verg-3/05; OLG Celle, Beschluss v. 2.9.2004 – 13 Verg 14/04; BayObLG, Beschluss v. 28.5.2003 – Verg 06/03; Beschluss v. 22.1.2002 – Verg 18/01; *Jaeger*, in: Byok/Jaeger, Vergaberecht, § 172 GWB Rn. 20; *König*, in: Heuvels/Höß/Kuß/Wagner, Vergaberecht, § 116 GWB Rn. 19; *Ulbrich*, in: Röwekamp/Kus/Portz/Prieß, GWB-Vergaberecht, § 172 Rn. 43; *Dieck-Bogatzke*, in: Pünder/Schellenberg, Vergaberecht, § 172 GWB Rn. 17; *Raabe*, in: Willenbruch/Wieddekind, Vergaberecht, § 171 GWB Rn. 36.

71 OLG Brandenburg, Beschluss v. 30.4.2013 – Verg W 3/13; OLG Saarbrücken, Beschluss v. 7.5.2008 – 1 Verg 5/07; OLG Frankfurt, Beschluss v. 20.2.2003 – 11 Verg-1/02; ebenso, im Ergebnis aber offenlassend OLG Dresden, Beschluss v. 17.6.2005 – WVerg 0008/05; *Jaeger*, in: Byok/Jaeger, Vergaberecht, § 172 GWB Rn. 21; *König*, in: Heuvels/Höß/Kuß/Wagner, Vergaberecht, § 116 GWB Rn. 19; *Stickler*, in: Reidt/Stickler/Glahs, Vergaberecht, § 172 GWB Rn. 21; *Gröning*, in: Säcker, Wettbewerbsrecht, § 172 GWB Rn. 36; *Raabe*, in: Willenbruch/Wieddekind, Vergaberecht, § 172 GWB Rn. 36; a.A. OLG Naumburg, Beschluss v. 16.1.2003 – 1 Verg 10/02; Beschluss v. 2.6.1999 – 10 Verg 1/99.

72 Siehe hierfür die Kommentierung zu § 171 GWB Rn. 65.

§ 173 GWB
Wirkung

(1) Die sofortige Beschwerde hat aufschiebende Wirkung gegenüber der Entscheidung der Vergabekammer. Die aufschiebende Wirkung entfällt zwei Wochen nach Ablauf der Beschwerdefrist. Hat die Vergabekammer den Antrag auf Nachprüfung abgelehnt, so kann das Beschwerdegericht auf Antrag des Beschwerdeführers die aufschiebende Wirkung bis zur Entscheidung über die Beschwerde verlängern.

(2) Das Gericht lehnt den Antrag nach Absatz 1 Satz 3 ab, wenn unter Berücksichtigung aller möglicherweise geschädigten Interessen die nachteiligen Folgen einer Verzögerung der Vergabe bis zur Entscheidung über die Beschwerde die damit verbundenen Vorteile überwiegen. Bei der Abwägung ist das Interesse der Allgemeinheit an einer wirtschaftlichen Erfüllung der Aufgaben des Auftraggebers zu berücksichtigen; bei verteidigungs- oder sicherheitsspezifischen Aufträgen im Sinne des § 104 sind zusätzlich besondere Verteidigungs- und Sicherheitsinteressen zu berücksichtigen. Die besonderen Verteidigungs- und Sicherheitsinteressen überwiegen in der Regel, wenn der öffentliche Auftrag oder die Konzession im unmittelbaren Zusammenhang steht mit

1. einer Krise,

2. einem mandatierten Einsatz der Bundeswehr,

3. einer einsatzgleichen Verpflichtung der Bundeswehr oder

4. einer Bündnisverpflichtung.

Das Gericht berücksichtigt bei seiner Entscheidung auch die Erfolgsaussichten der Beschwerde, die allgemeinen Aussichten des Antragstellers im Vergabeverfahren, den öffentlichen Auftrag oder die Konzession zu erhalten, und das Interesse der Allgemeinheit an einem raschen Abschluss des Vergabeverfahrens.

(3) Hat die Vergabekammer dem Antrag auf Nachprüfung durch Untersagung des Zuschlags stattgegeben, so unterbleibt dieser, solange nicht das Beschwerdegericht die Entscheidung der Vergabekammer nach § 176 oder § 178 aufhebt.

Übersicht

	Rn.
A. Allgemeines	1
I. Historie	2
II. Unionsrechtlicher Hintergrund	3
B. Aufschiebende Wirkung (Abs. 1 S. 1)	4
I. Eintritt	4
II. Kenntnis der Beteiligten und Zustellung	6
III. Unzulässigkeit oder Unbegründetheit der Beschwerde	7
IV. Umfang	8
V. Unterlassene Zustellung des Nachprüfungsantrags	10
VI. Wiedereinsetzung	12
C. Befristung der aufschiebenden Wirkung (Abs. 1 S. 2)	15
I. Ablehnungsfiktion	19
II. Fehlende oder fehlerhafte Rechtsmittelbelehrung	25
D. Antrag auf Verlängerung der aufschiebenden Wirkung (Abs. 1 S. 3)	27
I. Antragsbefugnis	30
II. Form	33
III. Frist	34
IV. Rechtsschutzbedürfnis	37
E. Entscheidung über den Verlängerungsantrag (Abs. 2)	38
I. Maßstab der Entscheidung	42
1. Erfolgsaussichten	43
2. Belange der Allgemeinheit	44
II. Rechtsmittel	49
F. Zuschlagsverbot (Abs. 3)	50
G. Rechtsschutz	52
Anlagen	
Gesetzesbegründungen	

A. Allgemeines[1]

1 Die mit der Überschrift „Wirkung" versehene Vorschrift des § 173 GWB regelt die Rechtsfolgen der beim Oberlandesgericht eingelegten sofortigen Beschwerde. Angeordnet wird die aufschiebende Wirkung, d.h. ein Suspensiveffekt der sofortigen Beschwerde gegen die Entscheidung der Vergabekammer (Abs. 1 S. 1). Des Weiteren bestimmt die Norm die grundsätzliche Befristung der aufschiebenden Wirkung bei antragsablehnender Entscheidung (Abs. 1 S. 2) und die Voraussetzungen für einen Erhalt des Suspensiveffekts bis zur Entscheidung über die Beschwerde (Abs. 1 S. 3, Abs. 2). Aus Abs. 3 der Vorschrift ergibt sich die Rechtsfolge des andauernden Zuschlagsverbots bei einer stattgebenden Entscheidung der Vergabekammer.

I. Historie

2 § 173 GWB entspricht im Wesentlichen der Vorgängerregelung in § 118 GWB a.F. Im Zuge der Änderung des Teil 4 GWB in Umsetzung der im Jahr 2014 neu erlassenen Vergaberichtlinien[2] durch das VergRModG 2016 wurde der Wortlaut der Norm weitestgehend identisch übernommen. Der Gesetzgeber hat in Umsetzung der Konzessionsrichtlinie lediglich die Worte „oder die Konzession" in den heutigen Abs. 2 S. 4 aufgenommen und den Anwendungsbereich der Vorschrift damit entsprechend erweitert.[3] Im Rahmen der letzten Gesetzesänderung im Jahr 2020 wurde in Abs. 2 ein neuer Satz 3 eingefügt, der für die Abwägungsentscheidung im Bereich der verteidigungs- und sicherheitsrelevanten Aufträge Regelbeispiele etabliert.

II. Unionsrechtlicher Hintergrund

3 Wie schon die Vorgängernorm setzt § 173 GWB die Vorgaben der Rechtsmittelrichtlinien 89/665/EWG und 92/13/EWG[4], insbesondere von Art. 2 Abs. 1 lit. a, Abs. 3 und 4, um. Die ausdrückliche Erwähnung der Berücksichtigung von besonderen Verteidigungs- und Sicherheitsinteressen in § 173 Abs. 2 S. 2 und 3 GWB erfolgt in Umsetzung von Art. 56 Abs. 5 RL 2009/81/EG.

B. Aufschiebende Wirkung (Abs. 1 S. 1)

I. Eintritt

4 Wie die Rechtsfolgen aus § 169 Abs. 1 GWB, so treten auch die aus § 173 Abs. 1 S. 1 GWB **kraft Gesetzes** ein, ohne dass es eines Antrages bedarf. Es kommt nur darauf an, dass eine sofortige Beschwerde gegen den Beschluss der Vergabekammer eingelegt worden ist. Ist dies der Fall, so ist ohne weiteres Zutun der Beteiligten der Vollzug des Kammerbeschlusses zunächst zwei Wochen nach Ablauf der Beschwerdefrist gehemmt. Bleibt eine Beschwerdeeinlegung aus, kann der Zuschlag nach Ablauf der zweiwöchigen Beschwerdefrist erteilt werden.

5 Die sofortige Beschwerde löst die Rechtsfolgen des § 173 Abs. 1 S. 1 GWB mit ihrem **Eingang** bei dem (zuständigen) Oberlandesgericht aus. Durch eine Einlegung der Beschwerde entweder bei der Vergabekammer oder bei einem nicht zuständigen Oberlandesgericht entsteht die aufschiebende Wirkung allerdings erst und nur dann, wenn die Beschwerde innerhalb der Frist des § 172 Abs. 1 GWB an das zuständige Oberlandesgericht geleitet wird.

---

1 Die Kommentierung basiert zu großen Teilen auf der Kommentierung des § 118 GWB im Taschenkommentar GWB-Vergaberecht (zweite Auflage, hrsg. v. Müller-Wrede) durch Herrn *Frank Bastius*, Vorsitzender Richter am OLG Dresden (Vergabesenat) a. D., bei dem wir uns für die Zurverfügungstellung des Manuskriptes herzlich bedanken.

2 RL 2014/24/EU, RL 2014/25/EU und RL 2014/23/EU.

3 Vgl. *Vavra*, in: Burgi/Dreher, Vergaberecht, § 173 GWB Rn. 2.

4 Geändert durch die RL 2007/66/EG.

II. Kenntnis der Beteiligten und Zustellung

Es kommt für den Eintritt und den Beginn der aufschiebenden Wirkung nicht darauf an, ob die Beteiligten und insbesondere der Auftraggeber von der sofortigen Beschwerde Kenntnis erlangen oder ob die Beschwerdeschrift auf Veranlassung des Senats förmlich zugestellt worden ist.[5] Dies gilt nach dem eindeutigen Wortlaut von § 173 Abs. 1 S. 1 GWB trotz der Regelung in § 172 Abs. 4 GWB, dass mit der Einlegung der Beschwerde die anderen Beteiligten des Verfahrens vor der Vergabekammer vom Beschwerdeführer durch Übermittlung einer Ausfertigung der Beschwerdeschrift zu unterrichten sind.[6] Ein Verstoß gegen diese Informationspflicht zieht keine Sanktionen nach sich.[7] 6

III. Unzulässigkeit oder Unbegründetheit der Beschwerde

Irrelevant für die Entstehung der aufschiebenden Wirkung ist auch, ob die sofortige Beschwerde unzulässig oder unbegründet ist. Dies muss aufgrund des auch in diesem Punkt eindeutigen Wortlauts und aus Gründen der Rechtssicherheit sogar bei offensichtlicher Unzulässigkeit oder Unbegründetheit der sofortigen Beschwerde gelten, solange diese nur fristgerecht beim zuständigen Beschwerdegericht eingelegt wurde.[8] Andernfalls würde die Festlegung, in welchen Fällen noch eine offensichtliche Unzulässigkeit oder Unbegründetheit anzunehmen ist und in welchen Fällen es sich nur um eine „normale" Unzulässigkeit oder Unbegründetheit handelt, willkürlich erfolgen. Das erscheint auch hinnehmbar, ohne dass der Auftraggeber ungebührlich lange an der Erteilung eines beabsichtigten und berechtigten Zuschlags gehindert würde.[9] Nach § 173 Abs. 1 S. 3 GWB bedarf es nach Ablauf von zwei Wochen (§ 173 Abs. 1 S. 2 GWB) ohnehin eines Senatsbeschlusses, soll die aufschiebende Wirkung der Beschwerde gegen einen ablehnenden Beschluss der Vergabekammer weiter verlängert werden. Eine solche Verlängerung ist in den Fällen erkennbarer Aussichtslosigkeit des Rechtsmittels gemäß § 173 Abs. 2 S. 4 GWB aber nicht zu erwarten. 7

IV. Umfang

Sinn und Folge der aufschiebenden Wirkung gemäß § 173 Abs. 1 S. 1 GWB ist in erster Linie die Gewährleistung, dass auch nach Ablauf der Beschwerdefrist zunächst noch ein Zuschlagsverbot während des **laufenden Beschwerdeverfahrens** gilt, um effektiven Primärrechtsschutz des Bieters und seine Zuschlagschancen weiterhin zu erhalten.[10] Im Falle eines trotzdem erteilten Zuschlags ist der Vertrag gemäß § 134 BGB wegen Verstoßes gegen ein gesetzliches Verbot nichtig.[11] Der Auftraggeber sollte sich daher in einem entsprechenden Fall nach Abschluss des Nachprüfungsverfahrens in erster Instanz vor Zuschlagserteilung erkundigen, ob eine sofortige Beschwerde eingelegt worden ist. Da der Wortlaut der Vorschrift keine Beschränkung auf das Zuschlagsverbot vorsieht, umfasst die aufschiebende Wirkung gegenüber der Entscheidung der Vergabekammer darüber hinaus jede tatsächliche oder rechtliche Maßnahme zur Verwirklichung der angefochtenen Entscheidung, die sich zum Nachteil des Rechtsmittelführers auswirken könnte.[12] 8

Obgleich § 173 Abs. 1 S. 1 GWB seinem Wortlaut nach keine Einschränkung für den Umfang des Suspensiveffekts erkennen lässt, beschränkt sich die aufschiebende Wirkung gegenüber 9

5 Vgl. *Ulbrich*, in: Röwekamp/Kus/Portz/Prieß, GWB-Vergaberecht, § 173 Rn. 15.
6 Vgl. *Losch*, in: Ziekow/Völlink, Vergaberecht, § 173 GWB Rn. 9; a.A. dagegen OLG Naumburg, Beschluss v. 16.1.2003 – 1 Verg 10/02.
7 Vgl. *Raabe*, in: Willenbruch/Wieddekind, Vergaberecht, § 173 GWB Rn. 4; OLG Saarbrücken, Beschluss v. 7.5.2008 – 1 Verg 5/07.
8 Vgl. § 172 Abs. 1 GWB und vgl. Rn. 5.
9 Vgl. *Ulbrich*, in: Röwekamp/Kus/Portz/Prieß, GWB-Vergaberecht, § 173 Rn. 13.
10 Vgl. *Vavra*, in: Burgi/Dreher, Vergaberecht, § 173 GWB Rn. 4.
11 Vgl. *Ulbrich*, in: Röwekamp/Kus/Portz/Prieß, GWB-Vergaberecht, § 173 Rn. 80; *Raabe*, in: Willenbruch/Wieddekind, Vergaberecht, § 173 GWB Rn. 2.
12 Vgl. *Losch*, in: Ziekow/Völlink, Vergaberecht, § 173 GWB Rn. 6.

der Entscheidung der Vergabekammer auf den durch den Beschwerdeführer zu bestimmenden **Beschwerdegegenstand**. Der Beschwerdeführer hat seine Beschwerde ordnungsgemäß zu begründen und hierfür insbesondere den Anfechtungsumfang zu erklären (§ 172 Abs. 2 Nr. 1 GWB). Gegenstand der aufschiebenden Wirkung wird allein der Teil, gegen den sich die Beschwerde richtet. Im Übrigen bleibt die Entscheidung der Vergabekammer vollstreckbar. Eine umfassende aufschiebende Wirkung der sofortigen Beschwerde tritt daher nur ein, wenn es sich bei dem umstrittenen Auftrag um einen unteilbaren Auftrag handelt bzw. ein Verfahrensgegenstand vorliegt.[13] Greift der Beschwerdeführer die Kammerentscheidung etwa nur bezüglich einzelner Lose[14] an oder nur Nebenentscheidungen, insbesondere über Kosten, so beschränkt sich auch der Suspensiveffekt seiner Beschwerde hierauf.[15]

V. Unterlassene Zustellung des Nachprüfungsantrags

10 Hat die Vergabekammer davon abgesehen, den Auftraggeber in der von § 169 Abs. 1 GWB vorgeschriebenen Textform von dem Nachprüfungsantrag zu informieren, weil sie diesen für offensichtlich unzulässig oder offensichtlich unbegründet gehalten hat (vgl. § 163 Abs. 2 S. 3 GWB), dann fehlt es im Verfahren vor der Vergabekammer an einem Zuschlagsverbot. Dementsprechend ist nach allgemeiner Auffassung auch der **Anwendungsbereich des § 173 Abs. 1 S. 1 GWB** nicht eröffnet. Das ergibt sich zwar nicht unmittelbar aus dem Wortlaut der Regelung. Da diese aber lediglich ein sich aus § 169 Abs. 1 GWB ergebendes Zuschlagsverbot fortschreibt, setzt sie ein solches voraus. Für ein Zuschlagsverbot bedarf es daher der erstmaligen Übermittlung des Nachprüfungsantrags durch den Vergabesenat entsprechend § 169 Abs. 1 GWB.[16] Diese Konstellation ist für den Rechtsschutz suchenden Antragsteller besonders aufreibend; sie kommt indes auch in jüngerer Zeit immer wieder vor.[17]

11 Ob das Oberlandesgericht dabei den **Prüfungsmaßstab** des § 163 Abs. 2 GWB, also lediglich Prüfung auf offensichtliche Unzulässigkeit oder Unbegründetheit,[18] oder den Prüfungsmaßstab des § 173 Abs. 2 GWB, der eine umfassende Interessenabwägung einschließlich Prüfung der Erfolgsaussichten der Beschwerde vorsieht,[19] anlegen muss, ist umstritten. Die besseren Gründe sprechen freilich für eine Prüfung lediglich auf offensichtliche Unzulässigkeit und Unbegründetheit, um ein schnelles Zuschlagsverbot zu bewirken. Die Interessenabwägung im Sinne des § 173 Abs. 2 GWB nimmt deutlich mehr Zeit in Anspruch als die Vorprüfung nach § 163 Abs. 2 GWB, und nach dem gesetzlichen Leitbild von § 169 Abs. 1 GWB soll das Zuschlagsverbot im Nachprüfungsverfahren bereits durch jeden Nachprüfungsantrag ausgelöst werden, der nicht offensichtlich erfolglos ist. Dieser Nachprüfungsantrag ist dem Auftraggeber gemäß § 163 Abs. 2 S. 3 GWB zu übermitteln, ohne dass der Vergabekammer irgendwelche Abwägungsspielräume zustünden. Beachtet die Kammer diese gesetzlichen Vorgaben nicht, muss der Vergabesenat ihnen Geltung verschaffen, d.h. jeden Nachprüfungsantrag dem Auftraggeber übermitteln, der nicht offensichtlich unzulässig oder unbegründet ist. Da in dem Fall der Übermittlung des Nachprüfungsantrags durch das Oberlandesgericht erst zu diesem Zeitpunkt das Zuschlagsverbot bewirkt wird, bleibt ein bereits vorher erteilter Zuschlag aber regelmäßig wirksam (§§ 178 S. 4, 168 Abs. 2 S. 1 GWB). Nur im absoluten Ausnahmefall einer offensichtlichen Verkennung ihrer grundsätzlichen Übermittlungspflicht durch die Vergabekammer und korrespondierender Kenntnis des Auftraggebers von der Unhaltbarkeit die-

13 Vgl. *Stockmann*, in: Immenga/Mestmäcker, Wettbewerbsrecht, § 173 GWB Rn. 7.

14 Vgl. *Vavra*, in: Burgi/Dreher, Vergaberecht, § 173 GWB Rn. 8; *Raabe*, in: Willenbruch/Wieddekind, Vergaberecht, § 173 GWB Rn. 5.

15 Vgl. *Losch*, in: Ziekow/Völlink, Vergaberecht, § 173 GWB Rn. 27.

16 Vgl. OLG Koblenz, Beschluss v. 25.3.2002 – 1 Verg 1/02; OLG Düsseldorf, Beschluss v. 30.8.2001 – Verg 32/01.

17 Vgl. etwa OLG Frankfurt, Beschluss v. 23.6.2016 – 11 Verg 4/16; siehe auch KG, Beschluss v. 10.2.2020 – Verg 6/19.

18 So z. B. *Bastius*, in: Müller-Wrede, Taschenkommentar GWB-Vergaberecht, § 118 Rn. 11; *Raabe*, in: Willenbruch/Wieddekind, Vergaberecht, § 173 GWB Rn. 39.

19 So z. B. *Ulbrich*, in: Röwekamp/Kus/Portz/Prieß, GWB-Vergaberecht, § 173 Rn. 58 f.

ses Standpunktes der Kammer kann aus Treu und Glauben die Unwirksamkeit der Zuschlagserteilung folgen.[20]

VI. Wiedereinsetzung

Versäumt der unterlegene Bieter die Einlegung der sofortigen Beschwerde innerhalb der Notfrist des § 172 Abs. 1 GWB, kann die aufschiebende Wirkung des § 173 Abs. 1 S. 1 GWB nicht entstehen. Er kann jedoch gegebenenfalls einen Wiedereinsetzungsantrag stellen, da die Wiedereinsetzungsvorschriften in §§ 230 ff. ZPO gemäß § 175 Abs. 2 i.V.m. § 72 Nr. 2 GWB anwendbar sind. Folge der Verbindung einer Beschwerdeeinlegung mit dem Wiedereinsetzungsantrag ist die Fiktion, dass die versäumte Rechtshandlung – hier die Einlegung der sofortigen Beschwerde – als rechtzeitig vorgenommen gilt.[21] 12

Eine materielle Wirkung in dem Sinne, dass ein zum Zeitpunkt der Wiedereinsetzungsentscheidung **bereits erteilter Zuschlag** nachträglich nichtig wird, entfaltet die Wiedereinsetzung jedoch nicht. Denn mit Ablauf der Beschwerdefrist (vgl. § 169 Abs. 1 GWB) hat in dem Moment der Zuschlagserteilung kein Zuschlagsverbot und damit kein gesetzliches Verbot im Sinne des § 134 BGB vorgelegen.[22] 13

Sofern der **Zuschlag noch nicht erteilt** wurde, tritt mit Gewährung der Wiedereinsetzung rückwirkend grundsätzlich die aufschiebende Wirkung ein. Da aber die gesetzlich vorgesehene Dauer des Suspensiveffekts (vgl. § 173 Abs. 1 S. 2 GWB) bereits abgelaufen sein dürfte, ist der Beschwerdeführer gut beraten, gleichzeitig mit dem Antrag auf Wiedereinsetzung einen Antrag auf Verlängerung der aufschiebenden Wirkung gemäß § 173 Abs. 1 S. 3 GWB zu stellen.[23] 14

C. Befristung der aufschiebenden Wirkung (Abs. 1 S. 2)

Die aufschiebende Wirkung der Beschwerde endet kraft Gesetzes zwei Wochen nach Ablauf der Beschwerdefrist, § 173 Abs. 1 S. 2 GWB. 15

Nach § 172 Abs. 1 GWB beträgt die **Beschwerdefrist** zwei Wochen und beginnt mit der Zustellung der Entscheidung der Vergabekammer. Abzustellen ist hier auf die förmliche Zustellung der Entscheidung mit Zustellungswillen und nicht schon auf eine erkennbar formlose und rein informatorische Übersendung der Beschlussabschrift, die die Vergabekammer möglicherweise per Fax vorab schickt.[24] Sofern eine Zustellung an mehrere Beteiligte erfolgt, kommt es auf die letzte Zustellung an.[25] 16

Für die **Fristberechnung** finden über §§ 175 Abs. 2, 72 Nr. 2 GWB die Regelungen des § 222 ZPO in Verbindung mit §§ 187 ff. BGB Anwendung. Das heißt insbesondere, dass Fristbeginn der auf den Tag der Zustellung nächstfolgende Kalendertag ist und die Frist mit Ablauf des letzten Tages der Frist endet; wenn das Ende der Frist auf einen Sonntag, Feiertag oder Sonnabend fällt, mit Ablauf des nächsten Werktages. 17

Die **aufschiebende Wirkung** der Beschwerde entfällt, wenn sich das Verfahren über die sofortige Beschwerde durch Rücknahme oder anderweitig erledigt.[26] 18

20 So im Fall des KG, Beschluss v. 10.2.2020 – Verg 6/19.
21 Vgl. BayObLG, Beschluss v. 13.8.2004 – Verg 17/04.
22 So auch *Raabe*, in: Willenbruch/Wieddekind, Vergaberecht, § 173 GWB Rn. 9, und im Ergebnis auch BayObLG, Beschluss v. 10.9.2004 – Verg 19/04; a.A. aber noch BayObLG, Beschluss v. 13.8.2004 – Verg 17/04.
23 Siehe hierzu Rn. 27 ff.
24 Vgl. BGH, Beschluss v. 10.11.2009 – X ZB 8/09.
25 So auch *Vavra*, in: Burgi/Dreher, Vergaberecht, § 173 GWB Rn. 9; *Stockmann*, in: Immenga/Mestmäcker, Wettbewerbsrecht, § 118 GWB Rn. 10.
26 Vgl. *Losch*, in: Ziekow/Völlink, Vergaberecht, § 173 GWB Rn. 10.

I. Ablehnungsfiktion

19 § 173 Abs. 1 S. 3 GWB setzt ausweislich seines Wortlauts eine ablehnende Entscheidung der Vergabekammer voraus. Die Vergabekammer ist grundsätzlich verpflichtet, nach Maßgabe des § 167 Abs. 1 GWB innerhalb einer fünfwöchigen Frist über den Nachprüfungsantrag zu entscheiden. Für die aufschiebende Wirkung kann es dabei nicht entscheidend sein, ob der sofortigen Beschwerde eine ausdrückliche Ablehnung des Nachprüfungsantrages zugrunde liegt oder aber die Ablehnung nach § 171 Abs. 2 GWB fingiert ist.[27] Denn für den Fall, dass die Vergabekammer ihrer Verpflichtung, innerhalb der nach § 167 Abs. 1 GWB vorgegebenen (grundsätzlich fünfwöchigen) Frist zu entscheiden, nicht nachkommt, besteht ein Rechtsschutzbedürfnis in gleichem Maße dahingehend, die Gefahr einer – den Interessen des Antragsstellers entgegenstehenden – Zuschlagserteilung abzuwenden.[28]

20 Entscheidet die Vergabekammer nicht innerhalb der nach § 167 Abs. 1 GWB vorgegebenen Frist über den Nachprüfungsantrag, gilt dieser als abgelehnt, vgl. § 171 Abs. 2 GWB. Die **bisherige** überwiegende obergerichtliche **Entscheidungspraxis**[29] und Ansicht des Schrifttums[30] sah in der Vorschrift des § 171 Abs. 2 GWB eine absolute zeitliche Grenze, innerhalb derer die Vergabekammer als erste Instanz zu entscheiden habe. Eine stattgebende Entscheidung nach Ablauf der Nachprüfungsfrist könne damit die Ablehnungsfiktion nicht überwinden. Sie sei vielmehr mangels Entscheidungsbefugnis rechtswidrig und daher aufzuheben.

21 Dieser Rechtsschutzverkürzung hat der **BGH** auf Divergenzvorlage des OLG Karlsruhe[31] unlängst die Grundlage entzogen:[32] Nach § 167 Abs. 1 S. 1 GWB muss die Vergabekammer ihre Entscheidung grundsätzlich innerhalb einer Fünf-Wochen-Frist, die nach § 167 Abs. 1 S. 2 GWB gegebenenfalls verlängert werden kann, treffen und schriftlich begründen. Die sofortige Beschwerde ist – im Sinne einer Rechtsschutzerweiterung, nicht -verkürzung – gemäß § 171 Abs. 2 GWB „auch" zulässig, wenn die Vergabekammer über einen Nachprüfungsantrag nicht innerhalb der Frist des § 167 Abs. 1 GWB entschieden hat. In diesem Fall gilt der Antrag folglich nur dann nach § 171 Abs. 2 GWB als abgelehnt, wenn der Antragsteller innerhalb der Notfrist des § 172 Abs. 1 GWB sofortige Beschwerde einlegt, also das ihm eröffnete Rechtsmittel ergreift. Für eine automatische Ablehnungsfiktion, mithin einen Zwang zum Rechtsmittel, will der Antragsteller seines Primärrechtsschutzes nicht verlustig gehen, besteht danach kein Raum. Unterbleibt die Einlegung einer sofortigen Beschwerde, ist der Antrag weiterhin bei der Vergabekammer anhängig, die dementsprechend auch noch nach (ereignislosem) Ablauf der Entscheidungsfrist eine (Sach-)Entscheidung treffen kann und muss. Hätte der Gesetzgeber eine generelle Ablehnungsfiktion für den nicht rechtzeitig beschiedenen Nachprüfungsantrag gewollt, wäre eine entsprechende Vorschrift in den §§ 160 ff. GWB zu finden.[33] Zutreffend stellt der BGH anhand der amtlichen Gesetzesbegründung zur wortgleichen Vorgängerschrift des § 116 Abs. 2 GWB fest, dass es sich bei § 171 Abs. 2 GWB um ein Instrument des Antragstellers zur Verfahrensbeschleunigung handelt, dessen Ausübung in seinem Ermessen steht.[34]

---

27 Vgl. KG, Beschluss v. 21.11.2014 – Verg 22/13; *Ulbrich*, in: Röwekamp/Kus/Portz/Prieß, GWB-Vergaberecht, § 173 Rn. 28.

28 Vgl. *Ulbrich*, in: Röwekamp/Kus/Portz/Prieß, GWB-Vergaberecht, § 173 Rn. 28.

29 Vgl. OLG München, Beschluss v. 4.4.2008 – Verg 4/08; OLG Düsseldorf, Beschluss v. 22.1.2001 – Verg 24/00; OLG Dresden, Beschluss v. 17.6.2005 – WVerg 8/07; a.A. KG, Beschluss v. 7.11.2001 – KartVerg 8/01; OLG Rostock, Beschluss v. 17.10.2001 – 17 W 18/00.

30 Vgl. *Dicks*, in: Ziekow/Völlink, Vergaberecht, § 171 GWB Rn. 31; *Jaeger*, in: Byok/Jaeger, Vergaberecht, § 171 GWB Rn. 24; so auch noch die Vorauflage in Rn. 21.

31 Vgl. OLG Karlsruhe, Beschluss v. 20.11.2019 – 15 Verg 4/19.

32 Vgl. BGH, Beschluss v. 14.7.2020 – XIII ZB 135/19.

33 Vgl. BGH, Beschluss v. 14.7.2020 – XIII ZB 135/19, Rn. 21.

34 Vgl. BGH, Beschluss v. 14.7.2020 – XIII ZB 135/19, Rn. 24; genau hierin erblickt *Summa*, VPR 2020, 235, den Nachteil, dass danach allein der Antragsteller die Verfahrensbeschleunigung in der Hand habe, was freilich ein Trugschluss ist, weil die beschleunigte Verfahrensführung letztlich allein in den Händen der Vergabekammer liegt.

Sollte die Konstellation eintreten, in der gemäß § 171 Abs. 2 GWB die sog. „**Untätigkeitsbeschwerde**"[35] des (in diesen Fällen allein antragsberechtigten)[36] Antragstellers erhoben wurde und bei dem Vergabesenat eingegangen ist und sodann durch die Vergabekammer eine Entscheidung erfolgt, bleibt die fingierte ablehnende Entscheidung bestehen. Grund hierfür ist der mit der Einlegung der sofortigen Beschwerde bereits vollzogene Devolutiveffekt hinsichtlich der ablehnenden Entscheidung, die nun vollständig durch den Vergabesenat geprüft wird.[37] Gleichwohl ist die (erstinstanzliche) Entscheidung der Vergabekammer bei entsprechendem Ergebnis deklaratorisch aufzuheben. Vor diesem Hintergrund wurde die Hoffnung geäußert, dass den gesetzlichen Vorgaben für eine rechtmäßige Verlängerung der Entscheidungsfrist gemäß § 167 Abs. 1 S. 2 bis 4 GWB ein größeres Gewicht als bislang zukommt.[38] In der Tat steht die Verlängerungspraxis von (zu) vielen Vergabekammern erschreckend abseits der gesetzgeberischen Intention und stößt die bereits seit (zu) vielen Jahren hieran geübte Kritik[39] auf taube Ohren. Die Entscheidungszeiträume werden von den (Vorsitzenden der) Vergabekammern immer mehr ausgedehnt. Kammerentscheidungen innerhalb der gesetzlichen Regelfrist von fünf Wochen sind inzwischen seltener geworden als der – vor zehn Jahren noch undenkbare – Ausnahmefall einer erstinstanzlichen Verfahrensdauer von einem Jahr. Der einzige gemäß § 167 Abs. 1 S. 2 GWB die Verlängerung der Entscheidungsfrist rechtfertigende Ausnahmefall von *„besonderen tatsächlichen oder rechtlichen Schwierigkeiten"* wird schon längst nicht mehr am konkreten Streitgegenstand gemessen, sondern schlicht in *„mehreren anhängigen Nachprüfungsverfahren"* oder auch *„erhöhtem Arbeitsanfall"* gesehen. An dieser – evident rechtswidrigen – Verlängerungspraxis von manchen Vergabekammern wird auch die BGH-Rechtsprechung zur – Rechtsschutz erweiternden – Ablehnungsfiktion nichts ändern (können). 22

Zwar gilt die gemäß § 171 Abs. 2 GWB fingierte Ablehnung des Nachprüfungsantrags nach der BGH-Rechtsprechung erst mit der Einlegung der Beschwerde selbst; dennoch muss dieses Rechtsmittel innerhalb der zweiwöchigen Notfrist des § 172 Abs. 1 GWB erhoben werden.[40] Für den Beginn der **Beschwerdefrist** kann naturgemäß auch weiterhin nicht auf die Zustellung der Entscheidung abgestellt werden, sondern ist der Ablauf der Frist maßgeblich, innerhalb derer die Vergabekammer gemäß § 167 Abs. 1 GWB hätte entscheiden müssen. Auch wenn dies nicht interessengerecht erscheinen mag, da der Antragsteller zunächst von der unterbliebenen Entscheidung keine sichere Kenntnis haben kann und ihm dadurch Erkundigungspflichten aufgezwungen werden könnten[41], ist der Wortlaut der Vorschriften insofern eindeutig. Auch in diesem Sinne ist die Entscheidung des BGH begrüßenswert, da unbillige prozessuale Ergebnisse vermieden werden, die gegebenenfalls durch versäumte Rechtsmittelfristen entstehen, die für den Antragsteller nicht klar definiert sind.[42] 23

Offen ist bislang die Wirkung einer **Rücknahme der Beschwerde** gegen die fingierte Antragsablehnung.[43] Nach der Logik der BGH-Entscheidung ist die Beschwerde konstitutive Voraussetzung für die Ablehnungsfiktion. Ist das Rechtsmittel aus der Welt, müsste konsequenterweise die Ablehnungsfiktion ex tunc entfallen und die Sache wäre (wieder) weiterhin bei der Kammer anhängig. Obgleich der BGH im konkreten Fall keinen Anlass hatte, sich mit dieser Frage auseinanderzusetzen, dürfte ein Wiederaufleben der Kammerzuständigkeit durch Beschwerderücknahme außerhalb des Vorstellbaren liegen. Vielmehr hat der Antragsteller mit der Rechtsmitteleinlegung das Nachprüfungsverfahren bewusst und einseitig der ersten Instanz entzogen und dem Vergabesenat „übertragen". Diesen Devolutiveffekt kann der Antragsteller nach der BGH-Rechtsprechung zwar autark herbeiführen, wenn er dies aus Grün- 24

35 In diesem Sinne *Gröning*, VergabeR 2021, 552 ff.
36 Vgl. *Gröning*, VergabeR 2021, 552 (554).
37 Vgl. *Peshteryanu*, jurisPR-VergR 11/2020 Anm. 1.
38 Vgl. *Peshteryanu*, jurisPR-VergR 11/2020 Anm. 1.
39 Siehe etwa *Stoye/von Münchhausen*, VergabeR 2008, 871, 875.
40 Vgl. BGH, Beschluss v. 14.7.2020 – XIII ZB 135/19, Rn. 17.
41 *Dicks*, in: Ziekow/Völlink, Vergaberecht, § 172 GWB Rn. 6.
42 Vgl. *Gröning*, VergabeR 2021, 552 (553).
43 Diese Frage wirft *Summa*, VPR 2020, 235, auf.

den der Verfahrensbeschleunigung wünscht.[44] Die Rückkehr unterfällt hingegen nicht seiner Disposition, so dass die durch fristgemäß erhobene Beschwerde fingierte Ablehnungsentscheidung der Vergabekammer trotz Fehlens einer schriftlichen Begründung bestandskräftig wird, wenn der Antragsteller seine Beschwerde zurücknimmt.

II. Fehlende oder fehlerhafte Rechtsmittelbelehrung

25 Die §§ 168 Abs. 3 S. 4, 61 Abs. 1 S. 1 GWB sehen eine Belehrung über das zulässige Rechtsmittel vor. Wenn der Kammerbeschluss keine oder eine unvollständige oder gar eine fehlerhafte Rechtsmittelbelehrung enthält, stellt sich die Frage, wie sich das auf die Beschwerdefrist als Anknüpfungspunkt für den Lauf der aufschiebenden Wirkung nach § 173 Abs. 1 S. 2 GWB auswirkt. In Beantwortung dieser Frage wird vertreten, dass eine solchermaßen unzureichende Rechtsmittelbelehrung die **Beschwerdefrist** gar nicht erst in Lauf zu setzen vermöge.[45] Begründet wird dies damit, dass nur auf diese Weise ein effektiver Primärrechtsschutz gewährleistet sei. Folge dieser Auffassung ist, dass ein Zuschlag wegen der fortwirkenden Sperrwirkung aus § 169 Abs. 1 GWB und der mangels Beginns auch nicht nach § 173 Abs. 1 S. 2 GWB ablaufenden Frist auf unabsehbare Zeit ohnehin wirksam nicht erteilt werden könnte. Nach anderer Auffassung soll entsprechend § 58 Abs. 2 VwGO zu verfahren sein und dementsprechend ein Kammerbeschluss binnen Jahresfrist angefochten werden können.[46] Dann wäre nur in dieser Zeit ein wirksamer Zuschlag nicht möglich. Eine weitere Ansicht stellt einen Mangel in der Rechtsmittelbelehrung einer nicht ergangenen Entscheidung der Vergabekammer gleich und sieht den Nachprüfungsantrag als nach §§ 167 Abs. 1, 171 Abs. 2 GWB abgelehnt an.[47] Schließlich ist in Betracht zu ziehen, die Beschwerdefrist ohne Rücksicht auf das Fehlen der Rechtsmittelbelehrung als in Lauf gesetzt anzusehen und dem Beschwerdeführer bei Unkenntnis von dieser Frist und von einer möglichen Beschwerde nach Maßgabe der §§ 175 Abs. 2, 72 Nr. 2 GWB, 233 ff. ZPO Wiedereinsetzung in den vorigen Stand zu gewähren.

26 Die letztgenannte **Auffassung** trägt den schutzwürdigen Belangen der betroffenen Bieter nur unzureichend Rechnung und untergräbt Sinn und Zweck der Rechtsmittelbelehrung. Denn sie lässt die durch die bloße Zustellung des Kammerbeschlusses ausgelöste Rechtsmittelfrist unberührt und eröffnet demzufolge die Möglichkeit, mit einem wirksamen Zuschlag ein Faktum zu schaffen, das wegen § 168 Abs. 2 S. 1 GWB nicht aus der Welt geschafft werden kann. Eine zeitlich unbegrenzt mögliche Beschwerde als Folge der erstgenannten Ansicht schießt über das Ziel hinaus. Kein Bieter kann annehmen, dass ein bis auf Mängel in der Rechtsmittelbelehrung ordnungsgemäß ergangener und zugestellter Kammerbeschluss zeitlich unbeschränkt anfechtbar sein soll. Abgesehen davon ist ein dann zeitlich unbefristet wirkendes Zuschlagsverbot nicht sachgerecht. Die Problemlösung über eine Gleichstellung mit einem nach §§ 167 Abs. 1, 171 Abs. 2 GWB als abgelehnt fingierten Nachprüfungsantrag hat sich mit der neueren BGH-Rechtsprechung erledigt, weil danach die Ablehnungsfiktion überhaupt erst mit der Rechtsmitteleinlegung eintritt, zuvor also kein fristauslösendes Momentum existiert. Die Annahme, es sei der Anwendungsbereich des § 58 Abs. 2 VwGO eröffnet, vermeidet die mit den anderen Lösungsansätzen einhergehenden Schwierigkeiten und berücksichtigt zudem, dass zwischen dem mit einem Verwaltungsakt endenden Kammerverfahren und einem allgemeinen Verwaltungsverfahren eine gewisse Nähe besteht, die sich nicht zuletzt eben auch in der Tatsache ausdrückt, dass es einer Rechtsmittelbelehrung bedarf. Dieser Meinung ist daher zu folgen.

---

44 Vgl. BGH, Beschluss v. 14.7.2020 – XIII ZB 135/19, Rn. 24.

45 Vgl. OLG Celle, Beschluss v. 31.5.2007 – 13 Verg 1/07.

46 Vgl. z. B. *Ulbrich*, in: Röwekamp/Kus/Portz/Prieß, GWB-Vergaberecht, § 173 Rn. 16 ff.; *Jaeger*, in: Byok/Jaeger, Vergaberecht, § 173 GWB Rn. 4.

47 Vgl. *Stickler*, in: Reidt/Stickler/Glahs, Vergaberecht, § 118 GWB Rn. 9.

D. Antrag auf Verlängerung der aufschiebenden Wirkung (Abs. 1 S. 3)

Da die aufschiebende Wirkung der sofortigen Beschwerde gemäß § 173 Abs. 1 S. 2 GWB zwei Wochen nach Ablauf der Beschwerdefrist entfällt, das Beschwerdeverfahren aber in aller Regel länger andauert, kann der vor der Vergabekammer Obsiegende grundsätzlich noch während des laufenden Beschwerdeverfahrens Maßnahmen zur Verwirklichung der angefochtenen Entscheidung treffen, mithin der Auftraggeber den Zuschlag erteilen. Um die Schaffung vollendeter Tatsachen zu verhindern, kann das Beschwerdegericht daher gemäß § 173 Abs. 1 S. 3 GWB auf Antrag des Beschwerdeführers die aufschiebende Wirkung bis zur Entscheidung über die Beschwerde nach § 178 GWB verlängern. 27

Die Verlängerung der aufschiebenden Wirkung durch das Beschwerdegericht erfolgt nur auf **Antrag**, eine Anordnung von Amts wegen ist nicht möglich.[48] Der Antrag gilt auch nicht als mit der Einlegung der sofortigen Beschwerde automatisch mitgestellt.[49] 28

Die Verlängerung der aufschiebenden Wirkung der sofortigen Beschwerde erfordert, dass die Vergabekammer den Nachprüfungsantrag ausdrücklich **abgelehnt** hat oder über den Wortlaut hinaus die Ablehnungsfiktion gemäß § 171 Abs. 2 GWB eingetreten ist.[50] § 173 Abs. 1 S. 3 GWB spricht von einer Ablehnung des Nachprüfungsantrags. Umfasst ist hiervon auch der Fall einer teilweisen Ablehnung des Nachprüfungsantrags, wenn also die Kammerentscheidung hinter dem zurückbleibt, was der Antragsteller erzielen wollte, sodass hinsichtlich des nicht zugebilligten Teils ein Verlängerungsantrag statthaft ist.[51] 29

I. Antragsbefugnis

Der regelmäßige Anwendungsfall von § 173 Abs. 1 S. 3 GWB ist die Verhinderung der Zuschlagserteilung des Auftraggebers während des Beschwerdeverfahrens auf das Angebot des Beigeladenen, nachdem der Antragsteller in erster Instanz teilweise oder vollständig unterlegen ist. Antragsbefugt kann daher regelmäßig nur der Antragsteller des Nachprüfungsantrags sein. 30

Daneben kann im Ausnahmefall eine Befugnis des **Beigeladenen** zum Antrag auf Verlängerung der aufschiebenden Wirkung bestehen. Zwar ist dieser beschwerdeberechtigt, wenn ihn die Kammerentscheidung beschwert, sei es formell wie im Falle einer Antragstellung, der die Vergabekammer nicht gefolgt ist, sei es materiell wie im Falle einer den Beigeladenen in der Sache belastenden Entscheidung der Kammer.[52] Die Beschwerde eines Beigeladenen löst auch die in § 173 Abs. 1 S. 1 und S. 2 GWB beschriebenen Folgen aus. Dementsprechend gibt § 173 Abs. 1 S. 3 GWB neben dem Antragsteller auch dem Beigeladenen das Recht, die weitere Verlängerung der aufschiebenden Wirkung zu beantragen, soweit er Beschwerdeführer ist. Dies setzt nach seinem Wortlaut allerdings voraus, dass die Vergabekammer den **Nachprüfungsantrag abgelehnt** hat. Direkt erfasst ist damit die seltene Konstellation, dass sich der beschwerdeführende Beigeladene – gleich einem streitgenössischen Nebenintervenienten – dem Nachprüfungsantrag im Vergabekammerverfahren angeschlossen hat.[53] In der Regel divergieren allerdings die Interessen des Beigeladenen und des Antragstellers, sodass der Beigeladene im Falle der Ablehnung des Nachprüfungsantrags gerade nicht beschwert ist. Einem Antrag auf Verlängerung der aufschiebenden Wirkung gegen die ihn begünstigende Entscheidung der Vergabekammer fehlt damit regelmäßig das Rechtsschutzbedürfnis, weil eine Verschlechterung der Zuschlagschancen des Beigeladenen nicht zu besorgen ist. Eine Vereitelung seiner Zuschlagschancen droht dem Beigeladenen auch nicht im Falle eines **stattgebenden Kammerbeschlusses**. Wird darin die Zuschlagserteilung untersagt, folgt dies unmittel- 31

48 Vgl. *Vavra*, in: Burgi/Dreher, Vergaberecht, § 173 GWB Rn. 10.
49 Vgl. OLG Düsseldorf, Beschluss v. 6.11.2000 – Verg 20/00.
50 Vgl. KG, Beschluss v. 21.11.2014 – Verg 22/13; bereits Rn. 19, 21.
51 So auch *Dieck-Bogatzke*, in: Pünder/Schellenberg, Vergaberecht, § 173 GWB Rn. 4; OLG Düsseldorf, Beschluss v. 6.11.2000 – Verg 20/00.
52 Vgl. OLG Naumburg, Beschluss v. 21.6.2010 – 1 Verg 12/09.
53 Vgl. OLG Naumburg, Beschluss v. 3.4.2012 – 2 Verg 3/12.

bar aus § 173 Abs. 3 GWB. Die Schaffung vollendeter Tatsachen, der mit einem Antrag auf Verlängerung der aufschiebenden Wirkung begegnet werden müsste, droht aber auch nicht, wenn die Vergabekammer anderes verfügt, etwa die Rückversetzung des Vergabeverfahrens oder die Wiederholung der Angebotswertung. Eine anderweitige Zuschlagserteilung setzt dann nämlich voraus, dass der Auftraggeber zuvor ein Vorabinformationsschreiben gemäß § 134 GWB an den Beigeladenen richtet, sodass dieser innerhalb der Stillhaltefrist gegen die neue ihn belastende Vergabeentscheidung die Nachprüfung beantragen kann und auf diese Weise das Zuschlagsverbot auslöst. Entgegen weit verbreiteter (wohl herrschender) Auffassung[54] fehlt es für eine analoge Anwendung von § 173 Abs. 1 S. 3 GWB auf diese Fälle des stattgebenden Kammerbeschlusses bereits an einer planwidrigen Rechtsschutzlücke. Es ist kein Bedürfnis dafür erkennbar, dem Beigeladenen im Wege einer entsprechenden Anwendung von § 173 Abs. 1 S. 3 GWB über den klaren Wortlaut hinaus ein „prozessuales Zuschlagsverbot" zu verschaffen, das ihn in Erwartung der geänderten Vergabeentscheidung zu seinen Lasten besser stellt als den Antragsteller, der gegen die ursprüngliche Vergabeentscheidung mittels Nachprüfungsantrags innerhalb der Stillhaltefrist vorgehen musste. Eine Rechtsschutzlücke, die dem Beigeladenen eine Antragsbefugnis auf Verlängerung der aufschiebenden Wirkung im Wege der analogen Anwendung von § 173 Abs. 1 S. 3 GWB verschaffen muss, besteht allerdings in der seltenen Fallkonstellation, dass der angefochtene Vergabekammerbeschluss den Auftraggeber **zur Zuschlagserteilung an den Antragsteller verpflichtet**. Allein in dieser Sonderkonstellation steht für den Beigeladenen eine anderweitige Zuschlagserteilung nach Ablauf des zweiwöchigen Suspensiveffekts gemäß § 173 Abs. 1 S. 2 GWB zu befürchten. Es bedarf dann nicht notwendig einer neuen Vergabeentscheidung des Auftraggebers, die ihrerseits die Vorabinformationspflicht des § 134 GWB auslöst. Da die Vergabekammer zudem nicht lediglich die Untersagung des Zuschlags verfügt, sondern vielmehr eine Verpflichtungsentscheidung zur Zuschlagserteilung getroffen hat, greift auch nicht das Zuschlagsverbot des § 173 Abs. 3 GWB.[55] Zur Gewährleistung eines effektiven Primärrechtsschutzes auch des Beigeladenen ist er (allein) in diesem Ausnahmefall zum Antrag auf Verlängerung der aufschiebenden Wirkung befugt.

32 Ein durch den **Auftraggeber** gestellter Verlängerungsantrag ist unstatthaft.[56] Zum einen kann dieser kein schützenswertes Interesse an der aufschiebenden Wirkung bezüglich der Entscheidung, mit der er obsiegt hat, haben. Zum anderen sind seine entsprechenden Rechte ausreichend durch § 176 GWB geschützt.

II. Form

33 Für den Antrag auf Verlängerung der aufschiebenden Wirkung ist keine besondere Form vorgeschrieben, sodass dieser theoretisch auch mündlich oder telefonisch gestellt werden kann, was freilich praxisfern ist. Zum Teil wird eine Übertragung des Schriftformgebots aus § 176 Abs. 2 S. 1 oder § 161 Abs. 1 S. 1 GWB vertreten.[57] Aufgrund des eindeutigen Wortlauts der Vorschrift, die gerade nicht wie in den vorgenannten Normen die Schriftform anordnet, ist dies allerdings abzulehnen.[58] Wegen des gemäß § 175 Abs. 1 GWB geltenden Anwaltszwangs ist der Antrag durch einen Rechtsanwalt zu stellen.[59] Ferner ergibt sich daher aus der Vorschrift im Gegensatz zu § 176 Abs. 2 S. 2 GWB kein Begründungserfordernis als Zulässigkeitsvoraussetzung für den Antrag auf Verlängerung der aufschiebenden Wirkung. Möglich ist eine Bezugnahme auf die Beschwerdebegründung des Beschwerdeführers. Im Hinblick auf eine Interessenabwägung zu Gunsten des Beschwerdeführers sollte er eine besondere Be-

54 Etwa OLG Naumburg, Beschluss v. 3.4.2012 – 2 Verg 3/12; siehe zum Streitstand *Jaeger*, in: Byok/Jaeger, Vergaberecht, § 173 GWB Rn. 14; *Ulbrich*, in: Röwekamp/Kus/Portz/Prieß, GWB-Vergaberecht, § 173 Rn. 49.
55 Vgl. *Ulbrich*, in: Röwekamp/Kus/Portz/Prieß, GWB-Vergaberecht, § 173 Rn. 37.
56 Vgl. OLG Naumburg, Beschluss v. 7.1.2014 – 2 Verg 1/14; a.A. *Dieck-Bogatzke*, in: Pünder/Schellenberg, Vergaberecht, § 173 GWB Rn. 13.
57 So noch *Bastius*, in: Müller-Wrede, Taschenkommentar GWB-Vergaberecht, § 118 Rn. 19; *Losch*, in: Ziekow/Völlink, Vergaberecht, § 173 GWB Rn. 18 f.
58 So auch *Stockmann*, in: Immenga/Mestmäcker, Wettbewerbsrecht, § 173 GWB Rn. 12.
59 Vgl. auch *Stockmann*, in: Immenga/Mestmäcker, Wettbewerbsrecht, § 173 GWB Rn. 12.

gründung seines Antrags abgegeben, um sein Interesse an einem Aufschub des Zuschlags darzulegen und dieses möglichst glaubhaft zu machen.[60]

III. Frist

Der Antrag ist nach dem Wortlaut des Gesetzes nicht an eine **Frist** gebunden. Er muss insbesondere nicht bereits in der Beschwerdeschrift enthalten sein, auch wenn dies zweckmäßig und in der Praxis der Regelfall ist. Da die aufschiebende Wirkung erst durch Einlegung der sofortigen Beschwerde ausgelöst wird, ist ein Antrag auf Verlängerung der aufschiebenden Wirkung frühestens ab dem Zeitpunkt der Einlegung möglich. Allerdings kann ein zuvor gestellter Antrag durch Aufrechterhaltung nachträglich zulässig werden.[61] Ist im Gesetz auch keine bestimmte Frist für einen Verlängerungsantrag normiert, so ergibt sich eine zeitliche Beschränkung doch aus der Tatsache, dass eine Verlängerung der aufschiebenden Wirkung der Beschwerde begrifflich voraussetzt, dass es nicht bereits zu einer Beendigung dieser Wirkung gekommen ist. Ein erfolgreicher Antrag nach § 173 Abs. 1 S. 3 GWB kann daher nach überkommener Rechtsprechung nur bis zum Ablauf der Frist des § 173 Abs. 1 S. 2 GWB gestellt werden.[62] **34**

Im Regelfall besteht keine Veranlassung, über den Wortlaut des Gesetzes hinaus die Verlängerung der aufschiebenden Wirkung um eine grundsätzliche **Wiederherstellungsmöglichkeit** zu erweitern. Dies gilt entgegen anders vertretener Ansicht[63] auch dann, wenn der Zuschlag noch nicht erteilt und das Vergabeverfahren daher nicht mit den Folgen des § 168 Abs. 2 GWB beendet ist.[64] Fristverlängerungen kommen auch außerhalb des GWB-Vergaberechts vor, etwa nach §§ 520 Abs. 2, 551 Abs. 2 und 575 Abs. 2 ZPO. Für jede dieser Vorschriften ist zu Recht anerkannt, dass die Verlängerung einer bereits abgelaufenen Frist von vornherein ausscheidet und nur eine Wiedereinsetzung in den vorigen Stand nach Maßgabe der §§ 233 ff. ZPO in Betracht kommen kann. Die Möglichkeit der Wiedereinsetzung in den vorigen Stand gemäß §§ 233 ff. ZPO wird zum Teil auch für den Fall der Versäumung der Frist des § 173 Abs. 1 S. 2 GWB angenommen.[65] Da die Frist des § 173 Abs. 1 S. 2 GWB jedoch weder in § 233 ZPO ausdrücklich erwähnt noch als Notfrist bezeichnet ist, ist eine Wiedereinsetzung in den vorigen Stand gemäß §§ 233 ff. ZPO ebenfalls ausgeschlossen.[66] Allein in Ausnahmefällen, etwa wenn der Auftraggeber zunächst eine Stillhalteerklärung abgegeben hat und diese dann zurückzieht, ist eine nachträgliche Verlängerung bzw. Wiederherstellung der aufschiebenden Wirkung geboten.[67] Gleiches gilt, wenn sich die beabsichtigte Zuschlagserteilung nicht bereits in der Beschwerdefrist bzw. bis zum Ablauf der Frist des § 173 Abs. 1 S. 2 GWB durch Übersendung eines Vorabinformationsschreibens nach § 134 GWB abgezeichnet hat.[68] In diesen Ausnahmefällen ist der Wortlaut des § 173 Abs. 1 S. 3 GWB über die „Verlängerung" der aufschiebenden Wirkung hinaus teleologisch dahingehend auszuweiten, dass die Wiederherstellung einer schon beendeten aufschiebenden Wirkung möglich sein soll, wenn der Zuschlag erst nachträglich droht.[69] **35**

Die Frist des § 173 Abs. 1 S. 2 GWB kann durch den Antragstellenden vollständig ausgeschöpft werden. Sofern es dem Beschwerdegericht in der Folge nicht mehr möglich ist, in der **36**

60 Vgl. *Jaeger*, in: Byok/Jaeger, Vergaberecht, § 173 GWB Rn. 17; *Raabe*, in: Willenbruch/Wieddekind, Vergaberecht, § 173 GWB Rn. 17.
61 So auch *Stockmann*, in: Immenga/Mestmäcker, Wettbewerbsrecht, § 173 GWB Rn. 13.
62 So bereits OLG Düsseldorf, Beschluss v. 6.11.2000 – Verg 20/00.
63 Vgl. z. B. *Stockmann*, in: Immenga/Mestmäcker, Wettbewerbsrecht, § 173 GWB Rn. 14.
64 Ebenso *Vavra*, in: Burgi/Dreher, Vergaberecht, § 173 GWB Rn. 23; *Raabe*, in: Willenbruch/Wieddekind, Vergaberecht, § 173 GWB Rn. 17.
65 So z. B. noch *Bastius*, in: Müller-Wrede, Taschenkommentar GWB-Vergaberecht, § 118 Rn. 21.
66 So auch *Raabe*, in: Willenbruch/Wieddekind, Vergaberecht, § 173 GWB Rn. 21.
67 In diese Richtung argumentierend auch OLG Düsseldorf, Beschluss v. 6.11.2000 – Verg 20/00, jedoch ausdrücklich offenlassend.
68 Vgl. OLG München, Beschluss v. 30.10.2019 – Verg 22/19, OLG Düsseldorf, Beschluss v. 26.9.2018 – VII-Verg 50/18; OLG Frankfurt, Beschluss v. 24.8.2017 – 11 Verg 12/17.
69 Vgl. OLG Düsseldorf, Beschluss v. 26.9.2018 – VII-Verg 50/18; OLG Frankfurt, Beschluss v. 24.8.2017 – 11 Verg 12/17.

verbleibenden Zeit bis zum Ablauf der aufschiebenden Wirkung den anderen Beteiligten rechtliches Gehör zu verschaffen und nach der gemäß § 173 Abs. 2 GWB erforderlichen Interessenabwägung über den Verlängerungsantrag zu entscheiden, kann es die aufschiebende Wirkung auch zunächst vorläufig bis zur Entscheidung über den Verlängerungsantrag verlängern.[70] Diese Art von „**Hängebeschlüssen**" oder „Zwischenverfügungen" erfolgt in der Praxis recht häufig. Der Antrag auf vorläufige Verlängerung sollte vorsorglich stets mit dem Antrag auf (endgültige) Verlängerung der aufschiebenden Wirkung gestellt werden.

IV. Rechtsschutzbedürfnis

37 Zum Teil wird dem den Antrag auf Verlängerung der aufschiebenden Wirkung Stellenden ein Rechtsschutzbedürfnis für die Entscheidung des Beschwerdegerichts über die Verlängerung abgesprochen, sofern in dem Vergabeverfahren aus rechtlichen oder tatsächlichen Gründen in absehbarer Zeit kein Zuschlag erteilt werden kann.[71] Damit würden dem Beschwerdeführer allerdings untragbare Unwägbarkeiten aufgebürdet, da er bereits keine Gewähr dafür hat, rechtzeitig zu erkennen, wann ein Zuschlag wieder droht. Da zudem eine Verlängerung der aufschiebenden Wirkung nach Ablauf der Frist des § 173 Abs. 1 S. 2 GWB grundsätzlich nicht mehr zulässig beantragt werden kann,[72] entstünde auf diese Weise eine nicht hinnehmbare Lücke im Primärrechtsschutz, wenn man nicht ausnahmsweise eine nachträgliche Wiederherstellung des wegen Fristablaufs (§ 173 Abs. 1 S. 2 GWB) entfallenen Suspensiveffekts gestattet.[73] Einem Antrag auf Verlängerung der aufschiebenden Wirkung fehlt indes das Rechtsschutzbedürfnis, wenn der Zuschlag bereits erteilt ist. Damit besteht gerade nicht die notwendige Gefahr, dass die Vergabestelle durch Wiederholung des streitigen Zuschlags einseitig vollendete Tatsachen schafft.[74] In diesem Fall begehrt der Antragsteller vielmehr die Feststellung der Unwirksamkeit des Vertrages nach § 135 GWB. Richtigerweise beantragt der Antragsteller im Rahmen seiner Beschwerde, den Auftraggeber analog § 169 Abs. 3 GWB zur Unterbrechung der Auftragsausführung anzuweisen.[75]

E. Entscheidung über den Verlängerungsantrag (Abs. 2)

38 Das Beschwerdegericht trifft die Entscheidung über den Verlängerungsantrag in der Regel ohne **mündliche Verhandlung** durch Beschluss. Aufgrund des für den vorläufigen Rechtsschutz geltenden Beschleunigungsgrundsatzes und da nicht „über die Beschwerde" entschieden wird, ist dies mit §§ 175 Abs. 2, 69 Abs. 1 GWB vereinbar.[76]

39 Bescheidet das Oberlandesgericht den Antrag auf Verlängerung der aufschiebenden Wirkung positiv, so tritt die verlängernde **Wirkung** mit Erlass der Entscheidung ein, ohne dass es auf die Kenntnis der Beteiligten hiervon oder auf eine Zustellung ankommt.[77]

40 Nach Auffassung des OLG Düsseldorf sei der Vergabesenat allerdings in analoger Anwendung von § 80 Abs. 7 S. 1 VwGO berechtigt, von Amts wegen seine vorherige **Verlängerungsentscheidung aufzuheben** und den Verlängerungsantrag zurückzuweisen, wenn die zwischenzeitliche Entwicklung der Sach- und Rechtslage eine Neubewertung der abzuwägenden

70 Vgl. *Losch*, in: Ziekow/Völlink, Vergaberecht, § 173 GWB Rn. 23 f.
71 So z. B. OLG Frankfurt, Beschluss v. 6.8.2015 – 11 Verg 7/15 (allerdings in dem speziellen Fall der noch bis nach Abschluss des Beschwerdeverfahrens laufenden Jahresfrist des Art. 7 Abs. 2 VO (EG) 1370/2007); *Vavra*, in: Burgi/Dreher, Vergaberecht, § 173 GWB Rn. 20.
72 Siehe Rn. 34.
73 Vgl. *Stockmann*, in: Immenga/Mestmäcker, Wettbewerbsrecht, § 173 GWB Rn. 15; *Raabe*, in: Willenbruch/Wieddekind, Vergaberecht, § 173 GWB Rn. 15.
74 Vgl. OLG Rostock, Beschluss v. 21.7.2017 – 17 Verg 3/17; *Summa*, in: Heiermann/Zeiss/Summa, Vergaberecht, § 173 GWB Rn. 36.1.
75 So *Summa*, in: Heiermann/Zeiss/Summa, Vergaberecht, § 173 GWB Rn. 36.1.
76 Vgl. OLG Jena, Beschluss v. 8.6.2000 – 6 Verg 2/00; *Raabe*, in: Willenbruch/Wieddekind, Vergaberecht, § 173 GWB Rn. 42.
77 Vgl. *Raabe*, in: Willenbruch/Wieddekind, Vergaberecht, § 173 GWB Rn. 60.

Interessen notwendig macht.[78] Das Bestehen einer zur analogen Rechtsanwendung erforderlichen Regelungslücke wird indes mit beachtlichen Argumenten in Abrede gestellt. Die Wirkung einer Verlängerungsentscheidung nach § 173 Abs. 1 S. 3 GWB kann der Auftraggeber nämlich mittels Antrag auf Vorabgestattung der Zuschlagserteilung nach § 176 Abs. 1 S. 1 GWB angreifen. Außerdem hat der Gesetzgeber beide Zwischenverfahren als Antragsverfahren ausgestaltet. Ebenso wie der Vergabesenat nicht dazu befugt ist, die aufschiebende Wirkung der Beschwerde von Amts wegen zu verlängern, kann er nicht aus eigenem Antrieb zugunsten des Auftraggebers in die zuvor von ihm antragsgemäß geschaffene Lage eingreifen. Es obliegt allein dem Auftraggeber bei geänderter Sachlage von seinem Antragsrecht nach § 176 Abs. 1 S. 1 GWB Gebrauch zu machen und damit die Gestattung der Zuschlagserteilung vor Abschluss des Beschwerdeverfahrens herbeizuführen.[79] Der BGH scheint allerdings eine amtswegige Änderungsbefugnis des Vergabesenates anzunehmen,[80] auch wenn er sich mit dieser Frage nicht auseinandersetzen musste.[81]

Eine ablehnende wie auch eine zusprechende Entscheidung über einen Verlängerungsantrag enthalten keine eigenständige Entscheidung über die **Kosten**.[82] Diese ist erst mit der Beschwerdeentscheidung nach den Grundsätzen der §§ 175 Abs. 2, 78 GWB zu treffen. Die Durchführung eines Eilverfahrens führt zu gesonderten Gerichtskosten und Rechtsanwaltsgebühren.[83] Dabei gehören die Kosten des Eilverfahrens zu den Kosten des Beschwerdeverfahrens – in der abschließenden Entscheidung ist sodann auch über die Kosten des Eilverfahrens zu befinden.[84] 41

I. Maßstab der Entscheidung

Den Maßstab der Entscheidung des Beschwerdegerichts über die Verlängerung der aufschiebenden Wirkung regelt § 173 Abs. 2 GWB. Danach lehnt das Gericht den Antrag nach § 173 Abs. 1 S. 3 GWB ab, wenn unter Berücksichtigung aller möglicherweise geschädigten Interessen die nachteiligen Folgen einer Verzögerung der Vergabe bis zur Entscheidung über die Beschwerde die damit verbundenen Vorteile überwiegen. Das Gericht führt also im Rahmen seiner Entscheidung eine umfassende Interessenabwägung durch. Die Vorgängernorm des § 173 GWB, § 118 GWB a.F., sah in ihrer bis 2009 geltenden Fassung dagegen zunächst eine Prüfung der Erfolgsaussichten der sofortigen Beschwerde als vorrangig zu berücksichtigendes Kriterium bei der Entscheidung des Gerichts vor, an die sich eine Interessenabwägung anschließen sollte. Die Prüfung des Gerichts über den Verlängerungsantrag erfolgte daher in der Regel in einer Zweistufenprüfung (erste Stufe: Prüfung der Erfolgsaussichten der Beschwerde, zweite Stufe: Interessenabwägung). Seit der Änderung des § 118 GWB a.F. im Jahr 2009 stellen die Erfolgsaussichten der sofortigen Beschwerde jedoch nur noch eines von mehreren Kriterien, aber nicht mehr das vorrangig zu prüfende Kriterium bei der Entscheidung des Gerichtes über den Antrag nach § 118 Abs. 1 S. 3 GWB a.F. bzw. nun § 173 Abs. 1 S. 3 GWB dar.[85] 42

1. Erfolgsaussichten

Trotzdem kommt den summarisch zu prüfenden Erfolgsaussichten der sofortigen Beschwerde, die gerade anders als im Eilverfahren nach § 169 Abs. 2 GWB im Rahmen der Entscheidung über den Antrag nach § 173 Abs. 1 S. 3 GWB zwingend zu berücksichtigen sind (§ 173 Abs. 2 S. 3 GWB), ein erhebliches Gewicht zu.[86] Ein Verlängerungsantrag ohne Erfolgs- 43

78 Vgl. OLG Düsseldorf, Beschluss v. 3.7.2019 – VII-Verg 51/16; *Summa*, in: Heiermann/Zeiss/Summa, Vergaberecht, § 173 GWB Rn. 9.1.
79 Vgl. *Summa*, in: Heiermann/Zeiss/Summa, Vergaberecht, § 173 GWB Rn. 9.2.
80 Vgl. BGH, Beschluss v. 22.7.2019 – X ZB 8/19, Rn. 11, 13.
81 *Summa*, VPR 2019, 202.
82 Vgl. *Jaeger*, in: Byok/Jaeger, Vergaberecht, § 173 GWB Rn. 32; OLG Celle, Beschluss v. 7.6.2007 – 13 Verg 5/07.
83 Vgl. *Vavra*, in: Burgi/Dreher, Vergaberecht, § 173 GWB Rn. 34.
84 Vgl. OLG Schleswig, Beschluss v. 10.12.2020 – 54 3/20; OLG Frankfurt, Beschluss v. 20.1.2016 – 11 Verg 8/15; *Raabe*, in: Willenbruch/Wieddekind, Vergaberecht, § 173 GWB Rn. 70.
85 A.A. *Vavra*, in: Burgi/Dreher, Vergaberecht, § 173 GWB Rn. 24.
86 Vgl. *Ulbrich*, in: Röwekamp/Kus/Portz/Prieß, GWB-Vergaberecht, § 173 Rn. 56.

aussichten der Beschwerde wird daher in der Regel abgewiesen.[87] Die Interessenabwägung nach § 173 Abs. 2 GWB ist nämlich kein Instrument des Bieterschutzes in der Weise, dass etwa dem Antragsteller die Möglichkeit eröffnet würde, die Zuschlagserteilung trotz fehlender Erfolgsaussichten seines Nachprüfungsbegehrens zu verhindern.[88] Hingegen wird bei einem voraussichtlich erfolgreichen Rechtsmittel der Antrag auf Verlängerung seiner aufschiebenden Wirkung zumeist positiv entschieden. Jedenfalls müssen die abzuwägenden Interessen des Auftraggebers oder der Allgemeinheit an einem raschen Abschluss des Verfahrens umso schwerer wiegen, je höher die Wahrscheinlichkeit des Erfolges der Beschwerde ist.[89] Bei offenen Erfolgsaussichten muss dagegen eine offene Interessenabwägung im Einzelfall erfolgen,[90] die gemäß § 173 Abs. 2 S. 3 GWB insbesondere auch die allgemeinen Aussichten des Antragstellers im Vergabeverfahren, den öffentlichen Auftrag oder die Konzession zu erhalten, zu berücksichtigen hat.[91]

2. Belange der Allgemeinheit

44 Außerhalb der in § 173 Abs. 2 S. 2 GWB eigens genannten Verteidigungs- und Sicherheitsinteressen kommt den Belangen der Allgemeinheit, die in die Abwägung einzustellen sind, eine doppelte Bedeutung zu. Zum einen werden diese im Gesetz insoweit erwähnt, als es um die wirtschaftliche Erfüllung der Aufgaben des Auftraggebers geht (§ 173 Abs. 2 S. 2 GWB). Andererseits ist das im Einzelfall hiermit durchaus nicht deckungsgleiche Interesse an einem raschen Abschluss des Vergabeverfahrens angesprochen (§ 173 Abs. 2 S. 4 GWB).

45 Mit der neu eingefügten Vorschrift des § 173 Abs. 2 S. 3 GWB[92] kodifiziert der Gesetzgeber klarstellend ein Regel-Ausnahme-Verhältnis für die Interessenabwägung, wenn verteidigungs- und sicherheitsrelevante Aufträge oder Konzessionen im Sinne des § 104 GWB Gegenstand der Nachprüfung sind.[93] Die Änderung soll den neueren sicherheitspolitischen Herausforderungen Rechnung tragen, welche die Notwendigkeit einer kurzfristigen und effizienten Reaktion auf sicherheitsrelevante Entwicklungen begründen.[94] In den enumerativ benannten Fällen sollen regelmäßig die **Verteidigungs-** und **Sicherheitsinteressen** bei der Interessenabwägung überwiegen. In der Sache ergibt sich keine wesentliche Änderung. Auch zuvor sah das Gesetz im Rahmen der Interessenabwägung eine besondere Berücksichtigung solcher Aspekte vor, die mit der Vergabe verteidigungs- und sicherheitsrelevanter Beschaffungsvorhaben im Sinne des § 104 GWB einhergehen. Der neue Satz 3 konkretisiert die bereits vorhandene Vorgabe nunmehr durch die Benennung von **Regelbeispielen** und gibt damit der Praxis nicht nur eine Leitlinie an die Hand, sondern soll gleichermaßen dazu beitragen, dass die vergaberechtlichen Spielräume für eine schnelle Beschaffung konsequenter genutzt werden können.[95] Benannt sind Aufträge und Konzessionen, die in unmittelbarem Zusammenhang mit einer Krise (Abs. 2 S. 3 Nr. 1), einem mandatierten Einsatz der Bundeswehr (Abs. 2 S. 3 Nr. 2), einer einsatzgleichen Verpflichtung der Bundeswehr (Abs. 2 S. 3 Nr. 3) oder einer Bündnisverpflichtung (Abs. 2 S. 3 Nr. 4) stehen. Ausweislich der Gesetzesbegründung[96] ist unter einer Krise im Sinne der Vorschrift *„jede Situation in einem Mitgliedstaat oder einem Drittland zu verstehen, in der ein Schadensereignis eingetreten ist, welches deutlich über die Ausmaße von Schadensereignissen des täglichen Lebens hinausgeht und dabei Leben und*

---

87 Vgl. OLG Düsseldorf, Beschluss v. 9.4.2014 – VII-Verg 8/14, m.w.N.
88 Vgl. *Gröning*, VergabeR 2003, 290 (293).
89 Vgl. OLG Düsseldorf, Beschluss v. 12.10.2011 – VII-Verg 74/11.
90 Vgl. auch *Raabe*, in: Willenbruch/Wieddekind, Vergaberecht, § 173 GWB Rn. 57.
91 Vgl. *Losch*, in: Ziekow/Völlink, Vergaberecht, § 173 GWB Rn. 48; OLG Düsseldorf, Beschluss v. 26.1.2012 – VII-Verg 107/11.
92 In Umsetzung des Art. 1 Nr. 5 des Gesetzes zur beschleunigten Beschaffung im Bereich der Verteidigung und Sicherheit zur Optimierung der Vergabestatistik vom 25.3.2020 (BGBl. 2020, S. 674).
93 Vgl. *Ulbrich*, in: Röwekamp/Kus/Portz/Prieß, GWB-Vergaberecht, § 173 Rn. 68d.
94 Vgl. Gesetzesbegründung, Gesetz zur beschleunigten Beschaffung im Bereich der Verteidigung und Sicherheit und zur Optimierung der Vergabestatistik, BT-Drs. 19/15603, 1.
95 Gesetzesbegründung, Gesetz zur beschleunigten Beschaffung im Bereich der Verteidigung und Sicherheit und zur Optimierung der Vergabestatistik, BT-Drs. 19/15603, 2.
96 Gesetzesbegründung, Gesetz zur beschleunigten Beschaffung im Bereich der Verteidigung und Sicherheit und zur Optimierung der Vergabestatistik, BT-Drs. 19/15603, 59.

Gesundheit zahlreicher Menschen erheblich gefährdet oder einschränkt, eine erhebliche Auswirkung auf Sachwerte hat oder lebensnotwendige Versorgungsmaßnahmen für die Bevölkerung erforderlich macht; eine Krise liegt auch vor, wenn das Eintreten eines solchen Schadensereignisses als unmittelbar bevorstehend angesehen wird". Es ist für die Anwendbarkeit des Tatbestandes unerheblich, ob der Beschaffungsvorgang der Deckung des Bedarfs militärischer oder nicht-militärischer Sicherheitskräfte dient. Unter einem mandatierten Einsatz wird ein Auslandseinsatz der Bundeswehr verstanden, der auf der Grundlage einer Resolution des Sicherheitsrats der Vereinten Nationen erfolgt und für den ein entsprechendes Mandat des Deutschen Bundestags vorliegt. Einsatzgleiche Verpflichtungen sind Tätigkeiten der Bundeswehr, die einem Einsatz vergleichbar sind, ohne dass ein förmliches Mandat des Deutschen Bundestags vorliegt. Bündnisverpflichtungen sind Beiträge der Bundeswehr, die sich aus ihrer Zugehörigkeit zu einem Verteidigungsbündnis ergeben. Den benannten Regelbeispielen ist eine besondere Eilbedürftigkeit des Beschaffungsbedarfs im Zusammenhang mit humanitären Leistungen und der Gefahrenabwehr gemein, die der Gesetzgeber erkennt und welche die Verkürzung des Primärrechtsschutzes des einzelnen Bieters rechtfertigen können soll. Die besondere Gewichtung solcher Aspekte im Rahmen der Interessenabwägung ist nicht unbekannt, sondern entspricht der bisherigen Rechtsprechung, wenn es um die Sicherstellung der Daseinsvorsorge geht.[97] In der Interessenabwägung überwiegt dann in der Regel das Allgemeininteresse an einer nicht verzögerten Beschaffung und der Zuschlag wird nicht weiter hinausgezögert, wenn nicht die zwingende Berücksichtigung der Einzelfallumstände nach den allgemeinen Grundsätzen zu einem abweichenden Abwägungsergebnis führt. Denn auch bei Vorliegen eines Regelbeispiels fällt die Interessenabwägung indes nicht per se zugunsten des Auftraggebers aus. Die Vorschrift weist dem Senat vielmehr eine leitende Gewichtungstendenz, die sich in seiner zwingend durchzuführenden Interessenabwägung widerspiegeln wird.[98] Gleichwohl ist klarstellend festzustellen, dass die Verteidigungs- und Sicherheitsinteressen grundsätzlich unabhängig von dem Vorliegen eines Auftrages nach § 104 GWB als abwägungsrelevanter Belang in die Interessenabwägung einzubeziehen sein kann. Nur zeigt die zuletzt vorgenommene besondere Hervorhebung im Gesetz, dass in bestimmten Fällen den Verteidigungs- und Sicherheitsinteressen derart hohes Gewicht beizumessen ist, dass die Abwägung regelmäßig zugunsten der Allgemeinheit ausfallen wird.[99]

Mit dem Interesse der Allgemeinheit an einer **wirtschaftlichen Erfüllung der Aufgaben** **46**
des Auftraggebers ist in § 173 Abs. 2 S. 2 GWB der Umstand erwähnt, dass jede öffentliche Auftragsvergabe darauf abzielt, den Zuschlag auf das wirtschaftlichste Angebot zu erteilen. Ist zu besorgen, dass das Vergabeverfahren in der Weise, in der es von der Vergabestelle nach dem Inhalt der Ausschreibung oder der Art und Weise der Angebotswertung betrieben wird, die Verwirklichung dieses Ziels nicht sicherzustellen vermag oder gar erkennbar gefährdet, so können Erwägungen der Wirtschaftlichkeit eine Verlängerung der aufschiebenden Wirkung der Beschwerde nahelegen. Dabei bleibt aber zu berücksichtigen, dass das Vergabenachprüfungsverfahren nicht auf eine allgemeine Rechtmäßigkeitskontrolle, sondern darauf gerichtet ist, in zulässiger Weise erhobenen Beanstandungen von Bietern nachzugehen. Auf diese und die Einwendungen der Vergabestelle kommt es dann auch an, wenn die Wirtschaftlichkeit der Vergabe zu beurteilen ist. Ebenfalls der wirtschaftlichen Erfüllung der Aufgaben zuzurechnen ist der Umstand, dass eine weitere Verlängerung der aufschiebenden Wirkung der Beschwerde mit der Folge einer weiteren Verzögerung der Erteilung des Zuschlags dazu führen kann, dass auf den Auftraggeber Mehrkosten zukommen können. Das kann insbesondere bei der Vergabe von Bauleistungen der Fall sein, bei denen die Rechtsprechung dem Bieter, der letztlich den Auftrag erhält, im Einzelfall einen in Anlehnung an § 2 Abs. 5 VOB/B zu bestim-

97 Vgl. OLG Düsseldorf, Beschluss v. 26.1.2012 – VII Verg 107/11; Beschluss v. 11.4.2011 – VII Verg 27/11; OLG Brandenburg, Beschluss v. 18.9.2008 – Verg W 13/08.

98 Vgl. Gesetzesbegründung zu § 173 Abs. 2 S. 3 GWB, Gesetz zur beschleunigten Beschaffung im Bereich der Verteidigung und Sicherheit und zur Optimierung der Vergabestatistik, BT-Drs. 19/15603, 59.

99 Vgl. *Ulbrich*, in: Röwekamp/Kus/Portz/Prieß, GWB-Vergaberecht, § 173 Rn. 68.

menden Mehrpreis zuerkennt.[100] Der Anspruch umfasst die Mehrkosten, die ursächlich auf eine Verschiebung der Bauzeit zurückzuführen sind. Da eine solche mit einer durch das Nachprüfungsverfahren und eine Verlängerung der aufschiebenden Wirkung der Beschwerde bedingten Verzögerung der Auftragserteilung nicht selten einhergehen wird, ist eine daraus resultierende Forderung in die Überlegungen nach § 173 Abs. 1 S. 3 und Abs. 2 GWB mit einzubeziehen. Allerdings bedarf es hierzu ins Einzelne gehender und belastbarer Darlegungen der Beteiligten.[101] Keinesfalls darf die bloße abstrakte Gefahr eines Mehrpreises zum Anlass genommen werden, von einem solchen auszugehen und ihn in die von § 173 Abs. 2 GWB vorgegebene Abwägung einzustellen.

47 Das ebenfalls zu berücksichtigende allgemeine Interesse an einem **raschen Abschluss des Vergabeverfahrens** ist betroffen, wenn die ordnungsgemäße Erfüllung einer zur Wahrung öffentlicher Belange notwendig zu erbringenden Leistung gefährdet erscheint, sollte der Auftrag nicht alsbald erteilt werden.[102] Soweit dies nicht wegen der Natur der Aufgabe offensichtlich ist, hat der Auftraggeber hierzu vorzutragen. Kann einem Bedürfnis nach einer zeitnahen Leistungserbringung durch einen Interimsvertrag, der die vorübergehende Aufgabenerfüllung gewährleistet, entsprochen werden, so ist ein solcher zu schließen.[103] Im Zweifel sind Verzögerungen in der Auftragsvergabe, die bei einem Nachprüfungsverfahren im Allgemeinen unvermeidlich sind, hinzunehmen. Nach allgemeiner Auffassung kann sich ein Auftraggeber nicht auf eine besondere Eilbedürftigkeit der Zuschlagserteilung berufen, wenn die Zeitnot daraus resultiert, dass der Auftraggeber das Vergabeverfahren zu spät begonnen[104] oder die Verzögerung anderweitig zu vertreten hat. Eine Ausnahme hiervon wird lediglich im Hinblick auf die notwendige Kontinuität für Leistungen der Daseinsvorsorge angenommen.[105] Sofern wegen eines zeitnah anberaumten Verhandlungstermins nur eine geringfügige Verzögerung des Verfahrens zu erwarten ist und andere nachteilige Folgen nicht ersichtlich sind, kommt dem Interesse des Auftraggebers regelmäßig kein großes Gewicht zu.[106]

48 Für die Fälle, in denen das Beschwerdegericht im Rahmen der Interessenabwägung zu dem Ergebnis gelangt, dass in der Hauptsache voraussichtlich eine **Divergenzvorlage** an den BGH oder ein **Vorabentscheidungsersuchen** an den EuGH stattfinden muss, wird zum Teil vertreten, dies rechtfertige eine Ablehnung des Antrags auf Verlängerung der aufschiebenden Wirkung trotz nicht ausgeschlossener Bejahung der Erfolgsaussichten der Beschwerde. Die mit einem solchen Verfahren abzusehende längere Verzögerung des Vergabeverfahrens sei der Allgemeinheit regelmäßig nicht zumutbar.[107] Andere halten dies nicht für überzeugend, weil die Entscheidung über den Verlängerungsantrag im Falle der Divergenzvorlage an den BGH gemäß § 179 Abs. 2 S. 4 GWB (§ 124 Abs. 2 S. 4 GWB a.F.) gerade unabhängig von der Vorlagepflicht getroffen werden soll.[108] Der Fall, dass der Vergabesenat die Beschwerde summarisch auf der Grundlage einer von einem anderen Vergabesenat abweichenden Rechtsauffassung für unbegründet hält, könne zu einer offenen Erfolgsprognose und damit im Ergebnis auch zu einer Verlängerung der aufschiebenden Wirkung Anlass geben, weil die Divergenzentscheidung noch nicht bekannt sei.[109] Die Verlängerung der aufschiebenden Wirkung sei

---

100 Vgl. BGH, Urteil v. 8.3.2012 – VII ZR 202/09; Urteil v. 20.7.2010 – VII ZR 213/08; Urteil v. 10.9.2009 – VII ZR 152/08.

101 Vgl. OLG Düsseldorf, Beschluss v. 12.10.2011 – VII-Verg 74/11.

102 Bejaht z. B. für die Vergabe von Rettungsdienstleistungen (OLG München, Beschluss v. 2.7.2009 – Verg 5/09) und hinsichtlich des dringenden Interesses an einer gesicherten und modernen Kommunikationsstruktur bei Auslandseinsätzen (OLG Düsseldorf, Beschluss v. 11.4.2011 – VII-Verg 27/11).

103 Vgl. KG, Beschluss v. 31.8.2009 – 2 Verg 6/09.

104 Vgl. *Raabe*, in: Willenbruch/Wieddekind, Vergaberecht, § 173 GWB Rn. 57; *Losch*, in: Ziekow/Völlink, Vergaberecht, § 173 GWB Rn. 51.

105 Beispielhaft hierfür OLG Naumburg, Beschluss v. 19.10.2008 – 1 Verg 9/00; OLG Celle, Beschluss v. 29.8.2003 – 13 Verg 15/03.

106 Vgl. OLG Celle, Beschluss v. 5.2.2015 – 13 Verg 1/15.

107 Vgl. OLG Düsseldorf, Beschluss v. 30.11.2009 – VII-Verg 41/09; OLG München, Beschluss v. 2.7.2009 – Verg 5/09; *Vavra*, in: Burgi/Dreher, Vergaberecht, § 173 GWB Rn. 25.

108 Vgl. *Raabe*, in: Willenbruch/Wieddekind, Vergaberecht, § 173 GWB Rn. 59; im Ergebnis auch *Losch*, in: Ziekow/Völlink, Vergaberecht, § 173 GWB Rn. 52.

109 Vgl. auch OLG Brandenburg, Beschluss v. 7.12.2010 – Verg W 16/10.

hier auch im Allgemeininteresse an der Klärung der Rechtsfrage und im Interesse der Funktionsfähigkeit des Vorlageverfahrens angezeigt. Erst recht gelte dies bei einer Rechtsfrage, deren Klärung vom Ergebnis eines Vorabentscheidungsersuchens an den EuGH nach Art. 267 AEUV abhängt. Diese Argumentationslinie blendet indes die Funktion des Vergabeverfahrens als Mittel einer zwar geordneten, d.h. prozedural festgelegten, zur ordnungsgemäßen Aufgabenerfüllung aber unabdingbaren Beschaffungstätigkeit der öffentlichen Hand gänzlich aus. Insbesondere im Fall einer in der Hauptsache erforderlichen Vorlage an den EuGH wird der Zeitraum der Verzögerung unabsehbar,[110] sodass auch eine Interimsvergabe, die grundsätzlich ebenfalls wettbewerblich zu erfolgen hat,[111] das Problem nicht löst. Gerade weil die Erfolgsaussichten aufgrund der nicht vorhersehbaren Vorabentscheidung des EuGH bzw. Divergenzentscheidung des BGH als offen gelten (müssen), muss der befasste Vergabesenat hier eine umfassende Abwägung aller möglicherweise geschädigten Interessen vornehmen und auf dieser Grundlage über die Verlängerung des Suspensiveffekts entscheiden.

II. Rechtsmittel

Gegen eine Entscheidung nach § 173 Abs. 1 S. 3 GWB ist kein Rechtsmittel eröffnet. Eine Vorlage an den BGH und eine solche an den EuGH scheiden in dem Eilverfahren nach § 173 Abs. 1 S. 3 GWB aus. Für Vorlagen an den BGH ergibt sich dies ausdrücklich aus § 179 Abs. 2 S. 4 GWB und folgt für Vorlagen an den EuGH nach Maßgabe von Art. 267 AEUV ebenfalls aus der Eilbedürftigkeit der Entscheidung. Allerdings kann ein Vergabesenat, der mit einer abschließenden Sachentscheidung nach § 178 GWB befasst ist, eine von einem anderen Senat im Rahmen eines Eilverfahrens nach § 173 Abs. 1 S. 3 GWB getroffene abweichende Entscheidung zum Anlass einer Vorlage nehmen.[112] Schon der Wortlaut der Ausnahmeregelung für die Vorlageverpflichtung in § 179 Abs. 2 S. 4 GWB („im Verfahren nach § 173 Abs. 1 S. 3 GWB") umfasst diesen Fall ebenso wenig wie ihr Sinn und Zweck. Die Ausnahmevorschrift des § 179 Abs. 2 S. 4 GWB trägt der besonderen Beschleunigungsnotwendigkeit in den Eilverfahren Rechnung, die durch eine Vorlage an den BGH und die damit verbundene Verzögerung bis zur (Eil-)Entscheidung konterkariert würde. Dieser Grund gilt aber von vorneherein dann nicht, wenn ein Vergabesenat in einer Hauptsacheentscheidung – und nicht im Eilverfahren selbst – von einer in einem Eilverfahren ergangenen Entscheidung abweichen will.[113] 49

F. Zuschlagsverbot (Abs. 3)

In ihrem durch den Wortlaut nahegelegten Anwendungsbereich erfasst die Regelung in § 173 Abs. 3 GWB solche Beschlüsse der Vergabekammer, in denen der Vergabestelle ausdrücklich die Erteilung des Zuschlags untersagt worden ist. Eine hiergegen eingelegte Beschwerde lässt dieses zeitlich grundsätzlich unbefristete **Zuschlagsverbot** unberührt, solange nicht die Entscheidung der Vergabekammer vom Vergabesenat auf Antrag des Auftraggebers oder des für den Zuschlag vorgesehenen beigeladenen Unternehmens in einer Vorabentscheidung nach § 176 GWB oder von Amts wegen in einer abschließenden Entscheidung nach § 178 GWB aufgehoben worden ist.[114] Einer ausdrücklichen, d.h. tenorierten, Aufhebung des Zuschlagsverbotes bedarf es dabei nicht. In den Fällen, in denen das Gericht das Verfahren unter Aufhebung des Beschlusses zur neuen Entscheidung an die Vergabekammer zurückverweist, erlischt zwar das durch die Vergabekammer ausgesprochene Zuschlagsverbot. Am Ergebnis des verhinderten Zuschlags ändert sich dadurch allerdings nichts, da das mit dem gestellten Nachprüfungsantrag entstandene Zuschlagsverbot wieder auflebt. Weiter ist davon auszugehen, dass 50

110 Zutreffend OLG Düsseldorf, Beschluss v. 30.11.2009 – VII-Verg 21/09.
111 Vgl. OLG Dresden, Beschluss v. 25.1.2008 – WVerg 10/07.
112 So auch *Dieck-Bogatzke*, in: Pünder/Schellenberg, Vergaberecht, § 179 GWB Rn. 10; *Dicks*, in: Ziekow/Völlink, Vergaberecht, § 179 GWB Rn. 11; a.A. noch *Bastius*, in: Müller-Wrede, Taschenkommentar GWB-Vergaberecht, § 118 Rn. 41.
113 Vgl. OLG Düsseldorf, Beschluss v. 16.4.2008 – VII-Verg 57/07.
114 Vgl. *Ulbrich*, in: Röwekamp/Kus/Portz/Prieß, GWB-Vergaberecht, § 173 Rn. 80.

der Gesetzgeber in § 173 Abs. 3 GWB Beschwerden des durch die Anordnung der Vergabekammer unmittelbar belasteten Auftraggebers vor Augen hatte. Dieser könnte, gäbe es § 173 Abs. 3 GWB nicht, aufgrund der aufschiebenden Wirkung seiner Beschwerde den Zuschlag erteilen. Dies soll während des laufenden Beschwerdeverfahrens bzw. ohne Entscheidung über seinen Antrag nach § 176 GWB ausgeschlossen werden.

51 Der Anwendungsbereich der Vorschrift geht mit Blick auf die Interessenlage der Beteiligten, einen effektiven Rechtsschutz zu gewährleisten, über den Fall eines ausdrücklichen Zuschlagsverbots durch die Vergabekammer hinaus.[115] In der Rechtspraxis der Vergabekammern enden mehr Verfahren damit, dass dem Auftraggeber eine **Wiederholung der Angebotswertung** aufgegeben oder angeordnet wird, dass das Vergabeverfahren in ein der Wertung vorgelagertes Stadium **zurückversetzt** werde, als dass es ausdrücklich zu einer Untersagung des Zuschlags kommt.[116] Eine solche Entscheidung bleibt nicht nur im Einzelfall hinter dem Antrag des Antragstellers zurück, sondern kann auch einen Beigeladenen belasten, der nach den bisherigen Vorstellungen des Auftraggebers den Zuschlag erhalten soll und für dessen Angebot gegebenenfalls von der Vergabekammer sogar der Ausschluss verfügt worden ist. Sowohl der ausdrücklichen Untersagung des Zuschlags als auch der Vorgabe einer Wiederholung der Angebotswertung oder der Zurückversetzung in ein anderes der Zuschlagserteilung vorgelagertes Verfahrensstadium wie auch der Anordnung der Aufhebung der Ausschreibung ist gemeinsam, dass die Vergabestelle bis auf Weiteres den Zuschlag nicht wirksam erteilen kann. Im erstgenannten Falle ist das ausdrücklich angeordnet, in den anderen Fällen ist dies eine logische Folge der Anordnung.[117] Jedenfalls in der erstgenannten Fallkonstellation ist nicht zu besorgen, dass bis zu einer anderslautenden Sachentscheidung nach §§ 176, 178 GWB ein wirksamer Zuschlag erteilt wird. Das ausgesprochene Zuschlagsverbot gilt unbefristet und endet etwa nicht mit Ablauf der Zwei-Wochen-Frist des § 173 Abs. 1 S. 2 GWB. Das mit den anderen Fallkonstellationen verbundene Zuschlagsverbot aus § 173 Abs. 3 GWB endet zwar nicht notwendig erst mit einer durch eine abweichende Senatsentscheidung geschaffenen Änderung. Soweit das Zuschlagsverbot aus der Anordnung einer Wertungswiederholung resultiert, entfällt es im Grunde mit dem Abschluss eben dieser Wertung.[118] Es ist dem Auftraggeber nämlich unbenommen, bereits im laufenden Beschwerdeverfahren die ihm von der Vergabekammer auferlegte Wiederholung der Wertung vorzunehmen und zu einem Abschluss zu bringen. Allerdings greift dann der Schutz des § 134 Abs. 1 GWB mit der dort verankerten Notwendigkeit, die Bieter erneut über die dann beabsichtigte Vergabe zu informieren. Zwar ist dieser Schutz nicht vollkommen, was schon die Ausnahmeregelung in § 134 Abs. 3 GWB zeigt. Es ist aber kein Bedürfnis dafür erkennbar, insbesondere dem Beigeladenen im Wege einer entsprechenden Anwendung von § 173 Abs. 1 S. 3 GWB über dessen klaren Wortlaut hinaus stets ein „prozessuales Zuschlagsverbot" zu verschaffen. Eine dies erfordernde Rechtsschutzlücke besteht nur in der seltenen Fallkonstellation, dass der angefochtene Vergabekammerbeschluss den Auftraggeber unmittelbar zur Zuschlagserteilung an den Antragsteller verpflichtet.[119]

G. Rechtsschutz

52 Die Vorschrift dient dem vorläufigen Rechtsschutz eines Bieters, in der Regel des Antragstellers im Nachprüfungsverfahren. Sie soll unter den dort festgelegten Voraussetzungen verhindern, dass der Auftraggeber durch die Zuschlagserteilung während des laufenden Beschwerdeverfahrens vollendete Tatsachen schafft, und so einen effektiven Primärrechtsschutz des Bieters sicherstellen. § 173 GWB dehnt zu diesem Zweck das mit Zustellung des Nachprü-

---

115 So auch *Ulbrich*, in: Röwekamp/Kus/Portz/Prieß, GWB-Vergaberecht. § 173 Rn. 81.
116 Vgl. OLG Düsseldorf, Beschluss v. 12.9.2008 – VII-Verg 52/08; *Summa*, in: Heiermann/Zeiss/Summa, Vergaberecht, § 173 GWB Rn. 72.
117 Vgl. OLG Celle, Beschluss v. 10.4.2007 – 13 Verg 5/07.
118 Vgl. OLG Düsseldorf, Beschluss v. 9.3.2007 – VII-Verg 5/07.
119 Siehe näher hierzu Rn. 31; anderer Ansicht noch *Bastius*, in: Müller-Wrede, Taschenkommentar GWB-Vergaberecht, § 118 Rn. 37.

fungsantrags eintretende Zuschlagsverbot gemäß § 169 Abs. 1 GWB aus. Ein entgegen diesem Zuschlagsverbot erfolgender Vertragsschluss wäre wegen des Verstoßes gegen ein gesetzliches Verbot gemäß § 134 BGB nichtig. Ohne die Regelung des § 173 GWB könnte der Auftraggeber dagegen nach Beendigung des Nachprüfungsverfahrens in erster Instanz vor der Vergabekammer und nach Ablauf der Beschwerdefrist (vgl. §§ 169 Abs. 1, 172 Abs. 1 GWB) den Zuschlag wirksam erteilen. Ein wirksam erteilter Zuschlag kann gemäß § 168 Abs. 2 S. 1 GWB nicht mehr aufgehoben werden; es verbliebe eine erhebliche Lücke beim europa- und verfassungsrechtlich zu gewährleistenden effektiven Primärrechtsschutz.

Anlagen

Gesetzesbegründung – Gesetz zur beschleunigten Beschaffung im Bereich der Verteidigung und Sicherheit und zur Optimierung der Vergabestatistik (BT-Drs. 19/15603)

Seite 59

Die wortgleichen Ergänzungen in § 169 Absatz 2 Satz 3, § 173 Absatz 2 Satz 3 und § 176 Absatz 1 Satz 3 GWB betreffen diejenigen Fälle, in denen sich ein Nachprüfungsverfahren auf eine Auftrags- oder Konzessionsvergabe bezieht, die mit Verteidigungs- oder Sicherheitsinteressen in Zusammenhang steht. Die Neuregelung betrifft öffentliche Aufträge oder Konzessionen, die im unmittelbaren Zusammenhang mit einer Krise, einem mandatierten Einsatz der Bundeswehr, einer einsatzgleichen Verpflichtung der Bundeswehr oder einer Bündnisverpflichtung stehen. Die Neuregelung hat das Ziel, den Besonderheiten der genannten Fallkonstellationen in diesem Bereich angemessen Rechnung zu tragen. In diesen Fällen besteht regelmäßig ein besonders eilbedürftiger Beschaffungsbedarf. Die neu eingefügten Regelbeispiele bezwecken deshalb, dass die Vergabekammer bzw. das Oberlandesgericht diese Fälle besonders berücksichtigt, wenn sie die Abwägungsentscheidung zu treffen hat, ob die Vor- oder die Nachteile einer Zuschlagsgestattung vor Abschluss des Nachprüfungsverfahrens überwiegen. Liegt eine der genannten Fallkonstellationen vor, sollte dies mit derart starkem Gewicht in die Abwägung eingehen, dass der Vorabzuschlag in der Regel gewährt wird. Ziel ist es, insbesondere in diesen Beispielsfällen eine Verzögerung der Beschaffung aufgrund eines Nachprüfungsverfahrens möglichst zu vermeiden oder zumindest, soweit möglich, zu minimieren. Erforderlich ist aber, dass der öffentliche Auftrag oder die Konzession in unmittelbarem Zusammenhang mit einer der aufgezählten Konstellationen steht, also im Regelfall einen Beschaffungsbedarf bedienen soll, der aufgrund einer solchen Konstellation entstanden ist oder sich mengenmäßig erhöht hat.

Der Begriff der Krise ist in Artikel 1 Nummer 10 der Richtlinie 2009/81/EG des Europäischen Parlaments und des Rates vom 13. Juli 2009 über die Koordinierung der Verfahren zur Vergabe bestimmter Bau-, Liefer-, und Dienstleistungsaufträge in den Bereichen Verteidigung und Sicherheit und zur Änderung der Richtlinie 2004/17/EG und 2004/18/EG (Richtlinie 2009/81/EG) definiert. Insbesondere in den Fällen, in denen eine Krise vorliegt, kann es hier sowohl um öffentliche Aufträge oder Konzessionen zur Deckung der Bedarfe der militärischen als auch der nicht-militärischen Sicherheitskräfte gehen.

Unter einem mandatierten Einsatz ist ein Auslandseinsatz der Bundeswehr zu verstehen, der auf der Grundlage einer Resolution des Sicherheitsrats der Vereinten Nationen erfolgt und für den ein entsprechendes Mandat des Deutschen Bundestags vorliegt. Als einsatzgleiche Verpflichtung sind Tätigkeiten der Bundeswehr anzusehen, die einem Einsatz vergleichbar sind, ohne dass ein förmliches Mandat des Deutschen Bundestags vorliegt. Bei einer Bündnisverpflichtung handelt es sich um Beiträge der Bundeswehr, die sich aus ihrer Zugehörigkeit zu einem Verteidigungsbündnis (insbesondere NATO) ergeben.

Liegt eine der genannten Konstellationen vor, obliegt es aber entsprechend Artikel 56 Absatz 5 der Richtlinie 2009/81/EG weiterhin dem zuständigen Spruchkörper im Wege der Abwägung über die Gestattung des Zuschlags vor Abschluss des Nachprüfungsverfahrens zu entscheiden.

Gesetzesbegründung – VergRModG 2016 (BT-Drs. 18/6281)

Seite 136

§ 173 entspricht dem bisherigen § 118.

§ 174 GWB
Beteiligte am Beschwerdeverfahren

An dem Verfahren vor dem Beschwerdegericht beteiligt sind die an dem Verfahren vor der Vergabekammer Beteiligten.

Übersicht Rn.

A. Allgemeines ... 1
I. Unionsrechtlicher Hintergrund ... 4
II. Historie ... 5
B. Beteiligte ... 6
I. Antragsteller und Antragsgegner ... 6
II. Beigeladene ... 8
III. Rechte der Beteiligten ... 13
Anlage
Gesetzesbegründung

A. Allgemeines

§ 174 GWB regelt den Kreis der Beteiligten am Beschwerdeverfahren. **1**

Die Regelung stellt sicher, dass alle diejenigen, die am Verfahren vor der Vergabekammer beteiligt waren, ohne Weiteres auch **Beteiligte** des Beschwerdeverfahrens sind. Die Beteiligtenstellung im Beschwerdeverfahren hängt also insbesondere weder davon ab, dass die Betroffenen zu Recht am Nachprüfungsverfahren beteiligt worden sind, etwa die Voraussetzungen einer Beiladung nach § 162 GWB tatsächlich vorlagen, noch davon, dass sie sich aktiv am Nachprüfungsverfahren beteiligt haben oder sich (über einen Rechtsanwalt, § 175 Abs. 1 GWB) am Beschwerdeverfahren beteiligen. **2**

Umgekehrt beschränkt § 174 GWB nicht die Möglichkeit zur Beteiligung **weiterer Personen** durch das Beschwerdegericht, etwa durch zusätzliche Beiladungen.[1] **3**

I. Unionsrechtlicher Hintergrund

§ 174 GWB hat keine Grundlage im unionalen Recht. **4**

II. Historie

§ 174 GWB entspricht wortgleich der Vorgängerregelung in § 119 GWB a.F. Seit ihrer Einführung mit dem VgRÄG ist die Regelung unverändert geblieben. **5**

B. Beteiligte

I. Antragsteller und Antragsgegner

Antragsteller und **Antragsgegner** des Nachprüfungsverfahrens sind im Regelfall auch im Beschwerdeverfahren als Beschwerdeführer bzw. Beschwerdegegner beteiligt. **6**

Hat jedoch gegen eine dem Nachprüfungsantrag (teilweise) stattgebende Entscheidung innerhalb der Beschwerdefrist nur ein **Beigeladener** Beschwerde eingelegt, ist die Vergabestelle als Antragsgegnerin des Nachprüfungsverfahrens im Beschwerdeverfahren lediglich als weitere Beteiligte zu behandeln.[2] **7**

---

1 Siehe unten Rn. 8.
2 OLG Frankfurt, Beschluss v. 8.2.2005 – 11 Verg 24/04; *Vavra*, in: Burgi/Dreher, Vergaberecht, § 174 GWB Rn. 5.

II. Beigeladene

8 Es entspricht heute nahezu ganz h.M., dass das Beschwerdegericht **befugt** ist, den zunächst durch das Nachprüfungsverfahren bestimmten Beteiligtenkreis[3] durch weitere Beiladungen zu erweitern.[4] Dies ergibt sich aus dem Gebot effektiven Rechtsschutzes.

9 Wenn die Interessen eines noch nicht durch die Vergabekammer beigeladenen Unternehmens durch die Entscheidung des Beschwerdegerichts schwerwiegend berührt werden können,[5] **muss** das Beschwerdegericht dieses Unternehmen **beiladen**, da nur auf diese Weise die effektive Gewährung rechtlichen Gehörs sichergestellt werden kann. Dies gilt selbst dann, wenn die Vergabekammer im Nachprüfungsverfahren eine Beiladung ausdrücklich abgelehnt hatte.[6] Dabei können in Ausnahmefällen nicht nur andere Bieter, deren Zuschlagschancen sich bei einem Erfolg des Nachprüfungsantrags vermindern, beigeladen werden, sondern – entsprechend §§ 13 Abs. 2 VwVfG, 65 VwGO – auch sonstige Dritte, deren Interessen etwa aufgrund einer rechtsgestaltenden Wirkung der Entscheidung schwerwiegend berührt werden.[7] Nicht ausreichend ist dabei eine nur mittelbare Betroffenheit des Dritten.[8]

10 **Keine Pflicht zur Beiladung** besteht allerdings – schon zur Vermeidung überflüssiger Kosten –, wenn das Ziel des Nachprüfungsantrags zwar einen Eingriff in die Rechte von Dritten beinhalten würde, ein solcher Eingriff aber faktisch ausgeschlossen ist, weil das Beschwerdegericht den Nachprüfungsantrag für offensichtlich unzulässig oder unbegründet hält und damit auch keine Beeinträchtigung der Interessen des Dritten droht. Selbstverständlich ist die Beiladung unverzüglich nachzuholen, sobald der Vergabesenat seine Auffassung ändert und ernsthaft eine Entscheidung zulasten des Dritten erwägt.[9]

11 Die Beiladung erfolgt durch **Beschluss**; dieser ist entsprechend dem Rechtsgedanken des § 162 S. 2 GWB nicht anfechtbar.[10]

12 Überwiegend wird die Auffassung vertreten, dass der Vergabesenat auch eine von der Vergabekammer veranlasste Beiladung wieder **aufheben** kann.[11] Dem ist zuzustimmen für den Fall, dass durch die Entscheidung tatsächlich keine Rechtsposition des Beigeladenen (mehr) betroffen werden kann. Ob die Beiladung hingegen auch bereits dann aufgehoben werden kann, wenn der Beigeladene gegen eine Entscheidung der Vergabekammer, wonach sein Angebot zwingend auszuschließen ist, kein eigenes Rechtsmittel eingelegt hat,[12] erscheint zweifelhaft. Wenn ein im Nachprüfungsverfahren Beigeladener, der in dem Wissen, dass der Antragsgegner die ihn belastende Entscheidung der Vergabekammer angefochten hat, etwa aus

---

3 Siehe oben Rn. 2.

4 OLG Schleswig, Beschluss v. 19.8.2016 – 54 Verg 7/16 und 8/16; KG, Beschlüsse v. 7.12.2009 – 2 Verg 10/09 und 2 Verg 11/09; OLG Düsseldorf, Beschluss v. 13.11.2000 – Verg 14/00; *Vavra*, in: Burgi/Dreher, Vergaberecht, § 174 GWB Rn. 9; *Summa*, in: Heiermann/Zeiss/Summa, Vergaberecht, § 174 GWB Rn. 6 ff.; *König*, in: Heuvels/Höß/Kuß/Wagner, Vergaberecht, § 174 GWB Rn. 4, 5; *Stickler*, in: Reidt/Stickler/Glahs, Vergaberecht, § 174 GWB Rn. 3; *Röwekamp*, in: Röwekamp/Kus/Portz/Prieß, GWB-Vergaberecht, § 174 Rn. 4 ff.; *Raabe*, in: Willenbruch/Wieddekind, Vergaberecht, § 174 GWB Rn. 8; *Frister*, in: Ziekow/Völlink, Vergaberecht, § 174 GWB Rn. 3 ff.; zur Gegenansicht siehe *Vavra*, in: Burgi/Dreher, Vergaberecht, § 174 GWB Rn. 9; *Röwekamp*, in: Röwekamp/Kus/Portz/Prieß, GWB-Vergaberecht, § 174 Rn. 3.

5 Vgl. § 162 GWB und die dortige Kommentierung von *Gaus*.

6 OLG Düsseldorf, Beschluss v. 26.6.2002 – Verg 24/02; *König*, in: Heuvels/Höß/Kuß/Wagner, Vergaberecht, § 120 GWB Rn 5.

7 OLG Düsseldorf, Beschluss v. 13.2.2007 – VII-Verg 2/07; *Dieck-Bogatzke*, in: Pünder/Schellenberg, Vergaberecht, § 174 GWB Rn. 7; *Weber*, in: Schulte/Just, Kartellrecht, § 119 GWB Rn. 4; *Frister*, in: Ziekow/Völlink, Vergaberecht, § 174 GWB Rn. 7.

8 OLG München, Beschluss v. 28.8.2019 – Verg 11/19 (betrifft den Betreiber einer Vergabeplattform, welche nach den Ausführungen der Vergabekammer die gesetzlichen Anforderungen des § 134 GWB nicht ordnungsgemäß umgesetzt haben soll).

9 Vgl. *Vavra*, in: Burgi/Dreher, Vergaberecht, § 174 GWB Rn. 11; *Summa*, in: Heiermann/Zeiss/Summa, Vergaberecht, § 174 GWB Rn. 9 (jedenfalls bei Unzulässigkeit).

10 Vgl. *Röwekamp*, in: Röwekamp/Kus/Portz/Prieß, GWB-Vergaberecht, § 174 Rn. 7; *Wilke*, in: Säcker, Wettbewerbsrecht, § 174 GWB Rn. 8.

11 *König*, in: Heuvels/Höß/Kus/Wagner, Vergaberecht, § 174 GWB Rn. 6; *Raabe*, in: Willenbruch/Wieddekind, Vergaberecht, § 174 GWB Rn. 9.

12 So *König*, in: Heuvels/Höß/Kus/Wagner, Vergaberecht, § 174 GWB Rn. 6; *Wilke*, in: Säcker, Wettbewerbsrecht, § 174 GWB Rn. 9; *Raabe*, in: Willenbruch/Wieddekind, Vergaberecht, § 174 GWB Rn. 9.

Kostengründen kein eigenes Rechtsmittel einlegt, kann dies nicht als endgültiger Verzicht auf das ihm auch im Beschwerdeverfahren zustehende rechtliche Gehör ausgelegt werden. Kosteninteressen der anderen Beteiligten stehen dem nicht entgegen, da einem nicht aktiven Beigeladenen auch kein Kostenerstattungsanspruch zusteht.[13]

III. Rechte der Beteiligten

Alle Beteiligten haben **grundsätzlich** dieselben verfahrensmäßigen Rechte, ohne Rücksicht darauf, ob sie selbst Beschwerdeführer bzw. Beschwerdegegner oder nur sonstige Beteiligte sind.[14] Sie können Schriftsätze einreichen und sich an der mündlichen Verhandlung beteiligen. Insbesondere haben sie ein Recht auf Akteneinsicht nach Maßgabe der §§ 165, 175 Abs. 2 i.V.m. § 70 GWB.[15] Ihnen sind alle Zwischen- und Endentscheidungen sowie prozessleitenden Verfügungen zuzustellen.[16] **13**

Dabei steht dem **Beigeladenen**, der nicht selbst Rechtsmittelführer ist, keine Dispositionsbefugnis über den Gegenstand des Beschwerdeverfahrens zu; er hat also insbesondere keinen Einfluss darauf, ob die Beschwerde zurückgenommen wird oder Antragsteller und Antragsgegner das Verfahren einvernehmlich (durch übereinstimmende Erledigungserklärung oder Vergleich) beenden.[17] Die kostenrechtliche Behandlung von Beigeladenen folgt aus § 175 Abs. 2 i.V.m. § 71 GWB.[18] **14**

Anlage

Gesetzesbegründung – VergRModG 2016 (BT-Drs. 18/6281)

Seite 136

§ 174 entspricht dem bisherigen § 119.

---

13 Siehe hierzu § 175 GWB Rn. 70.

14 Vgl. OLG Frankfurt, Beschluss v. 8.2.2005 – 11 Verg 24/04.

15 Vgl. *Wilke*, in: Säcker, Wettbewerbsrecht, § 174 GWB Rn. 12; *Raabe*, in: Willenbruch/Wieddekind, Vergaberecht, § 174 GWB Rn. 11.

16 *König*, in: Heuvels/Höß/Kuß/Wagner, Vergaberecht, § 174 GWB Rn. 10; *Röwekamp*, in: Röwekamp/Kus/Portz/Prieß, GWB-Vergaberecht, § 174 Rn. 8; *Frister*, in: Ziekow/Völlink, Vergaberecht, § 174 GWB Rn. 8.

17 *Raabe*, in: Willenbruch/Wieddekind, Vergaberecht, § 174 GWB Rn. 12; *Frister*, in: Ziekow/Völlink, Vergaberecht, § 174 GWB Rn. 8.

18 Vgl. hierzu § 175 GWB Rn. 69.

§ 175 GWB
Verfahrensvorschriften

(1) Vor dem Beschwerdegericht müssen sich die Beteiligten durch einen Rechtsanwalt als Bevollmächtigten vertreten lassen. Juristische Personen des öffentlichen Rechts können sich durch Beamte oder Angestellte mit Befähigung zum Richteramt vertreten lassen.

(2) Die §§ 65, 69 bis 72 mit Ausnahme der Verweisung auf § 227 Absatz 3 der Zivilprozessordnung, § 75 Absatz 1 bis 3, § 76 Absatz 1 und 6, die §§ 165 und 167 Absatz 2 Satz 1 sind entsprechend anzuwenden.

Übersicht Rn.

A. Allgemeines ... 1
I. Historie ... 3
II. Unionsrechtlicher Hintergrund ... 4
B. Vertretungsregelungen (Abs. 1) ... 5
C. Anwendbare Verfahrensvorschriften (Abs. 2) ... 10
I. Mündlichkeit (§ 65 GWB) ... 10
1. Durchführung ... 10
2. Entbehrlichkeit ... 14
a) Einverständniserklärung ... 15
b) Weitere Fälle ... 18
II. Amtsermittlung (§ 75 Abs. 1 bis 3 GWB) ... 23
1. Erforschung von Amts wegen (Abs. 1) ... 23
2. Hinwirkungspflicht des Vorsitzenden (Abs. 2) ... 26
3. Fristsetzung (Abs. 3) ... 27
III. Beschluss (§ 76 Abs. 1 und 6 GWB) ... 30
1. Materielle Anforderungen (Abs. 1) ... 30
2. Begründung und Rechtsmittelbelehrung (Abs. 6) ... 36
IV. Anhörungsrüge (§ 69 GWB) ... 39
V. Akteneinsichtsrecht (§§ 70, 165 GWB) ... 44
VI. Vorschriften des GVG und der ZPO (§ 72 GWB) ... 50
1. Verweis auf Regelungen des GVG (Nr. 1) ... 50
2. Verweis auf Regelungen der ZPO (Nr. 2) ... 53
VII. Kosten (§ 71 GWB) ... 57
1. Grundsatz ... 57
2. Entscheidung in der Sache ... 59
a) Erfolglose Beschwerde ... 59
b) Ganz oder teilweise erfolgreiche Beschwerde ... 60
3. Anderweitige Erledigung des Beschwerdeverfahrens ... 63
a) Erledigung der Hauptsache ... 63
b) Rücknahme der Beschwerde ... 65
c) Rücknahme des Nachprüfungsantrags im Beschwerdeverfahren ... 66
4. Beigeladene ... 69
a) Aktive Beigeladene ... 69
b) Passive Beigeladene ... 70
5. Haftung mehrerer Beteiligter ... 72
6. Eilverfahren ... 73
7. Sonderfall Gebührenbeschwerde ... 76
8. Streitwert ... 77
VIII. Verfahrensförderung (§ 167 Abs. 2 S. 1 GWB) ... 82
Anlage
Gesetzesbegründung

A. Allgemeines*

1 Die Regelung des § 175 GWB befasst sich in **Abs. 1** mit dem vor dem Beschwerdesenat bestehenden sogenannten Anwaltszwang und ist damit § 64 GWB entsprechend nachgebildet. So legt § 175 Abs. 1 GWB fest, welcher der Beteiligten sich vor dem Beschwerdesenat durch einen Rechtsanwalt vertreten lassen muss und bei wem eine anderweitige Vertretung ausreicht. Vergleichbare Anforderungen für das Verfahren vor den Vergabekammern fehlen.

* Die Kommentierung basiert zum großen Teil auf der Kommentierung des § 120 GWB im Taschenkommentar zum GWB-Vergaberecht (zweite Auflage, hrsg. v. Müller-Wrede) durch Herrn *Frank Bastius*, Vorsitzender Richter am OLG Dresden (Vergabesenat), bei dem wir uns für die Zurverfügungstellung des Manuskriptes herzlich bedanken.

2 § 175 **Abs. 2** GWB enthält eine Reihe von Verweisungen auf Bestimmungen des GWB außerhalb des Teil 4. Die möglichst ähnliche Ausgestaltung des Beschwerdeverfahrens in Vergabesachen zu dem Kartellbeschwerdeverfahren kann als gesetzgeberisches Ziel der Verweisungen in § 175 Abs. 2 GWB angesehen werden.[1] Durch die Verweisungen gelangen auch Vorschriften des GVG und der ZPO zur Anwendung. Da trotz der Verweisung die Verfahrensregelungen des Beschwerdeverfahrens nur lückenhaft geregelt sind, greift die Praxis in Ergänzung auf (andere) Vorschriften der ZPO oder der VwGO zurück.

I. Historie

3 Die Vorschrift des § 175 GWB entspricht nahezu vollständig der vor der Vergaberechtsreform 2016 geltenden Vorgängerregelung in § 120 GWB a.F. Im Zuge der Änderung des Teil 4 GWB in Umsetzung der im Jahr 2014 erlassenen Vergaberichtlinien[2] durch das VergRModG 2016 wurde der Wortlaut der Norm weitestgehend identisch übernommen. Die zu § 120 GWB a.F. ergangene Rechtsprechung und vorliegende Literatur kann daher weiterhin Geltung beanspruchen.[3] Aufgrund der zuletzt erfolgten 10. Novellierung des GWB durch das GWB-Digitalisierungsgesetz[4] hat die Vorschrift redaktionelle Anpassungen hinsichtlich der Normen erfahren, auf die in § 175 Abs. 2 GWB verwiesen wird.

II. Unionsrechtlicher Hintergrund

4 Abgesehen davon, dass allgemein ein effektiver Primärrechtsschutz gewährleistet sein muss, existieren keine speziellen europarechtlichen Regelungen, die durch § 175 GWB umgesetzt werden müssten.

B. Vertretungsregelungen (Abs. 1)

5 Aus § 175 Abs. 1 S. 1 GWB ergibt sich der Grundsatz, dass sich die Beteiligten im Verfahren der sofortigen Beschwerde durch einen Rechtsanwalt als Bevollmächtigten vertreten lassen müssen, sog. Anwaltszwang.

6 Gemeint sind damit **Rechtsanwälte**, die über eine Zulassung nach § 12 BRAO verfügen. Eine solche kann nach § 4 BRAO auch einem Rechtsanwalt erteilt werden, der die Eingliederungsvoraussetzungen des EuRAG erfüllt. Einer besonderen Zulassung bei einem Oberlandesgericht bedarf es – wie auch im Anwendungsbereich des § 78 Abs. 1 ZPO – nicht. Da – anders als in § 138 StPO, § 67 VwGO und § 73 SGG – im Gesetz nicht eigens erwähnt, stehen Hochschullehrer Rechtsanwälten nicht gleich. Mithin ist eine statthafte Vertretung durch Hochschullehrer im Verfahren nach den §§ 171 ff. GWB nicht möglich.[5] Auftraggeber dürfen sich gemäß § 46c Abs. 2 Nr. 1 BRAO grundsätzlich nicht durch eigene Syndikusanwälte vor Gericht vertreten lassen. Eine Ausnahme hiervon gilt für den Fall der Doppelzulassung, vgl. §§ 12, 46a BRAO.[6] Die gleichermaßen denkbare Teilnahme als Beigeladener erfordert eine anwaltliche Vertretung, soweit die aktive Beteiligung am Verfahren beabsichtigt ist.[7] Ihre Beteiligteneigenschaft verlieren Beigeladene also nicht, soweit sie sich nicht anwaltlich vertreten lassen.[8] So

---

1 Gesetzesbegründung zu § 130 Abs. 2 GWB a.F., VgRÄG, BT-Drs. 13/9340, 21; vgl. *Jaeger*, in: Byok/Jaeger, Vergaberecht, § 175 GWB Rn. 1; *Frister*, in: Ziekow/Völlink, Vergaberecht, § 175 GWB Rn. 1.

2 RL 2014/24/EU, RL 2014/25/EU und RL 2014/23/EU.

3 Sofern im Folgenden auf Rechtsprechung und Literatur Bezug genommen wird, bezieht sich diese ohne weitere Anmerkungen auch auf die Vorgängervorschrift § 120 GWB a.F. bzw. auf andere Vorschriften des GWB, die wortgleich übernommen wurden.

4 Gesetz zur Änderung des Gesetzes gegen Wettbewerbsbeschränkungen für ein fokussiertes, proaktives und digitales Wettbewerbsrecht 4.0 und anderer Bestimmungen (GWB-Digitalisierungsgesetz) vom 18.1.2021, BGBl. I 2021 S. 2.

5 Vgl. *Summa*, in: Heiermann/Zeiss/Summa, Vergaberecht, § 175 GWB Rn. 5.

6 Vgl. auch § 46 Abs. 3 GWB; *Jaeger*, in: Byok/Jaeger, Vergaberecht, § 175 GWB Rn. 2; *Summa*, in: Heiermann/Zeiss/Summa, Vergaberecht, § 175 GWB Rn. 7.

7 Vgl. *Summa*, in: Heiermann/Zeiss/Summa, Vergaberecht, § 175 GWB Rn. 6.

8 Vgl. *Frister*, in: Ziekow/Völlink, Vergaberecht, § 175 GWB Rn. 3.

erhalten sie auch sämtlichen Schriftverkehr und können sich durchaus noch zu einem späteren Zeitpunkt dazu entscheiden, sich anwaltlich vertreten zu lassen.

§ 175 Abs. 1 S. 2 GWB enthält eine Sonderregelung für **juristische Personen des öffentlichen Rechts.** Diese können sich durch Beamte oder Angestellte mit Befähigung zum Richteramt (§ 5 DRiG) vertreten lassen. Dies gilt unabhängig davon, ob die juristische Person als öffentlicher Auftraggeber oder in einer anderen Funktion am Beschwerdeverfahren beteiligt ist. Dabei ist es nicht notwendig, dass der Beamte oder Angestellte gerade bei der Körperschaft beschäftigt ist, für die er im Beschwerdeverfahren handelt.[9] Juristische Personen des öffentlichen Rechts sind Körperschaften, Anstalten und Stiftungen des öffentlichen Rechts. Die Sonderregelung gilt also keineswegs generell für öffentliche Auftraggeber, Sektorenauftraggeber und Konzessionsgeber. Maßgeblich ist die öffentlich-rechtliche Organisationsform. 7

Die **Beschwerdeschrift** muss in den Fällen des § 175 Abs. 1 S. 1 GWB von einem Rechtsanwalt, in den Fällen des § 175 Abs. 1 S 2 GWB von der Person unterzeichnet werden, die über die Befähigung zum Richteramt verfügt. Dies folgt aus § 172 Abs. 3 GWB. Bei verständiger Würdigung kann § 172 Abs. 3 GWB nicht so gedeutet werden, dass es keiner Unterschrift bzw. keiner Unterschrift einer im Sinne des § 175 Abs. 1 S. 2 GWB qualifizierten Person bedarf, soweit es sich um eine juristische Person des öffentlichen Rechts handelt.[10] Ein Grund dafür, dass bei der Beschwerdeeinlegung andere Maßstäbe für die Vertretung gelten sollen als für die weiteren Verfahrenshandlungen, ist nicht erkennbar.[11] Es genügt daher nicht, wenn die Beschwerdeschrift einer juristischen Person des öffentlichen Rechts nur die Unterschrift einer nach den allgemeinen Regeln zur Vertretung berechtigten Person trägt.[12] Eine den Anforderungen des § 175 Abs. 1 GWB nicht genügende Beschwerdeschrift macht die Beschwerde unzulässig. 8

Auch im Übrigen ist **schriftsätzliches Vorbringen** von Beteiligten im Beschwerdeverfahren nur beachtlich, wenn es von einer der Personen des § 175 Abs. 1 GWB herrührt. Dies bedeutet allerdings nicht, dass dem nicht genügende Schriftsätze den anderen Beteiligten nicht zugänglich zu machen sind. Auch sind dem, der nicht in diesem Sinne ordnungsgemäß vertreten ist, Schriftsätze der anderen Beteiligten keineswegs vorzuenthalten. Letzteres gilt namentlich für Beigeladene, denen die Möglichkeit gegeben werden muss, darüber zu entscheiden, auch noch in einem späteren Verfahrensstadium – und sei es erst in der mündlichen Verhandlung – einen Rechtsanwalt hinzuzuziehen. Ein Beteiligter, der in der mündlichen Verhandlung nur in Person erschienen, nicht aber den Anforderungen des § 175 Abs. 1 GWB entsprechend vertreten ist, kann in der mündlichen Verhandlung keine verfahrenserheblichen Erklärungen abgeben. Er steht insoweit demjenigen gleich, der den Termin überhaupt nicht wahrnimmt. 9

C. Anwendbare Verfahrensvorschriften (Abs. 2)

I. Mündlichkeit (§ 65 GWB)

1. Durchführung

§ 175 Abs. 2 GWB erklärt § 65 GWB für entsprechend anwendbar und verlangt damit im Regelfall eine Entscheidung aufgrund einer mündlichen Verhandlung (§ 65 Abs. 1 Hs. 1 GWB). Die Entscheidung darf nur auf Tatsachen und Beweismittel gestützt werden, die Gegenstand der mündlichen Verhandlung geworden sind.[13] Soweit dem Gericht erst nach dem Schluss der 10

9 So auch *Jaeger*, in: Byok/Jaeger, Vergaberecht, § 175 GWB Rn. 2; a. A. *Vavri*, in: Burgi/Dreher, Vergaberecht, § 175 GWB Rn. 7; *Stickler*, in: Reidt/Stickler/Glahs, Vergaberecht, § 120 GWB Rn. 4.
10 Vgl. *Frister*, in: Ziekow/Völlink, Vergaberecht, § 175 GWB Rn. 4.
11 So auch *Frister*, in: Ziekow/Völlink, Vergaberecht, § 175 GWB Rn. 4.
12 So aber *Jaeger*, in: Byok/Jaeger, Vergaberecht, § 172 GWB Rn. 3; *Dieck-Bogatzke*, in: Pünder/Schellenberg, Vergaberecht, § 172 GWB Rn. 9; *Goede/Herrmann*, in: Goede/Stoye/Stolz, Handbuch des Vergaberechts, Kap. 23 B, Rn. 117.
13 Vgl. OLG Hamburg, Beschluss v. 31.3.2014 – 1 Verg 4/13; *Wilke*, in: Säcker, Wettbewerbsrecht, § 175 GWB Rn. 17; *Frister*, in: Ziekow/Völlink, Vergaberecht, § 175 GWB Rn. 15.

mündlichen Verhandlung neue Tatsachen vorgetragen werden, muss die mündliche Verhandlung wiedereröffnet werden, wenn die Entscheidung diesen neuen Sachvortrag berücksichtigen soll.

11 Zu der mündlichen Verhandlung sind alle **Beteiligten** zu laden, nicht nur die, die sich zur Zeit der Terminbestimmung im Sinne des § 175 Abs. 1 GWB haben ordnungsgemäß vertreten lassen. Dies ergibt sich über den Verweis in § 175 Abs. 2 GWB auf § 72 Nr. 2 GWB und damit auf die Vorschriften der ZPO über die Zustellung, Ladung und Fristen, §§ 214 ff. ZPO.

12 Unter den Voraussetzungen von § 175 Abs. 2 GWB i.V.m. § 227 Abs. 1 ZPO ist ein Termin auf Antrag zu **verlegen**. Eine Terminsverlegung setzt hiernach voraus, dass ein erheblicher Grund vorliegt und dieser glaubhaft gemacht wird. Das Gericht hat bei seiner Entscheidung, ob bei Vorliegen erheblicher Gründe eine Verhandlung verlegt wird, nach pflichtgemäßem Ermessen sowohl das Gebot der Beschleunigung des Verfahrens als auch den Anspruch beider Parteien auf Gewährung rechtlichen Gehörs zu berücksichtigen.[14] Erhebliche Gründe im Sinne von § 227 Abs. 1 ZPO sind regelmäßig solche, die zur Gewährleistung des rechtlichen Gehörs eine Zurückstellung des Beschleunigungs- und Konzentrationsgebots erfordern. Liegen solche Gründe vor, verdichtet sich das Ermessen des Gerichts zu einer Rechtspflicht, den Termin zu verlegen, selbst wenn das Gericht die Sache für entscheidungsreif hält und die Erledigung des Rechtsstreits verzögert wird. Einem Antrag auf Terminsverlegung ist daher regelmäßig aufgrund Vorliegens eines erheblichen Grundes stattzugeben.[15] Zur Skizzierung, was erhebliche Gründe sind, bedient sich der Gesetzgeber in § 227 Abs. 1 S. 2 ZPO eines beispielhaften („insbesondere") Negativkatalogs von Tatsachen, die keine erheblichen Gründe darstellen sollen. So ist das Ausbleiben einer Partei oder die Ankündigung, nicht zu erscheinen, wenn nicht das Gericht dafürhält, dass die Partei ohne ihr Verschulden am Erscheinen verhindert ist, kein erheblicher Grund (Nr. 1). Ebenso ist die mangelnde Vorbereitung einer Partei kein erheblicher Grund, soweit die Partei dies nicht genügend entschuldigt (Nr. 2). Und schließlich ist auch das Einvernehmen der Parteien alleine kein erheblicher Grund (Nr. 3).

13 Nimmt ein Beteiligter den Termin zur mündlichen Verhandlung trotz ordnungsgemäßer Ladung nicht wahr oder erscheint er ohne einen Vertreter nach § 175 Abs. 1 GWB, so kann gegen ihn kein **Versäumnisurteil** ergehen. Das sehen die Vorschriften, auf die in § 175 Abs. 2 GWB verwiesen ist, nicht vor. So sah sich der Gesetzgeber seinerzeit aufgrund des Untersuchungsgrundsatzes an der Einführung eines Versäumnisverfahrens gehindert. Es sollte aber gleichwohl durch die Ausgestaltung der Norm verhindert werden, dass die Beteiligten die Fortführung des Verfahrens verzögern, indem sie einem Verhandlungstermin fernbleiben oder sich nicht vertreten lassen.[16] Selbst in dem Fall, dass keiner der Beteiligten erschienen ist, bedarf es nicht per se der Verlegung des Termins. Denn § 175 Abs. 2 i.V.m. § 65 Abs. 2 GWB gebietet nur, den Beteiligten durch eine ordnungsgemäße Ladung die Gelegenheit zu geben, einer mündlichen Verhandlung beizuwohnen und sich dort einzubringen; die Verhandlung kann aber auch ohne sie stattfinden.[17] Inwieweit das Gericht bei einem Nichterscheinen der Beteiligten in der Sache entscheidet oder neu terminiert, unterliegt dem pflichtgemäßen Ermessen des Gerichts.[18] War ein Beteiligter ohne sein Verschulden an der Terminwahrnehmung oder daran gehindert, sich im Sinne des § 175 Abs. 1 GWB vertreten zu lassen, muss die mündliche Verhandlung wieder eröffnet werden, solange eine abschließende Sachentscheidung des Senats nach § 178 GWB noch nicht getroffen worden ist. Ein Grund, der, wäre er rechtzeitig bekannt gewesen, nach § 175 Abs. 2 GWB i.V.m. § 227 Abs. 1 ZPO Anlass zu einer Terminverlegung hätte geben müssen, macht einen neuen Termin notwendig, wenn das Unterbleiben einer rechtzeitigen Unterrichtung des Senats nicht vorwerfbar ist.

---

14 BGH, Urteil v. 24.1.2019 – VII ZR 123/18; Urteil v. 25.11.2008 – VI ZR 317/07.

15 BGH, Urteil v. 24.1.2019 – VII ZR 123/18; Beschluss v. 7.6.2010 – II ZR 233/09.

16 Vgl. Gesetzesbegründung zur Ursprungsfassung in § 5 GWB a.F., BT-Drs. 2/1158, S. 52.

17 Vgl. *Stockmann*, in: Immenga/Mestmäcker, Wettbewerbsrecht, § 175 GWB Rn. 7; *Stickler*, in: Reidt/Stickler/Glahs, Vergaberecht, § 120 GWB Rn. 9; *Frister*, in: Ziekow/Völlink, Vergaberecht, § 175 GWB Rn. 6.

18 Vgl. *Jaeger*, in: Byok/Jaeger, Vergaberecht, § 175 GWB Rn. 4; *Stockmann*, in: Immenga/Mestmäcker, Wettbewerbsrecht, § 175 GWB Rn. 8.

2. Entbehrlichkeit

Nach § 175 Abs. 2 i.V.m. § 65 Abs. 1 Hs. 1 GWB ist grundsätzlich eine mündliche Verhandlung durchzuführen. Ausnahmsweise kann das Gericht auf die Durchführung einer mündlichen Verhandlung im Falle einer Einverständniserklärung nach § 175 Abs. 2 i.V.m. § 65 Abs. 1 Hs. 2 GWB oder in weiteren nicht gesetzlich geregelten Fällen verzichten. 14

a) Einverständniserklärung

Eine mündliche Verhandlung ist nach § 175 Abs. 2 i.V.m. § 65 Abs. 1 Hs. 2 GWB entbehrlich, wenn die Beteiligten sich mit einer Entscheidung ohne eine solche einverstanden erklärt haben. 15

Hierfür bedarf es des **Einverständnisses**, d.h. der vorherigen Zustimmung, aller am Verfahren gemäß § 174 GWB Beteiligten. Das Einverständnis ist unter Wahrung der Form des § 175 Abs. 1 GWB zu erklären und nur dann beachtlich. Die Einverständniserklärung ist in Ermangelung von § 128 Abs. 2 ZPO entsprechenden Regelungen als Prozesshandlung bedingungsfeindlich und nicht widerruflich. Ebenso wenig ist sie in ihrer Wirkung auf einen bestimmten Zeitraum beschränkt. 16

Auch bei formgerechter Erklärung des Einverständnisses aller Beteiligten ist der Vergabesenat nicht gezwungen, in das schriftliche Verfahren überzugehen.[19] Denn die Regelung stellt die Entscheidung über das Absehen von einer mündlichen Verhandlung in das **Ermessen** des Senats. 17

b) Weitere Fälle

Eine mündliche Verhandlung ist auch noch **in anderen Fällen** entbehrlich, ohne dass es hierfür einen gesetzlichen Anknüpfungspunkt in § 175 Abs. 2 GWB und den dort in Bezug genommenen Vorschriften gäbe. 18

Allgemein anerkannt ist dies bei einer **unzulässigen Beschwerde**.[20] Hiervon zu unterscheiden ist eine die Formen und Fristen wahrende und damit zulässige Beschwerde gegen einen Beschluss, in dem die Vergabekammer den Nachprüfungsantrag des Antragstellers für unzulässig gehalten hat. Über diese Beschwerde ist mündlich zu verhandeln. Zu weit ginge es überdies, § 522 ZPO insgesamt und nicht nur hinsichtlich seines Abs. 1, in dem die zivilprozessuale Zurückweisung einer unzulässigen Berufung ohne mündliche Verhandlung verankert ist, auf das Vergabenachprüfungsverfahren zu übertragen und eine Zurückweisung der Beschwerde ohne mündliche Verhandlung auch unter den Voraussetzungen des § 522 Abs. 2 ZPO zu gestatten. Das bedeutet, dass selbst über eine nach übereinstimmender Auffassung aller Senatsmitglieder unbegründete Beschwerde, die keine rechtsgrundsätzlichen Fragen aufwirft, mündlich zu verhandeln ist. 19

Einer mündlichen Verhandlung bedarf es nicht, wenn nach einer Beschwerderücknahme oder nach Erklärungen zur übereinstimmenden Erledigung der Hauptsache eine **Entscheidung nur noch über die Kosten** zu treffen ist.[21] Nichts anderes gilt aber auch dann, wenn Gegenstand der Anfechtung mit der Beschwerde lediglich die Kostenentscheidung im Beschluss der Vergabekammer ist.[22] Die Kostenentscheidung des Kammerbeschlusses kann unter mehreren Gesichtspunkten zum Gegenstand eines Verfahrens der Beschwerde werden, sei es, dass es um die Kostenverteilung dem Grunde nach geht (§ 182 Abs. 3 GWB), sei es, dass die Gebührenhöhe in Rede steht (§ 182 Abs. 2 GWB), sei es schließlich, dass über die Hinzuziehung eines 20

19 Vgl. *Stockmann*, in: Immenga/Mestmäcker, Wettbewerbsrecht, § 175 GWB Rn. 6; so auch *Vavra*, in: Burgi/Dreher, Vergaberecht, § 175 GWB Rn. 10.

20 Vgl. OLG München, Beschluss v. 4.5.2012 – Verg 5/12; *Frister*, in: Ziekow/Völlink, Vergaberecht, § 175 GWB Rn. 5.

21 Vgl. OLG Düsseldorf, Beschluss v. 20.7.2000 – Verg 2/99; *Dieck-Bogatzke*, in: Pünder/Schellenberg, Vergaberecht, § 175 GWB Rn. 3; *Wiese*, in: Röwekamp/Kus/Portz/Prieß, GWB-Vergaberecht, § 175 Rn. 10.

22 Vgl. OLG Düsseldorf, Beschluss v. 13.1.2014 – VII-Verg 11/13; OLG Brandenburg, Beschluss v. 12. 3.2013 – Verg W 1/13; *Dieck-Bogatzke*, in: Pünder/Schellenberg, Vergaberecht, § 175 GWB Rn. 3; *Frister*, in: Ziekow/Völlink, Vergaberecht, § 175 GWB Rn. 5; a.A. unter Verweis auf den Wortlaut des § 69 Abs. 1 GWB *Raabe*, in: Willenbruch/Wieddekind, Vergaberecht, § 175 GWB Rn. 17.

Rechtsanwalts unter dem Gesichtspunkt notwendiger Kosten zu befinden ist (§ 182 Abs. 4 GWB). Dass die Kostenentscheidung als Nebenentscheidung des Kammerbeschlusses zur Hauptsache des Senatsverfahrens wird, ist formal zwar richtig, ändert aber nichts daran, dass es nicht um die gesetzeskonforme Vergabe, sondern lediglich darum geht, die Kammerentscheidung in einem Nebenpunkt zu überprüfen. Das legt es nahe, von einer mündlichen Verhandlung abzusehen, wie dies auch außerhalb des Vergaberechts gilt.

21 Eine mündliche Verhandlung ist ferner nicht geboten, wenn eine **Eilentscheidung** über einen Antrag nach § 173 Abs. 1 S. 3 GWB oder einen solchen nach § 176 GWB zu treffen ist,[23] eine notwendige **Beiladung** im Rahmen der §§ 174, 162 GWB anzuordnen oder über ein **Akteneinsichtsgesuch** gemäß § 175 Abs. 2 i.V.m. § 165 GWB[24] zu befinden ist. Zwar ist dies nur in § 176 Abs. 3 S. 2 GWB ausdrücklich so bestimmt. Da eine Entscheidung nach § 176 GWB aber sehr weitreichende Folgen hat und mit einer vorzeitigen Gestattung des Zuschlags einer Vorwegnahme der Entscheidung in der Hauptsache gleichkommt, ist ein Rückschluss von der Entbehrlichkeit einer mündlichen Verhandlung dort auf die Entbehrlichkeit einer solchen auch bei den anderen hier in Rede stehenden Anwendungsfällen erlaubt. Denn keiner dieser Anwendungsfälle geht in seinen Auswirkungen über die aus § 176 GWB hinaus.

22 Gleiches gilt für die Sonderkonstellation, dass der Senat beschließt, einen von der Vergabekammer – rechtswidrig – **nicht übermittelten Nachprüfungsantrag** zur Wahrung eines effektiven Primärrechtsschutzes seinerseits dem Auftraggeber zu übermitteln.[25]

II. Amtsermittlung (§ 75 Abs. 1 bis 3 GWB)

1. Erforschung von Amts wegen (Abs. 1)

23 § 175 Abs. 2 GWB verweist unter anderem auf § 75 Abs. 1 GWB. Inhalt dieser Bestimmung ist die Verpflichtung des Beschwerdegerichts, den Sachverhalt von Amts wegen zu erforschen.

24 Die Verpflichtung zur **amtswegigen Sachverhaltserforschung** deutet darauf hin, dass es uneingeschränkt Aufgabe und Verpflichtung des Vergabesenats sein soll, die entscheidungserheblichen Tatsachen zu ermitteln und für beweisbedürftig gehaltene Umstände auch ohne Antrag eines der Beteiligten von Amts wegen aufzuklären. Aber schon der Blick in § 163 Abs. 1 GWB zeigt, dass die Untersuchungspflicht nicht schrankenlos greifen soll. In § 163 Abs. 1 S. 2 GWB ist der Vergabekammer die Befugnis gegeben, von einer umfassenden Rechtmäßigkeitskontrolle abzusehen und sich auf das zu beschränken, was von den Beteiligten vorgebracht worden oder sonst bekannt geworden ist. Da der Vergabesenat als zweite Rechts- und Tatsacheninstanz die Entscheidung der Vergabekammer auf ihre Richtigkeit zu prüfen hat, liegt es schon aus diesem Grunde nahe, den Umfang der Nachforschungen für den Senat in gleicher Weise zu begrenzen. So verfährt die Rechtsprechung auch tatsächlich mit § 175 Abs. 2 i.V.m. § 75 Abs. 1 GWB. Andere als die vorgetragenen Tatsachen und Beweismittel – es bedarf zu diesen keines förmlichen Beweisantrages – sind nur zu berücksichtigen, wenn hierzu begründeter Anlass besteht.[26] Das Beschwerdeverfahren dient ebenso wenig wie das Kammerverfahren einer allgemeinen **Rechtmäßigkeitskontrolle** zur Herstellung einer objektiven Rechtmäßigkeit des Vergabeverfahrens. Vergaberechtsfehler von Amts wegen aufzugreifen, kommt nur in Betracht, wenn es sich um solche handelt, die es unmöglich machen, eine mit den Grundzügen der öffentlichen Auftragsvergabe konforme Auswahl unter den Bietern zu treffen.[27] Dabei haben sich die Ermittlungen am Rechtsschutzbegehren des Antragstellers auszurichten und sollen daher im Grundsatz nicht darauf abzielen, bislang von keiner Seite ins Spiel gebrachte Umstände aufzugreifen, die diesem Begehren entgegenstehen. Et-

23 Vgl. OLG Jena, Beschluss v. 8.6.2000 – 6 Verg 2/00.
24 Vgl. OLG Frankfurt, Beschluss v. 12.12.2014 – 11 Verg 8/14; OLG Jena, Beschluss v. 8.6.2000 – 6 Verg 2/00.
25 Vgl. OLG Frankfurt, Beschluss v. 4.2.2016 – 11 Verg 3/16.
26 Vgl. BGH, Urteil v. 12.6.2001 – X ZB 10/01; OLG Düsseldorf, Beschluss v. 25.11.2020 – VII-Verg 35/19; Beschluss v. 31.5.2017 – VI-Kart 2/17.
27 Vgl. OLG Düsseldorf, Beschluss v. 16.12.2015 – VII-Verg 25/15; OLG Celle, Beschluss v. 12.1.2012 – 13 Verg 8/11.

was anderes gilt nur dann, wenn diese Umstände sich aufdrängen und schlechterdings nicht zu übersehen sind. Die Richtigkeit dieser Selbstbeschränkung ergibt sich schon daraus, dass für den Vergabesenat wie auch die Vergabekammer – für diese so ausdrücklich in § 163 Abs. 1 S. 4 GWB bestimmt – gelten muss, das Vergabeverfahren nicht mehr als notwendig zu beeinträchtigen. Die Wahrung des Gebotes der Verhältnismäßigkeit ist ein allgemeiner Grundsatz staatlichen Handelns, wie er aus Art. 1 Abs. 3 und Art. 20 Abs. 3 GG abgeleitet wird. Die Eingrenzung der Untersuchungspflicht hat auch noch einen weiteren Grund, der sich aus § 160 Abs. 3 GWB ergibt. Die Vorschrift legt dem Antragsteller die Verpflichtung auf, vor Einleitung eines Nachprüfungsverfahrens von ihm als vergaberechtswidrig empfundene Vorgaben oder Verfahrensweisen zu beanstanden. Es handelt sich nicht lediglich um eine Obliegenheit, an deren Verletzung keine Sanktionen geknüpft wären, sondern um eine echte Zulässigkeitsvoraussetzung des Nachprüfungsantrags. Diese würde unterlaufen, wenn schon nicht die Vergabekammer, so aber doch jedenfalls der Vergabesenat gehalten wäre, umfassende Nachforschungen von Amts wegen anzustellen. Im Grundsatz hat daher zu gelten, dass nach Maßgabe von § 160 Abs. 3 GWB präkludierte Vergaberechtsverstöße der von Amts wegen vorzunehmenden Ermittlung und Prüfung entzogen sind.[28]

Eine weitere Frage ist die, ob die Vergabesenate nur Verstößen gegen vergaberechtliche Bestimmungen nachzugehen haben oder ob es ihnen auch obliegt, andere Rechtsverletzungen aufzugreifen. Es gibt keinen allgemeinen Rechtssatz des Inhalts, dass **außervergaberechtliche Normen** in einem Vergabenachprüfungsverfahren nicht zu prüfen wären.[29] Da aber eine allgemeine Rechtmäßigkeitskontrolle nicht gewollt ist, muss es sich bei den Rechtsvorschriften außerhalb des Vergaberechts jedenfalls um solche mit Bezug zum Vergaberecht handeln.[30] Nicht einzubeziehen sind materiell-rechtliche Gebots- und Verbotsnormen, die nicht in irgendeiner Weise das Vergabeverfahren, seine nähere Ausgestaltung oder die Rechtsstellung der am Verfahren Beteiligten regeln. 25

2. Hinwirkungspflicht des Vorsitzenden (Abs. 2)

Nach § 175 Abs. 2 i.V.m. § 75 Abs. 2 GWB hat der Vorsitzende des Vergabesenats im Kern darauf hinzuwirken, dass Formfehler und Unklarheiten beseitigt sowie sachliche Anträge gestellt werden. Den Vorsitzenden trifft eine Hinwirkungspflicht.[31] Die Grenze ist dort überschritten, wo es um ein aus dem bisherigen Sachvortrag nicht erkennbar gewordenes Rechtsschutzinteresse geht, das überhaupt erst durch das Eingreifen des Vorsitzenden Gegenstand des Rechtsstreits werden könnte. Darüber hinaus kann ein Formfehler, der zu einer schon nicht zulässigen Beschwerde geführt hat, nicht nachträglich geheilt werden. Verwiesen sei hier etwa auf §§ 172 Abs. 3, 175 Abs. 1 GWB. 26

3. Fristsetzung (Abs. 3)

§ 175 Abs. 2 i.V.m. § 75 Abs. 3 S. 1 GWB macht es möglich, den Beteiligten Fristen zur Äußerung über aufklärungsbedürftige Punkte, zur Bezeichnung von Beweismitteln und zur Vorlage von Urkunden zu setzen. Bei erfolglosem Fristablauf kann das Gericht nach Lage der Akten entscheiden. Voraussetzung ist eine Fristsetzung durch den Vergabesenat in seiner vollen Besetzung durch Beschluss, nicht lediglich durch eine Verfügung des Vorsitzenden.[32] Die Vorschrift dient – ebenso wie die Hinwirkungspflicht aus § 175 Abs. 2 i.V.m. § 75 Abs. 2 GWB – dazu, vermeidbare Verzögerungen des Verfahrens möglichst auszuschließen und das Verfahren insgesamt zu beschleunigen.[33] 27

---

28 Vgl. OLG Frankfurt, Beschluss v. 16.10.2012 – 11 Verg 9/11.
29 Vgl. BGH, Beschluss v. 18.6.2012 – X ZB 9/11; OLG Düsseldorf, Beschluss v. 1.8.2012 – VII-Verg 105/11.
30 Vgl. OLG Düsseldorf, Beschluss v. 1.8.2012 – VII-Verg 105/11.
31 Vgl. *Vavra*, in: Burgi/Dreher, Vergaberecht, § 175 GWB Rn. 15; *Stockmann*, in: Immenga/Mestmäcker, Wettbewerbsrecht, § 175 GWB Rn. 11.
32 Vgl. *Schmidt*, in: Immenga/Mestmäcker, Wettbewerbsrecht, § 70 GWB Rn. 12.
33 Vgl. *Frister*, in: Ziekow/Völlink, Vergaberecht, § 175 GWB Rn. 14.

28 Die **Entscheidung nach Lage der Akten** soll es nach dem Wortlaut der Regelung nur möglich machen, ohne Berücksichtigung nicht beigebrachter Beweismittel zu entscheiden, vgl. § 175 Abs. 2 i.V.m. § 75 Abs. 3 S. 2 GWB. Dies erscheint in mehrfacher Hinsicht sprachlich missglückt. Zum einen kann es nicht nur um Beweismittel gehen. Vielmehr müssen naturgemäß auch nicht erfolgte Ausführungen zu aufklärungsbedürftigen Punkten unberücksichtigt bleiben. Denn auf diese bezieht sich die Befugnis zur Fristsetzung ebenso. Zum anderen sind nicht nur überhaupt nicht beigebrachte Beweismittel, sondern auch solche erfasst, die nicht in der Frist beigebracht worden sind. Anderenfalls verlöre die Fristsetzung einen Teil ihres Sinns.

29 Letztlich stellt die Vorschrift aber in das **Ermessen** des Senats, verspätet, aber immerhin noch benannten Beweisangeboten nachzugehen. Dieses Ermessen muss auch ausgeübt werden. Ein nicht fristgerecht eingehender Sachvortrag und ein nicht fristgerecht eingeführtes Beweismittel sind also nicht von vornherein unbeachtlich. In Ausübung des Ermessens wird insbesondere maßgeblich darauf abzustellen sein, ob die bis zur mündlichen Verhandlung des Vergabesenats verbleibende Zeit ungeachtet der Fristversäumung ausreicht, den angebotenen Beweis zu erheben. Darüber hinaus wirft ein verspätet in das Beschwerdeverfahren eingeführter Sachvortrag immer auch die Frage auf, ob das nachgeschobene Vorbringen nicht doch deshalb der Verwertung unterliegt, weil der Untersuchungsgrundsatz der §§ 175 Abs. 2, 75 Abs. 1 GWB dies gebietet. Ist das, was in dem späteren Schriftsatz enthalten ist, unter den Beteiligten nicht in Streit, so ist es ebenso in die Entscheidung einzubeziehen, wie dies für einen offenkundigen Umstand gilt, der in dem Schriftsatz aufgezeigt worden ist.

III. Beschluss (§ 76 Abs. 1 und 6 GWB)

1. Materielle Anforderungen (Abs. 1)

30 Der Vergabesenat entscheidet durch Beschluss, § 175 Abs. 2 i.V.m. § 76 Abs. 1 S. 1 GWB. In diesen fließt seine aus dem Gesamtergebnis des Verfahrens gewonnene Überzeugung ein.

31 **Überzeugung** ist mehr als nur eine überwiegende Wahrscheinlichkeit, wie sie für eine Glaubhaftmachung genügt, und weniger als eine jegliche Zweifel ausschließende absolute Sicherheit der betreffenden Tatsache. Erforderlich, aber auch ausreichend, ist vielmehr, dass das Gericht nach seiner freien Überzeugung einen für das praktische Leben brauchbaren Grad an Gewissheit erlangt hat, der vernünftige Zweifel ausschließt.[34]

32 Regelmäßig dürfen in die Entscheidung nur Gesichtspunkte einfließen, zu denen die Beteiligten sich äußern konnten, § 175 Abs. 2 i.V.m. § 76 Abs. 1 S. 2 GWB. Ob sie vom **Recht einer Stellungnahme** tatsächlich Gebrauch gemacht haben, ist ohne Bedeutung, solange hierzu – auch in zeitlicher Hinsicht – nur hinreichend Gelegenheit bestanden hat. Daher sind Überraschungsentscheidungen, die sich auf Umstände stützen, die von den Beteiligten nicht oder jedenfalls so nicht thematisiert worden sind und die der Senat auch nicht offengelegt und im Termin erörtert hat,[35] unzulässig. Der Anspruch auf Gewährung des rechtlichen Gehörs im Vergabenachprüfungsverfahren verlangt aber nicht, dass das erkennende Gericht in seinen Entscheidungsgründen auf alle von den Verfahrensbeteiligten vorgebrachten Einwendungen eingeht. Es ist vielmehr davon auszugehen, dass das Gericht auch ohne ausdrückliche Erwähnung jeder Einzelheit das von ihm entgegengenommene Vorbringen der Verfahrensbeteiligten in seine Erwägungen einbezogen hat.[36] Nur im Falle von Beigeladenen kommt nach dem Wortlaut der Regelung ausnahmsweise die Verwertung des Inhalts von Unterlagen in Betracht, auch ohne dass ihnen Gelegenheit zur Äußerung gewährt worden ist, § 175 Abs. 2 i.V.m. § 76 Abs. 1 S. 3 GWB. Es bedarf hierzu eines wichtigen Grundes, der es einem anderen Beteiligten gestattet, zur Wahrung insbesondere von Betriebs- und Geschäftsgeheimnissen, aber auch aus anderen Gründen der Geheimhaltung die Einsicht in Akten zu verweigern und noch nicht einmal zum Inhalt der Akten vorzutragen. Wegen der damit einhergehenden Ein-

34 So schon BGH, Urteil v. 14.1.1993 – IX ZR 238/91.
35 Vgl. OLG Düsseldorf, Beschluss v. 16.12.2015 – VII-Verg 25/15.
36 Vgl. OLG Hamburg, Beschluss v. 29.4.2014 – 1 Verg 4/13; OLG München, Beschluss v. 19.3.2012 – Verg 14/11.

schränkungen in den Rechten des Beigeladenen aus Art. 103 Abs. 1 GG versteht es sich von selbst, dass an das Vorliegen eines derart wichtigen Grundes ein strenger Maßstab anzulegen ist.[37] Die strukturellen Unterschiede zwischen Kartellverwaltungsverfahren und Vergabeverfahren berechtigen indes zu einer einheitlichen Anwendung entsprechend § 76 Abs. 1 S. 3 GWB gegenüber allen Beteiligten. Danach darf der Senat von dem Grundsatz, dass die Beschwerdeentscheidung nur auf Tatsachen und Beweismittel gestützt werden darf, zu denen die Beteiligten sich äußern konnten, abweichen, soweit den Verfahrensbeteiligten aus wichtigen Gründen, insbesondere zur Wahrung von Betriebs- oder Geschäftsgeheimnissen, Akteneinsicht nicht gewährt und der Akteninhalt aus diesen Gründen auch nicht vorgetragen worden ist.[38]

Ohnedies gilt die hiernach mögliche Rechtsbeschränkung nicht für die **Beigeladenen**, die an dem Beschwerdeverfahren derart beteiligt sind, dass die Entscheidung auch ihnen gegenüber nur einheitlich ergehen kann, § 175 Abs. 2 i.V.m. § 76 Abs. 1 S. 4 GWB. Die Formulierung bringt den Willen des Gesetzgebers nur unvollkommen zum Ausdruck. Es geht darum, den Beigeladenen zu schützen, soweit der Beschluss des Vergabesenats – sei es durch Ausschluss des Angebots des Beigeladenen oder durch Verpflichtung der Vergabestelle, den Zuschlag auf ein Angebot eines anderen Bieters zu erteilen – in seine Rechtsposition eingreift oder ihn rechtlich in derselben Weise berührt wie den Antragsteller bzw. den Antragsgegner.[39] 33

Zum möglichen **Inhalt** einer Entscheidung des Vergabesenats besagt § 175 Abs. 2 i.V.m. § 76 Abs. 1 GWB nichts. Hierzu gibt § 178 GWB Anhaltspunkte. 34

Keine Aussage macht § 175 Abs. 2 i.V.m. § 76 Abs. 1 GWB auch zu den Beweismitteln, derer sich der Vergabesenat bedienen darf, sowie zu der Frage, welchen der Beteiligten die (materielle) Beweislast dann trifft, wenn ein Sachverhalt nicht mit der für eine richterliche Überzeugungsbildung erforderlichen Sicherheit aufgeklärt werden kann. Die statthaften **Beweismittel** ergeben sich aus § 175 Abs. 2 i.V.m. § 72 Nr. 2 GWB und den dort enthaltenen Verweisen auf den Zeugen- und Sachverständigenbeweis sowie die anderen Beweismittel (Augenschein, Urkunden, Parteivernehmung). Neben der Parteivernehmung im Sinne einer Vernehmung von Antragsteller oder Antragsgegner kommt auch die Vernehmung eines Beigeladenen in Betracht, der – einem Streithelfer vergleichbar – die Stellung eines Zeugen innehat. Außerdem können die Beteiligten formlos angehört werden. Die (materielle) **Beweislast** richtet sich nach den Vorschriften, deren Verletzung in Rede steht. Die materielle Unaufklärbarkeit geht zulasten desjenigen Verfahrensbeteiligten, der sich auf bestimmte ihm günstige Tatsachen beruft.[40] Zum besseren Verständnis sei auf einige Beispiele in der Rechtsprechung verwiesen: Will der Auftraggeber einen Bieter wegen wettbewerbswidriger Absprachen ausschließen, muss regelmäßig der Nachweis geführt sein, dass solche Absprachen erfolgt sind.[41] Weist die Konzernverbundenheit mehrerer Unternehmen, die sich an einer Ausschreibung mit Angeboten beteiligt haben, hingegen auf eine widerlegbare Vermutung der Absprache hin, so ist es Sache des betreffenden Bieters, diese Widerlegung zu führen.[42] Sollen Bieter wegen einer schweren Verfehlung, die ihre Unzuverlässigkeit nach sich ziehen könnte, ausgeschlossen werden, so bedarf es der Feststellung, dass eine solche Verfehlung tatsächlich begangen wurde.[43] Beanstandet ein Bieter schließlich das Preisangebot eines anderen Bieters als unauskömmlich, so hat er die Richtigkeit dieser Behauptung zu beweisen.[44] 35

37 Vgl. BGH, Beschluss v. 31.1.2017 – X ZB 10/16.
38 Vgl. OLG Düsseldorf, Beschluss v. 12.6.2019 – VII-Verg 52/18 mit Verweis auf BGH, Beschluss v. 31.1.2017 – X ZB 10/16.
39 Vgl. *Stockmann*, in: Immenga/Mestmäcker, Wettbewerbsrecht, § 175 GWB Rn. 13.
40 Vgl. *Dieck-Bogatzke*, in: Pünder/Schellenberg, Vergaberecht, § 175 GWB Rn. 6.
41 Vgl. OLG München, Beschluss v. 17.1.2011 – Verg 2/11.
42 Vgl. OLG Düsseldorf, Beschluss v. 13.4.2011 – VII-Verg 4/11.
43 Vgl. OLG Düsseldorf, Beschluss v. 9.4.2008 – VII-Verg 2/08.
44 Vgl. OLG München, Beschluss v. 11.5.2007 – Verg 4/07.

2. Begründung und Rechtsmittelbelehrung (Abs. 6)

36 Der Beschluss des Vergabesenats bedarf nach § 175 Abs. 2 i.V.m. § 76 Abs. 1 GWB einer **Begründung**. Er entfaltet aber auch ohne eine solche Begründung volle Wirksamkeit.

37 Der Beschluss ist nach § 175 Abs. 2 i.V.m. § 72 Nr. 2 GWB ferner allen am Verfahren Beteiligten von Amts wegen förmlich **zuzustellen**, wobei die Einzelheiten der Zustellung den §§ 166 ff. ZPO zu entnehmen sind.

38 Das in § 175 Abs. 2 i.V.m. § 76 Abs. 6 GWB weiter verankerte Gebot, den Senatsbeschluss mit einer **Rechtsmittelbelehrung** zu versehen, kann bei einer dem Wortlaut des Gesetzes entsprechenden Handhabung nur durch den Hinweis erfüllt werden, dass ein Rechtsmittel nicht gegeben ist. Das Gesetz sieht allein die Vorlage der Sache an den Bundesgerichtshof nach Maßgabe von § 179 Abs. 2 GWB oder die Vorlage an den Europäischen Gerichtshof gemäß Art. 267 AEUV vor. Die Vorlage ist kein Rechtsmittel; sie geschieht im laufenden Verfahren. Die Praxis verfährt im Allgemeinen so, dass von einer Rechtsmittelbelehrung im Senatsbeschluss gänzlich abgesehen wird. Eine fehlerhafte oder gänzlich fehlende Rechtsbehelfsbelehrung berührt die Wirksamkeit des Beschlusses nicht.

IV. Anhörungsrüge (§ 69 GWB)

39 Die unter dem Stichwort „Anhörungsrüge" eröffnete Möglichkeit der Abhilfe bei Verletzung des Anspruchs auf rechtliches Gehör kann die Rechtskraft der Entscheidung des Vergabesenats durchbrechen und zu einer neuerlichen Sachprüfung führen. Diese Prüfung sowohl der Zulässigkeit einer auf die vermeintliche Verletzung rechtlichen Gehörs gestützten Rüge als auch ihrer Begründetheit erfolgt durch den Vergabesenat, dessen Entscheidung in dieser Weise angegriffen wird, selbst. Die Anhörungsrüge stellt damit – mangels Devolutiveffekts – einen einfachen Rechtsbehelf, aber kein Rechtsmittel i.S.d. § 175 Abs. 2 i.V.m. § 76 Abs. 6 GWB dar.[45]

40 Das Verfahren nach § 175 Abs. 2 i.V.m. § 69 GWB ist im Falle instanzbeendigender Entscheidungen des Vergabesenates **statthaft**. Es ist hierauf aber nicht beschränkt. Da eine Verlängerungsentscheidung nach § 173 Abs. 1 S. 3 und Abs. 2 GWB und die vorzeitige Gestattung des Zuschlages gemäß § 176 GWB in ihren Auswirkungen auf die Rechtsstellung der Beteiligten einer abschließenden Sachentscheidung durchaus gleichkommen können, ist auch in diesen Fällen Raum für eine Anhörungsrüge. Dies gilt aber nicht für andere Zwischenentscheidungen des Senates, sei es etwa die Anordnung einer weiteren Beiladung nach §§ 174, 162 GWB, sei es die Gewährung von Akteneinsicht nach § 175 Abs. 2 i.V.m. § 70 GWB.[46]

41 Das Abhilfeverfahren wird nicht von Amts wegen, sondern nur auf eine **Rüge** eines sich nachteilig betroffen fühlenden Beteiligten in Gang gesetzt. Die Rüge ist fristgebunden (zwei Wochen nach Kenntnis der behaupteten Rechtsbeeinträchtigung, die nicht notwendig erst durch die förmliche Zustellung des Senatsbeschlusses ausgelöst wird)[47] und kann ohne Rücksicht auf die Kenntnis der behaupteten Beeinträchtigung nach Ablauf eines Jahres seit Bekanntgabe des Senatsbeschlusses zulässigerweise überhaupt nicht mehr erhoben werden. Die Bekanntgabe erfolgt durch förmliche Zustellung des Senatsbeschlusses. Da es sich bei der Anhörungsrüge nicht um ein Rechtsmittel im eigentlichen Sinne, sondern um einen Rechtsbehelf eigener Art handelt,[48] ist sie nicht in die Belehrung nach § 175 Abs. 2 i.V.m. § 76 Abs. 6 GWB aufzunehmen. Überdies bedarf die Rüge der Schriftform, vgl. § 175 Abs. 2 i.V.m. § 69 Abs. 2 S. 4 GWB. Ersatzweise kann sie zur Niederschrift der Geschäftsstelle des Vergabesenats erhoben werden. Die Rüge soll gemäß § 175 Abs. 2 i.V.m. § 69 Abs. 2 S. 5 GWB die angegriffene Entscheidung bezeichnen und das Vorliegen der in § 69 Abs. 1 S. 1 Nr. 2 genannten Voraussetzungen

45 Vgl. *Schmidt*, in: Immenga/Mestmäcker, Wettbewerbsrecht, § 71a GWB Rn. 9; *Jaeger*, in: Byok/Jaeger, Vergaberecht, § 175 GWB Rn. 15.
46 Vgl. OLG München, Beschluss v. 9.8.2012 – Verg 10/12.
47 Vgl. OLG Naumburg, Beschluss v. 30.8.2012 – 2 Verg 3/12.
48 Vgl. *Schmidt*, in: Immenga/Mestmäcker, Wettbewerbsrecht, § 71a GWB Rn. 9.

zung darlegen. Mit der 10. Novellierung des GWB durch das GWB-Digitalisierungsgesetz hatte der Gesetzgeber aus der vorherigen Muss- eine Soll-Vorschrift gemacht. Hierbei dürfte es sich jedoch um ein redaktionelles Versehen handeln. Denn Sinn und Zweck dieser Regelung ist es, den Adressaten der Rüge – hier das Beschwerdegericht – in die Lage zu versetzen, den beanstandeten Fehler zu überprüfen. Dies kann nur möglich sein, wenn der Fehler als solcher überhaupt bezeichnet ist. Hierfür spricht auch der Blick auf ähnliche Vorschriften. Für eine absichtliche Änderung der Anforderungen durch den Gesetzgeber sind keine Anhaltspunkte ersichtlich. Ist die Rüge nicht in der gesetzlichen Frist und Form erklärt worden, so ist sie – nach entsprechendem Hinweis an den Rügenden – als unzulässig zu verwerfen, ohne dass es einer Anhörung der anderen Verfahrensbeteiligten bedarf. Dies kann ohne mündliche Verhandlung geschehen. Gleiches muss – trotz der Ausgestaltung als Soll-Vorschrift durch die 10. Novellierung – gelten, wenn die Ausführungen zu der Verletzung rechtlichen Gehörs fehlen.

Unbegründet ist die Rüge, wenn die vermeintliche **Verletzung rechtlichen Gehörs** nach Auffassung des Vergabesenats tatsächlich nicht zu verzeichnen ist. Auch für diese Entscheidung bedarf es keiner mündlichen Verhandlung. Ebenso wenig ist notwendigerweise eine Stellungnahme der anderen Verfahrensbeteiligten einzuholen. Geboten erscheint allein der vorherige Hinweis auf die beabsichtigte Verfahrensweise an den Rügenden. Der Anspruch auf rechtliches Gehör verpflichtet das Gericht, die Ausführungen der Beteiligten zur Kenntnis zu nehmen und in Erwägung zu ziehen. Die Gerichte sind nicht verpflichtet, sich mit jedem Vorbringen in der Begründung der Entscheidung ausdrücklich zu befassen.[49] Nur wenn das Gericht auf den wesentlichen Kern des Tatsachenvortrags zu einer Frage, die für das Verfahren von zentraler Bedeutung ist, in der Begründung der Entscheidung nicht eingeht, so lässt dies auf die Nichtberücksichtigung des Vortrags schließen.[50] Sieht der Vergabesenat eine Verletzung des Anspruchs auf rechtliches Gehör als gegeben an, hilft er der Rüge dadurch ab, dass er das Verfahren in das Stadium vor Schluss der mündlichen Verhandlung zurückversetzt. Die Zurückversetzung erfolgt durch einen Senatsbeschluss, dem nunmehr auch eine Anhörung der übrigen Verfahrensbeteiligten vorauszugehen hat. Dann ist neuerlich in der Sache mündlich zu verhandeln, soweit nicht eine mündliche Verhandlung nach Maßgabe von § 175 Abs. 2 i.V.m. § 65 Abs. 1 GWB entbehrlich ist und durch ein schriftliches Verfahren ersetzt werden kann.[51] 42

Die Anhörungsrüge ist auch außerhalb des Anwendungsbereichs des GWB an die Stelle der in der Rechtsprechung bis dahin unter bestimmten Voraussetzungen für zulässig gehaltenen **Gegenvorstellung** getreten.[52] Daher ist für eine nicht form- und fristgebundene Gegenvorstellung oder einen anderen außerordentlichen und außergesetzlichen Rechtsbehelf kein Raum mehr. 43

V. Akteneinsichtsrecht (§§ 70, 165 GWB)

Das Gesetz enthält für das Akteneinsichtsrecht im Verfahren vor dem Vergabesenat einen Verweis auf zwei Vorschriften, die sich mit derselben Thematik befassen, aber nicht inhaltsgleich ausgestaltet sind. 44

Da ein gesetzlich angeordneter Vorrang der einen oder der anderen Bestimmung fehlt, gleichwohl aber ein praktisches Bedürfnis nicht von der Hand zu weisen ist, den Umfang des Akteneinsichtsrechts im Beschwerdeverfahren eindeutig festzulegen, ist es unerlässlich, das Verhältnis des Akteneinsichtsrechts aus § 175 Abs. 2 i.V.m. § 70 GWB und des Akteneinsichtsrechts aus **§ 175 Abs. 2 i.V.m. § 165 GWB** zu klären.[53] Im Ausgangspunkt ist nicht einzusehen, dass der Umfang des Akteneinsichtsrechts im Verfahren vor der Vergabekammer – für diese gilt nur § 165 GWB – und im Verfahren vor dem Vergabesenat unterschiedlich ausgestaltet sein sollte. 45

49 Vgl. BGH, Beschluss v. 18.2.2020 – XIII ZB 120/ 19; OLG Düsseldorf, Beschluss v. 27.5.2020 – VII-Verg 2/19.
50 Vgl. BVerfG, Beschluss v. 29.10.2015 – 2 BvR 1493/11; OLG Düsseldorf, Beschluss v. 27.5.2020 – VII-Verg 2/19.
51 Vgl. OLG Frankfurt, Beschluss v. 1.4.2015 – 11 Verg 7/14.
52 Vgl. BVerfG, Beschluss v. 30.4.2003 – 1 PBvU 1/02.
53 Vgl. auch *Stockmann*, in: Immenga/Mestmäcker, Wettbewerbsrecht, § 175 GWB Rn. 14.

Beide Verfahren sind auf dasselbe Ziel gerichtet, nämlich die Ordnungsgemäßheit der Vergabe in den Grenzen der Einwendungen der Beteiligten und der offenkundigen Umstände und Tatsachen sicherzustellen. Dies legt es nahe, auch im Verfahren des Vergabesenats vorrangig auf § 165 GWB zurückzugreifen.[54] So wenig es in der Sache einleuchtet, die Akteneinsicht vor der Vergabekammer und vor dem Vergabesenat unterschiedlich zu handhaben, so sehr verlangt das Gesetz aber eben dies durch die Anwendbarkeit von § 70 GWB nur durch den Vergabesenat. Im Beschwerdeverfahren wird für die Akteneinsicht daher nach einer Lösung zu suchen sein, die den Anforderungen beider gesetzlicher Bestimmungen Rechnung trägt.

46 § 165 GWB geht in seinem Abs. 1 von einer umfassenden Befugnis aus, die Akten der Vergabekammer einzusehen. Da die Vorschrift nicht zwischen den **Akten** der Kammer im eigentlichen Sinne und den Beiakten, Urkunden und sonstigen Unterlagen, die von den Beteiligten herrühren, unterscheidet, erstreckt sich das Einsichtsrecht ohne Weiteres auch auf diese.[55] Der Anspruch auf Akteneinsicht hat eine rein dienende, zum zulässigen Verfahrensgegenstand akzessorische Funktion.[56] Die Beschleunigungsbedürftigkeit von Vergabenachprüfungsverfahren steht einem gänzlich voraussetzungslosen Akteneinsichtsanspruch aus § 175 Abs. 2 i.V.m. § 165 Abs. 1 GWB entgegen.[57] Ein Anspruch auf Akteneinsicht setzt vielmehr über den Wortlaut von § 165 Abs. 1 GWB hinaus einen das Akteneinsichtsgesuch begründenden beachtlichen und entscheidungserheblichen Sachvortrag voraus.[58]

47 § 175 Abs. 2 i.V.m. § 165 Abs. 2 GWB macht von der umfassenden Befugnis zur Einsicht in die Akten dann eine **Ausnahme**, wenn wichtige Gründe namentlich der Geheimhaltung oder der Wahrung von Betriebs- oder Geschäftsgeheimnissen[59] dies gebieten, wobei es den Beteiligten obliegt, hierzu Angaben zu machen. Demgegenüber gewährt § 175 Abs. 2 i.V.m. § 70 Abs. 1 GWB ein uneingeschränktes Recht zur Akteneinsicht nach seinem Wortlaut nur in die Gerichtsakten. Die Einsichtnahme auch in Beiakten, Vorakten, Gutachten und Auskünfte ist nach § 175 Abs. 2 i.V.m. § 70 Abs. 2 GWB von der ausdrücklich erklärten Zustimmung der Stelle abhängig, von der diese Unterlagen stammen.[60] In Vergabenachprüfungsverfahren geht es dabei insbesondere um die Unterlagen der Vergabestelle mit den darin enthaltenen Angeboten der Bieter. Es bedarf dann der Zustimmung des betroffenen Bieters. Wird die Einsicht abgelehnt oder ist sie unzulässig, dürfen diese Unterlagen gemäß § 175 Abs. 2 i.V.m. § 70 Abs. 2 S. 3 GWB der Entscheidung nur insoweit zugrunde gelegt werden, als ihr Inhalt vorgetragen worden ist. Während zur Abhilfe dieses Konfliktes in der Vergangenheit die Zulässigkeit eines in-camera-Verfahrens noch abgelehnt wurde,[61] entschied der BGH in seiner Grundsatzentscheidung vom 31. Januar 2017[62] anders und begründete den gebotenen Ausgleich zwischen den widerstreitenden Rechtsgütern mit der sinngemäßen Anwendung von § 76 Abs. 1 S. 3 GWB. Hiernach können – so der Senat – im Hauptverfahren bei der Sachentscheidung Umstände berücksichtigt werden, deren Offenlegung die Nachprüfungsinstanzen mit Rücksicht auf ein Geheimhaltungsinteresse abgelehnt haben, das nach Abwägung aller Umstände das Interesse der Beteiligten auf rechtliches Gehör auch unter Beachtung des Rechts auf effektiven Rechtsschutz überwiegt.[63] Über die Verweigerung der Zustimmung zur Einsicht in die Unterlagen kann nur ein Senatsbeschluss hinweghelfen, dem eine Abwägung

54 So ausdrücklich *Vavra*, in: Burgi/Dreher, Vergaberecht, § 175 GWB Rn. 21, die für die Verweisung auf § 72 GWB von einem offensichtlichen gesetzgeberischen Versehen spricht; *Dieck-Bogatzke*, in: Pünder/Schellenberg, Vergaberecht, § 175 GWB Rn. 8; *Wiese*, in: Röwekamp/Kus/Portz/Prieß, GWB-Vergaberecht, § 175 Rn. 26; *Frister*, in: Ziekow/Völlink, Vergaberecht, § 175 GWB Rn. 20.

55 Vgl. OLG Düsseldorf, Beschluss v. 29.6.2017 – VII-Verg 7/17; OLG Brandenburg, Beschluss v. 10.11.2011 – Verg W 13/11.

56 Vgl. OLG Düsseldorf, Beschluss v. 9.1.2020 – VII-Verg 10/18; Beschluss v. 20.12.2019 – VII-Verg 35/19.

57 Vgl. OLG Düsseldorf, Beschluss v. 9.1.2020 – VII-Verg 10/18; Beschluss v. 25.9.2017 – VII-Verg 19/17.

58 Vgl. OLG Düsseldorf, Beschluss v. 9.1.2020 – VII-Verg 10/18.

59 Vgl. OLG Düsseldorf, Beschluss v. 29.6.2017 – VII-Verg 7/17.

60 Vgl. OLG Frankfurt, Beschluss v. 23.9.2019 – 20 VA 21/18.

61 Vgl. OLG Düsseldorf, Beschluss v. 28.12.2007 – VII-Verg 40/07; vgl. die weiteren Nachweise bei *Delcuvé*, VergabeR 2017, 372 (376).

62 BGH, Beschluss v. 31.1.2017 – X ZB 10/16.

63 BGH, Beschluss v. 31.1.2017 – X ZB 10/16.

der widerstreitenden Interessen vorauszugehen hat.[64] In diesem Abwägungsvorgang sind das Interesse des Antragstellers an effektivem Individualrechtsschutz und das Interesse der Allgemeinheit an der Einhaltung des materiellen Vergaberechts dem Geheimhaltungsinteresse des von der Akteneinsicht Betroffenen gegenüberzustellen.[65] Der Senatsbeschluss kann sich ebenso wie die Zustimmung in Abhängigkeit des Abwägungsergebnisses darauf beschränken, nur einen Teil der Unterlagen zur Einsicht freizugeben. Die Abwägung ist es nicht, die die §§ 70, 165 GWB voneinander unterscheidet. Denn auch im Rahmen des § 165 GWB ist eine solche geboten.[66] Der maßgebliche Unterschied besteht im Erfordernis der Zustimmung. Da ein Schweigen nicht als Zustimmung zu verstehen ist, bedarf es für § 70 GWB einer ausdrücklichen Erklärung des betroffenen Bieters, die nur bei ungerechtfertigter Weigerung durch einen Senatsbeschluss ersetzt werden kann. Dem Bedürfnis, die §§ 70, 165 GWB zu harmonisieren, kann nicht dadurch entsprochen werden, dass die sich aus ihrem Wortlaut unabweisbar ergebenden Unterschiede negiert werden. Eine Akteneinsicht, die nicht schon im Verfahren der Vergabekammer beantragt und gewährt worden ist, kann danach vom Vergabesenat nur unter den Voraussetzungen des § 175 Abs. 2 i.V.m. § 70 GWB bewilligt werden. Die Vorschrift hat dann auch nicht lediglich eine lückenausfüllende Funktion,[67] sondern ist allein maßgeblich, wenn es um Akteneinsicht durch den Vergabesenat geht. Dieser hat in der Praxis entsprechende Ersuchen allerdings in einem geringeren Umfang als die Vergabekammer zu bescheiden. Denn die Mehrzahl der Anträge auf Akteneinsicht wird schon an die Vergabekammer gerichtet und dort auch positiv beschieden.

Es stellt sich allerdings die Frage, wie mit durch die Vergabekammer **abgelehnten Akteneinsichtsanträgen** zu verfahren ist. Eine isolierte Beschwerde gegen die Ablehnung ist nicht statthaft, § 165 Abs. 4 GWB. Wird jetzt der Antrag auf Akteneinsicht im Verfahren des Vergabesenates wiederholt, dann kann sich der Prüfungsmaßstab für den Senat nur aus § 175 Abs. 2 i.V.m. § 165 GWB und nicht auch aus § 175 Abs. 2 i.V.m. § 70 GWB ergeben. Es ist kein Grund dafür erkennbar, die erschwerten Voraussetzungen des § 70 GWB auf eine schon bei der Kammer beantragte und dort am Ende zu Unrecht versagte Akteneinsicht zu übertragen. Bei diesem Verständnis erfasst § 175 Abs. 2 i.V.m. § 70 GWB nur die Fälle, in denen erstmals im Beschwerdeverfahren Akteneinsicht begehrt wird. 48

Das als subjektives Recht ausgestaltete Akteneinsichtsrecht aus § 175 Abs. 2 i.V.m. § 70 Abs. 1 und 2 GWB steht nicht nur dem Antragsteller des Nachprüfungsverfahrens, sondern auch den **Beigeladenen** zu.[68] Dass § 70 Abs. 3 GWB dies für die Beigeladenen nach § 63 Abs. 1 Nr. 3 GWB (im kartellrechtlichen Beschwerdeverfahren) in das Ermessen des Gerichts stellt, besagt für die Beigeladenen nach §§ 162, 174 GWB nichts. 49

VI. Vorschriften des GVG und der ZPO (§ 72 GWB)

1. Verweis auf Regelungen des GVG (Nr. 1)

Für das Verfahren vor dem Vergabesenat sind die sich aus den §§ 169 bis 201 GVG ergebenden Regelungen über die Öffentlichkeit der Verhandlung, die Sitzungspolizei, die Gerichtssprache, die Beratung und die Abstimmung sowie über den Rechtsschutz in überlangen Verfahren maßgeblich. Weil sie thematisch nicht einschlägig bzw. weggefallen sind, gelten die Anordnungen in den §§ 170, 171, 187 und 199 GVG nicht. 50

In den **Grundzügen** ist danach festzuhalten, dass der Vergabesenat öffentlich verhandelt und auch der das Verfahren abschließende Beschluss nach § 178 GWB öffentlich zu verkünden ist. Dem Vorsitzenden obliegt die Aufrechterhaltung der Ordnung in den Sitzungen, die regelmäßig in deutscher Sprache und gegebenenfalls unter Hinzuziehung eines Dolmetschers durchzuführen sind. 51

---

64 Instruktiv zum Ganzen OLG Düsseldorf, Beschluss v. 28.12.2007 – VII-Verg 40/07.
65 Vgl. OLG Naumburg, Beschluss v. 1.6.2011 – 2 Verg 3/11.
66 Vgl. OLG Brandenburg, Beschluss v. 1.11.2011 – Verg W 12/11.
67 So aber *Stickler*, in: Reidt/Stickler/Glahs, Vergaberecht, § 120 GWB Rn. 13.
68 A.A. *Dieck-Bogatzke*, in: Pünder/Schellenberg, Vergaberecht, § 175 GWB Rn. 9.

52 Die Bezugnahme auf Bestimmungen des GVG ist nicht vollständig. So geht die Rechtsprechung nach § 17a GVG vor, um ein Verfahren, das von der Vergabekammer als Vergabesache behandelt worden ist, thematisch aber keine solche, sondern ein allgemeiner Zivilrechtsstreit ist, an das zuständige Landgericht zu verweisen.[69] § 17a GVG ist es auch, der die **Verweisung** eines Vergabenachprüfungsverfahrens von einer Vergabekammer an eine andere möglich macht,[70] und dies in Verbindung mit § 83 VwGO und § 281 ZPO, auf die in § 175 Abs. 2 i.V.m. § 72 GWB gleichfalls nicht verwiesen ist.

2. Verweis auf Regelungen der ZPO (Nr. 2)

53 Ferner gelten die Bestimmungen der ZPO über

- die Ausschließung und die Ablehnung eines Richters (§§ 41 ff. ZPO),
- die Prozessbevollmächtigten und die Beistände (§§ 78 ff. ZPO mit den sich aus §§ 175 Abs. 1, 172 Abs. 3 GWB ergebenden Besonderheiten),
- die Zustellung von Amts wegen (§§ 166 ff. ZPO),
- Ladungen, Termine und Fristen (§§ 214 ff. ZPO ohne § 227 Abs. 3 ZPO mit der dort enthaltenen Sonderregelung für Terminierungen in der Zeit vom 1. Juli bis zum 31. August eines jeden Jahres),
- die Anordnung des persönlichen Erscheinens der Parteien (§ 141 ZPO),
- die Verbindung mehrerer Prozesse (§ 147 ZPO),
- die Erledigung des Zeugen- und des Sachverständigenbeweises (§§ 373 ff. und 402 ff. ZPO) sowie
- die sonstigen Arten des Beweisverfahrens (§§ 371 ff. ZPO durch Augenschein, §§ 415 ff. ZPO durch Urkunden, §§ 445 ff. ZPO durch Parteivernehmung) und schließlich
- über die Wiedereinsetzung in den vorigen Stand wegen Versäumung einer Frist (§§ 233 ff. ZPO).

54 Nicht verwiesen ist damit u.a. auf Bestimmungen, die die Entscheidung des Rechtsstreits durch einen **Einzelrichter** möglich machen (§§ 348, 348a, 526 ZPO).[71] Ebenso wenig gelten die **Verspätungsvorschriften** der §§ 296, 530, 531 ZPO[72] oder die Regelungen über **Versäumnisurteile** in den §§ 330 ff. ZPO.

55 Auf der anderen Seite ist anerkannt, dass auch ohne ausdrückliche Bezugnahme auf § 524 ZPO eine **Anschlussbeschwerde** eingelegt werden kann. Denn in der vorgenannten wie auch in ähnlich lautenden Regelungen in der VwGO kommt nur ein allgemeiner Verfahrensgrundsatz zum Ausdruck, der ohne Weiteres auf Vergabenachprüfungsverfahren übertragen werden kann. Die Grenze ist aber da überschritten, wo die Anschlussbeschwerde auf die Überprüfung der Sachentscheidung der Vergabekammer gerichtet ist, die Beschwerde hingegen nur deren Kostenentscheidung betrifft. Dann ist die Anschlussbeschwerde unstatthaft.[73]

56 Daneben bedarf es im Einzelfall des Rückgriffs auf weitere Vorschriften der ZPO wie auch der VwGO, soweit diese mit den Besonderheiten des Vergabenachprüfungsverfahrens in Einklang stehen. So wird neben der ausdrücklich in § 175 Abs. 2 i.V.m. § 72 Nr. 2 GWB in Bezug genommenen Verbindung mehrerer Nachprüfungsverfahren auch eine **Verfahrenstrennung** entsprechend § 145 Abs. 1 ZPO möglich sein. Demgegenüber werden die Vorschriften über die **Unterbrechung** des Rechtsstreits nach Maßgabe der §§ 239 ff. ZPO nur sehr eingeschränkt auf das Vergabenachprüfungsverfahren übertragen werden können, weil dies mit dessen Beschleunigungsnotwendigkeit im Allgemeinen nicht in Einklang stehen wird. Geht nach Schluss der mündlichen Verhandlung des Vergabesenats ein Schriftsatz ein, so ist darü-

69 Vgl. BGH, Beschluss v. 23.1.2012 – X ZB 5/11; OLG Frankfurt, Beschluss v. 8.5.2012 – 11 Verg 2/12; OLG Düsseldorf, Beschluss v. 7.3.2012 – VII-Verg 78/11.
70 Vgl. OLG Dresden, Beschluss v. 26.6.2012 – Verg 3/12.
71 Vgl. auch *Raabe*, in: Willenbruch/Wieddekind, Vergaberecht, § 175 GWB Rn. 29.
72 Vgl. OLG Celle, Beschluss v. 21.1.2016 – 13 Verg 8/15.
73 Vgl. OLG Dresden, Beschluss v. 14.11.2012 – Verg 8/11.

ber zu befinden, ob die **mündliche Verhandlung wiedereröffnet** wird.[74] Zwar fehlt im GWB und in den Vorschriften, auf die in § 175 Abs. 2 GWB verwiesen ist, eine ausdrückliche Befugnis für eine dahin gehende Anordnung. Entsprechende gesetzliche Regelungen an anderer Stelle – genannt seien hier nur die §§ 156, 296a ZPO – stellen aber nicht mehr als eine besondere Ausprägung des sich aus Art. 103 Abs. 1 GG ergebenden Anspruchs auf rechtliches Gehör dar. Im Anwendungsbereich des GWB kann unmittelbar auf diesen Verfassungsartikel zurückgegriffen werden.

VII. Kosten (§ 71 GWB)

1. Grundsatz

Während die ältere Rechtsprechung[75] auf die Kosten des Beschwerdeverfahrens die Vorschriften der §§ 91 ff. ZPO analog angewandt hatte, richtet sich die Kostenverteilung seit Inkrafttreten des VergRModG 2009 aufgrund der ausdrücklichen Verweisung des § 175 Abs. 2 GWB (ehemals § 120 Abs. 2 GWB a.F.) nach der für Kartellverwaltungsverfahren geschaffenen Vorschrift des § 71 GWB (bis zum 18.1.2021 nahezu gleichlautend § 78 GWB): *„Das Gericht kann anordnen, dass die Kosten, die zur zweckentsprechenden Erledigung der Angelegenheit notwendig waren, von einem Beteiligten ganz oder teilweise zu erstatten sind, wenn dies der Billigkeit entspricht. Hat ein Beteiligter Kosten durch ein unbegründetes Rechtsmittel oder durch grobes Verschulden veranlasst, so sind ihm die Kosten aufzuerlegen. Im Übrigen gelten die Vorschriften der Zivilprozessordnung über das Kostenfestsetzungsverfahren und die Zwangsvollstreckung aus Kostenfestsetzungsbeschlüssen entsprechend."* 57

Es entspricht ganz h.M.[76], dass diese Vorschrift über ihren Wortlaut hinaus sowohl die außergerichtlichen **Kosten** aller Beteiligten als auch die Gerichtskosten betrifft. Dabei ist zu beachten, dass §§ 175, 71 GWB lediglich die Kosten des Beschwerdeverfahrens vor dem Vergabesenat regelt. Über die Kosten des vorangegangenen Nachprüfungsverfahrens vor der Vergabekammer ist, wenn die Entscheidung der Vergabekammer ganz oder teilweise aufgehoben wird oder der Nachprüfungsantrag während des Beschwerdeverfahrens zurückgenommen wird,[77] nach Maßgabe des § 182 GWB zu entscheiden. 58

2. Entscheidung in der Sache

a) Erfolglose Beschwerde

Eine eindeutige Regelung ergibt sich aus § 71 GWB lediglich für den Fall einer erfolglosen Beschwerde: In diesem Fall „sind" gemäß § 71 S. 2 GWB dem Beschwerdeführer die Kosten des Beschwerdeverfahrens aufzuerlegen, und zwar unter Einschluss der außergerichtlichen Kosten des Beschwerdegegners. Darauf, ob die Beschwerde als unbegründet oder als unzulässig zurückgewiesen wurde, kommt es nicht an.[78] 59

b) Ganz oder teilweise erfolgreiche Beschwerde

Wird der Beschwerde ganz oder teilweise stattgegeben, ist nach § 71 S. 1 GWB eine Billigkeitsentscheidung zu treffen. 60

Bei erfolgreicher Beschwerde wird es **regelmäßig** der Billigkeit entsprechen, dem Beschwerdegegner (sowie gegebenenfalls den Beigeladenen[79]) die Gerichtskosten sowie die außerge- 61

74 Vgl. OLG Düsseldorf, Beschluss v. 1.8.2012 – VII-Verg 10/12.
75 BGH, Beschluss v. 26.9.2006 – X ZB 14/06 m.w.N.
76 BGH, Beschluss v. 8.2.2011 – X ZB 4/10; *Summa*, in: Heiermann/Zeiss/Summa, Vergaberecht, § 175 GWB Rn. 60; *Keppler*, in: Röwekamp/Kus/Portz/Prieß, GWB-Vergaberecht, § 182 Rn. 75; *Schulz*, in: Willenbruch/Wieddekind, Vergaberecht, § 182 GWB Rn. 77.
77 Siehe dazu unten Rn. 66 ff.
78 *Summa*, in: Heiermann/Zeiss/Summa, Vergaberecht, § 175 GWB Rn. 62; *Schulz*, in: Willenbruch/Wieddekind, Vergaberecht, § 182 GWB Rn. 85.
79 Siehe dazu unten Rn. 69 ff.

richtlichen Kosten des Beschwerdeführers aufzuerlegen.[80] Entsprechend ist bei teilweisem Erfolg der Beschwerde – ebenso wie etwa bei Erfolglosigkeit von Beschwerde und Anschlussbeschwerde – regelmäßig eine Quotelung der Kosten nach dem Maß des jeweiligen Obsiegens und Unterliegens angebracht.[81]

62 Eine **abweichende Kostenregelung** (insbesondere hinsichtlich der Erstattungsfähigkeit außergerichtlicher Kosten) kommt unter Billigkeitsgesichtspunkten etwa dann in Betracht, wenn der obsiegende Beschwerdeführer schuldhaft zusätzliche Kosten verursacht hat (z. B. Fristversäumnis oder verspäteter Sachvortrag), wobei bei grobem Verschulden die zwingende Regelung des § 71 S. 2 GWB eingreift. Die Rechtsprechung des BGH in Kartellverwaltungsverfahren[82], auch einem obsiegenden Beschwerdeführer einen Kostenerstattungsanspruch zu versagen, wenn über Grundsatzfragen entschieden wurde, deren Klärung auch in seinem Interesse lag, dürfte angesichts der anderen Interessenlage der Beteiligten auf das Beschwerdeverfahren vor dem Vergabesenat nicht übertragbar sein.[83] Kein Anlass zu einer abweichenden Kostenregelung besteht auch im Falle eines (sofortigen) Anerkenntnisses der unterliegenden Beteiligten. Der Rechtsgedanke des § 93 ZPO ist hier nicht entsprechend anwendbar.[84]

3. Anderweitige Erledigung des Beschwerdeverfahrens

a) Erledigung der Hauptsache

63 Erklären die Parteien die Hauptsache übereinstimmend für erledigt, ist über die Kosten des Beschwerdeverfahrens gemäß § 71 GWB nach **billigem Ermessen** zu entscheiden,[85] wobei die Rechtsprechung dabei die zu § 91a ZPO entwickelten Grundsätze entsprechend anwendet.

64 Es kommt also grundsätzlich auf die **Erfolgsaussichten** der Beschwerde im Zeitpunkt des erledigenden Ereignisses an. Dabei ist jedoch nur eine summarische Prüfung vorzunehmen. Das Verfahren über die Kosten dient keiner abschließenden Klärung von Tatsachen- oder Rechtsfragen, sondern soll lediglich zu einer dem jeweiligen Sach- und Streitstand angemessenen Kostenverteilung führen. Erscheint danach der Verfahrensausgang offen, so sind die Kosten im Zweifel gegeneinander aufzuheben.[86] Dieselben Grundsätze gelten auch ohne ausdrückliche Erledigungserklärung, wenn sich das Verfahren – etwa durch Erteilung des Zuschlags oder Aufhebung des Vergabeverfahrens durch die Vergabestelle – faktisch erledigt hat.[87]

---

80 *Krohn*, in: Burgi/Dreher, Vergaberecht, § 182 GWB Rn. 61 ff.; *Summa*, in: Heiermann/Zeiss/Summa, Vergaberecht, § 175 GWB Rn. 6; *Keppler*, in: Röwekamp/Kus/Portz/Prieß, GWB-Vergaberecht, § 182 Rn. 79.

81 OLG Frankfurt, Beschluss v. 5.11.2019 – 11 Verg 4/19; OLG Düsseldorf, Beschluss v. 17.4.2019 – VII-Verg 36/18; *Krohn*, in: Burgi/Dreher, Vergaberecht, § 182 GWB Rn. 70; *Schulz*, in: Willenbruch/Wieddekind, Vergaberecht, § 182 GWB Rn. 84.

82 BGH, Beschluss v. 11.3.1997 – KZR 39/95.

83 *Summa*, in: Heiermann/Zeiss/Summa, Vergaberecht, § 175 GWB Rn. 67; *Schulz*, in: Willenbruch/Wieddekind, Vergaberecht, § 182 GWB Rn. 83.

84 OLG Frankfurt, Beschluss v. 4.8.2015 – 11 Verg 4/15.

85 Teilweise wird die Auffassung vertreten, dass in diesem Fall einheitlich über die Kosten des gesamten Verfahrens, unter Einschluss des Verfahrens vor der Vergabekammer, zu entscheiden sei, so *Summa*, in: Heiermann/Zeiss/Summa, Vergaberecht, § 175 GWB Rn. 71; *Weber*, in: Schulte/Just, Kartellrecht, § 128 GWB Rn. 88; jeweils unter Berufung auf eine Entscheidung des BGH zum Kartellverwaltungsrecht (Beschluss v. 19.6.2007 – KVR 23/98); *Frister*, in: Ziekow/Völlink, Vergaberecht, § 175 GWB Rn. 28; a.A. OLG Frankfurt, Beschluss v. 4.3.2015 – 11 Verg 10/14; KG, Beschluss v. 18.3.2010 – 2 Verg 7/09. Da aber auch in diesem Fall jedenfalls die gesetzlichen Wertungen des § 128 GWB a.F. zu berücksichtigen waren (vgl. BGH, Beschluss v. 25.1.2012 – X ZB 3/11; *Summa*, a.a.O.) und nach der Neufassung des § 182 Abs. 4 S. 3 GWB ausdrücklich für den Fall der Erledigung auch im Nachprüfungsverfahren eine Kostenverteilung nach Billigkeit stattzufinden hat, ist die praktische Bedeutung dieser Streitfrage gering.

86 BGH, Beschluss v. 23.1.2013 – X ZB 8/11; OLG Düsseldorf, Beschluss v. 24.1.2019 – VII-Verg 30/18; OLG Frankfurt, Beschluss v. 4.3.2015 – 11 Verg 10/14; OLG Naumburg, Beschluss v. 22.9.2014 – 2 Verg 2/13; *Summa*, in: Heiermann/Zeiss/Summa, Vergaberecht, § 175 GWB Rn. 72 bis 74; *Keppler*, in: Röwekamp/Kus/Portz/Prieß, GWB-Vergaberecht, § 182 Rn. 84.

87 OLG Frankfurt, Beschluss v. 4.3.2015 – 11 Verg 10/14; KG, Beschluss v. 25.11.2014 – Verg 17/13; *Krohn*, in: Burgi/Dreher, Vergaberecht, § 182 GWB Rn. 76 ff.

b) Rücknahme der Beschwerde

Auch im Falle der Beschwerderücknahme ist – anders als etwa bei der Rücknahme eines Rechtsmittels im Zivilprozess – nach § 71 GWB über die Kosten des Beschwerdeverfahrens nach Billigkeit zu entscheiden. Die Kosten sind daher grundsätzlich demjenigen aufzuerlegen, der ohne die Rücknahme voraussichtlich unterlegen wäre. Das Gericht ist allerdings nicht verpflichtet, nach Rücknahme des Rechtsmittels noch in eine Sachprüfung einzutreten. Ist der Verfahrensausgang offen, entspricht es im Regelfall der Billigkeit, dem Beschwerdeführer die Kosten des Verfahrens unter Einschluss der außergerichtlichen Kosten des Gegners aufzuerlegen, weil er sich durch die Rücknahme selbst in die Position des Unterlegenen begeben hat.[88] 65

c) Rücknahme des Nachprüfungsantrags im Beschwerdeverfahren

Der Antragsteller kann – ohne Rücksicht auf seine Parteirolle im Nachprüfungsverfahren – auch im Beschwerdeverfahren den Nachprüfungsantrag jederzeit zurücknehmen, solange und soweit noch eine formell bestandskräftige sachliche Entscheidung über diesen Antrag aussteht.[89] 66

Ausgangspunkt für die Kostenentscheidung nach § 71 GWB ist auch in diesem Fall grundsätzlich die (bisherige) **Erfolgsaussicht** der Beschwerde bei summarischer Prüfung. Bei offener Erfolgsaussicht ist – wie bei der Rücknahme der Beschwerde – zu berücksichtigen, dass sich der Antragsteller durch die Rücknahme in die unterlegene Position begeben hat.[90] Sind andere Motive bekannt – wie etwa der Abschluss eines außergerichtlichen Vergleichs – kann dies zu einer anderen Wertung führen.[91] 67

Eine Kostenentscheidung ist auch dann zu treffen, wenn die Rücknahme Teil einer **außergerichtlichen Einigung** ist, in deren Rahmen sich die Parteien auch über die Kosten geeinigt haben.[92] Allerdings dürfte es in einem solchen Fall im Zweifel der Billigkeit entsprechen, die von den Parteien selbst als angemessen angesehene Kostenregelung zu übernehmen.[93] 68

4. Beigeladene

a) Aktive Beigeladene

Ein Beigeladener ist kostenrechtlich wie der Antragsteller oder Antragsgegner eines Nachprüfungsverfahrens zu behandeln, wenn er die durch die Beiladung begründete Stellung im Beschwerdeverfahren auch nutzt, indem er sich an diesem Verfahren beteiligt.[94] In diesem Fall entspricht es regelmäßig der Billigkeit, ihm im Falle des Obsiegens einen Anspruch auf Ersatz seiner außergerichtlichen Kosten zuzubilligen und ihn im Falle des Unterliegens an den Kosten der obsiegenden Partei sowie den Gerichtskosten zu beteiligen. Dabei hat eine entsprechende Kostenentscheidung zugunsten bzw. zulasten eines aktiven Beigeladenen nicht nur im Falle einer Sachentscheidung zu ergehen, sondern auch, wenn das Verfahren auf andere Weise beendet wird, etwa durch Erledigung in der Hauptsache oder Rücknahme der Beschwerde.[95] 69

88 BGH, Beschluss v. 16.3.2015 – KVR 75/13; Beschluss v. 7.11.2006 – KVR 19/06 (jeweils für das Kartellverwaltungsverfahren); OLG München, Beschluss v. 8.6.2017 – Verg 14/16; OLG Bremen, Beschluss v. 27.11.2012 – 2 Verg 2/12; *Keppler*, in: Röwekamp/Kus/Portz/Prieß, GWB-Vergaberecht, § 182 Rn. 87, 88; *Weber*, in: Schulte/Just, Kartellrecht, § 128 GWB Rn. 90; a.A. wohl *Schulz*, in: Willenbruch/Wieddekind, Vergaberecht, § 182 GWB Rn. 88: nur wenn die Beschwerde wegen absehbarer Erfolglosigkeit zurückgenommen wird, ansonsten kommt es zur Kostenaufhebung. Teilweise wird dieses Ergebnis auch auf den Rechtsgedanken des § 516 Abs. 3 ZPO analog gestützt (OLG Jena, Beschluss v. 12.1.2017 – 2 Verg 10/16; OLG Karlsruhe, Beschluss v. 9.9.2011 – 15 Verg 9/11).

89 BGH, Beschluss v. 24.3.2009 – X ZB 29/08.

90 OLG Düsseldorf, Beschluss v. 20.5.2019 – VII-Verg 60/18; OLG München, Beschluss v. 17.5.2019 – Verg 4/19.

91 Vgl. OLG Frankfurt, Beschluss v. 15.7.2015 – 11 Verg 1/15.

92 OLG Naumburg, Beschluss v. 9.7.2014 – 2 Verg 3/14.

93 A.A. jedenfalls für die Gerichtskosten OLG Naumburg, Beschluss v. 9.7.2014 – 2 Verg 3/14.

94 BGH, Beschluss v. 26.9.2006 – X ZB 14/06.

95 Vgl. BGH, Beschluss v. 23.1.2013 – X ZB 8/11; OLG Naumburg, Beschluss v. 23.12.2014 – 2 Verg 14/11; OLG Düsseldorf, Beschluss v. 25.4.2012 – VII-Verg 107/11.

b) Passive Beigeladene

70 Hat sich ein Beigeladener hingegen nicht aktiv am Beschwerdeverfahren beteiligt, steht ihm weder ein Erstattungsanspruch zu, noch trifft ihn eine Kostenlast. Dies gilt auch für weitere Beteiligte des Beschwerdeverfahrens, etwa für den „passiven" Antragsgegner, wenn lediglich ein Beigeladener Beschwerde eingelegt hat.[96]

71 Die **Abgrenzung** zwischen einem in diesem Sinne „aktiven" und einem „passiven" Beigeladenen kann im Einzelfall schwierig sein. Unzweifelhaft „aktiv" und damit je nach Ausgang des Verfahrens (mit)kostenpflichtig bzw. kostenerstattungsberechtigt ist der Beigeladene, der selbst ein Rechtsmittel eingelegt oder in der mündlichen Verhandlung Anträge gestellt hat. Umgekehrt reicht es nicht aus, wenn sich die Verfahrensbeteiligung auf bloße Informationsbeschaffung beschränkt, etwa durch Akteneinsicht oder Anwesenheit bei der mündlichen Verhandlung als Zuhörer.[97] Das Einreichen von Schriftsätzen kann als aktive Beteiligung ausreichen, wenn dadurch das Verfahren gefördert wird.[98] Eine andere Wertung ist möglicherweise dann geboten, wenn sich ein Beigeladener zwar zunächst mit eigenen Schriftsätzen am Verfahren beteiligt, in der mündlichen Verhandlung aber auf Nachfragen ausdrücklich von einer Antragstellung absieht.[99]

5. Haftung mehrerer Beteiligter

72 Sind mehrere Beteiligte kosten(erstattungs)pflichtig, haben sie die Kosten des Beschwerdeverfahrens (nicht hingegen die des Nachprüfungsverfahrens, vgl. § 182 Abs. 3 S. 2 GWB) nach Kopfteilen zu tragen.[100]

6. Eilverfahren

73 Die Kosten für Eilverfahren gemäß §§ 173 und 176 GWB (bisher §§ 118 und 121 GWB) gehören zu den Kosten des Beschwerdeverfahrens.

74 Über diese Kosten ist grundsätzlich im Rahmen der **(Kosten-)Entscheidung über die Hauptsache** mitzubefinden.[101] Allerdings ist die Kostenentscheidung nicht notwendig einheitlich zu treffen.[102] Ist nur der Antrag auf Verlängerung der aufschiebenden Wirkung nach § 173 GWB erfolglos geblieben, können die Kosten des Eilverfahrens ganz oder teilweise auch dem in der Hauptsache obsiegenden Antragsteller auferlegt werden, etwa wenn der Eilantrag unzulässig war.[103] Freilich sollte in diesem Fall zugunsten eines in der Hauptsache obsiegenden Antragstellers, dessen Eilantrag erfolglos war, nicht außer Acht gelassen werden, wenn ein vergaberechtswidriges Verhalten des Antragsgegners erst die Einleitung des Nachprüfungs- und Beschwerdeverfahrens und die Stellung eines Eilantrages zur Verhinderung eines vorzeitigen Zuschlags erforderlich gemacht hat. Bei Obsiegen des in der Hauptsache unterliegenden Antragstellers im Eilverfahren wird im Hinblick auf den Entscheidungsmaßstab des § 173 Abs. 2 GWB (Interessenabwägung hinsichtlich der Folgen der Eilentscheidung bei nur summa-

---

96 OLG München, Beschluss v. 13.3.2017 – Verg 6/16.
97 OLG Celle, Beschluss v. 27.8.2008 – 13 Verg 2/08.
98 Vgl. OLG Frankfurt, Beschluss v. 11.6.2013 – 11 Verg 3/13; OLG Celle, Beschluss v. 12.1.2012 – 13 Verg 8/11.
99 OLG Naumburg, Beschluss v. 23.12.14 – 2 Verg 14/11.
100 BGH, Beschluss v. 8.2.2011 – X ZB 4/10; OLG Koblenz, Beschluss v. 10.7.2018 – Verg 1/18; OLG Frankfurt, Beschluss v. 16.6.2015 – 11 Verg 3/15; OLG Naumburg, Beschluss v. 22.12.2011 – 2 Verg 10/11; OLG Düsseldorf, Beschluss v. 11.5.2011 – VII-Verg 8/11.
101 OLG Düsseldorf, Beschluss v. 20.7.2015 – VII-Verg 37/15; Beschluss v. 8.9.2011 – VII-Verg 48/11; OLG Karlsruhe, Beschluss v. 7.5.2014 – 15 Verg 4/13; OLG Frankfurt, Beschluss v. 5.3.2014 – 11 Verg 1/14; Beschluss v. 29.5.2012 – 11 Verg 5/12; OLG Saarbrücken, Beschluss v. 2.4.2013 – 1 Verg 1/13; OLG Celle, Beschluss v. 18.2.2013 – 13 Verg 1/13; *Summa*, in: Heiermann/Zeiss/Summa, Vergaberecht, § 175 GWB Rn. 88; *Keppler*, in: Röwekamp/Kus/Portz/Prieß, GWB-Vergaberecht, § 182 Rn. 97; *Weber*, in: Schulte/Just, Kartellrecht, § 120 GWB Rn. 97; *Schulz*, in: Willenbruch/Wieddekind, Vergaberecht, § 182 GWB Rn. 92; a.A. jedenfalls für den Fall, dass ein Eilantrag nach § 176 (bisher § 121) GWB auf Gestattung des vorzeitigen Zuschlages abgelehnt wird, KG, Beschluss v. 26.9.2014 – Verg 5/14.
102 *Weber*, in: Schulte/Just, Kartellrecht, § 128 GWB Rn. 98.
103 OLG Celle, Beschluss v. 10.6.2010 – 13 Verg 18/09; vgl. auch OLG Karlsruhe, Beschluss v. 7.5.2014 – 15 Verg 4/13; OLG Düsseldorf, Beschluss v. 1.8.2012 – VII-Verg 15/12.

rischer Prüfung der Erfolgsaussichten der Beschwerde) nur in Ausnahmefällen eine von der Hauptsacheentscheidung abweichende Kostenverteilung in Betracht kommen.

Bei Entscheidungen von Eilanträgen zum Vergabesenat während eines noch vor der Vergabekammer anhängigen Nachprüfungsverfahrens (etwa auf Wiederherstellung des Zuschlagsverbotes nach § 169 Abs. 2 S. 6 oder Abs. 4 S. 2 GWB oder auf Gestattung des Zuschlages nach § 169 Abs. 2 S. 7 GWB) ist hingegen eine **eigene Kostenentscheidung** veranlasst, weil hier noch offen ist, ob es überhaupt zu einem Beschwerdeverfahren kommt.[104] 75

7. Sonderfall Gebührenbeschwerde

Richtet sich die Beschwerde nur gegen die Höhe der von der Vergabekammer festgesetzten Gebühren und Auslagen, sind für die Kostenentscheidung anstelle von § 71 GWB die Bestimmungen der §§ 66 Abs. 8, 68 Abs. 3 GKG analog heranzuziehen, weil sich die Gebührenfestsetzung für die Betroffenen wie eine Streitwertfestsetzung auswirkt.[105] Für die Beschwerde fallen also keine Gerichtsgebühren an; außergerichtliche Kosten werden nicht erstattet. 76

8. Streitwert

Der Streitwert für das Beschwerdeverfahren beträgt nach § 50 Abs. 2 GKG 5 % der Bruttoauftragssumme. 77

Will der Antragsteller im Nachprüfungsverfahren (auch) erreichen, dass der Beschaffungsgegenstand **losweise** ausgeschrieben wird, beschränkt sich die für den Streitwert maßgebliche Auftragssumme auf den Wert der Lose, an deren Erbringung der Antragsteller interessiert ist.[106] 78

Solange kein Auftrag erteilt wurde, ist die Bruttoauftragssumme des Bieters maßgeblich, der das Nachprüfungsverfahren eingeleitet hat.[107] Hat dieser noch kein mit Preisen versehenes **Angebot** abgegeben, kann der vom Auftraggeber geschätzte Auftragswert herangezogen werden.[108] Auch bei längerfristigen Dienstleistungs- oder Lieferaufträgen ist nach heute h.M. der Auftragswert über die gesamte Vertragszeit maßgeblich.[109] Eine Kappungsgrenze von 48 Monaten entsprechend § 3 Abs. 11 VgV kommt nur bei ungewisser Laufzeit in Betracht, etwa wenn der Antragssteller die Nichtigkeit eines im Wege der De-facto-Vergabe abgeschlossenen Vertrages geltend macht und für die Zukunft die Durchführung eines Vergabeverfahrens mit noch nicht feststehenden Modalitäten begehrt.[110] 79

Soll eine Dienstleistung nach den Vergabeunterlagen über einen festgelegten Zeitraum hinweg erbracht und dem Auftraggeber darüber hinaus ein einseitiges **Optionsrecht** zur Verlängerung der Laufzeit des Vertrages eingeräumt werden, ist für die Streitwertbemessung auch der mögliche Verlängerungszeitrum zu berücksichtigen. Wegen der Ungewissheit der Verlängerung ist für den auf diesen Zeitraum entfallenden – gegebenenfalls zu schätzenden – Auftragswert allerdings regelmäßig ein Abschlag von 50 % zu veranschlagen.[111] 80

---

104 *Summa*, in: Heiermann/Zeiss/Summa, Vergaberecht, § 175 GWB Rn. 80 f.; *Keppler*, in: Röwekamp/Kus/Portz/Prieß, GWB-Vergaberecht, § 182 Rn. 98; *Schulz*, in: Willenbruch/Wieddekind, Vergaberecht, § 182 GWB Rn. 92.

105 BGH, Beschluss v. 25.10.2011 – X ZB 5/10; OLG Frankfurt Beschluss v. 20.8.2020 – 11 Verg 10/20; *Summa*, in: Heiermann/Zeiss/Summa, Vergaberecht, § 175 GWB Rn. 54.

106 BGH, Beschluss v. 19.7.2011 – X ZB 4/10 (für einen Fall, in dem der Antragsteller die Nichtigerklärung eines im Wege der De-facto-Vergabe geschlossenen Vertrages begehrt hatte); OLG Frankfurt, Beschluss v. 14.5.2018 – 11 Verg 4/18; *Krohn*, in: Burgi/Dreher, Vergaberecht, § 182 GWB Rn. 90; *Keppler*, in: Röwekamp/Kus/Portz/Prieß, GWB-Vergaberecht, § 182 Rn. 63.

107 BGH, Beschluss v. 25.10.2005 – X ZB 15/05.

108 *Keppler*, in: Röwekamp/Kus/Portz/Prieß, GWB-Vergaberecht, § 182 Rn. 62.

109 BGH, Beschluss v. 18.3.2014 – X ZB 12/13; *Krohn*, in: Burgi/Dreher, Vergaberecht, § 182 GWB Rn. 92; *Glahs*, in: Reidt/Stickler/Glahs, Vergaberecht, § 182 GWB Rn. 29.

110 BGH, Beschluss v. 18.3.2014 – X ZB 12/13; Beschluss v. 19.7.2011 – X ZB 4/10; OLG Düsseldorf, Beschluss v. 5.2.2020 – VII-Verg 21/19; OLG Jena, Beschluss v. 12.6.2019 – 2 Verg 1/18; *Keppler*, in: Röwekamp/Kus/Portz/Prieß, GWB-Vergaberecht, § 182 Rn. 64.

111 BGH, Beschluss v. 18.3.2014 – X ZB 12/13; *Krohn*, in: Burgi/Dreher, Vergaberecht, § 182 GWB Rn. 90; *Keppler*, in: Röwekamp/Kus/Portz/Prieß, GWB-Vergaberecht, § 182 Rn. 65.

81 Richtet sich die Beschwerde nur gegen die Kostenentscheidung der Vergabekammer, findet § 50 Abs. 2 GKG keine Anwendung. Der Gegenstandswert bestimmt sich in diesem Fall (analog § 3 ZPO) nach dem finanziellen Interesse des Beschwerdeführers an einer Abänderung der Kostenentscheidung.[112]

VIII. Verfahrensförderung (§ 167 Abs. 2 S. 1 GWB)

82 Die Vorschrift des § 175 Abs. 2 i.V.m. § 167 Abs. 2 S. 1 GWB legt den Beteiligten – auch ohne Aufforderung durch die Nachprüfungsinstanzen – die Verpflichtung auf, an der Aufklärung des Sachverhaltes mitzuwirken, wie es einem auf Förderung und raschen Abschluss des Verfahrens bedachten Vorgehen entspricht.

83 Es handelt sich allerdings um eine bloße **Obliegenheit** des Beschwerdeführers, des Beschwerdegegners und der Beigeladenen, an deren Verletzung keine Rechtsfolgen geknüpft sind.[113] Denn anders als in § 296 Abs. 2 ZPO vorgesehen, ist es dem Gericht nicht erlaubt, dem Verstoß gegen die allgemeine Prozessförderungspflicht den Ausschluss des solchermaßen verspäteten Vorbringens folgen zu lassen.

84 Allerdings ist dem Vergabesenat durch § 175 Abs. 2 i.V.m. § 75 Abs. 3 GWB die Möglichkeit eröffnet, **Fristen** zur Äußerung über aufklärungsbedürftige Punkte und zur Vorlage von Urkunden zu setzen. Das wird auch der Grund dafür sein, warum der Gesetzgeber in § 175 Abs. 2 GWB nur auf § 167 Abs. 2 S. 1 GWB und nicht auch auf § 167 Abs. 2 S. 2 GWB verwiesen hat, der der Vergabekammer Fristsetzungen zur Aufklärung des Sachverhaltes gestattet.

85 Aus dieser Normlage ist indes nicht abzuleiten, dass eine **Missachtung** der allgemeinen Prozessförderungspflicht des § 175 Abs. 2 i.V.m. § 167 Abs. 2 S. 1 GWB folgenlos bleibt. So steht die Pflicht der Beteiligten zur Förderung des Verfahrens mit dem Amtsermittlungsgrundsatz in einer Wechselwirkung. Kommt ein Verfahrensbeteiligter seiner Förderungspflicht nicht nach, reduziert sich zu seinen Lasten die Aufklärungspflicht der Kontrollinstanzen.[114] Auch kann ein Vorbringen ausnahmsweise unberücksichtigt bleiben, wenn ein Verfahrensbeteiligter so spät zur Sache vorträgt, dass den anderen Beteiligten eine Reaktion in Wahrnehmung des Rechts auf rechtliches Gehör nicht mehr möglich ist.[115]

Anlage

Gesetzesbegründung – VergRModG 2016 (BT-Drs. 18/6281)

Seite 136

§ 175 entspricht dem bisherigen § 120.

112 OLG Koblenz, Beschluss v. 26.8.2020 – Verg 5/20.
113 Vgl. VK Rheinland, Beschluss v. 25.4.2019 – VK 2/19.
114 Vgl. OLG Düsseldorf, Beschluss v. 19.11.2003 – Verg 22/03; *Raabe*, in: Willenbruch/Wieddekind, Vergaberecht, § 175 GWB Rn. 13.
115 Vgl. OLG Düsseldorf, Beschluss v. 19.11.2003 – Verg 22/03; *Summa*, in: Heiermann/Zeiss/Summa, Vergaberecht, § 175 GWB Rn. 43.

§ 176 GWB
Vorabentscheidung über den Zuschlag

(1) Auf Antrag des Auftraggebers oder auf Antrag des Unternehmens, das nach § 134 vom Auftraggeber als das Unternehmen benannt ist, das den Zuschlag erhalten soll, kann das Gericht den weiteren Fortgang des Vergabeverfahrens und den Zuschlag gestatten, wenn unter Berücksichtigung aller möglicherweise geschädigten Interessen die nachteiligen Folgen einer Verzögerung der Vergabe bis zur Entscheidung über die Beschwerde die damit verbundenen Vorteile überwiegen. Bei der Abwägung ist das Interesse der Allgemeinheit an einer wirtschaftlichen Erfüllung der Aufgaben des Auftraggebers zu berücksichtigen; bei verteidigungs- oder sicherheitsspezifischen Aufträgen im Sinne des § 104 sind zusätzlich besondere Verteidigungs- und Sicherheitsinteressen zu berücksichtigen. Die besonderen Verteidigungs- und Sicherheitsinteressen überwiegen in der Regel, wenn der öffentliche Auftrag oder die Konzession im unmittelbaren Zusammenhang steht mit

1. einer Krise,

2. einem mandatierten Einsatz der Bundeswehr,

3. einer einsatzgleichen Verpflichtung der Bundeswehr oder

4. einer Bündnisverpflichtung.

Das Gericht berücksichtigt bei seiner Entscheidung auch die Erfolgsaussichten der sofortigen Beschwerde, die allgemeinen Aussichten des Antragstellers im Vergabeverfahren, den öffentlichen Auftrag oder die Konzession zu erhalten, und das Interesse der Allgemeinheit an einem raschen Abschluss des Vergabeverfahrens.

(2) Der Antrag ist schriftlich zu stellen und gleichzeitig zu begründen. Die zur Begründung des Antrags vorzutragenden Tatsachen sowie der Grund für die Eilbedürftigkeit sind glaubhaft zu machen. Bis zur Entscheidung über den Antrag kann das Verfahren über die Beschwerde ausgesetzt werden.

(3) Die Entscheidung ist unverzüglich, längstens innerhalb von fünf Wochen nach Eingang des Antrags zu treffen und zu begründen; bei besonderen tatsächlichen oder rechtlichen Schwierigkeiten kann der Vorsitzende im Ausnahmefall die Frist durch begründete Mitteilung an die Beteiligten um den erforderlichen Zeitraum verlängern. Die Entscheidung kann ohne mündliche Verhandlung ergehen. Ihre Begründung erläutert Rechtmäßigkeit oder Rechtswidrigkeit des Vergabeverfahrens. § 175 ist anzuwenden.

(4) Gegen eine Entscheidung nach dieser Vorschrift ist ein Rechtsmittel nicht zulässig.

Übersicht Rn.

A. Allgemeines ... 1
I. Zweck und Rechtsnatur des Vorabgestattungsverfahrens ... 1
II. Anwendungsbereich ... 5
III. Unionsrechtlicher Hintergrund ... 12
IV. Historie ... 13
V. Vergleichbare Regelungen ... 14
B. Entscheidung (Abs. 1) ... 15
I. Gegenstand (S. 1) ... 16
II. Maßstab (S. 1 bis 4) ... 17
1. Interesse der Allgemeinheit (S. 2 Hs. 1 und S. 4 Var. 3) ... 18
2. Verteidigungs- und Sicherheitsinteressen (S. 2 Hs. 2, S. 3) ... 20
3. Erfolgsaussichten der sofortigen Beschwerde (S. 4 Var. 1) ... 25
4. Aussichten des Antragstellers im Vergabeverfahren (S. 4 Var. 2) ... 28
5. Abwägung ... 31
C. Anforderungen an den Antrag ... 36
I. Antragsberechtigung (Abs. 1 S. 1) ... 37
II. Formalien und Inhalt (Abs. 2 S. 1 und 2) ... 39
D. Verfahren ... 45
I. Mögliche Aussetzung des Beschwerdeverfahrens (Abs. 2 S. 3) ... 46
II. Entscheidungsfrist (Abs. 3 S. 1) ... 49
III. Form und Inhalt der Entscheidung (Abs. 3 S. 1 und 3) ... 53

IV. Mündliche Verhandlung (Abs. 3 S. 2) 59
V. Sonstige Verfahrensvorschriften (Abs. 3 S. 4) 62
VI. Kosten und Gebühren 63
VII. Rechtsschutz (Abs. 4) 65
Anlagen
Gesetzesbegründungen

A. Allgemeines

I. Zweck und Rechtsnatur des Vorabgestattungsverfahrens

1 § 176 GWB dient ebenso wie § 169 Abs. 2 GWB der Vermeidung nicht hinzunehmender, „unerträglicher"[1] **Verzögerungen** des Vergabeverfahrens. Der Gesetzgeber hat erkannt, dass die Gewährung umfänglichen Rechtsschutzes zu zeitlichen Verwerfungen führen kann, die wiederum den Beschaffungszweck eines Vergabeverfahrens gefährden oder gar vereiteln können. Um diesen Problemen zu begegnen, ist das Vorabgestattungsverfahren geschaffen worden.

2 Im Hinblick auf seine konkrete Ausgestaltung in § 176 GWB (Interessenabwägung, Glaubhaftmachung etc.) ähnelt das Verfahren am ehesten den **Eilverfahren** nach §§ 935, 940 ZPO und §§ 80 Abs. 5, 123 VwGO.[2] Gleichzeitig ist es – wie insbesondere § 176 Abs. 2 S. 3 GWB zeigt – aber zwingend abhängig vom Vorliegen eines Hauptsacheverfahrens, d.h. einer sofortigen Beschwerde gegen eine Vergabekammerentscheidung in einem Nachprüfungsverfahren und insoweit als bloßes **Zwischenverfahren** konstruiert.[3] Der wesentliche Unterschied zu den bekannten Eilverfahren besteht allerdings darin, dass das Vorabgestattungsverfahren – jedenfalls wenn es um die Vorabgestattung des Zuschlags geht – in der Regel zu einer Vorwegnahme der Hauptsache führt, während dies nach der ZPO und der VwGO gerade den streng zu beurteilenden Ausnahmefall darstellt.[4]

3 Dieser Besonderheit hat das Beschwerdegericht bei seiner Entscheidung Rechnung zu tragen, indem es strenge Maßstäbe an die vorzunehmende Interessenabwägung anlegt. Im Ergebnis muss damit die Vorabgestattung nach § 176 GWB die **Ausnahme** und die Entscheidung des Beschwerdegerichts nach § 178 GWB die Regel bleiben.[5] Anderenfalls stellte § 176 GWB eine nicht hinzunehmende Verkürzung der Rechtsschutzgarantie des Art. 19 Abs. 4 GG dar. Unter Beachtung dieser Einschränkung begegnet die Regelung dann allerdings auch keinen europarechtlichen Bedenken.[6] Insbesondere lässt sich die in § 176 GWB vorgesehene Interessenabwägung zumindest sinngemäß auch den Rechtsmittelrichtlinien in deren Art. 2 Abs. 5 RL 89/665/EWG und Art. 2 Abs. 4 RL 92/13/EWG sowie Art. 56 Abs. 5 RL 2009/81/EG entnehmen.

4 Die **praktische Bedeutung** des Vorabentscheidungsverfahrens ist gering geblieben. So sind ausweislich der statistischen Meldungen der Vergabesenate nach § 184 GWB im Berichtszeitraum 2017 zwei, im Jahr 2018 zwei, im Jahr 2019 sieben und im Jahr 2020 insgesamt fünf Vorabgestattungsanträge gestellt worden.[7] Diese mit der Entwicklung der Vorjahre korrespondierenden, durchweg einstelligen[8] Zahlen werden insbesondere mit den strengen Anforderungen des § 176 GWB einerseits und der Wirkung eines Unterliegens des Auftraggebers nach § 177 GWB zu erklären sein.

---

1 Vgl. Gesetzesbegründung zu § 131 GWB a.F., VgRÄG, BT-Drs. 13/9340, 21.
2 Vgl. Gesetzesbegründung zu § 131 GWB a.F., VgRÄG, BT-Drs. 13/9340, 21.
3 Vgl. *Dieck-Bogatzke*, in: Pünder/Schellenberg, Vergaberecht, § 176 GWB Rn. 9.
4 Vgl. daher schon *Gröning*, ZIP 1998, 370 (375): *„sinnverkehrtes Eilverfahren"*.
5 Vgl. OLG Frankfurt, Beschluss v. 5.3.2014 – 11 Verg 1/14.
6 Vgl. schon OLG Celle, Beschluss v. 13.3.2002 – 13 Verg 4/02; ferner *Vavra*, in: Burgi/Dreher, Vergaberecht, § 176 GWB Rn. 3; *Wilke*, in: Säcker, Wettbewerbsrecht, § 176 GWB Rn. 3.
7 Zu finden unter https://www.bmwi.de/Redaktion/DE/Artikel/Wirtschaft/vergabestatistik.html.
8 Seit Inkrafttreten der sog. kartellrechtlichen Lösung gab es lediglich im Jahr 2004 einen „Ausreißer" mit insgesamt 16 Vorabgestattungsverfahren vor den Vergabesenaten bundesweit.

II. Anwendungsbereich

5 In **zeitlicher Hinsicht** ist § 176 GWB, wie sich etwa § 176 Abs. 2 S. 3 GWB entnehmen lässt, erst ab Anhängigkeit eines Beschwerdeverfahrens anwendbar.[9] Dabei ist es allerdings statthaft, den Antrag nach § 176 GWB mit der Einlegung der sofortigen Beschwerde zu verbinden. Der Anwendungsbereich des § 176 GWB endet mit dem Entfall des Zuschlagsverbots bzw. der Wirksamkeit anderweitiger Maßnahmen der Nachprüfungsinstanzen. Jedenfalls nach einer Entscheidung des Beschwerdegerichts in der Sache ist damit kein Raum mehr für eine Entscheidung nach § 176 GWB, der Antrag ist erledigt.[10] Aber auch, wenn das Nachprüfungsverfahren aus einem anderen Grund beendet worden ist, ist ein Antrag nach § 176 GWB nicht mehr zulässig. Dies kann etwa der Fall sein, wenn der Auftraggeber die nach § 168 Abs. 1 S. 1 GWB von der Vergabekammer getroffenen Maßnahmen erfüllt hat und damit das zumindest inzident in der Vergabekammerentscheidung angeordnete Zuschlagsverbot entfallen ist.[11] Eine hilfsweise Antragstellung nach § 176 GWB für den Fall des Unterliegens im Beschwerdeverfahren ist ebenfalls unzulässig, da mit Entscheidungsreife der Hauptsache der dem § 176 GWB zugrunde liegende Regelungszweck einer Verhinderung von Verzögerungen nicht mehr zu erfüllen ist.[12]

6 In **sachlicher Hinsicht** müssen verschiedene Konstellationen unterschieden werden. Die Grundkonstellation des § 176 GWB liegt vor, wenn die Vergabekammer dem Nachprüfungsantrag stattgegeben und dem Auftraggeber die Erteilung des Zuschlags untersagt hat, vgl. § 173 Abs. 3 GWB.

7 § 176 GWB kann allerdings auch Anwendung finden, wenn die Vergabekammer den **Nachprüfungsantrag zurückgewiesen** hat.[13] Denn nach § 169 Abs. 1 GWB darf der Auftraggeber den Zuschlag nicht vor dem Ablauf der Beschwerdefrist nach § 172 Abs. 1 GWB erteilen. In besonders eilbedürftigen Fällen kann es daher statthaft sein, bereits während des durch die Einlegung der sofortigen Beschwerde gesetzlich verlängerten Zuschlagsverbots von mindestens zwei Wochen den Antrag nach § 176 GWB zu stellen.[14] Zu denken ist hier etwa an Eilbeschaffungen in dringenden Krisensituationen, beispielsweise die Vergabe von Aufträgen zur kurzfristigen Lieferung von Arzneimitteln bei Pandemien. Ist das Zuschlagsverbot nach Ablauf der Frist des § 169 Abs. 1 GWB allerdings bereits entfallen, fehlt es einem Antrag nach § 176 GWB am Rechtsschutzbedürfnis – der Auftraggeber kann den Zuschlag ohnehin erteilen.[15]

8 Ebenfalls denkbar ist ein Antrag nach § 176 GWB bei einer **Verlängerung des Zuschlagsverbots** durch das Beschwerdegericht nach § 173 Abs. 1 S. 3 GWB. In diesem Fall ist aber zusätzlich zu verlangen, dass seit der Entscheidung über die Verlängerung der aufschiebenden Wirkung neue Tatsachen bekannt geworden oder aufgetreten sind, die eine von der Entscheidung nach § 173 Abs. 1 S. 3 GWB abweichende Beurteilung und damit eine vorzeitige Gestattung der Zuschlagserteilung rechtfertigen.[16] Ist dies nicht der Fall, fehlt es einem Antrag nach

---

9 Vgl. *Vavra*, in: Burgi/Dreher, Vergaberecht, § 176 GWB Rn. 12.

10 Vgl. OLG Karlsruhe, Beschluss v. 11.11.2011 – 15 Verg 11/11; OLG München, Beschluss v. 9.8.2010 – Verg 13/10; vgl. zum erstinstanzlichen Vorabgestattungsverfahren auch VK Brandenburg, Beschluss v. 17.7.2018 – VK 11/18.

11 Vgl. *Herrmann*, in: Ziekow/Völlink, Vergaberecht, § 176 GWB Rn. 8.

12 Vgl. *Vavra*, in: Burgi/Dreher, Vergaberecht, § 176 GWB Rn. 8.

13 Vgl. OLG Celle, Beschluss v. 16.6.2011 – 13 Verg 3/11; *Dieck-Bogatzke*, in: Pünder/Schellenberg, Vergaberecht, § 176 GWB Rn. 11; a.A. *Herrmann*, in: Ziekow/Völlink, Vergaberecht, § 176 GWB Rn. 4 f.

14 Vgl. OLG Düsseldorf, Beschluss v. 29.9.2008 – VII-Verg 50/08; *Summa*, in: Heiermann/Zeiss/Summa, Vergaberecht, § 176 GWB Rn. 18; *Wilke*, in: Säcker, Wettbewerbsrecht, § 176 GWB Rn. 7; *Opitz*, NZBau 2005, 213 (215); a.A. OLG Naumburg, Beschluss v. 15.12.2000 – 1 Verg 11/00; *Vavra*, in: Burgi/Dreher, Vergaberecht, § 176 GWB Rn. 7, die meinen, nur bei von den Nachprüfungsinstanzen angeordnetem, nicht hingegen dem sich aus dem Gesetz ergebenden Zuschlagsverbot könne das Beschwerdegericht den Zuschlag gestatten. Für eine derartige Einschränkung gibt der Wortlaut des § 176 GWB aber nichts her. Auch der Vergleich mit anderen Eilverfahren (vgl. etwa § 80a Abs. 3 VwGO) zeigt, dass der gesetzlich vorgesehene Suspensiveffekt keinesfalls „in Stein gemeißelt" ist.

15 Vgl. *Wilke*, in: Säcker, Wettbewerbsrecht, § 176 GWB Rn. 10.

16 Vgl. *Dieck-Bogatzke*, in: Pünder/Schellenberg, Vergaberecht, § 176 GWB Rn. 4; *Wilke*, in: Säcker, Wettbewerbsrecht, § 176 GWB Rn. 9.

§ 176 GWB wegen des mit § 173 Abs. 2 GWB vergleichbaren Prüfprogramms am erforderlichen Rechtsschutzbedürfnis.[17]

9 Hat das Beschwerdegericht die aufschiebende Wirkung der sofortigen Beschwerde hingegen im Wege einer Zwischenentscheidung nur einstweilen bis zu einer Entscheidung nach § 173 Abs. 1 S. 3 GWB verlängert (sog. Schiebe- oder **Hängebeschluss**), ist ein Antrag auf Vorabgestattung des Zuschlags nach § 176 GWB ohne Weiteres statthaft.[18] Denn das dergestalt vorläufig ausgesprochene Zuschlagsverbot dient allein der effektiven Rechtsschutzgewährung i.S.d. Art. 19 Abs. 4 GG, ohne dass das Beschwerdegericht seiner Entscheidung bereits eine vertiefte Prüfung der Erfolgsaussichten der sofortigen Beschwerde zugrunde gelegt hätte. Mithin bedarf es auch nicht des Vortrags neuer Tatsachen, um einen Antrag nach § 176 GWB stellen zu können.

10 Eine zumindest analoge Anwendung des § 176 GWB kommt auch in Betracht, wenn die Vergabekammer dem Auftraggeber nach § 168 Abs. 1 S. 1 GWB **Auflagen** erteilt hat,[19] beispielsweise in einem frühen Stadium des Vergabeverfahrens aufgegeben hat, das Verfahren nur unter Abänderung der Vergabeunterlagen entsprechend der Rechtsauffassung der Vergabekammer oder nur unter Einbeziehung eines bereits im Teilnahmewettbewerb ausgeschiedenen Unternehmens und Neubewertung der Teilnahmeanträge fortzusetzen. Auch in diesen Fällen kann der Auftraggeber ein anzuerkennendes Interesse an einer raschen Fortsetzung des Vergabeverfahrens unter Beseitigung dieser Auflagen haben.[20]

11 Gleiches gilt, wenn zwischen den Verfahrensbeteiligten streitig ist, **ob ein Zuschlag** bereits **rechtswirksam erteilt** worden ist.[21] In diesem Fall kann der Auftraggeber durch Beschluss der Vergabekammer daran gehindert sein, einen eilbedürftigen Auftrag (weiterhin) ausführen zu lassen. Dann muss es dem Auftraggeber aber auch möglich sein, analog § 176 GWB die Gestattung des weiteren Vollzugs des Auftrags zu erwirken.[22] Dies gilt insbesondere für Konstellationen, in denen sich das antragstellende Unternehmen auf eine Unwirksamkeit des geschlossenen Vertrages nach § 135 Abs. 1 GWB beruft. Dabei muss im Rahmen der Zulässigkeit des Antrags nicht zwischen den Fallgestaltungen der rechtswidrigen De-facto-Vergabe und Verstößen gegen die Informations- und Wartepflicht des § 134 GWB unterschieden werden. Denn ob der Auftraggeber den Auftrag tatsächlich zu Unrecht unter gänzlichem Verzicht auf ein Vergabeverfahren vergeben hat, ist ausschließlich eine Frage der Begründetheit des Nachprüfungsantrags und damit letztlich auch des Antrags nach § 176 GWB. Wollte man dies anders sehen, schnitte man bei dem von dem antragstellenden Unternehmen vorgebrachten und von der Vergabekammer aufgegriffenen Vorwurf einer De-facto-Vergabe dem Auftraggeber jegliche Möglichkeit einer von § 176 GWB gerade bezweckten zügigen Auftragsdurchführung ab. Im Ergebnis bedeutete dies eine Schlechterstellung von Aufträgen, die sich bereits in der Durchführungsphase befinden, gegenüber noch nicht vergebenen Aufträgen ohne sachlichen Grund.[23]

III. Unionsrechtlicher Hintergrund

12 Weder die materiellen Vergaberichtlinien noch die Rechtsmittelrichtlinien sehen das von § 176 GWB etablierte Vorabgestattungsverfahren ausdrücklich vor. Nichtsdestotrotz bestehen bei Beachtung des Umstandes, dass es im Rahmen des Verfahrens regelmäßig zu einer Vorwegnahme der Hauptsache kommt, keine Zweifel an seiner Europarechtskonformität.[24]

---

17 Vgl. *Vavra*, in: Burgi/Dreher, Vergaberecht, § 176 GWB Rn. 9; *Stickler*, in: Reidt/Stickler/Glahs, Vergaberecht, § 176 GWB Rn. 4.
18 Vgl. *Herrmann*, in: Ziekow/Völlink, Vergaberecht, § 176 GWB Rn. 5.
19 Vgl. *Wilke*, in: Säcker, Wettnewerbsrecht, § 176 GWB Rn. 11; *Opitz*, NZBau 2005, 213 (215).
20 Vgl. auch *Summa*, in: Heiermann/Zeiss/Summa, Vergaberecht, § 176 GWB Rn. 16.
21 Vgl. auch OLG Dresden, Beschluss v. 11.7.2000 – WVerg 5/00; *Wilke*, in: Säcker, Wettbewerbsrecht, § 176 GWB Rn. 5.
22 Vgl. auch *Vavra*, in: Burgi/Dreher, Vergaberecht, § 176 GWB Rn. 8.
23 So auch OLG Dresden, Beschluss v. 25.9.2000 – WVerg 4/00, das daher nach § 121 GWB a.F. analog die Wirksamkeit der Zuschlagserteilung festgestellt hat; vgl. ähnlich auch OLG Dresden, Beschluss v. 11.7.2000 – WVerg 5/00.
24 Vgl. Rn. 3.

IV. Historie

Mit dem VergRModG 2016 ist die zuvor in § 121 GWB a.F. zu findende Regelung – abgesehen von redaktionellen Änderungen unverändert – in § 176 GWB übernommen worden. In Absatz 1 ist – wie in § 169 Abs. 2 GWB und § 173 Abs. 2 GWB – im Frühjahr 2020 mit dem Gesetz zur beschleunigten Beschaffung im Bereich der Verteidigung und Sicherheit und zur Optimierung der Vergabestatistik[25] ein neuer Satz 3 eingefügt worden, der Verteidigungs- und Sicherheitsinteressen in den genannten Fallkonstellationen besonderes Gewicht in der Abwägung der Nachprüfungsinstanzen verleihen soll.[26] 13

V. Vergleichbare Regelungen

§ 176 GWB bildet mit seiner Regelung eines Vorabgestattungsverfahrens im Rahmen des Beschwerdeverfahrens das Pendant zu der Vorschrift des **§ 169 Abs. 2 GWB** auf der Ebene der Vergabekammern. Ebenso wie bei jener Norm eröffnet § 176 GWB dem Auftraggeber und dem für den Zuschlag ausgewählten Unternehmen die Möglichkeit, durch einen entsprechenden Antrag eine Vorabentscheidung über die Gestattung der Fortführung des Vergabeverfahrens bzw. der Zuschlagserteilung zu erwirken. Abweichend vom Wortlaut des § 169 Abs. 2 S. 5 GWB sieht § 176 Abs. 1 S. 4 GWB allerdings ausdrücklich vor, dass auch die Erfolgsaussichten des Beschwerdeverfahrens bei der Entscheidung zu berücksichtigen sind.[27] 14

B. Entscheidung (Abs. 1)

§ 176 Abs. 1 GWB benennt die dem Beschwerdegericht eingeräumten Möglichkeiten einer Vorabgestattung und den der Entscheidung zugrunde zu legenden Maßstab. 15

I. Gegenstand (S. 1)

Ausweislich des Wortlauts des § 176 Abs. 1 S. 1 GWB kann das Beschwerdegericht sowohl den Fortgang des Vergabeverfahrens als auch den Zuschlag gestatten. Es ist daher nicht ersichtlich, dass nur eine Entscheidung über die Vorabgestattung des Zuschlags in Betracht käme – wenngleich dies praktisch der weitaus häufigste Fall sein dürfte. Demnach kann das Beschwerdegericht auch die bloße Gestattung des Fortgangs des Vergabeverfahrens aussprechen.[28] In Betracht kommt dies insbesondere in Fällen, in denen die Vergabekammer nach § 168 Abs. 1 S. 1 GWB verbindliche Anordnungen gegenüber dem Auftraggeber beschlossen hat, deren Umsetzung zu einer unerträglichen Verzögerung des Vergabeverfahrens führen würde.[29] Wird einem Auftraggeber beispielsweise aufgegeben, die Auswahl der nach einem Teilnahmewettbewerb zur Angebotsabgabe aufzufordernden Unternehmen zu wiederholen, obgleich er bereits Angebote abgefordert hat, so kann dieser Verfahrensrückschritt bei zeitkritischen Vergaben durchaus das Vergabeziel gefährden. Besonders deutlich wird dies in den Fällen, in denen die Vergabekammer ausnahmsweise sogar die Aufhebung des Vergabeverfahrens angeordnet hat.[30] Der demnach bestehende praktische Anwendungsbereich für die Vorabgestattung des Fortgangs des Vergabeverfahrens dürfte sich folglich auf Nachprüfungsverfahren beschränken, die nicht erst im Stadium der Vorabinformation nach § 134 GWB, sondern bereits in früheren Verfahrensschritten eingeleitet werden. 16

25 Gesetz v. 25.3.2020 (BGBl. I S. 674).

26 Vgl. Gesetzesbegründung zu § 176 GWB, Gesetz zur beschleunigten Beschaffung im Bereich der Verteidigung und Sicherheit und zur Optimierung der Vergabestatistik, BT-Drs. 19/15603, 59.

27 Zur Frage, welche Rolle die Einschränkung des § 169 Abs. 2 S. 4 GWB tatsächlich bei der Abwägung der Vergabekammer spielt, vgl. *Kadenbach* in § 169 GWB Rn. 47 ff.

28 Vgl. BayObLG, Beschluss v. 1.10.2001 – Verg 6/01; *Summa*, in: Heiermann/Zeiss/Summa, Vergaberecht, § 176 GWB Rn. 4; a.A. *Vavra*, in: Burgi/Dreher, Vergaberecht, § 176 GWB Rn. 5.

29 Vgl. *Wilke*, in: Säcker, Wettbewerbsrecht, § 176 GWB Rn. 11.

30 Vgl. etwa VK Rheinland-Pfalz, Beschluss v. 23.11.2011 – VK 2-34/11.

II. Maßstab (S. 1 bis 4)

17 § 176 Abs. 1 S. 1 bis 4 GWB stellt die – mit § 173 Abs. 2 GWB identischen[31] – Maßstäbe auf, die das Gericht seiner Entscheidung über die Vorabgestattung zugrunde zu legen hat. Danach kommt es darauf an, ob unter Berücksichtigung aller möglicherweise geschädigten Interessen die nachteiligen Folgen einer Verzögerung der Vergabe bis zur Entscheidung über die Beschwerde die damit verbundenen Vorteile überwiegen. Ist dies der Fall, so hat das Beschwerdegericht die Vorabgestattung auszusprechen, anderenfalls den Antrag zurückzuweisen. Angesichts des detailliert vorgegebenen Prüfprogramms verbleibt dem Beschwerdegericht insoweit kein Ermessen mehr.

1. Interesse der Allgemeinheit (S. 2 Hs. 1 und S. 4 Var. 3)

18 Nach § 176 Abs. 1 S. 2 Hs. 1 GWB ist das Interesse der Allgemeinheit an einer **wirtschaftlichen Erfüllung** der Aufgaben des Auftraggebers bei der Abwägung zu berücksichtigen. Ergänzt wird diese Vorgabe durch § 176 Abs. 1 S. 4 Var. 3 GWB, wonach auch das Interesse der Allgemeinheit an einem **raschen Abschluss** des Vergabeverfahrens zu berücksichtigen ist. In der Regel werden sich beide Kriterien nicht trennscharf unterscheiden lassen. Vielmehr dürfte sich das zu berücksichtigende Interesse an einer wirtschaftlichen Erfüllung der Aufgaben des Auftraggebers angesichts des Zwecks der Vorschrift in der Regel bereits in dem Interesse an einem raschen Abschluss des Vergabeverfahrens wiederfinden. Denn jede zu einer unwirtschaftlichen Aufgabenerfüllung führende Verzögerung begründet zugleich ein allgemeines Interesse an einem raschen Abschluss des Vergabeverfahrens. Umgekehrt muss das Interesse der Allgemeinheit an einem raschen Abschluss des Vergabeverfahrens allerdings nicht zwingend ein wirtschaftliches sein. Ein Interesse an einem raschen Abschluss des Vergabeverfahrens ist vielmehr anzuerkennen, wenn nach Art der fraglichen Investition und der betroffenen Rechtsgüter ein drängender Bedarf besteht, was insbesondere dann anzunehmen sein kann, wenn Risiken für die Gesundheit und die Sicherheit der Bevölkerung im Raum stehen.[32] Insofern können sich bei der Vergabe von verteidigungs- oder sicherheitsspezifischen Aufträgen durchaus auch Überschneidungen mit den in § 176 Abs. 1 S. 2 Hs. 2, S. 3 GWB angesprochenen Verteidigungs- und Sicherheitsinteressen ergeben. Stets ist allerdings zu beachten, dass die mit einem Nachprüfungsverfahren verbundenen zeitlichen Verzögerungen vom Auftraggeber grundsätzlich hinzunehmen sind und nicht bereits per se ein Interesse der Allgemeinheit i.S.d. § 176 Abs. 1 GWB begründen.[33] Nach Sinn und Zweck der Regelung müssen vielmehr besondere Umstände hinzutreten, die die zu erwartenden Verzögerungen im konkreten Fall als unerträglich erscheinen lassen.[34]

19 Zusammenfassend können bei der Abwägung danach insbesondere folgende Sachlagen für ein **Interesse der Allgemeinheit** angeführt werden:

- Die drohende Verzögerung ist geeignet, die Aufgabenerfüllung oder Funktionsfähigkeit des Auftraggebers – insbesondere in Bereichen der Daseinsvorsorge[35] – für einen nicht nur unerheblichen Zeitraum spürbar zu beeinträchtigen, bspw. bei der zur Aufrechterhaltung eines angemessenen Verkehrsangebots aufgrund einer unvorhersehbaren technischen Schwierigkeit erforderlichen Neubeschaffung von Verkehrszügen. Die gegebenenfalls um mehrere Wochen verlängerte Aufrechterhaltung des status quo der Verkehrsführung durch einen Ort durch Verzögerung der Vergabe für ein Los einer Baumaßnahme ist bei einer ohnehin planmäßigen Fortdauer des Baus von noch eineinhalb Jahren hingegen beispielsweise nicht geeignet, ein besonderes Beschleunigungsinteresse zu rechtfertigen.[36]

31 Vgl. daher ergänzend auch *Stoye/Thomas* in § 173 GWB Rn. 38 ff.
32 Vgl. OLG Saarbrücken, Beschluss v. 30.7.2007 – 1 Verg 3/07.
33 Vgl. OLG Frankfurt, Beschluss v. 5.3.2014 – 11 Verg 1/14; OLG Rostock, Beschluss v. 11.11.2021 – 17 Verg 8/21; VK Sachsen, Beschluss v. 24.10.2018 – 1/SVK/039-18G.
34 Vgl. auch OLG Karlsruhe, Beschluss v. 4.5.2007 – 17 Verg 5/07.
35 Vgl. auch OLG Frankfurt, Beschluss v. 5.3.2014 – 11 Verg 1/14.
36 Vgl. OLG Naumburg, Beschluss v. 22.11.2019 – 7 Verg 7/19.

- Die Vergabe der Leistungen ist im Sinne eines Fixgeschäftes so streng fristgebunden, dass die drohende Verzögerung zur Unmöglichkeit führen oder die Leistungen jedenfalls massiv entwerten würde, beispielsweise der Umbau eines Stadions anlässlich eines anstehenden Großereignisses nicht rechtzeitig fertig würde.
- Die drohende Verzögerung führt dazu, dass Sicherheits-, Gesundheits- oder Verteidigungsinteressen der Allgemeinheit gefährdet werden, beispielsweise Medikamente zur Bekämpfung einer Pandemie der Bevölkerung nicht rechtzeitig zur Verfügung gestellt werden.
- Die drohende Verzögerung führt dazu, dass der Auftraggeber – etwa durch Schadensersatzansprüche von Unternehmen, Preissteigerungen, Entgehen von Fördermitteln o.Ä. – außergewöhnlich wirtschaftlich belastet wird, beispielsweise Fluggesellschaften infolge nicht termingerechter Eröffnung eines Flughafens berechtigte Schadensersatzansprüche in mehrstelliger Millionenhöhe geltend machen können oder dem Auftraggeber Rabatte in einer Größenordnung von mehreren Millionen Euro entgehen.[37]

2. Verteidigungs- und Sicherheitsinteressen (S. 2 Hs. 2, S. 3)

Nach § 176 Abs. 1 S. 2 Hs. 2 GWB sind im Rahmen der Entscheidung bei verteidigungs- oder sicherheitsspezifischen Aufträgen i.S.d. § 104 GWB zusätzlich besondere Verteidigungs- und Sicherheitsinteressen zu berücksichtigen. 20

In vielen Fällen wird der Anwendungsbereich des Teil 4 GWB bei derartigen Aufträgen nach § 107 Abs. 2 GWB, § 145 GWB zwar nicht eröffnet sein. Da aber gerade die Frage der Anwendbarkeit des Vergaberechts streitig und vor den Nachprüfungsinstanzen überprüft werden kann, hat die Regelung gleichwohl einen **Anwendungsbereich**, wenngleich sich dieser im Wesentlichen mit dem zuvor dargestellten Interesse der Allgemeinheit an einem raschen Abschluss des Vergabeverfahrens decken dürfte. Denn Verteidigungs- und Sicherheitsinteressen sind zugleich stets Interessen der Allgemeinheit. 21

Wie bereits dem Wortlaut des § 176 Abs. 1 S. 2 Hs. 2 GWB zu entnehmen ist, genügen allgemeine Verteidigungs- und Sicherheitsinteressen allerdings nicht zur Begründung eines Überwiegens der nachteiligen Folgen einer Verzögerung der Vergabe. Es bedarf vielmehr **besonderer** Verteidigungs- und Sicherheitsinteressen. Beispielsweise kann danach die fortlaufende, regelmäßige Erneuerung und Ergänzung von Militär- und Polizeiausrüstung (beispielsweise die Beschaffung neuer Schusswaffen) eine Eilbedürftigkeit grundsätzlich nicht begründen. In Betracht kommen aber Leistungen, die aufgrund äußerer Umstände kurzfristig erbracht werden müssen. So kann etwa die lokale Errichtung eines BOS-Digitalfunknetzes wegen der Schnittstellenproblematik mit anderen bereits mit Digitalfunk arbeitenden Sicherheitsbehörden durchaus eine Eilbedürftigkeit begründen, um die Sicherheit der Bevölkerung durch Aufrechterhaltung bzw. Schaffung einer Kommunikationsstruktur zu gewährleisten. 22

Nach der neu eingefügten Regelung in § 176 Abs. 1 S. 3 GWB **überwiegen** die besonderen Verteidigungs- und Sicherheitsinteressen in der Regel, wenn die Vergabe im unmittelbaren Zusammenhang mit einer Krise, einem mandatierten Einsatz der Bundeswehr, einer einsatzgleichen Verpflichtung der Bundeswehr oder einer Bündnisverpflichtung steht. Nach der Gesetzesbegründung besteht in den von § 176 Abs. 1 S. 3 GWB aufgezählten Fällen regelmäßig ein besonders eilbedürftiger Beschaffungsbedarf, weshalb der Vorabzuschlag in der Regel gewährt werden soll.[38] Bei einer Krise, die nach der auf Art. 1 Nr. 10 RL 2009/81/EG basierenden Legaldefinition in § 4 Abs. 1 VSVgV durch ein außergewöhnliches Schadensereignis gekennzeichnet ist, mag diese immanente Eilbedürftigkeit noch auf der Hand liegen. Bei den übrigen Fallgruppen ist dies aber jedenfalls nicht regelhaft der Fall. Unter einem mandatierten Einsatz ist ein Auslandseinsatz der Bundeswehr zu verstehen, der auf der Grundlage einer Resolution des Sicherheitsrats der Vereinten Nationen erfolgt und für den ein entsprechendes Mandat 23

37 Vgl. OLG Düsseldorf, Beschluss v. 28.6.2017 – VII-Verg 24/17.
38 Vgl. Gesetzesbegründung zu § 176 GWB, Gesetz zur beschleunigten Beschaffung im Bereich der Verteidigung und Sicherheit und zur Optimierung der Vergabestatistik, BT-Drs. 19/15603, 59.

des Deutschen Bundestags vorliegt. Als einsatzgleiche Verpflichtung sind Tätigkeiten der Bundeswehr anzusehen, die einem Einsatz vergleichbar sind, ohne dass ein förmliches Mandat des Deutschen Bundestags vorliegt. Bei einer Bündnisverpflichtung handelt es sich um Beiträge der Bundeswehr, die sich aus ihrer Zugehörigkeit zu einem Verteidigungsbündnis (insbesondere NATO) ergeben.[39] Sowohl die mandatierten Einsätze und einsatzgleichen Verpflichtungen als auch die Bündnisverpflichtungen können dementsprechend durchaus langfristiger Natur sein. So ist die Bundeswehr beispielsweise seit 1999 an der Kosovo Force (KFOR) beteiligt. Es dürfte offensichtlich sein, dass es sich bei gegebenenfalls damit im Zusammenhang stehenden Beschaffungen keinesfalls zwangsläufig um besonders eilbedürftige Vergaben handelt. Angesichts des Umstandes, dass Verteidigungs- und Sicherheitsvergaben ohnehin in vielerlei Hinsicht einem erheblich vom allgemeinen Vergaberecht abweichenden Regime unterliegen – oder ihm gänzlich entzogen sind – und das Vorabgestattungsverfahren einen endgültigen Rechtsverlust bewirken kann, wirkt die Neuregelung daher rechtsstaatlich bedenklich. Dies kann nur dazu führen, dass die Vergabesenate im Wege einer teleologischen Auslegung sehr restriktiv zu prüfen haben, ob ein von § 176 Abs. 1 S. 3 GWB aufgestellter Regelfall tatsächlich vorliegt. Sie werden also trotz Vorliegens einer von § 176 Abs. 1 S. 3 GWB erfassten Fallgestaltung insbesondere festzustellen haben, ob die von der Gesetzesbegründung vermutete Eilbedürftigkeit wirklich gegeben ist. Auch die Abwägung selbst macht § 176 Abs. 1 S. 3 GWB nicht obsolet.[40] Im Ergebnis dürfte die Neuregelung daher über eine damit allenfalls bewirkte Nuancierung hinaus als überflüssig anzusehen sein. Denn in echten Eilfällen werden die Nachprüfungsinstanzen auch anhand des bislang vom Gesetz vorgesehenen Abwägungsmaterials schon unproblematisch zu einem Überwiegen des Beschleunigungsinteresses gekommen sein.

24 Die Neuregelung bezieht sich dabei wörtlich auf den öffentlichen „**Auftrag** oder die **Konzession**". Bereits dies ist gesetzgeberisch in zweierlei Hinsicht verunglückt. Zum einen bezieht sich § 176 Abs. 1 S. 3 GWB ersichtlich auf § 176 Abs. 1 S. 2 Hs. 2 GWB – die „besonderen Verteidigungs- und Sicherheitsinteressen" sind die des § 176 Abs. 1 S. 2 Hs. 2 GWB. Jener beschränkt sich jedoch wiederum auf öffentliche Aufträge i.S.v. § 104 GWB und lässt damit Konzessionen i.S.v. §§ 105, 150 GWB außen vor. In der Folge kann es im Rahmen der Neuregelung eigentlich auch nicht mehr um Konzessionen gehen. Zum anderen leidet § 176 Abs. 1 S. 3 GWB an der auch an anderer Stelle – etwa § 155 GWB – problematischen Unschärfe im Hinblick auf die Überschneidung beziehungsweise Abgrenzung der Begriffe des öffentlichen Auftrags (§ 103 Abs. 1 GWB) einerseits und der Rahmenvereinbarung (§ 103 Abs. 5 GWB)[41] andererseits.

3. Erfolgsaussichten der sofortigen Beschwerde (S. 4 Var. 1)

25 Anders als im Vorabgestattungsverfahren vor der Vergabekammer nach § 169 Abs. 2 S. 5 GWB sind im Rahmen des § 176 GWB stets auch die Erfolgsaussichten der sofortigen Beschwerde zu berücksichtigen. Das Beschwerdegericht hat insofern eine Prüfung des im Zeitpunkt der Entscheidung gegebenen Sach- und Streitstandes vorzunehmen.

26 Diese Prüfung ist zwangsläufig wegen des maßgeblichen Entscheidungszeitpunktes nur eine vorläufige, im Regelfall muss sie allerdings entgegen der ganz herrschenden Meinung über eine mit dem Begriff **„summarisch"** bezeichnete überschlägige Prüfung hinausgehen.[42] Denn die Entscheidung über die Vorabgestattung führt – jedenfalls soweit es um die Vorabge-

39 Sämtliche Definitionen aus der Gesetzesbegründung zu § 176 GWB, Gesetz zur beschleunigten Beschaffung im Bereich der Verteidigung und Sicherheit und zur Optimierung der Vergabestatistik, BT-Drs. 19/15603, 59.

40 Vgl. auch *Herrmann*, in: Ziekow/Völlink, Vergaberecht, § 169 GWB Rn. 17b.

41 Die Bedingungen zum Abschluss von Rahmenvereinbarungen über verteidigungs- oder sicherheitsspezifische Leistungen werden mit § 14 VSVgV geregelt.

42 Vgl. *Wilke*, in: Säcker, Wettbewerbsrecht, § 176 GWB Rn. 31; für die h.M. vgl. hingegen etwa OLG Düsseldorf, Beschluss v. 28.6.2017 – VII-Verg 24/17; Beschluss v. 16.3.2005 – VII-Verg 5/05; OLG Karlsruhe, Beschluss v. 4.5.2007 – 17 Verg 5/07; KG, Beschluss v. 6.2.2003 – 2 Verg 1/03; *Opitz*, NZBau 2005, 213 (215); für das vergleichbare Verfahren nach § 173 Abs. 1 S. 3 GWB ferner OLG Brandenburg, Beschluss v. 14.5.2005 – Verg W 8/05; OLG Jena, Beschluss v. 26.10.1999 – 6 Verg 3/99, NZBau 2000, 354 (355); *Kühnen*, NZBau 2009, 357 (359 f.).

stattung des Zuschlags geht – zu einem endgültigen Rechtsverlust des antragstellenden Unternehmens. Angesichts dieses irreversiblen Charakters des Vorabgestattungsverfahrens bedarf es vor dem Hintergrund der Rechtsschutzgarantie des Art. 19 Abs. 4 GG grundsätzlich einer dem Hauptsacheverfahren angenäherten vertieften Prüfung der Sach- und Rechtslage,[43] wofür im Ergebnis auch die Wirkungen des § 177 GWB sprechen.[44]

Entsprechend diesen Maßstäben hat das Beschwerdegericht der Beurteilung der Erfolgsaussichten zwar – von kurzfristig in der Fünf-Wochen-Frist zu erhebenden Beweisen abgesehen – den bisherigen Sach- und Streitstand ohne weitergehende langwierige Beweiserhebungen,[45] aber unter Berücksichtigung der glaubhaft gemachten Tatsachen zugrunde zu legen. In rechtlicher Hinsicht hat es den so ermittelten Sachverhalt allerdings – auch bei schwierigen Rechtsfragen – **abschließend** zu würdigen. Dies gilt nicht zuletzt wegen § 177 GWB, der den Auftraggeber verpflichtet, die sich aus der Entscheidung des Gerichts ergebenden Maßnahmen zur Herstellung der Rechtmäßigkeit des Verfahrens zu ergreifen. Dabei kann es aber nicht gewollt sein, dass der Auftraggeber Maßnahmen ergreift, die sich bei gewissenhafter rechtlicher Prüfung als rechtswidrig herausstellen würden. **27**

4. Aussichten des Antragstellers im Vergabeverfahren (S. 4 Var. 2)

Nach § 176 Abs. 1 S. 4 Var. 2 GWB sind ferner die allgemeinen Aussichten des Antragstellers, den Auftrag im Vergabeverfahren zu erhalten, zu berücksichtigen. **28**

Der Wortlaut der Norm ist missverständlich, weil mit „**Antragsteller**" sowohl das den Nachprüfungsantrag erhebende Unternehmen gemeint sein kann als auch der den Antrag nach § 176 GWB stellende Auftraggeber bzw. das nach § 134 GWB benannte Unternehmen. Sinn und Zweck der Vorschrift lassen es aber nur zu, darunter das den Nachprüfungsantrag erhebende Unternehmen zu verstehen.[46] Denn der Auftraggeber als potenzieller Antragsteller nach § 176 GWB kann naturgemäß schon keine Aussichten auf Erhalt des Auftrags haben. **29**

In die Abwägung einzustellen sind daher die Aussichten des rechtsschutzsuchenden **Unternehmens** im Vergabeverfahren. Dabei dürfte ein engerer Maßstab anzulegen sein als bei der Antragsbefugnis i.S.d. § 160 Abs. 2 GWB.[47] Die bloß abstrakte Möglichkeit der Auftragserteilung kann keinen besonderen, im Rahmen der Entscheidung zu berücksichtigenden Umstand darstellen. Entscheidend ist vielmehr, welchen Platz das antragstellende Unternehmen derzeit im Vergabeverfahren einnimmt und wie ernsthaft dementsprechend seine Chancen zu beurteilen sind, den Auftrag zu erhalten. **30**

5. Abwägung

Nach Erhebung des abwägungsrelevanten Materials entsprechend den vorstehenden Ausführungen hat das Beschwerdegericht seine Entscheidung zu treffen. Gemäß § 176 Abs. 1 S. 1 GWB ist Maßstab für die Entscheidung, ob unter Berücksichtigung aller möglicherweise geschädigten Interessen die nachteiligen Folgen einer Verzögerung der Vergabe bis zur Entscheidung über die Beschwerde die damit verbundenen Vorteile überwiegen. Sind besondere Verteidigungs- oder Sicherheitsinteressen nicht betroffen, kann dem Wortlaut des § 176 Abs. 1 GWB zunächst keine besondere Gewichtung der zu berücksichtigenden Umstände entnommen werden. Nichtsdestotrotz kommt den Erfolgsaussichten der sofortigen Beschwerde eine entscheidende Rolle zu.[48] **31**

---

43 Vgl. auch *Vavra*, in: Burgi/Dreher, Vergaberecht, § 176 GWB Rn. 15. Für das Verfahren nach § 80 Abs. 5 VwGO vgl. BVerfG, Beschluss v. 14.5.1985 – 1 BvR 233/81, 1 BvR 341/81; *Schoch*, in: Schoch/Schneider/Bier, VwGO, § 80 Rn. 411, jeweils m.w.N.

44 Vgl. auch *Stickler*, in: Reidt/Stickler/Glahs, Vergaberecht, § 176 GWB Rn. 24.

45 Zu § 118 Abs. 1 S. 3 GWB a.F. vgl. insoweit BayObLG, Beschluss v. 10.11.1999 – Verg 8/99.

46 Vgl. *Stickler*, in: Reidt/Stickler/Glahs, Vergaberecht, § 176 GWB Rn. 26.

47 A.A. wohl VK Sachsen, Beschluss v. 24.10.2018 – 1/SVK/039-18G für das erstinstanzliche Vorabgestattungsverfahren.

48 Vgl. OLG Düsseldorf, Beschluss v. 28.6.2017 – VII-Verg 24/17; *Vavra*, in: Burgi/Dreher, Vergaberecht, § 176 GWB Rn. 14 ff.

32 Bleibt der Nachprüfungsantrag nach der Würdigung des Beschwerdegerichts voraussichtlich **erfolglos**, so verbietet sich eine weitere Interessenabwägung wegen des irreversiblen Charakters der Vorabgestattung und der verbleibenden Ungewissheit zwar nicht.[49] Die Anforderungen an die Darstellung der für eine Zuschlagsgestattung sprechenden Umstände sind dann allerdings entsprechend gering.[50]

33 Ist hingegen zu erwarten, dass das antragstellende Unternehmen mit seinem Nachprüfungsantrag im Ergebnis **Erfolg** haben wird, so gelten die umgekehrten Maßstäbe. Auch in diesem Fall ist eine Interessenabwägung wegen des vorläufigen Charakters der Prüfung nicht von vorneherein ausgeschlossen.[51] Unter Rechtsstaatsgesichtspunkten kann eine Vorabgestattung dann aber nur in Betracht kommen, wenn einem relativ geringfügigen Rechtsverstoß schwerwiegende Gründe für eine kurzfristige Vergabe gegenüberstehen oder das antragstellende Unternehmen ohnehin nur geringe Aussichten auf Erhalt des Auftrags hat.[52]

34 Bleiben die Erfolgsaussichten der sofortigen Beschwerde – etwa aufgrund noch ungeklärter Sachverhaltsfragen – trotz vertiefter rechtlicher Würdigung im Ergebnis **offen**, so ist die Entscheidung anhand einer Abwägung der sich gegenüberstehenden Interessen und der Aussichten des antragstellenden Unternehmens im Vergabeverfahren zu treffen. Um eine Vorabgestattung zu rechtfertigen, müssen die nachteiligen Folgen einer Verzögerung dabei überwiegen.[53] Es genügt wegen des irreversiblen Charakters der Entscheidung folglich nicht, dass die nachteiligen Folgen ebenso gewichtig sind wie der mit dem Abwarten einer Entscheidung über die sofortige Beschwerde verbundene Vorteil der Rechtssicherheit und Rechtsstaatlichkeit.[54] Letztlich liegt in dieser gesetzlichen Konstruktion auch die besondere „Gefahr" eines Antrags nach § 176 GWB. Denn der Auftraggeber nimmt sich bei offenen Erfolgsaussichten der sofortigen Beschwerde durch einen Antrag nach § 176 GWB wegen der Regelung des § 177 GWB unter Umständen die Möglichkeit, noch eine für ihn positive Hauptsacheentscheidung zu erwirken. Auch wenn dies vom Auftraggeber oder dem nach § 134 GWB benannten Unternehmen so beantragt wird, dürfte eine **Teilzuschlagsgestattung** in Fällen offener Erfolgsaussichten nicht in Betracht kommen.[55] Denn wird dem Auftraggeber gestattet, einem Unternehmen den Zuschlag für eine Teilmenge des Auftrags – also beispielsweise zunächst für ein Jahr anstelle der ausgeschriebenen fünf Jahre – zu erteilen, so ist schon zweifelhaft, wie der Auftraggeber auf der Grundlage des ausgeschriebenen Gesamtauftrags das bei Vergabe einer Teilmenge wirtschaftlichste Angebot ermitteln möchte. So ist durchaus denkbar, dass die Unternehmen hohe Anfangsinvestitionen haben, die sie beispielsweise über den Preis für fünf Jahre verteilen, die aber bei einer nur einjährigen Beauftragung zu einer gänzlich anderen Wertungsreihenfolge führten. Zudem besteht das Problem, dass durch eine Vergabe eines Teilauftrags auch der ursprünglich ausgeschriebene Auftrag verändert würde und eine Zuschlagserteilung auf der Grundlage der eingereichten Angebote nicht mehr möglich wäre. Infolgedessen kann der Vergabesenat diesbezüglich keine teilweise Zuschlagsvergabe gestatten. Der Auftraggeber muss entweder eine – risikobehaftete – Vorabentscheidung über eine Zuschlagsgestattung für den gesamten Auftrag beantragen oder das Beschwerdeverfahren abwarten und gegebenenfalls im Wege der Interimsvergabe operieren.[56]

---

49 Vgl. BayObLG, Beschluss v. 17.6.2021 – Verg 6/21; OLG München, Beschluss v. 9.9.2010 – Verg 16/10 zu § 115 GWB a.F.; *Vavra*, in: Burgi/Dreher, Vergaberecht, § 176 GWB Rn. 16; einschränkend OLG Celle, Beschluss v. 3.6.2010 – 13 Verg 6/10 *„bedarf es nicht"*.

50 Vgl. OLG Düsseldorf, Beschluss v. 9.7.2012 – VII-Verg 18/12; Beschluss v. 17.4.2008 – VII-Verg 15/08.

51 Enger hingegen *Herrmann*, in: Ziekow/Völlink, Vergaberecht, § 176 GWB Rn. 15 *„Interessenabwägung entbehrlich"*.

52 Vgl. auch *Summa*, in: Heiermann/Zeiss/Summa, Vergaberecht, § 176 GWB Rn. 41; a.A. *Vavra*, in: Burgi/Dreher, Vergaberecht, § 176 GWB Rn. 16.

53 Vgl. *Vavra*, in: Burgi/Dreher, Vergaberecht, § 176 GWB Rn. 19.

54 Vgl. auch VK Sachsen, Beschluss v. 24.10.2018 – 1/SVK/039-18G.

55 A.A. OLG Düsseldorf, Beschluss v. 11.9.2000 – Verg 7/00; *Vavra*, in: Burgi/Dreher, Vergaberecht, § 176 GWB Rn. 25; *Wilke*, in: Säcker, Wettbewerbsrecht, § 176 GWB Rn. 36.

56 Zur Interimsvergabe vgl. etwa OLG Düsseldorf, Beschluss v. 20.7.2015 – VII-Verg 37/15; Beschluss v. 30.5.2011 – VII-Verg 39/11; OLG Koblenz, Beschluss v. 24.3.2015 – Verg 1/15; VK Westfalen, Beschluss v. 18.6.2018 – VK 1-18/18; ganz allgemein dazu vgl. *Marx/Hölzl*, NZBau 2010, 535.

Ist eine Fallgruppe des § 176 Abs. 1 S. 3 GWB einschlägig, d.h. bezieht sich ein verteidigungs- oder sicherheitsspezifischer Auftrag auf eine besondere Krisen- oder Einsatzsituation oder Bündnisverpflichtung, so gibt das Gesetz ein Überwiegen der **Verteidigungs- und Sicherheitsinteressen** „in der Regel" vor. Der Vergabesenat wird also angesichts dieser gesetzgeberischen Wertung, insbesondere aber auch schon wegen der zugrundeliegenden Umstände einer eilbedürftigen Beschaffung in einem für Sicherheit oder Verteidigung relevanten Bereich die Abwägung zugunsten einer Vorabgestattung vorzunehmen haben, wenn ein solcher Regelfall auch tatsächlich vorliegt.[57] 35

C. Anforderungen an den Antrag

Beim Vorabgestattungsverfahren handelt es sich um ein – auch wegen der drastischen Folgen des § 177 GWB – nur auf Antrag eingeleitetes Zwischenverfahren. § 176 GWB stellt dabei bestimmte Anforderungen bezüglich Antragsberechtigung, Form und Inhalt des Antrags auf. 36

I. Antragsberechtigung (Abs. 1 S. 1)

Nach § 176 Abs. 1 S. 1 GWB kann das Beschwerdegericht eine Vorabentscheidung auf Antrag des **Auftraggebers** oder auf Antrag des **Unternehmens** treffen, das nach § 134 GWB vom Auftraggeber als das Unternehmen benannt ist, das den Zuschlag erhalten soll. Da im Regelfall der Auftraggeber auch Hüter der im Rahmen der Abwägung besonders zu berücksichtigenden Interessen der Allgemeinheit ist, liegt es nahe, dass er den Antrag auf Vorabentscheidung stellt. Wegen der Wirkungen des § 177 GWB ist dies aber zugleich äußerst risikobehaftet. Das für den Zuschlag ausgewählte Unternehmen,[58] das im Normalfall an dem Nachprüfungsverfahren bereits durch Beiladung beteiligt sein sollte, kann den Antrag hingegen ohne derartige Bedenken stellen, da bei Ablehnung des Antrags § 177 GWB nach dessen eindeutigem Wortlaut keine Anwendung findet.[59] 37

Es ist nicht erforderlich, dass der Antragsteller des Vorabentscheidungsverfahrens auch selbst **sofortige Beschwerde** eingelegt hat.[60] Vielmehr genügt es, dass überhaupt eine sofortige Beschwerde anhängig ist.[61] 38

II. Formalien und Inhalt (Abs. 2 S. 1 und 2)

Nach § 176 Abs. 2 S. 1 GWB ist der Antrag auf Vorabentscheidung schriftlich zu stellen und gleichzeitig zu begründen. 39

Schriftlichkeit bedeutet aufgrund des nach § 176 Abs. 3 S. 4 GWB i.V.m. § 175 Abs. 1 S. 1 GWB geltenden Anwaltszwangs, dass die Antragsschrift nach § 126 Abs. 1 BGB von dem ausstellenden Rechtsanwalt unterzeichnet sein muss. Nur bei juristischen Personen des öffentlichen Rechts kann dies gemäß § 175 Abs. 1 S. 2 GWB auch durch Beamte oder Angestellte mit Befähigung zum Richteramt geschehen. Nach § 176 Abs. 3 S. 4 GWB i.V.m. § 175 Abs. 2 GWB i.V.m. § 72 Nr. 2 GWB gelten die Vorschriften der ZPO zum elektronischen Rechtsverkehr allerdings entsprechend. 40

Der **nicht fristgebundene** Antrag nach § 176 GWB kann mit oder jederzeit nach Einlegung einer sofortigen Beschwerde gestellt werden.[62] Im Regelfall wird die Eilbedürftigkeit aber von Beginn an bestehen, so dass die Glaubhaftmachung derselben bei einem erst später gestellten Antrag erschwert sein dürfte. Gleichwohl mag es auch Konstellationen geben, in denen sich 41

---

57 Zu den Maßstäben vgl. oben Rn. 23.
58 Auch ohne dass dies ausdrücklich im Wortlaut Niederschlag findet, sind – etwa im Fall einer Losvergabe – sämtliche Unternehmen, die für den Zuschlag vorgesehen sind, antragsberechtigt.
59 Zur Berechtigung dieser Beschränkung vgl. § 177 GWB Rn. 8.
60 Vgl. OLG Frankfurt, Beschluss v. 6.6.2013 – 11 Verg 8/13; OLG Saarbrücken, Beschluss v. 2.4.2013 – 1 Verg 1/13.
61 Vgl. OLG Frankfurt, Beschluss v. 5.3.2014 – 11 Verg 1/14; OLG Düsseldorf, Beschluss v. 6.5.2011 – VII-Verg 26/11.
62 Vgl. OLG Frankfurt, Beschluss v. 6.6.2013 – 11 Verg 8/13.

die Eilbedürftigkeit erst kurzfristig ergibt und ein dementsprechend erst einige Zeit nach Beschwerdeeinlegung gestellter Antrag angezeigt ist.

42 Der Antrag auf Vorabentscheidung ist mit seiner Stellung auch zu **begründen**. Es sind folglich mit Antragstellung bereits die Tatsachen anzugeben, die zum Erfolg des Antrags führen sollen, insbesondere also Tatsachen zu benennen, die die besondere Eilbedürftigkeit des Verfahrensfortgangs, die Rechtmäßigkeit des Vergabeverfahrens und das Überwiegen der Nachteile durch eine weitere Verzögerung begründen.[63] Wird der Antrag nicht gleichzeitig mit der Einlegung begründet, so ist er bis zum Eingang einer Begründung als unzulässig zu behandeln[64] und kann auf dieser Grundlage – allerdings ohne die Folgewirkungen des § 177 GWB und mit der Möglichkeit der jederzeitigen Wiederholung – zurückgewiesen werden. Gegebenenfalls sollte hier – insbesondere wenn der Antrag von dem für den Zuschlag vorgesehenen Unternehmen gestellt wird – allerdings zuvor ein gerichtlicher Hinweis nach § 175 Abs. 2 GWB i.V.m. § 75 Abs. 2 GWB ergehen.[65]

43 Die vorzubringenden Tatsachen und der Grund für die Eilbedürftigkeit sind nach § 176 Abs. 2 S. 2 GWB **glaubhaft zu machen**. Mit dieser Bestimmung wird auf § 294 ZPO Bezug genommen, wonach alle Beweismittel einschließlich der Versicherung an Eides statt zulässig sind. Insbesondere im Hinblick auf die nicht ohne Weiteres aus den ohnehin der Entscheidung zugrunde zu legenden Vergabeakten ersichtliche Eilbedürftigkeit und das Überwiegen der Nachteile einer weiteren Verzögerung der Vergabe ist die Erweiterung der Beweismittel um die eidesstattliche Versicherung sinnvoll, um dem Beschleunigungszweck des Vorabentscheidungsverfahrens gerecht zu werden. Trotz der missverständlichen Formulierung des § 176 Abs. 2 S. 2 GWB stehen die Mittel der Glaubhaftmachung allerdings nicht nur dem Antragsteller des Vorabentscheidungsverfahrens zur Verfügung, auch das das Nachprüfungsverfahren betreibende Unternehmen ist seinerseits zur bloßen Glaubhaftmachung berechtigt. Mit der Bezugnahme auf die Glaubhaftmachung und § 294 ZPO ist nicht nur eine Erweiterung der zugelassenen Beweismittel verbunden. Gegenüber dem im Übrigen geltenden Regelbeweismaß der vollen Überzeugung von der Wahrheit einer Tatsache gemäß § 286 ZPO kann das Beschwerdegericht die behauptete Tatsache danach schon dann – allerdings auch nur dann – zugrunde legen, wenn es ihr Bestehen für wahrscheinlicher hält als das Gegenteil.[66] Trotz der Formulierung des § 176 Abs. 2 S. 2 GWB müssen mit der Antragstellung nur solche Tatsachen glaubhaft gemacht werden, die zwischen den Beteiligten streitig sind oder voraussichtlich streitig werden. Der sich ohne Weiteres aus den Vergabeakten ergebende Sachverhalt bedarf daher regelmäßig keiner gesonderten Glaubhaftmachung – wenngleich es zumindest guter Übung entsprechen sollte, dem Vergabesenat jedenfalls die für die Entscheidung relevanten Aktenbestandteile zu benennen, um gerade bei umfangreichen Verfahren das Verfahren zu beschleunigen.

44 Im Übrigen gilt nach § 176 Abs. 3 S. 4 GWB i.V.m. §§ 175 Abs. 2, 75 Abs. 1 GWB auch im Vorabentscheidungsverfahren der **Untersuchungsgrundsatz**. Das Gericht hat daher den Sachverhalt von Amts wegen zu erforschen, ohne dabei an das Vorbringen der Beteiligten gebunden zu sein. Gleichwohl befreit dies die Beteiligten nicht gänzlich von ihren Mitwirkungsobliegenheiten und insbesondere nicht von der Pflicht zur Glaubhaftmachung. Das Beschwerdegericht kann die Beteiligten auch unter Fristsetzung zur Glaubhaftmachung bestimmter Umstände auffordern und im Fall der Nichterfüllung der Auflage den Antrag auf dieser Grundlage zurückweisen, vgl. §§ 176 Abs. 3 S. 4, 175 Abs. 2, 75 Abs. 3 S. 2 GWB.

---

63 Auch im Vorabgestattungsverfahren gilt selbstverständlich, dass der Vortrag hinreichend substantiiert sein muss und nicht bloß formelhafte, pauschale oder ins Blaue hinein aufgestellte Behauptungen enthalten soll, vgl. auch VK Hamburg, Beschluss v. 11.10.2019 – Vgk FB 7/19.

64 Vgl. *Vavra*, in: Burgi/Dreher, Vergaberecht, § 176 GWB Rn. 11; *Wilke*, in: Säcker, Wettbewerbsrecht, § 176 GWB Rn. 17.

65 Zur Hinweispflicht vgl. *Stickler*, in: Reidt/Stickler/Glahs, Vergaberecht, § 176 GWB Rn. 9.

66 Vgl. dazu *Huber*, in: Musielak/Voit, ZPO, § 294 Rn. 3 m.w.N.

D. Verfahren

Das Vorabentscheidungsverfahren ist als Zwischenverfahren ausgestaltet und unterliegt den Vorgaben von § 176 Abs. 2 S. 3 GWB und Abs. 3 GWB. 45

I. Mögliche Aussetzung des Beschwerdeverfahrens (Abs. 2 S. 3)

Nach § 176 Abs. 2 S. 3 GWB kann das Verfahren über die sofortige Beschwerde bis zur Entscheidung über den Antrag auf Vorabgestattung ausgesetzt werden. Dem Beschwerdegericht soll damit ermöglicht werden, sich auf das besonders eilige Vorabgestattungsverfahren zu konzentrieren, ohne parallel das Hauptsacheverfahren weiter fördern zu müssen. 46

Maßstab für die im Ermessen des Vergabesenats stehende Entscheidung sollte sein, inwiefern eine Aussetzung im Hinblick auf diesen Zweck förderlich ist. Eine Aussetzung dürfte danach ausscheiden, wenn das Beschwerdeverfahren bereits entscheidungsreif ist oder demnächst entscheidungsreif wird. Dann ist es vielmehr angezeigt, in der Hauptsache zu entscheiden und damit die Erledigung des Vorabentscheidungsantrags herbeizuführen. Bedarf es im Hauptsacheverfahren hingegen noch einer längeren Beweisaufnahme, so ist in der Regel eine Aussetzung geboten.[67] 47

Die Aussetzung erfolgt durch **Beschluss**, der nicht anfechtbar ist. 48

II. Entscheidungsfrist (Abs. 3 S. 1)

Um dem Zweck des Vorabentscheidungsverfahrens gerecht zu werden, sieht § 176 Abs. 3 S. 1 Hs. 1 GWB vor, dass die Entscheidung unverzüglich nach Eingang des entsprechenden Antrags zu treffen und zu begründen ist. 49

Unverzüglich bedeutet dabei entsprechend § 121 Abs. 1 S. 1 BGB ohne schuldhaftes Zögern. § 176 Abs. 3 S. 1 GWB versteht darunter im Regelfall eine Frist von längstens fünf Wochen. Da das Beschwerdeverfahren anders als das Verfahren vor der Vergabekammer in § 167 Abs. 1 S. 1 GWB im Übrigen keine Entscheidungsfrist kennt, kann es daher mit einem Vorabentscheidungsverfahren erheblich beschleunigt werden.[68] Der Vergabesenat ist allerdings nicht berechtigt, die fünfwöchige Frist, die mit dem Eingang des Antrags beim Beschwerdegericht beginnt, in jedem Fall auszuschöpfen. Ohne schuldhaftes Zögern meint vielmehr, dass eine Entscheidung in dem Zeitpunkt zu treffen ist, in dem dies unter Beachtung der rechtsstaatlichen Anforderungen, also insbesondere nach Gewährung rechtlichen Gehörs gemäß § 176 Abs. 3 S. 4 GWB i.V.m. §§ 175 Abs. 2, 76 Abs. 1 S. 2 GWB möglich ist. 50

In besonders gelagerten Ausnahmefällen kann der Vorsitzende die Entscheidungsfrist durch begründete Mitteilung an die Beteiligten gemäß § 176 Abs. 3 S. 1 Hs. 2 GWB um den erforderlichen Zeitraum **verlängern**. Zwar steht der Eilcharakter der Entscheidung einer Verlängerung im Regelfall entgegen. Angesichts des irreversiblen Charakters der Entscheidung kann es aber geboten sein, gegebenenfalls doch eine angemessene Verlängerung der Entscheidungsfrist zu verfügen. 51

Die Einhaltung der Entscheidungsfrist kann von den Verfahrensbeteiligten nicht erzwungen werden. Ein **Verstoß** gegen § 176 Abs. 3 S. 1 GWB bleibt daher in der Regel folgenlos.[69] Allenfalls kämen eine Verzögerungsrüge nach § 198 GVG und ein darauf gestützter Entschädigungsanspruch sowie eine Verfassungsbeschwerde in Betracht. Da der Auftraggeber nach § 198 Abs. 6 Nr. 2 GVG in der Regel allerdings nicht Anspruchsberechtigter sein dürfte, zugleich aber in den meisten Fällen das größte Interesse an einer zügigen Entscheidung hat, wird 52

---

67 A.A. *Vavra*, in: Burgi/Dreher, Vergaberecht, § 176 GWB Rn. 20, nach der eine Aussetzung nur in Ausnahmefällen möglich sein soll.

68 Der Gesetzgeber ging bei Einführung des Vorabentscheidungsverfahrens – wie sich zeigte: nicht realitätsfern – von einer durchschnittlichen Verfahrensdauer der sofortigen Beschwerde von neun Monaten aus, vgl. Gesetzesbegründung zu § 131 GWB a.F., VgRÄG, BT-Drs. 13/9340, 21.

69 Vgl. *Opitz*, NZBau 2005, 213 (215).

die Verzögerungsrüge in diesem Bereich praktisch kaum bedeutsam werden. Auch die Verfassungsbeschwerde dürfte insoweit kaum praktikabel sein.[70]

III. Form und Inhalt der Entscheidung (Abs. 3 S. 1 und 3)

53 Die Vorabentscheidung des Vergabesenats ergeht durch zuzustellenden Beschluss (§§ 176 Abs. 3 S. 4, 175 Abs. 2, 76 Abs. 1 S. 1, Abs. 6 GWB).

54 Der Beschluss ist nach § 176 Abs. 3 S. 1 GWB mit einer **Begründung** zu versehen, die nach § 176 Abs. 3 S. 3 GWB die Rechtmäßigkeit oder Rechtswidrigkeit des Vergabeverfahrens erläutert. Hintergrund dieser Regelung ist § 177 GWB, wonach der Auftraggeber, um nicht die Rechtsfolge der Beendigung des Vergabeverfahrens in Kauf nehmen zu müssen, die sich aus der Vorabentscheidung ergebenden Maßnahmen zur Herstellung der Rechtmäßigkeit des Verfahrens zu ergreifen hat. Im Fall des Unterliegens des Auftraggebers ist das Beschwerdegericht daher gehalten, entsprechend deutlich zu machen, was der Auftraggeber zur Herstellung der Rechtmäßigkeit des Verfahrens zu tun hat – etwa welche Verfahrensschritte gegebenenfalls zu wiederholen sind, was noch aufzuklären ist oder welche Unterlagen nachzufordern sind. Nur eine dergestalt eindeutige *„rechtsgutachterliche"*[71] Begründung der Entscheidung ermöglicht es dem Auftraggeber mit der notwendigen Rechtssicherheit, die Folgen des § 177 GWB zu verhindern. Eine Ausnahme gilt insoweit nur dann, wenn der Antrag auf Vorabentscheidung bereits als unzulässig abgelehnt wird. In diesem Fall greift die Rechtsfolge des § 177 GWB nicht ein, sodass es dem Auftraggeber auch nicht verwehrt ist, jederzeit einen erneuten Antrag auf Vorabentscheidung zu stellen.[72] Folglich bedarf es auch keiner alle materiellen Gesichtspunkte erörternden Begründung durch den Vergabesenat.[73]

55 Das Gericht hat allerdings eine vertiefte Begründung auch dann zu liefern, wenn es dem Antrag auf Vorabentscheidung **stattgibt**. Dies folgt schon daraus, dass § 176 Abs. 3 S. 3 GWB auch die Erläuterung der Rechtmäßigkeit des Vergabeverfahrens fordert. Während im Fall des Unterliegens des Auftraggebers die Begründungspflicht wegen § 177 GWB schon aus Rechtsstaatsgesichtspunkten geboten sein dürfte, fehlt es bei einem Obsiegen des Auftraggebers an einer derartigen Notwendigkeit. Insbesondere lässt sich dem Grundgesetz nicht entnehmen, dass jede – auch eine mit ordentlichen Rechtsmitteln nicht mehr anfechtbare letztinstanzliche – gerichtliche Entscheidung mit einer Begründung zu versehen ist.[74] Insofern ist es durchaus ungewöhnlich, dass § 176 Abs. 3 S. 3 GWB den Vergabesenaten vorschreibt, worauf sich ihre Begründung beziehen muss.[75] Nichtsdestotrotz kommt der Begründung auch im Fall des Obsiegens des Auftraggebers eine wichtige Bedeutung zu, weil sie durch die Erläuterung der Rechtmäßigkeit des Verfahrens Rechtsfrieden schaffen kann und dem unterlegenen Unternehmen zudem vor Augen führen sollte, dass sein Vorbringen zur Kenntnis genommen und erwogen worden ist.[76]

56 Im Rahmen der Entscheidung wird sich der Vergabesenat dabei auch mit eventuell der eigenen Auffassung entgegenstehender Rechtsprechung anderer Oberlandesgerichte oder des Bundesgerichtshofs auseinanderzusetzen haben. Eine **Divergenzvorlage** schließt § 179 Abs. 2 S. 4 GWB wegen der Eilbedürftigkeit zwar aus.[77] Umgekehrt lösen nach § 176 GWB ergangene Entscheidungen allerdings bei beabsichtigter Abweichung im Rahmen von ordent-

70 Dies schon deswegen, weil Auftraggeber häufig nicht selbst Grundrechtsträger des hier allein in Betracht kommenden Art. 19 Abs. 4 GG sein werden.

71 So *Gröning*, ZIP 1998, 370 (376).

72 Vgl. *Vavra*, in: Burgi/Dreher, Vergaberecht, § 176 GWB Rn. 10.

73 Vgl. *Stickler*, in: Reidt/Stickler/Glahs, Vergaberecht, § 177 GWB Rn. 3.

74 Vgl. BVerfG, Beschluss v. 5.9.2007 – 2 BvR 1855/07; Beschluss v. 22.5.2001 – 1 BvR 1512/97 und 1677/97; Beschluss v. 28.2.1979 – 2 BvR 84/79.

75 Vgl. auch *Gröning*, ZIP 1998, 370 (376).

76 Zur diesbezüglichen, aus Art. 103 Abs. 1 GG abgeleiteten verfassungsrechtlichen Pflicht der Gerichte vgl. BVerfG, Urteil v. 8.7.1997 – 1 BvR 1621/94.

77 A.A. *Dieck-Bogatzke*, in: Pünder/Schellenberg, Vergaberecht, § 176 GWB Rn. 11, in offenkundigem Missverständnis von BGH, Beschluss v. 31.1.2017 – X ZB 10/16.

lichen Hauptsacheverfahren durchaus eine Divergenzvorlagepflicht aus.[78] Dies kann zu der in Ansehung von § 179 Abs. 2 S. 1 GWB etwas systemfremd anmutenden Situation führen, in der ein Vergabesenat vorzulegen hat, der seine bisherige Rechtsprechung aufrechterhalten möchte, weil in der Zwischenzeit ein anderer Senat davon abgewichen ist und daher im Regelfall hätte selbst vorlegen müssen.[79]

Im Fall der Stattgabe ist der **Tenor** der Entscheidung auf die Gestattung des weiteren Fortgangs des Verfahrens und/oder der Zuschlagserteilung gerichtet. Er kann beispielsweise lauten: „Dem öffentlichen Auftraggeber (bzw. im Regelfall Antragsteller/Antragsgegner bzw. Beschwerdeführer/Beschwerdegegner) wird der weitere Fortgang des Vergabeverfahrens und die Erteilung des Zuschlags gestattet." Anderenfalls lautet der Tenor etwa: „Der Antrag auf weiteren Fortgang des Vergabeverfahrens/Erteilung des Zuschlags wird zurückgewiesen." 57

Im Regelfall wird der Vergabesenat den Beschluss mit weiteren **Auflagen** beziehungsweise **Hinweisen** versehen. Im Fall der Stattgabe ist es denkbar, dass der Auftraggeber aufgefordert wird, eine etwaige Zuschlagserteilung dem Gericht anzuzeigen.[80] Ferner kann das die Nachprüfung betreibende Unternehmen aufgefordert werden zu erklären, ob es an seinem Nachprüfungsantrag festhält.[81] Wird der Antrag hingegen zurückgewiesen, dürfte es sich regelmäßig anbieten, dem Auftraggeber und gegebenenfalls dem beigeladenen Unternehmen aufzugeben, sich zum weiteren Fortgang des Beschwerdeverfahrens zu verhalten.[82] Dem Auftraggeber sollte jedenfalls bei einem von ihm gestellten Antrag auf Vorabentscheidung zudem mit Blick auf § 177 GWB aufgegeben werden, binnen zwei Wochen zu den von ihm etwaig ergriffenen Maßnahmen vorzutragen.[83] 58

IV. Mündliche Verhandlung (Abs. 3 S. 2)

Nach § 176 Abs. 3 S. 2 GWB kann die Entscheidung ohne mündliche Verhandlung ergehen. 59

Schon der Wortlaut spricht dafür, dass das Absehen von einer mündlichen Verhandlung den **Ausnahmefall** bildet.[84] Dies dürfte angesichts des irreversiblen Charakters der Entscheidung auch sachgerecht sein.[85] Gleichwohl kann der Vergabesenat in bestimmten Fällen sein Ermessen dahin ausüben, von einer mündlichen Verhandlung abzusehen. Dies dürfte sich etwa anbieten, wenn die Erfolgsaussichten der sofortigen Beschwerde offensichtlich sind und eine mündliche Verhandlung keine weitere Aufklärung oder Förderung des Verfahrens erwarten lässt.[86] Auch außerhalb des konkreten Verfahrens liegende Umstände wie etwa eine pandemiebedingte Notwendigkeit zur Kontaktreduzierung können im Einzelfall das Absehen von einer mündlichen Verhandlung rechtfertigen. 60

Darüber hinaus steht es den Verfahrensbeteiligten auch frei, auf mündliche Verhandlung zu **verzichten**, §§ 176 Abs. 3 S. 4, 175 Abs. 2, 65 Abs. 1 Hs. 2 GWB. Der Vergabesenat ist zudem nach § 65 Abs. 2 GWB berechtigt, auch bei Ausbleiben der Beteiligten im Verhandlungstermin zu entscheiden. Im Gegensatz zu § 102 Abs. 2 VwGO bedarf es insofern auch keines vorherigen Hinweises in der Ladung.[87] In jedem Fall ist den Beteiligten vor einer Entscheidung allerdings rechtliches Gehör zu gewähren.[88] 61

78 Vgl. BGH, Beschluss v. 31.1.2017 – X ZB 10/16.
79 Zur Bindungswirkung der Entscheidungen nach § 176 GWB im Rahmen des § 179 Abs. 1 GWB vgl. die Kommentierung in § 177 GWB Rn. 11.
80 Vgl. etwa OLG Celle, Beschluss v. 3.6.2010 – 13 Verg 6/10.
81 Vgl. z. B. OLG Düsseldorf, Beschluss v. 17.4.2008 – VII-Verg 15/08.
82 Vgl. etwa OLG Düsseldorf, Beschluss v. 1.8.2005 – VII-Verg 41/05.
83 Vgl. beispielsweise OLG Düsseldorf, Beschluss v. 9.7.2012 – VII-Verg 18/12.
84 A.A. offenbar *Wilke*, in: Säcker, Wettbewerbsrecht, § 176 GWB Rn. 23.
85 Vgl. auch *Vavra*, in: Burgi/Dreher, Vergaberecht, § 176 GWB Rn. 23; *Stickler*, in: Reidt/Stickler/Glahs, Vergaberecht, § 176 GWB Rn. 12.
86 Vgl. auch Gesetzesbegründung zu § 131 GWB a.F., VgRÄG, BT-Drs. 13/9340, 22.
87 Vgl. *K. Schmidt*, in: Immenga/Mestmäcker, Wettbewerbsrecht, § 69 GWB Rn. 4.
88 Vgl. *Dieck-Bogatzke*, in: Pünder/Schellenberg, Vergaberecht, § 176 GWB Rn. 10.

V. Sonstige Verfahrensvorschriften (Abs. 3 S. 4)

62 Nach § 176 Abs. 3 S. 4 GWB findet § 175 GWB auch im Vorabentscheidungsverfahren Anwendung. Nach dessen Abs. 1 müssen sich die Beteiligten durch eine postulationsfähige Person vertreten lassen.[89] § 175 Abs. 2 GWB wiederum verweist auf zahlreiche allgemeine prozessuale Regelungen des GWB. Insbesondere folgt daraus auch für das Vorabentscheidungsverfahren die entsprechende Anwendbarkeit der Vorschriften zur mündlichen Verhandlung in § 65 GWB, zum Untersuchungsgrundsatz in § 75 Abs. 1 bis 3 GWB, zum Anspruch auf rechtliches Gehör in § 76 Abs. 1 S. 2 GWB, zur Akteneinsicht nach §§ 70, 165 GWB, zur Mitwirkungspflicht der Beteiligten sowie der entsprechenden Anwendbarkeit ausgewählter Vorschriften des GVG und der ZPO nach § 72 GWB.

VI. Kosten und Gebühren

63 Eine **Kostenentscheidung** ist im Vorabentscheidungsverfahren nicht veranlasst, da es sich um ein unselbstständiges Zwischenverfahren handelt.[90] Die Kosten dieses Verfahrens sind vielmehr Kosten des Beschwerdeverfahrens, über die im Rahmen der einheitlichen Kostenentscheidung über die Hauptsache zu entscheiden ist.[91] Daran ändert auch der Verweis des über § 176 Abs. 3 S. 4 GWB Anwendung findenden § 175 Abs. 2 GWB auf § 71 GWB nichts. Denn § 71 GWB besagt nichts über die Frage, in welchem Stadium des Verfahrens über die Kosten zu entscheiden ist. Im Übrigen ordnet § 175 GWB ohnehin nur die entsprechende Geltung dieser Vorschrift an.

64 **Gebührenrechtlich** handelt es sich bei Beschwerde- und Vorabentscheidungsverfahren allerdings um selbstständige Angelegenheiten.[92] Nach Nr. 1630 KV GKG fallen 3,0 Gebühren für das Verfahren auf Vorabentscheidung an, die sich bei Rücknahme des Antrags gemäß Nr. 1631 KV GKG auf 1,0 reduzieren. Hinsichtlich der Rechtsanwaltsgebühren gilt nach Vorbemerkung 3.2 Abs. 2 S. 3 VV RVG dessen erster Abschnitt.

VII. Rechtsschutz (Abs. 4)

65 Nach § 176 Abs. 4 GWB ist ein Rechtsmittel gegen Entscheidungen im Vorabgestattungsverfahren nicht zulässig. Als außerordentliche Rechtsbehelfe kommen allenfalls die Anhörungsrüge i.S.d. § 69 GWB bei Verletzung der Gewährung rechtlichen Gehörs sowie die Verfassungsbeschwerde an ein Verfassungsgericht in Betracht.

Anlagen

Gesetzesbegründung – Gesetz zur beschleunigten Beschaffung im Bereich der Verteidigung und Sicherheit und zur Optimierung der Vergabestatistik (BT-Drs. 19/15603)

Seite 59

Die wortgleichen Ergänzungen in § 169 Absatz 2 Satz 3, § 173 Absatz 2 Satz 3 und § 176 Absatz 1 Satz 3 GWB betreffen diejenigen Fälle, in denen sich ein Nachprüfungsverfahren auf eine Auftrags- oder Konzessionsvergabe bezieht, die mit Verteidigungs- oder Sicherheitsinteressen in Zusammen-

---

89 Vgl. weiterführend *Stoye/Thomas* in § 175 GWB Rn. 5 ff.

90 Vgl. *Summa*, in: Heiermann/Zeiss/Summa, Vergaberecht, § 176 GWB Rn. 56; *Wilke*, in: Säcker, Wettbewerbsrecht, § 176 GWB Rn. 42; in diese Richtung wohl auch BGH, Urteil v. 25.10.2005 – ZB 15/05.

91 Vgl. OLG Celle, Beschluss v. 3.6.2010 – 13 Verg 6/10; OLG Düsseldorf, Beschluss v. 17.4.2008 – VII-Verg 15/08; BayObLG, Beschluss v. 23.3.2004 – Verg 3/04; OLG Bremen, Beschluss v. 22.10.2001 – Verg 2/2001; *Vavra*, in: Burgi/Dreher, Vergaberecht, § 176 GWB Rn. 30; *Dieck-Bogatzke*, in: Pünder/Schellenberg, Vergaberecht, § 176 GWB Rn. 13; *Herrmann*, in: Ziekow/Völlink, Vergaberecht, § 176 GWB Rn. 20; a.A. KG, Beschluss v. 26.9.2014 – Verg 5/14; Beschluss v. 6.2.2003 – 2 Verg 1/03; OLG Naumburg, Beschluss v. 15.12.2000 – 1 Verg 11/00; anders auch *Stickler*, in: Reidt/Stickler/Glahs, Vergaberecht, § 176 GWB Rn. 33 (*„bei Stattgabe"*).

92 Vgl. *Wilke*, in: Säcker, Wettbewerbsrecht, § 176 GWB Rn. 42; vgl. auch OLG Naumburg, Beschluss v. 25.2.2015 – 2 Verg 2/14.

hang steht. Die Neuregelung betrifft öffentliche Aufträge oder Konzessionen, die im unmittelbaren Zusammenhang mit einer Krise, einem mandatierten Einsatz der Bundeswehr, einer einsatzgleichen Verpflichtung der Bundeswehr oder einer Bündnisverpflichtung stehen. Die Neuregelung hat das Ziel, den Besonderheiten der genannten Fallkonstellationen in diesem Bereich angemessen Rechnung zu tragen. In diesen Fällen besteht regelmäßig ein besonders eilbedürftiger Beschaffungsbedarf. Die neu eingefügten Regelbeispiele bezwecken deshalb, dass die Vergabekammer bzw. das Oberlandesgericht diese Fälle besonders berücksichtigt, wenn sie die Abwägungsentscheidung zu treffen hat, ob die Vor- oder die Nachteile einer Zuschlagsgestattung vor Abschluss des Nachprüfungsverfahrens überwiegen. Liegt eine der genannten Fallkonstellationen vor, sollte dies mit derart starkem Gewicht in die Abwägung eingehen, dass der Vorabzuschlag in der Regel gewährt wird. Ziel ist es, insbesondere in diesen Beispielsfällen eine Verzögerung der Beschaffung aufgrund eines Nachprüfungsverfahrens möglichst zu vermeiden oder zumindest, soweit möglich, zu minimieren. Erforderlich ist aber, dass der öffentliche Auftrag oder die Konzession in unmittelbarem Zusammenhang mit einer der aufgezählten Konstellationen steht, also im Regelfall einen Beschaffungsbedarf bedienen soll, der aufgrund einer solchen Konstellation entstanden ist oder sich mengenmäßig erhöht hat.

Der Begriff der Krise ist in Artikel 1 Nummer 10 der Richtlinie 2009/81/EG des Europäischen Parlaments und des Rates vom 13. Juli 2009 über die Koordinierung der Verfahren zur Vergabe bestimmter Bau-, Liefer-, und Dienstleistungsaufträge in den Bereichen Verteidigung und Sicherheit und zur Änderung der Richtlinie 2004/17/EG und 2004/18/EG (Richtlinie 2009/81/EG) definiert. Insbesondere in den Fällen, in denen eine Krise vorliegt, kann es hier sowohl um öffentliche Aufträge oder Konzessionen zur Deckung der Bedarfe der militärischen als auch der nicht-militärischen Sicherheitskräfte gehen.

Unter einem mandatierten Einsatz ist ein Auslandseinsatz der Bundeswehr zu verstehen, der auf der Grundlage einer Resolution des Sicherheitsrats der Vereinten Nationen erfolgt und für den ein entsprechendes Mandat des Deutschen Bundestags vorliegt. Als einsatzgleiche Verpflichtung sind Tätigkeiten der Bundeswehr anzusehen, die einem Einsatz vergleichbar sind, ohne dass ein förmliches Mandat des Deutschen Bundestags vorliegt. Bei einer Bündnisverpflichtung handelt es sich um Beiträge der Bundeswehr, die sich aus ihrer Zugehörigkeit zu einem Verteidigungsbündnis (insbesondere NATO) ergeben.

Liegt eine der genannten Konstellationen vor, obliegt es aber entsprechend Artikel 56 Absatz 5 der Richtlinie 2009/81/EG weiterhin dem zuständigen Spruchkörper im Wege der Abwägung über die Gestattung des Zuschlags vor Abschluss des Nachprüfungsverfahrens zu entscheiden.

Gesetzesbegründung – VergRModG 2016 (BT-Drs. 18/6281)

Seite 136

§ 176 entspricht dem bisherigen § 121.

§ 177 GWB
Ende des Vergabeverfahrens nach Entscheidung des Beschwerdegerichts

Ist der Auftraggeber mit einem Antrag nach § 176 vor dem Beschwerdegericht unterlegen, gilt das Vergabeverfahren nach Ablauf von zehn Tagen nach Zustellung der Entscheidung als beendet, wenn der Auftraggeber nicht die Maßnahmen zur Herstellung der Rechtmäßigkeit des Verfahrens ergreift, die sich aus der Entscheidung ergeben; das Verfahren darf nicht fortgeführt werden.

Übersicht

	Rn.
A. Allgemeines	1
I. Unionsrechtlicher Hintergrund	3
II. Historie	4
III. Vergleichbare Regelungen	5
B. Anwendungsbereich	6
C. Herstellung der Rechtmäßigkeit	9
D. Beendigungsfiktion	12
E. Keine Fortsetzung des ursprünglichen Verfahrens	15
F. Rechtsschutz	16
Anlage	
Gesetzesbegründung	

A. Allgemeines

1 § 177 GWB knüpft an § 176 GWB an und regelt den Fall, dass der Auftraggeber mit einem Antrag auf Vorabentscheidung vor dem Vergabesenat unterliegt. Nach § 177 GWB obliegt es dem Auftraggeber dann, binnen zehn Tagen die sich aus der Entscheidung des Beschwerdegerichts ergebenden Maßnahmen zur Herstellung der Rechtmäßigkeit des Vergabeverfahrens zu ergreifen. Anderenfalls gilt das Vergabeverfahren als beendet, das Beschwerdeverfahren erledigt sich.[1] Eine Fortführung des ursprünglichen Vergabeverfahrens wird dem Auftraggeber durch § 177 Hs. 2 GWB ausdrücklich verboten.

2 Die Bestimmung dient dazu, abschließend Klarheit über die Rechtmäßigkeit des Vergabeverfahrens zu schaffen, und damit auch der Verfahrensbeschleunigung.[2] Denn durch das Zusammenspiel von §§ 176, 177 GWB führt ein Antrag auf Vorabentscheidung jedenfalls durch den Auftraggeber in der Regel zu einer Vorwegnahme der Hauptsache. Zugleich dürfte die drastische Rechtsfolge des § 177 GWB aber auch eine spürbare[3] Entlastung der Vergabesenate bewirken.[4] Denn die Auftraggeber werden nur im echten Eilfall zu dem Mittel des Antrags auf Vorabentscheidung greifen, da sie anderenfalls Gefahr laufen, trotz offener Erfolgsaussichten der sofortigen Beschwerde einen endgültigen Rechtsverlust zu erleiden.

I. Unionsrechtlicher Hintergrund

3 Bei § 177 GWB handelt es sich um eine rein nationale Besonderheit, die kein Pendant im Unionsrecht hat.

II. Historie

4 Mit dem VergRModG 2016 ist die zuvor in § 122 GWB a.F. zu findende und seit 1999 unverändert bestehende Regelung in § 177 GWB übernommen worden.

---

1 Vgl. *Vavra*, in: Burgi/Dreher, Vergaberecht, § 177 GWB Rn. 15; *Summa*, in: Heiermann/Zeiss/Summa, Vergaberecht, § 177 GWB Rn. 3.
2 Vgl. *Summa*, in: Heiermann/Zeiss/Summa, Vergaberecht, § 177 GWB Rn. 1; *Dieck-Bogatzke*, in: Pünder/Schellenberg, Vergaberecht, § 177 GWB Rn. 2.
3 Zur Statistik der Anträge nach § 176 GWB vgl. die Kommentierung in § 176 GWB Rn. 4.
4 Vgl. auch *Summa*, in: Heiermann/Zeiss/Summa, Vergaberecht, § 177 GWB Rn. 4.

III. Vergleichbare Regelungen

5 Dem § 177 GWB vergleichbare Bestimmungen sind nicht ersichtlich. Allerdings lassen sich durchaus in verschiedenen Rechtsbereichen Fiktionen bei nicht ordnungsgemäßem oder fristgerechtem Verwaltungshandeln finden, etwa die allgemeine Genehmigungsfiktion aus § 42a VwVfG sowie die spezifischen Genehmigungsfiktionen aus den Landesbauordnungen in vereinfachten Baugenehmigungsverfahren oder in § 6a GewO.

B. Anwendungsbereich

6 § 177 GWB ist ausweislich seines Wortlauts nur anwendbar, wenn der Auftraggeber mit einem Antrag auf Vorabentscheidung nach § 176 GWB **unterlegen** ist. Der Antrag muss also zurückgewiesen worden sein. Darunter fällt auch die Situation, in der das Beschwerdegericht den Antrag nur teilweise zurückgewiesen hat.[5] Dies ist etwa denkbar, wenn dem Auftraggeber die Zuschlagserteilung nur unter einer Auflage – beispielsweise der Einholung eines bisher nicht eingeholten Eignungsnachweises vom für den Zuschlag ausgewählten Unternehmen – gestattet worden ist. Kommt der Auftraggeber dieser Auflage nicht binnen zehn Tagen nach, ist das Vergabeverfahren daher nach § 177 GWB beendet. Zwar wird gegen diese Auffassung teilweise eingewandt, im Fall der teilweisen Ablehnung des Vorabgestattungsantrags etwa aufgrund fehlender Zuschlagsreife bei gleichzeitiger Gestattung des Fortgangs des Vergabeverfahrens sei die von § 177 GWB angeordnete Rechtsfolge unverhältnismäßig, weshalb es sich in einer solchen Konstellation auch wertungsmäßig nicht um ein Unterliegen i.S.d. § 177 GWB handele.[6] Dem ist jedoch entgegenzuhalten, dass ein Auftraggeber, der einen Zuschlag trotz (noch) nicht gegebener Voraussetzungen zu erteilen beabsichtigt, ebenso rechtswidrig handelt.

7 Ist dem Antrag nach § 176 GWB hingegen ohne Einschränkung **stattgegeben** worden, greift § 177 GWB nicht ein. § 177 GWB findet außerdem dann keine Anwendung, wenn das Gericht den Antrag aus formalen Gründen als **unzulässig zurückgewiesen** hat. Wie man schon dem Wortlaut des § 177 GWB entnehmen kann, ist vielmehr erforderlich, dass sich der Vergabesenat inhaltlich mit der Rechtmäßigkeit oder Rechtswidrigkeit des Vergabeverfahrens befasst hat und eine Sachentscheidung getroffen hat.[7] Denn nur in diesem Fall enthält die Entscheidung auch die für die Rechtsfolge des § 177 GWB bedeutsamen Hinweise auf die zur Herstellung der Rechtmäßigkeit des Vergabeverfahrens zu ergreifenden Maßnahmen. Dies ist wiederum die Voraussetzung für ein rechtssicheres Vorgehen des Auftraggebers, den die Rechtsfolge des § 177 GWB nur dann treffen darf, wenn er in Kenntnis möglicher Abhilfemöglichkeiten untätig bleibt.

8 § 177 GWB findet nach seinem eindeutigen Wortlaut auch dann keine Anwendung, wenn das nach § 134 GWB für den Zuschlag benannte **Unternehmen** den Antrag auf Vorabentscheidung nach § 176 GWB gestellt hat und damit unterlegen ist.[8] Seine sachliche Berechtigung findet diese Einschränkung in dem Umstand, dass anderenfalls der Auftraggeber die Konsequenzen eines zu Unrecht gestellten Vorabentscheidungsantrags des beigeladenen Unternehmens tragen müsste, ohne dieses Risiko selbst veranlasst zu haben. Eine – gegebenenfalls vom Vergabesenat im Beschluss nach § 176 GWB deklaratorisch auszusprechende – analoge Anwendung des § 177 GWB könnte allenfalls dann in Betracht gezogen werden, wenn der Vorabentscheidungsantrag nur deshalb von dem beigeladenen Unternehmen in offen-

5 Vgl. *Vavra*, in: Burgi/Dreher, Vergaberecht, § 177 GWB Rn. 9, die dies jedoch unter der unzutreffenden Prämisse, bei § 176 GWB könne es stets nur um die Frage der Zuschlagsgestattung gehen, annimmt; a.A. *Stickler*, in: Reidt/Stickler/Glahs, Vergaberecht, § 177 GWB Rn. 3.

6 Vgl. etwa *Stockmann*, in: Immenga/Mestmäcker, Wettbewerbsrecht, § 177 GWB Rn. 5; *Wilke*, in: Säcker, Wettbewerbsrecht, § 177 GWB Rn. 6.

7 Vgl. *Summa*, in: Heiermann/Zeiss/Summa, Vergaberecht, § 177 GWB Rn. 8; *Wilke*, in: Säcker, Wettbewerbsrecht, § 177 GWB Rn. 5.

8 Vgl. *Herrmann*, in: Ziekow/Völlink, Vergaberecht, § 177 GWB Rn. 2; *Stickler*, in: Reidt/Stickler/Glahs, Vergaberecht, § 177 GWB Rn. 4.

kundiger Absprache mit dem öffentlichen Auftraggeber gestellt worden ist, um die Rechtswirkungen des § 177 GWB zu umgehen. Denn darin könnte ein rechtsmissbräuchliches Vorgehen gesehen werden, welches im Ergebnis jedenfalls eine Zurechnung des Vorabentscheidungsersuchens zum Auftraggeber und damit das Eingreifen von § 177 GWB rechtfertigte. Allerdings ist nicht ersichtlich, dass es seit Einführung des Antragsrechts des beigeladenen Unternehmens mit dem VergRModG 2009 einer derartigen Sanktion praktisch bedurft hätte.

C. Herstellung der Rechtmäßigkeit

Der Auftraggeber entgeht der verfahrensbeendenden Wirkung des § 177 GWB nur dann, wenn er binnen zehn Tagen die sich zur Herstellung der Rechtmäßigkeit des Verfahrens aus der Entscheidung des Beschwerdegerichts ergebenden Maßnahmen ergriffen hat.[9] Der Umfang der notwendigen Verfahrenskorrektur kann sich dabei sowohl aus dem Tenor als auch insbesondere aus den ausführlichen Entscheidungsgründen ergeben.[10] 9

Die **Frist** von zehn Tagen beginnt mit der Zustellung der Entscheidung beim Auftraggeber, auf die Zustellung bei den anderen Beteiligten kann es schon aus Gründen der Rechtssicherheit für den Auftraggeber nicht ankommen.[11] Es genügt, dass der Auftraggeber innerhalb der dann folgenden zehn Tage die entsprechenden Maßnahmen zur Korrektur des Verfahrens vollständig ergreift.[12] Dies bedeutet, dass er alles in seiner Sphäre Stehende zur Herstellung der Rechtmäßigkeit des Vergabeverfahrens zu veranlassen hat.[13] Dabei ist für die Beendigungsfiktion allerdings irrelevant, ob der Auftraggeber bei Umsetzung der Maßnahmen unter Umständen neue Vergaberechtsfehler gemacht hat. Diese wären dann gegebenenfalls in dem noch laufenden oder auch einem neuen Hauptsacheverfahren zu beurteilen.[14] Nicht notwendig ist ferner, dass die vom Auftraggeber eingeleiteten Maßnahmen vollständig abgeschlossen sind.[15] So genügt es beispielsweise, dass der Auftraggeber bei einer Verpflichtung zur Nachforderung von Unterlagen jene bei den Unternehmen angefordert hat. Es kommt dann nicht mehr darauf an, ob diese zudem noch innerhalb der zehn Tage bei ihm eingehen und gewertet werden können. Es ist ebenfalls nicht entscheidend, wann der Auftraggeber dem Beschwerdegericht[16] beziehungsweise den anderen Verfahrensbeteiligten die Umsetzung der Korrekturmaßnahmen anzeigt.[17] Maßgeblich ist allein, dass er sie noch innerhalb der zehntägigen Frist tatsächlich umgesetzt hat. Für die Fristberechnung finden nach § 175 Abs. 2 GWB i.V.m. § 72 Nr. 2 GWB, § 222 Abs. 1 ZPO die §§ 187 ff. BGB Anwendung.[18] Die Frist ist nicht verlängerbar.[19] Denn es handelt sich bei ihr um eine gesetzliche Frist, für die eine Verlängerungsmöglichkeit nach § 224 Abs. 2 ZPO im Gesetz selbst vorgesehen sein müsste. 10

Ein **Zwang zur Herstellung der Rechtmäßigkeit** des Vergabeverfahrens durch den Auftraggeber folgt aus der Entscheidung nach § 176 GWB nicht. Der Auftraggeber ist vielmehr – unter Berücksichtigung seiner haushalterischen Verantwortung – frei, die entsprechenden Maßnahmen zu ergreifen oder die Verfahrensbeendigung in Kauf zu nehmen. Will der Auftraggeber den Auftrag allerdings weiterhin vergeben, so dürfte er im Regelfall darauf angewiesen sein, die vom Beschwerdegericht dargestellten Maßnahmen zu ergreifen, um nicht 11

9 Vgl. zu denkbaren Korrekturmaßnahmen die Kommentierung in § 176 GWB Rn. 58.
10 Vgl. *Vavra*, in: Burgi/Dreher, Vergaberechts, § 177 GWB Rn. 11; *Wilke*, in: Säcker, Wettbewerbsrecht, § 177 GWB Rn. 8.
11 Vgl. *Wilke*, in: Säcker, Wettbewerbsrecht, § 177 GWB Rn. 7.
12 Vgl. *Wilke*, in: Säcker, Wettbewerbsrecht, § 177 GWB Rn. 13.
13 Vgl. auch *Stickler*, in: Reidt/Stickler/Glahs, Vergaberecht, § 177 GWB Rn. 10.
14 Vgl. auch *Dieck-Bogatzke*, in: Pünder/Schellenberg, Vergaberecht, § 177 GWB Rn. 7.
15 Vgl. *Vavra*, in: Burgi/Dreher, Vergaberecht, § 177 GWB Rn. 18; *Summa*, in: Heiermann/Zeiss/Summa, Vergaberecht, § 177 GWB Rn. 10; *Herrmann*, in: Ziekow/Völlink, Vergaberecht, § 177 GWB Rn. 4.
16 Zur Auflage einer entsprechenden Anzeige durch das Beschwerdegericht vgl. die Kommentierung in § 176 GWB Rn. 58.
17 Selbstverständlich hat der Auftraggeber die Maßnahmen jedoch ordnungsgemäß, d.h. auch zeitnah zu dokumentieren, vgl. *Wilke*, in: Säcker, Wettbewerbsrecht, § 177 GWB Rn. 14.
18 Vgl. *Vavra*, in: Burgi/Dreher, Vergaberecht, § 177 GWB Rn. 13.
19 Vgl. *Stickler*, in: Reidt/Stickler/Glahs, Vergaberecht, § 177 GWB Rn. 8; *Wilke*, in: Säcker, Wettbewerbsrecht, § 177 GWB Rn. 15.

ein gänzlich neues Vergabeverfahren mit dem damit verbundenen Zeitverlust einleiten zu müssen. Bleibt der Auftraggeber hingegen untätig, so kann dies gegebenenfalls Schadensersatzansprüche der am Vergabeverfahren beteiligten Unternehmen nach sich ziehen.[20] Dies kommt insbesondere dann in Betracht, wenn der Auftraggeber das Vorabentscheidungsverfahren missbräuchlich zur ihm anderweitig versperrten Verfahrensbeendigung nutzt.[21]

D. Beendigungsfiktion

12 Lehnt das Beschwerdegericht den Antrag nach § 176 GWB ab, so gilt das Vergabeverfahren gemäß § 177 GWB nach Ablauf von zehn Tagen nach Zustellung der den Antrag ablehnenden Entscheidung als beendet, sofern der Auftraggeber nicht die Maßnahmen zur Behebung der festgestellten Vergabefehler ergreift. Ist die Frist von zehn Tagen abgelaufen, ohne dass der Auftraggeber in hinreichendem Maße tätig geworden ist, gilt das Vergabeverfahren kraft **gesetzlicher Fiktion** als beendet. Einer erneuten Entscheidung des Vergabesenats bedarf es insofern nicht. Es kommt zudem weder eine Wiedereinsetzung in Betracht, noch kann der Auftraggeber selbst die Beendigung aufheben.[22] Ist allerdings streitig, ob das Vergabeverfahren mangels rechtzeitiger Umsetzung der Maßnahmen nach § 177 GWB beendet ist, entscheidet das Beschwerdegericht darüber im Rahmen der Hauptsache.[23]

13 Die Beendigungsfiktion greift sowohl ein, wenn der Auftraggeber gänzlich untätig geblieben ist, als auch, wenn er die vom Beschwerdegericht aufgezeigten Maßnahmen nur unzureichend ergriffen hat. Die Beendigungsfiktion findet ebenso Anwendung in **Fällen**, in denen die Herstellung der Rechtmäßigkeit überhaupt nicht zu bewirken ist, da das Vergabeverfahren an irreparablen Fehlern leidet.[24] In dieser Konstellation wird das Beschwerdegericht zwar entweder gar keine Maßnahmen zur Herstellung der Rechtmäßigkeit benennen oder die Aufhebung der Ausschreibung anordnen. Da damit das Vergabeverfahren aber nicht automatisch beendet ist, bedarf es auch insofern der analogen Anwendung des § 177 GWB.

14 Gemäß § 178 S. 4 GWB i.V.m. § 168 Abs. 2 S. 2 GWB erledigt sich mit der fingierten Beendigung des Vergabeverfahrens auch das **Beschwerdeverfahren** vor dem Vergabesenat. Wie in anderen Erledigungssituationen auch besteht dann zwar theoretisch noch die Möglichkeit, dass der Vergabesenat im Wege eines Fortsetzungsfeststellungsverfahrens über die Frage entscheidet, ob das antragstellende Unternehmen in seinen Rechten verletzt worden ist. Denn nach ganz überwiegender Auffassung entfaltet die Entscheidung des Vergabesenats nach § 176 GWB in späteren Schadensersatzprozessen keine Bindungswirkung i.S.d. § 179 Abs. 1 GWB,[25] sodass folgerichtig dafür auch ein entsprechendes Feststellungsinteresse bestünde. Diese Auffassung beruht allerdings maßgeblich auf der pauschalen Annahme, in den vergaberechtlichen Eilverfahren fände nur eine nicht abschließende Entscheidung anhand einer Interessenabwägung statt, sodass sie per se nicht geeignet seien, bindende Feststellungen über die Frage einer Vergaberechtsverletzung zu treffen.[26] Tatsächlich passt diese Annahme aber jedenfalls bei dem Verfahren nach § 176 GWB nicht ganz, insofern der Vergabesenat nach § 176 Abs. 3 S. 3 GWB eine „rechtsgutachterliche" Stellungnahme abzugeben[27] und insbe-

---

20 Vgl. *Vavra*, in: Burgi/Dreher, Vergaberecht, § 177 GWB Rn. 14.

21 Vorausgesetzt, der Antrag auf Vorabentscheidung wird in diesem Fall nicht bereits mangels Rechtsschutzbedürfnisses als unzulässig zurückgewiesen mit der Folge einer Unanwendbarkeit des § 177 GWB, vgl. dazu die Kommentierung zu § 176 GWB.

22 Vgl. *Summa*, in: Heiermann/Zeiss/Summa, Vergaberecht, § 177 GWB Rn. 13; *Wilke*, in: Säcker, Wettbewerbsrecht, § 177 GWB Rn. 16.

23 Vgl. *Herrmann*, in: Ziekow/Völlink, Vergaberecht, § 177 GWB Rn. 4; *Vavra*, in: Burgi/Dreher, Vergaberecht, § 177 GWB Rn. 16.

24 Ebenso *Stickler*, in: Reidt/Stickler/Glahs, Vergaberecht, § 177 GWB Rn. 9; *Vavra*, in: Burgi/Dreher, Vergaberecht, § 177 GWB Rn. 12; sowie *Wilke*, in: Säcker, Wettbewerbsrecht, § 177 GWB Rn. 12, nach denen die Wirkung des § 177 GWB jedoch sofort und nicht erst nach Ablauf der Zehn-Tages-Frist eintreten soll; dagegen zu Recht *Herrmann*, in: Ziekow/Völlink, Vergaberecht, § 177 GWB Rn. 5.

25 Vgl. etwa *Dicks*, in: Ziekow/Völlink, Vergaberecht, § 179 GWB Rn. 5; *Gröning*, in: Säcker, Wettbewerbsrecht, § 179 GWB Rn. 9; *Wirner*, in: Gabriel/Mertens/Prieß/Stein, Vergaberecht, § 179 GWB Rn. 53.

26 Vgl. etwa *Antweiler*, in: Burgi/Dreher, Vergaberecht, § 179 GWB Rn. 11.

27 Vgl. dazu die Kommentierung in § 176 GWB Rn. 54.

sondere im Fall der Ablehnung der Vorabgestattung die zur Herstellung der Rechtmäßigkeit des Verfahrens zu ergreifenden Maßnahmen explizit zu benennen hat. Die Entscheidung eines Vergabesenats nach § 176 GWB bindet zudem andere Vergabesenate insoweit, als diese bei einem beabsichtigten Abweichen das Verfahren nach § 179 Abs. 2 GWB dem Bundesgerichtshof vorzulegen haben.[28] Es ist daher nicht ersichtlich, warum die Entscheidung nach § 176 GWB keine Bindungswirkung für spätere Schadensersatzprozesse nach § 179 Abs. 1 GWB entfalten sollte.[29] Dies hätte dann allerdings auch zur Folge, dass es einem Fortsetzungsfeststellungsantrag im Hauptsacheverfahren am Rechtsschutzinteresse in Gestalt des Feststellungsinteresses fehlte.

E. Keine Fortsetzung des ursprünglichen Verfahrens

§ 177 Hs. 2 GWB schließt eine unveränderte Fortführung des bisherigen Vergabeverfahrens **15**
ausdrücklich aus. Entweder ergreift der Auftraggeber die sich aus der Vorabentscheidung ergebenden Maßnahmen oder das Vergabeverfahren ist nach Ablauf von zehn Tagen aufgrund der gesetzlichen Fiktion zwingend beendet. Durch die Formulierung „darf nicht fortgeführt werden" statuiert § 177 Hs. 2 GWB eindeutig ein gesetzliches Verbot i.S.d. § 134 BGB.[30] Ein unter Missachtung dieser Vorschrift dennoch erteilter Zuschlag ist dementsprechend nichtig.[31]

F. Rechtsschutz

Nach § 176 Abs. 4 GWB ist ein Rechtsmittel gegen Entscheidungen im Vorabgestattungsver- **16**
fahren nicht zulässig. Ist allerdings streitig, ob das Vergabeverfahren mangels rechtzeitiger Umsetzung der Maßnahmen nach § 177 GWB beendet ist, entscheidet das Beschwerdegericht darüber im Rahmen der Hauptsache.[32]

Anlage

Gesetzesbegründung – VergRModG 2016 (BT-Drs. 18/6281)

Seite 136

§ 177 entspricht dem bisherigen § 122.

---

28 Vgl. BGH, Beschluss v. 31.1.2017 – X ZB 10/16; sowie die Kommentierung in § 176 GWB Rn. 56.
29 So auch *Dieck-Bogatzke*, in: Pünder/Schellenberg, Vergaberecht, § 179 GWB Rn. 2.
30 Vgl. *Stickler*, in: Reidt/Stickler/Glahs, Vergaberecht, § 177 GWB Rn. 11; *Herrmann*, in: Ziekow/Völlink, Vergaberecht, § 177 GWB Rn. 6.
31 Vgl. *Dieck-Bogatzke*, in: Pünder/Schellenberg, Vergaberecht, § 177 GWB Rn. 7.
32 Vgl. auch *Stockmann*, in: Immenga/Mestmäcker, Wettbewerbsrecht, § 177 GWB Rn. 9.

§ 178 GWB
Beschwerdeentscheidung

Hält das Gericht die Beschwerde für begründet, so hebt es die Entscheidung der Vergabekammer auf. In diesem Fall entscheidet das Gericht in der Sache selbst oder spricht die Verpflichtung der Vergabekammer aus, unter Berücksichtigung der Rechtsauffassung des Gerichts über die Sache erneut zu entscheiden. Auf Antrag stellt es fest, ob das Unternehmen, das die Nachprüfung beantragt hat, durch den Auftraggeber in seinen Rechten verletzt ist. § 168 Absatz 2 gilt entsprechend.

Übersicht Rn.

A. Allgemeines ... 1
I. Unionsrechtlicher Hintergrund ... 2
II. Vergleichbare Regelungen ... 3
III. Historie ... 4
B. Beschwerdeentscheidung (S. 1 und 2) 7
I. Gang der Entscheidungsfindung 7
II. Beschwerdegegenstand ... 13
1. Formeller Beschwerdegegenstand 13
2. Materieller Beschwerdegegenstand ... 14
a) Bestimmung des materiellen Beschwerdegegenstands ... 15
b) Amtswegige Erweiterung des Beschwerdegegenstands ... 20
III. Inhalt der Beschwerdeentscheidung ... 27
1. Unzulässige Beschwerde ... 28
2. Unbegründete Beschwerde ... 29
3. Begründete Beschwerde ... 30
a) Zurückverweisung (S. 2 Alt. 2) ... 31
b) Eigene Sachentscheidung (S. 2 Alt. 1) ... 34
aa) Bindung an die Anträge? ... 35
bb) Wahl geeigneter Maßnahmen ... 36
4. Teilweise erfolgreiche Beschwerde ... 42
IV. Tenorierung ... 43
V. Entfallen einer Beschwerdeentscheidung zur Hauptsache ... 45
1. Verfahrensbeendigung durch Vergleich ... 46
2. Verfahrensbeendigung durch Rücknahme der sofortigen Beschwerde oder des Nachprüfungsantrags ... 47
3. Verfahrensbeendigung durch Erledigung des Nachprüfungsverfahrens ... 48
C. Feststellung einer Rechtsverletzung (S. 3 und 4) ... 51
I. Tatbestand ... 52
1. Feststellung einer Rechtsverletzung nur nach S. 3? ... 53
2. Feststellung einer Rechtsverletzung nach S. 3 und 4 ... 54
II. Feststellungsinteresse ... 58
III. Entscheidung ... 63
D. Form ... 67
E. Nebenentscheidungen ... 70
F. Rechtsschutz ... 76
Anlage
Gesetzesbegründung

A. Allgemeines*

1 Die Vorschrift des § 178 GWB regelt – letztlich unvollständig – die „Beschwerdeentscheidung" des Vergabesenats. Angesprochen ist damit die End- oder abschließende Entscheidung über die sofortige Beschwerde i.S.v. § 171 GWB, die in § 178 S. 1 GWB als Beschwerde bezeichnet wird, ohne dass damit aber etwas anderes als die sofortige Beschwerde gemäß § 171 GWB gemeint ist.

* Diese Kommentierung schreibt die Kommentierung des § 178 GWB in der Vorauflage dieses Kommentars durch Herrn RiKG *Tomas Damaske* fort, dem ich für die Zurverfügungstellung des Manuskripts herzlich danke.

I. Unionsrechtlicher Hintergrund

2 Die Regelung des § 178 GWB setzt zwar keine konkreten Vorgaben des europäischen Rechts um. Das VgRÄG, mit dem die Vorschrift eingeführt worden ist, diente jedoch insgesamt der Umsetzung einer Vielzahl europäischer Richtlinien auf dem Gebiet der Vergabe öffentlicher Aufträge[1]. Im Rahmen dessen war auch ein gerichtlicher Rechtsschutz für Vergabeentscheidungen vorzusehen. So verlangte Art. 2 Abs. 9 RL 89/665/EWG[2] letztlich eine Nachprüfung durch eine unabhängige Instanz, die ein Gericht i.S.d. Art. 234 EGV (Art. 267 AEUV) ist. Zwar ist eine Vergabekammer i.S.v. § 156 Abs. 1 GWB als „Gericht" im Sinne von Art. 267 AEUV zu qualifizieren, sie ist aber kein Gericht nach deutschem Recht. Es war daher auch noch ein gerichtlicher Rechtsschutz in dem vom Grundgesetz verlangten Sinne zu eröffnen.[3] Die Vorschrift des § 123 GWB a.F. (jetzt § 178 GWB) diente im Kontext der Regelungen der §§ 116 ff. GWB a.F. (jetzt § 171 ff. GWB), mit denen das Nachprüfungsverfahren mit der Möglichkeit einer gerichtlichen Überprüfung von Vergabeentscheidungen neu gestaltet wurde, diesem Zweck.

II. Vergleichbare Regelungen

3 § 178 GWB hat die abschließende Sachentscheidung des Vergabesenats zum Gegenstand. Die Vorschrift schließt gesetzessystematisch und ihrem Inhalt nach die gerichtliche Stufe des in den §§ 155 ff. GWB geregelten Vergabenachprüfungsverfahrens ab. Die korrespondierende Vorschrift des Verfahrens vor der Vergabekammer ist § 168 GWB, der die abschließende Entscheidung der Vergabekammer regelt.

III. Historie

4 § 178 GWB entspricht dem bisherigen § 123 GWB in der Fassung vor Inkrafttreten des **VergRModG 2016**.

5 Die Regelung wurde erstmalig mit der Schaffung einer gerichtlichen Überprüfung von Vergabeentscheidungen im Zuge der Neugestaltung des Nachprüfungsverfahrens durch das **VgRÄG** in das Gesetz eingefügt und blieb seitdem inhaltlich unverändert. Weder führte das VergRModG 2009 zu Änderungen, noch sind solche durch das VergRModG 2016 vorgenommen worden.

6 Nach dem **Willen des Gesetzgebers**[4] sollte die Vorschrift die Beschwerdeentscheidung strukturieren. Falsche Entscheidungen der Vergabekammer sollten aufgehoben werden. Ist ein Unternehmen, das die Nachprüfung beantragt hat, in seinen Rechten verletzt worden, so sollte das Gericht auf Antrag auch dies feststellen. Die Feststellung sollte für ein anschließendes Schadensersatzverfahren von Bedeutung sein.

B. Beschwerdeentscheidung (S. 1 und 2)

I. Gang der Entscheidungsfindung

7 Im Rahmen der nach § 178 S. 1 und 2 GWB zu treffenden Entscheidung, die voraussetzt, dass der Vergabesenat von einem der Verfahrensbeteiligten angerufen wird, prüft das Beschwerdegericht zunächst von Amts wegen die **Zulässigkeit** der sofortigen Beschwerde.[5] Die Beschwerde muss statthaft i.S.v. § 171 Abs. 1 und 2 GWB sein. Im Rahmen dessen ist auch zu

1 RL 89/665/EWG, RL 92/13/EWG, RL 93/36/EWG, RL 93/37/EWG und RL 93/38/EWG.
2 Durch die RL 2007/66/EG insoweit unverändert.
3 Vgl. zum gerichtlichen Rechtsschutz durch die Vergabesenate BVerfG, Beschluss v. 30.3.2020 – 1 BvR 843/18, Rn. 18.
4 Gesetzesbegründung zu § 132 GWB a.F., VgRÄG, BT-Drs. 13/9340, 22.
5 *Dieck-Bogatzke*, in: Pünder/Schellenberg, Vergaberecht, § 178 GWB Rn. 2; *Schäfer*, in: Röwekamp/Kus/Portz/Prieß, GWB-Vergaberecht, § 178 Rn. 3.

prüfen, ob überhaupt eine beschwerdefähige Entscheidung der Vergabekammer vorliegt. Daran kann es im Einzelfall fehlen. So kann etwa die Versagung von Akteneinsicht durch die Vergabekammer gemäß § 165 Abs. 4 GWB nicht selbstständig angefochten werden. Weiter müssen Beschwerdeberechtigung (§ 171 Abs. 1 S. 2 GWB) sowie Beschwerdebefugnis (und die hierfür erforderliche Beschwer) gegeben sein. Unproblematisch gestaltet sich in der Regel die Prüfung der Zuständigkeit des angerufenen Gerichts gemäß § 171 Abs. 3 und 4 GWB (Vergabesenat beim örtlich zuständigen Oberlandesgericht).[6] Schließlich muss die Beschwerde innerhalb der Notfrist des § 172 Abs. 1 GWB sowie in der Form des § 172 Abs. 2 und 3 GWB eingelegt sein, wobei die Begründungsanforderungen des § 172 Abs. 2 GWB in der Praxis von besonderer Bedeutung sind.

Erst wenn die Zulässigkeit der sofortigen Beschwerde feststeht, prüft der Vergabesenat die **Begründetheit** der Beschwerde. Hierbei prüft er, wenn Gegenstand des Beschwerdeverfahrens eine Hauptsacheentscheidung der Vergabekammer ist, wiederum von Amts wegen zunächst die Zulässigkeit des Nachprüfungsantrags.[7] 8

Im Rahmen der Prüfung der Zulässigkeit des Nachprüfungsantrags ist an erster Stelle danach zu fragen, ob der Anwendungsbereich des Kartellvergaberechts eröffnet ist. Ein Nachprüfungsantrag muss überhaupt statthaft, der **Rechtsweg** zu den Vergabenachprüfungsinstanzen überhaupt eröffnet sein (§§ 106 ff. GWB). Ist er das nicht, hat der Vergabesenat zu prüfen, ob für das verfolgte Begehren die Zulässigkeit eines anderen Rechtswegs in Betracht kommt. Wenn dies dem Rechtsschutzbegehren des Antragstellers entspricht und er sein Rechtsschutzziel in dem anderen Rechtsweg weiterverfolgen kann, hat das Beschwerdegericht den Beschluss der Vergabekammer aufzuheben und die Sache in entsprechender Anwendung von § 17a Abs. 2 S. 1 GVG an das zuständige Gericht des zulässigen Rechtswegs zu verweisen.[8] Eine Rechtswegverweisung kommt auch hinsichtlich einzelner rechtswegfremder Ansprüche in Betracht, wenn diese einen selbstständigen Streitgegenstand bilden und in der Beschwerdeinstanz anfallen.[9] Ist Letzteres nicht der Fall, weil der rechtswegfremde Anspruch erstmals in der Beschwerdeinstanz geltend gemacht wird, scheidet eine Verweisung an ein Gericht eines anderen Rechtswegs aus; rechtswegfremde Ansprüche können nicht in zulässiger Weise erstmals in das Beschwerdeverfahren vor dem Vergabesenat eingeführt werden.[10] Besteht in einem Einzelfall ein entsprechender Bedarf, kann das Beschwerdegericht in entsprechender Anwendung von § 17a Abs. 3 S. 1 GVG die Zulässigkeit des Vergaberechtswegs vor Erlass einer Hauptsacheentscheidung vorab feststellen.[11] 9

Im Rahmen der Prüfung der Zulässigkeit des Nachprüfungsantrags ist in einem weiteren Schritt danach zu fragen, ob die **Antragsbefugnis** gemäß § 160 Abs. 2 GWB gegeben und die **Schriftform** des § 161 GWB eingehalten ist. Schließlich darf der Antrag nicht gemäß § 160 Abs. 3 S. 1 Nr. 1 bis 3 GWB wegen Verletzung von **Rügeobliegenheiten** oder nach § 160 Abs. 3 S. 1 Nr. 4 GWB wegen **Fristablaufs** unzulässig sein. 10

Ein auf Erlangung von Primärrechtsschutz gerichteter Nachprüfungsantrag ist unzulässig, sobald das Vergabeverfahren durch wirksame **Erteilung des Zuschlags** abgeschlossen ist. Der Nachprüfungsantrag ist – die Fälle des § 135 Abs. 1 GWB ausgenommen – nicht mehr statthaft, wenn ein Zuschlag bereits erteilt ist.[12] Nach § 168 Abs. 2 S. 1 GWB kann ein wirksam erteilter Zuschlag nicht mehr aufgehoben werden. Einen von Beginn an lediglich auf die Fest- 11

6 Siehe aber OLG Schleswig, Beschluss v. 28.6.2016 – 54 Verg 2/16, zur örtlichen Zuständigkeit bei Tätigkeit einer Mehr-Länder-Vergabestelle.

7 OLG Düsseldorf, Beschluss v. 21.10.2015 – VII-Verg 28/14, Rn. 37; Beschluss v. 10.6.2015 – VII-Verg 4/15, Rn. 21; *Jaeger*, in: Byok/Jaeger, Vergaberecht, § 178 GWB Rn. 4; *Steck*, in: Ziekow/Völlink, Vergaberecht, § 178 GWB Rn. 7; siehe auch *Gröning*, in: Säcker, Wettbewerbsrecht, § 179 GWB Rn. 19 am Ende.

8 BGH, Beschluss v. 10.12.2019 – XIII ZB 119/19, Rn. 11 ff.; OLG Hamburg, Beschluss v. 16.4.2020 – 1 Verg 2/20, Rn. 54; OLG Düsseldorf, Beschluss v. 31.10.2018 – VII-Verg 37/18; kritisch zu der letztgenannten Entscheidung *Gabriel*, NZBau 2019, 568 (569).

9 OLG Düsseldorf, Beschluss v. 27.4.2020 – VII-Verg 27/19, Rn. 62.

10 BGH, Beschluss v. 12.11.2019 – XIII ZB 120/19, Rn. 44; zuvor ebenso OLG Düsseldorf, Beschluss v. 3.7.2019 – VII-Verg 51/16.

11 Siehe OLG Düsseldorf, Beschluss v. 7.1.2019 – VII-Verg 30/18.

12 BGH, Beschluss v. 19.12.2000 – X ZB 14/00, Rn. 25.

stellung einer Rechtsverletzung gerichteten Nachprüfungsantrag sieht das Gesetz, vgl. § 168 Abs. 2 S. 2 GWB, nicht vor. Er ist unzulässig.[13]

12 Im Rahmen der Prüfung der **Begründetheit des Nachprüfungsantrags** prüft das Beschwerdegericht sodann, ob ein Verstoß gegen Bestimmungen über das Vergabeverfahren gemäß § 97 Abs. 6 GWB vorliegt und ob der Antragsteller dadurch in seinen Rechten verletzt ist (vgl. § 160 Abs. 2 S. 2 GWB).

II. Beschwerdegegenstand

1. Formeller Beschwerdegegenstand

13 Gegenstand des Beschwerdeverfahrens ist in formeller Hinsicht die Entscheidung der Vergabekammer. Diese ist in tatsächlicher und rechtlicher Hinsicht zu überprüfen. In der Mehrzahl der Fälle handelt es sich bei der zu überprüfenden Entscheidung um eine Entscheidung in der Hauptsache gemäß § 168 GWB. Es kann dies aber auch eine gemäß § 171 Abs. 2 GWB fingierte Ablehnung des Nachprüfungsantrages sein, wenn die Vergabekammer über einen Nachprüfungsantrag nicht innerhalb der Frist des § 167 Abs. 1 GWB entschieden hat. Schließlich kann sich die Beschwerde entsprechend dem weit gefassten Wortlaut des § 171 Abs. 1 S. 1 GWB auch gegen andere selbstständig anfechtbare Entscheidungen der Vergabekammer richten, beispielsweise gegen die Entscheidung der Vergabekammer, Akteneinsicht zu gewähren,[14] oder allein gegen eine Nebenentscheidung, etwa eine Kostenentscheidung[15]. Letzteres folgt nicht nur aus § 171 Abs. 1 S. 1 GWB, sondern auch aus § 182 Abs. 1 S. 1 GWB i.V.m. § 22 VwKostG. Die Anfechtbarkeit der Zwischenentscheidung der Vergabekammer, Akteneinsicht zu gewähren, wird mit dem drohenden irreparablen Rechtsverlust des Verfahrensbeteiligten begründet, dessen Betriebs- und Geschäftsgeheimnisse von der gewährten Akteneinsicht betroffen wären.[16]

2. Materieller Beschwerdegegenstand

14 Von diesen Sonderfällen abgesehen sind in materieller Hinsicht die vom Antragsteller geltend gemachten Vergaberechtsverletzungen i.S.v. § 97 Abs. 6 GWB Gegenstand des Beschwerdeverfahrens. Diese sind vom Beschwerdegericht zu prüfen, soweit der Antragsteller an entsprechenden Rügen in der Beschwerdeinstanz weiterhin festhält oder er sie zulässigerweise erstmals im Beschwerdeverfahren erhebt.[17]

a) Bestimmung des materiellen Beschwerdegegenstands

15 Der Gegenstand der Prüfung durch das Beschwerdegericht wird in materieller Hinsicht durch die Erklärung des Beschwerdeführers gemäß § 172 Abs. 2 S. 2 Nr. 1 GWB, inwieweit die Entscheidung der Vergabekammer angefochten und eine abweichende Entscheidung beantragt wird, konkretisiert. Mit dieser Erklärung entscheidet der Beschwerdeführer darüber, was **Gegenstand der Entscheidungsfindung** des Beschwerdegerichts sein soll.[18] An das im Einzelfall auszulegende Beschwerdebegehren im Sinne des Rechtsschutzbegehrens ist das Beschwerdegericht gebunden.[19] Demnach sind Vergaberechtsverletzungen, welche vor der Vergabekammer noch Gegenstand der Prüfung waren, die mit der Beschwerdebegründung vom

13 Vgl. OLG München, Beschluss v. 30.1.2020 – Verg 28/19, Rn. 7 ff.; OLG Celle, Beschluss v. 19.3.2019 – 13 Verg 1/19, Rn. 29.

14 OLG Celle, Beschluss v. 5.10.2020 – 13 Verg 5/20, Rn. 9; OLG Düsseldorf, Beschluss v. 28.12.2007 – VII-Verg 40/07, Rn. 21.

15 Z. B. OLG Dresden, Beschluss v. 10.8.2010 – WVerg 8/10.

16 OLG Düsseldorf, Beschluss v. 28.12.2007 – VII-Verg 40/07, Rn. 24; *Jaeger*, in: Byok/Jaeger, Vergaberecht, § 171 GWB Rn. 9.

17 OLG Brandenburg, Beschluss v. 12.1.2010 – Verg W 5/09, Rn. 97.

18 OLG Düsseldorf, Beschluss v. 16.5.2018 – VII-Verg 24/17, Rn. 35; OLG Frankfurt, Beschluss v. 15.7.2008 – 11 Verg 4/08, Rn. 65; vgl. auch *Raabe*, in: Willenbruch/Wieddekind, Vergaberecht, § 178 GWB Rn. 6.

19 OLG Düsseldorf, Beschluss v. 16.5.2018 – VII-Verg 24/17, Rn. 35; *Jaeger*, in: Byok/Jaeger, Vergaberecht, § 178 GWB Rn. 3; *Stockmann*, in: Immenga/Mestmäcker, Wettbewerbsrecht, § 178 GWB Rn. 4.

Antragsteller als Beschwerdeführer aber nicht mehr geltend gemacht werden, vom Beschwerdegericht nicht mehr zu prüfen.[20]

16 Die vom Beschwerdeführer mit der sofortigen Beschwerde gestellten Anträge spielen für den Gegenstand des Beschwerdeverfahrens nur insoweit eine Rolle, als das Beschwerdegericht – wie soeben ausgeführt – nicht über das Beschwerde- oder Rechtsschutzbegehren des Beschwerdeführers hinausgehen darf. Die Beschwerdeanträge können dieses Beschwerdebegehren im Einzelfall klar zum Ausdruck bringen (wenn z. B. nur die Abänderung einer Nebenentscheidung der Vergabekammer beantragt wird) oder aber zumindest eine Auslegungshilfe für das Verständnis des Beschwerdebegehrens sein. Das ändert nichts daran, dass Gegenstand des Beschwerdeverfahrens nicht der vom Beschwerdeführer konkret begehrte Rechtsfolgenausspruch des Beschwerdegerichts ist, sondern die vom Antragsteller geltend gemachte Vergaberechtsverletzung,[21] gegebenenfalls ergänzt um solche Vergaberechtsverstöße, die das Beschwerdegericht von Amts wegen aufgreift. Die Frage einer **Bindung an die Anträge** des Beschwerdeführers betrifft damit erst den vom Beschwerdegericht zu treffenden Rechtsfolgenausspruch, nachdem ein den Antragsteller in seinen Rechten verletzender Vergaberechtsverstoß bejaht worden ist.

17 Im Übrigen ist zu differenzieren. So wird die **Gebührenfestsetzung**, welche die Vergabekammer mit ihrer Entscheidung zur Hauptsache verbindet, nur dann zum Gegenstand des Beschwerdeverfahrens, wenn der Beschwerdeführer die Beschwerde hierauf ausdrücklich erstreckt.[22] Eine dem Beschwerdeführer nachteilige **Kostengrundentscheidung** der Vergabekammer wird demgegenüber mit der Beschwerde gegen die Entscheidung in der Hauptsache regelmäßig zumindest konkludent mit angefochten. Ob das Beschwerdegericht im Fall einer von der Vergabekammer gebildeten Kostenquote die Kostengrundentscheidung der Vergabekammer auf eine Beschwerde in der Hauptsache von Amts wegen insgesamt überprüft, auch wenn ein mit Kosten belasteter Gegner des Beschwerdeführers gegen den ihn belastenden Teil der Entscheidung nicht vorgeht,[23] ist zweifelhaft.[24] Der prozessual sicherste Weg des aus seiner Sicht erstinstanzlich zu Unrecht mit Kosten belasteten Gegners des Beschwerdeführers ist ein isoliertes Vorgehen gegen den ihn belastenden Teil der Kostengrundentscheidung im Wege der Beschwerde oder Anschlussbeschwerde.[25] Hat die Vergabekammer über die Notwendigkeit der Hinzuziehung von Verfahrensbevollmächtigten noch nicht entschieden, weil der Verfahrensausgang hierzu keinen Anlass gab, fällt diese Entscheidung dem Vergabesenat anstelle der Vergabekammer in der Beschwerdeinstanz von Amts wegen erstmals an, wenn nach der Kostengrundentscheidung in der Beschwerdeinstanz ein Aufwendungsersatzanspruch nach § 182 Abs. 4 S. 1 GWB des von einer Entscheidung über die Notwendigkeit der Hinzuziehung profitierenden Verfahrensbeteiligten gegeben ist.[26]

18 In einem Beschwerdeverfahren, das nicht lediglich Nebenentscheidungen der Vergabekammer zum Gegenstand hat, sind vom Beschwerdegericht, wenn die Beschwerde zulässig ist, die mit der Beschwerdebegründung aufgegriffenen **Vergaberechtsverletzungen** zu berücksichtigen, die bereits **im Verfahren vor der Vergabekammer** geltend gemacht worden sind. Regelmäßig sind damit die Zulässigkeit und, nach deren Bejahung, die Begründetheit des Nachprüfungsantrags vollumfänglich zu prüfen. Dies gilt unabhängig davon, in welchem Umfang sich die Vergabekammer in ihrer Entscheidung mit den geltend gemachten Vergaberechtsverstößen auseinandergesetzt hat.

19 Erst während des Nachprüfungsverfahrens vor der Vergabekammer vom Antragsteller erkannte Vergaberechtsverletzungen können noch im bereits eingeleiteten Verfahren geltend gemacht werden. Sie sind dann, wenn der Nachprüfungsantrag zulässig ist, im sich anschlie-

20 *Schäfer*, in: Röwekamp/Kus/Portz/Prieß, GWB-Vergaberecht, § 178 Rn. 8.
21 OLG Brandenburg, Beschluss v. 12.1.2010 – Verg W 5/09, Rn. 97.
22 Vgl. OLG Düsseldorf, Beschluss v. 29.6.2020 – VII-Verg 23/19.
23 So OLG Jena, Beschluss v. 13.10.1999 – 6 Verg 1/99, Rn. 65.
24 Siehe auch *Schäfer*, in: Röwekamp/Kus/Portz/Prieß, GWB-Vergaberecht, § 178 Rn. 12.
25 Siehe zur Zulässigkeit einer entsprechenden Anschlussbeschwerde OLG Düsseldorf, Beschluss v. 25.3.2020 – VII-Verg 25/19, Rn. 57.
26 OLG Düsseldorf, Beschluss v. 17.6.2020 – VII-Verg 39/19; Beschluss v. 17.6.2020 – VII-Verg 7/20.

ßenden Beschwerdeverfahren regelmäßig auch vom Beschwerdegericht zu prüfen, wenn der Antragsteller an den entsprechenden Rügen festhält.[27] Auch Vergaberechtsverstöße, die erstmalig im Beschwerdeverfahren selbst geltend gemacht werden und mit denen der Antragsteller nicht präkludiert ist, sind vom Vergabesenat zu prüfen. Auf die zivilprozessualen Präklusionsvorschriften wird in § 175 Abs. 2 GWB nicht verwiesen. Stattdessen gilt für das gesamte Vergabenachprüfungsverfahren § 160 Abs. 3 S. 1 GWB. Allerdings wird von Teilen der Rechtsprechung darüber hinaus verlangt, dass **nachgeschobene Vergaberechtsverletzungen** so rechtzeitig geltend gemacht werden, dass sie nicht zu einer Verzögerung des Nachprüfungsverfahrens führen. Gefolgert wird dies aus § 160 Abs. 3 S. 1 GWB.[28] Näher liegt eine Begründung, die sich auf den vergaberechtlichen Beschleunigungsgrundsatz und die Mitwirkungspflicht der Beteiligten stützt, wie sie sich aus § 175 Abs. 2 i.V.m. § 167 Abs. 2 S. 1 GWB ergibt.[29] Hierauf gestützt wird zum Teil angenommen, dass ein Bieter mit der Geltendmachung einer erst nach Einleitung des Vergabenachprüfungsverfahrens erkannten Vergaberechtsverletzung im Beschwerdeverfahren präkludiert ist, wenn er die Rechtsverletzung vor der Vergabekammer nicht geltend gemacht hat, obwohl ihm dies möglich gewesen wäre.[30] Jedenfalls kann ein Vorbringen im Beschwerdeverfahren dann unberücksichtigt bleiben, wenn es erst derart spät vorgetragen wird, dass sich die übrigen Verfahrensbeteiligten darauf nicht mehr zumutbar einlassen können.[31]

b) Amtswegige Erweiterung des Beschwerdegegenstands

20 Der **Untersuchungsgrundsatz** (§ 175 Abs. 2 i.V.m. § 75 Abs. 1 GWB) zwingt das Beschwerdegericht nicht dazu, allen denkbaren Vergaberechtsverstößen von Amts wegen nachzugehen und nach weiteren Vergaberechtsverletzungen, die bislang nicht gerügt worden sind, zu suchen. Das Beschwerdegericht ist insoweit ebenso wie die Vergabekammer nach § 163 Abs. 1 S. 3 GWB nicht zu einer umfassenden Rechtmäßigkeitskontrolle verpflichtet.[32] Zwar hat es den Sachverhalt von Amts wegen zu erforschen. Diese Pflicht wird jedoch zum einen durch den Gegenstand des Beschwerdeverfahrens begrenzt, wie er sich aus dem Rechtsschutzbegehren des Beschwerdeführers ergibt. Zum anderen bezieht sich die Aufklärungs- und Ermittlungs*pflicht* auf die im Beschwerdeverfahren verfolgte Rüge einer Vergaberechtsverletzung und auf die hierzu vorgetragenen Tatsachen.

21 Von der aus dem Untersuchungsgrundsatz folgenden Aufklärungs- und Ermittlungspflicht zu unterscheiden ist das ebenfalls darin wurzelnde – aber nach wie vor umstrittene[33] – Recht der Vergabenachprüfungsinstanzen, Vergaberechtsverstöße von Amts wegen aufzugreifen.[34] Soweit das Beschwerdegericht hiervon Gebrauch macht, stellt sich die Frage der hierfür geltenden Voraussetzungen beziehungsweise Maßstäbe. Diese sind im Spannungsfeld von Dispositionsmaxime (§ 172 Abs. 2 S. 2 Nr. 1 GWB), Untersuchungs- (§ 175 Abs. 2 i.V.m. § 75 Abs. 1 GWB) und Beschleunigungsgrundsatz zu suchen und zu finden.[35] In der Rechtsprechung herrscht die Auffassung vor, dass ein **Aufgreifen eines Vergaberechtsverstoßes von Amts**

---

27 Vgl. BGH, Beschluss v. 26.9.2006 – X ZB 14/06, Rn. 13; *Schäfer*, in: Röwekamp/Kus/Portz/Prieß, GWB-Vergaberecht, § 178 Rn. 10; *Raabe*, in: Willenbruch/Wieddekind, Vergaberecht, § 178 GWB Rn. 9.

28 OLG Celle, Beschluss v. 10.1.2008 – 13 Verg 11/07, Rn. 89; Beschluss v. 8.3.2007 – 13 Verg 2/07, Rn. 15.

29 So OLG Brandenburg, Beschluss v. 10.1.2012 – Verg W 18/11, Rn. 36.

30 OLG Brandenburg, Beschluss v. 10.1.2012 – Verg W 18/11, Rn. 36.

31 OLG Düsseldorf, Beschluss v. 4.3.2020 – VII-Verg 10/18; Beschluss v. 19.11.2003 – VII-Verg 22/03, Rn. 8; OLG Celle, Beschluss v. 21.1.2016 – 13 Verg 8/15, Rn. 26.

32 OLG München, Beschluss v. 10.8.2017 – Verg 3/17, Rn. 95.

33 Siehe einerseits *Jaeger*, in: Byok/Jaeger, Vergaberecht, § 178 GWB Rn. 4, und *Stockmann*, in: Immenga/Mestmäcker, Wettbewerbsrecht, § 178 GWB Rn. 4, und andererseits *Schäfer*, in: Röwekamp/Kus/Portz/Prieß, GWB-Vergaberecht, § 178 Rn. 8.

34 Die Befugnis zum Aufgreifen bejahend: OLG Düsseldorf, Beschluss v. 19.8.2020 – VII-Verg 14/20; Beschluss v. 18.9.2019 – VII-Verg 10/19, Rn. 38; Beschluss v. 13.5.2019 – VII-Verg 47/18, Rn. 65; Beschluss v. 11.7.2018 – VII-Verg 24/18 (Poppelsdorfer Schloss), Rn. 59; Beschluss v. 20.7.2015 – VII-Verg 37/15, Rn. 8; Beschluss v. 28.4.2008 – VII-Verg 1/08, Rn. 35; OLG Koblenz, Beschluss v. 10.7.2018 – Verg 1/18, Rn. 47; OLG Frankfurt, Beschluss v. 24.7.2012 – 11 Verg 6/12, Rn. 65; OLG Naumburg, Beschluss v. 12.4.2012 – 2 Verg 1/12, Rn. 65; OLG Celle, Beschluss v. 12.1.2012 – 13 Verg 8/11, Rn. 73; OLG München, Beschluss v. 29.9.2009 – Verg 12/09, Rn. 76.

35 Siehe OLG Düsseldorf, Beschluss v. 12.6.2019 – VII-Verg 54/18, Rn. 66.

wegen wie durch die Vergabekammer jedenfalls dann in Betracht kommt, wenn der Zugang zur vergaberechtlichen Nachprüfung durch einen zulässigen Nachprüfungsantrag eröffnet ist, der Verstoß, der von Amts wegen aufgegriffen werden soll, aus Sicht der Vergabenachprüfungsinstanzen schwerwiegend und offenkundig ist und eine Rüge des Verstoßes nicht präkludiert ist.[36]

Die Mehrzahl der Vergabesenate geht – richtigerweise – davon aus, dass ein Aufgreifen einer Vergaberechtsverletzung von Amts wegen ausscheidet, wenn der **Nachprüfungsantrag** insgesamt **unzulässig** ist.[37] Auch Vergaberechtsverstöße bezüglich derer bei einem im Übrigen zulässigen Nachprüfungsantrag die Voraussetzungen einer Rügepräklusion nach § 160 Abs. 3 S. 1 GWB gegeben sind, sollen nicht mehr von Amts wegen aufgegriffen werden können.[38] Für Letzteres spricht, dass die Präklusionsvorschriften des § 160 Abs. 3 S. 1 GWB anderenfalls in die Gefahr gerieten, leerzulaufen. Das lässt sich in einem beschleunigt zu betreibenden Verfahren, das ungeachtet des Amtsermittlungsgrundsatzes auf einen Individualrechtsschutz zielt und in dem der Antragsteller mit einer rechtzeitigen Rüge nicht nur sein Rechtsschutzbegehren konkretisiert, sondern auch eine Präklusion leicht vermeiden kann, kaum rechtfertigen.[39] Trotzdem halten einige Vergabesenate auch das Aufgreifen von Vergaberechtsverstößen, deren Geltendmachung der Präklusion nach § 160 Abs. 3 S. 1 GWB unterliegt, in bestimmten Einzelfällen für zulässig.[40] So ist das OLG München der Ansicht, dass ein Aufgreifen in diesem Fall zulässig ist, *„wenn ein so schwerwiegender Fehler vorliegt, dass eine tragfähige Zuschlagsentscheidung bei einer Fortsetzung des Verfahrens praktisch nicht möglich ist"*.[41] 22

In der Praxis häufiger sind Fallgestaltungen, in denen es um entscheidungserhebliche, **nicht präkludierte Vergaberechtsverstöße** geht, die – wie für ein amtswegiges Aufgreifen zu verlangen ist[42] – den Antragsteller in seinen Rechten verletzen. Der in diesem Zusammenhang für ein Aufgreifen formulierte Maßstab, dass ein Aufgreifen von Vergaberechtsverletzungen von Amts wegen in Betracht kommt, wenn diese schwerwiegend und offenkundig sind, ist vor allem in der Rechtsprechung des OLG Düsseldorf gebräuchlich. Das genannte Aufgriffskriterium basiert, wie der Rechtsprechung entnommen werden kann, auf dem Gedanken des notwendigerweise zu findenden Ausgleichs zwischen den im Vergabenachprüfungsverfahren konfligierenden Verfahrensgrundsätzen,[43] nämlich der eingeschränkten Dispositionsmaxime, dem Untersuchungs- sowie dem Beschleunigungsgrundsatz. 23

Die angesprochene **Offenkundigkeit** aus Sicht der Vergabenachprüfungsinstanzen ist nicht mit Erkennbarkeit i.S.v. § 160 Abs. 3 S. 1 Nr. 2 und 3 GWB zu verwechseln. Die Erkenntnis- und Verständnishorizonte von Vergabenachprüfungsinstanzen und Bieterunternehmen sind nicht dieselben. Die Forderung nach Offenkundigkeit läuft letztlich darauf hinaus, dass nur solche Vergaberechtsverstöße von Amts wegen aufgegriffen werden, die sich den Vergabenachprüfungsinstanzen aus Anlass der Prüfung behaupteter Vergaberechtsverletzungen aufdrängen.[44] Dies ließ sich beispielsweise in einem Fall bejahen, in dem ein Bieterunternehmen 24

---

36 Siehe OLG Düsseldorf, Beschluss v. 19.8.2020 – VII-Verg 14/20; Beschluss v. 18.9.2019 – VII-Verg 10/19, Rn. 38; Beschluss v. 12.6.2019 – VII-Verg 54/18, Rn. 66; siehe auch *Gaus* in § 163 GWB Rn. 19 f.

37 Vgl. OLG Düsseldorf, Beschluss v. 18.9.2019 – VII-Verg 10/19, Rn. 38; Beschluss v. 11.7.2018 – VII-Verg 24/18 (Poppelsdorfer Schloss), Rn. 60; OLG Rostock, Beschluss v. 5.7.2006 – 17 Verg 7/06, Rn. 27.

38 OLG Düsseldorf, Beschluss v. 18.9.2019 – VII-Verg 10/19, Rn. 38; OLG Schleswig, Beschluss v. 13.6.2019 – 54 Verg 2/19, Rn. 178; OLG Frankfurt, Beschluss v. 16.10.2012 – 11 Verg 9/11, Rn. 45; OLG Koblenz, Beschluss v. 15.5.2003 – 1 Verg 3/03, Rn. 155; OLG Dresden, Beschluss v. 8.11.2002 – WVerg 19/02, Rn. 20; im Grundsatz ebenso OLG Naumburg, Beschluss v. 18.8.2011 – 2 Verg 3/11, Rn. 55.

39 Siehe auch OLG Naumburg, Beschluss v. 18.8.2011 – 2 Verg 3/11.

40 OLG München, Beschluss v. 8.3.2019 – Verg 4/19, Rn. 28.

41 OLG München, Beschluss v. 10.8.2017 – Verg 3/17, Rn. 97; noch weitergehend erscheint die Entscheidung OLG Schleswig, Beschluss v. 15.4.2011 – 1 Verg 10/10, Rn. 37, an der das Gericht aber wohl inzwischen nicht mehr festhält, vgl. OLG Schleswig, Beschluss v. 13.6.2019 – 54 Verg 2/19, Rn. 178, und Beschluss v. 22.1.2019 – 54 Verg 3/18, Rn. 116.

42 Vgl. OLG Düsseldorf, Beschluss v. 11.7.2018 – VII-Verg 24/18 (Poppelsdorfer Schloss), Rn. 60; Beschluss v. 15.6.2005 – VII-Verg 5/05, Rn. 19.

43 Siehe OLG Düsseldorf, Beschluss v. 12.6.2019 – VII-Verg 54/18, Rn. 66.

44 Vgl. OLG Düsseldorf, Beschluss v. 18.9.2019 – VII-Verg 10/19, Rn. 38; Beschluss v. 12.6.2019 – VII-Verg 54/18, Rn. 66; Beschluss v. 13.5.2019 – VII-Verg 47/18, Rn. 65; Beschluss v. 28.4.2008 – VII-Verg 1/08, Rn. 35; siehe auch OLG Karlsruhe, Beschluss v. 6.6.2019 – 15 Verg 8/19, Rn. 40.

auf der Grundlage nicht wirksam aufgestellter Eignungsanforderungen von der Teilnahme am Vergabeverfahren ausgeschlossen worden ist. Im Vergabenachprüfungsverfahren erkannte und rügte das Unternehmen diesen Vergaberechtsverstoß nicht, machte aber die fehlende Eignung des für den Zuschlag vorgesehenen einzigen Mitbewerbers und die Vergaberechtswidrigkeit der vom Auftraggeber formulierten Eignungsanforderungen geltend.[45]

25 Die Voraussetzung einer **schwerwiegenden Vergaberechtsverletzung** schließt – letztlich im Interesse des Beschleunigungsgrundsatzes – aus der Perspektive der Vergabenachprüfungsinstanzen weniger gravierende Vergaberechtsverstöße von einem Aufgreifen von Amts wegen aus.[46] Vergaberechtsverstöße, die erst durch eine in der Sache eigentlich nicht angezeigte Amtsermittlung der Vergabekammer zum Verfahrensgegenstand geworden sind, haben im Beschwerdeverfahren aber nicht unberücksichtigt zu bleiben. Vielmehr sind sie, wenn sie einmal von Amts wegen thematisiert worden sind und Rechte des Antragstellers entscheidungserheblich verletzen, auch vom Beschwerdegericht zu prüfen und zu verwerten, insbesondere dann, wenn sich der Antragsteller die diesbezüglichen Feststellungen und rechtlichen Erwägungen der Vergabekammer im Rahmen seines zulässigen Nachprüfungsantrags zu eigen macht.[47]

26 Wenn sich andere Vergabesenate im Zusammenhang mit dem Aufgreifen von Vergaberechtsverletzungen einer anderen als der vorangehend genannten Terminologie bedienen,[48] so bedeutet das nicht, dass damit zwingend andere Sachverhaltsbewertungen einhergehen. Von der Möglichkeit eines Aufgreifens von Vergaberechtsverstößen von Amts wegen machen die Vergabesenate, soweit ersichtlich, insgesamt eher **zurückhaltend** Gebrauch.

III. Inhalt der Beschwerdeentscheidung

27 § 178 GWB trifft ungeachtet der Gesetzesüberschrift („Beschwerdeentscheidung") keine ausdrückliche Regelung für den Fall, dass eine Beschwerde unzulässig oder unbegründet ist. Gleichwohl sind diese Fälle vom Beschwerdegericht zu entscheiden.

1. Unzulässige Beschwerde

28 Eine unzulässige Beschwerde ist zu verwerfen.[49] Allerdings ist dem Beschwerdeführer zuvor rechtliches Gehör zu gewähren. Ihm muss auf diese Weise Gelegenheit gegeben werden, behebbare Zulässigkeitsmängel zu beseitigen, beispielsweise indem er im Falle der Versäumung der Beschwerdefrist aus § 172 Abs. 1 GWB Wiedereinsetzung in den vorigen Stand beantragt[50]. Ein rechtlicher Hinweis eröffnet dem Beschwerdeführer zugleich die Möglichkeit, die unzulässige Beschwerde im Kosteninteresse zurückzunehmen.

2. Unbegründete Beschwerde

29 Kommt das Beschwerdegericht nach Abschluss seiner Prüfung zu demselben Ergebnis wie die Vergabekammer, nämlich dass der Nachprüfungsantrag unzulässig oder unbegründet ist, ist die Beschwerde unbegründet. Die unbegründete Beschwerde ist zurückzuweisen. Das gilt auch, wenn das Beschwerdegericht mit einer anderen Begründung als die Vergabekammer zu dem Ergebnis der Unzulässigkeit oder Unbegründetheit des Nachprüfungsantrags gelangt.[51] Hält das Beschwerdegericht den Nachprüfungsantrag anders als die Vergabekammer bereits für unzulässig, kann es die sofortige Beschwerde mit der Maßgabe zurückweisen, dass der

45 Vgl. hierzu OLG Düsseldorf, Beschluss v. 11.7.2018 – VII-Verg 24/18 (Poppelsdorfer Schloss), Rn. 61.
46 Kritisch hierzu *Summa*, in: Heiermann/Zeiss/Summa, Vergaberecht, § 178 GWB Rn. 13.
47 OLG Düsseldorf, Beschluss v. 19.8.2020 – VII-Verg 14/20.
48 Siehe z. B. OLG Celle, Beschluss v. 17.11.2011 – 13 Verg 6/11, Rn. 44.
49 Vgl. OLG Düsseldorf, Beschluss v. 26.7.2018 – VII-Verg 23/18; Beschluss v. 16.5.2018 – VII-Verg 24/17; *Raabe*, in: Willenbruch/Wieddekind, Vergaberecht, § 178 GWB Rn. 11; *Steck*, in: Ziekow/Völlink, Vergaberecht, § 178 GWB Rn. 8.
50 § 175 Abs. 2 GWB i.V.m. §§ 72 Nr. 2 GWB, 233 ff. ZPO.
51 *Schäfer*, in: Röwekamp/Kus/Portz/Prieß, GWB-Vergaberecht, § 178 Rn. 17.

Nachprüfungsantrag als unzulässig verworfen wird.[52] Auch die umgekehrte Konstellation ist möglich. Erweist sich der von der Vergabekammer für unzulässig gehaltene Nachprüfungsantrag in der Beschwerdeinstanz als zulässig, aber unbegründet, kann die Beschwerde mit dieser Maßgabe zurückgewiesen werden.[53]

3. Begründete Beschwerde

Ist die Beschwerde begründet, ist die Entscheidung der Vergabekammer gemäß § 178 S. 1 GWB zur Vermeidung des Eintritts der Bestandskraft in dem notwendigen Umfang aufzuheben. Das Beschwerdegericht hat sodann gemäß § 178 S. 2 GWB zwei Entscheidungsalternativen. Es kann in der Sache selbst entscheiden oder aber das Verfahren an die Vergabekammer zurückverweisen, indem es die Vergabekammer verpflichtet, unter Berücksichtigung der Rechtsauffassung des Beschwerdegerichts über die Sache neu zu entscheiden. **30**

a) Zurückverweisung (S. 2 Alt. 2)

Dem Beschwerdegericht steht nach § 178 S. 2 GWB – vermittelt durch die Konjunktion „oder" – zwar die Wahl zwischen den zwei genannten Alternativen und damit ein Auswahlermessen zu. Die eröffneten Entscheidungsalternativen stehen entgegen der Formulierung des Gesetzes jedoch nicht gleichberechtigt nebeneinander.[54] Wegen des vom Beschwerdegericht zu beachtenden Beschleunigungsgrundsatzes kommt eine Aufhebung der Vergabekammerentscheidung und Zurückverweisung des Vergabenachprüfungsverfahrens nur in **Ausnahmefällen** bzw. eher selten in Betracht, etwa wenn die Sache noch nicht entscheidungsreif ist.[55] Ist die Sache dagegen spruchreif, hat das Beschwerdegericht selbst zu entscheiden.[56] Eine Aufhebung und Zurückverweisung kommt der Durchführung eines neuen Nachprüfungsverfahrens vor der Vergabekammer gleich. Die damit verbundene zeitliche Verzögerung kann dann gerechtfertigt sein, wenn das Verfahren vor der Vergabekammer an einer Vielzahl von schwerwiegenden Mängeln leidet, die es allenfalls als ein Rumpfverfahren erscheinen lassen.[57] Eine Zurückverweisung kommt ferner in Betracht, wenn eine inhaltliche Aufbereitung des Vergabeverfahrens bislang noch nicht stattgefunden hat, etwa deshalb, weil die Vergabekammer den Nachprüfungsantrag (zu Unrecht) als offensichtlich unzulässig angesehen hat.[58] Auch wenn die Vergabekammer den kaufmännischen oder technischen Sachverhalt[59] noch nicht aufgeklärt hat,[60] kann eine Zurückverweisung erwogen werden.[61] Der BGH hielt eine Zurückverweisung auch in einem umgekehrt liegenden Fall für opportun, in dem sich die Vergabekammer mit der Sache bereits inhaltlich befasst hatte, den Nachprüfungsantrag dann aber für unzulässig gehalten hat. In einem solchen Fall können aus seiner Sicht die Verfahrensökonomie und der Gesichtspunkt der Gewährleistung einer Prüfung in zwei Instanzen dafür sprechen, der Vergabekammer die erneute Prüfung zu übertragen.[62] Ein weiterer Gesichtspunkt, der in die Ermessensentscheidung mit einzubeziehen sein kann, sind die mit einer Zurückverweisung verbundenen Kostenfolgen.[63] **31**

Die vorgenannten und gegebenenfalls weitere Aspekte fließen in eine vom Beschwerdegericht im Einzelfall vorzunehmende **Gesamtabwägung**[64] aller tangierten und berechtigten Interessen ein, die für und wider die – im Grundsatz nur selten in Betracht zu ziehende – Zurück- **32**

52 OLG Rostock, Beschluss v. 5.2.2020 – 17 Verg 4/19, Rn. 94.
53 OLG Düsseldorf, Beschluss v. 19.4.2017 – VII-Verg 38/16.
54 OLG Brandenburg, Beschluss v. 18.2.2010 – Verg W 2/10, Rn. 48; *Jaeger*, in: Byok/Jaeger, Vergaberecht, § 178 GWB Rn. 6; *Schäfer*, in: Röwekamp/Kus/Portz/Prieß, GWB-Vergaberecht, § 178 Rn. 19; *Steck*, in: Ziekow/Völlink, Vergaberecht, § 178 GWB Rn. 10.
55 Vgl. OLG Düsseldorf, Beschluss v. 19.8.2020 – VII-Verg 14/20.
56 OLG Brandenburg, Beschluss v. 12.1.2010 – Verg W 5/09, Rn. 97.
57 KG, Beschluss v. 10.2.2020 – Verg 6/19, Rn. 1 bis 3.
58 OLG Brandenburg, Beschluss v. 18.2.2010 – Verg W 2/10, Rn. 48.
59 Z. B. in Bezug auf umfangreiche und komplizierte technische Details.
60 Gegebenenfalls durch Einholung eines Sachverständigengutachtens.
61 OLG Frankfurt, Beschluss v. 5.10.2010 – 11 Verg 7/10, Rn. 80.
62 BGH, Beschluss v. 31.1.2017 – X ZB 10/16, Rn. 36.
63 Vgl. zu den Kostenfolgen OLG Celle, Beschluss v. 10.6.2020 – 13 Verg 4/19.
64 Siehe OLG Celle, Beschluss v. 25.6.2019 – 13 Verg 4/19, Rn. 25; KG, Beschluss v. 21.12.2018 – Verg 7/18, Rn. 31.

verweisung sprechen. Dabei werden als regelmäßig tangierte und berechtigte Interessen in der Rechtsprechung das Interesse der Vergabestelle an einer möglichst zügigen, abschließenden Entscheidung über die geltend gemachten Vergaberügen, das Interesse der Verfahrensbeteiligten an der Vollständigkeit und Ordnungsgemäßheit des erstinstanzlichen Verfahrens, insbesondere im Hinblick auf eine dort vorzunehmende Sachaufklärung, und der Grad der Wahrscheinlichkeit angesehen, mit der der Beschwerdeführer letztlich auch in der Sache obsiegen wird.[65]

33 Abweichend von dem zuvor Ausgeführten, das sich auf den Regelfall einer gegen die Entscheidung der Vergabekammer in der Hauptsache gerichteten Beschwerde bezieht, hat das Beschwerdegericht die Sache regelmäßig zurückzuverweisen, wenn die Beschwerde gegen eine **Gebührenentscheidung** der Vergabekammer erfolgreich ist.[66] Die Entscheidung über den Gebührenansatz liegt gemäß § 182 Abs. 1 S. 1 GWB im pflichtgemäßen Ermessen der Vergabekammer. Auf die sofortige Beschwerde wird die Gebührenentscheidung vom Beschwerdegericht lediglich auf Ermessensfehler hin überprüft.[67] Das Beschwerdegericht kann die Entscheidung der Vergabekammer damit zwar eingeschränkt überprüfen, diese aber nicht ersetzen, solange noch Ermessensspielräume der Vergabekammer bestehen.[68] Nach Zurückverweisung der Sache hat die Vergabekammer daher in diesen Fällen über die Festsetzung der Gebühren eine erneute Ermessensentscheidung unter Beachtung der Rechtsauffassung des Beschwerdegerichts zu treffen.

b) Eigene Sachentscheidung (S. 2 Alt. 1)

34 Umfang und Inhalt der gemäß § 178 S. 2 GWB in der Hauptsache zu treffenden eigenen Sachentscheidung des Beschwerdegerichts hängen von den gelten gemachten Vergaberechtsverstößen und dem Umfang ihrer erfolgreichen Geltendmachung in der Beschwerdeinstanz ab.

aa) Bindung an die Anträge?

35 Kommt das Beschwerdegericht zu dem Ergebnis, dass der Nachprüfungsantrag zulässig und begründet ist, und kommt eine Zurückverweisung nicht in Betracht, stellt sich die Frage nach der Entscheidungskompetenz des Gerichts. Hierher gehört die bereits angesprochene Problematik der Bindung an die Anträge. Nach vorzugswürdiger Ansicht ist das Beschwerdegericht im Rahmen des bei ihm angefallenen Beschwerdegegenstands nicht an die Anträge der Beteiligten gebunden.[69] Dies ergibt sich unmittelbar aus § 178 S. 1 und 2 GWB. Danach hat das Beschwerdegericht die Entscheidung der Vergabekammer aufzuheben und selbst zu entscheiden. Das Beschwerdegericht hat an Stelle der Vergabekammer die materiell-rechtlich richtige Entscheidung zu treffen.[70] Diese nun vom Beschwerdegericht zu treffende Entscheidung ist inhaltlich damit jene gemäß § 168 GWB. Daraus ergeben sich für das Beschwerdegericht dieselben Kompetenzen wie für die Vergabekammer.[71] Auch das Beschwerdegericht hat mithin – wie sonst die Vergabekammer – die geeigneten Maßnahmen zu treffen, um eine Rechtsverletzung zu beseitigen und eine Schädigung der betroffenen Interessen zu verhindern, ohne an die Anträge der Verfahrensbeteiligten gebunden zu sein (§ 168 Abs. 1 GWB). Der Verweisung in § 178 S. 4 GWB auf (ausschließlich) § 168 Abs. 2 GWB kommt hierbei keine eigenständige Bedeutung zu.[72]

---

65 Vgl. OLG Celle, Beschluss v. 25.6.2019 – 13 Verg 4/19, Rn. 25; KG, Beschluss v. 21.12.2018 – Verg 7/18, Rn. 31.
66 Vgl. OLG Düsseldorf, Beschluss v. 27.4.2020 – VII-Verg 27/19, Rn. 61.
67 BGH, Beschluss v. 25.11.2011 – X ZB 5/10, Rn. 12.
68 OLG Düsseldorf, Beschluss v. 11.2.2019 – VII-Verg 45/18.
69 Siehe zu den Anträgen im Vergabenachprüfungs- und Beschwerdeverfahren auch OLG Düsseldorf, Beschluss v. 25.3.2020 – VII-Verg 25/19, Rn. 62; KG, Beschluss v. 28.9.2009 – 2 Verg 8/09, Rn. 5.
70 KG, Beschluss v. 28.9.2009 – 2 Verg 8/09, Rn. 5.
71 OLG Schleswig, Beschluss v. 30.4.2015 – 1 Verg 7/14, Rn. 51; *Raabe*, in: Willenbruch/Wieddekind, Vergaberecht, § 178 GWB Rn. 16; *Steck*, in: Ziekow/Völlink, Vergaberecht, § 178 GWB Rn. 11.
72 Vgl. *Dieck-Bogatzke*, in: Pünder/Schellenberg, Vergaberecht, § 178 GWB Rn. 4.

bb) Wahl geeigneter Maßnahmen

Stellt das Beschwerdegericht eine Vergaberechtsverletzung fest, die den Antragsteller in seinen Rechten aus § 97 Abs. 6 GWB verletzt und seine Zuschlagschancen beeinträchtigt oder nicht ausschließbar zu beeinträchtigen droht, ist dem Auftraggeber an erster Stelle die **Zuschlagserteilung** zu untersagen. 36

Welche Maßnahmen zur Beseitigung der Rechtsverletzung und zur Verhinderung einer Schädigung darüber hinaus zu treffen sind, hängt vom Einzelfall ab, insbesondere davon, in welchem Stadium des Vergabeverfahrens es zu einer Vergaberechtsverletzung gekommen ist und welche Folgen diese hatte. Dementsprechend sind verschiedene Gestaltungen einer Abhilfe oder Korrektur denkbar.[73] Zwar steht dem Beschwerdegericht wie auch der Vergabekammer bei Anordnung der zur Abhilfe oder Korrektur geeigneten Maßnahmen ein gewisser **Entscheidungsspielraum** zu.[74] Dieser Spielraum ist allerdings eingeschränkt, denn das Beschwerdegericht rückt nicht in die Stellung des Auftraggebers ein. Die wirtschaftliche Dispositionsfreiheit des Auftraggebers ist zu wahren und ein ihm durch die Vergabevorschriften eingeräumtes Ermessen wie auch ein ihm eröffneter Beurteilungsspielraum sind zu beachten.[75] 37

Bei der Anordnung ihm geeignet erscheinender Maßnahmen hat das Beschwerdegericht den Grundsatz der **Verhältnismäßigkeit** zu wahren. Daraus ergibt sich die Verpflichtung, von den zu Gebote stehenden Maßnahmen diejenigen zu treffen, die den Ablauf des Vergabeverfahrens am wenigsten beeinträchtigen.[76] Der Grundsatz der Verhältnismäßigkeit staatlichen Handelns gilt auch ohne ausdrückliche Regelung (wie in § 163 Abs. 1 S. 4 GWB für die Vergabekammer). Ist lediglich die Angebotswertung fehlerhaft, weil etwa die Zuschlagskriterien falsch angewendet worden sind, genügt es, das Verfahren in das Stadium vor dieser Wertung zurückzuversetzen.[77] Weisen die Ausschreibungsunterlagen einen Mangel auf, sind diese abzuändern mit der Gelegenheit für die Bieter, ein neues Angebot zu unterbreiten.[78] Ist ein Angebot wegen vermeintlicher Unvollständigkeit zu Unrecht ausgeschlossen worden, so genügt es, der Vergabestelle aufzugeben, das Vergabeverfahren unter Einbeziehung dieses Angebots fortzusetzen. Eine Verpflichtung des Auftraggebers, die Ausschreibung aufzuheben, kommt nur dann in Betracht, wenn dies unabweislich ist und keine milderen Maßnahmen zur Verfügung stehen, um den festgestellten Vergabefehler zu beseitigen.[79] Nur wenn es sich um einen derart schwerwiegenden Mangel des Vergabeverfahrens handelt, dass dieses schlechterdings nicht mit einer rechtskonformen Vergabe enden kann, kann ausnahmsweise auf die Aufhebung der Ausschreibung erkannt werden.[80] Dies könnte etwa der Fall sein bei unklaren Leistungsbeschreibungen, Preisermittlungsgrundlagen oder Zuschlagskriterien, auf die von vornherein ein sachgerechtes Angebot nicht abgegeben werden kann, oder wenn eine von vornherein fehlerhafte Vergabeart gewählt worden ist.[81] 38

Das Beschwerdegericht darf schließlich bei seiner Entscheidung ein dem Auftraggeber eingeräumtes **Ermessen** nicht durch ein eigenes Ermessen ersetzen.[82] Über einen dem Auftraggeber zustehenden **Beurteilungsspielraum** darf es sich nicht hinwegsetzen oder diesen konterkarieren.[83] 39

---

73 Vgl. z. B. *Raabe*, in: Willenbruch/Wieddekind, Vergaberecht, § 178 GWB Rn. 14.

74 OLG Celle, Beschluss v. 10.1.2008 – 13 Verg 11/07, Rn. 97.

75 OLG Hamburg, Beschluss v. 6.9.2019 – 1 Verg 3/19, Rn. 107; *Jaeger*, in: Byok/Jaeger, Vergaberecht, § 178 GWB Rn. 7; *Vavra*, in: Burgi/Dreher, Vergaberecht, § 178 GWB Rn. 8.

76 OLG Düsseldorf, Beschluss v. 16.10.2019 – VII-Verg 13/19, Rn. 106; Beschluss v. 30.4.2003 – VII-Verg 64/02, Rn. 4.

77 OLG Naumburg, Beschluss v. 30.8.2012 – 2 Verg 3/12; OLG Düsseldorf, Beschluss v. 11.4.2012 – VII-Verg 95/11.

78 OLG Koblenz, Beschluss v. 4.4.2012 – 1 Verg 2/11; OLG Düsseldorf, Beschluss v. 21.3.2012 – VII-Verg 92/11.

79 OLG Düsseldorf, Beschluss v. 30.4.2003 – VII-Verg 64/02, Rn. 4; siehe auch BGH, Beschluss v. 10.11.2009 – X ZB 8/09, Rn. 56.

80 OLG Schleswig, Beschluss v. 15.4.2011 – 1 Verg 10/10; OLG Dresden, Beschluss v. 28.3.2006 – WVerg 4/06.

81 OLG Schleswig, Beschluss v. 20.3.2008 – 1 Verg 6/07, Rn. 51.

82 KG, Beschluss v. 21.12.2009 – 2 Verg 11/09, Rn. 52.

83 Siehe OLG Hamburg, Beschluss v. 6.9.2019 – 1 Verg 3/19, Rn. 108; *Raabe*, in: Willenbruch/Wieddekind, Vergaberecht, § 178 GWB Rn. 17.

40 Eine **Anordnung der Zuschlagserteilung** durch das Beschwerdegericht kommt nur ausnahmsweise dann in Betracht, wenn es bei fortbestehender Vergabeabsicht keine andere Möglichkeit einer rechtmäßigen Zuschlagserteilung gibt.[84] Die Erteilung des Zuschlags an einen bestimmten Bieter darf unter Beachtung aller bestehenden Wertungsspielräume die einzige rechtmäßige Entscheidung sein.[85] Antragstellende Unternehmen sollten daher im Vergabenachprüfungsverfahren genau überlegen, ob sie die Erteilung des Zuschlags an sich beantragen wollen. Sie laufen bei Misserfolg Gefahr, einen Teil der Verfahrenskosten tragen zu müssen.[86]

41 Einen bereits **erteilten Zuschlag** kann, den Sonderfall des § 135 GWB ausgenommen, nicht nur die Vergabekammer, sondern auch das Beschwerdegericht nicht aufheben. Das folgt aus § 135 und § 168 Abs. 2 S. 1 GWB und wird durch den Verweis auf die letztgenannte Vorschrift in § 178 S. 4 GWB nochmals bekräftigt.

4. Teilweise erfolgreiche Beschwerde

42 Ist eine Beschwerde nur teilweise begründet, im Übrigen aber unbegründet, dann gilt für den begründeten Teil nichts Anderes als für eine insgesamt begründete Beschwerde. Wegen des unbegründeten Teils erfolgt die Zurückweisung der Beschwerde. Der Teilerfolg schlägt sich regelmäßig auch in der Kostenentscheidung nieder.[87] In diesem Zusammenhang ist allerdings zu beachten, dass ein Antragsteller als Beschwerdeführer, dessen Nachprüfungsantrag vor der Vergabekammer noch insgesamt erfolglos geblieben ist, mit der die Hauptsache betreffenden Beschwerde schon dann in Gänze erfolgreich ist, wenn sein Nachprüfungsantrag auch nur unter einem rechtlichen Gesichtspunkt Erfolg hat und zu der vom Antragsteller beantragten Zurückversetzung oder Fortführung des Vergabeverfahrens führt.

IV. Tenorierung

43 Die Entscheidung der Vergabekammer ist im Fall einer **erfolgreichen Beschwerde** nach dem Gesetzeswortlaut aufzuheben (nicht abzuändern). Für eine teilweise erfolgreiche Beschwerde gilt dies bei teilbarem Verfahrensgegenstand entsprechend anteilig. Die vom Beschwerdegericht gemäß § 168 Abs. 1 GWB für geeignet erachteten Maßnahmen zur Beseitigung der Rechtsverletzung sind im Tenor konkret und eindeutig zu bezeichnen. Hierbei ist auf eine besonders sorgfältige und klare Formulierung zu achten.[88] Es muss zweifelsfrei sein, bis zu welchem Zeitpunkt oder welchem Verfahrensstadium das Vergabeverfahren zurückzuversetzen ist.[89]

44 Im Falle einer gemäß § 171 Abs. 2 GWB **fingierten Ablehnung** des Nachprüfungsantrages bedarf es keiner ausdrücklichen Aufhebung, weil es eine Entscheidung der Vergabekammer nicht gibt.[90] Teilweise wird aber tenoriert, die *„auf § 116 Abs. 2 GWB[91] beruhende Ablehnung des Nachprüfungsantrags“*[92] oder, den *„fingierte(n), den Nachprüfungsantrag des Antragstellers zurückweisende(n) Beschluss der Vergabekammer“* aufzuheben[93].

---

84 OLG Schleswig, Beschluss v. 30.4.2015 – 1 Verg 7/14, Rn. 51; OLG München, Beschluss v. 23.12.2010 – Verg 21/10, Rn. 40; BayObLG, Beschluss v. 5.11.2002 – Verg 22/02, Rn. 38.

85 OLG Düsseldorf, Beschluss v. 28.11.2018 – VII-Verg 35/18; vgl. auch Beschluss v. 10.2.2021 – VII-Verg 22/20 zum fehlenden Anspruch auf Fortsetzung eines Vergabeverfahrens.

86 Siehe OLG Düsseldorf, Beschluss v. 14.10.2020 – VII-Verg 36/19, Rn. 99; Beschluss v. 17.4.2019 – VII-Verg 36/18 (für den Fall einer Anschlussbeschwerde).

87 Vgl. OLG Düsseldorf, Beschluss v. 14.10.2020 – VII-Verg 36/19, Rn. 99.

88 *Vavra*, in: Burgi/Dreher, Vergaberecht, § 178 GWB Rn. 8.

89 Vgl. z. B. KG, Beschluss v. 7.8.2015 – Verg 1/15: *„… das Vergabeverfahren unter Aufhebung des Ausschlusses der Antragstellerin durch das Schreiben des Antragsgegners vom … in den Stand unmittelbar vor Bewertung der Angebote zurückversetzt wird.“*.

90 KG, Beschluss v. 4.4.2002 – KartVerg 5/02.

91 Nunmehr § 171 Abs. 2 GWB.

92 OLG Düsseldorf, Beschluss v. 20.6.2001 – Verg 3/01.

93 Vgl. KG, Beschluss v. 7.8.2015 – Verg 1/15.

V. Entfallen einer Beschwerdeentscheidung zur Hauptsache

Eine Beschwerdeentscheidung in der Hauptsache entfällt, wenn die Verfahrensbeteiligten das Beschwerde- oder das Vergabenachprüfungsverfahren durch Vergleich beenden, wenn der Beschwerdeführer die Beschwerde oder den Nachprüfungsantrag zurücknimmt, sich das Nachprüfungsverfahren in der Beschwerdeinstanz erledigt und kein Feststellungsantrag nach § 178 S. 3 und 4 i.V.m. § 168 Abs. 2 S. 2 GWB mehr gestellt wird oder wenn die Verfahrensbeteiligten das Beschwerde- oder sogar das Nachprüfungsverfahren insgesamt übereinstimmend für erledigt erklären. Die Eröffnung des Insolvenzverfahrens über das Vermögen des antragstellenden Unternehmens bleibt hingegen ohne Auswirkungen auf das Beschwerdeverfahren und die Möglichkeiten einer Entscheidung in der Hauptsache, weil § 240 ZPO im vergaberechtlichen Beschwerdeverfahren nicht gilt.[94] Das OLG Naumburg hält § 240 ZPO aber für analog anwendbar, wenn über das Vermögen der beteiligten Vergabestelle das Insolvenzverfahren eröffnet wird.[95] 45

1. Verfahrensbeendigung durch Vergleich

Eine Verfahrensbeendigung durch einen Vergleich kommt in der Praxis eher selten vor, ist aber möglich. Die Vergabesenate können Vergleichsschlüsse in entsprechender Anwendung von § 278 Abs. 6 S. 2 ZPO durch Beschluss feststellen. 46

2. Verfahrensbeendigung durch Rücknahme der sofortigen Beschwerde oder des Nachprüfungsantrags

Das Beschwerdegericht entscheidet auch dann nicht mehr in der Hauptsache, wenn der Beschwerdeführer seine Beschwerde zurücknimmt. In diesem Fall ist nach § 175 Abs. 2 i.V.m. § 71 GWB nur noch über die Kosten des Beschwerdeverfahrens zu befinden. Der Beschluss der Vergabekammer wird im Fall der Beschwerderücknahme bestandskräftig. Anders verhält es sich, wenn der Beschwerdeführer, der zugleich Antragsteller im Vergabenachprüfungsverfahren ist, seinen Nachprüfungsantrag zurücknimmt. In diesem Fall wird die Entscheidung der Vergabekammer gegenstandslos,[96] soweit sie nicht bereits bestandskräftig ist.[97] Das Beschwerdegericht hat dann (nur noch) über die Kosten in beiden Verfahren, demjenigen vor der Vergabekammer und dem Beschwerdeverfahren, zu befinden. Möglich ist auch der deklaratorische Ausspruch, dass sich der Nachprüfungsantrag durch Rücknahme erledigt hat,[98] oder – insbesondere auf Antrag – der deklaratorische Ausspruch der Wirkungslosigkeit der Entscheidung der Vergabekammer. 47

3. Verfahrensbeendigung durch Erledigung des Nachprüfungsverfahrens

Das Vergabenachprüfungsverfahren kann sich in der Beschwerdeinstanz auch erledigen. Auch dann kommt, wenn kein Feststellungsantrag nach § 178 S. 3 und 4 i.V.m. § 168 Abs. 2 S. 2 GWB mehr gestellt wird, keine Hauptsacheentscheidung, sondern nur noch eine Kostenentscheidung des Beschwerdegerichts in Betracht. Diese richtet sich nach § 175 Abs. 2 i.V.m. §§ 71 GWB, 91a Abs. 1 ZPO, wobei auf § 91a Abs. 1 ZPO nur insoweit zurückgegriffen wird, als darin der Rechtsgedanke zum Ausdruck kommt, dass die Kostenentscheidung den bisherigen Sach- und Streitstand berücksichtigen soll. Für eine prozessual wirksame **Hauptsacheerledigung** im Vergabenachprüfungsverfahren bedarf es, auch vor dem Beschwerdegericht, keiner ausdrücklichen Erklärung der Beteiligten.[99] Nach herrschender Ansicht in Rechtsprechung und Literatur reicht es vielmehr aus, dass der auf eine Vornahme oder Unterlassung 48

94 Siehe OLG Düsseldorf, Beschluss v. 17.6.2020 – VII-Verg 7/20; Beschluss v. 19.3.2020 – VII-Verg 17/16, Rn. 14.
95 OLG Naumburg, Beschluss v. 22.4.2010 – 1 Verg 11/09, Rn. 23 ff.
96 BayObLG, Beschluss v. 26.10.2021 – Verg 4/21, Rn. 2; OLG München, Beschluss v. 30.3.2017 – Verg 10/16, Rn. 11; Beschluss v. 8.3.2016 – Verg 1/16, Rn. 1; OLG Düsseldorf, Beschluss v. 9.11.2009 – VII-Verg 35/09, Rn. 10.
97 Zur teilweisen Bestandskraft z. B. OLG München, Beschluss v. 8.3.2016 – Verg 1/16, Rn. 3.
98 OLG Celle, Beschluss v. 8.5.2019 – 13 Verg 10/18.
99 *Byok*, in: Byok/Jaeger, Vergaberecht, § 168 GWB Rn. 26; *Schäfer*, in: Röwekamp/Kus/Portz/Prieß, GWB-Vergaberecht, § 178 Rn. 34.

gerichtete Antrag des Antragstellers gegenstandslos geworden ist.[100] Die Erledigung tritt nach dem Wortlaut des § 168 Abs. 2 S. 2 GWB, auf den § 178 S. 4 GWB verweist, kraft Gesetzes ein.[101] Die in § 91a Abs. 1 ZPO angelegte Unterscheidung zwischen erledigendem Ereignis und prozessualer Erledigungserklärung wird von § 168 Abs. 2 S. 2 GWB nicht aufgegriffen. Die übereinstimmende Erledigungserklärung stellt nur eine Möglichkeit dar, eine Erledigung des Nachprüfungsverfahrens in sonstiger Weise im Sinne der Vorschrift herbeizuführen.[102] Nach Erledigungseintritt kann die Erledigung des Nachprüfungsverfahrens vom Beschwerdegericht deklaratorisch festgestellt werden. Entsprechendes gilt für die mit der Erledigung des Nachprüfungsverfahrens eintretende Wirkungslosigkeit der Vergabekammerentscheidung, die auf Antrag deklaratorisch ausgesprochen werden kann, soweit die Entscheidung nicht schon zuvor bestandskräftig geworden ist.[103] Möglich ist auch der Ausspruch der Einstellung des Verfahrens.[104]

49 Hält ein Antragsteller selbst nach einem ihm erteilten rechtlichen Hinweis auf die Erledigung an einem auf die Erlangung von Primärrechtsschutz gerichteten Nachprüfungs- und Beschwerdeantrag fest, obwohl aufgrund der eingetretenen Erledigung allenfalls noch ein Fortsetzungsfeststellungsantrag nach § 178 S. 3 und 4 GWB statthaft ist und in Betracht kommt, ist die auf Erlangung von Primärrechtsschutz gerichtete sofortige Beschwerde als **unzulässig** zu verwerfen.[105] Auf diese Folge hat das Beschwerdegericht den Antragsteller in der Regel zuvor hinzuweisen.

50 **Übereinstimmende Erledigungserklärungen**, die sich ausschließlich auf das Beschwerdeverfahren beziehen mit der Folge, dass nur noch über dessen Kosten zu befinden ist, kommen in der Praxis kaum vor.[106] Regelmäßig erledigt sich das Nachprüfungsverfahren entsprechend § 168 Abs. 2 S. 2 GWB, und sei es aufgrund übereinstimmender Erledigungserklärungen der Verfahrensbeteiligten, die sich auf das Nachprüfungsverfahren als Ganzes beziehen.

C. Feststellung einer Rechtsverletzung (S. 3 und 4)

51 Das Gericht stellt nach § 178 S. 3 GWB auf Antrag fest, ob das Unternehmen, das die Nachprüfung beantragt hat, durch den Auftraggeber in seinen Rechten verletzt ist. Gemäß § 178 S. 4 GWB gilt § 168 Abs. 2 GWB entsprechend.

I. Tatbestand

52 Nach § 178 S. 3 GWB hat das Beschwerdegericht auf Antrag festzustellen, ob eine Rechtsverletzung vorliegt. Das Verständnis dieser Vorschrift und ihr Verhältnis zu § 178 S. 4 GWB sind bis heute streitig. Während eine Ansicht davon ausgeht, dass die Regelung einem Antragsteller die Möglichkeit eines Feststellungsantrags ungeachtet eines erledigenden Ereignisses eröffnet, nimmt die herrschende Auffassung an, dass § 173 S. 3 GWB wegen der Verweisung in § 178 S. 4 GWB keine über die Voraussetzungen des § 168 Abs. 2 S. 2 GWB hinausgehende

---

100 OLG Düsseldorf, Beschluss v. 6.10.2020 – VII-Verg 9/20; Beschluss v. 24.9.2014 – VII-Verg 19/14, Rn. 12; Beschluss v. 29.1.2014 – VII-Verg 28/13, Rn. 24; OLG Frankfurt, Beschluss v. 4.3.2015 – 11 Verg 10/14, Rn. 11 f.; Beschluss v. 16.5.2000 – 11 Verg 1/99, Rn. 84; KG, Beschluss v. 25.11.2014 – Verg 17/13, Rn. 6; OLG Naumburg, Beschluss v. 21.6.2010 – 1 Verg 12/09, Rn. 29; *Steck*, in: Ziekow/Völlink, Vergaberecht, § 168 GWB Rn. 30 und 46; *Jaeger*, NZBau 2001, 289 (298).

101 *Nowak*, in: Pünder/Schellenberg, Vergaberecht, § 168 GWB Rn. 27; *Blöcker*, in: Röwekamp/Kus/Portz/Prieß, GWB-Vergaberecht, § 168 Rn. 65.

102 *Byok*, in: Byok/Jaeger, Vergaberecht, § 168 GWB Rn. 27; *Reidt*, in: Reidt/Stickler/Glahs, Vergaberecht, § 168 GWB Rn. 46; *Blöcker*, in: Röwekamp/Kus/Portz/Prieß, GWB-Vergaberecht, § 168 Rn. 81; *Steck*, in: Ziekow/Völlink, Vergaberecht, § 168 GWB Rn. 30 und 35.

103 Siehe OLG Düsseldorf, Beschluss v. 6.10.2020 – VII-Verg 9/20; OLG Rostock, Beschluss v. 23.4.2018 – 17 Verg 1/18, Rn. 2.

104 Vgl. KG, Beschluss v. 25.11.2014 – Verg 17/13.

105 OLG Jena, Beschluss v. 12.6.2019 – 2 Verg 1/18, Rn. 66; OLG Düsseldorf, Beschluss v. 28.3.2018 – VII-Verg 32/17; *Reidt*, in: Reidt/Stickler/Glahs, Vergaberecht, § 168 GWB Rn. 50.

106 Vgl. *Gröning*, in: Säcker, Wettbewerbsrecht, § 178 GWB Rn. 36; siehe aber OLG Düsseldorf, Beschluss v. 29.6.2020 – VII-Verg 29/19.

Feststellung einer Rechtsverletzung zulässt. Die Streitfrage hat nicht zuletzt deshalb praktische Relevanz, weil ein neben dem Sachantrag verfolgter Feststellungsantrag bei der vom Beschwerdegericht nach § 175 Abs. 2 i.V.m. § 71 GWB zu treffenden Kostenentscheidung Berücksichtigung finden kann.[107]

1. Feststellung einer Rechtsverletzung nur nach S. 3?

Die Rechtsansicht, welche von einer Regelung eines eigenständigen Feststellungsantrags in § 178 S. 3 GWB ausgeht, den sie auch als „Zwischenfeststellungsantrag" bezeichnet,[108] beruft sich im Wesentlichen auf den Wortlaut der Vorschrift. Der Gesetzeswortlaut normiere in § 178 S. 3 und 4 GWB zwei unterschiedliche Tatbestände. Der Gesetzestext sei insoweit in sich stimmig. § 178 S. 3 GWB wäre bei einem anderen Verständnis überflüssig, die Verweisung auf § 168 Abs. 2 S. 2 GWB wäre ausreichend. Diese Rechtsauffassung konnte sich bis vor Kurzem noch auf zwei Entscheidungen des OLG Düsseldorf stützen.[109] Dieses hat zuletzt jedoch erhebliche Zweifel geäußert, ob an dieser Rechtsprechung noch länger festzuhalten ist.[110] 53

2. Feststellung einer Rechtsverletzung nach S. 3 und 4

Tatsächlich ist die Rechtsauffassung **vorzugswürdig**, wonach § 178 S. 3 GWB so zu lesen ist, dass er unter der von § 178 S. 4 i.V.m. § 168 Abs. 2 GWB formulierten Voraussetzung steht, dass ein erledigendes Ereignis eingetreten ist, sich das Nachprüfungsverfahren also durch Erteilung des Zuschlags, durch Aufhebung oder durch Einstellung des Vergabeverfahrens oder in sonstiger Weise erledigt hat. Von einer solchen Koppelung des § 178 S. 3 GWB an die Erledigung des primären Rechtsschutzbegehrens scheint auch der BGH auszugehen.[111] Schon aufgrund der Stellung des § 178 S. 4 GWB liegt ein systematischer Zusammenhang mit den vorausgehenden Regelungen nahe. Während sich der in § 178 S. 4 GWB enthaltene Verweis auf § 168 Abs. 2 S. 1 GWB sinnvoll auf § 178 S. 2 GWB bezieht, gilt Entsprechendes im Verhältnis von § 178 S. 4 i.V.m. § 168 Abs. 2 S. 2 GWB zu § 178 S. 3 GWB. Danach ist § 178 S. 4 GWB so zu lesen, dass er für den Feststellungsantrag in der Beschwerdeinstanz auf das in § 168 Abs. 2 S. 2 GWB geregelte Erledigungserfordernis verweist. Für diese Lesart spricht auch, dass eine Erweiterung der Rechtsschutzmöglichkeiten in zweiter Instanz der typischen Rechtsmittelsystematik widerspricht. Der Prüfungsumfang wird in höheren Instanzen regelmäßig verengt, aber nicht erweitert.[112] Darüber hinaus ist auch kein sachliches Bedürfnis für die Zulassung eines Feststellungsantrags ohne erledigendes Ereignis erkennbar. Hat ein auf die Erlangung von Primärrechtsschutz gerichteter Nachprüfungsantrag in der Beschwerdeinstanz Erfolg, wird die hierfür entscheidende Vergaberechtsverletzung in der Beschwerdeentscheidung benannt.[113] 54

Für einen so verstandenen **Feststellungsantrag**, der eine Erledigung i.S.v. § 168 Abs. 2 S. 2 GWB voraussetzt und sich damit auf eine zurückliegende Rechtsverletzung bezieht, ist die Bezeichnung als „Fortsetzungsfeststellungantrag" oder „Fortsetzungsfeststellungsbeschwerde"[114] gebräuchlich. Dieser Antrag ist vergleichbar mit der Fortsetzungsfeststellungsklage gemäß § 113 Abs. 1 S. 4 VwGO. Die zu dieser Vorschrift entwickelten Grundsätze können daher im Vergabenachprüfungsverfahren herangezogen werden.[115] Der Feststellungsantrag kann 55

---

107 Vgl. OLG Düsseldorf, Beschluss v. 28.3.2018 – VII-Verg 38/17.
108 *Jaeger*, in: Byok/Jaeger, Vergaberecht, § 178 GWB Rn. 12.
109 Vgl. OLG Düsseldorf, Beschluss v. 29.7.2009 – VII-Verg 18/09; Beschluss v. 29.7.2009 – VII-Verg 76/08; ebenso wohl OLG Hamburg, Beschluss v. 14.12.2010 – 1 Verg 5/10; a.A. aber OLG Brandenburg, Beschluss v. 12.1.2010 – VergW 5/09, Rn. 107.
110 Siehe OLG Düsseldorf, Beschluss v. 26.7.2018 – VII-Verg 23/18.
111 Vgl. BGH, Beschluss v. 31.1.2017 – X ZB 10/16, Rn. 35.
112 OLG Düsseldorf, Beschluss v. 26.7.2018 – VII-Verg 23/18, Rn. 82.
113 Siehe auch OLG Rostock, Beschluss v. 11.11.2021 – 17 Verg 5/21, Rn. 5 f.
114 *Schäfer*, in: Röwekamp/Kus/Portz/Prieß, GWB-Vergaberecht, § 178 Rn. 31; vgl. OLG München, Beschluss v. 30.1.2020 – Verg 28/19, Rn. 7.
115 OLG Düsseldorf, Beschluss v. 23.3.2005 – VII-Verg 77/04, Rn. 43; *Dieck-Bogatzke*, in: Pünder/Schellenberg, Vergaberecht, § 178 GWB Rn. 13; *Raabe*, in: Willenbruch/Wieddekind, Vergaberecht, § 178 GWB Rn. 21.

auch hilfsweise gestellt werden,[116] was insbesondere dann sinnvoll ist, wenn mit dem primär gestellten Antrag die Aufhebung der Aufhebung des ursprünglichen Vergabeverfahrens beantragt wird.[117] Er kann auf den bisherigen Sachvortrag gestützt werden. Unabdingbar ist daneben aber die Darlegung eines Feststellungsinteresses. Dieses ist mit der Umstellung des ursprünglichen Antrags auf einen Feststellungsantrag explizit zu begründen.[118]

56 **Antragsberechtigt** ist nach herrschender Auffassung jeder Beteiligte, auch ein Beigeladener.[119] Unter den im Übrigen gleichen Voraussetzungen wie ein antragstellendes Unternehmen ist auch der Auftraggeber antragsberechtigt für die Feststellung, dass die geltend gemachte Vergaberechtsverletzung nicht vorgelegen hat (negativer Fortsetzungsfeststellungsantrag).[120] Der Wortlaut von § 168 Abs. 2 S. 2 GWB, auf den § 178 S. 4 GWB verweist, lässt dieses Verständnis zu. Zwar heißt es in § 178 S. 3 GWB über das Beschwerdegericht lediglich, dass dieses „auf Antrag" feststellt, ob eine Rechtsverletzung vorliegt. Der von § 178 S. 4 GWB in Bezug genommene § 168 Abs. 2 S. 2 GWB formuliert jedoch genauer „auf Antrag eines Beteiligten".[121]

57 Noch nicht geklärt ist, binnen welchen **Zeitraums** ein Fortsetzungsfeststellungsantrag in der Beschwerdeinstanz nach Eintritt des erledigenden Ereignisses zu stellen ist.[122] Spätestens in einem bereits anberaumten und noch durchgeführten Termin zur mündlichen Verhandlung wird ein solcher Antrag, so er vom Beschwerdegericht noch berücksichtigt werden können soll, gestellt werden müssen.

II. Feststellungsinteresse

58 Ein Feststellungsantrag nach § 178 S. 3 und 4 GWB verlangt als ungeschriebene Zulässigkeitsvoraussetzung das Vorliegen eines **Feststellungsinteresses**.[123] Dieses ist gegeben bei jedem nach vernünftigen Erwägungen und nach Lage des Falles anzuerkennenden Interesse rechtlicher, wirtschaftlicher oder ideeller Art, wobei die beantragte Feststellung geeignet sein muss, die Rechtsposition des Antragstellers in einem der genannten Bereiche zu verbessern und eine Beeinträchtigung seiner Rechte auszugleichen oder wenigstens zu mildern.[124]

59 Ein solches Feststellungsinteresse ist insbesondere anerkannt, wenn der Antrag im Hinblick auf die Bindungswirkung des § 179 Abs. 1 GWB der **Vorbereitung einer Schadensersatzforderung** dient.[125] In diesem Fall kann ein Feststellungsinteresse aber nicht allein aufgrund der im Schadensersatzprozess geltenden Bindungswirkung der Entscheidung der Vergabekammer und des Beschwerdegerichts gemäß § 179 GWB angenommen werden.[126] Der Antragsteller hat vielmehr darzulegen, dass er bei ordnungsgemäßer Durchführung des Vergabeverfahrens den Zuschlag erhalten hätte oder welche sonstigen Schäden ihm entstanden sind.[127] Auch darf ein Schadensersatzprozess nicht völlig aussichtslos erscheinen.[128] Ist ein

116 BGH, Beschluss v. 20.3.2014 – X ZB 18/13 (Fahrbahnerneuerung I), Rn. 23.
117 Siehe z. B. OLG Düsseldorf, Beschluss v. 9.6.2021 – VII-Verg 3/21; OLG Celle, Beschluss v. 10.3.2016 – 13 Verg 5/15.
118 OLG Düsseldorf, Beschluss v. 1.7.2020 – VII-Verg 28/19; Beschluss v. 7.8.2019 – VII-Verg 9/19, Rn. 20.
119 *Jaeger*, in: Byok/Jaeger, Vergaberecht, § 178 GWB Rn. 14; siehe auch *Raabe*, in: Willenbruch/Wieddekind, Vergaberecht, § 178 GWB Rn. 30.
120 *Dieck-Bogatzke*, in: Pünder/Schellenberg, Vergaberecht, § 178 GWB Rn. 19; *Raabe*, in: Willenbruch/Wieddekind, Vergaberecht, § 178 GWB Rn. 31.
121 Vgl. OLG Düsseldorf, Beschluss v. 7.8.2019 – VII-Verg 9/19, Rn. 14.
122 Siehe auch *Stockmann*, in: Immenga/Mestmäcker, Wettbewerbsrecht, § 178 GWB Rn. 13.
123 *Jaeger*, in: Byok/Jaeger, Vergaberecht, § 178 GWB Rn. 13; *Schäfer*, in: Röwekamp/Kus/Portz/Prieß, GWB-Vergaberecht, § 178 Rn. 38; *Raabe*, in: Willenbruch/Wieddekind, Vergaberecht, § 178 GWB Rn. 21.
124 OLG Düsseldorf, Beschluss v. 30.6.2021 – VII-Verg 43/20, Rn. 24; Beschluss v. 7.8.2019 – VII-Verg 9/19, Rn. 19; Beschluss v. 31.1.2018 – VII-Verg 41/16; Beschluss v. 22.2.2017 – VII-Verg 29/16, Rn. 13; Beschluss v. 31.10.2012 – VII-Verg 1/12, Rn. 30; Beschluss v. 8.6.2011 – VII-Verg 2/11, Rn. 46; Beschluss v. 4.5.2009 – VII-Verg 68/08, Rn. 126.
125 Gesetzesbegründung zu § 132 GWB a.F., VgRÄG, BT-Drs. 13/9340, 22.
126 OLG Düsseldorf, Beschluss v. 1.7.2020 – VII-Verg 28/19; Beschluss v. 7.8.2019 – VII-Verg 9/19, Rn. 20.
127 OLG Düsseldorf, Beschluss v. 30.6.2021 – VII-Verg 43/20, Rn. 28; Beschluss v. 1.7.2020 – VII-Verg 28/19; Beschluss v. 7.8.2019 – VII-Verg 9/19, Rn. 20.
128 OLG Frankfurt, Beschluss v. 22.9.2020 – 11 Verg 7/20, Rn. 56; OLG Jena, Beschluss v. 30.3.2009 – 9 Verg 12/08, Rn. 72.

Schadensersatzanspruch offensichtlich nicht gegeben und eine darauf gerichtete Klage aussichtslos, kann die beabsichtigte Geltendmachung von Schadensersatzansprüchen ein Feststellungsinteresse nicht begründen.[129]

Ein Feststellungsinteresse ist auch anzuerkennen, wenn mit dem Feststellungsantrag der Gefahr einer Wiederholung eines Vergaberechtsverstoßes begegnet werden soll.[130] Allerdings besteht eine **Wiederholungsgefahr** nur, wenn das Unternehmen befürchten muss, dass die Vergabestelle den gerügten Vergaberechtsverstoß ihm gegenüber erneut begehen wird und hierfür eine gewisse Wahrscheinlichkeit besteht. Dafür bedarf es objektiver Anhaltspunkte.[131] 60

Im Fall einer schwerwiegenden Verletzung grundlegender Rechte des Antragstellers mit Wirkung nach außen kann im Einzelfall auch ein **Rehabilitationsinteresse** ein Feststellungsinteresse begründen.[132] Dafür reicht es jedoch nicht aus, dass das betroffene Unternehmen die von ihm beanstandete Maßnahme als diskriminierend empfunden hat.[133] Entscheidend ist vielmehr, ob bei objektiver und vernünftiger Betrachtungsweise abträgliche Nachwirkungen der Maßnahme fortbestehen, denen durch eine gerichtliche Feststellung der Rechtswidrigkeit des Handelns der Vergabestelle wirksam begegnet werden kann.[134] 61

Allein für die Klärung abstrakter Rechtsfragen ist ein Feststellungsinteresse nach allgemeiner Auffassung nicht anzuerkennen.[135] **Im Übrigen** wird wegen weiterer Einzelheiten ergänzend auf die Kommentierung zu § 168 Abs. 2 GWB verwiesen. 62

III. Entscheidung

Das Feststellungsbegehren betrifft lediglich die Frage der **Verletzung vergaberechtlicher Bestimmungen**.[136] Nur darüber ist zu entscheiden. Die Frage, ob dem antragstellenden Unternehmen bei ordnungsgemäßer Durchführung des Vergabeverfahrens der Zuschlag zu erteilen gewesen wäre, ist kein zulässiger Feststellungsgegenstand.[137] 63

Die feststellende Entscheidung gemäß § 178 S. 3 und 4 GWB entfaltet **Bindungswirkung** gemäß § 179 Abs. 1 GWB.[138] 64

Ist der Feststellungsantrag zulässig und begründet, stellt das Beschwerdegericht fest, dass das Unternehmen durch ein **konkretes Handeln** des Auftraggebers im Vergabeverfahren in seinen Rechten aus § 97 Abs. 6 GWB verletzt worden ist.[139] Hierüber besteht Konsens. Die Rechtsprechung der Vergabesenate unterscheidet sich lediglich in der Frage, welche Prüfungspunkte der Zulässigkeit und welche der Begründetheit des Feststellungsantrags zuzuordnen sind. Zum Teil wird angenommen, dass die Zulässigkeit des Fortsetzungsfeststellungsbegehrens voraussetzt, dass der ursprüngliche Nachprüfungsantrag statthaft und zulässig war.[140] Das OLG Düsseldorf prüft die ursprüngliche Zulässigkeit des Nachprüfungsantrags hingegen in ständiger Rechtsprechung als ersten Prüfungspunkt im Rahmen der Begründetheit des Feststellungsantrags.[141] Der Feststellungsantrag ist danach bereits zulässig, wenn sich das Nachprüfungsverfahren erledigt hat[142] und ein Feststellungsinteresse besteht. 65

---

129 OLG Düsseldorf, Beschluss v. 7.8.2019 – VII-Verg 9/19, Rn. 19.
130 OLG Düsseldorf, Beschluss v. 7.8.2019 – VII-Verg 9/19, Rn. 19; Beschluss v. 4.5.2009 – VII-Verg 68/08, Rn. 126.
131 Siehe OLG Düsseldorf, Beschluss v. 24.3.2021 – VII-Verg 10/20, Rn. 32.
132 OLG Düsseldorf, Beschluss v. 24.3.2021 – VII-Verg 10/20, Rn. 34; OLG Celle, Beschluss v. 30.10.2014 – 13 Verg 8/14, Rn. 43.
133 OLG Düsseldorf, Beschluss v. 1.7.2020 – VII-Verg 28/19.
134 OLG Düsseldorf, Beschluss v. 1.7.2020 – VII-Verg 28/19.
135 Z. B. Wirksamkeit eines Vertrages: OLG Schleswig, Beschluss v. 15.3.2013 – 1 Verg 4/12.
136 BGH, Beschluss v. 20.3.2014 – X ZB 18/13 (Fahrbahnerneuerung I), Rn. 26.
137 OLG Frankfurt, Beschluss v. 8.8.2019 – 11 Verg 3/19, Rn. 88 f.
138 Für die Einzelheiten wird auf die Kommentierung zu § 179 GWB verwiesen.
139 Beispiel zur Tenorierung: BGH, Beschluss v. 20.3.2014 – X ZB 18/13 (Fahrbahnerneuerung I).
140 So z. B. OLG Frankfurt, Beschluss v. 22.9.2020 – 11 Verg 7/20, Rn. 55; zustimmend *Stockmann*, in: Immenga/Mestmäcker, Wettbewerbsrecht, § 178 GWB Rn. 18.
141 Siehe OLG Düsseldorf, Beschluss v. 30.6.2021 – VII-Verg 43/20; Beschluss v. 7.8.2019 – VII-Verg 9/19, Rn. 21; Beschluss v. 12.6.2019 – VII-Verg 52/18, Rn. 32 f.; Beschluss v. 31.1.2018 – VII-Verg 41/16, Rn. 53.
142 Dazu oben Rn. 48.

66 Das vom Beschwerdegericht im Falle der Begründetheit des Feststellungsantrags schließlich festgestellte **rechtsverletzende Verhalten** ist in der Entscheidung im Hinblick auf die in § 179 Abs. 1 GWB geregelte Bindungswirkung möglichst genau zu beschreiben. Dass dies abschließend im Tenor geschehen muss, ist nicht zwingend.[143]

D. Form

67 Gemäß § 175 Abs. 2 i.V.m. § 76 Abs. 1 S. 1 GWB entscheidet das Beschwerdegericht durch **Beschluss**. Dieser ist gemäß § 175 Abs. 2 i.V.m. § 71 Abs. 6 GWB zu begründen. Der Beschluss ist den Beteiligten zuzustellen (§ 175 Abs. 2 i.V.m. § 76 Abs. 6 GWB).

68 Anforderungen an die Fassung der **Begründung** des Beschlusses sind in § 175 Abs. 2 i.V.m. § 76 Abs. 6 GWB nicht normiert, sodass zur Schließung von Lücken auf eine entsprechende Anwendung zivilprozessualer Vorschriften, darunter §§ 313 f. ZPO,[144] zurückgegriffen werden kann. Üblicherweise enthalten die Gründe von Beschwerdeentscheidungen in Vergabesachen unter der Gliederungsziffer I. eine (einem Urteilstatbestand vergleichbare) Darstellung des Sach- und Streitstands und unter der Ziffer II. die (den Entscheidungsgründen eines Urteils entsprechende) Begründung der Entscheidung. Darüber, welchen Ausführlichkeitsanforderungen die Ausführungen genügen müssen, lässt sich streiten. Die Unanfechtbarkeit der Entscheidung könnte hier für manche Erleichterung sprechen, wie sie sowohl die ZPO als auch die VwGO kennen. Letztlich kommt es aber entscheidend auf die Verständlichkeit an. Außerdem sind die sich aus dem verfassungsrechtlichen Anspruch auf rechtliches Gehör der Verfahrensbeteiligten ergebenden Anforderungen an die Begründung zu beachten, wie sie der Rechtsprechung des BVerfG und – zunehmend – auch der Landesverfassungsgerichte entnommen werden können. Mit den für die Entscheidung wesentlichen Tatsachen- und Rechtsfragen muss sich danach in den Beschlussgründen auseinandergesetzt werden.

69 Im Hinblick auf § 179 Abs. 1 GWB ist in diesem Zusammenhang zudem zu beachten, dass auch **Tatsachenfeststellungen** an der Bindungswirkung in einem nachfolgenden Schadensersatzprozess teilnehmen[145] und im Folgeprozess nicht mehr durch neuen Tatsachenvortrag und Beweisantritt infrage gestellt werden können[146]. Derartige tatsächliche Feststellungen müssen sich der Entscheidung des Beschwerdegerichts dafür eindeutig entnehmen lassen.

E. Nebenentscheidungen

70 Das Beschwerdegericht hat auch über die **Kosten** des Beschwerdeverfahrens zu entscheiden. Diese von Amts wegen[147] zu treffende Entscheidung richtet sich nach § 175 Abs. 2 i.V.m. § 71 GWB. Dies gilt auch für die Kosten der Beigeladenen (§ 174 GWB). Danach hat das Beschwerdegericht eine Entscheidung zu treffen, die der Billigkeit entspricht. Regelmäßig entspricht es der Billigkeit, die Kostentragungslast am Ausgang des Verfahrens auszurichten, also nach Obsiegen und Unterliegen der Beteiligten zu entscheiden, und die etwaige Tragung von Kosten der Beigeladenen von deren aktiver Beteiligung am Beschwerdeverfahren abhängig zu machen. Es sind aber darüber hinaus stets alle Umstände des Einzelfalls zu berücksichtigen.[148] Das Vorliegen besonderer Umstände kann zu einer abweichenden Kostenverteilung führen. Die Kosten einer insgesamt erfolglosen Beschwerde hat danach regelmäßig der Beschwerdeführer zu tragen; Kosten, die durch grobes Verschulden veranlasst wurden, sind dem Veranlasser aufzuerlegen (§ 175 Abs. 2 i.V.m. § 71 S. 2 GWB). In diesem Zusammenhang ist zu

---

143 Vgl. OLG Düsseldorf, Beschluss v. 22.2.2017 – VII-Verg 29/16.

144 Vgl. BGH, Beschluss v. 20.3.2014 – X ZB 18/13 (Fahrbahnerneuerung I), Rn. 8; OLG Frankfurt, Beschluss v. 22.9.2020 – 11 Verg 7/20.

145 OLG Naumburg, Beschluss v. 27.2.2014 – 2 Verg 5/13, Rn. 35; KG, Urteil v. 20.5.2011 – 7 U 125/10, Rn. 18; OLG Düsseldorf, Urteil v. 15.12.2008 – 27 U 1/07, Rn. 65.

146 OLG Naumburg, Urteil v. 23.4.2007 – 1 U 47/06, Rn. 22.

147 *Jaeger*, in: Byok/Jaeger, Vergaberecht, § 178 GWB Rn. 22.

148 Vgl. zur Anwendung des Rechtsgedankens des § 93 ZPO: OLG Frankfurt, Beschluss v. 4.8.2015 – 11 Verg 4/15, Rn. 12.

beachten, dass sich ein Obsiegen und Unterliegen im Vergabenachprüfungsverfahren nicht schematisch nach den gestellten Anträgen richtet, sondern primär nach dem Erreichen des Verfahrensziels in wirtschaftlicher Hinsicht.[149]

Eine Besonderheit gilt bei Beschwerden gegen die **Gebührenfestsetzung** der Vergabekammer. Hier entfällt eine Kostenentscheidung. Die Entscheidung über eine Beschwerde gegen die Gebührenfestsetzung der Vergabekammer ergeht gerichtsgebührenfrei; außergerichtliche Kosten werden insoweit nicht erstattet.[150] 71

Da es sich bei dem Beschwerdeverfahren vor dem Oberlandesgericht nach § 175 Abs. 1 GWB im Grundsatz um einen Anwaltsprozess handelt – § 175 Abs. 1 S. 2 GWB erlaubt juristischen Personen des öffentlichen Rechts lediglich auch eine andere Form der Vertretung ohne Einschaltung eines Rechtsanwalts – besteht kein Bedürfnis für einen auf das Beschwerdeverfahren bezogenen Ausspruch über die Frage der Notwendigkeit der Hinzuziehung von **Verfahrensbevollmächtigten**.[151] 72

Eines Ausspruchs zur **Vollstreckbarkeit** bedarf es ebenfalls nicht. 73

Schließlich wird mit der Beschwerdeentscheidung üblicherweise zugleich der **Streitwert** festgesetzt. Dieser beträgt im Regelfall gemäß § 50 Abs. 2 GKG fünf Prozent der Bruttoauftragssumme, wenn die Beschwerde die Entscheidung der Vergabekammer zur Hauptsache betrifft. In anderen Konstellationen, etwa wenn allein die Entscheidung über die Notwendigkeit der Hinzuziehung von Verfahrensbevollmächtigten Gegenstand des Beschwerdeverfahrens ist, kann auf eine entsprechende Anwendung von § 3 ZPO zurückgegriffen werden.[152] 74

Da Beschwerdeentscheidungen der Vergabesenate bei den Oberlandesgerichten unanfechtbar sind, bedarf eine solche Entscheidung entgegen § 175 Abs. 2 i.V.m. § 76 Abs. 6 GWB keiner **Rechtsmittelbelehrung**.[153] 75

F. Rechtsschutz

Die Beschwerdeentscheidungen der Vergabesenate bei den Oberlandesgerichten sind **unanfechtbar**.[154] Das Gesetz sieht ein Rechtsmittel nicht vor. Die Beschwerdegerichte entscheiden mithin abschließend. 76

Davon unberührt bleibt die Möglichkeit einer **Anhörungsrüge** gemäß § 175 Abs. 2 i.V.m. § 69 GWB. Auf diesem Wege kann allerdings lediglich Abhilfe bei Verletzung des Anspruchs auf rechtliches Gehör geltend gemacht werden.[155] Darüber hinaus kann die Rüge dem Verfahrensbeteiligten, der sie erhebt, im Falle eines zu diesem Zeitpunkt bereits erteilten Zuschlags nur den Weg in den Fortsetzungsfeststellungsantrag nach § 178 S. 3 und 4 i.V.m. § 168 Abs. 2 S. 2 GWB offen halten. Einen im Einklang mit der Beschwerdeentscheidung bereits erteilten Zuschlag kann das Beschwerdegericht im Verfahren der Anhörungsrüge aufgrund der gesetzlichen Anordnung in § 168 Abs. 2 S. 1 GWB, auf die in § 178 S. 4 GWB verwiesen wird, nicht mehr aufheben. 77

149 Siehe OLG Düsseldorf, Beschluss v. 25.3.2020 – VII-Verg 25/19 m.w.N.
150 Vgl. BGH, Beschluss v. 25.10.2011 – X ZB 5/10, Rn. 22 bis 24.
151 OLG Düsseldorf, Beschluss v. 17.1.2018 – VII-Verg 39/17, Rn. 83; ähnlich KG, Beschluss v. 10.2.2020 – Verg 6/19, Rn. 47; Beschluss v. 21.12.2018 – Verg 7/18, Rn. 49; siehe aber auch OLG Rostock, Beschluss v. 5.2.2020 – 17 Verg 4/19, Rn. 127; OLG Frankfurt, Beschluss v. 8.8.2019 – 11 Verg 3/19, Rn. 127.
152 Vgl. z.B. OLG Koblenz, Beschluss v. 26.8.2020 – Verg 5/20, Rn. 62.
153 *Schäfer*, in: Röwekamp/Kus/Portz/Prieß, GWB-Vergaberecht, § 178 Rn. 16.
154 BGH, Beschluss v. 16.9.2003 – X ZB 12/03.
155 OLG Frankfurt, Beschluss v. 20.1.2016 – 11 Verg 8/15, Rn. 3.

Anlage

Gesetzesbegründung – VergRModG 2016 (BT-Drs. 18/6281)

Seite 136

§ 178 entspricht dem bisherigen § 123.

§ 179 GWB
Bindungswirkung und Vorlagepflicht

(1) Wird wegen eines Verstoßes gegen Vergabevorschriften Schadensersatz begehrt und hat ein Verfahren vor der Vergabekammer stattgefunden, ist das ordentliche Gericht an die bestandskräftige Entscheidung der Vergabekammer und die Entscheidung des Oberlandesgerichts sowie gegebenenfalls des nach Absatz 2 angerufenen Bundesgerichtshofs über die Beschwerde gebunden.

(2) Will ein Oberlandesgericht von einer Entscheidung eines anderen Oberlandesgerichts oder des Bundesgerichtshofs abweichen, so legt es die Sache dem Bundesgerichtshof vor. Der Bundesgerichtshof entscheidet anstelle des Oberlandesgerichts. Der Bundesgerichtshof kann sich auf die Entscheidung der Divergenzfrage beschränken und dem Beschwerdegericht die Entscheidung in der Hauptsache übertragen, wenn dies nach dem Sach- und Streitstand des Beschwerdeverfahrens angezeigt scheint. Die Vorlagepflicht gilt nicht im Verfahren nach § 173 Absatz 1 Satz 3 und nach § 176.

Übersicht Rn.

A. Allgemeines ... 1
I. Unionsrechtlicher Hintergrund ... 2
II. Vergleichbare Regelungen ... 3
III. Historie ... 5
B. Bindungswirkung (Abs. 1) ... 6
I. Anwendungsbereich ... 6
II. Voraussetzungen ... 9
1. Schadensersatzprozess ... 9
2. Vorangegangenes Nachprüfungsverfahren ... 10
3. Bestandskräftige Vorentscheidung ... 11
4. Entscheidungserhebliche Vorfrage ... 19
5. Parteienidentität ... 21
III. Reichweite ... 24
C. Divergenzvorlage (Abs. 2) ... 29
I. Verfahren und Entscheidung ... 30
1. Vorlagepflicht (S. 1) ... 30
2. Voraussetzungen (S. 1) ... 34
a) Oberlandesgericht im Nachprüfungsverfahren ... 34
b) Entscheidung eines anderen Oberlandesgerichts oder des BGH ... 36
c) Divergenz ... 42
d) Keine Ausnahme von der Vorlagepflicht (S. 4) ... 51
3. Verfahren ... 53
4. Entscheidung ... 56
II. Verfahren und Entscheidung des BGH ... 61
1. Verfahren (S. 2 und 3) ... 61
2. Entscheidung ... 66
a) Eigene Sachentscheidung ... 66
b) Übertragung der Entscheidung ... 70
Anlage
Gesetzesbegründung

A. Allgemeines*

1 Die Vorschrift des § 179 GWB enthält in ihren beiden Absätzen Regelungen, die zwei ganz unterschiedliche, voneinander unabhängige Themenbereiche des Vergabenachprüfungsverfahrens betreffen. Abs. 1 betrifft die Wirkung von Entscheidungen der Vergabenachprüfungsinstanzen in Verfahren vor den ordentlichen Gerichten, deren Zuständigkeit für die Geltendmachung von Schadensersatzansprüchen gemäß § 156 Abs. 3 GWB unberührt bleibt. Abs. 2 betrifft die abschließende Zuständigkeit des Bundesgerichtshofs in Fällen vergaberechtlicher Rechtsprechungsdivergenzen. Beiden Absätzen liegt die Idee der Einheitlichkeit vergabebezogener Entscheidungen zugrunde.[1]

* Diese Kommentierung schreibt die Kommentierung des § 179 GWB in der Vorauflage dieses Kommentars durch Herrn RiKG *Tomas Damaske* fort, dem ich für die Zurverfügungstellung des Manuskripts herzlich danke.

1 *Gröning*, in: Säcker, Wettbewerbsrecht, § 179 GWB Rn. 1.

I. Unionsrechtlicher Hintergrund

2 Die Regelung setzt zwar keine konkreten Vorgaben des europäischen Rechts um.[2] Das VgRÄG, mit dem die Vorschrift geschaffen worden ist, diente jedoch insgesamt der Umsetzung einer Vielzahl europäischer Richtlinien auf dem Gebiet der Vergabe öffentlicher Aufträge.[3] Die seinerzeitige Vorschrift des § 124 GWB a.F. (nun § 179 GWB) war im Kontext der Regelungen der §§ 116 ff. GWB a.F. (nun § 171 ff. GWB), mit denen das Nachprüfungsverfahren einschließlich der Schaffung einer gerichtlichen Überprüfungsmöglichkeit von Vergabeentscheidungen neu gestaltet wurde, in diese Umsetzung eingebettet.

II. Vergleichbare Regelungen

3 Die in § 179 Abs. 1 GWB geregelte **Bindungswirkung** der Entscheidungen der Vergabenachprüfungsinstanzen für sich anschließende Schadensersatzprozesse vor den Zivilgerichten ist mit der Rechtskraftwirkung materiell rechtskräftiger gerichtlicher Entscheidungen verwandt, z. B. solcher der Verwaltungsgerichte für den nachfolgenden Amtshaftungsprozess. Ein entscheidender Unterschied besteht darin, dass sich die Bindungswirkung mit der Entscheidung der Vergabekammer auf einen Verwaltungsakt bezieht und zudem auch die tatsächlichen Feststellungen zur Vergaberechtsverletzung erfasst.

4 Die in § 179 Abs. 2 GWB geregelte **Divergenzvorlage** verpflichtet ein Oberlandesgericht, welches von einer Entscheidung eines anderen Oberlandesgerichts oder des BGH abweichen will, zur Vorlage der Sache an den BGH. Der BGH entscheidet dann anstelle des Oberlandesgerichts, kann sich aber auch auf die Entscheidung der Divergenzfrage beschränken. Eine ähnliche, ebenfalls der Sicherung einer einheitlichen Rechtsprechung dienende Vorschrift findet sich in § 121 Abs. 2 GVG für die Strafsenate der Oberlandesgerichte.

III. Historie

5 § 179 GWB entspricht dem bisherigen § 124 GWB in der Fassung vor Inkrafttreten des VergRModG 2016. Die Regelung wurde erstmalig mit der Schaffung einer gerichtlichen Überprüfung von Vergabeentscheidungen im Zuge der Neugestaltung des Nachprüfungsverfahrens durch das VgRÄG in das Gesetz eingefügt. Sie blieb seitdem im Wesentlichen unverändert. Lediglich in Abs. 2 wurde durch das VergRModG 2009 S. 3 eingefügt. Durch das VergRModG 2016 kam es zu keinen inhaltlichen Änderungen.

B. Bindungswirkung (Abs. 1)

I. Anwendungsbereich

6 Ist in einem Schadensersatzprozess **vor einem Zivilgericht** eine Vergaberechtsverletzung zu prüfen, kommt im Falle eines vorangegangenen Vergabenachprüfungsverfahrens die Bindungswirkung aus § 179 Abs. 1 GWB in Betracht. Die Vorschrift soll die im Vergabenachprüfungsverfahren gewonnenen Erkenntnisse für nachfolgende Schadensersatzprozesse nutzbar machen und dient damit der Verfahrensökonomie.[4] Sie soll zugleich widersprechende Entscheidungen zwischen den Vergabenachprüfungsinstanzen und den Zivilgerichten verhindern.[5] Das Vergabenachprüfungsverfahren dient bis zum Erledigungseintritt allein dem primären Rechtsschutz. Mit ihm kann erreicht werden, dass eine Vergaberechtsverletzung gemäß § 97 Abs. 6 GWB beseitigt und eine Schädigung der betroffenen Interessen verhindert wird.[6] Die Vergabenachprüfungsinstanzen können jedoch nicht über Schadensersatzansprüche ent-

---

2 Vgl. *Pilarski*, VergabeR 2019, 607 (610), zur Bindungswirkung des § 179 Abs. 1 GWB.
3 RL 89/665/EWG, RL 92/13/EWG, RL 93/36/EWG, RL 93/37/EWG und RL 93/38/EWG.
4 BGH, Urteil v. 17.9.2019 – X ZR 124/18 (Lärmschutzwände), Rn. 17.
5 BGH, Urteil v. 17.9.2019 – X ZR 124/18 (Lärmschutzwände), Rn. 17.
6 Vgl. § 168 Abs. 1 GWB; BayObLG, Beschluss v. 21.5.1999 – Verg 1/99, Rn. 71.

scheiden.[7] Für diesen sekundären Rechtsschutz sind allein die Zivilgerichte zuständig (§ 13 GVG). § 156 Abs. 3 GWB stellt dies klar, wonach die Zuständigkeit der Zivilgerichte für Schadensersatzansprüche unberührt bleibt. § 179 Abs. 1 GWB stellt die Brücke zwischen primärem und sekundärem Rechtsschutz dar, indem die im Vergabenachprüfungsverfahren gewonnenen Ergebnisse der Prüfung einer Vergaberechtsverletzung gemäß § 97 Abs. 6 GWB in einen gegebenenfalls nachfolgenden Schadensersatzprozess vor dem Zivilgericht übertragen werden.

Hierbei ergänzt und erweitert § 179 Abs. 1 GWB die nach **anderen prozessualen Vorschriften** geltenden Bindungswirkungen. So können auch die Vergabenachprüfungsinstanzen gemäß § 121 VwGO bzw. § 322 ZPO an die Rechtskraft verwaltungsgerichtlicher oder zivilgerichtlicher Entscheidungen gebunden sein. Ist die im Vorprozess rechtskräftig festgestellte Rechtsfolge eine im Vergabenachprüfungsverfahren erhebliche Vorfrage, so sind die Nachprüfungsinstanzen an die rechtskräftige Entscheidung aus dem Vorprozess gebunden. Im Nachprüfungsverfahren ist dann der Inhalt der rechtskräftigen Entscheidung aus dem Vorprozess ohne Sachprüfung zugrunde zu legen.[8] 7

§ 179 Abs. 1 GWB kann nicht entnommen werden, dass die Geltendmachung von Schadensersatzansprüchen wegen Vergaberechtsverletzungen die **vorherige Durchführung eines Nachprüfungsverfahrens** voraussetzt.[9] Ein von einem Vergaberechtsverstoß Betroffener kann mithin jederzeit unmittelbar Schadensersatzklage vor dem Zivilgericht erheben. Allerdings kann der Kläger im Schadensersatzprozess einem Mitverschuldenseinwand ausgesetzt sein, ein Nachprüfungsverfahren hätte den Schaden geringer gehalten oder vermieden.[10] 8

II. Voraussetzungen

1. Schadensersatzprozess

§ 179 Abs. 1 GWB setzt voraus, dass „wegen eines Verstoßes gegen Vergabevorschriften Schadensersatz begehrt wird." Die Bindungswirkung kann mithin nur in einem Rechtsstreit vor einem Zivilgericht eintreten, in dem ein Schadensersatzanspruch aus einer Vergaberechtsverletzung geltend gemacht wird. Praktisch relevant sind Schadensersatzansprüche, die sich aus §§ 280 Abs. 1, 311 Abs. 2, 241 Abs. 2 BGB[11] sowie aus § 181 GWB ergeben, gegebenenfalls auch solche aus unerlaubter Handlung (§ 823 Abs. 2 BGB). Werden Ansprüche aus anderen Gründen als aus einer Vergaberechtsverletzung hergeleitet, kommt eine Bindungswirkung nach dem Gesetzeswortlaut nicht in Betracht, weil dieser von Schadensersatz „wegen eines Verstoßes gegen Vergabevorschriften" spricht. Daher ist streitig, ob die Bindungswirkung auch dann besteht, wenn Schadensersatzansprüche wegen einer Verletzung des kartellrechtlichen Diskriminierungsverbots geltend gemacht werden.[12] Praktisch relevant wird diese Frage kaum einmal werden. 9

2. Vorangegangenes Nachprüfungsverfahren

Weiter muss ein Verfahren vor der Vergabekammer stattgefunden haben, d.h., dem Schadensersatzprozess muss ein Vergabenachprüfungsverfahren i.S.v. §§ 155 ff. GWB vorausgegangen sein. Andere Nachprüfungs- oder Schlichtungsverfahren wie etwa solche nach § 18 10

---

7 BGH, Beschluss v. 19.12.2000 – X ZB 14/00, Rn. 25.

8 OLG Düsseldorf, Beschluss v. 22.12.2004 – VII-Verg 81/04, Rn. 73; siehe auch BGH, Urteil v. 16.1.2008 – XII ZR 216/05, Rn. 9.

9 BGH, Urteil v. 17.9.2019 – X ZR 124/18 (Lärmschutzwände), Rn. 16 ff.; Urteil v. 18.6.2019 – X ZR 86/17 (Straßenbauarbeiten), Rn. 29 f.; OLG Frankfurt, Urteil v. 30.5.2018 – 11 U 18/16, Rn. 32; OLG Naumburg, Urteil v. 23.12.2014 – 2 U 74/14, Rn. 25; OLG Düsseldorf, Urteil v. 15.12.2008 – I-27 U 1/07, Rn. 116; a.A. OLG Celle, Urteil v. 18.1.2018 – 11 U 121/17, Rn. 42.

10 Vgl. BGH, Urteil v. 17.9.2019 – X ZR 124/18 (Lärmschutzwände), Rn. 21 f.; siehe auch *Jaeger*, in: Byok/Jaeger, Vergaberecht, § 179 GWB Rn. 6; *Gröning*, in: Säcker, Wettbewerbsrecht, § 181 GWB Rn. 48.

11 Vgl. z.B. BGH, Urteil v. 23.11.2021 – XIII ZR 20/19, Rn. 11.

12 *Stockmann*, in: Immenga/Mestmäcker, Wettbewerbsrecht, § 179 GWB Rn. 5; *Raabe*, in: Willenbruch/Wieddekind, Vergaberecht, § 179 GWB Rn. 10.

Abs. 2 VOB/B oder solche auf landesrechtlicher Grundlage werden von § 179 Abs. 1 GWB nicht erfasst. Die in § 179 Abs. 1 GWB angesprochene Vergabekammer ist ausschließlich diejenige des § 156 GWB. Ist ein Nachprüfungsverfahren vor der Vergabekammer nicht vorausgegangen, haben die Zivilgerichte in eigener Kompetenz über die Frage der Einhaltung der bis zur wirksamen Auftragserteilung zu beachtenden Vergaberegeln zu befinden.[13] Ist zum Zeitpunkt der Klageerhebung ein vor der Vergabekammer eingeleitetes Vergabenachprüfungsverfahren noch nicht abgeschlossen, steht etwa die Entscheidung über einen Feststellungsantrag nach § 168 Abs. 2 S. 2 bzw. § 178 S. 3 und 4 GWB noch aus, kommt eine Verfahrensaussetzung nach § 148 Abs. 1 ZPO in Betracht.

3. Bestandskräftige Vorentscheidung

11 Als gemäß § 179 Abs. 1 GWB Bindungswirkung entfaltende Vorentscheidung kommen Beschlüsse der Vergabekammer gemäß § 168 GWB, Beschwerdeentscheidungen des Vergabesenats beim Oberlandesgericht gemäß § 178 GWB und die Entscheidungen des BGH nach § 179 Abs. 2 GWB in Betracht.

12 Die Entscheidung der **Vergabekammer** muss formell bestandskräftig sein. Als Verwaltungsakt[14] wird die Vergabekammerentscheidung bestandskräftig, wenn sie unangefochten bleibt oder die gegen sie erhobene Beschwerde durch das Beschwerdegericht als unzulässig verworfen wird. Sie wird zwar auch bestandskräftig, wenn eine Beschwerde als unbegründet zurückgewiesen wird. In diesem Falle muss jedoch die Beschwerdeentscheidung vorrangig Bindungswirkung entfalten, was relevant werden kann, wenn das Beschwerdegericht der Vergabekammer zwar im Ergebnis folgt, die Beschwerde jedoch mit einer anderen Begründung als die Vergabekammer zurückweist. Nach Rücknahme der Beschwerde wird die Vergabekammerentscheidung ebenfalls bestandskräftig. Mit einer (zulässigen) Rücknahme des Nachprüfungsantrags wird eine noch nicht bestandskräftige Entscheidung der Vergabekammer demgegenüber gegenstandslos,[15] sodass dieser keine Bindungswirkung mehr zukommen kann.

13 Der Wortlaut des § 179 Abs. 1 GWB verlangt zwar keine (formell) rechtkräftigen Entscheidungen des **Beschwerdegerichtes** bzw. des **BGH**. Diese Entscheidungen sind jedoch mangels dagegen eröffneten Rechtsmittels per se unanfechtbar und damit rechtskräftig. Sie stehen daher einer bestandskräftigen Entscheidung der Vergabekammer gleich.

14 Bindungswirkung kann nur eine Entscheidung in der **Hauptsache** entfalten. Es wird dies in der Regel die verfahrensbeendende Entscheidung sein. Isolierte Kostenentscheidungen[16] und auch Zwischenentscheidungen gemäß §§ 169 Abs. 2, Abs. 4 S. 2, 173 Abs. 1 S. 3 sowie 176 GWB erzeugen keine Bindungswirkung, weil sie nicht die Feststellung einer Vergaberechtsverletzung i.S.v. § 168 Abs. 1 GWB zum Gegenstand haben.[17] Bei den letztgenannten Entscheidungen geht es stattdessen, auch wenn die Erfolgsaussichten des Nachprüfungsantrags und damit die Frage einer Vergaberechtsverletzung eine Rolle spielen, um die Vorabgestattung des Zuschlags oder eine Sicherung des Zuschlagsverbots aufgrund einer Interessenabwägung.[18]

15 Wird ein Vergabenachprüfungsantrag lediglich als **unzulässig** verworfen oder zurückgewiesen, scheidet eine Bindungswirkung gemäß § 179 Abs. 1 GWB mangels Sachentscheidung aus.[19] Etwaige in einer den Nachprüfungsantrag als unzulässig verwerfenden oder zurückweisenden Entscheidung enthaltene obiter dicta zur Begründetheit des Antrags entfalten keine Bindungswirkung. Von der Bindungswirkung ist nur erfasst, was den im Nachprüfungsverfah-

13 BGH, Beschluss v. 19.12.2000 – X ZB 14/00, Rn. 25.

14 Siehe § 168 Abs. 3 S. 1 GWB.

15 OLG Düsseldorf, Beschluss v. 9.11.2009 – VII-Verg 35/09, Rn. 10.

16 OLG München, Beschluss v. 8.7.2015 – Verg 4/15, Rn. 21.

17 *Gröning*, in: Säcker, Wettbewerbsrecht, § 179 GWB Rn. 9; *Dicks*, in: Ziekow/Völlink, Vergaberecht, § 179 GWB Rn. 5; a.A. *Dieck-Bogatzke*, in: Pünder/Schellenberg, Vergaberecht, § 179 GWB Rn. 2.

18 *Dicks*, in: Ziekow/Völlink, Vergaberecht, § 179 GWB Rn. 5.

19 BGH, Urteil v. 29.11.2016 – X ZR 122/14 (Tischlerarbeiten), Rn. 36 f.; *Jaeger*, in: Byok/Jaeger, Vergaberecht, § 179 GWB Rn. 4; *Hänisch*, in: Röwekamp/Kus/Portz/Prieß, GWB-Vergaberecht, § 179 Rn. 5; *Raabe*, in: Willenbruch/Wieddekind, Vergaberecht, § 179 GWB Rn. 6; *Dicks*, in: Ziekow/Völlink, Vergaberecht, § 179 GWB Rn. 4.

ren nach § 168 oder § 178 GWB in der Sache ergangenen Ausspruch in tatsächlicher Hinsicht und in der rechtlichen Beurteilung trägt.[20] Dafür bedarf es einer Entscheidung, die in der Sache zur Begründetheit des Nachprüfungsantrags ergeht.

Eine den Nachprüfungsantrag **abweisende Sachentscheidung**, welche die Zulässigkeit des Antrags dahinstehen lässt,[21] ist der Bindungswirkung fähig.[22] Ebenso entfaltet eine Entscheidung Bindungswirkung, wenn die Vergabekammer oder das Beschwerdegericht für sich in Anspruch nehmen, erkannte Vergaberechtsverletzungen von Amts wegen unabhängig davon zu berücksichtigen, ob diese bereits Gegenstand der Erörterungen der Beteiligten gewesen sind,[23] und demgemäß in der Vorentscheidung auch eine vom Antragsteller nicht geltend gemachte Vergaberechtsverletzung feststellen.[24] Die Voraussetzungen des § 179 Abs. 1 GWB liegen in diesem Fall vor. Eine nochmalige Prüfung der Entscheidung aus dem Vergabenachprüfungsverfahren soll im Schadensersatzprozess vor dem Zivilgericht gerade vermieden werden. Unerheblich ist, ob im Vergabenachprüfungsverfahren eine Entscheidung nach § 168 Abs. 1 bzw. § 178 S. 1 und 2 GWB ergangen ist oder die Feststellung einer Rechtsverletzung nach § 168 Abs. 2 S. 2 bzw. § 178 S. 3 und 4 GWB ausgesprochen worden ist. Es genügt, wenn sich die Feststellung der Vergaberechtsverletzung allein aus den Gründen der Entscheidung ergibt. 16

Häufig findet sich in Kommentierungen noch der Hinweis, dass § 179 Abs. 1 GWB mangels Sachentscheidung nicht zur Anwendung kommen kann, wenn ein Vergabenachprüfungsantrag gemäß **§ 171 Abs. 2 GWB** als abgelehnt gilt, weil die Vergabekammer über einen Antrag auf Nachprüfung nicht innerhalb der Frist des § 167 Abs. 1 GWB entschieden hat.[25] Diese Annahme beruhte auf der von der überwiegenden Zahl der Vergabesenate geteilten Auffassung, das Nachprüfungsverfahren vor der Vergabekammer sei nach Ablauf der Frist des § 167 Abs. 1 GWB beendet, da der Nachprüfungsantrag mit Fristablauf gemäß § 171 Abs. 2 GWB als abgelehnt gelte. Diese Rechtsauffassung ist inzwischen überholt. Wie der BGH entschieden hat, knüpft das Gesetz die Fiktion einer ablehnenden Entscheidung der Vergabekammer im zweiten Halbsatz des § 171 Abs. 2 GWB an den im ersten Halbsatz geregelten Fall, in dem die sofortige Beschwerde „auch" zulässig ist, obwohl es an einer Entscheidung der Vergabekammer i.S.d. § 171 Abs. 1 GWB fehlt.[26] Die Fiktion erweitert die Rechtsschutzmöglichkeiten des Antragstellers, anstatt sie zu beschränken. Eine ablehnende Entscheidung wird nur zu dem Zweck fingiert, die Entscheidungszuständigkeit von der Vergabekammer auf den Vergabesenat übergehen zu lassen. Gleichwohl bleibt es bei dem Befund, dass es zu diesem Zeitpunkt an einer notwendigen Sachentscheidung fehlt. Bei Eingreifen der Fiktion steht eine Sachentscheidung, die gegebenenfalls Bindungswirkung nach § 179 Abs. 1 GWB entfalten kann, vielmehr noch aus. 17

Verweist das Beschwerdegericht die Sache gemäß § 178 S. 2 Alt. 2 GWB an die Vergabekammer zurück, so soll eine Bindungswirkung der Beschwerdeentscheidung nach zum Teil vertretener Ansicht ausgeschlossen sein, weil § 179 Abs. 1 GWB nur auf **verfahrensabschließende Entscheidungen** Anwendung finde. Gleiches soll gelten, wenn sich der BGH nach einer Vorlage gemäß § 179 Abs. 2 GWB auf die Entscheidung der Divergenzfrage beschränkt und dem Beschwerdegericht die Entscheidung in der Hauptsache überträgt.[27] Zwingend ist 18

20 BGH, Urteil v. 29.11.2016 – X ZR 122/14 (Tischlerarbeiten), Rn. 37; *Gröning*, in: Säcker, Wettbewerbsrecht, § 179 GWB Rn. 9.

21 Ob dies verfahrensrechtlich zulässig ist, ist streitig. Dagegen: OLG Düsseldorf, Beschluss v. 21.10.2015 – VII-Verg 28/14, juris Rn. 37; Beschluss v. 10.6.2015 – VII-Verg 4/15, Rn. 21; Dicks, in: Ziekow/Völlink, Vergaberecht, § 179 GWB Rn. 4; anders aber: KG, Beschluss v. 20.3.2020 – Verg 7/19, juris Rn. 129.

22 *Jaeger*, in: Byok/Jaeger, Vergaberecht, § 179 GWB Rn. 4; vgl. für den Zivilprozess BGH, Urteil v. 16.1.2008 – XII ZR 216/05, Rn. 13 und 16 f.

23 Vgl. hierzu die vorangehende Kommentierung zu § 178 GWB zu einem Aufgreifen von Vergaberechtsverstößen von Amts wegen.

24 *Dicks*, in: Ziekow/Völlink, Vergaberecht, § 179 GWB Rn. 4.

25 *Jaeger*, in: Byok/Jaeger, Vergaberecht, § 179 GWB Rn. 4; *Stockmann*, in: Immenga/Mestmäcker, Wettbewerbsrecht, § 179 GWB Rn. 6; *Hänisch*, in: Röwekamp/Kus/Portz/Prieß, GWB-Vergaberecht, § 179 Rn. 5.

26 BGH, Beschluss v. 14.7.2020 – XIII ZB 135/19 (Fahrscheindrucker), Rn. 20.

27 *Knauff*, in: Müller-Wrede, Taschenkommentar GWB-Vergaberecht, § 124 Rn. 9.

das nicht. Die Frage dürfte auch mit der jüngeren Rechtsprechung des BGH noch nicht abschließend geklärt sein.[28] Regelmäßig werden zwar nur verfahrensabschließende Hauptsacheentscheidungen für eine Bindungswirkung in Rede stehen. Andere Konstellationen sind eher theoretischer Natur. Dem Wortlaut des § 179 Abs. 1 GWB lässt sich eine Beschränkung auf verfahrensabschließende Hauptsacheentscheidungen aber nicht entnehmen. So ist es denkbar, dass nach einer Zurückverweisung der Sache durch das Beschwerdegericht gemäß § 178 S. 2 Alt. 2 GWB das Verfahren vor der Vergabekammer ohne Sachentscheidung endet. Für diesen Fall ist zu erwägen, ob der Entscheidung des Beschwerdegerichts, sofern die weiteren Voraussetzungen gegeben sind, Bindungswirkung zukommt. Dafür könnte sprechen, dass die Vergabekammer nach § 178 S. 2 Alt. 2 GWB verpflichtet wird, unter Berücksichtigung der Rechtsauffassung des Gerichts über die Sache erneut zu entscheiden. Die Vergabekammer ist damit im Umfang dieser Rechtsauffassung in ihrer Entscheidung nicht mehr frei, sondern an die Vorgaben des Beschwerdegerichts gebunden.

4. Entscheidungserhebliche Vorfrage

19 Weiter ist es erforderlich, dass das Zivilgericht im Schadensersatzprozess bei der Prüfung des Schadensersatzbegehrens eine Sach- oder Rechtsfrage zu beurteilen hat, welche bereits durch die Vergabenachprüfungsinstanzen in der Vorentscheidung beantwortet worden ist (**Vorfrage**). Die Bindungswirkung beschränkt sich auf diesen Gegenstand der inhaltlichen Prüfung in der Vorentscheidung.[29]

20 Nach Ansicht der Rechtsprechung und der herrschenden Auffassung in der Literatur[30] kann allein eine **Vergaberechtsverletzung** Vorfrage in diesem Sinne sein, weil Gegenstand der Prüfung der Vergabekammer wie des Beschwerdegerichts die Vergaberechtsverletzung ist. Die Bindungswirkung bezieht sich danach allein auf die Entscheidung über den gerügten Verstoß gegen Vergabevorschriften.[31] Zwar finden sich in der Literatur auch gegenteilige Stimmen, welche die Bindungswirkung zum Beispiel auch auf die Gründe für die beschiedene Unzulässigkeit eines Nachprüfungsantrags erstrecken wollen.[32] Mangels Akzeptanz in der Rechtsprechung sind sie jedoch ohne praktische Relevanz.

5. Parteienidentität

21 In persönlicher Hinsicht setzt die Bindungswirkung voraus, dass die Parteien des Schadensersatzprozesses zugleich auch **Beteiligte** des Vergabenachprüfungsverfahrens (§ 162 GWB) waren. Anspruchsteller und Anspruchsgegner im Schadensersatzprozess müssen Antragsteller und Antragsgegner im Vergabenachprüfungsverfahren gewesen sein. Unbeteiligten Dritten gegenüber kann die Bindungswirkung (weder zu deren Gunsten noch zu deren Lasten) nicht eintreten.

22 Ob sich die Bindungswirkung auch auf im Nachprüfungsverfahren **Beigeladene** beziehen kann, ist in der Literatur umstritten.[33] Der BGH brauchte die Frage bislang nicht zu entscheiden und hat sie offen gelassen.[34] Der Wortlaut von § 179 Abs. 1 GWB, der nach der Konzeption des Vergabenachprüfungsverfahrens wohl am ehesten auf die Vergaberechtsverletzung zulasten des Antragstellers zielt, stünde einer Bindungswirkung in Bezug auf einen Beigelade-

---

28 Siehe BGH, Urteil v. 29.11.2016 – X ZR 122/14 (Tischlerarbeiten), Rn. 36 f.

29 BayObLG, Beschluss v. 21.5.1999 – Verg 1/99, Rn. 71.

30 BGH, Urteil v. 29.11.2016 – X ZR 122/14 (Tischlerarbeiten), Rn. 37; OLG München, Beschluss v. 8.7.2015 – Verg 4/15, Rn. 21; *Jaeger*, in: Byok/Jaeger, Vergaberecht, § 179 GWB Rn. 2; *Hänisch*, in: Röwekamp/Kus/Portz/Prieß, GWB-Vergaberecht, § 179 Rn. 5.

31 OLG Frankfurt, Beschluss v. 8.8.2019 – 11 Verg 3/19, juris Rn. 86; OLG Düsseldorf, Urteil v. 15.12.2008 – I-27 U 1/07, juris Rn. 65: und nicht etwa auf einzelne Umstände wie Eignung oder Leistungsfähigkeit.

32 Vgl. *Antweiler*, in: Burgi/Dreher, Vergaberecht, § 179 GWB Rn. 14.

33 Dagegen *Knauff*, in: Müller-Wrede, Taschenkommentar GWB-Vergaberecht, § 124 Rn. 11; *Raabe*, in: Willenbruch/Wieddekind, Vergaberecht, § 179 GWB Rn. 7; *Dicks*, in: Ziekow/Völlink, Vergaberecht, § 179 GWB Rn. 8; dafür *Antweiler*, in: Burgi/Dreher, Vergaberecht, § 179 GWB Rn. 15; *Stockmann*, in: Immenga/Mestmäcker, Wettbewerbsrecht, § 179 GWB Rn. 7; *Hänisch*, in: Röwekamp/Kus/Portz/Prieß, GWB-Vergaberecht, § 179 Rn. 6; *Pilarski*, VergabeR 2019, 607 (608).

34 Siehe BGH, Urteil v. 27.11.2007 – X ZR 18/07, Rn. 42.

nen nicht entgegen. Sinn und Zweck der Regelung, eine nochmalige gerichtliche Prüfung derselben Sach- und Rechtsfragen durch das Zivilgericht im Schadensersatzprozess zu vermeiden,[35] und damit der Gedanke der Prozessökonomie sprechen dafür, auch Beigeladene der Bindungswirkung zu unterwerfen.[36] Dann kommt es im Einzelfall darauf an, ob die Identität zwischen dem Gegenstand der inhaltlichen Prüfung in der Vorentscheidung aus dem Vergabenachprüfungsverfahren einerseits und der Vergaberechtsverletzung, aus der im Schadensersatzprozess der geltend gemachte Anspruch hergeleitet wird, andererseits tatsächlich gegeben ist. Treffen Vergabekammer oder Beschwerdegericht in der Entscheidung im Vergabenachprüfungsverfahren Feststellungen i.S.v. § 168 Abs. 1 GWB über eine Vergaberechtsverletzung (auch) in Bezug auf den Beigeladenen, dann könnten diese Feststellungen Bindungswirkung entfalten.

Umstritten ist weiter, ob sich auch der Auftraggeber im Schadensersatzprozess gegen den Antragsteller des Nachprüfungsverfahrens wegen **Missbrauchs** seines Antrags- oder Beschwerderechts (§ 180 Abs. 1 und 3 GWB) auf eine Bindungswirkung berufen kann.[37] Macht ein Auftraggeber einen Schadensersatzanspruch wegen Rechtsmissbrauchs gemäß § 180 GWB geltend, so scheitert eine Bindung an Ergebnisse des Vergabenachprüfungsverfahrens jedoch daran, dass der Auftraggeber keinen Schadensersatzanspruch geltend macht, der aus einer Vergaberechtsverletzung hergeleitet wird. § 179 Abs. 1 GWB setzt voraus, dass „wegen eines Verstoßes gegen Vergabevorschriften Schadensersatz begehrt wird".[38] Im Schadensersatzprozess des Bieters gegen den Auftraggeber kann jedoch auch Letzterem die Bindungswirkung zugutekommen, nämlich wenn die Vergabenachprüfungsinstanz eine Vergaberechtsverletzung verneint hat. 23

III. Reichweite

Bindungswirkung entfaltet im Schadensersatzprozess die **Feststellung der Vergaberechtsverletzung**,[39] das heißt der Verstöße der Vergabestelle gegen Bestimmungen über das Vergabeverfahren. Sie beschränkt sich auf den Gegenstand der inhaltlichen Prüfung in der Vorentscheidung.[40] Das Ergebnis der Prüfung nimmt hierbei an der Bindungswirkung unabhängig davon teil, ob eine Vergaberechtsverletzung festgestellt oder deren Vorliegen abgelehnt worden ist.[41] Bindend ist damit sowohl die positive Feststellung einer Vergaberechtsverletzung als auch die Verneinung durch die Ablehnung des Nachprüfungsantrags. 24

Die Bindungswirkung des § 179 Abs. 1 GWB geht ihrem **Umfang** nach über die Rechtskraftwirkung der §§ 121 VwGO bzw. 322 ZPO hinaus. Sinn und Zweck der Regelung ist die Vermeidung der nochmaligen gerichtlichen Prüfung derselben Sach- und Rechtsfragen im Schadensersatzprozess vor dem Zivilgericht.[42] Dieses Ziel wird nur erreicht, wenn über den bloßen Rechtsfolgenausspruch im Tenor der Entscheidung hinaus auch die tragenden rechtlichen Erwägungen und die dazugehörigen Tatsachenfeststellungen an der Bindungswirkung teilnehmen.[43] Hierzu gehört auch die Frage, ob ein im Vergabeverfahren benachteiligtes Unternehmen in seinen subjektiven Rechten verletzt worden ist.[44] Dies gilt allerdings nur für jene Erwä- 25

35 Gesetzesbegründung zu § 133 GWB a.F., VgRÄG, BT-Drs. 13/9340, 22.
36 *Gröning*, in: Säcker, Wettbewerbsrecht, § 179 GWB Rn. 8.
37 Dagegen *Dicks*, in: Ziekow/Völlink, Vergaberecht, § 124 GWB Rn. 8; dafür *Antweiler*, in: Burgi/Dreher, Vergaberecht, § 179 GWB Rn. 9; *Stockmann*, in: Immenga/Mestmäcker, Wettbewerbsrecht, § 179 GWB Rn. 6; *Hänisch*, in: Röwekamp/Kus/Portz/Prieß, GWB-Vergaberecht, § 179 Rn. 3.
38 *Dicks*, in: Ziekow/Völlink, Vergaberecht, § 179 GWB Rn. 8.
39 OLG Naumburg, Urteil v. 23.4.2007 – 1 U 47/06, Rn. 22.
40 BGH, Urteil v. 29.11.2016 – X ZR 122/14 (Tischlerarbeiten), Rn. 37; BayObLG, Beschluss v. 21.5.1999 – Verg 1/99, Rn. 71.
41 BGH, Urteil v. 29.11.2016 – X ZR 122/14 (Tischlerarbeiten), Rn. 37; *Gröning*, in: Säcker, Wettbewerbsrecht, § 179 GWB Rn. 10.
42 Gesetzesbegründung zu § 133 GWB a.F., VgRÄG, BT-Drs. 13/9340, 22.
43 OLG Naumburg, Beschluss v. 27.2.2014 – 2 Verg 5/13, Rn. 35; KG, Urteil v. 20.5.2011 – 7 U 125/10, Rn. 18; OLG Düsseldorf, Urteil v. 15.12.2008 – I-27 U 1/07, Rn. 65.
44 OLG Düsseldorf, Urteil v. 15.12.2008 – I-27 U 1/07, Rn. 65.

gungen, auf denen die Entscheidung im Nachprüfungsverfahren beruht.[45] Nicht tragende weitergehende rechtliche Erwägungen („obiter dicta") nehmen an der Bindungswirkung nicht teil.

26 In tatsächlicher Hinsicht kommt es darauf an, ob die Feststellungen für die von der Vergabekammer bzw. vom Beschwerdegericht gewählte rechtliche Begründung relevant waren. **Tatsächliche Feststellungen**, die für die Entscheidung über das Bestehen oder Nichtbestehen der Vergaberechtsverletzung nicht erforderlich sind, nehmen an der Bindungswirkung nicht teil. Feststellungen hingegen, die der Bindungswirkung unterfallen, können im Folgeprozess nicht mehr durch neuen Tatsachenvortrag und Beweisantritt infrage gestellt werden.[46]

27 Die Bindungswirkung aus § 179 Abs. 1 GWB hat das Zivilgericht im Schadensersatzprozess zwingend **von Amts wegen** zu berücksichtigen. Es hat seiner Entscheidung das Ergebnis der Prüfung einer Vergaberechtsverletzung durch die Vergabekammer bzw. das Beschwerdegericht zugrunde zu legen. Ist im Vergabenachprüfungsverfahren die vom (jetzigen) Kläger geltend gemachte Vergaberechtsverletzung verneint worden, ist die Schadensersatzklage abzuweisen.[47] Ist im Vergabenachprüfungsverfahren eine Vergaberechtsverletzung zugunsten des Klägers hingegen festgestellt worden, steht dies auch für den Schadensersatzprozess fest.

28 Die **weitergehenden Voraussetzungen der Anspruchsnorm** für den geltend gemachten Schadensersatz[48], wie z. B. Verschulden, Kausalität, Schaden dem Grunde wie der Höhe nach, hat das Zivilgericht selbstständig zu prüfen[49]. Hierzu zählt auch die Frage, ob der Bieter eine echte Chance i.S.v. § 181 S. 2 GWB gehabt hätte, den Zuschlag zu erhalten, oder ob ihm – als Anspruchsvoraussetzung eines weitergehenden Schadensersatzanspruchs – bei ordnungsgemäßem Verlauf des Vergabeverfahrens der Zuschlag hätte erteilt werden müssen.[50] Weil darüber im Nachprüfungsverfahren nicht entschieden wird, kann insoweit keine Bindungswirkung nach § 179 Abs. 1 GWB bestehen.

C. Divergenzvorlage (Abs. 2)

29 Da ein Rechtsmittel gegen Beschwerdeentscheidungen der Oberlandesgerichte (§ 178 GWB) zum BGH nicht vorgesehen ist, könnte es in Vergabesachen zu divergierenden letztinstanzlichen Entscheidungen kommen.[51] Um das zu vermeiden und eine bundeseinheitliche Rechtsprechung in Vergabesachen zu sichern, sieht § 179 Abs. 2 GWB eine Vorlagepflicht der Oberlandesgerichte zum BGH vor.

I. Verfahren und Entscheidung

1. Vorlagepflicht (S. 1)

30 Will ein Oberlandesgericht im Rahmen einer Beschwerdeentscheidung in einem Vergabenachprüfungsverfahren von einer Entscheidung eines anderen Oberlandesgerichts oder des BGH abweichen, so hat es die Sache zwingend dem BGH vorzulegen. Sind die Vorlagevoraussetzungen gegeben, besteht für das Oberlandesgericht eine Vorlagepflicht unabhängig von etwaigen Anträgen oder Stellungnahmen der Verfahrensbeteiligten.[52]

31 Die Verfahrensbeteiligten haben keine prozessuale Möglichkeit, eine **Vorlage** zu **erzwingen**.[53] Wie alle Beschwerdeentscheidungen der Vergabesenate bei den Oberlandesgerichten sind auch Vorlageentscheidungen nach § 179 Abs. 2 S. 1 GWB unanfechtbar.

---

45 *Jaeger*, in: Byok/Jaeger, Vergaberecht § 179 GWB Rn. 2.
46 OLG Naumburg, Urteil v. 23.4.2007 – 1 U 47/06, Rn. 22.
47 Siehe z. B. OLG Düsseldorf, Urteil v. 22.4.2020 – I-27 U 10/19.
48 §§ 280 Abs. 1, 241 Abs. 2, 311 Abs. 2 BGB, § 181 GWB, gegebenenfalls auch § 823 Abs. 2 BGB.
49 BGH, Beschluss v. 20.3.2014 – X ZB 18/13 (Fahrbahnerneuerung I), Rn. 26.
50 OLG Frankfurt, Beschluss v. 8.8.2019 – 11 Verg 3/19, Rn. 89; *Hänisch*, in: Röwekamp/Kus/Portz/Prieß, GWB-Vergaberecht, § 179 Rn. 7.
51 OLG Düsseldorf, Beschluss v. 30.4.2008 – VII-Verg 57/07, Rn. 81.
52 BGH, Beschluss v. 24.2.2003 – X ZB 12/02, Rn. 7.
53 *Knauff*, in: Müller-Wrede, Taschenkommentar GWB-Vergaberecht, § 124 Rn. 21.

Ein Verstoß gegen die Vorlagepflicht berührt den Anspruch auf den gesetzlichen Richter gemäß Art. 101 Abs. 1 S. 2 GG.[54] Er führt aber nicht zugleich ohne Weiteres zu einer Verletzung des Rechts auf rechtliches Gehör aus Art. 103 Abs. 1 GG. Wenn der Anspruch auf rechtliches Gehör nicht verletzt worden ist, kann eine Verletzung der Vorlagepflicht nicht mit einer **Anhörungsrüge** in entsprechender Anwendung von § 175 Abs. 2 i.V.m. § 69 GWB gerügt werden. Rügegegenstand kann nur die Verletzung des rechtlichen Gehörs sein (§ 69 Abs. 1 S. 1 Nr. 2 GWB), nicht aber auch die Verletzung anderer Verfahrensgrundrechte.[55] Gegen eine vom Oberlandesgericht beschlossene Divergenzvorlage dürfte eine Anhörungsrüge ungeachtet einer etwaigen Gehörsverletzung durch das Oberlandesgericht in der Zulässigkeit an § 69 Abs. 1 S. 2 GWB scheitern, weil der BGH die Frage der Gewähr rechtlichen Gehörs als Zugangsvoraussetzung zum Divergenzvorlageverfahren selbstständig prüft, sodass dem Divergenzvorlagebeschluss des Oberlandesgerichts schon deshalb kein Endentscheidungscharakter zukommt.[56] 32

Gegen die rechtsfehlerhafte Ablehnung einer Divergenzvorlage kommt gegebenenfalls eine **Verfassungsbeschwerde** in Betracht. Die Nichtbeachtung der Vorlagepflicht stellt nach der Rechtsprechung des BVerfG und der Landesverfassungsgerichte allerdings nur dann einen Verstoß gegen Art. 101 Abs. 1 S. 2 GG dar, wenn die Vorlage willkürlich unterbleibt oder wenn die ablehnende Entscheidung nicht mehr verständlich erscheint und offensichtlich unhaltbar ist.[57] 33

2. Voraussetzungen (S. 1)

a) Oberlandesgericht im Nachprüfungsverfahren

Nach dem eindeutigen Wortlaut der Vorschrift können allein die **Oberlandesgerichte** als Beschwerdegerichte im Vergabenachprüfungsverfahren zur Vorlage verpflichtet sein. Eine Vorlage in anderen Verfahren kommt nicht in Betracht. 34

Ebenfalls steht fest, dass die **Vergabekammern** zu einer Vorlage weder berechtigt noch verpflichtet sind. Sie können mit ihren Entscheidungen von der vergaberechtlichen Rechtsprechung der Oberlandesgerichte bzw. des BGH abweichen. Die Einheitlichkeit der Rechtsprechung wird durch die eröffnete Beschwerde zu den Oberlandesgerichten gewahrt, welche im Rahmen der Beschwerdeentscheidung über eine Vorlage zu entscheiden haben. 35

b) Entscheidung eines anderen Oberlandesgerichts oder des BGH

Zur Begründung einer Vorlagepflicht muss von einer Entscheidung eines anderen Oberlandesgerichts oder des BGH abgewichen werden. § 179 Abs. 2 GWB kann damit nicht zur Anwendung kommen, wenn von Entscheidungen des eigenen Oberlandesgerichts abgewichen werden soll. Selbst dann, wenn ein Vergabesenat von der Entscheidung eines anderen Senats desselben Oberlandesgerichts abweichen will, fehlt es an einer Abweichung von der Entscheidung eines anderen Gerichts i.S.v. § 179 Abs. 2 GWB. Eine rechtlich durchsetzbare Möglichkeit zur Lösung einer solchen – allerdings wohl nur sehr fernliegenden – Divergenz gibt es nicht. 36

Als Entscheidung, von der abgewichen werden soll, kommen auch Entscheidungen in Betracht, die nicht in einem **Vergabenachprüfungsverfahren** ergangen sind.[58] Denkbar sind vor allem Schadensersatzprozesse wegen Vergaberechtsverletzungen vor den Zivilgerichten, 37

---

54 Vgl. OLG Düsseldorf, Beschluss v. 19.3.2020 – VII-Verg 17/16, Rn. 17; *Lorbacher*, VergabeR 2003, 428.

55 Vgl. zu § 321a ZPO BGH, Urteil v. 14.4.2016 – IX ZR 197/15, Rn. 22, sowie zu § 356a StPO BGH, Beschluss v. 11.4.2013 – 2 StR 525/11, Rn. 4; zuvor noch offen gelassen von BGH, Beschluss v. 19.1.2006 – I ZR 151/02, Rn. 6; siehe zu § 321a ZPO auch *Musielak*, in: Musielak/Voit, ZPO, § 321a Rn. 6 bis 6b; *Vollkommer*, in: Zöller, ZPO, § 321a Rn. 3a f.

56 Offen gelassen von OLG Düsseldorf, Beschluss v. 19.3.2020 – VII-Verg 17/16, Rn. 17.

57 BVerfG, Nichtannahmebeschluss v. 2.3.2009 – 2 BvR 1032/08, Rn. 10 (zu § 121 Abs. 2 GVG).

58 KG, Beschluss v. 10.12.2002 – KartVerg 16/02, Rn. 17.

aber auch generell alle Rechtsstreitigkeiten, in denen eine Entscheidung unter Anwendung vergaberechtlicher Vorschriften ergeht.[59]

38 Überwunden ist die Auffassung, die Vorlagepflicht beschränke sich auf eine Entscheidungserheblichkeit der abweichenden Rechtsauffassung in dem Sinne, dass allein eine Entscheidung in der **Hauptsache** davon betroffen wäre.[60] So kann sich eine zur Divergenz führende unterschiedliche Rechtsauffassung auch in einem eine Nebenentscheidung betreffenden Verfahren des Vergabesenats und aus einer Entscheidung in einem solchen Verfahren ergeben. Für die gegenteilige Auffassung besteht nach der Rechtsprechung des BGH keine Veranlassung. § 179 Abs. 2 S. 1 GWB gehört zu den Regelungen über die sofortige Beschwerde und bezieht sich wörtlich allgemein auf vom Oberlandesgericht zu treffende Entscheidungen. Der Sinn und Zweck der Vorschrift, eine bundeseinheitliche Rechtsprechung in Vergabesachen zu sichern, schließt die bundeseinheitliche Beurteilung von vergaberechtsbezogenen Kosten-, Gebühren- und Streitwertfragen zwanglos mit ein.[61] Darüber hinaus ist nach Ansicht des BGH die Vorschrift des § 179 Abs. 2 GWB auf Erinnerungen gegen Kostenfestsetzungsbeschlüsse des Rechtspflegers beim Oberlandesgericht entsprechend anzuwenden, um eine planwidrige Lücke im Anwendungsbereich von § 179 Abs. 2 GWB zu vermeiden.[62]

39 Auch eine **Vorlageentscheidung** selbst stellt eine Entscheidung i.S.d. § 179 Abs. 2 S. 1 GWB dar. Dass es sich insoweit nicht um eine das Verfahren abschließende Entscheidung handelt, ist unerheblich.[63] Hat ein anderes Oberlandesgericht eine Vorlageentscheidung gemäß § 179 Abs. 2 GWB wegen einer Divergenz zu einer Entscheidung eines anderen Oberlandesgerichts erlassen, ist ein drittes Oberlandesgericht im Prinzip zur Vorlage verpflichtet, weil es entweder von der Entscheidung des einen oder von der Entscheidung des anderen Oberlandesgerichts abweicht. In einem solchen Fall ist allerdings an eine zeitweise Aussetzung des Verfahrens bis zur Entscheidung des BGH zu denken.[64]

40 Als andere Entscheidung, von der abgewichen werden soll, kommt auch eine **Eilentscheidung** gemäß § 173 Abs. 1 S. 3 oder § 176 GWB in Betracht. § 179 Abs. 2 S. 4 GWB, wonach für derartige Entscheidungen eine Vorlage an den BGH ausdrücklich ausgeschlossen ist, steht dem nicht entgegen.[65] In den genannten Eilverfahren werden im Interesse der Verfahrensbeschleunigung Divergenzen hingenommen.[66] Dieser Grund für ein Absehen von Divergenzvorlagen in diesen Verfahren trägt aber nicht, wenn ein Vergabesenat mit seiner Entscheidung von einer in einem Eilverfahren ergangenen Entscheidung abweichen will.[67] Abgesehen davon ist bereits nach dem eindeutigen Wortlaut der Vorschrift nur in den genannten Eilverfahren eine Vorlagepflicht ausgeschlossen.

41 § 179 Abs. 2 S. 1 GWB findet darüber hinaus entsprechende Anwendung, wenn von der ober- bzw. höchstrichterlichen Rechtsprechung einer **anderen Gerichtsbarkeit** in einer vergaberechtlichen Frage abgewichen werden soll.[68] Das gilt für Entscheidungen der Landessozialgerichte und des BSG aus der Zeit, in der diese Gerichte zugleich Vergabenachprüfungsinstanzen waren, aber auch darüber hinaus für die Obergerichte aller anderen Gerichtsbarkeiten. Eine divergierende letztinstanzliche Rechtsprechung, welche durch die Regelung des § 179 Abs. 2 GWB gerade verhindert werden soll, kann auch dadurch entstehen, dass ein Gericht

---

59 *Dicks*, in: Ziekow/Völlink, Vergaberecht, § 179 GWB Rn. 11.

60 So noch OLG München, Beschluss v. 16.11.2006 – Verg 14/06, Rn. 104; OLG Düsseldorf, Beschluss v. 17.5.2004 – VII-Verg 72/03, Rn. 6.

61 Siehe BGH, Beschluss v. 18.3.2014 – X ZB 12/13; Beschluss v. 25.10.2011 – X ZB 5/10; Beschluss v. 24.3.2009 – X ZB 29/08; Beschluss v. 23.9.2008 – X ZB 19/07, Rn. 5; Beschluss v. 9.12.2003 – X ZB 14/03.

62 BGH, Beschluss v. 29.9.2009 – X ZB 1/09, Rn. 5.

63 A.A. OLG Brandenburg, Beschluss v. 27.2.2003 – Verg W 2/03, Rn. 18.

64 Vgl. OLG Düsseldorf, Beschluss v. 19.3.2020 – VII-Verg 17/16, Rn. 20.

65 BGH, Beschluss v. 31.1.2017 – X ZB 10/16, Rn. 8; a.A. aber OLG Schleswig, Beschluss v. 8.9.2006 – 1 Verg 6/06, Rn. 47; OLG Celle, Beschluss v. 1.7.2004 – 13 Verg 8/04, Rn. 27.

66 BGH, Beschluss v. 22.7.2019 – X ZB 8/19, Rn. 10; siehe auch die Gesetzesbegründung zu § 133 GWB a.F., VgRÄG, BT-Drs. 13/9340, 22.

67 OLG Düsseldorf, Beschluss v. 30.4.2008 – VII-Verg 57/07, Rn. 89.

68 *Hänisch*, in: Röwekamp/Kus/Portz/Prieß, GWB-Vergaberecht, § 179 Rn. 11; *Dicks*, in: Ziekow/Völlink, Vergaberecht, § 179 GWB Rn. 12; a.A. *Knauff*, in: Müller-Wrede, Taschenkommentar GWB-Vergaberecht, § 124 Rn. 17; *Raabe*, in: Willenbruch/Wieddekind, Vergaberecht, § 179 GWB Rn. 15.

einer anderen Gerichtsbarkeit eine vergaberechtliche Streitigkeit entscheidet und hierbei in einer vergaberechtlichen Frage eine andere Auffassung vertritt; die Divergenz bliebe ungelöst, ließe man nicht auch in derartigen Fällen eine Vorlage an den BGH zu.[69]

c) Divergenz

42 Die Vorlagepflicht gemäß § 179 Abs. 2 S. 1 GWB entsteht, sobald die beabsichtigte Entscheidung zu einer Divergenz im Vergleich mit einer anderen Entscheidung der ober- bzw. höchstrichterlichen Rechtsprechung führt.

43 Zu einer Divergenz kommt es nach ständiger Rechtsprechung des BGH, wenn ein Oberlandesgericht als tragende Begründung seiner Entscheidung einen **Rechtssatz** zugrunde legen will, der mit einem die Entscheidung eines anderen Oberlandesgerichts bzw. des BGH tragenden Rechtssatz nicht übereinstimmt.[70] Darauf, ob das andere Oberlandesgericht den von ihm angewendeten Rechtssatz begründet hat, kommt es nicht an.[71] Unerheblich ist auch, dass die abweichende Entscheidung bereits älteren Datums ist oder von anderen Vergabesenaten bis dahin dergestalt ignoriert worden ist, dass sie ohne Divergenzvorlage anders entschieden haben.[72]

44 Es reicht für eine Divergenz nicht aus, wenn beide Entscheidungen durch die **übereinstimmende Anwendung** eines Rechtssatzes zu unterschiedlichen Ergebnissen gelangen.[73] Maßgeblich ist, ob der Inhalt eines Rechtsbegriffs unterschiedlich verstanden wird. Ist demgegenüber die Auslegung unterschiedlicher Sachverhalte entscheidend, kommt eine Vorlage nicht in Betracht.[74]

45 Nach der Rechtsprechung des BGH[75] kommt es für das Vorliegen einer Divergenz i.S.d. § 179 Abs. 2 GWB nicht darauf an, ob die Entscheidung, von der abgewichen werden soll, auf einem im Wesentlichen gleichen oder vergleichbaren **Sachverhalt** beruht,[76] ob also eine Rechtsfrage bei einem im Wesentlichen gleichen oder vergleichbar gelagerten Sachverhalt anders entschieden werden soll.[77] Allerdings können unterschiedliche Sachverhalte zu Modifikationen der auf sie anzuwendenden Rechtssätze führen,[78] die eine Divergenz i.S.v. § 179 Abs. 2 GWB ausschließen.[79] Wenn ein konkreter Unterschied im Sachverhalt den entscheidungserheblichen Ausschlag für eine divergierende Beantwortung der Rechtsfrage gibt, bedarf es keiner Divergenzvorlage.[80]

46 Die Rechtsfrage, deren abweichende Beantwortung zur Divergenz führt, muss in jedem Fall auch **entscheidungserheblich** sein, sich also auf das Ergebnis auswirken.[81] Die Entscheidung muss gerade auf der abweichenden Beurteilung der Rechtsfrage beruhen.[82] Ist eine Entscheidung auf mehrere Gründe gestützt, sind nur dann alle Gründe entscheidungserheblich,

69 OLG Rostock, Beschluss v. 2.7.2008 – 17 Verg 4/07, Rn. 24; OLG Düsseldorf, Beschluss v. 30.4.2008 – VII-Verg 57/07, Rn. 83.

70 Siehe BGH, Beschluss v. 12.11.2019 – XIII ZB 120/19, Rn. 14; Beschluss v. 4.4.2017 – X ZB 3/17 (Postdienstleistungen), Rn. 23; Beschluss v. 20.3.2014 – X ZB 18/13 (Fahrbahnerneuerung I), Rn. 10; Beschluss v. 8.2.2011 – X ZB 4/10 (S-Bahn-Verkehr Rhein/Ruhr I), Rn. 9; Beschluss v. 1.12.2008 – X ZB 31/08, Rn. 9.

71 BGH, Beschluss v. 31.1.2017 – X ZB 10/16, Rn. 8.

72 BGH, Beschluss v. 31.1.2017 – X ZB 10/16, Rn. 7.

73 BGH, Beschluss v. 18.2.2003 – X ZB 43/02, Rn. 12; KG, Beschluss v. 20.3.2020 – Verg 7/19, Rn. 191.

74 KG, Beschluss v. 20.3.2020 – Verg 7/19, Rn. 191; OLG Jena, Beschluss v. 7.10.2003 – 6 Verg 6/03.

75 BGH, Beschluss v. 20.3.2014 – X ZB 18/13 (Fahrbahnerneuerung I), Rn. 10; Beschluss v. 8.2.2011 – X ZB 4/10 (S-Bahn-Verkehr Rhein/Ruhr I), Rn. 9; Beschluss v. 1.12.2008 – X ZB 31/08, Rn. 9.

76 OLG Dresden, Beschluss v. 4.7.2008 – WVerg 3/08, Rn. 50.

77 OLG Düsseldorf, Beschluss v. 23.1.2006 – VII-Verg 96/05, Rn. 18; KG, Beschluss v. 15.4.2002 – KartVerg 3/02, Rn. 22.

78 Siehe OLG Düsseldorf, Beschluss v. 27.4.2020 – VII-Verg 27/19, Rn. 42; *Hänisch*, in: Röwekamp/Kus/Portz/Prieß, GWB-Vergaberecht, § 179 Rn. 15.

79 Vgl. die Ausführungen von *Jaeger*, in: Byok/Jaeger, Vergaberecht, § 179 GWB Rn. 7, zu BGH, Beschluss v. 10.11.2009 – X ZB 8/09, BGHZ 183, 95 bis 112; siehe auch *Dicks*, in: Ziekow/Völlink, Vergaberecht, § 179 GWB Rn. 13a.

80 Siehe OLG Düsseldorf, Beschluss v. 27.4.2020 – VII-Verg 27/19, Rn. 42; KG, Beschluss v. 20.3.2020 – Verg 7/19, Rn. 191; *Hänisch*, in: Röwekamp/Kus/Portz/Prieß, GWB-Vergaberecht, § 179 Rn. 15.

81 KG, Beschluss v. 20.3.2020 – Verg 7/19, Rn. 191, 202; Beschluss v. 6.1.2020 – Verg 10/19, Rn. 16 f.; *Gröning*, in: Säcker, Wettbewerbsrecht, § 179 GWB Rn. 19.

82 KG, Beschluss v. 10.12.2002 – KartVerg 16/02, Rn. 16; Beschluss v. 15.4.2002 – KartVerg 3/02, Rn. 22.

wenn diese Begründungen gleichberechtigt nebeneinander stehen.[83] Nicht tragende weitergehende rechtliche Erwägungen („obiter dicta") können keine Vorlagepflicht auslösen.[84]

47 Ist die zur Divergenz führende Rechtsfrage **zwischenzeitlich** durch eine Entscheidung des BGH in einem anderen Verfahren **geklärt** worden, besteht keine Vorlagepflicht i.S.v. § 179 Abs. 2 GWB mehr.[85] Eine abweichende frühere Entscheidung eines anderen Oberlandesgerichts ist für die Frage der Pflicht zur Divergenzvorlage dann unbeachtlich, weil dem Ziel von § 179 Abs. 2 GWB, eine bundeseinheitliche Rechtsprechung in Vergabesachen zu sichern, mit einer höchstrichterlichen Entscheidung des BGH bereits Genüge getan ist. In diesem Sinne einschränkend ist § 179 Abs. 2 GWB auch dahin auszulegen, dass das Beschwerdegericht ohne eine Vorlage an den BGH in der Sache selbst entscheiden kann, wenn der EuGH die aus einem unklaren Verständnis unionsrechtlicher Bestimmungen folgende streitige Rechtsfrage zwischenzeitlich durch Klärung des Inhalts der unionsrechtlichen Bestimmungen in einem Verfahren entschieden hat, das der zur Divergenzvorlage gegebenenfalls Anlass gebenden Entscheidung zeitlich nachfolgte.[86] Dass eine Divergenzvorlage nach dem Sinn und Zweck des § 179 Abs. 2 GWB in derartigen Konstellationen entbehrlich ist, ist jedoch nur mit Vorsicht und in eindeutigen Fällen anzunehmen.[87]

48 Eine Vorlagepflicht an den BGH nach § 179 Abs. 2 S. 1 GWB soll nach herrschender Auffassung entfallen, wenn das Oberlandesgericht, von dessen Entscheidung ein anderes Oberlandesgericht abweichen möchte, auf dessen Nachfrage erklärt, an seiner Entscheidung **nicht mehr festhalten zu wollen** (vgl. § 132 Abs. 3 S. 1 GVG).[88] Dem kann man unter dem Gesichtspunkt zustimmen, dass dem Sinn und Zweck der Vorschrift des § 179 Abs. 2 GWB, eine bundesweit einheitliche Vergaberechtsprechung zu sichern, damit Genüge getan sein dürfte. Bedenken bestehen jedoch, weil der Wortlaut des § 179 Abs. 2 GWB dieses Prozedere nicht vorsieht und die an sich zu einer Vorlage zwingende Divergenz in einem verfahrensrechtlich nicht ausgestalteten und nur wenig nachprüfbaren Rahmen beseitigt wird.[89] Daher ist zumindest eine Dokumentation des Vorgehens und eine Wiedergabe desselben in der ohne Divergenzvorlage zu treffenden Endentscheidung zu verlangen.

49 Ist dem BGH eine Divergenzvorlage einmal zulässig angefallen, bleibt er zur Entscheidung auch dann berufen, wenn das Oberlandesgericht, dessen abweichende Entscheidung zur Divergenzvorlage Anlass gegeben hat, **während des Divergenzvorlageverfahrens** von seiner zur Divergenz führenden Rechtsprechung **Abstand nimmt**. Eine „Rückgabe" des Verfahrens an das vorlegende Oberlandesgericht kommt in diesem Fall nicht in Betracht.[90] Ist das Verfahren einmal beim BGH anhängig, kann die sofortige Beschwerde in entsprechender Anwendung des § 565 S. 2 ZPO ohne Einwilligung des Beschwerdegegners auch nur bis zum Beginn der mündlichen Verhandlung zur Hauptsache zurückgenommen werden.[91]

50 Im Einzelfall mag neben einer Divergenzvorlage an den BGH auch ein **Vorabentscheidungsersuchen** an den EuGH in Betracht kommen.[92] In diesem Fall erscheint es sinnvoll, zunächst das Vorabentscheidungsverfahren durchzuführen und die Frage einer notwendigen Divergenzvorlage danach erneut zu beurteilen. Ist eine Divergenz i.S.v. § 179 Abs. 2 GWB zu beja-

83 BGH, Beschluss v. 10.11.2009 – X ZB 8/09, Rn. 17; *Gröning*, in: Säcker, Wettbewerbsrecht, § 179 GWB Rn. 19; *Dicks*, in: Ziekow/Völlink, Vergaberecht, § 179 GWB Rn. 13a.

84 OLG Düsseldorf, Beschluss v. 21.10.2015 – VII-Verg 35/15, Rn. 32; KG, Beschluss v. 15.4.2002 – KartVerg 3/02, Rn. 22.

85 OLG Dresden, Beschluss v. 10.7.2003 – WVerg 16/02, Rn. 30.

86 OLG Düsseldorf, Beschluss v. 6.2.2008 – VII-Verg 37/07, Rn. 41, unter Hinweis auf BGH, Beschluss v. 27.11.1984 – 1 StR 376/84, für die Vorlagepflicht nach § 121 Abs. 2 GVG; siehe auch *Hänisch*, in: Röwekamp/Kus/Portz/Prieß, GWB-Vergaberecht, § 179 Rn. 17, 24; *Raabe*, in: Willenbruch/Wieddekind, Vergaberecht, § 179 GWB Rn. 20; ablehnend *Summa*, in: Heiermann/Zeiss/Summa, Vergaberecht, § 179 GWB Rn. 25 ff.

87 *Dicks*, in: Ziekow/Völlink, Vergaberecht, § 179 GWB Rn. 13a am Ende.

88 Kritisch *Stickler*, in: Reidt/Stickler/Glahs, Vergaberecht, § 179 Rn. 13; *Hänisch*, in: Röwekamp/Kus/Portz/Prieß, GWB-Vergaberecht, § 179 Rn. 16.

89 *Raabe*, in: Willenbruch/Wieddekind, Vergaberecht, § 179 GWB Rn. 18.

90 BGH, Beschluss v. 4.4.2017 – X ZB 3/17 (Postdienstleistungen), Rn. 24.

91 BGH, Beschluss v. 4.4.2017 – X ZB 3/17 (Postdienstleistungen), Rn. 19 bis 21.

92 Siehe *Dicks*, in: Ziekow/Völlink, Vergaberecht, § 179 GWB Rn. 16.

3. Verfahren

53 Darüber, ob eine Beschwerdesache dem BGH gemäß § 179 Abs. 2 S. 1 GWB vorgelegt werden soll, hat das Oberlandesgericht nach der Rechtsprechung des BGH nicht allein auf der **Grundlage** der Ausführungen der Beteiligten in der Beschwerdebegründung bzw. -erwiderung zu befinden. Vielmehr hat das Oberlandesgericht nach ordnungsgemäßer Durchführung des Beschwerdeverfahrens, bei der die für das Beschwerdeverfahren gültigen Verfahrensgrundsätze beachtet worden sind, unter Berücksichtigung aller dabei gewonnenen tatsächlichen und rechtlichen Erkenntnisse über die Erforderlichkeit der Vorlage zu entscheiden.[104]

54 Insoweit gelten dieselben **Verfahrensvorschriften** wie im Falle einer Beschwerdeentscheidung nach § 178 GWB. Auf die Ausführungen zu § 175 GWB kann verwiesen werden. Hierzu gehört auch die Sicherung des rechtlichen Gehörs gemäß § 175 Abs. 2 i.V.m. § 69 Abs. 1 GWB. Nach der Rechtsprechung des BGH setzt eine zulässige Divergenzvorlage nach § 179 Abs. 2 GWB grundsätzlich die Durchführung einer mündlichen Verhandlung vor dem Vergabesenat voraus.[105] Hält ein Oberlandesgericht eine Vorlage für erforderlich, so muss es deshalb im Rahmen der mündlichen Verhandlung (oder in sonstiger geeigneter Weise) den Beteiligten Gelegenheit geben, sich zu den dafür ausschlaggebenden Umständen zu äußern.[106]

55 Eine **Beschränkung der Divergenzvorlage** ist in entsprechender Anwendung der für die Zulässigkeit von Teilurteilen und die wirksame Beschränkung der Revisionszulassung geltenden höchstrichterlichen Grundsätze möglich. Zulässig kann eine solche Vorlage damit nur dann sein, wenn die Gefahr einander widersprechender Entscheidungen – auch infolge abweichender Beurteilung durch das Rechtsmittelgericht – ausgeschlossen ist.[107] Das Oberlandesgericht darf beispielsweise einen hilfsweise gestellten Fortsetzungsfeststellungsantrag gemäß § 178 S. 3 und 4 i. V. m. § 168 Abs. 2 GWB nicht zum Gegenstand einer Divergenzvorlage machen und zugleich den Hauptantrag abschließend entscheiden. Hierbei entsteht die Gefahr, dass im Rahmen der Entscheidung des Hauptantrags eine Frage entschieden wird, die sich dem BGH bei der Entscheidung über die Vorlage noch einmal stellen kann, wobei eine Gefahr der widersprüchlichen Bewertung von Streitstoff ausreicht.[108] Die Gefahr widersprüchlicher Entscheidungen kann auch bei einer getrennten Entscheidung von Beschwerde und Anschlussbeschwerde durch das Oberlandesgericht und den BGH bestehen.[109] Ist die Beschränkung der Vorlage danach unzulässig, ist von einer unbeschränkten Zulassung auszugehen und die Divergenzvorlage erstreckt sich auf den gesamten Streitstoff des Beschwerdeverfahrens.[110]

4. Entscheidung

56 Die Vorlageentscheidung erfolgt gemäß § 175 Abs. 2 i. V. m. § 76 Abs. 1 S. 1 GWB durch Beschluss.

57 Der **Tenor** des Divergenzvorlagebeschlusses beschränkt sich darauf, dass die Sache dem BGH vorgelegt wird. Die Formulierung einer konkreten Vorlagefrage sieht § 179 Abs. 2 GWB nicht vor,[111] ist aber unschädlich.[112] Das Beschwerdegericht kann den BGH nicht verpflichten, sich auf die Beantwortung einer vorformulierten Frage zu beschränken.[113]

---

104 BGH, Beschluss v. 24.2.2003 – X ZB 12/02, Rn. 6.
105 BGH, Beschluss v. 20.3.2014 – X ZB 18/13 (Fahrbahnerneuerung I), Rn. 8.
106 BGH, Beschluss v. 24.2.2003 – X ZB 12/02, Rn. 7.
107 BGH, Beschluss v. 4.4.2017 – X ZB 3/17 (Postdienstleistungen), Rn. 12 f.; Beschluss v. 20.3.2014 – X ZB 18/13 (Fahrbahnerneuerung I), Rn. 13 f.; siehe auch OLG Dresden, Beschluss v. 2.2.2017 – Verg 7/16, Rn. 9.
108 BGH, Beschluss v. 20.3.2014 – X ZB 18/13 (Fahrbahnerneuerung I), Rn. 14.
109 Siehe OLG Dresden, Beschluss v. 2.2.2017 – Verg 7/16, Rn. 9 f., und nachfolgend BGH, Beschluss v. 4.4.2017 – X ZB 3/17 (Postdienstleistungen), Rn. 13 f.
110 BGH, Beschluss v. 20.3.2014 – X ZB 18/13 (Fahrbahnerneuerung I), Rn. 16.
111 BGH, Beschluss v. 19.12.2000 – X ZB 14/00, Rn. 22.
112 BGH, Beschluss v. 24.2.2003 – X ZB 12/02, Rn. 4.
113 BGH, Beschluss v. 20.3.2014 – X ZB 18/13 (Fahrbahnerneuerung I), Rn. 12.

hen, die Zulässigkeit eines Vorabentscheidungsersuchens an den EuGH aber zweifelhaft, so gebietet der vergaberechtliche Beschleunigungsgrundsatz hingegen eine Divergenzvorlage.[93]

d) Keine Ausnahme von der Vorlagepflicht (S. 4)

Die Vorlagepflicht ist gemäß § 179 Abs. 2 S. 4 GWB im Verfahren zur Verlängerung der aufschiebenden Wirkung des Nachprüfungsantrages gemäß § 173 Abs. 1 S. 3 GWB und im Fall einer Vorabentscheidung über den Zuschlag nach § 176 GWB im Hinblick auf die mit einer Vorlage verbundene Verzögerung ausdrücklich ausgeschlossen („gilt nicht"). In diesen **Eilverfahren** werden im Interesse der Beschleunigung Divergenzen hingenommen.[94] Gleiches gilt ohne ausdrückliche, gesonderte Erwähnung in § 179 Abs. 2 S. 4 GWB auch für die Eilverfahren nach § 169 Abs. 2 S. 6 und 7 und § 169 Abs. 4 S. 2 GWB.[95] Die Ausnahme auch dieser Verfahren von der Divergenzvorlagepflicht rechtfertigt sich aus derselben Eilbedürftigkeit. Darüber hinaus lässt sie sich auch darauf stützen, dass auf sie gemäß § 169 Abs. 2 S. 8 und § 169 Abs. 4 S. 3 GWB wesentliche Verfahrensregeln des in § 179 Abs. 2 S. 4 GWB aufgeführten Verfahrens nach § 176 GWB zur Anwendung kommen, darunter die über die Entscheidungsfrist des § 176 Abs. 3 S. 1 GWB. Danach ist die Entscheidung vom Beschwerdegericht unverzüglich, spätestens innerhalb von fünf Wochen zu treffen und zu begründen. Eine Einbindung des BGH ist in einem solchen Fall kaum darstellbar. Daraus ergibt sich im Umkehrschluss, dass eine Vorlage an den BGH in sämtlichen der genannten Eilverfahren nicht nur nicht verpflichtend ist, also mit dem Wortlaut von § 179 Abs. 2 S. 4 GWB keine Vorlagepflicht gilt, sondern dass eine Vorlage sogar unzulässig ist, weil sie den von Gesetzes wegen eröffneten Eilrechtsschutz konterkarieren würde. 51

Schließlich muss ein Entfallen der Divergenzvorlagepflicht auch für Entscheidungen über Beschwerden gegen anfechtbare **Zwischenentscheidungen**[96] der Vergabekammer gelten.[97] In derartigen Zwischenverfahren besteht ein den Eilverfahren nach § 173 Abs. 1 S. 3 und § 176 GWB vergleichbares Beschleunigungsbedürfnis, weil sie die Hauptsacheentscheidung zu verzögern geeignet sind. Ein in der Praxis wichtiger Fall ist die Beschwerde gegen eine positive Entscheidung der Vergabekammer über einen Antrag auf Akteneinsicht.[98] In einem gegen diese Entscheidung gerichteten Beschwerdeverfahren besteht keine Divergenzvorlagepflicht des Oberlandesgerichts.[99] Nichts anderes gilt, wenn im Beschwerdeverfahren vor dem Oberlandesgericht über eine dort beantragte Akteneinsicht zu entscheiden ist.[100] In der Praxis folgt das schon häufig daraus, dass außer über die Frage der Akteneinsicht in derselben Entscheidung zugleich über einen Eilantrag nach § 173 Abs. 1 S. 3 GWB entschieden wird[101] und in dem letztgenannten Verfahren eine Divergenzvorlage nach § 179 Abs. 2 S. 4 GWB ausscheidet. Im Übrigen sprechen die Regelungsinhalte von § 179 Abs. 2 S. 3 und 4 GWB dafür, dass eine Vorlagepflicht nur im Hinblick auf Abweichungen in einer das Verfahren abschließenden Entscheidung[102] besteht.[103] 52

93 Vgl. OLG Düsseldorf, Beschluss vom 3.7.2019 – VII-Verg 51/16; dazu nachfolgend BGH, Beschluss v. 12.11.2019 – XIII ZB 120/19, Rn. 18.
94 BGH, Beschluss v. 22.7.2019 – X ZB 8/19, Rn. 10; siehe auch die Gesetzesbegründung zu § 133 GWB a.F., VgRÄG, BT-Drs. 13/9340, 22.
95 Vgl. OLG Düsseldorf, Beschluss v. 9.5.2011 – VII-Verg 45/11, Rn. 4; ebenso *Hänisch*, in: Röwekamp/Kus/Portz/Prieß, GWB-Vergaberecht, § 179 Rn. 13.
96 Siehe zu dieser Fallgruppe anfechtbarer Entscheidungen OLG Düsseldorf, Beschluss v. 28.12.2007 – VII-Verg 40/07, Rn. 18 bis 20.
97 Siehe OLG Rostock, Beschluss v. 3.2.2021 – 17 Verg 7/20, juris Rn. 12.
98 Siehe OLG Celle, Beschluss v. 5.10.2020 – 13 Verg 5/20, Rn. 15; OLG München, 28.4.2016 – Verg 3/16, Rn. 42; OLG Jena, Beschluss v. 8.10.2015 – 2 Verg 4/15, Rn. 14; OLG Frankfurt, Beschluss v. 12.12.2014 – 11 Verg 8/14, Rn. 32 bis 34.
99 OLG Düsseldorf, Beschluss v. 28.12.2007 – VII-Verg 40/07, Rn. 23.
100 Wie hier *Hänisch*, in: Röwekamp/Kus/Portz/Prieß, GWB-Vergaberecht, § 179 Rn. 13; a.A. *Dieck-Bogatzke*, in: Pünder/Schellenberg, Vergaberecht, § 179 Rn. 12; eher zugunsten einer Vorlagepflicht *Stockmann*, in: Immenga/Mestmäcker, Wettbewerbsrecht, § 179 GWB Rn. 10; offen gelassen von OLG Hamburg, Beschluss v. 30.3.2020 – 1 Verg 1/20, Rn. 2.
101 Siehe zum Beispiel OLG Düsseldorf, Beschluss v. 24.2.2021 – VII-Verg 39/20; Beschluss v. 29.6.2017 – VII-Verg 7/17.
102 Vgl. auch BGH, Beschluss v. 23.9.2008 – X ZB 19/07, Rn. 5: „Beschwerdeentscheidung".
103 Siehe OLG Düsseldorf, Beschluss v. 28.12.2007 – VII-Verg 40/07, Rn. 23 m.w.N.

Der Beschluss des Oberlandesgerichts, mit dem eine Divergenzvorlage beschlossen wird, enthält keine **Kostenentscheidung** oder **Streitwertfestsetzung**. Beides ist der verfahrensabschließenden Beschwerdeentscheidung vorbehalten, welche durch den BGH oder, wenn sich dieser auf die Beantwortung der Divergenzfrage beschränkt und die Entscheidung in der Hauptsache dem Oberlandesgericht zurücküberträgt, durch Letzteres ergeht. 58

Der Beschluss ist gemäß § 175 Abs. 2 i. V. m. § 76 Abs. 6 GWB zu **begründen**, wobei insbesondere die Vorlagevoraussetzungen gemäß § 179 Abs. 2 S. 1 GWB darzulegen sind. Hierzu gehören die Divergenz zu einer Entscheidung eines anderen Oberlandesgerichts oder des BGH unter Darstellung der eigenen Rechtsauffassung wie auch die Entscheidungserheblichkeit. 59

Einer **Rechtsmittelbelehrung** bedarf es nicht, weil auch die Vorlageentscheidung nach § 179 Abs. 2 S. 1 GWB wie alle Beschwerdeentscheidungen der Vergabesenate bei den Oberlandesgerichten unanfechtbar ist. 60

II. Verfahren und Entscheidung des BGH

1. Verfahren (S. 2 und 3)

Dem BGH fällt mit dem Vorlagebeschluss nicht nur die vom Oberlandesgericht formulierte Divergenzfrage, sondern der gesamte Streitstoff des Beschwerdeverfahrens **zur Entscheidung** an.[114] Dies gilt jedoch nicht für eine Eilentscheidung nach § 173 Abs. 1 S. 3 GWB über eine Verlängerung der aufschiebenden Wirkung der sofortigen Beschwerde, wenn hierüber zuvor bereits das Oberlandesgericht entschieden hat.[115] 61

Der BGH prüft zunächst die **Zulässigkeit** der Vorlage und im Rahmen dessen insbesondere die zur Entscheidung gestellte Divergenz zu einer bereits bestehenden Rechtsprechung. Fehlt es an einer Divergenz, spricht der BGH die Unzulässigkeit der Vorlage im Tenor seines Beschlusses aus.[116] Bezüglich der vom vorlegenden Oberlandesgericht angenommenen Entscheidungserheblichkeit der Divergenz wird in der Literatur angenommen, dass der BGH die Entscheidungserheblichkeit aus Sicht des vorlegenden Gerichts im Rahmen der Zulässigkeit der Divergenzvorlage nicht prüfe.[117] Die jüngste Rechtsprechung des BGH ist geeignet, hieran Zweifel zu begründen.[118] Sie könnte darauf hindeuten, dass zumindest eine Plausibilitätskontrolle im Rahmen der Zulässigkeitsprüfung stattfindet. Zweifelsfrei ist der BGH im Rahmen seiner eigenen Sachentscheidung nach bejahter Zulässigkeit der Divergenzvorlage an die Einschätzung des vorlegenden Oberlandesgerichts zur Entscheidungserheblichkeit der Rechtsfrage nicht gebunden. 62

Der BGH prüft im Rahmen der Zulässigkeit auch die Einhaltung der für das Beschwerdeverfahren vor dem Oberlandesgericht gültigen **Verfahrensgrundsätze**, die das Oberlandesgericht unabhängig davon, ob es das Verfahren selbst zu einem Ende bringt oder ob es die Sache dem BGH vorlegt, zu beachten hat.[119] Bei Nichtbeachtung dieser Grundsätze, z. B. wenn die Beteiligten von der Vorlegungsabsicht nicht in Kenntnis gesetzt worden sind und ihnen keine Gelegenheit zur Stellungnahme gegeben worden ist, wird die Vorlage als unzulässig angesehen.[120] 63

Ist die Vorlage zulässig, hat der BGH nach § 179 Abs. 2 S. 2 und 3 GWB zwei Möglichkeiten. Er kann selbst anstelle des Oberlandesgerichts entscheiden (§ 179 Abs. 2 S. 2 GWB) oder aber sich auf die **Entscheidung der Divergenzfrage** beschränken und dem vorlegenden Oberlandesgericht die Entscheidung in der Hauptsache zurückübertragen (§ 179 Abs. 2 S. 3 GWB). 64

---

114 BGH, Beschluss v. 20.3.2014 – X ZB 18/13 (Fahrbahnerneuerung I), Rn. 11.

115 BGH, Beschluss v. 22.7.2019 – X ZB 8/19, Rn. 8 ff.

116 BGH, Beschluss v. 18.2.2003 – X ZB 44/02.

117 *Stockmann*, in: Immenga/Mestmäcker, Wettbewerbsrecht, § 179 GWB Rn. 14; *Dieck-Bogatzke*, in: Pünder/Schellenberg, Vergaberecht, § 179 GWB Rn. 16; *Hänisch*, in: Röwekamp/Kus/Portz/Prieß, GWB-Vergaberecht, § 179 Rn. 19 m.w.N.; *Gröning*, in: Säcker, Wettbewerbsrecht, § 179 GWB Rn. 25.

118 Siehe BGH, Beschluss v. 12.11.2019 – XIII ZB 120/19, Rn. 16 bis18, wo die Frage der Entscheidungserheblichkeit in die Zulässigkeitsprüfung eingebettet ist.

119 BGH, Beschluss v. 24.2.2003 – X ZB 12/02, Rn. 6.

120 BGH, Beschluss v. 24.2.2003 – X ZB 12/02, Rn. 8.

Die letztgenannte Möglichkeit steht im Ermessen des BGH, wenn diese Vorgehensweise „nach dem Sach- und Streitstand des Beschwerdeverfahrens angezeigt erscheint". Der BGH hat das zuletzt in einem Fall bejaht, in dem das Beschwerdegericht bereits einen Sachverständigen und einen Zeugen gehört hatte.[121] Mit dieser durch das VergRModG 2009 eingeführten Möglichkeit der Rückübertragung sollte der chronisch hohen Geschäftsbelastung des BGH Rechnung getragen und dieser entlastet werden.[122]

65 Entscheidet der BGH **in der Sache selbst**, so verzichtet er regelmäßig auf eine eigene mündliche Verhandlung, wenn eine solche vor dem Oberlandesgericht bereits stattgefunden hat. Der BGH nimmt für sich in Anspruch, sein Verfahren unter Beachtung der rechtsstaatlichen Grundsätze und unter Heranziehung der ansonsten das Verfahren vor dem BGH bestimmenden Regeln so zu gestalten, dass es dem jeweiligen Streitfall gerecht wird.[123] Durch die Regelung in § 179 Abs. 2 S. 2 GWB, wonach der BGH anstelle des vorlegenden Oberlandesgerichts entscheidet, werde ihm lediglich die Entscheidungskompetenz zugewiesen, nicht aber das von ihm als Beschwerdegericht zu beachtende Verfahren geregelt. Im Zweifel liegt jedoch auch bei dieser Sichtweise eine Orientierung an den für das Beschwerdeverfahren vor dem Oberlandesgericht geltenden Verfahrensvorschriften nahe. So entscheidet auch der BGH in Beschlussform gemäß § 175 Abs. 2 i. V. m. § 76 Abs. 1 S. 1 GWB. Ferner müssen sich die Verfahrensbeteiligten gemäß § 175 Abs. 1 GWB im Divergenzvorlageverfahren nicht durch einen Rechtsanwalt beim BGH vertreten lassen.

2. Entscheidung

a) Eigene Sachentscheidung

66 Will der BGH selbst anstelle des Oberlandesgerichts entscheiden, fällt er die Beschwerdeentscheidung gemäß § 178 GWB, wie sie sonst das Oberlandesgericht treffen müsste.[124] Der BGH wird dann als das Beschwerdegericht i.S.v. § 178 GWB tätig.[125] Er rückt in die Stellung des Vergabesenats beim Oberlandesgericht mit allen Befugnissen und Verpflichtungen ein. Der BGH hat daher – wie auch der Vergabesenat beim Oberlandesgericht – wiederum zwei Entscheidungsalternativen. Er kann in der Sache selbst entscheiden oder aber die Vergabekammer verpflichten, unter Berücksichtigung seiner Rechtsauffassung über die Sache neu zu entscheiden (§ 178 GWB). Von der zweitgenannten Alternative macht er in der Praxis in Einzelfällen auch Gebrauch.[126]

67 Soweit demgegenüber in der Literatur angenommen wird, dass § 179 Abs. 2 S. 3 GWB als speziellere Vorschrift zu § 178 S. 2 Alt. 2 GWB eine **Rückverweisung an** die **Vergabekammer** ausschließe, diese vielmehr nur an das vorlegende Oberlandesgericht möglich sei,[127] überzeugt dies nicht. Dass nach der Vorstellung des Gesetzgebers das Nachprüfungsverfahren nach einer Divergenzvorlage nicht nochmals vor die Vergabekammern gelangen soll, lässt sich weder dem Wortlaut noch den Gesetzesmaterialien entnehmen. § 179 Abs. 2 S. 3 GWB ist insoweit auch nicht lex specialis zu § 178 S. 2 Alt. 2 GWB, sondern überträgt dem BGH insoweit jene Kompetenzen, welche nach § 178 GWB dem Beschwerdegericht zustehen. Die Entscheidung in der Hauptsache, welche der BGH bei Beschränkung auf die Entscheidung der Divergenzfrage gemäß § 179 Abs. 2 S. 3 GWB dem Oberlandesgericht als Beschwerdegericht überträgt, ist nichts anderes als die Beschwerdeentscheidung gemäß § 178 GWB, mit allen in dieser Vorschrift geregelten Kompetenzen. Bedarf der vorgelegte Fall nach Auffassung des BGH

---

121 BGH, Beschluss v. 14.7.2020 – XIII ZB 135/19 (Fahrscheindrucker), Rn. 32.
122 *Dicks*, in: Ziekow/Völlink, Vergaberecht, § 179 GWB Rn. 1; siehe auch OLG Düsseldorf, Beschluss v. 19.3.2020 – VII-Verg 17/16, Rn. 20.
123 BGH, Beschluss v. 19.12.2000 – X ZB 14/00, Rn. 44; vgl. zum Rückgriff auf revisionsrechtliche Vorschriften BGH, Beschluss v. 4.4.2017 – X ZB 3/17 (Postdienstleistungen), Rn. 19 bis 21; kritisch zur „freien" Verfahrensgestaltung z. B. *Raabe*, in: Willenbruch/Wieddekind, Vergaberecht, § 179 GWB Rn. 30.
124 BGH, Beschluss v. 20.3.2014 – X ZB 18/13 (Fahrbahnerneuerung I), Rn. 12.
125 BGH, Beschluss v. 19.12.2000 – X ZB 14/00, Rn. 22.
126 Vgl. BGH, Beschluss v. 31.1.2017 – X ZB 10/16, Rn. 34.
127 *Knauff*, in: Müller-Wrede, Taschenkommentar GWB-Vergaberecht, § 124 Rn. 27.

der weiteren Sachverhaltsaufklärung, etwa, weil die Sache noch nicht entscheidungsreif ist,[128] sind keine Gesichtspunkte erkennbar, die dafür sprechen, der Sachverhaltsaufklärung durch das Oberlandesgericht den Vorzug gegenüber einer Erledigung durch die Vergabekammer zu geben.

Entscheidet der BGH **selbst**, hat nunmehr anstatt des Oberlandesgerichts der BGH als Beschwerdegericht anstelle der Vergabekammer die materiell-rechtlich richtige Entscheidung zu treffen. Diese Entscheidung ist inhaltlich jene gemäß § 168 GWB. Daraus ergeben sich für den BGH dieselben Kompetenzen wie für die Vergabekammer. Auch der BGH hat mithin – wie sonst die Vergabekammer – die geeigneten Maßnahmen zu treffen, um eine Rechtsverletzung zu beseitigen und eine Schädigung der betroffenen Interessen zu verhindern (§ 168 Abs. 1 GWB).[129] Die eigentliche Vorlagefrage hat der BGH in diesem Fall im Rahmen seiner eigenen Sachentscheidung zu beantworten. Für Form und Inhalt dieser Entscheidung gelten die Maßstäbe zur Beschwerdeentscheidung gemäß § 178 GWB entsprechend.[130] **68**

Mit der abschließenden Entscheidung in der Sache setzt der BGH auch den **Streitwert** fest. Daraus folgt allerdings nicht, dass auch die **Kostenfestsetzung** beim BGH zu beantragen ist. Insofern verbleibt es bei § 104 Abs. 1 S. 1 ZPO. Danach entscheidet über den Festsetzungsantrag das Gericht des ersten Rechtszugs. Das ist in diesem Fall das Oberlandesgericht, obwohl es in § 179 Abs. 2 S. 2 GWB heißt, dass der BGH anstelle des Oberlandesgerichts und damit nicht als Rechtsmittelgericht, sondern in derselben Instanz[131] entscheidet. Praktische Relevanz hat dies für die in § 104 Abs. 1 S. 2 ZPO geregelte Verzinsungspflicht. Nach § 104 Abs. 1 S. 2 ZPO ist auf Antrag auszusprechen, dass die festgesetzten Kosten vom Eingang des Festsetzungsantrags an zu verzinsen sind. Wird der Kostenfestsetzungsantrag beim BGH eingereicht, stellt sich die Frage, ob bereits mit dem dortigen Eingang des Antrags die Verzinsungspflicht beginnt oder erst mit Aktenrückkehr zum Oberlandesgericht. Zwischen der Entscheidung des BGH und der Aktenrückkehr zum Oberlandesgericht können mitunter Monate vergehen, so dass die Antwort darauf finanzielle Auswirkungen haben kann. **69**

b) Übertragung der Entscheidung

Wenn dies nach dem Sach- und Streitstand des Beschwerdeverfahrens angezeigt erscheint, kann sich der BGH gemäß § 179 Abs. 2 S. 3 GWB auf die Entscheidung der Divergenzfrage beschränken und dem Oberlandesgericht als Beschwerdegericht die Entscheidung in der Hauptsache übertragen. **70**

Diese Entscheidung ergeht wie alle Entscheidungen des BGH im Rahmen des § 179 Abs. 2 GWB durch förmlichen **Beschluss**. Dieser beschränkt sich auf die Beantwortung der Vorlagefrage sowie auf die Übertragung der Entscheidung in der Hauptsache an das Beschwerdegericht. **71**

Der Übertragungsbeschluss enthält keine **Kostenentscheidung** oder **Streitwertfestsetzung**. Beides ist der verfahrensabschließenden Beschwerdeentscheidung durch das Oberlandesgericht vorbehalten. **72**

Anlage

Gesetzesbegründung – VergRModG 2016 (BT-Drs. 18/6281)

Seite 136

§ 179 GWB entspricht dem bisherigen § 124 GWB.

---

128 Beispielsweise weil die Vergabekammer den Sachverhalt (z. B. in Bezug auf umfangreiche und komplizierte technische Sachverhalte) noch nicht aufgeklärt hat (gegebenenfalls durch Einholung eines Sachverständigengutachtens); siehe auch OLG Frankfurt, Beschluss v. 5.10.2010 – 11 Verg 7/10, Rn. 80.

129 Insoweit kann auf die Kommentierungen zu § 168 und § 178 GWB verwiesen werden.

130 Vgl. hierfür die Kommentierung zu § 178 GWB.

131 Siehe BGH, Beschluss v. 4.4.2017 – X ZB 3/17 (Postdienstleistungen), Rn. 13.

§ 180 GWB
Schadensersatz bei Rechtsmissbrauch

(1) Erweist sich der Antrag nach § 160 oder die sofortige Beschwerde nach § 171 als von Anfang an ungerechtfertigt, ist der Antragsteller oder der Beschwerdeführer verpflichtet, dem Gegner und den Beteiligten den Schaden zu ersetzen, der ihnen durch den Missbrauch des Antrags- oder Beschwerderechts entstanden ist.

(2) Ein Missbrauch des Antrags- oder Beschwerderechts ist es insbesondere,

1. die Aussetzung oder die weitere Aussetzung des Vergabeverfahrens durch vorsätzlich oder grob fahrlässig vorgetragene falsche Angaben zu erwirken;

2. die Überprüfung mit dem Ziel zu beantragen, das Vergabeverfahren zu behindern oder Konkurrenten zu schädigen;

3. einen Antrag in der Absicht zu stellen, ihn später gegen Geld oder andere Vorteile zurückzunehmen.

(3) Erweisen sich die von der Vergabekammer entsprechend einem besonderen Antrag nach § 169 Absatz 3 getroffenen vorläufigen Maßnahmen als von Anfang an ungerechtfertigt, hat der Antragsteller dem Auftraggeber den aus der Vollziehung der angeordneten Maßnahme entstandenen Schaden zu ersetzen.

Übersicht Rn.

A. Allgemeines ... 1
I. Unionsrechtlicher Hintergrund ... 6
II. Historie ... 7
III. Vergleichbare Regelungen ... 8
B. Schadensersatz bei Missbrauch des Antrags- und Beschwerderechts (Abs. 1 und 2) ... 9
I. Anspruchsinhaber ... 10
II. Anspruchsgegner ... 12
III. Anspruchsvoraussetzungen ... 13
1. Ungerechtfertigter Antrag oder Beschwerde ... 16
2. Rechtsmissbrauch (Abs. 2) ... 20
a) Falsche Angaben (Nr. 1) ... 24
b) Behinderungs- und Schädigungsabsicht (Nr. 2) ... 28
aa) Behinderungsabsicht (Alt. 1) ... 30
bb) Schädigungsabsicht (Alt. 2) ... 33
c) Antragsrücknahme gegen Geld oder andere Vorteile (Nr. 3) ... 35
3. Haftung für Dritte ... 41
4. Verschulden ... 43
IV. Rechtsfolge ... 44
1. Schadensersatz ... 45
2. Mitverschulden ... 49
3. Unzulässigkeit des Nachprüfungsantrags bzw. der Beschwerde ... 51
V. Verjährung ... 53
VI. Verfahrensfragen ... 57
1. Zuständigkeit ... 57
2. Darlegungs- und Beweislast ... 60
VII. Sonstige Anspruchsnormen ... 62
C. Schadensersatz bei ungerechtfertigter vorläufiger Maßnahme (Abs. 3) ... 63
I. Ungerechtfertigte Maßnahmen ... 67
II. Vollziehung ... 69
III. Rechtsfolge ... 71
IV. Verjährung und Verfahrensfragen ... 73
Anlage
Gesetzesbegründung

A. Allgemeines

Erweist sich ein Nachprüfungsantrag oder eine sofortige Beschwerde als, wie es das Gesetz formuliert, „von Anfang an ungerechtfertigt“, so muss der Antragsteller bzw. der Beschwerdeführer nach § 180 Abs. 1 GWB dem Verfahrensgegner bzw. den übrigen Verfahrensbeteiligten den Schaden ersetzen, der ihm/ihnen durch den Rechtsmissbrauch entstanden ist. Einzelne (typische) Beispiele für ein rechtsmissbräuchlich eingesetztes Nachprüfungsverfahren werden in § 180 Abs. 2 GWB genannt. § 180 Abs. 3 GWB erweitert den Schadensersatzanspruch auf die Fälle, in denen sich die von der Vergabekammer nach § 169 Abs. 3 GWB getrof- 1 fenen vorläufigen Maßnahmen, die zur vorübergehenden Aussetzung des Vergabeverfahrens führen, als von Anfang an ungerechtfertigt erweisen.

2 § 180 GWB stellt damit eine eigene vergaberechtliche **Anspruchsnorm** für Fälle dar, die – im Falle einer sittenwidrigen Schädigung – bereits von § 826 BGB bzw. bei einem Prozessbetrug von § 823 Abs. 2 BGB i.V.m. § 263 StGB erfasst werden.

3 Für Klagen, mit denen der Anspruch aus § 180 GWB geltend gemacht wird, sind die ordentlichen **Gerichte** (Zivilgerichte) zuständig.[1]

4 Der Gesetzgeber des GWB-Vergaberechts ging offenbar davon aus, dass aus dem Nachprüfungsverfahren wegen des typischerweise hohen wirtschaftlichen Interesses der konkurrierenden Bieter an öffentlichen Aufträgen eine spezifische **Missbrauchsgefahr** resultiert.[2] Die in der Vorschrift statuierte besondere Schadensersatzpflicht sollte demnach dafür sorgen, dass Unternehmen, welche die besonderen vergaberechtlichen Rechtsschutzmöglichkeiten missbrauchen, nicht nur das allgemeine Kostenrisiko eines Nachprüfungsverfahrens, sondern auch Schadensersatzforderungen befürchten müssen. Willkürlichen Nachprüfungsverfahren und der damit verbundenen Gefahr einer missbräuchlichen Blockade der Auftragsvergabe bzw. notwendiger staatlicher Investitionen sollten auf diese Weise wirksam begegnet werden.

5 Abgesehen von einer möglichen Präventivwirkung hat die Missbrauchssanktion die ihr zugedachte Funktion jedoch bislang nicht erfüllt: In der **Rechtsprechung** der Zivilgerichte hat die Vorschrift jedenfalls keine Rolle gespielt, reine Schadensersatzurteile nach § 180 GWB sind bislang nicht bekannt geworden. Das mag auch daran liegen, dass die Voraussetzungen des Schadensersatzanspruchs schwer zu beweisen sind. In der vergaberechtlichen Spruchpraxis spielt die Vorschrift aber immerhin insoweit eine Rolle, als die Zulässigkeit eines Nachprüfungsverfahrens von den Vergabekammern und -senaten mit dem Hinweis verneint wird, dass der Nachprüfungsantrag rechtsmissbräuchlich i.S.d. § 180 GWB sei.[3]

I. Unionsrechtlicher Hintergrund

6 § 180 GWB hat keine Entsprechung in den EU-Vergaberichtlinien. Das Unionsrecht enthält in den Rechtsmittelrichtlinien 89/665/EWG und 92/13/EWG differenzierte Vorgaben zum Rechtsschutz. Vor diesem Hintergrund und wegen des verfassungsrechtlichen Anspruchs auf effektiven Rechtsschutz wird zum Teil eine restriktive Anwendung des § 180 GWB befürwortet.[4]

II. Historie

7 Die Schadensersatzpflicht wurde in der Vorgängerregelung des § 180 GWB in § 125 GWB a.F. begründet.[5] Der Regelungsgehalt der Vorschrift hat sich im Vergleich zur Vorgängervorschrift des § 125 GWB a.F. inhaltlich nicht geändert.[6] Sie sanktioniert weiterhin den Missbrauch des Nachprüfungsverfahrens.

III. Vergleichbare Regelungen

8 § 180 Abs. 1 und 2 GWB sind ausweislich der Gesetzesbegründung „spezielle Ausprägungen" der sittenwidrigen Schädigung nach § 826 BGB und des Prozessbetrugs nach § 823 Abs. 2 BGB i.V.m. § 263 StGB.[7] § 945 ZPO enthält eine § 180 Abs. 3 GWB vergleichbare Scha-

1 Siehe hierzu Rn. 57.
2 Gesetzesbegründung zu § 134 Abs. 1 und 2 GWB a.F., VgRÄG, BT-Drs. 13/9340, 22.
3 Siehe hierzu Rn. 51.
4 *Freytag*, in: Gabriel/Krohn/Neun, Handbuch Vergaberecht, § 38 Rn. 2; so auch *Losch*, in: Ziekow/Völlink, Vergaberecht, § 180 GWB Rn. 1 unter Berufung auf EuGH, Urteil v. 28.1.2010 – Rs. C-406/08 (Uniplex); Urteil v. 28.1.2010 – Rs. C-456/08.
5 VgRÄG, BGBl. I 1998, 2512.
6 Gesetzesbegründung zu § 180 GWB, VergRModG 2016, BT-Drs. 18/6281, 136.
7 Gesetzesbegründung zu § 134 Abs. 1 und 2 GWB a.F., VgRÄG, BT-Drs. 13/9340, 43.

densersatzpflicht für den Fall, dass sich die Anordnung eines Arrestes oder einer einstweiligen Verfügung als von Anfang an ungerechtfertigt erweist oder die angeordnete Maßregel auf Grund des § 926 Abs. 2 oder des § 942 Abs. 3 ZPO aufgehoben wird.

B. Schadensersatz bei Missbrauch des Antrags- und Beschwerderechts (Abs. 1 und 2)

Der Anspruch auf Schadensersatz nach § 180 Abs. 1 GWB setzt objektiv einen „von Anfang an" ungerechtfertigten vergaberechtlichen Rechtsbehelf und subjektiv die Motivation des Antragstellers bzw. Beschwerdeführers voraus, das Nachprüfungs- bzw. Beschwerdeverfahren nicht – oder zumindest nicht in erster Linie – zur Überprüfung des Vergabeverfahrens einzuleiten. Vielmehr geht es darum, eigennützige, sachfremde oder drittschädigende Interessen zu verfolgen. 9

I. Anspruchsinhaber

Anspruchsinhaber gemäß § 180 GWB kann jeweils die andere Seite in einem Nachprüfungsverfahren oder Beschwerdeverfahren sein. Der gesetzliche Wortlaut spricht insoweit lediglich von „**Gegner** und den **Beteiligten**". Bei rechtsmissbräuchlich durch den Antragsteller eingesetztem Nachprüfungsantrag bzw. durch den Beschwerdeführer rechtsmissbräuchlich genutzte sofortige Beschwerde kann Anspruchsinhaber aus § 180 GWB also der Auftraggeber und/oder ein Beigeladener sein. Beim Missbrauch der sofortigen Beschwerde durch den Auftraggeber können Anspruchsinhaber der Antragsteller und/oder ein Beigeladener sein und beim Missbrauch der sofortigen Beschwerde durch einen Beigeladenen können sich der Antragsteller, der Auftraggeber und/oder ein anderer Beigeladener auf einen Anspruch nach § 180 GWB berufen. 10

Ein Unternehmen, das die Vergabekammer entgegen § 162 GWB **nicht** zu dem Verfahren **beigeladen** hat, obwohl seine Interessen durch die beantragte Entscheidung der Vergabekammer schwerwiegend berührt werden können, kommt hingegen als berechtigter Anspruchsteller nicht in Betracht. § 180 Abs. 1 GWB weist nach seinem eindeutigen Wortlaut nur einem Verfahrensbeteiligten den Anspruch zu: Der Begriff des bzw. der „Beteiligten" bezeichnet in Teil 4 GWB – wie ein Blick etwa auf § 162 GWB[8] zeigt – die Beteiligten des Nachprüfungs- oder Beschwerdeverfahrens und ist daher in einem streng prozessual-formellen Sinne zu verstehen. Nicht beigeladene Unternehmen können daher keinen Schadensersatz nach § 180 GWB verlangen.[9] 11

II. Anspruchsgegner

Der Anspruch nach § 180 Abs. 1 GWB richtet sich gegen den Antragsteller, also gegen denjenigen Bieter, auf dessen Antrag ein Nachprüfungsverfahren eingeleitet wurde, wenn die Zulässigkeit oder Berechtigung dieses Antrags infrage steht. Geht es um einen Missbrauch des Rechts der sofortigen Beschwerde gegen die Entscheidung der Vergabekammer, ist Anspruchsgegner der Beschwerdeführer, also entweder der Antragsteller oder der Auftraggeber. Hat (auch) ein von der Vergabekammer beigeladenes Unternehmen die sofortige Beschwerde eingelegt, kann der Anspruch auch gegenüber diesem Verfahrensbeteiligten bestehen. 12

8 Der Begriff wird ebenso verwendet in den §§ 165, 166, 167, 171, 174 und 182 GWB.

9 Ebenso *Freytag*, in: Gabriel/Krohn/Neun, Handbuch Vergaberecht, § 38 Rn. 11; für einen weiten Beteiligtenbegriff dagegen *Markpert*, in: Heuvels/Höß/Kuß/Wagner, Vergaberecht, § 180 GWB Rn. 11.

III. Anspruchsvoraussetzungen

13 Der Schadensersatzanspruch nach § 180 Abs. 1 GWB knüpft zunächst daran an, dass sich der Nachprüfungsantrag nach § 160 GWB oder die sofortige Beschwerde nach § 171 GWB als von Anfang an ungerechtfertigt erweist.

14 Für sich genommen kann der Umstand, dass das Begehren des Anspruchstellers oder Beschwerdeführers sachlich **nicht gerechtfertigt** ist und dem Gegner über das Verfahren hinaus Nachteile erwachsen (z. B. dass sich eine Auftragsvergabe und die Durchführung des Auftrags wegen des Nachprüfungsverfahrens verzögert oder dem Auftragnehmer Mehrkosten wegen gestiegener Materialpreise entstehen), grundsätzlich noch keine Schadensersatzpflicht begründen. Auch unter diesen Umständen kann dem Antragsteller bzw. dem Beschwerdeführer bei dessen subjektiver Redlichkeit nicht vorgeworfen werden, das Nachprüfungs- oder Beschwerdeverfahren als staatliches, gesetzlich eingerichtetes und geregeltes Verfahren einzuleiten oder zu betreiben. Für die Folgen einer (nur fahrlässigen) Fehleinschätzung der Rechtslage haftet der Betreffende daher außerhalb der schon im Verfahrensrecht vorgesehenen Sanktionen grundsätzlich nicht. Denn der Schutz des Prozessgegners wird regelmäßig durch das staatliche Verfahren nach Maßgabe seiner gesetzlichen Ausgestaltung gewährleistet.[10] Für die vergaberechtlichen Nachprüfungsverfahren muss das umso mehr gelten, als ein Bieter zu dem Zeitpunkt, zu dem er ein Nachprüfungsverfahren einleitet, oft noch keine sichere Kenntnis von den geltend gemachten Vergaberechtsverstößen besitzt. Diese stellt sich zumeist erst nach der Akteneinsicht gemäß § 165 GWB ein. Wegen dieses typischen Informationsdefizits zu Beginn eines Nachprüfungsverfahrens – das insbesondere in Verfahren nach der VgV auftreten kann, bei denen die Bieter gemäß § 55 Abs. 2 S. 2 VgV nicht zum Eröffnungstermin zugelassen sind und auch die Preise der anderen Angebote nicht erfahren[11] – richten sich die formalen Anforderungen an einen Nachprüfungsantrag im Wesentlichen danach, welche Kenntnisse der Bieter bezüglich der gerügten Vergabeverstöße hat oder haben kann.[12] Ein Antragsteller genügt seiner Darlegungslast – ausgenommen bei reinen Vermutungen – daher auch dann, wenn er lediglich Indizien oder aber tatsächliche Anhaltspunkte in seinem Antrag aufzeigt, die ihn zu dem Schluss bewogen haben, dass die Vergabestelle sich rechtswidrig verhalten habe.[13] Der Antragsteller darf zum Beispiel auch Zweifel an der Leistungsfähigkeit oder Zuverlässigkeit eines Wettbewerbers anbringen, die er aufgrund seiner Marktkenntnis gewonnen hat.[14] Ist es demnach zulässig, dass der Antragsteller seinen Nachprüfungsantrag zunächst lediglich auf Indizien stützt, kann hieraus nicht seine Haftung hergeleitet werden, wenn sie sich im Nachhinein (und sei es sämtlich) als tatsächlich unzutreffend erweisen.

15 Zu der Unzulässigkeit oder Unbegründetheit des Begehrens des Antragstellers bzw. Beschwerdeführers müssen daher für den Anspruch aus § 180 GWB **besondere Umstände** hinzukommen. Diese müssen die Würdigung zulassen, dass der Antragsteller sein Nachprüfungsrecht bzw. der Beschwerdeführer sein Beschwerderecht missbräuchlich einsetzt; denn § 180 Abs. 1 GWB sieht einen Ausgleich allein für durch den Missbrauch des Antrags- oder Beschwerderechts verursachte Schäden vor. Die Schwelle liegt damit durchaus hoch: § 180 GWB erfasst allein eine rücksichtslose Ausnutzung einer lediglich formellen Rechtsposition.[15] Diese liegt z. B. dann vor, wenn sich ein Antragsteller bzw. Beschwerdeführer sachliche oder zeitliche Zwänge der Vergabestelle zunutze machen will, um für sich daraus Vorteile zu ziehen.

---

10 Vgl. BGH, Urteil v. 15.7.2005 – GSZ 1/04.

11 Vgl. auch VK Sachsen, Beschluss v. 25.11.2009 – 1/SVK/051-09. Nach der VOB/A dürfen die Bieter bei Vergaben unterhalb der Schwellenwerte am Eröffnungstermin teilnehmen, wenn schriftliche Angebote zugelassen sind (§ 14a Abs. 1 S. 1 VOB/A). Bei Bauvergaben oberhalb der Schwellenwerte stellt der öffentliche Auftraggeber im offenen und nicht offenen Verfahren den Bietern nach § 14 EU Abs. 6 VOB/A die in der Niederschrift nach § 14 Abs. 3 lit. a bis d VOB/A aufzunehmenden Informationen elektronisch zur Verfügung.

12 OLG Dresden, Beschluss v. 6.6.2002 – WVerg 4/02.

13 Vgl. OLG München, Beschluss v. 7.8.2007 – Verg 8/07.

14 *Dicks*, in: Ziekow/Völlink, Vergaberecht, § 160 GWB Rn. 19 mit weiteren Beispielen.

15 Vgl. BayObLG, Beschluss v. 20.12.1999 – Verg 8/99.

1. Ungerechtfertigter Antrag oder Beschwerde

Die erste Voraussetzung des Schadensersatzanspruchs nach § 180 Abs. 1 GWB, wonach der Nachprüfungsantrag oder die sofortige Beschwerde von Anfang an ungerechtfertigt gewesen sein muss, ist objektiver Natur. 16

Ungerechtfertigt ist das Rechtsmittel, wenn es unzulässig oder unbegründet ist. „Von Anfang an ungerechtfertigt" ist es, wenn es bei richtiger Beurteilung der tatsächlichen und rechtlichen Gegebenheiten des Einzelfalles keinen Erfolg haben konnte, weil die Voraussetzungen hierfür im Zeitpunkt der Antragstellung objektiv nicht vorlagen.[16] Ein zusätzliches ungeschriebenes „Offensichtlichkeitsmerkmal", wie es vereinzelt in der Literatur[17] gefordert wird, ergibt sich aus § 180 GWB nicht.[18] Ein Merkmal der Offensichtlichkeit lässt sich weder aus dem Wortlaut des § 180 GWB herleiten noch den Gesetzesmaterialien entnehmen. Über die Feststellung, der Antrag sei von Anfang an unbegründet gewesen, hinaus, ist Voraussetzung für den Anspruch nach § 180 GWB nur das Vorliegen eines Missbrauchs als einschränkendes Tatbestandsmerkmal.[19] Von Anfang an ungerechtfertigt ist ein Rechtsmittel beispielsweise dann, wenn dem Antragsteller die Antragsbefugnis im Sinne des § 160 Abs. 2 GWB fehlte, der behauptete Verstoß gegen das Vergaberecht nicht rechtzeitig gemäß § 160 Abs. 3 GWB gerügt wurde oder der mit dem Antrag verfolgte Anspruch bzw. der mit der Beschwerde gerügte Rechtsfehler tatsächlich nicht bestand. 17

Die Frage, ob das mit dem Nachprüfungsantrag oder der sofortigen Beschwerde verfolgte Begehren von Anfang an ungerechtfertigt war, ist anhand der möglichen Erkenntnisse in der letzten möglichen Verhandlung in der Tatsacheninstanz des Schadensersatzprozesses zu beantworten. Sie muss bezogen auf den **Zeitpunkt** beantwortet werden, zu dem der betreffende Antrag vor der Vergabekammer oder die Beschwerde vor dem Oberlandesgericht (bei Antragserweiterung oder -änderung nach einer Vorlage gemäß § 179 Abs. 2 GWB auch vor dem Bundesgerichtshof) erstmals gestellt wurde. Das ergibt sich aus der gesetzlichen Formulierung („von Anfang an ungerechtfertigt"). Auf nachträgliche Umstände, die ein zunächst zulässiges und begründetes Begehren unzulässig oder unbegründet machen oder erledigen, kann die Schadensersatzklage also nicht gestützt werden. 18

Bei **mehreren** erhobenen **Vorwürfen** kann ein Anknüpfungspunkt für einen Schadensersatzanspruch bereits dann vorliegen, wenn jedenfalls einer von diesen den gestellten Antrag nicht rechtfertigt. Ein von Anfang an ungerechtfertigter Nachprüfungsantrag dürfte aber dann nicht vorliegen, wenn der Antragsteller das Nachprüfungsverfahren mit der Behauptung eines Vergabefehlers einleitet, die sich im weiteren Nachprüfungsverfahren zwar nicht beweisen lässt, es dem Antragsteller aber daraufhin gelingt – etwa aufgrund der wegen seines Nachprüfungsantrags gewährten Akteneinsicht nach § 165 GWB –, einen anderen (begründeten) Vergaberechtsverstoß des Auftraggebers geltend zu machen und damit seinem Antrag zum Erfolg zu verhelfen.[20] 19

2. Rechtsmissbrauch (Abs. 2)

Die zweite Voraussetzung des Schadensersatzanspruchs betrifft die Frage, ob der Anspruchsgegner von seinem Nachprüfungsrecht in missbräuchlicher Weise Gebrauch gemacht hat. § 180 GWB sanktioniert also eine subjektiv verwerfliche Zielrichtung. 20

---

16 Vgl. BGH, Urteil v. 7.6.1988 – IX ZR 278/87 (zu § 945 ZPO).

17 *Noch*, Vergaberecht kompakt, S. 84.

18 *Antweiler*, in: Burgi/Dreher, Vergaberecht, § 180 GWB Rn. 12; *Franßen*, in: Byok/Jäger, Vergaberecht, § 180 GWB, Rn. 13; *Freytag*, in: Gabriel/Krohn/Neun, Handbuch Vergaberecht, § 38 Rn. 14 f.; *Verfürth*, in: Röwekamp/Kus/Portz/Prieß, GWB-Vergaberecht, § 180 Rn. 13; *Losch*, in: Ziekow/Völlink, Vergaberecht, § 180 GWB Rn. 10.

19 *Verfürth*, in: Röwekamp/Kus/Portz/Prieß, GWB-Vergaberecht, § 180 Rn. 13 m.w.N.

20 So auch *Freytag*, in: Gabriel/Krohn/Neun, Handbuch Vergaberecht, § 38 Rn. 18 m.w.N., mit dem überzeugenden Argument, dass es nach dem Wortlaut des § 180 Abs. 1 GWB auf das Rechtsmittel insgesamt ankommt, nicht auf einzelne Vorwürfe.

21 Was unter „**Missbrauch**" zu verstehen ist, definiert das Gesetz nicht, § 180 Abs. 2 GWB nennt aber einige typische Beispiele („insbesondere") für von § 180 Abs. 1 GWB erfasste Missbrauchsfälle.

22 Andere gesetzlich **nicht genannte Missbrauchsfälle** müssen mit diesen Beispielen in Qualität und Schwere vergleichbar sein.[21] Ob dies der Fall ist, muss durch die Auslegung des Wortlauts bzw. von Sinn und Zweck der Vorschrift und einer vergleichenden Wertung mit den in § 180 Abs. 2 GWB genannten Beispielen ermittelt werden. Die Grenze zum Rechtsmissbrauch i.S.v. § 180 GWB ist erst dann überschritten, wenn die rücksichtslose Ausnutzung einer formellen Rechtsposition anzunehmen ist.[22] Ein von den gesetzlichen Regelbeispielen nicht erfasster Missbrauchsfall liegt z. B. vor, wenn ein Antragsteller das Nachprüfungsverfahren als Druckmittel einsetzt, um die Vergabestelle in grob eigennütziger Weise zu einer (Geld-)Leistung zu veranlassen, auf die er keinen Anspruch hat und die er billigerweise nicht erheben kann,[23] oder wenn ein Antragsteller sich das Recht, ein Nachprüfungsverfahren einzuleiten, „abkaufen" lässt.[24]

23 Die **Missbrauchshandlung** kann schon das Stellen des Nachprüfungsantrags oder das Einreichen der sofortigen Beschwerde selbst sein. Ein Rechtsmissbrauch kann aber auch durch sonstige Verfahrenshandlungen verwirklicht werden, mit denen der Antragsteller oder der Beschwerdeführer auf das (weitere) Verfahren vor der Vergabekammer oder dem Vergabesenat beim Oberlandesgericht Einfluss zu nehmen sucht. Das können beispielsweise sein: die Begründung des Nachprüfungsantrags oder der sofortigen Beschwerde, der Tatsachenvortrag und sonstige Angaben, das Bestreiten des gegnerischen Vortrags einschließlich der Nichterklärung hierzu, weitere Sachanträge, insbesondere das nachträgliche „Auffüllen" des Rechtsschutzbegehrens mit der Behauptung weiterer Vergaberechtsverstöße, Beweisantritte, Vertagungsanträge oder die Ablehnung von Mitgliedern der Vergabekammer bzw. des Vergabesenats sowie von Sachverständigen.

a) Falsche Angaben (Nr. 1)

24 Nach § 180 Abs. 2 Nr. 1 GWB liegt ein Missbrauch des Nachprüfungsrechts insbesondere darin, die Aussetzung oder die weitere Aussetzung des Vergabeverfahrens durch vorsätzlich oder grob fahrlässig vorgetragene falsche Angaben zu erwirken. Es muss also zu der Information des Auftraggebers über den Nachprüfungsantrag und das hierdurch bewirkte Zuschlagsverbot nach § 169 Abs. 1 GWB bzw. zur Ablehnung der vorzeitigen Zuschlagserteilung nach § 169 Abs. 2 GWB und § 176 GWB oder zum Fortdauern des Zuschlagsverbots nach § 173 Abs. 1 S. 3 GWB gekommen sein, weil der Antragsteller oder Beschwerdeführer falsche Angaben gemacht hat. Denkbar ist auch, dass falsche Angaben aus dem Vergabeverfahren aufrechterhalten werden.

25 Bestehen **Ausschlussgründe** und trägt der Antragsteller im Nachprüfungsantrag wahrheitswidrig vor, die den Angebotsausschluss begründenden Tatsachen lägen nicht vor, kann das Regelbeispiel nach § 180 Abs. 2 Nr. 1 GWB erfüllt sein. Besonders schwer kann es dabei wiegen, wenn der Antragsteller zu Ausschlussgründen nach den §§ 124 Abs. 1 GWB, insbesondere Nr. 8 und 9, falsche Angaben macht. Werden im Nachprüfungs- oder Beschwerdeverfahren Ausschlussgründe nach den §§ 124 Abs. 1 Nr. 8, Nr. 9 lit. a oder c GWB[25] festgestellt, liegt bei Einschlägigkeit der weiteren Voraussetzungen ein Schadensersatzanspruch nach § 180 GWB zumindest nahe.

26 Der Antragsteller oder Beschwerdeführer muss gewusst haben, dass die Angaben falsch sind (bei **vorsätzlichem** Missbrauch) oder die objektive Unrichtigkeit der Angaben nicht erkannt haben, weil er die im Verkehr erforderliche Sorgfalt in besonders schwerem Maße außer Acht gelassen hat (bei grob **fahrlässigem** Missbrauch). Er muss demnach diejenige Umsicht und

---

21 VK Baden-Württemberg, Beschluss v. 16.1.2009 – 1 VK 64/08.
22 Siehe hierzu bereits Rn. 15; vgl. VK Baden-Württemberg, Beschluss v. 16.1.2009 – 1 VK 64/08.
23 VK Brandenburg, Beschluss v. 20.12.2005 – 1 VK 75/05.
24 OLG Düsseldorf, Beschluss v. 14.5.2008 – VII-Verg 27/08.
25 Zu § 124 Abs. 1 Nr. 9 lit. c GWB: VK Baden-Württemberg, Beschluss v. 23. 1.2018 – VK 57/17.

Sorgfalt vernachlässigt haben, die in der konkreten Lage nach dem Urteil besonnener und gewissenhafter Beteiligter an einem Vergabeverfahren der betreffenden Art erwartet werden können.[26] Ein **grob fahrlässiges** Handeln liegt dann vor, wenn schon die einfachsten, ganz nahe liegenden Überlegungen, die hiernach erforderlich sind, nicht angestellt werden, und nicht beachtet wird, was im gegebenen Fall jedem einleuchten muss, wobei auch subjektive, in der Person des Handelnden begründete Umstände zu berücksichtigen sind.[27] Unerheblich ist dabei, ob der Antragsteller bzw. der Beschwerdeführer bewusst oder grob fahrlässig verkannt hat, dass er rechtswidrig handelt. Gerade vor dem Hintergrund, dass Nachprüfungsanträge sich vor der Akteneinsicht gemäß § 165 GWB häufig auf Indizien und auf im Markt bekannte, tatsächliche Anhaltspunkte stützen müssen,[28] darf bedingt vorsätzliches oder grob fahrlässiges Handeln nur nach einer sorgfältigen Gesamtwürdigung sämtlicher Umstände des Einzelfalles angenommen werden.

Die falschen Angaben müssen schließlich **ursächlich** für die (weitere) Aussetzung des Vergabeverfahrens im Sinne eines Kausalzusammenhangs gewesen sein. Wäre es ohnehin zu einer (weiteren) Aussetzung des Vergabeverfahrens gekommen, liegt ein Missbrauch nach dem Fallbeispiel des § 180 Abs. 2 Nr. 1 GWB nicht vor. 27

b) Behinderungs- und Schädigungsabsicht (Nr. 2)

Nach § 180 Abs. 2 Nr. 2 GWB liegt ein Missbrauch des Antrags- und Beschwerderechts auch insbesondere darin, dass der Antragsteller bzw. Beschwerdeführer die Überprüfung einer Auftrags- oder Konzessionsvergabe mit dem Ziel beantragt, das Vergabeverfahren zu behindern oder die Konkurrenten um den Auftrag bzw. die Konzession zu bringen. 28

Bei dieser Variante müssen die angestrebte Behinderung des Vergabeverfahrens oder die beabsichtigten Nachteile zulasten eines oder mehrerer Wettbewerber nicht tatsächlich eingetreten sein. Es reicht aus, dass der Antragsteller bzw. Beschwerdeführer ein entsprechendes Ziel mit seinem Rechtsbehelf verfolgt. Der Begriff „**Absicht**" setzt Vorsatz im Hinblick auf die Behinderung und Schädigung voraus. Er geht sogar darüber hinaus: Die subjektive Zielstellung des Nachprüfungsantrags bzw. der Beschwerde muss die Behinderung des Vergabeverfahrens oder die Schädigung des Konkurrenten sein.[29] 29

aa) Behinderungsabsicht (Alt. 1)

Unter „**Behinderung**" eines Vergabeverfahrens fallen in erster Linie vor allem durch das Zuschlagsverbot des § 169 Abs. 1 GWB bewirkte Verzögerungen der Auftrags- oder Konzessionsvergabe. Erfasst sind aber auch sonstige, den Ablauf des Vergabeverfahrens erschwerende Umstände, z. B. die Tatsache, dass dessen Abwicklung komplizierter, fehleranfälliger oder aufwändiger wird. Eine derartige Behinderung muss gerade das vorrangige Ziel sein, aus dem heraus der Betreffende das Nachprüfungsverfahren eingeleitet, die sofortige Beschwerde erhoben oder eine sonstige Vorgehensweise innerhalb des Nachprüfungsverfahrens gewählt hat. Ein Rechtsmissbrauch i.S.d. § 180 GWB setzt demnach voraus, dass es wegen eines Nachprüfungsantrags nach § 160 GWB oder einer sofortigen Beschwerde nach § 171 GWB zu einem Rechtsschutzverfahren kommt und sich das sanktionierte Verhalten in diesem Verfahren abspielt. Bei einer Entscheidung des Vergabesenats nach § 173 Abs. 1 GWB stellt sich das Problem im Übrigen in vergleichbarer Schärfe nicht, da Ursache der Verfahrensverzögerung die auf einer umfassenden Abwägung beruhende Entscheidung des Gerichts selbst ist; ein Missbrauchsvorwurf kann dann allenfalls auf § 180 Abs. 2 Nr. 1 GWB gestützt werden. 30

Ist die Behinderung des Vergabeverfahrens nach der Vorstellung des Antragstellers bzw. Anspruchsgegners nur eine – wenn auch unvermeidliche – **Nebenfolge** seines Handelns, dürfte das noch nicht die erste Alternative des § 180 Abs. 2 Nr. 2 GWB verwirklichen. Es reicht jedoch aus, dass der Anspruchsgegner die Behinderung des Vergabeverfahrens als Erfolg anstrebt, 31

26 BGH, Urteil v. 15.11.1971 – VIII ZR 62/70.
27 St. Rspr., z. B. BGH, Urteil v. 13.12.2004 – II ZR 17/03.
28 Siehe hierzu bereits Rn. 14.
29 *Verfürth*, in: Röwekamp/Kus/Portz/Prieß, GWB-Vergaberecht, § 180 Rn. 28.

um ein anderes Ziel zu erreichen. Der Anspruchsgegner muss auch nicht als sicher annehmen, dass es zu der gewollten Behinderung des Vergabeverfahrens kommen wird; es reicht aus, wenn er eine Behinderung des Vergabeverfahrens als Folge seines Handelns für möglich hält.[30]

32 Als sog. innere Tatsache, zu der Beweggründe, Überlegungen und Willensentscheidungen zählen, ist die **Behinderungsabsicht** einem unmittelbaren Beweis kaum zugänglich.[31] Die Missbrauchsabsicht des Antragstellers oder Beschwerdeführers muss sich daher regelmäßig aus objektiven Umständen ergeben, die den Schluss zulassen, dass mit der Einleitung des Nachprüfungsverfahrens, dem Erheben der sofortigen Beschwerde oder sonstiger Verfahrenshandlungen das Ziel verfolgt wurde, den Fortgang des Vergabeverfahrens zu behindern. Dabei muss es sich schon deswegen um ganz besondere Umstände handeln, weil derjenige, der ein Nachprüfungsverfahren anstrengt, regelmäßig das Ziel verfolgt, selbst den Zuschlag zu erhalten.[32]

bb) Schädigungsabsicht (Alt. 2)

33 Auch bei der zweiten Alternative des § 180 Abs. 2 Nr. 2 GWB muss eine bestimmte Zielrichtung oder **Absicht** festgestellt werden.[33] Der Anspruchsgegner muss mit seinem Nachprüfungsantrag oder einem sonstigen Antrag im Rahmen des Nachprüfungsverfahrens vor der Vergabekammer oder dem Vergabesenat beabsichtigen, einem oder mehreren Konkurrenten einen Nachteil zuzufügen. Indizien für eine beabsichtigte Schädigung von Wettbewerbern können z. B. falsche – diffamierende – Angaben über die Eignung eines Konkurrenten sein, wenn daraus ersichtlich wird, dass die Angaben einer tatsächlichen Grundlage entbehren und es einzig darum geht, den Konkurrenten in ein schlechtes Licht zu rücken.

34 Der beabsichtigte **Nachteil** muss nicht auf die Verletzung bestimmter Rechte oder Rechtsgüter zielen; es genügt, dass eine nachteilige Einwirkung auf die Vermögenslage eines Wettbewerbers um den öffentlichen Auftrag oder die Konzession,[34] einschließlich der Belastung des fremden Vermögens mit einem Verlustrisiko, angestrebt wird. Auf den tatsächlichen Eintritt des erstrebten Erfolges kommt es wie bei der ersten Alternative von § 180 Abs. 2 Nr. 2 GWB nicht an.

c) Antragsrücknahme gegen Geld oder andere Vorteile (Nr. 3)

35 Nach § 180 Abs. 2 Nr. 3 GWB stellt es schließlich einen Missbrauch des Nachprüfungsrechts dar, wenn ein Antrag in der Absicht gestellt wird, ihn später gegen Geld oder andere Vorteile zurückzunehmen.

36 Der Begriff „**Absicht**" setzt hier ebenso wie in § 180 Abs. 2 Nr. 2 GWB die subjektive Zielsetzung der Erlangung eines geldwerten oder anderen Vorteils voraus.[35] Die Absicht, einen Antrag später wegen Geld oder anderer Vorteile zurückzunehmen, muss zumindest das Hauptziel des Antrags sein. Wenn zugleich noch Nebenziele verfolgt werden, ist dies unschädlich, solange das Ziel der Erlangung wirtschaftlicher Vorteile aus der Rücknahme übergeordnet ist.[36] Gemeint sind Geldzahlungen, aber auch andere Vorteile, die z. B. auch in einer späteren Beauftragung mit anderen Aufträgen liegen können.

37 Angesichts des Zwecks der Vorschrift, dem Missbrauch der Rechtsschutzmöglichkeiten umfassend entgegenzuwirken, ist unter „**Antrag**" nicht nur der Nachprüfungsantrag i.S.v. § 160 GWB, sondern auch die sofortige Beschwerde i.S.v. § 171 GWB sowie jeder sonstige Antrag

30 Vgl. allgemein schon BGH, Urteil v. 6.2.1963 – 3 StR 58/62.
31 BVerfG, Urteil v. 30.6.1993 – 2 BvR 459/93; zu den praktischen Folgen *Franßen*, in: Byok/Jäger, Vergaberecht, § 180 GWB Rn. 24; *Glahs*, in: Reidt/Stickler/Glahs, Vergaberecht, § 180 GWB Rn. 14.
32 Vgl. VK Sachsen, Beschluss v. 22.8.2001 – 1 SVK 79/01, zu einer bereits durch Antragstellung und weitere objektive Umstände dokumentierten Behinderungsabsicht.
33 Vgl. Rn. 28 f.
34 BGH, Urteil v. 13.9.2004 – II ZR 276/02.
35 Vgl. oben Rn. 29.
36 *Verfürth*, in: Röwekamp/Kus/Portz/Prieß, GWB-Vergaberecht, § 180 Rn. 34 m.w.N.

im Rahmen des Nachprüfungsverfahrens zu verstehen.[37] Dafür spricht auch der Wortlaut der Vorschrift („einen Antrag") im Gegensatz etwa zu §§ 160 Abs. 3, 161, 163 Abs. 2 („der Antrag"; gemeint ist hier der Antrag auf Nachprüfung nach § 160 Abs. 1 GWB) oder zu § 169 GWB („eines Antrags auf Nachprüfung").

Der Missbrauchstatbestand des § 180 Abs. 2 Nr. 3 GWB ist verwirklicht, wenn ein Antrag innerhalb des Nachprüfungsverfahrens in der Absicht gestellt wurde, ihn gegen Geld oder andere Vorteile wieder zurückzunehmen. Die Absicht muss daher zum **Zeitpunkt** der Antragstellung schon vorgelegen haben. 38

Vorausgesetzt wird eine nachweisbare **Kausalität** zwischen der Antragstellung und seiner Rücknahme aus finanziellem Interesse (sog. „pekuniären Motiven").[38] Davon ist z. B. auszugehen, wenn der Antragsteller der Vergabestelle zunächst anbietet, sich gegen eine unberechtigte und überzogene Geldzahlung (angebliche Anwaltskosten in Höhe von einem Sechstel des voraussichtlichen Gesamthonorars) aus dem Vergabeverfahren endgültig zurückzuziehen, und das Nachprüfungsverfahren als Druckmittel benutzt, um dieser Forderung Nachdruck zu verleihen.[39] 39

Grundsätzlich steht das GWB-Vergaberecht aber einer Einigung der Verfahrensbeteiligten im Wege des **Vergleichs** nicht entgegen, auch wenn die Vergleichsmöglichkeit im Nachprüfungsverfahrensrecht nicht ausdrücklich geregelt ist.[40] Der Versuch einer einvernehmlichen Einigung bleibt als solcher damit grundsätzlich unsanktioniert,[41] sodass darin – und sei es auch gegen Zahlung einer Geldsumme – nicht ohne Weiteres ein Missbrauch der Verfahrensrechte gesehen werden kann. Auch § 180 GWB hindert Antragsteller und Antragsgegner nicht daran, das Nachprüfungsverfahren durch einen Vergleich zu beenden, der einen Interessensausgleich zwischen beiden Parteien schafft, z. B. indem die Verfahrenskosten gleichmäßig zwischen den Parteien aufgeteilt werden.[42] Aus einem vor Einleitung eines Nachprüfungsverfahrens unterbreiteten Vorschlag, von einem Nachprüfungsverfahren gegen Zahlung einer Geldsumme abzusehen, kann daher noch weniger zwingend geschlossen werden, dass der dann doch eingereichte Nachprüfungsantrag nur aus dem Motiv heraus eingereicht wurde, grob eigennützig Geld aus einer Rücknahme des Antrags zu erzielen. Insoweit können erst spezifische Umstände die Annahme rechtfertigen, dass die Schwelle zum Rechtsmissbrauch durch einen Vergleichsvorschlag überschritten ist.[43] 40

3. Haftung für Dritte

§ 180 Abs. 1 GWB sanktioniert der Sache nach eine unerlaubte Handlung i.S.d. § 823 Abs. 1 BGB. Da es sich bei dem Anspruch aus § 180 GWB um eine Ausprägung der sittenwidrigen Schädigung nach § 826 BGB und des Prozessbetruges nach § 823 Abs. 2 BGB i.V.m. § 263 StGB handelt, können die Grundsätze der Haftung nach den §§ 823 ff. BGB und somit auch § 831 BGB herangezogen werden. Handelt der Anspruchsgegner nicht selbst oder durch seine Organe, für deren Verhalten er nach § 31 BGB einzustehen hat, kann deshalb die **Zurechnung** nach § 831 BGB zur Anwendung kommen, wenn die Durchführung des Nachprüfungsverfahrens insgesamt oder bestimmte Verfahrenshandlungen Hilfspersonen übertragen worden sind. § 831 BGB verpflichtet denjenigen, der einen anderen zu einer Verrichtung bestellt, zum Ersatz des Schadens, den der andere in Ausführung der Verrichtung einem Dritten widerrechtlich zufügt. 41

37 *Verfürth*, in: Röwekamp/Kus/Portz/Prieß, GWB-Vergaberecht, § 180 Rn. 32; a.A. *Antweiler*, in: Burgi/Dreher, Vergaberecht, § 180 GWB Rn. 21; *Markpert*, in: Heuvels/Höß/Kuß/Wagner, Vergaberecht, § 180 GWB Rn. 13.
38 VK Sachsen, Beschluss v. 21.3.2002 – 1/SVK/011-02; Beschluss v. 12.7.2000 – 1/SVK/52-00.
39 VK Brandenburg, Beschluss v. 20.12.2005 – 1 VK 75/05.
40 VK Berlin, Beschluss v. 5.6.2007 – 1 VK B 2-17/07; vgl. zur analogen Anwendung von § 278 Abs. 6 ZPO: KG, Beschluss v. 9.10.2018 – Verg 5/18.
41 OLG Jena, Beschluss v. 3.5.2017 – 2 Verg 1/17; VK Baden-Württemberg, Beschluss v. 16.1.2009 – 1 VK 64/08.
42 VK Sachsen, Beschluss v. 21.3.2002 – 1/SVK/011-02; Beschluss v. 12.7.2000 – 1/SVK/52-00; vgl. auch VK Brandenburg, Beschluss v. 20.12.2005 – 1 VK 75/05.
43 VK Baden-Württemberg, Beschluss v. 16.1.2009 – 1 VK 64/08.

42 Bei den von § 180 Abs. 1 GWB erfassten Sachverhalten kommt vor allem in Betracht, dass der prozessbevollmächtigte **Rechtsanwalt** eine Prozessführung wählt, die als Missbrauch des Antrags- oder Beschwerderechts zu qualifizieren ist. Wenn diese mit dem Anspruchsgegner abgesprochen ist oder dieser ihr zugestimmt hat, ist das Absprechen bzw. die Zustimmung bereits eine Handlung des Anspruchsgegners selbst, welche die Schadensersatzpflicht dem Grunde nach auslöst. Anderenfalls haftet der Antragsteller oder Beschwerdeführer für das Handeln seines für ihn tätigen Rechtsanwalts, wenn dieser als „Verrichtungsgehilfe" i.S.d. § 831 BGB anzusehen ist. Das dabei vorausgesetzte Weisungsrecht des Antragstellers oder Beschwerdeführers braucht nicht ins Einzelne zu gehen. Es genügt, dass der Antragsteller bzw. Beschwerdeführer die Tätigkeit des Rechtsanwalts jederzeit beschränken oder entziehen oder nach Zeit und Umfang bestimmen kann.[44]

4. Verschulden

43 Wie die Beispiele in § 180 Abs. 2 GWB zeigen, kann der Missbrauch des Antrags- oder Beschwerderechts regelmäßig nur vorsätzlich begangen werden. Der Missbrauch setzt insofern ein „erhöhtes Verschulden" voraus.[45] Je nach Sachverhalt kann jedoch auch grob fahrlässiges Verhalten ausreichen, solange die Zielstellung besteht, die (weitere) Aussetzung zu erwirken, wie aus der zweiten Alternative von § 180 Abs. 2 Nr. 1 GWB deutlich wird. Der erforderliche Vorsatz ist zudem bereits dann gegeben, wenn der Anspruchsgegner die Umstände kannte, die seine fragliche Handlung als missbräuchlich erscheinen lassen, und wenn er den Schaden zumindest in Kauf genommen hat (bedingter Vorsatz). Der Vorsatz braucht sich nicht auf den konkreten Kausalverlauf und den genauen Umfang des Schadens zu erstrecken, er muss lediglich Art und Richtung des Schadens umfassen.[46]

IV. Rechtsfolge

44 Als allgemeine Normen zur Berechnung eines Schadens sind die §§ 249 ff. BGB anwendbar, weil es sich bei dem Anspruch aus § 180 Abs. 1 GWB um einen zivilrechtlichen Schadensersatzanspruch (besonderer deliktischer Anspruch) handelt.[47]

1. Schadensersatz

45 Wer das Antrags- und Beschwerderecht missbraucht hat, muss dem Geschädigten den durch den Missbrauch entstandenen Schaden bzw. die hierdurch entstandenen Nachteile ersetzen. Nach § 249 Abs. 1 BGB ist deshalb an sich der Zustand wiederherzustellen, der bestehen würde, wenn der Anspruchsgegner das Antrags- und Beschwerderecht nicht missbraucht hätte. Eine solche tatsächliche **Wiederherstellung** wird in der Regel nicht möglich sein. Nach §§ 251 Abs. 1, 253 Abs. 1 BGB wird deshalb regelmäßig Geldersatz (nur) für den Vermögensschaden geschuldet, der adäquat kausal auf der betreffenden Handlung beruht.

46 Der Schaden wird **ermittelt** durch einen Vergleich der Vermögenslage (einschließlich der vermögenswerten Aussichten), die aufseiten des Anspruchstellers vor dem Missbrauch bestand, und derjenigen Vermögenslage, die als Folge des Missbrauchs tatsächlich eingetreten ist.

47 Dieser Schaden muss (zumindest auch) durch den Missbrauch verursacht worden sein. Schäden, die einen Beteiligten durch die Einwirkung Dritter während eines missbräuchlich eingeleiteten Nachprüfungs- oder Beschwerdeverfahrens und ohne das Zutun des sich missbräuchlich verhaltenden Antragstellers oder Beschwerdeführers zugefügt werden, lösen keine Schadensersatzpflicht nach § 180 GWB aus. **Kausal** ist der Missbrauch demnach dann, wenn der Missbrauch nicht hinweggedacht werden kann, ohne dass zugleich der konkret eingetretene Schaden entfiele. Nachteile, die bei objektiver nachträglicher Bewertung zwar als Erfolg gelten können, zu denen es aber nicht im Allgemeinen, sondern wegen besonders eigenartiger,

---

44 BGH, Urteil v. 30.6.1966 – VII ZR 23/65.
45 *Verfürth*, in: Röwekamp/Kus/Portz/Prieß, GWB-Vergaberecht, § 180 Rn. 24.
46 BGH, Urteil v. 14.6.2000 – VIII ZR 218/99; Urteil v. 20.11.1990 – VI ZR 6/90.
47 *Losch*, in: Ziekow/Völlink, Vergaberecht, § 180 GWB Rn. 25.

unwahrscheinlicher und nach dem gewöhnlichen Verlauf der Dinge außer Betracht zu lassender Umstände gekommen ist, sind jedoch nicht zu ersetzen.[48] Ob eine gegebenenfalls unangemessen lange Verfahrensdauer im Nachprüfungs- oder Beschwerdeverfahren der Kausalität entgegengehalten werden kann, ist offen.

Beispiele für ersatzfähige Schäden sind: **48**

- Nutzungsausfall;
- Vorhaltekosten oder Kosten einer Zwischenlösung;[49]
- Mehrkosten bei der Ausführung des öffentlichen Auftrags oder der Konzession, wenn dessen Vergabe sich durch den Missbrauch verzögert hat;
- zusätzliche Finanzierungskosten;
- Mehrkosten aufgrund gestiegener Lohn- oder Materialkosten;
- Gewinn, der entgangen ist, weil der Missbrauch dazu geführt hat, dass ein anderer Auftrag nicht angenommen oder ausgeführt wurde;
- Kosten eines weiteren Vergabeverfahrens, wenn das Vergabeverfahren wegen Ablaufs der Bindefrist der Bieter während des missbräuchlichen Nachprüfungs- und Beschwerdeverfahrens nicht mit einem Zuschlag beendet werden kann und
- in diesem Zusammenhang entstandene Beratungskosten.

2. Mitverschulden

Der Ersatzanspruch kann wie jeder andere Schadensersatzanspruch gemäß § 254 BGB durch ein **Mitverschulden** des Anspruchstellers gemindert sein oder ganz entfallen, wenn der Anspruchsteller die ihn in eigenen Angelegenheiten treffende Sorgfalt nicht beachtet hat und er hierdurch in vorhersehbarer und vermeidbarer Weise zur Entstehung des geltend gemachten Schadens beigetragen hat. **49**

Der Einwand, den Anspruchsteller treffe ein Mitverschulden an dem entstandenen Schaden, ist nicht etwa deshalb von vornherein unbeachtlich, weil dem Anspruchsgegner angesichts des Missbrauchs der schwerwiegendere Vorwurf zu machen ist. Für die **Haftungsverteilung** ist in erster Linie das Maß der Verursachung maßgeblich, in dem die Beteiligten zur Schadensentstehung beigetragen haben; das beiderseitige Verschulden ist nur ein Faktor der bei § 254 BGB vorzunehmenden Abwägung.[50] Es kommt danach entscheidend darauf an, ob das Verhalten des Schädigers oder das des Geschädigten den Eintritt des Schadens in wesentlich höherem Maße wahrscheinlich gemacht hat.[51] In den von § 180 Abs. 1 GWB erfassten Konstellationen kann insbesondere eine Minderung nach § 254 Abs. 2 S. 1 BGB in Betracht kommen. Hiernach kann ein Mitverschulden auch darin bestehen, dass der Geschädigte es unterlässt, den zu ersetzenden Schaden gering zu halten. Das kann je nach den Umständen des Einzelfalles auch bedeuten, dass der Geschädigte verpflichtet ist, ein Deckungsgeschäft vorzunehmen.[52] **50**

3. Unzulässigkeit des Nachprüfungsantrags bzw. der Beschwerde

Im Ausnahmefall kann die missbräuchliche Inanspruchnahme des vergaberechtlichen Rechtsschutzes nicht nur eine Schadensersatzpflicht begründen, sondern dazu führen, dass der vergaberechtliche Rechtsschutz zu versagen ist, also die Unzulässigkeit des Antrags oder der Beschwerde zur Folge hat.[53] **51**

48 BGH, Urteil v. 11.1.2005 – X ZR 163/02.
49 *Losch*, in: Ziekow/Völlink, Vergaberecht, § 180 GWB Rn. 25.
50 Vgl. schon BGH, Urteil v. 20.1.1998 – VI ZR 59/97; Urteil v. 9.7.1968 – VI ZR 171/67.
51 BGH, Urteil v. 12.7.1988 – VI ZR 283/87.
52 BGH, Urteil v. 17.1.1997 – V ZR 285/95.
53 OLG Jena, Beschluss v. 3.5.2017 – 2 Verg 1/17; OLG Düsseldorf, Beschluss v. 14.5.2008 – VII-Verg 27/08; VK Mecklenburg-Vorpommern, Beschluss v. 8.11.2021 – 3 VK 10/21; VK Baden-Württemberg, Beschluss v. 16.1.2009 – 1 VK 64/08.

52 Das soll **beispielsweise** in Betracht kommen, wenn das Nachprüfungsverfahren dazu verwendet wird, die Vergabestelle in grob eigennütziger Weise zu einer Leistung zu veranlassen, auf die kein Anspruch besteht und billigerweise auch nicht erhoben werden kann.[54] In dem konkreten Fall hatte der Bieter bereits im Vorfeld des später eingeleiteten Nachprüfungsverfahrens angeboten, sich endgültig aus dem Vergabeverfahren zurückzuziehen, wenn die Vergabestelle einen bestimmten Geldbetrag bezahlen würde.[55] Ähnlich sind Konstellationen zu beurteilen, in denen ein Antragsteller die Rücknahme seines Nachprüfungsantrags von bestimmten Zusagen, auf die er keinen Anspruch hat, oder der Zahlung einer Entschädigungssumme abhängig macht.[56] Um eine Unzulässigkeit eines Nachprüfungsantrags annehmen zu können, bedarf es aber zusätzlicher konkreter Sachverhaltselemente. Nicht ausreichend ist es, wenn im Rahmen von Vergleichsverhandlungen Anwaltskosten, die über der Vergütung nach RVG liegen, benannt werden. Auch eine Äußerung, die Schaffung vollendeter Tatsachen nicht zuzulassen, ist nicht ausreichend.[57] Zu berücksichtigen ist aber, dass sich im Schadensersatzanspruch eine Bewertung der subjektiven Motivlage als Voraussetzung der Rechtsmissbräuchlichkeit und damit eines Anspruchs nach § 180 GWB einer Ex-post-Betrachtung ergeben kann, auch wenn dies noch nicht zu einer Unzulässigkeit des Nachprüfungsantrags geführt hat.[58]

V. Verjährung

53 Der Schadensersatzanspruch aus § 180 Abs. 1 GWB unterliegt der Verjährung. Hinsichtlich Dauer, Hemmung, Ablaufhemmung, Neubeginn und Rechtsfolgen der Verjährung gelten die allgemeinen zivilrechtlichen Vorschriften der §§ 194 bis 218 BGB, da es sich bei den Ansprüchen aus § 180 GWB um Ansprüche handelt, auf die zumindest ergänzend die §§ 823 ff. BGB anzuwenden sind.[59] Das GWB enthält insofern keine Sonderregelung.

54 Die **regelmäßige Verjährungsfrist** beträgt drei Jahre. Sie beginnt mit dem Schluss des Jahres, in dem die folgenden zwei Voraussetzungen erfüllt sind: Erstens: Der Anspruch muss entstanden sein. Das ist auch für erst später entstehende Vermögenseinbußen der Fall, sobald dem Anspruchsteller ein erster Schaden entstanden ist und ein erster Teilbetrag im Wege der Leistungsklage geltend gemacht werden kann.[60] Zweitens muss der Anspruchsteller von allen Umständen Kenntnis erlangt haben, dass die Anspruchsvoraussetzungen erfüllt sind, oder aber es muss dem Anspruchsteller als grobe Fahrlässigkeit vorzuwerfen sein, dass er diese Kenntnis nicht erlangt hat (§§ 195, 199 Abs. 1 BGB).

55 Das Gesetz sieht ferner eine zeitliche **Höchstgrenze** vor, nach deren Ablauf der Anspruch in jedem Fall verjährt ist. Diese zeitliche Grenze beträgt zehn Jahre seit der Entstehung des Anspruchs oder dreißig Jahre seit dem Missbrauch (§ 199 Abs. 3 S. 1 BGB). Nach § 199 Abs. 3 S. 2 BGB ist die früher endende Frist maßgeblich.

56 Der Eintritt der Verjährung berechtigt den Anspruchsgegner, die Erfüllung des Anspruchs gemäß § 214 Abs. 1 BGB zu verweigern. Der **Einwand** der Verjährung wird im Schadensersatzprozess nur berücksichtigt, wenn der Anspruchsgegner sich darauf beruft oder er ihn dem Anspruchsteller gegenüber bereits früher geltend gemacht hat.

---

54 Diese Möglichkeit andeutend bereits BayObLG, Beschluss v. 20.12.1999 – Verg 8/99.
55 Vgl. VK Brandenburg, Beschluss v. 20.12.2005 – 1 VK 75/05.
56 OLG Düsseldorf, Beschluss v. 14.5.2008 – VII-Verg 27/08.
57 VK Mecklenburg-Vorpommern, Beschluss v. 8.11.2021 – 3 VK 10/21 mit dem Verweis darauf, dass die Regelungen zum Nachprüfungs- und Beschwerdeverfahren gerade der Verhinderung der Schaffung vollendeter Tatsachen dienen.
58 OLG Jena, Beschluss v. 3.5.2017 – 2 Verg 1/17; mit dem richtigen Hinweis, dass § 180 GWB als Schadensersatzbestimmung sonst gegenstandslos wäre.
59 *Verfürth*, in: Röwekamp/Kus/Portz/Prieß, GWB-Vergaberecht, § 180 Rn. 46 m.w.N.; *Losch*, in: Ziekow/Völlink, Vergaberecht, § 180 GWB Rn. 36.
60 Vgl. z. B. BGH, Urteil v. 18.12.1997 – IX ZR 180/96.

VI. Verfahrensfragen

1. Zuständigkeit

57 Eine auf § 180 Abs. 1 GWB gestützte Schadensersatzklage ist vor den **Zivilgerichten** zu erheben (vgl. § 104 Abs. 2 S. 2 GWB und insbesondere § 124 Abs. 1 GWB: „das ordentliche Gericht"); die Vergabekammern und Vergabesenate sind hierfür nicht zuständig.[61] Mit dem Nachprüfungsverfahren kann nur in das laufende Vergabeverfahren eingegriffen bzw. eine Rechtsverletzung des Antragstellers nach § 168 Abs. 1 und 2 GWB (gegebenenfalls mit der Folge der Unwirksamkeit eines abgeschlossenen Vertrages gemäß § 135 Abs. 1 GWB) festgestellt, nicht aber ein Schadensersatzanspruch geltend gemacht werden.

58 Für eine auf § 180 GWB gestützte Klage ist in erster Instanz **sachlich** ausschließlich das Landgericht zuständig (§ 87 Abs. 1 S. 1 GWB). Ein Antrag auf Feststellung einer Schadensersatzverpflichtung nach § 180 GWB vor der Vergabekammer oder dem Vergabesenat ist daher nicht statthaft.[62]

59 Die Schadensersatzklage kann im allgemeinen **Gerichtsstand** des Anspruchsgegners, also in der Regel vor dem Gericht, in dessen Bezirk der Anspruchsgegner wohnt bzw. seinen Sitz hat, oder – da der Sache nach eine unerlaubte Handlung zu beurteilen ist – vor dem Gericht erhoben werden, in dessen Bezirk nach der Behauptung des Klägers der mit Anlass der Klage ausmachende Missbrauch begangen worden ist (§ 32 ZPO).

2. Darlegungs- und Beweislast

60 Die Darlegungs- und Beweislast ist im Schadensersatzprozess wie folgt verteilt: Als **Anspruchsteller** hat der Kläger alle streitigen Umstände zu beweisen, aus denen sich ergibt, dass die anspruchsbegründenden Voraussetzungen (Fehlen einer Rechtfertigung für den Nachprüfungsantrag oder für die sofortige Beschwerde von Anfang an, Missbrauch des Antrags- oder Beschwerderechts durch eine konkret zu benennende Handlung, Verschulden, Vermögensnachteil, Kausalität) vorliegen. Der Anspruchsteller muss grundsätzlich auch die hierfür erforderlichen Tatsachen vortragen. Die Umstände, die den Vorwurf eines Mitverschuldens nach § 254 BGB begründen oder die den Eintritt der Verjährung ergeben, hat dagegen der **Anspruchsgegner** darzulegen und zu beweisen.

61 Der Anspruchsteller kann von seiner Beweislast teilweise durch § 179 Abs. 1 GWB befreit sein, soweit die Vergabekammer unanfechtbar festgestellt hat, dass ein Verstoß gegen Vergabevorschriften vorliegt bzw. nicht vorliegt. Nach § 179 Abs. 1 GWB ist das Zivilgericht, das über einen Schadensersatzanspruch wegen Verstoßes gegen Vergabevorschriften befinden muss, an diese unanfechtbare Entscheidung der Vergabekammer (bzw. des Vergabesenats oder des nach § 179 Abs. 2 GWB angerufenen Bundesgerichtshofs) gebunden. Dabei ist nicht nur der Tenor (die Entscheidungsformel), sondern es sind auch die Entscheidungsgründe samt der dazugehörigen tatbestandlichen Feststellungen der Entscheidung der ordentlichen Gerichte über den Schadensersatzanspruch zwingend zugrunde zu legen,[63] dies aber nur insoweit, als eine Feststellung über die Rechtswidrigkeit einer Handlung der Vergabestelle im Ausschreibungsverfahren getroffen worden ist. Weil die doppelte Prüfung der Frage, ob ein Vergaberechtsverstoß vorliegt, vermieden werden soll, ist eine Bindung auch an die Entscheidung der Nachprüfungsinstanzen zu bejahen, dass kein Vergaberechtsverstoß gegeben ist.[64] Die **Bindungswirkung** erstreckt sich aber auch nur auf die Frage eines Verstoßes. Allein in diesem Punkt können sich Nachprüfungsverfahren und Schadensersatzprozess überschneiden. Denn die Entscheidung im Nachprüfungsverfahren dreht sich allein um die Rechtsverletzung. Im Zivilprozess ist der Schadensersatzanspruch aber noch nicht mit der Darlegung eines Vergabeverstoßes abgedeckt, sondern es müssen weitere Anspruchsvoraussetzungen dargelegt wer-

---

61 OLG Naumburg, Beschluss v. 14.3.2014 – 2 Verg 1/14.
62 OLG Naumburg, Beschluss v. 14.3.2014 – 2 Verg 1/14.
63 Siehe *Radu* in § 179 GWB Rn. 25.
64 Siehe hierfür *Radu* in § 179 GWB Rn. 24.

den.[65] Das Zivilgericht, das über einen Schadensersatzanspruch nach § 180 GWB zu befinden hat, muss also seiner Entscheidung zugrunde legen, dass ein Verstoß gegen bieterschützende Vorschriften vorliegt. Ob sich aber daraus ein Anspruch auf Schadensersatz gegenüber dem Auftraggeber ergibt, ob also auf Seiten des Auftraggebers z. B. ein Verschulden vorliegt und dadurch kausal ein Schaden verursacht worden ist oder ob aus anderen Gründen ein Schadensersatzanspruch ausgeschlossen ist, wird von dem Zivilgericht in eigener Verantwortung entschieden.[66] Im Prozess um einen Anspruch aus § 180 GWB kann die Bindungswirkung eine Rolle spielen, wenn die Entscheidung der Vergabekammer bestandskräftig gewordene Feststellungen zu den Voraussetzungen des Anspruchs nach § 180 Abs. 1 GWB, also etwa zur fehlenden Rechtfertigung des Nachprüfungsantrags oder der sofortigen Beschwerde, enthält. Im Übrigen hilft die Bindungswirkung des § 179 Abs. 1 GWB dem Anspruchsgläubiger nicht weiter. Denn die Vorschrift ordnet eine Bindungswirkung von bestandskräftigen Entscheidungen im Nachprüfungsverfahren ausdrücklich nur für Schadensersatzklagen an, die auf einen Verstoß des Anspruchsgegners gegen Vergabevorschriften gestützt sind. Eine Entscheidung der Vergabekammer im Nachprüfungsverfahren oder des Vergabesenats im Beschwerdeverfahren ist aber auch in Fällen, in denen ihr keine Bindungswirkung zukommt, ein tatsächlicher Umstand, den das Zivilgericht bei der Beweiswürdigung nach § 286 ZPO im Schadensersatzprozess berücksichtigen muss. Ein Kläger in einem Schadensersatzprozess kann sich also zur Rechtfertigung seines Anspruchs in der Sache auf die Ergebnisse eines Nachprüfungsverfahrens berufen, und zwar auch dann, wenn er hieran nicht beteiligt ist.[67]

VII. Sonstige Anspruchsnormen

62 Die Schadensersatzpflicht des § 180 Abs. 1 und 2 GWB stellt aus der Sicht des Gesetzgebers eine „spezielle Ausprägung" der sittenwidrigen Schädigung nach § 826 BGB und des Prozessbetrugs nach § 823 Abs. 2 BGB i.V.m. § 263 StGB dar.[68] § 180 GWB verdrängt diese Ansprüche nicht.[69] Ferner können Ansprüche aus § 181 GWB oder aufgrund von §§ 280 Abs. 1, 241 Abs. 2, 311 Abs. 2 BGB bestehen. Hinsichtlich des Anspruchs aus §§ 280 Abs. 1, 241 Abs. 2, 311 Abs. 2 BGB entfaltet § 180 GWB jedoch insoweit eine Sperrwirkung, als zumindest grob fahrlässiges Handeln vorauszusetzen ist.[70]

C. Schadensersatz bei ungerechtfertigter vorläufiger Maßnahme (Abs. 3)

63 Nach § 180 Abs. 3 GWB muss der Antragsteller dem Auftraggeber den aus der Vollziehung der auf seinen Antrag angeordneten Maßnahmen entstandenen Schaden ersetzen, wenn sich die von der Vergabekammer nach § 169 Abs. 3 GWB getroffenen vorläufigen Maßnahmen als von Anfang an ungerechtfertigt erweisen. Grundlage des Anspruchs sind von Anfang an ungerechtfertigte Maßnahmen der Vergabekammer im Nachprüfungsverfahren vor der Vergabekammer. Das Beschwerdegericht kann keine Maßnahmen nach § 169 Abs. 3 GWB treffen. Insofern ist § 180 Abs. 3 GWB im Beschwerdeverfahren nicht relevant.

64 Die Regelung in § 180 Abs. 3 GWB begründet damit ähnlich wie die Regelung des § 945 ZPO eine **verschuldensunabhängige Haftung** für denjenigen, der zunächst nur vorläufige Maßnahmen erwirkt. Er erhält das Risiko eines durch die getroffenen Maßnahmen entstandenen Schadens zugewiesen, wenn sich später herausstellt, dass die einstweiligen Maßnahmen von Anfang an ungerechtfertigt waren. Die Vorschrift ist § 945 ZPO nachgebildet und setzt anders als § 180 Abs. 1 GWB keinen **Missbrauchstatbestand** voraus.[71]

---

65 VK Südbayern, Beschluss v. 8.2.2002 – 41-11/01.
66 Siehe hierzu *Radu* in § 179 GWB Rn. 33 f.; vgl. auch OLG Rostock, Beschluss v. 30.9.2021 – 17 Verg 5/21.
67 OLG Dresden, Urteil v. 10.2.2004 – 20 U 1697/03.
68 Gesetzesbegründung zu § 134 Abs. 1 und 2 GWB aF, VgRÄG, BT-Drs. 13/9340, 22.
69 Ebenso *Hesshaus*, VergabeR 2008, 372 (378).
70 *Freytag*, in: Gabriel/Krohn/Neun, Handbuch Vergaberecht, § 38 Rn. 40; *Hesshaus*, VergabeR 2008, 372 (378).
71 Gesetzesbegründung zu § 134 Abs. 3 GWB a.F., VgRÄG, BT-Drs. 13/9340, 22.

Mit einem Antrag nach § 169 Abs. 3 S. 1 GWB kann der Antragsteller eines Nachprüfungsverfahrens **vorläufige Maßnahmen** beantragen, wenn er seine Rechte aus § 97 Abs. 6 GWB allein durch das Zuschlagsverbot nach § 169 Abs. 1 GWB nicht ausreichend geschützt sieht, seine Rechtsposition also „in anderer Weise als durch den Zuschlag" (vgl. § 169 Abs. 3 S. 1 GWB) gefährdet ist. Als derartige vorläufige Maßnahmen kommen hiernach etwa in Betracht: 65

- die Verlegung des Termins zur Angebotsabgabe bzw. das Verschieben des Submissionstermins und der Verlängerung der Zuschlagsfrist;[72]
- das Verbot, die streitgegenständlichen Leistungen bis zum Abschluss des Nachprüfungsverfahrens weiter fortzuführen;[73]
- das vorläufige Verbot der Aufhebung eines Vergabeverfahrens,[74]
- das Verbot der Erteilung von Interimsaufträgen.[75]

Die Entscheidung der Vergabekammer über derartige sonstige vorläufige Maßnahmen ist nach § 169 Abs. 3 S. 3 GWB nicht selbstständig **anfechtbar**. Zum Schutz des Antragsgegners ist daher eine anderweitige Regelung für den Fall vonnöten, dass die vorläufige Maßnahme, obwohl sie beschlossen wurde, bei vollständiger Berücksichtigung aller tatsächlichen Gegebenheiten nach der bestehenden Rechtslage nicht hätte getroffen werden dürfen – wenn sich also im Hauptverfahren über den Nachprüfungsantrag herausstellt, dass der zusätzliche Stopp einzelner Maßnahmen der Vergabestelle nicht gerechtfertigt war, mit dem der Antragsteller über das automatische Zuschlagsverbot hinaus in das Vergabeverfahren vorläufig bremsend eingegriffen hat. Für diesen Fall hat der Gesetzgeber eine strenge Haftung in Form der Schadensersatzpflicht nach § 169 Abs. 3 GWB konstruiert, die nur den Antragsteller des Nachprüfungsverfahrens trifft und nur zugunsten des Auftraggebers, also nicht auch zugunsten eines Beigeladenen, besteht. Voraussetzung ist dabei, dass die Vergabekammer genau dem Antrag auf Erlass einer vorläufigen Maßnahme entspricht und nicht weitergehende Maßnahmen verhängt hat. 66

I. Ungerechtfertigte Maßnahmen

Die Schadensersatzpflicht nach § 180 Abs. 3 GWB entsteht dem Grunde nach, wenn die nach § 169 Abs. 3 S. 1 GWB von der Vergabekammer bzw. – entgegen dem Wortlaut – von dem Vergabesenat beschlossene Maßnahme von Anfang an **ungerechtfertigt** war.[76] Diese Anforderung ist entsprechend derjenigen in § 180 Abs. 1 GWB auszulegen.[77] 67

Ausgehend von den Voraussetzungen des § 169 Abs. 3 S. 1 GWB kann sich die beantragte und beschlossene Maßnahme hier allerdings aus zwei Gründen als von Anfang an ungerechtfertigt erweisen: einmal, weil im Nachprüfungsverfahren die Rechte des Antragstellers aus § 97 Abs. 6 GWB überhaupt **nicht betroffen** waren, zum anderen, weil – bei festzustellender Rechtsverletzung durch den Auftraggeber – die Maßnahme zur vorläufigen Wahrung der Rechte des Antragstellers im Vergabeverfahren **nicht geboten** war. Das gilt nicht nur in Fällen, in denen sich im Nachhinein herausstellt, dass der Hauptsacheantrag des Bieters von Anfang an unzulässig oder unbegründet war, d.h. dass die tatsächlichen und rechtlichen Voraussetzungen der Maßnahme im Zeitpunkt ihres Erlasses objektiv nicht vorgelegen haben, sodass die Anordnung nicht hätte ergehen dürfen. Die Haftung nach § 180 Abs. 3 GWB besteht vielmehr auch dann, wenn sich im Schadensersatzprozess bei objektiver Bewertung der maßgeblichen Tatumstände ergibt, dass die getroffene vorläufige Maßnahme des einstweiligen Rechtsschutzes bei zutreffender Beachtung des maßgeblichen Bewertungsmaßstabs nach § 169 Abs. 3 GWB[78] vom Standpunkt eines objektiv richtig entscheidenden Gerichts aus nicht 68

72 OLG Naumburg, Beschluss v. 9.8.2006 – 1 Verg 11/06; VK Sachsen, Beschluss v. 23.4.2004 – 1/SVK/026-04.
73 VK Niedersachsen, Beschluss v. 29.4.2005 – VgK-19/2005.
74 VK Sachsen, Beschluss v. 4.3.2002 – 1/SVK/019-02.
75 VK Westfalen, Beschluss v. 18.9.2020 – VK 1-28/20 L; a.A. VK Rheinland, Beschluss v. 28.1.2020 – VK 3/20-L/E.
76 Vgl. OLG Naumburg, Beschluss v. 9.8.2006 – 1 Verg 11/06; OLG Celle, Beschluss v. 15.7.2004 – 13 Verg 11/04.
77 Insoweit gilt das in Rn. 16 ff. Ausgeführte entsprechend.
78 Siehe hierfür *Kadenbach* in § 169 GWB Rn. 86 ff.

hätte getroffen werden dürfen. Maßgeblich ist die Ex-post-Bewertung des Gerichts im Schadensersatzprozess.[79] Wenn die Maßnahme aber vertretbar und nicht pflichtwidrig war, dürfte ein Schadensersatzanspruch nicht bestehen.[80]

II. Vollziehung

69 Der Anspruch nach § 180 Abs. 3 GWB setzt darüber hinaus noch die Vollziehung der auf den Antrag des Antragstellers hin beschlossenen vorläufigen Maßnahme voraus.

70 **Vollziehung** meint hier, dass die angeordnete Maßnahme mit Willen des Antragstellers tatsächlich ergriffen bzw. in Gang gesetzt worden ist, wobei der Beginn der hierzu erforderlichen Handlung genügt.[81] Hat die Vergabekammer als vorläufige Maßnahme z. B. die Verlängerung der Angebotsfrist angeordnet,[82] ist die Anordnung bereits vollzogen, wenn der Auftraggeber die Mitteilung über die Verlängerung der Frist versendet. Auch eine freiwillige Befolgung durch den Auftraggeber ohne Vollstreckungsmaßnahmen dürfte ausreichend sein.[83]

III. Rechtsfolge

71 Nach § 180 Abs. 3 GWB muss der Antragsteller dem Auftraggeber den als adäquate Folge der Vollziehung entstandenen **Schaden ersetzen**. Weil die Vollziehung die Ursache des Schadens sein muss, kann nicht schon Ersatz der Nachteile verlangt werden, die beispielsweise nur deshalb entstanden sind, weil die Anordnung der Vergabekammer bekannt wurde.[84]

72 Auch der Schadensersatzanspruch aus § 180 Abs. 3 GWB kann durch ein **Mitverschulden** des Auftraggebers gemindert sein und unter Umständen sogar ganz entfallen.[85] Ein Ausschluss oder eine Minderung ist insbesondere dann in Betracht zu ziehen, wenn ein schuldhaftes Verhalten des Auftraggebers dem Antragsteller Anlass gibt, eine weitere vorläufige Maßnahme zu beantragen.[86]

IV. Verjährung und Verfahrensfragen

73 Zur **Verjährung** des Anspruchs aus § 180 Abs. 3 GWB gelten dieselben Anforderungen wie bei § 180 Abs. 1 GWB.[87] Zu § 945 ZPO wird allerdings auch eine Verjährung nach § 852 BGB vertreten.[88] Nach dem Schuldrechtmodernisierungsgesetz gilt nach § 852 BGB eine Sonderregelung zur Verjährung von Ansprüchen aus unerlaubter Handlung nur noch für die Herausgabe einer ungerechtfertigten Bereicherung. Dies dürfte für Ansprüche aus § 180 Abs. 3 GWB kaum praktische Relevanz entfalten.

74 Zur **Darlegungs-** und **Beweislast** gelten dieselben Anforderungen wie bei § 180 Abs. 1 GWB.[89]

75 Zum sachlich und örtlich **zuständigen Gericht** gelten dieselben Anforderungen wie bei § 180 Abs. 1 GWB.[90]

---

79 OLG Jena, Beschluss v. 3.5.2017 – 2 Verg 1/17; so zu § 945 ZPO: LG Düsseldorf, Urteil v. 17.7.2019 – 15 O 346/16.
80 Vgl. zu § 945 ZPO: OLG Hamm, Urteil v. 17.2.2021 – I-11 U 51/19, 11 U 51/19.
81 Vgl. BGH, Urteil v. 20.7.2006 – IX ZR 94/03 (zu § 945 ZPO).
82 Vgl. OLG Naumburg, Beschluss v. 9.8.2006 – 1 Verg 11/06; OLG Celle, Beschluss v. 15.7.2004 – 13 Verg 11/04.
83 So zu § 945 ZPO: OVG Berlin-Brandenburg, Urteil v. 23.5.2013 – OVG 5 B 3.10.
84 Vgl. BGH, Urteil v. 7.6.1988 – IX ZR, zu § 945 ZPO.
85 So auch *Scharen*, in: Willenbruch/Wieddekind, Vergaberecht, § 180 GWB Rn. 21.
86 *Scharen*, in: Willenbruch/Wieddekind, Vergaberecht, § 180 GWB Rn. 21 mit Verweis auf BGH, Urteil v. 20.7.2006 – IX ZR 94/03.
87 Vgl. Rn. 53 ff.
88 Zehn bzw. dreißig Jahre, so das OVG Berlin-Brandenburg, Urteil v. 23.5.2013 – 5 B 3.10; unter Berufung auf die zivilgerichtliche Rechtsprechung: vgl. etwa BGH, Beschluss v. 26. 10.2006 – IX ZR 148/04 und Urteil v. 15.5.2003 – IX ZR 283/02, jeweils zu § 852 BGB a.F. (= drei Jahre); so ohne Begründung auch *Baumbach/Lauterbach/Albers/Hartmann*, ZPO, § 945 Rn. 6 und 17, und *Redeker*, in: Redeker/von Oertzen, VwGO, § 123 Rn. 34.
89 Vgl. Rn. 60 ff.
90 Vgl. Rn. 57 f.

Anlage

Gesetzesbegründung – VergRModG 2016 (BT-Drs. 18/6281)

Seite 136

§ 180 entspricht inhaltlich dem bisherigen § 125.

§ 181 GWB
Anspruch auf Ersatz des Vertrauensschadens

Hat der Auftraggeber gegen eine den Schutz von Unternehmen bezweckende Vorschrift verstoßen und hätte das Unternehmen ohne diesen Verstoß bei der Wertung der Angebote eine echte Chance gehabt, den Zuschlag zu erhalten, die aber durch den Rechtsverstoß beeinträchtigt wurde, so kann das Unternehmen Schadensersatz für die Kosten der Vorbereitung des Angebots oder der Teilnahme an einem Vergabeverfahren verlangen. Weiterreichende Ansprüche auf Schadensersatz bleiben unberührt.

Übersicht

		Rn.
A.	Allgemeines	1
I.	Unionsrechtlicher Hintergrund	2
II.	Historie	3
B.	Schadensersatzanspruch (S. 1)	4
I.	Geltungsbereich	5
II.	Anspruchsvoraussetzungen	7
1.	Anspruchsberechtigter	7
2.	Anspruchsgegner	10
3.	Verletzungshandlung	13
a)	Unternehmensschutz	14
b)	Unternehmensschützende Vorschriften	14
c)	Verletzungshandlung durch Dritte	20
d)	Kein Verschulden	25
4.	Notwendige Folge des Verstoßes	26
a)	Echte Chance	27
b)	Verstoß ursächlich für Beeinträchtigung der echten Chance	33
c)	Einwand rechtmäßigen Alternativverhaltens	35
5.	Schaden	38
a)	Erstattungsfähiger Schaden	38
b)	Mitverschulden	43
III.	Verjährung	47
IV.	Zuständigkeit	48
V.	Darlegungs- und Beweislast	51
C.	Weiterreichende Schadensersatzansprüche (S. 2)	54
I.	Anspruchsziel	54
II.	Culpa in contrahendo (§§ 280 Abs. 1, 241 Abs. 2, 311 Abs. 2 BGB)	56
1.	Anspruchsinhalt	56
2.	Anspruchsvoraussetzungen	62
a)	Anspruchsberechtigter	63
b)	Anspruchsgegner	64
c)	Vorvertragliches Schuldverhältnis	66
d)	Verhaltenspflichten des Auftraggebers sowie der Bewerber und Bieter	69
e)	Verletzungshandlung	79
f)	Verschulden	81
g)	Pflichtverletzung und Kausalität	84
3.	Schaden	87
a)	Ersatz des negativen Interesses	88
b)	Ersatz des positiven Interesses	92
c)	Ersatz eines Entschädigungsbetrages	95
d)	Rechtmäßiges Alternativverhalten	98
e)	Mitverschulden	99
4.	Verjährung	102
5.	Zuständigkeit	103
6.	Darlegungs- und Beweislast	106
III.	Schadensersatz wegen unerlaubter Handlung (§ 823 BGB)	109
1.	Verletzung von Rechtsgütern und Rechten (§ 823 Abs. 1)	109
2.	Verletzung eines Schutzgesetzes (§ 823 Abs. 2)	111
a)	Schutzgesetz	111
b)	Zurechenbarer Schaden	117
IV.	Schadensersatz wegen sittenwidriger vorsätzlicher Schädigung (§ 826 BGB)	120
V.	Schadensersatz wegen Kartell- und Wettbewerbsverstößen (§ 33a GWB)	123
VI.	Schadensersatz wegen unlauterer geschäftlicher Handlungen (§ 9 UWG)	126
VII.	Amtshaftung	129
Anlage		
	Gesetzesbegründung	

A. Allgemeines

1 Die Vorschrift des § 181 GWB legt die Voraussetzungen für einen auf das negative Interesse gerichteten Schadensersatzanspruch einheitlich für alle Auftrags- und Konzessionsvergaben fest.

I. Unionsrechtlicher Hintergrund

2 Mit § 181 GWB übernimmt der deutsche Gesetzgeber entsprechende unionsrechtliche Vorgaben. Hiernach müssen die Mitgliedstaaten Möglichkeiten vorsehen, dass denjenigen Wirtschaftsteilnehmern, die durch einen Verstoß gegen das Vergaberecht geschädigt worden sind, Schadensersatz zuerkannt werden kann (vgl. Art. 2 Abs. 1 lit. c RL 2007/66/EG, Art. 2 Abs. 7 RL 92/13/EWG). Das gemeinschaftsrechtliche Vorbild in Art. 2 Abs. 7 RL 92/13/EWG sieht für Unternehmen, die Schadensersatz für die Kosten der Vorbereitung eines Angebots oder der Teilnahme an einem Vergabeverfahren verlangen, lediglich eine Beweiserleichterung in Form eines vereinfachten Kausalitätsnachweises vor. Ein Anspruchsteller muss demnach nachweisen, dass ein Verstoß gegen die Vergabevorschriften vorliegt und dass er eine echte Chance gehabt hätte, den Zuschlag zu erhalten, diese aber durch den Rechtsverstoß beeinträchtigt wurde. Um die Erstattung seiner Kosten für die Teilnahme am Vergabeverfahren zu erlangen, muss der Antragsteller demnach also nicht nachweisen, dass er ohne den Rechtsverstoß den Zuschlag erhalten hätte. § 181 GWB übernimmt – wie schon zuvor § 126 GWB a.F. – den vereinfachten Kausalitätsnachweis, der unionsrechtlich nur für den Sektorenbereich vorgesehen war, für alle Auftragsarten und geht damit auch insoweit über den ursprünglichen gemeinschaftsrechtlichen Rahmen hinaus, innerhalb dessen für Liefer-, Bau- und Dienstleistungsaufträge keine vergleichbare Erleichterung gewährt wurde. Zwingend erforderlich war eine Umsetzung der unionsrechtlichen Vorgabe im GWB an sich nicht,[1] da bereits § 311 BGB (Haftungsinstitut der culpa in contrahendo)[2] sicherstellt, dass einem durch einen Vergaberechtsverstoß Geschädigten Schadensersatz zuerkannt werden kann. Bei der Bestimmung in Art. 2 Abs. 1 lit. c RL 2007/66/EG (bzw. Art. 2 Abs. 7 RL 92/13/EWG) handelt es sich um eine Konkretisierung des Grundsatzes der Haftung des Staates für Schäden, die dem Einzelnen durch dem Staat zuzurechnende Verstöße gegen das Unionsrecht entstehen.[3] Nach der Rechtsprechung des EuGH hat ein geschädigter Einzelner demnach einen Entschädigungsanspruch, wenn drei Voraussetzungen erfüllt sind:

1. Die unionsrechtliche Norm, gegen die verstoßen worden ist, bezweckt die Verleihung von Rechten an den Einzelnen,
2. der Verstoß gegen diese Norm ist hinreichend qualifiziert und
3. zwischen diesem Verstoß und dem dem Einzelnen entstandenen Schaden besteht ein unmittelbarer Kausalzusammenhang.[4]

Sind diese Voraussetzungen erfüllt, ist es in Ermangelung einschlägiger Unionsvorschriften Sache jedes Mitgliedstaates, in seiner internen Rechtsordnung die Kriterien zu bestimmen, auf deren Grundlage der Schaden aufgrund eines Verstoßes gegen das Unionsrecht im Bereich des Auftragswesens festzustellen und zu bemessen ist.[5] Dabei sind der Äquivalenz- und der Effektivitätsgrundsatz zu beachten. Die Verfahrensregelungen für Rechtsbehelfe, die den Schutz der den Einzelnen aus dem Gemeinschaftsrecht erwachsenden Rechte gewährleisten sollen, dürfen demnach nicht weniger günstig ausgestaltet sein als die für entsprechende Rechtsbehelfe, die nur innerstaatliches Recht betreffen (Äquivalenzgrundsatz). Darüber hinaus darf die Ausübung der durch die Gemeinschaftsrechtsordnung verliehenen Rechte nicht praktisch unmöglich gemacht oder übermäßig erschwert werden (Effektivitätsgrundsatz).

---

1 Offenlassend BGH, Urteil v. 27.11.2007 – X ZR 18/07.
2 Vgl. hierzu Rn. 56 ff.
3 EuGH, Urteil v. 9.12.2010 – Rs. C-568/08 (Combinatie Spijker Infrabouw-De Jonge Konstruktie), Rn. 87.
4 EuGH, Urteil v. 9.12.2010 – Rs. C-568/08 (Combinatie Spijker Infrabouw-De Jonge Konstruktie), Rn. 87.
5 EuGH, Urteil v. 9.12.2010 – Rs. C-568/08 (Combinatie Spijker Infrabouw-De Jonge Konstruktie), Rn. 92 m.w.N.

II. Historie

3 Die Vorschrift des § 181 GWB ist identisch mit der Regelung des § 126 GWB a.F.[6] Die Vorgängervorschrift des § 126 GWB a.F. ist durch das VergRModG 2016 inhaltlich nicht verändert worden. Schon zuvor hatte das VergRModG 2009 die Vorschrift unverändert beibehalten, ihr Anwendungsbereich wurde nicht auf Auftragsvergaben unterhalb der Schwellenwerte ausgedehnt.[7]

B. Schadensersatzanspruch (S. 1)

4 § 181 S. 1 GWB ist eine eigenständige Anspruchsgrundlage, die grundsätzlich unabhängig von der Durchführung eines Nachprüfungsverfahrens herangezogen werden kann.[8] Unter den in § 181 S. 1 GWB näher bestimmten Voraussetzungen „kann das Unternehmen Schadensersatz für die Kosten der Vorbereitung des Angebots oder der Teilnahme an einem Vergabeverfahren verlangen". § 181 S. 1 GWB gewährt Unternehmen einen Anspruch auf Ersatz des Schadens, der dadurch entstanden ist, dass der Auftraggeber gegen eine den Schutz von Unternehmen bezweckende Vorschrift verstoßen hat und der Anspruchsteller ohne diesen Verstoß bei der Wertung der Angebote eine echte Chance gehabt hätte, den Zuschlag zu erhalten, diese aber durch den Rechtsverstoß des Auftraggebers beeinträchtigt wurde.

I. Geltungsbereich

5 Wie bei allen Vorschriften im **Teil 4 GWB** kommt die Anwendung des § 181 GWB bei Aufträgen in Betracht, welche die Schwellenwerte nach § 106 GWB erreichen oder überschreiten und die nicht unter einen Ausnahmekatalog nach den §§ 107 bis 109 GWB fallen.[9] Bei Auftragsvergaben unterhalb der Schwellenwerte bzw. bei den in §§ 107 bis 109 GWB von der Anwendung des Vergaberechts befreiten Aufträgen kann Schadensersatz ausschließlich nach den allgemeinen zivilrechtlichen Vorschriften verlangt werden.[10] Maßgeblich für die Anwendbarkeit des § 181 GWB ist demnach allein, ob der Anwendungsbereich des EU-Vergaberechts, das im Teil 4 GWB in deutsches Recht umgesetzt wurde, eröffnet ist. Dagegen ist nicht relevant, ob der Auftraggeber tatsächlich ein europaweites Vergabeverfahren durchgeführt hat. Schon der Wortlaut des § 181 S. 1 GWB enthält keinen Anhaltspunkt dafür, dass die Vorschrift bei bestimmten Verstößen gegen unternehmensschützende Vergabebestimmungen nicht eingreifen und dass die Durchführung eines unionsweiten Vergabeverfahrens Voraussetzung für ihre Anwendung sein soll.[11] Auch die Stellung der Vorschrift im Gesetz, die Entstehungsgeschichte der Norm, ihr unionsrechtlicher Hintergrund[12] und ihr Sinn und Zweck bieten für ein derartiges Verständnis keinen Raum. Wäre die Einleitung eines europaweiten Vergabeverfahrens nach den §§ 97 ff. GWB Anwendungsvoraussetzung für § 181 S. 1 GWB, würde es überdies im Belieben der Vergabestelle stehen, sich der erweiterten Schadensersatzpflicht zu entziehen. Gerade grundlegende Verfahrensverstöße könnten dann nicht im Lichte der §§ 97 ff. GWB überprüft werden, sodass eine nicht zu tolerierende Rechtsschutzlücke entstünde.[13]

6 § 181 GWB kann auch dann einschlägig sein, wenn etwa nach einer Aufhebung des Vergabeverfahrens keine **Wertung der Angebote** stattgefunden hat. Wenn es in § 181 GWB heißt „hätte das Unternehmen ohne diesen Verstoß bei der Wertung der Angebote eine echte Chance gehabt" folgt daraus nicht, dass eine Wertung der Angebote durch den Auftraggeber tatsächlich durchgeführt worden sein muss. § 181 S. 1 GWB setzt nach seinem Wortlaut

6 Gesetzesbegründung zu § 181 GWB, VergRModG 2016, BT-Drs. 18/6281, 136.
7 Zu Schadensersatzansprüchen unterhalb der Schwellenwerte siehe Rn. 60 und 70 ff. und 115.
8 *Deling*, in: Müller-Wrede, Taschenkommentar GWB-Vergaberecht, § 126 Rn. 1; vgl. aber Rn. 46 und 100.
9 Vgl. zur alten Rechtslage BGH, Urteil v. 27.11.2007 – X ZR 18/07; OLG Stuttgart, Urteil v. 30.4.2007 – 5 U 4/06.
10 Vgl. hierzu Rn. 54 ff.
11 BGH, Urteil v. 27.11.2007 – X ZR 18/07.
12 Vgl. hierzu Rn. 2 und 3.
13 Vgl. OLG Koblenz, Urteil v. 15.1.2007 – 12 U 1016/05.

(„und hätte das Unternehmen ohne diesen Verstoß") ohnehin eine hypothetische Ermittlung des Handlungsverlaufs voraus, wie er sich ohne den beanstandeten Verstoß zugetragen hätte. Unterbleibt ein europaweites Vergabeverfahren, ist dementsprechend darauf abzustellen, ob das abgegebene Gebot in einem hypothetischen Verfahren eine Zuschlagschance gehabt hätte, wenn die Vergabestelle den betreffenden Auftrag bei korrekter Handhabung unionsweit ausgeschrieben hätte.[14] Die tatsächliche Durchführung eines EU-weiten Vergabeverfahrens kann damit insgesamt nicht Voraussetzung für den Anspruch aus § 181 GWB sein. Auch Teilnehmern eines nationalen Vergabeverfahrens, das EU-weit hätte bekannt gemacht werden müssen, steht der Weg offen, über § 181 S. 1 GWB Schadensersatz zu verlangen.[15]

II. Anspruchsvoraussetzungen

1. Anspruchsberechtigter

7 Anspruchsberechtigter nach § 181 S. 1 GWB, d.h. Gläubiger des Anspruchs, kann jedes **Unternehmen**, also jede natürliche oder juristische Person, u.U. eine am Vergabeverfahren beteiligte Bietergemeinschaft sowie – bei richtlinienkonformer Auslegung des § 181 GWB – auch das einzelne Mitglied einer Bietergemeinschaft[16] sein.

8 Der Schadensersatzanspruch nach § 181 S. 1 GWB besteht jedoch nur dann, wenn das benachteiligte Unternehmen eine **„echte Chance"** gehabt hätte, den Zuschlag zu erhalten. Ob eine derartige „echte Chance" auf den Zuschlag bestanden hätte, lässt sich durch einen Vergleich der eingereichten Angebote feststellen. Der Anspruchsteller muss also überhaupt ein Angebot abgegeben haben, das den Zuschlag hätte erhalten können. Wenn das betroffene Unternehmen nicht in einem eigenen Angebot verbindlich gegenüber dem Auftraggeber erklärt hat, zu welchen Konditionen und Preisen es die nachgefragte Leistung erbringen will, fehlt eine Grundlage für den durchzuführenden Vergleich der Angebote. Im Nachhinein kann kaum verlässlich ermittelt werden, welchen Inhalt ein hypothetisches Angebot des Anspruchstellers gehabt hätte.[17] Denn echte Wettbewerbsbedingungen kann das Zivilgericht im Schadensersatzprozess nicht wirklichkeitsgerecht nachstellen.[18] Anspruchsberechtigt nach § 181 S. 1 GWB sind damit im Ergebnis nur solche Unternehmen, die sich mit einem eigenen Angebot an dem Vergabeverfahren beteiligt haben.[19]

9 Hieraus lässt sich aber nicht schlussfolgern, dass ein ungeschriebenes Tatbestandsmerkmal, nach dem die **Teilnahme am Vergabeverfahren** Voraussetzung für die Zuerkennung eines Anspruchs nach § 181 GWB ist, zu beachten sei.[20] Für den eher theoretischen Fall, dass der Anspruchsteller die Ausschreibungsunterlagen angefordert und mit der Ausarbeitung seines Angebots begonnen hat, es jedoch nicht – zum Beispiel wegen vergaberechtswidriger Anforderungen in den Vergabeunterlagen – zur Abgabe des Angebots gekommen ist, gilt daher, dass ein Sachverständiger auf Einheitspreise, Angebotsendpreise und sonstige Preisangaben schließen und so das Bestehen einer „echten Chance" auch ohne die Abgabe eines eigenen Angebots beurteilen könnte.[21] Auch wenn nach herrschender Meinung § 181 GWB auch in diesen und ähnlichen Fällen – etwa auch bei De-facto-Vergaben – anwendbar sein soll,[22] so

---

14 BGH, Urteil v. 27.11.2007 – X ZR 18/07.

15 So z.B. auch *Losch*, in: Ziekow/Völlink, Vergaberecht, § 181 GWB Rn. 27, die zurecht darauf hinweist, dass in diesen Fällen das Vorliegen der Tatbestandsvoraussetzungen schwierig darzulegen und nachzuweisen sein wird.

16 Vgl. EuGH, Urteil v. 6.5.2010 – Rs. C-145/08 und C-149/08 (Club Hotel Loutraki), wonach der Sekundärrechtsschutz auch für einzelne Mitglieder einer Bietergemeinschaft eröffnet sein muss, die einen individuellen Schaden nachweisen können; bejahend auch *Freytag*, in: Gabriel/Krohn/Neun, Handbuch Vergaberecht, § 38 Rn. 54 m.w.N.

17 So auch *Freytag*, in: Gabriel/Krohn/Neun, Handbuch Vergaberecht, § 38 Rn. 53.

18 KG, Beschluss v. 20.12.2000 – KartVerg 14/00.

19 *Scharen*, in: Willenbruch/Wieddekind, Vergaberecht, § 181 GWB Rn. 3; nicht anspruchsberechtigt ist das Unternehmen, das den Auftrag tatsächlich erhalten hat bzw. Unternehmen, die als Nachunternehmer eines Bieters bei der Auftragsausführung mitwirken, *Freytag*, in: Gabriel/Krohn/Neun, Handbuch Vergaberecht, § 38 Rn. 55.

20 Vgl. *Verfürth*, in: Röwekamp/Kus/Portz/Prieß, GWB-Vergaberecht, § 181 Rn. 30.

21 *Markpert*, in: Heuvels/Höß/Kuß/Wagner, Vergaberecht, § 181 GWB Rn. 20.

22 Vgl. z.B. *Losch*, in: Ziekow/Völlink, Vergaberecht, § 181 GWB Rn. 4.

dürfte dann regelmäßig jedoch kein nach § 181 S. 1 GWB erstattungsfähiger Schaden entstanden sein bzw. der Anspruch an den weiteren Tatbestandsvoraussetzungen scheitern.[23]

2. Anspruchsgegner

Anspruchsgegner, d.h. Schuldner des Anspruchs, ist der **Auftraggeber**. Gemeint sind Auftraggeber i.S.d. § 98 GWB und damit die dort genannten öffentlichen Auftraggeber nach § 99 GWB (Gebietskörperschaften, Sondervermögen oder Verbände sowie die dort genannten juristischen Personen des öffentlichen oder privaten Rechts) sowie Sektorenauftraggeber (§ 100 GWB) und Konzessionsgeber (§ 101 GWB), die zur Anwendung des Vergaberechts verpflichtet sind. Der Wortlaut des § 181 GWB spricht wie auch die Vorgängerregelung in § 126 GWB von „Auftraggeber". Der Begriff Auftraggeber ist aber anders als in der früheren Fassung des GWB nunmehr durch § 98 GWB legal definiert, sodass Zweifel, welche Auftraggeber erfasst sind, obsolet sind. 10

Mehrere Auftraggeber i.S.d. § 98 GWB können als gemeinschaftliche Auftraggeber als Gesamtschuldner haften.[24] Bei gemeinschaftlichen Vergaben sind die Auftraggeber nach § 4 Abs. 2 VgV[25] gemeinschaftlich für die Einhaltung der vergaberechtlichen Bestimmungen verantwortlich. Das ist dann der Fall, wenn sich von § 98 GWB erfasste juristische Personen als Auftraggeber in den Vergabeunterlagen bezeichnen und die Leistungsbeschreibung für sie alle zusammengefasste Leistungsteile enthält. Die gemeinschaftlichen Auftraggeber können im Innenverhältnis besondere Regelungen zu Haftungsfreistellungen und -erleichterungen für einzelne Gesamtschuldner vorsehen. 11

Zentrale Beschaffungsstellen nach § 120 Abs. 4 GWB sind Auftraggeber, auch wenn sie nicht für ihren eigenen Bedarf beschaffen, und können deshalb nach § 181 GWB haften. Wer im Vergabeverfahren aber lediglich nach außen auftritt, ohne selbst die Voraussetzungen des § 98 GWB zu erfüllen, scheidet als Gegner des Anspruchs aus § 181 S. 1 GWB aus.[26] **Hilfspersonen** eines Auftraggebers, etwa von diesem hinzugezogene Planungsbüros, Architekten etc., oder eine interne Vergabestelle, derer sich der Auftraggeber bei der Vergabe bedient, können nicht nach § 181 S. 1 GWB in Anspruch genommen werden.[27] Wegen des eindeutigen Wortlautes des § 181 S. 1 GWB ist eine Ausweitung der Haftung auf Personen neben dem Auftraggeber nicht möglich, auch nicht nach § 311 Abs. 2 und 3 BGB. 12

3. Verletzungshandlung

Die Verletzungshandlung, die nach § 181 GWB die Rechtsfolge Schadensersatz auslöst, besteht darin, dass der Auftraggeber oder Dritte, deren Handeln ihm rechtlich zugerechnet wird,[28] gegen eine den Schutz von Unternehmen bezweckende Vorschrift verstoßen hat. 13

a) Unternehmensschutz

b) Unternehmensschützende Vorschriften

Der Schadensersatzanspruch nach § 181 S. 1 GWB setzt zunächst voraus, dass der Auftraggeber gegen eine Vorschrift verstoßen hat, die „den **Schutz von Unternehmen**" bezweckt. Vom Wortlaut der Vorschrift her begründen damit alle Handlungen einen Schadensersatzanspruch nach § 181 S. 1 GWB, die eine Rechtsnorm verletzen, die zugunsten von Unternehmen besteht. Der Anspruch setzt jedoch weiter voraus, dass die Verletzungshandlung die Zuschlagschance des betroffenen Unternehmens in einem Vergabeverfahren beeinträchtigt hat. 14

---

23 *Freytag*, in: Gabriel/Krohn/Neun, Handbuch Vergaberecht, § 38 Rn. 53 m.w.N.

24 OLG Frankfurt, Urteil v. 14.4.2000 – 10 U 145/99; vgl. jetzt auch die Regelung in § 120 Abs. 4 GWB zu zentralen Beschaffungstätigkeiten sowie in § 4 Abs. 2 S. 1 VgV zur gemeinsamen Haftung der Auftraggeber im Falle einer gelegentlichen gemeinsamen Auftragsvergabe.

25 Über § 2 Abs. 4 S. 2 VOB/A gilt § 4 VgV auch für die Vergabe von Bauleistungen; vgl. für den Sektorenbereich auch § 4 Abs. 2 S. 1 SektVO.

26 So z. B. auch *Freytag*, in: Gabriel/Krohn/Neun, Handbuch Vergaberecht, § 38 Rn. 57 m.w.N.

27 So z. B. auch *Freytag*, in: Gabriel/Krohn/Neun, Handbuch Vergaberecht, § 38 Rn. 57 m.w.N; siehe auch Rn. 22 ff. und 118.

28 Siehe hierzu Rn. 20 und 80 ff.

15 In § 181 S. 1 GWB werden als den Schutz von Unternehmen bezweckende Vorschriften die **Regelungen des Vergaberechts** angesprochen, also die Vorschriften des Teil 4 GWB, der VgV, der VOB/A-EU, der SektVO, der VSVgV und der KonzVgV und die Vorschriften der europäischen Vergaberichtlinien, die mangels rechtzeitiger oder nicht ordnungsgemäßer Umsetzung von dem in Anspruch genommenen Auftraggeber unmittelbar zu beachten sind.[29]

16 Da zudem nur solche Unternehmen anspruchsberechtigt nach § 181 S. 1 GWB sind, die in dem betroffenen Wettbewerb mit einem eigenen Angebot hervorgetreten sind,[30] die also „**Bieter**" im vergaberechtlichen Sinne sind,[31] kann sich der Anspruchsteller folglich nur auf den Verstoß solcher vergaberechtlichen Vorschriften berufen, die den Schutz von Bietern beabsichtigen.

17 Nicht alle Normen des Vergaberechts sind jedoch als unternehmensschützend i.S.d. § 181 S. 1 GWB anzusehen. § 97 Abs. 6 GWB, wonach die Unternehmen einen Anspruch darauf haben, dass der Auftraggeber die Bestimmungen über das Vergabeverfahren einhält, verhält sich zu dieser Frage nicht. Ob eine Vorschrift den erforderlichen Unternehmensschutz bezweckt, ergibt sich durch **Auslegung der jeweiligen Norm** unter Berücksichtigung ihres Inhalts, Zwecks und ihrer Entstehungsgeschichte. Allgemein bezweckt eine Vorschrift den Schutz eines Betroffenen – hier des Bieters –, wenn sie (zumindest auch) darauf abzielt, den Betroffenen zu begünstigen und es ihm ermöglichen soll, sich auf diese Begünstigung zu berufen, um so einen ihm sonst drohenden Schaden oder sonstigen Nachteil zu verhindern.[32] Im Vergaberecht können damit solche Vorschriften als unternehmensschützend angesehen werden, die nicht allein die Interessen der Allgemeinheit bzw. der öffentlichen Hand schützen, sondern (auch) den wirtschaftlichen Interessen der Unternehmen an einem (fairen, transparenten und allen Bietern formell gleiche Zuschlagschancen eröffnenden) echten Wettbewerb Rechnung tragen.[33] Dem Schutz der Unternehmen dienen demnach vor allem diejenigen Vorschriften, die das Gebot der Fairness, der Transparenz und der Gleichbehandlung umsetzen und auch sonst Ausdruck der in § 97 Abs. 1 bis 4 GWB dargestellten Grundsätze sind.[34]

18 (Vergaberechtliche) Vorschriften, die ausschließlich **haushaltsrechtlichen**, **ordnungsrechtlichen** oder **gesamtwirtschaftspolitischen Charakter** haben und damit allein Belange der Allgemeinheit schützen, sind nicht unternehmensschützend.[35] Mit dieser Maßgabe werden etwa kommunalrechtliche Wettbewerbsvorschriften für die Wirtschaftstätigkeit von Kommunen nach überwiegender Auffassung nicht als dem Schutz der Wettbewerbsteilnehmer im Vergabeverfahren dienend angesehen; sie bezweckten vielmehr den Schutz der Allgemeinheit vor den Risiken der wirtschaftlichen Betätigung kommunaler Einrichtungen.[36] Adressaten der kommunalwirtschaftlichen Normen des landesrechtlichen Kommunalrechts seien zudem die Unternehmen, die gegebenenfalls gegen kommunalwirtschaftsrechtliche Tätigkeitsverbote verstießen und nicht die kommunalen Gesellschafter. Die Normen richteten sich also gerade nicht gegen öffentliche Auftraggeber, sodass sie damit nicht als unternehmensschützend im Sinne des § 181 GWB anzusehen seien.[37] Für die Annahme eines unternehmensschützenden Charakters einer Vorschrift schadet es nicht, wenn die betreffende Vorschrift neben den Bieterinteressen auch oder sogar in erster Linie die Interessen der Allgemeinheit schützt. Die meisten vergaberechtlichen Vorschriften sollen zwar den öffentlichen Haushalt in rechtlicher oder wirtschaftlicher Hinsicht schützen, stellen jedoch zugleich zugunsten der hieran interes-

---

29 BGH, Urteil v. 27.11.2007 – X ZR 18/07.

30 Siehe hierzu Rn. 9 und 28.

31 Zum Begriff eingehend OLG Naumburg, Beschluss v. 3.9.2009 – 1 Verg 4/09.

32 Vgl. z. B. VK Baden-Württemberg, Beschluss v. 11.9.2003 – 1 VK 52/03; sowie die Nachweise bei *Freytag*, in: Gabriel/Krohn/Neun, Handbuch Vergaberecht, § 38 Rn. 61.

33 Dies etwa für die Tariftreuepflicht gemäß dem Niedersächsischen Tariftreue- und Vergabegesetz bejahend: OLG Celle, Beschluss v. 8.5.2019 – 13 Verg 10/18.

34 OLG Koblenz, Urteil v. 15.1.2007 – 12 U 1016/05.

35 OLG Koblenz, Urteil v. 15.1.2007 – 12 U 1016/05; sowie die Nachweise bei *Freytag*, in: Gabriel/Krohn/Neun, Handbuch Vergaberecht, § 38 Rn. 63.

36 Vgl. die Nachweise bei *Losch*, in: Ziekow/Völlink, Vergaberecht, § 181 GWB Rn. 13; a.A. OLG Düsseldorf, Beschluss v. 13.8.2008 – VII-Verg 42/08.

37 *Losch*, in: Ziekow/Völlink, Vergaberecht, § 181 GWB Rn. 13.

sierten Unternehmen sicher, dass öffentliche Aufträge in einem geordneten Wettbewerb, in förmlichen Verfahren mit transparenten Regeln zu fairen Bedingungen vergeben werden. Dementsprechend kommt den in § 97 Abs. 1 und 2 GWB genannten vergaberechtlichen Grundsätzen der Transparenz, der Verhältnismäßigkeit, des Wettbewerbs sowie der Gleichbehandlung aller Bieter zentrale Bedeutung für den Bieterschutz zu.[38] Sie gewährleisten u.a. ein geregeltes Vergabeverfahren,[39] die Auswahl der anwendbaren Bestimmungen,[40] die Beachtung der Bekanntmachungsvorschriften[41] oder die Einhaltung der vom Auftraggeber aufgestellten Eignungskriterien,[42] den Zuschlag auf das wirtschaftlichste Angebot[43] sowie die Einhaltung der sonstigen wettbewerblichen Rahmenbedingungen einschließlich der Informations- und Dokumentationspflichten des Auftraggebers und stellen damit einen tauglichen Anknüpfungspunkt für eine Schadensersatzklage nach § 181 S. 1 GWB dar.

Als nicht unternehmensschützend sind in der **Rechtsprechung** insbesondere folgende Normen der Vergabe- und Vertragsordnungen angesehen worden: § 17 Nr. 3 Abs. 2 lit. k VOL/A 2002[44], § 23 EG VOL/A[45] und § 14 VOF.[46] Dementsprechend dürfte auch § 39 VgV mit der Verpflichtung zur Bekanntmachung der Auftragsvergabe keine unternehmensschützende Wirkung zugesprochen bekommen. Auch ein Verstoß gegen den Vertraulichkeitsgrundsatz, wenn die Wertung bereits vorgenommen und eine Vorentscheidung über den Zuschlag getroffen wurde, wird nicht als eine Verletzung einer unternehmensschützenden Norm angesehen.[47] § 5 EU Abs. 1 VOB/A, wonach Bauleistungen so zu vergeben sind, dass eine einheitliche Ausführung und zweifelsfreie umfassende Haftung für Mängelansprüche erreicht wird, sodass sie in der Regel mit den zur Leistung gehörenden Lieferungen vergeben werden sollen, ist ebenfalls keine unternehmensschützende Vorschrift.[48] Umstritten war in der Rechtsprechung , ob das Zuschlagsverbot auf ein Angebot mit einem unangemessen niedrigen Preis sowie die Pflicht zur Überprüfung ungewöhnlich niedriger Angebote (§ 60 VgV, § 54 SektVO und § 16d Abs. 1 Nr. 1 und 2 sowie § 16d EU Abs. 1 Nr. 1 bis 3 VOB/A) neben dem Schutz des Auftraggebers auch einen Unternehmensschutz vermitteln.[49] In einer Grundsatzentscheidung aus dem Jahr 2017 hat der BGH jedoch entschieden, dass jeder Bieter auf die Einhaltung dieser Bestimmungen über das Vergabeverfahren nach § 97 Abs. 6 GWB Anspruch hat.[50] Zwar werde hierdurch in erster Linie das haushaltsrechtlich begründete Interesse des Auftraggebers und der Öffentlichkeit an der jeweils wirtschaftlichsten Beschaffung geschützt; zugleich werde darüber hinaus aber das Interesse des betreffenden Anbieters am Auftrag geschützt, da er, dem Grundsatz des rechtlichen Gehörs vergleichbar, verlangen könne, dass sein Angebot nicht ohne den Versuch der vorherigen Aufklärung der aufgekommenen Fragen und Ausräumung entstandener Bedenken aus der Wertung genommen werde. Schließlich könnten sich auf die Beachtung der Vorgaben in § 60 Abs. 3 VgV sowie § 16d Abs. 1 und § 16d EU Abs. 1 VOB/A 2016 sowie § 16 Abs. 6 VOL/A 2009 grundsätzlich aber auch die anderen Teil- 19

38 Zu allen drei Prinzipien vgl. BGH, Beschluss v. 1.2.2005 – X ZB 27/04.
39 Vgl. BGH, Beschluss v. 1.2.2005 – X ZB 27/04; VK Bund, Beschluss v. 12.12.2002 – VK 1-83/02.
40 Vgl. VK Düsseldorf, Beschluss v. 30.9.2002 – VK-26/2002-L zur anwendbaren Vergabe- und Vertragsordnung.
41 VK Münster, Beschluss v. 21.8.2003 – VK 18/03.
42 OLG Düsseldorf, Beschluss v. 24.6.2002 – Verg 26/02.
43 VK Bund, Beschluss v. 14.4.2004 – VK 3-41/04.
44 OLG Düsseldorf, Beschluss v. 2.12.2003 – VII-Verg 67/03, zur Angebotssprache.
45 LG Leipzig, Beschluss v. 24.1.2007 – 06 HK O 1866/062, zu § 28a VOL/A 2006.
46 OLG Jena, Beschluss v. 16.1.2002 – 6 Verg 7/01, zu § 17 Abs. 1 VOF 2000.
47 VK Baden-Württemberg, Beschluss v. 1.9.2015 – 1 VK 30/15.
48 KG, Beschluss v. 7.8.2015 – Verg 1/15 zu § 5 EG Abs. 1 VOB/A 2012.
49 Vgl. für § 25 Nr. 3 Abs. 1 VOB/A 2006 (= § 16d EU Abs. 1 Nr. 1 S. 1 VOB/A) OLG Saarbrücken, Beschluss v. 2.8.2004 – Verg 16/04; BayObLG, Beschluss v. 3.7.2002 – Verg 13/02; OLG Düsseldorf, Beschluss v. 17.6.2002 – Verg 18/02; VK Sachsen, Beschluss v. 1.10.2002 – 1/SVK/084-02; zu § 25 Nr. 2 Abs. 3 VOL/A 2006 OLG Düsseldorf, Beschluss v. 14.10.2009 – VII-Verg 40/09; Beschluss v. 28.9.2006 – VII-Verg 49/06; VK Sachsen, Beschluss v. 23.11.2012 – 1/SVK/034-12; VK Bund, Beschluss v. 21.9.2006 – VK 1-100/06; VK Schleswig-Holstein, Beschluss v. 15.5.2006 – VK-SH 10/06; VK Düsseldorf, Beschluss v. 2.5.2006 – VK-17/2006-B; zu § 16 Abs. 6 VOL/A 2009 OLG Brandenburg, Beschluss v. 14.1.2013 – Verg W 13/12 m.w.N.; zu § 16 Abs. 6 VOB/A-EG VK Rheinland-Pfalz, Beschluss v. 11.9.2015 – VK 1-19/15; zu § 19 EG Abs. 6 VOL/A VK Sachsen, Beschluss v. 23.11.2012 – 1/SVK/034-12; zur entsprechenden Vorschrift in § 27 Abs. 2 SektVO 2009 VK Bund, Beschluss v. 26.11.2013 – VK 2-104/13.
50 BGH, Beschluss v. 31.1.2017 – X ZB 10/16 Rn. 20 ff.

nehmer am Vergabeverfahren berufen. Wenn ein an sich wegen seines zu niedrigen Preises auszuschließendes Angebot den Zuschlag erhalten solle, gehe es in der Sache um eine Auftragserteilung unter Verstoß gegen den Wettbewerbsgrundsatz (§ 97 Abs. 1 GWB) konkretisierende Regelungen.

c) Verletzungshandlung durch Dritte

20 Der Auftraggeber haftet aus § 181 S. 1 GWB nicht nur für eigenes Fehlverhalten, sondern auch für das Verhalten Dritter, deren Handeln ihm rechtlich zugerechnet wird.

21 Ist der Auftraggeber eine Gebietskörperschaft (z. B. Kommune) oder eine juristische Person (z. B. kommunale GmbH), wird ihm das Handeln seiner **Organe** zugerechnet (§§ 31, 89 BGB, z. B. der Geschäftsführer einer kommunalen GmbH).

22 Vergabeverfahren werden häufig von **externen Personen**, z. B. Architekten oder Planungsbüros, die zur Auftragsvergabe hinzugezogen werden, durchgeführt. Verletzen diese Personen eine den Schutz von Unternehmen bezweckende Vorschrift, so wird deren Handeln dem Auftraggeber entsprechend dem Rechtsgedanken des § 278 BGB zugerechnet.[51] Nach § 278 BGB muss ein Schuldner auch für diejenigen Personen einstehen, deren er sich zur Erfüllung seiner Verbindlichkeiten bedient. § 278 BGB beruht auf dem Gedanken, dass der Schuldner gegenüber dem Gläubiger für seinen Geschäfts- und Gefahrenkreis verantwortlich ist und dass zu diesem auch die von ihm eingesetzten Hilfspersonen gehören.[52] Die Vorschrift will den Gläubiger vor möglichen haftungsausschließenden Folgen einer arbeitsteiligen Wirtschaft schützen: Wer den Vorteil der Arbeitsteilung in Anspruch nimmt, soll auch deren Nachteil tragen, nämlich das Risiko, dass der an seiner Stelle handelnde Gehilfe schuldhaft rechtlich geschützte Interessen des Gläubigers verletzt.[53] § 278 BGB begründet also bei bestehenden Schuldverhältnissen eine Art von Erfolgshaftung für das Handeln für vom Schuldner eingesetzte Dritte. Die von § 278 BGB vorausgesetzte rechtliche Sonderbeziehung zwischen Schuldner und Gläubiger entsteht bei öffentlichen Auftragsvergaben spätestens mit der Anforderung der Ausschreibungsunterlagen durch einen Bieter; zwischen diesem und dem Ausschreibenden wird ein vorvertragliches Vertrauensverhältnis begründet.[54]

23 § 831 BGB, der eine Haftung für **Hilfspersonen außerhalb bestehender Schuldverhältnisse**, also für unerlaubte Handlungen, begründet, ist dagegen nicht einschlägig. Dem Auftraggeber steht daher auch nicht der Entlastungsbeweis aus § 831 S. 2 BGB zur Seite, er habe die mit der Durchführung und Abwicklung des betreffenden Beschaffungsvorgangs beauftragten Personen sorgfältig ausgewählt.

24 Besteht die **Verletzungshandlung** schließlich in einer Willenserklärung einer (insoweit) vertretungsberechtigten Person, ergibt sich die Haftung des Auftraggebers aus § 164 Abs. 1 BGB. Hiernach wirkt eine Willenserklärung, die jemand innerhalb der ihm zustehenden Vertretungsmacht im Namen des Vertretenen – des Auftraggebers – abgibt, unmittelbar für und gegen den Vertretenen. Dies gilt auch, wenn der Vertreter selbst Auftraggeber im Sinne von § 98 GWB ist: Handelt er im Namen eines anderen Auftraggebers, wird dem Vertretenen der Verstoß gegebenenfalls zugerechnet. Wird aber nicht deutlich, dass der Auftraggeber in einem Vergabeverfahren als Vertreter eines anderen Auftraggebers auftreten wollte, kommt eine Haftung seinerseits in Betracht.[55] § 164 Abs. 2 BGB regelt: „Tritt der Wille, in fremdem Namen zu handeln, nicht erkennbar hervor, so kommt der Mangel des Willens, im eigenen Namen zu handeln, nicht in Betracht." Der Auftraggeber wird nach § 164 Abs. 2 BGB so behandelt, als habe er im eigenen Namen gehandelt.

---

51 So auch *Freytag*, in: Gabriel/Krohn/Neun, Handbuch Vergaberecht, § 38 Rn. 64.
52 BGH, Urteil v. 8.2.1974 – V ZR 21/72.
53 BGH, Urteil v. 27.6.1985 – VII ZR 23/84.
54 BGH, Urteil v. 7.6.2005 – X ZR 19/02; siehe auch Rn. 66.
55 *Freytag*, in: Gabriel/Krohn/Neun, Handbuch Vergaberecht, § 38 Rn. 58.

d) Kein Verschulden

25 Die Haftung des Auftraggebers aus § 181 S. 1 GWB setzt – schon wegen der zu fordernden richtlinienkonformen Umsetzung der Rechtsmittelrichtlinie – kein Verschulden voraus.[56] Hierfür spricht bereits der Wortlaut der Vorschrift, der ein Verschuldenserfordernis nicht erwähnt. Auch der BGH[57] ist dieser Auffassung in einer Entscheidung zur wortgleichen Vorgängervorschrift des § 181 GWB ausdrücklich gefolgt: Die Regelung erfordere bereits dem Wortlaut nach kein Verschulden. Zudem entspreche die vom Gesetzgeber gewählte Formulierung hinsichtlich der Verschuldensunabhängigkeit derjenigen in gesetzlichen Bestimmungen, in denen eine solche Haftungsverschärfung des Schuldners angeordnet sei. Die Entstehungsgeschichte der Norm zeige überdies, dass der Gesetzgeber von Anfang an eine verschuldensunabhängig konzipierte spezialgesetzliche Regelung schaffen wollte. Dass der Nachweis des Verschuldens des Auftraggebers in der Vorschrift nicht vorgesehen war, sei während des Gesetzgebungsverfahrens nicht infrage gestellt oder korrigiert worden.

4. Notwendige Folge des Verstoßes

26 Weitere Voraussetzung für den Anspruch aus § 181 S. 1 GWB ist, dass der Verstoß des Auftraggebers gegen eine unternehmensschützende Vorschrift eine echte Chance des Anspruchstellers beeinträchtigt haben muss, bei der Wertung der Angebote den Zuschlag für die begehrte Leistung zu erhalten.

a) Echte Chance

27 § 181 S. 1 GWB setzt damit mittelbar voraus, dass der Anspruchsteller ohne den Vergaberechtsverstoß des Auftraggebers eine echte Chance gehabt hätte, den Zuschlag zu erhalten.

28 Der Anspruchsteller muss ein Angebot abgegeben haben, das nicht schon aus **formellen Gründen** zwingend **auszuschließen** war.[58] Ein Schadensersatzanspruch nach § 181 GWB scheidet – ebenso wie Ansprüche aus §§ 241 Abs. 2, 280 Abs. 1, 311 Abs. 2 BGB, gleichgültig, ob sie auf positives oder negatives Interesse gerichtet sind – regelmäßig aus, wenn das Angebot des Schadensersatz begehrenden Bieters zu Recht aus der Wertung genommen wurde, z. B. wegen des (endgültigen) Fehlens geforderter Unterlagen und wegen unvollständiger Angaben zu mehreren Leistungspositionen oder wegen Abweichungen von den Vergabeunterlagen.[59] Angebote, die etwa wegen Unvollständigkeit, fehlender fachlicher Eignung oder wegen unangemessen hoher oder niedriger Angebotspreise von der Wertung auszuschließen sind, haben von vornherein keine echte Chance auf die Zuschlagserteilung. Abweichende Vertragsbedingungen oder eigene AGB, die Bieter ihrem Angebot beifügen, führen, wenn die Vergabeunterlagen eine Abwehrklausel enthalten, nicht zu einem Ausschlussgrund wegen Änderungen an den Vergabeunterlagen.[60] Dies gilt jedenfalls, soweit auf Grund der Abwehrklausel etwaige abweichende Vertragsbedingungen keine Geltung entfalten.[61] Schadensersatzansprüche sind in diesen Fällen trotz abweichender Vertragsbedingungen dann nicht ausgeschlossen.

29 Im Übrigen müssen die **wettbewerblichen Rahmenbedingungen** sicherstellen, dass vergleichbare Angebote eingereicht und gewertet werden können. Das Beschaffungsvorhaben muss z. B. „ausschreibungsreif" sein[62] und die Leistungsbeschreibung darf keine – jedenfalls

56 Vgl. EuGH, Urteil v. 30.9.2010 – Rs. C-314/09 (Strabag), Rn. 45; vgl. nur *Franßen*, in: Byok/Jaeger, Vergaberecht, § 181 GWB Rn. 30; *Freytag*, in: Gabriel/Krohn/Neun, Handbuch Vergaberecht, § 38 Rn. 75 ff. m.w.N.; *Verfürth*, in: Röwekamp/Kus/Portz/Prieß, GWB-Vergaberecht, § 181 Rn. 26 m.w.N; sowie die Nachweise bei *Losch*, in: Ziekow/Völlink, Vergaberecht, § 181 GWB Rn. 30.

57 BGH, Urteil v. 27.11.2007 – X ZR 18/07; vgl. auch OLG Koblenz, Urteil v. 15.1.2007 – 12 U 1016/05.

58 OLG Düsseldorf, Urteil v. 30.1.2003 – I-5 U 13/02; *Freytag*, in: Gabriel/Krohn/Neun, Handbuch Vergaberecht, § 38 Rn. 71.

59 OLG Koblenz, Beschluss v. 4.2.2009 – 1 Verg 4/08; LG Köln, Urteil v. 7.11.2017 – 33 O 192/16.

60 BGH, Urteil v. 18.6.2019 – X ZR 86/17.

61 Zu Zahlungsbedingungen und der Abwehrklausel in § 1 Abs. 1.3 ZVBBau: BGH, Urteil v. 18. 6.2019 – X ZR 86/17.

62 KG, Urteil v. 14.8.2003 – 27 U 264/02.

keine gravierenden – Fehler enthalten.[63] Ist ein Vergabeverfahren überhaupt (noch) nicht durchgeführt worden und rügt ein Bieter den Verstoß gegen die Ausschreibungspflicht bzw. andere Vergaberechtsverstöße im Vorfeld des eigentlichen Vergabeverfahrens, greift § 181 S. 1 GWB nicht.[64] In diesen Fällen besteht (noch) keine Chance, dass überhaupt ein Zuschlag erteilt werden kann.

30 Eine echte Chance auf den Zuschlag kann nicht schon darin gesehen werden, dass durch die Beachtung der Vergaberegeln eine formelle Chancengleichheit aller Bieter im Vergabeverfahren gewährleistet ist und damit jeder, der sich beteiligt, eine Chance hat. Die zunächst seinen Konkurrenten in nichts nachstehenden **allgemeinen Aussichten** eines Bieters auf den Zuschlag müssen sich im Wettbewerb dadurch verdichtet haben, dass sich sein Angebot derart von denen anderer Bieter so abhebt, dass es nach den konkreten Wettbewerbsbedingungen den Zuschlag erhalten kann. In diese Richtung deutet schon der im Regierungsentwurf zum VgRÄG verwendete Begriff der „engeren Wahl".[65]

31 Nachdem lange Zeit umstritten war, was unter dem Begriff **„echte Chance"** zu verstehen ist,[66] hat der BGH ihn dahingehend präzisiert, dass insoweit hypothetisch zu ermitteln ist, ob der Auftraggeber auf das fragliche Angebot innerhalb des ihm zustehenden Bewertungsspielraums den Zuschlag hätte erteilen dürfen. Maßgeblich ist dabei die (Ex-ante-)Sicht des Auftraggebers im Zeitpunkt der Zuschlagserteilung.[67] Der BGH hebt insoweit hervor, dass das Gesetz mit dem Attribut „echt" zum Ausdruck bringe, dass das betreffende Angebot besonders qualifizierte Aussichten auf die Zuschlagserteilung hätte haben müssen. Dafür reicht es nach Auffassung des BGH nicht aus, wenn das fragliche Angebot in die engere Wahl gelangt wäre.[68] Das ergebe bereits die historische Auslegung, da im Gesetzgebungsverfahren zum VgRÄG der Begriff der engeren Wahl auf Vorschlag des Bundesrates[69] gestrichen wurde. Hinzu komme, dass das Kriterium der engeren Wahl sich zwar in § 25 Nr. 3 Abs. 3 VOB/A 2006 (nunmehr § 16d EU Abs. 1 Nr. 4 VOB/A) finde, nicht aber in den entsprechenden Regelungen der anderen (damals geltenden) Vergabe- und Vertragsordnungen VOL/A und VOF. Dies hänge ersichtlich damit zusammen, so der BGH, dass es sich nicht überall als eigenständige Bewertungsstufe eigne. Selbst nach der Systematik des Wertungsprozesses nach der VOB/A handele es sich bei der engeren Wahl erst um eine Vorsichtung der einzelnen Angebote, die noch keinen Rückschluss darauf zulasse, ob jedes darin einbezogene Angebot Aussichten auf den Zuschlag habe. Die Zugehörigkeit zu einer nahe zusammenliegenden Spitzengruppe – dies war ein weiteres, von der Literatur vorgeschlagenes Kriterium – sei generell wenig aussagekräftig dafür, ob tatsächlich die vom Gesetz vorausgesetzten Aussichten auf den Zuschlag bestünden. In Verfahren mit wenigen Teilnehmern sei dieses Kriterium schon von seinen Voraussetzungen her unpassend. Dieser restriktiven Rechtsprechung wird in der Literatur durchaus ablehnend gegenübergestanden, da sie der Zielrichtung des § 181 S. 1 GWB nicht gerecht wird;[70] außerdem sei das strenge Kausalitätserfordernis bei Schadensersatzansprüchen nach culpa in contrahendo ganz bewusst aufgegeben worden. Bieter hätten schon dann eine echte Chance auf die Erteilung des Zuschlags, wenn sie die formellen Kriterien für die Berücksichtigung ihrer Angebote erfüllten.

32 Ob die Erteilung des Zuschlags an den Anspruchsteller innerhalb des dem Auftraggeber eröffneten Wertungsspielraums gestanden hätte, ist eine Frage des Einzelfalles, deren Antwort nur unter Berücksichtigung der für die Auftragserteilung vorgesehenen Wertungskriterien[71] und deren Gewichtung (Marge, Matrix, Punktsystem o.Ä.) **hypothetisch ermittelt** werden kann.

---

63 Vgl. BGH, Urteil v. 1.8.2006 – X ZR 146/03; siehe auch z. B. LG Magdeburg, Urteil v. 2.6.2010 – 36 O 25/10, sowie sich dessen Begründung zu eigen machend OLG Naumburg, Urteil v. 28.10.2010 – 1 U 52/10.
64 KG, Urteil v. 27.11.2003 – 2 U 174/02.
65 Gesetzesbegründung zu § 135 GWB a.F, VgRÄG, BT-Drs. 13/9340, 22 f.; vgl. Rn. 7.
66 Vgl. z. B. die Nachweise bei *Losch*, in: Ziekow/Völlink, Vergaberecht, § 181 GWB Rn. 20.
67 BGH, Urteil v. 27.11.2007 – X ZR 18/07.
68 So auch OLG Koblenz, Beschluss v. 4.2.2009 – 1 Verg 4/08.
69 Zu Historie und unionsrechtlichem Hintergrund vgl. Rn. 2 und 3.
70 Vgl. *Antweiler*, in: Burgi/Dreher, Vergaberecht, § 181 GWB Rn. 14.
71 Z. B. gemäß § 58 VgV oder § 16d EU Abs. 2 Nr. 2 VOB/A.

Erst durch die Wertungsmaßstäbe und ihre ermessensfehlerfreie Anwendung kann der wirkliche Rang der einzelnen Angebote bestimmt und zuverlässig festgestellt werden, welches davon eine echte Chance auf den Zuschlag gehabt hätte, hätte sich der fragliche Verstoß nicht zugetragen.[72] Ist z. B. der Angebotspreis alleiniges Zuschlagskriterium, hat ein Bieter, dessen Angebot an zweiter Stelle hinter dem preislich gesehen günstigsten Anbieter liegt und damit zur Spitze der Bieterliste zählte, keine echte Chance auf den Zuschlag. Wegen des preislichen Abstands zu dem an erster Stelle liegenden Angebot wäre es in diesem Fall nicht vom Wertungsspielraum der Vergabestelle gedeckt gewesen, diesem Bieter den Zuschlag zu erteilen.[73]

b) Verstoß ursächlich für Beeinträchtigung der echten Chance

Zwischen dem Verstoß des Auftraggebers und der Beeinträchtigung einer „echten Chance" auf den Zuschlag muss ein **Kausalzusammenhang** bestehen. Der Verstoß des Auftraggebers gegen eine den Schutz von Unternehmen bezweckende Vorschrift muss also ursächlich dafür sein, dass die „echte Zuschlagschance", die das betroffene Unternehmen an sich gehabt hätte, beeinträchtigt worden ist. Ursächlich in diesem Sinne ist der Verstoß nur dann, wenn er nicht hinweggedacht werden kann, ohne dass die Beeinträchtigung der „echten Chance" in ihrer konkreten Gestalt entfiele.[74] 33

An der Kausalität **fehlt** es, wenn der Verstoß des Auftraggebers im Nachprüfungsverfahren beseitigt wird.[75] Auch in den Fällen, in denen der Auftraggeber zwar gegen eine den Schutz von Unternehmen bezweckende Vorschrift verstößt, zwischenzeitlich die Ausschreibung jedoch aufgehoben hat, wird die Kausalkette zwischen einer möglichen Verletzung von Rechten der beteiligten Bieter im ursprünglichen Vergabeverfahren und der erforderlichen „echten Chance" unterbrochen. Da die Aufhebung des Vergabeverfahrens eine dem Auftraggeber gesetzlich eingeräumte Gestaltungsmöglichkeit darstellt, müssen die Bieter in jedem Vergabeverfahren damit rechnen, dass der Auftraggeber hiervon rechtmäßig Gebrauch macht.[76] Ansprüche nach § 181 S. 1 GWB entfallen dann.[77] Hebt der Auftraggeber das Verfahren ohne zureichende Gründe auf, führt dies gegebenenfalls zu einem Schadensersatzanspruch der Bieter aus culpa in contrahendo.[78] 34

c) Einwand rechtmäßigen Alternativverhaltens

Der sogenannte **Einwand des rechtmäßigen Alternativverhaltens** ist nach der Rechtsprechung des BGH generell zulässig. Er lässt die Schadensersatzpflicht entfallen, wenn die Folge der Pflichtverletzung dem Auftraggeber nicht dennoch wegen des Schutzzwecks der verletzten Norm billigerweise zugerechnet werden muss.[79] Dies muss für jeden Einzelfall gesondert entschieden werden. 35

In einem Vergabeverfahren, in dem ein **vergaberechtswidriges Wertungsschema** verwendet worden ist, greift der Schutz des § 241 Abs. 2 BGB hinsichtlich der bestehenden Rücksichtnahmepflichten aus dem Schuldverhältnis schon dann ein, wenn die Vergabeunterlagen in der Weise fehlerhaft sind, dass eine vergaberechtskonforme Angebotswertung nicht mehr möglich ist. Im Wege einer fiktiven Alternativbetrachtung kann ein solches Vergabeverfahren nicht mit vergaberechtlich unbedenklichen Wertungskriterien vervollständigt und die hypothetische Prüfung daran angeschlossen werden, ob der Bieter auch in einem solchen als korrekt fingierten Fall seinen Prozessbevollmächtigten mit der Prüfung der Vergabeunterlagen 36

---

72 BGH, Urteil v. 27.11.2007 – X ZR 18/07; vgl. auch OLG Celle, Beschluss v. 4.3.2010 – 13 Verg 1/10: der Anspruch stehe nur demjenigen Bieter zu, der als Sieger aus dem Vergabeverfahren hervorgegangen wäre.

73 BGH, Urteil v. 27.11.2007 – X ZR 18/07.

74 Vgl. nur BGH, Urteil v. 24.10.1985 – IX ZR 91/84; Urteil v. 4.7.1994 – II ZR 126/93; für vergaberechtliche Sachverhalte z. B. VK Brandenburg, Beschluss v. 9.9.2005 – VK 33/05; VK Bund, Beschluss v. 13.10.2004 – VK 2-151/04 zu dem Fall, dass ein Verstoß die Angebotskalkulation sämtlicher Bieter beeinflusst hat, vgl. zu § 160 Abs. 2 S. 2 GWB: KG, Beschluss v. 20.3.2020 - Verg 7/19.

75 LG Leipzig, Beschluss v. 24.1.2007 – 06 HK O 1866/06.

76 BGH, Urteil v. 8.9.1998 – X ZR 99/96.

77 Vgl. VK Brandenburg, Beschluss v. 9.9.2005 – 1 VK 33/05.

78 Siehe hierzu Rn. 56 ff.

79 So schon BGH, Urteil v. 24.10.1985 – IX ZR 91/84.

beauftragt hätte. Der Auftraggeber kann sich gegenüber der Gebührenersatzforderung also nicht mit Erfolg darauf berufen, die fraglichen Kosten wären dem Bieter auch entstanden, wenn der Auftraggeber sich vergaberechtskonform verhalten hätte. Dies wäre mit dem Schutzzweck des § 241 Abs. 2 BGB nicht vereinbar.[80] Da die meisten vergaberechtlichen Vorschriften (zumindest auch) die haushaltsrechtlichen und wirtschaftlichen Interessen des Auftraggebers schützen, kann der Auftraggeber nämlich in aller Regel einwenden, er hätte bei Kenntnis des Vergaberechtsverstoßes eine tatsächlich bestehende, rechtlich nicht zu beanstandende Handlungsmöglichkeit gewählt. Hat der Auftraggeber im Vergabeverfahren eine bestimmte Entscheidung getroffen, kann er im Nachhinein nicht mehr darlegen, er hätte eine andere Vorgehensweise gewählt. Etwas anderes gilt nur dann, wenn nach der getroffenen Entscheidung neue Erkenntnisse eine Neubewertung gerechtfertigt hätten.[81]

37 Für die **Aufhebung** als Hauptanwendungsfall einer nicht genutzten Möglichkeit rechtmäßigen Alternativverhaltens hat der BGH diesen Einwand ausdrücklich durchgreifen lassen.[82] Soweit sich der Rechtsprechung des BGH entnehmen lässt, dass es insoweit ausreichend ist, wenn die Aufhebungsentscheidung von sachlichen und willkürfreien Gründen getragen ist, jedoch kein Aufhebungsgrund nach (jetzt) § 63 VgV und § 17 EU VOB/A vorliegt,[83] dürfte dies zu weitgehend sein. Die bloße Möglichkeit einer (potenziell rechtmäßigen) Aufhebung darf nach der hier vertretenen Ansicht nicht dazu führen, dass ein Schadensersatzanspruch nach § 181 S. 1 GWB verneint wird. Ansonsten wäre die Effektivität des Rechtsschutzes gefährdet.[84] Ist eine Ausschreibung tatsächlich nicht aufgehoben worden, kann der Einwand des rechtmäßigen Alternativverhaltens daher nur dann durchgreifen, wenn die Ausschreibung hätte aufgehoben werden müssen, ohne dass dem Auftraggeber insoweit ein Ermessensspielraum zustand.[85] Ein Schadensersatzanspruch nach § 181 S. 1 GWB dürfte jedenfalls dann gegeben sein, wenn der Bieter im Vergabeverfahren gerade den Verstoß gerügt hat, auf den eine rechtmäßige Aufhebung hätte gestützt werden dürfen, oder der Auftraggeber in anderer Weise von dem die Aufhebung begründenden Verstoß Kenntnis hatte, die Ausschreibung aber dennoch nicht aufheben wollte. An dieser Entscheidung muss sich der Auftraggeber festhalten lassen.[86]

5. Schaden

a) Erstattungsfähiger Schaden

38 Schließlich muss dem Anspruchsteller durch die Beeinträchtigung seiner echten Chance auf den Zuschlag ein Schaden in Form bestimmter Kosten entstanden sein.

39 Für die Frage, ob und in welcher **Höhe** ein ersatzfähiger Schaden entstanden ist, ist in erster Linie ein Vergleich anzustellen zwischen der Vermögenslage des Anspruchstellers, die infolge des haftungsbegründenden Ereignisses eingetreten ist, mit derjenigen Vermögenslage, die sich ohne dieses schädigende Ereignis eingestellt hätte (sog. Differenztheorie).

40 Für einen bei der Auftragsvergabe nichtberücksichtigten Bieter ist regelmäßig vor allem der Schaden von Interesse, den er dadurch erlitten hat, dass er den mit einer Auftragserteilung verbundenen Gewinn nicht realisieren konnte (sog. positives Interesse).[87] Der Anspruch aus § 181 S. 1 GWB ist aber auf das **negative Interesse**[88] gerichtet.[89] Im Gegensatz zum allge-

---

80 BGH, Urteil v. 9.6.2011 – X ZR 143/10.

81 *Verfürth*, in: Röwekamp/Kus/Portz/Prieß, GWB-Vergaberecht, § 181 Rn. 33.

82 BGH, Urteil v. 25.11.1992 – VIII ZR 170/91.

83 Vgl. BGH, Urteil v. 12.6.2001 – X ZR 150/99.

84 So im Ergebnis auch *Losch*, in: Ziekow/Völlink, Vergaberecht, § 181 GWB Rn. 36: Würde man in diesem Fall eine Schadensersatzverpflichtung des Auftraggebers verneinen, würde dies den Tatbestand unterlaufen; vgl. auch *Freytag*, in: Gabriel/Krohn/Neun, Handbuch Vergaberecht, § 38 Rn. 80.

85 *Franßen*, in: Byok/Jäger, Vergaberecht, § 181 GWB Rn. 29; *Freytag*, in: Gabriel/Krohn/Neun, Handbuch Vergaberecht, § 38 Rn. 80.

86 Vgl. *Scharen*, in: Willenbruch/Wieddekind, Vergaberecht, § 181 GWB Rn. 24, mit Verweis auf BGH, Urteil v. 3.2.2000 – III ZR 296/98.

87 Vgl. hierzu Rn. 92 ff.

88 Vgl. hierzu Rn. 88 ff.

89 Z. B. OLG Karlsruhe, Urteil v. 17.4.2008 – 8 U 228/06; LG Bonn, Urteil v. 21.10.2020 – 1 O 51/20.

meinen Schadensersatzrecht (§ 249 BGB) muss der Auftraggeber dem Bieter nach § 181 S. 1 GWB lediglich bestimmte Aufwendungen erstatten, die sich infolge des Vergabeverstoßes als nutzlos erwiesen haben („die Kosten der Vorbereitung des Angebots oder der Teilnahme an einem Vergabeverfahren"). Der Anspruchsteller ist also nicht so zu stellen, als ob er den Zuschlag erhalten hätte. § 181 S. 1 GWB gewährt weder einen Anspruch auf den Ersatz entgangenen Gewinns oder sonstiger tatsächlicher oder durch Schätzung bezifferbarer Nachteile, die dem Bieter dadurch entstanden sind, dass er den Zuschlag nicht erhalten hat.

Nach § 181 S. 1 GWB sind allein die „**Kosten der Vorbereitung des Angebots oder der Teilnahme an einem Vergabeverfahren**" zu ersetzen. Beide Alternativen überschneiden sich: Bei Auftragsvergaben, die in formellen Verfahren erfolgen, werden die Kosten für die Vorbereitung des Angebots regelmäßig auch Kosten für die Teilnahme an einem Vergabeverfahren sein. Die gesetzliche Formulierung ist daher dahingehend zu verstehen, dass zu den erstattungsfähigen Kosten alle Aufwendungen in Geld gehören, die ein Unternehmen eingesetzt hat, um den betreffenden öffentlichen Auftrag zu erhalten, und die es ansonsten nicht gehabt hätte.[90] Hierunter fallen in erster Linie die Kosten für die Erarbeitung des eigenen Angebots (bzw. zuvor des Teilnahmeantrags), einschließlich der Kosten für die Beschaffung von (Eignungs-)Nachweisen oder geforderten Erklärungen, weiterhin die Kosten für die Angebotsübermittlung sowie die Kosten, die im Laufe des Vergabeverfahrens entstehen, um die eigene Chance auf den Zuschlag zu wahren, z. B. Kosten für Ortsbesichtigungen, Fahrtkosten für die Wahrnehmung von Aufklärungsgesprächen,[91] für die Teilnahme am Eröffnungstermin, für Aufklärungsgespräche und Verhandlungen mit dem Auftraggeber, mit Lieferanten, Nachunternehmern oder Planern. Demgegenüber sind Kosten, die im Zusammenhang mit der Vorbereitung der Ausführung der Leistung stehen, nicht berücksichtigungsfähig.[92] 41

Ob auch die sog. **Gemeinkosten**, etwa für die vergebliche Arbeitszeit der von einem Bieter für die Erstellung des Angebots eingesetzten Mitarbeiter, erstattungsfähig sind, ist gesondert zu beurteilen. Denn für die angestellten Mitarbeiter musste der Bieter keine Kosten aufwenden, die ihm sonst erspart geblieben wären. Die Personalkosten für eigene fest angestellte Mitarbeiter wären als Sowieso- Kosten auch entstanden, wenn das Unternehmen nicht an der Ausschreibung teilgenommen hätte.[93] Der BGH hat jedoch zu einem Schadensersatzanspruch aus culpa in contrahendo entschieden, Personalkosten für die Angebotserstellung seien auch ohne konkreten Nachweis des Bieters, dass er seine Mitarbeiter anderweitig hätte einsetzen können und dadurch Einnahmen erwirtschaftet hätte, die ihm entgangen sind, ersatzfähig, da die eingesetzte Arbeitskraft typischerweise einen Marktwert hat und bei wertender Betrachtung vom Schadensersatz nicht auszugrenzen ist.[94] Unter Bezugnahme auf die Reichweite des Schadensbegriffs aus § 181 GWB wird dies für den Anspruch aus § 181 GWB ebenfalls begründet;[95] dieser unterscheide sich von dem zivilrechtlichen Schadensbegriff der §§ 249 ff. BGB. Demnach könne ein Bieter gemäß § 181 GWB auch den Ersatz sämtlicher interner Personalkosten verlangen, die ihm zur Vorbereitung des Angebots angefallen sind. Voraussetzung ist zudem, dass der Bieter den Tätigkeitsbeitrag (Zeitaufwand für welche Tätigkeit) der an der Ausschreibung beteiligten Mitarbeiter hinsichtlich des Zeitaufwands und die gegebenenfalls entstandenen Sachkosten konkret nachweist.[96] 42

90 Vgl. auch OLG Koblenz, Urteil v. 15.1.2007 – 12 U 1016/05: *„alle mit der Angebotsabgabe verbundenen Kosten"*; siehe die Nachweise bei *Prieß/Bonitz*, NZBau 2013, 477 (480).
91 OLG Naumburg, Urteil v. 27.11.2014 – 2 U 152/13.
92 OLG Naumburg, Urteil v. 1.8.2013 – 2 U 151/12.
93 OLG Naumburg, Urteil v. 27.11.2014 – 2 U 152/13.
94 BGH, Urteil v. 8.12.2020 – XIII ZR 19/19 m.w.N.
95 Mit dezidierter Begründung *Prieß/Bonitz*, NZBau 2013, 477 ff.; ebenso unter Bezugnahme auf eine unionsrechtskonforme Auslegung *Alexander*, in: Pünder/Schellenberg, Vergaberecht, § 181 GWB Rn. 52.
96 KG, Urteil v. 14.8.2003 – 27 U 264/02, für einen Schadensersatzanspruch aus culpa in contrahendo gemäß §§ 280 Abs. 1, 241 Abs. 2, 311 Abs. 2 BGB.

b) Mitverschulden

43 Der Schadensersatzanspruch kann durch ein Mitverschulden des Anspruchstellers gemindert sein oder ganz entfallen (§ 254 BGB).

44 Ein **Mitverschulden** i.S.d. § 254 BGB liegt vor, wenn der Anspruchsteller die ihm in eigenen Angelegenheiten obliegende Sorgfalt nicht beachtet, hierdurch zur Entstehung der Kosten beigetragen hat und diese Schädigung für ihn vorhersehbar und vermeidbar war. Das hat der BGH im Jahr 2019 erneut klargestellt: *„Eigenes Verhalten ist dem Geschädigten nach der Rechtsprechung des Bundesgerichtshofs als Mitverschulden (§ 254 BGB) aber nur dann zuzurechnen, wenn es für den Eintritt des Schadens adäquat kausal geworden ist. Das setzt wiederum regelmäßig voraus, dass durch das Verhalten des Geschädigten die objektive Möglichkeit eines Erfolgs von der Art des eingetretenen Schadens in nicht unerheblicher Weise erhöht worden ist."*[97] Der Nichtgebrauch von Rechtsbehelfen kann gegen § 254 Abs. 2 BGB verstoßen. Der Geschädigte hat grundsätzlich im Rahmen des § 254 BGB geeignete und zumutbare Rechtsbehelfe zu ergreifen, um den ihm drohenden Schaden abzuwenden oder zu mindern.[98] Ein Mitverschulden in diesem Sinne kommt in Betracht, wenn es der Antragsteller schuldhaft unterlassen hat, trotz Kenntnis vom Verstoß gegen die unternehmensschützende Vorschrift durch rechtzeitige Rüge oder Nachprüfungsantrag seine Zuschlagschance bzw. den Eintritt eines Schadens zu verhindern.[99] Es wird auch diskutiert, die Präklusionswirkung einer unterlassenen Rüge nach § 160 Abs. 3 GWB für einen Nachprüfungsantrag auf Schadensersatzansprüche zu erstrecken.[100]

45 Der Einwand des Mitverschuldens nach § 254 BGB erfordert, dass eine unterlassene **Rüge** adäquat kausal für die Vergabe des Auftrags an einen anderen Wettbewerber geworden ist. Dafür muss anzunehmen sein, dass der Auftraggeber seine Vergabeentscheidung aufgrund einer Rüge als vergaberechtswidrig zurückgenommen hätte. Bei einer diesbezüglich zu treffenden Prognoseentscheidung kann *„nicht ohne weiteres davon ausgegangen werden […], dass sich der Auftraggeber nur aufgrund der Rüge eines Besseren besonnen und dieser Beanstandung abgeholfen hätte."*[101] Eine nicht fristgemäß i.S.v. § 160 Abs. 3 S. 1 Nr. 1 GWB erhobene Rüge kann den Einwand des Mitverschuldens also unter bestimmten Voraussetzungen begründen, sie kann den Schadensersatzanspruch nach § 181 S. 1 GWB jedoch nicht von vornherein entfallen lassen.[102] Die Rügepflicht aus § 160 Abs. 3 GWB dient (auch) der Verfahrensbeschleunigung. § 160 Abs. 3 GWB regelt die Zulässigkeit des vergaberechtlichen Nachprüfungsverfahrens[103] und nicht den Ausschluss von zivilrechtlichen Schadensersatzansprüchen.[104]

46 Nach der Rechtsprechung des BGH schließt auch das Unterlassen eines **Nachprüfungsantrags** einen Schadensersatzanspruch nach § 181 GWB nicht von vorneherein aus; eine Präklusionswirkung für Schadensersatzansprüche ergibt sich auch nicht aus § 160 Abs. 3 GWB.[105] § 839 Abs. 3 BGB, nach dem ein Schadensersatzanspruch im Recht der unerlaubten Handlungen bei Haftung wegen Amtspflichtverletzungen ausgeschlossen ist, wenn der Geschädigte es unterlassen hat, den Schaden durch den Gebrauch eines Rechtsmittels abzuwenden, ist auf Schadensersatzansprüche, die auf einem Verstoß gegen Vergaberecht beruhen nicht – auch

97 BGH, Urteil v. 18.6.2019 – X ZR 86/17, Rn. 28 ff.
98 BGH, Urteil v. 20.1.1994 – IX ZR 46/93; Urteil v. 23.5.1991 – III ZR 73/90; Urteil v. 26.1.1984 – III ZR 216/82.
99 OLG Naumburg, Urteil v. 23.12.2014 – 2 U 74/14; so auch *Scharen*, in: Willenbruch/Wieddekind, Vergaberecht, § 181 GWB Rn. 25 m.w.N.
100 *Klammer*, AnwZert BauR 24/2019, Anm. 2 m.w.N.
101 BGH, Urteil v. 18.6.2019 – X ZR 86/17, Rn. 28 ff.; *Klammer*, AnwZert BauR 24/2019, Anm. 2.
102 OLG Saarbrücken, Urteil v. 15. 6.2016 – 1 U 151/15; OLG Naumburg, Urteil v. 23.12.2014 – 2 U 74/14 zu einem Anspruch aus §§ 280, 241 Abs. 2, 311 BGB; OLG Koblenz, Beschluss v. 6.6.2013 – 2 U 522/12; OLG Karlsruhe, Beschluss v. 17.4.2008 – 8 U 228/06; *Scharen*, in: Willenbruch/Wieddekind, Vergaberecht, § 181 GWB Rn. 24; a.A. *Antweiler*, in: Burgi/Dreher, Vergaberecht, § 181 GWB Rn. 22.
103 OLG Naumburg, Urteil v. 23.12.2014 – 2 U 74/14 zu einem Anspruch aus §§ 280, 241 Abs. 2, 311 BGB; vgl. auch *Freytag*, in: Gabriel/Krohn/Neun, Handbuch Vergaberecht, § 38 Rn. 83.
104 OLG Hamm, Urteil v. 6.8.2015 – I 17 U 130/12, zu einem Schadensersatzanspruch bei unangemessen niedrig festgesetztem Entschädigungsbetrag.
105 BGH, Urteil v. 17.9.2019 – X ZR 124/18, Rn. 17 f.

nicht analog – anwendbar: *„Gegen dieses Verständnis spricht schon, dass eine § 839 Abs. 3 BGB entsprechende Regelung im Recht der öffentlichen Auftragsvergabe nach dem Vierten Teil des Gesetzes gegen Wettbewerbsbeschränkungen nicht vorgesehen ist. Eine analoge Anwendung dieser spezifisch deliktsrechtlichen Regelung ist nicht angezeigt; die Tätigkeit der Vergabestellen im Zusammenhang mit öffentlicher Beschaffung ist einer Amtsführung nicht vergleichbar).“*[106] Da sich dem Gesetz eine „Pflicht zur Nachprüfung" nicht entnehmen lässt,[107] dürfte dies im Ergebnis zutreffend sein. Auch die in § 179 GWB geregelte Bindungswirkung von Entscheidungen der Nachprüfungsinstanzen in Verfahren vor den Zivilgerichten steht dem nicht entgegen. Sie dient der Einheitlichkeit der Beurteilung des Vergabeverfahrens und schafft keine Pflicht zur Vorbefassung der Vergabekammer. Diese Rechtsprechung wird zum Teil kritisiert. Sehr weit geht die Gegenauffassung des OLG Celle, wonach ein vom Vergabefehler betroffener Bieter Primärrechtsschutz in Anspruch nehmen muss und anderenfalls in einem zivilrechtlichen Schadensersatzprozess damit ausgeschlossen ist, sich auf den Vergabeverstoß zu berufen.[108] Zur Begründung stützt sich das OLG Celle maßgeblich darauf, dass der Wettbewerb auf einheitlicher Grundlage gestört würde, wenn der erfolgreiche Bieter nach Vertragsschluss die Unwirksamkeit von Vorgaben aus den Vergabeunterlagen vor den Zivilgerichten durchsetzen kann. Dieses Argument trägt für einen Schadensersatzanspruch nach § 181 GWB, der Ansprüche eines Unternehmens betrifft, dessen Zuschlagschancen durch einen Vergabeverstoß gemindert wurden, nicht. Aber auch im Übrigen überzeugt die Auffassung des OLG Celle nicht. Weder § 179 GWB noch § 254 BGB liefern eine Grundlage dafür, Verträge, denen ein Vergabeverfahren vorausging, anders zu behandeln als Verträge, die ohne vorausgehendes Vergabeverfahren geschlossen wurden. Dies würde weitgehend in allgemeines Vertragsrecht eingreifen. Außerdem übersieht diese Auffassung, dass Einwände gegen die Wirksamkeit vertraglicher Bestimmungen den Vertragsbedingungen innewohnen. Auch wenn nur der spätere Vertragspartner zivilrechtlich Ansprüche geltend macht, liegt darin keine Ungleichbehandlung im Vergabeverfahren, da jedes Unternehmen, so es den Zuschlag erhalten hätte, dies ebenfalls hätte geltend machen können.[109]

III. Verjährung

Der Schadensersatzanspruch aus § 181 S. 1 GWB unterliegt der regelmäßigen Verjährungsfrist von drei Jahren.[110] 47

IV. Zuständigkeit

Eine auf § 181 GWB gestützte Schadensersatzklage ist vor den Zivilgerichten zu erheben (vgl. § 156 Abs. 3 GWB und § 179 Abs. 1 GWB). 48

Sachlich zuständig ist in erster Instanz ausschließlich das Landgericht (§ 87 Abs. 1 S. 1 GWB). 49
Für Berufungen ist nach § 91 GWB der Kartellsenat zuständig. Gemäß § 89 GWB können in einzelnen Bundesländern durch Rechtsverordnung diese Rechtsstreitigkeiten einem Landgericht für die Bezirke mehrerer Landgerichte zugewiesen werden. So ist z. B. in Niedersachsen das Landgericht Hannover für die Bezirke aller Landgerichte für die sich aus dem GWB ergebenden bürgerlichen Rechtsstreitigkeiten zuständig.[111] Eine Zuständigkeit der Vergabekammer besteht nicht.

Die Klage ist am allgemeinen **Gerichtsstand** des Anspruchsgegners (Beklagten), also in der 50
Regel vor dem Landgericht, in dessen Bezirk der Anspruchsgegner seinen Sitz hat (vgl.

---

106 BGH, Urteil v. 18.6.2019 – X ZR 86/17.
107 OLG Dresden, Urteil v. 10.2.2004 – 20 U 1697/03, m.w.N; vgl. auch *Antweiler*, in: Burgi/Dreher, Vergaberecht, § 181 GWB Rn. 22 m.w.N.: Es gebe keinen Zwang zum Primärrechtsschutz.
108 OLG Celle, Urteil v. 18.1.2018 – 11 U 121/17, allerdings zu einem Anspruch auf Preisanpassung.
109 A.A. *Zimmermann*, jurisPR-VergR 3/2018, Anm. 1.
110 Zu den Einzelheiten siehe § 180 GWB Rn. 53 ff.
111 § 14 Verordnung zur Regelung von Zuständigkeiten in der Gerichtsbarkeit und der Justizverwaltung (ZustVO-Justiz).

§ 12 ZPO), zu erheben. Der Gerichtsstand der unerlaubten Handlung (§ 32 ZPO) ist nicht gegeben.

V. Darlegungs- und Beweislast

51 Die Darlegungs- und Beweislast ist im Schadensersatzprozess wie folgt verteilt: Als Anspruchsteller hat der **Kläger** (Bieter) alle Umstände zu beweisen, aus denen sich das Vorliegen der anspruchsbegründenden Voraussetzungen (Verstoß gegen bieterschützende Vorschrift, Bestehen einer echten Chance auf den Zuschlag, Beeinträchtigung der Zuschlagschance durch den Verstoß, Schaden) ergibt. Insbesondere muss der betroffene Bieter im Rahmen des Anspruchs aus § 181 S. 1 GWB darlegen und beweisen, dass die Zuschlagserteilung an ihn innerhalb des Bewertungsspielraums der Vergabestelle gelegen hätte.[112] Als Geschädigter trägt der Kläger auch die volle Beweislast für das Entstehen und die Höhe des Schadens. Das Gericht kann den Schaden auch gemäß § 287 ZPO durch Schätzung ermitteln, wenn hierfür ausreichende Grundlagen vorgetragen werden. Der Bieter hat also darzulegen, welche konkreten Kosten ihm im Zusammenhang mit der Teilnahme an dem Vergabeverfahren und durch die Angebotsvorbereitung entstanden sind.

52 Der **Auftraggeber** muss dagegen die Umstände darlegen und beweisen, die eine Zurechnung des Schadens unter dem Gesichtspunkt des rechtmäßigen Alternativverhaltens[113] entfallen lassen bzw. die den Vorwurf des Mitverschuldens des Anspruchstellers begründen oder den Eintritt der Verjährung belegen. Hinsichtlich des Bestehens einer „echten Chance" auf den Zuschlag trifft ihn zudem die Pflicht, die zugrunde gelegten Wertungskriterien, sofern sie nicht in der Bekanntmachung oder in den Vergabeunterlagen mitgeteilt worden sind, sowie gegebenenfalls deren Gewichtung vorzutragen sowie substantiiert darzulegen, warum er dem Angebot des nach § 181 S. 1 GWB Schadensersatz begehrenden Bieters den Zuschlag nicht wertungsfehlerfrei hätte erteilen können.[114]

53 Hinsichtlich des behaupteten Verstoßes ist der Anspruchsteller gemäß § 179 Abs. 1 GWB seiner Beweislast enthoben, wenn er Beteiligter eines Nachprüfungsverfahrens war, in dem es (u.a.) um denjenigen Verstoß gegen die bieterschützende Vorschrift ging, der Anlass für den Schadensersatzprozess ist, und die Vergabekammer den Verstoß in ihrer vor Schluss der mündlichen Verhandlung des Schadensersatzprozesses bestandskräftig, also unanfechtbar gewordenen Entscheidung festgestellt hat. Nach § 179 GWB bindet die Entscheidung der Vergabekammer das wegen der Schadensersatzforderung angerufene Gericht. Die **Bindungswirkung** greift nicht nur bei einem nach § 168 Abs. 2 S. 2 GWB ergangenen Feststellungsbeschluss der Vergabekammer oder des Vergabesenats, sondern auch bei einer Entscheidung nach § 168 Abs. 1 GWB, soweit darin bestandskräftig die Feststellung getroffen wurde, dass das Vergabeverfahren wegen des in der Schadensersatzklage geltend gemachten Verstoßes rechtswidrig war und der Anspruchsteller dadurch in seinen Rechten verletzt wurde.[115] Allerdings wird im Nachprüfungsverfahren nicht mit Bindungswirkung gemäß § 179 GWB entschieden, ob für den jeweiligen Bieter eine echte Chance auf den Zuschlag im Sinne von § 181 GWB bestanden hat oder ob dem Bieter bei ordnungsgemäßem Verlauf des Vergabeverfahrens der Zuschlag hätte erteilt werden müssen.[116] Die Beurteilung, ob eventuell trotz einer rechtswidrigen Verfahrensaufhebung eine Rechtsverletzung der Antragstellerin gemäß § 97 Abs. 6 GWB wegen des Vorliegens eines Ausschlussgrundes für ihr Angebot ausscheidet, bleibt nach dem Wortlaut des § 181 S. 1 GWB der ordentlichen Gerichtsbarkeit im Schadensersatzprozess vorbehalten und ist nicht Gegenstand der Feststellung durch die Vergabekammer. Eine Entscheidung der Vergabekammer, deren tragende Gründe sich allein darauf stützen, dass der Nachprüfungsantrag nach wirksamer Beendigung des Vergabeverfahrens und

112 BGH, Urteil v. 27.11.2007 – X ZR 18/07; OLG Naumburg, Urteil v. 23.12.2014 – 2 U 74/14.
113 Vgl. Rn. 35 ff.
114 BGH, Urteil v. 27.11.2007 – X ZR 18/07.
115 Vgl. z. B. OLG Naumburg, Urteil v. 23.4.2007 – 1 U 47/06.
116 OLG Frankfurt, Beschluss v. 8.8.2019 – 11 Verg 3/19, unter Berufung auf *Hänisch*, in: Kulartz/Kus/Portz/Prieß, GWB-Vergaberecht, § 179 Rn. 6 und 7; OLG Rostock, Beschluss v. 30.9.2021 - 17 Verg 5/21.

der Hilfsantrag mangels Feststellungsinteresse unzulässig gewesen ist, entfaltet keine (negative) Bindungswirkung im Hinblick auf materielle Verstöße gegen das Vergaberecht im Vergabeverfahren.[117]

C. Weiterreichende Schadensersatzansprüche (S. 2)

I. Anspruchsziel

Nach § 181 S. 2 GWB bleiben Schadensersatzansprüche, die über § 181 S. 1 GWB hinausgehen, unberührt. Hiermit stellt das Gesetz nur bestätigend (deklaratorisch) klar, dass der im Vergabeverfahren benachteiligte Bieter nicht auf die Geltendmachung des negativen Interesses beschränkt ist.[118] Dem Anspruch aus § 181 S. 1 GWB kommt also keine Exklusivität zu, § 181 S. 1 GWB will die Rechtsschutzmöglichkeiten eines Bieters erweitern und nicht beschränken. 54

Sonstige Schadensersatzansprüche sind für den betroffenen Bieter vor allem deshalb interessant, weil er auch über die von § 181 S. 1 GWB erfassten Kosten für das Vergabeverfahren hinausgehende Vermögensnachteile verlangen kann, insbesondere den entgangenen Gewinn, der wegen des Vergabeverstoßes des Auftraggebers nicht erzielt werden konnte. Der Bieter muss dann so gestellt werden, wie er stehen würde, wenn er den Zuschlag erhalten hätte. Ergänzend neben dem Anspruch aus § 181 S. 1 GWB können Ansprüche aus Verschulden bei Vertragsschluss (culpa in contrahendo)[119] nach § 311 Abs. 2 BGB,[120] aus § 823 Abs. 1 BGB[121] und § 823 Abs. 2 BGB[122] sowie auch aus § 826 BGB (sittenwidrige Schädigung)[123] jeweils in Verbindung mit § 97 ff. GWB zur Anwendung kommen.[124] 55

II. Culpa in contrahendo (§§ 280 Abs. 1, 241 Abs. 2, 311 Abs. 2 BGB)

1. Anspruchsinhalt

Neben § 181 S. 1 GWB kann ein Bieter Vermögensnachteile vor allem aus § 311 Abs. 2 BGB ersetzt verlangen, die letztlich aus dem enttäuschten Vertrauen herrühren, dass das Vergabeverfahren vergaberechtskonform durchgeführt werde. Es ist in der Rechtsprechung anerkannt, dass dem Bieter gegen den Auftraggeber ein Schadensersatzanspruch nach § 280 Abs. 1, § 241 Abs. 2, § 311 Abs. 2, 3 BGB zusteht, wenn dieser unter Missachtung von Vergabevorschriften seine Verpflichtung zur Rücksichtnahme auf die Rechte, Rechtsgüter und Interessen des Bieters schuldhaft verletzt und dem durch diese Vorschriften geschützten Unternehmen hierdurch ein Schaden zugefügt hat.[125] 56

Spätestens mit der Anforderung der Ausschreibungsunterlagen durch die Bieter entsteht zwischen diesen und dem Ausschreibenden ein **vorvertragliches Vertrauensverhältnis**.[126] Dieses Vertrauensverhältnis ist gemäß § 241 Abs. 2 BGB durch eine Reihe von Verhaltens-, Schutz-, Rücksichts- und Vertrauenspflichten geprägt. Der Bereich der öffentlichen Auftragsvergabe ist dabei durch die Besonderheit gekennzeichnet, dass der Ablauf der Vertragsverhandlungen und die dem Auftraggeber dabei auferlegten Verhaltenspflichten eingehend geregelt sind. Oberhalb der gemäß § 106 GWB vorgesehenen Schwellenwerte gelten die Bestimmungen des Teil 4 GWB, der VgV, der KonzVgV, der SektVO, der VSVgV sowie des Abschnitt 2 und 3 VOB/A. Unterhalb dieser Werte sind die Vorschriften des ersten Abschnitts 57

---

117 OLG Naumburg, Urteil v. 27.11.2014 – 2 U 152/13.
118 BGH, Urteil v. 27.11.2007 – X ZR 18/07; vgl. auch Stellungnahme des Bundesrates, VgRÄG, BT-Drs. 13/9340, 44.
119 Vgl. Rn. 56 ff.
120 Vgl. BGH, Urteil v. 1.8.2006 – X ZR 146/03.
121 Vgl. Rn. 109 f.
122 Vgl. Rn. 111 ff.
123 Vgl. Rn. 120 f.
124 LG Bonn, Urteil v. 21.10.2020 – 1 O 51/20.
125 OLG Naumburg, Urteil v. 23.12.2014 – 2 U 74/14 unter Berufung auf BGH, Urteil v. 15.1.2013 – X ZR 155/10; Urteil v. 5.6.2012 – X ZR 161/11; sowie OLG Naumburg, Urteil v. 27.11.2014 – 2 U 152/13.
126 Vgl. hierzu näher Rn. 66 f.

der VOB/A und der UVgO einschlägig, sofern der Auftraggeber ankündigt, die Vergabe auf der Grundlage dieser Vorschriften durchzuführen. Zudem haben die Unternehmen gemäß § 97 Abs. 6 GWB Anspruch darauf, dass der Auftraggeber die Bestimmungen über das Vergabeverfahren einhält. An die daraus resultierenden Verhaltenspflichten knüpfen die Rücksichtnahmepflichten aus § 241 Abs. 2 BGB an.[127]

58 Bei **Verletzung dieser Pflichten** durch den Ausschreibenden können nach den Grundsätzen einer Haftung für Verschulden bei Vertragsverhandlungen (culpa in contrahendo) Schadensersatzansprüche des interessierten Bieters nach vertragsrechtlichen Grundsätzen entstehen.[128] Sie sind auf den Ersatz des Schadens gerichtet, den ein durch die Vergabevorschriften geschützter Bieter dadurch erlitten hat, dass der Auftraggeber durch Missachtung dieser Vorschriften seine Verpflichtung zur Rücksichtnahme auf die Rechte, Rechtsgüter und Interessen der Bieter und potenziellen Bieter verletzt hat.[129] Die Inanspruchnahme besonderen Vertrauens durch den Geschädigten ist damit keine Anspruchsvoraussetzung mehr.[130] Das Verhalten ist während der Anbahnung eines Vertrages bzw. das Führen der Vertragsverhandlungen durch Bestimmungen mit Normcharakter konkret geregelt.[131] Die unternehmensschützenden Bestimmungen in GWB, VgV, SektVO, VSVgV bzw. der KonzVgV sowie die der über § 2 VgV anzuwendende VOB/A-EU begründen konkrete rechtliche Pflichten, an deren Verletzung der Anspruch aus § 311 Abs. 2 i.V.m. § 241 Abs. 2 BGB unmittelbar anknüpfen kann.[132]

59 Mit dem Schadensersatzanspruch aus §§ 311 Abs. 2, 280 BGB korrespondiert ein **Unterlassungsanspruch**, soweit die Verletzungshandlung oder der pflichtwidrig geschaffene Zustand noch andauert.[133] Hingegen begründet eine solche Pflichtverletzung keinen Unterlassungsanspruch im Hinblick auf die Verletzung künftiger, noch nicht geschlossener Verträge.[134] Ein potenzieller Bieter besitzt also keinen aus bürgerlich-rechtlichen Vorschriften herzuleitenden Anspruch darauf, dass die Verwendung bestimmter, als vergaberechtswidrig erachteter Vertragsbedingungen in etwaigen zukünftigen Vergabeverfahren unterlassen wird.[135]

60 **Unterhalb der Schwellenwerte** kann ein Bieter Schadensersatz wegen der Verletzung der Vergabevorschriften durch den Auftraggeber nur dann geltend machen, wenn sich der Auftraggeber der jeweiligen Vergabe- und Vertragsordnung ausdrücklich unterworfen und ihr damit Außenwirkung verliehen hat.[136]

61 Ein aus der Verletzung der Ausschreibungsregeln und -bedingungen abgeleiteter Anspruch ist im Allgemeinen auf einen Ersatz des sog. **negativen Interesses**[137] beschränkt, also auf den Ersatz der durch die Beteiligung an der Ausschreibung entstandenen Aufwendungen (z. B. für die Erarbeitung des eigenen Angebots, für die Beschaffung von Nachweisen). Unter besonderen Voraussetzungen kann der Anspruch aber auch den Ersatz des sog. **positiven Interesses**,[138] vor allem den durch die Nichterteilung des Auftrags entgangenen Gewinn, erfassen.[139] Auch einen Anspruch auf Entschädigung für Entwürfe oder Pläne, die mit dem Angebot vorgelegt werden (müssen), kann ein Bieter unter Umständen auf culpa in contrahendo stützen.[140]

---

127 BGH, Urteil v. 9.6.2011 – X ZR 143/10.
128 BGH, Urteil v. 5.6.2012 – X ZR 161/11.
129 BGH, Urteil v. 9.6.2011 – X ZR 143/10.
130 Siehe Rn. 85.
131 *Gröning*, GRUR 2009, 266 (268).
132 *Gröning*, GRUR 2009, 266 (268).
133 Z. B. OLG Brandenburg, Beschluss v. 29.5.2008 – 12 U 235/07 m.w.N.
134 BGH, Urteil v. 5.6.2012 – X ZR 161/11.
135 BGH, Urteil v. 5.6.2012 – X ZR 161/11.
136 OLG Jena, Beschluss v. 8.12.2008 – 9 U 421/08, sowie *Gröning*, GRUR 2009, 266 (268 f.); vgl. Rn. 75 ff. und 115 f.
137 Vgl. Rn. 88 ff.
138 Vgl. Rn. 92 ff.
139 BGH, Urteil v. 25.11.1992 – VIII ZR 170/91.
140 Vgl. Rn. 95.

2. Anspruchsvoraussetzungen

62 Die Voraussetzungen für den Anspruch aus culpa in contrahendo sind in § 311 Abs. 2 BGB geregelt.[141]

a) Anspruchsberechtigter

63 Anders als bei der Haftung nach § 181 S. 1 GWB kann anspruchsberechtigt jeder sein, der an dem ausgeschriebenen Auftrag interessiert ist oder war, ferner jedoch auch der Ausschreibende oder spätere Auftraggeber.[142]

b) Anspruchsgegner

64 Dementsprechend kann der Anspruch nicht nur gegen einen Auftraggeber gerichtet werden, der einen öffentlichen Auftrag zu vergeben hat. Jeder **Ausschreibende** oder Auftraggeber, auch ein Privater,[143] kann Anspruchsgegner sein. Bei der Anwendung von §§ 280 Abs. 1, 241 Abs. 2, 311 Abs. 2 BGB kann daher die bisweilen schwierige Prüfung entfallen, ob eine und gegebenenfalls welche Alternative des § 98 GWB zu bejahen ist.

65 Werden in den Vergabeunterlagen einer öffentlichen Ausschreibung **verschiedene**, von § 98 GWB erfasste juristische Personen als **Auftraggeber** bezeichnet und enthält die Leistungsbeschreibung für alle Auftraggeber zusammengefasste Leistungsteile, sind alle Ausschreibenden gemeinschaftlich Auftraggeber. Sie haften deshalb im Falle von schuldhaften Vergaberechtsverstößen nach den Grundsätzen der culpa in contrahendo als Gesamtschuldner.[144] Als Anspruchsgegner kommt überdies auch jeder Bieter oder sonstige Interessent an dem ausgeschriebenen Auftrag in Betracht.

c) Vorvertragliches Schuldverhältnis

66 Der Anspruch aus § 311 Abs. 2 BGB setzt voraus, dass zwischen Anspruchsteller und Anspruchsgegner ein vorvertragliches Schuldverhältnis (sog. Sonderrechtsbeziehung) besteht. Ein solches Schuldverhältnis entsteht durch die Aufnahme von Vertragsverhandlungen (§ 311 Abs. 2 Nr. 1 BGB); und darum handelt es sich – in je nach Verfahrensart mehr oder minder stark formalisierter Form – bei der Durchführung eines Verfahrens zur Vergabe öffentlicher Aufträge.[145]

67 Die **Sonderrechtsbeziehung** beginnt, wenn ein Dritter bedingt durch ein nach außen gerichtetes Verhalten des Auftraggebers Vermögensdispositionen mit Blick auf den späteren Auftrag vornimmt.[146] Die von § 311 Abs. 2 BGB geforderte Sonderrechtsbeziehung wird spätestens mit der Anforderung der Ausschreibungsunterlagen durch die Bieter zwischen diesen und dem Ausschreibenden begründet.[147] Im Übrigen ist zwischen den einzelnen Verfahrensarten zu unterscheiden.[148] Bei einem nicht offenen Verfahren und einem Verhandlungsverfahren mit Teilnahmewettbewerb entsteht das Schuldverhältnis in der Regel mit Einreichung von Teilnahmeanträgen durch die Bewerber. Bei einem Verhandlungsverfahren ohne Teilnahmewettbewerb entsteht das Schuldverhältnis demgegenüber erst mit der Aufnahme von Ver-

141 § 311 BGB entspricht den Grundsätzen für die Haftung aus einem vorvertraglichen Vertrauensverhältnis, die früher in ständiger Rechtsprechung unter dem Begriff „culpa in contrahendo" entwickelt worden sind. Schadensersatzansprüche, die in der Vergangenheit aus dem gewohnheitsrechtlich anerkannten Rechtsinstitut der culpa in contrahendo hergeleitet wurden, sind seit 1.1.2002 auf § 311 Abs. 2 BGB zu stützen, der seit der Schuldrechtsmodernisierung die normative Grundlage der Haftung aus culpa in contrahendo darstellt. An der bisherigen Rechtsprechung zur Haftung aus culpa in contrahendo ist festzuhalten, weil § 311 Abs. 2 BGB an dem bisher angewandten Recht inhaltlich nichts ändern wollte.

142 Vgl. OLG Frankfurt, Urteil v. 7.11.2006 – 11 U 53/03 (Kart), für den Fall einer Submissionsabsprache; OLG Stuttgart, Urteil v. 23.8.2006 – 3 U 103/05, für den Fall eines Kalkulationsirrtums des Auftragnehmers.

143 Vgl. BGH, Urteil v. 15.4.2008 – X ZR 129/06; Urteil v. 21.2.2006 – X ZR 39/03; vgl. hierzu näher *Freytag*, in: Gabriel/Krohn/Neun, Handbuch Vergaberecht, § 38 Rn. 97.

144 OLG Frankfurt, Urteil v. 14.4.2000 – 10 U 145/99, siehe hierzu auch Rn. 11.

145 Ausdrücklich BGH, Urteil v. 9.6.2011 – X ZR 143/10.

146 *Verfürth*, in: Röwekamp/Kus/Portz/Prieß, GWB-Vergaberecht, § 181 Rn. 55.

147 St. Rspr., vgl. BGH, Urteil v. 7.6.2005 – X ZR 19/02; OLG Koblenz, Urteil v. 6.2.2014 – 1 U 906/13.

148 Vgl. auch *Freytag*, in: Gabriel/Krohn/Neun, Handbuch Vergaberecht, § 38 Rn. 95.

tragsverhandlungen auf Einladung des Auftraggebers oder mit Übermittlung der Unterlagen, über die verhandelt werden soll. Ob schon die bloße Bekanntmachung einer Ausschreibung ausreicht, um ein vorvertragliches Schuldverhältnis zu begründen, ist dagegen bislang höchstrichterlich noch nicht geklärt.[149] Bei der E-Vergabe entsteht ein vorvertragliches Schuldverhältnis mit dem Download der Vergabeunterlagen über die Plattform.[150]

68 Im Falle einer sog. **De-facto-Vergabe** (vgl. § 135 Abs. 1 Nr. 2 GWB) lässt sich ein Anspruch auf Schadensersatz mangels vorvertraglichen Schuldverhältnisses allerdings nicht auf §§ 311 Abs. 2, 241 Abs. 2, 280 Abs. 1 BGB stützen;[151] in Betracht kommt ein Anspruch aus § 823 Abs. 2 BGB i.V.m. §§ 97 Abs. 6, 127 Abs. 1 S. 1 GWB.

d) Verhaltenspflichten des Auftraggebers sowie der Bewerber und Bieter

69 Das zwischen Ausschreibenden und Bewerbern und Bietern begründete Vertrauensverhältnis ist für beide Seiten durch zahlreiche **Sorgfaltspflichten** gekennzeichnet. Dazu gehören insbesondere Aufklärungs-, Rücksichtnahme- und Mitteilungspflichten sowie die Pflicht zur Abwehr von Schäden. Welche konkrete Verhaltenspflichten die Vertragsparteien jeweils beachten müssen, richtet sich nach den Umständen des Einzelfalles, insbesondere nach der Natur des jeweiligen Schuldverhältnisses.

70 Im **Anwendungsbereich des GWB-Vergaberechts** werden die in Betracht kommenden Pflichten in erster Linie durch die Bestimmungen konkretisiert, die der Auftraggeber kraft Gesetzes bei der Durchführung des Vergabeverfahrens zu beachten hat, also die Regeln im Teil 4 GWB und die Vorgaben der VgV sowie für den Baubereich diejenigen der VOB/A-EU, im Sektorenbereich der SektVO, im Bereich Verteidigung und Sicherheit der VSVgV und für Konzessionsvergaben der KonzVgV. Unterhalb der Schwellenwerte sind die Vorschriften der VOB/A (1. Abschnitt) und der UVgO einschlägig, sofern der Auftraggeber – was für viele Auftraggeber und Zuwendungsempfänger verpflichtend ist – ankündigt, die Vergabe auf der Grundlage dieser Vorschriften durchzuführen.[152] Daher kann auch unterhalb der Schwellenwerte ein Schadensersatzanspruch entstehen, wenn Vergabevorschriften missachtet und dadurch die vorvertraglichen Rücksichtnahmepflichten verletzt werden.[153] Werden auf diese Weise formalisierte Vertragsverhandlungen auf der Grundlage der vom Auftraggeber ausgearbeiteten und den Bietern zur Teilnahme überlassenen Vergabeunterlagen geführt, trifft den Auftraggeber aus § 241 Abs. 2 BGB regelmäßig die Verpflichtung zu einer vergaberechtskonformen Ausarbeitung dieser Unterlagen. Dies hat beispielsweise zur Folge, dass keine Wirtschaftlichkeitskriterien aufgestellt werden dürfen, die eine ordnungsgemäße Wertung der Angebote nicht zulassen und deshalb bei der Beanstandung eine Aufhebung des Vergabeverfahrens unausweichlich machen.[154] Zugleich haben Bewerber und Bieter ein von § 241 Abs. 2 BGB geschütztes Interesse daran, dass der Auftraggeber das Vergabeverfahren so anlegt und durchführt, dass der ihnen entstehende teilweise beträchtliche Ausschreibungsaufwand entsprechend tatsächlich verwendet werden kann und nicht durch die Aufhebung zunichte gemacht wird, ohne dass er für den Wettbewerb um den ausgeschriebenen Auftrag eingesetzt werden kann.[155] Mit den für den Auftraggeber bestehenden Rücksichtnahmepflichten war es früher

149 Dafür OLG Dresden, Urteil v. 9.3.2004 – 20 U 1544/03.
150 OLG Naumburg, Urteil v. 15.1.2021 – 7 U 39/20 stellt auf Abgabe eines Angebotes ab.
151 So auch *Freytag*, in: Gabriel/Krohn/Neun, Handbuch Vergaberecht, § 38 Rn. 96.
152 BGH, Urteil v. 9.6.2011 – X ZR 143/10.
153 LG Erfurt, Urteil v. 13.6.2014 – 1 S 276/13; vgl. z. B. OLG Saarbrücken, Urteil v. 24.2.2016 – 1 U 60/15, wonach dem preisgünstigsten Bieter ein Anspruch auf Ersatz des positiven Interesses zusteht, wenn der Aufraggeber sein Angebot ausschließt, ohne zuvor fehlende Nachweise nach § 16 Abs. 1 Nr. 3 VOB/A 2012 (jetzt: § 16a EU VOB/A) unter Fristsetzung nachzufordern.
154 BGH, Urteil v. 9.6.2011 – X ZR 143/10.
155 BGH, Urteil v. 9.6.2011 – X ZR 143/10.

ebenso unvereinbar, in die Wirtschaftlichkeitsprüfung Eignungskriterien einfließen zu lassen.[156]

Auch die Regeln der maßgeblichen **EU-Vergaberichtlinien** prägen das vorvertragliche Schuldverhältnis zwischen Auftraggeber und Unternehmen. Sie binden den öffentlichen Auftraggeber, wenn die fragliche Beschaffungsmaßnahme zu einem Zeitpunkt stattfindet, zu dem die maßgeblichen Richtlinien noch nicht oder unzureichend in deutsches Recht umgesetzt sind. Unter der Voraussetzung, dass die einschlägige Vorschrift der Richtlinie in einer für die Anwendung durch nationale Gerichte hinreichend bestimmten Weise formuliert ist, muss der Auftraggeber sich in seinem Verhalten nämlich so weit wie möglich an Wortlaut und Zweck der Richtlinie ausrichten, sodass das mit der Richtlinie verfolgte Ziel in größtmöglichem Umfang erreicht wird.[157] Entsprechendes kann gelten, wenn die betreffende Vorschrift der Richtlinie nur fehlerhaft oder unvollständig in deutsches Recht umgesetzt worden ist.[158] 71

Schließlich verlangt der **AEUV** von den Mitgliedstaaten die Beachtung bestimmter Grundfreiheiten, insbesondere des Diskriminierungsverbots (Art. 18 AEUV), der Warenverkehrs-, Niederlassungs- und die Dienstleistungsfreiheit (Art. 34 ff. AEUV, Art. 49 ff. AEUV und Art. 56 ff. AEUV). Sie bilden die Grundlagen des europäischen Vergaberechts, das in den Gründungsverträgen zur Europäischen Gemeinschaft, einschließlich der Protokolle und der allgemeinen Rechtsgrundsätze der Gemeinschaft (dem sog. Primärrecht), an sich keine besondere Erwähnung findet. Aus ihnen ergibt sich die Verpflichtung der Mitgliedstaaten, echten Wettbewerb um öffentliche Aufträge zuzulassen, unmittelbare oder mittelbare Diskriminierungen bei der Auftragsvergabe zu vermeiden und alle Regelungen oder Praktiken zu beseitigen, die den grenzüberschreitenden EU-weiten Verkehr beschränken. Die Mitgliedstaaten sind damit zugleich gehalten, die Vergabe öffentlicher Aufträge in transparenten Verfahren zu organisieren, die gleiche Zugangschancen für alle interessierten Unternehmen eröffnen und ihre Gleichbehandlung in allen Phasen des Vergabeverfahrens garantieren. Bei Beschaffungen, für die weder der Teil 4 GWB noch die Vergaberichtlinien gelten, also für den praktisch bedeutsamen Bereich der Auftragsvergaben unterhalb der Schwellenwerte, können sich hieraus entsprechende Verhaltenspflichten für die Vergabestellen ergeben.[159] Bei Grundstücksveräußerungen durch die öffentliche Hand, die als solche nicht dem Vergaberecht unterfallen, soll ein vorvertragliches Schuldverhältnis mit Verhaltenspflichten in dem hier beschriebenen Sinne nicht vorliegen, weil zum einen das Vergaberecht nicht einschlägig ist und zum anderen aufgrund der Formvorschriften in § 311b BGB regelmäßig kein annahmefähiges Angebot des Verkäufers vorliegt (fehlende notarielle Beurkundung).[160] 72

Eine objektive Verletzung von Rücksichtnahmepflichten kann auch in einem Verstoß gegen **Landesvergabegesetze** liegen. Auch die unterlassene Übermittlung der Vergabeakten an die in einzelnen Bundesländern als Nachprüfungsbehörde unterhalb der Schwellenwerte eingerichtete Vergabekammer und das Nicht-Abwarten einer in Landesvergabegesetzen statuierten Verpflichtung zum Abwarten vor Zuschlagserteilung verletzt Rücksichtnahmepflichten.[161] 73

---

156 BGH, Urteil v. 9.6.2011 – X ZR 143/10, mit Verweis auf BGH, Urteil v. 8.9.1998 – X ZR 99/96; Urteil v. 15.4.2008 – X ZR 129/06; vgl. aber z. B. die Regelung in § 56 Abs. 2 Nr. 2 VgV, wonach auch die Organisation, Qualifikation und Erfahrung des bei der Ausführung des Auftrags betrauten Personals als Zuschlagskriterium herangezogen werden darf, wenn die Qualität des eingesetzten Personals erheblichen Einfluss auf die Auftragsausführung haben kann.

157 BGH, Urteil v. 12.6.2001 – X ZR 150/99.

158 Zur „faktischen Vorwirkung" der EU-Vergaberichtlinie z. B. OLG Schleswig, Beschluss v. 28.8.2015 – 1 Verg 1/15; OLG Düsseldorf, Beschluss v. 19.11.2014 – VII-Verg 30/14.

159 Kommission, Mitteilung der Kommission zu Auslegungsfragen in Bezug auf das Gemeinschaftsrecht, das für die Vergabe öffentlicher Aufträge gilt, die nicht oder nur teilweise unter die Vergaberichtlinien fallen (2006/C 179/02).

160 Vgl. hierzu mit weiteren Nachweisen OLG Brandenburg, Urteil v. 24.4.2014 – 6 W 149/11; nach BGH, Urteil v. 22.2.2008 – V ZR 56/07, können die Pflichten eines Ausschreibenden auf ein Bieterverfahren für den Verkauf eines Grundstücks nicht ohne weiteres übertragen werden; zum Zivilrechtsweg bei Streitigkeiten aus einem Investorenwettbewerb vgl. VGH Bayern, Beschluss v. 1.2.2022 – 22 C 21.2470.

161 LG Erfurt, Urteil v. 13.6.2014 – 1 S 276/13.

74 Im Bereich der Einräumung von Wegenutzungsrechten zum Energieversorgungsnetzbetrieb nach **EnWG** kann ebenfalls ein Schuldverhältnis nach § 311 Abs. 2 Nr. 1 BGB entstehen, wenn Vertragsverhandlungen im Rahmen eines formalisierten Verfahrens der Interessensbekundung aufgenommen werden.[162]

75 Verhaltenspflichten des Auftraggebers im Rahmen des vorvertraglichen Schuldverhältnisses können sich aus durch die in der Bekanntmachung oder den Ausschreibungsunterlagen **selbst aufgestellten Bedingungen** des Auftraggebers ergeben. Formuliert der Auftraggeber entsprechende Bedingungen z. B. in der Auftragsbekanntmachung, in der Aufforderung zur Angebotsabgabe, in den Vergabeunterlagen oder in der Leistungsbeschreibung, so bindet er sich hierdurch selbst bzw. dürfen die Bieter und andere Unternehmen auf die Einhaltung dieser Bedingungen vertrauen. Auf diese Weise kann der Auftraggeber auch die VgV bzw. die SektVO, die VSVgV oder die KonzVgV oder die VOB/A oder die UVgO als rechtlichen Rahmen für das Vergabeverfahren festlegen. Das kann beispielsweise durch die ausdrückliche Erklärung in der Bekanntmachung oder den Vergabeunterlagen geschehen, wonach die Beschaffung nach der einschlägigen Vergabeverordnung (VgV, SektVO, VSVgV oder KonzVgV) oder nach der VOB/A oder der UVgO erfolge. Unerheblich ist dabei, ob es sich um einen Auftraggeber im Sinne von § 98 GWB oder um einen privaten Auftraggeber handelt. Erklärt ein privater Auftraggeber ohne Einschränkung, dass er eine Ausschreibung nach den Regeln einer bestimmten Vergabeverordnung (VgV, SektVO, VSVgV oder KonzVgV) oder der VOB/A bzw. der UVgO führen werde, begründet er in gleicher Weise wie ein Auftraggeber im Sinne von § 98 GWB einen Vertrauenstatbestand bei den Teilnehmern der Ausschreibung.[163]

76 Im Übrigen kann sich die Geltung der betreffenden Vergabeverordnung (VgV, SektVO, VSVgV, KonzVgV), VOB/A oder UVgO auch aus tatsächlichem Handeln (durch sog. konkludentes oder **schlüssiges Verhalten**) des Auftraggebers ergeben, wenn dieses dahin gehend verstanden werden muss, dass die einschlägige Vergabeverordnung oder Vergabe- und Vertragsordnung für die entsprechende Beschaffungsmaßnahme gelten soll. Eine Beschaffungsmaßnahme kann sogar dann der einschlägigen Vergabeverordnung oder einer Vergabe- und Vertragsordnung unterfallen, wenn der Auftraggeber einen ausdrücklichen Hinweis unterlässt, dass diese Regeln nicht gelten sollen. Voraussetzung hierfür ist jedoch, dass der Auftraggeber nach öffentlichem Recht, insbesondere Haushaltsrecht, verpflichtet ist, die Beschaffungsmaßnahme nach den Regeln der einschlägigen Vergabeverordnung oder einer Vergabe- und Vertragsordnung durchzuführen, und dies dem Anspruchsteller bekannt ist.[164]

77 Auch die **ständige Verwaltungspraxis** des Auftraggebers in der Vergangenheit, seine Beschaffungen stets nach den Regeln der einschlägigen Vergabeverordnung oder einer Vergabe- und Vertragsordnung durchzuführen, kann eine entsprechende Selbstbindung bewirken. Aufgrund dieser Selbstbindung kann auch dem ersten Abschnitt der VOB/A und der UVgO und den verwaltungsinternen Regelungen über Verfahren und Kriterien der Vergabe eine mittelbare Außenwirkung zukommen. Verstöße gegen diese Regelungen können Ansprüche der Bieter nach den Grundsätzen des Verschuldens bei Vertragsschluss gemäß § 311 Abs. 2 BGB i.V.m. § 280 Abs. 1 BGB sowie Ansprüche aus unerlaubter Handlung begründen.[165] Der Auftraggeber – will er von der bislang geübten Verwaltungspraxis abweichen – ist daher gehalten, in die Ausschreibungsunterlagen einen entsprechenden Hinweis aufzunehmen.

78 **Erlasse**, **dienstliche Anweisungen**, **Zuwendungsbescheide**, **Vergabehandbücher** usw. und die darin enthaltenen Vorgaben können für das vorvertragliche Schuldverhältnis zwischen Auftraggeber und Unternehmen dann gelten, wenn der Auftraggeber ausdrücklich auf sie hingewiesen oder durch schlüssiges Verhalten kundgetan hat, hiernach verfahren zu wollen. Ein Bieter hat jedoch auch dann Anlass, auf die ordnungsgemäße Vergabe durch einen Auftraggeber zu vertrauen, wenn die Aufsichtsbehörde des Auftraggebers diesem bei einem

162 OLG Karlsruhe, Beschluss v. 25.1.2021 – 6 W 24/20 (zu einem Verfahren nach EnWG).
163 BGH, Urteil v. 21.2.2006 – X ZR 39/03.
164 Vgl. BGH, Urteil v. 12.6.2001 – X ZR 150/99; ferner auch OLG Düsseldorf, Beschluss v. 12.4.2006 – VII-Verg 4/06.
165 OLG Brandenburg, Beschluss v. 17.12.2007 – 13 W 79/02.

formlosen Beschwerdeverfahren aufgegeben hatte, eine Neubewertung aller nicht ausgeschlossenen Angebote unter Berücksichtigung der Beschwerdebelange vorzunehmen.[166]

e) Verletzungshandlung

Die Schadensersatzpflicht wird dann ausgelöst, wenn der Anspruchsgegner gegen eine Verhaltenspflicht i.S.d. § 241 Abs. 2 BGB aus dem vorvertraglichen Schuldverhältnis verstößt, also eine Handlung vornimmt, die er nach den über das Schuldverhältnis maßgeblichen Regeln unterlassen müsste, oder ein Handeln unterlässt, das er nach dem Inhalt des Schuldverhältnisses vornehmen müsste. **79**

Das Gleiche gilt für ein Handeln oder Unterlassen von Personen, für deren Verhalten der Anspruchsgegner **rechtlich einstehen** muss. Bei Gebietskörperschaften oder juristischen Personen als öffentlicher Auftraggeber sind das die Organe (§§ 31, 89 BGB).[167] Für das Handeln von Mitarbeitern (Vergabestellen), hinzugezogenen externen Personen (Architekten o.Ä.) oder sonstigen vertretungsberechtigten Dritten hat der Anspruchsgegner nach § 278 S. 1 BGB einzustehen, wenn er sich der/den betreffenden Person/en bei der Durchführung und Abwicklung der fraglichen Beschaffung bedient hat. Überlassen mehrere gemeinschaftliche Auftraggeber im Innenverhältnis die Durchführung des Vergabeverfahrens, insbesondere die Vergabeentscheidung, einem Mitauftraggeber, so müssen sie sich im Rahmen der Haftung nach den Grundsätzen der culpa in contrahendo dessen Verschulden und das Verschulden von dessen Beratern gemäß § 278 BGB wie eigenes Verschulden zurechnen lassen.[168] Der Hinweis des Auftraggebers, er habe die für ihn tätigen Personen sorgfältig ausgewählt (vgl. § 831 S. 2 BGB), entlastet ihn nicht. Denn dieser Entlastungsnachweis greift nur ein bei Schadensersatzansprüchen, welche die Folgen einer unerlaubten Handlung ausgleichen. Der Anspruch aus den §§ 280 Abs. 1, 241 Abs. 2, 311 Abs. 2 BGB gleicht aber nicht die Folgen einer unerlaubten Handlung aus, sondern zielt darauf ab, die Folgen einer Pflichtverletzung innerhalb eines vertragsähnlichen Schuldverhältnisses zu kompensieren. Besteht die Verletzungshandlung in einer Willenserklärung einer vertretungsberechtigten Person, ergibt sich die Haftung des Anspruchsgegners aus § 164 Abs. 1 BGB. **80**

f) Verschulden

Während der Anspruch nach § 181 S. 1 GWB verschuldensunabhängig ausgestaltet ist,[169] erfordert der Schadensersatzanspruch gemäß §§ 280 Abs. 1, 241 Abs. 2, 311 Abs. 2 BGB im Allgemeinen ein Verschulden des Auftraggebers. Gemäß § 276 Abs. 1 S. 1 BGB tritt die Schadensersatzhaftung nur bei vorsätzlicher oder fahrlässiger Verletzungshandlung ein. **81**

Die **Zurechnung** derjenigen Dritten oder interner Vergabestellen, die der Auftraggeber in die Durchführung des Vergabeverfahrens eingebunden oder hiermit beauftragt hat, erfolgt nach § 278 BGB.[170] Der Anspruchsgegner kann sich aber auf § 280 Abs. 1 S. 1 BGB berufen und geltend machen, dass ihm die Verletzungshandlung nicht vorgeworfen werden kann, weil sie für ihn bzw. für den für ihn Handelnden bei Anwendung der gebotenen Sorgfalt nicht voraussehbar und nicht vermeidbar war. **82**

Ob an dem Verschuldenserfordernis für den Bereich der öffentlichen Auftragsvergabe **oberhalb der Schwellenwerte** auch nach der neueren Rechtsprechung des EuGH festzuhalten ist, wonach die Rechtsmittelrichtlinie 89/665/EWG einer nationalen Regelung entgegensteht, die den Schadensersatzanspruch wegen Verstoßes eines Auftraggebers gegen Vergaberecht **83**

166 LG Leipzig, Beschluss v. 30.4.2008 – 7 O 915/07.
167 Vgl. auch Rn. 21.
168 OLG Frankfurt, Urteil v. 14.4.2000 – 10 U 145/99, vgl. auch die Regelung in § 4 Abs. 2 VgV.
169 Siehe Rn. 25 f.
170 OLG Naumburg, Urteil v. 26.10.2004 – 1 U 30/04; vgl. auch Rn. 22.

von der Schuldhaftigkeit des Verstoßes abhängig macht,[171] bleibt abzuwarten.[172] Der BGH jedenfalls hat die Problematik erkannt, musste sich hierzu jedoch bisher nicht äußern.[173]

g) Pflichtverletzung und Kausalität

84 Die Verletzungshandlung muss schließlich **ursächlich** für einen Schaden im Sinne eines Vermögensnachteils bei dem Anspruchsteller gewesen sein (Kausalität), der als adäquate Folge der Pflichtverletzung angesehen werden kann und dessen Vermeidung die verletzte Pflicht dient.

85 Die Rechtsprechung ging lange Zeit davon aus, dass ein vergaberechtliches Fehlverhalten des Auftraggebers vor Vertragsschluss dessen Haftung nur dann begründen konnte, wenn ein **zusätzliches Vertrauenselement** aufseiten des Schadensersatz verlangenden Bieters vorlag.[174] Schadensersatz nach Aufhebung eines Vergabeverfahrens, für die kein vergaberechtlich anerkannter Grund (§ 63 VgV, § 17 EU VOB/A) vorlag, konnte ein Bieter nur dann verlangen, wenn er sich ohne Vertrauen auf die Rechtmäßigkeit des Vergabeverfahrens daran entweder gar nicht oder nicht so wie geschehen beteiligt hätte.[175] Nach dieser Rechtsprechung war das Vertrauen auf die vergaberechtskonforme Abwicklung des Vergabeverfahrens rechtlich dann nicht mehr schutzwürdig, wenn der Bieter bei der ihm im jeweiligen Fall zumutbaren Prüfung erkannt hatte oder hätte erkennen müssen, dass der Auftraggeber von den für ihn geltenden Regeln abweicht.[176] War dem Bieter bekannt, dass die Ausschreibung fehlerhaft war, fehlte es nach der damaligen Rechtsprechung jedenfalls an dem notwendigen Vertrauenstatbestand.[177] Bei einer solchen Kenntnis konnte der Bieter nicht mehr berechtigterweise darauf vertrauen, dass der mit der Erstellung des Angebots und der Teilnahme am Verfahren verbundene Aufwand nicht nutzlos war.[178] Darüber hinaus verdiente das Vertrauen eines Bieters aber auch dann keinen Schutz, wenn sich ihm die ernsthafte Gefahr eines Regelverstoßes des Auftraggebers aufdrängen muss, ohne dass die Abweichung schon sicher erschien.[179] Ein Anspruch auf Schadensersatz sollte demnach schließlich auch ausscheiden, wenn bestimmte Vorgaben in den Vergabeunterlagen oder ein Verhalten der Vergabestelle unklar waren, z. B. ob sich die Vergabestelle eine Gesamtvergabe der in Lose aufgeteilten Leistung vorbehalten hatte oder nicht. In einer solchen Konstellation durfte ein Bieter nicht einfach eine von mehreren möglichen Auslegungsvarianten unterstellen, sondern musste sich um Aufklärung durch Einsichtnahme von Unterlagen, Nachfragen, Ortsbesichtigungen etc. bemühen.[180] Unterließ er die gebotenen Aufklärungshandlungen, dann musste er in Kauf nehmen, mit der Vergabeentscheidung in seiner subjektiven Erwartung (nicht in seinem berechtigten Vertrauen) enttäuscht zu werden.[181] Ein Schadensersatzanspruch aus §§ 280 Abs. 1, 241 Abs. 1, 311 Abs. 2 und 3 BGB stand ihm nach der früheren Linie der Rechtsprechung dann nicht zu. Von dieser weitgehend auf dem tatbestandlichen Erfordernis eines Vertrauenselements beruhenden Rechtsprechung hat der **BGH** für den Bereich des Vergaberechts ausdrücklich Abstand genommen.[182] Ein zusätzliches Vertrauenselement verlangt der BGH für Schadensersatzansprüche, die auf ein vergaberechtliches Fehlverhalten des Auftraggebers vor Vertragsschluss gestützt sind, nicht (mehr). Zur Begründung verweist der BGH darauf, dass der aus § 280 Abs. 1 i.V.m. § 241 Abs. 2 und § 311 Abs. 2 Nr. 1 BGB hergeleitete Schadenser-

---

171 Vgl. EuGH, Urteil v. 30.9.2010 – Rs. C-314/09 (Strabag), Rn. 45.
172 Ablehnend *Freytag*, in: Gabriel/Krohn/Neun, Handbuch Vergaberecht, § 38 Rn. 104 ff.; vgl. auch *Franßen*, in: Byok/Jaeger, Vergaberecht, § 181 GWB Rn. 30.
173 BGH, Urteil v. 9.6.2011 – X ZR 143/10.
174 Vgl. etwa BGH, Urteil v. 8.9.1998 – X ZR 99/96; *Freytag*, in: Gabriel/Krohn/Neun, Handbuch Vergaberecht, § 38 Rn. 98 ff.
175 Vgl. BGH, Urteil v. 27.11.2007 – X ZR 18/07.
176 BGH, Urteil v. 12.6.2001 – X ZR 150/99.
177 BGH, Urteil v. 27.6.2007 – X ZR 34/04.
178 BGH, Urteil v. 1.8.2006 – X ZR 146/03; OLG Naumburg, Urteil v. 28.10.2010 – 1 U 52/10.
179 BGH, Urteil v. 27.6.2007 – X ZR 34/04; Urteil v. 1.8.2006 – X ZR 146/03; Urteil v. 3.6.2004 – X ZR 30/03; OLG Stuttgart, Urteil v. 30.4.2007 – 5 U 4/06.
180 OLG Naumburg, Urteil v. 2.7.2009 – 1 U 5/09.
181 OLG Naumburg, Urteil v. 2.7.2009 – 1 U 5/09; vgl. auch OLG Brandenburg, Urteil v. 20.4.2004 – 6 U 116/03.
182 Siehe hierzu auch *Freytag*, in: Gabriel/Krohn/Neun, Handbuch Vergaberecht, § 38 Rn. 100.

satzanspruch nach dem Wortlaut der gesetzlichen Regelung an die Verletzung einer aus dem Schuldverhältnis herrührenden Rücksichtnahmepflicht der Beteiligten anknüpft. Dafür, dass dem Gläubiger nur dann Schadensersatz zustehen solle, wenn er bei Verletzung einer solchen Rücksichtnahmepflicht zusätzlich gewährtes Vertrauen in Anspruch genommen hat, sei der gesetzlichen Regelung nichts zu entnehmen. Für das Recht der öffentlichen Auftragsvergabe bestehe auch kein Bedürfnis dafür, das Vertrauen des Bieters etwa als ungeschriebenes Tatbestandsmerkmal weiter zu fordern. Denn dieses Gebiet sei durch die Besonderheit gekennzeichnet, dass der Ablauf der Vertragsverhandlungen und die dem Auftraggeber dabei auferlegten Verhaltenspflichten eingehend geregelt seien. An die daraus resultierenden Verhaltenspflichten knüpften die Rücksichtnahmepflichten aus § 241 Abs. 2 BGB an. Der Inanspruchnahme besonderen Vertrauens als eines Tatbestands, an dessen Erfüllung die Haftung wegen Verschuldens bei Vertragsanbahnung überhaupt erst festgemacht werden könnte, bedürfe es deshalb nicht.[183]

Maßgeblich ist demnach allein, ob der Auftraggeber durch Missachtung von Vergabevorschriften seine Verpflichtung zur Rücksichtnahme auf die Rechte, Rechtsgüter und Interessen der potenziellen Bieter verletzt und einem durch diese Vorschriften geschützten Unternehmen hierdurch Schaden zugefügt hat. Der vom Bieter geltend gemachte Schadensersatzanspruch kann diesem daher nicht mehr mit dem Argument verweigert werden, er habe die Mangelhaftigkeit der Ausschreibung erkannt oder erkennen müssen, sodass er bei Angebotsabgabe nicht im Vertrauen darauf gehandelt hätte, dass das Vergabeverfahren insoweit nach den einschlägigen Vorschriften des Vergaberechts abgewickelt werden würde.[184] Hierin liegt eine erhebliche Erleichterung der betroffenen Bieter im Schadensersatzprozess.[185] Einem geltend gemachten und auf das positive Interesse gerichteten Schadensersatzanspruch steht im Übrigen auch nicht entgegen, dass der Bieter sich an einer Folgeausschreibung nicht mehr beteiligt.[186] 86

3. Schaden

Der Schadensersatzanspruch kann alternativ[187] auf das sog. negative Interesse, je nach Sachverhalt aber auch auf das sog. positive Interesse gerichtet sein. 87

a) Ersatz des negativen Interesses

Mit dem Begriff „**negatives Interesse**" werden die Nachteile bezeichnet, die der Anspruchsteller infolge der Pflichtverletzung erlitten hat, weil er darauf vertraut hat, dass der Anspruchsgegner sich an die aus dem vorvertraglichen Schuldverhältnis ergebenden Regeln hält. Bei vergaberechtlichen Sachverhalten geht es daher um die Schäden, die aus dem Vertrauen herrühren, dass die Beschaffung nach den Vorschriften des EU-Vergaberechts, des GWB, der jeweiligen Vergabeverordnung (VgV, SektVO, VSVgV, KonzVgV), der VOB/A oder der UVgO oder nach den eigenen Vergabebedingungen des Auftraggebers abgewickelt wird. Nach §§ 280 Abs. 1, 241 Abs. 2, 311 Abs. 2 BGB kann ein Bieter daher auch die Nachteile ausgeglichen verlangen, die ihm durch die Teilnahme an einer Ausschreibung entstanden sind. Das sind in erster Linie die bereits oben[188] beispielhaft benannten Kosten. Ist dem Bieter wegen seiner Teilnahme am Vergabeverfahren ein anderes Geschäft entgangen, kann das negative Interesse u.U. auch den insoweit entgangenen Gewinn einschließen. 88

Hat der Bieter wegen der behaupteten Pflichtverletzung einen Rechtsanwalt eingeschaltet, kann auch dessen Vergütung ersetzt verlangt werden.[189] Maßgeblich ist insoweit, dass der Bieter aufgrund der objektiv gegebenen Vergaberechtswidrigkeit Anlass hatte, anwaltliche 89

183 Vgl. BGH, Urteil v. 5.6.2012 – X ZR 161/11; Urteil v. 9.6.2011 – X ZR 143/10; OLG Hamm, Beschluss v. 6.8.2015 – I – 17 U 130/12; sowie *Gröning*, GRUR 2009, 266 (268).
184 BGH, Urteil v. 5.6.2012 – X ZR 161/11.
185 Vgl. Rn. 106 und *Gröning*, GRUR 2009, 266 (269).
186 BGH, Urteil v. 29.11.2016 – X ZR 122/14.
187 Nicht kumulativ, OLG Jena, Urteil v. 27.2.2002 – 6 U 360/01.
188 Siehe Rn. 38 ff.
189 BGH, Urteil v. 9.6.2011 – X ZR 143/10; LG Leipzig, Beschluss v. 19.8.2005 – 01 HK O 7069/04.

Hilfe in Anspruch zu nehmen.[190] Die Erstattungsfähigkeit von Rechtsanwaltskosten ist grundsätzlich nicht von einer irgendwie gearteten Mahnung des Gläubigers bzw. von einer eigenen Rüge gegenüber dem Auftraggeber vor Einschaltung des Rechtsanwalts abhängig. Das kann allenfalls bei erkennbaren Vergabeverstößen im Sinne des § 160 Abs. 3 Nr. 2 und 3 GWB anders sein.[191] In solchen Fällen dürfte der Vorwurf des Mitverschuldens des Bieters gerechtfertigt sein.[192] Zur Frage der Angemessenheit der **Rechtsanwaltsvergütung** ist die Rechtsprechung des BGH[193] maßgeblich, wonach bei vergaberechtlichen Streitigkeiten nicht in jedem Fall pauschal von einer überdurchschnittlichen Schwierigkeit für die anwaltliche Tätigkeit ausgegangen werden könne. Auch vergaberechtliche Streitigkeiten seien hinsichtlich ihres Umfangs und Schwierigkeitsgrads unterschiedlich gelagert. Es erscheine daher nicht angemessen, diesen Fällen pauschal einen Schwierigkeitsgrad beizumessen, dem regelmäßig eine Vergütung im oberen oder obersten Bereich des einschlägigen Rahmens zu entsprechen habe. Das gelte umso mehr mit Blick auf die anwaltliche Spezialisierung. Zweifelhaft könne ferner sein, den Aufwand bei der Vertretung im Vergabeverfahren generell auch daran zu messen, welche Probleme sich im anschließenden Nachprüfungsverfahren ergeben haben, weil die Auseinandersetzung hinsichtlich des Umfangs und Schwierigkeitsgrads dynamisch verlaufen sein kann.

90 Das „negative Interesse", also die Kosten der Teilnahme an dem Vergabeverfahren, kann regelmäßig jedoch nur der Bieter verlangen, der ohne den behaupteten Verstoß den **Zuschlag erhalten hätte**.[194] So hat beispielsweise die VK Schleswig-Holstein entschieden,[195] dass der Anspruch nur demjenigen Bieter zusteht, der als Sieger aus dem Vergabeverfahren hervorgegangen wäre.[196] Das ergibt sich daraus, dass mit der Ausschreibung ein Wettbewerbsverfahren eröffnet wird, bei dem sich die unter Umständen beträchtlichen Aufwendungen der Bieter für die Erstellung der Angebote nur bei dem Gewinner des Verfahrens amortisieren, während die übrigen Teilnehmer in aller Regel auch für beträchtliche Ausgaben zur Vorbereitung ihres Angebots keinen Ersatz erhalten. Ein Verstoß gegen bieterschützende Bestimmungen zum Nachteil eines nachrangigen Bieters wird deshalb regelmäßig nicht kausal für den bei ihm durch die Angebotsaufwendungen zu verzeichnenden Vermögensverlust sein.[197]

91 Das gilt aber nicht ausnahmslos.[198] Einem Bieter, der den **Zuschlag nicht erhalten hat**, kann gleichwohl ein Anspruch auf Ersatz solcher Aufwendungen zustehen, die er nicht getätigt hätte, wenn er gewusst hätte, dass sich die Vergabestelle über die sie aus dem vorvertraglichen Vertrauensverhältnis treffenden (Aufklärungs-) Pflichten hinwegsetzt, sie es z. B. unterlässt, rechtzeitig bestimmte Informationen zu erteilen.[199] Neben den Fällen unterlassener Aufklärung kommt eine Schadensersatzverpflichtung des Auftraggebers daher gegenüber diesem Bieter z. B. bei einer rechtswidrigen Aufhebung des Verfahrens[200] oder auch bei einem Verfahrensfehler, der die Einleitung des Vergabeverfahrens als solche betrifft (etwa eine fehlerhafte Kostenschätzung), in Betracht. Wenn die Ausschreibung rechtswidrig aufgehoben wurde, weil der Auftraggeber keine ordnungsgemäße Kostenschätzung vorgenommen hatte, kann unterstellt werden, dass bei einer rechtmäßigen Vorgehensweise die Kosten in der Größenordnung der Angebotsendsummen entweder bereitgestellt worden wären oder auf eine Ausschreibung des Auftrages verzichtet worden wäre. In beiden Fällen hätten die Bieter ihre

190 *Freytag*, in: Gabriel/Krohn/Neun, Handbuch Vergaberecht, § 38 Rn. 111.
191 BGH, Urteil v. 9.6.2011 – X ZR 143/10.
192 *Freytag*, in: Gabriel/Krohn/Neun, Handbuch Vergaberecht, § 38 Rn. 111.
193 BGH, Urteil v. 9.6.2011 – X ZR 143/10.
194 BGH, Urteil v. 9.6.2011 – X ZR 143/10; Urteil v. 27.11.2007 – X ZR 18/07; vgl. auch OLG Celle, Beschluss v. 4.3.2010 – 13 Verg 1/10.
195 VK Schleswig-Holstein, Beschluss v. 25.1.2012 – VK-SH 24/11.
196 Vgl. auch *Gröning*, GRUR 2009, 266 (268); anders allerdings OLG Naumburg, Urteil v. 27.11.2014 – 2 U 152/13.
197 BGH, Urteil v. 27.6.2007 – X ZR 34/04; dem folgend LG Köln, Urteil v. 7.11.2017 – 33 O 192/16.
198 Vgl. etwa BGH, Urteil v. 9.6.2011 – X ZR 143/10; sowie die Nachweise bei *Gröning*, GRUR 2009, 266 (267, 269).
199 BGH, Urteil v. 27.11.2007 – X ZR 18/07; OLG Celle Beschluss v. 4.3.2010 – 13 Verg 1/10; OLG Koblenz, Urteil v. 15.1.2007 – 12 U 1016/0.
200 Vgl. hierzu BGH, Urteil v. 8.12.2020 – XIII ZR 19/19; Urteil v. 9.6.2011 – X ZR 143/10; OLG Naumburg, Urteil v. 27.11.2014 – 2 U 152/13.

mit der Angebotsbestellung, -erläuterung und -aufklärung verbundenen Aufwendungen erspart. Es ist deshalb gerechtfertigt, in diesen Fällen nicht nur dem Bestbieter, d.h. dem Bieter, der bei einem ordnungsgemäßen Verlauf des Vergabeverfahrens den Zuschlag hätte erhalten müssen, sondern allen teilnehmenden Bietern einen Anspruch auf Erlass des negativen Interesses zuzusprechen.[201] Ein Anspruch aus culpa in contrahendo auf Erstattung der Kosten für die Teilnahme am Vergabeverfahren kann einem Bieter also auch dann zustehen, wenn er sich ohne Vertrauen auf die Rechtmäßigkeit des Vergabeverfahrens nicht oder nicht so, wie geschehen, daran beteiligt hätte.[202] Dies ist jedoch nur dann der Fall, wenn der Bieter sich in Kenntnis des tatsächlichen Ausschreibungsinhalts mit an Sicherheit grenzender Wahrscheinlichkeit nicht am Vergabeverfahren beteiligt und kein Angebot abgegeben hätte.[203] Entsprechende Umstände hat der Anspruchsteller (Kläger) in dem Schadensersatzprozess gesondert darzulegen. Es versteht sich aber nicht immer von selbst, dass ein Bieter gänzlich von der Bewerbung um einen Auftrag Abstand nimmt, bloß weil er erkennt, dass dieser z. B. fälschlicherweise nur national ausgeschrieben worden ist anstatt europaweit.[204]

b) Ersatz des positiven Interesses

Der Schadensersatzanspruch kann auch auf das „**positive Interesse**" oder „Erfüllungsinteresse" gerichtet sein. Mit diesen Begriffen werden diejenigen Vermögensnachteile benannt, die ein Anspruchsteller erleidet, weil er den Zuschlag nicht erhält oder erhalten hat. Der Anspruch zielt dann in erster Linie auf den entgangenen Gewinn eines nichtberücksichtigten Bieters, aber auch auf andere Teilaspekte des Entgelts, soweit sie der Anspruchsteller nicht realisieren konnte. Unabhängig davon, ob sich ein Überschuss des Angebotspreises über die aufzuwendenden Kosten feststellen lässt, kann daher gegebenenfalls ein Deckungsbeitrag zu den allgemeinen Betriebskosten des Anspruchstellers eingeklagt werden,[205] der bei Auftragserteilung erzielt worden wäre. Wenn die auftragsbezogenen Verluste höher als die mit dem eingeklagten Betrag abzudeckenden Fixkosten sind, dürfte es jedoch an einem Schaden fehlen.[206] **92**

Der Anspruch des bei der Zuschlagserteilung übergangenen Bieters auf das positive Interesse setzt zunächst unter Kausalitätsgesichtspunkten voraus, dass ihm bei ordnungsgemäßen Verlauf des Vergabeverfahrens der **Auftrag hätte erteilt werden müssen**.[207] Dies kann für den zweitplatzierten Bieter der Fall sein, wenn der Auftrag an einen Bieter erteilt wurde, dessen Angebot nicht den Anforderungen der Leistungsbeschreibung entspricht. Es ist allerdings nicht allein ausreichend, dass das bezuschlagte Angebot hätte ausgeschlossen werden müssen. Der Bieter muss nachweisen, dass er in rechtswidriger Weise übergangen wurde und bei rechtmäßiger Vergabeentscheidung bei objektiv richtiger Anwendung der bekannt gemachten Vergabekriterien der Zuschlag auf sein Angebot hätte erfolgen müssen. Ein etwaiges dem Auftraggeber bei der Entscheidung über das wirtschaftlichste Angebot oder die Auskömmlichkeit eines Angebots zustehendes Ermessen ist zu berücksichtigen.[208] Nur dann, wenn der übergangene Bieter nachweisen kann, dass die Zuschlagserteilung auf sein Angebot die einzige ermessensfehlerfreie Entscheidung war, kann er Ersatz des positiven Interesses verlan- **93**

---

201 OLG Naumburg, Urteil v. 27.11.2014 – 2 U 152/13.

202 BGH, Urteil v. 27.11.2007 – X ZR 18/07.

203 OLG Celle, Beschluss v. 4.3.2010 – 13 Verg 1/10; VK Schleswig-Holstein, Beschluss v. 25.1.2012 – VK-SH 24/11.

204 Vgl. BGH, Urteil v. 27.11.2007 – X ZR 18/07; zu Fällen, in denen das Ausschreibungsverfahren von Anfang an fehlerbehaftet war und deshalb keine echte Amortisationschance für getätigte Aufwendungen bestand: vgl. OLG Dresden, Urteil v. 10.2.2004 – 20 U 1697/03; OLG Schleswig, Beschluss v. 18.1.2001 – 11 U 139/99.

205 BGH, Urteil v. 2.10.2003 – III ZR 114/02; OLG Dresden, Urteil v. 27.1.2006 – 20 U 1873/05; OLG Schleswig, Urteil v. 12.10.2004 – 6 U 81/01; OLG Stuttgart, Beschluss v. 6.4.2004 – 2 Verg 2/04.

206 OLG Schleswig, Urteil v. 12.10.2004 – 6 U 81/01.

207 Vgl. BGH, Urteil v. 5.6.2012 – X ZR 161/11; Urteil v. 26.1.2010 – X ZR 86/08; vgl. z. B. OLG Naumburg, Urteil v. 15.1.2021 – 7 U 39/20; OLG Saarbrücken, Urteil v. 24.2.2016 – 1 U 60/15; OLG Köln, Urteil v. 23.7.2014 – 1-11 U 104/13 m.w.N.; LG Köln, Urteil v. 7.11. 2017 – 33 O 192/16.

208 OLG Naumburg, Urteil v. 15.1.2021 – 7 U 39/20; LG Bonn, Urteil v. 21.10.2020 – 1 O 51/20; LG Köln, Urteil v. 7.11.2017 – 33 O 192/16.

gen.[209] Er kann dann auch **Ersatz des Gewinnausfalls** verlangen.[210] Nach § 252 BGB umfasst der gegebenenfalls zu ersetzende Schaden grundsätzlich auch den entgangenen Gewinn, welcher nach dem gewöhnlichen Lauf der Dinge oder nach den besonderen Umständen, insbesondere nach den getroffenen Anstalten und Vorkehrungen, mit Wahrscheinlichkeit erwartet werden konnte. Die Tatsachen, aus denen sich die Prognose eines zukünftigen Gewinns ergibt, muss der Anspruchsteller nachweisen. Eine pauschale Berufung auf 5 % der Angebotssumme in Analogie zu § 648 S. 3 BGB ist nicht ausreichend. § 648 S. 3 BGB regelt die Kündigung im Werkvertragsrecht und enthält keinen in dieser Weise verallgemeinerungsfähigen Rechtsgedanken.[211] Der Auftraggeber kann sich gegenüber dem übergangenen Bieter nicht allein darauf berufen, ihm hätte wegen der vergaberechtswidrigen Ausgestaltung der Vergabeunterlagen der Zuschlag in einem ordnungsgemäßen Vergabeverfahren überhaupt nicht erteilt werden können. Ansonsten wäre der Auftraggeber von jeglicher Haftung für die Verwendung vergaberechtswidriger Unterlagen freigestellt.[212] Vielmehr soll nach der Rechtsprechung des BGH mit dem Vorbehalt der potenziell möglichen Zuschlagserteilung in erster Linie verhindert werden, dass ein Bieter, dessen Angebot selbst nicht ausschreibungskonform ist und dem deshalb der Auftrag nicht hätte erteilt werden dürfen, Schadensersatz erhält.[213]

94 Für den Ersatz des positiven Interesses ist weiter erforderlich, dass der betreffende **Auftrag** tatsächlich an den „falschen" Bieter **vergeben worden** ist.[214] Denn auch derjenige Bieter, der bei einer Ausschreibung das annehmbarste Angebot abgegeben hat, hat deshalb nicht von vornherein Anlass, darauf zu vertrauen, dass ihm der ausgeschriebene Auftrag erteilt wird und er sein positives Interesse hieraus realisieren kann. Ein sachlich gerechtfertigter Vertrauenstatbestand, der zu einem Ersatz des entgangenen Gewinns führt, kann vielmehr erst dann gegeben sein, wenn der ausgeschriebene Auftrag tatsächlich – unter Verstoß gegen die einschlägigen Vergaberegeln – erteilt wurde. Erst dann erweist es sich als berechtigt, dass der betroffene Bieter auf die tatsächliche Durchführung des Auftrags und den hierdurch zu erlösenden Gewinn vertraut hat. Unterbleibt die Vergabe des Auftrags, kommt regelmäßig nur eine Entschädigung im Hinblick auf das Vertrauen in Betracht, um im Ergebnis nutzlose Aufwendungen für die Erstellung des Angebots und die Teilnahme am Ausschreibungsverfahren tätigen zu müssen.[215] Bei einer Wiederholung des Vergabeverfahrens nach Erkennen des Umstandes, dass die Leistungsbeschreibung mehrdeutig war, besteht aufgrund des fehlenden Kontrahierungszwanges regelmäßig kein Anspruch auf entgangenen Gewinn.[216] Ein Anspruch auf Ersatz entgangenen Gewinns ist auch nicht gegeben, wenn der öffentliche Auftraggeber mit dem Unternehmen, das den Zuschlag zu Unrecht erhalten hat, einen Aufhebungsvertrag schließt und für den gleichen Auftrag ein neues Vergabeverfahren durchführt. Damit wird ein mit einer Aufhebung des ersten Vergabeverfahrens und einer fehlerfreien Neuvergabe wirtschaftlich und wertungsmäßig entsprechendes Ergebnis herbeiführt und die Chancen der Bieter bei der Vergabe des Auftrags gewahrt.[217] Eine tatsächliche Vergabe des Auftrags liegt vor, wenn der Auftraggeber mit einem oder mehreren Unternehmen einen Vertrag oder mehrere Verträge abgeschlossen hat und dieser Vertrag bei wirtschaftlicher Betrachtungsweise das gleiche Vorhaben und den gleichen Auftragsgegenstand betrifft.[218] Für die Beurteilung dieser Frage ist eine wirtschaftliche Betrachtungsweise geboten, wonach die aus-

209 BGH, Urteil v. 1.8.2006 – X ZR 115/04; OLG Koblenz, Urteil v. 6.2.2014 – 1 U 906/13; LG Bonn, Urteil v. 21.10.2020 – 1 O 51/20.
210 St. Rspr., vgl. BGH, Urteil v. 18.9.2007 – X ZR 89/04.
211 OLG Köln, Urteil v. 23.7.2014 – 11 U 104/13.
212 BGH, Urteil v. 5.6.2012 – X ZR 161/11.
213 BGH, Urteil v. 1.8.2006 – X ZR 115/04.
214 BGH, Urteil v. 23.11.2021 – XIII ZR 20/19; Urteil v. 8.12.2020 – XIII ZR 19/19.
215 BGH, Urteil v. 5.11.2002 – X ZR 232/00; OLG Naumburg, Urteil v. 26.10.2004 – 1 U 30/04; OLG Dresden, Beschluss v. 10.7.2003 – WVerg 15/02.
216 OLG Köln, Urteil v. 23.7.2014 – 11 U 104/13.
217 BGH, Urteil v. 23.11.2021 – XIII ZR 20/19 – der BGH lässt offen, ob der Aufhebungsvertrag den Zuschlag entfallen lässt.
218 BGH, Urteil v. 8.12.2020 – XIII ZR 19/19; Urteil v. 5.11.2002 – X ZR 232/00.

geschriebenen und die tatsächlich in Auftrag gegebenen Leistungen zu vergleichen sind.[219] Daran fehlt es, wenn der vergebene Auftrag im Vergleich zu dem ausgeschriebenen Beschaffungsvorhaben wesentliche Änderungen aufweist, was nach wirtschaftlichen und technischen Kriterien und nicht nach formalen Aspekten zu beurteilen ist.[220] Wenn die Aufhebung des ersten Verfahrens auf eine entsprechende *„Zäsur innerhalb der Beschaffungsabsicht"* zurückzuführen ist und *„auf sachlich gerechtfertigten, nachvollziehbaren objektiven und auftragsbezogenen Gründen basiert"*, spricht dies dafür, dass der später vergebene Auftrag nicht mit dem ursprünglich ausgeschriebenen identisch ist und deshalb ein Anspruch auf positives Interesse nicht besteht.[221] Ein Anspruch kommt vor allem dann in Betracht, wenn die Aufhebung des Vergabeverfahrens erfolgt, um den Auftrag *„unter manipulativen Umständen außerhalb des eingeleiteten Vergabeverfahrens an einen bestimmten Bieter oder unter anderen Voraussetzungen bzw. in einem anderen Bieterkreis vergeben zu können"*.[222] Ein Anspruch des übergangenen Bieters kann auch dann bestehen, wenn sich der ausgeschriebene und der tatsächlich erteilte Auftrag nicht decken, der übergangene Bieter aber auf Besonderheiten verweisen kann, die den Auftraggeber hätten veranlassen müssen, ihm – auch – den geänderten Auftrag zu erteilen.[223]

c) Ersatz eines Entschädigungsbetrages

Nach § 8b EU Abs. 2 Nr. 1 S. 2 VOB/A ist einheitlich für alle Bieter in der Ausschreibung eine angemessene Entschädigung festzusetzen, wenn der Auftraggeber mit dem Angebot Entwürfe, Pläne, Zeichnungen, statische Berechnungen, Mengenberechnungen oder andere Unterlagen ausarbeitet. Diese Entschädigung steht jedem Bieter zu, der ein der Ausschreibung entsprechendes Angebot mit den geforderten Unterlagen rechtzeitig eingesetzt hat. Vergleichbare Regelungen enthalten § 8b EU Abs. 1 Nr. 1 S. 2 VOB/A und § 77 Abs. 2 VgV. **95**

Die Vorschriften gewähren einen **Aufwendungsersatz** ohne Gewinnanteil.[224] Pläne und Lösungsvorschläge werden regelmäßig bei größeren Bauvorhaben und bei Planungsleistungen oder bei ÖPP-Vorhaben verlangt. Wenn die Auftraggeber einen unangemessen niedrigen Entschädigungsbetrag festsetzen, kann sich aus §§ 280 Abs. 1, 241 Abs. 2, 311 BGB ein Anspruch auf eine angemessene Entschädigung ergeben. Die Entschädigungspflicht entsteht, sobald der Auftraggeber in der Ausschreibung Aufgaben auf den Bieter verlagert, die eigentlich ihm selbst obliegen. Wird eine solche Entschädigung nicht gewährt oder unangemessen niedrig festgesetzt, besteht in Einzelfällen ein Anspruch aus culpa in contrahendo, den der Bieter auf dem Zivilrechtsweg durchsetzen kann. Dies gilt jedenfalls dann, wenn die Vergabeunterlagen eine (höhere) Entschädigung nicht eindeutig ausschließen.[225] **96**

Ist ein Entschädigungsbetrag in den Vergabeunterlagen ausdrücklich **ausgeschlossen** oder auf eine bestimmte Höhe **begrenzt** worden, ist dies nach Auffassung des BGH bindend und eine Anpassung kann nur während des Vergabeverfahrens durch Änderung der Vergabeunterlagen erfolgen. Die Bindung an die in den Vergabeunterlagen festgelegte pauschale Vergütung kann nur durch Rüge gegenüber dem Auftraggeber durch Einleitung eines Nachprüfungsverfahrens beseitigt werden. Erfolgt dies nicht, gibt es keine Grundlage für weitergehende Honoraransprüche, unabhängig davon, ob die Vergütung unangemessen niedrig ist.[226] **97**

---

219 BGH, Urteil v. 3.7.2020 – VII ZR 144/19 unter Berufung auf BGH, Urteil v. 16.12.2003 – X ZR 282/02; Urteil v. 8.9.1998 – X ZR 99/96.
220 OLG Dresden, Urteil v. 9.3.2004 – 20 U 1544/03.
221 So unter der Betonung der Aufrechterhaltung der Beschaffungsabsicht durch den Auftraggeber: *Müller*, jurisPR-VergR 4/2021, Anm. 2.
222 OLG Karlsruhe, Beschluss v. 25.1.2021 – 6 W 24/20; OLG Düsseldorf, Urteil v. 22.4.2020 – 27 U 10/19.
223 BGH, Urteil v. 3.7.2020 – VII ZR 144/19; Urteil v. 5.11.2002 – X ZR 232/00.
224 OLG Hamm, Urteil v. 6.8.2015 – 17 U 130/12.
225 OLG Hamm, Urteil v. 6.8.2015 – 17 U 130/12.
226 BGH, Urteil v. 19.4.2016 – X ZR 77/14.

d) Rechtmäßiges Alternativverhalten

98 Nach allgemeinem Schadensersatzrecht ist einem Schädiger in der Regel ein Schaden dann nicht zuzurechnen, wenn dieser auch bei rechtmäßigem Verhalten entstanden wäre.[227] Eine Schadensersatzpflicht aus §§ 280 Abs. 1, 241 Abs. 2, 311 Abs. 2 BGB besteht daher in der Regel dann nicht, wenn der Anspruchsgegner darlegen und beweisen kann, dass der Anspruchsteller die pflichtwidrig verursachten Aufwendungen auch dann gehabt oder einen Gewinn nicht gemacht hätte, wenn sich der Anspruchsgegner rechtmäßig verhalten hätte (sog. Einwand des rechtmäßigen Alternativverhaltens).[228]

e) Mitverschulden

99 Eigenes Mitverschulden kann den Schadensersatzanspruch des Anspruchstellers nach § 254 BGB mindern oder auch ganz entfallen lassen.

100 Der Verzicht auf eine **Rüge** oder auf ein **Nachprüfungsverfahren** stehen einem Anspruch aus culpa in contrahendo allerdings nicht grundsätzlich entgegen.[229]

101 Praktisch relevant kann auch § 254 Abs. 2 S. 1 BGB sein, wonach der Gläubiger eines Schadensersatzanspruchs gehalten ist, den zu ersetzenden Schaden gering zu halten. Die Bieter sollten sich daher auf notwendige Aufwendungen beschränken. Unter dem Gesichtspunkt der **Schadensminderungspflicht** kann es außerdem geboten sein, die durch den entfallenden Auftrag frei gewordenen personellen oder maschinellen Produktionskapazitäten anderweitig einzusetzen (Übernahme von sog. Füllaufträgen) oder aber Kosten durch Kündigungen zu vermeiden.[230]

4. Verjährung

102 Der Schadensersatzanspruch aus §§ 280 Abs. 1, 241 Abs. 2, 311 Abs. 2 BGB unterliegt der regelmäßigen Verjährungsfrist von drei Jahren nach § 195 BGB.[231]

5. Zuständigkeit

103 Eine auf §§ 280 Abs. 1, 241 Abs. 2, 311 Abs. 2 BGB gestützte Schadensersatzklage ist vor den **Zivilgerichten** zu erheben.

104 Soweit es um die Verletzung einer Pflicht geht, die aufgrund des GWB besteht, weil für die konkrete Beschaffungsmaßnahme der Anwendungsbereich des Vergaberechts der §§ 97 ff. GWB eröffnet ist, ist erstinstanzlich ausschließlich das Landgericht **sachlich zuständig** (§ 87 Abs. 1 S. 2 i.V.m. S. 1 GWB). Bei den sonstigen Beschaffungsmaßnahmen ist entweder das Amtsgericht oder das Landgericht erstinstanzlich zuständig; dies richtet sich nach dem jeweiligen Streitwert. Eine Zuständigkeit der Vergabekammern besteht nicht.

105 Die Klage ist im Allgemeinen am **Gerichtsstand** des Anspruchsgegners, also in der Regel vor dem Gericht, in dessen Bezirk er wohnt bzw. seinen Sitz hat (vgl. §§ 12 ff. ZPO), zu erheben.

6. Darlegungs- und Beweislast

106 Für die Darlegungs- und Beweislast gilt zunächst das insoweit zu § 181 S. 1 GWB Ausgeführte entsprechend.[232] Der **Anspruchsteller** muss hier diejenigen Tatsachen vortragen und beweisen, die das Zustandekommen eines Schuldverhältnisses, eine Verletzung einer dem Schutz des Anspruchstellers dienenden Pflicht, einen Vertrauenstatbestand, einen Schaden und die Kausalität belegen und aus denen sich insbesondere auch ergibt, dass ohne die Pflichtverletzung der Auftrag an den Anspruchsteller hätte erteilt werden müssen.[233] Dabei kann in einem

227 BGH, Urteil v. 5.3.2002 – VI ZR 398/00; Urteil v. 26.10.1999 – X ZR 30/98; Urteil v. 25.11.1992 – VIII ZR 170/91.
228 Wegen der Einzelheiten wird auf die Ausführungen in Rn. 35 ff. verwiesen.
229 Vgl. dazu oben Rn. 46 ff.
230 OLG Schleswig, Urteil v. 19.12.2003 – 4 U 4/2000.
231 Zu den Einzelheiten siehe § 180 GWB Rn. 53 ff.
232 Siehe hierzu Rn. 51 ff.
233 OLG Naumburg, Urteil v. 23.12.2014 – 2 U 74/14; OLG Saarbrücken, Urteil v. 2.7.2003 – 1 U 113/03.

Prozess über die Klage auf Ersatz des positiven Interesses ausreichend sein, wenn der Kläger einen begründeten Verdacht eines Vergabefehlers vorträgt und der Auftraggeber diesen pauschal bestreitet, ohne die Angebotsunterlagen vorzulegen. Die Zivilgerichte können den Auftraggeber zur Vorlage der Angebotsunterlagen verpflichten. Dem steht die Verpflichtung zur Geheimhaltungsbedürftigkeit der Angebote nach Zuschlagserteilung nicht mehr entgegen.[234] Beruft sich der Bieter darauf, er habe den Zuschlag erhalten müssen, weil das Angebot des bezuschlagten Unternehmens hätte ausgeschlossen werden müssen, ist dieser für das Vorliegen der Ausschlussgründe darlegungs- und beweispflichtig. Nur wenn der Bieter das nachweisen kann, kann ihm Schadensersatz zugesprochen werden.[235]

Die **Bindungswirkung** nach § 179 Abs. 1 GWB[236] ist zu beachten.[237] An eine Entscheidung einer Vergabeprüfstelle, eines Vergabeüberwachungsausschusses oder der Aufsichtsbehörde des Auftraggebers ist das Zivilgericht jedoch nicht gebunden.[238] 107

Bei einer Klage auf Ersatz des **positiven Interesses** kann der Anspruchsteller seiner Darlegungs- und Beweislast auf zweierlei Weise nachkommen: Er kann den behaupteten Schaden konkret gemäß §§ 249 Abs. 1, 251 Abs. 1 BGB berechnen. In diesem Fall muss er alle Einzelheiten darlegen und beweisen, die z. B. den behaupteten Gewinn ergeben.[239] Nach § 252 S. 2 BGB gilt aber bereits derjenige Gewinn als entgangen, welcher nach dem gewöhnlichen Lauf der Dinge mit Wahrscheinlichkeit erwartet werden konnte.[240] Der Anspruchsteller braucht daher nur die Umstände darzulegen, aus denen sich die Wahrscheinlichkeit eines entgangenen Gewinns ergibt, wobei an dieser Darlegung keine zu strengen Anforderungen gestellt werden dürfen. Bei der Beweisführung kommt ihm zudem die Erleichterung des § 287 ZPO zugute, die dem Gericht eine Schadensschätzung erlaubt und sie sogar gebietet, wenn feststeht, dass überhaupt ein Schaden entstanden ist, sich der Vollbeweis für die Höhe des Schadens jedoch nicht erbringen lässt. In diesem Zusammenhang darf das Gericht die Schätzung eines Mindestschadens nur dann ablehnen, wenn es hierzu an jeglichen greifbaren Anknüpfungstatsachen fehlt. 108

III. Schadensersatz wegen unerlaubter Handlung (§ 823 BGB)

1. Verletzung von Rechtsgütern und Rechten (§ 823 Abs. 1)

Ein Anspruch auf Schadensersatz aus § 823 Abs. 1 BGB kommt in vergaberechtlichen Sachverhalten nur unter dem Gesichtspunkt eines **Eingriffs in den eingerichteten und ausgeübten Gewerbetrieb** in Betracht.[241] Der eingerichtete und ausgeübte Gewerbebetrieb zählt zu den sonstigen Rechten, die durch § 823 Abs. 1 BGB gegen rechtswidrige Eingriffe geschützt werden sollen. Geschützt wird das Unternehmen in seiner wirtschaftlichen Tätigkeit und seinem Funktionieren vor einem widerrechtlichen Eingriff.[242] Das Recht am eingerichteten und ausgeübten Gewerbebetrieb ist dabei nicht auf den Gewerbebetrieb im handelsrechtlichen Sinn beschränkt, sondern steht z. B. auch Angehörigen freier Berufe zu.[243] Der durch § 823 Abs. 1 BGB vermittelte Schutz des Betriebsinhabers soll jedoch die Fortsetzung der bisher rechtmäßig ausgeübten Tätigkeit sichern; Voraussetzung für den Anspruch ist daher eine unmittelbare Beeinträchtigung des Gewerbebetriebs als solchen;[244] ein bloßer Vermögensschaden wird dagegen über § 823 Abs. 1 BGB nicht ersetzt, da § 823 BGB das Vermögen als sol- 109

234 OLG Koblenz, Urteil v. 6.2.2014 – 1 U 906/13.
235 OLG Naumburg, Urteil v. 23.12.2014 – 2 U 74/14; LG Bonn, Urteil v. 21.10.2020 – 1 O 51/20.
236 Siehe Rn. 53.
237 OLG Naumburg, Urteil v. 26.10.2004 – 1 U 30/04.
238 OLG Naumburg, Urteil v. 26.10.2004 – 1 U 30/04.
239 Vgl. OLG Naumburg, Urteil v. 26.10.2004 – 1 U 30/04.
240 Vgl. OLG Dresden, Urteil v. 2.2.2010 – 16 U 1373/09.
241 Vgl. hierzu auch BGH, Urteil v. 3.6.2020 – XIII ZR 22/19.
242 BGH, Urteil v. 15.1.2019 – VI ZR 506/17.
243 BGH, Urteil v. 15.5.2012 – VI ZR 117/11.
244 BGH, Urteil v. 15.11.1982 – II ZR 206/81.

ches nicht schützt. Wegen dieser Anforderungen kommt § 823 Abs. 1 BGB für vergaberechtliche Sachverhalte praktisch kaum Bedeutung zu.

110 Betriebsbezogene Eingriffe in den eingerichteten und ausgeübten Gewerbebetrieb können jedoch in der Verhängung einer **Vergabesperre** liegen.[245] Der Auftraggeber kann daher dem von der Sperre betroffenen Unternehmen zum Schadensersatz nach § 823 Abs. 1 BGB verpflichtet sein, wenn er selbst oder eine Person, für deren Verhalten er nach § 831 BGB einzustehen hat, zu der Vergabesperre ohne einen rechtfertigenden Grund gegriffen hat.[246] Gegen eine Vergabesperre kann sich aus § 823 Abs. 1 i.V.m. § 1004 Abs. 1 S. 2 BGB analog ein Unterlassungsanspruch in Form der Aufhebung der Vergabesperre ergeben.[247] Eine Vergabesperre kann gerechtfertigt sein, wenn in dem Unternehmen nachweislich schwere Verfehlungen begangen wurden.[248] Schwere Verfehlungen können vor allem auf den Geschäftsverkehr bezogene Verstöße gegen strafrechtliche Bestimmungen sein oder schwerwiegende Rechtsverstöße gegen Normen, die grundlegende Prinzipien des Vergaberechts schützen (Wettbewerb, Gleichbehandlung etc.). Bloße Meinungsverschiedenheiten hinsichtlich einer ordnungsgemäßen Vertragserfüllung, mögen sie auch Gegenstand eines Rechtsstreites oder eines selbstständigen Beweisverfahrens sein, stellen z. B. noch keine schwere Verfehlung in diesem Sinne dar.[249] Die zulässige Höchstdauer einer Vergabe- bzw. Auftragssperre ist ausdrücklich in § 126 GWB geregelt, der wiederum auf Art. 57 Abs. 7 S. 2 und 3 der RL 2014/24/EU beruht.

2. Verletzung eines Schutzgesetzes (§ 823 Abs. 2)

a) Schutzgesetz

111 Ein Anspruch auf Schadensersatz aus § 823 Abs. 2 BGB setzt die rechtswidrige und schuldhafte Verletzung eines Schutzgesetzes i.S.v. § 823 BGB voraus.

112 **Schutzgesetz** in diesem Sinne ist jede Rechtsnorm, die zumindest auch dem Schutz des Einzelnen oder eines abgrenzbaren Personenkreises vor einer Verletzung ihrer Rechtsgüter dient. Vorausgesetzt wird die rechtswidrige Verletzung einer in formellen Gesetzen, zu denen auch der Vertrag über die Arbeitsweise der Europäischen Union (AEUV) gehört,[250] in Rechtsverordnungen, in autonomen Satzungen und in Tarifverträgen enthaltenen oder aufgrund Gewohnheitsrechts bestehenden Vorschrift durch den Anspruchsgegner, die zumindest auch den Individualinteressen des Anspruchstellers zu dienen bestimmt ist und den Anspruchsteller (auch) vor den Schäden schützen soll, die dieser im konkreten Fall ersetzt verlangt.

113 Bei Beschaffungsvorgängen, die nach **Teil 4 GWB** abzuwickeln sind, sind Schutzgesetze i.S.d. § 823 Abs. 2 BGB zunächst die Vorschriften des Teil 4 GWB selbst, die Vorschriften der VgV, der SektVO, der KonzVgV und der VSVgV sowie die Vorschriften der einschlägigen Vergabe- und Vertragsordnung, soweit sie nicht eine reine Ordnungsfunktion haben oder ausschließlich aus hauswirtschaftlichen oder -rechtlichen Gründen erlassen sind oder nicht ausschließlich gesamtwirtschaftlichen Zielen dienen. Das folgt aus § 97 Abs. 6 GWB. Wegen der Einzelheiten wird auf die Kommentierung zu dem Anspruch aus §§ 280 Abs. 1, 241 Abs. 2, 311 Abs. 2 BGB verwiesen.[251] § 823 Abs. 2 BGB kann insbesondere dann in Betracht kommen, wenn ein notwendiges Vergabeverfahren nicht durchgeführt wurde.[252] An der Notwendigkeit, einen Schaden darzulegen, wird der Anspruch jedoch regelmäßig scheitern.

114 Der Anspruch aus § 823 Abs. 2 BGB kann dagegen nicht darauf gestützt werden – was vor allem bei Auftragsvergaben unterhalb der Schwellenwerte von Bedeutung ist –, der Anspruchsgegner habe bei seiner Beschaffungsmaßnahme die einschlägige **Haushaltsordnung**

245 Vgl. BGH, Urteil v. 3.6.2020 – XIII ZR 22/19.
246 LG Berlin, Urteil v. 22.3.2006 – 23 O 118/04.
247 BGH, Urteil v. 3.6.2020 – XIII ZR 22/19.
248 LG Berlin, Urteil v. 22.3.2006 – 23 O 118/04.
249 LG Düsseldorf, Urteil v. 16.3.2005 – 12 O 225/04.
250 So wird z. B. Art. 81 Abs. 1 EGV bzw. Art. 101 Abs. 1 AEUV als Schutzgesetz im Sinne von § 823 Abs. 2 BGB angesehen, vgl. dazu LG Berlin, Urteil v. 27.5.2021 – 16 O 241/17 Kart.
251 Siehe Rn. 56 ff.
252 KG, Urteil v. 27.11.2003 – 2 U 174/02.

oder Vorschriften der aufgrund dieser einschlägigen Vergabe- und Vertragsordnung bzw. sonstige selbst gesetzte **eigene Vorgaben** missachtet. Die Regeln des Haushaltsrechts stellen keine Schutzgesetze zugunsten eines am Auftrag interessierten Unternehmens dar; die auf Grundlage der Haushaltsordnungen anwendbare UVgO und des Abschnitt 1 VOB/A als solche enthalten keine Regeln mit Rechtssatzqualität, sondern verwaltungsinterne Regeln.[253] Die eigenen Vorgaben des Auftraggebers besitzen diese Qualität ebenfalls nicht.

Bei Beschaffungsmaßnahmen insbesondere außerhalb der Geltung des GWB haben die Auftraggeber ohnehin den **Gleichbehandlungsgrundsatz** des Art. 3 Abs. 1 GG zu beachten.[254] Einer staatlichen Stelle, die einen öffentlichen Auftrag vergibt, ist es daher verwehrt, das Vergabeverfahren oder die Kriterien der Vergabe willkürlich zu bestimmen.[255] Das Willkürverbot ist verletzt, wenn der Anspruchsteller keine faire Chance bekommen hat, den Auftrag zu erhalten.[256] Dementsprechend kann der Anspruchsteller den Schaden nach § 823 Abs. 2 BGB einklagen, der als adäquate Folge eines Verstoßes gegen das Willkürverbot entstanden ist.[257] Dabei ist festzustellen, ob die Ungleichbehandlung von Bewerbern oder Bietern noch als sachlich vertretbare Maßnahme angesehen werden kann. Hierbei spielt auch eine Rolle, ob der Anspruchsgegner von seinen selbst festgelegten Gesichtspunkten für die Auswahl des erfolgreichen Angebots ohne sachlichen Grund abgewichen ist. Denn die tatsächliche Vergabepraxis des Auftraggebers führt zu einer Selbstbindung, die den Vergabe- und Vertragsordnungen und den verwaltungsinternen Regelungen über Verfahren und Kriterien der Vergabe eine mittelbare Außenwirkung verleiht, sodass Verstöße hiergegen Ansprüche aus unerlaubter Handlung begründen können.[258] Die Ungleichbehandlung und der rechtfertigende Grund müssen zudem in einem angemessenen Verhältnis zueinander stehen, was eine differenzierte Prüfung des Einzelfalles erfordert. Als Verstoß gegen das Willkürverbot wurde z. B. angesehen, wenn die Leistungsbeschreibung derart lücken- und fehlerhaft ist, dass eine Vergleichbarkeit der auf ihr basierenden Angebote ausgeschlossen ist.[259] **115**

Zudem haben Auftraggeber i.S.d. EU-Vergaberichtlinien nach der Rechtsprechung des EuGH auch bei der Vergabe von öffentlichen Aufträgen, die den jeweiligen Schwellenwert nicht erreichen oder für die Teil 4 GWB aus einem anderen Grund nicht gilt (z. B. wegen § 107 ff. GWB), die **Grundfreiheiten** zu beachten. Hierzu zählt insbesondere das Verbot der Diskriminierung aus Gründen der Staatsangehörigkeit (Art. 18 AEUV), die Warenverkehrsfreiheit (Art. 34 AEUV), die Niederlassungsfreiheit (Art. 49 AEUV) sowie die Dienstleistungsfreiheit (Art. 56 AEUV). Auf der Grundlage dieser gemeinschaftsrechtlichen Vorgaben sind die Auftraggeber verpflichtet, bei einer Beschaffung zugunsten der potenziellen Bieter einen angemessenen Grad von Öffentlichkeit herzustellen, der den Markt dem Wettbewerb öffnet.[260] Hiervon sind Aufträge ausgenommen, deren „**Binnenmarktrelevanz**"[261] fehlt, die also wegen besonderer Umstände, wie z. B. einer nur sehr geringfügigen wirtschaftlichen Bedeutung für die Wirtschaftsteilnehmer aus anderen Mitgliedstaaten, nicht von Interesse sind, sodass die Auswirkungen auf die Grundfreiheiten zu zufällig und mittelbar werden, als dass auf deren Verletzung geschlossen werden könnte.[262] Ob der fragliche Auftrag, dessen geschätzter Wert unter dem jeweiligen Schwellenwert liegt, für Unternehmen aus anderen Mitgliedstaaten von Interesse, also „binnenmarktrelevant", sein könnte, muss der Auftraggeber in jedem Einzelfall prüfen. Diese Prüfung unterliegt der gerichtlichen Kontrolle.[263] Der Auftraggeber hat hierzu eine Prognose darüber anzustellen, ob der Auftrag nach den konkreten Marktver- **116**

253 Vgl. z. B. OLG Jena, Urteil v. 8.12.2008 – 9 U 431/08.
254 Vgl. aber zu Grundstücksveräußerungen OLG Brandenburg, Urteil v. 24.4.2012 – 6 W 149/11.
255 BVerfG, Beschluss v. 13.6.2006 – 1 BvR 1160/03.
256 BVerfG, Beschluss v. 13.6.2006 – 1 BvR 1160/03.
257 Vgl. OLG Stuttgart, Urteil v. 11.4.2002 – 2 U 240/01.
258 OLG Brandenburg, Beschluss v. 17.12.2007 – 13 W 79/07.
259 LG Frankfurt (Oder), Urteil v. 14.11.2007 – 13 O 360/07; LG Cottbus, Urteil v. 24.10.2007 – 5 O 99/07.
260 EuGH, Urteil v. 7.12.2000 – Rs. C-324/98 (Telaustria), Rn. 62.
261 Vgl. hierzu eingehend *Deling*, NZBau 2012, 17; *dies.*, NZBau 2011, 725.
262 EuGH, Urteil v. 20.10.2005 – Rs. C-264/03 (Kommission/Frankreich), Rn. 32; Urteil v. 21.7.2005 – Rs. C-231/03 (Coname), Rn. 20 m.w.N.
263 OLG Düsseldorf, Beschluss v. 7.3.2012 – VII-Verg 78/11.

hältnissen, d.h. mit Blick auf die angesprochenen Branchenkreise und ihre Bereitschaft, Aufträge gegebenenfalls in Anbetracht ihres Volumens und des Ortes der Auftragsdurchführung auch grenzüberschreitend auszuführen, für ausländische Anbieter interessant sein könnte.[264] Kommt der Auftraggeber zu dem Schluss, dass dies der Fall ist, muss die Vergabe unter Einhaltung der aus dem Gemeinschaftsrecht abgeleiteten Grundanforderungen erfolgen.[265] Ein grenzüberschreitendes Interesse hat die Rechtsprechung z. B. für das Dreiländereck Passau ohne Weiteres bejaht.[266] Die genannten gemeinschaftsrechtlichen Vorgaben fordern im Interesse potenzieller Bieter, den jeweiligen Beschaffungsbedarf so bekannt zu machen, dass ein Interesse an dem jeweiligen Auftrag rechtzeitig bekundet werden kann,[267] die bedarfsgerechte Leistung diskriminierungsfrei zu bestimmen,[268] dem tatsächlich Interessierten zu ermöglichen, rechtzeitig ein der Nachfrage gerecht werdendes Angebot abzugeben und über den Zuschlag unparteiisch[269] und ohne Willkür eine sachgerechte Entscheidung zu treffen. Aus der Pflicht zur Beachtung dieser Grundsätze bei grenzüberschreitendem Interesse folgt nach ständiger Rechtsprechung des EuGH die Pflicht zur europaweiten Ausschreibung.[270] Da diese Vorgaben zugunsten von Unternehmen wirken sollen, die an öffentlichen Aufträgen interessiert sein könnten, können auch sie als Schutzgesetze i.S.v. § 823 Abs. 2 BGB angesehen werden. Hält sich ein Auftraggeber unter den genannten Voraussetzungen nicht an diese Vorgaben, kann auch ein hierdurch beeinträchtigtes Unternehmen aus § 823 Abs. 2 BGB Schadensersatz verlangen.

b) Zurechenbarer Schaden

117 Hinsichtlich der Voraussetzungen, die die **Kausalität** und den **Schaden** betreffen, gelten die zu § 181 GWB dargestellten Maßstäbe entsprechend.[271] Das positive Interesse kann auch hier in aller Regel nur dann als ein durch die Verletzung des Schutzgesetzes zurechenbarer Schaden angesehen werden, wenn der Anspruchsteller bei rechtmäßigem Vorgehen des Anspruchsgegners den Auftrag hätte erhalten müssen und der Auftrag tatsächlich anderweitig erteilt worden ist.

118 War der Verstoß des Auftraggebers allerdings für den Anspruchsteller erkennbar, kann der Schadensersatzanspruch aus § 823 Abs. 2 BGB wegen **Mitverschuldens** nach § 254 BGB gemindert sein oder ganz entfallen. Bei § 823 Abs. 2 BGB ist Verschulden aufseiten des Anspruchsgegners Anspruchsvoraussetzung und daher vom Anspruchsteller vollumfänglich darzulegen und zu beweisen. Ist der Vergaberechtsverstoß durch Mitarbeiter oder sonstige Hilfspersonen gekommen, die der Auftraggeber bei der jeweiligen Auftragsvergabe eingesetzt hat, kann er sich nach § 831 BGB entlasten.

119 Hinsichtlich der **Darlegungs-** und **Beweislast** gelten die zu § 181 GWB dargestellten Maßstäbe entsprechend.[272]

IV. Schadensersatz wegen sittenwidriger vorsätzlicher Schädigung (§ 826 BGB)

120 Ein Anspruch auf Schadensersatz aus § 826 BGB setzt voraus, dass der Auftraggeber einem Bieter in einer gegen die guten Sitten verstoßenden Weise vorsätzlich Schaden zufügt.

121 § 826 BGB kommt damit allein in **Ausnahmefällen** als Anspruchsgrundlage in Betracht, beispielsweise in Bestechungsfällen bzw. bei kollusiven Zusammenwirken zwischen Auftraggeber und Bieter zum Nachteil anderer Bieter oder wenn der für den Auftraggeber tätige Pro-

264 BGH, Urteil v. 30.8.2011 – X ZR 55/10; vgl. Europäische Kommission, Mitteilung zu Auslegungsfragen in Bezug auf das Gemeinschaftsrecht, das für die Vergabe öffentlicher Aufträge gilt, die nicht oder nur teilweise unter die Vergaberichtlinien fallen (2006/C 179/02), 1.8.2006, S. 2, sowie EuG, Urteil v. 20.5.2010 – Rs. T-258/06, Rn. 80.
265 OLG Dresden, Beschluss v. 12.10.2010 – WVerg 0009/10.
266 OLG München, Beschluss v. 30.6.2011 – Verg 5/09.
267 EuGH, Urteil v. 21.7.2005 – Rs. C-231/03 (Coname), Rn. 18.
268 EuGH, Urteil v. 3.12.2001 – Rs. C-59/00 (Vestergaard), Rn. 10.
269 EuGH, Urteil v. 7.12.2000 – Rs. C-324/98 (Telaustria), Rn. 62.
270 OLG Düsseldorf, Beschluss v. 7.3.2012 – VII-Verg 78/11.
271 Siehe Rn. 33 ff. und 38 ff.
272 Siehe Rn. 51 ff.

jektsteuerer nach Angebotseröffnung das nicht wertbare Nebenangebot eines nachrangig platzierten Bieters in Absprache mit diesem inhaltlich ändert, er das Nebenangebot anschließend wertet und wegen des sich ergebenden Preisvorteils die Zuschlagserteilung an diesen Bieter empfiehlt.[273]

Grundsätzlich denkbar sind Schadensersatzansprüche nach § 826 BGB auch in Fällen der sog. **De-facto-Vergabe** (§ 135 Abs. 1 Nr. 2 GWB), wenn der Auftraggeber etwa den Vertrag ganz bewusst unter Verzicht auf eine eigentlich erforderliche EU-weite Auftragsbekanntmachung (und ein sich hieran anschließendes Vergabeverfahren) abschließt. Da dem potenziellen Bieter hier aber wegen der Umgehung des Vergabeverfahrens durch den Auftraggeber keinerlei Aufwendungen für die Verfahrensteilnahme entstanden sind und es infolge des Fehlens einer Ausschreibung auch an einem geeigneten Beurteilungsmaßstab für die Frage fehlen dürfte, welchem potenziellem Bieter bei ordnungsgemäßer Verfahrensdurchführung der Zuschlag hätte erteilt werden müssen, wird der Anspruchsteller hier regelmäßig seinen Schaden wohl weder darlegen noch beweisen können. **122**

V. Schadensersatz wegen Kartell- und Wettbewerbsverstößen (§ 33a GWB)

§ 33a GWB sieht bei einem vorsätzlich oder fahrlässig begangenen Verstoß gegen § 33 Abs. 1 GWB einen Schadensersatzanspruch vor.[274] § 33 GWB regelt einen Beseitigungs- und Unterlassungsanspruch gegen Unternehmen, die gegen Teil 1 GWB, Art. 101 oder 102 AEUV oder eine Verfügung der Kartellbehörde verstoßen. Erfasst sind vor allem wettbewerbsbeschränkende Vereinbarungen nach § 1 GWB[275] und die Verbote in §§ 19, 19a und 20 GWB für marktbeherrschende Unternehmen, Unternehmen mit überragender marktübergreifender Bedeutung für den Wettbewerb und Unternehmen mit relativer oder überlegener Marktmacht. Die Normen setzen eine bestimmte Stellung eines „Unternehmens" voraus. Der Auftraggeber ist aufgrund des funktionalen Unternehmensbegriffs der §§ 1, 130 GWB als „Unternehmen" in diesem Sinne anzusehen. **123**

Für Ansprüche gegen Auftraggeber kann § 19 GWB relevant sein, wenn sie **marktbeherrschend** sind.[276] Auftraggeber, die eine marktbeherrschende Stellung innehaben, dürfen andere Unternehmen nach § 19 GWB weder unbillig behindern noch ohne sachlich gerechtfertigten Grund gegenüber gleichartigen Unternehmen unterschiedlich behandeln. Die Frage, ob ein Auftraggeber eine marktbeherrschende Stellung einnimmt, ist in zwei Stufen zu beantworten: Zunächst ist der relevante Markt in sachlicher und räumlicher Hinsicht festzulegen. In einem zweiten Schritt ist dann die Wettbewerbssituation zu bestimmen. Es kommt also auf die Nachfragemacht des Auftraggebers an. Maßgeblich ist, ob und inwieweit aus der Sicht der Anbieter die nachgefragte Leistung ihrer Art nach austauschbar ist und/oder andere Nachfrager existieren, denen sie angeboten werden kann. Für die am Auftrag interessierten Unternehmen wird regelmäßig eine derartige Ausweichmöglichkeit bestehen. Die praktische Bedeutung dieser Anspruchsgrundlage ist daher bei vergaberechtlichen Sachverhalten gering.[277] **124**

---

273 LG Köln, Urteil v. 17.11.2004 – 28 O (Kart) 449/04.

274 § 33a GWB regelt den Schadensersatzanspruch seit der 10. GWB-Novelle und trat am 19.1.2021 in Kraft. Zuvor war ein entsprechender Schadensersatzanspruch in § 33 GWB geregelt.

275 Unter § 1 GWB fallen zum Beispiel unzulässige Preisabsprachen, die auch zu Schadensersatzansprüchen führen können, vgl. zu der Vorgängerregelung zu § 33a GWB in § 33 GWB 1999: BGH, Urteil v. 10.2.2021 – KZR 63/18. Absprachen zwischen Bietern in Vergabeverfahren fallen hierunter und können zu Ansprüchen des Auftraggebers führen, vgl. zu § 33 GWB a.F. BGH, Urteil v. 28.1.2020 –KZR 24/17.

276 § 19a GWB setzt voraus, dass das Bundeskartellamt festgestellt hat, dass ein Unternehmen als solches mit überragender marktübergreifender Bedeutung im Sinne des § 19a GWB einzustufen ist. Die Vorschrift wurde durch das GWB-Digitalisierungsgesetz eingeführt, um die Marktmacht großer Digitalkonzerne zu regulieren (vgl. Gesetzesbegründung zu § 19a GWB, BT-Drs 19/23492, 73). Sie dürfte für das Marktverhalten von Auftraggebern im Sinne des § 98 GWB keine Relevanz haben.

277 Vgl. dazu *Verfürth*, in: Röwekamp/Kus/Portz/Prieß, GWB-Vergaberecht, § 181 Rn. 104, unter Verweis auf eine Marktbeherrschung, wenn Leistungen allein von der Bundesrepublik Deutschland nachgefragt werden, wie z. B. im Bereich des Militärs unter Berufung auf OLG Frankfurt, Urteil vom 26. 7.1988 – 6 U 53/87; *Losch*, in: Ziekow/Völlink, Vergaberecht, § 181 GWB Rn. 75, verweist außerdem auf eine mögliche Marktbeherrschung im Straßen- und Brückenbau sowie Tiefbau.

125 Ob eine derartige **unbillige Behinderung** oder eine **sachlich nicht gerechtfertigte Differenzierung** vorliegt, ist anhand einer Gesamtwürdigung aller Umstände unter Abwägung der Interessen aller Beteiligten und unter Berücksichtigung der auf die Freiheit des Wettbewerbs gerichteten Ziele des GWB zu beurteilen.

VI. Schadensersatz wegen unlauterer geschäftlicher Handlungen (§ 9 UWG)

126 Das UWG verbietet in § 3 UWG unlautere geschäftliche Handlungen, die geeignet sind, die Interessen von Mitbewerbern spürbar zu beeinträchtigen. Eine nach §§ 3 oder 7 UWG unzulässige Handlung führt zu einem Schadensersatz des Anspruchs des Mitbewerbers nach § 9 UWG.

127 Der Auftraggeber in einem **Vergabeverfahren** ist regelmäßig nicht Mitbewerber, sodass ein Anspruch gegen den Auftraggeber auf dieser Grundlage regelmäßig ausscheidet. Ein Schadensersatzanspruch nach § 9 UWG besteht u. a., wenn ein Mitbewerber einer gesetzlichen Vorschrift zuwiderhandelt, die auch dazu bestimmt ist, im Interesse der Marktteilnehmer das Marktverhalten zu regeln und der Verstoß geeignet ist, die Interessen von Verbrauchern, sonstigen Marktteilnehmern oder Mitbewerbern spürbar zu beeinträchtigen (§ 3a UWG).

128 Die Vorschriften des Vergaberechts stellen grundsätzlich **Rechtsnormen** i.S.d. § 3a UWG dar.[278] Im Einzelfall können damit dem unterlegenen Bieter gegen den Bieter, der den Zuschlag erhalten soll, auch Schadensersatzansprüche aus § 9 UWG zustehen.[279]

VII. Amtshaftung

129 § 839 BGB sieht eine Haftung bei Amtspflichtverletzungen vor, wenn ein Beamter vorsätzlich oder fahrlässig die ihm einem Dritten gegenüber obliegende Amtspflicht verletzt. Voraussetzung für eine Haftung nach § 839 BGB ist das Handeln in Ausübung eines öffentlichen Amtes, das von einer privatrechtlichen Tätigkeit abgegrenzt werden muss.[280] Bei der Vergabe öffentlicher Aufträge handelt es sich nicht um ein Handeln im hoheitlichen Bereich.[281] Verstöße gegen vergaberechtliche Vorschriften führen daher nicht zu einem Anspruch aus § 839 BGB.[282]

Anlage

Gesetzesbegründung – VergRModG 2016 (BT-Drs. 18/6281)

Seite 136

§ 181 entspricht inhaltlich dem bisherigen § 126.

278 Vgl. BGH, Urteil v. 3.7.2008 – I ZR 145/05, zur Vorgängernorm § 4 Nr. 11 UWG.
279 Vgl. zu alledem *Alexander*, in: Pünder/Schellenberg, Vergaberecht, § 181 GWB Rn. 93 f.
280 *Sprau*, in: Palandt, BGB, § 839 Rn. 17.
281 OLG Zweibrücken, Urteil v. 24.1.2008 – 6 U 25/06.
282 So auch *Franßen*, in: Byok/Jaeger, Vergaberecht, § 181 GWB Rn. 111; *Verfürth*, in: Röwekamp/Kus/Portz/Prieß, GWB-Vergaberecht, § 181 Rn. 101.

§ 182 GWB
Kosten des Verfahrens vor der Vergabekammer

(1) Für Amtshandlungen der Vergabekammern werden Kosten (Gebühren und Auslagen) zur Deckung des Verwaltungsaufwandes erhoben. Das Verwaltungskostengesetz vom 23. Juni 1970 (BGBl. I S. 821) in der am 14. August 2013 geltenden Fassung ist anzuwenden.

(2) Die Gebühr beträgt mindestens 2 500 Euro; dieser Betrag kann aus Gründen der Billigkeit bis auf ein Zehntel ermäßigt werden. Die Gebühr soll den Betrag von 50 000 Euro nicht überschreiten; sie kann im Einzelfall, wenn der Aufwand oder die wirtschaftliche Bedeutung außergewöhnlich hoch ist, bis zu einem Betrag von 100 000 Euro erhöht werden.

(3) Soweit ein Beteiligter im Verfahren unterliegt, hat er die Kosten zu tragen. Mehrere Kostenschuldner haften als Gesamtschuldner. Kosten, die durch Verschulden eines Beteiligten entstanden sind, können diesem auferlegt werden. Hat sich der Antrag vor Entscheidung der Vergabekammer durch Rücknahme oder anderweitig erledigt, ist die Hälfte der Gebühr zu entrichten. Die Entscheidung, wer die Kosten zu tragen hat, erfolgt nach billigem Ermessen. Aus Gründen der Billigkeit kann von der Erhebung von Gebühren ganz oder teilweise abgesehen werden.

(4) Soweit ein Beteiligter im Nachprüfungsverfahren unterliegt, hat er die zur zweckentsprechenden Rechtsverfolgung oder Rechtsverteidigung notwendigen Aufwendungen des Antragsgegners zu tragen. Die Aufwendungen der Beigeladenen sind nur erstattungsfähig, soweit sie die Vergabekammer aus Billigkeit der unterlegenen Partei auferlegt. Hat sich der Antrag durch Rücknahme oder anderweitig erledigt, erfolgt die Entscheidung, wer die zur zweckentsprechenden Rechtsverfolgung oder Rechtsverteidigung notwendigen Aufwendungen anderer Beteiligter zu tragen hat, nach billigem Ermessen; in Bezug auf die Erstattung der Aufwendungen der Beigeladenen gilt im Übrigen Satz 2 entsprechend. § 80 Absatz 1, 2 und 3 Satz 2 des Verwaltungsverfahrensgesetzes und die entsprechenden Vorschriften der Verwaltungsverfahrensgesetze der Länder gelten entsprechend. Ein gesondertes Kostenfestsetzungsverfahren findet nicht statt.

Übersicht Rn.

A. Allgemeines ... 1
I. Überblick ... 1
II. Unionsrechtlicher Hintergrund ... 5
III. Vergleichbare Regelungen ... 6
IV. Historie ... 7
B. Verwaltungskosten (Abs. 1 bis 3) ... 8
I. Grundsätze der Kostenerhebung (Abs. 1) ... 8
1. Maßgeblichkeit des Verwaltungskostengesetzes (S. 2) ... 8
2. Grundlage (S. 1) ... 11
a) Amtshandlungen der Vergabekammer ... 12
b) Kosten ... 16
c) Deckung des Verwaltungsaufwandes ... 17
d) Erhebung ... 20
II. Erhebung der Verfahrensgebühr (Abs. 2 und Abs. 3 S. 4 und 6) ... 21
1. Bestimmung der Gebührenhöhe (Abs. 2) ... 22
a) Rahmengebühr (S. 1 Hs. 1 und S. 2 Hs. 1) ... 23
aa) Festsetzung nach Gebührentabelle ... 24
bb) Abweichungen von den Tabellenwerten ... 26
b) Abweichungen vom regelmäßigen Gebührenrahmen ... 30
aa) Unterschreitung der Mindestgebühr (S. 1 Hs. 2) ... 31
bb) Überschreitung der Höchstgebühr (S. 2 Hs. 2) ... 34
2. Gebührenermäßigung bei Rücknahme und sonstiger Erledigung ... 35
a) Gebührenhalbierung (Abs. 3 S. 4) ... 36
aa) Rücknahme oder anderweitige Erledigung ... 37
bb) Vor Entscheidung der Vergabekammer ... 40
cc) Halbierung der Gebühr ... 43
b) Weitere Herabsetzung (Abs. 3 S. 6) ... 45
3. Keine Gebührenerhebung ... 49
a) Persönliche Gebührenbefreiung ... 50

b) Abweisung wegen Unzuständigkeit ... 53
c) Absehen von Gebührenerhebung aus Billigkeitsgründen ... 56
d) Unrichtige Sachbehandlung ... 57
III. Erstattung der Auslagen ... 60
IV. Kostentragung (Abs. 3 S. 1 bis 3 und S. 5) ... 65
1. Tragende Prinzipien der Kostentragungsregelungen ... 66
2. Kostentragung nach Unterliegen (S. 1) ... 68
a) Entscheidung in der Hauptsache 69
b) Unterliegen im Verfahren ... 70
c) Teilweises Unterliegen mehrerer Beteiligter ... 72
3. Kostentragung wegen Verschuldens (S. 3) ... 75
a) Verschulden eines Beteiligten ... 76
b) Verursachung ... 79
c) Auferlegung der Kosten ... 80
4. Kostentragung nach Rücknahme und sonstiger Erledigung (S. 5) ... 83
a) Rücknahme oder anderweitige Erledigung ... 84
b) Kostentragung nach billigem Ermessen ... 85
5. Kostentragung von Beigeladenen ... 90
6. Gesamtschuldnerische Kostenhaftung (S. 2) ... 94
a) Mehrere Kostenschuldner ... 95
b) Gesamtschuldnerische Haftung .. 96
V. Sonstige Vorgaben ... 99
1. Kostenentscheidung ... 100
2. Aufbringung der Kosten ... 103
a) Kostenvorschuss ... 103
b) Verfahrenskostenhilfe ... 106
3. Kostenanspruch ... 107
4. Erstattung der Kosten ... 109
5. Vergleich über die Verwaltungskosten ... 111
C. Rechtsverfolgungs- und Rechtsverteidigungskosten (Abs. 4) ... 112
I. Kostentragung ... 113
1. Kostentragung nach Unterliegen (S. 1) ... 114
a) Kostengläubiger und Kostenschuldner ... 114
b) Unterliegen im Verfahren ... 117
c) Verschuldensgesichtspunkte ... 118
2. Kostentragung nach Rücknahme und anderweitiger Erledigung (S. 3 Hs. 1) ... 122
a) Rücknahme oder anderweitige Erledigung ... 123
b) Kostentragung nach billigem Ermessen ... 124
3. Kostentragung von Beigeladenen ... 127
a) Beigeladener als Kostenschuldner ... 128
b) Beigeladener als Kostengläubiger (S. 2 und S. 3 Hs. 2) ... 131
4. Kostentragung mehrerer Beteiligter ... 133
II. Erstattungsfähigkeit ... 134
1. Allgemeine Vorgaben ... 135
2. Rechtsanwaltskosten ... 137
a) Notwendigkeit der Zuziehung (S. 4) ... 138
aa) Allgemeine Voraussetzungen ... 139
bb) Abwägungskriterien ... 142
(1) Rechtskenntnisse des Beteiligten 143
(2) Schwierigkeit der zu beurteilenden Rechtsfragen ... 147
(3) Weitere Kriterien ... 151
cc) Abwägung ... 158
b) Feststellung der Erstattungsfähigkeit ... 161
3. Sonstige Kosten ... 162
III. Kostenentscheidung ... 166
IV. Erstattung der Kosten (S. 5) ... 170
D. Rechtsschutz ... 173
Anlage
Gesetzesbegründung

A. Allgemeines*

I. Überblick

Die Vorschrift enthält nach ihrer zutreffenden Überschrift die Regelungen zu den Kosten des Verfahrens vor der Vergabekammer (Verfahrenskosten).[1] Bei diesen Kosten ist zu unterscheiden zwischen den 1

- Verwaltungskosten – das sind die zur Deckung des Verwaltungsaufwandes erhobenen Gebühren und Auslagen (§ 182 Abs. 1 S. 1 GWB) und den
- Rechtsverfolgungs- und Rechtsverteidigungskosten (§ 182 Abs. 4 GWB) – das sind im Regelfall die Aufwendungen der Beteiligten für Rechtsanwälte, also deren Gebühren und Auslagen (§ 182 Abs. 4 S. 4 GWB in Verbindung mit § 80 Abs. 2 VwVfG[2]).

Über diese Verfahrenskosten hat die Vergabekammer in dem ihr von § 182 GWB vorgegebenen Umfang und Verfahren zu entscheiden. Im Regelfall ergeht die Kostenentscheidung als **Nebenentscheidung** mit der Entscheidung über den Nachprüfungsantrag als Entscheidung in der Hauptsache.[3] Aber auch wenn sich der Nachprüfungsantrag erledigt hat (etwa durch Rücknahme oder Abhilfe), so dass über ihn nicht mehr zu entscheiden ist (Erledigung des Nachprüfungsverfahrens in der Hauptsache), hat die Vergabekammer noch über die Verfahrenskosten zu entscheiden (sog. isolierte Kostenentscheidung). 2

In ihrer Kostenentscheidung hat die Vergabekammer die **Verwaltungskosten** festzusetzen (vgl. § 182 Abs. 1 S. 2 GWB in Verbindung mit § 14 Abs. 1 S. 1 VwKostG) bzw. in der Begrifflichkeit des § 182 Abs. 1 S. 1 GWB zu „erheben". Hierbei enthält § 182 Abs. 2 GWB Vorgaben für die Höhe der festzusetzenden Verfahrensgebühr. Ferner hat die Vergabekammer nach Maßgabe von § 182 Abs. 3 GWB zu entscheiden, wer die Verwaltungskosten zu tragen hat. Im Übrigen sind wegen der Verwaltungskosten die Vorschriften des Verwaltungskostengesetzes anzuwenden (§ 182 Abs. 1 S. 2 GWB). Schließlich hat die Vergabekammer zu entscheiden, ob und inwieweit sich die Beteiligten die durch das Verfahren entstandenen Rechtsverfolgungs- und Rechtsverteidigungskosten zu erstatten haben (§ 182 Abs. 4 GWB). 3

Die Entscheidung der Vergabekammer über die Kosten ihres Verfahrens ist **Kostengrundentscheidung**. Wegen der Verwaltungskosten ist sie zugleich Kostenfestsetzung und Grundlage der Beitreibung. Demgegenüber müssen die dem Grunde nach erstattungsfähigen Rechtsverfolgungs- und -verteidigungskosten von dem anspruchsberechtigten Beteiligten erforderlichenfalls gegen den zur Kostentragung verpflichteten Beteiligten gerichtlich durchgesetzt werden (vgl. § 182 Abs. 4 S. 5 GWB). 4

II. Unionsrechtlicher Hintergrund

Die vergaberechtlichen Richtlinien der Europäischen Union enthalten keine Vorgaben zu den Kosten des in der Rechtsmittelrichtlinie 89/665/EWG ausdrücklich zugelassenen erstinstanzlichen verwaltungsinternen Nachprüfungsverfahrens (vgl. Art. 2 Abs. 9 RL 89/665/EWG; Art. 1 Abs. 5 UAbs. 1 S. 1 RL 92/13 EWG).[4] Die Erhebung von Verwaltungskosten für dieses Verfahren und die Möglichkeit einer Erstattungspflicht für Rechtsverfolgungs- und Rechtsverteidi- 5

---

* Bei der vollständigen Neubearbeitung der Kommentierung des § 182 GWB für diese Auflage stand mir das Manuskript der Kommentierung aus der Vorauflage durch Herrn *Tomas Damaske* zur Verfügung, dem ich hierfür herzlich danke.

1 Für die Kosten des Beschwerdeverfahrens gegen Entscheidungen der Vergabekammer gelten demgegenüber gemäß § 175 Abs. 2 GWB die Regelungen des § 71 GWB und, was die gerichtlichen Gebühren betrifft, die Vorgaben des GKG, insbesondere § 50 Abs. 2 GKG für den Streitwert sowie die Nr. 1220 bis 1223 des Gebührenverzeichnisses für die Gerichtsgebühren; vgl. dazu im Einzelnen *Mockel* in § 175 GWB Rn. 57 ff.

2 Nach § 182 Abs. 4 S. 4 GWB gelten § 80 Abs. 1, 2 und Abs. 3 S. 2 VwVfG – also die bundesrechtliche Fassung der Vorschrift – und die entsprechenden Vorschriften der Verwaltungsverfahrensgesetze der Länder – wenn es sich um Verfahren vor den Vergabekammern der Länder handelt – entsprechend, worauf im Folgenden nicht jeweils aufmerksam gemacht wird.

3 Vgl. im Einzelnen § 182 Abs. 1 S. 2 GWB in Verbindung mit § 14 Abs. 1 VwKostG für die Verwaltungskosten.

4 EuGH, Urteil v. 6.10.2015 – Rs. C-61/14 (Orizzonte Salute), Rn. 45.

gungskosten erscheint sachgerecht und grundsätzlich unproblematisch. Insbesondere bestehen durch die grundsätzliche Bindung der Höhe der Verwaltungskosten an den Verwaltungsaufwand in § 182 Abs. 1 S. 1 GWB und die Begrenzung der Gebührenhöhe in § 182 Abs. 2 GWB keine Bedenken, dass die Effektivität des Rechtsschutzes beeinträchtigt sein könnte.[5] Das ist jedenfalls bei Gebühren, die 2 % des Auftragswertes nicht überschreiten, nicht anzunehmen.[6] Auch höhere Gebühren sind nach der Rechtsprechung des EuGH nicht zu beanstanden, solange nur die Geltendmachung der Rechte aus den Vergaberichtlinien nicht vereitelt oder übermäßig erschwert wird.[7] Diese Vorgaben sind durch § 182 Abs. 2 GWB in ihrer Anwendung durch die Vergabekammern ohne weiteres gewahrt.[8] Auch mit weiteren unionsrechtlichen Grundsätzen, insbesondere demjenigen, dass die Verfahrensmodalitäten nicht weniger günstig ausgestaltet sein dürfen als die für entsprechende innerstaatliche Rechtsbehelfe (Grundsatz der Äquivalenz), und demjenigen, dass die praktische Wirksamkeit der europarechtlich vorgesehenen Rechtsbehelfe nicht beeinträchtigt sein darf,[9] ist § 182 GWB ersichtlich vereinbar.[10]

III. Vergleichbare Regelungen

6 § 182 GWB ist eine auf das Vergabenachprüfungsverfahren vor der Vergabekammer zugeschnittene Regelung über die Kosten dieses Verfahrens, wie sie sich in allgemeiner Form für die Verwaltungskosten im VwKostG und für die Aufwendungen der Rechtsverfolgung und Rechtsverteidigung in § 80 VwVfG findet. Dementsprechend erklärt § 182 Abs. 1 S. 2 GWB das VwKostG unmittelbar und § 182 Abs. 4 S. 4 GWB die Regelungen in § 80 Abs. 1 und 2 sowie Abs. 3 S. 2 VwVfG für entsprechend anwendbar. Soweit es die Kostentragungsregelungen in § 182 Abs. 3 und 4 GWB betrifft, ähneln sie den entsprechenden zivil- und verwaltungsprozessualen Regelungen in den §§ 91 ff. ZPO, §§ 154 ff. VwGO, auf deren teilweise detaillierte Bestimmungen deswegen häufig ergänzend zurückgegriffen werden kann.[11]

IV. Historie

7 Die Regelungen zu den Kosten des Verfahrens vor der Vergabekammer haben sich seit Einführung des Kartellvergaberechts im Jahr 1999 nicht wesentlich geändert. Bis zum Inkrafttreten des VergRModG 2016 fanden sie sich in § 128 GWB a.F. Neben verschiedenen Konkretisierungen und Klarstellungen der Bestimmungen zur Kostentragung in § 182 Abs. 3 und 4 GWB[12] ist der Ausschluss der Kostenfestsetzung für die Rechtsverfolgungs- und Rechtsverteidigungskosten durch das VergRModG 2009 erwähnenswert.[13] Seit dem Inkrafttreten des VergRModG 2016 ist es zu keinen Änderungen mehr gekommen.

---

5 Vgl. dazu EuGH, Urteil v. 6.10.2015 – Rs. C-61/14 (Orizzonte Salute), Rn. 46.

6 EuGH, Urteil v. 6.10.2015 – Rs. C-61/14 (Orizzonte Salute), Rn. 58; *Schulz,* in: Willenbruch/Wieddekind, Vergaberecht, § 182 GWB Rn. 17.

7 Vgl. EuGH, Urteil v. 6.10.2015 – Rs. C-61/14 (Orizzonte Salute), Rn. 58.

8 KG, Beschluss v. 11.5.2022 – Verg 5/21, juris Rn. 19. Vgl. unten Rn. 21 ff.

9 EuGH, Urteil v. 6.10.2015 – Rs. C-61/14 (Orizzonte Salute), Rn. 45 f.

10 Ebenso etwa *Losch,* in: Ziekow/Völlink, Vergaberecht, § 182 GWB Rn. 11; vgl. auch *Krohn,* in: Burgi/Dreher, Vergaberecht, § 182 GWB Rn. 4, der Bedenken wegen der Höhe der Verfahrensgebühr in Verfahren geltend macht, in denen eine Vielzahl von Bietern beigeladen werden könnte, und bei Verfahren mit hohen Auftragswerten, wenn lediglich Einzelpunkte gerügt werden sollen; indes dürften die Vorgaben für die Festsetzung der Verfahrensgebühr jeweils unionskonforme Lösungen ermöglichen, vgl. dazu unten Rn. 28.

11 So etwa beim teilweisen Unterliegen mehrerer Beteiligter auf § 92 ZPO, § 155 Abs. 1 VwGO, vgl. unten Rn. 73.

12 Dazu ausführlich *Damaske* in der Vorauflage, § 182 GWB Rn. 9 bis 11.

13 Dazu näher unter Rn. 170 f. Vgl. eingehend zu den Einzelheiten der Gesetzesgeschichte *Stockmann,* in: Immenga/Mestmäcker, Wettbewerbsrecht, § 182 GWB Rn. 1 bis 5, und *Losch,* in: Ziekow/Völlink, Vergaberecht, § 182 GWB Rn. 2 f.

B. Verwaltungskosten (Abs. 1 bis 3)

I. Grundsätze der Kostenerhebung (Abs. 1)

1. Maßgeblichkeit des Verwaltungskostengesetzes (S. 2)

Nach § 182 Abs. 1 S. 1 GWB werden für Amtshandlungen der Vergabekammern Kosten (Gebühren und Auslagen) zur Deckung des Verwaltungsaufwandes erhoben. Hierbei ist das Verwaltungskostengesetz vom 23. Juni 1970 (BGBl. I S. 821) in der am 14. August 2013 geltenden Fassung anzuwenden (§ 182 Abs. 1 S. 2 GWB). Das erklärt sich aus dem Charakter des Nachprüfungsverfahrens vor den durch Verwaltungsakt entscheidenden Vergabekammern (vgl. § 168 Abs. 3 GWB) als einem gerichtsähnlich ausgestalteten besonderen Verwaltungsverfahren.[14] 8

Mithin sind die Regelungen des Verwaltungskostengesetzes für die Gebührenerhebung maßgeblich, und zwar, wie § 182 Abs. 1 S. 2 GWB nunmehr ausdrücklich festhält, diejenigen des am 15. August 2013 außer Kraft getretenen **Verwaltungskostengesetzes des Bundes** in der am letzten Tag seiner Geltung, nämlich am 14. August 2013, geltenden Fassung (sog. statische Verweisung).[15] Für eine auch nur ergänzende Anwendung der Verwaltungskostengesetze der Länder, soweit es sich um Vergabenachprüfungsverfahren in der Zuständigkeit der Vergabekammern der Länder handelt,[16] ist danach kein Raum.[17] 9

Aus der von § 182 Abs. 1 S. 2 GWB angeordneten Anwendung des Verwaltungskostengesetzes folgt, dass die Vergabekammern dessen Regelungen unmittelbar für ihre Entscheidungen über die Verwaltungskosten des Verfahrens heranzuziehen haben. Allerdings gehen die speziellen Vorgaben aus **§ 182 Abs. 1 bis 3 GWB** davon abweichenden allgemeinen Regeln des Verwaltungskostengesetzes vor und sind bei seiner Auslegung die Besonderheiten des vergaberechtlichen Nachprüfungsverfahrens zu berücksichtigen. Im Übrigen verbleibt es aber bei den Vorgaben des Verwaltungskostengesetzes, und die Vergabekammern dürfen sie nicht etwa aus Gründen der Praktikabilität oder (vermeintlicher) Zweckmäßigkeit unbeachtet lassen. 10

2. Grundlage (S. 1)

Grundlage der Erhebung der Verwaltungskosten des Verfahrens vor der Vergabekammer ist § 182 Abs. 1 S. 1 GWB. Danach werden für Amtshandlungen der Vergabekammer Kosten zur Deckung des Verwaltungsaufwandes erhoben. 11

a) Amtshandlungen der Vergabekammer

Amtshandlung der Vergabekammer ist jede von ihr im Nachprüfungsverfahren nach den §§ 160 ff. GWB entfaltete Tätigkeit. 12

Da die Vergabekammer das Nachprüfungsverfahren gemäß § 160 Abs. 1 GWB nur auf Antrag einleitet, entsteht die **Gebührenschuld** nach § 11 Abs. 1 VwKostG mit Eingang des Antrags bei der Vergabekammer. Hierbei ist aber nicht die Antragstellung als solche, sondern die sich 13

14 *Krohn*, in: Burgi/Dreher, Vergaberecht, § 182 GWB Rn. 6; *Stockmann*, in: Immenga/Mestmäcker, Wettbewerbsrecht, § 182 GWB Rn. 7.

15 *Losch*, in: Ziekow/Völlink, Vergaberecht, § 182 GWB Rn. 4.

16 So etwa *Noch*, in: Byok/Jaeger, Vergaberecht, § 182 GWB Rn. 7; *Stockmann*, in: Immenga/Mestmäcker, Wettbewerbsrecht, § 182 GWB Rn. 6 f., was nicht überzeugt, weil das VwKostG des Bundes ersichtlich das gesamte Regelungsgebiet abschließend normiert hat; das gilt insbesondere auch für die Vorschriften zur persönlichen Gebührenfreiheit, die in § 8 VwKostG die Freistellungen von Rechtsträgern auf Landes- und Gemeindeebene (abschließend) mitregeln; abweichende landesrechtliche Vorschriften sind insoweit verdrängt.

17 *Krohn*, in: Burgi/Dreher, Vergaberecht, § 182 GWB Rn. 6. Die gegenteiligen Entscheidungen des OLG Naumburg, Beschluss v. 20.9.2012 – 2 Verg 4/12, juris Rn. 128, sowie des OLG Jena, Beschluss v. 4.4.2003 – 6 Verg 4/03, juris Rn. 11, die noch zu § 128 GWB a.F. ergangen sind, sind überholt, weil nach der früheren Fassung der Vorschrift in § 128 Abs. 1 S. 2 GWB a.F. nur die Anwendbarkeit des Verwaltungskostengesetzes angeordnet war, so dass eine Bezugnahme auch auf die Verwaltungskostengesetze der Länder denkbar war; vgl. *Landsberg*, in: Pünder/Schellenberg, Vergaberecht, § 182 GWB Rn. 4.

daran anschließende öffentlich-rechtliche Verwaltungstätigkeit Grund der Gebührenerhebung.[18] Dementsprechend ist von einer Gebührenerhebung abzusehen, wenn der Antragsteller, ohne dass ein nennenswerter Verwaltungsaufwand entstanden wäre, den Antrag alsbald wieder zurücknimmt.[19] Kostenauslösend für die Auslagen ist demgegenüber die Entstehung der Aufwendungen für die einzelnen Amtshandlungen (vgl. §§ 10, 11 Abs. 2 VwKostG).

14 Die Verfahrensgebühr wird für die Summe der von der Vergabekammer im Nachprüfungsverfahren erbrachten und von den Beteiligten in Anspruch genommenen Leistungen erhoben.[20] Zu diesen mit der Gebühr abgegoltenen Amtshandlungen gehören auch die im Nachprüfungsverfahren auf Antrag eines Beteiligten ergehenden **Zwischenentscheidungen**, etwa zur Akteneinsicht (§ 165 GWB), aber auch zur vorzeitigen Erteilung des Zuschlags (§ 169 Abs. 2 S. 1 GWB) oder zur Sicherung des Verfahrens (§ 169 Abs. 3 S. 1 GWB). Der Umstand, dass für Zwischenverfahren, insbesondere um den Antrag nach § 169 Abs. 2 S. 1 GWB, gesonderte Rechtsanwaltsgebühren entstehen,[21] ändert nichts daran, dass die Verfahrensgebühr nach § 182 Abs. 1 S. 1 und Abs. 2 GWB einheitlich für das Vergabenachprüfungsverfahren erhoben wird.[22] Es sind also nicht etwa zwei Verfahrensgebühren – eine für das Nachprüfungsverfahren und eine weitere für ein „Gestattungsverfahren" – festzusetzen,[23] sondern nur eine für das Nachprüfungsverfahren insgesamt, die wegen des erhöhten Verwaltungsaufwandes entsprechend anzuheben ist.[24]

15 Entsprechendes gilt, wenn **mehrere** auf ein Vergabeverfahren bezogene **Nachprüfungsverfahren** verbunden wurden. Dann ist einheitlich über die Kosten zu entscheiden; eine Erhebung mehrerer Gebühren ist unzulässig.[25] Demgegenüber verbleibt es bei der einen von der Vergabekammer festgesetzten Verfahrensgebühr, wenn ein verschiedene Vergabeverfahren erfassendes Nachprüfungsverfahren vom Beschwerdegericht getrennt wird; die Gebühr ist dann gleichmäßig auf die Trennverfahren zu verteilen.[26] Anders liegt es dagegen bei Entscheidungen der Vergabekammer im **Vollstreckungsverfahren** nach § 168 Abs. 3 S. 2 GWB,[27] weil es sich bei dem Vollstreckungsverfahren um ein von dem Nachprüfungsverfahren als Erkenntnisverfahren gesondertes Verfahren handelt. Bei der Festsetzung der Verfahrensgebühr kann dementsprechend nicht auf den Wert in der Hauptsache abgestellt werden; meist wird

18 Vgl. *Losch*, in: Ziekow/Völlink, Vergaberecht, § 182 GWB Rn. 5.

19 Vgl. im Einzelnen unten Rn. 48.

20 Dementsprechend definiert § 1 Abs. 1 VwKostG „eine besondere Inanspruchnahme oder Leistung der öffentlichen Verwaltung" als gegebenenfalls kostenpflichtige Amtshandlung.

21 Vgl. OLG Naumburg, Beschluss v. 25.2.2015 – 2 Verg 2/14, juris Rn. 32.

22 So zutreffend OLG München, Beschluss v. 28.2.2011 – Verg 23/10, juris Rn. 33 (das dann allerdings – widersprüchlich – die Festsetzung einer gesonderten Verfahrensgebühr durch die Vergabekammer billigt, vgl. ebenda, juris Rn. 36; grundsätzlich auch OLG Düsseldorf, Beschluss v. 7.5.2013 – VII-Verg 36/12, juris Rn. 16; VK Berlin, Beschluss v. 5.1.2022 – VK-B2-8/21, juris Rn. 21; *Summa*, in: Heiermann/Zeiss/Summa, Vergaberecht, § 182 GWB Rn. 3; *Schulz,* in: Willenbruch/Wieddekind, Vergaberecht, § 182 GWB Rn. 32; a.A. etwa *Landsberg*, in: Pünder/Schellenberg, Vergaberecht, § 182 GWB Rn. 6.

23 So aber etwa VK Rheinland, Beschluss v. 28.5.2019 – VK K 55/17, juris Rn. 21, 23; VK Südbayern, Beschluss v. 29.7.2011 – Z3-3-3194-1-21-05/11; *Noch*, in: Byok/Jaeger, Vergaberecht, § 182 GWB Rn. 76; wohl auch OLG München, Beschluss v. 28.2.2011 – Verg 23/10, juris Rn. 36, wenn es trotz der Erkenntnis, dass Zwischenentscheidungen in einem einheitlichen Nachprüfungsverfahren ergehen (juris Rn. 33), die Festsetzung einer gesonderten Verfahrensgebühr durch die Vergabekammer billigt.

24 So auch VK Berlin, Beschluss v. 5.1.2022 – VK-B2-8/21, juris Rn. 27, allerdings wegen der unterschiedlichen Kostenschuldner mit einer Ausweisung des Mehraufwands für das Verfahren nach § 169 Abs. 2 S. 1 GWB im Tenor der Entscheidung; ferner *Brauser-Jung*, in: Röwekamp/Kus/Portz/Prieß, GWB-Vergaberecht, § 182 Rn. 28; *Schulz,* in: Willenbruch/Wieddekind, Vergaberecht, § 182 GWB Rn. 32. Vgl. dazu auch unten Rn. 29. Entgegen *Summa*, in: Heiermann/Zeiss/Summa, Vergaberecht, § 182 GWB Rn. 68, dürfte die gesonderte Berechnung einer Gebühr auch im Ergebnis zu höheren Gebühren führen als lediglich die Erhöhung einer einheitlich zu bestimmenden Verfahrensgebühr. Unklar VK Berlin, Beschluss v. 5.1.2022 – VK-B2-8/21, juris Rn. 27, die zwar im Ergebnis nur eine erhöhte Gebühr erhebt, aber zugleich von der Ansetzung einer weiteren Gebühr spricht.

25 OLG Naumburg, Beschluss v. 28.6.2004 – 1 Verg 5/04, juris Rn. 16; *Summa*, in: Heiermann/Zeiss/Summa, Vergaberecht, § 182 GWB Fn. 13; *Landsberg*, in: Pünder/Schellenberg, Vergaberecht, § 182 GWB Rn. 6.

26 KG, Beschluss v. 26.3.2019 – Verg 16/16, juris Rn. 29.

27 OLG Düsseldorf, Beschluss v. 27.10.2003 – VII-Verg 23/03, juris Rn. 9; *Summa*, in: Heiermann/Zeiss/Summa, Vergaberecht, § 182 GWB Rn. 1; *Brauser-Jung*, in: Röwekamp/Kus/Portz/Prieß, GWB-Vergaberecht, § 182 Rn. 29.

eine Verfahrensgebühr am unteren Ende des Gebührenrahmens aus § 182 Abs. 2 GWB angemessen sein.[28]

b) Kosten

Für die Amtshandlungen der Vergabekammer sind nach § 182 Abs. 1 S. 1 GWB Kosten zu erheben. Das sind nach der in der Vorschrift enthaltenen Klammerdefinition in Übereinstimmung mit § 1 Abs. 1 VwKostG Gebühren und Auslagen. Weil die Erhebung von Verfahrensgebühren oder die Erstattung von Auslagen gemäß § 1 Abs. 1 VwKostG nur in Betracht kommt, soweit dies gesetzlich vorgesehen ist, kann eine Verfahrensgebühr nur auf der Grundlage der Vorgaben aus § 182 Abs. 1 S. 1 und Abs. 2 GWB erhoben werden[29] und können Auslagen nur nach § 182 Abs. 1 S. 1 GWB in Verbindung mit § 10 VwKostG zu erstatten sein.[30] **16**

c) Deckung des Verwaltungsaufwandes

Kosten werden nach § 182 Abs. 1 S. 1 GWB zur Deckung des Verwaltungsaufwandes erhoben. Zweck der Kostenerhebung ist danach die Kostendeckung. Damit scheint die Kostenerhebung dem **Kostendeckungsprinzip** zu unterliegen. Dieses besagt, dass die Gesamtheit der in einem bestimmten Zeitabschnitt für die Art der Behördenleistung erhobenen Gebühren den in diesem Zeitabschnitt anfallenden personellen und sachlichen Verwaltungsaufwendungen entsprechen muss.[31] **17**

Tatsächlich besteht aber nur bei den **Auslagen** eine strikte Bindung an den im Einzelfall entstandenen Verwaltungsaufwand.[32] Nur die nach § 10 Abs. 1 VwKostG im Einzelnen näher bezeichneten Aufwendungen, die in dem Nachprüfungsverfahren vor der Vergabekammer tatsächlich konkret entstanden sind, können in der Höhe, in der sie entstanden sind, an den Kostenschuldner weitergegeben werden. **18**

Dagegen kommt bei der nach § 182 Abs. 1 S. 1 und Abs. 2 GWB zu erhebenden Verfahrensgebühr das Kostendeckungsprinzip nur sehr eingeschränkt zum Tragen. Wie aus den Vorgaben des § 182 Abs. 2 GWB[33] geschlossen werden kann, ist vielmehr in erster Linie das auf die wirtschaftliche Bedeutung des Gegenstands der gebührenpflichtigen Handlung abstellende **Äquivalenzprinzip** maßgeblich.[34] Dieses besagt, dass die Gebühr in einem angemessenen Verhältnis zum Wert der damit bezahlten Behördenleistung und der wirtschaftlichen Bedeutung des Verfahrensgegenstandes stehen muss.[35] Die Kostendeckung spielt bei derartigen wertabhängigen Gebühren nur insoweit eine Rolle, als ihrer Anordnung die Erfahrung zugrunde liegt, dass der Aufwand der Behörde tendenziell steigt, je gewichtiger die wirtschaftliche Bedeutung der Angelegenheit ist.[36] **19**

d) Erhebung

Nach § 182 Abs. 1 S. 1 GWB werden die Kosten „erhoben". Das ist terminologisch unbefriedigend, weil es ohne erkennbaren Grund von der überzeugenden Begrifflichkeit des Verwaltungskostengesetzes abweicht. Danach werden Gebühren erhoben, Auslagen erstattet und **20**

---

28 OLG Naumburg, Beschluss v. 27.4.2005 – 1 Verg 3/05, juris Rn. 9; *Landsberg*, in: Pünder/Schellenberg, Vergaberecht, § 182 GWB Rn. 15.

29 Vgl. im Einzelnen unter Rn. 21 ff.

30 Vgl. im Einzelnen unter Rn. 60 ff.

31 BGH, Beschluss v. 25.11.2011 – X ZB 5/10, Rn. 14; das folgt entgegen der dort vertretenen Auffassung allerdings nicht aus § 128 Abs. 2 a.F. GWB (= § 182 Abs. 2 GWB), der lediglich das Äquivalenzprinzip zum Ausdruck bringt, sondern aus § 182 Abs. 1 S. 1 GWB bzw. § 3 S. 2 VwKostG.

32 *Krohn,* in: Burgi/Dreher, Vergaberecht, § 182 GWB Rn. 7; *Summa,* in: Heiermann/Zeiss/Summa, Vergaberecht, § 182 GWB Rn. 5; *Landsberg*, in: Pünder/Schellenberg, Vergaberecht, § 182 GWB Rn. 5.

33 Vgl. dazu im Einzelnen bei Rn. 22 ff.

34 OLG Brandenburg, Beschluss v. 3.1.2019 – 19 Verg 5/18, juris Rn. 16; OLG Düsseldorf, Beschluss v. 9.2.2006 – VII-Verg 80/05, juris Rn. 4; BayObLG, Beschluss v. 6.6.2002 – Verg 12/02, juris Rn. 8; *Summa,* in: Heiermann/Zeiss/Summa, Vergaberecht, § 182 GWB Rn. 6; *Glahs*, in: Reidt/Stickler/Glahs, Vergaberecht, § 182 GWB Rn. 6; *Reider,* in: Säcker, Wettbewerbsrecht, § 182 GWB Rn. 4.

35 BGH, Beschluss v. 25.10.2011 – X ZB 5/10, juris Rn. 14.

36 BGH, Beschluss v. 25.11.2011 – X ZB 5/10, juris Rn. 14; OLG Düsseldorf, Beschluss v. 9.2.2006 – VII-Verg 80/05, juris Rn. 4.

Kosten, wie § 14 Abs. 1 S. 1 VwKostG entnommen werden kann, festgesetzt. Dies ist treffend, weil die Kostenentscheidung der Vergabekammer wie ein Kostenfestsetzungsbeschluss im gerichtlichen Verfahren (vgl. 104 ff. ZPO) die als Gebühren und Auslagen zu zahlenden Beträge genau anzugeben hat (§ 14 Abs. 1 S. 3 Nr. 4 VwKostG) und Grundlage der Vollstreckung ist. Durch diese Festsetzung der Kosten, die Kostengrundentscheidung und Kostenfestsetzung verbindet,[37] vollzieht sich die Gebührenerhebung und Auslagenerstattung.

II. Erhebung der Verfahrensgebühr (Abs. 2 und Abs. 3 S. 4 und 6)

21 Die Vergabekammer erhebt die Gebühren für das Nachprüfungsverfahren, indem sie sie in ihrer Kostenentscheidung festsetzt (§ 14 Abs. 1 S. 1 VwKostG), also insbesondere der Höhe nach bestimmt (§ 14 Abs. 1 S. 3 Nr. 4 VwKostG).

1. Bestimmung der Gebührenhöhe (Abs. 2)

22 § 182 Abs. 2 GWB legt für die Verfahrensgebühr einen Rahmen zwischen 2.500 Euro und 50.000 Euro fest, dessen Unter- und Überschreitung er in bestimmtem Umfang (250 Euro bis 100.000 Euro) unter bestimmten Bedingungen zulässt. Die Vergabekammer hat unter Beachtung der im Folgenden im Einzelnen erörterten Vorgaben die Gebühr nach pflichtgemäßem Ermessen festzusetzen.[38]

a) Rahmengebühr (S. 1 Hs. 1 und S. 2 Hs. 1)

23 Bei der Gebühr für das Verfahren vor der Vergabekammer handelt es sich um eine Rahmengebühr i.S.d. § 9 Abs. 1 VwKostG, nämlich eine solche, für die (nach § 182 Abs. 2 GWB) Rahmensätze vorgesehen sind. Für ihre Festsetzung im Einzelfall ist hierbei nach § 9 Abs. 1 VwKostG zum einen (Nr. 1) der mit der Amtshandlung verbundene Verwaltungsaufwand, soweit Aufwendungen nicht als Auslagen gesondert berechnet werden, und zum anderen (Nr. 2) die Bedeutung, der wirtschaftliche Wert oder der sonstige Nutzen der Amtshandlung für den Gebührenschuldner sowie dessen wirtschaftliche Verhältnisse zu berücksichtigen.

aa) Festsetzung nach Gebührentabelle

24 Von der danach an sich gebotenen Einzelfallbetrachtung unter Würdigung der in § 9 Abs. 1 VwKostG genannten Umstände hat sich die **Praxis** allerdings zugunsten einer am Auftragswert orientierten, im Ansatz schematischen Betrachtungsweise gelöst. Herangezogen wird eine von den Vergabekammern des Bundes entwickelte, aber auch der überwiegenden Anzahl der Vergabekammern der Länder[39] anerkannte und von dem Bundeskartellamt auf seiner Homepage veröffentlichte Gebührentabelle, die den Gebührenrahmen ins Verhältnis zu den Auftragswerten setzt. Danach ist die Mindestgebühr von 2.500 Euro bei Auftragswerten bis zu 80.000 Euro vorgesehen und die Höchstgebühr von 50.000 Euro bei einem Auftragswert von 70.000.000 Euro erreicht.[40] Maßgeblich sind die Bruttoauftragswerte,[41] und zwar, wie bei der Streitwertfestsetzung im Beschwerdeverfahren nach § 50 Abs. 2 GKG, grundsätzlich die Bruttoauftragswerte aus dem Angebot des Antragstellers, soweit sein Nachprüfungsantrag

37 Vgl. unten Rn. 109 f.

38 OLG Brandenburg, Beschluss v. 7.5.2008 – Verg W 2/08, juris Rn. 9; *Krohn,* in: Burgi/Dreher, Vergaberecht, § 182 GWB Rn. 13; *Noch,* in: Byok/Jaeger, Vergaberecht, § 182 GWB Rn. 17; *Reider,* in: Säcker, Wettbewerbsrecht, § 182 GWB Rn. 4.

39 KG, Beschluss v. 11.5.2022 – Verg 5/21, juris Rn. 4; OLG Brandenburg, Beschluss v. 3.1.2019 – 19 Verg 5/18, juris Rn. 18; OLG Düsseldorf, Beschluss v. 7.1.2004 – VII-Verg 55/02, juris Rn. 5. Anders aber in Sachsen-Anhalt und Thüringen, wo die Vergabekammern, gebilligt von der dortigen obergerichtlichen Rechtsprechung, nach eigenen Tabellen vorgehen, die stärker die dortigen regionalen Besonderheiten berücksichtigen; auch diese Tabellen orientieren sich aber an dem Auftragswert, vgl. näher *Losch,* in: Ziekow/Völlink, Vergaberecht, § 182 GWB Rn. 11 m.w.N.

40 Bundeskartellamt, Informationsblatt zum Rechtsschutz bei der Vergabe öffentlicher Aufträge, Stand Juni 2019, S. 8.

41 Bundeskartellamt, Informationsblatt zum Rechtsschutz bei der Vergabe öffentlicher Aufträge, Stand Juni 2019, S. 7 f.

reicht.[42] Hierbei steigen die den Auftragswerten zugeordneten Gebührenwerte nicht linear, sondern degressiv. Zwischenwerte können durch lineare Interpolation ermittelt werden;[43] zwingend ist dies nicht, vielmehr ist auch eine stufenweise Festsetzung von dem der Vergabekammer eingeräumten Festsetzungsermessen gedeckt,[44] jedenfalls solange sie insoweit einheitlich verfährt. Im Einzelnen sieht die Gebührentabelle der Vergabekammern des Bundes folgende Gebührenzuordnung zu den Auftragswerten vor:

Auftragswert in Euro	Basisgebühr in Euro
< 80.000	2.500
80.000	2.500
200.000	2.575
400.000	2.725
600.000	2.850
800.000	3.000
1.000.000	3.125
2.000.000	3.800
3.000.000	4.475
4.000.000	5.175
5.000.000	5.850
6.000.000	6.525
7.000.000	7.200
8.000.000	7.875
9.000.000	8.575
10.000.000	9.250
11.000.000	9.925
12.000.000	10.600
13.000.000	11.275
14.000.000	11.975
15.000.000	12.650
16.000.000	13.325
17.000.000	14.000
18.000.000	14.675
19.000.000	15.375
20.000.000	16.050
22.000.000	17.400

42 OLG Frankfurt, Beschluss v. 29.8.2014 – 11 Verg 3/14, juris Rn. 16 f.; *Landsberg*, in: Pünder/Schellenberg, Vergaberecht, § 182 GWB Rn. 14.

43 OLG Düsseldorf, Beschluss v. 12.5.2004 – VII-Verg 23/04, juris Rn. 4; *Landsberg*, in: Pünder/Schellenberg, Vergaberecht, § 182 GWB Rn. 13; *Glahs*, in: Reidt/Stickler/Glahs, Vergaberecht, § 182 GWB Rn. 7; zumindest ungenau VK Niedersachsen, Beschluss v. 27.9.2019 – VgK-34/2019, juris Rn. 121, und häufiger, wonach zwischen dem Minimal- und Höchstwert interpoliert werde; tatsächlich ist aber zwischen dem nächstkleineren und nächsthöheren Gebührenwert in der Tabelle zu interpolieren.

44 So zu Recht *Noch*, in: Byok/Jaeger, Vergaberecht, § 182 GWB Rn. 26.

Auftragswert in Euro	Basisgebühr in Euro
24.000.000	18.775
26.000.000	20.125
28.000.000	21.475
30.000.000	22.850
32.000.000	24.200
34.000.000	25.575
36.000.000	26.925
38.000.000	28.275
40.000.000	29.650
50.000.000	36.450
60.000.000	43.250
70.000.000	50.000
> 70.000.000	50.000

25 Diese vom BGH gebilligte Vorgehensweise erscheint im Regelfall **zweckmäßig**, weil so eine transparente, bundeseinheitlich gleichmäßige Handhabung erreicht werden kann.[45] Sie lässt sich auch mit den Vorgaben des § 9 Abs. 1 VwKostG in Übereinstimmung bringen. So wird mit dem Auftragswert das in § 9 Abs. 1 Nr. 2 VwKostG zur Festsetzung der Rahmengebühr genannte Kriterium des wirtschaftlichen Wertes herangezogen und die meisten nach § 9 Abs. 1 VwKostG zur Bestimmung der Gebührenhöhe vorgesehenen weiteren Kriterien (Verwaltungsaufwand, Bedeutung, sonstiger Nutzen, nicht dagegen die wirtschaftlichen Verhältnisse der Beteiligten) stehen erfahrungsgemäß häufig in Relation zum Auftragswert.[46] Weil der wirtschaftliche Wert und die übrigen nach § 9 Abs. 1 VwKostG maßgeblichen Kriterien aber nicht immer korrelieren, führen die sich nach der Tabelle ergebenden Gebührenwerte lediglich bei durchschnittlichen Verhältnissen zu angemessenen Ergebnissen. Darauf weist das Bundeskartellamt in den Erläuterungen zu seiner Tabelle auch hin.[47] Vor allem bei einem im Einzelfall im Verhältnis zum Auftragswert deutlich über- oder unterdurchschnittlichen Verwaltungsaufwand gebieten § 182 Abs. 1 S. 1 GWB und § 9 Abs. 1 Nr. 1 VwKostG daher, dass die Vergabekammer diesen Umstand bei der Festsetzung der Gebühr berücksichtigt und die sich nach der Tabelle ergebende Gebühr entsprechend anpasst.[48] Die am Auftragswert orientierte Festsetzung der Verfahrensgebühr passt im Übrigen nur, wenn der Antragsteller mit seinem Antrag letztlich darum kämpft, den Zuschlag zu erlangen. Geht es hingegen nur um Teilfragen des Vergabeverfahrens, etwa einzelne Vertragsbedingungen, hat die Vergabekammer, davon ausgehend und sich an den Kriterien des § 9 Abs. 1 VwKostG orientierend, im Rahmen des ihr eingeräumten billigen Ermessens einen angemessenen Auftragswert festzusetzen.[49]

45 OLG München, Beschluss v. 15.10.2012 – Verg 18/12, juris Rn. 17; OLG Brandenburg, Beschluss v. 7.5.2008 – Verg 2 W 2/08, juris Rn. 13; OLG Koblenz, Beschluss v. 16.2.2006 – 1 Verg 2/06, juris Rn. 11; *Summa,* in: Heiermann/Zeiss/Summa, Vergaberecht, § 182 GWB Rn. 60 f.

46 BGH, Beschluss v. 25.10.2011 – X ZB 5/10, juris Rn. 14 (für das Kriterium des Verwaltungsaufwandes); OLG Düsseldorf, Beschluss v. 12.5.2004 – VII-Verg 23/04, juris Rn. 3; *Krohn,* in: Burgi/Dreher, Vergaberecht, § 182 GWB Rn. 15.

47 Bundeskartellamt, Informationsblatt zum Rechtsschutz bei der Vergabe öffentlicher Aufträge, Stand Juni 2019, S. 8.

48 BGH, Beschluss v. 25.10.2011 – X ZB 5/10, juris Rn. 14; OLG Hamburg, Beschluss v. 3.11.2008 – 1 Verg 3/08, juris Rn. 8; OLG Düsseldorf, Beschluss v. 12.5.2004 – VII-Verg 23/04, juris Rn. 3; *Landsberg*, in: Pünder/Schellenberg, Vergaberecht, § 182 GWB Rn. 13; *Losch*, in: Ziekow/Völlink, Vergaberecht, § 182 GWB Rn. 11.

49 So zutreffend VK Berlin, Beschluss v. 19.3.2018 – VK-B2-26/17, juris Rn. 60.

bb) Abweichungen von den Tabellenwerten

Ausgehend von der Gebührentabelle des Bundeskartellamtes stellt sich die Frage, auf welche Weise und in welchem Umfang ein über- oder unterdurchschnittlicher Verwaltungsaufwand und weitere über den Auftragswert nicht erfasste Kriterien des § 9 Abs. 1 VwKostG berücksichtigt werden können. Soll das Ziel eine transparente, berechenbare und bundeseinheitliche Handhabung sein, erscheint es sinnvoll, bei Auftragswerten, die in die Reichweite der Tabelle fallen, von den in der als Tabelle als **Basisgebühr** bezeichneten Beträgen auszugehen und diese nach den Wertungen in § 182 Abs. 2 und Abs. 3 S. 4 und 6 GWB für mögliche Abweichungen von dem regelmäßigen Gebührenrahmen anzupassen. Ermäßigungen sind danach aus Gründen der Billigkeit bis auf ein Zehntel der Basisgebühr zulässig[50] und Erhöhungen, wenn der Aufwand oder die wirtschaftliche Bedeutung außergewöhnlich hoch sind, bis auf das Doppelte.[51] Liegt die Verminderung der Verwaltungsaufwandes darin, dass sich das Nachprüfungsverfahren durch Rücknahme oder auf sonstige Weise in der Hauptsache erledigt hat, ist der unterdurchschnittliche Verwaltungsaufwand dagegen allein über die Herabsetzung des sich aus der Tabelle ergebenden Basiswertes nach Maßgabe von § 182 Abs. 3 S. 4 und 6 GWB zu berücksichtigen ist;[52] der Basiswert ist also jedenfalls zu halbieren (§ 182 Abs. 3 S. 4 GWB) und gegebenenfalls noch weiter herabzusetzen (§ 182 Abs. 3 S. 6 GWB). 26

Liegt der Bruttoauftragswert also **beispielsweise** bei 22.000.000 Euro und war der Verwaltungsaufwand erheblich unterdurchschnittlich, könnte der nach der Tabelle maßgebliche Basiswert für die Verfahrensgebühr von 17.400 Euro – je nach den konkreten Umständen des Einzelfalls nach billigem Ermessen – beispielsweise auf ein Fünftel dieses Betrages, mithin 3.480 Euro herabgesetzt werden. Liegt der Bruttoauftragswert bei 5.000.000 Euro und erfordert das Verfahren die Durchführung einer umfangreichen, zeitaufwendigen Beweisaufnahme, kann dies nach den Umständen des Einzelfalls beispielsweise über eine Erhöhung der nach der Tabelle vorgesehenen Basisgebühr von 5.850 Euro um die Hälfte auf 8.775 Euro berücksichtigt werden; maximal wäre eine Verdoppelung auf 11.700 Euro zulässig. Würde sich das Verfahren in den beiden Beispielfällen vor einer Entscheidung in der Hauptsache durch Rücknahme oder auf sonstige Weise erledigen, wäre die Basisgebühr im ersten Fall von 22.000.000 Euro auf 11.000.000 Euro zu halbieren (§ 182 Abs. 3 S. 4 GWB) und diese Gebühr dann je nach den Umständen des Einzelfalls nach billigem Ermessen weiter herabzusetzen, soweit die Verminderung des Verwaltungsaufwands nicht auf Umständen beruht, die bereits für die Halbierung der Gebühr wegen der Verfahrenserledigung maßgeblich waren (§ 182 Abs. 3 S. 6 GWB). Im zweiten Fall wäre die wegen des überdurchschnittlichen Aufwandes auf 8.775 Euro zu erhöhende Basisgebühr wegen der Erledigung auf die Hälfte herabzusetzen (§ 182 Abs. 3 S. 4 GWB), wobei für eine weitere Herabsetzung (§ 182 Abs. 3 S. 6 GWB) bei einem überdurchschnittlich aufwendigen Verfahren kein Anlass bestehen wird. 27

Im Einzelnen ist ein verminderter Verwaltungsaufwand, der eine **Herabsetzung** der Basisgebühr rechtfertigt, beispielsweise der Umstand, dass zu einem Vergabeverfahren mehrere Nachprüfungsverfahren anhängig sind, so dass sich der Aufwand für die einzelnen Verfahren entsprechend vermindert.[53] Hält die Vergabekammer den Nachprüfungsantrag für offensichtlich unzulässig oder unbegründet und sieht daher bereits von der Zustellung des Nachprüfungsantrags an den Antragsgegner ab, liegt ein deutlich verminderter Verwaltungsaufwand 28

---

50 Vgl. KG, Beschluss v. 21.5.2021 – Verg 1008/20, juris Rn. 4.

51 Vgl. unten Rn. 30 ff. Soweit § 182 Abs. 2 S. 2 Hs. 2 GWB eine Überschreitung der regelmäßigen Höchstgebühr auch wegen einer außergewöhnlich hohen wirtschaftlichen Bedeutung zulässt, kommt eine Erhöhung der in der Tabelle vorgesehenen Basiswerte bis zu dem höchsten in der Tabelle erfassten Auftragswert, also 70.000.000 Euro, allerdings nicht in Betracht, weil dieser Gesichtspunkt insoweit bereits durch die Gebührensteigerungen in der Tabelle erfasst ist.

52 BayObLG, Beschluss v. 6.6.2002 – Verg 12/02, juris Rn. 10; a.A. OLG München, Beschluss v. 30.1.2014 – Verg 10/13, juris Rn. 35; OLG Düsseldorf, Beschluss v. 9.2.2006 – VII-Verg 80/05, juris Rn. 5; *Landsberg*, in: Pünder/Schellenberg, Vergaberecht, § 182 GWB Rn. 18, wonach die herabgesetzte Gebühr zu halbieren ist; dies überzeugt indes nicht, weil es zu einer doppelten Berücksichtigung des verminderten Verwaltungsaufwands führt. Vgl. näher unten Rn. 44. Dagegen ist bei erhöhtem Verwaltungsaufwand und anschließender Erledigung die Basisgebühr zu erhöhen und dann zu halbieren, so zutreffend VK Saarland, Beschluss v. 7.2.2018 – 3 VK 04/2017, juris Rn. 74 f.

53 OLG Düsseldorf, Beschluss v. 12.5.2004 – VII-Verg 23/04, juris Rn. 10.

auf der Hand, etwa weil die Vergabeakten nicht beigezogen werden müssen und nicht mündlich zu verhandeln ist, so dass eine entsprechende Verminderung der Verfahrensgebühr geboten ist.[54] Ebenso, wenn die Beteiligten sich mit einer Entscheidung im schriftlichen Verfahren einverstanden erklären, so dass der Aufwand einer mündlichen Verhandlung vermieden wird.[55] Da nach § 9 Abs. 1 Nr. 2 VwKostG auch die wirtschaftlichen Verhältnisse der Beteiligten zu berücksichtigen sind, können sehr schlechte wirtschaftliche Verhältnisse des Antragstellers eine Gebührenminderung erfordern.[56] Im Übrigen können in den angesichts der Schwellenwerte des § 106 GWB seltenen Ausnahmefällen, dass der Auftragswert sich dem unteren Rahmen der Gebührentabelle von 80.000 Euro nähert oder diesen gar unterschreitet, was insbesondere bei Ausschreibungen über Teilleistungen von kartellvergabepflichten Aufträgen denkbar erscheint (vgl. § 3 Abs. 9 VgV),[57] europarechtliche Vorgaben eine Herabsetzung der Gebühr gebieten. Allerdings folgt dies auch schon aus § 9 Abs. 1 Nr. 2 VwKostG, wonach die Gebühr an dem wirtschaftlichen Wert zu orientieren ist und die wirtschaftlichen Verhältnisse der Beteiligten zu berücksichtigen sind. Beide Gesichtspunkte gewährleisten, dass im Einzelfall eine den europarechtlichen Anforderungen eines effektiven Rechtsschutzes genügende Herabsetzung der Gebührenhöhe auf nicht wesentlich mehr als 2 % des Auftragswertes[58] gewährleistet ist.[59] Dass die Vergabekammer nur noch über einen Fortsetzungsfeststellungsantrag nach § 168 Abs. 2 S. 2 GWB zu entscheiden hat, dürfte dagegen für sich genommen schon deswegen keine Herabsetzung der Gebühr rechtfertigen,[60] weil sich allein dadurch der Verwaltungsaufwand der Vergabekammer nicht vermindert, insbesondere die weiterhin erforderliche Entscheidung in der dann durch den Feststellungsantrag bestimmten Hauptsache nicht „einfacher" wird.

29 Eine **Heraufsetzung** der Basisgebühr kommt insbesondere in Betracht, wenn der Auftragswert den oberen in der Tabelle erfassten Wert von 70.000.000 Euro übersteigt, weil dann die wirtschaftliche Bedeutung der Sache außergewöhnlich hoch ist (vgl. § 182 Abs. 2 S. 2 Hs. 2 GWB). Bis zu diesem Wert ist die sich auftragswertabhängig erhöhende wirtschaftliche Bedeutung bereits durch die Staffelung der Basiswerte bis zum regelmäßigen oberen Gebührenrahmen und zugleich oberen Basiswert von 50.000 Euro erfasst. Eine Überschreitung des Regelhöchstwertes und Festsetzung der Gebühr auf 70.000 Euro erscheint daher beispielsweise geboten, wenn der Auftragswert den vorgesehen höchsten Tabellenwert um ein Vielfaches übersteigt und zudem die Sache außergewöhnlich umfangreich und arbeitsaufwendig ist.[61] Bei einem Auftragswert von gut einer Milliarde Euro ist ohne Weiteres die Festsetzung des absoluten Höchstbetrages von 100.000 Euro angemessen,[62] erst Recht bei einem Auftragswert von drei Milliarden Euro.[63] Auch wenn der Auftragswert unter 70.000.000 Euro liegt, gebietet ein überdurchschnittlicher Verwaltungsaufwand, etwa aufgrund des Umfangs des Vorbringens oder der erforderlichen Sachaufklärung,[64] die Festsetzung einer die Basisgebühr überschreitenden Gebühr. Ein solcher überdurchschnittlicher Aufwand kann etwa auch in Zwischenverfahren über Akteneinsicht, vorzeitige Zuschlagserteilung (§ 169 Abs. 2 S. 1 GWB)

---

54 KG, Beschluss v. 21.5.2021 – Verg 1008/20, juris Rn. 5; Beschluss v. 9.10.2018 – Verg 5/18, juris Rn. 9; OLG Hamburg, Beschluss v. 3.11.2008 – 1 Verg 3/08, juris Rn. 8: Verminderung der Basisgebühr um ein Drittel; *Summa,* in: Heiermann/Zeiss/Summa, Vergaberecht, § 182 GWB Rn. 62.

55 VK Niedersachsen, Beschluss v. 12.6.2019 – VgK-20/2019, juris Rn. 76: Verminderung der Basisgebühr um ein Sechstel, wenn zudem die Befassung mit den Vergabeakten unterdurchschnittlich aufwendig war.

56 *Losch*, in: Ziekow/Völlink, Vergaberecht, § 182 GWB Rn. 10 m.w.N., sowie *Summa,* in: Heiermann/Zeiss/Summa, Vergaberecht, § 182 GWB Fn. 62, unter Verweis auf VK Mecklenburg-Vorpommern, Beschluss v. 27. 6.2000 – 1 VK 7/00; a.A. *Noch,* in: Byok/Jaeger, Vergaberecht, § 182 GWB Rn. 46.

57 Vgl. dazu im Einzelnen *Radu*, in: Müller/Wrede, VgV/UVgO, § 3 VgV Rn. 56 ff.

58 Vgl. EuGH, Urteil v. 6.10.2015 – Rs. C-61/14 (Orizzonte Salute), Rn. 58.

59 Vgl. dazu schon oben Rn. 5.

60 So aber wohl *Noch*, in: Byok/Jaeger, Vergaberecht, § 182 GWB Rn. 27, 41.

61 OLG Frankfurt, Beschluss v. 12.7.2016 – 11 Verg 9/16, juris Rn. 139: Auftragswert *"ein Vielfaches höher als 70.000.000 Euro"* und 166 Ordner Vergabeakten.

62 OLG Brandenburg, Beschluss v. 7.5.2008 – Verg W 2/08, juris Rn. 15, noch zum früheren Höchstwert von 50.000 Euro.

63 VK Berlin, Beschluss v. 30.7.2019 – VK-B1-09/19, juris Rn. 195.

64 VK Sachsen, Beschluss v. 29.2.2004 – 1/SVK 157-03, Rn. 95; *Krohn*, in: Burgi/Dreher, Vergaberecht, § 182 GWB Rn. 12; *Stockmann*, in: Immenga/Mestmäcker, Wettbewerbsrecht, § 182 GWB Rn. 11.

oder Sicherungsverfügungen (§ 169 Abs. 3 S. 1 GWB) bestanden haben.[65] Die Würdigung auch umfangreicher Schriftsätze in einer bei Abschluss des Verfahrens knapp tausendseitigen Verfahrensakte und die Abfassung von Akteneinsichtsbeschlüssen unter Berücksichtigung von Betriebsgeheimnissen entspricht dagegen dem gewöhnlichen mit einem Vergabenachprüfungsverfahren verbundenen Aufwand.[66]

b) Abweichungen vom regelmäßigen Gebührenrahmen

§ 182 Abs. 2 GWB erlaubt Abweichungen von dem von ihm gesetzten regelmäßigen Gebührenrahmen (2.500 Euro bis 50.000 Euro), also die Über- oder Unterschreitung, nur in begrenztem Umfang und nur aus den hierfür genannten Gründen. **30**

aa) Unterschreitung der Mindestgebühr (S. 1 Hs. 2)

Die Mindestgebühr von 2.500 Euro („dieser Betrag") kann nach § 182 Abs. 2 S. 1 Hs. 1 GWB aus Gründen der Billigkeit bis auf ein Zehntel (250 Euro) ermäßigt werden. **31**

Billigkeitsgründe können sich aus unterdurchschnittlichen Verhältnissen bei den in § 9 Abs. 1 VwKostG genannten Umständen herleiten, insbesondere aus einem unterdurchschnittlichen Verwaltungsaufwand (§ 9 Abs. 1 Nr. 1 VwKostG), einer besonders geringen Bedeutung oder einem außergewöhnlich geringen wirtschaftlichen Wert (§ 9 Abs. 1 Nr. 2 VwKostG). **32**

Diese gebührenmindernden Gesichtspunkte sind allerdings bereits bei der **Gebührenbestimmung** nach Maßgabe der Gebührentabelle des Bundeskartellamtes zu berücksichtigen.[67] Die Gebührentabelle sieht bei Bruttoauftragswerten unter und bis 80.000 Euro die Mindestgebühr von 2.500 Euro als Basisgebühr vor. Da die Basiswerte aus der Tabelle nur bei einem durchschnittlichen Verwaltungsaufwand herangezogen werden können und ein unterdurchschnittlicher Verwaltungsaufwand nach der Wertung des § 182 Abs. 2 S. 1 Hs. 2 GWB eine Herabsetzung auf bis zu einem Zehntel des nach der Tabelle vorgesehenen Basiswertes erfordert,[68] also auch auf Werte unterhalb der regelmäßigen Mindestgebühr von 2.500 Euro, kommt eine weitere Herabsetzung nicht in Betracht. Soweit sich das Nachprüfungsverfahren durch Rücknahme oder anderweitig in der Hauptsache erledigt hat, sind der verminderte Verwaltungsaufwand oder sonstige gebührenreduzierende Umstände ohnehin nicht nach § 182 Abs. 2 S. 1 Hs. 2 GWB, sondern ausschließlich nach § 182 Abs. 3 S. 4 und S. 6 GWB zu berücksichtigen.[69] Soweit und solange die Verfahrensgebühr aufgrund der von den Vergabekammern des Bundes genutzten oder einer ähnlichen auftragswertbezogenen Tabelle festgesetzt wird, folgt die Herabsetzung der Gebühr bei einem unterdurchschnittlichen Aufwand daher bereits aus der an den Kriterien von § 182 Abs. 2 S. 1 Hs. 2 GWB und § 9 Abs. 1 VwKostG orientierten Anwendung der Tabelle und bei Rücknahme und sonstiger Erledigung aus einer Herabsetzung der Basiswerte der Tabelle nach Maßgabe von § 182 Abs. 3 S. 4 und 6 GWB. Die Bedeutung des § 182 Abs. 2 S. 1 Hs. 2 GWB erschöpft sich insoweit darin, dass er Kriterien für eine Herabsetzung der Tabellenwerte vorgibt und hierfür eine absolute Grenze von 250 Euro festlegt,[70] soweit sich das Verfahren nicht in der Hauptsache durch Rücknahme oder auf sonstige Weise erledigt hat; hier ist im Einzelfall nach § 182 Abs. 3 S. 6 GWB ein vollständiges Absehen von der Gebührenerhebung denkbar.[71] **33**

---

65 VK Berlin, Beschluss v. 5.1.2022 – VK-B2-8/21, juris Rn. 27; *Reider*, in: Säcker, Wettbewerbsrecht, § 182 GWB Rn. 4 a.E. Dagegen kommt insoweit die Festsetzung einer weiteren Verfahrensgebühr nicht in Betracht, da es sich bei den Zwischenverfahren um keine gesonderten Verfahren handelt, vgl. im Einzelnen oben Rn. 14.
66 KG, Beschluss v. 21.5.2021 – Verg 1008/20, juris Rn. 5.
67 KG, Beschluss v. 21.5.2021 – Verg 1008/20, juris Rn. 4. Vgl. oben Rn. 28.
68 Vgl. oben Rn. 26.
69 BayObLG, Beschluss v. 6.6.2002 – Verg 12/02, juris Rn. 10; a.A. *Losch*, in: Ziekow/Völlink, Vergaberecht, § 182 GWB Rn. 10, 12; ohne jede Differenzierung bei der Anwendung der Normen *Reider*, in: Säcker, Wettbewerbsrecht, § 182 GWB Rn. 4; vgl. auch unten Rn. 44.
70 Ähnlich *Landsberg*, in: Pünder/Schellenberg, Vergaberecht, § 182 GWB Rn. 17.
71 Vgl. dazu unten Rn. 48.

bb) Überschreitung der Höchstgebühr (S. 2 Hs. 2)

34 Die Höchstgebühr von 50.000 Euro kann nach § 182 Abs. 2 S. 2 Hs. 2 GWB im Einzelfall, wenn der Aufwand oder die wirtschaftliche Bedeutung außergewöhnlich hoch ist, bis zu einem Betrag von 100.000 Euro erhöht werden. Auch hier gilt, dass diese weitgehend den Vorgaben des § 9 Abs. 1 VwKostG entsprechenden Umstände bereits bei der Bestimmung der Rahmengebühr nach der Tabelle zu berücksichtigen sind.[72] Soweit und solange die Verfahrensgebühr nach der von den Vergabekammern des Bundes genutzten oder einer ähnlichen auftragswertbezogenen Tabelle festgesetzt wird, folgt die Erhöhung der Gebühr bei einem überdurchschnittlichen Aufwand daher bereits aus der an den Kriterien von § 182 Abs. 2 S. 2 Hs. 2 GWB und § 9 Abs. 1 VwKostG orientierten Anwendung der Tabelle. Die Bedeutung des § 182 Abs. 2 S. 2 Hs. 2 GWB erschöpft sich insoweit darin, dass er Kriterien für eine Überschreitung der regelmäßigen Obergrenze der Verfahrensgebühr vorgibt und ihr eine absolute Grenze von 100.000 Euro setzt.[73]

2. Gebührenermäßigung bei Rücknahme und sonstiger Erledigung

35 Bei Rücknahme oder sonstiger Erledigung des Nachprüfungsantrags sieht § 182 Abs. 3 S. 4 und 6 GWB eine Gebührenermäßigung vor. Die Vorschriften verdrängen als speziellere Regelungen die Vorgaben in § 15 Abs. 2 VwKostG, gehen aber auch der Gebührenermäßigung nach § 182 Abs. 2 S. 1 Hs. 2 GWB vor.[74] Systematisch gehören die Bestimmungen in den Regelungszusammenhang des § 182 Abs. 2 GWB über die Festsetzung der Verfahrensgebühr,[75] so dass die derzeit in § 182 Abs. 3 GWB vorzufindende Mischung mit Vorschriften zur Kostentragung nicht zu überzeugen vermag.

a) Gebührenhalbierung (Abs. 3 S. 4)

36 § 182 Abs. 3 S. 4 GWB bestimmt, dass die Hälfte der Gebühr zu entrichten ist, wenn sich der Antrag vor einer Entscheidung der Vergabekammer durch Rücknahme oder anderweitig erledigt hat. Die Vergabekammer ist in ihrer Entscheidung insoweit gebunden; ihr kommt kein Ermessen zu, die Gebühr bei einer Antragsrücknahme oder sonstigen Erledigung nicht zumindest zu halbieren.

aa) Rücknahme oder anderweitige Erledigung

37 Die Gebührenermäßigung setzt die wirksame Rücknahme des Nachprüfungsantrages oder seine anderweitige **Erledigung** voraus. Als Gründe einer anderweitigen Erledigung kommen etwa die (wirksame) Erteilung des Zuschlags sowie die (wirksame) Aufhebung oder Einstellung des Vergabeverfahrens in Betracht (vgl. § 168 Abs. 2 S. 2 GWB). Ferner ist eine Erledigung denkbar, wenn der Antragsgegner den erhobenen Rügen im Laufe des Nachprüfungsverfahrens abhilft. Unerheblich ist, ob zwischen den Beteiligten Einvernehmen darüber besteht, ob sich der Nachprüfungsantrag erledigt hat. Die Gebühr ermäßigt sich also auch dann, wenn die Vergabekammer streitig über die Erledigung zu entscheiden hat. Der Nachprüfungsantrag muss sich nur tatsächlich erledigt haben, woran es auch fehlt, wenn die scheinbar erledigenden Rechtshandlungen, etwa die Erteilung des Zuschlags, die Aufhebung oder Einstellung des Vergabeverfahrens unwirksam sind. Ebenso wie eine Rücknahme nur zu berücksichtigen ist, wenn sie wirksam gegenüber der Vergabekammer erklärt ist, genügt es für eine sonstige Erledigung nicht, dass Umstände vorliegen, die den Nachprüfungsantrag möglicherweise erledigen könnten, sondern diese Umstände sind erst dann erheblich, wenn sie Gegen-

72 Vgl. oben Rn. 26, 29 und vorstehend zur entsprechenden Problematik bei der Unterschreitung der Mindestgebühr Rn. 33.
73 Ähnlich *Landsberg*, in: Pünder/Schellenberg, Vergaberecht, § 182 GWB Rn. 17.
74 Dazu unten unter Rn. 33.
75 Alternativ hätten die Bestimmungen zusammen mit § 182 Abs. 3 S. 5 GWB als auf die Rücknahme oder sonstige Erledigung bezogene Vorschriften zum Gegenstand eines eigenen Absatzes gemacht werden können.

stand des Nachprüfungsverfahrens geworden sind und tatsächlich zu einer Erledigung in der Hauptsache geführt haben.[76]

Der Antrag hat sich i.S.d. § 182 Abs. 3 S. 4 GWB allerdings nur dann erledigt, wenn die Vergabekammer keine **Hauptsacheentscheidung** mehr zu treffen hat. Deswegen kommt die Gebührenprivilegierung dann nicht in Betracht, wenn ein Beteiligter gemäß § 168 Abs. 2 S. 2 GWB nach Erledigung der auf Eingriffe in das Vergabeverfahren gerichteten ursprünglichen Anträge die Feststellung beantragt, ob eine Rechtsverletzung vorgelegen hat.[77] Denn der entscheidende sachliche Grund für die Gebührenprivilegierung liegt gerade darin, dass die Erledigung vor einer Sachentscheidung über einen die Rechtmäßigkeit des Vergabeverfahrens betreffenden Antrag eingetreten ist, also die rechtliche Würdigung der durch das Nachprüfungsverfahren aufgeworfenen Rechtsfragen und der damit verbundene Verwaltungsaufwand entbehrlich wird. Mithin kommt es entgegen dem Wortlaut in § 182 Abs. 3 S. 4 GWB nicht auf die Rücknahme des Antrags oder seine sonstige Erledigung an, sondern auf die Erledigung des Nachprüfungsverfahrens in der Hauptsache[78] wegen einer Erledigung sämtlicher Hauptsacheanträge durch Rücknahme oder auf sonstige Weise.[79] 38

An einer Erledigung i.S.d. § 182 Abs. 3 S. 4 GWB fehlt es schließlich auch dann, wenn sich das Verfahren nur **teilweise** in der Hauptsache erledigt hat. Soweit sich dadurch der Verwaltungsaufwand verringert hat, ist dem nach billigem Ermessen durch Herabsetzung der Basisgebühr aus der Gebührentabelle Rechnung zu tragen.[80] 39

bb) Vor Entscheidung der Vergabekammer

Eine Gebührenherabsetzung nach § 182 Abs. 3 S. 4 GWB scheidet aus, wenn die Vergabekammer bereits über den Nachprüfungsantrag entschieden hat. Nebenentscheidungen, etwa über Akteneinsicht oder vorläufige Maßnahmen, stehen der Gebührenprivilegierung nicht entgegen. 40

Entschieden hat die Vergabekammer nicht erst mit der Zustellung der Entscheidung über den Nachprüfungsantrag, sondern bereits, wenn sie nicht mehr über den Entscheidungsinhalt verfügen kann, wenn also sämtliche zur Entscheidung berufenen Kammermitglieder die gemäß § 168 Abs. 3 S. 1 GWB als Verwaltungsakt ergehende Entscheidung unterzeichnet haben und die Entscheidung zum Zweck der Zustellung zur Geschäftsstelle der Vergabekammer gelangt ist.[81] 41

Wird die Rücknahme des Nachprüfungsantrags wirksam erst **nach dem** damit **maßgeblichen Zeitpunkt** erklärt[82] oder treten die den Nachprüfungsantrag erledigenden Umstände erst zu diesem Zeitpunkt ein, kommt eine Gebührenherabsetzung, sei es durch die Vergabekammer, sei es im Beschwerdeverfahren durch das Beschwerdegericht, nicht mehr in Betracht.[83] Dagegen kann die Gebührenhalbierung entgegen der Vorgabe des § 182 Abs. 3 S. 4 42

76 Allerdings wird die Vergabekammer die Frage, ob eine Erledigung der ursprünglichen Hauptsacheanträge eingetreten ist, im Rahmen und in den Grenzen der ihr nach § 163 Abs. 1 GWB obliegenden Amtsermittlung zu klären haben.

77 Vgl. auch VK Berlin, Beschluss v. 19.3.2018 – VK-B2-16/17, juris Rn. 59; ebenso *Krohn,* in: Burgi/Dreher, Vergaberecht, § 182 GWB Rn. 19; *Summa,* in: Heiermann/Zeiss/Summa, Vergaberecht, § 182 GWB Rn. 41; *Schulz,* in: Willenbruch/Wieddekind, Vergaberecht, § 182 GWB Rn. 37.

78 Zutreffend ist dementsprechend etwa in § 91a ZPO von einer Erledigung des Rechtsstreits in der Hauptsache die Rede.

79 Nicht überzeugend ist auch die Terminologie in § 168 Abs. 2 S. 2 GWB, wo zwar, anders als in § 182 Abs. 3 S. 4 GWB auf die Erledigung des Nachprüfungsverfahrens abgestellt wird, aber nicht erkennbar wird, dass die Entscheidung über den Feststellungsantrag, ob eine Rechtsverletzung vorgelegen hat, eine Entscheidung in dem anhängig bleibenden Nachprüfungsverfahren ist und nicht etwa Gegenstand eines neuen wie auch immer zu bezeichnenden weiteren vergaberechtlichen Verfahrens. Terminologisch richtig wäre es etwa, auf die Erledigung des "ursprünglichen (Nachprüfungs-)Antrags" abzustellen.

80 Vgl. oben Rn. 26, 28.

81 Ähnlich VK Hessen, Beschluss v. 22.3.2016 – 69 d VK-6/2016, juris Rn. 4; *Landsberg,* in: Pünder/Schellenberg, Vergaberecht, § 182 GWB Rn. 18.

82 Dies ist vor Rechtskraft der Entscheidung der Vergabekammer zulässig, vgl. BGH, Beschluss v. 24.3.2009 – X ZB 29/08, juris Rn. 12.

83 A.A. *Reider,* in: Säcker, Wettbewerbsrecht, § 182 GWB Rn. 10.

GWB nicht deswegen verneint werden, weil ein Beschlussentwurf bereits gefertigt war, sich der typische Aufwand der Vergabekammer also nicht vermindert habe.[84]

cc) Halbierung der Gebühr

43 Nach § 182 Abs. 3 S. 4 GWB ist bei Antragsrücknahme oder sonstiger Erledigung die Hälfte der Gebühr zu entrichten. Es ist mithin die nach den Vorgaben von § 182 Abs. 2 GWB, § 9 VwKostG zu ermittelnde Gebühr zu halbieren.[85]

44 Weil die gebührenreduzierenden Umstände, insbesondere der typischerweise mit der Erledigung des Verfahrens in der Hauptsache verbundene geringere Verwaltungsaufwand, durch die nach § 182 Abs. 3 S. 4 und 6 GWB vorgesehenen Herabsetzungen berücksichtigt werden, kommt hier eine (weitere) Gebührenverminderung nach **§ 182 Abs. 2 S. 1 Hs. 2 GWB** nicht in Betracht. Vielmehr wird diese Vorschrift durch die in den Fällen der Hauptsacheerledigung spezielleren Regelungen in § 182 Abs. 3 S. 4 und 6 GWB verdrängt.[86] Es ist also die nach den Vorgaben des § 182 Abs. 2 GWB, § 9 Abs. 1 VwKostG unter Heranziehung der Gebührentabelle ermittelte, wegen gebührenerhöhender Umstände gegebenenfalls erhöhte Basisgebühr gebührenmindernd zunächst zu halbieren (§ 182 Abs. 3 S. 4 GWB) – insoweit besteht kein Ermessen –[87] und dann gegebenenfalls aus Gründen der Billigkeit weiter herabzusetzen (§ 182 Abs. 3 S. 6 GWB),[88] während § 182 Abs. 2 S. 1 Hs. 2 GWB nicht zur Anwendung kommt.[89]

b) Weitere Herabsetzung (Abs. 3 S. 6)

45 § 182 Abs. 3 S. 6 GWB sieht vor, dass aus Gründen der Billigkeit von der Erhebung von Gebühren ganz oder teilweise abgesehen werden kann. Liegen im Sinne der Vorschrift Billigkeitsgründe vor, sind diese zu berücksichtigen, wobei es im pflichtgemäßem Ermessen der Vergabekammer liegt, in welchem Umfang sie sie berücksichtigt.[90]

46 Wegen der systematisch verfehlten Stellung der Vorschrift[91] ist nicht auf den ersten Blick erkennbar, dass mit ihr ausschließlich eine weitere Herabsetzung der nach § 182 Abs. 2 GWB, § 9 Abs. 1 VwKostG festgesetzten, aufgrund von § 182 Abs. 3 S. 4 GWB zu halbierenden Gebühr ermöglicht wird.[92] Das Nachprüfungsverfahren muss sich also durch Rücknahme des

84 So aber wohl *Noch*, in: Byok/Jaeger, Vergaberecht, § 182 GWB Rn. 40.; dagegen auch *Schulz*, in: Willenbruch/Wieddekind, Vergaberecht, § 182 GWB Rn. 35.

85 OLG Brandenburg, Beschluss v. 3.1.2019 – 19 Verg 5/18, juris Rn. 21; OLG München, Beschluss v. 30.1.2014 – Verg 10/13, juris Rn. 35; BayObLG, Beschluss v. 29.9.1999 – Verg 5/99, juris Rn. 12.

86 BayObLG, Beschluss v. 6.6.2002 – Verg 12/02, juris Rn. 10; a.A. OLG Düsseldorf, Beschluss v. 12.5.2004 – VII-Verg 23/04, juris Rn. 3, 6, 12 f., das meint, die nach § 128 Abs. 2 S. 3 GWB a.F. (= § 182 Abs. 2 S. 1 Hs. 2 GWB) geminderte Basisgebühr sei anschließend nach § 128 Abs. 3 S. 3 GWB a.F. (= 182 Abs. 3 S. 4 GWB) zu halbieren, womit das Spezialitätsverhältnis zwischen den Vorschriften verkannt wird; abgesehen davon erübrigen sich nach der hier vertretenen Auffassung Abgrenzungsprobleme, welcher gebührenmindernde Umstand wo zu berücksichtigen ist und wie Doppelwertungen zu vermeiden sein könnten, vgl. OLG Düsseldorf, Beschluss v. 12.5.2004 – VII-Verg 23/04, juris Rn. 6, 8.

87 *Krohn*, in: Burgi/Dreher, Vergaberecht, § 182 GWB Rn. 18.

88 So zutreffend OLG Brandenburg, Beschluss v. 3.1.2019 – 19 Verg 5/18, juris Rn. 25, unter Billigung der entsprechenden Vorgehensweise der Vergabekammer des Landes Brandenburg; ebenso VK Berlin, Beschluss v. 4.11.2020 – VK-B2-20/20, juris Rn. 41 f.; *Krohn,* in: Burgi/Dreher, Vergaberecht, § 182 GWB Rn. 18; *Summa,* in: Heiermann/Zeiss/Summa, Vergaberecht, § 182 GWB Rn. 65 f.

89 A.A. *Noch*, in: Byok/Jaeger, Vergaberecht, § 182 GWB Rn. 40.

90 Ungenau daher OLG Düsseldorf, Beschluss v. 7.1.2004 – VII-Verg 55/02, juris Rn. 9; *Schulz*, in: Willenbruch/Wieddekind, Vergaberecht, § 182 GWB Rn. 38, wonach der Vergabekammer Ermessen bei ihrer Entscheidung nach § 182 Abs. 3 S. 6 GWB zukomme; das Ermessen umfasst aber gerade nicht die Entscheidung, ob "Gründe der Billigkeit" für eine Gebührenreduzierung vorliegen; insoweit handelt es sich vielmehr um die im Nachprüfungsverfahren voll überprüfbare Anwendung eines unbestimmten Rechtsbegriffs; das Ermessen bezieht sich allein darauf, in welchem Umfang diese Umstände gebührenreduzierend zu berücksichtigen sind.

91 Vgl. oben Rn. 35.

92 OLG Brandenburg, Beschluss v. 3.1.2019 – 19 Verg 5/18, juris Rn. 21, das – allerdings offensichtlich versehentlich – auf § 182 Abs. 3 S. 5 GWB statt § 182 Abs. 3 S. 6 GWB abstellt; OLG Saarbrücken, Beschluss v. 26.11.2004 – 1 Verg 7/04, juris Rn. 7; *Krohn,* in: Burgi/Dreher, Vergaberecht, § 182 GWB Rn. 20; *Brauser-Jung,* in: Röwekamp/Kus/Portz/Prieß, GWB-Vergaberecht, § 182 Rn. 11; unklar *Landsberg*, in: Pünder/Schellenberg, Vergaberecht, § 182 GWB Rn. 19; *Schulz,* in: Willenbruch/Wieddekind, Vergaberecht, § 182 GWB Rn. 39, sowie *Stockmann,* in: Immenga/Mestmäcker, Wettbewerbsrecht, § 182 GWB Rn. 13 f., wo jeweils der Eindruck entsteht, eine weitere Gebührenreduzierung nach § 182 Abs. 3 S. 6 GWB sei aus Billigkeitsgründen auch ohne Vorliegen der dafür unzweifelhaft notwendigen Erledigung des Verfahrens durch Antragsrücknahme oder auf sonstige Weise zulässig.

Nachprüfungsantrags oder auf sonstige Weise vor einer Entscheidung über den Antrag in der Hauptsache **erledigt** haben – es gelten insoweit die Ausführungen zu § 182 Abs. 3 S. 4 GWB[93] –, und Gründe der Billigkeit müssen es über die schon nach § 182 Abs. 3 S. 4 GWB vorgesehene Halbierung rechtfertigen, dass die Gebühr weiter herabgesetzt oder von ihrer Erhebung ganz abgesehen wird, was der Wortlaut der Vorschrift nur sehr unvollkommen zum Ausdruck bringt.[94]

Als **Billigkeitsgründe** für eine solche weitere Herabsetzung der Gebühr oder das Absehen von ihrer Erhebung kommen nur solche Umstände in Betracht, die den Verwaltungsaufwand über den bei einer Antragsrücknahme oder sonstigen Erledigung verminderten Umfang weiter reduzieren.[95] Weil eine Rücknahme oder sonstige Erledigung auch nach mündlicher Verhandlung vor einer Entscheidung in der Hauptsache zwingend eine Gebührenhalbierung nach § 182 Abs. 3 S. 4 GWB gebietet, ist alles, was den typischerweise bis zu diesem Zeitpunkt entstehenden Verwaltungsaufwand weiter senkt, gebührenmindernd zu berücksichtigen. 47

Ein **Absehen** von der Gebührenerhebung wird danach in Betracht kommen, wenn noch keinerlei Aufwand für die rechtliche Würdigung des Antrags entstanden ist, wenn also beispielsweise der Antrag bei der Kammer eingegangen ist und, noch bevor er überhaupt von einem Kammermitglied zur Kenntnis genommen wurde, wieder zurückgenommen worden ist[96] oder wenn der Antragsteller den Antrag gleich nach Eingang der Antragserwiderung zurückgenommen hat, ohne dass bereits Aufwand für die Vorbereitung der mündlichen Verhandlung entstanden gewesen wäre.[97] Ist die Bearbeitung der Sache durch die Vergabekammer oder den Berichterstatter zum Zeitpunkt der Rücknahme oder sonstigen Erledigung des Antrags nur erst in Teilen erfolgt, kommt je nach den Umständen des Einzelfalls eine den geringeren Aufwand berücksichtigende Herabsetzung der Gebühr in Betracht, etwa wenn Zulässigkeit und Begründetheit des Nachprüfungsantrags zum Zeitpunkt der Erledigung von der Vergabekammer erst summarisch geprüft worden waren.[98] Weil die Gebührenhalbierung gemäß § 182 Abs. 3 S. 4 GWB auch bei einer Erledigung des Verfahrens nach mündlichen Verhandlung greift, wird regelmäßig schon für eine infolge der Hauptsachenerledigung entbehrlich gewordene mündliche Verhandlung ein weiterer Abschlag auf die halbierte Gebühr nach § 182 Abs. 3 S. 6 GWB zu gewähren sein.[99] Anlass für eine weitere Herabsetzung kann auch bestehen, wenn der erstattungspflichtige Beteiligte den Verwaltungsaufwand der Vergabekammer bei der Abfassung der Kostenentscheidung durch ein Anerkenntnis[100] oder durch zeitnahe Rücknahme nach Hinweis auf die fehlende Erfolgsaussicht des Nachprüfungsantrags[101] erleichtert. Schließlich können im Einklang mit den Vorgaben des § 9 Abs. 1 Nr. 2 VwKostG im Einzelfall auch die wirtschaftlichen Verhältnisse der Beteiligten oder die Umstände der Einleitung des Verfahrens eine weitere Herabsetzung der Gebühr nach § 182 Abs. 3 S. 6 GWB als billig erscheinen lassen.[102] 48

93 Vgl. oben unter Rn. 37 ff.

94 Sprachlich treffend heißt es demgegenüber in der durch § 182 Abs. 3 S. 6 GWB verdrängten Regelung in § 15 Abs. 2 Hs. 2 VwKostG: Die Gebühr "kann bis zu einem Viertel der vorgesehenen Gebühr ermäßigt oder es kann von ihrer Erhebung abgesehen werden, wenn dies der Billigkeit entspricht."

95 OLG Brandenburg, Beschluss v. 3.1.2019 – 19 Verg 5/18, juris Rn. 21; OLG Frankfurt, Beschluss v. 29.8.2014 – 11 Verg 3/14, juris Rn. 24; *Krohn,* in: Burgi/Dreher, Vergaberecht, § 182 GWB Rn. 20.

96 OLG Frankfurt, Beschluss v. 29.8.2014 – 11 Verg 3/14, juris Rn. 24.

97 BayObLG, Beschluss v. 6.6.2002 – Verg 12/02, juris Rn. 11: Absehen von der Gebührenerhebung oder allenfalls Festsetzung einer geringen dreistelligen Gebühr.

98 OLG Brandenburg, Beschluss v. 3.1.2019 – 19 Verg 5/18, juris Rn. 25; OLG Düsseldorf, Beschluss v. 12.5.2004 – VII-Verg 23/04, juris Rn. 7.

99 VK Hessen, Beschluss v. 16.4.2019 – 69d-VK-07/2019, S. 4 der Beschlussabschrift; VK Thüringen, Beschluss v. 6.1.2018 – 250-4003-9851/2017, juris Rn. 56; a.A. OLG Düsseldorf, Beschluss v. 9.2.2006 – VII-Verg 80/05, juris Rn. 8; BayObLG, Beschluss v. 29.9.1999 – Verg 5/99, juris Rn. 13; *Krohn,* in: Burgi/Dreher, Vergaberecht, § 182 GWB Rn. 20. Im Einzelfall mag freilich der ersparte Aufwand durch die weggefallene mündliche Verhandlung wegen der sehr aufwendigen Vorbereitung derart gering ins Gewicht fallen, dass eine weitere Herabsetzung der Gebühr nicht billig erschiene, vgl. insoweit VK Berlin, Beschluss v. 4.11.2020 – VK-B2-20/20, juris Rn. 42.

100 VK Berlin, Beschluss v. 9.9.2020 – VK-B2-42/20, S. 4 der Beschlussabschrift: Anerkenntnis zur Frage der Notwendigkeit der Hinzuziehung eines Verfahrensbevollmächtigten für den erstattungsberechtigten Beteiligten.

101 VK Berlin, Beschluss v. 11.3.2021 – VK-B2-3/21, juris Rn. 19; VK Thüringen, Beschluss v. 6.1.2018 – 250-4003-9851/2017, juris Rn. 56.

102 *Krohn*, in: Burgi/Dreher, Vergaberecht, § 182 GWB Rn. 20.

3. Keine Gebührenerhebung

49 Überlegungen zur Ermittlung der Gebühren in dem von § 182 Abs. 2 GWB vorgegebenen Rahmen erübrigen sich, wenn von ihrer Festsetzung abzusehen ist.

a) Persönliche Gebührenbefreiung

50 Gebühren müssen nicht zwingend festgesetzt werden, wenn sämtliche Kostenschuldner, also die Beteiligten, die nach der Kostenentscheidung der Vergabekammer die Gebühren als Teil der Kosten zu tragen haben,[103] nach § 8 VwKostG von der Zahlung der Gebühren befreit sind.[104] Dennoch wird es aus Gründen der Transparenz, aber auch wegen einer möglichen Abänderung der Kostenentscheidung in einem Beschwerdeverfahren **zweckmäßig** sein, wenn die Vergabekammer die Verfahrensgebühr auch in diesem Fall festsetzt und die Befreiung gesondert anordnet.[105] Dies legt auch der Wortlaut des § 8 Abs. 1 VwKostG nahe, wenn er eine Befreiung von der Zahlung der Gebühren vorsieht, die logisch deren vorherige Festsetzung voraussetzt. Ohnehin ist eine Festsetzung stets notwendig, wenn neben dem gebührenbefreiten Beteiligten auch ein nicht von den Gebühren befreiter Beteiligter die Verwaltungskosten zu erstatten hat; hier ist der gebührenbefreite Beteiligte insgesamt und der nicht gebührenbefreite Beteiligte, soweit er die Kosten anteilig nicht zu erstatten hat, in der Kostenentscheidung der Vergabekammer von der Zahlung der Gebühr freizustellen.[106] Hat die Vergabekammer die Kostentragung eines nach § 8 VwKostG kostenbefreiten Kostenschuldners und fehlerhaft die Kostenbefreiung nicht ausgesprochen, kommt eine Inanspruchnahme des kostenbefreiten Kostenschuldners dennoch nicht in Betracht. Denn die Kostenbefreiung besteht materiell-rechtlich auch dann, wenn sie nicht angeordnet ist,[107] was auch aus den insoweit entsprechend anwendbaren Regelungen in § 2 Abs. 5 GKG und § 2 Abs. 3 GNotKG folgt.[108]

51 Die **persönliche Gebührenbefreiung** besteht nach § 8 Abs. 1 VwKostG für:

1. die Bundesrepublik Deutschland und die bundesunmittelbaren juristischen Personen des öffentlichen Rechts, deren Ausgaben ganz und teilweise auf Grund gesetzlicher Verpflichtung aus dem Haushalt des Bundes getragen werden,[109]
2. die Länder und die juristischen Personen des öffentlichen Rechts, die nach den Haushaltsplänen eines Landes für Rechnung eines Landes verwaltet werden,[110] und
3. die Gemeinden und Gemeindeverbände, sofern die Amtshandlungen nicht ihre wirtschaftlichen Unternehmen betreffen.

52 § 8 Abs. 2 und 3 VwKostG schränkt die nach § 8 Abs. 1 VwKostG an sich bestehende Gebührenfreiheit wieder ein. So tritt nach § 8 Abs. 2 VwKostG **keine Gebührenbefreiung** ein, soweit die in § 8 Abs. 1 VwKostG Genannten berechtigt sind, die Gebühren Dritten aufzuerlegen. Das gilt auch dann, wenn der Rechtsträger der Vergabekammer als Kostengläubiger (§ 12 VwKostG) zugleich als Beteiligter an dem Nachprüfungsverfahren Kostenschuldner sein sollte. Ferner besteht keine Gebührenfreiheit für Sondervermögen und Bundesbetriebe i.S.d. Art. 110 Abs. 1 GG, für gleichartige Einrichtungen der Länder sowie für öffentlich-rechtliche Unternehmen, an denen der Bund oder ein Land beteiligt ist (§ 8 Abs. 3 VwKostG). Damit fal-

---

103 Vgl. dazu im Einzelnen unter Rn. 65 ff.

104 Vgl. etwa VK Mecklenburg-Vorpommern, Beschluss v. 28.9.2021 – 3 VK 6/21, juris Rn. 74 und Tenor zu 2.

105 So die ständige Praxis einer Vielzahl der Vergabekammern der Länder, vgl. etwa VK Berlin, Beschluss v. 13.3.2020 – VK-B1-36/19, juris Rn. 184 f.; VK Hessen, Beschluss v. 16.4.2019 – 69d–VK-07/2019.

106 KG, Beschluss v. 9.3.2022 – Verg 3/18, juris Rn. 29 und Beschluss-Tenor vor Rn. 1; vgl. im Einzelnen Rn. 98.

107 KG, Beschluss v. 9.3.2022 – Verg 3/18, juris Rn. 30; OLG Koblenz, Beschluss v. 26.8.2020 – Verg 5/20, juris Rn. 26; OLG Frankfurt, Beschluss v. 12.7.2016 – 11 Verg 1/18, juris Rn. 33; *Dicks*, in: Ziekow/Völlink, § 171 GWB Rn. 11 m.w.N.

108 KG, Beschluss v. 9.3.2022 – Verg 3/18, juris Rn. 30.

109 Nicht darunter fallen Sozial- und Unfallversicherungsträger, da diese durch ihre Mitglieder finanziert werden und nicht durch den Haushalt des Bundes getragen werden, vgl. OLG Düsseldorf, Beschluss v. 7.9.2012 – VII-Verg 21/12, juris Rn. 5 f.

110 Nicht darunter fällt beispielsweise das Rechtsmedizinische Institut einer Universität, das einen eigenen Haushalt mit eigenen Einnahmen und Ausgaben verwaltet, vgl. OLG München, Beschluss v. 30.11.2015 – Verg 7/15, juris Rn. 32 f.; ebenso OVG Berlin-Brandenburg, Urteil v. 4.11.2009 – 1 B 14/08, juris Rn 15: für eine Fachhochschule, die die ihr zugewiesenen Mittel eigenständig bewirtschaftet.

len insbesondere sämtliche privatrechtlichen Rechtsträger, die als öffentliche Auftraggeber nach den §§ 99 Nr. 4, 100 Abs. 1 Nr. 2, 101 Nr. 3 GWB an dem Vergabeverfahren beteiligt sind, nicht unter die persönliche Gebührenbefreiung nach § 8 VwKostG. Klargestellt ist aber auch, dass sämtliche öffentlich-rechtlich organisierten, nach privatwirtschaftlichen Grundsätzen geführten wirtschaftlichen Unternehmen von Bund, Ländern, Gemeinden und Gemeindeverbänden (vgl. § 8 Abs. 1 Nr. 1 VwKostG) keine Gebührenprivilegierung genießen.[111] Dient der ausgeschriebene Auftrag beispielsweise der Beschaffung für einen kommunalen Eigenbetrieb, ist der Eigenbetrieb als wirtschaftliches Unternehmen im Sinne von § 8 Abs. 1 Nr. 3 VwKostG anzusehen, wenn er nach seiner Betriebssatzung neben angemessenen Rücklagen mindestens eine marktübliche Verzinsung des Eigenkapitals erwirtschaften soll.[112] Dagegen ist eine nicht erwerbswirtschaftlich ausgerichtete, rechtlich unselbständige Straßenbaugesellschaft eines Landes kein wirtschaftliches Unternehmen, weswegen für Beschaffungen des Landes für eine solche Gesellschaft die Gebührenprivilegierung nach § 8 Abs. 1 Nr. 2 VwKostG greift.[113]

b) Abweisung wegen Unzuständigkeit

Nach § 15 Abs. 1 VwKostG wird keine Gebühr erhoben, wenn der Antrag ausschließlich wegen Unzuständigkeit der Behörde abgelehnt wird. Die Vorschrift ist über § 182 Abs. 1 S. 2 GWB ohne Weiteres anwendbar; dass sie von den Vorgaben in § 182 Abs. 2 und Abs. 3 S. 4 und 6 GWB verdrängt würde, ist nicht ersichtlich. Mithin kommt eine Gebührenerhebung durch die Vergabekammer nicht in Betracht, wenn sie den Nachprüfungsantrag wegen ihrer Unzuständigkeit zurückweist. **53**

Das ist der Fall, wenn sie örtlich oder sachlich nicht nach § 159 GWB **zuständig** ist.[114] An der Zuständigkeit fehlt es aber auch dann, wenn der Nachprüfungsantrag nicht statthaft ist, sei es, weil der Antrag nicht dem Nachprüfungsverfahren unterworfene rechtliche Fragestellungen betrifft (vgl. § 156 GWB), sei es, weil es sich nicht um ein Vergabeverfahren im Sinne der §§ 98 bis 105 GWB handelt, oder sei es, weil der Auftragswert den maßgeblichen Schwellenwert (§ 106 GWB) für die Eröffnung des Kartellvergaberechts und damit das Nachprüfungsverfahren nicht erreicht. **54**

Die Gebühr ist bei einer Abweisung wegen Unzuständigkeit nach § 15 Abs. 1 VwKostG nur dann nicht zu erheben, wenn die Abweisung **ausschließlich** hierauf beruht. Eine Abweisung auch aus anderen Gründen als der Unzuständigkeit wird im Vergabenachprüfungsverfahren indes nicht in Betracht kommen, weil eine Sachentscheidung bei fehlender Zuständigkeit unzulässig wäre. Die Vergabekammer darf über einen Antrag, für den ihr die Zuständigkeit fehlt, nicht in der Sache entscheiden. Sie darf auch nicht dahinstehen lassen, ob sie zur Sachentscheidung zuständig ist, und den Antrag zurückweisen, weil er jedenfalls unbegründet ist.[115] **55**

c) Absehen von Gebührenerhebung aus Billigkeitsgründen

Auch § 182 Abs. 3 S. 6 GWB sieht vor, dass aus Gründen der Billigkeit von der Erhebung von Gebühren ganz oder teilweise abgesehen werden kann. Die Vorschrift bezieht sich aber ausschließlich auf eine über die Halbierung der Gebühr nach § 182 Abs. 3 S. 4 GWB hinausgehende weitere Herabsetzung der Gebühr bei einer Rücknahme oder sonstigen Erledigung des Nachprüfungsantrages.[116] Sie erlaubt nicht etwa ganz allgemein das Absehen von einer Ge- **56**

111 *Losch*, in: Ziekow/Völlink, Vergaberecht, § 182 GWB Rn. 8; vgl. auch OLG München, Beschluss v. 30.11.2015 – Verg 7/15, juris Rn. 34.
112 OLG Brandenburg, Beschluss v. 12.7.2012 – Verg W 6/12, juris Rn. 12.
113 OLG Düsseldorf, Beschluss v. 14.9.2009 – VII-Verg 20/09, juris Rn. 8 bis 13.
114 Allerdings soll bei fehlender örtlicher Zuständigkeit eine Abweisung nicht in Betracht kommen, sondern eine Verweisung analog § 17a Abs. 2 S. 3 GVG in Verbindung mit § 83 S. 1 VwGO geboten sein, vgl. BGH, Beschluss v. 23.1.2012 – X ZB 5/11, juris Rn. 24; OLG Hamburg, Beschluss v. 16.4.2020 – 1 Verg 2/20, juris Rn. 73; *Steck*, in: Ziekow/Völlink, Vergaberecht, § 168 GWB Rn. 4.
115 Vgl. *Radu*, in: Müller-Wrede, VgV/UVgO, § 3 VgV Rn. 138 m.w.N.
116 OLG Saarbrücken, Beschluss v. 26.11.2004 – 1 Verg 7/04, juris Rn. 7.

bührenerhebung aus Billigkeitserwägungen,[117] sondern im Wesentlichen nur wegen einer mit der Erledigung des Antrages zusammenhängenden ganz erheblichen und deutlich überdurchschnittlichen Verminderung des Verwaltungsaufwandes.[118]

d) Unrichtige Sachbehandlung

57 Nach § 14 Abs. 2 S. 1 VwKostG werden Kosten, die bei richtiger Behandlung der Sache durch die Behörde nicht entstanden wären, nicht erhoben.[119] Dies wird häufiger bei den zu erstattenden Auslagen als der zu erhebenden Verfahrensgebühr der Fall sein.[120]

58 Dennoch kann die Vergabekammer auch Anlass haben, die Verfahrensgebühr herabzusetzen. Das kommt etwa in Betracht, wenn sie selbst ein **eigenes fehlerhaftes Vorgehen** erkennt, das den Wert des Nachprüfungsverfahrens für den kostentragungspflichtigen Beteiligten gemindert hat. Entsprechend § 14 Abs. 2 S. 1 VwKostG verbietet es sich auch in diesem Fall, die Verfahrensgebühr unter Missachtung des Umstandes, dass die durch die Gebühr zu vergütende Leistung nicht ordnungsgemäß erbracht worden ist, in voller Höhe zu erheben. Denkbar ist hier auch ein vollständiges Absehen von der Festsetzung der Verfahrensgebühr, etwa wenn das Nachprüfungsverfahren entwertet worden ist, weil die Vergabekammer die Zustellung des Nachprüfungsantrags an den Antragsgegner unterlassen hat, ohne dass dies aufgrund einer vertretbaren rechtlichen Würdigung ausnahmsweise nach § 163 Abs. 2 S. 3 GWB zulässig gewesen wäre, und es in der Folge zu einem wirksamen Zuschlag kommen konnte. Für eine unrichtige Sachbehandlung nicht erforderlich ist dagegen eine Offenkundigkeit des vermeidbare Kosten auslösenden oder die Tätigkeit entwertenden Handelns der Vergabekammer.[121]

59 Regelmäßig werden Mängel in der Verfahrensgestaltung der Vergabekammer aber erst dem Beschwerdegericht im **Beschwerdeverfahren** Anlass geben, die Verfahrensgebühr wegen einer unrichtigen Sachbehandlung herabzusetzen oder aufzuheben. Insbesondere dann, wenn die Vergabekammer in nicht mehr vertretbarer Weise von der Beachtung grundlegender Verfahrensregeln abgesehen hat, wird eine festgesetzte Verfahrensgebühr unabhängig von dem Verfahrensausgang aufzuheben oder zumindest deutlich herabzusetzen sein, weil das Verfahren vor der Vergabekammer dann zur Erledigung des Nachprüfungsverfahrens keine brauchbaren Beiträge geleistet hat und für eine aufgrund einer solchen unrichtigen Sachbehandlung wertlose Tätigkeit entsprechend § 14 Abs. 2 S. 1 VwKostG keine Gebühren verlangt werden dürfen.[122] Ebenso wird die Erhebung einer Verfahrensgebühr nach § 14 Abs. 2 S. 1 VwKostG ausscheiden, wenn die Vergabekammer in der Frist des § 167 Abs. 1 GWB keine Sachentscheidung getroffen hat und das Nachprüfungsverfahren auf eine nach § 171 Abs. 2 GWB zulässige sofortige Beschwerde ohne Sachentscheidung der Vergabekammer in das Beschwerdeverfahren gelangt.[123]

---

117 *Summa,* in: Heiermann/Zeiss/Summa, Vergaberecht, § 182 GWB Rn. 71, 111; a.A. wohl *Stockmann,* in: Immenga/Mestmäcker, Wettbewerbsrecht, § 182 GWB Rn. 13 f., 25, der gar meint, die Verfahrensgebühr könne aus Billigkeitsgründen nur gegenüber einzelnen Beteiligten ermäßigt werden, was in den Regelungen des § 182 Abs. 1 bis 3 GWB keine Stütze findet; die Verfahrensgebühr ist vielmehr zwingend einheitlich festzusetzen und die Festsetzung nicht mit der Frage zu vermengen, welchem Beteiligten die Gebühr in welchem Umfang zur Erstattung aufzuerlegen ist.

118 Vgl. im Einzelnen oben unter Rn. 45 ff.

119 Entgegen *Summa,* in: Heiermann/Zeiss/Summa, Vergaberecht, § 182 GWB Rn. 71, hat dies nichts mit der Gebührenermäßigung nach § 182 Abs. 3 S. 6 GWB bei Erledigung zu tun, weil es hier nicht um die Berücksichtigung eines geringeren Verwaltungsaufwandes geht, sondern um die Freistellung von Kosten unnützer Verwaltungstätigkeit.

120 Vgl. zur unrichtigen Sachbehandlung bezüglich überflüssiger Auslagen unten Rn. 63.

121 Die bei der vergleichbaren Regelung des § 21 GNotKG verbreitete Ansicht, nur ein *„offen zu Tage tretender Verstoß gegen eindeutige gesetzliche Normen oder ein offensichtliches Versehen"* stelle eine unrichtige Sachbehandlung dar (so etwa zuletzt wieder BGH, Beschluss v. 1.10.2020 – V ZB 67/19, juris Rn. 6), ist schon nach dem Wortlaut der Regelung fernliegend und führt entgegen ihrem Sinn und Zweck zu dem nicht sachgerechten und auch verfassungsrechtlich problematischen Ergebnis, dass der betroffene Kostenschuldner mit den Kosten amtspflichtwidrigen gerichtlichen oder notariellen Handelns belastet bleibt.

122 Vgl. KG, Beschluss v. 26.3.2019 – Verg 16/16, juris Rn. 30, allerdings mit der nicht überzeugenden Bezugnahme auf den nicht anwendbaren § 182 Abs. 3 S. 6 GWB; Rechtsgrundlage für die Nichterhebung der Gebühr wäre § 14 Abs. 2 S. 1 VwKostG gewesen.

123 Ähnlich KG, Beschluss v. 20.2.2014 – Verg 10/13, juris Rn. 62 f., wonach die Gebühren zu erlassen seien.

III. Erstattung der Auslagen

Die Erstattung der für das Nachprüfungsverfahren vor der Vergabekammer entstandenen Auslagen vollzieht sich wie die Erhebung der Gebühren,[124] indem die Vergabekammer diese Kosten in seiner **Kostenentscheidung** festsetzt (§ 14 Abs. 1 S. 1 VwKostG), also insbesondere die als Auslagen zu zahlenden Beträge bestimmt (§ 14 Abs. 1 S. 3 Nr. 4 VwKostG). Dass die Auslagen nicht bereits in die zu erhebende Verfahrensgebühr eingezogen sind und dass sie zu erstatten sind, was gemäß § 10 Abs. 1 VwKostG Voraussetzung für ihre Erstattung ist, folgt aus § 182 Abs. 1 S. 1 GWB, indem dort als festzusetzende Kosten ausdrücklich Gebühren und Auslagen benannt sind.[125] Sind die Auslagen in der Kostenentscheidung nicht dem Grunde und der Höhe nach benannt, fehlt es an einer Rechtsgrundlage, um ihre Erstattung nötigenfalls im Verwaltungsvollstreckungsverfahren durchsetzen zu können;[126] eine Zahlungsaufforderung durch die Geschäftsstelle der Vergabekammer vermag den für die Vollstreckung nach § 3 Abs. 1 lit. a VwVG erforderlichen Leistungsbescheid nicht zu ersetzen. 60

Dem Grunde nach **erstattungsfähig** sind die in § 10 Abs. 1 VwKostG aufgelisteten Auslagen, nämlich: 61

- Fernsprechgebühren im Fernverkehr, Telegrafen- und Fernschreibgebühren (Nr. 1),
- Aufwendungen für weitere Ausfertigungen, Abschriften und Auszüge, die auf besonderen Antrag erteilt werden (Nr. 2),[127]
- Aufwendungen für Übersetzungen, die auf besonderen Antrag gefertigt werden (Nr. 3);
- Kosten, die durch öffentliche Bekanntmachung entstehen, mit Ausnahme der hierbei erwachsenden Postgebühren (Nr. 4),
- die Vergütung von Sachverständigen, Dolmetschern und Übersetzern (Nr. 5);[128]
- die bei Geschäften außerhalb der Dienststelle den Verwaltungsangehörigen auf Grund gesetzlicher oder vertraglicher Bestimmungen gewährten Vergütungen (Reisekostenvergütung, Auslagenersatz) und die Kosten für die Bereitstellung von Räumen (Nr. 6);
- Beiträge, die anderen in- und ausländischen Behörden, öffentlichen Einrichtungen oder Beamten zustehen (Nr. 7);[129]
- die Kosten für die Beförderung von Sachen, mit Ausnahme der hierbei erwachsenden Postgebühren, und die Verwahrung von Sachen (Nr. 8).[130]

Die Aufzählung in § 10 Abs. 1 VwKostG ist **abschließend**,[131] wie bereits dem Wortlaut der Vorschrift entnommen werden kann, wonach „folgende" Auslagen, also eben gerade nur die aufgelisteten, zu erstatten sind. Sofern die Auslagen dem Grunde nach erstattungsfähig sind, was beispielsweise für erste Ausfertigungen und Abschriften von Entscheidungen (vgl. Nr. 2)[132] ebenso wenig der Fall ist wie für die Postgebühren (vgl. Nr. 4, 8) und Zustellkosten,[133] sind der Höhe nach nur die Auslagen zu erstatten, die tatsächlich angefallen sind.[134] Das schließt es aus, dass Auslagen nur pauschal geltend gemacht werden, etwa Auslagen für Telefonate (Nr. 1), soweit dies nicht ausdrücklich erlaubt ist wie etwa bei Auslagen für weitere Ausfertigungen, Abschriften und Auszüge (Nr. 2). 62

---

124 Vgl. dazu oben Rn. 20 f.
125 Vgl. oben Rn. 16.
126 Vgl. dazu unten Rn. 109 f.
127 Für die Berechnung dieser Auslagen verweist die Regelung auf die Vorschriften der Nr. 9000 Anlage 1 GKG in der jeweils geltenden Fassung.
128 Für die Bestimmung der Vergütung verweist die Vorschrift auf das JVEG, mit der Maßgabe, dass ein Sachverständiger, der nach § 1 Abs. 2 S. 2 JVEG keine Vergütung erhalten würde (Gutachten eines öffentlich Bediensteten in Erfüllung seiner Dienstaufgaben), so zu vergüten ist, als ob diese Vorschrift nicht bestehen würde.
129 Vgl. auch die Nr. 9013 Anlage 1 GKG.
130 Vgl. auch die ähnliche Regelung in Nr. 9009 Nr. 1 Anlage 1 GKG.
131 *Noch*, in: Byok/Jaeger, Vergaberecht, § 182 GWB Rn. 56.
132 Dies folgt aus den Regelungen in Abs. 3 der von § 10 Abs. 1 Nr. 2 VwKostG in Bezug genommenen Nr. 9000 der Anlage 1 des GKG.
133 Anders etwa Nr. 9002 Anlage 1 GKG.
134 OLG Brandenburg, Beschluss v. 7.5.2008 – Verg W 2/08, juris Rn. 11.

63 Während der Nichterhebung von Kosten wegen **unrichtiger Sachbehandlung** nach § 14 Abs. 2 S. 1 VwKostG bei der Gebührenerhebung eher geringe praktische Bedeutung zukommt,[135] dürfte ihr Hauptanwendungsfall bei Auslagen liegen, die bei richtiger Behandlung der Sache nicht entstanden wären. Die Sache ist hierbei schon dann nicht richtig behandelt, wenn die Vergabekammer die Auslagen nach Lage der Dinge nicht für erforderlich halten durfte. Insoweit sind die auch sonst geltenden Grundsätze für die Erstattungsfähigkeit von Aufwendungen, wie sie beispielsweise auch bei § 182 Abs. 4 GWB für die Erstattungsfähigkeit von Rechtsverfolgungs- oder Rechtverteidigungskosten in Verfahren vor der Vergabekammer maßgeblich sind,[136] heranzuziehen. Ein darüber hinausgehendes Ermessen ist der Vergabekammer insoweit nicht zuzubilligen.[137] Deswegen sind Auslagen, die die Vergabekammer aufgrund einer im Beschwerdeverfahren verworfenen Rechtsauffassung getätigt hat, nur dann zu erstatten, wenn diese Rechtsauffassung vertretbar war, und ist eine abweichende Festsetzung der Vergabekammer entsprechend abzuändern. Es geht nämlich nicht an, dass ein Verfahrensbeteiligter mit Kosten belastet wird, die durch eine nicht mehr vertretbare Rechtsanwendung der Vergabekammer entstanden sind. Genau dies, eine auch rechtsstaatlich nicht zu rechtfertigende Belastung der Rechtssuchenden mit vermeidbaren Kosten zu verhindern, ist Sinn und Zweck der Nichterhebung von Kosten wegen unrichtiger Sachbehandlung in § 14 Abs. 2 VwKostG.[138] Nicht zu erstatten sind im Übrigen nach § 14 Abs. 2 S. 2 VwKostG auch Auslagen, die durch eine von Amts wegen veranlasste Verlegung eines Termins oder Vertagung einer Verhandlung entstanden sind. Solche Auslagen sind unabhängig davon nicht zu erstatten, ob die von Amts wegen veranlasste Terminverlegung Folge einer unrichtigen Sachbehandlung sind oder nicht.

64 § 10 Abs. 2 VwKostG stellt klar, dass die Erstattung der Auslagen auch verlangt werden kann, wenn für eine Amtshandlung nach § 8 VwKostG eine **persönliche Gebührenbefreiung** besteht[139] oder von einer **Gebührenerhebung abzusehen** ist[140]. Ersichtlich sollen die konkret angefallenen Auslagen bei der öffentlichen Stelle verbucht werden, die sie verursacht hat. Indes macht dies wenig Sinn, wenn Rechtsträger der Vergabekammer und Kostenschuldner – was nicht selten vorkommt – identisch sind, es sei denn, der Kostenschuldner wäre ausnahmsweise seinerseits berechtigt, die Erstattung der Auslagen von einem Dritten zu verlangen (vgl. § 8 Abs. 2 VwKostG).

IV. Kostentragung (Abs. 3 S. 1 bis 3 und S. 5)

65 Soweit Kosten entstanden sind, also eine Verfahrensgebühr zu erheben ist und/oder Auslagen zu erstatten sind, muss aus der Kostenentscheidung nach § 14 Abs. 1 Nr. 2 VwKostG hervorgehen, wer Kostenschuldner ist, wer also die Kosten zu tragen hat.

1. Tragende Prinzipien der Kostentragungsregelungen

66 § 13 VwKostG führt als Kostenschuldner primär denjenigen an, der die Amtshandlung **veranlasst** hat, oder den, zu dessen Gunsten sie vorgenommen wird (§ 13 Abs. 1 Nr. 1 VwKostG). Die Kostentragungsregelungen in § 182 Abs. 3 S. 1 bis 3 und S. 5 GWB modifizieren dieses vorrangig auf die Veranlassung Kosten abstellende Kostentragungsprinzip,[141] ohne es zu än-

---

135 Vgl. oben Rn. 57 ff.
136 Vgl. dazu unten Rn. 135, 139.
137 A.A. wohl *Stockmann*, in: Immenga/Mestmäcker, Wettbewerbsrecht, § 182 GWB Rn. 19; sowie *Noch*, in: Byok/Jaeger, Vergaberecht, § 182 GWB Rn. 56.
138 Deswegen bedarf es auch entgegen dem Wortlaut der Vorschrift keiner „Offenkundigkeit" oder „Offensichtlichkeit" der Fehlerhaftigkeit eines auf einer nicht vertretbaren Rechtsauffassung beruhenden Vorgehens der Vergabekammer; vgl. bereits oben Rn. 58.
139 Vgl. dazu oben Rn. 50 ff.
140 Vgl. dazu oben Rn. 53 ff.
141 Vgl. OLG Düsseldorf, Beschluss v. 23.11.2004 – VII-Verg 69/04, juris Rn. 6; § 182 Abs. 3 S. 1 GWB – und entgegen OLG Celle, Beschluss v. 29.6.2010 – 13 Verg 4/10, juris Rn. 3, nicht § 13 Abs. 1 Nr. 1 VwKostG – ist deswegen auch dann Rechtsgrundlage für die Kostentragungslast des Antragstellers, wenn dieser unterlegen ist; ebenso wenig kommt § 13 Abs. 1 Nr. 1 VwKostG entgegen VK Rheinland, Beschluss v. 28.5.2019 – VK K 55/17, juris Rn. 16, bei einer Antragsrücknahme zur Anwendung, sondern allein § 182 Abs. 3 S. 5 GWB.

dern. Weil es sich bei dem Vergabenachprüfungsverfahren vor der Vergabekammer um ein streitiges Verfahren handelt, griffe es zu kurz, für die primäre Kostentragung auf das Kriterium der Antragstellung oder des Nutzens der Amtshandlung abzustellen. Dann würde der Antragsteller, auch wenn er obsiegt und ihm der Beschluss der Vergabekammer zugutekommt, die Kosten zu tragen haben.[142] Deswegen stellt § 182 Abs. 3 S. 1 GWB wie die meisten bei kontradiktorischen Verfahren maßgeblichen Verfahrensordnungen[143] als entscheidendes Kriterium für die Auferlegung der Kostentragungslast auf das Unterliegen ab. Dies ist indes keine Durchbrechung des Veranlassungsprinzips, sondern seine Anpassung an die Besonderheiten des kontradiktorischen Verfahrens. Denn letztlich veranlasst der Unterliegende die Einleitung des Verfahrens und die hiermit verbundenen Kosten, wenn er einen dem obsiegenden Beteiligten zustehenden Anspruch leugnet oder einen nicht bestehenden Anspruch verfolgt. Auch verfahrensökonomisch erscheint es bei kontradiktorischen Verfahren sinnvoll, die Kostenverteilung zwischen den Beteiligten nach Möglichkeit in dem jeweiligen Verfahren zu klären und nicht den Antragsteller auf etwaige Schadensersatzansprüche zu verweisen, weil die übrigen Verfahrensbeteiligten ihm Anlass zur Antragstellung gegeben haben. Die weiteren Kostentragungsregelungen in § 182 Abs. 3 S. 3 und 5 GWB folgen ebenfalls dem Prinzip, dass die Kosten jeweils von dem Beteiligten zu tragen sind, der sie letztlich veranlasst hat.[144]

§ 13 Abs. 1 VwKostG wird durch die Kostentragungsregelungen in § 182 Abs. 3 S. 1 bis 3, 5 GWB lediglich modifiziert und nicht vollständig verdrängt. So bleiben die Kostentragungsregelungen in § 13 Abs. 1 Nr. 2 und 3 VwKostG unberührt. Danach ist zur Zahlung der Kosten auch verpflichtet, wer die Kosten durch eine vor der zuständigen Behörde abgegebene oder ihr mitgeteilte Erklärung übernommen hat (Nr. 2) oder wer für die Kostenschuld eines anderen kraft Gesetzes haftet (Nr. 3). Aber auch § 13 Abs. 1 Nr. 1 VwKostG bleibt **subsidiär** als Kostenhaftungstatbestand anwendbar, soweit von dem gemäß § 182 Abs. 3 S. 1 bis 3, 5 GWB zur Kostentragung bestimmten Erstschuldner die Kosten nicht zu erlangen sind. Dann haftet der Beteiligte, der den Antrag gestellt oder dem die Entscheidung der Vergabekammer genutzt hat.[145] 67

2. Kostentragung nach Unterliegen (S. 1)

Die Kostentragung hängt wesentlich von dem tatsächlichen oder voraussichtlichen[146] Erfolg des Nachprüfungsantrages ab. 68

a) Entscheidung in der Hauptsache

Nach § 182 Abs. 3 S. 1 GWB hat ein Beteiligter,[147] soweit er im Verfahren unterliegt, die Kosten zu tragen. Weil die Regelung die Kostentragung an das Unterliegen im Verfahren knüpft, setzt sie voraus, dass die Vergabekammer eine Sachentscheidung über den Nachprüfungsantrag getroffen hat.[148] Das folgt auch aus der gesonderten Kostentragungsregelung des § 182 69

142 Für die obsiegenden Antragsgegner und Beigeladenen passt § 13 Abs. 1 Nr. 1 VwKostG ebenso jedenfalls nach seinem Wortlaut nicht, weil der den Antrag zurückweisende Beschluss "zu ihren Gunsten vorgenommen wird".

143 Vgl. etwa § 91 Abs. 1 ZPO, § 154 Abs. 1 VwGO. Auch im Bereich der teilweise streitige Verfahren erfassenden freiwilligen Gerichtsbarkeit ist der Erfolg des Rechtsbehelfs bei der nach billigem Ermessen zu treffenden Kostenentscheidung nach den klaren gesetzlichen Vorgaben in § 81 Abs. 2 FamFG zu berücksichtigen, nicht aber darüber hinaus.

144 Ähnlich *Noch,* in: Byok/Jaeger, Vergaberecht, § 182 GWB Rn. 60, der auf die Kostenverursachung als maßgebliches Kriterium der Kostenverteilung verweist. Vgl. Gesetzesbegründung zu § 182 GWB, VergRModG 2016, BT-Drs. 18/6281, 136.

145 Letzteres kann auch der Antragsgegner oder Beigeladene sein, wenn der Antrag zurückgewiesen wird und die Kosten von dem primär zur Kostentragung verpflichteten Antragsteller nicht zu erlangen sein sollten. Vgl. im Einzelnen unten Rn. 110.

146 So bei Erledigung des Nachprüfungsverfahrens durch Rücknahme des Antrags oder auf sonstige Weise vor einer Entscheidung in der Hauptsache; vgl. dazu unter Rn. 83 ff.

147 Neben Antragsteller und Antragsgegner sind das gemäß § 162 S. 1 GWB auch Beigeladene; vgl. zu deren Kostentragung im Einzelnen unter Rn. 90 ff.

148 BGH, Beschluss v. 25.10.2005 – X ZB 25/05, juris Rn. 9; *Summa,* in: Heiermann/Zeiss/Summa, Vergaberecht, § 182 GWB Rn. 15.

Abs. 3 S. 5 GWB für die Fälle, in denen sich der Antrag durch Rücknahme oder auf sonstige Weise erledigt hat.[149]

b) Unterliegen im Verfahren

70 Die Kostentragung ist nach § 182 Abs. 3 S. 1 GWB an das **Maß** („soweit") des Unterliegens im Nachprüfungsverfahren geknüpft. Entscheidend hierfür ist, inwieweit die Beteiligten ihre im Verfahren angestrebten Ziele erreicht bzw. nicht erreicht haben,[150] wobei es insoweit grundsätzlich auf den Erfolg oder Misserfolg in der Hauptsache ankommt. Hatte die Vergabekammer Zwischenentscheidungen zu treffen, etwa über einen Antrag nach § 169 Abs. 2 S. 1 GWB, und war der in der Hauptsache unterliegende Beteiligte insoweit erfolgreich oder umgekehrt, ist das entsprechend bei der Kostenverteilung zu berücksichtigen.[151]

71 Unproblematisch ist insoweit eine **vollständige Zurückweisung** des Nachprüfungsantrages. Hier hat der Antragsteller das mit seinem Nachprüfungsantrag verfolgte Rechtsschutzziel nicht erreicht und unterliegt.[152] Umgekehrt unterliegt der Antragsgegner und gegebenenfalls ein ihn unterstützender Beigeladener,[153] wenn der Antragsteller mit dem Rechtsschutzziel, dass er mit seinem Nachprüfungsantrag angestrebt hat, Erfolg hat.[154] Einem (vollständigen) Erfolg steht deswegen nicht entgegen, dass die Vergabekammer nicht sämtlichen im Rahmen des Nachprüfungsantrags gestellten Anträgen, an die sie gemäß § 168 Abs. 1 S. 2 GWB ohnehin nicht gebunden ist, stattgegeben hat.[155] Ohne Bedeutung ist auch, ob sämtliche von dem Antragsteller erhobene Rügen zulässig und begründet sind, weil für den Erfolg des Nachprüfungsantrags und das Unterliegen des Antragsgegners und gegebenenfalls weiterer Beteiligter bereits eine durchgreifende Rüge genügt.[156] Anders liegt es dagegen, wenn die Vergabekammer nach Erledigung des zunächst verfolgten Nachprüfungsantrags über einen Fortsetzungsfeststellungsantrag nach § 168 Abs. 2 S. 2 GWB zu entscheiden hat; hier ist nur auf den Erfolg des zuletzt noch in der Hauptsache verfolgten Feststellungsantrags abzustellen und es kommt auf die Erfolgsaussichten bei dem ursprünglich gestellten Sachantrag nicht mehr an.[157]

c) Teilweises Unterliegen mehrerer Beteiligter

72 Die Beteiligten haben nach § 182 Abs. 3 S. 1 GWB die Kosten zu tragen, soweit sie unterliegen. Unterliegt nicht nur ein Beteiligter, sondern mehrere in (unterschiedlichen)[158] Teilen, kommt eine Kostentragung auch jeweils nur in Betracht, „soweit" sie unterliegen. Ein **Teilunterliegen** liegt vor, wenn der Antragsteller mit seinem Nachprüfungsantrag nur teilweise Erfolg hat, die von ihm verfolgten Rechtsschutzziele also nur teilweise erreicht. Hat der Antragsteller etwa die Erteilung des Zuschlags angestrebt, aber nur die hilfsweise verfolgte Untersagung des Zuschlags an einen anderen Bieter unter Zurückversetzung des Vergabeverfahrens erreicht, waren sowohl Antragsteller als auch Antragsgegner in Teilen unterlegen.[159] Ebenso

149 Auch in diesem Fall hängt die Kostentragung maßgeblich von dem Erfolg des Nachprüfungsantrags ab, im Unterschied zu § 182 Abs. 3 S. 1 GWB aber nicht von dem tatsächlichen Erfolg, sondern – mangels einer Entscheidung darüber – von dem voraussichtlichen Erfolg in der Hauptsache; vgl. im Einzelnen unten Rn. 85 ff.

150 BGH, Beschluss v. 8.2.2011 – X ZB 4/10 (Abellio), juris Rn. 76; *Stockmann*, in: Immenga/Mestmäcker, Wettbewerbsrecht, § 182 GWB Rn. 21; *Landsberg*, in: Pünder/Schellenberg, Vergaberecht, § 182 GWB Rn. 23; *Reider*, in: Säcker, Wettbewerbsrecht, § 182 GWB Rn. 6.

151 Vgl. unten Rn. 74.

152 *Glahs*, in: Reidt/Stickler/Glahs, Vergaberecht, § 182 GWB Rn. 17.

153 Zur Kostentragung von Beigeladenen vgl. im Einzelnen unten Rn. 90 ff.

154 *Glahs*, in: Reidt/Stickler/Glahs, Vergaberecht, § 182 GWB Rn. 17.

155 BGH, Beschluss v. 8.2.2011 – X ZB 4/10 (Abellio), juris Rn. 76.

156 OLG München, Beschluss v. 2.5.2019 – Verg 5/19, juris Rn. 42; OLG Düsseldorf, Beschluss v. 12.5.2011 – VII-Verg 32/11, juris Rn. 39; *Summa*, in: Heiermann/Zeiss/Summa, Vergaberecht, § 182 GWB Rn. 20.

157 VK Berlin, Beschluss v. 19.3.2018 – VK-B2-26/17, juris Rn. 59; *Schulz*, in: Willenbruch/Wieddekind, Vergaberecht, § 182 GWB Rn. 28.

158 Unterliegen dagegen mehrere Beteiligte, etwa Antragsgegner und Beigeladener, wegen des gleichen Rechtsschutzziels, etwa der Zurückweisung des Nachprüfungsantrages, haften sie, soweit sie gemeinsam unterliegen, als Gesamtschuldner; vgl. OLG Naumburg, Beschluss v. 18.8.2011 – 2 Verg 3/11, juris Rn. 104.

159 Vgl. OLG Düsseldorf, Beschluss v. 22.2.2010 – VII-Verg 62/09, juris Rn. 25; *Summa*, in: Heiermann/Zeiss/Summa, Vergaberecht, § 182 GWB Rn. 21.

verhält es sich, wenn der Antragsteller primär den Ausschluss des von dem Antragsgegner favorisierten Bieters anstrebt, aber nur eine Aufhebung des Vergabeverfahrens erreicht, weil auch sein eigenes Angebot nicht zuschlagsfähig ist.[160] Demgegenüber hat der Antragsteller sein Rechtsschutzziel, ein neues Angebot einreichen zu können, auch dann erreicht, wenn es statt der angestrebten Verfahrensaufhebung nur zu einer Zurückversetzung vor den Zeitpunkt der Angebotsabgabe kommt.[161]

Für die Kostenverteilung auf **mehrere teilweise unterliegende Beteiligte** kann auf die Rechtsgedanken in § 92 ZPO, § 155 Abs. 1 VwGO zurückgegriffen werden. Die Vorschriften klären die Kostenverteilung im Zivil- und Verwaltungsprozess, wenn mehrere Parteien in Teilen unterlegen sind, und bieten passende Lösungen auch für die Verteilung der Kostentragungslast bei einem Teilunterliegen mehrerer Beteiligter nach § 182 Abs. 3 S. 1 GWB. Als Grundregel sieht § 92 Abs. 1 S. 1 ZPO vor, dass die Kosten gegeneinander aufzuheben[162] oder verhältnismäßig zu teilen sind, wenn jede Partei teils obsiegt und teils unterliegt. Eine Quotelung nach dem Anteil des Unterliegens bzw. Obsiegens[163] und eine Kostenaufhebung bei in etwa gleichwertigem Obsiegen und Unterliegen[164] bietet sich auch bei § 182 Abs. 3 S. 1 GWB an und entspricht der Vorgabe, dass die Beteiligten die Kosten zu tragen haben, „soweit" sie unterliegen. Unterliegt ein Beteiligter nur geringfügig, erscheint es angemessen, die Grundsätze des § 92 Abs. 2 Nr. 1 ZPO[165] heranzuziehen und die Kosten dem ganz überwiegend unterlegenen Beteiligten vollständig aufzuerlegen.[166] 73

Ein Teilunterliegen kann auch anzunehmen sein, wenn ein Beteiligter in einem **Zwischenstreit** etwa über einen Antrag nach § 169 Abs. 2 S. 1 GWB auf vorzeitige Gestattung des Zuschlags unterliegt, in der Hauptsache aber obsiegt.[167] War der Aufwand für den Zwischenstreit nur unerheblich, kann dies bei der Verteilung der Verwaltungskosten[168] entsprechend § 92 Abs. 2 Nr. 1 ZPO unberücksichtigt bleiben. Ansonsten wird eine Kostenquote zu bilden sein, die das Unterliegen in dem Zwischenstreit angemessen berücksichtigt (vgl. § 92 Abs. 1 S. 1 ZPO). Das wird regelmäßig unschwer möglich sein, wenn die einheitlich für das Nachprüfungsverfahren festzusetzende Verfahrensgebühr wegen des erhöhten Verwaltungsaufwandes durch Zwischenentscheidungen anzuheben war;[169] der auf diesen zusätzlichen Aufwand entfallende Betrag ist dann dem Beteiligten aufzuerlegen, der ihn durch seine erfolglosen Anträge verursacht hat. 74

160 OLG Dresden, Beschluss v. 25.1.2005 – WVerg 14/04, juris Rn. 12; *Krohn,* in: Burgi/Dreher, Vergaberecht, § 182 GWB Rn. 23; *Summa*, in: Heiermann/Zeiss/Summa, Vergaberecht, § 182 GWB Rn. 22.

161 VK Berlin, Beschluss v. 13.3.2020 – VK-B1-36/19, juris Rn. 179; *Krohn*, in: Burgi/Dreher, Vergaberecht, § 182 GWB Rn. 23.

162 Nach § 92 Abs. 2 S. 2 ZPO fallen die Gerichtskosten jeder Partei zur Hälfte zur Last, wenn sie gegeneinander aufgehoben sind.

163 OLG Frankfurt, Beschluss v. 12.7.2016 – 11 Verg 9/16, juris Rn. 137; OLG Düsseldorf, Beschluss v. 22.2.2010 – VII-Verg 62/09, juris Rn. 24; *Summa,* in: Heiermann/Zeiss/Summa, Vergaberecht, § 182 GWB Rn. 19; *Glahs*, in: Reidt/Stickler/Glahs, Vergaberecht, § 182 GWB Rn. 17.

164 OLG Düsseldorf, Beschluss v. 29.12.2001 – Verg 22/01, juris Rn. 78; *Stockmann,* in: Immenga/Mestmäcker, Wettbewerbsrecht, § 182 GWB Rn. 21.

165 Die Vorschrift lautet: "Das Gericht kann der einen Partei die gesamten Prozesskosten auferlegen, wenn, 1. die Zuvielforderung der anderen Partei verhältnismäßig geringfügig war und keine oder nur geringfügig höhere Kosten veranlasst hat […]".

166 BGH, Beschluss v. 29.6.2006 – X ZB 14/06, juris Rn. 58; KG, Beschluss v. 14.2.2014 – Verg 10/13, juris Rn. 60; *Summa,* in: Heiermann/Zeiss/Summa, Vergaberecht, § 182 GWB Rn. 23 f.; *Reider,* in: Säcker, Wettbewerbsrecht, § 182 GWB Rn. 31.

167 Vgl. OLG München, Beschluss v. 28.2.2011 – Verg 23/10, juris Rn. 33, 36, dem zu folgen ist, dass das Gestattungsverfahren nach § 169 Abs. 2 S. 1 GWB Teil des Hauptsacheverfahrens ist, weswegen entgegen seiner Ansicht insoweit keine besondere Verfahrensgebühr entsteht, sondern die wegen des Mehraufwands erhöhte Verfahrensgebühr insoweit dem obsiegenden Antragsgegner aufzuerlegen ist; ebenso VK Berlin, Beschluss v. 5.1.2022 – VK-B2-8/21, juris Rn. 21 bei der Kostentragung nach § 182 Abs. 3 S. 5 GWB; vgl. bereits oben Rn. 14, 29, 70.

168 Anders bei den zur zweckentsprechenden Rechtsverfolgung oder Rechtsverteidigung notwendigen Aufwendungen, wenn hier gesonderte Aufwendungen entstehen, insbesondere Rechtsanwaltsgebühren, etwa für Anträge nach § 169 Abs. 2 S. 1 GWB, vgl. oben Rn. 14 sowie unten Rn. 171.

169 Vgl. dazu oben Rn. 29.

3. Kostentragung wegen Verschuldens (S. 3)

75 Nach § 182 Abs. 3 S. 3 GWB können Kosten, die durch das Verschulden eines Beteiligten entstanden sind, diesem auferlegt werden. Das spielt nur insoweit eine Rolle, als dem Beteiligten nicht ohnehin nach § 182 Abs. 3 S. 1 GWB die Kosten aufzuerlegen sind, weil er unterlegen war. Die Bedeutung der Vorschrift liegt mithin darin, dass dem nicht unterlegenen und daher nach § 182 Abs. 3 S. 1 GWB an sich nicht zur Kostentragung verpflichteten Beteiligten dennoch Kosten auferlegt werden können, wenn er sie schuldhaft verursacht hat.[170] Damit gewährleistet die Vorschrift, dass sich der für die Entscheidung über die Kostentragung maßgebliche Grundsatz der Kostenverteilung nach Veranlassung[171] jedenfalls für schuldhaft verursachte Kosten unabhängig vom Unterliegen durchsetzt.

a) Verschulden eines Beteiligten

76 Die Kosten müssen durch das **Verschulden** eines Beteiligten entstanden sein. Der Beteiligte muss sie also vorsätzlich oder zumindest fahrlässig verursacht haben.[172] Sind Kosten von einem Beteiligten nicht schuldhaft veranlasst, rechtfertigt es die Veranlassung allein, anders als bei der vergleichbaren Regelung in § 96 ZPO, aber in Übereinstimmung mit § 155 Abs. 4 VwGO,[173] nicht, ihm die Kosten aufzuerlegen.

77 Als schuldhaft **kostenauslösendes Verhalten** kommt in Anlehnung an § 96 ZPO die Erhebung von erfolglos gebliebenen Angriffs- und Verteidigungsmitteln in Betracht, sofern dem Beteiligten insoweit ein Schuldvorwurf zu machen ist, beispielsweise die Benennung eines Zeugen, der zur Sachaufklärung, für den Beteiligten erkennbar, nichts beitragen kann.[174] Hierher scheinen auch sämtliche Kosten zu gehören, die durch erkennbar erfolglose Anträge eines in der Hauptsache obsiegenden Beteiligten im Zwischenverfahren etwa über Fragen der Akteneinsicht, Gestattung des Zuschlags (§ 169 Abs. 2 S. 1 GWB) oder sonstige Zwischenverfügungen (§ 169 Abs. 3 S. 1 GWB) entstanden sind.[175] Tatsächlich handelt es sich insoweit aber um ein Teilunterliegen, das verschuldensunabhängig bereits nach § 182 Abs. 3 S. 1 GWB zu Lasten des im Zwischenverfahren unterlegenen Beteiligten zu berücksichtigen ist.

78 Abgesehen von derartigem innerprozessualen Verhalten, kann aber auch kostenverursachendes **vorprozessuales Verhalten** eine Kostenauferlegung nach § 182 Abs. 3 S. 3 GWB rechtfertigen.[176] Das kommt etwa in Betracht, wenn der Antragsgegner berechtigten Rügen erst nach Einleitung des Nachprüfungsverfahrens abhilft oder wenn der sich dann als unzulässig oder unbegründet erweisende Nachprüfungsantrag durch unzureichende Informationen des Auftraggebers veranlasst wurde[177] oder die Vergabestelle den unzutreffenden Hinweis erteilt,

---

170 *Krohn,* in: Burgi/Dreher, Vergaberecht, § 182 GWB Rn. 26; *Summa,* in: Heiermann/Zeiss/Summa, Vergaberecht, § 182 GWB Rn. 34; wohl auch *Schulz,* in: Willenbruch/Wieddekind, Vergaberecht, § 182 GWB Rn. 39. Deutlicher bringt das die vergleichbare Regelung in § 96 ZPO zum Ausdruck: "Die Kosten eines ohne Erfolg gebliebenen Angriffs- oder Verteidigungsmittels können der Partei auferlegt werden, die es geltend gemacht hat, auch wenn sie in der Hauptsache unterliegt."

171 Vgl. oben Rn. 66.

172 Eingehend OLG Düsseldorf, Beschluss v. 16.3.2020 – VII-Verg 38/18, BeckRS 2020, 29123, Rn. 24 bis 26.

173 Vgl. OLG Düsseldorf, Beschluss v. 16.3.2020 – VII-Verg 38/18, BeckRS 2020, 29123, Rn. 25 f., das § 155 Abs. 4 VwGO nachvollziehbar als historisches Vorbild für § 182 Abs. 3 S. 3 GWB ansieht.

174 *Summa,* in: Heiermann/Zeiss/Summa, Vergaberecht, § 182 GWB Rn. 34.

175 Vgl. VK Berlin, Beschluss v. 5.1.2022 – VK-B2-8/21, juris Rn. 21; VK Rheinland, Beschluss v. 28.5.2018 – VK K 55/17, juris Rn. 17, wobei Rechtsgrundlage für die Aussonderung dieser Kosten gerade nicht die entsprechende Anwendung von § 96 ZPO wäre, sondern eben § 182 Abs. 3 S. 3 GWB; auch sind für Zwischenentscheidungen keine gesonderten Verfahrensgebühren zu erheben, sondern ist die Verfahrensgebühr für das Nachprüfungsverfahren entsprechend zu erhöhen, vgl. oben Rn. 29.

176 *Krohn,* in: Burgi/Dreher, Vergaberecht, § 182 GWB Rn. 26; *Summa,* in: Heiermann/Zeiss/Summa, Vergaberecht, § 182 GWB Rn. 34.

177 OLG Karlsruhe, Beschluss v. 29.5.2020 – 15 Verg 2/20, juris Rn. 39; VK Niedersachsen, Beschluss v. 27.9.2019 – VgK-34/2019, juris Rn. 125; *Glahs,* in: Reidt/Stickler/Glahs, Vergaberecht, § 182 GWB Rn. 20; *Reider,* in: Säcker, Wettbewerbsrecht, § 182 GWB Rn. 9; *Losch,* in: Ziekow/Völlink, Vergaberecht, § 182 GWB Rn. 25.

das vergaberechtliche Nachprüfungsverfahren sei statthaft.[178] Umgekehrt kann dem Antragsteller ein Schuldvorwurf gemacht werden, wenn der Antragsgegner keine Veranlassung zur Einleitung des Nachprüfungsverfahrens gegeben hatte, etwa weil ihm der Sachverhalt, der den berechtigten Rügen des Antragstellers zugrunde lag, nicht bekannt war. In den genannten Fällen des schuldhaft veranlassten oder schuldhaft ohne Veranlassung eingeleiteten Nachprüfungsverfahrens wird sich das Nachprüfungsverfahren aber in der Regel in der Hauptsache erledigen, so dass über die Kostentragung allein nach § 182 Abs. 3 S. 5 GWB zu entscheiden ist.[179]

b) Verursachung

Verursacht durch ein Verschulden sind die Kosten, die bei nicht schuldhaftem Verhalten eines Beteiligten nicht entstanden wären. Es kann insoweit auf die auch sonst maßgeblichen allgemeinen Grundsätze zur Feststellung von Kausalität bei der Entstehung von Schäden zurückgegriffen werden.[180] Zu fragen ist mithin, ob und gegebenenfalls welche Kosten bei hypothetisch pflichtgemäßem, nicht schuldhaftem Verhalten des Beteiligten nicht angefallen wären (sog. Differenzhypothese); nur diese sind auf das schuldhafte Verhalten kausal zurückzuführen. Hierbei können abgrenzbare Teile der Verwaltungskosten durch das Verschulden eines Beteiligten verursacht worden sein. Hierunter fallen insbesondere Auslagen für (überflüssige) Beweisaufnahmen, die einem Beteiligten aber eben nur dann auferlegt werden können, wenn ihm ein Schuldvorwurf für die erfolglose Geltendmachung dieser Angriffs- und Verteidigungsmittel zu machen ist. Es können aber auch die gesamten Verwaltungskosten vor der Vergabekammer Folge des Verschuldens eines Beteiligten gewesen sein. In jedem Fall bedarf es einer genauen Würdigung der Auswirkungen des schuldhaften Verhaltens auf die Entstehung der Verwaltungskosten unter dem Gesichtspunkt, ob Mehrkosten hierdurch hervorgerufen worden sind.[181] Bleibt etwa der zunächst unzureichend von dem Antragsgegner informierte Antragsteller auch nach Erteilung der Information, aus der die Unbegründetheit seines Nachprüfungsantrags folgt, bei seinem Antrag, so ist zumindest begründungsbedürftig, dass und warum er den Antrag nicht auch bei zutreffend erteilter Information gestellt hätte mit der Folge, dass die Verwaltungskosten nicht durch sein Verhalten verursacht wären.[182] **79**

c) Auferlegung der Kosten

§ 182 Abs. 3 S. 3 GWB sieht vor, dass Kosten, die durch das Verschulden eines Beteiligten entstanden sind, diesem auferlegt werden können.[183] **80**

178 OLG Frankfurt, Beschluss v. 16.4.2018 – 11 Verg 1/18, juris Rn. 35 f.; VK Hamburg, Beschluss v. 27.9.2021 – BR 60.29-319/2021.009, juris Rn. 94; *Summa,* in: Heiermann/Zeiss/Summa, Vergaberecht, § 182 GWB Rn. 36 bis 38. Hier ist aber zu prüfen, ob das Verschulden des Antragsgegners die Verantwortlichkeit des Antragstellers für die Prüfung der Zulässigkeit seines Rechtsbehelfs vollständig zu verdrängen vermag. Jedenfalls bei anwaltlicher Vertretung wird eher eine hälftige Beteiligung des Antragstellers an den Kosten billigem Ermessen entsprechen; die Annahme *"im Fall anwaltlicher Beratung [sei] bereits aus Gründen anwaltlicher Sorgfalt eine zumindest parallele Anrufung auch der als zuständig ausgewiesenen Vergabekammer"* geboten (OLG Frankfurt, Beschluss v. 16.4.2018 – 11 Verg 1/18, juris Rn. 53), erscheint zumindest dann zweifelhaft, wenn der Hinweis der Vergabestelle evident rechtsfehlerhaft ist. Eine Kostenbeteiligung wird im Übrigen auch dann geboten sein, wenn der Antragsteller trotz Hinweises der Vergabekammer auf die Unstatthaftigkeit seines Antrages an ihm festhält und eine Entscheidung hierüber erzwingt.

179 Vgl. dazu unten Rn. 83 ff.

180 Vgl. nur *Ebert,* in: Erman, BGB, Vor § 249 Rn. 24; *Oetker,* in: Säcker/Rixecker/Oetker/Limperg, BGB, § 249 Rn. 18 f.

181 Vgl. beispielhaft die eingehenden Erwägungen in OLG Düsseldorf, Beschluss v. 16.3.2020 – VII-Verg 38/18, BeckRS 2020, 29123, Rn. 27 bis 30.

182 Insoweit nicht überzeugend beispielsweise OLG Karlsruhe, Beschluss v. 29.5.2020 – 15 Verg 2/20, juris Rn. 39 f., sowie VK Niedersachsen, Beschluss v. 27.9.2019 – VgK-34/2019, juris Rn. 126, und Beschluss v. 12.6.2019 – VgK-20/2019, juris Rn. 79 f., wo jeweils derartige Erwägungen zur Kausalität fehlen und zweifelhaft erscheint, ob sie in den entschiedenen Fällen, in denen der Antragsteller die Entscheidung der Vergabekammer auch in der Hauptsache nicht hingenommen und sofortige Beschwerde eingelegt hatte, zu bejahen gewesen wäre.

183 Entgegen *Stockmann,* in: Immenga/Mestmäcker, Wettbewerbsrecht, § 182 GWB Rn. 22, gibt es keinerlei rechtlichen Ansatzpunkt, die Vorschrift nur zu Lasten des Antragstellers anzuwenden, und es ist nicht nachvollziehbar, dass und wie *"die nicht erfassten Fallkonstellationen über § 182 Abs. 3 S. 5"* lösbar sein sollten.

81 Entgegen dem irreführenden Wortlaut der Vorschrift, besteht jedenfalls im Ergebnis kein **Ermessen**, schuldhaft verursachte Verwaltungskosten dem Verursacher aufzuerlegen.[184] Solchen Kosten „können" dem Beteiligten nicht nur auferlegt werden, sondern sie sind ihm aufzuerlegen, alles andere wäre ermessensfehlerhaft.

82 Soweit nur bestimmte **abgrenzbare Kosten**, etwa Auslagen für eine (vermeidbare) Beweisaufnahme,[185] einem Beteiligten abweichend von der sonstigen Kostentragung aufzuerlegen sind, sind diese Kosten in der Kostenentscheidung unter Beachtung der Vorgaben des § 14 VwKostG nach Gegenstand und Höhe genau zu bezeichnen. Sind die durch das Verschulden eines Beteiligten entstandenen Kosten dagegen nicht abgrenzbar, ist ihm der ihm zuzurechnende Anteil entsprechend den Rechtsgedanken in § 92 ZPO, § 155 Abs. 1 VwGO quotal aufzuerlegen. Voraussetzung ist aber auch insoweit stets, dass sich die teilweise Verursachung der Kosten durch ein Verschulden des Beteiligten feststellen lässt.[186]

4. Kostentragung nach Rücknahme und sonstiger Erledigung (S. 5)

83 Unterbleibt eine Entscheidung über den Nachprüfungsantrag, weil der Antragsteller seinen Nachprüfungsantrag zurückgenommen hat oder sich dieser anderweitig erledigt hat oder wird die Entscheidung aufgrund einer späteren Rücknahme oder sonstigen Erledigung hinfällig, erfolgt gemäß § 182 Abs. 3 S. 5 GWB die Entscheidung, wer die Kosten zu tragen hat, nach billigem Ermessen.[187]

a) Rücknahme oder anderweitige Erledigung

84 Die Erledigung durch Rücknahme oder auf sonstige Weise ist in demselben Sinne wie bei § 182 Abs. 3 S. 4 GWB zu verstehen.[188] Die Rücknahme des Antrags muss wirksam erklärt sein, die anderweitige Erledigung tatsächlich erfolgt sein, mag dies auch zwischen den Beteiligten streitig sein. Keine Erledigung i.S.d. § 182 Abs. 3 S. 5 GWB tritt ein, wenn das Nachprüfungsverfahren mit einem Feststellungsantrag nach § 168 Abs. 2 S. 2 GWB über die Rechtmäßigkeit des Verwaltungsverfahrens anhängig bleibt und insoweit noch eine Hauptsacheentscheidung zu ergehen hat.[189] Erforderlich ist eine Erledigung des Vergabenachprüfungsverfahrens in der Hauptsache durch Rücknahme (sämtlicher) Nachprüfungsanträge oder auf sonstige Weise. Auf den Zeitpunkt der Erledigung kommt es dagegen für die Kostentragung nicht an.[190] Auch eine Erledigung nach einer Hauptsacheentscheidung der Vergabekammer, etwa eine Rücknahme des Nachprüfungsantrags im Beschwerdeverfahren,[191] führt zur Kostentragung nach billigem Ermessen gemäß § 182 Abs. 3 S. 5 GWB und nicht nach § 182 Abs. 1 S. 1 GWB, weil der Antragsteller nicht unterliegt.[192] Über die Kostentragung ist mithin für das Verfahren vor der Vergabekammer vom Beschwerdegericht erneut gemäß § 182 Abs. 3 S. 5 GWB nach billigem Ermessen zu entscheiden.[193] Ohne Erledigung ist § 182 Abs. 3 S. 5 GWB nicht anwendbar und verbietet sich eine auf die Vorschrift gestützte Kostenverteilung nach Billigkeitsgesichtspunkten.[194]

---

184 A.A. *Noch*, in: Byok/Jaeger, Vergaberecht, § 182 GWB Rn. 68; *Schulz*, in: Willenbruch/Wieddekind, Vergaberecht, § 182 GWB Rn. 30.

185 Vgl. *Summa*, in: Heiermann/Zeiss/Summa, Vergaberecht, § 182 GWB Rn. 34.

186 Vgl. zuvor Rn. 79.

187 VK Berlin, Beschluss v. 4.11.2020 – VK-B2-20/20, juris Rn. 32.

188 Wegen aller weiteren Einzelheiten ist auf die Ausführungen zu § 182 Abs. 2 S. 4 GWB zu verweisen, vgl. oben Rn. 37 ff.

189 *Krohn*, in: Burgi/Dreher, Vergaberecht, § 182 GWB Rn. 32; Schulz, in: Willenbruch/Wieddekind, Vergaberecht, § 182 GWB Rn. 37. Vgl. oben Rn. 38.

190 Wohl aber für die Gebührenherabsetzung nach § 182 Abs. 3 S. 4 und 6 GWB, vgl. oben Rn. 42, 46.

191 Dies ist ohne Weiteres zulässig, vgl. BGH, Beschluss v. 24.3.2009 – X ZB 29/08, juris Rn. 12.

192 So zutreffend *Summa*, in: Heiermann/Zeiss/Summa, Vergaberecht, § 182 GWB Rn. 16, 50; *Reider*, in: Säcker, Wettbewerbsrecht, § 182 GWB Rn. 10.

193 So zutreffend *Summa*, in: Heiermann/Zeiss/Summa, Vergaberecht, § 182 GWB Rn. 44; a.A. OLG Dresden, Beschluss v. 16.11.2006 – WVerg 15/06, juris Rn. 2 f.

194 Nicht überzeugend deswegen VK Niedersachsen, Beschluss v. 27.9.2019 – VgK-34/2019, juris Rn. 128; sowie Beschluss v. 12.6.2019 – VgK-20/2019, juris Rn. 77 f. und 81.

b) Kostentragung nach billigem Ermessen

Darüber, wer die Kosten zu tragen hat, wenn sich das Vergabenachprüfungsverfahren durch Rücknahme des Nachprüfungsantrags oder anderweitig in der Hauptsache erledigt hat, hat die Vergabekammer nach billigem Ermessen zu entscheiden. Billigem Ermessen entspricht hierbei eine an dem voraussichtlichen Verfahrensausgang ohne Erledigung orientierte Kostenverteilung.[195] **85**

Die Beurteilung des voraussichtlichen Verfahrensausgangs erfordert hierbei – wie im Zivilprozess bei der Kostenentscheidung nach allseits für erledigt erklärten Rechtsstreitigkeiten gemäß § 91a Abs. 1 S. 1 ZPO – eine Entscheidung unter Berücksichtigung des **bisherigen Sach- und Streitstandes**.[196] Hierbei ist keine vollständige rechtliche Würdigung der Sach- und Rechtslage nach Maßgabe des Sach- und Streitstandes zum Zeitpunkt des erledigenden Ereignisses erforderlich, mag sie in der Praxis zum Zeitpunkt der Erledigung auch häufig schon erfolgt sein. Erst recht verbietet sich eine auch nach § 91a ZPO nicht in Betracht kommende Beweisaufnahme und dementsprechend, bezogen auf das Nachprüfungsverfahren, eine weitere Aufklärung des Sach- und Streitstandes nach § 163 Abs. 1 S. 1 GWB. Es hält sich vielmehr in dem der Vergabekammer nach § 182 Abs. 3 S. 5 GWB eingeräumten billigen Ermessen, wenn sie sich lediglich auf eine summarische Prüfung des voraussichtlichen Verfahrensausgangs beschränkt.[197] Eine solche summarische Prüfung erlaubt es insbesondere, schwierige Rechtsfragen unbeantwortet zu lassen oder nur der Tendenz nach zu beantworten. **86**

Bei der Frage, ob und inwieweit ein Beteiligter nach summarischer Prüfung voraussichtlich unterlegen wäre, gelten die gleichen Grundsätze wie bei einer neben der Hauptsacheentscheidung ergehenden Kostenentscheidung nach § 182 Abs. 3 S. 1 GWB.[198] Abzustellen ist also in erster Linie darauf, ob und inwieweit der Antragsteller voraussichtlich sein **Rechtsschutzziel erreicht** hat oder hätte. Lässt sich dies nicht hinreichend sicher beurteilen und erscheint der Verfahrensausgang offen, wird regelmäßig eine Kostenaufhebung billigem Ermessen entsprechen, also die Teilung der Verwaltungskosten zwischen den sich gegenüber stehenden Beteiligten (vgl. § 92 Abs. 1 S. 2 ZPO).[199] Ansonsten ist im Rahmen der lediglich erforderlichen summarischen Prüfung regelmäßig die Annahme, dass der Antragsgegner unterlegen gewesen wäre, naheliegend, wenn er dem von dem Antragsteller mit seinem Nachprüfungsantrag verfolgten Rechtsschutzziel zum Erfolg verhilft, indem er den erhobenen Rügen abhilft und sich dadurch das Nachprüfungsverfahren in der Hauptsache erledigt.[200] Da § 182 Abs. 3 S. 5 GWB die Rücknahme des Antrags als ein erledigendes Ereignis neben anderen behandelt, verbietet sich in solchen Fällen die in der Regel auch unzutreffende Annahme, der Antragsteller habe **87**

195 VK Thüringen, Beschluss v. 26.1.2018 – 250-4003-9851/2017, juris Rn. 52; *Krohn*, in: Burgi/Dreher, Vergaberecht, § 182 GWB Rn. 28. Entgegen *Stockmann*, in: Immenga/Mestmäcker, Wettbewerbsrecht, § 182 GWB Rn. 15 ist bei der Antragsrücknahme der Antragsteller nicht deswegen Gebührenschuldner, weil er Verursacher der Kosten ist; dann müsste er auch bei voraussichtlichem Unterliegen des Antragsgegners die Kosten zu tragen haben, was im Regelfall offenkundig mit dem nach § 182 Abs. 3 S. 4 GWB für die Kostenerstattung bei Antragsrücknahme und sonstiger Erledigung maßgeblichen billigem Ermessen unvereinbar ist.

196 OLG München, Beschluss v. 2.5.2019 – Verg 5/19, juris Rn. 35; OLG Düsseldorf, Beschluss v. 13.9.2018 – VII-Verg 35/17, juris Rn. 20.

197 BGH, Beschluss v. 23.1.2013 – X ZB 8/11, juris Rn. 10: summarische Prüfung nach Sach- und Streitstand, wenn Verfahrensausgang *„mit hinreichender Sicherheit prognostiziert werden kann"*; VK Berlin, Beschluss v. 5.1.2022 – VK-B2-8/21, juris Rn. 17; Beschluss v. 4.11.2020 – VK-B2-20/20, juris Rn. 32.

198 Vgl. oben Rn. 70 ff.

199 OLG Düsseldorf, Beschluss v. 13.9.2018 – VII-Verg 35/17, juris Rn. 20; *Losch*, in: Ziekow/Völlink, Vergaberecht, § 182 GWB Rn. 33.

200 KG, Beschluss v. 9.3.2022 – Verg 3/18, juris Rn. 20, 22; OLG München, Beschluss v. 2.5.2019 – Verg 5/19, juris Rn. 35; VK Berlin, Beschluss v. 4.11.2020 – VK-B2-20/20, juris Rn. 36; VK Saarland, Beschluss v. 7.2.2018 – 3 VK 04/2017, juris Rn. 76 bis 80; *Krohn*, in: Burgi/Dreher, Vergaberecht, § 182 GWB Rn. 30; *Glahs*, in: Reidt/Stickler/Glahs, Vergaberecht, § 182 GWB Rn. 19; *Reider*, in: Säcker, Wettbewerbsrecht, § 182 GWB Rn. 10; *Losch*, in: Ziekow/Völlink, Vergaberecht, § 182 GWB Rn. 30.

sich in die Position des Unterlegenen begeben und sei entsprechend zu behandeln.[201] Der Rücknahme kommt hier vielmehr regelmäßig, soweit nichts anderes ersichtlich ist und der Antragsteller nicht eine Kostenübernahme erklärt hat (vgl. § 13 Abs. 1 Nr. 2 VwKostG), kein über eine Erledigungserklärung hinausgehender Erklärungswert zu. Es ist deswegen weder mit dem Erklärungsgehalt der Rücknahme als solcher noch mit der Regelungssystematik des § 182 Abs. 3 S. 5 GWB vereinbar, bei einer Antragsrücknahme anders als bei einer sonstigen Erledigung dem Antragsteller die Kosten aufzuerlegen, weil er *„das Verfahren in Gang gesetzt"* habe.[202] Keine ausschlaggebende Bedeutung kommt dem Umstand, dass der Antragsgegner voraussichtlich unterlegen gewesen wäre und der Antragsteller sich mit seinem Rechtsschutzziel durchgesetzt hätte oder hat, zu, wenn der Antragsgegner keine Veranlassung zur Einleitung des Nachprüfungsverfahrens gegeben hat und den erhobenen Rügen alsbald abhilft oder das Verfahren durch zumutbare Hinweise des Antragstellers vermeidbar gewesen wäre.[203] Nach dem Rechtsgedanken des § 93 ZPO, der Ausdruck einer am Veranlassungsprinzip orientierten billigen Kostentragung ist,[204] entspricht es billigem Ermessen i.S.d. § 182 Abs. 3 S. 5 GWB dem Antragsteller hier die Kosten aufzuerlegen.[205]

88 Hat der Antragsteller sein **Rechtsschutzziel** dagegen **nicht erreicht**, wird die Rücknahme seines Nachprüfungsantrages regelmäßig Ausdruck der im Nachprüfungsverfahren gewonnenen Erkenntnis – etwa aufgrund entsprechender rechtlicher Hinweise der Vergabekammer oder dem Vorbringen anderer Beteiligter – sein, dass er sein Ziel nicht wird erreichen können und bei einer streitigen Entscheidung unterlegen wäre. Dementsprechend wird eine summarische Prüfung des voraussichtlichen Verfahrensausgangs zu dem Ergebnis gelangen, dass der Antragsteller unterlegen gewesen wäre und es daher billigem Ermessen entspricht, ihm die Kosten aufzuerlegen.[206] Eine nicht weiter begründete Antragsrücknahme erlaubt jedenfalls dann die Annahme, dass der Antragsteller unterlegen gewesen wäre, wenn keine anderen Anhaltspunkte erkennbar sind.[207] Auch eine ohne jeden Vorbehalt, also ohne Protest gegen die Kostentragungslast, erklärte Erledigungserklärung des Antragstellers wird bei Verfehlen des Rechtsschutzziels und summarischer Prüfung ohne entgegenstehende Umstände die Annahme erlauben, der Antragsteller wäre voraussichtlich unterlegen gewesen.

89 Allerdings ist – wie bei der neben einer Hauptsacheentscheidung ergehenden Kostenentscheidung – im Rahmen des billigen Ermessens zu berücksichtigen, auf welchen **Umständen** es beruht, dass der Antragsteller sein Rechtsschutzziel nicht erreicht hat und voraussichtlich auch nicht hätte erreichen können.[208] Insbesondere sind Kosten, die durch das Verschulden eines Beteiligten entstanden sind und von diesem ohne Erledigung des Nachprüfungsverfahrens in der Hauptsache nach § 182 Abs. 3 S. 3 GWB[209] zu tragen wären, ihm unabhängig von der sonst gebotenen Kostenverteilung auch dann aufzuerlegen, wenn sich das Nachprüfungsver-

---

201 KG, Beschluss v. 9.3.2022 – Verg 3/18, juris. 20; a.A. OLG Düsseldorf, Beschluss v. 8.10.2020 – VII-Verg 13/20, juris Rn. 15, das sich zu Unrecht auf OLG Naumburg, Beschluss v. 9.7.2014 – 2 Verg 3/14, juris Rn. 4, beruft, wo diese Auffassung gerade nicht vertreten wird; OLG München, Beschluss v. 10.4.2019 – Verg 8/18, juris Rn. 43, mit nicht überzeugender Bezugnahme auf § 269 ZPO, der gerade nicht auf Billigkeitserwägungen abstellt; ferner OLG Schleswig, Beschluss v. 28.10.2021 – 54 Verg 5/21, juris Rn. 336; BayObLG, Beschluss v. 26.10.2021 – Verg 4/21, juris Rn. 3; OLG München, Beschluss v. 10.8.2010 – Verg 7/10, juris Rn. 4; VK Berlin, Beschluss v. 5.1.2022 – VK-B2-8/21, juris Rn. 17.

202 OLG Düsseldorf, Beschluss v. 8.10.2020 – VII-Verg 13/20, juris Rn. 15.

203 OLG Düsseldorf, Beschluss v. 13.9.2018 – VII-Verg 35/17, juris Rn. 23 bis 26: Hinweis auf in einem parallelen Nachprüfungsverfahren erteilte rechtliche Hinweise.

204 Vgl. dazu oben Rn. 66.

205 Das OLG Düsseldorf, Beschluss v. 13.9.2018 – VII-Verg 35/17, juris Rn. 23 bis 26, verweist demgegenüber auf materiell-rechtliche Pflichten aus einem durch das Vergabeverfahren begründeten vorvertraglichen Schuldverhältnis (§ 241 BGB); das erscheint zweifelhaft, weil es gerade nicht um einen materiell-rechtlichen Kostenerstattungsanspruch geht, sondern um einen prozessualen, so dass der Rückgriff auf prozessrechtliche Kostengrundsätze näherliegen dürfte.

206 OLG München, Beschluss v. 31.5.2012 – Verg 4/12, juris Rn. 18; *Summa,* in: Heiermann/Zeiss/Summa, Vergaberecht, § 182 GWB Rn. 53.

207 So zutreffend OLG Naumburg, Beschluss v. 9.7.2014 – 2 Verg 3/14, juris Rn. 4; VK Thüringen, Beschluss v. 6.1.2018 – 250-4003-9851/2017, juris Rn 52.

208 Vgl. KG, Beschluss v. 9.3.2022 – Verg 3/18, juris Rn. 18; OLG München, Beschluss v. 2.5.2019 – Verg 5/19, juris Rn. 35; OLG Düsseldorf, Beschluss v. 13.9.2018 – VII-Verg 35/17, juris Rn. 22.

209 Zu dieser Vorschrift vgl. näher unter Rn. 75 ff.

fahren durch Rücknahme oder in sonstiger Weise in der Hauptsache erledigt hat. Denn dies entspricht offenkundig dem nach § 182 Abs. 3 S. 5 GWB für die Kostentragung maßgeblichen billigem Ermessen.[210] Hierher gehören vor allem die Fälle, in denen Nachprüfungsverfahren deswegen erforderlich geworden sind, weil Vergabestellen auf entsprechende Rügen den späteren Antragsteller nicht hinreichend über die Gründe informiert haben, warum die Rügen keinen Erfolg haben können und bei denen der Antragsteller gezwungen ist, dass Nachprüfungsverfahren einzuleiten, um überhaupt erst im Rahmen der von der Vergabekammer zu gewährenden Akteneinsicht die gebotene und ihm zu Unrecht verweigerte Aufklärung über das Vorgehen der Vergabestelle zu erhalten.[211] Ähnlich verhält es sich, wenn der Antragsgegner einem nach summarischer Prüfung voraussichtlich erfolgreichen Antrag – ohne das mit ihm verfolgte Rechtsschutzziel zu erfüllen – die Grundlage entzieht, etwa durch Erteilung des Zuschlags sowie Aufhebung oder Einstellung des Vergabeverfahrens. Insoweit dürfte es auch nicht darauf ankommen, ob die genannte Verfahrensweise tatsächlich wirksam ist, wenn der Antragsteller das Vorgehen des Antragsgegners widerspruchslos hinnimmt. Schließlich gehören hierher die Fälle, in denen die Vergabestelle den Antragsteller, sei es in der Vergabebekanntmachung, sei es bei der Erwiderung auf von ihm erhobene Rügen, sachlich unzutreffend auf das tatsächlich nicht statthafte Vergabenachprüfungsverfahren verwiesen hat[212] oder sonst durch unzutreffende Angaben die Einreichung des voraussichtlich nicht erfolgreichen Nachprüfungsantrags hervorgerufen hat[213].

5. Kostentragung von Beigeladenen

Die Kostentragungsregelungen in § 182 Abs. 3 S. 1 bis 3 und 5 GWB benennen als mögliche Kostenschuldner die Beteiligten des Vergabenachprüfungsverfahrens vor der Vergabekammer. Gemäß § 162 S. 1 GWB sind dies neben Antragsteller und Antragsgegner auch die Personen, die von der Vergabekammer beigeladen worden sind; beizuladen sind hierbei Unternehmen, deren Interessen durch die Entscheidung schwerwiegend berührt werden. 90

Obgleich der Beigeladene kraft der entsprechenden Entscheidung Verfahrensbeteiligter ist, steht es ihm frei, ob er die ihm zugedachte Rolle auch wahrnimmt und sich aktiv an dem Verfahren beteiligt. Sieht er gänzlich hiervon ab oder beschränkt er sich auf die Begleitung des Verfahrens vor der Vergabekammer als **passiver** Beobachter, kann er nicht zur Tragung der Verwaltungskosten herangezogen werden.[214] Über eine solche passive Teilnahme geht es noch nicht hinaus, wenn der Beigeladene sich darauf beschränkt, Akteneinsicht zu nehmen und sich an der mündlichen Verhandlung lediglich durch die Beantwortung von Fragen oder allgemeine Hinweise zum Sachverhalt zu beteiligen.[215] Das steht im Einklang mit dem den Kostentragungsregelungen in § 182 Abs. 3 GWB zugrunde liegenden Veranlassungsprinzip.[216] Ein passiver Beigeladener kann, da er weder gewinnt noch verliert, nicht mit den Ver- 91

210 Insoweit ist die von *Schulz*, in: Willenbruch/Wieddekind, Vergaberecht, § 182 GWB Rn. 31, aufgeworfene und zutreffend verneinte Frage, ob § 182 Abs. 3 S. 3 GWB "auch im Fall einer Erledigung gilt" ohne praktische Bedeutung.

211 Vgl. KG, Beschluss v. 15.2.2019 – Verg 9/17, juris Rn. 30, 33, 63 (für die entsprechende Fragestellung im Beschwerdeverfahren). Bedenklich demgegenüber OLG Düsseldorf, Beschluss v. 8.10.2020 – VII-Verg 13/20, juris Rn. 17, wonach das Vergabenachprüfungsverfahren kein Verfahren sei, das lediglich der Akteneinsicht dienen soll. Tatsächlich unterlassen es die Vergabestellen auf Rügen der Bieter jedoch nicht selten, die gebotene Transparenz ihrer Verfahrensweise zu offenbaren (vgl. eingehend KG, Beschluss v. 19.12.2019 – Verg 9/19, juris Rn. 6 f.), so auch in dem von dem OLG Düsseldorf zu entscheidenden Fall (vgl. a.a.O., juris Rn. 2). Stellt sich dann erst nach Akteneinsicht heraus, dass der zu vermutende Vergaberechtsverstoß nicht vorlag, entspricht es selbstverständlich billigem Ermessen, dem Auftraggeber die Kosten aufzuerlegen, weil er durch die mangelhafte Auskunftserteilung Anlass zur Einleitung des Nachprüfungsverfahrens gegeben hat. Anders mag es allenfalls dann liegen, wenn dem Antragsteller klar sein musste, dass sein Angebot aufgrund der Platzierung bei realistischer Betrachtung keinerlei Zuschlagschance hatte, vgl. OLG Düsseldorf, a.a.O., juris Rn. 18.

212 KG, Beschluss v. 9.3.2022 – Verg 3/18, juris Rn. 25 f.; OLG Frankfurt, Beschluss v. 16.4.2018 – 11 Verg 1/18, juris Rn. 36; OLG München, Beschluss v. 2.9.2015 – Verg 6/15, juris Rn. 13; *Summa*, in: Heiermann/Zeiss/Summa, Vergaberecht, § 182 GWB Rn. 52.

213 OLG München, Beschluss v. 2.5.2019 – Verg 5/19, juris Rn. 35.

214 OLG Jena, Beschluss v. 4.4.2003 – 6 Verg 4/03, juris Rn. 10.

215 OLG Celle, Beschluss v. 27.8.2008 – 13 Verg 2/08, juris Rn. 5; OLG München, Beschluss v. 1.4.2008 – Verg 17/07, juris Rn. 8; *Reider*, in: Säcker, Wettbewerbsrecht, § 182 GWB Rn. 7.

216 Vgl. oben Rn. 66.

waltungskosten belastet werden.[217] Das ist auch deswegen angemessen, weil dem Beigeladenen kein Rechtsbehelf gegen seine Einbeziehung in das Nachprüfungsverfahren zusteht; die Entscheidung über die Beiladung ist nach § 162 S. 2 GWB unanfechtbar.

92 Anders sieht es aus, wenn der Beigeladene seine Rolle als Verfahrensbeteiligter **aktiv** wahrnimmt. Dann kann er bei der Verteilung der Verwaltungskosten als Kostenschuldner herangezogen werden. Eine aktive Beteiligung ist jedenfalls dann anzunehmen, wenn der Beigeladene vor der Vergabekammer zur Hauptsache einen Antrag gestellt hat.[218] Dem steht es gleich, wenn er sich auf sonstige Weise mit der Verfolgung eines auch ohne Antragstellung erreichbaren Rechtsschutzziels, in der Regel dem Begehren, dass der Nachprüfungsantrag zurückzuweisen ist, an dem Verfahren beteiligt hat.[219] Hierfür muss aber eine auf die Entscheidungsfindung der Vergabekammer Einfluss nehmende Verfahrenshandlung erkennbar sein, beispielsweise in Gestalt von Schriftsätzen mit Ausführungen zur Sach- und Rechtslage[220] oder der Erklärung, sich dem Vortrag eines anderen Beteiligten anzuschließen[221]. Setzt die Erreichung des Rechtsschutzziels dagegen einen Sachantrag voraus, etwa wenn der Beigeladene sich ausnahmsweise dem Rechtsschutzziel des Antragstellers anschließen will, liegt eine aktive Teilnahme nur dann vor, wenn der Antrag auch gestellt wird.[222]

93 Liegt danach eine aktive Beteiligung des Beigeladenen vor, ist er nach **Maßgabe der Kostentragungsregelungen** in § 182 Abs. 3 S. 1 bis 3 und S. 5 GWB an der Tragung der Verwaltungskosten zu beteiligen. Schließt sich der Beigeladene beispielsweise, dem Regelfall entsprechend, als vorgesehener Zuschlagsempfänger dem Auftraggeber als Antragsgegner an und setzt sich der Antragsteller mit seinem Nachprüfungsantrag durch, sind Antragsgegner und Beigeladener gleichermaßen unterlegen und werden ihnen regelmäßig die Verwaltungskosten als Gesamtschuldner (§ 182 Abs. 3 S. 2 GWB) aufzuerlegen sein (§ 182 Abs. 3 S. 1 GWB).[223] Gleiches gilt, wenn sich in einem solchen Fall der Nachprüfungsantrag vor einer dem Rechtsschutzziel des Antragstellers entsprechenden Entscheidung der Vergabekammer in der Hauptsache durch Rücknahme oder anderweitig erledigt; hier entspricht es billigem Ermessen i.S.d. § 182 Abs. 3 S. 5 GWB, dem Beigeladenen neben dem Antragsgegner als Gesamtschuldner die Verwaltungskosten aufzuerlegen.[224]

6. Gesamtschuldnerische Kostenhaftung (S. 2)

94 Nach § 182 Abs. 3 S. 2 GWB haften mehrere Kostenschuldner als Gesamtschuldner. Das entspricht der wortgleichen Regelung in § 13 Abs. 2 VwKostG.

a) Mehrere Kostenschuldner

95 Nach dem Wortlaut der Vorschrift kommt es für die gesamtschuldnerische Haftung nur darauf an, ob ein Beteiligter Kostenschuldner ist; dann würden alle Kostenschuldner unabhängig von ihrem Anteil an der Kostentragung für sämtliche Kosten haften. Wie sich auch aus dem Regelungszusammenhang mit den Kostentragungsvorschriften in § 182 Abs. 3 GWB folgern lässt, ist aber lediglich gemeint, dass die nach den Vorgaben des § 182 Abs. 3 S. 1, 3 und 5 GWB wegen desselben Anteils zur Kostentragung verpflichteten Kostenschuldner für diese Kosten

217 *Summa,* in: Heiermann/Zeiss/Summa, Vergaberecht, § 182 GWB Rn. 32.
218 BGH, Beschluss v. 8.2.2011 – X ZB 4/10 (Abellio), juris Rn. 74; OLG Frankfurt, Beschluss v. 12.7.2016 – 11 Verg 9/16, juris Rn. 134; OLG Düsseldorf, Beschluss v. 23.11.2004 – VII-Verg 69/04, juris Rn. 6.
219 BGH, Beschluss v. 26.9.2006 – X ZB 14/06, juris Rn. 58; OLG Rostock, Beschluss v. 21.7.2017 – 17 Verg 2/17, juris Rn. 30; OLG Frankfurt, Beschluss v. 12.7.2016 – 11 Verg 9/16, juris Rn. 134 f.
220 Vgl. OLG Celle, Beschluss v. 29.6.2010 – 13 Verg 4/10, juris Rn. 7 f., 11; *Landsberg,* in: Pünder/Schellenberg, Vergaberecht, § 182 GWB Rn. 22.
221 OLG Düsseldorf, Beschluss v. 23.11.2004 – VII-Verg 69/04, juris Rn. 6.
222 Nur insoweit zutreffend OLG Naumburg, Beschluss v. 18.8.2011 – 2 Verg 3/11, juris Rn. 94 bis 97, und OLG Frankfurt, Beschluss v. 12.7.2016 – 11 Verg 9/16, juris Rn. 135, wo jeweils übersehen wird, dass es für die bloße auf die Abweisung eines Antrages gerichtete Beeinflussung des Verfahrens keiner Antragstellung bedarf; deswegen überzeugt es nicht, die Kostenbeteiligung in diesen Fällen von der (entbehrlichen) Formalie einer Antragstellung abhängig zu machen.
223 BGH, Beschluss v. 26.9.2006 – X ZB 14/06, juris Rn. 58; OLG Rostock, Beschluss v. 21.7.2017 – 17 Verg 2/17, juris Rn. 28; *Summa,* in: Heiermann/Zeiss/Summa, Vergaberecht, § 182 GWB Rn. 26.1.
224 OLG Düsseldorf, Beschluss v. 10.5.2012 – VII-Verg 5/12, juris Rn. 7.

als Gesamtschuldner haften. Die Regelung des § 128 Abs. 3 S. 2 GWB bezieht sich mithin ausschließlich auf Kostenschuldner mit demselben Haftungsgrund.[225] Unterliegt also beispielsweise der Antragsteller zu 1/4 und der Antragsgegner zusammen mit einem Beigeladenen zu 3/4, wäre zu tenorieren, dass der Antragsteller die Verwaltungskosten zu 1/4 und Antragsgegner und Beigeladener als Gesamtschuldner zu 3/4 zu tragen haben.[226]

b) Gesamtschuldnerische Haftung

Mehrere Kostenschuldner i.S.d. § 182 Abs. 3 S. 2 GWB sind bereits kraft dieser gesetzlichen Regelung als Gesamtschuldner zur Kostentragung verpflichtet. Deswegen muss die Vergabekammer die gesamtschuldnerische Haftung nicht notwendigerweise **anordnen**. Fehlt die Anordnung, haften mehrere wegen desselben Anteils zur Kostentragung verpflichtete Kostenschuldner mithin bereits nach § 182 Abs. 3 S. 2 GWB für die ihnen gemeinsam auferlegten Kosten. Die weithin übliche Anordnung der gesamtschuldnerischen Haftung im Tenor der Kostenentscheidung ist demnach zwar nur deklaratorischer Natur, aber zur Gewährleistung einer transparenten Kostenentscheidung sicherlich zweckmäßig. Die Vergabekammer ist dementsprechend auch nicht befugt, von der gesetzlichen Vorgabe des § 182 Abs. 3 S. 2 GWB in ihrer Kostenentscheidung abzuweichen. Dazu fehlt eine Rechtsgrundlage. Insbesondere kommt auch § 182 Abs. 3 S. 6 GWB nicht in Betracht,[227] der lediglich eine Herabsetzung der Verfahrensgebühr unter den dort geregelten Voraussetzungen bei Rücknahme oder sonstiger Erledigung des Verfahrens erlaubt.[228] 96

Die gesamtschuldnerische Haftung für die Kosten bedeutet gemäß § 421 BGB, dass jeder der Kostenschuldner die Kosten zu zahlen hat, soweit er zur Kostentragung verpflichtet ist, der Kostengläubiger die Kosten aber insgesamt nur einmal einfordern kann. Kein Gesamtschuldner kann sich also gegenüber dem Kostengläubiger seiner **Kostentragungspflicht** unter Verweis auf die Kostentragungspflicht der jeweils anderen Kostenschuldner entziehen. Im Verhältnis zueinander haften die Kostenschuldner allerdings nur zu gleichen Anteilen und sind einander zum Ausgleich verpflichtet, wenn einer über seinen Anteil hinaus die Kosten beglichen hat (§ 426 BGB). 97

Die nach dem Wortlaut des § 182 Abs. 3 S. 2 GWB uneingeschränkt angeordnete gesamtschuldnerische Haftung erweist sich in den Fällen als problematisch, in denen einer der gesamtschuldnerisch haftenden Kostenschuldner **von der Kostentragung befreit** ist. Dies ist nach § 8 VwKostG für die dort genannten öffentlich-rechtlichen Kostenschuldner unter den dort genannten Voraussetzungen[229] wegen der Verfahrensgebühren der Fall, nicht aber wegen der Auslagen (§ 10 Abs. 2 VwKostG). Hier stellt sich die im Zivilrecht unter dem Begriff der „gestörten Gesamtschuldverhältnisse" erörterte Frage, zu wessen Lasten sich die Privilegierung eines der (möglicherweise nur vermeintlichen) Gesamtschuldner auswirkt.[230] Insoweit besteht Einvernehmen, dass sich die Privilegierung aus § 8 VwKostG weder zu Lasten des begünstigten öffentlich-rechtlichen Kostenschuldners[231] noch zu Lasten des nicht privilegierten Gesamtschuldners[232] auswirken soll, sondern die Gebührenansprüche des öffentlich-rechtlichen Kostengläubigers entsprechend vermindert sein sollen.[233] Sinn und Zweck der Gebührenbefreiung ist nämlich, im Umfang der jeweiligen Freistellung Hin- und Herzahlungen zwi- 98

225 OLG Naumburg, Beschluss v. 18.8.2011 – 2 Verg 3/11, juris Rn. 104.
226 Beispiel aus VK Niedersachsen, Beschluss v. 26.11.2021 – VgK-42/2021, juris Rn. 199, wo Antragsgegnerin und Beigeladener die Verwaltungskosten im Beschlusstenor aber nur als Teilschuldnerinnen zu je 3/8 auferlegt werden.
227 Vgl. OLG Düsseldorf, Beschluss v. 23.11.2004 – VII-Verg 69/04, juris Rn. 16, zu der entsprechenden früheren Regelung in § 128 Abs. 3 S. 4 GWB in der damaligen Fassung; *Landsberg*, in: Pünder/Schellenberg, Vergaberecht, § 182 GWB Rn. 27.
228 OLG Düsseldorf, Beschluss v. 23.11.2004 – VII-Verg 69/04, juris Rn. 16. Vgl. zu § 182 Abs. 3 S. 6 GWB im Übrigen oben Rn. 45 ff.
229 Vgl. dazu im Einzelnen oben Rn. 50 ff.
230 Vgl. nur *Böttcher*, in: Erman, BGB, § 426 Rn. 27 ff.
231 OLG Düsseldorf, Beschluss v. 23.11.2004 – VII-Verg 69/04, juris Rn. 16.
232 OLG Dresden, Beschluss v. 25.1.2005 – WVerg 14/04, juris Rn. 5; OLG Jena, Beschluss v. 4.4.2003 – 6 Verg 69/04, juris Rn. 11.
233 *Glahs*, in: Reidt/Stickler/Glahs, Vergaberecht, § 182 GWB Rn. 18.

schen verschiedenen Verwaltungsträgern zu vermeiden.[234] Deswegen ist § 182 Abs. 3 S. 2 GWB einschränkend dahin auszulegen, dass mehrere Kostenschuldner nur insoweit als Gesamtschuldner für die Kosten haften, als ein Kostenschuldner nicht nach § 8 VwKostG von der Tragung der Verfahrensgebühren befreit ist. Dies ist bereits in der Kostenentscheidung der Vergabekammer anzuordnen und nicht etwa erst nachfolgend bei der Einforderung der Kosten.[235] Auch für eine Herabsetzung der Verfahrensgebühr zur Berücksichtigung der Kostenfreistellung ist kein Raum,[236] weil die Klärung der Kostenschuldnerschaft nichts mit der Festlegung der Gebührenhöhe zu tun hat. Sind also beispielsweise ein nach § 8 VwKostG privilegierter Antragsgegner und ein Beigeladener nach den Vorgaben des § 182 Abs. 3 GWB zur Kostentragung verpflichtet, wird die Vergabekammer bei der Kostenentscheidung die (volle) Verfahrensgebühr festsetzen und anordnen, dass Antragsgegner und Beigeladener für die Verwaltungskosten als Gesamtschuldner haften bis auf die Verfahrensgebühr, die der Beigeladene zur Hälfte zu tragen hat und von der der Antragsgegner befreit ist.[237] Wären neben dem privilegierten Antragsgegner zwei Beigeladene unterlegen, wäre zu tenorieren: Die Kosten haben Antragsgegner und Beigeladene als Gesamtschuldner zu tragen bis auf die Verfahrensgebühr, die die Beigeladenen als Gesamtschuldner zu zwei Dritteln zu tragen haben und von denen der Antragsgegner befreit ist. Hat es die Vergabekammer fehlerhaft unterlassen, die Beschränkung der aus der Gebührenbefreiung eines Kostenschuldners für einen anderen nicht gebührenbefreiten Kostenschuldner folgenden Beschränkung der gesamtschuldnerischen Haftung auszusprechen, ist seine Inanspruchnahme über den auf ihn entfallenden Anteil der Verwaltungskosten dennoch unzulässig, weil sich aus der in § 8 VwKostG angeordneten Gebührenbefreiung eine auch zugunsten des nicht befreiten Gesamtschuldners wirkende materielle Gebührenbefreiung herleitet.[238]

V. Sonstige Vorgaben

99 Das nach § 182 Abs. 1 S. 2 GWB anzuwendende VwKostG enthält weitere für die Kosten des Verfahrens bei der Vergabekammer bedeutsame Vorgaben.

1. Kostenentscheidung

100 Die Verwaltungskosten werden nach § 14 Abs. 1 S. 1 VwKostG von der Vergabekammer von Amts wegen festgesetzt.[239] Die Kostenentscheidung soll, soweit möglich, zusammen mit der Sachentscheidung ergehen (§ 14 Abs. 1 S. 2 VwKostG).[240] Als Teil der Entscheidung im Nach-

---

234 OVG Berlin-Brandenburg, Urteil v. 4.11.2009 – 1 B 14/08, juris Rn 17; OLG Dresden, Beschluss v. 25.1.2005 – WVerg 14/04, juris Rn. 9.

235 KG, Beschluss v. 9.3.2022 – Verg 3/18, juris Rn. 29; OLG Brandenburg, Beschluss v. 12.7.2012 – Verg W 6/12, juris Rn. 5; VK Berlin, Beschluss v. 13.7.2021 – VK-B2-12/21, juris Rn. 214; *Summa,* in: Heiermann/Zeiss/Summa, Vergaberecht, § 182 GWB Rn. 57; *Stockmann,* in: Immenga/Mestmäcker, Wettbewerbsrecht, § 182 GWB Rn. 25; a.A. OLG Düsseldorf, Beschluss v. 23.11.2004 – VII-Verg 69/04, juris Rn. 17.

236 A.A. OLG Düsseldorf, Beschluss v. 14.9.2009 – VII-Verg 20/09, juris Rn. 14; OLG Dresden, Beschluss v. 25.1.2005 – WVerg 14/04, juris Rn. 9; VK Sachsen, Beschluss v. 12.11.2018 – 1/SVK/021-18-ERG, juris Rn. 6; *Krohn,* in: Burgi/Dreher, Vergaberecht, § 182 GWB Rn. 25; *Summa,* in: Heiermann/Zeiss/Summa, Vergaberecht, § 182 GWB Rn. 67.

237 KG, Beschluss v. 9.3.2022 – Verg 3/18, juris Rn. 29 und Beschluss-Tenor vor Rn. 1. So wohl auch *Losch*, in: Ziekow/Völlink, Vergaberecht, § 182 GWB Rn. 7. Ähnlich OLG Düsseldorf, Beschluss v. 21.10.2015 – VII-Verg 35/15, juris vor Rn. 1, gesamtschuldnerische Haftung, *"wobei sich der Haftungsanteil der Beigeladenen im Außenverhältnis auf ½ ermäßigt"*. Dies ist allerdings zum einen in sich widersprüchlich und erweckt zum anderen den unzutreffenden Eindruck, im "Innenverhältnis" gäbe es doch noch eine gesamtschuldnerische Haftung. Soweit das OLG Jena, Beschluss v. 4.4.2003 – 6 Verg 4/03, juris Rn. 11, offenbar meint, die Beschränkung auf die Hälfte der Verfahrensgebühr für den nicht privilegierten Gebührenschuldner müsse nicht im Entscheidungstenor festgehalten sein, um rechtsverbindlich eine entsprechende Beschränkung auszulösen, dürfte das allenfalls dann anzunehmen sein, wenn sich wenigstens in den Gründen eine eindeutige entsprechende Festlegung findet; aus Gründen der Transparenz sollte die Beschränkung auf jeden Fall tenoriert werden.

238 KG, Beschluss v. 9.3.2022 – Verg 3/18, juris Rn. 30; OLG Koblenz, Beschluss v. 26.8.2020 – Verg 5/20, juris Rn. 26; OLG Frankfurt, Beschluss v. 12.7.2018 – 11 Verg 1/18, juris Rn. 33; OLG Düsseldorf, Beschluss v. 23.11.2004 – VII-Verg 69/04, juris Rn. 17.

239 *Noch*, in: Byok/Jaeger, Vergaberecht, § 182 GWB Rn. 58; *Schulz*, in: Willenbruch/Wieddekind, Vergaberecht, § 182 GWB Rn. 41.

240 *Landsberg*, in: Pünder/Schellenberg, Vergaberecht, § 182 GWB

prüfungsverfahren ergeht sie wie die Sachentscheidung durch Beschluss in Gestalt eines Verwaltungsaktes (§ 168 Abs. 3 S. 1 GWB),[241] der nach den Vorschriften des Verwaltungszustellungsgesetzes zuzustellen ist (§ 168 Abs. 3 S. 3 GWB in Verbindung mit § 61 Abs. 1 S. 1 GWB), so dass abweichend von § 14 Abs. 1 S. 4 Hs. 1 VwKostG eine mündliche Entscheidung nicht in Betracht kommt. Die Vergabekammer hat in voller Besetzung zu entscheiden; eine Entscheidung durch den Vorsitzenden oder einen Beisitzer kommt nur in Betracht, wenn ihm die Vergabekammer ausnahmsweise das Verfahren durch Beschluss nach § 157 Abs. 3 GWB zur alleinigen Entscheidung übertragen hat.[242]

Aus der **Kostenentscheidung** muss nach § 14 Abs. 1 S. 3 VwKostG mindestens hervorgehen: 101

- die kostenerhebende Stelle (Nr. 1),[243]
- der Kostenschuldner (Nr. 2),[244]
- die kostenpflichtige Amtshandlung (Nr. 3),[245]
- die als Gebühren und Auslagen zu zahlenden Beträge (Nr. 4)[246] und
- wo, wann und wie die Gebühren und die Auslagen zu zahlen sind (Nr. 5).

Ferner sind die Rechtsgrundlage der Kostenfestsetzung sowie deren Berechnung anzugeben (§ 14 Abs. 1 S. 6 VwKostG). Auch ist die Kostenentscheidung als Teil der im Nachprüfungsverfahren ergehenden Entscheidung zu begründen[247] und mit einer Rechtsmittelbelehrung zu versehen (§ 168 Abs. 3 S. 3 GWB in Verbindung mit § 61 Abs. 1 S. 1 GWB). Mit diesen gesetzlichen Vorgaben ist es nicht vereinbar, mit der Sachentscheidung nur über die Kostentragung zu entscheiden und über die Festsetzung der Kosten der Höhe nach gesondert zu beschließen[248] oder die Bezifferung gar der Geschäftsstelle bei der Einforderung der Kosten zu überlassen.[249]

Inhaltlich hat sich die Kostenentscheidung der Vergabekammer zu den Verwaltungskosten an den Vorgaben aus § 182 Abs. 1 bis 3 GWB sowie aus dem VwKostG zu orientieren. Das gilt auch für die **Gebührenfestsetzung**. Insoweit trifft die allgemeine Aussage, diese liege im Ermessen der Vergabekammer,[250] nicht zu. Auch die Gebührenhöhe ist nach Maßgabe der gesetzlichen Vorgaben in § 182 Abs. 2, 3 S. 4 und 6 GWB, § 9 VwKostG unter Beachtung der obergerichtlichen Rechtsprechung und der Bindungen aus der jeweiligen Verwaltungspraxis festzusetzen.[251] Nur in diesen Grenzen kommt der Vergabekammer bei der Gebührenfestsetzung ein Ermessensspielraum zu, den sie unter Berücksichtigung der gesetzlichen Vorgaben pflichtgemäß auszuüben hat. Dies setzt insbesondere voraus, dass sie ihre Erwägungen bei 102

241 Vgl. nur *Steck*, in: Ziekow/Völlink, Vergaberecht, § 168 GWB Rn. 1; *Glahs*, in: Reidt/Stickler/Glahs, Vergaberecht, § 182 GWB Rn. 21: Kostenerhebung durch Beschluss.

242 OLG Koblenz, Beschluss v. 1.4.2004 – 1 Verg 3/04, juris Rn. 15; *Summa*, in: Heiermann/Zeiss/Summa, Vergaberecht, § 182 GWB Rn. 12; *Landsberg*, in: Pünder/Schellenberg, Vergaberecht, § 182 GWB Rn. 21.

243 Das ist als Kostengläubiger der Rechtsträger der Vergabekammer, bei den Vergabekammern des Bundes also beispielsweise das Bundeskartellamt.

244 Anzugeben sind hier die primär nach § 182 Abs. 3 S. 1, 3 und 5 GWB zur Kostentragung verpflichteten Beteiligten.

245 Dies ist für die Verfahrensgebühr entbehrlich, weil klar ist, dass es sich um die Gebühr für das Nachprüfungsverfahren, also sämtliche in ihm getätigten Amtshandlungen handelt; vgl. oben Rn. 12 ff, Die Auslagen müssen nach Art und Höhe aber zumindest in den Gründen bezeichnet werden, weil nur so die Verpflichtung zur Erstattung begründbar ist.

246 Die Beträge sind im Tenor der Entscheidung anzugeben, *Glahs*, in: Reidt/Stickler/Glahs, Vergaberecht, § 182 GWB Rn. 21. Das ist schon deswegen geboten, weil die Entscheidung unmittelbar Grundlage einer etwaigen Zwangsvollstreckung ist.

247 OLG Frankfurt, Beschluss v. 29.8.2014 – 11 Verg 3/14, juris Rn. 13.

248 So aber *Summa*, in: Heiermann/Zeiss/Summa, Vergaberecht, § 182 GWB Rn. 56, und die ständige Praxis der Vergabekammern des Bundes.

249 Dies gilt nach der klaren gesetzlichen Regelung in § 14 Abs. 1 S. 3 Nr. 4 VwKostG auch für die Höhe der Auslagen; über diese muss die Vergabekammer nach Art und Höhe entscheiden, andernfalls es an einem in der Verwaltungsvollstreckung beitreibungsfähigen Leistungsbescheid fehlt; vgl dazu unten Rn. 110.

250 So etwa *Losch*, in: Ziekow/Völlink, Vergaberecht, § 182 GWB Rn. 13; *Summa*, in: Heiermann/Zeiss/Summa, Vergaberecht, § 182 GWB Rn. 59; *Glahs*, in: Reidt/Stickler/Glahs, Vergaberecht, § 182 GWB Rn.5.

251 Vgl. etwa OLG Frankfurt, Beschluss v. 29.8.2014 – 11 Verg 3/14, juris Rn. 12.

der Begründung der Kostenentscheidung nachvollziehbar darlegt.[252] Im Übrigen hat die Vergabekammer die maßgeblichen tatsächlichen Grundlagen für ihre Entscheidung über die Kosten von Amts wegen zu ermitteln (§ 163 Abs. 1 S. 1 GWB), kann sich dabei aber auf das beschränken, was von den Beteiligten vorgebracht wird oder ihr sonst bekannt sein muss (§ 163 Abs. 1 S. 2 GWB). Die Rücknahme einer als rechtswidrig erkannten, als Verwaltungsakt ergangenen Kostenentscheidung nach § 48 VwVfG kommt nicht in Betracht,[253] weil die Vergabekammer gerichtsähnlich entscheidet und deswegen entsprechend § 318 ZPO an ihre Entscheidungen gebunden ist.[254] Eine Berichtigung ist nur entsprechend den §§ 118 bis 120 VwGO möglich,[255] die eine Abänderung einer nachträglich von der Vergabekammer für rechtswidrig gehaltenen Kostenentscheidung gerade nicht erlauben.

2. Aufbringung der Kosten

a) Kostenvorschuss

103 Nach § 16 VwKostG kann eine Amtshandlung, die auf Antrag vorzunehmen ist, von der Zahlung eines angemessenen Vorschusses oder von einer angemessenen Sicherheitsleistung bis zur Höhe der voraussichtlich entstehenden Kosten abhängig gemacht werden.

104 Die Vorschrift stellt ausweislich ihres Wortlauts („kann") die Anforderung von Vorschuss oder Sicherheitsleistung als Voraussetzung für die Vornahme der beantragten Amtshandlung in das **Ermessen** der Behörde, hier der Vergabekammer. Als Amtshandlung, die an den Eingang von Vorschuss oder Sicherheitsleistung geknüpft wäre, käme hier die Übermittlung des Nachprüfungsantrags an den Antragsgegner in Betracht.[256]

105 **In der Regel** wird dies allerdings nicht nur unzweckmäßig sein, sondern auch **ermessensfehlerhaft**.[257] Denn die Anforderung eines Kostenvorschusses oder einer Sicherheitsleistung setzt den Antragsteller erkennbar der Gefahr aus, dass der ihm zustehende Primärrechtsschutz an der wirksamen Zuschlagserteilung scheitern könnte, weil nach § 169 Abs. 1 GWB das Zuschlagsverbot von der Information des Auftraggebers über den Nachprüfungsantrag abhängt; eine dem § 167 ZPO entsprechende Vorschrift, die dieses Risiko auffängt, kennt das Kartellvergaberecht nicht. Auch wenn europarechtlich die Anforderung eines Kostenvorschusses nicht unzulässig ist,[258] wäre doch der insoweit zu gewährleistende effektive Rechtsschutz in vergaberechtlichen Nachprüfungsverfahren[259] in Frage gestellt, wenn es wegen der Anforderung von Vorschüssen und Sicherheitsleistung zu Verzögerungen kommen könnte, die den Primärrechtsschutz vereiteln könnten.[260] Dementsprechend verlangen die Vergabekammern der Länder, soweit ersichtlich, ganz überwiegend keinen Vorschuss oder machen die Zustellung der Antragsschrift zumindest nicht von der Zahlung des Vorschusses abhängig[261] und stellen die Gebühren nach Abschluss des Nachprüfungsverfahrens dem nach der Kostenentscheidung primär in Betracht kommenden Kostenschuldner in Rechnung.[262] Anders

---

252 OLG Frankfurt, Beschluss v. 4.6.2008 – 11 Verg 8/07, juris Rn. 3; *Reider*, in: Säcker, Wettbewerbsrecht, § 182 GWB Rn. 4.

253 So aber VK Sachsen, Beschluss v. 12.11.2018 – 1/SVK/021-18-ERG, juris Rn. 17 ff.

254 OLG Düsseldorf, Beschluss v. 12.5.2011 – Verg 32/11, juris Rn. 26.

255 *Steck*, in: Ziekow/Völlink, Vergaberecht, § 168 GWB Rn. 52.

256 So sieht § 4 Abs. 1 der Geschäftsordnung der Vergabekammern des Bundes i.d.F. vom 1.7.2017 vor, dass die Kammer dem Auftraggeber den Antrag zustellt und ihn zu einer Übergabe der Vergabeakten auffordert, wenn ein nicht offensichtlich unzulässiger oder unbegründeter Antrag eingeht und die Zahlung eines Vorschusses in Höhe der Mindestgebühr von 2.500 Euro nachgewiesen ist. In der Praxis soll allerdings eine Zusage für die Übermittlung der Antragsschrift an den Antragsgegner genügen, vgl. *Losch*, in: Ziekow/Völlink, Vergaberecht, § 182 GWB Rn. 14.

257 A.A. etwa *Brauser-Jung*, in: Röwekamp/Kus/Portz/Prieß, GWB-Vergaberecht, § 182 Rn. 47; *Schulz*, in: Willenbruch/Wieddekind, Vergaberecht, § 182 GWB Rn. 5.

258 Vgl. EuGH, Urteil v. 6.10.2015 – Rs. C-61/14 (Orizzonte Salute), Rn. 65.

259 EuGH, Urteil v. 6.10.2015 – Rs. C-61/14 (Orizzonte Salute), Rn. 45.

260 So zutreffend *Krohn*, in: Burgi/Dreher, Vergaberecht, § 182 GWB Rn. 21; *Glahs*, in: Reidt/Stickler/Glahs, Vergaberecht, § 182 GWB Fn. 15; a.A. *Stockmann*, in: Immenga/Mestmäcker, Wettbewerbsrecht, § 182 GWB Rn. 26.

261 So etwa § 4 Abs. 1 der Geschäftsordnung der Vergabekammern des Landes Brandenburg v. 2.8.2017, ABl./17, S. 825.

262 Vgl. *Losch*, in: Ziekow/Völlink, Vergaberecht, § 182 GWB Rn. 14.

wird es nur in den seltenen Ausnahmefällen liegen, wenn der Nachprüfungsantrag offensichtlich unzulässig oder unbegründet ist und daher nach § 163 Abs. 2 S. 3 GWB dem Antragsgegner nicht zu übermitteln ist. Dann dürfte es sogar naheliegen, die weitere Bearbeitung des Antrags von Vorschuss oder Sicherheitsleistung abhängig zu machen. Abgesehen von diesen Ausnahmefällen sollte danach von den Möglichkeiten des § 16 VwKostG kein Gebrauch gemacht werden.[263]

b) Verfahrenskostenhilfe

Für das Nachprüfungsverfahren bei der Vergabekammer können die Beteiligten Verfahrenskostenhilfe beantragen.[264] Auch wenn das GWB keine entsprechenden Regelungen enthält, ist die entsprechende Anwendung der §§ 114 ff. ZPO zur Gewährleistung eines effektiven Rechtsschutzes geboten.[265] Verfahrenskostenhilfe ist also zu bewilligen, wenn der antragstellende Beteiligte nach Maßgabe der §§ 115 f. ZPO bedürftig ist und die beabsichtigte Rechtsverfolgung oder -verteidigung hinreichende Aussicht auf Erfolg bietet (§ 114 ZPO). Hierüber hat die Vergabekammer zu entscheiden.[266] Für die Einzelheiten des Verfahrens gelten die Vorgaben nach §§ 117 ff. ZPO entsprechend.[267] **106**

3. Kostenanspruch

Der Kostenanspruch wird grundsätzlich mit der Bekanntgabe der Kostenentscheidung gegenüber dem Kostenschuldner **fällig** (§ 17 VwKostG), also regelmäßig mit der Zustellung der die Kostenentscheidung enthaltenden Entscheidung über den Nachprüfungsantrag. Werden die Gebühren oder Auslagen nicht bis zum Ablauf eines Monats nach dem Fälligkeitstag entrichtet, fällt grundsätzlich ein Säumniszuschlag von monatlich einem Prozent des rückständigen Betrages an (§ 18 Abs. 1 VwKostG). Für die Stundung, die Niederschlagung und den Erlass von Kostenforderungen des Bundes gelten gemäß § 19 VwKostG die Vorschriften der BHO[268] und, wenn der Bund nicht Kostengläubiger ist, die entsprechenden für den Kostengläubiger geltenden Regelungen, in der Regel die Landeshaushaltsordnungen.[269] **107**

Kostenansprüche **verjähren** grundsätzlich nach drei Jahren, wobei die Verjährung mit dem Ablauf des Kalenderjahres beginnt, in dem der Anspruch fällig geworden ist. Rechtsfolge der Verjährung ist das Erlöschen des Anspruchs (§ 20 Abs. 1 VwKostG),[270] so dass der Verjährungseintritt von Amts wegen und nicht etwa nur auf Einrede des Kostenschuldners zu beachten ist[271]. Neben dieser Zahlungsverjährung ordnet die Vorschrift noch eine Festsetzungsverjährung an (§ 20 Abs. 1 S. 1 Hs. 2 VwKostG), die vier Jahre nach Entstehung der Kostenschuld eintritt,[272] bei der Verfahrensgebühr also gemäß § 11 Abs. 1 VwKostG vier Jahre nach Eingang des Nachprüfungsantrags bei der Vergabekammer.[273] **108**

---

263 Unproblematisch ist dagegen die Einforderung eines Vorschusses für die Verfahrensgebühr, wenn die Amtshandlung nicht von der Zahlung des Vorschusses abhängig gemacht wird, zumal die Gebührenforderung gemäß § 11 VwKostG mit Antragstellung entsteht und der Antragsteller nach § 13 Abs. 1 Nr. 1 VwKostG jedenfalls subsidiär als Kostenschuldner haftet. So etwa § 4 Abs. 1 S. 1 der Geschäftsordnung der Vergabekammern des Landes Brandenburg v. 2.8.2017, ABl./17, S. 825.

264 OLG Düsseldorf, Beschluss v. 28.5.2008 – VII-Verg 31/08, juris Rn. 9; *Landsberg*, in: Pünder/Schellenberg, Vergaberecht, § 182 GWB Rn. 3; *Brauser-Jung*, in: Röwekamp/Kus/Portz/Prieß, GWB-Vergaberecht, § 182 Rn. 31; *Schulz*, in: Willenbruch/Wieddekind, Vergaberecht, § 182 GWB Rn. 50.

265 Vgl. OLG Düsseldorf, Beschluss v. 28.5.2008 – VII-Verg 31/08, juris Rn. 10.

266 OLG Düsseldorf, Beschluss v. 28.5.2008 – VII-Verg 31/08, juris Rn. 12; *Landsberg*, in: Pünder/Schellenberg, Vergaberecht, § 182 GWB Rn. 3.

267 Vgl. im Einzelnen OLG Düsseldorf, Beschluss v. 12.5.2008 – VII-Verg 31/08, juris Rn. 15 bis 18.

268 Vgl. im Einzelnen § 59 Abs. 1 S. 1 BHO.

269 Vgl. beispielsweise § 59 Abs. 1 S. 1 LHO Berlin.

270 Einzelheiten zu Hemmung und Unterbrechung der Verjährung finden sich in § 20 Abs. 2 bis 6 VwKostG.

271 *Summa*, in: Heiermann/Zeiss/Summa, Vergaberecht, § 182 GWB Rn. 117.

272 *Losch*, in: Ziekow/Völlink, Vergaberecht, § 182 GWB Rn. 72.

273 *Landsberg*, in: Pünder/Schellenberg, Vergaberecht, § 182 GWB Rn. 8.

4. Erstattung der Kosten

109 Die **Kostenentscheidung** enthält, soweit sie den nach § 14 Abs. 1 S. 3 VwKostG vorgesehenen Mindestinhalt hat, Kostengrundentscheidung und Kostenfestsetzung in einem.[274] Die Entscheidung ist im Regelfall neben der Hauptsacheentscheidung über den Nachprüfungsantrag Teil des insoweit nach § 168 Abs. 3 S. 1 GWB ergehenden Verwaltungsaktes.

110 Die **Vollstreckung** richtet sich, auch gegen einen Hoheitsträger, nach den Verwaltungsvollstreckungsgesetzen des Bundes und der Länder (§ 168 Abs. 3 S. 2 GWB).[275] Für die Vollstreckung bedarf es also weder eines gesonderten Kostenfestsetzungsverfahrens,[276] noch müssen die Verwaltungskosten gesondert eingeklagt werden.[277] Vielmehr ist die Kostenentscheidung der Leistungsbescheid i.S.d. § 3 Abs. 1 lit. a VwVG, der eine Woche nach der die Fälligkeit begründenden Zustellung an den Kostenschuldner (§ 17 VwKostG, § 3 Abs. 1 lit. b und c VwVG)[278] die Einleitung der Vollstreckung aufgrund einer Vollstreckungsanordnung erlaubt (§ 3 Abs. 4 VwVG), wenn auch auf vorausgehende Mahnung binnen Wochenfrist (§ 3 Abs. 3 VwVG) keine Zahlung erfolgt ist.[279] Die Verwaltungskosten sind primär von dem Beteiligten zu erstatten, der sie nach der Entscheidung der Vergabekammer zu tragen hat. Wenn allerdings eine Zwangsvollstreckung in das bewegliche Vermögen dieses Erstschuldners erfolglos geblieben ist oder aussichtslos erscheint, wird der nur subsidiär nach § 13 Abs. 1 Nr. 1 VwKostG haftende Kostenschuldner entsprechend § 31 Abs. 2 GKG in Anspruch genommen werden können. Entsprechend den Vorgaben in § 31 Abs. 3 und 4 GKG scheidet eine subsidiäre Haftung allerdings aus, wenn und soweit der Erstschuldner Verfahrenskostenhilfe erhalten oder nach einem Vergleich die Kosten übernommen hat.

5. Vergleich über die Verwaltungskosten

111 Die Beteiligten können sich einvernehmlich darüber verständigen, wer von ihnen die Verwaltungskosten zu erstatten hat. Über die Festsetzung der Kosten als solche, also die Erhebung der Verfahrensgebühr und die Erstattung der Auslagen, können sie hingegen selbstverständlich nicht verfügen,[280] weil nicht ihnen, sondern dem Träger der Vergabekammer als Kostengläubiger (§ 12 VwKostG) der Kostenerstattungsanspruch zusteht. Einen solchen Vergleich über die Erstattung der Verwaltungskosten werden die Beteiligten nur schließen, wenn sich das Nachprüfungsverfahren in der Hauptsache erledigt hat oder durch entsprechende Erklärungen (Antragsrücknahme oder beidseitige Erledigungserklärungen) erledigt. Daraus folgt, dass die Gebühr dann nach § 182 Abs. 3 S. 4 GWB zu halbieren und nach § 182 Abs. 3 S. 6 GWB weiter herabzusetzen ist, wenn dies aus Billigkeitsgründen geboten erscheint. Trotz einer einvernehmlichen Regelung der Beteiligten hierüber hat die Vergabekammer auch über die Erstattung der Verwaltungskosten zu entscheiden, weil andernfalls ihr Rechtsträger als Kostengläubiger keinen Titel für die erforderlichenfalls zwangsweise Geltendmachung seiner Kostenforderung erhalten würde.[281] Dabei wird es in aller Regel dem nach § 182 Abs. 3 S. 5 GWB maßgeblichen billigen Ermessen entsprechen, die Vereinbarung der Beteiligten zur Kostentragung zugrunde zu legen; eine Anordnung, die sich über den Willen der Beteiligten hin-

---

274 Vgl. BayObLG, Beschluss v. 6.6.2002 – Verg 12/02, juris Rn. 6.
275 *Schulz*, in: Willenbruch/Wieddekind, Vergaberecht, § 182 GWB Rn. 49.
276 So für die für die zur zweckentsprechenden Rechtsverfolgung und Rechtsverteidigung notwendigen und nach § 182 Abs. 4 GWB erstattungsfähigen Aufwendungen bis zum VergRModG 2009 nach § 128 Abs. 3 S. 3 GWB a.F. in Verbindung mit § 80 Abs. 3 S. 1 VwVfG.
277 So nötigenfalls die in der vorherigen Fußnote genannten Aufwendungen seit Inkrafttreten des VergRModG 2009; vgl. näher Rn. 170 f.
278 Legt die Vergabekammer in ihrer Kostengrundentscheidung eine längere Zahlungsfrist fest, wird die Fälligkeit allerdings erst nach Ablauf dieser Frist eintreten; vgl. etwa VK Niedersachsen, Beschluss v. 27.9.2019 – VgK-34/2019, Rn. 135, 139, 143: Zahlung innerhalb einer Frist von einem Monat nach Rechtskraft des Beschlusses; VK Sachsen, Beschluss v. 12.11.2018 – 1/SVK/021-18-ERG, juris Rn. 10: Zahlung binnen zwei Wochen mit der wenig beteiligtenfreundlichen Maßgabe, dass einer von drei für die Verfahrensgebühr haftenden Gesamtschuldner zur Zahlung des gesamten Betrages aufgefordert und auf den Gesamtschuldnerausgleich verwiesen wird.
279 Zur Verfahrensgebühr für das Vollstreckungsverfahren vgl. oben Rn. 15.
280 *Schulz*, in: Willenbruch/Wieddekind, Vergaberecht, § 182 GWB Rn. 40.
281 Vgl. OLG Naumburg, Beschluss v. 9.7.2014 – 2 Verg 3/14, juris Rn. 2.

wegsetzt, wird in der Regel unbillig und ermessenfehlerhaft sein.[282] Eine Ausnahme gilt für Regelungen, die dazu führen würden, dass der Auftraggeber entgegen dem Sach- und Streitstand Verwaltungskosten übernimmt und hierdurch wegen einer persönlichen Gebührenbefreiung nach § 8 VwKostG den Kostenanspruch des Rechtsträgers der Vergabekammer verkürzen würde.[283] Das bedeutet aber nicht, dass die Vergabekammer die Vereinbarung der Beteiligten über die Verwaltungskosten nicht insgesamt zur Grundlage ihrer Kostenentscheidung zu machen hätte;[284] vielmehr wird sie lediglich dem Auftraggeber die persönliche Gebührenbefreiung zu versagen haben, soweit die Regelung der Beteiligten über die Verwaltungskosten sich wegen der persönlichen Gebührenbefreiung zu Lasten des ohne die Regelung bestehenden Gebührenanspruchs des Trägers der Vergabekammer auswirken würde.

C. Rechtsverfolgungs- und Rechtsverteidigungskosten (Abs. 4)

Während § 182 Abs. 1 bis 3 GWB den in dem Nachprüfungsverfahren bei der Vergabekammer anfallenden Verwaltungskosten und ihrer Verteilung unter den Beteiligten gewidmet ist, enthält § 182 Abs. 4 GWB Regelungen zu den Rechtsverfolgungs- und Rechtsverteidigungskosten. Darunter fallen die zur zweckentsprechenden Rechtsverfolgung oder -verteidigung notwendigen Aufwendungen, das sind vor allem die gesetzlichen Gebühren und Auslagen eines Rechtsanwalts, soweit seine Zuziehung notwendig war,[285] aber auch sonstige der Rechtsverfolgung und -verteidigung dienende Aufwendungen.[286] Die Vergabekammer hat in ihrer Kostenentscheidung sowohl über die Tragung dieser Kosten (dazu unter I.) als auch über ihre Erstattungsfähigkeit zu entscheiden (dazu unter II.). Bei der Entscheidung über diese Kosten handelt es sich anders als bei der Entscheidung über die Verwaltungskosten um keine vollstreckungsfähige Kostenfestsetzung – die Höhe der Kosten ist nicht Gegenstand der Entscheidung der Vergabekammer (anders bei den Verwaltungskosten: § 14 Abs. 2 S. 3 Nr. 4 VwKostG) –, sondern lediglich um eine Kostengrundentscheidung (dazu unter III.), während sich die eigentliche Kostenerstattung außerhalb des Nachprüfungsverfahrens bei der Vergabekammer vollzieht (dazu unter IV.) 112

I. Kostentragung

§ 182 Abs. 4 S. 1 bis 3 GWB sowie die nach § 182 Abs. 4 S. 4 GWB entsprechend anwendbaren Regelungen in § 80 Abs. 1 S. 1 bis 3 VwVfG des Bundes und der Länder regeln zunächst die Kostentragung, ordnen also an, wem die Vergabekammer die Erstattung der im Nachprüfungsverfahren entstandenen Rechtverfolgungs- und Rechtsverteidigungskosten aufzuerlegen hat, soweit diese erstattungsfähig sind.[287] Die Vorgaben zur Tragung dieser Kosten entsprechen im Wesentlichen denen, die auch für die Auferlegung der Verwaltungskosten nach § 182 Abs. 3 S. 1, 3 und 5 GWB maßgeblich sind; hier wie dort liegt den Regelungen das Veranlassungsprinzip zugrunde.[288] Während bei den Verwaltungskosten stets der Träger der Vergabekammer Kostengläubiger ist, ist es bei den Rechtsverfolgungs- und Rechtsverteidigungskosten der Beteiligte, bei dem die entsprechenden Aufwendungen angefallen sind. 113

---

282 Im Ergebnis wohl auch *Schulz*, in: Willenbruch/Wieddekind, Vergaberecht, § 182 GWB Rn. 40, wobei die dortige Unterscheidung zwischen einem Vergleichsschluss "in dem Nachprüfungsverfahren" und "außerhalb" nicht recht nachvollziehbar ist und eine Kostenentscheidung "nach den gesetzlichen Grundlagen" aus den im Text genannten Gründen in aller Regel eine solche ist, die dem Willen der Beteiligten folgt; a.A. OLG Naumburg, Beschluss v. 9.7.2014 – 2 Verg 3/14, juris Rn. 4.
283 *Brauser-Jung*, in: Röwekamp/Kus/Portz/Prieß, GWB-Vergaberecht, § 182 Rn. 25 f.
284 Unklar insoweit *Brauser-Jung*, in: Röwekamp/Kus/Portz/Prieß, GWB-Vergaberecht, § 182 Rn. 26.
285 Vgl. dazu im Einzelnen Rn. 137 ff., 171.
286 Vgl. dazu im Einzelnen Rn. 162 ff.
287 Vgl. zur Erstattungsfähigkeit im Einzelnen Rn. 134 ff.
288 Vgl. dazu im Einzelnen oben Rn. 66.

1. Kostentragung nach Unterliegen (S. 1)

a) Kostengläubiger und Kostenschuldner

114 Nach § 182 Abs. 4 S. 1 GWB hat ein Beteiligter, soweit er im Nachprüfungsverfahren unterliegt, die zur zweckentsprechenden Rechtsverfolgung oder Rechtsverteidigung notwendigen Aufwendungen des Antragsgegners zu tragen. Das entspricht der Regelung zu den Verwaltungskosten in § 182 Abs. 3 S. 1 GWB, wonach ein Beteiligter, soweit er im Verfahren unterliegt, die Kosten zu tragen hat.

115 Zur Kostentragung **verpflichteter Beteiligter** kann neben Antragsteller und Antragsgegner auch hier ein Beigeladener sein (vgl. § 162 S. 1 GWB). Insoweit geht die Regelung über die nach § 182 Abs. 4 S. 4 GWB entsprechend anwendbaren Regelungen in § 80 Abs. 1 S. 1 und 3 VwVerfG Bund/Länder hinaus, die nur die Tragung der Rechtsverfolgungs- und verteidigungskosten durch die Behörde (Antragsgegner, Träger der Vergabestelle) und den Widerspruchsführer (Antragsteller) bei ihrem jeweiligen Unterliegen vorsehen.

116 Als **Kostengläubiger** kommt entgegen dem missverständlichen Wortlaut nicht nur der Antragsgegner, sondern, soweit er oder ein Beigeladener unterlegen ist, auch der Antragsteller in Betracht,[289] nicht dagegen der Beigeladene, für die mögliche Erstattung von dessen Rechtsverfolgungs- und Rechtsverteidigungskosten § 182 Abs. 4 S. 2 GWB gilt.

b) Unterliegen im Verfahren

117 Der Begriff des Unterliegens ist in demselben Sinne wie bei § 182 Abs. 3 S. 1 GWB zu verstehen.[290] Ebenso wie bei § 182 Abs. 3 S. 1 GWB setzt ein Unterliegen voraus, dass die Vergabekammer in der Hauptsache entschieden hat, und ist die Kostentragung an den Umfang („soweit") des Unterliegens im Verfahren geknüpft. Maßgeblich hierfür ist, inwieweit die Beteiligten ihre im Verfahren in der Hauptsache angestrebten Ziele erreicht bzw. nicht erreicht haben. Unterliegen Antragsteller und Antragsgegner jeweils in Teilen kann auf die Rechtsgedanken des § 92 ZPO zurückgegriffen werden, so dass eine Kostenerstattung jeweils nach den Anteilen des Unterliegens anzuordnen ist,[291] bei etwa gleichgewichtigem Unterliegen eine Kostenaufhebung in Betracht kommt, mit der Folge dass wechselseitig keine Aufwendungen der Rechtsverfolgung und -verteidigung zu erstatten sind, und ein nur geringfügiges Unterliegen unberücksichtigt bleiben kann.[292] Ebenso ist nach dem Rechtsgedanken des § 96 ZPO eine Differenzierung zwischen den Kosten des Nachprüfungsverfahrens in der Hauptsache und Kosten von Zwischenverfahren insbesondere über Fragen der Akteneinsicht, über die Gestattung des vorzeitigen Zuschlags (§ 169 Abs. 2 S. 1 GWB) oder sichernde Verfügungen (§ 169 Abs. 3 S. 1 GWB) denkbar,[293] wobei diese Kosten, anders als die einheitlich festgesetzten Verwaltungskosten,[294] ausgesondert werden können.[295]

---

289 *Krohn*, in: Burgi/Dreher, Vergaberecht, § 182 GWB Rn. 34; *Noch*, in: Byok/Jaeger, Vergaberecht, § 182 GWB Rn. 87. A.A. *Stockmann*, in: Immenga/Mestmäcker, Wettbewerbsrecht, § 182 GWB Rn. 28: Nur der Auftraggeber kommt als Kostengläubiger in Betracht. Demnach wären dem Antragsteller – anders als dem Beigeladenen – seine Rechtsverfolgungskosten auch dann nicht zu erstatten, wenn er obsiegt hat, was keinen Sinn macht und ersichtlich nicht gewollt ist.

290 Wegen der Einzelheiten kann auf die Kommentierung zu § 182 Abs. 3 S. 1 GWB verwiesen werden, vgl. oben Rn. 70 ff.

291 OLG Frankfurt, Beschluss v. 12.7.2016 – 11 Verg 9/16, juris Rn. 141.

292 Entgegen VK Niedersachsen, Beschluss v. 12.6.2019 – VgK-20/2019, juris Rn. 83, ist nicht ersichtlich, warum das Fehlen eines Kostenfestsetzungsverfahrens gegen eine Anordnung der Kostenaufhebung wegen der Rechtsverfolgungs- und Rechtsverteidigungskosten sprechen sollte; unproblematische und gewünschte Folge davon ist, dass die Beteiligten sich im Ergebnis welchselseitig ihre Rechtsanwaltskosten nicht zu erstatten haben.

293 Vgl. etwa VK Berlin, Beschluss v. 5.1.2022 – VK-B2-8/21, juris Rn. 21; VK Rheinland, Beschluss v. 28.5.2019 – VK K 55/17, juris Rn. 30 f.

294 Vgl. dazu oben Rn. 12 ff.

295 Beispielsweise wäre bei Unterliegen des Antragstellers mit seinem Nachprüfungsantrag und Unterliegen des Antragsgegners mit seinem Antrag auf vorläufige Gestattung des Zuschlags (§ 169 Abs. 2 S. 1 GWB) nach entsprechend begründeter Kostenentscheidung (hier beispielsweise der Annahme, dass die Verfahrensgebühr wegen des Zwischenverfahrens über den Antrag nach § 169 Abs. 2 S. 1 GWB um ein Drittel zu erhöhen wäre; vgl. dazu im Einzelnen oben Rn. 29) die Entscheidung zur Kostentragung wie folgt zu tenorieren: "Die Verwaltungskosten haben der Antragsteller zu ¾ und der Antragsgegner zu ¼ zu tragen. Die zur zweckentsprechenden Rechtsvertei-

c) Verschuldensgesichtspunkte

Anders als bei den die Verwaltungskosten betreffenden Kostentragungsregelungen in § 182 Abs. 3 GWB sehen die Regelungen in § 182 Abs. 4 GWB keine dem § 182 Abs. 3 S. 3 GWB entsprechende Bestimmung vor, die es erlauben würde, einem in der Hauptsache nicht unterlegenen Beteiligten die Rechtsverfolgungs- und Rechtsverteidigungskosten eines anderen Beteiligten ganz oder zum Teil aufzuerlegen, wenn er sie schuldhaft verursacht hat. Zu denken ist etwa an Fallgestaltungen, bei denen der Antragsteller durch unzutreffende Hinweise der Vergabestelle zur Einleitung eines tatsächlich nicht statthaften Nachprüfungsverfahrens verleitet worden ist.[296] **118**

Häufig wird sich das Nachprüfungsverfahren in derartigen Fällen aber in der Hauptsache **erledigen**, sei es durch Rücknahme oder Erledigungserklärungen der Beteiligten,[297] so dass bei der dann gemäß § 182 Abs. 4 S. 3 Hs. 1 GWB nach billigem Ermessen zu treffenden Entscheidung, ob Rechtsverfolgungs- oder verteidigungskosten eines Beteiligten von einem anderen Beteiligten zu erstatten sind, die schuldhafte Verursachung dieser Kosten als tragender Grund für die Anordnung der Kostenerstattung herangezogen werden kann.[298] Hat ein nicht unterlegener Beteiligter abgrenzbare Rechtsverfolgungs- oder Rechtsverteidigungskosten etwa für ein Zwischenverfahren verursacht, sind ihm diese zudem entsprechend § 96 ZPO aufzuerlegen.[299] **119**

In den verbleibenden Fällen, in denen es zu **keiner Hauptsacheerledigung** kommt und die Kosten auch nicht entsprechend § 96 ZPO ausgesondert werden können, fehlt es dagegen in den Bestimmungen des § 182 Abs. 4 GWB an einer Grundlage zur Herleitung von Erstattungsansprüchen gegen den nicht unterlegenen Beteiligten aufgrund von Verschuldensgesichtspunkten.[300] Der in der Gesetzesbegründung angesprochene „Gleichlauf" der Regelungen in § 182 Abs. 3 GWB (Verwaltungskosten) und § 182 Abs. 4 GWB (Rechtsverfolgungs- oder Rechtsverteidigungskosten)[301] erlaubt schon deswegen keine andere Beurteilung, weil er in dem Gesetzestext keinen Niederschlag gefunden hat.[302] Zudem ist unklar, worauf genau sich der „Gleichlauf" beziehen sollte.[303] Weil sich Verfahren, bei denen Kosten durch das Verschulden eines Beteiligten verursacht werden, regelmäßig in der Hauptsache erledigen oder eine solche Erledigung von dem sonst unterlegenen Beteiligten jedenfalls herbeigeführt werden kann, etwa durch Rücknahme des Nachprüfungsantrags unter begründeten Protest gegen die Kostentragungslast, und dann das Verschulden im Rahmen der nach Billigkeit zu treffenden Entscheidung über die Kostentragung berücksichtigt werden kann,[304] scheint auch zweifelhaft, ob *de lege ferenda* eine dem § 182 Abs. 3 S. 3 GWB entsprechende Regelung in § 182 Abs. 4 GWB wünschenswert wäre; eher dürfte wegen seiner geringen praktischen Bedeutung und der in der Regel bestehenden Möglichkeit, eine Verfahrenserledigung herbeizuführen, eine Aufhebung von § 182 Abs. 3 S. 3 GWB nahe liegen. Theoretisch verbleibende Schutzlücken wären im Übrigen über materiell-rechtliche Kostenerstattungsansprüche zu schließen, da schuldhafte Pflichtverletzungen in dem durch ein Vergabeverfahren begründe- **120**

---

digung notwendigen Aufwendungen des Antragstellers in dem Verfahren um den Antrag nach § 169 Abs. 2 S. 1 GWB hat der Antragsgegner zu tragen. Die zur zweckentsprechenden Rechtsverteidigung notwendigen Aufwendungen des Antragsgegners im Hauptsacheverfahren hat der Antragsteller zu tragen."

296 So in dem Fall des OLG Frankfurt, Beschluss v. 16.4.2018 – 11 Verg 1/18.

297 Auch § 182 Abs. 3 S. 3 GWB hat deswegen nur einen sehr begrenzten Anwendungsbereich, vgl. oben unter Rn. 75 ff.

298 Vgl. im Einzelnen unten Rn. 125.

299 Vgl. oben unter Rn. 117.

300 Vgl. im Einzelnen OLG Frankfurt, Beschluss v. 16.4.2018 – 11 Verg 1/18, juris Rn. 56 bis 61, mit eingehender und überzeugender Begründung; a.A. *Stockmann,* in: Immenga/Mestmäcker, Wettbewerbsrecht, § 182 GWB Rn. 30.

301 Vgl. Gesetzesbegründung zu § 182 GWB, VergRModG 2016, BT-Drs. 18/6281, 136.

302 OLG Koblenz, Beschluss v. 26.8.2020 – Verg 5/20, juris Rn. 55.

303 A.A. *Donhauser,* VergabeR 2018, 578 (581).

304 *Summa,* in: Heiermann/Zeiss/Summa, Vergaberecht, § 182 GWB Rn. 54.3; a.A. OLG Koblenz, Beschluss v. 26.8.2020 – Verg 5/20, juris Rn. 54.

ten vorvertraglichen Schuldverhältnis (§§ 241 Abs. 2, 311 Abs. 2 BGB)[305] Schadensersatzansprüche auslösen können, die sich selbstverständlich nach allgemeinen schadensrechtlichen Regeln auch auf die zur zweckentsprechenden Rechtsverfolgung oder Rechtsverteidigung notwendigen Aufwendungen eines Beteiligten beziehen können.[306]

121 Bei den **eigenen Erstattungsansprüchen** eines Beteiligten können Verschuldensgesichtspunkte dagegen ohne weiteres nach § 182 Abs. 4 S. 4 GWB in Verbindung mit § 80 Abs. 1 S. 4 VwVfG anspruchsmindernd berücksichtigt werden. Nach § 80 Abs. 1 S. 4 VwVfG hat der Erstattungsberechtigte Aufwendungen, die durch sein Verschulden oder das seines Vertreters entstanden sind, selbst zu tragen.[307] Deswegen steht beispielsweise dem Antragsgegner, der den Antragsteller durch eine falsche Rechtsmittelbelehrung zur Einleitung eines nicht statthaften Vergabenachprüfungsverfahrens veranlasst hat, der Erstattungsanspruch aus § 80 Abs. 4 S. 1 GWB gegen den unterliegenden Antragsteller nicht zu, weil er seine Aufwendungen durch sein eigenes Verschulden herbeigeführt hat.[308]

2. Kostentragung nach Rücknahme und anderweitiger Erledigung (S. 3 Hs. 1)

122 In Übereinstimmung mit § 182 Abs. 3 S. 5 GWB zur Tragung der Verwaltungskosten sieht § 182 Abs. 4 S. 3 Hs. 1 GWB vor, dass bei einer Rücknahme oder anderweitigen Erledigung des Nachprüfungsantrags, die Entscheidung, wer die zur zweckentsprechenden Rechtsverfolgung oder Rechtsverteidigung notwendigen Aufwendungen anderer Beteiligter zu tragen hat, nach billigem Ermessen erfolgt.

a) Rücknahme oder anderweitige Erledigung

123 Die Erledigung durch Rücknahme oder auf sonstige Weise ist in demselben Sinne zu verstehen wie bei § 182 Abs. 3 S. 4 bis 6 GWB. Entgegen des ungenauen Wortlautes der Vorschrift ist also auch hier eine tatsächliche Erledigung des Vergabenachprüfungsverfahrens in der Hauptsache vor einer Entscheidung in der Hauptsache durch wirksame Rücknahme (sämtlicher) Nachprüfungsanträge oder auf sonstige Weise erforderlich.[309]

b) Kostentragung nach billigem Ermessen

124 Darüber, wer die Kosten der Rechtsverfolgung oder Rechtsverteidigung zu tragen hat, hat die Vergabekammer bei Rücknahme oder sonstiger Erledigung des Antrags, also bei Erledigung des Nachprüfungsverfahrens in der Hauptsache, nach billigem Ermessen zu entscheiden. Billigem Ermessen entspricht hierbei wie bei § 182 Abs. 3 S. 5 GWB grundsätzlich eine an dem voraussichtlichen Verfahrensausgang ohne Erledigung orientierte Kostenregelung.[310]

125 Wäre also der Antragsteller voraussichtlich **unterlegen**, hat er dem Antragsgegner die erstattungsfähigen Rechtsverteidigungskosten zu ersetzen; wäre der Antragsgegner voraussichtlich unterlegen, hat er dem Antragsteller die erstattungsfähigen voraussichtlichen Rechtsverfolgungskosten zu ersetzen.[311] Hat der voraussichtlich unterlegen gewesene Antragsgegner allerdings keine Veranlassung zur Einleitung des Nachprüfungsverfahrens gegeben, hat der Antragsteller keinen Anspruch auf Ersatz seiner erstattungsfähigen Rechtsverfolgungskosten. Ebenso entspricht es billigem Ermessen, dem Antragsgegner die erstattungsfähigen Rechtsverfolgungskosten des ohne Erledigung voraussichtlich unterlegenen Antragstellers aufzuer-

305 Vgl. etwa OLG Koblenz, Beschluss v. 26.8.2020 – Verg 5/20, juris Rn. 39 f.; OLG Düsseldorf, Beschluss v. 13.9.2018 – VII-Verg 35/17, juris Rn. 23 bis 26.

306 Vgl. nur *Oetker*, in: Säcker/Rixecker/Oetker/Limperg, BGB, § 249 Rn. 180 ff. m.w.N.

307 Deswegen ist entgegen der Ansicht des OLG Koblenz, Beschluss v. 26.8.2020 – Verg 5/20, juris Rn. 38 bis 40 nicht etwa ein zivilrechtlicher Schadensersatzanspruch aufgrund der Verletzung vorvertraglicher Hinweispflichten Grundlage für die anspruchsmindernde Berücksichtigung von Verschuldensgesichtspunkten; materiell-rechtlich wäre zudem allenfalls auf eine Anspruchsminderung wegen Mitverschuldens nach § 254 BGB abzustellen.

308 OLG Koblenz, Beschluss v. 26.8.2020 – Verg 5/20, juris Rn. 32; OLG Frankfurt, Beschluss v. 16.4.2018 – 11 Verg 1/18, juris Rn. 63.

309 Wegen aller Einzelheiten kann auf die Ausführungen zu § 182 Abs. 2 S. 4 und 5 GWB verwiesen werden, vgl. oben Rn. 37 f., 84.

310 *Krohn*, in: Burgi/Dreher, Vergaberecht, § 182 GWB Rn. 39.

311 VK Saarland, Beschluss v. 7.2.2018 – 3 VK 04/2017, juris Rn. 81.

legen, wenn der Antragsgegner Veranlassung zur Einleitung des Nachprüfungsverfahrens gegeben haben sollte (Rechtsgedanke des § 93 ZPO, § 156 VwGO).[312] Ausreichend ist wie bei § 182 Abs. 3 S. 5 GWB für die Verwaltungskosten jeweils eine summarische Prüfung der Erfolgsaussichten des Nachprüfungsantrages.[313]

Bei einem nur **teilweisen** Obsiegen und **Unterliegen** kann wie bei einer Entscheidung in der Hauptsache unter Heranziehung der Rechtsgedanken der § 92 ZPO und § 155 Abs. 1 VwGO ein Ersatz der erstattungsfähigen Kosten nach dem Anteil des Unterliegens oder ein Absehen von einer Erstattungsanordnung bei etwa gleichwertigem oder geringfügigem Unterliegen billigem Ermessen entsprechen.[314] 126

3. Kostentragung von Beigeladenen

Beigeladene kommen wegen der Rechtsverfolgungs- und Rechtsverteidigungskosten sowohl als Kostenschuldner als auch als Kostengläubiger anderer Beteiligter in Betracht. 127

a) Beigeladener als Kostenschuldner

Beigeladene sind Beteiligte im Sinne von § 182 Abs. 4 S. 1 und S. 3 Hs. 1 GWB, weswegen sie unter den dort genannten Voraussetzungen Kostenschuldner sein können, soweit sie unterlegen sind (§ 182 Abs. 4 S. 1 GWB) oder, wenn sich das Verfahren nicht in der Hauptsache erledigt hätte, unterlegen gewesen wären (§ 182 Abs. 4 S. 3 Hs. 1 GWB).[315] 128

Voraussetzung ist aber wie bei der Kostentragung für die Verwaltungskosten nach § 183 Abs. 3 GWB, dass der Beigeladene sich aktiv am Nachprüfungsverfahren **beteiligt** hat; ist er passiv geblieben, hat er auch nicht für die Rechtsverfolgungs- und -verteidigungskosten der anderen Beteiligten einzustehen. Für die Abgrenzung zwischen aktiver und passiver Beteiligung gelten die gleichen Grundsätze wie bei der Kostentragung für die Verwaltungskosten, so dass auf die entsprechenden Ausführungen verwiesen werden kann.[316] 129

Wie bei der Kostentragung für die Verwaltungskosten kommt eine Haftung **neben anderen Beteiligten**[317] in Betracht, allerdings nicht gesamtschuldnerisch, sondern nach dem in der Kostenentscheidung festzulegenden Anteil der aktiven Beteiligung am Verfahren.[318] 130

b) Beigeladener als Kostengläubiger (S. 2 und S. 3 Hs. 2)

Für die zur zweckentsprechenden Rechtsverfolgung oder Rechtsverteidigung notwendigen Aufwendungen des Beigeladenen kommt nach § 182 Abs. 4 S. 2 GWB und bei Hauptsacheerledigung durch Antragsrücknahme oder auf sonstige Weise nach § 182 Abs. 4 S. 3 Hs. 2 GWB[319] eine Erstattung in Betracht, soweit die Vergabekammer diese Kosten aus Billigkeit dem unterlegenen Beteiligten[320] auferlegt. 131

---

312 Vgl. oben Rn. 87.
313 Vgl. oben Rn. 86.
314 Wegen aller weiteren Einzelheiten kann auf die hier entsprechend geltenden Ausführungen zur Kommentierung von § 182 Abs. 3 S. 5 GWB verwiesen werden, oben Rn. 83 ff.
315 Die Kostenverteilung nach voraussichtlichem Verfahrensausgang entspricht bei Erledigung des Verfahrens im Regelfall dem nach § 182 Abs. 4 S. 3 Hs. 1 GWG maßgeblichen billigem Ermessen, vgl. oben Rn. 124.
316 Oben unter Rn. 91 f.
317 Vgl. bereits oben zu § 182 Abs. 3 GWB unter Rn. 73, 93.
318 Vgl. dazu näher unten Rn. 133.
319 Darauf, dass bei Hauptsacheerledigung dieselben Voraussetzungen für die grundsätzliche Erstattungsfähigkeit der Rechtsverfolgungs- oder verteidigungskosten eines anderen Beteiligten gelten, verweist § 182 Abs. 4 S. 3 Hs. 2 GWB, indem er § 182 Abs. 4 S. 2 GWB "im Übrigen" für anwendbar erklärt.
320 Nach dem terminologisch verfehlten Wortlaut des § 182 Abs. 4 S. 4 GWB ist die unterlegene "Partei" zu belasten; das Vergabenachprüfungsverfahren kennt aber keine Parteien, sondern nur Beteiligte.

132 **Billig** ist die Belastung eines unterlegenen Beteiligten mit diesen Kosten nur, wenn der Beigeladene sich aktiv auf Seiten des obsiegenden Beteiligten am Verfahren beteiligt hat,[321] wobei die Abgrenzung zu einer keine Kostenerstattung rechtfertigenden, lediglich passiven Teilnahme nach den gleichen Grundsätzen vorzunehmen ist wie bei der Abgrenzung, ob der Beigeladene zur Erstattung von Kosten herangezogen werden kann.[322] Wie sonst auch liegt deswegen eine aktive Teilnahme am Nachprüfungsverfahren bereits dann vor, wenn sich der Beigeladene schriftsätzlich zu den streitigen Rechtsfragen äußert, die Zulässigkeit oder Begründetheit des Nachprüfungsantrags in Abrede stellt[323] und sich gegebenenfalls in einer mündlichen Verhandlung entsprechend positioniert.[324] Eines förmlichen Antrags bedarf es nicht, wenn und soweit der Beigeladene (dies ist der Regelfall) dem Nachprüfungsantrag entgegentritt,[325] weil die Berücksichtigung des Vorbringens einen Antrag nicht voraussetzt.[326] Soweit der Beigeladene selbst unterlegen ist, kommt eine Kostenerstattung durch einen anderen unterlegenen Beteiligten (selbstverständlich) nicht in Betracht;[327] vielmehr stellt sich hier die Frage, ob der Beigeladene die Verwaltungskosten sowie die Aufwendungen der Rechtsverfolgung oder Rechtsverteidigung des obsiegenden Beteiligten mit zu tragen hat.[328]

4. Kostentragung mehrerer Beteiligter

133 Sind mehrere Beteiligte zur Erstattung der zur zweckentsprechenden Rechtsverfolgung oder Rechtsverteidigung notwendigen Aufwendungen verpflichtet, haften sie anders als bei den Verwaltungskosten (§ 182 Abs. 3 S. 2 GWB) für diese Kosten nicht gesamtschuldnerisch. Eine gesamtschuldnerische Haftung ist gesetzlich nicht angeordnet,[329] und ein Gesamtschuldverhältnis i.S.d. § 421 BGB ist für diese Kosten auch sonst nicht begründbar. Mehrere Beteiligte haben diese Kosten deswegen als Teilschuldner zu tragen,[330] und zwar regelmäßig zu gleichen Kopfteilen.[331] Das entspricht im Übrigen auch dem Regelfall sowohl im Zivilprozessrecht (§ 100 Abs. 1 ZPO) als auch im Verwaltungsprozessrecht (§ 159 S. 1 VwGO in Verbindung mit § 100 Abs. 1 ZPO).[332]

---

321 OLG München, Beschluss v. 16.7.2012 – Verg 6/12, juris Rn. 39; OLG Düsseldorf, Beschluss v. 10.5.2012 – VII-Verg 5/12, juris Rn. 7; OLG Celle, Beschluss v. 29.6.2010 – 13 Verg 4/10, juris Rn. 5; OLG Brandenburg, Beschluss v. 9.2.2010 – Verg W 10/09, juris Rn. 46; *Summa,* in: Heiermann/Zeiss/Summa, Vergaberecht, § 182 GWB Rn. 29; *Landsberg,* in: Pünder/Schellenberg, Vergaberecht, § 182 GWB Rn. 30; *Reider,* in: Säcker, Wettbewerbsrecht, § 182 GWB Rn. 14. Etwas anderes kann gelten, wenn der Beigeladene durch die aktive Unterstützung des obsiegenden Beteiligten sein eigenes Rechtsschutzziel nicht erreichen kann, so zu Recht VK Berlin, Beschluss v. 5.1.2022 – VK-B2/8/21, juris Rn. 20.

322 Vgl. oben unter Rn. 129 sowie Rn. 91 f. Insofern ist der Beigeladene entgegen *Losch,* in: Ziekow/Völlink, Vergaberecht, § 182 GWB Rn. 2, auch keinem Kostenrisiko ausgesetzt, weil die Kostenentscheidung von einer Ermessensentscheidung der Vergabekammer abhänge; vielmehr wäre eine Kostenentscheidung, die sich nicht an den dargelegten Grundsätzen orientiert, fehlerhaft und auf entsprechenden Rechtsbehelf entweder des Beigeladenen oder des zu Unrecht mit dessen Rechtsverfolgungskosten belasteten Beteiligten abzuändern.

323 OLG Düsseldorf, Beschluss v. 10.5.2012 – VII-Verg 5/12, juris Rn. 8.

324 OLG München, Beschluss v. 16.7.2012 – Verg 6/12, juris Rn. 39; VK Niedersachsen, Beschluss v. 21.1.2020 – VgK-41/2019, juris Rn. 139.

325 BGH, Beschluss v. 26.9.2006 – X ZB 14/06, juris Rn. 58; OLG Düsseldorf, Beschluss v. 10.5.2012 – VII-Verg 5/12, juris Rn. 8; VK Niedersachsen, Beschluss v. 21.1.2020 – VgK-41/2019, juris Rn. 139; Beschluss v. 29.4.2019 – VgK-06/2019, juris Rn. 126.

326 Anders verhält es sich deswegen, wenn das von dem Beigeladenen verfolgte Rechtsschutzziel die Stellung eines Sachantrags oder den Anschluss an einen solchen Antrag eines anderen Beteiligten voraussetzt; hier liegt eine aktive Teilnahme nur vor, wenn der Antrag auch tatsächlich gestellt wird; vgl. oben unter Rn. 92.

327 OLG Rostock, Beschluss v. 21.7.2017 – 17 Verg 2/17, juris Rn. 34; OLG Düsseldorf, Beschluss v. 10.5.2012 – VII-Verg 5/12, juris Rn. 7; OLG München, Beschluss v. 23.9.2010 – Verg 18/10, juris Rn. 4; OLG Celle, Beschluss v. 29.6.2010 – 13 Verg 4/10, juris Rn. 5.

328 Vgl. dazu zuvor unter Rn. 128 ff.

329 *Landsberg,* in: Pünder/Schellenberg, Vergaberecht, § 182 GWB Rn. 28.

330 BGH, Beschluss v. 8.2.2011 – X ZB 4/10 (Abellio), juris Rn. 75; VK Berlin, Beschluss v. 12.11.2021 – VK-B2-60/20, juris Rn. 56.

331 BGH, Beschluss v. 26.9.2006 – X ZB 14/06, juris Rn. 59; *Noch,* in: Byok/Jaeger, Vergaberecht, § 182 GWB Rn. 98; *Schulz,* in: Willenbruch/Wieddekind, Vergaberecht, § 182 GWB Rn. 58.

332 Bei einer erheblichen Verschiedenheit der Beteiligung am Verfahren wird entsprechend § 100 Abs. 2 ZPO nach dem Ermessen des Gerichts der Umfang der Beteiligung zum Maßstab genommen werden können.

II. Erstattungsfähigkeit

134 Soweit ein Beteiligter nach den Vorgaben in § 182 Abs. 4 S. 1 bis 3 GWB sowie § 182 Abs. 4 S. 4 GWB in Verbindung mit § 80 Abs. 1 VwGO dem Grunde nach zur Tragung der Rechtsverfolgungs- oder verteidigungskosten eines anderen Beteiligten verpflichtet ist, hat er nur die zur zweckentsprechenden Rechtsverfolgung oder Rechtsverteidigung notwendigen Aufwendungen zu erstatten.

1. Allgemeine Vorgaben

135 Zentrales Abgrenzungskriterium für die Erstattungsfähigkeit der Rechtsverfolgungs- und verteidigungskosten ist danach ihre **Notwendigkeit**.[333] Notwendig sind solche Aufwendungen, die ein verständiger Beteiligter bei objektiver Betrachtung im Hinblick auf die Bedeutung sowie rechtliche und tatsächliche Schwierigkeit der Sache vernünftigerweise für erforderlich halten durfte. Maßgeblich ist danach weder die subjektive Einschätzung der Beteiligten noch kann von den Beteiligten eine besondere Rechtskunde bei ihrer Einschätzung verlangt werden, ob sie die Aufwendungen für erforderlich halten durften.[334] Abzustellen ist hierbei auf die Erkenntnismöglichkeiten zu dem Zeitpunkt der die Aufwendungen verursachenden Handlung. Durfte ein Beteiligter seine Aufwendungen danach für seine Rechtsverfolgung oder -verteidigung für erforderlich halten, ändert sich hieran nichts, wenn sie sich im Nachhinein als unnötig erweisen. Vermeidbare Kosten darf ein verständiger Beteiligter nicht für erforderlich halten;[335] er muss sie so niedrig wie möglich halten, sollen sie erstattungsfähig sein.[336] Aufwendungen, die durch das Verschulden eines Erstattungsberechtigten entstanden sind, hat dieser deswegen selbst zu tragen (§ 182 Abs. 4 S. 4 GWB in Verbindung mit § 80 Abs. 1 S. 4 Hs. 1 VwVfG Bund/Länder). Eine weitergehende Eingrenzung, wann die Rechtsverfolgungs- und verteidigungskosten notwendig waren, der Beteiligte sie also für erforderlich halten durfte, ist allgemein nicht zu leisten. Vielmehr bedarf es unter Heranziehung der aufgezeigten Entscheidungsparameter (objektive Betrachtung; durchschnittliches Erkenntnisvermögen; ex-Ante-Sicht; Wirtschaftlichkeit) einer verständigen Würdigung der Umstände des Einzelfalls.[337]

136 Erstattungsfähig sind in jedem Fall nur die aus dem **Nachprüfungsverfahren** selbst erwachsenen Rechtsverfolgungs- und Rechtsverteidigungskosten. Nicht erstattungsfähig sind daher Aufwendungen der Beteiligten vor Einleitung des Nachprüfungsverfahrens, etwa Auslagen der Vergabestelle durch die Bearbeitung aufwendiger Rügen im Vergabeverfahren, wenn sich diese Rügen im späteren Nachprüfungsverfahren als unbegründet erweisen.[338]

2. Rechtsanwaltskosten

137 Die mit Abstand bedeutsamsten Aufwendungen einer zweckentsprechenden Rechtsverfolgung oder Rechtsverteidigung sind die Rechtsanwaltskosten der Beteiligten in dem Verfahren vor der Vergabekammer. Erstattungsfähig sind diese, wenn die Hinzuziehung eines Rechtsanwalts zur Rechtsverfolgung oder Rechtsverteidigung notwendig war (a) und wenn dies in der Kostenentscheidung so festgestellt worden ist (b).

---

333 Dem Umstand, dass nur "zweckentsprechende" Kosten erstattungsfähig sind, kommt dagegen keine eigenständige Bedeutung zu, da nicht dem Zweck der Rechtsverfolgung oder -verteidigung entsprechende, also ihr nicht dienende Aufwendungen nicht notwendig sind. A.A. möglicherweise *Reider*, in: Säcker, Wettbewerbsrecht, § 182 GWB Rn. 17, wonach die Notwendigkeit der Aufwendungen an dem Kriterium der Zweckentsprechung („zweckentsprechend") zu messen sei.

334 *Schulz*, in: Willenbruch/Wieddekind, Vergaberecht, § 182 GWB Rn. 61.

335 *Schulz*, in: Willenbruch/Wieddekind, Vergaberecht, § 182 GWB Rn. 71.

336 *Landsberg*, in: Pünder/Schellenberg, Vergaberecht, § 182 GWB Rn. 32; *Reider*, in: Säcker, Wettbewerbsrecht, § 182 GWB Rn. 16

337 Vgl. BGH, Beschluss v. 26.9.2006 – X ZB 14/06, juris Rn. 61.

338 OLG München, Beschluss v. 7.10.2005 – Verg 7/05, juris Rn. 18; *Summa*, in: Heiermann/Zeiss/Summa, Vergaberecht, § 182 GWB Rn. 9; *Landsberg*, in: Pünder/Schellenberg, Vergaberecht, § 182 GWB Rn. 32. Solche Aufwendungen können aber Gegenstand von Schadensersatzansprüchen sein, die auf die Verletzung vorvertraglicher Pflichten gestützt sind, vgl. *Krohn*, in: Burgi/Dreher, Vergaberecht, § 182 GWB Rn. 55 sowie unten Rn. 172.

a) Notwendigkeit der Zuziehung (S. 4)

138 § 80 Abs. 2 VwVfG Bund/Länder, der nach § 182 Abs. 4 S. 4 GWB entsprechend anwendbar ist, bestimmt, dass die Gebühren und Aufwendungen eines Rechtsanwalts oder sonstigen Bevollmächtigten erstattungsfähig sind, wenn die Zuziehung eines Bevollmächtigten notwendig war. Auch wenn eine weitergehende begriffliche Klärung für die Voraussetzungen der Erstattungsfähigkeit der Rechtsanwaltskosten hiermit nicht verbunden ist, macht die Norm doch deutlich, dass Rechtsanwaltskosten im Nachprüfungsverfahren vor der Vergabekammer, anders als grundsätzlich im Beschwerdeverfahren (vgl. § 175 Abs. 1 GWB), nicht ohne weiteres erstattungsfähig sind.

aa) Allgemeine Voraussetzungen

139 Die für die Erstattungsfähigkeit erforderliche **Notwendigkeit** der Aufwendungen bestimmt sich nach den aufgezeigten allgemeinen Kriterien.[339] Maßgeblich ist also, was ein verständiger Beteiligter bei objektiver Betrachtung im Hinblick auf die Bedeutung sowie rechtliche und tatsächliche Schwierigkeit der Sache vernünftigerweise für erforderlich halten durfte. Hierzu ist die Frage zu beantworten, ob der Beteiligte unter den Umständen des Falles auch selbst in der Lage gewesen wäre, aufgrund der bekannten oder erkennbaren Tatsachen den Sachverhalt zu erfassen, der im Hinblick auf eine Missachtung von Bestimmungen über das Vergabeverfahren von Bedeutung ist, hieraus die für eine sinnvolle Rechtswahrung oder -verteidigung nötigen Schlüsse zu ziehen und das danach Gebotene gegenüber der Vergabekammer vorzubringen. Hierfür können neben Gesichtspunkten wie der Einfachheit oder Komplexität des Sachverhalts, der Überschaubarkeit oder Schwierigkeit der zu beurteilenden Rechtsfragen auch rein persönliche Umstände bestimmend sein wie etwa die sachliche und personelle Ausstattung des Beteiligten, also beispielsweise, ob er über eine Rechtsabteilung oder Mitarbeiter verfügt, von denen erwartet werden kann, dass sie gerade oder auch Fragen des Vergaberechts sachgerecht bearbeiten können, oder ob er sich allein als kaufmännisch gebildeter Geschäftsinhaber des Falls annehmen muss.[340]

140 Wie bereits der Wortlaut des § 80 Abs. 2 VwVfG nahelegt, ist in jedem Fall nur die Hinzuziehung **„eines"** Rechtsanwalts oder einer Rechtsanwaltssozietät, nicht aber weiterer Kanzleien als notwendig anzusehen.[341]

141 Des Weiteren ist die Notwendigkeit **einheitlich** für das gesamte Nachprüfungsverfahren festzustellen und nicht etwa nach einzelnen Rechtsfragen oder Rügen zu unterscheiden.[342]

bb) Abwägungskriterien

142 Ob nach diesen allgemeinen Vorgaben[343] die Zuziehung eines Rechtsanwalts im konkreten Nachprüfungsverfahren notwendig war, hängt ganz von den Umständen des jeweiligen Einzelfalls ab und lässt sich nicht schematisch, wohl aber kriterienorientiert beantworten.[344] Als solche Kriterien kommen die Rechtskenntnisse des Beteiligten *(1)* sowie die Schwierigkeit der zu beurteilenden Rechtsfragen *(2)* in Betracht, während eine Vielzahl weiterer Kriterien ohne Bedeutung ist *(3)*.

(1) Rechtskenntnisse des Beteiligten

143 Eine maßgebliche Rolle für die Notwendigkeit, sich rechtsanwaltlich vertreten zu lassen, spielen die Rechtskenntnisse des Beteiligten.[345] Hierbei ist die personelle Ausstattung eines Betei-

---

339 Vgl. oben unter Rn. 135 f.

340 BGH, Beschluss v. 26.9.2006 – X ZB 14/06, juris Rn. 61.

341 VK Berlin, Beschluss v. 13.3.2020 – VK-B1-36/19, juris Rn. 183; Beschluss v. 31.7.2019 – VK-B1-09/19, juris Rn. 200.

342 OLG Naumburg, Beschluss v. 22.2.2007 – 1 Verg 15/06, juris Rn. 29; *Landsberg*, in: Pünder/Schellenberg, Vergaberecht, § 182 GWB Rn. 34.

343 Vgl. zuvor Rn. 139 f.

344 Vgl. BGH, Beschluss v. 26.9.2006 – X ZB 14/06, juris Rn. 61; OLG Koblenz, Beschluss v. 26.8.2020 – Verg 5/20, juris Rn. 32.

345 Der BGH, Beschluss v. 26.9.2006 – X ZB 14/06, juris Rn. 61, spricht insoweit ungenau von *„rein persönlichen Umständen"*, womit der Sache nach die Rechtskenntnisse der Beteiligten gemeint sind, wie dann der exemplarische Verweis auf die sachliche und personelle Ausstattung zeigt.

ligten ein wichtiger Gesichtspunkt.[346] Es kommt also primär auf die tatsächlichen von der Vergabekammer aufzuklärenden und in ihrer Entscheidung festzustellenden[347] Verhältnisse an. Nutzt der Beteiligte ihm zur Verfügung stehende Ressourcen[348] nicht, ist nach dem Grundsatz, dass vermeidbare Kosten nicht erforderlich sind,[349] die Beauftragung von Rechtsanwälten nicht notwendig.

Danach wird ein Beteiligter, der über eine mit vergaberechtlichen Kenntnissen ausgestattete **Rechtsabteilung** verfügt, die zusätzliche Beauftragung eines Rechtsanwalts im Nachprüfungsverfahren vor der Vergabekammer in der Regel nicht für erforderlich halten dürfen,[350] ebenso ein Beteiligter, der mehrere Volljuristen beschäftigt, die allein mit der Bearbeitung vergaberechtlicher Fragestellungen befasst sind,[351] oder ein Beteiligter, der ein in vergaberechtlichen Fragen kundiges Spezialreferat mit der Verfahrensleitung betraut.[352] Wesentlich für die Frage der Notwendigkeit der Hinzuziehung eines Rechtsanwalts ist aber letztlich allein, welche vergaberechtlichen Rechtskenntnisse und Erfahrungen dem Beteiligten durch seine Mitarbeiter vermittelt werden können. Solche Rechtskenntnisse können auch gänzlich fehlen, etwa wenn ein am Verfahren beteiligtes Unternehmen nur über einen allein kaufmännisch gebildeten Geschäftsführer verfügt.[353] 144

Ob **Kapazitätsprobleme** bei einer grundsätzlich bestehenden personellen Ausstattung die Beauftragung eines Rechtsanwalts erforderlich machen, hängt nach allgemeinen Grundsätzen[354] davon ab, ob die Beauftragung durch entsprechende Maßnahmen vermeidbar gewesen wäre, etwa durch eine interne Vertretung, durch Terminverlegungsanträge oder auf ähnliche Weise.[355] 145

Während es bei den als Antragsteller und Beigeladene an dem Verfahren beteiligten Unternehmen allein auf die vorhandenen Rechtskenntnisse ankommt und von ihnen keine vergaberechtlichen oder sonstigen Rechtskenntnisse verlangt werden können,[356] liegt es bei dem **Auftraggeber** als Herrn des Vergabeverfahrens anders. Er kann sich wegen seiner aus dem Kartellvergaberecht und gegebenenfalls auch seiner Stellung als Hoheitsträger erwachsenden Pflicht zur rechtmäßigen Führung des Vergabeverfahrens nicht darauf berufen, über keine vergaberechtlichen Rechtskenntnisse zu verfügen.[357] So wie jeder Amtsträger die zur Führung seines Amtes notwendigen Rechtskenntnisse haben oder sich verschaffen muss, ist von einem Auftraggeber zu erwarten, dass die von ihm eingesetzten Mitarbeiter die dafür maßgeblichen 146

346 BGH, Beschluss v. 26.9.2006 – X ZB 14/06, juris Rn. 61.
347 Vgl. dazu unten Rn. 168.
348 Das können im Ausnahmefall bei Einzelpersonen natürlich auch die Ressourcen des Beteiligten selbst sein.
349 Vgl. oben unter Rn. 135.
350 BGH, Beschluss v. 26.9.2006 – X ZB 14/06, juris Rn. 61; OLG Celle, Beschluss v. 5.11.2020 – 13 Verg 7/20, juris Rn. 8, 11; OLG Frankfurt, Beschluss v. 4.8.2015 – 11 Verg 4/05, juris Rn. 15; OLG München, Beschluss v. 24.1.2012 – Verg 16/11, juris Rn. 28; zurückhaltend OLG Rostock, Beschluss v. 30.9.2021 – 17 Verg 5/21, juris Rn. 86.
351 OLG Dresden, Beschluss v. 22.2.2010 – WVerg 0001/10, juris Rn. 23; *Summa*, in: Heiermann/Zeiss/Summa, Vergaberecht, § 182 GWB Rn. 96.
352 OLG Düsseldorf, Beschluss v. 23.12.2014 – VII-Verg 37/13, juris Rn. 11; *Summa*, in: Heiermann/Zeiss/Summa, Vergaberecht, § 182 GWB Rn. 97.
353 Vgl. BGH, Beschluss v. 26.9.2006 – X ZB 14/06, juris Rn. 61; *Summa*, in: Heiermann/Zeiss/Summa, Vergaberecht, § 182 GWB Rn. 76 f.
354 Vgl. oben unter Rn. 135, 139.
355 Vgl. zu diesem Fragenkreis OLG Celle, Beschluss v. 9.2.2011 – 13 Verg 17/10, juris Rn. 6; OLG Dresden, Beschluss v. 22.2.2010 – WVerg 0001/10, juris Rn. 23, wo jeweils nicht hinreichend berücksichtigt wird, dass es grundsätzlich keinen Anspruch gegen die sich am Vergabeverfahren beteiligenden Unternehmen gibt, eine bestimmte Kapazität vorzuhalten; es kann nur erwartet werden, vorhandene Kapazitäten zu verwenden und Ausfälle zu vermeiden.
356 OLG München, Beschluss v. 10.4.2019 – Verg 8/18, juris Rn. 46; *Krohn*, in: Burgi/Dreher,Vergaberecht, § 182 GWB Rn. 45.
357 *Krohn*, in: Burgi/Dreher, Vergaberecht, § 182 GWB Rn. 46. Kein erheblicher Umstand ist deswegen entgegen VK Niedersachsen, Beschluss v. 21.1.2020 – VgK-41/2019, juris Rn. 138, beispielsweise dann anzunehmen, wenn es sich bei dem Auftraggeber um *„eine eher kleine Kommune, die kein eigenes Personal für Vergaberecht vorhält"*, handelt (ähnlich VK Niedersachsen, Beschluss v. 12.6.2019 – VgK-20/2019, juris Rn. 88); dann hätte die Kommune sich bereits zur ordnungsgemäßen Durchführung des Vergabeverfahrens vergaberechtlich beraten lassen müssen, sei es durch übergeordnete Behörden, sei es rechtsanwaltlich.

Rechtsvorschriften kennen.[358] Handelt es sich bei dem Auftraggeber nicht um einen Hoheitsträger, sondern um eine juristische Person des privaten Rechts, die nach § 99 Nr. 2 bis 4 GWB als öffentlicher Auftraggeber anzusehen ist, bestehen für sie und ihre Mitarbeiter zwar keine öffentlich-rechtlichen Amtspflichten. Dies ändert wegen ihrer Bindung an die kartellvergaberechtlichen Vorgaben jedoch nichts an ihrer Pflichtenlage. Deswegen kann und muss von jedem ein Vergabeverfahren betreibenden öffentlichen Auftraggeber erwartet werden, dass er über hinreichende Kenntnisse zu den auftragsbezogenen Sach- und Rechtsfragen verfügt, sich diese nötigenfalls (auf eigene Kosten) beschafft und im Vergabenachprüfungsverfahren auch tatsächlich einsetzt.[359] Insoweit kann es sich auch um außervergaberechtliche, den Beschaffungsgegenstand betreffende Rechtsfragen handeln, deren Kenntnis jedenfalls insoweit von dem Auftraggeber zu erwarten ist, als es für die ordnungsgemäße Durchführung des Vergabeverfahrens notwendig ist. Bedient er sich in diesem Bereich eines Rechtsanwalts, ist das entweder überflüssig oder deckt nur die von ihm zu verlangenden und auf eigene Kosten zu beschaffenden Rechtskenntnisse ab.[360] In jedem Fall ist er gehalten, die bereits vor Einleitung des Nachprüfungsverfahrens gewonnenen, ihm also tatsächlich zur Verfügung stehenden Erkenntnisse (etwa aus rechtsanwaltlichen Stellungnahmen zu bestimmten vergaberechtlichen Fragestellungen) zu nutzen.[361]

(2) Schwierigkeit der zu beurteilenden Rechtsfragen

147 Das zweite maßgebliche Kriterium für die Beurteilung der Frage, ob im konkreten Fall die Hinzuziehung eines Rechtsanwalts notwendig war, ist die **Schwierigkeit der Rechtsfragen**, die in dem Nachprüfungsverfahren zu beurteilen waren.[362] Dem Umstand, dass sich die Schwierigkeit einer Rechtsfrage nur schwer abstrakt beurteilen lässt, versucht die obergerichtliche Rechtsprechung durch die sachliche Nähe zu dem Gegenstand des Vergabeverfahrens gerecht zu werden. So sollen auftragsbezogene Sach- und Rechtsfragen eher von den Beteiligten zu bewältigen sein als darüber hinausgehende Rechtsfragen oder solche verfahrensrechtlicher Art.[363] Dem liegt die Erkenntnis zugrunde, dass das Kriterium der Schwierigkeit auch eine subjektive Komponente hat, die in Relation zu der Befassung und der Erfahrung mit den Rechtsfragen steht.

148 Daneben bedarf es aber auch einer konkreten **rügebezogenen Bewertung** der rechtlichen Schwierigkeit. Zu fragen ist, ob die durch die Rügen aufgeworfenen Rechtsfragen auch ohne (vergabe)rechtliche Vorkenntnisse einfach zu beantworten sind oder ob ihre Beantwortung vertieften (vergabe)rechtlichen Sachverstand voraussetzt. Das lässt sich letztlich nur einzelfallbezogen beantworten. Bedeutsam wird hierbei sein, ob und inwieweit die sich stellenden

358 OLG Koblenz, Beschluss v. 26.8.2020 – Verg 5/20, juris Rn. 32; Beschluss v. 7.7.2004 – 1 Verg 1 und 2/04, juris Rn. 56; OLG München, Beschluss v. 10.4.2019 – Verg 8/18, juris Rn. 47; OLG Dresden, Beschluss v. 14.11.2012 – Verg 8/11, juris Rn. 6; *Summa*, in: Heiermann/Zeiss/Summa, Vergaberecht, § 182 GWB Rn. 91; *Brauser-Jung*, in: Röwekamp/Kus/Portz/Prieß, GWB-Vergaberecht, § 182 Rn. 37.

359 OLG Celle, Beschluss v. 5.11.2020 – 13 Verg 7/20, juris Rn. 12, 14; Beschluss v. 9.2.2011 – 13 Verg 17/10, juris Rn. 5; OLG Düsseldorf, Beschluss v. 16.11.2018 – VII-Verg 60/17, juris Rn. 18; Beschluss v. 23.12.2014 – VII-Verg 37/13, juris Rn. 10; OLG Frankfurt, Beschluss v. 30.7.2013 – 11 Verg 7/13, juris Rn. 6; OLG Karlsruhe, Beschluss v. 16.6.2010 – 15 Verg 4/10, juris Rn. 55; OLG Brandenburg, Beschluss v. 11.12.2007 – Verg W 6/07, juris Rn. 23; OLG Koblenz, Beschluss v. 7.7.2004 – 1 Verg 1 und 2/04, juris Rn. 62; VK Karlsruhe, Beschluss v. 5.8.2021 – 1 VK 37/21, juris Rn. 124; *Reider*, in: Säcker, Wettbewerbsrecht, § 182 GWB Rn. 16; nicht überzeugend dagegen OLG Düsseldorf, Beschluss v. 17.7.2018 – VII-Verg 61/17, juris Leitsatz 2 sowie Rn. 19, wo für die Notwendigkeit der Hinzuziehung auf das tatsächliche Vermögen des Antragsgegners, den Sachverhalt zu erfassen und richtig rechtlich zu würdigen, abgestellt wird; indes kommt es entscheidend darauf an, was von dem Auftraggeber *zu erwarten* ist, wobei die Sachverhaltserfassung entgegen der Annahme des OLG Düsseldorf von dem Auftraggeber wohl stets erwartet werden darf; vgl. auch unten Rn. 152.

360 VK Bund, Beschluss v. 7.7.2021 – VK2-65/21, juris Rn. 87.

361 Vgl. OLG Celle, Beschluss v. 5.11.2020 – 13 Verg 7/20, juris Rn. 14.

362 OLG München, Beschluss v. 10.4.2019 – Verg 8/18, juris Rn. 46 f.; OLG Düsseldorf, Beschluss v. 16.11.2018 – VII-Verg 60/17, juris Rn. 18; VK Niedersachsen, Beschluss v. 21.10.2021 – VgK-38/2021, juris Rn. 155; VK Berlin, Beschluss v. 13.3.2020 – VK-B1-36/19, juris Rn. 183; *Summa*, in: Heiermann/Zeiss/Summa, Vergaberecht, § 182 GWB Rn. 99.

363 OLG Düsseldorf, Beschluss v. 16.11.2018 – VII-Verg 60/17, juris Rn. 18; OLG Frankfurt, Beschluss v. 2.11.2017 – 11 Verg 8/17, juris Rn. 20; *Summa*, in: Heiermann/Zeiss/Summa, Vergaberecht, § 182 GWB Rn. 95; *Reider*, in: Säcker, Wettbewerbsrecht, § 182 GWB Rn. 35; *Losch*, in: Ziekow/Völlink, Vergaberecht, § 182 GWB Rn. 55 m.w.N.

Rechtsfragen durch Rechtsprechung und Fachliteratur geklärt sind, ob und inwieweit also der Bedeutungsgehalt der anzuwendenden Vorschriften geklärt ist.[364] Die Schwierigkeit einer Rechtsfrage hängt aber auch von der Schwierigkeit der Rechtsanwendung bei der konkret erhobenen vergaberechtlichen Rüge ab. Stets bedarf es einer fallbezogenen Würdigung der konkreten Umstände.

Vor diesem Hintergrund wurden im jeweiligen Einzelfall als eher **einfache** vergaberechtliche **Fragestellungen** beispielsweise angesehen: **149**

- Auslegung der Ausschreibung[365]
- Fragen der Angebotswertung[366]
- das Fehlen eines geforderten Eignungsnachweises[367]
- Ausschluss eines Angebotes wegen Unvollständigkeit[368]
- Fragen der Preisprüfung nach § 60 VgV[369]
- Fragen der Vertraulichkeit des Verfahrens[370]

Als **schwierige Rechtsfragen** wurden im jeweiligen Einzelfall beispielsweise angesehen: **150**

- mehrschichtige Eignungsfragen[371]
- Wertungssystem des Auftraggebers, Zulässigkeit der Vervollständigung von Eignungsunterlagen, Abgrenzung von Nachunternehmerschaft und Eignungsleihe[372]
- Auslegungsfragen bei gerügter Abweichung des Angebots von den Vergabeunterlagen[373]
- Abweichung des Angebotes von Vergabeunterlagen, Abgrenzung formeller Unvollständigkeit und Nichterfüllung von Eignungskriterien[374]
- Rügen wegen fehlender Gleichwertigkeit eines Nebenangebots, Würdigung von Prüfzertifikaten, Prüfung der Gleichwertigkeit, Ausschluss wegen fehlenden Angebotspreises, fehlerhafte Bewertung der Angebote[375]
- Einhaltung der Rügeobliegenheit, der Beibringung von Nachweisen und Erklärungen und der vergaberechtswidrigen Doppelteilnahme eines Bieters als Einzelbewerber und Bewerber mit einem anderen Unternehmen[376]
- Abgrenzung Dienstleistungskonzession/Dienstleistungsauftrag, Frage eines unzulässigen Bieterwechsels, Abweichung von den Vorgaben des Leistungsverzeichnisses sowie Feststellung und Behandlung der Unangemessenheit von Preisen[377]
- Zulässigkeit der Bildung einer Bietergemeinschaft, Ausschluss wegen Unterpreisangeboten, Ausschluss wegen Nichtberücksichtigung der Vorgaben in den Ausschreibungsunterlagen[378]

---

364 Beispielsweise Fragen der Preisprüfung durch BGH, Beschluss v. 31.1.2017 – X ZB 10/16, vgl. OLG Düsseldorf, Beschluss v. 16.3.2020 – VII-Verg 38/18, BeckRS 2020, 29123, Rn. 36 f.; ein weiteres Beispiel wären zumindest Grundfragen der Angebotswertung und ihrer Dokumentation im Hinblick auf BGH, Beschluss v. 4.4.2017 – X ZB 3/17.

365 OLG Celle, Beschluss v. 9.2.2011 – 13 Verg 17/10, juris Rn. 6.

366 OLG Karlsruhe, Beschluss v. 10.3.2015 – 15 Verg 11/14, juris Rn. 11; OLG Düsseldorf, Beschluss v. 29.6.2003 – Verg 1/03.

367 OLG Düsseldorf, Beschluss v. 11.1.2010 – VII-Verg 49/09; a.A. möglicherweise inzwischen OLG Düsseldorf, Beschluss v. 17.7.2018 – VII-Verg 61/17, juris Rn. 23.

368 OLG Frankfurt, Beschluss v. 30.3.2010 – 11 Verg 3/10, juris Rn. 16.

369 OLG Düsseldorf, Beschluss v. 16.3.2020 – VII-Verg 38/18, BeckRS 2020, 29123, Rn. 36 f.; a.A. noch OLG Düsseldorf, Beschluss v. 17.7.2018 – VII-Verg 61/17, juris Rn. 21.

370 OLG Düsseldorf, Beschluss v. 16.3.2020 – VII-Verg 38/18, BeckRS 2020, 29123, Rn. 37; a.A. noch OLG Düsseldorf, Beschluss v. 17.7.2018 – VII-Verg 61/17, juris Rn. 22.

371 OLG Düsseldorf, Beschluss v. 31.1.2011 – VII-Verg 42/10, juris Rn. 14.

372 OLG Düsseldorf, Beschluss v. 28.1.2011 – VII-Verg 60/10, juris Rn. 20.

373 OLG Düsseldorf, Beschluss v. 10.7.2013 – VII-Verg 40/12, juris Rn. 6.

374 OLG Naumburg, Beschluss v. 21.3.2013 – 2 Verg 1/13, juris Rn. 29.

375 OLG München, Beschluss v. 28.2.2011 – Verg 23/10, juris Rn. 45.

376 OLG Düsseldorf, Beschluss v. 31.5.2005 – VII-Verg 107/04, juris Rn. 2.

377 OLG München, Beschluss v. 11.6.2008 – Verg 6/08, juris Rn. 14.

378 OLG Brandenburg, Beschluss v. 21.5.2012 – Verg W 1/12, juris Rn. 16.

- Unionsrechtlich zweifelhafte, noch nicht geklärte und Gegenstand einer Vorlage an den EuGH bildende Fragen der Zulässigkeit einer Direktvergabe[379]
- Schwierige sich im Nachprüfungsverfahren stellende außervergaberechtliche Rechtsfragen, etwa des Abfallrechts[380]

(3) Weitere Kriterien

151 In Rechtsprechung und Literatur werden darüber hinaus eine Anzahl weiterer Abwägungskriterien angeführt, ob ein Beteiligter die Zuziehung eines Rechtsanwalts für notwendig halten durfte. Diese häufig vordergründig plausibel scheinenden Kriterien erweisen sich bei näherer Betrachtung neben den zuvor genannten Kriterien (Rechtskenntnisse der Beteiligten; Schwierigkeit der Rechtsfragen) als unerheblich.[381] Weil mit ihnen die Notwendigkeit der Hinzuziehung eines Rechtsanwalts nicht begründet werden kann, sind sie bei der konkreten fallbezogenen Abwägung, soweit eine solche überhaupt stattfindet, in aller Regel nicht tragend.[382]

152 So ist die Einfachheit oder **Komplexität des Sachverhalts**[383] nicht entscheidungserheblich.[384] Denn von sämtlichen Beteiligten eines Vergabeverfahrens ist zu erwarten, dass sie den dem Vergabeverfahren zugrunde liegenden Sachverhalt selbst erfassen und im Rahmen eines Nachprüfungsverfahrens bei der Vergabekammer aufbereiten können. Im Übrigen macht allein die (vergabe)rechtliche Expertise eines Rechtsanwalts seine Beauftragung erforderlich, nicht die Wiedergabe eines ihm von den Beteiligten vermittelten Sachverhalts.

153 Ebenfalls unerheblich ist die „**Bedeutung des Auftrags**".[385] Warum dieses Kriterium die Beauftragung eines Rechtsanwalts erforderlich machen sollte, erschließt sich nicht. Kaum greifbar und untauglich ist auch das Kriterium, ob es sich um ein „Alltagsgeschäft" handele oder ein solches, das über die „Routine" erkennbar hinausgehe.[386]

154 Schon für sich genommen nicht einleuchtend ist die Erwägung, die Hinzuziehung eines Rechtsanwalts sei wegen des **Beschleunigungsgebots** und des Zeitdrucks erforderlich.[387] Im Übrigen sind Beschleunigungsgebot und Zeitdruck kennzeichnend für nahezu jedes vergaberechtliche Nachprüfungsverfahren, so dass dann entgegen der gesetzlichen Vorgaben die Hinzuziehung eines Rechtsanwalts immer notwendig wäre.

155 Ohne Bedeutung ist ferner das Kriterium, dass das Vergaberecht eine **komplexe Rechtsmaterie** mit Vorschriften aus dem nationalen und dem Europarecht darstelle, die nicht immer im

---

379 OLG Düsseldorf, Beschluss v. 17.6.2020 – VII-Verg 43/19, juris Rn. 14.

380 VK Niedersachsen, Beschluss v. 21.1.2020 – VgK-41/2019, juris Rn. 138; hier ist aber insoweit Zurückhaltung geboten, als die Beteiligten häufig über überdurchschnittliche Rechtskenntnisse verfügen werden oder solche bei dem Auftraggeber zu erwarten sind, weil sich das Vergabeverfahren auf das von ihnen ständig bearbeitete Spezialgebiet bezieht; dann werden auch für sich genommen schwierige Rechtsfragen aus diesem Bereich die Notwendigkeit der Hinzuziehung eines Rechtsanwalts nicht rechtfertigen können.

381 So zutreffend bereits *Damaske* in der Vorauflage, § 182 GWB Rn. 154 bis 159.

382 So beispielsweise OLG Celle, Beschluss v. 5.11.2020 – 13 Verg 7/20, das bei seiner Subsumtion allein die maßgeblichen Kriterien der Rechtskenntnisse der Beteiligten und der Schwierigkeit der Rechtsfragen berücksichtigt (juris Rn. 12 bis 18), während die zahlreichen, in den Obersätzen angeführten Kriterien (vgl. juris Rn. 7), bei der Subsumtion keine Rolle spielen. Bezeichnend auch OLG Düsseldorf, Beschluss v. 16.11.2018 – VII-Verg 60/17, juris Rn. 24, wenn es ohne nähere Begründung ausführt, die in den Obersätzen, juris Rn. 18 f., von ihm für maßgeblich erklärten Kriterien der *„wirtschaftlichen und politischen Bedeutung des Beschaffungsvorhabens"*, des Grundsatzes der *„Waffengleichheit"* sowie der personellen Ausstattung und fehlenden Erfahrung der Vergabestelle würden *„keine andere Beurteilung"* rechtfertigen, nachdem es die fehlende Notwendigkeit der Hinzuziehung aufgrund der hier allein für maßgeblich gehaltenen Kriterien (Rechtskenntnisse der Beteiligten; Schwierigkeit der Rechtsfragen), juris Rn. 21 f. – überzeugend – verneint hatte.

383 A.A. BGH, Beschluss v. 26.9.2006 – X ZB 14/06, juris Rn. 61; OLG Düsseldorf, Beschluss v. 16.11.2018 – VII-Verg 60/17, juris Rn. 19; Beschluss v. 17.7.2018 – VII-Verg 61/17, juris Rn. 19 f.

384 So auch, abgesehen von den in der vorhergehenden Fußnote zitierten beiden neueren Entscheidungen des OLG Düsseldorf, durchgehend die obergerichtliche Rechtsprechung; vgl. nur OLG Düsseldorf, Beschluss v. 23.12.2014 – VII-Verg 37/13, juris Rn. 11; OLG Naumburg, Beschluss v. 21.3.2013 – 2 Verg 1/13, juris Rn. 28; OLG Karlsruhe, Beschluss v. 16.6.2010 – 15 Verg 4/10, juris Rn. 55.

385 So zutreffend OLG Dresden, Beschluss v. 22.2.2010 – WVerg 0001/10, juris Rn. 22, bezüglich eines Auftragswertes von 42 Mio. Euro; a.A. etwa OLG Düsseldorf, Beschluss v. 16.11.2018 – VII-Verg 60/17, juris Rn. 19; VK Berlin, Beschluss v. 30.7.2019 – VK-B1-09/19, juris Rn. 199; *Krohn,* in: Burgi/Dreher, Vergaberecht, § 182 GWB Rn. 46.

386 A.A. OLG Dresden, Beschluss v. 14.11.2012 – Verg 8/11, juris Rn. 6.

387 So aber OLG München, Beschluss v. 24.1.2012 – Verg 16/11, juris Rn. 28; OLG Celle, Beschluss v. 9.2.2011 – 13 Verg 17/10, juris Rn. 5, und zuletzt wieder OLG Celle, Beschluss v. 5.11.2020 – 13 Verg 7/20, juris Rn. 8.

Gleichklang stünden[388] oder dass das Vergaberecht eine „Spezialmaterie" sei[389]. Hier handelt es sich um nicht entscheidungserhebliche Allgemeinplätze, [390] die zudem den Blick auf die gesetzlich geforderte konkrete Begründung der Notwendigkeit der Zuziehung eines Rechtsanwalts verstellen.

Nicht überzeugend ist des Weiteren der Verweis auf die **Waffengleichheit** zwischen den Beteiligten. Aus dem Umstand, dass ein anderer Beteiligter einen Rechtsanwalt hinzugezogen hat, folgt, unabhängig davon, ob die Hinzuziehung für diesen Beteiligten notwendig war, nicht, dass für die Rechtsverfolgung und Rechtsverteidigung anderer Beteiligter ebenfalls die Hinzuziehung eines Rechtsanwalts geboten wäre.[391] Dies hängt vielmehr allein von den tatsächlichen oder zu erwartenden Rechtskenntnissen des Beteiligten und seinem Vermögen ab, die sich in dem konkreten Nachprüfungsverfahren stellenden rechtlichen Fragen zu bewältigen. Ist danach eine anwaltliche Vertretung notwendig, wird im Verhältnis zu einem rechtsanwaltlich vertretenen anderen Beteiligten sicherlich zugleich die Waffengleichheit fehlen. Nur ist dies Folge der sich aus den genannten anderen Kriterien (Rechtskenntnisse, Schwierigkeit der Rechtsfragen) ableitenden Notwendigkeit anwaltlicher Vertretung. Der Umstand, dass ein anderer Beteiligter anwaltlich vertreten ist, kann daher als solcher auch nicht ergänzend[392] herangezogen werden, um die Notwendigkeit der Hinzuziehung eines Rechtsanwalts zu begründen. Auch indiziert dieser Umstand die Notwendigkeit der Hinzuziehung eines Rechtsanwalts nicht.[393] **156**

Schließlich spielt es für die Notwendigkeit der Hinzuziehung eines Rechtsanwaltes auch keine Rolle, ob dieser das **Verfahren gefördert** hat und seine Beiträge hilfreich und zutreffend waren. Auch wenn sich das Verhalten hinzugezogener anwaltlicher Vertreter als unkooperativ und nicht konstruktiv erweist, hat dies ersichtlich nichts damit zu tun, ob der Beteiligte die Hinzuziehung dieses Rechtsanwalts für erforderlich halten durfte.[394] **157**

cc) Abwägung

Ob die Zuziehung eines Rechtsanwalts im konkreten Nachprüfungsverfahren notwendig war, ist nach den Umständen des jeweiligen Einzelfalls unter Abwägung der dafür erheblichen Kriterien zu beantworten.[395] Erheblich sind die tatsächlichen oder zu verlangenden Rechtskenntnisse der Beteiligten sowie die Schwierigkeit der Rechtsfragen, die in dem Nachprüfungsverfahren aufgeworfen werden.[396] Zu fragen ist danach, ob dem Beteiligten nach seinen tatsächlichen oder den von ihm zu erwartenden Rechtskenntnissen zuzumuten ist, seine Rechte bei den im Nachprüfungsverfahren zu beurteilenden Rechtsfragen selbst wahrzunehmen (rechtliche Würdigung, sachgerechte Verfahrensführung) oder ob er annehmen durfte, dass zur ef- **158**

---

388 So etwa OLG Celle, Beschluss v. 5.11.2020 – 13 Verg 7/20, juris Rn. 8; OLG München, Beschluss v. 24.1.2012 – Verg 16/11, juris Rn. 28; OLG Celle, Beschluss v. 9.2.2011 – 13 Verg 17/10, juris Rn. 5; VK Niedersachsen, Beschluss v. 21.1.2020 – VgK-41/2019, juris Rn. 137.

389 OLG Schleswig, Beschluss v. 12.11.2020 – 54 Verg 2/20, juris Rn. 142.

390 So zu Recht bereits *Damaske* in der Vorauflage, § 182 GWB Rn. 156, sowie OLG Koblenz, Beschluss v. 7.7.2004 – 1 Verg 1 und 2/04, juris Rn. 59; OLG Koblenz, Beschluss v. 8.6.2006 – 1 Verg 4/06 und 1 Verg 5/06, juris Rn. 13; *Summa,* in: Heiermann/Zeiss/Summa, Vergaberecht, § 182 GWB Rn. 83, 102.

391 OLG Dresden, Beschluss v. 30.9.2011 – WVerg 0007/11, juris Rn. 11; *Summa,* in: Heiermann/Zeiss/Summa, Vergaberecht, § 182 GWB Rn. 100; *Damaske* in der Vorauflage, § 182 GWB Rn. 157 f.; a.A. OLG Celle, Beschluss v. 5.11.2020 – 13 Verg 7/20, juris Rn. 8; OLG München, Beschluss v. 14.1.2012 – Verg 16/11, juris Rn. 28, 31; OLG Celle, Beschluss v. 9.2.2011 – 13 Verg 17/10, juris Rn. 5; VK Berlin, Beschluss v. 30.7.2019 – VK-B1-09/19, juris Rn. 199; *Reider,* in: Säcker, Wettbewerbsrecht, § 182 GWB Rn. 16.

392 So aber OLG Düsseldorf, Beschluss v. 17.7.2018 – VII-Verg 61/17, juris Rn. 18; Beschluss v. 16.11.2018 – VII-Verg 60/17, juris Rn. 19; Beschluss v. 10.7.2013 – VII-Verg 40/12, juris Rn. 6; VK Niedersachsen, Beschluss v. 21.10.2021 – VgK-38/2021, juris Rn. 155; allerdings soll nach OLG Düsseldorf, Beschluss v. 16.3.2020 – VII-Verg 38/18, BeckRS 2020, 29123, Rn. 42, das Kriterium der *„Waffengleichheit"* nur noch *„primär im Sinne eines Kontrollmaßstabes bei der Entscheidungsfindung"* einfließen, womit auch vor dem Hintergrund der dortigen Argumentation das Kriterium nicht entscheidungserheblich ist, so dann auch in dem entschiedenen Fall, Rn. 41.

393 So aber OLG Naumburg, Beschluss v. 21.3.2013 – 2 Verg 1/13, juris Rn. 24.

394 OLG München, Beschluss v 24.1.2012 – Verg 16/11, juris Rn. 30.

395 BGH, Beschluss v. 26.9.2006 – X ZB 14/06, juris Rn. 61; OLG Düsseldorf, Beschluss v. 16.3.2020 – VII-Verg 38/18, BeckRS 2020, 29123, Rn. 34; nicht ausreichend ist eine lediglich formelhafte, nicht auf die Umstände des Einzelfalls eingehende Würdigung, vgl. etwa VK Niedersachsen, Beschluss v. 27.9.2019 – VgK 34/2019, juris Rn. 134; VK Rheinland, Beschluss v. 28.5.2019 – VK K 55/17, juris Rn. 32.

396 Vgl. zuvor unter Rn. 143 ff.

fektiven Wahrnehmung seiner Rechte darüber hinaus rechtsanwaltliche Unterstützung erforderlich sein würde.

159 Verfügt der Beteiligte über keine (vergaberechtlichen) **Rechtskenntnisse** und sind solche von ihm auch nicht zu verlangen, was nur bei den am Verfahren beteiligten Unternehmen in Betracht kommt,[397] werden selbst einfache Rechtsfragen die Hinzuziehung eines Rechtsanwalts notwendig erscheinen lassen.[398] Sind Rechtskenntnisse tatsächlich vorhanden, müssen sie allerdings eingesetzt werden und erlauben nicht die Beauftragung eines Rechtsanwaltes, wenn sie zur Rechtsverfolgung und Rechtsverteidigung bei den sich stellenden Rechtsfragen genügen. Sind auftragsbezogene Rechtskenntnisse zu erwarten, so von dem das Vergabeverfahren durchführenden öffentlichen Auftraggeber, muss er sich diese Rechtskenntnisse, sollten sie tatsächlich nicht vorhanden sein, auf eigene Kosten beschaffen.[399] Nur wenn die sich stellenden Rechtsfragen mit diesen von ihm zu erwartenden Rechtskenntnissen nicht hinreichend beantwortbar sind, um seine Rechte im Nachprüfungsverfahren geltend zu machen, ist die Hinzuziehung eines Rechtsanwalts im kostenrechtlichen Sinn für ihn notwendig. Danach wird die Abwägung, ob die Hinzuziehung eines Rechtsanwalts notwendig war, im Regelfall zu folgenden Ergebnissen gelangen:

- In der Regel ist die Hinzuziehung eines Rechtsanwalts für die am Vergabeverfahren beteiligten Unternehmen notwendig (Ausnahme: tatsächlich vorhandene weitergehende Rechtskenntnisse).
- In der Regel ist die Hinzuziehung eines Rechtsanwalts für den öffentlichen Auftraggeber kostenrechtlich nicht notwendig (Ausnahme: die sich stellenden Rechtsfragen sind mit den Rechtskenntnissen, die von ihm als Betreiber des Vergabeverfahrens zu erwarten sind, nicht angemessen zu bewältigen).

160 Stets hat sich die Abwägung an dem Erkenntnisstand zum **Zeitpunkt** der Hinzuziehung des Rechtsanwaltes bzw. der insoweit entstandenen Aufwendungen für die Rechtsverfolgung oder Rechtsverteidigung zu orientieren (ex ante).[400] Erweist sich also die Hinzuziehung eines Rechtsanwaltes im Nachhinein als nicht erforderlich, weil sich herausstellt, dass sich in dem Nachprüfungsverfahren nur Rechtsfragen gestellt haben, die der Beteiligte ohne rechtsanwaltlichen Beistand hätte bewältigen können oder müssen, steht das der Notwendigkeit der Hinzuziehung nicht entgegen, wenn der Beteiligte zum Zeitpunkt der Beauftragung annehmen durfte, dass sich Rechtsfragen stellen würden, deren Bewältigung ihm nicht möglich und von ihm auch nicht zu erwarten ist.[401] Das Abstellen auf die Erkenntnismöglichkeiten bei der Auslösung der Kosten bezweckt mithin, den Beteiligten von dem Risiko einer von ihm nicht zu vertretenden Fehleinschätzung freizustellen. Dass die Notwendigkeit der Hinzuziehung eines Rechtsanwalts bei dessen Beauftragung nicht erkennbar war, spricht deswegen nicht dagegen, die erst später eintretende Notwendigkeit der Hinzuziehung festzustellen.[402]

---

397 Zu denken ist nicht nur an den vom BGH, Beschluss v. 26.9.2006 – X ZB 14/06, juris Rn. 61, eingeführten *„kaufmännisch gebildeten Geschäftsinhaber"*, sondern auch an eine Vielzahl von kleinen und mittelständischen Unternehmen, die keine Mittel haben und auch nicht haben müssen, um Mitarbeiter mit vertieften vergaberechtlichen Rechtskenntnissen vorzuhalten.

398 So zutreffend VK Saarland, Beschluss v. 7.2.2018 – 3 VK 04/2017, juris Rn. 83.

399 Vgl. oben Rn. 146.

400 OLG Düsseldorf, Beschluss v. 16.11.2018 – VII-Verg 60/17, juris Rn. 18, 20; OLG München, Beschluss v. 2.9.2015 – Verg 6/15, juris Rn. 22; OLG Fraukfurt, Beschluss v. 30.7.2013 – 11 Verg 7/13, juirs Rn. 8; OLG Naumburg, Beschluss v. 21.3.2013 – 2 Verg 1/13, juris Rn. 23; OLG Celle, Beschluss v. 9.2.2011 – 13 Verg 17/10, juris Rn. 5; *Summa*, in: Heiermann/Zeiss/Summa, Vergaberecht, § 182 GWB Rn. 85.

401 Nicht überzeugend deswegen beispielsweise OLG Celle, Beschluss v. 5.11.2020 – 13 Verg 7/20, juris Rn. 12 ff., wenn es einräumt, dass das Nachprüfungsverfahren schwierige Rechtsfragen aufgeworfen habe (juris Rn. 18), der Vergabestelle aber zumutet, sich hier nicht rechtlich beraten zu lassen, weil die Rechtmäßigkeit des Ausschlusses der Antragstellerin klar und einfach zu beurteilen gewesen sei; auf die eigene Überzeugung, ein Ausschluss sei „klar" wird sich eine forensisch erfahrene Vergabestelle mit guten Gründen nicht verlassen wollen; dann aber kommt es auch auf die Würdigung der für schwierig gehaltenen weiteren Rechtsfragen an und darauf, ob die zu ihrer Beantwortung notwendigen Rechtskenntnisse von der Vergabestelle zu erwarten waren.

402 Offen gelassen von OLG Düsseldorf, Beschluss v. 16.11.2018 – VII-Verg 60/17, juris Rn. 20; ebenso die dort in Bezug genommene Entscheidung des BVerwG, Urteil v. 17.12.2001 – 6 C 19/01, juris Rn. 18; vgl. ferner BVerwG, Urteil v. 26.1.1996 – 8 C 15/95, juris Rn. 12.

b) Feststellung der Erstattungsfähigkeit

Rechtsanwaltskosten sind als Aufwendungen einer zweckentsprechenden Rechtsverfolgung und Rechtsverteidigung nicht bereits dann erstattungsfähig, wenn sie notwendig sind, sondern es bedarf hierzu zusätzlich nach dem gemäß § 182 Abs. 4 S. 4 GWB entsprechend anwendbaren § 80 Abs. 3 S. 2 VwVfG Bund/Länder einer entsprechenden Feststellung in der Kostenentscheidung der Vergabekammer.[403] Nach dieser Vorschrift bestimmt die Kostenentscheidung, ob die Zuziehung eines Rechtsanwalts oder eines sonstigen Bevollmächtigten notwendig war. Fehlt es an einer solchen Bestimmung, sind die einem Beteiligten entstandenen Gebühren und Auslagen eines Rechtsanwalts also auch dann nicht erstattungsfähig, wenn sie notwendig gewesen sein sollten. Hat die Vergabekammer die Notwendigkeit der Zuziehung eines Rechtsanwaltes festgestellt, ist damit im Zweifel nicht nur die Erstattungsfähigkeit der im Hauptverfahren angefallenen Gebühren festgestellt, sondern erstattungsfähig sind dann auch die Gebühren für etwaige Nebenverfahren, etwa Streitigkeiten um Akteneinsichtsanträge oder um einen Antrag nach § 169 Abs. 2 S. 1 GWB.[404] **161**

3. Sonstige Kosten

Zu den Aufwendungen einer zweckentsprechenden Rechtsverfolgung und Rechtsverteidigung zählen nicht nur die Kosten der Hinzuziehung eines Rechtsanwaltes. Erstattungsfähig sind auch sonstige diesen Zwecken dienende und für ihre Erreichung erforderliche Aufwendungen. **162**

Im Unterschied zu den Kosten der Hinzuziehung eines Rechtsanwaltes, aber auch eines sonstigen Bevollmächtigten, setzt die Erstattungsfähigkeit sonstiger Kosten keine entsprechende **Feststellung** durch die Vergabekammer voraus. Der nach § 182 Abs. 4 S. 4 GWB entsprechend anwendbare § 80 Abs. 3 S. 2 VwVfG, der eine solche Feststellung erfordert, bezieht sich nur auf die Notwendigkeit der Hinzuziehung eines Rechtsanwalts oder sonstigen Bevollmächtigten. Daraus folgt, dass in der Kostenentscheidung der Vergabekammer Ausführungen zu dem Gegenstand dieser Aufwendungen entbehrlich sind und gegebenenfalls unbeachtlich wären. **163**

Als **erstattungsfähige** sonstige Aufwendungen einer zweckentsprechenden Rechtsverfolgung oder Rechtsverteidigung kommen insbesondere in Betracht: **164**

- Reisekosten (zu Verhandlungsterminen,[405] auch zur Akteneinsicht[406]),
- Schreib- und Fotokopierkosten (soweit nicht Allgemeinkosten),[407]
- Porto- und Telekommunikationskosten,
- Kosten eines Kurierdienstes[408] sowie
- Kosten eines Privatgutachtens (in Ausnahmefällen)[409].

---

403 *Summa,* in: Heiermann/Zeiss/Summa, Vergaberecht, § 182 GWB Rn. 73.

404 Für dieses Verfahren entstehen gesonderte Rechtsanwaltsgebühren, vgl. OLG Naumburg, Beschluss v. 25.2.2015 – 2 Verg 2/15, juris Rn. 32.

405 OLG Düsseldorf, Beschluss v. 12.1.2005 – VII-Verg 96/04, juris Rn. 3; BayObLG, Beschluss v. 9.4.2002 – Verg 4/02, juris Rn. 10; *Krohn,* in: Burgi/Dreher, Vergaberecht, § 182 GWB Rn. 54; *Landsberg,* in: Pünder/Schellenberg, Vergaberecht, § 182 GWB Rn. 33; *Brauser-Jung,* in: Röwekamp/Kus/Portz/Prieß, GWB-Vergaberecht, § 182 Rn. 38.

406 Aber nicht, wenn bereits ein Rechtsanwalt, dessen Beauftragung notwendig war, Akteneinsicht nimmt: OLG München, Beschluss v. 23.1.2006 – Verg 22/05, juris Rn. 14; *Summa,* in: Heiermann/Zeiss/Summa, Vergaberecht, § 182 GWB Rn. 8.

407 *Olbertz,* in: Schoch/Schneider/Bier, VwGO, § 162 Rn. 25.

408 BVerwG, Beschluss v. 22.6.1993 – 1 ER 103/03, juris Rn. 5.

409 BVerwG, Beschluss v. 16.11.2006 – 4 KSt 1003/06, 4 KSt 1003/06 (4 VR 1001/04), juris Rn. 4; Beschluss v. 11.4.2001 – 9 KSt 2/01, 11 A 13/97, juris Rn. 3.

165 **Nicht erstattungsfähig** sind:

- Kosten für den Beistand eines sachkundigen Ingenieurs,[410]
- Kosten von weiteren Rechtsanwälten neben den Verfahrensbevollmächtigten,[411]
- allgemeine Personalkosten[412] sowie
- Kosten für die rechtliche oder technische Beratung zur Vorbereitung des Vergabeverfahrens oder Teilnahme an ihm[413].

III. Kostenentscheidung

166 Gegenstand der Kostenentscheidung der Vergabekammer über die Rechtsverfolgungs- und Rechtsverteidigungskosten ist, wer nach den Vorgaben des § 182 Abs. 4 S. 1 bis 3 GWB, § 182 Abs. 4 S. 4 GWB i.V.m. § 80 Abs. 1 VwVfG wem solche Kosten zu erstatten hat und, was Rechtsanwaltskosten und die Kosten rechtlicher Vertretung betrifft, auch die Erstattungsfähigkeit (§ 182 Abs. 4 S. 4 GWB i.V.m. § 80 Abs. 2 und Abs. 3 S. 2 VwVfG),[414] nicht dagegen, was danach zu erstatten ist (§ 182 Abs. 4 S. 5 GWB).[415] Sie ergeht von Amts wegen[416] im Regelfall als Teil des auch die Festsetzung der Verwaltungskosten (§ 182 Abs. 1 bis 3 GWB) und die Sachentscheidung über den Nachprüfungsantrag umfassenden Beschlusses in Gestalt eines Verwaltungsaktes (§ 168 Abs. 1 S. 1 GWB).[417] Die Entscheidung über die Rechtsverfolgungs- und Rechtsverteidigungskosten ist damit anders als die Entscheidung über die Verwaltungskosten eine bloße Kostengrundentscheidung.

167 Weil die Vergabekammer über die Kostentragung nur dem Grunde nach zu entscheiden hat, wären Ausführungen über den Gegenstand der Aufwendungen überflüssig und mangels einer Rechtsgrundlage hierfür unbeachtlich. Für den Regelfall, dass Antragsteller oder Antragsgegner insgesamt unterliegen, ist danach wie folgt zu **tenorieren**:

> „Der Antragsteller/Antragsgegner hat die zur zweckentsprechenden Rechtsverteidigung/Rechtsverfolgung notwendigen Aufwendungen des Antragsgegners/Antragstellers zu tragen."

Sind solche Aufwendungen eines Beigeladenen zu erstatten, ist der Tenor entsprechend zu ergänzen. Sind Aufwendungen der Rechtsverfolgung oder -verteidigung wechselseitig nicht zu erstatten, so kann von einer Tenorierung[418] insgesamt abgesehen werden. Denn ohne entsprechenden Entscheidungstenor fehlt für die Geltendmachung eines prozessualen Kostenerstattungsanspruchs die Grundlage. Haben die Beteiligten einander Rechtsverfolgungs- und Rechtsverteidigungskosten zu erstatten und haben sie Rechtsanwälte für ihre Vertretung im Verfahren vor der Vergabekammer hinzugezogen, hat die Vergabekammer von Amts wegen ebenfalls über die Notwendigkeit der Zuziehung zu entscheiden, zumal dies Voraussetzung

410 OLG Celle, Beschluss v. 5.11.2020 – 13 Verg 7/20, juris Rn. 12; OLG Düsseldorf, Beschluss v. 12.1.2005 – VII-Verg 96/04, juris Rn. 3; siehe auch BVerwG, Beschluss v. 3.7.2000 – 11 A 1/99, 11 KSt 2/99, juris Rn. 4; *Summa,* in: Heiermann/Zeiss/Summa, Vergaberecht, § 182 GWB Rn. 75; *Landsberg*, in: Pünder/Schellenberg, Vergaberecht, § 182 GWB Rn. 48; *Brauser-Jung*, in: Röwekamp/Kus/Portz/Prieß, GWB-Vergaberecht, § 182 Rn. 41.

411 Vgl. VK Berlin, Beschluss v. 31.7.2019 – VK-B1-09/19, juris Rn. 200; *Landsberg*, in: Pünder/Schellenberg, Vergaberecht, § 182 GWB Rn. 47.

412 OLG München, Beschluss v. 8.6.2005 – Verg 3/05 (Kosten für Justiziar); *Landsberg*, in: Pünder/Schellenberg, Vergaberecht, § 182 GWB Rn. 32; *Brauser-Jung*, in: Röwekamp/Kus/Portz/Prieß, GWB-Vergaberecht, § 182 Rn. 40; *Losch*, in: Ziekow/Völlink, Vergaberecht, § 182 GWB Rn. 51.

413 *Landsberg*, in: Pünder/Schellenberg, Vergaberecht, § 182 GWB Rn. 48; *Reider*, in: Säcker, Wettbewerbsrecht, § 182 GWB Rn. 15.

414 Über den Gegenstandswert hat die Vergabekammer mangels einer rechtlichen Grundlage hierfür nicht zu entscheiden, vgl. OLG Düsseldorf, Beschluss v. 17.1.2006 – VII-Verg 63/05, juris Rn. 11; *Landsberg*, in: Pünder/Schellenberg, Vergaberecht, § 182 GWB Rn. 39.

415 OLG Celle, Beschluss v. 8.12.2009 – 13 Verg Verg 11/09, juris Rn. 2; a.A. *Krohn*, in: Burgi/Dreher, Vergaberecht, § 182 GWB Rn. 42, dem aber entgegenzuhalten ist, dass prozessökonomisch sinnvolle Verfahrensweisen nicht die dafür erforderliche, hier sogar durch § 182 Abs. 4 S. 5 GWB ausdrücklich entzogene Rechtsgrundlage zu ersetzen vermögen.

416 *Noch*, in: Byok/Jaeger, Vergaberecht, § 182 GWB Rn. 111.

417 Vgl. bereits oben Fn. 100 f.

418 Selbstverständlich nicht von der Begründung hierfür in den Gründen der Entscheidung.

für die Erstattungsfähigkeit dieser Aufwendungen ist.[419] Orientiert am Wortlaut des § 80 Abs. 3 S. 2 VwVfG ist zu tenorieren:

> „Die Zuziehung eines Rechtsanwaltes war für den Antragsteller/Antragsgegner/Beigeladenen notwendig."

Die Notwendigkeit der Zuziehung eines Rechtsanwaltes kann die Vergabekammer allerdings nur feststellen, wenn ihr die hierfür erforderlichen Umstände **bekannt** sind. Sie muss würdigen können, ob der Beteiligte nach seinen konkret vorhandenen oder zu erwartenden Rechtskenntnissen wegen der durch die erhobenen Rügen aufgeworfenen Rechtsfragen die Hinzuziehung eines Rechtsanwalts in dem Nachprüfungsverfahren für erforderlich halten durfte. Dazu bedarf es, soweit sich die tatsächlichen Umstände nicht schon aus dem sonstigen Vorbringen ergeben, entsprechender Darlegungen der Beteiligten, worauf die Vergabekammer im Rahmen ihrer Aufklärungspflicht (§ 163 Abs. 1 S. 1 GWB) hinzuwirken hat. Wie in der Hauptsache kann sie sich dabei auf das beschränken, was von den Beteiligten vorgebracht wird oder ihr sonst bekannt sein muss (§ 163 Abs. 1 S. 2 GWB). Zur Gewährung rechtlichen Gehörs (Art. 103 Abs. 1 GG) und der Vermeidung von Überraschungsentscheidungen können entsprechende Hinweise geboten sein. Soweit die Vergabekammer in Zwischenverfahren gesonderte Entscheidungen zu treffen hatte, etwa bei Streitigkeiten über Akteneinsichtsgesuche oder einen Antrag nach § 169 Abs. 2 S. 1 GWB, wird sich der Ausspruch der Vergabekammer zu den Rechtsverfolgungs- und verteidigungskosten im Zweifel auch auf die insoweit angefallenen Aufwendungen beziehen; es kann deswegen eine entsprechende Differenzierung geboten sein, etwa wenn der Antrag nach § 169 Abs. 2 S. 1 GWB keinen Erfolg hatte, der Nachprüfungsantrag aber zurückzuweisen war.[420] 168

Haben die Beteiligten über die Tragung ihrer Rechtsverfolgungs- und Rechtsverteidigungskosten einen **Vergleich** geschlossen, ist eine Entscheidung der Vergabekammer hierüber entbehrlich.[421] Es spricht aber nichts dagegen, dass die Vergabekammer aus Gründen der Rechtssicherheit und Transparenz die Vereinbarung der Beteiligten zum Gegenstand ihrer Kostenentscheidung macht und bei dieser Gelegenheit etwaige Unklarheiten oder Ungenauigkeiten aufklärt. Da die Beteiligten sich über ihre Rechtsverfolgungs- und Rechtsverteidigungskosten in aller Regel nur dann verständigen werden, wenn sich das Nachprüfungsverfahren in der Hauptsache, sei es durch eine Rücknahmeerklärung des Antragstellers, sei es durch Erledigungserklärungen der Beteiligten, erledigt hat, wird Grundlage der Kostenentscheidung dann § 182 Abs. 4 S. 3 GWB sein. Dem danach für die Anordnung der Tragung der Rechtsverfolgungs- und Rechtsverteidigungskosten maßgeblichen billigen Ermessen wird in aller Regel alleine eine die vergleichsweise Regelung der Beteiligten übernehmende Entscheidung entsprechen; eine von dem Willen der Beteiligten abweichende, nach Ansicht der Vergabekammer aber „richtige" Entscheidung wäre ermessensfehlerhaft. 169

IV. Erstattung der Kosten (S. 5)

Die Entscheidung der Vergabekammer über die Kostentragung der zu einer zweckentsprechenden Rechtsverfolgung oder Rechtsverteidigung notwendigen Aufwendungen hat als solche keinen vollstreckungsfähigen Inhalt. Sie ist nur **Kostengrundentscheidung**.[422] Anders als die Entscheidung zu den Rechtsverfolgungs- und -verteidigungskosten im verwaltungsgerichtlichen Widerspruchsverfahren, deren Regelungen § 182 Abs. 4 S. 4 GWB ansonsten weitgehend für entsprechend anwendbar erklärt, findet eine Kostenfestsetzung, wie § 182 Abs. 4 170

419 Vgl. im Einzelnen oben Rn. 161.

420 In diesem Sinne auch *Reider*, in: Säcker, Wettbewerbsrecht, § 182 GWB Rn. 14; vgl. für die entsprechende Lage bei einem Antrag nach § 173 Abs. 1 S. 3 GWB (§ 118 Abs. 1 S. 3 GWB a.F.) OLG Celle, Beschluss v. 7.6.2007 – 13 Verg 5/07, juris Rn. 87. Vgl. im Übrigen oben Rn. 117.

421 So wohl grundsätzlich auch OLG Naumburg, Beschluss v. 9.7.2014 – 2 Verg 3/14, juris Rn. 7. Unklar und möglicherweise a.A. *Schulz*, in: Willenbruch/Wieddekind, Vergaberecht, § 182 GWB Rn. 59, 40.

422 Vgl. oben Rn. 166.

S. 5 GWB ausdrücklich festhält, nicht statt.[423] § 80 Abs. 3 S. 1 VwVfG, wonach auf Antrag der Betrag der zu erstattenden Aufwendungen festzusetzen ist, ist von der Verweisung des § 182 Abs. 4 S. 4 GWB nicht erfasst. Anders ist es indes, wenn sich dem Nachprüfungsverfahren vor der Vergabekammer ein Beschwerdeverfahren angeschlossen und der Vergabesenat auch in der Hauptsache eine Entscheidung getroffen hat. Dann findet nach § 175 Abs. 2 GWB i.V.m. § 71 S. 3 GWB ein Kostenfestsetzungsverfahren nach den Vorschriften der §§ 104 ff. ZPO statt, das auch die Festsetzung der Rechtsverfolgungs- und verteidigungskosten vor der Vergabekammer umfasst.[424] Das wird auch dann gelten, wenn sich die sofortige Beschwerde lediglich auf die Kostenentscheidung bezogen hat, weil auch in diesem Fall eine Kostenentscheidung des Vergabesenats ergeht und sich dem Erkenntnisverfahren nach den genannten Vorschriften ein Kostenfestsetzungsverfahren anschließt.[425]

171 Folge des fehlenden Kostenfestsetzungsverfahrens ist, dass die Beteiligten ihren **Kostenerstattungsanspruch** aus der Kostenentscheidung der Vergabekammer über die Rechtsverfolgungs- und verteidigungskosten selbst gegenüber dem zur Kostentragung verpflichteten Beteiligten beziffern können und müssen. Erfüllt der Kostenschuldner den Anspruch nicht, muss der Kostengläubiger ihn für eine etwaige zwangsweise Durchsetzung gerichtlich titulieren lassen. Der Erstattungsanspruch ist zivilrechtlicher Natur und dementsprechend vor den Zivilgerichten geltend zu machen.[426] Hierbei sind die Zivilgerichte dem Grunde nach an die Kostenentscheidung der Vergabekammer gebunden. Für die Erstattungsfähigkeit der Kosten eines hinzugezogenen Rechtsanwalts oder sonstigen Bevollmächtigten bedeutet dies, dass die Notwendigkeit der Hinzuziehung eines Rechtsanwalts von der Vergabekammer in ihrer Kostenentscheidung festgestellt worden sein muss (§ 182 Abs. 4 S. 4 GWB i.V.m. § 80 Abs. 3 S. 2 VwVfG). Zu erstatten sind dann die gesetzlich vorgesehen Gebühren, weil nur diese notwendig sind,[427] und zwar auch für Nebenverfahren, etwa über einen Antrag nach § 169 Abs. 2 S. 1 GWB.[428] Erstattungsfähig ist danach grundsätzlich eine Geschäftsgebühr nach Nr. 2300 VV RVG, die einen Gebührenrahmen zwischen Gebührensätzen von 0,5 bis 2,5 vorsieht, wobei häufig eine Gebühr oberhalb der Mittelgebühr von 1,3 in Betracht kommen wird, soweit das Verfahren etwa eine hohe rechtliche Komplexität, einen überdurchschnittlichen Umfang oder eine überdurchschnittliche rechtliche Schwierigkeit aufgewiesen hat.[429] War ein Beteiligter bereits vor dem Beginn des Nachprüfungsverfahrens in dem Vergabeverfahren rechtsanwaltlich vertreten, ist die dort entstandene Geschäftsgebühr entsprechend der Anmerkung 2.3 Abs. 4 S. 1 VV RVG höchstens mit einem Gebührensatz von 0,75 anzurechnen. Darauf kann sich der Erstattungspflichtige aber gemäß § 15a Abs. 3 RVG in der Regel gegenüber dem erstattungsberechtigten Beteiligten nicht berufen.[430] Der Gegenstandswert der anwaltlichen Tätigkeit orientiert sich an dem Streitwert des Nachprüfungsverfahrens und beläuft sich mithin auf fünf Prozent des Bruttoauftragswertes nach Maßgabe des Angebotes des Antragstel-

423 Die Sachgerechtigkeit dieser Regelung darf mit *Krohn*, in: Burgi/Dreher, Vergaberecht, § 182 GWB Rn. 41, sowie *Noch*, in: Byok/Jaeger, Vergaberecht, § 182 GWB Rn. 112, bezweifelt werden; wegen des vergaberechtlichen Bezugs der Gebührenstreitigkeiten dürften die Vergabekammern sachnäher sein als die Zivilgerichte, mögen die Streitigkeiten auch in einem offenbar streitanfälligen und daher nicht befriedigend geregelten anwaltlichen Gebührenrecht ihren Ursprung haben.

424 *Summa*, in: Heiermann/Zeiss/Summa, Vergaberecht, § 182 GWB Rn. 2 Fn. 115; *Krohn*, in: Burgi/Dreher, Vergaberecht, § 182 GWB Rn. 43, 97.

425 OLG Düsseldorf, Beschluss v. 2.5.2011 – VII-Verg 31/11, juris Rn. 7; *Krohn*, in: Burgi/Dreher, Vergaberecht, § 182 GWB Rn. 97; a. A. *Summa*, in: Heiermann/Zeiss/Summa, Vergaberecht, § 182 GWB Rn. 2 Fn. 116; *Landsberg*, in: Pünder/Schellenberg, Vergaberecht, § 182 GWB Rn. 58.

426 OLG Celle, Beschluss v. 8.12.2009 – 13 Verg 11/09, juris Rn. 4; *Stockmann*, in: Immenga/Mestmäcker, Wettbewerbsrecht, § 182 GWB Rn. 30a; *Landsberg*, in: Pünder/Schellenberg, Vergaberecht, § 182 GWB Rn. 29; *Losch*, in: Ziekow/Völlink, Vergaberecht, § 182 GWB Rn. 61.

427 Vgl. im Einzelnen zur Höhe der erstattungsfähigen Rechtsanwaltsgebühren *Krohn*, in: Burgi/Dreher, Vergaberecht, § 182 GWB Rn. 47 bis 53 sowie *Losch*, in: Ziekow/Völlink, Vergaberecht, § 182 GWB Rn. 64 bis 68 je m.w.N.; überholt durch das am 1.8.2013 in Kraft getretene 2. KostRModG dagegen *Reider*, in: Säcker, Wettbewerbsrecht, § 182 GWB Rn. 21 bis 23.

428 OLG Naumburg, Beschluss v. 25.2.2015 – 2 Verg 2/14, juris Rn. 32; *Landsberg*, in: Pünder/Schellenberg, Vergaberecht, § 182 GWB Rn. 45; *Reider*, in: Säcker, Wettbewerbsrecht, § 182 GWB Rn. 45.

429 *Landsberg*, in: Pünder/Schellenberg, Vergaberecht, § 182 GWB Rn. 43.

430 *Landsberg*, in: Pünder/Schellenberg, Vergaberecht, § 182 GWB Rn. 44.

lers (§ 23 Abs. 1 S. 3 RVG in Verbindung mit § 50 Abs. 2 GKG).[431] Hierbei ist der Gegenstandswert mangels gesetzlicher Grundlage nicht von der Vergabekammer festzusetzen.[432]

Das Bestehen des verfahrensrechtlichen Kostenerstattungsanspruchs schließt indes das Bestehen eines materiell-rechtlichen Kostenerstattungsanspruchs bei Vorliegen der entsprechenden Anspruchsvoraussetzungen nicht aus.[433] In der Regel kann hier ein Ersatz der Aufwendungen, die zu einer zweckentsprechenden Rechtsverfolgung und Rechtsverteidigung notwendig waren, als Schaden geltend gemacht werden, wenn die übrigen Voraussetzungen eines solchen **Schadensersatzanspruchs** vorliegen, insbesondere eine schuldhafte Verletzung schuldrechtlicher Pflichten (§ 280 Abs. 1 BGB) aus dem durch das Vergabeverfahren begründeten vorvertraglichen Schuldverhältnis (§§ 241 Abs. 2, 311 Abs. 2 BGB). Insoweit kann dann auch Anspruch auf Erstattung von Rechtsanwaltskosten vor Anhängigkeit des Nachprüfungsverfahrens bestehen.[434] **172**

D. Rechtsschutz

Gegen den Beschluss, mit dem die Verwaltungskammer sowohl über die Verwaltungskosten (§ 182 Abs. 1 bis 3 GWB) als auch über die Rechtsverfolgungs- und verteidigungskosten (§ 182 Abs. 4 GWB) in Gestalt eines Verwaltungsaktes (vgl. § 168 Abs. 1 S. 1 GWB) zu entscheiden hat,[435] ist die sofortige Beschwerde nach § 171 Abs. 1 S. 1 GWB statthaft. **173**

Regelmäßig ergeht die Kostenentscheidung **zusammen mit** der **Sachentscheidung** über den Nachprüfungsantrag (vgl. § 14 Abs. 1 S. 2 VwKostG für die Entscheidung über die Verwaltungskosten) und ist bei einer gegen die Sachentscheidung gerichteten sofortigen Beschwerde Gegenstand des Beschwerdeverfahrens[436]. Wird die Sachentscheidung zugunsten des Beschwerdeführers abgeändert, wird dies regelmäßig auch Folgen für die Kostenentscheidung erster Instanz haben, die dann nach den für die Vergabekammer geltenden Vorgaben von dem im Beschwerdeverfahren entscheidenden Vergabesenat entsprechend abzuändern ist. Hat die sofortige Beschwerde gegen die Sachentscheidung keinen Erfolg und ist sie dementsprechend zurückzuweisen, verbleibt es grundsätzlich[437] bei der Kostenentscheidung der Vergabekammer; eine Abänderung der nicht angefochtenen Kostenentscheidung zu Lasten des Beschwerdeführers kommt nach dem Grundsatz des Verbotes der Reformatio in Peius nicht in Betracht.[438] **174**

---

431 OLG Düsseldorf, Beschluss v. 17.1.2006 – VII-Verg 63/05, juris Rn. 12; *Landsberg*, in: Pünder/Schellenberg, Vergaberecht, § 182 GWB Rn. 38.

432 OLG Düsseldorf, Beschluss v. 17.1.2006 – VII-Verg 63/05, juris Rn. 11; *Landsberg*, in: Pünder/Schellenberg, Vergaberecht, § 182 GWB Rn. 39.

433 Vgl. BGH, Urteil v. 21.7.2011 – IX ZR 151/10, juris Rn. 16, mit der Einschränkung, dass für die gerichtliche Geltendmachung des materiell-rechtlichen Kostenerstattungsanspruchs das Rechtsschutzbedürfnis fehle, weil der prozessrechtliche Kostenerstattungsanspruch einfacher im Kostenfestsetzungsverfahren geltend gemacht werden könne; ein solches steht hier für den verfahrensrechtlichen Kostenerstattungsanspruch aber gerade nicht zur Verfügung, sodass beide Ansprüche parallel geltend gemacht werden könnten.

434 BGH, Urteil v. 22.10.2020 – VII ZR 10/17, juris Rn. 23; Urteil v. 9.6.2011 – X ZR 143/10, juris Rn. 17; *Krohn*, in: Burgi/Dreher, Vergaberecht, § 182 GWB Rn. 55.

435 Vgl. oben Rn. 100 f., 166.

436 Vgl. für die Entscheidung über die Verfahrenskosten § 22 Abs. 1 S. 1 Hs 2 VwKostG: „der Rechtsbehelf gegen eine Sachentscheidung erstreckt sich auf die Kostenentscheidung".

437 Anders, wenn die sofortige Beschwerde unabhängig von der Sachentscheidung auch die Kostenentscheidung angreift, was durch Auslegung des Rechtsbehelfs zu klären ist.

438 So für den Zivilprozess zutreffend bereits RG, Urteil v. 6.6.1904 – IV 456/03 RGZ 58, 248, 256: *„selbstverständlich"* keine Abweichung im Kostenpunkt zu Lasten des Rechtsmittelführers; ferner LG Köln, Beschluss v. 4.8.1989 – 30 T 213/88, juris Rn. 12 ff.; *Kapsa*, Das Verbot der reformatio in peius im Zivilprozeß, S. 167 f.; *Kirchner*, NJW 1972, 2295 ff. Anders freilich die derzeit h.M. (etwa BGH, Urteil v. 24.8.2018 – XI ZR 207/17, juris Rn. 17; *Rimmelspacher*, in: Raucher/Krüger, ZPO, § 528 Rn. 52 je m.w.N.) unter Verkennung des in § 528 S. 2 ZPO enthaltenen Grundsatzes des prozessualen Besitzstandsschutzes und mit der unzutreffenden Berufung auf den nicht einschlägigen § 308 Abs. 2 ZPO (vgl. nur *Kapsa*, Das Verbot der reformatio in peius im Zivilprozeß,, S. 164 ff.) sowie in unüberwindbarem Widerspruch zu der weitgehend unstreitigen Geltung des Verschlechterungsverbots bei (im Zivilprozess nur ausnahmsweise zulässiger) isolierter Anfechtung der Kostenentscheidung (vgl. dazu KG, Beschluss v. 12.7.2019 – 9 W 34/19, juris 14 m.w.N.) sowie der Zulässigkeit eines allein gegen die Kostenentscheidung gerichteten Anschlussrechtsmittels (vgl. BGH, Urteil v. 21.2.1992 – V ZR 273/90, juris Rn. 20; *Heßler*, in: Zöller, ZPO, § 524 Rn. 35); ohne neue oder überzeugende Argumente der h.M. folgend auch *Kuhlmann*, Das Verbot der reformatio in peius im Zivilprozessrecht, 2010, S. 168 bis 170.

175 Die Kostenentscheidung kann aber von den Beteiligten anders als im zivil- und verwaltungsprozessualen Rechtsmittelverfahren (vgl. § 99 ZPO, § 158 VwGO)[439] auch **gesondert** mit der sofortigen Beschwerde angefochten werden.[440] Das stellt § 22 Abs. 1 S. 1 Hs. 1 VwKostG für den auf die Verwaltungskosten bezogenen Teil der Entscheidung der Vergabekammer klar. Es folgt aber für sämtliche Entscheidungen der Vergabekammer über die Kosten ebenso aus § 171 Abs. 1 S. 1 GWB, weil danach ohne Einschränkungen gegen die Entscheidungen der Vergabekammer die sofortige Beschwerde zulässig ist.[441] Deswegen kann sich die sofortige Beschwerde auch nur gegen bestimmte Teile der Kostenentscheidung der Vergabekammer richten, etwa gegen die Festsetzung von Verfahrensgebühr oder Auslagen der Höhe nach, gegen die Kostentragung bezüglich der Verwaltungskosten oder gegen Entscheidungen über die Notwendigkeit der Zuziehung eines Rechtsanwalts.[442] Statthaft ist ferner die nur auf die Kostenentscheidung bezogene Anschlussbeschwerde eines anderen Beteiligten.[443]

176 Die **Statthaftigkeit** der sofortigen Beschwerde ist auch bei einer gesonderten Anfechtung der Kostenentscheidung der Vergabekammer nicht an besondere Voraussetzungen, etwa die Erreichung einer bestimmten Beschwerdesumme gebunden. Dennoch ist der Rechtsbehelf nur zulässig, wenn der Beschwerdeführer eine Beschwer geltend machen kann, weil ihm sonst das für jeglichen Rechtsbehelf erforderliche allgemeine Rechtsschutzbedürfnis fehlen würde. Richtet er sich primär gegen die Hauptsacheentscheidung, gelten insoweit die allgemeinen Regeln.[444] Bei gesonderten Beschwerden gegen die Kostenentscheidung der Vergabekammer oder Teile davon ist hingegen allein auf die Beschwer durch die Kostenentscheidung der Vergabekammer abzustellen und ist die sofortige Beschwerde nur zulässig, wenn insoweit eine Beschwer des Beschwerdeführers feststellbar ist. Maßgeblich ist insoweit allein die materielle Beschwer,[445] die sich danach bemisst, ob und inwieweit der Beschwerdeführer durch die Kostenentscheidung unmittelbar und individuell nachteilig betroffen wäre, wenn sie bestandskräftig würde.[446] An einer Beschwer fehlt es danach beispielsweise, wenn dem öffentlichen Auftraggeber die Verwaltungskosten auferlegt sind, er aber wegen seiner persönlichen Gebührenbefreiung nach § 8 VwKostG die Verfahrensgebühr nicht entrichten muss und auch keine Auslagen zu erstatten sind, und zwar auch dann, wenn die Kostenbefreiung von der Vergabekammer fehlerhaft nicht in der Kostenentscheidung festgestellt worden ist,[447] anders liegt es aber, wenn das Bestehen der Kostenbefreiung nach § 8 VwKostG unklar und zwischen den Beteiligten streitig ist.[448] Ebenso fehlt es an der Beschwer, wenn ein Beteiligter sich gegen die einem anderen Beteiligten nach Zurückverweisung des Nachprüfungsverfahrens an die Vergabekammer zugutekommende Herabsetzung der Verfahrensgebühr wenden möchte.[449] Wie auch sonst ist die unstatthafte oder sonst unzulässige sofortige Beschwerde nicht zurückzuweisen, sondern als unzulässig zu verwerfen.[450] Hat die Vergabekammer nicht oder unvollständig über die Kosten entschieden, ist eine sofortige Beschwerde erst zulässig, wenn die Vergabekammer einen Antrag auf Ergänzung ihrer Entscheidung zurückgewiesen

---

439 Hier ist allerdings, anders als im Vergabenachprüfungsverfahren, erstinstanzlich eine gerichtliche Entscheidung ergangen.

440 KG, Beschluss v. 12.5.2021 – Verg 1008/20, juris Rn. 2; OLG Naumburg, Beschluss v. 9.4.2009 – 1 Verg 1/09, juris Rn. 3.

441 *Dicks*, in: Ziekow/Völlink, Vergaberecht, § 171 GWB Rn. 2.

442 KG, Beschluss v. 11.5.2022 – Verg 5/21, juris Rn. 1; KG, Beschluss v. 9.3.2022 – Verg 3/18, juris Rn. 15; OLG Düsseldorf, Beschluss v. 16.3.2020 – VII-Verg 38/18, BeckRS 2020, 29123, Rn. 21; Beschluss v. 16.11.2018 – VII-Verg 60/17, juris Rn. 15; OLG Naumburg, Beschluss v. 9.4.2009 – 1 Verg 1/09, juris Rn. 3.

443 OLG Koblenz, Beschluss v. 26.8.2020 – Verg 5/20, juris Rn. 34, wonach das auch gilt, wenn sich die Anschlussbeschwerde auf eine isolierte Beschwerde gegen eine Kostenentscheidung bezieht.

444 Vgl. *Dicks*, in: Ziekow/Völlink, Vergaberecht, § 171 GWB Rn. 10 ff.

445 Bei der sog. formellen Beschwer wäre darauf abzustellen, ob und inwieweit eine Entscheidung zu Ungunsten des Beteiligten von seinem Antrag abweicht, vgl. *Dicks*, in: Ziekow/Völlink, Vergaberecht, § 171 GWB Rn. 11.

446 *Dicks*, in: Ziekow/Völlink, Vergaberecht, § 171 GWB Rn. 11.

447 KG, Beschluss v. 9.3.2022 – Verg 3/18, juris Rn. 30; OLG Koblenz, Beschluss v. 26.8.2020 – Verg 5/20, juris Rn. 27; OLG Frankfurt, Beschluss v. 12.7.2018 – 11 Verg 1/18, juris Rn. 33.

448 KG, Beschluss v. 9.3.2022 – Verg 3/18, juris Rn. 31; OLG Brandenburg, Beschluss v. 12.7.2012 – Verg W 6/12, juris Rn. 5; OLG Düsseldorf, Beschluss v. 14.9.2009 – VII-Verg 20/09, juris Rn. 3 ff. Vgl. zur Kostenbefreiung nach § 8 VwKostG näher oben Rn. 50 ff., 98.

449 OLG Frankfurt, Beschluss v.16.2.2009 – 11 Verg 17/08, juris Rn. 18.

450 OLG Koblenz, Beschluss v. 26.8.2020 – Verg 5/20, juris Rn. 28.

oder unbeschieden gelassen hat,[451] wobei ein solcher entsprechend § 120 VwGO statthafter Antrag die danach bestehenden Zulässigkeitsvoraussetzungen erfüllen, also insbesondere fristgerecht binnen zwei Wochen nach Zustellung der angefochtenen Entscheidung der Vergabekammer gestellt sein muss (§ 120 Abs. 2 VwGO).[452] Befindet sich das Nachprüfungsverfahren aber bereits in der Beschwerdeinstanz kann auch der Vergabesenat (ohne vorherige) Zurückverweisung entscheiden.[453]

Die sofortige Beschwerde hat nach § 173 Abs. 1 S. 1 GWB **aufschiebende Wirkung** gegenüber der Entscheidung der Vergabekammer. Richtet sich die sofortige Beschwerde zumindest auch gegen die Hauptsacheentscheidung[454], erstreckt sich die aufschiebende Wirkung aber, auch soweit sie über zwei Wochen hinaus (§ 173 Abs. 1 S. 2 GWB) auf Antrag nach § 173 Abs. 1 S. 3 GWB verlängert wird, ohne Weiteres auf die Kostenentscheidung.[455] Das erscheint schon deswegen interessengerecht, weil dann, wenn eine Abänderung der Hauptsacheentscheidung in Betracht kommt, in aller Regel auch die Kostenentscheidung abzuändern sein könnte. Anders liegt es hingegen bei einer gesonderten Anfechtung der Kostenentscheidung.[456] Hier findet § 173 GWB keine Anwendung, weil die Vorschrift, wie sich der grundsätzlichen Befristung der aufschiebenden Wirkung in § 173 Abs. 1 S. 2 GWB und den Voraussetzungen für ihre Verlängerung nach § 173 Abs. 2 GWB entnehmen lässt, vorrangig der Sicherung des Primärrechtsschutzes dient, indem vermieden werden soll, dass der Auftraggeber während des laufenden Nachprüfungsverfahrens durch die Erteilung des Zuschlags vollendete Tatsachen schaffen kann.[457] Wird nur die Kostenentscheidung angegriffen, hat dies deswegen keine aufschiebende Wirkung nach § 173 Abs. 1 GWB und kommt vorläufiger Rechtsschutz nur entsprechend der allgemein für vorläufigen Rechtsschutz gegen Kostenentscheidungen geltenden Regeln in Betracht.[458] 177

Der Vergabesenat hat die Kostenentscheidung, soweit sie zulässig angefochten ist, umfassend zu überprüfen. Weist sie Mängel auf, hat er in der Sache selbst zu entscheiden.[459] Soweit die Vergabekammer nach pflichtgemäßem Ermessen zu entscheiden hat, insbesondere bei der Festsetzung der Verfahrensgebühr nach Maßgabe von § 182 Abs. 2, Abs. 3 S. 4 und 6 GWB, § 9 Abs. 1 VwKostG, ist die **Entscheidung** nicht zu beanstanden, wenn die Vergabekammer das ihr eingeräumte Ermessen fehlerfrei ausgeübt hat.[460] Das setzt insbesondere voraus, dass die Vergabekammer ihrer Entscheidung die maßgebenden tatsächlichen Umstände zutreffend und vollständig zugrunde gelegt und nach den gesetzlichen Vorgaben gewürdigt 178

---

451 BayObLG, Beschluss v. 27.9.2002 – Verg 18/02, juris Rn. 12; *Landsberg*, in: Pünder/Schellenberg, Vergaberecht, § 182 GWB Rn. 21.

452 A.A. *Brauser-Jung*, in: Röwekamp/Kus/Portz/Prieß, GWB-Vergaberecht, § 182 Rn. 14: Ergänzung von Amts wegn; *Noch*, in: Byok/Jaeger, Vergaberecht, § 182 GWB Rn. 59, wonach die Vergabekammer noch sechs Monate nach Ergehen des Beschlusses zu Änderungen und Ergänzungen befugt sein soll; das widerspricht aber den genannten gesetzlichen Vorgaben und auch allgemeinen prozessrechtlichen Grundsätzen.

453 OLG Düsseldorf, Beschluss v. 17.6.2020 – VII-Verg 43/18, juris Rn. 10; in dem zu entscheidenden Fall war es dennoch wenig überzeugend, dass das Oberlandesgericht seine in demselben Verfahren bereits ergangene, wegen der Feststellung der Notwendigkeit der Hinzuziehung eines Rechtsanwalts für den Antragsgegner lückenhafte Schlussentscheidung korrigiert hat; ist das Beschwerdeverfahren nämlich abgeschlossen und in der Beschwerdeinstanz deswegen nicht mehr anhängig, kann eine Korrektur, soweit entsprechend § 120 VwGO zulässig, allenfalls durch die Vergabekammer erfolgen, vgl. *Kunze*, in: Bader/Ronellenfitsch, VwVfG, 50. Edition, Stand: 1.1.2021, § 80 Rn. 97; *Kallerhoff/Keller*, in: Stelkens/Bonk/Sachs, VwVfG, § 80 Rn. 28.

454 Nicht dagegen, wenn die Hauptsacheentscheidung sich nur noch auf einen Feststellungsantrag nach § 168 Abs. 2 S. 2 GWB bezieht.

455 *Schulz*, in: Willenbruch/Wieddekind, Vergaberecht, § 182 GWB Rn. 43.

456 A.A. *Schulz*, in: Willenbruch/Wieddekind, Vergaberecht, § 182 GWB Rn. 43.

457 Kritisch zu einer Anwendung des § 173 Abs. 1 S. 3 GWB auch *Stockmann*, in: Immenga/Mestmäcker, Wettbewerbsrecht, § 182 GWB Rn. 27.

458 Das ist allerdings, was die Verwaltungskosten betrifft, entbehrlich, wenn die Vergabekammer die Fälligkeit der Zahlung von der Rechtskraft ihrer Kostengrundentscheidung abhängig macht, vgl. etwa VK Niedersachsen, Beschluss v. 27.9.2019 – VgK-34/2019, juris Rn. 135, 139, 143.

459 OLG München, Beschluss v. 10.4.2019 – Verg 8/18, juris Rn. 37; *Summa*, in: Heiermann/Zeiss/Summa, Vergaberecht, § 182 GWB Rn. 2 Fn. 2.

460 OLG Brandenburg, Beschluss v. 7.5.2008 – Verg W 2/08, juris Rn. 9; OLG Koblenz, Beschluss v. 16.2.2006 – 1 Verg 2/06, juris Rn. 8; *Summa*, in: Heiermann/Zeiss/Summa, Vergaberecht, § 182 GWB Rn. 59; *Stockmann*, in: Immenga/Mestmäcker, Wettbewerbsrecht, § 182 GWB Rn. 8, 11; *Reider*, in: Säcker, Wettbewerbsrecht, § 182 GWB Rn. 4.

hat. Hierbei hat der Vergabesenat gemäß § 178 S. 2 GWB regelmäßig trotz der für die Vergabekammer bestehenden Ermessensspielräume selbst zu entscheiden und wird eine nach der genannten Vorschrift auch zulässige Zurückverweisung sich häufig schon deswegen verbieten, weil dies prozessökonomisch unzweckmäßig ist. Die Annahme, der Senat müsse das Verfahren bei der Feststellung von Ermessensfehlern zurückverweisen, um der Vergabekammer eine Ermessensentscheidung über die Kosten zu ermöglichen,[461] verkennt, dass es sich bei der Entscheidung des Beschwerdegerichts im Vergabenachprüfungsverfahren nicht etwa um die Überprüfung der Entscheidung einer Verwaltungsbehörde handelt, wie dies etwa für die Entscheidung der Nachprüfungsinstanzen bei der Überprüfung der Entscheidungen des Auftraggebers im Vergabeverfahren der Fall ist. Vielmehr handelt es sich bei der Entscheidung der Vergabekammer um eine in der ersten Instanz in einem gerichtsähnlichen Verfahren ergehende Entscheidung, die dementsprechend durch den Vergabesenat als auch in der Sache entscheidender zweiter Instanz in vollem Umfang ersetzt werden kann. Ist allein die Kostenentscheidung angegriffen, kann die Entscheidung hierbei ohne mündliche Verhandlung ergehen, weil eine mündliche Verhandlung vor dem Vergabesenat bei einem Beschwerdeverfahren über eine Nebenentscheidung der Vergabekammer entbehrlich ist.[462]

179 Der Vergabesenat entscheidet als Beschwerdegericht auch über die **Kosten des Beschwerdeverfahrens**.[463] Der Wert des Beschwerdeverfahrens richtet sich hierbei, soweit mit der sofortigen Beschwerde auch die Entscheidung der Vergabekammer in der Hauptsache angefochten ist, nach Maßgabe des § 50 Abs. 2 GKG allein nach deren Wert. Ist dagegen nur die Kostenentscheidung der Vergabekammer Gegenstand des Beschwerdeverfahrens, bemisst sich der Streitwert entsprechend § 3 ZPO nach pflichtgemäß auszuübendem Ermessen, was eine Ausrichtung des Streitwertes an dem Wert der jeweils streitigen Verfahrenskosten nach sich zieht.[464] Soweit sich die sofortige Beschwerde gegen die Entscheidung der Vergabekammer über die Höhe der festgesetzten Verfahrensgebühr oder der zu erstattenden Auslagen oder eine Versagung der Gebührenbefreiung nach § 8 VwKostG richtet, ist das Beschwerdeverfahren analog § 66 Abs. 8 GKG gebührenfrei und sind außergerichtliche Kosten nicht zu erstatten.[465]

Anlage

Gesetzesbegründung – VergRModG 2016 (BT-Drs. 18/6281)

Seite 136

§ 182 entspricht im Wesentlichen dem bisherigen § 128 GWB.

In § 182 Absatz 3 Satz 4 werden die Wörter „hat der Antragsteller" durch das Wort „ist" ersetzt. Diese Änderung beseitigt eine Widersprüchlichkeit zwischen dem bisherigen § 128 Absatz 3 Satz 4 und § 128 Absatz 3 Satz 5 GWB, wonach bei Rücknahme oder anderweitiger Erledigung des Nachprüfungsantrags einerseits dem Antragsteller die Hälfte der Gebühr auferlegt werden, andererseits aber die Entscheidung, wer die Kosten zu tragen hat, nach billigem Ermessen erfolgen soll (vgl. BGH, Beschluss vom 25. Januar 2012, X ZB 3/11). Zweck der Regelung in § 182 Absatz 3 Satz 4 ist es, dass in Fällen der Rücknahme oder sonstiger Erledigung des Nachprüfungsverfahrens nur die Hälfte der Gebühr zu entrichten ist. Dabei kann es Konstellationen geben, in denen der Antragssteller in einem materiellen Sinne obsiegt hat und es daher unbillig ist, ihm die Kosten aufzuerlegen, etwa wenn der Auftraggeber nach Einleitung des Nachprüfungsverfahrens dem Begehren des Antragssteller abhilft und das Verfahren durch eine beiderseitige Erledigungserklärung beendet wird. Dementsprechend

---

461 So OLG Frankfurt, Beschluss v. 29.8.2014 – 11 Verg 3/14, juris Rn. 30; OLG Jena, Beschluss v. 22.8.2016 – 2 Verg 6/16, juris Rn. 10; *Landsberg*, in: Pünder/Schellenberg, Vergaberecht, § 182 GWB Rn. 10.

462 KG, Beschluss v. 9.3.2022 – Verg 3/18, juris Rn. 12; OLG Düsseldorf, Beschluss v. 16.11.2018 – VII-Verg 60/17, juris Rn. 15.

463 Vgl. dazu im Einzelnen *Mockel* in § 175 GWB Rn. 57 ff.

464 OLG Koblenz, Beschluss v. 26.8.2020 – Verg 5/20, juris Rn. 62 f.; OLG Düsseldorf, Beschluss v. 16.3.2020 – VII-Verg 38/18, BeckRS 2020, 29123, Rn. 44.

465 BGH, Beschluss v. 25.10.2011 – X ZB 5/10, Rn. 22 bis 24; KG, Beschluss v. 9.3.2022 – Verg 3/18, juris Rn. 34; *Landsberg*, in: Pünder/Schellenberg, Vergaberecht, § 182 GWB Rn. 51.

erfolgt die Kostenentscheidung gemäß Absatz 3 Satz 5 nach billigem Ermessen. Absatz 3 Satz 4 ordnet nunmehr an, dass in Fällen der Rücknahme oder sonstiger Erledigung des Nachprüfungsverfahrens nur die Hälfte der Gebühr zu entrichten ist. Zu der Frage, wer diese hälftige Gebühr zu tragen hat, enthält die Regelung keine Aussage. Diese Frage ist durch § 182 Absatz 3 Satz 4 und 5 zu beantworten.

§ 182 Absatz 4 Satz 3 wird ebenfalls neu gefasst. Die Neufassung der Regelung zum Aufwendungsersatz entspricht der im Falle der Antragsrücknahme oder sonstigen Erledigung geltenden Regelung in Absatz 3 Satz 5 für die Kostentragung in Bezug auf die Kosten der Vergabekammer. Dadurch wird der Gleichlauf der Regelungen für die Gebühren und Auslagen einerseits und die notwendigen Aufwendungen andererseits hergestellt. Zudem wird eine Regelungslücke für den Aufwendungsersatz im Falle der sonstigen Erledigung, insbesondere der Erledigung durch Abhilfe seitens des öffentlichen Auftraggebers, geschlossen: § 182 Absatz 4 Satz 3 kann als Grundlage dafür herangezogen werden, die notwendigen Aufwendungen eines Beteiligten einem anderen aufzuerlegen.

Seite 137

Die Vorschrift erlaubt es, materielles Unterliegen unter dem Gesichtspunkt der Billigkeit auch für den Aufwendungsersatz zu berücksichtigen. Die von einem Beteiligten zu tragenden Aufwendungen sind durch das Kriterium „zweckentsprechend" begrenzt, siehe bereits § 182 Absatz 4 Satz 1 und § 78.

§ 183 GWB
Korrekturmechanismus der Kommission

(1) Erhält die Bundesregierung im Laufe eines Vergabeverfahrens vor Abschluss des Vertrags eine Mitteilung der Europäischen Kommission, dass diese der Auffassung ist, es liege ein schwerer Verstoß gegen das Recht der Europäischen Union zur Vergabe öffentlicher Aufträge oder zur Vergabe von Konzessionen vor, der zu beseitigen sei, teilt das Bundesministerium für Wirtschaft und Energie dies dem Auftraggeber mit.

(2) Der Auftraggeber ist verpflichtet, innerhalb von 14 Kalendertagen nach Eingang dieser Mitteilung dem Bundesministerium für Wirtschaft und Energie eine umfassende Darstellung des Sachverhalts zu geben und darzulegen, ob der behauptete Verstoß beseitigt wurde, oder zu begründen, warum er nicht beseitigt wurde, ob das Vergabeverfahren Gegenstand eines Nachprüfungsverfahrens ist oder aus sonstigen Gründen ausgesetzt wurde.

(3) Ist das Vergabeverfahren Gegenstand eines Nachprüfungsverfahrens oder wurde es ausgesetzt, so ist der Auftraggeber verpflichtet, das Bundesministerium für Wirtschaft und Energie unverzüglich über den Ausgang des Verfahrens zu informieren.

Übersicht Rn.

A. Allgemeines ... 1
I. Unionsrechtlicher Hintergrund ... 4
II. Umsetzung in nationales Recht ... 6
1. Änderungen zur bisherigen Vorschrift ... 6
2. Regelungsgehalt der Vorschrift ... 8
B. Stellungnahmepflicht des Auftraggebers ... 10
C. Anwendungsvoraussetzungen für den Korrekturmechanismus ... 15
D. Widerlegung des schweren Verstoßes ... 21
Anlage
Gesetzesbegründung

A. Allgemeines

1 Bis zur Modernisierung des Vergaberechts durch das VergRModG 2009 fand sich die Regelung in der damaligen VgV. Mit der Modernisierung wurde die VgV von allen Normen des Nachprüfungsverfahrens befreit und die Vorschrift wurde in Teil 4 GWB verschoben. Die Norm regelt den sogenannten **Korrekturmechanismus**. Damit wird das Recht der Kommission bezeichnet, von der Bundesregierung die Beseitigung eines schweren Verstoßes gegen das Gemeinschaftsrecht im Bereich des öffentlichen Auftragswesens zu verlangen. Da die Europäische Kommission sich die notwendigen Informationen hierzu nicht unmittelbar selbst beschaffen darf, regelt die Vorschrift das entsprechende Verfahren hierzu.[1]

2 Mit dem Korrekturmechanismus besteht neben der Einleitung eines Nachprüfungsverfahrens eine weitere Möglichkeit für betroffene Unternehmen, die **Rechtmäßigkeit des Vergabeverfahrens** überprüfen zu lassen, indem sie die Europäische Kommission über vermutete Vergabeverstöße informieren und so gegebenenfalls ein Korrekturmechanismusverfahren auslösen.[2] Die praktische Relevanz für Unternehmen dürfte jedoch begrenzt sein, da Unternehmen keinen Anspruch auf ein Einschreiten der Europäischen Kommission geltend machen können. Den Vorschriften zum Korrekturmechanismus kommt nämlich keine Drittwirkung zu.[3]

3 Allerdings verfügt die Europäische Kommission mit dem Korrekturmechanismus über zusätzliche Kompetenzen, die ihre Möglichkeiten im Rahmen eines **Vertragsverletzungsverfah-**

1 *Dittmann*, in: Ziekow/Völlink, Vergaberecht, § 129 GWB Rn. 5.
2 Vgl. *Wagner*, in: Heiermann/Zeiss, Vergaberecht, § 129 GWB Rn. 2.
3 *Freytag*, in: Gabriel/Krohn/Neun, Handbuch Vergaberecht, § 37 Rn. 8 m.w.N.

rens nach Art. 258 AEUV ergänzen.[4] Da das Verfahren des Korrekturmechanismus nur vor Abschluss eines Vertrages greift, steht es insofern neben dem Vertragsverletzungsverfahren, welches erst im Falle eines begangenen Verstoßes gegen den AEUV, also nach Vertragsschluss, eingeleitet werden kann.

I. Unionsrechtlicher Hintergrund

4 Die nahezu wortidentischen Art. 3 RL 89/665/EWG sowie Art. 8 RL 92/13/EWG verleihen der Europäischen Kommission jeweils in Abs. 1 das Recht, das Verfahren des Korrekturmechanismus anzuwenden, wenn sie **vor Abschluss eines Vergabeverfahrens** das Vorliegen eines schweren Vergaberechtsverstoßes als gegeben ansieht.

5 Nach Art. 3 Abs. 2 RL 89/665/EWG und Art. 8 Abs. 2 RL 92/13/EWG muss die Kommission in solchen Fällen dem Mitgliedstaat **mitteilen**, warum sie einen schweren Verstoß annimmt und dass sie dessen Beseitigung verlangt. Der Mitgliedstaat ist verpflichtet, innerhalb von 21 Tagen der Europäischen Kommission zu antworten. Die Mitteilungspflichten des Mitgliedstaates, ob der Verstoß beseitigt oder nicht beseitigt oder das Verfahren ausgesetzt wurde, regeln Art. 3 Abs. 3 bis 5 RL 89/665/EWG und Art. 8 Abs. 3 bis 5 RL 92/13/EWG.

II. Umsetzung in nationales Recht

1. Änderungen zur bisherigen Vorschrift

6 Basierend auf Art. 3 RL 89/665/EWG und Art. 8 RL 92/13/EWG setzt § 183 GWB die Mitwirkungspflichten der Mitgliedstaaten selbst sowie hieraus resultierende Pflichten des betroffenen Auftraggebers um. Die Vorschrift ersetzt **§ 129 GWB a.F.** nahezu wortgleich. Da im Bereich der vergaberechtlichen Regelungen das Konzessionsvergaberecht in Form der RL 2014/23/EU hinzugekommen ist, war dies in § 183 Abs. 1 GWB zu berücksichtigen. Dementsprechend muss es sich nunmehr um einen Verstoß gegen das Recht der Europäischen Union zur Vergabe öffentlicher Aufträge oder zur Vergabe von Konzessionen handeln, den es zu beseitigen gilt.

7 In § 183 Abs. 3 GWB wurde klargestellt, dass der Auftraggeber dem Bundesministerium für Wirtschaft und Energie nicht nur über den Ausgang eines möglichen Nachprüfungsverfahrens, sondern insgesamt über den **Verfahrensausgang** der Auftragsvergabe zu berichten hat. Folglich wurde im letzten Halbsatz des Absatzes 3 das Wort „Nachprüfungsverfahrens" durch das Wort „Verfahrens" ersetzt.

2. Regelungsgehalt der Vorschrift

8 Geregelt wird einerseits der Ablauf des **Verfahrens**, wenn die Europäische Kommission vom Instrument des Korrekturmechanismus Gebrauch macht, und andererseits, wer die Beteiligten in diesem Verfahren sind. Die Voraussetzungen dafür, dass die Europäische Kommission das Instrument überhaupt anwenden darf, ergeben sich unmittelbar aus den Vorschriften der Rechtsmittelrichtlinien. Das Verfahren ist ein ausschließlich bilaterales zwischen der EU-Kommission und dem jeweiligen Mitgliedstaat.[5]

9 Zunächst hat das Bundesministerium für Wirtschaft und Energie dem betroffenen Auftraggeber eine entsprechende **Mitteilung** zu machen. Der Auftraggeber wiederum ist verpflichtet, innerhalb von 14 Kalendertagen zu antworten. Kann der Auftraggeber nur einen Zwischenstand mitteilen, weil ein Nachprüfungsantrag gestellt oder das Verfahren aus sonstigen Gründen ausgesetzt wurde, muss er das Bundesministerium für Wirtschaft und Energie unverzüglich nach Verfahrensabschluss über das Ergebnis informieren.

---

4 Vgl. *Freytag*, in: Gabriel/Krohn/Neun, Handbuch Vergaberecht, § 37 Rn. 1.
5 EuGH, Urteil vom 3.4.2009 – Rs. C-387/08 (Edeka).

B. Stellungnahmepflicht des Auftraggebers

Der Auftraggeber ist gemäß § 183 Abs. 2 GWB nach entsprechender Mitteilung des Bundesministeriums für Wirtschaft und Energie verpflichtet, diesem gegenüber eine umfassende Stellungnahme zum Sachverhalt abzugeben. Hieraus muss hervorgehen, ob der behauptete Verstoß beseitigt wurde oder es ist darzulegen, warum er nicht beseitigt wurde. 10

Die **Frist** hierfür beträgt 14 Kalendertage (Sonn- und Feiertage sind also mit zu berechnen) nach Eingang der Aufforderung durch das Bundesministerium für Wirtschaft und Energie. 11

Vorschriften zur **Form** gibt es keine. Zweckmäßigerweise wird der Bericht in schriftlicher Form erteilt. 12

Ist das Verfahren Gegenstand eines **Nachprüfungsverfahrens** oder wurde es aus sonstigen Gründen **ausgesetzt**, ist auch dies innerhalb der Frist mitzuteilen. Im letzteren Fall ist der Auftraggeber nach § 183 Abs. 3 GWB unverzüglich nach Beendigung des Verfahrens zur Mitteilung des Ausgangs an das Bundesministerium für Wirtschaft und Energie verpflichtet. 13

Die hierzu parallele **Mitteilungspflicht** des Mitgliedstaates gegenüber der Europäischen Kommission findet sich in Art. 3 Abs. 3 bis 5 RL 89/665/EWG und Art. 8 Abs. 3 bis 5 RL 92/13/EWG. Der Mitgliedstaat hat für seine Stellungnahme gegenüber der Europäischen Kommission eine Frist von 21 Kalendertagen nach Eingang der Kommissionsmitteilung. 14

C. Anwendungsvoraussetzungen für den Korrekturmechanismus

Die Kommission kann von dem Instrument des Korrekturmechanismus nur Gebrauch machen, wenn die Anwendungsvoraussetzungen, die sich unmittelbar aus Art. 3 RL 89/665/EWG bzw. Art. 8 RL 92/13/EWG ergeben, vorliegen. 15

Demnach muss es sich um ein noch **laufendes Vergabeverfahren** handeln. Durchzuführen sind Vergabeverfahren im Fall des Abschlusses von öffentlichen Aufträgen[6] – in diesem Sinne sind auch verteidigungs- und sicherheitsspezifische Aufträge „öffentliche Aufträge" –,[7] dem Abschluss von Rahmenvereinbarungen[8] sowie von Konzessionen[9]. 16

Die Anwendung des Korrekturmechanismus ist ausgeschlossen, wenn das Vergabeverfahren nicht mehr läuft, also bereits ein abgeschlossener **Vertrag** vorliegt. Dies ergibt sich aus Art. 3 Abs. 1 RL 89/665/EWG und Art. 8 Abs. 1 RL 92/13/EWG. Demnach kann die Europäische Kommission die Beseitigung eines schweren Verstoßes im Bereich des öffentlichen Auftragswesens nur vor Abschluss eines Vertrages vom Mitgliedstaat verlangen (siehe § 183 Abs. 1 GWB). 17

Die Europäische Kommission muss zu der **Auffassung** gelangt sein, dass es sich um einen schweren Verstoß gegen das Gemeinschaftsrecht im Bereich des öffentlichen Auftragswesens handelt. Aus dem Wortlaut ergibt sich, dass die Europäische Kommission nicht in jedem Fall von dem Instrument des Korrekturmechanismus Gebrauch machen muss, sondern dass sie einen Entscheidungsspielraum hat. Erst wenn sie nach Abwägung aller Tatsachen zu dem Ergebnis gelangt, dass tatsächlich ein schwerer Verstoß vorliegt, kann sie überhaupt tätig werden. 18

Was unter einem „**schweren Verstoß**" zu verstehen ist, wird zunächst nicht definiert. Einen Hinweis gibt Erwägungsgrund 28 RL 2007/66/EG. Dieser besagt, dass aufgrund der Erhöhung der Wirksamkeit der einzelstaatlichen Nachprüfungsverfahren der Korrekturmechanismus auf die „schweren Verstöße" gegen das Gemeinschaftsrecht im Bereich des öffentlichen Auftragswesens ausgerichtet werden sollte. Hieraus lässt sich folgern, dass Maßstab der Beurteilung der Grad der Wirksamkeit des nationalen Rechtsschutzes sein sollte. Demnach kommt nicht jeder Verstoß gegen vergaberechtliche Vorschriften des Gemeinschaftsrechts in Be- 19

---

6 Siehe § 97 Abs. 1 GWB i.V.m. § 103 Abs. 1 GWB.
7 Siehe § 97 Abs. 1 GWB i.V.m. § 104 Abs. 1 GWB.
8 Siehe § 97 Abs. 1 GWB i.V.m. § 103 Abs. 5 GWB.
9 Siehe § 97 Abs. 1 GWB i.V.m. § 105 Abs. 1 GWB.

tracht. Leichte Verstöße, selbst wenn sie klar und eindeutig sind, dürften jedenfalls nicht genügen.[10] Als schwere Verstöße dürften insbesondere Verstöße zu betrachten sein, die die Grundprinzipien des europäischen Vergaberechts, nämlich die Gleichbehandlung und Nichtdiskriminierung einschließlich der daraus erwachsenden Transparenzpflicht verletzen.[11]

20 Der Verstoß muss gegen das Gemeinschaftsrecht im Bereich des **öffentlichen Auftragswesens** gerichtet sein. Hierzu zählen alle vergaberechtlichen Vorschriften der Europäischen Union, insbesondere die Vergaberichtlinien sowie die allgemeinen Grundsätze des AEUV, insbesondere Art. 18, 49 und 56 AEUV, soweit sie auf vergaberechtliche Verfahren Anwendung finden.[12]

D. Widerlegung des schweren Verstoßes

21 Ist der Mitgliedstaat oder der Auftraggeber der Auffassung, die Europäische Kommission irrt sich und ein schwerer Verstoß liegt gar nicht erst vor, wird man diesem die Möglichkeit einer entsprechenden Darstellung einräumen müssen.

22 Für Fälle, in denen ein vermuteter schwerer Vergabeverstoß tatsächlich nicht vorliegt und die Europäische Kommission sich nach Auffassung des Mitgliedstaates oder des Auftraggebers irrt, muss es diesem möglich sein, entsprechend **Stellung zu nehmen** und die Gründe hierfür vorzutragen. Demgemäß wäre dies nach § 183 Abs. 2 GWB durch den Auftraggeber darzulegen. Das Bundesministerium für Wirtschaft und Energie wiederum würde gemäß Art. 3 Abs. 3 lit. b RL 89/665/EWG oder Art. 8 Abs. 3 lit. b RL 92/13/EWG an die Europäische Kommission berichten.

23 Für den Fall einer **Nichteinigung** zwischen der Europäischen Kommission und dem Mitgliedstaat bliebe der Europäischen Kommission zur Klärung letztendlich nach Vertragsschluss die Einleitung eines Vertragsverletzungsverfahrens gemäß Art. 258 AEUV.

Anlage

Gesetzesbegründung – VergRModG 2016 (BT-Drs. 18/6281)

Seite 137

§ 183 entspricht weitestgehend dem bisherigen § 129 GWB. Gemäß Artikel 46 Absatz 7 und Artikel 47 Absatz 7 der Richtlinie 2014/23/EU wird nunmehr als Prüfungsmaßstab für den schweren Verstoß das Recht der Europäischen Union zur Vergabe von Konzessionen ergänzt. Im Hinblick auf Artikel 3 Absatz 5 der Richtlinie 89/665/EWG, Artikel 8 Absatz 5 der Richtlinie 92/13/EWG, jeweils in der Fassung der Richtlinie 2007/66/EG erfolgte eine Anpassung in Absatz 3 mit der Maßgabe, dass sich die Informationspflicht des Auftraggebers auf den Ausgang des Verfahrens insgesamt bezieht, das heißt, den Ausgang des Nachprüfungsverfahrens oder den Ausgang des Vergabeverfahrens nach Aussetzung aus sonstigen Gründen.

10 *Freytag*, in: Gabriel/Krohn/Neun, Handbuch Vergaberecht, § 37 Rn. 9.
11 *Wagner*, in: Heiermann/Zeiss, Vergaberecht, § 129 GWB Rn. 6.
12 *Dittmann*, in: Ziekow/Völlink, Vergaberecht, § 129 GWB Rn. 9.

§ 184 GWB
Unterrichtungspflichten der Nachprüfungsinstanzen

Die Vergabekammern und die Oberlandesgerichte unterrichten das Bundesministerium für Wirtschaft und Energie bis zum 31. Januar eines jeden Jahres über die Anzahl der Nachprüfungsverfahren des Vorjahres und deren Ergebnisse.

Übersicht Rn.

A. Allgemeines ... 1
B. Unionsrechtlicher Hintergrund ... 2
C. Regelungsinhalt ... 4
Anlage
Gesetzesbegründung

A. Allgemeines

1 Um das Funktionieren der nationalen Nachprüfungsverfahren auf der Grundlage der Rechtsmittelrichtlinien 89/665/EWG und 92/13/EWG nachvollziehen zu können, hat die Europäische Kommission das Recht, von den Mitgliedstaaten bestimmte Informationen in Bezug auf innerstaatlich durchgeführte Nachprüfungsverfahren von den Mitgliedstaaten zu verlangen. Die den Mitgliedstaaten abverlangten Informationen sollen es der Europäischen Kommission ermöglichen, eine korrekte Bewertung der Wirksamkeit der Rechtsmittelrichtlinien vorzunehmen.[1]

B. Unionsrechtlicher Hintergrund

2 Nach Art. 12 Abs. 1 RL 92/13/EWG und Art. 4 RL 89/665/EWG kann die Europäische Kommission von den Mitgliedstaaten Informationen über das **Funktionieren** der innerstaatlichen Nachprüfungsverfahren verlangen.

3 Darüber hinaus geben Art. 12 Abs. 2 RL 92/13/EWG und Art. 4 Abs. 2 RL 89/665/EWG der Europäischen Kommission das Recht, von den Mitgliedstaaten auf einer jährlichen Basis den Wortlaut aller **Entscheidungen** – zusammen mit entsprechenden Begründungen – zu verlangen, die die Nachprüfungsbehörden gemäß Art. 2d Abs. 3 RL 92/13/EWG und Art. 2d Abs. 3 RL 89/665/EWG getroffen haben. Danach kann eine Nachprüfungsbehörde einen rechtswidrig vergebenen Vertrag gleichwohl als nicht unwirksam erachten, wenn sie zu dem Schluss kommt, dass zwingende Gründe eines Allgemeininteresses es rechtfertigen, die Wirkung des Vertrages zu erhalten.

C. Regelungsinhalt

4 Um als Bundesregierung den europarechtlichen Verpflichtungen nachkommen zu können, wird den für die Nachprüfungsverfahren zuständigen Institutionen, nämlich den Vergabekammern und Oberlandesgerichten, nach § 184 GWB vorgegeben, das Bundesministerium für Wirtschaft und Energie regelmäßig über die durchgeführten Nachprüfungsverfahren zu unterrichten. Die Unterrichtung an das Bundesministerium für Wirtschaft und Energie erfolgt jährlich zum 31. Dezember.

5 Eine bestimmte **Form** ist nicht vorgegeben. Die Unterrichtung erfolgt zweckmäßiger Weise schriftlich aufbereitet.[2]

1 Vgl. Erwägungsgrund 31 RL 2007/66/EWG.
2 Vgl. *Brauser-Jung*, in: Röwekamp/Kus/Portz/Prieß, GWB-Vergaberecht, § 184 Rn. 5.

6 Gegenstand der **Unterrichtungspflicht** sind Anzahl und Ergebnisse der Nachprüfungsverfahren des jeweiligen Vorjahres. Hierzu zählen Angaben darüber, ob die Entscheidung zugunsten des Antragstellers oder des Auftraggebers erfolgte, ob Anträge zurückgenommen wurden oder sich auf sonstige Weise erledigten (z. B. durch unmittelbare Einigung zwischen Antragsteller und dem Auftraggeber).[3] Da Art. 2d Abs. 3 RL 92/13/EWG und Art. 2d Abs. 3 RL 89/665/EWG in der Bundesrepublik Deutschland nicht umgesetzt wurden, sind diese für die Unterrichtungspflicht der Nachprüfungsinstanzen gegenüber dem Bundesministerium für Wirtschaft und Energie ohne Bedeutung.

Anlage

Gesetzesbegründung – VergRModG 2016 (BT-Drs. 18/6281)

Seite 137

§ 184 entspricht dem bisherigen § 129a.

3 Veröffentlichung der jährlichen Statistik auf: https://www.bmwi.de/Redaktion/DE/Artikel/Wirtschaft/vergabstatistik.html.

Teil 6

Übergangs- und Schlussbestimmungen

§ 187 GWB
Übergangs- und Schlussbestimmungen

[...]

(2) Vergabeverfahren, die vor dem 18. April 2016 begonnen haben, einschließlich der sich an diese anschließenden Nachprüfungsverfahren sowie am 18. April 2016 anhängige Nachprüfungsverfahren werden nach dem Recht zu Ende geführt, das zum Zeitpunkt der Einleitung des Verfahrens galt.

[...]

Übersicht Rn.

A. Allgemeines 1
B. Ziel der Übergangsbestimmung 3
C. Adressaten und Wirkung 5
D. Maßgeblicher Zeitpunkt 6
Anlage
Gesetzesbegründung

A. Allgemeines

§ 187 Abs. 2 GWB ist in Teil 6 „Übergangs- und Schlussbestimmungen" angesiedelt. Dieser Teil umfasst die Vorschriften § 186 und § 187 GWB. Lediglich § 187 Abs. 2 GWB betrifft die vergaberechtlichen Regelungen des Teil 4 GWB. 1

Die gesamte Vorschrift greift den Regelungsgehalt des früheren **§ 131 GWB a.F.** auf.[1] Die Regelung der Übergangsbestimmungen im GWB war auf zwei Absätze mit unterschiedlichen zeitlichen Bezugspunkten aufgeteilt. Hintergrund war die Einfügung des zweiten Absatzes durch das VergRModG 2009 und das Erfordernis einer weiteren Übergangsregelung und damit eines dritten Absatzes durch das Gesetz zur Änderung des Vergaberechts für die Bereiche Verteidigung und Sicherheit[2]. Mit dem VergRModG 2016 wurde der Regelungsgehalt in **§ 186 GWB a.F.** zusammengefasst und nunmehr durch Artikel 2 des Gesetzes zur Änderung des Energiewirtschaftsrechts im Zusammenhang mit dem Klimaschutz-Sofortprogramm und zu Anpassungen im Recht der Endkundenbelieferung vom 19. Juli 2022[3] in § 187 GWB verlagert. 2

B. Ziel der Übergangsbestimmung

Ziel der Vorschrift ist eine eindeutige Regelung zu der Frage, nach welchem Recht vor Inkrafttreten des Gesetzes begonnene Vergabeverfahren und Nachprüfungsverfahren zu Ende zu führen sind.[4] Anders als verschiedene Regelungen zum intertemporalen Verfahrensrecht (vgl. z. B. § 96 VwVfG) es vorsehen,[5] muss der Auftraggeber nicht das nun geltende Recht auf laufende Vergabeverfahren anwenden und dadurch gegebenenfalls das Verfahren umstellen. Dies dient dem Vertrauensschutz und der Rechtssicherheit[6] und ermöglicht den öffentlichen Auftraggebern eine Planung der Vergabeverfahren, welche damit unabhängig von gesetzgeberischen Entscheidungen zwischen Beginn und Abschluss des Vergabeverfahrens ist. 3

---

1 Die Gesetzesbegründung (BT-Drs. 18/6281, 137) verweist bei § 186 Abs. 1 GWB darauf, dass dieser wortgleich dem bisherigen § 131 Abs. 1 GWB entspricht. § 131 Abs. 1 GWB a.F. wurde durch das Gesetz zur Bekämpfung von Preismissbrauch im Bereich der Energieversorgung und des Lebensmittelhandels (BGBl. I 2007 S. 2966) eingefügt. Im Rahmen des Achten Gesetzes zur Änderung des Gesetzes gegen Wettbewerbsbeschränkungen (sog. 8. GWB-Novelle, BGBl. I 2013 S. 1738) wurde der Zeitpunkt der Nichtanwendbarkeit von § 29 GWB auf den 31. Dezember 2017 gelegt. Bis dahin war der 31. Dezember 2012 vorgesehen.

2 BGBl. 2011 I S. 2570.

3 BGBl. I S. 1214.

4 Vgl. Gesetzesbegründung zu § 186 GWB, VergRModG 2016, BT-Drs. 18/6281, 137.

5 BVerwG, Urteil v. 28.9.2011 – 3 C 39.10, Rn. 10; Urteil v. 9.8.2007 – 1 C 47.06, Rn. 29.

6 *Stockmann*, in: Immenga/Mestmäcker, Wettbewerbsrecht, § 186 GWB Rn. 9.

4 Eine derartige Regelung entspricht dabei den Vorgaben durch das **europäische Vergaberecht**. So stellte der EuGH fest, dass die RL 2004/18/EG nicht auf eine Entscheidung angewandt werden kann, die ein öffentlicher Auftraggeber bei der Vergabe eines öffentlichen Bauauftrags vor Ablauf der Frist zur Umsetzung dieser Richtlinie getroffen hat.[7] Hintergrund ist der Grundsatz der Rechtssicherheit.[8] Diesen Grundsatz behält der deutsche Gesetzgeber für das GWB bei.[9]

C. Adressaten und Wirkung

5 Die Vorschrift verwendet den Begriff „Vergabeverfahren", welcher mit der Überschrift von Kapitel 1 Teil 4 GWB übereinstimmt. Grundsätzlich sind damit alle Vergabeverfahren von Auftraggebern i.S.d. § 98 GWB erfasst. Für die bisher nicht im GWB enthaltenen Regelungen zu Konzessionsvergabeverfahren bedeutet dies – in logischer Fortsetzung der EuGH-Rechtsprechung – eine Fortsetzung des bisherigen Rechtszustands ohne ausdrückliche Regelung im GWB. Die übrigen Auftraggeber sowie die Vergabekammern und Beschwerdegerichte haben die Vorgaben des GWB entsprechend dem Zeitpunkt für die jeweiligen Vergabeverfahren zu beachten. Aus einem Umkehrschluss aus § 187 Abs. 2 GWB ergibt sich dabei für Vergabeverfahren, die nach dem 18. April 2016 begonnen haben, dass diese einer Nachprüfung durch die Vergabekammern[10] und die Entscheidungen der Vergabekammern einer Prüfung durch die Beschwerdegerichte[11] unterliegen.[12] Dies gilt zudem auch für Vorlagen beim BGH und für Vorabentscheidungsverfahren beim EuGH.[13]

D. Maßgeblicher Zeitpunkt

6 Maßgeblich ist der Zeitpunkt, in dem das **Vergabeverfahren** begonnen hat. Laut Gesetzesbegründung ist ein Vergabeverfahren im Sinne dieser Übergangsregelung auch begonnen, wenn eine Aufforderung zum Teilnahmewettbewerb oder zur Angebotsabgabe ohne vorherigen Teilnahmewettbewerb erfolgt ist[14], was eine Abweichung zu den Begründungen zu den Vorgängerregelungen in § 131 Abs. 2[15] und 3 GWB a.F.[16] bedeutet.[17] Da die Klarstellung nicht alle Sachverhalte erfasst, sondern lediglich die erwähnten Konstellationen ausdrücklich aufführt, ist der Beginn des Vergabeverfahrens nach allgemeinen Erwägungen zu bestimmen. Hierbei ist ein materielles Verständnis anzunehmen, bei dem neben einem internen Beschaffungsentschluss eine externe Umsetzung vorausgesetzt wird.[18] Dabei wird teilweise zwischen Vergabeverfahren mit Bekanntmachung – verbunden mit der Frage nach dem maßgeblichen Zeitpunkt beim dokumentierten Versand der Bekanntmachung[19] oder bei deren Veröffentli-

7 EuGH, Urteil v. 15.10.2009 – Rs. C-138/08.
8 EuGH, Urteil v. 11.7.2013 – Rs. C-576/10, Rn. 53 sowie Urteil v. 15.10.2009 – Rs. C-138/08 (Hochtief und Linde-Kca-Dresden), Rn. 29, jeweils mit Verweis auf EuGH, Urteil v. 5.10.2000 – Rs. C-337/98, Rn. 40.
9 Vgl. hierzu auch *Brandmeier/Hagen*, in: Burgi/Dreher/Opitz, Vergaberecht, § 186 GWB Rn. 5 ff.
10 Vgl. §§ 155 bis 170 GWB.
11 Vgl. §§ 171 bis 179 GWB.
12 Vgl. *Dieck-Bogatzke*, in: Pünder/Schellenberg, Vergaberecht, § 171 GWB Rn. 1.
13 Vgl. *Stockmann*, in: Immenga/Mestmäcker, Wettbewerbsrecht, § 186 GWB Rn. 13.
14 Vgl. Gesetzesbegründung zu § 186 GWB, VergRModG 2016, BT-Drs. 18/6281, 137.
15 Gesetzesbegründung zu § 131 Abs. 8 GWB a.F., VergRModG 2009, BT-Drs. 16/10117, 25 f.
16 Gesetzesbegründung zu § 131 Abs. 9 GWB a.F., Gesetz zur Änderung des Vergaberechts für die Bereiche Verteidigung und Sicherheit, BT-Drs. 17/7275, 19.
17 Diese nennen „eine Aufforderung zu Verhandlungen ohne vorherigen Teilnahmewettbewerb" als Bezugspunkt, wogegen sich die aktuelle Begründung auf Aufforderungen „zur Angebotsabgabe ohne vorherigen Teilnahmewettbewerb" bezieht.
18 OLG Düsseldorf, Beschluss v. 31.5.2017 – VII-Verg 36/16, Rn 24 ff., Beschluss v. 1.8.2012 – VII-Verg 10/12, Rn. 18 ff. m.w.N.; OLG Naumburg, Beschluss v. 17.3.2017 – 7 Verg 8/16, Rn 29 ff. m.w.N.; Beschluss v. 16.12.2016 – 7 Verg 6/16, Rn. 26; es ist allerdings darauf hinzuweisen, dass der EuGH möglicherweise bereits die internen Beschlüsse ausreichen lässt, sofern im weiteren Verlauf keine wesentlichen Änderungen eintreten: vgl. EuGH, Urteil v. 11.7.2013 – Rs. C-576/10, Rn. 54 ff.
19 OLG Naumburg, Beschluss v. 16.12.2016 – 7 Verg 6/16, Rn. 26; *Sturhahn*, in: Pünder/Schellenberg, Vergaberecht, § 186 GWB Rn. 1.

chung – und Vergabeverfahren ohne Bekanntmachung[20] unterschieden.[21] Dieses materielle Verständnis wird vom OLG Düsseldorf angeführt, um – anders als manche Stimmen in der Literatur[22] – den Rückgriff auf das neue Vergaberecht im Falle einer Zurückversetzung des Vergabeverfahrens in den Stand vor Bekanntmachung zu verwehren.[23] Mögliche negative Folgen für Bewerber und Bieter, die sich auf die Einhaltung der Regelungen verlassen haben, sowie eine mögliche Besserstellung des gegen Vergaberecht verstoßenden Auftraggebers sprechen aus Sicht des OLG Düsseldorf ebenfalls gegen eine Anwendung neueren Vergaberechts.[24]

Das Recht des Vergabeverfahrens bleibt dabei auch maßgeblich für das **Nachprüfungsverfahren**. Anders als teilweise vertreten[25] würde eine Trennung der rechtlichen Regelungen im Falle sich an die vor dem Stichtag begonnenen Vergabeverfahren anschließenden Nachprüfungsverfahren (2. Variante des § 187 Abs. 2 GWB) das Ziel des Vertrauensschutzes gefährden. Der Wortlaut ist insoweit auch eindeutig, wobei eine eigenständige Bedeutung für die Variante der vor dem 18. April 2016 begonnenen Nachprüfungsverfahren (3. Variante des § 187 Abs. 2 GWB) durchaus hinterfragt werden kann, da diese Nachprüfungsverfahren ein vor dem Stichtag begonnenes Vergabeverfahren erfordern.[26] Es wird dabei auch auf § 44 VSVgV hingewiesen, der auf die Erwähnung der 3. Variante des § 187 Abs. 2 GWB verzichtet. 7

Anlage

Gesetzesbegründung – VergRModG 2016 (BT-Drs. 18/6281)

Seite 137

Teil 6 und der darin enthaltene § 186 regelt den Übergang für zum Zeitpunkt des Inkrafttretens des Gesetzes bereits begonnene Vergabe- oder Nachprüfungsverfahren und greift in seinem Regelungsgehalt den bislang geltenden Teil 6 mit dem bisherigen § 131 GWB auf. Dabei entspricht § 186 Absatz 1 wortgleich dem bisherigen § 131 Absatz 1 GWB. § 186 Absatz 2 schafft eine eindeutige Regelung zu der Frage, nach welchem Recht vor Inkrafttreten des Gesetzes begonnene Vergabeverfahren und Nachprüfungsverfahren zu Ende zu führen sind. Ein Vergabeverfahren ist im Sinne dieser Übergangsregelung auch begonnen, wenn eine Aufforderung zum Teilnahmewettbewerb oder zur Angebotsabgabe ohne vorherigen Teilnahmewettbewerb erfolgt ist.

---

20 OLG Naumburg, Beschluss v. 17.3.2017 – 7 Verg 8/16, Rn 29 ff. m.w.N.
21 Vgl. hierzu ausführlicher *Stockmann*, in: Immenga/Mestmäcker, Wettbewerbsrecht, § 186 GWB Rn. 10 ff. mit entsprechenden Verweisen.
22 OLG Düsseldorf, Beschluss v. 28.3.2018 – VII-Verg 38/17, Rn. 77, u.a. mit Verweis auf *Brandmeier/Hagen*, in: Burgi/Dreher/Opitz, Vergaberecht, § 186 GWB Rn. 17 f.
23 OLG Düsseldorf, Beschluss v. 28.3.2018 – VII-Verg 38/17, Rn. 78 f.
24 OLG Düsseldorf, Beschluss v. 28.3.2018 – VII-Verg 38/17, Rn. 77.
25 Vgl. *Brandmeier/Hagen*, in: Burgi/Dreher/Opitz, Vergaberecht, § 186 GWB Rn. 19; *Ziekow*, in: Ziekow/Völlink, Vergaberecht, § 186 GWB Rn. 9.
26 Vgl. auch *Sturhahn*, in: Pünder/Schellenberg, Vergaberecht, § 186 GWB Rn. 3.

Kommentar

zum Gesetz zur Einrichtung und zum Betrieb eines Registers zum Schutz des Wettbewerbs um öffentliche Aufträge und Konzessionen (Wettbewerbsregistergesetz – WRegG)

vom 18. Juli 2017 (BGBl. I S. 2739), das zuletzt durch Artikel 78 des Gesetzes vom 10. August 2021 (BGBl. I S. 3436) geändert worden ist.

§ 1 WRegG
Einrichtung des Wettbewerbsregisters

(1) Beim Bundeskartellamt (Registerbehörde) wird ein Register zum Schutz des Wettbewerbs um öffentliche Aufträge und Konzessionen (Wettbewerbsregister) eingerichtet und geführt.

(2) Mit dem Wettbewerbsregister werden Auftraggebern im Sinne von § 98 des Gesetzes gegen Wettbewerbsbeschränkungen Informationen über Ausschlussgründe im Sinne der §§ 123 und 124 des Gesetzes gegen Wettbewerbsbeschränkungen zur Verfügung gestellt.

(3) Das Wettbewerbsregister wird in Form einer elektronischen Datenbank geführt.

Übersicht

	Rn.
A. Allgemeines	1
I. Historie	2
1. Referentenentwurf	7
2. Gesetzgebungsverfahren und Inkrafttreten	11
II. Regelungsbedarf auf Bundes-/EU-Ebene	14
III. Vergleichbare Regelungen	22
B. Zuständigkeit des Bundeskartellamts (Abs. 1)	27
C. Zurverfügungstellung der Informationen (Abs. 2)	32
D. Elektronische Datenbank (Abs. 3)	37
Anlage Gesetzesbegründung	

A. Allgemeines

§ 1 WRegG regelt die Einrichtung eines Wettbewerbsregisters auf Bundesebene und bestimmt die registerführende Stelle. Darüber hinaus wird der Normadressat definiert, welche Informationen zur Verfügung gestellt werden und in welcher Form das Wettbewerbsregister geführt wird. 1

I. Historie

Für Auftraggeber bestand bislang keine Möglichkeit, ein zentrales und bundesweit einheitliches Register dahingehend abzufragen, ob potenzielle Auftragnehmer in der Vergangenheit bzgl. wirtschaftskrimineller Handlungen auffällig waren. Allerdings wurde bereits seit mehr als 15 Jahren über ein bundesweites Korruptionsregister diskutiert, in dem natürliche und juristische Personen sowie Personengesellschaften eingetragen werden sollten, sofern sie im vorgenannten Sinne auffällig waren. Diese Informationen aus einem Wettbewerbsregister sollten schon damals öffentlichen Auftraggebern bei der ihnen obliegenden Prüfung der Zuverlässigkeit von Bietern, Bewerbern und potenziellen Auftragnehmern vor einer Zuschlagserteilung helfen, um damit Korruption wirksamer bekämpfen und ihr effektiver vorbeugen zu können.[1] 2

Bereits im Jahr **2002** hatte der Deutsche Bundestag die Errichtung eines bundesweit gültigen Korruptionsregisters beschlossen,[2] allerdings wurde das Vorhaben durch den Bundesrat gestoppt.[3] 3

Am 29. März **2005** wurde durch das Bundesministerium für Wirtschaft und Arbeit erneut ein Referentenentwurf vorgelegt, der die Einführung eines Bundesgesetzes zur Einrichtung eines zentralen Registers über den Ausschluss unzuverlässiger Unternehmen von der Vergabe öffentlicher Aufträge aus korruptionsbezogenen Gründen (KorrRegG) zum Gegenstand hatte. 4

---

1 Vgl. auch *Lantermann*, Vergaberegister – Ein rechtmäßiges und effektives Mittel zur Korruptionsprävention?, S. 15 ff.

2 Entwurf eines Gesetzes zur Errichtung eines Registers über unzuverlässige Unternehmen, BT-Drs. 14/9356.

3 Vgl. Beschluss des Deutschen Bundestages, Gesetz zur Errichtung eines Registers über unzuverlässige Unternehmen, BR-Drs. 719/02.

Diese Gesetzesinitiative des Bundesministeriums für Wirtschaft und Arbeit scheiterte hingegen am vorzeitigen Ende der 15. Legislaturperiode.[4]

5 Ein Gesetzentwurf der Bundestagsfraktion Bündnis 90/Die Grünen[5] fand im Jahr **2009** im Deutschen Bundestag keine Mehrheit. Auch ein weiterer Gesetzentwurf zu diesem Thema von Bündnis 90/Die Grünen aus November 2012[6] scheiterte, obwohl sich alle Sachverständigen im Rahmen einer Anhörung am 25. Februar 2013 im Ausschuss für Wirtschaft und Technologie des Deutschen Bundestages dahingehend geäußert haben, dass ein Korruptionsregister einen effektiven Beitrag zur Korruptionsprävention im Bereich der Vergabe öffentlicher und steuerfinanzierter Aufträge leisten würde. Dennoch scheiterte auch diese Initiative.[7] Selbst der Bundesverband der Deutschen Industrie stand bereits damals der Einführung grundsätzlich positiv gegenüber, auch wenn von dessen Seite weitere Maßnahmen – neben der Einführung eines Korruptionsregisters – vorzugswürdig erschienen. Dennoch wurde der Gesetzentwurf nicht zur Abstimmung in den Bundestag eingebracht, obwohl bereits 2012/2013 ein breiter gesellschaftlicher Konsens hinsichtlich der Einführung eines Korruptionsregisters auf Bundesebene bestand. Neben dem Gesetzentwurf von Bündnis 90/Die Grünen hat zudem die SPD-Fraktion selbst in einem Antrag vom 16. April 2013 zur effektiven Bekämpfung von Wirtschaftskriminalität[8] auf die Notwendigkeit der Einführung eines Korruptionsregisters verwiesen.

6 Auch die Länder haben durch Beschlüsse der Justizministerkonferenz am 25./26. Juni **2014** in Binz[9] und der Wirtschaftsministerkonferenz am 10./11. Dezember 2014 in Stralsund[10] den Bund aufgefordert, ein bundesweites Korruptionsregistergesetz einzuführen. In dem Beschluss der Wirtschaftsministerkonferenz vom 10./11. Dezember 2014 heißt es hierzu wörtlich: *„Die Wirtschaftsministerkonferenz sieht in der Einführung eines Korruptionsregisters auf Bundesebene einen wertvollen Beitrag zur Bekämpfung korruptiver oder wirtschaftskrimineller Praktiken, der geeignet ist, einen fairen Wettbewerb unter den Bietern bei öffentlichen Aufträgen zu fördern und zu garantieren und zugleich den Staat, die Steuerzahler und integre Unternehmen vor Schäden bewahrt. Sie hält in Zeiten nationaler und zunehmend europaweiter Ausschreibungen die bestehenden Länderregelungen auf längere Sicht nur noch ansatzweise für geeignet, einen Schutz vor unzuverlässigen Unternehmen sicherzustellen. Aus diesem Grund bittet sie die Bundesregierung, ein bundesweites Register einzurichten."*

1. Referentenentwurf

7 Das SPD geführte Bundesministerium für Wirtschaft und Energie hatte am 17. Februar 2017 einen Referentenentwurf für die Einrichtung eines bundesweiten Wettbewerbsregisters veröffentlicht. Mit dem Referentenentwurf war die Intention verbunden, ein bundesweit einheitliches Register zu etablieren, um den öffentlichen Auftraggebern eine zentrale Abfragemöglichkeit dahingehend zu verschaffen, ob Auftragnehmer, die sich um einen öffentlichen Auftrag beworben haben, bereits in der Vergangenheit u.a. wegen wirtschaftskrimineller Handlungen auffällig waren. Auf Basis der zur Verfügung stehenden Registerinformationen sollten anschließend die öffentlichen Auftraggeber bewerten können, ob der potenzielle Auftragnehmer über die notwendige Zuverlässigkeit verfügt, um den öffentlichen Auftrag erhal-

4 Vgl. auch *Gabriel*, VergabeR 2006, 173 (189 f.).

5 Entwurf eines Gesetzes zur Einrichtung eines Registers über unzuverlässige Unternehmen (Korruptionsregister-Gesetz), BT-Drs. 16/9780.

6 Entwurf eines Gesetzes zur Einrichtung eines Registers über unzuverlässige Unternehmen (Korruptionsregister-Gesetz), BT-Drs. 17/11415.

7 Ausschuss für Wirtschaft und Technologie, 93. Sitzung, Mitschnitt der öffentlichen Anhörung, www.bundestag.de/dokumente/textarchiv/2013/42359076_kw09_pa_wirtschaft_korruptionsregister-210426 (abgerufen am 25.6.2022); vgl. auch *Portz*, in: Dölling, Handbuch der Korruptionsprävention, Kapitel 7 Rn. 38 ff.

8 Antrag, Wirtschaftskriminalität effektiv bekämpfen, BT-Drs. 17/13087.

9 85. Konferenz der Justizministerinnen und Justizminister vom 25. bis 26. Juni 2014 im Ostseebad Binz auf Rügen, TOP I.10, www.justiz.nrw.de/JM/jumiko/beschluesse/2014/fruehjahrskonferenz_14/TOP_I_10.pdf (abgerufen am 25.6.2022).

10 Beschluss der Wirtschaftsministerkonferenz am 10./11. Dezember 2014 in Stralsund, TOP 10, www.wirtschaftsministerkonferenz.de/WMK/DE/termine/Sitzungen/14-12-10-11-WMK/14-12-10-11-beschluesse.pdf?__blob=publicationFile&v=2 (abgerufen am 25.6.2022).

ten und ordnungsgemäß durchführen zu können, oder ob er aufgrund des Vorliegens von Ausschlussgründen von der konkreten Auftragsvergabe auszuschließen ist. Hierdurch sollte es zu einer Erleichterung kommen, da bislang – um eine umfassende Information erhalten zu können – diverse Landesregister durch den Öffentlichen Auftraggeber hätten abgefragt werden müssen. Eine bundesweite Abfragemöglichkeit bestand nämlich bislang nicht.

Der Referentenentwurf sah dabei kein sogenanntes **Sperrregister** vor, wonach Unternehmen, die in diesem Register eingetragen waren, generell und automatisch aufgrund der Eintragung von öffentlichen Aufträgen auszuschließen wären. Vielmehr sollte es den öffentlichen Auftraggebern obliegen, aufgrund der Eintragungsinformationen eine ermessensfehlerfreie Entscheidung über den Ausschluss des potenziellen Bewerbers zu treffen. 8

Zudem war geplant, dass das Register **verwaltungsintern** und **vertraulich** geführt werden sollte. Nur öffentliche Auftraggeber sollten Zugriff auf die Informationen erhalten dürfen, wobei vorgesehen war, dass ab einem geschätzten Auftragswert von 30.000 Euro ohne Umsatzsteuer vor der Zuschlagserteilung eine Registerabfrage verpflichtend erfolgen muss. 9

Allerdings sollte nach dem Referentenentwurf den Unternehmen die Möglichkeit eingeräumt werden, sich nach einem durchlaufenen sog. „**Selbstreinigungsprozess**" wieder vorzeitig aus dem Register löschen lassen zu können. Hierzu wäre beispielsweise notwendig, nachweisen zu können, dass technische/personelle und/oder organisatorische Maßnahmen ergriffen wurden, die weitere Straftaten oder weiteres Fehlverhalten vermeiden. Zur zentralen Prüfung der durchgeführten Selbstreinigungsmaßnahmen sollte die Registerbehörde zuständig sein. 10

2. Gesetzgebungsverfahren und Inkrafttreten

Am 29. März 2017 hat das Bundeskabinett dem Gesetzentwurf des Bundesministeriums für Wirtschaft und Energie zugestimmt. Im Anschluss daran durchlief der Regierungsentwurf den Bundesrat, der am 12. Mai 2017 Stellung hierzu bezogen hat,[11] und abschließend den Bundestag. 11

Gegenüber dem Referentenentwurf enthielt der letztendlich beschlossene Regierungsentwurf einige **Änderungen** bzw. **Ergänzungen** – u.a. in Bezug auf die Registerbehörde. Zudem wurden Änderungen in Bezug auf die abfrageberechtigten Auftragnehmer und in Bezug auf die eintragungsrelevanten Sachverhalte aufgenommen. 12

Das WRegG ist seit dem 29. Juli 2017 **in Kraft**. Die Meldepflichten nach §§ 2 und 4 WRegG gelten gemäß § 12 Abs. 2 S. 1 WRegG seit dem 1. Dezember 2021, die Abfragepflicht nach § 6 WRegG und das Auskunftsrecht nach § 5 Abs. 2 WRegG gelten nach § 12 Abs. 2 S. 3 WRegG ab dem 1. Juni 2022. 13

II. Regelungsbedarf auf Bundes-/EU-Ebene

Vor dem Hintergrund, dass bis zum 29. Juli 2017 keine Bundesregelung zur Einführung eines Wettbewerbsregisters existierte, dem öffentlichen Auftragswesen in der Bundesrepublik Deutschland mit einem jährlichen Auftragsvolumen von mehreren hundert Milliarden Euro[12] aber eine herausragende wirtschaftliche Bedeutung zukommt, haben in der Vergangenheit einzelne Bundesländer reagiert und eigene Korruptionsregister etabliert. Hiermit sollte zumindest zunächst auf **Landesebene** ein Instrument geschaffen werden, mit dessen Hilfe die öffentlichen Auftraggeber insbesondere in die Lage versetzt wurden, die Zuverlässigkeit eines potenziellen Auftragnehmers besser prüfen und der Korruption im öffentlichen Vergabewe- 14

11 Stellungnahme des Bundesrates, Entwurf eines Gesetzes zur Einführung eines Wettbewerbsregisters, BR-Drs. 263/17.

12 *Schwab*, in: Heuvels/Höß/Kuß/Wagner, Vergaberecht, Einleitung Rn. 1; *Grützner/Behr*, in: Momsen/Grützner, Wirtschaftsstrafrecht, Kapitel 9 Rn. 559; Bundesvereinigung der kommunalen Spitzenverbände, Positionspapier zur Öffentlichen Anhörung des Europäischen Parlaments (IMCO) am 27.1.2010 in Brüssel, S. 1, www.europarl.europa.eu/document/activities/cont/201002/20100201ATT68342/20100201ATT68342EN.pdf (abgerufen am 25.6.2022).

sen wirksamer begegnen zu können.[13] Vor dem Hintergrund, dass nunmehr der Bund gemäß Art. 72 Abs. 2 GG eine bundeseinheitliche Regelung getroffen hat, geht diese Regelung den Landesregelungen vor. Dass diese Regelungen allerdings durchaus notwendig waren, zeigen nicht zuletzt allgemeine Statistiken zum Thema „Korruption" deutlich.

15 Jährlich wendet der Staat erhebliche **öffentliche Mittel** dafür auf, durch die Vergabe steuerfinanzierter öffentlicher Aufträge seinen Aufgaben nachkommen und gerecht werden zu können – beispielsweise durch die Auftragsvergabe im Bereich des Straßenbaus zur Erhaltung der Infrastruktur. Die wirtschaftliche Bedeutung wird aber nicht nur auf nationaler, sondern auch auf europäischer Ebene mehr als deutlich, da sich die öffentlichen Ausgaben für Waren, Bau- und Dienstleistungen jährlich auf ca. 20 % des Bruttoinlandprodukts der Europäischen Union belaufen.[14] Besonders den Bundes- und Landesverwaltungen kommt bzgl. der Vergabe öffentlicher Aufträge damit eine exponierte Stellung zu. In diesem Bereich ist Sorge dafür zu tragen, dass die Mittel effektiv, effizient und rechtskonform verwendet werden, um den Staatshaushalt nicht sachwidrig und unangemessen zu belasten. Hierfür ist die Einhaltung der materiellen Vergabegrundsätze gemäß §§ 97, 122, 127 GWB essentiell.[15] Hiernach liegen dem Vergaberecht folgende materielle Vergabegrundsätze zugrunde: Auftragsvergabe im Wettbewerb, Wahrung der Transparenz und der Gleichbehandlung sowie Zuschlagserteilung auf das wirtschaftlichste Angebot, wobei Aufträge an fachkundige, leistungsfähige (geeignete) und rechtstreue Auftragnehmer erteilt werden sollen.

16 Trotz dieser Vergabegrundsätze, die grundsätzlich für eine faire/korruptionsfreie Auftragsvergabe und eine kostengünstige Beschaffung sorgen sollen,[16] wird der Bereich der Vergabe öffentlicher Aufträge zu den besonders **korruptionsgefährdeten Arbeitsgebieten** gezählt.[17] Dies sollte und kann nicht überraschen, da grundsätzlich alle Bereiche, in denen es um die Erteilung von Aufträgen, Genehmigungen, Konzessionen etc. geht – einhergehend mit Kontakten zwischen Auftraggebern und Auftragnehmern –, einem erhöhten Risiko für sachfremde Absprachen mit potenziellen Nachteilen für die Allgemeinheit ausgesetzt sind.[18] Dass diese Einstufung des öffentlichen Auftragswesens berechtigt ist, wird auch dadurch deutlich, dass in der Vergangenheit vielfach Korruptionsfälle großen Ausmaßes in diesem Bereich bekannt geworden sind (vgl. beispielsweise Korruptionsverfahren im Zusammenhang mit dem Anschluss des Hauptstadtflughafens BER an die öffentliche Wasser- und Abwasserleitungen; Korruptionsskandal im Zusammenhang mit dem Bau- und Liegenschaftsbetrieb des Landes Nordrhein-Westfalen in Bezug auf den Bau des Landesarchivs in Duisburg; die Erweiterung des Polizeipräsidiums Köln-Kalk; die Umsiedlung der Fachhochschule Köln[19]).[20] Auch im Bun-

---

13 Vgl. Schleswig-Holsteinisches Gesetz zur Einrichtung eines Registers zum Schutz fairen Wettbewerbs vom 13.11.2013 (GVOBl. Schl.-H. S. 405); Hamburgisches Gesetz zur Einrichtung eines Registers zum Schutz fairen Wettbewerbs vom 17.9.2013 (HmbGVBl. 2013 S. 417); Bremisches Gesetz zur Errichtung und Führung eines Korruptionsregisters vom 17.5.2011 (Brem.GBl. 2011 S. 646); Gesetz zur Einrichtung und Führung eines Registers über korruptionsauffällige Unternehmen in Berlin vom 19.4.2006 (GVBl. 2006 S. 535); Gesetz zur Verbesserung der Korruptionsbekämpfung und zur Errichtung und Führung eines Vergaberegisters in Nordrhein-Westfalen vom 16.12.2004 (GV. NRW. 2005 S. 8); per Erlass o.ä. sind Korruptionsregister geregelt in Bayern, Baden-Württemberg, Rheinland-Pfalz und – schon seit 1997 – in Hessen.

14 Vgl. Studie der Europäischen Kommission, Identifying and Reducing Corruption in Public Procurement in the EU, S. 19, https://ec.europa.eu/anti-fraud/sites/antifraud/files/docs/body/identifying_reducing_corruption_in_public_procurement_en.pdf.

15 Vgl. auch *Portz*, in: Dölling, Handbuch der Korruptionsprävention, Kapitel 7 Rn. 13.

16 *Dörr*, in: Burgi/Dreher, Vergaberecht, Einleitung Rn. 8 f.; so auch *Gentsch*, Staatliche Beschaffung und Korruptionsprävention, S. 34.

17 *Burgi*, Vergaberecht, § 16 Rn. 33; *Grützner/Behr*, in: Momsen/Grützner, Wirtschaftsstrafrecht, Rn. 559; Bundesministerium des Innern, Empfehlungen zur Korruptionsprävention in der Bundesverwaltung, Empfehlung zu Nr. 2 der Richtlinie, S. 4.

18 Vgl. *Mellert/Frey*, KommJur 2016, 281 (283).

19 Vgl. Landeskriminalamt Nordrhein-Westfalen, Lagebild Korruption – Lagebild Nordrhein-Westfalen 2011, S. 16.

20 Studie der Europäischen Kommission, Identifying and Reducing Corruption in Public Procurement in the EU, S. 15 ff., https://ec.europa.eu/anti-fraud/sites/default/files/docs/body/identifying_reducing_corruption_in_public_procurement_en.pdf; *Sowada*, in: Leipziger Kommentar zum StGB, vor § 331 Rn. 42; *Lantermann*, Vergaberegister – Ein rechtmäßiges und effektives Mittel zur Korruptionsprävention?, S. 10 ff. m.w.N.; *Gabriel*, VergabeR 2006, 173 (173 f.); *Hentschke/Geßner*, LKV 2005, 425; *Hermes*, JZ 1997, 909 (909); *Ruge*, DVP 2005, 96 (96); *Rogowski*, Stadt und Gemeinde 2003, 192 (193).

deslagebild Korruption wird ausgeführt, dass Bieter beispielsweise durch die Zahlung von Bestechungsgeldern an die Personen, die in die Auftragsvergaben eingebunden sind, bzw. die entsprechenden Entscheidung zu treffen haben, versuchen, den fairen Wettbewerb zu unterminieren, in dem sie eine Besserstellung im Vergabeverfahren (beispielsweise durch entsprechende Informationen über den zu vergebenden Auftrag, über die Angebote der anderer Bieter etc.) erhalten.[21] Eine Studie, die durch die Europäische Kommission – vertreten durch das Europäische Amt für Betrugsbekämpfung – in Auftrag gegeben worden ist, bestätigt zudem die Korruptionsanfälligkeit des Bereichs der öffentlichen Auftragsvergabe: Im Rahmen der Studie wurden fünf Sektoren (Straßen- und Eisenbahnverkehr, Wasser und Abfall, Städtebau/ Bau von Versorgungsleitungen, Fort- und Weiterbildung, Forschung und Entwicklung) in acht Ländern (Frankreich, Ungarn, Italien, Litauen, Niederlande, Polen, Rumänien und Spanien) hinsichtlich der Auswirkungen von Korruption im Vergabewesen untersucht. Die Studie kam zu dem Ergebnis, dass im Jahr 2010 in den o.g. Sektoren und Ländern Budgetverluste in Höhe von schätzungsweise 1,4 bis 2,2 Mrd. Euro verursacht worden sind, wobei sich Auftragsvergaben im Bereich Fort- und Weiterbildung als besonders anfällig für Korruption herausgestellt haben.[22] Insgesamt wird vermutet, dass in ca. 48 % der Fälle von Auftragsvergaben in den Sektoren Wasser und Abfall sowie Forschung und Entwicklung Submissionsabsprachen getroffen und in ca. einem Drittel der Fällen Bestechungsgelder gezahlt bzw. gefordert worden sind, was hingegen gleichmäßig über alle untersuchten Sektoren verteilt zu sein schien.[23] Zu beachten ist in diesem Zusammenhang, dass beispielsweise die durch Bieter gezahlten Bestechungsgelder anschließend zur Refinanzierung entweder auf den Angebotspreis aufgeschlagen oder aber durch Nachträge geltend gemacht werden, wodurch die eingesetzten Steuergelder – sofern beispielsweise der erhöhte Angebotspreis bezuschlagt wird – sachfremd verwendet und damit zu Lasten der Allgemeinheit bzw. zu deren Schaden verschwendet werden.[24]

Zu beachten ist allerdings auch, dass die Korruption neben den dargestellten gravierenden wirtschaftlichen Schäden[25] zudem gravierende immaterielle **Schäden** verursacht. Denn durch die Korruption wird das Grundvertrauen des Bürgers in die Unabhängigkeit, Unbestechlichkeit und Handlungsfähigkeit des Staates erschüttert.[26] Daneben wird die Integrität der Wirtschaft erschüttert, was zu einem Standortnachteil mit Auswirkungen auf Arbeitsplätze und Wohlstand werden kann. Dies hat auch der Präsident der Group of States against Corruption of the Council of Europe (GRECO), Marin Mrčela, anlässlich des internationalen Anti-Korruptionstages am 09.12.2016 deutlich gemacht: „Corruption damages the economy, negatively affecting potential growth and job creation, in both the public and private sectors. It undermines trust in democratic institutions and threatens human rights and the rule of law."[27] **17**

Mit den bislang auf Landesebene etablierten Registerregelungen wurden in der Vergangenheit positive **Erfahrungen** im Kampf gegen Korruption gesammelt (Nordrhein-Westfalen[28], **18**

21 Vgl. Bundeskriminalamt, Korruption – Bundeslagebild 2018, S. 21, www.bka.de/SharedDocs/Downloads/DE/Publikationen/JahresberichteUndLagebilder/Korruption/korruptionBundeslagebild2018.html (abgerufen am 25.6.2022).

22 Studie der Europäischen Kommission, Identifying and Reducing Corruption in Public Procurement in the EU, S. 29, https://ec.europa.eu/anti-fraud/sites/default/files/docs/body/identifying_reducing_corruption_in_public_procurement_en.pdf.

23 Studie der Europäischen Kommission, Identifying and Reducing Corruption in Public Procurement in the EU, S. 26, https://ec.europa.eu/anti-fraud/sites/default/files/docs/body/identifying_reducing_corruption_in_public_procurement_en.pdf.

24 So auch *Gentsch*, Staatliche Beschaffung und Korruptionsprävention, S. 38; *Grützner/Behr*, in: Momsen/Grützner, Wirtschaftsstrafrecht, Kapitel 9 Rn. 38; vgl. *Best*, GA 2003, 157 (167 ff.); *Gabriel*, VergabeR 2006, S. 173 (174); *Otto*, wistra 1999, S. 41 (44).

25 So auch *Bannenberg/Schaupensteiner*, Korruption in Deutschland, S. 41; *Rogowski*, Stadt und Gemeinde 2003, S. 192 (192); *Schaupensteiner*, in: Pieth/Eigen, Korruption im internationalen Geschäftsverkehr, S. 131 (138 f.); *Ruge*, DVP 2005, S. 96 (96).

26 Bannenberg/Schaupensteiner, Korruption in Deutschland, S. 42; *Hopf*, UBWV 2005, 250 (257).

27 Statement vom 9.12.2016, www.coe.int/da/web/portal/news-2016/-/asset_publisher/StEVosr24HJ2/content/international-anti-corruption-day-9-december (abgerufen am 25.6.2022).

28 Vgl. Landeskriminalamt Nordrhein-Westfalen, Korruptionskriminalität – Lagebild Nordrhein-Westfalen 2009, S. 4, https://e-pflicht.ub.uni-duesseldorf.de/periodical/titleinfo/10783 (abgerufen am 25.6.2022).

Berlin[29]). Wie die Erfahrungen aus Berlin und Nordrhein-Westfalen bereits belegt haben, kann ein Korruptionsbekämpfungsgesetz hinsichtlich der Bekämpfung von Korruption im Bereich der Vergabe öffentlicher Aufträge wirksamer sein als der Einsatz strafrechtlicher oder gewerberechtlicher Sanktionen. Durch eine Eintragung in einem „Korruptionsregister" kann das Unternehmen in seiner Gesamtheit betroffen und folglich in der wirtschaftlichen Existenz bedroht sein, wenn es von Aufträgen der öffentlichen Hand abhängig ist und auf Grund der Eintragung einen Ausschluss wegen festgestellter Unzuverlässigkeit im Einzelfall riskiert. Damit stellt die Eintragung in einem Korruptionsregister eine wirksame Sanktionsmöglichkeit von Unternehmen dar, wie es auch im Zusammenhang mit der bereits im Jahr 2012 im Rahmen der Herbsttagung der Justizministerkonferenz geführten Diskussion um die Einführung eines Unternehmensstrafrechts grundsätzlich gefordert wird.[30]

19 Aber auch diesbezüglich waren in der Vergangenheit Kuriositäten festzustellen: So musste beispielsweise das OVG Berlin-Brandenburg[31] klarstellen, dass die Strafverfolgungsbehörden Verfehlungen von Unternehmen, die eine Eintragung gemäß § 3 Abs. 1 und 2 KRG Berlin in das Korruptionsregister von Berlin auslösen würden, auch gemäß § 4 S. 1 KRG an das Korruptionsregister zur Eintragung zu melden haben und ihnen diesbezüglich **kein Ermessensspielraum** zusteht. Im Rahmen eines strafprozessualen „Deals" vor einem Berliner Amtsgericht wurde zwischen der zuständigen Staatsanwaltschaft und dem Beschuldigten zunächst entgegen § 4 Abs. 1 KRG vereinbart, eine entsprechend notwendige Meldung an die das Korruptionsregister führende Stelle in Berlin zu unterlassen. Im Rahmen eines Berufungsverfahrens, welches durch den Beschuldigten initiiert worden ist, hatte die zuständige Staatsanwaltschaft ihre Rechtsauffassung geändert und eine Meldung an die registerführende Stelle für unausweichlich erklärt. Hiergegen hat sich der Beschuldigte vor dem OVG Berlin-Brandenburg zur Wehr gesetzt. Das OVG Berlin-Brandenburg stellte klar, dass der Antragsteller keinen Anspruch darauf habe, dass die Staatsanwaltschaft als Strafverfolgungsbehörde die ihr nach dem Korruptionsregistergesetz obliegende Mitteilung unterlasse.

20 Auch die Europäische Kommission hat bereits frühzeitig eine **zentrale Ausschlussdatenbank** etabliert, die seit dem 1. Januar 2016 als Früherkennungs- und Ausschlusssystem (EDES) geführt wird. Bei der EDES handelt es sich um kein völlig neues System. Es trat am 1. Januar 2016 an die Stelle des früheren Frühwarnsystems (EWS) und der zentralen Ausschlussdatenbank (CED). Das frühere EWS und die frühere CED wurden auf Grundlage der entsprechenden Bestimmungen der Verordnung (EU, Euratom) Nr. 966/2012 des Europäischen Parlaments und des Rates (im Folgenden „Haushaltsordnung") eingerichtet und durch die spezielle Verordnung Nr. 1302/2008 vom 17. Dezember 2008 und den durch den Beschluss 2014/792/EU der Kommission vom 13. November 2014 aufgehobenen Beschluss 2008/969/EG der Kommission weiter umgesetzt. Der Zweck des EDES ist der Schutz der finanziellen Interessen der Union vor unzuverlässigen Personen und Einrichtungen, die EU-Mittel beantragen oder rechtliche Verpflichtungen mit der Kommission, anderen Organen, Einrichtungen, Ämtern oder Agenturen der Union eingegangen sind. In der Datenbank werden damit alle Rechtspersonen (Unternehmen, Organisationen oder natürliche Personen) erfasst, die von der Europäischen Union keine Finanzmittel erhalten dürfen, weil sie u.a. wegen schwerer beruflicher Verfehlungen oder Straftaten, die den finanziellen Interessen der Europäischen Union zuwiderlaufen, rechtskräftig verurteilt worden sind. Die Daten in der EDES stehen allen öffentlichen Behörden zur Verfügung, die EU-Finanzmittel verwalten (den europäischen Institutionen, nationalen Agenturen oder Behörden in den Mitgliedstaaten), um die finanziellen Interessen der Europäischen Union zu schützen.

---

29 Vgl. Abgeordnetenhaus von Berlin, Vorlage zur Beschlussfassung, Erstes Gesetz zur Änderung des Korruptionsregistergesetzes, Berlin Drs. 16/3401, 4.

30 Vgl. Herbstkonferenz der Justizministerinnen und Justizminister am 15. November 2012 in Berlin, Top II.1, www.justiz.nrw.de/JM/jumiko/beschluesse/2012/herbstkonferenz12/index.php (abgerufen am 25.6.2022); *Achenbach*, in: Achenbach/Ransiek, Wirtschaftsstrafrecht, Kapitel 2 Rn. 7; *Mittelsdorf*, ZIS 2011, 123; *Vogel*, StV 2012, 427 (428); eher ablehnend *Ransiek*, NZWiSt 2012, 45 (51).

31 OVG Berlin-Brandenburg, Beschluss v. 21.1.2020 – 1 S 80.19.

21 Diese Historie zeigt, dass es einer 15-jährigen Diskussion auf Bundesebene bedurfte, um ein zentrales Bundesregister zu etablieren, welches bundesweit einheitliche Vorgaben für eine Eintragung in ein entsprechendes Register vorgibt und damit den öffentlichen Auftraggebern eine zentrale Abfrage dahingehend ermöglicht, ob ein Auftragnehmer bereits in der Vergangenheit u.a. wegen eintragungsrelevanter wirtschaftskrimineller Handlungen auffällig war. Eine gleichartige Information war bis dahin nur schwer möglich. Hierfür mussten durch die öffentlichen Auftraggeber alle bereits eingeführten Landesregister einzeln abgefragt werden, wobei die inhaltlichen Ausgestaltungen der Landesregelungen divergierten. **Ziel** der einzelnen Landesregelungen (auch wenn sie einen begrenzten Geltungsbereich hatten, durch Vergabestellen außerhalb des Anwendungsbereichs „nur" auf freiwilliger Basis nutzbar waren und eine bundeseinheitliche Regelung bislang fehlte) und der gescheiterten Gesetzesentwürfe auf Bundesebene war es allerdings immer schon, sowohl die öffentlichen Auftraggeber als auch die Steuerzahler vor unzuverlässigen Auftragnehmern bzw. vor ineffizienter Verwendung von Steuergeldern zu schützen.

III. Vergleichbare Regelungen

22 Einige Regelungen bzw. Mechanismen, die durch den Referentenentwurf des SPD geführten Bundesministerium für Wirtschaft und Energie vom 17. Februar 2017 etabliert werden sollten, sind nicht neu. Vergleichbare Regelungen/Mechanismen waren bereits Bestandteil von Landesgesetzen, durch die ebenfalls Register für die Klärung der Frage etabliert wurden, ob potenzielle Auftragnehmer in der Vergangenheit bzgl. wirtschaftskrimineller Handlungen auffällig waren. Diese Regelungen bzw. Mechanismen sind damit bereits in der Praxis erprobt.

23 So sah beispielsweise auch das **KorruptionsbG NRW** kein sog. Sperrregister vor. § 9 Abs. 1 S. 3 KorruptionsbG NRW regelte vielmehr, dass es der anfragenden Stelle in ihrer Zuständigkeit oblag, ermessensfehlerfrei zu entscheiden, ob auf Grund der aus dem Vergaberegister übermittelten Informationen ein Ausschluss des potenziellen Auftragnehmers von der Vergabe eines öffentlichen Auftrages erfolgen musste.[32] Es bestand damit gerade kein Automatismus dahingehend, dass sobald eine Eintragung eines potenziellen Auftragnehmers in dem Vergaberegister vorhanden war, er allein deswegen von allen weiteren öffentlichen Auftragsvergabe auszuschließen war. Vielmehr dienten die Informationen aus dem Vergaberegister gemäß § 4 Abs. 2 KorruptionsbG NRW der Vorbereitung und Prüfung von Vergabeentscheidungen. Auch § 1 S. 2 KRG Berlin formulierte genau dieses Zielbild. Ziel des Korruptionsregisters war es, die öffentlichen Auftraggeber bei der ihnen obliegenden Prüfung der Zuverlässigkeit von Bieterinnen und Bietern, Bewerberinnen und Bewerbern sowie potentiellen Auftragnehmerinnen und Auftragnehmern zu unterstützen. Auch hieraus wird deutlich, dass es nicht zu einem automatischen Ausschluss von einem Vergabeverfahren kommen sollte, sofern ein potenzieller Auftragnehmer im Korruptionsregister gelistet war.

24 Sowohl das KorruptionsbG NRW als auch das KRG Berlin sahen zudem vor, dass öffentliche Auftraggeber ab bestimmten Schwellenwerten **verpflichtet** (§ 8 Abs. 1 KorruptionsbG NRW bzw. § 6 Abs. 1 KRG Berlin) waren, vor der Vergabeentscheidung bzw. vor Absendung der Information nach § 101a GWB a.F. die entsprechenden Register **abzufragen**. Gemäß § 8 Abs. 1 KorruptionsbG NRW waren Anfragen, ob Eintragungen hinsichtlich des Bieters, der den Zuschlag erhalten soll, vorlagen, bei Vergabeverfahren von Liefer- und Dienstleistungen mit einem Gesamtauftragswert über 25.000 Euro oder bei Bauleistungen über 50.000 Euro, jeweils ohne Umsatzsteuer, von der Vergabestelle vor Erteilung eines öffentlichen Auftrages – bei Vergabeverfahren oberhalb der EU-Schwellenwerte bereits vor Absendung der Information nach § 101a GWB a.F. – an die Informationsstelle zu richten. Gemäß § 6 Abs. 1 KRG Berlin waren die öffentlichen Auftraggeber verpflichtet, vor Entscheidungen über die Vergabe öffentlicher Aufträge mit einem Wert ab 15.000 Euro bei der Informationsstelle nachzufragen, inwieweit Eintragungen im Korruptionsregister zu Bieterinnen und Bietern, Bewerberinnen und Bewer-

32 Vgl. *Lantermann*, Vergaberegister – Ein rechtmäßiges und effektives Mittel zur Korruptionsprävention?, S. 42.

bern sowie potentiellen Auftragnehmerinnen und Auftragnehmern vorlagen. Die öffentlichen Auftraggeber waren zudem berechtigt, die Nachfragen auch auf etwaige Nachunternehmerinnen und -unternehmer zu erstrecken, wenn sie dies für erforderlich hielten. Unterhalb dieser Schwellenwerte musste nicht zwingend vor der Vergabeentscheidung die Register abgefragt werden.

25 Zudem war bereits in beiden Gesetzen geregelt, dass die Register als **verwaltungsinterne** und **vertrauliche** Register zu führen waren, indem abschließend geregelt wurde, wer bzw. welche Stellen berechtigt waren, die Informationen aus den Registern – neben den jeweiligen öffentlichen Auftraggebern – abfragen und erhalten zu dürfen. Gemäß § 8 Abs. 2 und 3 KorruptionsbG NRW waren Vergabestellen, Prüfeinrichtungen, Staatsanwaltschaften, die Landeskartellbehörde und das Landeskriminalamt NRW berechtigt, Anfragen an die Informationsstelle zu richten. Des Weiteren waren Zuwendungsempfänger, die hierzu durch Nebenbestimmung zum Bewilligungsbescheid verpflichtet worden sind, zu Anfragen berechtigt. Abschließend waren auch Vergabestellen des Bundes und der Länder berechtigt, entsprechende Anfragen zu stellen, sofern das Auftragsvolumen mehr als 50.000 Euro ohne Umsatzsteuer betrug, sowie die Generalstaatsanwaltschaften der Länder. Gemäß § 7 KRG Berlin konnten entsprechende Informationen aus dem Korruptionsregister auf Antrag auch an die mit Vergabeentscheidungen befassten öffentlichen Stellen des Bundes und der Länder, an die mit der Nachprüfung von Vergabeentscheidungen befassten Vergabekammern, an die mit der Entscheidung über Vergaben befassten Gerichte, an die Gerichte und Staatsanwaltschaften zur Verfolgung von Straftaten und Ordnungswidrigkeiten, an die mit der Verhütung und Verfolgung von Wirtschaftskriminalität befassten Polizeidienststellen erteilt werden. Voraussetzung hierfür war allerdings, dass die auskunftsberechtigten Stellen die Informationen für die jeweilige Aufgabenerfüllung benötigten.

26 Sowohl das KorruptionsbG NRW als auch das KRG Berlin sahen die Möglichkeit einer vorzeitigen **Löschung** aus dem jeweiligen Register vor, sofern ein entsprechender Selbstreinigungsprozess zuvor durchlaufen wurde. § 7 Abs. 4 KorruptionsbG NRW sah vor, dass eine vorzeitige Löschung aus dem Vergaberegister durch die meldende Stelle auf schriftlichen Antrag der von der Meldung betroffenen natürlichen oder juristischen Person oder Personenvereinigung veranlasst werden konnte, wenn diese/dieser durch geeignete organisatorische und personelle Maßnahmen Vorsorge gegen die Wiederholung der Verfehlung getroffen hat und der durch die Verfehlung entstandene Schaden ersetzt wurde oder eine verbindliche Anerkennung der Schadensersatzverpflichtung dem Grunde und der Höhe nach – z. B. verbunden mit der Vereinbarung eines Zahlungsplans – vorlag. Auch § 8 Abs. 2 KRG Berlin sah bereits auf Antrag eine vorzeitige Löschung aus dem Korruptionsregister vor, sofern der Nachweis der wiederhergestellten Zuverlässigkeit vorlag. Die Zuverlässigkeit konnte in der Regel als wiederhergestellt angesehen werden, wenn die natürliche oder juristische Person durch geeignete organisatorische und personelle Maßnahmen Vorsorge gegen die Wiederholung des Rechtsverstoßes getroffen hat und ein durch den Rechtsverstoß entstandener Schaden ersetzt wurde oder eine rechtsverbindliche Anerkennung der Schadensersatzverpflichtung vorlag und seit der Eintragung mindestens sechs Monate verstrichen waren.

B. Zuständigkeit des Bundeskartellamts (Abs. 1)

27 Nach § 1 Abs. 1 WRegG wird beim Bundeskartellamt ein Register zum Schutz des Wettbewerbs um öffentliche Aufträge und Konzessionen eingerichtet und geführt.

28 Die Regelung begründet die **Zuständigkeit** des Bundeskartellamts für die Einrichtung und Führung des Registers. Dies wird aus dem Wortlaut der Regelung nicht hinreichend deutlich, die nur davon spricht, dass „beim" Bundeskartellamt das Register eingerichtet und geführt wird, ohne klar festzulegen, dass das Register „vom" Bundeskartellamt eingerichtet und geführt wird, wie dies etwa bei anderen Registergesetzen formuliert ist, vgl. etwa § 1 Abs. 1

S. 1 AZRG oder § 33 Abs. 1 S. 1 StAG. Aus der Gesetzesbegründung[33] („neue Aufgabe" des Bundeskartellamts) sowie aus der Betrachtung der Pflichten des Bundeskartellamts nach diesem Gesetz wird jedoch unmissverständlich deutlich, dass die Regelung eine direkte Zuständigkeit statuieren soll. Das Bundeskartellamt übernimmt damit neben der Aufgabe als Kartellbehörde nach § 48 Abs. 1 GWB eine weitere wichtige Funktion.

Das **Bundeskartellamt** ist eine dem Bundesministerium für Wirtschaft und Klimaschutz zugeordnete Bundesoberbehörde. Der Referentenentwurf vom 17. Februar 2017 sah noch vor, dass die Registerbehörde bei dem Bundesministerium für Wirtschaft und Energie eingerichtet und geführt wird. Die Gesetzesbegründung[34] stellt hinsichtlich der Einrichtung der Registerbehörde beim Bundeskartellamt klar, dass dies sachlich notwendig ist, da auch die Vergabekammern des Bundes beim Bundeskartellamt angesiedelt sind und so an die besondere Expertise in der rechtlichen Bewertung von Vergabeverfahren einschließlich der Frage, ob Ausschlussgründe vorliegen, angeknüpft wird. Vor dem Hintergrund der grundsätzlichen Befasstheit des Bundeskartellamts mit vergaberechtlichen Fragestellungen durch die Ansiedlung der Vergabekammern des Bundes beim Bundeskartellamt erscheint die Bündelung der Aufgaben sinnvoll zu sein. Im Vergleich hierzu wurden in Nordrhein-Westfalen und Berlin die entsprechenden Informationsstellen bzw. Registerbehörden beim Ministerium der Finanzen des Landes Nordrhein-Westfalen bzw. in der Senatsverwaltung für Stadtentwicklung und Umwelt (heute Senatsverwaltung für Stadtentwicklung und Wohnen) etabliert. Eine sachliche Notwendigkeit dafür, die Registerbehörde dem Bundeskartellamt zuzuordnen, erscheint vor diesem Hintergrund nur schwerlich ableitbar, da sicherlich auch das heutige Bundesministerium für Wirtschaft und Klimaschutz selbst zur Einrichtung und Führung des Registers hätte Kompetenzen aufbauen können, die beim Bundeskartellamt geschaffen und aufgebaut werden mussten. In der Gesetzesbegründung wird ausgeführt, dass für den Betrieb der Registerführung 29,6 Stellen beim Bundeskartellamt erforderlich sind.[35] 29

Die Regelung ordnet dem Bundeskartellamt den abstrakten Begriff der **Registerbehörde** zu. Hiernach gibt es – anders als etwa für Kartellbehörden nach § 48 Abs. 1 GWB – nur eine Registerbehörde. Wenn das Gesetz daher im Weiteren von der Registerbehörde spricht, ist das Bundeskartellamt gemeint. 30

Die Regelung enthält weiterhin eine Legaldefinition für den Begriff **Wettbewerbsregister**, wie durch den Klammerzusatz zum Ausdruck gebracht wird. Das Wettbewerbsregister ist danach das „Register zum Schutz des Wettbewerbs um öffentliche Aufträge und Konzessionen". § 1 WRegG definiert an dieser Stelle nicht, was konkret mit öffentlichen Aufträgen und Konzessionen gemeint ist. Daher wird durch die verwendetet Terminologie auch nicht der Anwendungsbereich des Gesetzes bestimmt. 31

C. Zurverfügungstellung der Informationen (Abs. 2)

Mit dem Wettbewerbsregister werden nach § 1 Abs. 2 WRegG Auftraggebern im Sinne von § 98 GWB Informationen über Ausschlussgründe im Sinne der §§ 123 und 124 GWB zur Verfügung gestellt. 32

Adressaten der Zurverfügungstellung der Informationen sind **Auftraggeber** im Sinne von § 98 GWB. Dies sind nach dieser Regelung öffentliche Auftraggeber im Sinne des § 99 GWB, Sektorenauftraggeber im Sinne des § 100 GWB und Konzessionsgeber im Sinne des § 101 GWB. Dies ist auch vor der Ratio des Gesetzes zwingend, denn nur wenn grundsätzlich alle Auftraggeber i.S.d. GWB vor der Zuschlagserteilung gemäß den Vorgaben des WRegG Informationen aus dem Wettbewerbsregister erhalten und zur Grundlage ihrer Entscheidung ma- 33

33 Gesetzesbegründung zu § 1 WRegG, Gesetz zur Einführung eines Wettbewerbsregisters und zur Änderung des Gesetzes gegen Wettbewerbsbeschränkungen, BT-Drs. 18/12051, 26.

34 Gesetzesbegründung zu § 1 WRegG, Gesetz zur Einführung eines Wettbewerbsregisters und zur Änderung des Gesetzes gegen Wettbewerbsbeschränkungen, BT-Drs. 18/12051, 26.

35 Gesetzesbegründung, Gesetz zur Einführung eines Wettbewerbsregisters und zur Änderung des Gesetzes gegen Wettbewerbsbeschränkungen, BT-Drs. 18/12051, 22.

chen können, kann das Ziel, den Wettbewerb zwischen integren Auftragnehmern zu fördern, bestmöglich erreicht werden. Gegenüber dem Referentenentwurf vom 17. Februar 2017 ist der Adressatenkreis deutlich erweitert worden. Dieser hatte nur die öffentlichen Auftraggeber genannt.

34 Die Regelung bestimmt **abschließend** den Adressatenkreis. Dies folgt daraus, dass ein öffnender Zusatz („insbesondere" o.ä.) fehlt. Andere, insbesondere rein private Einrichtungen sind daher nicht adressiert.

35 Nach der Regelung werden den Auftraggebern Informationen **zur Verfügung gestellt**. Hierbei handelt es sich somit nicht um eine Soll- oder Kann-Vorschrift, sondern um eine zwingende Vorgabe. Der Registerbehörde steht damit kein Ermessensspielraum zu. Die Regelung selbst trifft keine Vorgabe, auf welchem Wege die Informationen zur Verfügung gestellt werden soll. Vorgaben hierzu finden sich auch nicht in § 6 Abs. 3 WRegG. Die Vorschrift spricht lediglich von der Übermittlung der Daten. Nach der Gesetzesbegründung soll die Auskunft an die Auftraggeber elektronisch im Wege eines automatisierten Abrufverfahrens erfolgen, anstelle des bisherigen papiergebundenen Auszugs aus dem Gewerbezentralregister.[36] Nähere Festlegungen hierzu sind in der WRegV , die am 16. April 2021 durch die Bundesregierung auf der Grundlage von § 10 Nr. 1 lit. b WRegG erlassen wurde, geregelt.

36 § 1 Abs. 2 WRegG verlangt die Übermittlung von Informationen über **Ausschlussgründe nach §§ 123, 124 GWB**. Die genauen Eintragungsvoraussetzungen und die einzutragenden Verstöße ergeben sich aus § 2 WRegG. Die zu übermittelnden Informationen ergeben sich aus § 3 Abs. 1 WRegG, die wiederum gemäß § 4 WRegG durch die hierzu bestimmten Behörden an die Registerbehörde zu melden sind. Als begrifflich unscharf ist die Formulierung des Gesetzes an dieser Stelle zu bewerten, dass Informationen über Ausschlussgründe zur Verfügung gestellt werden sollen. Das ist deswegen ungenau, weil der abrufende Auftraggeber nicht Informationen über das Vorliegen eines Ausschlussgrundes, sondern zur Feststellung eines Ausschlussgrundes erhält. Eine gesetzliche Zweckbindung der Informationen nur für die Ausschlussgründe nach §§ 123, 124 GWB ist dem Gesetz nicht zu entnehmen. Die Informationen können daher auch anderweitig im Vergabeverfahren verwandt werden, etwa für die Feststellung des Ausschlussgrundes nach § 147 GWB.

D. Elektronische Datenbank (Abs. 3)

37 Das Wettbewerbsregister wird nach § 1 Abs. 3 WRegG in Form einer elektronischen Datenbank geführt.

38 Die Führung des Registers in Form einer **elektronischen Datenbank** bedeutet, dass die gemäß § 3 WRegG übermittelten Daten in elektronischer Form im Wettbewerbsregister gespeichert werden und den Auftraggebern in elektronischer Form zur Verfügung gestellt werden. Das Führen von parallelen Hand-/Papierakten bei der Registerbehörde ist damit zwar nicht zwingend ausgeschlossen, kann allerdings die elektronische Führung des Registers nicht ersetzen. Die elektronische Führung des Registers ist damit eine zwingende Vorgabe. Die Auskunft aus dem Wettbewerbsregister soll gemäß der Gesetzesbegründung an die Auftraggeber elektronisch im Wege eines automatisierten Abrufverfahrens erfolgen, anstelle des bisherigen papiergebundenen Auszugs aus dem Gewerbezentralregister.[37]

39 Festlegungen unter anderem zu den Einzelheiten hinsichtlich der Nutzung des Portals und zu der elektronischen Kommunikation und Datenübermittlung zwischen der Registerbehörde und den Strafverfolgungsbehörden, den zur Verfolgung von Ordnungswidrigkeiten berufenen Behörden, den in § 6 Abs. 1 WRegG genannten Auftraggebern, den Unternehmen, natürlichen Personen sowie Stellen, die ein amtliches Verzeichnis führen, das den Anforderungen des Art. 64 RL 2014/24/EU entspricht, finden sich ebenfalls in der **WRegV**.

36 Gesetzesbegründung, Gesetz zur Einführung eines Wettbewerbsregisters und zur Änderung des Gesetzes gegen Wettbewerbsbeschränkungen, BT-Drs. 18/12051, 2.

37 Vgl. hierzu oben Rn. 34.

Durch die Führung des Registers als elektronische Datenbank und die Nutzung elektronischer Kommunikationsmittel sollen **effiziente Melde- und Abfrageverfahren** sichergestellt und der Bürokratieaufwand reduziert werden.[38] Zudem sollen hierdurch Verzögerungen im Vergabeverfahren vermieden werden, indem beispielsweise die durch die Auftraggeber angefragten Informationen in der Regel noch am gleichen Tag im Wege des automatisierten Abrufs zur Verfügung gestellt werden.[39] Verzögerungen aufgrund technischer Probleme sind damit zwar nicht auszuschließen, sollen und dürfen damit aber nicht den Regelfall darstellen. Seit dem 1. Dezember 2021 haben registrierte Auftraggeber nunmehr die Möglichkeit, eine Abfrage nach § 6 Abs. 1 oder 2 WRegG durchzuführen. **40**

Anlage

Gesetzesbegründung – Gesetz zur Einführung eines Wettbewerbsregisters und zur Änderung des Gesetzes gegen Wettbewerbsbeschränkungen (BT-Drs. 18/12051)

Seite 26

Das Register zum Schutz des fairen Wettbewerbs um öffentliche Aufträge und Konzessionen wird beim Bundeskartellamt eingerichtet. Die Einrichtung beim Bundeskartellamt ist sachlich begründet, da auch die Vergabekammern des Bundes beim Bundeskartellamt angesiedelt sind und an die besondere Expertise in der rechtlichen Bewertung von Vergabeverfahren einschließlich der Frage, ob Ausschlussgründe vorliegen, angeknüpft werden kann. Durch die Regelung des Artikels 3 zum Inkrafttreten wird sichergestellt, dass das Bundeskartellamt diese neue Aufgabe auch tatsächlich bewältigen kann und vor dem Beginn der Aufnahme des Wirkbetriebs des Registers die technischen Voraussetzungen dafür vorliegen. Die Verarbeitung personenbezogener Daten über strafrechtliche Verurteilungen oder damit zusammenhängende Sicherungsmaßregeln darf aufgrund von Artikel 10 der Datenschutzgrundverordnung grundsätzlich nur unter behördlicher Aufsicht vorgenommen werden. Aufgrund der hohen Sensibilität der gespeicherten Daten kommt daher eine Aufgabenübertragung auf private Dienstleister nicht in Betracht.

38 Gesetzesbegründung, Gesetz zur Einführung eines Wettbewerbsregisters und zur Änderung des Gesetzes gegen Wettbewerbsbeschränkungen, BT-Drs. 18/12051, 2.

39 Gesetzesbegründung zu § 9 WRegG, Gesetz zur Einführung eines Wettbewerbsregisters und zur Änderung des Gesetzes gegen Wettbewerbsbeschränkungen, BT-Drs. 18/12051, 33.

§ 2 WRegG
Eintragungsvoraussetzungen

(1) In das Wettbewerbsregister sind einzutragen:

1. rechtskräftige strafgerichtliche Verurteilungen und Strafbefehle, die wegen einer der folgenden Straftaten ergangen sind:
   a) in § 123 Absatz 1 des Gesetzes gegen Wettbewerbsbeschränkungen aufgeführte Straftaten,
   b) Betrug nach § 263 des Strafgesetzbuchs und Subventionsbetrug nach § 264 des Strafgesetzbuchs, soweit sich die Straftat gegen öffentliche Haushalte richtet,
   c) Vorenthalten und Veruntreuen von Arbeitsentgelt nach § 266a des Strafgesetzbuchs,
   d) Steuerhinterziehung nach § 370 der Abgabenordnung oder
   e) wettbewerbsbeschränkende Absprachen bei Ausschreibungen nach § 298 des Strafgesetzbuchs;
2. rechtskräftige strafgerichtliche Verurteilungen und Strafbefehle sowie rechtskräftige Bußgeldentscheidungen, die wegen einer der folgenden Straftaten oder Ordnungswidrigkeiten ergangen sind, sofern auf Freiheitsstrafe von mehr als drei Monaten oder Geldstrafe von mehr als 90 Tagessätzen erkannt oder eine Geldbuße von wenigstens zweitausendfünfhundert Euro festgesetzt worden ist:
   a) nach § 8 Absatz 1 Nummer 2, den §§ 10 bis 11 des Schwarzarbeitsbekämpfungsgesetzes vom 23. Juli 2004 (BGBl. I S. 1842), das zuletzt durch Artikel 1 des Gesetzes vom 6. März 2017 (BGBl. I S. 399) geändert worden ist,
   b) nach § 404 Absatz 1 und 2 Nummer 3 des Dritten Buches Sozialgesetzbuch – Arbeitsförderung – (Artikel 1 des Gesetzes vom 24. März 1997, BGBl. I S. 594, 595), das zuletzt durch Artikel 6 Absatz 8 des Gesetzes vom 23. Mai 2017 (BGBl. I S. 1228) geändert worden ist,
   c) nach den §§ 15, 15a, 16 Absatz 1 Nummer 1, 1c, 1d, 1f und 2 des Arbeitnehmerüberlassungsgesetzes in der Fassung der Bekanntmachung vom 3. Februar 1995 (BGBl. I S. 158), das zuletzt durch Artikel 1 des Gesetzes vom 21. Februar 2017 (BGBl. I S. 258) geändert worden ist,
   d) nach § 21 Absatz 1 und 2 des Mindestlohngesetzes vom 11. August 2014 (BGBl. I S. 1348), das zuletzt durch Artikel 6 Absatz 39 des Gesetzes vom 13. April 2017 (BGBl. I S. 872) geändert worden ist, oder
   e) nach § 23 Absatz 1 und 2 des Arbeitnehmer-Entsendegesetzes vom 20. April 2009 (BGBl. I S. 799), das zuletzt durch Artikel 6 Absatz 40 des Gesetzes vom 13. April 2017 (BGBl. I S. 872) geändert worden ist, oder
3. rechtskräftige Bußgeldentscheidungen, die nach § 30 des Gesetzes über Ordnungswidrigkeiten, auch in Verbindung mit § 130 des Gesetzes über Ordnungswidrigkeiten, wegen Straftaten nach Nummer 1 oder Straftaten oder Ordnungswidrigkeiten nach Nummer 2 ergangen sind.

(2) In das Wettbewerbsregister werden ferner Bußgeldentscheidungen eingetragen, die wegen Ordnungswidrigkeiten nach § 81 Absatz 1 Nummer 1, Absatz 2 Nummer 1 in Verbindung mit § 1 des Gesetzes gegen Wettbewerbsbeschränkungen ergangen sind, wenn eine Geldbuße von wenigstens fünfzigtausend Euro festgesetzt worden ist. Nicht eingetragen werden Bußgeldentscheidungen, die nach § 81a Absatz 1 bis 3 des Gesetzes gegen Wettbewerbsbeschränkungen ergangen sind.

(3) Die Eintragung von strafgerichtlichen Entscheidungen und Bußgeldentscheidungen nach Absatz 1 Nummer 1 und 2 und von Entscheidungen gegen eine natürliche Person nach Absatz 2 erfolgt nur, wenn das Verhalten der natürlichen Person einem Unternehmen zuzurechnen ist. Das ist der Fall, wenn die natürliche Person als für die Leitung des Unternehmens Verantwortliche gehandelt hat, wozu auch die Überwachung der Geschäftsführung oder die sonstige Ausübung von Kontrollbefugnissen in leitender Stellung gehört.

(4) Unternehmen im Sinne dieses Gesetzes ist jede natürliche oder juristische Person oder eine Gruppe solcher Personen, die auf dem Markt die Lieferung von Waren, die Ausführung von Bauleistungen oder die Erbringung von sonstigen Leistungen anbietet. Erlischt eine juristische Person oder eine Personenvereinigung mit Unternehmenseigenschaft nachträglich, steht dies der Eintragung nicht entgegen.

Übersicht

		Rn.
A.	Allgemeines	1
I.	Unionsrechtlicher Hintergrund	2
II.	Vergleichbare Regelungen	6
1.	Register der Länder	6
2.	Gewerbezentralregister	7
3.	Bundeszentralregister	11
4.	Ablösung des Gewerbezentralregisters und der Landesregister	12
III.	Historie	15
1.	Anlass für die Gesetzesinitiative	15
2.	Diskussion in der deutschen Wirtschaft und im Bundesrat	16
a)	Eintragungsdelikte	17
b)	Aufgreifschwelle	21
c)	Prüfung der Zurechenbarkeit	26
3.	Bedeutung der WRegV	30
IV.	Struktur und Grenzen	32
1.	Struktur	32
2.	Grenzen bei der Beurteilung und Überprüfung der Eintragung	36
B.	Eintragung von rechtskräftigen Entscheidungen (Abs. 1)	38
I.	Allgemeiner Regelungsgegenstand	38
1.	Arten der einzutragenden, rechtskräftigen Entscheidungen	38
2.	Inhaltliche Voraussetzungen im Vergleich zu den §§ 123, 124 GWB	40
II.	Rechtskräftige strafgerichtliche Verurteilungen und Strafbefehle ohne Aufgreifschwelle (Nr. 1)	45
1.	Straftaten nach § 123 Abs. 1 GWB (lit. a)	48
2.	Betrug und Subventionsbetrug zum Nachteil der öffentlichen Haushalte (lit. b)	50
3.	Vorenthalten und Veruntreuen von Arbeitsentgelt (lit. c)	54
4.	Steuerhinterziehung (lit. d)	57
5.	Wettbewerbsbeschränkende Absprachen bei Ausschreibungen (lit. e)	60
III.	Strafgerichtliche Verurteilungen, Strafbefehle und Bußgeldentscheidungen mit Aufgreifschwellen (Nr. 2)	64
1.	§ 8 Abs. 1 Nr. 2, §§ 10 bis 11 SchwarzArbG (lit. a)	69
a)	§ 8 Abs. 1 Nr. 2 SchwarzArbG	71
b)	§§ 10 bis 11 SchwarzArbG	73
2.	§ 404 Abs. 1 und Abs. 2 Nr. 3 SGB III (lit. b)	75
3.	§§ 15, 15a, 16 Abs. 1 Nr. 1, 1c, 1d, 1f und 2 AÜG (lit. c)	78
a)	§ 16 Abs. 1 Nr. 1, 1c, 1d, 1f AÜG	80
b)	§ 16 Abs. 1 Nr. 2 AÜG	82
c)	§§ 15, 15a AÜG	84
4.	§ 21 Abs. 1 und 2 MiLoG (lit. d)	86
5.	§ 23 Abs. 1 und 2 AEntG (lit. e)	90
IV.	Bußgeldentscheidungen nach §§ 30, 130 OWiG (Nr. 3)	94
1.	Einzutragende Personen und Personenvereinigungen	96
2.	Einzutragende Bußgeldentscheidungen	98
C.	Bußgeldentscheidungen nach § 81 GWB (Abs. 2)	100
I.	Bußgeldentscheidungen nach § 81 Abs. 1 Nr. 1 GWB (S. 1 Alt. 1)	106
II.	Bußgeldentscheidungen nach § 81 Abs. 2 Nr. 1 GWB (S. 1 Alt. 2)	108
III.	Keine Eintragung von Bußgeldentscheidungen nach § 81a Abs. 1 bis 3 GWB (S. 2)	110
D.	Zurechenbarkeit von Handlungen zu Unternehmen (Abs. 3)	111
I.	Zurechnung zu Unternehmen (S. 1)	112
II.	Leitungspersonen (S. 2)	114
E.	Unternehmensbegriff (Abs. 4)	121
I.	Grundlegende Anforderungen (S. 1)	121
II.	Eintragung bei Erlöschen bzw. Rechtsnachfolge (S. 2)	126
F.	Rechtsschutz	129
	Anlage	
	Gesetzesbegründung	

A. Allgemeines

1 § 2 WRegG regelt als zentrale Norm des WRegG die Voraussetzungen für die Eintragung eines Unternehmens in das Wettbewerbsregister. Wegen der Grundrechtsrelevanz sind die einzu-

tragenden Entscheidungen abschließend und konkret benannt und orientieren sich an den vergaberechtlichen Ausschlussgründen der §§ 123, 124 GWB.[1]

I. Unionsrechtlicher Hintergrund

Das WRegG verfolgt das Ziel, öffentliche Aufträge und Konzessionen nur an solche Unternehmen zu vergeben, die keine erheblichen Rechtsverstöße begangen und sich im Wettbewerb fair verhalten haben.[2] Durch die Bereitstellung von umfassenden Informationen soll es den öffentlichen Auftraggebern, Sektorenauftraggebern und Konzessionsgebern erleichtert werden zu prüfen, ob bei einem Bieter Ausschlussgründe vorliegen.[3] Bei der Ausgestaltung der Eintragungsvoraussetzungen nach § 2 WRegG folgt der Gesetzgeber den einschlägigen, **unionsrechtlichen Vorgaben** hinsichtlich der zwingenden sowie der fakultativen Ausschlusstatbestände und des Unternehmensbegriffs. Außerdem sollen mit dem „GWB-Digitalisierungsgesetz" die Vorgaben der EU für einen digitalisierten, EU-weiten Informationsaustausch zum Zwecke des Wettbewerbsschutzes umgesetzt werden. 2

Der Begriff des **Unternehmens** im Sinne von § 2 Abs. 4 WRegG im Einklang mit Art. 2 Abs. 1 Nr. 10 RL 2014/24/EU umfasst sowohl natürliche als auch juristische Personen.[4] Inhaltlich entspricht der Begriff demjenigen des Wirtschaftsteilnehmers. Nach der Definition des Art. 2 Abs. 1 Nr. 10 RL 2014/24/EU ist ein Wirtschaftsteilnehmer *„eine natürliche oder juristische Person oder öffentliche Einrichtung oder eine Gruppe solcher Personen und/oder Einrichtungen, einschließlich jedes vorübergehenden Zusammenschlusses von Unternehmen, die beziehungsweise der auf dem Markt die Ausführung von Bauleistungen, die Errichtung von Bauwerken, die Lieferung von Waren beziehungsweise die Erbringung von Dienstleistungen anbietet."* Wenngleich nach der Gesetzesbegründung eindeutig rechtlich unselbstständige Unternehmensteile nicht in das Wettbewerbsregister eingetragen werden,[5] bedürfen die verbundenen Unternehmen, z. B. in Konzernstrukturen, der besonderen und differenzierten Betrachtung.[6] 3

Die Liste der einzutragenden Delikte schließt auch die **vergaberechtlichen Ausschlussgründe** nach den §§ 123 und 124 GWB ein. 4

- § 123 GWB regelt, wann ein Unternehmen zwingend von der Teilnahme an einem Vergabeverfahren ausgeschlossen werden muss. Bei dieser Entscheidung steht dem öffentlichen Auftraggeber kein Ermessen zu, ob das Unternehmen ausgeschlossen wird.[7] Durch § 123 GWB werden die Bestimmungen in Art. 57 Abs. 1, 2 und 5 UAbs. 1 RL 2014/24/EU umgesetzt.[8]
- § 124 GWB enthält eine Auflistung von Tatbeständen, bei deren Vorliegen ein Unternehmen von der Teilnahme am Vergabeverfahren ausgeschlossen werden kann,[9] so dass der Auftraggeber bei dieser Entscheidung sein Ermessen über den Ausschluss eines Unternehmens vom Vergabeverfahren auszuüben hat. Der Katalog dieser fakultativen Ausschlusstatbestände entspricht weitestgehend Art. 57 Abs. 4 RL 2014/24/EU.[10]

1 Gesetzesbegründung zu § 2 WRegG, Gesetz zur Einführung eines Wettbewerbsregisters und zur Änderung des Gesetzes gegen Wettbewerbsbeschränkungen, BT-Drs. 18/12051, 26.
2 Gesetzesbegründung, GWB-Digitalisierungsgesetz, BT-Drs. 19/23492, 57.
3 Gesetzesbegründung, Gesetz zur Einführung eines Wettbewerbsregisters und zur Änderung des Gesetzes gegen Wettbewerbsbeschränkungen, BT-Drs. 18/12051, 1.
4 Gesetzesbegründung zu § 2 WRegG, Gesetz zur Einführung eines Wettbewerbsregisters und zur Änderung des Gesetzes gegen Wettbewerbsbeschränkungen, BT-Drs. 18/12051, 27.
5 Gesetzesbegründung zu § 2 WRegG, Gesetz zur Einführung eines Wettbewerbsregisters und zur Änderung des Gesetzes gegen Wettbewerbsbeschränkungen, BT-Drs. 18/12051, 27.
6 Siehe Rn. 122.
7 Hausmann/von Hoff, in: Röwekamp/Kus/Portz/Prieß, GWB-Vergaberecht, § 123 Rn. 1.
8 *Hausmann/von Hoff*, in: Röwekamp/Kus/Portz/Prieß, GWB-Vergaberecht, § 123 Rn. 2.
9 *Hausmann/von Hoff*, in: Röwekamp/Kus/Portz/Prieß, GWB-Vergaberecht, § 124 Rn. 1.
10 *Hausmann/von Hoff*, in: Röwekamp/Kus/Portz/Prieß, GWB-Vergaberecht, § 124 Rn. 2.

Sowohl § 123 GWB als auch § 124 GWB[11] sind daher im Lichte der Vergaberichtlinie auszulegen.

5 Das **GWB-Digitalisierungsgesetz** dient der Umsetzung der RL 2019/1/EU, die bis zum 4. Februar 2021 zu erfolgen hatte.[12] Diese Vorgabe wurde mit Gesetzesbeschluss des Bundesrates vom 14. Januar 2021, der anschließenden Veröffentlichung im Bundesgesetzblatt am 18. Januar 2021[13] sowie dem Inkrafttreten des Gesetzes am 19. Januar 2021 eingehalten. Die Bedeutung für die in das WRegG einzutragenden Delikte lässt sich schon aus Regelungszielen ableiten, die in Art. 1 Abs. 1 der Richtlinie wie folgt zusammengefasst werden: *„In dieser Richtlinie sind bestimmte Vorschriften festgelegt, mit denen gewährleistet werden soll, dass die nationalen Wettbewerbsbehörden über die Garantien im Hinblick auf die Unabhängigkeit, über die Ressourcen und die Befugnisse im Bereich der Durchsetzung der Wettbewerbsvorschriften und der Verhängung von Geldbußen verfügen, die sie benötigen, um die Artikel 101 und 102 AEUV wirksam anzuwenden, sodass der Wettbewerb im Binnenmarkt nicht verfälscht wird und den Verbrauchern und Unternehmen keine Nachteile entstehen durch nationale Gesetze und Maßnahmen, die die wirksame Durchsetzung der Wettbewerbsvorschriften durch die nationalen Wettbewerbsbehörden verhindern."* Die Bundesregierung hat die Regelungen gegen Wettbewerbsbeschränkungen und für ein fokussiertes, proaktives und digitales Wettbewerbsrecht 4.0 novelliert. Ihren Entwurf für ein „GWB-Digitalisierungsgesetz"[14] hatte der Bundestag am 29. Oktober 2020 in erster Lesung beraten und im Anschluss an den federführenden Ausschuss für Energie und Wirtschaft überwiesen. Die Reform soll zudem den Wettbewerbsbehörden ein schnelleres und effektiveres Handeln ermöglichen. Da digitale Märkte schnelllebig sind, soll das Bundeskartellamt künftig einfacher sogenannte einstweilige Maßnahmen ergreifen können, um den Wettbewerb schon frühzeitig zu schützen.[15] Im Zuge dessen wurde bereits im Gesetzesentwurf eine Anpassung in § 2 Abs. 2 WRegG vorgesehen, die mit Inkrafttreten des Gesetzes am 19. Januar 2021 umgesetzt wurde. Dort wird seitdem auf den neugefassten § 81a Abs. 1 bis 3 GWB statt des bisherigen § 81 Abs. 3a bis 3c GWB wegen der nicht einzutragenden Bußgeldentscheidungen gegen Unternehmen verwiesen. Demgegenüber wurde davon abgesehen, die Aufgreifschwelle für einzutragende Bußgeldentscheidungen in § 2 Abs. 2 S. 1 WRegG von 50.000 Euro auf 2.500 Euro herabzusetzen. Diese Änderung hatte der Bundesrat in seiner Stellungnahme vom 6. November 2020 zusätzlich vorgeschlagen.[16]

II. Vergleichbare Regelungen

1. Register der Länder

6 Wesentliches Ziel des WRegG ist es, eine bundeseinheitliche Regelung zur Information der Auftraggeber über die zwingenden und fakultativen Ausschlussgründe nach den §§ 123, 124 GWB zu schaffen. Zahlreiche Bundesländer haben durch Antikorruptionsgesetze oder per Erlass Korruptionsregister eingeführt. Die Registerbehörden der Länder sind nur für das eigene Land zuständig und die Regelungen weichen erheblich voneinander ab.[17] Das gilt sowohl für die Eintragungsvoraussetzungen als auch hinsichtlich der Abfrageregeln.

11 *Hausmann/von Hoff*, in: Röwekamp/Kus/Portz/Prieß, GWB-Vergaberecht, § 124 Rn. 1.
12 Vgl. Gesetzesbegründung, GWB-Digitalisierungsgesetz, BT-Drs. 19/23492, 1.
13 BGBl. 2021 I S. 2 ff.
14 Bundesregierung, Entwurf eines GWB-Digitalisierungsgesetzes, BT-Drs. 19/23492.
15 www.bundestag.de/dokumente/textarchiv/2020/kw44-de-digitales-wettbewerbsrecht-798194 (abgerufen am 26.6.2022).
16 Stellungnahme des Bundesrates, GWB-Digitalisierungsgesetz, BR-Drs. 568/20 (Beschluss), 22.
17 *Scherer-Leydecker*, Compliance-Berater 2017, 261 (264).

2. Gewerbezentralregister

Auf Bundesebene wird das Gewerbezentralregister beim Bundesamt für Justiz geführt. Das Gewerbezentralregister ist kein Register, welches sämtliche Gewerbetreibende der Bundesrepublik Deutschland erfasst.[18] Die dort registrierten Sachverhalte ergeben sich aus § 149 Abs. 2 GewO. Es handelt sich durchweg um Sachverhalte, die im Zusammenhang mit dem jeweiligen Gewerbebetrieb stehen müssen. 7

Die Eintragungstatbestände des Gewerbezentralregisters umfassen abweichend zu § 2 WRegG nur zum Teil die zwingenden bzw. fakultativen Ausschlusstatbestände nach den §§ 123, 124 GWB. Die **Voraussetzungen für** eine **Eintragung** im Gewerbezentralregister im Überblick: 8

- nicht mehr anfechtbare Entscheidungen einer Verwaltungsbehörde wegen Unzuverlässigkeit oder Ungeeignetheit,
- Verzichte auf eine Zulassung zu einem Gewerbe oder einer sonstigen wirtschaftlichen Unternehmung während eines Rücknahme- oder Widerrufsverfahrens wegen Unzuverlässigkeit oder Ungeeignetheit,
- bestimmte rechtskräftige Bußgeldentscheidungen, insbesondere auch solche wegen einer Steuerordnungswidrigkeit, die aufgrund von bestimmten Taten ergangen sind,
- rechtskräftige strafgerichtliche Verurteilungen wegen einer Straftat nach den §§ 10 und 11 SchwarzArbG, nach den §§ 15 und 15a AÜG oder nach § 266a Abs. 1, 2 und 4 StGB, die bei oder im Zusammenhang mit der Ausübung eines Gewerbes oder dem Betrieb einer sonstigen wirtschaftlichen Unternehmung begangen worden ist, wenn auf Freiheitsstrafe von mehr als drei Monaten oder Geldstrafe von mehr als 90 Tagessätzen erkannt worden ist.

Besondere Regelungen trifft § 151 GewO für die Eintragung von Sachverhalten im Zusammenhang mit Handlungen von **Leitungspersonen**. § 151 GewO trifft insoweit Regelungen, die Vertretungsberechtigte einer juristischen Person oder die mit der Leitung des Betriebs oder einer Zweigniederlassung beauftragten Personen, die unzuverlässig oder ungeeignet sind, betreffen. 9

Die für die Eintragung im Gewerbezentralregister maßgeblichen Verwaltungsentscheidungen, Verzichte und Bußgeldentscheidungen können sowohl natürliche als auch juristische **Personen** betreffen. Strafgerichtliche Verurteilungen richten sich nur gegen natürliche Personen. In den Fällen des § 149 Abs. 2 Nr. 3 GewO können auch sog. Personenvereinigungen betroffen sein.[19] Insofern gleichen diese Grundlagen für die einzutragenden Entscheidungen denen in § 2 WRegG. 10

3. Bundeszentralregister

Auch die Eintragungen im Bundeszentralregister, das ebenfalls beim Bundesamt für Justiz geführt wird, umfassen nur zum Teil die zwingenden bzw. fakultativen Ausschlusstatbestände nach den §§ 123, 124 GWB. Es enthält nach § 3 BZRG nur die dort definierten Eintragungen über Verfehlungen natürlicher Personen. Dabei handelt es sich im Überblick um folgende Themen: 11

- strafgerichtliche Verurteilungen (§§ 4 bis 7 BZRG),
- Entscheidungen von Verwaltungsbehörden und Gerichten (§ 10 BZRG),
- gerichtliche Entscheidungen und Verfügungen von Strafverfolgungsbehörden wegen Schuldunfähigkeit (§ 11 BZRG),

18 www.bundesjustizamt.de/DE/Themen/Buergerdienste/GZR/GZR_node.html (abgerufen am 26.6.2022).
19 www.bundesjustizamt.de/DE/Themen/Buergerdienste/GZR/GZR_node.html (abgerufen am 26.6.2022).

- nachträgliche Entscheidungen und Tatsachen, die sich auf eine der zuvor in § 3 Nr. 1 bis 4 BZRG genannten Eintragungen beziehen (§§ 12 bis 16, § 17 Abs. 1 BZRG),
- gerichtliche Feststellungen nach § 17 Abs. 2 und § 18 BZRG.

4. Ablösung des Gewerbezentralregisters und der Landesregister

12 Das Gewerbezentralregister des Bundes sowie die entsprechenden Register der Länder werden durch das Wettbewerbsregister ersetzt. In diesem Zusammenhang wurde die gestaffelte Ablösung der Landesregister sowie des Gewerbezentralregisters geregelt. Zum zeitlichen Ablauf wurden durch Art. 10 Nr. 8 und Art. 11 GWB-Digitalisierungsgesetz unterschiedliche Vorgehensweisen für die Landesregister und das Gewerbezentralregister eingeführt.

13 Durch Art. 10 Nr. 8 GWB-Digitalisierungsgesetz wurde § 12 WRegG neu gefasst. Die grundsätzliche, formale Voraussetzung für die Ablösung der **Landesregister** wurde geändert. Nach dem neu gefassten § 12 Abs. 1 WRegG muss dafür das Bundesministerium für Wirtschaft und Energie das Vorliegen der Voraussetzungen für die elektronische Datenübermittlung entsprechend § 9 Abs. 1 WRegG feststellen und diese Feststellung im Bundesanzeiger bekannt machen. Nicht mehr maßgeblich ist das Inkrafttreten der WRegV am 24. April 2021.[20] Die Umsetzung der Ablösung wird zeitlich gestaffelt erfolgen. So sieht § 12 Abs. 2 S. 1 WRegG vor, dass die Eintragungspflicht nach § 2 WRegG erst nach Ablauf des Monats, der auf den Tag der Bekanntmachung der oben genannten Feststellung folgt, anzuwenden ist. Daneben gilt nach § 12 Abs. 2 S. 2 WRegG die Abfragepflicht nach § 6 WRegG erst sechs Monate nach dem oben genannten Tag der Bekanntmachung der Feststellung. Diese Feststellung wurde am 29. Oktober 2021 bekanntgegeben.[21] Bis dahin sollen die vergleichbaren, landesrechtlichen Vorschriften weiter anwendbar bleiben. Das heißt in der Folge wohl auch, dass die jeweiligen Landesregister bis dahin parallel weiter betrieben und ihre Eintragungen aktuell gehalten werden müssen.

14 Art. 11 des GWB-Digitalisierungsgesetzes sieht die Anpassung von Art. 3 Abs. 2 des Gesetzes zur Einführung eines Wettbewerbsregisters und zur Änderung des Gesetzes gegen Wettbewerbsbeschränkungen vor. Daraus ergibt sich ebenfalls eine zeitlich gestaffelte Anwendbarkeit der Regelungen des WRegG mit Blick auf die Ersetzung des **Gewerbezentralregisters**. So wird z. B. das in § 150a Abs. 1 S. 2 GewO verankerte Recht der Auftraggeber im Sinne von § 99 GWB auf Auskunft aus dem Gewerbezentralregister erst drei Jahre ab dem Tag gestrichen werden, an dem § 6 WRegG erstmals anzuwenden ist. § 6 WRegG wiederum ist nach § 12 Abs. 2 S. 2 WRegG erst sechs Monate nach dem Tag der Bekanntmachung der Feststellung nach dem neu gefassten § 12 Abs. 1 WRegG anwendbar. Dafür muss das Bundesministerium für Wirtschaft und Energie das Vorliegen der Voraussetzungen für die elektronische Datenübermittlung entsprechend § 9 Abs. 1 WRegG feststellen und diese Feststellung im Bundesanzeiger bekannt machen. Damit soll u.a. dem Umstand Rechnung getragen werden, dass die Anbindung der Auftraggeber an die Registerbehörde einen organisatorischen und technischen Vorlauf erfordert.[22] Das heißt in der Folge auch, dass das Bundesamt für Justiz das Gewerbezentralregister jedenfalls bis dahin parallel weiter betreiben und die Eintragungen aktuell halten wird.

III. Historie

1. Anlass für die Gesetzesinitiative

15 Mit dem am 18. April 2016 in Kraft getretenen VergRModG 2016 wurde das öffentliche Auftragswesen grundlegend modernisiert. Unter anderem sollte erreicht werden, dass Wirt-

20 Die ursprüngliche Fassung des § 12 Abs. 1 WRegG-E sah als Umsetzungszeitpunkt das Inkrafttreten der Umsetzungsverordnung nach § 10 WRegG vor. Die WRegV ist eine solche Verordnung.

21 BAnz. AT 29.10.2021 B3.

22 Gesetzesbegründung, GWB-Digitalisierungsgesetz, BT-Drs. 19/23492, 58.

schaftsteilnehmer, die sich wegen Wirtschaftsdelikten strafbar gemacht haben, nicht zum Nachteil von rechtstreuen Unternehmen von öffentlichen Aufträgen und Konzessionen profitieren.[23] Vielmehr sollte die Möglichkeit bestehen, sie von Vergabeverfahren auszuschließen.[24] Daher wurden erstmals auf gesetzlicher Ebene sowohl zwingende als auch fakultative Ausschlusstatbestände geregelt,[25] die in den §§ 123 und 124 GWB definiert sind. Für die Auftraggeber im Sinne von § 98 GWB besteht seitdem die Herausforderung, die erforderlichen Informationen zur Prüfung dieser Ausschlusstatbestände verlässlich und vollständig zu erhalten. Sie sind zum einen auf Selbstauskünfte der Bewerber und Bieter oder aber auf verschiedene Auskunftsregister der Länder bzw. des Bundes angewiesen, die alle unterschiedliche Eintragungs- und Auskunftsvoraussetzungen geregelt haben.[26] Vor diesem Hintergrund hat die Bundesregierung Anfang 2017 die Einführung eines bundesweiten, zentralen Wettbewerbsregisters initiiert.

2. Diskussion in der deutschen Wirtschaft und im Bundesrat

Der Referentenentwurf des Bundesministeriums für Wirtschaft und Energie für ein Gesetz zur Einführung eines Wettbewerbsregisters wurde mit Stand vom 17./20. Februar 2017[27] den Verbänden und Vereinigungen der deutschen Wirtschaft zur Stellungnahme zur Verfügung gestellt. Der daraufhin verfasste Gesetzesentwurf der Bundesregierung[28] wurde dem Bundesrat zur Stellungnahme übergeben. Die Verbände und Vereinigungen der deutschen Wirtschaft sowie der Bundesrat diskutierten zu § 2 WRegG-E u.a. folgende Themen: 16

a) Eintragungsdelikte

Die Liste der einzutragenden Delikte gemäß § 2 Abs. 1 WRegG orientiert sich ausweislich der Gesetzesbegründung an den vergaberechtlichen **Ausschlussgründen** nach den §§ 123, 124 GWB. Neben den Straftatbeständen, die gemäß § 123 GWB zwingende Ausschlussgründe von der Teilnahme an Vergabeverfahren darstellen, werden als fakultative Ausschlussgründe gravierende Verstöße gegen Wettbewerbsrecht erfasst sowie bestimmte Verstöße gegen Arbeitnehmerschutzvorschriften, zu denen bisher eine Abfragepflicht aus dem Gewerbezentralregister besteht.[29] 17

Zum Referentenentwurf wurde teilweise von Vertretern der deutschen Wirtschaft angeregt, die Eintragungsvoraussetzungen stark **einzugrenzen**. Die Eintragung fakultativer Ausschlussgründe solle wegen der nicht vergleichbaren Schwere des Tatvorwurfs grundsätzlich unterbleiben. Alternativ solle aber § 2 Abs. 2 WRegG-E vorsehen, dass nur rechtskräftige[30] Bußgeldbescheidungen eingetragen werden.[31] Teilweise wurde demgegenüber bestätigt, dass die Eintragung insoweit keinen Bedenken begegne, wenn und soweit sie nicht über das GWB hinausgehe, obwohl sie mit Blick auf das Grundrecht der Berufsfreiheit (Art. 12 GG) von 18

---

23 Gesetzesbegründung, Gesetz zur Einführung eines Wettbewerbsregisters und zur Änderung des Gesetzes gegen Wettbewerbsbeschränkungen, BT-Drs. 18/12051, 1.

24 Gesetzesbegründung, Gesetz zur Einführung eines Wettbewerbsregisters und zur Änderung des Gesetzes gegen Wettbewerbsbeschränkungen, BT-Drs. 18/12051, 1.

25 Gesetzesbegründung, Gesetz zur Einführung eines Wettbewerbsregisters und zur Änderung des Gesetzes gegen Wettbewerbsbeschränkungen, BT-Drs. 18/12051, 1.

26 Siehe oben zu Rn. 6 ff.

27 Bundesministerium für Wirtschaft und Energie, Referentenentwurf des Bundesministeriums für Wirtschaft und Energie, Entwurf eines Gesetzes zur Einführung eines Wettbewerbsregisters, Bearbeitungsstand: 17.2.2017 21:33 Uhr, www.bmwk.de/Redaktion/DE/Downloads/Gesetz/wettbewerbsregistergesetz-referentenentwurf.pdf?__blob=publicationFile&v=4 (abgerufen am 26.6.2022), die Stellungnahmen der Verbände und Vereinigungen referenzieren allerdings auf einen Entwurf mit dem Stand vom 20.2.2017.

28 Bundesregierung, Entwurf eines Gesetzes zur Einführung eines Wettbewerbsregisters, BT-Drs. 18/12051.

29 Gesetzesbegründung zu § 2 WRegG, Gesetz zur Einführung eines Wettbewerbsregisters und zur Änderung des Gesetzes gegen Wettbewerbsbeschränkungen, BT-Drs. 18/12051, 26.

30 Auf Anregung des Bundesrats wurde statt der Formulierung *„bestandskräftig"* die Formulierung *„rechtskräftig"* gewählt, vgl. Stellungnahme des Bundesrats und Gegenäußerung der Bundesregierung, Gesetz zur Einführung eines Wettbewerbsregisters und zur Änderung des Gesetzes gegen Wettbewerbsbeschränkungen, BT-Drs. 18/12497, 1, 5.

31 Bundesverband der Deutschen Industrie e.V., Stellungnahme zum Referentenentwurf für ein Gesetz zur Einführung eines Wettbewerbsregisters, 10.3.2017, www.bmwk.de/Redaktion/DE/Downloads/Stellungnahmen/Stellungnahmen-Wettbewerbsregister/bdi.pdf?__blob=publicationFile&v=4 (abgerufen am 26.6.2022), S. 1.

nicht unerheblicher Bedeutung sei. Der Begründungstext zeige, dass aus diesem Grund die Voraussetzungen für die Eintragung von Rechtsverstößen bewusst eng gehalten worden sei.[32] Es wurde teilweise ausdrücklich begrüßt, dass eine Abfragemöglichkeit für Auftraggeber über Ausschlussgründe i.S.d. §§ 123, 124 GWB vorgesehen sei.[33] Aus rechtsstaatlichen Gründen wurde teilweise die abschließende Auflistung der zu berücksichtigenden Tatbestände für notwendig angesehen.[34]

19 Teilweise wurde vorgeschlagen, es solle über den enthaltenden Katalog hinaus die Möglichkeit geben, auch weitere **nicht genannte Straftaten und Verstöße** von erheblicher Bedeutung in dem Register erfassen zu können, die für die Vorbereitung vergaberechtlicher Entscheidungen als Information notwendig seien. Deren Auslegung würde ohnehin sehr restriktiv erfolgen, sodass eine beispielhafte Aufzählung einer grundrechtlichen Verhältnismäßigkeitsprüfung erst einmal standhalte. Das Bedürfnis, faire Wettbewerbsbedingungen zu schaffen sowie den Schutz vor unzuverlässigen Unternehmen sicher zu stellen und damit die Gefahr einer Verletzung von Arbeitsschutzvorschriften deutlich zu reduzieren, sei hier höher zu gewichten.[35]

20 Letztlich wurde der **finalen Fassung** der Vorzug gegeben. Ausweislich der Gesetzesbegründung sei die Reihe der einzutragenden Verfehlungen umfassend und darüber hinaus gerechtfertigt. Um schwerwiegende Wirtschaftsdelikte, die für Vergabeverfahren besonders praxisrelevant seien, zu erfassen, würden bestimmte fakultative Ausschlussgründe nach § 124 GWB erfasst, über die Auftraggeber bisher Auskunft aus dem Gewerbezentralregister erhalten könnten.[36] Aufgrund der Grundrechtsrelevanz der Eintragung seien die Voraussetzungen für die Eintragung von Rechtsverstößen bewusst eng gefasst.[37] Eingeschlossen werden davon auch Verstöße gegen Arbeitsschutzvorschriften.

b) Aufgreifschwelle

21 § 2 Abs. 2 S. 1 WRegG sieht eine Aufgreifschwelle von 50.000 Euro für die Eintragung von nicht rechtskräftigen Bußgeldentscheidungen der Kartellbehörden vor. Hintergrund ist nach der Gesetzesbegründung, dass bei den aufgeführten Kartellrechtsverstößen bereits bei einer noch nicht bestandskräftigen Bußgeldentscheidung eine Eintragung erfolge. Außerdem seien Bagatellfälle zu vermeiden.[38]

22 Zu Beginn der Diskussion hatte § 2 Abs. 2 WRegG-E im **Referentenentwurf** vom 17./20. Februar 2017[39] lediglich einen Satz und sah eine Aufgreifschwelle für nicht rechtskräftige Bußgeldentscheidungen der Kartellbehörden nach § 81 Abs. 1 Nr. 1, Abs. 2 Nr. 1 GWB von

32 Vgl. Bundesarchitektenkammer, Referentenentwurf für ein Gesetz zur Einführung eines Wettbewerbsregisters, Stellungnahme der Bundesarchitektenkammer, 6.3.2017, www.bmwk.de/Redaktion/DE/Downloads/Stellungnahmen/Stellungnahmen-Wettbewerbsregister/bak.pdf?__blob=publicationFile&v=7 (abgerufen am 6.6.2022), S. 1.

33 Vgl. Bundesrechtsanwaltskammer, Stellungnahme Nr. 14/2017 zum Entwurf eines Gesetzes zur Einführung eines Wettbewerbsregisters des Bundesministeriums für Wirtschaft und Energie (Stand 20.2.2017), www.bmwk.de/Redaktion/DE/Downloads/Stellungnahmen/Stellungnahmen-Wettbewerbsregister/brak.pdf?__blob=publicationFile&v=6 (abgerufen am 26.6.2022), S. 3.

34 DIHK Deutscher Industrie- und Handelskammertag, Stellungnahme zum Referentenentwurf für ein Gesetz zur Einführung eines Wettbewerbsregisters, 7.3.2017, www.bmwk.de/Redaktion/DE/Downloads/Stellungnahmen/Stellungnahmen-Wettbewerbsregister/dihk.pdf?__blob=publicationFile&v=4 (abgerufen am 26.6.2022), S. 2.

35 Vgl. Deutscher Gewerkschaftsbund, Stellungnahme des Deutschen Gewerkschaftsbundes zu dem Referentenentwurf des Bundesministeriums für Wirtschaft und Energie vom 20.2.2017 zum Entwurf eines Gesetzes zur Einführung eines Wettbewerbsregisters, 6.3.2017, www.bmwk.de/Redaktion/DE/Downloads/Stellungnahmen/Stellungnahmen-Wettbewerbsregister/dgb.pdf?__blob=publicationFile&v=4 (abgerufen am 26.6.2022), S. 2.

36 Gesetzesbegründung zu § 2 WRegG, Gesetz zur Einführung eines Wettbewerbsregisters und zur Änderung des Gesetzes gegen Wettbewerbsbeschränkungen, BT-Drs. 18/12051, 26.

37 Gesetzesbegründung zu § 2 WRegG, Gesetz zur Einführung eines Wettbewerbsregisters und zur Änderung des Gesetzes gegen Wettbewerbsbeschränkungen, BT-Drs. 18/12051, 27.

38 Vgl. Gesetzesbegründung zu § 2 WRegG, Gesetz zur Einführung eines Wettbewerbsregisters und zur Änderung des Gesetzes gegen Wettbewerbsbeschränkungen, BT-Drs. 18/12051, 27.

39 Bundesministerium für Wirtschaft und Energie, Referentenentwurf des Bundesministeriums für Wirtschaft und Energie, Entwurf eines Gesetzes zur Einführung eines Wettbewerbsregisters, Bearbeitungsstand: 17.2.2017 21:33 Uhr, www.bmwk.de/Redaktion/DE/Downloads/Gesetz/wettbewerbsregistergesetz-referentenentwurf.pdf?__blob=publicationFile&v=4 (abgerufen am 26.6.2022).

2.500 Euro vor. Ziel war es, Bagatellfälle von der Eintragung in das Wettbewerbsregister auszuschließen:

> *„In das Register werden ferner Bußgeldentscheidungen eingetragen, die wegen Ordnungswidrigkeiten nach § 81 Absatz 1, Absatz 2 Nummer 1 des Gesetzes gegen Wettbewerbsbeschränkungen festgesetzt wurden, wenn eine Geldbuße von wenigstens 2 500 Euro festgesetzt worden ist."*

Dazu wurde teilweise von Vertretern der **Industrie** vorgeschlagen, die Wertgrenze für eine Eintragung deutlich zu erhöhen und aufzunehmen, dass die Eintragung unverzüglich zu löschen sei, wenn ein nicht rechtskräftiger Bußgeldbescheid nach einer Überprüfung keinen Bestand habe.[40] Alternativ solle keine Eintragung von nicht rechtskräftigen[41] Bußgeldbescheiden der Kartellbehörden erfolgen.[42] **23**

In der Folge wurde in § 2 Abs. 2 S. 1 WRegG-E die Aufgreifschwelle für nicht rechtskräftige Bußgeldentscheidungen der Kartellbehörden von 50.000 Euro vorgesehen und dem **Bundesrat** im Rahmen der BT-Drs. 18/12051 mit dem Stand vom 24. April 2017 zur Stellungnahme vorgelegt. Der Bundesrat wiederum schlug in seiner Stellungnahme vor, die Aufgreifschwelle auf 5.000 Euro herabzusetzen. Denn mit einer Aufgreifschwelle von 50.000 Euro würden 90 bis 95 % der nicht rechtskräftigen Bußgeldentscheidungen der Kartellbehörden nicht in das Wettbewerbsregister eingetragen werden. Damit könne von einem „Ausschluss von Bagatellfällen" keine Rede sein.[43] Diesem Vorschlag wurde im weiteren Gesetzgebungsverfahren nicht gefolgt, es blieb bei der vorgeschlagenen Aufgreifschwelle von 50.000 Euro. **24**

Die Diskussion über die Aufgreifschwelle wurde später im Zusammenhang mit der Überarbeitung des WRegG durch das am 19. Januar 2021 in Kraft getretene **GWB-Digitalisierungsgesetz** wieder aufgegriffen. So hat der Bundesrat in seiner Stellungnahme vom 6. November 2020 beispielsweise vorgeschlagen, die Aufgreifschwelle für einzutragende Bußgeldentscheidungen in § 2 Abs. 2 S. 1 WRegG von 50.000 Euro nicht nur auf 5.000 Euro, sondern nunmehr auf 2.500 Euro herabzusetzen.[44] Auch diesem Vorschlag wurde nicht entsprochen; es blieb bei der Aufgreifschwelle von 50.000 Euro. **25**

c) Prüfung der Zurechenbarkeit

§ 2 Abs. 3 S. 1 WRegG regelt, dass die Handlungen einer natürlichen Person nur dann in das Wettbewerbsregister einzutragen sind, wenn das Handeln der natürlichen Person einem Unternehmen zuzurechnen ist. § 2 Abs. 3 S. 2 WRegG erläutert, wann eine entsprechende Zurechnung anzunehmen ist. **26**

40 Die Deutsche Bauindustrie, Bauen und Services, Kurzposition zum Referentenentwurf des Bundesministeriums für Wirtschaft und Energie betreffend ein Wettbewerbsregister für Aufträge der öffentlichen Hand, Stand 20.2.2020, www.bmwk.de/Redaktion/DE/Downloads/Stellungnahmen/Stellungnahmen-Wettbewerbsregister/deutsche-bauindustrie.pdf?__blob=publicationFile&v=8 (abgerufen am 26.6.2022), S. 2.

41 Auf Anregung des Bundesrats wurde statt der Formulierung *„bestandskräftig"* die Formulierung *„rechtskräftig"* gewählt, vgl. Stellungnahme des Bundesrates und Gegenäußerung der Bundesregierung, Gesetz zur Einführung eines Wettbewerbsregisters und zur Änderung des Gesetzes gegen Wettbewerbsbeschränkungen, BT-Drs. 18/12497, 1, 5.

42 Die Deutsche Bauindustrie, Bauen und Services, Kurzposition zum Referentenentwurf des Bundesministeriums für Wirtschaft und Energie betreffend ein Wettbewerbsregister für Aufträge der öffentlichen Hand, Stand 20.2.2020, www.bmwk.de/Redaktion/DE/Downloads/Stellungnahmen/Stellungnahmen-Wettbewerbsregister/deutsche-bauindustrie.pdf?__blob=publicationFile&v=8 (abgerufen am 26.6.2022), S. 2; Bundesverband der Deutschen Industrie e.V., Stellungnahme zum Referentenentwurf für ein Gesetz zur Einführung eines Wettbewerbsregisters, 10.3.2017, www.bmwk.de/Redaktion/DE/Downloads/Stellungnahmen/Stellungnahmen-Wettbewerbsregister/bdi.pdf?__blob=publicationFile&v=4 (abgerufen am 26.6.2022), S. 1.

43 Stellungnahme des Bundesrats und Gegenäußerung der Bundesregierung, Gesetz zur Einführung eines Wettbewerbsregisters und zur Änderung des Gesetzes gegen Wettbewerbsbeschränkungen, BT-Drs. 18/12497, 2.

44 Stellungnahme des Bundesrates, GWB-Digitalisierungsgesetz, BR-Drs. 568/20 (Beschluss), 22.

27 Teilweise wurde bereits zum Referentenentwurf vom 17./20. Februar 2017[45] Art und Umfang der Zurechenbarkeitsprüfung diskutiert. § 2 Abs. 3 WRegG-E des **Referentenentwurfs** sah folgende Regelungen vor:

> *„In das Register werden nur solche strafgerichtliche Verurteilungen, Strafbefehle und Bußgeldentscheidungen eingetragen, die einem Unternehmen zuzurechnen sind. Das ist der Fall, wenn*
>
> *1. die verurteilte natürliche Person als für die Leitung des Unternehmens Verantwortlicher gehandelt hat, wozu auch die Überwachung der Geschäftsführung oder die sonstige Ausübung von Kontrollbefugnissen in leitender Stellung gehört, und die Straftat oder Ordnungswidrigkeit im Geschäftsverkehr oder im Zusammenhang mit dem Geschäftsverkehr erfolgte,*
>
> *2. ein Aufsichts- oder Organisationsverschulden des Inhabers des Unternehmens nach § 130 des Gesetzes über Ordnungswidrigkeiten vorliegt oder*
>
> *3. nach § 30 des Gesetzes über Ordnungswidrigkeiten eine Geldbuße gegen das Unternehmen festgesetzt wurde."*

So wurde z. B. vorgeschlagen, dass eine beispielhafte Aufzählung unter Einfügung des Wortes „insbesondere" aufgenommen werden solle. Weitere Zurechnungskonstellationen könnten nur von dem Gesetz umfasst sein, wenn keine abschließende Regelung getroffen werde.[46] Diese Anregung wurde in der nun rechtskräftigen Regelung zugunsten einer abschließenden Regelung nicht weiterverfolgt. Weiter wurde die Frage gestellt, ob und inwieweit die zuzurechnenden Entscheidungen rechtskräftig sein müssten oder nicht.[47] Diese offenen Fragen wurden durch die eindeutige Zuordnung der Zurechenbarkeitsdefinition zu den Regelungen in § 2 Abs. 1 und 2 WRegG geklärt. Dort wird eindeutig definiert, welchen Eintragungstatbeständen rechtskräftige Entscheidungen zugrunde liegen müssen und welchen nicht. Schließlich wurde auch die Zurechnung im Konzern thematisiert. Sofern Unzuverlässigkeitstatbestände an personelle Verfehlungen anknüpften und die betroffene natürliche Person im Konzernverbund mehrere Positionen bekleide, müsse geregelt werden, welche Auswirkungen sich auf die Konzernmutter und deren Töchter ergeben solle.[48]

28 In der Gesetzesbegründung der **Bundesregierung** vom 24. April 2017[49] wird zur Zurechnung der Handlungen zu einem Unternehmen differenziert ausgeführt. Grundsätzlich erfolge die Zurechnung stets nur in Bezug auf eine konkrete natürliche oder juristische Person. Die Zurechnung von Rechtsverstößen im Konzern sei im Vergaberecht nicht vorgesehen. Außerdem würden in § 2 Abs. 3 WRegG-E klare Zurechnungsregeln geschaffen.[50] Ausnahmsweise müsse auch die Organgesellschaft des Gesamtkonzerns eingetragen und entsprechend gekennzeichnet werden, wenn der Rechtsverstoß von einem Leitungsverantwortlichen des Konzerns, z. B. Geschäftsführer oder Vorstandsmitglied des Gesamtkonzerns, als für den Konzern Handelnden begangen wurde. Handelte hingegen ein Verantwortlicher eines rechtlich selbständigen Konzernteils, z. B. eines Tochterunternehmens, für diesen Konzernteil, so sei nur

---

45 Bundesministerium für Wirtschaft und Energie, Referentenentwurf des Bundesministeriums für Wirtschaft und Energie, Entwurf eines Gesetzes zur Einführung eines Wettbewerbsregisters, Bearbeitungsstand: 17.2.2017 21:33 Uhr, www.bmwk.de/Redaktion/DE/Downloads/Gesetz/wettbewerbsregistergesetz-referentenentwurf.pdf?__blob=publicationFile&v=4 (abgerufen am 26.6.2022), die Stellungnahmen der Verbände und Vereinigungen referenzieren allerdings auf einen Entwurf mit dem Stand vom 20.2.2017.

46 Vgl. Deutscher Gewerkschaftsbund, Stellungnahme des Deutschen Gewerkschaftsbundes zu dem Referentenentwurf des Bundesministeriums für Wirtschaft und Energie vom 20.2.2017 zum Entwurf eines Gesetzes zur Einführung eines Wettbewerbsregisters, 6.3.2017, www.bmwk.de/Redaktion/DE/Downloads/Stellungnahmen/Stellungnahmen-Wettbewerbsregister/dgb.pdf?__blob=publicationFile&v=4 (abgerufen am 26.6.2022), S. 3.

47 Vgl. Die Deutsche Bauindustrie, Bauen und Services, Kurzposition zum Referentenentwurf des Bundesministeriums für Wirtschaft und Energie betreffend ein Wettbewerbsregister für Aufträge der öffentlichen Hand, Stand 20.2.2020, www.bmwk.de/Redaktion/DE/Downloads/Stellungnahmen/Stellungnahmen-Wettbewerbsregister/amoe.pdf?__blob=publicationFile&v=4 (abgerufen am 26.6.2022), S. 2.

48 Deutscher Industrie- und Handelskammertag, Stellungnahme zum Entwurf eines Gesetzes zur Einführung eines Wettbewerbsregisters, 7.3.2017, www.bmwk.de/Redaktion/DE/Downloads/Stellungnahmen/Stellungnahmen-Wettbewerbsregister/dihk.pdf?__blob=publicationFile&v=4 (abgerufen am 26.6.2022), S. 2.

49 Gesetzesbegründung zu § 2 WRegG, Gesetz zur Einführung eines Wettbewerbsregisters und zur Änderung des Gesetzes gegen Wettbewerbsbeschränkungen, BT-Drs. 18/12051, 27.

50 Vgl. Gesetzesbegründung zu § 2 WRegG, Gesetz zur Einführung eines Wettbewerbsregisters und zur Änderung des Gesetzes gegen Wettbewerbsbeschränkungen, BT-Drs. 18/12051, 27.

dieser Konzernteil einzutragen.[51] Wie sich die Definition in § 2 Abs. 3 WRegG unter Berücksichtigung dieser Erwägungen in der Praxis auswirkt, bleibt bei der Vielfalt der möglichen Fallkonstellationen abzuwarten. So werden letztlich Interpretationshilfen angeboten, die einen Auslegungsspielraum zulassen, der im Einzelfall geschlossen werden muss.[52]

Zum späteren Gesetzesentwurf der Bundesregierung vom 24. April 2017[53] schlug der **Bundesrat** in seiner Stellungnahme vor, bereits in § 2 Abs. 3 S. 2 WRegG-E klarzustellen, dass es der Prüfung der Registerbehörde obliege, ob die Eintragungsvoraussetzung und damit auch die der Zurechenbarkeit von Entscheidungen gegen eine natürliche Person zu einem Unternehmen vorliegen.[54] Demgegenüber sah die Bundesregierung für eine solche Klarstellung keine Notwendigkeit, da die Zuständigkeit für die Prüfung bereits hinreichend geregelt sei. Die Prüfung der durch die entsprechenden Behörden übermittelten Daten, die Anhörung des betroffenen Unternehmens und die anschließende Entscheidung über die Eintragung oder Nichteintragung seien nach § 4 Abs. 2, § 5 Abs. 1 WRegG-E[55] ausdrücklich Aufgaben der Registerbehörde.[56] 29

3. Bedeutung der WRegV

Die WRegV ist einen Tag nach ihrer Veröffentlichung im Bundesgesetzblatt und damit am 24. April 2021 in Kraft getreten. § 3 Abs. 2 WRegV sieht hinsichtlich des Inhalts und des Umfangs der mitzuteilenden Daten Angaben vor, die die Prüfung der **Eintragungsvoraussetzungen** nach § 2 WRegG ermöglichen sollen. Dazu gehören auch 30

- das entscheidende Gericht und das Aktenzeichen (§ 4 Abs. 2 Nr. 1 WRegV),
- zur Prüfung der Zurechnung des Fehlverhaltens einer natürlichen Person zum Unternehmen die die Zurechnung begründenden Umstände (§ 4 Abs. 2 Nr. 2 WRegV), sowie
- Tatzeit und Gegenstand der eintragungspflichtigen Tat (§ 4 Abs. 2 Nr. 3 WRegV).

Im Rahmen des Rechtssetzungsverfahrens wurde teilweise von der deutschen Wirtschaft zu § 4 Abs. 2 Nr. 3 WRegV-E angeregt, klarzustellen, wer den Tatbestand über die **Zurechnung** der Straftat einer natürlichen Person zu einem Unternehmen[57] und damit einen wesentlichen Aspekt der Eintragungsvoraussetzungen letztlich zu prüfen hat. Zum Thema der Prüfungszuständigkeit hat die Bundesregierung bereits in ihrer Gegenäußerung zur Stellungnahme des Bundesrates ausgeführt, dass die Prüfung der durch die entsprechenden Behörden übermittelten Daten, die Anhörung des betroffenen Unternehmens und die anschließende Entscheidung über die Eintragung oder Nichteintragung nach § 4 Abs. 2, § 5 Abs. 1 WRegG-E[58] ausdrücklich Aufgaben der Registerbehörde seien.[59] Von dieser Erläuterung dürfte auch die Zuständigkeit für die Prüfung der Zurechenbarkeit umfasst sein, so dass diese von der Registerbehörde, also dem Bundeskartellamt, vorzunehmen sein wird. 31

51 Vgl. Gesetzesbegründung zu § 2 WRegG, Gesetz zur Einführung eines Wettbewerbsregisters und zur Änderung des Gesetzes gegen Wettbewerbsbeschränkungen, BT-Drs. 18/12051, 28.

52 Siehe unter Rn. 111 ff.

53 Bundesregierung, Entwurf eines Gesetzes zur Einführung eines Wettbewerbsregisters, BT-Drs. 18/12051.

54 Stellungnahme des Bundesrats und Gegenäußerung der Bundesregierung, Gesetz zur Einführung eines Wettbewerbsregisters und zur Änderung des Gesetzes gegen Wettbewerbsbeschränkungen, BT-Drs. 18/12497, 2.

55 Wortgleich mit der in Kraft getretenen Fassung der § 4 Abs. 2, § 5 Abs. 1 WRegG.

56 Stellungnahme des Bundesrats und Gegenäußerung der Bundesregierung, Gesetz zur Einführung eines Wettbewerbsregisters und zur Änderung des Gesetzes gegen Wettbewerbsbeschränkungen, BT-Drs. 18/12497, 5.

57 Vgl. Hauptverband der Deutschen Bauindustrie e.V., Stellungnahme zur Verordnung über den Betrieb des Registers zum Schutz des Wettbewerbs um öffentliche Aufträge und Konzessionen (Wettbewerbsregisterverordnung – WRegVO-E), 2.12.2020, www.bmwk.de/Redaktion/DE/Downloads/Stellungnahmen/Stellungnahmen-Register-zum-Schutz-des-Wettbewerbs/hauptverband-der-deutschen-bauindustrie-ev.pdf?__blob=publicationFile&v=4 (abgerufen am 26.6.2022).

58 Wortgleich mit der in Kraft getretenen Fassung der §§ 4 Abs. 2, 5 Abs. 1 WRegG.

59 Stellungnahme des Bundesrats und Gegenäußerung der Bundesregierung, Gesetz zur Einführung eines Wettbewerbsregisters und zur Änderung des Gesetzes gegen Wettbewerbsbeschränkungen, BT-Drs. 18/12497, 5.

IV. Struktur und Grenzen

1. Struktur

32 Zunächst wird in § 2 **Abs. 1 Nr. 1 und 2** WRegG ein abschließender Katalog der einzutragenden Delikte festgelegt, die durch eine natürliche Person begangen wurden und für die jeweils eine rechtskräftige strafrechtliche Verurteilung, ein Strafbefehl oder eine Bußgeldentscheidung vorliegen muss. § 2 **Abs. 1 Nr. 3** WRegG bestimmt, dass auch diejenigen rechtskräftigen Bußgeldentscheidungen nach § 30 OWiG gegen ein Unternehmen einzutragen sind, die sich auf den vorbenannten Katalog beziehen. So kann beispielsweise die Kartellbehörde nach § 30 Abs. 4 S. 1 OWiG eine selbständige Geldbuße gegen ein Unternehmen festsetzen, selbst wenn das Strafverfahren gegen die natürliche Person als „Anknüpfungstäter" von der zuständigen Staatsanwaltschaft nicht eröffnet oder eingestellt wurde. Insofern findet also hier schon die Zurechnung der einzutragenden Delikte einer natürlichen Person zum „nebenbetroffenen Unternehmen" zum Beispiel als juristische Person statt.[60]

33 Weiter sieht § 2 **Abs. 2** WRegG die Eintragung von kartellrechtlichen Bußgeldentscheidungen gegen eine natürliche oder juristische Person vor, die nicht rechtskräftig sein müssen. Diese umfassen kartellrechtliche Bußgeldentscheidungen nach § 81Abs. 1 Nr. 1 und Abs. 2 Nr. 1 GWB im Zusammenhang mit kartellrechtswidrigen Absprachen und der missbräuchlichen Ausnutzung einer beherrschenden Stellung auf dem Binnenmarkt.

34 Tatsächlich in das Wettbewerbsregister eingetragen wird nach § 2 **Abs. 3** WRegG allerdings nur das jeweilige Unternehmen, dem die Delikte nach § 2 Abs. 1 Nr. 1 und 2 sowie § 2 Abs. 2 WRegG zuzurechnen sind. Einer solchen Zurechnungsprüfung bedarf es für die einzutragenden Bußgeldentscheidungen nach § 2 Abs. 1 Nr. 3 WRegG nicht, da sich hier die jeweilige Bußgeldentscheidung bereits gegen das Unternehmen richtet.[61]

35 Der Begriff des Unternehmens wird schließlich in § 2 **Abs. 4** WRegG definiert. Danach kann ein Unternehmen sowohl eine natürliche als auch eine juristische Person oder eine Gruppe solcher Personen sein.

2. Grenzen bei der Beurteilung und Überprüfung der Eintragung

36 Zu den regulatorischen **Grenzen** hat die VK Bund sinngemäß[62] und zutreffend ausgeführt:

- § 2 WRegG regele rein formal die Voraussetzungen für die Eintragung von Straftatbeständen und Ordnungswidrigkeiten in das Wettbewerbsregister und treffe keine Aussage zu materiellen Eignungsfragen im vergaberechtlichen Sinne.
- § 2 WRegG greife nicht in die vergaberechtlichen Eignungstatbestände ein und ändere diese auch nicht ab. Umgekehrt sei eine Eintragung in das Wettbewerbsregister auch nicht die Voraussetzung für die Anwendbarkeit der Ausschlusstatbestände nach den §§ 123, 124 GWB.
- Vielmehr sei es dem öffentlichen Auftraggeber, der die Eignung im Vergabeverfahren selbstständig und eigenverantwortlich zu prüfen habe, unbenommen, auch Sachverhalte zu berücksichtigen, die nicht im Wettbewerbsregister eingetragen seien. Dazu sei er weitgehend sogar verpflichtet.
- Die Prüfpflicht würde auch gegebenenfalls nicht eintragungsfähige Sachverhalte umfassen. Das ergebe sich bereits aus § 6 Abs. 5 S. 1 WRegG. Danach entscheidet der Auftraggeber nach Maßgabe der vergaberechtlichen Vorschriften in eigener Verantwortung über den Ausschluss des Unternehmens von der Teilnahme am Vergabeverfahren.
- Im Zusammenhang mit der Prüfung von vergaberechtlichen Ausschlusstatbeständen könne eine fehlende Eintragung im Wettbewerbsregister bzw. eine fehlende Eintragungs-

---

60 Vgl. VK Bund, Beschluss v. 12.10.2020 – VK 2-77/20, bezüglich § 298 StGB.
61 Vgl. Rn. 96 ff.
62 Vgl. VK Bund, Beschluss v. 12.10.2020 – VK 2-77/20, S. 15.

fähigkeit nur im Rahmen der Frage eine Rolle spielen, ob beispielsweise hinreichende Anhaltspunkte für eine wettbewerbsbeschränkende Abrede gegeben seien.

Diese Ausführungen korrespondieren mit der Einschätzung, das Wettbewerbsregister diene grundsätzlich nur als Erkenntnisquelle für Informationen, die der öffentliche Auftraggeber seiner Ausschlussentscheidung zugrunde lege.[63]

37 Die 2. Vergabekammer des Bundes hat in seiner oben genannten Entscheidung ebenfalls sinngemäß ausgeführt,[64] dass es nicht in die Kompetenz der Vergabekammer falle, über das Vorliegen oder Nichtvorliegen von **Eintragungsvoraussetzungen** zu entscheiden. Das obliege der Registerbehörde nach Aufnahme der aktiven Tätigkeit. Diese Auffassung wird gestützt durch die Regelungen in § 4 Abs. 2 und § 5 Abs. 1 WRegG, wonach die Registerbehörde vor einer Eintragung Voraussetzungen prüft und vorab das betreffende Unternehmen anhört. Da im Zeitpunkt der zitierten Entscheidung der Vergabekammer die Voraussetzungen für die Anwendung des § 2 WRegG gemäß § 12 Abs. 2 WRegG noch nicht gegeben waren und die Registerbehörde noch nicht über Eintragungen in das Wettbewerbsregister entschieden hatte, konnte die Vergabekammer eine erfolgte Eintragung lediglich annehmen. Vor diesem Hintergrund führte die Vergabekammer aus, dass sie für den Fall einer erfolgten Eintragung deren Richtigkeit bei der Beurteilung über das Vorliegen oder Nichtvorliegen von Ausschlusstatbeständen unterstellen würde. Demnach steht nach Inbetriebnahme des Wettbewerbsregisters zu erwarten, dass die Vergabekammern die Richtigkeit von Eintragungsentscheidungen der Registerbehörde unterstellen und diese keiner gesonderten Überprüfung unterziehen.

B. Eintragung von rechtskräftigen Entscheidungen (Abs. 1)

I. Allgemeiner Regelungsgegenstand

1. Arten der einzutragenden, rechtskräftigen Entscheidungen

38 § 2 Abs. 1 WRegG regelt, welche jeweils rechtskräftigen strafgerichtlichen Verurteilungen, Strafbefehle sowie Bußgeldentscheidungen in das Wettbewerbsregister einzutragen sind. Dabei orientiert sich der Katalog der einzutragenden Entscheidungen sehr eng an den zwingenden sowie fakultativen Ausschlusstatbeständen nach §§ 123, 124 GWB. Allerdings sind die formellen sowie die materiellen Eintragungsvoraussetzungen nach § 2 Abs. 1 WRegG konkreter und strenger gefasst. Hintergrund ist ausweislich der Gesetzesbegründung die Grundrechtsrelevanz der Eintragung eines Unternehmens in das Wettbewerbsregister. Aus diesem Grund wurden die Rechtsverstöße, die zu einer Eintragung führen, auch abschließend bezeichnet und umfassen nur solche Umstände, die für den Auftraggeber zur Prüfung des Ausschlusses vom Vergabeverfahren erforderlich sind.[65]

39 § 2 Abs. 1 WRegG ordnet die den Eintragungsvoraussetzungen zugrundeliegenden Rechtsverstöße den konkreten Anforderungen an die erforderlichen, rechtskräftigen Entscheidungen zu:

- § 2 Abs. 1 **Nr. 1** WRegG umfasst Rechtsverstöße in Form von Straftaten im Sinne von § 123 Abs. 1GWB und solche, die nach § 123 Abs. 4 Nr. 1 GWB zu einem Ausschluss führen. Dazu gehören die Straftatbestände nach § 266a StGB sowie nach § 370 AO. Außerdem sind die Straftatbestände nach §§ 263 und 264 StGB umfasst, soweit sich die Straftat gegen öffentliche Haushalte richtet, sowie nach § 298 StGB wegen wettbewerbsbeschränkender Absprachen bei Ausschreibungen. Letzterer führt zu einem fakultativen Ausschlussgrund nach § 124 Abs. 1 Nr. 4 GWB. Erforderlich für eine Eintragung in das Wettbewerbsregister ist jeweils eine rechtskräftige, strafgerichtliche Verurteilung oder ein

63 Vgl. *Diederichs*, VergabeR 2018, 623 (625).
64 Vgl. VK Bund, Beschluss v. 12.10.2020 – VK 2- 77/20, S. 15.
65 Vgl. Gesetzesbegründung zu § 2 WRegG, Gesetz zur Einführung eines Wettbewerbsregisters und zur Änderung des Gesetzes gegen Wettbewerbsbeschränkungen, BT-Drs. 18/12051, 26.

Strafbefehl, ohne dass eine weitergehende Aufgreifschwelle in Form von Strafmindestmaßen erreicht worden sein muss.

- § 2 Abs. 1 **Nr. 2** WRegG umfasst Rechtsverstöße in Form von Straftaten oder Ordnungswidrigkeiten im Zusammenhang mit arbeits- und sozialrechtlichen Schutzgesetzen, bei denen eine rechtskräftige, strafgerichtliche Verurteilung oder Bußgeldentscheidung oder ein rechtskräftiger Strafbefehl ergangen ist, sofern eine der folgenden Aufgreifschwellen erreicht wurde: eine Freiheitsstrafe von mehr als drei Monaten oder eine Geldstrafe von mehr als 90 Tagessätzen oder eine Geldbuße von wenigstens 2.500 Euro.
- § 2 Abs. 1 **Nr. 3** WRegG umfasst im Gleichlauf mit der Regelung der zwingenden Ausschlussgründe nach § 123 GWB auch rechtskräftige Bußgeldentscheidungen, die gegen ein Unternehmen im Zusammenhang mit Straftaten und Ordnungswidrigkeiten nach § 2 Abs. 1 Ziffern 1 und 2 WRegG ergangen sind.[66]

2. Inhaltliche Voraussetzungen im Vergleich zu den §§ 123, 124 GWB

40 Grundsätzlich lässt sich festhalten, dass die Eintragungsvoraussetzungen in § 2 Abs. 1 WRegG enger und konkreter gefasst sind als die Ausschlussgründe nach §§ 123, 124 GWB.

41 Abweichungen zwischen den Ausschlusstatbeständen nach §§ 123, 124 GWB und den Eintragungsvoraussetzungen nach § 2 Abs. 1 WRegG ergeben sich zum einen im Hinblick auf die **konkrete Bezeichnung der Tatbestände**, die im Falle einer rechtskräftigen Entscheidung grundsätzlich eine Pflicht zur Eintragung in das Wettbewerbsregister auslösen. So wird z. B. in § 2 Abs. 1 Nr. 1 lit. e WRegG der Straftatbestand der wettbewerbsbeschränkenden Absprachen bei Ausschreibungen nach § 298 StGB konkret benannt. Demgegenüber verweist der korrespondierende, fakultative Ausschlusstatbestand in § 124 Abs. 1 Nr. 4 GWB pauschal auf hinreichende Anhaltspunkte des Auftraggebers, dass das Unternehmen mit anderen Unternehmen Vereinbaren getroffen oder Verhaltensweisen aufeinander abgestimmt hat, die eine Verhinderung, Einschränkung oder Verfälschung des Wettbewerbs bezwecken oder bewirken. Die Verwirklichung eines konkreten Strafbarkeitstatbestands durch eine natürliche Person wird dort ebenso wenig gefordert wie eine Bußgeldentscheidung nach § 30 OWiG oder § 81 GWB zulasten des Unternehmens oder der handelnden, natürlichen Person.[67]

42 § 2 Abs. 1 WRegG regelt außerdem Eintragungstatbestände, die im Wege der Auslegung mehreren **Ausschlussgründen nach §§ 123, 124 GWB** zugeordnet werden können. Dazu zählt zum Beispiel § 2 Abs. 1 Nr. 2 lit. c WRegG. Dort wird die Eintragung von konkreten rechtskräftigen Entscheidungen in das Wettbewerbsregister bei Straftaten oder Ordnungswidrigkeiten nach dem AÜG vorgesehen, wenn diese eine der definierten Aufgreifschwellen erreichen. Dazu gehören entweder eine Freiheitsstrafe von mehr als drei Monaten, eine Geldstrafe von mehr als 90 Tagessätzen oder eine Geldbuße von wenigsten 2.500 Euro. Diese Eintragungsvoraussetzung kann zum einen unter den fakultativen Ausschlusstatbestand nach § 124 Abs. 1 Nr. 1 GWB gefasst werden. Danach kann ein Unternehmen vom Vergabeverfahren ausgeschlossen werden, wenn es bei der Ausführung öffentlicher Aufträge nachweislich zum Beispiel gegen arbeitsrechtliche Pflichten verstoßen hat. Eine konkrete Benennung der Pflichtverstöße wurde hier nicht vorgenommen. Zum anderen kann es sich bei Straftaten nach dem AÜG auch um eine schwere Verfehlung nach § 124 Abs. 1 Nr. 3 GWB handeln, die das Unternehmen nachweislich begangen hat bzw. die diesem entsprechend zugeordnet werden kann und dadurch die Integrität des Unternehmens in Frage gestellt wird. Entsprechend wäre der Auftraggeber berechtigt, das Unternehmen vom Vergabeverfahren auszuschließen. Auch hier wurde von einer konkreten Benennung der schweren Verfehlung abgesehen.

43 Die **Eintragungsvoraussetzungen** werden im Zusammenhang mit der Art der zugrundeliegenden Entscheidung der Gerichte und Behörden zum Teil abweichend von den §§ 123, 124 GWB und in der Regel auch strenger geregelt. Vor allem aber wird nach § 2 Abs. 1 WRegG

66 Vgl. Gesetzesbegründung zu § 2 WRegG, Gesetz zur Einführung eines Wettbewerbsregisters und zur Änderung des Gesetzes gegen Wettbewerbsbeschränkungen, BT-Drs. 18/12051, 27.

67 Vgl. VK Bund, Beschluss v. 12.10.2020 – VK 2-77/20, S. 13.

immer eine rechtskräftige Entscheidung wegen der in das Wettbewerbsregister einzutragenden Straftaten oder Ordnungswidrigkeiten verlangt. Beispielsweise sieht § 2 Abs. 1 Nr. 1 lit. d WRegG als Eintragungsvoraussetzung eine rechtskräftige Entscheidung wegen des Tatbestands der Steuerhinterziehung nach § 370 AO vor. Demgegenüber bietet z. B. der korrespondierende, zwingende Ausschlussgrund nach § 123 Abs. 4 GWB zwei alternative Rechtsgrundlagen für einen Ausschluss vom Vergabeverfahren an. Entweder wurde der Verstoß gegen die Verpflichtung zur Zahlung von Steuern durch eine rechtskräftige Entscheidung festgestellt, § 123 Abs. 4 Nr. 1 GWB. Oder aber, der Auftraggeber kann auf sonstige geeignete Weise die Verletzung der Verpflichtung zur Zahlung von Steuern nachweisen, § 123 Abs. 4 Nr. 2 GWB.

In das Wettbewerbsregister werden nur Unternehmen eingetragen. Daher müssen die einzutragenden Delikte, wegen denen eine rechtskräftige Entscheidung gegen eine natürliche Person ergangen ist, den jeweiligen Unternehmen **zurechenbar** sein. Wann und in welcher Form eine Zurechnung erfolgt, ergibt sich aus § 2 Abs. 3 WRegG. Die Definition, welche natürlichen und juristischen Personen als Unternehmen im Sinne des WRegG gelten, ergibt sich aus § 2 Abs. 4 WRegG. Näheres dazu wird an entsprechender Stelle ausgeführt.[68] 44

II. Rechtskräftige strafgerichtliche Verurteilungen und Strafbefehle ohne Aufgreifschwelle (Nr. 1)

§ 2 Abs. 1 Nr. 1 WRegG umfasst abschließend[69] Rechtsverstöße in Form von Straftaten 45

- im Sinne von § 123 Abs. 1 GWB,
- die nach § 123 Abs. 4 Nr. 1 GWB zu einem Ausschluss führen. Dazu gehören die Straftatbestände nach § 266a StGB (Vorenthalten und Veruntreuen von Arbeitsentgelt) sowie nach § 370 AO (Steuerhinterziehung),
- die nach § 124 Abs. 1 Nr. 3 GWB oder nach § 123 Abs. 1 GWB zu einem Ausschluss führen können. Dazu gehören die Betrugsstraftatbestände nach §§ 263 und 264 StGB, soweit sich die jeweilige Straftat gegen öffentliche Haushalte richtet, sowie
- die nach § 124 Abs. 1 Nr. 4 GWB zu einem Ausschluss führen können. Dazu zählt § 298 StGB (wettbewerbsbeschränkende Absprachen bei Ausschreibungen).

Erforderlich für eine Eintragung in das Wettbewerbsregister ist jeweils eine rechtskräftige, strafgerichtliche Verurteilung oder ein Strafbefehl, ohne dass eine weitergehende Aufgreifschwelle in Form von Strafmindestmaßen erreicht worden sein muss. Ein Absehen von der Eintragung vergleichbar mit einem Absehen vom Ausschluss vom Vergabeverfahren nach § 123 Abs. 5 GWB ist nicht vorgesehen. Im Zusammenhang mit den Eintragungsvoraussetzungen nach § 2 Abs. 1 Nr. 1 WRegG spielen Bußgeldentscheidungen keine Rolle. Diese werden erst in § 2 Abs. 1 Nr. 2 und 3 sowie § 2 Abs. 2 WRegG relevant.

Ausweislich der Gesetzesbegründung wurden die im Sinne von § 153a StPO unter Auflagen und Weisungen **eingestellten Strafverfahren** bewusst nicht in den Eintragungskatalog des Wettbewerbsregisters aufgenommen. Denn aus einer Entscheidung nach § 153a StPO könne über einen hinreichenden Tatverdacht hinaus noch kein sicherer Rückschluss auf die Täterschaft gezogen werden.[70] 46

Bewusst nicht zur Eintragung vorgesehen seien ferner sogenannte „**Vergabesperren**“, die von einzelnen Auftraggebern verhängt werden könnten. Grund dafür sei die Grundrechtsrelevanz der Eintragung in das Wettbewerbsregister.[71] 47

68 Vgl. Rn. 121 ff.

69 Vgl. Gesetzesbegründung zu § 2 WRegG, Gesetz zur Einführung eines Wettbewerbsregisters und zur Änderung des Gesetzes gegen Wettbewerbsbeschränkungen, BT-Drs. 18/12051, 26.

70 Vgl. Gesetzesbegründung zu § 2 WRegG, Gesetz zur Einführung eines Wettbewerbsregisters und zur Änderung des Gesetzes gegen Wettbewerbsbeschränkungen, BT-Drs. 18/12051, 27.

71 Vgl. Gesetzesbegründung zu § 2 WRegG, Gesetz zur Einführung eines Wettbewerbsregisters und zur Änderung des Gesetzes gegen Wettbewerbsbeschränkungen, BT-Drs. 18/12051, 27.

1. Straftaten nach § 123 Abs. 1 GWB (lit. a)

48 In das Wettbewerbsregister werden nach § 2 Abs. 1 Nr. 1 lit. a WRegG zunächst alle Straftaten nach § 123 Abs. 1 GWB eingetragen, wegen denen eine rechtskräftige strafgerichtliche Verurteilung oder ein Strafbefehl gegen eine natürliche Person ergangen ist. Mangels anderslautender Regelungen oder Stellungnahmen in der Gesetzesbegründung sind wohl auch entsprechende rechtskräftige Entscheidungen wegen einer versuchten Straftat umfasst. Wegen der erforderlichen Zurechenbarkeit zu einem Unternehmen nach § 2 Abs. 3 und 4 WRegG siehe dort.[72]

49 Die von § 123 Abs. 1 GWB erfassten **Straftatbestände** lassen sich in zwei Gruppen[73] unterteilen:

- In die erste, kleinere Gruppe gehören die Betrugstatbestände: der Betrug nach § 263 StGB (§ 123 Abs. 1 Nr. 4 GWB) und der Subventionsbetrug nach § 264 StGB (§ 123 Abs. 1 Nr. 5 GWB). In beiden Fällen muss einmal der Straftatbestand rechtskräftig festgestellt worden sein. Zum anderen muss die Straftat auch zum Nachteil des Haushalts der Europäischen Union oder von Haushalten, die von der Europäischen Union im Auftrag verwaltet werden, begangen worden sein.
- In die größere, zweite Gruppe gehören alle anderen in § 123 Abs. 1 GWB genannten Straftaten. Dort reicht es aus, wenn diese rechtskräftig festgestellt wurden.

Da § 2 Abs. 1 Nr. 1 lit. a WRegG keine Abweichungen gegenüber den in § 123 Abs. 1 GWB genannten Straftatbeständen vorsieht, gilt derselbe Auslegungsinhalt.[74]

2. Betrug und Subventionsbetrug zum Nachteil der öffentlichen Haushalte (lit. b)

50 Nach § 2 Abs. 1 Nr. 1 lit. b WRegG sind in das Wettbewerbsregister rechtskräftige strafgerichtliche Verurteilungen und Strafbefehle, die wegen Betrugs nach § 263 StGB oder Subventionsbetrugs nach § 264 StGB ergangen sind, einzutragen, soweit sich die Straftat gegen öffentliche Haushalte richtet.

51 Die Eintragungstatbestände des Betruges (§ 263 StGB) und des Subventionsbetruges (§ 264 StGB) weisen zwar zunächst hinsichtlich der rechtlichen Bezeichnung keinen Unterschied zwischen der Benennung in **§ 123 Abs. 1 GWB** und in § 2 Abs. 1 Nr. 1 WRegG auf. Daneben gibt es aber wegen des Nachteils, der durch die Straftat entstanden ist, eine wesentliche Abweichung zwischen der Regelung in § 2 Abs. 1 Nr. 1 WRegG und der korrespondierenden Regelung in § 123 Abs. 1 Nr. 4 und 5 GWB. Dort wird auf einen Nachteil zulasten des Haushalts der Europäischen Union oder von Haushalten, die von der Europäischen Union im Auftrag verwaltet werden, abgestellt. Demgegenüber wird in § 2 Abs. 1 Nr. 1 WRegG darauf abgestellt, dass sich die Straftat generell gegen öffentliche Haushalte richten muss. Wegen der Zielrichtung und dem europarechtlichen Hintergrund des WRegG,[75] ein bundesweites Register für öffentliche Auftraggeber nach § 99 GWB zu schaffen, kann davon ausgegangen werden, dass mit den öffentlichen Haushalten nur solche der Europäischen Union einschließlich derer in der Bundesrepublik Deutschland bzw. in den deutschen Bundesländern gemeint sind. Jedenfalls ist die Reichweite der Eintragungsvoraussetzung nach § 2 Abs. 1 Nr. 1lit. b WRegG weiter gefasst als die nach § 123 Abs. 1 Nr. 4 und 5 GWB.

52 Die Frage, zu wessen Nachteil der Betrug begangen wurde, hat vor allem auch Folgen für die öffentlichen Auftraggeber bei der Prüfung von Ausschlusstatbeständen: Entweder müssen sie zur Prüfung des Ausschlusses die fakultative Ausschlussregelung nach § 124 Abs. 1 Nr. 3 GWB oder die zwingende Ausschlussregelung nach § 123 Abs. 1 Nr. 4 oder 5 GWB zugrunde legen. Die öffentlichen Auftraggeber haben also zu prüfen, ob der eingetragenen, rechtskräftigen Entscheidung ein Nachteil zulasten des Haushalts der Europäischen Union oder von Haushal-

---

72 Siehe Rn. 111 ff. zu § 2 Abs. 3 WRegG und Rn. 121 ff. zu § 2 Abs. 4 WRegG.
73 Vgl. *Hausmann/von Hoff*, in: Röwekamp/Kus/Portz/Prieß, GWB-Vergaberecht, § 123 Rn. 12.
74 Vgl. daher für Näheres *Gnittke/Hattig* zu § 123 GWB Rn. 15 ff.
75 Vgl. Rn. 2 ff.

ten, die von der Europäischen Union im Auftrag verwaltet werden, zugrunde liegt. Dann müssten sie im Rahmen ihrer vergaberechtlichen Entscheidung im Sinne von § 6 Abs. 5 WRegG die Prüfung wegen eines zwingenden Ausschlusstatbestands nach **§ 123 Abs. 1 Nr. 4 oder 5 GWB** zugrunde legen. Liegt demgegenüber der eingetragenen, rechtskräftigen Entscheidung ein Nachteil zulasten eines sonstigen öffentlichen Haushalts zugrunde, wäre § 124 Abs. 1 Nr. 3 GWB Grundlage für die Prüfung eines fakultativen Ausschlussgrundes. Das wäre zum Beispiel der Fall, wenn ein Nachteil zulasten des Haushalts der Bundesrepublik Deutschland entstanden wäre und dieser Haushalt nicht im Rahmen eines Auftragsverhältnisses durch die Europäische Union verwaltet wird. Insofern wirkt **§ 124 Abs. 1 Nr. 3 GWB** auch hier in seiner Funktion als Auffangtatbestand.[76]

53 In diesem Zusammenhang bleibt abzuwarten, ob die nach § 3 Abs. 1 Nr. 6 WRegG zu übermittelnden und einzutragenden **Daten** für diese Beurteilung ausreichen. Denn nach den konkretisierenden Regelungen in § 4 Abs. 2 Nr. 3 WRegV sollen folgende Daten betreffend die eintragungspflichtige Tat an die Registerbehörde übermittelt und eingetragen werden:

- die rechtliche Bezeichnung der zugrundeliegenden Straftat oder Ordnungswidrigkeit, und
- die Tatzeit.

Allein die rechtliche Bezeichnung einer der Betrugstatbestände würde wohl nicht ausreichen, um die erforderliche Feststellung treffen zu können, zu wessen Nachteil der jeweilige Betrug begangen wurde. Hier müsste den öffentlichen Auftraggebern nach § 99 GWB eine entsprechende Erläuterung zur Verfügung gestellt werden, damit sie ihren gesetzlich normierten Prüfauftrag erfüllen können. Ob das gelingt, erscheint mit Blick auf den inhaltlich begrenzten Auskunftsanspruch des öffentlichen Auftraggebers nach § 6 Abs. 3 WRegG[77] zumindest fraglich. Denn danach werden nur die im Wettbewerbsregister gespeicherten Daten auf Anfrage übermittelt. Nach derzeitigem Stand könnte es also dem öffentlichen Auftraggeber überlassen sein, im Zweifel bei dem eingetragenen Unternehmen selbst um Auskunft zu bitten, zu wessen Nachteil der jeweilige Betrug rechtskräftig festgestellt wurde.

3. Vorenthalten und Veruntreuen von Arbeitsentgelt (lit. c)

54 § 2 Abs. 1 Nr. 1 lit. c WRegG sieht den Straftatbestand des Vorenthaltens und Veruntreuens von Arbeitsentgelt nach § 266a StGB als Eintragungsdelikt vor, das mit dem zwingenden Ausschlusstatbestand nach § 123 Abs. 4 Nr. 1 GWB korrespondiert.

55 **§ 266a StGB** regelt im Kern die Strafbarkeit im Zusammenhang mit Verstößen gegen die Verpflichtung zur Entrichtung von Sozialversicherungsabgaben. Grundsätzlich wird eine Freiheitsstrafe bis zu fünf Jahren oder eine Geldstrafe, in besonders schweren Fällen eine Freiheitsstrafe von sechs Monaten bis zu zehn Jahren vorgesehen.

56 Mit der Aufnahme von § 266a StGB in den Katalog der eintragungspflichtigen Delikte nach § 2 Abs. 1 Nr. 1 WRegG lehnt sich der Gesetzgeber an einen maßgeblichen, zwingenden Ausschlussgrund nach **§ 123 Abs. 4 Nr. 1 GWB** an. Dort wird allgemein bestimmt, dass öffentliche Auftraggeber Unternehmen u.a. dann von der Teilnahme an einem Vergabeverfahren auszuschließen haben, wenn das Unternehmen seinen Verpflichtungen zur Zahlung von Beiträgen zur Sozialversicherung nicht nachgekommen ist und dies durch eine rechtskräftige Entscheidung festgestellt wurde. Allerdings wurde die Voraussetzung für die Eintragung in das Wettbewerbsregister auch hier wieder enger gefasst als der zwingende Ausschlusstatbestand nach § 123 Abs. 4 GWB, der in seiner Nr. 2 auch eine nachweisliche Pflichtverletzung für einen zwingenden Ausschluss von der Teilnahme am Vergabeverfahren ausreichen lässt. Voraussetzung für die Eintragung im Wettbewerbsregister ist demgegenüber aber eine rechtskräftige Entscheidung über die Verwirklichung des § 266a StGB.[78]

76 *Hausmann/von Hoff*, in: Röwekamp/Kus/Portz/Prieß, GWB-Vergaberecht, § 124 Rn. 31 f.
77 Vgl. die Kommentierung zu § 6 Abs. 3 WRegG in Rn. 94.
78 Wegen der Einzelheiten und den Hintergründen für eine Anwendung des § 123 Abs. 4 Nr. 1 und 2 GWB siehe *Gnittke/Hattig* in § 123 GWB Rn. 47 ff.

4. Steuerhinterziehung (lit. d)

57 In § 2 Abs. 1 Nr. 1 lit. d WRegG wird der Straftatbestand der Steuerhinterziehung nach § 370 AO als Eintragungsdelikt benannt, das dem zwingenden Ausschlusstatbestand nach § 123 Abs. 4 Nr. 1 GWB zuzuordnen ist.

58 Nach **§ 370 Abs. 1 AO** wird mit Freiheitsstrafe bis zu fünf Jahren oder mit Geldstrafe bestraft, wer

- den Finanzbehörden oder anderen Behörden über steuerlich erhebliche Tatsachen unrichtige oder unvollständige Angaben macht,
- die Finanzbehörden pflichtwidrig über steuerlich erhebliche Tatsachen in Unkenntnis lässt oder
- pflichtwidrig die Verwendung von Steuerzeichen oder Steuerstemplern unterlässt

und dadurch Steuern verkürzt oder für sich oder einen anderen nicht gerechtfertigte Steuervorteile erlangt.

Neben der Versuchsstrafbarkeit wird für besonders schwere Fälle eine Strafverschärfung vorgesehen. Umfasst werden u.a. auch Ein- und Ausfuhrabgaben mit europäischem Bezug. Die Strafbarkeit gilt unabhängig von dem Recht des Tatorts auch für Taten, die außerhalb des Geltungsbereichs der AO begangen werden.

59 Mit der Aufnahme von § 370 AO in den Katalog der eintragungspflichtigen Delikte nach § 2 Abs. 1 Nr. 1 WRegG konkretisiert der Gesetzgeber letztlich auch einen maßgeblichen, zwingenden Ausschlussgrund nach **§ 123 Abs. 4 Nr. 1 GWB**. Dort wird allgemein bestimmt, dass öffentliche Auftraggeber Unternehmen u.a. dann von der Teilnahme an einem Vergabeverfahren auszuschließen haben, wenn das Unternehmen seinen Verpflichtungen zur Zahlung von Steuern oder Abgaben nicht nachgekommen ist und dies durch eine rechtskräftige Entscheidung festgestellt wurde. Allerdings wurde die Voraussetzung für die Eintragung in das Wettbewerbsregister auch hier wieder enger gefasst als der zwingende Ausschlusstatbestand nach § 123 Abs. 4 GWB, der in seiner Nr. 2 auch eine nachweisliche Pflichtverletzung für einen zwingenden Ausschluss von der Teilnahme am Vergabeverfahren ausreichen lässt. Voraussetzung für die Eintragung im Wettbewerbsregister ist demgegenüber aber eine rechtskräftige Entscheidung über die Verwirklichung des § 370 AO.[79]

5. Wettbewerbsbeschränkende Absprachen bei Ausschreibungen (lit. e)

60 Nach § 298 Abs. 1 StGB wird mit Freiheitsstrafe bis zu fünf Jahren oder mit Geldstrafe bestraft, wer bei einer Ausschreibung über Waren oder Dienstleistungen ein Angebot abgibt, das auf einer rechtswidrigen Absprache beruht, die darauf abzielt, den Veranstalter zur Annahme eines bestimmten Angebots zu veranlassen. Damit hat der Gesetzgeber eine Straftat, die speziell Vergabeverfahren betrifft, in den Eintragungskatalog aufgenommen.[80]

61 Nach § 298 Abs. 2 StGB steht der **Ausschreibung** die freihändige Vergabe eines Auftrages nach vorausgegangenem Teilnahmewettbewerb gleich. Auch wenn die Begrifflichkeit der „freihändigen Vergabe" sich an den Vorschriften für nationale Vergaben, z. B. nach § 3 Abs. 3 VOB/A sowie § 3 Abs. 1VOL/A, orientiert, sind nach der Zielrichtung der Strafbarkeitsregelung wohl auch EU-weite Verhandlungsverfahren umfasst. Denn mit dem Begriff Verhandlungsverfahren ist die EU-weite Form der „freihändigen Vergabe" gemeint. Das ergibt sich z. B. aus § 14 Abs. 3 VgV der die Voraussetzungen für die Nutzung eines Verhandlungsverfahrens definiert. Zudem wurde mittlerweile mit der Einführung der UVgO in 2017 die Begrifflichkeit auch für nationale Vergabeverfahren denen der EU-weiten Vergabeverfahren angepasst. So wird z. B. in § 8 Abs. 1 UVgO von einer „Verhandlungsvergabe" und nicht mehr von einer „freihändigen Vergabe" gesprochen. Nach § 298 Abs. 2 StGB wird lediglich die freihändige Vergabe

---

79 Wegen der Einzelheiten und den Hintergründen für eine Anwendung des § 123 Abs. 4 Nr. 1 und 2 GWB siehe *Gnittke/Hattig* in § 123 GWB Rn. 47 ff.

80 Vgl. Gesetzesbegründung zu § 2 WRegG, Gesetz zur Einführung eines Wettbewerbsregisters und zur Änderung des Gesetzes gegen Wettbewerbsbeschränkungen, BT-Drs. 18/12051, 27.

mit vorausgegangenem Teilnahmewettbewerb der Ausschreibung nach § 298 Abs. 1 StGB gleichgestellt. Daraus folgt, dass wettbewerbswidrige Absprachen im Zusammenhang mit freihändigen Vergabeverfahren bzw. Verhandlungsverfahren **ohne Teilnahmewettbewerb** nicht nach § 298 StGB strafbar sind. Allerdings wird vertreten, dass Täuschungshandlungen in diesem Zusammenhang nach § 263 StGB strafbar sein können.[81]

In ihrer Entscheidung vom 12. Oktober 2020[82] hat die zweite Vergabekammer des Bundes festgestellt, dass § 298 Abs. 1 StGB zugleich auch – als besonderer Fall – den Tatbestand der wettbewerbsbeschränkenden Vereinbarung einer **Kartellordnungswidrigkeit** im Sinne von § 1 GWB und Art. 101 Abs. 1 AEUV i.V.m. § 81 Abs. 2 Nr. 1 bzw. Abs. 1 Nr. 1 GWB umfasse. Dabei werde die Kartellordnungswidrigkeit nicht durch einen zusätzlich verwirklichten § 298 StGB verdrängt. Dieser komme vielmehr additiv hinzu und überlagere aufgrund seines größeren Unrechtsgehalts die ebenfalls vorliegende Ordnungswidrigkeit, § 21 Abs. 2 OWiG. Das gelte zumindest bei handelnden, natürlichen Personen. Bei juristischen Personen verbleibe es auch im Fall eines Submissionsbetruges bei einer Ordnungswidrigkeit gemäß § 30 Abs. 1 S. 1 OWiG. Letzteres ergibt sich folgerichtig aus dem Umstand, dass der Straftatbestand nach § 298 StGB nur von einer natürlichen Person verwirklicht werden kann. Demgegenüber können Ordnungswidrigkeiten nach § 30 OWiG auch zulasten einer juristischen Person festgestellt werden, wenn diese der Handlung einer natürlichen Person zuzurechnen sind.[83] 62

Nach der Systematik der gesetzlichen Ausschlusstatbestände gemäß den **§§ 123, 124 GWB** knüpfen die Fallgruppen der zwingenden Ausschlussgründe des § 123 GWB an das Vorliegen einer rechtskräftigen Entscheidung an. Allerdings hat sich der Gesetzgeber bewusst entschieden, die Straftat des § 298 StGB nicht als Katalogtat in § 123 Abs. 1 GWB aufzunehmen.[84] Die Eintragung einer rechtskräftigen Entscheidung wegen einer Straftat nach § 298 StGB veranlasst den öffentlichen Auftraggeber nach § 99 GWB zur Prüfung eines fakultativen Ausschlussgrundes nach § 124 Abs. 1 Nr. 4 GWB. Allerdings ist die eingetragene, rechtskräftige Entscheidung zu § 298 StGB nicht Voraussetzung für die Prüfung des fakultativen Ausschlusstatbestands. § 124 Abs. 1 Nr. 4 GWB stellt darauf ab, ob der öffentliche Auftraggeber hinreichende Anhaltspunkte dafür hat, dass das Unternehmen wettbewerbswidrige Abreden getroffen oder sich sonst wettbewerbswidrig verhalten hat.[85] Es gibt demnach kein Verbot, einen dem öffentlichen Auftraggeber aus anderen Quellen bekannten Sachverhalt zu berücksichtigen, obwohl dieser nicht eingetragen ist oder hätte eingetragen werden dürfen.[86] Die hinreichenden Anhaltspunkte können sich also aus der Eintragung der rechtskräftigen Entscheidung im Wettbewerbsregister ergeben, müssen es aber nicht. 63

III. Strafgerichtliche Verurteilungen, Strafbefehle und Bußgeldentscheidungen mit Aufgreifschwellen (Nr. 2)

§ 2 Abs. 1 Nr. 2 WRegG umfasst Rechtsverstöße in Form von Straftaten oder Ordnungswidrigkeiten im Zusammenhang mit arbeits- und sozialrechtlichen Schutzgesetzen, bei denen eine rechtskräftige Entscheidung in Form einer strafgerichtlichen Verurteilung, Bußgeldentscheidung oder einem Strafbefehl ergangen ist, sofern eine der folgenden Aufgreifschwellen alternativ erreicht wurde: 64

- eine Freiheitsstrafe von mehr als drei Monaten oder
- eine Geldstrafe von mehr als 90 Tagessätzten oder
- eine Geldbuße von wenigsten 2.500 Euro.

81 *Fischer*, StGB, § 298 Rn. 4a m.w.N.
82 Vgl. VK Bund, Beschluss v. 12.10.2020 – VK 2-77/20, S. 13.
83 Vgl. Rn. 111 ff.
84 Vgl. VK Bund, Beschluss v. 12.10.2020 – VK 2-77/20, S. 14, mit Verweis auf die Gesetzesbegründung zu § 124 Abs. 1 Nr. 4 GWB, VergRModG 2016, BT-Drs. 18/6281, 106.
85 Vgl. VK Bund, Beschluss v. 12.10.2020 – VK 2-77/20, S. 13.
86 Vgl. VK Bund, Beschluss v. 12.10.2020 – VK 2-77/20, S. 15.

Eine derartige Einschränkung hat der Gesetzgeber für erforderlich gehalten, um Eintragungen bei Bagatellfällen zu vermeiden.[87]

65 In § 2 Abs. 1 Nr. 2 WRegG wurden ausschließlich schwerwiegende Wirtschaftsdelikte aufgenommen, die für die Vergabeverfahren besonders praxisrelevant sind.[88] Die Eintragung dieser **Delikte** veranlasst den Auftraggeber nach § 98 GWB zur Prüfung von fakultativen Ausschlusstatbeständen nach § 124 Abs. 1 Nr. 1 oder 3 GWB. Der Eintragungskatalog ist nach dem Willen des Gesetzgebers zum einen abschließend und zum anderen konkret gefasst.[89]

66 Aus der Vorgabe, dass der Gesetzgeber eine konkrete Fassung gewünscht hat, lässt sich auch erklären, warum hier – im Gegensatz zu den anderen Bezugnahmen in § 2 WRegG – auf konkrete Fassungen der Schutzgesetze verwiesen wird. Das legt den Schluss nahe, dass es sich hier um **statische Verweisungen** handelt. Werden diese Schutzgesetze geändert, bedarf es dann auch der Anpassung des § 2 Abs. 1 Nr. 2 WRegG.

67 Von der Eintragungspflicht umfasst sind zum einen bestimmte Delikte, aufgrund derer die öffentlichen Auftraggeber aktuell zur Einholung von Auskünften aus dem Gewerbezentralregister verpflichtet sind. In den Eintragungskatalog aufgenommen wurden Delikte nach dem **AEntG, MiLoG** und dem **SchwarzArbG**. Die Pflicht zur Einholung von Auskünften aus dem Gewerbezentralregister wird für diese Delikte nach § 124 Abs. 2 GWB bestätigt. Sie wird nach Art. 2 des Gesetzes zur Einführung eines Wettbewerbsregisters und zur Änderung des Gesetzes gegen Wettbewerbsbeschränkungen in der Fassung des Art. 11 GWB-Digitalisierungsgesetz durch die Verpflichtung zur Einholung von Auskünften aus dem Wettbewerbsregister ersetzt, sobald die Umsetzungsvoraussetzungen nach § 12 Abs. 1 WRegG erfolgt, festgestellt und im Bundesanzeiger bekannt gegeben wurden. Diese Feststellung wurde am 29. Oktober 2021 bekanntgegeben.[90] Zu den rechtlichen Hintergründen sowie der zeitlichen Staffelung der Umsetzung vergleiche oben Rn. 12 ff. Zum anderen wurden in den Eintragungskatalog des WRegG zusätzlich bestimmte Delikte nach dem SGB III sowie dem AÜG aufgenommen.

68 § 124 Abs. 2 GWB bestätigt darüber hinaus die Pflicht zur Einholung von Auskünften nach dem eigens in **§ 98c AufenthG** normierten, fakultativen Ausschlusstatbestand. Danach können öffentliche Auftraggeber Bieter oder Bewerber vom Wettbewerb um einen Auftrag ausschließen, wenn rechtskräftige Entscheidungen im Zusammenhang mit speziellen Delikten nach dem SGB III oder dem SchwarzArbG rechtskräftig beschieden wurden. Dieser speziell geregelte, fakultative Ausschlusstatbestand wurde im Katalog der einzutragenden Delikte nach § 2 Abs. 1 Nr. 2 WRegG nicht besonders berücksichtigt. Hintergrund mag sein, dass der Gesetzgeber dafür kein besonderes Regelungsbedürfnis mehr gesehen hat. Denn die dem § 98c AufenthG zugrundeliegenden Delikte werden bereits konkret im Eintragungskatalog nach § 2 Abs. 1 Nr. 2 lit. a und b WRegG benannt. Sie können darüber hinaus aus ihrem originären Regelungsgehalt heraus den fakultativen Ausschlusstatbeständen nach § 124 Abs. 1 Nr. 1 oder 3 GWB zugeordnet werden.

1. § 8 Abs. 1 Nr. 2, §§ 10 bis 11 SchwarzArbG (lit. a)

69 In das Wettbewerbsregister sind nach § 2 Abs. 1 Nr. 2 lit. a WRegG rechtskräftige strafgerichtliche Verurteilungen und Strafbefehle sowie rechtskräftige Bußgeldentscheidungen einzutragen, die wegen Straftaten und Ordnungswidrigkeiten nach den § 8 Abs. 1 Nr. 2, §§ 10 bis 11 SchwarzArbG ergangen sind, sofern auf Freiheitsstrafe von mehr als drei Monaten oder Geldstrafe von mehr als 90 Tagessätzen erkannt oder eine Geldbuße von wenigstens 2.500 Euro festgesetzt worden ist.

---

87 Vgl. Gesetzesbegründung zu § 2 WRegG, Gesetz zur Einführung eines Wettbewerbsregisters und zur Änderung des Gesetzes gegen Wettbewerbsbeschränkungen, BT-Drs. 18/12051, 27.

88 Vgl. Gesetzesbegründung zu § 2 WRegG, Gesetz zur Einführung eines Wettbewerbsregisters und zur Änderung des Gesetzes gegen Wettbewerbsbeschränkungen, BT-Drs. 18/12051, 26.

89 Vgl. Gesetzesbegründung zu § 2 WRegG, Gesetz zur Einführung eines Wettbewerbsregisters und zur Änderung des Gesetzes gegen Wettbewerbsbeschränkungen, BT-Drs. 18/12051, 26.

90 BAnz. AT 29.10.2021 B3.

Zweck des **SchwarzArbG** ist nach dessen § 1 Abs. 1 die Bekämpfung der Schwarzarbeit und der illegalen Beschäftigung. 70

a) § 8 Abs. 1 Nr. 2 SchwarzArbG

Nach **§ 8 Abs. 1 Nr. 2 SchwarzArbG** handelt ordnungswidrig, wer Dienst- oder Werkleistungen in erheblichem Umfang ausführen lässt, indem er eine oder mehrere Personen beauftragt, von der oder von denen er weiß oder fahrlässig nicht weiß, dass diese Leistungen unter vorsätzlichem Verstoß gegen folgende Pflichten erbringen: 71

- Anzeige vom Beginn des selbstständigen Betriebes eines stehenden Gewerbes,
- Erwerb einer erforderlichen Reisegewerbekarte oder
- oder Eintragung in die Handwerksrolle.

Für diese Zuwiderhandlungen sieht § 8 Abs. 6 SchwarzArbG eine Geldbuße von bis zu 50.000 Euro vor.

Die Eintragung dieser Ordnungswidrigkeiten veranlasst den öffentlichen Auftraggeber zur Prüfung des **fakultativen Ausschlusstatbestands** nach § 124 Abs. 1 Nr. 1 GWB,[91] da gegen einschlägige sozialrechtliche Pflichten verstoßen wurde. Denn durch die den vorgenannten Ordnungswidrigkeiten zugrundeliegenden Handlungen unterstützt der Täter, dass seine Beauftragten keine Sozialabgaben und keine Lohnsteuer abführen. 72

b) §§ 10 bis 11 SchwarzArbG

Die **§§ 10 bis 11 SchwarzArbG** regeln die Strafbarkeit für folgende Handlungen: 73

- § 10 SchwarzArbG stellt die Beschäftigung von Ausländern ohne Genehmigung oder ohne Aufenthaltstitel und zu ungünstigen Arbeitsbedingungen unter eine Freiheitsstrafe von bis zu drei Jahren oder eine Geldstrafe. Für besonders schwere Fälle wird Freiheitsstrafe von sechs Monaten bis zu fünf Jahren vorgesehen.
- § 10a SchwarzArbG stellt die Beschäftigung von Ausländern ohne Aufenthaltstitel, die Opfer von Menschenhandel sind, unter eine Freiheitsstrafe von bis zu drei Jahren oder eine Geldstrafe.
- § 11 SchwarzArbG schließlich stellt die Erwerbstätigkeit von Ausländern ohne Genehmigung oder ohne Aufenthaltstitel in größerem Umfang oder von minderjährigen Ausländern unter eine Freiheitsstrafe von bis zu einem Jahr oder eine Geldstrafe. Wird aus grobem Eigennutz gehandelt, ist die Strafe eine Freiheitsstrafe bis zu drei Jahren oder eine Geldstrafe.

Werden diese Delikte zulasten des Unternehmens, dem diese zuzurechnen sind, in das Wettbewerbsregister eingetragen, sind die öffentlichen Auftraggeber verpflichtet, die korrespondierenden, **fakultativen Ausschlussgründe** zu prüfen. Das kann zum einen § 124 Abs. 1 Nr. 1 GWB sein, da gegen einschlägige sozialrechtliche Pflichten verstoßen wird. Denn durch die vorgenannten deliktischen Handlungen gelangt der Täter in die Lage, für die Arbeitnehmer keine Sozialabgaben und keine Lohnsteuer abführen. Zum anderen kann der fakultative Ausschlusstatbestand nach § 124 Abs. 1 Nr. 3 GWB erfüllt sein. Denn je nach Schwere der Straftat kann durchaus die Integrität des jeweiligen Unternehmens in Frage gestellt sein, auch wenn die Straftat zum Beispiel nicht als zwingender Ausschlussgrund in § 123 GWB aufgenommen wurde.[92] 74

91 Vgl. Gesetzesbegründung zu § 2 WRegG, Gesetz zur Einführung eines Wettbewerbsregisters und zur Änderung des Gesetzes gegen Wettbewerbsbeschränkungen, BT-Drs. 18/12051, 26.

92 Vgl. *Hausmann/von Hoff*, in: Röwekamp/Kus/Portz/Prieß, GWB-Vergaberecht, § 124 Rn. 31.

2. § 404 Abs. 1 und Abs. 2 Nr. 3 SGB III (lit. b)

75 In das Wettbewerbsregister sind nach § 2 Abs. 1 Nr. 2 lit. b WRegG rechtskräftige strafgerichtliche Verurteilungen und Strafbefehle sowie rechtskräftige Bußgeldentscheidungen einzutragen, die wegen Straftaten und Ordnungswidrigkeiten nach den § 404 Abs. 1 und Abs. 2 Nr. 3 SGB III ergangen sind, sofern auf Freiheitsstrafe von mehr als drei Monaten oder Geldstrafe von mehr als 90 Tagessätzen erkannt oder eine Geldbuße von wenigstens 2.500 Euro festgesetzt worden ist. Da § 404 Abs. 1 und Abs. 2 Nr. 3 SGB III ausschließlich Ordnungswidrigkeiten regelt, kommt die Eintragung von strafgerichtlichen Verurteilungen und Strafbefehlen bei § 2 Abs. 1 Nr. 2 lit. b WRegG nicht in Betracht.

76 Ziel der Arbeitsförderung ist es nach § 1 Abs. 1 SGB III, dem Entstehen von Arbeitslosigkeit entgegenwirken, die Dauer der Arbeitslosigkeit verkürzen und den Ausgleich von Angebot und Nachfrage auf dem Ausbildungs- und Arbeitsmarkt unterstützen. Dabei ist insbesondere durch die Verbesserung der individuellen Beschäftigungsfähigkeit Langzeitarbeitslosigkeit zu vermeiden. Die Gleichstellung von Frauen und Männern ist als durchgängiges Prinzip der Arbeitsförderung zu verfolgen. Die Arbeitsförderung soll dazu beitragen, dass ein hoher Beschäftigungsstand erreicht und die Beschäftigungsstruktur ständig verbessert wird. Sie ist so auszurichten, dass sie der beschäftigungspolitischen Zielsetzung der Sozial-, Wirtschafts- und Finanzpolitik der Bundesregierung entspricht. Die Ordnungswidrigkeitstatbestände in **§ 404 Abs. 1 und Abs. 2 Nr. 3 SGB III** befassen sich mit Verstößen gegen § 284 AufenthG. Danach handelt ordnungswidrig, wer als Unternehmerin oder Unternehmer Dienst- oder Werkleistungen in erheblichem Umfang ausführen lässt, indem sie oder er eine andere Unternehmerin oder einen anderen Unternehmer beauftragt, von dem sie oder er weiß oder fahrlässig nicht weiß, dass diese oder dieser zur Erfüllung dieses Auftrags entgegen § 284 AufenthG eine Ausländerin oder einen Ausländer beschäftigt. Gleiches gilt für diejenigen, die diese gesetzeswidrige Beschäftigung selbst vornehmen. Vorgesehen ist nach § 404 Abs. 3 SGB III eine Ahndung mit einer Geldbuße von bis zu 5.000 Euro.

77 Die Eintragung dieser Ordnungswidrigkeiten in das Wettbewerbsregister veranlasst den öffentlichen Auftraggeber zur Prüfung des **fakultativen Ausschlusstatbestands** nach § 124 Abs. 1 Nr. 1 GWB,[93] da gegen einschlägige sozialrechtliche Pflichten verstoßen wurde. Denn durch die den vorgenannten Ordnungswidrigkeiten zugrundeliegenden Handlungen unterstützt der Täter, dass seine Beauftragten oder er selbst für die jeweiligen Beschäftigten keine Sozialabgaben und keine Lohnsteuer abführen.

3. §§ 15, 15a, 16 Abs. 1 Nr. 1, 1c, 1d, 1f und 2 AÜG (lit. c)

78 In das Wettbewerbsregister sind nach § 2 Abs. 1 Nr. 2 lit. c WRegG rechtskräftige strafgerichtliche Verurteilungen und Strafbefehle sowie rechtskräftige Bußgeldentscheidungen einzutragen, die wegen Straftaten und Ordnungswidrigkeiten nach den §§ 15, 15a, 16 Abs. 1 Nr. 1, 1c, 1d, 1f und 2 AÜG ergangen sind, sofern auf Freiheitsstrafe von mehr als drei Monaten oder Geldstrafe von mehr als 90 Tagessätzen erkannt oder eine Geldbuße von wenigstens 2.500 Euro festgesetzt worden ist.

79 Das **AÜG** befasst sich ausweislich der Regelungen in seinem § 1 mit der Zulässigkeit der Arbeitnehmerüberlassung in der Form, dass Arbeitgeber als Entleiher den Dritten als Entleiher Arbeitnehmer (Leiharbeitnehmer) im Rahmen ihrer wirtschaftlichen Tätigkeit zur Arbeitsleistung überlassen (Arbeitnehmerüberlassung) wollen.

a) § 16 Abs. 1 Nr. 1, 1c, 1d, 1f AÜG

80 Die Ordnungswidrigkeiten nach **§ 16 Abs. 1 Nr. 1, 1c, 1d, 1f AÜG** werden mit einer Geldbuße von bis zu 30.000 Euro geahndet. Im Einzelnen handelt es sich um folgende Tatbestände, die vorsätzlich oder fahrlässig erfüllt werden können:

93 Vgl. Gesetzesbegründung zu § 2 WRegG, Gesetz zur Einführung eines Wettbewerbsregisters und zur Änderung des Gesetzes gegen Wettbewerbsbeschränkungen, BT-Drs. 18/12051, 26.

- § 16 Abs. 1 Nr. 1 i.V.m. § 1 AÜG: Arbeitnehmerüberlassung ohne die erforderliche Erlaubnis nach § 1 AÜG;
- § 16 Abs. 1 Nr. 1c. i.V.m. § 1 Abs. 1 S. 5 AÜG: Verstoß gegen die Vorgabe, dass der Arbeitgeber (Verleiher) und Entleiher die Überlassung von Leiharbeitnehmern in ihrem Vertrag ausdrücklich als Arbeitnehmerüberlassung zu bezeichnen, bevor sie den Leiharbeitnehmer überlassen oder tätig werden lassen;
- § 16 Abs. 1 Nr. 1d i.V.m. § 1 Abs. 1 S. 6 AÜG: Verstoß gegen die Vorgabe, dass der Arbeitgeber (Verleiher) vor der Überlassung eines Arbeitnehmers mit dem Entleiher im Arbeitnehmerüberlassungsvertrag die Person des Leiharbeitnehmers unter Bezugnahme auf diesen Vertrag zu konkretisieren;
- § 16 Abs. 1 Nr. 1f i.V.m. § 1b S. 1 AÜG: Verstoß gegen die Vorgabe, dass Arbeitnehmerüberlassung in Betriebe des Baugewerbes für Arbeiten, die üblicherweise von Arbeitern verrichtet werden, unzulässig ist. Die Überlassung im Baugewerbe ist nur im engen Rahmen der nach § 1b S. 2 AÜG geregelten Ausnahmen zwischen Betrieben des Baugewerbes möglich.

Werden diese Ordnungswidrigkeiten zulasten eines Unternehmens, dem die vorgenannten Handlungen zuzurechnen sind, in das Wettbewerbsregister eingetragen, sind die öffentlichen Auftraggeber nach § 99 GWB verpflichtet, den korrespondierenden, **fakultativen Ausschlusstatbestand** nach § 124 Abs. 1 Nr. 1 GWB zu prüfen, da gegen einschlägige sozialrechtliche Pflichten verstoßen wird. Denn durch die vorgenannten Handlungen gelangt der Täter selbst in die Lage oder unterstützt einen Dritten dabei, für die ausländischen Beschäftigten keine Sozialabgaben und keine Lohnsteuer abzuführen. 81

b) § 16 Abs. 1 Nr. 2 AÜG

Der Ordnungswidrigkeitstatbestand nach **§ 16 Abs. 1 Nr. 2 AÜG** regelt den Fall, dass der Entleiher einen ihm überlassenen ausländischen Leiharbeitnehmer tätig werden lässt, der nicht über 82

- einen erforderlichen Aufenthaltstitel bzw.
- eine Erlaubnis oder Berechtigung nach Aufenthaltsgesetz oder
- eine Aufenthaltsgestattung oder eine Duldung, die zur Ausübung der Beschäftigung berechtigen,
- oder eine erforderliche Genehmigung nach § 284 Abs. 1 SGB III

verfügt. Die Ordnungswidrigkeit wird nach § 16 Abs. 2 AÜG mit einer Geldbuße bis zu 500.000 Euro geahndet. Sie kann vorsätzlich oder fahrlässig begangen werden. Hinsichtlich der genannten Tatbestandsmerkmale handelt es sich um eine Spiegelregelung zum Straftatbestand nach § 15 Abs. 1 AÜG. Danach macht sich der Arbeitgeber (Entleiher) strafbar, wenn er ausländische Arbeitnehmer ohne Erlaubnis nach § 1 AÜG einem Dritten überlässt, ohne dass die oben genannten Voraussetzungen vorliegen.[94]

Werden diese Ordnungswidrigkeiten zulasten eines Unternehmens, dem die vorgenannten Handlungen zuzurechnen sind, in das Wettbewerbsregister eingetragen, sind die öffentlichen Auftraggeber nach § 99 GWB verpflichtet, den korrespondierenden, **fakultativen Ausschlusstatbestand** nach § 124 Abs. 1 Nr. 1 GWB zu prüfen, da gegen einschlägige sozialrechtliche Pflichten verstoßen wird. Denn durch die vorgenannten Handlungen gelangt der Täter selbst in die Lage oder unterstützt einen Dritten dabei, für die ausländischen Beschäftigten keine Sozialabgaben und keine Lohnsteuer abzuführen. 83

94 Siehe unten Rn. 84 f.

c) §§ 15, 15a AÜG

84 Die **§§ 15 und 15a AÜG** regeln die Strafbarkeit für folgende Handlungen im Zusammenhang mit der Beschäftigung von Ausländern:

- § 15 Abs. 1 AÜG stellt den Verleih eines Ausländers ohne erforderlichen Aufenthaltstitel bzw. eine Erlaubnis oder Berechtigung nach Aufenthaltsgesetz oder ohne eine Aufenthaltsgestattung oder eine Duldung, die zur Ausübung der Beschäftigung berechtigen, oder ohne eine erforderliche Genehmigung nach § 284 Abs. 1 SGB III ohne Erlaubnis nach § 1 AÜG unter eine Freiheitsstrafe von bis zu drei Jahren oder eine Geldstrafe. Für besonders schwere Fälle wird in § 15 Abs. 2 AÜG eine Freiheitsstrafe von sechs Monaten bis zu fünf Jahren vorgesehen.
- § 15a Abs. 1 AÜG enthält eine von zwei Spiegelregelungen des § 15 AÜG für den Entleiher. Für den Fall, dass der Entleiher einen Ausländer unter den Voraussetzungen nach § 15 AÜG entleiht und diesen zu Arbeitsbedingungen des Leiharbeitsverhältnisses tätig werden lässt, die in einem auffälligen Missverhältnis zu den Arbeitsbedingungen deutscher Leiharbeitnehmer stehen, die die gleiche oder eine vergleichbare Tätigkeit ausüben, wird mit Freiheitsstrafe bis zu drei Jahren oder mit Geldstrafe bestraft. In besonders schweren Fällen ist die Strafe eine Freiheitsstrafe von sechs Monaten bis zu fünf Jahren.
- § 15a Abs. 2 Nr. 1 AÜG enthält zum einen die zweite Spiegelregelung des § 15 AÜG für den Entleiher. Wer als Entleiher mehr als fünf Ausländer zu den Bedingungen nach § 15 Abs. 1 AÜG beschäftigt, wird mit Freiheitsstrafe bis zu einem Jahr oder mit Geldstrafe bestraft. Handelt der Täter aus grobem Eigennutz, ist die Strafe eine Freiheitsstrafe bis zu drei Jahren oder eine Geldstrafe.
- Zum anderen enthält § 15a Abs. 2 Nr. 2 AÜG eine Verschärfung zur Ordnungswidrigkeit nach § 16 Abs. 1 Nr. 2 AÜG (siehe oben)[95] für den Entleiher. Wird diese Ordnungswidrigkeit vom Entleiher beharrlich wiederholt, wird der Entleiher mit Freiheitsstrafe bis zu einem Jahr oder mit Geldstrafe bestraft. Handelt der Täter aus grobem Eigennutz, ist eine Freiheitsstrafe von bis zu drei Jahren oder eine Geldstrafe vorgesehen.

85 Werden diese Delikte zulasten eines Unternehmens, dem die vorgenannten Handlungen zuzurechnen sind, in das Wettbewerbsregister eingetragen, sind die öffentlichen Auftraggeber verpflichtet, die korrespondierenden, **fakultativen Ausschlusstatbestände** zu prüfen. Das kann zum einen § 124 Abs. 1 Nr. 1 GWB sein, da gegen einschlägige sozialrechtliche Pflichten verstoßen wird. Denn durch die vorgenannten deliktischen Handlungen gelangt der Täter selbst in die Lage oder unterstützt einen Dritten dabei, für die ausländischen Beschäftigten keine Sozialabgaben und keine Lohnsteuer abzuführen. Zum anderen kann der fakultative Ausschlusstatbestand nach § 124 Abs. 1 Nr. 3 GWB erfüllt sein. Denn je nach Schwere der Straftat kann durchaus die Integrität des jeweiligen Unternehmens, dem die Handlung des Täters zuzurechnen ist, in Frage gestellt sein, auch wenn die Straftat zum Beispiel nicht als zwingender Ausschlussgrund in § 123 GWB aufgenommen wurde.[96]

4. § 21 Abs. 1 und 2 MiLoG (lit. d)

86 In das Wettbewerbsregister sind nach § 2 Abs. 1 Nr. 2 lit. d WRegG rechtskräftige strafgerichtliche Verurteilungen und Strafbefehle sowie rechtskräftige Bußgeldentscheidungen einzutragen, die wegen Straftaten und Ordnungswidrigkeiten nach den § 21 Abs. 1 und 2 MiLoG ergangen sind, sofern auf Freiheitsstrafe von mehr als drei Monaten oder Geldstrafe von mehr als 90 Tagessätzen erkannt oder eine Geldbuße von wenigstens 2.500 Euro festgesetzt worden ist. Da § 21 Abs. 1 und 2 MiLoG ausschließlich Ordnungswidrigkeiten regelt, kommt die Eintragung von strafgerichtlichen Verurteilungen und Strafbefehlen bei § 2 Abs. 1 Nr. 2 lit. d WRegG nicht in Betracht.

95 Siehe unter Rn. 82 f.
96 Vgl. *Hausmann/von Hoff*, in: Röwekamp/Kus/Portz/Prieß, GWB-Vergaberecht, § 124 Rn. 31.

Nach § 1 Abs. 1 **MiLoG** wird das Regelungsziel festgelegt, wonach jede Arbeitnehmerin und jeder Arbeitnehmer Anspruch auf Zahlung eines Arbeitsentgelts mindestens in Höhe des Mindestlohns durch den Arbeitgeber hat. § 1 Abs. 3 MiLoG bestimmt die Nachrangigkeit seiner Regelungen gegenüber den Regelungen des AEntG, des AÜG und der auf ihrer Grundlage erlassenen Rechtsverordnungen. Diese gehen den Regelungen des MiLoG vor, soweit die Höhe der auf ihrer Grundlage festgesetzten Branchenmindestlöhne die Höhe des Mindestlohns nicht unterschreitet. 87

§ 21 Abs. 1 Nr. 1 bis 8 MiLoG regelt Verstöße gegen konkrete Pflichten 88

- nach SchwarzArbG, betreffend die Pflicht zur Duldung von und Mitwirkung bei Prüfungen auch im Zusammenhang mit der dafür erforderlichen Gewährung von Zutritten sowie Informationsübermittlungspflichten (§ 21 Abs. 1 Nr. 1 bis 3 MiLoG),
- nach § 16 MiLoG, die im Zusammenhang mit An- und Änderungsmeldungen sowie dem Nachweis von Versicherungen stehen (§ 21 Abs. 4 bis 6 MiLoG) sowie
- nach § 17 MiLoG, die im Zusammenhang mit Nachweis-, Aufbewahrungs- sowie Dokumentationspflichten stehen (§ 21 Abs. 7 und 8 MiLoG).

Bei den Verstößen handelt es sich um Ordnungswidrigkeiten, die vorsätzlich oder fahrlässig begangen können und nach § 21 Abs. 3 MiLoG mit einer Geldbuße von bis zu 30.000 Euro geahndet werden. Nach **§ 21 Abs. 1 Nr. 9 und Abs. 2 MiLoG** werden Ordnungswidrigkeiten geregelt, die im Zusammenhang mit Verstößen gegen die Verpflichtung zur Zahlung des Arbeitsentgelts in Form eines Mindestlohns nach § 20 MiLoG stehen. Dabei regelt § 21 Abs. 1 Nr. 9 MiLoG den Fall, dass der Arbeitgeber selbst den Mindestlohn nicht oder nicht rechtzeitig zahlt. Demgegenüber regelt § 21 Abs. 2 MiLoG die Fälle, in denen ein Unternehmer einen anderen Unternehmer mit der Durchführung Leistungen beauftragt oder einen Nachunternehmer einsetzt, von denen er jeweils weiß oder fahrlässig nicht weiß, dass die Pflichten im Zusammenhang mit der Zahlung des Mindestlohns nach § 20 MiLoG nicht erfüllt wurden. Die Ordnungswidrigkeiten nach § 21 Abs. 1 und 2 MiLoG können mit Vorsatz oder fahrlässiger Unkenntnis begangen werden und ziehen eine Geldbuße nach § 21 Abs. 3 MiLoG von bis zu 500.000 Euro nach sich.

Werden diese Ordnungswidrigkeiten zulasten eines Unternehmens, dem die vorgenannten Handlungen zuzurechnen sind, in das Wettbewerbsregister eingetragen, sind die öffentlichen Auftraggeber nach § 99 GWB verpflichtet, den korrespondierenden, **fakultativen Ausschlusstatbestand** zu prüfen. Einschlägig dafür wäre § 124 Abs. 1 Nr. 1 GWB, da gegen einschlägige sozialrechtliche aber auch arbeitsvertragliche Pflichten verstoßen wird. Denn durch die vorgenannten Handlungen gelangt der Täter selbst in die Lage oder unterstützt einen Dritten dabei, für die Beschäftigten gemessen am Mindestlohn nach § 20 MiLoG keine oder nicht das Mindestmaß an Sozialabgaben und keine bzw. das Mindestmaß an Lohnsteuer abzuführen oder aber das vereinbarte Arbeitsentgelt nicht oder nicht rechtszeitig zu entrichten. 89

5. § 23 Abs. 1 und 2 AEntG (lit. e)

In das Wettbewerbsregister sind nach § 2 Abs. 1 Nr. 2 lit. e WRegG rechtskräftige strafgerichtliche Verurteilungen und Strafbefehle sowie rechtskräftige Bußgeldentscheidungen einzutragen, die wegen Straftaten und Ordnungswidrigkeiten nach den § 23 Abs. 1 und 2 AEntG ergangen sind, sofern auf Freiheitsstrafe von mehr als drei Monaten oder Geldstrafe von mehr als 90 Tagessätzen erkannt oder eine Geldbuße von wenigstens 2.500 Euro festgesetzt worden ist. Da § 23 Abs. 1 und 2 AEntG ausschließlich Ordnungswidrigkeiten regelt, kommt die Eintragung von strafgerichtlichen Verurteilungen und Strafbefehlen bei § 2 Abs. 1 Nr. 2 lit. e WRegG nicht in Betracht. 90

Das **AEntG** verfolgt ausweislich seines § 1 folgende Regelungsziele: 91

- die Schaffung und Durchsetzung angemessener Mindestarbeitsbedingungen für grenzüberschreitend entsandte und für regelmäßig im Inland beschäftigte Arbeitnehmer und Arbeitnehmerinnen sowie

- die Gewährleistung fairer und funktionierender Wettbewerbsbedingungen durch die Erstreckung der Rechtsnormen von Branchentarifverträgen.
- Dadurch sollen zugleich sozialversicherungspflichtige Beschäftigung erhalten und
- die Ordnungs- und Befriedungsfunktion der Tarifautonomie gewahrt werden.

92 Nach **§ 23 Abs. 1 Nr. 1 AEntG** werden Ordnungswidrigkeiten geregelt, die im Zusammenhang mit Verstößen gegen die Verpflichtung

- zur Einhaltung von zwingenden Arbeitsbedingungen oder
- die Entrichtung von verpflichtenden Beiträgen

stehen. Dabei regelt § 23 Abs. 1 Nr. 1 AEntG den Fall, dass der Arbeitgeber selbst die vorgenannten Verpflichtungen nicht erfüllt. Demgegenüber regelt **§ 23 Abs. 2 AEntG** die Fälle, in denen ein Unternehmer (Arbeitgeber) einen anderen Unternehmer mit der Durchführung Leistungen beauftragt oder einen Nachunternehmer einsetzt, von denen er jeweils weiß oder fahrlässig nicht weiß, dass die oben genannten Pflichten nicht erfüllt wurden. Diese Ordnungswidrigkeiten werden mit einer Geldbuße bis zu 500.000 Euro geahndet. **§ 23 Abs. 1 Nr. 2 bis 9 AEntG** regelt Verstöße gegen konkrete Pflichten

- nach SchwarzArbG betreffend die Pflicht zur Duldung von und Mitwirkung bei Prüfungen auch im Zusammenhang mit der dafür erforderlichen Gewährung von Zutritten sowie Informationsübermittlungspflichten (§ 21 Abs. 1 Nr. 2 bis 4 AEntG),
- nach § 18 AEntG, die im Zusammenhang mit An- und Änderungsmeldungen sowie dem Nachweis von Versicherungen stehen (§ 23 Abs. 5 bis 7 AEntG) sowie
- nach § 19 AEntG, die im Zusammenhang mit Nachweis-, Aufbewahrungs- sowie Dokumentationspflichten stehen (§ 23 Abs. 8 und 9 AEntG).

Bei den Verstößen handelt es sich um Ordnungswidrigkeiten, die vorsätzlich oder fahrlässig begangen können und nach § 23 Abs. 3 AEntG mit einer Geldbuße von bis zu 30.000 Euro geahndet werden.

93 Werden die vorgenannten Ordnungswidrigkeiten zulasten eines Unternehmens, dem die entsprechenden Handlungen zuzurechnen sind, in das Wettbewerbsregister eingetragen, sind die öffentlichen Auftraggeber nach § 99 GWB verpflichtet, den korrespondierenden, **fakultativen Ausschlusstatbestand** zu prüfen. Einschlägig dafür wäre § 124 Abs. 1 Nr. 1 GWB, da gegen einschlägige sozialrechtliche aber auch arbeitsvertragliche Pflichten verstoßen wird. Denn durch die vorgenannten Handlungen gelangt der Täter selbst in die Lage oder unterstützt einen Dritten dabei, sozialversicherungspflichte Beschäftigung sowie die Einhaltung von angemessenen Mindestarbeitsbedingungen zu gefährden und in der Folge auch nicht das Mindestmaß an Sozialabgaben und keine bzw. das Mindestmaß an Lohnsteuer abzuführen.

IV. Bußgeldentscheidungen nach §§ 30, 130 OWiG (Nr. 3)

94 In das Wettbewerbsregister werden nach § 2 Abs. 1 Nr. 3 WRegG auch Bußgeldentscheidungen nach § 30 OWiG, gegebenenfalls in Verbindung mit § 130 OWiG, eingetragen, die

- wegen der Straftaten und Ordnungswidrigkeiten nach § 2 Abs. 1 Nr. 1 und 2 WRegG sowie gegebenenfalls auch
- wegen der Bezugnahme auf § 130 OWiG im Zusammenhang mit unterlassenen Aufsichtsmaßnahmen in einem Betrieb oder Unternehmen

rechtskräftig festgesetzt wurden. Die Aufzählung der einzutragenden Bußgeldentscheidungen ist abschließend.[97]

95 Es ist keine **Aufgreifschwelle** in Form einer Mindesthöhe der jeweiligen Geldbuße in § 2 Abs. 1 Nr. 3 WRegG vorgesehen. Dadurch wird ein Gleichlauf mit den zwingenden **Aus-**

97 Vgl. Gesetzesbegründung zu § 2 WRegG, Gesetz zur Einführung eines Wettbewerbsregisters und zur Änderung des Gesetzes gegen Wettbewerbsbeschränkungen, BT-Drs. 18/12051, 26.

schlussgründen nach § 123 Abs. 1 GWB hergestellt,[98] soweit in § 123 Abs. 1 GWB bestimmt wird, dass ein Unternehmen auch dann zwingend vom weiteren Vergabeverfahren auszuschließen ist, wenn gegen dieses Unternehmen eine Geldbuße nach § 30 OWiG rechtskräftig wegen einer der in § 123 Abs. 1 GWB genannten Straftatbestände festgestellt wurde. In allen anderen Fällen wäre vom öffentlichen Auftraggeber nach § 99 GWB der jeweils einschlägige fakultative Ausschlusstatbestand nach § 124 Abs. 1 Nr. 1, 3 oder 4 GWB zu prüfen.

1. Einzutragende Personen und Personenvereinigungen

§ 30 Abs. 1 OWiG begrenzt des Adressatenkreis, gegen den eine Geldbuße festgesetzt werden kann, auf juristische **Personen** und Personenvereinigungen. Das heißt im Umkehrschluss, dass natürliche Personen nicht Adressat einer Bußgeldentscheidung nach § 30 OWiG sein können. Das ergibt sich auch folgerichtig aus dem Katalog der natürlichen Personen nach § 30 Abs. 1 OWiG. Deren deliktisches Handeln ist Grundlage für die Bußgeldentscheidung gegen die juristische Person oder Personenvereinigung. Dazu gehören **96**

- vertretungsberechtigte Organe oder deren Mitglieder von juristischen Personen, Personengesellschaften oder nicht rechtsfähigen Vereinen ebenso wie
- sonstige Personen mit Leitungs-, Überwachungs-, Kontrollfunktion. Das sind Personen, die für die Leitung, die Überwachung der Geschäftsführung oder für die sonstige Ausübung einer Kontrolle in leitender Stellung bei einer juristischen Person oder Personenvereinigung handeln.

Zu den juristischen Personen oder Personenvereinigungen, gegen die ein Bußgeld festgesetzt werden kann und die entsprechend auch in das Wettbewerbsregister eingetragen werden können, zählen wohl außerdem **97**

- nach § 30 Abs. 2a OWiG auch deren **Rechtsnachfolger** im Falle einer (partiellen) Gesamtrechtsnachfolge sowie
- nach § 130 OWiG auch **öffentliche Unternehmen** nach § 130 Abs. 2 OWiG. Denn § 2 Abs. 1 Nr. 3 WRegG nimmt auf die jeweiligen Vorschriften grundsätzlich Bezug.

2. Einzutragende Bußgeldentscheidungen

§ 30 Abs. 2 OWiG sieht für die Straftaten und Ordnungswidrigkeiten nach § 30 Abs. 1 OWiG eine gestaffelte Geldbuße nach vorsätzlich und fahrlässig begangenen Straftaten sowie nach Ordnungswidrigkeiten vor. Dabei muss es sich immer um Rechtsverstöße handeln, **98**

- durch die Pflichten, die die juristische Person oder Personenvereinigung treffen, verletzt worden sind oder
- durch die die juristische Person oder Personenvereinigung bereichert worden ist oder bereichert werden sollte.

Unterlassen Organe bzw. deren Mitglieder einer juristischen Person Aufsichtsmaßnahmen zur Verhinderung von Zuwiderhandlungen im Betrieb oder Unternehmen, begehen sie eine Ordnungswidrigkeit nach **§ 130 Abs. 1 OWiG**, wenn eine solche Zuwiderhandlung durch gehörige Aufsicht verhindert oder wesentlich erschwert worden wäre. Dann kann gemäß § 30 Abs. 1 Nr. 1 OWiG gegen die juristische Person eine Geldbuße verhängt werden.[99] Gleiches wird auch für Personenvereinigungen im Sinne von § 30 Abs. 1 und 4 OWiG gelten. Wegen der Höhe der Geldbuße an sich verweist § 130 Abs. 3 OWiG auf die vorgenannte Bußgeldstaffelung des § 30 Abs. 2 OWiG.

Nach § 2 Abs. 1 Nr. 3 WRegG werden Bußgeldentscheidungen *„wegen Straftaten nach Nummer 1 oder Straftaten oder Ordnungswidrigkeiten nach Nummer 2"* des § 2 Abs. 1 WRegG in das Wettbewerbsregister eingetragen. Hier stellt sich die Frage, ob die rechtskäfigen Bußgeld- **99**

98 Vgl. Gesetzesbegründung zu § 2 WRegG, Gesetz zur Einführung eines Wettbewerbsregisters und zur Änderung des Gesetzes gegen Wettbewerbsbeschränkungen, BT-Drs. 18/12051, 27.

99 OLG Celle, Beschluss v. 29.3.2012 – 2 Ws 81/12, S. 1; vgl. auch OLG Karlsruhe, Beschluss v. 26.7.2016 – 2 (4) SsBs 253/16, 2 (4) SsBs 253/16 - AK 96/16.

entscheidungen nach §§ 30, 130 OWiG nur dann eingetragen werden, wenn bei den **zugrundeliegenden Rechtsverstößen** ebenfalls die strengen und abschließenden Voraussetzungen nach § 2 Abs. 1 Nr. 1 und 2 WRegG für die Eintragung der Straftatbestände und Ordnungswidrigkeiten erfüllt sind. Das würde bedeuten, dass die Ordnungswidrigkeiten nach § 2 Abs. 1 Nr. 3 WRegG nur dann eingetragen werden können, wenn diese entweder die Schwelle einer

- rechtskräftigen Entscheidungen wegen der Straftaten nach § 2 Abs. 1 Nr. 1 WRegG oder
- rechtskräftigen Entscheidungen wegen der Straftaten und Ordnungswidrigkeiten nach § 2 Abs. 1 Nr. 2 WRegG im Rahmen der dort genannten Aufgreifschwellen

überschritten haben. Dafür sprechen sowohl das Regelungsziel als auch der Wortlaut von § 2 Abs. 1 Nr. 3 WRegG. Nach dem **Regelungsziel** des § 2 Abs. 1 Nr. 1 und 2 WRegG sollen nur rechtskräftige Entscheidungen zu Straftaten sowie Bußgeldentscheidungen ab einer gewissen Aufgreifschwelle eingetragen werden. Es ist kein Grund ersichtlich, warum die Grundlage für eine Bußgeldentscheidung nach § 2 Abs. 1 Nr. 3 WRegG eine niedrigere Schwelle benötigt. Dann würden „durch die Hintertür" auch Unternehmen in das Wettbewerbsregister eingetragen werden, für die die Eintragungsvoraussetzungen nach § 2 Abs. 1 Nr. 1 oder 2 WRegG nicht vorlägen. Entsprechend fiele § 2 Abs. 1 Nr. 3 WRegG die Rolle eines „Einfallstors" für solche Delikte zu, die die Schwelle für eine Eintragung nach § 2 Abs. 1 Nr. 1 oder 2 WRegG nicht erreicht haben. Das widerspräche der Grundüberlegung des Gesetzgebers, wegen der Grundrechtsrelevanz die Eintragungsvoraussetzung so eng wie möglich zu fassen. Daher wurden die einzutragenden Delikte auch abschließend geregelt.[100] In diesem Zusammenhang hat der Gesetzgeber beispielsweise auch bewusst darauf verzichtet, die Einstellung des Verfahrens unter Auflagen und Weisungen nach § 153a StPO in den Eintragungskatalog aufzunehmen.[101] Nach § 30 Abs. 4 OWiG könnte aber demgegenüber, z. B. im Falle einer strafprozessualen Verfahrenseinstellung, eine Geldbuße gegen das Unternehmen selbstständig festgesetzt werden. Die Eintragung dieser Geldbuße würde letztlich das genannte Regelungsziel des Gesetzgebers, einen abschließenden Eintragungskatalog in § 2 Abs. 1 WRegG zu normieren, konterkarieren. Auch der **Wortlaut** des § 2 Abs. 1 Nr. 3 WRegG spricht für eine restriktive Auslegung im Sinne eines Gleichlaufs der Eintragungsvoraussetzungen. Denn dort wird auf die Bußgeldentscheidungen „wegen" der Straftaten und Ordnungswidrigkeiten nach § 2 Abs. 1 Nr. 1und 2 WRegG verwiesen. Das spricht für eine Intention des Gesetzgebers, nur solche rechtskräftigen Bußgeldentscheidungen nach §§ 30, 130 OWiG in das Wettbewerbsregister einzutragen, die sich auf Straftaten und Ordnungswidrigkeiten beziehen, die in § 2 Abs. 1 Nr. 1 und 2 WRegG konkret definiert und auch abgegrenzt sind.

C. Bußgeldentscheidungen nach § 81 GWB (Abs. 2)

100 § 2 Abs. 2 WRegG regelt die Voraussetzungen für die Eintragung von Unternehmen in das Wettbewerbsregister im Zusammenhang mit kartellrechtlichen Bußgeldentscheidungen im Sinne von § 81 Abs. 1 Nr. 1 sowie Abs. 2 Nr. 1 GWB. Sie müssen gegen natürliche Personen im Zusammenhang mit Ordnungswidrigkeiten wegen vorsätzlicher oder fahrlässiger Verstöße gegen näher konkretisierte Grundsätze nach § 1 GWB bzw. Art. 101 Abs. 1 AEUV ergangen sein. Dort wird festgelegt, dass sowohl auf nationaler als auch auf EU-Ebene Vereinbarungen zwischen Unternehmen, Beschlüsse von Unternehmensvereinigungen und aufeinander abgestimmte Verhaltensweisen, die eine Verhinderung, Einschränkung oder Verfälschung des Wettbewerbs bezwecken oder bewirken, verboten sind.

101 Eingetragen werden Bußgeldentscheidungen, die in § 81 Abs. 1 Nr. 1 sowie Abs. 2 Nr. 1 GWB näher konkretisiert sind, ohne dass diese **rechtskräftig** sein müssen. Der Gesetzgeber begründet dies unter Verweis auf § 124 Abs. 1 Nr. 4 GWB, wonach ebenfalls „hinreichende An-

100 Vgl. Gesetzesbegründung zu § 2 WRegG, Gesetz zur Einführung eines Wettbewerbsregisters und zur Änderung des Gesetzes gegen Wettbewerbsbeschränkungen, BT-Drs. 18/12051, 26.

101 Vgl. Gesetzesbegründung zu § 2 WRegG, Gesetz zur Einführung eines Wettbewerbsregisters und zur Änderung des Gesetzes gegen Wettbewerbsbeschränkungen, BT-Drs. 18/12051, 27.

haltspunkte" für das Vorliegen des fakultativen Ausschlusstatbestands ausreichten. Diese lägen vor, wenn eine Bußgeldentscheidung erlassen worden sei.[102]

Die Bußgeldentscheidungen müssen allerdings nach § 2 Abs. 2 S. 1 WRegG eine **Aufgreif-** 102
schwelle von wenigstens 50.000 Euro erreichen.[103] Hintergrund nach der Gesetzesbegründung ist, dass bei den aufgeführten Kartellrechtsverstößen bereits bei einer noch nicht bestandskräftigen Bußgeldentscheidung eine Eintragung erfolge und um Bagatellfälle auszuschließen.[104]

Nach der Entscheidung der zweiten Vergabekammer des Bundes vom 12. Oktober 2020[105] er- 103
fülle die Submissionsabsprache als Straftat nach **§ 298 Abs. 1 StGB** zugleich auch – als besonderer Fall – den Tatbestand der wettbewerbsbeschränkenden Vereinbarung einer Kartellordnungswidrigkeit i.S.v. § 1 GWB und Art. 101 Abs. 1 AEUV i.V.m. § 81 Abs. 1 Nr. 1 bzw. Abs. 2 Nr. 1 GWB. Letztere werde nicht dadurch verdrängt, dass zusätzlich ein Straftatbestand im Raum stehe. Dieser komme vielmehr additiv hinzu und überlagere aufgrund seines größeren Unrechtsgehalts die ebenfalls vorliegende Ordnungswidrigkeit (§ 21 Abs. 1 OWiG). Sie lebe wieder auf, wenn keine Straftat verhängt werde (§ 21 Abs. 2 OWiG). Das gelte jedenfalls für die persönlich betroffene natürliche Person. Zu den ordnungsrechtlichen Auswirkungen auf das nebenbetroffene Unternehmen siehe oben die Ausführungen zu § 2 Abs. 1 Nr. 3 WRegG.[106] Zur Eintragungsvoraussetzung nach § 2 Abs. Nr. 1 lit. e WRegG wegen einer rechtskräftigen Entscheidung im Zusammenhang mit § 298 StGB siehe dort.[107]

Grundsätzlich sieht § 81 Abs. 4 S. 1 GWB wegen der Ordnungswidrigkeiten im Sinne von § 2 104
Abs. 2 S. 1 WRegG eine **Geldbuße** bis zu 1 Million Euro vor. § 81 Abs. 4 S. 2 bis 6 sowie Abs. 7 GWB regeln Bußgeldverschärfungen für Unternehmen, Berechnungsgrundsätze und die Ausübung des Ermessens.

Werden die vorgenannten Ordnungswidrigkeiten zulasten eines Unternehmens, dem die kar- 105
tellrechtswidrigen Handlungen zuzurechnen sind, in das Wettbewerbsregister eingetragen, sind die öffentlichen Auftraggeber nach § 99 GWB verpflichtet, den korrespondierenden, hier **fakultativen, Ausschlusstatbestand** zu prüfen. Einschlägig dafür wäre § 124 Abs. 1 Nr. 4 GWB, da der öffentliche Auftraggeber im Falle der Eintragung über hinreichende Anhaltspunkte darüber verfügt, dass das Unternehmen, dem die Handlungen der natürlichen Person im Sinne von § 2 Abs. 3 WRegG[108] zuzurechnen sind, wettbewerbsverhindernde-, beschränkende- oder verfälschende Absprachen getroffen oder Verhaltensweisen abgestimmt hat.

I. Bußgeldentscheidungen nach § 81 Abs. 1 Nr. 1 GWB (S. 1 Alt. 1)

§ 2 Abs. 2 S. 1 Alt. 1 WRegG regelt, dass Bußgeldentscheidungen wegen vorsätzlich oder 106
fahrlässig begangener Ordnungswidrigkeiten nach § 81 Abs. 1 Nr. 1 i.V.m. § 1 GWB in das Wettbewerbsregister einzutragen sind, auch wenn sie keine Rechtskraft erlangen, aber die Aufgreifschwelle von 50.000 Euro erreichen.

Ordnungswidrig handelt nach **§ 81 Abs. 1 Nr. 1 OWiG** i.V.m. § 1 OWiG, wer entgegen 107
Art. 101 Abs. 1 AEUV vorsätzlich oder fahrlässig eine Vereinbarung trifft, einen Beschluss fasst oder Verhaltensweisen aufeinander abstimmt. Nach Art. 101 Abs. 1 AEUV sind alle Vereinbarungen zwischen Unternehmen, Beschlüsse von Unternehmensvereinigungen und aufeinander abgestimmte Verhaltensweisen, welche den Handel zwischen Mitgliedstaaten zu beeinträchtigen geeignet sind und eine Verhinderung, Einschränkung oder Verfälschung des Wett-

102 Vgl. Gesetzesbegründung zu § 2 WRegG, Gesetz zur Einführung eines Wettbewerbsregisters und zur Änderung des Gesetzes gegen Wettbewerbsbeschränkungen, BT-Drs. 18/12051, 27.
103 Zur Diskussion über die Aufgreifschwelle im vorbereitenden Gesetzgebungsverfahren siehe oben Rn. 21 ff.
104 Vgl. Gesetzesbegründung zu § 2 WRegG, Gesetz zur Einführung eines Wettbewerbsregisters und zur Änderung des Gesetzes gegen Wettbewerbsbeschränkungen, BT-Drs. 18/12051, 27.
105 Vgl. VK Bund, Beschluss v. 12.10.2020 – VK 2-77/20, S. 12 f.
106 Siehe unter Rn. 94 ff.
107 Siehe unter Rn. 60 ff.
108 Siehe unter Rn. 111 ff.

bewerbs innerhalb des Binnenmarkts bezwecken oder bewirken, mit dem Binnenmarkt unvereinbar und verboten. Dies gilt nach der Regelung insbesondere für

- die unmittelbare oder mittelbare Festsetzung der An- oder Verkaufspreise oder sonstiger Geschäftsbedingungen;
- die Einschränkung oder Kontrolle der Erzeugung, des Absatzes, der technischen Entwicklung oder der Investitionen;
- die Aufteilung der Märkte oder Versorgungsquellen;
- die Anwendung unterschiedlicher Bedingungen bei gleichwertigen Leistungen gegenüber Handelspartnern, wodurch diese im Wettbewerb benachteiligt werden;
- die an den Abschluss von Verträgen geknüpfte Bedingung, dass die Vertragspartner zusätzliche Leistungen annehmen, die weder sachlich noch nach Handelsbrauch in Beziehung zum Vertragsgegenstand stehen.

II. Bußgeldentscheidungen nach § 81 Abs. 2 Nr. 1 GWB (S. 1 Alt. 2)

108 § 2 Abs. 2 S. 1 Alt. 2 WRegG regelt, dass Bußgeldentscheidungen wegen vorsätzlich oder fahrlässig begangener Ordnungswidrigkeiten nach § 81 Abs. 2 Nr. 1 i.V.m. § 1 GWB in das Wettbewerbsregister einzutragen sind, auch wenn sie keine Rechtskraft erlangen, aber die Aufgreifschwelle von 50.000 Euro erreichen.

109 Ordnungswidrig handelt nach **§ 81 Abs. 2 Nr. 1 OWiG** i.V.m. § 1 OWiG, wer zum einen vorsätzlich oder fahrlässig gegen die folgenden, alternativ aufgezählten Verbote verstößt:

- Verbot von wettbewerbsbeschränkend wirkenden Vereinbarungen zwischen Unternehmen, Beschlüssen von Unternehmensvereinigungen und aufeinander abgestimmte Verhaltensweisen (vgl. § 1 GWB).
- Die missbräuchliche Ausnutzung einer marktbeherrschenden Stellung durch ein oder mehrere Unternehmen (vgl. § 19 GWB).
- Das Ausnutzen einer marktbeherrschenden Stellung bzw. von relativer oder überlegener Marktmacht gegenüber kleinen oder mittleren oder abhängigen Unternehmen (vgl. § 20 Abs. 1 und Abs. 3 S. 1 GWB).
- Wirtschafts- und Berufsvereinigungen sowie Gütezeichengemeinschaften dürfen die Aufnahme eines Unternehmens nicht ablehnen, wenn die Ablehnung eine sachlich nicht gerechtfertigte ungleiche Behandlung darstellt und zu einer unbilligen Benachteiligung des Unternehmens im Wettbewerb führen würde (vgl. § 20 Abs. 5 GWB).
- Der Zwang, in wettbewerbsbeschränkender Absicht bestimmten Vereinbarungen oder Beschlüsse beizutreten, sich mit anderen Unternehmen zusammenzuschließen oder sich am Markt gleichförmig zu verhalten (vgl. § 21 Abs. 3 GWB).
- Einem Anderen wirtschaftlichen Nachteil zuzufügen, weil dieser ein Einschreiten der Kartellbehörde beantragt oder angeregt hat (vgl. § 21 Abs. 4 GWB).
- Ein Anbieter von Elektrizität oder leitungsgebundenem Gas (Versorgungsunternehmen) auf einem Markt, auf dem er allein oder zusammen mit anderen Versorgungsunternehmen eine marktbeherrschende Stellung hat, darf diese Stellung nicht missbräuchlich auszunutzen, indem bestimmte ungünstige oder unangemessene Entgelte oder Bedingungen gefordert werden (vgl. § 29 S. 1 GWB).
- Unternehmen dürfen einen Zusammenschluss, der vom Bundeskartellamt nicht freigegeben ist, nicht vor Ablauf von bestimmten Fristen vollziehen oder am Vollzug dieses Zusammenschlusses mitwirken (vgl. § 41 Abs. 1 S. 1 GWB).

III. Keine Eintragung von Bußgeldentscheidungen nach § 81a Abs. 1 bis 3 GWB (S. 2)

Mit Inkrafttreten des GWB-Digitalisierungsgesetzes wurde § 2 Abs. 2 S. 2 WRegG neu gefasst. **110**
Bußgeldentscheidungen, die nach dem ebenfalls neu gefassten § 81a Abs. 1 bis 3 GWB ergehen, werden danach nicht in das Wettbewerbsregister eingetragen. Grundlage dieser Bußgeldregelung sind Handlungen nach § 81 GWB, die durch eine Leitungsperson im Sinne von § 30 Abs. 1 Nr. 1 bis 5 OWiG begangen wurden und dem Unternehmen zuzurechnen sind. Für diese Fälle sieht § 81a Abs. 1 bis 3 GWB eine Geldbuße auch für bestimmte weitere juristische Personen, Personenvereinigungen oder Rechtsnachfolger vor. Diese Bußgeldentscheidungen sollen aber nach § 2 Abs. 2 S. 2 WRegG nicht in das Wettbewerbsregister eingetragen werden. Ausgenommen von der Eintragungspflicht sind demnach Bußgeldentscheidungen gegen

- weitere juristische Personen oder Personenvereinigungen, die das Unternehmen zum Zeitpunkt der Begehung der Ordnungswidrigkeit gebildet haben und die auf die juristische Person oder Personenvereinigung, deren Leitungsperson die Ordnungswidrigkeit begangen hat, unmittelbar oder mittelbar einen bestimmenden Einfluss ausgeübt haben (Abs. 1),
- Rechtsnachfolger im Sinne einer Gesamtrechtsnachfolge (Abs. 2),
- juristische Personen oder Personenvereinigungen, die das Unternehmen in wirtschaftlicher Kontinuität fortführen im Sinne einer wirtschaftlichen Nachfolge (Abs. 3).

D. Zurechenbarkeit von Handlungen zu Unternehmen (Abs. 3)

In das Wettbewerbsregister werden nach dem Willen des Gesetzgebers nur Entscheidungen **111**
wegen Rechtsverstößen natürlicher Personen eingetragen, die einem Unternehmen zuzurechnen sind.[109] Die einzutragenden Bußgeldentscheidungen nach § 2 Abs. 1 Nr. 3 WRegG beziehen sich von vorherein auf solche, die gegen juristische Personen oder Personenvereinigungen ergangen sind.[110] Insofern wird die Frage der Zurechenbarkeit von Handlungen natürlicher Personen zum Unternehmen[111] in diesen Fällen bereits beim Erlass der Bußgeldentscheidung getroffen. Einer gesonderten Zurechenbarkeitsprüfung bedarf es hier also nicht. Anders sieht es bei den rechtskräftigen, strafgerichtlichen Verurteilungen, Strafbefehlen und Bußgeldentscheidungen gegen natürliche Personen nach § 2 Abs. 1 Nr. 1 und 2 sowie nach § 2 Abs. 2 WRegG aus. Die genannten Entscheidungen richten sich gegen natürliche Personen. Daher müssen die zugrundeliegenden Rechtsverstöße (Verhalten) nach § 2 Abs. 3 S. 1 WRegG einem Unternehmen zugerechnet werden, damit die damit korrespondierenden Entscheidungen in das Wettbewerbsregister eingetragen werden können. § 2 Abs. 3 S. 2 WRegG erläutert, wann eine entsprechende Zurechnung anzunehmen ist. Die Eintragung nur solcher Rechtsverstöße, die einem Unternehmen zuzurechnen sind, entspricht dem Regelungsziel des Wettbewerbsregisters, Auftraggeber nach § 98 GWB dabei zu unterstützen, Informationen zu erhalten, die sie in die Lage versetzen, über eventuell vorliegende Ausschlussgründe nach §§ 123, 124 GWB bei sich am Vergabeverfahren beteiligenden Unternehmen zu entscheiden.[112]

I. Zurechnung zu Unternehmen (S. 1)

Der Begriff des **Unternehmens** wird in § 2 Abs. 4 WRegG[113] näher definiert. Grundsätzlich **112**
werden natürliche Personen, juristische Personen sowie eine Gruppe dieser Personen, die am Markt Leistungen anbieten, davon umfasst.

109 Vgl. Gesetzesbegründung zu § 2 WRegG, Gesetz zur Einführung eines Wettbewerbsregisters und zur Änderung des Gesetzes gegen Wettbewerbsbeschränkungen, BT-Drs. 18/12051, 27.
110 Vgl. auch Rn. 96 f.
111 Zum Unternehmensbegriff siehe § 2 Abs. 4 WRegG und Rn. 112, 121 ff.
112 Vgl. Gesetzesbegründung, Gesetz zur Einführung eines Wettbewerbsregisters und zur Änderung des Gesetzes gegen Wettbewerbsbeschränkungen, BT-Drs. 18/12051, 1.
113 Vgl. dazu die Ausführungen unter Rn. 121 ff.

113 Bei der Klärung der Frage, ob und inwieweit Handlungen natürlicher Personen, die zu den Entscheidungen nach § 2 Abs. 1 und 2 WRegG führen, einem Unternehmen im Sinne von § 2 Abs. 3 WRegG **zugerechnet** werden müssen, können zwei Gruppen gebildet werden:

- Zur ersten Gruppe zählen die Entscheidungen, die sich gegen die jeweils deliktisch handelnde, natürliche Person selbst richten. Dazu zählen die strafrechtlichen Urteile, Strafbefehle sowie Bußgeldentscheidungen wegen der Straftaten und Ordnungswidrigkeiten nach § 2 Abs. 1 Nr. 1 und 2 sowie nach Abs. 2 WRegG.

  Für diese Gruppe der Entscheidungen muss das Verhalten der natürlichen Person zu einem Unternehmen zugerechnet werden, damit eine Eintragung erfolgen kann.
- Zur zweiten Gruppe zählen die Entscheidungen, die eigenständig gegen das jeweilige Unternehmen ergehen. Dazu zählen die Bußgeldentscheidungen nach § 2 Abs. 1 Nr. 3 WRegG i.V.m. §§ 30, § 130 OWiG. Denn die zugrundeliegenden Handlungen bestimmter, natürlicher Personen begründen dort eine eigenständige Ordnungswidrigkeit des Unternehmens, die mit einem Bußgeld geahndet werden kann. Für diese Gruppe der Entscheidungen muss keine gesonderte Zurechnung des Verhaltens der natürlichen Person zu einem Unternehmen über § 2 Abs. 3 WRegG mehr erfolgen.

II. Leitungspersonen (S. 2)

114 Nach § 2 Abs. 3 S. 2 WRegG erfolgt die Zurechnung der Handlung einer natürlichen Person zu einem Unternehmen nur,

- wenn diese Person als für die Leitung des Unternehmens Verantwortliche gehandelt hat bzw.
- wenn diese Person in leitender Stellung die Geschäftsführung überwacht oder sonstige Kontrollbefugnisse ausgeübt.

115 Insofern hat sich der Gesetzgeber für eine abschließende Aufzählung des handelnden **Personenkreises** entschieden.[114] Wer zu diesem Personenkreis im Einzelfall zu zählen ist, muss durch Auslegung ermittelt werden.

116 In diesem Zusammenhang wird zutreffend vertreten, dass Organisationsverschulden nicht dem Unternehmen zugerechnet wird.[115] Zur Orientierung bei der Auslegung, ob und inwieweit im Einzelfall ein dem Unternehmen **zuzurechnendes Handeln** oben genannter Personen vorliegt, bieten sich neben der Gesetzesbegründung auch vergleichbare Regelungen wie § 123 Abs. 3 GWB und § 30 Abs. 1 Nr. 5 OWiG an. Auch die Gesetzesbegründung verweist zur Frage, wann das Verhalten einem Unternehmen zuzurechnen ist, auf § 123 Abs. 3 GWB und § 30 Abs. 1 Nr. 5 OWiG und wiederholt ansonsten in erster Linie den Gesetzeswortlaut des § 2 Abs. 3 S. 2 WRegG. Darüber hinaus wird mit Blick auf die Grenze der Zurechenbarkeit ausgeführt, dass der Inhalt des Registers nicht weiter gehen dürfe, als es für die Vorbereitung vergaberechtlicher Entscheidungen notwendig sei.[116]

117 **§ 123 Abs. 3 GWB**, auf den auch § 124 Abs. 1 Nr. 3 GWB verweist, ist als Ausschlusstatbestand wesentlicher Ausgangspunkt für die Schaffung des Wettbewerbsregisters und kann daher als Auslegungshilfe ohne weiteres herangezogen werden.[117]

118 **§§ 30, 130 OWiG** werden von § 2 Abs. 1 Nr. 3 WRegG hinsichtlich der in das Wettbewerbsregister einzutragenden Entscheidungen über Rechtsverletzungen referenziert. Entsprechendes gilt auch für § 2 Abs. 2 S. 1 WRegG. Dort wird über § 81 GWB und den dort geregelten Ordnungswidrigkeiten die Verbindung zu §§ 30 und 130 OWiG hergestellt. Diese Vorschriften können daher hinsichtlich der Frage, wer als Leitungsperson anzusehen ist, als Interpretationshilfe herangezogen werden, soweit sie dazu Aussagen treffen. § 30 Abs. 1 Nr. 5 OWiG enthält

---

114 Vgl. dazu die Ausführungen unter Rn. 26 ff.
115 Vgl. *Conzelmann*, ZRFC 2019, 33 (34).
116 Vgl. Gesetzesbegründung zu § 2 WRegG, Gesetz zur Einführung eines Wettbewerbsregisters und zur Änderung des Gesetzes gegen Wettbewerbsbeschränkungen, BT-Drs. 18/12051, 27.
117 Für Einzelheiten wird daher auf *Gnittke/Hattig* in § 123 GWB Rn. 41 ff. verwiesen.

ebenso wie § 123 Abs. 3 GWB nahezu wortgleich den Regelungsinhalt von § 2 Abs. 3 S. 2 WRegG, ist aber im Kontext zu § 30 Abs. 1 Nr. 1 bis 4 OWiG zu lesen. Dort werden die maßgeblichen Personengruppen mit verantwortlicher bzw. leitender Funktion aufgezählt. Diesen Kontext stellt auch § 81a Abs. 1 GWB her. Danach wird eine Tat nach § 81 GWB, die durch eine leitende Person begangen wurde, einem Unternehmen zugerechnet, wenn die leitende Person unter die Aufzählung der Personen oder Personengruppen nach § 30 Abs. 1 OWiG fällt. Zwar ist in diesen Fällen die Eintragung von originären Bußgeldentscheidungen gegen Unternehmen wegen zuzurechnender Handlungen von Leitungspersonen nach § 2 Abs. 2 S. 2 WRegG ausgeschlossen.[118] Es gibt allerdings keinen Anlass, den Grund hierfür in der Definition der Leitungsperson zu suchen. Vielmehr ist er wohl in dem Umstand zu finden, dass keine Erweiterung der Zurechnung z.B. auf Tochterunternehmen, Gesamtrechtsnachfolger sowie sog. wirtschaftliche Nachfolger erfolgen soll, gegen die § 81a GWB wegen Ordnungswidrigkeiten nach § 81 GWB Bußgeldentscheidungen vorsieht.[119] Hinzu kommt die Gruppe der Inhaber von Betrieben oder Unternehmen wegen der Verletzung von Aufsichtsmaßnahmen nach § 130 OWiG. Vor diesem Hintergrund dürften jedenfalls die Handlungen der in § 30 Abs. 1 Nr. 1 bis 5 OWiG sowie in § 130 Abs. 1 OWiG genannten Personengruppen auch im Sinne von § 2 Abs. 3 S. 2 WRegG dem Unternehmen zuzurechnen sein:

- das vertretungsberechtigte Organ einer juristischen Person oder als Mitglied eines solchen Organs (vgl. § 30 Abs. 1 Nr. 1 OWiG),
- der Vorstand eines nicht rechtsfähigen Vereins oder als Mitglied eines solchen Vorstandes (vgl. § 30 Abs. 1 Nr. 2 OWiG),
- der vertretungsberechtigte Gesellschafter einer rechtsfähigen Personengesellschaft (vgl. § 30 Abs. 1 Nr. 3 OWiG),
- wer generalbevollmächtigt oder in leitender Stellung als Prokurist oder Handlungsbevollmächtigter einer juristischen Person oder einer in § 30 Abs. 1 Nr. 2 oder 3 OWiG genannten Personenvereinigung tätig ist (vgl. § 30 Abs. 1 Nr. 4 OWiG),
- sonstige Personen, die für die Leitung des Betriebs oder Unternehmens einer juristischen Person oder einer in § 30 Abs. 1 Nr. 2 oder 3 OWiG genannten Personenvereinigung verantwortlich handeln, wozu auch die Überwachung der Geschäftsführung oder die sonstige Ausübung von Kontrollbefugnissen in leitender Stellung gehört (vgl. § 30 Abs. 1 Nr. 5 OWiG),
- wer als Inhaber eines Betriebes oder Unternehmens bestimmte Aufsichtsmaßnahmen unterlässt (vgl. § 130 Abs. 1 OWiG).

Nach der Gesetzesbegründung erfolgt die Zurechnung der Handlung von Leitungspersonen **119** stets nur in Bezug auf eine konkrete **natürliche** oder **juristische Person**[120] des Unternehmens. Allerdings bedarf es wohl bei Unternehmen, die in der Form einer natürlichen Person am Markt tätig sind, keiner besonderen Zurechnung der der einzutragenden Entscheidung zugrundeliegenden Handlung. Denn diese wird im Zweifel von der natürlichen Person selbst, die das Unternehmen darstellt, erbracht.

Zu den Rechtsverstößen im **Konzern** wird in der Gesetzesbegründung differenziert ausge- **120** führt. Zum einen wird betont, dass eine solche Zurechnung im Vergaberecht nicht vorgesehen sei. Außerdem würden in § 2 Abs. 3 WRegG klare Zurechnungsregeln geschaffen.[121] Ausnahmsweise müsse auch die Organgesellschaft des Gesamtkonzerns eingetragen und entsprechend gekennzeichnet werden, wenn der Rechtsverstoß von einem Leitungsverantwortlichen des Konzerns, z. B. Geschäftsführer oder Vorstandsmitglied des Gesamtkonzerns, als für den Konzern Handelnden begangen wurde. Handelte hingegen ein Verantwortlicher eines

118 Vgl. dazu die Ausführungen unter Rn. 100.
119 Vgl. dazu Rn. 100.
120 Vgl. Gesetzesbegründung zu § 2 WRegG, Gesetz zur Einführung eines Wettbewerbsregisters und zur Änderung des Gesetzes gegen Wettbewerbsbeschränkungen, BT-Drs. 18/12051, 27.
121 Vgl. Gesetzesbegründung zu § 2 WRegG, Gesetz zur Einführung eines Wettbewerbsregisters und zur Änderung des Gesetzes gegen Wettbewerbsbeschränkungen, BT-Drs. 18/12051, 27.

rechtlich selbständigen Konzernteils, z. B. eines Tochterunternehmens, für diesen Konzernteil, so sei nur dieser Konzernteil einzutragen.[122]

E. Unternehmensbegriff (Abs. 4)

I. Grundlegende Anforderungen (S. 1)

121 § 2 Abs. 4 S. 1 WRegG definiert, welche Personen unter den Begriff des Unternehmens im Sinne des § 2 WRegG zu fassen sind:

- jede natürliche oder juristische Person oder eine Gruppe solcher Personen,
- die auf dem Markt die Lieferung von Waren, die Ausführung von Bauleistungen oder die Erbringung von sonstigen Leistungen anbietet.

Diese Definition ist sehr weit gefasst und lässt einen weiten Anwendungsbereich zu.

122 Ausweislich der Gesetzesbegründung fallen mit Blick auf Art. 2 Abs. 1 Nr. 10 RL 2014/24/EU unter den Begriff des Unternehmens im Sinne von § 2 Abs. 4 WRegG sowohl natürliche als juristische **Personen** oder aber Vereinigungen solcher Personen. Nach dem Willen des Gesetzgebers[123] werden vom Begriff des Unternehmens rechtlich selbstständige Konzernteile, z. B. Tochterunternehmen, nicht aber rechtlich unselbstständige Unternehmensteile, erfasst.

123 Gesetzessystematisch liegt es nahe, auch das öffentliche Unternehmen z. B. im Sinne von § 130 Abs. 2 OWiG als juristische Person des öffentlichen Rechts darunter zu subsumieren. Nach § 2 Abs. 1 Nr. 3 WRegG sind auch bestimmte rechtskräftige Bußgeldentscheidungen gegen Unternehmen einzutragen, die im Zusammenhang mit § 130 OWiG erlassen wurden. Das spricht dafür, auch den dortigen Unternehmensbegriff unter § 2 Abs. 4 WRegG zu fassen.

124 Unter den Begriff der Gruppe natürlicher Personen können nach dem hier vertretenen Regelungsverständnis, einen weiten Unternehmensbegriff zugrunde zu legen,[124] wohl auch **Personen-** und **Personenhandelsgesellschaften** bestehend aus natürlichen Personen oder auch Mischformen gefasst werden, z. B. Gesellschaften bürgerlichen Rechts, Partnergesellschaften, Offene Handelsgesellschaften, Kommanditgesellschaften und Gesellschaften mit beschränkter Haftung & Compagnie Kommanditgesellschaft.

125 Als **Markttätigkeiten** erfasst die Regelung das Anbieten der Lieferung von Waren, der Ausführung von Bauleistungen und der Erbringung von sonstigen Leistungen. Aufgrund des Auffangmerkmals der sonstigen Leistungen werden damit sämtliche Leistungen von Unternehmen erfasst, die auf dem Markt angeboten werden.

II. Eintragung bei Erlöschen bzw. Rechtsnachfolge (S. 2)

126 Nach § 2 Abs. 4 S. 2 WRegG steht es einer Eintragung nicht entgegen, wenn eine juristische Person oder Personenvereinigung mit Unternehmenseigenschaft nachträglich erlischt. Nach dem Willen des Gesetzgebers wird durch diese Regelung sichergestellt, dass[125]

- eine Eintragung erfolgt bzw. deren Löschung nicht verlangt werden kann, wenn das einzutragende Unternehmen durch nachträgliche Maßnahmen aufhört, zu existieren,
- im Falle des Erlöschens, des Umfirmierens oder der Insolvenz der Ausschlussgrund auch für den Rechtsnachfolger, die neue Firma oder die Gesellschaft in Liquidation wirken kann,

---

122 Vgl. Gesetzesbegründung zu § 2 WRegG, Gesetz zur Einführung eines Wettbewerbsregisters und zur Änderung des Gesetzes gegen Wettbewerbsbeschränkungen, BT-Drs. 18/12051, 28.

123 Vgl. Gesetzesbegründung zu § 2 WRegG, Gesetz zur Einführung eines Wettbewerbsregisters und zur Änderung des Gesetzes gegen Wettbewerbsbeschränkungen, BT-Drs. 18/12051, 27, 28.

124 Vgl. Rn. 122.

125 Vgl. Gesetzesbegründung zu § 2 WRegG, Gesetz zur Einführung eines Wettbewerbsregisters und zur Änderung des Gesetzes gegen Wettbewerbsbeschränkungen, BT-Drs. 18/12051, 28.

- die öffentlichen Auftraggeber im Sinne von § 99 GWB sich auch über das Vorgängerunternehmen eines Bieters informieren können, damit sie den Ausschlussgrund gegebenenfalls auch gegenüber den Nachfolgeunternehmen berücksichtigen können.

Entsprechendes muss wohl auch für die **natürliche Person** mit Unternehmenseigenschaft im Falle ihres Ablebens gelten, da diese auch von § 2 Abs. 4 S. 1 WRegG umfasst ist. Es ist kein Grund ersichtlich, diese von den Regelungen des § 2 Abs. 4 S. 2 WRegG auszuschließen. 127

Das System der „**Nachfolgerhaftung**" ist nicht neu, sondern findet sich z. B. in den Regelungen des § 30 Abs. 2a OWiG wieder, auf die § 2 Abs. 1 Nr. 3 WRegG Bezug nimmt. § 30 Abs. 2a OWiG bestimmt, dass für den Fall der vollständigen oder partiellen Gesamtrechtsnachfolge die Geldbuße gegen den Rechtsnachfolger festgesetzt werden kann. Im Falle eines laufenden Bußgeldverfahrens tritt der Rechtsnachfolger in die Verfahrenssituation des Rechtsvorgängers ein. 128

F. Rechtsschutz

Gegen die Entscheidungen der Registerbehörde ist die Beschwerde des betroffenen Unternehmens[126] zulässig.[127] § 11 WRegG begründet insofern eine sog. abdrängende Rechtswegzuweisung an das gemäß § 171 GWB für Vergabesachen zuständige Oberlandesgericht.[128] Der Beschwerde eines Unternehmens gegen eine Eintragung im Wettbewerbsregister kommt keine aufschiebende Wirkung zu. Das gilt weder hinsichtlich der Eintragung noch hinsichtlich der Durchführung von Vergabeverfahren, an denen sich das Unternehmen beteiligt; die Rechtsbeschwerde findet nicht statt.[129] 129

Anlage

Gesetzesbegründung – Gesetz zur Einführung eines Wettbewerbsregisters und zur Änderung des Gesetzes gegen Wettbewerbsbeschränkungen (BT-Drs. 18/12051)

Seite 26

§ 2 regelt die Voraussetzungen für die Eintragung eines Unternehmens in das Register. Die Eintragung eines Unternehmens in das Register ist grundrechtsrelevant. Aus diesem Grund sind die Rechtsverstöße, die zu einer Eintragung führen, konkret und abschließend bezeichnet und es werden nicht mehr Delikte aufgeführt, als für die Prüfung des Ausschlusses von Vergabeverfahren erforderlich sind. Die Liste der einzutragenden Delikte orientiert sich daher an den vergaberechtlichen Ausschlussgründen nach den §§ 123, 124 GWB. Neben den Straftatbeständen, die gemäß § 123 GWB zwingende Ausschlussgründe von der Teilnahme an Vergabeverfahren darstellen, werden als fakultative Ausschlussgründe gravierende Verstöße gegen Wettbewerbsrecht erfasst sowie Verstöße gegen bestimmte Arbeitnehmerschutzvorschriften, zu denen bisher eine Abfragepflicht der Auftraggeber aus dem Gewerbezentralregister bestand.

Nach der Regelung des § 2 Absatz 1 Nummer 1 sind rechtskräftige strafgerichtliche Verurteilungen und Strafbefehle wegen aller Straftaten, die zwingende Ausschlussgründe nach § 123 Absatz 1 GWB darstellen, als Eintragungsgründe genannt. Zwingende Ausschlussgründe von der Teilnahme an einem Vergabeverfahren liegen nach § 123 Absatz 1 GWB bei rechtskräftigen Verurteilungen wegen Bildung krimineller oder terroristischer Vereinigungen, Terrorismusfinanzierung, Geldwäsche, Betrug und Subventionsbetrug zu Lasten des Haushalts der Europäischen Union, Bestechung oder Menschenhandel, Zwangsarbeit und verwandten Delikten vor. § 2 Absatz 1 Nummer 1 Buchstabe b nennt zudem rechtskräftige Verurteilungen und Strafbefehle wegen Betrugs und Subventionsbetrugs, so-

---

126 Vgl. zum Unternehmensbegriff Rn. 121 ff.
127 Siehe zu diesem Thema *Zeller* in § 11 WRegG Rn. 4 ff.
128 Vgl. Gesetzesbegründung zu § 11 WRegG, Gesetz zur Einführung eines Wettbewerbsregisters und zur Änderung des Gesetzes gegen Wettbewerbsbeschränkungen, BT-Drs. 18/12051, 34.
129 Vgl. Gesetzesbegründung zu § 11 WRegG, Gesetz zur Einführung eines Wettbewerbsregisters und zur Änderung des Gesetzes gegen Wettbewerbsbeschränkungen, BT-Drs. 18/12051, 34.

weit sich die Straftat gegen öffentliche Haushalte richtet. Zwar umfasst § 123 Absatz 1 Nummer 4 und 5 GWB nur den Betrug und den Subventionsbetrug, soweit sich die Straftat gegen den Haushalt der Europäischen Union oder Haushalte richtet, die von der Europäischen Union oder in ihrem Auftrag verwaltet werden, jedoch wird auch Betrug zu Lasten der öffentlichen Haushalte regelmäßig eine schwere Verfehlung im Rahmen der beruflichen Tätigkeit gemäß § 124 Absatz 1 Nummer 3 GWB begründen.

Mit § 2 Absatz 1 Nummer 1 Buchstabe c sind daneben auch rechtskräftige Verurteilungen und Strafbefehle wegen Vorenthalten und Veruntreuen von Arbeitsentgelt (§ 266a des Strafgesetzbuchs – StGB), das nach § 123 Absatz 4 GWB einen zwingenden Ausschlussgrund darstellt, erfasst. Ferner werden gemäß § 2 Absatz 1 Nummer 1 Buchstabe d rechtskräftige Verurteilungen und Strafbefehle wegen Steuerhinterziehung nach § 370 der Abgabenordnung in das Register eingetragen, die ebenfalls nach § 123 Absatz 4 GWB einen zwingenden Ausschlussgrund darstellen.

Um schwerwiegende Wirtschaftsdelikte, die für Vergabeverfahren besonders praxisrelevant sind, zu erfassen, werden ferner bestimmte fakultative Ausschlussgründe nach § 124 GWB erfasst, über die Auftraggeber bisher Auskunft aus dem Gewerbezentralregister erhalten konnten. Eine Eintragung erfolgt nach Absatz 1 Nummer 2 auch bei bestimmten Verstößen gegen das Mindestlohngesetz (MiLoG), das Arbeitnehmer-Entsendegesetz (AEntG), das Schwarzarbeitsbekämpfungsgesetz (SchwarzArbG), das Dritte Buch Sozialgesetzbuch und das Arbeitnehmerüberlassungsgesetz (AÜG), die den fakultativen Ausschlussgrund nach § 124 Absatz 1 Nummer 1

Seite 27

in Verbindung mit Absatz 2 GWB begründen. Die Eintragung wegen dieser Straftaten und Ordnungswidrigkeiten erfolgt jedoch nur dann, wenn auf Freiheitsstrafe von mehr als drei Monaten oder Geldstrafe von mehr als 90 Tagessätzen erkannt oder eine Geldbuße von wenigstens 2.500 Euro verhängt worden ist. Eine derartige Beschränkung ist erforderlich, um Eintragungen bei Bagatellfällen zu vermeiden. Die in Absatz 1 Nummer 2 sowie in Absatz 2 genannten Rechtsverstöße entsprechen den in § 149 Absatz 1 Nummer 4 in Verbindung mit § 150a Absatz 1 Nummer 4 GewO genannten Delikten, über die Auftraggeber bisher zur Vorbereitung von vergaberechtlichen Entscheidungen Auskunft aus dem Gewerbezentralregister erhalten konnten. Die Auskunft aus dem Gewerbezentralregister wird nach Maßgabe der Artikel 2 und 3 dieses Gesetzes durch die Auskunft aus dem Wettbewerbsregister ersetzt. Als Straftat, die speziell Vergabeverfahren betrifft, wird ferner nach Absatz 1 Nummer 1 Buchstabe e die wettbewerbsbeschränkende Absprache bei Ausschreibungen (§ 298 StGB) erfasst.

Nach Absatz 1 Nummer 3 werden in das Register – im Gleichlauf mit der Regelung der zwingenden Ausschlussgründe in § 123 Absatz 1 GWB – nicht nur strafgerichtliche Verurteilungen und Strafbefehle gegen natürliche Personen eingetragen, sondern auch Bußgeldentscheidungen gegen ein Unternehmen, die nach § 30 OWiG wegen einer der in § 2 Absatz 1 Nummer 1 aufgeführten Straftaten oder der in Absatz 1 Nummer 2 aufgeführten Straftaten oder Ordnungswidrigkeiten ergangen sind.

Nach der Regelung in Absatz 2 werden in das Register Bußgeldentscheidungen gegen eine natürliche Person oder nach § 30 OWiG gegen ein Unternehmen wegen bestimmter kartellrechtlicher Ordnungswidrigkeiten im Sinne des § 81 Absatz 1 Nummer 1 und Absatz 2 Nummer 1 in Verbindung mit § 1 GWB eingetragen. Bei diesen Ordnungswidrigkeiten liegt der fakultative Ausschlussgrund nach § 124 Absatz 1 Nummer 4 GWB vor. Eine Rechtskraft der Bußgeldentscheidung ist hier nicht Voraussetzung für eine Eintragung, da nach § 124 Absatz 1 Nummer 4 GWB „hinreichende Anhaltspunkte" auf eine Wettbewerbsbeschränkung für das Vorliegen des fakultativen Ausschlussgrunds ausreichen; diese liegen vor, wenn eine Bußgeldentscheidung erlassen wurde. Hierbei wird eine höhere Wertgrenze von 50.000 Euro festgelegt, da bei den aufgeführten Kartellrechtsverstößen bereits bei einer noch nicht bestandskräftigen Bußgeldentscheidung eine Eintragung erfolgt und um Bagatellfälle auszuschließen.

Aufgrund der Grundrechtsrelevanz der Eintragung sind die Voraussetzungen für die Eintragung von Rechtsverstößen bewusst eng gefasst. Die Einstellung des Strafverfahrens unter Auflagen und Weisungen nach § 153a der Strafprozessordnung (StPO) wurde nicht aufgenommen. Denn aus der Einstellung eines Strafverfahrens kann noch kein sicherer Rückschluss auf die Täterschaft gezogen werden. Die Einstellung eines Strafverfahrens gemäß § 153a StPO setzt lediglich einen hinreichenden

Tatverdacht voraus. Bewusst nicht zur Eintragung vorgesehen sind ferner sogenannte „Vergabesperren", die von einzelnen Auftraggebern verhängt werden.

Voraussetzung für die Eintragung von strafgerichtlichen Verurteilungen, Strafbefehlen und Bußgeldentscheidungen gegen natürliche Personen in das Register ist, dass der Rechtsverstoß einem Unternehmen zuzurechnen ist. Auftraggeber können bei Rechtsverstößen natürlicher Personen ein Unternehmen nur dann vom Vergabeverfahren ausschließen, wenn der Rechtsverstoß dem Unternehmen zuzurechnen ist. Eine Zurechnung erfolgt stets nur in Bezug auf eine konkrete natürliche oder juristische Person. Die Zurechnung von Rechtsverstößen im Konzern ist im Vergaberecht nicht vorgesehen.

Durch Absatz 3 werden dafür klare Zurechnungsregeln geschaffen. Die Regelung orientiert sich an § 123 Absatz 3 GWB, der wiederum an § 30 Absatz 1 Nummer 5 OWiG angelehnt ist. Das Verhalten einer rechtskräftig verurteilten Person ist einem Unternehmen demnach dann zuzurechnen, wenn diese Person als für die Leitung des Unternehmens Verantwortlicher gehandelt hat. Dazu gehört auch die Überwachung der Geschäftsführung oder die sonstige Ausübung von Kontrollbefugnissen in leitender Stellung. Der Inhalt des Registers darf nicht weiter gehen, als es für die Vorbereitung vergaberechtlicher Entscheidungen notwendig ist. Daher ist auch eine Eintragung in das Register nur dann zulässig, wenn die verurteilte natürliche Person als für die Leitung des Unternehmens Verantwortlicher gehandelt hat.

Unter den Begriff des Unternehmens können – wie sich aus Absatz 4 im Einklang mit Artikel 2 Absatz 1 Nummer 10 der Richtlinie 2014/24/EU ergibt – sowohl natürliche als auch juristische Personen fallen. Rechtlich unselbstständige Unternehmensteile werden dagegen nicht eingetragen, da sie keine Unternehmen im Sinne von Absatz 4 sind.

Seite 28

Bei verbundenen Unternehmen gilt im Hinblick auf die Zurechnung nach Absatz 3 Folgendes:

Nur wenn der Rechtsverstoß von einem Leitungsverantwortlichen des Konzerns, etwa dem Geschäftsführer oder einem Vorstandsmitglied des Gesamtkonzerns als für den Konzern Handelnden begangen wurde, muss die Obergesellschaft des Gesamtkonzerns eingetragen und entsprechend gekennzeichnet werden. Wenn dagegen der Geschäftsführer oder Prokurist eines rechtlich selbstständigen Konzernteils, beispielsweise eines Tochterunternehmens, bei dem Fehlverhalten für diesen Konzernteil gehandelt hat, ist nur der Konzernteil einzutragen.

Absatz 4 Satz 2 dient dazu, Fälle zu erfassen, in denen eine einzutragende juristische Person oder Personenvereinigung durch nachträgliche Maßnahmen rechtlich aufhört zu existieren. Satz 2 stellt klar, dass die Eintragung auch in diesem Fall erfolgt und ihre Löschung nicht verlangt werden kann. Erlischt eine juristische Person oder eine Personenvereinigung mit Unternehmenseigenschaft nachträglich, firmiert sich diese um oder gerät sie in die Insolvenz, kann der Ausschlussgrund auch für den Rechtsnachfolger, die neue Firma oder die Gesellschaft in Liquidation wirken. Durch die Eintragung werden die Vergabestellen in die Lage versetzt, sich darüber zu informieren, ob ein Vorgängerunternehmen eingetragen wurde, sodass sie das Vorliegen eines Ausschlussgrundes gegenüber einem Nachfolgeunternehmen gegebenenfalls berücksichtigen können.

§ 3 WRegG
Inhalt der Eintragung in das Wettbewerbsregister

(1) Die Registerbehörde speichert folgende Daten, die ihr von einer nach § 4 zur Mitteilung verpflichteten Behörde übermittelt wurden, in einer elektronischen Datenbank:

1. den Namen der mitteilenden Behörde,

2. das Datum der einzutragenden Entscheidung und ihrer Rechts- beziehungsweise Bestandskraft,

3. das Aktenzeichen des Vorgangs der mitteilenden Behörde,

4. vom betroffenen Unternehmen

a) die Firma,

b) die Rechtsform,

c) den Familiennamen und den Vornamen der gesetzlichen Vertreter,

d) bei Personengesellschaften den Familiennamen und den Vornamen der geschäftsführenden Gesellschafter,

e) die Postanschrift des Unternehmens,

f) bei inländischen Unternehmen das Registergericht und die Registernummer aus dem Handels-, Genossenschafts-, Vereins-, Partnerschaftsregister oder bei vergleichbaren amtlichen Registern die Registernummer und die registerführende Stelle, soweit vorhanden,

g) bei ausländischen Unternehmen anstelle der in Buchstabe f genannten Angaben eine der Registernummer vergleichbare Nummer und die registerführende Stelle, soweit vorhanden, sowie

h) soweit vorhanden, die Umsatzsteueridentifikationsnummer,

5. von der natürlichen Person, gegen die sich die einzutragende Entscheidung richtet oder die im Bußgeldbescheid nach § 30 des Gesetzes gegen Ordnungswidrigkeiten genannt wird,

a) den Familiennamen, den Geburtsnamen und den Vornamen der natürlichen Person,

b) das Geburtsdatum, den Geburtsort und den Staat der Geburt der natürlichen Person

c) die Anschrift der betroffenen natürlichen Person und

d) die die Zurechnung des Fehlverhaltens zu einem Unternehmen gemäß § 2 Absatz 3 Satz 2 begründenden Umstände sowie

6. die zur Registereintragung führende Straftat oder Ordnungswidrigkeit einschließlich der verhängten Sanktion.

(2) Teilt ein Unternehmen nach seiner Eintragung in das Wettbewerbsregister der Registerbehörde mit, dass es Maßnahmen zur Selbstreinigung im Sinne des § 123 Absatz 4 Satz 2 oder des § 125 des Gesetzes gegen Wettbewerbsbeschränkungen nachweisen kann, speichert die Registerbehörde die übermittelten Daten im Wettbewerbsregister.

(3) Die in dem Wettbewerbsregister gespeicherten Daten und die Verfahrensakten der Registerbehörde sind vertraulich.

Übersicht Rn.

A. Allgemeines ... 1
I. Historie ... 2
II. Vergleichbare Regelungen ... 5
B. Einträge des Registers (Abs. 1) ... 10
C. Vermerk über Maßnahmen der Selbstreinigung (Abs. 2) ... 21
D. Grundsatz der Vertraulichkeit (Abs. 3) ... 26
E. Rechtsschutz ... 30
Anlagen
Gesetzesbegründungen

A. Allgemeines

1 § 3 WRegG regelt den Speicherungsvorgang in der elektronischen Datenbank durch die zuständige Registerbehörde (Bundeskartellamt) und konkretisiert, welche Daten durch die gemäß § 4 WRegG legitimierte Behörde übermittelt und im Anschluss gespeichert werden dürfen. Befugt zur Informationsweitergabe sind demnach die Strafverfolgungsbehörden und die Behörden, die zur Verfolgung von Ordnungswidrigkeiten berufen sind, vgl. § 4 Abs. 1 S. 1 WRegG. Dieses Vorgehen soll sicherstellen, dass die betroffenen Unternehmen von den Auftraggebern möglichst einwandfrei und ohne erhöhten Arbeitsaufwand identifiziert werden können und damit dem in § 1 Abs. 1 WRegG formulierten Gesetzesziel in Form des Wettbewerbsschutzes entsprochen werden kann. Die Vorschrift stellt insoweit eine Eintragungspflicht in Bezug auf die aufgelisteten Angaben dar und hat im Interesse der Rechtssicherheit abschließende Wirkung.

I. Historie

2 Bereits in der Vergangenheit existierten vergleichbare Vorschriften auf **Landesebene**, die auf Seiten des öffentlichen Auftraggebers eine entsprechende Erkennbarkeit eines etwaigen Fehlverhaltens, welches Zweifel an der Zuverlässigkeit des Unternehmens begründen kann, ermöglichten. Diese „Korruptionsregister" wiesen jedoch weder einen einheitlichen Charakter auf noch ließen sich aus ihnen verlässliche Maßstäbe für eine homogene Handhabung auf Bundesebene ableiten. Die Anforderungen an die Eintragung als solche, die einzutragenden Delikte, sowie Melde-, Abfrage- und Löschungspflichten waren zu individuell ausgestaltet.

3 Um jedoch die praktischen Abläufe zu erleichtern, wurde vermehrt eine **bundeseinheitliche Vorgehensweise** angestrebt und bereits 2002 von Seiten der rot-grünen Regierung ein Gesetzesentwurf zur Einrichtung eines Registers über unzuverlässige Unternehmen eingebracht.[1] Die dort verkörperte Änderung des GWB beinhaltet jedoch keine unmittelbare Festsetzung konkreter Regelungsinhalte zur Einrichtung und Führung des Registers, sondern stellt fest, dass die Bundesregierung entsprechende Vorgaben mittels Rechtsverordnung trifft. Mangels Akzeptanz auf Seiten des zu diesem Zeitpunkt mehrheitlich unionsgeprägten Bundesrates konnten die Inhalte des Entwurfes jedoch nicht in Kraft treten.[2] Als weiterer Meilenstein der Entwicklung ist der 2009[3] in seiner Ursprungsfassung und 2013[4] in überarbeiteter Form von Seiten der Fraktion Bündnis 90/Die Grünen eingebrachte Entwurf eines Korruptionsregister-Gesetzes aufzuführen. Als für die Überprüfung zuständige Stelle wurde in der damaligen Vorlage das Bundesamt für Wirtschaft und Ausfuhrkontrolle benannt. Der Umfang der für die Erhebung, Speicherung und Löschung relevanten Daten wurde in § 5 des Entwurfs normiert. Auch dieser Vorschlag entfaltete jedoch zu keinem Zeitpunkt Rechtskraft.

4 Die endgültige Umsetzung findet ihren Anstoß in dem Umsetzungserfordernis der **Richtlinien** 2014/23/EU, 2014/24/EU sowie 2014/25/EU zum 18. April 2016 und beinhaltet bereits im Gesetzestext konkrete Vorgaben zu Ausgestaltung und Ablauf der Registrierungs- und Prüfvorgänge, welche durch in Rechtsverordnungen normierte Zusätze konkretisiert werden.

II. Vergleichbare Regelungen

5 Wie auch in weiteren der Katalogisierung und Klassifizierung dienenden Gesetzen müssen die dafür erforderlichen Angaben und Daten festgesetzt werden.

---

1 Gesetzesentwurf, Entwurf eines Gesetzes zur Einrichtung eines Registers über unzuverlässige Unternehmen, BT-Drs. 14/9356.

2 Beschluss des Deutschen Bundestages, Gesetz zur Errichtung eines Registers über unzuverlässige Unternehmen, BT-Drs. 719/02.

3 Gesetzesentwurf, Entwurf eines Gesetzes zur Errichtung eines Registers über unzuverlässige Unternehmen (Korruptionsregister-Gesetz), BT-Drs. 16/9780.

4 Gesetzesentwurf, Entwurf eines Gesetzes zur Errichtung eines Registers über unzuverlässige Unternehmen (Korruptionsregister-Gesetz), BT-Drs. 17/11415.

Vergleichbare Ansätze lassen sich bei dem **Bundeszentralregister** erkennen, welches ebenfalls Verfehlungen von Personen katalogisiert und bestimmten Stellen eine Abfrage der Informationen ermöglicht. Der Umfang der einzutragenden Daten und die Anforderungen an diese weichen jedoch ab. Die §§ 4 bis 17 BZRG konkretisieren diese Punkte. 6

Entsprechende Wirkung geht auch von dem **Gewerbezentralregister** aus, welches Angaben über vergangene Verfehlungen beinhaltet, die bei einer Einschätzung und Bewertung des Betroffenen und dessen Zuverlässigkeit herangezogen werden können. Die zuständige Registerbehörde ist das Bundesamt für Justiz. Besonderheit hierbei ist die Begrenzung des zu registrierenden Kreises auf natürliche Personen. Etwaige Vorkommnisse auf Unternehmensseite werden nicht registriert und können demzufolge nicht abgefragt werden. 7

Jegliche Vorgänge der Datenerhebung und -sicherung stehen sowohl mit umfassend geltenden **Grundrechten** Einzelner als auch streng formulierten Datenschutzgrundsätzen im Konflikt. Neben dem Recht auf informationelle Selbstbestimmung (Art. 2 Abs. 1 i.V.m. Art. 1 Abs. 1 GG) ist auch das Recht auf Berufsfreiheit und wirtschaftliche Betätigung gemäß Art. 12 Abs. 1 GG zu berücksichtigen. Um eine dauerhafte Fixierung von unternehmens- oder personenbezogenen Daten als rechtlich zulässig zu qualifizieren, bedarf es damit unentwegt einer ausreichenden Rechtfertigung des spezifischen Vorgehens. Eine generelle Zulässigkeit der Übermittlung von Daten in diesem besonderen Bereich ergibt sich aus § 480 StPO und § 49a OWiG. Dem Verhältnismäßigkeitsgrundsatz wird insofern entsprochen, als der legitime Zweck, die schwerwiegende Wirtschaftskriminalität zu bekämpfen, gefördert wird. Die Preisgabe, Übermittlung und Speicherung von Daten stellt eine geeignete und erforderliche Vorgehensweise dar, da kein gleich geeignetes milderes Mittel zur Verfügung steht. 8

Bei der Bewertung zu berücksichtigen sind auch die in der **DSGVO** normierten Schutzvorschriften. Neben den allgemeinen Vorgaben des Art. 5 DSGVO und der Rechtmäßigkeitsgrundlage des Art. 6 DSGVO konkretisiert Art. 10 DSGVO die Anforderungen, sofern es sich um Daten über strafrechtliche Verurteilungen und Straftaten handelt. Auch um diesen Anforderungen gerecht zu werden, ist der abschließende Charakter anzuerkennen. Den betroffenen Unternehmen steht ein Anspruch auf Eintragung lediglich der eindeutig normierten Daten zu. Für den Umfang der einzutragenden Daten und deren Vollständigkeit ist die übermittelnde Behörde verantwortlich. Es erfolgt keine regelmäßige Überprüfung seitens der Registerbehörde. 9

B. Einträge des Registers (Abs. 1)

Nach § 3 Abs. 1 WRegG speichert die Registerbehörde die in § 3 Abs. 1 Nr. 1 bis 6 WRegG aufgeführten Daten, die ihr von einer nach § 4 WRegG zur Mitteilung verpflichteten Behörde übermittelt wurden, in einer elektronischen Datenbank. Neben den Staatsanwaltschaften sind dabei unter anderem auch die Bußgeld- und Strafsachenstellen der Finanzämter erfasst. 10

Diese Vorgaben werden in der **WRegV** weiter konkretisiert. Für die in § 4 WRegG normierten Behörden hat eine Registrierung über das online veröffentlichte Standardformular zu erfolgen. § 2 Abs. 2 WRegV konkretisiert die dafür erforderlichen Angaben. Aufnahme und Speicherung der Daten erfolgen ausschließlich nach Erfüllung dieser Voraussetzungen, wodurch Daten anderer Behörden bei den Eintragungsvorgängen unberücksichtigt bleiben. Sowohl für die Rechtmäßigkeit der Übermittlung als auch die Richtigkeit und Vollständigkeit der Angaben liegt die Verantwortung bei der mitteilungspflichtigen Behörde. Diese ist zudem verpflichtet, bei Kenntnis über Unrichtigkeit oder Unvollständigkeit ein unverzügliches Anpassungserfordernis mitzuteilen, an deren Umsetzung die Registerbehörde ihrerseits zwingend gebunden ist. Zur Sicherstellung des ordnungsgemäßen Betriebes werden die gemäß § 3 Abs. 1 Nr. 3 und 4 WRegG normierten Daten neben weiteren protokolliert und für einen Zeitraum bis zu einem Jahr gespeichert, vgl. § 13 WRegV. 11

Der persönliche Anwendungsbereich der Mitteilungsbehörden ist damit entsprechend auf einen **nationalen Rahmen** begrenzt. Diese dürfen zwar ausländische Unternehmen sanktionieren, sofern die erforderlichen Voraussetzungen erfüllt sind. Eine über die Grenzen hinaus- 12 gehende Mitteilungs- und damit Registrierungspflicht existiert jedoch nicht. Es unterbleibt insofern auch eine Würdigung von Entscheidungen des in der Kartellrechtspraxis bedeutsamen EuGH und der Europäischen Kommission. Daraus resultiert wiederum eine faktische Ungleichbehandlung nationaler und ausländischer Unternehmen, wenn öffentliche Auftraggeber bei übernationalen Ausschreibungen verpflichtet sind, das Vorliegen von Eintragungen abzufragen. Dies kann von Seiten des Auftraggebers dadurch verhindert werden, dass dieser von den Bietern die Informationen einheitlich mittels Eigenerklärung verlangt.

13 Die als eintragungsfähig klassifizierten Daten sollen sicherstellen, dass eine **Identifizierung** der einzutragenden oder bereits eingetragenen Unternehmen einwandfrei gewährleistet ist. Neben allgemeinen Angaben zum Namen der mitteilenden Behörde und dem Datum der einzutragenden Entscheidung sind auch solche zur Rechts- bzw. Bestandskraft und dem Aktenzeichen des Vorgangs erforderlich. Dies wird durch § 4 Abs. 2 Nr. 1 WRegG ergänzt, welcher die Angabe des Gerichtes, das die einzutragende Entscheidung verhängt oder erlassen hat, und des Aktenzeichens fordert. Hiermit sollen nicht nur die fehlerlose Aufnahme und Nachverfolgung abgesichert und Nachfragen vermieden werden, sondern vielmehr auch dem Umstand Rechnung getragen werden, dass anhand der Datierung eine individuelle zeitliche Wertung vorgenommen werden kann. Neben weiteren Vorgängen ist der Zeitpunkt der Rechtskraft beispielsweise für die Berechnung der Bewährungszeit (§ 56a StGB) relevant.

14 Die Regelung verlangt die Speicherung in „einer" **elektronischen Datenbank**. Der Wortlaut der Regelung ist unbefriedigend. Er suggeriert, dass die Speicherung in irgendeiner Datenbank erfolgen könne, wohingegen § 3 Abs. 3 WRegG ausdrücklich die Speicherung im Wettbewerbsregister vorsieht. Aus dem Sinn und Zweck der Regelung von § 3 Abs. 1 WRegG sowie der Gesetzesbegründung („von der Registerbehörde in das Register einzutragen") ergibt sich jedoch unzweifelhaft, dass die Speicherung auch nach § 3 Abs. 1 WRegG im Wettbewerbsregister erfolgen muss.

15 **Normadressat** der Regelung ist die Registerbehörde, deren Funktion nach § 1 Abs. 1 WRegG dem Bundeskartellamt zugewiesen ist. Das Bundeskartellamt ist daher verpflichtet, die nach § 4 WRegG übermittelten Daten in der Datenbank zu speichern. Dies entspricht ihrer Funktion als registerführende Behörde. Eine Speicherung durch die Behörden selbst, welche die Daten nach § 4 WRegG mitteilen, ist nicht vorgesehen.

16 Gegenstand der Eintragung können mangels eines öffnenden Zusatzes in § 2 WRegG lediglich die dort normierten **rechtskräftigen Verurteilungen** oder ergangenen **Bußgeldentscheidungen** sein. Hierbei wird zwar auf Seiten der Auftraggeber ein zusätzlicher Unsicherheitsfaktor kreiert, da Informationen über laufende Vorgänge weder kommuniziert noch auf sonstige Weise erkennbar werden. Zum anderen muss aber auch die Situation der Unternehmen berücksichtigt werden, für welche eine Fixierung laufender Vorgänge im Register bereits erhebliche Auswirkungen auf gegenwärtige Geschäfte haben und damit eine drastische Gefährdung ihrer wirtschaftlichen Zukunft darstellen könnte. Die Tatsache, dass bei Bußgeldentscheidungen, bei denen wegen Ordnungswidrigkeiten nach § 81 Abs. 1 Nr. 1, Abs. 2 Nr. 1 in Verbindung mit § 1 GWB eine Geldbuße von wenigstens 50.000 Euro festgesetzt worden ist (§ 2 Abs. 2 WRegG), lediglich das Ergehen der Entscheidung und nicht deren Rechtskraft erforderlich ist, stellt eine **Ausnahme** von dem Erfordernis der Rechts- bzw. Bestandskraft dar. Dennoch wird auch hier bereits die Festsetzung der Geldbuße als Mindestvoraussetzung gefordert. Die Begründung der Zulässigkeit eines solchen Vorgehens, dass der gemäß § 124 Abs. 1 Nr. 4 GWB fakultative Ausschlusstatbestand ebenfalls lediglich „hinreichende Anhaltspunkte" für ein Vorliegen voraussetze und zudem eine Mindestschwelle der Bußgeldhöhe bei 50.000 Euro existiere, die eine übermäßige Belastung bei Bagatellfällen vermeide, ist insoweit zumindest kritisch zu sehen. Im Rahmen einer Abwägung der betroffenen Belange kann damit eine Eintragung erst mit rechtskräftiger bzw. bei Kartellbußen gefestigter Entscheidung vorgenommen werden. Neben rechtskräftigen Gerichtsentscheidungen in Form von Verurteilung oder Strafbefehl sind sowohl bestandskräftige Bußgeldentscheidungen nach § 30 und § 130 OWiG wie auch Bußgeldentscheidungen des Gerichts nach Rechtskraft umfasst. Die mit einer vorzeitigen Eintragung verbundenen Risiken auf Unternehmensseite wurden inso-

weit als schwerwiegender eingeordnet, als andernfalls absolute Entscheidungen getroffen würden, die letztendlich bei fehlender weiterer Verfolgung jeglicher Grundlage entbehren und eine ungerechtfertigte Beeinträchtigung darstellten.

17 Des Weiteren sind nach § 3 Abs. 1 Nr. 4 WRegG detaillierte **Mitteilungen über das konkrete Unternehmen**, wie die Firma (lit. a), Rechtsform (lit. b) oder postalische Anschrift des Firmensitzes (lit. e) zwingend, wobei § 19 HGB für Rechtsträger des HGB bereits die erforderlichen Rechtsformzusätze bei der Firma vorschreibt. Dies umfasst auch die Bezeichnungen für Einzelkaufleute. Vergleichbare Vorschriften sind zudem § 4 AktG, §§ 4, 5a GmbHG, §§ 2 Abs. 1, 8 Abs. 4 S. 3 PartGG. Unter Berücksichtigung der Angaben des § 2 Abs. 2 Nr. 4 WRegG, welche die von Unternehmensseite für eine Registrierung erforderlichen Daten konkretisiert, kann auch – sofern vorhanden – über die Angabe der Niederlassung in Deutschland nachgedacht werden. Da diese Angaben der eindeutigen Identifizierung dienen und eine mögliche Verwechslung vermeiden sollen, scheint eine entsprechende Wertung überzeugend. Diese Informationen weisen zunächst unternehmensbezogenen Charakter auf, werden jedoch um personenbezogene Angaben zu den gesetzlichen Vertretern (lit. c) bzw. geschäftsführenden Gesellschaftern bei Personengesellschaften, wie beispielsweise der oHG, der KG oder der GbR, (lit. d) ergänzt. Die Ausführungen zu Vor- und Nachnamen der natürlichen Personen ermöglichen neben einer eindeutigeren Identifizierung auch den Zugriff auf eine natürliche Person, die im Namen des Unternehmens agiert und entsprechend über aktuelle und vergangene Vorgänge informiert ist. Bei Einzelunternehmen ist der Inhaber alleiniger Geschäftsführungsbefugter und entsprechend als verantwortliche Person zu führen. Zudem ist – sofern vorhanden – gemäß § 3 Abs. 1 Nr. 4 lit. h WRegG die Umsatzsteueridentifikationsnummer zu übermitteln. Eine solche ist für Unternehmen, die am Waren- und Dienstleistungsverkehr zwischen den Mitgliedsstaaten innerhalb des Gebiets der Europäischen Union teilnehmen wollen, verpflichtend.

18 Um die Arbeitsprozesse zu erleichtern, erfolgte im Rahmen des GWB-Digitalisierungsgesetzes eine Anpassung der unternehmensbezogenen Vorgaben dahingehend, dass fortan nicht nur zwischen **in- und ausländischen Unternehmen** differenziert, sondern darüber hinaus auch die Anforderungen an eine Bekanntgabe spezifischer **Registernummern** erhöht wird (§ 6 Abs. 1 Nr. 4 lit. f und g WRegG). Diese sind, abhängig vom jeweiligen Unternehmenscharakter, anzugeben. Vor dem Hintergrund, dass die verfügbaren Angaben abhängig von der spezifischen Unternehmensstruktur variieren können, werden die jeweils vorhandenen Angaben gefordert. Die ursprünglich ausreichende Angabe der Handelsregisternummer hatte es zuvor verhindert, dass zum einen generell ausländische Unternehmen, zum anderen aber auch inländische Unternehmen, die in Form eines Vereins, einer Genossenschaft oder einer Partnerschaftsgesellschaft organisiert sind, erfasst werden konnten.[5] Da sich jedoch regelmäßig auch ausländische Unternehmen an Verfahren in Deutschland beteiligen, ist eine solche Erweiterung aus Gleichbehandlungsgesichtspunkten zu begrüßen. Andernfalls droht die Gefahr, dass inländische Unternehmen durch eine erleichterte Verfolgung ihrer Verfehlungen benachteiligt werden.

19 § 3 Abs. 1 Nr. 5 WRegG ergänzt die Auflistung um Angaben, welche von einer **natürlichen Person**, gegen die sich die einzutragende Entscheidung gemäß § 2 WRegG richtet oder die im Bußgeldbescheid nach § 30 OWiG genannt wird, erforderlich sind. Diese Festsetzung ist insofern von großer Bedeutung, als Personenvereinigungen ohne eigene Rechtspersönlichkeit (BGB-Gesellschaft, offene Handelsgesellschaft, Kommanditgesellschaft oder der nichtrechtsfähige Verein) gerade nicht Adressat strafgerichtlicher Verurteilungen, wie sie in § 2 Abs. 1 WRegG als eintragungsfähige Tatsachen aufgeführt sind, sein können. Wie § 2 Abs. 3 S. 1 WRegG klarstellt, erfolgt eine Eintragung nur dann, wenn das Verhalten der natürlichen Person einem Unternehmen zuzurechnen ist, wobei für diese Zurechnung die Richtlinien des Vergaberechts (§ 123 Abs. 3 GWB) gelten. Letztlich ist es das Unternehmen, welches aktiv an der Auftragsvergabe beteiligt ist und vor dessen früheren Verfehlungen die Auftraggeber ge-

5 Gesetzesbegründung zu § 3 WRegG, GWB-Digitalisierungsgesetz, BT-Drs. 19/23492, 145.

schützt werden sollen. Dies wird auch dadurch verdeutlicht, dass neben den spezifischen personenbezogenen Angaben auch die Umstände, durch welche die Zurechnung des Fehlverhaltens zu einem Unternehmen gemäß § 2 Abs. 3 S. 2 WRegG begründet wird, aufzuführen sind (§ 3 Abs.1 Nr. 5 lit. d WRegG). Hierdurch soll erkennbar werden, dass die Person als für die Leitung Verantwortliche gehandelt hat. § 4 Abs. 2 WRegV konkretisiert diese Angaben. Die ebenfalls erforderliche Angabe spezifischer tatbezogener Umstände erleichtert zudem die Prüfung im Rahmen des § 7 Abs. 1 S. 4 WRegG, ob es sich um dasselbe Fehlverhalten handelt und eine einheitliche Löschung zu veranlassen ist.

20 Um das Ausmaß des Fehlverhaltens zu bestimmen und eine Einordnung zu erleichtern, sind gemäß § 3 Abs. 1 Nr. 6 WRegG ebenfalls die zur Eintragung führende **Straftat** bzw. **Ordnungswidrigkeit** und die spezifische **Sanktion** im strafrechtlichen Sinne zu speichern. Der Umstand, dass eine Eintragung nicht automatisch den Ausschluss vom laufenden Vergabeverfahren herbeiführt, sondern vielmehr dem Auftraggeber gemäß § 6 Abs. 5 WRegG eine autonome Entscheidung nach sachgerechter Prüfung der ihm bekannten Fakten zusteht, macht eine so transparente Darstellung erforderlich. Der in diesem Zusammenhang eingeräumte Beurteilungs- und Ermessensspielraum ist zur Wahrung der Verhältnismäßigkeit unabdingbar.[6]

C. Vermerk über Maßnahmen der Selbstreinigung (Abs. 2)

21 Teilt ein Unternehmen nach seiner Eintragung in das Wettbewerbsregister der Registerbehörde mit, dass es Maßnahmen zur Selbstreinigung im Sinne des § 123 Abs. 4 S. 2 oder des § 125 GWB nachweisen kann, speichert nach § 3 Abs. 2 WRegG die Registerbehörde die übermittelten Daten im Wettbewerbsregister. Die Regelung stellt sicher, dass etwaige Fortschritte bei Selbstreinigungsvorgängen ebenso vermerkt werden können wie die relevanten Verfehlungen. Dabei handelt es sich – in Abgrenzung zum Anwendungsbereich des § 8 WRegG – gerade nicht um abgeschlossene Vorgänge und es erfolgt keine Überprüfung durch die Registerbehörde.

22 Die **Mitteilung** erfolgt ebenfalls über ein im Portal abrufbares Standardformular, in welchem das Unternehmen zusätzlich angeben kann, ob und in welchem Maße andere Auftraggeber eine durchgeführte Selbstreinigung bereits anerkannt haben. Parallel dazu hat es jedoch zwingend auch anzugeben, ob und wie viele Auftraggeber die vorgenommenen Maßnahmen als nicht ausreichend angesehen haben. Diese Angaben sollen den abfragenden Auftraggeber bei seiner individuellen Wertung unterstützen und mögliche Anhaltspunkte für eine Entscheidung liefern.

23 Sowohl § 125 GWB als auch § 123 Abs. 4 S. 2 GWB, welcher der vorrangig genannten strengeren und allgemeineren Regelung vorgeht,[7] ermöglichen es den Unternehmen, sich durch **Selbstreinigung** von vorzeitigen Verfehlungen zu lösen und wieder unbelastet auf dem Wirtschaftsmarkt zu agieren. Dieses auf europäischer Ebene durch Art. 57 RL 2014/24/EU eingeführte Instrument ermöglicht damit faktisch eine Wiedererlangung der Zuverlässigkeit. Durch eine Normierung dieser Pflicht zur Berücksichtigung wird abgesichert, dass neben den grundsätzlich negativen Auswirkungen, die eine Eintragung im Register für das jeweilige Unternehmen im Hinblick auf die wirtschaftliche Position und zukünftige Verfahrensbeteiligungen mit sich bringt, auch etwaige positive Veränderungen und Entwicklungen aufgeführt und damit für Auftraggeber erkennbar werden. Der hierbei im Fokus stehende allgemeine Transparenzgrundsatz trägt ebenfalls zur Rechtfertigung der individualrechtlichen Betroffenheit bei.

24 Im Gegensatz zu dem in § 8 Abs. 1 WRegG normierten möglichen Antrag auf vorzeitige Löschung der Eintragung, bei dem der Behörde unter bestimmten Voraussetzungen eine Löschungsverpflichtung auferlegt wird (§ 8 Abs. 1 S. 3 WRegG) und wo eine Sachverhaltsermittlung von Amts wegen erfolgt (§ 8 Abs. 2 WRegG), unterbleibt für einen Vermerk nach dieser

6 Hinweis auch in der Gesetzesbegründung, Gesetz zur Einführung eines Wettbewerbsregisters und zur Änderung des Gesetzes gegen Wettbewerbsbeschränkungen, BT-Drs. 18/12051, 18.
7 Vgl. Gesetzesbegründung zu § 123 Abs. 4 GWB, VergRModG 2016, BT-Drs. 18/6281, 104.

Vorschrift eine solche unmittelbare **Prüfung**. Damit sind unter dieser Vorgabe erfolgte Vermerke zwar weniger verlässlich für den Auftraggeber. Für Unternehmen stellen sie jedoch zumindest eine Chance dar, zeitnah wieder bei der Auftragsvergabe berücksichtigt zu werden und dem Auftraggeber eine Bereinigung oder zumindest positive Entwicklung zu signalisieren. Letzterer kann, dem Wortlaut des § 125 Abs. 2 GWB entsprechend, eine subjektive Bewertung vornehmen und über Ausschluss oder Verbleib des Unternehmens im Verfahren auf Basis der bereitgestellten Informationen entscheiden.

Dagegen stellt sich auch die Frage, inwieweit eine solche Mitteilungsbefugnis einen möglichen weiteren **Aufklärungsbedarf** auf Seiten der Auftraggeber dadurch vermeidet, dass automatisch davon ausgegangen wird, dass jegliche kommunizierten Aspekte der tatsächlichen und aktuellen Situation entsprechen und lediglich so als gegeben angesehen werden. Damit würde die im Grundsatz bestehende weitere Aufklärungspflicht beeinträchtigt, welche durch Nachfragen einerseits und Erläuterungen andererseits zu einer umfassenden Erörterung der gegebenen Umstände führen soll. Selbst wenn § 3 Abs. 2 WRegG eine Basis für die Veröffentlichung von Bereinigungsvorgängen ermöglicht, geht die Vorschrift gerade nicht darüber hinaus. Eine derartige Mitteilung kann keine Auswirkungen auf eventuelle Nachfrage- und Aufklärungsverpflichtungen sowie die Inhalte und Ausprägungen dieser haben. Insofern bleibt der Aufklärungsbedarf und damit die Verpflichtung zur Interaktion von Auftraggeber und Unternehmen erhalten. 25

D. Grundsatz der Vertraulichkeit (Abs. 3)

§ 3 Abs. 3 WRegG soll für die Unternehmen gewährleisten, dass die gespeicherten Daten und bereitgestellten Verfahrensakten vertraulich behandelt werden. Dieser Grundsatz verdeutlicht, wie sensibel die zu erhebenden und zu speichernden Daten sind. 26

Die Vorschrift ist lex specialis zu den allgemeinen datenschutzrechtlichen Vorschriften der **DSGVO**. 27

Um die besondere Bedeutung der Vertraulichkeit zusätzlich hervorzuheben und eine entsprechende Handhabung sicherzustellen, hat der Gesetzgeber mit der **WRegV** die Vorgaben für etwaige Datenzugänge und Berechtigungen konkretisiert. Neben der Feststellung, dass ein sicheres Verfahren für die Übermittlung zu verwenden ist, vgl. § 1 Abs. 2 WRegV, verdeutlicht § 2 WRegV, dass eine vorherige Registrierung und Preisgabe subjektiver Daten für die Nutzung des Portals erforderlich sind. Die Registerbehörde hat dem Auftraggeber gegenüber auch nach erfolgreicher Registrierung noch das Recht, zusätzliche Unterlagen zu verlangen, um die Rechtmäßigkeit der Abfrage zu prüfen, wenn Anlass zu einer solchen Annahme besteht, vgl. § 5 Abs. 4 WRegV. Die Grundverantwortung für die Rechtmäßigkeit der Abfrage und die Verwendung der Daten liegt jedoch beim Auftraggeber. 28

Zu klären ist ebenfalls das Verhältnis zu Vorschriften aus dem **IFG**. Dessen § 1 Abs. 1 S. 1 regelt im Kern den Anspruch auf Zugang zu amtlichen Informationen gegenüber Bundesbehörden und sonstigen Bundesorganen, sofern diese Organe öffentlich-rechtliche Verwaltungsaufgaben wahrnehmen, für jedermann. Damit müsste es im Grundsatz jedem möglich sein, den Zugang zu den gespeicherten Daten zumindest auf dem Klageweg zu erlangen. Um jedoch zu verhindern, dass dahingehende Informationszugangsansprüche im Zusammenhang mit besonders schützenswerten oder sensiblen Informationen genutzt werden und somit rechtsmissbräuchliche Wirkung entfalten können, wurden auch innerhalb des IFG wirksame Ausschlussgründe normiert. Die §§ 3 bis 6 IFG beinhalten Vorgaben für einzelne sensible Bereiche, wobei konkret § 3 IFG den Schutz von besonderen öffentlichen Belangen zum Gegenstand hat. § 3 Nr. 4 IFG normiert einen Ausschluss des Anspruchs, wenn die Information einer durch Rechtsvorschrift oder durch die Allgemeine Verwaltungsvorschrift zum materiellen und organisatorischen Schutz von Verschlusssachen geregelten Geheimhaltungs- oder Vertraulichkeitspflicht oder einem Berufs- oder besonderen Amtsgeheimnis unterliegt. Ergänzend werden auch § 4 IFG zum Schutz von behördlichen Entscheidungsprozessen und § 5 IFG zum Schutz personenbezogener Daten aufgeführt. § 6 IFG soll in diesem Zusammenhang unter 29 anderem sicherstellen, dass Betriebs- und Geschäftsgeheimnisse nicht gegen den Willen des Betroffenen (ohne seine Einwilligung) dem Zugang für jedermann geöffnet werden. Diese Informationen zeichnen sich dadurch aus, dass sie in Gestalt von Tatsachen, Umständen oder Vorgängen verkörpert sein können und einen direkten Unternehmensbezug aufweisen, wodurch der Betroffene ein berechtigtes Interesse daran hat, dass eine bedingungslose Verbreitung unterbleibt. Dieses Interesse wiederum steht in unmittelbarer Verbindung mit der Wettbewerbsrelevanz der Inhalte. Nicht ausreichend relevant sind nach der Rechtsprechung des BVerwG solche Informationen, die abgeschlossene Vorgänge ohne Bezug zum heutigen Geschäftsbetrieb betreffen.[8] Dies ist bei Angaben im Sinne des § 3 Abs. 1 WRegG nicht der Fall.

E. Rechtsschutz

30 Gegen Entscheidungen der Registerbehörde ist nach § 11 WRegG die **Beschwerde** zulässig. Die dort normierte entsprechende Anwendung von § 171 Abs. 3 GWB ordnet die Zuständigkeit des für Vergabesachen zuständigen Oberlandesgerichts an und ermöglicht so, dass die Expertise der Vergabesenate umfassend genutzt werden kann. Darüber hinaus besteht die Möglichkeit, gerade im Zusammenhang mit etwaigen Selbstreinigungsprozessen eine Einheitlichkeit der Rechtsprechung zu fokussieren.

31 Die Einlegung von Rechtsmitteln seitens eines Unternehmens hat keine Auswirkungen auf den Fortgang eines laufenden Vergabeverfahrens. Es existiert demnach keine **aufschiebende Wirkung** bei aktuellen Vergaben, an denen sich das jeweilige Unternehmen beteiligt, und anstehende Zuschlagsentscheidungen können unaufhaltsam ergehen.

Anlagen

Gesetzesbegründung – GWB-Digitalisierungsgesetz (BT-Drs 19/23492)

Seite 145

In dem geltenden § 3 Absatz 1 werden die von den Staatsanwaltschaften und den zur Verfolgung von Ordnungswidrigkeiten berufenen Behörden an das Register mitzuteilenden Daten aufgeführt. Mit den Änderungen wird das Ziel verfolgt, die Möglichkeiten zur eindeutigen Identifizierung betroffener Unternehmen und natürlicher Personen zu verbessern.

Nach Nummer 4 Buchstabe f in der geltenden Gesetzesfassung sind ausschließlich Angaben zum „Registergericht und der Handelsregisternummer" zu machen. Damit können Unternehmen, die etwa in der Rechtsform des Vereins (Vereinsregister), einer Genossenschaft (Genossenschaftsregister) oder einer Partnerschaftsgesellschaft (Partnerschaftsregister) organisiert sind, nicht erfasst werden. Durch die geänderte Regelung wird diese Lücke geschlossen.

Nach Nummer 4 Buchstabe g sollen die entsprechenden Angaben zu Registernummern auch gemacht werden, wenn das betroffene Unternehmen ein ausländisches ist, das nicht in Deutschland in einem amtlichen Register eingetragen ist.

Aufgrund der neu gefassten Nummer 5 Buchstabe a sind Angaben auch zum Geburtsnamen zu machen, damit die Zuordnung zu einem Unternehmen auch bei Namensänderungen der betroffenen natürlichen Person nachvollziehbar ist.

Die nach der neu gefassten Nummer 5 Buchstabe b erweiterte Pflicht zur Angabe des Staates der Geburt der natürlichen Person, zusätzlich zur Angabe des Geburtsdatums und des Geburtsorts, ist erforderlich in Fällen, in denen Ortsnamen in mehreren Ländern der Erde Verwendung finden, wie z. B. die Städtenamen Berlin (USA) oder Hannover/Hanover (USA, GB, Chile, Jamaika, Südafrika). Außerdem können ausländische Städtenamen, deren Schreibweise von der deutschen Schreibweise abweicht (z. B. Bruxelles bzw. Brüssel, Belgien) eindeutig zugeordnet werden.

8 BVerwG, Urteil v. 17.3.2016 – 7 C 2.15, Rn. 35 m.w.N., BVerwGE 154, 231.

Gesetzesbegründung – Gesetz zur Einführung eines Wettbewerbsregisters und zur Änderung des Gesetzes gegen Wettbewerbsbeschränkungen (BT-Drs. 18/12051)

Seite 28

§ 3 Absatz 1 regelt abschließend die konkreten Daten, die bei Vorliegen der Eintragungsvoraussetzungen von den Strafverfolgungsbehörden und den zur Verfolgung von Ordnungswidrigkeiten berufenen Behörden an die Registerbehörde zu übermitteln und von der Registerbehörde in das Register einzutragen sind. Einzutragen sind insbesondere die Bezeichnung der meldenden Stelle, das Aktenzeichen, das betroffene Unternehmen und die betroffene natürliche Person sowie ferner der Grund der Eintragung. Die Möglichkeit der Weitergabe personenbezogener Daten aus Strafverfahren und Ordnungswidrigkeitenverfahren ist auch nach § 480 StPO und § 49a OWiG aufgrund besonderer gesetzlicher Bestimmungen zulässig. Absatz 1 ermächtigt die Registerbehörde zur Speicherung der übermittelten Daten.

Die Datenübermittlung ist zur Erfüllung des Zwecks, Korruption und andere schwerwiegende Wirtschaftskriminalität effektiv zu bekämpfen, geeignet und erforderlich. Das Ziel der Bekämpfung von Korruption und Wirtschaftskriminalität stellt ein verfassungsrechtlich legitimes Ziel da. Ein Eingriff in das Recht der informationellen Selbstbestimmung der Unternehmen aus Artikel 2 Absatz 1 GG in Verbindung mit Artikel 1 Absatz 1 GG ist auch in Anbetracht der Schadensrelevanz von Wirtschaftskriminalität und dem verfolgten Ziel, faire Wettbewerbsbedingungen in Vergabeverfahren zu schaffen, verhältnismäßig.

Bei den die „Zurechnung des Fehlverhaltens zu einem Unternehmen begründenden Umständen" nach § 3 Absatz 1 Nummer 5 Buchstabe d handelt es sich um die Informationen, aus denen sich ergibt, dass diese Person als für die Leitung des Unternehmens Verantwortlicher im Sinne von § 2 Absatz 3 Satz 2 gehandelt hat. Dabei geht es um die Frage, in welcher Funktion, Position oder Eigenschaft der Betroffene gehandelt hat. Einzelheiten werden in der Rechtsverordnung nach § 10 geregelt. Da Unternehmen gemäß § 125 GWB bzw. gemäß § 123 Absatz 4 Satz 2 GWB in Vergabeverfahren nachweisen können, dass sie bei Vorliegen von Ausschlussgründen Maßnahmen zur Selbstreinigung durchgeführt haben, sollen derartige Informationen auch in dem Wettbewerbsregister enthalten sein. Die Registerbehörde speichert nach Absatz 2 die von einem Unternehmen mit einem Standardformular übermittelten Daten über durchgeführte Maßnahmen der Selbstreinigung in dem Register. Das Standardformular hierfür soll durch Rechtsverordnung nach § 10 geregelt werden. Es dient allein als Hinweis für den Auftraggeber, dass das Unternehmen nach seinen eigenen Angaben eine Selbstreinigung vorgenommen hat. Eine Überprüfung durch die Registerbehörde findet insoweit nicht statt, sondern ist dem Verfahren nach § 8 vorbehalten. Im Rahmen des Standardformulars soll das betroffene Unternehmen nach Absatz 2 auch mitteilen können, dass ein Auftraggeber eine durchgeführte Selbstreinigung bereits als ausreichend angesehen hat. Dabei muss das betreffende Unternehmen auch mitteilen, ob und wie viele Auftraggeber die durchgeführte Selbstreinigung nicht als ausreichend angesehen haben.

Die Möglichkeit für Unternehmen, nach § 8 eine vorzeitige Löschung aus dem Register aufgrund von durchgeführten Maßnahmen zur Selbstreinigung zu beantragen, macht die Speicherung von Daten über durchgeführte Selbstreinigungsmaßnahmen nicht überflüssig, da nicht notwendigerweise in allen Fällen eine vorzeitige Löschung beantragt wird. Zudem stehen die Daten über durchgeführte Selbstreinigungsmaßnahmen den Vergabestellen auch während der Dauer der Prüfung des Antrags auf vorzeitige Löschung der Eintragung zur Verfügung.

Seite 29

Solange die Registerbehörde noch nicht über einen Löschungsantrag nach § 8 entschieden hat oder wenn die Registerbehörde den Löschungsantrag abgelehnt hat und daher keine Bindungswirkung nach § 7 Absatz 2 vorliegt, entscheidet der einzelne Auftraggeber in einem konkreten Vergabeverfahren darüber, ob die von dem Unternehmen, bei dem ein Ausschlussgrund vorliegt, durchgeführten Selbstreinigungsmaßnahmen als erfolgreich zu bewerten sind.

Mit Absatz 3 wird die Vertraulichkeit der in dem Register gespeicherten Daten im Gesetz verankert. Es handelt sich um eine besondere Vertraulichkeitspflicht im Sinne von § 3 Nummer 4 des Informationsfreiheitsgesetzes des Bundes (Informationsfreiheitsgesetz – IFG vom 5. September 2005 (BGBl. I S. 2722), das durch Artikel 2 Absatz 6 des Gesetzes vom 7. August 2013 (BGBl. I S. 3154) geändert worden ist). Die Regelung trägt der besonderen Sensibilität der gespeicherten Daten Rechnung und soll insbesondere die Funktionsfähigkeit des Registers gewährleisten.

§ 4 WRegG
Mitteilungen

(1) Die Strafverfolgungsbehörden und die Behörden, die zur Verfolgung von Ordnungswidrigkeiten berufen sind, teilen bei Entscheidungen nach § 2 Absatz 1 und 2 der Registerbehörde unverzüglich die in § 3 Absatz 1 bezeichneten Daten mit. § 30 der Abgabenordnung steht der Mitteilung von Entscheidungen nach § 2 Absatz 1 Nummer 1 Buchstabe d sowie nach § 2 Absatz 1 Nummer 3 in Verbindung mit Absatz 1 Nummer 1 Buchstabe d nicht entgegen.

(2) Die Registerbehörde prüft die übermittelten Daten und sieht von einer Eintragung ab, wenn die Daten offensichtlich fehlerhaft sind. Stellt sich die Fehlerhaftigkeit erst nach der Eintragung heraus, berichtigt oder löscht die Registerbehörde die betroffenen Daten von Amts wegen. § 8 Absatz 3 gilt entsprechend.

(3) Werden den Strafverfolgungsbehörden oder den Behörden, die für die Verfolgung von Ordnungswidrigkeiten berufen sind, Umstände bekannt, die einer weiteren Speicherung der übermittelten Daten im Wettbewerbsregister entgegenstehen, so haben sie die Registerbehörde unverzüglich zu unterrichten.

Übersicht Rn.

A. Allgemeines ... 1
B. Mitteilungspflicht (Abs. 1) ... 4
C. Eintragung durch die Registerbehörde (Abs. 2) ... 9
I. Prüfung der übermittelten Daten (S. 1) ... 9
II. Fehlerhaftigkeit von Eintragungen (S. 2) ... 14
D. Mitteilungen von Änderungen (Abs. 3) ... 21
E. Rechtsschutz ... 24
Anlage
Gesetzesbegründung

A. Allgemeines

§ 4 WRegG regelt die Mitteilungspflichten der Strafverfolgungsbehörden und der Behörden, die zur Verfolgung von Ordnungswidrigkeiten berufen sind, in Bezug auf die einzutragenden Rechtsverstöße sowie die daraus für die Registerbehörde resultierende Pflicht zur Prüfung der Daten und gegebenenfalls Berichtigung oder Löschung der Eintragung. **1**

Bei einigen **Landeskorruptionsregistern** besteht zusätzlich eine Meldepflicht für die öffentlichen Auftraggeber, bzw. für die Vergabestellen.[1] Dies liegt daran, dass in diesen Registern zusätzlich zu strafrechtlichen Verurteilungen, Strafbefehlen oder Bußgeldbescheiden auch Vergabeausschlüsse eingetragen werden, welche nur von den öffentlichen Auftraggebern und Vergabestellen gemeldet werden können. Da in das Wettbewerbsregister des Bundes keine Vergabeausschlüsse eingetragen werden, ist eine Mitteilungspflicht der öffentlichen Auftraggeber und Vergabestellen entsprechend nicht vorgesehen. **2**

§ 4 WRegG ist gemäß § 12 WRegG erst ab dem Tag anzuwenden, an dem erstmals eine Rechtsverordnung nach § 10 WRegG in Kraft tritt. Bis zur **Anwendbarkeit** von § 4 WRegG sind die landesrechtlichen Vorschriften über die Errichtung und den Betrieb eines dem § 1 WRegG entsprechenden Registers weiter anzuwenden. Die WRegV ist am 23. April 2021 in Kraft getreten. **3**

1 So z. B. nach Ziff. 3.4.4 Abs. 2 VwV Korruptionsverhütung und -bekämpfung Baden-Württemberg, § 4 KRG Berlin, § 4 Abs. 2 BremKorG, § 4 Abs. 1 GRfW Hamburg und § 6 KorruptionsbG NRW.

B. Mitteilungspflicht (Abs. 1)

4 Nach § 4 Abs. 1 S. 1 WRegG teilen die Strafverfolgungsbehörden und die Behörden, die zur Verfolgung von Ordnungswidrigkeiten berufen sind, bei Entscheidungen nach § 2 Abs. 1 und 2 WRegG der Registerbehörde unverzüglich die in § 3 Abs. 1 WRegG bezeichneten Daten mit. § 30 AO steht gemäß § 4 Abs. 1 S. 2 WRegG der Mitteilung von Entscheidungen nach § 2 Abs. 1 Nr. 1 lit. d sowie nach § 2 Abs. 1 Nr. 3 i.V.m. Abs. 1 Nr. 1 lit. d WRegG nicht entgegen.

5 **Adressaten** der Regelung sind gemäß § 4 Abs. 1 S. 1 WRegG die Strafverfolgungsbehörden und die Behörden, die zur Verfolgung von Ordnungswidrigkeiten berufen sind. Die Regelung richtet sich nur an deutsche Behörden. Ausländische Behörden können durch den deutschen Gesetzgeber nicht zur Meldung verpflichtet werden.[2]

6 Bei Entscheidungen nach § 2 Abs. 1 oder 2 WRegG sind die genannten Behörden verpflichtet, der Registerbehörde die in § 3 Abs. 1 WRegG genannten **Daten** mitzuteilen. Davon umfasst sind auch die die Zurechnung des Fehlverhaltens zu einem Unternehmen begründenden Umstände. Nicht erfasst sind hingegen Maßnahmen zur Selbstreinigung, die das Unternehmen ergriffen hat. Diese sind gemäß § 3 Abs. 2 WRegG vom betroffenen Unternehmen selbst mitzuteilen. § 4 WRegG umfasst lediglich die Mitteilung von Daten durch die in § 4 Abs. 1 WRegG genannten Behörden.

7 Bei den Behörden, die zur Verfolgung von Ordnungswidrigkeiten berufen sind, kann es sich auch um Finanzämter handeln. Mitteilungen von Finanzämtern wegen Steuerhinterziehung nach § 370 AO oder wegen Bußgeldbescheiden nach §§ 30, 130 OWiG wegen Steuerhinterziehung könnten gegen das **Steuergeheimnis** aus § 30 AO verstoßen. § 4 Abs. 1 S. 2 WRegG stellt deshalb klar, dass das Steuergeheimnis aus § 30 AO der Mitteilung von Entscheidungen nach § 2 Abs. 1 Nr. 1 lit. d sowie nach § 2 Abs. 1 Nr. 3 i.V.m. Abs. 1 Nr. 1 lit. d WRegG nicht entgegensteht und schafft so die erforderliche Offenbarungsbefugnis.[3]

8 § 1 WRegV trifft Regelungen zur elektronischen Kommunikation und **Datenübermittlung** zwischen den mitteilungspflichtigen Behörden und der Registerbehörde. Die Anforderungen an den **Inhalt** der Mitteilung werden auf Grundlage von § 10 Nr. 5 WRegG in § 4 WRegV konkretisiert.

C. Eintragung durch die Registerbehörde (Abs. 2)

I. Prüfung der übermittelten Daten (S. 1)

9 Nach Eingang der Mitteilung prüft die Registerbehörde gemäß § 4 Abs. 2 S. 1 WRegG die übermittelten Daten und sieht von einer Eintragung ab, wenn die Daten offensichtlich fehlerhaft sind.

10 Der **Prüfungsumfang** beschränkt sich hier auf offensichtliche Fehler. Eine inhaltliche Prüfung findet nicht statt. In den meisten Fällen erübrigt sich eine inhaltliche Prüfung der gemeldeten Rechtsverstöße bereits aus dem Grund, dass es sich um rechtskräftige Entscheidungen handelt. Aber auch bei Kartellrechtsverstößen gemäß § 2 Abs. 2 WRegG, bei denen auch nicht rechtskräftige Entscheidungen gemeldet werden,[4] erfolgt keine inhaltliche Prüfung.

11 Die Registerbehörde muss allerdings prüfen, ob die gemäß § 3 Abs. 1 Nr. 5 WRegG mitgeteilten Umstände, die die **Zurechnung des Fehlverhaltens** zu einem Unternehmen begrün-

2 *Rieder/Dammann de Chapto*, NZKart 2018, 8 (11); *Wirth*, CCZ 2018, 181 (182).

3 Vgl. Stellungnahme des Bundesrates und Gegenäußerung der Bundesregierung, Gesetz zur Einführung eines Wettbewerbsregisters und zur Änderung des Gesetzes gegen Wettbewerbsbeschränkungen, BT-Drs. 18/12497, 3; Beschlussempfehlung und Bericht des Ausschusses für Wirtschaft und Energie (9. Ausschuss), Gesetz zur Einführung eines Wettbewerbsregisters und zur Änderung des Gesetzes gegen Wettbewerbsbeschränkungen, BT-Drs. 18/12583, 10.

4 Gesetzesbegründung zu § 2 WRegG, Gesetz zur Einführung eines Wettbewerbsregisters und zur Änderung des Gesetzes gegen Wettbewerbsbeschränkungen, BT-Drs. 18/12051, 27.

den sollen, ausreichend sind.[5] Die Zurechnung orientiert sich an der Regelung in § 123 Abs. 3 GWB, da der Inhalt des Registers nicht weiter gehen darf, als es für die Vorbereitung vergaberechtlicher Entscheidungen notwendig ist. Daher ist auch die Eintragung in das Register nur zulässig, wenn die verurteilte natürliche Person als für die Leitung des Unternehmens Verantwortlicher gehandelt hat.[6]

Sind die Daten offensichtlich fehlerhaft, sieht die Registerbehörde von einer Eintragung ab. Die Gesetzesbegründung macht deutlich, dass es sich hier nicht um eine Ermessensentscheidung der Registerbehörde handelt.[7] Kommt die Registerbehörde zu dem Ergebnis, dass die übermittelten Daten **nicht offensichtlich fehlerhaft** sind, informiert sie gemäß § 5 WRegG das betroffene Unternehmen über die geplante Eintragung und gibt diesem die Gelegenheit zur Stellungnahme, bevor die Eintragung erfolgt. **12**

Ausländische Unternehmen können ebenfalls in das Register eingetragen werden, wenn die einzutragende Entscheidung in Deutschland ergangen ist. Rechtsverstöße, die im Ausland geahndet wurden, sind nicht einzutragen.[8] Dies gilt auch für Bußgeldentscheidungen wegen Kartellverstößen, die von der Europäischen Kommission verhängt wurden.[9] **13**

II. Fehlerhaftigkeit von Eintragungen (S. 2)

Stellt sich nach erfolgter Eintragung heraus, dass die Daten offensichtlich fehlerhaft sind, korrigiert oder löscht die Registerbehörde nach § 4 Abs. 2 S. 2 WRegG die Eintragung von Amts wegen. **14**

Die Korrektur oder Löschung erfolgt **von Amts wegen**. Ein Antrag des Unternehmens auf Löschung oder Berichtigung ist folglich nicht erforderlich. **15**

Gemäß § 4 Abs. 3 WRegV sind die **mitteilungspflichtigen Behörden** verantwortlich für die Rechtmäßigkeit der Übermittlung sowie die Richtigkeit und Vollständigkeit der übermittelten Daten. Erlangen sie Kenntnis davon, dass die übermittelten Daten unrichtig sind oder sich nachträglich geändert haben, müssen sie dies der Registerbehörde unverzüglich mitteilen. **16**

Offensichtliche Fehler sind insbesondere Schreibfehler oder Verwechslungen, aber auch inhaltlich offensichtlich falsche Eintragungen.[10] Die Registerbehörde muss hier auch Hinweise auf fehlerhafte Angaben oder Eintragungen berücksichtigen, die vom Unternehmen selbst mitgeteilt werden.[11] **17**

Hat das betroffene Unternehmen erfolgreich **Selbstreinigungsmaßnahmen** durchgeführt, ist die Eintragung nicht fehlerhaft. Das Unternehmen muss in diesem Fall einen Antrag auf Löschung der Eintragung nach § 8 WRegG stellen.[12] Der Eintrag wird jedoch fehlerhaft und ist zu löschen, wenn ein Bußgeldbescheid wegen kartellrechtlicher Ordnungswidrigkeiten aufgehoben wird.[13] Ist die Löschung des Eintrags wegen **Zeitablaufs** erforderlich, ist dies kein Fall des § 4 Abs. 2 WRegG, sondern des § 7 WRegG. **18**

Gemäß § 4 Abs. 2 S. 3 WRegG ist **§ 8 Abs. 3 WRegG** entsprechend anzuwenden, d.h. die Registerbehörde kann die mitteilungspflichtigen Behörden ersuchen, ihr Informationen zu über- **19**

5 Stellungnahme des Bundesrates und Gegenäußerung der Bundesregierung, Gesetz zur Einführung eines Wettbewerbsregisters und zur Änderung des Gesetzes gegen Wettbewerbsbeschränkungen, BT-Drs. 18/12497, 2, 5.

6 Gesetzesbegründung zu § 2 WRegG, Gesetz zur Einführung eines Wettbewerbsregisters und zur Änderung des Gesetzes gegen Wettbewerbsbeschränkungen, BT-Drs. 18/12051, 27.

7 Gesetzesbegründung zu § 4 WRegG, Gesetz zur Einführung eines Wettbewerbsregisters und zur Änderung des Gesetzes gegen Wettbewerbsbeschränkungen, BT-Drs. 18/12051, 29.

8 *Fülling/Freiberg*, NZBau 2018, 259 (261); *Rieder/Dammann de Chapto*, NZKart 2018, 8 (11); *Wirth*, CCZ 2018, 181 (182); vgl. *Byok*, BB 2017, Nr. 26, Umschlagteil, I.

9 *Rieder/Dammann de Chapto*, NZKart 2018, 8 (10); *Wirth*, CCZ 2018, 181 (182).

10 Gesetzesbegründung zu § 4 WRegG, Gesetz zur Einführung eines Wettbewerbsregisters und zur Änderung des Gesetzes gegen Wettbewerbsbeschränkungen, BT-Drs. 18/12051, 29.

11 Gesetzesbegründung zu § 4 WRegG, Gesetz zur Einführung eines Wettbewerbsregisters und zur Änderung des Gesetzes gegen Wettbewerbsbeschränkungen, BT-Drs. 18/12051, 29.

12 Gesetzesbegründung zu § 4 WRegG, Gesetz zur Einführung eines Wettbewerbsregisters und zur Änderung des Gesetzes gegen Wettbewerbsbeschränkungen, BT-Drs. 18/12051, 29; kritisch *Pfannkuch*, ZfBR 2018, 342 (343).

13 *Gottschalk/Lubner*, NZWiSt 2018, 96 (98).

mitteln, die ihrer Ansicht nach erforderlich sind, um beurteilen zu können, ob die übermittelten Daten oder eine Eintragung fehlerhaft sind. Die mitteilungspflichtigen Behörden sind in entsprechender Anwendung von § 8 Abs. 3 S. 2 WRegG verpflichtet, der Registerbehörde die entsprechenden Informationen zukommen zu lassen.

20 Nimmt die Registerbehörde eine Berichtigung oder Löschung eines bereits vorhandenen Eintrags vor, ist das betroffene Unternehmen hiervon zu **unterrichten**. Dies ist zwar nicht ausdrücklich gesetzlich geregelt, dürfte sich aber wie die Unterrichtungspflicht aus § 5 WRegG aus dem Grundrecht auf informationelle Selbstbestimmung ergeben.[14]

D. Mitteilungen von Änderungen (Abs. 3)

21 Die Strafverfolgungsbehörden oder die Behörden, die für die Verfolgung von Ordnungswidrigkeiten berufen sind, sind nach § 4 Abs. 3 WRegG verpflichtet, die Registerbehörde unverzüglich zu unterrichten, wenn ihnen Umstände bekannt werden, die einer weiteren Speicherung der übermittelten Daten im Wettbewerbsregister entgegenstehen. Die Art und Weise der Datenübermittlung ist in § 4 Abs. 1 und Abs. 3 i.V.m § 1 Abs. 3 WRegV geregelt.

22 Zu den **Umständen**, die einer weiteren Speicherung der übermittelten Daten im Wettbewerbsregister entgegenstehen, gehört insbesondere die Aufhebung von Bußgeldbescheiden wegen kartellrechtlicher Verstöße gemäß § 2 Abs. 2 WRegG.[15] Nicht erfasst sind auch hier Selbstreinigungsmaßnahmen. Die Löschung von Eintragungen nach Fristablauf sowie die vorzeitige Löschung aufgrund nachgewiesener Selbstreinigung sind in den §§ 7 und 8 WRegG geregelt.

23 Ergibt sich aus der Mitteilung die Fehlerhaftigkeit einer Eintragung, muss die Registerbehörde gemäß § 4 Abs. 2 S. 2 WRegG die entsprechende **Berichtigung** oder **Löschung** der Eintragung vornehmen.

E. Rechtsschutz

24 Der Rechtsschutz gegen Entscheidungen der Registerbehörde ist in § 11 WRegG geregelt. Bei der Eintragung handelt es sich jedoch nicht um eine Entscheidung, sondern um einen Realakt, so dass gegen die Eintragung kein Rechtsweg eröffnet ist.[16] Durch die Eintragung als solche werden die Rechte der eingetragenen Unternehmen nicht unmittelbar berührt, da nur eine Verpflichtung zum Austausch von Informationen begründet wird, aber noch kein unmittelbarer Ausschluss von Vergabeverfahren erfolgt.[17]

Anlage

Gesetzesbegründung – Gesetz zur Einführung eines Wettbewerbsregisters und zur Änderung des Gesetzes gegen Wettbewerbsbeschränkungen (BT-Drs. 18/12051)

Seite 29

Die Pflicht zur Übermittlung von Daten richtet sich nach Satz 1 an die zur Verfolgung von Straftaten oder Ordnungswidrigkeiten berufenen Behörden, soweit die Voraussetzungen für eine Eintragung vorliegen. Die Meldepflicht trifft die Behörde, welche die Anklage erhoben, den Strafbefehl beantragt

---

14 Gesetzesbegründung zu § 5 WRegG, Gesetz zur Einführung eines Wettbewerbsregisters und zur Änderung des Gesetzes gegen Wettbewerbsbeschränkungen, BT-Drs. 18/12051, 29.

15 Gesetzesbegründung zu § 4 WRegG, Gesetz zur Einführung eines Wettbewerbsregisters und zur Änderung des Gesetzes gegen Wettbewerbsbeschränkungen, BT-Drs. 18/12051, 29.

16 Gesetzesbegründung zu § 4 WRegG, Gesetz zur Einführung eines Wettbewerbsregisters und zur Änderung des Gesetzes gegen Wettbewerbsbeschränkungen, BT-Drs. 18/12051, 29.

17 *Fülling/Freiberg*, NZBau 2018, 259 (262). Im Gegensatz dazu handelt es sich bei der Ablehnung der Löschung wegen nicht ausreichender Selbstreinigung nach dem Wortlaut des § 8 WRegG um eine Entscheidung der Registerbehörde, so dass hier der Rechtsweg zum Oberlandesgericht gegeben ist.

oder die Bußgeldentscheidung erlassen hat. Welche Daten übermittelt werden müssen, richtet sich nach § 3 Absatz 1.

Von den mitteilungspflichtigen Behörden sind neben der Straftat bzw. Ordnungswidrigkeit insbesondere das betroffene Unternehmen, sowie – im Falle einer Entscheidung gegenüber einer natürlichen Person – die die Zurechnung des Fehlverhaltens zu einem Unternehmen begründenden Umständen mitzuteilen.

Nach Absatz 2 trägt die Registerbehörde die übermittelten Daten in das Register ein, es sei denn, diese sind offensichtlich fehlerhaft. Sind die mitgeteilten Daten offensichtlich fehlerhaft, dürfen sie nach Absatz 2 so nicht eingetragen werden. Stellt sich erst nach der Eintragung heraus, dass die Daten offensichtlich fehlerhaft sind, müssen sie von der Registerbehörde unverzüglich von Amts wegen berichtigt oder gelöscht werden. Das gilt auch dann, wenn die Registerbehörde durch einen Hinweis oder Antrag des betroffenen Unternehmens von dem Fehler Kenntnis erlangt. Absatz 2 umfasst sowohl Schreibfehler und Verwechslungen als auch inhaltlich offensichtlich falsche Eintragungen. Bei einer erfolgreichen Selbstreinigung ist die Eintragung in das Register – die sich auf das Vorliegen eines Ausschlussgrunds bezieht – nicht fehlerhaft, sodass insoweit kein Fall nach Absatz 2 vorliegt. Vielmehr muss das Unternehmen hier einen Antrag nach § 8 auf Löschung der Eintragung stellen. Die Eintragung ist ein Realakt. Somit sind gegen die Eintragung weder Widerspruch noch Anfechtungsklage statthaft.

In Absatz 3 wird ferner klargestellt, dass die meldende Stelle auch melden muss, wenn ihr Fehler oder der Eintragung entgegenstehende Umstände bekannt werden. Das gilt auch für den Fall, dass eine Bußgeldentscheidung nach § 2 Absatz 2 aufgehoben wird.

§ 5 WRegG
Gelegenheit zur Stellungnahme vor Eintragung in das Wettbewerbsregister; Auskunftsanspruch

(1) Vor der Eintragung in das Wettbewerbsregister informiert die Registerbehörde das betroffene Unternehmen in Textform über den Inhalt der geplanten Eintragung und gibt ihm Gelegenheit, innerhalb von zwei Wochen nach Zugang der Information Stellung zu nehmen. Weist das betroffene Unternehmen nach, dass die übermittelten Daten fehlerhaft sind, sieht die Registerbehörde von einer Eintragung ab oder korrigiert die fehlerhaften Daten. Die Registerbehörde kann die Frist zur Stellungnahme verlängern. § 8 Absatz 3 ist entsprechend anzuwenden.

(2) Auf Antrag erteilt die Registerbehörde Unternehmen oder natürlichen Personen Auskunft über den sie betreffenden Inhalt des Wettbewerbsregisters. Unbeschadet des Bestehens datenschutzrechtlicher Auskunftsansprüche ist ein erneuter Antrag nach Satz 1 desselben Unternehmens oder derselben natürlichen Person erst nach Ablauf eines Jahres zulässig, es sei denn, es besteht ein berechtigtes Interesse. Die Registerbehörde erteilt mit Zustimmung des betreffenden Unternehmens auf Antrag auch einer Stelle, die ein amtliches Verzeichnis führt, das den Anforderungen des Artikels 64 der Richtlinie 2014/24/EU entspricht, Auskunft über den das Unternehmen betreffenden Inhalt des Wettbewerbsregisters.

(3) Der Antrag nach Absatz 2 Satz 1 kann schriftlich mit amtlich oder öffentlich beglaubigter Unterschrift gestellt werden. Der Antragsteller hat seine Identität und, wenn er als gesetzlicher Vertreter handelt, zusätzlich seine Vertretungsmacht nachzuweisen. Für ein antragstellendes Unternehmen kann den Antrag nur ein gesetzlicher Vertreter stellen. Der Antragsteller kann sich bei der Antragstellung nicht durch einen Bevollmächtigten vertreten lassen.

(4) Der Antrag nach Absatz 2 Satz 1 kann auch elektronisch gestellt werden. In diesem Fall bedarf es einer elektronischen Identifizierung.

(5) Die Erteilung einer Auskunft nach Absatz 2 Satz 1 durch die Registerbehörde ist gebührenpflichtig.

(6) Unternehmen, die in das Wettbewerbsregister eingetragen sind oder von einer geplanten Eintragung betroffen sind, können zur Geltendmachung oder Verteidigung ihrer rechtlichen Interessen im Hinblick auf die Eintragung verlangen, dass einem bevollmächtigten Rechtsanwalt unbeschränkte Akteneinsicht gewährt wird.

(7) Für die Erteilung von Auskünften nach Artikel 15 der Verordnung (EU) 2016/679 des Europäischen Parlaments und des Rates vom 27. April 2016 zum Schutz natürlicher Personen bei der Verarbeitung personenbezogener Daten, zum freien Datenverkehr und zur Aufhebung der Richtlinie 95/46/EG gelten die Absätze 3 und 4 entsprechend.

Übersicht

	Rn.
A. Allgemeines	1
I. Historie	2
II. Unionsrechtlicher Hintergrund	3
III. Vergleichbare Regelungen	5
B. Verpflichtungen der Registerbehörde vor Eintragung (Abs. 1)	8
I. Praktische Bedeutung	8
II. Information, Stellungnahme (S. 1)	11
1. Grundrechtliche, rechtsstaatliche Bedeutung	11
2. Information des Unternehmens	13
a) Informationspflicht	13
b) Informationsadressat	15
c) Gegenstand der Information	16
d) Textformerfordernis	17
3. Gelegenheit zur Stellungnahme	18
III. Absehen von der Eintragung, Datenkorrektur (S. 2)	20
1. Nachweis der Datenfehlerhaftigkeit	21
2. Rechtsfolge	23
IV. Fristverlängerung (S. 3)	24
V. Informationsersuchen der Registerbehörde (S. 4)	26
1. Entsprechende Anwendung des § 8 Abs. 3 WRegG	27
2. Informationsersuchen	28
C. Auskunftserteilung durch die Registerbehörde (Abs. 2)	33

I. Auskunftsanspruch von Unternehmen bzw. natürlichen Personen (S. 1) 33
1. Auskunftsanspruch 33
2. Gegenstand der Auskunft 35
3. Antrag, Regelungszusammenhang zu Abs. 3 bis 5 36
II. Erneuter Auskunftsantrag (S. 2) 38
1. Einjährige Sperrzeit 39
2. Ausnahme: berechtigtes Interesse 41
3. Datenschutzrechtliche Auskunftsansprüche 42
III. Auskunftserteilung gegenüber einer amtlichen Verzeichnisstelle (S. 3) 43
1. Auskunftsanspruch 43
2. Auskunftsadressat und -gegenstand 44
3. Antragserfordernis 46
4. Schnittstellennutzung und Angaben 47
5. Zustimmungserfordernis 49
6. Sammelabfrage 51
7. Protokollierung 52
D. Modalitäten der Auskunftsantragstellung (Abs. 3 und 4) 53
I. Formwahl bei Antragstellung (Abs. 3 S. 1) 53
II. Schriftliche Antragstellung (Abs. 3) 55
1. Amtlich oder öffentlich beglaubigte Unterschrift (S. 1) 55
a) Formwahl 55
b) Amtliche Beglaubigung 56
c) Öffentliche Beglaubigung 58
2. Identitätsnachweis, Vertretungsmacht (S. 2) 61
3. Gesetzlicher Vertreter bei Unternehmen (S. 3) 65
4. Keine Vertretung durch Bevollmächtigten (S. 4) 66
5. Standardformular (§ 8 Abs. 1 S. 3 WRegV) 68
III. Elektronische Antragstellung (Abs. 4) 69
E. Gebührenpflichtigkeit der Auskunft (Abs. 5) 71
F. Spezialregelung zur Akteneinsicht für Unternehmen (Abs. 6) 75
I. Normzweck 75
II. Voraussetzungen 76
1. Erfolgte oder geplante Eintragung 76
2. Rechtliches Interesse 77
III. Unbeschränkte Akteneinsicht 78
1. Gegenstand 78
2. Wahrnehmung: bevollmächtigter Rechtsanwalt 79
G. Auskünfte nach Art. 15 DSGVO (Abs. 7) 80
I. Allgemeiner EU-datenschutzrechtlicher Auskunftsanspruch 80
II. Voraussetzungen der Geltendmachung 81
III. Kostenfreiheit 84
H. Rechtsschutz 85
Anlagen
Gesetzesbegründungen

A. Allgemeines

1 § 5 WRegG stellt in Anbetracht seiner grundrechtlichen bzw. rechtsstaatlichen Dimension und seiner erheblichen praktischen Relevanz für den Ablauf des Eintragungsverfahrens eine der zentralen Normen des Wettbewerbsregistergesetzes dar.

I. Historie

2 Die ursprüngliche Normfassung geht auf das Wettbewerbsregistergesetz vom 18. Juli 2017[1] zurück. Sie wurde erstmals durch Art. 10 Nr. 3 GWB-Digitalisierungsgesetz vom 18. Januar 2021[2] geändert. Dadurch wurden die Absätze 3 bis 5 und Absatz 7 neu in § 5 WRegG eingefügt.

1 BGBl. 2017 I S. 2739.
2 BGBl. 2021 I S. 2.

II. Unionsrechtlicher Hintergrund

In der Auskunftsregelung des § 5 Abs. 2 S. 3 WRegG wird zur Konkretisierung des **Auskunftsadressaten** – der Stelle, die ein bestimmtes amtliches Verzeichnis führt – auf die Anforderungen des Art. 64 RL 2014/24/EU Bezug genommen, denen das Verzeichnis entsprechen muss. Aus der Bezugsnorm ist ersichtlich, welche amtlichen Verzeichnisse im vorliegenden Regelungszusammenhang gemeint sind. 3

Die Geltendmachung des allgemeinen EU-datenschutzrechtlichen **Auskunftsanspruchs** nach Art. 15 DSGVO gegenüber der Registerbehörde betrifft § 5 Abs. 7 WRegG. 4

III. Vergleichbare Regelungen

Der **Auskunftsanspruch** nach § 5 Abs. 2 S. 1 WRegG ist am gewerberechtlichen Vorbild des § 150 Abs. 1 S. 1 GewO orientiert. Dies gilt auch für bestimmte Modalitäten der Wahrnehmung dieses Anspruchs: den Identitätsnachweis (§ 5 Abs. 3 S. 2 WRegG bzw. § 150 Abs. 2 S. 2 Hs. 1 GewO), den Ausschluss der Vertretung durch einen Bevollmächtigten § 5 Abs. 3 S. 4 GewO bzw. § 150 Abs. 2 S. 2 Hs. 2 GewO), die Nutzung des im Internet angebotenen Zugangs bei der Registerbehörde im Falle elektronischer Antragstellung (§ 5 Abs. 4 WRegG bzw. § 150e Abs. 1 S. 1 GewO) und die Gebührenpflicht (§ 5 Abs. 5 WRegG bzw. § 150 Abs. 2 S. 3 GewO). 5

Die Regelung zur elektronischen **Auskunftsantragstellung** (§ 5 Abs. 3 S. 1, Abs. 4 WRegG) ist mit § 30c Abs. 1 BZRG insofern vergleichbar, als letzterer ebenfalls die Antragstellung unter Nutzung des im Internet angebotenen Zugangs bei der Registerbehörde verlangt (S. 1) und Vertretung durch einen Bevollmächtigten ausschließt (S. 2). 6

Bei § 5 Abs. 6 WRegG handelt es sich um eine Spezialregelung zur **Akteneinsicht** für Unternehmen, die an § 147 Abs. 1 StPO angelehnt ist.[3] Letztere Norm regelt – als spezielle Einzelvorschrift – das Akteneinsichtsrecht des Verteidigers, das dieser für einen Beschuldigten wahrnimmt.[4] 7

B. Verpflichtungen der Registerbehörde vor Eintragung (Abs. 1)

I. Praktische Bedeutung

In § 5 Abs. 1 WRegG sind wesentliche Handlungspflichten des Bundeskartellamts in seiner Funktion als Registerbehörde (§ 1 Abs. 1 WRegG) normiert. Bei dieser Behörde ist das Wettbewerbsregister als Datenbank eingerichtet; bei ihr wird das Register geführt. 8

Die Regelung in § 5 Abs. 1 WRegG betrifft eine bedeutsame **Phase** im Arbeits- und Entscheidungsablauf der Registerbehörde vor Durchführung einer Eintragung in das Wettbewerbsregister. Aus Sicht der Registerbehörde liegt diese Phase zeitlich nach dem Eingang von Mitteilungen der Strafverfolgungsbehörden bzw. der zur Verfolgung von Ordnungswidrigkeiten berufenen Behörden einschließlich der Prüfung der übermittelten Daten durch die Registerbehörde (§ 4 Abs. 1 und 2 WRegG). Es handelt sich um eine Phase von nicht zu unterschätzender, wesentlicher praktischer Bedeutung angesichts der (grund-)rechtlichen Bedeutung des Vorgangs. 9

Praktisch gesehen normiert § 5 Abs. 1 WRegG Vorgaben, die von der Registerbehörde im Zuge der **Vorbereitung einer Eintragung** bzw. der Prüfung, ob eine Eintragung vorzunehmen ist, zu beachten sind. Die Norm ordnet an, dass die Registerbehörde vor der Eintragung in das Wettbewerbsregister das betroffene Unternehmen in Textform über den Inhalt der geplanten Eintragung informiert und ihm Gelegenheit zur Stellungnahme gibt. In (grund-)recht- 10

3 Beschlussempfehlung und Bericht zu § 5 WRegG, Gesetz zur Einführung eines Wettbewerbsregisters und zur Änderung des Gesetzes gegen Wettbewerbsbeschränkungen, BT-Drs. 18/12583, 10.
4 OLG Hamburg, Beschluss v. 27.5.2016 – 2 Ws 88/16, juris Rn. 12 f.

licher Hinsicht ist zu beachten: Eine Eintragung darf nicht ohne die entsprechende Information des betroffenen Unternehmens erfolgen. Gleiches gilt für die Gelegenheit zur Stellungnahme.

II. Information, Stellungnahme (S. 1)

1. Grundrechtliche, rechtsstaatliche Bedeutung

11 Den grundrechtlichen bzw. rechtsstaatlichen Anforderungen, die aus dem Recht auf informationelle Selbstbestimmung und aus dem Anspruch auf ein faires Verfahren (Wahrnehmung der Möglichkeit zur Inanspruchnahme von Rechtsschutz) folgen, soll in § 5 Abs. 1 WRegG dadurch Rechnung getragen werden, dass dem betroffenen Unternehmen vor der Registereintragung die **notwendigen Informationen** gegeben werden, die es zur Wahrung bzw. Wahrnehmung dieser Rechte benötigt.[5] Konkret geht es um die in § 5 Abs. 1 WRegG zwingend vorgeschriebene Unterrichtung des Unternehmens über den Inhalt der ins Auge gefassten Registereintragung. Das Recht auf informationelle Selbstbestimmung vermittelt *„jeder Person Schutz im Hinblick auf den Umgang mit Information und Daten"*[6] bzw. – in der „klassischen" verfassungsgerichtlichen Formulierung – die Befugnis, *„grundsätzlich selbst über die Preisgabe und Verwertung seiner persönlichen Daten zu bestimmen"*.[7] Seine erhebliche praktische Bedeutung liegt – auch im vorliegenden Zusammenhang – darin, dass es sowohl *„daten- und informationsorientiert"* als auch *„prozess- und verarbeitungsorientiert"* ist und verlangt, organisations-, verfahrens- und technikbezogene Schutzvorkehrungen zu schaffen bzw. Kenntnisrechte der Betroffenen zu sichern.[8]

12 Das Äußerungsrecht des Betroffenen im „Zentrum der Anhörung" – praktisch ausgedrückt: die Möglichkeit zur Stellungnahme wie sie auch § 5 Abs. 1 WRegG vorsieht – eröffnet die *„kommunikative Teilhabe am Verfahren"*.[9] Dadurch wird das Gebot des **rechtlichen Gehörs**, entsprechend dem Verfahrensgrundrecht aus Art. 103 Abs. 1 GG,[10] verwirklicht.[11] Es soll sicherstellen, dass *„die erlassene Entscheidung frei von Verfahrensfehlern ergeht, welche ihren Grund in unterlassener Kenntnisnahme und Nichtberücksichtigung des Sachvortrags"* haben.[12]

2. Information des Unternehmens

a) Informationspflicht

13 Der Wortlaut des § 5 Abs. 1 S. 1 WRegG („Vor Eintragung [...] informiert die Registerbehörde das betroffene Unternehmen [...] und gibt ihm Gelegenheit, [...] Stellung zu nehmen.") bestimmt, dass die Behörde das Unternehmen zu informieren und ihm Gelegenheit zur Stellungnahme zu geben hat. Es besteht eine entsprechende Rechtspflicht der Registerbehörde. Durch die **Information** wird das betroffene Unternehmen darüber in Kenntnis gesetzt, dass eine Eintragung in das Wettbewerbsregister beabsichtigt ist. Zugleich wird es dadurch in die Lage versetzt, sich inhaltlich ein Bild von der geplanten Eintragung zu machen und ihm die Möglichkeit eröffnet, dazu auf der Grundlage dieser Information im Rahmen der Anhörung Stellung zu nehmen.

14 Die Informationspflicht nach § 5 Abs. 1 S. 1 WRegG besteht ungeachtet der **Rechtsnatur** der Registereintragung. Da hier die Registereintragung lediglich den Charakter einer Entscheidungshilfe für Auftraggeber hat, dürfte sie mangels Regelungscharakters – wie dies z. B. hinsichtlich der Eintragung in das Gewerbezentralregister (§§ 149 ff. GewO) angenommen

---

5 Gesetzesbegründung zu § 5 WRegG, Gesetz zur Einführung eines Wettbewerbsregisters und zur Änderung des Gesetzes gegen Wettbewerbsbeschränkungen, BT-Drs. 18/12051, 29.
6 *Albers*, in: Hoffmann-Riem/Schmidt-Aßmann/Voßkuhle , Grundlagen des Verwaltungsrechts, Band II, § 22 Rn. 57.
7 BVerfG, Urteil v. 15.12.1983 – 1 BvR 209/83, 269/83, 362/83, 420/83, 440/83, 484/83, BVerfGE 65, 1 (42 f.).
8 *Albers*, in: Hoffmann-Riem/Schmidt-Aßmann/Voßkuhle, Grundlagen des Verwaltungsrechts, Band II, § 22 Rn. 58.
9 *Gusy*, in: Hoffmann-Riem/Schmidt-Aßmann/Voßkuhle, Grundlagen des Verwaltungsrechts, Band II, § 23 Rn. 50.
10 *Gusy*, in: Hoffmann-Riem/Schmidt-Aßmann/Voßkuhle, Grundlagen des Verwaltungsrechts, Band II, § 23 Rn. 49.
11 *Pitschas*, in: Hoffmann-Riem/Schmidt-Aßmann/Voßkuhle, Grundlagen des Verwaltungsrechts, Band II, § 42 Rn. 83.
12 BVerfG, Beschluss v. 20.12.2018 – 1 BvR 1155/18, BVerfGE 50, 32 (35).

wird[13] – nur deklaratorische Bedeutung haben, also keinen rechtlichen Status begründen. Dies spricht gegen die Einstufung als feststellender Verwaltungsakt.

b) Informationsadressat

Das Gesetz verlangt, dass die Registerbehörde vor der Eintragung das „betroffene Unternehmen" informiert. Hier wird auf die Definition des Unternehmens im Sinne des WRegG Bezug genommen. Darunter ist jede natürliche oder juristische Person oder eine Gruppe solcher Personen zu verstehen, die auf dem Markt die Lieferung von Waren, die Ausführung von Bauleistungen oder die Erbringung von sonstigen Leistungen anbietet (§ 2 Abs. 4 WRegG). Nicht darunter fallen rechtlich unselbständige Unternehmensteile.[14] Da der Wortlaut der Norm – anders als § 5 Abs. 2 S. 1 WRegV – natürliche Personen nicht erwähnt, fallen auch sie nicht darunter. **15**

c) Gegenstand der Information

Die Informationspflicht der Registerbehörde gegenüber dem betroffenen Unternehmen erstreckt sich auf den Inhalt der geplanten Eintragung (§ 5 Abs. 1 S. 1 WRegG). Was Gegenstand einer Eintragung im Wettbewerbsregister (elektronische Datenbank) sein kann, folgt aus § 3 Abs. 1 WRegG. Diese Norm „regelt abschließend die konkreten Daten, die bei Vorliegen der Eintragungsvoraussetzungen von den Strafverfolgungsbehörden und den zur Verfolgung von Ordnungswidrigkeiten berufenen Behörden an die Registerbehörde zu übermitteln und von der Registerbehörde in das Register einzutragen sind."[15] Dabei geht es um folgende Daten: Name und Aktenzeichen des Vorgangs der mitteilenden Behörde, Datum der einzutragenden Entscheidung und ihrer Rechts- bzw. Bestandskraft, nähere Angaben zum betroffenen Unternehmen (Firma, Rechtsform etc.) und der natürlichen Person (Vor- und Zuname, Geburtsdatum etc.) sowie den Grund der Eintragung (Straftat bzw. Ordnungswidrigkeit einschließlich Sanktion). **16**

d) Textformerfordernis

Die Information des betroffenen Unternehmens durch die Behörde hat in Textform zu erfolgen. Verlangt ein Gesetz – wie hier – Textform, so muss eine lesbare Erklärung, in der die Person des Erklärenden genannt ist, auf einem dauerhaften Datenträger abgegeben werden (§ 126b S. 1 BGB). Die Definition des dauerhaften Datenträgers findet sich in § 126b S. 2 BGB. Das Erfordernis der Lesbarkeit schließt akustische Erklärungen und damit die mündliche – gesprochene – Form aus.[16] Nicht ausgeschlossen ist dagegen die Ersetzung der Textform durch andere Formtypen, sofern diese die Textformanforderungen erfüllen; dies gilt etwa für die Schriftform oder die elektronische Form.[17] **17**

3. Gelegenheit zur Stellungnahme

Die Registerbehörde hat dem betroffenen Unternehmen Gelegenheit zur Stellungnahme innerhalb von **zwei Wochen** nach Zugang der Information über den geplanten Eintragungsinhalt zu geben (§ 5 Abs. 1 S. 1 WRegG). Dadurch wird dem Unternehmen ermöglicht, gegenüber der Behörde Einwände im Hinblick auf die Eintragung vorzubringen.[18] Die Vorgaben für die Fristberechnung ergeben sich aus §§ 31 VwVfG, 187 bis 193 BGB. **18**

Die **Stellungnahme** kann sich damit auseinandersetzen, ob überhaupt eine Eintragung erfolgen darf („Ob" der Eintragung). Dies bezieht sich auf die Eintragungsvoraussetzungen nach **19**

---

13 *Niesler*, in: Brandt/Domgörgen, Handbuch Verwaltungsverfahren und Verwaltungsprozess, S. 132, Rn. 46 m.w.N.
14 Gesetzesbegründung zu § 2 WRegG, Gesetz zur Einführung eines Wettbewerbsregisters und zur Änderung des Gesetzes gegen Wettbewerbsbeschränkungen, BT-Drs. 18/12051, 27.
15 Gesetzesbegründung zu § 3 WRegG, Gesetz zur Einführung eines Wettbewerbsregisters und zur Änderung des Gesetzes gegen Wettbewerbsbeschränkungen, BT-Drs. 18/12051, 28.
16 *Junker*, in: Herberger/Martinek/Rüßmann/Weth/Würdinger, BGB, § 126b, Rn. 21.
17 *Junker*, in: Herberger/Martinek/Rüßmann/Weth/Würdinger, BGB, § 126b, Rn. 2.
18 Gesetzesbegründung zu § 5 WRegG, Gesetz zur Einführung eines Wettbewerbsregisters und zur Änderung des Gesetzes gegen Wettbewerbsbeschränkungen, BT-Drs. 18/12051, 29.

§ 2 WRegG.[19] Im Regelfall wird eine Stellungnahme Gründe darlegen und nachzuweisen versuchen, warum der beabsichtigte Eintragungsinhalt fehlerhaft ist („Wie" der Eintragung). Die Möglichkeit zur Stellungnahme ist angesichts der Grundrechtsrelevanz der Eintragung[20] zwingend. Die Eintragung stellt lediglich einen Realakt dar; unter Rechtsschutzgesichtspunkten bedeutet dies: Widerspruch und Anfechtungsklage gegen die Eintragung sind unstatthaft.[21] Es besteht jedoch die Möglichkeit, gegebenenfalls dagegen im Wege der Beschwerde[22] vorzugehen.

III. Absehen von der Eintragung, Datenkorrektur (S. 2)

20 Weist das betroffene Unternehmen nach, dass die übermittelten Daten fehlerhaft sind, sieht die Registerbehörde nach § 5 Abs. 1 S. 2 WRegG von einer Eintragung ab oder korrigiert die fehlerhaften Daten.

1. Nachweis der Datenfehlerhaftigkeit

21 Die Unterrichtung des betroffenen Unternehmens und die ihm eingeräumte Möglichkeit zur Stellungnahme nach § 5 Abs. 1 S. 1 WRegG eröffnen ihm die Gelegenheit, sich mit den übermittelten Daten zu befassen, deren Registereintragung geplant ist, insbesondere ihre Richtigkeit zu überprüfen. Dabei kann sich ergeben, dass die Fehlerhaftigkeit der Daten festgestellt wird. In derartigen Fällen liegt es nahe, dass das Unternehmen im eigenen Interesse versuchen wird, gegenüber der Registerbehörde nachzuweisen, dass die Daten nicht korrekt sind.

22 Der **Nachweis** hat zur vollen Überzeugung der Registerbehörde zu erfolgen.[23] Dieses Erfordernis folgt schon aus dem eindeutigen Wortlaut des § 5 Abs. 1 S. 2 WRegG („Weist das betroffene Unternehmen nach"). Das Unternehmen hat den Nachweis zu führen, die Behörde wird gegebenenfalls in geeigneter Form nachfragen, falls aus ihrer Sicht Unklarheiten bestehen. Letzteres ändert aber nichts daran, dass der Nachweis zur vollen Überzeugung der Behörde durch das Unternehmen zu erbringen ist.

2. Rechtsfolge

23 Für den Fall, dass die Registerbehörde von der Unrichtigkeit überzeugt ist, normiert § 5 Abs. 1 S. 2 WRegG die Rechtsfolgen. Dabei hat die zwingende Rechtsfolgenanordnung zwei unterschiedliche Sachverhalte im Blick, die zu trennen sind:

- erstens den Fall, dass die Eintragungsvoraussetzungen nicht gegeben sind,
- zweitens den Fall, dass zwar die Eintragungsvoraussetzungen vorliegen, aber der Inhalt der beabsichtigen Eintragung nicht korrekt ist.

Für beide Fälle gelten verschiedene Rechtsfolgen. Im ersten Fall sieht die Registerbehörde von einer Eintragung ab; sie darf keine Eintragung vornehmen. Im zweiten Fall hat sie die fehlerhaften Daten zu korrigieren und die korrekte Eintragung sicherzustellen.

IV. Fristverlängerung (S. 3)

24 Nach § 5 Abs. 1 S. 3 WRegG kann die Registerbehörde die Frist zur **Stellungnahme** verlängern. Diese Fristverlängerungsmöglichkeit knüpft an die – in § 5 Abs. 1 S. 1 GWB normierte –

19 Gesetzesbegründung zu § 5 WRegG, Gesetz zur Einführung eines Wettbewerbsregisters und zur Änderung des Gesetzes gegen Wettbewerbsbeschränkungen, BT-Drs. 18/12051, 29.
20 Gesetzesbegründung zu § 5 WRegG, Gesetz zur Einführung eines Wettbewerbsregisters und zur Änderung des Gesetzes gegen Wettbewerbsbeschränkungen, BT-Drs. 18/12051, 26 f.
21 Gesetzesbegründung zu § 5 WRegG, Gesetz zur Einführung eines Wettbewerbsregisters und zur Änderung des Gesetzes gegen Wettbewerbsbeschränkungen, BT-Drs. 18/12051, 29.
22 Siehe Rn. 85.
23 Gesetzesbegründung zu § 5 WRegG, Gesetz zur Einführung eines Wettbewerbsregisters und zur Änderung des Gesetzes gegen Wettbewerbsbeschränkungen, BT-Drs. 18/12051, 29.

Verpflichtung der Registerbehörde an, dem betroffenen Unternehmen Gelegenheit zur Stellungnahme zu geben.

Hinsichtlich der Möglichkeit, die Frist zu verlängern, räumt § 5 Abs. 1 S. 3 GWB der Registerbehörde **Ermessen** ein. Einen zeitlichen Rahmen für die Fristverlängerung sieht das Gesetz nicht vor. Welchen Zeitraum die Behörde insoweit wählt, hängt von der pflichtgemäßen Ermessensausübung ab. Dabei sind die Einzelfallumstände zu beachten. 25

V. Informationsersuchen der Registerbehörde (S. 4)

§ 5 Abs. 1 S. 4 WRegG ordnet die entsprechende Anwendung der Regelungen in § 8 Abs. 3 WRegG an. Nach § 8 Abs. 3 S. 1 WRegG kann die Registerbehörde zur Vorbereitung der Entscheidung über den Antrag nach § 8 Abs. 1 S. 1 WRegG die mitteilende Strafverfolgungsbehörde oder die Behörde, die für die Verfolgung von Ordnungswidrigkeiten berufen ist, ersuchen, ihr Informationen, die nach Einschätzung der Registerbehörde zur Bewertung des Antrags erforderlich sein können, zu übermitteln. Die ersuchte Behörde übermittelt nach § 8 Abs. 3 S. 2 WRegG diese Informationen. 26

1. Entsprechende Anwendung des § 8 Abs. 3 WRegG

Aus den Gesetzesmaterialien geht hervor, dass es sich bei § 5 Abs. 1 S. 4 WRegG, dem zufolge § 8 Abs. 3 WRegG entsprechend anzuwenden ist, um eine Klarstellung handeln soll, *„dass die Registerbehörde – wie bei der Prüfung nach § 4 Abs. 2 – auch im Rahmen der Prüfung nach § 5 Abs. 1 entsprechend § 8 Abs. 3 die mitteilende Strafverfolgungsbehörde oder die zur Verfolgung von Ordnungswidrigkeiten berufene Behörde um Übermittlung von Informationen ersuchen darf.“*[24] Der Gesetzgeber hat damit der erheblichen praktischen Bedeutung der Informationsbeschaffung zur Sachverhaltsaufklärung im Zusammenhang mit von der Registerbehörde vorzunehmenden Prüfung nach § 5 Abs. 1 WRegG Rechnung getragen, die sich mit Einwänden gegen die Eintragung befasst. Zugleich ist dadurch sichergestellt, dass die Registerbehörde auch bei dieser Prüfung auf dasselbe Instrument zur Informationsbeschaffung – Informationsersuchen gegenüber den die Daten übermittelnden Behörden – zurückgreifen kann, dass ihr bei der vorgelagerten Prüfung nach § 4 Abs. 2 WRegG zu Verfügung steht. Gegenstand dieser Prüfung, die automatisch im Anschluss an die Datenübermittlung zu erfolgen hat, sind die von Strafverfolgungs- bzw. Ordnungswidrigkeitenbehörden übermittelten Daten. Der Gleichlauf bei der Möglichkeit zur Informationsbeschaffung im Rahmen der Prüfungen nach § 4 Abs. 2 und § 5 Abs. 1 WRegG ist angesichts der Grundrechtsrelevanz der angestrebten Registereintragung unabdingbar, weil nur so die volle Ausschöpfung der Möglichkeiten zur Sachverhaltsaufklärung im Lichte vorgetragener Einwände zu gewährleisten ist. Zusammengenommen bilden beide Prüfungen gewissermaßen einen doppelten Filter, der falsche Eintragungen in das Wettbewerbsregister verhindern soll. 27

2. Informationsersuchen

Durch § 5 Abs. 1 S. 4 i.V.m. § 8 Abs. 3 S. 1 WRegG wird der Registerbehörde die Möglichkeit eingeräumt, die mitteilende Strafverfolgungsbehörde oder die zur Verfolgung von Ordnungswidrigkeiten berufene Behörde zu ersuchen, ihr Informationen zu übermitteln, die nach ihrer Einschätzung zur Bewertung des Sachverhalts im Lichte vorgetragener Einwände erforderlich sein können. Die Registerbehörde entscheidet im Einzelfall nach pflichtgemäßem **Ermessen**, ob sie sich dieses Instruments bedient und an die mitteilende Behörde mit einem Informationsersuchen herantritt. 28

Im Hinblick auf die **Erforderlichkeit** der angeforderten Informationen kommt es ausschließlich auf die Einschätzung der ersuchenden Behörde an. Insoweit wäre eine etwaige abweichende oder sogar gegenteilige Einschätzung der ersuchten Behörde irrelevant. Letzterer ist 29

24 Beschlussempfehlung und Bericht zu § 5 WRegG, Gesetz zur Einführung eines Wettbewerbsregisters und zur Änderung des Gesetzes gegen Wettbewerbsbeschränkungen, BT-Drs. 18/12583, 10.

es verwehrt, sich mit entsprechender Begründung der Übermittlung der Informationen zu entziehen. Sie hat vielmehr die angeforderten Informationen zu übermitteln, ohne sich auf eine eigene Prüfung der Notwendigkeit der Übermittlung oder bestimmte Einwände dagegen berufen zu können. Es ist auch nicht erforderlich, dass die Informationen tatsächlich – objektiv gesehen – erforderlich sind. Ausreichend ist nach dem Gesetzeswortlaut bereits, dass die Informationen nach alleiniger Einschätzung der Registerbehörde „erforderlich sein können"; mithin genügt insoweit die bloße Möglichkeit.

30 Aus Sicht der ersuchenden Behörde geht es im Wesentlichen um die Übermittlung ergänzender Informationen im Rahmen der Prüfung nach § 5 Abs. 1 WRegG, die insbesondere etwaige Einwände gegen die Registereintragung betrifft.[25] Von der Auskunftsbefugnis nach § 5 Abs. 1 S. 4 i.V.m. § 8 Abs. 3 WRegG umfasst werden auch **vertrauliche Informationen**.[26] In den Gesetzesmaterialien wird hervorgehoben, durch den Verweis auf § 8 Abs. 3 WRegG werde „u.a. sichergestellt, dass die Registerbehörde die Sanktionsentscheidung von der Strafverfolgungsbehörde bzw. der zur Verfolgung von Ordnungswidrigkeiten zuständigen Behörde erhalten" könne, „wenn diese nur gegen den Mitarbeiter gerichtet ist und dem betroffenen Unternehmen selbst nicht" vorliege.[27]

31 Ist ein Informationsersuchen der Registerbehörde nach § 5 Abs. 1 S. 4 i.V.m. § 8 Abs. 3 S. 1 WRegG zugegangen, **übermittelt** die ersuchte Behörde die Informationen, die Gegenstand des Ersuchens sind (§ 8 Abs. 3 S. 2 WRegG).

32 In der Praxis ist zu beachten, dass die Registerbehörde **Leitlinien** zur Anwendung auch des § 8 Abs. 3 WRegG zu erlassen hat (§ 8 Abs. 5 WRegG).

C. Auskunftserteilung durch die Registerbehörde (Abs. 2)

I. Auskunftsanspruch von Unternehmen bzw. natürlichen Personen (S. 1)

1. Auskunftsanspruch

33 Angesichts ihrer „besonderen Sensibilität" sind die im Wettbewerbsregister gespeicherten Daten und die Verfahrensakten der Registerbehörde durch eine „besondere Vertraulichkeitspflicht" im Sinne des § 3 Nr. 4 IFG geschützt.[28] § 3 Abs. 3 WRegG normiert dies ausdrücklich. Nach dem Wortlaut des § 5 Abs. 2 S. 1 WRegG haben ein Unternehmen und eine natürliche Person (dies kann z. B. ein Geschäftsführer sein) einen Anspruch auf Auskunft über den sie betreffenden Inhalt des Wettbewerbsregisters (sog. Selbstauskunft). Dabei handelt es sich – entsprechend § 150 Abs. 1 GewO[29] – um einen **Auskunftsanspruch**.[30] Darauf deutet bereits der zweite Teil der Überschrift zur Einzelvorschrift des § 5 WRegG („Auskunftsanspruch") hin, den man als stichwortartige Zusammenfassung des Regelungsgegenstands verstehen kann.[31] Durch den Anspruch gegenüber der Registerbehörde hat der Gesetzgeber der besonderen Grundrechtsrelevanz der Registereintragung Rechnung getragen. Der Auskunftsanspruch nach § 5 Abs. 2 S. 1 WRegG besteht ausschließlich – dies folgt schon aus dem Normwortlaut – zugunsten des betroffenen Unternehmens bzw. der betroffenen natürlichen Person.[32] Die Regelung hat abschließenden Charakter.[33]

---

25 Beschlussempfehlung und Bericht zu § 5 WRegG, Gesetz zur Einführung eines Wettbewerbsregisters und zur Änderung des Gesetzes gegen Wettbewerbsbeschränkungen, BT-Drs. 18/12583, 10.

26 Gesetzesbegründung zu § 5 WRegG, Gesetz zur Einführung eines Wettbewerbsregisters und zur Änderung des Gesetzes gegen Wettbewerbsbeschränkungen, BT-Drs. 18/12051, 33.

27 Beschlussempfehlung und Bericht zu § 5 WRegG, BT-Drs. 18/12583, 10.

28 Gesetzesbegründung zu § 5 WRegG, Gesetz zur Einführung eines Wettbewerbsregisters und zur Änderung des Gesetzes gegen Wettbewerbsbeschränkungen, BT-Drs. 18/12051, 29; *Fülling/Freiberg*, NZBau 2018, 259 (261).

29 *Ambs*, in: Friauf, GewO, § 150 Rn. 1.

30 Gesetzesbegründung zu § 5 WRegG, GWB-Digitalisierungsgesetz, BT-Drs. 19/23492, 145; *Fülling/Freiberg*, NZBau 2018, 259 (261).

31 Zur grundsätzlichen Bedeutung der Überschriften von Einzelvorschriften: Bundesministerium der Justiz, Bekanntmachung des Handbuchs der Rechtsförmlichkeit, BAnz. 2008, Nr. 160a, S. 114, Rn. 372.

32 *Fülling/Freiberg*, NZBau 2018, 259 (261).

33 *Ambs*, in: Friauf, GewO, § 150 Rn. 1, für den Auskunftsanspruch nach § 150 Abs. 1 GewO.

Auf den Auskunftsanspruch nach § 5 Abs. 2 S. 1 WRegG können sich **Dritte** nicht berufen.[34] Das Auskunftsrecht von Stellen, die ein amtliches Verzeichnis führen, das den Anforderungen des Art. 64 RL 2014/24/EU entspricht, ist separat in § 5 Abs. 2 S. 2 WRegG geregelt. 34

2. Gegenstand der Auskunft

Der Auskunftsanspruch erstreckt sich – nur – auf den Registerinhalt, der den jeweiligen Anspruchsberechtigten betrifft. Dies folgt aus dem Normwortlaut, wonach „die Registerbehörde Unternehmen oder natürlichen Personen Auskunft über den sie betreffenden Inhalt des Wettbewerbsregisters" erteilt. Das Merkmal der inhaltlichen Betroffenheit steckt den Rahmen des Auskunftsanspruchs in positiver wie negativer Hinsicht ab. Es grenzt die inhaltliche Reichweite des Anspruchs ein. Nur wenn der Anspruchsteller durch einen Registerinhalt betroffen ist, hat er einen Auskunftsanspruch, ansonsten nicht. Anders gewendet heißt dies, dass der Anspruch nur insoweit besteht, wie der Anspruchsteller inhaltlich betroffen ist. Ob und gegebenenfalls in welchem Umfang dies der Fall ist, hat die Registerbehörde im Einzelfall zu prüfen. Davon hängt ihre Auskunft ab. 35

3. Antrag, Regelungszusammenhang zu Abs. 3 bis 5

Die Auskunft über den Registerinhalt wird von der Registerbehörde gegenüber dem Auskunftsberechtigten nur auf **Antrag** erteilt. Damit normiert § 5 Abs. 2 S. 1 WRegG ein zwingendes Antragserfordernis. Ohne Antragstellung durch den Anspruchsberechtigten erfolgt keine Auskunft; diese ist antragsgebunden. Der Antrag ist an die Registerbehörde zu richten. 36

Bei der Antragstellung nach § 5 Abs. 2 S. 1 WRegG zwecks Wahrnehmung des Auskunftsanspruchs sind die zwingenden Vorgaben des **§ 5 Abs. 3 bis 5 WRegG** zu beachten. Sie betreffen die Modalitäten der Antragstellung (Abs. 3 und 4)[35] und die Gebührenpflicht (Abs. 5)[36]. Die Absätze 3 bis 5 wurden nachträglich in § 5 WRegG durch das GWB-Digitalisierungsgesetz[37] eingefügt. Es wäre in systematischer und praktischer Hinsicht übersichtlicher, wenn diese Regelungen und § 5 Abs. 2 S. 1 WRegG in einem Regelungskomplex zusammengefasst wären. 37

II. Erneuter Auskunftsantrag (S. 2)

Die Karenzvorschrift des § 5 Abs. 2 S. 2 WRegG besagt, dass ein erneuter Antrag desselben Unternehmens oder derselben natürlichen Person, unbeschadet des Bestehens datenschutzrechtlicher Auskunftsansprüche, erst nach Ablauf eines Jahres zulässig ist, sofern nicht ein berechtigtes Interesse besteht. Ein anderes Unternehmen, z. B. ein Tochterunternehmen, wird dadurch – es fehlt bereits an der Betroffenheit i.S.d. § 5 Abs. 2 S. 1 WRegG – nicht an der Antragstellung gehindert. 38

1. Einjährige Sperrzeit

Die Norm statuiert eine gesetzliche **Sperrfrist** von einem Jahr im Hinblick auf eine erneute Antragstellung und Auskunftserteilung durch die Registerbehörde. Die Fristbemessung richtet sich nach §§ 187 bis 193 BGB. 39

Mit der Sperrfristregelung wird die Flankierung des **§ 6 Abs. 1 S. 6 WRegG** bezweckt, der Auftraggebern ausdrücklich verbietet, in Vergabeverfahren von Bewerbern und Bietern die Vorlage von Selbstauskünften zu verlangen.[38] Hintergrund dieses Verbots ist die gesetzgeberische Absicht, Unternehmen durch die Einführung des Wettbewerbsregisters samt der Statuierung von Abfragepflichten und Abfragemöglichkeiten (§ 6 Abs. 1 und 2 WRegG) von der Vor- 40

---

34 *Ambs*, in: Friauf, GewO, § 150 Rn. 1, für den Auskunftsanspruch nach § 150 Abs. 1 GewO.
35 Siehe Rn. 53 ff.
36 Siehe Rn. 71 ff.
37 Siehe oben Rn. 2.
38 Gesetzesbegründung zu § 5 WRegG, GWB-Digitalisierungsgesetz, BT-Drs. 19/23492, 145.

lage solcher Auskünfte zu entlasten. Diese Zielsetzung würde *„nicht erreicht, wenn die Vorlage von Selbstauskünften uneingeschränkt verlangt werden könnte"*.[39] Außerdem „soll verhindert werden, dass die Registerbehörde mit übermäßigem Verwaltungsaufwand belastet wird".[40]

2. Ausnahme: berechtigtes Interesse

41 Eine Ausnahmemöglichkeit von der Einhaltung der einjährigen Sperrfrist besteht in Fällen von berechtigtem Interesse. Bei der Auslegung dieses Tatbestandsmerkmals dürfte angesichts des Normzwecks des § 5 Abs. 2 S. 2 WRegG[41] eher restriktiv zu verfahren sein. Der Gesetzesbegründung zufolge liegt ein berechtigtes Interesse *„in der Regel vor, wenn der Registerauszug dazu dienen soll, das Nichtvorliegen von Ausschlussgründen im Rahmen von Vergabeverfahren in anderen EU-Mitgliedstaaten nachzuweisen"*.[42] Dies bezieht sich, wie aus der – durch die Gesetzesbegründung in Bezug genommenen – Regierungsbegründung zur Ursprungsfassung des § 5 Abs. 2 WRegG folgt,[43] auf Art. 60 Abs. 2 lit. a RL 2014/24/EU. Diese Regelung betrifft Nachweise für das Nichtvorliegen von Ausschlussgründen.

3. Datenschutzrechtliche Auskunftsansprüche

42 Die Sperrfristregelung berührt das Bestehen datenschutzrechtlicher Auskunftsansprüche nicht, was durch eine entsprechende Formulierung im Normtext („Unbeschadet des Bestehens [...]") zum Ausdruck kommt. Somit besteht die Möglichkeit zur Geltendmachung des Auskunftsrechts nach Art. 15 DSGVO durch eine natürliche Person ungeachtet des § 5 Abs. 2 S. 2 WRegG. Bestehende datenschutzrechtliche Auskunftsansprüche können vor Ablauf der Sperrfrist durchgesetzt werden. § 5 Abs. 2 S. 2 WRegG vermag insoweit keine Sperrwirkung zu entfalten.

III. Auskunftserteilung gegenüber einer amtlichen Verzeichnisstelle (S. 3)

1. Auskunftsanspruch

43 Entsprechend dem Wortlaut des § 5 Abs. 2 S. 1 WRegG – abgesehen vom Zustimmungserfordernis – heißt es in § 5 Abs. 2 S. 3 WRegG: Die Registerbehörde „erteilt" mit Zustimmung des betroffenen Unternehmens auf Antrag „auch" einer Stelle, die ein amtliches Verzeichnis führt, das den Anforderungen des Art. 64 RL 2014/24/EU entspricht, „Auskunft" über den das Unternehmen betreffenden Inhalt des Wettbewerbsregisters. Wie aus den Gesetzesmaterialien (Beschlussempfehlung und Bericht) hervorgeht, wollte der Gesetzgeber mit dieser an S. 1 des § 5 Abs. 2 WRegG angelehnten Normfassung einen „Auskunftsanspruch" für solche Stellen schaffen.[44] Aus dem Ausschussbericht, in dem von einem *„neuen Auskunftsanspruch"* die Rede ist, folgt, dass dieser – auf die Beschlussempfehlung zurückgehende – Anspruch neben den Auskunftsanspruch nach § 5 Abs. 2 S. 1 WRegG treten soll.[45] Somit handelt es sich in beiden Fällen (S. 1 und 3 des § 5 Abs. 2 WRegG) jeweils um einen Auskunftsanspruch gegenüber der Registerbehörde. Dies hat im zweiten Teil der Überschrift zu § 5 WRegG Niederschlag gefunden.

39 Gesetzesbegründung zu § 5 WRegG, GWB-Digitalisierungsgesetz, BT-Drs. 19/23492, 145.
40 Gesetzesbegründung zu § 5 WRegG, GWB-Digitalisierungsgesetz, BT-Drs. 19/23492, 145.
41 Siehe oben Rn. 40.
42 Gesetzesbegründung zu § 5 WRegG, GWB-Digitalisierungsgesetz, BT-Drs. 19/23492, 145.
43 Gesetzesbegründung zu § 5 WRegG, Gesetz zur Einführung eines Wettbewerbsregisters und zur Änderung des Gesetzes gegen Wettbewerbsbeschränkungen, BT-Drs. 18/12051, 30.
44 Beschlussempfehlung und Bericht zu § 5 WRegG, Gesetz zur Einführung eines Wettbewerbsregisters und zur Änderung des Gesetzes gegen Wettbewerbsbeschränkungen, BT-Drs. 18/12583, 11.
45 Beschlussempfehlung und Bericht zu § 5 WRegG, Gesetz zur Einführung eines Wettbewerbsregisters und zur Änderung des Gesetzes gegen Wettbewerbsbeschränkungen, BT-Drs. 18/12583, 11.

2. Auskunftsadressat und -gegenstand

44 Den Auskunftsanspruch kann eine Stelle geltend machen, die ein **amtliches Verzeichnis** führt, das den Anforderungen des Art. 64 RL 2014/24/EU entspricht. Mit der Schaffung dieses Auskunftsanspruchs hatte der Gesetzgeber das Präqualifikationsverfahren nach diesem Richtlinienartikel und die Rolle der Stellen im Blick, welche das damit in Zusammenhang stehende Verzeichnis führen. Nach diesem Verfahren steht es Unternehmen frei, auftragsunabhängig die im Hinblick auf Eignungsprüfung und Nichtvorliegen von Ausschlussgründen für sämtliche Vergabeverfahren maßgebenden Aspekte zu überprüfen und sich bei positivem Ergebnis in ein entsprechendes amtliches Verzeichnis eintragen zu lassen.[46] Eintragungen im Wettbewerbsregister sind insoweit prüfungs- und entscheidungsrelevant. Deshalb sind die verzeichnisführenden Stellen auf entsprechende Registerauskünfte angewiesen.[47] Beispiel ist etwa das im Bereich der Liefer- und Dienstleistungen vom Deutschen Industrie- und Handelskammertag geführte bundesweite amtliche Verzeichnis präqualifizierter Unternehmen.[48] Aufgrund des § 5 Abs. 2 S. 3 WRegG soll „eine direkte Abfragemöglichkeit für die verzeichnisführende Stelle" in Gestalt eines Auskunftsanspruchs bestehen.[49]

45 Der Auskunftsanspruch der registerführenden Stelle ist dem Normtext zufolge beschränkt auf die „Auskunft über den das Unternehmen betreffenden Inhalt des Wettbewerbsregisters". Damit ist der **Auskunftsgegenstand** abstrakt beschrieben und begrenzt. Entsprechend der Auskunft nach § 5 Abs. 2 S. 1 WRegG begrenzt auch hier das Merkmal der inhaltlichen Betroffenheit – vorliegend bezogen auf das Unternehmen – den Umfang und Reichweite des Auskunftsanspruchs.

3. Antragserfordernis

46 Wie die Geltendmachung des Auskunftsanspruchs nach S. 1 des § 5 Abs. 2 WRegG setzt auch die Auskunft nach S. 3 dieser Norm einen Antrag gegenüber der Registerbehörde voraus. Die Antragstellung obliegt der verzeichnisführenden Stelle. Das Gesetz sieht für den Antrag keine Formvorgaben vor. Darin liegt ein Unterschied zur Antragstellung nach § 5 Abs. 2 S. 3 WRegG. Auch die Sperrfrist des § 5 Abs. 2 S. 2 WRegG gilt nicht.

4. Schnittstellennutzung und Angaben

47 Technische Modalitäten der Abfrage durch amtliche Verzeichnisstellen normiert § 6 Abs. 1 S. 1 WRegV. Die Regelung ist vor dem Hintergrund zu sehen, dass die Registerbehörde den amtlichen Verzeichnisstellen elektronisch Auskunft gibt, wodurch es zu einem erhöhten Datenanfall und -austausch kommt.[50] Die amtlichen Verzeichnisstellen führen insgesamt rund 15.000 präqualifizierte Unternehmen in den Verzeichnissen (Stand: Januar 2021).[51] Angesichts dieser Ausgangslage ist vorgesehen, dass für die Abfrage durch amtliche Verzeichnisstellen zwingend die amtliche **Schnittstelle** nach § 1 Abs. 3 Nr. 2 WRegG zu verwenden ist (§ 6 Abs. 1 S. 1 WRegG). Diese Schnittstelle ist insbesondere für externe, in relativ häufigem Kontakt zur Registerbehörde stehende Nutzer, u.a. die amtlichen Verzeichnisstellen, vorgesehen.[52] Es handelt sich dabei um externe Nutzer mit einem erhöhten Mitteilungs- bzw. Abfragevolumen.[53]

48 Bei der Abfrage muss die amtliche Verzeichnisstelle die in § 3 Abs. 1 Nr. 4 WRegG genannten **Angaben** zu dem präqualifizierten Unternehmen machen, auf das sich die Anfrage bezieht (§ 6 Abs. 1 S. 2 WRegV). Diese Angaben, betreffend u.a. Firma, Rechtsform, Vor- und Famili-

---

46 Beschlussempfehlung und Bericht zu § 5 WRegG, Gesetz zur Einführung eines Wettbewerbsregisters und zur Änderung des Gesetzes gegen Wettbewerbsbeschränkungen, BT-Drs. 18/12583, 10.
47 Beschlussempfehlung und Bericht zu § 5 WRegG, Gesetz zur Einführung eines Wettbewerbsregisters und zur Änderung des Gesetzes gegen Wettbewerbsbeschränkungen, BT-Drs. 18/12583, 10.
48 Verordnungsbegründung zu § 6 WRegV, BR-Drs. 74/21, 19 mit weiteren Beispielen für amtliche Verzeichnisstellen.
49 Beschlussempfehlung und Bericht zu § 5 WRegG, Gesetz zur Einführung eines Wettbewerbsregisters und zur Änderung des Gesetzes gegen Wettbewerbsbeschränkungen, BT-Drs. 18/12583, 10.
50 Verordnungsbegründung zu § 6 WRegV, BR-Drs. 74/21, 19.
51 Verordnungsbegründung zu § 6 WRegV, BR-Drs. 74/21, 19.
52 Verordnungsbegründung zu § 6 WRegV, BR-Drs. 74/21, 19.
53 Verordnungsbegründung zu § 3 WRegV, BR-Drs. 74/21, 17.

ennamen der gesetzlichen Vertreter und Postanschrift, sollen der Registerbehörde ermöglichen, zweifelsfrei festzustellen, auf welches Unternehmen sich die Anfrage bezieht.

5. Zustimmungserfordernis

49 Die Abfragemöglichkeit der verzeichnisführenden Stelle nach § 5 Abs. 2 S. 3 WRegG hat zur zwingenden Voraussetzung, dass eine Zustimmung des betreffenden Unternehmens zur Auskunftserteilung durch die Registerbehörde vorliegt.[54] Fehlt die Zustimmung, so hat die Auskunft zu unterbleiben.

50 In § 6 Abs. 2 S. 1 WRegV ist klargestellt,[55] dass die erforderliche Zustimmung des betroffenen Unternehmens zum Auskunftsantrag ausschließlich – nur – gegenüber der amtlichen Verzeichnisstelle erklärt werden kann. Dadurch wird die Registerbehörde entlastet. Die Verzeichnisstelle ist verpflichtet, gegenüber der Registerbehörde zu **versichern**, dass sie die Zustimmung des im Antrag genannten Unternehmens eingeholt hat (§ 6 Abs. 2 S. 2 WRegV). Erforderlich ist insoweit eine Erklärung der Verzeichnisstelle, dass die Zustimmung des betroffenen Unternehmens zur Registerabfrage und Auskunftserteilung eingeholt wurde und vorliegt (Inhalt der Zusicherung).[56] § 6 Abs. 2 S. 3 WRegV räumt der Registerbehörde die Befugnis ein, von dem im Antrag genannten Unternehmen einen Nachweis für die gegenüber der Verzeichnisstelle erteilte Zustimmung zu verlangen, sofern hierzu Anlass besteht. Dies wäre insbesondere der Fall, wenn sich die Registerbehörde auf tatsächliche Anhaltspunkte für Zweifel an einer wirksam erteilten Zustimmung stützen kann. Dann bestünde Anlass, eine entsprechende Klärung des Sachverhalts herbeizuführen.

6. Sammelabfrage

51 § 6 Abs. 3 WRegV sieht die Möglichkeit der Sammelabfrage vor. Dies bedeutet, dass die Registerbehörde Auskunftsanträge einer amtlichen Verzeichnisstelle – nicht mehrerer Verzeichnisstellen gemeinsam – zulassen kann, die sich auf mehrere Unternehmen beziehen. Die Regelung dient der Verfahrensvereinfachung, indem die Bündelung von Abfragen einer Verzeichnisstelle zugelassen wird.[57] Praktisch gesehen wird eine Verzeichnisstelle hierdurch in die Lage versetzt, nach Abstimmung mit der Registerbehörde in regelmäßigen Zeitabständen zu prüfen, ob das Wettbewerbsregister neue Eintragungen zu präqualifizierten Unternehmen aufweist.[58]

7. Protokollierung

52 Die Registerbehörde hat in automatisierter Form Art und Umfang der über die amtliche Schnittstelle übermittelten Daten zu protokollieren (§ 13 Abs. 1 S. 1 WRegV). Aus dem Protokoll müssen bei Auskunftsanträgen der amtlichen Verzeichnisstellen nach § 5 Abs. 2 S. 3 WRegG die nach § 3 Abs. 1 Nr. 4 WRegG abgefragten und von der Registerbehörde übermittelten Daten hervorgehen (§ 13 Abs. 1 S. 2 Nr. 6 WRegV).

D. Modalitäten der Auskunftsantragstellung (Abs. 3 und 4)

I. Formwahl bei Antragstellung (Abs. 3 S. 1)

53 Das Gesetz stellt es dem Antragsteller frei, ob er den Antrag schriftlich (§ 5 Abs. 3 WRegG) oder elektronisch (§ 5 Abs. 4 WRegG) stellt (§ 5 Abs. 3 S. 1 WRegG). Beide **Formalternativen**

54 Beschlussempfehlung und Bericht zu § 5 WRegG, Gesetz zur Einführung eines Wettbewerbsregisters und zur Änderung des Gesetzes gegen Wettbewerbsbeschränkungen, BT-Drs. 18/12583, 10.
55 Verordnungsbegründung zu § 6 WRegV, BR-Drs. 74/21, 19.
56 Verordnungsbegründung zu § 6 WRegV, BR-Drs. 74/21, 19.
57 Verordnungsbegründung zu § 6 WRegV, BR-Drs. 74/21, 19.
58 Verordnungsbegründung zu § 6 WRegV, BR-Drs. 74/21, 19.

sind gleichrangig.[59] Der Antragsteller kann insoweit nach seinen Präferenzen bzw. Bedürfnissen verfahren und sich für eine der beiden Alternativen der Antragstellung entscheiden.

Die gesetzliche Festlegung auf die Alternativen der schriftlichen oder elektronischen Antragsstellung bedeutet im Umkehrschluss, dass ein **persönliches Erscheinen** des Antragstellers zum Zwecke der Antragstellung nicht vorgesehen ist. Dies wird durch einen Vergleich mit § 150 Abs. 2 S. 1 Hs. 2 GewO erhärtet, wo eine schriftliche Antragstellung als alternativer Ersatz für den Fall geregelt ist, dass der Antragsteller „nicht persönlich erscheint". Eine mündliche – wie im Falle des Gewerbezentralregisters[60] – oder fernmündliche Antragstellung scheidet aus. 54

II. Schriftliche Antragstellung (Abs. 3)

1. Amtlich oder öffentlich beglaubigte Unterschrift (S. 1)

a) Formwahl

Entscheidet sich der Antragsteller für die schriftliche Antragstellung, ist zu beachten, dass diese mit amtlich oder öffentlich beglaubigter Unterschrift zu geschehen hat (§ 3 Abs. 3 S. 1 WRegG). Somit bestehen zwei Möglichkeiten für die Beglaubigung der Unterschrift des Antragstellers: die amtliche Beglaubigung oder die öffentliche Beglaubigung. Es obliegt dem Antragsteller, sich für eine der beiden Alternativen zu entscheiden; er hat insoweit freie Wahl. 55

b) Amtliche Beglaubigung

Schriftliche Antragstellung mit amtlich beglaubigter Unterschrift setzt eine amtliche Beglaubigung der Unterschrift des Antragstellers voraus. Dadurch wird die Echtheit der Unterschrift bezeugt.[61] Die **Beglaubigungsfähigkeit** von Behörden, soweit es um Unterschriften in Schriftstücken geht, die zur Vorlage bei einer Behörde bestimmt sind, ist in § 34 VwVfG i.V.m. BeglV geregelt. Danach sind alle Bundesbehörden im Sinne des § 1 Abs. 1 Nr. 1 VwVfG beglaubigungsfähig, soweit – wie hier – bundesrechtlich geregelte Verfahren betroffen sind.[62] In den Ländern finden sich unterschiedliche landesrechtliche Regelungen über die Beglaubigungsfähigkeit im Hinblick auf Unterschriften; insoweit bedarf es einer entsprechenden näheren Prüfung im Einzelfall. 56

In praktischer Hinsicht ist zu beachten, dass „**Unterschrift**" die Unterzeichnung mit dem Vor- und Zunamen bedeutet, wobei Lesbarkeit nicht gefordert, sondern „ein die Identität des Unterzeichnenden kennzeichnender individueller Schriftzug, der einmalig ist, entsprechende charakteristische Merkmale aufweist und sich als Unterschrift des Namens darstellt" als ausreichend erachtet wird.[63] 57

c) Öffentliche Beglaubigung

Die Modalitäten der **öffentlichen Beglaubigung**, sofern eine solche durch Gesetz für eine Erklärung vorgeschrieben ist, normiert § 129 Abs. 1 S. 1 BGB. Die Norm enthält eine gesetzliche Definition des Begriffs der öffentlichen Beglaubigung.[64] Danach muss die Erklärung – hier die Antragstellung – schriftlich abgefasst und die Unterschrift des Erklärenden von einem Notar beglaubigt werden. Praktisch heißt dies, dass der Erklärende seine Unterschrift unter dem Text der schriftlich gefassten Erklärung anbringen muss.[65] Notare im Sinne der Vorschrift sind alle in Deutschland zugelassenen Notare.[66] 58

---

59 Gesetzesbegründung zu § 5 WReg, GWB-Digitalisierungsgesetz, BT-Drs. 19/23492, 146.
60 *Ambs*, in: Friauf, GewO, § 150 Rn. 4.
61 *Ludwig*, in: Herberger/Martinek/Rüßmann/Weth/Würdinger, BGB, § 129 Rn. 2.
62 *Kugele*, VwVfG, § 34 Rn. 3.
63 *Kugele*, VwVfG, § 34 Rn. 3.
64 *Ludwig*, in: Herberger/Martinek/Rüßmann/Weth/Würdinger, BGB, § 129 Rn. 1.
65 *Ludwig*, in: Herberger/Martinek/Rüßmann/Weth/Würdinger, BGB, § 129 Rn. 8 f.
66 *Ludwig*, in: Herberger/Martinek/Rüßmann/Weth/Würdinger, BGB, § 129 Rn. 12.

59 Die Länder sind befugt, durch Gesetz die Zuständigkeit für die öffentliche Beglaubigung u.a. von Unterschriften anderen Personen oder Stellen zu **übertragen** (§ 68 BeurkG). Dies ist in Hessen geschehen durch § 13 Abs. 1 Ortsgerichtsgesetz,[67] wonach der Ortsgerichtsvorsteher zuständig ist, Unterschriften öffentlich zu beglaubigen. Dies soll nur geschehen, wenn die Personen, die die Unterschriften vollzogen haben, im Bezirk des Ortsgerichts ihren Wohnsitz, ständigen Aufenthalt oder Arbeitsplatz haben, oder wenn dies im Zusammenhang mit anderen, die gleiche Sache betreffenden Beglaubigungen geschieht (§ 13 Abs. 3 OrtsgerichtsG). In Rheinland-Pfalz sind zur öffentlichen Beglaubigung von Unterschriften die Ortsbürgermeister, Ortsvorsteher, Verbandsgemeindeverwaltungen, Gemeindeverwaltungen der verbandsfreien Gemeinden, Stadtverwaltungen der kreisfreien und großen kreisangehörigen Städte und Kreisverwaltungen zuständig (§ 2 i.V.m. § 1 Abs. 1 Nr. 1 bis 4 Landesgesetz über die Beglaubigungsbefugnis[68]). Hat eine nach Landesrecht zuständige Stelle eine Erklärung mit Unterschrift öffentlich beglaubigt, so kann das Dokument auch außerhalb des betreffenden Landes verwendet werden.[69]

60 Unter **Beglaubigung einer Unterschrift** ist die Beurkundung durch eine amtliche Person zu verstehen, *„dass die Unterschrift […] unter einem Schriftstück von einer bestimmten Person herrührt."*[70] Das Nähere über das Verfahren der öffentlichen Beglaubigung einer Unterschrift ist in den § 40 BeurkG normiert. Insoweit ist insbesondere zu beachten, dass eine Unterschrift nur beglaubigt werden soll, wenn sie in Gegenwart des Notars vollzogen oder anerkannt wird (§ 40 Abs. 1 BeurkG).

2. Identitätsnachweis, Vertretungsmacht (S. 2)

61 Der Antragsteller muss gemäß § 5 Abs. 3 S. 2 WRegG seine Identität und, wenn er als gesetzlicher Vertreter handelt, zusätzlich seine Vertretungsmacht nachweisen.

62 Für den Nachweis der Identität und der Vertretungsmacht statuiert die Norm keine besonderen **Formvorschriften**. Der Identitätsnachweis kann durch Vorlage bzw. Übersendung einer beglaubigten Kopie des Ausweises des Antragstellers erfolgen.

63 Dieses Erfordernis ist in Anlehnung an § 150 Abs. 2 S. 2 Hs. 1 GewO formuliert,[71] der das antragsgebundene Verfahren der Auskunftsgewährung bezüglich des Gewerbezentralregisterinhalts regelt. Die eindeutige – zweifelsfreie – **Identitätsfeststellung** des Antragstellers ist angesichts der datenschutzrechtlichen Sensibilität des Registerinhalts von wesentlicher Bedeutung.[72] Sie muss ermöglicht und seitens der Registerbehörde sichergestellt werden, denn in der Folgezeit wird – dies ist Zweck der Antragstellung – dem Antragsteller der Registerauszug zugesandt.[73] In diesem Zusammenhang müssen Verwechselungen, Identitätstäuschungen oder unbefugtes Erschleichen der Registereinsicht ausgeschlossen sein. Die Verantwortung dafür liegt bei der Registerbehörde.

64 Handelt der Antragsteller als gesetzlicher Vertreter, hat er zusätzlich seine **Vertretungsmacht** nachzuweisen. Dies bezieht sich ausschließlich auf gesetzliche, nicht auf rechtsgeschäftliche Vertreter; letztere sind – ebenso wie Dritte – nicht antragsberechtigt.[74] Der gesetzliche Vertreter kann entsprechend seiner Organstellung im Einzelfall die Vertretungsmacht z. B. durch Vorlage eines Auszugs aus dem Handelsregister nachweisen.

---

67 I.d.F. v. 2.4.1980, GVBl. Hessen I 1980, S. 114.
68 Vom 21.7.1978, GVBl. Rheinland-Pfalz 1978, S. 597.
69 *Ludwig*, in: Herberger/Martinek/Rüßmann/Weth/Würdinger, BGB, § 129 Rn. 15.
70 *Ludwig*, in: Herberger/Martinek/Rüßmann/Weth/Würdinger, BGB, § 129 Rn. 38.
71 Gesetzesbegründung zu § 5 WRegG, GWB-Digitalisierungsgesetz, BT-Drs. 19/23492, 146.
72 *Schönleiter*, in: Landmann/Rohmer, GewO, § 150 Rn. 4 für den Identitätsnachweis gemäß § 150 Abs. 2 S. 2 GewO.
73 *Schönleiter*, in: Landmann/Rohmer, GewO, § 150 Rn. 4 für den Identitätsnachweis gemäß § 150 Abs. 2 S. 2 GewO.
74 *Schönleiter*, in: Landmann/Rohmer, GewO, § 150 Rn. 5 für § 150 Abs. 2 S. 2 GewO.

3. Gesetzlicher Vertreter bei Unternehmen (S. 3)

Für ein betroffenes antragstellendes Unternehmen kann nur ein gesetzlicher Vertreter den Antrag auf Registereinsicht stellen. § 5 Abs. 3 S. 3 WRegG enthält eine entsprechende Klarstellung. Somit genügt nicht jede rechtsgeschäftliche Vertretung. Zur Antragstellung berechtigt sind für eine juristische Person das vertretungsberechtigte Organ bzw. Organmitglied, für Personengesellschaften jeder vertretungsberechtigte Gesellschafter.[75] **65**

4. Keine Vertretung durch Bevollmächtigten (S. 4)

Nach dem Regelungsvorbild des § 150 Abs. 2 S. 2 Hs. 2 GewO, der den – praktisch bedeutsamen – Grundsatz der „Höchstpersönlichkeit" der Antragstellung[76] normiert, schließt § 5 Abs. 3 S. 4 WRegG aus, dass sich der Antragsteller bei Antragstellung durch einen Bevollmächtigten vertreten lässt.[77] Damit verlangt auch § 5 Abs. 3 WRegG eine persönliche Antragstellung.[78] Für natürliche Personen bedeutet dies, dass eine Vertretung bei Antragstellung regelmäßig ausscheidet. **66**

Da die Regelung dem genannten gewerberechtlichen Vorbild entspricht, ist davon auszugehen, dass sie den gleichen **Zweck** verfolgt. Die geltende Fassung des § 150 Abs. 2 S. 2 GewO geht auf Art. 2 BZRÄndG zurück. Sie wurde an § 28 Abs. 2 BZRG 1976 orientiert,[79] der durch Art. 1 BZRÄndG ebenfalls eine Neufassung erhalten hatte. Der Gesetzgeber entschied sich für diese Fassung des § 150 Abs. 2 S. 2 GewO, um – entsprechend § 28 BZRG 1976 – den Sinn der Vorschrift zu verdeutlichen, dass *„die rechtsgeschäftliche Vertretung bei der Antragstellung ausgeschlossen sein soll"*, weil eine solche Möglichkeit nicht sachgerecht sei.[80] Insoweit wurde in den Gesetzesmaterialien (Ausschussbericht)[81] auf die Ausführungen zu § 28 BZRG 1976 verwiesen, die sich auf Datenschutzgründe bezogen: Es sei sicherzustellen, dass ein Registerauszug *„unmittelbar und ausschließlich an den Betroffenen bzw. seinen Vertreter"* gelange, was bei Zulassung einer rechtsgeschäftlichen Vertretung nicht gewährleistet sei.[82] Diese Erwägungen gelten auch für § 5 Abs. 3 S. 4 WRegG. **67**

5. Standardformular (§ 8 Abs. 1 S. 3 WRegV)

Für einen schriftlichen Antrag ist das auf der Internetseite der Registerbehörde bereitgestellte Standardformular zu verwenden (§ 8 Abs. 1 S. 3 WRegV). Die laufende Bereitstellung dieses Formulars für die Antragsteller hat die Behörde zu gewährleisten. **68**

III. Elektronische Antragstellung (Abs. 4)

Die Wahrnehmung der Möglichkeit zur elektronischen Antragstellung (§ 5 Abs. 4 S. 1 WRegG) ist an die in § 5 Abs. 4 S. 2 WRegG i.V.m. § 8 Abs. 1 WRegV genannten **Voraussetzungen** geknüpft. Ein elektronischer Antrag auf Selbstauskunft für ein Unternehmen oder eine natürliche Person nach § 5 Abs. 2 S. 1 WRegG ist unter Verwendung eines Nutzerkontos i.S.d. OZG zu stellen (§ 8 Abs. 1 S. 1 WRegV). Das Gesetz verlangt eine elektronische Identifizierung (§ 5 Abs. 4 S. 2 WRegG). Das Merkmal „Identifizierung" ist gleichbedeutend mit der Feststellung der Identität des Nutzers (Antragstellers).[83] Hierzu muss ein elektronischer Identi- **69**

75 So für § 150 Abs. 1 GewO: *Ambs*, in: Friauf, GewO, § 150 Rn. 1; *Schönleiter*, in: Landmann/Rohmer, GewO, § 150 Rn. 5.

76 *Kirchesch*, in: Pielow, GewO, § 150 Rn. 9.

77 Gesetzesbegründung zu § 5 WRegG, GWB-Digitalisierungsgesetz, BT-Drs. 19/23492, 146.

78 So für § 150 Abs. 2 GewO: *Ambs*, in: Friauf, GewO, § 150 Rn. 1; *Schönleiter*, in: Landmann/Rohmer, GewO, § 150 Rn. 4.

79 Bericht und Antrag des Sonderausschusses für die Strafrechtsreform, BZRÄndG, BT-Drs. 7/4529, 7.

80 Bericht und Antrag des Sonderausschusses für die Strafrechtsreform, BZRÄndG, BT-Drs. 7/4529, 7.

81 Bericht und Antrag des Sonderausschusses für die Strafrechtsreform, BZRÄndG, BT-Drs. 7/4529, 7.

82 Bericht und Antrag des Sonderausschusses für die Strafrechtsreform, BZRÄndG, BT-Drs. 7/4529, 4.

83 Beschlussempfehlung und Bericht des Ausschusses für Wirtschaft und Energie (9. Ausschuss), GWB-Digitalisierungsgesetz, BT-Drs. 19/25868, 125.

tätsnachweis nach § 18 PAuswG, § 12 eIDKG oder § 78 Abs. 5 AufenthG erbracht werden (§ 8 Abs. 1 S. 2 WRegV).

70 Der Wortlaut des § 5 Abs. 4 S. 2 WRegG i.V.m. § 8 Abs. 1 WRegV verlangt nicht, dass der Antragsteller, falls er bei elektronischer Antragstellung als **gesetzlicher Vertreter** handelt, seine Vertretungsmacht nachweisen muss. Das in § 5 Abs. 4 S. 2 WRegG normierte Merkmal der „elektronischen Identifizierung" umfasst den entsprechenden Nachweis der Vertretungsmacht nicht, es bezieht sich lediglich auf die Identität der Person. Dadurch ergibt sich eine Diskrepanz gegenüber der schriftlichen Antragstellung, für die das Erfordernis des Nachweises der Vertretungsmacht in § 5 Abs. 3 S. 2 WRegG vorgegeben ist.

E. Gebührenpflichtigkeit der Auskunft (Abs. 5)

71 Die Auskunftserteilung nach § 5 Abs. 2 S. 1 WRegG ist gemäß § 5 Abs. 5 WRegG nicht kostenfrei, sondern gebührenpflichtig. § 5 Abs. 5 WRegG ist an § 150 Abs. 2 S. 3 GewO ausgerichtet.[84]

72 Die **Höhe** der vom Antragsteller zu erhebenden Gebühr beträgt 20 Euro (§ 8 Abs. 2 S. 1 WRegV). Dies gilt sowohl für schriftliche als auch elektronische Antragstellung.[85]

73 Die Gebühr wird mit Erteilung der Auskunft durch die Registerbehörde **fällig** (§ 8 Abs. 2 S. 2 WRegV). Es ist möglich, dass die Behörde die Zahlung eines Vorschusses verlangt; sie kann die Auskunftserteilung von der Vorschusszahlung abhängig machen (§ 8 Abs. 2 S. 3 WRegV).

74 Die Gebührenpflicht nach § 5 Abs. 5 WRegG erstreckt sich nur auf die Erteilung der **Selbstauskunft** nach § 5 Abs. 2 S. 1 WRegG, nicht aber auf Auskünfte gegenüber amtlichen Verzeichnisstellen nach § 5 Abs. 2 S. 3 WRegG. Auskünfte gegenüber letzteren sind mangels entsprechender Kostenregelung in WRegG bzw. WRegV kostenfrei.

F. Spezialregelung zur Akteneinsicht für Unternehmen (Abs. 6)

I. Normzweck

75 Das Akteneinsichtsrecht ergänzt den Auskunftsanspruch nach § 5 Abs. 2 S. 1 WRegG, damit betroffene Unternehmen die Möglichkeit erhalten, „Kenntnis aller Umstände" zu erlangen, *„die für ihre bereits erfolgte oder geplante Eintragung von Bedeutung sein können."*[86] Dadurch soll sichergestellt werden, dass sie *„ihre rechtlichen Interessen effektiv wahrnehmen können."*[87] Aus den Gesetzesmaterialien ergibt sich, dass der Gesetzgeber die Schaffung eines Akteneinsichtsrechts in Anlehnung an § 147 Abs. 1 StPO im Hinblick auf solche Sachverhalte für erforderlich hielt, in denen keine Entscheidung nach § 30 OWiG ergangen ist, das Unternehmen selbst also nicht am Sanktionsverfahren beteiligt war.[88] Hier soll die Möglichkeit bestehen, durch die Akteneinsicht eine potenzielle Informationslücke schließen zu können, die darauf zurückzuführen ist, dass dem Unternehmen keine Informationen seitens der Verfolgungsbehörden zugegangen sind; dies betrifft insbesondere die gegen Leitungspersonal gerichtete Sanktionsentscheidung.[89]

---

84 Gesetzesbegründung zu § 5 WRegG, GWB-Digitalisierungsgesetz, BT-Drs. 19/23492, 146.
85 Verordnungsbegründung zu § 8 WRegV, BR-Drs. 74/21, 20.
86 Beschlussempfehlung und Bericht zu § 5 WRegG, Gesetz zur Einführung eines Wettbewerbsregisters und zur Änderung des Gesetzes gegen Wettbewerbsbeschränkungen, BT-Drs. 18/12583, 10.
87 Beschlussempfehlung und Bericht zu § 5 WRegG, Gesetz zur Einführung eines Wettbewerbsregisters und zur Änderung des Gesetzes gegen Wettbewerbsbeschränkungen, BT-Drs. 18/12583, 10.
88 Beschlussempfehlung und Bericht zu § 5 WRegG, Gesetz zur Einführung eines Wettbewerbsregisters und zur Änderung des Gesetzes gegen Wettbewerbsbeschränkungen, BT-Drs. 18/12583, 10.
89 Beschlussempfehlung und Bericht zu § 5 WRegG, Gesetz zur Einführung eines Wettbewerbsregisters und zur Änderung des Gesetzes gegen Wettbewerbsbeschränkungen, BT-Drs. 18/12583, 10.

II. Voraussetzungen

1. Erfolgte oder geplante Eintragung

Das Akteneinsichtsrecht unterliegt einer Beschränkung auf zwei Alternativen: den Fall der bereits erfolgten Eintragung (1. Alt.) und den Fall der Betroffenheit durch die geplante Eintragung (2. Alt.). Diese Umstände sind jeweils – insoweit kommt es auf die Fallkonstellation an – eine durch die Registerbehörde zu verifizierende Voraussetzung des Akteneinsichtsrechts im Einzelfall. Die erste Alternative umfasst die Fälle, in denen das Eintragungsverfahren durchlaufen und mit einer Eintragung abgeschlossen worden ist. Hier ist eine Betroffenheit des Unternehmens infolge der Eintragung per se gegeben. Die zweite Alternative bezieht sich auf die Fälle des § 5 Abs. 1 S. 1 WRegG, also das Verfahrensstadium vor der Registereintragung. Hier muss sich die Behörde von der Betroffenheit des Unternehmens überzeugen. **76**

2. Rechtliches Interesse

Die Akteneinsicht muss zur Geltendmachung oder Verteidigung der rechtlichen Interessen des Unternehmens im Hinblick auf die Eintragung verlangt werden. Das Merkmal der „rechtlichen Interessen" ist im Lichte des Zwecks der Registereintragung und ihrer Folgen für das Unternehmen zu verstehen. Mit dem Wettbewerbsregister werden Auftraggebern im Sinne des § 98 WRegG Informationen über zwingende oder fakultative Ausschlussgründe (§§ 123, 124 GWB) zur Verfügung gestellt (§ 2 WRegG). Unter den Voraussetzungen des § 6 WRegG besteht für Auftraggeber eine Abfragepflicht bzw. -möglichkeit. Eine Eintragung kann den Ausschluss aus einem Vergabeverfahren nach sich ziehen. Somit berührt eine bestehende oder beabsichtigte Registereintragung die Rechtssphäre bzw. Rechtsposition des betroffenen Unternehmens – sie wird beeinträchtigt – und damit seine rechtlichen Interessen; dies gilt in besonderem Maße für eine unrichtige Eintragung.[90] Zur Geltendmachung rechtlicher Interessen kann Akteneinsicht etwa deshalb benötigt werden, um zwecks Verhinderung einer geplanten Registereintragung eine dagegen gerichtete Stellungnahme nach § 5 Abs. 1 S. 1 WRegG abgeben zu können. Ein Akteneinsichtsverlangen kann zur Verteidigung rechtlicher Interessen erforderlich sein, um die Möglichkeit bzw. die Erfolgsaussichten eines prozessualen Vorgehens gegen eine bereits erfolgte Eintragung zu prüfen. **77**

III. Unbeschränkte Akteneinsicht

1. Gegenstand

Angesichts des Normzwecks gewährt das Gesetz ausdrücklich unbeschränkte Akteneinsicht zur effektiven Geltendmachung oder Verteidigung der rechtlichen Unternehmensinteressen. Die Akteneinsicht bezieht sich auf die Akten, welche die Registereintragung betreffen.[91] Die Gesetzesmaterialien heben in diesem Zusammenhang hervor, dass eine *„Akteneinsicht, bei der keine Einsicht in vertrauliche Informationen gewährt würde, […] für eine effektive Wahrnehmung der rechtlichen Interessen […] nicht ausreichend"* wäre.[92] Sie gehen mithin – umgekehrt – davon aus, dass sich die Akteneinsicht selbstverständlich auch auf vertrauliche Informationen bezieht, insbesondere solche, die aufgrund eines Informationsersuchens nach § 5 Abs. 1 S. 4 i.V.m. § 8 Abs. 3 WRegG übermittelt wurden. Eine Schwärzung oder Entfernung von Aktenteilen ist nicht statthaft. Entsprechend dem Akteneinsichtsrecht nach § 147 Abs. 1 StPO, das sich auf die dem Gericht vorliegenden Akten[93] bzw. sämtliche *„bei den Akten* **78**

90 Während des Gesetzgebungsverfahrens wurde darauf hingewiesen, „welche Folgen eine fälschliche Eintragung" in das Register „für ein Unternehmen haben könnte" (*Gundelach*, Redebeitrag, BT-Plenarprotokoll 18/237, Sitzung vom 1.6.2017, S. 24246 B).

91 Beschlussempfehlung und Bericht zu § 5 WRegG, Gesetz zur Einführung eines Wettbewerbsregisters und zur Änderung des Gesetzes gegen Wettbewerbsbeschränkungen, BT-Drs. 18/12583, 10 f.

92 Beschlussempfehlung und Bericht zu § 5 WRegG, Gesetz zur Einführung eines Wettbewerbsregisters und zur Änderung des Gesetzes gegen Wettbewerbsbeschränkungen, BT-Drs. 18/12583, 11.

93 BGH, Beschluss v. 18.6.2009 – 3 StR 89/09, Rn. 20.

befindlichen Unterlagen" erstreckt,[94] ist auch beim Akteneinsichtsrecht nach § 5 Abs. 6 WRegG eine unbeschränkte Akteneinsicht vorgesehen.

2. Wahrnehmung: bevollmächtigter Rechtsanwalt

79 Das Akteneinsichtsrecht nach § 147 Abs. 1 StPO steht „grundsätzlich ausschließlich dem Verteidiger zu."[95] Entsprechend diesem Regelungsvorbild sieht § 5 Abs. 6 WRegG vor, dass das Akteneinsichtsrecht für das Unternehmen durch einen bevollmächtigten Rechtsanwalt gegenüber der Registerbehörde wahrgenommen wird. Dieser Rechtsanwalt darf in seiner Funktion als Organ der Rechtspflege *„nur solche Informationen an das Unternehmen (…) weitergeben, die zur Wahrung der rechtlichen Interessen im Registerverfahren von Relevanz sein können."*[96] § 5 Abs. 6 WRegG normiert das Akteneinsichtsrecht nur – dies wirkt sich in diesem Zusammenhang als Schranke aus – zur Geltendmachung oder Verteidigung der rechtlichen Interessen des betroffenen Unternehmens im Hinblick auf die Eintragung.

G. Auskünfte nach Art. 15 DSGVO (Abs. 7)

I. Allgemeiner EU-datenschutzrechtlicher Auskunftsanspruch

80 § 5 Abs. 7 WRegG betrifft die Geltendmachung des – europarechtlich zwingenden – Auskunftsrechts nach Art. 15 DSGVO gegenüber der Registerbehörde.[97] Diese EU-Norm räumt einer „betroffenen Person" (d.h. einer „identifizierten oder identifizierbaren natürlichen Person" i.S.d. Art. 4 Nr. 1 DSGVO) das Recht ein, vom Verantwortlichen i.S.d. Art. 4 Nr. 7 DSGVO – hier der Registerbehörde – eine Bestätigung darüber zu verlangen, ob sie betreffende personenbezogenen Daten verarbeitet werden (Art. 15 Abs. 1 Hs. 1 DSGVO). Wenn dies zu bejahen ist, hat die betroffene Person ein Recht auf Auskunft über diese personenbezogenen Daten und auf die in Art. 15 Abs. 1 Hs. 2 DSGVO genannten Informationen. Bei Art. 15 DSGVO handelt es sich um einen allgemeinen EU-datenschschutzrechtlichen Auskunftsanspruch gegen die registerführende Behörde. Diesem Anspruch wird zentrale Bedeutung für den Datenschutz zugeschrieben, da er die Garantie des Art. 8 Abs. 2 S. 2 GR Ch (wonach jede Person ein Auskunftsrecht über die sie betreffenden erhobenen Daten hat) konkretisiert.[98]

II. Voraussetzungen der Geltendmachung

81 Für die Geltendmachung von Auskunftsansprüchen nach Art. 15 DSGVO gelten die Abs. 3 und 4 des § 5 WRegG entsprechend (§ 5 Abs. 7 WRegG). Praktisch bedeutet dies, dass der Anspruchsberechtigte bei der Geltendmachung seine Identität „in der gleichen Form nachzuweisen" hat „wie beim speziellen Auskunftsanspruch" nach § 5 Abs. 2 S. 1 WRegG.[99] Ein qualitativer Unterschied der Identitätsnachweise zur Geltendmachung des speziellen Auskunftsanspruchs nach § 5 Abs. 2 S. 1 WRegG und des allgemeinen EU-datenschutzrechtlichen Auskunftsanspruchs ist damit ausgeschlossen. Er wäre auch nicht gerechtfertigt, da in beiden Fällen derselbe Standard gelten muss. Dadurch soll der besonderen Sensibilität der im Wettbewerbsregister zu strafrechtlichen Verurteilungen und Bußgeldentscheidungen gespeicherten Daten Rechnung getragen und der Schutz der betroffenen natürlichen Person sichergestellt

94 OLG Köln, Beschluss v. 27.9.2019 – III-1 RBs 339/19, Rn. 11.
95 BGH, Beschluss v. 11.2.2014 – 1 StR 355/13, Rn. 35.
96 Beschlussempfehlung und Bericht zu § 5 WRegG, Gesetz zur Einführung eines Wettbewerbsregisters und zur Änderung des Gesetzes gegen Wettbewerbsbeschränkungen, BT-Drs. 18/12583, 11.
97 Beschlussempfehlung und Bericht des Ausschusses für Wirtschaft und Energie (9. Ausschuss), GWB-Digitalisierungsgesetz, BT-Drs. 19/25868, 125.
98 *Däubler*, in: Däubler/Wedde/Weichert/Sommer, EU-Datenschutz-Grundverordnung und BDSG-neu, Art. 15 DSGVO, Rn. 1.
99 Beschlussempfehlung und Bericht des Ausschusses für Wirtschaft und Energie (9. Ausschuss), GWB-Digitalisierungsgesetz, BT-Drs. 19/25868, 125.

werden.[100] Für die Gewährleistung dieses Schutzes ist der „zweifelsfreie Nachweis der Identität" des Antragstellers unabdingbar.[101] Da das Gesetz den zweifelsfreien Identitätsnachweis verlangt, muss die Registerbehörde zwingend die Identität des Antragstellers feststellen und darf in Bezug auf seine Identität keinerlei Zweifel haben. Anderenfalls wäre sie nicht befugt, dem Antragsteller Auskünfte zu erteilen. Die Erbringung des Identitätsnachweises obliegt dem Antragsteller.

Bei schriftlicher **Antragstellung** ist § 5 Abs. 3 WRegG entsprechend anzuwenden, bei elek- 82
tronischer Antragstellung § 5 Abs. 4 WRegG. Das Vorliegen der Voraussetzungen des im jeweiligen Einzelfall einschlägigen Tatbestands ist durch die Registerbehörde zu prüfen.[102]

Die **WRegV** enthält keine konkretisierenden Regelungen zur Geltendmachung und Erfüllung 83
des Auskunftsanspruchs nach Art. 15 DSGVO. Der Bundesrat hat dies in seiner Stellungnahme zum Verordnungsentwurf moniert.[103]

III. Kostenfreiheit

Der EU-rechtlich zwingende Auskunftsanspruch nach Art. 15 DSGVO ist grundsätzlich, abge- 84
sehen von gegebenenfalls weiteren Kopien der Auskünfte, kostenfrei zu erfüllen, auch wenn eine entsprechende Klarstellung in der WRegV fehlt.[104]

H. Rechtsschutz

Die Norm hat unternehmensschützenden Charakter. Nachdem das Unternehmen über die be- 85
absichtigte Eintragung informiert worden ist und Gelegenheit zur Stellungnahme erhalten hat, ist die zweiwöchige Frist für die Abgabe der Stellungnahme zu beachten (§ 5 Abs. 1 S. 1 WRegG); gegebenenfalls ist Fristverlängerung zu beantragen (§ 5 Abs. 1 S. 3 WRegG). Nimmt die Registerbehörde eine Eintragung vor oder korrigiert sie fehlerhafte Daten nicht, obwohl das Unternehmen die Fehlerhaftigkeit nachgewiesen hat (§ 5 Abs. 1 S. 2 WRegG), besteht die Möglichkeit, hiergegen im Wege der Beschwerde (§ 11 Abs. 1 WRegG) vorzugehen. Dies gilt auch für die Fälle, dass die Registerbehörde einem Auskunftsanspruch (§ 5 Abs. 2 S. 1 WRegG) oder einem Akteneinsichtsverlangen (§ 5 Abs. 6 WRegG) nicht nachkommt. Zu beachten ist, dass der Beschwerde gegen eine Eintragung im Register keine aufschiebende Wirkung zukommt; Rechtsbeschwerde findet nicht statt.[105]

Anlagen

Gesetzesbegründung – GWB-Digitalisierungsgesetz (BT-Drs. 19/23492)

Seite 145

Der geltende § 5 Absatz 2 Satz 1 räumt jeder natürlichen Person und jedem Unternehmen einen Auskunftsanspruch über den das Unternehmen selbst betreffenden Inhalt des Wettbewerbsregisters ein. Die Einführung des Wettbewerbsregisters als Informationsgrundlage für Auftraggeber im Sinne des Vergaberechts soll zu einer Entlastung der Unternehmen führen, da der Bedarf für die Vorlage von Selbstauskünften entfällt (BT-Drs. 18/12051, S. 21). Dazu sieht das Wettbewerbsregistergesetz die Abfragepflichten und -möglichkeiten des § 6 Absatz 1 und 2 vor. Die Entlastung der Unternehmen würde dagegen nicht erreicht, wenn die Vorlage von Selbstauskünften uneingeschränkt verlangt wer-

100 Beschlussempfehlung und Bericht des Ausschusses für Wirtschaft und Energie (9. Ausschuss), GWB-Digitalisierungsgesetz, BT-Drs. 19/25868, 125.
101 Beschlussempfehlung und Bericht des Ausschusses für Wirtschaft und Energie (9. Ausschuss), GWB-Digitalisierungsgesetz, BT-Drs. 19/25868, 125.
102 Näher zu den Voraussetzungen nach § 5 Abs. 3 WRegG siehe Rn. 55 ff. und nach § 5 Abs. 4 WRegG siehe Rn. 69.
103 Stellungnahme des Bundesrates, WRegV, BR-Drs. 74/21 (Beschluss), 3.
104 Stellungnahme des Bundesrates, WRegV, BR-Drs. 74/21 (Beschluss), 3.
105 Gesetzesbegründung zu § 11 WRegG, Gesetz zur Einführung eines Wettbewerbsregisters und zur Änderung des Gesetzes gegen Wettbewerbsbeschränkungen, BT-Drs. 18/12051, 34.

den könnte. Darüber hinaus soll verhindert werden, dass die Registerbehörde mit übermäßigem Verwaltungsaufwand belastet wird. Zu diesem Zweck verbietet es der neue § 6 Absatz 1 Satz 6 Auftraggebern ausdrücklich, im Rahmen von Vergabeverfahren von Bietern und Bewerbern die Vorlage von Selbstauskünften zu verlangen (siehe unten, Nummer 4).

Ergänzend dazu sieht die neue Regelung des § 5 Absatz 2 Satz 2 vor, dass ein erneuter Antrag durch dasselbe Unternehmen oder dieselbe natürliche Person erst nach Ablauf eines Jahres zulässig ist. Eine Ausnahme besteht in Fällen des berechtigen Interesses. Ein berechtigtes Interesse liegt in der Regel vor, wenn der Registerauszug dazu dienen soll, das Nichtvorliegen von Ausschlussgründen im Rahmen von Vergabeverfahren in anderen EU-Mitgliedsstaaten nachzuweisen (vgl. BT-Drs. 18/12051, S. 30). Die Möglichkeit einer natürlichen Person, das

Seite 146

Auskunftsrecht nach Artikel 15 der Verordnung (EU) 2016/679 geltend zu machen, bleibt hiervon unberührt. § 5 Absatz 2 Satz 2 gilt nicht für Stellen, die ein amtliches Verzeichnis führen, das den Anforderungen des Artikel 64 der Richtlinie 2014/24/EU entspricht.

Die Regelung des neuen § 5 Absatz 3 sieht vor, dass der Antrag sowohl in schriftlicher als auch in elektronischer Form gestellt werden kann. Entsprechend den Vorgaben des § 150 Absatz 2 Satz 2 der Gewerbeordnung hat die antragstellende Person ihre Identität und, im Falle einer Vertretung, ihre Vertretungsmacht nachzuweisen. Der Antragsteller kann sich bei der Antragstellung nicht durch einen Bevollmächtigten vertreten lassen.

Die Regelung des neuen § 5 Absatz 4 sieht vor, dass bei der elektronischen Antragstellung der im Internet angebotene Zugang der Registerbehörde zu nutzen ist. Einzelheiten sollen auf dem Verordnungswege geregelt werden.

§ 5 Absatz 5 regelt in Anlehnung an § 150 Absatz 2 Satz 3 der Gewerbeordnung eine Gebühr für die Erteilung einer Selbstauskunft.

Gesetzesbegründung – Gesetz zur Einführung eines Wettbewerbsregisters und zur Änderung des Gesetzes gegen Wettbewerbsbeschränkungen (BT-Drs. 18/12051)

Seite 29

Im Hinblick auf das Grundrecht auf informationelle Selbstbestimmung ist in Absatz 1 vorgesehen, dass betroffene Unternehmen vor ihrer Eintragung zu unterrichten sind und ihnen Gelegenheit zur Stellungnahme zu geben ist. Durch eine Unterrichtung vor der geplanten Eintragung wird dem betroffenen Unternehmen die nötige Information gegeben, die zur Wahrung des Rechts auf informationelle Selbstbestimmung und zur Wahrnehmung der Möglichkeit des Rechtsschutzes erforderlich ist. Damit wird der Anspruch auf ein faires Verfahren gesichert. Die betroffenen Unternehmen können sich binnen zwei Wochen nach Mitteilung über die geplante Eintragung an die Registerbehörde wenden und Einwände vorbringen.

Weist das Unternehmen zur Überzeugung der Registerbehörde nach, dass die übermittelten Daten fehlerhaft sind, unterbleibt eine Eintragung oder – soweit möglich – es erfolgt eine Korrektur der fehlerhaften Daten. Die Registerbehörde kann die Frist zur Stellungnahme verlängern. Die Frist ist nach pflichtgemäßen Ermessen zu verlängern, wenn das Unternehmen schlüssig darlegt, dass die Eintragungsvoraussetzungen nicht gegeben sind. In Fällen, in denen wegen desselben Fehlverhaltens sowohl eine Entscheidung gegen eine natürliche Person als auch eine Entscheidung nach § 30 OWiG mitgeteilt werden, erfolgt keine erneute Prüfung der Zurechnung durch die Registerbehörde; insoweit sind die tatsächlichen und rechtlichen Umstände der Entscheidung nach § 30 OWiG zugrunde zu legen.

Nach Absatz 2 erteilt die Registerbehörde auf Antrag eines Unternehmens oder einer natürlichen Person dem Unternehmen bzw. der natürlichen Person Auskunft aus dem Register über zu dem Unternehmen bzw. zu der

Seite 30

anfragenden natürlichen Person bestehende Eintragungen. Mit diesem Registerauszug können deutsche Unternehmen in allen EU-Mitgliedsstaaten gemäß Artikel 60 Absatz 2 lit. a) der Richtlinie 2014/24/EU des Europäischen Parlaments und des Rates vom 26. Februar 2014 über die öffentliche Auftragsvergabe und zur Aufhebung der Richtlinie 2004/18/EG das Nichtvorliegen von Ausschlussgründen nachweisen.

§ 6 WRegG
Abfragepflicht für Auftraggeber; Entscheidung über einen Ausschluss vom Vergabeverfahren

(1) Ein öffentlicher Auftraggeber nach § 99 des Gesetzes gegen Wettbewerbsbeschränkungen ist verpflichtet, vor der Erteilung des Zuschlags in einem Verfahren über die Vergabe öffentlicher Aufträge mit einem geschätzten Auftragswert ab 30 000 Euro ohne Umsatzsteuer bei der Registerbehörde abzufragen, ob im Wettbewerbsregister Eintragungen zu demjenigen Bieter, an den der öffentliche Auftraggeber den Auftrag zu vergeben beabsichtigt, gespeichert sind. Ein Sektorenauftraggeber nach § 100 Absatz 1 Nummer 1 des Gesetzes gegen Wettbewerbsbeschränkungen sowie ein Konzessionsgeber nach § 101 Absatz 1 Nummer 1 und 2 des Gesetzes gegen Wettbewerbsbeschränkungen sind ab Erreichen der Schwellenwerte des § 106 des Gesetzes gegen Wettbewerbsbeschränkungen verpflichtet, bei der Registerbehörde vor Zuschlagserteilung abzufragen, ob im Wettbewerbsregister Eintragungen zu demjenigen Bieter, an den sie den Auftrag zu vergeben beabsichtigen, gespeichert sind. Eine Verpflichtung zur Abfrage besteht abweichend von den Sätzen 1 und 2 nicht bei Sachverhalten, für die das Vergaberecht Ausnahmen von der Anwendbarkeit des Vergaberechts vorsieht. Auslandsdienststellen sind abweichend von den Sätzen 1 und 2 nicht verpflichtet, das Wettbewerbsregister abzufragen. Auf eine erneute Abfrage bei der Registerbehörde kann der Auftraggeber verzichten, wenn er innerhalb der letzten zwei Monate zu dem entsprechenden Unternehmen bereits eine Auskunft aus dem Wettbewerbsregister erhalten hat. Auftraggeber dürfen von Bietern oder Bewerbern nicht die Vorlage einer Auskunft nach § 5 Absatz 2 Satz 1 verlangen.

(2) Daneben können Auftraggeber nach Absatz 1 bei der Registerbehörde abfragen

1. bei öffentlichen Aufträgen und Konzessionen mit einem geschätzten Auftrags- oder Vertragswert unterhalb der Wertgrenzen nach Absatz 1, ob Eintragungen im Wettbewerbsregister zu demjenigen Bieter vorliegen, an den der Auftraggeber den Auftrag oder die Konzession zu vergeben beabsichtigt, und
2. im Rahmen eines Teilnahmewettbewerbs, ob Eintragungen im Wettbewerbsregister in Bezug auf diejenigen Bewerber vorliegen, die der Auftraggeber zur Abgabe eines Angebots auffordern will.

(3) Die Registerbehörde übermittelt dem abfragenden Auftraggeber die im Wettbewerbsregister gespeicherten Daten über das Unternehmen, das in der Abfrage benannt ist. Gibt es im Wettbewerbsregister zu einem Unternehmen keine Eintragung, teilt die Registerbehörde dies dem Auftraggeber mit.

(4) Die Auskünfte aus dem Wettbewerbsregister dürfen nur den Bediensteten zur Kenntnis gebracht werden, die mit der Entgegennahme der Auskunft oder mit der Bearbeitung des Vergabeverfahrens betraut sind.

(5) Der Auftraggeber entscheidet nach Maßgabe der vergaberechtlichen Vorschriften in eigener Verantwortung über den Ausschluss eines Unternehmens von der Teilnahme an dem Vergabeverfahren. § 7 Absatz 2 bleibt unberührt.

(6) Auftraggeber können von den Strafverfolgungsbehörden oder den zur Verfolgung von Ordnungswidrigkeiten berufenen Behörden ergänzende Informationen anfordern, soweit diese nach Einschätzung der Auftraggeber für die Vergabeentscheidung erforderlich sind. Die Strafverfolgungsbehörden und die zur Verfolgung von Ordnungswidrigkeiten berufenen Behörden dürfen die angeforderten Informationen auf Ersuchen des Auftraggebers übermitteln.

(7) Die nach Absatz 3 und 6 sowie nach § 8 Absatz 4 Satz 5 übermittelten Daten sind vertraulich und dürfen vom Auftraggeber nur für Vergabeentscheidungen genutzt werden. Die Daten sind nach Ablauf der rechtlich vorgesehenen Aufbewahrungsfristen zu löschen.

Übersicht

	Rn.
A. Allgemeines	1
I. Unionsrechtlicher Hintergrund	2
II. Vergleichbare Register	8
1. Register der Länder	8
2. Gewerbezentralregister des Bundes	9
3. Bundeszentralregister	14
4. Ersetzung durch das Wettbewerbsregister	16
III. Historie	19
1. Anlass für die Gesetzesinitiative	19
2. Diskussion in der deutschen Wirtschaft und im Bundesrat	20
3. Anpassungen durch das GWB-Digitalisierungsgesetz	24
4. Bedeutung der WRegV	28
B. Abrufverpflichtung (Abs. 1)	29
I. Abfragepflicht für öffentliche Auftraggeber (S. 1)	32
1. Aufgreifschwelle	36
2. Zeitpunkt der Abfrage	40
3. Gegenstand der Abfrage	41
4. Erforderliche Angaben nach WRegV	42
5. Rechtsfolgen bei Verstoß	43
II. Abfragepflicht für Sektorenauftraggeber und Konzessionsgeber (S. 2)	44
1. Sektorenauftraggeber	47
2. Konzessionsgeber	49
3. Aufgreifschwelle	53
4. Zeitpunkt der Abfrage	54
5. Gegenstand der Abfrage und erforderliche Angaben nach WRegV	55
III. Ausnahmen von der Abfragepflicht (S. 3 bis 5)	56
1. Ausnahmen von der Anwendung des Vergaberechts (S. 3)	57
2. Ausnahme für Auslandsdienststellen (S. 4)	59
3. Ausnahme bei bereits erfolgten Abfragen (S. 5)	62
4. Verbot des Auskunftsverlangens von Bietern und Bewerbern (S. 6)	67
IV. Rechtsfolgen beim Verstoß gegen die Abfragepflicht	69
V. Vergleichbare Abfragepflichten	73
VI. Konkretisierung der Abfragevoraussetzungen durch die WRegV	78
C. Abfragerechte (Abs. 2)	81
I. Abfragerecht unterhalb der Wertgrenzen (Nr. 1)	83
II. Abfragerecht im Teilnahmewettbewerb (Nr. 2)	85
III. Abfragerecht nach § 150a GewO	89
IV. Konkretisierung der Abfragevoraussetzungen durch die WRegV	90
D. Auskunft der Registerbehörde (Abs. 3)	91
I. Adressat und Gegenstand der Datenübermittlung (S. 1)	92
II. Konkretisierung durch WRegV	96
III. Mitteilung einer „Fehlanzeige" (S. 2)	97
E. Anforderung der Datensparsamkeit (Abs. 4)	99
I. Regelungsgegenstand	99
II. Konkretisierung durch WRegV	103
F. Ausschluss eines Unternehmens (Abs. 5)	106
I. Entscheidung des Auftraggebers (S. 1)	107
II. Bindungswirkung einer Löschungsentscheidung (S. 2)	111
1. Bindungswirkung einer positiven Löschungsentscheidung	112
2. Keine Bindungswirkung der Ablehnung eines Löschungsantrags	114
G. Ergänzende Informationen (Abs. 6)	116
I. Anforderung ergänzender Informationen (S. 1)	117
II. Befugnis zur Auskunftserteilung (S. 2)	121
III. Konkretisierung durch WRegV	126
H. Vertraulichkeit und Zweckbindung der Daten (Abs. 7)	127
I. Vertraulichkeit der Daten (S. 1)	128
II. Löschung von Daten (S. 2)	132
III. Konkretisierung durch WRegV	137
I. Elektronische Kommunikation	138
Anlagen	
Gesetzesbegründungen	

A. Allgemeines

§ 6 WRegG regelt den persönlichen und sachlichen Anwendungsbereich für die Pflicht, aber auch das Recht von Auftraggebern, bei der Registerstelle vor Vergabe des Auftrags oder der Konzession Eintragungen zum jeweiligen Bieter abzufragen. Daneben bestimmt § 6 WRegG die datenschutzrechtlichen Rahmenbedingungen, unter denen die Eintragungen im Wettbewerbsregister abgerufen und beim abrufenden Auftraggeber verarbeitet werden können. Mit Blick auf das zugrundeliegende Vergabeverfahren wird z. B. festgelegt, dass die bloße Eintragung von Unternehmen in das Wettbewerbsregister keinen automatischen Ausschluss des jeweiligen Unternehmens von der Teilnahme am Vergabeverfahren und keine generelle Vergabesperre bedeutet.[1] Besonders hervorzuheben ist außerdem die Erlaubnis der Strafverfolgungsbehörden und der zur Verfolgung von Ordnungswidrigkeiten berufenen Behörden, auf Nachfrage der zur Abfrage Berechtigten bestimmte ergänzende Informationen zu den abgefragten Eintragungen zu erteilen. 1

I. Unionsrechtlicher Hintergrund

Das WRegG verfolgt das Ziel, öffentliche Aufträge und Konzessionen nur an solche Unternehmen zu vergeben, die keine erheblichen Rechtsverstöße begangen und sich im Wettbewerb fair verhalten haben.[2] Durch die Bereitstellung von umfassenden Informationen soll es den öffentlichen Auftraggebern einschließlich der Sektoren- sowie Konzessionsauftraggeber[3] erleichtert werden, zu prüfen, ob bei einem Bieter Ausschlussgründe vorliegen.[4] Bei der Ausgestaltung der Voraussetzungen und der Reichweite für die Abfrageverpflichtung nach § 6 WRegG kann unterstellt werden, dass der Gesetzgeber wegen des direkten, inhaltlichen Bezugs zum Vergaberecht den einschlägigen, unionsrechtlichen Vorgaben zum GWB hinsichtlich der verwendeten Begriffe folgt. Dazu gehören z. B. die Begriffe des Unternehmens, des öffentlichen Auftraggebers, des Bieters sowie des öffentlichen Auftrags. 2

Der Begriff des **Unternehmens** im Sinne von § 6 Abs. 3 und 5 WRegG steht ebenso wie der Unternehmensbegriff nach § 2 Abs. 4 WRegG im Einklang mit Art. 2 Abs. 1 Nr. 10 RL 2014/24/EU und umfasst sowohl natürliche als auch juristische Personen.[5] Ein Unternehmen ist danach ein „Wirtschaftsteilnehmer" in Form einer natürlichen oder juristischen Person oder öffentlichen Einrichtung oder eine Gruppe solcher Personen und/oder Einrichtungen, einschließlich jedes vorübergehenden Zusammenschlusses von Unternehmen, *„die beziehungsweise der auf dem Markt die Ausführung von Bauleistungen, die Errichtung von Bauwerken, die Lieferung von Waren beziehungsweise die Erbringung von Dienstleistungen anbietet"*. Wenngleich nach der Gesetzesbegründung zum WRegG eindeutig rechtlich unselbstständige Unternehmensteile nicht in das Wettbewerbsregister eingetragen werden,[6] bedürfen die verbundenen Unternehmen, z. B. in Konzernstrukturen, der besonderen und differenzierten Betrachtung.[7] 3

Der Begriff des Auftraggebers, der insbesondere in § 6 Abs. 1 WRegG näher definiert ist, orientiert sich am sog. funktionalen **Auftraggeberbegriff** des Art. 2 Nr. 1 bis 4 RL 2014/24/EU. Dabei fasst der Richtliniengeber nach Art. 2 Nr. 1 RL 2014/24/EU unter den Begriff „öffentliche Auftraggeber" grundsätzlich *„den Staat, die Gebietskörperschaften, die Einrichtungen des* 4

1 Gesetzesbegründung zu § 6 WRegG, Gesetz zur Einführung eines Wettbewerbsregisters und zur Änderung des Gesetzes gegen Wettbewerbsbeschränkungen, BT-Drs. 18/12051, 31.
2 Gesetzesbegründung, GWB-Digitalisierungsgesetz, BT-Drs. 19/23492, 57.
3 Hinweis: Der Kreis der abfrageverpflichteten- bzw. -berechtigten Auftraggeber wird in § 6 Abs. 1 und 2 WRegG eingegrenzt.
4 Vgl. Gesetzesbegründung, Gesetz zur Einführung eines Wettbewerbsregisters und zur Änderung des Gesetzes gegen Wettbewerbsbeschränkungen, BT-Drs. 18/12051, 1.
5 Vgl. Gesetzesbegründung zu § 2 WRegG, Gesetz zur Einführung eines Wettbewerbsregisters und zur Änderung des Gesetzes gegen Wettbewerbsbeschränkungen, BT-Drs. 18/12051, 27.
6 Gesetzesbegründung zu § 2 WRegG, Gesetz zur Einführung eines Wettbewerbsregisters und zur Änderung des Gesetzes gegen Wettbewerbsbeschränkungen, BT-Drs. 18/12051, 27.
7 Vgl. § 2 WRegG Rn. 120.

öffentlichen Rechts oder die Verbände, die aus einer oder mehreren dieser Körperschaften oder Einrichtungen des öffentlichen Rechts bestehen". Die einzelnen Arten der öffentlichen Auftraggeber führt der Richtliniengeber in Art. 2 Nr. 2 bis 4 RL 2014/24/EU näher aus. Diese Vorgaben wurden in den §§ 98 bis 101 GWB umgesetzt. Wegen der Einzelheiten zum Begriff des öffentlichen Auftraggebers, zu denen sowohl die Sektoren- als auch die Konzessionsauftraggeber gehören, wird auf die Erläuterungen in dieser Kommentierung verwiesen.[8] Allerdings wird bereits an dieser Stelle darauf hingewiesen, dass § 6 Abs. 1 und 2 WRegG die Abfragepflicht und das Auskunftsrecht nur für Teile der öffentlichen Auftraggeber, Sektorenauftraggeber und Konzessionsgeber vorsieht.

5 Der Begriff des **Bieters** gemäß § 6 Abs. 1 und Abs. 2 Nr. 1 WRegG kann mit den Vorgaben des Art. 2 Nr. 11 RL 2014/24/EU erklärt werden. Danach handelt es sich bei einem Bieter um „einen Wirtschaftsteilnehmer, der ein Angebot abgegeben hat". Diese Definition wurde z. B. auch in § 134 GWB umgesetzt.[9] Der Begriff des **Bewerbers** gemäß § 6 Abs. 2 Nr. 2 WRegG kann mit den Vorgaben des Art. 2 Nr. 12 RL 2014/24/EU erklärt werden. Danach handelt es sich bei einem Bewerber um *„einen Wirtschaftsteilnehmer, der sich um eine Aufforderung zur Teilnahme an einem nichtoffenen Verfahren, einem Verhandlungsverfahren, einem Verhandlungsverfahren ohne vorherige Bekanntmachung, einem wettbewerblichen Dialog oder einer Innovationspartnerschaft beworben hat oder eine solche Aufforderung erhalten hat"*. Diese Definition wurde z. B. in § 134 GWB umgesetzt.[10]

6 Der Begriff des **öffentlichen Auftrags** gemäß § 6 Abs. 1 und Abs. 2 Nr. 1 WRegG kann mit den Vorgaben des Art. 2 Nr. 5 bis 9 RL 2014/24/EU erklärt werden. Nach Art. 2 Nr. 5 RL 2014/24/EU bezeichnet der Ausdruck der *„öffentlichen Aufträge"* grundsätzlich *„zwischen einem oder mehreren Wirtschaftsteilnehmern und einem oder mehreren öffentlichen Auftraggebern schriftlich geschlossene entgeltliche Verträge über die Ausführung von Bauleistungen, die Lieferung von Waren oder die Erbringung von Dienstleistungen"*. In den Nr. 6 bis 9 RL 2014/24/EU erläutert der Richtliniengeber sein Verständnis zu den einzelnen Auftragsarten. Diese Vorgaben wurden z. B. in den §§ 103, 104 sowie 105 GWB umgesetzt.[11]

7 Das **GWB-Digitalisierungsgesetz** dient der Umsetzung der RL 2019/1/EU, die bis zum 4. Februar 2021 zu erfolgen hatte.[12] Die Bedeutung für die Auskünfte über die in das WRegG einzutragenden Delikte lässt sich schon aus den Regelungszielen ableiten, die in Art. 1 Abs. 1 RL 2019/1/EU wie folgt zusammengefasst werden: *„In dieser Richtlinie sind bestimmte Vorschriften festgelegt, mit denen gewährleistet werden soll, dass die nationalen Wettbewerbsbehörden über die Garantien im Hinblick auf die Unabhängigkeit, über die Ressourcen und die Befugnisse im Bereich der Durchsetzung der Wettbewerbsvorschriften und der Verhängung von Geldbußen verfügen, die sie benötigen, um die Art. 101 und 102 AEUV wirksam anzuwenden, sodass der Wettbewerb im Binnenmarkt nicht verfälscht wird und den Verbrauchern und Unternehmen keine Nachteile entstehen durch nationale Gesetze und Maßnahmen, die die wirksame Durchsetzung der Wettbewerbsvorschriften durch die nationalen Wettbewerbsbehörden verhindern."* Den Regierungsentwurf für ein „GWB-Digitalisierungsgesetz"[13] hat der Bundestag am 29. Oktober 2020 in erster Lesung beraten und im Anschluss an den federführenden Ausschuss für Energie und Wirtschaft überwiesen. Die Änderungen des Wettbewerbsregistergesetzes, die in Art. 10 GWB-Digitalisierungsgesetz vom 18. Januar 2021 festgelegt wurden, traten einen Tag nach dessen Verkündung und damit am 19. Januar 2021 in Kraft. Die Reform soll den Wettbewerbsbehörden ein schnelleres und effektiveres Handeln ermöglichen. Da digitale Märkte schnelllebig seien, solle das Bundeskartellamt künf-

---

8 Vgl. *Badenhausen-Fähnle/Birk* in § 98 und § 99 GWB; *Röbke* in § 100 GWB und *Braun* in § 101 GWB.

9 Wegen der Einzelheiten wird auf die Erläuterungen zu dieser Vorschrift verwiesen, vgl. *Gnittke/Hattig* in § 134 GWB Rn. 39 ff.

10 Wegen der Einzelheiten wird auf die Erläuterungen zu dieser Vorschrift verwiesen, vgl. *Gnittke/Hattig* in § 134 GWB Rn. 47 ff.

11 Wegen der Einzelheiten wird auf die Erläuterungen zu diesen Vorschriften verwiesen, siehe *von Engelhardt/Kaelble* in § 103 GWB, *Dippel* in § 104 GWB und *Braun* in § 105 GWB.

12 Vgl. Gesetzesbegründung, GWB-Digitalisierungsgesetz, BT-Drs. 19/23492, 1.

13 Bundesregierung, Entwurf eines GWB-Digitalisierungsgesetzes, BT-Drs. 19/23492.

tig einfacher sogenannte einstweilige Maßnahmen ergreifen können, um den Wettbewerb schon frühzeitig zu schützen.[14] Im Zuge dessen war bereits im Entwurf ein zusätzlicher Satz in § 6 Abs. 1 WRegG vorgesehen, wonach die Auftraggeber von den Bietern oder Bewerbern keine Vorlage einer Auskunft nach § 5 Abs. 2 S. 1 WRegG verlangen dürfen. Dabei handelt es sich um eine Auskunft, die die Unternehmen und natürlichen Personen selbst über die sie betreffenden Eintragungen beantragen können. Hintergrund der Anpassung ist, dass über den gesetzlichen Rahmen hinausgehende Auskunftsverlangen der öffentlichen Auftraggeber und damit übermäßige Belastungen für die Unternehmen, aber auch für die Registerbehörde vermieden werden soll.[15] Diese Änderung des § 6 Abs. 1 WRegG trat am 19. Januar 2021 und damit einen Tag nach Verkündung des GWB-Digitalisierungsgesetzes in Kraft.

II. Vergleichbare Register

1. Register der Länder

Wesentliches Ziel des WRegG ist es, eine bundeseinheitliche Regelung zur Information der öffentlichen Auftraggeber über die zwingenden und fakultativen Ausschlussgründe nach §§ 123, 124 GWB zu schaffen. Zahlreiche Bundesländer haben durch Antikorruptionsgesetze oder per Erlass Korruptionsregister (künftig auch Landesregister genannt) eingeführt. Die Registerbehörden der Länder sind nur für das eigene Land zuständig und die Regelungen weichen erheblich voneinander ab.[16] Das gilt sowohl für die Eintragungsvoraussetzungen als auch hinsichtlich der Abfrageregeln. 8

2. Gewerbezentralregister des Bundes

Auf Bundesebene wird das Gewerbezentralregister beim Bundesamt der Justiz geführt. Das Gewerbezentralregister erfasst nicht sämtliche Gewerbetreibende der Bundesrepublik Deutschland.[17] Die dort registrierten Sachverhalte ergeben sich aus § 149 Abs. 2 der Gewerbeordnung (GewO). Es handelt sich durchweg um Sachverhalte, die im Zusammenhang mit dem jeweiligen Gewerbebetrieb stehen müssen. 9

Verwaltungsentscheidungen, Verzichte und Bußgeldentscheidungen können sowohl natürliche als auch juristische **Personen** betreffen. Strafgerichtliche Verurteilungen richten sich allerdings immer nur gegen natürliche Personen.[18] 10

§ 150a Abs. 2 GewO sieht ein eingeschränktes **Auskunftsrecht** für öffentliche **Auftraggeber** im Sinne von § 99 GWB vor. So werden ihnen im Zusammenhang mit der Vergabe von öffentlichen Aufträgen Auskünfte nach § 150a Abs. 1 Nr. 4 GewO nur für „die Vorbereitung von vergaberechtlichen Entscheidungen und nur über strafgerichtliche Verurteilungen und Bußgeldentscheidungen nach § 21 Abs. 1 des Schwarzarbeitsbekämpfungsgesetzes, § 21 Absatz 1 und 2 des Mindestlohngesetzes, § 5 Absatz 1 oder 2 des Arbeitnehmer-Entsendegesetzes in der bis zum 23. April 2009 geltenden Fassung, § 23 Absatz 1 und 2 des Arbeitnehmer-Entsendegesetzes und § 81 Absatz 1 bis 3 des Gesetzes gegen Wettbewerbsbeschränkungen" erteilt. 11

Eine **Verpflichtung** der öffentlichen Auftraggeber nach § 99 GWB, die Auskunft über eine der vorbenannten Eintragungen einzuholen, ergibt sich demgegenüber erst aus den Regelungen in den Schutzgesetzen, die in § 124 Abs. 2 GWB benannt sind (§ 21 AEntG, § 98c AufenthG, § 19 MiLoG und § 21 SchwarzArbG). 12

Die **Bewerber** bzw. **Bieter** haben ein **Auskunftsrecht** über die sie betreffenden Inhalte des Gewerbezentralregisters nach § 150 Abs. 1 GewO: „Auf Antrag erteilt die Registerbehörde ei- 13

14 www.bundestag.de/dokumente/textarchiv/2020/kw44-de-digitales-wettbewerbsrecht-798194 (abgerufen am 25.6.2022).
15 Vgl. Gesetzesbegründung, GWB-Digitalisierungsgesetz, BT-Drs. 19/23492, 58.
16 *Scherer-Leydecker*, Compliance-Berater 2017, 261 (264).
17 www.bundesjustizamt.de/DE/Themen/Buergerdienste/GZR/GZR_node.html (abgerufen am 25.6.2022).
18 Vgl. www.bundesjustizamt.de/DE/Themen/Buergerdienste/GZR/Allgemeine_Informationen/Allgemein_node.html (abgerufen am 25.6.2022).

ner Person Auskunft über den sie betreffenden Inhalt des Registers. Das Auskunftsrecht nach Artikel 15 der Verordnung (EU) 2016/679 wird dadurch gewährleistet, dass die Registerbehörde der betroffenen Person einen formlosen kostenfreien Auszug über den sie betreffenden Inhalt des Registers erteilt." Dabei ist zu beachten, dass die Auskunft nur von natürlichen Personen beantragt und an diese versandt werden kann. Dabei kann es einmal um Auskünfte über Eintragungen einer natürlichen Person gehen, die sie selbst betreffen. Oder es liegt der Fall vor, dass eine juristische Person Auskünfte über Eintragungen erlangen möchte, die sie betreffen. Dann kann dies nur über und an eine vertretungsberechtigte, natürliche Person erfolgen, die die Vertretungsberechtigung nachgewiesen hat.[19]

3. Bundeszentralregister

14 Die Eintragungen im Bundeszentralregister, das ebenfalls beim Bundesamt für Justiz geführt wird, umfassen nur zum Teil die zwingenden bzw. fakultativen Ausschlusstatbestände nach den §§ 123, 124 GWB. Es enthält nach § 3 BZRG nur die dort definierten Eintragungen über Verfehlungen natürlicher Personen. Dabei handelt es sich im Überblick um folgende Themen:

- strafgerichtliche Verurteilungen (§§ 4 bis 7 BZRG),
- Entscheidungen von Verwaltungsbehörden und Gerichten (§ 10 BZRG),
- gerichtliche Entscheidungen und Verfügungen von Strafverfolgungsbehörden wegen Schuldunfähigkeit (§ 11 BZRG),
- gerichtliche Feststellungen nach § 17 Abs. 2 und § 18 BZRG,
- nachträgliche Entscheidungen und Tatsachen, die sich auf eine der in den Nummern 1 bis 4 genannten Eintragungen beziehen (§§ 12 bis 16, § 17 Abs. 1 BZRG).

15 **Auskünfte** aus dem Bundeszentralregister können nur die in den §§ 30, 42 bis 42b, 43 und 43a BZRG benannten natürlichen Personen, Einrichtungen und Behörden zu den dort benannten Zwecken verlangen. Dazu zählen nicht die öffentlichen Auftraggeber im Sinne von §§ 98 ff. GWB, die zum Zwecke der Entscheidung über das Vorliegen oder nicht Vorliegen von zwingenden oder fakultativen Ausschlussgründen nach den §§ 123, 124 GWB Informationen benötigen.

4. Ersetzung durch das Wettbewerbsregister

16 Das Gewerbezentralregister des Bundes sowie die entsprechenden Register der Länder werden durch das Wettbewerbsregister ersetzt. In diesem Zusammenhang wurde die **gestaffelte Ablösung** der Landesregister sowie des Gewerbezentralregisters geregelt. Zum zeitlichen Ablauf wurden durch Art. 10 Nr. 8 und Art. 11 GWB-Digitalisierungsgesetz unterschiedliche Vorgehensweisen für die Landesregister und das Gewerbezentralregister eingeführt.

17 Durch Art. 10 Nr. 8 GWB-Digitalisierungsgesetz wurde § 12 WRegG neu gefasst. Die grundsätzliche, formale Voraussetzung für die Ablösung der **Landesregister** wurde geändert. Nach dem neu gefassten § 12 Abs. 1 WRegG muss dafür das Bundesministerium für Wirtschaft und Energie das Vorliegen der Voraussetzungen für die elektronische Datenübermittlung entsprechend § 9 Abs. 1 WRegG feststellen und diese Feststellung im Bundesanzeiger bekannt machen. Nicht mehr maßgeblich ist das Inkrafttreten der WRegV am 24. April 2021.[20] Die Umsetzung der Ablösung wird zeitlich gestaffelt erfolgen. So sieht § 12 Abs. 2 S. 1 WRegG vor, dass die Eintragungspflicht nach § 2 WRegG erst nach Ablauf des Monats, der auf den Tag der Bekanntmachung der oben genannten Feststellung folgt, anzuwenden ist. Daneben gilt nach § 12 Abs. 2 S. 2 WRegG die Abfragepflicht nach § 6 WRegG erst sechs Monate nach dem oben genannten Tag der Bekanntmachung der Feststellung. Diese Feststellung wurde am

19 Vgl. www.bundesjustizamt.de/DE/Themen/Buergerdienste/GZR/Auskunft/Jurpersonen_Inland/Jurpersonen_Inland_node.html (abgerufen am 25.6.2022).

20 Die ursprüngliche Fassung des § 12 Abs. 1 WRegG-E sah als Umsetzungszeitpunkt das Inkrafttreten einer Umsetzungsverordnung nach § 10 WRegG vor. Die WRegV ist letztlich aber als Ausführungsverordnung erlassen worden.

29. Oktober 2021 bekanntgegeben.[21] Bis dahin sollen die vergleichbaren, landesrechtlichen Vorschriften weiter anwendbar bleiben. Das heißt in der Folge wohl auch, dass die jeweiligen Landesregister bis dahin parallel weiter betrieben und ihre Eintragungen aktuell gehalten werden müssen

Art. 11 des GWB-Digitalisierungsgesetzes sieht die Anpassung von Art. 3 Abs. 2 des Gesetzes zur Einführung eines Wettbewerbsregisters und zur Änderung des Gesetzes gegen Wettbewerbsbeschränkungen vor. Daraus ergibt sich eine zeitlich gestaffelte Anwendbarkeit der Regelungen des WRegG mit Blick auf die Ersetzung des **Gewerbezentralregisters**. 18

- Das in § 150a Abs. 1 S. 2 GewO verankerte Recht der Auftraggeber im Sinne von § 99 GWB auf Auskunft aus dem Gewerbezentralregister wird erst drei Jahre ab dem Tag gestrichen werden, an dem § 6 WRegG erstmals anzuwenden ist. § 6 WRegG wiederum ist nach § 12 Abs. 2 S. 2 WRegG erst sechs Monate nach dem Tag der Bekanntmachung der Feststellung nach dem neu gefassten § 12 Abs. 1 WRegG anwendbar. Dafür muss das Bundesministerium für Wirtschaft und Energie das Vorliegen der Voraussetzungen für die elektronische Datenübermittlung entsprechend § 9 Abs. 1 WRegG feststellen und diese Feststellung im Bundesanzeiger bekannt machen.
- Die Abfragepflicht der öffentlichen Auftraggeber, die sich erst aus den Schutzgesetzen gemäß § 124 Abs. 2 GWB (§ 21 AEntG, § 98c AufenthG, § 19 MiLoG und § 21 SchwarzArbG) ergibt, soll bereits ersetzt werden, sobald § 6 WRegG nach den Vorgaben des § 12 Abs. 2 S. 2 WRegG erstmals anzuwenden ist. Die Abfragepflicht nach § 6 WRegG tritt nach Ablauf von sechs Monaten in Kraft, nachdem das Bundesministerium für Wirtschaft und Energie das Vorliegen der Voraussetzungen für die elektronische Datenübermittlung entsprechend § 9 Abs. 1 WRegG festgestellt und diese Feststellung im Bundesanzeiger bekannt gemacht hat.

Damit soll u.a. dem Umstand Rechnung getragen werden, dass die Anbindung der Auftraggeber an die Registerbehörde einen organisatorischen und technischen Vorlauf erfordert.[22] Das heißt in der Folge auch, dass das Bundesamt für Justiz das Gewerbezentralregister jedenfalls bis dahin parallel weiter betreiben und die Eintragungen aktuell halten wird.

III. Historie

1. Anlass für die Gesetzesinitiative

Mit dem am 18. April 2016 in Kraft getretenen VergRModG 2016 wurde das öffentliche Auftragswesen grundlegend modernisiert.[23] Unter anderem sollte erreicht werden, dass Wirtschaftsteilnehmer, die sich wegen Wirtschaftsdelikten strafbar gemacht haben, nicht zum Nachteil von rechtstreuen Unternehmen von öffentlichen Aufträgen und Konzessionen profitieren.[24] Vielmehr sollte die Möglichkeit bestehen, sie von Vergabeverfahren auszuschließen.[25] Daher wurden erstmals auf gesetzlicher Ebene sowohl zwingende als auch fakultative Ausschlusstatbestände geregelt,[26] die in den §§ 123 und 124 GWB definiert sind. Für die Auftraggeber im Sinne von §§ 98 ff. GWB besteht seitdem die Herausforderung, die erforderlichen Informationen zur Prüfung dieser Ausschlusstatbestände verlässlich und vollständig zu erhalten. Sie sind entweder auf Selbstauskünfte der Bewerber bzw. Bieter oder aber auf verschiedene Auskunftsregister der Länder bzw. des Bundes angewiesen, die alle unterschiedli- 19

21 BAnz. AT 29.10.2021 B3.
22 Gesetzesbegründung, GWB-Digitalisierungsgesetz, BT-Drs. 19/23492, 58.
23 Vgl. Gesetzesbegründung, Gesetz zur Einführung eines Wettbewerbsregisters und zur Änderung des Gesetzes gegen Wettbewerbsbeschränkungen, BT-Drs. 18/12051, 1.
24 Gesetzesbegründung, Gesetz zur Einführung eines Wettbewerbsregisters und zur Änderung des Gesetzes gegen Wettbewerbsbeschränkungen, BT-Drs. 18/12051, 1.
25 Gesetzesbegründung, Gesetz zur Einführung eines Wettbewerbsregisters und zur Änderung des Gesetzes gegen Wettbewerbsbeschränkungen, BT-Drs. 18/12051, 1.
26 Vgl. Gesetzesbegründung, Gesetz zur Einführung eines Wettbewerbsregisters und zur Änderung des Gesetzes gegen Wettbewerbsbeschränkungen, BT-Drs. 18/12051, 1.

che Eintragungs- und Auskunftsvoraussetzungen geregelt haben.[27] Vor diesem Hintergrund hat die Bundesregierung Anfang 2017 die Einführung eines bundesweiten, zentralen Wettbewerbsregisters initiiert.

2. Diskussion in der deutschen Wirtschaft und im Bundesrat

20 Der Referentenentwurf des Bundesministeriums für Wirtschaft und Energie für ein Gesetz zur Einführung eines Wettbewerbsregisters wurde mit Stand vom 17./20. Februar 2017[28] den Verbänden und Vereinigungen der deutschen Wirtschaft zur Stellungnahme zur Verfügung gestellt. Der daraufhin verfasste Gesetzesentwurf der Bundesregierung[29] wurde dem Bundesrat zur Stellungnahme übergeben. Die Verbände und Vereinigungen der deutschen Wirtschaft sowie der Bundesrat diskutierten zu § 6 WRegG-E u.a. folgende Themen:

21 In § 6 **Abs. 1 S. 1 und 2** WRegG werden für die dort benannten Auftraggeber nach §§ 99, 100 und 101 GWB unterschiedliche, betragsmäßige Aufgreifschwellen für die Verpflichtung zur Abfrage von Informationen aus dem Wettbewerbsregister vorgesehen. So sind die Auftraggeber zur Abfrage vor Erteilung eines Zuschlags verpflichtet, wenn der zu vergebende Auftrag einen geschätzten Nettowert

- von 30.000 Euro und mehr erreicht und es sich um öffentliche Auftraggeber nach § 99 GWB handelt (§ 6 Abs. 1 S. 1 WRegG) oder
- in Höhe der EU-Schwellenwerte nach § 106 GWB und mehr erreicht und es sich um Sektorenauftraggeber nach § 100 Abs. 1 Nr. 1 GWB oder um Konzessionsgeber nach § 101 Abs. 1 Nr. 1 und 2 GWB handelt (§ 6 Abs. 1 S. 2 WRegG).

Dazu wurde teilweise im Vorfeld zum Referentenentwurf[30] von Vertretern der deutschen Wirtschaft angeregt, auf die Aufgreifschwelle von 30.000 Euro für öffentliche Auftraggeber nach § 99 GWB zu verzichten. Argumentiert wurde z. B. mit einem möglichst wirksamen Erreichen des Gesetzeszwecks.[31] Es sollten auch diejenigen Unternehmen frühzeitig auf ihre Zuverlässigkeit hin überprüft werden können, die unterhalb des Betrages von 30.000 Euro netto anbieten.[32] In der Begründung zum Gesetzesentwurf wird zur Aufgreifschwelle ausgeführt, dass sie dazu diene, den Aufwand sowohl für die öffentlichen Auftraggeber als auch für die Registerbehörde in einem vertretbaren Rahmen zu halten. Außerdem entspreche diese Wertgrenze derjenigen für verpflichtende Abfragen aus dem Gewerbezentralregister gemäß § 21 SchwarzArbG, § 21 AEntG sowie § 19 MiLoG.[33]

22 Gemäß § 6 **Abs. 3** WRegG übermittelt die Registerbehörde dem abfragenden Auftraggeber die im Wettbewerbsregister gespeicherten Daten über das in der Anfrage benannte Unter-

---

27 Siehe oben Rn. 8 ff.

28 Bundesministerium für Wirtschaft und Energie, Referentenentwurf des Bundesministerium für Wirtschaft und Energie, Entwurf eines Gesetzes zur Einführung eines Wettbewerbsregisters, Stand vom 17.2.2017 21.33 Uhr, www.bmwk.de/Redaktion/DE/Downloads/Gesetz/wettbewerbsregistergesetz-referentenentwurf.pdf?__blob=publicationFile&v=4 (abgerufen am 25.6.2022); die Stellungnahmen der Verbände und Vereinigungen referenzieren aber auf einen Entwurf mit dem Stand vom 20.2.2017.

29 Bundesregierung, Entwurf eines Gesetzes zur Einführung eines Wettbewerbsregisters, BT-Drs. 18/12051.

30 Bundesministerium für Wirtschaft und Energie, Referentenentwurf des Bundesministerium für Wirtschaft und Energie, Entwurf eines Gesetzes zur Einführung eines Wettbewerbsregisters, Stand vom 17.2.2017 21.33 Uhr, www.bmwk.de/Redaktion/DE/Downloads/Gesetz/wettbewerbsregistergesetz-referentenentwurf.pdf?__blob=publicationFile&v=4 (abgerufen am 25.6.2022); die Stellungnahmen der Verbände und Vereinigungen referenzieren aber auf einen Entwurf mit dem Stand vom 20.2.2017.

31 Vgl. Bundesverband Möbelspedition und Logistik e.V., Stellungnahme zum Entwurf eines Gesetzes zur Einführung eines Wettbewerbsregisters vom 6.3.2017, www.bmwk.de/Redaktion/DE/Downloads/Stellungnahmen/Stellungnahmen-Wettbewerbsregister/amoe.pdf?__blob=publicationFile&v=4 (abgerufen am 25.6.2022), S. 2; Bundesverband der Deutschen Industrie e.V., Stellungnahme zum Referentenentwurf für ein Gesetz zur Einführung eines Wettbewerbsregisters vom 10.3.2017, www.bmwk.de/Redaktion/DE/Downloads/Stellungnahmen/Stellungnahmen-Wettbewerbsregister/bdi.pdf?__blob=publicationFile&v=4 (abgerufen am 25.6.2022), S. 3.

32 Vgl. Deutscher Gewerkschaftsbund, Stellungnahme des Deutschen Gewerkschaftsbundes zum Entwurf eines Gesetzes zur Einführung eines Wettbewerbsregisters vom 6.3.2017, www.bmwk.de/Redaktion/DE/Downloads/Stellungnahmen/Stellungnahmen-Wettbewerbsregister/dgb.pdf?__blob=publicationFile&v=4 (abgerufen am 25.6.2022).

33 Vgl. Gesetzesbegründung zu § 6 WRegG, Gesetz zur Einführung eines Wettbewerbsregisters und zur Änderung des Gesetzes gegen Wettbewerbsbeschränkungen, BT-Drs. 18/12051, 30.

nehmen. Dazu wurde teilweise im Vorfeld zum Referentenentwurf[34] von Vertretern der deutschen Wirtschaft angeregt, eine Frist aufzunehmen, innerhalb derer die Registerbörde die Anfragen der Auftraggeber zu beantworten habe. Denn die Auftraggeber hätten nach Erhalt der Antwort in eigener Verantwortung über einen Ausschluss von der Teilnahme am Vergabeverfahren zu entscheiden, so dass ohne eine Antwortfrist ein Zeitverlust zu besorgen sei.[35] Demgegenüber wurde ohne weitere Begründung weder in § 6 WRegG noch im Entwurf für eine WRegV in der maßgeblichen Diskussionsfassung[36] eine Antwortfrist aufgenommen, innerhalb derer die Registerbehörde die Informationen an die Auftraggeber zu übersenden hätte.

§ 6 Abs. 6 S. 1 WRegG regelt, dass die Auftraggeber von den Strafverfolgungsbehörden oder von den zur Verfolgung von Ordnungswidrigkeiten berufenen Behörden ergänzende Informationen anfordern können, soweit diese für die Vergabeentscheidung erforderlich sind. § 6 **Abs. 6 S. 2** WRegG bestimmt, dass die angefragten Börden diese Informationen übermitteln dürfen. Hierzu wurde teilweise im Vorfeld zum Referentenentwurf[37] von Vertretern der deutschen Wirtschaft eine Definition angeregt, um welche ergänzenden Informationen es sich handele und wie mit diesen Informationen umzugehen sei.[38] Der Bundesrat schlug später in seiner Stellungnahme zum Gesetzesentwurf der Bundesregierung ebenfalls vor, die ergänzenden Informationen näher zu bestimmen. Vor dem Hintergrund, dass eine bereichsspezifische Datenschutzregelung im Sinne von § 4 Abs. 1 BDSG getroffen werden solle, müsse sich wegen des Bestimmtheitsgrundsatzes aus der Regelung ergeben, welche personenbezogenen Daten betroffen seien.[39] Diese Anregungen wurden in die aktuelle Fassung des § 6 Abs. 6 WRegG nicht übernommen. § 9 Abs. 1 WRegV sieht dazu lediglich vor, dass die Auskunftserteilung nach § 6 Abs. 6 S. 1 und 2 WRegG dem pflichtgemäßen Ermessen der um Auskunft gebetenen Behörde unterliegt. Weiter erfolgte keine nähere Definition zum Gegenstand der ergänzenden Informationen, die die Auftraggeber nach § 6 Abs. 1 S. 1 WRegG anfordern können und die die angefragten Behörden nach § 6 Abs. 6 Nr. 2 WRegG übermitteln dürfen. 23

3. Anpassungen durch das GWB-Digitalisierungsgesetz

Die Bundesregierung hat die Regelungen gegen Wettbewerbsbeschränkungen und für ein fokussiertes, proaktives und digitales Wettbewerbsrecht 4.0 novelliert. Ihren Entwurf für ein „GWB-Digitalisierungsgesetz"[40] hatte der Bundestag am 29. Oktober 2020 in erster Lesung beraten und im Anschluss an den federführenden Ausschuss für Energie und Wirtschaft überwiesen. Die Reform sollte ein schnelleres und effektiveres Handeln für die Wettbewerbsbehör- 24

34 Bundesministerium für Wirtschaft und Energie, Referentenentwurf des Bundesministerium für Wirtschaft und Energie, Entwurf eines Gesetzes zur Einführung eines Wettbewerbsregisters, Stand vom 17.2.2017 21.33 Uhr, www.bmwk.de/Redaktion/DE/Downloads/Gesetz/wettbewerbsregistergesetz-referentenentwurf.pdf?__blob=publicationFile&v=4 (abgerufen am 25.6.2022); die Stellungnahmen der Verbände und Vereinigungen referenzieren aber auf einen Entwurf mit dem Stand vom 20.2.2017.

35 Vgl. Deutscher Anwaltverein, Stellungnahme des Deutschen Anwaltsvereins durch den Ausschuss Vergaberecht zur Einführung eines „Wettbewerbsregisters" vom 20.2.2017, https://www.bmwk.de/Redaktion/DE/Downloads/Stellungnahmen/Stellungnahmen-Wettbewerbsregister/dav.pdf?__blob=publicationFile&v=4 (abgerufen am 26.6.2022).

36 Bundesministerium für Wirtschaft und Energie, Referentenentwurf, Verordnung über den Betrieb des Registers zum Schutz des Wettbewerbs um öffentliche Aufträge und Konzessionen, Stand vom 16.11.2020, www.bmwk.de/Redaktion/DE/Downloads/Gesetz/referentenentwurf-verordnung-ueber-den-betrieb-des-registers-zum-schutz-des-wettbewerbs-um-oeffentliche-auftraege-und-konzessionen.pdf?__blob=publicationFile&v=8 (abgerufen am 25.6.2022).

37 Bundesministerium für Wirtschaft und Energie, Referentenentwurf des Bundesministerium für Wirtschaft und Energie, Entwurf eines Gesetzes zur Einführung eines Wettbewerbsregisters, Stand vom 17.2.2017 21.33 Uhr, www.bmwk.de/Redaktion/DE/Downloads/Gesetz/wettbewerbsregistergesetz-referentenentwurf.pdf?__blob=publicationFile&v=4 (abgerufen am 25.6.2022); die Stellungnahmen der Verbände und Vereinigungen referenzieren aber auf einen Entwurf mit dem Stand vom 20.2.2017.

38 Vgl. Die Deutsche Bauindustrie, Kurzposition zum Referentenentwurf des Bundesministerium für Wirtschaft und Energie betreffend ein Wettbewerbsregister für Aufträge der öffentlichen Hand vom 9.3.2017, www.bmwk.de/Redaktion/DE/Downloads/Stellungnahmen/Stellungnahmen-Wettbewerbsregister/deutsche-bauindustrie.pdf?__blob=publicationFile&v=8 (abgerufen am 25.6.2022), S. 2.

39 Stellungnahme des Bundesrats und Gegenäußerung der Bundesregierung, Gesetz zur Einführung eines Wettbewerbsregisters und zur Änderung des Gesetzes gegen Wettbewerbsbeschränkungen, BT-Drs. 18/12497, 3.

40 Bundesregierung, Entwurf eines GWB-Digitalisierungsgesetzes, BT- Drs. 19/23492.

den ermöglichen. Da digitale Märkte schnelllebig seien, solle das Bundeskartellamt künftig einfacher sogenannte einstweilige Maßnahmen ergreifen können, um den Wettbewerb schon frühzeitig zu schützen.[41] Infolgedessen ergaben sich u.a. eine notwendige Ergänzung in § 6 Abs. 1 WRegG und eine stufenweise Ablösung der nach dem jeweiligen Landesrecht eingerichteten, vergleichbaren Registern sowie des Gewerbezentralregisters des Bundes.

25 Die Änderung des § 6 Abs. 1 WRegG, die in Art. 10 Nr. 4 GWB-Digitalisierungsgesetz festgelegt wurde, trat einen Tag nach dessen Verkündung und damit am 19. Januar 2021 in Kraft. **§ 6 Abs. 1 WRegG** erhielt einen neuen Satz: *„Auftraggeber dürfen von Bietern oder Bewerbern nicht die Vorlage einer Auskunft nach § 5 Abs. 2 Satz 1 verlangen."*

26 Bei der Auskunft nach § 5 Abs. 2 S. 1 WRegG handelt es sich um eine **Selbstauskunft**, die die Unternehmen und natürlichen Personen selbst über die sie betreffenden Eintragungen beantragen können. Hintergrund der Anpassung ist, dass über den gesetzlichen Rahmen hinausgehende Auskunftsverlangen der öffentlichen Auftraggeber und damit übermäßige Belastungen für Unternehmen, aber auch für die Registerbehörde vermieden werden sollen.[42]

27 Außerdem wurde die stufenweise Ablösung[43] der **Landesregister** sowie des **Gewerbezentralregisters** in Art. 10 Nr. 8 und Art. 11 des GWB- Digitalisierungsgesetzes verankert.

4. Bedeutung der WRegV

28 Die WRegV ist einen Tag nach ihrer Veröffentlichung im Bundesgesetzblatt und damit am 24. April 2021 in Kraft getreten. Die WRegV sieht im Zusammenhang mit § 6 WRegG umfassende Konkretisierungen u.a. zu den Voraussetzungen einer Abfrage, zum Gegenstand der zu übermittelnden Daten, zu den empfangsberechtigten Bediensteten, zu den ergänzenden Informationen, zum Datenschutz und zur elektronischen Kommunikation zwischen den öffentlichen Auftraggebern und der Registerbehörde vor. Die Konkretisierungen werden an den entsprechenden Stellen in dieser Kommentierung näher beleuchtet.

B. Abrufverpflichtung (Abs. 1)

29 § 6 Abs. 1 WRegG definiert die Abfragepflichten der Auftraggeber im Sinne von §§ 99, 100, 101 GWB ab konkreten Wertgrenzen sowie die Ausnahmetatbestände, innerhalb derer die Auftraggeber von der Abfragepflicht befreit sind.

30 Hier werden die Rechte und Pflichten der Auftraggeber normiert, die sie zeitlich **vor der Zuschlagserteilung** betreffen. Sowohl in einstufigen als auch in mehrstufigen Verfahren kommen diese Regelungen erst zum Tragen, sobald sich das Vergabeverfahren im Stadium der Zuschlagsreife befindet. Das ergibt sich schon aus dem Sinnzusammenhang bei einem Vergleich mit § 6 Abs. 2 WRegG. Dort werden die Auskunftsrechte von Auftraggebern für Beschaffungen festgelegt, die die Wertgrenzen des § 6 Abs. 1 WRegG unterschreiten oder aber bei denen das Vergabeverfahren noch nicht das Stadium der Zuschlagsreife erreicht hat.

31 Das Gewerbezentralregister des Bundes sowie die entsprechenden **Register der Länder** werden durch das Wettbewerbsregister ersetzt.[44] In diesem Zusammenhang sieht die Bundesregierung die gestaffelte Ablösung der Landesregister sowie des Gewerbezentralregisters vor. Dafür wurde das WRegG auch in diesem Zusammenhang durch das GWB-Digitalisierungsgesetz angepasst. Zum zeitlichen Ablauf sehen Art. 10 und 11 GWB-Digitalisierungsgesetz unterschiedliche Vorgehensweisen für die Abfragepflichten und Auskunftsrechte der Auftraggeber für Auskünfte aus den Landesregistern und dem Gewerbezentralregister vor.[45]

---

41 https://www.bundestag.de/dokumente/textarchiv/2020/kw44-de-digitales-wettbewerbsrecht-798194 (abgerufen am 25.6.2022).
42 Vgl. Gesetzesbegründung zu § 6 Abs. 1 S. 6 GWB, GWB-Digitalisierungsgesetz, BT-Drs. 19/23492, 146.
43 Erläuterungen zur stufenweisen Ablösung siehe oben § 6 WRegG Rn. 16 ff.
44 Gesetzesbegründung, Gesetz zur Einführung eines Wettbewerbsregisters und zur Änderung des Gesetzes gegen Wettbewerbsbeschränkungen, BT-Drs. 18/12051, 20.
45 Nähere Ausführungen dazu siehe unter Rn. 16 ff.

I. Abfragepflicht für öffentliche Auftraggeber (S. 1)

§ 6 Abs. 1 S. 1 WRegG sieht die Abfragepflicht für öffentliche Auftraggeber nach § 99 GWB vor Zuschlagserteilung über Eintragungen im Wettbewerbsregister zum Bieter, der den Zuschlag erhalten soll für einen beabsichtigten Auftrag mit einem geschätzten Nettoauftragswert ab 30.000 Euro vor. 32

Der Begriff des **öffentlichen Auftraggebers** nach § 99 GWB umfasst alle Arten von öffentlichen Auftraggebern, die unter § 99 Nr. 1 bis 4 GWB fallen. Wenn und soweit die öffentlichen Auftraggeber nach § 99 Nr. 1 bis 3 GWB als Konzessions- oder Sektorenauftraggeber tätig werden, gelten für sie abweichende Bestimmungen nach § 6 Abs. 1 S. 2 WRegG. 33

Mit **öffentlichen Aufträgen** sind hier wohl öffentliche Aufträge im Sinne von § 103 Abs. 1 bis 5 GWB gemeint,[46] die von öffentlichen Auftraggebern nach § 99 Nr. 1 bis 4 GWB vergeben werden. Denn in § 6 Abs. 1 S. 1 WRegG wird explizit auf diesen Auftraggeberkreis verwiesen. Die Abfragepflicht bei der Vergabe von Konzessionen wird von § 6 Abs. 1 S. 1 WRegG daher nicht erfasst. Sie richtet sich ausschließlich nach § 6 Abs. 1 S. 2 WRegG. Außerdem sind Wettbewerbe, die nach § 103 Abs. 6 GWB als Auslobungsverfahren vom Begriff des öffentlichen Auftrags ausgenommen wurden, ebenfalls nicht erfasst. Nicht besonders in § 6 WRegG behandelt werden verteidigungs- oder sicherheitsspezifische öffentliche Aufträge nach § 104 GWB, die als Sonderformen des öffentlichen Auftrags ausgestaltet wurden. Auch sie können grundsätzlich von öffentlichen Auftraggebern im Sinne von § 99 Nr. 1 bis 4 GWB vergeben werden. Es ist daher kein Grund ersichtlich, warum diese besonderen Arten von öffentlichen Aufträgen nicht von § 6 Abs. 1 S. 1 WRegG erfasst sein sollten, wenn und soweit auf sie der Teil 4 GWB anwendbar ist. Die Ausnahmen vom Anwendungsbereich sind in den §§ 117, 144 bis 147 GWB festgelegt. 34

Die Pflicht zur Abfrage besteht nur für denjenigen **Bieter**, an den der Auftraggeber den Auftrag zu vergeben beabsichtigt. Bei Bietergemeinschaften betrifft die Abfragepflicht alle an der Bietergemeinschaft beteiligten Unternehmen.[47] Gleiches muss auch für angebotene Eignungsentleiher und für Unterauftragnehmer gelten. Denn der Auftraggeber muss sowohl für die Eignungsentleiher nach § 47 Abs. 2 VgV als auch für die Unterauftragnehmer nach § 36 Abs. 5 VgV das Vorliegen von Ausschlussgründen prüfen. Informationen für die Prüfung von Ausschlussgründen soll gerade das Wettbewerbsregister bieten. Für andere Bieter oder Bietergemeinschaften einschließlich deren Eignungsentleiher und Unterauftragnehmer, an die der Auftraggeber nicht beabsichtigt, den Auftrag zu vergeben, besteht die Abfragepflicht folglich nicht. Das gilt auch für solche Bieter oder Bietergemeinschaften, die lediglich in die engere Wahl für die Zuschlagserteilung kommen. 35

1. Aufgreifschwelle

Die Abfragepflicht nach § 6 Abs. 1 S. 1 WRegG besteht erst ab einem geschätzten Nettoauftragswert von 30.000 Euro. Zur Wahl dieser Aufgreifschwelle wurde teilweise im Vorfeld zum Referentenentwurf[48] von Vertretern der deutschen Wirtschaft angeregt, auf die Aufgreifschwelle von 30.000 Euro für öffentliche Auftraggeber nach § 99 GWB zu verzichten. Argu- 36

---

46 Nähere Ausführungen dazu siehe unter Rn. 6.

47 Vgl. Gesetzesbegründung zu § 6 WRegG, Gesetz zur Einführung eines Wettbewerbsregisters und zur Änderung des Gesetzes gegen Wettbewerbsbeschränkungen, BT-Drs. 18/12051, 30.

48 Bundesministerium für Wirtschaft und Energie, Referentenentwurf des Bundesministerium für Wirtschaft und Energie, Entwurf eines Gesetzes zur Einführung eines Wettbewerbsregisters, Stand vom 17.2.2017 21.33 Uhr, www.bmwk.de/Redaktion/DE/Downloads/Gesetz/wettbewerbsregistergesetz-referentenentwurf.pdf?__blob=publicationFile&v=4 (abgerufen am 25.6.2022); die Stellungnahmen der Verbände und Vereinigungen referenzieren aber auf einen Entwurf mit dem Stand vom 20.2.2017.

mentiert wurde z. B. mit einem möglichst wirksamen Erreichen des Gesetzeszwecks.[49] Es sollten auch diejenigen Unternehmen frühzeitig auf ihre Zuverlässigkeit hin überprüft werden können, die unterhalb des Betrages von 30.000 Euro netto anbieten.[50] In der Begründung zum Gesetzesentwurf hingegen wird zur Aufgreifschwelle ausgeführt, dass sie dazu diene, den Aufwand sowohl für die öffentlichen Auftraggeber als auch für die Registerbehörde in einem vertretbaren Rahmen zu halten. Außerdem entspreche diese Wertgrenze derjenigen für verpflichtende Abfragen aus dem Gewerbezentralregister gemäß § 21 SchwarzArbG, § 21 AEntG sowie § 19 MiLoG.[51]

37 Ab Erreichen des (geschätzten) Nettoauftragswerts von 30.000 Euro betrifft die Abfragepflicht die öffentlichen Auftraggeber nach § 99 GWB sowohl bei **Vergabeverfahren** oberhalb als auch unterhalb der EU-Schwellenwerte.[52] Die Verpflichtung zur Abfrage besteht nicht bei Sachverhalten, für die das Vergaberecht Ausnahmen von der Anwendbarkeit des Vergaberechts vorsieht.[53]

38 Die Regelung stellt auf einen **geschätzten Auftragswert** ab 30.000 Euro ab. Nach welchen Maßstäben die Schätzung erfolgen muss, wird von § 6 Abs. 1 S. 1 WRegG nicht vorgegeben. Für die Bestimmung darüber, ob die Regelungen des Kartellvergaberechts anzuwenden sind, enthalten die Vergabeverordnungen entsprechende Regelungen, vgl. nur § 3 VgV. Wegen des Sachzusammenhangs zwischen dem Kartellvergaberecht und Wettbewerbsregisterrecht kann davon ausgegangen werden, dass der Gesetzgeber diese Regelungen bei der Abfassung der Regelung in § 6 Abs. 1 S. 1 WRegG vor Augen hatte, sodass deren Maßstäbe entsprechend herangezogen werden können. Hieraus folgt insbesondere, dass der Zeitpunkt der Einleitung des Vergabeverfahrens maßgeblich für die Auftragswertschätzung ist, vgl. § 3 Abs. 3 VgV. Nicht entscheidend ist nach dem Wortlaut der Regelung daher der tatsächliche Auftragswert, das heißt der angebotene Preis des Bieters, der den Zuschlag erhalten soll. Ob dies der gesetzgeberischen Intention entspricht, kann durchaus in Frage gestellt werden. Denn nach dem gesetzgeberischen Verständnis entspricht die Aufgreifschwelle den *„bisher bestehenden Wertgrenzen […] in § 21 SchwarzArbG, § 21 AEntG und § 19 MiLoG."*[54] Diese Regelungen enthalten jedoch keine Einschränkung dahingehend, dass der geschätzte Auftragswert maßgeblich sei, sodass es nach diesen Bestimmungen auf den tatsächlichen Auftragswert ankommen dürfte. Dennoch hat sich der Gesetzgeber in § 6 Abs. 1 S. 1 WRegG ausweislich des Wortlauts für den geschätzten Auftragswert entschieden.

39 Bei einer **losweisen Aufteilung** des Auftrags ist nicht der jeweilige Wert des Loses maßgeblich. § 6 Abs. 1 S. 1 WRegG stellt ausdrücklich auf den Wert des Auftrags ab. Es kommt daher nicht auf den Wert von einzelnen Leistungssegmenten dieses Auftrags an. Dies entspricht auch dem Gesetzeszweck. Die Aufteilung eines Auftrags in mehrere Lose, die jeweils für sich die Aufgreifschwelle von 30.000 Euro nicht erreichen, kann nicht dazu führen, dass die Abfragepflicht nach § 6 Abs. 1 S. 1 WRegG entfällt. Der öffentliche Auftraggeber soll Auskünfte über einen konkreten Bieter erhalten, um zu vermeiden, dass ein rechtsuntreuer Bieter bei der

49 Vgl. Bundesverband Möbelspedition und Logistik, Stellungnahme zum Entwurf eines Gesetzes zur Einführung eines Wettbewerbsregisters vom 6.3.2017, www.bmwk.de/Redaktion/DE/Downloads/Stellungnahmen/Stellungnahmen-Wettbewerbsregister/amoe.pdf?__blob=publicationFile&v=4 (abgerufen am 25.6.2022), S.2; Bundesverband der Deutschen Industrie e.V., Stellungnahme zum Referentenentwurf für ein Gesetz zur Einführung eines Wettbewerbsregisters vom 10.3.2017, www.bmwk.de/Redaktion/DE/Downloads/Stellungnahmen/Stellungnahmen-Wettbewerbsregister/bdi.pdf?__blob=publicationFile&v=4 (abgerufen am 25.6.2022), S. 3.

50 Vgl. Deutscher Gewerkschafsbund, Stellungnahme des Deutschen Gewerkschaftsbundes zum Entwurf eines Gesetzes zur Einführung eines Wettbewerbsregisters vom 6.3.2017, www.bmwk.de/Redaktion/DE/Downloads/Stellungnahmen/Stellungnahmen-Wettbewerbsregister/dgb.pdf?__blob=publicationFile&v=4 (abgerufen am 25.6.2022), S. 3.

51 Vgl. Gesetzesbegründung zu § 6 WRegG, Gesetz zur Einführung eines Wettbewerbsregisters und zur Änderung des Gesetzes gegen Wettbewerbsbeschränkungen, BT-Drs. 18/12051, 30.

52 Vgl. Gesetzesbegründung zu § 6 WRegG, Gesetz zur Einführung eines Wettbewerbsregisters und zur Änderung des Gesetzes gegen Wettbewerbsbeschränkungen, BT-Drs. 18/12051, 30.

53 Vgl. Gesetzesbegründung zu § 6 WRegG, Gesetz zur Einführung eines Wettbewerbsregisters und zur Änderung des Gesetzes gegen Wettbewerbsbeschränkungen, BT-Drs. 18/12051, 30.

54 Vgl. Gesetzesbegründung zu § 6 WRegG, Gesetz zur Einführung eines Wettbewerbsregisters und zur Änderung des Gesetzes gegen Wettbewerbsbeschränkungen, BT-Drs. 18/12051, 30.

Zuschlagsentscheidung zum Zuge kommt. Wenn im Rahmen eines Vergabeverfahrens mehrere Lose vergeben werden, kann allein durch die Addition der Werte der Lose ein Bieter einen Gesamtauftrag erhalten, der den Auftragswert nach § 6 Abs. 1 S. 1 WRegG und damit die Aufgreifschwelle erreicht. Daher ist es folgerichtig, bei der Vergabe von mehreren Losen auf den Gesamtauftragswert abzustellen. In diesem Zusammenhang wurde auch in der Diskussion zum Gesetzgebungsverfahren des WRegG angeregt, zur Aufgreifschwelle von 30.000 Euro klarzustellen, dass Aufträge, bei denen der Verdacht besteht, dass sie „gestückelt" wurden, zusammenzurechnen sind.[55] Diese Klarstellung wurde im WRegG nicht aufgenommen. Eine Klarstellung ist letztlich nicht erforderlich, da eine sog. „Stückelung" von Aufträgen zur Umgehung von Wertgrenzen vergaberechtlich gemäß § 3 Abs. 2 S. 2 VgV für das jeweilige Vergabeverfahren untersagt ist.

2. Zeitpunkt der Abfrage

Die Pflicht zur Abfrage nach § 6 Abs. 1 S. 1 WRegG besteht vor der Zuschlagserteilung. Sowohl in einstufigen als auch in mehrstufigen Verfahren besteht die Pflicht erst, wenn sich das Vergabeverfahren im Stadium der Zuschlagsreife befindet. Dies folgt daraus, dass die Abfrage der Informationen über denjenigen Bieter zu erfolgen hat, an den der öffentliche Auftraggeber den öffentlichen Auftrag zu vergeben beabsichtigt. **40**

3. Gegenstand der Abfrage

§ 6 Abs. 1 S. 1 WRegG bestimmt, dass öffentliche Auftraggeber im Wettbewerbsregister abzufragen haben, „ob" Eintragungen zu demjenigen Bieter gespeichert sind, der den Zuschlag erhalten soll. Im Zusammenhang mit § 6 Abs. 3 WRegG muss diese Regelung aber wohl so gelesen werden, dass abgefragt werden soll, ob und gegebenenfalls welche Eintragungen gespeichert sind. Denn nach § 6 Abs. 3 S. 1 WRegG werden dem abfragenden Auftraggeber die im Wettbewerbsregister gespeicherten Daten über das Unternehmen übermittelt, das in der Abfrage benannt ist. Sind keine Eintragungen gespeichert, erhält der abfragende Auftraggeber nach § 6 Abs. 3 S. 2 WRegG auch zu diesem Umstand eine Information. **41**

4. Erforderliche Angaben nach WRegV

Die WRegV sieht Erläuterungen und Konkretisierungen zu den Voraussetzungen der Abfrage und dabei insbesondere zu den Angaben, die der öffentliche Auftraggeber zusammen mit der Abfrage bei der Registerbehörde einreichen muss,[56] zur Verantwortlichkeit des öffentlichen Auftraggebers[57] sowie zu den möglichen Kommunikationswegen und gegebenenfalls erforderlichen Registrierungen des öffentlichen Auftraggebers[58] vor. **42**

5. Rechtsfolgen bei Verstoß

§ 6 Abs. 1 S. 1 WRegG normiert kein Zuschlagsverbot für den Fall, dass ein öffentlicher Auftraggeber nach § 99 GWB seiner Abrufverpflichtung nicht nachgekommen ist. Die Regelung ist ausweislich der Gesetzesbegründung nicht unternehmensschützend[59] und knüpft auch sonst keine Rechtsfolgen an die Nichtbeachtung der Abfragepflicht. Daher sind allenfalls zivilrechtliche Ansprüche von Bietern auf Unterlassung oder Schadensersatz denkbar. **43**

55 Vgl. Deutscher Gewerkschaftsbund, Stellungnahme des Deutschen Gewerkschaftsbundes zum Entwurf eines Gesetzes zur Einführung eines Wettbewerbsregisters vom 6.3.2017, www.bmwk.de/Redaktion/DE/Downloads/Stellungnahmen/Stellungnahmen-Wettbewerbsregister/dgb.pdf?__blob=publicationFile&v=4 (abgerufen am 25.6.2022).

56 Nähere Ausführungen dazu siehe unter Rn. 79.

57 Nähere Ausführungen dazu siehe unter Rn. 80.

58 Nähere Ausführungen dazu siehe unter Rn. 139 ff.

59 Vgl. Gesetzesbegründung zu § 6 WRegG, Gesetz zur Einführung eines Wettbewerbsregisters und zur Änderung des Gesetzes gegen Wettbewerbsbeschränkungen, BT-Drs. 18/12051, 31.

II. Abfragepflicht für Sektorenauftraggeber und Konzessionsgeber (S. 2)

44 § 6 Abs. 1 S. 2 WRegG sieht die Abfragepflicht für Sektorenauftraggeber nach § 100 Abs. 1 Nr. 1 GWB sowie für Konzessionsgeber nach § 101 Abs. 1 Nr. 1 und 2 GWB ab Erreichen der Schwellenwerte des § 106 GWB vor Zuschlagserteilung über Eintragungen im Wettbewerbsregister zu dem Bieter vor, an den der Auftraggeber den Auftrag zu vergeben beabsichtigt.

45 § 6 Abs. 1 S. 2 WRegG spricht von dem „**Auftrag**". Der Begriff ist für sich betrachtet nicht ohne Weiteres der vergaberechtlichen Nomenklatur zuzuordnen. Aus der inneren Systematik von § 6 Abs. 1 S. 2 WRegG folgt jedoch, dass es sich hierbei um öffentliche Aufträge im Sinne von § 103 Abs. 1 GWB und Konzessionen nach § 105 GWB handelt. Denn die Eigenschaft des Sektorenauftraggebers nach § 100 Abs. 1 Nr. 1 GWB bzw. Konzessionsgebers nach § 101 Abs. 1 Nr. 1 und 2 GWB wird nur durch die Vergabe eben dieser Aufträge vervollständigt.

46 Die Abfragepflicht besteht nur hinsichtlich desjenigen **Bieters**, an den Auftraggeber den Auftrag zu vergeben beabsichtigt. Insoweit gilt nichts anderes als nach § 6 Abs. 1 S. 1 WRegG.[60]

1. Sektorenauftraggeber

47 § 6 Abs. 1 S. 2 Alt. 1 WRegG umfasst nur die Sektorenauftraggeber im Sinne von **§ 100 Abs. 1 Nr. 1 GWB**. Das sind öffentliche Auftraggeber gemäß § 99 Nr. 1 bis 3 GWB, die eine Sektorentätigkeit gemäß § 102 GWB ausüben.

48 Explizit ausgenommen sind demnach Sektorenauftraggeber nach **§ 100 Abs. 1 Nr. 2 GWB**. Dazu gehören öffentliche Auftraggeber nach § 99 Nr. 4 GWB sowie sonstige natürliche oder juristische Personen des privaten Rechts, die eine Sektorentätigkeit nach § 102 GWB ausüben. Diese sind zwar nach § 100 Abs. 1 Nr. 2 GWB unter bestimmten Bedingungen an das öffentliche Vergaberecht bei Vergaben oberhalb der EU-Schwellenwerte gebunden. Allerdings soll ausweislich der Gesetzesbegründung dieser Kreis der Auftraggeber wegen der Sensibilität der Daten nicht von der Auskunftspflicht erfasst sein.[61] Insofern muss auch der persönliche Anwendungsbereich nach § 1 Abs. 2 WRegG entgegen seinem Wortlaut eingeschränkt verstanden werden. Nach dessen Wortlaut soll Auftraggebern nach § 98 GWB Informationen über Ausschlussgründe nach §§ 123, 124 GWB aus dem Wettbewerbsregister zur Verfügung gestellt werden. § 98 GWB fasst aber unter den Begriff des „Auftraggebers" ohne Einschränkung alle Sektorenauftraggeber nach § 100 GWB. Entsprechendes gilt im Übrigen auch für das neben der Abfragepflicht eingeräumte Auskunftsrecht nach § 6 Abs. 2 Nr. 1 GWB, das im Einklang mit Gesetzesbegründung[62] auch nur dem eingeschränkten Auftraggeberkreis *„nach Abs. 1"* zusteht.

2. Konzessionsgeber

49 § 6 Abs. 1 S. 2 Alt. 2 WRegG umfasst nur die Konzessionsgeber im Sinne von § 101 Abs. 1 Nr. 1 und 2 GWB. Das sind öffentliche Auftraggeber gemäß § 99 Nr. 1 bis 3 GWB, die eine Konzession vergeben, sowie Sektorenauftraggeber gemäß § 100 Abs. 1 Nr. 1 GWB, die eine Sektorentätigkeit gemäß § 102 Abs. 2 bis 6 GWB ausüben und eine Konzession zum Zweck dieser Tätigkeit vergeben.

50 Von der Abfragepflicht nach § 6 Abs. 1 S. 2 WRegG sind ausdrücklich die Konzessionsgeber nach **§ 101 Abs. 1 Nr. 1 GWB** umfasst. Das sind öffentliche Auftraggeber gemäß § 99 Nr. 1 bis 3 GWB, die eine Konzession im Sinne von § 103 Abs. 5 GWB vergeben.

51 Von der Abfragepflicht nach § 6 Abs. 1 S. 2 WRegG sind zudem explizit die Konzessionsgeber nach **§ 101 Abs. 1 Nr. 2 GWB** umfasst. Das sind Sektorenauftraggeber gemäß § 100 Abs. 1 Nr. 1 GWB, die eine Sektorentätigkeit gemäß § 102 Abs. 2 bis 6 GWB ausüben und eine Kon-

60 Siehe daher die Ausführungen dort für Einzelheiten, Rn. 30, 35.

61 Vgl. Gesetzesbegründung zu § 6 WRegG, Gesetz zur Einführung eines Wettbewerbsregisters und zur Änderung des Gesetzes gegen Wettbewerbsbeschränkungen, BT-Drs. 18/12051, 30.

62 Vgl. Gesetzesbegründung zu § 6 WRegG, Gesetz zur Einführung eines Wettbewerbsregisters und zur Änderung des Gesetzes gegen Wettbewerbsbeschränkungen, BT-Drs. 18/12051, 30.

zession zum Zweck der Ausübung dieser Tätigkeit vergeben. Die vorgenannten Sektorenauftraggeber müssen weiter eine Sektorentätigkeit gemäß § 102 Abs. 2 bis 6 GWB ausüben. Nicht umfasst sind Sektorentätigkeiten im Bereich Wasserversorgung nach § 102 Abs. 1 GWB. Die vorgenannten Sektorenauftraggeber müssen eine Konzession zum Zwecke der Ausübung der vorgenannten Sektorentätigkeiten (ohne Wasserversorgung) im Sinne von § 105 GWB vergeben.

Ausgenommen sind demnach Auftraggeber, die im Konzessionsbereich nach **§ 101 Abs. 1 Nr. 3 GWB** tätig sind. Dazu gehören Auftraggeber, die im Sektorenbereich nach § 102 GWB tätig sind und öffentliche Auftraggeber nach § 99 Nr. 4 GWB sind sowie sonstige natürliche oder juristische Personen des privaten Rechts, die eine Sektorentätigkeit nach § 102 GWB ausüben. Diese sind zwar nach § 100 Abs. 1 Nr. 2 GWB unter bestimmten Bedingungen an das GWB-Vergaberecht bei Vergaben oberhalb der EU-Schwellenwerte gebunden. Allerdings soll ausweislich der Gesetzesbegründung dieser Kreis der Auftraggeber wegen der Sensibilität der Daten nicht von der Auskunftspflicht erfasst sein.[63] Damit wird ein Gleichlauf mit der Regelung in § 6 Abs. 1 S. 2 WRegG hergestellt, wonach die vorgenannten Sektorenauftraggeber nicht von der Abfragepflicht umfasst sind. Insofern muss auch in diesem Kontext der persönliche Anwendungsbereich nach § 1 Abs. 2 WRegG entgegen seinem Wortlaut eingeschränkt verstanden werden. Nach dessen Wortlaut soll Auftraggebern nach § 98 GWB Informationen über Ausschlussgründe nach §§ 123, 124 GWB aus dem Wettbewerbsregister zur Verfügung gestellt werden. Denn § 98 GWB fasst unter den Begriff des „Auftraggebers" ohne Einschränkung alle Konzessionsgeber nach § 101 GWB. Entsprechendes gilt im Übrigen auch für das neben der Abfragepflicht eingeräumte Auskunftsrecht nach § 6 Abs. 2 Nr. 1 GWB.[64] das im Einklang mit der Gesetzesbegründung[65] auch nur dem eingeschränkten Auftraggeberkreis *„nach Abs. 1"* zusteht. 52

3. Aufgreifschwelle

Die Abfragepflicht besteht für die vorgenannten Sektorenauftraggeber und Konzessionsgeber ab Erreichen der EU-Schwellenwerte nach § 106 GWB. Hinsichtlich der Beurteilung der Frage, wann die Aufgreifschwelle erreicht ist, gelten die Ausführungen zu § 6 Abs. 1 S. 1 WRegG entsprechend.[66] 53

4. Zeitpunkt der Abfrage

Die Pflicht zur Abfrage nach § 6 Abs. 1 S. 2 WRegG besteht vor der Zuschlagserteilung. Es gilt insoweit nichts anderes als zu § 6 Abs. 1 S. 1 WRegG.[67] 54

5. Gegenstand der Abfrage und erforderliche Angaben nach WRegV

Hinsichtlich des Gegenstands der Abfrage und der erforderlichen Angaben nach WRegV gilt dasselbe wie für § 6 Abs. 1 S. 1 WRegG.[68] 55

III. Ausnahmen von der Abfragepflicht (S. 3 bis 5)

§ 6 Abs. 1 S. 3 bis 5 WRegG normiert Ausnahmen von der Abfragepflicht der öffentlichen Auftraggeber, Sektorenauftraggeber und Konzessionsgeber, wie sie in § 6 Abs. 1 S. 1 und 2 WRegG geregelt ist. 56

---

63 Vgl. Gesetzesbegründung zu § 6 WRegG, Gesetz zur Einführung eines Wettbewerbsregisters und zur Änderung des Gesetzes gegen Wettbewerbsbeschränkungen, BT-Drs. 18/12051, 30.

64 Nähere Ausführungen dazu siehe unter § 6 WRegG Rn. 84.

65 Vgl. Gesetzesbegründung zu § 6 WRegG, Gesetz zur Einführung eines Wettbewerbsregisters und zur Änderung des Gesetzes gegen Wettbewerbsbeschränkungen, BT-Drs. 18/12051, 30.

66 Wegen der weiteren Erläuterungen kann auf die vergleichbaren Ausführungen zu § 6 Abs. 1 S. 1 WRegG in diesem Kapitel entsprechend verwiesen werden, siehe daher oben Rn. 36.

67 Wegen der weiteren Erläuterungen kann auf die vergleichbaren Ausführungen zu § 6 Abs. 1 S. 1 WRegG in diesem Kapitel entsprechend verwiesen werden, siehe daher oben Rn. 36.

68 Siehe für Einzelheiten daher oben Rn. 41.

1. Ausnahmen von der Anwendung des Vergaberechts (S. 3)

57 Eine Verpflichtung zur Abfrage besteht nach § 6 Abs. 1 S. 3 bis 5 WRegG nicht bei Sachverhalten, für die das Vergaberecht Ausnahmen von der Anwendbarkeit des Vergaberechts vorsieht. Beispielhaft werden in der Gesetzesbegründung folgende Ausnahmetatbestände des GWB aufgeführt: §§ 107, 108, 109, 116, 117 oder 145 GWB.[69]

58 Da aber die Abfragepflicht im Rahmen der gesetzlich normierten Aufgreifschwellen sowohl für öffentliche Vergabeverfahren oberhalb als auch **unterhalb der EU-Schwellenwerte** gilt,[70] müssen auch Ausnahmetatbestände für unterschwellige Vergabeverfahren zum Tragen kommen, die aufgrund von Haushaltsrecht und/oder landesrechtlichen Vergabegesetzen zur Anwendung kommen. Die Auftraggeber können für diese Fälle nicht schlechter gestellt werden als die Auftraggeber von Aufträgen, für deren Auftragsvergaben das EU-Vergaberecht zur Anwendung kommt. § 1 Abs. 2 UVgO regelt für die von öffentlichen Aufträgen unterhalb der EU-Schwellenwerte die entsprechende Anwendung der vorgenannten Ausnahmetatbestände. Die UVgO wurde für die Auftragsvergaben des Bundes und auch für diejenigen in den meisten Bundesländern durch Haushaltsrecht und/oder durch die Vergabegesetze für anwendbar erklärt. Wenn und soweit in diesem Zusammenhang Abweichungen für die Anwendbarkeit von vergaberechtlichen Ausnahmetatbeständen vorgesehen wurden, sind diese der Prüfung des § 6 Abs. 1 S. 3 WRegG zugrunde zu legen.

2. Ausnahme für Auslandsdienststellen (S. 4)

59 Nach § 6 Abs. 1 S. 4 WRegG sind Auslandsdienststellen abweichend von § 6 Abs. 4 S. 1 und 2 WRegG nicht verpflichtet, das Wettbewerbsregister abzufragen.

60 Weder aus der Gesetzesbegründung noch aus dem Gesetzeswortlaut spricht aber etwas gegen eine **Berechtigung** dieser Dienststellen zu Abfrage, wenn und soweit die sonstigen Abfragevoraussetzungen vorliegen. Vielmehr folgt schon aus § 6 Abs. 2 WRegG, dass es neben der Abfragepflicht nach § 6 Abs. 1 WRegG ein Abfragerecht gibt. In § 6 Abs. 2 WRegG hat der Gesetzgeber das Recht verankert, auch bei Nichterreichen der Aufgreifschwellen das Wettbewerbsregister bei Vorliegen der sonstigen Voraussetzungen abzufragen.

61 **Auslandsdienststellen** sind beispielsweise Botschaften und Konsulate.[71] Der Begriff der Auslandsdienststellen findet sich beispielsweise auch in § 53 UVgO. Danach gelten für Auslandsdienststellen Erleichterungen bei der Anwendung der Vorschriften der UVgO.

3. Ausnahme bei bereits erfolgten Abfragen (S. 5)

62 Auf eine erneute Abfrage bei der Registerbehörde kann der Auftraggeber nach § 6 Abs. 1 S. 5 WRegG verzichten, wenn er innerhalb der letzten zwei Monate zu dem entsprechenden Unternehmen bereits eine Auskunft aus dem Wettbewerbsregister erhalten hat.

63 Der Gesetzgeber normiert für diese Fälle eine Wahlfreiheit des Auftraggebers. Die Entscheidung über eine erneute Abfrage liegt damit im **Ermessen** des Auftraggebers. Sinn und Zweck der Regelung ist die Reduzierung von Verwaltungsaufwand aufseiten des Auftraggebers.

64 Zur Frage, wann die **Zweimonatsfrist** beginnt, trifft das WRegG keine Aussage. Nach dem Wortlaut muss der Auftraggeber innerhalb der letzten zwei Monate zu dem entsprechenden Unternehmen bereits eine Auskunft aus dem Wettbewerbsregister erhalten haben. So muss der Auftraggeber die Möglichkeit gehabt haben, in seinem Herrschaftsbereich von der Auskunft Kenntnis zu erlangen. Da dieser Zeitpunkt nach dem Gesetzeswortlaut innerhalb der Zweimonatsfrist liegen muss, wird der entsprechende Tag als erster Tag der Zweimonatsfrist angesehen werden können.

---

69 Vgl. Gesetzesbegründung zu § 6 WRegG, Gesetz zur Einführung eines Wettbewerbsregisters und zur Änderung des Gesetzes gegen Wettbewerbsbeschränkungen, BT-Drs. 18/12051, 30.

70 Vgl. Gesetzesbegründung zu § 6 WRegG, Gesetz zur Einführung eines Wettbewerbsregisters und zur Änderung des Gesetzes gegen Wettbewerbsbeschränkungen, BT-Drs. 18/12051, 30.

71 Vgl. Gesetzesbegründung zu § 6 WRegG, Gesetz zur Einführung eines Wettbewerbsregisters und zur Änderung des Gesetzes gegen Wettbewerbsbeschränkungen, BT-Drs. 18/12051, 30.

Nach der Regelung werden **Auftraggeber** von der Abfragepflicht befreit. Nach der Systematik der Regelung sind hiermit die nach § 6 Abs. 1 S. 1 und 2 WRegG zur Abfrage verpflichteten öffentlichen Auftraggeber nach § 99 GWB, Sektorenauftraggeber nach § 100 Abs. 1 Nr. 1 GWB und die Konzessionsgeber nach § 101 Abs. 1 Nr. 1 und 2 GWB gemeint. 65

Nach dem ausdrücklichen Gesetzeswortlaut ist die Abfrage beim Wettbewerbsregister ausschlaggebend. Hat also beispielsweise der Auftraggeber während der Übergangsphase zur Einführung des **Wettbewerbsregisters**[72] bei einem parallel betriebenen Korruptionsregister eines Bundeslandes oder beim Gewerbezentralregister des Bundes eine Auskunft zum Bieter eingeholt, greift § 6 Abs. 1 S. 5 WRegG nicht. Dies ist sachgerecht, da die Korruptionsregister der Länder aber auch das Gewerbezentralregister nicht alle Informationen vorhalten, die im Wettbewerbsregister nach §§ 2 und 3 WRegG gespeichert werden. 66

4. Verbot des Auskunftsverlangens von Bietern und Bewerbern (S. 6)

Nach § 6 Abs. 1 S. 6 WRegG dürfen Auftraggeber von Bietern oder Bewerbern nicht die Vorlage einer Auskunft nach § 5 Abs. 2 S. 1 WRegG verlangen. Hintergrund des neuen § 6 Abs. 1 S. 6 WRegG ist, dass über den gesetzlichen Rahmen hinausgehende Auskunftsverlangen der Auftraggeber und damit übermäßige Belastungen für Unternehmen, aber auch für die Registerbehörde vermieden werden sollen.[73] 67

Bei der **Auskunft** nach § 5 Abs. 2 S. 1 WRegG handelt es sich um eine Selbstauskunft, die die Unternehmen und natürlichen Personen selbst über die sie betreffenden Eintragungen bei der Registerbehörde beantragen können. 68

IV. Rechtsfolgen beim Verstoß gegen die Abfragepflicht

Es gilt der allgemeine Schutzzweck des § 1 Abs. 1 WRegG, wonach das Wettbewerbsregister zum Schutz des Wettbewerbs um öffentliche Aufträge (einschließlich Sektorenaufträge) und Konzessionen eingerichtet wird. Ziel ist es unter anderem, den Staat, die Steuerzahler und integre Unternehmen vor Schäden zu bewahren.[74] Allerdings sieht das WRegG keine Rechtsfolgen für den Fall von Zuwiderhandlungen vor. 69

Die Abfragepflicht des Auftraggebers ist als solche nicht unternehmensschützend.[75] Daraus kann geschlossen werden, dass kein **Primärrechtsschutz** bei Verstößen der Auftraggeber gegen die Abfragepflicht geltend gemacht werden kann. Die konkurrierenden Bieter bzw. Bewerber können also die Eintragung eines Unternehmens in das Wettbewerbsregister im Nachprüfungsverfahren nicht geltend machen.[76] Sie können auch keinen zivilrechtlichen Unterlassungsanspruch aus § 1004 BGB analog i.V.m. § 823 Abs. 2 BGB wegen eines Eingriffs in den eingerichteten und ausgeübten Gewerbebetrieb geltend machen, da § 6 Abs. 1 WRegG wohl kein Schutzgesetz[77] darstellt.[78] 70

Das WRegG normiert bei einem Verstoß der Auftraggeber gegen die Abfragepflicht nach § 6 Abs. 1 WRegG keine eigenen **Schadensersatzansprüche** zugunsten der Bieter bzw. Bewerber und beinhaltet darüber hinaus selbst auch keine schutzrechtliche Wirkung.[79] Daher sind allenfalls zivilrechtliche Sekundäransprüche denkbar. So könnte ein vorvertragliches Vertrau- 71

---

72 Vgl. die Erläuterungen unter Rn. 16 ff.

73 Vgl. Gesetzesbegründung zu § 6 Abs. 1 WRegG, GWB-Digitalisierungsgesetz, BT-Drs. 19/23492, 146.

74 Vgl. Gesetzesbegründung, Gesetz zur Einführung eines Wettbewerbsregisters und zur Änderung des Gesetzes gegen Wettbewerbsbeschränkungen, BT-Drs. 18/12051, 2.

75 Vgl. Gesetzesbegründung zu § 6 WRegG, Gesetz zur Einführung eines Wettbewerbsregisters und zur Änderung des Gesetzes gegen Wettbewerbsbeschränkungen, BT-Drs. 18/12051, 31.

76 Vgl. Gesetzesbegründung zu § 6 WRegG, Gesetz zur Einführung eines Wettbewerbsregisters und zur Änderung des Gesetzes gegen Wettbewerbsbeschränkungen, BT-Drs. 18/12051, 31.

77 Zur Definition des Schutzgesetzes vgl. nur BGH, Beschluss v. 23.7.2019 – VI ZR 307/18, S. 8; Beschluss v. 11.1.2005 – VI ZR 34/04, S. 4.

78 Vgl. hierzu *Marx*, in: Kulartz/Kus/Marx/Portz/Prieß, VgV, § 37 Rn. 93 m.w.N. zur Frage des Primärrechtsschutz im Wege eines Unterlassungsanspruchs nach § 1004 i.V.m. § 823 Abs. 2 BGB bei Vergaben unterhalb der EU-Schwellenwerte.

79 Siehe auch vorangehende Ausführungen in Rn. 70.

ensverhältnis zwischen Auftraggeber und Bietern bzw. Bewerbern angenommen werden, aufgrund dessen die Bieter bzw. Bewerber darauf vertrauen können, dass der Auftraggeber seinen gesetzlichen Pflichten nachkommt, auch wenn sie auf deren Einhaltung keinen Anspruch haben. Bei einer Verletzung dieser Pflichten könnte ein Anspruch auf Unterlassung wegen der Verletzung einer Obliegenheit nach §§ 241 Abs. 2 und 311 Abs. 2 BGB in Betracht kommen. In der Folge wären außerdem Schadensersatzansprüche aus culpa in contrahendo (§§ 241 Abs. 2, 311 Abs. 2 Nr. 1 BGB i.V.m. § 280 BGB) denkbar. Vergleichbare Ansprüche werden bereits von der Rechtsprechung und der Literatur im Zusammenhang mit der Zuwiderhandlung gegen vergaberechtliche Regelungen im Unterschwellenbereich anerkannt, die keine bieterschützende Wirkung haben.[80]

72 Ebenso wenig werden **Sanktionsmöglichkeiten des Staates**, beispielsweise Bußgelder, im WRegG für den Fall normiert, dass Auftraggeber gegen ihre Pflicht zur Abfrage von Auskünften aus dem Wettbewerbsregister nach § 6 Abs. 1 WRegG verstoßen.

V. Vergleichbare Abfragepflichten

73 Die Anforderungen an die Abfragepflichten nach § 21 AEntG, § 98c AufenthG, § 19 MiLoG, § 21 SchwarzArbG sind nur teilweise deckungsgleich mit denjenigen zur Abfragepflicht nach § 6 Abs. 1 WRegG.

74 Die vorbenannten Schutzgesetze benennen durchweg die öffentlichen Auftraggeber nach § 99 GWB und solche Stellen, die von öffentlichen Auftraggebern zugelassene Präqualifikationsverzeichnisse oder Unternehmer- und Lieferantenverzeichnisse führen, als **Abfrageverpflichtete**. Die Sektorenauftraggeber und Konzessionsgeber sind nicht explizit als Abfrageverpflichtete benannt.

75 Die Aufgreifschwelle für die Abfragepflicht in § 21 AEntG, § 98c AufenthG, § 19 MiLoG, § 21 SchwarzArbG ist mit derjenigen in § 6 Abs. 1 WRegG grundsätzlich identisch. Die Abfragepflicht besteht einheitlich ab einem Auftragswert in Höhe von 30.000 Euro. Dabei stellt § 6 Abs. 1 WRegG auf den geschätzten, § 21 AEntG, § 98c AufenthG, § 19 MiLoG und § 21 SchwarzArbG wohl auf den tatsächlichen Auftragswert ab.[81] Hinsichtlich des Zeitpunkts der Abfrage bestehen keine Abweichungen. Die Abfrage ist nach den genannten Regelungen einheitlich erst vor Zuschlagserteilung vorgesehen.

76 Alternativ zur Abfrage sehen die Bestimmungen in § 21 AEntG, § 98c AufenthG, § 19 MiLoG, § 21SchwarzArbG vor, dass die öffentlichen Auftraggeber auch eine **Erklärung** von Bewerbern bzw. Bietern verlangen können, dass die Voraussetzungen für einen Ausschluss vom Vergabeverfahren nicht vorliegen. Im Falle einer Erklärung des Bieters bzw. Bewerbers können öffentliche Auftraggeber jederzeit zusätzlich Auskünfte des Gewerbezentralregisters nach § 150a GewO anfordern. Diese Alternative ist in § 6 WRegG nicht vorgesehen. Vielmehr wurde im Zusammenhang mit dem GWB-Digitalisierungsgesetz § 6 Abs. 1 WRegG dergestalt ergänzt werden, dass die Auftraggeber von den Bietern bzw. Bewerbern keine Selbstauskunft aus dem Wettbewerbsregister nach § 5 WRegG verlangen dürfen.[82]

77 Die Bestimmungen in § 21 AEntG, § 98c AufenthG, § 19 MiLoG, § 21 SchwarzArbG sehen abgesehen von der vorgenannten alternativen Informationseinholung keine **Ausnahmetatbestände** wie in § 6 Abs. 1 S. 3 bis 5 WRegG vor.

80 Vgl. nur *Marx*, in: Kulartz/Kus/Marx/Portz/Prieß, VgV, § 37 Rn. 95 m.w.N.
81 Siehe auch vorangehende Ausführungen in Rn. 38.
82 Vgl. die Erläuterungen unter Rn. 67 f.

VI. Konkretisierung der Abfragevoraussetzungen durch die WRegV

§ 5 WRegV sieht für die Durchführung der Abfragen Konkretisierungen vor, die nachfolgend im Überblick skizziert werden. 78

Gemäß § 5 Abs. 2 WRegV müssen die Auftraggeber bei der Abfrage der Daten folgende **Angaben** machen, soweit sie bekannt sind: 79

- die Kurzbeschreibung des zugrundeliegenden Vergabeverfahrens, (vgl. § 5 Abs. 2 Nr. 1 WRegV),
- die Fundstelle der amtlichen Bekanntmachung, soweit vorhanden, (vgl. § 5 Abs. 2 Nr. 2 WRegV),
- die Angaben zum Unternehmen nach § 3 Abs. 1 Nr. 4 WRegG (Firma, Rechtsform, Namen der gesetzlichen Vertreter, bei Personengesellschaften auch Namen der geschäftsführenden Gesellschafter, Postanschrift, Nummern des entsprechenden Registers bzw. vergleichbare Angaben bei ausländischen Unternehmen, Umsatzsteuer-ID soweit vorhanden), (vgl. § 5 Abs. 2 Nr. 3 WRegV).

Außerdem wird nach § 5 Abs. 2 S. 2 WRegV die Bestätigung des Auftraggebers verlangt, dass die Voraussetzungen für eine Abfrage nach § 6 Abs. 1 S. 1 und 2 oder Abs. 2 WRegG erfüllt sind und die Daten nur den zur Entgegennahme berechtigten Bediensteten zur Kenntnis gebracht werden.

§ 5 Abs. 4 WRegV trifft konkrete Aussagen zur **Verantwortlichkeit** im Zusammenhang mit der Abfrage und dem Umgang mit den abgefragten Daten. Die Verantwortung für die Rechtmäßigkeit der Datenabfrage sowie der Datenverwendung liegt nach § 5 Abs. 4 S. 1 WRegV beim Auftraggeber. Die Registerbehörde prüft gemäß § 5 Abs. 4 S. 2 WRegV die Rechtmäßigkeit der Datenabfrage nur anlassbezogen (vgl. § 5 Abs. 4 S. 2 WRegV) und kann nach § 5 Abs. 4 S. 3 WRegV dafür, falls erforderlich, vom Auftraggeber weitere Informationen verlangen. 80

C. Abfragerechte (Abs. 2)

§ 6 Abs. 2 WRegG definiert zwei eigenständige Abfragerechte von Auftraggebern im Sinne von § 6 Abs. 1 WRegG: 81

- Abfragerecht bei der Vergabe von öffentlichen Aufträgen und Konzessionen, deren geschätzte Auftrags-/Vertragswerte unterhalb der Wertgrenzen nach § 6 Abs. 1 WRegG liegen (Nr. 1).
- Abfragerecht bereits im Rahmen eines Teilnahmewettbewerbs (Nr. 2).

Die Abfragerechte stehen nur Auftraggebern nach § 6 Abs. 1 WRegG zu. Dies sind die in § 6 Abs. 1 S. 1 und 2 WRegG genannten **Auftraggeber**. Die Abfragerechte stehen daher öffentlichen Auftraggebern nach § 99 GWB, Sektorenauftraggebern nach § 100 Abs. 1 Nr. 1 GWB und Konzessionsgebern nach § 100 Abs. 1 Nr. 1 und 2 GWB zu.[83] 82

I. Abfragerecht unterhalb der Wertgrenzen (Nr. 1)

Nach § 6 Abs. 2 Nr. 1 WRegG können Auftraggeber nach § 6 Abs. 1 WRegG bei der Registerbehörde für öffentliche Aufträge und Konzessionen mit einem geschätzten Auftrags- oder Vertragswert unterhalb der Wertgrenzen nach § 6 Abs. 1 WRegG abfragen, ob Eintragungen im Wettbewerbsregister zu demjenigen Bieter vorliegen, an den der Auftraggeber den Auftrag oder die Konzession zu vergeben beabsichtigt. 83

Gegenstand des Abfragerechts nach § 6 Abs. 2 Nr. 1 WRegG sind alle öffentlichen Aufträge und Konzessionen mit einem geschätzten Auftrags-/Vertragswert unterhalb der **Wertgrenze** 84

83 Zu den Einzelheiten siehe Rn. 32 f.

nach § 6 Abs. 1 WRegG. Bei der Vergabe von öffentlichen Aufträgen durch einen öffentlichen Auftraggeber liegt die Wertgrenze nach § 6 Abs. 1 S. 1 WRegG bei 30.000 Euro netto. Bei der Vergabe von öffentlichen Aufträgen und Konzessionen durch Sektorenauftraggeber nach § 100 Abs. 1 Nr. 1 GWB bzw. Konzessionsgeber nach § 101 Abs. 1 Nr. 1 und 2 GWB liegt die Wertgrenze bei dem jeweils geltenden Schwellenwert gemäß § 106 GWB. Im Gegensatz zu § 6 Abs. 1 S. 2 WRegG verwendet § 6 Abs. 2 Nr. 1 WRegG im Zusammenhang mit den maßgeblichen Wertgrenzen einheitlich den Begriff des „geschätzten" Auftrags- bzw. Vertragswertes. Dieser wird daher der Ermittlung der Wertgrenze zugrunde zu legen sein.[84]

II. Abfragerecht im Teilnahmewettbewerb (Nr. 2)

85 Nach § 6 Abs. 2 Nr. 2 WRegG können Auftraggeber nach § 6 Abs. 1 WRegG bei der Registerbehörde im Rahmen eines Teilnahmewettbewerbs abfragen, ob Eintragungen im Wettbewerbsregister in Bezug auf diejenigen Bewerber vorliegen, die der Auftraggeber zur Abgabe eines Angebots auffordern will.

86 Für dieses Abfragerecht hat der Gesetzgeber keine **Wertgrenze** vorgesehen. Auch in der Gesetzesbegründung findet sich kein Hinweis darauf, dass dieses Abfragerecht an eine Wertgrenze gebunden sein soll.[85]

87 Gegenstand des Abfragerechts nach § 6 Abs. 2 Nr. 2 WRegG sind Informationen über Bewerber, die an einem **Teilnahmewettbewerb** teilnehmen. Insofern ermöglicht diese Regelung die Abfrage in zweistufigen Verfahren (z. B. nicht offenes Verfahren oder Verhandlungsverfahren mit Teilnahmewettbewerb). Damit wird dem Umstand Rechnung getragen, dass die Auftraggeber Bewerber bzw. Bieter nach § 123 Abs. 1 GWB und § 124 Abs. 1 GWB „zu jedem Zeitpunkt des Vergabeverfahrens" von der Teilnahme ausschließen bzw. ausschließen können, wenn die gesetzlich definierten Ausschlussgründe vorliegen. Die dafür benötigten Informationen aus dem Wettbewerbsregister müssen dann auch zu jedem Zeitpunkt des Verfahrens eingeholt werden können, was durch die Regelung in § 6 Abs. 2 Nr. 2 WRegG ermöglicht wird.

88 § 6 Abs. 2 WRegG differenziert nicht zwischen **nationalen** und EU-weiten, zweistufigen **Vergabeverfahren**. Es wird auf den Begriff des Teilnahmewettbewerbs abgestellt, der sowohl nach der VOB/A als auch nach der UVgO grundsätzlich auch für nationale, zweistufige Verfahren vorgesehen ist. Beide Regelungswerke werden entweder über das Haushaltsrecht der Länder oder über die Landesvergabegesetze in das jeweilige landesrechtliche Vergaberecht für Vergaben unterhalb der EU-Schwellenwerte größtenteils ganz oder teilweise übernommen.

III. Abfragerecht nach § 150a GewO

89 Das eingeschränkte Abfragerecht von öffentlichen Auftraggebern im Sinne von § 99 GWB aus dem Gewerbezentralregister nach § 150a GewO[86] wird bis zur endgültigen Ablösung nach Einführung des Abfragerechts nach § 6 Abs. 2 WRegG weiter fortbestehen. Es ist eine parallele Abfragemöglichkeit für eine Übergangsphase von drei Jahren vorgesehen. Zu den Einzelheiten wird auf die entsprechenden Ausführungen oben verwiesen.[87]

---

84 Siehe für Näheres zur Frage, ob der tatsächliche oder der geschätzte Auftragswert zugrunde zu legen ist, oben Rn. 38.

85 Vgl. Gesetzesbegründung zu § 6 WRegG, Gesetz zur Einführung eines Wettbewerbsregisters und zur Änderung des Gesetzes gegen Wettbewerbsbeschränkungen, BT-Drs. 18/12051, 30.

86 Nähere Hinweise dazu siehe unter Rn. 18.

87 Nähere Hinweise dazu siehe unter Rn. 16 ff.

IV. Konkretisierung der Abfragevoraussetzungen durch die WRegV

§ 5 WRegV sieht für die Durchführung der Abfragen die oben genannten[88] Konkretisierungen vor. 90

D. Auskunft der Registerbehörde (Abs. 3)

§ 6 Abs. 3 WRegG befasst sich mit der Befugnis der Registerbehörde, die abgefragten Daten an die Auftraggeber im Sinne von § 6 Abs. 1 WRegG zu übermitteln.[89] 91

I. Adressat und Gegenstand der Datenübermittlung (S. 1)

Nach § 6 Abs. 3 S. 1 WRegG übermittelt die Registerbehörde dem abfragenden Auftraggeber die im Wettbewerbsregister gespeicherten Daten zum Unternehmen, das in der Abfrage benannt ist. 92

Die Auskunft wird nur zu dem **Unternehmen** erteilt, das in der Abfrage benannt ist. Eine Auskunft zu anderen Unternehmen, insbesondere zu mit dem benannten Unternehmen verbundenen Unternehmen, wird von der Registerbehörde daher nicht erteilt. 93

Inhalt und **Umfang** der Daten dieser Mitteilung wird nach § 10 Nr. 3 WRegG durch eine Verordnung geregelt, die seit Inkrafttreten der WRegV vorliegt. § 5 Abs. 3 WRegV regelt, welche Daten an den abfragenden Auftraggeber übersandt werden. Dazu zählen die von den zuständigen Behörden nach § 3 Abs. 1 und 2 WRegG sowie den §§ 4 und 10 WRegV an die Registerbehörde zu übermittelnden Daten zum Unternehmen und die Auskunft zu einer eventuellen, vorzeitigen Löschung aus dem Wettbewerbsregister nach § 8 Abs. 4 S. 4 WRegG. Nicht explizit ausgeführt ist in der Aufzählung der zu übermittelnden Daten die Information nach § 8 Abs. 4 S. 5 WRegG. Dort wird bestimmt, dass die Registerbehörde auf Ersuchen des abfragenden Auftraggebers die Entscheidung über den Löschungsantrag sowie weitere Unterlagen übermittelt. Diese Möglichkeit wird im Regelungszusammenhang mit der Auskunft über eine vorzeitige Löschung aus dem Wettbewerbsregister getroffen. Daher wird diese Informationsübermittlung auch nur in diesem Zusammenhang, d.h. nur im Rahmen einer Abfrage des Auftraggebers nach § 6 WRegG zulässig sein. 94

Die Auskunft wird auch nur dem **abfragenden Auftraggeber** gegenüber erteilt. Eine Auskunft an andere Auftraggeber, insbesondere andere Auftraggeber bei einer gemeinsamen Auftragsvergabe, ist daher nicht vorgesehen. 95

II. Konkretisierung durch WRegV

§ 5 Abs. 3 WRegV erläutert, welche Daten nach § 6 Abs. 3 S. 1 WRegG an den Auftraggeber übersandt werden. Dazu zählen die von den zuständigen Behörden nach § 3 Abs. 1 und 2 WRegG sowie nach §§ 4 und 10 WRegV der Registerbehörde mitgeteilten Daten zum Unternehmen, zu der der Eintragung zugrundeliegenden Entscheidung sowie zu Selbstreinigungsmaßnahmen und die Auskunft zu einer eventuellen, vorzeitigen Löschung aus dem Wettbewerbsregister nach § 8 Abs. 4 S. 4 WRegG. 96

III. Mitteilung einer „Fehlanzeige" (S. 2)

§ 6 Abs. 3 S. 2 WRegG bestimmt, dass die Registerbehörde dem abfragenden Auftraggeber auch eine „Fehlanzeige" mitteilt, d.h. wenn zu einem Unternehmen keine Eintragungen vorliegen. 97

88 Siehe hierzu oben Rn. 78. ff.
89 Vgl. Gesetzesbegründung zu § 6 WRegG, Gesetz zur Einführung eines Wettbewerbsregisters und zur Änderung des Gesetzes gegen Wettbewerbsbeschränkungen, BT-Drs. 18/12051, 30.

98 Gemäß der inneren Systematik von § 6 Abs. 3 WRegG wird auch diese Auskunft nur an den **abfragenden Auftraggeber** erteilt. Eine Auskunft an andere Auftraggeber, insbesondere andere Auftraggeber bei einer gemeinsamen Auftragsvergabe, ist daher auch für § 6 Abs. 3 S. 2 WRegG nicht vorgesehen.

E. Anforderung der Datensparsamkeit (Abs. 4)

I. Regelungsgegenstand

99 § 6 Abs. 4 WRegG bestimmt, dass die Auskünfte aus dem Wettbewerbsregister nur den Bediensteten zur Kenntnis gebracht werden, die mit der Entgegennahme der Auskunft oder mit der Bearbeitung des Vergabeverfahrens betraut sind. Die Gesetzesbegründung führt hierzu Gründe des Datenschutzes an.[90]

100 Der Personenkreis auf Auftraggeberseite, der von den gespeicherten Daten Kenntnis erhalten darf, wird damit auf **Bedienstete** des Auftraggebers und auch nur auf solche eingeschränkt, die mit der Entgegennahme der Auskunft oder mit der Bearbeitung des Vergabeverfahrens betraut sind. Nach der Gesetzesbegründung[91] umfasst dies auch die für die verwaltungsinterne Überprüfung oder Genehmigung von Vergabeverfahren zuständigen Mitarbeitenden der Fach- oder Rechtsaufsicht.

101 Weder das WRegG noch die Gesetzesbegründung erwähnen in diesem Zusammenhang weitergehende Empfangsberechtigte. Demgegenüber benennt § 120 Abs. 4 GWB sogenannte **zentrale Beschaffungsstellen**. Werden diese im eigenen Namen und auf eigene Rechnung tätig und verkaufen dann die Leistungen an andere öffentliche Auftraggeber weiter, sind sie selbst öffentliche Auftraggeber. Als solche sind sie dann auch auskunftsberechtigt bzw. auskunftsverpflichtet, so dass sie selbst empfangsberechtigte Bedienstete mit der Abfrage und Entgegennahme von Daten im Sinne von § 6 Abs. 4 WRegG betrauen müssen. Werden diese zentralen Beschaffungsstellen demgegenüber im Namen und für Rechnung eines anderen öffentlichen Auftraggebers tätig und führen für diesen die Beschaffung im vollen Umfang durch, kann nichts anderes gelten. Denn auch diese Art der Beschaffung und die damit verbundene Vertretungsbefugnis ist durch die Regelung in § 120 Abs. 4 S. 1 bis 3 GWB gesetzlich vorgesehen. Hier ist kein Grund ersichtlich, dass die Ausführung der Auskunftspflicht oder die Ausübung des Auskunftsrechts nach § 6 WRegG, die untrennbar mit der durchzuführenden Beschaffung verbunden ist, nicht auch durch Bedienstete der zentralen Beschaffungsstelle ausgeübt bzw. ausgeführt wird. Etwas anderes wird für zentrale Beschaffungsstellen anzunehmen sein, wenn diese eben nicht als zentrale Beschaffungsstelle im Sinne von § 120 Abs. 4 S. 1 bis 3 GWB tätig werden, sondern lediglich bei der Durchführung von Vergabeverfahren beraten oder unterstützen, § 120 Abs. 4 S. 4 GWB. Denn in diesen Fällen sind sie nicht als öffentlicher Auftraggeber bzw. in dessen Namen und auf dessen Rechnung tätig. Die wesentlichen Entscheidungen würden dann vom beschaffenden öffentlichen Auftraggeber und nicht von der zentralen Beschaffungsstelle getroffen. In diesen Fällen würde die Information an eine Stelle gelangen, die die Vergabeentscheidung nicht trifft. Das wird wohl wegen der hohen Sensibilität und der Grundrechtsrelevanz[92]der zu übermittelnden Daten nicht vom Gesetzeszweck gedeckt sein. Vielmehr sind die Regelungen zum Umgang mit den im Wettbewerbsregister gespeicherten Daten aus den vorgenannten Gründen eng auszulegen. Aus den gleichen Gründen wird man Bedienstete von sonstigen, den öffentlichen Auftraggeber bei der Vorbereitung und Durchführung des Vergabeverfahrens unterstützenden Dienstleistern vom Kreis der empfangsberechtigten Personen ausschließen müssen.

---

90 Vgl. Gesetzesbegründung zu § 6 WRegG, Gesetz zur Einführung eines Wettbewerbsregisters und zur Änderung des Gesetzes gegen Wettbewerbsbeschränkungen, BT-Drs. 18/12051, 31.

91 Vgl. Gesetzesbegründung zu § 6 WRegG, Gesetz zur Einführung eines Wettbewerbsregisters und zur Änderung des Gesetzes gegen Wettbewerbsbeschränkungen, BT-Drs. 18/12051, 31.

92 Vgl. Gesetzesbegründung zu § 2 WRegG, Gesetz zur Einführung eines Wettbewerbsregisters und zur Änderung des Gesetzes gegen Wettbewerbsbeschränkungen, BT-Drs. 18/12051, 26.

Der Regelungsgedanke des § 6 Abs. 4 WRegG ist nicht neu. § 150a Abs. 6 GewO sieht zu der Frage, an wen die Auskünfte aus dem **Gewerbezentralregister** erteilt werden dürfen, folgende Regelung vor: *„Die Auskünfte aus dem Register dürfen nur den mit der Entgegennahme oder Bearbeitung betrauten Bediensteten zur Kenntnis gebracht werden."* 102

II. Konkretisierung durch WRegV

§ 5 Abs. 2 S. 2 WRegV bestimmt u.a., dass der Auftraggeber bei der Datenabfrage auch **bestätigen** muss, dass die Daten nur den Bediensteten zu Kenntnis gebracht werden, die mit der Entgegennahme der Auskunft oder mit der Bearbeitung des zugrundeliegenden Vergabeverfahrens betraut sind. 103

§ 5 Abs. 4 WRegV stellt klar, dass der Auftraggeber die Verantwortung für die Rechtmäßigkeit der Datenverwendung trägt. Dazu gehört letztlich auch, dass der Auftraggeber die **Verantwortung** dafür trägt, dass der Kreis seiner zur Kenntnisnahme berechtigten Bediensteten eingehalten wird. 104

§ 2 Abs. 4 S. 1 WRegV verpflichtet die Auftraggeber, über ein Standardformular anzuzeigen, wenn die Berechtigung bestimmter Bedienstete zum **Datenabruf** über das von der Registerbehörde eingerichtete Portal neu eingeräumt wird oder entfällt. 105

F. Ausschluss eines Unternehmens (Abs. 5)

§ 6 Abs. 5 WRegG stellt klar, dass die Verantwortlichkeit über die Entscheidung des Ausschlusses eines Bieters oder Bewerbers von der Teilnahme am Vergabeverfahren beim jeweiligen Auftraggeber liegt. Ausweislich der Gesetzesbegründung soll § 6 Abs. 5 WRegG auch klarstellen, dass die Eintragung in das Wettbewerbsregister keinen automatischen Ausschluss eines Bewerbers oder Bieters von der Teilnahme am Vergabeverfahren und keine generelle bzw. verbindliche Vergabesperre für einen bestimmten Zeitraum bewirkt.[93] 106

I. Entscheidung des Auftraggebers (S. 1)

Der Auftraggeber entscheidet gemäß § 6 Abs. 5 S. 1 WRegG nach Maßgabe der vergaberechtlichen Vorschriften in eigener Verantwortung über den Ausschluss eines Unternehmens von der Teilnahme an dem Vergabeverfahren. 107

Die Regelung stellt klar, dass die Eintragungen im Wettbewerbsregister keine **Bindungswirkung** für die Ausschlussentscheidung haben. Die Entscheidung über den Ausschluss eines Unternehmens vom Vergabeverfahren trifft der Auftraggeber autonom. Diese Entscheidungsfreiheit wird jedoch dadurch eingeschränkt, dass die Entscheidung nach Maßgabe der vergaberechtlichen Vorschriften getroffen werden muss. 108

Die Liste der im Sinne von § 2 WRegG einzutragenden Rechtsverstöße schließt auch solche Rechtsverstöße ein, die für die Beurteilung über das Vorliegen von vergaberechtlichen **Ausschlussgründe** nach den §§ 123 und 124 Abs. 1 und 2 GWB relevant sind. Vor diesem Hintergrund ergibt sich folgender Entscheidungsrahmen des Auftraggebers bei der Frage, welche Eintragung zu einem Ausschluss führt oder führen kann: 109

- § 123 GWB regelt, wann ein Unternehmen zwingend von der Teilnahme an einem Vergabeverfahren ausgeschlossen werden muss. Bei dieser Entscheidung steht dem öffentlichen Auftraggeber kein Ermessen zu.[94] Durch § 123 GWB werden die Bestimmungen in Art. 57 Abs. 1, 2 und 5 UAbs. 1 RL 2014/24/EU umgesetzt.[95] In diesem Zusammenhang gesteht auch die Gesetzesbegründung zu § 6 Abs. 5 WRegG dem Auftraggeber zu, dass die Eintra-

93 Vgl. Gesetzesbegründung zu § 6 WRegG, Gesetz zur Einführung eines Wettbewerbsregisters und zur Änderung des Gesetzes gegen Wettbewerbsbeschränkungen, BT-Drs. 18/12051, 31.
94 *Hausmann/von Hoff*, in: Röwekamp/Kus/Portz/Prieß, GWB-Vergaberecht, § 123 Rn. 1.
95 *Hausmann/von Hoff*, in: Röwekamp/Kus/Portz/Prieß, GWB-Vergaberecht, § 123 Rn. 2.

gung eines zwingenden Ausschlussgrundes in das Wettbewerbsregister faktisch in aller Regel den Ausschluss des Bieters bzw. Bewerbers von der Teilnahme am Vergabeverfahren nach sich ziehen wird.[96]

- § 124 GWB enthält eine Auflistung von Tatbeständen, bei deren Vorliegen ein Unternehmen von der Teilnahme am Vergabeverfahren ausgeschlossen werden kann[97], so dass der Auftraggeber bei dieser Entscheidung sein Ermessen über den Ausschluss eines Unternehmens vom Vergabeverfahren auszuüben hat. Der Katalog dieser fakultativen Ausschlusstatbestände entspricht weitestgehend Art. 57 Abs. 4 RL 2014/24/EU.[98]

110 Soweit die UVgO für Vergabeverfahren **unterhalb der EU-Schwellenwerte** Anwendung findet, können die vorgenannten Ausführungen zumindest sinngemäß auf diese Verfahren angewendet werden. Denn § 31 UVgO nimmt auf die §§ 123, 124 GWB Bezug.

II. Bindungswirkung einer Löschungsentscheidung (S. 2)

111 Nach § 6 Abs. 5 S. 2 WRegG bleibt § 7 Abs. 2 WRegG unberührt. Die Entscheidung der Registerbehörde über eine Löschung von Unternehmen aus dem Wettbewerbsregister kann daher in unterschiedlicher Weise Einfluss auf die Entscheidung des Auftraggebers über den Ausschluss von der Teilnahme am Vergabeverfahren haben.

1. Bindungswirkung einer positiven Löschungsentscheidung

112 § 7 Abs. 2 S. 1 WRegG bestimmt, dass die Löschung eines Eintrags wegen Fristablaufs oder infolge eines Antrags auf vorzeitige Löschung nach § 7 Abs. 1 bzw. § 8 WRegG dazu führt, dass die zugrundeliegende Ordnungswidrigkeit oder Straftat nicht mehr zum Nachteil des betroffenen Bewerbers oder Bieters verwertet werden darf.

113 Ausweislich der Gesetzesbegründung hat insoweit die Entscheidung der Registerbehörde über die Löschung der Eintragung eine **Bindungswirkung** für die Auftraggeber im Hinblick auf deren Entscheidung über den Ausschluss von Bewerbern bzw. Bietern von der Teilnahme am Vergabeverfahren. Diese Bindungswirkung wirkt auch in einem eventuellen Nachprüfungsverfahren fort, indem diese Löschung der Eintragung von einer Vergabekammer nicht in Zweifel gezogen werden kann.[99]

2. Keine Bindungswirkung der Ablehnung eines Löschungsantrags

114 § 7 Abs. 2 S. 2 WRegG bestimmt, dass die Ablehnung eines Löschungsantrags durch die Registerbehörde für den Auftraggeber nicht bindend ist. Dieser prüft in eigener Verantwortung gegebenenfalls auch anhand weiterer Erkenntnisquellen, ob er die von dem Bieter bzw. Bewerber durchgeführten Selbstreinigungsmaßnahmen nach den Vorgaben des § 125 GWB als erfolgreich ansieht; er kann dabei durchaus zu einer gegenteiligen Entscheidung kommen.[100]

115 Soweit die UVgO für Vergabeverfahren **unterhalb der EU-Schwellenwerte** Anwendung findet, treffen diese Aussagen sinngemäß auch für solche Verfahren zu. Denn § 31 UVgO nimmt auf die §§ 123, 124, 125 GWB Bezug.

---

96 Vgl. Gesetzesbegründung zu § 6 WRegG, Gesetz zur Einführung eines Wettbewerbsregisters und zur Änderung des Gesetzes gegen Wettbewerbsbeschränkungen, BT-Drs. 18/12051, 31.
97 *Hausmann/von Hoff*, in: Röwekamp/Kus/Portz/Prieß, GWB-Vergaberecht, § 124 Rn. 1.
98 *Hausmann/von Hoff*, in: Röwekamp/Kus/Portz/Prieß, GWB-Vergaberecht, § 124 Rn. 2.
99 Vgl. Gesetzesbegründung zu § 7 WRegG, Gesetz zur Einführung eines Wettbewerbsregisters und zur Änderung des Gesetzes gegen Wettbewerbsbeschränkungen, BT-Drs. 18/12051, 32.
100 Vgl. Gesetzesbegründung zu § 8 WRegG, Gesetz zur Einführung eines Wettbewerbsregisters und zur Änderung des Gesetzes gegen Wettbewerbsbeschränkungen, BT-Drs. 18/12051, 32, 33.

G. Ergänzende Informationen (Abs. 6)

§ 6 Abs. 6 WRegG regelt die Berechtigung der Auftraggeber, von Strafverfolgungsbehörden oder den zur Verfolgung von Ordnungswidrigkeiten berufenen Behörden ergänzende Informationen anzufordern, und spiegelbildlich hierzu die Befugnis dieser Behörden, die angeforderten Informationen auf Ersuchen des Auftraggebers zu übermitteln. 116

I. Anforderung ergänzender Informationen (S. 1)

Nach § 6 Abs. 6 S. 1 WRegG können Auftraggeber von den Strafverfolgungsbehörden oder den zur Verfolgung von Ordnungswidrigkeiten berufenen Behörden ergänzende Informationen anfordern, soweit diese nach Einschätzung der Auftraggeber für die Vergabeentscheidung erforderlich sind. 117

Die Regelung konkretisiert den Begriff der **ergänzenden Informationen** nicht. Dabei kann es sich nur um solche Informationen handeln, die nicht im Wettbewerbsregister eingetragen, aber für die Prüfung des Ausschlusses eines Unternehmens vom Vergabeverfahren erforderlich sind.[101] Dies können nach der Gesetzesbegründung auch vertrauliche Informationen sein.[102] Ausweislich der Gesetzesbegründung müssen dies Informationen sein, die den der Eintragung zugrunde liegenden Sachverhalt betreffen.[103] 118

Entsprechend werden wohl auch keine Informationen über nach § 7 Abs. 1 oder § 8 WRegG aus dem Wettbewerbsregister **gelöschte Eintragungen** angefordert werden können. Das würde dem Regelungsziel des § 7 Abs. 2 S. 1 WRegG zuwiderlaufen, wonach der Sachverhalt, der der gelöschten Eintragung zugrunde liegt, nicht mehr zum Nachteil des betroffenen Unternehmens verwertet werden darf. 119

Schließlich wird der Auftraggeber gegenüber der anzufragenden Behörde **begründen** müssen, warum nach seiner Einschätzung ergänzende Informationen erforderlich sind, um eine eigenverantwortliche Einzelfallentscheidung[104] im Sinne von §§ 123, 124, 125 GWB i.V.m. § 6 Abs. 5 WRegG treffen zu können. Anderenfalls können die um die ergänzenden Informationen angefragten Behörde nicht prüfen, ob diese Informationen im oben genannten Sinne erforderlich sind. Denn die anzufragenden Behörden haben nach § 6 Abs. 6 S. 2 WRegG zwar die Erlaubnis, aber nicht die Verpflichtung zur Auskunftserteilung. Entsprechend sollen sie auch nach § 9 Abs. 1 WRegV nach pflichtgemäßem Ermessen über Art und Inhalt der Auskunftserteilung entscheiden können. 120

II. Befugnis zur Auskunftserteilung (S. 2)

Nach § 6 Abs. 6 S. 2 WRegG dürfen die Strafverfolgungsbehörden und die zur Verfolgung von Ordnungswidrigkeiten berufenen Behörden die angeforderten Informationen auf Ersuchen des Auftraggebers übermitteln. Als Empfänger der Anforderung ergänzender Informationen haben diese Behörden daher die Befugnis, die entsprechenden Auskünfte zu erteilen. 121

Eine **Leitlinie** für die Entscheidung der angefragten Strafverfolgungsbehörden bzw. der zur Verfolgung von Ordnungswidrigkeiten berufenen Behörden ist in § 9 WRegV vorgesehen: 122

- Art und Inhalt der Auskunftserteilung unterliegt dem pflichtgemäßen Ermessen der angefragten Behörde (vgl. § 9 Abs. 1 WRegV).

101 Vgl. Gesetzesbegründung zu § 6 WRegG, Gesetz zur Einführung eines Wettbewerbsregisters und zur Änderung des Gesetzes gegen Wettbewerbsbeschränkungen, BT-Drs. 18/12051, 31.
102 Vgl. Gesetzesbegründung zu § 6 WRegG, Gesetz zur Einführung eines Wettbewerbsregisters und zur Änderung des Gesetzes gegen Wettbewerbsbeschränkungen, BT-Drs. 18/12051, 31.
103 Vgl. Gesetzesbegründung zu § 6 WRegG, Gesetz zur Einführung eines Wettbewerbsregisters und zur Änderung des Gesetzes gegen Wettbewerbsbeschränkungen, BT-Drs. 18/12051, 31.
104 Nähere Hinweise siehe unter Rn. 107 ff.

- Eine Information unterbleibt, soweit ihr eine bundesrechtliche Verwendungsregelung oder Zwecke des Straf- oder Ordnungswidrigkeitenverfahrens entgegenstehen (vgl. § 9 Abs. 3 WRegV).

123 Da die Strafverfolgungsbehörden und die zur Verfolgung von Ordnungswidrigkeiten berufenen Behörden zwar zur Auskunft befugt aber nicht verpflichtet sind, kann dem Auftraggeber kein **Anspruch** auf Erteilung der begehrten, ergänzenden Informationen zugesprochen werden. Es besteht lediglich ein Anspruch des anfragenden Auftraggebers auf ermessensfehlerfreie Entscheidung durch die oben genannten Behörden. Denn mit § 9 Abs. 1 WRegV ist eine Ermächtigung und letztlich auch eine Verpflichtung zum Erlass einer Entscheidung nach pflichtgemäßem Ermessen über Art und Inhalt der Auskunftserteilung durch diese Behörden vorgesehen.[105] Da es sich bei der Eintragung in das Wettbewerbsregister schon an sich um einen grundrechtsrelevanten Vorgang[106] handelt, der einer gesetzlichen Legitimation bedarf, kann davon ausgegangen werden, dass die um ergänzende Informationen angefragten Behörden im Rahmen der Ausübung ihres pflichtgemäßen Ermessens[107] eher restriktiv von ihrer Befugnis zur Auskunftserteilung Gebrauch machen werden.

124 Die Übermittlungsbefugnis der Strafverfolgungsbehörden und der zur Verfolgung von Ordnungswidrigkeiten berufenen Behörden umfasst nach der Gesetzesbegründung grundsätzlich auch **vertrauliche Daten**.[108] Dieser Hinweis in der Gesetzesbegründung hat sich insofern im Laufe des Rechtsetzungsverfahrens überholt, als letztlich die Vertraulichkeit der ergänzenden Informationen im Sinne von § 6 Abs. 6 WRegG in § 6 Abs. 7 S. 1 WRegG gesetzlich verankert wurde. Das entspricht auch der Gesetzessystematik des WRegG im Hinblick auf die Datenverarbeitung. Denn bereits die Daten, die die oben genannten Behörden der Registerbehörde nach § 4 WRegG[109] zur Verarbeitung für das Wettbewerbsregister übermitteln müssen, werden wegen ihrer Sensibilität[110] nach § 3 Abs. 3 WRegG und nach § 6 Abs. 7 S. 1 WRegG als „vertraulich" eingestuft. Die begehrten, ergänzenden Informationen werden die Kriterien für eine Einstufung als „vertraulich" im Sinne von § 3 Abs. 3 WRegG genauso erfüllen. Es wird sich in der Regel ebenfalls um sensible Daten handeln, die entweder als personenbezogene Daten grundsätzlich nach Art. 5 Abs. 1 lit. f DSGVO vertraulich zu behandeln wären oder aber wohl von der jeweiligen juristischen Person selbst als vertraulich eingestuft werden würden.

125 Wenngleich § 6 Abs. 6 WRegG zum empfangsberechtigten Personenkreis keine gesonderte Regelung trifft, darf davon ausgegangen werden, dass die angefragten Informationen nur an den **anfragenden Auftraggeber** in analoger Anwendung von § 6 Abs. 3 WRegG[111] sowie dort auch nur an die empfangsberechtigten **Bediensteten** in analoger Anwendung von § 6 Abs. 4 WRegG[112] herausgegeben werden dürfen. Damit würde ein Gleichlauf mit der Datenschutzregelung in § 6 Abs. 7 S. 1 WRegG[113] hergestellt, wonach auch die ergänzenden Informationen nach § 6 Abs. 6 WRegG vertraulich behandelt werden müssen und vom Auftraggeber nur für die Vergabeentscheidungen genutzt werden dürfen.

III. Konkretisierung durch WRegV

126 Die WRegV bestimmt, dass die Auftraggeber nach § 6 Abs. 6 WRegG von den Strafverfolgungsbehörden oder den zur Verfolgung von Ordnungswidrigkeiten berufenen Behörden

105 Nähere Informationen zur Ermessensentscheidung siehe oben Rn. 122.
106 Vgl. Gesetzesbegründung zu § 2 WRegG, Gesetz zur Einführung eines Wettbewerbsregisters und zur Änderung des Gesetzes gegen Wettbewerbsbeschränkungen, BT-Drs. 18/12051, 26.
107 Nähere Informationen zur Ermessensentscheidung siehe oben Rn. 122.
108 Vgl. Gesetzesbegründung zu § 6 WRegG, Gesetz zur Einführung eines Wettbewerbsregisters und zur Änderung des Gesetzes gegen Wettbewerbsbeschränkungen, BT-Drs. 18/12051, 31.
109 Nähere Informationen siehe *Schlichting* in § 4 WRegG.
110 Vgl. Gesetzesbegründung zu § 3 WRegG, Gesetz zur Einführung eines Wettbewerbsregisters und zur Änderung des Gesetzes gegen Wettbewerbsbeschränkungen, BT-Drs. 18/12051, 29.
111 Nähere Hinweise siehe Rn. 92 ff.
112 Nähere Hinweise siehe Rn. 99 ff.
113 Nähere Hinweise siehe Rn. 128 ff.

nach folgender Maßgabe ergänzende Informationen anfordern können, soweit diese nach Einschätzung der Auftraggeber für die Vergabeentscheidung erforderlich sind:

- Art und Inhalt der Auskunftserteilung unterliegt dem pflichtgemäßen Ermessen der Behörde (vgl. § 9 Abs. 1 WRegV),
- die Informationen können jeweils in Papierform oder als elektronisches Dokument erfolgen (vgl. § 10 Abs. 2 WRegV) und
- Eine Information unterbleibt, soweit ihr eine bundesrechtliche Verwendungsregelung oder Zwecke des Straf- oder Ordnungswidrigkeitenverfahrens entgegenstehen (vgl. § 9 Abs. 3 WRegV).

H. Vertraulichkeit und Zweckbindung der Daten (Abs. 7)

§ 6 Abs. 7 WRegG regelt die Vertraulichkeit und den Verwendungszweck der an die Auftraggeber übermittelten Daten, unabhängig davon, ob sie von der Registerbehörde aus dem Wettbewerbsregister oder als ergänzende Informationen von den Strafverfolgungsbehörden oder den zur Verfolgung von Ordnungswidrigkeiten berufenen Behörden übermittelt wurden (vgl. § 6 Abs. 7 S. 1 WRegG), sowie die Verpflichtung zur Löschung der Daten durch die Auftraggeber (vgl. § 6 Abs. 7 S. 2 WRegG). Mit § 6 Abs. 7 WRegG verfolgt der Gesetzgeber das Ziel, zu verhindern, dass die Daten durch die Auftraggeber anders als zur Unterstützung ihrer Entscheidung über den Ausschluss von Bewerbern oder Bietern von der Teilnahme am Vergabeverfahren genutzt werden.[114] 127

I. Vertraulichkeit der Daten (S. 1)

Folgende **Daten** sind nach § 6 Abs. 7 S. 1 WRegG vertraulich und dürfen vom Auftraggeber nur im Rahmen seiner Vergabeentscheidung im Zusammenhang mit der Prüfung von Ausschlüssen nach §§ 123, 124 GWB verwendet werden: 128

- Daten, die im Wettbewerbsregister gespeichert sind und die die Registerbehörde auf Anforderung des Auftraggebers an diesen nach § 6 Abs. 3 WRegG übermittelt (vgl. § 6 Abs. 7 S. 1 i.V.m. § 3 WRegG),
- Daten in Form von „ergänzenden Informationen", die die Strafverfolgungsbehörden oder die zur Verfolgung von Ordnungswidrigkeiten berufenen Behörden auf Anfrage der Auftraggeber an diese übermitteln dürfen (vgl. § 6 Abs. 7 S. 1 i.V.m. § 6 Abs. 6 WRegG),
- Daten in Form von Informationen zur Entscheidung der Registerbehörde über den Antrag von Bietern oder Bewerbern zur vorzeitigen Löschung aus dem Wettbewerbsregister, die dem Auftraggeber auf dessen Ersuchen von der Registerbehörde zur Verfügung gestellt werden (vgl. § 6 Abs. 7 S. 1 i.V.m. § 8 Abs. 4 WRegG).

Die vom Regelungsgegenstand umfassten Daten werden von § 6 Abs. 7 S. 1 WRegG als **vertraulich** eingestuft. Nach der Gesetzesbegründung unterliegen sie damit wegen ihrer besonderen Sensibilität der besonderen Vertraulichkeitspflicht im Sinne von § 3 Nr. 4 IFG.[115] Das bedeutet, dass ein Anspruch auf Zugang zu Informationen nach dem WRegG nur im dort geregelten Umfang besteht und ein allgemeiner Informationsanspruch nach § 1 IFG ausgeschlossen ist. 129

Die Auftraggeber dürfen die ihnen überlassenen Daten nach der gesetzlichen Formulierung in § 6 Abs. 7 S. 1 WRegG nur für **Vergabeentscheidungen** verwenden. Welche Vergabeentscheidungen gemeint sind, formuliert der Gesetzgeber in der Gesetzesbegründung.[116] Da- 130

114 Vgl. Gesetzesbegründung zu § 6 WRegG, Gesetz zur Einführung eines Wettbewerbsregisters und zur Änderung des Gesetzes gegen Wettbewerbsbeschränkungen, BT-Drs. 18/12051, 31.

115 Vgl. Gesetzesbegründung zu § 6 und § 3 WRegG, Gesetz zur Einführung eines Wettbewerbsregisters und zur Änderung des Gesetzes gegen Wettbewerbsbeschränkungen, BT-Drs. 18/12051, 29, 31.

116 Vgl. Gesetzesbegründung zu § 6 WRegG, Gesetz zur Einführung eines Wettbewerbsregisters und zur Änderung des Gesetzes gegen Wettbewerbsbeschränkungen, BT-Drs. 18/12051, 31.

nach ist der Verwendungszweck auf Entscheidungen des Auftraggebers über den Ausschluss von Bietern bzw. Bewerbern von der Teilnahme am Vergabeverfahren begrenzt.

131 § 6 Abs. 7 S. 1 WRegG lässt sich durchaus als **Schutzgesetz** qualifizieren. Ein Schutzgesetz im Sinne von § 823 Abs. 2 BGB ist nach ständiger Rechtsprechung des BGH[117] eine Rechtsnorm, die zumindest auch dazu dienen soll, den Einzelnen oder einzelne Personenkreise gegen die Verletzung eines bestimmten Rechtsgutes zu schützen. Dafür kommt es nicht auf die Wirkung, sondern auf Inhalt und Zweck des Gesetzes sowie darauf an, ob der Gesetzgeber bei Erlass des Gesetzes gerade einen Rechtsschutz zugunsten von Einzelpersonen oder bestimmten Personenkreisen gewollt hat. Es genügt, dass die Norm auch das in Frage stehende Interesse des Einzelnen schützen soll. § 6 Abs. 7 S. 1 WRegG hat ausweislich der Gesetzesbegründung das Ziel, die Bieter und Bewerber davor zu schützen, dass die Auftraggeber die nach WRegG gewonnenen Informationen anders als für die Vergabeentscheidungen im Zusammenhang mit der Entscheidung über Ausschlüsse von der Teilnahme am Vergabeverfahren nutzen.[118] Diese Nutzungsbegrenzung steht im engen Zusammenhang mit der vom Gesetzgeber anerkannten Grundrechtsrelevanz der Verarbeitung der Daten für und im Wettbewerbsregister.[119] Insofern hat § 6 Abs. 7 S. 1 WRegG das Ziel, das Interesse der Bieter und Bewerber auf die ausschließliche, gesetzesentsprechende Nutzung ihrer Daten zu schützen, um den Grundrechtseingriff im Sinne eines Eingriffs in den eingerichteten und ausgeübten Gewerbebetrieb so gering wie möglich zu halten. Nimmt man die Qualifizierung des § 6 Abs. 7 S. 1 WRegG als Schutzgesetz an, so können Bieter und Bewerber bei nachweislichen Zuwiderhandlungen der Auftraggeber einen zivilrechtlichen Unterlassungsanspruch aus § 1004 BGB analog i.V.m. § 823 Abs. 2 BGB wegen eines Eingriffs in den eingerichteten und ausgeübten Gewerbebetrieb gegen die Auftraggeber geltend machen.

II. Löschung von Daten (S. 2)

132 § 6 Abs. 7 S. 2 WRegG verpflichtet die Auftraggeber, die erhaltenen Daten nach Ablauf der rechtlich vorgesehenen Aufbewahrungsfristen zu löschen.

133 Mit den rechtlich vorgesehenen **Aufbewahrungsfristen** können nach der Zielrichtung der Regelung nur solche Fristen gemeint sein, die für die Aufbewahrung der Vergabedokumentation und für die damit zusammenhängenden Daten gelten. Dazu zählen zum einen die vergaberechtlichen Aufbewahrungsfristen des Bundes und der Länder, z. B. nach § 8 Abs. 4 VgV[120], § 20 VOB/A-EU (mit Verweis auf § 8 VgV), § 6 Abs. 2 UVgO sowie die gegebenenfalls abweichenden Regelungen nach dem jeweiligen Landesvergaberecht. Daneben sehen andere Rechtsgrundlagen teilweise längere Aufbewahrungsfristen vor. In Betracht kommen beispielsweise Aufbewahrungsfristen nach dem jeweils anwendbaren Haushalts- oder Zuwendungsrecht, wenn die Beschaffung ganz oder teilweise durch Haushalts- bzw. Zuwendungsmittel finanziert wurde.

134 Nach der Zielrichtung der Regelung des § 6 Abs. 7 S. 2 WRegG kann parallel zur Löschverpflichtung des Auftraggebers wohl auch ein **Anspruch** der betroffenen Bieter und Bewerber **auf Löschung** ihrer Daten gegen den Auftraggeber angenommen werden. Denn die Regelung verfolgt das Ziel, den Grundrechtseingriff durch die Datenspeicherung so gering wie möglich zu halten[121] und die Daten nur dort und nur solange zu speichern, wie das zur Erfül-

---

117 Zur Definition des Schutzgesetzes vgl. nur BGH, Beschluss v. 23.7.2019 – VI ZR 307/18, S. 8; Beschluss v. 11.1.2005 – VI ZR 34/04, S. 4.

118 Vgl. Gesetzesbegründung zu § 6 WRegG, Gesetz zur Einführung eines Wettbewerbsregisters und zur Änderung des Gesetzes gegen Wettbewerbsbeschränkungen, BT-Drs. 18/12051, 31.

119 Vgl. Gesetzesbegründung zu § 2 WRegG, Gesetz zur Einführung eines Wettbewerbsregisters und zur Änderung des Gesetzes gegen Wettbewerbsbeschränkungen, BT-Drs. 18/12051, 26.

120 Vgl. Gesetzesbegründung zu § 6 WRegG, Gesetz zur Einführung eines Wettbewerbsregisters und zur Änderung des Gesetzes gegen Wettbewerbsbeschränkungen, BT-Drs. 18/12051, 31.

121 Vgl. Gesetzesbegründung zu § 2 WRegG, Gesetz zur Einführung eines Wettbewerbsregisters und zur Änderung des Gesetzes gegen Wettbewerbsbeschränkungen, BT-Drs. 18/12051, 26.

lung des Regelungszweckes erforderlich ist.[122] Der Regelungszweck ist dann erfüllt, wenn die Prüfung über das Vorliegen oder Nichtvorliegen eines Ausschlussgrundes nach §§ 123, 124 GWB abgeschlossen und die Frist zur Aufbewahrung der oben genannten Prüfdokumentation abgelaufen ist. Da § 6 Abs. 7 S. 2 WRegG vor allem auch dazu dient, die Daten der Bieter und Bewerber vor unbefugter Nutzung zu schützen, wird diese Regelung ebenso wie § 6 Abs. 7 S. 1 WRegG als Schutzgesetz im Sinne von § 823 Abs. 2 BGB eingestuft werden können. Insofern wäre auch ein Anspruch gegen den Auftraggeber auf Unterlassung einer rechtswidrigen Datennutzung nach Ablauf der Aufbewahrungsfristen im Sinne von § 1004 BGB analog i.V.m. § 823 Abs. 2 BGB denkbar.[123]

Die Verpflichtung des Auftraggebers zur Datenlöschung nach § 6 Abs. 7 S. 2 WRegG ist hinsichtlich der personenbezogenen Daten vergleichbar mit dem Regelungsziel des Art. 17 **DSGVO**. Dieser enthält das „Recht auf Vergessenwerden" und damit den Anspruch auf Datenlöschung. Dieses Recht bzw. dieser Anspruch kommen jedenfalls dann zum Tragen, wenn es sich bei den Bietern und Bewerbern um natürliche Personen handelt. Insofern können diese Personen ihren Anspruch auf Löschung jedenfalls nach Art. 17 DSGVO sowie den diesen ergänzenden, landes- bzw. bundesdatenschutzrechtlichen Regelungen geltend machen. **135**

§ 6 Abs. 7 S. 2 WRegG normiert kein **Recht auf Auskunft** der Bieter bzw. Bewerber gegen die Auftraggeber zu den Daten, die dort infolge einer Abfrage nach dem WRegG gespeichert wurden. Auch die Gesetzesbegründung gibt dafür keine Anhaltspunkte. Soweit es sich bei dem betroffenen Bieter bzw. Bewerber um eine natürliche Person handelt, besteht gegen den Auftraggeber schon nach Maßgabe von Art. 15 DSGVO sowie den diesen ergänzenden, landes- bzw. bundesdatenschutzrechtlichen Regelungen ein Auskunftsrecht. Sowohl den natürlichen als auch den juristischen Personen des Privatrechts steht jedenfalls ein Auskunftsrecht nach Maßgabe des IFG bzw. den diesem entsprechenden Informationsfreiheits- oder Transparenzgesetzen der Länder zu, soweit es sich bei dem Auftraggeber um einen dort genannten Auskunftspflichtigen handelt. Die Regelungen dazu sind unterschiedlich ausgestaltet. **136**

III. Konkretisierung durch WRegV

§ 6 Abs. 7 WRegG gibt vor, dass die übermittelten Daten vertraulich sind und vom Auftraggeber nur für Vergabeentscheidungen genutzt werden dürfen. Die Daten sind nach Ablauf der rechtlich vorgesehenen Aufbewahrungsfristen zu löschen. Hierzu konkretisiert die WRegV insbesondere, dass **137**

- die Verantwortlichkeit für die Datenverwendung beim Auftraggeber liegt (vgl. § 5 Abs. 4 S. 1 WRegV),
- es einen Schutz vor unbefugtem Zugriff bei der Datenübermittlung geben muss (vgl. § 12 WRegV)
- die Datenübermittlung auch zum Zwecke des Datenschutzes protokolliert wird (vgl. § 13 Abs. 2 WRegV) und
- der Bundesdatenschutzbeauftragte die Möglichkeit zur Einsichtnahme in die Protokolldaten hat (vgl. § 13 Abs. 3 WRegV).

I. Elektronische Kommunikation

Nach § 1 Abs. 3 WRegG wird das Wettbewerbsregister in Form einer elektronischen Datenbank geführt. § 9 WRegG trifft dazu Regelungen zur elektronischen Kommunikation zwischen der Registerbehörde, den datenübermittelnden Behörden, den Unternehmen, anderen registerführenden Stellen und den Auftraggebern. Hiernach soll die elektronische Kommunikation der Regelfall sein (§ 9 Abs. 1 WRegG) und die Datenübermittlung in einem automati- **138**

122 Vgl. Gesetzesbegründung zu § 6 WRegG, Gesetz zur Einführung eines Wettbewerbsregisters und zur Änderung des Gesetzes gegen Wettbewerbsbeschränkungen, BT-Drs. 18/12051, 31.
123 Zur Herleitung wird auf die entsprechenden Ausführungen zu § 6 Abs. 7 S. 1 WRegG verwiesen, siehe Rn. 131.

sierten Abrufverfahren möglich sein (§ 9 Abs. 2 S. 1 WRegG). Von diesen Vorgaben sind die Kommunikationsvorgänge nach § 6 WRegG betroffen. Dies sind die Abfrage von Auskünften durch die Auftraggeber (vgl. § 6 Abs. 1 und 2 WRegG), die Datenübermittlung durch die Registerbehörde (vgl. § 6 Abs. 3 WRegG) sowie die Entgegennahme der Auskünfte durch Bedienstete der Auftraggeber (vgl. § 6 Abs. 4 WRegG).

139 Bezogen auf den Datenaustausch zwischen Auftraggebern und Registerbehörde sieht die WRegV mehrere **Kommunikationswege** vor. Grundsätzlich ist dafür ein sogenanntes „sicheres Verfahren" zu verwenden, bei dem die anerkannten Standards der IT-Sicherheit zu beachten sind, § 1 Abs. 2 WRegV. Auf der Internetseite der Registerbehörde (Bundeskartellamt) werden zu möglichen Übermittlungswegen, geeigneten Dateiformaten, gegebenenfalls erforderliche Registrierungen sowie Standardformularen Informationen bekannt gegeben (vgl. § 14 WRegV).

140 Es gilt der Grundsatz, dass die Abfrage durch Auftraggeber über die sog. **amtliche Schnittstelle** (§ 1 Abs. 3 Nr. 2 i.V.m. § 3 WRegV) oder das sog. **Portal** (§ 1 Abs. 3 Nr. 1 i.V.m. § 2 WRegV) erfolgt. Für die Nutzung der amtlichen Schnittstelle, die von der Registerbehörde den öffentlichen Auftraggebern mit Ausnahme der öffentlichen Auftraggeber im Sinne von § 99 Nr. 4 GWB zur Verfügung gestellt wird, werden in den § 1 Abs. 3 Nr. 2 sowie § 3 und § 5 Abs. 1 S. 1 Alt. 1 WRegV nähere Regelungen getroffen. Gleiches gilt für die Nutzung des Portals, das allen öffentlichen Auftraggebern nach § 99 GWB, also auch solchen nach § 99 Nr. 4 GWB grundsätzlich zur Verfügung steht und das von der Registerbehörde auf der Website (www.wettbewerbsregister.de) zur Nutzung nach einer vorherigen Registrierung bereitgestellt wird (vgl. § 1 Abs. 3 Nr. 1 sowie § 2 und § 5 Abs. 1 S. 1 Alt. 2 WRegV).

141 In diesem Zusammenhang fällt auf, dass die **Sektorenauftraggeber** und **Konzessionsgeber**, die nach § 6 Abs. 1 und 2 WRegG abfragepflichtig bzw. auskunftsberechtigt sind, nicht ausdrücklich aufgeführt werden. Damit sie ihre Auskunftsrechte und -pflichten wahrnehmen können, darf davon ausgegangen werden, dass auch sie vom Geltungsbereich umfasst sind, wenn und soweit sie als Auftraggeber nach § 99 Nr. 1 bis 3 bzw. § 99 Nr. 4 GWB eine Sektorentätigkeit ausüben bzw. eine Konzession vergeben und insoweit vom Anwendungsbereich des § 6 Abs. 1 und 2 WRegG umfasst sind.

142 Neben dem von der Registerbehörde bereitgestellten Portal sowie der durch die Registerbehörde bestimmten amtlichen Schnittstelle gelten unter bestimmten Voraussetzungen nach § 1 Abs. 3 WRegV noch weitere elektronische Datenübermittlungen als **sichere Verfahren** im Sinne von § 1 Abs. 2 WRegV: die Kommunikation über De-Mail, das besondere elektronische Anwaltspostfach, das nach § 7 ERVV eingerichtete Postfach, ein Nutzerkonto nach § 2 Abs. 5 OZG sowie sonstige bundeseinheitliche Verfahren, die von der Registerbehörde zugelassen wurden.

Anlagen

Gesetzesbegründung – GWB-Digitalisierungsgesetz (BT-Drs. 19/23492)

Seite 146

Die Vorschrift ist angelehnt an § 150a Absatz 6 der Gewerbeordnung. Es soll verhindert werden, dass Auftraggeber über die Voraussetzungen zur Abfrage nach § 6 Absatz 1 und Absatz 2 hinaus Auskünfte aus dem Wettbewerbsregister von den Unternehmen direkt einholen und damit die Unternehmen und die Registerbehörde mit zusätzlichem Verwaltungsaufwand belasten. Diesem Zweck dienen auch die Änderungen unter Nummer 3 (siehe oben).

Gesetzesbegründung – Gesetz zur Einführung eines Wettbewerbsregisters und zur Änderung des Gesetzes gegen Wettbewerbsbeschränkungen (BT-Drs. 18/12051)

Seite 30

Absatz 1 verpflichtet öffentliche Auftraggeber, Sektorenauftraggeber und Konzessionsgeber, vor der Vergabe Aufträge und Konzessionen bei der Registerstelle abzufragen, ob Eintragungen im Register zu demjenigen Bieter, an den der Auftraggeber den Auftrag oder die Konzession vergeben will, vorliegen. Bei Bietergemeinschaften betrifft die Abfragepflicht alle an der Bietergemeinschaft beteiligten Unternehmen. Die Abfragepflicht betrifft, soweit es sich um die Vergabe klassischer öffentlicher Aufträge durch öffentliche Auftraggeber im Sinne des § 99 GWB handelt, sowohl Vergabeverfahren oberhalb als auch unterhalb der EU-Schwellenwerte. Um den Aufwand sowohl für die Auftraggeber als auch für die Registerbehörde in einem vertretbaren Rahmen zu halten, wird jedoch eine Wertgrenze für die Abfragepflicht auf 30.000 Euro festgelegt. Diese entspricht den bisher bestehenden Wertgrenzen für verpflichtende Abfragen des Gewerbezentralregisters durch Auftraggeber in § 21 SchwarzArbG, § 21 AEntG und § 19 MiLoG. Die Abfragepflicht gilt gemäß Absatz 1 Satz 1 für alle öffentlichen Auftraggeber im Sinne von § 99 GWB. Die Abfragepflicht gilt ferner für Sektorenauftraggeber im Sinne des § 100 Absatz 1 Nummer 1 GWB, die zugleich öffentliche Auftraggeber sind und eine Sektorentätigkeit ausüben, und für Konzessionsgeber im Sinne des § 101 Absatz 1 Nummer 1 und Nummer 2 GWB, allerdings nur dann, wenn der jeweils maßgebliche EU-Schwellenwert des § 106 GWB erreicht oder überschritten wird. Grund für die Besonderheit bei Konzessionsgebern und Sektorenauftraggebern ist, dass im nationalen Vergaberecht für Vergaben unterhalb der EU-Schwellenwerte – ungeachtet der Geltung der Grundsätze des europäischen Primärrechts und des allgemeinen Haushaltsrechts – anders als für den Bereich der Vergabe unterschwelliger klassischer öffentlicher Aufträge keine detaillierten Verfahrensregeln existieren. Aufgrund der Sensibilität der Daten sollen Sektorenauftraggeber nach § 100 Absatz 1 Nummer 2 GWB und Konzessionsgeber nach § 101 Absatz 1 Nummer 3 GWB nicht erfasst werden.

Eine Verpflichtung zur Abfrage besteht nicht bei Sachverhalten, für die das Vergaberecht Ausnahmen von der Anwendbarkeit des Vergaberechts vorsieht. Dies gilt insbesondere für vergaberechtsfreie Inhouse-Vergaben und Fälle der horizontalen Zusammenarbeit zwischen öffentlichen Auftraggebern (vgl. § 108 GWB). Gleiches gilt für weitere Ausnahmen etwa gemäß den §§ 107, 109, 116, 117 oder 145 GWB.

Ausnahmen gelten zudem für Auslandsdienststellen, beispielsweise Botschaften und Konsulate. Diese sind abweichend von Satz 1 und 2 nicht verpflichtet, das Register abzufragen.

Um nach bereits erfolgten Abfragen zu konkreten Unternehmen unnötigen Aufwand zu vermeiden, kann der Auftraggeber auf eine erneute Abfrage bei der Registerbehörde verzichten, wenn er innerhalb der letzten zwei Monate zu dem entsprechenden Unternehmen bereits eine Auskunft aus dem Register erhalten hat.

Absatz 2 gibt Auftraggebern in bestimmten Fällen, in denen keine Abfragepflicht nach Absatz 1 besteht, die Möglichkeit der Abfrage bei der Registerbehörde. Der Begriff des Auftraggebers umfasst nach § 98 GWB – auf den § 1 Absatz 2 Bezug nimmt – alle öffentlichen Auftraggeber, Sektorenauftraggeber und Konzessionsgeber; die Abfragemöglichkeit nach Absatz 2 besteht aber nur für die in Absatz 1 aufgeführten öffentlichen Auftraggeber, Sektorenauftraggeber und Konzessionsgeber. Von der Abfragemöglichkeit umfasst sind nach Absatz 2 Nummer 1 öffentliche Aufträge und Konzessionen mit einem geschätzten Auftrags- oder Vertragswert unterhalb der Wertgrenzen des Absatzes 1, das heißt öffentliche Aufträge mit einem geschätzten Auftragswert unterhalb der 30.000 Euro und öffentliche Aufträge von Sektorenauftraggebern sowie Konzessionen unterhalb der EU-Schwellenwerte.

Darüber hinaus ermöglicht Absatz 2 Nummer 2 die Abfrage in zweistufigen Verfahren (z. B. nicht offenes Verfahren oder Verhandlungsverfahren mit Teilnahmewettbewerb). In diesen Fällen kann der Auftraggeber im Rahmen eines Teilnahmewettbewerbs beim Register abfragen, ob Eintragungen in Bezug auf diejenigen Bewerber vorliegen, die der Auftraggeber zur Abgabe eines Angebots auffordern will.

In Absatz 3 wird die Befugnis zur Datenübermittlung an die öffentlichen Auftraggeber, Sektorenauftraggeber und Konzessionsgeber geregelt.

Seite 31

Bei dem Auftraggeber dürfen die Daten aus Gründen des Datenschutzes nach der Regelung des Absatzes 4 nur von den hiermit betrauten Bediensteten bearbeitet werden. Zu den betrauten Bediensteten im Sinne dieser Vorschrift zählen auch die für die verwaltungsinterne Überprüfung oder Genehmigung von Vergabeverfahren zuständigen Mitarbeiter der Fach- oder Rechtsaufsicht.

In Absatz 5 wird ausdrücklich klargestellt, dass die Eintragung in das Register keinen automatischen Ausschluss eines Unternehmens von der Teilnahme am Vergabeverfahren und keine generelle Vergabesperre für einen bestimmten Zeitraum bewirkt. Der Ausschluss von der Teilnahme an einem Vergabeverfahren setzt weiterhin eine eigenständige Einzelfallprüfung durch die jeweils zuständige Vergabestelle anhand der vergaberechtlichen Vorgaben voraus. Das gilt vorbehaltlich der Bindungswirkung einer Löschung der Eintragung aufgrund erfolgreicher Selbstreinigung gemäß § 7 Absatz 2 Satz 1. Es wurde bewusst davon abgesehen, eine verbindliche Vergabesperre als Rechtsfolge der Eintragung vorzusehen. Allerdings wird bei einer Eintragung eines Unternehmens wegen des Vorliegens eines zwingenden Ausschlussgrunds die Vergabestelle faktisch in aller Regel den Ausschluss des Unternehmens von der Teilnahme an dem Vergabeverfahren beschließen. Die Abfragepflicht des Auftraggebers ist als solche nicht bieterschützend. Eine Eintragung in das Wettbewerbsregister kann nicht in Nachprüfungsverfahren von konkurrierenden Bietern geltend gemacht werden.

Soweit dies für die Prüfung des Ausschlusses eines Unternehmens vom Vergabeverfahren erforderlich ist, können gemäß Absatz 6 Auftraggeber von den Strafverfolgungsbehörden und den zur Verfolgung von Ordnungswidrigkeiten berufenen Behörden ergänzende Informationen über den Ausschlussgrund anfordern. Spiegelbildlich dürfen die Strafverfolgungsbehörden und die zur Verfolgung von Ordnungswidrigkeiten berufenen Behörden den Auftraggebern ergänzende Informationen über den der Eintragung zugrunde liegenden Sachverhalt mitteilen. Die Übermittlungsbefugnis umfasst grundsätzlich auch vertrauliche Daten. Schließlich wird mit Absatz 7 eine klare Zweckbindung der übermittelten Daten als verwaltungsinternes Hilfsmittel normiert. Die Daten dienen lediglich der Unterstützung der Entscheidung der Vergabestelle im Rahmen eines Vergabeverfahrens über den Ausschluss eines Unternehmens. Um eine anderweitige Nutzung zu verhindern, sind die Daten nach Abschluss des Vergabeverfahrens unverzüglich zu löschen, soweit nicht nach vergaberechtlichen Regelungen – insbesondere nach § 8 Absatz 4 der Vergabeverordnung (VgV) – oder durch andere rechtliche Regelungen eine längere Aufbewahrung der Daten noch nach Erteilung des Zuschlags erforderlich ist. Die an die Vergabestellen übermittelten Daten unterliegen einer besonderen Vertraulichkeitspflicht im Sinne von § 3 Nummer 4 IFG. Die Ausführungen in der Begründung zu § 3 Absatz 3 gelten entsprechend.

§ 7 WRegG
Löschung der Eintragung aus dem Wettbewerbsregister nach Fristablauf; Rechtswirkung der Löschung

(1) Eintragungen über Straftaten nach § 2 Absatz 1 Nummer 1 Buchstabe a, c und d werden spätestens nach Ablauf von fünf Jahren ab dem Tag der Rechts- oder Bestandskraft der Entscheidung gelöscht. Eintragungen von Bußgeldentscheidungen nach § 2 Absatz 2 werden spätestens nach Ablauf von drei Jahren ab dem Erlass der Bußgeldentscheidung gelöscht. Im Übrigen werden Eintragungen spätestens nach Ablauf von drei Jahren ab dem Tag gelöscht, an dem die Entscheidung unanfechtbar geworden ist. Bei mehreren Eintragungen wegen desselben Fehlverhaltens ist eine Löschung aller ein Unternehmen betreffenden Eintragungen vorzunehmen, wenn die Voraussetzungen der Löschung für eine Eintragung gegeben sind und dieselben Fristen für die Löschung gelten; bei unterschiedlichen Fristen ist die längere Frist maßgeblich. Die Regelungen des § 4 Absatz 2 Satz 2 und des § 8 Absatz 1 Satz 3 bleiben unberührt.

(2) Ist eine Eintragung im Wettbewerbsregister nach Absatz 1 oder § 8 gelöscht worden, so darf die der Eintragung zugrunde liegende Straftat oder Ordnungswidrigkeit in Vergabeverfahren nicht mehr zum Nachteil des betroffenen Unternehmens verwertet werden. Die Ablehnung eines Löschungsantrags nach § 8 Absatz 1 durch die Registerbehörde ist für den Auftraggeber nicht bindend.

Übersicht

	Rn.
A. Allgemeines	1
I. Bedeutung	1
II. Unionsrechtlicher Hintergrund	5
III. Verhältnis zu § 126 GWB	6
B. Löschungsfristen im Einzelnen (Abs. 1 S. 1 bis 4)	8
I. Zwingende Ausschlussgründe (S. 1)	9
1. Anwendungsbereich	10
2. Fristbeginn	12
II. Fakultative Ausschlussgründe (S. 2 und 3)	15
1. Anwendungsbereich	16
2. Fristbeginn	17
3. Auseinanderfallende Fristen im Verhältnis zu § 126 GWB	19
III. Fristablauf	23
IV. Zusammentreffen mehrerer Eintragungen	25
1. Allgemeines	25
2. Sonderfall: Mehrere Eintragungen aufgrund desselben Fehlverhaltens (S. 4)	27
C. Verhältnis zu Löschung wegen Selbstreinigung und fehlerhafter Eintragung (Abs. 1 S. 5)	31
I. Selbstreinigung	32
II. Fehlerhafte Eintragung	33
D. Bindungswirkung der Löschung und Rechtsschutz (Abs. 2)	34
I. Bindungswirkung für Auftraggeber und Nachprüfungsinstanzen	34
II. Zeitliche Aspekte der Bindungswirkung	36
III. Rechtsschutz	38
1. Rechtsschutz eingetragener Unternehmen gegen den Ausschluss vom Vergabeverfahren	38
2. Missachtung der Bindungswirkung bei erfolgter Löschung	39
3. Nicht erfolgte Löschung trotz Ablaufs der Löschungsfrist	40
Anlage Gesetzesbegründung	

A. Allgemeines*

I. Bedeutung

§ 7 WRegG regelt die Löschung von Eintragungen aus dem Wettbewerbsregister wegen Fristablaufs. Damit knüpft die Vorschrift unmittelbar an § 126 GWB an, der Aussagen zum (maxi- 1

* Die Kommentierung gibt allein die persönliche Auffassung des Autors wieder.

mal) zulässigen Zeitraum für Ausschlüsse trifft. Spätestens nach Ablauf der dort genannten Höchstfristen darf der Auftraggeber den entsprechenden Ausschlussgrund – unabhängig von der Durchführung von Selbstreinigungsmaßnahmen – im Vergabeverfahren nicht mehr berücksichtigen. Mit der zeitlichen Befristung der Ausschlussgründe wird insbesondere dem Verhältnismäßigkeitsgrundsatz, aber auch dem vergaberechtlichen Gleichbehandlungs- und Wettbewerbsgrundsatz Rechnung getragen.[1] Im Ergebnis kommt die zeitliche Befristung des Ausschlusses dem Rechtsinstitut der Verfolgungsverjährung nahe.[2] Es liegt auf der Hand, dass – sollte materiell-rechtlich ein Ausschluss gemäß § 126 GWB wegen Zeitablaufs ausscheiden – auch der Grund für eine Eintragung des betroffenen Unternehmens im Wettbewerbsregister wegfällt, was die Regelung des § 7 WRegG auch mit Blick auf den damit verbundenen Eingriff in das Recht auf informationelle Selbstbestimmung[3] erforderlich macht.

2 Insgesamt dürfte die Löschung nach Fristablauf zu Vereinfachungen bei den Auftraggebern und erhöhter Rechtssicherheit führen. Das folgt nicht zuletzt aus dem Umstand, dass der Löschung aus dem Register **Bindungswirkung** zukommt. Auftraggeber sind in diesem Fall von einer Prüfung der Voraussetzungen des § 126 GWB befreit und dürfen den verwirklichten Ausschlussgrund nicht (mehr) berücksichtigen. Umgekehrt werden Auftraggeber freilich auch weiterhin nach § 126 GWB zu prüfen haben, ob es im Einzelfall schon vor der Löschung der Eintragung aus dem Wettbewerbsregister erforderlich ist, von einem Ausschluss abzusehen. Das gilt einerseits für diejenigen Ausschlussgründe, die von vornherein nicht im Wettbewerbsregister eintragungsfähig sind. Andererseits kann im Einzelfall aber auch bei eintragungsfähigen Ausschlussgründen ein Ausschluss wegen § 126 GWB trotz fortbestehender Eintragung im Wettbewerbsregister unzulässig werden.[4]

3 Soweit die Vorschrift den einzelnen eintragungspflichtigen Verstößen eine Löschungsfrist von jeweils fünf bzw. drei Jahren zuordnet, orientiert sie sich an der Differenzierung in § 126 GWB zwischen **zwingenden** und **fakultativen Ausschlussgründen** (§ 123 bzw. § 124 GWB).[5] Während Verstöße, die einen zwingenden Ausschluss nach sich ziehen, für eine Dauer von fünf Jahren im Wettbewerbsregister gespeichert werden, beträgt die Frist für fakultative Ausschlussgründe drei Jahre. Grundsätzlich läuft die Frist ab dem Zeitpunkt der Rechts- bzw. Bestandskraft. Für Kartellordnungswidrigkeiten beginnt die Frist bereits mit dem Erlass der Bußgeldentscheidung zu laufen.

4 Die Registerbehörde kann von den vorgegebenen Fristen grundsätzlich nicht eigenständig nach unten abweichen.[6] **Vor Ablauf der** in § 7 WRegG benannten **Fristen** kommt eine Löschung damit nur auf Antrag wegen zwischenzeitlich erfolgter Selbstreinigung (§ 8 WRegG) oder von Amts wegen bei nachträglich festgestellter Fehlerhaftigkeit der Eintragung (§ 4 Abs. 2 S. 2 WRegG) in Betracht.[7] Unter Umständen kann dem eingetragenen Unternehmen aber ein Berichtigungsanspruch zustehen.[8] Soweit im Gesetzestext vom „spätesten" Zeitpunkt für die Löschung die Rede ist, wird damit auf das (zeitliche) Verhältnis zu den genannten Fällen der Löschung wegen Selbstreinigung oder Fehlerhaftigkeit der Eintragung verwiesen. Ob im Einzelfall ein Ausschluss auch schon vor der Löschung aus dem Wettbewerbsregister unzulässig sein kann, bleibt der Entscheidung des Auftraggebers im jeweiligen Vergabever-

1 *Radu* in § 126 GWB Rn. 4; *Dreher/Engel*, ZWeR 2019, 3 (25); *Gottschalk/Lubner*, NZWiSt 2018, 96 (100).
2 *Radu* in § 126 GWB Rn. 13.
3 Gesetzesbegründung zu § 7 Abs. 1 WRegG, Gesetz zur Einführung eines Wettbewerbsregisters und zur Änderung des Gesetzes gegen Wettbewerbsbeschränkungen, BT-Drs. 18/12051, 31; *Gottschalk/Lubner*, NZWiSt 2018, 96 (100).
4 Siehe unten Rn. 7.
5 Vgl. Gesetzesbegründung zu § 7 Abs. 1 WRegG, Gesetz zur Einführung eines Wettbewerbsregisters und zur Änderung des Gesetzes gegen Wettbewerbsbeschränkungen, BT-Drs. 18/12051, 31.
6 So auch *Hooghoff*, FIW Jahrbuch 2019, 129 (136); a.A. *Dreher/Engel*, ZWeR 2019, 3 (25 f.), die insbesondere auf die Parallelität zu § 126 GWB verweisen.
7 Vgl. insoweit auch § 7 Abs. 1 S. 5 WRegG, nach dem § 8 und § 4 Abs. 2 S. 2 WRegG unberührt bleiben; darauf deutet auch die Gesetzesbegründung hin, die außerhalb des Fristablaufs lediglich auf diese explizit im WRegG geregelten Fälle einer vorzeitigen Löschung verweist, vgl. Gesetzesbegründung zu § 7 Abs. 2 WRegG, Gesetz zur Einführung eines Wettbewerbsregisters und zur Änderung des Gesetzes gegen Wettbewerbsbeschränkungen, BT-Drs. 18/12051, 31.
8 Siehe unten Rn. 22.

fahren gemäß § 126 GWB vorbehalten. Eine entsprechende Einzelfallbetrachtung ist der Registerbehörde losgelöst von einem konkreten Vergabeverfahren überhaupt nicht möglich.[9] Dieses Verständnis wird auch dem Pimärzweck des Wettbewerbsregisters als verlässliche Informationsquelle für Auftraggeber gerecht, die über den Ausschluss dann in eigener Verantwortung entscheiden, § 6 Abs. 5 S. 1 WRegG. Erfolgt eine Löschung aus dem Wettbewerbsregister, verbleibt für eine eigenverantwortliche Entscheidung wegen § 7 Abs. 2 S. 1 WRegG kein Raum.

II. Unionsrechtlicher Hintergrund

Die europäische Vergaberichtlinie legt in Art. 57 Abs. 2 S. 3 RL 2014/24/EU lediglich die in § 126 GWB umgesetzten Höchstfristen von fünf bzw. drei Jahren sowie den maßgeblichen Fristbeginn fest. Im Übrigen gewährt sie den Mitgliedstaaten weitgehenden Umsetzungsspielraum für die (verfahrensbezogene) Ausgestaltung der nationalen Regelungen. 5

III. Verhältnis zu § 126 GWB

Im Verhältnis zu § 126 GWB kann § 7 WRegG freilich von vornherein nur insoweit Wirkung entfalten, als es sich um **Ausschlussgründe** handelt, die auf einer eintragungsfähigen Straftat oder Ordnungswidrigkeit im Sinne von § 2 WRegG beruhen. Bei allen anderen Ausschlussgründen bleibt es allein bei der Prüfung durch den Auftraggeber gemäß § 126 GWB. Auch im Falle einer Eintragung in das Wettbewerbsregister hindert § 7 WRegG den Auftraggeber im Einzelfall nicht daran, von einer Unzulässigkeit des Ausschlusses auszugehen. Unabhängig von der Bindungswirkung der Löschung ist materiell-rechtlich insoweit § 126 GWB maßgeblich, mit dem Art. 57 Abs. 2 S. 3 RL 2014/24/EU umgesetzt wird. 6

Der Einzelfallprüfung durch den Auftraggeber wird auch deshalb weiterhin Bedeutung zukommen, als die Anknüpfungspunkte für den Fristbeginn in Bezug auf **fakultative Ausschlussgründe** in beiden Normen – d.h. § 7 WRegG und § 126 GWB – unterschiedlich ausgestaltet sind.[10] Während § 7 WRegG aus Praktikabilitätsgründen je nach Ausschlussgrund zwischen dem Zeitpunkt der Unanfechtbarkeit und dem Erlass der Bußgeldentscheidung unterscheidet, stellt § 126 GWB allein auf das betreffende Ereignis ab, das in der Regel in dem jeweiligen Fehlverhalten besteht.[11] Dabei ist im Einzelnen umstritten, worin das „betreffende Ereignis" – speziell in Bezug auf die Ausschlussgründe nach § 124 Abs. 1 Nr. 1, 3 und 4 GWB – liegt.[12] Die Fristen von § 7 WRegG und § 126 GWB dürften daher in Einzelfällen nicht gleichlaufen, wobei die Löschungsfrist nach § 7 WRegG aufgrund des späteren Fristbeginns dann später abläuft. Da es materiell-rechtlich für eine Unzulässigkeit des Ausschlusses allein auf § 126 GWB ankommt, erscheint es legitim, dem betroffenen Unternehmen bei fortbestehender Eintragung im Wettbewerbsregister trotz Vorliegens der Voraussetzungen des § 126 GWB in eindeutigen Fällen einen Berichtigungsanspruch entsprechend § 4 Abs. 2 S. 2 WRegG zuzugestehen.[13] 7

B. Löschungsfristen im Einzelnen (Abs. 1 S. 1 bis 4)

Parallel zu § 126 GWB differenziert § 7 WRegG zwischen zwingenden und fakultativen Ausschlussgründen, indem die Vorschrift den verschiedenen Verstößen jeweils eine Frist von drei bzw. fünf Jahren für die Löschung aus dem Wettbewerbsregister zuordnet.[14] 8

9 Vgl. *Radu* in § 126 GWB Rn. 47, der bei der Prüfung des zulässigen Ausschlusszeitraums ebenfalls auf den konkret zu vergebenden Auftrag abstellt.
10 *Wolters*, KriPoZ 2017, 244 (250).
11 *Radu* in § 126 GWB Rn. 24.
12 Ausführlich hierzu *Friton*, in: Gabriel/Mertens/Prieß/Stein, Vergaberecht, § 126 GWB Rn. 12 ff.; vgl. zu § 124 Abs. 1 Nr. 4 GWB auch EuGH, Urteil v. 24.10.2018 – Rs. C-124/17 (Vossloh Laeis), Rn. 42, der zur Berechnung des zulässigen Zeitraums auf den Zeitpunkt der Entscheidung der Kartellbehörde abstellt.
13 In diese Richtung auch *Wolters*, KriPoZ 2017, 244 (250).
14 Siehe oben Rn. 3.

I. Zwingende Ausschlussgründe (S. 1)

9 Die Höchstfrist für Eintragungen im Wettbewerbsregister wegen zwingender Ausschlussgründe nach § 123 GWB beträgt fünf Jahre ab dem Tag der Rechts- oder Bestandskraft der Entscheidung. Das betrifft nicht nur Eintragungen wegen der in § 123 Abs. 1 GWB gelisteten Straftatbestände, sondern auch eingetragene rechtskräftige Entscheidungen wegen § 266a StGB (Vorenthalten und Veruntreuen von Arbeitsentgelt) und § 370 AO (Steuerhinterziehung) als Ausschlussgründe im Sinne des § 123 Abs. 4 S. 1 Nr. 1 GWB.[15]

1. Anwendungsbereich

10 § 7 Abs. 1 S. 1 WRegG ist auf Eintragungen über **Straftraten** nach § 2 Abs. 1 Nr. 1 lit. a, c und d WRegG anzuwenden. Das sind rechtskräftige strafgerichtliche Verurteilungen und Strafbefehle, die wegen einer der in § 123 Abs. 1 GWB aufgeführten Straftaten bzw. wegen des Vorenthaltens und Veruntreuens von Arbeitsentgelt nach § 266a StGB oder Steuerhinterziehung nach § 370 AO ergangen sind. Die beiden letztgenannten Straftatbestände rechtfertigen dabei einen zwingenden Ausschluss nach § 123 Abs. 4 S. 1 Nr. 1 GWB.[16]

11 Die vorgesehene Löschungsfrist von fünf Jahren dürfte sich auf sämtliche ins Wettbewerbsregister einzutragende **Entscheidungen** beziehen, die einen zwingenden Ausschluss nach § 123 GWB rechtfertigen, unabhängig davon, ob die Entscheidung gegen das Unternehmen selbst ergangen ist oder dem Unternehmen das Verhalten einer einschlägig verurteilten natürlichen Person gemäß § 2 Abs. 3 S. 1 WRegG zugerechnet wird. Der Gesetzeswortlaut ist an dieser Stelle nicht eindeutig, soweit er von „Eintragungen über Straftaten" nach § 2 Abs. 1 Nr. 1 lit. a, c und d WRegG spricht, ohne die Eintragungen rechtskräftiger Bußgeldentscheidungen gegen Unternehmen nach § 30 OWiG ausdrücklich einzubeziehen (§ 2 Abs. 1 Nr. 3 WRegG[17]). Der vom Gesetzgeber angestrebte Gleichlauf zwischen § 126 GWB und § 7 WRegG[18] spricht unter Berücksichtigung des vergaberechtlichen Gleichbehandlungsgrundsatzes im Ergebnis aber dafür, dass auch solche Bußgeldentscheidungen gegen Unternehmen umfasst sind, die auf einer der genannten Straftaten beruhen.[19] Diese Auslegung ist auch vom Wortlaut des § 7 WRegG gedeckt, da Eintragungen von Bußgeldentscheidungen nach § 30 OWiG als Eintragungen *über* die der Ordnungswidrigkeit zugrunde liegende Straftat (Anknüpfungstat) qualifiziert werden können.

2. Fristbeginn

12 Die Höchstfrist für Eintragungen im Wettbewerbsregister wegen zwingender Ausschlussgründe nach § 123 GWB beträgt ausweislich des Gesetzeswortlauts „fünf Jahre ab dem Tag der Rechts- oder Bestandskraft der Entscheidung".

13 Die Verwendung des Terms „**Bestandskraft**" bleibt dabei ohne eigenständige Bedeutung, dürfte es hier doch allein um der Rechtskraft fähige Entscheidungen in Form von Urteilen, Strafbefehlen und Bußgeldentscheidungen[20] nach § 30 OWiG gehen.[21]

---

15 Vgl. hierzu Gesetzesbegründung zu § 123 Abs. 4 GWB, VergRModG 2016, BT-Drs. 18/6281, 104; ebenso *Stolz*, in: Ziekow/Völlink, Vergaberecht, § 123 GWB Rn. 11.

16 Vgl. *Opitz*, in: Burgi/Dreher, Vergaberecht, § 123 GWB Rn. 50.

17 § 2 Abs. 1 Nr. 3 WRegG unterscheidet gleichwohl nicht zwischen Bußgeldentscheidungen wegen fakultativer und zwingender Ausschlussgründe.

18 Gesetzesbegründung zu § 7 Abs. 1 WRegG, Gesetz zur Einführung eines Wettbewerbsregisters und zur Änderung des Gesetzes gegen Wettbewerbsbeschränkungen, BT-Drs. 18/12051, 31.

19 Vgl. zur Anwendung von § 126 Nr. 1 GWB auf Fälle des § 30 OWiG: *Kaufmann*, in: Pünder/Schellenberg, Vergaberecht, § 126 GWB Rn. 11; *Pauka*, in: Säcker, Wettbewerbsrecht, § 126 GWB Rn. 6; a.A. *Friton*, in: Gabriel/Mertens/Prieß/Stein, Vergaberecht, § 126 GWB Rn. 10.

20 Unabhängig davon wird auch bei Bußgeldentscheidungen von „Rechtskraft" gesprochen.

21 In der Gesetzesbegründung ist im Hinblick auf § 7 Abs. 1 S. 1 WRegG (Gesetz zur Einführung eines Wettbewerbsregisters und zur Änderung des Gesetzes gegen Wettbewerbsbeschränkungen, BT-Drs. 18/12051, 31) dagegen nur von der „Rechtskraft" die Rede.

Der Wortlaut weicht insofern auch von § 126 Nr. 1 bzw. § 123 Abs. 1 und 2 GWB ab. Praktische Konsequenzen ergeben sich hieraus jedoch nicht, sodass es bei einem Gleichlauf der Fristen in **§ 126 GWB** und § 7 WRegG bleibt. 14

II. Fakultative Ausschlussgründe (S. 2 und 3)

Für Eintragungen im Wettbewerbsregister, die fakultative Ausschlussgründe darstellen, gilt eine Löschungsfrist von maximal drei Jahren. Bezüglich des Fristbeginns ist dabei zwischen Kartellordnungswidrigkeiten, § 2 Abs. 2 WRegG, und den übrigen ins Wettbewerbsregister einzutragenden fakultativen Ausschlussgründen zu unterscheiden. 15

1. Anwendungsbereich

Die Löschungsfrist für die in § 7 Abs. 1 S. 2 und 3 WRegG in Bezug genommenen Eintragungen beträgt jeweils drei Jahre. Während § 7 Abs. 1 S. 2 WRegG explizit auf Bußgeldentscheidungen nach § 2 Abs. 2 WRegG wegen der Begehung einer Kartellordnungswidrigkeit nach § 81 Abs. 1 Nr. 1 oder Abs. 2 Nr. 1 i.V.m. § 1 GWB verweist, enthält § 7 Abs. 1 S. 3 WRegG einen Auffangtatbestand für alle Eintragungen, die nicht unter § 7 Abs. 1 S. 1 und 2 WRegG fallen. Das sind Eintragungen nach § 2 Nr. 1 lit. b und e sowie Nr. 2 WRegG. Damit erfassen § 7 Abs. 1 S. 2 und 3 WRegG diejenigen Eintragungen im Wettbewerbsregister, die einen fakultativen Ausschluss vom Vergabeverfahren i.S.v. § 124 GWB begründen können – einschließlich derjenigen Ausschlussgründe, die außerhalb des GWB geregelt sind und auf die § 124 Abs. 2 GWB verweist (§ 21 AEntG, § 98c des AufenthG, § 19 des MiLoG und § 21 des SchwarzArbG). Umfasst sind auch Eintragungen wegen entsprechender Entscheidungen gegen das Unternehmen selbst gemäß § 30 OWiG.[22] Zu beachten ist dabei allerdings, dass im Wettbewerbsregister nur ein kleiner Teil der in § 124 Abs. 1 GWB genannten fakultativen Ausschlussgründe eintragungsfähig ist. 16

2. Fristbeginn

Bei Eintragungen wegen einer Bußgeldentscheidung über kartellrechtswidrige Absprachen oder abgestimmte Verhaltensweisen, die materiell-rechtlich einen Ausschluss nach **§ 124 Abs. 1 Nr. 4 GWB** rechtfertigen, beginnt die Löschungsfrist nach § 7 Abs. 1 S. 2 WRegG mit Erlass der maßgeblichen Bußgeldentscheidung durch die Kartellbehörde zu laufen. Nicht erforderlich ist es für den Fristbeginn demnach, dass die Entscheidung in Rechtskraft erwachsen ist. Das deckt sich mit der dazu ergangenen Rechtsprechung des EuGH.[23] Ausreichend sind nach dem Wortlaut des § 124 Abs. 1 Nr. 4 GWB bereits „hinreichende Anhaltspunkte" hinsichtlich des Kartellverstoßes. 17

Im Hinblick auf die **übrigen** eintragungsfähigen **fakultativen Ausschlussgründe** im Sinne des § 124 GWB soll demgegenüber der Zeitpunkt der Unanfechtbarkeit der zugrundeliegenden Entscheidung maßgeblich sein, um den Fristlauf in Gang zu setzen, § 7 Abs. 1 S. 3 WRegG. Der Begriff der Unanfechtbarkeit als Ausdruck der formellen Rechtskraft deckt sich mit dem maßgeblichen Zeitpunkt in § 7 Abs. 1 S. 1 WRegG – dem Eintritt der Rechts- bzw. Bestandskraft der Entscheidung. Entscheidend ist insoweit der Ablauf der Rechtsbehelfs- bzw. Rechtsmittelfristen. 18

3. Auseinanderfallende Fristen im Verhältnis zu § 126 GWB

Anders als § 7 WRegG stellt § 126 GWB in Umsetzung der Vergaberichtlinie 2014/24/EU auf das „**betreffende Ereignis**" als maßgeblichen Zeitpunkt für den Fristbeginn ab. Worin konkret das fristauslösende Ereignis zu sehen ist, muss in Abhängigkeit des jeweiligen Ausschlussgrundes unter Berücksichtigung der Umstände des Einzelfalls bestimmt werden. Als relevante Zeitpunkte kommen dabei etwa die Begehung der Tat selbst oder aber die Nachweismöglich- 19

22 Siehe oben Rn. 11.
23 EuGH, Urteil v. 24.10.2018 – Rs. C-124/17 (Vossloh Laeis), Rn. 42.

keit für einen verständigen Auftraggeber bzw. die behördliche oder gerichtliche Entscheidung in Betracht.[24] Im Hinblick auf Kartellverstöße gemäß § 124 Abs. 1 Nr. 4 GWB hat der EuGH[25] entschieden, dass es auf den Zeitpunkt ankommt, in dem die sanktionierende Entscheidung der Kartellbehörde ergeht.

20 Während ein Gleichlauf der Fristen gemäß § 7 WRegG und § 126 GWB im Hinblick auf Kartellverstöße auf dieser Grundlage erreicht werden kann, wird dies bei den übrigen eintragungsfähigen fakultativen Ausschlussgründen teilweise nicht der Fall sein.[26] Insbesondere durch das Einlegen von Rechtsbehelfen kann sich der Zeitpunkt der Unanfechtbarkeit entscheidend nach hinten verschieben, sodass eine **zeitliche Diskrepanz** im Verhältnis zum materiell-rechtlich zulässigen Ausschlusszeitraum nach § 126 GWB möglich ist. Die Gründe für ein Abstellen auf den Zeitpunkt der Unanfechtbarkeit der Entscheidung sind in erster Linie in der vereinfachten Handhabbarkeit für die Registerbehörde und der Verfügbarkeit entsprechender Daten zu suchen. Eine Einzelfallbetrachtung kann auf Basis der von den mitteilungspflichtigen Behörden gemeldeten Informationen nicht geleistet werden.

21 Sollten die Löschungsfrist nach § 7 WRegG einerseits und der materiell-rechtlich zulässige Zeitraum für einen Ausschluss vom Vergabeverfahren nach § 126 GWB andererseits im konkreten Einzelfall nicht kongruent sein, richtet sich die Zulässigkeit des Ausschlusses allein nach letztgenannter Vorschrift. Insbesondere kann sich der Auftraggeber bei Überschreiten des Zeitraums in § 126 GWB nicht auf eine fortbestehende Eintragung im Wettbewerbsregister berufen. Maßgeblich ist allein, die **materiell-rechtliche Lage**. § 6 Abs. 5 S. 1 WRegG stellt insoweit klar, dass der Auftraggeber nach Maßgabe der vergaberechtlichen Vorschriften in eigener Verantwortung prüft und über den Ausschluss entscheidet. Eine Eintragung entfaltet keine Bindungswirkung und führt nicht zu einem automatischen Ausschluss in Form einer Vergabesperre.[27]

22 EU-rechtliche Bedenken gegen § 7 WRegG bestehen zwar grundsätzlich schon deshalb nicht, da ein Ausschluss des Unternehmens trotz fortbestehender Eintragung im Wettbewerbsregister auf Grundlage von § 126 GWB richtlinienkonform ausscheidet – § 7 WRegG steht der Würdigung des Einzelfalls durch den Auftraggeber nicht entgegen. Allerdings dürfte dem betroffenen Unternehmen in eindeutigen Fällen ein **Korrekturanspruch** gegenüber der Registerbehörde zuzubilligen sein, da der sachliche Grund für die Eintragung des Unternehmens und damit die Rechtfertigung für den Eingriff in das Recht auf informationelle Selbstbestimmung weggefallen ist. Das ergibt sich aus dem Rechtsgedanken des § 4 Abs. 2 S. 2 WRegG.[28]

III. Fristablauf

23 In Ermangelung spezifischer Vorschriften richtet sich die **Berechnung** der Frist nach den §§ 187 Abs. 1, 188 Abs. 2 BGB analog.[29] Besonderheiten bestehen insoweit nicht. Wird ein Unternehmen etwa aufgrund einer ihm zurechenbaren Verurteilung wegen Steuerhinterziehung nach § 370 AO ins Wettbewerbsregister eingetragen, die am 13. Oktober 2022 in Rechtskraft erwachsen ist, ist das Unternehmen mit Ablauf des 13. Oktobers 2027 aus dem Register zu löschen. Der Verstoß darf mithin spätestens ab dem 14. Oktober 2027 nicht mehr zur Rechtfertigung eines Ausschlusses berücksichtigt werden.

24 Im Zusammenhang mit § 126 GWB wird die Frage des **maßgeblichen Zeitpunkts** diskutiert, soweit die Frist erst im Laufe eines Vergabeverfahrens abläuft. Im Hinblick auf § 7 WRegG ergibt sich, dass Auftraggeber eine Löschung von Eintragungen zumindest bis zum Zeitpunkt der Abfrage des Wettbewerbsregisters nach § 6 Abs. 1 S. 1 WRegG, der regelmäßig unmittel-

24 Vgl. *Friton*, in: Gabriel/Mertens/Prieß/Stein, Vergaberecht, § 126 GWB Rn. 13 ff.
25 EuGH, Urteil v. 24.10.2018 – Rs. C-124/17 (Vossloh Laeis), Rn. 42; vgl. auch *Stein/Wolters*, jurisPR-Compl 2/2019 Anm. 2.
26 Kritisch insoweit auch *Wolters*, KriPoZ 2017, 244 (250); vgl. auch: *Gottschalk/Lubner*, NZWiSt 2018, 96 (100).
27 Gesetzesbegründung zu § 6 Abs. 5 WRegG, Gesetz zur Einführung eines Wettbewerbsregisters und zur Änderung des Gesetzes gegen Wettbewerbsbeschränkungen, BT-Drs. 18/12051, 31.
28 Siehe oben Rn. 7.
29 Zu § 126 GWB entsprechend: *Friton*, in: Gabriel/Mertens/Prieß/Stein, Vergaberecht, § 126 GWB Rn. 27a.

bar vor der Zuschlagsentscheidung liegt, berücksichtigen müssen. Das folgt bereits aus § 7 Abs. 2 S. 1 WRegG, der die Bindungswirkung der Löschungsentscheidung zeitlich nicht einschränkt. Auch darüber hinaus kann das Ende des zulässigen Ausschlusszeitraums jedenfalls gemäß § 126 GWB bis zum Zeitpunkt der Zuschlagsentscheidung zu berücksichtigen sein.[30]

IV. Zusammentreffen mehrerer Eintragungen

1. Allgemeines

Liegen zu einem Unternehmen mehrere Eintragungen vor, läuft die Frist für jede Eintragung **grundsätzlich** individuell: Eine neue Eintragung zu einem Unternehmen, die auf einem weiteren Fehlverhalten beruht, führt daher nicht dazu, dass sich die Löschungsfristen der bereits bestehenden Eintragungen entsprechend verlängern. Eine Addition der Fristen findet nicht statt.[31] Ferner kann in der Konsequenz auch die Löschung einer Eintragung grundsätzlich keine Auswirkung auf das Fortbestehen der übrigen Eintragungen eines Unternehmens wegen eines anderen Verstoßes und die Möglichkeit für Auftraggeber haben, ein Unternehmen auf dieser Grundlage weiterhin auszuschließen. 25

Davon zu trennen ist der Fall **mehrerer in einer Entscheidung zusammengefassten Verstöße**, die zueinander im Verhältnis der ungleichartigen Tatmehrheit stehen und für sich genommen eintragungspflichtige fakultative oder zwingende Ausschlussgründe darstellen. Hier liegen zwar „mehrere Fehlverhalten" vor. Da allerdings nur eine Entscheidung ergangen ist, wird der Fristablauf einheitlich in Gang gesetzt. Bei unterschiedlichen Fristlängen ist die längere Frist für die Löschung maßgeblich.[32] 26

2. Sonderfall: Mehrere Eintragungen aufgrund desselben Fehlverhaltens (S. 4)

Eine Sonderregelung enthält § 7 Abs. 1 S. 4 WRegG für den Fall, dass ein Unternehmen aufgrund desselben Fehlverhaltens mehrfach im Wettbewerbsregister eingetragen wird. Als einzigen Anwendungsfall nennt die Gesetzesbegründung die Konstellation, in der gleichzeitig eine Entscheidung gegen die für das Unternehmen handelnde natürliche Person und eine Bußgeldentscheidung gegen das Unternehmen selbst nach § 30 OWiG vorliegt. Die Regelung zielt darauf ab, einen doppelten Fristenlauf wegen unterschiedlicher Rechtsschutzmöglichkeiten der Beteiligten zu verhindern.[33] 27

Gelten für die Eintragungen **dieselben Höchstfristen** – oder mit anderen Worten: sind die Eintragungen aufgrund derselben Straftaten bzw. Ordnungswidrigkeiten ergangen, ist auf den früheren Zeitpunkt für die Löschung aller *dieses* Fehlverhalten betreffenden Eintragungen abzustellen, § 7 Abs. 1 S. 4 Hs. 1 WRegG.[34] 28

Im Fall **unterschiedlicher Fristen** soll gemäß § 7 Abs. 1 S. 4 Hs. 2 WRegG die längere Frist maßgeblich sein, wobei sich aus dem Wortlaut nicht eindeutig ergibt, ob zumindest für den Fristbeginn auf den Zeitpunkt der früheren Eintragung – d.h. den Zeitpunkt der Rechtskraft der ersten zu einem bestimmten Fehlverhalten ergangenen Entscheidung – abzustellen ist. Aus Gleichbehandlungserwägungen ist dieses Verständnis vorzugswürdig. Das Auseinanderfallen der Fristlängen bei Vorliegen desselben Fehlverhaltens dürfte sich auf Ausnahmefälle beschränken. Das gilt jedenfalls dann, wenn bzgl. der Fristlängen für Bußgeldentscheidungen gegen Unternehmen nach § 30 OWiG entsprechend den obenstehenden Ausführungen zwi- 29

30 Vgl. hierzu *Radu* in § 126 GWB Rn. 18 ff.; *Friton*, in: Gabriel/Mertens/Prieß/Stein, Vergaberecht, § 126 GWB Rn. 27b.
31 Zur parallelen Fragestellung bei § 126 GWB: *Friton*, in: Gabriel/Mertens/Prieß/Stein, Vergaberecht, § 126 GWB Rn. 27b.
32 Vgl. Rechtsgedanke von § 7 Abs. 1 S. 4 Hs. 2 WRegG.
33 Gesetzesbegründung zu § 7 Abs. 1 WRegG, Gesetz zur Einführung eines Wettbewerbsregisters und zur Änderung des Gesetzes gegen Wettbewerbsbeschränkungen, BT-Drs. 18/12051, 31; vgl. auch *Haus/Erne*, NZG 2017, 1167 (1170).
34 Der Gesetzeswortlaut ist an dieser Stelle etwas ungenau, soweit er pauschal von „allen ein Unternehmen betreffenden Eintragungen" spricht.

schen den zugrunde liegenden Anknüpfungstaten differenziert wird.[35] In der Folge besteht wie bei § 126 GWB grundsätzlich ein Gleichlauf der Fristlängen bezüglich der Entscheidungen gegen die natürliche Person einerseits und das Unternehmen andererseits, soweit es sich um dasselbe Fehlverhalten handelt.

30 In Betracht kommen unterschiedliche Höchstfristen im Sinne von § 7 Abs. 1 S. 4 Hs. 2 WRegG bei **divergierenden** eintragungspflichtigen **Entscheidungen** im Hinblick auf das Unternehmen einerseits und die natürliche Person andererseits. Da die Unternehmensgeldbuße im Regelfall in einem „verbundenen Verfahren", d.h. im Verfahren gegen den Täter der Anknüpfungstat, festgesetzt wird,[36] dürften sich Schuldspruch gegen die natürliche Person einerseits und unternehmensbezogene Bußgeldentscheidung nach § 30 OWiG hinsichtlich der zugrunde gelegten Straftaten oder Ordnungswidrigkeiten zumeist entsprechen. Denkbar erscheint ein Auseinanderfallen der Fristen in Fällen, in denen die natürliche Person oder das Unternehmen einen Rechtsbehelf im Straf- bzw. Ordnungswidrigkeitenverfahren einlegt, da diese nicht zugunsten des jeweils anderen wirken und damit divergierende Entscheidungen möglich sind.[37] Ein solcher Fall könnte beispielsweise darin bestehen, dass gegen das Unternehmen gemäß § 30 OWiG ein Bußgeld wegen einer Tat nach § 266a StGB verhängt wird (Höchstfrist: 5 Jahre, § 7 Abs. 1 S. 1 i.V.m. § 2 Abs. 1 Nr. 1 lit. c WRegG), gegen die natürliche Person, deren Verhalten zugerechnet wird, dagegen auf Betrug gemäß § 263 StGB erkannt wird (Höchstfrist: 3 Jahre, § 7 Abs. 1 S. 3 i.V.m. § 2 Abs. 1 Nr. 1 lit. b WRegG). Fälle divergierender Entscheidungen sind darüber hinaus auch dann möglich, wenn mehrere natürliche Personen als Täter an demselben Fehlverhalten beteiligt sind. Schwierigkeiten könnten sich speziell in diesen Fällen im Hinblick auf die Zuordnung mehrerer Eintragungen zu „demselben" Fehlverhalten ergeben.

C. Verhältnis zu Löschung wegen Selbstreinigung und fehlerhafter Eintragung (Abs. 1 S. 5)

31 § 7 Abs. 1 S. 5 WRegG stellt klar, dass eine vorzeitige Löschung aus dem Wettbewerbsregister wegen erfolgter Selbstreinigung, § 8 Abs. 1 S. 3 WRegG, oder Fehlerhaftigkeit der Eintragung, § 4 Abs. 2 S. 2 WRegG, unabhängig vom Ablauf der Löschungsfrist erfolgen kann bzw. muss.

I. Selbstreinigung

32 Einem im Wettbewerbsregister eingetragenen Unternehmen steht es jederzeit frei, auch schon vor Ablauf der Löschungsfristen Maßnahmen im Rahmen der vergaberechtlichen Selbstreinigung zu ergreifen. Je nach Wahl des Unternehmens kann es unter diesen Umständen einen Antrag auf vorzeitige – d.h. vor Ablauf der Höchstfristen vorzunehmende – Löschung nach § 8 Abs. 1 S. 1 WRegG stellen oder entsprechende Maßnahmen im Wettbewerbsregister nach § 3 Abs. 2 WRegG von der Registerbehörde dokumentieren lassen.

II. Fehlerhafte Eintragung

33 Stellt sich nachträglich die Fehlerhaftigkeit der Eintragung heraus, ist diese je nach Fall zu korrigieren oder zu löschen. Denkbar ist auch die Konstellation, in der die Eintragung aufgrund Zeitablaufs, d.h. wegen offensichtlichen Überschreitens der Höchstfristen in § 126 GWB, erst nachträglich fehlerhaft wird.[38]

---

35 Siehe oben Rn. 11.
36 *Meyberg*, in: Graf, OWiG, § 30 Rn. 110.
37 *Meyberg*, in: Graf, OWiG, § 30 Rn. 126.
38 Siehe oben Rn. 22.

D. Bindungswirkung der Löschung und Rechtsschutz (Abs. 2)

I. Bindungswirkung für Auftraggeber und Nachprüfungsinstanzen

Die Löschung der Eintragung aus dem Wettbewerbsregister wegen Fristablaufs oder erfolgter Selbstreinigung entfaltet für Auftraggeber und Vergabenachprüfungsinstanzen Bindungswirkung.[39] Nach § 7 Abs. 2 S. 1 WRegG darf die der Eintragung zugrundeliegende Straftat oder Ordnungswidrigkeit **nach der Löschung** in Vergabeverfahren nicht mehr als Rechtfertigung für einen Ausschluss vom Vergabeverfahren berücksichtigt werden, sodass ein Ausschluss auf dieser Basis ausscheidet (Verwertungsverbot).[40] Sind neben der gelöschten Eintragung noch weitere vorhanden, können diese freilich nach wie vor einen Ausschluss begründen. **34**

Umgekehrt besteht **vor der Löschung** keine Bindungswirkung für Auftraggeber zugunsten eines Ausschlusses des eingetragenen Unternehmens, wie ein Blick auf § 6 Abs. 5 S. 1 WRegG zeigt. Vielmehr kann es je nach Fallgestaltung erforderlich sein, dass ein Auftraggeber aufgrund von § 126 GWB bereits vor der Löschung aus dem Wettbewerbsregister von einem Ausschluss des Unternehmens absieht. Das gilt insbesondere für den Bereich der fakultativen Ausschlussgründe.[41] Auch im Rahmen einer einzelfallbezogenen Prüfung der Voraussetzungen der Selbstreinigung kann ein Auftraggeber trotz Eintragung des Unternehmens im Wettbewerbsregister zu dem Ergebnis gelangen, dass ein Ausschluss wegen § 125 Abs. 1 bzw. § 123 Abs. 4 S. 2 GWB nicht mehr zulässig ist. Hier werden insbesondere auch die der Registerbehörde mitgeteilten Maßnahmen zur Selbstreinigung nach § 3 Abs. 2 WRegG, die diese ungeprüft im Wettbewerbsregister speichert und nach § 6 Abs. 3 S. 1 WRegG dem Auftraggeber im Rahmen der Abfrage übermittelt, relevant. Eine Bindungswirkung besteht selbst dann nicht, wenn die Registerbehörde im Vorfeld bereits einen Antrag auf vorzeitige Löschung nach § 8 WRegG abgelehnt hat, § 7 Abs. 2 S. 2 WRegG. Auch wenn in diesem Fall die Chancen einer Berücksichtigung in der Praxis regelmäßig gering sein dürften, erhält das Unternehmen rein rechtlich eine „zweite Chance".[42] **35**

II. Zeitliche Aspekte der Bindungswirkung

Der Wortlaut der Norm enthält keinen Hinweis auf eine zeitliche Einschränkung der Bindungswirkung.[43] Demnach dürfte die Bindungswirkung für Auftraggeber auch dann eintreten, wenn die Löschung der Eintragung erst **im Laufe des Vergabeverfahrens** – jedenfalls bis zum Zeitpunkt der Abfrage des Registers nach § 6 Abs. 1 WRegG – erfolgt.[44] Dieser Zeitpunkt ist der Wertung der Angebote durch den Auftraggeber nachgelagert, da die Abfragepflicht nach § 6 Abs. 1 WRegG lediglich im Hinblick auf das Unternehmen besteht, dem der Zuschlag erteilt werden soll. Auch in Bezug auf die §§ 125, 126 GWB ist überwiegend anerkannt, dass das Eintreten der Voraussetzungen für eine erfolgreiche Selbstreinigung bzw. das Ablaufen der zulässigen Ausschlussfrist erst im Laufe des Vergabeverfahrens ausreichend sind, damit ein Ausschluss des Unternehmens unzulässig wird.[45] Analog dazu erscheint eine Erstreckung der Bindungswirkung nach § 7 Abs. 2 WRegG bis auf den Zeitpunkt der Zuschlagsentscheidung möglich. **36**

Auftraggeber und Vergabenachprüfungsinstanzen wären insoweit auch dann an eine Löschungsentscheidung der Registerbehörde gebunden, wenn diese erst während eines **Nachprüfungsverfahrens** erfolgt. Ein eingetragenes Unternehmen, das Rechtsschutz gegen sei- **37**

---

39 Gesetzesbegründung zu § 7 Abs. 2 WRegG, Gesetz zur Einführung eines Wettbewerbsregisters und zur Änderung des Gesetzes gegen Wettbewerbsbeschränkungen, BT-Drs. 18/12051, 31 f.

40 *Fülling/Freiberg*, NZBau 2018, 259 (263).

41 Siehe oben Rn. 6 f.

42 *Fülling/Freiberg*, NZBau 2018, 259 (263); *Haus/Erne*, NZG 2017, 1167 (1171).

43 Siehe oben Rn. 24.

44 A.A. *Stolz*, in: Ziekow/Völlink, Vergaberecht, § 125 GWB Rn. 14, der davon ausgeht, dass die Löschung bereits zum Zeitpunkt der Abgabe des Angebots bzw. des Teilnahmeantrags vollzogen sein muss.

45 *Radu* in § 125 GWB Rn. 28, 71; *Friton*, in: Gabriel/Mertens/Prieß/Stein, Vergaberecht, § 126 GWB Rn. 27b; a.A. *Stolz*, in: Ziekow/Völlink, Vergaberecht, § 126 GWB Rn. 10.

nen Ausschluss in Anspruch nimmt, könnte sich in der Folge dann auch auf die erst im Laufe des Nachprüfungsverfahrens eingetretene Löschung der Eintragung berufen.

III. Rechtsschutz

1. Rechtsschutz eingetragener Unternehmen gegen den Ausschluss vom Vergabeverfahren

38 Grundsätzlich steht es einem eingetragenen Unternehmen frei, im Rahmen eines Nachprüfungsverfahrens gegen den Ausschluss von einem konkreten Vergabeverfahren vorzugehen. Das gilt mangels Bindungswirkung der Eintragung auch dann, wenn der Auftraggeber den Ausschluss explizit mit der Eintragung im Wettbewerbsregister begründet. Das eingetragene Unternehmen kann sich dabei etwa auf die Unzulässigkeit des Ausschlusses nach § 126 GWB – im Falle eines Auseinanderfallens mit der Löschungsfrist – berufen oder geltend machen, die Selbstreinigung gegenüber dem Auftraggeber im konkreten Vergabeverfahren nach § 125 GWB nachgewiesen zu haben. Das Nachprüfungsverfahren hat dann Erfolg, wenn die Voraussetzungen der maßgeblichen Vorschrift im GWB im Einzelfall in Bezug auf das konkrete Verfahren schon vor der Löschung aus dem Register bzw. trotz Eintragung erfüllt sind.[46]

2. Missachtung der Bindungswirkung bei erfolgter Löschung

39 Im Falle einer Missachtung der Bindungswirkung nach erfolgter Löschung durch den Auftraggeber in einem konkreten Vergabeverfahren steht dem betroffenen Unternehmen der Weg des Nachprüfungsverfahrens grundsätzlich offen. Die Vergabekammern sind ausweislich der Gesetzesbegründung ebenfalls an die Löschentscheidung der Registerbehörde gebunden.[47] Konkurrenten haben aufgrund der Bindungswirkung dagegen keine Möglichkeit, Rechtsschutz gegen die erfolgte Löschung in Anspruch zu nehmen.[48]

3. Nicht erfolgte Löschung trotz Ablaufs der Löschungsfrist

40 Sollte die Löschung aus dem Wettbewerbsregister trotz Fristablaufs nach § 7 WRegG und erfolgloser Aufforderung zur Löschung unterbleiben, ist nach teilweiser Auffassung der Verwaltungsrechtsweg eröffnet.[49] Im Fall einer ausdrücklichen Ablehnungsentscheidung der Registerbehörde bzgl. der Löschung ist nach § 11 WRegG auch eine Beschwerde zum Vergabesenat des OLG Düsseldorf denkbar. Bei Ausschluss von einem konkreten Vergabeverfahren kann darüber hinaus auch in diesen Fällen ein Nachprüfungsverfahren unter Berufung auf § 126 GWB erfolgversprechend sein.[50]

Anlage

Gesetzesbegründung – Gesetz zur Einführung eines Wettbewerbsregisters und zur Änderung des Gesetzes gegen Wettbewerbsbeschränkungen (BT-Drs. 18/12051)

Seite 31

Aufgrund des Eingriffs in das Grundrecht auf informationelle Selbstbestimmung ist eine präzise Regelung über die Voraussetzungen erforderlich, unter denen die Eintragung spätestens wieder gelöscht wird, sofern nicht einer der Fälle einer vorzeitigen Löschung der Eintragung vorliegt. Die in Absatz 1 vorgesehenen Löschungsfristen richten sich nach den Vorgaben in § 126 GWB über die Höchstdauer des zulässigen Zeitraums eines Ausschlusses von der Teilnahme an Vergabeverfahren. Der Zeitraum

---

46 Zum Auseinanderfallen der Fristen in § 126 GWB und § 7 WRegG siehe oben Rn. 19 ff.
47 Gesetzesbegründung zu § 7 Abs. 2 WRegG, Gesetz zur Einführung eines Wettbewerbsregisters und zur Änderung des Gesetzes gegen Wettbewerbsbeschränkungen, BT-Drs. 18/12051, 32.
48 Gesetzesbegründung zu § 7 Abs. 2 WRegG, Gesetz zur Einführung eines Wettbewerbsregisters und zur Änderung des Gesetzes gegen Wettbewerbsbeschränkungen, BT-Drs. 18/12051, 31 f.
49 *Stolz*, in: Ziekow/Völlink, Vergaberecht, § 126 GWB Rn. 2.
50 Siehe oben Rn. 7.

beträgt bei zwingenden Ausschlussgründen fünf Jahre ab dem Tag der rechtskräftigen Verurteilung, bei fakultativen Ausschlussgründen drei Jahre ab dem betreffenden Ereignis.

Satz 4 von Absatz 1 dient dazu, einen doppelten Fristenlauf bei mehrfachen Eintragungen wegen desselben Fehlverhaltens zu verhindern. Wegen derselben Zuwiderhandlung kann es für eine juristische Person oder Personenvereinigung mit Unternehmenseigenschaft dann zu mehrfachen Eintragungen kommen, wenn sowohl eine Sanktion gegen die natürliche Person, die für das Unternehmen gehandelt hat, als auch eine Geldbuße nach § 30 des Gesetzes gegen Ordnungswidrigkeiten festgesetzt wurden. Im Falle eines zeitlichen Auseinanderfallens der Eintragungen, wozu es aufgrund unterschiedlicher Rechtsschutzmöglichkeiten kommen kann, sieht Satz 4 1. Halbsatz vor, dass alle Eintragungen zu löschen sind, wenn die Voraussetzungen der Löschung bereits für eine Entscheidung erfüllt sind und dieselben Fristen für die Löschung nach Satz 1 oder Satz 2 gelten. Bei unterschiedlichen Fristen ist nach Satz 4 2. Halbsatz auf die längere Frist abzustellen.

Nach Absatz 2 darf nach der Löschung einer Eintragung – sei es auf Grund von Fristablauf nach Absatz 1 oder gemäß § 8 wegen Selbstreinigung – die Straftat oder Ordnungswidrigkeit, die der Eintragung zu Grunde lag, in Vergabeverfahren nicht mehr zum Nachteil des Unternehmens berücksichtigt werden. Daher hat insoweit die Entscheidung der Registerbehörde über die Löschung der Eintragung eine Bindungswirkung für Auftraggeber im

Seite 32

Hinblick auf deren Entscheidung über den Ausschluss von Vergabeverfahren. Da der Auftraggeber insoweit aufgrund einer zwingenden gesetzlichen Norm gebunden ist, kann die Löschung aus den besagten Gründen, insbesondere wegen erfolgreicher Selbstreinigung, auch nicht in Nachprüfungsverfahren vor einer Vergabekammer in Zweifel gezogen werden. Die Bindungswirkung wirkt insoweit im Nachprüfungsverfahren fort.

Demgegenüber ist es, wie § 7 Absatz 2 Satz 2 ausdrücklich klarstellt, nicht bindend für den Auftraggeber, wenn die Registerbehörde einen Antrag nach § 8 Absatz 1 auf vorzeitige Löschung wegen Selbstreinigung ablehnt, weil sie die durchgeführten Selbstreinigungsmaßnahmen als nicht ausreichend bewertet. In diesem Fall prüft der Auftraggeber in eigener Verantwortung, ob er die von dem Unternehmen durchgeführten Selbstreinigungsmaßnahmen nach den Vorgaben des § 125 GWB als erfolgreich ansieht.

§ 8 WRegG
Vorzeitige Löschung der Eintragung aus dem Wettbewerbsregister wegen Selbstreinigung; Gebühren und Auslagen

(1) Ist ein Unternehmen in das Wettbewerbsregister eingetragen worden, so kann es bei der Registerbehörde beantragen, dass die Eintragung wegen Selbstreinigung vor Ablauf der Löschungsfrist nach § 7 Absatz 1 aus dem Wettbewerbsregister gelöscht wird. Der Antrag ist zulässig, wenn das Unternehmen ein berechtigtes Interesse an der vorzeitigen Löschung glaubhaft macht. Die Eintragung ist zu löschen, wenn das Unternehmen gegenüber der Registerbehörde die Selbstreinigung im Fall des § 2 Absatz 1 Nummer 1 Buchstabe c und d entsprechend § 123 Absatz 4 Satz 2 des Gesetzes gegen Wettbewerbsbeschränkungen, im Übrigen entsprechend § 125 des Gesetzes gegen Wettbewerbsbeschränkungen für die Zwecke des Vergabeverfahrens nachgewiesen hat.

(2) Die Registerbehörde ermittelt den Sachverhalt nach Antragstellung von Amts wegen. Sie kann sich dabei auf das beschränken, was von dem Antragsteller vorgebracht wird oder ihr sonst bekannt sein muss. Sie kann von dem Antragsteller verlangen, dass er ihr

1. die strafgerichtliche Entscheidung oder die Bußgeldentscheidung übermittelt,

2. Gutachten oder andere Unterlagen vorlegt, die zur Bewertung der Selbstreinigungsmaßnahmen geeignet sind.

Die §§ 57 und 59 bis 59b des Gesetzes gegen Wettbewerbsbeschränkungen sind entsprechend anzuwenden.

(3) Zur Vorbereitung der Entscheidung über den Antrag kann die Registerbehörde die mitteilende Strafverfolgungsbehörde oder die Behörde, die für die Verfolgung von Ordnungswidrigkeiten berufen ist, ersuchen, ihr Informationen, die nach Einschätzung der Registerbehörde zur Bewertung des Antrags erforderlich sein können, zu übermitteln. Die ersuchte Behörde übermittelt diese Informationen.

(4) Die Registerbehörde bewertet die von dem Unternehmen ergriffenen Selbstreinigungsmaßnahmen und berücksichtigt dabei die Schwere und die besonderen Umstände der Straftat oder des Fehlverhaltens. Hält sie die Selbstreinigungsmaßnahmen des Unternehmens für unzureichend, so verlangt sie von dem Unternehmen ergänzende Informationen oder lehnt den Antrag ab. Lehnt die Registerbehörde den Antrag ab, begründet sie diese Entscheidung gegenüber dem Unternehmen. Die Entscheidung über den Antrag auf vorzeitige Löschung einer Eintragung ist im Wettbewerbsregister zu vermerken. Die Registerbehörde übermittelt einem Auftraggeber auf dessen Ersuchen die Entscheidung zu dem Löschungsantrag sowie weitere Unterlagen.

(5) Die Registerbehörde erlässt Leitlinien zur Anwendung der Absätze 1 bis 4.

(6) Bei Anträgen auf vorzeitige Löschung aus dem Wettbewerbsregister wegen Selbstreinigung werden zur Deckung des Verwaltungsaufwands der Registerbehörde Gebühren und Auslagen erhoben. § 62 des Gesetzes gegen Wettbewerbsbeschränkungen und die auf dieser Grundlage erlassenen Rechtsverordnungen sind entsprechend anzuwenden; der Gebührenrahmen richtet sich nach § 62 Absatz 2 Satz 2 Nummer 2 des Gesetzes gegen Wettbewerbsbeschränkungen.

Übersicht

	Rn.
A. Allgemeines	1
I. Bedeutung	1
II. Verhältnis zur einzelfallbezogenen Prüfung der Selbstreinigung im GWB	4
III. Unionsrechtlicher Hintergrund	6
B. Antrag auf Löschung (Abs. 1)	7
I. Zuständigkeit (S. 1)	8
II. Zulässigkeit des Antrags (S. 2)	10
III. Prüfungsmaßstab und Rechtsfolge (S. 3)	15
C. Sachverhaltsaufklärung durch die Registerbehörde (Abs. 2 und 3)	21
I. Eingeschränkter Amtsermittlungsgrundsatz (Abs. 2)	21
1. Grundsätzliches	21
2. Anforderungen zusätzlicher Unterlagen vom Antragsteller (Abs. 2 S. 3)	23

3. Weitere Ermittlungsbefugnisse der Registerbehörde (Abs. 2 S. 4) 28
II. Mitwirkung von Strafverfolgungsbehörden (Abs. 3) 31
D. Bewertung und Entscheidung durch die Registerbehörde (Abs. 4) 34
I. Allgemeines zur Bewertung (S. 1 und 2) 34
II. Begründungs- und Dokumentationspflichten bezüglich der Entscheidung (S. 3 bis 5) 40
E. Leitlinien (Abs. 5) 42
F. Gebühren und Auslagen (Abs. 6) 45
G. Rechtsschutz 48
I. Beschwerde gegen ablehnende Entscheidung 48
1. Grundsätzliches 48
2. Rechtsschutzziel 50
3. Entscheidungsgrundlage und -inhalt 51
4. Verhältnis zu Nachprüfungsverfahren vor den Vergabekammern 54
II. Kein Rechtsschutz gegen Löschung 55
Anlage
Gesetzesbegründung

A. Allgemeines*

I. Bedeutung

1 § 8 WRegG regelt die Möglichkeit einer vorzeitigen Löschung aus dem Wettbewerbsregister bei erfolgtem Nachweis von Selbstreinigungsmaßnahmen durch das betroffene Unternehmen.

2 Anders als bei **§ 3 Abs. 2 WRegG**, bei dem die Eintragung des Unternehmens als solche trotz Mitteilung der Selbstreinigungsmaßnahmen erhalten bleibt, findet auf Antrag des Unternehmens nach § 8 WRegG eine umfassende Prüfung der erfolgten Selbstreinigung durch die Registerbehörde statt. Der Antrag nach § 8 WRegG ist damit mit deutlich mehr Aufwand sowohl für das betroffene Unternehmen als auch für die Registerbehörde verbunden. Das Verfahren bietet gegenüber dem Vorgehen nach § 3 Abs. 2 WRegG allerdings den wesentlichen Vorteil, dass Auftraggeber bei erfolgreich nachgewiesener Selbstreinigung an die Entscheidung der Registerbehörde gebunden sind und das antragstellende Unternehmen nach seiner Löschung aus dem Register fortan nicht mehr wegen des betreffenden Fehlverhaltens ausgeschlossen werden darf, § 7 Abs. 2 S. 1 WRegG.[1]

3 Der Gesetzgeber ermöglicht damit eine **zentralisierte Prüfung und Bewertung** der Selbstreinigung durch eine sachkundige Stelle. Das dürfte zu erheblichen Erleichterungen bei den Unternehmen führen, die bislang bei jeder Teilnahme an einem Vergabeverfahren erneut die erfolgreiche Selbstreinigung belegen mussten, und spiegelbildlich die Auftraggeber entlasten.[2] Daneben sind eine einheitlichere Entscheidungspraxis und verbindlichere Maßstäbe für die Bewertung von Compliance-Maßnahmen zu erwarten.[3] Damit ist die Vorschrift von § 8 WRegG von besonderer praktischer Relevanz.[4]

II. Verhältnis zur einzelfallbezogenen Prüfung der Selbstreinigung im GWB

4 Ein Antrag nach § 8 WRegG stellt für eingetragene Unternehmen indes nicht die einzige Möglichkeit dar, eine erfolgreiche Selbstreinigung nachzuweisen und folglich an Vergabeverfahren teilzunehmen. Auch **unabhängig** von § 3 Abs. 2 WRegG bleibt es betroffenen Unternehmen unbenommen, im jeweiligen Verfahren gegenüber dem Auftraggeber den Nachweis einer erfolgreichen Selbstreinigung zu erbringen, § 125 Abs. 1 GWB bzw. § 123 Abs. 4 S. 2 GWB. Ab-

* Die Kommentierung gibt allein die persönliche Auffassung des Autors wieder.

1 Zu den Vorteilen auch: *Dreher/Engel*, ZWeR 1/2019, 3, (28); *Neun*, NZKart 2017, 181 (182).

2 Gesetzesbegründung zu § 8 Abs. 1 WRegG, Gesetz zur Einführung eines Wettbewerbsregisters und zur Änderung des Gesetzes gegen Wettbewerbsbeschränkungen, BT-Drs. 18/12051, 32.

3 *Gottschalk/Lubner*, NZWiSt 2018, 96 (103); *Hooghoff*, FIW Jahrbuch 2019, 129 (139); *Seeliger/Gürer*, BB 2017, 1731 (1733).

4 So auch *Hooghoff*, FIW Jahrbuch 2019, 129 (137) insbesondere im Hinblick auf Selbstreinigungsmaßnahmen nach § 123 Abs. 4 S. 2 GWB.

zugrenzen ist die Löschung wegen erfolgter Selbstreinigung von der nachträglichen Berichtigung des Wettbewerbsregisters bei Unrichtigkeit der gespeicherten Daten. Durch die erfolgreiche Selbstreinigung wird die Eintragung in das Register nicht fehlerhaft, sondern begründet einen Anspruch auf Löschung.[5]

Die Vorschrift selbst regelt keine **materiellen** (zusätzlichen) **Anforderungen** an die Selbstreinigung. Diese finden sich allein im GWB, namentlich in §§ 123 Abs. 4 S. 2, 125 GWB. Vielmehr enthält § 8 WRegG verfahrensbezogene Voraussetzungen für den Nachweis der Selbstreinigung und die sich daraus ergebenden Befugnisse, Pflichten und Entscheidungswege der Registerbehörde hinsichtlich des Antrags auf Löschung aus dem Wettbewerbsregister. Weitere Details werden in der auf Grundlage von § 10 Nr. 7 WRegG erlassenen Rechtsverordnung vom 18. April 2021 (WRegV) geregelt. Zusätzliche Orientierung für die Antragsstellung in der Praxis liefern die Leitlinien sowie die praktischen Hinweise der Registerbehörde, die diese gemäß § 8 Abs. 5 WRegG mit dem Ziel der Konkretisierung der gesetzlichen Vorgaben erlassen hat. 5

III. Unionsrechtlicher Hintergrund

Das Unionsrecht selbst trifft keine Regelungen zu den Anforderungen an zu erbringende Nachweise oder die Stelle, gegenüber der entsprechende Nachweise erbracht werden müssen.[6] Vielmehr überlässt es der europäische Gesetzgeber den Mitgliedstaaten, die „verfahrenstechnischen und inhaltlichen Bedingungen zu bestimmen".[7] Dazu soll auch die Entscheidung darüber gehören, die Prüfung über eine Wiederzulassung zu Vergabeverfahren einer einzelnen Behörde auf zentraler Ebene zu übertragen. 6

B. Antrag auf Löschung (Abs. 1)

Ist ein Unternehmen in das Wettbewerbsregister eingetragen worden, so kann es gemäß § 8 Abs. 1 S. 1 WRegG bei der Registerbehörde beantragen, dass die Eintragung wegen Selbstreinigung vor Ablauf der Löschungsfrist nach § 7 Abs. 1 WRegG aus dem Wettbewerbsregister – und damit *vorzeitig* – gelöscht wird. Für die Löschung wegen Fristablaufs nach § 7 Abs. 1 WRegG bedarf es dagegen keines besonderen Antrags. Sie korreliert mit den zulässigen Höchstfristen für den jeweiligen Ausschluss und wird in Abhängigkeit des Ausschlussgrunds nach Ablauf von drei bzw. fünf Jahren (vgl. § 126 GWB) von Amts wegen von der Registerbehörde vorgenommen. 7

I. Zuständigkeit (S. 1)

Der Antrag auf vorzeitige Löschung aus dem Wettbewerbsregister wegen Selbstreinigung ist bei der **Registerbehörde** zu stellen, die diesen prüft und am Ende darüber entscheidet. Die Registerbehörde ist nach § 1 Abs. 1 WRegG das Bundeskartellamt. 8

Damit ist für Eintragung und Löschung dieselbe Stelle zuständig, was vereinzelt **kritisiert** wird.[8] Die Registerbehörde sei in ihrer Entscheidung über einen Löschungsantrag insoweit nicht mehr unbefangen, als sie bereits mit der Eintragung des Unternehmens vorbefasst gewesen sei. Dagegen lässt sich allerdings einwenden, dass die Registerbehörde mit ihrer Entscheidung über einen Löschungsantrag in keiner Weise die Eintragungspflichtigkeit des Unternehmens zu einem früheren Zeitpunkt in Frage stellt. Bei der Entscheidung über eine Eintragung handelt es sich um eine qualitativ substanziell andere Rechtsfrage als bei der Bewertung von Selbstreinigungsmaßnahmen. In Bezug auf erstere verbleibt der Registerbe- 9

5 Gesetzesbegründung zu § 4 Abs. 2 WRegG, Gesetz zur Einführung eines Wettbewerbsregisters und zur Änderung des Gesetzes gegen Wettbewerbsbeschränkungen, BT-Drs. 18/12051, 29.
6 Vgl. etwa Art. 57 Abs. 6 RL 2014/24/EU.
7 Erwägungsgrund 102 RL 2014/24/EU; Gesetzesbegründung zu § 125 GWB, VergRModG, BT-Drs. 18/6281, 108.
8 *Dreher/Engel*, ZWeR 1/2019, 3 (27); kritisch zur Rolle des Bundeskartellamts auch *Rieder/Dammann de Chapto*, NZKart 2018, 8 (12).

hörde ohnehin nur ein äußerst geringer Bewertungsspielraum, der sich in erster Linie auf Fragen der Zurechnung des Verhaltens natürlicher Personen zum Unternehmen bezieht, § 2 Abs. 3 i.V.m. § 4 Abs. 2 WRegG.

II. Zulässigkeit des Antrags (S. 2)

10 Die Zulässigkeit des Antrags auf Löschung setzt nach § 8 Abs. 1 S. 2 WRegG ein berechtigtes Interesse des antragstellenden Unternehmens an einer vorzeitigen Löschung voraus.

11 Die Gesetzesbegründung geht davon aus, dass dem Unternehmen ein **berechtigtes Interesse** abzusprechen sei, sofern dieses nicht beabsichtige, sich künftig an Vergabeverfahren zu beteiligen.[9] Die Anforderungen an die Glaubhaftmachung eines berechtigen Interesses dürfen nach hier vertretener Auffassung allein schon wegen datenschutzrechtlicher Belange und der Grundrechtsrelevanz im Zusammenhang mit einer Eintragung allerdings nicht zu restriktiv gehandhabt werden. Darüber hinaus können Auskünfte aus dem Register nach § 5 Abs. 2 WRegG auch außerhalb von öffentlichen Vergabeverfahren faktisch eine Rolle spielen und beispielweise im Rahmen von wirtschaftlich bedeutenden Großaufträgen privater Auftraggeber relevant werden.[10] Das mag zwar eine vom Gesetzgeber unbeabsichtigte Folgewirkung sein, vgl. § 1 Abs. 1 WRegG. Dieser muss aber im Rahmen des Antrags auf Löschung ebenfalls Rechnung getragen werden.[11] Das Unternehmen hat eine künftige Beteiligung an einem entsprechenden Verfahren aber jedenfalls glaubhaft zu machen. Dem berechtigten Interesse dürfte in der Praxis mithin in erster Linie eine Filterfunktion im Hinblick auf Kleingewerbetreibende zukommen, bei denen eine Beteiligung an öffentlichen Aufträgen oder großen privatwirtschaftlichen Aufträgen fernliegt.

12 **Zeitlich** besteht das berechtigte Interesse, sobald das Unternehmen im Wettbewerbsregister eingetragen ist. Eine „Sperrfrist" für den Antrag auf vorzeitige Löschung besteht nicht.[12] Das ermöglicht es dem Unternehmen, unmittelbar nach Bekanntwerden von Vorwürfen zu relevanten Verstößen – noch vor einer Eintragung im Wettbewerbsregister – Selbstreinigungsmaßnahmen zu ergreifen und eine zeitnahe Löschung zu veranlassen.

13 Unabhängig davon dürfte das berechtigte Interesse fehlen, soweit das betroffene Unternehmen nach einem **erfolglosen Löschungsantrag** nach § 8 WRegG keine neuen Tatsachen oder Belege vorweisen kann, um seine Selbstreinigung nachzuweisen. In diesen Fallkonstellationen erscheint es gerechtfertigt, die Registerbehörde von einer erneuten Befassung in der Sache zu entbinden.

14 Ein Vorgehen nach **§ 3 Abs. 2 WRegG**, bei dem die Registerbehörde die vom Unternehmen mitgeteilten Selbstreinigungsmaßnahmen ohne weitere Prüfung im Wettbewerbsregister speichert, bleibt ohne Auswirkungen auf die Eintragung des Unternehmens als solche und damit auch auf das berechtigte Interesse im Sinne des § 8 Abs. 1 WRegG. Daher können sowohl das Vorgehen nach § 3 Abs. 2 WRegG als auch ein Antrag auf Löschung gemäß § 8 WRegG parallel von einem Unternehmen initiiert werden. Das kann in der Praxis allein schon deshalb sinnvoll sein, als das Verfahren zur Löschung wegen erfolgreicher Selbstreinigung regelmäßig eine gewisse Zeit in Anspruch nehmen wird. In der Zwischenzeit kann der Vermerk nach § 3 Abs. 2 WRegG eine Hinweisfunktion gegenüber Auftraggebern auf die ergriffenen Selbstreinigungsmaßnahmen erfüllen, die die Selbstreinigung dann im Einzelfall zu prüfen haben.[13]

---

9 Gesetzesbegründung zu § 8 Abs. 1 WRegG, Gesetz zur Einführung eines Wettbewerbsregisters und zur Änderung des Gesetzes gegen Wettbewerbsbeschränkungen, BT-Drs. 18/12051, 32.

10 *Dreher/Engel*, ZWeR 1/2019, 3 (28); *Haus/Erne*, NZG 2017, 1167 (1170).

11 *Haus/Erne*, NZG 2017, 1167 (1170).

12 *Haus/Erne*, NZG 2017, 1167 (1170).

13 Gesetzesbegründung zu § 3 Abs. 2 WRegG, Gesetz zur Einführung eines Wettbewerbsregisters und zur Änderung des Gesetzes gegen Wettbewerbsbeschränkungen, BT-Drs. 18/12051, 28 f.

III. Prüfungsmaßstab und Rechtsfolge (S. 3)

Die Eintragung ist nach § 8 Abs. 1 S. 3 WRegG zu löschen, wenn das Unternehmen gegenüber der Registerbehörde die Selbstreinigung im Fall des § 2 Abs. 1 Nr. 1 lit. c und d WRegG entsprechend § 123 Abs. 4 S. 2 GWB, im Übrigen entsprechend § 125 GWB für die Zwecke des Vergabeverfahrens nachgewiesen hat. 15

Aus § 8 Abs. 1 S. 3 WRegG ergibt sich, dass § 8 WRegG keine eigenen **materiellen Voraussetzungen an die Selbstreinigung** aufstellt. Vielmehr verweist die Regelung auf die maßgeblichen Anforderungen in § 123 Abs. 4 S. 2 GWB – im Hinblick auf Verstöße gegen Verpflichtungen zur Zahlung von Steuern, Abgaben oder Beiträgen zur Sozialversicherung – und in § 125 GWB – im Hinblick auf die übrigen ins Wettbewerbsregister einzutragenden Ausschlussgründe. 16

Ein deutlich geringerer Prüfungsaufwand dürfte sich in Fällen des § 123 Abs. 4 GWB ergeben, da die Registerbehörde hier lediglich zu prüfen hat, ob das betroffene Unternehmen seiner Zahlungsverpflichtung in Ansehung von § 123 Abs. 4 S. 2 GWB vollumfänglich nachgekommen ist.[14] Dagegen fällt die Prüfung der Voraussetzungen des § 125 GWB komplexer aus. Danach hat das Unternehmen nachzuweisen, dass es 17

1. für jeden durch eine Straftat oder ein Fehlverhalten verursachten Schaden einen Ausgleich gezahlt oder sich zur Zahlung eines Ausgleichs verpflichtet hat,
2. die Tatsachen und Umstände, die mit der Straftat oder dem Fehlverhalten und dem dadurch verursachten Schaden in Zusammenhang stehen, durch eine aktive Zusammenarbeit mit den Ermittlungsbehörden und dem öffentlichen Auftraggeber umfassend geklärt hat, und
3. konkrete technische, organisatorische und personelle Maßnahmen ergriffen hat, die geeignet sind, weitere Straftaten oder weiteres Fehlverhalten zu vermeiden.

Da an dem Verfahren nach § 8 WRegG allerdings kein öffentlicher Auftraggeber beteiligt ist, ist § 125 Abs. 1 S. 1 Nr. 2 GWB grundsätzlich so zu lesen, dass eine **aktive Zusammenarbeit** mit der Registerbehörde erforderlich ist, die anstatt des öffentlichen Auftraggebers über die erfolgreiche Selbstreinigung entscheidet.[15] Das spiegelt sich auch in den von der Registerbehörde erlassenen Leitlinien wider.[16] Dabei ist allerdings zu beachten, dass der Registerbehörde bereits umfassende Befugnisse zur Aufklärung des Sachverhalts zur Verfügung stehen, sodass unter Berücksichtigung der maßgeblichen EuGH-Rechtsprechung fraglich erscheint, was für die Prüfung der Selbstreinigung „unbedingt erforderlich" ist.[17] 18

Die Regelungen zu **Beweislast** und **Rechtsfolge** entsprechen den Vorschriften im GWB. Demnach trifft das Unternehmen die Darlegungs- und Beweislast hinsichtlich ausreichender Selbstreinigungsmaßnahmen auch gegenüber der Registerbehörde, was § 125 GWB ausdrücklich klarstellt. Allerdings wird dieser Grundsatz relativiert, soweit die Registerbehörde verpflichtet ist, den Sachverhalt von Amts wegen zu ermitteln, § 8 Abs. 2 WRegG.[18] Der Wortlaut betont ferner, dass der Nachweis auf die Zwecke des Vergabeverfahrens beschränkt ist, was sich genau genommen bereits aus der Bezugnahme auf §§ 123 Abs. 4 S. 2, 125 GWB ergibt. In der Gesetzesbegründung findet sich darüber hinaus der ergänzende Hinweis, dass nicht nur der Nachweis, sondern auch die Anerkennung der Selbstreinigungsmaßnahmen 19

14 *Hooghoff*, FIW Jahrbuch 2019, 129 (137).

15 Zur Zulässigkeit des Erfordernisses der Zusammenarbeit mit dem öffentlichen Auftraggeber: EuGH Urteil v. 24.10.2018 – Rs. C-124/17 (Vossloh Laeis); vgl. auch *Stolz*, in: Ziekow/Völlink, Vergaberecht, § 125 GWB Rn. 8 f.

16 Bundeskartellamt, Leitlinien zur vorzeitigen Löschung einer Eintragung aus dem Wettbewerbsregister wegen Selbstreinigung v. 25. November 2021, Rn. 20.

17 EuGH Urteil v. 24.10.2018 – Rs. C-124/17 (Vossloh Laeis); dazu ausführlich: auch *Stein/Wolters*, jurisPR-Compl 2/2019 Anm. 2.

18 Siehe unten Rn. 21 f.

„keine Bindungswirkung für das Straf- und Ordnungswidrigkeitenrecht oder für Verfahren wegen Kartellrechtsverstößen [hat]".[19]

20 Ist dem Unternehmen der Nachweis gelungen, erfolgt die Löschung aus dem Wettbewerbsregister in Form einer gebundenen Entscheidung. Auftraggeber können von der Entscheidung der Registerbehörde zugunsten einer Löschung nicht abweichen und sind folglich daran gehindert, das Unternehmen auf Grundlage des der Eintragung zugrundeliegenden Sachverhalts – namentlich der verwirklichten Straftat bzw. Ordnungswidrigkeit – auszuschließen, § 7 Abs. 2 S. 1 WRegG. Wortlaut und Sinn und Zweck der Regelung deuten darauf hin, dass die jeweiligen Verstöße nach der Löschung auch nicht in Ansehung der fakultativen Ausschlussgründe der §§ 124 Abs. 1 Nr. 1 u. 3 GWB zu einem Ausschluss führen dürfen. Auch diese sind von der **Bindungswirkung** mitumfasst.[20] Unmittelbar erfasst von der Bindungswirkung sind jedenfalls die nach § 6 Abs. 1 WRegG zur Abfrage verpflichteten Auftraggeber. Nicht eindeutig geregelt sind dagegen diejenigen Fälle, in denen unterhalb der genannten Schwellenwerte lediglich eine Abfrage*berechtigung* nach § 6 Abs. 2 WRegG vorliegt bzw. in denen eine Abfrage trotz Anwendbarkeit des GWB-Vergaberechts – wie bei „privaten" Sektorenauftraggebern nach § 100 Abs. 1 Nr. 2 GWB – gesetzlich überhaupt nicht vorgesehen ist. Beiden Varianten ist gemein, dass bei den betroffenen Auftraggebern nicht (automatisch) von einer Kenntnis des Registerinhalts ausgegangen werden kann, diese allerdings gleichwohl das Vorliegen von Ausschlussgründen nach §§ 123, 124 GWB (i.V.m. § 142 GWB bzw. § 31 Abs. 1 UVgO) prüfen müssen. Mit Blick auf den offenen Wortlaut in § 7 Abs. 2 S. 1 WRegG, der eine nachteilige Berücksichtigung des Verstoßes nach der erfolgten Löschung allgemein *in Vergabeverfahren* verbietet, ist die Bindungswirkung nach der hier vertretenen Auffassung weit zu verstehen. Dafür spricht auch der Wortlaut des geänderten § 125 Abs. 1 GWB, nach dem ein Ausschluss nicht in Betracht kommt, wenn das Unternehmen dem Auftraggeber oder nach § 8 WRegG dem Bundeskartellamt die Selbstreinigung nachgewiesen hat. Beide Vorschriften knüpfen nicht explizit an der Abfragepflicht nach § 6 Abs. 1 WRegG an. Dieses Verständnis ist auch unter Berücksichtigung des Zwecks der Differenzierung bei der Abfragepflicht konsequent: Insbesondere hat die fehlende Pflicht zur Abfrage für Sektorenauftraggeber nach § 100 Abs. 1 Nr. 2 GWB einen datenschutzrechtlichen Hintergrund.[21] Ein nachvollziehbarer Grund, warum den „privaten" Sektorenauftraggebern mehr Flexibilität bei der Beurteilung von Selbstreinigungsmaßnahmen trotz bereits erfolgter Löschungsentscheidung durch das Bundeskartellamt eingeräumt werden soll, ist dagegen nicht ersichtlich. Das Problem ist insoweit vielmehr ein faktisches. So muss das betroffene Unternehmen gegenüber dem jeweiligen Auftraggeber den Nachweis der erfolgten Löschung aus dem Wettbewerbsregister – in Form einer Selbstauskunft nach § 5 Abs. 2 S. 1 WRegG – selbst erbringen. Selbst wenn man in den Fällen, in denen keine Abfragepflicht nach § 6 Abs. 1 WRegG besteht, entgegen der hier vertretenen Auffassung nicht von einer rechtlichen Bindungswirkung ausgehen sollte, wird ein Ausschluss bei Vorlage einer Selbstauskunft, aus der sich die Löschung des betroffenen Unternehmens aus dem Wettbewerbsregister ergibt, bereits aus faktischen Gründen regelmäßig unterbleiben. Das Risiko eines Nachprüfungsverfahrens werden Auftraggeber in der Praxis kaum eingehen wollen. Daher ist Unternehmen, die ihre Selbstreinigung gegenüber der Registerbehörde nachgewiesen haben, jedenfalls anzuraten, im Teilnahmewettbewerb bzw. bei Angebotsabgabe von sich aus eine Selbstauskunft vorzulegen.

19 Gesetzesbegründung zu § 8 Abs. 1 WRegG, Gesetz zur Einführung eines Wettbewerbsregisters und zur Änderung des Gesetzes gegen Wettbewerbsbeschränkungen, BT-Drs. 18/12051, 32.

20 Vgl. *Brüggemann/Vogel*, NZBau 2018, 263 (266).

21 Gesetzesbegründung zu § 8 Abs. 2 WRegG, Gesetz zur Einführung eines Wettbewerbsregisters und zur Änderung des Gesetzes gegen Wettbewerbsbeschränkungen, BT-Drs. 18/12051, 33.

C. Sachverhaltsaufklärung durch die Registerbehörde (Abs. 2 und 3)

I. Eingeschränkter Amtsermittlungsgrundsatz (Abs. 2)

1. Grundsätzliches

21 Mit Blick auf die Aufklärung des Sachverhalts durch die Registerbehörde gilt ein **eingeschränkter Amtsermittlungsgrundsatz**, d.h. die Registerbehörde ermittelt den Sachverhalt nach Antragstellung von Amts wegen, kann sich dabei aber auf das beschränken, was von dem Antragsteller vorgebracht wird oder ihr sonst bekannt sein muss.[22] Der Maßstab entspricht damit dem Amtsermittlungsgrundsatz beim Verfahren vor den Vergabekammern nach § 163 GWB und korreliert mit der Verteilung der Darlegungs- und Beweislast, die nach § 8 Abs. 1 WRegG bzw. § 125 und § 123 Abs. 4 S. 2 GWB beim Antragsteller liegt. Ein unmittelbarer Zusammenhang besteht ferner mit § 8 Abs. 4 S. 2 GWB, der es der Registerbehörde bei als unzureichend bewerteten Selbstreinigungsmaßnahmen grundsätzlich freistellt, vom Antragsteller zusätzliche Informationen zu verlangen oder den Antrag auf Löschung abzulehnen. Aus dem Zusammenspiel dieser Elemente zeigt sich deutlich, dass der Registerbehörde mit Blick auf die Ermittlung des Sachverhalts Handlungsspielräume eröffnet werden sollen. In der Gesetzesbegründung heißt es dazu, dass eine Klärung sämtlicher Zweifelsfragen nicht erforderlich sei.[23] Die Regelung dient insoweit auch der Beschleunigung der Antragsverfahren, schwebt über dem Antragsteller doch immer das Damoklesschwert einer Ablehnung des Antrags, sofern er nicht proaktiv an der Aufklärung des Sachverhalts mitwirkt. Die auf dem Unternehmen lastenden Pflichten spiegeln letztlich auch die Vorgabe des § 125 Abs. 1 Nr. 2 GWB wider, die das Unternehmen zu einer aktiven Zusammenarbeit mit dem öffentlichen Auftraggeber bei der Aufklärung des Sachverhalts verpflichtet. Insgesamt erscheint der vom Gesetzgeber gewählte Weg als eine interessengerechte Lösung.

22 Dabei bleibt unter Berücksichtigung des Wortlauts freilich offen, wie sich die Beschränkung des Amtsermittlungsgrundsatzes im Einzelnen auswirkt. Es stellt sich insbesondere die Frage, ob eine **Pflicht der Registerbehörde** besteht, auch eigene Aufklärungsmaßnahmen zugunsten des Antragstellers zu ergreifen und gegebenenfalls Beweise zu erheben, oder ob sie sich bei der Bewertung und Entscheidung über den Antrag allein auf Tatsachen und Belege beschränken darf, die der Antragsteller selbst vorgebracht hat. Unter Berücksichtigung der Darlegungs- und Beweislast scheint letztere Lesart näher zu liegen. Aus dem Amtsermittlungsgrundsatz dürfte bei hinreichenden Anhaltspunkten aber zumindest eine Pflicht der Registerbehörde erwachsen, *vom Antragsteller* Konkretisierungen und/oder aus ihrer Sicht erforderliche Belege (i.S.v. § 8 Abs. 2 S. 2 WRegG) zu den *vorgebrachten Tatsachen* zu verlangen, bevor ein Antrag abgelehnt wird. Die Beschränkungen des Amtsermittlungsgrundsatzes wirken sich insoweit primär auf der Darlegungsebene, nicht auf der Beweisebene aus. So heißt es auch in den nach § 8 Abs. 5 WRegG von der Registerbehörde erlassenen Leitlinien, dass ein Antrag ohne Rückfrage abgelehnt, werden kann, wenn die Registerbehörde die Selbstreinigungsmaßnahmen des Unternehmens auf Grundlage *des mitgeteilten Sachverhalts* für unzureichend hält.[24] Umstände, die der Registerbehörde sonst bekannt sein müssen, können sich etwa aus aktenkundigen Tatsachen im Zusammenhang mit dem Eintragungsverfahren oder einer Stellungnahme des betroffenen Unternehmens nach § 5 WRegG ergeben. Zu denken ist ferner an aus der Presseberichterstattung gewonnene Erkenntnisse. Es bleibt abzuwarten, wie die Registerbehörde den Amtsermittlungsgrundsatz in der Praxis anwenden wird. Angesichts der bleibenden Unsicherheiten ist antragstellenden Unternehmen anzuraten, bereits dem Antrag eine möglichst umfassende Schilderung des Sachverhalts einschließlich er-

22 Zur darin liegenden Widersprüchlichkeit: vgl. *Diederichs*, VergabeR 2018, 623 (628).

23 Gesetzesbegründung zu § 8 Abs. 2 WRegG, Gesetz zur Einführung eines Wettbewerbsregisters und zur Änderung des Gesetzes gegen Wettbewerbsbeschränkungen, BT-Drs. 18/12051, 32.

24 Bundeskartellamt, Leitlinien zur vorzeitigen Löschung einer Eintragung aus dem Wettbewerbsregister wegen Selbstreinigung v. 25. November 2021, Rn. 3.

griffener Selbstreinigungsmaßnahmen und entsprechende Belege beizufügen.[25] Das gilt allein schon deshalb, da die aktive Zusammenarbeit mit der Registerbehörde in begrenztem Umfang selbst Voraussetzung für eine erfolgreiche Selbstreinigung ist, § 125 Abs. 1 S. 1 Nr. 2 GWB. Auch die **Leitlinien** verlangen insoweit unter anderem Ausführungen zu Tathandlungen, beteiligten Personen, Tatzeiträumen und Tatfolgen sowie eine Beifügung der maßgeblichen Beweismittel einschließlich der zugrundeliegenden Urteile, Strafbefehle oder Bußgeldbescheide.[26] Eine Beschränkung auf bestimmte Beweismittel besteht nicht.

2. Anforderungen zusätzlicher Unterlagen vom Antragsteller (Abs. 2 S. 3)

23 Um den Sachverhalt zu ermitteln, ist die Registerbehörde gemäß § 8 Abs. 2 S. 3 Nr. 1 GWB befugt, vom Antragsteller die Übermittlung der der Eintragung zugrundeliegenden strafgerichtlichen Entscheidung oder der Bußgeldentscheidung zu verlangen, soweit diese nicht bereits unmittelbar dem Antrag beigefügt wurde.[27] Die Entscheidungen, insbesondere deren Begründungen, sind relevant für die Bewertung der Schwere und der besonderen Umstände des Verstoßes, die die Registerbehörde gemäß § 8 Abs. 4 WRegG zu berücksichtigen hat.

24 Daneben kann die Registerbehörde nach § 8 Abs. 2 S. 3 Nr. 2 GWB Gutachten und andere **geeignete Unterlagen** zur Bewertung der Selbstreinigungsmaßnahmen vom antragstellenden Unternehmen verlangen. Unter die Vorschrift können Belege im Hinblick auf alle Aspekte der Selbstreinigung fallen. Die Anforderung eines Gutachtens kann insbesondere in Bezug auf geeignete Maßnahmen zur Verhinderung künftiger Verstöße (Compliance-Maßnahmen; § 125 Abs. 1 S. 1 Nr. 3 GWB) sinnvoll sein. Das Gutachten nach § 8 Abs. 2 S. 3 Nr. 2 GWB unterscheidet sich als „Parteigutachten" von der Einholung eines Gutachtens durch einen von der Registerbehörde bestimmten Sachverständigen, § 57 GWB i.V.m. §§ 404, 411 ZPO.

25 Die Anforderungen an das Verfahren zur Einholung von Gutachten durch den Antragsteller werden in § 11 WRegV konkretisiert. Danach obliegt die Auswahl und Beauftragung des **Gutachters** grundsätzlich dem Antragsteller, wobei der Gutachter gemäß § 11 Abs. 2 S. 2 WRegV unabhängig und sachkundig sein muss. Erfüllt der vom Antragsteller vorgeschlagene Gutachter diese Voraussetzungen nicht, kann die Registerbehörde ihn ablehnen und die Benennung eines anderen Gutachters verlangen. Zur Beurteilung der Unabhängigkeit hat der Antragsteller Angaben zu vorangegangen Tätigkeiten des Gutachters für den Antragsteller selbst und mit ihm verbundene Unternehmen zu machen. Ausweislich der Verordnungsbegründung kann die Unabhängigkeit etwa dann zu verneinen sein, wenn ein Fall des § 20 VwVfG vorliegt.[28] Maßgeblich sollen insoweit persönliche, wirtschaftliche oder sonstige Verflechtungen mit dem Unternehmen sein. Zu diesem Personenkreis gehören nach § 20 Abs. 1 Nr. 3 VwVfG auch gesetzlich bestellte oder rechtsgeschäftlich berufene Vertreter. Insbesondere die Anwaltschaft sieht die pauschale Verknüpfung der Frage der Unabhängigkeit mit vorausgegangen Tätigkeiten für den Antragsteller vor dem Hintergrund der standesrechtlichen Verpflichtung zur Unabhängigkeit (§ 43a Abs. 1 BRAO) kritisch.[29] Dem ist zu entgegen, dass § 11 Abs. 2 S. 3 WRegV lediglich regelt, dass frühere Tätigkeiten des vorgeschlagenen Gutachters allgemein in die Beurteilung der Unabhängigkeit einfließen können, eine Ablehnung aber keinesfalls einen Automatismus darstellt. Auch im Hinblick auf Rechtsanwälte können frühere Tätigkeiten für die Beurteilung der Unabhängigkeit im Sinne des § 8 WRegG etwa dann relevant sein, wenn der der Eintragung zugrundeliegende Verstoß trotz einer vorangegangenen Beratung in Sachen Compliance begangen wurde. Ferner kann die Registerbehörde Einzelheiten zu dem zu begutachtenden Sachverhalt vorgeben sowie eine angemessene Frist für die Beibringung des Gutachtens setzen.

---

25 So auch *Hooghoff*, FIW Jahrbuch 2019, 129 (137); *Wolters*, KriPoZ 2017, 244 (249).

26 Bundeskartellamt, Leitlinien zur vorzeitigen Löschung einer Eintragung aus dem Wettbewerbsregister wegen Selbstreinigung v. 25. November 2021, Rn. 2.

27 Nach den Leitlinien zur vorzeitigen Löschung einer Eintragung aus dem Wettbewerbsregister wegen Selbstreinigung des Bundeskartellamts v. 25. November 2021, Rn. 2, sind die Entscheidungen bereits dem Antrag beizufügen.

28 Verordnungsbegründung zu § 11 WRegV, BR-Drs. 74/21, 24.

29 *Schoof/Leinemann*, Vergabenews 2/21, 18 (21).

§ 8 Abs. 3 WRegV stellt materielle Anforderungen an die Erstellung des **Gutachtens**. Das Gutachten muss objektiv und nachvollziehbar den Gegenstand der Untersuchung, die angewandten Methoden sowie die Ergebnisse der Untersuchung darlegen. Je weniger das angefertigte Gutachten diesen Grundsätzen genügt, desto geringer ist seine Aussagekraft zugunsten des Antragstellers im Zusammenhang mit der Bewertung der Selbstreinigung. Unabhängig davon erfolgt die Prüfung der Selbstreinigung autonom durch die Registerbehörde. Sie ist an die Feststellungen des Gutachtens insoweit nicht gebunden. 26

Perspektivisch sollen darüber hinaus Regelungen zur Zulassung von **Systemen unabhängiger Stellen** durch die Registerbehörde in die WRegV aufgenommen werden, mit denen geeignete Vorsorgemaßnahmen zur Verhinderung zukünftiger Verfehlungen nachgewiesen werden können. Darunter können insb. von unabhängigen dritten Stellen konzipierte und überwachte Compliance-Management-Systeme fallen. Bei entsprechender Zulassung durch die Registerbehörde sind Erleichterungen im Hinblick auf die Nachweisführung zugunsten des Unternehmens denkbar, dass das Programm durchlaufen hat – z. B. kraft einer Vermutungsregel zugunsten des Vorliegens der Voraussetzung von § 125 Abs 1 Nr. 3 GWB. Der Verordnungsgeber strebt hierzu eine spätere Ergänzung der WRegV auf Basis der gesammelten Erfahrungen in den ersten drei Jahren nach Start des Registers an.[30] 27

3. Weitere Ermittlungsbefugnisse der Registerbehörde (Abs. 2 S. 4)

Über die Befugnisse gegenüber dem Antragsteller hinaus verleiht § 8 Abs. 2 S. 4 WRegG der Registerbehörde entsprechend den kartellbehördlichen Ermittlungsbefugnissen in §§ 57 und 59 bis 59b GWB weitergehende Möglichkeiten zur umfassenden Erforschung des Sachverhalts, die unter Berücksichtigung des Amtsermittlungsgrundsatzes insbesondere einer Überprüfung der Richtigkeit der Angaben des Antragstellers dienen sollen.[31] Danach hat die Registerbehörde entsprechend § 57 GWB das Recht, alle Ermittlungen zu führen und alle Beweise zu erheben, die erforderlich sind. Mit den hier und unter § 8 Abs. 3 WRegG geregelten Befugnissen wird deutlich, dass sich die Rolle der Registerbehörde substanziell von derjenigen eines Auftraggebers bei der einzelfallbezogenen Prüfung von Selbstreinigungsmaßnahmen unterscheidet. Letzterer ist allein auf das Vorbringen des jeweiligen Unternehmens angewiesen. Die weitergehenden Befugnisse der Registerbehörde rechtfertigen sich aus den deutlich weitergehenden Folgen einer Entscheidung über den Löschungsantrag, deren Wirkungen aufgrund der in § 7 Abs. 2 WRegG geregelten Bindungswirkung über ein einzelnes Vergabeverfahren hinausgehen. 28

In Betracht kommt insbesondere die Einholung eines Gutachtens durch einen von der Registerbehörde bestimmten Sachverständigen, § 57 GWB i.V.m. §§ 404, 411 ZPO. Daneben sind u.a. auch die Vernehmung von Zeugen, die Einsichtnahme in geschäftliche Unterlagen betroffener Unternehmen (§ 59a GWB) und gegebenenfalls sogar Durchsuchungen von Geschäftsräumen und Wohnungen (§ 59b GWB) möglich. Beachtlich sind die der Registerbehörde zur Verfügung stehenden **Ermittlungsbefugnisse** umso mehr, als sie nicht ausschließlich gegenüber dem antragstellenden Unternehmen bestehen. Das macht die Möglichkeiten besonders relevant für Ermittlungen der Registerbehörde im Zusammenhang mit der erforderlichen Schadenswiedergutmachung gemäß § 125 Abs. 1 S. 1 Nr. 1 GWB, aber auch für Feststellungen bzgl. der Schwere und besonderen Umstände der Verfehlungen. 29

Inwieweit die Registerbehörde diese weitreichenden Möglichkeiten tatsächlich ausschöpfen wird, bleibt ihr aufgrund des nur eingeschränkt geltenden Amtsermittlungsgrundsatzes und der fehlenden Anfechtbarkeit von Entscheidungen der Registerbehörde durch Dritte weitgehend selbst überlassen. In der **Praxis** wird dies maßgeblich auch von der Anzahl der eingehenden Anträge auf Selbstreinigung abhängen. 30

30 Verordnungsbegründung zu § 11 WRegV, BR-Drs. 74/21, 22.

31 Gesetzesbegründung zu § 8 Abs. 2 WRegG, Gesetz zur Einführung eines Wettbewerbsregisters und zur Änderung des Gesetzes gegen Wettbewerbsbeschränkungen, BT-Drs. 18/12051, 33.

II. Mitwirkung von Strafverfolgungsbehörden (Abs. 3)

31 In Ergänzung zu den oben aufgeführten Aufklärungsmaßnahmen regelt § 8 Abs. 3 WRegG die Mitwirkung derjenigen Behörden, die durch ihre Mitteilung gemäß § 4 Abs 1 S. 1 WRegG die Eintragung des Unternehmens im Wettbewerbsregister veranlasst haben (Strafverfolgungsbehörden und die zur Verfolgung von Ordnungswidrigkeiten berufenen Behörden). Nach § 8 Abs. 3 S. 1 WRegG kann die Registerbehörde zur Vorbereitung der Entscheidung über den Antrag die mitteilende Strafverfolgungsbehörde oder die Behörde, die für die Verfolgung von Ordnungswidrigkeiten berufen ist, ersuchen, ihr Informationen, die nach Einschätzung der Registerbehörde zur Bewertung des Antrags erforderlich sein können, zu übermitteln. Die ersuchte Behörde übermittelt nach § 8 Abs. 3 S. 2 WRegG diese Informationen. Macht die Registerbehörde von ihrem Ermessen zur Anforderung ergänzender Informationen Gebrauch, ist die ersuchte Behörde damit grundsätzlich zur Mitwirkung und Übermittlung der begehrten Informationen verpflichtet, soweit keine anderweitigen kollidierenden Rechtspflichten bestehen.

32 Dabei verfügt die Registerbehörde über eine Einschätzungsprärogative, welche **Informationen** im Einzelnen erforderlich sind. Der Gesetzgeber hebt ausdrücklich hervor, dass grundsätzlich auch „vertrauliche Informationen" umfasst sein können.[32] Das gilt freilich nur, soweit dies datenschutzrechtlich – insbesondere mit Blick auf die Datenschutzgrundverordnung – zulässig ist.

33 In Betracht kommt hier insbesondere die Übermittlung von **Inhalten der Ermittlungsakte**, aus der sich für die Registerbehörde Rückschlüsse auf die für die Bewertung der Selbstreinigung erforderlichen Umstände der Tat ergeben können. Auch eine Einsichtnahme in das Hauptverhandlungsprotokoll nach §§ 271 ff. StPO kann für die Registerbehörde eine sinnvolle Ergänzung zu den Entscheidungsgründen darstellen. Speziell die in den Ermittlungsakten enthaltenen Informationen – etwa Protokolle über Vernehmungen des Beschuldigten und später Verurteilten – dürften geeignet sein, Aufschluss über die aktive Zusammenarbeit des Unternehmens mit den Ermittlungsbehörden zu geben (§ 125 Abs 1 S. 1 Nr. 2 GWB).

D. Bewertung und Entscheidung durch die Registerbehörde (Abs. 4)

I. Allgemeines zur Bewertung (S. 1 und 2)

34 Die Registerbehörde bewertet nach § 8 Abs. 4 S. 1 WRegG auf Grundlage des von ihr ermittelten Sachverhalts die von dem Unternehmen ergriffenen Selbstreinigungsmaßnahmen unter Berücksichtigung der Schwere und der besonderen Umstände des Verstoßes. Die Formulierung dieser Regelung entspricht dem Gesetzestext in § 125 Abs. 2 S. 1 GWB.

35 Der **Bewertungsmaßstab** ist – wie die Kriterien der Selbstreinigung[33] – bei einer Prüfung durch die Registerbehörde damit grundsätzlich identisch. Die Registerbehörde trifft insoweit – in Entsprechung zu § 125 GWB – eine einzelfallbezogene Prognoseentscheidung, ob die getroffenen Maßnahmen als ausreichend zur Wiederherstellung der Unternehmensintegrität bzw. des Rechtsfriedens angesehen werden können.[34] Im Rahmen ihrer Prüfung muss die Registerbehörde individuell überprüfen, ob von dem Unternehmen zukünftig höchstwahrscheinlich keine Gefahr hinsichtlich der Begehung von mit dem Eintragungsgrund *vergleichbaren* Straftaten oder Fehlverhalten mehr ausgeht.[35] Auch die Bewertung des Antrags nach § 8 WRegG erstreckt sich insoweit nicht auf die allgemeine Gesetzestreue des betroffenen Unternehmens, was unter anderem durch die Bezugnahme auf die Selbstreinigung *für die Zwe-*

---

32 Gesetzesbegründung zu § 8 Abs. 3 WRegG, Gesetz zur Einführung eines Wettbewerbsregisters und zur Änderung des Gesetzes gegen Wettbewerbsbeschränkungen, BT-Drs. 18/12051, 33.

33 Siehe oben Rn. 15 ff.

34 Gesetzesbegründung zu § 8 Abs. 4 WRegG, Gesetz zur Einführung eines Wettbewerbsregisters und zur Änderung des Gesetzes gegen Wettbewerbsbeschränkungen, BT-Drs. 18/12051, 33; Gesetzesbegründung zu § 125 Abs. 1 GWB, VergRModG 2016, BT-Drs. 18/6281, 108.

35 Gesetzesbegründung zu § 125 GWB, VergRModG 2016, BT-Drs. 18/6281, 109 f.

cke des Vergabeverfahrens in § 8 Abs. 1 S. 3 WRegG betont wird. Zu beachten ist allerdings, dass die Prüfung durch die Registerbehörde losgelöst von einem konkreten Auftrag erfolgt, so dass letzteres – anders als bei der Prüfung durch einen öffentlichen Auftraggeber – auch nicht berücksichtigungsfähig ist.[36]

Vor diesem Hintergrund kommt der Registerbehörde bei der Bewertung der Maßnahmen wie auch dem Auftraggeber im Rahmen von § 125 GWB ein gewisser **Beurteilungsspielraum** zu.[37] Diese Frage ist von besonderer Relevanz für den Rechtsschutz des betroffenen Unternehmens gegen ablehnende Entscheidungen der Registerbehörde. Gesteht man der Registerbehörde einen Beurteilungsspielraum zu, ist das Beschwerdegericht mangels Spruchreife grundsätzlich daran gehindert, eine Verpflichtung der Registerbehörde zur Löschung der Eintragung auszusprechen.[38] Die Überprüfung im Beschwerdeverfahren ist dann entsprechend dem Maßstab bei Rechtsschutz im laufenden Vergabeverfahren bei nicht erfolgter Wiederzulassung durch den Auftraggeber im Einzelfall auf eine Überschreitung des Beurteilungsspielraums begrenzt. Das umfasst insbesondere die Prüfung, ob die Registerbehörde von einem zutreffenden Sachverhalt ausgegangen ist, bei der rechtlichen Bewertung der Selbstreinigungsmaßnahmen die Grenzen ihres Beurteilungsspielraums verkannt oder sonst sachfremde Erwägungen zugrunde gelegt hat.[39] 36

Anders als bei einer Entscheidung durch den Auftraggeber bewertet die Registerbehörde die Maßnahmen (zeitlich) unabhängig von einem Vergabeverfahren. Die Frage des **maßgeblichen Zeitpunkts für die Entscheidung** stellt sich daher nicht in gleicher Weise. Die Registerbehörde muss in ihre Bewertung freilich all jene Tatsachen einbeziehen, die ihr auf Grundlage der angestellten Ermittlungen zu diesem Zeitpunkt zur Verfügung stehen. Fraglich ist vielmehr, wann die Registerbehörde vom Zeitpunkt der Entscheidungsreife ausgeht. Der Gesetzestext liefert hierfür keine unmittelbaren Anhaltspunkte. Ausschlaggebend dürfte sein, dass die Registerbehörde unter Zugrundelegung des eingeschränkten Amtsermittlungsgrundsatzes von einem „ausermittelten" Sachverhalt ausgehen darf. Dafür muss sie nicht sämtlichen Zweifelsfragen auf den Grund gegangen sein, sondern darf sich vielmehr auf das vom Antragsteller Vorgebrachte sowie ihr sonst Bekanntes beschränken.[40] 37

Kommt die Registerbehörde zu dem (vorläufigen) Ergebnis, dass die **Selbstreinigungsmaßnahmen unzureichend** sind, kann sie nach § 8 Abs. 4 S. 2 WRegG den Antrag auf Löschung ablehnen oder von dem Unternehmen ergänzende Informationen verlangen. Im Hinblick auf die zweite Variante spricht der Gesetzestext zwar ausdrücklich nur von einem Tätigwerden gegenüber dem antragstellenden Unternehmen. Gleichwohl dürfte die Registerbehörde trotz dieser Formulierung nicht daran gehindert sein, von ihren sonstigen Ermittlungsbefugnissen nach § 8 Abs. 2 S. 4 WRegG Gebrauch zu machen. Mit der gewählten Formulierung betont der Gesetzgeber das Primat des vom Antragsteller Vorgebrachten, dem die Darlegungs- und Beweislast für eine erfolgreiche Selbstreinigung obliegt. Konsequenterweise wird es insoweit auch in das freie (Auswahl-)Ermessen der Registerbehörde gestellt, zusätzliche Informationen vom Antragsteller einzuholen oder den Antrag abzulehnen. 38

Anders als bei einer Stattgabe ist die Ablehnung eines Löschungsantrags für Auftraggeber nicht **bindend**. Diese bleiben in ihrer Beurteilung im Hinblick auf einen Ausschluss von einem konkreten Vergabeverfahren frei.[41] Das deckt sich mit dem Prinzip der eigenverantwortlichen Entscheidung über den Ausschluss bei Vorliegen einer Eintragung im Wettbewerbsregister gemäß § 6 Abs. 5 S. 1 WRegG und ist insbesondere vor dem Hintergrund sich kontinuierlich än- 39

---

36 Vgl. hierzu Gesetzesbegründung zu § 125 GWB, VergRModG 2016, BT-Drs. 18/6281, 110; siehe auch *Radu* in § 125 GWB Rn. 60.

37 Die Gesetzesbegründung geht in Bezug auf § 125 GWB von einem *„weiten Beurteilungsspielraum"* des öffentlichen Auftraggebers aus: vgl. Gesetzesbegründung zu § 125 Abs. 1 GWB, VergRModG 2016, BT-Drs. 18/6281, 107; so auch *Friton*, in: Gabriel/Mertens/Prieß/Stein, Vergaberecht, § 125 GWB Rn. 58; *Stolz*, in: Ziekow/Völlink, § 125 GWB Rn. 17; einschränkend *Radu* in § 125 GWB Rn. 61 ff.

38 Vgl. *Schmidt*, in: Immenga/Mestmäcker, Wettbewerbsrecht, § 71 GWB Rn. 19.

39 Siehe im Einzelnen *Radu* in § 125 GWB Rn. 81 ff. m.w.N.

40 Siehe oben Rn. 21.

41 Siehe dazu § 7 WRegG Rn. 35.

dernder Umstände – sei es durch Zeitablauf und Erreichen der Höchstfristen des § 126 GWB – auch sinnvoll. Das Wettbewerbsregister bezweckt keinen automatischen Ausschluss vom Vergabeverfahren.[42] So erhält ein Unternehmen trotz Ablehnung des Antrags auf vorzeitige Löschung nach § 8 WRegG in einem anschließenden Vergabeverfahren erneut die Möglichkeit gegenüber dem Auftraggeber die erfolgreiche Selbstreinigung nachzuweisen.

II. Begründungs- und Dokumentationspflichten bezüglich der Entscheidung (S. 3 bis 5)

40 Eine **Begründung** der Entscheidung der Registerbehörde ist lediglich im Fall einer ablehnenden Entscheidung erforderlich, § 8 Abs. 4 S 3 WRegG. Das Begründungserfordernis dient insbesondere dem Zweck des effektiven Rechtsschutzes gegen die von der Registerbehörde getroffene Entscheidung.[43] Auf Grundlage der Begründung soll dem antragstellenden Unternehmen eine Entscheidung darüber ermöglicht werden, ob eine Beschwerde gegen die Ablehnung gemäß § 11 WRegG gegebenenfalls Aussicht auf Erfolg hat. Vor diesem Hintergrund sind darin die die Entscheidung tragenden tatsächlichen und rechtlichen Feststellungen auszuführen. Dabei hat sich die Registerbehörde in ihrer Begründung grundsätzlich mit den wesentlichen vom Antragsteller vorgetragenen Maßnahmen zu befassen.[44]

41 Auch die darüber hinaus bestehenden in § 8 Abs. 4 S. 4 und 5 WRegG geregelten **Dokumentations-** und **Kooperationspflichten** gegenüber Auftraggebern sind in erster Linie bei einer ablehnenden Entscheidung relevant. Demnach ist einerseits die Entscheidung als solche im Wettbewerbsregister zu vermerken. Andererseits wird die Registerbehörde verpflichtet, einem Auftraggeber auf dessen Ersuchen die Entscheidung zu dem Löschungsantrag sowie weitere Unterlagen zur Verfügung zu stellen. Die sich daraus ergebende Transparenz ist für den Auftraggeber wichtig, um im Falle einer ablehnenden Entscheidung durch die Registerbehörde eigenverantwortlich über den Ausschluss vom Vergabeverfahren zu entscheiden zu können, § 6 Abs. 5 WRegG. Die Sachverhaltsaufklärung wird ihm dadurch erheblich erleichtert. Auf der anderen Seite besteht freilich die Gefahr, dass die von Registerbehörde übermittelten Informationen und Unterlagen geeignet sind, seine Entscheidung zu präjudizieren.

E. Leitlinien (Abs. 5)

42 Neben der WRegV, die unter anderem in § 11 WRegV auch Anforderungen an vom Antragsteller vorzulegende Gutachten und Unterlagen zur Bewertung einer Selbstreinigung enthält, erlässt die Registerbehörde gemäß § 8 Abs. 5 WRegG Leitlinien mit weiteren Details zur Anwendung von § 8 WRegG (mit Ausnahme des Gebührentatbestands in § 8 Abs. 6 WRegG). Der Gesetzgeber geht davon aus, dass darin insbesondere *„die näheren Anforderungen an die nach § 8 Abs. 2 WRegG vom Antragsteller vorzulegenden geeigneten Gutachten, Unterlagen und die Schadenswiedergutmachung für die Selbstreinigung zu erläutern"*[45] sind.

43 Mit den im November 2021 veröffentlichten Leitlinien soll den Unternehmen eine **Richtschnur** für eine erfolgreiche Selbstreinigung und deren Nachweis an die Hand gegeben werden.[46] Außenwirkung ergibt sich aus den Leitlinien freilich allenfalls in Verbindung mit einer entsprechend gehandhabten Praxis durch die Registerbehörde unter dem Blickwinkel des verfassungsrechtlich verbürgten Gleichbehandlungsgrundsatzes (Art. 3 GG).

Nicht erwartet werden kann mit Blick auf die – gesetzlich verankerte – Relevanz des jeweiligen Einzelfalls für die zu treffenden Maßnahmen, dass die Leitlinien eine standardisiert abzuarbeitende „Checkliste" für die erfolgreiche Selbstreinigung liefern.

---

42 Gesetzesbegründung, Gesetz zur Einführung eines Wettbewerbsregisters und zur Änderung des Gesetzes gegen Wettbewerbsbeschränkungen, BT-Drs. 18/12051, 18; so auch *Dreher/Engel*, ZWeR 1/2019, 3 (30).
43 Zur parallelen Vorschrift in § 125 GWB: *Friton*, in: Gabriel/Mertens/Prieß/Stein, Vergaberecht, § 125 GWB Rn. 65.
44 *Friton*, in: Gabriel/Mertens/Prieß/Stein, Vergaberecht, § 125 GWB Rn. 65.
45 Gesetzesbegründung zu § 8 Abs. 5 WRegG, Gesetz zur Einführung eines Wettbewerbsregisters und zur Änderung des Gesetzes gegen Wettbewerbsbeschränkungen, BT-Drs. 18/12051, 33.
46 Vgl. auch *Hooghoff*, FIW Jahrbuch 2019, 129 (138).

Das Bundeskartellamt hat sich zur Umsetzung seines Auftrags in § 8 Abs. 5 WRegG für einen zweigliedrigen Ansatz entschieden, der sich einerseits aus „Leitlinien zur vorzeitigen Löschung einer Eintragung aus dem Wettbewerbsregister wegen Selbstreinigung" und andererseits aus „Praktischen **Hinweisen für einen Antrag**" zusammensetzt.[47] Während die Leitlinien – ausgehend von den gesetzlichen Voraussetzungen der Selbstreinigung in § 123 Abs. 4 S. 2 bzw. § 125 GWB – insbesondere Grundsätze für den materiellen Prüfungsmaßstab der Registerbehörde erläutern, gehen die „Praktischen Hinweisen für einen Antrag" ausführlicher auf praktische Erfordernisse bei der Antragstellung – auch anhand konkreter Fallbeispiele – ein und geben Hinweise zu den Standards einer effektiven Compliance. Gerade letzteres ist aus Unternehmenssicht zu begrüßen. Entsprechende an den Bedürfnissen der Praxis ausgerichtete Hinweise können einen erheblichen Mehrwert für die Beschleunigung der Antragsverfahren einerseits sowie die Vorhersehbarkeit und Akzeptanz der Entscheidungen der Registerbehörde bieten. Das gilt gerade auch im Hinblick auf die zahlreichen offenen Detailfragen der Selbstreinigung – etwa in Bezug auf die Schadenswiedergutmachung, einschließlich der Schadensermittlung.[48] Allein aus diesen Erwägungen ergibt sich, dass die Registerbehörde ein gesteigertes eigenes Interesse an einer praktisch handhabbaren Richtschnur für die Bewertung der Selbstreinigungsmaßnahmen hat. Es ist daher zu erwarten, dass sie insbesondere die Praktischen Hinweise auf Basis der gesammelten Erfahrungen bzw. der künftigen Rechtsprechung stetig weiterentwickeln wird. **44**

F. Gebühren und Auslagen (Abs. 6)

§ 8 Abs. 6 WRegG enthält einen Gebühren- und Auslagentatbestand für den Antrag auf vorzeitige Löschung aus dem Wettbewerbsregister wegen Selbstreinigung zur Deckung des Verwaltungsaufwands der Registerbehörde. Zu diesem Zweck verweist die Regelung auf die maßgebliche Vorschrift für Verfahren vor den Kartellbehörden in § 62 GWB einschließlich der dort in Bezug genommenen Rechtsverordnungen. Eine gesonderte gesetzliche Regelung war erforderlich, da das BGebG für das Bundeskartellamt keine Anwendung findet (vgl. § 2 Abs. 2 S. 2 Nr. 3 BGebG).[49] **45**

Demnach ist grundsätzlich der prüfungsbedingt bei der Registerbehörde entstehende persönliche und sachliche **Aufwand** für die Höhe der Gebühr maßgeblich. Komplexe Prüfungen von Selbstreinigungsmaßnahmen nach § 125 GWB dürften damit grundsätzlich höhere Gebühren rechtfertigen als Anträge, die an § 123 Abs. 4 S. 2 GWB zu messen sind.[50] **46**

Nach § 8 Abs. 6 S. 2 Hs. 2 GWB richtet sich der **Gebührenrahmen** nach § 62 Abs. 2 S. 2 Nr. 2 GWB, wonach ein Betrag von 25.000 Euro im Regelfall nicht überschritten werden darf. Sollte die Prüfung des Antrags im Einzelfall einen außergewöhnlich hohen Aufwand bei der Registerbehörde erfordern, kann sich die Gebühr auf bis zu 50.000 Euro erhöhen, § 62 Abs. 2 S. 3 GWB.[51] Auch eine Ermäßigung des Gebührensatzes ist aus Gründen der Billigkeit denkbar, § 62 Abs. 2 S. 4 GWB. Die Gebühr wird unabhängig davon fällig, ob der Antrag positiv beschieden oder abgelehnt wird. Ausweislich der Leitlinien der Registerbehörde soll für die Berechnung der Gebühr u.a. der durchschnittliche Umsatz des Unternehmens mit öffentlichen Aufträgen in den letzten zwei Jahren vor Antragstellung berücksichtigt werden.[52] **47**

---

47 Bundeskartellamt, Leitlinien zur vorzeitigen Löschung einer Eintragung aus dem Wettbewerbsregister wegen Selbstreinigung sowie der Praktischen Hinweise für einen Antrag v. 25. November 2021, abrufbar unter https://www.bundeskartellamt.de/DE/Wettbewerbsregister/Selbstreinigung/Selbstreinigung_node.html (zuletzt abgerufen am 25.6.2022).

48 Vgl. etwa *Radu* in § 125 GWB Rn. 29 ff.; *Friton*, in: Gabriel/Mertens/Prieß/Stein, Vergaberecht, § 125 GWB Rn. 10 ff.; *Stolz*, in: Ziekow/Völlink, Vergaberecht, § 125 GWB Rn. 5 f.; *Gottschalk/Lubner*, NZWiSt 2018, 96 (101); *Rieder/Dammann de Chapto*, NZKart 2018, 8 (12); *Seeliger/Gürer*, BB 2017, 1731 (1733).

49 Gesetzesbegründung zu § 8 Abs. 6 WRegG, Gesetz zur Einführung eines Wettbewerbsregisters und zur Änderung des Gesetzes gegen Wettbewerbsbeschränkungen, BT-Drs. 18/12051, 33.

50 Vgl. dazu auch *Hooghoff*, FIW Jahrbuch 2019, 129 (137).

51 Gesetzesbegründung zu § 8 Abs. 6 WRegG, Gesetz zur Einführung eines Wettbewerbsregisters und zur Änderung des Gesetzes gegen Wettbewerbsbeschränkungen, BT-Drs. 18/12051, 33.

52 Bundeskartellamt, Leitlinien zur vorzeitigen Löschung einer Eintragung aus dem Wettbewerbsregister wegen Selbstreinigung v. 25. November 2021, Rn. 8.

G. Rechtsschutz

I. Beschwerde gegen ablehnende Entscheidung

1. Grundsätzliches

48 Gegen eine Ablehnung des Löschungsantrags findet wie gegen alle Entscheidungen der Registerbehörde die **Beschwerde** zum OLG Düsseldorf statt, § 11 WRegG. Das Vorgehen gegen eine ablehnende Entscheidung nach § 8 WRegG dürfte neben einer Anfechtung der Eintragung im Wettbewerbsregister wegen Nichtvorliegens der Eintragungsvoraussetzungen den praktisch relevantesten Fall der Beschwerde darstellen.[53] § 11 WRegG verweist dabei auf eine Reihe von Vorschriften im Zusammenhang mit der Beschwerde gegen (unterlassene) Verfügungen der Kartellbehörden, §§ 73 ff. GWB. Dabei bestehen noch eine Reihe offener Fragen zu den Einzelheiten des Verfahrens, von der maßgeblich auch die Effektivität des Rechtsschutzes abhängen wird.

49 Ausweislich der Gesetzesbegründung kommt der Beschwerde keine **aufschiebende Wirkung** zu.[54] Damit wäre dem beschwerdeführenden Unternehmen allerdings ohnehin nicht geholfen, da es letztendlich die Vornahme der Löschung aus dem Wettbewerbsregister begehrt.[55] Gewisse Parallelen bestehen insoweit zur Konstellation der kartellrechtlichen „Verpflichtungsbeschwerde"[56], auf die § 11 WRegG ebenfalls verweist. In Ermangelung einer ausdrücklichen Regelung bleibt es für die Dauer des Rechtsmittelverfahrens bei der Eintragung, wobei die ablehnende Entscheidung im Wettbewerbsregister vermerkt wird. Es ist folglich Sache des Unternehmens im jeweiligen Vergabeverfahren auf die eingelegte Beschwerde hinzuweisen, um den Auftraggeber im Rahmen seiner eigenverantwortlichen Entscheidung von einer Zulassung zum laufenden Vergabeverfahren zu überzeugen, § 6 Abs. 5 WRegG.

2. Rechtsschutzziel

50 Mit Blick auf den der Registerbehörde zustehenden Beurteilungsspielraum bei der Bewertung der Selbstreinigungsmaßnahmen kommt eine Entscheidung des Beschwerdegerichts, mit der der Registerbehörde die Löschung der Eintragung aufgegeben wird, regelmäßig nicht in Betracht.[57] Vielmehr lautet der sachgerechte Antrag dann grundsätzlich auf Verpflichtung der Registerbehörde, das beschwerdeführende Unternehmen unter Beachtung der Rechtsauffassung des Gerichts gemäß § 115 Abs. 5 S. 2 VwGO analog neu zu bescheiden.[58]

3. Entscheidungsgrundlage und -inhalt

51 Die Beschwerde kann gemäß § 73 Abs. 1 S. 2 GWB i.V.m. § 11 Abs. 1 WRegG auf **neue Tatsachen und Beweise** gestützt werden.

52 Gleichzeitig erforscht das Beschwerdegericht nach § 75 Abs. 1 GWB i.V.m. § 11 Abs. 1 WRegG den Sachverhalt von Amts wegen. Ob das Beschwerdegericht dabei die Einschränkungen des **Amtsermittlungsgrundsatzes** aus dem Verfahren vor der Registerbehörde entsprechend heranziehen wird, bleibt abzuwarten. Dabei ist allerdings zu beachten, dass § 75 Abs. 3 S. 1 GWB, der nach § 11 Abs. 1 WRegG im Beschwerdeverfahren gegen Entscheidungen der Registerbehörde ebenfalls Anwendung findet, einen eigenen Maßstab für die Mitwirkung der an dem Beschwerdeverfahren Beteiligten definiert. Demnach kann diesen vom Beschwerdegericht aufgegeben werden, „sich innerhalb einer zu bestimmenden Frist über aufklärungsbedürftige Punkte zu äußern, Beweismittel zu bezeichnen und in ihren Händen befindliche Urkunden sowie andere Beweismittel vorzulegen."

---

53 So auch *Dreher/Engel*, ZWeR 1/2019, 3 (30).
54 Gesetzesbegründung zu § 11 WRegG, Gesetz zur Einführung eines Wettbewerbsregisters und zur Änderung des Gesetzes gegen Wettbewerbsbeschränkungen, BT-Drs. 18/12051, 34.
55 *Dreher/Engel*, ZWeR 1/2019, 3 (30).
56 Vgl. hierzu etwa *Schmidt*, in: Immenga/Mestmäcker, Wettbewerbsrecht, § 63 GWB Rn. 8.
57 Vgl. *Schmidt*, in: Immenga/Mestmäcker, Wettbewerbsrecht, § 71 GWB Rn. 19.
58 *Schmidt*, in: Immenga/Mestmäcker, Wettbewerbsrecht, § 71 GWB Rn. 19.

Als **maßgeblichen Zeitpunkt** für die Entscheidung erscheint es aufgrund der Vergleichbarkeit mit der „Verpflichtungsbeschwerde" bzw. mit Blick auf die Dauerwirkung der Eintragung im Wettbewerbsregister interessengerecht, auf die letzte mündliche Verhandlung oder – sofern auf diese verzichtet wird – den Zeitpunkt der Entscheidung abzustellen.[59] Somit dürfte das Beschwerdegericht in seine Entscheidung auch Änderungen der Sach- und Rechtslage einbeziehen. In Betracht kommen etwa solche Selbstreinigungsmaßnahmen, die zum Zeitpunkt der angefochtenen Entscheidung der Registerbehörde noch nicht abgeschlossen waren. **53**

4. Verhältnis zu Nachprüfungsverfahren vor den Vergabekammern

Der allgemeine vergaberechtliche Rechtsschutz nach den §§ 160 ff. GWB im Hinblick auf einen Ausschluss wegen Nichtanerkennung der Selbstreinigung bleibt von § 11 WRegG unberührt, da damit jeweils grundlegend unterschiedliche Rechtsschutzziele verfolgt werden. Allein das Nachprüfungsverfahren erlaubt es einem Unternehmen insoweit, die Verletzung seiner Rechte in einem spezifischen Vergabeverfahren geltend zu machen und gegebenenfalls durchzusetzen. Umgekehrt hat weder das bloße Stellen eines Antrags nach § 8 WRegG noch das Einlegen einer Beschwerde Auswirkungen auf laufende Vergabeverfahren.[60] Bei Nichtanerkennung der Selbstreinigung durch einen Auftraggeber ist daher ein gesonderter Nachprüfungsantrag erforderlich, um eine Berücksichtigung in dem betreffenden Verfahren zu erreichen.[61] Anders als die Beschwerde nach § 11 WRegG hat der Nachprüfungsantrag einen Suspensiveffekt, § 169 Abs. 1 GWB. Zu beachten ist ferner, dass eine Aussetzung von Nachprüfungsverfahren wegen Vorgreiflichkeit der Entscheidung über eine Beschwerde nach § 11 WRegG nicht vorgesehen ist.[62] Unabhängig davon können Auftraggeber und Nachprüfungsinstanzen an eine zwischenzeitlich erfolgte Löschung eines Unternehmens aus dem Wettbewerbsregister auch dann gebunden sein, wenn diese erst im Laufe des Nachprüfungsverfahrens erfolgt.[63] **54**

II. Kein Rechtsschutz gegen Löschung

Hat das betroffene Unternehmen mit seinem Antrag nach § 8 WRegG Erfolg und wird daraufhin der entsprechende Eintrag im Wettbewerbsregister gelöscht, tritt die in § 7 Abs. 2 S. 1 WRegG verankerte Bindungswirkung für Auftraggeber ein. Eine Rechtsschutzmöglichkeit gegen die erfolgte Löschung zugunsten von Mitkonkurrenten des antragsstellenden Unternehmens besteht nicht.[64] Das betrifft nicht nur die unmittelbare Anfechtung der Löschung selbst, sondern auch eine inzidente Überprüfung der von der Registerbehörde getroffenen Entscheidung durch die Vergabekammern im Rahmen eines Nachprüfungsverfahrens. Das ist unter Berücksichtigung der Erleichterungen für Unternehmen und Auftraggeber, die sich aus Bündelung der Prüfung von Selbstreinigungsmaßnahmen bei der Registerbehörde ergeben, hinzunehmen. Zwar hat eine Löschung weitreichende Folgen, allerdings dürfte die erwähnte Bündelung erwartbar auch zu einer hohen Entscheidungskompetenz der Registerbehörde führen.[65] **55**

59 *Schmidt*, in: Immenga/Mestmäcker, Wettbewerbsrecht, § 71 GWB Rn. 7.
60 Das folgt bereits aus § 7 Abs. 2 S. 2 WRegG.
61 *Herrlinger/Valdini*, WuW 2018, 195 (198).
62 *Herrlinger/Valdini*, WuW 2018, 195 (198).
63 Siehe dazu im Einzelnen § 7 WRegG Rn. 37.
64 Vgl. hierzu auch § 7 WRegG Rn. 39.
65 Kritisch dazu: *Dreher/Engel*, ZWeR 1/2019, 3 (30).

Anlage

Gesetzesbegründung – Gesetz zur Einführung eines Wettbewerbsregisters und zur Änderung des Gesetzes gegen Wettbewerbsbeschränkungen (BT-Drs. 18/12051)

Seite 32

Neben der zwingenden Löschungsregelung in § 7 Absatz 1 auf Grund von Zeitablauf sind in § 8 Voraussetzungen genannt, unter denen das betroffene Unternehmen eine vorzeitige Löschung der Eintragung durch den Nachweis ausreichender Selbstreinigungsmaßnahmen erreichen kann.

Nach § 8 Absatz 1 hat das betroffene Unternehmen die Möglichkeit, auch außerhalb eines konkreten Vergabeverfahrens die vorzeitige Löschung einer Eintragung aufgrund von durchgeführten Selbstreinigungsmaßnahmen bei der Registerbehörde zu beantragen. Die Registerbehörde prüft dann, ob die von dem Unternehmen nachzuweisenden Maßnahmen den Anforderungen entsprechend § 125 GWB bzw. – im Fall einer Steuerhinterziehung oder des Vorenthaltens von Arbeitsentgelt nach § 266a StGB – nach der Sonderregelung entsprechend § 123 Absatz 4 Satz 2 GWB genügen. Für die Zwecke des Wettbewerbsregisters werden somit die Anforderungen insbesondere des § 125 GWB für Vergabeverfahren oberhalb als auch unterhalb der EU-Schwellenwerte herangezogen.

Diese Regelung trägt der durch die Vergabereform eingeführten Möglichkeit der Selbstreinigung Rechnung. Unter Selbstreinigung sind Maßnahmen zu verstehen, die ein Unternehmen ergreift, um seine Integrität wiederherzustellen und die Begehung von Straftaten oder schweren Fehlverhalten in der Zukunft zu verhindern. Voraussetzungen für eine erfolgreiche Selbstreinigung sind nach § 125 Absatz 1 GWB Maßnahmen zur Schadensregulierung, eine aktive Zusammenarbeit mit den Ermittlungsbehörden zur Aufklärung des Sachverhalts sowie geeignete Vorsorgemaßnahmen zur Vermeidung einer Wiederholung des Rechtsverstoßes. Das Unternehmen trägt als Verantwortlicher für das ihm zurechenbare Delikt oder Fehlverhalten die Darlegungs- und Beweislast für eine erfolgreiche Selbstreinigung. Die Möglichkeit für betroffene Unternehmen, die Selbstreinigung nachzuweisen, fördert den fairen Wettbewerb, dient der Prävention von Wirtschaftsdelikten und stellt den Rechtsfrieden wieder her.

Die auf Antrag des eingetragenen Unternehmens durchgeführte Prüfung der Selbstreinigungsmaßnahmen obliegt der Registerbehörde in eigener Verantwortung. Dabei geht es um die Frage, ob auf Grund der Selbstreinigungsmaßnahmen die Eintragung des Unternehmens in das Register gelöscht wird, mit der Folge, dass die Tat von Auftraggebern und Konzessionsgebern nicht mehr zum Nachteil des Unternehmens in Vergabeverfahren gewertet werden darf (vgl. § 7 Absatz 2 Satz 1), also das Unternehmen nicht auf Grund dieser Tat ausgeschlossen werden darf. Diese Bündelung der Prüfung der Selbstreinigungsmaßnahmen bei der Registerbehörde soll sowohl den Auftraggebern die Prüfung durchgeführter Selbstreinigungsmaßnahmen als auch den Unternehmen den Nachweis erfolgreicher Selbstreinigung erleichtern und zu einheitlichen Entscheidungen führen. Die Anerkennung von Selbstreinigungsmaßnahmen erfolgt ausschließlich für die Zwecke der öffentlichen Auftragsvergabe und hat keine Bindungswirkung für das Straf- und Ordnungswidrigkeitenrecht oder für Verfahren wegen Kartellrechtsverstößen. Ob und in welcher Form zur Tatzeit bereits bestehende oder nachträgliche Compliance-Maßnahmen eines Unternehmens zu berücksichtigen sind, ist im Bereich des Sanktionenrechts immer eine Frage des Einzelfalls, für die die dort geltenden Prüfungsstandards gelten.

Die Zulässigkeit des Löschungsantrags setzt gemäß Absatz 1 Satz 2 voraus, dass das Unternehmen ein berechtigtes Interesse an der vorzeitigen Löschung glaubhaft macht. Bei Unternehmen, die nicht beabsichtigen, an Vergabeverfahren teilzunehmen, liegt ein berechtigtes Interesse nicht vor.

Die Registerbehörde ermittelt gemäß Absatz 2 zwar den Sachverhalt von Amts wegen, kann sich dabei aber auf das beschränken, was von dem Antragsteller vorgebracht wird oder ihr sonst bekannt sein muss. Die Registerbehörde ist nicht verpflichtet, alle Zweifelsfragen abschließend zu ermitteln. Diese Einschränkung des Amtsermittlungsgrundsatzes ist sachgerecht, da die Darlegungs- und Beweislast für eine Selbstreinigung beim Antragsteller

Seite 33

liegt. Die Prüfung soll durch eine selbstständige Organisationseinheit im Bundeskartellamt erfolgen. Mindestens ein Beamter mit der Befähigung zum Richteramt soll mit der Bearbeitung des Antrags befasst sein.

Bei der Prüfung kann das Bundeskartellamt gemäß Absatz 2 die Mitwirkung des Antragstellers verlangen. Dabei kann es von dem Antragsteller insbesondere die Übermittlung des strafgerichtlichen Urteils oder der Bußgeldentscheidung sowie geeigneter Gutachten und anderer Unterlagen über die durchgeführten Selbstreinigungsmaßnahmen, die zur Bewertung der Selbstreinigung nach Einschätzung der Registerbehörde geeignet sind, verlangen. Weiterhin stehen der Registerbehörde gemäß Absatz 2 Satz 4 die Ermittlungsbefugnisse nach den §§ 57 und 59 GWB zu. Insbesondere für Fälle, in denen Zweifel an der Richtigkeit der Angaben des Antragsstellers bestehen, ist es notwendig, dass die Registerbehörde eine Klärung herbeiführen kann. Daher ist in Anlehnung an § 163 Absatz 2 Satz 5 GWB, der die Ermittlungskompetenzen der Vergabekammern in Nachprüfungsverfahren regelt, vorgesehen, dass der Registerbehörde Ermittlungsbefugnisse zustehen.

Nach Absatz 3 kann die Registerbehörde ferner von der mitteilenden Strafverfolgungsbehörde oder Bußgeldbehörde die Übermittlung von zur Bewertung des Löschungsantrags erforderlichen Informationen verlangen. Dies umfasst auch vertrauliche Informationen.

Nach Absatz 4 sind bei der Bewertung durch die Registerbehörde, ob die durchgeführten Selbstreinigungsmaßnahmen zur Wiederherstellung des Rechtsfriedens ausreichend sind, – ebenso wie in § 125 Absatz 2 GWB geregelt – neben der Schwere der Tat auch die besonderen Umstände der Straftat oder des Fehlverhaltens zu berücksichtigten. Die Registerbehörde trifft somit eine auf den Einzelfall bezogene Prognoseentscheidung. Die ablehnende Entscheidung der Registerbehörde ist dem Unternehmen gegenüber zu begründen. Nach Absatz 4 Satz 4 und 5 ist die Entscheidung über den Antrag auf vorzeitige Löschung durch die Registerbehörde im Wettbewerbsregister zu vermerken und an einen Auftraggeber auf dessen Ersuchen hin zu übermitteln. In diesem Zusammenhang dürfen auch weitere vertrauliche Unterlagen übermittelt werden.

Die Ablehnung des Löschungsantrags durch die Registerbehörde ist für den Auftraggeber nicht bindend und steht einer eigenen Prüfung und ggf. gegenteiligen Entscheidung über den Erfolg der Selbstreinigung sowie dem weiteren Fortgang des Vergabeverfahrens nicht entgegen.

Nach Absatz 5 erlässt die Registerbehörde Leitlinien zur Anwendung der Absätze 1 bis 4. Mit den Leitlinien werden die Anwendungsvoraussetzungen der Absätze 1 bis 4 konkretisiert. Insbesondere sind – unter Berücksichtigung der Rechtsverordnung nach § 10 – die näheren Anforderungen an die nach Absatz 2 vom Antragsteller vorzulegenden geeigneten Gutachten, Unterlagen und die Schadenswiedergutmachung für die Selbstreinigung zu erläutern. Sieht die Rechtsverordnung die Zulassung von Systemen unabhängiger Stellen durch die Registerbehörde vor, mit denen geeignete Vorsorgemaßnahmen zur Verhinderung zukünftiger Verfehlungen für die Zwecke des Vergabeverfahrens belegt werden können (Zertifizierung), so können die Leitlinien hierzu weitere Einzelheiten enthalten.

Absatz 6 regelt die Kostentragung für das Antragsverfahren. Die Registerbehörde erhebt Gebühren und Auslagen. Da das Bundesgebührengesetz für das Bundeskartellamt keine Anwendung findet (vgl. dortigen § 2 Absatz 2 Satz 2 Nummer 3), verweist Satz 2 1. Halbsatz auf die Kostenregelung des § 80 GWB einschließlich der diese Vorschrift konkretisierenden Rechtsverordnungen in ihrer jeweils aktuellen Fassung. Nach Satz 2 2. Halbsatz kommt für die Prüfung des Löschungsantrags wegen Selbstreinigung der Gebührenrahmen von § 80 Absatz 2 Satz 2 Nummer 2 in Verbindung mit den Sätzen 3 und 4 GWB zum Tragen. Danach darf der Betrag von 25.000 Euro nicht überschritten werden, es sei denn, es liegen außergewöhnliche Umstände vor. Aus Gründen der Billigkeit kann die Gebühr ermäßigt werden.

§ 9 WRegG
Elektronische Datenübermittlung

(1) Die Kommunikation zwischen der Registerbehörde und den Strafverfolgungsbehörden, den zur Verfolgung von Ordnungswidrigkeiten berufenen Behörden, den Auftraggebern sowie den Unternehmen und den Stellen, die ein amtliches Verzeichnis führen, das den Anforderungen des Artikels 64 der Richtlinie 2014/24/EU entspricht, erfolgt in der Regel elektronisch.

(2) Die Datenübermittlung an Auftraggeber kann im Wege eines automatisierten Verfahrens auf Abruf, das die Übermittlung personenbezogener Daten ermöglicht, erfolgen. Für die Verarbeitung von personenbezogenen Daten gelten die allgemeinen datenschutzrechtlichen Vorschriften, soweit dieses Gesetz oder die aufgrund dieses Gesetzes erlassene Rechtsverordnung keine besondere Regelung enthält.

Übersicht

	Rn.
A. Allgemeines	1
I. Historie	2
II. Unionsrechtlicher Hintergrund	3
III. Vergleichbare Regelungen	6
B. Grundsatz der elektronischen Kommunikation (Abs. 1)	9
I. Normzweck	9
II. Einsatz elektronischer Kommunikationsmittel	10
III. Konkretisierung durch die WRegV	14
C. Elektronische Datenübermittlung und Datenschutz (Abs. 2)	18
I. Automatisiertes Abrufverfahren (S. 1)	18
II. Datenschutz (S. 2)	22
1. Verarbeitung personenbezogener Daten	22
2. Geltung allgemeiner datenschutzrechtlicher Vorschriften, Ausnahmeklausel	24
a) Grundsatz	24
b) Ausnahmeklausel	25
D. Rechtsschutz	28
Anlage	
Gesetzesbegründung	

A. Allgemeines

1 Die Norm enthält Vorgaben zur elektronischen Kommunikation und Datenübermittlung im Zusammenhang mit dem Wettbewerbsregister.

I. Historie

2 Bei der geltenden Normfassung des § 9 WRegG handelt es sich um den Wortlaut der Ursprungsfassung des WRegG vom 18. Juli 2017.[1] Die Erstfassung des § 9 WRegG ist bisher nicht geändert worden.

II. Unionsrechtlicher Hintergrund

3 Durch § 9 Abs. 1 WRegG soll der Grundsatz der elektronischen Kommunikation im Vergabeverfahren für das Registerverfahren fortgesetzt werden.[2] Nach Erwägungsgrund 52 RL **2014/24/EU** sollen elektronische Kommunikationsmittel zum Standard für Kommunikation und Informationsaustausch im Rahmen von Vergabeverfahren werden. Art. 22 Abs. 1 UAbs. 1 S. 1 dieser Richtlinie normiert den Grundsatz der elektronischen Kommunikation im Vergabeverfahren.[3]

---

1 BGBl. 2017 I S. 2739.
2 Gesetzesbegründung zu § 9 WRegG, Gesetz zur Einführung eines Wettbewerbsregisters und zur Änderung des Gesetzes gegen Wettbewerbsbeschränkungen, BT-Drs. 18/12051, 33.
3 *Keller-Stoltenhoff/Leizen/Ley*, in: Keller-Stoltenhoff/Leizen/Ley, Handbuch für die IT-Beschaffung, 23. Aktualisierung, 6.8 Grundsatz der Verwendung elektronischer Kommunikationsmittel.

4 Die in § 9 Abs. 1 WRegG enthaltene Aufzählung der Stellen, mit denen die Kommunikation der Registerbehörde erfolgt, umfasst u.a. Stellen, die ein **amtliches Verzeichnis** führen, das den Anforderungen des Art. 64 RL 2014/24/EU entspricht. In der Bezugsnorm ist konkretisiert, welche amtlichen Verzeichnisse gemeint sind.

5 In § 9 Abs. 2 S. 2 WRegG wird hinsichtlich der Verarbeitung **personenbezogener Daten** auf die allgemeinen datenschutzrechtlichen Vorgaben Bezug genommen. Dazu gehört insbesondere die DSGVO. Darin sind Verpflichtungen öffentlicher Stellen für die Verarbeitung personenbezogener Daten unmittelbar normiert (insbesondere Art. 5, 24 ff. und 32 ff. DSGVO).

III. Vergleichbare Regelungen

6 Im nationalen Recht setzt **§ 97 Abs. 5 GWB** den EU-rechtlich vorgegebenen Grundsatz der elektronischen Kommunikation im Vergabeverfahren um.[4] Diese Art der Kommunikation ist insbesondere anzuwenden auf Erstellung und Bereitstellung der Bekanntmachung und der Vergabeunterlagen, Angebotsabgabe und Zuschlagsvorbereitung.[5] § 97 Abs. 5 GWB beschränkt sich auf den Grundsatz, die Ausgestaltung erfolgt in den aufgrund des § 113 S. 2 Nr. 4 GWB erlassenen Verordnungen (§ 9 Abs. 1 VgV, § 7 Abs. 1 UVgO, § 9 Abs. 1 SektVO, § 7 Abs. 1 KonzVgV).[6]

7 Für das Verwaltungsverfahren regelt **§ 3a VwVfG** die elektronische Kommunikation bezogen auf die Übermittlung elektronischer Dokumente.[7] Dadurch wird die Möglichkeit der Übermittlung solcher Dokumente im Verwaltungsverfahren eröffnet.[8] Indem die Norm – sie wird als „Zentrum der Verwaltungsmodernisierung" apostrophiert – die Rahmenbedingungen für diese Art von Kommunikation umreißt, soll sie zur „Beschleunigung des Verwaltungsverfahrens" und zur Steigerung von „Effizienz und Effektivität der Verwaltungstätigkeit" beitragen.[9]

8 Mit § 9 Abs. 2 S. 1 WRegG vergleichbare Regelungen zum Datenabruf im **automatisierten Verfahren** finden sich im Zusammenhang mit anderen Registern, z. B. in § 20 Abs. 1 WaffRG (Waffenregister), § 38 BMG (Melderegister) und § 36 StVG (Zentrales Fahrzeugregister).

B. Grundsatz der elektronischen Kommunikation (Abs. 1)

I. Normzweck

9 Die elektronische Abfrage des als Datenbank eingerichteten und geführten Wettbewerbsregisters durch öffentliche Auftraggeber ist eine tragende Säule der Registerkonzeption.[10] Der Abschied von der Papierform, insbesondere der früheren Notwendigkeit, auf Gewerbezentralregisterauszüge warten zu müssen, soll „weniger bürokratischen Aufwand für Behörden und Unternehmen" bedeuten.[11] Die gesetzlich grundsätzlich vorgegebene Anwendung elektronischer Kommunikationsmittel soll Handhabung und Ablauf der registerrechtlichen Melde- und Abfragepflichten, der Kommunikation zwischen den beteiligten Behörden untereinander und zwischen Registerbehörde und Unternehmen „so einfach wie möglich" gestalten.[12] Die dadurch angestrebte Reduzierung des „Bürokratieaufwands" hat den Gesetzgeber bewogen,

4 *Keller-Stoltenhoff/Leizen/Ley*, in: Keller-Stoltenhoff/Leizen/Ley, Handbuch für die IT-Beschaffung, 23. Aktualisierung, 6.8 Grundsatz der Verwendung elektronischer Kommunikationsmittel.
5 *Keller-Stoltenhoff/Leizen/Ley*, in: Keller-Stoltenhoff/Leizen/Ley, Handbuch für die IT-Beschaffung, 23. Aktualisierung, 6.8 Grundsatz der Verwendung elektronischer Kommunikationsmittel.
6 *Keller-Stoltenhoff/Leizen/Ley*, in: Keller-Stoltenhoff/Leizen/Ley, Handbuch für die IT-Beschaffung, 23. Aktualisierung, 6.8 Grundsatz der Verwendung elektronischer Kommunikationsmittel.
7 Bericht der Bundesregierung zur Verzichtbarkeit der Anordnungen der Schriftform und des persönlichen Erscheinens im Verwaltungsrecht des Bundes, BT-Drs. 18/9177, 7.
8 *Heinemann*, in: Pautsch/Hoffmann, VwVfG, § 3a Rn. 1.
9 *Heinemann*, in: Pautsch/Hoffmann, VwVfG, § 3a Rn. 9 f.
10 *Beckmeyer*, Redebeitrag, Plenarprotokoll, 957. Sitzung, 12.5.2017, S. 243A.
11 *Beckmeyer*, Redebeitrag, Plenarprotokoll, 957. Sitzung, 12.5.2017, S. 243A.
12 Gesetzesbegründung zu § 9 WRegG, Gesetz zur Einführung eines Wettbewerbsregisters und zur Änderung des Gesetzes gegen Wettbewerbsbeschränkungen, BT-Drs. 18/12051, 33.

die Geltung des Grundsatzes der elektronischen Kommunikation im Vergabeverfahren auch für das Registerverfahren festzulegen.[13]

II. Einsatz elektronischer Kommunikationsmittel

Der **Grundsatz** der elektronischen Kommunikation ist in § 9 Abs. 1 WRegG verankert. Danach „erfolgt" die Kommunikation im Registerverfahren „in der Regel" elektronisch. Somit kann von diesem Grundsatz lediglich in Ausnahmefällen abgewichen werden. Dem Grundsatzcharakter – es handelt sich um einen Grundsatz, nicht um eine unumstößliche Verpflichtung – trägt § 7 WRegV Rechnung, wonach die Kommunikation der Unternehmen mit der Registerbehörde elektronisch erfolgen „soll", also nicht zwingend in jedem Einzelfall erfolgen muss. 10

Die **Adressaten** des Grundsatzes der elektronischen Kommunikation sind in § 9 Abs. 1 WRegG ausdrücklich genannt. Im Zentrum steht die Registerbehörde, da sie das Wettbewerbsregister führt. Es geht um ihre Kommunikation mit den Strafverfolgungsbehörden, den zur Verfolgung von Ordnungswidrigkeiten berufenen Behörden, den Auftraggebern, den Unternehmen und den Stellen, die ein amtliches Verzeichnis führen, das den Anforderungen des Art. 64 RL 2014/24/EU entspricht. Diese Kommunikationspartner sind ebenfalls Adressaten des Grundsatzes. Dieser erstreckt sich auch auf die Kommunikation zwischen Behörden im Anwendungsbereich des WRegG,[14] soweit daran nicht die Registerbehörde unmittelbar beteiligt ist. 11

Der Wortlaut des § 9 Abs. 1 WRegG spricht von elektronisch erfolgender „**Kommunikation**". Gemeint sind damit die durch das WRegG vorgegebenen Abläufe der Daten- bzw. Informationsübermittlung. Konkret geht es um die Abwicklung der Melde- bzw. Mitteilungs- und Abfragepflichten und die übrige Kommunikation im Zusammenhang mit dem Wettbewerbsregister. Im Einzelnen betroffen sind: 12

- die Mitteilungen von Unternehmen über Selbstreinigungsmaßnahmen (§ 3 Abs. 2 WRegG);
- die Mitteilungen von Entscheidungen anderer Stellen gegenüber der Registerbehörde (§ 4 Abs. 1 WRegG);
- die Unterrichtung der Registerbehörde über Umstände, die einer weiteren Speicherung entgegenstehen (§ 4 Abs. 3 WRegG);
- die Information des betroffenen Unternehmens über die geplante Eintragung und die Eröffnung der Möglichkeit zur Stellungnahme (§ 5 Abs. 1 S. 1 WRegG);
- die Stellungnahme des Unternehmens einschließlich des Nachweises der Fehlerhaftigkeit der übermittelten Daten (§ 5 Abs. 1 S. 2 WRegG);
- die Fristverlängerung für die Stellungnahme (§ 5 Abs. 1 S. 3 WRegG);
- das Informationsersuchen gegenüber anderen Stellen (§ 5 Abs. 1 S. 4 i.V.m. § 8 Abs. 3 S. 1 WRegG) und die daraufhin erfolgende Informationsübermittlung (§ 5 Abs. 1 S. 4 i.V.m. § 8 Abs. 3 S. 2 WRegG);
- der Antrag auf Registerauskunft und die Registerauskunft durch die Registerbehörde (§ 5 Abs. 2 S. 1 i.V.m. Abs. 4 WRegG) sowie ein entsprechender erneuter Antrag (§ 5 Abs. 2 S. 2 i.V.m. Abs. 4 WRegG);
- der Antrag, die Zustimmung des betroffenen Unternehmens und die Registerauskunft gegenüber einer Stelle, die ein amtliches Verzeichnis führt (§ 5 Abs. 2 S. 3 WRegG);

13 Gesetzesbegründung zu § 9 WRegG, Gesetz zur Einführung eines Wettbewerbsregisters und zur Änderung des Gesetzes gegen Wettbewerbsbeschränkungen, BT-Drs. 18/12051, 33.

14 Gesetzesbegründung zu § 9 WRegG, Gesetz zur Einführung eines Wettbewerbsregisters und zur Änderung des Gesetzes gegen Wettbewerbsbeschränkungen, BT-Drs. 18/12051, 33.

- die Abfragepflichten für Auftraggeber (§ 6 Abs. 1 S. 1 und 2 WRegG), die Abfragemöglichkeiten für Auftraggeber (§ 6 Abs. 2 WRegG) und die Übermittlung der abgefragten Daten durch die Registerbehörde (§ 6 Abs. 3 S. 1 WRegG);
- die Negativinformation über das Nichtvorhandensein einer Eintragung (§ 6 Abs. 3 S. 2 WRegG);
- die Anforderung ergänzender Informationen durch Auftraggeber (§ 6 Abs. 6 S. 1 WRegG) und die entsprechende Informationsübermittlung durch Strafverfolgungs- bzw. Ordnungswidrigkeitenbehörden (§ 6 Abs. 6 S. 2 WRegG);
- der Löschungsantrag wegen Selbstreinigung (§ 8 Abs. 1 S. 1 WRegG);
- das Übermittlungs- bzw. Vorlageverlangen der Registerbehörde hinsichtlich bestimmter Unterlagen gegenüber dem Löschungsantragsteller (§ 8 Abs. 2 S. 2 WRegG);
- das registerbehördliche Verlangen gegenüber Strafverfolgungs- bzw. Ordungswidrigkeitenbehörde, zur Entscheidungsvorbereitung (Lösungsantrag) relevante Informationen zu übermitteln und die entsprechende Übermittlung (§ 8 Abs. 3 S. 1 und 2 WRegG);
- das ergänzende Informationsverlangen der Registerbehörde gegenüber dem Löschungsantragssteller (§ 8 Abs. 4 S. 2 WRegG);
- das Ersuchen eines Auftraggebers um Übermittlung der Entscheidung über den Löschungsantrag (nebst weiterer Unterlagen) und die entsprechende Übersendung durch die Registerbehörde (§ 8 Abs. 4 S. 5 WRegG).

13 Zwischen elektronischer Kommunikation und elektronischer **Registerführung** im Zusammenhang mit dem Wettbewerbsregister ist – wie beispielsweise auch beim Vereinsregister[15] – zu unterscheiden. § 9 WRegG regelt lediglich die Kommunikation in Form elektronischer Datenübertagung, nicht aber die Registerführung und die Speicherung der Daten.

III. Konkretisierung durch die WRegV

14 Die elektronische Kommunikation und Datenübermittlung zwischen Registerbehörde und externen Nutzern, den mitteilungspflichtigen Behörden, Auftraggebern, Unternehmen, natürlichen Personen und amtlichen Verzeichnisstellen, erfolgt nach Maßgabe der WRegV. Dies stellt der an § 9 WRegG anknüpfende § 1 Abs. 1 WRegV klar.[16]

15 Die WRegV enthält in Abschnitt 1 (§§ 1 bis 3) allgemeine und in Abschnitt 2 (§§ 4 bis 9) besondere Vorschriften für die **elektronische Kommunikation**. In § 7 S. 1 WRegV ist geregelt, dass die Kommunikation der Unternehmen mit der Registerbehörde elektronisch erfolgen soll. Hierzu zählt insbesondere die Nutzung eines Portals nach § 1 Abs. 3 Nr. 1 WRegV (§ 7 S. 2 WRegV). Als weiterer sicherer Übermittlungsweg kommt De-Mail in Betracht.[17] Die von der Registerbehörde auf ihrer Internetseite bereitgestellten Standardformulare (§ 14 Nr. 4 WRegV) sind zu verwenden. § 7 S. 3 WRegV enthält eine entsprechende Klarstellung.[18]

16 § 7 WRegV setzt die Verordnungsermächtigung des § 10 Nr. 1 lit. c WRegG um,[19] die sich auf „die Kommunikation mit Unternehmen und natürlichen Personen" bezieht. Die Soll-Regelung des § 7 S. 1 WRegV bezieht sich nur auf Unternehmen, nicht auf **natürliche Personen**. Somit regelt die WRegV – anders als für Unternehmen – für natürliche Personen nicht, dass deren Kommunikation mit der Registerbehörde elektronisch erfolgen soll.

17 Nach § 14 WRegV veröffentlicht die Registerbehörde **Einzelheiten** zur elektronischen Kommunikation auf ihrer Internetseite, insbesondere zu geeigneten Dateiformaten, Anforderungen an die Registrierung beim Portal bzw. der amtlichen Schnittstelle und Standardformularen.

15 *Otto*, in: Herberger/Martinek/Rüßmann/Weth/Würdinger, BGB, § 55a Rn. 3 (Stand: 1.5.2020).
16 Verordnungsbegründung zu § 1 WRegV, BR-Drs. 74/21, 14 f.
17 Verordnungsbegründung zu § 7 WRegV, BR-Drs. 74/21, 20.
18 Verordnungsbegründung zu § 7 WRegV, BR-Drs. 74/21, 20.
19 Verordnungsbegründung zu § 7 WRegV, BR-Drs. 74/21, 20.

C. Elektronische Datenübermittlung und Datenschutz (Abs. 2)

I. Automatisiertes Abrufverfahren (S. 1)

Die elektronische Abfrage des Wettbewerbsregisters durch Auftraggeber, die in § 5 WRegV geregelt ist, soll grundsätzlich in einem automatisierten Abrufverfahren stattfinden.[20] In diesem Zusammenhang soll die Datenübermittlung durch die Registerbehörde am selben Tag wie die Abfrage geschehen.[21] Hierfür normiert § 9 Abs. 2 S. 1 WRegG die bereichsspezifische Rechtsgrundlage. Danach kann die Datenübermittlung an Auftraggeber im Wege eines automatisierten Verfahrens auf Abruf erfolgen, das die Übermittlung personenbezogener Daten ermöglicht. 18

Zur näheren Bestimmung des Merkmals „**automatisiertes Verfahren auf Abruf**" (automatisiertes Abrufverfahren) wird man sich an der Auslegung des entsprechenden Begriffs in § 10 Abs. 1 S. 1 BDSG a.F.[22] („automatisiertes Verfahren, das die Übermittlung personenbezogener Daten durch Abruf ermöglicht") orientieren können. Demnach liegt ein Abruf nur vor, „wenn der Vorgang durch den Empfänger auf irgendeine Weise initiiert wurde."[23] Läuft das Verfahren elektronisch ab, gilt es als „automatisiert".[24] Allerdings dürfen die abrufbaren Daten nicht i.S.d. § 10 Abs. 5 BDSG a.F. allgemein zugänglich sein.[25] In der DSGVO wird der Begriff „automatisiert" nicht näher – exakt – definiert, lediglich die in Art. 15 DSGVO enthaltene Gegenüberstellung von automatisierter und „manueller" Verarbeitung lässt erkennen, dass „manuell" inhaltlich identisch mit „nichtautomatisiert" zu verstehen sein soll.[26] Wird elektronische Datenverarbeitung eingesetzt, handelt es sich grundsätzlich auch um automatisierte Datenverarbeitung.[27] Heute stellt der Online-Abruf über eine Internetverbindung – wie in der WRegV (§ 1 Abs. 3 Nr. 1 und § 2) vorgesehen – die häufigste Form des automatisierten Abrufverfahrens dar.[28] Der Einsatz automatisierter Abrufverfahren entspricht aktuellem Standard. Er findet sich auch bei anderen amtlichen Registern, u.a. beim Handelsregister, Genossenschaftsregister, Vereinsregister und Melderegister. Dadurch soll gezielt – im Gegensatz zur Anwendung manueller Praktiken – eine Vereinfachung und Beschleunigung der Verfahrensabwicklung ermöglicht werden. 19

Nach Art. 4 Nr. 1 DSGVO sind unter „**personenbezogenen Daten**" alle Informationen zu verstehen, die sich auf eine identifizierte oder identifizierbare natürliche Person („betroffene Person") beziehen. Zu nennen sind hier natürliche Personen, gegen die sich im Einzelfall die im Register einzutragende Entscheidung richtet oder die im Bußgeldbescheid nach § 30 OWiG genannt wird (§ 3 Abs. 1 Nr. 5 WRegG). Es handelt sich um Personen, die als für die Leitung des Unternehmens Verantwortliche im Sinne des § 2 Abs. 3 S. 2 WRegG gehandelt haben. Die Umstände, aus denen sich die Zurechnung des Fehlverhaltens solcher Personen zu einem Unternehmen ergibt, sind in das Register einzutragen (§ 3 Abs. 1 Nr. 5 lit. d WRegG). Dabei geht es insbesondere um Funktion, Position oder Eigenschaft des jeweiligen Betroffenen.[29] 20

Die WRegV normiert auf der Grundlage des § 10 Nr. 1 lit. b WRegG nähere Vorgaben zur technischen Umsetzung des automatisierten Abrufverfahrens. Hervorzuheben ist, dass die Daten- 21

20 Gesetzesbegründung zu § 9 WRegG, Gesetz zur Einführung eines Wettbewerbsregisters und zur Änderung des Gesetzes gegen Wettbewerbsbeschränkungen, BT-Drs. 18/12051, 33

21 Gesetzesbegründung zu § 9 WRegG, Gesetz zur Einführung eines Wettbewerbsregisters und zur Änderung des Gesetzes gegen Wettbewerbsbeschränkungen, BT-Drs. 18/12051, 33.

22 BDSG i.d.F. der Bekanntmachung v. 14.1.2003 (BGBl. I S. 66), zuletzt geändert durch Gesetz v. 25.2.2015 (BGBl. I S. 162).

23 *Plath*, in: Plath, BDSG/DSGVO, § 10 BDSG Rn. 11.

24 *Plath*, in: Plath, BDSG/DSGVO, § 10 BDSG Rn. 11.

25 *Plath*, in: Plath, BDSG/DSGVO, § 10 BDSG Rn. 11.

26 *Moos/Schefzig/Arning*, Die neue Datenschutz-Grundverordnung, S. 38, Rn. 9.

27 *Moos/Schefzig/Arning*, Die neue Datenschutz-Grundverordnung, S. 38, Rn. 10.

28 *Plath*, in: Plath, BDSG/DSGVO, § 10 BDSG Rn. 11.

29 Gesetzesbegründung zu § 9 WRegG, Gesetz zur Einführung eines Wettbewerbsregisters und zur Änderung des Gesetzes gegen Wettbewerbsbeschränkungen, BT-Drs. 18/12051, 28.

übermittlung mittels eines **sicheren Verfahrens** zu erfolgen hat. Grundlegende Anforderungen[30] hierzu enthält § 1 Abs. 2 WRegV. Die sicheren Verfahren für die elektronische Datenübermittlung sind in § 1 Abs. 3 WRegV genannt. Dazu zählt die – von einer Registrierung abhängige – Nutzung des auf der Internetseite der Registerbehörde einzurichtenden Portals (§ 2 WRegV).[31] Die Registerbehörde veröffentlicht die für die Datenübermittlung zugelassenen Dateiformate auf ihrer Internetseite (§ 1 Abs. 4 S. 1 i.V.m. § 14 Nr. 2 WRegV).

II. Datenschutz (S. 2)

1. Verarbeitung personenbezogener Daten

22 § 9 Abs. 2 S. 2 WRegG betrifft die Verarbeitung personenbezogener Daten.[32] Art. 4 Nr. 2 DSGVO definiert als „**Verarbeitung**" jeden mit oder ohne Hilfe automatisierter Verfahren ausgeführten Vorgang oder jede solche Vorgangsreihe im Zusammenhang mit personenbezogenen Daten wie das Erheben, das Erfassen, die Organisation, das Ordnen, die Speicherung, die Anpassung oder Veränderung, das Auslesen, das Abfragen, die Verwendung, die Offenlegung durch Übermittlung, Verbreitung oder eine andere Form der Bereitstellung, den Abgleich oder die Verknüpfung, die Einschränkung, das Löschen oder die Vernichtung. Diese Aufzählung ist exemplarisch, nicht abschließend.[33] Art. 4 Nr. 2 DSGVO legt einen weiten Verarbeitungsbegriff zugrunde, der Datenerhebung und -nutzung einschließlich des „Umgangs" mit personenbezogenen Daten umfasst.[34] Damit fällt insbesondere die Eintragung der nach § 3 Abs. 1 WRegG zu speichernden Daten (als Erfassen, d.h. Aufnehmen zwecks Weiterverarbeitung[35]) unter die Verarbeitungsdefinition des Art. 4 Nr. 2 DSGVO. Des Weiteren wird z. B. auch die Offenlegung durch Übermittlung erfasst.[36]

23 Die Registerbehörde ist nicht befugt, die Verarbeitung von Daten auf einen Dritten **zu übertragen**. Diese Möglichkeit sah § 12 Abs. 2 des Regierungsentwurfs der WRegV[37] vor. In der Begründung zum Verordnungsentwurf wurde in diesem Zusammenhang darauf hingewiesen, dass für eine solche Übertragung insbesondere eine von einem Bundesministerium kontrollierte Stelle in Frage komme.[38] Dabei seien das allgemeine Datenschutzrecht und die Regelungen zur Auftragsdatenverarbeitung (Art. 28 DSGVO) zu beachten.[39] § 12 Abs. 2 des WRegV-Entwurfs wurde auf Betreiben des Bundesrats gestrichen, da er der Verordnung lediglich mit dieser Maßgabe seine Zustimmung nach Art. 80 Abs. 2 GG erteilte.[40] Der Bundesrat sah für § 12 Abs. 2 der Entwurfsfassung keine Verordnungsermächtigung in § 10 WRegG als gegeben an.[41] Insbesondere § 10 Nr. 2 WRegG sei nicht einschlägig, da es sich bei der Übertragung der Verarbeitung auf Dritte nicht um eine datenschutzrechtliche Vorgabe für die elektronische Kommunikation mit der Registerbehörde handele.[42] Anders als in der Regierungsbegründung[43] behauptet, handele es sich bei einem Auftragsverarbeiter nicht um einen Dritten im datenschutzrechtlichen Sinne (Art. 4 Nr. 10 DSGVO).[44] Das Wettbewerbsregister sei ein umfassendes Register i.S.d. Art. 10 S. 2 DSGVO, das nur unter behördlicher Aufsicht mit direkter staatlicher Rechts- und Fachaufsicht geführt werden dürfe.[45] Der Wortlaut der Entwurfsfas-

30 Verordnungsbegründung zu § 1 Abs. 2 WRegV, BR-Drs. 74/21, 15.
31 Verordnungsbegründung, WRegV, BR-Drs. 74/21, 11.
32 Dazu oben Rn. 20.
33 *Moos/Schefzig/Arning*, Die neue Datenschutz-Grundverordnung, S. 31 Rn. 64.
34 *Däubler/Wedde/Weichert/Sommer*, EU-DSGVO und BDSG, Art. 4 DSGVO Rn. 36.
35 *Moos/Schefzig/Arning*, Die neue Datenschutz-Grundverordnung, S. 31 Rn. 64.
36 *Moos/Schefzig/Arning*, Die neue Datenschutz-Grundverordnung, S. 31 Rn. 64.
37 Regierungsentwurf der Verordnung über den Betrieb des Registers zum Schutz des Wettbewerbs um öffentliche Aufträge und Konzessionen (Wettbewerbsregisterverordnung – WRegV), BR-Drs. 74/21, 9.
38 Verordnungsbegründung zu § 12 WRegV, BR-Drs. 74/21, 22.
39 Verordnungsbegründung zu § 12 WRegV, BR-Drs. 74/21, 22.
40 Beschluss des Bundesrates, WRegV, BR-Drs. 74/21 (Beschluss), 1.
41 Beschluss des Bundesrates, WRegV, BR-Drs. 74/21 (Beschluss), 1.
42 Beschluss des Bundesrates, WRegV, BR-Drs. 74/21 (Beschluss), 1.
43 Verordnungsbegründung zu § 12 WRegV, BR-Drs. 74/21, 22.
44 Beschluss des Bundesrates, WRegV, BR-Drs. 74/21 (Beschluss), 1.
45 Beschluss des Bundesrates, WRegV, BR-Drs. 74/21 (Beschluss), 2.

sung des § 12 Abs. 2 WRegV lasse aber eine Übertragung nicht nur auf eine von einem Bundesministerium kontrollierte Stelle zu, sondern auch auf nicht-öffentliche Stellen ohne Staatsaufsicht.[46]

2. Geltung allgemeiner datenschutzrechtlicher Vorschriften, Ausnahmeklausel

a) Grundsatz

Für die Verarbeitung personenbezogener Daten im Zusammenhang mit dem WRegG normiert § 9 Abs. 2 S. 2 Hs. 1 WRegG die ausdrückliche Klarstellung,[47] dass insoweit die allgemeinen datenschutzrechtlichen Vorschriften gelten. Dazu zählen z. B.: **24**

- die materiellen Vorschriften über die Zulässigkeit der Verarbeitung personenbezogener Daten durch die öffentliche Stelle, hier die Registerbehörde, insbesondere Art. 5 (Grundsätze für die Verarbeitung) und Art. 6 DSGVO (Rechtmäßigkeit der Verarbeitung),
- die DSGVO-Verfahrensvorschriften, insbesondere Art. 30 DSGVO (Verzeichnis von Verarbeitungstätigkeiten),
- die Informationspflichten anlässlich der Erhebung von personenbezogenen Daten bei der betroffenen Person nach Art. 13 DSGVO,
- die Informationspflichten nach Art. 14 DSGVO für den Fall, dass die personenbezogenen Daten nicht bei der betroffenen Person erhoben wurden,
- die sonstigen Rechte der Betroffenen, z. B. das Auskunftsrecht nach Art. 15 DSGVO, das Löschungsrecht nach Art. 17 DSGVO und das Widerspruchsrecht nach Art. 21 DSGVO sowie
- die Melde- und Benachrichtigungspflichten nach Art. 33 und 34 DSGVO.

Zu nennen sind u.a. auch Art. 24, 25 und 32 DSGVO über technische und organisatorische Maßnahmen.

b) Ausnahmeklausel

Der Grundsatz, wonach die allgemeinen datenschutzrechtlichen Vorschriften gelten, wird von der Ausnahmeklausel des § 9 Abs. 2 S. 2 Hs. 2 WRegG („soweit dieses Gesetz oder die aufgrund dieses Gesetzes erlassene Rechtsverordnung keine besondere Regelung enthält") durchbrochen. Somit gehen die besonderen Regelungen in WRegG und WRegV dem allgemeinen Datenschutzrecht vor. **25**

Besondere datenschutzrechtliche Regelungen finden sich in **§ 6 Abs. 4 und 7 WRegG**. Nach § 6 Abs. 4 WRegG dürfen Auskünfte aus dem Wettbewerbsregister nur den Bediensteten zur Kenntnis gebracht werden, die mit der Entgegennahme der Auskunft oder mit der Bearbeitung des Vergabeverfahrens betraut sind. Diese Einschränkung ist aus Gründen des Datenschutzes normiert,[48] sodass die Regelung datenschutzrechtlichen Charakter hat. § 6 Abs. 7 S. 1 WRegG bestimmt, dass die im Rahmen der Registerabfrage nach § 6 Abs. 3 und 6 WRegG an Auftraggeber und die nach § 8 Abs. 4 S. 5 WRegG im Zusammenhang mit einem Löschungsantrag übermittelten Daten vertraulich sind und vom Auftraggeber nur für Vergabeentscheidungen genutzt werden dürfen. Hierin liegt eine *„klare Zweckbindung der übermittelten Daten als verwaltungsinternes Hilfsmittel"*.[49] Die Daten sollen *„lediglich der Unterstützung der Entscheidung der Vergabestelle im Rahmen eines Vergabeverfahrens über den Ausschluss eines Unternehmens"* dienen. Um eine anderweitige Nutzung zu unterbinden,[50] **26**

46 Beschluss des Bundesrates, WRegV, BR-Drs. 74/21 (Beschluss), 2.
47 Gesetzesbegründung zu § 9 WRegG, Gesetz zur Einführung eines Wettbewerbsregisters und zur Änderung des Gesetzes gegen Wettbewerbsbeschränkungen, BT-Drs. 18/12051, 33 f.
48 Gesetzesbegründung zu § 9 WRegG, Gesetz zur Einführung eines Wettbewerbsregisters und zur Änderung des Gesetzes gegen Wettbewerbsbeschränkungen, BT-Drs. 18/12051, 31.
49 Gesetzesbegründung zu § 6 WRegG, Gesetz zur Einführung eines Wettbewerbsregisters und zur Änderung des Gesetzes gegen Wettbewerbsbeschränkungen, BT-Drs. 18/12051, 31.
50 Gesetzesbegründung zu § 6 WRegG, Gesetz zur Einführung eines Wettbewerbsregisters und zur Änderung des Gesetzes gegen Wettbewerbsbeschränkungen, BT-Drs. 18/12051, 31.

sind die Daten nach Ablauf der rechtlich vorgesehenen Aufbewahrungsfristen zu löschen (§ 6 Abs. 7 S. 2 WRegG).

27 Die WRegV enthält in Abschnitt 4 (Datenschutz und Protokollierung) in Gestalt des **§ 12 Abs. 1 WRegV** eine bereichsspezifische Regelung zum Datenschutz. Danach müssen bei Datenübermittlungen an oder durch die Registerbehörde die Daten vor einem unbefugten Zugriff Dritter geschützt sein. Hieraus ergibt sich die zwingende Verpflichtung, den Schutz von Daten, welche die Behörde an externe Nutzer übermittelt oder von externen Nutzern an sie übermittelt werden, vor dem unbefugten Zugriff Dritter sicherzustellen.[51] Dabei geht es insbesondere um Maßnahmen organisatorischer, personeller oder IT-technischer Natur.[52] Außerdem sind auch insoweit die allgemeinen datenschutzrechtlichen Regelungen zu beachten.[53]

D. Rechtsschutz

28 Zwar dient § 9 Abs. 2 S. 2 WRegG dem Schutz von personenbezogenen Daten. Die Norm hat aber nur deklaratorische Bedeutung, indem sie klarstellt, dass für die Verarbeitung solcher Daten die allgemeinen datenschutzrechtlichen Vorschriften gelten. Falls die Registerbehörde im Einzelfall gegen derartige Vorschriften verstößt, stellt sich die Frage nach dem Rechtsschutz. Nach § 11 Abs. 1 S. 1 WRegG ist gegen Entscheidungen der Registerbehörde die Beschwerde zulässig, wobei insoweit bestimmte GWB-Normen, u.a. § 73 Abs. 1 GWB, anwendbar sind (§ 11 Abs. 1 S. 2 WRegG). Im Einzelfall – je nach Fallkonstellation – kann bei einem Verstoß der Registerbehörde gegen datenschutzrechtliche Vorschriften, abhängig von der Norm, gegen die verstoßen wird, und der Art der Rechtsverletzung, Anfechtungs- bzw. Verpflichtungsbeschwerde in Betracht kommen, soweit es sich um eine Maßnahme mit Verwaltungsaktqualität handelt bzw. eine solche erstrebt wird. Bei Rechtsbeeinträchtigungen durch sonstiges Verwaltungshandeln wäre eine allgemeine Leistungsbeschwerde in Erwägung zu ziehen. Es ist anerkannt, dass außerhalb der in § 73 GWB ausdrücklich geregelten Anfechtungs- und Verpflichtungsbeschwerde die Möglichkeit einer allgemeinen Leistungsbeschwerde besteht, deren Gegenstand nicht eine Verfügung, sondern ein schlicht-hoheitliches Verwaltungshandeln ist.[54]

Anlage

Gesetzesbegründung – Gesetz zur Einführung eines Wettbewerbsregisters und zur Änderung des Gesetzes gegen Wettbewerbsbeschränkungen (BT-Drs. 18/12051)

Seite 33

Absatz 1 setzt den Grundsatz der elektronischen Kommunikation im Vergabeverfahren für das Registerverfahren fort, um den Bürokratieaufwand zu reduzieren. Die Melde- und Abfragepflichten hinsichtlich des Registers und die Kommunikation zwischen den Behörden sowie die Kommunikation zwischen der Registerbehörde und den Unternehmen sind daher so einfach wie möglich und in der Regel durch Einsatz elektronischer Kommunikationsmittel auszugestalten. Das Register selbst wird als elektronische Datenbank geführt. Die Abfrage durch Auftraggeber soll grundsätzlich in einem automatisierten Abrufverfahren erfolgen. Die Datenübermittlung soll grundsätzlich am gleichen Tag wie die Abfrage erfolgen. Im Hinblick auf den Datenschutz wird ausdrücklich klargestellt, dass für die Verarbeitung personenbezogener Daten die allgemeinen datenschutzrechtlichen Vorschriften

Seite 34

gelten, soweit dieses Gesetz oder die auf Grund von § 10 erlassene Rechtsverordnung keine besondere Regelung enthält.

51 Verordnungsbegründung zu § 12 WRegV, BR-Drs. 74/21, 22.
52 Verordnungsbegründung zu § 12 WRegV, BR-Drs. 74/21, 22.
53 Verordnungsbegründung zu § 12 WRegV, BR-Drs. 74/21, 22.
54 *Bechtold/Bosch*, in: Bechtold/Bosch, GWB, § 63 Rn. 13; *Lembach*, in: Langen/Bunte, Kartellrecht, Band 1, § 63 GWB Rn. 48.

§ 10 WRegG
Verordnungsermächtigung

Die Bundesregierung erlässt mit Zustimmung des Bundesrates eine Rechtsverordnung, um Folgendes zu regeln:

1. **die technischen und organisatorischen Voraussetzungen für**
   a) **die Speicherung von Daten im Wettbewerbsregister,**
   b) **die Übermittlung von Daten an die Registerbehörde oder an Auftraggeber einschließlich des automatisierten Abrufverfahrens und**
   c) **die Kommunikation mit Unternehmen und natürlichen Personen, jeweils einschließlich Regelungen zur Identifizierung und Authentifizierung, sowie mit Stellen, die ein amtliches Verzeichnis führen, das den Anforderungen des Artikels 64 der Richtlinie 2014/24/EU entspricht,**
2. **die erforderlichen datenschutzrechtlichen Vorgaben für die elektronische Kommunikation mit der Registerbehörde,**
3. **Inhalt und Umfang der Daten nach § 3 Absatz 1 und der Mitteilung nach § 6 Absatz 3,**
4. **ein von den Unternehmen zu verwendendes Standardformular für die Mitteilung nach § 3 Absatz 2,**
5. **Anforderungen an den Inhalt der Mitteilung nach § 4 einschließlich eines von den mitteilungspflichtigen Stellen zu verwendenden Standardformulars sowie die Einzelheiten des Eintragungsverfahrens,**
6. **nähere Bestimmungen zu den ergänzenden Informationen gemäß § 6 Absatz 6 Satz 1,**
7. **Anforderungen an vom Antragsteller vorzulegende geeignete Gutachten und Unterlagen nach § 8 Absatz 2 Satz 3 Nummer 2, insbesondere auch an die Zulassung von Systemen unabhängiger Stellen durch die Registerbehörde, mit denen geeignete Vorsorgemaßnahmen zur Verhinderung zukünftiger Verfehlungen für die Zwecke des Vergabeverfahrens belegt werden können und**
8. **den Gebührensatz und die Erhebung der Gebühr vom Kostenschuldner bei Erteilung der Auskunft nach § 5 Absatz 2 Satz 1 sowie die Erstattung von Auslagen.**

Übersicht

	Rn.
A. Allgemeines	1
I. Unionsrechtlicher Hintergrund	2
II. Historie	3
B. Regelungsgegenstände der Verordnungsermächtigung	4
I. Technische und organisatorische Voraussetzungen (Nr. 1)	5
1. Speicherung von Daten (lit. a)	5
2. Datenübermittlung und automatisiertes Abrufverfahren (lit. b)	7
3. Kommunikation mit Unternehmen, Privatpersonen und Registern (lit. c)	9
II. Datenschutzrechtliche Vorgaben (Nr. 2)	11
III. Inhalt und Umfang von Daten und Mitteilungen (Nr. 3)	13
IV. Standardformular (Nr. 4)	15
V. Inhalt der Mitteilung nach § 4 WRegG (Nr. 5)	17
VI. Ergänzende Informationen (Nr. 6)	19
VII. Anforderungen an Gutachten (Nr. 7)	21
VIII. Gebühren und Auslagen (Nr. 8)	23
Anlagen	
Gesetzesbegründungen	

A. Allgemeines

1 § 10 WRegG enthält die Verordnungsermächtigung zum Wettbewerbsregister. Diese Vorschrift ermächtigt die Bundesregierung, durch Rechtsverordnung – mit Zustimmung des Bundesrates – die Einzelheiten zu den technischen Voraussetzungen des Wettbewerbsregisters,

zur Kommunikation mit der Registerbehörde und zu den anfallenden Gebühren und Auslagen zu regeln.

I. Unionsrechtlicher Hintergrund

2 Das Wettbewerbsregistergesetz beruht nicht auf europäischer Rechtsetzung. Die Verordnungsermächtigung lässt sich dementsprechend nicht auf eine bestimmte unionsrechtliche Norm zurückführen.

II. Historie

3 Die Verordnungsermächtigung wurde erstmalig durch § 10 WRegG eingeführt. Mit Art. 10 Nr. 6 GWB-DigitalisierungsG[1] wurden Ergänzungen in § 10 Nr. 1 lit. c WRegG[2] sowie die gesamte Regelung des § 10 Nr. 8 WRegG[3] aufgenommen.

B. Regelungsgegenstände der Verordnungsermächtigung

4 § 10 WRegG enthält – im Gegensatz zu beispielsweise § 113 S. 1 und 2 GWB – keine übermäßig komplexe Regelungsstruktur. Die Einhaltung des Bestimmtheitsgebots gemäß Art. 80 Abs. 1 S. 2 GG[4] steht nicht ernsthaft in Zweifel.

I. Technische und organisatorische Voraussetzungen (Nr. 1)

1. Speicherung von Daten (lit. a)

5 § 10 Nr. 1 lit. a WRegG ermächtigt die Bundesregierung, in der Rechtsverordnung die technischen und organisatorischen Voraussetzungen für die Speicherung von Daten im Wettbewerbsregister zu regeln.

6 Für die Speicherung von Daten im Wettbewerbsregister werden seitens des Verordnungsgebers der **WRegV** keine Regelungen über die technischen und organisatorischen Voraussetzungen gemacht. Es verbleibt damit bei den allgemeinen Regelungen zur sicheren Speicherung von Daten und zu dem Schutz der Daten vor unbefugter Veränderung.

2. Datenübermittlung und automatisiertes Abrufverfahren (lit. b)

7 § 10 Nr. 1 lit. b WRegG normiert die Ermächtigung der Bundesregierung, in der Rechtsverordnung die Übermittlung von Daten an die Registerbehörde oder an Auftraggeber einschließlich des automatisierten Abrufverfahrens zu regeln.

8 Die Regelungen für die technischen und organisatorischen Voraussetzungen zur Datenübermittlung und zum automatisierten Abrufverfahren finden sich in den §§ 1 bis 5 **WRegV**. Dabei regelt § 1 WRegV die allgemeinen Grundsätze der Datenübermittlung, während § 2 WRegV auf die Datenübermittlung mittels eines eingerichteten Online-Portals (www.wettbewerbsregister.de) durch die Registerbehörde eingeht. § 3 WRegV wiederum bietet die Möglichkeit der

1 BGBl. 2021 I S. 2.
2 Gesetzesbegründung zu Art. 7 Nr. 6 lit. a GWB-Digitalisierungsgesetz, BT-Drs. 19/23492, 146: *„Der geltende § 10 Nummer 1 Buchstabe c enthält eine Ermächtigung zum Erlass einer Rechtsverordnung, um die technischen und organisatorischen Voraussetzungen für die Kommunikation der Registerbehörde mit Unternehmen und Stellen, die ein amtliches Verzeichnis nach Artikel 64 der Richtlinie 2014/24/EU führen, zu regeln. Durch die Ergänzung wird die Grundlage dafür geschaffen, in der Rechtsverordnung auch entsprechende Voraussetzungen für die Kommunikation mit natürlichen Personen zu regeln, einschließlich der erforderlichen Regelungen für die Identifizierung und die Authentifizierung."*
3 Gesetzesbegründung zu Art. 7 Nr. 6 lit. d GWB-Digitalisierungsgesetz, BT-Drs. 19/23492, 146: *„Die neue Nummer 8 sieht vor, dass in der Verordnung auch der Gebührensatz und die Erhebung der Gebühr vom Kostenschuldner bei der Erteilung der Auskunft nach § 5 Absatz 2 Satz 1 geregelt werden kann, ebenso wie die Erstattung von Auslagen."*
4 Zu den verfassungsrechtlichen Voraussetzungen siehe *Hirsch* in § 113 GWB Rn. 11 ff.

Einrichtung einer amtlichen Schnittstelle und regelt deren besondere Anforderungen für die automatisierte Kommunikation und den Datenaustausch durch die Registerbehörde mit anderen öffentlichen Einrichtungen. Demgegenüber regelt § 4 WRegV die Pflichten der öffentlichen Einrichtungen, die diese bei der Übermittlung von Mitteilungen und Daten an die Registerbehörde zu beachten haben. Diese sollen grundsätzliche das Online-Portal oder die amtliche Schnittstelle verwenden. § 5 WRegV schließlich regelt die elektronische Abfrage von Daten durch öffentliche Auftraggeber zur Nutzung in einem Vergabeverfahren. Auch hierfür sollen grundsätzlich das Portal und die amtliche Schnittstelle genutzt werden, wobei Auftraggeber nach § 99 Nr. 4 GWB von der Nutzung der amtlichen Schnittstelle für Abfragen ausgeschlossen sind.

3. Kommunikation mit Unternehmen, Privatpersonen und Registern (lit. c)

§ 10 Nr. 1 lit. c WRegG enthält die Ermächtigung der Bundesregierung, in der Rechtsverordnung die Kommunikation mit Unternehmen und natürlichen Personen, jeweils einschließlich Regelungen zur Identifizierung und Authentifizierung, sowie mit Stellen, die ein amtliches Verzeichnis führen, das den Anforderungen des Art. 64 RL 2014/24/EU entspricht, zu regeln. **9**

Die Regelungen für die technischen und organisatorischen Voraussetzungen der Kommunikation mit Unternehmen und Registern finden sich in den §§ 2, 6 und 7 **WRegV**. § 2 Abs. 2 S. 2 Nr. 3 und 4 WRegV regeln die grundsätzlich für den Portalzugang bereitzustellenden Informationen. § 6 WRegV regelt die Voraussetzungen der Datenabfrage durch andere Register an die Registerbehörde. § 7 WRegV schließlich regelt die Kommunikation der Registerbehörde mit Unternehmen. Regelungen zur Kommunikation mit Privatpersonen finden sich in der WRegV dagegen nicht. **10**

II. Datenschutzrechtliche Vorgaben (Nr. 2)

Nach § 10 Nr. 2 WRegG werden in der Rechtsverordnung die erforderlichen datenschutzrechtlichen Vorgaben für die elektronische Kommunikation mit der Registerbehörde geregelt. **11**

Die erforderlichen datenschutzrechtlichen Regelungen für die Kommunikation mit der Registerbehörde finden sich in den §§ 12 und 13 **WRegV**. Dabei regelt § 12 WRegV eine datenschutzrechtliche Selbstverständlichkeit, indem festgehalten wird, dass bei der Übertragung von Daten an und von der Registerbehörde diese vor einem unbefugten Zugriff geschützt sein müssen. § 13 WRegV demgegenüber regelt inhaltlich die automatisierte Protokollierung der Datenzugriffe mittels der amtlichen Schnittstelle, wozu diese Protokolle dienen und wann sie zu löschen sind, sowie welche Stellen Zugriff auf diese Protokolle haben. Nur § 13 WRegV enthält damit über die Regelung des § 9 Abs. 2 S. 2 WRegG hinausgehende Regelungen, auch wenn die Abweichungen von den allgemeinen datenschutzrechtlichen Vorschriften nur minimal ausfallen. Diese Abweichungen sind auch zulässig, da sonst die Aufnahme des § 10 Nr. 2 WRegG gegenüber dem § 9 Abs. 2 S. 2 WRegG keinen Sinn ergeben würde.[5] **12**

III. Inhalt und Umfang von Daten und Mitteilungen (Nr. 3)

§ 10 Nr. 3 WRegG ermächtigt die Bundesregierung, in der Rechtsverordnung den Inhalt und den Umfang der Daten nach § 3 Abs. 1 WRegG und der Mitteilung nach § 6 Abs. 3 WRegG zu regeln. **13**

Inhalt und Umfang der Daten nach § 3 Abs. 1 WRegG werden in § 4 Abs. 2 und 4 **WRegV** konkretisiert. Über die in § 3 Abs. 1 WRegG geregelten Daten hinaus muss die mitteilende Behörde auch das die Eintragung anordnende Gericht, die einzutragende Tat und eine gegebenenfalls erfolgte Zurechnung der Tat einer Einzelperson an das Unternehmen ab der in § 12 Abs. 1 WRegG vorgesehenen Bekanntmachung mitteilen. Regelungen über den Inhalt und Umfang der Mitteilung nach § 6 Abs. 3 WRegG finden sich dagegen nicht. **14**

5 *Soudry*, in: Gabriel/Krohn/Neun, Handbuch Vergaberecht, § 81 Rn. 166.

IV. Standardformular (Nr. 4)

15 § 10 Nr. 4 WRegG enthält die Ermächtigung der Bundesregierung, in der Rechtsverordnung ein von den Unternehmen zu verwendendes Standardformular für die Mitteilung nach § 3 Abs. 2 WRegG zu regeln. Teilt ein Unternehmen nach seiner Eintragung in das Wettbewerbsregister der Registerbehörde mit, dass es Maßnahmen zur Selbstreinigung im Sinne des § 123 Abs. 4 S. 2 oder des § 125 GWB nachweisen kann, speichert die Registerbehörde entsprechend § 3 Abs. 2 WRegG die übermittelten Daten im Wettbewerbsregister.

16 Regelungen über das für die Mitteilung von Selbstreinigungsmaßnahmen zu nutzende Standardformular finden sich in § 10 **WRegV**. Danach müssen Unternehmen für solche Mitteilungen das auf der Homepage des Registers veröffentlichte Standardformular nutzen und dieses elektronisch übermitteln, wobei durch die Registerbehörde Einschränkungen für den zulässigen Umfang der Daten gemacht werden können. Die übermittelten Daten sind von der Registerbehörde ungeprüft zum Eintrag zu nehmen und zusammen mit dem Eintrag zu löschen.

V. Inhalt der Mitteilung nach § 4 WRegG (Nr. 5)

17 Nach § 10 Nr. 5 WRegG werden in der Rechtsverordnung die Anforderungen an den Inhalt der Mitteilung nach § 4 WRegG einschließlich eines von den mitteilungspflichtigen Stellen zu verwendenden Standardformulars sowie die Einzelheiten des Eintragungsverfahrens geregelt.

18 Die Anforderungen an den Inhalt der Mitteilung nach § 4 WRegG werden in § 4 Abs. 2 und 4 **WRegV** konkretisiert.[6] Das zu nutzende Standardformular wird entsprechend § 14 Nr. 4 WRegV durch die Registerbehörde auf ihrer Homepage festgelegt. Weitere Einzelheiten des Eintragungsverfahrens über die in diesem Gesetz vorgesehenen Regelungen hinaus finden sich nicht.

VI. Ergänzende Informationen (Nr. 6)

19 Nach § 6 Abs. 6 S. 1 WRegG können Auftraggeber von den Strafverfolgungsbehörden oder den zur Verfolgung von Ordnungswidrigkeiten berufenen Behörden ergänzende Informationen anfordern, soweit diese nach Einschätzung der Auftraggeber für die Vergabeentscheidung erforderlich sind. § 10 Nr. 6 WRegG ermächtigt die Bundesregierung, in der Rechtsverordnung nähere Bestimmungen zu den ergänzenden Informationen gemäß § 6 Abs. 6 S. 1 WRegG zu regeln.

20 Regelungen über ergänzende Informationen finden sich in § 9 **WRegV**. Danach obliegt deren Erteilung in Art und Umfang dem pflichtgemäßen Ermessen der Registerbehörde, welches nach Maßgabe von § 32b StPO und zu Zwecken des Straf- und Ordnungswidrigkeitenverfahrens beschränkt sein kann.

VII. Anforderungen an Gutachten (Nr. 7)

21 Ist ein Unternehmen in das Wettbewerbsregister eingetragen worden, so kann es nach § 8 Abs. 1 S. 1 WRegG bei der Registerbehörde beantragen, dass die Eintragung wegen Selbstreinigung vor Ablauf der Löschungsfrist nach § 7 Abs. 1 WRegG aus dem Wettbewerbsregister gelöscht wird. Die Registerbehörde kann dabei nach § 8 Abs. 2 S. 3 Nr. 2 WRegG von dem Antragsteller verlangen, dass er ihr Gutachten oder andere Unterlagen vorlegt, die zur Bewertung der Selbstreinigungsmaßnahmen geeignet sind. Nach § 10 Nr. 7 WRegG werden in der Rechtsverordnung die Anforderungen an vom Antragsteller vorzulegende geeignete Gutachten und Unterlagen nach § 8 Abs. 2 S. 3 Nr. 2 WRegG festgelegt, insbesondere auch an die Zulassung von Systemen unabhängiger Stellen durch die Registerbehörde, mit denen geeig-

6 Siehe oben Rn. 15.

nete Vorsorgemaßnahmen zur Verhinderung zukünftiger Verfehlungen für die Zwecke des Vergabeverfahrens belegt werden können.

22 Regelungen über Gutachten und geeignete Unterlagen zur Bewertung von Selbstreinigungsmaßnahmen finden sich in § 11 **WRegV**. Danach steht es im Ermessen der Registerbehörde, ob, zu welchen Punkten und in welcher Frist sie ein Gutachten zur Bewertung der Selbstreinigungsmaßnahmen anfordert. Das Gutachten muss objektiv nachvollziehbar den Untersuchungsgegenstand, die verwandten Methoden und das Ergebnis darlegen, wobei alle genutzten Unterlagen und Dokumente beizufügen sind. Die Auswahl des konkreten Gutachters obliegt dabei dem Unternehmen. Der Gutachter muss sachkundig und unabhängig sein, wobei der Registerbehörde das Recht zusteht, den ausgewählten Gutachter abzulehnen, wenn diese Voraussetzungen nicht erfüllt werden.

VIII. Gebühren und Auslagen (Nr. 8)

23 Auf Antrag erteilt die Registerbehörde nach § 5 Abs. 2 S. 1 WRegG den Unternehmen oder natürlichen Personen Auskunft über den sie betreffenden Inhalt des Wettbewerbsregisters. Die Rechtsverordnung regelt nach § 10 Nr. 8 WRegG den Gebührensatz und die Erhebung der Gebühr vom Kostenschuldner bei Erteilung der Auskunft nach § 5 Abs. 2 S. 1 WRegG sowie die Erstattung von Auslagen.

24 Der Gebührensatz für die Erteilung von Selbstauskünften ist in § 8 **WRegV** geregelt und beträgt entsprechend § 8 Abs. 2 S. 1 WRegV 20,00 Euro. Die Erteilung der Selbstauskunft unterliegt dabei bestimmten Voraussetzungen und kann von der Registerbehörde von der Leistung der Gebühr abhängig gemacht werden. Eine Erstattung von Auslagen ist in der WRegV nicht vorgesehen.

Anlagen

Gesetzesbegründung – GWB-Digitalisierungsgesetz (BT-Drs. 19/23492)

Seite 146

Der geltende § 10 Nummer 1 Buchstabe c enthält eine Ermächtigung zum Erlass einer Rechtsverordnung, um die technischen und organisatorischen Voraussetzungen für die Kommunikation der Registerbehörde mit Unternehmen und Stellen, die ein amtliches Verzeichnis nach Artikel 64 der Richtlinie 2014/24/EU führen, zu regeln. Durch die Ergänzung wird die Grundlage dafür geschaffen, in der Rechtsverordnung auch entsprechende Voraussetzungen für die Kommunikation mit natürlichen Personen zu regeln, einschließlich der erforderlichen Regelungen für die Identifizierung und die Authentifizierung. […]

Die neue Nummer 8 sieht vor, dass in der Verordnung auch der Gebührensatz und die Erhebung der Gebühr vom Kostenschuldner bei der Erteilung der Auskunft nach § 5 Absatz 2 Satz 1 geregelt werden kann, ebenso wie die Erstattung von Auslagen.

Gesetzesbegründung – Gesetz zur Einführung eines Wettbewerbsregisters und zur Änderung des Gesetzes gegen Wettbewerbsbeschränkungen (BT-Drs. 18/12051)

Seite 34

§ 10 verpflichtet die Bundesregierung, eine Rechtsverordnung zu erlassen, mit der die Einzelheiten der technischen und organisatorischen Voraussetzungen für die Datenspeicherung und -übermittlung sowie die Kommunikation mit Unternehmen, die erforderlichen datenschutzrechtlichen Vorgaben, der Inhalt und Umfang der Meldung nach § 3 Absatz 1 Nummer 5 Buchstabe d (Funktion, Position oder Eigenschaft des Betroffenen, der für die Leitung des Unternehmens gehandelt hat), das Standardformular, das von den Unternehmen nach § 3 Absatz 2 für Mitteilungen von Selbstreinigungsmaßnahmen zu verwenden ist und die näheren Anforderungen an den Inhalt der Mitteilung nach § 4 einschließlich eines von den mitteilungspflichtigen Stellen zu verwendenden Standardformulars geregelt werden. Darüber hinaus sind in der Rechtsverordnung auch die näheren Anforderungen an vom Antragsteller vorzulegende geeignete Gutachten und Unterlagen nach § 8 Absatz 2 Satz 3 Nummer 2 zu regeln.

In der Rechtsverordnung sind ferner grundsätzliche Anforderungen an den Nachweis der Selbstreinigungsvoraussetzungen nach § 125 GWB, insbesondere in Hinblick auf die Voraussetzungen des § 125 Absatz 1 Satz 1 Nummer 1 bis 3 vorzugeben. Die Registerbehörde kann ermächtigt werden, Systeme unabhängiger Stellen zuzulassen, mit denen geeignete Vorsorgemaßnahmen zur Verhinderung zukünftiger Verfehlungen für die Zwecke des Vergabeverfahrens belegt werden können (Zertifizierung). Es können aber beispielweise auch grundsätzliche Anforderungen an den Nachweis der Schadenswiedergutmachung geregelt werden. Einzelheiten zu den Anforderungen an den Nachweis von Selbstreinigungsmaßnahmen und insbesondere auch zu einem Zertifizierungssystem werden in den Leitlinien nach § 8 Absatz 5 festgelegt.

§ 11 WRegG
Rechtsweg

(1) Gegen Entscheidungen der Registerbehörde ist die Beschwerde zulässig. § 63 Absatz 1 Nummer 1 und 2, die §§ 64, 69, 70 Absatz 1 und 2, die §§ 71 bis 73 Absatz 1 Satz 2, Absatz 2 Satz 1 in Verbindung mit § 54 Absatz 2 Nummer 1 und 2, § 73 Absatz 3 und 4 Satz 1 erster Halbsatz und Satz 2, die §§ 74, 75 Absatz 1 bis 3, § 76 Absatz 1 Satz 1 und 2, Absatz 2 und 4 bis 6 sowie § 171 Absatz 3 des Gesetzes gegen Wettbewerbsbeschränkungen sind entsprechend anzuwenden, soweit nichts anderes bestimmt ist.

(2) Das Beschwerdegericht entscheidet durch eines seiner Mitglieder als Einzelrichter. Der Einzelrichter überträgt das Verfahren dem Beschwerdegericht zur Entscheidung in der im Gerichtsverfassungsgesetz vorgeschriebenen Besetzung, wenn

1. die Sache besondere Schwierigkeiten tatsächlicher oder rechtlicher Art aufweist oder

2. die Rechtssache grundsätzliche Bedeutung hat.

Eine Rückübertragung auf den Einzelrichter ist ausgeschlossen.

(3) Die Entscheidung über die Beschwerde kann ohne mündliche Verhandlung ergehen, es sei denn, ein Beteiligter beantragt, eine mündliche Verhandlung durchzuführen. § 65 Absatz 2 des Gesetzes gegen Wettbewerbsbeschränkungen ist entsprechend anzuwenden.

Übersicht Rn.

A. Allgemeines ... 1
I. Unionsrechtlicher Hintergrund ... 2
II. Historie ... 3
B. Beschwerde (Abs. 1) ... 4
I. Statthaftigkeit (S. 1) ... 4
II. Verfahrensvorschriften (S. 2) ... 7
C. Besetzung des Beschwerdegerichts (Abs. 2) ... 16
D. Mündliche Verhandlung (Abs. 3) ... 17
E. Wirkung der Erhebung einer Beschwerde ... 19
F. Rechtsschutz gegen Entscheidung des Beschwerdegerichts ... 22
Anlage
Gesetzesbegründung

A. Allgemeines

§ 11 WRegG enthält die abschließende Regelung über den Rechtsweg gegen Entscheidungen der Registerbehörde. 1

I. Unionsrechtlicher Hintergrund

Das Wettbewerbsregistergesetz beruht nicht auf europäischer Rechtsetzung. Die Regelung über den Rechtsweg lässt sich dementsprechend nicht auf eine bestimmte unionsrechtliche Norm zurückführen. 2

II. Historie

Die Regelung über den Rechtsweg wurde erstmalig mit Art. 1 § 11 des Gesetzes zur Einführung eines Wettbewerbsregistergesetzes und zur Änderung des Gesetzes gegen Wettbewerbsbeschränkungen vom 18. Juli 2017[1] eingeführt. Mit Art. 10 Nr. 7 des GWB-Digitalisierungsgesetzes vom 18. Januar 2021[2] wurde § 11 Abs. 1 S. 2 WRegG neu gefasst und hierdurch die Verweise aktualisiert. 3

1 BGBl. I 2017 S. 2739.
2 BGBl. I 2017 S. 2.

B. Beschwerde (Abs. 1)

I. Statthaftigkeit (S. 1)

4 Einziges Rechtsmittel gegen Entscheidungen der Registerbehörde ist gemäß § 11 Abs. 1 S. 1 WRegG die Beschwerde. Ein Widerspruch oder gar eine Anfechtungsklage gegen die Eintragung eines Unternehmens ist schon von Beginn an unzulässig,[3] da es sich bei der Eintragung nicht um einen Verwaltungsakt, sondern um einen Realakt handelt.[4] Zwar wären im Fall des Realaktes grundsätzlich eine Allgemeine Leistungsklage bzw. eine Feststellungsklage möglich, diese sind jedoch aufgrund der abdrängenden Sonderzuweisung ebenfalls ausgeschlossen.

5 Für alle Entscheidungen öffentlicher Behörden stehen grundsätzlich die Rechtsbehelfe der VwGO im Rahmen des Verwaltungsrechtswegs zur Verfügung, soweit nicht eine andere Gerichtsbarkeit explizit für zuständig erklärt wurde. Eine solche explizite Zuständigkeitserklärung einer anderen Gerichtsbarkeit (**Abdrängende Sonderzuweisung**) enthält § 11 Abs. 1 S. 2 WRegG, indem er § 73 Abs. 4 S. 1 Hs. 1 GWB als auch § 171 Abs. 3 GWB für entsprechend anwendbar erklärt. Der Gesetzgeber versprach sich von der Einführung einer solchen abdrängenden Sonderzuweisung die Nutzbarmachung der besonderen Expertise der Vergabesenate der Oberlandesgerichte.[5]

6 Die **rechtspolitische Frage**, ob die abdrängende Sonderzuweisung an die Oberlandesgerichte sachgerecht ist, wurde bereits im Gesetzgebungsverfahren durch den Bundesrat im Rahmen der Stellungnahme[6] erhoben. Der Bundesrat führte unter Verweis auf die bestehenden Korruptionsregister der Länder dabei aus, dass Rechtsstreitigkeiten über dortige Eintragungen auf dem Verwaltungsrechtsweg ausgetragen würden. Die Einrichtung und Führung eines Wettbewerbsregisters sei aus dem Vergaberecht und Vergabeverfahren herausgelöst, wie das OVG Berlin-Brandenburg[7] überzeugend dargelegt habe, da die Registerbehörde keine Entscheidung über den Ausschluss von Unternehmen von der Teilnahme an Vergabeverfahren treffe.[8] Denn der Anspruch auf Löschung einer Eintragung richte sich nicht gegen den öffentlichen Auftraggeber, sondern vielmehr gegen die Registerbehörde. Die Eintragung in das Register berühre die Schutzbereiche der Art. 12 und 3 GG sowie das Recht auf informationelle Selbstbestimmung, weswegen es für die Gewährung effektiven Rechtsschutzes nicht auf eine besondere Expertise im Vergaberecht, sondern vielmehr auf Expertise im Bereich des Schutzes der Grundrechte ankomme, was bei der Verwaltungsgerichtsbarkeit in besonderem Maße vorhanden sei.[9] Die Bundesregierung sah in ihrer Gegenäußerung[10] keinen Bedarf für eine weitere Prüfung der Frage des Rechtswegs. Der Gesetzentwurf sehe nach intensiven Diskussionen im Vorfeld bewusst eine abdrängende Sonderzuweisung vor, was auch Forderungen aus dem Kreis der Länder im Rahmen der Beteiligung nach § 47 GGO entspreche.[11] Bei einer Zuständigkeit der Verwaltungsgerichte entstehe ein Risiko widerstreitender Entscheidungen in Hinblick auf die vergaberechtlichen Selbstreinigungsmaßnahmen, was zu einer Zersplitterung des Rechtsschutzes gegen Entscheidungen des Bundeskartellamtes führen könne. Um dies zu

3 *Soudry*, in: Gabriel/Krohn/Neun, Handbuch Vergaberecht, § 81 Rn 148.

4 Gesetzesbegründung zu § 4 WRegG, Gesetz zur Einführung eines Wettbewerbsregisters und zur Änderung des Gesetzes gegen Wettbewerbsbeschränkungen, BT-Drs. 18/12051, 29.

5 Gesetzesbegründung zu § 11 WRegG, Gesetz zur Einführung eines Wettbewerbsregisters und zur Änderung des Gesetzes gegen Wettbewerbsbeschränkungen, BT-Drs. 18/12051, 34.

6 Stellungnahme des Bundesrates zu § 11 WRegG, Gesetz zur Einführung eines Wettbewerbsregisters und zur Änderung des Gesetzes gegen Wettbewerbsbeschränkungen, BT-Drs. 18/12497, 3.

7 OVG Berlin-Brandenburg, Beschluss v. 23.7.2008 – OVG 1 L 54.08, GewArch 2008, 450 (451).

8 Begründung zur Stellungnahme des Bundesrates zu § 11 WRegG, BT-Drs. 18/12497, 4.

9 Begründung zur Stellungnahme des Bundesrates zu § 11 WRegG, BT-Drs. 18/12497, 4, unter Zueigenmachung der entsprechenden Ausführungen des OVG Berlin-Brandenburg, Beschluss v. 23.7.2008 – OVG 1 L 54.08, GewArch 2008, 450 (451).

10 Gegenäußerung zur Stellungnahme des Bundesrates zu § 11 WRegG, Gesetz zur Einführung eines Wettbewerbsregisters und zur Änderung des Gesetzes gegen Wettbewerbsbeschränkungen, BT-Drs. 18/12497, 5.

11 Gegenäußerung zur Stellungnahme des Bundesrates zu § 11 WRegG, Gesetz zur Einführung eines Wettbewerbsregisters und zur Änderung des Gesetzes gegen Wettbewerbsbeschränkungen, BT-Drs. 18/12497, 5.

vermeiden sei die Sonderzuweisung sachgerecht.[12] Der Gesetzgeber hat sich in dieser rechtspolitischen Diskussion zu Gunsten der abdrängenden Sonderzuweisung entschieden. In der Literatur wurde die Frage der Rechtswegzuweisung und deren Sachgerechtigkeit seit Inkrafttreten des WRegG nicht weiter erörtert. Es bleibt abzuwarten, ob eine Diskussion über die vorliegende Rechtswegzuweisung erneut geführt wird.

II. Verfahrensvorschriften (S. 2)

Für die Beschwerde werden nach § 11 Abs. 1 S. 2 WRegG der § 63 Abs. 1 Nr. 1 und 2, die §§ 64, 69, 70 Abs. 1 und 2, die §§ 71 bis 73 Abs. 1 S. 2, Abs. 2 S. 1 i.V.m. § 54 Abs. 2 Nr. 1 und 2, § 73 Abs. 3 und 4 S. 1 Hs. 1 und S. 2, die §§ 74, 75 Abs. 1 bis 3, § 76 Abs. 1 S. 1 und 2, Abs. 2 und 4 bis 6 sowie der § 171 Abs. 3 GWB für entsprechend anwendbar erklärt. 7

Das zuständige **Beschwerdegericht** ist das für den Sitz der Registerbehörde zuständige Oberlandesgericht. Dies ergibt sich aus dem Verweis sowohl auf § 73 Abs. 4 S. 1 Hs. 1 GWB als auch auf § 171 Abs. 3 S. 1 GWB. Entgegen anderer Auffassungen[13] war die Aufnahme des § 171 Abs. 3 S. 1 GWB im Gesetzgebungsverfahren in die Verweiskette zur Klarstellung der Zuständigkeit aber nicht erforderlich, da diese sich bereits aus dem zuvor in Verweis genommenen § 73 Abs. 4 S. 1 Hs. 1 GWB ergab und weiter ergibt. Demgegenüber wird durch den Verweis auf § 171 Abs. 3 S. 2 GWB klargestellt, dass innerhalb des zuständigen Oberlandesgerichts der Vergabesenat zur Entscheidung über die Beschwerden berufen ist. Registerbehörde ist gemäß § 1 Abs. 1 WRegG das Bundeskartellamt, welches seinen Sitz in Bonn hat. Zuständig für Beschwerden ist somit das OLG Düsseldorf und intern dessen Vergabesenat. 8

Die Beschwerde kann nur durch das **von einer Eintragung betroffene Unternehmen** erhoben werden. Dies ergibt sich aus den Verweisungen auf die §§ 63 Abs. 1 und 54 Abs. 2 GWB. Auftraggeber oder Mitbewerber können eine Entscheidung über die Ablehnung einer Eintragung oder die Löschung einer zuvor erfolgten Eintragung nicht im Wege der Beschwerde angreifen, da sie hiervon selbst nicht beschwert sind. Zwar wird der Wettbewerb bei der Unterlassung einer notwendigen Eintragung oder einer unberechtigten Löschung einer Eintragung eingeschränkt, der Ausschluss einer Beschwerdebefugnis Dritter ist jedoch unproblematisch. Erstens obliegt der Schutz des Wettbewerbs nicht den Einzelnen, sondern ist vielmehr als öffentliche Aufgabe dem Staat übertragen. Zweitens stellt das Unterlassen einer Abfrage an das Register durch den Auftraggeber keinen Angriffspunkt im Rahmen eines Nachprüfungsverfahrens gegen ein Vergabeverfahren dar, da die Pflicht zur Abfrage nach § 6 Abs. 1 WRegG nicht unternehmensschützend im Sinne von § 97 Abs. 6 GWB ist.[14] Folgerichtig kann bei einer unterlassenen Eintragung bzw. bei deren unberechtigter Löschung keine Beschwer eines Dritten vorliegen. 9

Die **Verfahrensbeteiligten** ergeben sich abschließend aus dem Verweis auf § 63 Abs. 1 GWB. Diese sind erstens das von der Eintragung betroffene Unternehmen und zweitens die Registerbehörde. Eine Beiladung Dritter, wie zum Beispiel eines Auftraggebers oder eines Mitbewerbers, ist nicht vorgesehen und ergibt sich auch nicht aus dem allgemeinen Verweis aus § 72 Nr. 2 GWB auf die ZPO. 10

Eine Beschwerde ist gemäß § 11 Abs. 1 S. 2 WRegG i.V.m. § 74 Abs. 1 S. 1 GWB binnen eines Monats nach Zustellung der Entscheidung der Registerbehörde bei eben dieser Registerbehörde in Schriftform zu erheben (**Beschwerdefrist**). Alternativ genügt auch ein rechtzeitiger Eingang der Beschwerde beim Beschwerdegericht zur Fristwahrung (§ 11 Abs. 1 S. 2 WRegG i.V.m. § 74 Abs. 1 S. 3 GWB). Die erhobene Beschwerde ist gemäß § 11 Abs. 1 S. 2 WRegG 11

12 Gegenäußerung zur Stellungnahme des Bundesrates zu § 11 WRegG, Gesetz zur Einführung eines Wettbewerbsregisters und zur Änderung des Gesetzes gegen Wettbewerbsbeschränkungen, BT-Drs. 18/12497, 5 f.

13 Beschlussempfehlung und Bericht des Ausschusses für Wirtschaft und Energie (9. Ausschuss), Gesetz zur Einführung eines Wettbewerbsregisters und zur Änderung des Gesetzes gegen Wettbewerbsbeschränkungen, BT-Drs. 18/12583, 11; *Soudry*, in: Gabriel/Krohn/Neun, Handbuch Vergaberecht, § 81 Rn. 149 Fn. 162.

14 Gesetzesbegründung zu § 6 WRegG, Gesetz zur Einführung eines Wettbewerbsregisters und zur Änderung des Gesetzes gegen Wettbewerbsbeschränkungen, BT-Drs. 18/12051, 31; *Pfannkuch*, ZfBR 2018, 342 (345).

i.V.m. § 74 Abs. 3 S. 1 GWB binnen zwei Monaten nach Zustellung der Entscheidung der Registerbehörde zu begründen (**Begründungsfrist**). Die Begründung muss mindestens den in § 74 Abs. 4 GWB aufgeführten Inhalt haben.

12 Das Unternehmen, welches die Beschwerde führt, muss sich in allen Angelegenheiten der Beschwerde durch einen Rechtsanwalt vertreten lassen (§ 11 Abs. 1 S. 2 WRegG i.V.m. § 64 S. 1 GWB), während demgegenüber die Registerbehörde sich auch durch ein Mitglied der Behörde vertreten lassen kann (§ 64 S. 2 GWB). Die **Postulationsfähigkeit** der Unternehmen ist hierdurch eingeschränkt, da diese sich zwingend eines Rechtsanwalts bedienen müssen, während die Behörde sich gegebenenfalls sogar durch die Person vertreten lassen kann, die die angegriffene Entscheidung getroffen hat. Ob vor dem Hintergrund der weitgehenden Gebundenheit der Entscheidung der Registerbehörde über die Eintragung und deren Inhalt wirklich ein Rechtsanwaltszwang zur Erzielung des Effekts einer vertieften juristischen Erörterung der Fragen erforderlich ist, bedarf einer weitergehenden rechtspolitischen Diskussion. Diese kann sinnvollerweise allerdings erst vertieft geführt werden, wenn praktische Erfahrungen mit Beschwerden nach § 11 WRegG vorliegen. Denn solange diese Erfahrungen nicht existieren, verbleibt die Diskussion in einer rein theoretischen Sphäre.

13 Das Beschwerdegericht ermittelt den Sachverhalt **von Amts wegen** (§ 11 Abs. 1 S. 2 WRegG i.V.m. § 75 Abs. 1 GWB). Diese bei den Zivilgerichten unübliche Regelung gilt auch bei Entscheidungen im Rechtsschutz bei Vergabesachen, womit es nur konsequent war, den Amtsermittlungsgrundsatz auch auf Entscheidungen in Wettbewerbsregistersachen auszudehnen. Zur Amtsermittlung gehört dabei gemäß § 75 Abs. 2 und 3 GWB, dass das Gericht darauf hinzuwirken hat, dass Formfehler beseitigt werden, unklare Anträge erläutert und sachdienliche Anträge gestellt werden, ungenaue Angaben ergänzt und wesentliche Erklärungen zum Sachverhalt abgegeben werden sowie Beweismittel angezeigt und vorgelegt werden. Hierfür kann das Gericht gemäß § 75 Abs. 3 S. 2 GWB Fristen setzen, bei deren Verstreichen nach Aktenlage entschieden werden kann.

14 Die Entscheidung des Beschwerdegerichts über die erhobene Beschwerde erfolgt gemäß § 11 Abs. 1 S. 2 WRegG i.V.m. § 76 Abs. 1 S. 1 GWB mittels eines **Beschlusses**. Der Beschluss erfolgt auf der freien aus der Gesamtheit des Verfahrens gewonnen Überzeugung des Gerichts, wobei gemäß § 76 Abs. 1 S. 2 GWB nur solche Tatsachen und Beweismittel gewürdigt werden dürfen, zu denen die Beteiligten sich äußern konnten. Der Beschluss ist gemäß § 76 Abs. 6 GWB zu begründen und mit einer Rechtsmittelbelehrung zu versehen, wobei letztere mangels weitergehenden Rechtsschutzes[15] faktisch darauf gerichtet sein wird, dass gegen den Beschluss kein Rechtsschutz besteht und dieser damit endgültig ist.

15 Soweit nichts Anderes geregelt ist, gelten in allen Verfahrensstadien der Beschwerde aufgrund des Verweises auf § 72 Nr. 1 GWB die Regelungen der §§ 169 bis 201 **GVG** über die Öffentlichkeit, die Sitzungspolizei, die Gerichtssprache, die Beratung und Abstimmung sowie den Rechtsschutz gegen überlange Gerichtsverfahren entsprechend. Der Verweis auf § 72 Nr. 2 GWB erklärt darüber hinaus die Regelungen der **ZPO** über die Ausschließung und Ablehnung eines Richters, über die Prozessbevollmächtigten und Beistände, über die Zustellung von Amts wegen, über die Ladungen, Termine und Fristen, über die Anordnung des persönlichen Erscheinens der Parteien, über die Verbindung mehrerer Prozesse, über die Erledigung des Zeugen- und Sachverständigenbeweises, über die sonstigen Arten des Beweisverfahrens, über die Wiedereinsetzung in den vorigen Stand gegen die Versäumung einer Frist und über den elektronischen Rechtsverkehr für entsprechend anwendbar, soweit auch in diesen Bereichen nichts anderes geregelt ist.

---

15 Siehe unten Rn. 22.

C. Besetzung des Beschwerdegerichts (Abs. 2)

Über die Beschwerde wird gemäß § 11 Abs. 2 S. 1 WRegG durch das Beschwerdegericht in der Besetzung mit einem Einzelrichter entschieden, was der Beschleunigung des Verfahrens dient.[16] Wenn die Sache besondere Schwierigkeiten tatsächlicher oder rechtlicher Art aufweist oder von grundsätzlicher Bedeutung ist, überträgt der Einzelrichter die Sache nach § 11 Abs. 2 S. 2 WRegG dem Vergabesenat in seiner regulären Besetzung nach § 122 Abs. 1 GVG zur Entscheidung (Senatsentscheidung). Über diese Übertragung entscheidet der Einzelrichter nach eigenem Ermessen, aber unter Beachtung der zu der Frage, wann eine besondere Schwierigkeit oder eine grundsätzliche Bedeutung der Sache vorliegt, ergangenen, umfangreichen Rechtsprechung und bestehenden Literatur. Besondere Schwierigkeiten rechtlicher oder tatsächlicher Art liegen vor, wenn das Verfahren Anforderungen an den Einzelrichter stellt, die deutlich über dem Durchschnitt der sonst verhandelten Fälle liegen oder die individuellen Erfahrungen des Einzelrichters deutlich übersteigen.[17] Grundsätzliche Bedeutung liegt vor, wenn die Entscheidung über die Beschwerde über eine Einzelfallentscheidung hinaus Bedeutung haben wird, das heißt zu einer Rechtsfortbildung führen kann oder der Einzelrichter von einer vorherigen Entscheidung des Senats oder eines Einzelrichters abweichen will.[18] Kommt der Senat zu der Auffassung, dass die Entscheidung zur Übertragung nicht oder nicht in dieser Form hätte getroffen werden dürfen, verbleibt es dennoch bei der Zuständigkeit des Senats zur Entscheidung über die Beschwerde. Die Rückübertragung der Entscheidung an den Einzelrichter ist in § 11 Abs. 2 S. 3 WRegG explizit ausgeschlossen. 16

D. Mündliche Verhandlung (Abs. 3)

Die Entscheidung über die Beschwerde ergeht gemäß § 11 Abs. 3 S. 1 WRegG grundsätzlich ohne mündliche Verhandlung. Zwar spricht die Regelung im ersten Satzteil davon, dass auf die mündliche Verhandlung **verzichtet** werden „kann", jedoch ist die Verwendung des Wortes „kann" im Zusammenhang mit dem angehängten zweiten Satzteil zu sehen, welcher festhält, dass der Verzicht dann unzulässig ist, wenn ein Verfahrensbeteiligter die mündliche Verhandlung beantragt. Diese Satzsystematik lässt deutlich erkennen, dass grundsätzlich auf eine mündliche Verhandlung verzichtet werden soll, soweit nicht ein Verfahrensbeteiligter eine solche Verhandlung beantragt. Dieses Ergebnis wird auch durch den Gesetzgeber bestätigt, wenn er in der Gesetzesbegründung explizit ausführt, dass *„[a]uf Antrag eines Beteiligten […] eine mündliche Verhandlung durchzuführen [ist]"*[19]. Auch dieser grundsätzliche Verzicht auf eine mündliche Verhandlung dient der Verfahrensbeschleunigung und bedeutet im Ergebnis eine grundsätzliche Durchführung des Prozesses im schriftlichen Verfahren. 17

Nur auf Antrag eines Verfahrensbeteiligten[20] wird eine **mündliche Verhandlung** durchgeführt, wobei gemäß § 11 Abs. 3 S. 2 i.V.m. § 65 Abs. 2 GWB bei rechtzeitiger Ladung der Beteiligten auch ohne deren Anwesenheit oder ordnungsgemäße Vertretung verhandelt und entschieden werden kann. Der Hinweis auf die ordnungsgemäße Vertretung ist ein Bezug auf die Postulationsfähigkeit[21] der Verfahrensbeteiligten. Für den Antrag auf mündliche Verhandlung gelten die aufgrund des Verweises auf § 72 Nr. 2 GWB in Bezug genommenen Regelungen der ZPO über Ladungen, Termine und Fristen entsprechend. 18

16 *Soudry*, in: Gabriel/Krohn/Neun, Handbuch Vergaberecht, § 81 Rn. 153.
17 Statt vieler vgl. nur *Stackmann*, in: Münchener Kommentar ZPO, § 348 Rn. 11 und 13 (m.w.N.); *Fischer*, in: Vorwerk/Wolf, ZPO, 42. Edition (1.9.2021), § 348 Rn. 40 und 44 (m.w.N.).
18 Statt vieler vgl. nur *Stackmann*, in: Münchener Kommentar ZPO, § 348 Rn. 15 (m.w.N.); *Fischer*, in: Vorwerk/Wolf, ZPO, 42. Edition (1.9.2021), § 348 Rn. 46 (m.w.N.).
19 Gesetzesbegründung zu § 11 WRegG, Gesetz zur Einführung eines Wettbewerbsregisters und zur Änderung des Gesetzes gegen Wettbewerbsbeschränkungen, BT-Drs. 18/12051, 34.
20 Siehe oben Rn. 10.
21 Siehe oben Rn. 12.

E. Wirkung der Erhebung einer Beschwerde

19 Die Erhebung einer Beschwerde gegen eine Eintragung im Register hat keine **aufschiebende Wirkung**.[22] Die Eintragung bleibt bis zur Entscheidung des Beschwerdegerichts voll wirksam. Hierdurch sollen Schwebezustände vermieden werden, da diese weder im Interesse der an Vergabeverfahren beteiligten Unternehmen noch im Interesse der öffentlichen Auftraggeber sind.[23]

20 Ein Verfahren über **einstweiligen Rechtsschutz** gegen eine Eintragung im Register besteht nicht,[24] da dies genau den Schwebezustand herstellen würde, welcher im Interesse der an Vergabeverfahren beteiligten Unternehmen und öffentlichen Auftraggeber vermieden werden soll.

21 Die Erhebung einer Beschwerde gegen eine Eintragung im Register hat keinerlei unmittelbare **Auswirkung auf ein laufendes Vergabeverfahren**.[25] Insbesondere wird keine aufschiebende Wirkung vermittelt, weswegen auch eine unrechtmäßige Eintragung im laufenden Vergabeverfahren zu einem Ausschluss des betroffenen Unternehmens führen kann. Laufende Vergabeverfahren unterliegen grundsätzlich einem Beschleunigungsgrundsatz und sollen rasch zu einem Abschluss gebracht werden. Dieser Grundsatz könnte jedoch nicht eingehalten werden, wenn erst die Entscheidung über ein – außerhalb des Vergabeverfahrens angesiedeltes – anderes Verfahren abgewartet werden müsste.

F. Rechtsschutz gegen Entscheidung des Beschwerdegerichts

22 Gegen die Entscheidung des Beschwerdegerichts besteht kein weitergehender fachgerichtlicher Rechtsschutz. Insbesondere findet eine Rechtsbeschwerde nicht statt.[26] Die Erhebung einer Verfassungsbeschwerde ist nicht ausgeschlossen, deren Zulässigkeit und Begründetheit bemisst sich jedoch nach den (hier nicht betrachteten) Regeln des Verfassungsprozessrechts.

Anlage

Gesetzesbegründung – Gesetz zur Einführung eines Wettbewerbsregisters und zur Änderung des Gesetzes gegen Wettbewerbsbeschränkungen (BT-Drs. 18/12051)

Seite 34

§ 11 begründet eine abdrängende Rechtswegzuweisung. Die Zuweisung eines Sonderrechtswegs an das gemäß § 171 GWB für Vergabesachen zuständige Oberlandesgericht anstelle des Rechtswegs zum Verwaltungsgericht bietet sich an, um auf diese Weise die Expertise der Vergabesenate des zuständigen Oberlandesgerichts nutzbar zu machen. Vorteil ist zudem, dass ein solcher Sonderrechtsweg auf eine einheitliche Rechtsprechungspraxis insbesondere zur Selbstreinigung hinwirkt. Gegen Entscheidungen der Registerbehörde ist die Beschwerde zulässig. § 11 erklärt insoweit § 63 Absatz 1 Satz 2 bis Absatz 4 Satz 2, § 66 Absatz 1 Satz 1, 2 und 4, Absatz 2, 3 Satz 1, 4 und 5, Absatz 4 und 5, § 67 Absatz 1 Nummer 1, 2, §§ 68, 70 Absatz 1 bis 3, §§ 71 bis 73 sowie § 171 Absatz 3 Satz 2 GWB für entsprechend anwendbar. Allerdings soll das Beschwerdegericht grundsätzlich durch eines seiner Mitglieder als Einzelrichter entscheiden. Auf Antrag eines Beteiligten ist eine mündliche Verhandlung durchzuführen. Der Einzelrichter überträgt die Sache dem Beschwerdegericht in der regulären Beset-

22 Gesetzesbegründung zu § 11 WRegG, Gesetz zur Einführung eines Wettbewerbsregisters und zur Änderung des Gesetzes gegen Wettbewerbsbeschränkungen, BT-Drs. 18/12051, 34; *Soudry*, in: Gabriel/Krohn/Neun, Handbuch Vergaberecht, § 81 Rn. 154.

23 Vgl. *Soudry*, in: Gabriel/Krohn/Neun, Handbuch Vergaberecht, § 81 Rn. 154.

24 *Soudry*, in: Gabriel/Krohn/Neun, Handbuch Vergaberecht, § 81 Rn. 154.

25 Gesetzesbegründung zu § 11 WRegG, Gesetz zur Einführung eines Wettbewerbsregisters und zur Änderung des Gesetzes gegen Wettbewerbsbeschränkungen, BT-Drs. 18/12051, 34; *Neun*, in: Gabriel/Krohn/Neun, Handbuch Vergaberecht, § 41 Rn. 43; *Soudry*, in: Gabriel/Krohn/Neun, Handbuch Vergaberecht, § 81 Rn. 154; *Pfannkuch*, ZfBR 2018, 342 (345).

26 Gesetzesbegründung zu § 11 WRegG, Gesetz zur Einführung eines Wettbewerbsregisters und zur Änderung des Gesetzes gegen Wettbewerbsbeschränkungen, BT-Drs. 18/12051, 34.

zung, wenn die Sache besondere Schwierigkeiten tatsächlicher oder rechtlicher Art aufweist oder die Rechtssache grundsätzliche Bedeutung hat. Der Beschwerde gegen eine Eintragung im Register kommt keine aufschiebende Wirkung zu. Die Rechtsbeschwerde findet nicht statt.

Die Einlegung von Rechtsmitteln durch ein Unternehmen gegen Entscheidungen der Registerbehörde hat keine Auswirkungen – insbesondere keine aufschiebende Wirkung – im Hinblick auf die Durchführung von Vergabeverfahren, an denen sich das Unternehmen beteiligt.

§ 12 WRegG
Anwendungsbestimmungen; Verkündung von Rechtsverordnungen

(1) Das Bundesministerium für Wirtschaft und Energie hat

1. das Vorliegen der Voraussetzungen für die elektronische Datenübermittlung entsprechend § 9 Absatz 1 festzustellen und

2. die Feststellung nach Nummer 1 im Bundesanzeiger bekannt zu machen.

(2) Die §§ 2 und 4 sind nach Ablauf des Monats, der auf den Tag der Bekanntmachung nach Absatz 1 Nummer 2 folgt, anzuwenden; dieser Tag ist vom Bundesministerium für Wirtschaft und Energie unverzüglich im Bundesanzeiger bekannt zu machen. § 5 Absatz 2 und § 6 sind sechs Monate nach dem in Satz 1 genannten Tag anzuwenden; abweichend hiervon kann die Registerbehörde einem Auftraggeber auf dessen Ersuchen die Möglichkeit zur Abfrage nach § 6 Absatz 1 und 2 bereits ab dem in Satz 1 bezeichneten Tag eröffnen. Bis zur verpflichtenden Anwendung der in Satz 2 bezeichneten Vorschriften sind die landesrechtlichen Vorschriften über die Errichtung und den Betrieb eines dem § 1 entsprechenden Registers weiter anzuwenden.

(3) Rechtsverordnungen nach diesem Gesetz können abweichend von § 2 Absatz 1 des Verkündungs- und Bekanntmachungsgesetzes im Bundesanzeiger verkündet werden.

Übersicht

	Rn.
A. Allgemeines	1
I. Unionsrechtlicher Hintergrund	2
II. Historie	3
B. Feststellung der Voraussetzungen für die elektronische Datenübermittlung (Abs. 1)	4
C. Zeitlicher Anwendungsbereich (Abs. 2)	7
I. Eintragungs- und Mitteilungspflicht (S. 1)	8
II. Auskunftserteilung und Abfragepflicht (S. 2)	11
III. Übergangsbestimmung für Landesregister (S. 3)	17
D. Verkündung von Rechtsverordnungen (Abs. 3)	18
Anlagen	
Gesetzesbegründungen	

A. Allgemeines

§ 12 WRegG enthält Regelungen über den Beginn der Anwendbarkeit des WRegG und eine Abweichung von Regelungen des VkBkmG. 1

I. Unionsrechtlicher Hintergrund

Das Wettbewerbsregistergesetz beruht nicht auf europäischer Rechtsetzung. Die Regelung lässt sich dementsprechend nicht auf eine bestimmte unionsrechtliche Norm zurückführen. 2

II. Historie

Die Regelung wurde erstmalig mit Art. 1 § 12 des Gesetzes zur Einführung eines Wettbewerbsregistergesetzes und zur Änderung des Gesetzes gegen Wettbewerbsbeschränkungen vom 18. Juli 2017[1] eingeführt und durch Art. 10 Nr. 8 GWB-Digitalisierungsgesetz vom 18. Januar 2021[2] komplett neu gefasst.[3] Im Rahmen der Neufassung wurde inhaltlich der neue Absatz 1 aufgenommen, während der bisherige Absatz 1 als Absatz 2 neu gefasst wurde und der bisherige Absatz 2 mit identischem Wortlaut zu Absatz 3 wurde. 3

1 BGBl. I 2017 S. 2739.
2 BGBl. I 2021 S. 2.
3 Gesetzesbegründung zu § 12 WRegG, GWB-Digitalisierungsgesetz, BT-Drs. 19/23492, 147.

B. Feststellung der Voraussetzungen für die elektronische Datenübermittlung (Abs. 1)

4 § 12 Abs. 1 WRegG regelt die Pflicht zur Feststellung des Vorliegens der Voraussetzung nach § 9 Abs. 1 WRegG und die Bekanntmachung dieser Feststellung im Bundesanzeiger durch das Bundesministerium für Wirtschaft und Energie.

5 Eine solche **Bekanntmachung** ist am 29. Oktober 2021[4] erfolgt, sodass sich die in der Begründung zum Gesetzentwurf zum Ausdruck gekommenen Hoffnungen des Gesetzgebers, dass durch die Aufnahme dieser Regelung die Aufnahme des Wirkbetriebs von der Verkündung der Verordnung nach § 10 WRegG entkoppelt werde,[5] erfüllt haben. Die WRegV ist am 23. April 2021 in Kraft getreten, während der Wirkbetrieb des Wettbewerbsregisters, entsprechend der am 29. Oktober 2021 bekannt gemachten Feststellung, erst am 18. Oktober 2021 begonnen hat.

6 Eine unmittelbare **rechtliche Folge** der Feststellung vom 18. Oktober 2021 bestand und besteht nicht. Vielmehr löste die Feststellung nur die Pflicht des Bundesministeriums für Wirtschaft und Energie aus, eben diese getroffene Feststellung auch im Bundesanzeiger bekannt zu machen. Erst mit der Bekanntmachung eben dieser Feststellung im Bundesanzeiger am 29. Oktober 2021 begannen die Fristen für die Anwendbarkeit der §§ 2, 4, 5 Abs. 2 und 6 WRegG zu laufen.

C. Zeitlicher Anwendungsbereich (Abs. 2)

7 § 12 Abs. 2 S. 1 und 2 WRegG regeln den Beginn der Anwendbarkeit der Regelungen der §§ 2, 4, 5 Abs. 2 und 6 WRegG anhand des Datums der Bekanntmachung der Feststellung nach § 12 Abs. 1 WRegG. In § 12 Abs. 2 S. 3 WRegG ist eine Übergangsbestimmung für die einstweilige Weitergeltung der landesrechtlichen Regelungen enthalten.

I. Eintragungs- und Mitteilungspflicht (S. 1)

8 In § 12 Abs. 2 S. 1 Hs. 1 WRegG wird ausgeführt, dass die §§ 2 und 4 WRegG ab dem ersten Tag desjenigen Monats anwendbar sind, welcher dem Monat folgt, welcher wiederum dem Tag der Bekanntmachung nach § 12 Abs. 1 S. 1 Nr. 2 WRegG folgt.

9 Vereinfacht ausgedrückt gilt für die **Fristberechnung**: Erfolgt die Bekanntmachung nach § 12 Abs. 1 WRegG z. B. im Juni eines Jahres, sind die §§ 2 und 4 WRegG ab dem 1. August des betreffenden Jahres anwendbar. Dabei ist es unerheblich, an welchem Tag im Monat die Bekanntmachung erfolgt; relevant zur Fristberechnung ist nur der gesamte Monat, in welchem die Bekanntmachung erfolgt ist. Diese Auswirkungen der geschriebenen Regelung wurden durch den Gesetzgeber so nicht erkannt; jedenfalls deutet die Gesetzesbegründung dies an, wenn dort von einer Anwendung einen Monat nach Bekanntmachung gesprochen wird.[6] Aufgrund der am 29. Oktober 2021 erfolgten Bekanntmachung sind die §§ 2 und 4 WRegG dementsprechend ab dem 1. Dezember 2021 anwendbar. Dieses Datum wird seitens des Bundesministeriums für Wirtschaft und Energie auch korrekt unter Nr. 2 S. 2 der Bekanntmachung[7] wiedergegeben.

10 Die **Bekanntgabe** des Datums des Anwendbarkeitsbeginns ist nach § 12 Abs. 2 S. 1 Hs. 2 WRegG durch das Bundesministerium für Wirtschaft und Energie „unverzüglich im Bundesanzeiger bekannt zu machen". Unverzüglich ist nach allgemeinem Verständnis die Vornahme oder das Unterlassen einer Handlung ohne schuldhaftes Zögern. Dabei kommt es immer darauf an, ab welchem Zeitpunkt die Handlung hätte vorgenommen oder unterlassen werden

4 BAnz AT 29.10.2021 B3.
5 Gesetzesbegründung zu § 12 WRegG, GWB-Digitalisierungsgesetz, BT-Drs. 19/23492, 147.
6 Vgl. Gesetzesbegründung zu § 12 WRegG, GWB-Digitalisierungsgesetz, BT-Drs. 19/23492, 147.
7 BAnz AT 29.10.2021 B3.

müssen. § 12 Abs. 2 S. 1 Hs. 2 WRegG spricht davon, dass „dieser Tag [...] unverzüglich [...] bekannt zu machen [ist]". Dabei bezieht sich das Wort „dieser" auf den in § 12 Abs. 2 S. 1 Hs. 1 WRegG festgelegten Termin, welcher sich wiederum anhand des Tages der Bekanntmachung der Feststellung nach § 12 Abs. 1 Nr. 2 WRegG errechnet. Das Wort „unverzüglich" wiederum kann sich rein logisch nicht auf den in § 12 Abs. 2 S. 1 Hs. 1 WRegG festgelegten Termin beziehen, da dies ansonsten dazu führen würde, dass der Termin der Anwendbarkeit der §§ 2 und 4 WRegG erst nach dessen Verstreichen veröffentlicht werden müsste. Vielmehr muss sich das Wort „unverzüglich" in diesem Kontext auf den Tag der Bekanntmachung der Feststellung nach § 12 Abs. 1 Nr. 2 WRegG beziehen, da nur so eine Veröffentlichung des Anwendbarkeitsdatums vor dessen Verstreichen sichergestellt ist. Praktisch wurde dieses Problem durch das Bundesministerium für Wirtschaft und Energie dadurch gelöst, dass sowohl die Feststellung nach § 12 Abs. 1 Nr. 1 WRegG, als auch der Tag des Anwendbarkeitsbeginns der §§ 2 und 4 WRegG in der gleichen Bekanntgabe am 29. Oktober 2021 erfolgt sind.

II. Auskunftserteilung und Abfragepflicht (S. 2)

Für die §§ 5 Abs. 2 und 6 WRegG wiederum gilt nach § 12 Abs. 2 S. 2 Hs. 1 WRegG eine Frist **11** von sechs Monaten nach dem in § 12 Abs. 2 S. 1 WRegG genannten Tag.

Allerdings sind in § 12 Abs. 2 S. 1 WRegG zwei Termine genannt, weswegen unklar ist, wel- **12** ches das **in Bezug genommene Datum** ist. Das eine Datum ist der Tag der Bekanntmachung der Feststellung, während das andere Datum der Tag der Anwendbarkeit der §§ 2 und 4 WRegG ist. Angewendet auf die nach der Bekanntmachung nunmehr vorliegende Lage bedeutet dies, dass bei Bezug auf das erste Datum die §§ 5 Abs. 2 und 6 WRegG ab dem 29. April 2022 Anwendung finden, während bei Bezug auf das zweite Datum die §§ 5 Abs. 2 und 6 WRegG erst ab dem 1. Juni 2022 Anwendung finden. Das Bundesministerium für Wirtschaft und Energie hat sich in Nr. 3 S. 2 der Bekanntmachung[8] für die Anwendung des zweiten Datums entschieden und das Datum „1. Juni 2022" veröffentlicht. Dieses Datum lässt sich auch mit gewichtigen Argumenten aus der Systematik des § 12 Abs. 2 S. 1 und 2 WRegG heraus begründen. Allerdings übersieht diese Argumentation, dass der Gesetzgeber explizit die Anwendung des ersten Datums als korrekt angesehen hat, da in der Gesetzesbegründung ausdrücklich auf den Termin *„sechs Monate nach Bekanntmachung"* rekurriert wird.[9] Im Sinne einer schnellstmöglichen Sicherheit für den Wettbewerb, dessen Schutz das Wettbewerbsregister dient, ist hier dem früheren Termin der Vorzug zu geben, weswegen die §§ 5 Abs. 2 und 6 WRegG ab dem 29. April 2022 Anwendung finden. Das dementsprechend im Bundesanzeiger falsch veröffentlichte Datum steht diesem Ergebnis nicht entgegen, da diesem, anders als dem Datum für die Anwendbarkeit der §§ 2 und 4 WRegG, keine rechtliche Wirkung zukommt.

Nach § 12 Abs. 2 S. 2 Hs. 2 WRegG kann die Möglichkeit zur Abfrage nach § 6 Abs. 1 und **13** 2 WRegG zu Gunsten der Auftraggeber auf deren **Ersuchen** durch die Registerbehörde bereits ab dem in § 12 Abs. 2 S. 1 WRegG genannten Tag eingeräumt werden. In welcher Form ein solches Ersuchen gestellt werden kann, ist durch den Gesetzgeber nicht geregelt. Das Wort „Ersuchen" deutet jedoch eine weitgehend freie Ermessensentscheidung der Registerbehörde über die Gewährung der Abfragemöglichkeit an, weswegen an die Vorgaben für die Einreichung eines solchen Ersuchens keine besonderen Anforderungen gestellt werden sollten. Fraglich ist in § 12 Abs. 2 S. 2 Hs. 2 WRegG allerdings, ab wann ein solches Ersuchen durch einen Auftraggeber gestellt werden kann. Auch hier ist wieder der Bezugspunkt aus § 12 Abs. 2 S. 1 WRegG fraglich,[10] für welchen sich das Bundesministerium für Wirtschaft und Energie in Nr. 3 S. 3 der Bekanntmachung[11] erneut für die Anwendung des späteren Datums, in diesem Fall also der 1. Dezember 2021, entschieden hat. Auch diese Entscheidung ist zu

8 BAnz AT 29.10.2021 B3.
9 Gesetzesbegründung zu § 12 WRegG, GWB-Digitalisierungsgesetz, BT-Drs. 19/23492, 147.
10 Siehe oben Rn. 12.
11 BAnz AT 29.10.2021 B3.

kritisieren, denn es ist nicht ersichtlich, inwiefern der Sicherheit des Wettbewerbs gedient ist, wenn die Auftraggeber erst nach der Anwendbarkeit der §§ 2 und 4 WRegG ein Ersuchen auf frühere Ermöglichung einer Abfrage stellen können. Die Frage der Möglichkeit der Stellung eines Ersuchens ist unabhängig von der Frage zu sehen, ob die Registerbehörde auch die notwendigen Daten für eine Antwort hat. Denn solange keine Daten vorliegen, wird die Registerbehörde dem Ersuchen wohl kaum stattgeben. Dies darf im Umkehrschluss aber nicht dazu führen, dass ein solches Ersuchen auf frühzeitige Abfrage erst dann gestellt werden kann, wenn die Registerbehörde Daten erhalten wird, denn der Registerbehörde steht es ja auch danach frei, dem Ersuchen stattzugeben oder es abzulehnen.[12] Wenn aber die Entscheidung über das Ersuchen im freien Ermessen der Registerbehörde steht, ist nicht ersichtlich, weswegen ein Ersuchen erst ab einem bestimmten Datum gestellt werden können soll.

14 Fällt der Tag des Fristendes auf einen **Sonn-** oder **Feiertag** gelten die üblichen Regeln des § 193 BGB zusätzlich, sodass sich die Fristen verändern könnten. Nimmt man die sich aufgrund der Bekanntmachung vom 29. Oktober ergebenden, oben dargestellten Fristen, ergibt sich dabei das Bild, dass weder am 29. April 2022 noch am 1. Juni 2022 ein Sonn- oder Feiertag liegt, womit eine Verschiebung nicht erfolgen wird.

15 § 12 Abs. 2 S. 2 WRegG stellt nicht klar, ob die Abfragepflicht nach § 6 Abs. 1 WRegG nur für nach dem Termin **begonnene Vergabeverfahren** oder auch für bereits laufende Vergabeverfahren gilt. Auch in der Gesetzesbegründung sind hierzu keine Erwägungen aufgeführt. Da jedoch verlangt werden kann, dass der Gesetzgeber, wenn er die Abfragepflicht nur für neue Vergabeverfahren vorsehen will, dies auch so im Gesetz aufführt, kann aus diesem Schweigen heraus abgeleitet werden, dass die Pflicht zur Durchführung der Abfrage auch bei laufenden Verfahren gilt.

16 Die Pflicht zur Abfrage aus dem Wettbewerbsregister nach § 6 WRegG führt indes in solchen Verfahren zu Friktionen, in denen die Abfrage nicht erst im laufenden Vergabeverfahren sinnvoll ist. Bei Verfahrensarten, die eine Verhandlung nur mit einem Unternehmen vorsehen, bzw. in Verfahren, die Verhandlungen mit mehreren Unternehmen umfassen, in denen jedoch allen Unternehmen ein Zuschlag erteilt werden soll, (also beispielsweise Verhandlungsverfahren ohne oder nur teilweisem Teilnahmewettbewerb bzw. vorgelagerter Eignungsprüfung) wäre eine Abfrage aus dem Wettbewerbsregister erst kurz vor der Zuschlagserteilung kaum mit dem Grundsatz der Effektivität des Verwaltungshandelns vereinbar. Denn gerade bei Verfahren mit Verhandlungen investieren sowohl die Auftraggeber wie auch das oder die beteiligten Unternehmen ein erhebliches Maß an Zeit und Aufwand in das Verfahren, weswegen die Frage, ob der Zuschlag dem oder den Unternehmen überhaupt erteilt werden kann, tunlichst **vor Verfahrensdurchführung** zu klären ist. Denn damit die Pflicht zur Abfrage beim Wettbewerbsregister einen Sinn ergibt, muss bei relevanten Eintragungen auch die Möglichkeit bestehen, den Zuschlag nicht zu erteilen. Sind jedoch bereits die Verhandlungen und die Angebotswertung abgeschlossen und steht nur noch die Zuschlagserteilung aus, wäre es mit dem mit der Aufforderung zum „best and final offer" zum Ausdruck kommenden Vertragsbindungswillen des Auftraggebers nicht vereinbar, wenn trotz der Abgabe eines das Verhandlungsergebnis in vollem Umfang widerspiegelnden Angebots des Unternehmens der Zuschlag wegen Eintragungen im Wettbewerbsregister, die bereits während des Verfahrens bestanden, nicht erteilt wird. Dies bedeutet in der Quintessenz, dass der Zeitpunkt der Abfrage derjenige ist, zu dem das Unternehmen, dem der Zuschlag erteilt werden soll, derart feststeht, dass nur noch sich aus der Abfrage ergebende Erkenntnisse den Zuschlag wegfallen lassen könnten, jedoch ohne, dass aus einem vorvertraglichen Schuldverhältnis heraus bereits eine faktische Pflicht zur Erteilung des Zuschlags entstanden ist. Es obliegt der Vergabestelle, über die Frage des korrekten Zeitpunkts der Abfrage beim Wettbewerbsregister für das jeweils konkrete Verfahren eine Entscheidung zu treffen.

12 Siehe oben Rn. 10.

III. Übergangsbestimmung für Landesregister (S. 3)

§ 12 Abs. 2 S. 3 WRegG schließlich regelt als Übergangsbestimmung die einstweilige Weitergeltung der landesrechtlichen Regelungen zu den dort existierenden Wettbewerbs- bzw. Korruptionsregistern. Dabei ist die Weitergeltung bis zu dem Zeitpunkt beschränkt, an dem die §§ 5 Abs. 2 und 6 WRegG voll anwendbar sind. 17

D. Verkündung von Rechtsverordnungen (Abs. 3)

Nach § 12 Abs. 3 WRegG können Rechtsverordnungen nach dem WRegG abweichend von § 2 Abs. 1 VkBkmG im Bundesanzeiger verkündet werden. Nach § 2 Abs. 1 Hs. 1 VkBkmG werden Rechtsverordnungen des Bundes im Bundesgesetzblatt oder im Bundesanzeiger verkündet. Sie werden gemäß § 2 Abs. 1 Hs. 2 VkBkmG vorbehaltlich anderer gesetzlicher Regelung im Bundesanzeiger verkündet, wenn der Verordnungsgeber feststellt, dass ihr unverzügliches Inkrafttreten wegen Gefahr im Verzug oder zur Durchführung oder Umsetzung von Rechtsakten der Europäischen Union erforderlich ist. 18

Ob eine solche Abweichung von § 2 Abs. 1 VkBkmG erforderlich ist, ist fraglich. **Inhaltlich** besteht zunächst zwischen § 12 Abs. 3 WRegG und § 2 Abs. 1 Hs. 1 VkBkmG kein Unterschied, da beide regeln, dass Rechtsverordnungen im Bundesanzeiger veröffentlicht werden können. Ein Unterschied der Regelungen besteht nur dann, wenn der an § 2 Abs. 1 VkBkmG angehängte zweite Halbsatz als Konkretisierung des ersten Halbsatzes dahingehend verstanden würde, als dass die Verkündung einer Verordnung im Bundesanzeiger nur in den im zweiten Halbsatz aufgeführten Ausnahmen erfolgen können soll. Eine solche Auslegung wäre aber verfehlt. Erstens kommt im Wortlaut des zweiten Halbsatzes keine Ausnahme zum Ausdruck, sondern vielmehr eine Einschränkung der Verkündungswahlfreiheit in bestimmten Fällen, nämlich wenn unverzügliches Inkrafttreten wegen Gefahr in Verzug oder zur Durchführung bzw. Umsetzung eines EU-Rechtsaktes erforderlich ist. Zweitens machen die ausführlichen Regelungen zum Bundesanzeiger im VkBkmG kaum einen Sinn, wenn eine Verkündung von Rechtsverordnungen im Bundesanzeiger die seltene Ausnahme bleiben soll. Richtigerweise regelt § 2 Abs. 1 VkBkmG eine grundsätzlich uneingeschränkte Wahlfreiheit des Verordnungsgebers für das Verkündungsorgan der Rechtsverordnung. Vor diesem Hintergrund stellt sich § 12 Abs. 3 WRegG als nicht erforderliche Regelung dar, da in ihm kein über § 2 Abs. 1 Hs. 1 VkBkmG hinausgehender Regelungsinhalt erkennbar ist. 19

Anlagen

Gesetzesbegründung – GWB-Digitalisierungsgesetz (BT-Drs. 19/23492)

Seite 147

Durch die geänderte Vorschrift des § 12 wird die Aufnahme des Wirkbetriebs des Wettbewerbsregisters vom Inkrafttreten der nach § 10 zu erlassenden Rechtsverordnung entkoppelt. Um eine komplikationslose Inbetriebnahme zu gewährleisten, soll für das Inkrafttreten der Mitteilungs-und Abfragepflichten nunmehr maßgeblich sein, dass die Voraussetzungen für die elektronische Datenübermittlung – als Regelfall der Kommunikation zwischen der Registerbehörde und externen Stellen entsprechend § 9 Absatz 1 – vorliegen. Die Datenübermittlung zwischen den genannten Stellen ist wegen der Vielzahl und Heterogenität der Stellen technisch und organisatorisch komplex. Die Datenübermittlung setzt zudem grundsätzlich eine Registrierung bei der Registerbehörde voraus. Das Bundesministerium für Wirtschaft und Energie wird daher separat vom Inkrafttreten der nach § 10 zu erlassenden Rechtsverordnung einheitlich feststellen, wann die Funktionsfähigkeit der elektronischen Datenübermittlung zur ordnungsgemäßen Inbetriebnahme des Registerbetriebs gewährleistet ist und dies im Bundesanzeiger bekannt machen.

Die Regelung sieht darüber hinaus eine zeitlich gestaffelte Anwendbarkeit der Mitteilungspflicht auf der einen Seite und der Abfragepflichten und -möglichkeiten auf der anderen Seite vor: Einen Monat nach der Bekanntmachung wird zunächst die Mitteilungspflicht (§ 4) der dazu berufenen Behörden anwendbar. Erst in einem zweiten Schritt werden dann – sechs Monate nach Bekanntmachung – die die Auftraggeber betreffenden Abfragepflichten und -möglichkeiten (§ 6) wirksam. Hierdurch soll vermieden werden, dass Auftraggeber schon zu einem Zeitpunkt zu einer Abfrage beim Wettbewerbsregister verpflichtet werden, zu dem das Vorliegen von Eintragungen im Register ausgeschlossen werden kann bzw. wenig wahrscheinlich ist. Nach Mitteilung durch die Strafverfolgungs- und Ordnungswidrigkeitenbehörden muss die Registerbehörde die Daten zunächst auf offensichtliche Fehler prüfen und daran anschließend die Unternehmen über die geplante Eintragung informieren und Gelegenheit geben, innerhalb von zwei Wochen nach Zugang der Information Stellung zu nehmen. Es ist daher zu erwarten, dass in den ersten Wochen nach Inbetriebnahme noch keine bzw. nur wenige Registereintragungen vorliegen. Die zeitlich gestaffelte Regelung zur Anwendbarkeit dient der Entlastung der zur Abfrage verpflichteten Auftraggeber. Den Auftraggebern wird gleichzeitig die Möglichkeit eingeräumt, das Wettbewerbsregister auf freiwilliger Basis schon vor Anwendbarkeit der entsprechenden Verpflichtung abzufragen. Für den Anspruch auf Erteilung einer Selbstauskunft nach § 5 Absatz 2 gilt diese Begründung entsprechend.

Gesetzesbegründung – Gesetz zur Einführung eines Wettbewerbsregisters und zur Änderung des Gesetzes gegen Wettbewerbsbeschränkungen (BT-Drs. 18/12051)

Seite 34

Die Regelungen zu den eintragungspflichtigen Rechtsverstößen und den Melde- und Abfragepflichten sind gemäß Absatz 1 erst mit Inkrafttreten der insbesondere für die Einzelheiten der elektronischen Kommunikation und der Ausgestaltung der datenschutzrechtlichen Anforderungen zwingend erforderlichen Rechtsverordnung anzuwenden. Die Rechtsverordnung soll erst dann in Kraft treten, wenn die Voraussetzungen für den dauerhaften Registerbetrieb vorliegen. Durch diese Regelung wird insbesondere sichergestellt, dass vor dem Beginn der Aufnahme des Wirkbetriebs des Registers und vor dem Entstehen von Mitteilungs- und Abfragepflichten die rechtlichen und technischen Voraussetzungen für den Registerbetrieb vorliegen. Vor Inkrafttreten des gesamten Gesetzes hat dieses keine Auswirkungen auf bestehende landesrechtliche Vorgaben.

Absatz 2 regelt, dass Rechtsverordnungen nach diesem Gesetz im Bundesanzeiger verkündet werden können.

Stichwortverzeichnis

Bei den halbfetten Ziffern handelt es sich um den Paragrafen. Die magere Ziffer gibt die Randnummer an.

A

Abfallentsorgungskonzession **§ 148 GWB** 49
Abfallverband **§ 99 GWB** 114
Abfragepflicht **§ 6 WRegG** 1 ff., 29 ff.
Abfragerecht **§ 6 WRegG** 81 ff.
Abgabe **§ 123 GWB** 47 ff.
Ablehnungsfiktion **§ 167 GWB** 19 ff., **§ 179 GWB** 17
Absolute Bewertung **§ 127 GWB** 48, 74 ff.
Absoluter Mittelstandsbegriff **§ 97 GWB** 179 ff.
Abwasserverband **§ 99 GWB** 114
Akteneinsicht **§ 165 GWB** 1 ff.
- Abwägung **§ 165 GWB** 33 ff.
- Akte **§ 165 GWB** 6
- Antragsberechtigung **§ 165 GWB** 7
- Antragserfordernis **§ 165 GWB** 8
- Auftragswert **§ 165 GWB** 25
- Begründung **§ 165 GWB** 9
- Beiladung **§ 175 GWB** 49
- Bereichsausnahme **§ 165 GWB** 28
- Betriebsgeheimnis **§ 165 GWB** 29 ff.
- Einsichtnahme **§ 165 GWB** 13 ff.
- Erforderlichkeit **§ 165 GWB** 18 f.
- E-Vergabe **§ 165 GWB** 15
- Form **§ 165 GWB** 9
- Gegenstand **§ 165 GWB** 5 f.
- Geheimschutz **§ 165 GWB** 24 ff.
- Geschäftsgeheimnis **§ 165 GWB** 29 ff.
- Hinweispflicht **§ 165 GWB** 46 ff.
- In-camera-Verfahren **§ 165 GWB** 36, 44 f.
- Interna des Auftraggebers **§ 165 GWB** 25 ff.
- Kenntlichmachung **§ 165 GWB** 46 ff.
- Präklusion **§ 165 GWB** 12
- Rechtsschutz **§ 165 GWB** 54 ff.
- Schwärzung **§ 165 GWB** 16, 43
- Sofortige Beschwerde **§ 175 GWB** 44 ff.
- Stellungnahme **§ 165 GWB** 35
- Umfang **§ 165 GWB** 17 ff.
- Vergabeplattform **§ 165 GWB** 15
- Versagung **§ 165 GWB** 22 ff.
- Verschlusssache **§ 164 GWB** 19 f., **§ 165 GWB** 27
- Vertrauliche Unterlage **§ 164 GWB** 16 ff.
- Vorabgestattungsverfahren **§ 176 GWB** 62
- Wettbewerbsregister **§ 5 WRegG** 75 ff.
- Wichtiger Grund **§ 165 GWB** 23 ff.
- Zulässigkeit des Nachprüfungsantrags **§ 165 GWB** 11, 20 f.
- Zwischenentscheidung **§ 165 GWB** 36
Aktiengesellschaft **§ 99 GWB** 48
Aktienrechtliche Abhängigkeitsvermutung **§ 99 GWB** 96
Alternativposition **§ 121 GWB** 39
siehe *Wahlposition*
Amortisationsrisiko **§ 105 GWB** 72 ff.
Amtliche Schnittstelle **§ 6 WRegG** 140
Amtsermittlung **§ 163 GWB** 4 ff., **§ 8 WRegG** 21 f.
Amtshaftung **§ 181 GWB** 129
Anbieter von Mediendiensten **§ 137 GWB** 21
Änderung an den Vergabeunterlagen **§ 121 GWB** 34
Änderung der Vergabeunterlagen **§ 121 GWB** 32
Änderungsbekanntmachung **§ 132 GWB** 101, **§ 151 GWB** 22 ff.
- Besondere Dienstleistungskonzession **§ 153 GWB** 42
- Soziale Dienstleistungskonzession **§ 153 GWB** 42
Anerkannte Werkstatt **§ 118 GWB** 24
Anfechtung **§ 133 GWB** 33
Angebotsfrist **§ 130 GWB** 46, **§ 151 GWB** 10
- Nicht offenes Verfahren **§ 119 GWB** 46
- Offenes Verfahren **§ 119 GWB** 31
- Verhandlungsverfahren **§ 119 GWB** 58 f.
Angebotsrisiko **§ 105 GWB** 71, 92 ff.
Angebotswertung
siehe *Bewertung der Angebote*
Angewandte Forschung **§ 116 GWB** 47, **§ 137 GWB** 15, **§ 145 GWB** 42
Anhörungsrüge **§ 175 GWB** 39 ff., **§ 178 GWB** 77
Anschlussbeschwerde **§ 171 GWB** 5 f., **§ 175 GWB** 55
Anstalt **§ 99 GWB** 44, 46
Antragsbefugnis **§ 160 GWB** 15 ff.
- Angebot **§ 160 GWB** 22
- Außervergaberechtliche Norm **§ 160 GWB** 26
- Beschwerdeentscheidung **§ 178 GWB** 10
- Beweislast **§ 160 GWB** 104
- Bewerbergemeinschaft **§ 160 GWB** 18
- Bietergemeinschaft **§ 160 GWB** 18

– Bindefrist **§ 160 GWB** 21
– Darlegungslast **§ 160 GWB** 104
– De-facto-Vergabe **§ 135 GWB** 55 ff., **§ 160 GWB** 23
– Dokumentation **§ 160 GWB** 35
– Interesse **§ 160 GWB** 20 ff.
– Kartellrecht **§ 160 GWB** 26
– Nachprüfungsverfahren **§ 155 GWB** 31
– Rechtsverletzung **§ 160 GWB** 24 ff.
– Schaden **§ 160 GWB** 30 ff.
– Teilnahmeantrag **§ 160 GWB** 22
– Unterauftragnehmer **§ 160 GWB** 19
– Unternehmen **§ 160 GWB** 17
– Vorabinformation **§ 160 GWB** 35
– Vorbeugender Rechtsschutz **§ 160 GWB** 29
– Zweite Chance **§ 160 GWB** 34
Antragsgegner **§ 162 GWB** 10 ff.
Antragsteller **§ 162 GWB** 10 ff.
– Bewerbergemeinschaft **§ 162 GWB** 15
– Bietergemeinschaft **§ 162 GWB** 15
– Nachunternehmer **§ 162 GWB** 14
– Subunternehmer **§ 162 GWB** 14
– Unterauftragnehmer **§ 162 GWB** 14
Anwaltszwang **§ 175 GWB** 5 ff., 6
– Vorabgestattungsverfahren **§ 176 GWB** 62
Arbeitnehmerüberlassung **§ 107 GWB** 35
Arbeitsvertrag **§ 107 GWB** 26 ff.
Architektenkammer **§ 99 GWB** 114
Arzneimittelrabattvertrag **§ 103 GWB** 87
Ärztekammer **§ 99 GWB** 110, 114
Audiovisueller Mediendienst **§ 116 GWB** 57 ff.
– Ankauf von Sendezeit **§ 116 GWB** 65
– Ausstrahlungszeit **§ 116 GWB** 64, **§ 149 GWB** 50 ff.
– Begriff **§ 116 GWB** 60 ff., **§ 149 GWB** 46 ff.
– Bereitstellung von Sendungen **§ 116 GWB** 64, **§ 149 GWB** 50 ff.
– Fernsehanstalt **§ 149 GWB** 48
– Konzession **§ 149 GWB** 40 ff.
– Mediendiensteanbieter **§ 116 GWB** 62, **§ 149 GWB** 47
– Mediendienstleister **§ 149 GWB** 47
– Nicht linearer Dienst **§ 149 GWB** 45
– Rundfunkanstalt **§ 149 GWB** 48
– Sendematerial **§ 116 GWB** 63, **§ 149 GWB** 49
– Sendung **§ 116 GWB** 63, **§ 149 GWB** 49
– Vorbereitungsdienst **§ 149 GWB** 45
Aufforderung zur Interessensbestätigung
– Beleg des Nichtvorliegens von Ausschlussgründen **§ 124 GWB** 194
– Eignungsnachweis **§ 122 GWB** 100
Aufgabenbeschreibung **§ 121 GWB** 75 ff.
– Eindeutig **§ 121 GWB** 78
– Erschöpfend **§ 121 GWB** 78
– Funktionale Leistungsbeschreibung **§ 121 GWB** 76
– Konstruktive Leistungsbeschreibung **§ 121 GWB** 76
– Konventionelle Leistungsbeschreibung **§ 121 GWB** 76
– Ungewöhnliches Wagnis **§ 121 GWB** 77
Aufgabenträger **§ 102 GWB** 41
Aufhebung
– Aufhebung der Aufhebung **§ 155 GWB** 23, **§ 168 GWB** 32 ff.
– Nachprüfungsverfahren **§ 155 GWB** 23, **§ 156 GWB** 49, **§ 168 GWB** 28 ff., 49
– Schadensersatz **§ 181 GWB** 34, 37
– Scheinaufhebung **§ 155 GWB** 23, **§ 168 GWB** 33
– Teilaufhebung **§ 168 GWB** 31
– Verhältnismäßigkeitsgrundsatz **§ 97 GWB** 44
– Verordnungsermächtigung **§ 113 GWB** 35 f.
– Vorabinformation **§ 134 GWB** 29
Aufhebung der Aufhebung **§ 168 GWB** 32 ff.
Aufklärung **§ 97 GWB** 60
Aufschiebende Wirkung **§ 11 WRegG** 19
Aufsichtsbehörde **§ 155 GWB** 10 f., 50 ff., **§ 156 GWB** 16
– Zuständigkeit **§ 155 GWB** 54 ff.
Aufsichtsbeschwerde **§ 155 GWB** 50 ff., 52, 53
– Aufsichtsbehörde **§ 155 GWB** 50 ff.
– Nachprüfungsverfahren **§ 155 GWB** 57
Auftraggeber **§ 98 GWB** 1 ff.
– Antragsgegner **§ 162 GWB** 16 ff.
– Begriff **§ 101 GWB** 10
– Konzessionsgeber **§ 98 GWB** 7, **§ 148 GWB** 70 ff.
– Nachprüfungsverfahren **§ 155 GWB** 19
– Öffentlicher Auftraggeber **§ 98 GWB** 7, **§ 101 GWB** 10
– Sektorenauftraggeber **§ 98 GWB** 7, **§ 100 GWB** 1 ff.
– Verfahrensbeteiligter **§ 162 GWB** 16 ff.
– Zentrale Beschaffungsstelle **§ 98 GWB** 13, **§ 162 GWB** 17 f.
– Zurechnung **§ 98 GWB** 12
Auftraggeber nach dem Bundesberggesetz **§ 143 GWB** 1 ff.
– Aufsuchung **§ 143 GWB** 13 f.
– Auskunftspflicht **§ 143 GWB** 21 ff.
– Bauauftrag **§ 143 GWB** 12
– Befreiung **§ 143 GWB** 25 ff.
– Dienstleistungsauftrag **§ 143 GWB** 12
– Energieerzeugung **§ 143 GWB** 16
– Exploration **§ 143 GWB** 3, 13

- Förderung **§ 143 GWB** 13
- Gewinnung **§ 143 GWB** 3, 13 f.
- Informationspflicht **§ 143 GWB** 20
- Konzession **§ 143 GWB** 12
- Konzessionsgeber **§ 143 GWB** 11
- Lieferauftrag **§ 143 GWB** 12
- Nichtdiskriminierung **§ 143 GWB** 17 ff.
- Objektive Kriterien **§ 143 GWB** 17
- Öffentliche Auftraggeber **§ 143 GWB** 11
- Rechtsschutz **§ 143 GWB** 28 f.
- Schwellenwert **§ 143 GWB** 15
- Sektorenauftraggeber **§ 143 GWB** 9
- Wartepflicht **§ 143 GWB** 20
- Wettbewerbsorientierte Auftragsvergabe **§ 143 GWB** 17 ff.

Auftraggeberwechsel **§ 132 GWB** 118 ff.

Auftragnehmerwechsel **§ 132 GWB** 36 ff., 39, 67, 68 ff., 125 ff.

Auftragsänderung **§ 132 GWB** 1 ff.
- Altvertrag **§ 132 GWB** 10
- Änderungen der Rechtslage **§ 132 GWB** 62
- Änderungsbekanntmachung **§ 132 GWB** 101 ff.
- Arbeitsgemeinschaft **§ 132 GWB** 38, 125 ff.
- Auftraggeberwechsel **§ 132 GWB** 118 ff.
- Auftragnehmerwechsel **§ 132 GWB** 36 ff., 67, 68 ff., 125 ff.
- Auftragsübernahme **§ 132 GWB** 82
- Bagatelländerung **§ 132 GWB** 90 ff.
- Besondere Dienstleistung **§ 130 GWB** 43 ff.
- Darlegungslast **§ 132 GWB** 22, 92
- Ersatzleistung **§ 132 GWB** 52
- Gesamtcharakter **§ 132 GWB** 66, 93
- Geschäftsanteil **§ 132 GWB** 124
- In-House-Vergabe **§ 132 GWB** 40, 124
- Insolvenz **§ 132 GWB** 81
- Konkretisierung **§ 132 GWB** 105
- Kündigung **§ 133 GWB** 26 ff.
- Kündigungsverzicht **§ 132 GWB** 115 f.
- Nachprüfungsverfahren **§ 155 GWB** 20, **§ 156 GWB** 49
- Naturereignis **§ 132 GWB** 62
- Öffentlicher Auftrag **§ 132 GWB** 10
- Option **§ 132 GWB** 44 ff.
- Preisanpassungsklausel **§ 132 GWB** 43 ff., 111
- Preiserhöhung **§ 132 GWB** 109
- Preissenkung **§ 132 GWB** 110
- Preisverhandlungsklausel **§ 132 GWB** 112
- Pressetext **§ 132 GWB** 8, 37, 78
- Rabatterhöhung **§ 132 GWB** 110
- Rechtsdienstleistung **§ 116 GWB** 27
- Rücknahme einer Kündigung **§ 132 GWB** 117
- Sektorenvergabe **§ 142 GWB** 28 f.
- Sicherheitsspezifischer Auftrag **§ 147 GWB** 6
- Soziale Dienstleistung **§ 130 GWB** 43 ff.
- Überprüfungsklausel **§ 132 GWB** 43 ff., 70 ff.
- Umfang der Vergabepflicht **§ 132 GWB** 12 f.
- Umgehungsverbot **§ 132 GWB** 74, 92, 122
- Unterauftragnehmerwechsel **§ 132 GWB** 39
- Unternehmensumstrukturierung **§ 132 GWB** 127
- Unvorhersehbarer Änderungsbedarf **§ 132 GWB** 61 ff.
- Vergabeunterlagen **§ 132 GWB** 45, 76, 123
- Verlängerungsoption **§ 132 GWB** 46
- Verringerung **§ 132 GWB** 30, 107 f.
- Verteidigungsspezifischer Auftrag **§ 147 GWB** 6
- Vertragsdurchführungsklausel **§ 132 GWB** 106
- Vertragsverlängerung **§ 132 GWB** 113 f.
- Vorabinformation **§ 134 GWB** 35 ff.
- Wesentlichkeit **§ 132 GWB** 15 ff.
- Wirtschaftliches Gleichgewicht **§ 132 GWB** 31 ff.
- Zusätzliche Leistung **§ 132 GWB** 47 ff.

Auftragsänderungen
- Ausweitung **§ 132 GWB** 34 f.
- Bauzeitverschiebung **§ 132 GWB** 20
- De-minimis-Regelung **§ 132 GWB** 90 ff.
- Essentialia negotii **§ 132 GWB** 16
- Geringfügigkeitsklausel **§ 132 GWB** 90 ff.
- Geschäftsanteil **§ 132 GWB** 40
- Indexierungsklausel **§ 132 GWB** 98 ff.
- Leistungsverschiebung **§ 132 GWB** 20
- Unternehmensumstrukturierung **§ 132 GWB** 77 ff.

Auftragsbekanntmachung
- Beleg des Nichtvorliegens von Ausschlussgründen **§ 124 GWB** 194
- Eignungsnachweis **§ 122 GWB** 100
- Unwirksamkeit **§ 135 GWB** 35 ff.
- Vergabekammer **§ 159 GWB** 71
- Verordnungsermächtigung **§ 113 GWB** 25 f.
- Vorbehaltener Auftrag **§ 118 GWB** 8

Auftragsforschung **§ 116 GWB** 45, **§ 149 GWB** 31

Auftragsgegenstand **§ 97 GWB** 17

Auftragssperre **§ 124 GWB** 46, **§ 125 GWB** 15 ff.

Auftragswert **§ 106 GWB** 6
- Akteneinsicht **§ 165 GWB** 25
- Rahmenvereinbarung **§ 103 GWB** 123

– Verordnungsermächtigung **§ 113 GWB** 23 f.
– Wertung der Angebote **§ 165 GWB** 26
Augenschein **§ 163 GWB** 8, **§ 175 GWB** 35
Ausfallsicherheitskonzept **§ 127 GWB** 231 f.
Ausführungsbedingung **§ 128 GWB** 1 ff.
– Allgemeine Ausführungsbedingung **§ 128 GWB** 6 ff.
– Arbeitsrecht **§ 128 GWB** 18
– Auftragsbekanntmachung **§ 128 GWB** 26
– Begriff **§ 128 GWB** 20
– Beschäftigungspolitischer Belang **§ 128 GWB** 41
– Besondere Ausführungsbedingung **§ 128 GWB** 19 ff.
– Eignung **§ 118 GWB** 19
– Eignungskriterium **§ 97 GWB** 127, **§ 122 GWB** 15 ff., **§ 128 GWB** 23
– Grenzüberschreitende Beschaffung **§ 128 GWB** 16 ff.
– ILO-Kernarbeitsnorm **§ 128 GWB** 54 ff.
– Innovationsbezogener Belang **§ 128 GWB** 34
– Konzession **§ 152 GWB** 70 f., **§ 154 GWB** 97
– Konzessionsbekanntmachung **§ 152 GWB** 77
– Leistungsbeschreibung **§ 97 GWB** 127, **§ 121 GWB** 83, **§ 128 GWB** 21
– Mindestlohn **§ 128 GWB** 48 ff.
– Nachweis **§ 128 GWB** 63
– Obligatorische Ausführungsbedingung **§ 129 GWB** 1 ff.
– Qualitativer Aspekt **§ 97 GWB** 101
– Rechtliche Verpflichtung **§ 128 GWB** 6 ff.
– Sektorenvergabe **§ 142 GWB** 12
– Sicherheitsspezifischer Auftrag **§ 147 GWB** 6
– Sozialer Belang **§ 128 GWB** 40
– Strategisches Ziel **§ 97 GWB** 127 ff.
– Umweltbezogener Belang **§ 128 GWB** 35 ff.
– Ungewöhnlich niedriger Preis **§ 128 GWB** 64
– Verbindung zum Auftrag **§ 128 GWB** 28 ff.
– Verbindung zum Auftragsgegenstand **§ 97 GWB** 139
– Verbindung zum Konzessionsgegenstand **§ 152 GWB** 79
– Vergabegrundsatz **§ 97 GWB** 5
– Vergabeunterlagen **§ 128 GWB** 26, **§ 152 GWB** 77
– Verteidigungsspezifischer Auftrag **§ 147 GWB** 6
– Vertraulichkeitsschutz **§ 128 GWB** 42
– Vorbehaltener Auftrag **§ 118 GWB** 10, 19
– Wirtschaftlicher Belang **§ 128 GWB** 33
– Zivilrecht **§ 128 GWB** 17
– Zusätzliche Anforderung **§ 97 GWB** 5
– Zuschlagskriterium **§ 128 GWB** 24
– Zweck **§ 152 GWB** 78
– Zwingende Ausführungsbedingung **§ 129 GWB** 1 ff.
Ausgesetztsein zum Wettbewerb **§ 140 GWB** 1 ff.
– Freistellungsverfahren **§ 140 GWB** 36 ff.
– Gashandel **§ 140 GWB** 31 ff.
– Konzession **§ 154 GWB** 189 ff.
– Räumlich relevanter Markt **§ 140 GWB** 23 f.
– Sachlich relevanter Markt **§ 140 GWB** 21 f.
– Stromhandel **§ 140 GWB** 27 ff., 27 ff., 31 ff.
– Wettbewerbsgrundsatz **§ 97 GWB** 23
Auskunft **§ 163 GWB** 8
Ausnahme **§ 107 GWB** 1 ff., **§ 116 GWB** 1 ff.
– Arbeitnehmerüberlassung **§ 107 GWB** 35
– Arbeitsvertrag **§ 107 GWB** 26 ff.
– Auslegung **§ 107 GWB** 3 f.
– Beweislast **§ 107 GWB** 5
– Europäische Verteidigungsagentur **§ 109 GWB** 14
– Europäisches Patentamt **§ 109 GWB** 14
– Gemischter Auftrag **§ 107 GWB** 8
– Grundstücksvertrag **§ 107 GWB** 13 ff.
– Haushaltsrecht **§ 107 GWB** 9
– Internationale Finanzierungseinrichtung **§ 109 GWB** 15 ff.
– Internationale Organisation **§ 109 GWB** 11 ff., 15 ff.
– Internationale Übereinkunft **§ 109 GWB** 7 ff.
– Internationale Vereinbarung **§ 109 GWB** 7 ff.
– Internationale Verfahrensregel **§ 109 GWB** 1 ff.
– Internationaler Währungsfonds **§ 109 GWB** 15 ff.
– Krankentransport **§ 153 GWB** 27
– Managementvertrag **§ 107 GWB** 36
– Nachprüfungsverfahren **§ 155 GWB** 22
– North Atlantic Treaty Organization **§ 109 GWB** 14
– Notfalldienstleistung **§ 107 GWB** 37 ff.
– Organbestellung **§ 107 GWB** 33
– Primärrecht **§ 107 GWB** 9
– Rettungsdienst **§ 153 GWB** 29
– Rettungsdienstleistung **§ 107 GWB** 37 ff.
– Schiedsgerichtsdienstleistung **§ 107 GWB** 10 ff.
– Schlichtungsdienstleistung **§ 107 GWB** 10 ff.
– Sektorenvergabe **§ 137 GWB** 1 ff.
– Sicherheitsaspekt **§ 117 GWB** 1 ff.

- Sicherheitsbereich **§ 150 GWB** 1 ff.
- Sicherheitsinteresse **§ 107 GWB** 89 ff.
- Sicherheitsspezifischer öffentlicher Auftrag **§ 117 GWB** 8, **§ 145 GWB** 1 ff.
- Vereinte Nationen **§ 109 GWB** 14
- Vergabestatistik **§ 114 GWB** 30
- Verteidigungsaspekt **§ 117 GWB** 1 ff.
- Verteidigungsbereich **§ 150 GWB** 1 ff.
- Verteidigungsspezifischer öffentlicher Auftrag **§ 117 GWB** 8, **§ 145 GWB** 1 ff.

Ausschließliches Recht **§ 116 GWB** 88 ff., **§ 137 GWB** 40, **§ 149 GWB** 72 ff., 78, 81 ff., 135

Ausschlussgrund
- Eignung **§ 122 GWB** 13
- Formeller Ausschlussgrund **§ 119 GWB** 33
- Zeitraum **§ 126 GWB** 1 ff.
- Zwingender Ausschlussgrund **§ 123 GWB** 1 ff.

Außervergaberechtliche Norm **§ 156 GWB** 19 ff., **§ 175 GWB** 25

Ausstrahlungszeit **§ 137 GWB** 17 ff., **§ 149 GWB** 50 ff.

Automatisches System **§ 102 GWB** 35

Automatisiertes Verfahren **§ 9 WRegG** 18 ff.

B

Bagatelländerung **§ 132 GWB** 90 ff.

Barrierefreiheit **§ 97 GWB** 87
- Leistungsbeschreibung **§ 121 GWB** 9, 86 ff.
- Sicherheitsspezifischer Auftrag **§ 147 GWB** 1, 10
- Verteidigungsspezifischer Auftrag **§ 147 GWB** 1, 10

Bauauftrag **§ 103 GWB** 94 ff.
- Ahlhorn **§ 103 GWB** 104, 108
- Baukonzession **§ 105 GWB** 40 ff.
- Bauverpflichtung **§ 103 GWB** 102
- Bauvorhaben **§ 103 GWB** 99 ff.
- Bauwerk **§ 103 GWB** 100 ff.
- Bestellbau **§ 103 GWB** 103 ff.
- Gemischter Auftrag **§ 103 GWB** 96
- Helmut Müller **§ 103 GWB** 104
- Schlüsselfertiger Bau **§ 103 GWB** 98
- Sektorenvergabe **§ 136 GWB** 15

Baukonzession **§ 101 GWB** 39, **§ 105 GWB** 36 ff., **§ 148 GWB** 26
- Bauauftrag **§ 105 GWB** 40 ff.
- Beschaffung **§ 105 GWB** 44 ff.
- Betrauung **§ 105 GWB** 41
- Betriebsrisiko **§ 105 GWB** 43
- Breitbandkonzession **§ 105 GWB** 69
- Dienstleistungskonzession **§ 105 GWB** 63, 67 ff.
- Eignung **§ 105 GWB** 147
- Erbbaurecht **§ 105 GWB** 56
- Laufzeit **§ 105 GWB** 48
- Leistungsbeschreibung **§ 105 GWB** 146
- Pachtvertrag **§ 105 GWB** 51
- Unterkonzession **§ 105 GWB** 49
- Unterschwellenbereich **§ 105 GWB** 144 ff.
- Vorvertragliches Vertrauensverhältnis **§ 105 GWB** 53
- Wegenutzungsvertrag **§ 105 GWB** 54

Baukonzessionär **§ 101 GWB** 2

Bauverpflichtung **§ 103 GWB** 102

Bauvorhaben **§ 103 GWB** 99 ff.

Bauwerk **§ 103 GWB** 100 ff.

Bauzeitverschiebung **§ 132 GWB** 20

Bedarfsposition **§ 121 GWB** 36 ff., **§ 127 GWB** 138 ff.

Befähigung und Erlaubnis zur Berufsausübung **§ 122 GWB** 26 ff.

Befangenheit **§ 157 GWB** 46 ff.

Beglaubigungsdienstleistung **§ 116 GWB** 35, **§ 149 GWB** 18 ff.

Begrenzung der Bewerber **§ 119 GWB** 72, 92

Behinderung **§ 118 GWB** 23, 28

Beidseitige Erledigungserklärung **§ 162 GWB** 48

Beigeladener **§ 179 GWB** 22

Beihilfe **§ 103 GWB** 25, 42

Beihilfeverbot **§ 97 GWB** 155 ff.

Beiladung
- Akteneinsicht **§ 175 GWB** 49
- Antragsrecht **§ 162 GWB** 47
- Aufhebung **§ 174 GWB** 12
- Ausländischer Beigeladener **§ 161 GWB** 37
- Beidseitige Erledigungserklärung **§ 162 GWB** 48
- Dauer **§ 162 GWB** 50
- Einfache Beiladung **§ 162 GWB** 39
- Ermessen **§ 162 GWB** 38 f.
- Grenzüberschreitende Beiladung **§ 162 GWB** 57
- Kosten **§ 175 GWB** 69 ff., **§ 182 GWB** 90 ff., 127 ff.
- Losaufteilung **§ 162 GWB** 33
- Nachprüfungsverfahren **§ 162 GWB** 1 ff., 19 f., 20 ff.
- Notwendige Beiladung **§ 162 GWB** 39
- Rechtsfolge **§ 162 GWB** 46 f.
- Rechtsschutz **§ 162 GWB** 58 f.
- Schadensersatz **§ 180 GWB** 11
- Schwerwiegende Interessenberührung **§ 162 GWB** 22 ff.

- Sofortige Beschwerde **§ 171 GWB** 53 ff., **§ 173 GWB** 31, **§ 174 GWB** 8 ff.
- Übereinstimmende Erledigungserklärung **§ 162 GWB** 48
- Unternehmen **§ 162 GWB** 20 f.
- Vorabentscheidung über den Zuschlag **§ 162 GWB** 49
- Widerruf **§ 162 GWB** 51 ff.
- Zeitpunkt **§ 162 GWB** 42 f.
- Zuschlagsbieter **§ 162 GWB** 24 f., 25

Bekanntmachung
- Änderungsbekanntmachung **§ 132 GWB** 101 ff.
- Ex-ante-Bekanntmachung **§ 135 GWB** 86 ff.
- Gleichbehandlungsgrundsatz **§ 97 GWB** 50
- Konzessionsbekanntmachung **§ 105 GWB** 143, **§ 151 GWB** 12 ff.
- Transparenzgrundsatz **§ 97 GWB** 30
- Vorinformation **§ 151 GWB** 13 ff.

Beleg des Nichtvorliegens von Ausschlussgründen **§ 124 GWB** 194 ff.

Beleihung **§ 103 GWB** 37 f., **§ 116 GWB** 41, **§ 148 GWB** 12

Benachteiligte Person **§ 118 GWB** 28 f.

Bereitstellung von Vergabeunterlagen **§ 97 GWB** 290 ff.

Berichtigungsbekanntmachung **§ 151 GWB** 22 ff.

Berufliche Leistungsfähigkeit **§ 122 GWB** 38 ff.

Berufsanfänger **§ 122 GWB** 92

Berufsgenossenschaft **§ 99 GWB** 110

Berufshaftpflichtversicherung **§ 122 GWB** 34

Berufsregister **§ 122 GWB** 27

Beschaffung **§ 103 GWB** 47 ff.

Beschäftigungsgesellschaft **§ 118 GWB** 32

Beschleunigung
- Nachprüfungsverfahren **§ 167 GWB** 1 ff.
- Sofortige Beschwerde **§ 175 GWB** 82 ff.

Beschwerde
- Amtsermittlung **§ 11 WRegG** 13
- Aufschiebende Wirkung **§ 11 WRegG** 19
- Begründungsfrist **§ 11 WRegG** 11
- Beschluss **§ 11 WRegG** 14
- Beschwerdebefugnis **§ 11 WRegG** 9
- Beschwerdefrist **§ 11 WRegG** 11
- Beschwerdegericht **§ 11 WRegG** 8, 16
- Beteiligter **§ 11 WRegG** 10
- Einstweiliger Rechtsschutz **§ 11 WRegG** 20
- Europäische Kommission **§ 135 GWB** 108
- Mündliche Verhandlung **§ 11 WRegG** 17 f.
- Postulationsfähigkeit **§ 11 WRegG** 12
- Sofortige Beschwerde **§ 171 GWB** 1 ff.
- Verfahrensvorschriften **§ 11 WRegG** 7 ff.
- Wettbewerbsregister **§ 3 WRegG** 30, **§ 5 WRegG** 85, **§ 11 WRegG** 4 ff.

Beschwerdeentscheidung
- Anfechtbarkeit **§ 178 GWB** 76
- Anhörungsrüge **§ 178 GWB** 77
- Antragsbefugnis **§ 178 GWB** 10
- Aufgreifen von Amts wegen **§ 178 GWB** 20 ff.
- Ausspruch zur Vollstreckbarkeit **§ 178 GWB** 73
- Begründete Beschwerde **§ 178 GWB** 30 ff.
- Begründetheit der Beschwerde **§ 178 GWB** 8 ff.
- Begründetheit des Nachprüfungsantrags **§ 178 GWB** 12
- Begründung **§ 178 GWB** 68
- Beschluss **§ 178 GWB** 67
- Beschwerdebegehren **§ 178 GWB** 15
- Beurteilungsspielraum **§ 178 GWB** 39
- Bindung an das Beschwerdebegehren **§ 178 GWB** 15
- Bindung an die Anträge **§ 178 GWB** 16, 35
- Eigene Sachentscheidung **§ 178 GWB** 34
- Erledigung **§ 178 GWB** 45, 48 ff.
- Ermessenspielraum **§ 178 GWB** 39
- Form **§ 178 GWB** 10, 67
- Geeignete Maßnahme **§ 178 GWB** 36 ff.
- Gegenstand der Beschwerde **§ 178 GWB** 13 ff.
- Kosten **§ 178 GWB** 70 ff.
- Materieller Beschwerdegegenstand **§ 178 GWB** 14
- Nachschieben von Gründen **§ 178 GWB** 19
- Nebenentscheidung **§ 178 GWB** 70 ff.
- Nebenentscheidung der Vergabekammer **§ 178 GWB** 17
- Notwendigkeit der Hinzuziehung von Verfahrensbevollmächtigten **§ 178 GWB** 72
- Prüfungsumfang **§ 178 GWB** 18
- Rechtsmittelbelehrung **§ 178 GWB** 75
- Rechtsweg **§ 178 GWB** 9
- Rücknahme **§ 178 GWB** 45, 47
- Rügeobliegenheit **§ 178 GWB** 10
- Streitwert **§ 178 GWB** 74
- Teilerfolg **§ 178 GWB** 42
- Tenor **§ 178 GWB** 43 f.
- Unbegründete Beschwerde **§ 178 GWB** 29
- Untersuchungsgrundsatz **§ 178 GWB** 20 ff.
- Unzulässige Beschwerde **§ 178 GWB** 28
- Vergleich **§ 178 GWB** 45 f.
- Verhältnismäßigkeitsgrundsatz **§ 178 GWB** 38
- Zulässigkeit der Beschwerde **§ 178 GWB** 7

- Zulässigkeit des Nachprüfungsantrags **§ 178 GWB** 8 ff.
- Zurückverweisung **§ 178 GWB** 31 ff.

Besondere Dienstleistung **§ 130 GWB** 1 ff.
- Angebotsfrist **§ 130 GWB** 46
- Auftragsänderung **§ 130 GWB** 43 ff.
- CPV-Code **§ 130 GWB** 17, 22
- Dienstleistung von allgemeinem wirtschaftlichen Interesse **§ 130 GWB** 4
- Einheitliche Europäische Eigenerklärung **§ 130 GWB** 47
- Gemischter Auftrag **§ 130 GWB** 19
- Innovationspartnerschaft **§ 130 GWB** 39
- Kommunale Dienstleistung **§ 130 GWB** 30
- Konzession **§ 105 GWB** 126 ff., **§ 130 GWB** 6, 18, **§ 153 GWB** 1 ff., 20 ff.
- Laufzeit **§ 130 GWB** 46
- Nachrangige Dienstleistung **§ 130 GWB** 10 f.
- Nicht offenes Verfahren **§ 130 GWB** 39
- Offenes Verfahren **§ 130 GWB** 39
- Postdienstdienstleistung **§ 130 GWB** 32
- Privilegierung **§ 130 GWB** 35 ff.
- Rechtsdienstleistung **§ 137 GWB** 12, **§ 149 GWB** 9
- Rettungsdienstleistung **§ 130 GWB** 25 f.
- Schwellenwert **§ 130 GWB** 38, **§ 142 GWB** 32
- Sektorenvergabe **§ 130 GWB** 7, 40, **§ 136 GWB** 17, **§ 142 GWB** 30 ff.
- Sicherheitsspezifischer Auftrag **§ 130 GWB** 41, **§ 147 GWB** 9
- Sozialhilferechtliches Dreiecksverhältnis **§ 130 GWB** 3
- Teilnahmefrist **§ 130 GWB** 46
- Unterschwellenbereich **§ 130 GWB** 8
- Verfahrensart **§ 130 GWB** 39 ff.
- Verhandlungsverfahren **§ 130 GWB** 39
- Verordnungsermächtigung **§ 113 GWB** 25 f.
- Verteidigungsspezifischer Auftrag **§ 130 GWB** 41, **§ 147 GWB** 9
- Vorrangige Dienstleistung **§ 130 GWB** 10 f.
- Wettbewerblicher Dialog **§ 130 GWB** 39
- Zulassungssystem **§ 130 GWB** 3
- Zuschlagskriterium **§ 130 GWB** 46

Besondere Dienstleistungskonzession **§ 105 GWB** 126 ff., **§ 153 GWB** 1 ff.
- Änderungsbekanntmachung **§ 153 GWB** 42
- Binnenmarktrelevanz **§ 153 GWB** 61 ff.
- Eignung **§ 153 GWB** 44
- Fakultativer Ausschlussgrund **§ 153 GWB** 45
- Grundsatz der Vergabe **§ 153 GWB** 46 ff.
- Kantinenbetrieb **§ 153 GWB** 30
- Konzessionsausführung **§ 153 GWB** 44
- Krankentransport **§ 153 GWB** 27
- Kündigung **§ 153 GWB** 45
- Leistungsbeschreibung **§ 153 GWB** 44
- Mittelstandsschutz **§ 153 GWB** 48
- Muster für Bekanntmachung **§ 153 GWB** 41
- Nachprüfungsverfahren **§ 153 GWB** 51 ff.
- Rechtsschutz **§ 153 GWB** 50 ff.
- Rettungsdienst **§ 153 GWB** 29
- Schwellenwert **§ 153 GWB** 32 ff.
- Strategisches Ziel **§ 153 GWB** 47
- Umgehungsverbot **§ 153 GWB** 49
- Vergabebekanntmachung **§ 153 GWB** 40
- Vorbehaltene Konzession **§ 153 GWB** 45
- Vorinformation **§ 153 GWB** 39
- Wachdienst **§ 153 GWB** 30
- Zuschlagskriterium **§ 153 GWB** 44
- Zwingender Ausschlussgrund **§ 153 GWB** 45

Besondere Methode **§ 120 GWB** 1 ff.
- Dynamisches Beschaffungssystem **§ 120 GWB** 16 ff.
- Elektronische Auktion **§ 120 GWB** 25 ff.
- Elektronischer Katalog **§ 120 GWB** 33 ff.
- Konzession **§ 154 GWB** 12
- Rahmenvereinbarung **§ 120 GWB** 15
- Sektorenvergabe **§ 142 GWB** 12
- Sicherheitsspezifischer Auftrag **§ 147 GWB** 6
- Verordnungsermächtigung **§ 113 GWB** 27 f.
- Verteidigungsspezifischer Auftrag **§ 147 GWB** 6
- Zentrale Beschaffungstätigkeit **§ 120 GWB** 41 ff.

Besondere Sicherheitsmaßnahme **§ 117 GWB** 21 ff., **§ 150 GWB** 17 ff.

Besonderes Instrument **§ 120 GWB** 1 ff.
- Dynamisches Beschaffungssystem **§ 120 GWB** 16 ff.
- Elektronische Auktion **§ 120 GWB** 25 ff.
- Elektronischer Katalog **§ 120 GWB** 33 ff.
- Konzession **§ 154 GWB** 12
- Rahmenvereinbarung **§ 120 GWB** 15
- Verordnungsermächtigung **§ 113 GWB** 27
- Zentrale Beschaffungstätigkeit **§ 120 GWB** 41 ff.

Besonderes Recht **§ 137 GWB** 40

Bestechung **§ 123 GWB** 21

Bestellbau **§ 103 GWB** 103 ff., **§ 107 GWB** 23 ff.

Bestimmung über das Vergabeverfahren **§ 156 GWB** 18

Beteiligter **§ 179 GWB** 21

Beteiligungskriterium **§ 108 GWB** 27, 38 ff., 53, 65, 72

Betrauung **§ 105 GWB** 41
Betreiberwechsel **§ 131 GWB** 48 ff.
– Arbeitnehmer **§ 131 GWB** 66 ff.
– Auskunftsanspruch **§ 131 GWB** 72 f.
– Begriff **§ 131 GWB** 52
– Betriebsübergang **§ 131 GWB** 48 ff.
– Ermessen **§ 131 GWB** 56 ff.
– Missbrauchsverbot **§ 131 GWB** 71
– Sozialstandard **§ 131 GWB** 53, 61
– Übergangsregel **§ 131 GWB** 62
– Vergabeunterlagen **§ 131 GWB** 49, 64 f.
Betriebsgeheimnis **§ 134 GWB** 106, **§ 163 GWB** 37, **§ 165 GWB** 29 ff.
Betriebshaftpflichtversicherung **§ 122 GWB** 34
Betriebsrisiko **§ 105 GWB** 43, 70 ff.
Betriebsübergang **§ 131 GWB** 48 ff.
Beurkundungsdienstleistung **§ 116 GWB** 35, **§ 149 GWB** 18 ff.
Beweismittel **§ 163 GWB** 8
– Begriff **§ 161 GWB** 57
– Nachprüfungsverfahren **§ 161 GWB** 54 ff.
– Sofortige Beschwerde **§ 172 GWB** 26 f.
– Zulässigkeit **§ 161 GWB** 58
Bewerber **§ 134 GWB** 48
Bewerbergemeinschaft
– Antragsteller **§ 162 GWB** 15
– Eignung **§ 122 GWB** 124 f.
– Fakultativer Ausschlussgrund **§ 124 GWB** 9
– Nachprüfungsantrag **§ 161 GWB** 15
– Rüge **§ 160 GWB** 50
– Verfahrensbeteiligter **§ 162 GWB** 15
– Zwingender Ausschlussgrund **§ 123 GWB** 13
Bewerbungsbedingung **§ 121 GWB** 85
Bewertung der Angebote **§ 127 GWB** 16 ff., 24
– Dokumentation **§ 127 GWB** 29 ff.
– Gleichbehandlungsgrundsatz **§ 97 GWB** 51
– Grundsätze **§ 127 GWB** 20 ff.
– Leistungsbewertung **§ 127 GWB** 70 ff.
– Losweise Unterteilung **§ 127 GWB** 23
– Methode **§ 127 GWB** 37 ff.
– Wirtschaftlichkeitsgrundsatz **§ 97 GWB** 38
– Zuschlagskriterium **§ 127 GWB** 34 ff.
Bewertungsmethode **§ 127 GWB** 37 ff.
– Absolute Bewertung **§ 127 GWB** 48, 74 ff.
– Dreisatz **§ 127 GWB** 60
– Einfache Richtwertmethode **§ 127 GWB** 64
– Erweiterte Richtwertmethode **§ 127 GWB** 65
– Flipping-Effekt **§ 127 GWB** 50
– Gewichtete Richtwertmethode **§ 127 GWB** 66 ff.
– Hyperbolische Bewertung **§ 127 GWB** 60
– Kardinalskala **§ 127 GWB** 77
– Kostenobergrenze **§ 127 GWB** 98 f.
– Leistungsbewertung **§ 127 GWB** 70 ff.
– Lineare Interpolation **§ 127 GWB** 59
– Medianmethode **§ 127 GWB** 67
– Mindestanforderung **§ 127 GWB** 98 ff.
– Mittelwertmethode **§ 127 GWB** 53, 67
– Nominalskala **§ 127 GWB** 76
– Ordinalskala **§ 127 GWB** 78
– Preisabstand **§ 127 GWB** 57 ff.
– Preisbewertung **§ 127 GWB** 41 ff.
– Preisobergrenze **§ 127 GWB** 98 f.
– Preispunkte **§ 127 GWB** 44 ff.
– Punktespanne **§ 127 GWB** 84
– Referenzwertmethode **§ 127 GWB** 68
– Relative Bewertung **§ 127 GWB** 49 ff., 87 ff.
– Rügeobliegenheit **§ 127 GWB** 302 f.
– Schulnoten-Rechtsprechung **§ 127 GWB** 82 ff.
– Stufenmethode **§ 127 GWB** 48
– Stützwert **§ 127 GWB** 52 ff., 91 ff.
– UfAB-II-Methode **§ 127 GWB** 69
– Veröffentlichungspflicht **§ 127 GWB** 284 f.
– Zielerreichungsgrad **§ 127 GWB** 80 ff., 257
Bieter **§ 134 GWB** 39
Bietergemeinschaft **§ 119 GWB** 28
– Änderungen im Mitgliederbestand **§ 97 GWB** 63
– Antragsteller **§ 162 GWB** 15
– Auslastung **§ 124 GWB** 80 ff.
– Eignung **§ 97 GWB** 64, **§ 122 GWB** 124 f.
– Fakultativer Ausschlussgrund **§ 124 GWB** 9
– Gleichbehandlungsgrundsatz **§ 97 GWB** 62 ff.
– Marktanteil **§ 124 GWB** 78
– Markteintrittsfähigkeit **§ 124 GWB** 79 ff.
– Nachprüfungsantrag **§ 161 GWB** 15
– Parallelbeteiligung **§ 124 GWB** 92 ff.
– Partielles Parallelangebot **§ 124 GWB** 95
– Rüge **§ 160 GWB** 50
– Spürbarkeit **§ 124 GWB** 78
– Verfahrensbeteiligter **§ 162 GWB** 15
– Wettbewerbsbeschränkende Vereinbarung **§ 124 GWB** 73 ff., 92 ff.
– Zulässigkeit **§ 124 GWB** 73 ff.
– Zwingender Ausschlussgrund **§ 123 GWB** 13
Bilanz **§ 122 GWB** 34
Bindefrist **§ 169 GWB** 21
Bindungswirkung **§ 179 GWB** 1 ff.
– Ablehnungsfiktion **§ 179 GWB** 17
– Antragsgegner **§ 179 GWB** 21
– Antragsteller **§ 179 GWB** 21
– Beigeladener **§ 179 GWB** 22

- Hauptsacheentscheidung **§ 179 GWB** 14
- Inhaltliche Reichweite **§ 179 GWB** 24 ff.
- Kostenentscheidung **§ 179 GWB** 14
- obiter dictum **§ 179 GWB** 25
- Persönliche Reichweite **§ 179 GWB** 21 ff.
- Reichweite **§ 179 GWB** 24 ff.
- Tatsachenfeststellung **§ 179 GWB** 26
- Unzulässiger Nachprüfungsantrag **§ 179 GWB** 15
- Vorangegangenes Nachprüfungsverfahren **§ 179 GWB** 10
- Vorentscheidung **§ 179 GWB** 11 ff.
- Zwischenentscheidung **§ 179 GWB** 14

Binnenmarktrelevanz **§ 155 GWB** 44 ff.
- Besondere Dienstleistungskonzession **§ 153 GWB** 61 ff.
- Soziale Dienstleistungskonzession **§ 153 GWB** 61 ff.

Bodenabfertigungskonzession **§ 148 GWB** 66
Brandbekämpfung **§ 107 GWB** 64
Brandverhütung **§ 107 GWB** 64
Breitbandkonzession **§ 105 GWB** 69, **§ 148 GWB** 65, **§ 149 GWB** 95
Brennstoff **§ 137 GWB** 34 ff., 36
Buchmacherdienst **§ 149 GWB** 133
Budget-Vergabe **§ 127 GWB** 130
Bundesamt für Verfassungsschutz **§ 145 GWB** 11
Bundesbank **§ 137 GWB** 26
Bundeseisenbahnvermögen **§ 99 GWB** 25
Bundeskriminalamt **§ 145 GWB** 11
Bundespolizei **§ 145 GWB** 11
Bundeswehr **§ 145 GWB** 11
Bundeszentralregister **§ 2 WRegG** 11, **§ 3 WRegG** 6
Bundkörperschaft **§ 99 GWB** 20
Bündnisverpflichtung **§ 169 GWB** 45, **§ 176 GWB** 23
Bus **§ 102 GWB** 35

C

Caritasverband **§ 99 GWB** 114
Compliance **§ 125 GWB** 46
Corona-Pandemie **§ 169 GWB** 46
- Mündliche Verhandlung **§ 166 GWB** 35, **§ 176 GWB** 60

Counter-intelligence activitiy **§ 145 GWB** 9
Culpa in contrahendo **§ 181 GWB** 56 ff.
- Anspruchsgegner **§ 181 GWB** 64 f.
- Anspruchsteller **§ 181 GWB** 63
- Beweislast **§ 181 GWB** 106 ff.
- Bindungswirkung **§ 181 GWB** 107
- Darlegungslast **§ 181 GWB** 106 ff.
- De-facto-Vergabe **§ 181 GWB** 68
- Gerichtsstand **§ 181 GWB** 105
- Höhe des Schadens **§ 181 GWB** 87 ff.
- Kausalität **§ 181 GWB** 84
- Mitverschulden **§ 181 GWB** 99 ff.
- Negatives Interesse **§ 181 GWB** 61, 88 ff.
- Positives Interesse **§ 181 GWB** 61, 92 ff., 108
- Rechtmäßiges Alternativverhalten **§ 181 GWB** 98
- Rechtsanwaltsgebühr **§ 181 GWB** 89
- Unterlassungsanspruch **§ 181 GWB** 59
- Unterschwellenbereich **§ 181 GWB** 60
- Verjährung **§ 181 GWB** 102
- Verletzungshandlung **§ 181 GWB** 79 f.
- Verschulden **§ 181 GWB** 81 ff.
- Vertrauenselement **§ 181 GWB** 85
- Vorvertragliches Schuldverhältnis **§ 181 GWB** 66 ff.
- Zurechnung **§ 181 GWB** 82
- Zuständigkeit **§ 181 GWB** 103 ff.

D

Darlehen **§ 116 GWB** 82, 83 ff., **§ 137 GWB** 27, **§ 149 GWB** 66 ff.
Daseinsvorsorge **§ 105 GWB** 89
- Konzession **§ 105 GWB** 118 ff.
- Vorabgestattungsverfahren **§ 176 GWB** 19

Datenschutz
- Wettbewerbsregister **§ 3 WRegG** 9

De-facto-Vergabe
- Antragsbefugnis **§ 135 GWB** 55 ff.
- Auftragsbekanntmachung **§ 135 GWB** 35 ff.
- Begriff **§ 135 GWB** 10
- Culpa in contrahendo **§ 181 GWB** 68
- Rüge **§ 160 GWB** 86 ff.
- Sittenwidrige vorsätzliche Schädigung **§ 181 GWB** 122
- Unwirksamkeit **§ 135 GWB** 30 ff.
- Vertragsverletzungsverfahren **§ 135 GWB** 110
- Vorabinformation **§ 134 GWB** 27 f.

Delegierende Vereinbarung **§ 108 GWB** 11
Demonstratorsystem **§ 116 GWB** 47, **§ 145 GWB** 42, **§ 150 GWB** 23
Design for all **§ 97 GWB** 87, **§ 121 GWB** 9, 86 ff., **§ 152 GWB** 3
Deutsche Bahn **§ 99 GWB** 25, **§ 102 GWB** 37
Deutsche Krankenhausgesellschaft **§ 99 GWB** 110
Deutsche Post **§ 99 GWB** 25, **§ 102 GWB** 50

Deutsche Welle **§ 99 GWB** 110
Diakoniewerk **§ 99 GWB** 110
Dienstaufsichtsbeschwerde **§ 155 GWB** 53
Dienstleistung von allgemeinem wirtschaftlichem Interesse **§ 103 GWB** 26, **§ 105 GWB** 103, **§ 116 GWB** 96, **§ 130 GWB** 4
Dienstleistungsauftrag **§ 103 GWB** 113 ff.
– Dienstleistungskonzession **§ 105 GWB** 66
– Sektorenvergabe **§ 136 GWB** 16
Dienstleistungskonzession **§ 105 GWB** 58 ff., **§ 148 GWB** 27
– Baukonzession **§ 105 GWB** 63, 67 ff.
– Begriff **§ 153 GWB** 16
– Breitbandkonzession **§ 105 GWB** 69
– Dienstleistung **§ 105 GWB** 62 ff.
– Dienstleistungsauftrag **§ 105 GWB** 66
– Eisenbahnverkehr **§ 131 GWB** 24
– Entgeltlichkeit **§ 105 GWB** 61
– Lieferleistung **§ 105 GWB** 63
Direktvergabe
– Eisenbahnverkehr **§ 131 GWB** 2 f., 18 ff.
– Selbsterbringung **§ 131 GWB** 34 f.
Divergenzvorlage **§ 179 GWB** 1 ff., 29 ff.
– Anhörungsrüge **§ 179 GWB** 32
– Begründung **§ 179 GWB** 59
– Beschränkung **§ 179 GWB** 55
– Eilentscheidung **§ 179 GWB** 40
– Eilverfahren **§ 179 GWB** 51
– Entscheidung über die Divergenzvorlage **§ 179 GWB** 66 ff.
– Entscheidungserheblichkeit **§ 179 GWB** 46
– Hauptsacheentscheidung **§ 179 GWB** 38
– Kostenentscheidung **§ 179 GWB** 38, 58
– Kostenfestsetzung **§ 179 GWB** 69
– Mündliche Verhandlung **§ 179 GWB** 54
– obiter dictum **§ 179 GWB** 46
– Rechtsmittelbelehrung **§ 179 GWB** 60
– Rechtsschutz **§ 179 GWB** 31
– Sofortige Beschwerde **§ 173 GWB** 48
– Streitwert **§ 179 GWB** 58, 69
– Tenor **§ 179 GWB** 57
– Verfahren **§ 179 GWB** 54
– Verfassungsbeschwerde **§ 179 GWB** 33
– Verlängerung der aufschiebenden Wirkung **§ 179 GWB** 51
– Vorabentscheidung über den Zuschlag **§ 179 GWB** 51
– Vorabentscheidungsersuchen **§ 179 GWB** 50
– Vorabgestattungsverfahren **§ 176 GWB** 56
– Wiederherstellung des Zuschlagsverbots **§ 179 GWB** 51
– Zwischenentscheidung **§ 179 GWB** 52
Dokumentation **§ 151 GWB** 10
– Antragsbefugnis **§ 160 GWB** 35
– Transparenzgrundsatz **§ 97 GWB** 31
Doppelbewertung **§ 127 GWB** 220
Dreisatz **§ 127 GWB** 60
Dringlichkeitsvergabe **§ 119 GWB** 54
Drittstaat **§ 103 GWB** 44 ff.
Dynamisches Beschaffungssystem **§ 120 GWB** 16 ff.
– Dynamisches elektronisches Verfahren **§ 120 GWB** 17
– Rahmenvereinbarung **§ 120 GWB** 24
– Vorabinformation **§ 134 GWB** 25
Dynamisches elektronisches Verfahren **§ 120 GWB** 17

E

e-Certis **§ 122 GWB** 46 ff., **§ 123 GWB** 27
Ehrenamtlicher Beisitzer **§ 157 GWB** 16, **§ 158 GWB** 20 ff.
Eigenbetrieb **§ 99 GWB** 27
Eigenerklärung **§ 122 GWB** 44, **§ 152 GWB** 35
Eigenleistungsanteil **§ 127 GWB** 246
Eigenleistungsgebot **§ 131 GWB** 34 f.
Eigenwirtschaftliche Verkehrsleistung **§ 156 GWB** 27
Eignung **§ 122 GWB** 1 ff.
– Ausschlussgrund **§ 122 GWB** 13
– Baukonzession **§ 105 GWB** 147
– Besondere Dienstleistungskonzession **§ 153 GWB** 44
– Bewerbergemeinschaft **§ 122 GWB** 124 f.
– Bietergemeinschaft **§ 97 GWB** 64, **§ 122 GWB** 124 f.
– Eigenerklärung **§ 152 GWB** 35
– Eignungskategorie **§ 122 GWB** 23
– Eignungskriterium **§ 122 GWB** 22 ff., **§ 152 GWB** 28 ff.
– Eignungsleihe **§ 122 GWB** 123, **§ 152 GWB** 37
– Eignungsnachweis **§ 122 GWB** 43 ff., 109
– Einheitliche Europäische Eigenerklärung **§ 152 GWB** 41
– Gesetzestreue **§ 122 GWB** 7
– Gleichbehandlungsgrundsatz **§ 97 GWB** 51, 57 f.
– Innovationspartnerschaft **§ 119 GWB** 92
– Konzession **§ 122 GWB** 4, **§ 151 GWB** 10, **§ 152 GWB** 21 ff., 26 ff., **§ 154 GWB** 15
– Konzessionsbekanntmachung **§ 152 GWB** 32
– Mehr an Eignung **§ 122 GWB** 20

- Mindestanforderung **§ 122 GWB** 117 ff.
- Nachweis **§ 152 GWB** 34 ff.
- Nicht offenes Verfahren **§ 119 GWB** 43
- Offenes Verfahren **§ 119 GWB** 35
- Präqualifikationssystem **§ 122 GWB** 8, 54
- Präqualifikationsverzeichnis **§ 122 GWB** 54
- Präqualifizierungssystem **§ 122 GWB** 3, 52 ff., **§ 152 GWB** 38 ff.
- Prüfung **§ 122 GWB** 107 ff.
- Referenz **§ 152 GWB** 35
- Schlechte Erfahrung **§ 122 GWB** 41
- Sektorenvergabe **§ 122 GWB** 4
- Selbstreinigung **§ 125 GWB** 1 ff.
- Sicherheitsspezifischer Auftrag **§ 122 GWB** 4, **§ 147 GWB** 6
- Soziale Dienstleistungskonzession **§ 153 GWB** 44
- Strategisches Ziel **§ 97 GWB** 114 ff.
- Technische Leistungsfähigkeit **§ 152 GWB** 30
- Unternehmen **§ 122 GWB** 14
- Vergabegrundsatz **§ 97 GWB** 4
- Verhältnismäßigkeitsgrundsatz **§ 97 GWB** 43
- Verteidigungsspezifischer Auftrag **§ 122 GWB** 4, **§ 147 GWB** 6
- Vorbehaltener Auftrag **§ 118 GWB** 18
- Vorinformation **§ 152 GWB** 33
- Weniger an Eignung **§ 122 GWB** 20
- Wettbewerblicher Dialog **§ 119 GWB** 72 f.
- Wettbewerbsgrundsatz **§ 97 GWB** 18
- Zeitpunkt **§ 122 GWB** 113 ff.
- Zuschlagskriterium **§ 122 GWB** 108
- Zuschnitt auf ein Unternehmen **§ 97 GWB** 57 f.
- Zuverlässigkeit **§ 122 GWB** 7

Eignungskategorie **§ 122 GWB** 23

Eignungskriterium **§ 122 GWB** 22 ff.
- Änderung **§ 122 GWB** 102 ff.
- Angemessenheit **§ 122 GWB** 9, 76 ff.
- Aufforderung zur Interessensbestätigung **§ 122 GWB** 10, 99
- Auftragsbekanntmachung **§ 122 GWB** 10
- Ausführungsbedingung **§ 97 GWB** 127, **§ 122 GWB** 15 ff., **§ 128 GWB** 23
- Befähigung zur Berufsausübung **§ 122 GWB** 26 ff.
- Bekanntmachung **§ 97 GWB** 295 ff., **§ 122 GWB** 93 ff.
- Berufliche Leistungsfähigkeit **§ 122 GWB** 38 ff.
- Berufsanfänger **§ 122 GWB** 92 f.
- Berufshaftpflichtversicherung **§ 122 GWB** 34
- Berufsregister **§ 122 GWB** 27
- Betriebshaftpflichtversicherung **§ 122 GWB** 34
- Bilanz **§ 122 GWB** 34
- Eignungskategorie **§ 122 GWB** 23
- Erlaubnis zur Berufsausübung **§ 122 GWB** 26 ff.
- Finanzielle Leistungsfähigkeit **§ 122 GWB** 33 ff.
- Gesetzestreue **§ 122 GWB** 24
- Gewichtung **§ 122 GWB** 106
- Handelsregister **§ 122 GWB** 27
- Handwerksrolle **§ 122 GWB** 27
- ILO-Kernarbeitsnorm **§ 122 GWB** 17
- Jahresabschluss **§ 122 GWB** 36
- Jahresumsatz **§ 122 GWB** 34
- Leistungsbeschreibung **§ 122 GWB** 15 ff.
- Losaufteilung **§ 122 GWB** 85
- Mindestanforderung **§ 122 GWB** 117 ff.
- Mindestumsatz **§ 122 GWB** 35
- Newcomer **§ 122 GWB** 91 f.
- No-Spy-Garantie **§ 122 GWB** 18
- Partnerschaftsregister **§ 122 GWB** 27
- Qualitativer Aspekt **§ 97 GWB** 120
- Qualitatives Eignungskriterium **§ 122 GWB** 13
- Referenz **§ 122 GWB** 89 f.
- Sektorenvergabe **§ 142 GWB** 20 ff.
- Selbstbindung **§ 122 GWB** 102 ff.
- Sozialer Aspekt **§ 97 GWB** 121
- Strategisches Ziel **§ 97 GWB** 118 ff.
- Tariftreueerklärung **§ 122 GWB** 16
- Technische Leistungsfähigkeit **§ 122 GWB** 38 ff.
- Transparenzgrundsatz **§ 97 GWB** 30
- Trennungsgebot **§ 152 GWB** 27
- Umweltbezogener Aspekt **§ 97 GWB** 121
- Verbindung zum Auftragsgegenstand **§ 97 GWB** 135, **§ 122 GWB** 9, 76 ff.
- Vereinsregister **§ 122 GWB** 27
- Vermengungsverbot **§ 152 GWB** 27
- Vermischungsverbot **§ 152 GWB** 27
- Vorinformation **§ 122 GWB** 10, 98 f.
- Wirtschaftliche Leistungsfähigkeit **§ 122 GWB** 33 ff.
- Zeitpunkt **§ 122 GWB** 86 ff.
- Zuschlagskriterium **§ 97 GWB** 118, **§ 122 GWB** 19 ff., **§ 127 GWB** 196, 215 ff., **§ 152 GWB** 27
- Zuverlässigkeit **§ 122 GWB** 24

Eignungsleihe **§ 122 GWB** 123, **§ 152 GWB** 37
- Fakultativer Ausschlussgrund **§ 124 GWB** 11
- Parallelbeteiligung **§ 124 GWB** 88
- Selbstreinigung **§ 125 GWB** 13

– Wettbewerbsbeschränkende Vereinbarung **§ 124 GWB** 88
– Zwingender Ausschlussgrund **§ 123 GWB** 14
Eignungsnachweis **§ 122 GWB** 43 ff.
– Aufforderung zur Interessensbestätigung **§ 122 GWB** 100
– Auftragsbekanntmachung **§ 122 GWB** 100
– Berufliche Leistungsfähigkeit **§ 122 GWB** 39 f.
– Bonitätsauskunft **§ 122 GWB** 72 f.
– e-Certis **§ 122 GWB** 46 ff.
– Eigenerklärung **§ 122 GWB** 44
– Einheitliche Europäische Eigenerklärung **§ 122 GWB** 49 ff.
– Finanzielle Leistungsfähigkeit **§ 122 GWB** 37 f.
– Präqualifikationssystem **§ 122 GWB** 54
– Präqualifikationsverzeichnis **§ 122 GWB** 54
– Präqualifizierungssystem **§ 122 GWB** 52 ff.
– Qualitätsmanagement **§ 122 GWB** 42
– Referenz **§ 122 GWB** 40
– Technische Leistungsfähigkeit **§ 122 GWB** 39 f.
– Umweltmanagement **§ 122 GWB** 42
– Verbindung zum Auftragsgegenstand **§ 97 GWB** 137
– Verhältnismäßigkeit **§ 122 GWB** 45
– Wirtschaftliche Leistungsfähigkeit **§ 122 GWB** 37 f.
Eilverfahren **§ 175 GWB** 73 ff.
Einfache Beiladung **§ 162 GWB** 39
Einfache Richtwertmethode **§ 127 GWB** 64
Einheitliche Europäische Eigenerklärung **§ 119 GWB** 43, 47, 92, **§ 122 GWB** 49 ff., **§ 123 GWB** 27, **§ 130 GWB** 47, **§ 152 GWB** 41
– Akzeptanzpflicht **§ 122 GWB** 51
– Fakultativer Ausschlussgrund **§ 124 GWB** 195
– Formular **§ 122 GWB** 50
– Präqualifizierungssystem **§ 122 GWB** 75
Einkaufskooperation **§ 99 GWB** 21
Einrichtung des öffentlichen Rechts **§ 99 GWB** 35, **§ 101 GWB** 11
Einsatzgleiche Verpflichtung **§ 169 GWB** 45
Einstufiges Verfahren **§ 151 GWB** 7
Einstweilige Verfügung **§ 155 GWB** 40 ff.
– Verfügungsanspruch **§ 155 GWB** 42
– Verfügungsgrund **§ 155 GWB** 41
Einstweiliger Rechtsschutz **§ 11 WRegG** 20
Eisenbahn **§ 102 GWB** 34
Eisenbahnverkehr **§ 131 GWB** 1 ff., **§ 156 GWB** 28 ff.
– Abellio **§ 156 GWB** 28
– Anwendungsbereich **§ 131 GWB** 9 ff.
– Begriff **§ 131 GWB** 13
– Betreiberwechsel **§ 131 GWB** 48 ff.
– Betriebsübergang **§ 131 GWB** 48 ff.
– Dienstleistungskonzession **§ 131 GWB** 24
– Direktvergabe **§ 131 GWB** 2 f., 18 ff.
– Gruppe von Behörden **§ 131 GWB** 20
– Gruppe von Unternehmen **§ 131 GWB** 26
– Hochbahn **§ 131 GWB** 15
– In-House-Vergabe **§ 131 GWB** 18
– Innovationspartnerschaft **§ 131 GWB** 16
– Integrierter öffentlicher Personenverkehrsdienst **§ 131 GWB** 21
– Kontrollkriterium **§ 131 GWB** 27 ff.
– Konzession **§ 154 GWB** 98 ff.
– Konzessionsgeber **§ 131 GWB** 11
– Mittelbare Kontrolle **§ 131 GWB** 30
– Nachrangige Dienstleistung **§ 131 GWB** 1
– Nicht offenes Verfahren **§ 131 GWB** 16
– Nicht-prioritäre Dienstleistung **§ 131 GWB** 1
– Notmaßnahme **§ 131 GWB** 40 ff., **§ 156 GWB** 29
– Offenes Verfahren **§ 131 GWB** 16
– Öffentlicher Auftraggeber **§ 131 GWB** 10, 12
– Öffentlicher Dienstleistungsauftrag **§ 131 GWB** 23
– Rechtlich getrennte Einheit **§ 131 GWB** 25
– Schwebebahn **§ 131 GWB** 15
– Sektorenauftraggeber **§ 131 GWB** 11
– Selbsterbringung **§ 131 GWB** 19 ff.
– Straßenbahn **§ 131 GWB** 15
– Tätigkeitskriterium **§ 131 GWB** 31 ff.
– Territorialitätskriterium **§ 131 GWB** 31 ff.
– Unterauftragsvergabe **§ 131 GWB** 34 f.
– Untergrundbahn **§ 131 GWB** 15
– Verfahrensart **§ 131 GWB** 16
– Verhandlungsverfahren mit Teilnahmewettbewerb **§ 131 GWB** 16
– Verhandlungsverfahren ohne Teilnahmewettbewerb **§ 131 GWB** 17
– Vorinformation **§ 131 GWB** 36 ff.
– Zuständige Behörde **§ 131 GWB** 20
Elektrizität **§ 102 GWB** 23 ff.
Elektronische Auktion **§ 113 GWB** 27 f., **§ 120 GWB** 25 ff.
Elektronische Datenbank **§ 1 WRegG** 37 ff.
Elektronische Kommunikation **§ 97 GWB** 260 ff.
– Bereitstellung von Vergabeunterlagen **§ 97 GWB** 290 ff.
– Elektronisches Mittel **§ 97 GWB** 286 f.
– Geheimwettbewerb **§ 97 GWB** 305 ff.
– Mündliche Kommunikation **§ 97 GWB** 287

– Speichern von Daten **§ 97 GWB** 288 f.
– Textform **§ 97 GWB** 302 ff.
– Verordnungsermächtigung **§ 113 GWB** 29 ff.
– Vorabinformation **§ 97 GWB** 308 ff.
Elektronischer Katalog **§ 120 GWB** 33 ff.
– Rahmenvereinbarung **§ 120 GWB** 39 f.
– Verordnungsermächtigung **§ 113 GWB** 27 f.
Elektronischer Kommunikationsdienst **§ 116 GWB** 98 ff., **§ 149 GWB** 90 ff.
Elektronisches Mittel **§ 97 GWB** 286 f., **§ 119 GWB** 9
Energie **§ 137 GWB** 34 ff., 37
Energiekonzession **§ 148 GWB** 53 ff., 65
Energieverbrauch **§ 97 GWB** 92
Energieversorgungsunternehmen **§ 100 GWB** 16
Energiewirtschaftliche Konzession **§ 105 GWB** 116, **§ 156 GWB** 30 ff.
Entscheidung der Vergabekammer
– Ablehnungsfiktion **§ 167 GWB** 19 ff.
– Beschleunigung **§ 167 GWB** 1 ff.
– Entscheidungsfrist **§ 167 GWB** 8 ff.
– Fehlende Unterschrift **§ 167 GWB** 16 ff.
– Fristverlängerung **§ 167 GWB** 23 ff.
– Schriftlichkeit **§ 167 GWB** 12 ff.
– Verhinderungsvermerk **§ 167 GWB** 14
– Wiederholte Fristverlängerung **§ 167 GWB** 32
Entscheidung nach Lage der Akten **§ 166 GWB** 25 ff.
– Corona-Pandemie **§ 166 GWB** 35
– Form der Zustimmung **§ 166 GWB** 32
– Offensichtliche Unbegründetheit des Antrags **§ 166 GWB** 36 ff., 44 ff.
– Unzulässigkeit des Antrags **§ 166 GWB** 36 ff., 41 ff.
– Widerruflichkeit der Zustimmung **§ 166 GWB** 33
– Zustimmung **§ 166 GWB** 29 ff.
Entsorgungskonzession **§ 148 GWB** 66
Entsteinerungsklausel **§ 114 GWB** 39
Erbbaurecht **§ 105 GWB** 56
Erledigung **§ 169 GWB** 19
– Beschleunigung **§ 167 GWB** 7
– Beschwerdeentscheidung **§ 178 GWB** 45, 48 ff.
– Entscheidungsfrist **§ 167 GWB** 7
Ermittlungsverfahren **§ 123 GWB** 24
Erneuerbare Energie **§ 97 GWB** 92, 93
Errichtungsmaßnahme **§ 99 GWB** 120, 121
Ersatzvornahme **§ 168 GWB** 65
Erweiterte Richtwertmethode **§ 127 GWB** 65
Europa 2020 **§ 97 GWB** 67, **§ 114 GWB** 2, **§ 118 GWB** 5, **§ 119 GWB** 85
Europäische Finanzstabilisierungsfazilität **§ 116 GWB** 80 f., **§ 149 GWB** 57, 64 f.
Europäische Norm **§ 121 GWB** 71
Europäische Technische Bewertung **§ 121 GWB** 72
Europäische Verteidigungsagentur **§ 109 GWB** 14, **§ 145 GWB** 14, 59
Europäischer Stabilitätsmechanismus **§ 116 GWB** 80 f., **§ 149 GWB** 57, 64 f.
Europäisches Patentamt **§ 109 GWB** 14
European Defence Agency **§ 145 GWB** 14, 59
Eventualposition **§ 121 GWB** 36
siehe *Bedarfsposition*
Ex-ante-Bekanntmachung **§ 135 GWB** 9, 86 ff.
– Formular **§ 135 GWB** 94
– Frist **§ 135 GWB** 95 ff.
– Inhalt **§ 135 GWB** 93
Experimentelle Entwicklung **§ 116 GWB** 47, 51, **§ 137 GWB** 15, **§ 149 GWB** 36

F

Fachaufsicht **§ 99 GWB** 94
Fachlos **§ 97 GWB** 206 ff.
Fairer Handel **§ 97 GWB** 84, 93
Fakultativer Ausschlussgrund **§ 97 GWB** 43, **§ 124 GWB** 1 ff.
– Arbeitnehmerentsendung **§ 124 GWB** 208 ff.
– Aufenthalt von Ausländern **§ 124 GWB** 213 ff.
– Auftragssperre **§ 124 GWB** 46
– Beeinflussung **§ 124 GWB** 175 ff., **§ 154 GWB** 69 ff.
– Beleg des Nichtvorliegens **§ 124 GWB** 194 ff.
– Besondere Dienstleistungskonzession **§ 153 GWB** 45
– Bewerbergemeinschaft **§ 124 GWB** 9
– Bietergemeinschaft **§ 124 GWB** 9, 73 ff., 92 ff., **§ 156 GWB** 39
– Eignungsleihe **§ 124 GWB** 11, 88
– Einheitliche Europäische Eigenerklärung **§ 124 GWB** 195
– Einstellung der Unternehmenstätigkeit **§ 124 GWB** 38 ff.
– Ermessen **§ 124 GWB** 197 ff.
– Falschangabe **§ 180 GWB** 25
– Geheimwettbewerb **§ 124 GWB** 71 f., 179 ff.

- Insolvenz **§ 124 GWB** 24 ff., 28 ff., **§ 154 GWB** 40 ff.
- Interessenkonflikt **§ 124 GWB** 100 ff.
- Interessenskonflikt **§ 154 GWB** 53 ff.
- Irreführende Information **§ 124 GWB** 183 ff.
- Konzession **§ 154 GWB** 32 ff.
- Korruptionsregister **§ 124 GWB** 204
- Lieferkettensorgfaltspflicht **§ 124 GWB** 228 ff.
- Liquidation **§ 124 GWB** 24 ff., 35 ff., **§ 154 GWB** 40 ff.
- Mangelhafte Erfüllung **§ 124 GWB** 134 ff., **§ 154 GWB** 60 ff.
- Mindestlohn **§ 124 GWB** 218 ff.
- Nichtübermittlung von Nachweisen **§ 124 GWB** 151 ff., 167 ff.
- Öffentliches Interesse **§ 124 GWB** 200
- Parallelbeteiligung **§ 124 GWB** 84 ff.
- Projektant **§ 124 GWB** 108 ff., **§ 154 GWB** 57 ff.
- Rechtliche Verpflichtung **§ 124 GWB** 16 ff., **§ 154 GWB** 36 ff.
- Rechtsfolge **§ 124 GWB** 197 ff.
- Schlechtleistung **§ 124 GWB** 134 ff., **§ 154 GWB** 60 ff.
- Schwarzarbeit **§ 124 GWB** 223 ff.
- Schwere Verfehlung **§ 124 GWB** 43 ff., **§ 154 GWB** 45 ff.
- Sektorenvergabe **§ 142 GWB** 16 ff.
- Selbstreinigung **§ 124 GWB** 202
- Sicherheitsspezifischer Auftrag **§ 147 GWB** 6, 11 ff.
- Soziale Dienstleistungskonzession **§ 153 GWB** 45
- Strategisches Ziel **§ 97 GWB** 116
- Täuschung **§ 124 GWB** 151 ff., 158 ff., **§ 154 GWB** 65 ff.
- Unterauftragnehmer **§ 124 GWB** 10, 85 ff.
- Unternehmen **§ 124 GWB** 8 ff.
- Verbindung zum Auftragsgegenstand **§ 97 GWB** 136
- Verbundenes Unternehmen **§ 124 GWB** 89 ff.
- Vergaberegister **§ 124 GWB** 204
- Verhältnismäßigkeit **§ 124 GWB** 12 ff., 199
- Verteidigungsspezifischer Auftrag **§ 147 GWB** 6, 11 ff.
- Vertrauensmangel **§ 154 GWB** 72 ff.
- Vertrauenswürdigkeit **§ 147 GWB** 12 ff.
- Vertrauliche Information **§ 124 GWB** 178 ff.
- Vorbefassung **§ 124 GWB** 108 ff., **§ 154 GWB** 57 ff.
- Wettbewerbsbeschränkende Vereinbarung **§ 123 GWB** 3, **§ 124 GWB** 62 ff., **§ 154 GWB** 49 ff., **§ 156 GWB** 39
- Wettbewerbsbeschränkende Verhaltensweise **§ 124 GWB** 62 ff., **§ 154 GWB** 49 ff.
- Wettbewerbsregister **§ 124 GWB** 204, **§ 1 WRegG** 32 ff., **§ 2 WRegG** 40 ff., **§ 7 WRegG** 15 ff.
- Zahlungsunfähigkeit **§ 124 GWB** 24 ff., 27 ff., **§ 154 GWB** 40 ff.
- Zeitpunkt **§ 124 GWB** 205 f.
- Zeitraum **§ 124 GWB** 203, **§ 126 GWB** 1 ff.
- Zurückhalten von Informationen **§ 124 GWB** 151 ff., 162 ff.

Fernsehanstalt **§ 149 GWB** 48
Fernwärmekonzession **§ 148 GWB** 57 ff.
Fester Brennstoff **§ 143 GWB** 10
Feststellungsantrag
- Antragsberechtigung **§ 178 GWB** 56
- Feststellungsinteresse **§ 178 GWB** 58 ff.
- Fortsetzungsfeststellungsantrag **§ 178 GWB** 55
- Frist **§ 178 GWB** 57
- Sofortige Beschwerde **§ 178 GWB** 51 ff.

Feststellungsinteresse **§ 168 GWB** 54
Finanzhilfe **§ 103 GWB** 67 ff.
Finanzielle Dienstleistung **§ 116 GWB** 67 ff., **§ 137 GWB** 23 ff.
- Darlehen **§ 116 GWB** 82, 83 ff., **§ 149 GWB** 66 ff.
- Europäische Finanzstabilisierungsfazilität **§ 116 GWB** 80 f., **§ 149 GWB** 57, 64 f.
- Europäischer Stabilitätsmechanismus **§ 116 GWB** 80 f., **§ 149 GWB** 57, 64 f.
- Finanzierungsleasing **§ 149 GWB** 71
- Finanzinstrument **§ 116 GWB** 71 f., **§ 149 GWB** 61
- Kapitalmarkttypisches Vertrauensverhältnis **§ 116 GWB** 73
- Konzession **§ 149 GWB** 53 ff.
- Kredit **§ 116 GWB** 82, 83 ff., **§ 149 GWB** 66 ff.
- Sicherheitsspezifischer Auftrag **§ 145 GWB** 35 ff.
- Verteidigungsspezifischer Auftrag **§ 145 GWB** 35 ff.
- Wertpapier **§ 116 GWB** 71 ff., **§ 149 GWB** 60 f.
- Zentralbank **§ 116 GWB** 76 ff., **§ 149 GWB** 63 ff.
- Zusammenhangsgeschäft **§ 116 GWB** 75, **§ 149 GWB** 62

Finanzielle Leistungsfähigkeit **§ 122 GWB** 33 ff.
Finanzierungsleasing **§ 149 GWB** 71

Finanzinstrument **§ 116 GWB** 71 ff., **§ 137 GWB** 25, **§ 149 GWB** 61
Fischereipacht **§ 105 GWB** 76, 109
Fixgeschäft **§ 176 GWB** 19
Fliegender Bau **§ 107 GWB** 22
Flipping-Effekt **§ 127 GWB** 50
Flughafen **§ 102 GWB** 42 ff.
Fördermittel **§ 141 GWB** 14 f., **§ 142 GWB** 33 f.
Forschung und Entwicklung **§ 116 GWB** 43 ff., **§ 137 GWB** 14 ff.
– Angewandte Forschung **§ 116 GWB** 47, **§ 145 GWB** 42
– Auftragsforschung **§ 116 GWB** 45, **§ 149 GWB** 31
– Begriff **§ 116 GWB** 47
– Demonstratorsystem **§ 116 GWB** 47, **§ 145 GWB** 16, 42, **§ 150 GWB** 23
– Eigentum **§ 116 GWB** 54, **§ 145 GWB** 43, **§ 149 GWB** 37
– Experimentelle Entwicklung **§ 116 GWB** 47, 51, **§ 145 GWB** 42, **§ 149 GWB** 36
– Forschungsförderung **§ 116 GWB** 45, **§ 149 GWB** 31
– Forschungslabordienst **§ 116 GWB** 51, **§ 149 GWB** 36
– Gemischter Auftrag **§ 116 GWB** 53
– Grundlagenforschung **§ 116 GWB** 47, **§ 145 GWB** 42
– Konzession **§ 149 GWB** 29 ff.
– Meeresforschungsdienst **§ 116 GWB** 51, **§ 149 GWB** 36
– Militärforschung **§ 116 GWB** 52, **§ 149 GWB** 36
– Nutzungsrecht **§ 116 GWB** 54, **§ 149 GWB** 37
– Sicherheitskonzession **§ 150 GWB** 23 f.
– Sicherheitsspezifischer öffentlicher Auftrag **§ 145 GWB** 16 ff., 38 ff.
– Vergütung **§ 116 GWB** 55, **§ 149 GWB** 38
– Verteidigungskonzession **§ 150 GWB** 23 f.
– Verteidigungsspezifischer öffentlicher Auftrag **§ 145 GWB** 16 ff., 38 ff.
– Verwertungsrecht **§ 116 GWB** 54, **§ 149 GWB** 37
Forschungs- und Entwicklungsphase **§ 119 GWB** 95
Forschungsförderung **§ 116 GWB** 45, **§ 149 GWB** 31
Forschungslabordienst **§ 116 GWB** 51, **§ 149 GWB** 36
Fortsetzungsfeststellungsantrag **§ 178 GWB** 55
Fortsetzungsfeststellungsbeschwerde **§ 178 GWB** 55
Fortsetzungsfeststellungsverfahren **§ 168 GWB** 45 ff.
Fossiler Brennstoff **§ 102 GWB** 46 ff., **§ 143 GWB** 10
Frauenförderung **§ 97 GWB** 87
Freiberufliche Leistung **§ 121 GWB** 75 ff.
Freistellungsverfahren **§ 140 GWB** 36 ff.
Funktionale Leistungsbeschreibung **§ 121 GWB** 56 ff., 64
– Aufgabenbeschreibung **§ 121 GWB** 76
– Beispiele **§ 121 GWB** 65
– Eindeutig **§ 121 GWB** 35, 57
– Erschöpfend **§ 121 GWB** 48, 57
– Innovativer Aspekt **§ 97 GWB** 98
– Konstruktive Leistungsbeschreibung **§ 121 GWB** 60
– Verhandlungsverfahren **§ 121 GWB** 64
– Wettbewerblicher Dialog **§ 121 GWB** 64
Funktionaler Auftraggeber **§ 99 GWB** 28 ff.
Funktionsanforderung **§ 121 GWB** 7, 51 ff., 56 ff., 64
– Beispiele **§ 121 GWB** 65
– Verhandlungsverfahren **§ 121 GWB** 64
– Wettbewerblicher Dialog **§ 121 GWB** 64
Fusionskontrollrechtliche Abhängigkeitsvermutung **§ 99 GWB** 96

G

Gas **§ 102 GWB** 23 ff.
Gasförderung **§ 143 GWB** 10
Gaskonzession **§ 148 GWB** 65
Gebietskörperschaft **§ 99 GWB** 13 ff.
Geborener Verfahrensbeteiligter **§ 162 GWB** 10 ff.
Gebühr **§ 176 GWB** 64
Gebührenbeschwerde **§ 175 GWB** 76
Gefahrenabwehr **§ 107 GWB** 57 ff.
Geheimschutz **§ 165 GWB** 24 ff.
Geheimwettbewerb **§ 97 GWB** 22, 305 ff., **§ 119 GWB** 65, **§ 124 GWB** 71 f., 179
Gekorener Verfahrensbeteiligter **§ 162 GWB** 19
Geldbuße **§ 123 GWB** 16, 25
Geldwäsche **§ 123 GWB** 20
Gemeindeverband **§ 99 GWB** 18
Gemeinnützige Organisation **§ 107 GWB** 71 ff.
Gemeinnützige Vereinigung **§ 107 GWB** 71 ff.
Gemeinsame Auftragsvergabe
– Nachprüfungsantrag **§ 161 GWB** 44
– Verordnungsermächtigung **§ 113 GWB** 27 f.
Gemeinsame Nachprüfungsbehörde **§ 158 GWB** 43

Gemeinsame technische Spezifikation **§ 121 GWB** 72
Gemeinschaftsunternehmen **§ 138 GWB** 15, **§ 139 GWB** 1 ff.
– Änderung der Beteiligungsverhältnisse **§ 139 GWB** 21 f.
– Bildung eines Gemeinschaftsunternehmens **§ 139 GWB** 11 ff.
– Gründungsakt **§ 139 GWB** 20
– Konzession **§ 101 GWB** 16, **§ 139 GWB** 8, **§ 154 GWB** 183 ff.
– Sektorenauftraggeber **§ 139 GWB** 14 f.
– Sektorentätigkeit **§ 139 GWB** 16 ff.
– Verbundenes Unternehmen **§ 139 GWB** 7
– Wasserkonzession **§ 149 GWB** 126
Gemeinwirtschaftliche Verkehrsleistung **§ 156 GWB** 27
Gemeinwirtschaftliche Verpflichtung **§ 149 GWB** 145 f.
Gemischte Konzession **§ 110 GWB** 1 ff., **§ 111 GWB** 1 ff., 32 ff., 57 ff., **§ 112 GWB** 1 ff., **§ 148 GWB** 31 f.
– Hauptgegenstand **§ 110 GWB** 20 ff.
– Haupttätigkeit **§ 112 GWB** 29 ff.
– Nichtfeststellbarkeit der Haupttätigkeit **§ 112 GWB** 35 ff.
– Sicherheitsspezifischer Auftrag **§ 112 GWB** 33
– Umgehungsverbot **§ 112 GWB** 34
– Verteidigungsspezifischer Auftrag **§ 112 GWB** 33
– Wert **§ 110 GWB** 25 ff.
Gemischter Auftrag **§ 103 GWB** 5, **§ 110 GWB** 1 ff., **§ 111 GWB** 1 ff., **§ 112 GWB** 1 ff.
– Bauauftrag **§ 103 GWB** 96
– Bereichsausnahme **§ 107 GWB** 8
– Besondere Dienstleistung **§ 130 GWB** 19
– Forschung und Entwicklung **§ 116 GWB** 53
– Gesamtauftrag **§ 111 GWB** 16 ff., **§ 112 GWB** 7 ff., 14 ff.
– Getrennter Auftrag **§ 112 GWB** 11 ff.
– Hauptgegenstand **§ 110 GWB** 20 ff.
– Haupttätigkeit **§ 112 GWB** 15 ff.
– Konzession **§ 111 GWB** 32 ff.
– Nichtfeststellbarkeit der Haupttätigkeit **§ 112 GWB** 21 ff.
– Sektorenauftrag **§ 100 GWB** 40 f.
– Sektorentätigkeit **§ 112 GWB** 6 ff.
– Sektorenvergabe **§ 111 GWB** 28 ff.
– Sicherheitsspezifischer Auftrag **§ 111 GWB** 23 ff., 47 ff., **§ 112 GWB** 16 ff.
– Soziale Dienstleistung **§ 130 GWB** 19
– Trennbarkeit **§ 111 GWB** 6 ff.
– Umgehungsverbot **§ 111 GWB** 51 ff., **§ 112 GWB** 20
– Untrennbarkeit **§ 111 GWB** 41 ff.
– Verteidigungsspezifischer Auftrag **§ 111 GWB** 23 ff., 47 ff., **§ 112 GWB** 16 ff.
– Wert **§ 110 GWB** 25 ff.
Gemischt-wirtschaftliches Unternehmen **§ 99 GWB** 50
Genossenschaft **§ 99 GWB** 48
Gerichtssprache **§ 175 GWB** 50 f.
Geschäftsgeheimnis **§ 134 GWB** 106, **§ 156 GWB** 38, **§ 163 GWB** 37, **§ 165 GWB** 29 ff.
Geschützte Werkstatt **§ 118 GWB** 24
Geschütztes Beschäftigungsverhältnis **§ 118 GWB** 34 ff.
Gesellschaft mit beschränkter Haftung **§ 99 GWB** 48
Gesetzestreue **§ 122 GWB** 7, 24, **§ 123 GWB** 2
Gesetzliches Verbot **§ 135 GWB** 105
Gestattung des sofortigen Zuschlags **§ 169 GWB** 67 ff.
– Beschwerde **§ 169 GWB** 75
– Kosten **§ 169 GWB** 72
– Wartepflicht **§ 169 GWB** 71
Gesundheitskonzession **§ 148 GWB** 49
Gewerbezentralregister **§ 2 WRegG** 7 ff., 12 ff., **§ 3 WRegG** 7
Gewichtete Richtwertmethode **§ 127 GWB** 66 ff.
Gewichtung der Zuschlagskriterien **§ 127 GWB** 114 ff.
– Änderung **§ 152 GWB** 65 ff.
– Auftragsbekanntmachung **§ 127 GWB** 277 ff.
– Konzession **§ 152 GWB** 59 ff.
– Vergabeunterlagen **§ 127 GWB** 277 ff.
Gleichbehandlungsgrundsatz **§ 97 GWB** 7 ff., 46 ff.
– Angebotswertung **§ 97 GWB** 51
– Aufklärung **§ 97 GWB** 60
– Ausschluss **§ 97 GWB** 59
– Begriff der Gleichbehandlung **§ 97 GWB** 48
– Bekanntmachung **§ 97 GWB** 50
– Benachteiligung **§ 97 GWB** 46
– Bietergemeinschaft **§ 97 GWB** 62 ff.
– Eignung **§ 97 GWB** 51, 57 f.
– Fristsetzung **§ 97 GWB** 51
– Konzession **§ 151 GWB** 9
– Leistungsbeschreibung **§ 97 GWB** 50 f., 57 f.
– Nachforderung **§ 97 GWB** 60
– Nachverhandlung **§ 97 GWB** 61
– Örtliche Präsenz **§ 97 GWB** 53 f.
– Ortsansässigkeit **§ 97 GWB** 53 f.

– Projektant **§ 97 GWB** 56
– Prüfung der Angebote **§ 97 GWB** 51
– Prüfung der Teilnahmeanträge **§ 97 GWB** 51
– Rechtsschutz **§ 97 GWB** 65
– Selbstreinigung **§ 125 GWB** 7
– Ungleichbehandlung **§ 97 GWB** 49
– Vorbefassung **§ 97 GWB** 56
– Wissensvorsprung **§ 97 GWB** 55
– Zuschnitt auf ein Unternehmen **§ 97 GWB** 57 f.
Grenzüberschreitendes Interesse **§ 155 GWB** 44 ff.
Grundlagenforschung **§ 116 GWB** 47, **§ 137 GWB** 15, **§ 145 GWB** 42
Grundsatz der Vergabe **§ 97 GWB** 1 ff.
– Ausführungsbedingung **§ 97 GWB** 5
– Besondere Dienstleistungskonzession **§ 153 GWB** 46 ff.
– Eignung **§ 97 GWB** 4
– Gleichbehandlungsgrundsatz **§ 97 GWB** 7 ff., 46
– Soziale Dienstleistungskonzession **§ 153 GWB** 46 ff.
– Transparenz **§ 97 GWB** 7 ff.
– Transparenzgrundsatz **§ 97 GWB** 28 ff.
– Verhältnismäßigkeit **§ 97 GWB** 7 ff.
– Verhältnismäßigkeitsgebot **§ 97 GWB** 42 ff.
– Verordnungsermächtigung **§ 97 GWB** 6
– Wettbewerb **§ 97 GWB** 7 ff., 11 ff.
– Wirtschaftlichkeit **§ 97 GWB** 7 ff.
– Wirtschaftlichkeitsgrundsatz **§ 97 GWB** 37 ff.
– Zusätzliche Anforderung **§ 97 GWB** 5
Grundstücksvertrag **§ 107 GWB** 13 ff.
– Bestellbau **§ 107 GWB** 23 ff.
– Fliegender Bau **§ 107 GWB** 22 ff.
Gründungsgesellschaft **§ 99 GWB** 50
Grundversorger **§ 100 GWB** 16
Gruppe von Behörden **§ 131 GWB** 20
Gruppe von Unternehmen **§ 131 GWB** 26

H

Hafen **§ 102 GWB** 42 ff.
Handelsgesellschaft **§ 99 GWB** 49
Handelsregister **§ 122 GWB** 27, 29
Handwerksrolle **§ 122 GWB** 27
Haushaltsrechtliche Lösung **§ 155 GWB** 6
Hilfsmittelversorgungsvertrag **§ 103 GWB** 87
Hochbahn **§ 131 GWB** 15
Hochschule **§ 99 GWB** 110
Hoflieferantentum **§ 97 GWB** 15, **§ 127 GWB** 244
Hörfunkmediendienst **§ 116 GWB** 57 ff.
– Ankauf von Sendezeit **§ 116 GWB** 65
– Ausstrahlungszeit **§ 116 GWB** 64, **§ 149 GWB** 50 ff.
– Begriff **§ 116 GWB** 60 ff., **§ 149 GWB** 46 ff.
– Bereitstellung von Sendungen **§ 116 GWB** 64, **§ 149 GWB** 50 ff.
– Konzession **§ 149 GWB** 40 ff.
– Mediendiensteanbieter **§ 116 GWB** 62, **§ 149 GWB** 47
– Mediendienstleister **§ 149 GWB** 47
– Rundfunkanstalt **§ 149 GWB** 48
– Sendematerial **§ 116 GWB** 63, **§ 149 GWB** 49
– Sendung **§ 116 GWB** 63, **§ 149 GWB** 49
– Vorbereitungsdienst **§ 149 GWB** 45
Horizontale In-House-Vergabe **§ 108 GWB** 48 ff.
– Beteiligungskriterium **§ 108 GWB** 53
– Kapitalbeteiligung **§ 108 GWB** 53
– Kontrollkriterium **§ 108 GWB** 49
– Wesentlichkeitskriterium **§ 108 GWB** 51 f.
Horizontale öffentlich-öffentliche Zusammenarbeit **§ 108 GWB** 67 ff.
– Bauleistung **§ 108 GWB** 77
– Besserstellungsverbot **§ 108 GWB** 83
– Beteiligungskriterium **§ 108 GWB** 72
– Dienstleistung **§ 108 GWB** 77
– Finanztransfer **§ 108 GWB** 79, 82
– Gemeinsame Aufgabe **§ 108 GWB** 76
– Hilfsgeschäft **§ 108 GWB** 75
– Initiative **§ 108 GWB** 80
– Kapitalbeteiligung **§ 108 GWB** 72
– Kontrollkriterium **§ 108 GWB** 69
– Kooperatives Konzept **§ 108 GWB** 79
– Lieferleistung **§ 108 GWB** 77
– Öffentlicher Auftraggeber **§ 108 GWB** 71
– Öffentliches Interesse **§ 108 GWB** 81 ff.
– Wesentlichkeitskriterium **§ 108 GWB** 84 ff.
– Zusammenarbeit **§ 108 GWB** 73 ff.
Hyperbolische Bewertung **§ 127 GWB** 60

I

ILO-Kernarbeitsnorm **§ 97 GWB** 85, 104, **§ 122 GWB** 17, **§ 128 GWB** 54 ff.
In-camera-Verfahren **§ 164 GWB** 24, **§ 165 GWB** 36, 44 f.
Indexierungsklausel **§ 132 GWB** 98 ff.
Infizierung **§ 99 GWB** 55, 64, 73, **§ 136 GWB** 22

Informationsfreiheit **§ 3 WRegG** 29
Informationspflicht
siehe *Vorabinformation*
In-House-Vergabe **§ 108 GWB** 16 ff.
– Aktiengesellschaft **§ 108 GWB** 23, 25, 28
– Auftraggeberwechsel **§ 132 GWB** 124
– Auftragsänderung **§ 132 GWB** 40, 124
– Beschlussfassendes Organ **§ 108 GWB** 57 f.
– Beteiligungskriterium **§ 108 GWB** 27, 38 ff., 53, 65
– Betrauung **§ 108 GWB** 32
– Eisenbahnverkehr **§ 131 GWB** 18
– Gemeinsame Kontrolle **§ 108 GWB** 50, 54 ff.
– Gesellschaft mit beschränkter Haftung **§ 108 GWB** 26
– Horizontale In-House-Vergabe **§ 108 GWB** 48 ff.
– Inverse In-House-Vergabe **§ 108 GWB** 48 ff.
– Juristische Person **§ 108 GWB** 19
– Kapitalbeteiligung **§ 108 GWB** 38 ff., 53, 65
– Kontrollkriterium **§ 108 GWB** 21 ff., 49, 54 ff.
– Konzession **§ 101 GWB** 16
– Mittelbare Kontrolle **§ 108 GWB** 28
– Öffentlicher Auftrag **§ 103 GWB** 5, 43
– Öffentlicher Auftraggeber **§ 108 GWB** 18
– Unternehmen **§ 103 GWB** 43
– Versicherungsverein auf Gegenseitigkeit **§ 108 GWB** 24
– Wesentlichkeitskriterium **§ 108 GWB** 29 ff., 51 f., 63 f.
Inklusionsabteilung **§ 118 GWB** 31
Inklusionsbetrieb **§ 118 GWB** 31
Innovation **§ 119 GWB** 85, **§ 152 GWB** 66
Innovationspartnerschaft **§ 119 GWB** 81 ff.
– Ablauf des Verfahrens **§ 119 GWB** 90 ff.
– Begrenzung der Bewerber **§ 119 GWB** 92
– Besondere Dienstleistung **§ 130 GWB** 39
– Eignung **§ 119 GWB** 92
– Eisenbahnverkehr **§ 131 GWB** 16
– Forschungs- und Entwicklungsphase **§ 119 GWB** 95
– Innovation **§ 119 GWB** 85
– Innovativer Aspekt **§ 97 GWB** 98
– Leistungsphase **§ 119 GWB** 96
– Nicht offenes Verfahren **§ 119 GWB** 84
– Offenes Verfahren **§ 119 GWB** 84
– Sektorenauftrag **§ 141 GWB** 22
– Sicherheitsspezifischer Auftrag **§ 146 GWB** 8
– Soziale Dienstleistung **§ 130 GWB** 39
– Sukzessive Abschichtung **§ 119 GWB** 93
– Teilnahmefrist **§ 119 GWB** 91
– Teilnahmewettbewerb **§ 119 GWB** 91 ff.
– Ungewöhnlich niedriges Angebot **§ 119 GWB** 94
– Verhandlung **§ 119 GWB** 93 f.
– Verhandlungsverfahren **§ 119 GWB** 17, 84
– Verteidigungsspezifischer Auftrag **§ 146 GWB** 8
– Voraussetzung **§ 119 GWB** 83 ff.
– Wettbewerblicher Dialog **§ 119 GWB** 18, 84
– Zuschlagskriterium **§ 119 GWB** 94
Innovativer Aspekt **§ 97 GWB** 95 ff., 106
– Funktionale Leistungsbeschreibung **§ 97 GWB** 98
– Innovationspartnerschaft **§ 97 GWB** 98
– Nachhaltigkeit **§ 97 GWB** 96
– Nebenangebot **§ 97 GWB** 98
Insolvenz
– Auftragsänderung **§ 132 GWB** 81
– Ausschlussgrund **§ 124 GWB** 24 ff., 28 ff., **§ 154 GWB** 40 ff.
– Zeitraum für Ausschluss **§ 126 GWB** 25 f.
Institutioneller Auftraggeber **§ 99 GWB** 9 ff.
Integrationsunternehmen **§ 97 GWB** 88, **§ 118 GWB** 26 ff.
Integrierter öffentlicher Personenverkehrsdienst **§ 131 GWB** 21
Interessenkonflikt **§ 124 GWB** 100 ff., **§ 151 GWB** 10
– Ermessen **§ 124 GWB** 107
– Konzession **§ 151 GWB** 10, **§ 154 GWB** 53 ff.
– Selbstreinigung **§ 125 GWB** 24
– Vermutung **§ 124 GWB** 106
– Zeitraum für Ausschluss **§ 126 GWB** 33 f.
Interimsvergabe **§ 134 GWB** 30
– Vorabgestattung des Zuschlags **§ 169 GWB** 38
International Procurement Instrument **§ 103 GWB** 46
Internationale Finanzierungseinrichtung **§ 109 GWB** 15 ff., **§ 117 GWB** 38 ff.
Internationale Norm **§ 121 GWB** 72
Internationale Organisation **§ 109 GWB** 11 ff., 15 ff., **§ 117 GWB** 35 ff., 38 ff., **§ 145 GWB** 57 ff., **§ 150 GWB** 49 ff.
Internationale Übereinkunft **§ 109 GWB** 7 ff., **§ 117 GWB** 27 ff., 31 ff., **§ 145 GWB** 46 ff., **§ 150 GWB** 44 ff.
Internationale Vereinbarung **§ 109 GWB** 7 ff., **§ 117 GWB** 27 ff., 31 ff., **§ 145 GWB** 46 ff., 52 ff., **§ 150 GWB** 44 ff., 47 f.
Internationale Verfahrensregel **§ 109 GWB** 1 ff.
Internationale Währungsfonds **§ 109 GWB** 15, **§ 117 GWB** 38

Internationales Abkommen **§ 145 GWB** 52 ff., **§ 150 GWB** 47 f.
Inverse In-House-Vergabe **§ 108 GWB** 48 ff.
- Beteiligungskriterium **§ 108 GWB** 53
- Gemeinsame Kontrolle **§ 108 GWB** 50, 66
- Kapitalbeteiligung **§ 108 GWB** 53
- Kontrollkriterium **§ 108 GWB** 49
- Wesentlichkeitskriterium **§ 108 GWB** 51 f.

Investition **§ 119 GWB** 89
Investitionsaufwendung **§ 105 GWB** 79 ff.
Irreführende Information **§ 124 GWB** 183 ff.

J

Jahresabschluss **§ 122 GWB** 36
Jahresumsatz **§ 122 GWB** 34
Juristische Person **§ 99 GWB** 41 ff.
Juristische Person des öffentlichen Rechts **§ 99 GWB** 44 ff.
Juristische Person des privaten Rechts **§ 99 GWB** 48 ff.

K

Kantinenbetrieb **§ 153 GWB** 30
Kapitalmarkttypisches Vertrauensverhältnis **§ 116 GWB** 73
Kardinalskala **§ 127 GWB** 77
Kartellbehörde **§ 156 GWB** 54 ff.
Kartellrechtliche Lösung **§ 155 GWB** 7
Kartellverfahren **§ 155 GWB** 66 f.
Kaskadenprinzip **§ 113 GWB** 2, **§ 119 GWB** 4
Katastrophenschutz **§ 107 GWB** 47 ff.
Kaufhaus des Bundes **§ 120 GWB** 40
Kausalität **§ 181 GWB** 33 ff.
Kohleförderung **§ 143 GWB** 10
Kommanditgesellschaft **§ 99 GWB** 49
Kommunale Dienstleistung **§ 130 GWB** 30
Kommunaler Zweckverband **§ 99 GWB** 114
Kommunalwirtschaftliche Betätigung **§ 156 GWB** 35 ff.
Kommunikation **§ 151 GWB** 10, **§ 6 WRegG** 138 ff.
Konstruktive Leistungsbeschreibung **§ 121 GWB** 35, 48, 59 ff.
- Aufgabenbeschreibung **§ 121 GWB** 76
- Beispiele **§ 121 GWB** 65
- Eindeutig **§ 121 GWB** 61
- Erschöpfend **§ 121 GWB** 61
- Funktionale Leistungsbeschreibung **§ 121 GWB** 60
- Konventionelle Leistungsbeschreibung **§ 121 GWB** 60

Kontrollkriterium **§ 108 GWB** 21 ff., 49, 59, 69, **§ 131 GWB** 27 ff.
Konventionelle Leistungsbeschreibung **§ 121 GWB** 53 ff.
Konzept **§ 127 GWB** 145
Konzeption für alle Nutzer **§ 152 GWB** 3
Konzernprivileg **§ 138 GWB** 1
Konzession **§ 105 GWB** 1 ff.
- Abfallentsorgungskonzession **§ 148 GWB** 49
- Amortisationsrisiko **§ 105 GWB** 72 ff.
- Angebotsfrist **§ 151 GWB** 10
- Angebotsrisiko **§ 105 GWB** 71, 92 ff.
- Anwendungsbereich **§ 148 GWB** 1 ff., **§ 149 GWB** 1 ff.
- Apothekenkonzession **§ 105 GWB** 11
- Audiovisueller Mediendienst **§ 149 GWB** 40 ff.
- Ausführungsbedingung **§ 152 GWB** 70 ff., **§ 154 GWB** 97
- Ausschließliches Recht **§ 149 GWB** 72 ff., 81 ff.
- Ausschlussgrund **§ 154 GWB** 16 ff.
- Baukonzession **§ 105 GWB** 36 ff., **§ 148 GWB** 26
- Begriff **§ 105 GWB** 18 ff., **§ 148 GWB** 5 ff.
- Bekanntmachung **§ 148 GWB** 62, **§ 151 GWB** 10, 12 ff.
- Beleihung **§ 148 GWB** 12
- Beschaffung **§ 105 GWB** 21 ff., 65 ff., **§ 148 GWB** 34 ff.
- Besondere Dienstleistung **§ 105 GWB** 126 ff., **§ 130 GWB** 6, 18, **§ 153 GWB** 1 ff.
- Besondere Methode **§ 154 GWB** 12
- Besonderes Instrument **§ 154 GWB** 12
- Betrauung **§ 148 GWB** 33
- Betriebskosten **§ 105 GWB** 79 ff.
- Betriebsrisiko **§ 105 GWB** 70 ff., **§ 148 GWB** 42 ff.
- Binnenmarktrelevanz **§ 105 GWB** 142 ff.
- Bodenabfertigungskonzession **§ 148 GWB** 66
- Breitbandkonzession **§ 148 GWB** 65, **§ 149 GWB** 95
- Daseinsvorsorge **§ 105 GWB** 89, 118 ff.
- Design for all **§ 152 GWB** 3 ff.
- Dienstleistung **§ 105 GWB** 62 ff.
- Dienstleistung von allgemeinem wirtschaftlichen Interesse **§ 105 GWB** 103
- Dienstleistungskonzession **§ 105 GWB** 58 ff., **§ 148 GWB** 27
- Eigenerklärung **§ 152 GWB** 35

- Eignung **§ 122 GWB** 4, **§ 151 GWB** 10, **§ 152 GWB** 21 ff., 26 ff., **§ 154 GWB** 15
- Eignungskriterium **§ 152 GWB** 28 ff.
- Eignungsleihe **§ 152 GWB** 37
- Eignungsnachweis **§ 152 GWB** 34 ff.
- Einheitliche Europäische Eigenerklärung **§ 152 GWB** 41
- Einstufiges Verfahren **§ 151 GWB** 7
- Eisenbahnverkehr **§ 154 GWB** 98 ff.
- Elektronischer Kommunikationsdienst **§ 149 GWB** 90 ff.
- Energiekonzession **§ 148 GWB** 53 ff., 65
- Energiewirtschaftliche Konzession **§ 105 GWB** 116
- Entgeltlichkeit **§ 148 GWB** 19 ff.
- Entsorgungskonzession **§ 148 GWB** 66
- Entwicklungsleistung **§ 149 GWB** 29 ff.
- Erlaubnis **§ 105 GWB** 104 ff., **§ 148 GWB** 37 ff.
- Fakultativer Ausschlussgrund **§ 154 GWB** 32 ff.
- Fernwärme **§ 148 GWB** 57 ff.
- Finanzielle Dienstleistung **§ 149 GWB** 53 ff.
- Finanzierungsvertrag **§ 105 GWB** 97 f.
- Fischereipacht **§ 105 GWB** 76, 109
- Forschungsleistung **§ 149 GWB** 29 ff.
- Gaskonzession **§ 101 GWB** 40, **§ 148 GWB** 65
- Gemeinschaftsunternehmen **§ 101 GWB** 16, **§ 154 GWB** 183 ff.
- Gemischte Konzession **§ 148 GWB** 31 f.
- Gesundheitskonzession **§ 148 GWB** 49
- Gewichtung der Zuschlagskriterien **§ 152 GWB** 59 ff.
- Gleichbehandlungsgrundsatz **§ 151 GWB** 9
- Hörfunkmediendienst **§ 149 GWB** 40 ff.
- In-House-Vergabe **§ 101 GWB** 16
- Interessenkonflikt **§ 151 GWB** 10
- Internationale Verfahrensregel **§ 109 GWB** 5 f.
- Investitionsaufwendung **§ 105 GWB** 79 ff.
- Kommunikation **§ 151 GWB** 10
- Konzeption für alle Nutzer **§ 152 GWB** 3 ff.
- Konzessionsbekanntmachung **§ 105 GWB** 143
- Konzessionsgeber **§ 148 GWB** 70 ff.
- Kündigung **§ 133 GWB** 2, **§ 154 GWB** 149 ff.
- Laufzeit **§ 105 GWB** 28, 48, **§ 148 GWB** 23 f., 62, **§ 149 GWB** 121 ff.
- Leistungsbeschreibung **§ 151 GWB** 10, **§ 152 GWB** 2 ff., **§ 154 GWB** 13
- Leistungspflicht **§ 105 GWB** 24
- Lieferkonzession **§ 148 GWB** 27
- Lizenz **§ 105 GWB** 104 ff.
- Lotteriedienstleistung **§ 149 GWB** 131 ff.
- Luftverkehrsdienst **§ 149 GWB** 142 ff.
- Mehrstufiges Verfahren **§ 151 GWB** 7
- Mittelbare Beschaffung **§ 105 GWB** 23
- Nachfragerisiko **§ 105 GWB** 71, 92 ff.
- Nachprüfungsverfahren **§ 155 GWB** 5, 20
- Nachweis **§ 152 GWB** 35
- Nebenangebot **§ 152 GWB** 16 ff.
- Normale Betriebsbedingung **§ 105 GWB** 74 ff.
- Nur-Preis-Vergabe **§ 152 GWB** 56
- Nutzungsrecht **§ 148 GWB** 20 ff.
- Öffentliche Dienstleistung **§ 148 GWB** 28 ff.
- Öffentlicher Auftrag **§ 103 GWB** 27, **§ 136 GWB** 10, **§ 153 GWB** 17
- Öffentliches Kommunikationsnetz **§ 149 GWB** 90 ff.
- Öffentlich-öffentliche Zusammenarbeit **§ 101 GWB** 17
- Öffentlich-rechtlicher Vertrag **§ 148 GWB** 15 f.
- Personenbeförderung **§ 149 GWB** 142 ff.
- Personenverkehrsleistung **§ 101 GWB** 41
- Präqualifizierungssystem **§ 152 GWB** 38 ff.
- Preis **§ 152 GWB** 56 f.
- Primärrecht **§ 149 GWB** 3
- Privatrechtlicher Vertrag **§ 148 GWB** 15 f.
- Produktneutralität **§ 152 GWB** 14 f.
- Qualitativer Belang **§ 152 GWB** 51 ff.
- Rahmenvereinbarung **§ 105 GWB** 122
- Rechtsdienstleistung **§ 149 GWB** 4 ff.
- Referenz **§ 152 GWB** 35
- Rettungsdienstkonzession **§ 148 GWB** 49, 65 f.
- Schriftlichkeit **§ 105 GWB** 19, **§ 148 GWB** 17 f.
- Schwellenwert **§ 106 GWB** 21, **§ 148 GWB** 67 ff.
- Sektorenvergabe **§ 136 GWB** 5
- Selbstreinigung **§ 125 GWB** 14, **§ 154 GWB** 83 ff.
- Sicherheitsbereich **§ 150 GWB** 1 ff., **§ 154 GWB** 75
- Soziale Dienstleistung **§ 105 GWB** 126 ff., **§ 130 GWB** 6, 18, **§ 153 GWB** 1 ff.
- Sozialer Belang **§ 152 GWB** 51 ff.
- Sozialhilferechtliches Dreiecksverhältnis **§ 148 GWB** 14
- Sozialkonzession **§ 105 GWB** 99 ff., **§ 148 GWB** 49
- Spielbankkonzession **§ 148 GWB** 65
- Spielhallenkonzession **§ 105 GWB** 34, **§ 148 GWB** 66

– Sportwettenkonzession **§ 148 GWB** 66
– Straßenrechtliche Konzession **§ 105 GWB** 114
– Strategisches Ziel **§ 97 GWB** 77, **§ 151 GWB** 9, **§ 152 GWB** 51 ff.
– Stromkonzession **§ 101 GWB** 40, **§ 148 GWB** 65
– Taxikonzession **§ 105 GWB** 12
– Technische Leistungsfähigkeit **§ 152 GWB** 30
– Technische Spezifikation **§ 152 GWB** 4
– Teilnahmefrist **§ 151 GWB** 10
– Tierkörperbeseitigungskonzession **§ 148 GWB** 49
– Transparenzgrundsatz **§ 151 GWB** 9
– Trennungsgebot **§ 152 GWB** 27
– Umweltbezogener Belang **§ 152 GWB** 51 ff.
– Ungewöhnlich niedriges Angebot **§ 152 GWB** 57
– Unterrichtung **§ 151 GWB** 10
– Unterschwellenbereich **§ 105 GWB** 132 ff.
– Unwägbarkeit des Marktes **§ 105 GWB** 86 ff.
– Unwirksamkeit **§ 154 GWB** 170 ff.
– Verbundenes Unternehmen **§ 101 GWB** 16, **§ 154 GWB** 175 ff.
– Verfahren **§ 105 GWB** 9, **§ 151 GWB** 1 ff., **§ 152 GWB** 1 ff., **§ 154 GWB** 1 ff.
– Verfahrensart **§ 119 GWB** 2, **§ 151 GWB** 7, **§ 154 GWB** 11
– Verhandlung **§ 151 GWB** 7
– Verkehrsdienstleistungskonzession **§ 105 GWB** 123 f.
– Verkehrskonzession **§ 148 GWB** 49, 66
– Vermengungsverbot **§ 152 GWB** 27
– Vermischungsverbot **§ 152 GWB** 27
– Verordnungsermächtigung **§ 113 GWB** 15
– Verteidigungsbereich **§ 150 GWB** 1 ff., **§ 154 GWB** 75
– Vertrag **§ 105 GWB** 32, **§ 148 GWB** 8 ff.
– Vertragsrisiko **§ 148 GWB** 45, 47
– Vertraulichkeit **§ 151 GWB** 10
– Verwaltungsakt **§ 105 GWB** 29 ff.
– Verwertungsrecht **§ 148 GWB** 20 ff.
– Volksfest **§ 105 GWB** 108
– Vorabgestattungsverfahren **§ 176 GWB** 24
– Vorabinformation **§ 154 GWB** 160 ff.
– Vorbehalten Konzession **§ 154 GWB** 7 ff.
– Vorinformation **§ 151 GWB** 13 ff.
– Wasserkonzession **§ 148 GWB** 65, **§ 149 GWB** 96 ff.
– Wegenutzungskonzession **§ 148 GWB** 50 ff.
– Wegenutzungsvertrag **§ 105 GWB** 115 ff.
– Weihnachtsmarkt **§ 105 GWB** 108
– Wettbewerbsaussetzung **§ 154 GWB** 189 ff.
– Wettbewerbsgrundsatz **§ 151 GWB** 9
– Wirtschaftlicher Gesamtvorteil **§ 152 GWB** 43 ff.
– Wirtschaftlichstes Angebot **§ 152 GWB** 44
– Zeitraum für Ausschlüsse **§ 154 GWB** 91 ff.
– Zugänglichkeitskriterium **§ 152 GWB** 3 ff.
– Zuschlagskriterium **§ 151 GWB** 10, **§ 152 GWB** 42 ff., **§ 154 GWB** 96
– Zuzahlung **§ 105 GWB** 81, 91, **§ 148 GWB** 22
– Zwingender Ausschlussgrund **§ 123 GWB** 4, **§ 154 GWB** 17 ff.

Konzession über soziale und andere besondere Dienstleistungen
siehe *Besondere Dienstleistungskonzession*

Konzessionsänderung **§ 154 GWB** 105 ff.

Konzessionsbekanntmachung **§ 105 GWB** 143, **§ 151 GWB** 10, 12 ff.
– Amtssprache **§ 151 GWB** 20
– Änderungsbekanntmachung **§ 151 GWB** 22 ff.
– Ausnahme **§ 151 GWB** 25 ff.
– Nationale Bekanntmachung **§ 151 GWB** 21
– Vergabekammer **§ 159 GWB** 71
– Verordnungsermächtigung **§ 113 GWB** 25 f.

Konzessionsgeber **§ 98 GWB** 7, **§ 101 GWB** 1 ff., **§ 148 GWB** 70 ff.
– Auftraggeber nach dem Bundesberggesetz **§ 143 GWB** 11
– Ausschließliches Recht **§ 101 GWB** 29 ff., **§ 148 GWB** 76
– Baukonzession **§ 101 GWB** 39
– Baukonzessionär **§ 101 GWB** 2
– Beherrschender Einfluss **§ 101 GWB** 29 f., 32
– Bereichsausnahme **§ 101 GWB** 33
– Besonderes Recht **§ 101 GWB** 29 ff., **§ 148 GWB** 76
– Einrichtung des öffentlichen Rechts **§ 101 GWB** 11
– Infizierung **§ 101 GWB** 25
– Konzession **§ 101 GWB** 13
– Landesrecht **§ 101 GWB** 38
– Öffentlicher Auftraggeber **§ 101 GWB** 10, 20 ff., **§ 148 GWB** 71
– Öffentlicher Sektorenauftraggeber **§ 101 GWB** 23 ff.
– Öffentlich-öffentliche Zusammenarbeit **§ 101 GWB** 17
– Privater Sektorenauftraggeber **§ 101 GWB** 27 ff.
– Sektorenauftraggeber **§ 101 GWB** 23 ff., **§ 148 GWB** 72 ff.

- Sektorentätigkeit **§ 101 GWB** 26, **§ 148 GWB** 73
- Unterschwellenvergabe **§ 101 GWB** 35 ff.

Kooperationsprogramm **§ 145 GWB** 12 ff., **§ 150 GWB** 22 ff.
Koppelungsnachlass **§ 97 GWB** 252
Körperschaft **§ 99 GWB** 44
Korrekturmechanismus **§ 183 GWB** 1 ff.
- Schwerer Verstoß **§ 183 GWB** 19
- Stellungnahme **§ 183 GWB** 10 ff.
- Vertragsverletzungsverfahren **§ 183 GWB** 3
- Voraussetzung **§ 183 GWB** 15 ff.
- Widerlegung **§ 183 GWB** 21 ff.

Korruptionsregister **§ 124 GWB** 204
Kosten **§ 127 GWB** 108, 131 ff., **§ 182 GWB** 1 ff.
- Absehen von Gebührenerhebung **§ 182 GWB** 56
- Amtshandlung **§ 182 GWB** 12 ff.
- Auslage **§ 182 GWB** 60 ff.
- Beiladung **§ 175 GWB** 69 ff., **§ 182 GWB** 90 ff., 127 ff.
- Eilverfahren **§ 175 GWB** 73 ff.
- Entscheidung **§ 182 GWB** 100 ff., 166 ff.
- Erledigung **§ 175 GWB** 63 ff., **§ 182 GWB** 35 ff., 83 ff., 122 ff.
- Gebührenbefreiung **§ 182 GWB** 50 ff.
- Gebührenhöhe **§ 182 GWB** 22 ff.
- Gesamtschuld **§ 182 GWB** 94 ff., 133
- Höchstgebühr **§ 182 GWB** 34
- Kostenerstattungsanspruch **§ 182 GWB** 171
- Kostengrundentscheidung **§ 182 GWB** 170
- Mehrheit von Beteiligten **§ 175 GWB** 72
- Mindestgebühr **§ 182 GWB** 31 ff.
- Rahmengebühr **§ 182 GWB** 23 ff.
- Rechtsverfolgung **§ 182 GWB** 112 ff.
- Rechtsverteidigung **§ 182 GWB** 112 ff.
- Rücknahme **§ 175 GWB** 65 ff., **§ 182 GWB** 35 ff., 83 ff., 122 ff.
- Schadenersatz **§ 182 GWB** 172
- Schuldner **§ 182 GWB** 65 ff.
- Sofortige Beschwerde **§ 175 GWB** 57 ff.
- Teilweises Unterliegen **§ 175 GWB** 60 ff.
- Unterliegen **§ 182 GWB** 68 ff., 114 ff.
- Unzuständigkeit **§ 182 GWB** 53 ff.
- Verfahrenskostenhilfe **§ 182 GWB** 106
- Verschulden **§ 182 GWB** 75 ff., 118 ff.
- Verursachung **§ 182 GWB** 79
- Verwaltungsaufwand **§ 182 GWB** 17 ff.
- Vollstreckung **§ 182 GWB** 110
- Vorabgestattungsverfahren **§ 176 GWB** 63 f.
- Vorschuss **§ 182 GWB** 103 ff.
- Waffengleichheit **§ 182 GWB** 156
- Zwischenentscheidung **§ 182 GWB** 14

Kostenobergrenze **§ 127 GWB** 98 f.
Kostenvorschuss **§ 163 GWB** 49 ff.
Krankenhaus **§ 99 GWB** 110
Krankenkasse **§ 99 GWB** 86, 110
Krankentransport **§ 107 GWB** 60, **§ 153 GWB** 27
Kredit **§ 116 GWB** 82, 83 ff., **§ 137 GWB** 27, **§ 149 GWB** 66 ff.
Kriegswaffenliste **§ 104 GWB** 15
Kriminelle Vereinigung **§ 123 GWB** 18
Krise **§ 169 GWB** 45, **§ 176 GWB** 23
Kündigung **§ 133 GWB** 1 ff., **§ 135 GWB** 114 ff.
- Anfechtung **§ 133 GWB** 33
- Aufhebung **§ 133 GWB** 15
- Auftragsänderung **§ 133 GWB** 26 ff.
- Außerordentliche Kündigung **§ 133 GWB** 15
- Besondere Dienstleistungskonzession **§ 153 GWB** 45
- Konzession **§ 133 GWB** 2, **§ 154 GWB** 149 ff.
- Kündigungsgrund **§ 133 GWB** 16 ff.
- Kündigungsverzicht **§ 132 GWB** 115 f.
- Nachprüfungsbehörde **§ 155 GWB** 21
- Nachprüfungsverfahren **§ 133 GWB** 48, **§ 156 GWB** 51
- Ordentliche Kündigung **§ 133 GWB** 15
- Pflicht zur Kündigung **§ 133 GWB** 8 ff.
- Rahmenvereinbarung **§ 133 GWB** 2
- Rechtsfolge **§ 133 GWB** 41 ff.
- Rechtsschutz **§ 133 GWB** 47
- Rechtsweg **§ 133 GWB** 47, 50
- Rücknahme **§ 132 GWB** 117
- Schadensersatz **§ 133 GWB** 45 f., 50, **§ 135 GWB** 125
- Schwere Verletzung **§ 133 GWB** 36 ff.
- Sektorenvergabe **§ 142 GWB** 12
- Sicherheitsspezifischer Auftrag **§ 133 GWB** 2, **§ 147 GWB** 6
- Soziale Dienstleistungskonzession **§ 153 GWB** 45
- Störung der Geschäftsgrundlage **§ 133 GWB** 14
- Umfang **§ 133 GWB** 28
- Vergabekammer **§ 155 GWB** 21
- Vergütung **§ 133 GWB** 42 ff., 50
- Verteidigungsspezifischer Auftrag **§ 133 GWB** 2, **§ 147 GWB** 6
- Wichtiger Grund **§ 133 GWB** 14
- Zwingender Ausschlussgrund **§ 123 GWB** 36, **§ 133 GWB** 30 ff.

Kündigungsverzicht **§ 132 GWB** 115 f.

L

Länderübergreifende Beschaffung **§ 159 GWB** 67 ff.
Landesversicherungsanstalt **§ 99 GWB** 110
Landkreis **§ 99 GWB** 19
Landwirtschaftskammer **§ 99 GWB** 110
Lead nation concept **§ 145 GWB** 14
Leihe **§ 103 GWB** 72
Leistungsanforderung **§ 121 GWB** 7, 51 ff.
Leistungsbeschreibung **§ 121 GWB** 1 ff., **§ 151 GWB** 10
- Alternativposition **§ 121 GWB** 39 ff.
- Änderung **§ 121 GWB** 32, 34
- Aufgabenbeschreibung **§ 121 GWB** 75 ff.
- Ausführungsbedingung **§ 97 GWB** 127, **§ 121 GWB** 83, **§ 128 GWB** 21
- Auslegung **§ 121 GWB** 31, **§ 152 GWB** 19
- Barrierefreiheit **§ 97 GWB** 87, **§ 121 GWB** 9, 86 ff.
- Baukonzession **§ 105 GWB** 146
- Bedarfsposition **§ 121 GWB** 36 ff.
- Bedingung **§ 121 GWB** 79, 83 ff.
- Bereitstellung der Leistungsbeschreibung **§ 121 GWB** 93 ff.
- Besondere Dienstleistungskonzession **§ 153 GWB** 44
- Bewerbungsbedingung **§ 121 GWB** 85
- Design for all **§ 121 GWB** 9, 86 ff.
- Dritte **§ 121 GWB** 17 f.
- Eignungskriterium **§ 122 GWB** 15 ff.
- Eindeutig **§ 121 GWB** 23 ff., 45, **§ 152 GWB** 7 ff.
- Erschöpfend **§ 121 GWB** 23, 44 ff., **§ 152 GWB** 7 ff.
- Europäische technische Bewertung **§ 121 GWB** 72
- Eventualposition **§ 121 GWB** 36 ff.
- Freiberufliche Leistung **§ 121 GWB** 75 ff.
- Funktionale Leistungsbeschreibung **§ 121 GWB** 35, 48, 56 ff.
- Funktionsanforderung **§ 121 GWB** 7, 51 ff., 51 ff.
- Gleichbehandlungsgrundsatz **§ 97 GWB** 50, 57 f.
- Konstruktive Leistungsbeschreibung **§ 121 GWB** 35, 48, 59 ff.
- Konventionelle Leistungsbeschreibung **§ 121 GWB** 53 ff.
- Konzeption für alle Nutzer **§ 121 GWB** 9, 86 ff.
- Konzession **§ 152 GWB** 2 ff., **§ 154 GWB** 13
- Korrektur **§ 121 GWB** 32
- Leistungsanforderung **§ 121 GWB** 7
- Leistungsprogramm **§ 121 GWB** 56
- Leistungsverzeichnis **§ 121 GWB** 55
- Produktneutralität **§ 97 GWB** 17, **§ 121 GWB** 25, **§ 152 GWB** 14 f.
- Qualitativer Aspekt **§ 97 GWB** 101
- Rangverhältnis **§ 121 GWB** 62 ff.
- Sektorenvergabe **§ 142 GWB** 12
- Sicherheitsspezifischer Auftrag **§ 147 GWB** 1, 6
- Soziale Dienstleistungskonzession **§ 153 GWB** 44
- Strategisches Ziel **§ 97 GWB** 109 ff.
- Technische Anforderung **§ 121 GWB** 68
- Technische Spezifikation **§ 121 GWB** 52, 66 ff.
- Umdeutung **§ 121 GWB** 58
- Umstand **§ 121 GWB** 79 ff.
- Ungewöhnliches Wagnis **§ 121 GWB** 20 ff., 77, 81
- Unmögliche Anforderung **§ 121 GWB** 19
- Unzumutbare Anforderung **§ 121 GWB** 19
- Verbindung zum Auftragsgegenstand **§ 97 GWB** 134
- Vergabeunterlagen **§ 152 GWB** 20
- Verordnungsermächtigung **§ 113 GWB** 25 f.
- Verteidigungsspezifischer Auftrag **§ 147 GWB** 1, 6
- Vertragsbedingung **§ 121 GWB** 84
- Wahlposition **§ 121 GWB** 39 ff.
- Wettbewerbsgrundsatz **§ 97 GWB** 17
- Zugang für Menschen mit Behinderung **§ 121 GWB** 9, 86 ff.
- Zugänglichkeit **§ 97 GWB** 87
- Zuschnitt auf ein Unternehmen **§ 97 GWB** 57 f.
- Zweck **§ 152 GWB** 6

Leistungsfähigkeit
- Berufliche Leistungsfähigkeit **§ 122 GWB** 38 ff.
- Finanzielle Leistungsfähigkeit **§ 122 GWB** 33 ff.
- Technische Leistungsfähigkeit **§ 122 GWB** 38 ff.
- Wirtschaftliche Leistungsfähigkeit **§ 122 GWB** 33 ff.

Leistungsphase **§ 119 GWB** 96
Leistungsprogramm **§ 121 GWB** 56
Leistungsverschiebung **§ 132 GWB** 20
Leistungsverzeichnis **§ 121 GWB** 55
Lieferauftrag **§ 103 GWB** 89 ff.
- Gebrauchsüberlassung **§ 103 GWB** 92
- Immobilie **§ 103 GWB** 91
- Leasing **§ 103 GWB** 92
- Miete **§ 103 GWB** 92

- Nebenleistung **§ 103 GWB** 93
- Pacht **§ 103 GWB** 92
- Ratenkauf **§ 103 GWB** 92
- Sektorenvergabe **§ 136 GWB** 14
- Ware **§ 103 GWB** 90

Lieferkettensorgfaltspflicht **§ 124 GWB** 228
Lieferkonzession **§ 105 GWB** 63, **§ 148 GWB** 27
Lineare Interpolation **§ 127 GWB** 59
Liquidation **§ 124 GWB** 24 ff., 35 ff., **§ 126 GWB** 25 f., **§ 154 GWB** 40 ff.
Loslimitierung **§ 97 GWB** 25, 251
Losunterteilung **§ 97 GWB** 160 ff., 190 ff.
- Anzahl der Lose **§ 97 GWB** 220 ff.
- Beiladung **§ 162 GWB** 33
- Dokumentation **§ 97 GWB** 253 ff.
- Eignungskriterium **§ 122 GWB** 85
- Entsorgungsdienstleistung **§ 97 GWB** 216
- Fachlos **§ 97 GWB** 206 ff.
- Koppelungsnachlass **§ 97 GWB** 252
- Leistungsbestimmungsrecht **§ 97 GWB** 198 ff.
- Loslimitierung **§ 97 GWB** 25, 251
- Loszuschnitt **§ 97 GWB** 220 ff.
- Postdienstleistung **§ 97 GWB** 212
- Reinigungsdienstleistung **§ 97 GWB** 213
- Rettungsdienstleistung **§ 97 GWB** 215
- Straßenbauleistung **§ 97 GWB** 217
- Technischer Grund **§ 97 GWB** 239 ff.
- Teillos **§ 97 GWB** 201 ff.
- Unterbringungsdienstleistung **§ 97 GWB** 214
- Verzicht **§ 97 GWB** 225 ff.
- Wartungsleistung **§ 97 GWB** 219
- Wettbewerbsgrundsatz **§ 97 GWB** 25
- Wirtschaftlicher Grund **§ 97 GWB** 233 ff.
- Zweck **§ 97 GWB** 194 ff.
- Zwei-Stufen-Prüfung **§ 97 GWB** 200

Lotteriedienstleistung
- Ausschließliches Recht **§ 149 GWB** 135
- Buchmacherdienst **§ 149 GWB** 133
- Konzession **§ 149 GWB** 131 ff.
- Spielkasino **§ 149 GWB** 133
- Wetteinrichtung **§ 149 GWB** 133

Luftverkehrsdienst **§ 149 GWB** 142 ff.

M

Managementvertrag **§ 107 GWB** 36
Mandatierende Vereinbarung **§ 108 GWB** 11
Mandatierter Einsatz **§ 169 GWB** 45
Mangelhafte Erfüllung **§ 124 GWB** 134 ff., **§ 154 GWB** 60 ff.
- Erheblichkeit **§ 124 GWB** 142
- Fortdauer **§ 124 GWB** 143
- Schadensersatz **§ 124 GWB** 148
- Vergleichbare Rechtsfolge **§ 124 GWB** 150
- Vorzeitige Beendigung **§ 124 GWB** 147
- Wesentliche Anforderung **§ 124 GWB** 144
- Zeitraum für Ausschluss **§ 126 GWB** 35 f.

Marktbeherrschende Stellung **§ 181 GWB** 124
Markterkundung **§ 156 GWB** 42
Marktzugangsinstrument **§ 103 GWB** 46
Medianmethode **§ 127 GWB** 67
Mediationsverfahren **§ 116 GWB** 26
Mediendiensteanbieter **§ 116 GWB** 62, **§ 149 GWB** 47
Mediendienstleister **§ 149 GWB** 47
Meeresforschungsdienst **§ 116 GWB** 51, **§ 149 GWB** 36
Mehr an Eignung **§ 122 GWB** 20, **§ 127 GWB** 216
Mehrstufiges Verfahren **§ 151 GWB** 7
Messegesellschaft **§ 99 GWB** 110
Militärausrüstung **§ 104 GWB** 6 ff., **§ 107 GWB** 100 ff.
Militärforschung **§ 116 GWB** 52, **§ 149 GWB** 36
Militärgüterliste **§ 104 GWB** 14
Militärischer Abschirmdienst **§ 145 GWB** 11
Mindestanforderung **§ 122 GWB** 117 ff.
- Angemessenheit **§ 122 GWB** 122
- Bekanntmachung **§ 122 GWB** 119 f.
- Selbstbindung **§ 122 GWB** 121

Mindestlohn **§ 97 GWB** 86, **§ 128 GWB** 48 ff.
Mindestumsatz **§ 122 GWB** 35
Mischkalkulation **§ 97 GWB** 34
Missbrauch von Marktmacht **§ 181 GWB** 123 ff.
Missbrauchsverbot **§ 131 GWB** 71
Mittelbare Kontrolle **§ 131 GWB** 30
Mittelbare Vorbefassung **§ 124 GWB** 116
Mittelbarer Projektant **§ 124 GWB** 116
Mittelstandsklausel **§ 97 GWB** 173 ff.
Mittelstandsschutz **§ 97 GWB** 160 ff.
- Absoluter Mittelstandsbegriff **§ 97 GWB** 179 ff.
- Berücksichtigung **§ 97 GWB** 188 ff.
- Besondere Dienstleistungskonzession **§ 153 GWB** 48
- Losunterteilung **§ 97 GWB** 160 ff., 190 ff.
- Mittelstandsklausel **§ 97 GWB** 173 ff.
- Relativer Mittelstandsbegriff **§ 97 GWB** 183 ff.

- Soziale Dienstleistungskonzession **§ 153 GWB** 48

Mittelwertmethode **§ 127 GWB** 53, 67
Mitverschulden **§ 181 GWB** 43 ff., 99 ff., 118
Mitwirkungspflicht **§ 163 GWB** 9, 16, **§ 167 GWB** 35 ff.
Monitoring **§ 114 GWB** 1 ff., 14 ff.
- Aufsichtsbehörde **§ 114 GWB** 7
- Europa 2020 **§ 114 GWB** 2
- Inhalt **§ 114 GWB** 17
- Rechtsschutz **§ 114 GWB** 40
- Überwachungsbericht **§ 114 GWB** 8 f., 19 ff.

Mündliche Kommunikation **§ 97 GWB** 287
Mündliche Verhandlung
- Besetzung **§ 166 GWB** 8
- Beteiligte **§ 166 GWB** 23
- Beweiserhebung **§ 166 GWB** 22
- Corona-Pandemie **§ 166 GWB** 35, **§ 176 GWB** 60
- Durchführung **§ 166 GWB** 11
- Entbehrlichkeit **§ 175 GWB** 14 ff.
- Gelegenheit zur Stellungnahme **§ 166 GWB** 18 ff.
- Geschäftsordnung der Vergabekammer **§ 166 GWB** 2
- Ladung **§ 166 GWB** 13 f., **§ 175 GWB** 11
- Nachprüfungsverfahren **§ 166 GWB** 1 ff.
- Nicht ordnungsgemäße Vertretung **§ 166 GWB** 47 ff.
- Nichterscheinen **§ 166 GWB** 47 ff.
- Niederschrift **§ 166 GWB** 12
- Offensichtliche Unbegründetheit des Antrags **§ 166 GWB** 36 ff., 44 ff.
- Öffentlichkeit **§ 166 GWB** 16
- Sofortige Beschwerde **§ 175 GWB** 10 ff.
- Termin **§ 166 GWB** 10
- Unterlassen der Verhandlung **§ 166 GWB** 17
- Untersuchungsgrundsatz **§ 166 GWB** 15
- Unzulässigkeit des Antrags **§ 166 GWB** 36 ff., 41 ff.
- Verlegung **§ 175 GWB** 12
- Versäumnisurteil **§ 175 GWB** 13
- Verzicht auf mündliche Verhandlung **§ 166 GWB** 25 ff.
- Vorabgestattung des Zuschlags **§ 169 GWB** 32
- Vorabgestattungsverfahren **§ 176 GWB** 59 ff., 62
- Wettbewerbsregister **§ 11 WRegG** 17 f.
- Zustimmung zu Verzicht auf mündliche Verhandlung **§ 166 GWB** 29 ff.

Munition **§ 104 GWB** 13

N

Nachforderung **§ 97 GWB** 60
Nachfragerisiko **§ 105 GWB** 71, 92 ff.
Nachhaltigkeit **§ 97 GWB** 93, 96
Nachprüfungsantrag **§ 160 GWB** 8 ff.
- Änderung des Antrags **§ 160 GWB** 13
- Antrag ins Blaue **§ 161 GWB** 51
- Antragsbefugnis **§ 160 GWB** 15 ff.
- Antragsgegner **§ 161 GWB** 42 ff.
- Antragsteller **§ 161 GWB** 6 f., 33 ff.
- Ausländischer Antragsteller **§ 161 GWB** 33 ff.
- Begehren **§ 161 GWB** 28 ff.
- Begründung **§ 161 GWB** 22 ff.
- Beschreibung der Rechtsverletzung **§ 161 GWB** 49 ff.
- Beweismittel **§ 161 GWB** 54 ff.
- Bewerbergemeinschaft **§ 161 GWB** 15
- Bietergemeinschaft **§ 161 GWB** 15
- Computerfax **§ 161 GWB** 8, 10
- Darlegung der Rüge **§ 161 GWB** 60 ff.
- Einreichung **§ 161 GWB** 17 ff.
- Elektronische Form **§ 161 GWB** 11
- Elektronische Signatur **§ 161 GWB** 11
- E-Mail **§ 161 GWB** 8
- Empfangsbevollmächtigter **§ 161 GWB** 34
- Erweiterung des Antrags **§ 160 GWB** 13
- Form **§ 160 GWB** 14, **§ 161 GWB** 1 ff.
- Gemeinsame Auftragsvergabe **§ 161 GWB** 44
- Inhalt **§ 161 GWB** 1 ff., 38 ff.
- Nachschieben von Vergabeverstößen **§ 161 GWB** 27
- Parteiänderung **§ 161 GWB** 48
- Parteierweiterung **§ 161 GWB** 48
- Qualifizierte elektronische Signatur **§ 161 GWB** 11
- Rücknahme **§ 160 GWB** 11
- Rüge **§ 160 GWB** 36 ff.
- Sachverhaltsdarstellung **§ 161 GWB** 49 ff.
- Schriftform **§ 161 GWB** 8 ff.
- Sonstige Beteiligte **§ 161 GWB** 63 ff.
- Sprache **§ 161 GWB** 16
- Streitgegenstand **§ 160 GWB** 10
- Telefax **§ 161 GWB** 9
- Unverzüglichkeit der Begründung **§ 161 GWB** 25
- Unzuständige Vergabekammer **§ 161 GWB** 20 f.
- Verweisung **§ 161 GWB** 20 f.
- Verwirkung **§ 155 GWB** 27 ff., **§ 160 GWB** 100 ff.

Nachprüfungsbehörde **§ 155 GWB** 1 ff.
– Aufsichtsbehörde **§ 155 GWB** 10, 12, 50 ff.
– Kartellbehörde **§ 155 GWB** 66 f.
– Kartellrechtliche Lösung **§ 155 GWB** 7
– Oberlandesgericht **§ 155 GWB** 13
– Primärrechtsschutz **§ 155 GWB** 14
– Sekundärrechtsschutz **§ 155 GWB** 15
– Vergabekammer **§ 155 GWB** 12
– Vergabeprüfstelle **§ 155 GWB** 9, 12, 58
– Vergabeüberwachungsausschuss **§ 155 GWB** 6, 59
– Zuständigkeit **§ 155 GWB** 16 ff.
Nachprüfungsverfahren **§ 155 GWB** 1 ff.
– Ablehnungsfiktion **§ 167 GWB** 19 ff.
– Amtsermittlung **§ 163 GWB** 4 ff.
– Anforderung der Vergabeakten **§ 163 GWB** 44
– Antrag **§ 160 GWB** 1 ff.
– Antragsbefugnis **§ 155 GWB** 31
– Antragsbindung **§ 168 GWB** 36 ff.
– Aufhebung **§ 155 GWB** 23, **§ 156 GWB** 49, **§ 168 GWB** 28 ff., 49
– Aufhebung der Aufhebung **§ 168 GWB** 32 ff.
– Aufsichtsbeschwerde **§ 155 GWB** 57
– Auftraggeber **§ 155 GWB** 19
– Auftragsänderung **§ 155 GWB** 20, **§ 156 GWB** 49
– Augenschein **§ 163 GWB** 8
– Auskunft **§ 163 GWB** 8
– Außervergaberechtliche Vorschriften **§ 156 GWB** 19 ff.
– Aussetzung **§ 168 GWB** 13 ff.
– Aussetzung des Vergabeverfahrens **§ 169 GWB** 1 ff., 15
– Begründung der Entscheidung **§ 168 GWB** 59
– Bereichsausnahme **§ 155 GWB** 22
– Beschleunigung **§ 167 GWB** 1 ff., **§ 168 GWB** 14, 55
– Besondere Dienstleistungskonzession **§ 153 GWB** 51 ff.
– Bestimmung über das Vergabeverfahren **§ 156 GWB** 18
– Beweiserhebung **§ 166 GWB** 22
– Beweismittel **§ 163 GWB** 8
– Bindungswirkung **§ 156 GWB** 53
– Einleitung **§ 160 GWB** 1 ff.
– Einleitung des Vergabeverfahrens **§ 155 GWB** 24 ff.
– Eisenbahnverkehr **§ 156 GWB** 28 ff.
– Energiewirtschaftsrecht **§ 156 GWB** 30 ff.
– Entscheidung **§ 155 GWB** 35
– Entscheidung der Vergabekammer **§ 168 GWB** 1 ff.
– Entscheidungsfrist **§ 167 GWB** 8 ff.
– Erledigung **§ 168 GWB** 40 ff.
– Ersatzvornahme **§ 168 GWB** 65
– Feststellungsinteresse **§ 168 GWB** 54
– Form der Entscheidung **§ 168 GWB** 56 ff.
– Fortsetzungsfeststellungsverfahren **§ 168 GWB** 45 ff.
– Fristverlängerung **§ 167 GWB** 23 ff.
– Gelegenheit zur Stellungnahme **§ 166 GWB** 18 ff.
– Geschäftsgeheimnis **§ 156 GWB** 38
– Haushaltsrechtliche Lösung **§ 155 GWB** 6
– Inzident-Kontrolle **§ 156 GWB** 20 ff.
– Kartellrecht **§ 156 GWB** 39
– Kartellrechtliche Lösung **§ 155 GWB** 7
– Kommunalwirtschaftliche Betätigung **§ 156 GWB** 35 ff.
– Konzession **§ 155 GWB** 20
– Konzessionen **§ 155 GWB** 5
– Kostenvorschuss **§ 163 GWB** 49 ff.
– Kündigung **§ 133 GWB** 48
– Kündigung des Auftrags **§ 156 GWB** 51
– Landesrecht **§ 170 GWB** 1 ff.
– Maßnahme **§ 168 GWB** 23 ff.
– Mitwirkungspflicht **§ 163 GWB** 9, 16, **§ 167 GWB** 35 ff.
– Mündliche Verhandlung **§ 163 GWB** 6, **§ 166 GWB** 1 ff.
– Nachforderung von Unterlagen **§ 163 GWB** 32
– Nachprüfungsantrag **§ 160 GWB** 8 ff.
– Normenkontrolle **§ 168 GWB** 17
– Offensichtliche Unbegründetheit **§ 163 GWB** 27 ff.
– Offensichtliche Unzulässigkeit **§ 163 GWB** 27 ff.
– Öffentlicher Personenverkehrsdienste **§ 155 GWB** 30
– Personenverkehr **§ 156 GWB** 25 ff.
– Rechtmäßigkeitskontrolle **§ 163 GWB** 17 ff., **§ 168 GWB** 11, 21
– Rechtsmittelbelehrung **§ 168 GWB** 59
– Rügeobliegenheit **§ 155 GWB** 31
– Sachverständiger **§ 163 GWB** 8
– Schadensersatz **§ 156 GWB** 6, 52 f.
– Schriftlichkeit der Entscheidung **§ 167 GWB** 12 ff.
– Schutzschrift **§ 163 GWB** 34 ff.
– Schwellenwert **§ 155 GWB** 18, **§ 163 GWB** 7
– Sicherheitsspezifischer Auftrag **§ 155 GWB** 20

– Sicherheitsvergabe **§ 169 GWB** 4
– Soziale Dienstleistungskonzession **§ 153 GWB** 51 ff.
– Übermittlung des Nachprüfungsantrages **§ 163 GWB** 38 ff.
– Unmittelbarer Zwang **§ 168 GWB** 65
– Unterschrift **§ 168 GWB** 58
– Untersuchungsgrundsatz **§ 155 GWB** 34, **§ 163 GWB** 1 ff., 1
– Unwirksamkeit **§ 135 GWB** 46 ff.
– Unwirksamkeit des Auftrags **§ 156 GWB** 50
– Urkundenbeweis **§ 163 GWB** 8
– Verfahrensförderungspflicht **§ 163 GWB** 9, 16, **§ 167 GWB** 35 ff.
– Vergabeverfahren **§ 156 GWB** 40 ff.
– Vergleich **§ 160 GWB** 12, **§ 168 GWB** 51
– Verhinderungsvermerk **§ 167 GWB** 14, **§ 168 GWB** 58
– Verspätetes Vorbringen **§ 167 GWB** 44 f.
– Verteidigungsspezifischer Auftrag **§ 155 GWB** 20
– Verteidigungsvergabe **§ 169 GWB** 4
– Vertrauliche Unterlage **§ 164 GWB** 1 ff.
– Verwaltungsakt **§ 168 GWB** 56
– Verwaltungsverfahren **§ 170 GWB** 6
– Verweisung **§ 168 GWB** 17 f.
– Vollstreckung **§ 168 GWB** 61 ff.
– Vorabentscheidung **§ 168 GWB** 14 ff.
– Vorabgestattung des Zuschlags **§ 169 GWB** 2, 22 ff.
– Vorbeugender Rechtsschutz **§ 155 GWB** 25, **§ 156 GWB** 43, **§ 168 GWB** 24
– Vorläufige Maßnahme **§ 169 GWB** 3, 76 ff.
– Wartepflicht **§ 155 GWB** 33
– Wegenutzungsvertrag **§ 155 GWB** 30
– Wettbewerb **§ 155 GWB** 20
– Wettbewerbsbeschränkende Vereinbarung **§ 156 GWB** 39
– Wiederholte Fristverlängerung **§ 167 GWB** 32
– Wiederholung der Wertung **§ 168 GWB** 26
– Zeugenaussage **§ 163 GWB** 8
– Zurückversetzung des Vergabeverfahrens **§ 168 GWB** 26
– Zurverfügungstellung der Vergabeakten **§ 163 GWB** 45 ff.
– Zuschlagserteilung **§ 168 GWB** 35, 40 ff.
– Zuschlagsverbot **§ 155 GWB** 33, **§ 169 GWB** 1, 9 ff.
– Zustellung **§ 168 GWB** 60
– Zwangsgeld **§ 168 GWB** 65 f.
Nachrangige Dienstleistung **§ 116 GWB** 10, **§ 130 GWB** 10, **§ 131 GWB** 1, **§ 149 GWB** 7
Nachrichtendienstliche Tätigkeit **§ 145 GWB** 7 ff.
Nachschieben von Gründen **§ 178 GWB** 19
Nachschieben von Vergabeverstößen **§ 161 GWB** 27
Nachweis **§ 152 GWB** 35
Nahverkehrsunternehmen **§ 99 GWB** 110
Nationale Norm **§ 121 GWB** 71
NATO-Truppenstatut **§ 117 GWB** 34, **§ 145 GWB** 56, **§ 150 GWB** 48
Natürliche Person **§ 99 GWB** 43
Nebenangebot
– Innovativer Aspekt **§ 97 GWB** 98
– Konzession **§ 152 GWB** 16 ff.
– Nur-Kosten-Vergabe **§ 127 GWB** 274 ff.
– Nur-Preis-Vergabe **§ 127 GWB** 274 ff.
– Verordnungsermächtigung **§ 113 GWB** 25 f.
– Zuschlagskriterium **§ 127 GWB** 268 ff.
Nebenbeschäftigungstätigkeit **§ 120 GWB** 50
Negatives Interesse **§ 181 GWB** 40, 88 ff.
Newcomer **§ 122 GWB** 91
Nicht linearer Dienst **§ 149 GWB** 45
Nicht offenes Verfahren **§ 119 GWB** 39 ff.
– Ablauf des Verfahrens **§ 119 GWB** 41 ff.
– Angebotsfrist **§ 119 GWB** 46
– Auftragsbekanntmachung **§ 119 GWB** 42
– Besondere Dienstleistung **§ 130 GWB** 39
– Eignung **§ 119 GWB** 43
– Eisenbahnverkehr **§ 131 GWB** 16
– Offenes Verfahren **§ 119 GWB** 15
– Sektorenauftrag **§ 141 GWB** 10 ff.
– Sicherheitsspezifischer Auftrag **§ 146 GWB** 5
– Soziale Dienstleistung **§ 130 GWB** 39
– Teilnahmewettbewerb **§ 119 GWB** 41 ff.
– Verteidigungsspezifischer Auftrag **§ 146 GWB** 5
Nichtigkeit **§ 133 GWB** 12, **§ 135 GWB** 49
– Gesetzliches Verbot **§ 135 GWB** 105
– Sittenwidriges Rechtsgeschäft **§ 135 GWB** 106 f.
Nicht-prioritäre Dienstleistung **§ 116 GWB** 10, **§ 131 GWB** 1, **§ 149 GWB** 7
Nichtübermittlung von Nachweisen **§ 124 GWB** 167 ff.
Nominalskala **§ 127 GWB** 76
Non governmental organization **§ 145 GWB** 59
Normenkontrolle **§ 157 GWB** 12, **§ 168 GWB** 17
North Atlantic Treaty Organization **§ 109 GWB** 14, **§ 145 GWB** 59, **§ 150 GWB** 52
No-Spy-Garantie **§ 122 GWB** 18

Notarielle Dienstleistung **§ 116 GWB** 35, **§ 149 GWB** 18 ff.
Notarkammer **§ 99 GWB** 114
Notfalldienstleistung
siehe *Rettungsdienstleistung*
Notmaßnahme **§ 131 GWB** 40 ff., **§ 156 GWB** 29
– Dauer **§ 131 GWB** 46
– Verschulden **§ 131 GWB** 44
– Vorinformation **§ 131 GWB** 42
Notwendige Beiladung **§ 162 GWB** 39
Nukleare Sicherheit **§ 107 GWB** 70
Nur-Kosten-Vergabe **§ 127 GWB** 127 ff., 274 ff.
Nur-Preis-Vergabe **§ 127 GWB** 127 ff., 274 ff., **§ 152 GWB** 56

O

Oberlandesgericht **§ 155 GWB** 16 ff.
Objektives Kriterium **§ 152 GWB** 47
Offene Handelsgesellschaft **§ 99 GWB** 49
Offenes Verfahren **§ 119 GWB** 22 ff.
– Ablauf des Verfahrens **§ 119 GWB** 26 ff.
– Angebotsfrist **§ 119 GWB** 31
– Auftragsbekanntmachung **§ 119 GWB** 26
– Ausschlussgrund **§ 119 GWB** 34
– Besondere Dienstleistung **§ 130 GWB** 39
– Eignung **§ 119 GWB** 35
– Eisenbahnverkehr **§ 131 GWB** 16
– Nicht offenes Verfahren **§ 119 GWB** 15
– Prüfung der Angebote **§ 119 GWB** 32 ff.
– Sektorenauftrag **§ 141 GWB** 10 ff.
– Sicherheitsspezifischer Auftrag **§ 146 GWB** 6
– Soziale Dienstleistung **§ 130 GWB** 39
– Ungewöhnlich niedriges Angebot **§ 119 GWB** 36
– Vergabeunterlagen **§ 119 GWB** 27 ff.
– Verhandlung **§ 119 GWB** 30
– Verteidigungsspezifischer Auftrag **§ 146 GWB** 6
– Wertung der Angebote **§ 119 GWB** 32 ff.
Öffentliche Gewalt **§ 103 GWB** 13 ff., **§ 149 GWB** 26 f.
Öffentlicher Auftrag
– Ahlhorn **§ 103 GWB** 52
– Anteilserwerb **§ 103 GWB** 62
– Anteilsveräußerung **§ 103 GWB** 53 ff.
– Arzneimittelrabattvertrag **§ 103 GWB** 87
– Auswahlentscheidung **§ 103 GWB** 79 ff.
– Bauauftrag **§ 103 GWB** 94 ff.
– Begriff **§ 103 GWB** 6 ff.
– Beihilfe **§ 103 GWB** 25, 42
– Beleihung **§ 103 GWB** 37 f.
– Beschaffung **§ 103 GWB** 47 ff.
– Dienstleistung von allgemeinem wirtschaftlichen Interesse **§ 103 GWB** 26
– Dienstleistungsauftrag **§ 103 GWB** 113 ff.
– Drittstaat **§ 103 GWB** 44 ff.
– Eingekapselter Beschaffungsvorgang **§ 103 GWB** 52 ff., 54, 60
– Emissionshandel **§ 103 GWB** 64 ff.
– Entgeltlichkeit **§ 103 GWB** 72 ff.
– Finanzhilfe **§ 103 GWB** 67 ff.
– Gemischter Auftrag **§ 103 GWB** 5
– Handlungsform **§ 103 GWB** 33 ff.
– Hilfsmittelversorgungsvertrag **§ 103 GWB** 87
– In-House-Vergabe **§ 103 GWB** 5, 43
– Konzession **§ 103 GWB** 27, **§ 114 GWB** 28, **§ 136 GWB** 10, **§ 153 GWB** 17
– Leihe **§ 103 GWB** 72
– Lieferauftrag **§ 103 GWB** 89 ff.
– Loutraki **§ 103 GWB** 55
– Nachprüfungsverfahren **§ 155 GWB** 20
– Öffentliche Gewalt **§ 103 GWB** 13 ff.
– Öffentlich-öffentliche Zusammenarbeit **§ 108 GWB** 12
– Öffentlich-rechtlicher Vertrag **§ 103 GWB** 36
– Open House **§ 103 GWB** 81
– Privatisierung **§ 103 GWB** 53 ff.
– Rahmenvereinbarung **§ 103 GWB** 121
– Rechtsweg **§ 103 GWB** 88
– Rekommunalisierung **§ 103 GWB** 58 ff.
– Rettungsdienstleistung **§ 103 GWB** 17
– Reverstaatlichung **§ 103 GWB** 58 ff.
– Schenkung **§ 103 GWB** 72
– Schwellenwert **§ 106 GWB** 16 ff.
– Sektorenvergabe **§ 136 GWB** 8 ff.
– Selektivität **§ 103 GWB** 79 ff.
– Sozialhilferechtliches Dreiecksverhältnis **§ 103 GWB** 86
– Sozialrechtliches Dreiecksverhältnis **§ 103 GWB** 83 ff.
– Sponsoring **§ 103 GWB** 76 ff.
– Strategisches Ziel **§ 97 GWB** 77
– Unternehmen **§ 103 GWB** 39 ff.
– Veräußerung **§ 103 GWB** 49 ff.
– Vereinsmitgliedschaft **§ 103 GWB** 63
– Vergabestatistik **§ 114 GWB** 28
– Vermietung **§ 103 GWB** 49 ff.
– Verpachtung **§ 103 GWB** 49 ff.
– Verteidigungsvergabe **§ 103 GWB** 20 ff.
– Vertrag **§ 103 GWB** 28 ff.
– Verwaltungsakt **§ 103 GWB** 35
– Zulassungssystem **§ 103 GWB** 80

Öffentlicher Auftraggeber **§ 98 GWB** 7, **§ 99 GWB** 1 ff.
- Abfallverband **§ 99 GWB** 114
- Abgrenzung **§ 99 GWB** 115
- Abwasserverband **§ 99 GWB** 114
- Aktiengesellschaft **§ 99 GWB** 48
- Aktienrechtliche Abhängigkeitsvermutung **§ 99 GWB** 96
- Allgemeininteresse **§ 99 GWB** 57 ff.
- Anstalt **§ 99 GWB** 44, 46
- Architektenkammer **§ 99 GWB** 114
- Ärztekammer **§ 99 GWB** 110, 114
- Aufsicht **§ 99 GWB** 91 ff.
- Auftraggeber nach dem Bundesberggesetz **§ 143 GWB** 11
- Ausländische Gebietskörperschaft **§ 99 GWB** 15
- Berufsgenossenschaft **§ 99 GWB** 110
- Bestimmung der Mitglieder **§ 99 GWB** 100 ff.
- Bundeseisenbahnvermögen **§ 99 GWB** 25
- Bundkörperschaft **§ 99 GWB** 20
- Caritasverband **§ 99 GWB** 114
- Deutsche Bahn **§ 99 GWB** 25, 110
- Deutsche Krankenhausgesellschaft **§ 99 GWB** 110
- Deutsche Post **§ 99 GWB** 25
- Deutsche Welle **§ 99 GWB** 110
- Diakoniewerk **§ 99 GWB** 110
- Eigenbetrieb **§ 99 GWB** 27
- Einkaufskooperation **§ 99 GWB** 21
- Einrichtung des öffentlichen Rechts **§ 99 GWB** 35
- Erholungseinrichtung **§ 99 GWB** 122
- Errichtung **§ 99 GWB** 123
- Errichtungsmaßnahme **§ 99 GWB** 120
- Fachaufsicht **§ 99 GWB** 94
- Finanzierung **§ 99 GWB** 80 ff.
- Freizeiteinrichtung **§ 99 GWB** 122
- Funktionaler Auftraggeber **§ 99 GWB** 28 ff.
- Fusionskontrollrechtliche Vermutung **§ 99 GWB** 96
- Gebietskörperschaft **§ 99 GWB** 13 ff.
- Gemeindeverband **§ 99 GWB** 18
- Gemischt-wirtschaftliches Unternehmen **§ 99 GWB** 50
- Genossenschaft **§ 99 GWB** 48
- Gesellschaft mit beschränkter Haftung **§ 99 GWB** 48
- Gewinnerzielungsabsicht **§ 99 GWB** 70
- Glücksspielunternehmen **§ 99 GWB** 110
- Gründungsgesellschaft **§ 99 GWB** 50
- Gründungszweck **§ 99 GWB** 51 ff.
- Handelsgesellschaft **§ 99 GWB** 49
- Handwerkskammer **§ 99 GWB** 110
- Hochschule **§ 99 GWB** 110
- Hochschulgebäude **§ 99 GWB** 122
- Infizierung **§ 99 GWB** 55, 64, 73
- Institutioneller Auftraggeber **§ 99 GWB** 9 ff.
- Juristische Person **§ 99 GWB** 41 ff.
- Juristische Person des öffentlichen Rechts **§ 99 GWB** 44 ff.
- Juristische Person des privaten Rechts **§ 99 GWB** 48 ff.
- Kommanditgesellschaft **§ 99 GWB** 49
- Kommunaler Zweckverband **§ 99 GWB** 114
- Konzessionsgeber **§ 101 GWB** 10
- Körperschaft **§ 99 GWB** 44
- Krankenhaus **§ 99 GWB** 110, 122
- Krankenkasse **§ 99 GWB** 86, 110
- Landesbank **§ 99 GWB** 110
- Landesversicherungsanstalt **§ 99 GWB** 110
- Landkreis **§ 99 GWB** 19
- Landwirtschaftskammer **§ 99 GWB** 110
- Messegesellschaft **§ 99 GWB** 110
- Mittelbare Finanzierung **§ 99 GWB** 86
- Nahverkehrsunternehmen **§ 99 GWB** 110
- Natürliche Person **§ 99 GWB** 43
- Nichtgewerblichkeit **§ 99 GWB** 66 ff.
- Notarkammer **§ 99 GWB** 114
- Offene Handelsgesellschaft **§ 99 GWB** 49
- Personalkörperschaft **§ 99 GWB** 20
- Personengesellschaft **§ 99 GWB** 50
- Planungsverband **§ 99 GWB** 114
- Projektgesellschaft **§ 99 GWB** 110
- Realkörperschaft **§ 99 GWB** 20
- Rechtsanwaltskammer **§ 99 GWB** 114
- Rechtsaufsicht **§ 99 GWB** 94
- Regiebetrieb **§ 99 GWB** 27
- Regierungsbezirk **§ 99 GWB** 17
- Religionsgemeinschaft **§ 99 GWB** 23, 47, 65, 110
- Rotes Kreuz **§ 99 GWB** 110
- Rundfunkanstalt **§ 99 GWB** 46, 86, 110
- Schulgebäude **§ 99 GWB** 122
- Schulverband **§ 99 GWB** 114
- Schwellenwert **§ 106 GWB** 16 ff.
- Sondervermögen **§ 99 GWB** 24 ff.
- Sporteinrichtung **§ 99 GWB** 122
- Staatliche Beherrschung **§ 99 GWB** 74 ff.
- Staatlicher Auftraggeber **§ 99 GWB** 9 ff.
- Stiftung **§ 99 GWB** 26, 44
- Strafvollzugsanstalt **§ 99 GWB** 110
- Studentenwerk **§ 99 GWB** 110
- Subventionierter Auftraggeber **§ 99 GWB** 116 ff.
- Tiefbaumaßnahme **§ 99 GWB** 120, 121
- Unfallversicherungsträger **§ 99 GWB** 110

- Verband **§ 99 GWB** 111 ff.
- Verbandskörperschaft **§ 99 GWB** 20
- Verein **§ 99 GWB** 48
- Versorgungswerk **§ 99 GWB** 27
- Verwaltungsgebäude **§ 99 GWB** 122
- Verwaltungsgemeinschaft **§ 99 GWB** 17
- Vorgesellschaft **§ 99 GWB** 50
- Wasserversorgungsverband **§ 99 GWB** 114
- Wirtschaftsförderungsgesellschaft **§ 99 GWB** 110
- Wohnungsbaugesellschaft **§ 99 GWB** 110
- Zeitpunkt **§ 99 GWB** 39 f.
- Zentrale Beschaffungsstelle **§ 99 GWB** 22
- Zweckverband **§ 99 GWB** 20

Öffentlicher Dienstleistungsauftrag **§ 131 GWB** 23

Öffentlicher Personenverkehrsdienst **§ 155 GWB** 30

Öffentlicher Sektorenauftraggeber **§ 100 GWB** 10

Öffentliches Kommunikationsnetz **§ 116 GWB** 98 ff., **§ 149 GWB** 90 ff.

Öffentlich-öffentliche Zusammenarbeit **§ 108 GWB** 1 ff.
- Ausschließliches Recht **§ 116 GWB** 95
- Beweislast **§ 108 GWB** 15
- Darlegungslast **§ 108 GWB** 15
- Delegierende Vereinbarung **§ 108 GWB** 11
- Europäische Institution **§ 108 GWB** 14
- Europäisches Primärrecht **§ 108 GWB** 12
- Horizontale In-House-Vergabe **§ 108 GWB** 48 ff.
- Horizontale öffentlich-öffentliche Zusammenarbeit **§ 108 GWB** 67 ff.
- In-House-Vergabe **§ 108 GWB** 16 ff.
- Inverse In-House-Vergabe **§ 108 GWB** 48 ff.
- Kommunale Selbstverwaltungsgarantie **§ 108 GWB** 10
- Konzessionsgeber **§ 108 GWB** 94 f.
- Mandatierende Vereinbarung **§ 108 GWB** 11
- Nachträgliche Änderung **§ 108 GWB** 13, 88 f.
- Öffentlicher Auftrag **§ 108 GWB** 12
- Sektorenauftraggeber **§ 108 GWB** 94 f.
- Selbstverwaltungsgarantie **§ 108 GWB** 10
- Unterauftragsvergabe **§ 108 GWB** 13
- Verbundenes Unternehmen **§ 138 GWB** 5 ff.
- Vorwirkung **§ 108 GWB** 87
- Wasserkonzession **§ 149 GWB** 125
- Wegfall der Voraussetzungen **§ 108 GWB** 13
- Wegfall von Voraussetzungen **§ 108 GWB** 88 f.

Öffentlich-rechtlicher Vertrag **§ 103 GWB** 36

Ölförderung **§ 143 GWB** 10

Open House **§ 103 GWB** 81

Operational need **§ 145 GWB** 25

Option **§ 132 GWB** 44 ff.

Ordinalskala **§ 127 GWB** 78

Organbestellung **§ 107 GWB** 33

Organisation **§ 127 GWB** 24 ff.

Organisation Conjointe de Coopération en Matière d'Armement **§ 145 GWB** 14, 59

Örtliche Nähe **§ 127 GWB** 245

Örtliche Präsenz **§ 97 GWB** 53 f.

Ortsansässigkeit **§ 97 GWB** 53 f.

P

Pandemie **§ 176 GWB** 19

Parallelbeteiligung **§ 124 GWB** 84 ff.
- Bietergemeinschaft **§ 124 GWB** 92 ff.
- Eignungsleihe **§ 124 GWB** 88
- Partielles Parallelangebot **§ 124 GWB** 95
- Unterauftragnehmer **§ 124 GWB** 85 ff.
- Verbundenes Unternehmen **§ 124 GWB** 89 ff.

Parteivernehmung **§ 175 GWB** 35

Partielles Parallelangebot **§ 124 GWB** 95

Partnerschaftsregister **§ 122 GWB** 27

Personalbezogenes Zuschlagskriterium **§ 127 GWB** 219

Personalkonzept **§ 127 GWB** 223 ff.

Personalkörperschaft **§ 99 GWB** 20

Personenbeförderung **§ 149 GWB** 142 ff.

Personengesellschaft **§ 99 GWB** 50

Personenverkehr
- Eigenwirtschaftliche Verkehrsleistung **§ 156 GWB** 27
- Eisenbahnverkehr **§ 156 GWB** 28 ff.
- Gemeinwirtschaftliche Verkehrsleistung **§ 156 GWB** 27
- Hüttebräucker **§ 156 GWB** 26
- Nachprüfungsverfahren **§ 156 GWB** 25 ff.

Personenverkehrsdienst
- Rüge **§ 160 GWB** 48

Personenverkehrsleistung
- Direktvergabe **§ 149 GWB** 149
- Eisenbahnverkehr **§ 149 GWB** 151 ff.
- Konzession **§ 101 GWB** 41, **§ 149 GWB** 142 ff.
- Sektorenvergabe **§ 142 GWB** 12
- Sicherheitsspezifischer Auftrag **§ 147 GWB** 6
- Verteidigungsspezifischer Auftrag **§ 147 GWB** 6

Planungsverband **§ 99 GWB** 114
Planungswettbewerb **§ 103 GWB** 126
Polizei **§ 150 GWB** 31
Portal **§ 6 WRegG** 140
Positives Interesse **§ 181 GWB** 40, 92 ff.
Postdienst **§ 102 GWB** 50
Postdienstleistung **§ 130 GWB** 32
Präqualifikationssystem **§ 122 GWB** 8, 54
Präqualifikationsverzeichnis **§ 122 GWB** 54
Präqualifizierungsdatenbank für den Liefer- und Dienstleistungsbereich **§ 122 GWB** 70
Präqualifizierungssystem **§ 122 GWB** 3, 52 ff.
– Akzeptanzpflicht **§ 122 GWB** 60 ff., 65
– Antrag **§ 122 GWB** 57
– Bauauftrag **§ 122 GWB** 63 ff.
– Bonitätsauskunft **§ 122 GWB** 72 f.
– Dienstleistungsauftrag **§ 122 GWB** 66 ff.
– Eignungsvermutung **§ 122 GWB** 66
– Einheitliche Europäische Eigenerklärung **§ 122 GWB** 75
– Konzession **§ 152 GWB** 38 ff.
– Lieferauftrag **§ 122 GWB** 66 ff.
– Präqualifikationsverzeichnis **§ 122 GWB** 54
– Präqualifizierungsdatenbank für den Liefer- und Dienstleistungsbereich **§ 122 GWB** 70
– Unternehmer- und Lieferantenverzeichnis für öffentliche Aufträge **§ 122 GWB** 71
– Wettbewerbsregister **§ 5 WRegG** 43 ff.
Präsentation **§ 127 GWB** 147
Preferred bidder **§ 119 GWB** 65, 75
Preis **§ 127 GWB** 107, 131 ff.
Preisanpassungsklausel **§ 127 GWB** 137, **§ 132 GWB** 43, 111
Preiserhöhung **§ 132 GWB** 109
Preis-Leistungs-Verhältnis **§ 127 GWB** 102 ff.
Preisnachlass **§ 127 GWB** 136
Preisobergrenze **§ 127 GWB** 98 f.
Preispunkte **§ 127 GWB** 44 ff.
Preisrecht **§ 127 GWB** 155 ff.
Preissenkung **§ 132 GWB** 110
Preisverhandlungsklausel **§ 132 GWB** 112
Primärrechtsschutz **§ 155 GWB** 8, 14
Privater Sektorenauftraggeber **§ 100 GWB** 12 ff.
Privatisierung **§ 103 GWB** 53 ff.
Produktneutralität
– Leistungsbeschreibung **§ 121 GWB** 25
– Zuschlagskriterium **§ 127 GWB** 248
Projektant
siehe *Vorbefassung*
Projektgesellschaft **§ 99 GWB** 110

Q

Qualifizierter Krankentransport **§ 107 GWB** 60
Qualifizierungsgesellschaft **§ 118 GWB** 32
Qualitativer Aspekt **§ 97 GWB** 100 ff.
– Ausführungsbedingung **§ 97 GWB** 101
– Eignungskriterium **§ 97 GWB** 120
– Leistungsbeschreibung **§ 97 GWB** 101
– Zuschlagskriterium **§ 97 GWB** 101 f., 123 ff., **§ 127 GWB** 143 ff.
Qualitatives Eignungskriterium **§ 122 GWB** 13
Qualitätsmanagement **§ 122 GWB** 42
Qualitätssicherung **§ 127 GWB** 146

R

Rahmenvereinbarung **§ 103 GWB** 117 ff.
– Auftraggeber **§ 103 GWB** 119
– Auftragswert **§ 103 GWB** 123
– Besondere Methode **§ 120 GWB** 15
– Besonderes Instrument **§ 120 GWB** 15
– Dynamisches Beschaffungssystem **§ 120 GWB** 24
– Elektronischer Katalog **§ 120 GWB** 39 f.
– Internationale Verfahrensregel **§ 109 GWB** 5
– Konzession **§ 105 GWB** 122
– Kündigung **§ 133 GWB** 2
– Laufzeit **§ 130 GWB** 46
– Menge **§ 103 GWB** 118
– Öffentlicher Auftrag **§ 103 GWB** 121
– Sektorenvergabe **§ 136 GWB** 5
– Vergabestatistik **§ 114 GWB** 31
– Verordnungsermächtigung **§ 113 GWB** 27 f.
– Vorabgestattungsverfahren **§ 176 GWB** 24
– Vorabinformation **§ 134 GWB** 25 f.
– Vorbehaltener Auftrag **§ 118 GWB** 15
– Wettbewerbsgrundsatz **§ 97 GWB** 23
Räumlich relevanter Markt **§ 140 GWB** 23 f.
Realkörperschaft **§ 99 GWB** 20
Rechtmäßiges Alternativverhalten **§ 181 GWB** 35 ff., 98
Rechtmäßigkeitskontrolle **§ 163 GWB** 17 ff., **§ 168 GWB** 11, 21, **§ 175 GWB** 24
Rechtsanwalt **§ 116 GWB** 13
Rechtsanwaltskammer **§ 99 GWB** 114
Rechtsaufsicht **§ 99 GWB** 94
Rechtsberatung **§ 116 GWB** 18, **§ 130 GWB** 33 f., **§ 149 GWB** 14
Rechtsdienstleistung **§ 116 GWB** 8 ff., **§ 137 GWB** 9 ff.
– Angriffshandlung **§ 116 GWB** 23
– Auftragsänderung **§ 116 GWB** 27

- Beglaubigungsdienstleistung **§ 116 GWB** 35, **§ 149 GWB** 18 ff.
- Besondere Dienstleistung **§ 149 GWB** 9
- Betreuer **§ 116 GWB** 36, **§ 149 GWB** 23
- Beurkundungsdienstleistung **§ 116 GWB** 35, **§ 149 GWB** 18 ff.
- Ergänzungspfleger **§ 116 GWB** 36, **§ 149 GWB** 23
- Gerichtsverfahren **§ 149 GWB** 16
- Hoheitliche Befugnis **§ 116 GWB** 39 ff., **§ 149 GWB** 25 ff.
- Insolvenzverwalter **§ 116 GWB** 36, **§ 149 GWB** 23
- Konzession **§ 149 GWB** 4 ff.
- Mediationsverfahren **§ 116 GWB** 26
- Nachlasspfleger **§ 116 GWB** 36, **§ 149 GWB** 23
- Nachprüfungsverfahren **§ 116 GWB** 33
- Nachrangige Dienstleistung **§ 116 GWB** 10, **§ 149 GWB** 7
- Nicht prioritäre Dienstleistung **§ 116 GWB** 10, **§ 149 GWB** 7
- Notarielle Dienstleistung **§ 116 GWB** 35, **§ 149 GWB** 18 ff.
- Öffentliche Gewalt **§ 149 GWB** 26 f.
- Pfleger **§ 116 GWB** 36, **§ 149 GWB** 23
- Rechtsanwalt **§ 116 GWB** 13, **§ 149 GWB** 15
- Rechtsberatung **§ 116 GWB** 18 ff., **§ 149 GWB** 14 ff.
- Rüge **§ 116 GWB** 34
- Sachverständiger **§ 116 GWB** 36, **§ 149 GWB** 23
- Sachwalter **§ 116 GWB** 36, **§ 149 GWB** 23
- Schiedsgerichtsdienstleistungen **§ 116 GWB** 17
- Schiedsgerichtsverfahren **§ 149 GWB** 16
- Schiedsrichtervertrag **§ 116 GWB** 25
- Schiedsvereinbarung **§ 116 GWB** 25
- Schlichtungsdienstleistungen **§ 116 GWB** 17
- Schlichtungsverfahren **§ 149 GWB** 16
- Sequester **§ 116 GWB** 36, **§ 149 GWB** 23
- Treuhänder **§ 116 GWB** 36, **§ 149 GWB** 23
- Umgangspfleger **§ 116 GWB** 36, **§ 149 GWB** 23
- Verfahrensbeistand **§ 116 GWB** 36, **§ 149 GWB** 23
- Verfahrenspfleger **§ 116 GWB** 36, **§ 149 GWB** 23
- Verteidigungshandlung **§ 116 GWB** 24, 32
- Vertretung **§ 116 GWB** 12 ff., **§ 149 GWB** 10 ff.
- Verwalter **§ 116 GWB** 36, **§ 149 GWB** 23
- Verwaltungshelfer **§ 116 GWB** 42
- Verwaltungsverfahren **§ 149 GWB** 16
- Vormund **§ 116 GWB** 36, **§ 149 GWB** 23
- Zwangsverwalter **§ 116 GWB** 36, **§ 149 GWB** 23

Rechtsdienstleistungen
- Beleihung **§ 116 GWB** 41

Rechtsmissbrauch **§ 180 GWB** 1 ff.
Rechtsmittelbelehrung **§ 168 GWB** 59
Rechtsschutz
- Aufsichtsbeschwerde **§ 155 GWB** 50 ff.
- Dienstaufsichtsbeschwerde **§ 155 GWB** 53
- Kartellverfahren **§ 155 GWB** 66 f.
- Nachprüfungsverfahren **§ 155 GWB** 1 ff.
- Primärrechtsschutz **§ 155 GWB** 8, 14
- Prüfverfahren **§ 155 GWB** 58
- Sekundärrechtsschutz **§ 155 GWB** 15
- Überwachungsverfahren **§ 155 GWB** 59
- Vertragsverletzungsverfahren **§ 155 GWB** 63 f.
- Vorabentscheidungsersuchen **§ 155 GWB** 65

Rechtsschutz unterhalb der Schwellenwerte **§ 155 GWB** 37 ff.
- Binnenmarktrelevanz **§ 155 GWB** 44 ff.
- Einstweilige Verfügung **§ 155 GWB** 40 ff.
- Europäisches Primärrecht **§ 155 GWB** 43 ff.
- Grenzüberschreitendes Interesse **§ 155 GWB** 44 ff.
- Verfügungsanspruch **§ 155 GWB** 42
- Verfügungsgrund **§ 155 GWB** 41
- Zuständigkeit **§ 155 GWB** 40

Rechtsweg
- Sofortige Beschwerde **§ 178 GWB** 9

Referenz **§ 122 GWB** 40, **§ 152 GWB** 35
Referenzwertmethode **§ 127 GWB** 68
Regiebetrieb **§ 99 GWB** 27
Regierungsbezirk **§ 99 GWB** 17
Regierungskonzession **§ 150 GWB** 26 ff.
Registerbehörde **§ 1 WRegG** 27 ff.
Rekommunalisierung **§ 103 GWB** 58 ff.
Relative Bewertung **§ 127 GWB** 49 ff., 87 ff.
Relativer Mittelstandsbegriff **§ 97 GWB** 183 ff.
Religionsgemeinschaft **§ 99 GWB** 23, 47, 110
Rettungsdienstkonzession **§ 148 GWB** 49, 65 f.
Rettungsdienstleistung **§ 107 GWB** 37 ff., 65, **§ 153 GWB** 29
- Besondere Dienstleistung **§ 130 GWB** 25 f.
- Brandbekämpfung **§ 107 GWB** 64
- Brandverhütung **§ 107 GWB** 64
- Gefahrenabwehr **§ 107 GWB** 57 ff.
- Gemeinnützige Organisation **§ 107 GWB** 71 ff.
- Gemeinnützige Vereinigung **§ 107 GWB** 71 ff.

- Katastrophenschutz **§ 107 GWB** 47 ff.
- Krankentransport **§ 107 GWB** 60
- Nukleare Sicherheit **§ 107 GWB** 70
- Öffentlicher Auftrag **§ 103 GWB** 17
- Primärrecht **§ 107 GWB** 83 ff.
- Qualifizierter Krankentransport **§ 107 GWB** 60
- Rettungsdienst **§ 107 GWB** 65
- Soziale Dienstleistung **§ 130 GWB** 25 f.
- Waldbrandbekämpfung **§ 107 GWB** 64
- Zivilschutz **§ 107 GWB** 54 ff.
- Zivilverteidigung **§ 107 GWB** 69

Reverstaatlichung **§ 103 GWB** 58 ff.
Rotes Kreuz **§ 99 GWB** 110
Rücknahme
- Nachprüfungsverfahren **§ 160 GWB** 11
- Rüge **§ 160 GWB** 44 f.
- Sofortige Beschwerde **§ 178 GWB** 45, 47

Rüge **§ 160 GWB** 36 ff.
- Abhilfeverlangen **§ 160 GWB** 52
- Absender **§ 160 GWB** 49
- Adressat **§ 160 GWB** 54
- Amtsermittlung **§ 160 GWB** 43
- Ausnahme **§ 160 GWB** 90 ff.
- Bekanntmachung **§ 160 GWB** 77, 79
- Beschwerdeentscheidung **§ 178 GWB** 10
- Beweislast **§ 160 GWB** 104
- Bewerber **§ 160 GWB** 40
- Bewerbergemeinschaft **§ 160 GWB** 50
- Bietergemeinschaft **§ 160 GWB** 50
- Darlegungslast **§ 160 GWB** 104
- De-facto-Vergabe **§ 160 GWB** 86 ff.
- Eingang **§ 160 GWB** 97
- Erkannter Verstoß **§ 160 GWB** 57 ff.
- Erkennbarer Verstoß **§ 160 GWB** 69 ff.
- Form **§ 160 GWB** 51
- Frist **§ 160 GWB** 64 ff., 80 ff., 83 ff., 98
- Gegenstand **§ 160 GWB** 46
- Inhalt **§ 160 GWB** 52 f.
- Nachprüfungsantrag **§ 161 GWB** 60 ff.
- Nachprüfungsverfahren **§ 155 GWB** 31, **§ 160 GWB** 63
- Nichtabhilfe **§ 160 GWB** 94 ff.
- Personenverkehrsdienst **§ 160 GWB** 48
- Präklusionswirkung **§ 160 GWB** 43
- Rechtsbehelfsfrist **§ 160 GWB** 95
- Rücknahme **§ 160 GWB** 44 f.
- Schadensersatz **§ 181 GWB** 45
- Sofortige Beschwerde **§ 171 GWB** 15
- Unterschwellenbereich **§ 160 GWB** 48
- Untersuchungsgrundsatz **§ 163 GWB** 20
- Unwirksamkeit **§ 135 GWB** 58 f.
- Verdachtsrüge **§ 160 GWB** 46, 53
- Vergabeunterlagen **§ 160 GWB** 78 f.
- Verwirkung **§ 160 GWB** 100 ff.
- Vorinformation **§ 160 GWB** 77
- Wartefrist **§ 160 GWB** 56, 66
- Wiederholung **§ 160 GWB** 47
- Zugang **§ 160 GWB** 55

Rundfunkanstalt **§ 99 GWB** 46, 86, 110, **§ 149 GWB** 48

S

Sachlich relevanter Markt **§ 140 GWB** 21 f.
Sachverständiger **§ 163 GWB** 8, **§ 175 GWB** 35
Sammelabfrage **§ 5 WRegG** 51
Sammelbeschaffung **§ 113 GWB** 27 f.
Schadensersatz **§ 135 GWB** 102, 125, **§ 156 GWB** 6, 52 f.
- Anspruchsgegner **§ 181 GWB** 10 ff., 64 f.
- Anspruchsteller **§ 181 GWB** 63
- Aufhebung **§ 181 GWB** 34, 37
- Aufwandsersatz **§ 181 GWB** 95 ff.
- Behinderungsabsicht **§ 180 GWB** 28 ff.
- Beiladung **§ 180 GWB** 11
- Beweislast **§ 180 GWB** 60 f., 74, **§ 181 GWB** 51 ff., 106 ff., 119 ff.
- Bindungswirkung **§ 181 GWB** 53, 107
- Culpa in contrahendo **§ 181 GWB** 56 ff.
- Darlegungslast **§ 180 GWB** 60 f., 74, **§ 181 GWB** 51 ff., 106 ff., 119 ff.
- Echte Chance **§ 181 GWB** 8, 27 ff.
- Entschädigung **§ 181 GWB** 95 ff.
- Falschangabe **§ 180 GWB** 24 ff.
- Gemeinkosten **§ 181 GWB** 42
- Gerichtsstand **§ 180 GWB** 59, **§ 181 GWB** 50, 105
- Höhe des Schadens **§ 181 GWB** 117
- Kausalität **§ 181 GWB** 117
- Konkurrenzen **§ 180 GWB** 62
- Missbrauch von Marktmacht **§ 181 GWB** 123 ff.
- Mitverschulden **§ 180 GWB** 49 f., 72, **§ 181 GWB** 43 ff., 99 ff., 118
- Negatives Interesse **§ 181 GWB** 40, 61, 88 ff., 117
- Positives Interesse **§ 181 GWB** 40, 61, 92 ff., 108, 117
- Rechtmäßiges Alternativverhalten **§ 181 GWB** 35 ff., 98
- Rechtsanwaltsgebühr **§ 181 GWB** 89
- Rechtsfolge **§ 180 GWB** 45 ff., 71 f.
- Rechtsmissbrauch **§ 180 GWB** 1 ff.
- Rügeobliegenheit **§ 181 GWB** 45
- Schadenshöhe **§ 181 GWB** 38 ff.

- Schädigungsabsicht **§ 180 GWB** 28 f., 33 f.
- Schutzgesetzverletzung **§ 181 GWB** 111 ff.
- Sittenwidrige vorsätzliche Schädigung **§ 181 GWB** 120 ff.
- Teilnahmekosten **§ 181 GWB** 41
- Unerlaubte Handlung **§ 181 GWB** 109 ff.
- Unlautere geschäftliche Handlung **§ 181 GWB** 126 ff., 129
- Unterlassungsanspruch **§ 181 GWB** 59
- Unternehmensschützende Vorschrift **§ 181 GWB** 14 ff.
- Unterschwellenbereich **§ 181 GWB** 60
- Vergabesperre **§ 181 GWB** 110
- Verjährung **§ 180 GWB** 53 ff., 73, **§ 181 GWB** 47, 102
- Verletzungshandlung **§ 181 GWB** 13 ff.
- Verschulden **§ 180 GWB** 43, **§ 181 GWB** 25, 81 ff.
- Vertrauenselement **§ 181 GWB** 85
- Vertrauensschaden **§ 181 GWB** 1 ff.
- Vollziehung **§ 180 GWB** 69 f.
- Vorbereitungskosten **§ 181 GWB** 41
- Zurechnung **§ 180 GWB** 41 f., **§ 181 GWB** 82
- Zuständigkeit **§ 180 GWB** 3, 57 ff., 75, **§ 181 GWB** 48 ff., 103 ff.

Schadstoffemission **§ 97 GWB** 93
Scheinaufhebung **§ 155 GWB** 23, **§ 168 GWB** 33
Schenkung **§ 103 GWB** 72
Schiedsgerichtsdienstleistung **§ 107 GWB** 10 ff.
Schiedsrichtervertrag **§ 116 GWB** 25
Schiedsvereinbarung **§ 116 GWB** 25
Schlechte Erfahrung **§ 122 GWB** 41
Schlechtleistung **§ 124 GWB** 134
siehe *Mangelhafte Erfüllung*
Schlichtungsdienstleistung **§ 107 GWB** 10 ff.
Schlüsselfertiger Bau **§ 103 GWB** 98
Schlüsseltechnologie **§ 107 GWB** 109 ff.
Schulnotenrechtsprechung **§ 97 GWB** 32, **§ 127 GWB** 82
Schulungskonzept **§ 127 GWB** 228 ff.
Schulverband **§ 99 GWB** 114
Schutzschrift **§ 163 GWB** 34 ff.
Schwebebahn **§ 131 GWB** 15
Schwellenwert **§ 106 GWB** 1 ff.
- Auftragswert **§ 106 GWB** 6
- Bekanntmachung **§ 106 GWB** 22
- Besondere Dienstleistung **§ 130 GWB** 38, **§ 142 GWB** 32
- Besondere Dienstleistungskonzession **§ 153 GWB** 32 ff.
- Konzession **§ 106 GWB** 21
- Nachprüfungsverfahren **§ 155 GWB** 18, **§ 163 GWB** 7
- Öffentlicher Auftrag **§ 106 GWB** 16 ff.
- Öffentlicher Auftraggeber **§ 106 GWB** 16 ff.
- Sektorenauftraggeber **§ 106 GWB** 19
- Sektorenvergabe **§ 142 GWB** 32
- Sicherheitsspezifischer Auftrag **§ 106 GWB** 20
- Soziale Dienstleistung **§ 130 GWB** 38, **§ 142 GWB** 32
- Soziale Dienstleistungskonzession **§ 153 GWB** 32 ff.
- Unterschwellenbereich **§ 106 GWB** 8 ff.
- Verteidigungsspezifischer Auftrag **§ 106 GWB** 20
- Vertragswert **§ 106 GWB** 6
- Wettbewerb **§ 106 GWB** 16 ff.
- Zentrale Regierungsbehörde **§ 106 GWB** 17

Schwere Verfehlung **§ 124 GWB** 43 ff., **§ 154 GWB** 45 ff.
- Bestimmtheit **§ 124 GWB** 51
- Bewährungsstrafe **§ 124 GWB** 53
- Einstellung eines Ermittlungsverfahrens **§ 124 GWB** 53
- Freispruch **§ 124 GWB** 53
- Meinungsverschiedenheit **§ 124 GWB** 54
- Nachweis **§ 124 GWB** 59 ff.
- Wettbewerbsbeschränkende Vereinbarung **§ 124 GWB** 69
- Zeitraum für Ausschluss **§ 126 GWB** 27 f.
- Zurechnung **§ 124 GWB** 55 ff.

Scientology-Klausel **§ 97 GWB** 84
Seilbahn **§ 102 GWB** 34
Sektenfilter **§ 97 GWB** 84
Sektorenauftraggeber **§ 98 GWB** 7, **§ 100 GWB** 1 ff.
- Aufgabenträger **§ 102 GWB** 41
- Auftraggeber nach dem Bundesberggesetz **§ 143 GWB** 1 ff., 9
- Ausländischer Auftraggeber **§ 100 GWB** 35 f.
- Ausschließliches Recht **§ 100 GWB** 13 ff.
- Beherrschender Einfluss **§ 100 GWB** 26 ff.
- Besonderes Recht **§ 100 GWB** 13 ff.
- Deutsche Bahn **§ 102 GWB** 37
- Deutsche Post **§ 102 GWB** 50
- Energieversorgungsunternehmen **§ 100 GWB** 16
- Fernwärme Wien **§ 100 GWB** 11
- Gemischter Auftrag **§ 100 GWB** 40 f.
- Grundversorger **§ 100 GWB** 16
- Infizierung **§ 100 GWB** 11, **§ 136 GWB** 22
- Öffentlicher Sektorenauftraggeber **§ 100 GWB** 10 ff.

- Privater Sektorenauftraggeber **§ 100 GWB** 12 ff.
- Relativität des Begriffs **§ 100 GWB** 38
- Schwellenwert **§ 106 GWB** 19
- Sektorenhilfstätigkeit **§ 100 GWB** 39
- Sektorentätigkeit **§ 100 GWB** 37 ff., 39, **§ 102 GWB** 1 ff.
- Übertragungsnetzbetreiber **§ 100 GWB** 16
- Wettbewerbsgrundsatz **§ 97 GWB** 23
- Zuständige Behörde **§ 100 GWB** 18 ff.

Sektorenhilfstätigkeit **§ 100 GWB** 39

Sektorentätigkeit **§ 102 GWB** 1 ff., **§ 148 GWB** 73
- Abwasserbehandlung **§ 102 GWB** 11 ff.
- Abwasserbeseitigung **§ 102 GWB** 11 ff.
- Automatisches System **§ 102 GWB** 35
- Bereitstellung **§ 102 GWB** 37
- Betrieb **§ 102 GWB** 37
- Bewässerungsvorhaben **§ 102 GWB** 11 ff.
- Bus **§ 102 GWB** 35
- Einspeisung **§ 102 GWB** 9, 49
- Eisenbahn **§ 102 GWB** 34
- Elektrizität **§ 102 GWB** 23 ff.
- Entwässerungsvorhaben **§ 102 GWB** 11 ff.
- Erdöl **§ 143 GWB** 10
- Fester Brennstoff **§ 143 GWB** 10
- Flughafen **§ 102 GWB** 42 ff.
- Fossiler Brennstoff **§ 102 GWB** 46 ff., **§ 143 GWB** 10
- Freistellung **§ 102 GWB** 51 ff.
- Gas **§ 102 GWB** 23 ff., **§ 143 GWB** 10
- Hafen **§ 102 GWB** 42 ff.
- Kohle **§ 143 GWB** 10
- Netz **§ 102 GWB** 6, 25, 36, 38 ff.
- Postdienst **§ 102 GWB** 50
- Schwebebahn **§ 102 GWB** 34
- Seilbahn **§ 102 GWB** 34
- Sektorenhilfstätigkeit **§ 136 GWB** 23
- Straßenbahn **§ 102 GWB** 34
- Trinkwasser **§ 102 GWB** 8
- Trolleybus **§ 102 GWB** 35
- Untergrundbahn **§ 102 GWB** 34
- Verbundes Unternehmen **§ 102 GWB** 45
- Verkehrsleistung **§ 102 GWB** 31 ff.
- Wärme **§ 102 GWB** 23 ff.
- Wasser **§ 102 GWB** 5 ff.
- Wasserbauvorhaben **§ 102 GWB** 11 ff.

Sektorenvergabe
- Anwendungsbereich **§ 136 GWB** 1 ff.
- Auftragsänderung **§ 142 GWB** 28 f.
- Ausführungsbedingung **§ 142 GWB** 12
- Ausschließliches Recht **§ 149 GWB** 81 ff.
- Ausstrahlungszeit **§ 137 GWB** 17 ff.
- Bauauftrag **§ 136 GWB** 15
- Besondere Ausnahme **§ 137 GWB** 1 ff.
- Besondere Dienstleistung **§ 130 GWB** 7, 40, **§ 136 GWB** 17, **§ 142 GWB** 30 ff.
- Besondere Methode **§ 142 GWB** 12
- Besonderes Instrument **§ 142 GWB** 12
- Brennstoff **§ 137 GWB** 34 ff., 36
- Bundesbank **§ 137 GWB** 26
- Darlehen **§ 137 GWB** 27
- Dienstleistungsauftrag **§ 136 GWB** 16
- Eignung **§ 122 GWB** 4
- Eignungskriterium **§ 142 GWB** 20 ff.
- Energie **§ 137 GWB** 34 ff., 37
- Entwicklung **§ 137 GWB** 14 ff.
- Fakultativer Ausschlussgrund **§ 142 GWB** 16 ff.
- Finanzielle Dienstleistung **§ 137 GWB** 23 ff.
- Finanzinstrument **§ 137 GWB** 25
- Fördermittel **§ 141 GWB** 14 f., **§ 142 GWB** 33 f.
- Forschung **§ 137 GWB** 14 ff.
- Gemeinschaftsunternehmen **§ 138 GWB** 15
- Gemischter Auftrag **§ 100 GWB** 40 f., **§ 111 GWB** 28 ff., **§ 112 GWB** 6 ff.
- Infizierung **§ 136 GWB** 22
- Innovationspartnerschaft **§ 141 GWB** 22
- Konzession **§ 136 GWB** 5
- Kredit **§ 137 GWB** 27
- Kündigung **§ 142 GWB** 12
- Leistungsbeschreibung **§ 142 GWB** 12
- Lieferauftrag **§ 136 GWB** 14
- Nicht offenes Verfahren **§ 141 GWB** 10 ff.
- Offenes Verfahren **§ 141 GWB** 10 ff.
- Öffentlicher Auftrag **§ 136 GWB** 8 ff.
- Personenverkehrsleistung **§ 142 GWB** 12
- Rahmenvereinbarung **§ 136 GWB** 5
- Rechtsdienstleistung **§ 137 GWB** 9 ff.
- Schwellenwert **§ 142 GWB** 32
- Sektorentätigkeit **§ 136 GWB** 21 ff.
- Selbstreinigung **§ 125 GWB** 14, **§ 142 GWB** 12
- Sendung **§ 137 GWB** 17 ff.
- Sicherheitsvergabe **§ 136 GWB** 5
- Soziale Dienstleistung **§ 130 GWB** 7, 40, **§ 136 GWB** 17, **§ 142 GWB** 30 ff.
- Strategisches Ziel **§ 97 GWB** 77
- Unwirksamkeit **§ 142 GWB** 12
- Verbundenes Unternehmen **§ 138 GWB** 1 ff.
- Verfahrensart **§ 119 GWB** 2, **§ 141 GWB** 1 ff., **§ 142 GWB** 15
- Verhandlungsverfahren mit Teilnahmewettbewerb **§ 141 GWB** 10 ff.
- Verhandlungsverfahren ohne Teilnahmewettbewerb **§ 141 GWB** 17 ff.
- Verkehrsleistung **§ 137 GWB** 38

– Vermietung **§ 137 GWB** 39 ff.
– Verteidigungsvergabe **§ 136 GWB** 5
– Vorabinformation **§ 142 GWB** 12
– Wasser **§ 137 GWB** 34 ff.
– Weiterveräußerung **§ 137 GWB** 39 ff.
– Wertpapier **§ 137 GWB** 25
– Wettbewerb **§ 136 GWB** 7, 18 ff.
– Wettbewerblicher Dialog **§ 119 GWB** 67
– Wettbewerbsaussetzung **§ 140 GWB** 1 ff.
– Zeitraum für Ausschlüsse **§ 142 GWB** 12
– Zentralbank **§ 137 GWB** 26
– Zuschlagskriterium **§ 142 GWB** 12
– Zuwendung **§ 141 GWB** 14 f., **§ 142 GWB** 33 f.
– Zwingender Ausschlussgrund **§ 123 GWB** 4, **§ 142 GWB** 26 f.

Sekundärrechtsschutz **§ 155 GWB** 15
Selbstausführungsgebot **§ 131 GWB** 34 f.
Selbsterbringung **§ 131 GWB** 19 ff.
Selbstreinigung **§ 125 GWB** 1 ff.
– Abgabe **§ 123 GWB** 62 ff.
– Abhilfe **§ 125 GWB** 76
– Amtsermittlung **§ 8 WRegG** 21 f.
– Anhörung **§ 125 GWB** 75
– Anwendungsbereich **§ 125 GWB** 14 ff.
– Auftragssperre **§ 125 GWB** 15 ff.
– Auslage **§ 8 WRegG** 45 ff.
– Ausschlussgrund **§ 125 GWB** 23 f.
– Begründung **§ 125 GWB** 68 ff.
– Beweislast **§ 8 WRegG** 19
– Bewertung **§ 125 GWB** 56, 57 ff.
– Bindung **§ 125 GWB** 72 f.
– Bindungswirkung **§ 8 WRegG** 20
– Compliance **§ 125 GWB** 46
– Darlegungslast **§ 125 GWB** 52
– Eignungsleihe **§ 125 GWB** 13
– Ermittlungsbefugnis **§ 8 WRegG** 28 ff.
– Ermittlungsbehörde **§ 125 GWB** 38
– Fakultativer Ausschlussgrund **§ 124 GWB** 202
– Frist **§ 125 GWB** 77
– Gebühr **§ 8 WRegG** 45 ff.
– Gleichbehandlungsgrundsatz **§ 125 GWB** 7
– Gutachten **§ 8 WRegG** 24 ff.
– Interessenkonflikt **§ 125 GWB** 24
– Konzession **§ 125 GWB** 14, **§ 154 GWB** 83 ff.
– Leitlinie **§ 8 WRegG** 42 ff.
– Maßnahme **§ 125 GWB** 40 ff.
– Nachweis **§ 125 GWB** 50 ff.
– Organisatorische Maßnahme **§ 125 GWB** 44 ff.
– Personelle Maßnahme **§ 125 GWB** 47 ff.
– Praktischer Hinweis **§ 8 WRegG** 44
– Rechtsschutz **§ 125 GWB** 78 ff., **§ 8 WRegG** 48 ff.
– Schadenswiedergutmachung **§ 125 GWB** 29 ff.
– Sektorenvergabe **§ 125 GWB** 14, **§ 142 GWB** 12
– Sicherheitsspezifischer Auftrag **§ 125 GWB** 14, **§ 147 GWB** 6
– Sozialversicherungsbeitrag **§ 123 GWB** 62 ff.
– Steuer **§ 123 GWB** 62 ff.
– Technische Maßnahme **§ 125 GWB** 43
– Vergabesperre **§ 125 GWB** 15 ff., 88
– Verhältnismäßigkeitsgrundsatz **§ 125 GWB** 6
– Verteidigungsspezifischer Auftrag **§ 125 GWB** 14, **§ 147 GWB** 6
– Vorbefassung **§ 125 GWB** 24
– Wertemanagement **§ 125 GWB** 46
– Wettbewerbsgrundsatz **§ 125 GWB** 8
– Wettbewerbsregister **§ 125 GWB** 3, 19 ff., **§ 3 WRegG** 21 ff., **§ 4 WRegG** 6, 18, **§ 7 WRegG** 32, **§ 8 WRegG** 1 ff., **§ 10 WRegG** 21 f.
– Zeitpunkt **§ 123 GWB** 66, **§ 125 GWB** 28, 71
– Zusammenarbeit **§ 125 GWB** 36 ff., **§ 8 WRegG** 18
– Zwingender Ausschlussgrund **§ 123 GWB** 78 f.

Selbstverwaltungsgarantie **§ 108 GWB** 10
Sendematerial **§ 116 GWB** 63, **§ 149 GWB** 49
Sendung **§ 116 GWB** 63, **§ 137 GWB** 17 ff., **§ 149 GWB** 49
Sicherheitsspezifischer Auftrag siehe *Verteidigungsvergabe*
Sicherheitsvergabe siehe *Verteidigungsvergabe*
Sittenwidrige Schädigung **§ 181 GWB** 120 ff.
Sittenwidriges Rechtsgeschäft **§ 135 GWB** 106 f.
Sitzungspolizei **§ 175 GWB** 50
Sofortige Beschwerde **§ 172 GWB** 15 ff.
– Ablehnungsfiktion **§ 171 GWB** 39 ff., **§ 173 GWB** 19 ff.
– Abstimmung **§ 175 GWB** 50
– Akteneinsicht **§ 175 GWB** 44 ff.
– Amtsermittlung **§ 175 GWB** 23 ff.
– Anhörungsrüge **§ 175 GWB** 39 ff.
– Anschlussbeschwerde **§ 171 GWB** 5 f., **§ 175 GWB** 55
– Antragsgegner **§ 174 GWB** 6 f.
– Antragsteller **§ 174 GWB** 6 f.
– Anwaltszwang **§ 172 GWB** 30 f., **§ 175 GWB** 5 ff.

– Aufschiebende Wirkung **§ 173 GWB** 1 ff.
– Augenschein **§ 175 GWB** 35
– Außervergaberechtliche Norm **§ 175 GWB** 25
– Befugnis **§ 171 GWB** 56 ff.
– Begründetheit **§ 171 GWB** 60
– Begründung **§ 172 GWB** 19 ff., **§ 175 GWB** 36
– Beiladung **§ 171 GWB** 53 ff., **§ 173 GWB** 31, **§ 174 GWB** 8 ff.
– Beratung **§ 175 GWB** 50
– Berechtigung **§ 171 GWB** 52 ff.
– Beschleunigung **§ 175 GWB** 82 ff.
– Beschwerdeentscheidung **§ 178 GWB** 2 ff.
– Beschwerdeführer **§ 174 GWB** 6 f.
– Beschwerdegegner **§ 174 GWB** 6 f.
– Beteiligte **§ 174 GWB** 1 ff.
– Beweislast **§ 175 GWB** 35
– Beweismittel **§ 172 GWB** 26 f.
– Divergenzvorlage **§ 173 GWB** 48
– Elektronisches Dokument **§ 172 GWB** 18
– Entscheidung **§ 175 GWB** 30 ff.
– Entscheidung der Vergabekammer **§ 171 GWB** 23 ff.
– Entscheidung nach Aktenlage **§ 175 GWB** 28
– Erfolgsaussicht **§ 173 GWB** 43
– Feststellungsantrag **§ 178 GWB** 51 ff.
– Form **§ 172 GWB** 1 ff., 18, 30 f.
– Fortsetzungsfeststellungsantrag **§ 178 GWB** 51 ff.
– Frist **§ 155 GWB** 36, **§ 172 GWB** 1 ff., 4 ff.
– Fristsetzung **§ 175 GWB** 27 ff.
– Gebührenbeschwerde **§ 175 GWB** 76
– Gerichtssprache **§ 175 GWB** 50 f.
– Gestattung des sofortigen Zuschlags **§ 169 GWB** 75
– Hängebeschluss **§ 173 GWB** 36
– Hinwirkungspflicht **§ 175 GWB** 26
– Inhalt **§ 172 GWB** 1 ff.
– Kosten **§ 175 GWB** 57 ff.
– Kostenentscheidung **§ 171 GWB** 24
– Mündliche Verhandlung **§ 175 GWB** 10 ff.
– Neuer Vortrag **§ 171 GWB** 13 ff.
– Öffentlichkeit **§ 175 GWB** 50 f.
– Parteivernehmung **§ 175 GWB** 35
– Prüfungsumfang **§ 171 GWB** 9 ff.
– Rascher Verfahrensabschluss **§ 173 GWB** 47
– Rechtmäßigkeitskontrolle **§ 175 GWB** 24
– Rechtsmittelbelehrung **§ 173 GWB** 25 f., **§ 175 GWB** 38
– Rücknahme **§ 171 GWB** 16, **§ 173 GWB** 24
– Rügepräklusion **§ 171 GWB** 15
– Sachverständiger **§ 175 GWB** 35
– Schriftlichkeit **§ 172 GWB** 18
– Sicherheitsinteresse **§ 173 GWB** 45
– Sicherheitsspezifischer Auftrag **§ 173 GWB** 45
– Sitzungspolizei **§ 175 GWB** 50 f.
– Statthaftigkeit **§ 171 GWB** 17 ff.
– Streitwert **§ 175 GWB** 77 ff.
– Suspensiveffekt **§ 173 GWB** 1 ff.
– Tatsache **§ 172 GWB** 26 f.
– Teilweise Beschwerde **§ 171 GWB** 7 f.
– Telefax **§ 172 GWB** 18
– Trennung des Verfahrens **§ 175 GWB** 56
– Untätigkeitsbeschwerde **§ 173 GWB** 22
– Unterbrechung **§ 175 GWB** 56
– Unterrichtungspflicht **§ 172 GWB** 32 ff.
– Untersuchungsgrundsatz **§ 175 GWB** 23 ff.
– Urkunde **§ 175 GWB** 35
– Verfahrensvorschrift **§ 175 GWB** 1 ff.
– Verfristete Entscheidung der Vergabekammer **§ 171 GWB** 48 ff.
– Verlängerung der aufschiebenden Wirkung **§ 173 GWB** 27 ff.
– Versäumnisurteil **§ 175 GWB** 54
– Verteidigungsinteresse **§ 173 GWB** 45
– Verteidigungsspezifischer Auftrag **§ 173 GWB** 45
– Vertrauliche Unterlage **§ 164 GWB** 3
– Vertretung **§ 175 GWB** 5 ff.
– Vollstreckungsentscheidung **§ 171 GWB** 25
– Vorabentscheidung **§ 173 GWB** 48
– Vorabgestattung des Zuschlags **§ 169 GWB** 75
– Vorabgestattungsverfahren **§ 176 GWB** 1 ff.
– Vorläufige Maßnahme **§ 169 GWB** 84
– Wiedereinsetzung **§ 172 GWB** 15 ff., **§ 173 GWB** 12 ff.
– Wiedereröffnung **§ 175 GWB** 56
– Wirtschaftlichen Erfüllung der Aufgaben **§ 173 GWB** 46
– Zeuge **§ 175 GWB** 35
– Zulässigkeit **§ 171 GWB** 1 ff., 59
– Zuschlagsverbot **§ 173 GWB** 50 ff.
– Zuständigkeit **§ 171 GWB** 1 ff., 61 ff.
– Zustellung **§ 175 GWB** 37
– Zwischenentscheidung **§ 171 GWB** 27 ff.
– Zwischenfeststellungsantrag **§ 178 GWB** 51 ff.

Sondervermögen **§ 99 GWB** 24 ff.

Soziale Dienstleistung
siehe *Besondere Dienstleistung*

Sozialer Aspekt **§ 97 GWB** 82 ff.
– Barrierefreiheit **§ 97 GWB** 87

– Design for all **§ 97 GWB** 87
– Eignungskriterium **§ 97 GWB** 121
– Fairer Handel **§ 97 GWB** 84
– Frauenförderung **§ 97 GWB** 87
– Gesundheitsschutz **§ 97 GWB** 83
– ILO-Kernarbeitsnorm **§ 97 GWB** 85, 104
– Integration **§ 97 GWB** 83
– Mindestlohn **§ 97 GWB** 86
– Scientology-Klausel **§ 97 GWB** 84
– Sektenfilter **§ 97 GWB** 84
– Sozialunternehmen **§ 97 GWB** 88
– Tariftreue **§ 97 GWB** 86
– Vorbehaltener Auftrag **§ 118 GWB** 9
– Werkstatt für Menschen mit Behinderung **§ 97 GWB** 88
– Zuschlagskriterium **§ 97 GWB** 123, 125, **§ 127 GWB** 151 ff.
Sozialhilferechtliches Dreiecksverhältnis **§ 103 GWB** 86, **§ 130 GWB** 3, **§ 148 GWB** 14
Sozialkonzession **§ 148 GWB** 49
Sozialrechtliches Dreiecksverhältnis **§ 103 GWB** 83 ff.
Sozialunternehmen **§ 97 GWB** 88, **§ 118 GWB** 26 ff.
Sozialversicherungsbeitrag **§ 123 GWB** 47 ff.
Sparsamkeitsgrundsatz **§ 97 GWB** 37
Spielbankkonzession **§ 148 GWB** 65
Spielhallenkonzession **§ 105 GWB** 34, **§ 148 GWB** 66
Spielkasino **§ 149 GWB** 133
Spionage **§ 145 GWB** 10
Spitzenorganisation **§ 158 GWB** 22
Sponsoring **§ 103 GWB** 76 ff.
Sportwettenkonzession **§ 148 GWB** 66
Spruchrichterprivileg **§ 157 GWB** 6, 10
Staatlicher Auftraggeber **§ 99 GWB** 9 ff.
Statistikpflicht **§ 114 GWB** 2
Steuer **§ 123 GWB** 47 ff.
Stiftung **§ 99 GWB** 26, 44
Stillhaltefrist
siehe *Wartefrist*
Störung der Geschäftsgrundlage **§ 133 GWB** 14
Strafbefehl **§ 123 GWB** 23
Straftat **§ 123 GWB** 15 ff.
Strafvollzugsanstalt **§ 99 GWB** 110
Straßenbahn **§ 102 GWB** 34, **§ 131 GWB** 15
Strategisches Ziel **§ 97 GWB** 66 ff.
– Arbeitsrechtlicher Aspekt **§ 97 GWB** 104
– Aspekt **§ 97 GWB** 79
– Ausführungsbedingung **§ 97 GWB** 127 ff.
– Begriff **§ 97 GWB** 69 ff.
– Beihilfeverbot **§ 97 GWB** 155 ff.
– Beschäftigungspolitischer Belang **§ 97 GWB** 105
– Besondere Dienstleistungskonzession **§ 153 GWB** 47
– Eignung **§ 97 GWB** 114 ff.
– Eignungskriterium **§ 97 GWB** 118 ff.
– Europa 2020 **§ 97 GWB** 67
– Fakultativer Ausschlussgrund **§ 97 GWB** 116
– Innovativer Aspekt **§ 97 GWB** 95 ff., 106
– Konzession **§ 97 GWB** 77, **§ 151 GWB** 9
– Leistungsbeschreibung **§ 97 GWB** 109 ff.
– Öffentlicher Auftrag **§ 97 GWB** 77
– Qualitativer Aspekt **§ 97 GWB** 100 ff.
– Sektorenauftrag **§ 97 GWB** 77
– Sicherheitsspezifischer Auftrag **§ 97 GWB** 77
– Soziale Dienstleistungskonzession **§ 153 GWB** 47
– Sozialer Aspekt **§ 97 GWB** 82 ff.
– Transparenzgrundsatz **§ 97 GWB** 148 ff.
– Umweltbezogener Aspekt **§ 97 GWB** 89 ff.
– Verbindung zum Auftragsgegenstand **§ 97 GWB** 131 ff.
– Vergabefremdes Kriterium **§ 97 GWB** 70
– Verhältnismäßigkeitsgrundsatz **§ 97 GWB** 142 ff.
– Verteidigungsspezifischer Auftrag **§ 97 GWB** 77
– Vertraulichkeitsschutz **§ 97 GWB** 105
– Wettbewerbsgrundsatz **§ 97 GWB** 145 ff.
– Wirtschaftlicher Belang **§ 97 GWB** 105
– Zuschlagskriterium **§ 97 GWB** 122 ff., **§ 152 GWB** 51 ff.
– Zwingender Ausschlussgrund **§ 97 GWB** 115
Streitwert **§ 175 GWB** 77 ff., **§ 179 GWB** 69
Stromkonzession **§ 148 GWB** 65
Studentenwerk **§ 99 GWB** 110
Stufenmethode **§ 127 GWB** 48
Stützwert **§ 127 GWB** 52 ff., 91 ff.
Subjektives Recht
– Anspruch **§ 97 GWB** 312 ff.
– Anspruchsgegner **§ 97 GWB** 314 ff.
– Anspruchsinhaber **§ 97 GWB** 313 ff.
– Bestimmungen über das Vergabeverfahren **§ 97 GWB** 315
– Teleologische Reduktion **§ 97 GWB** 318 ff.
– Unternehmen **§ 97 GWB** 313 ff.
Submissionsbetrug **§ 123 GWB** 17
Subventionierter Auftraggeber **§ 99 GWB** 116 ff.

Sukzessive Abschichtung
- Innovationspartnerschaft **§ 119 GWB** 93
- Verhandlungsverfahren **§ 119 GWB** 63
- Wettbewerblicher Dialog **§ 119 GWB** 75
Surrounding geographic zone **§ 145 GWB** 27, **§ 150 GWB** 33

T

Tariftreue **§ 97 GWB** 86
Tariftreueerklärung **§ 122 GWB** 16
Tätigkeitskriterium **§ 131 GWB** 31 ff.
Täuschung **§ 124 GWB** 158 ff.
Technische Anforderung **§ 121 GWB** 68
Technische Leistungsfähigkeit **§ 122 GWB** 38 ff., **§ 152 GWB** 30
Technische Spezifikation **§ 121 GWB** 5, 52, 66 ff., **§ 152 GWB** 4
- Europäische Norm **§ 121 GWB** 71
- Europäische technische Bewertung **§ 121 GWB** 72
- Gemeinsame Technische Spezifikation **§ 121 GWB** 72
- Individuelle Anforderung **§ 121 GWB** 69
- Internationale Norm **§ 121 GWB** 72
- Nationale Norm **§ 121 GWB** 71
- Technische Anforderung **§ 121 GWB** 68
Teilaufhebung **§ 168 GWB** 31
Teillos **§ 97 GWB** 201 ff.
Teilnahmefrist
- Besondere Dienstleistung **§ 130 GWB** 46
- Innovationspartnerschaft **§ 119 GWB** 91
- Konzession **§ 151 GWB** 10
- Wettbewerblicher Dialog **§ 119 GWB** 73
Teilnahmewettbewerb **§ 119 GWB** 41 ff., 91 ff.
Territorialitätskriterium **§ 131 GWB** 31 ff.
Terrorismusfinanzierung **§ 123 GWB** 19
Terroristische Vereinigung **§ 123 GWB** 18
Textform **§ 97 GWB** 302 ff.
Tiefbaumaßnahme **§ 99 GWB** 120, 121
Tierkörperbeseitigungskonzession **§ 148 GWB** 49
Transparenzgrundsatz **§ 97 GWB** 7 ff., 28 ff.
- Angebotstransparenz **§ 97 GWB** 33 ff.
- Ausschluss **§ 97 GWB** 30
- Beifügung eigener AGB **§ 97 GWB** 35
- Bekanntmachung **§ 97 GWB** 30
- Dokumentation **§ 97 GWB** 31
- Eignungskriterium **§ 97 GWB** 30
- Ex-ante-Transparenz **§ 97 GWB** 30, 32
- Ex-post-Transparenz **§ 97 GWB** 31 f., 32
- Konzession **§ 151 GWB** 9
- Mischkalkulation **§ 97 GWB** 34
- Rechtsschutz **§ 97 GWB** 36
- Schulnotenrechtsprechung **§ 97 GWB** 32
- Strategisches Ziel **§ 97 GWB** 148 ff.
- Vorabinformation **§ 97 GWB** 31
- Zuschlagskriterium **§ 97 GWB** 30
Trennungsgebot **§ 152 GWB** 27
Trolleybus **§ 102 GWB** 35
Truppe **§ 150 GWB** 30

U

Übereinstimmende Erledigungserklärung **§ 162 GWB** 48
Übergangsbestimmung **§ 186 GWB** 1 ff.
Übermaßverbot **§ 97 GWB** 42
Überprüfungsklausel **§ 132 GWB** 43 ff.
Übertragungsnetzbetreiber **§ 100 GWB** 16
UfAB-II-Methode **§ 127 GWB** 69
Umgehungsverbot **§ 112 GWB** 20, 34
- Besondere Dienstleistungskonzession **§ 153 GWB** 49
- Soziale Dienstleistungskonzession **§ 153 GWB** 49
Umrechnungsformel
- Veröffentlichungspflicht **§ 127 GWB** 286 f.
Umsatzsteuer **§ 127 GWB** 135
Umweltbezogener Aspekt **§ 97 GWB** 89 ff.
- Eignungskriterium **§ 97 GWB** 121
- Energieverbrauch **§ 97 GWB** 92
- Erneuerbare Energie **§ 97 GWB** 92 f., 93
- Fairer Handel **§ 97 GWB** 93
- Nachhaltigkeit **§ 97 GWB** 93
- Schadstoffemission **§ 97 GWB** 93
- Zuschlagskriterium **§ 97 GWB** 123, 125, **§ 127 GWB** 148 ff.
Umweltmanagement **§ 122 GWB** 42
Unbefristeter Vertrag **§ 132 GWB** 114
Unfallversicherungsträger **§ 99 GWB** 110
Ungewöhnlich niedriges Angebot **§ 152 GWB** 57
- Innovationspartnerschaft **§ 119 GWB** 94
- Offenes Verfahren **§ 119 GWB** 36
Ungewöhnliches Wagnis **§ 121 GWB** 20 ff., 77, 81
Universität **§ 99 GWB** 110
Unmittelbarer Zwang **§ 168 GWB** 65
Unterauftragsvergabe
- Antragsteller **§ 162 GWB** 14
- Baukonzession **§ 105 GWB** 49
- Eisenbahnverkehr **§ 131 GWB** 34 f.
- Fakultativer Ausschlussgrund **§ 124 GWB** 10
- Parallelbeteiligung **§ 124 GWB** 85 ff.
- Verfahrensbeteiligter **§ 162 GWB** 14

– Verordnungsermächtigung **§ 113 GWB** 25 f.
– Wechsel des Unterauftragnehmers **§ 132 GWB** 39
– Wettbewerbsbeschränkende Vereinbarung **§ 124 GWB** 85 ff.
– Zwingender Ausschlussgrund **§ 123 GWB** 14
Unterbrechung **§ 175 GWB** 56
Untergrundbahn **§ 102 GWB** 34, **§ 131 GWB** 15
Unterkonzession **§ 105 GWB** 49
Unterkriterium **§ 127 GWB** 198, 283
Unternehmen **§ 103 GWB** 39 ff., **§ 162 GWB** 20 ff.
– Beihilfeempfänger **§ 103 GWB** 42
– Drittstaat **§ 103 GWB** 44 ff.
– Eignung **§ 122 GWB** 14
– In-House-Vergabe **§ 103 GWB** 43
– Wettbewerbsregister **§ 2 WRegG** 121 ff.
Unternehmensumstrukturierung **§ 132 GWB** 77 ff., 127
Unternehmer- und Lieferantenverzeichnis für öffentliche Aufträge **§ 122 GWB** 71
Unterrichtung **§ 151 GWB** 10, **§ 184 GWB** 1 ff.
Unterschwellenbereich **§ 106 GWB** 8 ff.
Untersuchungsgrundsatz
– Beschwerdeentscheidung **§ 178 GWB** 20 ff.
– Nachprüfungsverfahren **§ 155 GWB** 34
– Sofortige Beschwerde **§ 175 GWB** 23 ff.
Unwirksamkeit **§ 135 GWB** 1 ff.
– Antragsbefugnis **§ 135 GWB** 51 ff.
– Auftragsbekanntmachung **§ 135 GWB** 35 ff.
– Bereicherung **§ 135 GWB** 102
– Beschwerde **§ 135 GWB** 108
– Beweislast **§ 135 GWB** 45, 73
– De-facto-Vergabe **§ 135 GWB** 30 ff.
– Europäisches Primärrecht **§ 135 GWB** 39
– Ex-ante-Bekanntmachung **§ 135 GWB** 9, 86 ff.
– Feststellung **§ 135 GWB** 46 ff.
– Frist **§ 135 GWB** 62 ff.
– Gesetzliches Verbot **§ 135 GWB** 105
– Gestattung **§ 135 GWB** 42 ff.
– Kenntnis **§ 135 GWB** 11
– Konzession **§ 154 GWB** 170 ff.
– Leistungsverweigerungsrecht **§ 135 GWB** 48
– Nachprüfungsverfahren **§ 135 GWB** 46 ff.
– Nichtigkeit **§ 135 GWB** 49
– Rechtsfolge **§ 135 GWB** 98 ff.
– Rügeobliegenheit **§ 135 GWB** 58 f.
– Schadensersatz **§ 135 GWB** 102
– Sektorenvergabe **§ 142 GWB** 12
– Sicherheitsspezifischer Auftrag **§ 147 GWB** 6
– Sittenwidriges Rechtsgeschäft **§ 135 GWB** 106 f.
– Vergabebekanntmachung **§ 135 GWB** 80 ff.
– Verteidigungsspezifischer Auftrag **§ 147 GWB** 6
– Vertragsverletzungsverfahren **§ 135 GWB** 79, 108 ff.
– Vorab-Bekanntmachung **§ 135 GWB** 6
– Vorabinformation **§ 135 GWB** 21 ff.
– Wartepflicht **§ 135 GWB** 21 ff.
Unwirksamkeit des Auftrags
– Nachprüfungsverfahren **§ 156 GWB** 50
Urkundenbeweis **§ 163 GWB** 8, **§ 175 GWB** 35

V

Verband **§ 99 GWB** 111 ff.
Verbandskörperschaft **§ 99 GWB** 20
Verbundenes Unternehmen **§ 102 GWB** 45
– Beherrschender Einfluss **§ 138 GWB** 22 ff.
– Gemeinschaftsunternehmen **§ 138 GWB** 15, **§ 139 GWB** 7
– Konsolidierung **§ 138 GWB** 19 ff.
– Konzession **§ 101 GWB** 16, **§ 154 GWB** 175 ff.
– Öffentlich-öffentliche Zusammenarbeit **§ 138 GWB** 5 ff.
– Parallelbeteiligung **§ 124 GWB** 89 ff.
– Projektant **§ 124 GWB** 116
– Sektorenvergabe **§ 138 GWB** 1 ff.
– Umsatzschwelle **§ 138 GWB** 29 ff.
– Vorbefassung **§ 124 GWB** 116
– Wasserkonzession **§ 149 GWB** 126
– Wettbewerbsbeschränkende Vereinbarung **§ 124 GWB** 89 ff.
– Wirtschaftlich zusammengeschlossenes Unternehmen **§ 138 GWB** 36 f.
– Zwingender Ausschlussgrund **§ 123 GWB** 45
Verdachtsrüge **§ 160 GWB** 46, 53
Verein **§ 99 GWB** 48
Vereinsregister **§ 122 GWB** 27
Vereinte Nationen **§ 109 GWB** 14
Verfahrensart **§ 119 GWB** 1 ff.
– Besondere Dienstleistung **§ 130 GWB** 39 ff.
– Eisenbahnverkehr **§ 131 GWB** 16
– Hierarchie **§ 119 GWB** 12 ff.
– Innovationspartnerschaft **§ 119 GWB** 81 ff.
– Konzession **§ 151 GWB** 7, **§ 154 GWB** 11
– Nicht offenes Verfahren **§ 119 GWB** 39 ff.
– Offenes Verfahren **§ 119 GWB** 22 ff.
– Rechtsschutz **§ 141 GWB** 23 f.

– Sektorenauftrag **§ 141 GWB** 1 ff.
– Sektorenvergabe **§ 142 GWB** 15
– Sicherheitsspezifischer Auftrag **§ 146 GWB** 1 ff., **§ 147 GWB** 1, 6 f.
– Soziale Dienstleistung **§ 130 GWB** 39
– Unterschwellenbereich **§ 119 GWB** 11
– Verhandlungsverfahren **§ 119 GWB** 48 ff.
– Verordnungsermächtigung **§ 113 GWB** 25 f.
– Verteidigungsspezifischer Auftrag **§ 146 GWB** 1 ff., **§ 147 GWB** 1, 6 f.
– Wettbewerblicher Dialog **§ 119 GWB** 66 ff.
– Wettbewerbsgrundsatz **§ 97 GWB** 13, 15 f.
Verfahrensbeteiligter **§ 162 GWB** 1 ff., 19 f.
– Antragsgegner **§ 162 GWB** 10 ff., 16 ff.
– Antragsteller **§ 162 GWB** 10 ff.
– Auftraggeber **§ 162 GWB** 10 ff., 16 ff.
– Beigeladene **§ 162 GWB** 19 f.
– Bewerbergemeinschaft **§ 162 GWB** 15
– Bietergemeinschaft **§ 162 GWB** 15
– Geborener Verfahrensbeteiligter **§ 162 GWB** 10 ff.
– Gekorene Verfahrensbeteiligte **§ 162 GWB** 19 f.
– Nachunternehmer **§ 162 GWB** 14
– Subunternehmer **§ 162 GWB** 14
– Unterauftragnehmer **§ 162 GWB** 14
– Vergabekammer **§ 162 GWB** 5 ff.
– Zentrale Beschaffungsstelle **§ 162 GWB** 18
– Zentrale Vergabestelle **§ 162 GWB** 17
Verfahrensförderungspflicht **§ 163 GWB** 9, 16, **§ 167 GWB** 35 ff.
Verfahrenskostenhilfe **§ 182 GWB** 106
Vergabebekanntmachung **§ 151 GWB** 10, **§ 159 GWB** 71
– Besondere Dienstleistungskonzession **§ 153 GWB** 40
– Soziale Dienstleistungskonzession **§ 153 GWB** 40
– Verordnungsermächtigung **§ 113 GWB** 25 f.
Vergabefremdes Kriterium **§ 97 GWB** 70
Vergabekammer **§ 155 GWB** 7
– Amtszeit **§ 157 GWB** 38 ff.
– Auffangzuständigkeit **§ 159 GWB** 58 ff.
– Aufsichtsbehörde **§ 155 GWB** 11, **§ 156 GWB** 16
– Auftragsverwaltung **§ 159 GWB** 49 ff.
– Befangenheit **§ 157 GWB** 46 ff.
– Begriff **§ 162 GWB** 5
– Beherrschter Auftraggeber **§ 159 GWB** 18 ff., 31 ff.
– Besetzung **§ 157 GWB** 1 ff., 13 ff., **§ 158 GWB** 2, **§ 162 GWB** 9
– Ehrenamtlicher Beisitzer **§ 157 GWB** 16
– Einrichtung **§ 158 GWB** 1 ff.
– Gefahr in Verzug **§ 159 GWB** 65
– Geheimhaltung **§ 164 GWB** 21 ff.
– Gericht **§ 162 GWB** 6
– Gerichtscharakter **§ 155 GWB** 32, **§ 157 GWB** 6 f., 7, **§ 168 GWB** 14
– Geschäftsverteilung **§ 157 GWB** 15
– Gesetzesbindung **§ 157 GWB** 11
– Internationale Zuständigkeit **§ 159 GWB** 66
– Kartellbehörde **§ 155 GWB** 67
– Kommunale Beschaffung **§ 159 GWB** 56
– Konzession **§ 156 GWB** 2
– Krankenkasse **§ 159 GWB** 46
– Kumulative Zuständigkeit **§ 159 GWB** 43 ff., 57, 60
– Kündigung **§ 155 GWB** 21
– Länderübergreifende Beschaffung **§ 159 GWB** 67 ff.
– Nachprüfungsbehörden der Länder **§ 158 GWB** 29 ff.
– Normenkontrolle **§ 157 GWB** 12
– Organisation **§ 158 GWB** 1 ff.
– Organleihe **§ 159 GWB** 40 ff.
– Qualifikation **§ 157 GWB** 20 ff.
– Sicherheitsspezifischer Auftrag **§ 157 GWB** 17 ff.
– Spruchrichterprivileg **§ 157 GWB** 6, 10
– Subventionierter Auftraggeber **§ 159 GWB** 36 ff.
– Übertragung der Entscheidungsbefugnis **§ 157 GWB** 26 ff.
– Überwiegende Aufsicht **§ 159 GWB** 18 ff.
– Überwiegende Finanzierung **§ 159 GWB** 18 ff.
– Unabhängigkeit **§ 157 GWB** 1 ff., 7 ff., 41 ff.
– Vergabebekanntmachung **§ 159 GWB** 71
– Vergabekammer des Bundes **§ 158 GWB** 5 ff., **§ 159 GWB** 9 ff.
– Vergabekammer des Landes **§ 159 GWB** 48 ff.
– Vergabeprüfstelle **§ 156 GWB** 16
– Vergabeverfahren des Bundes **§ 159 GWB** 15 ff.
– Vergabeverfahren des Landes **§ 159 GWB** 53 ff.
– Verteidigungsspezifischer Auftrag **§ 157 GWB** 17 ff.
– Verweisung **§ 156 GWB** 12 ff., **§ 168 GWB** 17 f.
– Verweisungsbefugnis **§ 159 GWB** 73
– Vorabentscheidung **§ 168 GWB** 13
– Vorlageberechtigung **§ 155 GWB** 32
– Zuständigkeit **§ 155 GWB** 16 ff., **§ 156 GWB** 4 ff., **§ 158 GWB** 2, **§ 159 GWB** 1 ff.

– Zuständigkeitsvereinbarung **§ 159 GWB** 27 ff.
Vergabekammer des Bundes **§ 158 GWB** 5, **§ 159 GWB** 9 ff.
– Amtszeit **§ 158 GWB** 16
– Anzahl **§ 158 GWB** 8 f.
– Befähigung **§ 158 GWB** 15
– Besetzung **§ 158 GWB** 9 ff.
– Ehrenamtlicher Beisitzer **§ 158 GWB** 20 ff.
– Einrichtung **§ 158 GWB** 9
– Geschäftsordnung **§ 158 GWB** 25 ff.
– Geschäftsverteilung **§ 158 GWB** 9, 17 ff.
– Hauptamtlicher Beisitz **§ 158 GWB** 13
– Spitzenorganisation **§ 158 GWB** 22
– Unabhängigkeit **§ 158 GWB** 14, 23
– Vorsitz **§ 158 GWB** 13
– Zuordnung **§ 158 GWB** 7
– Zuständigkeit **§ 156 GWB** 4 ff.
Vergabekammer des Landes **§ 158 GWB** 29 ff., **§ 159 GWB** 48 ff.
– Anzahl **§ 158 GWB** 39
– Besetzung **§ 158 GWB** 35 ff.
– Einrichtung **§ 158 GWB** 35 ff.
– Funktionelle Zuständigkeit **§ 156 GWB** 11
– Gemeinsame Nachprüfungsbehörde **§ 158 GWB** 43
– Geschäftsordnung **§ 158 GWB** 40
– Kostenvorschuss **§ 158 GWB** 41
– Organisation **§ 158 GWB** 35 ff.
– Unterschrift **§ 158 GWB** 42
– Zuständigkeit **§ 156 GWB** 4 ff.
Vergabeprüfstelle **§ 155 GWB** 9, 58, **§ 156 GWB** 16
Vergaberegister **§ 124 GWB** 204
Vergabesperre **§ 125 GWB** 15 ff., 88
Vergabestatistik **§ 114 GWB** 1 ff., 22 ff.
– Anwendungsbereich **§ 114 GWB** 24 ff.
– Auftragsänderung **§ 114 GWB** 29
– Bereichsausnahme **§ 114 GWB** 30
– Gesetzgebungskompetenz **§ 114 GWB** 11 ff.
– Konzession **§ 114 GWB** 28
– Öffentlicher Auftrag **§ 114 GWB** 28
– Persönlicher Anwendungsbereich **§ 114 GWB** 26 f.
– Rahmenvereinbarung **§ 114 GWB** 31
– Rechtsschutz **§ 114 GWB** 40
– Rechtsverordnung **§ 114 GWB** 32 ff.
– Sachlicher Anwendungsbereich **§ 114 GWB** 28 f.
– Sanktion **§ 114 GWB** 41
– Sicherheitsspezifischer Auftrag **§ 114 GWB** 29
– Verteidigungsspezifischer Auftrag **§ 114 GWB** 29
– Wettbewerb **§ 114 GWB** 29
– Zuständigkeit **§ 114 GWB** 24 f.
Vergabeüberwachungsausschuss **§ 155 GWB** 6, 59
Vergabeunterlagen
– Auftraggeberwechsel **§ 132 GWB** 123
– Auftragsänderung **§ 132 GWB** 45, 76, 123
– Betreiberwechsel **§ 131 GWB** 49, 64 f., 64 f.
– Betriebsübergang **§ 131 GWB** 49, 64 f.
– Leistungsbeschreibung **§ 152 GWB** 20
– Option **§ 132 GWB** 45
– Überprüfungsklausel **§ 132 GWB** 45, 76
Vergabeverfahren
– Abschluss **§ 156 GWB** 47 ff.
– Beginn **§ 156 GWB** 41 ff., **§ 186 GWB** 6
– Begriff **§ 119 GWB** 7
– Einleitung **§ 155 GWB** 24 ff.
– Markterkundung **§ 156 GWB** 42
Vergleich
– Nachprüfungsverfahren **§ 168 GWB** 51
– Sofortige Beschwerde **§ 178 GWB** 45 f.
Verhältnismäßigkeitsgrundsatz **§ 97 GWB** 7 ff., 42 ff.
– Aufhebung **§ 97 GWB** 44
– Eignung **§ 97 GWB** 43
– Fakultativer Ausschlussgrund **§ 97 GWB** 43
– Rechtsschutz **§ 97 GWB** 45
– Selbstreinigung **§ 125 GWB** 6
– Strategisches Ziel **§ 97 GWB** 142 ff.
– Übermaßverbot **§ 97 GWB** 42
– Wettbewerbsgrundsatz **§ 97 GWB** 21
Verhandlung **§ 119 GWB** 30, **§ 151 GWB** 7
Verhandlungsverfahren **§ 119 GWB** 48 ff.
– Ablauf des Verfahrens **§ 119 GWB** 57 ff.
– Angebotsfrist **§ 119 GWB** 58 f.
– Auswahl der Teilnehmer **§ 119 GWB** 57 ff.
– Besondere Dienstleistung **§ 130 GWB** 39
– Dringlichkeitsvergabe **§ 119 GWB** 54
– Geheimwettbewerb **§ 119 GWB** 65
– Geschäftsgeheimnis **§ 119 GWB** 65
– Gleichbehandlung **§ 119 GWB** 64
– Innovationspartnerschaft **§ 119 GWB** 17
– Pflicht zur Verhandlung **§ 119 GWB** 60
– Preferred bidder **§ 119 GWB** 65
– Scheinverhandlungen **§ 119 GWB** 64
– Sicherheitsspezifischer Auftrag **§ 146 GWB** 5, 7
– Soziale Dienstleistung **§ 130 GWB** 39
– Sukzessives Abschichten **§ 119 GWB** 63
– Teilnahmewettbewerb **§ 119 GWB** 51 f.
– Transparenz **§ 119 GWB** 63
– Verhandlung **§ 119 GWB** 61

- Verteidigungsspezifischer Auftrag **§ 146 GWB** 5, 7
- Vertraulichkeit **§ 119 GWB** 64
- Voraussetzung **§ 119 GWB** 50 ff.
- Wettbewerb **§ 119 GWB** 65
- Wettbewerblicher Dialog **§ 119 GWB** 19 f., 20
- Zuschlagskriterium **§ 119 GWB** 63

Verhandlungsverfahren mit Teilnahmewettbewerb
- Eisenbahnverkehr **§ 131 GWB** 16
- Sektorenauftrag **§ 141 GWB** 10 ff.

Verhandlungsverfahren ohne Teilnahmewettbewerb
- Eisenbahnverkehr **§ 131 GWB** 17
- Informationspflicht **§ 134 GWB** 21
- Sektorenauftrag **§ 141 GWB** 17 ff.
- Vorabinformation **§ 134 GWB** 21, 92 ff.

Verhinderungsvermerk **§ 167 GWB** 14, **§ 168 GWB** 58

Verjährung **§ 181 GWB** 47, 102

Verkehrsdienstleistungskonzession **§ 105 GWB** 123 f.

Verkehrskonzession **§ 148 GWB** 49, 66

Verkehrsleistung **§ 137 GWB** 38

Verlängerung der aufschiebenden Wirkung **§ 179 GWB** 51

Verlängerungsoption **§ 132 GWB** 46

Vermengungsverbot **§ 152 GWB** 27

Vermietung **§ 137 GWB** 39 ff.

Vermischung von Eignungs- und Zuschlagskriterien **§ 127 GWB** 215 ff.

Vermischungsverbot **§ 152 GWB** 27

Verordnungsermächtigung **§ 113 GWB** 1 ff.
- Aufhebung **§ 113 GWB** 35 f.
- Auftragswert **§ 113 GWB** 23 f.
- Auswahl der Angebote **§ 113 GWB** 32 f.
- Auswahl der Unternehmen **§ 113 GWB** 32 f.
- Bekanntmachung **§ 113 GWB** 25 f.
- Besondere Dienstleistung **§ 113 GWB** 25 f.
- Besondere Methode **§ 113 GWB** 27 f.
- Besonderes Instrument **§ 113 GWB** 27 f.
- Bestimmtheit **§ 113 GWB** 11 ff.
- Bundesrat **§ 113 GWB** 43 ff.
- Bundestag **§ 113 GWB** 47 ff.
- Elektronische Auktion **§ 113 GWB** 27 f.
- Elektronische Kommunikation **§ 113 GWB** 29 ff.
- Elektronischer Katalog **§ 113 GWB** 27 f.
- Freistellungsverfahren **§ 113 GWB** 39 ff.
- Gemeinsame Auftragsvergabe **§ 113 GWB** 27 f.
- Kaskadenprinzip **§ 113 GWB** 2
- Konzession **§ 113 GWB** 15
- Leistungsbeschreibung **§ 113 GWB** 25 f.
- Maßgabenbeschluss **§ 113 GWB** 45
- Nebenangebot **§ 113 GWB** 25 f.
- Parlamentsvorbehalt **§ 113 GWB** 47 ff.
- Prüfung der Angebote **§ 113 GWB** 32 f.
- Prüfung der Unternehmen **§ 113 GWB** 32 f.
- Rahmenvereinbarung **§ 113 GWB** 27 f.
- Sammelbeschaffung **§ 113 GWB** 27 f.
- Sicherheitsspezifische Anforderung **§ 113 GWB** 37 f.
- Unterauftrag **§ 113 GWB** 25 f.
- Verfahrensart **§ 113 GWB** 25 f.
- Vergabegrundsatz **§ 97 GWB** 6
- Verteidigungsspezifische Anforderung **§ 113 GWB** 37 f.
- Vertragsschluss **§ 113 GWB** 32, 34
- Vertragswert **§ 113 GWB** 23 f.
- Zentrale Beschaffungstätigkeit **§ 113 GWB** 27 f.
- Zustimmungserfordernis **§ 113 GWB** 43 ff.

Versäumnisurteil **§ 175 GWB** 13, 54

Verschlüsselung **§ 107 GWB** 116 ff.

Verschlüsselungstechnologie **§ 145 GWB** 10

Verschlusssache **§ 104 GWB** 23 ff., 27 ff., 39 ff., **§ 117 GWB** 20, **§ 150 GWB** 15
- Akteneinsicht **§ 164 GWB** 19 f., **§ 165 GWB** 27
- Begriff **§ 164 GWB** 9
- Nachprüfungsverfahren **§ 164 GWB** 8 ff.
- Vertrauliche Unterlage **§ 164 GWB** 8 ff.

Versicherungsdienstleistung **§ 145 GWB** 35, 37

Versorgungswerk **§ 99 GWB** 27

Verspätetes Vorbringen **§ 167 GWB** 44 f.

Verteidigungsspezifischer Auftrag siehe *Verteidigungsvergabe*

Verteidigungsvergabe
- Agusta **§ 104 GWB** 16
- Anwendungsbereich **§ 144 GWB** 1 ff.
- Auftragsänderung **§ 147 GWB** 6
- Ausführungsbedingung **§ 147 GWB** 6
- Barrierefreiheit **§ 147 GWB** 1, 10
- Bereichsausnahme **§ 107 GWB** 89 ff.
- Besondere Ausnahme **§ 117 GWB** 1 ff., 8, **§ 145 GWB** 1 ff., **§ 150 GWB** 1 ff.
- Besondere Dienstleistung **§ 130 GWB** 41, **§ 147 GWB** 9
- Besondere Methode **§ 147 GWB** 6
- Besondere Sicherheitsmaßnahme **§ 117 GWB** 21 ff., **§ 150 GWB** 17 ff.
- Besondere Verfahrensregel **§ 145 GWB** 44 ff., **§ 150 GWB** 43 ff.
- Bundesamt für Verfassungsschutz **§ 145 GWB** 11
- Bundeskriminalamt **§ 145 GWB** 11

- Bundesnachrichtendienst **§ 145 GWB** 11
- Bundespolizei **§ 145 GWB** 11
- Bundeswehr **§ 145 GWB** 11
- Counter-intelligence activitiy **§ 145 GWB** 9
- Dokumentation **§ 117 GWB** 13
- Dual Use **§ 104 GWB** 20
- Eignung **§ 122 GWB** 4, **§ 147 GWB** 6
- Einsatzgebiet **§ 145 GWB** 22 ff., **§ 150 GWB** 29 ff.
- Europäische Verteidigungsagentur **§ 145 GWB** 14, 59
- European Defence Agency **§ 145 GWB** 14, 59
- Fakultativer Ausschlussgrund **§ 147 GWB** 6, 11 ff.
- Finanzdienstleistung **§ 145 GWB** 35 ff.
- Forschung und Entwicklung **§ 145 GWB** 16 ff., 38 ff., **§ 150 GWB** 23 f.
- Geheimerklärung **§ 117 GWB** 18 ff., **§ 150 GWB** 12 ff.
- Geheimhaltungsgrad **§ 104 GWB** 33
- Gemischte Konzession **§ 112 GWB** 33
- Gemischter Auftrag **§ 111 GWB** 23 ff., 47 ff., **§ 112 GWB** 16 ff.
- Innovationspartnerschaft **§ 146 GWB** 8
- InsTiimi **§ 104 GWB** 17
- Internationale Finanzierungseinrichtung **§ 117 GWB** 38 ff.
- Internationale Organisation **§ 117 GWB** 35 ff., 38 ff., **§ 145 GWB** 57 ff., **§ 150 GWB** 49 ff.
- Internationale Übereinkunft **§ 117 GWB** 27 ff., 31 ff., **§ 145 GWB** 46 ff., **§ 150 GWB** 44 ff.
- Internationale Vereinbarung **§ 117 GWB** 27 ff., 31 ff., **§ 145 GWB** 46 ff., 52 ff., **§ 150 GWB** 44 ff., 47 f.
- Internationale Verfahrensregel **§ 109 GWB** 6
- Internationaler Währungsfonds **§ 117 GWB** 38 ff.
- Internationales Abkommen **§ 145 GWB** 52 ff., **§ 150 GWB** 47 f.
- Konzession **§ 150 GWB** 1 ff.
- Kooperationsprogramm **§ 145 GWB** 12 ff., **§ 150 GWB** 22 ff.
- Kriegswaffenliste **§ 104 GWB** 15
- Kündigung **§ 133 GWB** 2, **§ 147 GWB** 6
- Lead nation concept **§ 145 GWB** 14
- Leistungsbeschreibung **§ 147 GWB** 1, 6
- Militärausrüstung **§ 104 GWB** 6 ff., **§ 107 GWB** 100 ff.
- Militärgüterliste **§ 104 GWB** 14
- Militärischer Abschirmdienst **§ 145 GWB** 11
- Munition **§ 104 GWB** 13
- Nachprüfungsverfahren **§ 155 GWB** 20, **§ 169 GWB** 4
- Nachrichtendienst **§ 145 GWB** 11
- Nachrichtendienstliche Tätigkeit **§ 145 GWB** 7 ff.
- NATO-Truppenstatut **§ 117 GWB** 34 ff., **§ 145 GWB** 56 ff., **§ 150 GWB** 48 ff.
- Nicht offenes Verfahren **§ 146 GWB** 5
- Non governmental organization **§ 145 GWB** 59
- North Atlantic Treaty Organization **§ 145 GWB** 59, **§ 150 GWB** 52
- Offenes Verfahren **§ 146 GWB** 6
- Öffentlicher Auftrag **§ 103 GWB** 20 ff.
- Operational need **§ 145 GWB** 25
- Organisation Conjointe de Coopération en Matière d'Armement **§ 145 GWB** 14, 59
- Personenverkehrsleistung **§ 147 GWB** 6
- Polizei **§ 150 GWB** 31
- Preisgabe von Auskünften **§ 107 GWB** 117 ff.
- Regierungsauftrag **§ 145 GWB** 29 ff.
- Regierungskonzession **§ 150 GWB** 26 ff.
- Schlüsseltechnologie **§ 107 GWB** 109 ff.
- Schwellenwert **§ 106 GWB** 20
- Sektorenvergabe **§ 136 GWB** 5
- Selbstreinigung **§ 125 GWB** 14, **§ 147 GWB** 6
- Sicherheitsspezifischer Auftrag **§ 104 GWB** 1 ff., **§ 144 GWB** 1 ff., **§ 145 GWB** 1 ff.
- Sofortige Beschwerde **§ 173 GWB** 45
- Soziale Dienstleistung **§ 130 GWB** 41
- Spionage **§ 145 GWB** 10
- Stationierung von Truppen **§ 117 GWB** 31 ff., **§ 145 GWB** 52 ff., **§ 150 GWB** 47 f.
- Strategisches Ziel **§ 97 GWB** 77
- Surrounding geographic zone **§ 145 GWB** 27, **§ 150 GWB** 33
- Truppe **§ 150 GWB** 30
- Unwirksamkeit **§ 147 GWB** 6
- Verfahrensart **§ 119 GWB** 2, **§ 146 GWB** 1 ff., **§ 147 GWB** 1, 6 f.
- Vergabekammer **§ 157 GWB** 17 ff.
- Verhandlungsverfahren mit Teilnahmewettbewerb **§ 146 GWB** 5
- Verhandlungsverfahren ohne Teilnahmewettbewerb **§ 146 GWB** 7
- Verschlüsselung **§ 107 GWB** 116 ff.
- Verschlüsselungstechnologie **§ 145 GWB** 10
- Verschlusssache **§ 104 GWB** 23 ff., 27 ff., 39 ff., **§ 117 GWB** 20, **§ 150 GWB** 15

- Versicherungsdienstleistung **§ 145 GWB** 35, 37
- Verteidigungsspezifischer Auftrag **§ 104 GWB** 1 ff.
- Verteidigungsspezifischer Auftrag **§ 144 GWB** 1 ff., **§ 145 GWB** 1 ff.
- Vertrauenswürdigkeit **§ 147 GWB** 12 ff.
- Vertrauliche Unterlage **§ 164 GWB** 2
- Vorabgestattung des Zuschlags **§ 169 GWB** 42 ff., 92 ff.
- Vorabgestattungsverfahren **§ 176 GWB** 20 ff., 35
- Vorabinformation **§ 134 GWB** 100 ff.
- Vorbehaltener Auftrag **§ 118 GWB** 15
- Vorinformation **§ 147 GWB** 6
- Waffe **§ 104 GWB** 12
- Wesentliches Sicherheitsinteresse **§ 117 GWB** 9 ff., **§ 150 GWB** 38 ff.
- Wettbewerblicher Dialog **§ 119 GWB** 67, **§ 146 GWB** 7
- Zivile Beschaffung **§ 145 GWB** 26
- Zollkriminalamt **§ 145 GWB** 11
- Zuschlag **§ 147 GWB** 6
- Zwingender Ausschlussgrund **§ 123 GWB** 4, **§ 147 GWB** 6, 11

Vertrag **§ 103 GWB** 28 ff.
Vertragsbedingung **§ 121 GWB** 84
Vertragsdurchführungsklausel **§ 132 GWB** 106
Vertragsverletzungsverfahren **§ 135 GWB** 79, 108 ff., **§ 155 GWB** 63 f.
- De-facto-Vergabe **§ 135 GWB** 110
- Korrekturmechanismus **§ 183 GWB** 3

Vertragswert
- Schwellenwert **§ 106 GWB** 6
- Verordnungsermächtigung **§ 113 GWB** 23 f.

Vertrauenswürdigkeit **§ 147 GWB** 12 ff.
Vertrauliche Information **§ 164 GWB** 8 ff.
Vertrauliche Unterlage **§ 164 GWB** 1 ff.
- Akteneinsicht **§ 164 GWB** 16 ff.
- Form **§ 164 GWB** 10
- In-camera-Verfahren **§ 164 GWB** 24
- Partei **§ 164 GWB** 12
- Sicherheitsspezifischer Auftrag **§ 164 GWB** 2
- Sofortige Beschwerde **§ 164 GWB** 3
- Verschlusssache **§ 164 GWB** 8 ff.
- Verteidigungsspezifischer Auftrag **§ 164 GWB** 2
- Vertrauliche Information **§ 164 GWB** 8 ff., 11

Vertraulichkeit **§ 151 GWB** 10
Verurteilung **§ 123 GWB** 22
Verwaltungsakt
- Auftrag **§ 103 GWB** 35
- Konzession **§ 105 GWB** 29 ff., 32

Verwaltungsgemeinschaft **§ 99 GWB** 17
Verwaltungshelfer **§ 116 GWB** 42
Verweisung **§ 161 GWB** 20 f.
Verwirkung **§ 135 GWB** 85, **§ 160 GWB** 100 ff.
- Nachprüfungsantrag **§ 155 GWB** 27 ff.
- Umstandsmoment **§ 155 GWB** 28
- Zeitmoment **§ 155 GWB** 28

Verzögerungsrüge **§ 176 GWB** 52
Volksfest **§ 105 GWB** 108
Vorab-Bekanntmachung **§ 135 GWB** 6
Vorabentscheidungsverfahren **§ 155 GWB** 65, **§ 168 GWB** 14 ff., **§ 179 GWB** 50
- Sofortige Beschwerde **§ 173 GWB** 48
- Vergabekammer **§ 168 GWB** 13

Vorabgestattungsverfahren **§ 169 GWB** 2, 22 ff., **§ 176 GWB** 1 ff.
- Abwägung **§ 169 GWB** 32 ff., **§ 176 GWB** 31 ff.
- Akteneinsicht **§ 176 GWB** 62
- Anhörungsrüge **§ 176 GWB** 65
- Antrag **§ 176 GWB** 36 ff.
- Antragsbegründung **§ 169 GWB** 29
- Antragsberechtigung **§ 176 GWB** 37 f.
- Antragserfordernis **§ 169 GWB** 28
- Anwaltszwang **§ 176 GWB** 62
- Anwendungsbereich **§ 176 GWB** 5 ff.
- Auflage **§ 176 GWB** 10, 58
- Aussetzung **§ 176 GWB** 46 ff.
- Aussicht auf Auftragserhalt **§ 169 GWB** 47 ff.
- Aussicht auf Konzessionserhalt **§ 169 GWB** 47 ff.
- Beendigungsfiktion **§ 177 GWB** 12 ff.
- Begründung **§ 176 GWB** 42, 54 f.
- Beiladung **§ 162 GWB** 49
- Beschwerde **§ 169 GWB** 75
- Bindungswirkung **§ 177 GWB** 14
- Bündnisverpflichtung **§ 169 GWB** 45, **§ 176 GWB** 23
- Corona-Pandemie **§ 169 GWB** 46
- Daseinsvorsorge **§ 176 GWB** 19
- Divergenzvorlage **§ 176 GWB** 56, **§ 179 GWB** 51
- Eilverfahren **§ 176 GWB** 2
- Einsatzgleiche Verpflichtung **§ 169 GWB** 45, **§ 176 GWB** 23
- Erfolgsaussicht **§ 169 GWB** 51
- Erfolgsaussichten **§ 176 GWB** 25 ff.

- Erledigung **§ 169 GWB** 27
- Fixgeschäft **§ 176 GWB** 19
- Form **§ 176 GWB** 40
- Fortsetzungsverbot **§ 177 GWB** 15
- Frist **§ 176 GWB** 41, 49 ff.
- Gebühr **§ 176 GWB** 64
- Gestattung des sofortigen Zuschlags **§ 169 GWB** 67 ff.
- Glaubhaftmachung **§ 176 GWB** 43
- Hängebeschluss **§ 176 GWB** 9
- Herstellung der Rechtmäßigkeit **§ 177 GWB** 9 ff.
- Interesse an wirtschaftlicher Erfüllung **§ 169 GWB** 39 ff.
- Interesse der Allgemeinheit **§ 176 GWB** 18 f.
- Interimsvergabe **§ 169 GWB** 38
- Konzession **§ 176 GWB** 24
- Kosten **§ 176 GWB** 63 f.
- Krise **§ 169 GWB** 45, **§ 176 GWB** 23
- Mandatierter Bundeswehreinsatz **§ 176 GWB** 23
- Mandatierter Einsatz **§ 169 GWB** 45
- Mündliche Verhandlung **§ 169 GWB** 32, **§ 176 GWB** 59 ff., 62
- Öffentlicher Auftrag **§ 176 GWB** 24
- Pandemie **§ 176 GWB** 19
- Rahmenvereinbarung **§ 176 GWB** 24
- Rechtsmittel **§ 176 GWB** 65, **§ 177 GWB** 16
- Rechtsnatur **§ 169 GWB** 26
- Rechtsschutz **§ 169 GWB** 52 ff.
- Schiebebeschluss **§ 176 GWB** 9
- Schriftlichkeit **§ 176 GWB** 40
- Sicherheitsaspekt **§ 169 GWB** 92 ff.
- Sicherheitsinteresse **§ 169 GWB** 42 ff.
- Sicherheitsspezifischer Auftrag **§ 176 GWB** 20 ff., 35
- Sofortige Beschwerde **§ 176 GWB** 1 ff.
- Teilweise Gestattung **§ 176 GWB** 34
- Teilweises Unterliegen des Auftraggebers **§ 177 GWB** 6
- Tenorierung **§ 176 GWB** 57
- Unterliegen des Auftraggebers **§ 177 GWB** 1 ff.
- Unterliegen des Unternehmens **§ 177 GWB** 8
- Untersuchungsgrundsatz **§ 176 GWB** 44, 62
- Unverzüglichkeit **§ 176 GWB** 50
- Unzulässiger Antrag **§ 177 GWB** 7
- Verfassungsbeschwerde **§ 176 GWB** 52, 65
- Verschulden des Auftraggebers **§ 169 GWB** 36
- Verteidigungsaspekt **§ 169 GWB** 92 ff.
- Verteidigungsinteresse **§ 169 GWB** 42 ff.
- Verteidigungsspezifischer Auftrag **§ 176 GWB** 20 ff., 35
- Verzögerungsrüge **§ 176 GWB** 52
- Voraussetzung **§ 169 GWB** 28 ff.
- Vorwegnahme der Hauptsache **§ 176 GWB** 2
- Wartepflicht **§ 169 GWB** 25
- Wiederherstellung des Zuschlagsverbots **§ 169 GWB** 54 ff.
- Zuschlagsverbot **§ 176 GWB** 8
- Zwischenverfahren **§ 176 GWB** 2

Vorabinformation **§ 134 GWB** 1 ff., 12 ff.
- Absendung **§ 134 GWB** 80 ff.
- Adressat **§ 134 GWB** 38 ff.
- Alleinstellungsvergabe **§ 134 GWB** 22
- Antragsbefugnis **§ 160 GWB** 35
- Anwendungsbereich **§ 134 GWB** 15 ff.
- Aufhebung **§ 134 GWB** 29
- Auftraggeber nach dem Bundesberggesetz **§ 143 GWB** 20
- Auftragsänderung **§ 134 GWB** 35 ff.
- Betriebsgeheimnis **§ 134 GWB** 106
- Bewerber **§ 134 GWB** 47 ff.
- Bieter **§ 134 GWB** 39 ff.
- De-facto-Vergabe **§ 134 GWB** 27 f.
- Dringlichkeitsvergabe **§ 134 GWB** 21, 92 ff.
- Dynamisches Beschaffungssystem **§ 134 GWB** 25
- Empfangsbestätigung **§ 134 GWB** 74
- Fax **§ 134 GWB** 74
- Form **§ 134 GWB** 72 ff.
- Geschäftliches Interesse **§ 134 GWB** 109
- Geschäftsgeheimnis **§ 134 GWB** 106
- Gesetzesvollzug **§ 134 GWB** 107
- Gründe für Nichtberücksichtigung **§ 134 GWB** 60 ff.
- Inhalt **§ 134 GWB** 53 ff.
- Interimsvergabe **§ 134 GWB** 30
- Konzession **§ 154 GWB** 160 ff.
- Lauterer Wettbewerb **§ 134 GWB** 109
- Markterkundung **§ 134 GWB** 20
- Name des Zuschlagsbieters **§ 134 GWB** 57 ff.
- Öffentliches Interesse **§ 134 GWB** 108
- Platzierung **§ 134 GWB** 71
- Preisträger **§ 134 GWB** 41
- Rahmenvereinbarung **§ 134 GWB** 25 f.
- Rangfolge **§ 134 GWB** 71
- Rechtsschutz **§ 134 GWB** 110 ff.
- Schwellenwert **§ 134 GWB** 15 ff.
- Sektorenvergabe **§ 142 GWB** 12
- Sicherheitsinteresse **§ 134 GWB** 108
- Sicherheitsspezifischer Auftrag **§ 134 GWB** 100 ff.

– Textform **§ 134 GWB** 72 ff.
– Transparenzgrundsatz **§ 97 GWB** 31
– Übermittlung **§ 97 GWB** 308
– Unterschwellenbereich **§ 134 GWB** 16
– Unverzüglichkeit **§ 134 GWB** 75
– Unwirksamkeit **§ 135 GWB** 21 ff.
– Verfahrensart **§ 134 GWB** 19 ff.
– Vergabeplattform **§ 134 GWB** 74
– Verhandlungsverfahren ohne Teilnahmewettbewerb **§ 134 GWB** 92 ff.
– Verstoß **§ 135 GWB** 21 ff.
– Verteidigungsinteresse **§ 134 GWB** 108
– Verteidigungsspezifischer Auftrag **§ 134 GWB** 100 ff.
– Wettbewerb **§ 134 GWB** 24
– Wiederholung **§ 134 GWB** 31 ff.
– Zeitpunkt des Vertragsschlusses **§ 134 GWB** 67 ff.
– Zuschlagsbieter **§ 134 GWB** 46
Vorbefassung **§ 97 GWB** 56, **§ 124 GWB** 108 ff., **§ 154 GWB** 57 ff.
– Beweislast **§ 124 GWB** 131 ff.
– Darlegungslast **§ 124 GWB** 131 ff.
– Ermessen **§ 124 GWB** 133
– Mittelbare Vorbefassung **§ 124 GWB** 116
– Selbstreinigung **§ 125 GWB** 24
– Verbundene Unternehmen **§ 124 GWB** 116
– Verhältnismäßigkeit **§ 124 GWB** 124 ff.
– Vorgängerauftrag **§ 124 GWB** 118
– Wettbewerbsgrundsatz **§ 97 GWB** 20
– Wettbewerbsverzerrung **§ 124 GWB** 120 ff.
– Zeitraum für Ausschluss **§ 126 GWB** 33 f.
Vorbehaltene Konzession **§ 118 GWB** 15, **§ 154 GWB** 7 ff.
– Besondere Dienstleistungskonzession **§ 153 GWB** 45
– Soziale Dienstleistungskonzession **§ 153 GWB** 45
Vorbehaltener Auftrag **§ 118 GWB** 1 ff.
– Anerkannte Werkstatt **§ 118 GWB** 24
– Anerkennung **§ 118 GWB** 24, 33
– Auftragsbekanntmachung **§ 118 GWB** 8
– Ausführungsbedingung **§ 118 GWB** 10
– Benachteiligte Person **§ 118 GWB** 28
– Beschäftigungsgesellschaft **§ 118 GWB** 32
– Eignung **§ 118 GWB** 18
– Europa 2020 **§ 118 GWB** 5
– Geschützte Werkstatt **§ 118 GWB** 24
– Geschütztes Beschäftigungsverhältnis **§ 118 GWB** 34 ff.
– Inklusionsabteilung **§ 118 GWB** 31
– Inklusionsbetrieb **§ 118 GWB** 31
– Integrationsunternehmen **§ 118 GWB** 26 ff.
– Konzession **§ 118 GWB** 15
– Mensch mit Behinderungen **§ 118 GWB** 23, 28
– Öffentlicher Auftrag **§ 118 GWB** 15
– Qualifizierungsgesellschaft **§ 118 GWB** 32
– Rahmenvereinbarung **§ 118 GWB** 15
– Schwellenwert **§ 118 GWB** 41 ff.
– Sektorenauftrag **§ 118 GWB** 15
– Sicherheitsspezifischer Auftrag **§ 118 GWB** 15
– Sozialer Aspekt **§ 97 GWB** 88, **§ 118 GWB** 9
– Sozialunternehmen **§ 118 GWB** 26 ff.
– Verteidigungsspezifischer Auftrag **§ 118 GWB** 15
– Werkstatt für Menschen mit Behinderungen **§ 118 GWB** 20 ff.
Vorbeugender Rechtsschutz **§ 155 GWB** 25, **§ 156 GWB** 43, **§ 160 GWB** 29, **§ 168 GWB** 24
Vorgesellschaft **§ 99 GWB** 50
Vorinformation **§ 151 GWB** 13 ff.
– Besondere Dienstleistungskonzession **§ 153 GWB** 39
– Eisenbahnverkehr **§ 131 GWB** 36 ff.
– Notmaßnahme **§ 131 GWB** 42
– Sicherheitsspezifischer Auftrag **§ 147 GWB** 6
– Soziale Dienstleistungskonzession **§ 153 GWB** 39
– Verteidigungsspezifischer Auftrag **§ 147 GWB** 6
Vorläufige Maßnahme **§ 169 GWB** 76 ff.
– Abwägung **§ 169 GWB** 85 ff.
– Anfechtung **§ 169 GWB** 88
– Antragsbefugnis **§ 169 GWB** 83
– Rechtsgefährdung **§ 169 GWB** 79
– Rechtsschutz **§ 169 GWB** 88
– Sofortige Beschwerde **§ 169 GWB** 84
– Verwaltungsvollstreckung **§ 169 GWB** 89 ff.
– Voraussetzung **§ 169 GWB** 78 ff.
– Zwangsgeld **§ 169 GWB** 91
Vorrangige Dienstleistung **§ 130 GWB** 10
Vorwirkung **§ 108 GWB** 87

W

Wachdienst **§ 153 GWB** 30
Waffe **§ 104 GWB** 12
Wahlposition **§ 121 GWB** 39, **§ 127 GWB** 141 f.
Waldbrandbekämpfung **§ 107 GWB** 64
Ware **§ 103 GWB** 90
Wärme **§ 102 GWB** 23 ff.

Wartefrist **§ 134 GWB** 76 ff.
- Beginn **§ 134 GWB** 80 ff.
- Ende **§ 134 GWB** 87 ff.
- Rechtsmittelfrist **§ 134 GWB** 78

Wartepflicht **§ 134 GWB** 1 ff., **§ 155 GWB** 33
- Auftraggeber nach dem Bundesberggesetz **§ 143 GWB** 20
- Vorabgestattung des Zuschlags **§ 169 GWB** 25

Wasser **§ 102 GWB** 5 ff., **§ 137 GWB** 34 ff.
Wasserkonzession **§ 148 GWB** 65, **§ 149 GWB** 96 ff.
- Betriebsrisiko **§ 149 GWB** 108 f.
- Binnenmarktrelevanz **§ 149 GWB** 116 f.
- Europäisches Primärrecht **§ 149 GWB** 115 ff.
- Gemeinschaftsunternehmen **§ 149 GWB** 126
- Grenzüberschreitender Bezug **§ 149 GWB** 116 f.
- Kartellrecht **§ 149 GWB** 114
- Laufzeit **§ 149 GWB** 121 ff.
- Öffentlich-öffentliche Zusammenarbeit **§ 149 GWB** 125
- Rechtsschutz **§ 149 GWB** 129 f.
- Selbsterbringung **§ 149 GWB** 127
- Transparenz **§ 149 GWB** 118
- Verbundenes Unternehmen **§ 149 GWB** 126
- Zuschlagskriterium **§ 149 GWB** 120

Wasserversorgungsverband **§ 99 GWB** 114
Wegenutzungskonzession **§ 105 GWB** 54, 115 ff., **§ 148 GWB** 50 ff.
Wegenutzungsvertrag
- Konzession **§ 105 GWB** 54, 115 ff., **§ 148 GWB** 50 ff.
- Nachprüfungsverfahren **§ 155 GWB** 30

Weihnachtsmarktkonzession **§ 105 GWB** 108
Weiterveräußerung **§ 137 GWB** 39 ff.
Weniger an Eignung **§ 122 GWB** 20
Werkstatt für Menschen mit Behinderung **§ 97 GWB** 88, **§ 118 GWB** 20 ff.
Wertemanagement **§ 125 GWB** 46
Wertpapier **§ 116 GWB** 71 ff., **§ 137 GWB** 25, **§ 149 GWB** 60 f.
Wesentliches Sicherheitsinteresse **§ 117 GWB** 9 ff., **§ 150 GWB** 38 ff.
Wesentlichkeitskriterium **§ 108 GWB** 29 ff., 49 f., 51 f., 63, 84 ff.
Wettbewerb **§ 103 GWB** 124 ff.
- Internationale Verfahrensregel **§ 109 GWB** 5
- Nachprüfungsverfahren **§ 155 GWB** 20
- Schwellenwert **§ 106 GWB** 16 ff.
- Sektorenvergabe **§ 136 GWB** 7, 18 ff.
- Vorabinformation **§ 134 GWB** 24, 41

Wettbewerblicher Dialog **§ 119 GWB** 66 ff.
- Ablauf des Verfahrens **§ 119 GWB** 71 ff.
- Auftragsbekanntmachung **§ 119 GWB** 72
- Begrenzung der Bewerber **§ 119 GWB** 72
- Besondere Dienstleistung **§ 130 GWB** 39
- Dialogphase **§ 119 GWB** 74 ff.
- Eignung **§ 119 GWB** 72 f.
- Eisenbahnverkehr **§ 131 GWB** 16
- Innovationspartnerschaft **§ 119 GWB** 18
- Kostenerstattung **§ 119 GWB** 76
- Prämie **§ 119 GWB** 76
- Preferred Bidder **§ 119 GWB** 75
- Sicherheitsspezifischer Auftrag **§ 146 GWB** 7
- Soziale Dienstleistung **§ 130 GWB** 39
- Sukzessive Abschichtung **§ 119 GWB** 75
- Teilnahmefrist **§ 119 GWB** 73
- Verhandlung **§ 119 GWB** 78 ff.
- Verhandlungsverfahren **§ 119 GWB** 19, 20
- Verteidigungsspezifischer Auftrag **§ 146 GWB** 7
- Voraussetzung **§ 119 GWB** 68 ff.
- Zahlung **§ 119 GWB** 76

Wettbewerbsbeschränkende Abrede **§ 124 GWB** 64
Wettbewerbsbeschränkende Vereinbarung **§ 123 GWB** 3, **§ 124 GWB** 62 ff., **§ 154 GWB** 49 ff.
- Anhaltspunkte **§ 124 GWB** 96 ff.
- Bietergemeinschaft **§ 124 GWB** 73 ff., 92 ff.
- Eignungsleihe **§ 124 GWB** 88
- Geheimwettbewerb **§ 97 GWB** 22, **§ 124 GWB** 71 f.
- Schwere Verfehlung **§ 124 GWB** 69
- Unterauftragnehmer **§ 124 GWB** 85 ff.
- Verbindung zum Auftragsgegenstand **§ 97 GWB** 21
- Verbundenes Unternehmen **§ 124 GWB** 89 ff.
- Vereinbarung **§ 97 GWB** 21
- Wettbewerbsbeschränkende Abrede **§ 124 GWB** 64
- Wettbewerbsgrundsatz **§ 97 GWB** 20 ff.
- Zeitraum für Ausschluss **§ 126 GWB** 29 ff.

Wettbewerbsbeschränkende Verhaltensweise **§ 124 GWB** 62 ff., **§ 154 GWB** 49 ff.
- Geheimwettbewerb **§ 124 GWB** 71 f.
- Schwere Verfehlung **§ 124 GWB** 69

Wettbewerbsgrundsatz **§ 97 GWB** 7 ff., 11 ff.
- Anwendungsbereich **§ 97 GWB** 15
- Auftragsgegenstand **§ 97 GWB** 17
- Begriff des Wettbewerbs **§ 97 GWB** 11
- Dringlichkeitsvergabe **§ 97 GWB** 24
- Eignung **§ 97 GWB** 18

- Geheimwettbewerb **§ 97 GWB** 22
- Hoflieferantentum **§ 97 GWB** 15
- Konzession **§ 151 GWB** 9
- Leistungsbeschreibung **§ 97 GWB** 17
- Loslimitierung **§ 97 GWB** 25
- Produktneutralität **§ 97 GWB** 17
- Rahmenvereinbarung **§ 97 GWB** 23
- Rechtsschutz **§ 97 GWB** 26 f.
- Sektorenauftraggeber **§ 97 GWB** 23
- Selbstreinigung **§ 125 GWB** 8
- Unmittelbar dem Wettbewerb ausgesetzte Tätigkeit **§ 97 GWB** 23
- Verfahrensart **§ 97 GWB** 13, 15 f.
- Verhältnismäßigkeitsgrundsatz **§ 97 GWB** 21
- Vorbefassung **§ 97 GWB** 20
- Wettbewerbsbeschränkende Vereinbarung **§ 97 GWB** 20 ff.

Wettbewerbsregister
- Abfragepflicht **§ 6 WRegG** 1 ff., 29 ff., **§ 12 WRegG** 15 f.
- Abfragerecht **§ 6 WRegG** 81 ff.
- Absehen von Eintragung **§ 5 WRegG** 21 f.
- Akteneinsicht **§ 5 WRegG** 75 ff.
- Amtliche Schnittstelle **§ 6 WRegG** 140
- Amtliches Verzeichnis **§ 5 WRegG** 43 ff.
- Amtsermittlung **§ 8 WRegG** 21 f.
- Aufgreifschwelle **§ 2 WRegG** 21 ff., **§ 6 WRegG** 36 ff.
- Auskunft **§ 5 WRegG** 1 ff., 33 ff.
- Auslage **§ 8 WRegG** 45 ff., **§ 10 WRegG** 23 f.
- Ausländische Behörde **§ 4 WRegG** 5
- Ausländisches Unternehmen **§ 4 WRegG** 13
- Ausschluss **§ 6 WRegG** 1 ff., 106 ff.
- Automatisiertes Abrufverfahren **§ 10 WRegG** 7 f.
- Automatisiertes Verfahren **§ 9 WRegG** 18 ff.
- Bediensteter **§ 6 WRegG** 99 ff.
- Beglaubigung **§ 5 WRegG** 55 ff.
- Begriff **§ 1 WRegG** 31
- Berichtigung **§ 4 WRegG** 14 ff., **§ 7 WRegG** 22, 33
- Beschwerde **§ 2 WRegG** 129, **§ 3 WRegG** 30 f., **§ 5 WRegG** 85, **§ 11 WRegG** 4 ff.
- Beschwerdefrist **§ 11 WRegG** 11
- Beschwerdegericht **§ 11 WRegG** 8, 16
- Bindungswirkung **§ 7 WRegG** 34 ff., **§ 8 WRegG** 20
- Bundeszentralregister **§ 2 WRegG** 11, **§ 3 WRegG** 6
- Datenschutz **§ 3 WRegG** 9, 27, **§ 5 WRegG** 42, 79 ff., **§ 9 WRegG** 22 ff., **§ 10 WRegG** 11 f.
- Datenspeicherung **§ 10 WRegG** 5 f.
- Datenübermittlung **§ 9 WRegG** 1 ff., **§ 10 WRegG** 7 f., **§ 12 WRegG** 1 ff., 4 ff.
- Einrichtung **§ 1 WRegG** 1 ff.
- Eintragung **§ 3 WRegG** 1 ff.
- Eintragungsvoraussetzung **§ 2 WRegG** 1 ff.
- Elektronische Datenbank **§ 1 WRegG** 37 ff., **§ 3 WRegG** 14
- Ergänzende Information **§ 6 WRegG** 116 ff.
- Erlöschen **§ 2 WRegG** 126 ff.
- Ermittlungsbefugnis **§ 8 WRegG** 28 ff.
- Fakultativer Ausschlussgrund **§ 124 GWB** 204, **§ 1 WRegG** 32 ff., **§ 2 WRegG** 40 ff., **§ 7 WRegG** 15 ff.
- Fehlerhafte Daten **§ 4 WRegG** 9 ff.
- Fristablauf **§ 7 WRegG** 1 ff.
- Gebühr **§ 5 WRegG** 71 ff., **§ 8 WRegG** 45 ff., **§ 10 WRegG** 23 f.
- Gewerbezentralregister **§ 2 WRegG** 7 ff., 12 ff., **§ 3 WRegG** 7
- Gutachten **§ 8 WRegG** 24 ff., **§ 10 WRegG** 21 f.
- Identitätsnachweis **§ 5 WRegG** 61 f.
- Informationsfreiheit **§ 3 WRegG** 29
- Inhalt der Eintragung **§ 10 WRegG** 13 f.
- Kommunikation **§ 6 WRegG** 138 ff., **§ 10 WRegG** 9 f.
- Korrektur **§ 5 WRegG** 21 f.
- Landesregister **§ 2 WRegG** 6, 12 ff., **§ 12 WRegG** 17
- Leitlinie **§ 8 WRegG** 42 ff.
- Löschung **§ 4 WRegG** 14 ff., **§ 6 WRegG** 132 ff., **§ 7 WRegG** 1 ff., **§ 8 WRegG** 1 ff.
- Mitteilungspflicht **§ 4 WRegG** 1 ff.
- Natürliche Person **§ 3 WRegG** 19
- Ordnungswidrigkeit **§ 3 WRegG** 20
- Persönliches Erscheinen **§ 5 WRegG** 54
- Portal **§ 6 WRegG** 140
- Praktischer Hinweis **§ 8 WRegG** 44
- Präqualifikationssystem **§ 5 WRegG** 43 ff.
- Rechtskräftige Entscheidung **§ 2 WRegG** 38 ff.
- Rechtsschutz **§ 2 WRegG** 129, **§ 3 WRegG** 30 f., **§ 4 WRegG** 24, **§ 5 WRegG** 85, **§ 8 WRegG** 48 ff., **§ 9 WRegG** 28
- Rechtsverordnung **§ 12 WRegG** 1 ff., 18 f.
- Rechtsweg **§ 11 WRegG** 1 ff.

- Registerbehörde **§ 1 WRegG** 27 ff.
- Sammelabfrage **§ 5 WRegG** 51
- Sanktion **§ 3 WRegG** 20
- Selbstreinigung **§ 125 GWB** 3, 19 ff., **§ 3 WRegG** 21 ff., **§ 4 WRegG** 6, 18, **§ 7 WRegG** 32, **§ 8 WRegG** 1 ff., **§ 10 WRegG** 21 f.
- Selbstreinigungsmaßnahmen **§ 10 WRegG** 15 f.
- Sperrfrist **§ 5 WRegG** 39 ff.
- Standardformular **§ 10 WRegG** 15 f.
- Stellungnahme **§ 5 WRegG** 1 ff.
- Steuergeheimnis **§ 4 WRegG** 7
- Straftat **§ 3 WRegG** 20
- Unternehmen **§ 2 WRegG** 121 ff., **§ 3 WRegG** 17 f.
- Verordnungsermächtigung **§ 10 WRegG** 1 ff.
- Vertraulichkeit **§ 3 WRegG** 26 ff., **§ 6 WRegG** 127 ff.
- Vertretungsmacht **§ 5 WRegG** 61 ff.
- Zeitlicher Anwendungsbereich **§ 12 WRegG** 1 ff., 7 ff.
- Zeitraum für Ausschluss **§ 126 GWB** 10 ff., **§ 7 WRegG** 6 ff., 19 ff.
- Zurechnung **§ 2 WRegG** 26 ff., 111 ff.
- Zwingender Ausschlussgrund **§ 1 WRegG** 32 ff., **§ 2 WRegG** 40 ff., **§ 7 WRegG** 9 ff.

Wetteinrichtung **§ 149 GWB** 133
Wiederherstellung des Zuschlagsverbots **§ 179 GWB** 51
Wirtschaftlich zusammengeschlossenes Unternehmen **§ 138 GWB** 36
Wirtschaftliche Leistungsfähigkeit **§ 122 GWB** 33 ff.
Wirtschaftlicher Gesamtvorteil **§ 152 GWB** 43 ff.
Wirtschaftlichkeitsgrundsatz **§ 97 GWB** 7 ff., 37 ff.
- Angebotswertung **§ 97 GWB** 38
- Bedarfsermittlung **§ 97 GWB** 39
- Begriff der Wirtschaftlichkeit **§ 97 GWB** 40
- Rechtsschutz **§ 97 GWB** 41

Wirtschaftlichstes Angebot **§ 127 GWB** 8 ff., **§ 152 GWB** 44
Wirtschaftsförderungsgesellschaft **§ 99 GWB** 110
Wissensvorsprung **§ 97 GWB** 55
Wohnungsbaugesellschaft **§ 99 GWB** 110

Z

Zahlungsunfähigkeit **§ 124 GWB** 24 ff., 27 ff., **§ 154 GWB** 40 ff.
- Zeitraum für Ausschluss **§ 126 GWB** 25 f.

Zeitraum für Ausschluss **§ 126 GWB** 1 ff.
- Konzession **§ 154 GWB** 91 ff.
- Sektorenvergabe **§ 142 GWB** 12
- Wettbewerbsregister **§ 7 WRegG** 6 ff., 19 ff.
- Zwingender Ausschlussgrund **§ 123 GWB** 37

Zentralbank **§ 116 GWB** 76 ff., **§ 137 GWB** 26, **§ 149 GWB** 63 ff.
Zentrale Beschaffungsstelle **§ 98 GWB** 13, **§ 99 GWB** 22, **§ 120 GWB** 42 ff.
- Antragsgegner **§ 162 GWB** 17 ff.
- Auftraggeber **§ 162 GWB** 17 ff.

Zentrale Beschaffungstätigkeit **§ 120 GWB** 41 ff.
- Kartellrecht **§ 120 GWB** 51 f.
- Nebenbeschäftigungstätigkeit **§ 120 GWB** 50
- Verordnungsermächtigung **§ 113 GWB** 27 f.
- Zentrale Beschaffungsstelle **§ 120 GWB** 42 ff.

Zentrale Regierungsbehörde **§ 106 GWB** 17
Zeuge **§ 163 GWB** 8, **§ 175 GWB** 35
Zivile Beschaffung **§ 145 GWB** 26
Zivilschutz **§ 107 GWB** 54 ff.
Zivilverteidigung **§ 107 GWB** 69
Zollkriminalamt **§ 145 GWB** 11
Zugänglichkeitskriterium **§ 152 GWB** 3
Zulassungssystem **§ 103 GWB** 80, **§ 130 GWB** 3
Zurückhalten von Informationen **§ 124 GWB** 162 ff.
Zusammenhangsgeschäft **§ 116 GWB** 75, **§ 149 GWB** 62
Zusätzliche Leistung **§ 132 GWB** 55 ff.
Zuschlag **§ 127 GWB** 1 ff., **§ 168 GWB** 44
Zuschlagskriterium
- Änderung **§ 127 GWB** 294 ff., **§ 152 GWB** 64
- Auftragsbekanntmachung **§ 127 GWB** 277 ff.
- Ausfallsicherheitskonzept **§ 127 GWB** 231 f.
- Ausführungsbedingung **§ 128 GWB** 24
- Bedarfsposition **§ 127 GWB** 138 ff.
- Beschreibung **§ 152 GWB** 58
- Besondere Dienstleistung **§ 130 GWB** 46
- Besondere Dienstleistungskonzession **§ 153 GWB** 44
- Bestimmtheit **§ 127 GWB** 250 ff.
- Bewertung der Angebote **§ 127 GWB** 34 ff.

- Budgetvergabe **§ 127 GWB** 130
- Diskriminierungsfreiheit **§ 127 GWB** 241 ff.
- Doppelbewertung **§ 127 GWB** 220
- Eigenleistungsanteil **§ 127 GWB** 246
- Eignung **§ 122 GWB** 108
- Eignungskriterium **§ 97 GWB** 118, **§ 122 GWB** 19 ff., **§ 127 GWB** 196, 215 ff., **§ 152 GWB** 27
- Gewichtung **§ 127 GWB** 114 ff., **§ 152 GWB** 59 ff.
- Gütezeichen **§ 127 GWB** 249
- Hilfskriterium **§ 127 GWB** 255
- Hoflieferantentum **§ 127 GWB** 244
- Innovationspartnerschaft **§ 119 GWB** 94
- Konzept **§ 127 GWB** 145
- Konzession **§ 151 GWB** 10, **§ 152 GWB** 42 ff., **§ 154 GWB** 96
- Konzessionsbekanntmachung **§ 152 GWB** 63
- Kosten **§ 127 GWB** 131 ff.
- Lebenszyklus **§ 127 GWB** 209 ff.
- Mehr an Eignung **§ 127 GWB** 216
- Nebenangebot **§ 127 GWB** 268 ff.
- Nur-Kosten-Vergabe **§ 127 GWB** 127 ff.
- Nur-Preis-Vergabe **§ 127 GWB** 127 ff., **§ 152 GWB** 56
- Objektives Kriterium **§ 152 GWB** 47
- Örtliche Nähe **§ 127 GWB** 245
- Personalbezogenes Zuschlagskriterium **§ 97 GWB** 102, 124, **§ 122 GWB** 21, **§ 127 GWB** 219
- Personalkonzept **§ 127 GWB** 223 ff.
- Präsentation **§ 127 GWB** 147
- Preis **§ 127 GWB** 131 ff., **§ 152 GWB** 56
- Preisanpassungsklausel **§ 127 GWB** 137
- Preisnachlass **§ 127 GWB** 136
- Preisrecht **§ 127 GWB** 155 ff.
- Produktneutralität **§ 127 GWB** 248
- Qualitativer Aspekt **§ 97 GWB** 101 f., 123 ff., **§ 127 GWB** 143 ff.
- Qualitativer Belang **§ 152 GWB** 51 ff.
- Qualitätssicherung **§ 127 GWB** 146
- Rügeobliegenheit **§ 127 GWB** 303 f.
- Schulungskonzept **§ 127 GWB** 228 ff.
- Sektorenvergabe **§ 142 GWB** 12
- Soziale Dienstleistung **§ 130 GWB** 46
- Soziale Dienstleistungskonzession **§ 153 GWB** 44
- Sozialer Aspekt **§ 97 GWB** 123, 125, **§ 127 GWB** 151 ff.
- Sozialer Belang **§ 152 GWB** 51 ff.
- Strategisches Ziel **§ 97 GWB** 122 ff., **§ 152 GWB** 51 ff.
- Transparenzgrundsatz **§ 97 GWB** 30
- Trennungsgebot **§ 152 GWB** 27
- Übergewichtung des Preises **§ 127 GWB** 120 ff.
- Überprüfbarkeit **§ 127 GWB** 262 ff.
- Umsatzsteuer **§ 127 GWB** 135
- Umweltbezogener Aspekt **§ 97 GWB** 123, 125, **§ 127 GWB** 148 ff.
- Umweltbezogener Belang **§ 152 GWB** 51 ff.
- Untergewichtung des Preises **§ 127 GWB** 118 ff.
- Unterkriterium **§ 127 GWB** 198
- Verbindung mit Auftragsgegenstand **§ 97 GWB** 138, **§ 127 GWB** 200 ff.
- Verbindung mit Konzessionsgegenstand **§ 152 GWB** 48 f.
- Verbraucherfreundlichkeit **§ 149 GWB** 120
- Vergabeunterlagen **§ 127 GWB** 277 ff., **§ 152 GWB** 63
- Verhältnismäßigkeit **§ 127 GWB** 266 f.
- Verhandlungsverfahren **§ 119 GWB** 63
- Vermengungsverbot **§ 152 GWB** 27
- Vermischungsverbot **§ 97 GWB** 118, **§ 152 GWB** 27
- Wahlposition **§ 127 GWB** 141 f.
- Wasserbezug **§ 149 GWB** 120
- Wasserkonzession **§ 149 GWB** 120
- Wasserqualität **§ 149 GWB** 120
- Wettbewerbswirksamkeit **§ 127 GWB** 239 ff.
- Willkürverbot **§ 127 GWB** 258 ff.
- Wirtschaftlicher Gesamtvorteil **§ 152 GWB** 43 ff.
- Wirtschaftlichstes Angebot **§ 152 GWB** 44

Zuschlagsverbot **§ 169 GWB** 1, 9 ff., 19, **§ 173 GWB** 50 ff.
- Ablehnungsfiktion **§ 169 GWB** 18
- Bindefrist **§ 169 GWB** 21
- Dauer **§ 169 GWB** 17 ff.
- Form **§ 169 GWB** 12
- Unzuständige Vergabekammer **§ 169 GWB** 14
- Verbotsgesetz **§ 169 GWB** 13
- Vorabgestattung des Zuschlags **§ 169 GWB** 22 ff.
- Vorabgestattungsverfahren **§ 176 GWB** 8
- Wiederherstellung **§ 169 GWB** 54 ff., 97 ff.
- Zuschlagsfrist **§ 169 GWB** 21
- Zwischenentscheidung **§ 169 GWB** 16

Zuständige Behörde **§ 131 GWB** 20

Zuverlässigkeit **§ 122 GWB** 7, 24, **§ 123 GWB** 2

Zuwendung **§ 141 GWB** 14 f., **§ 142 GWB** 33 f.

Zwangsgeld **§ 168 GWB** 65 f., **§ 169 GWB** 91

Zweckverband **§ 99 GWB** 20
Zwei-Stufen-Prüfung **§ 97 GWB** 200
Zwingender Ausschlussgrund **§ 123 GWB** 1 ff.
- Abgabe **§ 123 GWB** 47 ff.
- Absehen **§ 123 GWB** 68 ff.
- Beitrag zur Sozialversicherung **§ 123 GWB** 47 ff.
- Besondere Dienstleistungskonzession **§ 153 GWB** 45
- Bestechung **§ 123 GWB** 21
- Bewerbergemeinschaft **§ 123 GWB** 13
- Bietergemeinschaft **§ 123 GWB** 13
- eCertis **§ 123 GWB** 27
- Eignungsleihe **§ 123 GWB** 14
- Einheitliche Europäische Eigenerklärung **§ 123 GWB** 27
- Ermittlungsverfahren **§ 123 GWB** 24
- Geldbuße **§ 123 GWB** 16, 25
- Geldwäsche **§ 123 GWB** 20
- Gesetzestreue **§ 123 GWB** 2
- Kenntnis **§ 123 GWB** 26 ff.
- Konzession **§ 123 GWB** 4, **§ 154 GWB** 17 ff.
- Kriminelle Vereinigung **§ 123 GWB** 18
- Kündigung **§ 123 GWB** 36, **§ 133 GWB** 30 ff.
- Nachforschung **§ 123 GWB** 30
- Nachweis **§ 123 GWB** 26 ff.
- Offenes Verfahren **§ 119 GWB** 34
- Öffentliches Interesse **§ 123 GWB** 71 ff., 75 ff.
- Sektorenvergabe **§ 123 GWB** 4, **§ 142 GWB** 26 f.
- Selbstreinigung **§ 123 GWB** 78 f.
- Sicherheitsspezifischer Auftrag **§ 123 GWB** 4, **§ 147 GWB** 6, 11
- Soziale Dienstleistungskonzession **§ 153 GWB** 45
- Steuer **§ 123 GWB** 47 ff.
- Strafbefehl **§ 123 GWB** 23
- Straftat **§ 123 GWB** 15 ff.
- Strategisches Ziel **§ 97 GWB** 115
- Submissionsbetrug **§ 123 GWB** 17
- Terrorismusfinanzierung **§ 123 GWB** 19
- Terroristische Vereinigung **§ 123 GWB** 18
- Unterauftragnehmer **§ 123 GWB** 14
- Unternehmen **§ 123 GWB** 12
- Unverhältnismäßigkeit **§ 123 GWB** 75 ff.
- Verbindung zum Auftragsgegenstand **§ 97 GWB** 136
- Verbundenes Unternehmen **§ 123 GWB** 45
- Verteidigungsspezifischer Auftrag **§ 123 GWB** 4, **§ 147 GWB** 6, 11
- Verurteilung **§ 123 GWB** 22 ff.
- Wettbewerbsbeschränkende Vereinbarung **§ 123 GWB** 3
- Wettbewerbsregister **§ 1 WRegG** 32 ff., **§ 2 WRegG** 40 ff., **§ 7 WRegG** 9 ff.
- Zeitraum **§ 123 GWB** 37, **§ 126 GWB** 1 ff.
- Zurechnung **§ 123 GWB** 41 ff.
- Zuverlässigkeit **§ 123 GWB** 2

Zwischenfeststellungsantrag **§ 178 GWB** 51 ff.